Bitte entlang der Linien ausschneiden; die beiden Streifen mit den Übersichten können dann in die Klarsichttaschen auf den Innenseiten des Ordners gesteckt werden.

## Steuererlasse – Schnellübersicht

Bereiche und wichtigste Verwaltungsanweisungen

*Stand: Juni 2023*

| | |
|---|---|
| **Einkommensteuer** | **1** |
| Häusl. Arbeitszimmer | **1** § 4/9 |
| Schuldzinsenabzug | **1** § 4/10 |
| Zinsschranke | **1** § 4 h/1 |
| Leasing | **1** § 6/1–6 |
| Teilwertabschreibung | **1** § 6/12 |
| Erbengemeinschaft | **1** § 7/2 |
| Vorweggenommene Erbfolge | **1** § 7/3 |
| Investitionsabzugsbetrag | **1** § 7 g/5 |
| Kinderbetreuungskosten | **1** § 10/1 |
| Rentenerlass | **1** § 10/5 |
| Alterseinkünfte | **1** § 10/9 |
| Spendenrecht | **1** § 10 b/1–4 |
| Verlustabzugsbeschränkung | **1** § 10 d/1 |
| Gemischte Aufwendungen | **1** § 12/2 |
| Gewerbl. Grundstückshandel | **1** § 15/1 |
| Anwendung von § 15 b | **1** § 15 b/1 |
| Nießbraucherlass | **1** § 21/2 |
| Fondserlass | **1** § 21/4 |
| Pauschalierungserlass | **1** § 34 c/1 |
| Haushaltsnahe Dienstleistungen | **1** § 35 a/1 |
| Abgeltungsteuer | **1** § 43/1 |
| Bauleistungen | **1** § 48/1 |
| Private Altersvorsorge | **1** § 79/1 |
| **Lohnsteuer** | **20** |
| Dienstwagen | **20** § 8/2 |
| Reisekosten | **20** § 9/1 |
| Entfernungspauschale | **20** § 9/5 |
| Auslandstätigkeitserlass | **20** § 34 c/1 |
| Vorsorgepauschale | **20** § 39 b/1 |
| **Vermögensbildung** | **25** |
| **Körperschaftsteuer** | **100** |
| Anwendung von § 8 b | **100** § 8 b/3 |
| Verlustabzugsbeschränkung | **100** § 8 c/1 |
| Organschaft | **100** § 14/1–12 |
| Einlagekonto | **100** § 27/2 |

## Steuererlasse – Schnellübersicht

Bereiche und wichtigste Verwaltungsanweisungen

*Stand: Juni 2023*

| | |
|---|---|
| **Umwandlungssteuer** | **130** |
| **Bewertung** | **200** |
| Kapitalforderungen u. -schulden (mit Tabellen) | **200** § 12/1 |
| Abgrenzung BvO/GrV | **200** § 68/1 |
| AEBewGrSt | **200** Vor § 218/1 |
| **Erbschaftsteuer** | **250** |
| Verbraucherpreisindex | **250** § 5/1 |
| Notare, Beistandspflichten | **250** § 34/1 |
| **Grundsteuer** | **420** |
| **Gewerbesteuer** | **450** |
| **Umsatzsteuer** | **500** |
| Steuerfreie Umsätze für die Luftfahrt | **500** § 8/1 |
| Ermäßigter Steuersatz | **500** § 12/1 |
| Umrechnungskurse | **500** § 16/6, 7 |
| Vorsteuer-Vergütungsverfahren | **500** § 18/20 |
| Anlagegold | **500** § 25 c/1 |
| **Grunderwerbsteuer** | **600** |
| Anwendung von § 1 Abs. 2 a | **600** § 1/3 |
| Anwendung von § 6 a | **600** § 6 a/1 |
| **Außensteuer** | |
| Anwendungserlass | **725** |
| Einkunftsabgrenzung | **725** § 1/1–7 |
| Fremdvergleichsgrundsatz | **725** § 1/11 |
| **Investitionszulagen** | **740**/1 |
| **Abgabenordnung** | **800** |
| Betriebsstättenerlass | **800** § 12/1 |
| Tatsächliche Verständigung | **800** § 88/1 |
| Anwendung der MV | **800** § 93 a/3 |
| Informationsaustausch | **800** § 117/1 |
| Steuererhebung/Beitreibung | **800** § 117/2 |
| Musterverfahren | **800** § 165/1 |
| Betriebsprüfungsordnung | **800** § 193/1 |
| **Vollstreckungsanweisung** | **800 a** |
| **Vollziehungsanweisung** | **800 b** |
| **Finanzverwaltung** | **800** |

| Eingeordnete Lieferungen | Stand der Lieferung | eingeordnet am | von |
|---|---|---|---|
| 73–74. Ergänzungslieferung | Juni '23 | 28.8.'23 | 1050 |
| ___ Ergänzungslieferung | | | |
| ___ Ergänzungslieferung | | | |
| ___ Ergänzungslieferung | | | |
| ___ Ergänzungslieferung | | | |
| ___ Ergänzungslieferung | | | |
| ___ Ergänzungslieferung | | | |
| ___ Ergänzungslieferung | | | |
| ___ Ergänzungslieferung | | | |
| ___ Ergänzungslieferung | | | |
| ___ Ergänzungslieferung | | | |
| ___ Ergänzungslieferung | | | |
| ___ Ergänzungslieferung | | | |
| ___ Ergänzungslieferung | | | |
| ___ Ergänzungslieferung | | | |
| ___ Ergänzungslieferung | | | |

VO 70

| Eingeordnete Lieferungen | Stand der Lieferung | eingeordnet am | von |
|---|---|---|---|
| ____ Ergänzungslieferung | | | |
| ____ Ergänzungslieferung | | | |
| ____ Ergänzungslieferung | | | |
| ____ Ergänzungslieferung | | | |
| ____ Ergänzungslieferung | | | |
| ____ Ergänzungslieferung | | | |
| ____ Ergänzungslieferung | | | |
| ____ Ergänzungslieferung | | | |
| ____ Ergänzungslieferung | | | |
| ____ Ergänzungslieferung | | | |
| ____ Ergänzungslieferung | | | |
| ____ Ergänzungslieferung | | | |
| ____ Ergänzungslieferung | | | |
| ____ Ergänzungslieferung | | | |
| ____ Ergänzungslieferung | | | |
| ____ Ergänzungslieferung | | | |
| ____ Ergänzungslieferung | | | |

# Hinweise zur Einsortierung der Ergänzungslieferungen

1. Prüfen Sie bitte vor dem Einordnen einer Lieferung anhand des Titelblatts Ihres Grundwerks, ob die vorangehende Lieferung einsortiert wurde. Nur bei lückenlosem Einordnen aller Lieferungen haben die Blätter den jeweils richtigen Anschluss. Jede Lieferung enthält zur weiteren Kontrolle auf dem Deckblatt und dem neuen Titelblatt zudem einen Hinweis, an welche frühere sie anschließt.

2. Nehmen Sie den oberen Teil der Steckmechanik heraus und stellen Sie diesen nebenan auf.

3. Ordnen Sie danach die oberen Blätter des sich im Ordner befindlichen Buchblocks (im Folgenden Buchblock alt) bis zu dem Blatt, das nach der Einordnungsanweisung herauszunehmen ist, in die Steckmechanik ein (im Folgenden Buchblock neu).

4. Sortieren Sie dann die herauszunehmenden Blätter des Buchblocks alt zum späteren Entsorgen aus.

5. Ordnen Sie die stattdessen neu einzufügenden Blätter der Ergänzungslieferung auf die Blätter, die sich bereits in der Steckmechanik befinden (Buchblock neu).

6. Sortieren Sie die weiteren Blätter des Buchblocks alt in den Buchblock neu, wiederum bis zu dem Blatt, das nach der Einordnungsanweisung als nächstes herauszunehmen ist.

7. Das weitere Einsortieren gestaltet sich so, wie dies oben unter 3. bis 5. beschrieben ist.

8. Sind alle Blätter ein- bzw. aussortiert, nehmen Sie den gesamten Buchblock neu mit der Steckmechanik und stecken Sie diesen in die Röhren des Ordners zurück.

9. Zur Sicherheit vergewissern Sie sich bitte, dass keines der aussortierten Blätter unten in der Fußzeile das Kennzeichen der neuen Lieferung trägt.

10. Zur späteren Kontrolle tragen Sie auf der vorne eingehefteten Tabelle die soeben eingeordnete Lieferung ein.

11. Für den seltenen Fall des Fehlens einzelner Blätter wenden Sie sich bitte an unsere Loseblatt-Reklamation im Internet unter http://www.becksche.de/de/Loseblatt_Service.html.

Ihre Verlage C.H.BECK und Vahlen

## Hinweis

Die beigefügten, auf farbigem Papier gedruckten Zwischenblätter sind als Hilfe für den Benutzer gedacht; sie gliedern die einzelnen Abschnitte und sind wie folgt in den Buchblock einzuordnen:

| | |
|---|---|
| **Einkommensteuer** | vor die Nummer **1** |
| **Lohnsteuer** | vor die Nummer **20** |
| **Körperschaftsteuer** | vor die Nummer **100** |
| **Bewertung** | vor die Nummer **200** |
| **Erbschaftsteuer** | vor die Nummer **250** |
| **Grundsteuer** | vor die Nummer **420** |
| **Gewerbesteuer** | vor die Nummer **450** |
| **Umsatzsteuer** | vor die Nummer **500** |
| **Grunderwerbsteuer** | vor die Nummer **600** |
| **Außensteuer** | vor die Nummer **725** |
| **Investitionszulagen** | vor die Nummer **740** |
| **Abgabenordnung** | vor die Nummer **800** |

# Einkommensteuer
# Solidaritätszuschlag
# Eigenheimzulage
# Zinserträge

# Lohnsteuer
# Vermögensbildung

# Körperschaftsteuer
# Kapitalanlagegesellschaften
# Umwandlungssteuer
# Kapitalerhöhung

# Bewertung

# Erbschaftsteuer

# Grundsteuer

# Gewerbesteuer

# Umsatzsteuer

# Grunderwerbsteuer

# Außensteuer

# Investitionszulagen

# Abgabenordnung
# Finanzgerichtsordnung
# Finanzverwaltung

BECK'SCHE TEXTAUSGABEN

Steuererlasse

# STEUERERLASSE

Einkommensteuer,
Lohnsteuer, Vermögensbildung, Körperschaftsteuer,
Umwandlungssteuer, Bewertung, Erbschaftsteuer, Grundsteuer,
Gewerbesteuer, Umsatzsteuer, Grunderwerbsteuer,
Außensteuer, Investitionszulagen, Abgabenordnung,
Finanzgerichtsordnung, Finanzverwaltung

Textsammlung
wichtiger Erlasse zum gesamten Steuerrecht
mit Hinweisen und Verweisungen

Stand: 30.6.2023
(74. Ergänzungslieferung)

C.H.BECK

Dieses Titelblatt stammt aus der 74. Ergänzungslieferung Juni 2023,
ISBN 978 3 406 80420 5
die an die 73. Ergänzungslieferung März 2023 anschließt.

**Redaktioneller Hinweis**
Die Angaben zum Stand der Sammlung auf dem Titelblatt beziehen sich auf das Verkündungsdatum der maßgeblichen Veröffentlichungsblätter.
Verbesserungsvorschläge und Fehlerhinweise sind jederzeit willkommen.

Verlag C. H. Beck oHG
Wilhelmstraße 9, 80801 München
Fax: (0 89) 3 81 89-3 98 · Internet: www.beck.de
E-Mail: bestellung@beck.de

**www.beck.de**

ISBN 978 3 406 46066 1 ergänzt bis 978 3 406 80420 5


Wilhelmstraße 9, 80801 München
Druck: Druckerei C. H. Beck Nördlingen
(Adresse wie Verlag)

$CO_2$ neutral
chbeck.de/nachhaltig

Gedruckt auf säurefreiem, alterungsbeständigem Papier
(hergestellt aus chlorfrei gebleichtem Zellstoff)

# Geleitwort

## zur 74. Ergänzungslieferung Juni 2023

Die Schwerpunkte der Lieferung liegen im **Einkommensteuerrecht, Erbschaftsteuerrecht, Umsatzsteuerrecht** und dem **Verfahrensrecht.**

Hervorzuheben sind insbesondere folgende neue bzw. aktualisierte Verwaltungsanweisungen:

- Schrb. betr. ertragsteuerliche Behandlung von Genussrechtskapital (Nr. **1** § 5/5)
- Schrb. betr. AfA von Gebäuden nach der kürzeren tatsächlichen Nutzungsdauer (Nr. **1** § 7/5)
- Schrb. betr. Behandlung von Leistungen im Zusammenhang mit einem Versorgungsausgleich nach § 10 Abs. 1a Nr. 3, 4 EStG sowie § 22 Nr. 1a EStG (Nr. **1** § 10/7)
- Schrb. betr. Gewährung von Forschungszulage nach dem Gesetz zur steuerlichen Förderung von Forschung und Entwicklung (Nr. **1** § 15/7)
- Schrb. betr. Abrechnung behördlicher Erstattungsbeträge für Verdienstausfallentschädigungen nach § 56 IfSG (Nr. **20** § 41c/1)
- Schrb. betr. aufspaltungsbedingter Übertragungsgewinn, Zurechnung (Nr. **100** § 14/3)
- Erlasse betr. Bewertung der Betriebsgrundstücke der öffentlichen Verkehrsunternehmen für Zwecke der Grundsteuer (Nr. **200** Vor § 218/2)
- Schrb. betr. steuerfreie Umsätze für die Luftfahrt (Nr. **500** § 8/1)
- Merkblatt zur Umsatzbesteuerung in der Bauwirtschaft (Nr. **500** § 13/1)
- GLE betr. Umfang der Beraterbefugnis der Lohnsteuerhilfevereine (Nr. **800** § 80/1)

**Hinweis:**
In den letzten Monaten hat sich das Platzproblem in der Sammlung zunehmend verschärft, was es uns erschwert, weiterhin alle relevanten seitens der Behörden erlassenen Schreiben in angemessener Form aufzunehmen. Die Zahl und der Umfang dieser Schreiben haben in den letzten Jahren deutlich zugenommen, weshalb wir gezwungen sind, eine sorgfältige Auswahl vorzunehmen.

Vor diesem Hintergrund haben wir uns dazu entschlossen, das Investmentsteuerrecht als eigenständiges Rechtsgebiet aus der Sammlung auszusortieren. Diese Entscheidung ermöglicht es uns, den verfügbaren Platz effektiver zu nutzen und weiterhin eine hochwertige Auswahl an relevanten Steuererlassen anzubieten.

Wir empfehlen Ihnen, die aussortierten Seiten des Investmentsteuerrechts gesondert aufzubewahren, falls Sie bisher mit diesen Erlassen gearbeitet haben. Die Schreiben sind nicht aufgehoben und somit weiterhin in Kraft.

Wir bitten um Ihr Verständnis für diese notwendige Maßnahme. Unser Ziel ist es, Ihnen eine qualitativ hochwertige und aktuelle Loseblattsammlung zu den Steuererlassen zur Verfügung zu stellen und diese den aktuellen Anforderungen anzupassen.

Wir bedanken uns für Ihr Vertrauen.

München, im Juni 2023 — VERLAG C. H. BECK

# Vorwort

Die vorliegende Sammlung „Steuererlasse“ enthält die in der Praxis äußerst wichtigen Verlautbarungen der Finanzverwaltung.

Die Allgemeinen Verwaltungsvorschriften, BMF-Schreiben, Ländererlasse und OFD-Verfügungen sind den einzelnen Steuerarten zugeordnet. Der Aufbau der Sammlung entspricht dabei der Gliederung der Textsammlungen „Steuergesetze“, die Einzelverwaltungsanweisungen tragen also die Ordnungsnummer desjenigen Gesetzes, zu dem sie ergangen sind. Zusätzlich erleichtern es zahlreiche Querverweise und ausführliche Inhaltsverzeichnisse, die gesuchte Verwaltungsanweisung auf einen Griff zu finden. Selbstverständlich ist eine Vollständigkeit im Sinne „aller“ Verwaltungsanweisungen nicht erreichbar. In erster Linie will die Auswahl dem Praktiker die relevanten und aktuellen Schreiben zu einer Gesetzesregelung an die Hand geben.

Mit dieser Textausgabe sowie den Sammlungen der „Steuergesetze“, „Zölle und Verbrauchsteuern“, „Doppelbesteuerungsabkommen“, „Steuerrichtlinien“ und „Umsatzsteuer“ erhält der Fachmann eine umfassende Sammlung aller relevanten steuerrechtlichen Materialien.

Kein Werk ist vollkommen, schon gar nicht im kaum überschaubaren Steuerrecht. Wir möchten Sie daher herzlich bitten, uns Ihre Anregungen und Ihre Kritik weiterhin zukommen zu lassen.

München, im Oktober 2021 VERLAG C. H. BECK

# Inhaltsübersicht

# Übersicht

# Inhaltsverzeichnis I (systematisch)

**Einkommensteuer**

**Lohnsteuer**

**Vermögensbildung**



**Körperschaftsteuer**

# Inhalt I systematisch

## Erbschaftsteuer



## Grundsteuer

# Inhalt I systematisch

**Grunderwerbsteuer**

**Finanzverwaltung**

# Inhaltsverzeichnis II (alphabetisch)

# Inhalt II alphabetisch

# Inhalt II alphabetisch

# Inhalt II alphabetisch

# Inhalt II alphabetisch

# Inhalt II alphabetisch

# Inhalt II alphabetisch

# Inhalt II alphabetisch

# Inhalt II alphabetisch

# Inhaltsverzeichnis III (chronologisch)

# Inhalt III chronologisch

# Inhalt III chronologisch

# Inhalt III chronologisch

# Inhalt III chronologisch

# Abkürzungen

| | |
|---|---|
| a.a.O. | am angegebenen Ort |
| ABl. | Amtsblatt |
| Abs. | Absatz |
| Abschn. | Abschnitt |
| AEAO | Anwendungserlass zur Abgabenordnung |
| aF | alte(r) Fassung |
| AfA | Absetzungen für Abnutzung |
| AfaA | Absetzungen für außergewöhnliche Abnutzung |
| AfS | Absetzungen für Substanzverringerung |
| AG | Aktiengesellschaft |
| AGS | Amtlicher Gemeindeschlüssel |
| AktG | Aktiengesetz |
| AMBlFin | Amtliches Mitteilungsblatt der Verwaltung für Finanzen des Vereinigten Wirtschaftsgebietes |
| ÄndG | Änderungsgesetz |
| AnfG | Anfechtungsgesetz |
| angef. | angefügt |
| Anh. | Anhang |
| Anl. | Anlage |
| Anm. | Anmerkung |
| AO | Abgabenordnung |
| Art. | Artikel |
| AStG | Außensteuergesetz |
| ATLAS | Automatisiertes Tarif- und Lokales Zollabwicklungssystem |
| aufgeh. | aufgehoben |
| AÜG | Arbeitnehmerüberlassungsgesetz |
| AuslInvestmG | Auslandinvestment-Gesetz |
| AUV | Auslandsumzugskostenverordnung |
| AWG | Außenwirtschaftsgesetz |
| AWV | Außenwirtschaftsverordnung |
| BaFin | Bundesanstalt für Finanzdienstleistungsaufsicht |
| BAföG | Bundesausbildungsförderungsgesetz |
| BAG | Bundesarbeitsgericht |
| BAnz. | Bundesanzeiger |
| BAT | Bundesangestellten-Tarifvertrag |
| BauGB | Baugesetzbuch |
| BauNVO | Baunutzungsverordnung |
| BaWü | Baden-Württemberg |
| BB | Zeitschrift „Betriebs-Berater" |
| BBesG | Bundesbesoldungsgesetz |
| BBG | Bundesbeamtengesetz |
| BeamtVG | Beamtenversorgungsgesetz |

## Abkürzungen

| | |
|---|---|
| BetrAVG | Gesetz zur Verbesserung der betrieblichen Altersversorgung |
| BewDV | Durchführungsverordnung zum Bewertungsgesetz |
| BewG | Bewertungsgesetz |
| BewRGr | Richtlinien für die Bewertung des Grundvermögens |
| BewRL | Richtlinien für die Bewertung des land- und forstwirtschaftlichen Vermögens v. 17. 11. 1967 |
| BFH | Bundesfinanzhof |
| BFHE | Sammlung der Entscheidungen des Bundesfinanzhofs |
| BFH/NV | Zeitschrift „Sammlung amtlich nicht veröffentlichter Entscheidungen des Bundesfinanzhofs“ |
| BGB | Bürgerliches Gesetzbuch |
| BGBl. I/II | Bundesgesetzblatt Teil I/Teil II |
| BGBl. III | Bereinigte Sammlung des Bundesrechts, abgeschlossen am 31. 12. 1968 (in Nachweisform fortgeführt durch FNA) |
| BGH | Bundesgerichtshof |
| BGHZ | Sammlung der Entscheidungen des Bundesgerichtshofs in Zivilsachen |
| BilMoG | Bilanzrechtsmodernisierungsgesetz |
| BiRiLiG | Bilanzrichtliniengesetz |
| BKGG | Bundeskindergeldgesetz |
| BMF | Bundesministerium für Finanzen |
| BNotO | Bundesnotarordnung |
| BpO | Betriebsprüfungsordnung |
| BRKG | Bundesreisekostengesetz |
| BSG | Bundessozialgericht |
| BSHG | Bundessozialhilfegesetz |
| BStBl. I/II/III | Bundessteuerblatt Teil I/Teil II/(Teil III – bis 1967) |
| BuchO | Buchungsordnung |
| BVerfG | Bundesverfassungsgericht |
| BVerfGE | Sammlung der Entscheidungen des Bundesverfassungsgerichts |
| BVerfGG | Gesetz über das Bundesverfassungsgericht |
| BVerwG | Bundesverwaltungsgericht |
| BVG | Bundesversorgungsgesetz |
| BZSt | Bundeszentralamt für Steuern |
| bzw. | beziehungsweise |
| COM | Computer-Output-Microfilm |
| DA | Dienstanweisung |
| DA-FamEStG | Dienstanweisung zur Durchführung des steuerlichen Familienleistungsausgleichs nach dem X. Abschnitt des Einkommensteuergesetzes |
| DB | Zeitschrift „Der Betrieb“ |
| DBA | Abkommen zur Vermeidung der Doppelbesteuerung (Doppelbesteuerungsabkommen) |
| DDR | Deutsche Demokratische Republik |

DStR ................... Zeitschrift „Deutsches Steuerrecht"
DStRE ................ Zeitschrift „DStR-Entscheidungsdienst"
DStRK ................ Zeitschrift „DStR" kurzgefaßt
DV ...................... Durchführungsverordnung

EEG .................... Erneuerbare-Energien-Gesetz
e.G. .................... eingetragene Genossenschaft
EG ...................... Europäische Gemeinschaft(en)
EGAO ................ Einführungsgesetz zur Abgabenordnung
EGBGB .............. Einführungsgesetz zum Bürgerlichen Gesetzbuch
EGHGB ............. Einführungsgesetz zum Handelsgesetzbuch
EGInsO .............. Einführungsgesetz zur Insolvenzordnung
EGStGB ............. Einführungsgesetz zum Strafgesetzbuch
EigZulG ............. Eigenheimzulagengesetz
eingef. ................ eingefügt
EK ....................... Eigenkapital
ELSTER ............. Elektronische Steuererklärung
EnergieStG .......... Energiesteuergesetz
EnergieStV .......... Energiesteuer-Durchführungsverordnung
ErbStDV ............. Erbschaftsteuer-Durchführungsverordnung
ErbStG ............... Erbschaftsteuer- und Schenkungsteuergesetz
ErbStH ............... Erbschaftsteuer-Hinweise
ErbStR ............... Erbschaftsteuer-Richtlinien
Erl. ..................... Erlass
EStDV ................ Einkommensteuer-Durchführungsverordnung
EStG .................. Einkommensteuergesetz
EStH .................. Einkommensteuer-Hinweise
EStR .................. Einkommensteuer-Richtlinien
EU ...................... Europäische Union
EuGH ................. Europäischer Gerichtshof
EuGHE .............. Sammlung der Entscheidungen des Europäischen Gerichtshofs
EUSt .................. Einfuhrumsatzsteuer
e.V. ..................... eingetragener Verein
EWG ................... Europäische Wirtschaftsgemeinschaft
EWIV .................. Europäische Wirtschaftliche Interessenvereinigung
EWR ................... Europäischer Wirtschaftsraum
EZ ...................... Erhebungszeitraum

FA ...................... Finanzamt
Ffm .................... Frankfurt am Main
FGO .................. Finanzgerichtsordnung
fifo .................... first in – first out
FM ..................... Finanzminister(ium)
Fn. ..................... Fußnote
FNA .................... Bundesgesetzblatt Teil I, Fundstellennachweis A (Bundesrecht ohne völkerrechtliche Vereinbarungen)
fob ..................... free on board (frei an Bord) – Lieferbedingung –

## Abkürzungen

FR ..................... Zeitschrift „Finanz-Rundschau"
FSen. ..................... Finanzsenator (Senatsverwaltung für Finanzen)
FVG ..................... Finanzverwaltungsgesetz

G ..................... Gesetz
GAufzV ..................... Gewinnabgrenzungsaufzeichnungsverordnung
GAV ..................... Gewinnabführungsvertrag
GBBerG ..................... Grundbuchberichtigungsgesetz
GBl. ..................... Gesetzblatt
GBO ..................... Grundbuchordnung
GbR ..................... Gesellschaft bürgerlichen Rechts
GdB ..................... Grad der Behinderung
gem. ..................... gemäß
GemSOGB ..................... Gemeinsamer Senat der Obersten Gerichtshöfe des Bundes
GemV ..................... Gemeinnützigkeitsverordnung
GenG ..................... Genossenschaftsgesetz
GesO ..................... Gesamtvollstreckungsordnung
GewO ..................... Gewerbeordnung
GewStDV ..................... Gewerbesteuer-Durchführungsverordnung
GewStG ..................... Gewerbesteuergesetz
GewStR ..................... Gewerbesteuer-Richtlinien
GG ..................... Grundgesetz für die Bundesrepublik Deutschland
GLE ..................... Gleich lautende Erlasse der obersten Finanzbehörden der Länder
GmbH ..................... Gesellschaft mit beschränkter Haftung
GmbHG ..................... Gesetz betreffend die Gesellschaft mit beschränkter Haftung
GmbH & Co. KG Kommanditgesellschaft mit Komplementär-GmbH
GoB ..................... Grundsätze ordnungsmäßiger Buchführung
GoBS ..................... Grundsätze ordnungsmäßiger DV-gestützter Buchführungssysteme
GrEStG ..................... Grunderwerbsteuergesetz
GrStDV ..................... Grundsteuer-Durchführungsverordnung
GrStG ..................... Grundsteuergesetz
GrStR ..................... Grundsteuer-Richtlinien
GVBl., GVOBl. ... Gesetz- und Verordnungsblatt

H ..................... Hinweis (der Einkommensteuer-, Erbschaftsteuer-, Körperschaftsteuer- bzw. Lohnsteuer-Hinweise)
HFR ..................... Zeitschrift „Höchstrichterliche Finanzrechtsprechung"
HGB ..................... Handelsgesetzbuch
Hs. ..................... Halbsatz

i. d. F. ..................... in der Fassung
i. d. R. ..................... in der Regel
InsO ..................... Insolvenzordnung
InvG ..................... Investmentgesetz

# Abkürzungen

| | |
|---|---|
| InvStG ................ | Investmentsteuergesetz |
| InvZul. ................ | Investitionszulage |
| InvZulG .............. | Investitionszulagengesetz |
| InvZulVO ............ | Investitionszulagenverordnung |
| i. S. d. ................... | im Sinne des |
| IStR .................... | Zeitschrift „Internationales Steuerrecht“ |
| i. V. m. ................. | in Verbindung mit |
| | |
| JStG ..................... | Jahressteuergesetz |
| | |
| KapErhG ............. | Kapitalerhöhungsgesetz |
| KapErhStG .......... | Kapitalerhöhungssteuergesetz |
| KapErtrSt ............. | Kapitalertragsteuer |
| KapGes. ............... | Kapitalgesellschaft(en) |
| KAV .................... | Kindergeldauszahlungsverordnung |
| KBV .................... | Kleinbetragsverordnung |
| KG ....................... | Kommanditgesellschaft |
| KGaA ................. | Kommanditgesellschaft auf Aktien |
| KostO ................. | Kostenordnung (freiwillige Gerichtsbarkeit) |
| KStDV ................ | Körperschaftsteuer-Durchführungsverordnung |
| KStG .................. | Körperschaftsteuergesetz |
| KStH .................. | Körperschaftsteuer-Hinweise |
| KStR .................. | Körperschaftsteuer-Richtlinien |
| KWG .................. | Kreditwesengesetz |
| | |
| LAG .................... | Lastenausgleichsgesetz |
| lifo ...................... | last in – first out |
| LfSt .................... | Landesamt für Steuern |
| LStDV ................ | Lohnsteuer-Durchführungsverordnung |
| LStH .................. | Lohnsteuer-Hinweise |
| LStR .................. | Lohnsteuer-Richtlinien |
| | |
| MDK ................. | Medizinischer Dienst der Krankenkassen |
| MIAS ................. | Mehrwertsteuer-Informationsaustausch-System |
| MwStSystRL ....... | Mehrwertsteuer-Systemrichtlinie |
| mWv .................. | mit Wirkung vom |
| MV .................... | Mitteilungsverordnung |
| | |
| NATO ............... | North Atlantic Treaty Organization |
| Nds. .................. | Niedersachsen, niedersächsisch |
| neugef. ............... | neugefaßt |
| nF ...................... | neue Fassung |
| NJW .................. | Neue Juristische Wochenschrift |
| NRW (NW) ........ | Nordrhein-Westfalen |
| NV-Bescheinigung | Nichtveranlagungs-Bescheinigung |
| | |
| ÖPP .................. | Öffentlich-Private-Partnerschaft |
| OFD .................. | Oberfinanzdirektion |

## Abkürzungen

| | |
|---|---|
| OHG | Offene Handelsgesellschaft |
| OWiG | Gesetz über Ordnungswidrigkeiten |
| PartG | Parteiengesetz |
| PBefG | Personenbeförderungsgesetz |
| PflegeVG | Pflege-Versicherungsgesetz |
| PPP | Public Private Partnership |
| PZU | Postzustellungsurkunde |
| R | Richtlinie (der Einkommensteuer-, Erbschaftsteuer-, Körperschaftsteuer- bzw. Lohnsteuer-Richtlinien) |
| RFH | Reichsfinanzhof |
| RG | Reichsgericht |
| RGBl. | Reichsgesetzblatt |
| Rh-Pf | Rheinland-Pfalz |
| RMBl. | Reichsministerialblatt |
| RPflG | Rechtspflegergesetz |
| Rspr. | Rechtsprechung |
| RStBl. | Reichssteuerblatt |
| Rz. | Randziffer |
| S. | Satz, Seite |
| s. | siehe |
| Schl-H | Schleswig-Holstein |
| SGB I | Sozialgesetzbuch, Erstes Buch, Allgemeiner Teil |
| SGB III | Sozialgesetzbuch, Drittes Buch, Arbeitsförderung |
| SGB IV | Sozialgesetzbuch, Viertes Buch, Gemeinsame Vorschriften für die Sozialversicherung |
| SGB V | Sozialgesetzbuch, Fünftes Buch, Gesetzliche Krankenversicherung |
| SGB VI | Sozialgesetzbuch, Sechstes Buch, Gesetzliche Rentenversicherung |
| SGB VII | Sozialgesetzbuch, Siebtes Buch, Gesetzliche Unfallversicherung |
| SGB VIII | Sozialgesetzbuch, Achtes Buch, Kinder- und Jugendhilfe |
| SGB X | Sozialgesetzbuch, Zehntes Buch, Verwaltungsverfahren |
| SGB XI | Sozialgesetzbuch, Elftes Buch, Soziale Pflegeversicherung |
| SolZ | Solidaritätszuschlag |
| SolZG | Solidaritätszuschlaggesetz |
| StÄndG | Steueränderungsgesetz |
| StAnpG | Steueranpassungsgesetz |
| StAnz. | Staatsanzeiger |
| StAuskV | Steuer-Auskunftsverordnung |
| StBerG | Steuerberatungsgesetz |
| StBlNRW | Steuerblatt Nordrhein-Westfalen |
| StDAV | Steuerdaten-Abrufverordnung |
| StDÜV | Steuerdaten-Übermittlungsverordnung |
| StEntlG | Steuerentlastungsgesetz |

StGB .................. Strafgesetzbuch
StNr. .................. Steuernummer
StPfl. .................. Steuerpflichtiger
StPO .................. Strafprozeßordnung
StuZBl. ................ Steuer- und Zollblatt
SvEV .................. Sozialversicherungsentgeltverordnung

Tz. ..................... Textziffer

u. a. ................... unter anderem
UmwG ................ Umwandlungsgesetz
UmwStG ............. Umwandlungssteuergesetz
UR .................... Zeitschrift „Umsatzsteuer-Rundschau"
UStAE ................ Umsatzsteuer-Anwendungserlass
UStDV ................ Umsatzsteuer-Durchführungsverordnung
UStG .................. Umsatzsteuergesetz
USt-IdNr. ............ Umsatzsteuer-Identifikationsnummer
UStZustV ............ Umsatzsteuerzuständigkeitsverordnung

VA ..................... Verwaltungsakt
VAG ................... Versicherungsaufsichtsgesetz
VermBDV ............ Verordnung zur Durchführung des Fünften Vermögensbildungsgesetzes
VermBG .............. Vermögensbildungsgesetz
VermG ................ Vermögensgesetz
VersStG .............. Versicherungsteuergesetz
Vfg. ................... Verfügung
vGA ................... verdeckte Gewinnausschüttung
vgl. .................... vergleiche
VO .................... Verordnung
VollstrA .............. Vollstreckungsanweisung
VollzA ................ Vollziehungsanweisung
VuV ................... Vermietung und Verpachtung
VVaG ................. Versicherungsverein auf Gegenseitigkeit
VVG .................. Versicherungsvertragsgesetz
VwV .................. Verwaltungsvorschrift
VwZG ................ Verwaltungszustellungsgesetz
VZ .................... Veranlagungszeitraum

WEG ................. Wohnungseigentumsgesetz
WFG ................. Wachstums- und Beschäftigungsförderungsgesetz
WGG ................. Wohnungsgemeinnützigkeitsgesetz
WiGBl. ............... Gesetzblatt der Verwaltung des Vereinigten Wirtschaftsgebiets
Wj. .................... Wirtschaftsjahr
WoPG ................ Wohnungsbau-Prämiengesetz
WoPR ................ Richtlinien zum Wohnungsbau-Prämiengesetz
WpHG ................ Wertpapierhandelsgesetz

# Abkürzungen

| | |
|---|---|
| z. B. .................... | zum Beispiel |
| ZEV .................... | Zeitschrift für Erbrecht und Vermögensnachfolge |
| ZIV .................... | Zinsinformationsverordnung |
| ZK .................... | Zollkodex (EG-VO Nr. 2913/92) |
| ZK-DVO ............ | Zollkodex-Durchführungsverordnung (EG-VO Nr. 2454/93) |
| ZPO .................... | Zivilprozeßordnung |
| z. T. .................... | zum Teil |
| ZVG .................... | Gesetz über die Zwangsversteigerung und die Zwangsverwaltung |

# I § 2/1. Schreiben betr. einkommensteuerrechtliche Behandlung von Preisgeldern (§ 2 Abs. 1 EStG)

Vom 5. September 1996 (BStBl. I S. 1150)

(BMF IV B 1 – S 2121 – 34/96)

Geändert duch BMF vom 23. 12. 2002 (BStBl. 2003 I S. 76)

Unter Bezugnahme auf das Ergebnis der Erörterung mit den obersten Finanzbehörden der Länder gilt zur einkommensteuerrechtlichen Behandlung von Preisgeldern folgendes:

**1. Einnahmen aus Preisen (Preisgelder),** insbesondere für wissenschaftliche oder künstlerische Leistungen, unterliegen der Einkommensteuer, wenn sie in untrennbaren wirtschaftlichem Zusammenhang mit einer der Einkunftsarten des Einkommensteuergesetzes stehen. Einkommensteuerlich unbeachtlich sind Einnahmen aus Preisen, die außerhalb einer Tätigkeit zur Erzielung von Einkünften bezogen werden. Für die Abgrenzung ist von den Ausschreibungsbedingungen und den der Preisverleihung zugrundeliegenden Zielen auszugehen.

**2.** Der **Zusammenhang mit einer Einkunftsart** ist gegeben, wenn die Preisverleihung wirtschaftlich den Charakter eines leistungsbezogenen Entgelts hat und wenn sie sowohl Ziel als auch unmittelbare Folge der Tätigkeit des Steuerpflichtigen ist. Das ist insbesondere dann der Fall, wenn der Preisträger zur Erzielung des Preises ein besonderes Werk geschaffen oder eine besondere Leistung erbracht hat.

Der Zusammenhang mit einer Einkunftsart ist auch gegeben, wenn die Preisverleihung bestimmungsgemäß in nicht unbedeutendem Umfang die persönlichen oder sachlichen Voraussetzungen der Einkunftserzielung des Steuerpflichtigen fördert.

Dies ist u. a. der Fall bei

– werbewirksamen Auszeichnungen im Rahmen von betriebs- oder berufsbezogenen Ausstellungen, wie z. B. Ausstellungen kunstgewerblicher Erzeugnisse (vgl. BFH-Urteil vom 1. Oktober 1964, BStBl. III S. 629) und
– Geldpreisen mit Zuschußcharakter, die vom Empfänger im Rahmen seiner ausgeübten beruflichen oder betrieblichen Tätigkeit verwendet werden müssen, z. B. Starthilfen nach der Meisterprüfung als Handwerker, die an die Aufnahme einer selbständigen gewerblichen Tätigkeit geknüpft sind (vgl. BFH-Urteil vom 14. März 1989, BStBl. II S. 651), oder Filmpreisen (Produzentenpreisen), die nach den Vergaberichtlinien einer Zweckbestimmung zur Herstellung eines neuen Films unterliegen.

Ein Indiz dafür, daß die Preisverleihung wirtschaftlich den Charakter eines leistungsbezogenen Entgelts hat und daß sie sowohl Ziel als auch unmittelbare Folge der Tätigkeit des Steuerpflichtigen ist, ist die Bewerbung um den Preis. Dies trifft z. B. auf Ideenwettbewerbe von Architekten zu (vgl. BFH-Urteil vom 16. Januar 1975, BStBl. II S. 558).

**3. Keinen Zusammenhang mit einer Einkunftsart** haben dagegen Einnahmen aus Preisen, deren Verleihung in erster Linie dazu bestimmt ist,
– das Lebenswerk oder Gesamtschaffen des Empfängers zu würdigen,
– die Persönlichkeit des Preisträgers zu ehren,
– eine Grundhaltung auszuzeichnen oder
– eine Vorbildfunktion herauszustellen (vgl. BFH-Urteil vom 9. Mai 1985, BStBl. II S. 427).

Dies kann ausnahmsweise auch angenommen werden, wenn zwar ein bestimmtes Werk oder eine bestimmte Leistung Anlaß für die Preisverleihung war, zur Auswahl des Preisträgers jedoch dessen Gesamtpersönlichkeit oder (bisheriges) Gesamtschaffen entscheidend beigetragen haben. Davon ist z. B. bei der Vergabe des Nobelpreises auszugehen.

*4.*[1] *Bei der Verleihung von **Filmpreisen** für künstlerische Einzelleistungen (Preise für darstellerische Leistungen, Regie, Drehbuch, Kameraführung/Bildgestaltung, Schnitt, Filmmusik, Ausstattung, Kostüme) ist im allgemeinen davon auszugehen, daß mit dem Preis in erster Linie eine bestimmte berufliche Leistung des Preisträgers gewürdigt werden soll. Die mit den Filmpreisen verbundenen Preisgelder unterliegen daher nur dann nicht der Einkommensteuer, wenn insbesondere nach den jeweiligen Vergaberichtlinien das Gesamtschaffen oder die Gesamtpersönlichkeit des Preisträgers der ausschlaggebende Grund für die Preisverleihung war.*

---

[1] Nummer 4 entfallen durch BMF v. 23. 12. 2002, BStBl. 2003 I S. 76.

# 1 § 3 c/1. Schreiben betr. Anwendung des Teileinkünfteverfahrens in der steuerlichen Gewinnermittlung (§ 3 Nr. 40, § 3 c Abs. 2 EStG)[1]

Vom 23. Oktober 2013 (BStBl. I S. 1269)

(BMF IV C 6 – S 2128/07/10001; DOK 2013/0935028)

Zur Anwendung des Teilabzugsverbots auf Aufwendungen im Zusammenhang mit der Überlassung von Wirtschaftsgütern an Kapitalgesellschaften in der steuerlichen Gewinnermittlung und auf Substanzverluste und Substanzgewinne sowie auf sonstige Aufwendungen bezüglich im Betriebsvermögen gehaltener Darlehensforderungen (§ 3 c Abs. 2 EStG) nehme ich unter Bezugnahme auf das Ergebnis der Erörterung mit den obersten Finanzbehörden der Länder wie folgt Stellung:

1 Der BFH hat mit seinen beiden Urteilen vom 18. April 2012 X R 5/10 (BStBl. 2013 II S. 785) und X R 7/10 (BStBl. 2013 II S. 791) entschieden, dass § 3 c Abs. 2 EStG auf Substanzverluste von im Betriebsvermögen gehaltenen Darlehensforderungen wie bei Teilwertabschreibungen oder Forderungsverzichten unabhängig davon keine Anwendung findet, ob die Darlehensgewährung selbst gesellschaftsrechtlich veranlasst ist oder war, denn Darlehensforderungen sind selbständige Wirtschaftsgüter, die von der Kapitalbeteiligung als solcher zu unterscheiden sind.

2 Darüber hinaus hat der BFH mit Urteil vom 28. Februar 2013 IV R 49/11 (BStBl. 2013 II S. 802) entschieden, dass das Teilabzugsverbot des § 3 c Abs. 2 EStG in Betriebsaufspaltungsfällen grundsätzlich für laufende Aufwendungen bei Wirtschaftsgütern (z. B. Maschinen, Einrichtungsgegenständen oder Gebäuden) anzuwenden ist, soweit das betreffende Wirtschaftsgut verbilligt an die Betriebskapitalgesellschaft überlassen wird. Trotz dieser grundsätzlichen Anwendbarkeit des Teilabzugsverbots gilt dieses nach Ansicht des BFH gleichwohl nicht für solche laufenden Aufwendungen, die sich auf die Substanz der dem Betriebsvermögen zugehörigen und zur Nutzung an die Betriebskapitalgesellschaft überlassenen Wirtschaftsgüter beziehen; das Teilabzugsverbot gilt hier insbesondere nicht für Absetzungen für Abnutzung (AfA) und für Erhaltungsaufwendungen in Bezug auf die überlassenen Wirtschaftsgüter.

3 Die genannten BFH-Urteile sind in allen noch offenen Fällen anzuwenden. Im Zusammenhang mit der Anwendung dieser BFH-Rechtsprechung gilt im Einzelnen Folgendes:

## 1. Aufwendungen für die Überlassung von Wirtschaftsgütern an eine Kapitalgesellschaft, an der der Überlassende beteiligt ist

4 Für die Frage, ob die laufenden Aufwendungen, die im Zusammenhang mit der Überlassung von Wirtschaftsgütern an Kapitalgesellschaften, an der der

[1] Rechtslage bis 31. 12. 2014; zur Rechtslage ab 1. 1. 2015 siehe Zusatz der OFD Frankfurt v. 27. 9. 2018 am Ende dieses Schreibens.

Überlassende beteiligt ist (insbesondere in Fällen einer Betriebsaufspaltung), entstehen, ganz oder gemäß § 3 c Abs. 2 EStG nur anteilig als Betriebsausgaben abgezogen werden können, ist der Veranlassungszusammenhang mit voll oder nach § 3 Nr. 40 EStG nur teilweise zu besteuernden Betriebsvermögensmehrungen maßgeblich. Laufende Aufwendungen beispielsweise im Fall der Überlassung von Grundstücken stellen insbesondere Aufwendungen für Strom, Gas, Wasser, Heizkosten, Gebäudereinigungskosten, Versicherungsbeiträge und Finanzierungskosten dar.

**a) Überlassung zu fremdüblichen Konditionen**

5 Erfolgt die Überlassung der im Betriebsvermögen gehaltenen Wirtschaftsgüter an die (Betriebs-)Kapitalgesellschaft vollentgeltlich, d. h. zu fremdüblichen Konditionen, ist § 3 c Abs. 2 EStG nicht anwendbar, weil die Aufwendungen in erster Linie mit den vereinbarten Miet- oder Pachtzinsen und nicht mit den erwarteten Beteiligungserträgen (Gewinnausschüttungen/Dividenden und Gewinnen aus einer zukünftigen Veräußerung oder Entnahme des Anteils) in Zusammenhang stehen.

**b) Überlassung aus gesellschaftsrechtlichen Gründen: Teilentgeltliche oder unentgeltliche Überlassung**

6 Erfolgt die Überlassung der im Betriebsvermögen gehaltenen Wirtschaftsgüter an die (Betriebs-)Kapitalgesellschaft dagegen aus gesellschaftsrechtlichen Gründen unentgeltlich oder teilentgeltlich, d. h. zu nicht fremdüblichen Konditionen, ist insoweit grundsätzlich § 3 c Abs. 2 EStG anzuwenden, weil in diesem Fall die Aufwendungen ganz oder teilweise mit den aus der (Betriebs-)Kapitalgesellschaft erwarteten Einkünften des Gesellschafters, nämlich den Beteiligungserträgen in Form von Gewinnausschüttungen/Dividenden und den Gewinnen aus einer zukünftigen Veräußerung oder Entnahme des Anteils zusammenhängen.

7 Werden Wirtschaftsgüter teilentgeltlich überlassen, ist eine Aufteilung in eine voll entgeltliche und eine unentgeltliche Überlassung vorzunehmen. Die Aufteilung muss dabei im Verhältnis der vereinbarten Konditionen zu den fremdüblichen Konditionen unter ansonsten gleichen Verhältnissen vorgenommen werden. Die fehlende Fremdüblichkeit und damit die Teilentgeltlichkeit beruhen im Regelfall auf einem zu niedrigen Pachtentgelt. Als Aufteilungsmaßstab ist in diesen Fällen grundsätzlich das Verhältnis des tatsächlich gezahlten Pachtentgelts zum fremdüblichen Pachtentgelt heranzuziehen (vgl. BFH-Urteile vom 28. Februar 2013 IV R 49/11, BStBl. II S. 802, und vom 17. Juli 2013 X R 17/11, BStBl. II S. 817).

**c) Laufende Aufwendungen auf die Substanz des überlassenen Betriebsvermögens**

8 Das Teilabzugsverbot des § 3 c Abs. 2 EStG gilt dagegen nicht für solche laufenden Aufwendungen, die sich auf die Substanz der dem Betriebsvermögen zugehörigen, zur Nutzung an die (Betriebs-)Kapitalgesellschaft überlassenen Wirtschaftsgüter beziehen; das Teilabzugsverbot gilt hier insbesondere nicht für AfA und für Erhaltungsaufwendungen (vgl. BFH-Urteil vom 28. Februar 2013 IV R 49/11, BStBl. II S. 802).

### d) Behandlung von Finanzierungskosten

Finanzierungskosten bezüglich der überlassenen Wirtschaftsgüter wie etwa Zinsaufwendungen können allerdings kein substanzbezogener Aufwand im Sinne des vorstehenden Buchstabens c) sein, da in vollem Umfang steuerpflichtige Substanzgewinne insoweit nicht vorliegen können. Der Finanzierungsaufwand z. B. für ein Grundstück, das an die (Betriebs-)Kapitalgesellschaft überlassen wird, unterliegt damit bei einer teilentgeltlichen oder unentgeltlichen Überlassung dem Teilabzugsverbot des § 3 c Abs. 2 EStG. 9

## 2. Substanzverluste und Substanzgewinne sowie sonstige Aufwendungen bezüglich im Betriebsvermögen gehaltener Darlehensforderungen

Ein Darlehen, das einer Kapitalgesellschaft gewährt wird, an der der Darlehensgeber beteiligt ist, kann dem Betriebsvermögen des Darlehensgebers zuzuordnen sein. Die Beteiligung an der Kapitalgesellschaft und die Darlehensforderung stellen jeweils selbstständige Wirtschaftsgüter dar, die getrennt auszuweisen und einzeln zu bewerten sind. 10

### a) Teilwertabschreibung auf Darlehensforderungen (Substanzverluste)

§ 3 c Abs. 2 EStG findet auf Substanzverluste von im Betriebsvermögen gehaltenen Darlehensforderungen wie bei Teilwertabschreibungen oder Forderungsverzichten unabhängig davon keine Anwendung, ob die Darlehensgewährung selbst gesellschaftsrechtlich veranlasst ist oder war, denn Darlehensforderungen sind selbstständige Wirtschaftsgüter, die von der Kapitalbeteiligung als solcher zu unterscheiden sind. Deshalb sind Substanzverluste getrennt nach den für das jeweilige Wirtschaftsgut zur Anwendung kommenden Vorschriften zu beurteilen. Da Substanzgewinne aus einer Wertsteigerung oder Veräußerung einer im Betriebsvermögen gehaltenen Darlehensforderung voll steuerpflichtig sind, kann umgekehrt das Teilabzugsverbot des § 3 c Abs. 2 EStG auch nicht Substanzverluste von Darlehensforderungen erfassen (vgl. BFH-Urteile vom 18. April 2012 X R 5/10, BStBl. 2013 II S. 785, und X R 7/10, BStBl. 2013 II S. 791). 11

### b) Wertaufholung nach vorausgegangener Teilwertabschreibung (Substanzgewinne)

Liegen in späteren Wirtschaftsjahren die Voraussetzungen für den niedrigeren Teilwert nicht mehr vor, ist für die zunächst auf den niedrigeren Teilwert abgeschriebene Darlehensforderung eine Wertaufholung gemäß § 6 Abs. 1 Nr. 2 Satz 3 EStG vorzunehmen. Diese Wertaufholung ist in vollem Umfang steuerpflichtig, weil die vorausgehende Wertminderung ihrerseits nicht dem Teilabzugsverbot des § 3 c Abs. 2 EStG unterfiel. 12

### c) Behandlung von Finanzierungskosten

Finanzierungskosten bezüglich der gewährten Darlehensforderungen wie etwa Zinsaufwendungen können allerdings kein substanzbezogener Aufwand im Sinne des vorstehenden Buchstabens a) sein, da in vollem Umfang steuerpflichtige Substanzgewinne insoweit nicht vorliegen können. Der Finanzierungsaufwand für ein Darlehen unterliegt damit bei einer teilentgeltlichen 13 oder unentgeltlichen Darlehensgewährung dem Teilabzugsverbot des § 3 c Abs. 2 EStG.

### 3. Wechsel des Veranlassungszusammenhangs

14 Nach dem Grundsatz der Abschnittsbesteuerung ist für jeden Veranlagungszeitraum zu prüfen, ob und ggf. durch welche Einkunftsart oder Einnahmen die geltend gemachten Aufwendungen (vorrangig) veranlasst sind (vgl. BFH-Urteil vom 28. Februar 2013 IV R 49/11, BStBl. II S. 802). Insoweit kann es zu einem steuerrechtlich zu berücksichtigenden Wechsel des Veranlassungszusammenhangs kommen. Der für die unter Textziffer 1 und 2 vorzunehmende Einordnung maßgebliche Veranlassungszusammenhang hinsichtlich des überlassenen Wirtschaftsguts oder des gewährten Darlehens kann sich demnach ändern. Das ist z. B. dann der Fall, wenn sich mit dem Abschluss einer Vereinbarung über den künftigen Verzicht auf Erhebung eines marktüblichen Miet- oder Pachtzinses ein Übergang von einer voll entgeltlichen Überlassung zu einer voll unentgeltlichen Überlassung vollzieht.

15 Werden die Pachtentgelte zunächst zu fremdüblichen Bedingungen vereinbart, verzichtet der Verpächter aber zu einem späteren Zeitpunkt auf noch nicht entstandene (künftige) Pachtforderungen ganz oder teilweise, ist darauf abzustellen, ob der Verzicht betrieblich (durch das Pachtverhältnis) veranlasst ist oder auf dem Gesellschaftsverhältnis beruht.

16 Ein (teilweiser) Verzicht ist z. B. dann betrieblich veranlasst, wenn die vergleichbaren marktüblichen Pachtentgelte generell gesunken sind und fremde Dritte eine Pachtanpassung vereinbart hätten oder wenn der Verzicht im Rahmen von Sanierungsmaßnahmen, an denen auch gesellschaftsfremde Personen teilnehmen, zeitlich befristet ausgesprochen wird (vgl. BFH-Urteil vom 28. Februar 2013 IV R 49/11, BStBl. II S. 802). War der Verzicht des Verpächters dagegen durch das Gesellschaftsverhältnis veranlasst, weil ein fremder Dritter den vereinbarten Verzicht weder in zeitlicher Hinsicht noch der Höhe nach akzeptiert hätte, sondern weiterhin auf der Zahlung des vereinbarten Pachtentgelts bestanden hätte oder ansonsten das Pachtverhältnis beendet hätte, unterliegen die mit der Nutzungsüberlassung zusammenhängenden Aufwendungen nach dem Wechsel des Veranlassungszusammenhangs in voller Höhe – bei teilweisem Verzicht anteilig – dem Teileinkünfteverfahren (vgl. BFH-Urteil vom 28. Februar 2013 IV R 49/11, BStBl. II S. 802).

17 Entsprechendes gilt, wenn bei einer Darlehensgewährung (siehe Textziffer 2) ganz oder teilweise auf künftige Darlehenszinsen verzichtet wird.

### 4. Rückgriffsforderungen aus einer Bürgschaftsinanspruchnahme

18 In der Praxis erfolgt insbesondere in den Fällen einer Betriebsaufspaltung häufig eine Gestellung von Sicherheiten des Besitzunternehmens in Form einer Bürgschaftserklärung für die Verbindlichkeiten der Betriebsgesellschaft. Für die Aufwendungen im Zusammenhang mit der Bürgschaftsinanspruchnahme sind die unter Textziffer 1 bis 3 dargestellten Grundsätze sinngemäß anzuwenden. Entsprechendes gilt bei der Gestellung anderer Sicherheiten.

### 5. Grundsätze des BFH-Urteils vom 25. Juni 2009 (BStBl. 2010 II S. 220) zu einnahmelosen Kapitalbeteiligungen

Nach § 3 c Abs. 2 Satz 2 EStG ist für die Anwendung des § 3 c Abs. 2 Satz 1 EStG die Absicht zur Erzielung von Betriebsvermögensmehrungen oder Einnahmen i. S. des § 3 Nr. 40 EStG ausreichend. Fehlt es vollständig an Einnahmen, ist § 3 c Abs. 2 Satz 1 EStG für Veranlagungszeiträume ab 2011 anzuwenden und der angefallene Erwerbsaufwand deshalb nur teilweise abziehbar. Die Grundsätze des BFH-Urteils vom 25. Juni 2009 IX R 42/08 (BStBl. 2010 II S. 220), wonach das Teilabzugsverbot des § 3 c Abs. 2 EStG auf Erwerbsaufwendungen im Falle von vollständig einnahmelosen Beteiligungen keine Anwendung findet, sind für Veranlagungszeiträume bis einschließlich 2010 zu beachten **19**

### 6. Anwendungsregelung

Dieses Schreiben ist in allen noch offenen Fällen anzuwenden. Das BMF-Schreiben vom 8. November 2010 (BStBl. I S. 1292) wird mit der Maßgabe aufgehoben, dass Textziffer 4 dieses Schreibens („Spätere Wertaufholung auf die Darlehensforderung")[1] aus Gründen der sachlichen Billigkeit in denjenigen Fällen auch weiterhin anzuwenden ist, in denen eine Teilwertabschreibung auf eine Darlehensforderung unter Berücksichtigung der bisherigen Verwaltungsauffassung bereits Gegenstand einer bestandskräftigen Steuerfestsetzung war. **20**

**Zusatz der OFD Frankfurt v. 27. 9. 2018 S 2128 A – 7 – St 213, DStR 2019 S. 328:**

**II. Rechtslage ab 1. 1. 2015**

Für Wirtschaftsjahre, die nach dem 31. 12. 2014 beginnen, ist die gesetzliche Neuregelung des § 3 c Abs. 2 Sätze 2-6 EStG zu beachten.

Nach § 3 c Abs. 2 Satz 2 EStG sind Betriebsvermögensminderungen oder Betriebsausgaben im Zusammenhang mit einer Darlehensforderung oder der Inanspruchnahme aus einer hierfür gegebenen Sicherheit bei einem Steuerpflichtigen, der zu mehr als einem Viertel unmittelbar oder mittelbar am Grund- oder Stammkapital der Körperschaft, der das Darlehen gewährt wurde, beteiligt ist, nur zu 60% abzugsfähig. Damit wird ab diesem Zeitpunkt abweichend von dem vorstehenden BMF-Schreiben vom 23. 10. 2013 auch die Substanz entsprechender Darlehen vom Abzugsverbot des § 3 c Abs. 2 EStG erfasst.

Zudem wird durch § 3 c Abs. 2 Satz 3 EStG die Nachweispflicht für die Fremdüblichkeit dem Steuerpflichtigen auferlegt.

Durch § 3 c Abs. 2 Satz 6 EStG wird darüber hinaus sichergestellt, dass das Teilabzugsverbot auch für die Betriebsvermögensminderungen, Betriebsausgaben (inkl. substanzbezogener Aufwendungen wie AfA, Erhaltungsaufwendungen) oder Veräußerungskosten im Zusammenhang mit der Überlassung von Wirtschaftsgütern an eine Kapitalgesellschaft gilt, an der der Überlassende zu mehr als 25 % unmittelbar oder mittelbar beteiligt ist oder war, wenn diese Überlassung aus gesellschaftsrechtlichen Gründen zu nicht fremdüblichen Konditionen erfolgt (z. B. Überlassung von Wirtschaftsgütern im Rahmen einer Betriebsaufspaltung).

---

[1] Tz. 4 des BMF-Schreibens v. 8. 11. 2010, BStBl. I S. 1292, lautet:

**„4. Spätere Wertaufholung auf die Darlehensforderung**

Liegen in späteren Wirtschaftsjahren die Voraussetzungen für den niedrigeren Teilwert nicht mehr vor, ist für die zunächst auf den niedrigeren Teilwert abgeschriebene Darlehensforderung eine Wertaufholung gemäß § 6 Abs. 1 Nr. 2 EStG vorzunehmen. War in diesem Fall die zugrunde liegende Teilwertabschreibung auf die Darlehensforderung nach den oben unter 2. dargestellten Grundsätzen nur anteilig abziehbar, ist auch der spätere Gewinn aus der Zuschreibung nicht voll, sondern nur anteilig steuerpflichtig („umgekehrte" Anwendung des § 3 c Absatz 2 EStG)."

# 1 § 4/1. Schreiben betr. steuerliche Anerkennung von Aufwendungen für die Bewirtung von Personen aus geschäftlichem Anlass in einem Bewirtungsbetrieb als Betriebsausgaben

Vom 30. Juni 2021

BMF IV C 6 - S 2145/19/10003 :003; DOK 2021/0748446

(BStBl. I S. 908)

**Bezug:** BMF-Schreiben vom 21. November 1994 (BStBl. I S. 855)

Unter Bezugnahme auf das Ergebnis der Erörterungen mit den obersten Finanzbehörden der Länder gilt zur steuerlichen Anerkennung des Betriebsausgabenabzugs von Aufwendungen für die Bewirtung i.S.d. § 4 Abs. 5 Satz 1 Nr. 2 EStG i.V.m. R 4.10 Abs. 5 bis 9 EStR Folgendes:

Der Abzug von angemessenen Bewirtungsaufwendungen als Betriebsausgaben 1
erfordert nach § 4 Abs. 5 Satz 1 Nr. 2 Satz 2 EStG vom Steuerpflichtigen einen schriftlichen Nachweis über Ort, Tag, Teilnehmer und Anlass der Bewirtung sowie die Höhe der Aufwendungen. Die zum Nachweis von Bewirtungsaufwendungen erforderlichen schriftlichen Angaben müssen zeitnah gemacht werden (vgl. BFH vom 25. März 1988 III R 96/85, BStBl. II S. 655). Hierfür wird regelmäßig ein formloses Dokument (sog. Bewirtungsbeleg als Eigenbeleg) erstellt. Dieser Eigenbeleg ist vom Steuerpflichtigen zu unterschreiben (vgl. BFH vom 15. Januar 1998 IV R 81/96, BStBl. II S. 263). Bei Bewirtung in einem Bewirtungsbetrieb ist zum Nachweis die Rechnung über die Bewirtung beizufügen; dabei genügen auf dem Eigenbeleg Angaben zum Anlass und zu den Teilnehmern der Bewirtung (§ 4 Abs. 5 Satz 1 Nr. 2 Satz 3 EStG, R 4.10 Abs. 8 Satz 2 EStR). Die Rechnung muss, soweit im Folgenden nichts Anderes geregelt ist, nach R 4.10 Abs. 8 Satz 8 EStR den Anforderungen des § 14 UStG genügen. Sie muss maschinell erstellt und elektronisch aufgezeichnet sein. Bei Rechnungen mit einem Gesamtbetrag bis zu 250 Euro (Kleinbetragsrechnungen) müssen mindestens die Anforderungen des § 33 UStDV erfüllt sein.

## 1. Inhalt der Bewirtungsrechnung

### 1.1. Name und Anschrift des leistenden Unternehmers (Bewirtungsbetrieb)

Die Rechnung muss den vollständigen Namen und die vollständige Anschrift 2
des leistenden Unternehmers (Bewirtungsbetrieb) enthalten. Dies gilt auch bei Kleinbetragsrechnungen (§ 33 UStDV). Den Anforderungen ist genügt, wenn sich auf Grund der in der Rechnung aufgenommenen Bezeichnungen der Name und die Anschrift eindeutig feststellen lassen (§ 31 Abs. 2 UStDV).

### 1.2. Steuernummer oder Umsatzsteuer-Identifikationsnummer

Die Rechnung muss die dem leistenden Unternehmer (Bewirtungsbetrieb) 3
vom Finanzamt erteilte Steuernummer oder die ihm vom Bundeszentralamt für Steuern erteilte Umsatzsteuer-Identifikationsnummer enthalten. Dies gilt nicht bei Kleinbetragsrechnungen.

### 1.3. Ausstellungsdatum

4 Die Rechnung muss das Ausstellungsdatum enthalten. Dies gilt auch bei Kleinbetragsrechnungen.

### 1.4. Rechnungsnummer

5 Die Rechnung muss eine fortlaufende Nummer enthalten, die zur Identifizierung der Rechnung vom Rechnungsaussteller einmalig vergeben worden ist. Dies gilt nicht bei Kleinbetragsrechnungen. Verpflichtende Angaben nach § 6 Kassensicherungsverordnung (KassenSichV), wie z.B. die Angabe einer Transaktionsnummer, bleiben unberührt.

### 1.5. Leistungsbeschreibung

6 Die Rechnung muss zu der Bewirtungsleistung die Menge und die Art (handelsübliche Bezeichnung) der gelieferten Gegenstände oder den Umfang und die Art der sonstigen Leistung enthalten. Dies gilt auch für Kleinbetragsrechnungen. Buchstaben, Zahlen oder Symbole, wie sie für umsatzsteuerliche Zwecke ausreichen (§ 31 Abs. 3 UStDV), genügen für den Betriebsausgabenabzug nicht. Bewirtungsleistungen sind im Einzelnen zu bezeichnen; die Angabe „Speisen und Getränke“ und die Angabe der für die Bewirtung in Rechnung gestellten Gesamtsumme reichen nicht. Bezeichnungen wie z.B. „Menü 1“, „Tagesgericht 2“ oder „Lunch-Buffet“ und aus sich selbst heraus verständliche Abkürzungen sind jedoch nicht zu beanstanden.

### 1.6. Leistungszeitpunkt (Tag der Bewirtung)

7 Für den Betriebsausgabenabzug von Bewirtungsaufwendungen muss der Leistungszeitpunkt (Tag der Bewirtung) angegeben werden. Dies gilt auch bei Kleinbetragsrechnungen. Ein Verweis auf das Ausstellungsdatum (siehe Rdnr. 4) z.B. in der Form „Leistungsdatum entspricht Rechnungsdatum“ ist ausreichend. Handschriftliche Ergänzungen oder Datumsstempel reichen nicht aus.

### 1.7. Rechnungsbetrag

8 Die Rechnung muss den Preis für die Bewirtungsleistungen enthalten. Ein ggf. vom bewirtenden Steuerpflichtigen zusätzlich gewährtes Trinkgeld kann durch die maschinell erstellte und elektronisch aufgezeichnete Rechnung zusätzlich ausgewiesen werden. Wird das Trinkgeld in der Rechnung nicht ausgewiesen, gelten für den Nachweis von Trinkgeldzahlungen die allgemeinen Regelungen über die Feststellungslast, die beim bewirtenden Steuerpflichtigen liegt. Der Nachweis kann z.B. dadurch geführt werden, dass das Trinkgeld vom Empfänger des Trinkgeldes auf der Rechnung quittiert wird.

### 1.8. Name des Bewirtenden

9 Nach R 4.10 Abs. 8 Satz 4 EStR muss die Rechnung auch den Namen des bewirtenden Steuerpflichtigen enthalten; dies gilt nicht, wenn der Gesamtbetrag der Rechnung 250 Euro nicht übersteigt. Es bestehen jedoch bei einem Rechnungsbetrag über 250 Euro keine Bedenken, wenn der leistende Unternehmer (Bewirtungsbetrieb) den Namen des bewirtenden Steuerpflichtigen handschriftlich auf der Rechnung vermerkt.

## 2. Erstellung der Bewirtungsrechnung

10 Verwendet der Bewirtungsbetrieb ein elektronisches Aufzeichnungssystem mit Kassenfunktion i.S.d. § 146a Abs. 1 AO i.V.m. § 1 KassenSichV, werden für den Betriebsausgabenabzug von Aufwendungen für eine Bewirtung von Per-

sonen aus geschäftlichem Anlass nur maschinell erstellte, elektronisch aufgezeichnete und mit Hilfe einer zertifizierten technischen Sicherheitseinrichtung (TSE) abgesicherte Rechnungen anerkannt. Der Bewirtungsbetrieb ist in diesen Fällen nach § 146a Abs. 2 AO verpflichtet, mit dem elektronischen Aufzeichnungssystem mit Kassenfunktion Belege über die Geschäftsvorfälle zu erstellen. Der zu erstellende Beleg, der die Angaben gemäß § 6 KassenSichV enthält, stellt bei einem Rechnungsbetrag bis 250 Euro eine ordnungsgemäße Rechnung i.S.d. § 14 UStG i.V.m. § 33 UStDV dar. Rechnungen in anderer Form, z.B. handschriftlich erstellte oder nur maschinell erstellte, erfüllen die Nachweisvoraussetzungen des Satzes 1 nicht; die darin ausgewiesenen Bewirtungsaufwendungen sind vollständig vom Betriebsausgabenabzug ausgeschlossen.

Der bewirtende Steuerpflichtige kann im Allgemeinen darauf vertrauen, dass die ihm erteilte Rechnung vom Bewirtungsbetrieb maschinell ordnungsgemäß erstellt und aufgezeichnet worden ist, wenn der von dem elektronischen Aufzeichnungssystem mit Kassenfunktion ausgestellte Beleg mit einer Transaktionsnummer, der Seriennummer des elektronischen Aufzeichnungssystems oder der Seriennummer des Sicherheitsmoduls versehen wurde. Diese Angaben können auch in Form eines QR-Codes dargestellt werden. 11

Fällt die zertifizierte technische Sicherheitseinrichtung (TSE) aus, darf nach AEAO zu § 146a Nr. 7.2 und 7.3 das elektronische Aufzeichnungssystem weiterbetrieben werden, wenn der Ausfall auf dem Beleg z.B. durch eine fehlende Transaktionsnummer oder durch eine sonstige eindeutige Kennzeichnung ersichtlich ist. Für entsprechend ausgestellte Belege über Bewirtungsaufwendungen ist der Betriebsausgabenabzug grundsätzlich zulässig. 12

Werden Bewirtungsleistungen zu einem späteren Zeitpunkt als dem Tag der Bewirtung in Rechnung gestellt und unbar bezahlt (z.B. bei der Bewirtung eines größeren Personenkreises im Rahmen einer geschlossenen Veranstaltung) oder sind in dem bewirtenden Betrieb ausschließlich unbare Zahlungen möglich, ist die Vorlage eines Belegs eines elektronischen Aufzeichnungssystems mit Kassenfunktion, der die Angaben nach § 6 KassenSichV beinhaltet, nicht zwingend erforderlich. In diesem Fall ist der Rechnung der Zahlungsbeleg über die unbare Zahlung beizufügen. 13

Werden für Gäste eines Unternehmens Verzehrgutscheine ausgegeben, gegen deren Vorlage die Besucher auf Rechnung des Unternehmens in einem Bewirtungsbetrieb bewirtet werden, reicht für den Betriebsausgabenabzug die Vorlage der Abrechnung über die Verzehrgutscheine aus. 14

### 3. Digitale oder digitalisierte Bewirtungsrechnungen und -belege

Für die vollständige elektronische Abbildung der Nachweisvoraussetzungen gilt Folgendes: 15

Der Eigenbeleg wird vom Steuerpflichtigen digital erstellt oder digitalisiert (digitaler oder digitalisierter Eigenbeleg). Die erforderliche Autorisierung ist durch den Steuerpflichtigen durch eine elektronische Unterschrift oder eine elektronische Genehmigung der entsprechenden Angaben zu gewährleisten; die Angaben dürfen im Nachhinein nicht undokumentiert geändert werden können.

Die Rechnung über die Bewirtung in einem Bewirtungsbetrieb kann dem Steuerpflichtigen bereits in digitaler Form übermittelt werden (digitale Bewir- 16 tungsrechnung). Eine Bewirtungsrechnung in Papierform kann vom Steuerpflichtigen digitalisiert werden (digitalisierte Bewirtungsrechnung).

17 Ein digitaler oder digitalisierter Eigenbeleg muss digital mit der Bewirtungsrechnung zusammengefügt oder durch einen Gegenseitigkeitshinweis auf Eigenbeleg und Bewirtungsrechnung verbunden werden. Eine elektronische Verknüpfung (z.B. eindeutiger Index, Barcode) ist zulässig. Die geforderten Angaben können auch in digitaler Form auf der digitalen oder digitalisierten Bewirtungsrechnung angebracht werden.

18 Die Nachweiserfordernisse des § 4 Abs. 5 Satz 1 Nr. 2 Satz 2 und 3 EStG sind als erfüllt anzusehen, wenn

– der Steuerpflichtige zeitnah einen elektronischen Eigenbeleg mit den gesetzlich erforderlichen Angaben erstellt oder die gesetzlich erforderlichen Angaben zeitnah auf der digitalen oder digitalisierten Bewirtungsrechnung elektronisch ergänzt,
– der Zeitpunkt der Erstellung oder Ergänzung im Dokument elektronisch aufgezeichnet wird,
– das erstellte Dokument oder die Ergänzung der Bewirtungsrechnung vom Steuerpflichtigen digital signiert oder genehmigt wird,
– der Zeitpunkt der Signierung oder Genehmigung elektronisch aufgezeichnet wird,
– das erstellte Dokument – in Fällen des § 4 Abs. 5 Satz 1 Nr. 2 Satz 3 EStG zusammen mit der digitalen oder digitalisierten Bewirtungsrechnung (z.B. durch einen gegenseitigen Verweis) – oder die ergänzte Bewirtungsrechnung elektronisch aufbewahrt wird und
– bei den genannten Vorgängen die Grundsätze zur ordnungsmäßigen Führung und Aufbewahrung von Büchern, Aufzeichnungen und Unterlagen in elektronischer Form sowie zum Datenzugriff (GoBD) des BMF-Schreibens vom 28. November 2019 (BStBl. I S. 1269, insbesondere Rzn. 36 ff., 45 ff., 58 ff., 107 ff., 125 ff., 130 ff., 136 ff. und 156 ff.)[1] erfüllt und die jeweils angewandten Verfahren in der Verfahrensdokumentation beschrieben (Rz. 151 ff. der GoBD) werden.

### 4. Bewirtungen im Ausland

19 § 4 Abs. 5 Satz 1 Nr. 2 EStG unterscheidet nicht, ob die Bewirtung im Inland oder im Ausland stattgefunden hat. Die dort genannten Anforderungen gelten daher auch bei Auslandsbewirtungen. Die Anforderungen der R 4.10 Abs. 5 bis 9 EStR sind grundsätzlich auch bei Bewirtungen im Ausland zu erfüllen. Wird jedoch glaubhaft gemacht, dass eine detaillierte, maschinell erstellte und elektronisch aufgezeichnete Rechnung nicht zu erhalten war, genügt in Ausnahmefällen die ausländische Rechnung, auch wenn sie diesen Anforderungen nicht voll entspricht. Liegt im Ausnahmefall nur eine handschriftlich erstellte ausländische Rechnung vor, hat der Steuerpflichtige glaubhaft zu machen, dass im jeweiligen ausländischen Staat keine Verpflichtung zur Erstellung maschineller Belege besteht.

[1] Nr. **800** § 146 /1.

## 5. Anwendungsregelung

Dieses Schreiben ersetzt das BMF-Schreiben vom 21. November 1994 (BStBl. I S. 855) und ist in allen offenen Fällen mit der Maßgabe anzuwenden, dass die im jeweiligen Veranlagungszeitraum maßgeblichen Betragsgrenzen des § 33 UStDV zu beachten sind. Für bis zum 31. Dezember 2022 ausgestellte Belege über Bewirtungsaufwendungen ist der Betriebsausgabenabzug unabhängig von den nach der KassenSichV geforderten Angaben zulässig. Führen die Regelungen in diesem Schreiben über die nach der KassenSichV geforderten Angaben hinaus im Vergleich zu den Regelungen im Schreiben vom 21. November 1994 (BStBl. I S. 855) zu erhöhten Anforderungen an die Nachweisführung, sind diese verpflichtend erst für Bewirtungsaufwendungen vorauszusetzen, die nach dem 1. Juli 2021 anfallen. 20

# 1 § 4/2. Schreiben betr. ertragsteuerliche Beurteilung von Aufwendungen für Fahrten zwischen Wohnung und Betriebsstätte und von Reisekosten unter Berücksichtigung der Reform des steuerlichen Reisekostenrechts zum 1. Januar 2014; Anwendung bei der Gewinnermittlung

Vom 23. Dezember 2014

BMF IV C 6 - S 2145/10/10005 :001; DOK 2014/1085209

(BStBl. 2015 I S. 26)

**Bezug:** BMF-Schreiben vom 24. Oktober 2014 (BStBl. I S. 1412)[1]

Mit dem Gesetz zur Änderung und Vereinfachung der Unternehmensbesteuerung und des steuerlichen Reisekostenrechts vom 20. Februar 2013 (BGBl. I S. 285, BStBl. I S. 188) wurde die Abziehbarkeit von Reisekosten als Betriebsausgaben geändert. Im Einvernehmen mit den obersten Finanzbehörden der Länder gilt für die ertragsteuerliche Beurteilung von Reisekosten ab dem 1. Januar 2014 Folgendes:

## 1. Aufwendungen für Wege zwischen Wohnung und Betriebsstätte

### a) Begriffsbestimmung Betriebsstätte

Aufwendungen für die Wege zwischen Wohnung und Betriebsstätte i. S. d. § 4 Abs. 5 Satz 1 Nr. 6 EStG sind keine Reisekosten. Ihr Abzug richtet sich gemäß § 4 Abs. 5 Satz 1 Nr. 6 EStG nach den Regelungen in § 9 Abs. 1 Satz 3 Nr. 4 Satz 2 bis 6 EStG zur Entfernungspauschale. Im Hinblick auf den besonderen Zweck des § 4 Abs. 5 Satz 1 Nr. 6 EStG, den Zusammenhang mit § 9 Abs. 1 Satz 3 Nr. 4 EStG und wegen der gebotenen Gleichbehandlung von Arbeitnehmern und Steuerpflichtigen mit Gewinneinkünften im Regelungsbereich beider Vorschriften weicht der Begriff der Betriebsstätte vom Betriebsstättenbegriff des § 12 AO ab. Unter Betriebsstätte ist die von der Wohnung getrennte dauerhafte Tätigkeitsstätte des Steuerpflichtigen zu verstehen, d. h. eine ortsfeste betriebliche Einrichtung i. S. d. Rdnr. 3 des *BMF-Schreibens vom 24. Oktober 2014 (BStBl. I S. 1412)*[1] des Steuerpflichtigen, des Auftraggebers oder eines vom Auftraggeber bestimmten Dritten, an der oder von der aus die steuerrechtlich relevante Tätigkeit dauerhaft ausgeübt wird. Eine hierauf bezogene eigene Verfügungsmacht des Steuerpflichtigen ist – im Unterschied zur Geschäftseinrichtung i. S. d. § 12 Satz 1 AO – nicht erforderlich. 1

Dauerhaftigkeit liegt vor, wenn die steuerlich erhebliche Tätigkeit an einer Tätigkeitsstätte unbefristet, für eine Dauer von voraussichtlich mehr als 48 Monaten oder für die gesamte Dauer der betrieblichen Tätigkeit ausgeübt werden soll. Für die Prognose der voraussichtlichen Dauer kann auf die Dauer des Auftragsverhältnisses abgestellt werden. Wird das Auftragsverhältnis zu einem späteren Zeitpunkt verlängert, ist die Prognoseentscheidung für zukünftige Zeiträume neu zu treffen; bereits vergangene Tätigkeitszeiträume sind bei der Prüfung des 48-Monatszeitraums nicht mit einzubeziehen. Weichen die 2

[1] Jetzt BMF v. 25.11.2020, BStBl. I S. 1228 (Nr. **20** § 9/10).

tatsächlichen Verhältnisse durch unvorhersehbare Ereignisse, wie etwa Krankheit, politische Unruhen am Tätigkeitsort, Insolvenz des Kunden o. ä. von der ursprünglichen Prognose ab, bleibt die zuvor getroffene Prognoseentscheidung für die Vergangenheit bezüglich des Vorliegens einer Betriebsstätte maßgebend.

3 Ein häusliches Arbeitszimmer ist keine Betriebsstätte i. S. d. § 4 Abs. 5 Satz 1 Nr. 6 EStG. Der Steuerpflichtige kann an mehreren Betriebsstätten tätig sein; für jeden Betrieb kann jedoch höchstens eine ortsfeste betriebliche Einrichtung Betriebsstätte i. S. d. § 4 Abs. 5 Satz 1 Nr. 6 EStG (erste Betriebsstätte) sein.

4 Als Betriebsstätte gilt auch eine Bildungseinrichtung, die vom Steuerpflichtigen aus betrieblichem Anlass zum Zwecke eines Vollzeitstudiums oder einer vollzeitlichen Bildungsmaßnahme aufgesucht wird.

**b) Erste Betriebsstätte**

5 Übt der Steuerpflichtige seine betriebliche Tätigkeit an mehreren Betriebsstätten aus, ist die erste Betriebsstätte anhand quantitativer Merkmale zu bestimmen. Nach § 9 Abs. 4 Satz 4 EStG ist danach erste Betriebsstätte die Tätigkeitsstätte, an der der Steuerpflichtige dauerhaft typischerweise (im Sinne eines Vergleichs mit einem Arbeitnehmer) arbeitstäglich oder je Woche an zwei vollen Arbeitstagen oder mindestens zu einem Drittel seiner regelmäßigen Arbeitszeit tätig werden will. Treffen diese Kriterien auf mehrere Tätigkeitsstätten zu, ist die der Wohnung des Steuerpflichtigen näher gelegene Tätigkeitsstätte erste Betriebsstätte (entsprechend § 9 Abs. 4 Satz 7 EStG). Die Fahrten zu weiter entfernt liegenden Tätigkeitsstätten sind als Auswärtstätigkeiten zu beurteilen.

**Beispiel 1:**

Der Steuerpflichtige wohnt in A und betreibt in B ein Einzelunternehmen, das er arbeitstäglich z. B. während der Öffnungszeiten aufsucht. Bei den Fahrten handelt es sich um Fahrten zwischen Wohnung und Betriebsstätte; die Aufwendungen sind in Höhe der Entfernungspauschale als Betriebsausgaben abziehbar.

**Beispiel 2:**

Der Steuerpflichtige wohnt in A und betreibt ein Einzelunternehmen mit Filialen in B (Entfernung zur Wohnung 15 km) und C (Entfernung zur Wohnung 10 km), die Filiale in B sucht er arbeitstäglich z. B. während der Öffnungszeiten auf, die Filiale in C nur einmal wöchentlich. Erste Betriebsstätte nach Rdnr. 5 ist die Filiale in B. Bei den Fahrten handelt es sich um Fahrten zwischen Wohnung und Betriebsstätte; der Abzug der Aufwendungen richtet sich nach § 4 Abs. 5 Satz 1 Nr. 6 EStG (Entfernungspauschale). Die Betriebsstätte in C ist keine erste Betriebsstätte; die Aufwendungen für die Fahrten von der Wohnung zur Betriebsstätte in C sind wie auch die Aufwendungen für die Fahrten zwischen den Betriebsstätten in voller Höhe abziehbar.

**Beispiel 3:**

Der Steuerpflichtige wohnt in A und betreibt ein Einzelunternehmen mit Filialen in B (Entfernung zur Wohnung 15 km) und C (Entfernung zur Wohnung 10 km), die er beide arbeitstäglich z. B. während der Öffnungszeiten aufsucht. Erste Betriebsstätte nach Rdnr. 5 ist die Filiale in C. Bei den Fahrten zur Betriebsstätte in C handelt es sich um Fahrten zwischen Wohnung und Betriebsstätte; der Abzug der Aufwendungen richtet sich nach § 4 Abs. 5 Satz 1 Nr. 6 EStG (Entfernungspauschale). Die Betriebsstätte in B ist keine erste Betriebsstätte; die Aufwendungen für die Fahrten von der Wohnung zur Betriebsstätte in B sind wie auch die Aufwendungen für die Fahrten zwischen den Betriebsstätten in voller Höhe abziehbar.

**Beispiel 4:**

Der Steuerpflichtige wohnt in A und bereitet in seinem häuslichen Arbeitszimmer seine Dozententätigkeit vor, die er in den Volkshochschulen in B (Entfernung zur Wohnung 15 km) und C (Entfernung zur Wohnung 10 km) ausübt. Die Volkshochschule in B sucht er an drei Tagen und die in C an zwei Tagen auf. Die Tätigkeiten beruhen auf unterschiedlichen unbefristeten Auftragsverhältnissen. Liegen die Kriterien des § 9 Abs. 4 Satz 4 Nr. 2 EStG für beide Tätigkeitsstätten vor, ist die der Wohnung näher gelegene Tätigkeitsstätte C als erste Betriebsstätte zu beurteilen. Die

Aufwendungen für die Fahrten nach C sind nach Maßgabe des § 4 Abs. 5 Satz 1 Nr. 6 EStG (Entfernungspauschale), die Fahrten nach B in voller Höhe abziehbar.

**Beispiel 5:**

Der Steuerpflichtige wohnt in A und ist als Handelsvertreter für verschiedene Unternehmen tätig. Bei der Fa. XY in B wird ihm ein Büro zur Verfügung gestellt, das er an zwei vollen Tagen wöchentlich nutzt. Das Auftragsverhältnis ist unbefristet. Die Bürotätigkeiten für die übrigen Auftraggeber wickelt er in seinem häuslichen Arbeitszimmer ab. Da das Büro in der Fa. XY eine Betriebsstätte des A i. S. d. § 4 Abs. 5 Satz 1 Nr. 6 EStG darstellt und der Steuerpflichtige dort dauerhaft i. S. d. § 9 Abs. 4 Satz 3 EStG tätig wird, sind die Fahrten dorthin als Fahrten zwischen Wohnung und Betriebsstätte zu beurteilen und die Aufwendungen nach Maßgabe des § 4 Abs. 5 Satz 1 Nr. 6 EStG (Entfernungspauschale) abziehbar.

**Beispiel 6:**

Der Steuerpflichtige ist als Versicherungsmakler tätig und erledigt in seinem häuslichen Arbeitszimmer die anfallenden Bürotätigkeiten. Die Beratungsleistungen erbringt er regelmäßig beim Kunden. Der Steuerpflichtige hat keine Betriebsstätte i. S. d. § 4 Abs. 5 Satz 1 Nr. 6 EStG.

**Beispiel 7 (Bildungseinrichtung):**

Der Steuerpflichtige strebt eine selbständige Tätigkeit als Heilpraktiker an und besucht zur Vorbereitung der amtlichen Heilpraktikerprüfung für sechs Monate eine vollzeitige Heilpraktikerschule. Die Fahrten zur Heilpraktikerschule sind nach Maßgabe des § 4 Abs. 5 Satz 1 Nr. 6 EStG (Entfernungspauschale) als Betriebsausgaben abziehbar (entsprechend § 9 Abs. 4 Satz 8 EStG; vgl. Rdnr. 4).

## c) Keine erste Betriebsstätte

Eine Tätigkeitsstätte muss nicht Betriebsstätte sein. Wird der Steuerpflichtige typischerweise nur an ständig wechselnden Tätigkeitsstätten, die keine Betriebsstätten sind, oder an einer nicht ortsfesten betrieblichen Einrichtung (z. B. Fahrzeug, Flugzeug, Schiff) betrieblich tätig, sind die Aufwendungen für die Fahrten zwischen Wohnung und Tätigkeitsstätte grundsätzlich unbeschränkt als Betriebsausgaben abziehbar. 6

**Beispiel 8:**

Der Steuerpflichtige erbringt Bauleistungen bei wechselnden Kunden. Die Büroarbeiten erledigt er im häuslichen Arbeitszimmer Der Steuerpflichtige hat keine Betriebsstätte i. S. d. § 4 Abs. 5 Satz 1 Nr. 6 EStG. Die Aufwendungen für die Fahrten zu den Kunden oder zu deren Baustellen sind unbeschränkt als Betriebsausgaben abziehbar.

Hat der Steuerpflichtige keine erste Betriebsstätte und sucht er nach den Auftragsbedingungen dauerhaft denselben Ort oder dasselbe weiträumige Tätigkeitsgebiet (vgl. hierzu Rdnrn. 40 bis 43 des BMF-Schreibens vom 24. Oktober 2014, BStBl. I S. 1412[1], und BFH vom 29. April 2014, BStBl. II S. 777) typischerweise täglich auf, sind die Aufwendungen für die Fahrten zwischen der Wohnung und diesem Ort oder die Fahrten zwischen der Wohnung und dem nächst gelegenen Zugang zum Tätigkeitsgebiet nach Maßgabe des § 4 Abs. 5 Satz 1 Nr. 6 EStG (Entfernungspauschale) als Betriebsausgaben abziehbar (vgl. Rdnrn. 1 und 2). Rdnr. 5 ist beim Vorliegen mehrerer dauerhafter Auftragsverhältnisse oder weiträumiger Tätigkeitsgebiete entsprechend anzuwenden. 7

**Beispiel 9:**

Der Steuerpflichtige ist selbständiger Paketzusteller und als Subunternehmer eines Paketdienstes tätig. Das zeitlich unbefristete Auftragsverhältnis mit dem Paketdienst sieht vor, dass der Paketzusteller den Zustellbezirk Landkreis B übernimmt. Der Paketzusteller wohnt in A, das 5 km von der Landkreisgrenze entfernt liegt. Der Lieferwagen wird auf dem Wohngrundstück abgestellt. Die Aufwendungen für die Fahrten von der Wohnung in A zum Zustellbezirk Landkreis B (5 km) sind nach Maßgabe des § 4 Abs. 5 Satz 1 Nr. 6 EStG (Entfernungspauschale) als Betriebsausgaben

[1] Jetzt Rn. 53 ff. des BMF-Schreibens v. 25.11.2020, BStBl. I S. 1228 (Nr. **20** § 9/10).

abziehbar. Die Aufwendungen für die Fahrten innerhalb des Zustellbezirks sind in voller Höhe als Betriebsausgaben abziehbar.

## 2. Reisekosten

8 Die lohnsteuerlichen Regelungen zu den Reisekosten sind bei der Gewinnermittlung sinngemäß, unter Beachtung von § 4 Abs. 5 Satz 1 Nr. 7 EStG, anzuwenden. Reisekosten sind Fahrtkosten, Mehraufwendungen für Verpflegung, Übernachtungskosten und Reisenebenkosten.

9 Mehraufwendungen für die Verpflegung des Steuerpflichtigen sind nur dann als Betriebsausgaben abziehbar, wenn der Steuerpflichtige vorübergehend von seiner Wohnung und dem Mittelpunkt seiner dauerhaft angelegten betrieblichen Tätigkeit entfernt betrieblich tätig wird. Der Begriff des Mittelpunktes der dauerhaft angelegten betrieblichen Tätigkeit des Steuerpflichtigen i. S. d. § 4 Abs. 5 Satz 1 Nr. 5 EStG entspricht dem Begriff der ersten Betriebsstätte (vgl. Rdnrn. 1 bis 5).

10 Der Abzug von Verpflegungsmehraufwendungen ist nach § 9 Abs. 4 a EStG zu bestimmen. Nach Satz 6 ist der Abzug auf die ersten drei Monate einer längerfristigen beruflichen Tätigkeit an derselben Tätigkeitsstätte beschränkt (vgl. *Rdnrn. 52 ff. des BMF-Schreibens vom 24. Oktober 2014, BStBl. I S. 1412*[1]))

**Beispiel 10:**

Der Steuerpflichtige besucht eine eintägige Tagung. In der Mittagspause nimmt er in einem Restaurant eine Mahlzeit ein. Die Abwesenheit von der Wohnung und der ersten Betriebsstätte beträgt 9 Stunden. Dem Steuerpflichtigen steht zur Abgeltung seiner tatsächlich entstandenen betrieblich veranlassten Aufwendungen eine Verpflegungspauschale nach § 4 Abs. 5 Satz 1 Nr. 5 i. V. m. § 9 Abs. 4 a Satz 3 Nr. 3 EStG von 12 € zu. Ein Abzug der tatsächlichen Verpflegungskosten als Betriebsausgabe ist nicht zulässig.

11 Wird durch Zahlungsbelege nur ein Gesamtpreis für Unterkunft und Verpflegung oder neben der Beherbergungsleistung nur ein Sammelposten für Nebenleistungen einschließlich Verpflegung nachgewiesen und lässt sich der Preis für die Verpflegung deshalb nicht feststellen (z. B. Tagungspauschale), so ist dieser Gesamtpreis zur Ermittlung der Übernachtungs- oder Reisenebenkosten zu kürzen. Als Kürzungsbeträge sind dabei

– für Frühstück 20 Prozent,
– für Mittag- und Abendessen jeweils 40 Prozent

der für den Unterkunftsort maßgebenden Verpflegungspauschale bei einer Auswärtstätigkeit mit einer Abwesenheitsdauer von 24 Stunden anzusetzen.

**Beispiel 11:**

Im Rahmen einer betrieblich veranlassten Auswärtstätigkeit übernachtet der Steuerpflichtige im Hotel. Das Hotel stellt (netto) 100 € für die Übernachtung und zusätzlich (netto) 22 € für ein Business- oder Servicepaket (inkl. Frühstück) in Rechnung. Der Steuerpflichtige kann für den An- und Abreisetag jeweils eine Verpflegungspauschale von 12 € als Betriebsausgabe abziehen. Daneben können die Übernachtungskosten i. H. v. 100 € und die Aufwendungen für das Business- oder Servicepaket i. H. v. 17,20 € (22 € abzgl. 4,80 €) abgezogen werden. Der Kostenanteil für das Frühstück (anzusetzen mit 4,80 €) ist vom Betriebsausgabenabzug ausgeschlossen und mit der Verpflegungspauschale abgegolten.

12 Die Verpflegungspauschalen sind nicht nach § 9 Abs. 4 a Satz 8 EStG zu kürzen, wenn von dritter Seite Mahlzeiten unentgeltlich oder verbilligt zur Verfügung gestellt werden oder wenn der Steuerpflichtige anlässlich einer betrieblich veranlassten Reise Bewirtungsaufwendungen i. S. d. § 4 Abs. 5 Satz 1 Nr. 2 EStG trägt.

---

[1]) Jetzt Rdnrn. 53 ff. des BMF-Schreibens v. 25.11.2020, BStBl. I S. 1228 (Nr. **20** § 9/10).

### 3. Mehraufwendungen bei doppelter Haushaltsführung

Die für den Werbungskostenabzug bei Arbeitnehmern geltenden Regelungen 13
zu den Mehraufwendungen bei doppelter Haushaltsführung sind dem Grunde und der Höhe nach entsprechend anzuwenden. Zu den Mehraufwendungen bei doppelter Haushaltsführung zählen Fahrtkosten aus Anlass der Wohnungswechsel zu Beginn und am Ende der doppelten Haushaltsführung sowie für wöchentliche Heimfahrten an den Ort des eigenen Hausstandes oder Aufwendungen für wöchentliche Familien-Ferngespräche, Verpflegungsmehraufwendungen, Aufwendungen für die Zweitwohnung und Umzugskosten.

# 1 § 4/3. Schreiben betr. steuerrechtliche Anerkennung von Darlehensverträgen zwischen Angehörigen

Vom 23. Dezember 2010 (BStBl. 2011 I S. 37)

(BMF IV C 6 – S 2144/07/10004; DOK 2010/0862046)

Geändert durch BMF v. 29. 4. 2014 (BStBl. I S. 809)

Im Einvernehmen mit den obersten Finanzbehörden der Länder gilt für die Beurteilung von Darlehensverträgen zwischen Angehörigen oder zwischen einer Personengesellschaft und Angehörigen der die Gesellschaft beherrschenden Gesellschafter Folgendes: 1

## 1. Allgemeine Voraussetzungen der steuerrechtlichen Anerkennung

Voraussetzung für die steuerrechtliche Anerkennung ist, dass der Darlehensvertrag zivilrechtlich wirksam geschlossen worden ist und tatsächlich wie vereinbart durchgeführt wird; dabei müssen Vertragsinhalt und Durchführung dem zwischen Fremden Üblichen entsprechen (Fremdvergleich), vgl. BFH-Urteile vom 18. Dezember 1990 (BStBl. 1991 II S. 391) und vom 12. Februar 1992 (BStBl. II S. 468). Die Nichtbeachtung zivilrechtlicher Formerfordernisse führt nicht alleine und ausnahmslos dazu, das Vertragsverhältnis steuerrechtlich nicht anzuerkennen. Die zivilrechtliche Unwirksamkeit des Darlehensvertrages ist jedoch ein besonderes Indiz gegen den vertraglichen Bindungswillen der Vertragsbeteiligten, das zur Versagung der steuerrechtlichen Anerkennung führen kann; vgl. BFH-Urteile vom 22. Februar 2007 IX R 45/06 (BStBl. 2011 II S. 20) und vom 12. Mai 2009 IX R 46/08 (BStBl. 2011 II S. 24) sowie Rdnr. 9. 2

Der Darlehensvertrag und seine tatsächliche Durchführung müssen die Trennung der Vermögens- und Einkunftssphären der vertragsschließenden Angehörigen (z. B. Eltern und Kinder) gewährleisten. Eine klare, deutliche und einwandfreie Abgrenzung von einer Unterhaltsgewährung oder einer verschleierten Schenkung der Darlehenszinsen muss in jedem Einzelfall und während der gesamten Vertragsdauer möglich sein, vgl. BFH-Urteile vom 7. November 1990 (BStBl. 1991 II S. 291), vom 4. Juni 1991 (BStBl. II S. 838) und vom 25. Januar 2000 (BStBl. II S. 393). 3

## 2. Fremdvergleich bei Darlehensverträgen zwischen Angehörigen

### a)[1] Allgemeines

Es steht Angehörigen grundsätzlich frei, ihre Rechtsverhältnisse untereinander so zu gestalten, dass sie für sie steuerlich möglichst günstig sind. Das Vereinbarte muss jedoch in jedem Einzelfall und während der gesamten Vertragsdauer nach Inhalt und Durchführung dem entsprechen, was fremde Dritte bei der Gestaltung eines entsprechenden Darlehensverhältnisses üblicherweise vereinbaren würden, vgl. BFH-Urteile vom 7. November 1990 4

[1] Rz. 4 Satz 3 ersetzt durch Sätze 3 und 4 durch BMF v. 29. 4. 2014, BStBl. I S 809.

(BStBl. 1991 II S. 291), vom 18. Dezember 1990 (BStBl. 1991 II S. 391) und vom 12. Februar 1992 (BStBl. II S. 468). Vergleichsmaßstab sind grundsätzlich die Vertragsgestaltungen, die zwischen Darlehensnehmern und Kreditinstituten üblich sind. Sofern Darlehensverträge zwischen Angehörigen neben dem Interesse des Schuldners an der Erlangung zusätzlicher Mittel außerhalb einer Bankfinanzierung auch dem Interesse des Gläubigers an einer gut verzinslichen Geldanlage dienen, sind ergänzend auch Vereinbarungen aus dem Bereich der Geldanlage zu berücksichtigen, vgl. BFH-Urteil vom 22. Oktober 2013 (BStBl. 2014 II S. 374).

5 Das setzt insbesondere voraus, dass
- eine Vereinbarung über die Laufzeit und über Art und Zeit der Rückzahlung des Darlehens getroffen worden ist,
- die Zinsen zu den Fälligkeitszeitpunkten entrichtet werden und
- der Rückzahlungsanspruch ausreichend besichert ist.

6 Eine ausreichende Besicherung liegt bei Hingabe banküblicher Sicherheiten vor. Dazu gehören vornehmlich die dingliche Absicherung durch Hypothek oder Grundschuld. Außerdem kommen alle anderen Sicherheiten, die für das entsprechende Darlehen banküblich sind, in Betracht, wie Bankbürgschaften, Sicherungsübereignung von Wirtschaftsgütern, Forderungsabtretungen sowie Schuldmitübernahme oder Schuldbeitritt eines fremden Dritten oder eines Angehörigen, wenn dieser über entsprechend ausreichende Vermögenswerte verfügt. Das aus dem Fremdvergleich abgeleitete generelle Erfordernis einer ausreichenden Besicherung wird durch einen konkreten Fremdvergleich im jeweiligen Einzelfall überlagert, vgl. BFH-Urteil vom 12. Mai 2009 IX R 46/08 (BStBl. 2011 II S. 24).

7 Der Fremdvergleich ist auch durchzuführen, wenn Vereinbarungen nicht unmittelbar zwischen Angehörigen getroffen werden, sondern zwischen einer Personengesellschaft und Angehörigen der Gesellschafter, wenn die Gesellschafter, mit deren Angehörigen die Vereinbarungen getroffen wurden, die Gesellschaft beherrschen, vgl. BFH-Urteil vom 18. Dezember 1990 (BStBl. 1991 II S. 581) und vom 15. April 1999 (BStBl. II S. 524). Gleiches gilt, wenn beherrschende Gesellschafter einer Personengesellschaft Darlehensforderungen gegen die Personengesellschaft an Angehörige schenkweise abtreten.

### b) Fremdvergleich bei wirtschaftlich voneinander unabhängigen Angehörigen

8 Ein Darlehensvertrag zwischen volljährigen, voneinander wirtschaftlich unabhängigen Angehörigen kann ausnahmsweise steuerrechtlich bereits anerkannt werden, wenn er zwar nicht in allen Punkten dem zwischen Fremden Üblichen entspricht (vgl. Rdnrn. 2 bis 7), aber die Darlehensmittel, die aus Anlass der Herstellung oder Anschaffung von Vermögensgegenständen gewährt werden (z. B. Bau- oder Anschaffungsdarlehen), ansonsten bei einem fremden Dritten hätten aufgenommen werden müssen. Entscheidend ist, dass die getroffenen Vereinbarungen tatsächlich vollzogen werden, insbesondere die Darlehenszinsen regelmäßig gezahlt werden. Die Modalitäten der Darlehenstilgung und die Besicherung brauchen in diesen Fällen nicht geprüft zu werden, vgl. BFH-Urteil vom 4. Juni 1991 (BStBl. II S. 838) und vom 25. Januar 2000 (BStBl. II S. 393).

### c) Zivilrechtliche Unwirksamkeit

9 Der zivilrechtlichen Unwirksamkeit eines Vertrages kommt eine Indizwirkung gegen die Ernstlichkeit der Vereinbarung zu. Sie spricht damit gegen deren steuerrechtliche Anerkennung. Diese Indizwirkung gegen den vertraglichen Bindungswillen wird verstärkt, wenn den Vertragspartnern die Nichtbeachtung der Formvorschriften insbesondere bei klarer Zivilrechtslage angelastet werden kann, vgl. BFH-Urteil vom 12. Mai 2009 IX R 46/08 (BStBl. 2011 II S. 24). Die Vertragspartner können aber darlegen und nachweisen, dass sie zeitnah nach dem Auftauchen von Zweifeln an der zivilrechtlichen Wirksamkeit alle erforderlichen Maßnahmen ergriffen haben, um die zivilrechtliche Wirksamkeit des Vertrages herbeizuführen und dass ihnen die Unwirksamkeit nicht anzulasten ist. Dies ist zumindest dann der Fall, wenn sich die Formvorschriften nicht aus dem Gesetzeswortlaut, sondern nur im Wege der erweiternden Auslegung oder des Analogieschlusses ergeben, sich diese Auslegung oder Analogie nicht aufdrängt und keine veröffentlichte Rechtsprechung oder allgemein zugängliche Literatur existiert, vgl. BFH-Urteil vom 13. Juli 1999 (BStBl. II S. 386). In diesem Fall ist der Darlehensvertrag von Anfang an steuerrechtlich anzuerkennen.

## 3. Schenkweise begründete Darlehensforderung

10 Wird die unentgeltliche Zuwendung eines Geldbetrags an einen Angehörigen davon abhängig gemacht, dass der Empfänger den Betrag als Darlehen wieder zurückgeben muss, ist ertragsteuerlich weder die vereinbarte Schenkung noch die Rückgabe als Darlehen anzuerkennen. Der Empfänger erhält nicht die alleinige und unbeschränkte Verfügungsmacht über die Geldmittel, da er sie nur zum Zwecke der Rückgabe an den Zuwendenden oder an eine Personengesellschaft, die der Zuwendende oder dessen Angehörige beherrschen, verwenden darf. Entsprechendes gilt im Verhältnis zwischen Eltern und minderjährigen Kindern, wenn das Kindesvermögen nicht einwandfrei vom Elternvermögen getrennt wird. Da die Schenkung tatsächlich nicht vollzogen wurde, begründet die Rückgewähr der Geldbeträge kein mit ertragsteuerlicher Wirkung anzuerkennendes Darlehensverhältnis. Die Vereinbarungen zwischen den Angehörigen sind vielmehr ertragsteuerlich als eine modifizierte Schenkung zu beurteilen, die durch die als Darlehen bezeichneten Bedingungen gegenüber dem ursprünglichen Schenkungsversprechen in der Weise abgeändert sind, dass der Vollzug der Schenkung bis zur Rückzahlung des sog. Darlehens aufgeschoben und der Umfang der Schenkung durch die Zahlung sog. Darlehenszinsen erweitert ist. Daher dürfen die als Darlehenszinsen geltend gemachten Aufwendungen nicht als Betriebsausgaben oder Werbungskosten abgezogen werden, vgl. BFH-Urteil vom 22. Januar 2002 (BStBl. II S. 685). Ertragsteuerrechtlich sind die Schenkung und die Darlehensforderung jedoch anzuerkennen, wenn das Darlehen an eine zivil- und auch steuerrechtlich eigenständige GmbH gegeben wird, vgl. BFH-Urteil vom 19. Dezember 2007 (BStBl. 2008 II S. 568).

11 Die Abhängigkeit zwischen Schenkung und Darlehen ist insbesondere in folgenden Fällen unwiderleglich zu vermuten:
- Vereinbarung von Schenkung und Darlehen in ein und derselben Urkunde,
- Schenkung unter der Auflage der Rückgabe als Darlehen,
- Schenkungsversprechen unter der aufschiebenden Bedingung der Rückgabe als Darlehen.

12 Eine Abhängigkeit zwischen Schenkung und Darlehen ist hingegen nicht allein deshalb zu vermuten, weil die Vereinbarung von Schenkung und Darlehen zwar in mehreren Urkunden, aber innerhalb kurzer Zeit erfolgt ist. Die Beurteilung, ob eine gegenseitige Abhängigkeit der beiden Verträge vorliegt, ist anhand der gesamten Umstände des jeweiligen Einzelfalles zu beurteilen; vgl. BFH-Urteil vom 18. Januar 2001 (BStBl. II S. 393). Es kann aber auch bei einem längeren Abstand zwischen Schenkungs- und Darlehensvertrag eine auf einem Gesamtplan beruhende sachliche Verknüpfung bestehen, vgl. BFH-Urteil vom 22. Januar 2002 (BStBl. II S. 685).

13 Die Abhängigkeit zwischen Schenkung und Darlehen ist insbesondere bei folgenden Vertragsgestaltungen widerleglich zu vermuten:
- Vereinbarungsdarlehen nach § 607 Abs. 2 BGB,
- Darlehenskündigung nur mit Zustimmung des Schenkers,
- Zulässigkeit von Entnahmen durch den Beschenkten zu Lasten des Darlehenskontos nur mit Zustimmung des Schenkers.

14 Die Vermutung ist widerlegt, wenn Schenkung und Darlehen sachlich und zeitlich unabhängig voneinander vorgenommen worden sind. Voraussetzung hierfür ist, dass die Schenkung zivilrechtlich wirksam vollzogen wurde. Der Schenkende muss endgültig, tatsächlich und rechtlich entreichert und der Empfänger entsprechend bereichert sein; eine nur vorübergehende oder formale Vermögensverschiebung reicht nicht aus, vgl. BFH-Urteile vom 22. Mai 1984 (BStBl. 1985 II S. 243), vom 18. Dezember 1990 (BStBl. 1991 II S. 581), vom 4. Juni 1991 (BStBl. II S. 838) und vom 12. Februar 1992 (BStBl. II S. 468).

15 Die Grundsätze zu schenkweise begründeten Darlehensforderungen gelten auch für partiarische Darlehen und für nach dem 31. Dezember 1992 schenkweise begründete stille Beteiligungen, es sei denn, es ist eine Beteiligung am Verlust vereinbart, oder der stille Beteiligte ist als Mitunternehmer anzusehen. Im Übrigen ist R 15.9 (2) EStR anzuwenden.

16 Dieses Schreiben ersetzt die BMF-Schreiben vom 1. Dezember 1992 (BStBl. I S. 729), vom 25. Mai 1993 (BStBl. I S. 410), vom 30. Mai 2001 (BStBl. I S. 348) und vom 2. April 2007 (BStBl. I S. 441) und ist in allen offenen Fällen anzuwenden.

# 1 § 4/4. Schreiben betr. Schuldzinsen für Kontokorrentkredite als Betriebsausgaben oder Werbungskosten[1), 2)]

Vom 10. November 1993 (BStBl. I S. 930)

(BMF IV B 2 – S 2144 – 94/93)

Nach dem Beschluß des Großen Senats des Bundesfinanzhofs vom 4. Juli 1990 (BStBl. II S. 817) sind Schuldzinsen steuerlich als Betriebsausgaben oder Werbungskosten nur anzuerkennen, wenn sie für eine Verbindlichkeit geleistet werden, die durch einen Betrieb oder durch Aufwendungen zur Erwerbung, Sicherung und Erhaltung von Einnahmen veranlaßt und deshalb einem Betriebsvermögen oder einer Einkunftsart im Sinne des § 2 Abs. 1 Nr. 4 bis 7 EStG zuzurechnen ist. Zu den Folgerungen, die sich aus dieser Rechtsprechung für die steuerliche Behandlung von Schuldzinsen für Kontokorrentkredite und für die steuerliche Nichtanerkennung von Gestaltungen insbesondere bei Kombination mehrerer Kontokorrentkonten ergeben, nehme ich im Einvernehmen mit den obersten Finanzbehörden der Länder wie folgt Stellung: 1

## A. Schuldzinsen als Betriebsausgaben

Der Zahlungsverkehr des Steuerpflichtigen kann betrieblich oder privat (durch die persönliche Lebenssphäre) veranlaßt sein. Für die steuerliche Behandlung eines Kontokorrentkontos kommt es deshalb darauf an, wie die einzelnen darüber geleisteten Zahlungen veranlaßt sind.

### I. Getrennte Kontokorrentkonten

#### 1. Kontokorrentkonten für den betrieblich und privat veranlaßten Zahlungsverkehr

Unterhält der Steuerpflichtige für den betrieblich und den privat veranlaßten Zahlungsverkehr getrennte, rechtlich selbständige Kontokorrentkonten, ist zu unterscheiden: 2

Das Kontokorrentkonto für den betrieblich veranlaßten Zahlungsverkehr (betriebliches Konto) rechnet zum Betriebsvermögen, soweit über das Kontokorrentkonto nicht auch privat veranlaßte Aufwendungen geleistet werden, durch die ein Sollsaldo auf dem Kontokorrentkonto entsteht oder sich erhöht. Schuldzinsen für das betriebliche Konto sind grundsätzlich als Betriebsausgaben abzuziehen. 3

[1)] Siehe nunmehr aber Beschluß des Großen Senats des BFH v. 8. 12. 1997 GrS 1–2/95 (BStBl. 1998 II S. 193).

[2)] Ab **1. 1. 1999** überholt.

4 Das Kontokorrentkonto für den privat veranlaßten Zahlungsverkehr (privates Konto) rechnet zum Privatvermögen, soweit über das Kontokorrentkonto nicht auch betrieblich veranlaßte Aufwendungen geleistet werden, durch die ein Sollsaldo auf dem Kontokorrentkonto entsteht oder sich erhöht. Schuldzinsen für das private Konto können nicht als Betriebsausgaben abgezogen werden.

5 Entsteht oder erhöht sich durch privat veranlaßte Aufwendungen ein Sollsaldo auf dem betrieblichen Konto oder durch betrieblich veranlaßte Aufwendungen ein Sollsaldo auf dem privaten Konto, ist das betreffende Konto nach den für ein gemischtes Kontokorrentkonto geltenden Grundsätzen (vgl. Tzn. 11–18) zu behandeln (BFH-Urteile vom 21. Februar 1991, BStBl. II S. 514 und vom 5. März 1991, BStBl. II S. 516).

6 **Beispiel:**

| | | | | betriebliches Kontokorrentkonto DM | privates Kontokorrentkonto DM |
|---|---|---|---|---|---|
| 1. 1. | | | | + 5 000 | 0 |
| 3. 1. | Entnahme | | | − 5 000 | + 5 000 |
| Saldo | | | | 0 | + 5 000 |
| 10. 1. | Wareneinkauf | | | − 10 000 | |
| Saldo | | | | − 10 000 | + 5 000 |
| 15. 1. | Prämie Lebensversicherung | | | | − 5 000 |
| Saldo | | | | − 10 000 | 0 |
| 20. 1. | Maschine | | | − 5 000 | |
| | Einkommensteuer | | | − 2 000 | |
| Saldo | | | | − 17 000 | 0 |
| | | betriebliches Unterkonto | privates Unterkonto | | |
| | | − 15 000 | − 2 000 | | |
| 25. 1. | Wareneinkauf | − 5 000 | | | |
| Saldo | | − 20 000 | − 2 000 | | 0 |
| | | | | − 22 000 | |

## 2. Mehrere Kontokorrentkonten für den betrieblich veranlaßten Zahlungsverkehr

7 Unterhält der Steuerpflichtige für den betrieblich veranlaßten Zahlungsverkehr mehrere rechtlich selbständige Kontokorrentkonten, gelten die Tzn. 3 und 5 für jedes Kontokorrentkonto. Darüber hinaus sind Umbuchungen von einem auf ein anderes Konto auf ihren Zusammenhang mit einer Entnahme hin zu prüfen.

8[1] *Entsteht oder erhöht sich ein Sollsaldo auf einem betrieblichen Konto (Schuldkonto) durch Umbuchungen auf ein anderes betriebliches Konto (Guthabenkonto), sind die sich aus der Umbuchung (Darlehensaufnahme) ergebenden Schuldzinsen nur als Betriebsausgaben abzuziehen, soweit die Umbuchung zu Lasten des Schuldkontos nicht der*

[1] Rz. 8 bis 10 durch BFH-Rechtsprechung überholt und nicht mehr anzuwenden; vgl. BMF v. 17. 11. 2005, BStBl. I S. 1019 (Nr. **1** § 4/10).

*Finanzierung einer Entnahme dient (BFH-Urteil vom 5. März 1991, a. a. O.). Für die Frage der Finanzierung einer Entnahme kommt es auf die wirtschaftliche Verbindung zwischen Umbuchung und Entnahme an. Die wirtschaftliche Verbindung ist nach den Umständen des einzelnen Falles zu beurteilen. Von einer wirtschaftlichen Verbindung ist stets auszugehen, wenn zwischen Umbuchung und Entnahme ein enger zeitlicher Zusammenhang besteht und beide Vorgänge auch betragsmäßig völlig oder nahezu völlig übereinstimmen. Dient die Umbuchung der Finanzierung einer Entnahme, ist der Sollsaldo insoweit nicht betrieblich veranlaßt (BFH-Urteile vom 15. November 1990, BStBl. 1991 II S. 238 und vom 21. Februar 1991, a. a. O.) und das Schuldkonto nach den für ein gemischtes Kontokorrentkonto geltenden Grundsätzen (vgl. Tzn. 11–18) zu behandeln.*

***3. Umschuldungsdarlehen***

*Werden der Sollsaldo eines betrieblichen Kontos (Schuldkonto) durch Umschuldung und daneben der Habensaldo eines anderen betrieblichen Kontos (Guthabenkonto) durch Entnahme gemindert, liegt eine wirtschaftliche Verbindung i. S. der Tz. 8 vor, wenn zwischen Darlehensaufnahme (Umschuldungsdarlehen) und Entnahme ein enger zeitlicher Zusammenhang besteht und beide Vorgänge auch betragsmäßig völlig oder nahezu völlig übereinstimmen. In diesen Fällen dient das Umschuldungsdarlehen der Finanzierung einer Entnahme; es ist somit nicht betrieblich veranlaßt und, Schuldzinsen für dieses Darlehen dürfen nicht als Betriebsausgaben abgezogen werden.* **9**[1)]

***4. Zinskompensation***

*Vereinbart der Steuerpflichtige mit seinem Kreditinstitut zum Zwecke der Zinsberechnung eine bankinterne Verrechnung der Salden der getrennten Kontokorrentkonten, handelt es sich wirtschaftlich betrachtet um ein einheitliches Kontokorrentkonto, das grundsätzlich nach den für ein gemischtes Kontokorrentkonto geltenden Grundsätzen (vgl. Tzn. 11–18) zu behandeln ist.* **10**[1)]

## II. Gemischtes Kontokorrentkonto

Unterhält der Steuerpflichtige für den betrieblich und den privat veranlaßten Zahlungsverkehr ein einheitliches – gemischtes – Kontokorrentkonto, ist für die Ermittlung der als Betriebsausgaben abziehbaren Schuldzinsen der Sollsaldo grundsätzlich aufzuteilen. **11**

### 1. Ermittlung des dem Betriebsvermögen zuzurechnenden Sollsaldos

Der Sollsaldo rechnet zum Betriebsvermögen, soweit er betrieblich veranlaßt ist. Zur Bestimmung des – anteiligen – betrieblich veranlaßten Sollsaldos sind die auf dem Kontokorrentkonto erfolgten Buchungen nach ihrer privaten und betrieblichen Veranlassung zu trennen. Hierzu ist das Kontokorrentkonto rechnerisch in ein betriebliches und ein privates Unterkonto aufzuteilen. Auf dem betrieblichen Unterkonto sind die betrieblich veranlaßten und auf dem privaten Unterkonto die privat veranlaßten Sollbuchungen zu erfassen. Habenbuchungen sind vorab dem privaten Unterkonto bis zur Tilgung von des- **12**

---

[1)] Rz. 8 bis 10 durch BFH-Rechtsprechung überholt und nicht mehr anzuwenden; vgl. BMF v. 17. 11. 2005, BStBl. I S. 1019 sowie BMF v. 2. 11. 2018, BStBl. I S. 1207 (Nr. **1** § 4/10).

sen Schuldsaldo gutzuschreiben (BFH-Urteil vom 11. Dezember 1990, BStBl. 1991 II S. 390); nur darüber hinausgehende Beträge sind dem betrieblichen Unterkonto zuzurechnen. Betriebseinnahmen werden nicht zuvor mit Betriebsausgaben des gleichen Tages saldiert (BFH-Urteil vom 15. November 1990, BStBl. 1991 II S. 226).

**13** In der Schlußbilanz ist nur der nach diesen Grundsätzen für den Bilanzstichtag ermittelte Sollsaldo des betrieblichen Unterkontos auszuweisen.

## 2. Berechnung der als Betriebsausgaben abziehbaren Schuldzinsen

**14** Schuldzinsen sind abzuziehen, soweit sie durch Sollsalden des betrieblichen Unterkontos veranlaßt sind (vgl. Tz. 12). Ihre Berechnung erfolgt grundsätzlich nach der Zinszahlenstaffelmethode.

**15** Bei der Zinszahlenstaffelmethode wird nicht auf die einzelne Buchung, sondern auf die jeweiligen Soll- oder Habensalden (Zwischensalden) abgestellt. Dies hat zur Folge, daß dem Steuerpflichtigen eine Schuld nur zuzurechnen ist, soweit diese Zwischensalden negativ sind. Entsprechend sind auch nur dann Schuldzinsen zu berechnen. Ausgehend von einem Zwischensaldo wird die Zinszahl für diesen Saldo für die Zeit (Tage) seiner unveränderten Dauer (Wertstellung) nach einer besonderen Formel berechnet (Zinszahlenstaffel):

$$\text{Zinszahl} = \frac{\text{Kapital} \times \text{Tage}}{100}$$

Am Ende der Rechnungsperiode werden die Zinszahlensummen der Soll- und Habenseite addiert und
durch einen Zinsdivisor

$$\frac{360}{\text{Zinsfuß}}$$

geteilt.

**16** **Beispiel:**

| | | Buchungen gesamt DM | betrieblich DM | Zinstage | Zinszahlen | privat DM | Zinstage | Zinszahlen |
|---|---|---|---|---|---|---|---|---|
| Saldo | 1. 1. | 0 | 0 | | | 0 | | |
| Abbuchung | 2. 1. | – 15 000 | – 10 000 | | | – 5000 | | |
| Saldo | 2. 1. | – 15 000 | – 10 000 | 1 | $\frac{10\,000 \times 1}{100}$ = 100 S | – 5000 | 1 | $\frac{5000 \times 1}{100}$ = 50 S |
| Bis Einlage | 3. 1. | + 5000 | | | | + 5000 | | |
| Saldo | 3. 1. | – 10 000 | – 10 000 | 7 | 10 000 × 7 = 700 S | 0 | | |
| bis Betriebseinnahme | 10. 1. | + 15 000 | + 15 000 | | | | | |

| | | Buchungen gesamt DM | betrieblich DM | Zins-tage | Zins-zahlen | privat DM | Zins-tage | Zins-zahlen |
|---|---|---|---|---|---|---|---|---|
| Saldo | 10. 1. | + 5000 | + 5000 | 10 | $\frac{5000 \times 10}{100}$ = 500 H | 0 | | |
| bis Abbuchung | 20. 1. | − 8000 | − 8000 | | | | | |
| Saldo | 20. 1. | − 3000 | − 3000 | 11 | $\frac{3000 \times 11}{100}$ = 330 S | 0 | | |
| bis Betriebs-einnahme | 31. 1. | + 3000 | + 3000 | | | | | |
| Saldo | 31. 1. | 0 | 0 | | 500 H<br>1130 S | 0 | | 50 S |

Bei einem Schuldzinssatz in Höhe von 9 v.H. und einem Guthabenzinssatz in Höhe von 1 v.H. ergeben sich am Ende der Rechnungsperiode folgende Zinsen:

– private Schuldzinsen: $\frac{50 \times 9}{360}$ = 1,25 DM

– betriebliche Schuldzinsen: $\frac{1130 \times 9}{360}$ = 28,25 DM

– betriebliche Guthabenzinsen: $\frac{500 \times 1}{360}$ = 1,38 DM

### 3. Schätzung

Grundsätzlich muß der Steuerpflichtige die Unterteilung des gemischten Kontokorrentkontos vornehmen und die Entwicklung der Unterkonten darstellen; dies kann auch nachträglich geschehen. Kommt der Steuerpflichtige seiner Mitwirkungspflicht nicht nach, sind die als Schuldzinsen abziehbaren Betriebsausgaben im Wege der Schätzung zu ermitteln. Die Schätzung ist an den Umständen des einzelnen Falles auszurichten. Sie muß das Ergebnis anstreben, das sich bei einer Aufteilung des gemischten Kontokorrentkontos in ein betriebliches und ein privates Unterkonto unter Anwendung der Zinszahlenstaffelrechnung ergeben würde (BFH-Urteil vom 15. November 1990, BStBl. 1991 II S. 226). 17

Im Einzelfall kann eine Schätzung nach dem – unter Umständen überschlägig ermittelten – Verhältnis der Summe der betrieblich und privat veranlaßten Sollbeträge in Betracht kommen, soweit diese zu einem Sollsaldo führen. Zu diesem Zweck kann der Besteuerungszeitraum auch in geeignete Zeitabschnitte – etwa die bankühlichen Abrechnungszeiträume – unterteilt werden. Es bestehen keine Bedenken, nach diesem Verhältnis auch den zu Beginn der Zinszahlenstaffelrechnung bestehenden Sollsaldo aufzuteilen. 18

## B. Schuldzinsen als Werbungskosten

19 Die vorstehenden Grundsätze gelten für den Abzug von Kontokorrentschuldzinsen als Werbungskosten entsprechend.

## C. Zeitliche Anwendung

20 Die Grundsätze dieses Schreibens sind in allen noch offenen Fällen anzuwenden.

21 In Fällen der Gewinnermittlung nach § 4 Abs. 1 oder § 5 EStG ist es nicht zu beanstanden, wenn bei vor dem 1. Januar 1991 entstandenen Schuldzinsen weiterhin nach den Grundsätzen des Abschnitts 14a Abs. 4 Sätze 5 und 6 EStR 1990 verfahren wird.

22 Das BMF-Schreiben vom 15. März 1991 (BStBl. I S. 331) wird aufgehoben.

# I § 4/5. Schreiben betr. eigener Aufwand des Unternehmer-Ehegatten für die Errichtung von Betriebsgebäuden auf einem auch dem Nichtunternehmer-Ehegatten gehörenden Grundstück; BFH-Urteil vom 9. März 2016 X R 46/14 (BStBl. II S. 976)

Vom 16. Dezember 2016 (BStBl. I S. 1431)

(BMF IV C 6 – S 2134/15/10003; DOK 2016/0531091)

Mit BFH-Urteil vom 9. März 2016 X R 46/14 (BStBl. II S. 976) hat der BFH zur Behandlung des eigenen Aufwands des Betriebsinhabers für die Errichtung eines betrieblich genutzten Gebäudes auf einem auch dem Nichtunternehmer-Ehegatten gehörenden Grundstück entschieden. Zu den Folgen, die sich aus dieser Rechtsprechung ergeben, nehme ich im Einvernehmen mit den obersten Finanzbehörden des Bundes und der Länder wie folgt Stellung:

## 1. Zurechnung des Gebäudes

Errichtet der Betriebsinhaber mit eigenen Mitteln ein Gebäude auf einem auch dem Nichtunternehmer-Ehegatten gehörenden Grundstück, wird der Nichtunternehmer-Ehegatte – sofern keine abweichenden Vereinbarungen zwischen den Eheleuten getroffen werden – sowohl zivilrechtlicher als auch wirtschaftlicher Eigentümer des auf seinen Miteigentumsanteil entfallenden Gebäudeteils. Die Wirtschaftsgüter sind beim Nichtunternehmer-Ehegatten grundsätzlich Privatvermögen. 1

## 2. Zurechnung der Anschaffungs- oder Herstellungskosten

Die vom Betriebsinhaber getragenen Aufwendungen für die Anschaffung oder Herstellung des Gebäudes, die auf den Miteigentumsanteil des Nichtunternehmer-Ehegatten entfallen, sind als eigener Aufwand nach den allgemeinen ertragsteuerlichen Regelungen als Betriebsausgaben abzuziehen. Sie sind – bei Gewinnermittlung nach § 4 Abs. 1, § 5 EStG – in einem Aufwandsverteilungsposten in der Bilanz abzubilden. 2

## 3. Aufwandsverteilungsposten

Der Aufwandsverteilungsposten ist kein Wirtschaftsgut. Dieser kann nicht Träger stiller Reserven sein. Der Aufwand kann daher nur nach den Vorschriften, die für Privatvermögen gelten, abgezogen werden. Eine Bildung oder Übertragung stiller Reserven nach den steuerrechtlichen Sonderregelungen, die nur für Betriebsvermögen gelten (z. B. § 6 b EStG), ist nicht zulässig (BFH vom 19. Dezember 2012, BStBl. 2013 II S. 387). 3

Wurden entgegen Rdnr. 3 in der Vergangenheit in dem Aufwandsverteilungsposten durch die Inanspruchnahme steuerlicher Sonderregelungen für Betriebsvermögen stille Reserven gebildet, sind diese steuerverstrickt. Der 4

Ansatz des Aufwandsverteilungspostens in der Bilanz ist nach den Grundsätzen zur Bilanzberichtigung in der Schlussbilanz des ersten Jahres, dessen Veranlagung geändert werden kann, zu berichtigen. Für den aus dieser Berichtigung entstehenden Gewinn kann der Steuerpflichtige im Berichtigungsjahr (Erstjahr) eine den steuerlichen Gewinn mindernde Rücklage in Höhe von vier Fünfteln bilden, die in den dem Erstjahr folgenden Wirtschaftsjahren zu mindestens einem Viertel gewinnerhöhend aufzulösen ist.

**Beispiel:**

Der Ehemann hat in 2005 auf einem Grundstück, das ihm gemeinsam mit seiner Ehefrau zu gleichen Anteilen gehört, ein Gebäude mit Herstellungskosten von 1 200 000 Euro errichtet und nutzt dieses für seine betrieblichen Zwecke. Als Absetzungen für Abnutzung hat er in den Jahren 2005 bis 2014 36 000 Euro (3 % von 1 200 000 Euro) abgezogen. Die Veranlagungen für die Jahre bis 2013 sind bestandskräftig. Der Restbuchwert zum 31. Dezember 2014 beträgt danach 840 000 Euro (1 200 000 Euro abzgl. 360 000 Euro [10 Jahre × 36 000 Euro/Jahr]).

Zutreffend wäre eine Aktivierung des dem Betriebsinhaber gehörenden Miteigentumsanteils am Gebäude mit Herstellungskosten von 600 000 Euro und entsprechender anteiliger Abschreibung und der Ausweis eines Aufwandsverteilungspostens für den der Ehefrau zuzurechnenden Miteigentumsanteil am Gebäude gewesen. Der Aufwandsverteilungsposten ist in Höhe von 12 000 Euro/Jahr (2 % von 600 000 Euro) aufzulösen. Bei zutreffender Auflösung beträgt der Restbuchwert des Aufwandsverteilungspostens 480 000 Euro (600 000 Euro abzgl. 10 × 12 000 Euro) zum 31. Dezember 2014. Bei der Gewinnermittlung für das Jahr 2014 ist eine Gewinnerhöhung um 60 000 Euro (480 000 Euro abzgl. 420 000 Euro) vorzunehmen. Auf den 31. Dezember 2014 kann gemäß Rdnr. 4 eine Rücklage in Höhe von 48 000 Euro (vier Fünftel von 60 000 Euro) gebildet werden, die im Zeitraum 2015 bis 2018 gewinnerhöhend aufzulösen ist (jährlich mindestens 12 000 Euro [ein Viertel von 48 000 Euro]).

5 Geht das zivilrechtliche Eigentum an dem betrieblich genutzten Miteigentumsanteil am Grund und Boden und am Gebäude auf den Betriebsinhaber über (vgl. Rdnr. 8), kann auf Antrag auf eine Berichtigung der Bilanz verzichtet werden, wenn der Einlagewert des Miteigentumsanteils an dem Gebäude und damit auch die Bemessungsgrundlage für die Absetzungen für Abnutzung um den Betrag der unzulässigerweise gebildeten stillen Reserven gemindert wird.

6 Wird ein Betrieb, ein Teilbetrieb oder der Anteil eines Mitunternehmers an einem Betrieb unentgeltlich nach § 6 Abs. 3 EStG übertragen und die betriebliche Nutzung des Gebäudes auf fremdem Grund und Boden beibehalten, geht der Aufwandsverteilungsposten auf den Rechtsnachfolger über, wenn dem Rechtsnachfolger nicht gleichzeitig das Grundstück zivilrechtlich und wirtschaftlich zuzurechnen ist.

### 4. Beendigung der betrieblichen Nutzung

7 Endet die Nutzung des dem Nichtunternehmer-Ehegatten gehörenden Miteigentumsanteils an dem vom Betriebsinhaber zu betrieblichen Zwecken genutzten Grundstück, können die auf den Nichtunternehmer-Ehegatten entfallenden und noch nicht abgezogenen Anschaffungs- oder Herstellungskosten nicht weiter als Betriebsausgaben abgezogen werden. Der verbleibende Betrag ist erfolgsneutral auszubuchen und dem Eigentümer (Nichtunternehmer-Ehegatte) als Anschaffungs- oder Herstellungskosten des Wirtschaftsgutes zuzurechnen (BFH-Urteil vom 19. Dezember 2012, BStBl. 2013 II S. 387). Wertsteigerungen des Wirtschaftsgutes treten im Privatvermögen des Nicht-

unternehmer-Ehegatten ein und können dem Betriebsinhaber nicht zugerechnet werden.

## 5. Übergang des Eigentums auf den Betriebsinhaber

Geht das zivilrechtliche Eigentum an dem betrieblich genutzten Miteigentumsanteil am Grund und Boden und am Gebäude durch Einzel- oder Gesamtrechtsnachfolge auf den Betriebsinhaber über, werden die Wirtschaftsgüter Betriebsvermögen. Bei unentgeltlicher Übertragung gehen sie durch eine nach § 6 Abs. 1 Nr. 5 EStG grundsätzlich mit dem Teilwert zu bewertende Einlage in das Betriebsvermögen ein. Der Einlagewert bildet die Bemessungsgrundlage zur Vornahme von Absetzungen für Abnutzung. Die während der Nutzung zu betrieblichen Zwecken abgezogenen Absetzungen für Abnutzung oder Substanzverringerung, Sonderabschreibungen oder erhöhte Absetzungen sind nicht vom Einlagewert abzuziehen. 8

## 6. Gewinnermittlung nach § 4 Abs. 3 EStG

Bei der Gewinnermittlung durch Einnahmenüberschussrechnung nach § 4 Abs. 3 EStG sind die Regelungen zu den Rdnrn. 1, 2, 3, 6, 7 und 8 entsprechend anzuwenden. Eine Richtigstellung der zu Unrecht vorgenommenen Abzüge ist in allen noch nicht bestandskräftigen Fällen durch die Berücksichtigung des zutreffenden Abzugs vorzunehmen. Sofern in bestandskräftigen Jahren zu Unrecht Abzüge vorgenommen worden sind, ist H 7.4 „Unterlassene oder überhöhte AfA – Lineare Gebäude-AfA“ EStH 2015 entsprechend anzuwenden. 9

## 7. Anwendung auf im Alleineigentum stehende Gebäude

Die vorstehenden Regelungen sind für ein im Alleineigentum des Nichtunternehmer-Ehegatten stehendes Gebäude entsprechend anzuwenden. 10

Die BMF-Schreiben vom 3. Mai 1985 (BStBl. I S. 188) und vom 5. November 1996 (BStBl. I S. 1257) werden aufgehoben. 11

# 1 § 4/7. Schreiben betr. ertragsteuerliche Behandlung von Incentive-Reisen

Vom 14. Oktober 1996
BMF IV B 2-S 2143-23/96
(BStBl. I S. 1192)

Im Einvernehmen mit den obersten Finanzbehörden der Länder nehme ich zur ertragsteuerlichen Behandlung von Incentive-Reisen bei den Unternehmen, die die Leistungen gewähren, und den Empfängern der Leistungen wie folgt Stellung:

Incentive-Reisen werden von einem Unternehmen gewährt, um Geschäftspartner oder Arbeitnehmer des Betriebs für erbrachte Leistungen zu belohnen und zu Mehr- oder Höchstleistungen zu motivieren. Reiseziel, Unterbringung, Transportmittel und Teilnehmerkreis werden von dem die Reiseleistung gewährenden Unternehmen festgelegt. Der Ablauf der Reise und die einzelnen Veranstaltungen dienen allgemein-touristischen Interessen.

## 1. Behandlung der Aufwendungen bei dem die Reiseleistung gewährenden Unternehmen

### a) Aufwendungen für Geschäftspartner

Wird eine Incentive-Reise mit Geschäftspartnern des Steuerpflichtigen durchgeführt, ist bei der Beurteilung der steuerlichen Abzugsfähigkeit der für die Reise getätigten Aufwendungen danach zu unterscheiden, ob die Reise als Belohnung zusätzlich zum vereinbarten Entgelt oder zur Anknüpfung, Sicherung oder Verbesserung von Geschäftsbeziehungen gewährt wird.

Wird die Reise in sachlichem und zeitlichem Zusammenhang mit den Leistungen des Empfängers als – zusätzliche – Gegenleistung gewährt, sind die tatsächlich entstandenen Fahrtkosten sowie die Unterbringungskosten in vollem Umfang als Betriebsausgaben abzugsfähig. Nutzt der Unternehmer allerdings ein eigenes Gästehaus, das sich nicht am Ort des Betriebs befindet, dürfen die Aufwendungen für die Unterbringung den Gewinn nicht mindern (§ 4 Abs. 5 Satz 1 Nr. 3 EStG). Die Aufwendungen für die Gewährung von Mahlzeiten sind als Bewirtungskosten i. H.v. *80 v. H.*[1] der angemessenen und nachgewiesenen Kosten abzugsfähig (§ 4 Abs. 5 Satz 1 Nr. 2 EStG).

Wird die Reise mit gegenwärtigen oder zukünftigen Geschäftspartnern durchgeführt, um allgemeine Geschäftsbeziehungen erst anzuknüpfen, zu erhalten oder zu verbessern, handelt es sich um ein Geschenk (§ 4 Abs. 5 Satz 1 Nr. 1 EStG). Fahrt- und Unterbringungskosten dürfen dann den Gewinn nicht mindern (BFH-Urteil vom 23. 6. 1993, BStBl. II S. 806); Aufwendungen für die Bewirtung sind nach § 4 Abs. 5 Satz 1 Nr. 2 EStG zu beurteilen.

### b) Aufwendungen für Arbeitnehmer

Wird die Reise mit Arbeitnehmern des Betriebs durchgeführt, sind die hierdurch veranlaßten Aufwendungen als Betriebsausgaben in voller Höhe berücksichtigungsfähig; die Abzugsbeschränkungen nach § 4 Abs. 5 Satz 1 Nr. 1, 2 und 3 EStG greifen nicht ein.

---

[1] **Red. Anm.:** Jetzt: 70 v. H.

## 2. Behandlung der Reise beim Empfänger

### a) Gewährung der Reiseleistungen an Geschäftspartner

#### aa) Erfassung als Betriebseinnahmen

Wendet der Unternehmer einem Geschäftspartner, der in einem Einzelunternehmen betriebliche Einkünfte erzielt, eine Incentive-Reise zu, hat der Empfänger den Wert der Reise im Rahmen seiner steuerlichen Gewinnermittlung als Betriebseinnahme zu erfassen (BFH-Urteile vom 22. 7. 1988, BStBl. II S. 995; vom 20. 4. 1989, BStBl. II S. 641). Wird der Wert der Incentive-Reise einer Personengesellschaft oder einer Kapitalgesellschaft zugewandt, haben sie in Höhe des Sachwerts der Reise eine Betriebseinnahme anzusetzen. Der Wert einer Reise ist auch dann als Betriebseinnahme anzusetzen, wenn das die Reiseleistungen gewährende Unternehmen die Aufwendungen nicht als Betriebsausgaben abziehen darf (BFH-Urteil vom 26. 9. 1995, BStBl. 1996 II S. 273).

#### bb) Verwendung der erhaltenen Reiseleistungen

Mit der Teilnahme an der Reise wird eine Entnahme verwirklicht, da mit der Reise regelmäßig allgemein-touristische Interessen befriedigt werden. Dies gilt auch, wenn eine Personengesellschaft die empfangene Reiseleistung an ihre Gesellschafter weiterleitet (BFH-Urteil vom 26. 9. 1995, BStBl. 1996 II S. 273). Leitet die Kapitalgesellschaft die erhaltene Reiseleistung an ihre Gesellschafter weiter, so liegt hierin grundsätzlich eine verdeckte Gewinnausschüttung.

### b) Gewährung der Reiseleistungen an Arbeitnehmer

Wird Arbeitnehmern des Unternehmers eine Incentive-Reise gewährt, liegt steuerpflichtiger Arbeitslohn vor (BFH-Urteil vom 9. 3. 1990, BStBl. II S. 711), der unter den Voraussetzungen des § 40 Abs. 1 EStG pauschal versteuert werden kann.

### c) Wert der Reise

Die Gewährung der Reise ist steuerlich in ihrer Gesamtheit zu beurteilen. Ihr Wert entspricht nach ihren Leistungsmerkmalen und ihrem Erlebniswert regelmäßig einer am Markt angebotenen Gruppenreise, bei der Reiseziel, Reiseprogramm und Reisedauer festgelegt und der Teilnehmerkreis begrenzt sind; deshalb können einzelne Teile der Durchführung und der Organisation aus der Sicht des Empfängers nur im Zusammenhang gesehen werden (vgl. BFH-Beschluß vom 27. 11. 1978, BStBl. 1979 II S. 213). Bei der Wertermittlung ist weder den tatsächlichen Aufwendungen des zuwendenden Unternehmers noch der subjektiven Vorstellung des Empfängers entscheidende Bedeutung beizumessen (BFH-Urteil vom 22. 7. 1988, BStBl. II S. 995); ihr Wert kann daher grundsätzlich nicht aus den Aufwendungen – auch nicht vermindert um einen pauschalen Abschlag bei über das übliche Maß hinausgehenden Aufwendungen – abgeleitet werden. Der Wert der zugewandten Reise ist daher in ihrer Gesamtheit mit dem üblichen Endpreis am Abgabeort anzusetzen (§ 8 Abs. 2 EStG). Er entspricht regelmäßig dem Preis der von Reiseveranstaltern am Markt angebotenen Gruppenreisen mit vergleichbaren Leistungsmerkmalen (z. B. Hotelkategorie, Besichtigungsprogramme); eine Wertminderung wegen des vom zuwendenden Unternehmen festgelegten Reiseziels, des Reiseprogramms, der Reisedauer und des fest umgrenzten Teilnehmerkreises kommt nicht in Betracht. Rabatte, die dem die Leistung gewährenden Unternehmen eingeräumt werden, bleiben für die Bewertung beim Empfänger ebenfalls außer

Betracht; gleiches gilt für Preisaufschläge, die das Unternehmen speziell für die Durchführung der Reise aufwenden muß.

### d) Aufwendungen des Empfängers der Reiseleistungen

Aufwendungen, die im Zusammenhang mit der Teilnahme an der Reise stehen, darf der Empfänger nicht als Betriebsausgaben oder Werbungskosten abziehen, da die Teilnahme an der Reise durch private Interessen, die nicht nur von untergeordneter Bedeutung sind, veranlaßt ist (BFH-Urteil vom 22. 7. 1988, BStBl. II S. 995; vgl. auch *R 117 a EStR*[1)]). Zur Berücksichtigung von einzelnen Aufwendungen als Betriebsausgaben wird auf *H 117 a („Einzelaufwendungen") EStH*[1)] hingewiesen; hinsichtlich des Werbungskostenabzugs wird ergänzend auf *Abschn. 35 LStR*[2)] verwiesen.

**Zusatz der OFD Frankfurt v. 22.3.2022 S 2143 A - 46 - St 516:**

Mit dem Jahressteuergesetz 2007 vom 13. Dezember 2006 (BGBl. I S. 2878, BStBl. 2007 I S. 28) wurde mit § 37b EStG eine Regelung in das Einkommensteuergesetz eingefügt, die es dem zuwendenden Steuerpflichtigen ermöglicht, die Einkommensteuer auf Sachzuwendungen an Arbeitnehmer oder Nichtarbeitnehmer mit einem Steuersatz von 30 Prozent pauschal zu übernehmen und abzuführen.

Zu Einzelheiten betreffend die Anwendung der Vorschrift des§ 37b EStG wird auf das BMF-Schreiben vom 19.5.2015, BStBl. 1 S. 468, geändert durch BMF-Schreiben vom 28.6.2018, BStBl. 1 S. 814, verwiesen.

---

1) **Red. Anm.:** Nunmehr H 12.2 EStH.
2) **Red. Anm.:** Thematik nicht mehr in LStR enthalten.

# **I** § 4/9. Schreiben betr. einkommensteuerliche Behandlung der Aufwendungen für ein häusliches Arbeitszimmer nach § 4 Abs. 5 Satz 1 Nr. 6 b, § 9 Abs. 5 und § 10 Abs. 1 Nr. 7 EStG

Vom 6. Oktober 2017 (BStBl. I S. 1320)

(BMF IV C 6 – S 2145/07/10002 :019; DOK 2017/0224975)

**Bezug:** BMF-Schreiben vom 2. März 2011 (BStBl. I S. 195)

Im Einvernehmen mit den obersten Finanzbehörden der Länder gilt zur einkommensteuerrechtlichen Behandlung der Aufwendungen für ein häusliches Arbeitszimmer nach § 4 Abs. 5 Satz 1 Nr. 6 b, § 9 Abs. 5 und § 10 Abs. 1 Nr. 7 EStG Folgendes:

## I. Grundsatz

Nach § 4 Abs. 5 Satz 1 Nr. 6 b Satz 1 und § 9 Abs. 5 Satz 1 EStG dürfen 1
die Aufwendungen für ein häusliches Arbeitszimmer sowie die Kosten der Ausstattung grundsätzlich nicht als Betriebsausgaben oder Werbungskosten abgezogen werden. Bildet das häusliche Arbeitszimmer den Mittelpunkt der gesamten betrieblichen und beruflichen Betätigung, dürfen die Aufwendungen in voller Höhe steuerlich berücksichtigt werden (§ 4 Abs. 5 Satz 1 Nr. 6 b Satz 3 2. Halbsatz EStG); dies gilt auch, wenn ein anderer Arbeitsplatz zur Verfügung steht. Bildet das häusliche Arbeitszimmer nicht den Mittelpunkt der gesamten betrieblichen und beruflichen Betätigung und steht für die betriebliche oder berufliche Tätigkeit kein anderer Arbeitsplatz zur Verfügung, sind die Aufwendungen bis zur Höhe von 1250 Euro je Wirtschaftsjahr oder Kalenderjahr als Betriebsausgaben oder Werbungskosten abziehbar (§ 4 Abs. 5 Satz 1 Nr. 6 b Satz 2 und 3, 1. Halbsatz EStG). Diese Begrenzung begegnet keinen verfassungsrechtlichen Bedenken (BFH-Urteil vom 28. Februar 2013 VI R 58/11, BStBl. II S. 642). Der Betrag von 1250 Euro ist kein Pauschbetrag. Es handelt sich um einen personenbezogenen Höchstbetrag, der nicht mehrfach für verschiedene Tätigkeiten in Anspruch genommen werden kann, sondern ggf. auf die unterschiedlichen Tätigkeiten aufzuteilen ist (vgl. Rdnr. 19 bis 20). Bei der Nutzung mehrerer häuslicher Arbeitszimmer in verschiedenen Haushalten ist der Höchstbetrag nur einmal anzuwenden (BFH-Urteil vom 9. Mai 2017 VIII R 15/15, BStBl. II S. 956).

## II. Anwendungsbereich der gesetzlichen Regelung

Unter die Regelungen des § 4 Abs. 5 Satz 1 Nr. 6 b und § 9 Abs. 5 EStG 2
fällt die Nutzung eines häuslichen Arbeitszimmers zur Erzielung von Einkünften aus sämtlichen Einkunftsarten.

## III. Begriff des häuslichen Arbeitszimmers

Ein häusliches Arbeitszimmer ist ein Raum, der seiner Lage, Funktion und 3
Ausstattung nach in die häusliche Sphäre des Steuerpflichtigen eingebunden ist,

vorwiegend der Erledigung gedanklicher, schriftlicher, verwaltungstechnischer oder -organisatorischer Arbeiten dient (BFH-Urteile vom 19. September 2002 VI R 70/01, BStBl. 2003 II S. 139, und vom 16. Oktober 2002 XI R 89/00, BStBl. 2003 II S. 185) und ausschließlich oder nahezu ausschließlich zu betrieblichen und/oder beruflichen Zwecken genutzt wird (BFH-Urteile vom 22. März 2016 VIII R 10/12, BStBl. II S. 881, VIII R 24/12, BStBl. II S. 884, und vom 8. September 2016 III R 62/11, BStBl. 2017 II S. 163); eine untergeordnete private Mitbenutzung (< 10 %) ist unschädlich (BFH-Beschluss vom 27. Juli 2015 GrS 1/14, BStBl. 2016 II S. 265). Es muss sich nicht zwingend um Arbeiten büromäßiger Art handeln; ein häusliches Arbeitszimmer kann auch bei geistiger, künstlerischer oder schriftstellerischer Betätigung gegeben sein. In die häusliche Sphäre eingebunden ist ein als Arbeitszimmer genutzter Raum regelmäßig dann, wenn er zur privaten Wohnung oder zum Wohnhaus des Steuerpflichtigen gehört. Dies betrifft nicht nur die Wohnräume, sondern ebenso Zubehörräume (BFH-Urteile vom 26. Februar 2003 VI R 130/01, BStBl. 2004 II S. 74, und vom 19. September 2002 VI R 70/01, BStBl. 2003 II S. 139). So kann auch ein Raum z. B. im Keller (BFH-Urteil vom 11. November 2014 VIII R 3/12, BStBl. 2015 II S. 382) oder unter dem Dach (Mansarde) des Wohnhauses, in dem der Steuerpflichtige seine Wohnung hat, ein häusliches Arbeitszimmer sein, wenn die Räumlichkeiten aufgrund der unmittelbaren Nähe mit den privaten Wohnräumen des Steuerpflichtigen als gemeinsame Wohneinheit verbunden sind. Aufwendungen für einen in die häusliche Sphäre eingebundenen Raum, der mit einem nicht unerheblichen Teil seiner Fläche auch privat genutzt wird (sog. „Arbeitsecke"), können nicht als Betriebsausgaben oder Werbungskosten abgezogen werden (BFH-Urteil vom 17. Februar 2016 X R 32/11, BStBl. II S. 708).

**4** Dagegen kann es sich bei einem im Keller oder Dachgeschoss eines Mehrfamilienhauses befindlichen Raum, der nicht zur Privatwohnung des Steuerpflichtigen gehört, sondern zusätzlich angemietet wurde, um ein außerhäusliches Arbeitszimmer handeln (BFH-Urteile vom 26. Februar 2003 VI R 160/99, BStBl. II S. 515, und vom 18. August 2005 VI R 39/04, BStBl. 2006 II S. 428). Maßgebend ist, ob eine innere häusliche Verbindung des Arbeitszimmers mit der privaten Lebenssphäre des Steuerpflichtigen besteht. Dabei ist das Gesamtbild der Verhältnisse im Einzelfall entscheidend. Für die Anwendung des § 4 Abs. 5 Satz 1 Nr. 6 b, des § 9 Abs. 5 und des § 10 Abs. 1 Nr. 7 EStG ist es ohne Bedeutung, ob die Wohnung, zu der das häusliche Arbeitszimmer gehört, gemietet ist oder ob sie sich im Eigentum des Steuerpflichtigen befindet. Auch mehrere Räume können als ein häusliches Arbeitszimmer anzusehen sein; die Abtrennung der Räumlichkeiten vom übrigen Wohnbereich ist erforderlich. Aufwendungen für Räume wie Küche, Bad und Flur, die in die häusliche Sphäre eingebunden sind und zu einem nicht unerheblichen Teil privat genutzt werden, können auch dann nicht als Betriebsausgaben oder Werbungskosten abgezogen werden, wenn ein berücksichtigungsfähiges häusliches Arbeitszimmer existiert (BFH-Urteil vom 17. Februar 2016 X R 26/13, BStBl. II S. 611).

**5** Nicht unter die Abzugsbeschränkung des § 4 Abs. 5 Satz 1 Nr. 6 b und § 9 Abs. 5 EStG fallen Räume, die ihrer Ausstattung und Funktion nach nicht einem Büro entsprechen (z. B. Betriebsräume, Lagerräume, Ausstellungsräume), selbst wenn diese ihrer Lage nach mit dem Wohnraum des Steuerpflichtigen verbunden und so in dessen häusliche Sphäre eingebunden sind (BFH-Urteile vom 28. August 2003 IV R 53/01, BStBl. II 2004 S. 55, und vom 26. März 2009 VI R 15/07, BStBl. II S. 598). Unschädlich für die Abzugsfähigkeit der Aufwendungen ist eine nur untergeordnete private Mitbenutzung (BFH-Urteil vom 22. März 2016 VIII R 24/12, BStBl. II S. 884).

**Beispiele:**

a) Ein häusliches Arbeitszimmer liegt in folgenden Fällen regelmäßig vor:
   - Bei einem häuslichen Büro eines selbständigen Handelsvertreters, eines selbständigen Übersetzers oder eines selbständigen Journalisten.
   - Bei Anmietung einer unmittelbar angrenzenden oder unmittelbar gegenüberliegenden Zweitwohnung in einem Mehrfamilienhaus (BFH-Urteile vom 26. Februar 2003 VI R 124/01 und VI R 125/01, BStBl. 2004 II S. 69 und 72).
   - Beim häuslichen, ausschließlich beruflich genutzten Musikzimmer einer freiberuflich tätigen Konzertpianistin, in dem diese Musikunterricht erteilt.
   - Bei einem zugleich als Büroarbeitsplatz und als Warenlager betrieblich genutzten Raum, wenn dieser nach dem Gesamtbild der Verhältnisse, vor allem aufgrund seiner Ausstattung und Funktion, ein typisches häusliches Büro ist und die Ausstattung und Funktion als Lager dahinter zurücktritt (BFH-Urteil vom 22. November 2006 X R 1/05, BStBl. 2007 II S. 304).
   - Bei einem Raum, in dem der Steuerpflichtige einen Telearbeitsplatz unterhält und der dem Typus des häuslichen Arbeitszimmers entspricht (BFH-Urteil vom 26. Februar 2014 VI R 40/12, BStBl. II S. 568).
   - Bei betrieblich oder beruflich genutzten Räumen in einem ausschließlich vom Steuerpflichtigen genutzten Zweifamilienhaus, wenn der Steuerpflichtige auf dem Weg dazwischen keine der Allgemeinheit zugängliche oder von fremden Dritten benutzte Verkehrsfläche betreten muss (BFH-Urteil vom 15. Januar 2013 VIII R 7/10, BStBl. II S. 374).

b) Kein häusliches Arbeitszimmer, sondern betrieblich genutzte Räume liegen regelmäßig in folgenden Fällen vor:
   - Eine Arzt-, Steuerberater- oder Anwaltspraxis grenzt an das Einfamilienhaus an oder befindet sich im selben Gebäude wie die Privatwohnung, wenn diese Räumlichkeiten für einen intensiven und dauerhaften Publikumsverkehr geöffnet und z. B. bei häuslichen Arztpraxen für Patientenbesuche und -untersuchungen eingerichtet sind (BFH-Urteil vom 5. Dezember 2002 IV R 7/01, BStBl. 2003 II S. 463 zu einer Notfallpraxis und Negativabgrenzung im BFH-Urteil vom 23. Januar 2003 IV R 71/00, BStBl. 2004 II S. 43 zur Gutachtertätigkeit einer Ärztin).
   - In einem Geschäftshaus befinden sich neben der Wohnung des Bäckermeisters die Backstube, der Verkaufsraum, ein Aufenthaltsraum für das Verkaufspersonal und das Büro, in dem die Buchhaltungsarbeiten durchgeführt werden. Das Büro ist in diesem Fall aufgrund der Nähe zu den übrigen Betriebsräumen nicht als häusliches Arbeitszimmer zu werten.
   - Im Keller ist ein Arbeitsraum belegen, der – anders als z. B. ein Archiv (BFH-Urteil vom 19. September 2002 VI R 70/01, BStBl. 2003 II S. 139) – keine (Teil-)Funktionen erfüllt, die typischerweise einem häuslichen Arbeitszimmer zukommen, z. B. Lager für Waren und Werbematerialien.

## IV. Betroffene Aufwendungen

Zu den Aufwendungen für ein häusliches Arbeitszimmer gehören insbesondere die Aufwendungen für die Ausstattung des Zimmers, wie z. B. Tapeten, Teppiche, Fenstervorhänge, Gardinen und Lampen (zu Einrichtungsgegenständen, die zugleich Arbeitsmittel sind, vgl. Rdnr. 8), sowie die anteiligen Aufwendungen für: 6

– Miete,
– Gebäude-AfA, Absetzungen für außergewöhnliche technische oder wirtschaftliche Abnutzung, Sonderabschreibungen,
– Schuldzinsen für Kredite, die zur Anschaffung, Herstellung oder Reparatur des Gebäudes oder der Eigentumswohnung verwendet worden sind,
– Wasser- und Energiekosten,
– Reinigungskosten,
– Grundsteuer, Müllabfuhrgebühren, Schornsteinfegergebühren, Gebäudeversicherungen,
– Renovierungskosten[1)].

Die Kosten einer Gartenerneuerung können anteilig den Kosten des häuslichen Arbeitszimmers zuzurechnen sein, wenn bei einer Reparatur des Gebäudes Schäden am Garten verursacht worden sind. Den Kosten des Arbeitszimmers zuzurechnen sind allerdings nur diejenigen Aufwendungen, die der Wiederherstellung des ursprünglichen Zustands dienen (BFH-Urteil vom 6. Oktober 2004 VI R 27/01, BStBl. II S. 1071).

6 a Die auf ein häusliches Arbeitszimmer anteilig entfallenden Aufwendungen sind grundsätzlich nach dem Verhältnis der Fläche des Arbeitszimmers zu der nach §§ 42 bis 44 der Zweiten Berechnungsverordnung (II. BV) oder nach der Wohnflächenverordnung berechneten Wohnfläche der Wohnung (einschließlich des Arbeitszimmers) zu ermitteln. Die Wohnfläche einer Wohnung umfasst die Grundfläche der Räume, die ausschließlich zu dieser Wohnung gehören. Nicht zur Wohnfläche gehören hingegen die Grundflächen von Zubehörräumen. Bei einem im Keller belegenen häuslichen Arbeitszimmer ist entscheidend, ob es sich um einen zur Wohnfläche gehörenden Hauptraum oder um einen nicht zur Wohnfläche gehörenden Nebenraum handelt. Dient ein Raum unmittelbar seiner Funktion nach dem Wohnen und ist er nach seiner baulichen Beschaffenheit (z. B. Vorhandensein von Fenstern), Lage (unmittelbare Verbindung zu den übrigen Wohnräumen) und Ausstattung (Wand- und Bodenbelag, Beheizbarkeit, Einrichtung mit Mobiliar) dem Standard eines Wohnraumes und nicht dem eines Zubehörraumes vergleichbar und zum dauernden Aufenthalt von Menschen tatsächlich geeignet und bestimmt, ist für die rechtliche Beurteilung nicht von Bedeutung, dass der Raum im Kellergeschoss liegt (BFH vom 11. November 2014 VIII R 3/12, BStBl. 2015 II S. 382). Werden betrieblich oder beruflich genutzte Nebenräume in die Kostenberechnung einbezogen, sind die abziehbaren Kosten nach dem Verhältnis des gesamten betrieblich oder beruflich genutzten Bereiches (betrieblich oder beruflich genutzte Haupt- und Nebenräume) zu der Gesamtfläche aller Räume des Gebäudes aufzuteilen.

7 Luxusgegenstände wie z. B. Kunstgegenstände, die vorrangig der Ausschmückung des Arbeitszimmers dienen, gehören zu den nach § 12 Nr. 1

---

[1)] **Anm. Amtl. LSt-Handbuch:** Renovierungs- und Umbaukosten, die für einen Raum anfallen, der ausschließlich oder mehr als in untergeordnetem Umfang privaten Wohnzwecken dient, sind nicht als allgemeine Gebäudekosten über den Flächenanteil des Arbeitszimmers bei den Betriebsausgaben anteilig zu berücksichtigen (BFH-Urteil v. 14. 5. 2019, BStBl. II S. 510).

EStG nicht abziehbaren Aufwendungen (BFH-Urteil vom 30. Oktober 1990 VIII R 42/87, BStBl. 1991 II S. 340).

8 Keine Aufwendungen i. S. d. § 4 Abs. 5 Satz 1 Nr. 6 b EStG sind die Aufwendungen für Arbeitsmittel (BFH-Urteil vom 21. November 1997 VI R 4/97, BStBl. 1998 II S. 351). Diese werden daher von § 4 Abs. 5 Satz 1 Nr. 6 b EStG nicht berührt.

## V. Mittelpunkt der gesamten betrieblichen und beruflichen Betätigung

9 Ein häusliches Arbeitszimmer ist der Mittelpunkt der gesamten betrieblichen und beruflichen Betätigung des Steuerpflichtigen, wenn nach Würdigung des Gesamtbildes der Verhältnisse und der Tätigkeitsmerkmale dort diejenigen Handlungen vorgenommen und Leistungen erbracht werden, die für die konkret ausgeübte betriebliche oder berufliche Tätigkeit wesentlich und prägend sind. Bei der Gesamtbetrachtung zur Beurteilung des Mittelpunktes der gesamten betrieblichen und beruflichen Betätigung sind nur solche Einkünfte zu berücksichtigen, die grundsätzlich ein Tätigwerden des Steuerpflichtigen im jeweiligen Veranlagungszeitraum erfordern; Versorgungsbezüge bleiben bei dieser Betrachtung daher außen vor (BFH-Urteil vom 11. November 2014 VIII R 3/12, BStBl. 2015 II S. 382). Der Tätigkeitsmittelpunkt i. S. d. § 4 Abs. 5 Satz 1 Nr. 6 b Satz 3 2. Halbsatz EStG bestimmt sich nach dem inhaltlichen (qualitativen) Schwerpunkt der betrieblichen und beruflichen Betätigung des Steuerpflichtigen.

10 Dem zeitlichen (quantitativen) Umfang der Nutzung des häuslichen Arbeitszimmers kommt im Rahmen dieser Würdigung lediglich eine indizielle Bedeutung zu; das zeitliche Überwiegen der außerhäuslichen Tätigkeit schließt einen unbeschränkten Abzug der Aufwendungen für das häusliche Arbeitszimmer nicht von vornherein aus (BFH-Urteile vom 13. November 2002 VI R 82/01, BStBl. 2004 II S. 62; VI R 104/01, BStBl. 2004 II S. 65 und VI R 28/02, BStBl. 2004 II S. 58[1]).

11 Übt ein Steuerpflichtiger nur eine betriebliche oder berufliche Tätigkeit aus, die in qualitativer Hinsicht gleichwertig sowohl im häuslichen Arbeitszimmer als auch am außerhäuslichen Arbeitsort erbracht wird, so liegt der Mittelpunkt der gesamten betrieblichen und beruflichen Betätigung dann im häuslichen Arbeitszimmer, wenn der Steuerpflichtige mehr als die Hälfte der Arbeitszeit im häuslichen Arbeitszimmer tätig wird (BFH-Urteil vom 23. Mai 2006 VI R 21/03, BStBl. II S. 600).

12 Übt ein Steuerpflichtiger mehrere betriebliche und berufliche Tätigkeiten nebeneinander aus, ist nicht auf eine Einzelbetrachtung der jeweiligen Betätigung abzustellen; vielmehr sind alle Tätigkeiten in ihrer Gesamtheit zu erfassen. Grundsätzlich lassen sich folgende Fallgruppen unterscheiden:

– Bilden bei allen Erwerbstätigkeiten – jeweils – die im häuslichen Arbeitszimmer verrichteten Arbeiten den qualitativen Schwerpunkt, so liegt dort auch der Mittelpunkt der Gesamttätigkeit.

---

[1] **Red. Anm.:** Fälschlich im BStBl.: S. 59.

– Bilden hingegen die außerhäuslichen Tätigkeiten – jeweils – den qualitativen Schwerpunkt der Einzeltätigkeiten oder lassen sich diese keinem Schwerpunkt zuordnen, so kann das häusliche Arbeitszimmer auch nicht durch die Summe der darin verrichteten Arbeiten zum Mittelpunkt der Gesamttätigkeit werden.
– Bildet das häusliche Arbeitszimmer den qualitativen Mittelpunkt lediglich einer Einzeltätigkeit, nicht jedoch im Hinblick auf die übrigen Tätigkeiten, ist regelmäßig davon auszugehen, dass das Arbeitszimmer nicht den Mittelpunkt der Gesamttätigkeit bildet. Der Steuerpflichtige hat jedoch die Möglichkeit, anhand konkreter Umstände des Einzelfalls glaubhaft zu machen oder nachzuweisen, dass die Gesamttätigkeit gleichwohl einem einzelnen qualitativen Schwerpunkt zugeordnet werden kann und dass dieser im häuslichen Arbeitszimmer liegt. Abzustellen ist dabei auf das Gesamtbild der Verhältnisse und auf die Verkehrsanschauung, nicht auf die Vorstellung des betroffenen Steuerpflichtigen (BFH-Urteile vom 13. Oktober 2003 VI R 27/02, BStBl. 2004 II S. 771, und vom 16. Dezember 2004 IV R 19/03, BStBl. 2005 II S. 212).

13 Das häusliche Arbeitszimmer und der Außendienst können nicht gleichermaßen „Mittelpunkt" der beruflichen Betätigung eines Steuerpflichtigen i. S. d. § 4 Abs. 5 Satz 1 Nr. 6 b Satz 3 2. Halbsatz EStG sein (BFH-Urteil vom 21. Februar 2003 VI R 14/02, BStBl. 2004 II S. 68).

**Beispiele,**
in denen das häusliche Arbeitszimmer den Mittelpunkt der gesamten betrieblichen und beruflichen Betätigung bilden kann:
– Bei einem Verkaufsleiter, der zur Überwachung von Mitarbeitern und zur Betreuung von Großkunden auch im Außendienst tätig ist, kann das häusliche Arbeitszimmer Tätigkeitsmittelpunkt sein, wenn er dort die für den Beruf wesentlichen Leistungen (z. B. Organisation der Betriebsabläufe) erbringt (BFH-Urteil vom 13. November 2002 VI R 104/01, BStBl. 2004 II S. 65).
– Bei einem Ingenieur, dessen Tätigkeit durch die Erarbeitung theoretischer, komplexer Problemlösungen im häuslichen Arbeitszimmer geprägt ist, kann dieses auch dann der Mittelpunkt der beruflichen Betätigung sein, wenn die Betreuung von Kunden im Außendienst ebenfalls zu seinen Aufgaben gehört (BFH-Urteil vom 13. November 2002 VI R 28/02, BStBl. 2004 II S. 58[1]).
– Bei einem Praxis-Konsultant, der ärztliche Praxen in betriebswirtschaftlichen Fragen berät, betreut und unterstützt, kann das häusliche Arbeitszimmer auch dann den Mittelpunkt der gesamten beruflichen Tätigkeit bilden, wenn er einen nicht unerheblichen Teil seiner Arbeitszeit im Außendienst verbringt (BFH-Urteil vom 29. April 2003 VI R 78/02, BStBl. 2004 II S. 76).

**Beispiele,**
in denen das Arbeitszimmer nicht den Mittelpunkt der gesamten betrieblichen und beruflichen Betätigung bildet:
– Bei einem – freien oder angestellten – Handelsvertreter liegt der Tätigkeitsschwerpunkt außerhalb des häuslichen Arbeitszimmers, wenn die Tätigkeit nach dem Gesamtbild der Verhältnisse durch die Arbeit im Außendienst geprägt ist, auch wenn die zu Hause verrichteten Tätigkeiten zur Erfüllung der beruflichen Aufgaben unerlässlich sind (BFH-Urteil vom 13. November 2002 VI R 82/01, BStBl. 2004 II S. 62).
– Ein kaufmännischer Angestellter eines Industrieunternehmens ist nebenbei als Mitarbeiter für einen Lohnsteuerhilfeverein selbständig tätig und nutzt für letztere Tätigkeit sein häusliches Arbeitszimmer als „Beratungsstelle", in dem er Steuererklärungen erstellt, Beratungs-

[1] **Red. Anm.:** Fälschlich im BStBl.: S. 59.

gespräche führt und Rechtsbehelfe bearbeitet. Für diese Nebentätigkeit ist das Arbeitszimmer zwar der Tätigkeitsmittelpunkt. Aufgrund der erforderlichen Gesamtbetrachtung ist das Arbeitszimmer jedoch nicht Mittelpunkt seiner gesamten betrieblichen und beruflichen Betätigung (BFH-Urteil vom 23. September 1999 VI R 74/98, BStBl. 2000 II S. 7).

– Bei einer Ärztin, die Gutachten über die Einstufung der Pflegebedürftigkeit erstellt und dazu ihre Patienten ausschließlich außerhalb des häuslichen Arbeitszimmers untersucht und dort (vor Ort) alle erforderlichen Befunde erhebt, liegt der qualitative Schwerpunkt nicht im häuslichen Arbeitszimmer, in welchem lediglich die Tätigkeit begleitende Aufgaben erledigt werden (BFH-Urteil vom 23. Januar 2003 IV R 71/00, BStBl. 2004 II S. 43).
– Bei einem Architekten, der neben der Planung auch mit der Ausführung der Bauwerke (Bauüberwachung) betraut ist, kann diese Gesamttätigkeit keinem konkreten Tätigkeitsschwerpunkt zugeordnet werden. Das häusliche Arbeitszimmer bildet in diesem Fall nicht den Mittelpunkt der gesamten betrieblichen und beruflichen Betätigung (BFH-Urteil vom 26. Juni 2003 IV R 9/03, BStBl. 2004 II S. 50).
– Bei Lehrern befindet sich der Mittelpunkt der betrieblichen und beruflichen Betätigung regelmäßig nicht im häuslichen Arbeitszimmer, weil die berufsprägenden Merkmale eines Lehrers im Unterrichten bestehen und diese Leistungen in der Schule o. Ä. erbracht werden (BFH-Urteil vom 26. Februar 2003 VI R 125/01, BStBl. 2004 II S. 72). Deshalb sind die Aufwendungen für das häusliche Arbeitszimmer auch dann nicht in voller Höhe abziehbar, wenn die überwiegende Arbeitszeit auf die Vor- und Nachbereitung des Unterrichts verwendet und diese Tätigkeit im häuslichen Arbeitszimmer ausgeübt wird. Auch bei einem Hochschullehrer ist das häusliche Arbeitszimmer grundsätzlich nicht der Mittelpunkt der beruflichen Tätigkeit (BFH-Urteil vom 27. Oktober 2011 VI R 71/10, BStBl. 2012 II S. 234).
– Bei einem Richter liegt der Mittelpunkt der beruflichen Tätigkeit im Gericht (BFH-Urteil vom 8. Dezember 2011 VI R 13/11, BStBl. 2012 II S. 236).

## VI. Für die betriebliche oder berufliche Betätigung steht kein anderer Arbeitsplatz zur Verfügung

Anderer Arbeitsplatz i. S. d. § 4 Abs. 5 Satz 1 Nr. 6b Satz 2 EStG ist 14
grundsätzlich jeder Arbeitsplatz, der zur Erledigung büromäßiger Arbeiten geeignet ist (BFH-Urteil vom 7. August 2003 VI R 17/01, BStBl. 2004 II S. 78). Weitere Anforderungen an die Beschaffenheit des Arbeitsplatzes werden nicht gestellt; unbeachtlich sind mithin grundsätzlich die konkreten Arbeitsbedingungen und Umstände wie beispielsweise Lärmbelästigung oder Publikumsverkehr (BFH-Urteil vom 7. August 2003 VI R 162/00, BStBl. 2004 II S. 83). Voraussetzung ist auch nicht das Vorhandensein eines eigenen, räumlich abgeschlossenen Arbeitsbereichs oder eines individuell zugeordneten Arbeitsplatzes, so dass auch ein Arbeitsplatz in einem Großraumbüro oder in der Schalterhalle einer Bank ein anderer Arbeitsplatz i. S. d. o. g. Vorschrift ist (BFH-Urteile vom 7. August 2003 VI R 17/01, BStBl. 2004 II S. 78 und VI R 162/00, BStBl. 2004 II S. 83). Die Ausstattung des häuslichen Arbeitszimmers mit Arbeitsmitteln, die im Betrieb/in dem vom Arbeitgeber zur Verfügung gestellten Raum nicht vorhanden sind, ist ohne Bedeutung. Ob ein anderer Arbeitsplatz vorliegt, ist nach objektiven Gesichtspunkten zu beurteilen. Subjektive Erwägungen des Steuerpflichtigen zur Annehmbarkeit des Arbeitsplatzes sind unbeachtlich.

Ein anderer Arbeitsplatz steht dem Steuerpflichtigen dann zur Verfügung, 15
wenn dieser ihn in dem konkret erforderlichen Umfang und in der konkret erforderlichen Art und Weise tatsächlich nutzen kann. Die Erforderlichkeit des häuslichen Arbeitszimmers entfällt nicht bereits dann, wenn dem Steuerpflichtigen irgendein Arbeitsplatz zur Verfügung steht, sondern nur dann,

wenn dieser Arbeitsplatz grundsätzlich so beschaffen ist, dass der Steuerpflichtige auf das häusliche Arbeitszimmer nicht angewiesen ist (BFH-Urteil vom 7. August 2003 VI R 17/01, BStBl. 2004 II S. 78). Die Beurteilung, ob für die betriebliche oder berufliche Tätigkeit kein anderer Arbeitsplatz zur Verfügung steht, ist jeweils tätigkeitsbezogen vorzunehmen. Ein anderer Arbeitsplatz steht auch dann zur Verfügung, wenn er außerhalb der üblichen Arbeitszeiten, wie z. B. am Wochenende oder in den Ferien, nicht zugänglich ist. Ändern sich die Nutzungsverhältnisse des Arbeitszimmers innerhalb eines Veranlagungszeitraumes, ist auf den Zeitraum der begünstigten Nutzung abzustellen. Werden in einem Arbeitszimmer sowohl Tätigkeiten, für die ein anderer Arbeitsplatz zur Verfügung steht, als auch Tätigkeiten, für die ein anderer Arbeitsplatz nicht zur Verfügung steht, ausgeübt, so sind die Aufwendungen dem Grunde nach nur zu berücksichtigen, soweit sie auf Tätigkeiten entfallen, für die ein anderer Arbeitsplatz nicht zur Verfügung steht.

16 Übt ein Steuerpflichtiger mehrere betriebliche oder berufliche Tätigkeiten nebeneinander aus, ist daher für jede Tätigkeit zu prüfen, ob ein anderer Arbeitsplatz zur Verfügung steht. Dabei kommt es nicht darauf an, ob ein für eine Tätigkeit zur Verfügung stehender Arbeitsplatz auch für eine andere Tätigkeit genutzt werden kann (z. B. Firmenarbeitsplatz auch für schriftstellerische Nebentätigkeit), vgl. Rdnr. 20.

17 Geht ein Steuerpflichtiger nur einer betrieblichen oder beruflichen Tätigkeit nach, muss ein vorhandener anderer Arbeitsplatz auch tatsächlich für alle Aufgabenbereiche dieser Erwerbstätigkeit genutzt werden können. Ist ein Steuerpflichtiger auf sein häusliches Arbeitszimmer angewiesen, weil er dort einen nicht unerheblichen Teil seiner betrieblichen oder beruflichen Tätigkeit verrichten muss, ist der andere Arbeitsplatz unschädlich. Es genügt allerdings nicht, wenn er im häuslichen Arbeitszimmer Arbeiten verrichtet, die er grundsätzlich auch an einem anderen Arbeitsplatz verrichten könnte (BFH-Urteil vom 7. August 2003 VI R 17/01, BStBl. 2004 II S. 78).

**Beispiele**
(kein anderer Arbeitsplatz vorhanden):

- Ein Lehrer hat für seine Unterrichtsvorbereitung in der Schule keinen Schreibtisch. Das jeweilige Klassenzimmer oder das Lehrerzimmer stellt keinen Arbeitsplatz i. S. d. Abzugsbeschränkung dar.
- Ein angestellter oder selbständiger Orchestermusiker hat im Konzertsaal keine Möglichkeit zu üben. Hierfür hat er sich ein häusliches Arbeitszimmer eingerichtet.
- Ein angestellter Krankenhausarzt übt eine freiberufliche Gutachtertätigkeit aus. Dafür steht ihm im Krankenhaus kein Arbeitsplatz zur Verfügung.
- Kein anderer Arbeitsplatz steht zur Verfügung, wenn dieser wegen Gesundheitsgefahr nicht nutzbar ist (BFH-Urteil vom 26. Februar 2014 VI R 11/12, BStBl. II S. 674).

**Beispiele**
(vorhandener anderer Arbeitsplatz steht nicht für alle Aufgabenbereiche der Erwerbstätigkeit zur Verfügung):

- Ein EDV-Berater übt außerhalb seiner regulären Arbeitszeit vom häuslichen Arbeitszimmer aus Bereitschaftsdienst aus und kann dafür den Arbeitsplatz bei seinem Arbeitgeber tatsächlich nicht nutzen (BFH-Urteil vom 7. August 2003 VI R 41/98, BStBl. 2004 II S. 80).
- Einer Schulleiterin mit einem Unterrichtspensum von 18 Wochenstunden steht im Schulsekretariat ein Schreibtisch nur für die Verwaltungsarbeiten zur Verfügung. Für die Vor- und Nachbereitung des Unterrichts kann dieser Arbeitsplatz nach objektiven Kriterien wie Größe, Ausstattung und Nutzung nicht genutzt werden; diese Arbeiten müssen im häusli-

chen Arbeitszimmer verrichtet werden (BFH-Urteil vom 7. August 2003 VI R 118/00, BStBl. 2004 II S. 82).

- Einem Grundschulleiter, der zu 50 % von der Unterrichtsverpflichtung freigestellt ist, steht für die Verwaltungstätigkeit ein Dienstzimmer von 11 qm zur Verfügung. Das Dienstzimmer bietet keinen ausreichenden Platz zur Unterbringung der für die Vor- und Nachbereitung des Unterrichts erforderlichen Gegenstände (BFH-Urteil vom 7. August 2003 VI R 16/01, BStBl. 2004 II S. 77).
- Muss ein Bankangestellter in einem nicht unerheblichen Umfang Büroarbeiten auch außerhalb der üblichen Bürozeiten verrichten und steht ihm hierfür sein regulärer Arbeitsplatz nicht zur Verfügung, können die Aufwendungen für ein häusliches Arbeitszimmer grundsätzlich (bis zu einer Höhe von 1250 Euro) als Werbungskosten zu berücksichtigen sein (BFH-Urteil vom 7. August 2003 VI R 162/00, BStBl. 2004 II S. 83).
- Ein Poolarbeitsplatz, bei dem sich acht Großbetriebsprüfer drei Arbeitsplätze für die vor- und nachbereitenden Arbeiten der Prüfungen teilen, steht nicht als anderer Arbeitsplatz zur Verfügung, wenn er zur Erledigung der Innendienstarbeiten nicht in dem erforderlichen Umfang genutzt werden kann (BFH-Urteil vom 26. Februar 2014 VI R 37/13, BStBl. II S. 570).
- Der Arbeitsplatz eines Selbständigen, den dieser nicht uneingeschränkt nutzen kann und der daher einen nicht unerheblichen Teil seiner beruflichen oder betrieblichen Tätigkeit im häuslichen Arbeitszimmer verrichten muss, steht nicht in dem erforderlichen Umfang zur Verfügung (BFH-Urteil vom 22. Februar 2017 III R 9/16, BStBl. II S. 698).

Der Steuerpflichtige muss konkret darlegen, dass ein anderer Arbeitsplatz 18
für die jeweilige betriebliche oder berufliche Tätigkeit nicht zur Verfügung steht. Die Art der Tätigkeit kann hierfür Anhaltspunkte bieten. Zusätzliches Indiz kann eine entsprechende Bescheinigung des Arbeitgebers sein.

## VII. Nutzung des Arbeitszimmers zur Erzielung unterschiedlicher Einkünfte

Übt ein Steuerpflichtiger mehrere betriebliche und berufliche Tätigkeiten 19
nebeneinander aus und bildet das häusliche Arbeitszimmer den Mittelpunkt der gesamten betrieblichen und beruflichen Betätigung, so sind die Aufwendungen für das Arbeitszimmer entsprechend dem Nutzungsumfang den darin ausgeübten Tätigkeiten zuzuordnen. Liegt dabei der Mittelpunkt einzelner Tätigkeiten außerhalb des häuslichen Arbeitszimmers, ist der Abzug der anteiligen Aufwendungen auch für diese Tätigkeiten möglich.

Liegt der Mittelpunkt der gesamten betrieblichen und beruflichen Betäti- 20
gung nicht im häuslichen Arbeitszimmer, steht für einzelne Tätigkeiten jedoch kein anderer Arbeitsplatz zur Verfügung, können die Aufwendungen bis zur Höhe von 1250 Euro abgezogen werden. Dabei sind die Aufwendungen für das Arbeitszimmer entsprechend dem Nutzungsumfang den darin ausgeübten Tätigkeiten zuzuordnen. Soweit der Kostenabzug für eine oder mehrere Tätigkeiten möglich ist, kann der Steuerpflichtige diese anteilig insgesamt bis zum Höchstbetrag abziehen (BFH-Urteil vom 25. April 2017 VIII R 52/13, BStBl. II S. 949).

Eine Vervielfachung des Höchstbetrages entsprechend der Anzahl der darin ausgeübten Tätigkeiten ist ausgeschlossen.

**Beispiel:**

Ein Angestellter nutzt sein Arbeitszimmer zu 40 % für seine nichtselbständige Tätigkeit und zu 60 % für eine unternehmerische Nebentätigkeit. Nur für die Nebentätigkeit steht ihm kein anderer Arbeitsplatz zur Verfügung. An Aufwendungen sind für das Arbeitszimmer insgesamt 2500 Euro entstanden. Diese sind nach dem Nutzungsverhältnis aufzuteilen. Auf die nichtselbständige Tätigkeit entfallen 40% von 2500 Euro = 1000 Euro, die nicht abgezogen werden können. Auf die Nebentätigkeit entfallen 60% von 2500 Euro = 1500 Euro, die bis zu 1250 Euro als Betriebsausgaben abgezogen werden können.

## VIII. Nutzung des Arbeitszimmers durch mehrere Steuerpflichtige

21 Die Abzugsbeschränkung ist personenbezogen anzuwenden. Daher kann jeder Nutzende die Aufwendungen, die er getragen hat, entweder unbegrenzt, bis zum Höchstbetrag von 1250 Euro oder gar nicht abziehen. Nutzen mehrere Personen, wie z. B. Ehegatten, ein Arbeitszimmer gemeinsam, sind die Voraussetzungen des § 4 Abs. 5 Satz 1 Nr. 6 b EStG bezogen auf die einzelne steuerpflichtige Person zu prüfen (BFH-Urteile vom 15. Dezember 2016 VI R 53/12, BStBl. 2017 II S. 938, und VI R 86/13, BStBl. 2017 II S. 941). Nutzen Miteigentümer das Arbeitszimmer gemeinsam zur Erzielung von Einkünften, kann jeder die seinem Anteil entsprechenden und von ihm getragenen Aufwendungen (z. B. Absetzung für Abnutzung, Schuldzinsen) als Betriebsausgaben oder Werbungskosten abziehen. Dasselbe gilt für Mietzahlungen für eine durch Ehegatten oder Lebenspartner gemeinsam gemietete Wohnung (BFH-Urteil vom 15. Dezember 2016 VI R 86/13, BStBl. 2017 II S. 941).

**Beispiel:**

A und B nutzen gemeinsam ein häusliches Arbeitszimmer jeweils zu 50 Prozent (zeitlicher Nutzungsanteil). Die Gesamtaufwendungen betragen 4000 Euro und werden entsprechend dem Nutzungsanteil getragen. Für A bildet das häusliche Arbeitszimmer den Mittelpunkt der gesamten betrieblichen und beruflichen Betätigung; A kann 2000 Euro als Betriebsausgaben oder Werbungskosten abziehen. B steht für die im häuslichen Arbeitszimmer ausgeübte betriebliche oder berufliche Tätigkeit kein anderer Arbeitsplatz zur Verfügung, er kann daher 1250 Euro als Betriebsausgaben oder Werbungskosten abziehen.

**Zusatz der OFD Frankfurt v. 5. 12. 2019 S 2145 A – 16 – St 516:**

Der BFH hat mit Urteil vom 6. 12. 2017 VI R 41/15, BStBl. 2018 II S. 355, unter Hinweis auf die Beschlüsse des GrS des BHF vom 23. 8. 1999 GrS 1/97 – 3/97 u. 5/97 eine differenzierte Beurteilung hinsichtlich der abziehbaren Aufwendungen bei Ehegatten/Lebenspartnern vorgenommen.

Danach ist zunächst zwischen grundstücksorientierten Aufwendungen (wie AfA, Schuldzinsen, Grundsteuern, Hausversicherung) und nutzungsorientierten Aufwendungen (wie Energiekosten, Renovierungskosten für das Arbeitszimmer, Reinigungskosten) zu unterscheiden.

Diese Unterscheidung ist deshalb erforderlich, weil die grundstücksorientierten Aufwendungen – unabhängig von der Bezahlung – nur der Eigentümer selbst steuerlich geltend machen kann. Bei Miteigentum können diese entsprechend des jeweiligen Miteigentumsanteils steuerlich geltend gemacht werden.

Im Gegensatz dazu sind die anteilig auf das Arbeitszimmer entfallenden nutzungsorientierten Aufwendungen durch den Beruf desjenigen Ehegatten/Lebenspartner veranlasst, der das Arbeitszimmer nutzt. Bei diesen Aufwendungen kommt es in erster Linie darauf an, wer sie zivilrechtlich schuldet. Folglich werden die nutzungsorientierten Aufwendungen demjenigen zugerechnet, von dessen Konto sie gezahlt worden sind. Werden diese Aufwendungen von einem gemeinsamen Bankkonto der Ehegatten/Lebenspartner beglichen, kann der Nichteigentümer die durch seine berufliche Nutzung verursachten Kosten insgesamt und nicht nur anteilig steuerlich geltend machen.

Die Differenzierung zwischen grundstücks- und nutzungsorientierten Aufwendungen mit den sich daraus ergebenden unterschiedlichen Rechtsfolgen ist nicht nur auf Eigentumsfälle beschränkt, sondern auch bei angemieteten Wohnobjekten vorzunehmen.

Die o. a. Grundsätze gelten entsprechend für außerhäusliche Arbeitszimmer.

## IX. Nicht ganzjährige Nutzung des häuslichen Arbeitszimmers

Ändern sich die Nutzungsverhältnisse innerhalb eines Wirtschafts- oder Kalenderjahres, können nur die auf den Zeitraum, in dem das Arbeitszimmer den Mittelpunkt der gesamten betrieblichen und beruflichen Betätigung bildet, entfallenden Aufwendungen in voller Höhe abgezogen werden. Für den übrigen Zeitraum kommt ein beschränkter Abzug nur in Betracht, wenn für die betriebliche oder berufliche Betätigung kein anderer Arbeitsplatz zur Verfügung steht. Der Höchstbetrag von 1250 Euro ist auch bei nicht ganzjähriger Nutzung eines häuslichen Arbeitszimmers in voller Höhe, also nicht zeitanteilig, zum Abzug zuzulassen. 22

**Beispiele:**

- Ein Arbeitnehmer hat im 1. Halbjahr den Mittelpunkt seiner gesamten betrieblichen und beruflichen Tätigkeit in seinem häuslichen Arbeitszimmer. Im 2. Halbjahr übt er die Tätigkeit am Arbeitsplatz bei seinem Arbeitgeber aus. Die Aufwendungen für das Arbeitszimmer, die auf das 1. Halbjahr entfallen, sind in voller Höhe als Werbungskosten abziehbar. Für das 2. Halbjahr kommt ein Abzug nicht in Betracht.
- Ein Arbeitnehmer hat ein häusliches Arbeitszimmer, das er nur nach Feierabend und am Wochenende auch für seine nichtselbständige Tätigkeit nutzt. Seit 15. Juni ist er in diesem Raum auch schriftstellerisch tätig. Aus der schriftstellerischen Tätigkeit erzielt er Einkünfte aus selbständiger Arbeit. Fortan nutzt der Steuerpflichtige sein Arbeitszimmer zu 30 % für die nichtselbständige Tätigkeit und zu 70 % für die schriftstellerische Tätigkeit, wofür ihm kein anderer Arbeitsplatz zur Verfügung steht. Die Gesamtaufwendungen für das Arbeitszimmer betrugen 5000 Euro. Davon entfallen auf den Zeitraum ab 15. Juni (6,5/12 =) 2708 Euro. Der auf die nichtselbständige Tätigkeit entfallende Kostenanteil ist insgesamt nicht abziehbar. Auf die selbständige Tätigkeit entfallen 70 % von 2708 Euro = 1896 Euro, die bis zum Höchstbetrag von 1250 Euro als Betriebsausgaben abgezogen werden können. Eine zeitanteilige Kürzung des Höchstbetrages ist nicht vorzunehmen.

Wird das Arbeitszimmer für eine spätere Nutzung vorbereitet, bei der die Abzugsvoraussetzungen vorliegen, sind die darauf entfallenden Aufwendungen entsprechend zu berücksichtigen (BFH-Urteil vom 23. Mai 2006 VI R 21/03, BStBl. II S. 600). 23

## X. Nutzung eines häuslichen Arbeitszimmers zu Ausbildungszwecken

Nach § 10 Abs. 1 Nr. 7 Satz 4 EStG ist die Regelung des § 4 Abs. 5 Satz 1 Nr. 6 b EStG auch für Aufwendungen für ein häusliches Arbeitszimmer anzuwenden, das für die eigene erstmalige Berufsausbildung oder im Rahmen eines Erststudiums, das zugleich eine Erstausbildung vermittelt und nicht im Rahmen eines Dienstverhältnisses stattfindet, genutzt wird. Im Rahmen der Erstausbildungskosten können jedoch in jedem Fall Aufwendungen nur bis zu insgesamt 6000 Euro (bis Veranlagungszeitraum 2011: 4000 Euro) als Sonderausgaben abgezogen werden (§ 10 Abs. 1 Nr. 7 Satz 1 EStG). Wird das häusliche Arbeitszimmer auch zur Einkunftserzielung genutzt, sind für die Aufteilung der Kosten Rdnr. 19 und 20 entsprechend anzuwenden. 24

## XI. Nutzung eines häuslichen Arbeitszimmers in Zeiten der Nichtbeschäftigung

**24 a** Die Aufwendungen für ein häusliches Arbeitszimmer können in Zeiten der Nichtbeschäftigung (z. B. Erwerbslosigkeit, Mutterschutz, Elternzeit) nach den Regeln vorweggenommener Betriebsausgaben oder Werbungskosten abgezogen werden, wenn und soweit dem Steuerpflichtigen der Abzug der Aufwendungen auch unter den zu erwartenden Umständen der späteren betrieblichen oder beruflichen Tätigkeit zustehen würde (BFH-Urteil vom 2. Dezember 2005 VI R 63/03, BStBl. 2006 II S. 329).

## XII. Vermietung eines häuslichen Arbeitszimmers

**24 b** Zur Vermietung eines Büroraums an den Arbeitgeber wird auf das BMF-Schreiben vom 13. Dezember 2005 (BStBl. 2006 I S. 4)[1] und zur Vermietung eines häuslichen Arbeitsraums an den Auftraggeber eines Gewerbetreibenden wird auf das BFH-Urteil vom 13. Dezember 2016 X R 18/12 (BStBl. 2017 II S. 450) hingewiesen.

## XIII. Besondere Aufzeichnungspflichten

**25** Nach § 4 Abs. 7 EStG dürfen Aufwendungen für ein häusliches Arbeitszimmer bei der Gewinnermittlung nur berücksichtigt werden, wenn sie besonders aufgezeichnet sind. Es bestehen keine Bedenken, wenn die auf das Arbeitszimmer anteilig entfallenden Finanzierungskosten im Wege der Schätzung ermittelt werden und nach Ablauf des Wirtschafts- oder Kalenderjahres eine Aufzeichnung aufgrund der Jahresabrechnung des Kreditinstitutes erfolgt. Entsprechendes gilt für die verbrauchsabhängigen Kosten wie z. B. Wasser- und Energiekosten. Es ist ausreichend, Abschreibungsbeträge einmal jährlich – zeitnah nach Ablauf des Kalender- oder Wirtschaftsjahres – aufzuzeichnen.

## XIV. Zeitliche Anwendung

**26** Dieses Schreiben ersetzt das BMF-Schreiben vom 2. März 2011 (BStBl. I S. 195) und ist in allen offenen Fällen ab dem Veranlagungszeitraum 2007 anzuwenden.

[1] Nr. **1** § 21/14.

# 1 § 4/10. Schreiben betr. betrieblicher Schuldzinsenabzug nach § 4 Abs. 4 a EStG

Vom 2. November 2018

BMF IV C 6 - S 2144/07/10001 :007; DOK 2018/0223681

(BStBl. I S. 1207)

**Bezug:** BMF-Schreiben vom 17. November 2005 (BStBl. I S. 1019), vom 7. Mai 2008 (BStBl. I S. 588) und vom 18. Februar 2013 (BStBl. I S. 197); BFH-Urteil vom 14. März 2018 (BStBl. II S. 744)

Geändert durch BMF v. 18. 1. 2021 (BStBl. I S. 119) und BMF v. 5.11.2021 (BStBl. I S. 2211)

Im Einvernehmen mit den obersten Finanzbehörden der Länder gilt zur Einschränkung des Abzugs von Schuldzinsen nach § 4 Abs. 4 a EStG Folgendes:

## [Vorbemerkung]

Der Regelung unterliegen nur Schuldzinsen, die betrieblich veranlasst sind. 1 Dies erfordert im Hinblick auf die steuerliche Abziehbarkeit eine zweistufige Prüfung. In einem ersten Schritt ist zu ermitteln, ob und inwieweit Schuldzinsen zu den betrieblich veranlassten Aufwendungen gehören. In einem zweiten Schritt muss geprüft werden, ob der Betriebsausgabenabzug im Hinblick auf Überentnahmen eingeschränkt ist.

## I. Betrieblich veranlasste Schuldzinsen

Die betriebliche Veranlassung von Schuldzinsen bestimmt sich nach den vom 2 BFH entwickelten Grundsätzen. Insbesondere die Rechtsgrundsätze in den BFH-Beschlüssen vom 4. Juli 1990 (BStBl. II S. 817) und vom 8. Dezember 1997 (BStBl. 1998 II S. 193) sowie in den BFH-Urteilen vom 4. März 1998 (BStBl. II S. 511) und vom 19. März 1998 (BStBl. II S. 513) sind weiter anzuwenden. Danach sind Schuldzinsen anhand des tatsächlichen Verwendungszwecks der Darlehensmittel der Erwerbs- oder Privatsphäre zuzuordnen.

Darlehen zur Finanzierung außerbetrieblicher Zwecke, insbesondere zur Fi- 3 nanzierung von Entnahmen, sind nicht betrieblich veranlasst. Unterhält der Steuerpflichtige für den betrieblich und den privat veranlassten Zahlungsverkehr ein einheitliches – gemischtes – Kontokorrentkonto, ist für die Ermittlung der als Betriebsausgaben abziehbaren Schuldzinsen der Sollsaldo grundsätzlich aufzuteilen. Das anzuwendende Verfahren bei der Aufteilung ergibt sich aus Rdnrn. 11 bis 18 des BMF-Schreibens vom 10. November 1993 (BStBl. I S. 930)[1].

Dem Steuerpflichtigen steht es frei, zunächst dem Betrieb Barmittel ohne 4 Begrenzung auf einen Zahlungsmittelüberschuss zu entnehmen und im Anschluss hieran betriebliche Aufwendungen durch Darlehen zu finanzieren (sog. Zwei-Konten-Modell). Wird allerdings ein Darlehen nicht zur Finanzierung betrieblicher Aufwendungen, sondern tatsächlich zur Finanzierung einer Entnahme verwendet, ist dieses Darlehen außerbetrieblich veranlasst. Ein solcher Fall ist dann gegeben, wenn dem Betrieb keine entnahmefähigen Barmittel zur Verfügung stehen und die Entnahme von Barmitteln erst dadurch möglich wird, dass Darlehensmittel in den Betrieb fließen.

[1] Nr. **1** § 4/4.

**Beispiel 1:**

5 Der Steuerpflichtige unterhält ein Betriebsausgabenkonto, das einen Schuldsaldo von 100 000 € aufweist. Auf dem Betriebseinnahmenkonto besteht ein Guthaben von 50 000 €; hiervon entnimmt der Steuerpflichtige 40 000 €.

Die Schuldzinsen auf dem Betriebsausgabenkonto sind in vollem Umfang betrieblich veranlasst.

**Beispiel 2:**

6 Der Steuerpflichtige unterhält ein einziges betriebliches Girokonto, über das Einnahmen wie Ausgaben gebucht werden. Dieses Konto weist zum Zeitpunkt der Geldentnahme einen Schuldsaldo in Höhe von 50 000 € aus, der unstreitig betrieblich veranlasst ist. Durch die privat veranlasste Erhöhung des Schuldsaldos um 40 000 € auf 90 000 € ergeben sich höhere Schuldzinsen.

Durch Anwendung der Zinszahlenstaffelmethode muss der privat veranlasste Anteil der Schuldzinsen ermittelt werden. Die privat veranlasste Erhöhung des Schuldsaldos von 40 000 € führt nicht bereits zu einer Entnahme von zum Betriebsvermögen gehörenden Wirtschaftsgütern und ist daher nicht bei der Ermittlung der Entnahmen i. S. d. § 4 Abs. 4 a EStG zu berücksichtigen.

Eine Entnahme i. S. d. § 4 Abs. 4 a Satz 2 EStG liegt erst in dem Zeitpunkt vor, in dem der privat veranlasste Teil des Schuldsaldos durch eingehende Betriebseinnahmen getilgt wird, weil insoweit betriebliche Mittel zur Tilgung einer privaten Schuld verwendet werden (BFH vom 3. März 2011, BStBl. II S. 688). Aus Vereinfachungsgründen ist es jedoch nicht zu beanstanden, wenn der Steuerpflichtige schon die Erhöhung des Schuldsaldos aus privaten Gründen als Entnahme bucht und bei der Tilgung des privat veranlassten Schuldsaldos keine Entnahmebuchung mehr vornimmt.

Entsprechendes gilt, wenn der Steuerpflichtige zwei Konten unterhält und die privat veranlasste Erhöhung des Schuldsaldos durch betriebliche Zahlungseingänge oder durch Umbuchung vom Betriebseinnahmenkonto tilgt.

**Beispiel 3:**

7 Der Steuerpflichtige benötigt zur Anschaffung einer Motoryacht, die er zu Freizeitzwecken nutzen will, 100 000 €. Mangels ausreichender Liquidität in seinem Unternehmen kann er diesen Betrag nicht entnehmen. Er möchte auch sein bereits debitorisch geführtes betriebliches Girokonto hierdurch nicht weiter belasten. Daher nimmt er zur Verstärkung seines betrieblichen Girokontos einen „betrieblichen" Kredit auf und entnimmt von diesem den benötigten Betrag.

Das Darlehen ist privat veranlasst, da es tatsächlich zur Finanzierung einer Entnahme verwendet wird und dem Betrieb keine entnahmefähigen Barmittel zur Verfügung standen. Die auf das Darlehen entfallenden Schuldzinsen sind dem privaten Bereich zuzuordnen. Der Betrag von 100 000 € ist nicht bei der Ermittlung der Entnahmen i. S. d. § 4 Abs. 4 a EStG zu berücksichtigen.

## II. Überentnahme (§ 4 Abs. 4 a Satz 2 EStG)

### Begriffe Gewinn, Entnahme, Einlage

Der Abzug betrieblich veranlasster Schuldzinsen ist eingeschränkt, wenn Überentnahmen vorliegen. Dies ist grundsätzlich der Fall, wenn die Entnahmen höher sind als die Summe aus Gewinn und Einlagen des Wirtschaftsjahres.

8[1] Die Regelung enthält zu den Begriffen Gewinn (BFH vom 7. März 2006, BStBl. II S. 588), Entnahme und Einlage keine von § 4 Abs. 1 EStG abweichenden Bestimmungen. Es gelten daher die allgemeinen Grundsätze. Der Begriff Gewinn umfasst auch einen Verlust (BFH vom 14. März 2018, BStBl. II S. 744). Für den Gewinnbegriff des § 4 Abs. 4 a EStG ist der Gewinn nach § 4 Abs. 1 EStG maßgeblich; außerbilanzielle Kürzungen und Hinzurechnungen wirken sich auf den Gewinn i. S. d. § 4 Abs. 4 a EStG nicht aus (vgl. BFH vom 3. Dezember 2019, BStBl. 2021 II S. 77). Hierzu gehören auch Übergangsgewinne i. S. v. R 4.6 EStR 2012. Hierbei ist auf den Gewinn des jeweiligen Betriebs abzustellen. Daher bleiben einheitlich und gesondert festgestellte Gewinn-/Verlustanteile aus im Betriebsvermögen gehaltenen Beteiligungen an Mitunternehmerschaften (z. B. bei doppelstöckigen Personengesellschaften) unberücksichtigt. Erst Auszahlungen aus Gewinnanteilen zwischen den ver-

---

[1] Rn. 8 Satz 4 neu gef. durch BMF v. 18. 1. 2021, BStBl. I S. 119.

bundenen Mitunternehmerschaften sind wie Entnahmen oder Einlagen zu behandeln. Steuerfreie Gewinne gehören zum Gewinn. Bei steuerfreien Entnahmen (z. B. § 13 Abs. 4 und 5 EStG) ist grundsätzlich der sich aus § 6 Abs. 1 Nr. 4 EStG ergebende Wert anzusetzen. Aus Vereinfachungsgründen kann jedoch die Entnahme mit dem Buchwert angesetzt werden, wenn die darauf beruhende Gewinnerhöhung ebenfalls außer Ansatz bleibt. Dies gilt sinngemäß in den Fällen des § 55 Abs. 6 EStG.

Zum Gewinn gehört auch der Gewinn aus der Veräußerung oder Aufgabe eines Betriebes. Zu den Entnahmen gehören auch Überführungen von Wirtschaftsgütern des Betriebsvermögens in das Privatvermögen anlässlich einer Betriebsaufgabe sowie der Erlös aus der Veräußerung eines Betriebes, soweit er in das Privatvermögen überführt wird (siehe Anwendungsregelung Rdnr. 44). Verbleibt nach der Betriebsaufgabe oder Betriebsveräußerung im Ganzen noch eine Überentnahme, sind Schuldzinsen nur unter den Voraussetzungen des § 4 Abs. 4 a EStG als nachträgliche Betriebsausgaben zu berücksichtigen. **9**

Die Überführung oder Übertragung von Wirtschaftsgütern aus einem Betriebsvermögen in ein anderes Betriebsvermögen ist als Entnahme aus dem abgebenden Betriebsvermögen und als Einlage in das aufnehmende Betriebsvermögen zu behandeln, auch wenn dieser Vorgang nach § 6 Abs. 5 EStG zu Buchwerten erfolgt. **10**

Der unentgeltliche Übergang eines Betriebs oder eines Mitunternehmeranteils führt beim bisherigen Betriebsinhaber/Mitunternehmer nicht zu Entnahmen i. S. d. § 4 Abs. 4 a EStG und beim jeweiligen Rechtsnachfolger nicht zu Einlagen i. S. dieser Vorschrift. Die beim bisherigen Betriebsinhaber/Mitunternehmer entstandenen Über- oder Unterentnahmen sowie der kumulierte Entnahmenüberschuss (siehe Rdnr. 16) gehen auf den Rechtsnachfolger – ggf. anteilig – über (vgl. BFH vom 12. Dezember 2013, BStBl. 2014 II S. 316). **11**

Die geänderte betriebsvermögensmäßige Zuordnung eines Wirtschaftsguts aufgrund des Bestehens einer Bilanzierungskonkurrenz stellt weder eine Entnahme beim abgebenden Betrieb noch eine Einlage beim aufnehmenden Betrieb i. S. d. § 4 Abs. 4 a EStG dar, wenn der Vorgang zum Buchwert stattgefunden hat (BFH vom 22. September 2011, BStBl. 2012 II S. 10). **12**

Eine geänderte betriebsvermögensmäßige Zuordnung eines Wirtschaftsguts aufgrund des Bestehens einer Bilanzierungskonkurrenz im vorstehenden Sinne liegt u. a. vor, wenn:

a) ein Wirtschaftsgut nach Begründung einer mitunternehmerischen Betriebsaufspaltung einem anderen Betriebsvermögen zuzuordnen ist (BFH vom 22. September 2011, BStBl. 2012 II S. 10);

b) ein Wirtschaftsgut nach Verschmelzung einem anderen Betriebsvermögen zuzuordnen ist.

**Beispiel 4:**
Zum Betriebsvermögen der A-GmbH gehört eine fremdfinanzierte Beteiligung an der B-GmbH. Die B-GmbH ist ihrerseits an der C-KG als Kommanditistin beteiligt. Weiteres Betriebsvermögen hat die B-GmbH nicht. Die B-GmbH wird auf die A-GmbH verschmolzen, so dass die A-GmbH nunmehr unmittelbar an der C-KG beteiligt ist. Da die Beteiligung an der C-KG das einzige Betriebsvermögen der B-GmbH war, wird das Refinanzierungsdarlehen, das bisher bei der A-GmbH zu passivieren war, aufgrund des geänderten Finanzierungszusammenhangs nach § 6 Abs. 5 Satz 2 EStG zum Buchwert in das Sonderbetriebsvermögen der C-KG überführt.

Die kurzfristige Einlage von Geld stellt einen Missbrauch von Gestaltungsmöglichkeiten des Rechts dar, wenn sie allein dazu dient, die Hinzurechnung **13** nicht abziehbarer Schuldzinsen zu umgehen (BFH vom 21. August 2012, BStBl. 2013 II S. 16).

14 Die ermittelte kumulierte Über- oder Unterentnahme und der kumulierte Entnahmenüberschuss (siehe Rdnr. 16) sind formlos festzuhalten.

**Beispiel 5:**

15 Der Betrieb des Steuerpflichtigen hat für das Wirtschaftsjahr 01 mit einem Verlust von 100 000 € abgeschlossen. Der Steuerpflichtige hat keine Entnahmen getätigt. Dem Betrieb wurden keine Einlagen zugeführt. Aus den vorangegangenen Wirtschaftsjahren stammt eine Unterentnahme von 10 000 €. Der kumulierte Entnahmenüberschuss des Vorjahres beträgt 75 000 € (Vorjahreswerte an kumulierten Entnahmen 350 000 € und an kumulierten Einlagen 275 000 €).

Berechnung der Überentnahme 01:

| | | |
|---|---|---|
| | Entnahmen des Wirtschaftsjahres | 0 € |
| – | Einlagen des Wirtschaftsjahres | 0 € |
| – | Verlust des Wirtschaftsjahres | –100 000 € |
| = | Überentnahme des Wirtschaftsjahres | 100 000 € |
| – | Unterentnahme aus vorangegangenen Wirtschaftsjahren | 10 000 € |
| = | kumulierte Überentnahme (geht in die Berechnung des Folgejahres ein) | 90 000 € |

Berechnung des Entnahmenüberschusses 01:

| | | |
|---|---|---|
| | Entnahmen des Wirtschaftsjahres | 0 € |
| – | Einlagen des Wirtschaftsjahres | 0 € |
| – | kumulierter Entnahmenüberschuss des Vorjahres | 75 000 € |
| = | kumulierter Entnahmenüberschuss des Wirtschaftsjahres | 75 000 € |

Die Überentnahme des Wirtschaftsjahres ist mit der Unterentnahme der Vorjahre zu verrechnen und bewirkt eine kumulierte Überentnahme in 01 i. H. v. 90 000 €; die Überentnahme ist aber auf den kumulierten Entnahmenüberschuss von 75 000 € zu begrenzen. In die Berechnung des Folgejahres geht als Vorjahreswert die Überentnahme mit dem Betrag von 90 000 € ein.

Im Folgejahr 02 ergibt sich ein Gewinn i. H. v. 10 000 €. Entnahmen und Einlagen werden nicht getätigt.

Berechnung der Überentnahme in 02:

| | | |
|---|---|---|
| | Entnahmen des Wirtschaftsjahres | 0 € |
| – | Einlagen des Wirtschaftsjahres | 0 € |
| – | Gewinn des Wirtschaftsjahres | 10 000 € |
| = | Unterentnahme des Wirtschaftsjahres | 10 000 € |
| – | Überentnahme aus vorangegangenen Wirtschaftsjahren | 90 000 € |
| = | kumulierte Überentnahme (geht in die Berechnung des Folgejahres ein) | 80 000 € |

Berechnung des Entnahmenüberschusses in 02:

| | | |
|---|---|---|
| | Entnahmen des Wirtschaftsjahres | 0 € |
| – | Einlagen des Wirtschaftsjahres | 0 € |
| – | kumulierter Entnahmenüberschuss des Vorjahres | 75 000 € |
| = | kumulierter Entnahmenüberschuss des Wirtschaftsjahres | 75 000 € |

Die Überentnahme des Vorjahres 01 i. H. v. 90 000 € ist fortzuschreiben und um die Unterentnahme des Wirtschaftsjahres 02 i. H. v. 10 000 € zu mindern. Dadurch ergibt sich eine Überentnahme in 02 von 80 000 €. Da in 02 keine Einlagen und Entnahmen getätigt wurden, beträgt der kumulierte Entnahmenüberschuss weiterhin 75 000 €. Die Bemessungsgrundlage für die Berechnung der nicht abziehbaren Schuldzinsen ist im Jahr 02 auf den kumulierten Entnahmeüberschuss von 75 000 € zu begrenzen.

## III. Ermittlung des Hinzurechnungsbetrages (§ 4 Abs. 4 a Satz 3 und 4 EStG)

§ 4 Abs. 4 a Satz 3 EStG bestimmt, dass die betrieblich veranlassten Schuldzinsen pauschal in Höhe von 6 % der Überentnahme des Wirtschaftsjahres zuzüglich der verbliebenen Überentnahme oder abzüglich der verbliebenen Unterentnahme des vorangegangenen Wirtschaftsjahres (kumulierte Überentnahme) zu nicht abziehbaren Betriebsausgaben umqualifiziert werden. Die kumulierte Überentnahme ist auf den kumulierten Entnahmenüberschuss zu begrenzen. Der kumulierte Entnahmenüberschuss errechnet sich aus den Entnahmen der Totalperiode abzüglich der Einlagen der Totalperiode, d. h. seit der Betriebseröffnung, frühestens aber seit dem 1. Januar 1999 (BFH vom 14. März 2018, BStBl. II S. 744). Der pauschal ermittelte Betrag, höchstens jedoch der um 2050 € verminderte Betrag der im Wirtschaftsjahr angefallenen Schuldzinsen, ist nach § 4 Abs. 4 a Satz 4 EStG dem Gewinn hinzuzurechnen. 16

**Beispiel 6:**

A hat seinen Betrieb am 1. Juni 02 mit einer Einlage von 50 000 € eröffnet. Er erwirtschaftete in 02 einen Verlust von 50 000 €. Entnahmen tätigte er in Höhe von 70 000 €. Betrieblich veranlasste Schuldzinsen – ohne Berücksichtigung von Zinsen für ein Investitionsdarlehen – fielen in Höhe von 15 000 € an. 17

Berechnung der Überentnahme:

| | | |
|---|---|---|
| | Entnahmen des Wirtschaftsjahres | 70 000 € |
| – | Einlagen des Wirtschaftsjahres | 50 000 € |
| – | Verlust des Wirtschaftsjahres | –50 000 € |
| = | Überentnahme des Wirtschaftsjahres | 70 000 € |
| | (kein Vorjahreswert; Jahr der Betriebseröffnung) | |
| = | kumulierte Überentnahme (geht in die Berechnung des Folgejahres ein) | 70 000 € |

Berechnung des Entnahmenüberschusses

| | | |
|---|---|---|
| | Entnahmen des Wirtschaftsjahres | 70 000 € |
| – | Einlagen des Wirtschaftsjahres | 50 000 € |
| = | kumulierter Entnahmenüberschuss | 20 000 € |

Ergebnis:

| | |
|---|---|
| auf den kumulierten Entnahmenüberschuss begrenzte Überentnahme i. S. d. § 4 Abs. 4 a EStG | 20 000 € |

Berechnung des Hinzurechnungsbetrages:

| | |
|---|---|
| 20 000 € × 6 % = | 1200 € |

Berechnung des Höchstbetrages:

| | |
|---|---|
| Tatsächlich angefallene Schuldzinsen | 15 000 € |
| ./. Kürzungsbetrag | 2050 € |
| | 12 950 € |

Da der Hinzurechnungsbetrag den Höchstbetrag nicht übersteigt, ist er in voller Höhe von 1200 € dem Gewinn hinzuzurechnen.

Bei der pauschalen Ermittlung des Hinzurechnungsbetrages handelt es sich lediglich um einen Berechnungsmodus, bei dem die unmittelbare und die mittelbare Gewinnauswirkung der Rechtsfolge nicht zu berücksichtigen ist (§ 4 Abs. 4 a Satz 3 2. Halbsatz EStG). 18

Zu den im Wirtschaftsjahr angefallenen Schuldzinsen gehören alle Aufwendungen zur Erlangung wie Sicherung eines Kredits einschließlich der Nebenkosten der Darlehensaufnahme und der Geldbeschaffungskosten (BFH vom 1. Oktober 19

2002, BStBl. 2003 II S. 399). Nachzahlungs-, Aussetzungs- und Stundungszinsen im Sinne der Abgabenordnung sind ebenfalls in die nach § 4 Abs. 4 a EStG zu kürzenden Zinsen einzubeziehen.

20 Eine Überentnahme liegt auch vor, wenn sie sich lediglich aus Überentnahmen vorangegangener Wirtschaftsjahre ergibt (BFH vom 17. August 2010, BStBl. II S. 1041). Überentnahmen und Unterentnahmen sind nicht nur zur Ermittlung der Berechnungsgrundlage für die hinzuzurechnenden Schuldzinsen, sondern auch zur Fortführung in den Folgejahren zu saldieren.

**Beispiel 7:**

21 Im Wirtschaftsjahr 02 ergibt sich eine Unterentnahme in Höhe von 50 000 €. Die Überentnahme des Wirtschaftsjahres 01 betrug 60 000 €.

Die Überentnahme für das Wirtschaftsjahr 02 berechnet sich wie folgt:

| | | |
|---|---|---|
| Unterentnahme Wirtschaftsjahr 02 | ./. | 50 000 € |
| Überentnahme Wirtschaftsjahr 01 | + | 60 000 € |
| verbleibende Überentnahme | + | 10 000 € |
| (Berechnungsgrundlage und im Folgejahr fortzuführen) | | |

22 Der Kürzungsbetrag von höchstens 2050 € ist betriebsbezogen. Zur Anwendung bei Mitunternehmerschaften vgl. Rdnr. 27.

## IV. Schuldzinsen aus Investitionsdarlehen (§ 4 Abs. 4 a Satz 5 EStG)

23 Die Regelung nimmt Zinsen für Darlehen aus der Abzugsbeschränkung aus, wenn diese zur Finanzierung von Anschaffungs- oder Herstellungskosten betrieblicher Anlagegüter verwendet werden. Die Finanzierung von Umlaufvermögen, das im Rahmen der Betriebseröffnung erworben und fremdfinanziert wurde, ist nicht begünstigt (BFH vom 23. März 2011, BStBl. II S. 753). § 4 Abs. 4 a Satz 5 EStG umfasst auch Zinsen für die Finanzierung von Zinsen für Investitionsdarlehen (BFH vom 7. Juli 2016, BStBl. II S. 837).

24 Es ist nicht erforderlich, dass zur Finanzierung von Anschaffungs- oder Herstellungskosten von Wirtschaftsgütern des Anlagevermögens ein gesondertes Darlehen aufgenommen wird. Ob Schuldzinsen i. S. d. § 4 Abs. 4 a Satz 5 EStG für Darlehen zur Finanzierung von Anschaffungs- oder Herstellungskosten von Wirtschaftsgütern des Anlagevermögens vorliegen, ist ausschließlich nach der tatsächlichen Verwendung der Darlehensmittel zu bestimmen. Werden Darlehensmittel zunächst auf ein betriebliches Kontokorrentkonto überwiesen, von dem sodann die Anschaffungs- oder Herstellungskosten von Wirtschaftsgütern des Anlagevermögens bezahlt werden, oder wird zunächst das Kontokorrentkonto belastet und anschließend eine Umschuldung in ein Darlehen vorgenommen, kann ein Finanzierungszusammenhang mit den Anschaffungs- oder Herstellungskosten von Wirtschaftsgütern des Anlagevermögens nur angenommen werden, wenn ein enger zeitlicher und betragsmäßiger Zusammenhang zwischen der Belastung auf dem Kontokorrentkonto und der Darlehensaufnahme besteht. Dabei wird unwiderlegbar vermutet, dass die dem Kontokorrentkonto gutgeschriebenen Darlehensmittel zur Finanzierung der Anschaffungs- oder Herstellungskosten von Wirtschaftsgütern des Anlagevermögens verwendet werden, wenn diese innerhalb von 30 Tagen vor oder nach Auszahlung der Darlehensmittel tatsächlich über das entsprechende Kontokorrentkonto finanziert wurden. Beträgt der Zeitraum mehr als 30 Tage, muss der Steuerpflichtige den erforderlichen Finanzierungszusammenhang zwischen der Verwendung der Darlehensmittel und der Bezahlung der Anschaffungs- oder Herstellungskosten für die Wirtschaftsgüter des Anlagevermögens nachweisen. Eine Verwendung

der Darlehensmittel zur Finanzierung von Anschaffungs- oder Herstellungskosten von Wirtschaftsgütern des Anlagevermögens scheidet aus, wenn die Anschaffungs- oder Herstellungskosten im Zeitpunkt der Verwendung der Darlehensmittel bereits abschließend finanziert waren und die erhaltenen Darlehensmittel lediglich das eingesetzte Eigenkapital wieder auffüllen (BFH vom 9. Februar 2010, BStBl. 2011 II S. 257).

Werden die Anschaffungs- oder Herstellungskosten von Wirtschaftsgütern des Anlagevermögens über ein Kontokorrentkonto finanziert und entsteht oder erhöht sich dadurch ein negativer Saldo des Kontokorrentkontos, sind die dadurch veranlassten Schuldzinsen gemäß § 4 Abs. 4 a Satz 5 EStG unbeschränkt als Betriebsausgaben abziehbar. Der Anteil der unbeschränkt abziehbaren Schuldzinsen ist dabei nach der Zinszahlenstaffelmethode oder durch Schätzung zu ermitteln. Entsprechend den Rdnrn. 11 bis 18 des BMF-Schreibens vom 10. November 1993 (BStBl. I S. 930)[1] ist für die Ermittlung der als Betriebsausgaben abziehbaren Schuldzinsen der Sollsaldo des Kontokorrentkontos anhand der zugrunde liegenden Geschäftsvorfälle nach seiner Veranlassung aufzuteilen und sind die Sollsalden des betrieblichen Unterkontos zu ermitteln. Hierbei ist davon auszugehen, dass mit den eingehenden Betriebseinnahmen zunächst private Schuldenteile, dann die durch sonstige betriebliche Aufwendungen entstandenen Schuldenteile und zuletzt die durch die Investitionen entstandenen Schuldenteile getilgt werden. 25

Wird demgegenüber ein gesondertes Darlehen aufgenommen, mit dem teilweise Wirtschaftsgüter des Anlagevermögens finanziert, teilweise aber auch sonstiger betrieblicher Aufwand bezahlt wird, können die Schuldzinsen nach § 4 Abs. 4 a Satz 5 EStG – ungeachtet etwaiger Überentnahmen – als Betriebsausgaben abgezogen werden, soweit sie nachweislich auf die Anschaffungs- oder Herstellungskosten der Wirtschaftsgüter des Anlagevermögens entfallen. Der Steuerpflichtige ist hierfür nachweispflichtig. 26

## V. Schuldzinsen bei Mitunternehmerschaften

### 1. Gesellschafts-/Gesellschafterbezogene Betrachtungsweise

Die Regelung des § 4 Abs. 4 a EStG ist eine betriebsbezogene Gewinnhinzurechnung. Der Hinzurechnungsbetrag ist daher auch für jede einzelne Mitunternehmerschaft zu ermitteln. Der Begriff der Überentnahme sowie die ihn bestimmenden Merkmale (Einlage, Entnahme, Gewinn und ggf. Verlust) ist dagegen gesellschafterbezogen auszulegen (BFH vom 29. März 2007, BStBl. 2008 II S. 420). Die Überentnahme bestimmt sich nach dem Anteil des einzelnen Mitunternehmers am Gesamtgewinn der Mitunternehmerschaft (Anteil am Gewinn oder Verlust aus dem Gesamthandsvermögen einschließlich Ergänzungsbilanzen zuzüglich/abzüglich seines im Sonderbetriebsvermögen erzielten Ergebnisses) und der Höhe der individuellen Einlagen und Entnahmen (einschließlich Sonderbetriebsvermögen). 27

Der Kürzungsbetrag nach § 4 Abs. 4 a Satz 4 EStG i. H. v. 2050 € ist gesellschaftsbezogen anzuwenden, d. h., er ist nicht mit der Anzahl der Mitunternehmer zu vervielfältigen. Er ist auf die einzelnen Mitunternehmer entsprechend ihrer Schuldzinsenquote aufzuteilen (BFH vom 29. März 2007, BStBl. 2008 II S. 420). Schuldzinsen i. S. d. § 4 Abs. 4 a Satz 5 EStG sind bei der Aufteilung des Kürzungsbetrages nach § 4 Abs. 4 a Satz 4 EStG nicht zu berücksichtigen. 28

[1] Nr. 1 § 4/4.

**Beispiel 8:**

29 An der X-OHG sind A, B und C zu jeweils einem Drittel beteiligt. Weitere Abreden bestehen nicht. Im ersten Wirtschaftsjahr hat der Gewinn der OHG 120 000 € und haben die Schuldzinsen zur Finanzierung laufender Aufwendungen 10 000 € betragen. Die Entnahmen verteilen sich auf die Mitunternehmer wie folgt: B und C haben jeweils 80 000 € entnommen, während sich A auf eine Entnahme in Höhe von 20 000 € beschränkte. Einlagen wurden nicht getätigt.

Der Hinzurechnungsbetrag ist wie folgt zu ermitteln:

| | A | B | C |
|---|---|---|---|
| Gewinnanteil | 40 000 | 40 000 | 40 000 |
| Entnahmen | 20 000 | 80 000 | 80 000 |
| Überentnahmen | | 40 000 | 40 000 |
| Unterentnahmen | 20 000 | | |
| (kumulierter) Entnahmenüberschuss | 20 000 | 80 000 | 80 000 |
| niedrigerer Betrag[1)] | 0 | 40 000 | 40 000 |
| 6 % | 0 | 2400 | 2400 |
| anteilige Zinsen | 3334 | 3333 | 3333 |
| Mindestabzug | 684 | 683 | 683 |
| Höchstbetrag | 2650 | 2650 | 2650 |
| Hinzurechnungsbetrag | 0 | 2400 | 2400 |

Bei den Mitunternehmern B und C sind Überentnahmen in Höhe von jeweils 40 000 € entstanden. Demzufolge können Schuldzinsen in Höhe von jeweils 2400 € (= 6 % aus 40 000 €) nicht als Betriebsausgaben abgezogen werden. Hieraus ergibt sich ein korrigierter Gewinn der Mitunternehmerschaft in Höhe von 124 800 €, der dem Mitunternehmer A i. H. v. 40 000 und den Mitunternehmern B und C zu jeweils 42 400 € zuzurechnen ist.

## 2. Schuldzinsen

### 2.1. Gewinnermittlung der Mitunternehmerschaft

30 Zinsaufwendungen werden nur einbezogen, wenn sie im Rahmen der Ermittlung des Gesamtgewinns als Betriebsausgaben berücksichtigt worden sind. Zinsen eines Darlehens des Mitunternehmers an die Gesellschaft i. S. d. § 15 Abs. 1 Satz 1 Nr. 2 2. Halbsatz EStG gleichen sich im Rahmen ihrer Gesamtgewinnauswirkung aus (Betriebsausgaben im Gesamthandsvermögen und Betriebseinnahmen im Sonderbetriebsvermögen); sie sind keine Schuldzinsen i. S. d. § 4 Abs. 4 a EStG. Dies gilt auch für Zinsaufwendungen für Darlehen eines mittelbar beteiligten Mitunternehmers i. S. d. § 15 Abs. 1 Satz 1 Nr. 2 Satz 2 EStG (BFH vom 12. Februar 2014, BStBl. II S. 621).

31 Die von der Mitunternehmerschaft geleisteten Zinsen sind den Mitunternehmern nach dem Gewinnverteilungsschlüssel zuzurechnen.

### 2.2. Darlehen im Sonderbetriebsvermögen

32 Ein Investitionsdarlehen i. S. d. § 4 Abs. 4 a Satz 5 EStG liegt auch dann vor, wenn die Darlehensverbindlichkeit zwar im Sonderbetriebsvermögen auszuweisen ist, die Darlehensmittel aber zur Finanzierung von Anschaffungs- oder Herstellungskosten von Wirtschaftsgütern des Anlagevermögens des Gesamthandsvermögens eingesetzt werden.

33 In diesem Fall sind die Schuldzinsen in vollem Umfang abziehbar (§ 4 Abs. 4 a Satz 5 EStG), unabhängig davon, ob das Darlehen im Gesamthandsvermögen als Verbindlichkeit gegenüber dem Mitunternehmer ausgewiesen ist oder dem

[1)] **Amtl. Anm.**: Überentnahmen oder kumulierter Entnahmenüberschuss.

Mitunternehmer für die Hingabe der Darlehensmittel (weitere) Gesellschaftsrechte gewährt werden.

Zinsen aus Darlehen (im Sonderbetriebsvermögen des Mitunternehmers) zur 34
Finanzierung des Erwerbs eines Mitunternehmeranteils sind, soweit sie auf die Finanzierung von anteilig erworbenen Wirtschaftsgütern des Anlagevermögens (Gesamthands- und Sonderbetriebsvermögen) entfallen, wie Schuldzinsen aus Investitionsdarlehen (Rdnrn. 23 bis 26) zu behandeln. Soweit diese nicht auf anteilig erworbene Wirtschaftsgüter des Anlagevermögens entfallen, sind sie in die Berechnung der nicht abziehbaren Schuldzinsen gem. § 4 Abs. 4 a EStG einzubeziehen. Bei der Refinanzierung der Gesellschaftereinlage oder des Kaufpreises des Mitunternehmeranteils mit einem einheitlichen Darlehen sind die Schuldzinsen im Verhältnis der Teilwerte der anteilig erworbenen Wirtschaftsgüter aufzuteilen.

Zinsen, die Sonderbetriebsausgaben eines Mitunternehmers darstellen, sind 35
diesem bei der Ermittlung der nicht abziehbaren Schuldzinsen zuzurechnen.

### 3. Entnahmen/Einlagen

Entnahmen liegen vor, wenn Wirtschaftsgüter (Barentnahmen, Waren, Erzeug- 36
nisse, Nutzungen und Leistungen) in den privaten Bereich der Mitunternehmer oder in einen anderen betriebsfremden Bereich überführt werden. In diesem Sinne ist die Zahlung einer Tätigkeitsvergütung i. S. d. § 15 Abs. 1 Satz 1 Nr. 2 2. Halbsatz EStG auf ein privates Konto des Mitunternehmers eine Entnahme, die bloße Gutschrift auf dem Kapitalkonto des Mitunternehmers jedoch nicht. Bei Darlehen des Mitunternehmers an die Gesellschaft i. S. d. § 15 Abs. 1 Satz 1 Nr. 2 2. Halbsatz EStG stellt die Zuführung der Darlehensvaluta eine Einlage und die Rückzahlung des Darlehens an den Mitunternehmer eine Entnahme dar. Die unentgeltliche Übertragung eines Wirtschaftsguts in das Sonderbetriebsvermögen eines anderen Mitunternehmers derselben Mitunternehmerschaft ist als Entnahme i. S. d. § 4 Abs. 4 a EStG beim abgebenden und als Einlage i. S. d. § 4 Abs. 4 a EStG beim aufnehmenden Mitunternehmer zu berücksichtigen.

### 4. Umwandlungen nach dem UmwStG

#### 4.1. Einbringung in eine Personengesellschaft (§ 24 UmwStG)

In Umwandlungsfällen gem. § 24 UmwStG gelten die aufgestellten Grundsätze 37
für Betriebsaufgaben und Betriebsveräußerungen gem. Rdnrn. 9 und 10 nicht. Beim Einbringenden erfolgt keine Entnahme und bei der Zielgesellschaft keine Einlage. Es ist lediglich ein entstandener Einbringungsgewinn beim Einbringenden zu berücksichtigen, der das Entnahmepotenzial erhöht (Minderung der Überentnahmen oder Erhöhung der Unterentnahmen). Die Über- oder Unterentnahmen sowie der kumulierte Entnahmenüberschuss sind bei der Einbringung eines Betriebes oder bei der Aufnahme eines weiteren Mitunternehmers in eine bestehende Mitunternehmerschaft unabhängig vom gewählten Wertansatz in der Zielgesellschaft fortzuführen. Bei der Einbringung eines Teilbetriebs sind die Werte grundsätzlich aufzuteilen. Es ist nicht zu beanstanden, wenn diese in voller Höhe dem Restbetrieb des Einbringenden zugerechnet werden. Bei Einbringung eines Mitunternehmeranteils werden bei der Zielgesellschaft die Werte nicht fortgeführt.

**Beispiel 9:**

A bringt seinen Betrieb zum 1.1.02 in die Personengesellschaft AB ein. Der Buchwert des 38
Betriebes beträgt 500 000 €, der Teilwert 600 000 €, der Gewinn in 01 50 000 €, Entnahmen

100 000 €, Einlagen 60 000 € und die zum 31.12.00 fortzuschreibenden Überentnahmen 20 000 €. Der kumulierte Entnahmenüberschuss beträgt zum 31.12.01 24 000 € (Mehrentnahmen).

a) Einbringung zum Buchwert; beim Einbringenden ergeben sich in 01 folgende Werte:

| | |
|---|---|
| Entnahmen | 100 000 € |
| Einlagen | 60 000 € |
| Gewinn | 50 000 € |
| Unterentnahme | 10 000 € |
| Überentnahme Vorjahr | 20 000 € |
| kumulierte Überentnahme | 10 000 € |

Die Überentnahme i. H. v. 10 000 € sowie der kumulierte Entnahmenüberschuss sind in der Mitunternehmerschaft fortzuführen.

b) Einbringung zum Teilwert; beim Einbringenden ergeben sich in 01 folgende Werte:

| | |
|---|---|
| Entnahmen | 100 000 € |
| Einlagen | 60 000 € |
| Gewinn | 50 000 € |
| Einbringungsgewinn | 100 000 € |
| Unterentnahme | 110 000 € |
| Überentnahme Vorjahr | 20 000 € |
| kumulierte Unterentnahme | 90 000 € |

Die Unterentnahme i. H. v. 90 000 € sowie der kumulierte Entnahmenüberschuss sind in der Mitunternehmerschaft fortzuführen.

### 4.2. Einbringung in eine Kapitalgesellschaft (§ 20 UmwStG)

39 Werden für eine Einbringung in eine Kapitalgesellschaft gewährte Gesellschaftsanteile im Privatvermögen gehalten, liegt eine Entnahme in Höhe des gewählten Wertansatzes vor.

## VI. Gewinnermittlung nach § 4 Abs. 3, § 5 a und § 13 a EStG

40 Die genannten Grundsätze gelten auch bei der Gewinnermittlung durch Einnahmenüberschussrechnung nach § 4 Abs. 3 EStG (§ 4 Abs. 4 a Satz 6 EStG). Hierzu müssen ab dem Jahr 2000 alle Entnahmen und Einlagen gesondert aufgezeichnet werden (§ 52 Abs. 11 Satz 4 EStG a. F.). Entnahmen und Einlagen von Geld sind für die Anwendung des § 4 Abs. 4 a EStG bei der Gewinnermittlung nach § 4 Abs. 3 EStG ebenso zu beurteilen wie bei der Gewinnermittlung nach § 4 Abs. 1 EStG (BFH vom 21. August 2012, BStBl. 2013 II S. 16).

41 Werden ab dem Jahr 2000 die erforderlichen Aufzeichnungen nicht geführt, sind zumindest die nach § 4 Abs. 4 a Satz 5 EStG privilegierten Schuldzinsen für „Investitionsdarlehen" sowie tatsächlich entstandene nicht begünstigte Schuldzinsen bis zum Sockelbetrag in Höhe von 2050 € als Betriebsausgaben abziehbar.

42 Bei der Gewinnermittlung nach § 5 a oder § 13 a EStG findet § 4 Abs. 4 a EStG keine Anwendung.

## VII. Anwendungsregelung

43 Die Regelung der Einschränkung des Schuldzinsenabzugs ist erstmals für Wirtschaftsjahre anzuwenden, die nach dem 31. Dezember 1998 enden (§ 52 Abs. 6 Satz 5 EStG). Die Über- oder Unterentnahmen in Wirtschaftsjahren, die vor dem Jahr 1999 geendet haben, bleiben unberücksichtigt. Bei einem vom

Kalenderjahr abweichenden Wirtschaftsjahr bleiben die vor dem 1. Januar 1999 getätigten Über- und Unterentnahmen unberücksichtigt (BFH vom 23. März 2011, BStBl. II S. 753). Der Anfangsbestand ist daher mit 0 DM anzusetzen (§ 52 Abs. 6 Satz 6 EStG).

Nach § 52 Abs. 6 Satz 7 EStG gilt bei Betrieben, die vor dem 1. Januar 1999 **44**
eröffnet worden sind, abweichend von Rdnr. 9 Folgendes:

Im Fall der Betriebsaufgabe sind bei der Überführung von Wirtschaftsgütern aus dem Betriebsvermögen in das Privatvermögen die Buchwerte nicht als Entnahme anzusetzen. Im Fall der Betriebsveräußerung ist nur der Veräußerungsgewinn als Entnahme anzusetzen.

§ 52 Abs. 6 Satz 7 EStG gilt nicht für die Entnahme von Wirtschaftsgütern außerhalb einer Betriebsaufgabe oder -veräußerung, auch wenn diese bereits vor dem 1. Januar 1999 zum Betriebsvermögen gehörten (BFH vom 24. November 2016, BStBl. 2017 II S. 268).

Bei Gewinnermittlung nach § 4 Abs. 3 EStG sind die Entnahmen und Einlagen **45**
für das Wirtschaftsjahr, das nach dem 31. Dezember 1998 endet, und für den Zeitraum bis zum 31. Dezember 1999 zu schätzen, sofern diese nicht gesondert aufgezeichnet sind.

Dieses BMF-Schreiben tritt an die Stelle der BMF-Schreiben vom 17. Novem- **46**[1]
ber 2005 (BStBl. I S. 1019), vom 7. Mai 2008 (BStBl. I S. 588) und vom 18. Februar 2013 (BStBl. I S. 197) und ist in allen offenen Fällen anzuwenden. Die Rdnrn. 30 bis 32 d des BMF-Schreibens vom 17. November 2005 (BStBl. I S. 1019) können auf gemeinsamen Antrag der Mitunternehmer letztmals für das Wirtschaftsjahr angewandt werden, das vor dem 1. Mai 2008 beginnt. Die Verlustberücksichtigung gemäß Tz. II. 2. des BMF-Schreibens vom 17. November 2005 (BStBl. I S. 1019) kann abweichend von Rdnr. 8 Satz 3 und Rdnr. 16 Satz 2 auf Antrag des Steuerpflichtigen letztmalig für das Wirtschaftsjahr angewendet werden, das vor dem 1. Januar 2018 begonnen hat; bei Mitunternehmerschaften ist ein einvernehmlicher Antrag aller Mitunternehmer erforderlich. Die Regelungen in Rdnrn. 8 bis 10 des BMF-Schreibens vom 10. November 1993 (BStBl. I S. 930) sind durch die BFH-Rechtsprechung überholt und nicht mehr anzuwenden. Die Änderung der Rdnr. 8 Satz 4 ist grundsätzlich in allen offenen Fällen anzuwenden. Auf Antrag des Steuerpflichtigen können außerbilanzielle Hinzurechnungen nach Rdnr. 8 Satz 4 des BMF-Schreibens in der Fassung vom 2. November 2018 (BStBl. I S. 1207) letztmals für Wirtschaftsjahre berücksichtigt werden, die vor dem 1. Januar 2021 begonnen haben. Dieser Antrag ist bei einer Mitunternehmerschaft einvernehmlich von allen Mitunternehmern zu stellen. Aus Vereinfachungsgründen wird es nicht beanstandet, wenn bereits durchgeführte Berechnungen der Gewinne und Verluste unverändert fortgeschrieben werden und hierfür die Änderung der Rdnr. 8 hinsichtlich der außerbilanziellen Kürzungen und Hinzurechnungen unberücksichtigt bleibt.

**Zusatz der OFD Frankfurt v. 19. 3. 2019 S 2144 A-117-St 210:**

Die Möglichkeit, auf Antrag bei der Verlustberücksichtigung die Regelungen gemäß Tz. II. 2. des BMF-Schreibens vom 17. November 2005, BStBl. I S. 1019, statt den Rdnrn. 8 Satz 3 und 16 anzuwenden (Rdnr. 46), stellt ihrem Charakter nach eine Vertrauensschutzregelung und kein Wahlrecht im eigentlichen Sinne dar. Ist der Steuerpflichtige zur Berechnungsmethode nach vorstehenden Grundsätzen übergegangen, besteht kein Grund mehr für die Gewährung weiteren Vertrauensschutzes. Daher betrifft die Rz. 46 nur den einmaligen Wechsel von den Berechnungs-

[1] Rdnr. 46 ergänzt um die Sätze 5 bis 8 durch BMF v. 18. 1. 2021, BStBl. I S. 119.

methoden des BMF-Schreibens vom 17. November 2005, BStBl. I S. 1019, zu denen des BMF-Schreibens vom 2. November 2018, BStBl. I S. 1207.

**Zusatz der OFD Frankfurt v. 25. 1. 2019 S 2144 A-117–St 210:**

Das FnD-Schema „Betriebliche Schuldzinsen für Einzelunternehmen" ist bis auf Weiteres nicht mehr anwendbar, weil es aufgrund der geänderten Rechtsprechung zu einer unzutreffenden Berechnung des betrieblichen Schuldzinsenabzugs nach § 4 Abs. 4 a EStG führt.

Die Berechnung ist daher entsprechend der vorstehenden Beispiele personell durchzuführen.

# I § 4/11. Schreiben betr. ertragsteuerliche Behandlung des Sponsoring[1)]

Vom 18. Februar 1998 (BStBl. I S. 212)

(BMF IV B 2 – S 2144 – 40/98)

Für die ertragsteuerliche Behandlung des Sponsoring gelten – unabhängig von dem gesponserten Bereich (z. B. Sport-, Kultur-, Sozio-, Öko- und Wissenschaftssponsoring) – im Einvernehmen mit den obersten Finanzbehörden der Länder folgende Grundsätze:

## I. Begriff des Sponsoring

Unter Sponsoring wird üblicherweise die Gewährung von Geld oder geldwerten Vorteilen durch Unternehmen zur Förderung von Personen, Gruppen und/oder Organisationen in sportlichen, kulturellen, kirchlichen, wissenschaftlichen, sozialen, ökologischen oder ähnlich bedeutsamen gesellschaftspolitischen Bereichen verstanden, mit der regelmäßig auch eigene unternehmensbezogene Ziele der Werbung oder Öffentlichkeitsarbeit verfolgt werden. Leistungen eines Sponsors beruhen häufig auf einer vertraglichen Vereinbarung zwischen dem Sponsor und dem Empfänger der Leistungen (Sponsoring-Vertrag), in dem Art und Umfang der Leistungen des Sponsors und des Empfängers geregelt sind. 1

## II. Steuerliche Behandlung beim Sponsor

Die im Zusammenhang mit dem Sponsoring gemachten Aufwendungen können 2
- Betriebsausgaben i. S. des § 4 Abs. 4 EStG,
- Spenden, die unter den Voraussetzungen der §§ 10 b EStG, 9 Abs. 1 Nr. 2 KStG, 9 Nr. 5 GewStG abgezogen werden dürfen, oder
- steuerlich nicht abziehbare Kosten der Lebensführung (§ 12 Nr. 1 EStG), bei Kapitalgesellschaften verdeckte Gewinnausschüttungen (§ 8 Abs. 3 Satz 2 KStG) sein.

### 1. Berücksichtigung als Betriebsausgaben

Aufwendungen des Sponsors sind Betriebsausgaben, wenn der Sponsor wirtschaftliche Vorteile, die insbesondere in der Sicherung oder Erhöhung seines unternehmerischen Ansehens liegen können (vgl. BFH vom 3. Februar 1993, BStBl. II S. 441, 445), für sein Unternehmen erstrebt oder für Produkte seines Unternehmens werben will. Das ist insbesondere der Fall, wenn der Empfänger der Leistungen auf Plakaten, Veranstaltungshinweisen, in Ausstel- 3

[1)] Zur Nichtanwendbarkeit dieses BMF-Schreibens für die Veranstaltung von Golfturnieren durch die Automobilvertragshändler vgl. OFD Hannover v. 20. 5. 2009 S 2145 – 80 – StO 224.

lungskatalogen, auf den von ihm benutzten Fahrzeugen oder anderen Gegenständen auf das Unternehmen oder auf die Produkte des Sponsors werbewirksam hinweist. Die Berichterstattung in Zeitungen, Rundfunk oder Fernsehen kann einen wirtschaftlichen Vorteil, den der Sponsor für sich anstrebt, begründen, insbesondere wenn sie in seine Öffentlichkeitsarbeit eingebunden ist oder der Sponsor an Pressekonferenzen oder anderen öffentlichen Veranstaltungen des Empfängers mitwirken und eigene Erklärungen über sein Unternehmen oder seine Produkte abgeben kann.

4 Wirtschaftliche Vorteile für das Unternehmen des Sponsors können auch dadurch erreicht werden, daß der Sponsor durch Verwendung des Namens, von Emblemen oder Logos des Empfängers oder in anderer Weise öffentlichkeitswirksam auf seine Leistungen aufmerksam macht.

5 Für die Berücksichtigung der Aufwendungen als Betriebsausgaben kommt es nicht darauf an, ob die Leistungen notwendig, üblich oder zweckmäßig sind; die Aufwendungen dürfen auch dann als Betriebsausgaben abgezogen werden, wenn die Geld- oder Sachleistungen des Sponsors und die erstrebten Werbeziele für das Unternehmen nicht gleichwertig sind. Bei einem krassen Mißverhältnis zwischen den Leistungen des Sponsors und dem erstrebten wirtschaftlichen Vorteil ist der Betriebsausgabenabzug allerdings zu versagen (§ 4 Abs. 5 Satz 1 Nr. 7 EStG).

6 Leistungen des Sponsors im Rahmen des Sponsoring-Vertrags, die die Voraussetzungen der RdNrn. 3, 4 und 5 für den Betriebsausgabenabzug erfüllen, sind keine Geschenke i. S. des § 4 Abs. 5 Satz 1 Nr. 1 EStG.

### 2. Berücksichtigung als Spende

7 Zuwendungen des Sponsors, die keine Betriebsausgaben sind, sind als Spenden (§ 10 b EStG) zu behandeln, wenn sie zur Förderung steuerbegünstigter Zwecke freiwillig oder aufgrund einer freiwillig eingegangenen Rechtspflicht erbracht werden, kein Entgelt für eine bestimmte Leistung des Empfängers sind und nicht in einem tatsächlichen wirtschaftlichen Zusammenhang mit dessen Leistungen stehen (BFH vom 25. November 1987, BStBl. 1988 II S. 220; BFH vom 12. September 1990, BStBl. 1991 II S. 258).

### 3. Nichtabziehbare Kosten der privaten Lebensführung oder verdeckte Gewinnausschüttungen

8 Als Sponsoringaufwendungen bezeichnete Aufwendungen, die keine Betriebsausgaben und keine Spenden sind, sind nicht abziehbare Kosten der privaten Lebensführung (§ 12 Nr. 1 Satz 2 EStG). Bei entsprechenden Zuwendungen einer Kapitalgesellschaft können verdeckte Gewinnausschüttungen vorliegen, wenn der Gesellschafter durch die Zuwendungen begünstigt wird, z. B. eigene Aufwendungen als Mäzen erspart (vgl. *Abschn. 31 Abs. 2 Satz 4 KStR 1995*[1])).

## III. Steuerliche Behandlung bei steuerbegünstigten Empfängern

9 Die im Zusammenhang mit dem Sponsoring erhaltenen Leistungen können, wenn der Empfänger eine steuerbegünstigte Körperschaft ist, steuerfreie

[1]) Jetzt R 8.5 KStR 2015 und H 8.5 KStH 2015.

Einnahmen im ideellen Bereich, steuerfreie Einnahmen aus der Vermögensverwaltung oder steuerpflichtige Einnahmen eines wirtschaftlichen Geschäftsbetriebs sein. Die steuerliche Behandlung der Leistungen beim Empfänger hängt grundsätzlich nicht davon ab, wie die entsprechenden Aufwendungen beim leistenden Unternehmen behandelt werden.

Für die Abgrenzung gelten die allgemeinen Grundsätze (vgl. insbesondere Anwendungserlaß zur Abgabenordnung, zu *§ 67a Tz. I/9*[1]). Danach liegt kein wirtschaftlicher Geschäftsbetrieb vor, wenn die steuerbegünstigte Körperschaft dem Sponsor nur die Nutzung ihres Namens zu Werbezwecken in der Weise gestattet, daß der Sponsor selbst zu Werbezwecken oder zur Imagepflege auf seine Leistungen an die Körperschaft hinweist. Ein wirtschaftlicher Geschäftsbetrieb liegt auch dann nicht vor, wenn der Empfänger der Leistungen z. B. auf Plakaten, Veranstaltungshinweisen, in Ausstellungskatalogen oder in anderer Weise auf die Unterstützung durch einen Sponsor lediglich hinweist. Dieser Hinweis kann unter Verwendung des Namens, Emblems oder Logos des Sponsors, jedoch ohne besondere Hervorhebung, erfolgen. Ein wirtschaftlicher Geschäftsbetrieb liegt dagegen vor, wenn die Körperschaft an den Werbemaßnahmen mitwirkt. Der wirtschaftliche Geschäftsbetrieb kann kein Zweckbetrieb (§§ 65 bis 68 AO) sein.

Dieses Schreiben ersetzt das BMF-Schreiben vom 9. Juli 1997 (BStBl. I S. 726).

**Zusatz der OFD Frankfurt vom 6. 9. 2016 S 2144 A – 112 – St 210:**

Zur ertragsteuerlichen Behandlung von Aufwendungen für VIP-Logen in Sportstätten und die Anwendung der Vereinfachungsregelungen auf ähnliche Sachverhalte siehe ofix HE EStG/4/5 und ofix HE EStG/4/6

**B. Schenkungsteuerliche Behandlung der Zuwendungen von Sponsoren und Mäzenen** (Auszug aus dem Erlass FM Hessen vom 28. 7. 1993 S 3806 A – 7 – II B 41)

Sponsorentum (Sponsoring) beruht auf dem Prinzip von vereinbarter Leistung und Gegenleistung und wird meist als Werbevertrag ausgestaltet. Die Leistung besteht dabei in der Überlassung von Werberechten (Rechte zur kommunikativen Nutzung von Namen und Image von Personen und Institutionen). Für den Sponsor steht der Werbeeffekt an erster, die Förderung von Kultur, Sport oder Wissenschaft nur an zweiter Stelle. Mäzenatentum wird dagegen weniger von einem unmittelbar zu erwartenden Nutzen für den Mäzen bestimmt. Im Vordergrund steht vielmehr dessen persönliches Interesse an der Förderung bestimmter Personen, Institutionen oder Zwecke.

Sind Leistung und Gegenleistung gleichwertig, liegt keine freigebige Zuwendung i. S. d. § 7 Abs. 1 Nr. 1 ErbStG vor. Bei der Feststellung, ob eine Bereicherung vorliegt, werden jedoch Gegenleistungen, die nicht in Geld veranschlagt werden können, nicht berücksichtigt (§ 7 Abs. 3 ErbStG). Demnach kommt eine steuerpftichtige Zuwendung von Sponsoren und Mäzenen in Betracht, soweit die berücksichtigungsfähigen Gegenleistungen in keinem angemessenen Verhältnis zum Wert der Zuwendungen stehen und der Sponsor/Mäzen sich dessen auch bewusst ist.

Freigebigkeit setzt allerdings nicht Uneigennützigkeit voraus. Ein Handeln zum eigenen Nutzen oder Vorteil schließt deshalb die Schenkungsteuerpflicht nicht grundsätzlich aus. Abzustellen ist auf die Motive, wie sie durch die äußeren Umstände erkennbar werden (vgl. auch BFH-Urteil vom 9. August 1989 BStBI. 1990 II S. 237). Ein wichtiges Indiz ist, ob die Zuwendungen ertragsteuerlich als Betriebsausgaben behandelt worden sind. Diese Behandlung ist jedoch nicht immer allein entscheidend.

Hinsichtlich der Zusammenarbeit mit der Schenkungsteuerstelle wird auf die Verfügung ORG/537 verwiesen.

---

[1] Nunmehr „§ 67 a Tz. 9".

# I § 4/13. Schreiben betr. Behandlung der Einbringung einzelner zum Privatvermögen gehörender Wirtschaftsgüter in das betriebliche Gesamthandsvermögen einer Personengesellschaft als tauschähnlicher Vorgang; Anwendung des BFH-Urteils vom 19. Oktober 1998 VIII R 69/95

Vom 29. März 2000 (BStBl. I S. 462)

(BMF IV C 2 – S 2178 – 4/00)

Der VIII. Senat des BFH behandelt im Urteil vom 19. Oktober 1998 VIII R 69/95 (BStBl. 2000 II S. 230) die Einbringung einer wesentlichen Beteiligung i. S. des § 17 EStG aus dem Privatvermögen in das betriebliche Gesamthandsvermögen einer Personengesellschaft gegen Gewährung von Gesellschaftsrechten als tauschähnlichen Vorgang, der beim einbringenden Gesellschafter zu einer entgeltlichen Veräußerung i. S. des § 17 EStG und bei der aufnehmenden Personengesellschaft zu einem Anschaffungsgeschäft führt. Der BFH ist damit von der Auffassung der Finanzverwaltung abgewichen, die eine Veräußerung durch den Gesellschafter i. S. des § 17 EStG verneint und den Vorgang als Einlage i. S. des § 4 Abs. 1 *Satz 5*[1] EStG i. V. m. § 6 Abs. 1 Nr. 5 EStG ansieht (BMF-Schreiben vom 20. Dezember 1977, BStBl. 1978 I S. 8, Tz. 49).

Unter Bezugnahme auf das Ergebnis der Erörterung mit den obersten Finanzbehörden der Länder nehme ich zur Anwendung der Rechtsgrundsätze des o. g. BFH-Urteils wie folgt Stellung:

## I. Allgemeine Anwendung und Bedeutung des BFH-Urteils

Die Rechtsgrundsätze des BFH-Urteils vom 19. Oktober 1998 VIII R 69/95 sind in allen offenen Fällen anzuwenden. Tz. 49 des BMF-Schreibens vom 20. Dezember 1977 (BStBl. 1978 I S. 8) ist damit überholt.

Das BFH-Urteil ist zwar nur für die Übertragung einer im Privatvermögen gehaltenen wesentlichen Beteiligung i. S. des § 17 EStG ergangen, gilt aber der Sache nach allgemein für die Übertragung einzelner Wirtschaftsgüter aus dem Privatvermögen in das betriebliche Gesamthandsvermögen einer Personengesellschaft gegen Gewährung von Gesellschaftsrechten.

## II. Änderungen gegenüber der bisherigen Rechtsauffassung im Einzelnen

Im Einzelnen ergeben sich aus der Anwendung des o. g. BFH-Urteils folgende Änderungen gegenüber der bisherigen Rechtsauffassung:

[1] Jetzt „Satz 7".

**1.** Die Übertragung eines Einzelwirtschaftsguts aus dem Privatvermögen in das betriebliche Gesamthandsvermögen einer Personengesellschaft

a) stellt einen **tauschähnlichen** Vorgang dar, wenn dem Einbringenden als Gegenleistung für das eingebrachte Einzelwirtschaftsgut Gesellschaftsrechte gewährt werden, die dem Wert des Wirtschaftsguts entsprechen (offene Sacheinlage). § 6 Abs. 1 Nr. 5 EStG kommt nicht zur Anwendung. Eine Gewährung von Gesellschaftsrechten ist anzunehmen, wenn die durch die Übertragung eintretende Erhöhung des Gesellschaftsvermögens dem Kapitalkonto des einbringenden Gesellschafters gutgeschrieben wird, das für seine Beteiligung am Gesellschaftsvermögen maßgebend ist (vgl. Tz. 24 des BMF-Schreibens vom 20. Dezember 1977, BStBl. 1978 I S. 8). Die Verbuchung auf einem Darlehenskonto stellt keine offene Sacheinlage dar. Zur Abgrenzung zwischen Darlehenskonto und Kapitalkonto vgl. das BMF-Schreiben vom 30. Mai 1997 (BStBl. I S. 627),[1]

b)[2] stellt eine Einlage dar, wenn dem Einbringenden überhaupt keine Gesellschaftsrechte gewährt werden (verdeckte Einlage),

*c)*[3] *ist in einen tauschähnlichen Vorgang und eine Einlage aufzuteilen, wenn der Wert des übertragenen Wirtschaftsguts höher ist als die im Gegenzug eingeräumten Gesellschaftsrechte*[4]*. Aufteilungsmaßstab ist das Verhältnis des Werts der gewährten Gesellschaftsrechte zum gemeinen Wert des übertragenen Wirtschaftsguts (vgl. BFH-Urteil vom 17. Juli 1980, BStBl. 1981 II S. 11).*

Da diese Grundsätze nicht nur bei der Einbringung wesentlicher Beteiligungen i. S. des § 17 EStG, sondern für alle Einzelwirtschaftsgüter gelten, führt z. B. die Einbringung von Grundstücken und grundstücksgleichen Rechten durch offene Sacheinlage in das betriebliche Gesamthandsvermögen einer Personengesellschaft innerhalb von zehn Jahren seit der Anschaffung im Privatvermögen zu einem privaten Veräußerungsgeschäft i. S. des § 23 Abs. 1 Satz 1 Nr. 1 EStG. Erfolgt die Einlage in das betriebliche Gesamthandsvermögen im Wege der verdeckten Einlage und wurde die Einlage nach dem 31. Dezember 1999 vorgenommen, liegt ein privates Veräußerungsgeschäft i. S. des § 23 Abs. 1 Satz 5 Nr. 1 EStG vor, wenn das eingelegte Wirtschaftsgut innerhalb eines Zeitraums von zehn Jahren seit der Anschaffung im Privatvermögen aus dem Betriebsvermögen veräußert wird.

**2.** Die o. a. Grundsätze gelten nicht nur bei der Einbringung in eine Personengesellschaft, sondern auch in eine andere Gesamthandsgemeinschaft (Gütergemeinschaft, Erbengemeinschaft).

**3.** Entsprechendes gilt bei der Übertragung eines Einzelwirtschaftsguts aus dem betrieblichen Gesamthandsvermögen einer Personengesellschaft oder anderen Gesamthandsgemeinschaft in das Privatvermögen. Das bedeutet, dass es sich auch im Falle der Übertragung gegen Minderung von Gesellschaftsrechten um einen tauschähnlichen Vorgang handelt.

---

[1] Nr. **1** § 15 a/1.

[2] Siehe hierzu auch BMF v. 11. 7. 2011, BStBl. I S. 713 (Nr. **1** § 4/15).

[3] Teilweise überholt durch BMF v. 11. 7. 2011, BStBl. I S. 713 (Nr. **1** § 4/15).

[4] Siehe aber auch BFH-Urteile v. 24. 1. 2008 IV R 66/05, BFH/NV S. 1301, und v. 17. 7. 2008 I R 77/06, BStBl. 2009 II S. 464.

## III. Einbringung wertgeminderter *wesentlicher Beteiligungen*[1)]

In Fällen der Einbringung wertgeminderter *wesentlicher Beteiligungen*[1)] gilt Folgendes:

**1.** Die Einbringung einer wertgeminderten *wesentlichen Beteiligung*[1)] i. S. des § 17 EStG aus dem Privatvermögen in das betriebliche Gesamthandsvermögen einer Personengesellschaft gegen Gewährung von Gesellschaftsrechten stellt nach den Grundsätzen des BFH-Urteils vom 19. Oktober 1998 VIII R 69/95 einen tauschähnlichen Vorgang dar. Im Zeitpunkt der Einbringung entsteht ein Veräußerungsverlust, der nach Maßgabe des § 17 Abs. 2 *Satz 4*[2)] EStG zu berücksichtigen ist. *R 140 Abs. 8 EStR*[3)] findet keine Anwendung.

**2.** In Fällen der Einlage einer wertgeminderten *wesentlichen Beteiligung*[1)] in einen als Einzelunternehmen geführten Betrieb desselben Steuerpflichtigen oder in das Sonderbetriebsvermögen desselben Steuerpflichtigen bei einer Mitunternehmerschaft sind *R 140 Abs. 8 EStR*[3)] sowie das BMF-Schreiben vom 5. Dezember 1996 (BStBl. I S. 1500) weiterhin anzuwenden. Gleiches gilt für die Übertragung in das betriebliche Gesamthandsvermögen einer Personengesellschaft, soweit dem Einbringenden keine oder nur teilweise Gesellschaftsrechte gewährt werden (vgl. Abschnitt II Ziffer 1 Buchstaben b und c).

## IV. Übergangsregelung

Wird das Wirtschaftsgut vor dem 1. Juli 2000 in das bzw. aus dem Gesamthandsvermögen einer Personengesellschaft gegen Gewährung bzw. Minderung von Gesellschaftsrechten übertragen, so kann auf gemeinsamen Antrag der Beteiligten noch nach der bisherigen Auffassung der Finanzverwaltung verfahren werden, d. h. bei der Übertragung in das Gesellschaftsvermögen gegen Gewährung von Gesellschaftsrechten ist die Übertragung als Einlage (Tz. 49 des BMF-Schreibens vom 20. Dezember 1977, BStBl. I S. 8) und bei der Übertragung in das Privatvermögen gegen Minderung von Gesellschaftsrechten als Entnahme zu behandeln. Die Beteiligten sind dann für die Zukunft an diese Behandlung gebunden. Bei einem gemeinsamen Antrag der Beteiligten ist die Einbringung auch für die Anwendung des § 23 EStG als Einlage anzusehen. Bei Einlagen, die nach dem 31. Dezember 1999 vorgenommen werden, ist § 23 Abs. 1 Satz 5 Nr. 1 EStG zu beachten.

Entscheidend für den Zeitpunkt der Übertragung ist der Zeitpunkt des Übergangs des wirtschaftlichen Eigentums.

---

1) Nunmehr „Beteiligungen i. S. des § 17 Abs. 1 Satz 1 EStG".
2) Jetzt „Satz 6".
3) Nunmehr R 17 Abs. 8 EStR.

# I § 4/15. Schreiben betr. Behandlung der Einbringung zum Privatvermögen gehörender Wirtschaftsgüter in das betriebliche Gesamthandsvermögen einer Personengesellschaft

Vom 11. Juli 2011 (BStBl. I S. 713)

(BMF IV C 6 – S 2178/09/10001; DOK 2011/0524044)

Bei der Behandlung der Einbringung einzelner zum Privatvermögen gehörender Wirtschaftsgüter in das betriebliche Gesamthandsvermögen einer Personengesellschaft als tauschähnlicher Vorgang ist die Frage aufgeworfen worden, unter welchen Voraussetzungen bei Anwendung der BFH-Urteile vom 24. Januar 2008 IV R 37/06 (BStBl. 2011 II S. 617) und vom 17. Juli 2008 I R 77/06 (BStBl. 2009 II S. 464) weiterhin vom Vorliegen einer verdeckten Einlage im Sinne der Ausführungen zu Abschnitt II.1.b) des BMF-Schreibens vom 29. März 2000 (BStBl. I S. 462)[1] auszugehen ist.

Hierzu nehme ich unter Bezugnahme auf das Ergebnis der Erörterungen mit den obersten Finanzbehörden der Länder wie folgt Stellung:

## I. Übertragung gegen Gewährung von Gesellschaftsrechten

Erhöht sich durch die Übertragung eines Wirtschaftsguts der Kapitalanteil des Einbringenden, liegt insoweit eine Übertragung gegen Gewährung von Gesellschaftsrechten vor.

Für die Frage, ob als Gegenleistung für die Übertragung Gesellschaftsrechte gewährt werden, ist grundsätzlich das Kapitalkonto der Handelsbilanz (z. B. bei einer OHG nach § 120 Absatz 2 HGB) maßgebend, wonach sich die Gesellschaftsrechte – wenn nichts anderes vereinbart ist – nach dem handelsrechtlichen Kapitalanteil des Gesellschafters richten. Dieser Kapitalanteil ist nach dem Regelstatut des HGB z. B. für die Verteilung des Jahresgewinns, für Entnahmerechte und für die Auseinandersetzungsansprüche von Bedeutung (bei einer OHG betrifft dies §§ 121, 122 und 155 HGB).

Werden die handelsrechtlichen Vorschriften abbedungen und nach den gesellschaftsvertraglichen Vereinbarungen mehrere (Unter-)Konten geführt, gilt für die steuerliche Beurteilung Folgendes:

### 1. Kapitalkonto I

Erfolgt als Gegenleistung für die Übertragung die Buchung auf dem Kapitalkonto I, ist von einer Übertragung gegen Gewährung von Gesellschaftsrechten auszugehen. Als maßgebliche Gesellschaftsrechte kommen die Gewinnverteilung, die Auseinandersetzungsansprüche sowie Entnahmerechte in Betracht. Die bloße Gewährung von Stimmrechten stellt allein keine Gegenleistung im Sinne einer Gewährung von Gesellschaftsrechten dar, da Stimmrechte allein keine vermögensmäßige Beteiligung an der Personengesellschaft vermitteln.

[1] Nr. 1 § 4/13.

## 2. Weitere – variable – Gesellschafterkonten

Werden neben dem Kapitalkonto I weitere gesellschaftsvertraglich vereinbarte – variable – Gesellschafterkonten geführt, so kommt es für deren rechtliche Einordnung auf die jeweiligen vertraglichen Abreden im Gesellschaftsvertrag an. Ein wesentliches Indiz für das Vorliegen eines Kapitalkontos ist die gesellschaftsvertragliche Vereinbarung, dass auf dem jeweiligen Konto auch Verluste gebucht werden, vgl. hierzu BMF-Schreiben vom 30. Mai 1997 (BStBl. I S. 627)[1] sowie BFH-Urteil vom 26. Juni 2007 IV R 29/06 (BStBl. 2008 II S. 103).

Liegt nach diesen Maßstäben (Buchung auch von Verlusten) ein (weiteres) Kapitalkonto II vor, gilt Folgendes:

Auch wenn das Kapitalkonto eines Gesellschafters in mehrere Unterkonten aufgegliedert wird, bleibt es gleichwohl ein einheitliches Kapitalkonto. *Eine Buchung auf einem Unterkonto des einheitlichen Kapitalkontos (und damit auch auf dem Kapitalkonto II) führt demnach regelmäßig zu einer Gewährung von Gesellschaftsrechten*[2].

Handelt es sich bei dem betreffenden Gesellschafterkonto nicht um ein Kapitalkonto, ist regelmäßig von einem Darlehenskonto auszugehen. Erfolgt die Übertragung von Einzelwirtschaftsgütern gegen Buchung auf einem Darlehenskonto, so kann dieses Konto keine Gesellschaftsrechte gewähren; wegen des Erwerbs einer Darlehensforderung durch den übertragenden Gesellschafter liegt insoweit ein entgeltlicher Vorgang vor, der nach § 6 Absatz 1 Nummer 1 oder 2 EStG zu bewerten ist.

# II. Abgrenzung der entgeltlichen von der unentgeltlichen Übertragung (verdeckte Einlage)

## 1. Abgrenzungsmerkmale

Soweit dem Einbringenden überhaupt keine Gesellschaftsrechte und auch keine sonstigen Gegenleistungen (einschließlich der Begründung einer Darlehensforderung bei Buchung auf einem Darlehenskonto) gewährt werden, liegt mangels Gegenleistung eine verdeckte Einlage vor. Sie ist nach § 4 Absatz 1 Satz 8 i. V. m. § 6 Absatz 1 Nummer 5 EStG zu bewerten, auch wenn sie in der Steuerbilanz der Gesellschaft das Eigenkapital erhöht. In den übrigen Fällen liegen – vorbehaltlich der Ausführungen zu Ziffer 2.d) – stets in vollem Umfang entgeltliche Übertragungsvorgänge vor.

## 2. Buchungstechnische Behandlung

### a) Voll entgeltliche Übertragungsfälle

In den Fällen der vollständigen Gegenbuchung des gemeinen Werts des auf die Personengesellschaft übertragenen (eingebrachten) Wirtschaftsguts

– *auf dem Kapitalkonto I oder auf einem variablen Kapitalkonto (z. B. Kapitalkonto II)*[2],

[1] Nr. **1** § 15 a/1.

[2] Siehe nunmehr BMF v. 26. 7. 2016, BStBl. I S. 684 (Nr. **1** § 6/16).

– auf dem Kapitalkonto I und teilweise auf einem variablen Kapitalkonto oder
– *teilweise auf dem Kapitalkonto I oder einem variablen Kapitalkonto und teilweise auf einem gesamthänderisch gebundenen Rücklagenkonto der Personengesellschaft*[1)]

liegt stets ein in vollem Umfang entgeltlicher Übertragungsvorgang vor; eine Aufteilung der Übertragung in einen entgeltlichen und einen unentgeltlichen Teil ist in diesen Fällen nicht vorzunehmen (BFH-Urteile vom 24. Januar 2008 IV R 37/06, BStBl. 2011 II S. 617, und vom 17. Juli 2008 I R 77/06, BStBl. 2009 II S. 464).

**Beispiel 1:**

A und B sind Gesellschafter der betrieblich tätigen AB-OHG. Ihre Gesellschaftsanteile (Kapitalkonto I) betragen jeweils 50 000 €. A bringt ein Grundstück (gemeiner Wert 400 000 €, angeschafft im Privatvermögen des A vor 10 Jahren für 40 000 €) in das Gesamthandsvermögen der OHG ein und erhält dafür weitere Gesellschaftsrechte (Kapitalkonto I) i. H. v. 40 000 €. Nach den ausdrücklichen Bestimmungen in der Einbringungsvereinbarung wird der Restbetrag von 360 000 € auf einem gesamthänderisch gebundenen Kapitalrücklagenkonto gutgeschrieben und das Grundstück wird mit 400 000 € in der Gesamthandsbilanz der OHG erfasst.

**Lösung:**

Da eine Buchung des Vorgangs teilweise auf dem Kapitalkonto I und teilweise auf dem gesamthänderisch gebundenen Kapitalrücklagenkonto erfolgt ist, liegt ein in vollem Umfang entgeltlicher Übertragungsvorgang vor; eine Aufteilung der Übertragung in einen entgeltlichen und einen unentgeltlichen Teil ist nicht vorzunehmen.

## b) Unentgeltliche Übertragungsfälle[1)]

*Eine Übertragung im Wege der verdeckten Einlage und damit ein unentgeltlicher Vorgang ist nur dann anzunehmen, wenn dem Einbringenden überhaupt keine Gesellschaftsrechte gewährt werden und demzufolge die Übertragung des Wirtschaftsguts ausschließlich auf einem gesamthänderisch gebundenen Kapitalrücklagenkonto gutgeschrieben wird oder – was handelsrechtlich zulässig sein kann – als Ertrag gebucht wird.*

*In beiden Fällen erhöht dies zwar das Eigenkapital der Gesellschaft. Dem Einbringenden werden aber hierdurch keine zusätzlichen Gesellschaftsrechte gewährt. Bei der ausschließlichen Buchung auf einem gesamthänderisch gebundenen Kapitalrücklagenkonto erlangt der übertragende Gesellschafter nämlich anders als bei der Buchung auf einem Kapitalkonto keine individuelle Rechtsposition, die ausschließlich ihn bereichert. Bei der Buchung auf einem gesamthänderisch gebundenen Kapitalrücklagenkonto wird vielmehr der Auseinandersetzungsanspruch aller Gesellschafter entsprechend ihrer Beteiligung dem Grunde nach gleichmäßig erhöht. Der Mehrwert fließt also – ähnlich wie bei einer Buchung auf einem Ertragskonto – in das gesamthänderisch gebundene Vermögen der Personengesellschaft und kommt dem übertragenden Gesellschafter ebenso wie allen anderen Mitgesellschaftern nur als reflexartige Wertsteigerung seiner Beteiligung zugute. Mangels Gegenleistung an den übertragenden Gesellschafter liegt deshalb hier ein unentgeltlicher Vorgang im Sinne einer verdeckten Einlage vor.*

## c) Fehlende Interessengegensätze auf Gesellschafterebene

Die Ausführungen unter b) gelten grundsätzlich auch für die Fälle, in denen auf der Ebene der vermögensmäßig beteiligten Gesellschafter kein Interessengegensatz zu verzeichnen ist, wie es beispielsweise in den Fällen der „Einmann-GmbH & Co. KG“ anzunehmen ist. In diesen Fällen obliegt die Ent-

[1)] Siehe nunmehr BMF v. 26. 7. 2016, BStBl. I S. 684 (Nr. 1 § 6/16).

scheidung ausschließlich dem Gesellschafter selbst, eine vollständige Buchung auf einem gesamthänderisch gebundenen Kapitalrücklagenkonto später wieder rückgängig zu machen (z. B. durch Auflösung des Kapitalrücklagenkontos gegen Gutschrift auf seinem Kapitalkonto, so dass der ursprünglich angenommene unentgeltliche Vorgang später nicht mehr gegeben ist, weil die – im Nachhinein vorgenommene – Umbuchung auf das Kapitalkonto gerade nicht zu einem unentgeltlichen Vorgang führt). Insbesondere in den Fällen der Übertragung von Grundstücken auf eine „Einmann-GmbH & Co. KG" ist daher zu prüfen, ob im Hinblick auf die Anwendbarkeit des § 23 Absatz 1 Satz 1 Nummer 1 EStG ein Missbrauch von rechtlichen Gestaltungsmöglichkeiten im Sinne des § 42 AO anzunehmen ist, wenn die Übertragung des Wirtschaftsguts (zunächst) vollständig auf einem gesamthänderisch gebundenen Kapitalrücklagenkonto gutgeschrieben wird.

### d) Teilentgeltliche Übertragungsvorgänge

Wird im Falle einer Übertragung eines Einzelwirtschaftsguts ausdrücklich ein den gemeinen Wert unterschreitender Wertansatz vereinbart (z. B. wegen einer Zuwendungsabsicht), ist der überschießende Wertanteil als verdeckte Einlage zu qualifizieren, vgl. hierzu auch Ziffer I.4 der Entscheidungsgründe des BFH-Urteils vom 17. Juli 2008 I R 77/06 (BStBl. 2009 II S. 464). Sofern die Übertragung im Übrigen als entgeltliche Übertragung zu beurteilen ist, ist der Vorgang in einen entgeltlichen und einen unentgeltlichen Anteil aufzuteilen (sog. „Trennungstheorie").

**Beispiel 2 (Abwandlung des Beispiels 1):**

A und B sind Gesellschafter der betrieblich tätigen AB-OHG. Ihre Gesellschaftsanteile (Kapitalkonto I) betragen jeweils 50 000 €. A bringt ein Grundstück (gemeiner Wert 400 000 €, angeschafft im Privatvermögen des A vor 10 Jahren für 40 000 €) in das Gesamthandsvermögen der OHG ein. Im zugrunde liegenden Einbringungsvertrag ist ausdrücklich ein Einbringungswert von (nur) 40 000 € und demgemäß die Gewährung weiterer Gesellschaftsrechte (Kapitalkonto I) i. H. v. (nur) 40 000 € vereinbart worden. Das Grundstück wird gemäß dieser (bewussten) Vereinbarung mit 40 000 € in der Gesamthandsbilanz der OHG erfasst und das Kapitalkonto des A wird um 40 000 € erhöht. Weitere Buchungen durch die Beteiligten erfolgen nicht.

**Lösung:**

Wäre das Grundstück nach den Bestimmungen der Einbringungsvereinbarung in der Bilanz der OHG mit 400 000 € angesetzt und der Differenzbetrag von 360 000 € auf einem gesamthänderisch gebundenen Rücklagenkonto gebucht worden, würde es sich nach den Ausführungen unter Ziffer 2.a) um einen in vollem Umfang entgeltlichen Übertragungsvorgang handeln (siehe auch die Lösung des Beispiels 1). Im vorliegenden Fall aber, in dem das Grundstück nach den Bestimmungen in der Einbringungsvereinbarung bewusst nur mit 40 000 € angesetzt und der Differenzbetrag von 360 000 € durch die Beteiligten buchungstechnisch zunächst überhaupt nicht erfasst wird, ist von einem teilentgeltlichen Vorgang auszugehen, da das Grundstück nach dem ausdrücklichen Willen der Beteiligten unter Wert eingebracht werden sollte. Für diesen Fall der Einbringung unter Wert sind die Ausführungen im BMF-Schreiben vom 29. März 2000 (BStBl. I S. 462[1]) zu Abschnitt II.1.c) weiterhin anzuwenden; im Übrigen sind diese Ausführungen aufgrund der Ausführungen oben unter Ziffer 2.a) zu den voll entgeltlichen Übertragungsvorgängen überholt.

Im Beispiel 2 liegt ein teilentgeltlicher Vorgang vor, weil das Grundstück zu 10 % (40 000 €/400 000 €) entgeltlich und zu 90 % (360 000 €/

[1] Nr. **1** § 4/13.

400 000 €) unentgeltlich übertragen wird. Hinsichtlich des entgeltlich übertragenen Teils ist das Grundstück deshalb in der Bilanz der OHG mit dem Veräußerungspreis von 40 000 € (= Wert der hingegebenen Gesellschaftsrechte) anzusetzen. Hinsichtlich des unentgeltlich übertragenen Teils ist das Grundstück nach Einlagegrundsätzen gemäß § 4 Absatz 1 Satz 8 EStG i. V. m. § 6 Absatz 1 Nummer 5 Satz 1 EStG mit dem anteiligen Teilwert in Höhe von 360 000 € (90 % von 400 000 €) anzusetzen. Das Grundstück ist deshalb richtigerweise auch bei einer teilentgeltlichen Übertragung mit 400 000 € in der Bilanz der OHG zu erfassen. Aufgrund der Teilentgeltlichkeit des Übertragungsvorgangs ist der den Wert der auf dem Kapitalkonto I verbuchten Gesellschaftsrechte übersteigende Betrag von 360 000 € innerhalb der Bilanz der OHG als Ertrag zu behandeln. Diese Ertragsbuchung ist durch eine entsprechende gegenläufige außerbilanzielle Korrektur zu neutralisieren. Aufgrund der ausdrücklichen Bestimmungen in der Einbringungsvereinbarung (Einbringung unter Wert) kommt hier eine Buchung des übersteigenden Betrags von 360 000 € auf einem gesamthänderischen Rücklagenkonto oder auf einem variablen Kapitalkonto (Kapitalkonto II) nicht in Betracht, weil diese Vorgehensweise nach den unter Ziffer 2.a) dargestellten Grundsätzen zur Annahme eines voll entgeltlichen Übertragungsgeschäfts führen würde, was nach der zugrunde liegenden Einbringungsvereinbarung von den Beteiligten gerade nicht gewollt war.

## III. Bloße Nutzungsänderung oder Eintritt der Voraussetzungen des § 15 Absatz 3 Nummer 2 EStG

Unter I. und II. werden ausschließlich die Fälle der Übertragung von Wirtschaftsgütern auf gesellschaftsrechtlicher Grundlage behandelt. Hiervon zu unterscheiden sind die Fälle einer bloßen Nutzungsänderung oder des Eintritts der Voraussetzungen des § 15 Absatz 3 Nummer 2 EStG. Die Regelungen unter I. und II. finden bei der Überführung eines Wirtschaftsguts aus dem steuerlichen Privatvermögen der Personengesellschaft in deren Betriebsvermögen keine Anwendung, so z. B. in den Fällen einer bloßen Nutzungsänderung hinsichtlich einzelner Wirtschaftsgüter wie etwa Grundstücke. Das Gleiche gilt in den Fällen des (späteren) Eintritts der Voraussetzungen einer gewerblichen Prägung der Personengesellschaft nach § 15 Absatz 3 Nummer 2 EStG).

## IV. Übergangsregelung

Dieses Schreiben ersetzt das BMF-Schreiben vom 26. November 2004 (BStBl. I S. 1190).

Sofern die in den BFH-Urteilen vom 24. Januar 2008 IV R 37/06 (BStBl. 2011 II S. 617) und vom 17. Juli 2008 I R 77/06 (BStBl. 2009 II S. 464) geäußerte Rechtsauffassung des BFH zur vollen Entgeltlichkeit von Übertragungsvorgängen zu einer Verschärfung gegenüber der bisher geltenden Auffassung der Finanzverwaltung führt, kann auf Antrag die bisherige Verwaltungsauffassung für Übertragungsvorgänge bis zum 30. Juni 2009 weiterhin angewendet werden (Übergangsregelung). Bei Anwendung der Übergangsregelung liegt, soweit eine Buchung teilweise auch auf einem gesamthänderisch gebundenen Kapitalrücklagenkonto erfolgt, ein unentgeltlicher Vorgang (verdeckte Einlage) vor; ein entgeltlicher Vorgang liegt nur insoweit vor, als die Buchung auf dem Kapitalkonto erfolgt. Voraussetzung für die Anwendung der Übergangsregelung ist, dass der das Wirtschaftsgut Übertragende und der Übernehmer des Wirtschaftsguts einheitlich verfahren und dass der Antragsteller damit einverstanden ist, dass die Anwendung der Übergangsregelung z. B. die Rechtsfolge des § 23 Absatz 1 Satz 5 Nummer 1 EStG auslöst.

# I § 4/17. Schreiben betr. Nutzungsüberlassung von Betrieben mit Substanzerhaltungspflicht des Berechtigten; sog. Eiserne Verpachtung

Vom 21. Februar 2002 (BStBl. I S. 262)

(BMF IV A 6 – S 2132 – 4/02)

Zur Gewinnermittlung des Verpächters und des Pächters bei der Verpachtung von Betrieben mit Substanzerhaltungspflicht des Pächters („Eiserne Verpachtung") nach §§ 582 a, 1048 BGB nehme ich im Einvernehmen mit den obersten Finanzbehörden der Länder wie folgt Stellung:

Für den Verpächter und für den Pächter sind entsprechend der BFH-Rechtsprechung (BFH-Urteile vom 17. Februar 1998, BStBl. II S. 505; vom 28. Mai 1998, BStBl. 2000 II S. 286; vom 24. Juni 1999, BStBl. 2000 II S. 309) die allgemeinen Gewinnermittlungsgrundsätze, im Falle des Betriebsvermögensvergleichs nach § 4 Abs. 1, § 5 EStG insbesondere die handels- und steuerrechtlichen Grundsätze ordnungsmäßiger Buchführung maßgebend. Die für den Bereich der Land- und Forstwirtschaft getroffenen Erleichterungsregelungen (Ziffer 4 zweiter Absatz des koord. Erlasses FM Niedersachsen vom 17. Dezember 1965, BStBl. 1966 II S. 34) sowie die ergänzenden Regelungen der Länder werden aufgehoben. Es gilt Folgendes:

## I. Gewinnermittlung nach § 4 Abs. 1, § 5 EStG

### A. Pachtbeginn

#### 1. Anlagevermögen

Das vom Pächter unter Rückgabeverpflichtung (§ 582 a Abs. 3 Satz 1, § 1048 BGB) zur Nutzung übernommene Inventar, d. h. die beweglichen Wirtschaftsgüter des Anlagevermögens, bleibt im zivilrechtlichen und wirtschaftlichen Eigentum des Verpächters und ist ohne Rücksicht auf die Gewinnermittlungsart weiterhin ihm zuzurechnen und von ihm unverändert mit den Werten fortzuführen, die sich nach den Vorschriften über die Gewinnermittlung ergeben. Die Abschreibungen der abnutzbaren Wirtschaftsgüter stehen allein dem Verpächter als dem zivilrechtlichen und wirtschaftlichen Eigentümer zu (BFH-Urteil vom 21. Dezember 1965, BStBl. 1966 III S. 147).

#### 2. Umlaufvermögen

Übergibt der Verpächter im Zeitpunkt der Verpachtung mit eisernem Inventar auch Umlaufvermögen, das der Pächter nach Beendigung des Pachtverhältnisses zurückzugeben hat, so handelt es sich dabei um die Gewährung eines Sachdarlehens. Beim Verpächter tritt an die Stelle der übergebenen Wirtschaftsgüter eine Sachwertforderung, die mit dem gleichen Wert anzusetzen ist wie die übergebenen Wirtschaftsgüter (BFH-Urteil vom 6. Dezember 1984, BStBl. 1985 II S. 391; BFH-Urteil vom 30. Januar 1986, BStBl. II

S. 399). Der Pächter wird wirtschaftlicher Eigentümer der überlassenen Wirtschaftsgüter. Er muss diese bei Gewinnermittlung durch Betriebsvermögensvergleich nach § 4 Abs. 1, § 5 EStG nach den allgemeinen Grundsätzen aktivieren und in gleicher Höhe eine Rückgabeverpflichtung passivieren (BFH-Urteil vom 16. November 1978, BStBl. 1979 II S. 138 und *R 131 Abs. 2 EStR*[1]).

## B. Substanzerhaltung

### 1. Anspruch des Verpächters auf Substanzerhaltung

Der Verpächter hat den Anspruch gegen den Pächter auf Substanzerhaltung des eisern verpachteten Inventars als sonstige Forderungen zu aktivieren (BFH-Urteil vom 17. Februar 1998, BStBl. II S. 505; BFH-Urteil vom 24. Juni 1999, BStBl. 2000 II S. 309). Der Anspruch ist zu jedem Bilanzstichtag unter Berücksichtigung der Wiederbeschaffungskosten neu zu bewerten. Er beträgt bei Pachtbeginn 0 DM/0 Euro und wird infolge der Abnutzung der verpachteten Wirtschaftsgüter von Jahr zu Jahr um den Wert der Abnutzung – unter Berücksichtigung der veränderten Wiederbeschaffungskosten – erhöht. Im Ergebnis wirkt sich damit beim Verpächter nur der Unterschiedsbetrag zwischen der vorgenommenen Abschreibung und der Veränderung des Anspruchs auf Substanzerhaltung gewinnwirksam aus.

### 2. Verpflichtung des Pächters zur Substanzerhaltung

Die Verpflichtung des Pächters, die zur Nutzung übernommenen Pachtgegenstände bei Beendigung der Pacht zurückzugeben, muss sich in seiner Bilanz gewinnwirksam widerspiegeln. Der Pächter muss den Erfüllungsrückstand (noch nicht eingelöste Verpflichtung zur Substanzerhaltung) erfolgswirksam durch Passivierung einer Rückstellung ausweisen, auch wenn diese Verpflichtung noch nicht fällig ist (BFH-Urteil vom 3. Dezember 1991, BStBl. 1993 II S. 89). Der Bilanzposten entwickelt sich korrespondierend mit jenem des Verpächters wegen seines Anspruchs auf Substanzerhaltung (BFH-Urteil vom 17. Februar 1998, BStBl. II S. 505).

### 3. Erhaltungsaufwendungen und Ersatzbeschaffungen des Pächters

Der Pächter hat die Verpflichtung, das zur Nutzung übernommene bewegliche Anlagevermögen zu erhalten und laufend zu ersetzen (§ 582 a Abs. 2 Satz 1, § 1048 Abs. 1 Satz 2, 1. Halbsatz BGB). Die Erhaltungsaufwendungen im ertragsteuerlichen Sinn sind bei ihm als Betriebsausgaben zu berücksichtigen. Die vom Pächter ersetzten Wirtschaftsgüter werden Eigentum des Verpächters auch insoweit, als ihre Anschaffung oder Herstellung durch den Pächter über diese Verpflichtung hinausgeht (§ 582 a Abs. 2 Satz 2, § 1048 Abs. 1 Satz 2, 2. Halbsatz BGB). Sie sind vom Verpächter mit den vom Pächter aufgewendeten Anschaffungs- oder Herstellungskosten zu aktivieren und abzuschreiben. Der Verpächter hat den auf die ersetzten Wirtschaftsgüter entfallenden (als sonstige Forderung aktivierten) Anspruch auf Substanzerhal-

[1] Jetzt: R 14 Abs. 2 und 3 EStR 2012.

tung aufzulösen (vgl. BFH-Urteil vom 17. Februar 1998, a. a. O.). Beim Pächter ist die Rückstellung insoweit aufzulösen.

Für über die zivilrechtliche Verpflichtung hinausgehende Anschaffungs- oder Herstellungskosten hat der Verpächter eine Wertausgleichsverpflichtung zu passivieren und der Pächter einen Wertausgleichsanspruch als sonstige Forderung zu aktivieren. Beide Bilanzposten sind in den folgenden Wirtschaftsjahren unter Berücksichtigung von geänderten Wiederbeschaffungskosten gleichmäßig aufzulösen. Der Auflösungszeitraum ergibt sich aus der Differenz zwischen der Nutzungsdauer des neu angeschafften oder hergestellten Wirtschaftsguts und der bei Pachtbeginn verbliebenen Restnutzungsdauer des ersetzten Wirtschaftsguts.

## II. Gewinnermittlung nach § 4 Abs. 3 EStG

Bei Gewinnermittlung durch Einnahmenüberschussrechnung nach § 4 Abs. 3 EStG haben die vorgenannten Forderungen und Verbindlichkeiten keine Auswirkung auf den Gewinn. Ersatzbeschaffungen von Wirtschaftsgütern des Anlagevermögens führen beim Pächter im Wirtschaftsjahr der Zahlung zu einer Betriebsausgabe. Beim Verpächter führen sie im Wirtschaftsjahr der Ersatzbeschaffung zu einer Betriebseinnahme.

Dies gilt unabhängig von der Gewinnermittlungsart des jeweils anderen Vertragspartners.

## III. Unentgeltliche Betriebsübertragung vom Verpächter auf den Pächter

Durch eine unentgeltliche Betriebsübertragung auf den Pächter (§ 6 Abs. 3 EStG) verzichtet der Verpächter aus privaten Gründen auf seinen Anspruch auf Substanzerhaltung (BFH-Urteil vom 24. Juni 1999, a. a. O.).

Der Forderungsverzicht löst beim Verpächter eine Gewinnrealisierung aus, wenn dieser seinen Gewinn durch Einnahmenüberschussrechnung ermittelt. Bei einem bilanzierenden Verpächter ist der Vorgang dagegen erfolgsneutral. Ist der Pächter verpflichtet, die gepachteten Gegenstände dem Verpächter nach Ablauf der Pachtzeit in neuwertigem Zustand zurückzugeben und erlässt der Verpächter dem Pächter diese Verbindlichkeit aus privaten Gründen (z. B. in Schenkungsabsicht), so ist die gebildete Pachterneuerungsrückstellung vom Pächter erfolgsneutral aufzulösen. Es entsteht bei diesem Vorgang eine betriebliche Vermögensmehrung, die auf den Wegfall eines Passivpostens aus außerbetrieblichen Gründen zurückzuführen ist (BFH-Urteil vom 12. April 1989, BStBl. II S. 612). Bei Gewinnermittlung des Pächters durch Einnahmenüberschussrechnung kann der Pächter eine Betriebsausgabe in der Höhe geltend machen, in der bei Gewinnermittlung nach Bestandsvergleich eine Rückstellung für die Verpflichtung zur Substanzerhaltung zu bilden gewesen wäre.

Hat der Pächter im Zeitpunkt des Betriebsübergangs gegen den Verpächter einen Wertausgleichsanspruch, entfällt dieser durch Vereinigung von Forderung und Verbindlichkeit in seiner Person.

## IV. Buchwertmethode

Ist die Eiserne Verpachtung im Vorgriff auf eine spätere Hofübertragung in der Land- und Forstwirtschaft vorgenommen worden, kann auf gemeinsamen Antrag von Pächter und Verpächter abweichend von den vorstehenden Grundsätzen aus Vereinfachungs- und Billigkeitsgründen auch nach der sog. Buchwertmethode verfahren werden. Dies gilt jedoch nicht, wenn sowohl der Pächter als auch der Verpächter ihren Gewinn nach § 4 Abs. 1 EStG ermitteln.

Unter Zugrundelegung der Buchwertmethode hat der Pächter die eisern übernommenen Wirtschaftsgüter in der Anfangsbilanz mit den Buchwerten des Verpächters anzusetzen und in gleicher Höhe eine Rückgabeverpflichtung zu bilanzieren, die in unveränderter Höhe fortzuführen ist; eine Abzinsung ist nicht vorzunehmen. Er hat die Abschreibungen des Verpächters für die „eisern“ zur Nutzung überlassenen Wirtschaftsgüter fortzuführen und kann für die von ihm vorgenommenen Ersatzbeschaffungen Absetzungen für Abnutzung, Sonderabschreibungen und Teilwertabschreibungen vornehmen. Der Verpächter ist dagegen nicht mehr zu Abschreibungen berechtigt. Die Buchwerte für die „eisern“ zur Nutzung überlassenen Wirtschaftsgüter bleiben unverändert bestehen.

Im Falle einer späteren unentgeltlichen Übertragung des Betriebs vom Verpächter auf den Pächter ist unter Zugrundelegung dieser Vereinfachungsregelung davon auszugehen, dass sich die Rückgabeverpflichtung des Pächters und die eingefrorenen Buchwerte des Verpächters gegenseitig ausgleichen, so dass sich eine Gewinnauswirkung im Sinne der Tz. III Abs. 2 daraus nicht ergibt. Durch die Buchwertmethode werden im Ergebnis die steuerlichen Auswirkungen der späteren Betriebsübertragung in den Zeitpunkt der Verpachtung teilweise vorverlagert.

## V. Übergangsregelungen

Die vorstehenden Regelungen sind grundsätzlich auf alle noch offenen Fälle anzuwenden. Sind Verträge vor dem 1. April 2002 abgeschlossen worden, für die die Erleichterungsregelungen für den Bereich der Land- und Forstwirtschaft (a. a. O.) in Anspruch genommen worden sind, sind jedoch auf einvernehmlichen Antrag von Pächter und Verpächter aus Vertrauensschutzgründen die bisherigen Grundsätze anzuwenden. Beim Übergang auf die neuen Grundsätze gilt Folgendes:

### 1. Auswirkungen beim Verpächter

#### a) mit Gewinnermittlung nach § 4 Abs. 1, § 5 EStG

Die Wirtschaftsgüter des Anlagevermögens sind mit ihren fortentwickelten Anschaffungs- oder Herstellungskosten anzusetzen, unabhängig davon, ob sie vom Verpächter oder vom Pächter angeschafft oder hergestellt worden sind. Der auf der Grundlage der Wiederbeschaffungskosten ermittelte Anspruch auf Substanzerhaltung und ggf. eine Wertausgleichsverpflichtung ist in der Bilanz auszuweisen.

**b) mit Gewinnermittlung nach § 4 Abs. 3 EStG**

Die nicht in Anspruch genommenen Absetzungen für Abnutzung oder Substanzverringerung für die bei Vertragsbeginn auf den Pächter übertragenen Wirtschaftsgüter des Anlagevermögens sind nachzuholen. Die Buchwerte der vom Pächter ersatzbeschafften Wirtschaftsgüter sind gewinnerhöhend zu berücksichtigen.

**2. Auswirkungen beim Pächter**

**a) mit Gewinnermittlung nach § 4 Abs. 1, § 5 EStG**

Die vom Verpächter übernommenen und die ersatzbeschafften Wirtschaftsgüter des Anlagevermögens sind auszubuchen. Die bisher angesetzte Verpflichtung zur Substanzerhaltung ist durch eine auf der Grundlage der Wiederbeschaffungskosten ermittelte Verpflichtung oder ggf. durch eine Forderung (Wertausgleichsanspruch) zu ersetzen.

**b) mit Gewinnermittlung nach § 4 Abs. 3 EStG**

Die während der Vertragslaufzeit vorgenommenen Absetzungen für Abnutzung oder Substanzverringerung für die vom Verpächter übernommenen Wirtschaftsgüter des Anlagevermögens sind gewinnerhöhend rückgängig zu machen. Die Buchwerte der vom Pächter ersatzbeschafften Wirtschaftsgüter sind gewinnmindernd zu berücksichtigen.

Die vorgenannten Grundsätze sind bei Gewinnermittlung nach § 4 Abs. 1 EStG gewinnwirksam im Wege einer Bilanzberichtigung in der ersten Schlussbilanz vorzunehmen, deren Ergebnis noch nicht einer bestandskräftigen Veranlagung zugrunde liegt.

Bei Gewinnermittlung nach § 4 Abs. 3 EStG sind die Gewinnauswirkungen im ersten Wirtschaftsjahr, dessen Ergebnis noch nicht einer bestandskräftigen Veranlagung zugrunde liegt, zu berücksichtigen.

# I § 4/18. Schreiben betr. Abzugsverbot für die Zuwendung von Vorteilen i. S. des § 4 Abs. 5 Satz 1 Nr. 10 EStG

Vom 10. Oktober 2002 (BStBl. I S. 1031)

(BMF IV A 6 – S 2145 – 35/02)

**Gliederung**



[1] Hier nicht wiedergegeben.

## Einleitung

1 Die ertragsteuerliche Behandlung von Bestechungsgeldern, Schmiergeldzahlungen und ähnlichen Zuwendungen wie auch deren strafrechtliche Ahndung sind in den vergangenen Jahren mehrfach geändert worden.

Mit § 4 Abs. 5 Satz 1 Nr. 10 EStG i. d. Fassung des Jahressteuergesetzes 1996 vom 11. Oktober 1995 (BGBl. I S. 1250) wurde erstmals ab dem Veranlagungszeitraum 1996 der Betriebsausgabenabzug eingeschränkt. Kern der Regelung war es, die Abzugsmöglichkeit bei Vorliegen einer rechtskräftigen Verurteilung des Zuwendenden oder Empfängers oder einer Einstellung (nach § 153 ff. StPO) zu versagen.

Durch die Neufassung des § 4 Abs. 5 Satz 1 Nr. 10 EStG im Steuerentlastungsgesetz 1999/2000/2002 vom 24. März 1999 (BGBl. I S. 402) greift das Abzugsverbot bereits dann ein, wenn die Zuwendung von Vorteilen eine rechtswidrige Tat darstellt, die den Tatbestand eines Strafgesetzes oder eines Gesetzes verwirklicht, das die Ahndung mit einer Geldbuße zulässt. Ein schuldhaftes Verhalten des Zuwendenden oder dessen Verurteilung oder eine Einstellung des gegen ihn gerichteten Verfahrens ist nicht mehr erforderlich; auch auf die Verfolgbarkeit kommt es grundsätzlich nicht an (Näheres unter Tz. 9, 12 f.).

2 Die Strafrechtsnormen, an die die steuerliche Regelung anknüpft, sind durch mehrere Gesetze ausgedehnt worden:

Durch das Gesetz zur Bekämpfung der Korruption vom 13. August 1997 (KorrbekG, BGBl. I S. 2038), in Kraft getreten am 20. August 1997, wurden die Straftatbestände ausgeweitet und die Sanktionen verschärft.

Durch das EU-Bestechungsgesetz vom 10. August 1998 (EUBestG, BGBl. II S. 2340), in Kraft getreten am 22. September 1998, wurden Amtsträger aus EU-Mitgliedstaaten und Gemeinschaftsbeamte bei Bestechungshandlungen den inländischen Amtsträgern gleichgestellt.

Durch das Gesetz zur Bekämpfung internationaler Bestechung vom 10. September 1998 (IntBestG, BGBl. II S. 2327), in Kraft getreten am 15. Februar 1999, wurden über das EUBestG hinausgehend auch Zuwendungen an Amtsträger (einschl. Parlamentarier) anderer Staaten und internationaler Organisationen im Zusammenhang mit dem internationalen Geschäftsverkehr erfasst.

Im Einvernehmen mit den obersten Finanzbehörden der Länder gilt für die Abziehbarkeit der Zuwendung von Vorteilen nach § 4 Abs. 5 Satz 1 Nr. 10 und § 9 Abs. 5 EStG i. d. Fassung des Steuerentlastungsgesetzes 1999/2000/2002 vom 24. März 1999 (BGBl. I S. 402) Folgendes:

### I. Anwendungsbereich des § 4 Abs. 5 Satz 1 Nr. 10 EStG

3 Die Regelung gilt unmittelbar für die Gewinneinkunftsarten (§ 2 Abs. 1 Nrn. 1 bis 3 EStG) und nach § 9 Abs. 5 EStG sinngemäß für die Überschusseinkunftsarten (§ 2 Abs. 1 Nrn. 4 bis 7 EStG). Die Regelung gilt auch für juristische Personen, die ihren Gewinn nach den Vorschriften des EStG zu ermitteln haben (§ 8 Abs. 1 KStG i. V. mit §§ 4 ff. EStG).

Die Regelung findet nur Anwendung, wenn es sich bei den Aufwendungen um Betriebsausgaben oder Werbungskosten handelt. Sind die Aufwendungen auch privat mitveranlasst, fallen sie unter das Aufteilungs- und Abzugsverbot nach § 12 EStG; bei gesellschaftsrechtlicher Veranlassung handelt es sich um verdeckte Gewinnausschüttungen. 4

## II. Abzugsverbot (§ 4 Abs. 5 Satz 1 Nr. 10 Satz 1 EStG)

Das Abzugsverbot gilt für die Zuwendung von Vorteilen sowie damit zusammenhängende Aufwendungen, wenn die Zuwendung der Vorteile eine rechtswidrige Handlung darstellt, die den Tatbestand eines Strafgesetzes oder eines Gesetzes verwirklicht, das die Ahndung mit einer Geldbuße zulässt. Das Abzugsverbot betrifft nach allgemeinem Sprachgebrauch die Zahlung von Schmier- und Bestechungsgeldern sowie die damit verbundenen Kosten. 5

### 1. Zuwendung von Vorteilen sowie damit zusammenhängende Aufwendungen

Ein Vorteil im Sinne der entsprechenden Straf- oder Bußgeldvorschriften ist jede Leistung des Zuwendenden, auf die der Empfänger keinen rechtlich begründeten Anspruch hat und die ihn materiell oder immateriell in seiner wirtschaftlichen, persönlichen oder rechtlichen Situation objektiv besser stellt. 6

Eine Zuwendung von Vorteilen im Sinne des § 4 Abs. 5 Satz 1 Nr. 10 Satz 1 EStG liegt jedoch nur vor, wenn der Steuerpflichtige eine Betriebsausgabe (Geld- oder Sachzuwendung) getätigt hat. Dies ist nicht der Fall, wenn der Steuerpflichtige nichts aufgewendet hat (z. B. bei entgangenen Einnahmen für die Erbringung unentgeltlicher Dienstleistungen, für die Hingabe eines verbilligten oder zinslosen Darlehens, für die Gewährung von Rabatten). Unerheblich ist, ob der Empfänger bereichert ist. 7

Es muss sich um Vorteilszuwendungen des Steuerpflichtigen oder um solche, die ihm zuzurechnen sind, handeln. Dabei kommt es auf das Verhalten des Unternehmers oder der Mitunternehmer (Gesellschafter) oder der vertretungsberechtigten Personen oder Organe an (Vorstand, Geschäftsführer, Prokuristen, Handlungsbevollmächtigte; vgl. i.e. § 30 Abs. 1 Nr. 1 bis 4 OWiG).

Haben Mitarbeiter eines Unternehmens gehandelt, ist auf die rechtswidrige Handlung des Unternehmers, eines Mitunternehmers, der vertretungsberechtigten Personen oder Organe (Anstiftung, Mittäterschaft oder Beihilfe) abzustellen. Die Vorteilszuwendung ist dem Steuerpflichtigen auch zuzurechnen, wenn er oder eine seiner vertretungsberechtigten Personen oder Organe nachträglich von einer Vorteilszuwendung eines sonstigen Mitarbeiters erfahren und diese genehmigen.

Mit der Zuwendung von Vorteilen zusammenhängende Aufwendungen liegen insbesondere vor bei sog. Transaktionskosten (z. B. Reise-, Transport-, Telefonkosten) und Nebenkosten im Zusammenhang mit den einschlägigen Straftaten und Ordnungswidrigkeiten (z. B. Beratungs-, Verteidigungs- und Gerichtskosten). 8

### 2. Rechtswidrige Handlung

Erforderlich ist, dass die Zuwendung der Vorteile eine rechtswidrige Handlung darstellt, die den Tatbestand eines deutschen Strafgesetzes (vgl. § 11 9

Abs. 1 Nr. 5 StGB, Wortlaut siehe Tz. 46) oder eines deutschen Gesetzes erfüllt, das die Ahndung mit einer Geldbuße zulässt.

Inwieweit eine Genehmigung der Annahme des Vorteils die Rechtswidrigkeit entfallen lässt, ist bei jeder Regelung gesondert zu prüfen. Dies ist jedenfalls dann der Fall, wenn bei einer Vorteilsgewährung im Sinne des § 333 StGB dem Annehmenden vor der Annahme eine Genehmigung in wirksamer Weise erteilt wird (vgl. § 333 Abs. 3 StGB). Nachträgliche Genehmigungen können ggf. auch die Rechtswidrigkeit entfallen lassen. Der Nachweis eines schuldhaften Verhaltens ist nicht mehr erforderlich. Auch auf die Verfolgbarkeit kommt es nicht mehr an. Die neue Regelung ist daher auch dann anwendbar, wenn ein etwa erforderlicher Strafantrag (vgl. § 301 StGB, dazu Tz. 27) nicht gestellt wird oder straf- oder bußgeldrechtlich bereits Verjährung eingetreten ist.

10 *H 24 (Zuwendungen) EStH*[1] enthält eine zurzeit abschließende Aufzählung der in Betracht kommenden Tatbestände des Straf- und Ordnungswidrigkeitenrechts. Etwaige künftige gesetzliche Ergänzungen (insbesondere als Folge der Umsetzung weiterer internationaler Rechtsinstrumente) sind zu beachten.

11 Die Tatbestandserfüllung setzt voraus, dass der Steuerpflichtige tatsächlich betrieblich veranlasste Aufwendungen getätigt und den Tatbestand einer Strafrechts- oder Bußgeldnorm erfüllt hat; dies ist bei den Tatbestandsalternativen des bloßen Anbietens oder Versprechens nicht der Fall.

### 3. Strafverfolgung, wenn die Tat oder Teile der Tat im Ausland begangen werden

12 Wird die Tat ganz oder teilweise im Ausland begangen, so ist im Rahmen der Prüfung der Tatbestandsmäßigkeit zunächst zu klären, ob die konkrete Tat vom Schutzbereich des deutschen Straftatbestandes erfasst wird. Die Fassung eines Tatbestandes und dessen Auslegung kann ergeben, dass dieser sich auf den Schutz inländischer Schutzgüter beschränkt, was insbesondere bei § 108 b StGB und Ordnungswidrigkeiten der Fall ist (z. B. bei § 119 Abs. 1 Nr. 1 BetrVerfG; § 81 Abs. 1 Nr. 1 GWB; § 405 Abs. 3 Nr. 2 AktG, § 152 Abs. 1 Nr. 1 GenG) oder nur beschränkt nicht deutsche Interessen schützt (vgl. z. B. § 108 e StGB hinsichtlich des Stimmenkaufs von EP-Abgeordneten); vgl. auch die Ergänzung durch Art. 2 § 2 IntBestG; s. auch die inlandsbezogene Beschränkung in Art. 7 Abs. 2 Nr. 10.4 StrÄndG. Bei § 299 StGB (Wortlaut siehe Tz. 42) ist zu beachten, dass damit zunächst nur der Wettbewerb deutscher Unternehmen geschützt war und der Anwendungsbereich dieser Vorschrift erst durch das Anfügen eines Absatzes 3 an § 299 StGB durch das Gesetz vom 22. August 2002 (BGBl. I S. 3387) mit Wirkung vom 30. August 2002 auf Handlungen im ausländischen Wettbewerb ausgedehnt worden ist. Sodann ist in einem zweiten Schritt zu prüfen, ob die im Ausland begangene Tat auch im Inland verfolgbar wäre, z. B. wenn eine Zuwendung von einem (ausländischen) Mitarbeiter eines deutschen Unternehmens an eine Person im Ausland erfolgt (§§ 3–9 StGB, Wortlaut siehe Tz. 40).

---

[1] Jetzt H 4.14 „Zuwendungen" EStH 2016.

Wenn nicht eine grenzüberschreitende Tat gemäß § 3 StGB vorliegt, findet § 7 StGB Anwendung, sodass es im Wesentlichen auf die Strafbarkeit der Tat im Ausland ankommt. 13

Eine Inlandstat, für die nach § 3 StGB das deutsche Strafrecht gilt, liegt nach § 9 Abs. 1 StGB bereits dann vor, wenn die Tat z. B. im Rahmen einer mittäterschaftlichen Begehungsweise teilweise in Deutschland begangen wurde. Dasselbe gilt für eine Anstiftungs- oder Beihilfehandlung, die in Deutschland begangen wurde (§ 9 Abs. 2 StGB).

Eine Inlandstat liegt auch dann vor, wenn der Willensentschluss zur Tat von inländischen vertretungsberechtigten Personen oder Organen (vgl. auch § 30 Abs. 1 Nr. 1–4 OWiG) als Tatbeteiligten getragen wurde oder diese die erforderlichen Mittel bereitstellten.

Voll im Ausland verwirklichte Taten können daher im Inland grundsätzlich nur dann verfolgt werden, wenn die Voraussetzungen des § 7 StGB (s. Tz. 40) vorliegen (die Regelungen im EU-BestG und im IntBestG gehen weiter, vgl. Tz. 45 und 46).

Ordnungswidrigkeiten können grundsätzlich nur bei Begehung im Inland geahndet werden (vgl. § 5 OWiG), was eine Erfassung grenzüberschreitender Taten nicht ausschließt (vgl. § 7 OWiG).

## 4. Zu einzelnen Tatbeständen

### a) Bestechung (§ 334 StGB; Wortlaut siehe Tz. 44)

Die durch das KorrbekG geänderte Vorschrift (anwendbar ab 20. August 1997, s. Tz. 2) unterscheidet sich von der Vorteilsgewährung (§ 333 StGB) insbesondere darin, dass bei der Bestechung die Vorteilsgewährung in Beziehung zu einer pflichtwidrigen Handlung des Amtsträgers steht. 14

#### aa) Vorteilsgeber

Es muss sich um dem Steuerpflichtigen zurechenbare Vorteilszuwendungen handeln (vgl. Tz. 7). 15

#### bb) Vorteilsempfänger

Der Vorteil muss einem Amtsträger oder einem für den öffentlichen Dienst besonders Verpflichteten i. S. d. § 11 StGB (Wortlaut siehe Tz. 41) zugewendet werden. 16

Die Amtsträgereigenschaft setzt die Wahrnehmung von Aufgaben der öffentlichen Verwaltung voraus. Hierzu zählt auch die Leistungsverwaltung zur Daseinsvorsorge, die zunehmend in privatrechtlich organisierter Form ausgeführt wird. Maßgeblich ist die Art einer Aufgabe; es kommt nicht darauf an, in welcher Form, etwa mit Hilfe einer Kapitalgesellschaft, eine Aufgabe wahrgenommen wird.

#### cc) Bestechung mit Auslandsbezug

Durch das EU-BestG (Wortlaut siehe Tz. 45) und das IntBestG (Wortlaut siehe Tz. 46) werden sowohl der Amtsträgerbegriff auf ausländische Amtsträger als auch die Geltung des deutschen Strafrechts auf bestimmte im Ausland begangene Taten ausgeweitet. 17

**aaa) Ausweitung des Amtsträgerbegriffes**

18 Durch Art. 2 § 1 EU-BestG wird die Anwendung des § 334 StGB auf Amtsträger und Richter eines anderen Mitgliedstaates der EU und auf Amtsträger der EU ausgeweitet.

Durch Art. 2 § 1 IntBestG wird die Anwendung des § 334 StGB auf Amtsträger eines ausländischen Staates und auf eine Person, die beauftragt ist, bei einer oder für eine Behörde eines ausländischen Staats, für ein öffentliches Unternehmen mit Sitz im Ausland oder sonst öffentliche Aufgaben für einen ausländischen Staat wahrzunehmen, ausgeweitet. Es handelt sich hierbei, insbesondere bei der Regelung in Buchstabe b, um einen im Vergleich mit § 11 Abs. 1 Nr. 2 StGB weiteren Amtsträgerbegriff. Ausreichend ist eine bloße Beauftragung im Gegensatz zu einer förmlichen Bestellung oder Verpflichtung, so dass schon eine einmalige Auftragserteilung zur Wahrnehmung öffentlicher Aufgaben zur Anwendbarkeit der Vorschrift führt. Aus den Erläuterungen zu dem OECD-Obereinkommen über die Bekämpfung der Bestechung ausländischer Amtsträger im internationalen Geschäftsverkehr vom 17. Dezember 1997, das durch das IntBestG ins deutsche Recht umgesetzt wurde, ergibt sich, dass der Begriff des „ausländischen Amtsträgers" hier sehr weit zu verstehen ist. Insbesondere gilt als „öffentliches Unternehmen" ungeachtet seiner Rechtsform jedes Unternehmen, das unmittelbar oder mittelbar von der öffentlichen Hand beherrscht wird. Auch kann unter besonderen Umständen Staatsgewalt tatsächlich von Personen ausgeübt werden (in Einparteienstaaten z. B. von Funktionären der politischen Partei), die nicht offiziell zu Amtsträgern ernannt worden sind. Die Regelung bezieht sich nicht nur auf Amtsträger aus OECD-Staaten, sondern aller Staaten.

**bbb) Ausweitung auf Auslandstaten**

19 Art. 2 § 2 EU-BestG weitet den Anwendungsbereich des § 334 StGB auf Auslandstaten aus (z. B. wenn der Täter Deutscher ist, s. Tz. 50). Nach Art. 2 § 3 IntBestG gilt das deutsche Strafrecht für bestimmte Taten, die von einem Deutschen unabhängig vom Recht des Tatorts im Ausland begangen werden. Nach dem durch Art. 2 § 3 EU-BestG in das Strafgesetzbuch eingefügten § 5 Nr. 14 a kann die Abgeordnetenbestechung nach § 108 e StGB unabhängig vom Recht des Tatorts dann bestraft werden, wenn der Täter zur Zeit der Tat Deutscher ist oder die Tat gegenüber einem Deutschen begangen wird.

**b) Vorteilsgewährung (§ 333 StGB; Wortlaut siehe Tz. 43)**

20 Von den Tatbestandsalternativen des § 333 StGB kommt nur die Alternative der Vorteilsgewährung in Betracht. Die Vorschrift schützt als Rechtsgut die Lauterkeit des deutschen öffentlichen Dienstes und das Vertrauen der Allgemeinheit in diese Lauterkeit. Es werden sowohl Fälle erfasst, in denen sich die Vorteilsgewährung auf eine in der Vergangenheit liegende Dienstausübung bezieht, als auch solche, in denen sich die Vorteilsgewährung auf eine künftige Dienstausübung bezieht. Die Vorschrift betrifft nur nicht pflichtwidrige Handlungen; andernfalls kommt § 334 StGB – Bestechung – zur Anwendung.

21 Bis zur Neufassung der Vorschrift durch das KorrbekG (anwendbar ab 20. August 1997, s. Tz. 2) kam eine Strafbarkeit nur in Betracht, wenn dem Amtsträger als Gegenleistung für eine konkrete Dienstleistung ein Vorteil an-

geboten, versprochen oder gewährt wurde. Der Tatbestand setzte daher voraus, dass zwischen dem Vorteil und einer Diensthandlung ein Beziehungsverhältnis bestand, das häufig als „Unrechtsvereinbarung“ bezeichnet wurde. Mit der Neufassung wurde der Straftatbestand der Vorteilsgewährung dahingehend geändert, dass bereits das Anbieten, Versprechen oder Gewähren von Vorteilen „für die Dienstausübung“ unter Strafe gestellt wurde. Mit dieser Formulierung wurde klargestellt, dass weiterhin eine Beziehung zwischen der Vorteilsannahme und den Diensthandlungen des Amtsträgers bestehen muss. Lediglich eine hinreichend bestimmte Diensthandlung als „Gegenleistung“ muss nicht mehr nachgewiesen werden; ein Bezug zu einer konkreten Diensthandlung ist also nicht mehr erforderlich. Die Ausführungen unter § 334 StGB zum Vorteilsgeber (siehe Tz. 15) und zum Vorteilsempfänger (siehe Tz. 16) gelten entsprechend; Tzn. 17 bis 19 (Bestechung mit Auslandsbezug) finden hingegen keine Anwendung.

Nach den Vorstellungen des Gesetzgebers des KorrBekG bildet § 333 StGB einen Auffangtatbestand für die in der Praxis häufigen Fälle, in denen der Tatbestand der Bestechung (§ 334 StGB) nicht zweifelsfrei nachgewiesen werden kann.

### c) Bestechung im geschäftlichen Verkehr (§ 299 Abs. 2 StGB; Wortlaut siehe Tz. 42)

#### aa) Tatbestandsmerkmale

#### aaa) Vorteilsgeber

Es muss sich um dem Steuerpflichtigen zurechenbare Vorteilszuwendungen 22
handeln (vgl. Tz. 7).

#### bbb) Vorteilsempfänger

Jeder, der aufgrund seiner gegenwärtigen Stellung im Betrieb berechtigt ist, 23
für diesen zu handeln, einen Einfluss auf die im Betrieb zu treffenden Entscheidungen besitzt und dem es als ausschließlich an die Interessen seines Geschäftsherren gebundenem Beauftragten verwehrt ist, ein Entgelt von der anderen Seite anzunehmen, wird von § 299 StGB erfasst. Ein dauerhaftes Arbeits- oder Dienstverhältnis ist nicht Voraussetzung, da der Begriff „Beauftragter“ auch ins Unternehmen eingegliederte Mitarbeiter von Personalüberlassungsfirmen, Partner von Werkverträgen mit dem Unternehmen, Vereins-, Vorstands- oder Aufsichtsratsvorsitzende erfasst.

Die Vorschrift des § 299 StGB ist nicht auf den Geschäftsinhaber an- 24
wendbar, selbst wenn dieser formell in einem Angestelltenverhältnis zum Unternehmen steht (z.B. GmbH-Geschäftsführer, der gleichzeitig Alleingesellschafter ist). Er ist beim Abschluss von Verträgen völlig frei und darf sich auch von unsachlichen Motiven wie „Sonderleistungen“ leiten lassen.

#### bb) Anwendungsbereich

Bis zur Überführung des Straftatbestandes in das StGB durch das KorrbekG 25
wurde die Vorschrift (§ 12 UWG) aufgrund ihres Standortes im UWG so ausgelegt, dass nur Tathandlungen erfasst wurden, die tatsächliche oder potenzielle wettbewerbsverzerrende Auswirkungen auf den deutschen Markt haben, da nur der Schutz des inländischen Wettbewerbs und der Interessen der inlän-

dischen Mitbewerber Zweck der Vorschrift sei und deutschen Unternehmen kein Wettbewerbsnachteil auf ausländischen Märkten dadurch entstehen dürfe, dass sie strengeren Regelungen unterliegen. Die auf diesem Schutzbereich beruhende Auslegung sollte nach dem Willen des Gesetzgebers auch bei Überführung in das StGB unverändert bleiben (BT-Drucks. 13/5584 S. 15). Durch das Anfügen eines Absatzes 3 an § 299 StGB durch das Gesetz vom 22. August 2002 (BGBl. I S. 3387) ist § 299 StGB mit Wirkung vom 30. August 2002 auch auf auslandsbezogene Fälle anwendbar.

**cc) Auslandstaten**

26 Neben dem Anwendungsbereich des § 299 StGB ist in einem zweiten Schritt zu prüfen, ob die im Ausland begangene Straftat auch im Inland verfolgbar wäre, §§ 3–9 StGB, siehe Ausführungen zu Tzn. 12 und 13.

27 Nach § 301 StGB werden die Bestechlichkeit und Bestechung im geschäftlichen Verkehr nur auf Antrag verfolgt, es sei denn, dass die Strafverfolgungsbehörde wegen des besonderen öffentlichen Interesses an der Strafverfolgung ein Einschreiten von Amts wegen für geboten hält. Für den Ausschluss vom Betriebsausgabenabzug ist die Stellung eines Strafantrags unbeachtlich.

## 5. Feststellung der Tatbestandserfüllung

28 Ist der Betriebsausgabencharakter einer Vorteilszuwendung unstreitig, behauptet die Finanzbehörde aber, dass die Voraussetzungen für die Anwendung des Abzugsverbots nach § 4 Abs. 5 Satz 1 Nr. 10 EStG erfüllt sind, trifft die Finanzbehörde die Feststellungslast.

29 Die Finanzbehörde kann daher nur dann den Betriebsausgabenabzug nach § 4 Abs. 5 Satz 1 Nr. 10 EStG versagen, wenn sie feststellt, dass ein Straf- oder Bußgeldtatbestand durch eine rechtswidrige Handlung i. S. d. § 4 Abs. 5 Satz 1 Nr. 10 EStG erfüllt ist. Ist dies nicht der Fall, sondern sind Tatsachen festgestellt worden, die lediglich einen dahingehenden Verdacht begründen, ist die Steuer, soweit dies verfahrensrechtlich noch möglich ist, vorläufig nach § 165 AO festzusetzen, wobei der Betriebsausgabenabzug regelmäßig zu gewähren ist; der Staatsanwaltschaft oder Verwaltungsbehörde ist gemäß § 4 Abs. 5 Satz 1 Nr. 10 Satz 3 EStG der Verdacht mitzuteilen. Ist der Verdacht im Rahmen einer Betriebsprüfung aufgetreten, ist diese nach Möglichkeit abzuschließen. Im Falle einer vorläufigen Steuerfestsetzung ist nach Unterrichtung der Finanzbehörde durch die Staatsanwaltschaft oder die Verwaltungsbehörde über den Ausgang des Verfahrens und die zugrundeliegenden Tatsachen gemäß § 4 Abs. 5 Satz 1 Nr. 10 Satz 4 EStG die vorläufige Steuerfestsetzung aufzuheben, zu ändern oder für endgültig zu erklären (§ 165 Abs. 2 Satz 2 AO).

## 6. Belehrungspflicht bei Verdacht der Vorteilszuwendung und Verwertungsverbot

30 Bei Aufforderungen an den Steuerpflichtigen zur Mitwirkung an der Sachverhaltsaufklärung, die vermutete Vorteilszuwendungen zum Gegenstand haben (auch bei Benennungsverlangen nach § 160 AO), hat die Finanzbehörde den Steuerpflichtigen über

– die mögliche Mitteilungspflicht nach § 4 Abs. 5 Satz 1 Nr. 10 Satz 3 EStG (vgl. Tzn. 31–32),

– die Möglichkeit der straf- bzw. bußgeldrechtlichen Selbstbelastung und
– das Zwangsmittelverbot

zu belehren. Dies folgt aus dem allgemeinen Grundsatz des Verbots des Zwangs zur straf- und bußgeldrechtlichen Selbstbelastung, ggf. auch aus § 393 AO, nämlich dann, wenn auch eine Steuerstraftat oder eine Steuerordnungswidrigkeit vorliegen kann. Dies kommt dann in Betracht,

– wenn durch die Vorteilszuwendung ein Straf- oder Bußgeldtatbestand verwirklicht wurde und somit das einkommensteuerliche Abzugsverbot eingreift,
– der Steuerpflichtige gleichwohl die Zuwendung als Betriebsausgabe absetzt,
– die Finanzbehörde über die Gewinnminderung im Unklaren lässt und
– dadurch seiner Pflicht zur Abgabe einer wahrheitsgemäßen Steuererklärung nicht nachkommt.

Bei einem Verstoß gegen die Belehrungspflicht dürfen die erlangten Kenntnisse grundsätzlich nicht strafrechtlich verwertet werden (Ausnahmen z. B.: der Beschuldigte kannte zu Beginn seiner Aussage sein Schweigerecht auch ohne entsprechende Belehrung und sagt trotzdem aus, oder der anwaltlich vertretene Beschuldigte/der nicht vertretene Beschuldigte nach entsprechender Belehrung widerspricht der Verwertung seiner Angaben nicht). Ihre Verwertung im Besteuerungsverfahren hingegen ist zulässig.

## III. Mitteilungs- und Unterrichtungspflichten

### 1. Mitteilungspflicht der Finanzbehörde (§ 4 Abs. 5 Satz 1 Nr. 10 Satz 3 EStG)

Die Finanzbehörde darf Tatsachen, die den Verdacht einer Straftat im Sinne 31 des § 4 Abs. 5 Satz 1 Nr. 10 Satz 1 EStG begründen, nach § 30 Abs. 4 AO mitteilen. Eine Mitteilungspflicht besteht jedenfalls dann, wenn der Steuerpflichtige die Vorteilszuwendungen in der steuerlichen Gewinn- oder Einkommensermittlung als Betriebsausgaben abgezogen hat.

Eine Mitteilungspflicht besteht im Regelfall nicht schon dann, wenn das 32 Abzugsverbot nicht anwendbar ist (insbesondere bei privat mitveranlassten Aufwendungen, Tz. 4, bei einer Vorteilszuwendung, die nicht zu einer Betriebsausgabe geführt hat, z. B. bei verbilligten Darlehen, Tz. 7, bei Versagung des Betriebsausgabenabzugs nach § 4 Abs. 5 Satz 1 Nrn. 1 bis 4 EStG oder bei Anwendung des Abzugsverbots wegen Nichtbefolgung eines Benennungsverlangens nach § 160 AO, Tzn. 34 bis 37). In diesen Fällen ist aber immer zu prüfen, ob eine Mitteilung nach § 30 Abs. 4 Nr. 5 Buchstabe b AO (AEAO zu § 30 AO, 8.1 und 8.3) in Betracht kommt und ggf. bei Hinzutreten weiterer Umstände sogar eine Mitteilungspflicht aufgrund einer Ermessensreduzierung besteht.

### 2. Unterrichtungspflicht der Gerichte, Staatsanwaltschaften und Verwaltungsbehörden (§ 4 Abs. 5 Satz 1 Nr. 10 Satz 2 und 4 EStG)

Staatsanwaltschaft oder Verwaltungsbehörde haben die Finanzbehörde in 33 Fällen, in denen die Finanzbehörde ihnen Tatsachen, die den Verdacht einer Vorteilszuwendung begründen, mitgeteilt hat, über den Ausgang des Verfahrens und die zugrunde liegenden Tatsachen zu unterrichten.

Die Unterrichtungspflicht stellt sicher, dass es zwischen Finanzbehörde und den Strafverfolgungsbehörden und Strafgerichten nicht zu unterschiedlichen Entscheidungen über die Verwirklichung eines Straftatbestandes kommt.

Nach § 4 Abs. 5 Satz 1 Nr. 10 Satz 2 EStG haben Gerichte, Staatsanwaltschaften oder Verwaltungsbehörden Tatsachen, die den Verdacht einer Vorteilsgewährung oder Bestechung begründen, den Finanzbehörden für Zwecke des Besteuerungsverfahrens und der Verfolgung von Steuerstraftaten unverzüglich mitzuteilen.

## IV. Verhältnis zu anderen Abzugsverboten

34 Die Nichtabziehbarkeit von Vorteilszuwendungen als Betriebsausgaben kann sich auch aus den Regelungen in § 4 Abs. 5 Satz 1 Nrn. 1 bis 4 EStG und aus der Nichtbefolgung eines Benennungsverlangens nach § 160 AO ergeben.

35 Kommt eine Anwendung verschiedener Abzugsverbote in Betracht, ist vorrangig nicht auf steuersystematische, sondern auf verfahrensökonomische Gesichtspunkte abzustellen. Nach Nr. 1 des AE zu § 88 AO darf für die Anforderungen, die an die Aufklärungspflicht der Finanzbehörden zu stellen sind, die Erwägung eine Rolle spielen, dass die Aufklärung einen nicht mehr vertretbaren Zeitaufwand erfordert. Dabei kann auf das Verhältnis zwischen voraussichtlichem Arbeitsaufwand und steuerlichem Erfolg abgestellt werden. Die Finanzbehörde kann den Angaben eines Steuerpflichtigen Glauben schenken, wenn nicht greifbare Umstände vorliegen, die darauf hindeuten, dass seine Angaben falsch oder unvollständig sind (Nr. 2 des AE zu § 88 AO).

36 Sind der Finanzbehörde lediglich Tatsachen bekannt, die den Verdacht einer straf- oder bußgeldbewehrten Vorteilszuwendung begründen, hat sie zur Ermittlung eines unbekannten Zahlungsempfängers ein Benennungsverlangen nach § 160 AO zu stellen. Dies setzt allerdings voraus, dass die Finanzbehörde zunächst ihrer Belehrungspflicht nachkommt. Kommt der Steuerpflichtige dem Benennungsverlangen nicht nach und kann die Finanzbehörde voraussichtlich die Tatbestandserfüllung einer Vorteilszuwendung nicht zweifelsfrei nachweisen, ist es aus Gründen der Verfahrenserleichterung nicht zu beanstanden, wenn die Nichtabziehbarkeit derartiger Betriebsausgaben auf § 160 AO gestützt wird (vgl. Tz. 35).

37 Sind die Voraussetzungen für eine Anwendung des Abzugsverbots nach § 4 Abs. 5 Satz 1 Nr. 10 EStG zweifelsfrei erfüllt, kommt eine Anwendung des § 160 AO – Benennungsverlangen und ggf. bei Nichtbefolgung Abzugsverbot – nicht in Betracht, da die einzig mögliche Rechtsfolge der Nichtbefolgung des Benennungsverlangens bereits durch die einkommensteuerrechtliche Regelung eintritt.

## V. Sonstige Verwaltungsvorschriften

38 Die Anweisungen für das Straf- und Bußgeldverfahren (Steuer) – AStBV (Steuer) – (BStBl. 1996 I S. 959) und die Allgemeine Verwaltungsvorschrift für die Betriebsprüfung – BpO 2000 – (BStBl. 2000 I S. 368) enthalten allgemeine Regelungen hinsichtlich der Verfahrensweise bei Vorliegen eines Verdachts von (Steuer-)Straftaten.

## VI. Anwendung

Die Erläuterungen und Regelungen dieses Schreibens finden auch auf § 4 Abs. 5 Satz 1 Nr. 10 EStG in der Fassung des Jahressteuergesetzes 1996 vom 11. Oktober 1995 (BGBl. I S. 1250) Anwendung, soweit dem nicht entgegensteht, dass nach der älteren Fassung eine rechtskräftige Verurteilung nach einem Strafgesetz, eine Verfahrenseinstellung gemäß §§ 153 bis 154 e StPO oder eine rechtskräftige Verhängung einer Geldbuße Voraussetzung für das Abzugsverbot ist. Der Anwendungszeitraum der Straf- und Bußgeldvorschriften in ihrer jeweiligen Fassung ist zu beachten. 39

# I § 4/20. Schreiben betr. steuerbilanzielle Behandlung von Aufwendungen zur Stilllegung, Rekultivierung und Nachsorge von Deponien

Vom 25. Juli 2005 (BStBl. I S. 826)

(BMF IV B 2 – S 2137 – 35/05)

Im Einvernehmen mit den obersten Finanzbehörden des Bundes und der Länder gilt für die ertragsteuerliche Behandlung von Aufwendungen für Stilllegung, Nachsorge und Rekultivierung von Deponien Folgendes:

## I. Rechtliche und technische Grundlagen

### 1. Deponie

1 Deponien sind Abfallbeseitigungsanlagen für die Ablagerung von Abfällen oberhalb der Erdoberfläche (*oberirdische Deponien – § 2 Nr. 5 der Verordnung über die umweltverträgliche Ablagerung von Siedlungsabfällen – Abfallablagerungsverordnung – AbfAblV, BGBl. 2001 I S. 305, § 2 Nr. 6 bis 9 der Verordnung über Deponien und Langzeitlager – Deponieverordnung – DepV, BGBl. 2002 I S. 2807*[1]).

Vor Inkrafttreten der DepV und der AbfAblV in den Jahren 2002 und 2001 wurden die Deponien definiert nach TASi (Nr. 2.2.1. Technische Anleitung Siedlungsabfall (TASi, Beil. BAnz. 1993 Nr. 99) und Nr. 2.2.1. Technische Anleitung zum Abfallgesetz (TAAbfall, GMBl. 1991 S. 139).

2 Die nachfolgenden steuerlichen Grundsätze gelten nicht für Untertagedeponien (Deponieklasse IV im Sinne des *§ 2 Nr. 10 DepV*[2]).

### 2. Aufbau einer Deponie

3 Deponien werden als Multibarrieren-Systeme aufgebaut. Danach wird der dauerhafte Schutz des Bodens und des Grundwassers durch die Kombination aus geologischer Barriere und einem Basisabdichtungssystem sichergestellt. Um Beeinträchtigungen des Wohles der Allgemeinheit, die von der Deponie ausgehen können, zu verhindern, wird zusätzlich in der Stilllegungsphase der Deponie oder eines Deponieabschnittes ein Oberflächenabdichtungssystem errichtet (*§ 3 Abs. 1 und 2 DepV*[3]). Abschließend wird eine Rekultivierungsschicht aufgebracht. Die Anforderungen an den Aufbau der geologischen Barriere, der Basis- und des Oberflächenabdichtungssystem ergeben sich für die einzelnen Deponieklassen aus *Anhang 1 DepV*[4]. Die Anforderungen an die Rekultivierungsschicht richten sich nach *Anhang 5 DepV*[4].

---

[1] Nunmehr § 2 Nrn. 6–9 DepV 2009, BGBl. 2009 I S. 900.
[2] Nunmehr § 2 Nr. 10 DepV 2009.
[3] Nunmehr § 3 Abs. 1 DepV 2009.
[4] Nunmehr Anhang 1 DepV 2009.

4 Um entstehendes Sickerwasser zu fassen und abzuleiten, ist bei allen Deponien ein Sickerwasserfassungssystem einzurichten. Einzelheiten richten sich nach *Anhang 1, Nr. 1 DepV*[1]. Soweit Deponiegas entsteht, ist weiterhin ein Gasfassungssystem einzurichten. Dies ist regelmäßig bei Deponien, in denen biologisch abbaubare Abfälle abgelagert worden sind, der Fall. Einzelheiten richten sich nach *§ 3 und § 4 AbfAblV*[2] i. V. m. Anhang C der Dritten Allgemeinen Verwaltungsvorschrift zum Abfallgesetz (TA Siedlungsabfall – TASi, Beil. BAnz. 1993 Nr. 99).

## 3. Betrieb einer Deponie

5 Die Phasen einer Deponie umfassen:
- die Errichtungsphase,
- die Ablagerungsphase,
- die Stilllegungsphase und
- die Nachsorgephase.

Bei abschnittsweisem Deponieausbau laufen die Phasen abschnittsweise nebeneinander. Jeder Abschnitt ist für sich zu betrachten. Die Nachsorgephase beginnt erst nach endgültiger Stilllegung der gesamten Deponie (aller Abschnitte, vgl. Randnummer 10).

6 Die Errichtung umfasst im Wesentlichen Maßnahmen zur Schaffung der Voraussetzungen für die Inbetriebnahme einer Deponie wie insbesondere Verbesserung oder Vervollständigung der geologischen Barriere, Deponiebasisabdichtungssystem, Sickerwasserfassung und -behandlung und gegebenenfalls Deponiegasentsorgung, und Überwachungseinrichtungen, die Anlegung von beispielsweise Eingangs- und Arbeitsbereichen.

7 Die Ablagerungsphase ist gemäß *§ 2 Nr. 2 DepV*[3] der Zeitraum von der Abnahme der für den Betrieb einer Deponie oder eines Deponieabschnittes erforderlichen Einrichtungen durch die zuständige Behörde bis zu dem Zeitpunkt, an dem die Ablagerung von Abfällen zur Beseitigung auf der Deponie oder dem Deponieabschnitt beendet wird.

8 Die Stilllegungsphase ist nach *§ 2 Nr. 26 DepV*[4] der Zeitraum vom Ende der Ablagerungsphase der Deponie oder eines Deponieabschnittes bis zur endgültigen Stilllegung der Deponie.

9 Die Nachsorgephase beginnt gem. *§ 2 Nr. 24 DepV*[5] nach der endgültigen Stilllegung einer Deponie und endet mit der Feststellung der zuständigen Behörde über den Abschluss der Nachsorge.

## 4. Stilllegung, Rekultivierung und Nachsorge

10 Die Verpflichtung der Deponiebetreiber zur Stilllegung, Rekultivierung und Nachsorge ergibt sich aus den Anforderungen des Gesetzes zur Förderung der Kreislaufwirtschaft und Sicherung der umweltverträglichen Beseitigung von Abfällen (*Kreislaufwirtschafts- und Abfallgesetz, KrW-/AbfG, BGBl. 1994 I*

---

[1] Nunmehr Anhang 1, Nr. 2.2 DepV 2009.
[2] Nunmehr § 6 DepV 2009.
[3] Nunmehr § 2 Nr. 2 DepV 2009.
[4] Nunmehr § 2 Nr. 32 DepV 2009.
[5] Nunmehr § 2 Nr. 27 DepV 2009.

*S. 2705*[1]), Deponien so zu errichten und zu betreiben, dass das Wohl der Allgemeinheit nicht beeinträchtigt wird, indem auch nach Stilllegung der Anlage von der Deponie oder dem Deponiegrundstück keine schädlichen Umwelteinwirkungen und sonstige Gefahren, erhebliche Nachteile und erhebliche Belästigungen für die Allgemeinheit und die Nachbarschaft hervorgerufen werden können, und die Wiederherstellung eines ordnungsgemäßen Zustandes des Deponiegeländes gewährleistet ist (*§ 32 i. V. m. § 10 KrW-/AbfG*[2]).

### 5. Genehmigungspflicht

Die Errichtung und der Betrieb einer Deponie bedürfen einer Planfeststellung oder Plangenehmigung (*§ 31 Abs. 2, 3 KrW-/AbfG*[3]). Dafür hat der Deponiebetreiber einen schriftlichen Antrag bei der zuständigen Behörde einzureichen, in dem u. a. die Maßnahmen während der Stilllegungs- und Nachsorgephase anzugeben sind (*§ 20 Abs. 1 Nr. 11 DepV*[4]). Im Planfeststellungsbeschluss hat die zuständige Behörde u. a. festzulegen: 11
– die Deponieklasse, aus der sich dann die weiteren Anforderungen an den Aufbau der Deponie hinsichtlich geologischer Barriere, Basisabdichtung, Oberflächenabdichtung und Rekultivierung ergeben (*§ 22 Abs. 1 Nr. 3 i. V. m. Anhang 1 der DepV*[5]);
– die Anforderungen an die Stilllegungs- und Nachsorgephase (*§ 22 Abs. 1 Nr. 10 DepV*[6]);
– die Verpflichtung, auf Kosten des Deponiebetreibers, das Deponiegelände zu rekultivieren (*§ 36 Abs. 2 Nr. 1 KrW-/AbfG*[7]).

## II. Steuerbilanzielle Behandlung

### 1. Grundsätze

Für die steuerrechtliche Beurteilung sind die Errichtungs- und Ablagerungsphase einerseits und die Stilllegungs- und Nachsorgephase andererseits zu unterscheiden. Beim Übergang zur Stilllegungsphase ändert der Deponiebetrieb (ggf. auch bezogen auf den jeweiligen Deponieabschnitt) seinen Zweck. Die Vermeidung von Gefahren für die Umwelt tritt in den Vordergrund. 12

Soweit Aufwendungen in der Errichtungs- und Ablagerungsphase anfallen, dienen sie vorrangig der Abfallablagerung und sind nach den allgemeinen Grundsätzen zu aktivieren, wenn sie Anschaffungs- oder Herstellungskosten für Wirtschaftsgüter sind. 13

Soweit Aufwendungen in der Stilllegungs- und Nachsorgephase anfallen, dienen sie vorrangig der umweltgerechten Wiederherstellung des Grundstückes. Durch diese Maßnahmen treten keine Wertverbesserungen des Grundstückes ein. Sie sind daher sofort abzugsfähige Betriebsausgaben. 14

---

[1] Nunmehr Gesetz zur Förderung der Kreislaufwirtschaft und Sicherung der umweltverträglichen Bewirtschaftung von Abfällen (Kreislaufwirtschaftsgesetz – KrWG), BGBl. 2012 I S. 212.
[2] Nunmehr § 36 i. V. m. § 15 KrWG.
[3] Nunmehr § 35 Abs. 2, 3 KrWG.
[4] Nunmehr § 19 Abs. 1 Nr. 9 DepV 2009.
[5] Nunmehr § 21 Abs. 1 Nr. 3 i. V. m. Anhang 1 der DepV 2009.
[6] Nunmehr § 21 Abs. 1 Nr. 11 DepV 2009.
[7] Nunmehr § 40 Abs. 2 Nr. 1 KrWG.

## 2. Einordnung der Maßnahmen

15 Nach diesen Grundsätzen sind die einzelnen Maßnahmen wie folgt zu beurteilen:

| | Bezeichnung | Erläuterung | |
|---|---|---|---|
| **1.** | Deponieplanum/Deponieauflager | Statischer Unterbau zum Tragen des Deponiekörpers, Vergütung des vorhandenen Auflagers; Planierung und Beräumung des vorh. Grund und Bodens | Aktivierung als Betriebsvorrichtung |
| | Basisabdichtung | Zusätzliche Schicht – mineralische und/oder Kunststoffabdichtung einschl. Sickerwasserdrainageschicht, Aufbau richtet sich nach DepVO, | |
| | Dichtwände/Schlitzwände | als Ersatz für die (nicht vorhandene oder schadhafte) Basisabdichtung | |
| **2.** | Vorrichtungen zum Deponiebetrieb, Straßen und Wege (Zufahrtstraßen, Straßen je nach Deponiefortschritt), Umzäunungen, Beleuchtungsanlage, Betriebsgebäude (i. d. R. einschl. Wiegehaus), überdachter Umschlagsbereich (Zur Umladung von Abfällen von Liefer- auf Deponiefahrzeuge), Waage, Eingangsbereich | | Aktivierung |
| **3.** | Grundwasser-Brunnen und Pumpenanlagen | Errichtung von Brunnen und Pumpenanlagen im Rahmen der Errichtung der Deponie (wie Basisabdichtung), Beprobung des Grundwassers über den gesamten Zeitraum der Ablagerung, Stilllegung, Nachsorge | Aktivierung |
| **4.** | Sickerwasser | Maßnahmen beginnen vor Ablagerungsende und sind vor Ablagerungsende fertig gestellt | |
| 4.1. | Erfassung und Förderung, z. B. Leitungsnetz (Sammelleitungen, Druckleitungen etc.), Pumpwerke und Hebeanlagen, Schachtbauwerke (Sammel-, Kontroll- und Spülschächte), Sickerwasserspeicherbecken | | Aktivierung |

| | Bezeichnung | Erläuterung | |
|---|---|---|---|
| 4.2. | Behandlung und Beseitigung, z. B. Errichtung/Einrichtung der Behandlungsanlage im eigenen Betrieb (eigene Anlage), Verfahrenstechnik, Bauteil (z. B. Hallen und Container), weitere technische Einrichtungen (Mess- und Regeltechnik, Analytik) | | Aktivierung |
| **5.** | Oberflächenabdichtung und Rekultivierungsschicht | | |
| 5.1. | Vorarbeiten und temporäre Abdichtungen, teilweise mit Folien, z. B.:<br>Räumen gehölzbestandener Flächen (z. B. zwischenbegrünte Bereiche, Randbereiche, Abräumen Bewuchs)<br>Zwischenprofilierung Deponiekörper für temporäre Abdeckung (z. B. mineralische Abdeckung)<br>Aufbringen einer temporären Deponieabdeckung Zwischenbegrünung (z. B. Ansaat) | | Keine Aktivierung |
| 5.2. | Oberflächenabdichtung des Deponiekörpers, z. B. Abräumen Rekultivierungs- und Entwässerungsschicht der temporären Abdeckung (Entfernung und Zwischenlagerung zum späteren Wiedereinbau, soweit möglich), Endprofilierung/Nachprofilierung (Herstellung des geplanten Endprofils der Deponie, Ausgleich von Setzungen), Oberflächenabdichtung der Deponie (Aufbau der Abdichtung gem. TA-SAbf (Ausgleichsschicht, Gasdränschicht, mineralische Dichtungsschichten, Kunststoffdichtungsbahn und Entwässerungsschicht) oder alternativer (gleichwertiger) Aufbau), Herstellung der Wege (für Kontrollmaßnahmen; ggf. Erweiterung/Anpassung des vorhandenen Wegenetzes auf den dann neu geschaffenen Oberflächen des abgedichteten Deponiekörpers); Einrichtung von Setzungspegeln (Einrichtung in Verbindung mit der Aufbringung der Oberflächenabdichtung), Instandsetzung von Teilen des Oberflächenabdichtungssystems | | Keine Aktivierung |
| 5.3. | Rekultivierung (Begrünung, Bepflanzung), z. B. Aufbringen Rekultivierungsschicht (Durchführung nach Einrichtung der Oberflächenabdichtung); Rekultivierung (Ansaat, Bepflanzung; Durchführung nach Einrichtung der Oberflächenabdichtung, Art und Umfang ist u. a. von Folgenutzung und Standort abhängig); Nachpflanzen von Fehlstellen | | Keine Aktivierung |
| 5.4. | Sonstige Arbeiten im Bereich der Oberflächenabdichtung, z. B. Ausbesserung Straßendecken und sonstige befestigte Flächen, Ausgleich von Setzungen im Bereich | | Keine Aktivierung |

| | Bezeichnung | Erläuterung | |
|---|---|---|---|
| | des Wegenetzes, Reinigung von Wegen und Flächen, Ausbesserung und Reparatur von Zaun- und Toranlagen | | |
| **6.** | Oberflächenwasser<br>Entwässerungsgräben, z. B. Herstellung von Deponierandgraben, Sonstige Entwässerungsgräben, Grabenzuläufe, Vorfluter, Leitungsnetz, z. B. Entwässerungsleitungen, Kontrollschächte, Regenrückhaltebecken, Absetzbecken | Bestandteil der Oberflächenabdichtung | Keine Aktivierung |
| **7.** | Deponiegas | i. d. R. muss das Gasfassungssystem mit Beginn der Ablagerung betriebsbereit sein; jedoch oft Nachrüstung erforderlich | |
| 7.1. | Erfassungssystem<br>Gasbrunnen, Entgasungsschächte, horizontale Fassungselemente (Gasfassungselemente, Gasdrainage, Schachtbauwerke (Kondensatschächte, Gassammelschächte etc.), Gaserfassungsstationen (Sammelstationen, Unterstationen, Gasregelstationen etc.) | | Aktivierung |
| 7.2. | Behandlung und Verwertungsanlagen (Verdichterstationen, mess- und regeltechnische Einrichtungen, Gasanalysegeräte, Fackelanlagen, Blockheizkraftwerke (Deponiegasmotoren), Blockheizkraftwerk | | Aktivierung |

## 3. Absetzung für Abnutzung

16 Die Abschreibungszeiträume für die vorstehend zu aktivierenden Wirtschaftsgüter der Nr. 1 bis 4 in Randnummer 15 enden spätestens im Zeitpunkt der Beendigung der Ablagerungsphase. Das gilt auch für Verwaltungsgebäude und die unter Nr. 7 in Randnummer 15 genannten Wirtschaftsgüter (Deponiegas); § 7 Abs. 4 und 5 EStG sowie die Regelungen der AfA-Tabellen sind insoweit nicht anzuwenden. Der Zeitpunkt der Beendigung der Ablagerungsphase kann aufgrund der Planungen anhand des genehmigten Gesamtvolumens und des jährlichen Abfallaufkommens geschätzt werden.

## 4. Rückstellungen für ungewisse Verbindlichkeiten

17 Für Maßnahmen für die Stilllegung, Rekultivierung und Nachsorge der Deponie sind Rückstellungen für ungewisse Verbindlichkeiten zu bilden (§ 249 Abs. 1 Satz 1 HGB i. V. m. § 5 Abs. 1 Satz 1 EStG). Soweit die Aufwendungen in künftigen Wirtschaftsjahren nach Randnummer 15 als An-

schaffungs- oder Herstellungskosten von Wirtschaftsgütern zu aktivieren sind, ist das Rückstellungsverbot des § 5 Abs. 4 b EStG zu beachten.

Für die Bemessung der Rückstellungen ist für Bilanzstichtage nach dem 18
1. August 2002 ein Nachsorgezeitraum bei Deponien der Klasse 0 von 10 Jahren, bei anderen Deponien von 30 Jahren zugrunde zu legen, soweit nicht behördlicherseits ein anderer Zeitraum festgelegt worden ist. Für vorangegangene Bilanzstichtage ist der Zeitraum nach den Umständen des Einzelfalles zu bestimmen.

Die Bewertung erfolgt nach § 6 Abs. 1 Nr. 3 a EStG. Soweit Rückbau- 19
maßnahmen mit dem Planfeststellungsbescheid oder in nachträglichen Anordnungen festgelegt sind, sind die damit verbundenen Aufwendungen in die Rückstellungen einzubeziehen. Dazu gehören beispielsweise Aufwendungen für den Rückbau des Eingangsbereiches, der Betriebsgebäude, Sickerwasserbehandlungsanlagen, Abbau und Verfüllung der Gasbrunnen, Rekultivierung der rückgebauten Flächen (Bodenauftrag, Ansaat, Bepflanzung).

Künftige Vorteile (z. B. aus der Gasverwertung) sind bei der Bewertung der 20
Rückstellungen wertmindernd zu berücksichtigen (§ 6 Abs. 1 Nr. 3 a Buchstabe c EStG).

Die Ansammlung erfolgt nach dem Grad der Verfüllung (*R 38 Sätze 3* 21
*und 4 EStR 2003*[1]).

Die Rückstellungen für ungewisse Verbindlichkeiten aus Maßnahmen der 22
Stilllegung, Rekultivierung und Nachsorge der Deponie sind abzuzinsen (§ 6 Abs. 1 Nr. 3 a Buchstabe e EStG). Dabei ist hinsichtlich des Beginns der Erfüllung der Verpflichtung zwischen dem voraussichtlichen Ende der Ablagerungsphase und dem voraussichtlichen Beginn der Aufbringung der endgültigen Abdichtung zu unterscheiden. In welcher Höhe die entstehenden Aufwendungen auf diese beiden Phasen entfallen, bestimmt sich nach den Gegebenheiten des Einzelfalles. Soweit die Deponie in Abschnitten betrieben wird, ist das Ende der Ablagerungsphase für jeden Deponieabschnitt gesondert zu ermitteln. Insoweit ist die Bewertung für jeden Deponieabschnitt gesondert vorzunehmen.

## III. Zeitlicher Anwendungsbereich

Die Grundsätze dieses BMF-Schreibens sind in allen noch offenen Fällen 23
anzuwenden. Bei der Bewertung der Rückstellungen ist die Übergangsregelung des § 52 Abs. 16 Sätze 11 und 14 EStG zu beachten.

[1] Jetzt R 6.11 Sätze 3 und 4 EStR 2012.

# 1 § 4/21. Schreiben betr. ertragsteuerliche Behandlung von Aufwendungen für VIP-Logen in Sportstätten

Vom 22. August 2005 (BStBl. I S. 845)

(BMF IV B 2 – S 2144 – 41/05)

Unter Aufwendungen für VIP-Logen in Sportstätten werden solche Aufwendungen eines Steuerpflichtigen verstanden, die dieser für bestimmte sportliche Veranstaltungen trägt und für die er vom Empfänger dieser Leistung bestimmte Gegenleistungen mit Werbecharakter für die „gesponserte" Veranstaltung erhält. Neben den üblichen Werbeleistungen (z. B. Werbung über Lautsprecheransagen, auf Videowänden, in Vereinsmagazinen) werden dem sponsernden Unternehmer auch Eintrittskarten für VIP-Logen überlassen, die nicht nur zum Besuch der Veranstaltung berechtigen, sondern auch die Möglichkeit der Bewirtung des Steuerpflichtigen und Dritter (z. B. Geschäftsfreunde, Arbeitnehmer) beinhalten. Regelmäßig werden diese Maßnahmen in einem Gesamtpaket vereinbart, wofür dem Sponsor ein Gesamtbetrag in Rechnung gestellt wird.

Im Einvernehmen mit den obersten Finanzbehörden der Länder gilt zur ertragsteuerlichen Behandlung der Aufwendungen für VIP-Logen in Sportstätten Folgendes:

Aufwendungen im Zusammenhang mit VIP-Logen in Sportstätten können betrieblich veranlasst (Ausnahme Rdnr. 11) und in der steuerlichen Gewinnermittlung entsprechend der Art der Aufwendungen einzeln zu berücksichtigen sein. Dabei sind die allgemeinen Regelungen des § 4 Abs. 4 und 5 EStG in Verbindung mit dem zum Sponsoring ergangenen BMF-Schreiben vom 18. Februar 1998 (BStBl. I S. 212)[1] zu beachten. Bei den Aufwendungen sind zu unterscheiden: 1

## 1. Aufwendungen für Werbeleistungen

Die in den vertraglich abgeschlossenen Gesamtpaketen neben den Eintrittskarten, der Bewirtung, den Raumkosten u. Ä. erfassten Aufwendungen für Werbeleistungen sind grundsätzlich als Betriebsausgaben gemäß § 4 Abs. 4 EStG abziehbar. 2

## 2. Aufwendungen für eine besondere Raumnutzung

Wird im Einzelfall glaubhaft gemacht, dass auf der Grundlage einer vertraglichen Vereinbarung Räumlichkeiten in der Sportstätte für betriebliche Veranstaltungen (z. B. Konferenzen, Besprechungen mit Geschäftspartnern) außerhalb der Tage, an denen Sportereignisse stattfinden, genutzt werden, stellen die angemessenen, auf diese Raumnutzung entfallenden Aufwendungen ebenfalls abziehbare Betriebsausgaben dar (vgl. Rdnr. 19). 3

[1] Nr. 1 § 4/11.

### 3. Aufwendungen für VIP-Maßnahmen gegenüber Geschäftsfreunden

#### a) Geschenke

4 Wendet der Steuerpflichtige seinen Geschäftsfreunden unentgeltlich Leistungen zu (beispielsweise Eintrittskarten), um geschäftliche Kontakte vorzubereiten und zu begünstigen oder um sich geschäftsfördernd präsentieren zu können, kann es sich um Geschenke i. S. von § 4 Abs. 5 Satz 1 Nr. 1 EStG handeln, die nur abziehbar sind, wenn die Anschaffungs- oder Herstellungskosten der dem Empfänger im Wirtschaftsjahr zugewendeten Gegenstände insgesamt 35 Euro nicht übersteigen. Der Geschenkbegriff des § 4 Abs. 5 Satz 1 Nr. 1 EStG entspricht demjenigen der bürgerlich-rechtlichen Schenkung.

5 Erfolgt die Zuwendung dagegen als Gegenleistung für eine bestimmte in engem sachlichen oder sonstigem unmittelbaren Zusammenhang stehende Leistung des Empfängers, fehlt es an der für ein Geschenk notwendigen unentgeltlichen Zuwendung. Die Aufwendungen sind dann grundsätzlich unbeschränkt als Betriebsausgaben abziehbar.

#### b) Bewirtung

6 Aufwendungen für die Bewirtung von Geschäftsfreunden aus geschäftlichem Anlass sind gemäß § 4 Abs. 5 Satz 1 Nr. 2 EStG unter den dort genannten Voraussetzungen beschränkt abziehbar.

#### c) Behandlung beim Empfänger

7 Bei den Empfängern der Geschenke ist der geldwerte Vorteil wegen der betrieblichen Veranlassung als Betriebseinnahme zu versteuern, und zwar auch dann, wenn für den Zuwendenden das Abzugsverbot des § 4 Abs. 5 Satz 1 Nr. 1 EStG gilt (BFH-Urteil vom 26. September 1995, BStBl. 1996 II S. 273). Der Vorteil aus einer Bewirtung i. S. des § 4 Abs. 5 Satz 1 Nr. 2 EStG ist dagegen aus Vereinfachungsgründen beim bewirteten Steuerpflichtigen nicht als Betriebseinnahme zu erfassen (*R 18 Abs. 3 EStR 2003*[1]).

### 4. Aufwendungen für VIP-Maßnahmen zugunsten von Arbeitnehmern

#### a) Geschenke

8 Aufwendungen für Geschenke an Arbeitnehmer des Steuerpflichtigen sind vom Abzugsverbot des § 4 Abs. 5 Satz 1 Nr. 1 EStG ausgeschlossen und somit in voller Höhe als Betriebsausgaben abziehbar.

#### b) Bewirtung

9 Bewirtungen, die der Steuerpflichtige seinen Arbeitnehmern gewährt, gelten als betrieblich veranlasst und unterliegen mithin nicht der Abzugsbeschränkung des § 4 Abs. 5 Satz 1 Nr. 2 EStG. Zu unterscheiden hiervon ist die Bewirtung aus geschäftlichem Anlass, an der Arbeitnehmer des Steuerpflichtigen lediglich teilnehmen (Beispiel: Der Unternehmer lädt anlässlich eines Geschäftsabschlusses die Geschäftspartner und seine leitenden Angestellten

[1] Jetzt: R 4.7 Abs. 3 EStR.

ein). Hier greift § 4 Abs. 5 Satz 1 Nr. 2 EStG auch für den Teil der Aufwendungen, der auf den an der Bewirtung teilnehmenden Arbeitnehmer entfällt.

### c) Behandlung beim Empfänger

Die Zuwendung stellt für den Arbeitnehmer einen zum steuerpflichtigen Arbeitslohn gehörenden geldwerten Vorteil dar, wenn der für die Annahme von Arbeitslohn erforderliche Zusammenhang mit dem Dienstverhältnis gegeben ist (§ 8 Abs. 1 i. V. m. § 19 Abs. 1 Satz 1 Nr. 1 EStG und § 2 Abs. 1 LStDV). Der geldwerte Vorteil ist grundsätzlich nach § 8 Abs. 2 Satz 1 EStG zu bewerten. Die Freigrenze für Sachbezüge i. H. v. 44 Euro im Kalendermonat *(§ 8 Abs. 2 Satz 9 EStG*[1]) und *R 31 Abs. 2 Satz 3 LStR 2015*[2]) sind zu beachten. 10

Nicht zum steuerpflichtigen Arbeitslohn gehören insbesondere Zuwendungen, die der Arbeitgeber im ganz überwiegenden betrieblichen Interesse erbringt. Dies sind auch Zuwendungen im Rahmen einer üblichen Betriebsveranstaltung (vgl. *R 72 LStR 2005*[3])) oder Zuwendungen aus geschäftlichem Anlass (Beispiel: Der Unternehmer lädt anlässlich eines Geschäftsabschlusses die Geschäftspartner und seine leitenden Angestellten ein, vgl. *R 31 Abs. 8 Nr. 1 LStR 2005*[4])).

## 5. Privat veranlasste Aufwendungen für VIP-Maßnahmen

Ist die Leistung des Unternehmers privat veranlasst, handelt es sich gemäß § 12 Nr. 1 EStG in vollem Umfang um nicht abziehbare Kosten der privaten Lebensführung; bei Kapitalgesellschaften können verdeckte Gewinnausschüttungen vorliegen. Eine private Veranlassung ist u. a. dann gegeben, wenn der Steuerpflichtige die Eintrittskarten an Dritte überlässt, um damit gesellschaftlichen Konventionen zu entsprechen, z. B. aus Anlass eines persönlichen Jubiläums (vgl. BFH-Urteil vom 12. Dezember 1991, BStBl. 1992 II S. 524; BFH-Urteil vom 29. März 1994, BStBl. II S. 843). 11

## 6. Nachweispflichten

Der Betriebsausgabenabzug für Aufwendungen im Rahmen von VIP-Maßnahmen ist zu versagen, wenn keine Nachweise dafür vorgelegt worden sind, welchem konkreten Zweck der getätigte Aufwand diente, d. h. welchem Personenkreis aus welcher Veranlassung die Leistung zugewendet wurde. 12

Dagegen ist der Betriebsausgabenabzug nicht bereits aus dem Grunde zu versagen, dass der Nutzungsvertrag keine Aufgliederung des vereinbarten Nutzungsentgelts einerseits und der Einräumung der sonstigen werblichen Möglichkeiten andererseits zulässt. Soweit die vertraglichen Vereinbarungen keine Aufschlüsselung des Pauschalpreises in die einzelnen Arten der Ausgaben enthalten, führt dies nicht zu einem generellen Abzugsverbot. Vielmehr ist im Wege der sachgerechten Schätzung mittels Fremdvergleichs unter Mitwirkung des Unternehmers zu ermitteln, in welchem Umfang die Kosten auf die Eintrittskarten, auf die Bewirtung, auf die Werbung und/oder auf ei- 13

[1]) Jetzt § 8 Abs. 2 Satz 11 EStG.
[2]) Jetzt R 8.1 Abs. 2 Satz 3 LStR 2015.
[3]) Jetzt § 19 Abs. 1 Satz 1 Nr. 1 a EStG.
[4]) Jetzt R 8.1 Abs. 8 Nr. 1 LStR.

ne besondere Raumnutzung entfallen. Das vereinbarte Gesamtentgelt ist hierbei einzelfallbezogen unter Würdigung der Gesamtumstände nach dem Verhältnis der ermittelten Teilwerte für die Einzelleistungen aufzuteilen. Im Rahmen der Einzelfallprüfung ist ggf. auch eine Kürzung der ausgewiesenen Werbekosten vorzunehmen, wenn diese im Fremdvergleich unangemessen hoch ausfallen.

### 7. Vereinfachungsregelungen

#### a) Pauschale Aufteilung des Gesamtbetrages für VIP-Logen in Sportstätten

14[1] Aus Vereinfachungsgründen ist es nicht zu beanstanden, wenn bei betrieblich veranlassten Aufwendungen der für das Gesamtpaket (Werbeleistungen, Bewirtung, Eintrittskarten usw.) vereinbarte Gesamtbetrag wie folgt pauschal aufgeteilt wird:

– Anteil für die Werbung: 40 v. H. des Gesamtbetrages.
  Dieser Werbeaufwand, der in erster Linie auf die Besucher der Sportstätte ausgerichtet ist, ist in vollem Umfang als Betriebsausgabe abziehbar.
– Anteil für die Bewirtung: 30 v. H. des Gesamtbetrages.
  Dieser Anteil ist gemäß § 4 Abs. 5 Satz 1 Nr. 2 EStG mit dem abziehbaren v. H.-Satz als Betriebsausgabe zu berücksichtigen.
– Anteil für Geschenke: 30 v. H. des Gesamtbetrages.
  Sofern nicht eine andere Zuordnung nachgewiesen wird, ist davon auszugehen, dass diese Aufwendungen je zur Hälfte auf Geschäftsfreunde (Rdnr. 15, 16) und auf eigene Arbeitnehmer (Rdnr. 17, 18) entfallen.

#### b) Geschenke an Geschäftsfreunde (z. B. andere Unternehmer und deren Arbeitnehmer)[2]

15 Da diese Aufwendungen regelmäßig den Betrag von 35 Euro pro Empfänger und Wirtschaftsjahr übersteigen, sind sie gemäß § 4 Abs. 5 Satz 1 Nr. 1 EStG nicht als Betriebsausgabe abziehbar.

16 *Bei den Empfängern der Zuwendungen ist dieser geldwerte Vorteil grundsätzlich als Betriebseinnahme/Arbeitslohn zu versteuern. Auf eine Benennung der Empfänger und die steuerliche Erfassung des geldwerten Vorteils bei den Empfängern kann jedoch verzichtet werden, wenn zur Abgeltung dieser Besteuerung 60 v. H. des auf Geschäftsfreunde entfallenden Anteils am Gesamtbetrag i. S. der Rdnr. 14 zusätzlich der Besteuerung beim Zuwendenden unterworfen werden.*

#### c) Geschenke an eigene Arbeitnehmer[2]

17 Soweit die Aufwendungen auf Geschenke an eigene Arbeitnehmer entfallen, sind sie in voller Höhe als Betriebsausgabe abziehbar. Zur steuerlichen Behandlung dieser Zuwendungen bei den eigenen Arbeitnehmern vgl. Rdnr. 10.

18 *Bei Anwendung der Vereinfachungsregelung i. S. der Rdnr. 14 kann der Steuerpflichtige (Arbeitgeber) die Lohnsteuer für diese Zuwendungen mit einem Pauschsteuer-*

---

[1] Zur weiteren Anwendung ab 1. 1. 2007 siehe BMF v. 19. 5. 2015, BStBl. I S. 468, Rz. 15 (Nr. **20** § 37 b/2).

[2] Vereinfachungsregelungen der Rz. 16 und 18 sind ab 1. 1. 2007 nicht mehr anzuwenden; vgl. BMF v. 19. 5. 2015, BStBl. I S. 468, Rz. 15 (Nr. **20** § 37 b/2).

*ersatz in Höhe von 30 v. H. des auf eigene Arbeitnehmer entfallenden Anteils am Gesamtbetrag i. S. der Rdnr. 14 übernehmen. Die Höhe dieses Pauschsteuersatzes berücksichtigt typisierend, dass der Arbeitgeber die Zuwendungen an einen Teil seiner Arbeitnehmer im ganz überwiegenden betrieblichen Interesse erbringt (vgl. Rdnr. 10). § 40 Abs. 3 EStG gilt entsprechend.*

**d) Pauschale Aufteilung bei besonderer Raumnutzung**

In Fällen der Rdnr. 3, in denen die besondere Raumnutzung mindestens 19
einmal wöchentlich stattfindet, kann der auf diese Raumnutzung entfallende Anteil vorab pauschal mit 15 v. H. des Gesamtbetrages ermittelt und als Betriebsausgabe abgezogen werden. Für die weitere Aufteilung nach Rdnr. 14 ist in diesen Fällen von dem um den Raumnutzungsanteil gekürzten Gesamtbetrag auszugehen.

**8. Zeitliche Anwendung**

Die vorstehenden Regelungen sind in allen offenen Fällen anzuwenden. 20

Die Regelungen des BMF-Schreibens vom 18. Februar 1998 (BStBl. I S. 212) bleiben unberührt.

# I § 4/23. Schreiben betr. ertragsteuerliche Behandlung von Aufwendungen für VIP-Logen in Sportstätten, Anwendung der Vereinfachungsregelungen auf ähnliche Sachverhalte; BMF-Schreiben vom 22. August 2005 (BStBl. I S. 845)[1)]

Vom 11. Juli 2006 (BStBl. I S. 447)
(BMF IV B 2-S 2144-53/06)

Mit Schreiben vom 22. August 2005 (BStBl. I S. 845)[1)] hat das BMF zur ertragsteuerlichen Behandlung von Aufwendungen für VIP-Logen in Sportstätten Stellung genommen. Zur Anwendung der Vereinfachungsregelungen (Rdnrn. 14 ff.) vertrete ich im Einvernehmen mit den obersten Finanzbehörden der Länder folgende Auffassung:

## 1. Nachweis der betrieblichen Veranlassung

Nach *Rdnr. 16 des o. g. BMF-Schreibens*[2)] ist die Benennung der Empfänger der Zuwendung nicht erforderlich. Der Nachweis der betrieblichen Veranlassung der Aufwendungen kann dadurch erfolgen, dass z. B. die Einladung der Teilnehmer, aus der sich die betriebliche/geschäftliche Veranlassung ergibt, zu den Buchungsunterlagen genommen wird. Im Zweifelsfall sollte zum Nachweis der betrieblichen/geschäftlichen Veranlassung auch eine Liste der Teilnehmer zu den Unterlagen genommen werden.

## 2. Geltung der gesetzlichen Aufzeichnungspflichten

Für die anteiligen Aufwendungen für die Bewirtung i. S. d. Rdnr. 14 müssen die Aufzeichnungen nach § 4 Abs. 5 Satz 1 Nr. 2 Satz 2 EStG nicht geführt werden.

## 3. Anwendung der pauschalen Aufteilung

Für Fälle, in denen im Gesamtbetrag der Aufwendungen nur die Leistungen Werbung und Eintrittskarten enthalten sind und für die Bewirtung eine Einzelabrechnung vorliegt (z. B. bei Vertrag mit externem Caterer), ist die Vereinfachungsregelung im Hinblick auf die Pauschalaufteilung 40 : 30 : 30 nicht anwendbar. Es ist für den Werbeanteil und den Ticketanteil ein anderer angemessener Aufteilungsmaßstab i. S. einer sachgerechten Schätzung zu finden. Der Bewirtungsanteil steht – soweit er angemessen ist – fest. Dessen Abziehbarkeit richtet sich nach den allgemeinen steuerlichen Regelungen des § 4 Abs. 5 Satz 1 Nr. 2 EStG. Die Versteuerung zugunsten des Geschäftsfreundes – anderer Unternehmer und dessen Arbeitnehmer – *(Rdnr. 16 des BMF-Schrei-*

---

1) Nr. **1** § 4/21.

2) Rz. 16 und 18 des BMF-Schreibens v. 22. 8. 2005, BStBl. I S. 845 (Nr. **1** § 4/21)sind ab 1. 1. 2007 nicht mehr anzuwenden; vgl. BMF v. 19. 5. 2015, BStBl. I S. 468 (Nr. **20** § 37 b/2).

*bens)*[1] oder eine Pauschalbesteuerung für die eigenen Arbeitnehmer *(Rdnr. 18 des BMF-Schreibens)*[1] auf Ebene des Zuwendenden im Hinblick auf den angemessenen Geschenkanteil kommt jedoch in Betracht.

**4. Anwendung der Regelungen bei sog. „Business-Seats"**

Für sog. Business-Seats, bei denen im Gesamtbetrag der Aufwendungen nur die Leistungen Eintrittskarten und Rahmenprogramm (steuerlich zu beurteilen als Zuwendung) und Bewirtung enthalten sind, ist, soweit für diese ein Gesamtbetrag vereinbart wurde, dieser sachgerecht aufzuteilen (ggf. pauschale Aufteilung entsprechend Rdnr. 14 mit 50 v. H. für Geschenke und 50 v. H. für Bewirtung). Die Vereinfachungsregelungen der Rdnrn. 16 und 18 können angewandt werden.

Weist der Steuerpflichtige nach, dass im Rahmen der vertraglich vereinbarten Gesamtleistungen auch Werbeleistungen erbracht werden, die die Voraussetzungen des BMF-Schreibens vom 18. Februar 1998 (BStBl. I S. 212)[2] erfüllen, kann für die Aufteilung des Gesamtbetrages der Aufteilungsmaßstab der Rdnr. 14 des BMF-Schreibens vom 22. August 2005 (BStBl. I S. 845)[3] angewendet werden. Der Anteil für Werbung i. H. v. 40 v. H. ist dann als Betriebsausgabe zu berücksichtigen.

**5. Andere Veranstaltungen in Sportstätten**

Soweit eine andere, z. B. kulturelle Veranstaltung in einer Sportstätte stattfindet, können die getroffenen Regelungen angewendet werden, sofern die Einzelfallprüfung einen gleichartigen Sachverhalt ergibt.

**6. Veranstaltungen außerhalb von Sportstätten**

Soweit außerhalb einer Sportstätte in einem Gesamtpaket Leistungen angeboten werden, die Eintritt, Bewirtung und Werbung enthalten (z. B. Operngala) ist eine pauschale Aufteilung möglich. Der Aufteilungsmaßstab muss sich an den Umständen des Einzelfalls orientieren. Die Übernahme der Besteuerung für die Zuwendung an Geschäftsfreunde und die eigenen Arbeitnehmer i. S. d. Vereinfachungsregelungen des BMF-Schreibens vom 22. August 2005 (BStBl. I S. 845)[3] ist möglich.

**7. Abweichende Aufteilung der Gesamtaufwendungen**

Die Vereinfachungsregelungen (Übernahme der Besteuerung) gemäß *Rdnrn. 16 und 18*[1] sind auch in den Fällen anwendbar, in denen nachgewiesen wird, dass eine von Rdnr. 14[4] abweichende andere Aufteilung der Gesamtaufwendungen im Einzelfall angemessen ist.

---

[1] Rz. 16 und 18 des BMF-Schreibens v. 22. 8. 2005, BStBl. I S. 845 (Nr. **1** § 4/21)sind ab 1. 1. 2007 nicht mehr anzuwenden; vgl. BMF v. 19. 5. 2015, BStBl. I S. 468 (Nr. **20** § 37b/2).

[2] Nr. **1** § 4/11.

[3] Nr. **1** § 4/21.

[4] **Red. Anm.:** des BMF-Schreibens vom 22. 8. 2005, BStBl. I S. 845 (Nr. **1** § 4/21).

# I § 4/24. Schreiben betr. Gewinnermittlung bei Betrieben gewerblicher Art; Auswirkungen der Doppik und anderer außersteuerlicher Buchführungspflichten auf die Gewinnermittlungsart

Vom 3. Januar 2013 (BStBl. I S. 59)

(BMF IV C 2 – S 2706/09/10005; DOK 2012/1188606)

Nach § 4 Abs. 1 EStG ist der Gewinn grundsätzlich durch Betriebsvermögensvergleich zu ermitteln. Steuerpflichtige, die nicht aufgrund gesetzlicher Vorschriften verpflichtet sind, Bücher zu führen und regelmäßig Abschlüsse zu machen und die auch keine Bücher führen und keine Abschlüsse machen, können als Gewinn den Überschuss der Betriebseinnahmen über die Betriebsausgaben ansetzen (§ 4 Abs. 3 EStG).

Nach dem Ergebnis der Erörterungen mit den obersten Finanzbehörden der Länder gilt für die Frage, ob eine juristische Person des öffentlichen Rechts (jPöR) den Gewinn ihrer einzelnen Betriebe gewerblicher Art (BgA) auch nach Einführung der Doppik nach § 4 Abs. 3 EStG ermitteln kann oder zwingend durch Betriebsvermögensvergleich nach § 4 Abs. 1 EStG zu ermitteln hat, Folgendes:

## 1. Kein Ausschluss der Einnahmenüberschussrechnung nach § 4 Abs. 3 EStG aufgrund Doppik

Steuerpflichtig nach § 1 Abs. 1 Nr. 6 KStG ist die jPöR nur mit ihrem jeweiligen BgA. Der Anwendungsbereich der Doppik erstreckt sich dagegen regelmäßig auch auf das gesamte Hoheitsvermögen der jPöR, das aus steuerlicher Sicht nicht wirtschaftlichen Zwecken dient. Diese umfassenden Aufzeichnungspflichten stellen keine Pflichten zum Führen von Büchern oder zum Erstellen von Abschlüssen für den einzelnen BgA im Sinne des § 1 Abs. 1 Nr. 6 KStG dar, die eine Einnahmenüberschussrechnung nach § 4 Abs. 3 EStG ausschließen.

Dies gilt entsprechend für Sachverhalte, in denen eine jPöR für ihren Gesamthaushalt aufgrund einer anderen gesetzlichen Regelung (z. B. Hochschulgesetze der Länder) oder freiwillig Bücher führt und Abschlüsse macht.

Außersteuerliche Vorschriften, die eine Buchführungspflicht bei den einzelnen BgA vorsehen (z. B. Eigenbetriebsverordnungen der Länder, sofern Eigenbetrieb und BgA deckungsgleich sind), führen dagegen weiterhin zu einer steuerlichen Buchführungspflicht nach § 140 AO.

## 2. BgA als nicht deckungsgleicher Teil eines aufgrund außersteuerlicher Regelungen zur Buchführung verpflichteten Eigenbetriebs

Für einen BgA, der nicht deckungsgleicher Teil eines aufgrund außersteuerlicher Regelungen zur Buchführung verpflichteten Eigenbetriebs ist, ist die Möglichkeit, den Gewinn durch Einnahmenüberschussrechnung nach § 4 Abs. 3 EStG zu ermitteln, nicht deshalb ausgeschlossen, weil für den Eigenbetrieb insgesamt Bücher zu führen und Abschlüsse zu machen sind. Dies gilt insbesondere in den Fällen, in denen ein Eigenbetrieb neben dem BgA auch einen hoheitlichen Bereich umfasst oder aus mehreren nicht nach § 4 Abs. 6 KStG zusammenfassbaren BgA besteht.

Entsprechendes gilt, wenn für einen anderen Teil einer jPöR aufgrund einer gesetzlichen Verpflichtung oder freiwillig Bücher geführt und Abschlüsse gemacht werden, sofern dieser Teil nicht mit dem BgA deckungsgleich ist.

Allein der Umstand, dass nicht das gesamte notwendige Betriebsvermögen des BgA in einer für den BgA aufgestellten Bilanz enthalten ist, begründet dagegen keine Möglichkeit der Gewinnermittlung nach § 4 Abs. 3 EStG.

**3. Dauerverlustbetriebe**

Bei einem Dauerverlustbetrieb einer jPöR führt allein das Überschreiten der Umsatzgrenze nach § 141 Abs. 1 Satz 1 Nr. 1 AO nicht zu einer Buchführungspflicht, wenn dieser mangels Gewinnerzielungsabsicht kein gewerbliches Unternehmen im Sinne dieser Norm darstellt.

Dieses Schreiben ersetzt das Schreiben vom 9. Februar 2012 (BStBl. I S. 184).

# I § 4/25. Schreiben betr. Rückstellung wegen zukünftiger Betriebsprüfungen bei Großbetrieben

Vom 7. März 2013 (BStBl. I S. 274)

(BMF IV C 6 – S 2137/12/10001; DOK 2013/0214527)

Mit Urteil vom 6. Juni 2012 I R 99/10 (BStBl. 2013 II S. 196) hat der BFH entschieden, dass in der Bilanz einer als Großbetrieb i. S. v. § 3 BpO eingestuften Kapitalgesellschaft Rückstellungen für im Zusammenhang mit einer Außenprüfung bestehende Mitwirkungspflichten gemäß § 200 AO grundsätzlich zu bilden sind, soweit diese die am jeweiligen Bilanzstichtag bereits abgelaufenen Wirtschaftsjahre (Prüfungsjahre) betreffen. Die Passivierung einer Rückstellung für diese Kosten sei auch vor Erlass einer Prüfungsanordnung möglich.

Der BFH ließ mangels Entscheidungserheblichkeit die Frage offen, ob eine Rückstellung für Betriebsprüfungskosten auch bei nicht anschlussgeprüften Steuerpflichtigen gebildet werden dürfe. Für diese Steuerpflichtigen kommt die Regelung des § 4 Abs. 2 BpO nicht zur Anwendung. Ebenso blieb mangels Entscheidungserheblichkeit offen, welche Kosten bei der Bewertung der Rückstellung zu berücksichtigen sind.

Auf Grundlage der Erörterung der obersten Finanzbehörden des Bundes und der Länder gilt für alle noch offenen Fälle Folgendes:

Die Grundsätze des BFH-Urteils vom 6. Juni 2012 I R 99/10 (BStBl. 2013 II S. 196) sind über den entschiedenen Einzelfall hinaus allgemein anzuwenden.

Für Steuerpflichtige, bei denen eine Anschlussprüfung i. S. d. § 4 Abs. 2 BpO nicht in Betracht kommt, gelten die Grundsätze des BFH-Urteils nicht. Die Soll-Vorgabe des § 4 Abs. 2 BpO war ein tragender Grund für den BFH, um von einer hinreichend bestimmten, sanktionsbewehrten Verpflichtung auszugehen, bei der die Inanspruchnahme überwiegend wahrscheinlich ist. Somit kommt die Passivierung einer Rückstellung für Kosten, die in Zusammenhang mit einer zukünftigen möglichen Betriebsprüfung stehen, bei Steuerpflichtigen, die nicht vom Anwendungsbereich des § 4 Abs. 2 BpO umfasst sind, nicht in Betracht.

In die Rückstellung dürfen nur die Aufwendungen einbezogen werden, die in direktem Zusammenhang mit der Durchführung einer zu erwartenden Betriebsprüfung stehen. Hierzu zählen beispielsweise die Kosten, die für die Inanspruchnahme rechtlicher oder steuerlicher Beratung zur Durchführung einer Betriebsprüfung entstehen. Nicht einzubeziehen sind insbesondere die allgemeinen Verwaltungskosten, die bei der Verpflichtung zur Aufbewahrung von Geschäftsunterlagen gemäß § 257 HGB und § 147 AO, der Verpflichtung zur Erstellung des Jahresabschlusses und der Verpflichtung zur Anpassung des betrieblichen EDV-Systems an die Grundsätze zum Datenzugriff und zur Prüfbarkeit digitaler Unterlagen (GDPdU) berücksichtigt worden sind.

Die Rückstellung für diese Mitwirkungsverpflichtung zur Durchführung einer Betriebsprüfung ist als Sachleistungsverpflichtung gemäß § 6 Abs. 1 Nummer 3a Buchst. b EStG mit den Einzelkosten und den angemessenen Teilen der notwendigen Gemeinkosten zu bewerten und nach Buchst. e abzuzinsen.

**Zeitliche Anwendung:**

Dieses BMF-Schreiben ist in allen offenen Fällen anzuwenden. Die Regelungen zur Bilanzberichtigung gemäß *R 4.4 Abs. 1 Sätze 3 bis 10 EStR*[1] sind zu beachten.

[1] R 4.4 Abs. 1 Sätze 3 bis 8 EStR sind aufgrund des BFH-Beschlusses v. 31. 1. 2013 GrS 1/10 (BStBl. II S. 317) überholt.

# **I** § 4 e/1. Schreiben betr. Übertragung von Versorgungsverpflichtungen und Versorgungsanwartschaften auf Pensionsfonds; Anwendung der Regelungen in § 4 d Abs. 3 EStG und § 4 e Abs. 3 EStG i. V.m. § 3 Nr. 66 EStG

Vom 26. Oktober 2006 (BStBl. I S. 709)

(BMF IV B 2 – S 2144 – 57/06)

Geändert durch BMF v. 10. 7. 2015 (BStBl. I S. 544)

Nach § 4 e Abs. 3 Satz 1 EStG können auf Antrag die insgesamt erforderlichen Leistungen an einen Pensionsfonds zur teilweisen oder vollständigen Übernahme einer bestehenden Versorgungsverpflichtung oder Versorgungsanwartschaft durch den Pensionsfonds erst in den dem Wirtschaftsjahr der Übertragung folgenden zehn Wirtschaftsjahren gleichmäßig verteilt als Betriebsausgabe abgezogen werden. Werden Versorgungszusagen über eine Unterstützungskasse von einem Pensionsfonds übernommen, ist die Verteilungsregelung mit der Maßgabe anzuwenden, dass die im Zusammenhang mit der Übernahme erforderliche Zuwendung an die Unterstützungskasse erst in den dem Wirtschaftsjahr der Zuwendung folgenden zehn Wirtschaftsjahren gleichmäßig verteilt als Betriebsausgaben abgezogen werden können (§ 4 d Abs. 3 EStG). Der Antrag nach § 4 d Abs. 3 EStG oder § 4 e Abs. 3 EStG führt nach Maßgabe der folgenden Regelungen zur Lohnsteuerfreiheit der entsprechenden Leistungen des Arbeitgebers oder der Unterstützungskasse an den Pensionsfonds (§ 3 Nr. 63, 66 EStG).

Für die Anwendung dieser Regelungen gilt nach Abstimmung mit den obersten Finanzbehörden der Länder Folgendes:

## 1. Anwendungsbereich der Regelungen in § 3 Nr. 63 und 66 EStG i. V.m. § 4 d Abs. 3 EStG und § 4 e Abs. 3 EStG

### a) Übertragung von Versorgungsverpflichtungen gegenüber Leistungsempfängern und von unverfallbaren Versorgungsanwartschaften ausgeschiedener Versorgungsberechtigter

1 Leistungen eines Arbeitgebers oder einer Unterstützungskasse an einen Pensionsfonds zur Übernahme bestehender Versorgungsverpflichtungen gegenüber Leistungsempfängern (laufende Rentenzahlungen) und unverfallbarer Versorgungsanwartschaften ausgeschiedener Versorgungsberechtigter sind insgesamt nach § 3 Nr. 66 EStG steuerfrei, wenn ein Antrag gemäß § 4 d Abs. 3 EStG oder § 4 e Abs. 3 EStG gestellt wird.

### b) Übertragung von Versorgungsanwartschaften aktiver Beschäftigter

2 Bei einer entgeltlichen Übertragung von Versorgungsanwartschaften aktiver Beschäftigter kommt die Anwendung von § 3 Nr. 66 EStG nur für Zahlun-

gen an den Pensionsfonds in Betracht, die für die bis zum Zeitpunkt der Übertragung bereits erdienten Versorgungsanwartschaften geleistet werden.

3 Zahlungen an den Pensionsfonds für zukünftig noch zu erdienende Anwartschaften sind ausschließlich in dem begrenzten Rahmen des § 3 Nr. 63 EStG lohnsteuerfrei.

4[1] *Die bis zum Zeitpunkt der Übertragung bereits erdienten, entgeltlich übertragenen Versorgungsanwartschaften sind grundsätzlich mit dem steuerlich ausfinanzierbaren Teil, mindestens aber in Höhe des zeitanteilig quotierten Versorgungsanteiles nach § 2 Abs. 1 oder Abs. 5 a des Betriebsrentengesetzes (Gesetz zur Verbesserung der betrieblichen Altersversorgung – BetrAVG) zu berücksichtigen.*

5[1] *Soll eine Versorgungsanwartschaft eines Aktiven aus einer Pensionszusage auf einen Pensionsfonds übertragen werden, ergibt sich der erdiente Teil der Anwartschaft als Quotient des Teilwertes gem. § 6 a Abs. 3 Satz 2 Nr. 1 EStG zum Barwert der künftigen Pensionsleistungen, jeweils ermittelt auf den Übertragungszeitpunkt.*

### 2. Berücksichtigung der insgesamt erforderlichen Leistungen zur Übernahme von Versorgungsverpflichtungen oder Versorgungsanwartschaften

6 Nach dem Sinn und Zweck der Regelungen in § 4 d Abs. 3 EStG und § 4 e Abs. 3 EStG können alle Leistungen des Steuerpflichtigen im Sinne der Randnummern 1 und 2 im Zusammenhang mit der Übernahme von Versorgungsverpflichtungen oder Versorgungsanwartschaften durch Pensionsfonds über den Verteilungszeitraum als Betriebsausgaben abgezogen werden. Das gilt auch für nach § 3 Nr. 66 EStG begünstigte Leistungen (Randnummern 1 und 2), die nach dem Wirtschaftsjahr der Übernahme der Versorgungsverpflichtung entstanden sind oder entrichtet werden (z. B. nachträgliche zusätzliche Zuwendungen aufgrund einer nicht hinreichenden Deckung durch den zum Übernahmezeitpunkt geleisteten Einmalbetrag). Der Antrag auf Verteilung kann nur einheitlich für sämtliche Leistungen zur Übernahme einer Versorgungsverpflichtung oder Versorgungsanwartschaft gestellt werden. Wurden die erstmaligen Aufwendungen im vollen Umfang gewinnmindernd geltend gemacht, ist auch eine Verteilung eventueller Nachschusszahlungen nicht möglich.

### 3. Beginn des Verteilungszeitraumes

7 Der zehnjährige Verteilungszeitraum beginnt bei einer Bilanzierung nach § 4 Abs. 1 und § 5 EStG in dem dem Wirtschaftsjahr des Entstehens der Leistungsverpflichtung folgenden Wirtschaftsjahr und bei einer Gewinnermittlung nach § 4 Abs. 3 EStG in dem dem Jahr der Leistung folgenden Wirtschaftsjahr. Das gilt auch für die Verteilung einer möglichen Nachschusszahlung, wobei es unerheblich ist, ob noch innerhalb des ursprünglichen Zehnjahresraumes nach dem Wirtschaftsjahr der Übertragung der Versorgungsverpflichtung oder Versorgungsanwartschaft oder erst zu einem späteren Zeitpunkt die Leistungsverpflichtung entsteht oder die Zahlung geleistet wird.

---

[1] Die Rn. 4 und 5 können letztmals f. Versorgungsanwartschaften angewendet werden, die vor dem 1. 1. 2016 auf einen Pensionsfonds übertragen werden; siehe BMF v. 10. 7. 2015, BStBl. I S. 544 (Nr. **1** § 4 e/2).

**4. Beispiel:**

Arbeitgeber A passiviert in der steuerlichen Gewinnermittlung zum 31. Dezember 2003 aufgrund einer Direktzusage zulässigerweise eine Pensionsrückstellung nach § 6 a EStG in Höhe von 100 000 €. In 2004 wird die Versorgungsanwartschaft von einem Pensionsfonds übernommen. A zahlt hierfür 150 000 € (begünstigt nach § 3 Nr. 66 EStG, vgl. Randnummer 2) und stellt einen Antrag nach § 4 e Abs. 3 EStG auf Verteilung der Betriebsausgaben. Im Jahr 2010 leistet A aufgrund einer Deckungslücke einen weiteren unter § 3 Nr. 66 EStG fallenden Einmalbetrag von 30 000 €. 8

In 2004 ist die Rückstellung nach § 6 a EStG gewinnerhöhend aufzulösen. Da A einen Antrag auf Verteilung der dem Grunde nach sofort abzugsfähigen Betriebsausgaben gestellt hat, mindern in 2004 im Ergebnis nur 100 000 € (= Höhe der aufzulösenden Pensionsrückstellung, § 4 e Abs. 3 Satz 3 EStG) den Gewinn. Der verbleibende Betrag von 50 000 € (150 000 € – 100 000 €) ist dem Gewinn 2004 außerbilanziell wieder hinzuzurechnen. In den Jahren 2005 bis 2014 ist der Gewinn um jeweils 1/10 × 50 000 € = 5000 € außerbilanziell zu vermindern. Auch die in 2010 geleistete Nachschusszahlung von 30 000 € ist aufgrund des für alle Leistungen im Zusammenhang mit der Übertragung bindenden Antrages nach § 4 e Abs. 3 EStG zu verteilen. Demnach erhöht der Betrag von 30 000 € außerbilanziell den Gewinn in 2010. In den Jahren 2011 bis 2020 mindert sich der Gewinn außerbilanziell jährlich um je 1/10 × 30 000 € = 3000 €. Hätte A die ursprüngliche Zahlung von 150 000 € vollumfänglich in 2004 als Betriebsausgabe geltend gemacht, hätte auch die in 2010 geleistete Nachschusszahlung nicht verteilt werden können.

# **1** § 4 e/2. Schreiben betr. Übertragung von Versorgungsverpflichtungen und Versorgungsanwartschaften auf Pensionsfonds, Anwendung der Regelungen in § 4 d Abs. 3 EStG und § 4 e Abs. 3 EStG i. V. m. § 3 Nr. 66 EStG

Vom 10. Juli 2015 (BStBl. I S. 544)

(BMF IV C 6 – S 2144/07/10003; DOK 2015/0575672)

**Bezug:** BMF-Schreiben vom 26. Oktober 2006 (BStBl. I S. 709)[1]

Unter Bezugnahme auf das BMF-Schreiben vom 26. Oktober 2006 (BStBl. I S. 709)[1] zur Anwendung der Regelungen in § 4 d Abs. 3 EStG und § 4 e Abs. 3 EStG i. V. m. § 3 Nr. 66 EStG im Zusammenhang mit der Übertragung von Versorgungsverpflichtungen und Versorgungsanwartschaften auf Pensionsfonds nehme ich zur Berechnung des auf Antrag zu verteilenden Betriebsausgabenabzuges nach Abstimmung mit den obersten Finanzbehörden der Länder wie folgt Stellung:

## 1. Berücksichtigung von künftigen Rentenanpassungen gemäß § 16 Abs. 1 des Gesetzes zur Verbesserung der betrieblichen Altersversorgung (Betriebsrentengesetz – BetrAVG) bei der Ermittlung der erdienten Versorgungsanwartschaften

Bei einer entgeltlichen Übertragung von Versorgungsanwartschaften aktiver Beschäftigter kommt die Anwendung von § 3 Nr. 66 EStG nur für Zahlungen an den Pensionsfonds in Betracht, die für die bis zum Zeitpunkt der Übertragung bereits erdienten Versorgungsanwartschaften geleistet werden (Rn. 2 des BMF-Schreibens vom 26. Oktober 2006, BStBl. I S. 709)[1]. 1

Künftige Rentenanpassungen für zum Zeitpunkt der Übertragung bereits erdiente Versorgungsanwartschaften stellen keine bestehende Verpflichtung im Sinne von § 4 e Abs. 3 Satz 1 EStG dar, soweit sie noch nicht fest zugesagt sind. Aus Vereinfachungsgründen kann jedoch für Verpflichtungen, die einer Anpassungsprüfungspflicht gemäß § 16 Abs. 1 BetrAVG unterliegen, eine jährliche pauschale Erhöhung von bis zu einem Prozent berücksichtigt werden. 2

## 2. Ermittlung des erdienten Teils einer Pensionszusage nach § 6 a EStG oder einer Zusage auf Unterstützungskassenleistungen nach § 4 d EStG bei der Übertragung auf einen Pensionsfonds gemäß § 4 e EStG

Die bis zum Zeitpunkt der Übertragung erdienten Versorgungsanwartschaften sind entsprechend den Regelungen in § 2 BetrAVG zu ermitteln. Dabei ist auf den jeweiligen Übertragungszeitpunkt abzustellen. 3

---

[1] Nr. **1** § 4 e/1.

4 Soll nicht der erdiente Teil der zugesagten Versorgungsleistungen auf den Pensionsfonds übertragen werden, sondern ein konstanter Alters-, Invaliden- und Hinterbliebenenrentenanspruch durch den Pensionsfondstarif abgedeckt werden, ist durch einen Barwertvergleich auf Basis aktueller, steuerlich anerkannter Rechnungsgrundlagen für die Bewertung von Pensionsverpflichtungen gemäß § 6 a EStG die Gleichwertigkeit des rechnerisch übertragungsfähigen sog. Past Service mit der auf den Pensionsfonds übertragenen Versorgung nachzuweisen.

5 Die körperschaftsteuerlichen Regelungen für beherrschende Gesellschafter-Geschäftsführer von Kapitalgesellschaften bleiben unberührt. Dies gilt insbesondere auch für das Rückwirkungs- und Nachzahlungsverbot. Demzufolge können steuerlich zugesagte Versorgungsleistungen und deren Erhöhungen erst ab dem Zeitpunkt der Zusage oder Erhöhung erdient werden.

### 3. Maßgebende Rückstellung im Sinne von § 4 e Abs. 3 Satz 3 EStG

6 Ist infolge der Übertragung einer Versorgungsverpflichtung oder Versorgungsanwartschaft auf einen Pensionsfonds eine Pensionsrückstellung aufzulösen (§ 4 e Abs. 3 Satz 3 EStG), ist bei der Ermittlung der sofort als Betriebsausgaben abzugsfähigen Leistungen auf die am vorangegangenen Bilanzstichtag gebildete Pensionsrückstellung abzustellen. Weicht der Übertragungszeitpunkt vom Bilanzstichtag ab, kommt eine Zugrundelegung der (fiktiven) Pensionsrückstellung, die zu diesem Zeitpunkt maßgebend wäre, auch dann nicht in Betracht, wenn eine gebildete Rückstellung nicht aufzulösen ist (z. B. bei einer Erhöhung der Pensionsleistungen nach dem letzten Bilanzstichtag und vor dem Übertragungszeitpunkt).

7 Wird der erdiente Teil einer Versorgungsanwartschaft auf einen Pensionsfonds übertragen, ist der sofortige Betriebsausgabenabzug nach § 4 e Abs. 3 Satz 3 EStG nur möglich, soweit die Auflösung der Pensionsrückstellung auf der Übertragung des erdienten Teils auf den Pensionsfonds beruht.

8 **Beispiel:**

Am 1. Januar 2014 wird der erdiente Teil einer Versorgungsanwartschaft eines aktiven Anwärters aus einer Pensionszusage nach § 6 a EStG auf einen Pensionsfonds und der noch zu erdienende Teil auf eine rückgedeckte Unterstützungskasse übertragen (sog. Kombinationsmodell). Am Übertragungsstichtag sind 60 % der Versorgungsleistungen erdient. Die am Bilanzstichtag 31. Dezember 2013 passivierte Pensionsrückstellung beträgt 100 000 €.

Nach der Systematik der Teilwertermittlung gemäß § 6 a EStG wäre unmittelbar nach der Übertragung des erdienten Teils auf den Pensionsfonds eine Pensionsrückstellung für den nicht übertragenen Teil der Versorgungsleistungen in Höhe von 40 000 € zu bilden. Die vollständige Auflösung der Pensionsrückstellung nach den Übertragungen beruht somit in Höhe von 40 000 € nicht auf der Übertragung des erdienten Teils der Versorgungsleistungen auf den Pensionsfonds, sondern auf der Übertragung des noch zu erdienenden Teils auf die Unterstützungskasse. Folglich ist ein sofortiger Betriebsausgabenabzug nach § 4 e Abs. 3 Satz 3 EStG nur in Höhe von 60 000 € möglich.

### 4. Zeitliche Anwendung

9 Die Regelungen dieses Schreibens gelten für alle noch offenen Fälle. Die Rn. 4 und 5 des BMF-Schreibens vom 26. Oktober 2006 (BStBl. I S. 709)[1], wonach die bereits erdienten Versorgungsanwartschaften auch mit dem höhe-

[1] Nr. **1** § 4 e/1.

ren steuerlich ausfinanzierbaren Teil (Quotient des Teilwertes gem. § 6 a Abs. 3 Satz 2 Nr. 1 EStG zum Barwert der künftigen Pensionsleistungen) im Übertragungszeitpunkt berücksichtigt werden können, können letztmals für Versorgungsanwartschaften angewendet werden, die vor dem 1. Januar 2016 auf einen Pensionsfonds übertragen werden.

Wird vor dem 1. Januar 2016 die Versorgungsanwartschaft aus einer Pensionszusage, bei der sich die Höhe der unverfallbaren Anwartschaft (zeitanteilig) nach § 2 Abs. 1 BetrAVG ermittelt, auf einen Pensionsfonds übertragen, ist ein Barwertvergleich im Sinne von Rn. 4 nicht erforderlich, wenn ein konstanter Rentenanspruch auf Basis der zeitanteilig erdienten (m/n-)Altersrente auf den Pensionsfonds übertragen wird, auch wenn dieser nicht genau dem erdienten Teil der ursprünglich zugesagten Versorgungsleistungen entspricht (z. B. weil es sich dabei um eine steigende, dienstzeitabhängige Pensionszusage handelt). Eine steuerfreie Übertragung auf der Grundlage des steuerlich ausfinanzierbaren Teils (Quotient Teilwert/Barwert) der zugesagten Versorgungsleistungen ist in diesem Fall nicht zulässig. Dabei sind alle betroffenen Versorgungszusagen einheitlich zu behandeln. 10

**Beispiel:** 11

Die Pensionszusage sieht eine jährliche Altersrente in Höhe von 100 € je Dienstjahr sowie eine Invalidenrente in Höhe von 80 % der bei Eintritt der Invalidität erreichten Altersrente vor. Nach 10 von insgesamt 30 erreichbaren Dienstjahren wird die erdiente Anwartschaft am 31. Dezember 2013 auf einen Pensionsfonds übertragen.

Nach § 2 Abs. 1 BetrAVG sind zum Zeitpunkt der Übertragung arbeitsrechtlich 10/30 der Altersrente von 30 Dienstjahren × 100 € = 3000 € sowie 10/30 der bis auf 3000 € × 80 % steigenden Invalidenrente erdient. Berücksichtigt werden kann dementsprechend der konstante Rentenanspruch für den Pensionsfondstarif, also eine Altersrente von 100 € × 30 Dienstjahre × 10/30 = 1000 € sowie eine Invalidenrente von 100 € × 80 % × 30 Dienstjahre × 10/30 = 800 €.

Rn. 10 ist bei beitragsorientierten Leistungszusagen und Entgeltumwandlungen mit der Maßgabe anwendbar, dass an die Stelle des zeitanteilig erdienten Anteils der im jeweiligen Umwandlungszeitpunkt erreichte Altersrentenanspruch (§ 2 Abs. 5 a BetrAVG) tritt. Die Klassifizierung als beitragsorientierte Zusage ist grundsätzlich auf arbeitsrechtlicher Basis vorzunehmen und kann sich beispielsweise aus der tatsächlichen Handhabung des Arbeitgebers bei Rentenmitteilungen oder bei Ausscheiden mit unverfallbarer Anwartschaft ergeben. 12

Bei der Übertragung von Versorgungsanwartschaften aus einer Zusage auf Unterstützungskassenleistungen nach § 4 d EStG im Sinne von Rn. 4 auf einen Pensionsfonds vor dem 1. Januar 2016 ist Rn. 10 entsprechend anwendbar. 13

# I § 4 h/1. Schreiben betr. Zinsschranke (§ 4 h EStG; § 8 a KStG)[1]

Vom 4. Juli 2008 (BStBl. I S. 718)

(BMF IV C 7 – S 2742 – a/07/10001; DOK 2008/0336202)

**Inhaltsübersicht**



Unter Bezugnahme auf das Ergebnis der Erörterungen mit den obersten Finanzbehörden der Länder wird zu Anwendungsfragen des § 4 h EStG und des § 8 a KStG in der Fassung des Unternehmensteuerreformgesetzes 2008 vom 14. August 2007 (BGBl. I S. 1912, BStBl. I S. 630) – Zinsschranke – wie folgt Stellung genommen

## I. Zeitliche Anwendung

Die Zinsschranke ist erstmals für Wirtschaftsjahre anzuwenden, die nach dem 25. Mai 2007 (Tag des Beschlusses des Deutschen Bundestags über das 1

[1] Zu Praxisfragen bei der Anwendung der Zinsschranke vgl. auch OFD Nordrhein-Westfalen v. 11. 7. 2013, DStR S. 1947.

Unternehmensteuerreformgesetz 2008) beginnen und nicht vor dem 1. Januar 2008 enden (§ 52 Abs. 12 d EStG[1], § 34 Abs. 6 a Satz 3 KStG[1]).

## II. Betriebsausgabenabzug für Zinsaufwendungen (§ 4 h Abs. 1 EStG, § 8 a Abs. 1 KStG)

### 1. Betrieb

2 § 4 h EStG ist eine Gewinnermittlungsvorschrift und beschränkt den Betriebsausgabenabzug für Zinsaufwendungen eines Betriebs. Voraussetzung sind Einkünfte des Betriebs aus Land- und Forstwirtschaft, Gewerbebetrieb oder selbständiger Arbeit.

3 Ein Einzelunternehmer kann mehrere Betriebe haben (siehe hierzu aber Tz. 62 und 64).

4 Die Zinsschranke ist auch anzuwenden, wenn der Gewinn gemäß § 4 Abs. 3 EStG durch den Überschuss der Betriebseinnahmen über die Betriebsausgaben ermittelt wird.

5 Eine vermögensverwaltend tätige Personengesellschaft ist kein Betrieb im Sinne der Zinsschranke, es sei denn, ihre Einkünfte gelten kraft gewerblicher Prägung nach § 15 Abs. 3 Nr. 2 EStG als Gewinneinkünfte.

6 Eine Mitunternehmerschaft hat nur einen Betrieb im Sinne der Zinsschranke. Zum Betrieb der Mitunternehmerschaft gehört neben dem Gesamthandsvermögen auch das Sonderbetriebsvermögen von Mitunternehmern im Sinne des § 15 Abs. 1 Satz 1 Nr. 2 und Abs. 3 EStG.

7 Eine Kapitalgesellschaft hat grundsätzlich nur einen Betrieb im Sinne der Zinsschranke. Nach § 8 a Abs. 1 Satz 4 KStG ist § 4 h EStG auf Kapitalgesellschaften, die ihre Einkünfte durch den Überschuss der Einnahmen über die Werbungskosten ermitteln (§ 2 Abs. 2 Nr. 2 EStG), sinngemäß anzuwenden.

8 Die Kommanditgesellschaft auf Aktien (KGaA) hat nur einen Betrieb im Sinne der Zinsschranke; dazu gehört auch der Gewinnanteil des persönlich haftenden Gesellschafters. Zur KGaA siehe auch Tz. 44.

9 Betriebsstätten sind keine eigenständigen Betriebe.

10 Der Organkreis gilt für Zwecke der Zinsschranke als ein Betrieb (§ 15 Satz 1 Nr. 3 KStG).

### 2. Kapitalforderungen/Fremdkapital

11 Die Zinsschranke erfasst grundsätzlich nur Erträge und Aufwendungen aus der Überlassung von Geldkapital (Zinserträge und Zinsaufwendungen im engeren Sinne) und nicht solche aus der Überlassung von Sachkapital. Fremdkapital im Sinne des § 4 h Abs. 3 EStG sind damit alle als Verbindlichkeit passivierungspflichtigen Kapitalzuführungen in Geld, die nach steuerlichen Kriterien nicht zum Eigenkapital gehören. Das sind insbesondere:

– fest und variabel verzinsliche Darlehen (auch soweit es sich um Darlehensforderungen und -verbindlichkeiten im Sinne des § 8 b Abs. 3 Satz 4 ff. KStG handelt),
– partiarische Darlehen,
– typisch stille Beteiligungen,
– Gewinnschuldverschreibungen und

[1] In der Fassung vor dem KroatienAnpG v. 25. 7. 2014, BGBl. I S. 1266.

– Genussrechtskapital (mit Ausnahme des Genussrechtskapitals im Sinne des § 8 Abs. 3 Satz 2 KStG).

Auf die Dauer der Überlassung des Fremdkapitals kommt es nicht an. **12**

Bei Banken stellt auch das nach dem Kreditwesengesetz (KWG) dem haf- **13**
tenden Eigenkapital zuzurechnende Fremdkapital Fremdkapital im Sinne des § 4 h Abs. 3 Satz 2 EStG dar.

Die Abtretung einer Forderung zu einem Betrag unter dem Nennwert gilt **14**
als eigenständige Überlassung von Fremdkapital im Sinne von § 4 h Abs. 3 EStG, wenn die Abtretung nach allgemeinen Grundsätzen als Darlehensgewährung durch den Zessionar an den Zedenten zu beurteilen ist (sog. unechte Forfaitierung/unechtes Factoring). Die Grundsätze des BMF-Schreibens vom 9. Januar 1996 (BStBl. I S. 9)[1] sind zu beachten.

Übernimmt der Zessionar zusätzlich das Risiko der Zahlungsunfähigkeit des Schuldners der abgetretenen Forderung (sog. echte Forfaitierung/echtes Factoring), ergeben sich durch die Abtretung grundsätzlich weder beim Zedenten noch beim Zessionar Zinsaufwendungen und Zinserträge im Sinne des § 4 h Abs. 3 Satz 2 und 3 EStG. Es wird aber nicht beanstandet, wenn Zessionar und Zedent auf Grund eines übereinstimmenden schriftlichen Antrags, der bei dem für den Zessionar örtlich zuständigen Finanzamt zu stellen ist, die echte Forfaitierung bzw. das echte Factoring als Überlassung von Fremdkapital im Sinne von § 4 h Abs. 3 EStG behandeln (siehe hierzu Tz. 32 ff. und 37 ff.). Der Zessionar hat in diesen Fällen nachzuweisen, dass der Zedent gegenüber dem für ihn örtlich zuständigen Veranlagungsfinanzamt eine schriftliche und unwiderrufliche Einverständniserklärung abgegeben hat, wonach er mit der Erfassung der Zinsanteile als Zinsaufwendungen im Rahmen der Zinsschranke einverstanden ist. Die Anwendung der Billigkeitsregelung beim Zessionar hängt von der korrespondierenden Erfassung der Zinsen beim Zedenten ab.

Entgelte für die Übernahme des Bonitätsrisikos und anderer Kosten stellen keine Zinsaufwendungen beim Zedenten und keine Zinserträge beim Zessionar dar.

Unerheblich ist, ob die abgetretene Forderung ihrerseits eine Forderung aus der Überlassung von Geldkapital ist; auch die Abtretung einer Forderung aus der Überlassung von Sachkapital kann ihrerseits die Überlassung von Fremdkapital darstellen.

### 3. Zinsaufwendungen/Zinserträge

Zinsaufwendungen im Sinne der Zinsschranke sind Vergütungen für **15**
Fremdkapital (§ 4 h Abs. 3 Satz 2 EStG); Zinserträge im Sinne der Zinsschranke sind Erträge aus Kapitalforderungen jeder Art (§ 4 h Abs. 3 Satz 3 EStG). Hierzu gehören auch Zinsen zu einem festen oder variablen Zinssatz, aber auch Gewinnbeteiligungen (Vergütungen für partiarische Darlehen, typisch stille Beteiligungen, Genussrechte und Gewinnschuldverschreibungen) und Umsatzbeteiligungen. Zinsaufwendungen bzw. Zinserträge sind auch Vergütungen, die zwar nicht als Zins berechnet werden, aber Vergütungscharakter haben (z. B. Damnum, Disagio, Vorfälligkeitsentschädigungen, Provisionen und Gebühren, die an den Geber des Fremdkapitals gezahlt werden).

---

[1] Nr. **1** § 6/8.

16 Keine Zinsaufwendungen oder -erträge sind Dividenden, Zinsen nach §§ 233 ff. AO sowie Skonti und Boni.

17 Ausgeschüttete oder ausschüttungsgleiche Erträge aus Investmentvermögen, die aus Zinserträgen im Sinne des § 4 h Abs. 3 Satz 3 EStG stammen, sind beim Anleger im Rahmen des § 4 h Abs. 1 EStG als Zinserträge zu berücksichtigen (§ 2 Abs. 2 a InvStG in der Fassung des Jahressteuergesetzes 2008).

18 Der Zinsschranke unterliegen nur solche Zinsaufwendungen und Zinserträge, die den maßgeblichen Gewinn bzw. das maßgebliche Einkommen gemindert oder erhöht haben. Insbesondere nicht abziehbare Zinsen gemäß § 3 c Abs. 1 und Abs. 2 EStG, § 4 Abs. 4 a EStG, § 4 Abs. 5 Satz 1 Nr. 8 a EStG und Zinsen, die gemäß § 8 Abs. 3 Satz 2 KStG als verdeckte Gewinnausschüttungen das Einkommen einer Körperschaft nicht gemindert haben, sind keine Zinsaufwendungen im Sinne des § 4 h Abs. 3 Satz 2 EStG.

19 Zinsaufwendungen, die im Inland steuerpflichtige Sondervergütungen eines Mitunternehmers im Sinne des § 15 Abs. 1 Satz 1 Nr. 2 EStG sind, stellen weder Zinsaufwendungen der Mitunternehmerschaft noch Zinserträge des Mitunternehmers dar. Zinsaufwendungen und -erträge, die Sonderbetriebsausgaben oder -einnahmen sind, werden der Mitunternehmerschaft zugeordnet.

20 Zinsaufwendungen für Fremdkapital, das zur Finanzierung der Herstellung eines Vermögensgegenstands verwendet wird (z. B. Bauzeitzinsen), dürfen nach § 255 Abs. 3 Satz 2 HGB als Herstellungskosten angesetzt werden, soweit sie auf den Zeitraum der Herstellung entfallen. In diesem Fall führt die spätere Ausbuchung bzw. Abschreibung des entsprechenden Aktivpostens nicht zu Zinsaufwendungen im Sinne der Zinsschranke (vgl. BFH-Urteil vom 30. April 2003, BStBl. 2004 II S. 192).

21 Erbbauzinsen stellen ein Entgelt für die Nutzung des Grundstücks dar und führen nicht zu Zinsaufwendungen oder Zinserträgen.

22 Gewinnauswirkungen in Zusammenhang mit Rückstellungen in der Steuerbilanz sind keine Zinserträge und keine Zinsaufwendungen im Rahmen der Zinsschranke. Dies gilt nicht, soweit Zinsaufwendungen im Sinne des § 4 h Abs. 3 Satz 2 EStG zurückgestellt werden.

23 Vergütungen für die vorübergehende Nutzung von fremdem Sachkapital stellen grundsätzlich keine Zinserträge bzw. Zinsaufwendungen im Sinne der Zinsschranke dar. Dazu gehören auch Aufwendungen und Erträge, die Scheideanstalten aus der Goldleihe bzw. aus Edelmetallkonten erzielen.

24 Eine Wertpapierleihe oder ein ähnliches Geschäft kann einen Missbrauch von rechtlichen Gestaltungsmöglichkeiten (§ 42 AO) darstellen, wenn es z. B. dazu dienen soll, beim Entleiher künstlich Zinseinnahmen zu erzielen und dadurch die Abzugsmöglichkeit für anfallende Zinsaufwendungen zu erhöhen.

25 Zinsanteile in Leasingraten führen zu Zinsaufwendungen oder -erträgen, wenn das wirtschaftliche Eigentum am Leasinggegenstand (Sachkapital) auf den Leasingnehmer übergeht, der Leasinggeber also eine Darlehensforderung und der Leasingnehmer eine Darlehensverbindlichkeit auszuweisen hat. Die in den BMF-Schreiben vom 19. April 1971 (BStBl. I S. 264)[1], vom 21. März 1972 (BStBl. I S. 188)[1], vom 22. Dezember 1975 (Anhang 21 III EStH

[1] Nr. **1** § 6/1–4.

2007)[1] und vom 23. Dezember 1991 (BStBl. 1992 I S. 13)[1] niedergelegten Grundsätze sind zu beachten.

26 Verbleibt nach Maßgabe der in Tz. 25 angeführten BMF-Schreiben das wirtschaftliche Eigentum am Leasinggegenstand beim Leasinggeber (Voll- und Teilamortisationsverträge) und handelt es sich um Finanzierungsleasing von Immobilien, ist eine Erfassung von Zinsanteilen in Leasingraten möglich, wenn der Leasinggeber mit den in der Grundmietzeit zu entrichtenden Raten zuzüglich des Erlöses aus einer Ausübung eines von Anfang an zum Ende der Grundmietzeit vertraglich vereinbarten Optionsrechts seine Anschaffungs- oder Herstellungskosten für den Leasinggegenstand sowie alle Nebenkosten einschließlich der Finanzierungskosten deckt und er dies gegenüber den Finanzbehörden nachweist.

Der Leasinggeber kann in diesen Fällen die Zinsanteile als Zinserträge im Rahmen der Zinsschranke saldieren, soweit er in Leasingraten enthaltene Zinsanteile gegenüber dem Leasingnehmer offen ausweist; der Leasingnehmer hat seinerseits die Zinsanteile als Zinsaufwendungen im Rahmen der Zinsschranke zu erfassen. Die Erfassung von Zinsanteilen in Leasingraten setzt einen gemeinsamen schriftlichen Antrag von Leasinggeber und Leasingnehmer bei dem für den Leasinggeber örtlich zuständigen Finanzamt voraus. Der Leasinggeber muss außerdem nachweisen, dass der Leasingnehmer gegenüber dem für ihn örtlich zuständigen Veranlagungsfinanzamt eine schriftliche und unwiderrufliche Einverständniserklärung abgegeben hat, dass er mit der Erfassung der Zinsanteile als Zinsaufwendungen im Rahmen der Zinsschranke einverstanden ist.

Die Anwendung der Billigkeitsregelung beim Leasinggeber hängt von der korrespondierenden Erfassung der Zinsen beim Leasingnehmer ab.

Bei Leasingverträgen über Immobilien, die bis zum 25. Mai 2007 (Tag des Beschlusses des Deutschen Bundestags über das Unternehmensteuerreformgesetz 2008) abgeschlossen worden sind, wird es im Zeitraum bis zur erstmaligen Änderungsmöglichkeit des Leasingvertrags nicht beanstandet, wenn der Leasinggeber in Leasingraten enthaltene Zinsanteile auch ohne Ausweis gegenüber dem Leasingnehmer als Zinserträge im Rahmen der Zinsschranke saldiert. Voraussetzung hierfür ist ein schriftlicher Antrag des Leasinggebers und der Nachweis des enthaltenen Zinsanteils gegenüber den Finanzbehörden.

### 4. Aufzinsung

27 Die Aufzinsung unverzinslicher oder niedrig verzinslicher Verbindlichkeiten oder Kapitalforderungen führt zu Zinserträgen oder Zinsaufwendungen im Sinne der Zinsschranke (§ 4 h Abs. 3 Satz 4 EStG). Ausgenommen sind Erträge anlässlich der erstmaligen Bewertung von Verbindlichkeiten (Abzinsung). Die vom Nennwert abweichende Bewertung von Kapitalforderungen mit dem Barwert führt ebenfalls nicht zu Zinsaufwendungen im Sinne der Zinsschranke. Die Auf- und Abzinsung und Bewertungskorrekturen von Verbindlichkeiten oder Kapitalforderungen mit einer Laufzeit am Bilanzstichtag von weniger als zwölf Monaten bleiben unberücksichtigt.

---

[1] Nr. 1 § 6/1–4.

**Beispiel 1 (Endfällige Forderung):**

Die V-GmbH liefert am 30. 12. 01 Waren an die S-GmbH. Der Kaufpreis beträgt 10 Mio. € und ist am 31. 12. 10 endfällig. Das Wirtschaftsjahr aller Beteiligten entspricht dem Kalenderjahr. Die Voraussetzungen für die Anwendbarkeit der Zinsschranke (Überschreiten der Freigrenze, kein Escape etc.) sind bei allen Beteiligten gegeben.

**Lösung:**

**B1**

Die S-GmbH hat die Waren zum Barwert der Kaufpreisverpflichtung angeschafft. Zum Zwecke der Ermittlung des Barwerts kann der Vervielfältiger 0,618 nach Tabelle 2 des BMF-Schreibens vom 26. Mai 2005 (BStBl. I S. 699) verwendet werden. Der durch die Neubewertung der Verbindlichkeit zu den nachfolgenden Stichtagen sukzessiv entstehende Aufwand ist Zinsaufwand im Sinne des § 4 h Abs. 3 Satz 2 EStG. Im Wirtschaftsjahr 02 entsteht auf diese Weise ein Zinsaufwand in Höhe von 340 T€, im Wirtschaftsjahr 03 von 350 T€, im Wirtschaftsjahr 04 von 380 T€ etc.; im Wirtschaftsjahr 10 wird die Verbindlichkeit vollständig getilgt, und der Zinsaufwand beträgt 520 T€. Der zu berücksichtigende Gesamtzinsaufwand der S-GmbH über die Laufzeit der Verbindlichkeit beläuft sich auf 3,82 Mio. €.

**B2**

Die V-GmbH hat auf den 31. 12. 01 eine Forderung gegen die S-GmbH auszuweisen. Die Forderung ist in Höhe der Anschaffungskosten der Forderung, die deren Barwert entspricht, zu bilanzieren. Zur Ermittlung der Anschaffungskosten (Barwert) kann ebenfalls der Vervielfältiger 0,618 nach Tabelle 2 des BMF-Schreibens vom 26. Mai 2005 (a. a. O.) verwendet werden. Der Barwert der Forderung beläuft sich auf 6,18 Mio. €. Der durch die Neubewertung der Forderung zu den nachfolgenden Stichtagen sukzessiv entstehende Ertrag ist Zinsertrag im Sinne des § 4 h Abs. 3 Satz 3 EStG. Im Wirtschaftjahr 02 kommt es zu einem Zinsertrag in Höhe von 340 T€, im Wirtschaftsjahr 03 von 350 T€ etc. Der berücksichtigungsfähige Gesamtzinsertrag der V-GmbH über die Laufzeit der Forderung beträgt 3,82 Mio. €.

28 Teilwertberichtigungen führen – vorbehaltlich der in Tz. 27 genannten Grundsätze – nicht zu Zinsaufwendungen oder Zinserträgen im Sinne des § 4 h Abs. 3 Satz 2 und 3 EStG.

## 5. Abtretung

### a) Abtretung einer Forderung aus der Überlassung von Geldkapital

#### aa) Unechte Forfaitierung/unechtes Factoring

29 Bei der unechten Forfaitierung bzw. dem unechten Factoring bleibt die Forderung beim Zedenten weiterhin mit ihrem Barwert aktiviert. Der Zedent hat eine verzinsliche Darlehensschuld in Höhe des Nennwerts der gegenüber dem Zessionar bestehenden Rückzahlungsverpflichtung (= Nennwert der abgetretenen Forderung) zu passivieren.

30 In Höhe der Differenz zwischen dem Nennwert der Verbindlichkeit und dem überlassenen Geldkapital hat der Zedent einen aktiven Rechnungsabgrenzungsposten zu bilden. Der Zessionar weist eine Darlehensforderung gegenüber dem Zedenten und einen passiven Rechnungsabgrenzungsposten in entsprechender Höhe aus. Die Rechnungsabgrenzungsposten sind bei Fälligkeitsdarlehen linear aufzulösen. Der hierdurch entstehende Aufwand bzw. Ertrag ist Zinsaufwand bzw. -ertrag im Sinne des § 4 h Abs. 3 Satz 2 und 3 EStG. Factoring-Gebühren bzw. Forfaitierungs-Gebühren, die sonstige Kosten – z. B. für die Übernahme der Debitorenbuchhaltung durch den Zessionar – abdecken, stellen keine Zinsaufwendungen und keine Zinserträge dar. Die Zinsaufwendungen des Zedenten vermindern sich um Factoring-Gebühren

bzw. Forfaitierungs-Gebühren nur insoweit, als er eine ordnungsgemäße Rechnung des Zessionars über diese Beträge vorlegt.

**Beispiel 2 (Abtretung endfälliger Forderung):**
Die V-GmbH verkauft ihre endfällige Forderung gegen die S-GmbH aus Beispiel 1 noch am 30. 12. 01 an die K-GmbH und tritt sie mit sofortiger Wirkung ab. Der Kaufpreis beträgt 6,0 Mio. € und wird sofort gezahlt. Das Risiko der Zahlungsunfähigkeit der S-GmbH trägt laut Kaufvertrag weiterhin die V-GmbH. Ein gesonderter Abschlag für Inkassokosten etc. ist nicht vereinbart worden. Das Wirtschaftsjahr aller Beteiligten entspricht dem Kalenderjahr. Die Voraussetzungen für die Anwendbarkeit der Zinsschranke (Überschreiten der Freigrenze, kein Escape etc.) sind bei allen Beteiligten gegeben.

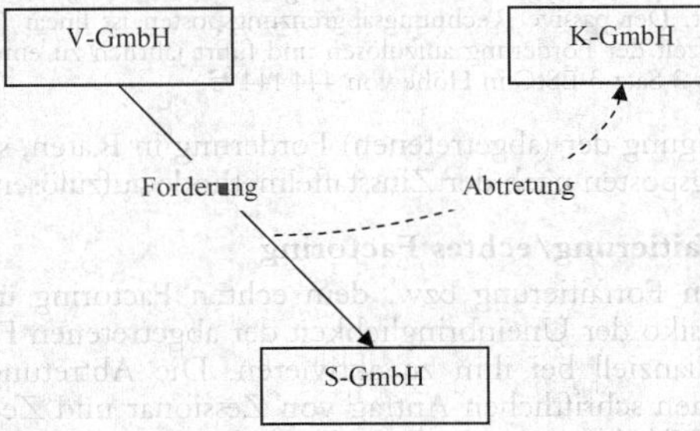


**Lösung:**

**B3**
Die bilanzielle Behandlung der Verbindlichkeit der S-GmbH gegenüber der V-GmbH wird von der Forderungsabtretung nicht berührt. Das Bilanzbild und die Ergebnisentwicklung entsprechen jener in Tz. B1. Der zu berücksichtigende Gesamtzinsaufwand der S-GmbH über die Laufzeit der Verbindlichkeit beträgt unverändert 3,82 Mio. €.

**B4**
Die V-GmbH hat auf den 31. 12. 01 – neben der Forderung gegen die S-GmbH (siehe Tz. B2) – nunmehr eine Darlehensverbindlichkeit in Höhe von 10,0 Mio. € gegenüber der K-GmbH sowie einen aktiven Rechnungsabgrenzungsposten in Höhe von 4,0 Mio. € auszuweisen:

| **V-GmbH** | **Aktiva** | | **Passiva** | |
|---|---|---|---|---|
| 31. 12. 01 | Forderung gg. S-GmbH | 6 180 000 | EK | 6 180 000 |
| | Bankguthaben | 6 000 000 | Darlehensverbindlichkeit | 10 000 000 |
| | aktiver RAP | 4 000 000 | | |
| | | 16 180 000 | | 16 180 000 |

**B5**
Die Darlehensverbindlichkeit unterliegt keiner Abzinsung nach § 6 Abs. 1 Nr. 3 EStG, da sie verzinslich ist. Zu den nachfolgenden Abschlussstichtagen entstehen durch die Neubewertung der Forderung Erträge, die über die Gesamtlaufzeit zu einem Zinsertrag im Sinne des § 4 h Abs. 3 Satz 3 EStG in Höhe von 3,82 Mio. € führen (siehe Tz. B2). Der aktive Rechnungsabgrenzungsposten ist linear (endfällige Verbindlichkeit) über die Laufzeit der Darlehensverbindlichkeit aufzulösen und führt jährlich zu einem Zinsaufwand im Sinne des § 4 h Abs. 3 Satz 2 EStG in Höhe von 444 444 €. Über die Laufzeit der Darlehensverbindlichkeit kommt es bei V insgesamt zu einem Zinsaufwand von 180 T€.

**B6**

Die K-GmbH erwirbt durch den Forderungskauf eine Darlehensforderung gegen die V-GmbH. Das Bilanzbild stellt sich auf den 31. 12. 01 wie folgt dar:

| K-GmbH | Aktiva | | Passiva | |
|---|---|---|---|---|
| 31. 12. 01 | Forderung gg. V-GmbH | 10 000 000 | Bank | 6 000 000 |
| | | | passiver RAP | 4 000 000 |
| | | 10 000 000 | | 10 000 000 |

**B7**

Die Darlehensforderung unterliegt keiner Bewertungskorrektur nach § 6 Abs. 1 Nr. 2 EStG, da sie verzinslich ist. Der passive Rechnungsabgrenzungsposten ist linear (endfällige Forderung) über die Laufzeit der Forderung aufzulösen und führt jährlich zu einem Zinsertrag im Sinne des § 4 h Abs. 3 Satz 3 EStG in Höhe von 444 444 €.

31 Erfolgt die Tilgung der (abgetretenen) Forderung in Raten, sind die Rechnungsabgrenzungsposten nach der Zinsstaffelmethode aufzulösen.

## bb) Echte Forfaitierung/echtes Factoring

32 Bei der echten Forfaitierung bzw. dem echten Factoring übernimmt der Zessionar das Risiko der Uneinbringlichkeit der abgetretenen Forderung. Die Forderung ist bilanziell bei ihm zu aktivieren. Die Abtretung gilt nur auf übereinstimmenden schriftlichen Antrag von Zessionar und Zedent im Sinne von Tz. 14 als Überlassung von Fremdkapital im Sinne von § 4 h Abs. 3 Satz 2 EStG.

Als Zinsertrag des Zessionars im Sinne der Zinsschranke ist in diesen Fällen die Differenz zwischen Nennwert und Kaufpreis der erworbenen bereits realisierten Forderung anzusetzen. Factoring-Gebühren bzw. Forfaitierungs-Gebühren, die sonstige Kosten – z. B. für die Übernahme des Delkredererisikos und der Debitorenbuchhaltung durch den Zessionar – abdecken, stellen jedoch keine Zinserträge im Sinne des § 4 h Abs. 3 Satz 3 EStG dar.

33 Der Zedent hat in diesen Fällen in Höhe des Differenzbetrags zwischen Verkaufserlös und Buchwert der verkauften Forderung einen Zinsertrag bzw. -aufwand im Sinne der Zinsschranke. Soweit dieser Differenzbetrag auf in einer ordnungsgemäßen Rechnung offen ausgewiesene Factoring-Gebühren bzw. Forfaitierungs-Gebühren entfällt, liegen keine Zinsaufwendungen im Sinne des § 4 h Abs. 3 Satz 2 EStG vor.

**Beispiel 3 (Abtretung endfälliger Forderung):**

Siehe Beispiel 2. Das Risiko der Zahlungsunfähigkeit der S-GmbH trägt laut Kaufvertrag die K-GmbH. Ein gesondertes Entgelt für Risikoübernahme und Inkasso wurde in der Rechnung in Höhe von 100 T€ von dem Kaufpreis der Forderung (6,1 Mio. €) abgesetzt. V erhält 6 Mio. € ausbezahlt. Die V-GmbH und die K-GmbH haben einen übereinstimmenden schriftlichen Antrag nach Tz. 14 gestellt.

**Lösung:**

**B8**

Die bilanzielle Behandlung der Verbindlichkeit der S-GmbH gegenüber der V-GmbH wird von der Forderungsabtretung nicht berührt. Das Bilanzbild und die Ergebnisentwicklung entsprechen jener in Tz. B1. Der zu berücksichtigende Gesamtzinsaufwand der S-GmbH über die Laufzeit der Verbindlichkeit beträgt 3,82 Mio. €.

**B9**

Die V-GmbH hat die Forderung auszubuchen und den Verkaufserlös einzubuchen. In Höhe der Wertdifferenz zwischen dem Buchwert der abgetretenen Forderung und dem Verkaufspreis kommt es zu einem Zinsaufwand bzw. einem Zinsertrag im Sinne der Zinsschranke. Bei der V-GmbH entsteht damit ein sofort zu berücksichtigender Zinsaufwand im Sinne von § 4h Abs. 3 Satz 2 EStG in Höhe von 80 T€ (= 6,1 Mio. € ./. 6,18 Mio. €). In Höhe der offen in der Rechnung ausgewiesenen Gebühren für Risikoübernahme und Inkasso entstehen sofort abziehbare Betriebsausgaben in Höhe von 100 T€, die keine Zinsaufwendungen im Sinne des § 4h Abs. 3 Satz 2 EStG sind.

**B10**

Die K-GmbH erwirbt eine Forderung gegen die S-GmbH und realisiert einen Ertrag in Höhe von 100 T€ für Risikoübernahme und Inkasso. Die Forderung gegen die S-GmbH ist zum 31. 12. 01 mit 6,1 Mio. € zu bilanzieren. Zu den nachfolgenden Bilanzstichtagen ist die Forderung grundsätzlich mit ihren Anschaffungskosten von 6,1 Mio. € zu bewerten. Bei Erfüllung der Forderung im Wirtschaftsjahr 10 realisiert die K-GmbH einen Zinsertrag im Sinne von § 4h Abs. 3 Satz 3 EStG in Höhe von 3,9 Mio. €.

In den Fällen der echten Forfaitierung/des echten Factorings einer raten- 34
weise zu tilgenden Forderung ist sinngemäß zu verfahren.

## b) Abtretung einer Forderung aus schwebenden Geschäften

Im Falle der Abtretung einer noch nicht realisierten Geldforderung aus ei- 35
nem Dauerschuldverhältnis ergeben sich vor der Abtretung keine Zinsaufwendungen oder -erträge im Sinne der Zinsschranke aus der Auf- oder Abzinsung der Forderung und Verbindlichkeit, da diese bilanziell noch nicht erfasst sind.

### aa) Unechte Forfaitierung

Die Abtretung einer Forderung zu einem Betrag unter dem Nennwert ist 36
eine eigenständige Überlassung von Fremdkapital im Sinne des § 4h Abs. 3 Satz 2 EStG, wenn der Vorgang bilanziell als Darlehensgeschäft auszuweisen ist (sog. unechte Forfaitierung). Bei der Ermittlung der Zinsaufwendungen und Zinserträge aus der Abtretung einer Forderung im o. g. Sinne sind die Grundsätze zur Abtretung einer Forderung aus der Überlassung von Geldkapital (siehe Tz. 29 ff.) und des BMF-Schreibens vom 9. Januar 1996 (BStBl. I S. 9)[1] zu beachten. Der Zedent hat in Höhe der Differenz zwischen dem Nennwert der Darlehensschuld und dem überlassenen Geldkapital einen aktiven Rechnungsabgrenzungsposten zu bilden, der nach der Zinsstaffelmethode aufzulösen ist. Der hierdurch entstehende Aufwand ist Zinsaufwand im Sinne des § 4h Abs. 3 Satz 2 EStG. Der Zessionar hat einen Zinsertrag im Sinne des § 4h Abs. 3 Satz 3 EStG in entsprechender Höhe. Factoring-Gebühren bzw. Forfaitierungs-Gebühren, die sonstige Kosten – z. B. für die Übernahme der Debitorenbuchhaltung durch den Zessionar – abdecken, stellen keine Zinsaufwendungen und keine Zinserträge im Sinne des § 4h Abs. 3 Satz 2 und 3 EStG dar. Die Zinsaufwendungen des Zedenten vermindern sich um Forfaitierungs-Gebühren nur insoweit, als er eine ordnungsgemäße Rechnung des Zessionars über diese Beträge vorlegt.

[1] Nr. 1 § 6/8.

**Beispiel 4 (Unechte Forfaitierung einer Mietforderung):**

Die V-GmbH überlässt der S-GmbH ab dem 1. 1. 01 ein Grundstück zur Miete. Der Mietvertrag ist bis zum 31. 12. 10 befristet. Der jährlich auf den 1. 1. zu entrichtende Mietzins beträgt 1 Mio. €. Die V-GmbH verkauft sämtliche noch nicht beglichenen Mietzinsansprüche mit einem Nennwert von 9 Mio. € am 30. 12. 01 an die K-GmbH und tritt sie mit sofortiger Wirkung ab. Der Kaufpreis beträgt 7,5 Mio. € und wird sofort gezahlt. Das Risiko der Zahlungsunfähigkeit der S-GmbH trägt laut Kaufvertrag weiterhin die V-GmbH. Ein gesonderter Abschlag für Inkassokosten etc. ist nicht vereinbart worden. Das Wirtschaftsjahr aller Beteiligten entspricht dem Kalenderjahr. Die Voraussetzungen für die Anwendbarkeit der Zinsschranke (Überschreiten der Freigrenze, kein Escape etc.) sind bei allen Beteiligten gegeben.

**Lösung:**

**B11**

Die S-GmbH als Mieterin bilanziert ihre zukünftigen, wirtschaftlich noch nicht entstandenen Verbindlichkeiten aus dem Mietvertrag nicht. Der von ihr für das jeweils laufende Wirtschaftsjahr entrichtete Mietzins für den Gebrauch der Mietsache führt unmittelbar zu Mietaufwand.

**B12**

Die V-GmbH hat der K-GmbH gegenüber eine Darlehensverbindlichkeit in Höhe des Nennwerts der veräußerten Mietzinsansprüche zu passivieren. Sie vereinnahmt den Mietzins bei Zahlung durch die S-GmbH erfolgswirksam als Mietertrag, der in voller Höhe als sofort an die K-GmbH weitergeleitet gilt. Die Darlehensverbindlichkeit mindert sich um den jeweiligen Mietzins. In Höhe der Differenz zwischen dem Nennwert der abgetretenen Mietzinsansprüche und dem Kaufpreis ist ein aktiver Rechnungsabgrenzungsposten in Höhe von 1,5 Mio. € zu bilden, der entsprechend der Zinsstaffelmethode aufzulösen ist und zu Zinsaufwand im Sinne des § 4 h Abs. 3 Satz 2 EStG führt. Der zu berücksichtigende Gesamtzinsaufwand im Sinne des § 4 h Abs. 3 Satz 2 EStG der V-GmbH beläuft sich im Beispielsfall auf 1,5 Mio. €.

**B13**

Die K-GmbH aktiviert eine (Darlehens-)Forderung in Höhe des Nennwerts der Mietzinsansprüche gegen die V-GmbH und passiviert einen Rechnungsabgrenzungsposten in Höhe der Differenz zwischen Nennwert und Kaufpreis, der entsprechend der Zinsstaffelmethode aufzulösen ist. Der Gesamtzinsertrag im Sinne des § 4 h Abs. 3 Satz 3 EStG der K-GmbH über die Laufzeit der erworbenen Forderung beträgt 1,5 Mio. €.

## bb) Echte Forfaitierung

**37** In den Fällen, in denen der Zessionar zusätzlich das Risiko der Zahlungsunfähigkeit des Schuldners der abgetretenen Forderung übernimmt (sog. echte Forfaitierung) gilt die Abtretung einer Forderung zu einem Betrag unter dem Nennwert nach Tz. 14 nur auf übereinstimmenden schriftlichen Antrag von Zessionar und Zedent als eigenständige Überlassung von Fremdkapital im Sinne von § 4 h Abs. 3 Satz 2 EStG.

**38** Als Zinsertrag des Zessionars im Sinne des § 4 h Abs. 3 Satz 3 EStG ist in diesen Fällen die Differenz zwischen den vereinnahmten Erlösen aus dem Dauerschuldverhältnis (z. B. Mieterträge) und dem Kaufpreis der Forderung anzusetzen. Forfaitierungs-Gebühren, die sonstige Kosten – z. B. für die Übernahme des Delkredererisikos und der Debitorenbuchhaltung durch den Zessionar – abdecken, stellen jedoch keine Zinserträge im Sinne des § 4 h Abs. 3 Satz 3 EStG dar.

**39** Der Zedent hat in Höhe des Differenzbetrags zwischen Verkaufserlös und Nennwert der verkauften Forderung einen Zinsaufwand bzw. einen Zinsertrag im Sinne der Zinsschranke. Soweit dieser Differenzbetrag auf in einer ordnungsgemäßen Rechnung offen ausgewiesene Forfaitierungs-Gebühren entfällt, liegen keine Zinsaufwendungen im Sinne des § 4 h Abs. 3 Satz 2 EStG vor.

**Beispiel 5 (Echte Forfaitierung einer Mietforderung):**

Siehe Beispiel 4. Das Risiko der Zahlungsunfähigkeit der S-GmbH trägt laut Kaufvertrag die K-GmbH. Ein gesondertes Entgelt für die Risikoübernahme wurde nicht vereinbart. Die V-GmbH und die K-GmbH haben einen übereinstimmenden schriftlichen Antrag nach Tz. 14 gestellt.

**Lösung:**

**B14**

Die S-GmbH als Mieterin bilanziert ihre Verbindlichkeit aus dem Mietvertrag in der Regel nicht. Der von ihr entrichtete Mietzins für den Gebrauch der Mietsache führt unmittelbar zu Aufwand, der kein Zinsaufwand im Sinne der Zinsschranke ist.

**B15**

Es ist für Zwecke der Zinsschranke abweichend von den allgemeinen bilanzsteuerlichen Grundsätzen davon auszugehen, dass die V-GmbH eine Mieteinnahme in Höhe des Nennbetrags der (Summe der) abgetretenen Mietforderungen vereinnahmt. In Höhe des Differenzbetrags zwischen dem Nennbetrag der abgetretenen Mietforderungen und dem vereinnahmten Kaufpreis entsteht gleichzeitig ein Zinsaufwand der V-GmbH im Sinne des § 4 h Abs. 3 Satz 2 EStG. Der zu berücksichtigende Gesamtzinsaufwand der V-GmbH beläuft sich im Beispielsfall somit auf 1,5 Mio. €. Der durch die Mieteinnahme erlöste Ertrag und der Gesamtzinsaufwand sind über die Laufzeit des Mietvertrags wie ein Rechnungsabgrenzungsposten auf die Wirtschaftsjahre linear zu verteilen.

**B16**

Die K-GmbH aktiviert die erworbenen Forderungen gegen die S-GmbH in Höhe des Kaufpreises. Der vereinnahmte Mietzins ist in einen Zinsanteil und einen Tilgungsanteil aufzuteilen. Die Ermittlung des Zinsanteils pro Rate erfolgt nach allgemeinen bilanzsteuerrechtlichen Grundsätzen. Der danach ermittelte Zinsanteil stellt Zinsertrag im Sinne des § 4 h Abs. 3 Satz 3 EStG dar. Die Forderung vermindert sich um den Tilgungsanteil. Der Gesamtzinsertrag beträgt im Beispielsfall 1,5 Mio. €.

## 6. Steuerliches EBITDA

Die Zinsaufwendungen eines Betriebs sind in Höhe des Zinsertrags abziehbar, darüber hinaus ist der Abzug auf 30 Prozent des um die Zinsaufwendungen und um die nach § 6 Abs. 2 Satz 1, § 6 Abs. 2 a Satz 2 und § 7 EStG abgesetzten Beträge erhöhten und um die Zinserträge verminderten maßgeblichen Gewinns bzw. des maßgeblichen Einkommens begrenzt (sog. steuerliches EBITDA). 40

Bei Personenunternehmen ist maßgeblicher Gewinn der nach den Vorschriften des EStG mit Ausnahme von § 4 h Abs. 1 EStG ermittelte steuerpflichtige Gewinn (§ 4 h Abs. 3 Satz 1 EStG):

Steuerpflichtiger Gewinn vor Anwendung des § 4 h EStG

./. Zinserträge

\+ Zinsaufwendungen

\+ Abschreibungen nach § 6 Abs. 2 und 2 a sowie § 7 EStG

= steuerliches EBITDA.

41 Bei Körperschaften tritt an die Stelle des maßgeblichen Gewinns das nach den Vorschriften des EStG und des KStG mit Ausnahme der §§ 4 h, 10 d EStG und § 9 Abs. 1 Satz 1 Nr. 2 KStG ermittelte Einkommen. Das steuerliche EBITDA einer Körperschaft wird insbesondere durch verdeckte Gewinnausschüttungen erhöht und durch Dividenden und Veräußerungsgewinne vermindert, soweit diese nach § 8 b KStG steuerfrei sind:

Einkommen der Körperschaft im Sinne des § 8 Abs. 1 KStG vor Anwendung des § 4 h EStG

./. Zinserträge
\+ Zinsaufwendungen
\+ Abschreibungen nach § 6 Abs. 2 und 2 a sowie § 7 EStG
\+ Verlustabzug im Sinne von § 10 d EStG (Verlustrück- und -vortrag)
\+ Spendenabzug im Sinne von § 9 Abs. 1 Satz 1 Nr. 2 KStG

= steuerliches EBITDA.

42 Das steuerliche EBITDA ist betriebsbezogen zu ermitteln. Zinsaufwendungen, Zinserträge, Abschreibungen und Anteile am maßgeblichen Gewinn, die in das steuerliche EBITDA einer Mitunternehmerschaft einfließen, finden deshalb beim Mitunternehmer nicht nochmals Berücksichtigung.

43 Hält ein Gesellschafter einer vermögensverwaltenden Personengesellschaft seine Beteiligung im Betriebsvermögen (sog. Zebragesellschaft), kommt die Zinsschranke auf der Ebene des Gesellschafters zur Anwendung. Zinsaufwendungen, Zinserträge und Abschreibungen der Personengesellschaft und die Beteiligungseinkünfte sind anteilig beim Gesellschafter im Rahmen seiner Gewinneinkünfte zu berücksichtigen.

44 Bei einer KGaA ist zur Ermittlung des maßgeblichen Einkommens im Sinne des § 8 a Abs. 1 KStG die Vorschrift des § 9 Abs. 1 Satz 1 Nr. 1 KStG nicht anzuwenden. Hinsichtlich eventueller Sondervergütungen ist § 8 a Abs. 2 und 3 KStG zu prüfen. Bei der Bildung des steuerlichen EBITDA des persönlich haftenden Gesellschafters bleibt der Gewinnanteil unberücksichtigt.

45 Zinsaufwendungen und Zinserträge im Sinne des § 4 h Abs. 3 EStG einer Organgesellschaft sind beim Organträger im Rahmen des § 4 h Abs. 1 EStG zu berücksichtigen (§ 15 Satz 1 Nr. 3 Satz 3 KStG). Entsprechendes gilt für Abschreibungen nach § 6 Abs. 2 Satz 1, § 6 Abs. 2 a Satz 2 und § 7 EStG.

## 7. Zinsvortrag

46 Die nicht abziehbaren Zinsaufwendungen eines Veranlagungszeitraums sind nach § 4 h Abs. 1 Satz 2 EStG in die folgenden Wirtschaftsjahre vorzutragen (Zinsvortrag). Sie erhöhen die Zinsaufwendungen dieser Wirtschaftsjahre und können dazu führen, dass im Vortragsjahr die Freigrenze nach § 4 h Abs. 2 Satz 1 Buchstabe a EStG überschritten wird.

47 Nach § 4 h Abs. 5 EStG geht ein nicht verbrauchter Zinsvortrag bei Aufgabe oder Übertragung des Betriebs unter. Bei Aufgabe oder Übertragung ei-

nes Teilbetriebs geht der Zinsvortrag anteilig unter. Als Aufgabe eines Teilbetriebs gilt auch das Ausscheiden einer Organgesellschaft aus dem Organkreis.

Die Nutzung eines vororganschaftlichen Zinsvortrags der Organgesellschaft ist während der Organschaft nicht zulässig; die Grundsätze zu § 15 Satz 1 Nr. 1 KStG gelten entsprechend. 48

Der Zinsvortrag ist gemäß § 4 h Abs. 4 Satz 1 EStG gesondert festzustellen. Der Feststellungsbescheid ist für jeden Betrieb an den Betriebsinhaber (Personengesellschaft, Körperschaft) zu richten, bei Einzelunternehmern an diesen unter Bezeichnung des Betriebs. Bei Mitunternehmerschaften sind diese selbst Adressaten des Feststellungsbescheids, nicht die Mitunternehmer. Bei Betrieben gewerblicher Art ist der Feststellungsbescheid an dessen Rechtsträger unter Bezeichnung des Betriebs zu richten. 49

## 8. Mitunternehmerschaften

Zu Sonderbetriebsvermögen und Sondervergütungen von Mitunternehmern siehe Tz. 6 und 19. 50

Die Ermittlung der nicht abziehbaren Zinsaufwendungen erfolgt betriebsbezogen. Nicht abziehbare Zinsaufwendungen sind den Mitunternehmern auch dann nach dem allgemeinen Gewinnverteilungsschlüssel zuzurechnen, wenn es sich um Zinsaufwendungen aus dem Sonderbetriebsvermögensbereich eines Mitunternehmers handelt. 51

Bei Ausscheiden eines Mitunternehmers aus einer Gesellschaft geht der Zinsvortrag anteilig mit der Quote unter, mit der der ausgeschiedene Mitunternehmer an der Gesellschaft beteiligt war (§ 4 h Abs. 5 Satz 2 EStG). 52

**Beispiel:**

An der ABC-OHG sind die A-GmbH zu 10 %, die B-GmbH zu 60 %, die C-GmbH zu 30 % beteiligt. Alle Gesellschaften gehören einem Konzern an. Der Gewinnverteilungsschlüssel der OHG richtet sich nach den Beteiligungsquoten. Der Gewinn der OHG (Gesamthandsbereich) beträgt am 31. 12. 01 10 Mio. €. Die A-GmbH hat ihre Beteiligung fremdfinanziert. Es entstehen bis zum 31. 12. 01 im Sonderbetriebsvermögensbereich der A-GmbH Sonderbetriebsausgaben in Höhe von 7 Mio. €. Der OHG gelingt der Escape nicht.
Am 1. 1. 02 scheidet
a) die A-GmbH
b) die C-GmbH
aus.

**Lösung:**

1. Gewinnverteilung:

| | | A (10 %) | B (60 %) | C (30 %) |
|---|---|---|---|---|
| Gesamthand | 10 000 000 | 1 000 000 | 6 000 000 | 3 000 000 |
| SBA | ./. 7 000 000 | ./. 7 000 000 | | |
| Gewinn | 3 000 000 | ./. 6 000 000 | 6 000 000 | 3 000 000 |

2. Ermittlung der abziehbaren Zinsen:
   Der maßgebliche Gewinn beträgt 3 Mio. € + 7 Mio. € = 10 Mio. €.
   Die abziehbaren Zinsen betragen 10 Mio. € × 30 % = 3 Mio. €
3. Ermittlung des Zinsvortrags
   7 Mio. € ./. 3 Mio. € = 4 Mio. €

4. Gewinnverteilung nach Anwendung der Zinsschranke

| | | A (10 %) | B (60 %) | C (30 %) |
|---|---|---|---|---|
| Gesamthand | 10 000 000 | 1 000 000 | 6 000 000 | 3 000 000 |
| SBA | ./. 7 000 000 | ./. 7 000 000 | | |
| | 3 000 000 | ./. 6 000 000 | 6 000 000 | 3 000 000 |
| Nicht abziehbare Zinsen | 4 000 000 | 400 000 | 2 400 000 | 1 200 000 |
| Gewinn | 7 000 000 | ./. 5 600 000 | 8 400 000 | 4 200 000 |

5. Untergehender Zinsvortrag nach § 4 h Abs. 5 Satz 2 EStG
   a) bei Ausscheiden der A-GmbH: 4 Mio. € × 10/100 = 0,4 Mio. €,
   b) bei Ausscheiden der C-GmbH: 4 Mio. € × 30/100 = 1,2 Mio. €.

### 9. Organschaften

53 Zur Behandlung der Organschaft als Betrieb siehe Tz. 10 und 65.

54 Zur Freigrenze bei Organschaft siehe Tz. 57.

## III. Ausnahmetatbestände (§ 4 h Abs. 2 EStG)

### 1. Freigrenze

55 Die Zinsschranke kommt nicht zur Anwendung, wenn die die Zinserträge übersteigenden Zinsaufwendungen (Zinssaldo) weniger als *eine Million Euro*[1] betragen (Freigrenze des § 4 h Abs. 2 Satz 1 Buchstabe a EStG).

56 Die Freigrenze ist betriebsbezogen. Sie gilt auch für Körperschaften, Personenvereinigungen und Vermögensmassen (§ 8 a Abs. 1 KStG).

57 Die Freigrenze wird für den Organkreis nur einmal gewährt.

58 Die Freigrenze bezieht sich auf das jeweilige Wirtschaftsjahr des Betriebs.

### 2. Konzernzugehörigkeit

59 Der Zinsschranke liegt ein erweiterter Konzernbegriff zugrunde. Ein Betrieb kann nur durch einen Rechtsträger beherrscht werden. Ob ein Betrieb konzernzugehörig ist, bestimmt sich regelmäßig nach § 4 h Abs. 3 Satz 5 EStG (Grundfall). Ein Betrieb gehört danach zu einem Konzern, wenn er nach dem einschlägigen Rechnungslegungsstandard in einen Konzernabschluss einzubeziehen ist oder einbezogen werden könnte.

60 Liegt kein Konzern im Sinne des § 4 h Abs. 3 Satz 5 EStG vor, sind die Voraussetzungen des § 4 h Abs. 3 Satz 6 EStG (sog. Gleichordnungskonzern) zu prüfen. Voraussetzung für einen Gleichordnungskonzern ist, dass die Finanz- und Geschäftspolitik eines Betriebs mit einem oder mehreren anderen Betrieben einheitlich bestimmt werden kann. Ein Konzern kann somit auch dann vorliegen, wenn eine natürliche Person an der Spitze des Konzerns steht und die Beteiligungen an den beherrschten Rechtsträgern im Privatvermögen gehalten werden. Auch eine vermögensverwaltend tätige Gesellschaft kann Konzernspitze sein.

In den Fällen, in denen die Konzernspitze selbst keinen Betrieb im Sinne des § 4 h Abs. 1 EStG darstellt oder unterhält, sind in den Konzernabschluss

[1] Ab VZ 2008: 3 Millionen Euro.

nur die beherrschten Betriebe einzubeziehen. Zur Frage der Gesellschafterfremdfinanzierung in diesen Fällen siehe Tz. 80.

Gemeinschaftlich geführte Unternehmen nach § 310 HGB oder vergleichbare Unternehmen, die nach anderen zur Anwendung kommenden Rechnungslegungsstandards (z. B. IAS 31) nur anteilmäßig in den Konzernabschluss einbezogen werden, gehören für Zwecke der Zinsschranke nicht zu einem Konzern. Gleiches gilt für assoziierte Unternehmen (§ 311 HGB) oder diesen vergleichbare Unternehmen. 61

Ein Einzelunternehmer mit mehreren Betrieben begründet für sich noch keinen Konzern im Sinne der Zinsschranke. 62

Ergibt sich die Gewerblichkeit eines Besitzunternehmens nur aufgrund einer personellen und sachlichen Verflechtung mit dem Betriebsunternehmen (Betriebsaufspaltung), liegt ebenfalls kein Konzern im Sinne der Zinsschranke vor. 63

Ein Einzelunternehmer oder eine Gesellschaft begründet nicht bereits deshalb einen Konzern, weil er oder sie eine oder mehrere Betriebsstätten im Ausland hat. Für die Dotation der Betriebsstätte mit Eigenkapital gelten die Betriebsstätten-Verwaltungsgrundsätze nach dem BMF-Schreiben vom 24. Dezember 1999 (BStBl. I S. 1076)[1]. 64

Ein Organkreis gilt als ein Betrieb (§ 15 Satz 1 Nr. 3 KStG) und bildet für sich allein keinen Konzern im Sinne der Zinsschranke. 65

Bei einer GmbH & Co. KG gelten die KG und die als Komplementär allein haftende GmbH als ein Betrieb im Sinne der Zinsschranke, wenn sich die Tätigkeit der GmbH – neben ihrer Vertretungsbefugnis – in der Übernahme der Haftung und Geschäftsführung für die KG erschöpft und weder die KG noch die als Komplementär allein haftende GmbH anderweitig zu einem Konzern gehören. Die GmbH & Co. KG ist in diesen Fällen nicht als Konzern anzusehen. Das gilt nicht, wenn die GmbH darüber hinaus eine eigene Geschäftstätigkeit entfaltet. Dies ist z. B. dann anzunehmen, wenn ihr nach den Grundsätzen dieses Schreibens Zinsaufwendungen zuzuordnen sind. Entsprechendes gilt bei Gesellschaften in Rechtsformen, die der GmbH & Co. KG vergleichbar sind (z. B. die Limited & Co. KG). 66

Zweckgesellschaften sind für Zwecke der Zinsschranke konzernangehörige Betriebe, wenn nach dem jeweils zur Anwendung kommenden Rechnungslegungsstandard eine Konsolidierung in den Konzernabschluss zu erfolgen hat. In den Fällen des Gleichordnungskonzerns nach § 4 h Abs. 3 Satz 6 EStG sind Zweckgesellschaften dann als konzernangehörig anzusehen, wenn ihre Finanz- und Geschäftspolitik mit einem oder mehreren anderen Betrieben einheitlich bestimmt werden kann. 67

Verbriefungszweckgesellschaften im Rahmen von Asset-Backed-Securities-Gestaltungen, deren Unternehmensgegenstand in dem rechtlichen Erwerb von Forderungen aller Art und/oder der Übernahme von Risiken aus Forderung und Versicherungen liegt, gelten für Zwecke der Zinsschranke nicht als konzernangehörige Unternehmen, wenn eine Einbeziehung in den Konzernabschluss allein aufgrund einer wirtschaftlichen Betrachtungsweise unter Berücksichtigung der Nutzen- und Risikoverteilung erfolgt ist.

Für die Frage, ob und zu welchem Konzern ein Betrieb gehört, ist grundsätzlich auf die Verhältnisse am vorangegangenen Abschlussstichtag abzustel- 68

[1] Nr. **800** § 12/1.

len. Das gilt auch für die Fälle des unterjährigen Erwerbs oder der unterjährigen Veräußerung von Gesellschaften.

Bei Neugründung einer Gesellschaft, einschließlich der Neugründung durch Umwandlung, gilt die Gesellschaft ab dem Zeitpunkt der Neugründung für Zwecke der Zinsschranke als konzernangehörig. Entsteht ein Konzern im Sinne des § 4 h Abs. 3 Sätze 5 und 6 EStG neu, gelten die einzelnen Betriebe erst zum folgenden Abschlussstichtag als konzernangehörig.

### 3. Eigenkapitalvergleich bei konzernzugehörigen Betrieben (Escape-Klausel)

69 Nach § 4 h Abs. 2 Satz 1 Buchstabe c Satz 2 EStG unterliegt der Zinsabzug nicht den Beschränkungen des § 4 h Abs. 1 EStG, wenn die Eigenkapitalquote des Betriebs die Eigenkapitalquote des Konzerns um nicht mehr als *einen Prozentpunkt*[1] unterschreitet. Die Eigenkapitalquote ermittelt sich als Verhältnis des Eigenkapitals zur Bilanzsumme (§ 4 h Abs. 2 Satz 1 Buchstabe c Satz 3 EStG).

70 Für die Anwendung der Escape-Klausel ist auf die Eigenkapitalquote am vorangegangenen Abschlussstichtag abzustellen (§ 4 h Abs. 2 Satz 1 Buchstabe c Satz 1 EStG). Bei Neugründung eines Betriebs wird ausnahmsweise auf das Eigenkapital in der Eröffnungsbilanz abgestellt. Die Eigenkapitalquote des Betriebs ist mit der Eigenkapitalquote des Konzerns am vorangegangenen Abschlussstichtag zu vergleichen. Der Konzernabschluss wird nicht um den neu gegründeten Betrieb erweitert.

Weicht der Abschlussstichtag des Betriebs vom Abschlussstichtag des Konzerns ab, ist für den Vergleich der Eigenkapitalquoten derjenige Abschluss des Betriebs maßgeblich, der in den Konzernabschluss eingegangen ist. Es kann sich dabei um einen Zwischenabschluss handeln (vergleiche z. B. bei Abschlüssen nach dem Handelsgesetzbuch § 299 Abs. 2 HGB).

71 Für den Eigenkapitalvergleich sind der bestehende Konzernabschluss und der bestehende Abschluss des Betriebs zugrunde zu legen. Die für den Eigenkapitalvergleich erforderlichen Korrekturen von Eigenkapital und Bilanzsumme des Konzernabschlusses oder/und des Abschlusses des Betriebs sind außerhalb des Abschlusses in einer Nebenrechnung vorzunehmen.

72 Bestehende Konzernabschlüsse werden in den Fällen des § 4 h Abs. 3 Satz 5 EStG grundsätzlich unverändert für den Eigenkapitalvergleich herangezogen, wenn sie nach den §§ 291, 292 und 315 a HGB befreiende Wirkung haben. Sie müssen nicht um diejenigen konzernzugehörigen Betriebe erweitert werden, die zulässigerweise – etwa nach § 296 HGB – nicht in den Konzernabschluss aufgenommen wurden; diese Betriebe sind dessen ungeachtet konzernangehörige Betriebe im Sinne des § 4 h Abs. 2 Satz 1 Buchstabe c EStG.

Konsolidierte Verbriefungszweckgesellschaften sind zur Ermittlung der Eigenkapitalquote des Konzerns aus dem Konzernabschluss herauszurechnen, wenn sie für Zwecke der Zinsschranke als nicht konzernangehörig gelten.

Für gemeinschaftlich geführte Unternehmen darf ein Wahlrecht auf anteilmäßige Konsolidierung (Quotenkonsolidierung) für Zwecke der Zinsschranke nicht ausgeübt werden. Die Eigenkapitalquote des Konzernabschlusses ist ggf. entsprechend anzupassen.

---

[1] Ab VZ 2010: 2 Prozentpunkte.

Eine Korrektur des Konzernabschlusses um Verbriefungszweckgesellschaften und gemeinschaftlich geführte Unternehmen kann unterbleiben, sofern sich dadurch keine erheblichen Veränderungen der Konzerneigenkapitalquote ergäben.

Bei der Ermittlung der Eigenkapitalquote des Betriebs sind Vermögensgegenstände und Schulden, einschließlich Rückstellungen, Bilanzierungshilfen, Rechnungsabgrenzungsposten u.ä., sofern sie im Konzernabschluss enthalten sind, mit den dort abgebildeten Werten anzusetzen. Ein im Konzernabschluss enthaltener Firmenwert und im Rahmen eines Beteiligungserwerbs mitbezahlte stille Reserven der Beteiligungsgesellschaft sind dem Betrieb zuzuordnen, soweit sie auf diesen entfallen. Die Bilanzsumme des Betriebs ist ggf. anzupassen. 73

Die in § 4h Abs. 2 Satz 1 Buchstabe c Satz 5 EStG vorgesehene Kürzung der Anteile an anderen inländischen und ausländischen Konzerngesellschaften umfasst auch die Beteiligungen an Mitunternehmerschaften. Die Beteiligungshöhe ist unmaßgeblich. 74

Eine Kürzung um eigene Anteile und um Anteile an nicht konzernangehörigen Gesellschaften unterbleibt.

Bei der Ermittlung der Eigenkapitalquote des Betriebs ist das nach den jeweils relevanten Rechnungslegungsstandards ermittelte Eigenkapital um folgende Größen zu modifizieren (§ 4h Abs. 2 Satz 1 Buchstabe c Satz 5 bis 7 EStG): 75

+ im Konzernabschluss enthaltener Firmenwert, soweit er auf den Betrieb entfällt,

+ ./. Korrektur der Wertansätze der Vermögensgegenstände und Schulden (Ausweis – vorbehaltlich der Tz. 73 – mit den im Konzernabschluss enthaltenen Werten),

+ die Hälfte des Sonderpostens mit Rücklagenanteil (§ 273 HGB),

./. Eigenkapital, das keine Stimmrechte vermittelt – mit Ausnahme von Vorzugsaktien –,

./. Anteile an anderen Konzerngesellschaften,

./. Einlagen der letzten sechs Monate vor dem maßgeblichen Abschlussstichtag, soweit ihnen Entnahmen oder Ausschüttungen innerhalb der ersten sechs Monate nach dem maßgeblichen Abschlussstichtag gegenüberstehen;

+./. Sonderbetriebsvermögen ist dem Betrieb der Mitunternehmerschaft zuzuordnen.

Die Bilanzsumme des Betriebs ist wie folgt zu verändern: 76

+ im Konzernabschluss enthaltener Firmenwert, soweit er auf den Betrieb entfällt,

+ ./. Korrektur der Wertansätze der Vermögensgegenstände und Schulden (Ausweis – vorbehaltlich der Tz. 73 – mit den im Konzernabschluss enthaltenen Werten),

./. Anteile an anderen Konzerngesellschaften,

./. Einlagen der letzten sechs Monate vor dem maßgeblichen Abschlussstichtag, soweit ihnen Entnahmen oder Ausschüttungen innerhalb der ersten sechs Monate nach dem maßgeblichen Abschlussstichtag gegenüberstehen,

./. Kapitalforderungen, die nicht im Konzernabschluss ausgewiesen sind und denen Verbindlichkeiten im Sinne des § 4h Abs. 3 EStG in mindestens gleicher Höhe gegenüberstehen;

+ ./. Sonderbetriebsvermögen ist dem Betrieb der Mitunternehmerschaft zuzuordnen.

77 Der Eigenkapitalvergleich hat grundsätzlich auch dann auf der Grundlage von nach den International Financial Reporting Standards (IFRS) erstellten Abschlüssen zu erfolgen, wenn bislang kein Konzernabschluss erstellt wurde (§ 4h Abs. 2 Satz 1 Buchstabe c Satz 8 EStG). Hiervon abweichend können Abschlüsse nach dem Handelsrecht eines Mitgliedstaats der Europäischen Union verwendet werden, wenn kein Konzernabschluss nach den IFRS zu erstellen und offen zu legen ist und für keines der letzten fünf Wirtschaftsjahre ein Konzernabschluss nach den IFRS erstellt wurde.

78 Nach den Generally Accepted Accounting Principles der Vereinigten Staaten von Amerika (US-GAAP) aufzustellende und offen zu legende Abschlüsse sind zu verwenden, wenn kein Konzernabschluss nach den IFRS oder dem Handelsrecht eines Mitgliedstaats der Europäischen Union zu erstellen und offen zu legen ist.

## IV. Gesellschafterfremdfinanzierung

79 Auf Rechtsträger, die nicht zu einem Konzern gehören (§ 4h Abs. 2 Satz 1 Buchstabe b EStG), findet die Abzugsbeschränkung des § 4h Abs. 1 EStG Anwendung, wenn eine schädliche Gesellschafterfremdfinanzierung vorliegt. Diese setzt eine Vergütung für Gesellschafterfremdfinanzierung in Höhe von mehr als 10% der die Zinserträge übersteigenden Zinsaufwendungen der Körperschaft an einen unmittelbar oder mittelbar zu mehr als einem Viertel am Kapital beteiligten Anteilseigner (wesentlich beteiligter Anteilseigner), eine diesem nahe stehende Person im Sinne des § 1 Abs. 2 AStG oder einen Dritten, der auf den wesentlich beteiligten Anteilseigner oder die nahe stehende Person zurückgreifen kann, voraus (vgl. § 8a Abs. 2 KStG).

80 Ein zu einem Konzern gehörender Rechtsträger kann die Escape-Klausel des § 4h Abs. 2 Satz 1 Buchstabe c EStG nur in Anspruch nehmen, wenn ihm der Nachweis im Sinne des § 8a Abs. 3 Satz 1 KStG für sämtliche zum Konzern gehörende Rechtsträger gelingt. § 8a Abs. 3 KStG setzt eine schädliche Fremdfinanzierung irgendeiner inländischen oder ausländischen Konzerngesellschaft durch einen unmittelbar oder mittelbar wesentlich beteiligten nicht konzernangehörigen Anteilseigner dieser oder einer anderen Konzerngesellschaft, eine diesem nahe stehende Person oder einen Dritten, der auf diesen wesentlich beteiligten Anteilseigner oder die nahe stehende Person zurückgreifen kann, voraus. Es muss sich dabei nicht um eine Fremdfinanzierung des Rechtsträgers handeln, auf den § 4h Abs. 1 EStG Anwendung findet.

Konzerninterne Finanzierungen führen nicht zu einer schädlichen Gesellschafterfremdfinanzierung im Sinne von § 8 a Abs. 3 KStG; dies gilt z. B. auch für konzerninterne Bürgschaften.

Eine konzerninterne Finanzierung liegt dann nicht vor, wenn das Fremdkapital durch die Konzernspitze überlassen wird und die Konzernspitze selbst nicht zum Konzern gehört (Gleichordnungskonzern). Eine Fremdfinanzierung von Konzerngesellschaften durch die Konzernspitze kann in diesen Fällen unter den Voraussetzungen des § 8 a Abs. 3 KStG schädlich sein. Eine solche Konstellation kann z. B. dann vorliegen, wenn eine natürliche Person mehrere Kapitalgesellschaften beherrscht und diesen Gesellschaften Fremdkapital überlässt.

Unmittelbare und mittelbare Beteiligungen werden für die Beurteilung, ob ein Gesellschafter wesentlich beteiligt ist, zusammengerechnet; mittelbare Beteiligungen reichen aus. 81

Eine Gesellschafterfremdfinanzierung ist schädlich, wenn die auf sie entfallene Vergütung 10 % des Nettozinsaufwands der Gesellschaft übersteigt. Es werden die Vergütungen für Fremdkapital aller Gesellschafter zusammengerechnet (Gesamtbetrachtung). 82

Einbezogen werden Gesellschafterfremdfinanzierungen unabhängig davon, ob sie sich auf den inländischen oder ausländischen Gewinn des Rechtsträgers auswirken.

Ein konkreter rechtlich durchsetzbarer Anspruch (z. B. aufgrund einer Garantieerklärung oder einer Bürgschaft), eine Vermerkpflicht in der Bilanz, eine dingliche Sicherheit (z. B. Sicherungseigentum, Grundschuld) oder eine harte bzw. weiche Patronatserklärung vermögen einen Rückgriff im Sinne der Tz. 79 f. zu begründen, sind hierfür aber nicht erforderlich. Es genügt bereits, wenn der Anteilseigner oder die ihm nahe stehende Person dem Dritten gegenüber faktisch für die Erfüllung der Schuld einsteht. Insbesondere werden auch Gestaltungen erfasst, bei denen eine Bank der Kapitalgesellschaft ein Darlehen gewährt und der Anteilseigner seinerseits bei der Bank eine Einlage unterhält (sog. Back-to-back-Finanzierung); die Abtretung der Einlageforderung an die Bank ist nicht Voraussetzung. Auch die Verpfändung der Anteile an der fremdfinanzierten Gesellschaft begründet einen Rückgriff. 83

## V. Öffentlich Private Partnerschaften

Zur Anwendung der Zinsschranke auf Öffentlich Private Partnerschaften – ÖPP (Public Private Partnerships – PPP) gilt Folgendes:

### 1. Grundlagen

Unter ÖPP ist eine vertraglich geregelte und langfristig angelegte Zusammenarbeit zwischen öffentlicher Hand und Privatwirtschaft zur wirtschaftlichen Erfüllung öffentlicher Aufgaben zu verstehen, wobei der private Partner regelmäßig die Planung, den Bau, die Finanzierung, den Betrieb und ggf. die Verwertung des Projektgegenstands übernimmt. Als Vertragsmodelle kommen dabei im Wesentlichen das Inhabermodell, das Erwerbermodell, das Vermietungsmodell, das Leasingmodell, das Contracting-Modell sowie das Konzessionsmodell in Betracht. Die Projekte können sowohl im Rahmen von bereits 84 bestehenden Betrieben als auch im Rahmen von für Zwecke des Projekts gegründeten Gesellschaften abgewickelt werden, ggf. unter Beteiligung des öffentlichen Auftraggebers als Gesellschafter (Gesellschaftsmodell).

### 2. Grundsätze

85 Die Zurechnung der Wirtschaftsgüter, die Gegenstand eines ÖPP-Vertrags sind, ist von der von den Parteien gewählten Vertragsgestaltung und deren tatsächlicher Durchführung abhängig. Unter Würdigung der gesamten Umstände ist im Einzelfall nach allgemeinen Grundsätzen zu entscheiden, wem die Gegenstände zuzurechnen sind. Die in den Tz. 27 ff. dargelegten Grundsätze zur Auf- und Abzinsung und zur Abtretung von Forderungen (Forfaitierung) sind auch auf Vertragsbeziehungen im Rahmen von ÖPP anzuwenden.

### 3. Inhabermodell/Erwerbermodell

86 Kennzeichnend für das Inhaber- und das Erwerbermodell ist es, dass die öffentliche Hand nach Übergabe und Abnahme des Projektgegenstands zivilrechtlicher und wirtschaftlicher (beim Inhabermodell) oder zumindest wirtschaftlicher Eigentümer (beim Erwerbermodell) des Projektgegenstands wird. Zur Refinanzierung seiner Aufwendungen erhält der private Auftragnehmer ein monatliches Leistungsentgelt vom öffentlichen Auftraggeber. Wird hinsichtlich der über die Vertragslaufzeit gestundeten Forderung des privaten Auftragnehmers eine gesonderte Kreditvereinbarung getroffen, stellen die vereinbarten Vergütungen beim privaten Auftragnehmer Zinserträge und beim öffentlichen Auftraggeber Zinsaufwendungen dar. Fehlt eine gesonderte Zinsvereinbarung, ist die Forderung des privaten Auftragnehmers mit dem Barwert zu bilanzieren. Entsprechend Tz. 27 entstehen beim privaten Auftragnehmer sukzessive Zinserträge und beim öffentlichen Auftraggeber sukzessive Zinsaufwendungen.

Bei Forfaitierung der Forderung durch den privaten Auftragnehmer kann es nach Maßgabe der Tz. 29 ff. bei einer unechten Forfaitierung und nach Maßgabe der Tz. 32 ff. bei einer echten Forfaitierung beim privaten Auftragnehmer zu einem Zinsaufwand kommen, der der Zinsschranke unterliegt.

### 4. Vermietungsmodell

87 Kennzeichnend für das Vermietungsmodell ist es, dass das zivilrechtliche und wirtschaftliche Eigentum am Projektgegenstand während der gesamten Vertragslaufzeit beim privaten Auftragnehmer liegt. Mietzahlungen, die durch die öffentliche Hand an den privaten Auftragnehmer geleistet werden, enthalten keinen Zinsanteil und führen bei diesem nicht zu Zinserträgen, die zur Saldierung mit Zinsaufwendungen im Rahmen der Zinsschranke berechtigen.

Die Forfaitierung von künftigen Mieterlösen durch den privaten Auftragnehmer führt unter den Voraussetzungen der Tz. 36 ff. bei diesem zu Zinsaufwendungen.

### 5. Leasingmodell

88 In Leasingraten enthaltene Zinsanteile führen nach Maßgabe der Tz. 25 zu Zinserträgen beim privaten Auftragnehmer als Leasinggeber und zu Zinsaufwendungen beim öffentlichen Auftraggeber als Leasingnehmer.

Die Forfaitierung von künftigen Leasingerlösen durch den privaten Auftragnehmer führt unter den Voraussetzungen der Tz. 36 ff. bei diesem zu Zinsaufwendungen.

**6. Contracting-Modell**

Vertragsgegenstand ist regelmäßig der Einbau und der Betrieb von technischen Anlagen in Gebäuden. Entsprechend den für Mietereinbauten geltenden Grundsätzen ist im konkreten Einzelfall unter Berücksichtigung der jeweiligen vertraglichen Vereinbarungen zu prüfen, wem die Contracting-Anlage bilanzsteuerlich zuzurechnen ist. Im Falle der Zurechnung zum privaten Auftragnehmer gelten die Ausführungen zu Tz. 87 und im Falle der Zurechnung zum öffentlichen Auftraggeber die Ausführungen in Tz. 86 entsprechend. 89

**7. Konzessionsmodell**

Bei ÖPP, die vertraglich über das Konzessionsmodell abgewickelt werden, besteht die Besonderheit, dass Nutzer des Projektgegenstands und ggf. der weiteren Leistungen des privaten Auftragnehmers nicht der öffentliche Auftraggeber, sondern Dritte sind. Die Dritten sind nicht Vertragspartner im Rahmen des Konzessionsvertrags, der zwischen dem privaten Auftragnehmer und dem öffentlichen Auftraggeber abgeschlossen wird. Der öffentliche Auftraggeber räumt im Konzessionsvertrag dem privaten Auftragnehmer das Recht ein, sich durch Entgelte bzw. Gebühren der Nutzer zu refinanzieren. 90

Unabdingbare Voraussetzung für die Annahme einer Finanzierungsleistung des privaten Auftragnehmers, die bei diesem zu Zinserträgen führt, ist es, dass zumindest das wirtschaftliche Eigentum an dem Projektgegenstand beim öffentlichen Auftraggeber liegt bzw. spätestens bei Fertigstellung auf diesen übertragen wird. Soweit im Rahmen von Konzessionsverträgen gesonderte Darlehensvereinbarungen zwischen den Vertragsparteien über die Finanzierungsleistungen des privaten Auftragnehmers getroffen werden, stellen die in Rechnung gestellten und gezahlten Zinsen beim privaten Auftragnehmer Zinserträge und beim öffentlichen Auftraggeber Zinsaufwendungen dar. Der private Auftragnehmer hat nachzuweisen, dass die vereinbarte Vergütung marktüblich ist. Übersteigen die dem öffentlichen Auftraggeber in Rechnung gestellten und gezahlten Zinsen die Refinanzierungskosten des privaten Auftragnehmers, ist dies als Indiz gegen die Marktüblichkeit ist zu werten.

## VI. Öffentliche Hand

Körperschaften des öffentlichen Rechts (z. B. Gebietskörperschaften, Kirchen) bilden mit ihren Betrieben gewerblicher Art und ihren Beteiligungen an anderen Unternehmen, soweit sie nicht in einem Betrieb gewerblicher Art gehalten werden, keinen Gleichordnungskonzern im Sinne der Zinsschranke. 91

Beteiligungsgesellschaften der öffentlichen Hand können Teil eines Konzerns im Sinne der Zinsschranke sein. Im Besitz von Körperschaften des öffentlichen Rechts stehende Holdinggesellschaften des privaten Rechts können ebenfalls einen eigenständigen Konzern im Sinne des § 4 h EStG bilden. 92

Körperschaften des öffentlichen Rechts und steuerbefreite Einrichtungen im Sinne des § 5 Abs. 1 Nr. 2 KStG erfüllen durch die Gewährung von 93

Bürgschaften und anderen Sicherheiten bei der Finanzierung von Gesellschaften, an denen sie zu mindestens 50% unmittelbar oder mittelbar am Kapital beteiligt sind, nicht die Voraussetzungen einer Gesellschafterfremdfinanzierung nach § 8a KStG, es sei denn, es handelt sich um eine Gestaltung, bei der der rückgriffsberechtigte Dritte der Kapitalgesellschaft ein Darlehen gewährt und die Körperschaft des öffentlichen Rechts ihrerseits gegen den Dritten oder eine diesem nahe stehende Person eine Forderung hat, auf die der Dritte zurückgreifen kann (sog. Back-to-back-Finanzierungen). Entsprechendes gilt im Fall einer gesamtschuldnerischen Mithaftung der öffentlichen Hand.

Die öffentliche Hand erfüllt mit ihren wirtschaftlichen Betätigungen regelmäßig Aufgaben der Daseinsvorsorge im Rahmen gesetzlicher Vorgaben und unterliegt regelmäßig einer Aufsicht.

## VII. Sonderfälle

94 Vergütungen für Darlehen, die auf Grund von allgemeinen Förderbedingungen vergeben werden, sind keine Zinsaufwendungen oder Zinserträge im Sinne der Zinsschranke, wenn es sich um mittelbar oder unmittelbar aus öffentlichen Haushalten gewährte Mittel der Europäischen Union, von Bund, Ländern, Gemeinden oder Mittel anderer öffentlich-rechtlicher Körperschaften oder einer nach § 5 Abs. 1 Nr. 2, 17 oder 18 KStG steuerbefreiten Einrichtung handelt.

Hierzu zählen insbesondere

- Förderdarlehen der Förderinstitute (im Sinne der Verständigung zwischen der EU-Kommission und der Bundesrepublik Deutschland über die Ausrichtung rechtlich selbstständiger Förderinstitute in Deutschland vom 1. März 2002),
- öffentliche und nicht öffentliche Baudarlehen,
- Wohnungsfürsorgemittel,
- Mittel, die mit Auflagen (z. B. Belegungsrechten oder Mietpreisbindungen) verbunden sind.

# I § 4 h/2. Schreiben betr. Aussetzung der Vollziehung wegen ernstlicher Zweifel an der Verfassungsmäßigkeit der sog. Zinsschranke (§ 4 h EStG, § 8 a KStG); BFH-Beschluss vom 18. Dezember 2013 I B 85/13, BStBl. 2014 II S. 947

Vom 13. November 2014 (BStBl. I S. 1516)

(BMF IV C 2 – S 2742 – a/07/10001 :009; DOK 2014/0612649)

Der Bundesfinanzhof hat am 18. Dezember 2013 I B 85/13, BStBl. 2014 II S. 947, in einem Verfahren zum vorläufigen Rechtsschutz entschieden, dass Zweifel an der Verfassungskonformität der Einschränkung des Betriebsausgabenabzugs für Zinsaufwendungen gemäß § 4 h EStG (sog. Zinsschranke) bestehen, und deshalb die Aussetzung der Vollziehung eines Steuerbescheids nach § 69 Abs. 2 Satz 2 i. V. m. Abs. 3 Satz 1 FGO gewährt.

Im Einvernehmen mit den obersten Finanzbehörden der Länder ist der Beschluss über den entschiedenen Einzelfall hinaus nicht anzuwenden.

## 1. Keine Zweifel an der Verfassungskonformität der Norm

Die vom Bundesfinanzhof geäußerten Zweifel an der Verfassungskonformität der Vorschriften des § 4 h EStG und § 8 a KStG sind nicht berechtigt. Der Bundesfinanzhof begründet seine Zweifel mit einem Verstoß gegen das objektive Nettoprinzip und das Folgerichtigkeitsgebot (Art. 3 GG). Hierbei verkennt der Bundesfinanzhof, dass ein Verstoß gegen das objektive Nettoprinzip – unabhängig von weiteren sachlichen Gründen, die eine Abweichung davon erlauben würden – schon insofern vermieden wird, als die Zinsschranke ohnehin veranlagungszeitraumübergreifend konzipiert ist. Zinsaufwendungen sind aufgrund der Vortragsmöglichkeit nach § 4 h Abs. 1 Satz 5 EStG allenfalls vorübergehend nicht abziehbar. Die Entscheidung steht insoweit in Widerspruch zu anderen aktuellen Entscheidungen des Bundesfinanzhofs zur Mindestgewinnbesteuerung nach § 10 d Abs. 2 Satz 1 EStG bzw. § 10 a Satz 2 GewStG (vgl. BFH-Urteile vom 22. August 2012 I R 9/11, BStBl. 2013 II S. 512; vom 20. September 2012 IV R 36/10, BStBl. 2013 II S. 498 und IV R 29/10, BStBl. 2013 II S. 505; sowie vom 23. Januar 2013[1] I R 35/12, BStBl. II S. 508).

Im Übrigen ist die Regelung zur Zinsschranke verfassungsrechtlich gerechtfertigt, da sie zielgerichtet Gewinnverlagerungen im Konzern einschränkt und damit zugleich einen qualifizierten Fiskalzweck verfolgt. Dies wird vom Bundesfinanzhof weithin ausgeklammert, indem er die Zinsschranke überwiegend unter dem Aspekt einer Missbrauchsbekämpfungsvorschrift würdigt.

Überdies hat bislang kein Finanzgericht (auch nicht der Bundesfinanzhof) die Regelung der Zinsschranke gemäß Art. 100 GG dem Bundesverfassungs-

[1] **Red. Anm.:** Fälschlich im BStBl.: 3. Januar 2013.

gericht zur Entscheidung vorgelegt. Die beiden – soweit ersichtlich einzigen – hierzu ergangenen erstinstanzlichen Hauptsacheentscheidungen sprechen sich für die Verfassungskonformität der Zinsschranke aus (Urteile des FG Baden-Württemberg vom 26. November 2012 6 K 3390/11, DStRE 2014 S. 452 [Revision anhängig unter I R 2/13] sowie des FG Niedersachsen vom 11. Juli 2013 6 K 226/11, EFG S. 1790 [Revision anhängig unter I R 57/13]).

**2. Besonderes Aussetzungsinteresse**

Selbst in der – hier derzeit nicht gegebenen – Situation eines anhängigen konkreten Normenkontrollverfahrens nach Art. 100 Abs. 1 GG vor dem Bundesverfassungsgericht kann im Hinblick auf den Geltungsanspruch jedes formell verfassungsgemäß zustande gekommenen Gesetzes eine Aussetzung der Vollziehung nur bei einem besonderen berechtigten Interesse des Steuerpflichtigen gewährt werden.

Bei der Prüfung, ob ein berechtigtes Interesse des Steuerpflichtigen an der Aussetzung bzw. der Aufhebung der Vollziehung eines Steuerbescheids vorliegt, ist das individuelle Interesse des Steuerpflichtigen mit den gegen die Gewährung vorläufigen Rechtsschutzes sprechenden öffentlichen Belangen abzuwägen. Dabei kommt es maßgeblich einerseits auf die Bedeutung und die Schwere des durch die Vollziehung des angefochtenen Steuerbescheids eintretenden Eingriffs beim Steuerpflichtigen und andererseits auf die Auswirkungen einer Aussetzung bzw. Aufhebung der Vollziehung auf den Gesetzesvollzug und das öffentliche Interesse an einer geordneten Haushaltsführung an (BFH-Beschlüsse vom 20. Juli 1990 III B 144/89, BStBl. 1991 II S. 104; vom 27. August 2002 XI B 94/02, BStBl. 2003 II S. 18; vom 11. Juni 2003 IX B 16/03, BStBl. II S. 663; vom 1. April 2010 II B 168/09, BStBl. II S. 558; vom 9. März 2012 VII B 171/11, BStBl. II S. 418; und vom 13. März 2012 I B 111/11, BStBl. II S. 611).

Die vom Bundesfinanzhof in der Entscheidung vom 18. Dezember 2013 I B 85/13 vorgenommene „Interessenabwägung" stellt entscheidend auf das öffentliche Interesse an einer geordneten Haushaltsführung ab, das seines Erachtens im Hinblick auf die Zinsschranke vergleichsweise gering zu gewichten sei. Die Gefahren für die öffentlichen Haushalte sind aber schon deshalb nicht als gering einzustufen, weil sich die finanziellen Auswirkungen bis zum Vorliegen einer Entscheidung des Bundesverfassungsgerichts seit dem Veranlagungszeitraum 2008 über etliche Jahre aufsummieren würden.

Ein besonderes persönliches Interesse des Steuerpflichtigen wurde vom Bundesfinanzhof ohne weitere Begründung nicht geprüft. Ein solches lag im Streitfall auch nicht vor, da dem Verfahren ein Sachverhalt zugrunde lag, bei dem es bei einem großen Unternehmen mit Zinsaufwendungen von rund 10 Mio. € um eine Körperschaftsteuerschuld von lediglich rund 11 600 € ging.

Diese Entscheidung steht damit insbesondere in Widerspruch zu aktuellen Entscheidungen anderer Senate des Bundesfinanzhofs. So hat der II. Senat in einem Verfahren zur Erbschaftsteuer im Hinblick auf den hohen Barwert einer vermachten Rente ausdrücklich auch darauf abgestellt, dass der Steuerpflichtige mangels des Erwerbs liquider Mittel (wie z. B. Bargeld) zur Entrichtung der festgesetzten Erbschaftsteuer eigenes Vermögen hätte einsetzen oder die erworbenen Vermögensgegenstände hätte veräußern oder belasten müssen (BFH-Beschluss vom 21. November 2013 II B 46/13, BStBl. 2014 II S. 263; ähnlich auch BFH-Beschluss vom 1. April 2010 II B 168/09, BStBl. II S. 558). In einem Verfahren zur Kernbrennstoffsteuer hat der VII. Senat ausdrücklich verlangt, dass „durch die sofortige Vollziehung der angefochtenen Steueranmeldung irreparable Nachteile oder eine unzumutbare Härte drohen würden" (BFH-Beschluss vom 9. März 2012 VII B 171/11, BStBl. II S. 418).

### 3. Aussetzung der Vollziehung wegen unbilliger Härte

§ 361 Abs. 2 Satz 2 2. Alt. AO und § 69 Abs. 2 Satz 2 2. Alt. FGO bleiben unberührt. Aussetzung der Vollziehung kann danach gewährt werden, wenn die Vollziehung für den Betroffenen eine unbillige, nicht durch überwiegende öffentliche Interessen gebotene Härte zur Folge hätte.

**Zusatz der OFD Frankfurt v. 24. 6. 2016 S 2742 a A – 3 – St 51:**

Der Vorlagebeschluss des BFH beim BVerfG zur Prüfung der Verfassungsmäßigkeit der Zinsschranke vom 14. 10. 2015 I R 20/15 führt zu keiner von dem im Nichtanwendungserlass vertretenen abweichenden rechtlichen Beurteilung. Der Nichtanwendungserlass bleibt daher unverändert bestehen.

# 1 § 4j/1. Schreiben betr. Anwendungsfragen zur Lizenzschranke (§ 4j EStG)

Vom 5. Januar 2022

BMF IV C 2 - S 2144-g/20/10002 :007; DOK 2022/0000838

(BStBl. I S. 100)

Aufwendungen für Rechteüberlassungen sind beim Schuldner nach Maßgabe des § 4j Abs. 3 EStG nicht oder nur anteilig abziehbar, wenn die Einnahmen des Gläubigers einer von der Regelbesteuerung abweichenden, niedrigen Besteuerung unterliegen (Präferenzregelung) und der Gläubiger eine dem Schuldner nahestehende Person i.S.d. § 1 Abs. 2 AStG ist (§ 4j Abs. 1 Satz 1 EStG).

Die Abzugsbeschränkung findet keine Anwendung, soweit die auf die entsprechenden Einnahmen beim Gläubiger angewandte Präferenzregelung dem Nexus-Ansatz der OECD entspricht (§ 4j Abs. 1 Satz 4 EStG). Dieser wurde in Kapitel 4 des Abschlussberichts 2015 zu OECD-BEPS Aktionspunkt 5[1] definiert.

Nach Erörterung mit den obersten Finanzbehörden der Länder gilt zur Anwendung des § 4j EStG Folgendes:

## I. Präferenzregelung i.S.d. § 4j Abs. 1 Satz 1 EStG

Voraussetzung der Abzugsbeschränkung für Aufwendungen für Rechteüberlassungen (sog. Lizenzschranke) ist die Besteuerung der korrespondierenden Einnahmen des Gläubigers im Rahmen einer Präferenzregelung i.S.d. § 4j Abs. 1 Satz 1 EStG.

Eine Präferenzregelung i.S.d Lizenzschranke liegt vor, wenn

1. die Einnahmen des Gläubigers aus der Rechteüberlassung einer von der Regelbesteuerung abweichenden Besteuerung unterliegen (s. I. 1.) und
2. die auf diese Einnahmen entfallende Ertragsteuerbelastung weniger als 25 % beträgt (s. I. 2.).

### 1. Abweichen von der Regelbesteuerung

Die tatsächliche Besteuerung der Einnahmen des Gläubigers aus der Rechteüberlassung ist mit der Regelbesteuerung anderer Einkünfte in demselben Staat zu vergleichen.

Die „Regelbesteuerung" als Vergleichsmaßstab ist der reguläre Steuersatz, der auf die Einkünfte einer dem Gläubiger vergleichbaren Rechtspersönlichkeit ohne jede Vergünstigung (insbesondere aufgrund der Rechtsform oder Ansässigkeit des Gläubigers oder für bestimmte Einkunftsarten oder Einkunftsquellen) angewendet werden würde. Es ist dabei ohne Bedeutung, ob die Abweichung von der Regelbesteuerung einen Antrag des Steuerpflichtigen voraussetzt.

Eine Präferenzregelung muss nicht ausschließlich für Einnahmen aus Rechteüberlassungen gelten. Präferenzregelungen sind nicht nur auf sog. „Intellectual

[1] **Amtl. Anm.:** https://www.oecd.org/publications/wirksamere-bekampfung-schadlicher-steuerpraktiken-unter-berucksichtigung-von-transparenz-und-substanz-aktionspunkt-5-abschlussbericht-9789264258037-de.htm.

Property"(IP)-Regime wie z.B. Lizenzboxen, IP-Boxen oder Patentboxen beschränkt, sondern können auch Einnahmen oder Einkünfte begünstigen, die über die Einnahmen aus Rechteüberlassungen hinausgehen. Anknüpfungspunkt der Präferenzbesteuerung muss dabei nicht das Erzielen einer bestimmten Einkunftsart sein, sondern kann z.B. auch eine Einkunftsquelle sowie die Rechtsform oder der Ort der Geschäftsleitung oder der Sitz des Gläubigers sein. Zwingende Voraussetzung ist jedoch, dass **auch** die Einnahmen aus Rechteüberlassungen von der Präferenzregelung erfasst werden.

Sogenannte „Tax Rulings", also einzelfallbezogene Absprachen zwischen ausländischen Finanzbehörden und Empfängern von Lizenzzahlungen, können ebenfalls die Voraussetzungen einer Präferenzregelung im Sinne der Lizenzschranke erfüllen.

### 2. Niedrige Besteuerung i.S.d. § 4j Abs. 2 Satz 1 EStG

Eine niedrige Besteuerung i.S.d. § 4j Abs. 1 Satz 1 EStG liegt unter den Voraussetzungen des § 4j Abs. 2 Satz 1 EStG vor. Die Einnahmen aus Rechteüberlassungen unterliegen demnach entweder keiner Besteuerung oder einer Ertragsteuerbelastung von unter 25 %. Ob der niedrigen Besteuerung auch weitere Einnahmen oder Einkünfte des Gläubigers der Einnahmen aus Rechteüberlassungen unterliegen, ist unbeachtlich (vgl. I. 1.).

Durch den Verweis auf § 8 Abs. 5 Satz 2 und 3 AStG (§ 4j Abs. 2 Satz 4 EStG) kommt es bei der Prüfung der Niedrigbesteuerung nicht auf die rechtlich geschuldete, sondern auf die tatsächlich erhobene und abgeführte Steuer an. Etwaige nachgelagerte Erstattungsansprüche sind folglich ebenfalls einzubeziehen (§ 8 Abs. 5 Satz 3 AStG). Zudem sind auch rechtssubjektübergreifende Steuererstattungen zu berücksichtigen, die dem Gesellschafter der die Einnahmen aus der Rechteüberlassung empfangenden Gesellschaft im Fall einer Gewinnausschüttung zustehen (§ 8 Abs. 5 Satz 2 AStG).

Ein allgemein niedriges Besteuerungsniveau im Staat des Gläubigers erfüllt allein nicht die Voraussetzung einer Präferenzregelung für Zwecke der Lizenzschranke. Vielmehr muss die Niedrigbesteuerung im Zusammenhang mit einem Abweichen von der Regelbesteuerung (vgl. I. 1.) stehen. Es ist für das Vorliegen einer Präferenzregelung unbeachtlich, ob der Gläubiger neben den der Präferenzregelung unterliegenden Einnahmen weitere, nicht präferenziell besteuerte Einkünfte erzielt.

Werden die Einnahmen für die Überlassung der Nutzung oder des Rechts auf Nutzung von Rechten einer anderen Person ganz oder teilweise zugerechnet oder erfolgt die Besteuerung aus anderen Gründen ganz oder teilweise bei einer anderen Person als dem Gläubiger oder dem weiteren Gläubiger, ist auf die Summe der Belastungen abzustellen (§ 4j Abs. 2 Satz 3 EStG).

## II. Nexus-Konformität i.S.d. § 4j Abs. 1 Satz 4 EStG

§ 4j Abs. 1 Satz 4 EStG enthält eine Ausnahme von der Abzugsbeschränkung, wenn die angewandte Präferenzregelung dem in Kapitel 4 des Abschlussberichts 2015 zu OECD-BEPS Aktionspunkt 5 definierten Nexus-Ansatz entspricht. Entspricht die Präferenzregelung nicht dem Nexus-Ansatz, ist die Anwendung der Ausnahmeregelung des § 4j Abs. 1 Satz 4 EStG auch dann ausgeschlossen, wenn der Gläubiger selbst die Kriterien für eine substanzielle Geschäftstätigkeit erfüllt.

## 1. Prüfung der Nexus-Konformität durch die OECD

Das Forum on Harmful Tax Practices (FHTP) der OECD analysiert international bestehende Präferenzregime und stuft diese ggf. als Instrument schädlichen Steuerwettbewerbs ein. Die Analysen des FHTP werden im Rahmen von Reviews laufend aktualisiert und auf den Internetseiten der OECD bereitgestellt[1].

Das FHTP differenziert bei der Prüfung zwischen IP-Regimen, die ausschließlich Lizenzeinnahmen begünstigen und sonstigen Präferenzregimen, die nicht oder nicht ausschließlich für Lizenzeinnahmen gelten.

Die Mitgliedstaaten der OECD haben sich hinsichtlich der als schädlich eingestuften IP-Regime zu einer Abschaffung oder Nexus-konformen Anpassung der Regelungen bis spätestens 30. Juni 2021 verpflichtet.

### a) IP-Regime

Soweit es sich um IP-Regime handelt, werden diese vom FHTP hinsichtlich ihrer Nexus-Konformität geprüft. IP-Regime gelten nur dann als schädlich, wenn sie nicht dem Nexus-Ansatz entsprechen.

Soweit das FHTP die geprüften IP-Regime als nicht mit dem Nexus-Ansatz vereinbar deklariert, sind die Voraussetzungen des § 4j Abs. 1 Satz 4 EStG nicht erfüllt und die Abzugsbeschränkung kommt zur Anwendung. Eine Arbeitshilfe mit einer nicht abschließenden Liste der vom FHTP als nicht Nexus-konform eingestuften Präferenzregime hat BMF für die Veranlagungszeiträume 2018 bis 2020 bereitgestellt; vgl. BMF-Schreiben vom 6. Januar 2022 (BStBl. I S. 103).

Die Abzugsbeschränkung nach § 4j Abs. 1 Satz 1 EStG findet auch bei Nexus-konformer Anpassung des jeweiligen IP-Regimes bis zum Ende des Übergangszeitraums am 30. Juni 2021 Anwendung, soweit die Einnahmen auf Ebene des Gläubigers noch dem nicht Nexus-konformen IP-Regime unterlegen haben.

### b) Sonstige Präferenzregime

Vom FHTP als „Sonstige Regelungen“ kategorisierte Präferenzregime werden ebenfalls auf Elemente schädlichen Steuerwettbewerbs analysiert, jedoch im Gegensatz zu reinen IP-Regimen nicht hinsichtlich ihrer Nexus-Konformität geprüft. Für „Sonstige Regelungen“ besteht ebenfalls die Verpflichtung, diese aufzuheben oder anzupassen, sofern sie vom FHTP als schädlich eingestuft wurden. Werden die beanstandeten Regelungen vor Abschluss der Prüfung aufgehoben, so läuft die Verpflichtung ins Leere.

## 2. Prüfung der Nexus-Konformität auf nationaler Ebene

Soweit Präferenzregelungen im Sinne der Lizenzschranke (vgl. I.) nicht vom FHTP auf ihre Nexus-Konformität geprüft wurden, muss diese Prüfung im Rahmen des inländischen Besteuerungsverfahrens vorgenommen werden. Dies kann insbesondere der Fall sein, wenn

– das FHTP das als Präferenzregelung i.S.d. Lizenzschranke anzusehende Präferenzregime als „Sonstige Regelung“ eingestuft hat und deshalb keine Prüfung der Nexus-Konformität erfolgt,

[1] **Amtl. Anm.:** https://www.oecd.org/tax/beps/beps-actions/action5/.

- das Präferenzregime im Übergangszeitraum bis zum 30. Juni 2021 aufgehoben oder Nexus-konform angepasst wurde, sodass sich eine Prüfung durch das FHTP erübrigt hat oder eingestellt wurde, oder
- individuelle „Tax Rulings" vorliegen, die die Voraussetzungen einer Präferenzregelung im Sinne der Lizenzschranke erfüllen (vgl. I.1.).

Darüber hinaus kann es aufgrund des Übergangszeitraumes bis zum 30. Juni 2021, in dem nicht Nexus-konforme Präferenzregime weiterbestehen und angewendet werden durften, zu einer Überschneidung des Anwendungszeitraumes von zwei Präferenzregimen in einem Staat kommen. So kann ein nicht Nexus-konformes „Altregime" neben einem neuen, Nexus-konformen Präferenzregime bestehen. In diesen Fällen ist für die Anwendung des § 4j Abs. 1 Satz 4 EStG zu prüfen, ob die zum Abzug begehrten Aufwendungen beim Gläubiger tatsächlich dem Nexus-konformen Präferenzregime unterlegen haben.

## III. Beweislastverteilung

Für die Beweislastverteilung bei Anwendung der Lizenzschranke gelten die allgemeinen Grundsätze. Danach trägt die Finanzverwaltung grundsätzlich die Beweislast für steuererhöhende und der Steuerpflichtige die Beweislast für steuermindernde Tatsachen.

### 1. Betriebsausgabenabzug und Abzugsbeschränkung

Die objektive Beweislast für die Höhe und betriebliche Veranlassung der Lizenzaufwendungen trägt der Steuerpflichtige.

Das Vorliegen einer Präferenzregelung i.S.d. § 4j Abs. 1 Satz 1 EStG mit daraus grundsätzlich resultierender Abzugsbeschränkung nach § 4j Abs. 3 EStG ist als steuererhöhende Tatsache in der objektiven Beweislast der Finanzverwaltung angesiedelt. Ein Rückgriff auf die vom FHTP bereitgestellten Reviews zum Nachweis einer Präferenzregelung ist dabei möglich, allerdings ist die Liste der geprüften Regime in den Reviews nicht als abschließende Aufzählung aller bestehenden Präferenzregelungen anzusehen.

### 2. Mitwirkungspflichten des Steuerpflichtigen

Bei der Prüfung der Abzugsbeschränkung hat der Steuerpflichtige wegen des Vorliegens eines Auslandssachverhalts den erhöhten Mitwirkungs- und Beweisvorsorgepflichten des § 90 Abs. 2 AO nachzukommen und die für die Prüfung im Einzelfall erforderlichen Unterlagen zur Verfügung zu stellen. Anderenfalls kann die Finanzbehörde ggf. nachteilige Schlüsse für den Steuerpflichtigen auch hinsichtlich solcher Tatsachen ziehen, für welche die Finanzverwaltung grundsätzlich die Beweislast trägt.

Soweit im Staat des Empfängers der Lizenzaufwendungen das Vorliegen einer Präferenzregelung festgestellt wurde, kann grundsätzlich von deren tatsächlicher Anwendung auf die Lizenzeinnahmen ausgegangen werden. Die Anwendung der Präferenzregelung kann vom Steuerpflichtigen jedoch durch entsprechende Nachweise widerlegt werden.

### 3. Nachweis der Regelbesteuerung

Der Nachweis, dass eine Lizenzzahlung an einen ausländischen Empfänger keiner Präferenzregelung unterlegen hat, kann grundsätzlich nur durch Vorlage von Unterlagen aus der Buchführung des Gläubigers der Lizenzaufwendungen sowie dem für den Veranlagungszeitraum ergangenen ausländischen Steuerbescheid nebst Berechnungsgrundlagen geführt werden.

Im Einzelnen muss sich aus den einzureichenden Unterlagen insbesondere ergeben, dass

- die Lizenzeinnahme in der Gewinnermittlung des Empfängers erfasst wurde,
- die Einnahme nicht durch einen fiktiven Betriebsausgabenabzug oder ähnlich begünstigende Regelungen verringert wurde, die an die Lizenzeinnahme anknüpfen,
- der Lizenzertrag in voller Höhe in die Steuerberechnung einbezogen wurde,
- kein ermäßigter Steuersatz/keine gänzliche Steuerbefreiung auf die Lizenzerträge angewendet wurde
- das zur Nutzung überlassene Recht sich im zivilrechtlichen Eigentum bzw. im wirtschaftlichen Eigentum nach § 39 Abs. 2 Nr. 1 AO des Empfängers der Lizenzzahlungen befindet oder in Fällen der Unterlizenzierung, wer zivilrechtlicher bzw. wirtschaftlicher Eigentümer des überlassenen Rechtes ist und aus welcher Rechtsposition heraus die Unterlizenzierung an den deutschen Steuerpflichtigen erfolgt.

### 4. Ausnahme bei Nexus-Konformität der Präferenzregelung

Die Nexus-Konformität als Voraussetzung der Ausnahme in § 4j Abs. 1 Satz 4 EStG ist als begünstigende, steuermindernde Tatsache grundsätzlich vom Steuerpflichtigen nachzuweisen.

Bei einer durch das FHTP bestätigten Nexus-Konformität einer Präferenzregelung sind die Voraussetzungen des Ausnahmetatbestandes erfüllt. Es bedarf insoweit keines weiteren Nachweises durch den Steuerpflichtigen. Zum zeitgleichen Bestehen sowohl Nexus-konformer als auch nicht Nexus-konformer Präferenzregelungen im gleichen Staat siehe II. 2. In diesen Fällen hat der Steuerpflichtige nachzuweisen, dass die Lizenzzahlung der Nexus-konformen Regelung unterlegen hat. Wenn der Steuerpflichtige eine Bestätigung der ausländischen Finanzbehörde vorlegen kann, dass die fraglichen Einnahmen der Nexus-konformen Präferenzregelung unterlegen haben, ist der Nachweis durch den Steuerpflichtigen erbracht.

Soweit das FHTP die fehlende Nexus-Konformität eines Präferenzregimes festgestellt hat, liegen die Voraussetzungen der Ausnahme nach § 4j Abs. 1 Satz 4 EStG nicht vor.

Bei Präferenzregelungen, die vom FHTP nicht auf Nexus-Konformität geprüft wurden, hat der Steuerpflichtige den diesbezüglichen Nachweis anhand geeigneter Unterlagen zu erbringen. Erkenntnisse der Finanzverwaltung zur Nexus-Konformität einer Präferenzregelung, die aus vorangegangenen Prüfungen resultieren, sind jedoch zu berücksichtigen. Die Nexus-Konformität einer Präferenzregelung ist insoweit grundsätzlich keine Einzelfallprüfung.

# I § 5/1. Schreiben betr. steuerliche Gewinnermittlung; Bilanzsteuerrechtliche Berücksichtigung von Verpflichtungsübernahmen, Schuldbeitritten und Erfüllungsübernahmen mit vollständiger oder teilweiser Schuldfreistellung, Anwendung der Regelungen in § 4 f und § 5 Abs. 7 EStG

Vom 30. November 2017 (BStBl. I S. 1619)

(BMF IV C 6 – S 2133/14/10001; DOK 2017/0978503)

**Bezug:** BMF-Schreiben vom 16. Dezember 2005 (BStBl. I S. 1052) und 24. Juni 2011 (BStBl. I S. 627); BFH-Urteile vom 14. Dezember 2011 (BStBl. 2017 II S. 1226), vom 26. April 2012 (BStBl. 2017 II S. 1228) und vom 12. Dezember 2012 (BStBl. 2017 II S. 1232 und S. 1265)

Der Bundesfinanzhof (BFH) hat in mehreren Urteilen entschieden, dass übernommene Verpflichtungen beim Übernehmer keinen Ansatz- und Bewertungsbeschränkungen unterliegen, sondern als ungewisse Verbindlichkeiten auszuweisen und mit den „Anschaffungskosten" oder dem höheren Teilwert zu bewerten sind (BFH-Urteile vom 14. Dezember 2011 und 12. Dezember 2012, BStBl. 2017 II S. 1226, 1232 und 1265). Tritt ein Dritter neben dem bisherigen Schuldner in die Verpflichtung ein (sog. Schuldbeitritt) und verpflichtet sich der Dritte, den bisherigen Schuldner von der Verpflichtung freizustellen, kann der bisherige Schuldner mangels Wahrscheinlichkeit der Inanspruchnahme weder eine Rückstellung für die Verpflichtung passivieren, noch einen Freistellungsanspruch gegenüber dem Schuldbeitretenden ansetzen (Urteil vom 26. April 2012, BStBl. 2017 II S. 1228). Der BFH weicht somit von den BMF-Schreiben vom 16. Dezember 2005 (BStBl. I S. 1052) und 24. Juni 2011 (BStBl. I S. 627) ab. Für Wirtschaftsjahre, die nach dem 28. November 2013 enden, sind indes die Regelungen des § 5 Abs. 7 EStG in der Fassung des AIFM-Steuer-Anpassungsgesetzes vom 18. Dezember 2013 (BGBl. I S. 4318; BStBl. 2014 I S. 2) zu beachten, wonach der Übernehmer einer Verpflichtung die gleichen Bilanzierungsvorschriften zu beachten hat, die auch für den ursprünglich Verpflichteten gegolten haben.

Zur Anwendung der Grundsätze der BFH-Rechtsprechung und zu den Auswirkungen auf die o. g. BMF-Schreiben vom 16. Dezember 2005 und 24. Juni 2011 im Zusammenhang mit den gesetzlichen Neuregelungen in den §§ 4 f und 5 Abs. 7 EStG nehme ich nach Abstimmung mit den obersten Finanzbehörden der Länder wie folgt Stellung:

Verpflichtungen können entweder im Wege einer Schuldübernahme nach den §§ 414 ff. Bürgerliches Gesetzbuch (BGB) oder durch Übernahme der mit der Verpflichtung verbundenen Lasten (Schuldbeitritte und Erfüllungsübernahmen mit vollständiger oder teilweiser Schuldfreistellung) übernommen werden. 1

2 Übernommene Verpflichtungen, die beim ursprünglich Verpflichteten bilanzsteuerlichen Ansatzverboten, -beschränkungen oder Bewertungsvorbehalten unterlegen haben, sind in der steuerlichen Gewinnermittlung des Übernehmers oder dessen Rechtsnachfolger nach Maßgabe des § 5 Abs. 7 EStG anzusetzen und zu bewerten. § 5 Abs. 7 EStG gilt ausschließlich für am Bilanzstichtag bestehende Verpflichtungen, die aufgrund der Vorschriften des EStG (z. B. § 5 Abs. 2 a bis 4 b, Abs. 5 Satz 1 Nr. 2, § 6 Abs. 1 Nr. 3 und 3 a sowie § 6 a EStG) und des Körperschaftsteuergesetzes (KStG, z. B. Schwankungs- und Schadenrückstellungen nach § 20 KStG) nicht oder niedriger anzusetzen und zu bewerten sind als die für die Übernahme der Verpflichtung erhaltene Gegenleistung („Anschaffungskosten" i. S. d. BFH-Rechtsprechung).

3 Auf Seiten des Übertragenden kommt eine Verteilung des Aufwandes nach § 4 f EStG nur dann in Betracht, wenn die Verpflichtung an dem der Übertragung vorangegangenen Bilanzstichtag bestand und die Verpflichtung beim Übernehmer oder dessen Rechtsnachfolger in den Anwendungsbereich des § 5 Abs. 7 EStG fällt oder § 5 Abs. 7 EStG zur Anwendung käme, wenn der Übernehmer dem deutschen Steuerrecht unterläge.

4 Ändert sich bei einer betrieblichen Altersversorgungszusage der Durchführungsweg (Direktzusage, Unterstützungskassenzusage, Direktversicherung, Pensionskasse oder Pensionsfonds), sind die §§ 4 f und 5 Abs. 7 EStG nicht anzuwenden; das bei einer Übertragung von Versorgungsleistungen auf Pensionsfonds bestehende Wahlrecht zur Verteilung der Betriebsausgaben gemäß § 4 d Abs. 3 und § 4 e Abs. 3 i. V. m. § 3 Nr. 66 EStG bleibt unberührt.

## I. Schuldübernahme nach §§ 414 ff. BGB

5 Eine Schuld kann von einem Dritten durch Vertrag mit dem Gläubiger in der Weise übernommen werden, dass der Dritte an die Stelle des bisherigen Schuldners tritt (§§ 414 ff. BGB). Verpflichtungen können einzeln oder im Rahmen einer entgeltlichen Betriebsübertragung übertragen werden oder kraft Gesetzes (z. B. nach § 613 a BGB) auf einen Dritten übergehen.

### 1. Bilanzielle Behandlung beim Verpflichtungsübernehmer

#### a) Ansatz und Bewertung in Wirtschaftsjahren, die vor dem 29. November 2013 enden

6 In vor dem 29. November 2013 endenden Wirtschaftsjahren ist die o. g. BFH-Rechtsprechung zu beachten, wonach übernommene Verpflichtungen im Wirtschaftsjahr der Übernahme mit den „Anschaffungskosten" oder dem höheren Teilwert anzusetzen sind.

7 Auf Antrag können die Neuregelungen des § 5 Abs. 7 EStG (Rdnr. 8 bis 10) bereits für vor dem 29. November 2013 endende Wirtschaftsjahre angewendet werden (§ 52 Abs. 9 Satz 2 EStG). Der Antrag ist nicht formgebunden und gilt durch den entsprechenden Ansatz in der steuerlichen Gewinnermittlung als ausgeübt.

**b) Ansatz und Bewertung in Wirtschaftsjahren, die nach dem 28. November 2013 enden**

In nach dem 28. November 2013 endenden Wirtschaftsjahren ist die Neuregelung in § 5 Abs. 7 EStG maßgebend (§ 52 Abs. 9 Satz 1 EStG). Der Übernehmer hat die gleichen Bilanzierungsvorschriften zu beachten, die auch für den ursprünglich Verpflichteten am Bilanzstichtag gegolten hätten, wenn er die Verpflichtung nicht übertragen hätte. Unterlag der ursprünglich Verpflichtete nicht dem deutschen Steuerrecht, ist der Wert maßgebend, der nach den Regelungen des EStG oder KStG anzusetzen gewesen wäre. Dadurch wird sichergestellt, dass der Übernehmer entsprechend dem Sinn und Zweck der Regelungen in § 5 Abs. 7 EStG die Verpflichtung unter Berücksichtigung der steuerlichen Ansatz- und Bewertungsvorbehalte Rdnr. 10). 8

Wurde eine Verpflichtung bereits mehrfach übertragen, ist derjenige ursprünglich verpflichtet i. S. v. § 5 Abs. 7 Satz 1 EStG, der die Schuld erstmalig begründet hat. 9

In der ersten für die Besteuerung maßgebenden Schlussbilanz nach der Übernahme sind Verpflichtungen unter Berücksichtigung der steuerlichen Ansatz- und Bewertungsvorbehalte anzusetzen; insbesondere die Regelungen in § 5 Abs. 2 a bis 4 b, Abs. 5 Satz 1 Nr. 2, § 6 Abs. 1 Nr. 3 und 3 a sowie § 6 a EStG (vgl. Rdnr. 26 bis 33 zu Pensionsverpflichtungen) sind zu beachten. Bilanzsteuerliche Wahlrechte (z. B. Teilwert- oder Pauschalwertverfahren bei Jubiläumsrückstellungen) können unabhängig von der Wahl des Rechtsvorgängers in Anspruch genommen werden. 10

**c) Gewinnmindernde Rücklagen nach § 5 Abs. 7 Satz 5 und 6 EStG**

Für den Gewinn, der sich aus der Anwendung von § 5 Abs. 7 EStG ergibt, kann gemäß § 5 Abs. 7 Satz 5 EStG jeweils i. H. v. 14/15 eine gewinnmindernde Rücklage gebildet werden, die in den folgenden 14 Wirtschaftsjahren jeweils mit mindestens 1/14 gewinnerhöhend aufzulösen ist (Auflösungszeitraum). Wurde die Verpflichtung vor dem 14. Dezember 2011 übernommen, können 19/20 des Gewinns als Rücklage passiviert werden, die in den folgenden 19 Wirtschaftsjahren aufzulösen ist (§ 52 Abs. 9 Satz 3 EStG). Scheidet eine Verpflichtung vor Ablauf des Auflösungszeitraums aus dem Betriebsvermögen aus, ist eine für diese Verpflichtung noch nicht aufgelöste Rücklage gewinnerhöhend auszubuchen (§ 5 Abs. 7 Satz 6 EStG). 11

Die in Rdnr. 11 genannten Verteilungszeiträume sind auch dann maßgebend, wenn die Verpflichtung, für die eine Rücklage gebildet wurde, voraussichtlich bereits vor Ende des Auflösungszeitraums nicht mehr bestehen wird. In diesen Fällen kann aber die bei Ausscheiden erforderliche Auflösung der verbleibenden Rücklage dadurch vermieden werden, dass jährlich mehr als 1/14 oder 1/19 gewinnerhöhend aufgelöst werden (z. B. Verteilung über die tatsächliche Laufzeit der Verpflichtung). 12

Gewinn i. S. v. § 5 Abs. 7 Satz 5 EStG ist der Unterschiedsbetrag zwischen den „Anschaffungskosten" zum Zeitpunkt der Übernahme der Verpflichtung und dem in der folgenden Schlussbilanz nach § 5 Abs. 7 EStG anzusetzenden niedrigeren Wert (Rdnr. 10). Scheidet eine übernommene Verpflichtung bereits vor dem folgenden Bilanzstichtag aus dem Betriebsvermögen aus, kann 13 für einen sich insoweit ergebenden Gewinn keine Rücklage gebildet werden (vgl. auch Rdnr. 2).

**Beispiel 1:**

Unternehmer U pachtet seit dem 1. 1. 2003 für 20 Jahre ein unbebautes Grundstück und errichtet darauf eine betrieblich genutzte Lagerhalle. U hat sich verpflichtet, die Lagerhalle nach Ablauf des Pachtvertrages am 31. 12. 2022 abzureißen. Am Bilanzstichtag 31. 12. 2012 betragen die voraussichtlichen Abrisskosten 10 000 €. U hat für die Abrissverpflichtung eine Rückstellung für ungewisse Verbindlichkeiten passiviert. Da für das Entstehen der Verpflichtung im wirtschaftlichen Sinne der laufende Betrieb ursächlich ist (Nutzung der Lagerhalle), ist die Rückstellung nach § 6 Abs. 1 Nr. 3 a Buchst. d Satz 1 EStG zeitanteilig in gleichen Raten anzusammeln und nach § 6 Abs. 1 Nr. 3 a Buchst. e Satz 1 EStG abzuzinsen. Die von U zum 31. 12. 2012 passivierte Rückstellung beträgt bei einer Restlaufzeit von 10 Jahren und einem Abzinsungsfaktor von 0,585 (Tabelle 2 des BMF-Schreibens vom 26. Mai 2005, BStBl. I S. 699) zutreffend 10 000 € × 10/20 × 0,585 = 2925 €.

Am 2. 1. 2013 übernimmt A (Wirtschaftsjahr = Kalenderjahr) mit Zustimmung des Verpächters den Pachtvertrag von U. Der von A an U zu zahlende Kaufpreis für die Lagerhalle beträgt 50 000 €. Die mit der übernommenen Abrissverpflichtung verbundenen Kosten werden entsprechend den voraussichtlichen Abrisskosten zum 31. 12. 2012 zutreffend auf 10 000 € geschätzt und mit dem Kaufpreis für die Lagerhalle verrechnet. A bucht den Geschäftsvorfall zutreffend wie folgt:

| | | | | |
|---|---|---|---|---|
| Betriebsanlage | 50 000 € | an | Bank | 40 000 € |
| | | | Abrissverpflichtung | 10 000 € |

Bis zum Ende des Wirtschaftsjahres 2013 ergeben sich folgende Änderungen bei den prognostizierten Abrisskosten:

| | |
|---|---|
| Variante a: | keine |
| Variante b: | 20 000 € |
| Variante c: | 5000 € |

Die „Anschaffungskosten" der Abrissverpflichtung betragen 10 000 €. Am folgenden Bilanzstichtag 31. 12. 2013 ist diese Pflicht gemäß § 5 Abs. 7 Satz 1 EStG so zu bilanzieren, wie sie beim ursprünglich Verpflichteten U ohne Übertragung zu bilanzieren wäre. Demzufolge hat A für die Abrissverpflichtung eine Rückstellung für ungewisse Verbindlichkeiten zu passivieren und bei einer Restlaufzeit von 9 Jahren und einem Abzinsungsfaktor von 0,618 wie folgt zu bewerten:

| | |
|---|---|
| Variante a: | 10 000 € × 11/20 × 0,618 = 3399 € |
| Variante b: | 20 000 € × 11/20 × 0,618 = 6798 € |
| Variante c: | 5000 € × 11/20 × 0,618 = 1700 € |

Es ergibt sich unter Berücksichtigung der bei Schuldübernahme eingebuchten Abrissverpflichtung von 10 000 € folgender Gewinn, für den i. H. v. 14/15 eine gewinnmindernde Rücklage gebildet werden kann:

| | |
|---|---|
| Variante a: | 10 000 € – 3399 € = 6601 € (Rücklage 6161 €) |
| Variante b: | 10 000 € – 6798 € = 3202 € (Rücklage 2989 €) |
| Variante c: | 10 000 € – 1700 € = 8300 € (Rücklage 7747 €) |

14 In den Fällen der Rdnr. 6 (Passivierung der „Anschaffungskosten" in vor dem 29. November 2013 endenden Wirtschaftsjahren) ist Gewinn i. S. v. § 5 Abs. 7 Satz 5 EStG der Unterschiedsbetrag zwischen den letztmals passivierten „Anschaffungskosten" und dem am folgenden Bilanzstichtag erstmals nach § 5 Abs. 7 EStG angesetzten Wert (Rdnr. 10). Rdnr. 13 Satz 2 (keine Rücklage

bei vor dem folgenden Bilanzstichtag ausscheidenden Verpflichtungen) gilt entsprechend.

15 Soweit die Steuer- oder Feststellungsbescheide des Wirtschaftsjahres der Verpflichtungsübernahme und die folgenden Steuer- oder Feststellungsbescheide bereits bestandskräftig sind, sind die Rdnrn. 6 bis 14 in der steuerlichen Gewinnermittlung des ersten noch änderbaren Steuer- oder Feststellungsbescheides anzuwenden.

## 2. Abzug des Aufwandes beim ursprünglich Verpflichteten (§ 4f Abs. 1 EStG)

### a) Verteilung des Aufwandes

16 Ein Aufwand, der sich für den ursprünglich Verpflichteten in einem nach dem 28. November 2013 endenden Wirtschaftsjahr aus einem Übertragungsvorgang ergibt, kann gemäß § 4f Abs. 1 Satz 1 i. V. m. § 52 Abs. 8 EStG grundsätzlich nur auf das Jahr der Schuldübernahme und die folgenden 14 Wirtschaftsjahre gleichmäßig verteilt als Betriebsausgabe abgezogen werden. Die Verteilung des Aufwandes erfolgt durch außerbilanzielle Hinzurechnungen und Abrechnungen.

17 Ein zu verteilender Aufwand aus einem Übertragungsvorgang kann auch dann nicht mit Gewinnen aus anderen Geschäftsvorfällen verrechnet werden, wenn diese Gewinne in einem mittelbaren oder unmittelbaren Zusammenhang mit dem Aufwand aus dem Übertragungsvorgang stehen.

### b) Gewinnerhöhend aufzulösende Passivposten i. S. d. § 4f Abs. 1 Satz 2 EStG

18 Sind infolge der Übertragung einer Verpflichtung in der steuerlichen Gewinnermittlung des Vorjahres ausgewiesene Passivposten wie Rückstellungen, Verbindlichkeiten und steuerliche Rücklagen (z. B. nach R 6.11 Abs. 3 EStR bei niedrigeren handelsrechtlichen Bilanzansätzen) gewinnerhöhend aufzulösen, ist der sich aus dem Übertragungsvorgang ergebende Aufwand in dem Wirtschaftsjahr der Übertragung nach § 4f Abs. 1 Satz 2 erster Halbsatz EStG in Höhe der aufgelösten Passivposten als Betriebsausgabe abzugsfähig. Dabei ist immer auf die am vorangegangenen Bilanzstichtag angesetzten Passivposten abzustellen, soweit die Auflösung auf der Übertragung der Verpflichtung beruht. Der Bilanzansatz in einer im Zusammenhang mit einem Umwandlungssteuervorgang erstellten steuerlichen Schlussbilanz ist insoweit unbeachtlich. Weicht der Übertragungszeitpunkt vom Bilanzstichtag ab, kommt eine Zugrundelegung fiktiver Passivposten, die zu diesem Zeitpunkt maßgebend gewesen wären, nicht in Betracht. Der übersteigende Aufwand ist auf das Jahr der Schuldübernahme und die folgenden 14 Wirtschaftsjahre gleichmäßig zu verteilen (§ 4f Abs. 1 Satz 2 EStG). Im Ergebnis ist ein Aufwand, der sich daraus ergibt, dass die Gegenleistung höher ist als die bislang in der steuerlichen Gewinnermittlung passivierte Verpflichtung, nur über 15 Jahre verteilt als Betriebsausgabe abzugsfähig.

**c) Teilbetriebsaufgaben/-veräußerungen, Umwandlungen und Einbringungen**

19 Bei der Veräußerung oder Aufgabe eines Teilbetriebes wird der Übertragungsaufwand nach § 4 f Abs. 1 Satz 1 und 2 EStG nur verteilt, soweit er einen Verlust begründet oder erhöht (§ 4 f Abs. 1 Satz 4 EStG). Der insoweit hinzugerechnete Aufwand ist wie bei einer im laufenden Wirtschaftsjahr erfolgten Schuldübertragung auf das Wirtschaftsjahr der Schuldübernahme und die nachfolgenden Wirtschaftsjahre zu verteilen, d. h. der sofort abzugsfähige Aufwand von 1/15 ist im Rahmen der Ermittlung des Veräußerungs- oder Aufgabegewinns nach § 16 Abs. 2 EStG zu berücksichtigen und der verbleibende Betrag auf die folgenden 14 Wirtschaftsjahre zu verteilen. Entsprechendes gilt bei Umwandlungen und Einbringungen von Teilbetrieben nach dem Umwandlungssteuergesetz.

**d) Übertragung von (Teil-) Mitunternehmeranteilen**

20 Eine Verpflichtung kann auch durch entgeltliche Übertragung von (Teil-) Mitunternehmeranteilen übertragen werden. Wird der gesamte Mitunternehmeranteil übertragen, unterbleibt nach § 4 f Abs. 1 Satz 3 EStG eine Verteilung des sich ergebenden Aufwandes.

**e) Ausnahmen von der Aufwandsverteilung**

21 Die Verteilungsregelung gilt nach § 4 f Abs. 1 Satz 3 EStG nicht für kleine und mittlere Betriebe i. S. v. § 7 g EStG sowie für Betriebsveräußerungen und Betriebsaufgaben.

## II. Übernahme von mit einer Verpflichtung verbundenen Lasten (Schuldbeitritte und Erfüllungsübernahmen mit vollständiger oder teilweiser Schuldfreistellung)

22 Bei Schuldbeitritten und Erfüllungsübernahmen mit vollständiger oder teilweiser Schuldfreistellung besteht das bisherige Vertragsverhältnis zwischen dem Freigestellten und dem Gläubiger der Verpflichtung unverändert fort. Der Übernehmer verpflichtet sich, den bislang alleine Verpflichteten von den künftigen Leistungspflichten ganz oder teilweise freizustellen.

### 1. Bilanzierung beim Übernehmer oder Beitretenden

23 Für die zu passivierende Freistellungsverpflichtung gelten die Randnummern 6 bis 15 entsprechend.

### 2. Bilanzielle Folgen beim Freistellungsberechtigten

24 Eine vom Freistellungsberechtigten bislang passivierte Rückstellung ist aufgrund fehlender Wahrscheinlichkeit der Inanspruchnahme gewinnerhöhend aufzulösen (BFH-Urteil vom 26. April 2012, BStBl. 2017 II S. 1228). Der Freistellungsberechtigte hat in der steuerlichen Gewinnermittlung keinen Freistellungsanspruch gegenüber dem Freistellungsverpflichteten auszuweisen.

25 Ist die Gegenleistung für den Schuldbeitritt oder die Erfüllungsübernahme höher als die bislang passivierte Rückstellung, entsteht ein Aufwand i. S. v. § 4 f Abs. 2 i. V. m. Abs. 1 EStG; die Rdnrn. 16 bis 18 gelten entsprechend. Bei Schuldbeitritten und Erfüllungsübernahmen kommen Ausnahmen von der

Verteilungspflicht nach § 4 f Abs. 1 Satz 3 EStG (vgl. Rdnr. 21) nicht in Betracht, da gemäß § 4 f Abs. 2 EStG nur die Sätze 1, 2 und 7 des Abs. 1 entsprechend gelten.

## III. Schuldübernahmen, Schuldbeitritte und Erfüllungsübernahmen mit vollständiger oder teilweiser Schuldfreistellung im Zusammenhang mit Pensionsverpflichtungen i. S. v. § 6 a EStG

Bei der Bewertung übernommener Pensionsverpflichtungen nach § 6 a EStG können bilanzsteuerrechtliche Wahlrechte (insbesondere das Pensionsalter nach R 6 a Abs. 11 EStR und die Wahl der biometrischen Rechnungsgrundlagen) unabhängig von der Entscheidung des Rechtsvorgängers in Anspruch genommen werden (vgl. Rdnr. 10). Das sog. Nachholverbot nach § 6 a Abs. 4 EStG gilt für bei einem Rechtsvorgänger entstandene Fehlbeträge in der ersten Schlussbilanz nach der Übernahme nicht. 26

In den Fällen der Übernahme von Pensionsverpflichtungen gegenüber Arbeitnehmern, die bisher in einem anderen Unternehmen tätig waren (Unternehmenswechsel), unter gleichzeitiger Übernahme von Vermögenswerten gilt für die Bewertung der Pensionsverpflichtungen die Sonderregelung des § 5 Abs. 7 Satz 4 EStG: Bei der Ermittlung des Teilwertes der jeweiligen Verpflichtung ist der Jahresbetrag nach § 6 a Abs. 3 Satz 2 Nr. 1 EStG so zu bemessen, dass zu Beginn des Wirtschaftsjahres der Übernahme der Barwert der Jahresbeträge zusammen mit den übernommenen Vermögenswerten gleich dem Barwert der künftigen Pensionsleistungen ist, wobei sich kein negativer Jahresbetrag ergeben darf. Das gilt unabhängig von der Anzahl der übernommenen Pensionsverpflichtungen. Bei Betriebsübergängen gemäß § 613 a BGB kommt die Anwendung der Sonderregelung nach § 5 Abs. 7 Satz 4 EStG nicht in Betracht, da in diesen Fällen der neue Betriebsinhaber in die Rechte und Pflichten aus den bestehenden Arbeitsverhältnissen eintritt und kein Unternehmenswechsel erfolgt. 27

Wurde eine Pensionsverpflichtung bereits mehrfach übertragen und wurde bei mindestens einer der Übertragungen die in § 5 Abs. 7 Satz 4 EStG dargelegte Sonderregelung angewendet, ist abweichend von Rdnr. 9 derjenige ursprünglich verpflichtet i. S. v. § 5 Abs. 7 Satz 1 EStG, der zuletzt die Sonderregelung angewendet hat. 28

Nach § 4 f Abs. 1 Satz 3 zweiter Teilsatz EStG unterbleibt die Verteilung von Aufwand im Zusammenhang mit der Übertragung von Pensionsansprüchen von Versorgungsberechtigten, die zu einem neuen Arbeitgeber wechseln. Das gilt auch für Verpflichtungen aus Jubiläumszusagen, Altersteilzeitvereinbarungen und ähnlichen Verpflichtungen gegenüber dem Arbeitnehmer, die auf den neuen Arbeitgeber übertragen werden. In den Fällen des § 613 a BGB ist § 4 f Abs. 1 Satz 3 zweiter Teilsatz EStG aber nicht anzuwenden (vgl. Rdnr. 27 letzter Satz). 29

**Beispiel 2:**

Arbeitgeber K (Wirtschaftsjahr = Kalenderjahr) hat seinem Arbeitnehmer Pensionsleistungen zugesagt und in seiner Steuerbilanz zum 31. 12. 2012 eine Pensionsrückstellung nach § 6 a EStG i. H. v. 100 000 € zutreffend passiviert. Mit Vertrag vom 16. 12. 2013 vereinbart K mit 30

F (Wirtschaftsjahr = Kalenderjahr) einen Schuldbeitritt mit Freistellungsverpflichtung und zahlt hierfür am 17. 12. 2013 150 000 € an F.
Wegen der Freistellungsverpflichtung des F ist nicht mehr davon auszugehen, dass K aus der Pensionsverpflichtung in Anspruch genommen wird. Die bislang passivierte Pensionsrückstellung nach § 6 a EStG ist daher in der Bilanz zum 31. 12. 2013 gewinnerhöhend aufzulösen (BFH-Urteil vom 26. April 2012, BStBl. 2017 II S. 1228). Die Zahlung von 150 000 € an F ist Betriebsausgabe, so dass sich im Ergebnis ein Verlust von 50 000 € ergibt. Dieser Verlust ist nach § 4 f EStG über 15 Jahre zu verteilen, da der Aufwand in einem nach dem 28. 11. 2013 endenden Wirtschaftsjahr entstanden ist (vgl. § 52 Abs. 8 EStG). In den Wirtschaftsjahren 2013 bis 2027 können jeweils 1/15 × 50 000 € = 3333 € als Betriebsausgabe abgezogen werden (außerbilanzielle Hinzurechnungen und Abrechnungen).
Die aufgrund des Schuldbeitrittes bei F zu passivierende Pensionsverpflichtung ist zunächst mit den „Anschaffungskosten" von 150 000 € anzusetzen (Buchung: Bank 150 000 € an Pensionsverpflichtung 150 000 €).
Am folgenden Bilanzstichtag 31. 12. 2013 ist § 5 Abs. 7 Satz 2 EStG zu beachten. Die Freistellungsverpflichtung ist so zu bilanzieren, wie sie der ursprünglich alleine verpflichtete K am 31. 12. 2013 anzusetzen gehabt hätte (Pensionsrückstellung, Teilwert nach § 6 a EStG zum 31. 12. 2013, hier angenommen 110 000 €). Nimmt F die Rücklagenregelung gemäß § 5 Abs. 7 Satz 5 EStG in Anspruch, kann der Gewinn aus dem Teilwertansatz nach § 6 a EStG (150 000 € – 110 000 € = 40 000 €) zu 14/15 = 37 334 € als Rücklage passiviert werden. Es verbleibt ein Gewinn von 1/15 × 40 000 € = 2666 €. Dementsprechend ergibt sich folgende Steuerbilanz:

Steuerbilanz F 31.12.2013

| Aktiva | | Passiva | | |
|---|---|---|---|---|
| Bank | 150 000 € | Schuldbeitrittsverpflichtung, § 6 a EStG | | 110 000 € |
| | | Rücklage § 5 Abs. 7 Satz 5 EStG | | 37 334 € |
| | | Kapital | | |
| | | Anfangsbestand | 0 € | |
| | | + Gewinn Ansatz § 6 a EStG | 2666 € | 2666 € |

31 Verpflichtet sich der Beitretende, den bislang alleine Verpflichteten von den künftigen Leistungspflichten gegenüber einem Anwärter ganz freizustellen, zahlt der bislang alleine Verpflichtete als Gegenleistung für den Schuldbeitritt aber zunächst nur ein Basisentgelt für die bis zum Beitritt erdiente Versorgungsanwartschaft und vergütet die nach diesem Stichtag erdienten Anwartschaften durch entsprechende Entgelterhöhungen, gilt als Wirtschaftsjahr des Schuldbeitrittes für die gesamte Pensionsverpflichtung das Wirtschaftsjahr, in dem die Verpflichtung zur Zahlung des Basisentgeltes gewinnwirksam wird. Die Verteilungs- und Rücklagenregelung der §§ 4 f und 5 Abs. 7 EStG kommen aus Vereinfachungsgründen nur für das Basisentgelt in Betracht. Die in den dem Schuldbeitritt folgenden Wirtschaftsjahren für die neu erdienten Anwartschaften gezahlten Entgelterhöhungen sind beim bislang alleine Verpflichteten uneingeschränkt in voller Höhe als Betriebsausgabe abzugsfähig und beim Beitretenden in voller Höhe als Betriebseinnahme anzusetzen.

**Abwandlung Beispiel 2:**

32 K zahlt am 17. 12. 2013 an F für den Schuldbeitritt zunächst nur ein Basisentgelt in Höhe des nach HGB-Grundsätzen ermittelten Barwertes der bis zum Schuldbeitritt erdienten Anwartschaft des noch im Unternehmen tätigen Versorgungsberechtigten (120 000 €). Die Vergütung der nach dem Schuldbeitritt erdienten Anwartschaft soll durch jährliche Entgelterhöhungen erfolgen.

K hat die bislang passivierte Pensionsrückstellung nach § 6 a EStG i. H. v. 100 000 € in der Bilanz zum 31. 12. 2013 vollständig gewinnerhöhend aufzulösen, da er von der gesamten Versorgungsverpflichtung freigestellt wird. Das gezahlte Basisentgelt von 120 000 € ist bis zur Höhe der aufgelösten Rückstellung sofort als Betriebsausgabe abzugsfähig. Der übersteigende Betrag von 20 000 € ist in den Wirtschaftsjahren 2013 bis 2027 gleichmäßig verteilt abzuziehen. Die in den folgenden Jahren für die neu erdienten Anwartschaften gezahlten Entgelterhöhungen sind in voller Höhe Betriebsausgabe.
F hat zum 31. 12. 2013 die gesamte übernommene Verpflichtung nach § 6 a EStG zu bewerten (110 000 €). Unter Berücksichtigung der erhaltenen Zahlung von 120 000 € ergibt sich ein Gewinn von 10 000 €, für den nach § 5 Abs. 7 Satz 5 EStG eine gewinnmindernde Rücklage gebildet werden kann, die über 15 Jahre zu verteilen ist. Die Entgelte in den Folgejahren sind jeweils in vollem Umfang gewinnwirksam.

Die Regelungen gemäß Rdnr. 31 gelten entsprechend bei Erhöhungsbeträgen, die aufgrund des Bilanzrechtsmodernisierungsgesetzes gezahlt werden, wenn der bislang alleine Verpflichtete das handelsrechtliche Wahlrecht zur Verteilung der Rückstellungszuführung nach Art. 65 Abs. 1 des Einführungsgesetzes zum Handelsgesetzbuch in Anspruch genommen hat. 33

## IV. Zeitliche Anwendung

Dieses Schreiben gilt in allen noch offenen Fällen. Das BMF-Schreiben vom 16. Dezember 2005 (BStBl. I S. 1052) zur bilanziellen Behandlung von Schuldbeitrittsvereinbarungen und das BMF-Schreiben vom 24. Juni 2011 (BStBl. I S. 627) zu den bilanzsteuerrechtlichen Ansatz- und Bewertungsvorbehalten bei der Übernahme von schuldrechtlichen Verpflichtungen werden aufgehoben. 34

Hat der Freistellungsberechtigte abweichend von Rdnr. 24 bislang aufgrund der in Rdnr. 34 genannten BMF-Schreiben eine Rückstellung und einen Freistellungsanspruch gegenüber dem Freistellungsverpflichteten angesetzt, ist es nicht zu beanstanden, wenn Rückstellung und Anspruch spätestens in dem Wirtschaftsjahr gewinnwirksam aufgelöst werden, das nach der Veröffentlichung dieses Schreibens im Bundessteuerblatt endet. Die Betriebsausgabenverteilung gemäß § 4 f Abs. 2 i. V. m. Abs. 1 EStG kommt nur dann in Betracht, wenn die Vereinbarung auch ohne Anwendung der in Rdnr. 34 genannten BMF-Schreiben in nach dem 28. November 2013 endenden Wirtschaftsjahren zu einem Aufwand geführt hätte. 35

# I § 5/2. Schreiben betr. Rückstellungen für Zuwendungen anlässlich eines Dienstjubiläums; BMF-Schreiben vom 29. Oktober 1993 (BStBl. I S. 898) und 12. April 1999 (BStBl. I S. 434)

Vom 8. Dezember 2008 (BStBl. I S. 1013)
(BMF IV C 6 – S 2137/07/10002; DOK 2008/0690725)
Geändert durch BMF v. 27. 2. 2020 (BStBl. I S. 254)

**1 Anlage**

Nach dem Ergebnis der Erörterung mit den obersten Finanzbehörden der Länder gilt für den Ansatz und die Bewertung von Rückstellungen für Zuwendungen anlässlich eines Dienstjubiläums Folgendes:

## 1. Begriff der Jubiläumszuwendung

1 Eine Jubiläumszuwendung ist jede Einmalzuwendung in Geld- oder Geldeswert an den Arbeitnehmer anlässlich eines Dienstjubiläums, die dieser neben dem laufenden Arbeitslohn und anderen sonstigen Bezügen erhält. Dazu gehören auch zusätzliche Urlaubstage im Jubiläumsjahr.

## 2. Voraussetzungen für die Bildung von Rückstellungen für Zuwendungen anlässlich eines Dienstjubiläums

2 Nach § 5 Abs. 4 EStG ist die Bildung einer Rückstellung für die Verpflichtung zu einer Zuwendung anlässlich eines Dienstjubiläums nur zulässig, wenn das maßgebende Dienstverhältnis mindestens zehn Jahre bestanden hat, die Zuwendung das Bestehen eines Dienstverhältnisses von mindestens 15 Jahren voraussetzt und die Zusage schriftlich erteilt wird. Darüber hinaus kann ausschließlich der Teil der Anwartschaft berücksichtigt werden, der auf die Dienstzeiten nach dem 31. Dezember 1992 entfällt (vgl. auch Randnummern 13 bis 16).

3 Liegen die Voraussetzungen des § 5 Abs. 4 EStG vor, kann eine Rückstellung aber dennoch nicht angesetzt werden, wenn der Steuerpflichtige nicht ernsthaft damit rechnen muss, aus der Zusage auch tatsächlich in Anspruch genommen zu werden (vgl. R 5.7 Abs. 5 *EStR 2005*[1]) zur Wahrscheinlichkeit der Inanspruchnahme aus einer Verpflichtung).

4 Es ist nicht erforderlich, dass die Zusage rechtsverbindlich, unwiderruflich und vorbehaltlos erteilt wird. Bei Verpflichtungen mit Widerrufsvorbehalten ist aber in besonderem Maße zu prüfen, ob die Entstehung der Verbindlichkeit nach der bisherigen betrieblichen Übung oder nach den objektiv erkennbaren Tatsachen am zu beurteilenden Bilanzstichtag wahrscheinlich im Sinne von Randnummer 3 ist (BFH-Urteil vom 18. Januar 2007 IV R 42/04, BStBl. 2008 II S. 956).

---

[1]) Jetzt: EStR 2015.

### 3. Schriftformerfordernis

5 Rückstellungen für Jubiläumszuwendungen können nach § 5 Abs. 4 EStG nur passiviert werden, wenn die Zusage schriftlich erteilt wurde. Hinsichtlich des Schriftformerfordernisses gilt R 6 a Abs. 7 *EStR 2005*[1] entsprechend.

### 4. Bewertung der Verpflichtung

#### a) Umfang der Verpflichtung

6 Für die Bewertung der zugesagten Leistungen sind die Wertverhältnisse am Bilanzstichtag maßgebend. Die Grundsätze der Inventurerleichterung bei der Bewertung von Pensionsrückstellungen gemäß R 6 a Abs. 18 *EStR 2005*[1] sind entsprechend anzuwenden. Soll der Arbeitgeber die Lohnsteuerbelastung des Arbeitnehmers tragen (Nettolohnvereinbarung), ist der am Bilanzstichtag geltende Steuertarif zu berücksichtigen. Änderungen der Bemessungsgrundlage oder des Steuertarifes, die erst nach dem Bilanzstichtag wirksam werden, sind zu berücksichtigen, wenn sie am Bilanzstichtag bereits feststehen.

#### b) Berücksichtigung der Wahrscheinlichkeit des Ausscheidens

7 Die Bildung einer Rückstellung für eine dem Arbeitnehmer zugesagte Jubiläumszuwendung setzt voraus, dass das Dienstverhältnis mindestens zehn Jahre bestanden hat (vgl. Randnummer 2). Mit dieser Regelung wird das Ausscheiden von Arbeitnehmern aufgrund von Kündigungen (Fluktuation) in pauschaler Weise berücksichtigt. Ein zusätzlicher Fluktuationsabschlag zum jeweiligen Bilanzstichtag ist nicht vorzunehmen. Demgegenüber ist die Wahrscheinlichkeit des Ausscheidens wegen Tod oder Invalidität gesondert zu ermitteln.

8 Für die Bestimmung des Zeitpunktes, zu dem der Begünstigte wegen des Eintritts in den Ruhestand aus dem Unternehmen ausscheidet, ist das dienstvertragliche Pensionsalter, spätestens die jeweilige Regelaltersgrenze in der gesetzlichen Rentenversicherung zugrunde zu legen. Sofern für den Begünstigten auch eine Pensionszusage besteht, ist dasselbe Alter zu berücksichtigen, das nach R 6 a Abs. 11 *EStR 2005*[1] bei der Bewertung der Pensionsrückstellung angesetzt wird.

#### c) Bewertungsverfahren

#### – Bewertung unter Berücksichtigung der anerkannten Regeln der Versicherungsmathematik

9 Der Teilwert der Verpflichtung zur Leistung der einzelnen Jubiläumszuwendung ist grundsätzlich unter Berücksichtigung der anerkannten Regeln der Versicherungsmathematik als Barwert der künftigen Jubiläumszuwendung am Schluss des Wirtschaftsjahres abzüglich des sich auf denselben Zeitpunkt ergebenen Barwertes betragsmäßig gleich bleibender Jahresbeträge zu ermitteln; auf *Nummer 2 des BMF-Schreibens vom 16. Dezember 2005 (BStBl. I S. 1054) zum Übergang auf die „Richttafeln 2005 G" von Professor Klaus Heubeck*[2] wird hingewiesen. Die Jahresbeträge sind dabei so zu bemessen, dass ihr Barwert zu Beginn des Wirtschaftsjahres, in dem die für die Jubiläumszuwendung maßgebende Dienstzeit begonnen hat, gleich dem

[1] Jetzt: EStR 2015.

[2] Siehe nunmehr Nr. 2 des BMF-Schreibens v. 19. 10. 2018, BStBl. I S. 1107 (Nr. **1** § 6a/11) zum Übergang auf die „Richttafeln 2018 G".

Barwert der künftigen Jubiläumszuwendung ist. Die künftige Jubiläumszuwendung ist dabei mit dem Betrag anzusetzen, der sich nach den Verhältnissen am Bilanzstichtag ergibt. Zur Ermittlung des Teilwertes ist die Verpflichtung unter Zugrundelegung eines Zinssatzes von mindestens 5,5 % abzuzinsen.

– **Pauschalwertverfahren**

Es ist nicht zu beanstanden, wenn der Teilwert abweichend von Randnummer 9 nach einem pauschalen Verfahren (Pauschalwertverfahren) ermittelt wird. Dabei sind zwingend die Werte der in der Anlage beigefügten Tabelle zugrunde zu legen. Diese Werte berücksichtigen bereits die Wahrscheinlichkeit des Ausscheidens und die Abzinsung. **10**

Die Berechnung der Rückstellungen kann für alle Jubiläumsverpflichtungen des Betriebes nur einheitlich entweder nach dem Verfahren gemäß Randnummer 9 oder nach dem Pauschalwertverfahren gemäß Randnummer 10 erfolgen. Das gewählte Verfahren bindet den Steuerpflichtigen für fünf Wirtschaftsjahre. **11**

**Beispiel 1:** **12**

| | |
|---|---|
| Erforderliche Dienstjahre für die Jubiläumszuwendung: | 25 Jahre |
| Höhe der Zuwendung: | 2000 € |
| Beginn des maßgebenden Dienstverhältnisses: | 1. Januar 1996 |

Berechnung der Rückstellung zum 31. Dezember 2008:

| | |
|---|---|
| abgeleistete Dienstjahre: | 13 Jahre |
| Wert gemäß Anlage je 1000 €: | 173 € |
| anzusetzende Rückstellung somit: 173 € × 2 = | **346 €** |

## d) Kürzung der Rückstellung bei Beginn des Dienstverhältnisses vor dem 1. Januar 1993

Nach § 5 Abs. 4 EStG können Rückstellungen nur passiviert werden, soweit der Zuwendungsberechtigte seine Anwartschaft nach dem 31. Dezember 1992 erworben hat. Demzufolge ist in den Fällen, in denen das für die Jubiläumszuwendung maßgebende Dienstverhältnis vor dem 1. Januar 1993 begonnen hat, die nach den Randnummern 9 oder 10 ermittelte Rückstellung um den Teilbetrag zu kürzen, der sich bezogen auf die Verhältnisse am Bilanzstichtag als Rückstellungsbetrag nach dem gleichen Verfahren zum 31. Dezember 1992 ergeben hätte. **13**

Bei einer Veränderung der Jubiläumszuwendung ist der Kürzungsbetrag neu zu ermitteln. Eine Kürzung ist auch in den Fällen vorzunehmen, in denen die Zusage zwar nach dem 31. Dezember 1992 erteilt oder verändert wird, sich aber auch auf Dienstzeiten vor dem 1. Januar 1993 bezieht. **14**

**Beispiel 2:** **15**

| | |
|---|---|
| Erforderliche Dienstjahre für die Jubiläumszuwendung: | 30 Jahre |
| Höhe der Zuwendung: | 3000 € |
| Beginn des maßgebenden Dienstverhältnisses: | 1. März 1990 |

Berechnung zum 31. Dezember 2008:

a) Rückstellung zum 31. Dezember 2008:

| | |
|---|---|
| abgeleistete Dienstjahre (aufgerundet): | 19 Jahre |
| Wert gemäß Anlage je 1000 €: | 225 € |
| Rückstellung somit: 225 € × 3 = | 675 € |

b) Rückstellung zum 31. Dezember 1992:

| | |
|---|---|
| abgeleistete Dienstjahre (aufgerundet): | 3 Jahre |
| Wert gemäß Anlage je 1000 €: | 14 € |
| Rückstellung somit: 14 € × 3 = | 42 € |

Anzusetzen zum 31. Dezember 2008: 675 € – 42 € = **633 €**

16 **Beispiel 3:**

| | |
|---|---|
| Erforderliche Dienstjahre für die Jubiläumszuwendung: | 40 Jahre |
| Höhe der Zuwendung: | 1 Monatsgehalt |
| Beginn des maßgebenden Dienstverhältnisses: | 1. Oktober 1991 |
| Monatsgehalt zum 31. Dezember 2008: | 3000 € |
| Monatsgehalt zum 31. Dezember 2009: | 3200 € |

Berechnung zum 31. Dezember 2008:

a) Rückstellung zum 31. Dezember 2008:

| | |
|---|---|
| abgeleistete Dienstjahre (abgerundet): | 17 Jahre |
| Wert gemäß Anlage je 1000 €: | 73 € |
| Rückstellung somit: 73 € × 3 = | 219 € |

b) Rückstellung zum 31. Dezember 1992:

| | |
|---|---|
| abgeleistete Dienstjahre (abgerundet): | 1 Jahr |
| Wert gemäß Anlage je 1000 €: | 2 € |
| Rückstellung somit: 2 € × 3 = | 6 € |

Anzusetzen zum 31. Dezember 2008: 219 € – 6 € = **213 €**

Berechnung zum 31. Dezember 2009:

a) Rückstellung zum 31. Dezember 2009:

| | |
|---|---|
| abgeleistete Dienstjahre (abgerundet): | 18 Jahre |
| Wert gemäß Anlage je 1000 €: | 82 € |
| Rückstellung somit: 82 € × 3,2 = | 262,40 € |

b) Rückstellung zum 31. Dezember 1992:

| | |
|---|---|
| abgeleistete Dienstjahre (abgerundet): | 1 Jahr |
| Wert gemäß Anlage je 1000 €: | 2 € |
| Rückstellung somit: 2 € × 3,2 = | 6,40 € |

Anzusetzen zum 31. Dezember 2009: 262,40 € – 6,40 € = **256 €**

## 5. Zeitliche Anwendung

Dieses Schreiben ist grundsätzlich in allen noch offenen Fällen anzuwenden. Abweichend hiervon gilt für die Anwendung der folgenden Randnummern Folgendes: 17

### a) Randnummer 4 (Jubiläumszusagen mit Widerrufsvorbehalten)

Bei Jubiläumszusagen im Sinne von § 5 Abs. 4 EStG, die allein wegen bestehender Widerrufsvorbehalte bislang bilanzsteuerrechtlich nicht berücksichtigt wurden, kann Randnummer 4 erstmals in nach dem 18. Januar 2007 (Datum der BFH-Entscheidung IV R 42/04) aufgestellten Bilanzen berücksichtigt werden. Sie ist spätestens für Bilanzen maßgebend, die nach dem Tag der Veröffentlichung des BFH-Urteils IV R 42/04 im Bundessteuerblatt aufgestellt werden. 18

Der Ansatz einer Rückstellung für eine Jubiläumszusage mit Widerrufsvorbehalt in vor dem 19. Januar 2007 aufgestellten Bilanzen ist im Rahmen einer Bilanzberichtigung nach § 4 Abs. 2 Satz 1 EStG möglich. Diese ist zulässig, wenn der Steuerpflichtige durch den Ausweis einer entsprechenden Rückstellung in der Handelsbilanz oder durch entsprechende Zusätze oder Vermerke in der steuerlichen Gewinnermittlung dokumentiert hat, dass er einen solchen Ansatz begehrt, und die Festsetzung verfahrensrechtlich noch änderbar ist. Entsprechendes gilt, wenn der Steuerpflichtige nach der erstmaligen Steuerfestsetzung innerhalb der Einspruchsfrist nach § 355 Abgabenordnung (AO) die bilanzielle Berücksichtigung von widerruflichen Jubiläumszusagen erstmals beantragt. 19

### b) Randnummer 8 (maßgebendes Pensionsalter)

Randnummer 8 Satz 1 kann erstmals der Gewinnermittlung des Wirtschaftsjahres zugrunde gelegt werden, das nach dem 30. April 2007 (Tag der Veröffentlichung des RV-Altersgrenzenanpassungsgesetzes vom 20. April 2007, BGBl. I S. 554, im Bundesgesetzblatt) endet. Sie ist spätestens in der Bilanz des ersten Wirtschaftsjahres zu berücksichtigen, das nach dem 30. Dezember 2008 endet (Übergangszeit). 20

### c) Randnummer 10 und Anlage (Pauschalwertverfahren)

Die Anlage dieses Schreibens kann frühestens der pauschalen Bewertung von Rückstellungen für Zuwendungen anlässlich eines Dienstjubiläums am Ende des Wirtschaftsjahres zugrunde gelegt werden, das nach dem 6. Juli 2005 (Tag der Veröffentlichung der *„Richttafeln 2005 G"*[1]) von Prof. Klaus Heubeck) endet, wenn auch bei der Bewertung eventuell vorhandener Pensionsverpflichtungen und sonstiger versicherungsmathematischer Bilanzposten des Unternehmens der Übergang auf die *„Richttafeln 2005 G"*[1]) erfolgt ist (vgl. *Nummer 2 des BMF-Schreibens vom 16. Dezember 2005, BStBl. I S. 1054*[2])). 21

Die Übergangsregelungen nach den Randnummern 17 bis 21 gelten einheitlich für alle Verpflichtungen des Unternehmens zur Zahlung von Zuwendungen anlässlich eines Dienstjubiläums. Ab dem Übergangszeitpunkt sind die 22

---

[1]) Siehe nunmehr „Richttafeln 2018 G".

[2]) Siehe nunmehr Nr. 2 des BMF-Schreibens v. 19. 10. 2018, BStBl. I S. 1107 (Nr. 1 § 6a/11).

BMF-Schreiben vom 29. Oktober 1993 (BStBl. I S. 898) und 12. April 1999 (BStBl. I S. 434) nicht weiter anzuwenden.

**Zusatz der OFD Niedersachsen v. 6.2.2017 S 2137-48-St 221/St 222:**

Es ist gefragt worden, ob das Pauschalwertverfahren nach Rn. 10 auch für Dienstjubiläen anzusetzen ist, wenn das maßgebende Dienstverhältnis noch keine zehn Jahre bestanden hat. Der Wortlaut der Rn. 10 würde dies indizieren. Außerdem hätten ansonsten die ersten zehn Jahre in der Anlage zum BMF-Schreiben vom 8. Dezember 2008 gestrichen werden können. Eine Rückstellung ist auch im Pauschalwertverfahren nicht zu gewähren, wenn das maßgebende Dienstverhältnis nicht mindestens zehn Jahre bestanden hat. Dies ergibt sich bereits aus dem Gesetzeswortlaut (vgl. § 5 Abs. 4 Satz 1 EStG). In dem Anhang zum BMF-Schreiben konnten die Zeilen für die Jahre 1–10 nicht gestrichen werden, weil sie noch für die Kürzung der Rückstellung bei Beginn des Dienstverhältnisses vor dem 1. Januar 1993 benötigt werden (vgl. Rn. 13 bis 16 mit Beispielen 2 und 3).

## Anlage[1]

**Höhe des Teilwerts nach dem Pauschalwertverfahren bei Verpflichtung zur Leistung einer Jubiläumszuwendung in Höhe von je 1000 Euro**

(Als Rechnungsgrundlagen wurden im Wesentlichen die „Heubeck-Richttafeln 2018 G" mit einem Rechnungszinsfuß von 5,5 % verwendet.)

| abgeleistete Dienstjahre (gerundet) | Leistung der Jubiläumszuwendung nach | | | | | | | | | | abgeleistete Dienstjahre (gerundet) |
|---|---|---|---|---|---|---|---|---|---|---|---|
| | 15 Dienstjahren | 20 Dienstjahren | 25 Dienstjahren | 30 Dienstjahren | 35 Dienstjahren | 40 Dienstjahren | 45 Dienstjahren | 50 Dienstjahren | 55 Dienstjahren | 60 Dienstjahren | |
| 1 | 26 | 14 | 9 | 5 | 4 | 2 | 2 | 1 | 1 | 1 | 1 |
| 2 | 55 | 30 | 18 | 11 | 7 | 5 | 3 | 2 | 2 | 1 | 2 |
| 3 | 88 | 48 | 29 | 18 | 12 | 8 | 5 | 4 | 3 | 2 | 3 |
| 4 | 125 | 68 | 41 | 25 | 16 | 11 | 7 | 5 | 4 | 2 | 4 |
| 5 | 167 | 90 | 54 | 34 | 22 | 15 | 10 | 7 | 5 | 3 | 5 |
| 6 | 215 | 115 | 68 | 43 | 28 | 18 | 12 | 9 | 6 | 4 | 6 |
| 7 | 269 | 144 | 84 | 53 | 34 | 23 | 15 | 11 | 7 | 5 | 7 |
| 8 | 330 | 175 | 102 | 64 | 41 | 27 | 19 | 13 | 9 | 6 | 8 |
| 9 | 399 | 211 | 122 | 76 | 49 | 32 | 22 | 15 | 10 | 7 | 9 |
| 10 | 475 | 251 | 145 | 89 | 58 | 38 | 26 | 18 | 12 | 8 | 10 |
| 11 | 561 | 296 | 169 | 104 | 67 | 44 | 30 | 21 | 14 | 10 | 11 |
| 12 | 655 | 346 | 197 | 121 | 77 | 51 | 35 | 24 | 16 | 11 | 12 |
| 13 | 759 | 402 | 228 | 139 | 89 | 59 | 39 | 27 | 18 | 13 | 13 |
| 14 | 873 | 465 | 262 | 159 | 101 | 67 | 45 | 31 | 21 | 14 | 14 |
| 15 | 1000[2] | 535 | 301 | 181 | 115 | 76 | 51 | 35 | 24 | 16 | 15 |

[1] Anlage neu gef. durch BMF v. 27. 2. 2020, BStBl. I S. 254.

[2] **[Amtl. Anm.:]** Soweit am Bilanzstichtag das jeweilige Jubiläum noch nicht erreicht wurde.

| Höhe des Teilwerts nach dem Pauschalwertverfahren bei Verpflichtung zur Leistung einer Jubiläumszuwendung in Höhe von je 1000 Euro | | | | | | | | | | | |
|---|---|---|---|---|---|---|---|---|---|---|---|
| (Als Rechnungsgrundlagen wurden im Wesentlichen die „Heubeck-Richttafeln 2018 G" mit einem Rechnungszinsfuß von 5,5 % verwendet.) | | | | | | | | | | | |
| abgeleistete Dienstjahre (gerundet) | Leistung der Jubiläumszuwendung nach | | | | | | | | | | abgeleistete Dienstjahre (gerundet) |
| | 15 Dienstjahren | 20 Dienstjahren | 25 Dienstjahren | 30 Dienstjahren | 35 Dienstjahren | 40 Dienstjahren | 45 Dienstjahren | 50 Dienstjahren | 55 Dienstjahren | 60 Dienstjahren | |
| 16 | | 612 | 344 | 205 | 130 | 85 | 57 | 39 | 27 | 18 | 16 |
| 17 | | 696 | 392 | 232 | 146 | 96 | 64 | 44 | 30 | 20 | 17 |
| 18 | | 788 | 446 | 253 | 165 | 108 | 72 | 49 | 33 | 23 | 18 |
| 19 | | 889 | 505 | 296 | 185 | 120 | 80 | 55 | 37 | 25 | 19 |
| 20 | | 1000[1] | 571 | 334 | 207 | 134 | 90 | 61 | 41 | 28 | 20 |
| 21 | | | 642 | 376 | 231 | 149 | 100 | 68 | 46 | 31 | 21 |
| 22 | | | 720 | 423 | 258 | 166 | 110 | 75 | 50 | 34 | 22 |
| 23 | | | 805 | 475 | 288 | 184 | 122 | 83 | 56 | 38 | 23 |
| 24 | | | 898 | 532 | 321 | 204 | 135 | 91 | 61 | 41 | 24 |
| 25 | | | 1000[1] | 594 | 358 | 226 | 149 | 101 | 68 | 46 | 25 |
| 26 | | | | 653 | 399 | 250 | 164 | 111 | 74 | 50 | 26 |
| 27 | | | | 737 | 445 | 277 | 181 | 122 | 82 | 55 | 27 |
| 28 | | | | 817 | 495 | 307 | 199 | 134 | 90 | 60 | 28 |
| 29 | | | | 904 | 551 | 339 | 219 | 147 | 98 | 66 | 29 |
| 30 | | | | 1000[1] | 611 | 376 | 241 | 161 | 107 | 72 | 30 |
| 31 | | | | | 677 | 416 | 265 | 176 | 118 | 79 | 31 |
| 32 | | | | | 749 | 461 | 292 | 193 | 129 | 86 | 32 |
| 33 | | | | | 825 | 511 | 321 | 211 | 140 | 94 | 33 |
| 34 | | | | | 909 | 565 | 354 | 231 | 154 | 102 | 34 |
| 35 | | | | | 1000[1] | 624 | 390 | 253 | 168 | 111 | 35 |
| 36 | | | | | | 688 | 430 | 277 | 183 | 121 | 36 |
| 37 | | | | | | 757 | 474 | 304 | 200 | 132 | 37 |
| 38 | | | | | | 832 | 523 | 333 | 219 | 145 | 38 |
| 39 | | | | | | 912 | 576 | 365 | 240 | 158 | 39 |
| 40 | | | | | | 1000[1] | 634 | 401 | 263 | 172 | 40 |
| 41 | | | | | | | 697 | 441 | 288 | 188 | 41 |
| 42 | | | | | | | 764 | 484 | 316 | 206 | 42 |
| 43 | | | | | | | 837 | 532 | 347 | 226 | 43 |
| 44 | | | | | | | 915 | 585 | 381 | 247 | 44 |

1) **[Amtl. Anm.:]** Soweit am Bilanzstichtag das jeweilige Jubiläum noch nicht erreicht wurde.

| Höhe des Teilwerts nach dem Pauschalwertverfahren bei Verpflichtung zur Leistung einer Jubiläumszuwendung in Höhe von je 1000 Euro | | | | | | | | | | | |
|---|---|---|---|---|---|---|---|---|---|---|---|
| (Als Rechnungsgrundlagen wurden im Wesentlichen die „Heubeck-Richttafeln 2018 G" mit einem Rechnungszinsfuß von 5,5 % verwendet.) | | | | | | | | | | | |
| abgeleistete Dienstjahre (gerundet) | Leistung der Jubiläumszuwendung nach | | | | | | | | | | abgeleistete Dienstjahre (gerundet). |
| | 15 Dienstjahren | 20 Dienstjahren | 25 Dienstjahren | 30 Dienstjahren | 35 Dienstjahren | 40 Dienstjahren | 45 Dienstjahren | 50 Dienstjahren | 55 Dienstjahren | 60 Dienstjahren | |
| 45 | | | | | | | 1000[1] | 642 | 418 | 271 | 45 |
| 46 | | | | | | | | 703 | 458 | 297 | 46 |
| 47 | | | | | | | | 770 | 501 | 324 | 47 |
| 48 | | | | | | | | 840 | 547 | 354 | 48 |
| 49 | | | | | | | | 917 | 597 | 386 | 49 |
| 50 | | | | | | | | 1000[1] | 650 | 420 | 50 |
| 51 | | | | | | | | | 708 | 457 | 51 |
| 52 | | | | | | | | | 771 | 496 | 52 |
| 53 | | | | | | | | | 840 | 539 | 53 |
| 54 | | | | | | | | | 916 | 586 | 54 |
| 55 | | | | | | | | | 1000[1] | 638 | 55 |
| 56 | | | | | | | | | | 695 | 56 |
| 57 | | | | | | | | | | 759 | 57 |
| 58 | | | | | | | | | | 830 | 58 |
| 59 | | | | | | | | | | 910 | 59 |
| 60 | | | | | | | | | | 1000[1] | 60 |

[1] **[Amtl. Anm.:]** Soweit am Bilanzstichtag das jeweilige Jubiläum noch nicht erreicht wurde.

# I § 5/3. Schreiben betr. Rückstellungen für Verpflichtungen zur Gewährung von I. Vergütungen für die Zeit der Arbeitsfreistellung vor Ausscheiden aus dem Dienstverhältnis, II. Jahreszusatzleistungen im Jahr des Eintritts des Versorgungsfalls

Vom 11. November 1999 (BStBl. I S. 959)

(BMF IV C 2 – S 2176 – 102/99)

## I. Vergütungen für die Zeit der Arbeitsfreistellung vor Ausscheiden aus dem Dienstverhältnis

Räumt ein Arbeitgeber seinen Arbeitnehmern in einer Zusage das Recht ein, vor Eintritt in den Ruhestand bei formal fortbestehendem Dienstverhältnis die Arbeitsleistung ganz oder teilweise einzustellen, ohne dass die Vergütung in dieser Zeitspanne entsprechend dem Umfang der tatsächlich geleisteten Arbeit reduziert wird, stellt sich die Frage, ob und ggf. in welchem Umfang der Arbeitgeber für diese Zahlungsverpflichtung Rückstellungen zu bilden hat. Nach dem Ergebnis einer Erörterung mit den obersten Finanzbehörden der Länder gilt zu diesen Fragen Folgendes: 1

### 1. Abgrenzung zu Zusagen auf Leistungen der betrieblichen Altersversorgung

*Eine Zusage auf Leistungen der betrieblichen Altersversorgung im Sinne von § 1 Betriebsrentengesetz liegt nur vor, wenn das Dienstverhältnis im Zeitpunkt des Eintritts des Versorgungsfalls formal beendet ist. Eine Zusage, nach der Leistungen fällig werden, ohne dass das Dienstverhältnis formal beendet ist, ist nicht als Zusage auf Leistungen der betrieblichen Altersversorgung anzusehen. Für eine derartige Verpflichtung darf insoweit eine Rückstellung nach § 6a EStG nicht gebildet werden. Für die Zuordnung der Zusage ist die jeweils getroffene schriftliche Vereinbarung maßgebend.* 2[1)]

Eine derartige eindeutige Zuordnung ist nicht möglich, wenn der Arbeitgeber oder der Arbeitnehmer nach dem Inhalt der Zusage wählen können, ob die Leistungen mit Arbeitsfreistellung vor Ausscheiden aus dem Dienstverhältnis oder zu einem anderen Zeitpunkt, z. B. erst mit Eintritt des Versorgungsfalls (z. B. Eintritt in den Ruhestand) fällig werden. In einem solchen Fall ist für jede der beiden Leistungsalternativen getrennt zu ermitteln, ob und ggf. in welcher Höhe eine Rückstellung zulässig ist. Für die Verpflichtung aus der Zusage darf in der Steuerbilanz nur die sich bei einem Vergleich ergebende niedrigere Rückstellung ausgewiesen werden. Wird später ein Fälligkeitszeitpunkt eindeutig festgelegt, richtet sich ab dem Zeitpunkt dieser Festlegung die Rückstellung nach den hierfür geltenden allgemeinen Grundsätzen. 3

---

1) Rn. 2 ist nicht weiter anzuwenden lt. BMF v. 18. 9. 2017, BStBl. I S. 1293 (Nr. 1 § 6a/7).

Die Grundsätze des BMF-Schreibens vom 25. April 1995 (BStBl. I S. 250) zur Rückstellung für die Verpflichtung zur Gewährung betrieblicher Teilrenten bleiben unberührt. 4

## 2. Arbeitsfreistellung zum Ausgleich für vom Arbeitnehmer erbrachte Vorleistungen

5 Arbeitgeber und Arbeitnehmer vereinbaren, dass der Arbeitnehmer die Vergütung für künftig von ihm zu leistende Mehrarbeit (z. B. Überstunden) nach erbrachter Mehrarbeit nicht sofort ausbezahlt erhält, sondern dieser Vergütungsanspruch beim Arbeitgeber nur betragsmäßig erfasst wird und erst im Zusammenhang mit einer vollen oder teilweisen Arbeitsfreistellung vor Beendigung des Dienstverhältnisses zur Auszahlung gelangt. Der angesammelte Vergütungsanspruch wird mit der Vergütung verrechnet, die dem Arbeitnehmer in der Zeit der Arbeitsfreistellung zu gewähren ist. Wegen der erst künftigen Auszahlung kann hierfür dem Arbeitnehmer eine gesonderte Gegenleistung (Verzinsung) zugesagt sein. Diese kann beispielsweise bestehen in einem festen jährlichen Prozentbetrag des angesammelten Vergütungsanspruchs, wobei sich der Prozentbetrag auch nach dem Umfang der jährlichen Gehaltsentwicklung richten kann, oder in einem Betrag in Abhängigkeit von der Entwicklung bestimmter am Kapitalmarkt angelegter Vermögenswerte.

6 Der Arbeitgeber hat für seine Verpflichtung, den angesammelten Vergütungsanspruch künftig zu erfüllen, nach den Verhältnissen am Bilanzstichtag eine Rückstellung wegen Erfüllungsrückstandes zu bilden. Bei der Bewertung der Rückstellung sind nur die dem Arbeitnehmer zustehenden Vergütungsansprüche einschließlich der darauf entfallenden Arbeitgeberanteile zur Sozialversicherung zu berücksichtigen.

7 Die sich aus der gesondert zugesagten Gegenleistung ergebende Verpflichtung ist als gesonderte Rückstellung auszuweisen. Dabei ist nur der Teil dieser Verpflichtung zu berücksichtigen, der sich bis zum Bilanzstichtag ergeben hat.

8 Ist die Fälligkeit der Verpflichtungen auch abhängig von biologischen Ereignissen, so ist nach versicherungsmathematischen Grundsätzen zu bewerten.

9 Mögliche Ansprüche gegenüber Dritten (z. B. Erstattungsbeträge) sind bei der Bewertung des Erfüllungsrückstandes gegenzurechnen (vgl. § 6 Abs. 1 Nr. 3 a Buchstabe c EStG); für Wirtschaftsjahre, die vor dem 1. Januar 1999 enden, sind bei der Gegenrechnung die Grundsätze in *EStH 38, Rückgriffsansprüche*[1]), zu berücksichtigen.

10 Die Rückstellung wegen Erfüllungsrückstandes ist nach den Grundsätzen von § 6 Abs. 1 Nr. 3 a Buchstabe e EStG abzuzinsen. Besteht die Möglichkeit, den Zeitpunkt der Fälligkeit der Verpflichtung zu bestimmen, ist für die Abzinsung auf den letztmöglichen Zeitpunkt abzustellen, in dem die Fälligkeit eintreten kann; der sich danach ergebende Abzinsungszeitraum ist pauschal um drei Jahre zu vermindern. Eine Abzinsung unterbleibt in Fällen einer gesondert zugesagten Gegenleistung; die Verpflichtung ist in diesem Fall verzinslich. Auch für Wirtschaftsjahre, die vor dem 1. Januar 1999 enden, gilt Entsprechendes. Die Rückstellung wegen der gesondert zugesagten Gegenleis-

[1]) Jetzt H 6.11 „Rückgriffsansprüche" EStH.

tung ist ebenfalls nicht abzuzinsen, wenn für diese Verpflichtung eine Verzinsung vorgesehen ist.

Soll ein künftiger Anspruch des Arbeitnehmers auf laufendes Gehalt oder 11
auf Sonderzahlungen (z. B. Weihnachts- oder Urlaubsgeld oder auf Jubiläumszuwendungen) mit der Vergütung verrechnet werden, die dem Arbeitnehmer in der Zeit der Arbeitsfreistellung zu zahlen ist, sind die vorstehenden Grundsätze entsprechend anzuwenden.

### 3. Arbeitsfreistellung ohne vom Arbeitnehmer erbrachte Vorleistungen

Arbeitgeber und Arbeitnehmer vereinbaren, dass der Arbeitnehmer vor 12
dem tatsächlichen Ausscheiden aus dem Dienstverhältnis unter Fortzahlung (ggf. geminderter) Bezüge von der Arbeit freigestellt wird. Eine konkrete Vorleistung hat der Arbeitnehmer hierfür vor der Arbeitsfreistellung nicht zu erbringen.

In der Zeit vor der Arbeitsfreistellung liegt ein Erfüllungsrückstand mangels 13
Vorleistung des Arbeitnehmers nicht vor; die Bildung einer Rückstellung wegen Erfüllungsrückstandes ist nicht zulässig. In der Zeit vor der Arbeitsfreistellung scheidet auch für Wirtschaftsjahre, die vor dem 1. Januar 1997 geendet haben, eine Rückstellung für drohende Verluste aus schwebenden Arbeitsverhältnissen aus, und zwar unter Berücksichtigung der Grundsätze der BFH-Urteile vom 3. Februar 1993 (BStBl. II S. 441) und vom 2. Oktober 1997 (BStBl. 1998 II S. 205).

In der Zeit ab der vollständigen Arbeitsfreistellung ist eine Rückstellung für 14
ungewisse Verbindlichkeiten zu bilden (vgl. BFH-Urteil vom 6. April 1993, BStBl. II S. 709). Die Rückstellung ist abzuzinsen, wenn die Laufzeit der Verpflichtung am Bilanzstichtag mindestens zwölf Monate beträgt; im übrigen gelten die in Rdnrn. 6 bis 10 genannten Grundsätze.

### 4. Vereinbarung von Altersteilzeit auf der Grundlage des Gesetzes vom 23. Juli 1996 – Altersteilzeitgesetz – (BGBl. I S. 1078)[1]

*Die Grundsätze in Rdnrn. 2 bis 14 sind auf Vereinbarungen zur Gewährung von* 15
*Altersteilzeit entsprechend anzuwenden*[1].

Ist vorgesehen, dass der Arbeitnehmer während der gesamten Zeitspanne 16
der Altersteilzeit seine Arbeitsleistung um ein bestimmtes Maß reduziert, ohne dass die Vergütung entsprechend stark gemindert wird, scheidet eine Rückstellungsbildung vor und während der Altersteilzeit aus (vgl. *BMF-Schreiben vom 13. März 1987, BStBl. I S. 365*[2]), und BFH-Urteil vom 16. März 1987, BStBl. 1988 II S. 338).

*Sieht die Vereinbarung vor, dass der Arbeitnehmer in der ersten Zeit der Altersteil-* 17
*zeit eine geringere laufende Vergütung (einschl. der hierauf entfallenden Arbeitgeberanteile zur Sozialversicherung und der „Aufstockungsbeträge" im Sinne des Altersteilzeitgesetzes) erhält als es seiner geleisteten Arbeit entspricht und wird er in der restlichen*

---

[1] Zum sog. „Blockmodell" siehe nunmehr BMF v. 28. 3. 2007, BStBl. I S. 297 (Nr. 1 § 5/12); Rdnrn. 15 und 17 bis 21 sind auf Bilanzen, die nach dem 23. 4. 2007 aufgestellt werden, nicht mehr anzuwenden.

[2] Für nach dem 31. 12. 2012 verwirklichte Steuertatbestände aufgeh. durch BMF v. 24. 3. 2014, BStBl. I S. 606.

*Altersteilzeit bei Fortzahlung der Vergütung entsprechend der in der ersten Zeitspanne vereinbarten Höhe vollständig von der Arbeit freigestellt, so ist*[1]

18 – *ab Beginn der Altersteilzeit eine kontinuierlich anwachsende Rückstellung wegen Erfüllungsrückstand bezogen auf die Differenz zwischen dem laufenden Vergütungsanspruch vor Beginn der Altersteilzeit und dem laufenden Vergütungsanspruch (einschließlich der in § 3 Abs. 1 Altersteilzeitgesetz genannten Beträge) zu bilden, die nach den in Rdnrn. 6 bis 10 genannten Grundsätzen zu bewerten ist*[1]*;*

19 – *mit Ablauf der ersten Zeit der Altersteilzeit zusätzlich eine Rückstellung für ungewisse Verbindlichkeiten zu bilden, die sich bezieht auf die Differenz zwischen dem laufenden Vergütungsanspruch, der in der Zeit der Arbeitsfreistellung dem Arbeitnehmer insgesamt zusteht und dem Vergütungsanspruch, für den der Arbeitnehmer während des ersten Teils der Altersteilzeit bereits Arbeitsleistungen erbracht hat (entspricht der Rückstellung wegen Erfüllungsrückstandes nach Rdnr. 18). Die Bewertung richtet sich nach den in Rdnr. 14 genannten Grundsätzen*[1]*.*

20 *Ein Erstattungsanspruch, der sich nach § 4 Altersteilzeitgesetz ergibt und sich auf die Zeit der Arbeitsfreistellung bezieht, ist nach § 6 Abs. 1 Nr. 3 a Buchstabe c EStG (bzw. für Wirtschaftsjahre, die vor dem 1. Januar 1999 enden, nach den Grundsätzen in EStH 38, Rückgriffsansprüche)*[2] *erst ab dem Zeitpunkt gegenzurechnen, in dem der Erstattungsantrag bei der hierfür zuständigen Behörde gestellt wird. Ist über den Antrag positiv entschieden, ist statt der Gegenrechnung eine Forderung in Höhe des gesamten Erstattungsbetrages zu aktivieren*[1]*.*

21 *Leistungen des Arbeitgebers in der Zeit der Arbeitsfreistellung sind zunächst mit den Rückstellungen für Erfüllungsrückstand zu verrechnen*[1]*.*

## II. Jahreszusatzleistungen im Jahr des Eintritts des Versorgungsfalls

22 Verpflichtet sich der Arbeitgeber, seinen Arbeitnehmern neben dem laufenden Gehalt zugesagte Jahreszusatzleistungen (z. B. Jahresabschlussleistungen) auch im Jahr des Eintritts des Versorgungsfalls (ganz oder teilweise) neben den fälligen Leistungen der betrieblichen Altersversorgung zu gewähren, gilt nach dem Ergebnis einer Erörterung mit den obersten Finanzbehörden der Länder Folgendes:

23 Diese Zusatzleistungen sind nicht Teil der Zusage auf Leistungen der betrieblichen Altersversorgung. Eine Rückstellung nach § 6 a EStG darf hierfür nicht gebildet werden. Auch eine andere Rückstellung wegen Erfüllungsrückstandes ist in Wirtschaftsjahren vor dem Jahr des Ausscheidens nicht zulässig. Ein Erfüllungsrückstand liegt nicht vor, da derartige Zusatzleistungen in dem Jahr wirtschaftlich verursacht sind, für das sie erbracht werden.

[1] Zum sog. „Blockmodell" siehe nunmehr BMF v. 28. 3. 2007, BStBl. I S. 297 (Nr. **1** § 5/12); Rdnrn. 15 und 17 bis 21 sind auf Bilanzen, die nach dem 23. 4. 2007 aufgestellt werden, nicht mehr anzuwenden.

[2] Jetzt H 6.11 „Rückgriffsansprüche" EStH.

# I § 5/4. Schreiben betr. ertragsteuerrechtliche Behandlung von Film- und Fernsehfonds (Medienerlass)

Vom 23. Februar 2001 (BStBl. I S. 175)

(BMF IV A 6 – S 2241 – 8/01)

Geändert durch BMF v. 5. 8. 2003 (BStBl. I S. 406)

Unter Bezugnahme auf das Ergebnis der Erörterungen mit den obersten Finanzbehörden der Länder nehme ich zu Fragen der ertragsteuerrechtlichen Behandlung von Film- und Fernsehfonds zusammenfassend wie folgt Stellung:

## A. Herstellereigenschaft

### I. Sachverhalt

Film- und Fernsehfonds unterhalten i. d. R. keinen Produktionsbetrieb. Die Herstellung des Films erfolgt entweder 1

– durch Einschaltung eines oder mehrerer Dienstleister (Production Services Company) oder

– im Wege der Koproduktion.

Bei Einschaltung von Dienstleistern erwirbt der Fonds die Rechte am Drehbuch und an den sonstigen für eine Filmproduktion erforderlichen Werken (sog. Stoffrechte) durch Kauf oder Lizenz. Erst im Zuge der Filmproduktion entstehende Rechte werden spätestens mit der Filmablieferung auf den Fonds übertragen. 2

Die eigentlichen Produktionsarbeiten werden unabhängigen sog. durchführenden Produzenten (Dienstleistern) übertragen. Die Dienstleister schließen Verträge mit den Schauspielern, dem Regisseur und den anderen Mitwirkenden im eigenen Namen oder im Namen des Fonds, aber stets auf Rechnung des Fonds ab. Die Dienstleister sind verpflichtet, für ihre (jeweiligen) Produktionskosten ein detailliertes Budget zu erstellen, das vom Fonds zu genehmigen ist und Vertragsbestandteil wird. Die tatsächlich entstandenen Produktionskosten werden gegenüber dem Fonds auf der Grundlage testierter Kostenberichte nachgewiesen. Es ist branchenüblich, dass an einem positiven Saldo bei der Produktionskostenabrechnung der Dienstleister partizipiert. Im Übrigen erhält der Dienstleister ein Entgelt, das pauschalierte allgemeine Handlungskosten sowie die Gewinnspanne des Dienstleisters umfasst. Dem Fonds werden (unterschiedlich umfängliche) Weisungs- oder Kontrollrechte bei der Filmherstellung zum Teil im organisatorischen, zum Teil im künstlerischen Bereich eingeräumt. Vorstehende Maßnahmen werden auch in den Fällen getroffen, in denen der Fonds ein bereits begonnenes (teilweise entwickeltes) Filmprojekt von einem Filmproduzenten (der danach i. d. R. Dienstleister wird) übernimmt. 3

4 Die Verwertung des Films übernimmt ein Vertriebsunternehmen durch Abschluss eines Lizenzvertrags; häufig wird dem Vertriebsunternehmen zur weltweiten Rechtsdurchsetzung ein geringer Anteil (i. d. R. 1 v. H.) an den Urheberrechten am (fertigen) Film für die Dauer des Lizenzvertrags treuhänderisch übertragen. Es kommt auch vor, dass das Vertriebsunternehmen die Teilfinanzierung der Filmherstellungskosten über Darlehen übernimmt und sich dabei Mitspracherechte bei der Produktion einräumen lässt.

5 Im Falle der Koproduktion schließt der Fonds mit einer oder mehreren Fremdfirmen eine Vereinbarung über die gemeinschaftliche Produktion eines Films ab; es entsteht eine Koproduktionsgesellschaft meist in Form einer Gesellschaft des bürgerlichen Rechts (GbR) oder eine Koproduktionsgemeinschaft. Der Fonds (ggf. auch die anderen Koproduzenten) bringt seine (von ihm zuvor erworbenen) Stoffrechte in die Gesellschaft/Gemeinschaft ein. Die Beteiligung an der Produktion erfolgt über Anteile am Gesamtbudget (an den voraussichtlichen Produktionskosten), nicht über eine (feste) Kapitalbeteiligung an der Gesellschaft/Gemeinschaft. Dem Fonds werden im Innenverhältnis bei der Produktion Mitsprache-, Kontroll-, Veto- und Weisungsrechte eingeräumt; ist der Fonds im Ausnahmefall so genannter federführender oder ausführender Koproduzent (Executive Producer), schließt er (im Namen und für Rechnung der Koproduktionsgesellschaft bzw. auch der anderen Koproduzenten) die Verträge mit den Mitwirkenden ab und hat die Filmgeschäftsführung während der Produktionsphase.

6 Die tatsächliche Filmherstellung im technischen Sinne erfolgt bei Koproduktionen durch einen federführenden oder ausführenden Koproduzenten oder durch Einschaltung von Dienstleistern. Mit Ende der Produktionsphase geht das Recht am fertigen Film i. d. R. durch besondere Vereinbarung in Bruchteilseigentum auf die einzelnen Koproduzenten über. Regelmäßig wird vereinbart, dass die einzelnen Koproduzenten das Filmrecht jeweils territorial oder sachlich begrenzt auswerten können (ausschließliches Verwertungsrecht in ihrem Sitzland bzw. Sendegebiet oder für ein bestimmtes Medium – z. B. Video).

## II. Rechtliche Beurteilung

7 Nach dem BFH-Urteil vom 20. September 1995 (BStBl. 1997 II S. 320) kommt es für die Herstellereigenschaft bei Filmen darauf an, wer bei der Filmproduktion letztlich die notwendigen Entscheidungen trifft und die wirtschaftlichen Folgen verantwortet (vgl. § 94 Urheberrechtsgesetz – UrhG –).

8 Es ist zwischen echter und unechter Auftragsproduktion zu unterscheiden. Bei der echten Auftragsproduktion ist der Produzent Hersteller. Ihm werden zwar das wirtschaftliche Risiko und die Finanzierung weitgehend abgenommen. Er bleibt aber für den Erwerb der für das Filmwerk erforderlichen Nutzungs- und Leistungsschutzrechte von Künstlern usw. verantwortlich. Hingegen trägt im Falle der unechten Auftragsproduktion der Auftraggeber das gesamte Risiko der Filmherstellung. Der Produzent wird zum bloßen Dienstleistenden, der Auftraggeber Hersteller.

Ein Film- oder Fernsehfonds ist Hersteller eines Films, wenn er 9[1]
– als Auftraggeber das gesamte Risiko der Filmherstellung trägt (unechte Auftragsproduktion durch Einschaltung von Dienstleistern) oder
– im Wege der Koproduktion ein Filmprojekt in eigener (Mit-)Verantwortung unter (Mit-)Übernahme der sich daraus ergebenden Risiken und Chancen durchführt.

Ein geschlossener Fonds ist nach den Grundsätzen der BFH-Urteile zur ertragsteuerlichen Behandlung der Eigenkapitalvermittlungsprovision und anderer Gebühren vom 8. Mai 2001, BStBl. II S. 720 und vom 28. Juni 2001, BStBl. II S. 717 jedoch dann nicht als Hersteller, sondern als Erwerber anzusehen, wenn der Initiator der Gesellschaft ein einheitliches Vertragswerk vorgibt und die Gesellschafter in ihrer gesellschaftsrechtlichen Verbundenheit hierauf keine wesentlichen Einflussnahmemöglichkeiten besitzen.

Ist vom Fondsinitiator (i. d. R. Verleih-/Vertriebsunternehmen, Anlageberater, Leasingfirma) das Fonds-Vertragswerk (einschließlich Rahmen-Vereinbarungen mit Dienstleistern und/oder Koproduzenten) entwickelt worden, kommt es für die Herstellereigenschaft des Fonds darauf an, dass der Fonds (d. h. die Gesellschafter in ihrer gesellschaftsrechtlichen Verbundenheit) dennoch wesentliche Einflussnahmemöglichkeiten auf die Filmproduktion hat und die wirtschaftlichen Folgen verantwortet oder bei Koproduktionen mitverantwortet. Dies ist der Fall, wenn die Einflussnahmemöglichkeiten des Fonds unmittelbar Auswirkungen auf die gesamte Durchführung des Projekts bis zur Fertigstellung des Wirtschaftsguts haben und sich zeitlich über die Phase vor Beginn der Dreharbeiten, die Dreharbeiten selbst und die Phase nach Abschluss der Dreharbeiten (Post-Production) erstrecken. Diese Voraussetzungen sind für jeden Film gesondert zu prüfen. 10[2]

Wegen der besonderen Konzeption der geschlossenen Fonds ist es erforderlich, dass die Mitwirkungsrechte der Gesellschafter über die zur Anerkennung der Mitunternehmereigenschaft nach § 15 Abs. 1 Satz 1 Nr. 2 EStG geforderte Initiative hinausgehen. Wesentliche Einflussnahmemöglichkeiten entstehen nicht bereits dadurch, dass der Initiator als Gesellschafter oder Geschäftsführer für den Fonds gehandelt hat oder handelt. Die Einflussnahmemöglichkeiten müssen den Gesellschaftern selbst gegeben sein, die sie innerhalb des Fonds im Rahmen der gesellschaftsrechtlichen Verbundenheit ausüben. Eine Vertretung durch bereits konzeptionell vorbestimmte Dritte (z. B. Treuhänder, Beiräte) reicht nicht aus. Einem von den Gesellschaftern selbst aus ihrer Mitte gewählten Beirat oder einem vergleichbaren Gremium dürfen weder der Initiator noch Personen aus dessen Umfeld angehören. Über die Einrichtung und Zusammensetzung eines Beirats dürfen allein die Gesellschafter frühestens zu einem Zeitpunkt entscheiden, in dem mindestens 50 % des prospektierten Kapitals eingezahlt sind.

Eine ausreichende Einflussnahmemöglichkeit ist gegeben, wenn der Fonds rechtlich und tatsächlich in der Lage ist, wesentliche Teile des Konzepts zu verändern. Das kann auch dann bejaht werden, wenn Entscheidungsalternativen für die wesentlichen Konzeptbestandteile angeboten werden; dies sind alle

[1] Tz. 9 letzter Satz angef. durch BMF v. 5. 8. 2003, BStBl. I S. 406.
[2] Tz. 10 neu gef. durch BMF v. 5. 8. 2003, BStBl. I S. 406.

wesentlichen Maßnahmen der Filmproduktion, insbesondere die Auswahl des Filmstoffs, des Drehbuchs, der Besetzung, die Kalkulation der anfallenden Kosten, der Drehplan und die Finanzierung. Allein die Zustimmung zu den vom Initiator vorgelegten Konzepten oder Vertragsentwürfen bedeutet keine ausreichende Einflussnahme. Die Gesellschafter müssen vielmehr über die wesentlichen Vertragsgestaltungen und deren Umsetzung tatsächlich selbst bestimmen können.

Die Einflussnahmemöglichkeiten dürfen auch faktisch nicht ausgeschlossen sein.

Die Umsetzung der wesentlichen Konzeptbestandteile und Abweichungen hiervon sind durch geeignete Unterlagen vollständig zu dokumentieren.

**11**[1)] Die o. g. Grundsätze gelten auch für Gesellschafter, die erst nach Beginn der Filmherstellung, aber vor Fertigstellung dieses Films beitreten. Treten Gesellschafter einem bestehenden Fonds bei, richtet sich die steuerliche Behandlung nach den Grundsätzen über die Einbringung i. S. v. § 24 UmwStG (vgl. *Tz. 24.01 Buchst. c des BMF-Schreibens vom 25. März 1998, BStBl. I S. 268*[2)]). Ob die Aufwendungen des später beitretenden Gesellschafters als Herstellungskosten oder insgesamt als Anschaffungskosten anzusehen sind, ist nach den Abgrenzungskriterien der Tz. 12 e bezogen auf den Eintrittszeitpunkt dieses Gesellschafters zu prüfen; dies gilt auch beim Gesellschafterwechsel. Ist eine sog. Gleichstellungsklausel vereinbart worden, können dem später beigetretenen Gesellschafter Verluste vorab zugewiesen werden, soweit der später beitretende Gesellschafter als (Mit-)Hersteller anzusehen ist *(H 138 Abs. 3 EStH Vorabanteile*[3)]*)*. Die Herstellung eines Films beginnt grundsätzlich mit dem Abschluss der Verträge, mit denen gewährleistet ist, dass dem Fonds alle zur Herstellung und Auswertung des Films erforderlichen Rechte (Stoffrechte) zustehen. Hinzukommen muss, dass in zeitlichem Zusammenhang mit dem Abschluss der Verträge (üblicherweise innerhalb eines Zeitraums von drei Monaten) weitere auf die Filmherstellung gerichtete Handlungen erfolgen (z. B. Abschluss von Verträgen mit Schauspielern, Regisseuren, Produzenten, Anmietung von Studiokapazitäten, Beauftragung eines Dienstleisters usw.). Erfolgen die weiteren auf die Filmherstellung gerichteten Handlungen nicht im zeitlichen Zusammenhang mit dem Abschluss der Verträge, ist als Beginn der Filmherstellung der Zeitpunkt anzusehen, zu dem die oben genannten weiteren auf die Filmherstellung gerichteten Handlungen erfolgen. Die Herstellung eines Films endet, wenn das Produkt fertig gestellt ist, von dem die Kopien für die Vorführungen gezogen werden (einschließlich der Zeit der sog. Post-Production).

Bei mehrstöckigen Personengesellschaften ist den Gesellschaftern der Fondsobergesellschaft die Filmherstellung der Produktionsuntergesellschaft zuzurechnen.

An speziellen Erfordernissen zur Bejahung der Herstellereigenschaft sind bei den einzelnen Gestaltungen zu nennen:

---

1) Tz. 11 neu gef. durch BMF v. 5. 8. 2003, BStBl. I S. 406.

2) Entspricht BMF v. 11. 11. 2011, BStBl. I S. 1314, Tz. 01.47 (Nr. **130**).

3) Jetzt H 15.8 (3) Vorabanteile EStH 2016.

**1. Einschaltung von Dienstleistern**

Einschaltung von Dienstleistern ist der Fonds Hersteller des Films, wenn die folgenden Voraussetzungen erfüllt sind: 12

**a)** Die durch den Fonds abgeschlossenen Verträge müssen gewährleisten, dass alle zur Herstellung und Auswertung des Films erforderlichen Rechte dem Fonds zustehen; sofern Rechte erst während der Filmproduktion begründet werden, muss sichergestellt werden, dass diese dem Fonds in vollem Umfang eingeräumt werden. Dies gilt auch für im Ausland entstandene Rechte. 12 a

**b)** Alle wesentlichen Maßnahmen der Filmproduktion, insbesondere die Auswahl des Filmstoffs, des Filmdrehbuchs, der Besetzung, die Kalkulation der anfallenden Kosten, der Drehplan und die Filmfinanzierung unterliegen der Entscheidung durch den Fonds. Maßgebend sind die tatsächlichen Verhältnisse. Das auftragsrechtliche Weisungsrecht eines Fonds gegenüber dem Dienstleister ist unerheblich, wenn ihm der Fonds faktisch keine Weisungen erteilen kann, weil die Entscheidungen des Fonds durch den Dienstleister oder ein mit diesem verbundenes Unternehmen beherrscht werden oder dies aus sonstigen Gründen nicht möglich ist, z. B. bei unzureichenden filmtechnischen Kenntnissen. 12 b

**c)** Der Dienstleister erhält ein fest vereinbartes Honorar (siehe Tz. 3) und im Übrigen die bei ihm anfallenden Aufwendungen, die auf Rechnung des Fonds erbracht worden sind ersetzt. 12 c

**d)** Bei Versicherungen zur Absicherung des Risikos der Filmherstellung (insbesondere Fertigstellungsgarantie und Erlösausfallversicherung) ist der Fonds Versicherungsnehmer. 12 d

**e)** Bei Übernahme eines bereits begonnenen Filmprojekts durch den Fonds kann die Herstellereigenschaft des Fonds dann noch bejaht werden, wenn dem Fonds wesentliche Einflussnahmemöglichkeiten verbleiben. Aus Vereinfachungsgründen kann hiervon ausgegangen werden, wenn im Zeitpunkt der Übernahme mit den Dreharbeiten noch nicht begonnen worden ist. Verbleiben dem Fonds keine wesentlichen Einflussnahmemöglichkeiten, so ist er als Erwerber anzusehen; sämtliche Aufwendungen gehören damit zu den Anschaffungskosten. 12 e

**f)** Ist der Dienstleister gleichzeitig Gesellschafter des Fonds, berührt dies die Herstellereigenschaft des Fonds nicht, wenn die Vereinbarungen über die unechte Auftragsproduktion wie zwischen fremden Dritten abgeschlossen worden sind. 12 f

**2. Koproduktion**

Der Fonds ist als Koproduzent Hersteller, 13

**a)** wenn entweder eine Mitunternehmerschaft zwischen ihm und dem (den) Koproduzenten besteht, der (die) den Film tatsächlich herstellt (herstellen) (vgl. Tz. 29), oder 13 a

**b)** wenn er im Rahmen einer Koproduktionsgemeinschaft (vgl. Tz. 29 a) neben anderen Koproduzenten bei den für die Filmherstellung wesentlichen Tätigkeiten auf den Gebieten Organisation, Durchführung, Finanzierung, sowie bei rechtlichen Maßnahmen der Filmproduktion mitwirkt oder zumindest mitbestimmt. In diesem Fall kann davon ausgegangen werden, dass eine ausreichende Mitverantwortung für das Filmprojekt und Mitübernahme der sich 13 b daraus ergebenden Risiken und Chancen vorliegt, wenn die folgenden Voraussetzungen erfüllt sind:

13 c **aa)** Die durch die Koproduzenten abgeschlossenen Verträge müssen gewährleisten, dass alle zur Herstellung und Auswertung des Films erforderlichen Rechte der Koproduktionsgemeinschaft zustehen; sofern Rechte erst während der Filmproduktion begründet werden, muss sichergestellt werden, dass diese der Koproduktionsgemeinschaft in vollem Umfang eingeräumt werden. Dies gilt auch für im Ausland entstandene Rechte. Eine spätere Weitergabe der Verwertungsrechte im Sinne von Tz. 29 a hat keinen Einfluss auf die Herstellereigenschaft.

13 d **bb)** Das Leistungsschutzrecht am Film und das Eigentum am fertigen Filmprodukt steht der Koproduktionsgemeinschaft zu.

13 e **cc)** Tritt ein anderer Koproduzent als der Fonds als federführender oder ausführender Koproduzent auf, muss im Innenverhältnis sichergestellt sein, dass die für die Filmherstellung wesentlichen Tätigkeiten fortlaufend mit dem Fonds abgestimmt werden.

13 f **dd)** Über die Mittragung des wirtschaftlichen Risikos hinaus hat der Fonds tatsächliche Einflussnahmemöglichkeiten auf den Herstellungsprozess.

## B. Wirtschaftliches Eigentum

### I. Sachverhalt

14 Nach Fertigstellung des Films wird die Auswertung einem (regelmäßig den Initiatoren des Fonds nahe stehenden) Vertriebsunternehmen übertragen. Die Verträge sehen meistens für einen festgelegten Zeitraum ein territorial und sachlich unbeschränktes Vertriebsrecht vor. Die Nutzungsüberlassung und Verwertung der Filmrechte kann auch in mehreren Einzelverträgen mit verschiedenen Unternehmen vereinbart sein. Dem Vertriebsunternehmen (Verleihunternehmen) wird eine Unterlizensierung gestattet.

15 Als Entgelt erhält der Fonds z. B. feste Lizenzzahlungen und/oder eine Beteiligung an den laufenden Vertriebserlösen; letztere wird nicht selten an besondere Voraussetzungen geknüpft (z. B. nur in Gewinnjahren) oder bestimmten Berechnungsmodi unterworfen (z. B. Kürzung der Bemessungsgrundlage um Rückstellungen). Nach Ablauf des Lizenzvertrags sind häufig Ankaufs- und Andienungsrechte (auch der Gesellschafter oder Initiatoren des Fonds) oder Abschlusszahlungen vorgesehen; es kommen Gestaltungen mit und ohne Mehrerlösbeteiligung vor bzw. auch solche bei denen der Verkehrswert einseitig vom Erwerber bestimmt wird.

### II. Rechtliche Beurteilung

16 Die Frage der Zurechnung des wirtschaftlichen Eigentums an einem Film (an den Filmrechten) ist grundsätzlich nach § 39 AO zu beurteilen. Sehen die Vertriebsvereinbarungen feste Laufzeiten und zusätzlich Verwertungsabreden (z. B. An- und Verkaufsoptionen und Ähnliches) vor, sind die für Leasingverträge geltenden Grundsätze entsprechend heranzuziehen.

Die betriebsgewöhnliche Nutzungsdauer von Filmrechten beträgt grundsätzlich 50 Jahre (§ 94 Abs. 3 UrhG). Im Einzelfall kann eine kürzere Nutzungsdauer nachgewiesen werden. Dabei sind die zukünftigen Erlöserwartungen zu berücksichtigen (vgl. BFH-Urteil vom 19. November 1997, BStBl. 1998 II S. 59). 17

Lizenzvereinbarungen und Verwertungsabreden können einem anderen als dem zivilrechtlichen Rechteinhaber wirtschaftliches Eigentum an den Rechten eines Filmherstellers vermitteln, wenn sie sich auf das Leistungsschutzrecht gemäß § 94 UrhG insgesamt beziehen. Eine zeitlich, örtlich oder gegenständlich beschränkte Überlassung oder Veräußerung einzelner Verwertungsrechte eines Filmherstellers kann nicht zu einer abweichenden Zurechnung des Leistungsschutzrechts als solchem führen, es sei denn, die dem Filmhersteller verbleibenden Verwertungsmöglichkeiten sind wirtschaftlich bedeutungslos. Unerheblich ist, ob der Nutzungs- oder Verwertungsberechtigte seine Rechte einem anderen Unternehmen, insbesondere einem Subunternehmen, übertragen oder zur Ausübung überlassen kann. 18

Wird die Nutzungsüberlassung und Verwertung der Filmrechte in mehreren Einzelverträgen gegenüber verschiedenen Unternehmen vereinbart, sind dem Fonds die Filmrechte nicht zuzurechnen, wenn ihn die verschiedenen Unternehmen gemeinsam (z. B. auf der Grundlage eines verdeckten Gesellschaftsverhältnisses) oder eines dieser Unternehmen (weil die anderen z. B. nur im Wege eines verdeckten Auftragsverhältnisses oder als Treuhänder tätig sind) für die gewöhnliche Nutzungsdauer der Filmrechte von Einwirkungen ausschließen können, so dass seinem Herausgabeanspruch keine wirtschaftliche Bedeutung mehr zukommt. Die Filmrechte sind dann nach Maßgabe der zwischen den verschiedenen Unternehmen bestehenden Abreden dem einen und/oder anderen dieser Unternehmen zuzurechnen, während der Fonds die als Gegenleistung für die Veräußerung des wirtschaftlichen Eigentums eingeräumten Ansprüche aus den verschiedenen Nutzungsüberlassungs- und Verwertungsabreden zu aktivieren hat. 19

## C. Zurechnung zum Anlage- oder Umlaufvermögen

Das Recht des Filmherstellers nach § 94 UrhG ist regelmäßig ein immaterielles Wirtschaftsgut des Anlagevermögens, das dazu bestimmt ist, dauernd dem Geschäftsbetrieb zu dienen, und zwar insbesondere dann, wenn Filme zur lizenzmäßig zeitlich und örtlich begrenzten Überlassung bestimmt sind. 20

Sollen Filmrechte dagegen vollständig und endgültig in einem einmaligen Akt veräußert oder verbraucht werden, so dass sich der Filmhersteller von vornherein der Möglichkeit begibt, seine Rechte mehrmals nutzen zu können, handelt es sich um Umlaufvermögen (BFH-Urteil vom 20. September 1995, BStBl. 1997 II S. 320).

## D. Mitunternehmerschaft/Mitunternehmereigenschaft

### I. Sachverhalt

21 Beteiligungsfonds haben i. d. R. die Rechtsform einer GmbH & Co. KG, AG & Co. KG oder GbR, wobei die Haftung beschränkt wird. Bei einigen Gesellschaften ist laut Gesellschaftsvertrag u. a. die Herstellung und Verwertung von Filmen Gegenstand der Fondsgesellschaft, andere haben nur den Zweck der mitunternehmerischen Beteiligung (z. B. als atypische stille Gesellschaft) an Filmherstellungsgesellschaften (Produktionsfonds). Hinsichtlich der Haftungsbeschränkung bei einer GbR wird auf das BGH-Urteil vom 27. September 1999 II Z R 371/98 hingewiesen (vgl. BMF-Schreiben vom 18. Juli 2000, BStBl. I S. 1198[1]). Einige Gesellschaften stellen keine Filme her, sondern erwerben und verwerten Filmrechte (Akquisitionsfonds). Die Verwertung erfolgt teilweise über Leasingverträge. Vielfach liegen mehrstöckige Personengesellschaften vor.

22 Die Gesellschafter haben das übliche gesetzliche Informationsrecht der §§ 118 HGB und 716 BGB. Gewichtige Angelegenheiten werden durch Gesellschafterbeschlüsse entschieden. Beim vorzeitigen Ausscheiden eines Gesellschafters bemisst sich die Abfindung i. d. R. nach den Buchwerten. Die Gesellschafter sind teils unmittelbar, teils über einen Treuhänder an den Fondsgesellschaften beteiligt.

23 Das Vertriebsunternehmen (Distributor) ist gesellschaftsrechtlich nicht am Fonds beteiligt; häufig werden mit dem Fonds garantierte Lizenzgebühren, eine Erlösbeteiligung und die Leistung einer Abschlusszahlung vereinbart.

24 Zwischen dem Fonds und anderen Unternehmen (z. B. Fernsehanstalten, Produktionsunternehmen) wird vielfach eine Koproduktion vereinbart, zumeist in der Rechtsform einer GbR (wobei der Fonds aus Haftungsgründen an der GbR i. d. R. nur mittelbar über eine weitere GmbH & Co. KG beteiligt ist). Beteiligte Koproduzenten erhalten für ihre Koproduktions-Beteiligung das Nutzungs- oder Auswertungsrecht zumindest für ihr Gebiet. Beteiligte Industriefirmen erhalten das Recht zur Video- und Bildplattenauswertung auf Lizenzbasis. Zum Teil sind die Dienstleister an der Koproduktions-GbR beteiligt.

### II. Rechtliche Beurteilung

25 Für die Mitunternehmereigenschaft der Fonds-Gesellschafter – auch bei mehrstöckigen Personengesellschaften – gelten die allgemeinen Grundsätze (vgl. *H 138 (1) EStH*)[2].

26 Unternehmer oder Mitunternehmer kann auch sein, wer zivilrechtlich nicht Inhaber oder Mitinhaber des Unternehmens ist, das nach außen als alleiniger Hersteller des Films auftritt (vgl. BFH-Urteil vom 1. August 1996, BStBl. 1997 II S. 272). Maßgebend sind stets die Verhältnisse des Einzelfalls.

27 Umstände, die für die Unternehmer- oder Mitunternehmereigenschaft desjenigen von Bedeutung sind, der zivilrechtlich nicht Inhaber oder Mitinhaber

---

[1] Nr. **1** § 15/7.

[2] **Red. Anm.:** Jetzt H 15.8 (1) EStH 2016.

des Produktionsunternehmers ist (Dritter), können z. B. seine Beteiligung an den Einspielergebnissen, die Verwertung von Leistungsschutzrechten, die er dem Fonds zur Auswertung bei der Produktion überträgt, sein Einfluss auf Finanzierung und technische und künstlerische Gestaltung des Films sowie die Einräumung von Rechten im Zusammenhang mit dem Vertrieb des Films sein.

Führt die Gesamtwürdigung dieser und aller anderen im Einzelfall bedeutsamen Umstände zu dem Ergebnis, dass der Dritte ertragsteuerlich alleiniger Unternehmer ist, sind Verluste, die im Zusammenhang mit der Herstellung des Films entstehen, ausschließlich dem Dritten zuzurechnen. Ist der Dritte als Mitunternehmer anzusehen, sind ihm die Verluste anteilig zuzurechnen, und zwar im Zweifel zu dem Anteil, mit dem er an den Einspielergebnissen beteiligt ist. 28

Zwischen dem Fonds und den anderen Koproduzenten liegt sowohl in der Produktions- als auch in der Auswertungsphase eine Mitunternehmerschaft vor, wenn im Rahmen einer Koproduktions-GbR die Beteiligten gemeinsam die Produktion bestimmen, das Produktions- und Auswertungsrisiko tragen und entsprechende Verträge im Namen der GbR abschließen; soweit die Auswertung von jedem einzelnen Koproduzenten jeweils für besondere Rechte vorgenommen wird, kann die Mitunternehmerschaft auf die Produktionsphase beschränkt sein (siehe auch Tz. 29 a). Soweit Dienstleister an der Koproduktions-GbR beteiligt sind, gehören deren Vergütungen zu den unter § 15 Abs. 1 Satz 1 Nr. 2 EStG fallenden Leistungen. 29

Schließen sich Koproduzenten zu einer Koproduktionsgemeinschaft zusammen, die nach objektiv nachprüfbaren Kriterien nur kostendeckend lediglich Leistungen für die beteiligten Koproduzenten erbringt, und verbleiben der Koproduktionsgemeinschaft als solcher nach Beendigung der Filmherstellung keinerlei Verwertungsrechte, so gehört die Tätigkeit der Koproduktionsgemeinschaft zu den Hilfstätigkeiten der beteiligten Koproduzenten; in diesem Fall liegt keine Mitunternehmerschaft vor. Die Voraussetzung, dass der Koproduktionsgemeinschaft nach Beendigung der Filmherstellung keinerlei Verwertungsrechte verbleiben dürfen, ist nicht erfüllt, wenn eine gemeinsame Vermarktung des Films jedenfalls im wirtschaftlichen Ergebnis ganz oder teilweise durch ergänzende Abmachungen zwischen den Koproduzenten über ihre vordergründig getrennt ausgeübten Verwertungsrechte herbeigeführt wird. 29 a

Bei den Koproduktionsgesellschaften handelt es sich nicht um Arbeitsgemeinschaften, weil sie keine Aufträge durchführen, sondern die Filme zur eigenen Verwertung produzieren. Eine Mitunternehmerschaft ist deshalb nicht wegen § 2 a GewStG ausgeschlossen. 30

Eine gesonderte Feststellung der Einkünfte der Personen, die an der Mitunternehmerschaft beteiligt sind, kann nach Maßgabe des § 180 Abs. 3 AO in bestimmten Fällen entfallen. 31

## E. Gewinnerzielungsabsicht

Soweit es sich bei Filmfonds um Verlustzuweisungsgesellschaften handelt, besteht zunächst die Vermutung der fehlenden Gewinnerzielungsabsicht 32

(BFH-Urteile vom 21. August 1990, BStBl. 1991 II S. 564 und vom 10. September 1991, BStBl. 1992 II S. 328; zur Behandlung als Verlustzuweisungsgesellschaft vgl. auch *H 134 b EStH*[1]). Diese Vermutung kann vom Fonds unter anderem dadurch widerlegt werden, dass sich aufgrund einer realistischen und betriebswirtschaftlich nachvollziehbaren Erlösprognose oder aufgrund im vorhinein festgelegter Lizenzzahlungen unter Einschluss späterer Veräußerungsgewinne steuerlich ein Totalgewinn ergibt. Hingegen ist es nicht ausreichend, wenn ein steuerlicher Totalgewinn nur unter Einbeziehung einer mit geringer Wahrscheinlichkeit eintretenden Mehrerlösbeteiligung entsteht.

**33** Die Gewinnerzielungsabsicht muss bei jedem Fonds sowohl auf der Ebene der Gesellschaft als auch auf Ebene der Gesellschafter vorliegen.

## F. Gewinnabgrenzung

### I. Sachverhalt

**34** Teilweise werden sämtliche mit der Filmherstellung im Zusammenhang stehenden Kosten für Maßnahmen gem. Tz. 12 b sofort fällig. Die Bezahlung der budgetierten Produktionskosten erfolgt in diesen Fällen regelmäßig in einer Summe und noch vor Beginn der Dreharbeiten. Dies gilt auch für den Erwerb (die Abtretung) der Stoffrechte. Bei Einschaltung von Dienstleistern wird eine Überschreitungsreserve für das Kostenbudget vereinbart, die zusammen mit den Produktionskosten sofort fällig wird.

### II. Rechtliche Beurteilung

**35** Die durch die Filmherstellung entstehenden Leistungsschutz-, Auswertungs- und anderen Rechte dürfen gemäß § 248 Abs. 2 HGB und § 5 Abs. 2 EStG nicht aktiviert werden. Aufwendungen für Gegenleistungen im Sinne von Tz. 34, die zu einem bestimmten Zeitpunkt und in einem einmaligen Erfüllungsakt erbracht werden, reichen für die Bildung eines Rechnungsabgrenzungspostens nicht aus, auch wenn sie sich über einen längeren Zeitraum auswirken. Sie stellen deshalb im Zeitpunkt ihrer Entstehung – und damit ihrer Bezahlung – vorbehaltlich § 42 AO sofort abzugsfähige Betriebsausgaben dar, soweit es sich nicht um Anzahlungen handelt. Dies gilt auch für auf ein Anderkonto geleistete Produktionskosten, sofern das Anderkonto nicht zugunsten des Fonds verzinslich ist. Für die Budgetüberschreitungsreserve ist der sofortige Betriebsausgabenabzug gerechtfertigt, wenn die Inanspruchnahme sicher erscheint.

**36** Soweit hinsichtlich der in Tz. 34 genannten Kosten Rückforderungsansprüche bestehen, sind diese Rückforderungsansprüche zu aktivieren.

**37** Erworbene Stoffrechte sind zunächst zu aktivieren; der Aktivposten ist mit Herstellungsbeginn (vgl. Tz. 11) gewinnwirksam aufzulösen.

[1] Jetzt H 15.1 EStH 2016.

## G. AfA-Methode für Filmrechte

Uneingeschränkt nutzbare Filmrechte sind nach § 7 Abs. 1 EStG über die betriebsgewöhnliche Nutzungsdauer (Hinweis auf Tz. 17) linear abzuschreiben. Absetzungen für Abnutzung nach Maßgabe der Leistung oder degressive Absetzungen kommen nicht in Betracht, da diese AfA-Methoden nur für bewegliche Wirtschaftsgüter zulässig sind (§ 7 Abs. 1 Satz 5 und Abs. 2 EStG). Filmrechte stellen hingegen immaterielle Wirtschaftsgüter *(R 31 a Abs. 1 EStR*[1]*)* dar und gelten folglich nicht als beweglich (vgl. *R 42 Abs. 2 EStR*[2]). 38

Der Ansatz eines niedrigeren Teilwerts nach § 6 Abs. 1 Nr. 1 EStG ist zulässig. 39

## H. Betriebsstättenproblematik und § 2 a EStG

### I. Einschaltung von Subunternehmern im Ausland

Für die Frage, ob durch Einschaltung ausländischer Subunternehmen bei der Filmproduktion Betriebsstätten des Fonds im Ausland i. S. d. § 2 a EStG begründet werden, spielt es keine Rolle, ob die Filmproduktion als echte oder unechte Auftragsproduktion erfolgt. In all diesen Fällen liegt eine Betriebsstätte i. S. d. § 12 AO nicht vor, da der Fonds keine feste Geschäftseinrichtung oder Anlage innehat, die der Tätigkeit seines Unternehmens dient. Er hat insbesondere keine Verfügungsgewalt über einen bestimmten abgegrenzten Teil der Erdoberfläche, und zwar auch nicht über die Räume eines selbständig tätigen Vertreters. 40

Eine Betriebsstätte i. S. d. Artikels 5 des OECD-Musterabkommens (OECD-MA) liegt ebenfalls nicht vor, da eine feste Geschäftseinrichtung, durch die die Tätigkeit des Fonds ganz oder teilweise ausgeübt wird (Artikel 5 Abs. 1 OECD-MA), nicht vorhanden ist. 41

Die Tatbestandsmerkmale einer so genannten Vertreter-Betriebsstätte i. S. d. Artikels 5 Abs. 5 OECD-MA sind nicht erfüllt, wenn das ausländische Subunternehmen nicht die Vollmacht des Fonds besitzt, in dessen Namen Verträge abzuschließen. 42

### II. Filmherstellung im Rahmen von Koproduktionen

Wenn Koproduktionen Mitunternehmerschaften i. S. d. § 15 Abs. 1 Satz 1 Nr. 2 EStG sind, ist zu unterscheiden, ob der Film im Rahmen einer inländischen oder ausländischen Koproduktion hergestellt wird. 43

Nach den im deutschen Steuerrecht geltenden Regelungen zur Besteuerung von Mitunternehmerschaften sind die im Rahmen der Mitunternehmerschaft erwirtschafteten Einkünfte stets Einkünfte der Gesellschafter. Diese Mitunternehmerkonzeption, die darauf beruht, dass Personengesellschaften im Einkommen- und Körperschaftsteuerrecht keine Steuersubjekte sind, gilt aus deutscher Sicht sowohl für inländische als auch für ausländische Personenge- 44

---

[1] Jetzt R 5.5 Abs. 1 EStR 2012.
[2] Jetzt R 7.1 Abs. 2 EStR 2012.

sellschaften. Soweit daher eine ausländische Personengesellschaft eine Betriebsstätte im Inland oder eine inländische Personengesellschaft eine Betriebsstätte im Ausland unterhält, wird der Anteil des einzelnen Gesellschafters am Gewinn dieser Betriebsstätten so behandelt, als ob der Mitunternehmer in dem jeweiligen Land selbst eine Betriebsstätte unterhielte. Hiernach erzielen die Gesellschafter selbst inländische oder ausländische Betriebsstätteneinkünfte.

45 Da Personengesellschaften im Abkommensrecht regelmäßig weder abkommensberechtigt (Artikel 4 OECD-MA) noch Steuersubjekt sind, gelten diese Grundsätze auch für Zwecke der Anwendung der Doppelbesteuerungsabkommen. Erzielt eine in einem Vertragsstaat ansässige Person Gewinne aus einer im anderen Staat belegenen Mitunternehmerschaft, so steht dem Belegenheitsstaat gemäß Artikel 7 Abs. 1 OECD-MA das Besteuerungsrecht zu.

Für die steuerliche Behandlung der Koproduktionsgesellschaften bedeutet dies:

45 a **1.** Der Unternehmensgewinn einer Koproduktionsgesellschaft im Ausland kann gemäß Artikel 7 Abs. 1 OECD-MA nur in dem ausländischen Staat besteuert werden. Mit einem Mitunternehmeranteil begründen inländische Beteiligte im ausländischen Staat eine Betriebsstätte.

45 b **2.** Umgekehrt begründen bei Koproduktionen im Inland ausländische Beteiligte an der Koproduktion mit ihrem Mitunternehmeranteil eine Betriebsstätte im Inland.

45 c **3.** Eine Besonderheit ergibt sich für den Fall, dass eine Koproduktionsgesellschaft mit Sitz im Inland den Film ganz oder teilweise in einem anderen Staat herstellt bzw. herstellen lässt, und zwar von einem Beteiligten (Mitunternehmer) der Koproduktionsgesellschaft in dessen ausländischer Betriebsstätte. Hierzu gehören auch die Fälle, in denen der Dienstleister verdeckter Mitunternehmer ist. Die Beantwortung der Frage, ob die inländische Koproduktionsgesellschaft in diesem Fall mit der Herstellung eine Betriebsstätte in dem anderen ausländischen Staat begründet, hängt davon ab, ob der ausländische Beteiligte die Filmherstellung aufgrund gesellschaftsrechtlicher oder aber aufgrund schuldrechtlicher Grundlage erbringt.

Nach den Grundsätzen, die für Vergütungen gelten, die eine Personengesellschaft ihrem Gesellschafter für die in § 15 Abs. 1 Satz 1 Nr. 2 EStG bezeichneten Leistungen gewährt, ist hierbei darauf abzustellen, ob die gegenüber der Koproduktionsgesellschaft erbrachten Leistungen zur Förderung des Gesellschaftszweckes erfolgen. Ob dies der Fall ist, kann nur im Einzelfall unter Würdigung der rechtlichen und tatsächlichen Verhältnisse entschieden werden. Hierbei ist von einem weiten Verständnis des Merkmals der gesellschaftlichen Veranlassung auszugehen. Danach unterhalten Koproduktionsgesellschaften am Sitz des ausländischen Koproduzenten i. d. R. eine Betriebsstätte. Der auf diese Betriebsstätte entfallende Gewinn kann vom Betriebsstätten-Staat besteuert werden.

## III. Geschäftsführung der Komplementär-GmbH vom Ausland aus

46 Eine Geschäftsführung der Komplementär-GmbH vom Ausland aus hat zunächst auf die Einkünfte des Fonds keine Auswirkung, da die Beteiligten an

dem Fonds – die Gewinnerzielungsabsicht vorausgesetzt – jedenfalls Einkünfte aus einer inländischen Mitunternehmerschaft im Sinne des § 15 Abs. 1 Satz 1 Nr. 2 EStG erzielen.

Für die Gehälter der GmbH-Geschäftsführer hat regelmäßig der Staat das Besteuerungsrecht, in dem diese tätig geworden sind (BFH-Urteil vom 5. Oktober 1994, BStBl. 1995 II S. 95, *BMF-Schreiben vom 5. Juli 1995, BStBl. I S. 373*[1]). 47

### IV. Auswirkungen bei Sitz des Vertriebsunternehmens im Ausland

Erfolgt der Vertrieb durch ein im Ausland ansässiges Unternehmen, so ist zu prüfen, ob es sich hierbei um ein verbundenes Unternehmen (Artikel 7 Abs. 1 OECD-MA) handelt. Ist dies der Fall, so ist zu prüfen, ob die zu zahlenden Entgelte nach dem „arms-length-Prinzip" einem Fremdvergleich standhalten. Ggf. sind Gewinnberichtigungen vorzunehmen. 48

## J. Filmvertriebsfonds[2]

### I. Sachverhalt

Ein Fonds (Filmvertriebsfonds/Filmverwertungsfonds/Akquisitionsfonds) erwirbt an einem fertigen Film die Verwertungsrechte für einen bestimmten Zeitraum (Lizenzzeitraum); vielfach werden auch räumlich und inhaltlich begrenzte Verwertungsrechte eingeräumt. 49

### II. Rechtliche Beurteilung

Wird das gesamte Leistungsschutzrecht nach § 94 UrhG übertragen, ist der Vorgang als Erwerb eines immateriellen Wirtschaftsguts anzusehen. Werden hingegen lediglich beschränkte Nutzungsrechte übertragen, handelt es sich um ein dem Pachtverhältnis vergleichbares schwebendes Geschäft, auch wenn der Lizenznehmer durch Zahlung der Lizenzgebühr einseitig in Vorlage tritt. Seine Zahlung ist daher durch Bildung eines aktiven Rechnungsabgrenzungspostens (gleichmäßig) auf die Laufzeit des Lizenzvertrages zu verteilen. 50

Nach der Rechtsprechung gilt etwas anderes jedoch dann, wenn die Nutzungsüberlassung bei Anwendung der gemäß § 39 Abs. 2 Nr. 1 AO gebotenen wirtschaftlichen Betrachtung als Veräußerung des Schutzrechtes zu werten ist. 51

Davon kann ausgegangen werden, wenn 52
- das Schutzrecht dem Lizenznehmer für die gesamte (restliche) Schutzdauer überlassen wird oder wenn
- sich das Schutzrecht während der vertragsgemäßen Nutzung durch den Lizenznehmer in seinem wirtschaftlichen Wert erschöpfen wird.

Dabei kann in Anlehnung an die in den Leasing-Schreiben getroffenen Regelungen der Erwerb eines immateriellen Wirtschaftsguts immer dann ange- 53

[1] Aufgeh. durch BMF v. 14. 9. 2006, BStBl. I S. 532.
[2] Siehe hierzu auch OFD Frankfurt v. 19. 4. 2004, DB S. 1176.

nommen werden, wenn sich während der vereinbarten Lizenzdauer der ursprüngliche Wert der Schutzrechte um mehr als 90 v. H. vermindert.

## K. Rechtliche Einordnung der aufzubringenden Kosten bei einem Erwerberfonds

54 Die rechtliche Einordnung der aufzubringenden Kosten bei einem Erwerberfonds richtet sich sinngemäß nach den Grundsätzen der *Tzn. 3 bis 3.3.5 des BMF-Schreibens vom 31. August 1990 (BStBl. I S. 366)*[1] .

## L. Übergangsregelung

55 Dieses BMF-Schreiben ist in allen Fällen anzuwenden, in denen ein bestandskräftiger Bescheid noch nicht vorliegt. Soweit die Anwendung der Regelungen dieses BMF-Schreibens zu einer Verschärfung der Besteuerung gegenüber der bisher geltenden Verwaltungspraxis führt, ist dieses Schreiben nicht anzuwenden, wenn der Steuerpflichtige dem betreffenden Film- und Fernsehfonds bis zwei Monate nach Veröffentlichung dieses BMF-Schreibens im Bundessteuerblatt beigetreten ist oder der Außenvertrieb der Anteile an einem Film- und Fernsehfonds vor diesem Zeitpunkt begonnen hat.

[1] Nunmehr BMF v. 20. 10. 2003, BStBl. I S. 546, Rz. 8 ff. (Nr. 1 § 21/4).

# 1 § 5/5. Schreiben betr. ertragsteuerliche Behandlung von Genussrechtskapital

Vom 11. April 2023

BMF IV C 6 - S 2133/19/10004 :002; DOK 2023/0346919

(BStBl. I S. 672)

Nach Erörterung mit den obersten Finanzbehörden der Länder gilt zur ertragsteuerlichen Behandlung von Kapital, das vor allem Kapitalgesellschaften durch die Einräumung von Genussrechten erhalten, und dabei insbesondere zur Zuordnung zum Eigen- oder Fremdkapital Folgendes:

## I. Definition von Genussrechtskapital

Der Begriff des Genussrechtskapitals ist gesetzlich nicht definiert. Im Sinne 1
dieses Schreibens umfasst er schuldrechtliche Gläubigerrechte, durch die dem Rechteinhaber grundsätzlich Vermögensrechte zugestanden werden, die typischerweise nur Gesellschaftern zustehen. Diese Rechte werden dem Gläubiger im Zusammenhang mit einer Kapitalüberlassung eingeräumt. Eine Genussrechtsvereinbarung darf jedoch keine gesellschaftsrechtlich geprägten mitgliedschaftlichen Verwaltungsrechte vermitteln. Genussrechte gewähren kein Einflussnahmerecht auf die Geschäftsführung und beinhalten regelmäßig kein Kontrollrecht, kein Stimmrecht und kein Anwesenheitsrecht in der Gesellschafterversammlung. Der Genussrechtsinhaber besitzt einen schuldrechtlichen Anspruch gegen die Kapitalgesellschaft auf Rückzahlung des überlassenen Kapitals (schuldrechtliches Kapitalüberlassungsverhältnis) und in der Regel einen Anspruch auf Verzinsung. Der Inhalt einer Genussrechtsvereinbarung unterliegt der zivilrechtlichen Vertragsfreiheit. Typischerweise beinhaltet eine Genussrechtsvereinbarung jedoch Regelungen zum Umfang der Vermögensrechte, zur Verlustbeteiligung, zu Laufzeit und Kündigungs-, Informations- und Kontrollrechten und häufig zum Rangrücktritt. Allein der Umstand, dass eine Genussrechtsvereinbarung vom Genussrechtsinhaber nicht gekündigt werden oder er die Rückzahlung erst im Zeitpunkt der Liquidation verlangen kann, schließt ein schuldrechtliches Kapitalüberlassungsverhältnis im Sinne dieser Randnummer nicht aus.

Die Bezeichnung einer Kapitalüberlassung als „Genussrecht" kann allenfalls ein 2
Indiz für das Vorliegen von Genussrechtskapital im Sinne der Randnummer 1 darstellen. Aufgrund der Vertragsfreiheit ist anhand der in den Randnummern 1 bis 7 aufgeführten Kriterien und Grundsätze zu prüfen, ob im Einzelfall Genussrechtskapital im Sinne dieses Schreibens vorliegt. Insbesondere ist eine Abgrenzung zu anderen Instrumenten der Unternehmensfinanzierung, z.B. zur stillen Gesellschaft und zu partiarischen Darlehen, vorzunehmen. Für diese gelten die allgemeinen Grundsätze.

Sowohl beteiligungsähnliches Genussrechtskapital, welches die Voraussetzungen 3
von § 8 Abs. 3 Satz 2 2. Alternative KStG sowie § 20 Abs. 1 Nr. 1 EStG erfüllt, als auch obligationsähnliches Genussrechtskapital, mit dem nicht das Recht auf Beteiligung am Gewinn und am Liquidationserlös der Kapitalgesellschaft verbunden ist, werden von diesem Schreiben hinsichtlich ihrer steuerbilanziellen Zuordnung erfasst.

## II. Abgrenzung von Genussrechtskapital zu anderen Kapitalüberlassungen

### 1. Abgrenzung zur stillen Gesellschaft

4 Das Vorliegen einer stillen Gesellschaft (typische stille Gesellschaft) i.S.d. § 230 HGB setzt den vertraglichen Zusammenschluss zwischen dem Inhaber eines Handelsgeschäfts und einem anderen voraus, kraft dessen sich der andere ohne Bildung eines Gesellschaftsvermögens mit einer Einlage an dem Handelsgeschäft beteiligt und eine Gewinnbeteiligung erhält. Der stille Gesellschafter ist grundsätzlich nicht an der Substanz und insbesondere nicht am Liquidationserlös beteiligt (§ 236 HGB). Die stille Gesellschaft ist eine Gesellschaft i.S.v. § 705 BGB. Eine stille Gesellschaft erfordert daher die Förderung eines gemeinsamen Zwecks von stillem Beteiligten und Inhaber des Handelsgeschäfts, der über eine bloße Kapitalhingabe hinausgeht (BFH vom 22. Juli 1997 VIII R 57/95, BStBl. II S. 755, vom 28. November 2019 IV R 54/16, BStBl. 2023 II S. 447 und vom 8. April 2008 VIII R 3/05, BStBl. II S. 852).

5 Ein Indiz für das Vorliegen eines gemeinsamen Zweckes liegt vor, wenn für eine Änderung des Unternehmensgegenstandes die Zustimmung des Kapitalgebers erforderlich ist, d.h. in einem dem Kapitalgeber eingeräumten mitgliedschaftsähnlichen Mitspracherecht (BGH vom 10. Oktober 1994 II ZR 32/94, Entscheidungssammlung des Bundesgerichtshofes in Zivilsachen (BGHZ) 127 S. 176). Wurde hingegen im Rahmen der Kapitalüberlassung kein gemeinsamer Zweck vereinbart, indiziert dies, dass es sich bei der Vereinbarung um Genussrechtskapital und nicht um eine stille Gesellschaft handelt.

### 2. Abgrenzung zu partiarischen Darlehen

6 Kennzeichnend für ein partiarisches Darlehen ist, dass die Vergütung für die Zurverfügungstellung von Kapital nicht oder nicht nur in einem festen periodischen Betrag besteht, sondern in einem Anteil an dem vom Darlehensempfänger erwirtschafteten Erfolg. Eine Verlustbeteiligung des Darlehensgebers ist dem partiarischen Darlehen hingegen fremd und es fehlt ein gemeinsamer Zweck i.S.v. § 705 BGB (BFH vom 28. November 2019 IV R 54/16, BStBl. 2023 II S. 447 und vom 10. Februar 1978 III R 115/76, BStBl. II S. 256). Wurde hingegen im Rahmen der Kapitalüberlassung auch eine Verlustbeteiligung vereinbart und liegt kein gemeinsamer Zweck vor, indiziert dies, dass es sich bei der Vereinbarung um Genussrechtskapital und nicht um ein partiarisches Darlehen handelt.

## III. Steuerbilanzrechtliche Abgrenzung von Fremdkapital und Eigenkapital

7 Es ist zunächst abzugrenzen, ob es sich bei dem Kapital um Eigen- oder Fremdkapital handelt (Abschn. III.). Wenn am Bilanzstichtag Fremdkapital vorliegt, ist zu prüfen, ob es in der Bilanz als Verbindlichkeit auszuweisen ist (Abschn. IV.). Unabhängig von einem Ausweis als Verbindlichkeit in der Bilanz sind gezahlte Vergütungen auf Genussrechtskapital, das steuerbilanziell Fremdkapital darstellt, Betriebsausgaben i.S.d. § 8 Abs. 1 KStG i.V.m. § 4 Abs. 4 EStG (Abschn. V.). Bei der Ermittlung des Einkommens sind § 8 Abs. 3 Satz 2 2. Alternative KStG und die allgemeinen Grundsätze zur verdeckten Gewinnausschüttung gesondert zu prüfen.

### 1. Allgemein

Wird einer Kapitalgesellschaft von einem fremden Dritten Kapital im Rahmen eines schuldrechtlichen Kapitalüberlassungsverhältnisses zugeführt, handelt es sich steuerlich stets um Fremdkapital. Wird dieses Kapital von ihrem Anteilseigner oder einer dem Anteilseigner nahestehenden Person zugeführt, ist zu unterscheiden, ob das Kapital als Fremdkapital oder als Eigenkapital in das Vermögen der Kapitalgesellschaft gewährt wurde. Entscheidendes Abgrenzungskriterium für das Vorliegen von Fremdkapital ist i.d.R. eine bestehende Rückzahlungsverpflichtung. 8

Für die Zuordnung der Kapitalzuführung ist daher in jedem Einzelfall zu prüfen, ob das zugeführte Kapital dauerhaft in das Vermögen der empfangenden Kapitalgesellschaft übergehen soll und eine Rückzahlung nicht beabsichtigt ist (Zuführung von Eigenkapital) oder ob die Beteiligten – im Sinne einer ernstlichen Abrede – von einer Kapitalüberlassung auf Zeit ausgehen und die Umstände dafür sprechen, dass die vertraglichen Vereinbarungen durchgeführt, insbesondere das zugeführte Kapital zurückgezahlt werden soll. 9

### 2. Genussrechtskapital als Fremd- oder Eigenkapital

Genussrechtskapital i.S.d. Randnummer 1 ist vorbehaltlich der nachfolgenden Regelungen als Fremdkapital zu qualifizieren. 10

#### a) Genussrechtskapital i.S.d. § 8 Abs. 3 Satz 2 2. Alternative KStG

§ 8 Abs. 3 Satz 2 2. Alternative KStG ist keine Bilanzierungsvorschrift, sondern eine Einkommensermittlungsvorschrift, und berührt die bilanzsteuerrechtliche Einordnung des Genussrechtskapitals nicht; sie setzt dessen Einordnung als Fremdkapital in der steuerrechtlichen Gewinnermittlung voraus. 11

#### b) Genussrechtskapital, das in der Handelsbilanz im Eigenkapital ausgewiesen wird

Nach der Verlautbarung IDW/HFA 1/94 verlieren Genussrechte unabhängig von deren Ausgestaltung nicht ihren schuldrechtlichen Charakter. Das Genussrechtskapital ist in der Handelsbilanz der empfangenden Kapitalgesellschaft je nach Sachverhalt als Fremdkapital zu passivieren, unmittelbar in das Eigenkapital einzustellen oder erfolgswirksam zu vereinnahmen. 12

In der Handelsbilanz ist Genussrechtskapital laut IDW/HFA 1/94 als Eigenkapital auszuweisen, wenn die folgenden Kriterien kumulativ erfüllt sind: 13

- Nachrangigkeit der Kapitalüberlassung gegenüber den anderen Gläubigern,
- Erfolgsabhängigkeit der Vergütung,
- Teilnahme am Verlust bis zur vollen Höhe des überlassenen Kapitals und
- Langfristigkeit der Kapitalüberlassung.

Dabei ist es laut IDW/HFA 1/94 unerheblich, ob das Kapital der Kapitalgesellschaft durch einen Anteilseigner oder einen fremden Dritten zugeführt wird. 14

Die handelsbilanzielle Einordnung als Eigenkapital nach den Kriterien in Randnummer 13 schließt eine Kapitalüberlassung auf Zeit und damit steuerrechtliches Fremdkapital nicht aus. 15

#### c) Genussrechtskapital in der Krise

Auch bei einer Kapitalgewährung in der Krise ist davon auszugehen, dass Genussrechtskapital i.S.d. Randnummer 1 i.d.R. als Fremdkapital zu qualifizie- 16 ren ist (siehe Randnummer 10). Die Vermögenslosigkeit des Schuldners allein führt nicht zu einer Gewährung von Eigenkapital.

17 Eine Gewährung von Eigenkapital durch einen Anteilseigner oder eine dem Anteilseigner nahestehende Person kann als Ausnahmefall jedoch beispielsweise dann vorliegen, wenn eine Rückzahlungsverpflichtung des in der Krise gewährten Genussrechtskapitals aufgrund der vertraglichen Abreden als nicht ernstlich vereinbart anzusehen ist. In diesen Fällen liegt bereits im Zeitpunkt der Gewährung des Genussrechtskapitals eine verdeckte Einlage vor.

### d) Wandlungs- oder Optionsrechte

18 Bei Genussrechtskapital, das von einem Anteilseigner oder einer dem Anteilseigner nahestehenden Person zugeführt wird und mit Wandlungs- oder Optionsrechten verbunden ist, ist anhand der Abgrenzungsregelungen in den Randnummern 8 und 9 im Zeitpunkt der Gewährung des Genussrechtskapitals zu prüfen, ob dieses Kapital mangels tatsächlich bestehender Rückzahlungsverpflichtung auf Dauer zugeführt wurde. Die Einräumung von Wandlungs- oder Optionsrechten allein spricht nicht gegen die Einordnung als Fremdkapital. Auch eine Vereinbarung zur Erfüllung der Rückzahlungsverpflichtung durch die Gewährung von Gesellschaftsanteilen ändert nicht die Einordnung als Fremdkapital. Die steuerrechtliche Umqualifizierung in Eigenkapital erfolgt daher grundsätzlich erst ab dem Zeitpunkt der Ausübung des Wandlungs- oder Optionsrechts mit Wirkung für die Zukunft.

## IV. Ansatz einer Verbindlichkeit in der Bilanz

19 Gemäß § 8 Abs. 1 KStG i.V.m. § 5 Abs. 1 Satz 1 EStG haben buchführende Kapitalgesellschaften in der Bilanz das Betriebsvermögen anzusetzen, das nach den handelsrechtlichen Grundsätzen ordnungsmäßiger Buchführung auszuweisen ist. Nach den in § 242 Abs. 1 i.V.m. § 246 Abs. 1 HGB vorgeschriebenen Ansatzgrundsätzen sind Vermögensgegenstände, Schulden und Rechnungsabgrenzungsposten in der Bilanz auszuweisen, um das Verhältnis des Vermögens zu den Schulden abzubilden. Eine in der Bilanz anzusetzende Verbindlichkeit setzt eine dem Inhalt und der Höhe nach bereits bestimmte Leistungspflicht voraus, die erzwingbar ist und eine wirtschaftliche Belastung darstellt (BFH vom 4. Februar 1999 IV R 54/97, BStBl. 2000 II S. 139, vom 6. April 2000 IV R 31/99, BStBl. 2001 II S. 536 und vom 30. Januar 2002 I R 71/00, BStBl. 2003 II S. 279).

20 Nach den Grundsätzen ordnungsmäßiger Buchführung sind am Bilanzstichtag dem Grunde und der Höhe nach entstandene Verbindlichkeiten in der Bilanz auszuweisen, auch wenn sie noch nicht fällig sind (vgl. § 246 Abs. 1, § 247 Abs. 1, § 253 Abs. 1 Satz 2 und § 266 Abs. 3 HGB). Soweit einer Kapitalgesellschaft Genussrechtskapital i.S.d. Randnummer 1 überlassen worden ist und dieses als Fremdkapital zu qualifizieren ist, ist dieses grundsätzlich in der Steuerbilanz als Verbindlichkeit auszuweisen.

### 1. Fehlende wirtschaftliche Belastung

21 Ohne gegenteilige Anhaltspunkte im konkreten Einzelfall ist davon auszugehen, dass der Genussrechtsinhaber von seinem Rückzahlungsanspruch Gebrauch machen wird. Das zivilrechtliche Bestehen einer Verbindlichkeit lässt zunächst darauf schließen, dass der Gläubiger sein Forderungsrecht auch geltend machen wird. Im Ausnahmefall ist eine Verbindlichkeit nach den Grundsätzen ordnungsmäßiger Buchführung jedoch nicht (mehr) zu passivieren,

wenn sie keine wirtschaftliche Belastung am Bilanzstichtag darstellt. Dies ist insbesondere dann der Fall, wenn aufgrund der konkreten Umstände des Einzelfalls mit einer Geltendmachung der Forderung durch den Gläubiger mit an Sicherheit grenzender Wahrscheinlichkeit nicht (mehr) zu rechnen ist (BFH vom 22. November 1988 VIII R 62/85, BStBl. 1989 II S. 359).

Das Vorliegen einer wirtschaftlichen Belastung ist in jedem Einzelfall unter Abwägung aller Umstände zu prüfen. Das Bestehen einer Nachrangvereinbarung, kombiniert mit einer Verlustteilnahme, schließt die wirtschaftliche Belastung nicht aus. Ebenso wenig kann allein die Tatsache, dass der Schuldner die Verbindlichkeit mangels ausreichenden Vermögens nicht oder nur teilweise tilgen kann, die Annahme einer fehlenden wirtschaftlichen Belastung begründen (BFH vom 9. Februar 1993 VIII R 29/91, BStBl. II S. 747). Auch aus der Länge der Laufzeit der Kapitalgewährung können für eine fehlende wirtschaftliche Belastung keine pauschalen Rückschlüsse gezogen werden. 22

Fehlt es demgegenüber an einer wirtschaftlichen Belastung der Grundverpflichtung, führt allein eine vereinbarte Zinszahlungsverpflichtung i.d.R. nicht zu einer wirtschaftlichen Belastung des Verpflichteten im Hinblick auf das überlassene Kapital. Die darlehensbezogene Bilanzierungsfrage beim Verpflichteten ist von der rechtlichen Qualifizierung beim Berechtigten (dem Gläubiger) unabhängig. Denn eine sog. Korrespondenzsituation liegt nicht vor (BFH vom 10. Juli 2019 XI R 53/17, BStBl. II S. 803). 23

## 2. Passivierungsaufschub nach § 5 Abs. 2a EStG

Gemäß § 5 Abs. 2a EStG darf für eine Verpflichtung, die nur zu erfüllen ist, soweit künftig Einnahmen oder Gewinne anfallen, eine Verbindlichkeit oder Rückstellung erst dann angesetzt werden, wenn die Einnahmen oder Gewinne angefallen sind (zu Fragen zur Anwendung des § 5 Abs. 2a EStG vgl. BMF-Schreiben vom 8. September 2006 IV B 2-S 2133-10/06, BStBl. I S. 497)[1]. 24

Gemäß § 5 Abs. 2a EStG darf eine Genussrechtsverbindlichkeit, die nur aus künftigen Einnahmen oder Gewinnen erfüllt werden muss, mangels gegenwärtiger wirtschaftlicher Belastung am Bilanzstichtag nicht in der Bilanz ausgewiesen werden. Soweit die Genussrechtsverbindlichkeit nicht nur aus künftigen Gewinnen, sondern auch aus einem eventuellen Liquidationsüberschuss zu bedienen ist, fehlt es ebenfalls an einer gegenwärtigen wirtschaftlichen Belastung. Zwar betreffen Zahlungspflichten aus einem Liquidationsüberschuss bereits auch das gegenwärtige Vermögen; sie belasten es aber noch nicht, da nach dem Grundsatz der Unternehmensfortführung der Liquidationsfall noch nicht berücksichtigt werden darf (BFH vom 30. November 2011 I R 100/10, BStBl. 2012 II S. 332 und vom 15. April 2015 I R 44/14, BStBl. II S. 769). Aufgrund der dennoch vorhandenen Rückzahlungsverpflichtung verliert dieses Kapital trotz fehlendem bilanziellem Ausweis nicht den Charakter einer Verbindlichkeit (Kapitalüberlassung auf Zeit gleich Fremdkapital). 25

## 3. Folgen des fehlenden Ansatzes einer Verbindlichkeit

Der Zugang des Kapitals oder der Wegfall der in der Steuerbilanz als Verbindlichkeit angesetzten Rückzahlungsverpflichtung führt steuerbilanziell zu einem Ertrag. Beruht der hierdurch ausgelöste Wegfallgewinn auf dem Gesellschaftsverhältnis, ist er durch den Ansatz einer Einlage in Höhe des werthaltigen 26

[1] Nr. **1** § 5/11.

Teils der betroffenen Forderungen zu neutralisieren (BFH vom 15. April 2015 I R 44/14, BStBl. II S. 769).

27 Lebt die Darlehensverbindlichkeit in der Zukunft wieder auf, ist der aus diesem Vorgang entstehende Aufwand zu neutralisieren, soweit die vorherige gewinnwirksame Ausbuchung des Genussrechts als Einlage zu beurteilen war.

28 Soweit Genussrechte inhaltsgleich auch an fremde Dritte ausgegeben werden und eine Verbindlichkeit mangels wirtschaftlicher Belastung am Bilanzstichtag in der Bilanz der Emittentin nicht passiviert werden darf, kann von einer Veranlassung der fehlenden wirtschaftlichen Belastung aus dem Gesellschaftsverhältnis heraus grundsätzlich nicht ausgegangen werden. Der Ertrag wird nicht durch eine Einlage korrigiert, da der steuerrechtliche Einlagebegriff den Steuerbilanzgewinn lediglich um die nicht betrieblich, sondern durch das Gesellschaftsverhältnis veranlassten Mehrungen des steuerrechtlichen Betriebsvermögens mindern soll (BFH vom 15. April 2015 I R 44/14, BStBl. II S. 769).

## V. Zahlungen auf Genussrechtskapital bei der Einkommensermittlung

29 Handelt es sich bei der Überlassung von Genussrechtskapital um eine Überlassung von Fremdkapital, sind gezahlte Vergütungen auf das Genussrechtskapital unabhängig vom Vorliegen eines Passivierungsverbotes Betriebsausgaben i.S.d. § 8 Abs. 1 KStG i.V.m. § 4 Abs. 4 EStG.

30 Gemäß § 8 Abs. 3 Satz 2 2. Alternative KStG mindern Ausschüttungen jeder Art auf Genussrechte, mit denen das Recht auf Beteiligung am Gewinn und am Liquidationserlös der Kapitalgesellschaft verbunden ist, nicht deren Einkommen.

31 Das Merkmal „Beteiligung am Gewinn“ ist weit auszulegen. Eine Beteiligung am Gewinn ist die Teilnahme des Genussrechtsinhabers am wirtschaftlichen Erfolg der genussrechtsemittierenden Kapitalgesellschaft. Die Erfolgsbeteiligung kann sich an Kennzahlen wie dem Jahresüberschuss, dem Bilanzgewinn, dem ausschüttungsfähigen Gewinn, EBIT und EBITDA bemessen. Ebenso stellt die Bemessung der Genussrechtsvergütung an Dividendenausschüttungen eine ausreichende mittelbare Beteiligung am Gewinn dar. Diese Beteiligung am Gewinn wird dadurch begrenzt, dass maximal der in der Handelsbilanz ausgewiesene Gewinn ausgeschüttet werden kann. Keine Beteiligung am Gewinn i.S.v. § 8 Abs. 3 Satz 2 2. Alternative KStG liegt jedoch vor, wenn die Vergütung abhängig vom Ergebnis einer bestimmten Unternehmenssparte (trackingstock), von einzelnen Wirtschaftsgütern oder anderen Konzerngesellschaften erfolgt. Eine Beteiligung an Verlusten der Kapitalgesellschaft ist nicht erforderlich.

32 Eine Beteiligung am Liquidationserlös liegt nicht bereits vor, wenn das Genussrechtskapital lediglich nominal anlässlich der Liquidation zurückzuzahlen ist. Eine Beteiligung am Liquidationserlös ist anzunehmen, wenn dem Genussrechtsinhaber aufgrund der getroffenen Vereinbarungen anlässlich der Liquidation der Kapitalgesellschaft über die Rückzahlung des Genussrechtskapitals hinaus auch ein Recht auf eine zumindest teilweise Beteiligung an den stillen Reserven eingeräumt wurde. Demgegenüber liegt im Falle eines zeitlich befristeten oder kündbaren Genussrechts keine Beteiligung am Liquidationserlös i.S.v. § 8 Abs. 3 Satz 2 2. Alternative KStG vor, wenn es nach der getroffenen Vereinbarung an einer Teilhabe des Genussrechtsinhabers anlässlich einer Liqui-

dation der Kapitalgesellschaft fehlt. Eine Beteiligung am Liquidationserlös kann allein durch die Dauer der Kapitalüberlassung nicht begründet werden.

Bei Genussrechtskapital mit Verlustbeteiligung liegt eine Beteiligung am Liquidationserlös auch vor, wenn für den Fall der Liquidation des Unternehmens ein Anspruch auf Rückzahlung des Genussrechtskapitals mindestens zum Nennwert vereinbart ist. Denn durch die Beteiligung am Verlust kann das Genussrechtskapital im Zeitpunkt der Liquidation gemindert sein. Der Anspruch auf Rückzahlung zum Nennwert führt dann zu einer (jedenfalls teilweisen) Beteiligung an den stillen Reserven, um die verlustbedingte Minderung auszugleichen. Auch bei einer nur teilweisen Beteiligung an den stillen Reserven liegt eine Beteiligung am Liquidationserlös i.S.d. § 8 Abs. 3 Satz 2 2. Alternative KStG vor. 33

## VI. Debt-Mezzanine-Swap

Wird eine Darlehensforderung in ein Genussrecht im Sinne der Randnummer 1 umgewandelt, ist anlässlich der geänderten schuldrechtlichen Vereinbarung der steuerbilanzielle Ausweis des Genussrechtskapitals anhand der in diesem Schreiben aufgestellten Grundsätze insgesamt zu prüfen. 34

Soweit Fremdkapital vorliegt, ist das durch die Umwandlung entstehende Genussrechtskapital von der Kapitalgesellschaft grundsätzlich als Verbindlichkeit auszuweisen (erfolgsneutraler Passivtausch). Ist die Kapitalgesellschaft am Bilanzstichtag durch die Kapitalüberlassung wirtschaftlich nicht belastet, kann in der Bilanz keine Verbindlichkeit angesetzt werden (Passivierungsverbot, siehe hierzu die Randnummern 23 ff. dieses Schreibens). 35

Wird einem Anteilseigner demgegenüber an Stelle seiner ursprünglichen Darlehensforderung ein Genussrecht eingeräumt, das nach den Grundsätzen dieses Schreibens aufgrund einer fehlenden Rückzahlungsverpflichtung als Gewährung von Eigenkapital zu beurteilen ist (BFH vom 19. Januar 1994 I R 67/92, BStBl. 1996 II S. 77), kann in der Bilanz weder die ursprüngliche Darlehensverbindlichkeit noch eine Genussrechtsverbindlichkeit ausgewiesen werden. Der Wegfall der Darlehensverbindlichkeit führt steuerbilanziell zu einem Ertrag. Beruht der hierdurch ausgelöste Wegfallgewinn auf dem Gesellschaftsverhältnis, ist er durch den Ansatz einer Einlage in Höhe des werthaltigen Teils der betroffenen Forderungen zu neutralisieren (BFH vom 15. April 2015 I R 44/14, BStBl. II S. 769). Hinsichtlich der Gewährung der Genussrechte gelten die allgemeinen Grundsätze zur Gewährung von Eigenkapital. 36

## VII. Anwendungsregelung

Dieses Schreiben ist in allen offenen Fällen anzuwenden. 37

## VIII. Aufhebung bestehender BMF-Schreiben

Das BMF-Schreiben vom 27. Dezember 1995 (BStBl. 1996 I S. 49) wird aufgehoben. 38

# I § 5/8. Schreiben betr. Öffentlich Private Partnerschaften (ÖPP); Ertragsteuerliche Behandlung im Zusammenhang mit A-Modellen

Vom 4. Oktober 2005 (BStBl. I S. 916)

(BMF IV B 2 – S 2134 a – 37/05)

Im Einvernehmen mit den obersten Finanzbehörden der Länder gilt zur ertragsteuerlichen Behandlung von Öffentlich Privaten Partnerschaften – ÖPP (Public Private Partnership – PPP) in Form von A-Modellen Folgendes:

## I. Gegenstand des A-Modells

Mit dem Gesetz über die Erhebung streckenbezogener Gebühren für die Benutzung von Bundesautobahnen mit schweren Nutzfahrzeugen – Autobahnmautgesetz für schwere Nutzfahrzeuge – ABMG – Neufassung vom 2. Dezember 2004 (BGBl. I S. 3122) will der Gesetzgeber die Verkehrsinfrastruktur verbessern. Dazu können für den Bau und die Unterhaltung öffentlicher Straßen Private (Konzessionsnehmer) eingesetzt werden. 1

Bei der rechtlichen Ausgestaltung des Verkehrsprojekts nach dem „A-Modell" werden von den Konzessionsnehmern Autobahnstreckenabschnitte errichtet und auch im verkehrsrechtlichen Sinne betrieben, der Bund (Konzessionsgeber) bleibt jedoch Eigentümer des Autobahnstreckenabschnitts und allein berechtigt, für die Benutzung Mautgebühren zu erheben. In Zusammenarbeit mit dem Bundesministerium für Verkehr, Bau und Wohnungswesen sind Musterverträge erstellt worden, die Grundlage sowohl der Angebotserstellung als auch der bilanzsteuerrechtlichen Beurteilung sind. 2

Der Inhalt des Mustervertrags für das A-Modell ist als Heft 889 (ISBN 3-934458-84-86-6) der Schriftenreihe „Forschungsberichte aus dem Forschungsprogramm des Bundesministeriums für Verkehr, Bau und Wohnungswesen e. V.", herausgegeben vom Bundesministerium für Verkehr, Bau und Wohnungswesen, Abteilung Straßenbau, Straßenverkehr, Bonn, veröffentlicht.

A-Modelle sind Vertragsmodelle, bei denen sich der Konzessionsnehmer vertraglich gegenüber dem Konzessionsgeber (Bund) verpflichtet, eine bestimmte Konzessionsstrecke (Bundesautobahnabschnitt) auszubauen (dies beinhaltet auch die Erweiterung um weitere Richtungsfahrbahnen) und diese während des Konzessionszeitraumes (i. d. R. 30 Jahre) zu betreiben und zu erhalten. Als Gegenleistung erhält der Konzessionsnehmer ggf. eine Anschubfinanzierung sowie einen prozentualen Anteil an den Gesamtmauteinnahmen. Diese werden monatlich vom Konzessionsgeber an den Konzessionsnehmer weitergeleitet. Zum Ende des Konzessionszeitraumes ist der Konzessionsnehmer verpflichtet, die Konzessionsstrecke in einen bestimmten Mindestzustand zu versetzen, der über die normale Erhaltungsverpflichtung hinausgeht. 3

## II. Vertragliche Ausgestaltung des A-Modells

4 Die ertragsteuerliche Würdigung wird anhand der nachfolgend dargestellten vertraglichen Regelungen vorgenommen. Abweichungen davon führen ggf. zu einer anderen steuerlichen Behandlung.

### 1. Pflichten des Konzessionsnehmers

5 – Bauleistung

Der Konzessionsnehmer ist verpflichtet, die Konzessionsstrecke gem. den Vertragsvereinbarungen auszubauen. Er hat eine betriebsfertige Gesamtleistung zu erbringen.

6 – Betriebspflicht

Der Konzessionsnehmer hat die Konzessionsstrecke für die Dauer des Konzessionszeitraumes nach Maßgabe der Vertragsbedingungen auf seine Kosten zu betreiben. Dazu zählen u. a. Verkehrsüberwachung, Verkehrssicherungspflicht und der Winterdienst.

7 – Erhaltungspflicht

Die Konzessionsstrecke ist für die Dauer des Konzessionszeitraumes durch den Konzessionsnehmer auf seine Kosten vertragsgemäß (Leistungsbeschreibung, technische Regelwerke und Rechtsvorschriften) zu erhalten. Inbegriffen sind erforderliche Bauleistungen, für die die Bestimmungen über die Erbringung von Bauleistungen gelten.

8 – Versicherungen

Der Konzessionsnehmer ist verpflichtet, die vertraglich vorgegebenen Versicherungen abzuschließen.

9 – Rückgabe

Zum Ende des Konzessionszeitraumes hat der Konzessionsnehmer die Konzessionsstrecke in einem vertraglich bestimmten Mindestzustand „zurückzugeben". Besteht dieser nicht, ist er herzustellen.

### 2. Pflichten des öffentlich-rechtlichen Auftraggebers (Konzessionsgeber)

10 – Anschubfinanzierung

Der Konzessionsgeber kann sich verpflichten, eine betragsmäßig bestimmte Anschubfinanzierung zu leisten. Diese stellt eine Teilvergütung für die Baukosten dar. Sie kann gemäß Baufortschritt in Teilbeträgen abgerechnet werden.

11 – Lkw-Maut

Der Konzessionsgeber ist verpflichtet, einen bestimmten Prozentsatz der tatsächlich zugeflossenen Mauteinnahmen an den Konzessionsnehmer weiterzuleiten (i. d. R. 95%). Die Weiterleitung soll monatlich, bis zum 10. des Folgemonats erfolgen. Anpassungen an tatsächliche rechtliche oder technische Änderungen sind vorgesehen.

Diese Zahlungen stellen die Gegenleistung für den Ausbau, den Betrieb und die Erhaltung der Konzessionsstrecke dar.

## III. Bilanzsteuerrechtliche Beurteilung

### 1. Beurteilung des Vertragsverhältnisses

Die vertragliche Gestaltung des A-Modells begründet ein Dauerschuldverhältnis mit unterschiedlichen zeitraumbezogenen Leistungen. Diese bestehen in der Herstellung der Konzessionsstrecke, der Unterhaltungs- und Betriebspflicht sowie der Herstellung eines bestimmten Mindestzustandes bei Rückgabe einerseits und der Zahlung der Gegenleistung andererseits bis zum Ende der Laufzeit. Das Dauerschuldverhältnis ist als schwebendes Geschäft grundsätzlich nicht bilanzwirksam. Soweit Vorleistungen des einen Vertragspartners erbracht worden sind, sind sie über Rechnungsabgrenzungsposten oder Anzahlungen zu berücksichtigen. 12

### 2. Aufwendungen zur Herstellung der Konzessionsstrecke

In Höhe der Ausbaukosten abzüglich einer etwaigen Anschubfinanzierung liegt eine Vorleistung des Konzessionsnehmers vor. Die anfallenden Aufwendungen sind daher während der Bauphase ebenso wie eine Anschubfinanzierung gewinnneutral zu behandeln (d. h. wie eine Anzahlung) und nach Fertigstellung und Abnahme des Bauwerkes in einen aktiven Rechnungsabgrenzungsposten (§ 5 Abs. 5 Satz 1 Nr. 1 EStG) einzustellen. 13

Dieser Posten ist bis zum Ende des Konzessionszeitraums in gleichmäßigen Raten aufzulösen. 14

### 3. Verpflichtung zur Herstellung eines Mindestzustandes zum Ende des Konzessionszeitraums

Für die Verpflichtung, die Konzessionsstrecke in einem vertraglich bestimmten Mindestzustand zurückzugeben, ist eine Rückstellung für ungewisse Verbindlichkeiten gemäß § 249 Abs. 1 Satz 1, 1. Alt. HGB zu bilden, die wegen des Maßgeblichkeitsgrundsatzes auch in der steuerlichen Gewinnermittlung anzusetzen ist. 15

Die Höhe der Rückstellung orientiert sich an einer Schätzung der zu erwartenden Kosten. Der Rückstellungsbetrag ist gemäß § 6 Abs. 1 Nr. 3a Buchst. d EStG anzusammeln (vgl. *R 38 Satz 1 EStR 2003*[1]) und ab dem Zeitpunkt der Nutzung der Konzessionsstrecke, d. h. ab Fertigstellung bis zum Ende des Konzessionszeitraumes zu berechnen. Er ist gemäß § 6 Abs. 1 Nr. 3a Buchst. e EStG bis zum Beginn der Erfüllung der Verpflichtung (Beginn der Maßnahmen zur Herstellung des vereinbarten Mindestzustandes) abzuzinsen. Rückstellungsfähig sind dabei nur die Beträge, die über die normale Erhaltungsverpflichtung hinausgehen. 16

### 4. Laufende Aufwendungen des Betriebs und der Erhaltung der Konzessionsstrecke

Die Aufwendungen für Betrieb und Erhaltung der Konzessionsstrecke sind als laufende Betriebsausgaben zu erfassen. 17

[1] Jetzt R 6.11 Abs. 2 Satz 1 EStR.

### 5. Weitergeleitete Mauteinnahmen

18 Die Einnahmen aus der anteiligen Weiterleitung des Mautaufkommens sind als laufende Erträge zu berücksichtigen. Soweit vor Fertigstellung der Baumaßnahme die Mautzahlungen an den Konzessionsnehmer weitergeleitet werden, sind sie während der Bauphase gewinnneutral als Anzahlung zu passivieren, soweit sie im Wege einer sachgerechten Schätzung anteilig auf die Bauleistung für die Konzessionsstrecke entfallen. Es ist jedoch nicht zu beanstanden, wenn diese Mauteinnahmen bis zur Höhe der laufenden Ausgaben gewinnwirksam erfasst werden und nur ein überschießender Betrag als Anzahlung passiviert wird.

# I § 5/10. Verfügung betr. Zeitpunkt der Aktivierung von Steuererstattungsansprüchen

Vom 25. November 2015 (DB S. 2975)

(OFD Niedersachsen S 2133 – 31 – St 222/St 221)

Auf Bund-Länder-Ebene wurde die Frage erörtert, zu welchem Bilanzstichtag Steuererstattungsansprüche, die sich aus einer Änderung der Rechtsauffassung zugunsten des Steuerpflichtigen ergeben, zu aktivieren sind.

Nach dem auch steuerrechtlich zu beachtenden Vorsichtsprinzip des Handelsbilanzrechts dürfen bestrittene Forderungen erst dann aktiviert und als realisierte Erträge erfasst werden, wenn (und soweit) sie entweder rechtskräftig festgestellt oder vom Schuldner anerkannt worden sind (ständige BFH-Rechtsprechung, vgl. z. B. BFH-Urteil vom 26. Februar 2014 I R 12/14, BFH/NV S. 1544). Danach dürfen auch Steuererstattungsanspüche nur dann in der Bilanz aktiviert werden, wenn sie am maßgeblichen Bilanzstichtag einen durchsetzbaren gegenwärtigen Vermögenswert verkörpern.

Steuererstattungsansprüche können frühestens aktiviert werden, wenn sie nach den steuerrechtlichen Vorschriften entstanden und hinreichend sicher sind (Realisationsprinzip). Für zunächst vom Finanzamt bestrittene Erstattungsansprüche ist das erst der Fall, wenn an dem entsprechenden Bilanzstichtag der Realisierung des Anspruchs weder materiell-rechtliche noch verfahrensrechtliche Hindernisse entgegenstehen, der Anspruch vom Finanzamt also nicht (mehr) bestritten wird oder gemäß einer veröffentlichten verwaltungsinternen Weisung nicht (mehr) zu bestreiten ist. Davon ist auszugehen, wenn eine Rechtsfrage höchstrichterlich entschieden ist, das Urteil vorbehaltlos im BStBl. Teil II veröffentlicht wurde und der betroffene Steuerbescheid verfahrensrechtlich geändert werden kann.

Diese Auffassung entspricht im Übrigen auch dem Beschluss zur bilanzsteuerrechtlichen Erfassung von Steuererstattungszinsen (vgl. ESt-Kartei ND § 5 Nr. 1.5[1]).

Danach kann ein Anspruch auf Erstattungszinsen frühestens dann aktiviert werden, wenn er hinreichend sicher ist. Für die Frage der Aktivierung von Steuererstattungsanspüchen und von Erstattungszinsen gelten insoweit die gleichen Grundsätze.

---

[1] OFD Niedersachsen v. 30. 11. 2015 S 2133 – 22 – St 222/St 221.

# I § 5/11. Schreiben betr. Passivierung von Verbindlichkeiten bei Vereinbarung eines einfachen oder qualifizierten Rangrücktritts; Auswirkungen des § 5 Abs. 2 a EStG

Vom 8. September 2006 (BStBl. I S. 497)

(BMF IV B 2 – S 2133 – 10/06)

Unter Bezugnahme auf das Ergebnis der Erörterung mit den obersten Finanzbehörden der Länder nehme ich zur Anwendung des § 5 Abs. 2 a EStG in der Fassung des Steuerbereinigungsgesetzes 1999 vom 22. 12. 1999, BGBl. I S. 2601, auf Fälle, in denen zwischen Schuldner und Gläubiger eine Rangrücktrittsvereinbarung abgeschlossen wurde, wie folgt Stellung:

## I. Begriff der Rangrücktrittsvereinbarung

### 1. Einfacher Rangrücktritt

Bei einem einfachen Rangrücktritt vereinbaren Schuldner und Gläubiger, dass eine Rückzahlung der Verbindlichkeit nur dann zu erfolgen habe, wenn der Schuldner dazu aus zukünftigen Gewinnen, aus einem Liquidationsüberschuss oder aus anderem – freien – Vermögen künftig in der Lage ist und der Gläubiger mit seiner Forderung im Rang hinter alle anderen Gläubiger zurücktritt. 1

Bei dieser Vereinbarung handelt es sich um einen Rangrücktritt, der mit einer Besserungsabrede verbunden wird.

### 2. Qualifizierter Rangrücktritt

Bei einem qualifizierten Rangrücktritt erklärt der Gläubiger sinngemäß, er wolle wegen der Forderung erst nach Befriedigung sämtlicher anderer Gläubiger der Gesellschaft und – bis zur Abwendung der Krise – auch nicht vor, sondern nur zugleich mit den Einlagenrückgewähransprüchen der Gesellschafter berücksichtigt, also so behandelt werden, als handele es sich bei seiner Forderung um statutarisches Kapital (vgl. Urteil des BGH vom 8. Januar 2001, BGHZ 146, 264–280). Ziel der Vereinbarung eines qualifizierten Rangrücktritts ist, die Verbindlichkeit in der insolvenzrechtlichen Überschuldungsbilanz der Gesellschaft nicht auszuweisen. 2

## II. Ertragsteuerliche Behandlung

### 1. Grundsätzliche Passivierungspflicht

Eine Verbindlichkeit ist zu passivieren, wenn sie rechtlich entstanden und wirtschaftlich verursacht ist. Dagegen widerspricht es den Grundsätzen ordnungsmäßiger Buchführung, wenn ein Kaufmann Verbindlichkeiten in seiner Bilanz ausweist, obwohl mit einer Inanspruchnahme durch den Gläubiger mit an Sicherheit grenzender Wahrscheinlichkeit nicht mehr zu rechnen ist und die – rechtlich bestehende – Verpflichtung keine wirtschaftliche Belastung 3 mehr darstellt (BFH vom 22. November 1988, BStBl. 1989 II S. 359). Allein die Tatsache, dass der Schuldner die Verbindlichkeit mangels ausreichenden Vermögens nicht oder nur teilweise tilgen kann, begründet noch keine Annahme einer fehlenden wirtschaftlichen Belastung (BFH vom 9. Februar 1993, BStBl. II S. 747).

### 2. Wirkung der Rangrücktrittsvereinbarung

4 Die Vereinbarung eines einfachen oder eines qualifizierten Rangrücktritts hat keinen Einfluss auf die Bilanzierung der Verbindlichkeit. Im Gegensatz zu einem Forderungsverzicht mindert sich oder erlischt die Verbindlichkeit nicht. Diese wird weiterhin geschuldet und stellt für den Steuerpflichtigen eine wirtschaftliche Belastung dar; lediglich die Rangfolge der Tilgung ändert sich. Die Verbindlichkeit ist weiterhin als Fremdkapital in der (Steuer-)Bilanz der Gesellschaft auszuweisen.

### 3. Anwendung des § 5 Abs. 2 a EStG auf Rangrücktrittsvereinbarungen

5 Gemäß § 5 Abs. 2 a EStG darf weder eine Verbindlichkeit angesetzt noch eine Rückstellung gebildet werden, wenn die Verpflichtung nur zu erfüllen ist, soweit künftig Einnahmen oder Gewinne anfallen. Eine solche Verbindlichkeit oder Rückstellung darf erst angesetzt werden, wenn die Einnahmen oder Gewinne angefallen sind.

6 Voraussetzung für die Anwendung des § 5 Abs. 2 a EStG ist, dass zwischen dem Ansatz der Verbindlichkeit und Gewinnen und Einnahmen eine Abhängigkeit im Zahlungsjahr besteht. Haben Schuldner und Gläubiger eine Vereinbarung im Sinne der Rdnr. 1 (= einfacher Rangrücktritt) geschlossen, besteht die erforderliche Abhängigkeit zwischen Verbindlichkeit und Einnahmen oder Gewinnen nicht, so dass der Tatbestand des § 5 Abs. 2 a EStG nicht erfüllt ist; die Verbindlichkeit ist zu passivieren. Fehlt dagegen eine Bezugnahme auf die Möglichkeit einer Tilgung auch aus sonstigem freien Vermögen, ist der Ansatz von Verbindlichkeiten oder Rückstellungen bei derartigen Vereinbarungen ausgeschlossen.

7 Bei einer Vereinbarung im Sinne der Rdnr. 2 (qualifizierter Rangrücktritt) liegen die Voraussetzungen des § 5 Abs. 2 a EStG nicht vor, weil eine Abhängigkeit zwischen Verbindlichkeit und Einnahmen oder Gewinnen nicht besteht, sondern die Begleichung der Verbindlichkeit zeitlich aufschiebend bedingt – bis zur Abwendung der Krise – verweigert werden kann.

8 Die Aussagen des BFH im Urteil vom 10. November 2005 IV R 13/04 (BStBl. 2006 II S. 618) stehen dem nicht entgegen. Die Vereinbarung eines Rangrücktritts (ohne Besserungsabrede) erfüllt nicht die Tatbestandsvoraussetzungen des § 5 Abs. 2 a EStG. Daher kann es in einem solchen Fall nicht auf eine ausdrückliche Bezugnahme auf die Möglichkeit der Tilgung auch aus einem Liquidationsüberschuss oder aus sonstigem freien Vermögen ankommen.

## III. Zeitliche Anwendung

9 Dieses Schreiben ist in allen offenen Fällen anzuwenden. Es ersetzt das BMF-Schreiben vom 18. August 2004 (BStBl. I S. 850).

# I § 5/12. Schreiben betr. bilanzsteuerliche Berücksichtigung von Altersteilzeitvereinbarungen im Rahmen des so genannten „Blockmodells" nach dem Altersteilzeitgesetz (AltTZG)

Vom 28. März 2007 (BStBl. I S. 297)

(BMF IV B 2 – S 2175 – 07/0002)

Geändert durch BMF v. 11. 3. 2008 (BStBl. I S. 496) und BMF v. 22. 10. 2018 (BStBl. I S. 1112)

**Anlage**

Der BFH hat mit Urteil vom 30. November 2005 I R 110/04 (BStBl. 2007 II S. 251) entschieden, dass für Verpflichtungen, im Rahmen einer Vereinbarung über Altersteilzeit nach dem AltTZG in der Freistellungsphase einen bestimmten Prozentsatz des bisherigen Arbeitsentgeltes zu zahlen, in der Beschäftigungsphase eine ratierlich anzusammelnde Rückstellung zu bilden ist.

Nach Abstimmung mit den obersten Finanzbehörden der Länder sind Altersteilzeitvereinbarungen, wonach der Arbeitnehmer in der ersten Hälfte der Altersteilzeit (Beschäftigungsphase) eine geringere laufende Vergütung einschließlich der hierauf entfallenden Arbeitgeberanteile zur gesetzlichen Rentenversicherung und der sog. Aufstockungsbeträge nach § 3 Abs. 1 Satz 1 Nr. 1 Buchstabe a AltTZG erhält, als es seiner geleisteten Arbeit entspricht und er in der zweiten Hälfte der Altersteilzeit (Freistellungsphase) bei Fortzahlung der Vergütungen entsprechend der in der ersten Hälfte vereinbarten Höhe vollständig von der Arbeit freigestellt wird, in der steuerlichen Gewinnermittlung wie folgt zu berücksichtigen:

## 1. Rückstellungen für die laufenden Vergütungen in der Freistellungsphase

1 Für die Verpflichtungen aus vertraglichen Altersteilzeitvereinbarungen, in der Freistellungsphase weiterhin laufende Vergütungen zu zahlen, sind erstmals am Ende des Wirtschaftsjahres, in dem die Altersteilzeit (Beschäftigungsphase) beginnt, Rückstellungen für ungewisse Verbindlichkeiten zu passivieren.

2 Bemessungsgrundlage sind die gesamten in der Freistellungsphase zu gewährenden Vergütungen einschließlich der zu erbringenden Aufstockungsbeträge sowie sonstige Nebenleistungen (z. B. Urlaubs- und Weihnachtsgeld, Arbeitgeberanteile zur gesetzlichen Sozialversicherung).

## 2. Bewertung der Rückstellungen

### a) Wertverhältnisse des Bilanzstichtages

3 Bei der Bewertung der Rückstellungen sind die Kosten- und Wertverhältnisse des jeweiligen Bilanzstichtages maßgebend *(§ 252 Abs. 1 Nr. 4 Handelsgesetzbuch – HGB[1])*.

---

[1] Siehe jetzt § 6 Abs. 1 Nr. 3 a Buchst. f EStG.

**b) Gegenrechnung künftiger Vorteile**

4 Gemäß § 6 Abs. 1 Nr. 3 a Buchstabe c und § 52 Abs. 16 Satz 2 EStG[1] sind künftige Vorteile, die mit der Erfüllung einer Verpflichtung voraussichtlich verbunden sein werden, bei der Rückstellungsbewertung in nach dem 31. Dezember 1998 endenden Wirtschaftsjahren wertmindernd zu berücksichtigen. Nach R 6.11 Abs. 1 *EStR 2005*[2] setzt eine Gegenrechnung voraus, dass am Bilanzstichtag nach den Umständen des Einzelfalles mehr Gründe für als gegen den Vorteilseintritt sprechen.

5 Der Erstattungsanspruch nach § 4 Abs. 1 AltTZG besteht bei Wiederbesetzung des durch die Altersteilzeitvereinbarung freigewordenen Arbeitsplatzes (§ 3 Abs. 1 Satz 1 Nr. 2 und § 3 Abs. 3 AltTZG). Er steht im Zusammenhang mit den Altersteilzeitverpflichtungen und stellt somit einen Vorteil im Sinne von § 6 Abs. 1 Nr. 3 a Buchstabe c EStG dar.

6 Erstattungsansprüche sind gegenzurechnen, wenn mehr Gründe für als gegen die Wiederbesetzung des Arbeitsplatzes und die Inanspruchnahme der Erstattungsleistungen nach § 4 AltTZG sprechen. So sind beispielsweise künftige Erstattungsleistungen rückstellungsmindernd zu berücksichtigen, wenn nach den betriebsinternen Unterlagen die Wiederbesetzung des Arbeitsplatzes anzunehmen ist und sich keine Anhaltspunkte für die Nichterfüllung der Voraussetzungen des § 3 AltTZG für Leistungen nach § 4 AltTZG ergeben. Bei Abschluss eines neuen Arbeitsvertrages mit einem Arbeitnehmer im Sinne von § 3 Abs. 1 Satz 1 Nr. 2 AltTZG ist regelmäßig von einem voraussichtlichen Vorteilseintritt auszugehen.

7 Liegen die Voraussetzungen des § 3 AltTZG für Leistungen im Sinne von § 4 AltTZG vor, ist für die Monate vor dem Bilanzstichtag, in denen der Arbeitgeber einen „begünstigten“ Arbeitnehmer tatsächlich beschäftigt hat und nach dem AltTZG entstandene Erstattungsleistungen noch nicht ausgezahlt wurden, anstelle der Gegenrechnung eine Forderung in Höhe der für diese Monate bestehenden Erstattungsansprüche zu aktivieren.

**c) Ratierliche Ansammlung**

8 Die Rückstellungen für die laufenden Vergütungen in der Freistellungsphase sind entsprechend der ratierlichen wirtschaftlichen Verursachung in der Beschäftigungsphase zeitanteilig in gleichen Raten anzusammeln.

**d) Abzinsung nach § 6 Abs. 1 Nr. 3 a Buchstabe e EStG**

9 Nach § 6 Abs. 1 Nr. 3 a Buchstabe e Satz 1 und § 52 Abs. 16 Satz 2 EStG[1] sind in nach dem 31. Dezember 1998 endenden Wirtschaftsjahren Rückstellungen mit einem Zinssatz von 5,5 % abzuzinsen. Ausgenommen sind Rückstellungen, deren Laufzeiten am Bilanzstichtag weniger als 12 Monate betragen, die verzinslich sind oder auf einer Anzahlung oder Vorausleistung beruhen.

10 Ob die Verpflichtung zur Leistungserbringung in der Freistellungsphase verzinslich ist, richtet sich nach der konkreten Vereinbarung im jeweiligen Einzelfall. Wird beispielsweise während der gesamten Laufzeit der Altersteilzeit eine Vergütung in unveränderter Höhe bezogen, liegt eine unverzinsliche Verpflichtung vor. Allgemeine Wertfortschreibungen, wie z. B. mögliche oder konkret vereinbarte Tariferhöhungen, stellen keine Verzinslichkeit im Sinne des § 6 Abs. 1 Nr. 3 a Buchstabe e EStG dar.

---

[1] In der Fassung vor dem KroatienAnpG v. 25. 7. 2014, BStBl. I S. 1266.
[2] Jetzt: EStR 2012.

## e) Versicherungsmathematische Bewertung

Die Rückstellungen für Altersteilzeitverpflichtungen sind grundsätzlich versicherungsmathematisch unter Berücksichtigung der Randnummern 3 bis 10 zu bewerten. Für die Anwendung der neuen *„Richttafeln 2005 G"*[1] von Prof. Klaus Heubeck gelten die Regelungen in Randnummer 2 des *BMF-Schreibens vom 16. Dezember 2005 (BStBl. I S. 1054)*[2] entsprechend. 11

## f) Pauschalwertverfahren

Aus Vereinfachungsgründen ist es nicht zu beanstanden, die Rückstellungen für Altersteilzeitverpflichtungen – abweichend von den Randnummern 9 bis 11 und der Regelungen des BMF-Schreibens vom 26. Mai 2005 (BStBl. I S. 699) – nach einem pauschalen Verfahren unter Verwendung der diesem Schreiben beigefügten Tabelle 1 zu bewerten. Die dort genannten Barwertfaktoren berücksichtigen die biometrische Wahrscheinlichkeit des Ausscheidens des Altersteilzeitberechtigten und die Abzinsung. 12

Altersteilzeitverpflichtungen können nur einheitlich entweder versicherungsmathematisch oder nach dem Pauschalwertverfahren bewertet werden. Die für ein Wirtschaftsjahr getroffene Wahl bindet das Unternehmen für die folgenden 4 Wirtschaftsjahre. Bei Anwendung des Pauschalwertverfahrens scheidet eine Rücklagenbildung nach *§ 52 Abs. 16 Satz 10 ff. EStG*[3] und R 6.11 Abs. 1 Satz 3 ff. *EStR 2005*[4] aus. 13

## 3. Beispiel:

Arbeitgeber (Wirtschaftsjahr = Kalenderjahr) und Arbeitnehmer A vereinbaren am 5. April 2006 eine 4-jährige Altersteilzeit ab dem 1. Januar 2007 bis zum 31. Dezember 2010. Der Arbeitgeber beabsichtigt bereits bei Vertragsabschluss, den durch die Altersteilzeitvereinbarung frei werdenden Arbeitsplatz wieder zu besetzen und die Leistungen nach § 4 AltTZG in Anspruch zu nehmen. 14

In der Beschäftigungsphase (1. Januar 2007 bis 31. Dezember 2008) übt A weiterhin eine Vollzeittätigkeit aus und bezieht monatliche Leistungen in Höhe von 600 € (einschließlich Aufstockungsbetrag nach dem AltTZG i. H. v. 100 €). Diese Vergütungen erhält A auch in der Freistellungsphase vom 1. Januar 2009 bis 31. Dezember 2010.

Aufgrund dieser Vereinbarung beschäftigt der Arbeitgeber ab dem 1. Januar 2009 den bislang als arbeitslos gemeldeten Arbeitnehmer B (Arbeitsvertrag vom 5. April 2008). Im März 2009 beantragt er bei der Bundesagentur für Arbeit gemäß § 12 Abs. 1 AltTZG die Erstattung des Aufstockungsbetrages für den Arbeitnehmer A. Die Voraussetzungen des § 3 AltTZG liegen zu diesem Zeitpunkt vor. Die ersten Erstattungsleistungen wurden im Januar 2010 ausgezahlt. Der Arbeitgeber nimmt das Pauschalwertverfahren (Randnummer 12) in Anspruch.

Bilanzstichtag 31. 12. 2007

Für die in der Freistellungsphase (24 Monate) zu leistenden Vergütungen in Höhe von 24 × 600 € = 14 400 € passiviert der Arbeitgeber eine zeitanteilig anzusammelnde Rückstellung für ungewisse Verbindlichkeiten. Da am Bilanzstichtag mehr Gründe für als gegen die Wiederbesetzung des Arbeitsplatzes und die Inanspruchnahme des Erstattungsanspruches nach § 4 AltTZG sprechen, sind die Aufstockungsbeträge in der Freistellungsphase i. H. v. 24 × 100 € = 2400 € als künftige Vorteile gegenzurechnen. Am Stichtag 31. 12. 2007 sind entsprechend der ratierlichen wirtschaftlichen Verursachung ½ × (14 400 € – 2400 €) = 6000 € maßgebend.

Bei Anwendung des Pauschalverfahrens gemäß Tabelle 1 (ATZ 4, Restlaufzeit 3 Jahre) ergibt sich eine Rückstellung in Höhe von 6000 € × 81 % = 4860 €.

Bilanzstichtag 31. 12. 2008

---

[1] Nunmehr „Richttafeln 2018 G".

[2] Siehe nunmehr BMF v. 19. 10. 2018, BStBl. I S. 1107 (Nr. **1** § 6a/11).

[3] Anwendungsregelung entfallen.

[4] Jetzt: EStR 2012.

Entsprechend der wirtschaftlichen Verursachung wird nunmehr die volle ratierliche Ansammlung erreicht. Es sind weiterhin die Aufstockungsbeträge als künftige Vorteile gegenzurechnen. Das Pauschalverfahren gemäß Tabelle 1 (ATZ 4, Restlaufzeit 2 Jahre) ergibt eine Rückstellung in Höhe von (14 400 € – 2400 €) × 93 % = 11 160 €.
Bilanzstichtage 31. 12. 2009 und 31. 12. 2010
Am Stichtag 31. 12. 2009 ist die verbleibende Verpflichtung von 12 × 600 € = 7200 € Bemessungsgrundlage. Gegenzurechnen sind nur noch die Aufstockungsbeträge, die nach dem Bilanzstichtag voraussichtlich für das Jahr 2010 ausgezahlt werden, also 12 × 100 € = 1200 €. Das Pauschalverfahren gemäß Tabelle 1 (ATZ 4, Restlaufzeit 1 Jahr) ergibt somit eine Rückstellung in Höhe von (7200 € – 1200 €) × 96 % = 5760 €. Hinsichtlich der bis zum Bilanzstichtag 31. 12. 2009 nach dem AltTZG entstandenen und noch nicht ausgezahlten Erstattungsleistungen i. H. v. 2 × 12 × 100 € = 2400 € (1 Jahr Neubeschäftigung in der Freistellungsphase zzgl. entsprechender Zeitraum der Beschäftigungsphase) ist eine Forderung zu aktivieren.
Die verbleibende Rückstellung von 5760 € ist in 2010 vollständig aufzulösen.

## 4. Ausgleichszahlungen des Arbeitgebers (sog. Nachteilsausgleich)[1]

15[1] Verpflichtet sich der Arbeitgeber, in der Freistellungsphase oder nach dem Ende des Altersteilzeitarbeitsverhältnisses einen zusätzlichen Ausgleichsbetrag zu zahlen (sog. Nachteilsausgleich, z. B. für finanzielle Nachteile im Zusammenhang mit der vorzeitigen Beendigung der beruflichen Tätigkeit), ist es nicht zu beanstanden, diese Verpflichtung erstmals am Ende des Wirtschaftsjahres, in dem die Beschäftigungsphase beginnt, mit dem versicherungsmathematischen Barwert nach § 6 EStG unter Zugrundelegung eines Zinssatzes von 5,5% zurückzustellen und bis zum Ende der Beschäftigungsphase ratierlich anzusammeln.

Für Nachteilsausgleichsverpflichtungen, die den Eintritt eines bestimmten Ereignisses voraussetzen, dürfen keine Rückstellungen passiviert werden. Das gilt auch dann, wenn am Bilanzstichtag der Eintritt des Ereignisses wahrscheinlich ist (z. B. Nachteilsausgleichsansprüche aufgrund einer Minderung der Ansprüche aus der gesetzlichen Rentenversicherung, BFH-Urteil vom 27. September 2017, BStBl 2018 II S. 702).

16 Aus Vereinfachungsgründen ist es nicht zu beanstanden, die Rückstellung für den Nachteilsausgleich bis zum Ende der Beschäftigungsphase ratierlich anzusammeln und nach einem Pauschalwertverfahren unter Verwendung der diesem Schreiben beigefügten Tabelle 2 zu bewerten. Die dort genannten Barwertfaktoren berücksichtigen die Wahrscheinlichkeit des Ausscheidens des Ausgleichsberechtigten und die Abzinsung. Randnummer 13 gilt entsprechend.

17 **Beispiel:**

Wie Randnummer 14, A erhält nach der Altersteilzeitvereinbarung vom 5. April 2006 zusätzlich am Ende der Freistellungsphase am 31. Dezember 2010 eine einmalige Abfindung in Höhe von 2000 €. Der Arbeitgeber nimmt das Pauschalwertverfahren in Anspruch.
Es ergibt sich folgende Rückstellung für die Ausgleichszahlung von 2000 €, die in der Beschäftigungsphase, also an den Bilanzstichtagen 31. 12. 2007 und 31. 12. 2008, ratierlich anzusammeln ist:

| | | | | |
|---|---|---|---|---|
| 31. 12. 2007: | 2000 € × 1/2 | × 75 % | = 750 € | (Tabelle 2, ATZ 4, Fälligkeit in 3 Jahren) |
| 31. 12. 2008: | 2000 € × 2/2 | × 87 % | = 1740 € | (Tabelle 2, ATZ 4, Fälligkeit in 2 Jahren) |
| 31. 12. 2009: | 2000 € | × 93 % | = 1860 € | (Tabelle 2, ATZ 4, Fälligkeit in 1 Jahr) |
| 31. 12. 2010: | Auflösung der Rückstellung | | | |

[1] Überschrift und Rn. 15 neu gef. durch BMF v. 22. 10. 2018, BStBl. I S. 1112 und anzuwenden ab dem 23. 11. 2018 (Tag nach der Veröffentlichung dieses Schreibens im BStBl. I Nr. 17).

### 5. Zeitliche Anwendung[1]

Die Regelungen dieses Schreibens können erstmals in nach dem 30. November 2005 (Datum der BFH-Entscheidung I R 110/04) aufgestellten Bilanzen berücksichtigt werden. Sie sind spätestens für Bilanzen maßgebend, die nach dem 23. April 2007 (Datum der Veröffentlichung des o. g. BFH-Urteils im Bundessteuerblatt) aufgestellt werden. Die Randnummern 15 und 17 bis 21 des BMF-Schreibens vom 11. November 1999 (BStBl. I S. 959)[2] sind ab diesem Zeitpunkt nicht weiter anzuwenden. Wurde die Rückstellung für Altersteilzeitverpflichtungen bereits in einer vor dem 30. November 2005 aufgestellten Bilanz entsprechend diesem Schreiben (28. März 2007) gebildet, so bleibt dieser Ansatz bestehen. 18

Eine Änderung des Bilanzpostens für vor diesem Zeitpunkt aufgestellte Bilanzen ist nur im Rahmen einer Bilanzberichtigung möglich. Diese ist zulässig, wenn der Steuerpflichtige zwar die Rückstellung entsprechend dem BMF-Schreiben vom 11. November 1999 gebildet, durch Zusätze oder Vermerke bei der Aufstellung der Bilanz aber dokumentiert hat, dass er einen entgegenstehenden Ansatz begehrt. Hat der Steuerpflichtige nach der erstmaligen Steuerfestsetzung innerhalb der Einspruchsfrist nach § 355 Abgabenordnung (AO) die Berücksichtigung des Bilanzansatzes mit einem dem BMF-Schreiben vom 11. November 1999 entgegenstehenden Wert begehrt, kann dies als Indiz für einen bereits im Aufstellungszeitpunkt der Bilanz gewollten – aufgrund der entgegenstehenden Verwaltungsanweisung aber nicht gewählten – abweichenden Wert angesehen werden. In diesen Fällen kann der Bilanzansatz berichtigt werden; dabei ist die Rücklage entsprechend diesem Schreiben (28. März 2007) zu ermitteln.

## Anlage

**Tabelle 1: Barwertfaktoren für laufende Altersteilzeitleistungen**

| Restlaufzeit in Jahren | Dauer des Altersteilzeitverhältnisses in Jahren | | | | | | | | |
|---|---|---|---|---|---|---|---|---|---|
| | 2 | 3 | 4 | 5 | 6 | 7 | 8 | 9 | 10 |
| 0 | 99 % | 99 % | 99 % | 99 % | 99 % | 99 % | 99 % | 99 % | 99 % |
| 1 | 96 % | 96 % | 96 % | 96 % | 96 % | 96 % | 96 % | 96 % | 96 % |
| 2 | 85 % | 88 % | 93 % | 93 % | 93 % | 93 % | 93 % | 93 % | 93 % |
| 3 | | 79 % | 81 % | 86 % | 90 % | 90 % | 90 % | 90 % | 90 % |
| 4 | | | 75 % | 76 % | 80 % | 83 % | 87 % | 87 % | 87 % |
| 5 | | | | 70 % | 72 % | 75 % | 78 % | 81 % | 84 % |
| 6 | | | | | 67 % | 68 % | 71 % | 74 % | 76 % |
| 7 | | | | | | 64 % | 65 % | 68 % | 70 % |
| 8 | | | | | | | 61 % | 62 % | 64 % |
| 9 | | | | | | | | 59 % | 59 % |
| 10 | | | | | | | | | 57 % |

[1] Rdnr. 18 geänd. durch BMF v. 11. 3. 2008, BStBl. I S. 496.
[2] Nr. **1** § 5/3.

**Tabelle 2: Barwertfaktoren für Abfindungsleistung**

| Dauer bis Fällig-keit in Jahren | Dauer des Altersteilzeitverhältnisses in Jahren | | | | | | | | |
|---|---|---|---|---|---|---|---|---|---|
| | 2 | 3 | 4 | 5 | 6 | 7 | 8 | 9 | 10 |
| 0 | 99 % | 99 % | 99 % | 99 % | 99 % | 99 % | 99 % | 99 % | 99 % |
| 1 | 93 % | 93 % | 93 % | 93 % | 93 % | 93 % | 93 % | 93 % | 93 % |
| 2 | 79 % | 83 % | 87 % | 87 % | 87 % | 87 % | 87 % | 87 % | 87 % |
| 3 | 68 % | 72 % | 75 % | 78 % | 81 % | 81 % | 81 % | 81 % | 81 % |
| 4 | 60 % | 63 % | 66 % | 69 % | 71 % | 74 % | 76 % | 76 % | 76 % |
| 5 | 53 % | 56 % | 59 % | 61 % | 63 % | 65 % | 67 % | 69 % | 71 % |
| 6 | 48 % | 50 % | 53 % | 55 % | 57 % | 59 % | 61 % | 62 % | 63 % |
| 7 | 44 % | 46 % | 48 % | 50 % | 52 % | 53 % | 55 % | 57 % | 58 % |
| 8 | | 42 % | 44 % | 46 % | 47 % | 49 % | 50 % | 52 % | 53 % |
| 9 | | | 40 % | 42 % | 43 % | 45 % | 46 % | 48 % | 49 % |
| 10 | | | | 39 % | 40 % | 42 % | 43 % | 44 % | 45 % |
| 11 | | | | | 37 % | 39 % | 40 % | 41 % | 42 % |
| 12 | | | | | | 36 % | 37 % | 38 % | 39 % |
| 13 | | | | | | | 35 % | 36 % | 36 % |
| 14 | | | | | | | | 33 % | 34 % |
| 15 | | | | | | | | | 32 % |

Bei Anwendung der Tabellen 1 und 2 sind die Dauer der Altersteilzeit (ATZ) und die Restlaufzeit auf ganze Jahre kaufmännisch zu runden (angefangene Jahre bis 6 Monate Abrundung, sonst Aufrundung).

# I § 5/13. Schreiben betr. bilanzsteuerrechtliche Beurteilung der Rückkaufsoption im Kfz-Handel[1]; BFH-Urteil vom 17. November 2010 I R 83/09 (BStBl. 2011 II S. 812)

Vom 12. Oktober 2011 (BStBl. I S. 967)

(BMF IV C 6 – S 2137/09/10003)

Mit Urteil vom 17. November 2010 I R 83/09 (BStBl. 2011 II S. 812) hat der BFH entschieden, dass für die Verpflichtung eines Kraftfahrzeughändlers, verkaufte Kraftfahrzeuge auf Verlangen des Käufers zurückzukaufen, eine Verbindlichkeit in Höhe des dafür vereinnahmten Entgelts auszuweisen ist. Der BFH ließ mangels Entscheidungserheblichkeit die Fragen offen, wie ein die Höhe des Optionsentgelts übersteigendes Risiko, das sich erst während der Optionszeit herausstellt, und wie das Optionsrecht auf Seiten des Optionsberechtigten zu behandeln sind.

Auf Grundlage der Erörterung der obersten Finanzbehörden des Bundes und der Länder gilt Folgendes:

## I. Ansatz und Bewertung der Verpflichtung aus der Rückverkaufsoption beim Kraftfahrzeughändler

1. Nach der Entscheidung des BFH vom 17. November 2010 I R 83/09 (BStBl. 2011 II S. 812) ist in der Einräumung einer Option eine wirtschaftlich und rechtlich selbständige Leistung zu sehen, die losgelöst von dem nachfolgenden (Rück-)Übertragungsgeschäft zu beurteilen ist, wenn der Kraftfahrzeughändler dem Käufer eine Option zum Rückverkauf des Kraftfahrzeugs (Rückverkaufsoption) entgeltlich verbindlich einräumt, der Käufer zivilrechtlicher Eigentümer des Kraftfahrzeugs wird und ihm das Kraftfahrzeug wirtschaftlich zuzurechnen ist. Für die Verpflichtung aus der Rückverkaufsoption hat der Kraftfahrzeughändler eine Verbindlichkeit zu passivieren.
2. Die Verbindlichkeit ist gemäß § 6 Absatz 1 Nummer 3 i. V. m. Nummer 2 EStG mit dem für die Rückverkaufsoption vereinnahmten – ggf. zu schätzenden – Entgelt zu bewerten. Da regelmäßig ein Gesamtverkaufspreis vereinbart wird, kann die Verpflichtung aus der Rückverkaufsoption grundsätzlich unter Beachtung des Fremdvergleichs als Teilbetrag des Gesamtverkaufspreises abgespalten werden. Es wird nicht beanstandet, den Teilbetrag für die Rückverkaufsoption aus der unterschiedlichen Rabattgewährung für Einräumung oder Nichtgewährung der Rückverkaufsoption abzuleiten und

[1] Wenn der Rückverkaufsoption kein eigener Wert beigemessen wird, vgl. auch OFD Nordrhein-Westfalen v. 25. 7. 2014, DB S. 1770.

am Bilanzstichtag noch bestehende Verbindlichkeiten entsprechend zu bewerten.

3. Die Verpflichtung des Kraftfahrzeughändlers aus der Rückverkaufsoption, die Option zu dulden und sich zur Erfüllung der Abnahmepflicht bereitzuhalten, endet erst mit der Ausübung oder dem Verfall der Option; zu diesem Zeitpunkt ist die Verbindlichkeit erfolgswirksam auszubuchen.
4. Ein die Höhe des Entgelts für die Rückverkaufsoption übersteigendes Risiko, wenn zu einem späteren Zeitpunkt der Rückverkauf eingefordert wird – z. B. durch einen sich abzeichnenden Preisverfall auf dem Gebrauchtwagenmarkt –, ist als Rückstellung für drohende Verluste aus einem schwebenden Geschäft gemäß § 5 Absatz 4 a EStG nicht passivierungsfähig (vgl. hierzu BMF-Schreiben vom 12. Januar 2004, BStBl. I S. 192).

## II. Ansatz und Bewertung der Rückverkaufsoption beim Käufer (Optionsberechtigter)

1. Für den optionsberechtigten Käufer ist das vereinbarte Optionsrecht (Rückverkaufsoption) ein nichtabnutzbares immaterielles Wirtschaftsgut, das gemäß § 6 Absatz 1 Nummer 2 EStG grundsätzlich mit den Anschaffungskosten anzusetzen ist. Diese entsprechen dem Wert der beim Kraftfahrzeughändler passivierten Verbindlichkeit aus der Rückverkaufsoption (vgl. I.2.); in dieser Höhe sind die Anschaffungskosten des erworbenen Kraftfahrzeugs gemindert.
2. Das immaterielle Wirtschaftsgut ist erfolgswirksam auszubuchen, wenn der optionsberechtigte Käufer von seinem Recht Gebrauch macht und den Rückverkauf einfordert oder wenn das Recht, den Rückkauf von dem Kraftfahrzeughändler zu verlangen, verfallen ist.

Die Grundsätze dieses Schreibens sind in allen offenen Fällen anzuwenden. Das BMF-Schreiben vom 12. August 2009 (BStBl. I S. 890) wird aufgehoben.

**Zusatz FSenBerlin vom 14. 7. 2014, EStG-Kartei BE § 6 (1) Nr. 3–7 EStG Nr. 3:** Der Verband der Automobilindustrie sowie der Bundesverband Deutscher Leasing-Unternehmen haben sich zur Klärung von Folgefragen an das BMF gewandt. Die Verbände bitten um Klarstellung, dass Leasingunternehmen, bei denen die Vertragsparteien einen Kaufvertrag über ein Kfz abschließen, bei dem sich der Kfz-Händler auf Verlangen des Käufers zum Rückkauf des Kfz nach Ablauf des Leasingvertrages verpflichtet, die Vertragsparteien sich jedoch einig darüber sind, dieser Verpflichtung keinen Wert beizumessen, die Grundsätze des vorstehenden BMF-Schreibens keine Anwendung finden. Sie argumentieren, dass in diesen Fällen das „Optionsrecht (Rückverkaufsoption)" als unselbständiger Teil zusammen mit dem erworbenen Fahrzeug als ein einheitliches Wirtschaftsgut in der Steuerbilanz auszuweisen sei und daher ein gesonderter Ausweis dieser Option weder beim Verkäufer noch beim Käufer erforderlich sei.

In einem mit den obersten Finanzbehörden der Länder abgestimmten Antwortschreiben hat das BMF hierzu folgende Auffassung vertreten:

Grundsätzlich führt die vertragliche Einräumung einer Rückverkaufsoption zu einem Aktivierungsgebot dieses Rechts, da es sich um ein Wirtschaftsgut handelt. Wirtschaftsgüter sind Sachen, Rechte oder tatsächliche Zustände, konkrete Möglichkeiten oder Vorteile für den Betrieb, deren Erlangung der Kaufmann sich etwas kosten lässt, die nach der Verkehrsauffassung einer besonderen eigenständigen Bewertung zugänglich sind, in der Regel einen Nutzen für mehrere Wirtschaftsjahre erbringen und zumindest mit dem Betrieb übertragen werden können (BFH vom 19. 6. 1997, BStBl. II S. 808). Als immaterielles Wirtschaftsgut ist der Anspruch auf Rückverkauf (Rückverkaufsoption) gemäß § 6 Abs. 1 Nr. 2 EStG mit den Anschaffungskosten zu bewerten. Entsprechend den Ausführungen im vorstehenden BMF-Schreiben dürfte bei den vereinbarten Rückverkaufsoptionen dies in der Regel der Wert sein, der hierfür vereinbart oder der unter Beachtung des Fremdvergleichs als Teilbetrag des Gesamtverkaufspreises abgespalten wurde.

In den Fällen eines nicht vorhandenen gesonderten Entgeltsausweises des Optionsrechts und einer nicht möglichen Ableitung dieses Wertes, z. B. anhand von Preisdifferenzen des nämlichen Verkäufers, wird es nicht beanstandet, wenn die Vertragsparteien einvernehmlich den Anspruch auf Rückverkauf und die Verpflichtung zum Rückkauf mit 0 bewerten und damit beidseitig auf eine Aktivierung und Passivierung verzichten. Voraussetzung hierfür ist jedoch, dass die Vertragsparteien im Zuge des Fahrzeugankaufs und der gleichzeitigen Optionsvereinbarung schriftlich und unwiderruflich erklären, dass sie der Optionseinräumung im Zeitpunkt ihres Eingehens wirtschaftlich keinen eigenen Wert beimessen und dass der gesamte Kaufpreis oder die gesamte Provision auf den Fahrzeugverkauf oder die Fahrzeugvermittlung entfällt. Außerdem ist erforderlich, dass in dem Kaufvertrag oder dem Vermittlungsvertrag auch tatsächlich kein (anteiliges) Entgelt, insbesondere keine Kürzung des Provisionsanspruchs bei Wegfall der Rückverkaufsverpflichtung, für das Optionsrecht ausgewiesen ist.

Für die Anwendung der Nichtbeanstandungsregelung ist auf das einzelne Fahrzeug abzustellen.

Die Erklärung kann nicht nachgeholt werden. Die Nichtbeanstandungsregelung kann nicht in Anspruch genommen werden, wenn ein Vertragspartner insoweit bereits eine Bilanzierung vorgenommen hat oder später vornimmt.

# I § 5/14. Schreiben betr. Maßgeblichkeit der handelsrechtlichen Grundsätze ordnungsmäßiger Buchführung für die steuerliche Gewinnermittlung; Änderung des § 5 Abs. 1 EStG durch das Gesetz zur Modernisierung des Bilanzrechts (Bilanzrechtsmodernisierungsgesetz – BilMoG) vom 15. Mai 2009 (BGBl. I S. 1102, BStBl. I S. 650)

Vom 12. März 2010 (BStBl. I S. 239)

(BMF IV C 6 – S 2133/09/10001; DOK 2010/0188935)

Geändert durch BMF v. 22. 6. 2010 (BStBl. I S. 597)

Durch das Gesetz zur Modernisierung des Bilanzrechts (BilMoG vom 25. Mai 2009, BGBl. I S. 1102, BStBl. I S. 650) wurde § 5 Abs. 1 EStG geändert. Danach ist für den Schluss des Wirtschaftsjahres das Betriebsvermögen anzusetzen (§ 4 Abs. 1 Satz 1 EStG), das nach den handelsrechtlichen Grundsätzen ordnungsmäßiger Buchführung auszuweisen ist, es sei denn, im Rahmen der Ausübung eines steuerlichen Wahlrechtes wird oder wurde ein anderer Ansatz gewählt (§ 5 Abs. 1 Satz 1 EStG). § 5 Abs. 1 Satz 2 und 3 EStG knüpfen die Ausübung steuerlicher Wahlrechte an bestimmte Dokumentationspflichten. Zur Anwendung des § 5 Abs. 1 EStG i. d. F. des BilMoG nehme ich im Einvernehmen mit den obersten Finanzbehörden der Länder wie folgt Stellung:

## I. Maßgeblichkeit der handelsrechtlichen Grundsätze ordnungsmäßiger Buchführung für die steuerliche Gewinnermittlung

### 1. Anwendung des § 5 Abs. 1 Satz 1 Halbsatz 1 EStG

Ausgangspunkt für die Ermittlung des steuerlichen Gewinns ist der Be- 1
triebsvermögensvergleich nach § 4 Abs. 1 Satz 1 EStG. Bei Gewerbetreibenden, die auf Grund gesetzlicher Vorschriften verpflichtet sind, Bücher zu führen und regelmäßig Abschlüsse zu machen, oder die dies freiwillig machen, ist das Betriebsvermögen anzusetzen, das nach den handelsrechtlichen Grundsätzen ordnungsmäßiger Buchführung auszuweisen ist (§ 5 Abs. 1 EStG). Soweit der Steuerpflichtige keine gesonderte Steuerbilanz aufstellt, ist Grundlage für die steuerliche Gewinnermittlung die Handelsbilanz unter Beachtung der vorgeschriebenen steuerlichen Anpassungen (§ 60 Abs. 2 Satz 1 EStDV).

Die allgemeinen Grundsätze zur Aktivierung, Passivierung und Bewertung 2
der einzelnen Bilanzposten wurden durch das BilMoG nicht geändert und sind für die steuerliche Gewinnermittlung maßgeblich. Der Grundsatz der Maßgeblichkeit wird durch die steuerlichen Ansatz- und Bewertungsvorbehalte durchbrochen (§ 5 Abs. 1 a bis 4 b, Abs. 6; §§ 6, 6 a und 7 EStG).

### a) Ansatz von Wirtschaftsgütern, Schulden und Rechnungsabgrenzungsposten

#### aa) Aktivierungsgebote, Aktivierungsverbote und Aktivierungswahlrechte

3 Handelsrechtliche Aktivierungsgebote und Aktivierungswahlrechte führen zu Aktivierungsgeboten in der Steuerbilanz, es sei denn, die Aktivierung in der Steuerbilanz ist aufgrund einer steuerlichen Regelung ausgeschlossen.

**Beispiel: Selbst geschaffene immaterielle Wirtschaftsgüter (§ 248 Abs. 2 Satz 1 HGB/§ 5 Abs. 2 EStG)**

Nach § 248 Abs. 2 HGB können selbst geschaffene immaterielle Vermögensgegenstände des Anlagevermögens als Aktivposten in die Bilanz aufgenommen werden, soweit es sich nicht um Marken, Drucktitel, Verlagsrechte, Kundenlisten oder vergleichbare immaterielle Vermögensgegenstände des Anlagevermögens handelt. Eine Aktivierung selbst geschaffener immaterieller Wirtschaftsgüter des Anlagevermögens ist nach § 5 Abs. 2 EStG ausgeschlossen. Das Aktivierungswahlrecht in der Handelsbilanz führt nicht zu einem Aktivierungsgebot in der Steuerbilanz.

#### bb) Passivierungsgebote, Passivierungsverbote und Passivierungswahlrechte

4 Handelsrechtliche Passivierungsgebote sind – vorbehaltlich steuerlicher Vorschriften – auch für die steuerliche Gewinnermittlung maßgeblich. So sind für Pensionsverpflichtungen nach den Grundsätzen ordnungsmäßiger Buchführung Rückstellungen für ungewisse Verbindlichkeiten zu bilden (im Einzelnen Randnummern 9 bis 11).

Passivierungsverbote und Passivierungswahlrechte in der Handelsbilanz führen zu Passivierungsverboten in der Steuerbilanz (BFH vom 3. Februar 1969, BStBl. II S. 291).

### b) Bewertungswahlrechte und Bewertungsvorbehalte

5 Bewertungswahlrechte, die in der Handelsbilanz ausgeübt werden können, ohne dass eine eigenständige steuerliche Regelung besteht, wirken wegen des maßgeblichen Handelsbilanzansatzes auch auf den Wertansatz in der Steuerbilanz.

6 **Beispiel 1: Fremdkapitalzinsen (§ 255 Abs. 3 Satz 2 HGB; *R 6.3 Abs. 4 EStR*[1])**

Zinsen für Fremdkapital gelten gemäß § 255 Abs. 3 Satz 2 HGB als Herstellungskosten des Vermögensgegenstands, wenn das Fremdkapital zur Herstellung eines Vermögensgegenstands verwendet wird. Sind handelsrechtlich Fremdkapitalzinsen in die Herstellungskosten einbezogen worden, sind sie gemäß § 5 Abs. 1 Satz 1 Halbsatz 1 EStG auch in der steuerlichen Gewinnermittlung als Herstellungskosten zu beurteilen.

7 **Beispiel 2: Bewertungsvereinfachungsverfahren (§ 240 Abs. 3 und 4 HGB)**

Nach § 240 Abs. 3 (Festwertbewertung) und 4 (Gruppenbewertung) HGB werden bei der Bewertung bestimmter Wirtschaftsgüter unter den genannten Voraussetzungen Erleichterungen gewährt. Steuerliche Regelungen hierzu bestehen nicht. Aufgrund des § 5 Abs. 1 Satz 1 EStG sind bei Anwendung dieser Bewertungsvereinfachungsverfahren die Wertansätze der Handelsbilanz in die Steuerbilanz zu übernehmen.

8[2] ***Beispiel 3: Einbeziehungswahlrechte (§ 255 Abs. 2 Satz 3 HGB)***

*Nach § 255 Abs. 2 Satz 3 HGB ist der Kaufmann nicht verpflichtet, sondern berechtigt, angemessene Teile der Kosten der allgemeinen Verwaltung sowie angemessene Aufwendungen für soziale Einrichtungen des Betriebes, für freiwillige soziale Leistungen und für die betriebliche Altersversorgung bei der Berechnung der Herstellungskosten einzubeziehen. Bei der steuerlichen Gewinnermittlung sind nach § 6*

[1] Jetzt R 6.3 Abs. 5 EStR.

[2] Siehe auch R 6.3 Abs. 1 und 3 EStR. Siehe jetzt aber § 6 Abs. 1 Nr. 1 b EStG.

*Abs. 1 Nr. 2 Satz 1 EStG die Herstellungskosten anzusetzen, also alle Aufwendungen, die ihrer Art nach Herstellungskosten sind (BFH vom 21. Oktober 1993, BStBl. 1994 II S. 176). Dazu gehören auch die in § 255 Abs. 2 Satz 3 HGB aufgeführten Kosten. Die steuerrechtliche Bewertungsvorschrift geht wegen des Bewertungsvorbehaltes in § 5 Abs. 6 EStG der handelsrechtlichen Regelung vor. Das gilt auch dann, wenn der Kaufmann gem. § 255 Abs. 2 Satz 3 HGB vom Ansatz dieser Kosten als Teil der Herstellungskosten in der Handelsbilanz absehen kann (BFH vom 21. Oktober 1993, BStBl. 1994 II S. 176).*

### c) Ansatz und Bewertung von Pensionsverpflichtungen im Sinne von § 6 a EStG

Nach § 249 HGB müssen in der Handelsbilanz für unmittelbare Pensionszusagen Rückstellungen gebildet werden. Dieses Passivierungsgebot gilt auch für die steuerliche Gewinnermittlung. Die bilanzsteuerlichen Ansatz- und Bewertungsvorschriften des § 6 a EStG schränken jedoch die Maßgeblichkeit des handelsrechtlichen Passivierungsgebotes ein. 9

In der steuerlichen Gewinnermittlung sind Pensionsrückstellungen nur anzusetzen, wenn die Voraussetzungen des § 6 a Abs. 1 und 2 EStG (z. B. Schriftformerfordernis, § 6 a Abs. 1 Nr. 3 EStG) erfüllt sind. Die Passivierung einer Pensionszusage unterliegt zudem dem Bewertungsvorbehalt des § 6 a Abs. 3 und 4 EStG. Die Bewertung kann somit vom handelsrechtlichen Wert abweichen; die Regelungen in R 6 a Abs. 20 Satz 2 bis 4 EStR[1], wonach der handelsrechtliche Ansatz der Pensionsrückstellung die Bewertungsobergrenze ist, sind nicht weiter anzuwenden. 10

Für laufende Pensionen und Anwartschaften auf Pensionen, die vor dem 1. Januar 1987 rechtsverbindlich zugesagt worden sind (sog. Altzusagen), gilt nach Artikel 28 des Einführungsgesetzes zum HGB in der durch Gesetz vom 19. Dezember 1985 (BGBl. I S. 2355, BStBl. 1986 I S. 94) geänderten Fassung weiterhin das handels- und steuerrechtliche Passivierungswahlrecht. 11

## 2. Anwendung des § 5 Abs. 1 Satz 1 Halbsatz 2 EStG

Steuerliche Wahlrechte können sich aus dem Gesetz oder aus den Verwaltungsvorschriften (z. B. R 6.5 Abs. 2 EStR, R 6.6 EStR oder BMF-Schreiben) ergeben. 12

### a) Steuerliche Wahlrechte

Wahlrechte, die nur steuerrechtlich bestehen, können unabhängig vom handelsrechtlichen Wertansatz ausgeübt werden (§ 5 Abs. 1 Satz 1 Halbsatz 2 EStG). Die Ausübung des steuerlichen Wahlrechtes wird insoweit nicht nach § 5 Abs. 1 Satz 1 Halbsatz 1 EStG durch die Maßgeblichkeit der handelsrechtlichen Grundsätze ordnungsmäßiger Buchführung beschränkt. 13

**Beispiel 1: Übertragung stiller Reserven bei der Veräußerung bestimmter Anlagegüter (§ 6 b EStG)** 14

Stille Reserven aus der Veräußerung bestimmter Anlagegüter können zur Vermeidung der Besteuerung auf die Anschaffungs- oder Herstellungskosten anderer bestimmter Wirtschaftsgüter übertragen werden. Dazu sind deren Anschaffungs- oder Herstellungskosten zu mindern. Soweit die Übertragung auf ein anderes Wirtschaftsgut nicht vorgenommen wird, kann der Steuerpflichtige eine den steuerlichen Gewinn mindernde Rücklage bilden. Eine Minderung der Anschaffungs- oder Herstellungskosten oder die Bildung einer entsprechenden Rücklage in der Handelsbilanz ist nach den Vorschriften des HGB nicht zulässig. Die Abweichung vom Handelsbilanzansatz in der Steuerbilanz wird durch § 5 Abs. 1 Satz 1 Halbsatz 2 EStG zugelassen.

---

[1] EStR 2008.

15 **Beispiel 2: Teilwertabschreibungen (§ 6 Abs. 1 Nr. 1 Satz 2 und Nr. 2 Satz 2 EStG)**
Vermögensgegenstände des Anlage- und Umlaufvermögens sind bei voraussichtlich dauernder Wertminderung außerplanmäßig abzuschreiben (§ 253 Abs. 3 Satz 3, Abs. 4 HGB). Nach § 6 Abs. 1 Nr. 1 Satz 2 und Nr. 2 Satz 2 EStG kann bei einer voraussichtlich dauernden Wertminderung der Teilwert angesetzt werden. Die Vornahme einer außerplanmäßigen Abschreibung in der Handelsbilanz ist nicht zwingend in der Steuerbilanz durch eine Teilwertabschreibung nachzuvollziehen; der Steuerpflichtige kann darauf auch verzichten.

Hat der Steuerpflichtige in einem Wirtschaftsjahr eine Teilwertabschreibung vorgenommen und verzichtet er in einem darauf folgenden Jahr auf den Nachweis der dauernden Wertminderung (z. B. im Zusammenhang mit Verlustabzügen), ist zu prüfen, ob eine willkürliche Gestaltung vorliegt.

### b) Handelsrechtliche und steuerliche Wahlrechte

16 Wahlrechte, die sowohl handelsrechtlich als auch steuerrechtlich bestehen, können aufgrund des § 5 Abs. 1 Satz 1 Halbsatz 2 EStG in der Handelsbilanz und in der Steuerbilanz unterschiedlich ausgeübt werden.

17 **Beispiel 1: Verbrauchsfolgeverfahren (§ 256 HGB/§ 6 Abs. 1 Nr. 2 a EStG)**
Nach § 256 HGB kann für den Wertansatz gleichartiger Vermögensgegenstände des Vorratsvermögens eine bestimmte Verbrauchsfolge unterstellt werden (Fifo und Lifo). Steuerrechtlich besteht nach § 6 Abs. 1 Nr. 2 a EStG dieses Wahlrecht nur für das Verbrauchsfolgeverfahren, bei dem die zuletzt angeschafften oder hergestellten Wirtschaftsgüter zuerst verbraucht oder veräußert werden (Lifo).
Die Anwendung des Verbrauchsfolgeverfahrens in der Steuerbilanz setzt nicht voraus, dass der Steuerpflichtige die Wirtschaftsgüter auch in der Handelsbilanz unter Verwendung von Verbrauchsfolgeverfahren bewertet. Eine Einzelbewertung der Wirtschaftsgüter in der Handelsbilanz steht der Anwendung des Verbrauchsfolgeverfahrens nach § 6 Abs. 1 Nr. 2 a Satz 1 EStG unter Beachtung der dort genannten Voraussetzungen nicht entgegen.

18 **Beispiel 2: lineare und degressive Absetzung für Abnutzung (§ 253 HGB/§ 5 Abs. 6 i. V. m. § 7 Abs. 2 EStG)**
Gemäß § 253 Abs. 3 Satz 1 HGB sind bei Vermögensgegenständen des Anlagevermögens, deren Nutzung zeitlich begrenzt ist, die Anschaffungs- oder die Herstellungskosten um planmäßige Abschreibungen zu vermindern. Es ist demnach eine lineare oder degressive Abschreibung und eine Leistungsabschreibung sowie auch eine progressive Abschreibung möglich.
Gemäß § 7 Abs. 2 EStG i. d. F. des Gesetzes zur Umsetzung steuerrechtlicher Regelungen des Maßnahmenpakets „Beschäftigungssicherung durch Wachstumsstärkung" vom 21. Dezember 2008 (BGBl. I S. 2896, BStBl. 2009 I S. 133) kann bei beweglichen Wirtschaftsgütern des Anlagevermögens statt der Absetzung für Abnutzung in gleichen Jahresbeträgen (lineare Absetzung für Abnutzung) die Absetzung für Abnutzung in fallenden Jahresbeträgen (degressive Absetzung für Abnutzung) in Anspruch genommen werden. Die Absetzung für Abnutzung nach § 7 Abs. 2 EStG setzt nicht voraus, dass der Steuerpflichtige auch in der Handelsbilanz eine degressive Abschreibung vornimmt.

## II. Aufzeichnungspflichten

19 Voraussetzung für die Ausübung steuerlicher Wahlrechte ist nach § 5 Abs. 1 Satz 2 EStG die Aufnahme der Wirtschaftsgüter, die nicht mit dem handelsrechtlich maßgeblichen Wert in der steuerlichen Gewinnermittlung ausgewiesen werden, in besondere, laufend zu führende Verzeichnisse. Die Verzeichnisse sind Bestandteil der Buchführung. Sie müssen nach § 5 Abs. 1 Satz 3 EStG den Tag der Anschaffung oder Herstellung, die Anschaffungs- oder Herstellungskosten, die Vorschrift des ausgeübten steuerlichen Wahlrechtes und die vorgenommenen Abschreibungen enthalten. Bei der Ausübung steuerlicher Wahlrechte für Wirtschaftsgüter des Sonderbetriebsvermögens ist eine gesonderte Aufzeichnung nach § 5 Abs. 1 Satz 2 EStG nicht

erforderlich. Dies gilt auch für Umwandlungsvorgänge des Umwandlungssteuerrechtes.

Eine besondere Form der Verzeichnisse ist nicht vorgeschrieben. Soweit die Angaben bereits im Anlagenverzeichnis oder in einem Verzeichnis für geringwertige Wirtschaftsgüter gemäß § 6 Abs. 2 Satz 4 EStG (für Wirtschaftsgüter, die nach dem 31. Dezember 2009 angeschafft, hergestellt oder in das Betriebsvermögen eingelegt worden sind) enthalten sind, oder das Anlagenverzeichnis um diese Angaben ergänzt wird, ist diese Dokumentation ausreichend. Zum Ausweis des Feldinventars genügt das Anbauverzeichnis nach § 142 AO. Die Aufstellung der Verzeichnisse kann auch nach Ablauf des Wirtschaftsjahres im Rahmen der Erstellung der Steuererklärung (z. B. bei vorbereitenden Abschlussbuchungen) erfolgen. 20

Die laufende Führung des in § 5 Abs. 1 Satz 3 EStG genannten Verzeichnisses ist Tatbestandsvoraussetzung für die wirksame Ausübung des jeweiligen steuerlichen Wahlrechtes. Wird das Verzeichnis nicht oder nicht vollständig geführt, ist der Gewinn hinsichtlich des betreffenden Wirtschaftsguts durch die Finanzbehörde so zu ermitteln, als wäre das Wahlrecht nicht ausgeübt worden. Wird ein steuerliches Wahlrecht im Wege der Bilanzänderung erstmals ausgeübt, ist dies durch eine Aufzeichnung nach § 5 Abs. 1 Satz 2 EStG zu dokumentieren. 21

Für die Bildung von steuerlichen Rücklagen ist eine Aufnahme in das besondere, laufend zu führende Verzeichnis nicht erforderlich, wenn die Rücklage in der Steuerbilanz abgebildet wird. Wird die Rücklage in einem folgenden Wirtschaftsjahr auf die Anschaffungs- oder Herstellungskosten eines Wirtschaftsgutes übertragen, handelt es sich um die Ausübung eines steuerlichen Wahlrechts im Sinne des § 5 Abs. 1 Satz 1 Halbsatz 2 EStG. Das Wirtschaftsgut ist mit den erforderlichen Angaben in das besondere, laufend zu führende Verzeichnis aufzunehmen. Soweit sich die Angaben aus der Buchführung im Sinne des § 6 b Abs. 4 EStG ergeben, ist diese Dokumentation ausreichend. 22

Behandelt ein Steuerpflichtiger Zuschüsse für Anlagegüter erfolgsneutral, indem er die Anschaffungs- oder Herstellungskosten für das Wirtschaftsgut um die erhaltenen Zuschüsse mindert (R 6.5 Abs. 2 Satz 3 EStR), ist die gesonderte Aufzeichnung nach § 5 Abs. 1 Satz 2 EStG erforderlich. Die Aufzeichnungspflicht entfällt, sofern der Steuerpflichtige die Zuschüsse als Betriebseinnahme ansetzt (R 6.5 Abs. 2 Satz 2 EStR). 23

## III. Anwendungsregelung

§ 5 Abs. 1 EStG i. d. F. des BilMoG ist nach § 52 Abs. 1 Satz 1 EStG[1] i. V. m. Artikel 15 des BilMoG erstmals für den Veranlagungszeitraum 2009, d. h. für Wirtschaftsjahre, die nach dem 31. Dezember 2008 enden, anzuwenden. Danach ist die Ausübung steuerlicher Wahlrechte nicht mehr an die Übereinstimmung mit der handelsrechtlichen Jahresbilanz gebunden. Änderungen in der Handelsbilanz, wie z. B. die Auflösung eines auf der Ausübung eines steuerlichen Wahlrechtes beruhenden Sonderpostens mit Rücklagenanteil nach § 247 Abs. 3 HGB a. F., haben ab diesem Zeitpunkt keine Auswirkungen auf die Steuerbilanz. Soweit handelsrechtlich die steuerlichen Ansätze 24

[1] In der Fassung des JStG 2009.

im Rahmen der Übergangsvorschriften zum BilMoG noch beibehalten werden, bestehen die besonderen Aufzeichnungspflichten nicht.

25[1] Soweit Randnummer 8 von R 6.3 Abs. 4 EStR 2008 abweicht, ist es nicht zu beanstanden, wenn für Wirtschaftsjahre, die vor der Veröffentlichung einer geänderten Richtlinienfassung enden[2], noch nach R 6.3 Abs. 4 EStR 2008 verfahren wird[3].

---

[1] Rz. 25 neu angef. durch BMF v. 22. 6. 2010, BStBl. I S. 597.
[2] Siehe jetzt aber R 6.3 Abs. 9 EStR sowie BMF v. 25. 3. 2013, BStBl. I S. 296.
[3] Beachte nunmehr jedoch § 6 Abs. 1 Nr. 1 b EStG.

# I § 5/15. Schreiben betr. steuerliche Gewinnermittlung; Rückstellungen für die Betreuung bereits abgeschlossener Versicherungen

Vom 20. November 2012 (BStBl. I S. 1100)

(BMF IV C 6 – S 2137/09/10002; DOK 2012/1045691)

Der Bundesfinanzhof (BFH) hat mit Urteil vom 19. Juli 2011 (BStBl. II 2012 S. 856) entschieden, dass für Verpflichtungen zur Nachbetreuung bereits abgeschlossener Versicherungen Rückstellungen wegen Erfüllungsrückstandes zu bilden sind. Die Rückstellungen sind wie folgt anzusetzen und zu bewerten:

- Es sind nur Versicherungsverträge zu berücksichtigen, für die nach dem Bilanzstichtag aufgrund rechtlicher Verpflichtungen noch Betreuungsleistungen zu erbringen sind, für die aber kein weiteres Entgelt in Anspruch genommen werden kann. Die Restlaufzeiten sind anzugeben. Bei der Anzahl der maßgebenden Verträge ist auch der Erfahrungssatz einzubeziehen, dass ein Teil der Verträge vorzeitig aufgelöst wird.
- Rückstellungsfähig sind nur Leistungen für die Nachbetreuung bereits abgeschlossener Verträge. Werbeleistungen mit dem Ziel neuer Vertragsabschlüsse und die eigene künftige Arbeitsleistung des Betriebsinhabers dürfen nicht angesetzt werden.
- Maßgebend ist der jeweilige Zeitaufwand für die Betreuung je Vertrag und Jahr. Hierfür sind die einzelnen Betreuungstätigkeiten mit dem jeweiligen Zeitaufwand genau zu beschreiben. Es ist anzugeben, wie oft die einzelnen Tätigkeiten über die Gesamtlaufzeit des jeweiligen Vertrages zu erbringen sind und wie hoch die Personalkosten je Stunde Betreuungszeit sind.
- Die einzelne Rückstellung ist gemäß § 6 Abs. 1 Nr. 3a Buchst. e Satz 2 EStG als Sachleistungsverpflichtung bis zum Beginn der erstmaligen Nachbetreuungstätigkeit abzuzinsen.

Die erforderlichen Aufzeichnungen müssen vertragsbezogen und hinreichend konkret und spezifiziert sein, so dass eine angemessene Schätzung der Höhe der zu erwartenden Betreuungsaufwendungen möglich ist.

Nach Abstimmung mit den obersten Finanzbehörden der Länder ist das o. g. BFH-Urteil vom 19. Juli 2011 in allen noch offenen Fällen anzuwenden. Das BMF-Schreiben vom 28. November 2006 (BStBl. I S. 765) wird aufgehoben.

Der BFH hat klargestellt, dass die geforderten Aufzeichnungen dem Steuerpflichtigen keine unangemessenen und unverhältnismäßigen Belastungen auferlegen. Bei der Bewertung der Rückstellungen für die Betreuungsverpflichtungen kommen daher pauschalierende Ansätze nicht in Betracht.

# **1** § 5/17. Schreiben betr. Öffentliche Private Partnerschaften (ÖPP); Passivierungsmöglichkeiten für Instandhaltungsverpflichtungen

Vom 27. Mai 2013 (BStBl. I S. 722)

(BMF IV C 6 – S 2134 – a/07/10002; DOK 2013/0467485)

**Bezug:** BMF vom 4. Oktober 2005 (BStBl. I S. 916)[1]

Im Einvernehmen mit den obersten Finanzbehörden der Länder nehme ich zur ertragsteuerlichen Beurteilung von Verträgen bei Öffentlich Privaten Partnerschaften (ÖPP) wie folgt Stellung:

## I. Anwendungsbereich

Mit Schreiben vom 4. Oktober 2005 (BStBl. I S. 916)[1] hat das BMF zur ertragsteuerlichen Behandlung von Öffentlichen Privaten Partnerschaften im Zusammenhang mit dem A-Modell Stellung genommen. Gegenstand des A-Modells ist der Ausbau und der Betrieb einer bestimmten Konzessionsstrecke (Bundesautobahnabschnitt) über einen bestimmten Konzessionszeitraum. 1

Die im Schreiben vom 4. Oktober 2005 (BStBl. I S. 916)[1] dargelegte ertragsteuerliche Beurteilung der A-Modelle ist grundsätzlich auf andere Projekte Öffentlich Privater Partnerschaften übertragbar. Bei der Beurteilung des jeweiligen steuerlichen Einzelsachverhaltes sind jedoch die konkreten Vertragsvereinbarungen zu berücksichtigen. Ziel ist es, die Aufwendungen, die im Rahmen solcher Projekte anfallen, auf die Vertragslaufzeit zu verteilen und daher ihre Auswirkung zu periodisieren. Andere Projekte Öffentlich Privater Partnerschaften sind dabei insbesondere F-Modelle (Konzessionsmodell, z. B. Errichtung und Betrieb eines Tunnels) und Modelle im öffentlichen Hochbau (z. B. Errichtung und Betrieb einer Schule). 2

## II. Bilanzsteuerrechtliche Beurteilung

### 1. Beurteilung des Vertragsverhältnisses

Nach Rdnr. 12 des BMF-Schreibens vom 4. Oktober 2005 (BStBl. I S. 916)[1] begründen die vertraglichen Gestaltungen bei ÖPP-Projekten regelmäßig Dauerschuldverhältnisse, die grundsätzlich als schwebendes Geschäft nicht in der Bilanz abzubilden sind. Ein Bilanzausweis ist nur geboten, wenn und soweit das Gleichgewicht solcher Vertragsbeziehungen durch Vorleistungen oder Erfüllungsrückstände eines Vertragspartners gestört ist. Vorleistungen können hierbei beispielsweise einzelne Bestandteile der laufenden Zahlungen des öffentlichen Auftraggebers sein. Diese Bilanzierungsgrundsätze gelten nicht nur für gegenseitige Verträge, die auf einen einmaligen Leistungsaus- 3

[1] Nr. **1** § 5/8.

tausch gerichtet sind, sondern auch für Dauerschuldverhältnisse (Großer Senat des BFH vom 23. Juni 1997, BStBl. II S. 735).

**2. Verpflichtung zur Herstellung eines Mindestzustandes**

4 Nach Rdnr. 15 des BMF-Schreibens vom 4. Oktober 2005 (BStBl. I S. 916)[1] ist für die Verpflichtung, die Konzessionsstrecke zum Ende der Vertragslaufzeit in einem vertraglich bestimmten Mindestzustand zurückzugeben, eine Rückstellung für ungewisse Verbindlichkeiten zu bilden.

5 Rückstellungen für andere Sachverhalte, wie die vertraglich vereinbarte Aufrechterhaltung oder die Herstellung eines vertraglich definierten (Mindest-)Zustandes innerhalb des Projektzeitraumes, werden durch diese Aussage nicht ausgeschlossen. Bei entsprechenden Vereinbarungen ist vielmehr zu prüfen, ob die Bildung einer Rückstellung nach allgemeinen Bilanzierungsgrundsätzen zulässig ist. Für die bei ÖPP-Projekten anfallenden, über das normale Maß hinausgehenden Erhaltungs- und Instandsetzungsaufwendungen, die ein- oder mehrmalig innerhalb der Projektlaufzeit anfallen können, ist die Bildung einer Rückstellung für ungewisse Verbindlichkeiten zulässig, soweit ein Erfüllungsrückstand eingetreten ist. Ein Erfüllungsrückstand liegt vor, wenn der Verpflichtete sich mit seinen Leistungen gegenüber seinem Vertragspartner im Rückstand befindet, also weniger geleistet hat, als er nach dem Vertrag für die bis dahin vom Vertragspartner erbrachte Leistung insgesamt zu leisten hatte. Erfüllungsrückstand setzt nicht die Fälligkeit der vertraglich noch geschuldeten Leistung zum Bilanzstichtag voraus (BFH vom 15. Juli 1998, BStBl. II S. 728). Bei Verträgen Öffentlich Privater Partnerschaften kann vom Eintritt eines Erfüllungsrückstandes ausgegangen werden, wenn in den laufenden Zahlungen des Öffentlichen ein kalkulierter Anteil für die Erfüllung der Erhaltungs- und Instandsetzungsverpflichtung des Privaten enthalten ist, der solche Maßnahmen abgilt, die bis zu dem entsprechenden Bilanzstichtag von dem zur Leistung Verpflichteten zu erbringen sind (wirtschaftliche Verursachung). Für Maßnahmen, die erst nach dem Bilanzstichtag wirtschaftlich verursacht sind, dürfen Rückstellungen nicht gebildet werden. Da eine solche betragliche Differenzierung unter Umständen mit Schwierigkeiten verbunden ist, kann aufgrund der kalkulatorischen Vorstellungen eine Schätzung entsprechend Rdnr. 16 des BMF-Schreibens vom 4. Oktober 2005 (BStBl. I S. 916)[1] vorgenommen werden.

6 Soweit ein Erfüllungsrückstand nicht vorliegt, ist zu prüfen, ob eine Vorleistung gegeben ist, für die der Ausweis eines passiven Rechnungsabgrenzungspostens nach Rdnr. 3 geboten ist. Eine Passivierung ist jedenfalls dann geboten, wenn der Private vertraglich zur Rückzahlung zumindest eines wesentlichen Anteils der nicht eingesetzten Mittel des Öffentlichen für die jeweiligen Aufwendungen verpflichtet ist.

---

[1] Nr. **1** § 5/8.

# I § 5 a/1. Schreiben betr. Gewinnermittlung bei Handelsschiffen im internationalen Verkehr, sog. Tonnagesteuer (§ 5 a EStG)

Vom 12. Juni 2002 (BStBl. I S. 614)

(BMF IV A 6 – S 2133 a – 11/02)

Geändert durch BMF v. 31. 10. 2008 (BStBl. I S. 956) und BMF v. 10. 9. 2013 (BStBl. I S. 1152)

Im Einvernehmen mit den obersten Finanzbehörden der Länder gilt zur Gewinnermittlung bei Handelsschiffen im internationalen Verkehr (§ 5 a EStG) Folgendes:

## A. Gewinnermittlung bei Handelsschiffen im internationalen Verkehr (§ 5 a EStG)

### I. Besondere Gewinnermittlung (§ 5 a Abs. 1 EStG)

#### 1. Geschäftsleitung und Bereederung im Inland (§ 5 a Abs. 1 Satz 1 EStG)

Neben der Geschäftsleitung (§ 10 AO) ist die Bereederung im Inland eine zusätzliche und eigenständige Voraussetzung. Die Bereederung eines Handelsschiffes umfasst insbesondere folgende wesentliche Tätigkeiten: 1

a) Abschluss von Verträgen, die den Einsatz des Schiffes betreffen,
b) Ausrüstung und Verproviantierung der Schiffe,
c) Einstellung von Kapitänen und Schiffsoffizieren,
d) Befrachtung des Schiffes,
e) Abschluss von Bunker- und Schmierölverträgen,
f) Erhaltung des Schiffes,
g) Abschluss von Versicherungsverträgen über Schiff und Ausrüstung,
h) Führung der Bücher,
i) Rechnungslegung,
j) Herbeiführung und Verwirklichung der Beschlüsse der Mitreeder (bei Korrespondentreedern).

Diese wesentlichen Tätigkeiten der Bereederung müssen zumindest fast ausschließlich tatsächlich im Inland durchgeführt werden. Dies gilt auch bei Delegation einzelner Aufgaben der Bereederung auf andere Unternehmen. 2

#### 2. Gewinnermittlung bei Mischbetrieben (§ 5 a Abs. 1 Satz 1 EStG)

Ist Gegenstand eines Gewerbebetriebes nicht ausschließlich der Betrieb von Handelsschiffen im internationalen Verkehr (gemischter Betrieb), so müssen der Gewinn aus dem Betrieb von Handelsschiffen im internationalen Verkehr 3 und der übrige Gewinn getrennt ermittelt werden. Das erfordert regelmäßig eine klare und einwandfreie buchmäßige Zuordnung der Betriebseinnahmen und Betriebsausgaben zu den verschiedenen Tätigkeitsbereichen. Betriebseinnahmen und Betriebsausgaben, die sowohl durch den Betrieb von Handelsschiffen im internationalen Verkehr als auch durch andere gewerbliche Betätigungen veranlasst sind, sind entsprechend den tatsächlichen Verhältnissen aufzuteilen. Hierbei sind die jeweiligen Anteile erforderlichenfalls zu schätzen.

### 3. Betriebstage (§ 5 a Abs. 1 Satz 2 EStG)

4 Betriebstag ist grundsätzlich jeder Kalendertag ab Infahrtsetzung des Schiffes bzw. ab Charterbeginn bis zum Ausscheiden des Schiffes bzw. bis zum Charterende. Ein zwölf Monate umfassendes Wirtschaftsjahr hat demnach grundsätzlich 365 Betriebstage; ausgenommen sind Tage des Umbaus oder der Großreparatur. Für Kalendertage, die keine Betriebstage sind, bleibt es bei der Gewinnermittlung nach § 5 a Abs. 1 EStG mit der Folge, dass der Gewinn für diese Tage 0 € beträgt.

## II. Handelsschiffe im internationalen Verkehr (§ 5 a Abs. 2 EStG)

### 1. Überwiegender Einsatz im internationalen Verkehr (§ 5 a Abs. 2 Satz 1 EStG)

5 Die Entscheidung, ob ein Schiff im Wirtschaftsjahr überwiegend im internationalen Verkehr eingesetzt war, hängt ab von dem Anteil der entsprechenden Reisetage an der Gesamtzahl der Reisetage des Schiffes in einem Wirtschaftsjahr. Wartezeiten des Schiffes im betriebsbereiten Zustand gelten als Reisetage. Wurde ein Schiff im Laufe eines Wirtschaftsjahres in Fahrt gesetzt, so ist insoweit der Zeitraum von der Infahrtsetzung bis zum Schluss des Wirtschaftsjahres maßgebend. Entsprechend ist zu verfahren, wenn ein Schiff im Laufe eines Wirtschaftsjahres veräußert worden ist. Ist im Laufe eines Wirtschaftsjahres die Eintragung in einem inländischen Seeschiffsregister entfallen ohne Wechsel des wirtschaftlichen Eigentums an dem Schiff, so sind die Reisetage im internationalen Verkehr, die das Schiff bis zum Fortfall der Voraussetzung zurückgelegt hat, der Gesamtzahl der Reisetage des vollen Wirtschaftsjahrs gegenüberzustellen. Entsprechendes gilt, wenn die Eintragung in einem inländischen Seeschiffsregister erst im Laufe eines Wirtschaftsjahres erfolgt.

### 2. Neben- und Hilfsgeschäfte (§ 5 a Abs. 2 Satz 2 EStG)

6 Nebengeschäfte sind solche Geschäfte, die nicht den eigentlichen Zweck der unternehmerischen Betätigung ausmachen und sich auch nicht notwendig aus dem eigentlichen Geschäftsbetrieb ergeben, aber in seiner Folge vorkommen und nebenbei miterledigt werden. Hilfsgeschäfte sind solche Geschäfte, die der Geschäftsbetrieb üblicherweise mit sich bringt und die die Aufnahme, Fortführung und Abwicklung der Haupttätigkeit erst ermöglichen. Während Nebengeschäfte regelmäßig bei Gelegenheit des Hauptgeschäftes, also zeitlich neben diesem vorkommen, ist es für Hilfsgeschäfte, die in einer funktionalen Beziehung zum Hauptgeschäft stehen, typisch, dass sie dem Hauptgeschäft zeitlich vorgehen. Solche das Hauptgeschäft vorbereitenden Maßnahmen sind beispielsweise die Einstellung von Personal, das Anmieten von Geschäftsräu-

men und die Anschaffung von Maschinen und Material, die die Aufnahme der Haupttätigkeit ermöglichen. Bei einem Schifffahrtsbetrieb sind dementsprechende Maßnahmen, die auf den Erwerb oder die Herstellung eines Seeschiffes gerichtet sind, Hilfsgeschäfte des Unternehmens (BFH-Urteil vom 24. November 1983, BStBl. 1984 II S. 156).

Die Bereederung von Handelschiffen im internationalen Verkehr ist begünstigt, wenn der Bereederer an den Schiffen beteiligt ist. Die Bereederung fremder Schiffe ist dagegen nicht begünstigt. Zur Behandlung anderer Entgelte an Gesellschafter vgl. Rz. 34. 7

Gecharterte Teile von Seeschiffen, insbesondere Stellplätze, können zwar vom Steuerpflichtigen nicht selbst eingesetzt werden, die Anwendung des § 5 a EStG kommt insoweit aber als Neben- oder Hilfsgeschäft in Betracht. 8

Erträge aus Kapitalanlagen bzw. Beteiligungen an Kapitalgesellschaften gehören mangels unmittelbaren Zusammenhangs mit dem Betrieb von Schiffen grundsätzlich nicht zu dem Gewinn nach § 5 a Abs. 1 EStG. Zinserträge aus laufenden Geschäftskonten sind hingegen abgegolten; eine Anrechnung von Steuerabzugsbeträgen ist insoweit möglich. 9

### 3. Einkünfte aus vercharterten Handelsschiffen (§ 5 a Abs. 2 Satz 2 EStG)

Die Voraussetzungen des § 5 a Abs. 2 Satz 1 EStG müssen erfüllt sein. Alle wesentlichen Tätigkeiten der dem Vercharterer obliegenden Aufgaben müssen im Inland erfüllt werden. In den Fällen der sog. bare-boat-charter liegen beim Vercharterer keine begünstigten Einkünfte vor. 10

### 4. Einkünfte aus gecharterten Handelsschiffen (§ 5 a Abs. 2 Sätze 3 und 4 EStG)

Nicht in einem inländischen Seeschiffsregister eingetragene gecharterte Seeschiffe sind nur begünstigt, wenn das Verhältnis gemäß § 5 a Abs. 2 Satz 4 EStG beachtet wird und die dem Charterer obliegenden wesentlichen Bereederungsaufgaben im Inland erfüllt werden. Bei einem Konsortium oder einem Pool wird bei der Bestimmung des Verhältnisses der Nettotonnage der im Inland registrierten eigenen oder gecharterten Schiffe zur Nettotonnage der im Ausland registrierten hinzugecharterten Schiffe nur die Nettotonnage der selbst eingebrachten Schiffe berücksichtigt. Soweit nur Teile eines Schiffes (z. B. Stellplätze oder Slots) hinzugechartert werden, ist nur der entsprechende Anteil zu berücksichtigen. 11

## III. Antrag auf besondere Gewinnermittlung (§ 5 a Abs. 3 EStG)[1]

### 1. Beginn der Antragsfrist bei neu gegründeten Betrieben (§ 5 a Abs. 3 Satz 1 EStG)

Für den Beginn der Antragsfrist bei neu gegründeten Betrieben ist der Zeitpunkt entscheidend, in dem erstmals Einkünfte aus dem Betrieb von Handelsschiffen im internationalen Verkehr im Sinne des § 5 a Abs. 2 EStG erzielt 12

[1] Siehe aber Neuregelung in § 5 a Abs. 3 EStG durch G v. 29. 12. 2003 (BGBl. I S. 3076, BStBl. I S. 120); zur erstmaligen Anwendung der gesetzl. Neuregelung siehe § 52 Abs. 15 Sätze 2–4 EStG.

werden. *Dies ist bei neuen Betrieben regelmäßig mit Abschluss des Bau- bzw. Kaufvertrages der Fall*[1].

13[1] ***Beispiel:***

*Ein neuer Betrieb schließt am 14. Februar 2000 einen Vertrag über die Bestellung eines neuen Containerschiffes ab und stellt gleichzeitig den Antrag auf Gewinnermittlung nach § 5 a Abs. 1 EStG. Die Infahrtsetzung erfolgt am 10. Januar 2001. Das Schiff wird in einem inländischen Seeschiffsregister eingetragen, die Bereederung findet im Inland statt und das Schiff wird im Sinne des § 5 a Abs. 2 Satz 1 EStG verwendet. Das Wirtschaftsjahr entspricht dem Kalenderjahr.*

14[1] ***Lösung:***

*Die Bestellung eines Schiffes stellt ein Hilfsgeschäft dar. Da dieses Hilfsgeschäft zum Betrieb von Handelsschiffen im internationalen Verkehr gehört (§ 5 a Abs. 2 Satz 2 EStG), werden im Jahr 2000 erstmals Einkünfte hieraus erzielt. Mangels tatsächlich im Betrieb vorhandener Tonnage beträgt im Jahr 2000 der nach § 5 a Abs. 1 EStG pauschal ermittelte Gewinn 0 €.*
*Der Antrag auf die pauschale Gewinnermittlung nach der im Betrieb geführten Tonnage kann frühestens im Jahr 2000 mit Wirkung ab dem Jahr 2000 und könnte spätestens am 31. Dezember 2002 mit Wirkung ab dem 1. Januar 2002 gestellt werden. Würde diese Frist versäumt, so könnte ein Antrag auf die pauschale Gewinnermittlung erst wieder mit Wirkung ab dem Jahr 2010 (Erstjahr ist 2000) gestellt werden.*

### 2. Beginn der Antragsfrist bei Betrieben, die bereits vor dem 1. Januar 1999 Einkünfte aus dem Betrieb von Handelsschiffen im internationalen Verkehr erzielt haben

**15** Für einen Betrieb, der bereits vor dem 1. Januar 1999 Einkünfte aus dem Betrieb von Handelsschiffen im internationalen Verkehr erzielt hat, ist der Antrag bis spätestens 31. Dezember 2001 mit Wirkung ab 1. Januar 2001 zu stellen. Nach § 52 Abs. 15 Satz 3 EStG konnte der Antrag für Altbetriebe aus Billigkeitsgründen bereits in 1999 mit Wirkung ab dem Wirtschaftsjahr gestellt werden, welches nach dem 31. Dezember 1998 endet.

### 3. Beginn der Antragsfrist in sonstigen Fällen

**16** Für den Beginn der Antragsfrist in sonstigen Fällen ist gleichfalls der Zeitpunkt entscheidend, in dem erstmals Einkünfte aus dem Betrieb von Handelsschiffen im internationalen Verkehr erzielt werden. Diese Voraussetzung ist erst in dem Wirtschaftsjahr erfüllt, in dem die Anzahl der Tage mit inländischer Registrierung die übrigen Tage überwiegt und die Schiffe zu mehr als der Hälfte der tatsächlichen Seereisetage des gesamten Wirtschaftsjahres zur Beförderung von Personen und Gütern auf Fahrten im Verkehr mit oder zwischen ausländischen Häfen, innerhalb eines ausländischen Hafens oder zwischen einem ausländischen Hafen und der freien See eingesetzt waren.

### 4. Zeitpunkt der Antragstellung

**17** Während der Antragsfrist kann der Antrag auf Anwendung der pauschalen Gewinnermittlung nach § 5 a Abs. 1 EStG erst in dem Wirtschaftsjahr gestellt werden, von dessen Beginn an sämtliche Voraussetzungen des § 5 a Abs. 1 EStG vorliegen.

**18** Aus Billigkeitsgründen wird es als ausreichend angesehen, wenn die Voraussetzungen der Durchführung der Bereederung und Geschäftsleitung im Inland für das in 1999 endende Wirtschaftsjahr spätestens am Ende dieses Wirtschaftsjahres und für das in 2000 endende Wirtschaftsjahr spätestens am 30. Juni 2000 vorlagen.

---

[1] Rz. 12 Satz 2 bis Rz. 14 überholt durch BFH-Urteil v. 16. 1. 2014 IV R 15/13 (BStBl. II S. 774).

19 Die Grundsätze in Rz. 16 sind in den Fällen anzuwenden, in denen das Handelsschiff nach dem 27. 5. 2002 in Dienst gestellt wird. Bei bereits vor dem 28. 6. 2002 in Dienst gestellten Handelsschiffen kann Rz. 15 a meines Schreibens vom 25. Mai 2000 (BStBl. I S. 809)[1] weiter angewendet werden, bis die Anwendung der Tonnagesteuer in einem Wirtschaftsjahr beantragt wird, das dem im Kalenderjahr 2002 endenden Wirtschaftsjahr folgt.

20 Der Antrag für die Anwendung der Gewinnermittlung nach § 5 a Abs. 1 EStG ist schriftlich zu stellen.

## IV. Unterschiedsbetrag (§ 5 a Abs. 4 EStG)

### 1. Unmittelbar dem Betrieb von Handelsschiffen im internationalen Verkehr dienendes Wirtschaftsgut (§ 5 a Abs. 4 Satz 1 EStG)[2]

21 Ein Wirtschaftsgut, das unmittelbar dem Betrieb von Handelsschiffen im internationalen Verkehr dient, kann nicht nur das Handelsschiff, sondern auch ein anderes Wirtschaftsgut des Betriebsvermögens sein, z. B. die Betriebs- und Geschäftsausstattung. Bei Mischbetrieben (s. Rz. 3) kann ein Wirtschaftsgut ggf. nur anteilig unmittelbar dem Betrieb von Handelsschiffen im internationalen Verkehr dienen. Der auf diesen Teil entfallende Unterschiedsbetrag ist ggf. zu schätzen. In passiven Wirtschaftsgütern ruhende stille Reserven (z. B. Fremdwährungsverbindlichkeiten) sind einzubeziehen. Zur Ermittlung des Unterschiedsbetrages des Handelsschiffes wird nicht beanstandet, wenn der Steuerpflichtige den Teiwert in der Weise ermittelt, dass von den ursprünglichen Anschaffungs-/Herstellungskosten Absetzungen für Abnutzung nach § 7 Abs. 1 Satz 1 EStG abgezogen werden; es sei denn, das Handelsschiff wird zeitnah zur Feststellung des Unterschiedsbetrags veräußert. Bei dieser vereinfachten Teilwertermittlung ist von einer Nutzungsdauer von 25 Jahren auszugehen. Ein Schrottwert bleibt außer Ansatz.

### 2. Aufstellung des Verzeichnisses (§ 5 a Abs. 4 Satz 1 EStG)

22 Zum Schluss des Übergangsjahres ist ein Verzeichnis entsprechend dem Anlageverzeichnis zu erstellen, in dem jedes Wirtschaftsgut und der darauf entfallende Unterschiedsbetrag aufgeführt ist. Dienen Wirtschaftsgüter nur teilweise dem Betrieb von Handelsschiffen im internationalen Verkehr, ist nur der darauf entfallende anteilige Unterschiedsbetrag aufzuzeichnen. Der Unterschiedsbetrag der geringwertigen Wirtschaftsgüter kann aus Vereinfachungsgründen in einer Summe ausgewiesen werden.

### 3. Gesonderte und ggf. einheitliche Feststellung des Unterschiedsbetrags (§ 5 a Abs. 4 Satz 1 EStG)

23 Die Unterschiedsbeträge sind gesondert bzw. gesondert und einheitlich festzustellen. Dabei sind die folgenden Feststellungen zu treffen:

a) Bezeichnung der Wirtschaftsgüter,

---

[1] Rz. 15 a des BMF v. 25. 5. 2000 (BStBl. I S. 809) lautet:
„Für den Beginn der Antragsfrist in sonstigen Fällen ist gleichfalls der Zeitpunkt entscheidend, in dem erstmals Einkünfte aus dem Betrieb von Handelsschiffen im internationalen Verkehr erzielt werden. Diese Voraussetzung ist u. a. erst in dem Wirtschaftsjahr erfüllt, in dem die Anzahl der Reisetage mit inländischer Registrierung die übrigen Reisetage überwiegt und von dessen Beginn an die Geschäftsleitung des Gewerbebetriebes und die Bereederung im Inland durchgeführt wird."

[2] Rz. 21 neu gef. durch BMF v. 31. 10. 2008, BStBl. I S. 956.

b) auf die Wirtschaftsgüter jeweils entfallende Unterschiedsbeträge bzw. bei Mischbetrieben im Fall von gemischt genutzten Wirtschaftsgütern der auf den begünstigten Betrieb entfallende Anteil des Unterschiedsbetrages,

c) Anteile der Gesellschafter an den einzelnen Unterschiedsbeträgen. Wird ein Wirtschaftsgut dem Betriebsvermögen ganz oder dem Miteigentumsanteil des Mitunternehmers entsprechend zugeführt oder erhöht sich der Nutzungsanteil, ist der jeweilige Unterschiedsbetrag gesondert bzw. gesondert und einheitlich festzustellen; war das Betriebsvermögen bisher teilweise gemischt genutzt, ist nur der auf den Erhöhungsbetrag entfallende Unterschiedsbetrag zum Zeitpunkt der Nutzungsänderung festzustellen. Der bisher festgestellte Betrag bleibt unberührt. Die Feststellungen nach § 5 a Abs. 4 Satz 2 oder Satz 4 EStG sind für die Steuerbescheide oder Feststellungsbescheide (Folgebescheide) bindend, in denen der Unterschiedsbetrag hinzuzurechnen ist.

### 4. Fortschreibung des Verzeichnisses

24 Das Verzeichnis ist fortzuschreiben, wenn

a) Wirtschaftsgüter ausscheiden oder sich ihr Nutzungsanteil verringert,

b) Wirtschaftsgüter zugeführt werden oder sich ihr Nutzungsanteil erhöht,

c) Fremdwährungsverbindlichkeiten, für die ein Unterschiedsbetrag festgestellt wurde, getilgt werden oder

d) Veränderungen im personellen Bestand eintreten und eine Hinzurechnung nach § 5 a Abs. 4 Satz 3 Nr. 3 EStG nicht erfolgte.

### 5. Besteuerung des Unterschiedsbetrages (§ 5 a Abs. 4 Satz 3 EStG)

25 Der Unterschiedsbetrag ist in dem Jahr, in dem das Wirtschaftsgut aus der Gewinnermittlung nach § 5 a EStG ausscheidet, dem Gewinn nach § 5 a Abs. 1 Satz 1 EStG hinzuzurechnen und ist damit Bestandteil der Einkünfte aus Gewerbebetrieb im Sinne des § 15 EStG. Dies gilt auch für den Fall, dass das Ausscheiden eines Wirtschaftsguts, wie z. B. bei Ein-Schiffs-Gesellschaften, gleichzeitig die Betriebsaufgabe darstellt. Soweit ein Wirtschaftsgut bei Mischbetrieben in den nicht begünstigten Teil überführt wird, ist es entsprechend § 5 a Abs. 6 EStG dort mit dem Teilwert anzusetzen.

26 Bei ratierlicher Tilgung von Fremdwährungsverbindlichkeiten ist der Unterschiedsbetrag (teilweise) aufzulösen. Auch Nutzungsänderungen von Wirtschaftsgütern (z. B. bei Bürogebäuden) können zur Zurechnung von Unterschiedsbeträgen führen.

27 Die Anwendung des § 5 a Abs. 4 Satz 3 Nr. 1 EStG setzt voraus, dass der Steuerpflichtige sich gemäß § 5 a Abs. 3 Satz 4 EStG nach Ablauf des 10-Jahres-Zeitraums für die Anwendung der Normalbesteuerung entscheidet und der Betrieb fortgeführt wird. § 5 a Abs. 4 Satz 3 Nr. 2 EStG ist in allen sonstigen Fällen anwendbar.

28 [1] § 5 a Abs. 4 Satz 3 Nr. 3 EStG gilt für den Fall, dass ein Gesellschafter im Sinne des § 15 Abs. 1 Satz 1 Nr. 2 EStG seinen Anteil an der Personengesellschaft veräußert. Für die verbleibenden Gesellschafter ändert sich der festgestellte Unterschiedsbetrag nicht. In den Fällen der Übertragung oder Ein-

[1] Rz. 28 neu gef. durch BMF v. 31. 10. 2008, BStBl. I S. 956.

bringung zu Buchwerten (z. B. § 6 Abs. 3 EStG und § 24 UmwStG) findet § 5 a Abs. 4 Satz 3 Nr. 3 EStG keine Anwendung.

## V. Gesellschaften nach § 15 Abs. 1 Satz 1 Nr. 2 EStG (§ 5 a Abs. 4 a EStG)

### 1. Umfang des Gewinns bei Personengesellschaften; Behandlung von Gewinnen und Verlusten im Sonderbetriebsvermögen eines Gesellschafters (§ 5 a Abs. 4 a Satz 1 EStG)

Die Gewinnermittlungsvorschrift im Sinne des § 5 a Abs. 1 Satz 1 EStG stellt grundsätzlich auf den Gesamtgewinn der Mitunternehmerschaft ab. Die zusätzliche Berücksichtigung von Sonderbetriebsausgaben, z. B. für die Finanzierung des Anteilserwerbes, ist daher nicht zulässig. Eine Ausnahme gilt nur für Ausgaben, die im unmittelbaren Zusammenhang mit hinzuzurechnenden Sondervergütungen im Sinne des § 15 Abs. 1 Satz 1 Nr. 2 und Satz 2 EStG stehen. 29

Zur Behandlung von Vergütungen siehe Rz. 34. 30

### 2. Verhältnis zu § 15 a EStG (§ 5 a Abs. 4 a Satz 2 EStG)

Nach § 5 a Abs. 5 Satz 4 EStG ist für die Anwendung des § 15 a EStG der nach § 4 Abs. 1 oder 5 EStG ermittelte Gewinn zugrunde zu legen. 31

§ 15 a EStG findet während des Tonnagesteuerzeitraums uneingeschränkt Anwendung: Parallel zur Gewinnermittlung nach der Tonnagesteuer wird die Steuerbilanz einschließlich der Kapitalkonten fortgeführt; der verrechenbare Verlust wird jährlich festgestellt und mit den Ergebnissen der Steuerbilanz (Gesamthands- bzw. Ergänzungsbilanz) verrechnet. Im Einzelnen bedeutet dies: 32

a) Verrechenbare Verluste aus der Zeit vor der Tonnagebesteuerung sind mit den tatsächlichen laufenden Gewinnen aus der Zeit der Tonnagebesteuerung auszugleichen.

b) Verluste aus der Zeit der Tonnagebesteuerung erhöhen bereits vorhandene verrechenbare Verluste, auch soweit sie auf die Zeit vor der Tonnagebesteuerung entfallen.

c)[1] Ein im Zeitpunkt des Ausscheidens oder der Veräußerung eines Wirtschaftsguts oder der Veräußerung des ganzen Betriebs oder des Ausscheidens eines Gesellschafters noch vorhandener verrechenbarer Verlust ist zunächst mit einem dabei entstehenden Veräußerungsgewinn auszugleichen, auch wenn dieser Veräußerungsgewinn wegen § 5 a Abs. 5 Satz 1 EStG durch die Tonnagebesteuerung abgegolten ist; ein nach Gegenrechnung des Veräußerungsgewinns etwa noch verbleibender verrechenbarer Verlust darf beim Unterschiedsbetrag vor dessen Besteuerung nach § 5 a Abs. 4 Satz 3 EStG nicht abgezogen werden (BFH-Urteil vom 31. Mai 2012 BStBl. 2013 II S. 673).

d)[1] Verrechenbare Verluste sind mit dem im Zusammenhang mit dem Ansatz des Teilwerts gem. § 5 a Abs. 6 EStG entstehenden Gewinn zu verrechnen; ein danach etwa noch verbleibender verrechenbarer Verlust darf beim Un-

[1] Rz. 32 Buchst. c 2. Halbsatz und Buchst. d geänd. durch BMF v. 10. 9. 2013, BStBl. I S. 1152.

terschiedsbetrag vor dessen Besteuerung nach § 5 a Abs. 4 Satz 3 EStG nicht abgezogen werden (BFH-Urteil vom 31. Mai 2012 BStBl. 2013 II S. 673).

### 3. Gewinnerzielungsabsicht (§ 5 a Abs. 4 a Satz 2 EStG)

33 Zur Sicherstellung des mit der zweijährigen Antragsfrist (§ 5 a Abs. 3 EStG) verfolgten Förderziels des Gesetzgebers ist für die Prüfung der Gewinnerzielungsabsicht auch während des Tonnagesteuerzeitraums die Gewinnermittlung nach § 4 Abs. 1 oder § 5 EStG (ohne Berücksichtigung des Unterschiedsbetrages nach § 5 a Abs. 4 EStG) zugrunde zu legen.

### 4. Hinzuzurechnende Vergütungen (§ 5 a Abs. 4 a Satz 3 EStG)[1]

34 Zu den hinzuzurechnenden Vergütungen im Sinne des § 15 Abs. 1 Satz 1 Nr. 2 und Satz 2 EStG gehören nicht:
- eine auf gesellschaftsrechtlicher Vereinbarung beruhender Vorabgewinn sowie
- das Bereederungsentgelt eines am Schiff beteiligten Bereederers (Rz. 7), soweit das Bereederungsentgelt zuzüglich des für die Bereederung gezahlten Vorabgewinns 4 % der Bruttofrachtraten nicht übersteigt. Übersteigt das Bereederungsentgelt den vorstehenden Betrag, so sind auch die dazugehörigen Aufwendungen in dem Verhältnis des Bereederungsentgelts, das mit der Tonnagesteuer abgegolten ist, zu dem Bereederungsentgelt, das darüber hinaus eine gem. § 5 a Abs. 4 a Satz 3 EStG hinzuzurechnende Sondervergütung darstellt, aufzuteilen. Auf die Anzahl der beteiligten Vertragsreeder kommt es insoweit nicht an.

Eine neben dem Bereederungsentgelt anfallende Befrachtungskommission ist nicht mit dem Tonnagegewinn abgegolten. Sie ist als hinzuzurechnende Vergütung im Sinne des § 15 Abs. 1 Satz 1 Nr. 2 und Satz 2 EStG zu berücksichtigen.

Ob ein Vorabgewinn vorliegt oder eine hinzurechnende Vergütung, bestimmt sich grundsätzlich nach den im Gesellschaftsvertrag getroffenen Vereinbarungen. Allerdings ist die formale Bezeichnung im Gesellschaftsvertrag als „Vorabgewinn“ für die steuerliche Beurteilung nicht entscheidend. Bei der Abgrenzung, ob für den Gesellschafter ein Gewinnvorab oder eine Tätigkeits-(Sonder-)vergütung vorliegt, ist auf den wirtschaftlichen Gehalt der getroffenen Vereinbarung abzustellen. Die buchtechnischen Abwicklungen entfalten allenfalls eine nachrangige Wirkung.

(Tätigkeits-)Vergütungen, die in einem Gesellschaftsvertrag vereinbart sind, sind nach der Rechtsprechung des BFH als Sondervergütungen im Sinne des § 15 Abs. 1 Satz 1 Nr. 2 und Satz 2 EStG zu qualifizieren, wenn sie handelsrechtlich nach den Bestimmungen des Gesellschaftsvertrags als Kosten zu behandeln, insbesondere im Gegensatz zu einem Vorabgewinn auch dann zu zahlen sind, wenn kein Gewinn erwirtschaftet wird (BFH-Urteil vom 6. Juli 1999, BStBl. II S. 720). Im Gesellschaftsvertrag als Vorabgewinn bezeichnete Leistungen, die auch in Verlustfällen zu leisten sind und nicht als Entnahmen

[1] Rz. 34 und 35 neu gef. durch BMF v. 31. 10. 2008, BStBl. I S. 956. Rz. 34 ist hinsichtlich der Begrenzung des Bereederungsentgeltes erstmalig für Wj. anzuwenden, die nach dem 31. 12. 2007 beginnen.

das Kapitalkonto des Gesellschafters mindern, sind für die Gewinnermittlung nach § 5 a EStG als hinzuzurechnende Vergütungen zu behandeln.

### VI. Tarifbegrenzung/Steuerermäßigung bei Einkünften aus Gewerbebetrieb[1]

Der in § 5 a Abs. 5 Satz 2 EStG festgelegte Ausschluss bezieht sich auf den 35
nach § 5 a EStG ermittelten Gewinn.

### VII. Unterlagen zur Steuererklärung (§ 60 EStDV)

Neben der Gewinnermittlung nach § 5 a EStG ist eine Steuerbilanz nach 36
§ 4 Abs. 1 oder § 5 EStG, bei Personengesellschaften einschließlich etwaiger Ergänzungs- oder Sonderbilanzen sowie ein jährlich fortentwickeltes Verzeichnis im Sinne des § 5 a Abs. 4 EStG, aus dem sich Veränderungen der Unterschiedsbeträge (vgl. Rz. 23) ergeben, beizufügen. Bei Mischbetrieben sind die Unterlagen über die getrennte Gewinnermittlung (vgl. Rz. 3) vorzulegen.

## B. Gewerbesteuer[2]

Soweit der Gewinn nach § 5 a EStG ermittelt worden ist, kommen Hinzu- 37
rechnungen und Kürzungen nicht in Betracht (BFH-Urteil vom 6. Juli 2005, BStBl. 2008 II S. 180).[3]

Die Auflösung des Unterschiedsbetrags nach § 5 a Abs. 4 EStG (BFH-Ur- 38
teil vom 13. Dezember 2007, BStBl. 2008 II S. 583) gehört zum Gewerbeertrag nach § 7 Satz 3 GewStG.[3]

Auch der nach § 5 a EStG ermittelte Gewerbeertrag ist gemäß § 10 a 39
GewStG mit Verlusten aus Vorjahren verrechenbar.

Dieses Schreiben ersetzt vorbehaltlich der Aussage in Rz. 19 meine Schreiben vom 24. Juni 1999 IV C 2 – S 1900 – 65/99, BStBl. I S. 669 und vom 25. Mai 2000 IV C 2 – S 2133 a – 12/00, BStBl. II S. 809.

---

[1] Rz. 34 und 35 neu gef. durch BMF v. 31. 10. 2008, BStBl. I S. 956. Rz. 34 ist hinsichtlich der Begrenzung des Bereederungsentgeltes erstmalig für Wj. anzuwenden, die nach dem 31. 12. 2007 beginnen.

[2] Zu Auswirkungen bei der Körperschaftsteuer vgl. BMF v. 24. 3. 2000, BStBl. I S. 453 (Nr. **100** § 8/11).

[3] Rz. 37 und 38 neu gef. durch BMF v. 31. 10. 2008, BStBl. I S. 956. Die Änderungen in Rz. 38 sind erstmalig für Wj. anzuwenden, die nach dem 31. 12. 2007 beginnen.

# I § 5 b/2. Schreiben betr. elektronische Übermittlung von Bilanzen sowie Gewinn- und Verlustrechnungen; Anwendungsschreiben zur Veröffentlichung der Taxonomie

Vom 28. September 2011 (BStBl. I S. 855)

(BMF IV C 6 – S 2133-b/11/10009; DOK 2011/0770620)

**1 Anlage**

Nach § 5 b EStG besteht für Steuerpflichtige, die ihren Gewinn nach § 4 Absatz 1, § 5 oder § 5 a EStG ermitteln, die Verpflichtung, den Inhalt der Bilanz sowie der Gewinn- und Verlustrechnung nach amtlich vorgeschriebenem Datensatz durch Datenfernübertragung zu übermitteln. Nach § 51 Absatz 4 Nummer 1 b EStG ist das Bundesministerium der Finanzen ermächtigt, im Einvernehmen mit den obersten Finanzbehörden der Länder den Mindestumfang der elektronisch zu übermittelnden Bilanzen und Gewinn- und Verlustrechnung zu bestimmen.

Unter Bezugnahme auf das Ergebnis der Erörterung mit den obersten Finanzbehörden der Länder gilt Folgendes:

## I. Persönlicher Anwendungsbereich

§ 5 b EStG gilt für alle Unternehmen, die ihren Gewinn nach § 4 Absatz 1, 1
§ 5 oder § 5 a EStG ermitteln. Danach sind die Inhalte einer Bilanz sowie Gewinn- und Verlustrechnung durch Datenfernübertragung zu übermitteln (sog. E-Bilanz), wenn diese nach den handels- oder steuerrechtlichen Bestimmungen aufzustellen sind oder freiwillig aufgestellt werden. Damit wird die bisherige Übermittlung durch Abgabe in Papierform durch eine Übermittlung durch Datenfernübertragung ersetzt. Dies gilt unabhängig von der Rechtsform und der Größenklasse des bilanzierenden Unternehmens. Auch die anlässlich einer Betriebsveräußerung, Betriebsaufgabe, Änderung der Gewinnermittlungsart oder in Umwandlungsfällen aufzustellende Bilanz ist durch Datenfernübertragung zu übermitteln. Zwischenbilanzen, die auf den Zeitpunkt eines Gesellschafterwechsels aufgestellt werden, sind als Sonderform einer Schlussbilanz ebenso wie Liquidationsbilanzen nach § 11 KStG durch Datenfernübertragung zu übermitteln.

## II. Besonderer sachlicher Anwendungsbereich

### 1. Betriebsstätten

Die vom BFH in ständiger Rechtsprechung aufgestellten Grundsätze zur 2
Abgabe der Bilanz und Gewinn- und Verlustrechnung bei ausländischen und inländischen Betriebsstätten gelten gleichermaßen für die Übermittlung der Daten durch Datenfernübertragung.

3 Hat ein inländisches Unternehmen eine **ausländische Betriebsstätte**, ist – soweit der Gewinn nach § 4 Absatz 1, § 5 oder § 5 a EStG ermittelt wird (siehe Rn. 1) – für das Unternehmen als Ganzes eine Bilanz und Gewinn- und Verlustrechnung abzugeben (vgl. BFH-Urteil vom 16. Februar 1996, BStBl. 1997 II S. 128). Entsprechend ist ein Datensatz durch Datenfernübertragung zu übermitteln.

4 Hat ein ausländisches Unternehmen eine **inländische Betriebsstätte** und wird der Gewinn nach § 4 Absatz 1, § 5 oder § 5 a EStG ermittelt (siehe Rn. 1), beschränkt sich die Aufstellung der Bilanz und Gewinn- und Verlustrechnung auf die inländische Betriebsstätte als unselbständiger Teil des Unternehmens. Gleiches gilt grundsätzlich für Sachverhalte im Sinne der Randziffern 3 und 7 des BMF-Schreibens vom 16. Mai 2011, BStBl. I S. 530 (Einkünfte aus Vermietung und Verpachtung gemäß § 49 Absatz 1 Nummer 2 Buchstabe f Doppelbuchstabe aa und Nummer 6 EStG)[1]. Entsprechend ist in diesen Fällen ein Datensatz durch Datenfernübertragung zu übermitteln.

### 2. Steuerbefreite Körperschaften

5 Auf unbeschränkt körperschaftsteuerpflichtige Körperschaften, die persönlich von der Körperschaftsteuer befreit sind (z. B. § 5 Absatz 1 Nummern 1, 2, 2 a, 15 KStG), findet § 5 b EStG keine Anwendung. Erstreckt sich bei einer von der Körperschaftsteuer oder Gewerbesteuer befreiten Körperschaft die Befreiung nur auf einen Teil der Einkünfte der Körperschaft (z. B. § 5 Absatz 1 Nummern 5, 6, 7, 9, 10, 14, 16, 19, 22 KStG) und ist von der Körperschaft eine Bilanz sowie eine Gewinn- und Verlustrechnung aufzustellen, ist dieser Datensatz durch Datenfernübertragung zu übermitteln.

### 3. Juristische Personen des öffentlichen Rechts mit Betrieben gewerblicher Art

6 Sind für einen Betrieb gewerblicher Art eine Bilanz sowie eine Gewinn- und Verlustrechnung aufzustellen, ist dieser Datensatz durch Datenfernübertragung zu übermitteln.

### 4. Übergangsregelungen

7 Zur Vermeidung unbilliger Härten wird es in den Fällen der Rn. 2 bis 6 für eine Übergangszeit nicht beanstandet, wenn die Inhalte der Bilanz und Gewinn- und Verlustrechnung erstmals für Wirtschaftsjahre, die nach dem 31. Dezember 2014 beginnen, durch Datenfernübertragung übermittelt werden; in den Fällen der Rn. 3 jedoch nur, soweit sie auf die Ergebnisse der ausländischen Betriebsstätte entfallen. In dieser Übergangszeit kann die Bilanz sowie die Gewinn- und Verlustrechnung in Papierform abgegeben werden; eine Gliederung gemäß der Taxonomie ist dabei nicht erforderlich.

## III. Übermittlungsformat

8 Für die Übermittlung des amtlich vorgeschriebenen Datensatzes wurde mit BMF-Schreiben vom 19. Januar 2010 (BStBl. I S. 47)[2] XBRL (eXtensible Business Reporting Language) als Übermittlungsformat festgelegt.

---

[1] Nr. **1** § 49/3.
[2] Nr. **1** § 5 b/1.

## IV. Taxonomie (Datenschema für Jahresabschlussdaten)

### 1. Taxonomie

Eine Taxonomie ist ein Datenschema für Jahresabschlussdaten. Durch die Taxonomie werden die verschiedenartigen Positionen definiert, aus denen z. B. eine Bilanz oder eine Gewinn- und Verlustrechnung bestehen kann (also etwa die Firma des Kaufmanns oder die einzelnen Positionen von Bilanz und Gewinn- und Verlustrechnung) und entsprechend ihrer Beziehungen zueinander geordnet. 9

### 2. Taxonomiearten

Das Datenschema der Taxonomien wird hiermit als amtlich vorgeschriebener Datensatz nach § 5 b EStG veröffentlicht. Die Taxonomien stehen unter www.eSteuer.de zur Ansicht und zum Abruf bereit. Die elektronische Übermittlung der Inhalte der Bilanz und der Gewinn- und Verlustrechnung erfolgt grundsätzlich nach der Kerntaxonomie. Sie beinhaltet die Positionen für alle Rechtsformen, wobei im jeweiligen Einzelfall nur die Positionen zu befüllen sind, zu denen auch tatsächlich Geschäftsvorfälle vorliegen. Für bestimmte Wirtschaftszweige wurden **Branchentaxonomien** erstellt, die in diesen Fällen für die Übermittlung der Datensätze zu verwenden sind. Dies sind **Spezialtaxonomien** (Banken und Versicherungen) oder **Ergänzungstaxonomien** (Wohnungswirtschaft, Verkehrsunternehmen, Land- und Forstwirtschaft, Krankenhäuser, Pflegeeinrichtungen, Kommunale Eigenbetriebe). Individuelle Erweiterungen der Taxonomien können nicht übermittelt werden. 10

### 3. Technische Ausgestaltung der Taxonomie

Einzelheiten zur technischen Ausgestaltung, insbesondere den Rechenregeln, sind der Anlage zu entnehmen. 11

### 4. Unzulässige Positionen

Als „für handelsrechtlichen Einzelabschluss unzulässig" gekennzeichnete Positionen dürfen in den der Finanzverwaltung zu übermittelnden Datensätzen nicht verwendet werden. 12

Als „steuerlich unzulässig" gekennzeichnete Positionen sind im Rahmen der Umgliederung/Überleitung aufzulösen und dürfen in den der Finanzverwaltung zu übermittelnden Datensätzen nicht enthalten sein. 13

### 5. Rechnerisch notwendige Positionen/Summenmussfelder

Da die übermittelten Datensätze auch im Übrigen den im Datenschema hinterlegten Rechenregeln genügen müssen, werden Positionen, die auf der gleichen Ebene wie rechnerisch verknüpfte Mussfelder stehen, als „Rechnerisch notwendig, soweit vorhanden" gekennzeichnet. Diese Positionen sind dann zwingend mit Werten zu übermitteln, wenn ohne diese Übermittlung die Summe der Positionen auf der gleichen Ebene nicht dem Wert der Oberposition entspricht, mit denen diese Positionen rechnerisch verknüpft sind. Oberpositionen, die über rechnerisch verknüpften Mussfeldern stehen, sind als Summenmussfelder gekennzeichnet. Werden z. B. im Datenschema rechnerisch in eine Oberposition verknüpfte Positionen übermittelt, so ist auch die zugehörige Oberposition mit zu übermitteln. 14

## V. Mindestumfang nach § 51 Absatz 4 Nummer 1 b EStG

15 Die Taxonomie enthält die für den Mindestumfang im Sinne der §§ 5 b, 51 Absatz 4 Nummer 1 b EStG erforderlichen Positionen, die mit den am Bilanzstichtag vorhandenen Daten der einzelnen Buchungskonten zu befüllen sind. Dies gilt in Abhängigkeit davon, ob ein derartiger Geschäftsvorfall überhaupt vorliegt und in welchem Umfang diese Angaben für Besteuerungszwecke benötigt werden.

Folgende Positionseigenschaften sind hierbei zu unterscheiden:

**Mussfeld**

16 Die in den Taxonomien als „Mussfeld" gekennzeichneten Positionen sind zwingend zu befüllen (Mindestumfang). Bei Summenmussfeldern gilt dies auch für die darunter liegenden Ebenen (vgl. Rn. 14). Es wird elektronisch geprüft, ob formal alle Mussfelder in den übermittelten Datensätzen enthalten sind. Sofern sich ein Mussfeld nicht mit Werten füllen lässt, weil die Position in der ordnungsmäßigen individuellen Buchführung nicht geführt wird oder aus ihr nicht ableitbar ist, ist zur erfolgreichen Übermittlung des Datensatzes die entsprechende Position ohne Wert (technisch: NIL-Wert) zu übermitteln.

**Mussfeld, Kontennachweis erwünscht**

17 Für die als „Mussfeld, Kontennachweis erwünscht" gekennzeichneten Positionen gelten die Ausführungen zum Mussfeld in gleicher Weise. Der Auszug aus der Summen-/Saldenliste der in diese Position einfließenden Konten im XBRL-Format kann vom Steuerpflichtigen mitgeliefert werden (Angaben: Kontonummer, Kontobezeichnung, Saldo zum Stichtag).

18 Darüber hinaus ist ein freiwilliger Kontennachweis auch für jedwede andere Taxonomieposition durch Datenfernübertragung (Angabe der Kontonummer, Kontenbezeichnung sowie des Saldos zum Stichtag im Datensatz) möglich.

**Auffangpositionen**

19 Um Eingriffe in das Buchungsverhalten zu vermeiden, aber dennoch einen möglichst hohen Grad an Standardisierung zu erreichen, sind im Datenschema der Taxonomie Auffangpositionen eingefügt (erkennbar durch die Formulierungen im beschreibenden Text „nicht zuordenbar" in der Positionsbezeichnung). Ein Steuerpflichtiger, der eine durch Mussfelder vorgegebene Differenzierung für einen bestimmten Sachverhalt nicht aus der Buchführung ableiten kann, kann zur Sicherstellung der rechnerischen Richtigkeit für die Übermittlung der Daten alternativ die Auffangpositionen nutzen.

## VI. Ausnahmeregelungen für bestimmte Berichtsteile/Positionen

### 1. Kapitalkontenentwicklung für Personenhandelsgesellschaften und andere Mitunternehmerschaften

20 Die in diesem Bereich als Mussfelder gekennzeichneten Positionen sind für eine verpflichtende Übermittlung erst für Wirtschaftsjahre vorgesehen, die nach dem 31. Dezember 2014 (Übergangsphase) beginnen.

21 In der Übergangsphase werden die nach Gesellschaftergruppen zusammengefassten Mussfelder der Kapitalkontenentwicklung in der Bilanz erwartet, so-

fern keine Übermittlung im eigenen Teil „Kapitalkontenentwicklung für Personenhandelsgesellschaften und andere Mitunternehmerschaften" erfolgt. Wird in dieser Übergangsphase der eigene Berichtsbestandteil Kapitalkontenentwicklung dennoch eingereicht, so müssen in der Bilanz nur die Positionen der Ebene „Kapitalanteile der persönlich haftenden Gesellschafter"/„Kapitalanteile der Kommanditisten" verpflichtend übermittelt werden. Die untergeordneten Mussfelder können ohne Wert (NIL-Wert) übermittelt werden.

### 2. Sonder- und Ergänzungsbilanzen bei Personenhandelsgesellschaften und anderen Mitunternehmerschaften

Sonder- und Ergänzungsbilanzen sind jeweils in gesonderten Datensätzen nach dem amtlich vorgeschriebenen Datensatz durch Datenfernübertragung zu übermitteln. 22

Für Wirtschaftsjahre, die vor dem 1. Januar 2015 enden, wird es nicht beanstandet, wenn Sonder- und Ergänzungsbilanzen in dem Freitextfeld „Sonder- und Ergänzungsbilanzen" im Berichtsbestandteil „Steuerliche Modifikationen" übermittelt werden.

### 3. Abschreibungen auf immaterielle Vermögensgegenstände des Anlagevermögens und Sachanlagen

Die Positionen in den Ebenen unter „Abschreibungen auf immaterielle Vermögensgegenstände des Anlagevermögens und Sachanlagen" können ohne Wert (NIL-Wert) übermittelt werden, wenn der Datensatz die Angaben in einem freiwillig übermittelten Anlagespiegel im XBRL-Format enthält. 23

## VII. Überleitungsrechnung

Wird ein handelsrechtlicher Einzelabschluss mit Überleitungsrechnung übermittelt, müssen die Positionen in den Berichtsbestandteilen Bilanz und Gewinn- und Verlustrechnung die handelsrechtlichen Positionen und jeweiligen Wertansätze enthalten. Die nach § 5 b Absatz 1 Satz 2 EStG vorzunehmenden steuerrechtlichen Anpassungen aller Positionen (auf allen Ebenen), deren Ansätze und Beträge den steuerlichen Vorschriften nicht entsprechen, sind mit der Überleitungsrechnung der Taxonomie darzustellen. 24

## VIII. Zusätzlich einzureichende Unterlagen

Die zusätzlichen nach § 60 Abs. 3 EStDV der Steuererklärung beizufügenden Unterlagen können in den entsprechenden Berichtsteilen der Taxonomie durch Datenfernübertragung übermittelt werden. 25

## IX. Zeitliche Anwendung des § 5 b EStG

### 1. Anwendung (Nichtbeanstandungsregelung für 2012)

§ 5 b EStG ist erstmals für Wirtschaftsjahre anzuwenden, die nach dem 31. Dezember 2011 beginnen (§ 52 Absatz 15 a EStG i. V. m. § 1 der AnwZpvV). Grundsätzlich sind die Inhalte der Bilanz und Gewinn- und Verlustrechnung für Wirtschaftsjahre, die nach dem 31. Dezember 2011 beginnen, durch Datenfernübertragung zu übermitteln. Die unter Rn. 7, 20 und 22 vorgesehenen Übergangsregelungen bleiben hiervon unberührt. 26

27 Für das erste Wirtschaftsjahr, das nach dem 31. Dezember 2011 beginnt, wird es von der Finanzverwaltung nicht beanstandet, wenn die Bilanz und die Gewinn- und Verlustrechnung für dieses Jahr noch nicht gemäß § 5 b EStG nach amtlich vorgeschriebenem Datensatz durch Datenfernübertragung übermittelt werden. Eine Bilanz sowie die Gewinn- und Verlustrechnung können in diesen Fällen in Papierform abgegeben werden; eine Gliederung gemäß der Taxonomie ist dabei nicht erforderlich.

**2. Aktualisierung**[1)]

28 Die Taxonomie wird regelmäßig auf notwendige Aktualisierungen geprüft und gegebenenfalls um Branchentaxonomien erweitert. Wird eine aktuellere Taxonomie veröffentlicht, ist diese unter Angabe des Versionsdatums zu verwenden. Es wird in jeder Aktualisierungsversion sichergestellt, dass eine Übermittlung auch für frühere Wirtschaftsjahre möglich ist.

29 Eine Taxonomie ist solange zu verwenden, bis eine aktualisierte Taxonomie veröffentlicht wird.

## X. Härtefallregelung nach § 5 b Absatz 2 Satz 2 EStG

30 Hinsichtlich der allgemeinen Härtefallregelung gemäß § 5 b Absatz 2 Satz 2 EStG i. V. m. § 150 Absatz 8 AO wird auf die Rn. 3 des BMF-Schreibens vom 19. Januar 2010 (BStBl. I S. 47) hingewiesen.

Dieses Schreiben ersetzt das Schreiben vom 16. Dezember 2010 (BStBl. I S. 1500).

**Zusatz der OFD Frankfurt v. 7. 1. 2014 S 2133 b A-2 St 210:**

Zu den Übermittlungspflichten für steuerbegünstigte Körperschaften vgl. auch BMF-Schreiben vom 19. 12. 2013 IV C 6 – S 2133-b/11/10009:004, DOK 2013/0966930.

## Anlage zu Rn. 11

### Ausgestaltung der Taxonomie

Das für steuerliche Zwecke angepasste Datenschema basiert auf der aktuellen HGB-Taxonomie 4.1 vom 8. Februar 2011 und enthält die Bilanzposten und Gewinn- und Verlustpositionen des amtlichen Datensatzes nach § 5 b EStG.

Es umfasst ein Stammdaten-Modul („GCD-Modul") und ein Jahresabschluss-Modul („GAAP-Modul"):

Das „GCD"-Modul enthält ein Datenschema zur Übermittlung von
- Dokumentinformationen,
- Informationen zum Bericht und
- Informationen zum Unternehmen.

Das „GAAP"-Modul enthält ein Datenschema zur Übermittlung der gebräuchlichen Berichtsbestandteile für Unternehmen aller Rechtsformen und Größenordnungen. Folgende Berichtsbestandteile können zur Übermittlung genutzt werden:
- Bilanz,
- Haftungsverhältnisse,
- Gewinn- und Verlustrechnung in den Varianten Gesamtkosten- und Umsatzkostenverfahren,
- Ergebnisverwendungsrechnung,
- Kapitalkontenentwicklung für Personenhandelsgesellschaften/Mitunternehmerschaften,

[1)] Aktualisierte Taxonomien unter www.esteuer.de; vgl. BMF v. 6. 6. 2018, BStBl. I S. 714.

- Eigenkapitalspiegel,
- Kapitalflussrechnung,
- Anhang,
  - Anlagespiegel,
  - diverse Felder zur Aufnahme von textlichen Informationen,
- Lagebericht,
- steuerliche Modifikationen (Überleitungsrechnung der Wertansätze aus der Handelsbilanz zur Steuerbilanz und Zusatzangaben),
- Bericht des Aufsichtsrats, Beschlüsse und zugehörige Erklärungen,
- Detailinformationen zu Positionen (Kontensalden zu einer Position).

Zusätzlich enthält das Datenschema alternativ verwendbare weitere Bestandteile, wie etwa die beiden Formen der Gewinn- und Verlustrechnung: Gesamtkostenverfahren und Umsatzkostenverfahren.

Auf dieser Grundlage ermöglicht das Datenschema der Taxonomie die elektronische Übermittlung des Inhalts der Bilanz und Gewinn- und Verlustrechnung an die Finanzverwaltung nach amtlich vorgeschriebenem Datensatz. Neben dem Stammdaten-Modul („GCD"-Modul) sind aus dem Jahresabschluss-Modul („GAAP"-Modul) insbesondere die Berichtsbestandteile
- Bilanz,
- Gewinn- und Verlustrechnung,
- Ergebnisverwendung,
- Kapitalkontenentwicklung für Personenhandelsgesellschaften (und andere Mitunternehmerschaften),
- steuerliche Gewinnermittlung (für Einzelunternehmen und Personengesellschaften),
- steuerliche Gewinnermittlung bei Personengesellschaften,
- steuerliche Gewinnermittlung für besondere Fälle (u. a. steuerliche Gewinnermittlung bei Betrieben gewerblicher Art und wirtschaftlichem Geschäftsbetrieb),
- steuerliche Modifikationen (insbes. Umgliederung/Überleitungsrechnung),
- Detailinformationen zu Positionen (Kontensalden zu einer Position)

zu übermitteln.

Die daneben existierenden Berichtsbestandteile können zur freiwilligen elektronischen Übermittlung von weiteren Informationen genutzt werden (z. B. der von der Finanzverwaltung in der Regel benötigte Anlagespiegel im Anhang).

**Hinweis:**

Einige Positionen des Anhangs enthalten Mussfeld-Vermerke. Hierbei handelt es sich um Positionen der Bilanz mit Mussfeldeigenschaft, die technisch in den Anhang gespiegelt wurden. Dies führt nicht zur Übermittlungspflicht des Anhangs.

Es besteht für den Steuerpflichtigen gem. § 5 b Absatz 1 EStG die Möglichkeit, den Inhalt des handelsrechtlichen Einzelabschlusses mit Überleitungsrechnung oder alternativ eine Steuerbilanz zu übermitteln. Die Steuerbilanz stellt in diesem Fall eine auf den handelsrechtlichen Grundsätzen ordnungsmäßiger Bilanzierung beruhende Bilanz dar, deren Ansätze ohne weitere Zusätze und Anmerkungen den steuerlichen Vorschriften entsprechen.

## Rechenregeln (calculation link base)

Der Datensatz muss anhand der in der Taxonomie enthaltenen Rechenregeln auf seine rechnerische Richtigkeit hin überprüft werden. Diese Rechenregeln sind dem Datenschema direkt zu entnehmen. Soweit in der Taxonomie Positionen rechnerisch verknüpft sind, müssen die übermittelten Werte diesen Rechenregeln genügen. Datensätze, die den Rechenregeln nicht entsprechen, werden zurückgewiesen. Die Bilanz und die Gewinn- und Verlustrechnung gelten in diesen Fällen als nicht übermittelt.

## „davon-Positionen"

Soweit in der Taxonomie Positionen nicht rechnerisch zur jeweiligen Oberposition verknüpft sind (erkennbar daran, dass eine entsprechende rechnerische Verknüpfung im Datenschema nicht enthalten ist), handelt es sich um so genannte „davon-Positionen". Diese Positionen enthalten in der Positionsbezeichnung das Wort „davon". Dementsprechend werden Rechenregeln nicht geprüft.

# I § 6/1. Schreiben betr. ertragsteuerliche Behandlung von Leasing-Verträgen über bewegliche Wirtschaftsgüter

Vom 19. April 1971 (BStBl. I S. 264)
(BMF IV B/2-S 2170-31/71)

Unter Bezugnahme auf das Ergebnis der Erörterungen mit den obersten Finanzbehörden der Länder wird zu der Frage der steuerlichen Behandlung von Leasing-Verträgen über bewegliche Wirtschaftsgüter wie folgt Stellung genommen:

## I. Allgemeines

Der Bundesfinanzhof hat mit Urteil vom 26. Januar 1970 (BStBl. II S. 264) zur steuerlichen Behandlung von sog. Finanzierungs-Leasing-Verträgen über bewegliche Wirtschaftsgüter Stellung genommen.

Um eine einheitliche Rechtsanwendung durch die Finanzverwaltung zu gewährleisten, kann bei vor dem 24. April 1970 abgeschlossenen Leasing-Verträgen aus Vereinfachungsgründen von dem wirtschaftlichen Eigentum des Leasing-Gebers am Leasing-Gut und einer Vermietung oder Verpachtung an den Leasing-Nehmer ausgegangen werden, wenn die Vertragsparteien in der Vergangenheit übereinstimmend eine derartige Zurechnung zugrunde gelegt haben und auch in Zukunft daran festhalten. Das gilt auch, wenn die Vertragslaufzeit über den genannten Stichtag hinausreicht (vgl. BMF-Schreiben vom 21. Juli 1970, BStBl. I S. 913).

Für die steuerliche Behandlung von nach dem 23. April 1970 abgeschlossenen Leasing-Verträgen über bewegliche Wirtschaftsgüter sind die folgenden Grundsätze zu beachten. Dabei ist als betriebsgewöhnliche Nutzungsdauer der in den amtlichen AfA-Tabellen angegebene Zeitraum zugrunde zu legen.

## II. Begriff und Abgrenzung des Finanzierungs-Leasing-Vertrages bei beweglichen Wirtschaftsgütern

**1.** Finanzierungs-Leasing im Sinne dieses Schreibens ist nur dann anzunehmen, wenn

a) der Vertrag über eine bestimmte Zeit abgeschlossen wird, während der der Vertrag bei vertragsgemäßer Erfüllung von beiden Vertragsparteien nicht gekündigt werden kann (Grundmietzeit),
und

b) der Leasing-Nehmer mit den in der Grundmietzeit zu entrichtenden Raten mindestens die Anschaffungs- oder Herstellungskosten sowie alle Nebenkosten einschließlich der Finanzierungskosten des Leasing-Gebers deckt.

**2.** Beim Finanzierungs-Leasing von beweglichen Wirtschaftsgütern sind im wesentlichen folgende Vertragstypen festzustellen:

**a) Leasing-Verträge ohne Kauf- oder Verlängerungsoption**

Bei diesem Vertragstyp sind zwei Fälle zu unterscheiden:
Die Grundmietzeit

aa) deckt sich mit der betriebsgewöhnlichen Nutzungsdauer des Leasing-Gegenstandes,

bb) ist geringer als die betriebsgewöhnliche Nutzungsdauer des Leasing-Gegenstandes.

Der Leasing-Nehmer hat nicht das Recht, nach Ablauf der Grundmietzeit den Leasing-Gegenstand zu erwerben oder den Leasing-Vertrag zu verlängern.

**b) Leasing-Verträge mit Kaufoption**

Der Leasing-Nehmer hat das Recht, nach Ablauf der Grundmietzeit, die regelmäßig kürzer ist als die betriebsgewöhnliche Nutzungsdauer des Leasing-Gegenstandes, den Leasing-Gegenstand zu erwerben.

**c) Leasing-Verträge mit Mietverlängerungsoption**

Der Leasing-Nehmer hat das Recht, nach Ablauf der Grundmietzeit, die regelmäßig kürzer ist als die betriebsgewöhnliche Nutzungsdauer des Leasing-Gegenstandes, das Vertragsverhältnis auf bestimmte oder unbestimmte Zeit zu verlängern.

Leasing-Verträge ohne Mietverlängerungsoption, bei denen nach Ablauf der Grundmietzeit eine Vertragsverlängerung für den Fall vorgesehen ist, daß der Mietvertrag nicht von einer der Vertragsparteien gekündigt wird, sind steuerlich grundsätzlich ebenso wie Leasing-Verträge mit Mietverlängerungsoption zu behandeln. Etwas anderes gilt nur dann, wenn nachgewiesen wird, daß der Leasing-Geber bei Verträgen über gleiche Wirtschaftsgüter innerhalb eines Zeitraums von neun Zehnteln der betriebsgewöhnlichen Nutzungsdauer in einer Vielzahl von Fällen das Vertragsverhältnis auf Grund seines Kündigungsrechts beendet.

**d) Verträge über Spezial-Leasing**

Es handelt sich hierbei um Verträge über Leasing-Gegenstände, die speziell auf die Verhältnisse des Leasing-Nehmers zugeschnitten und nach Ablauf der Grundmietzeit regelmäßig nur noch beim Leasing-Nehmer wirtschaftlich sinnvoll verwendbar sind. Die Verträge kommen mit oder ohne Optionsklausel vor.

## III. Steuerliche Zurechnung des Leasing-Gegenstandes

Die Zurechnung des Leasing-Gegenstandes ist von der von den Parteien gewählten Vertragsgestaltung und deren tatsächlicher Durchführung abhängig. Unter Würdigung der gesamten Umstände ist im Einzelfall zu entscheiden, wem der Leasing-Gegenstand steuerlich zuzurechnen ist, Bei den unter II. 2. genannten Grundvertragstypen gilt für die Zurechnung das Folgende:

**1. Leasing-Verträge ohne Kauf- oder Verlängerungsoption**

Bei Leasing-Verträgen ohne Optionsrecht ist der Leasing-Gegenstand regelmäßig zuzurechnen

a) dem Leasing-Geber,
wenn die Grundmietzeit mindestens 40 v. H. und höchstens 90 v. H. der betriebsgewöhnlichen Nutzungsdauer des Leasing-Gegenstandes beträgt,

b) dem Leasing-Nehmer,
wenn die Grundmietzeit weniger als 40 v. H. oder mehr als 90 v. H. der betriebsgewöhnlichen Nutzungsdauer beträgt.

**2. Leasing-Verträge mit Kaufoption[1)]**

Bei Leasing-Verträgen mit Kaufoption ist der Leasing-Gegenstand regelmäßig zuzurechnen

a) dem Leasing-Geber,
wenn die Grundmietzeit mindestens 40 v. H. und höchstens 90 v. H. der betriebsgewöhnlichen Nutzungsdauer des Leasing-Gegenstandes beträgt und der für den Fall der Ausübung des Optionsrechts vorgesehene Kaufpreis nicht niedriger ist als der unter Anwendung der linearen AfA nach der amtlichen AfA-Tabelle ermittelte Buchwert oder der niedrigere gemeine Wert im Zeitpunkt der Veräußerung,

b) dem Leasing-Nehmer,

aa) wenn die Grundmietzeit weniger als 40 v. H. oder mehr als 90 v. H. der betriebsgewöhnlichen Nutzungsdauer beträgt oder

bb) wenn bei einer Grundmietzeit von mindestens 40 v. H. und höchstens 90 v. H. der betriebsgewöhnlichen Nutzungsdauer der für den Fall der Ausübung des Optionsrechts vorgesehene Kaufpreis niedriger ist als der unter Anwendung der linearen AfA nach der amtlichen AfA-Tabelle ermittelte Buchwert oder der niedrigere gemeine Wert im Zeitpunkt der Veräußerung.

Wird die Höhe des Kaufpreises für den Fall der Ausübung des Optionsrechts während oder nach Ablauf der Grundmietzeit festgelegt oder verändert, so gilt entsprechendes. Die Veranlagungen sind gegebenenfalls zu berichtigen.

**3. Leasing-Verträge mit Mietverlängerungsoption**

Bei Leasing-Verträgen mit Mietverlängerungsoption ist der Leasing-Gegenstand regelmäßig zuzurechnen

a) dem Leasing-Geber,
wenn die Grundmietzeit mindestens 40 v. H. und höchstens 90 v. H. der betriebsgewöhnlichen Nutzungsdauer des Leasing-Gegenstandes beträgt und die Anschlußmiete so bemessen ist, daß sie den Wertverzehr für den Leasing-Gegenstand deckt, der sich auf der Basis des unter Berücksichtigung der linearen Absetzung für Abnutzung nach der amtlichen AfA-Tabelle ermittelten Buchwerts oder des niedrigeren gemeinen Werts und der Restnutzungsdauer lt. AfA-Tabelle ergibt,

b) dem Leasing-Nehmer,

---

1) Zur Ermittlung des Kaufoptionspreises bei Zuschüssen und steuerfreien Rücklagen vgl. OFD München v. 12. 10. 2003 S 2170 – 80 St 41/42.

aa) wenn die Grundmietzeit weniger als 40 v. H. oder mehr als 90 v. H. der betriebsgewöhnlichen Nutzungsdauer des Leasing-Gegenstandes beträgt oder

bb) wenn bei einer Grundmietzeit von mindestens 40 v. H. und höchstens 90 v. H. der betriebsgewöhnlichen Nutzungsdauer die Anschlußmiete so bemessen ist, daß sie den Wertverzehr für den Leasing-Gegenstand nicht deckt, der sich auf der Basis des unter Berücksichtigung der linearen AfA nach der amtlichen AfA-Tabelle ermittelten Buchwerts oder des niedrigeren gemeinen Werts und der Restnutzungsdauer lt. AfA-Tabelle ergibt.

Wird die Höhe der Leasing-Raten für den Verlängerungszeitraum während oder nach Ablauf der Grundmietzeit festgelegt oder verändert, so gilt entsprechendes.

Abschn. II Nr. 2 Buchst. c Sätze 2 und 3 sind zu beachten.

**4. Verträge über Spezial-Leasing**

Bei Spezial-Leasing-Verträgen ist der Leasing-Gegenstand regelmäßig dem Leasing-Nehmer ohne Rücksicht auf das Verhältnis von Grundmietzeit und Nutzungsdauer und auf Optionsklauseln zuzurechnen.

## IV. Bilanzmäßige Darstellung von Leasing-Verträgen bei Zurechnung des Leasing-Gegenstandes beim Leasing-Geber

**1. Beim Leasing-Geber**

Der Leasing-Geber hat den Leasing-Gegenstand mit seinen Anschaffungs- oder Herstellungskosten zu aktivieren. Die Absetzung für Abnutzung ist nach der betriebsgewöhnlichen Nutzungsdauer vorzunehmen.

Die Leasing-Raten sind Betriebseinnahmen.

**2. Beim Leasing-Nehmer**

Die Leasing-Raten sind Betriebsausgaben.

## V. Bilanzmäßige Darstellung von Leasing-Verträgen bei Zurechnung des Leasing-Gegenstandes beim Leasing-Nehmer

**1. Beim Leasing-Nehmer**

Der Leasing-Nehmer hat den Leasing-Gegenstand mit seinen Anschaffungs- oder Herstellungskosten zu aktivieren. Als Anschaffungs- oder Herstellungskosten gelten die Anschaffungs- oder Herstellungskosten des Leasing-Gebers, die der Berechnung der Leasing-Raten zugrunde gelegt worden sind, zuzüglich etwaiger weiterer Anschaffungs- oder Herstellungskosten, die nicht in den Leasing-Raten enthalten sind (vgl. *BMF-Schreiben vom 5. Mai 1970 IV B/2 – S 2170 – 4/70*[1]).

Dem Leasing-Nehmer steht die AfA nach der betriebsgewöhnlichen Nutzungsdauer des Leasing-Gegenstandes zu.

[1] Aufgeh. durch BMF v. 7. 6. 2005, BStBl. I S. 717.

In Höhe der aktivierten Anschaffungs- oder Herstellungskosten mit Ausnahme der nicht in den Leasing-Raten berücksichtigten Anschaffungs- oder Herstellungskosten des Leasing-Nehmers ist eine Verbindlichkeit gegenüber dem Leasing-Geber zu passivieren.

Die Leasing-Raten sind in einen Zins- und Kostenanteil sowie einen Tilgungsanteil aufzuteilen. Bei der Aufteilung ist zu berücksichtigen, daß sich infolge der laufenden Tilgung der Zinsanteil verringert und der Tilgungsanteil entsprechend erhöht.

Der Zins- und Kostenanteil stellt eine sofort abzugsfähige Betriebsausgabe dar, während der andere Teil der Leasing-Rate als Tilgung der Kaufpreisschuld erfolgsneutral zu behandeln ist.

**2. Beim Leasing-Geber**

Der Leasing-Geber aktiviert eine Kaufpreisforderung an den Leasing-Nehmer in Höhe der den Leasing-Raten zugrunde gelegten Anschaffungs- oder Herstellungskosten. Dieser Betrag ist grundsätzlich mit der vom Leasing-Nehmer ausgewiesenen Verbindlichkeit identisch.

Die Leasing-Raten sind in einen Zins- und Kostenanteil sowie in einen Anteil Tilgung der Kaufpreisforderung aufzuteilen. Wegen der Aufteilung der Leasing-Raten und deren steuerlicher Behandlung gelten die Ausführungen unter V.1. entsprechend.

## VI.

Die vorstehenden Grundsätze gelten entsprechend auch für Verträge mit Leasing-Nehmern, die ihren Gewinn nicht durch Bestandsvergleich ermitteln.

# **1** § 6/2. Schreiben betr. ertragsteuerliche Behandlung von Finanzierungs-Leasing-Verträgen über unbewegliche Wirtschaftsgüter[1)]

Vom 21. März 1972 (BStBl. I S. 188)

(BMWF F/IV B 2 – S 2170 – 11/72)

Unter Bezugnahme auf das Ergebnis der Erörterungen mit den obersten Finanzbehörden der Länder wird zu der Frage der ertragsteuerlichen Behandlung von Finanzierungs-Leasing-Verträgen über unbewegliche Wirtschaftsgüter wie folgt Stellung genommen:

## I. Finanzierungs-Leasing-Verträge

### 1. Allgemeines

a) In dem BMF-Schreiben vom 19. April 1971 IV B/2 – S 2170 – 31/71 (BStBl. I S. 264)[2)] habe ich unter Berücksichtigung des BFH-Urteils vom 26. 1. 1970 (BStBl. II S. 264) zur steuerlichen Behandlung von Finanzierungs-Leasing-Verträgen über bewegliche Wirtschaftsgüter Stellung genommen. Die in Abschnitt II dieses Schreibens enthaltenen Ausführungen über den Begriff und die Abgrenzung des Finanzierungs-Leasing-Vertrages bei beweglichen Wirtschaftsgütern gelten entsprechend für Finanzierungs-Leasing-Verträge über unbewegliche Wirtschaftsgüter.

b) Ebenso wie bei den Finanzierungs-Leasing-Verträgen über bewegliche Wirtschaftsgüter kann bei vor dem 24. April 1970 abgeschlossenen Finanzierungs-Leasing-Verträgen über unbewegliche Wirtschaftsgüter zur Gewährleistung einer einheitlichen Rechtsanwendung und aus Vereinfachungsgründen von dem wirtschaftlichen Eigentum des Leasing-Gebers am Leasing-Gegenstand, einer Vermietung oder Verpachtung an den Leasing-Nehmer und von der bisherigen steuerlichen Behandlung ausgegangen werden, wenn die Vertragsparteien in der Vergangenheit übereinstimmend eine derartige Zurechnung zugrunde gelegt haben und auch in Zukunft daran festhalten. Das gilt auch, wenn die Vertragslaufzeit über den genannten Stichtag hinausreicht.

c) Für die steuerliche Zurechnung von unbeweglichen Wirtschaftsgütern bei Finanzierungs-Leasing-Verträgen, die nach dem 23. April 1970 abgeschlossen wurden, gelten unter Berücksichtigung der in Abschnitt III meines Schreibens vom 19. 4. 1971 aufgestellten Grundsätze und des BFH-Urteils vom 18. 11. 1970 (BStBl. 1971 II S. 133) über Mietkaufverträge bei unbeweglichen Wirtschaftsgütern die in Nummer 2 aufgeführten Kriterien.

---

[1)] Zu Teilamortisierungs-Leasing-Verträgen vgl. BMF v. 22. 12. 1975, DB 1976 S. 172 (Nr. **1** § 6/3).

[2)] Nr. **1** § 6/1.

d) Die Grundsätze für die Behandlung von unbeweglichen Wirtschaftsgütern gelten nicht für Betriebsvorrichtungen, auch wenn sie wesentliche Bestandteile eines Grundstücks sind (§ 50 Abs. 1 Satz 2 BewG a. F.). Die Zurechnung von Betriebsvorrichtungen, die Gegenstand eines Finanzierungs-Leasing-Vertrages sind, ist vielmehr nach den Grundsätzen für die ertragsteuerliche Behandlung von beweglichen Wirtschaftsgütern zu beurteilen. Für die Abgrenzung der Betriebsvorrichtungen von den Gebäuden sind die Anweisungen in dem *übereinstimmenden Ländererlaß über die Abgrenzung der Betriebsvorrichtungen vom Grundvermögen vom 28. 3. 1960 (BStBl. 1960 II S. 93)*[1] maßgebend.

**2. Steuerliche Zurechnung unbeweglicher Leasing-Gegenstände**

a) Die Zurechnung des unbeweglichen Leasing-Gegenstandes ist von der von den Parteien gewählten Vertragsgestaltung und deren tatsächlicher Durchführung abhängig. Unter Würdigung der gesamten Umstände ist im Einzelfall zu entscheiden, wem der Leasing-Gegenstand zuzurechnen ist.
Die Zurechnungs-Kriterien sind dabei für Gebäude und Grund und Boden getrennt zu prüfen.

b) Bei Finanzierungs-Leasing-Verträgen ohne Kauf- oder Verlängerungsoption und Finanzierungs-Leasing-Verträgen mit Mietverlängerungsoption ist der Grund und Boden grundsätzlich dem Leasing-Geber zuzurechnen, bei Finanzierungs-Leasing-Verträgen mit Kaufoption dagegen regelmäßig dem Leasing-Nehmer, wenn nach Buchstabe c auch das Gebäude dem Leasing-Nehmer zugerechnet wird. Für die Zurechnung des Grund und Bodens in Fällen des Spezial-Leasings ist entsprechend zu verfahren.

c) Für die Zurechnung der Gebäude gilt im einzelnen das Folgende:

aa)[2] Ist die Grundmietzeit kürzer als 40 v. H. oder länger als 90 v. H. der betriebsgewöhnlichen Nutzungsdauer des Gebäudes, so ist das Gebäude regelmäßig dem Leasing-Nehmer zuzurechnen. Wird die Absetzung für Abnutzung des Gebäudes nach § 7 Abs. 4 Satz 1 oder Abs. 5 EStG bemessen, so gilt als betriebsgewöhnliche Nutzungsdauer ein Zeitraum von 50 Jahren. Hat der Leasing-Nehmer dem Leasing-Geber an dem Grundstück, das Gegenstand des Finanzierungs-Leasing-Vertrages ist, ein Erbbaurecht eingeräumt und ist der Erbbaurechtszeitraum kürzer als die betriebsgewöhnliche Nutzungsdauer des Gebäudes, so tritt bei Anwendung des vorstehenden Satzes an die Stelle der betriebsgewöhnlichen Nutzungsdauer des Gebäudes der kürzere Erbbaurechtszeitraum.

bb)[2] Beträgt die Grundmietzeit mindestens 40 v. H. und höchstens 90 v. H. der betriebsgewöhnlichen Nutzungsdauer, so gilt unter Berücksichtigung der Sätze 2 und 3 des vorstehenden Doppelbuchstabens aa folgendes:

---

[1] Vgl. jetzt Abgrenzungserlass v. 5. 6. 2013, BStBl. I S. 734 (Nr. **200** § 68/1).
[2] Vgl. hierzu BMF v. 9. 6. 1987, BStBl. I S. 440, und BMF v. 10. 9. 2002, DB S. 2245. – Ab 1989 beachte § 7 Abs. 5 Satz 1 Nr. 3 EStG.

Bei Finanzierungs-Leasing-Verträgen ohne Kauf- oder Mietverlängerungsoption ist das Gebäude regelmäßig dem Leasing-Geber zuzurechnen.

Bei Finanzierungs-Leasing-Verträgen mit Kaufoption kann das Gebäude regelmäßig nur dann dem Leasing-Geber zugerechnet werden, wenn der für den Fall der Ausübung des Optionsrechtes vorgesehene Gesamtkaufpreis nicht niedriger ist als der unter Anwendung der linearen AfA ermittelte Buchwert des Gebäudes zuzüglich des Buchwertes für den Grund und Boden oder der niedrigere gemeine Wert des Grundstücks im Zeitpunkt der Veräußerung. Wird die Höhe des Kaufpreises für den Fall der Ausübung des Optionsrechtes während oder nach Ablauf der Grundmietzeit festgelegt oder verändert, so gilt entsprechendes. Die Veranlagungen sind ggf. zu berichtigen.

Bei Finanzierungs-Leasing-Verträgen mit Mietverlängerungsoption kann das Gebäude regelmäßig nur dann dem Leasing-Geber zugerechnet werden, wenn die Anschlußmiete mehr als 75 v. H. des Mietentgeltes beträgt, das für ein nach Art, Lage und Ausstattung vergleichbares Grundstück üblicherweise gezahlt wird. Wird die Höhe der Leasing-Raten für den Verlängerungszeitraum während oder nach Ablauf der Grundmietzeit festgelegt oder verändert, so gilt entsprechendes. Die Veranlagungen sind ggf. zu berichtigen.

Verträge ohne Mietverlängerungsoption, bei denen nach Ablauf der Grundmietzeit eine Vertragsverlängerung für den Fall vorgesehen ist, daß der Mietvertrag nicht von einer der Vertragsparteien gekündigt wird, sind steuerlich grundsätzlich ebenso wie Finanzierungs-Leasing-Verträge mit Mietverlängerungsoption zu behandeln.

d) Bei Spezial-Leasing-Verträgen ist das Gebäude stets dem Leasing-Nehmer zuzurechnen.

## II. Bilanzmäßige Darstellung

### 1. Zurechnung des Leasing-Gegenstandes beim Leasing-Geber

#### a) Darstellung beim Leasing-Geber

Der Leasing-Geber hat den Leasing-Gegenstand mit seinen Anschaffungs- oder Herstellungskosten zu aktivieren.

Die Leasing-Raten sind Betriebseinnahmen.

#### b) Darstellung beim Leasing-Nehmer

Die Leasing-Raten sind grundsätzlich Betriebsausgaben.

### 2. Zurechnung des Leasing-Gegenstandes beim Leasing-Nehmer

#### a) Bilanzierung beim Leasing-Nehmer

Der Leasing-Nehmer hat den Leasing-Gegenstand mit seinen Anschaffungs- oder Herstellungskosten zu aktivieren. Als Anschaffungs- oder Herstellungskosten gelten die Anschaffungs- oder Herstellungskosten des Leasing-Gebers, die der Berechnung der Leasing-Raten zugrunde gelegt worden sind, zuzüglich etwaiger weiterer Anschaffungs- oder Herstellungskosten, die nicht in den

Leasing-Raten enthalten sind (vgl. BMF-Schreiben vom 5. Mai 1970 IV B/2 – S 2170 – 4/70).

In Höhe der aktivierten Anschaffungs- oder Herstellungskosten mit Ausnahme der nicht in den Leasing-Raten berücksichtigten Anschaffungs- oder Herstellungskosten des Leasing-Nehmers ist eine Verbindlichkeit gegenüber dem Leasing-Geber zu passivieren.

Die Leasing-Raten sind in einen Zins- und Kostenanteil sowie einen Tilgungsanteil aufzuteilen. Bei der Aufteilung ist zu berücksichtigen, daß sich infolge der laufenden Tilgung der Zinsanteil verringert und der Tilgungsanteil entsprechend erhöht.

Der Zins- und Kostenanteil stellt eine sofort abzugsfähige Betriebsausgabe dar, während der andere Teil der Leasing-Rate als Tilgung der Kaufpreisschuld erfolgsneutral zu behandeln ist.

**b) Bilanzierung beim Leasing-Geber**

Der Leasing-Geber aktiviert eine Kaufpreisforderung an den Leasing-Nehmer in Höhe der den Leasing-Raten zugrunde gelegten Anschaffungs- oder Herstellungskosten. Dieser Betrag ist grundsätzlich mit der vom Leasing-Nehmer ausgewiesenen Verbindlichkeit identisch.

Die Leasing-Raten sind in einen Zins- und Kostenanteil sowie in einen Anteil Tilgung der Kaufpreisforderung aufzuteilen. Wegen der Aufteilung der Leasing-Raten und deren steuerlicher Behandlung gelten die Ausführungen unter a entsprechend.

## III. Andere Verträge

Erfüllen Verträge über unbewegliche Wirtschaftsgüter nicht die Merkmale, die als Voraussetzung für den Begriff des Finanzierungs-Leasings in Abschnitt II des BMF-Schreibens vom 19. 4. 1971[1] aufgeführt sind, so ist nach allgemeinen Grundsätzen, insbesondere auch nach den von der Rechtsprechung aufgestellten Grundsätzen über Mietkaufverträge zu entscheiden, wem der Leasing- oder Mietgegenstand zuzurechnen ist (vgl. hierzu insbesondere BFH-Urteile vom 5. 11. 1957, BStBl. III S. 445, vom 25. 10. 1963, BStBl. 1964 III S. 44, vom 2. 8. 1966, BStBl. 1967 III S. 63, und vom 18. 11. 1970, BStBl. 1971 II S. 133).

[1] Nr. **1** § 6/1.

# 1 § 6/3. Schreiben betr. steuerrechtliche Zurechnung des Leasing-Gegenstandes bei Teilamortisations-Leasing-Verträgen über bewegliche Wirtschaftsgüter[1)]

Vom 22. Dezember 1975 (DB 1976 S. 172)

(BMF IV B 2 – S 2170 – 161/75)

Unter Bezugnahme auf das Ergebnis der Erörterung mit den obersten Finanzbehörden der Länder nehme ich zu Ihrem o. a. Schreiben wie folgt Stellung:

**1.** Gemeinsames Merkmal der in Ihrem Schreiben dargestellten Vertragsmodelle ist, daß eine unkündbare Grundmietzeit vereinbart wird, die mehr als 40 v. H., jedoch nicht mehr als 90 v. H. der betriebsgewöhnlichen Nutzungsdauer des Leasing-Gegenstandes beträgt, und daß die Anschaffungs- oder Herstellungskosten des Leasing-Gebers sowie alle Nebenkosten einschließlich der Finanzierungskosten des Leasing-Gebers in der Grundmietzeit durch die Leasing-Raten nur zum Teil gedeckt werden. Da mithin Finanzierungs-Leasing im Sinne des BMF-Schreibens über die ertragsteuerrechtliche Behandlung von Leasing-Verträgen über bewegliche Wirtschaftsgüter vom 19. 4. 1971 (BStBl. I S. 264)[2)] nicht vorliegt, ist die Frage, wem der Leasing-Gegenstand zuzurechnen ist, nach den allgemeinen Grundsätzen zu entscheiden.

**2.** Die Prüfung der Zurechnungsfrage hat folgendes ergeben:

**a) Vertragsmodell mit Andienungsrecht des Leasing-Gebers, jedoch ohne Optionsrecht des Leasing-Nehmers**

Bei diesem Vertragsmodell hat der Leasing-Geber ein Andienungsrecht. Danach ist der Leasing-Nehmer, sofern ein Verlängerungsvertrag nicht zustande kommt, auf Verlangen des Leasing-Gebers verpflichtet, den Leasing-Gegenstand zu einem Preis zu kaufen, der bereits bei Abschluß des Leasing-Vertrags fest vereinbart wird. Der Leasing-Nehmer hat kein Recht, den Leasing-Gegenstand zu erwerben.

Der Leasing-Nehmer trägt bei dieser Vertragsgestaltung das Risiko der Wertminderung, weil er auf Verlangen des Leasing-Gebers den Leasing-Gegenstand auch dann zum vereinbarten Preis kaufen muß, wenn der Wiederbeschaffungspreis für ein gleichwertiges Wirtschaftsgut geringer als der vereinbarte Preis ist. Der Leasing-Geber hat jedoch die Chance der Wertsteigerung, weil er sein Andienungsrecht nicht ausüben muß, sondern das Wirtschaftsgut zu einem über dem Andienungspreis liegenden Preis verkaufen kann, wenn ein über dem Andienungspreis liegender Preis am Markt erzielt werden kann.

[1)] Vgl. auch BFH v. 8. 8. 1990 (BStBl. 1991 II S. 70).

[2)] Nr. **1** § 6/1.

Der Leasing-Nehmer kann unter diesen Umständen nicht als wirtschaftlicher Eigentümer des Leasing-Gegenstandes angesehen werden.

**b) Vertragsmodell mit Aufteilung des Mehrerlöses**

Nach Ablauf der Grundmietzeit wird der Leasing-Gegenstand durch den Leasing-Geber veräußert. Ist der Veräußerungserlös niedriger als die Differenz zwischen den Gesamtkosten des Leasing-Gebers und den in der Grundmietzeit entrichteten Leasing-Raten (Restamortisation), so muß der Leasing-Nehmer eine Abschlußzahlung in Höhe der Differenz zwischen Restamortisation und Veräußerungserlös zahlen. Ist der Veräußerungserlös hingegen höher als die Restamortisation, so erhält der Leasing-Geber 25 v. H., der Leasing-Nehmer 75 v. H. des die Restamortisation übersteigenden Teils des Veräußerungserlöses.

Durch die Vereinbarung, daß der Leasing-Geber 25 v. H. des die Restamortisation übersteigenden Teils des Veräußerungserlöses erhält, wird bewirkt, daß der Leasing-Geber noch in einem wirtschaftlich ins Gewicht fallenden Umfang an etwaigen Wertsteigerungen des Leasing-Gegenstandes beteiligt ist. Der Leasing-Gegenstand ist daher dem Leasing-Geber zuzurechnen.

Eine ins Gewicht fallende Beteiligung des Leasing-Gebers an Wertsteigerungen des Leasing-Gegenstandes ist hingegen nicht mehr gegeben, wenn der Leasing-Geber weniger als 25 v. H. des die Restamortisation übersteigenden Teils des Veräußerungserlöses erhält. Der Leasing-Gegenstand ist in solchen Fällen dem Leasing-Nehmer zuzurechnen.

**c) Kündbarer Mietvertrag mit Anrechnung des Veräußerungserlöses auf die vom Leasing-Nehmer zu leistende Schlußzahlung**

Der Leasing-Nehmer kann den Leasing-Vertrag frühestens nach Ablauf einer Grundmietzeit, die 40 v. H. der betriebsgewöhnlichen Nutzungsdauer beträgt, kündigen. Bei Kündigung ist eine Abschlußzahlung in Höhe der durch die Leasing-Raten nicht gedeckten Gesamtkosten des Leasing-Gebers zu entrichten. Auf die Abschlußzahlung werden 90 v. H. des vom Leasing-Geber erzielten Veräußerungserlöses angerechnet. Ist der anzurechnende Teil des Veräußerungserlöses zuzüglich der vom Leasing-Nehmer bis zur Veräußerung entrichteten Leasing-Raten niedriger als die Gesamtkosten des Leasing-Gebers, so muß der Leasing-Nehmer in Höhe der Differenz eine Abschlußzahlung leisten. Ist jedoch der Veräußerungserlös höher als die Differenz zwischen Gesamtkosten des Leasing-Gebers und den bis zur Veräußerung entrichteten Leasing-Raten, so behält der Leasing-Geber diesen Differenzbetrag in vollem Umfang.

Bei diesem Vertragsmodell kommt eine während der Mietzeit eingetretene Wertsteigerung in vollem Umfang dem Leasing-Geber zugute. Der Leasing-Geber ist daher nicht nur rechtlicher, sondern auch wirtschaftlicher Eigentümer des Leasing-Gegenstandes.

Die vorstehenden Ausführungen gelten nur grundsätzlich, d. h. nur insoweit, wie besondere Regelungen in Einzelverträgen nicht zu einer anderen Beurteilung zwingen.

# **1** § 6/3a. Verfügung betr. Zurechnung des wirtschaftlichen Eigentums bei Leasingverträgen mit feststehender Abschlusszahlung in Höhe der Restamortisation; Übergangsregelung

Vom 20. Juni 2006 (FR S. 793)

(OFD Frankfurt S 2170 A – 28 – St 219)

Auf Bundesebene wurde folgende Fallgestaltung bezüglich Leasingverträgen bei Mobilien erörtert und das wirtschaftliche Eigentum an dem Leasinggegenstand dem Leasingnehmer zugerechnet:

Die laufenden Leasingraten decken die Anschaffungskosten des Leasinggebers einschließlich seiner Neben- und Finanzierungskosten nicht vollständig ab, allerdings ist bei Vertragsablauf eine Abschlusszahlung in Höhe der Restamortisation vereinbart. Im Fall der Ausübung der Kaufoption wird die Abschlusszahlung auf den Kaufpreis angerechnet. Übersteigt der Verkehrswert die Abschlusszahlung, muss der Leasingnehmer 25,1 % des übersteigenden Betrags an den Leasinggeber entrichten. Wird der Leasinggegenstand an einen Dritten veräußert, so steht der Erlös aus der Veräußerung an einen Dritten dem Leasinggeber zu 25,1 % und dem Leasingnehmer zu 74,9 % zu.

Der hier beschriebene Fall unterscheidet sich von dem in dem BMF-Schreiben vom 22. 12. 1975, DB 1976 S. 172[1], unter Tz. 2 b beschriebenen Sachverhalt, in dem das wirtschaftliche Eigentum dem Leasinggeber zugerechnet wird, insbesondere dadurch, dass der Leasingnehmer ein Ankaufsrecht an dem Leasinggegenstand hat.

Wurden in der Vergangenheit die in dem BMF-Schreiben vom 22. 12. 1975, DB 1976 S. 172[1] dargestellten Überlegungen auf den beschriebenen Sachverhalt übertragen, so bestehen laut Erlass des Hessischen Ministeriums der Finanzen vom 19. 5. 2006 für Leasingverträge, die vor dem 1. Juli 2006 abgeschlossen worden sind, keine Bedenken, wenn aus Gründen des Vertrauensschutzes die Zurechnung weiterhin bei dem Leasinggeber erfolgt.

Dabei ist die Zuordnungsentscheidung von der für den Leasinggeber zuständigen Finanzbehörde zu treffen; die für den Leasingnehmer zuständige Finanzbehörde ist hieran gebunden.

---

[1] Nr. **1** § 6/3.

# I § 6/4. Schreiben betr. ertragsteuerliche Behandlung von Teilamortisations-Leasing-Verträgen über unbewegliche Wirtschaftsgüter

Vom 23. Dezember 1991 (BStBl. 1992 I S. 13)

(BMF IV B 2 – S 2170 – 115/91)

In meinem Schreiben vom 21. März 1972 (BStBl. I S. 188)[1] habe ich zur ertragsteuerlichen Behandlung von Finanzierungs-Leasing-Verträgen über unbewegliche Wirtschaftsgüter Stellung genommen. Dabei ist unter Finanzierungs-Leasing das Vollamortisations-Leasing verstanden worden. Zu der Frage der ertragsteuerlichen Behandlung von Teilamortisations-Leasing-Verträgen über unbewegliche Wirtschaftsgüter wird unter Bezugnahme auf das Ergebnis der Erörterung mit den obersten Finanzbehörden der Länder wie folgt Stellung genommen: 1

## I. Begriff und Abgrenzung des Teilamortisations-Leasing-Vertrages bei unbeweglichen Wirtschaftsgütern

**1.** Teilamortisations-Leasing im Sinne dieses Schreibens ist nur dann anzunehmen, wenn 2

a) der Vertrag über eine bestimmte Zeit abgeschlossen wird, während der er bei vertragsgemäßer Erfüllung von beiden Vertragsparteien nur aus wichtigem Grund gekündigt werden kann (Grundmietzeit), und

b) der Leasing-Nehmer mit den in der Grundmietzeit zu entrichtenden Raten die Anschaffungs- oder Herstellungskosten sowie alle Nebenkosten einschließlich der Finanzierungskosten des Leasing-Gebers nur zum Teil deckt. 3

**2.** Wegen der möglichen Vertragstypen weise ich auf Abschn. II Ziffer 2 meines Schreibens vom 19. April 1971 (BStBl. I S. 264)[2] hin. Die dortigen Ausführungen gelten beim Teilamortisations-Leasing von unbeweglichen Wirtschaftsgütern entsprechend. 4

## II. Steuerrechtliche Zurechnung des Leasing-Gegenstandes

**1.** Die Zurechnung des unbeweglichen Leasing-Gegenstandes hängt von der Vertragsgestaltung und deren tatsächlicher Durchführung ab. Unter Würdigung der gesamten Umstände ist im Einzelfall zu entscheiden, wem der Leasing-Gegenstand zuzurechnen ist. Dabei ist zwischen Gebäude sowie Grund und Boden zu unterscheiden. 5

---

[1] Nr. **1** § 6/2.
[2] Nr. **1** § 6/1.

**2.** Für die Zurechnung der Gebäude gilt im einzelnen folgendes:

6 a) Der Leasing-Gegenstand ist – vorbehaltlich der nachfolgenden Ausführungen – grundsätzlich dem Leasing-Geber zuzurechnen.

b) Der Leasing-Gegenstand ist in den nachfolgenden Fällen ausnahmsweise dem Leasing-Nehmer zuzurechnen:

**aa) Verträge über Spezial-Leasing**

7 Bei Spezial-Leasing-Verträgen ist der Leasing-Gegenstand regelmäßig dem Leasing-Nehmer ohne Rücksicht auf das Verhältnis von Grundmietzeit und Nutzungsdauer und auf etwaige Optionsklauseln zuzurechnen.

**bb) Verträge mit Kaufoption**

8 Bei Leasing-Verträgen mit Kaufoption ist der Leasing-Gegenstand regelmäßig dem Leasing-Nehmer zuzurechnen, wenn die Grundmietzeit mehr als 90 v. H. der betriebsgewöhnlichen Nutzungsdauer beträgt oder der vorgesehene Kaufpreis geringer ist als der Restbuchwert des Leasing-Gegenstandes unter Berücksichtigung der AfA gemäß § 7 Abs. 4 EStG nach Ablauf der Grundmietzeit.

9 Die betriebsgewöhnliche Nutzungsdauer berechnet sich nach der Zeitspanne, für die AfA nach § 7 Abs. 4 Satz 1 EStG vorzunehmen ist, in den Fällen des § 7 Abs. 4 Satz 2 EStG nach der tatsächlichen Nutzungsdauer.

**cc) Verträge mit Mietverlängerungsoption**

10 Bei Leasing-Verträgen mit Mietverlängerungsoption ist der Leasing-Gegenstand regelmäßig dem Leasing-Nehmer zuzurechnen, wenn die Grundmietzeit mehr als 90 v. H. der betriebsgewöhnlichen Nutzungsdauer des Leasing-Gegenstandes beträgt oder die Anschlußmiete nicht mindestens 75 v. H. des Mietentgelts beträgt, das für ein nach Art, Lage und Ausstattung vergleichbares Grundstück üblicherweise gezahlt wird.

Wegen der Berechnung der betriebsgewöhnlichen Nutzungsdauer vgl. unter Tz. 9.

**dd) Verträge mit Kauf- oder Mietverlängerungsoption und besonderen Verpflichtungen**

11 Der Leasing-Gegenstand ist bei Verträgen mit Kauf- oder Mietverlängerungsoption dem Leasing-Nehmer stets zuzurechnen, wenn ihm eine der nachfolgenden Verpflichtungen auferlegt wird:

12 – Der Leasingnehmer trägt die Gefahr des zufälligen ganzen oder teilweisen Untergangs des Leasing-Gegenstandes. Die Leistungspflicht aus dem Mietvertrag mindert sich in diesen Fällen nicht.

13 – Der Leasing-Nehmer ist bei ganzer oder teilweiser Zerstörung des Leasing-Gegenstandes, die nicht von ihm zu vertreten ist, dennoch auf Verlangen des Leasing-Gebers zur Wiederherstellung bzw. zum Wiederaufbau auf seine Kosten verpflichtet oder die Leistungspflicht aus dem Mietvertrag mindert sich trotz der Zerstörung nicht.

14 – Für den Leasing-Nehmer mindert sich die Leistungspflicht aus dem Mietvertrag nicht, wenn die Nutzung des Leasing-Gegenstandes aufgrund eines nicht von ihm zu vertretenden Umstands langfristig ausgeschlossen ist.

– Der Leasing-Nehmer hat dem Leasing-Geber die bisher nicht gedeckten Kosten ggf. auch einschließlich einer Pauschalgebühr zur Abgeltung von Verwaltungskosten zu erstatten, wenn es zu einer vorzeitigen Vertragsbeendigung kommt, die der Leasing-Nehmer nicht zu vertreten hat. **15**

– Der Leasing-Nehmer stellt den Leasing-Geber von sämtlichen Ansprüchen Dritter frei, die diese hinsichtlich des Leasing-Gegenstandes gegenüber dem Leasing-Geber geltend machen, es sei denn, daß der Anspruch des Dritten von dem Leasing-Nehmer verursacht worden ist. **16**

– Der Leasing-Nehmer als Eigentümer des Grund und Bodens, auf dem der Leasing-Geber als Erbbauberechtigter den Leasing-Gegenstand errichtet, ist aufgrund des Erbbaurechsvertrags unter wirtschaftlichen Gesichtspunkten gezwungen, den Leasing-Gegenstand nach Ablauf der Grundmietzeit zu erwerben. **17**

**3.** Der Grund und Boden ist grundsätzlich demjenigen zuzurechnen, dem nach den Ausführungen unter Tz. 6 bis 17 das Gebäude zugerechnet wird. **18**

## III. Bilanzmäßige Darstellung

Die bilanzmäßige Darstellung erfolgt nach den Grundsätzen unter Abschn. II meines Schreibens vom 21. März 1972 (BStBl. I S. 188)[1]. **19**

## IV. Übergangsregelung

Soweit die vorstehend aufgeführten Grundsätze zu einer Änderung der bisherigen Verwaltungspraxis für die Zurechnung des Leasing-Gegenstandes bei Teilamortisations-Leasing-Verträgen über unbewegliche Wirtschaftsgüter führen, sind sie nur auf Leasing-Verträge anzuwenden, die nach dem 31. Januar 1992 abgeschlossen werden. **20**

---

[1] Nr. **1** § 6/2.

# 1 § 6/5. Schreiben betr. ertragsteuerliche Behandlung von Finanzierungs-Leasing-Verträgen über unbewegliche Wirtschaftsgüter; hier: betriebsgewöhnliche Nutzungsdauer und Restbuchwert bei Wirtschaftsgebäuden

Vom 9 Juni 1987 (BStBl. I S. 440)

(BMF IV B 2 – S 2170 – 14/87)

Nach dem Bezugsschreiben vom 21. März 1972, BStBl. I S. 188[1] hängt bei Finanzierungs-Leasing-Verträgen die Zurechnung unbeweglicher Wirtschaftsgüter beim Leasing-Nehmer u. a. von der betriebsgewöhnlichen Nutzungsdauer des Gebäudes und bei Finanzierungs-Leasing-Verträgen mit Kaufoption zusätzlich von dem nach linearer AfA ermittelten Buchwert des Gebäudes ab. Durch das Gesetz zur Verbesserung der Abschreibungsbedingungen für Wirtschaftsgebäude und für moderne Heizungs- und Warmwasseranlagen vom 19. Dezember 1985 (BGBl. I S. 2434, BStBl. I S. 705) ist § 7 Abs. 4 und 5 EStG geändert worden. Nach der geänderten Fassung dieser Vorschrift ergibt sich für Gebäude, soweit sie zu einem Betriebsvermögen gehören und nicht Wohnzwecken dienen und für die der Antrag auf Baugenehmigung nach dem 31. März 1985 gestellt worden ist, ein Absetzungszeitraum von 25 Jahren. Unter Bezugnahme auf das Ergebnis der Erörterung mit den obersten Finanzbehörden der Länder wird zu der Frage, welche Auswirkungen die gesetzliche Neuregelung auf die ertragsteuerliche Zurechnung unbeweglicher Wirtschaftsgüter bei Finanzierungs-Leasing-Verträgen hat, wie folgt Stellung genommen:

Bei Gebäuden, für die die AfA nach § 7 Abs. 4 Satz 1 Nr. 1 oder Abs. 5 Satz 1 Nr. 1 EStG in der Fassung des Änderungsgesetzes vom 19. Dezember 1985 zu bemessen ist, ist

1. für die Berechnung der betriebsgewöhnlichen Nutzungsdauer im Sinne des Abschnitts I Nr. 2 Buchstabe c Doppelbuchstabe aa des Bezugsschreibens und
2. für die Bemessung der linearen AfA im Sinne des Abschnitts I Nr. 2 Buchstabe c Doppelbuchstabe bb des Bezugsschreibens

der sich aus dem Gesetz ergebende Absetzungszeitraum von 25 Jahren zugrunde zu legen[2].

---

[1] Nr. 1 § 6/2.

[2] Zur Absenkung der Abschreibung von 4 v. H. auf 3 v. H. durch das StSenkG und den sich daraus ergebenden Absenkungszeitraum von 33 Jahren und 4 Monaten siehe BMF v. 10. 9. 2002, DB S. 2245.

# 1 § 6/6. Schreiben betr. bilanz- und gewerbesteuerrechtliche Behandlung der Forfaitierung von Forderungen aus Leasing-Verträgen

Vom 9. Januar 1996
BMF IV B 2-S 2170-135/95
(BStBl. I S. 9)

Forfaitiert der Leasing-Geber künftige Forderungen auf Leasing-Raten, die vom Leasing-Nehmer zu entrichten sind, oder forfaitiert er den künftigen Anspruch auf den Erlös aus der nach Ablauf der Grundmietzeit anstehenden Verwertung des Leasing-Gegenstandes an eine Bank, so hat dies nach dem Ergebnis einer Erörterung mit den obersten Finanzbehörden der Länder folgende Auswirkungen:

## I. Allgemeine Rechtsfolgen der Forfaitierung einer Forderung

Der Abtretung der künftigen Forderungen aus Leasing-Verträgen liegt in schuldrechtlicher Hinsicht eine Forfaitierung zugrunde. Es handelt sich um einen Kaufvertrag zwischen einem Forderungsverkäufer (Forfaitist) und einer Bank oder einem Spezialinstitut als Forderungskäufer (Forfaiteur). Aufgrund der Forfaitierung gehen alle Rechte aus der Forderung, aber auch das Risiko der Zahlungsunfähigkeit des Schuldners auf den Forderungskäufer über. Der Forderungsverkäufer trägt bei einer Forfaitierung lediglich das Risiko des rechtlichen Bestands der Forderung.

## II. Zurechnung des Leasing-Gegenstandes

Die Forfaitierung der künftigen Forderungen auf Leasing-Raten beeinflußt die Zurechnung des Leasing-Gegenstandes nicht. Entsprechendes gilt grundsätzlich auch dann, wenn der künftige Anspruch auf den Erlös aus der Verwertung des Leasing-Gegenstands nach Ablauf der Grundmietzeit forfaitiert wird.

## III. Bilanzierung des Erlöses

**1.**

Übernimmt der Leasing-Geber auch die Haftung für die Zahlungsfähigkeit des Leasing-Nehmers oder verpflichtet er sich zum Rückkauf der Forderung im Falle der Uneinbringlichkeit, so ist dieser Vorgang als Darlehensgewährung der Bank an den Leasing-Geber zu beurteilen.[1] Der Leasing-Geber hat die erhaltenen Erlöse als Darlehensschuld zu passivieren. Dies gilt auch, wenn der Vorgang als Forfaitierung der künftigen Forderungen auf Leasing-Raten oder als Forfaitierung des künftigen Anspruchs auf den Erlös aus der Verwertung des Leasing-Gegenstandes bezeichnet wird.

**2.**

Steht der Leasing-Geber nur für den rechtlichen Bestand der Forderung und für die Freiheit von Einreden im Zeitpunkt des Verkaufs bzw. bis zum Ablauf der Grundmietzeit ein, so ist diese Forderung forfaitiert und daher wie folgt zu bilanzieren:

[1] Bestätigt durch BFH v. 5. 5. 1999, BStBl. II S. 735.

a) im Falle der Forfaitierung der künftigen Forderung auf Leasing-Raten erhält der Leasing-Geber von dem Forderungskäufer den Betrag der Leasing-Raten als Forfaitierungserlös. Wegen seiner Verpflichtung zur Nutzungsüberlassung gegenüber dem Leasing-Nehmer hat der Leasing-Geber den Forfaitierungserlös in einen passiven Rechnungsabgrenzungsposten einzustellen und diesen verteilt auf die restliche Grundmietzeit linear gewinnerhöhend aufzulösen;

b) im Falle der Forfaitierung des künftigen Anspruchs auf den Erlös aus der Verwertung des Leasing-Gegenstands (Restwertforfaitierung) hat der Leasing-Geber den Forfaitierungserlös wie eine Anzahlung zu passivieren, und zwar wegen seiner künftigen Verpflichtung zur Verschaffung des Eigentums an dem Leasing-Gegenstand. Der Passivposten ist verteilt über die Zeitspanne bis zum Ablauf der Grundmietzeit linear auf den Wert aufzustocken, der Grundlage für die Festlegung des Forfaitierungserlöses war. Dies ist grundsätzlich der im Leasing-Vertrag vereinbarte Andienungspreis. Nach Ablauf der Grundmietzeit ist der Passivposten gewinnerhöhend aufzulösen.

## IV. Gewerbesteuerrechtliche Behandlung

*Der Passivposten aus der Forfaitierung des Anspruchs auf die Leasing-Raten (vgl. unter III. 2. Buchstabe a) ist nicht als Dauerschuld gemäß § 12 Abs. 2 Nr. 1 GewStG zu behandeln.*[1] Dagegen handelt es sich bei der unter III. 1. beschriebenen Darlehensgewährung sowie bei dem Passivposten aus der Restwertforfaitierung für die Verpflichtung zur Verschaffung des Eigentums an dem Leasing-Gegenstand (vgl. unter III. 2. Buchstabe b) um eine Dauerschuld. Das für die Darlehensgewährung vereinbarte Entgelt sowie der dem jährlichen Aufstockungsbetrag unter III. 2. Buchstabe b entsprechende Aufwand sind als Entgelt für eine Dauerschuld im Sinne des § 8 Nr. 1 GewStG anzusehen.

[1] Gewerbekapitalsteuer (§§ 12, 13 GewStG) aufgeh. mWv EZ 1998 durch G v. 29. 10. 1997, BGBl. I S. 2590.

# 1 § 6/7. Schreiben betr. bilanzsteuerrechtliche Behandlung des Geschäfts- oder Firmenwerts, des Praxiswerts und sogenannter firmenwertähnlicher Wirtschaftsgüter

Vom 20. November 1986
BMF IV B 2-S 2172-13/86
(BStBl. I S. 532)

Durch Art. 10 Abs. 15 des Bilanzrichtlinien-Gesetzes vom 19. Dezember 1985 (BGBl. I S. 2355, BStBl. I S. 704) sind in § 6 Abs. 1 Nr. 2 EStG die Worte „Geschäfts- oder Firmenwert" gestrichen und in § 7 Abs. 1 EStG für den Geschäfts- oder Firmenwert eine betriebsgewöhnliche Nutzungsdauer von 15 Jahren festgelegt worden.

Zu der Frage, welche Folgen sich aus diesen Gesetzesänderungen für die bilanzsteuerrechtliche Behandlung des Geschäfts- oder Firmenwerts, des Praxiswerts und sogenannter firmenwertähnlicher Wirtschaftsgüter ergeben, wird unter Bezugnahme auf das Ergebnis der Erörterung mit den Vertretern der obersten Finanzbehörden der Länder wie folgt Stellung genommen:

## I. Geschäfts- oder Firmenwert

Der Geschäfts- oder Firmenwert eines Gewerbebetriebs oder eines Betriebs der Land- und Forstwirtschaft gehört nach der Änderung der §§ 6 und 7 EStG zu den abnutzbaren Wirtschaftsgütern des Anlagevermögens (§ 6 Abs. 1 Nr. 1 EStG). Entgeltlich erworbene Geschäfts- oder Firmenwerte sind wie bisher zu aktivieren (§ 5 Abs. 2 EStG). Auf den Aktivposten sind Absetzungen für Abnutzung (AfA) während der gesetzlich festgelegten Nutzungsdauer von 15 Jahren vorzunehmen (§ 7 Abs. 1 Satz 3 EStG). Die AfA dürfen auch dann nicht nach einer kürzeren Nutzungsdauer bemessen werden, wenn im Einzelfall Erkenntnisse dafür vorliegen, daß die tatsächliche Nutzungsdauer kürzer als 15 Jahre sein wird, beispielsweise bei sogenannten personenbezogenen Betrieben, bei denen der Unternehmenswert so eng mit der Person des Betriebsinhabers verbunden ist, daß nach dessen Ausscheiden mit einer kürzeren Nutzungsdauer des erworbenen Geschäfts- oder Firmenwerts zu rechnen ist.[1)]

Die Möglichkeit des Ansatzes eines niedrigeren Teilwerts bleibt grundsätzlich unberührt. Die gesetzliche Festlegung der betriebsgewöhnlichen Nutzungsdauer auf 15 Jahre ist jedoch auch hierbei zu beachten. Der Ansatz eines niedrigeren Teilwerts ist deshalb nur in dem von der Rechtsprechung bisher als zulässig erachteten Rahmen anzuerkennen (vgl. BFH-Urteil vom 13. April 1983, BStBl. II S. 667 mit weiteren Nachweisen).

## II. Praxiswert[2)]

*Daran, daß der entgeltlich erworbene Wert eines freiberuflichen Unternehmens (Praxiswert) grundsätzlich abnutzbar ist, hat sich nichts geändert. AfA sind entsprechend der bisherigen Rechtsprechung des BFH (vgl. Urteil vom 15. April 1958, BStBl. III S. 330) nach der im Einzelfall zu schätzenden Nutzungsdauer zu bemessen. In den Fällen, in denen nach*

---

[1)] **Red. Anm.:** Zur Bemessung der AfA bei einer Grundstücks-Verwaltungs-KG siehe BFH v. 28. 9. 1993 (BStBl. 1994 II S. 436).

[2)] **Red. Anm.:** Siehe nunmehr BFH v. 24. 2. 1994, BStBl. II S. 590.

*der Rechtsprechung des BFH der erworbene Praxiswert sich nicht abnutzt, weil der Praxisinhaber weiterhin entscheidenden Einfluß im Unternehmen ausübt (vgl. Urteil vom 23. Januar 1975, BStBl. II S. 381, zum Fall einer Sozietät), ist es nicht zu beanstanden, wenn die nunmehr für den Geschäfts- oder Firmenwert maßgebenden Vorschriften über Nutzungsdauer (§ 7 Abs. 1 Satz 3 EStG) und Abschreibungsbeginn (§ 52 Abs. 6 a EStG)[1] analog angewandt werden. Das gilt z. B. auch, wenn eine Einzelpraxis in eine GmbH eingebracht wird und der frühere Praxisinhaber Alleingesellschafter der GmbH wird oder wenn eine freiberufliche Gemeinschaft unter Beibehaltung des bisherigen persönlichen Einflusses aller Beteiligten lediglich ihre Rechtsform ändert. Insoweit ist das BMF-Schreiben vom 30. Juli 1979, BStBl. I S. 481, für Wirtschaftsjahre, die nach dem 31. Dezember 1986 beginnen, nicht mehr zu beachten.*

## III. Sogenannte firmenwertähnliche Wirtschaftsgüter

### a) Verkehrsgenehmigungen

Aufwendungen für den wirtschaftlichen Vorteil, der mit einer behördlichen Verkehrsgenehmigung verbunden ist, sind nach der Rechtsprechung des BFH aktivierungspflichtige Aufwendungen für den Erwerb eines nichtabnutzbaren immateriellen Wirtschaftsguts (vgl. z. B. die Urteile vom 13. März 1956, BStBl. III S. 149, zum Fall einer Omnibuslinie, oder vom 8. Mai 1963, BStBl. III S. 377, zum Fall einer Güterverkehrsgenehmigung). Das immaterielle Wirtschaftsgut nutzt sich nach den Ausführungen des BFH nicht durch Zeitablauf ab, weil der Erwerber der Genehmigung nach der Verfahrensübung der Genehmigungsbehörden mit einer Verlängerung oder Erneuerung der Genehmigung rechnen kann, solange der Betrieb besteht. AfA sind deshalb nicht zulässig. Aus diesem Grunde wurden die Wirtschaftsgüter als „firmenwertähnlich" bezeichnet. Die Unzulässigkeit der AfA beruhte jedoch bei Verkehrsgenehmigungen anders als beim Geschäfts- oder Firmenwert nicht auf der gesetzlichen Fiktion als nicht abnutzbares Wirtschaftsgut, sondern auf der tatsächlichen Nichtabnutzbarkeit. Die bilanzielle Behandlung wird deshalb von der Gesetzesänderung nicht berührt.

### b) Verlagswerte

Nach dem BFH-Urteil vom 5. August 1970 (BStBl. II S. 804) ist der Verlagswert ein vom Geschäfts- oder Firmenwert abzugrenzendes immaterielles Einzelwirtschaftsgut, das bei entgeltlichem Erwerb vom Geschäfts- oder Firmenwert gesondert zu aktivieren ist, aber wie dieser nicht nach § 7 EStG abgeschrieben werden darf. Beim entgeltlich erworbenen Verlagswert ergab sich die Begründung für die Unzulässigkeit von AfA daraus, daß der tatsächliche Abnutzungsverlauf dem des entgeltlich erworbenen Geschäfts- oder Firmenwerts vergleichbar ist. Mit dem Wegfall des Abschreibungsverbots für den Geschäfts- oder Firmenwert entfällt deshalb in diesem Fall auch das Abschreibungsverbot für das dem Geschäfts- oder Firmenwert vergleichbare Wirtschaftsgut. Entsprechend der bisherigen Gleichbehandlung sind die nunmehr für den Geschäfts- oder Firmenwert maßgebenden Vorschriften über Nutzungsdauer (§ 7 Abs. 1 Satz 3 EStG) und Abschreibungsbeginn (§ 52 Abs. 6 a EStG)[2] auch bei der bilanziellen Behandlung von Verlagswerten anzuwenden.

---

[1] **Red. Anm.:** In der Fassung des BiRiLiG v. 19. 12. 1985, BGBl. I S. 2355.

[2] „§ 52 Abs. 6 a EStG 1986".

# I § 6/12. Schreiben betr. Teilwertabschreibungen gemäß § 6 Abs. 1 Nr. 1 und 2 EStG; Voraussichtlich dauernde Wertminderung, Wertaufholungsgebot

Vom 2. September 2016 (BStBl. I S. 995)

(BMF IV C 6 – S 2171 – b/09/10002 :002; DOK 2016/0666535)

1 Gemäß § 6 Abs. 1 Nr. 1 Satz 2 und Nr. 2 Satz 2 EStG kann der niedrigere Teilwert nur angesetzt werden, wenn eine voraussichtlich dauernde Wertminderung vorliegt. Gemäß § 6 Abs. 1 Nr. 1 Satz 4 und Nr. 2 Satz 3 EStG gilt ein striktes Wertaufholungsgebot.

2 Im Einvernehmen mit den obersten Finanzbehörden der Länder nehme ich dazu wie folgt Stellung:

## I. Ermittlung des Teilwerts

3 Der Teilwert ist grundsätzlich nach den in den R 6.7 ff. EStR und den EStH enthaltenen Anweisungen zu ermitteln. Danach kann der Teilwert von zum Absatz bestimmten Waren retrograd ermittelt werden (vgl. R 6.8 Abs. 2 EStR). Wenn bei rentabel geführten Betrieben der Verkaufspreis bewusst nicht kostendeckend kalkuliert ist (sogenannte Verlustprodukte), ist eine Teilwertabschreibung nicht zulässig (BFH vom 29. April 1999 IV R 14/98, BStBl. II S. 681).

4 Die Nachweispflicht für den niedrigeren Teilwert liegt beim Steuerpflichtigen. Darüber hinaus trägt der Steuerpflichtige auch die Darlegungs- und Feststellungslast für eine voraussichtlich dauernde Wertminderung. Zudem ist im Rahmen des Wertaufholungsgebots nachzuweisen, dass und in welchem Umfang der Teilwert weiterhin unter der Bewertungsobergrenze liegt.

## II. Voraussichtlich dauernde Wertminderung

### 1. Begriff

5 Eine voraussichtlich dauernde Wertminderung bedeutet ein voraussichtlich nachhaltiges Absinken des Werts des Wirtschaftsguts unter den maßgeblichen Buchwert; eine nur vorübergehende Wertminderung reicht für eine Teilwertabschreibung nicht aus (vgl. auch § 253 Abs. 3 Satz 5 HGB).

6 Die Wertminderung ist voraussichtlich nachhaltig, wenn der Steuerpflichtige hiermit aus der Sicht am Bilanzstichtag aufgrund objektiver Anzeichen ernsthaft zu rechnen hat. Aus der Sicht eines sorgfältigen und gewissenhaften Kaufmanns müssen mehr Gründe für als gegen eine Nachhaltigkeit sprechen. Grundsätzlich ist von einer voraussichtlich dauernden Wertminderung auszugehen, wenn der Wert des Wirtschaftsguts die Bewertungsobergrenze während eines erheblichen Teils der voraussichtlichen Verweildauer im Unternehmen nicht erreichen wird. Wertminderungen aus besonderem Anlass (z. B. Katastrophen oder technischer Fortschritt) sind regelmäßig von Dauer. Wert-

erhellende Erkenntnisse bis zum Zeitpunkt der Aufstellung der Handelsbilanz sind zu berücksichtigen. Wenn keine Handelsbilanz aufzustellen ist, ist der Zeitpunkt der Aufstellung der Steuerbilanz maßgeblich.

Davon zu unterscheiden sind Erkenntnisse, die einer Wertbegründung nach dem Bilanzstichtag entsprechen.

7 Für die Beurteilung eines voraussichtlich dauernden Wertverlustes zum Bilanzstichtag kommt der Eigenart des betreffenden Wirtschaftsguts eine maßgebliche Bedeutung zu (BFH vom 26. September 2007 I R 58/06, BStBl. 2009 II S. 294; BFH vom 24. Oktober 2012 I R 43/11, BStBl. 2013 II S. 162).

## 2. Abnutzbares Anlagevermögen

8 Für die Wirtschaftsgüter des abnutzbaren Anlagevermögens kann von einer voraussichtlich dauernden Wertminderung ausgegangen werden, wenn der Wert des jeweiligen Wirtschaftsguts zum Bilanzstichtag mindestens für die halbe Restnutzungsdauer unter dem planmäßigen Restbuchwert liegt (BFH vom 29. April 2009 I R 74/08, BStBl. II S. 899). Die verbleibende Nutzungsdauer ist für Gebäude nach § 7 Abs. 4 und 5 EStG, für andere Wirtschaftsgüter grundsätzlich nach den amtlichen AfA-Tabellen zu bestimmen. Dies gilt auch dann, wenn der Steuerpflichtige beabsichtigt, das Wirtschaftsgut vor Ablauf seiner betriebsgewöhnlichen Nutzungsdauer zu veräußern (BFH vom 29. April 2009 I R 74/08, BStBl. II S. 899).

9 **Beispiel 1:**

Der Steuerpflichtige hat eine Maschine in 01 zu Anschaffungskosten von 100 000 € erworben.
Die Nutzungsdauer beträgt zehn Jahre, die jährliche AfA beträgt 10 000 €. Im Jahre 02 beträgt der Teilwert nur noch 30 000 € bei einer Restnutzungsdauer von acht Jahren.

**Lösung:**

Eine Teilwertabschreibung auf 30 000 € ist zulässig. Die Minderung ist voraussichtlich von Dauer, da der Wert des Wirtschaftsguts zum Bilanzstichtag bei planmäßiger Abschreibung erst nach fünf Jahren (Ende Jahr 07), das heißt, erst nach mehr als der Hälfte der Restnutzungsdauer, erreicht wird.

10 **Abwandlung:**

Der Teilwert beträgt 50 000 €.

**Lösung:**

Eine Teilwertabschreibung auf 50 000 € ist nicht zulässig. Die Minderung ist voraussichtlich nicht von Dauer, da der Wert des Wirtschaftsguts zum Bilanzstichtag bei planmäßiger Abschreibung schon nach drei Jahren (Ende Jahr 05) und damit früher als nach mehr als der Hälfte der Restnutzungsdauer erreicht wird.

## 3. Nicht abnutzbares Anlagevermögen

11 Für die Wirtschaftsgüter des nichtabnutzbaren Anlagevermögens ist grundsätzlich darauf abzustellen, ob die Gründe für eine niedrigere Bewertung voraussichtlich anhalten werden.

### a) Grundstücke

12 **Beispiel 2:**

Der Steuerpflichtige ist Eigentümer eines mit Altlasten verseuchten Grundstücks. Die ursprünglichen Anschaffungskosten des Grund und Bodens betragen 200 000 €. Zum Bilanzstichtag ermittelt ein Gutachter den Wert des Grundstücks aufgrund der festgestellten Altlast mit nur noch 10 000 €. Aus umweltrechtlichen Gründen ist der Steuerpflichtige grundsätzlich verpflichtet, die Altlast zu beseitigen. Mangels akuter Umweltgefährdung wird die zuständige Behörde die Schadensbeseitigung jedoch erst fordern, wenn der Steuerpflichtige die derzeitige Nutzung des Grundstücks ändert. Die Bildung einer Rückstellung ist aus diesem Grund nicht zulässig.

**Lösung:**

Eine Teilwertabschreibung in Höhe von 190 000 € auf den vom Gutachter ermittelten Wert ist zulässig. Zwar ist der Steuerpflichtige grundsätzlich verpflichtet, die Altlast zu beseitigen. Allerdings ist vor dem Hintergrund einer eventuellen Nutzungsänderung des Grundstücks nicht zu erwarten, dass der Steuerpflichtige in absehbarer Zeit behördlich zur Beseitigung des Schadens aufgefordert wird. Aus der Sicht am Bilanzstichtag ist daher von einer voraussichtlich dauernden Wertminderung des Grundstücks auszugehen (vgl. Rn. 9 und 10 des BMF-Schreibens vom 11. Mai 2010, BStBl. I S. 495). Wird die Altlast später beseitigt und erhöht sich dementsprechend der Wert des Grundstücks, ist eine Zuschreibung bis höchstens zu den ursprünglichen Anschaffungskosten vorzunehmen.

**Beispiel 3:** 13

Der Steuerpflichtige betreibt ein Kiesausbeuteunternehmen. Der zu dem Unternehmen gehörende Grund und Boden ist z. T. aufgeschlossen, z. T. rekultiviert und wieder der ursprünglichen landwirtschaftlichen Nutzung zugeführt. Da die Preise für landwirtschaftliche Grundstücke allgemein gefallen sind, macht der Steuerpflichtige zum Bilanzstichtag eine Teilwertabschreibung für die Grundstücke geltend. Nach den Feststellungen des Finanzamtes übersteigen die Anschaffungskosten die Richtwerte für die verfüllten Grundstücke.

**Lösung:**

Eine Teilwertabschreibung ist ohne weiteres nicht zulässig. Die Preise auf dem Markt für landwirtschaftliche Grundstücke unterliegen ebenso wie die anderen Immobilienpreise marktbedingten Schwankungen. Die Preisschwankungen stellen deshalb eine nur vorübergehende Wertminderung dar. Aus diesem Grund ist es auch für die Grundstücke, auf denen noch die Kiesausbeute betrieben wird, nicht ausgeschlossen, dass die Preise bis zu dem Zeitpunkt, an dem die Kiesausbeute und die sich daran anschließende Wiederauffüllung abgeschlossen sein werden, die Anschaffungskosten wieder erreichen oder sogar noch übersteigen.

## b) Forderungen

**Beispiel 4:** 14

Der Steuerpflichtige hat eine Forderung aus einem Kredit im Nennwert von 100 an die Y-KG. Wegen unerwarteter Zahlungsausfälle ist die Y-KG im Laufe des Wirtschaftsjahrs notleidend geworden. Am Bilanzstichtag kann die Forderung des Steuerpflichtigen deshalb nur in Höhe von 20 % bedient werden. Bis zum Zeitpunkt der Bilanzaufstellung stellt die Y-KG wider Erwarten eine Sicherheit in Höhe von 30 % der Forderung.

**Lösung:**

Am Bilanzstichtag ist eine Teilwertabschreibung auf die Forderung des Steuerpflichtigen in Höhe von 80 % zulässig, da mit überwiegender Wahrscheinlichkeit nur mit einem Zahlungseingang von 20 % gerechnet werden kann. Zwar gewinnt die Forderung bis zum Zeitpunkt der Bilanzaufstellung durch die Gestellung der Sicherheit nachträglich an Wert. Dieses – nach dem Bilanzstichtag eingetretene – Ereignis ist jedoch als wertbegründend und daher als zusätzliche Erkenntnis nicht zu berücksichtigen.

Der auf der Unverzinslichkeit einer im Anlagevermögen gehaltenen Forde- 15
rung beruhende Wert ist keine voraussichtlich dauernde Wertminderung und rechtfertigt deshalb keine Teilwertabschreibung (BFH vom 24. Oktober 2012 I R 43/11, BStBl. 2013 II S. 162).

## 4. Umlaufvermögen

Die Wirtschaftsgüter des Umlaufvermögens sind nicht dazu bestimmt, dem 16
Betrieb auf Dauer zu dienen. Sie werden stattdessen regelmäßig für den Ver-

kauf oder den Verbrauch gehalten. Demgemäß kommt dem Zeitpunkt der Veräußerung oder Verwendung für die Bestimmung einer voraussichtlich dauernden Wertminderung eine besondere Bedeutung zu. Hält die Minderung bis zum Zeitpunkt der Aufstellung der Bilanz (vgl. Tz. II. 1., Rn. 6) oder dem vorangegangenen Verkaufs- oder Verbrauchszeitpunkt an, so ist die Wertminderung voraussichtlich von Dauer. Zusätzliche werterhellende Erkenntnisse bis zu diesen Zeitpunkten sind in die Beurteilung einer voraussichtlich dauernden Wertminderung der Wirtschaftsgüter zum Bilanzstichtag einzubeziehen.

**5. Börsennotierte, börsengehandelte und aktienindexbasierte Wertpapiere des Anlage- und Umlaufvermögens**

17 Bei börsennotierten, börsengehandelten und aktienindexbasierten Wertpapieren des Anlage- und Umlaufvermögens ist von einer voraussichtlich dauernden Wertminderung auszugehen, wenn der Börsenwert zum Bilanzstichtag unter denjenigen im Erwerbszeitpunkt gesunken ist und der Kursverlust die Bagatellgrenze von 5% der Notierung bei Erwerb überschreitet. Bei einer vorangegangenen Teilwertabschreibung ist für die Bestimmung der Bagatellgrenze der Bilanzansatz am vorangegangenen Bilanzstichtag maßgeblich. In Fällen der Wertaufholung nach erfolgter Inanspruchnahme einer Teilwertabschreibung kommt die Bagatellgrenze von 5% nicht zur Anwendung. Die Wertaufholung ist auf den aktuellen Börsenkurs am Bilanzstichtag, maximal auf die Anschaffungskosten vorzunehmen.

18 Der Teilwert eines Wertpapiers kann nur dann nicht nach dem Kurswert (zuzüglich der im Fall eines Erwerbs anfallenden Erwerbsnebenkosten) bestimmt werden, wenn aufgrund konkreter und objektiv überprüfbarer Anhaltspunkte davon auszugehen ist, dass der Börsenpreis den tatsächlichen Anteilswert nicht widerspiegelt (BFH vom 21. September 2011 I R 89/10, BStBl. 2014 II S. 612). Dies wäre z. B. dann der Fall, wenn der Kurs durch Insidergeschäfte beeinflusst (manipuliert) wurde oder über einen längeren Zeitraum kein Handel mit den zu bewertenden Wertpapieren stattfand.

19 Bei den bis zum Tag der Bilanzaufstellung eintretenden Kursänderungen handelt es sich um wertbeeinflussende (wertbegründende) Umstände, die die Bewertung der Wertpapiere zum Bilanzstichtag grundsätzlich nicht berühren (vgl. BFH-Urteil vom 21. September 2011 I R 89/10, BStBl. 2014 II S. 612).

Die besonderen Bestimmungen unter Tzn. II. 6. (Rn. 21–23) und II. 7. (Rn. 24–26) bleiben unberührt.

20 **Beispiel 5:**

Der Steuerpflichtige hat Aktien der börsennotierten X-AG zum Preis von 100 €/Stück erworben. Die Aktien sind als langfristige Kapitalanlage dazu bestimmt, dauernd dem Geschäftsbetrieb zu dienen.

20 a **a):** Der Kurs der Aktien schwankt nach der Anschaffung zwischen 70 € und 100 €. Am Bilanzstichtag beträgt der Börsenpreis 90 €. Am Tag der Bilanzaufstellung beträgt der Wert 92 €.

**Lösung:**

Eine Teilwertabschreibung auf 90 € ist zulässig, da der Kursverlust am Bilanzstichtag im Vergleich zum Erwerb mehr als 5% beträgt. Die Kursentwicklung nach dem Bilanzstichtag ist als wertbegründender Umstand unerheblich.

**b):** wie a). Am Tag der Bilanzaufstellung beträgt der Wert 80 €. 20 b

**Lösung:**

Eine Teilwertabschreibung ist auf 90 € zulässig, da der Kursverlust am Bilanzstichtag im Vergleich zum Erwerb mehr als 5 % beträgt und die Kursentwicklung nach dem Bilanzstichtag als wertbegründender Umstand unerheblich ist. Eine Teilwertabschreibung auf 80 € ist daher nicht möglich.

**c):** Der Kurs der Aktien schwankt nach der Anschaffung zwischen 70 € und 100 €. Am Bilanzstichtag beträgt der Börsenpreis 98 € und am Tag der Bilanzaufstellung 80 €. 20 c

**Lösung:**

Eine Teilwertabschreibung ist nicht zulässig, da der Kursverlust am Bilanzstichtag im Vergleich zum Erwerb nicht mehr als 5 % beträgt. Die Erkenntnisse zwischen Bilanzstichtag und Aufstellung der Bilanz bleiben bei der Feststellung der voraussichtlich dauernden Wertminderung unberücksichtigt. Eine Teilwertabschreibung auf 80 € ist daher nicht möglich.

## 6. Festverzinsliche Wertpapiere, die eine Forderung in Höhe des Nominalwerts der Forderung verbriefen

Eine Teilwertabschreibung unter den Nennwert allein wegen gesunkener Kurse ist regelmäßig nicht zulässig, weil es bei festverzinslichen Wertpapieren des Anlage- und Umlaufvermögens, die eine Forderung in Höhe des Nominalwerts der Forderung verbriefen, in der Regel an einer voraussichtlich dauernden Wertminderung fehlt. Eine Teilwertabschreibung unter den Nennwert ist nur zulässig, wenn ein Bonitäts- oder Liquiditätsrisiko hinsichtlich der Rückzahlung der Nominalbeträge besteht und die Wertpapiere bei Endfälligkeit nicht zu ihrem Nennbetrag eingelöst werden können (BFH vom 8. Juni 2011 I R 98/10, BStBl. 2012 II S. 716). 21

Für börsennotierte festverzinsliche Wertpapiere, die eine Forderung in Höhe des Nominalwerts der Forderung verbriefen, gelten die unter Tz. II. 5. (Rn. 17–20 c) dargestellten Grundsätze entsprechend. Die Bagatellgrenze von 5 % wird bei börsennotierten festverzinslichen Wertpapieren, die eine Forderung in Höhe des Nominalwerts der Forderung verbriefen, aber nicht angewendet. 22

**Beispiel 6:** 23

Der Steuerpflichtige hält im Umlaufvermögen börsennotierte festverzinsliche Wertpapiere im Nennwert von 100 €, die er für 102 € erworben hat und die bei Endfälligkeit zu 100 % des Nennwerts eingelöst werden. Aufgrund einer Änderung des Zinsniveaus beträgt der Börsenkurs am Bilanzstichtag nur noch 98 €. Bis zum Zeitpunkt der Bilanzaufstellung hat sich der Börsenkurs auf 100,5 € erholt.

**Lösung:**

Der Tatsache, dass die festverzinslichen Wertpapiere im Umlaufvermögen gehalten werden, kommt bei der Beurteilung der voraussichtlichen Dauerhaftigkeit der Wertminderung keine besondere Bedeutung zu. Wie auch bei festverzinslichen Wertpapieren des Anlagevermögens ist eine Teilwertabschreibung grundsätzlich nur auf 100 € zulässig, weil die Papiere bei Fälligkeit zum Nennwert eingelöst werden (BFH-Urteil vom 8. Juni 2011 I R 98/10, BStBl. 2012 II S. 716). Die Bagatellgrenze in Höhe von 5 % ist nicht anzuwenden. Im Übrigen ist der Kursanstieg bis zur Bilanzaufstellung als wertbegründender Umstand unbeachtlich.

## 7. Anteile an Investmentfonds, die als Finanzanlage im Anlagevermögen gehalten werden

Die unter Tz. II. 5. zur Bewertung von börsennotierten, börsengehandelten und aktienindexbasierten Wertpapieren des Anlage- und Umlaufvermögens 24 aufgestellten Grundsätze sind entsprechend auf im Anlagevermögen gehaltene Investmentanteile an Publikums- und Spezial-Investmentfonds anzuwenden, wenn der Investmentfond überwiegend in börsennotierten Aktien als Vermögensgegenstände investiert ist, vgl. auch BFH vom 21. September 2011 I R 7/11 (BStBl. 2014 II S. 616). Der Investmentfond ist dann überwiegend in börsennotierten Aktien investiert, wenn mehr als 50% seines Wertes zum Bilanzstichtag in Aktien investiert ist. Abzustellen ist auf die tatsächlichen Verhältnisse beim Investmentfond am Bilanzstichtag des Anlegers. Unerheblich ist, ob der zu bewertende Investmentanteil selbst börsennotiert ist.

25 Von einer voraussichtlich dauernden Wertminderung i. S. d. § 6 Abs. 1 Nr. 2 Satz 2 EStG ist auszugehen, wenn der Preis, zu dem der Investmentanteil erworben werden kann (Ausgabepreis, zuzüglich der ggf. anfallenden Erwerbsnebenkosten), zu dem jeweils aktuellen Bilanzstichtag um mehr als 5% (sog. Bagatellgrenze) unter die Anschaffungskosten gesunken ist.

26 Bei der Beurteilung der steuerlichen Auswirkungen einer Teilwertabschreibung auf Investmentanteile auf das zu versteuernde Einkommen eines betrieblichen Anlegers sind § 8 Abs. 3 InvStG[1] und das BMF-Schreiben vom 18. August 2009, BStBl. I S. 931, Rn. 162 ff. zu beachten.

## III. Wertaufholungsgebot

### 1. Grundsätze

27 Aufgrund des Wertaufholungsgebots ergibt sich der Wertansatz eines Wirtschaftsguts für jeden Bilanzstichtag aus dem Vergleich der um die zulässigen Abzüge geminderten Anschaffungs- oder Herstellungskosten oder des an deren Stelle tretenden Werts als der Bewertungsobergrenze und dem niedrigeren Teilwert als der Bewertungsuntergrenze. Hat sich der Wert des Wirtschaftsguts nach einer vorangegangenen Teilwertabschreibung wieder erhöht, so ist diese Betriebsvermögensmehrung bis zum Erreichen der Bewertungsobergrenze steuerlich zu erfassen. Dabei kommt es nicht darauf an, ob die konkreten Gründe für die vorherige Teilwertabschreibung weggefallen sind. Auch eine Erhöhung des Teilwerts aus anderen Gründen führt zu einer Korrektur des Bilanzansatzes (z. B. der Steuerpflichtige kann oder will eine dauernde Wertminderung nicht nachweisen – siehe „2. Nachweispflicht"). Gleiches gilt auch, wenn die vorherige Teilwertabschreibung steuerlich nicht oder nicht vollständig wirksam wurde (vgl. Tz. III. 3., Rn. 29). Auf die Besonderheiten bei der Wertaufholung im Zusammenhang mit der Bagatellgrenze bei börsennotierten, börsengehandelten und aktienindexbasierten Wertpapieren (vgl. Tz. II. 5., Rn. 17) wird hingewiesen.

### 2. Nachweispflicht

28 Grundsätzlich hat der Steuerpflichtige die Bewertungsobergrenze anhand geeigneter Unterlagen (historische Anschaffungs- oder Herstellungskosten) nachzuweisen. Vor allem bei unbebauten Grundstücken kann auf die beim zuständigen Grundbuchamt vorliegenden notariellen Verträge zurückgegriffen werden. Können die historischen Anschaffungs- oder Herstellungskosten nicht

[1] InvStG i. d. F. v. 15. 12. 2003 (BGBl. I S. 2676, 2724).

nachgewiesen werden, gilt der Buchwert, der in der ältesten noch vorhandenen Bilanz als Anfangswert für das Wirtschaftsgut ausgewiesen ist, als Bewertungsobergrenze, es sei denn, die Finanzbehörde legt – zum Beispiel auf Grund der dort vorhandenen Unterlagen – eine höhere Bewertungsobergrenze dar.

**3. Steuerrechtliche Sonderregelungen (z. B. § 3 c Abs. 2 i. V. m. § 3 Nr. 40 EStG)**

Steuerrechtliche Sonderregelungen stehen dem Wertaufholungsgebot nicht entgegen (vgl. Tz. III. 1., Rn. 27). So dienen die Regelungen der § 3 Nr. 40 und § 3 c Abs. 2 EStG der Umsetzung des Teileinkünfteverfahrens. Die Teilwertabschreibung als solche und damit das Wertaufholungsgebot bleiben hiervon unberührt. 29

## IV. Verbindlichkeiten

**1. Grundsätze**

Verbindlichkeiten sind nach § 6 Abs. 1 Nr. 3 Satz 1 erster Halbsatz EStG unter sinngemäßer Anwendung der Regelungen in § 6 Abs. 1 Nr. 2 EStG anzusetzen. Verbindlichkeiten, die Kursschwankungen unterliegen (z. B. Fremdwährungsverbindlichkeiten), sind daher unter Berücksichtigung der in diesem Schreiben für das Aktivvermögen aufgestellten Grundsätze, mit Ausnahme der Tzn. II. 5. bis II. 7., wie folgt zu bewerten: 30

Verbindlichkeiten sind mit ihrem Erfüllungsbetrag anzusetzen (§ 5 Abs. 1 Satz 1 EStG i. V. m. § 253 Abs. 1 Satz 2 HGB). Ist die Höhe der Zahlungsverpflichtung von einem bestimmten Kurswert abhängig (z. B. Fremdwährungsverbindlichkeiten), ist grundsätzlich der Wert zum Zeitpunkt des Entstehens der Verbindlichkeit maßgebend (bei Fremdwährungsverbindlichkeiten der entsprechende Wechselkurs). Nur unter der Voraussetzung einer voraussichtlich dauernden Erhöhung des Kurswertes kann an den nachfolgenden Bilanzstichtagen der höhere Wert angesetzt werden (§ 6 Abs. 1 Nr. 3 Satz 1 i. V. m. Nr. 2 Satz 2 EStG). 31

Eine voraussichtlich dauernde Erhöhung des Kurswertes einer Verbindlichkeit liegt nur bei einer nachhaltigen Erhöhung des Wechselkurses gegenüber dem Kurs bei Entstehung der Verbindlichkeit vor. Die Änderung ist voraussichtlich nachhaltig, wenn der Steuerpflichtige hiermit aus der Sicht des Bilanzstichtages aufgrund objektiver Anzeichen ernsthaft rechnen muss. Aus Sicht eines sorgfältigen und gewissenhaften Kaufmanns müssen mehr Gründe für als gegen eine Nachhaltigkeit sprechen. Bei Fremdwährungsverbindlichkeiten, die eine Restlaufzeit von jedenfalls zehn Jahren haben, begründet ein Kursanstieg der Fremdwährung grundsätzlich keine voraussichtlich dauernde Teilwerterhöhung; die Währungsschwankungen werden in der Regel ausgeglichen (BFH vom 23. April 2009 IV R 62/06, BStBl. II S. 778). 32

Auf den Devisenmärkten übliche Wechselkursschwankungen berechtigen nicht zu einem höheren Ansatz der Verbindlichkeit. 33

## 2. Verbindlichkeiten des laufenden Geschäftsverkehrs

34 Ist nach den Umständen des jeweiligen Einzelfalls eine Verbindlichkeit dem laufenden Geschäftsverkehr zuzuordnen und somit nicht dazu bestimmt, das Betriebskapital auf Dauer zu verstärken, kommt dem Zeitpunkt der Tilgung oder Entnahme der Verbindlichkeit für die Bestimmung einer voraussichtlich dauernden Werterhöhung eine besondere Bedeutung zu.

35 Nach der Rechtsprechung des BFH (vgl. z. B. BFH vom 31. Oktober 1990 I R 77/86, BStBl. 1991 II S. 471) ist der Begriff „Verbindlichkeit des laufenden Geschäftsverkehrs" durch folgende Merkmale gekennzeichnet:

– Ihr Entstehen hängt wirtschaftlich eng mit einzelnen bestimmbaren, nach Art des Betriebs immer wiederkehrenden und nicht die Anschaffung oder Herstellung von Wirtschaftsgütern des Anlagevermögens betreffenden laufenden Geschäftsvorfällen zusammen.
– Dieser Zusammenhang bleibt bis zur Tilgung der Verbindlichkeit erhalten.
– Die Verbindlichkeit wird innerhalb der nach Art des laufenden Geschäftsvorfalls allgemein üblichen Frist getilgt.

36 Hält eine Wechselkurserhöhung im Zusammenhang mit einer Verbindlichkeit des laufenden Geschäftsverkehrs bis zum Zeitpunkt der Aufstellung der Bilanz (vgl. Tz. II. 1., Rn. 6) oder dem vorangegangenen Tilgungs- oder Entnahmezeitpunkt an, ist davon auszugehen, dass die Werterhöhung voraussichtlich von Dauer ist. Soweit keine Handelsbilanz aufzustellen ist, ist der Zeitpunkt der Aufstellung der Steuerbilanz maßgebend. Zusätzliche Erkenntnisse bis zu diesen Zeitpunkten sind zu berücksichtigen. Allgemeine Entwicklungen, z. B. Wechselkursschwankungen auf den Devisenmärkten, sind zusätzliche Erkenntnisse und als solche in die Beurteilung einer voraussichtlich dauernden Werterhöhung einer Verbindlichkeit zum Bilanzstichtag einzubeziehen.

# V. Zeitliche Anwendung

## 1. Grundsätze

37 Für Wirtschaftsjahre, die nach dem 31. Dezember 2008 enden, sind bei der Vornahme der steuerrechtlichen Teilwertabschreibung die Grundsätze des BMF-Schreibens vom 12. März 2010, BStBl. I S. 239[1], zu beachten.

## 2. Bewertung festverzinslicher Wertpapiere im Umlaufvermögen

38 Die Grundsätze des BFH-Urteils vom 8. Juni 2011 I R 98/10, BStBl. 2012 II S. 716, zur Bewertung von festverzinslichen Wertpapieren im Umlaufvermögen sind spätestens in der ersten auf einen Bilanzstichtag nach dem 22. Oktober 2012 (Tag der Veröffentlichung des BFH-Urteils vom 8. Juni 2011 im BStBl. 2012 II S. 716) aufzustellenden Bilanz anzuwenden. Die Nichtanwendung der Grundsätze des BFH-Urteils vom 8. Juni 2011 I R 98/10, BStBl. 2012 II S. 716, in einer auf einen Bilanzstichtag vor dem 23. Oktober 2012 aufzustellenden Bilanz darf aber nicht zu einem niedrigeren als dem sich aufgrund der damaligen Verwaltungsauffassung ergebenden Bilanzansatz führen.

---

[1] Nr. **1** § 5/14.

### 3. Anteile an Investmentfonds, die als Finanzanlage im Anlagevermögen gehalten werden

Bei der Teilwertabschreibung von Anteilen an Investmentfonds, die über- 39
wiegend in börsennotierten Aktien als Vermögensgegenstände investiert sind und die als Finanzanlage im Anlagevermögen gehalten werden, wird es nicht beanstandet, wenn bei einer Teilwertabschreibung vor dem 1. Januar 2015 noch die Regelungen des BMF-Schreibens vom 5. Juli 2011 (BStBl. I S. 735) Anwendung finden, wonach bei der Ermittlung des niedrigeren Teilwerts der Rücknahmepreis zu Grunde zu legen ist.

### 4. Anwendung der Bagatellgrenze bei börsennotierten, börsengehandelten und aktienindexbasierten Wertpapieren des Anlage- und Umlaufvermögens

Die unter Tz. II. 5. zur Bewertung börsennotierter, börsengehandelter und 40
aktienindexbasierter Wertpapiere des Anlage- und Umlaufvermögens genannten Grundsätze zur Anwendung der Bagatellgrenze von 5 % sind spätestens in der ersten auf einen Bilanzstichtag nach dem 23. September 2016 aufzustellenden Bilanz anzuwenden, soweit sie nicht bereits nach dem BMF-Schreiben vom 16. Juli 2014 (BStBl. I S. 1162) anzuwenden waren.

### 5. Andere Wirtschaftsgüter

Die Grundsätze dieses Schreibens sind in allen offenen Fällen anzuwenden, 41
soweit § 176 AO einer Änderung nicht entgegensteht.

## VI. Aufhebung eines BMF-Schreibens

Dieses Schreiben ersetzt das BMF-Schreiben vom 16. Juli 2014 (BStBl. I 42
S. 1162).

# I § 6/14. Schreiben betr. anschaffungsnahe Herstellungskosten i. S. v. § 6 Abs. 1 Nr. 1 a EStG; BFH-Urteile vom 14. Juni 2016 IX R 25/14 (BStBl. II S. 992), IX R 15/15 (BStBl. II S. 996) und IX R 22/15 (BStBl. II S. 999)

Vom 20. Oktober 2017 (BStBl. I S. 1447)

(BMF IV C 1 – S 2171 – c/09/10004 :006; DOK 2017/0397458)

Der BFH hat mit seinen Urteilen vom 14. Juni 2016 IX R 25/14, IX R 15/15 und IX R 22/15 entschieden, dass zu den anschaffungsnahen Herstellungskosten nach § 6 Abs. 1 Nr. 1 a i. V. m. § 9 Abs. 5 Satz 2 EStG sämtliche Aufwendungen für bauliche Maßnahmen gehören, die im Rahmen einer Instandsetzung und Modernisierung im Zusammenhang mit der Anschaffung des Gebäudes anfallen. Dazu zählen sowohl originäre Aufwendungen zur Herstellung der Betriebsbereitschaft durch Wiederherstellung funktionsuntüchtiger Gebäudeteile sowie Aufwendungen für eine über den ursprünglichen Zustand hinausgehende wesentliche Verbesserung des Gebäudes i. S. d. § 255 Abs. 2 Satz 1 HGB als auch Schönheitsreparaturen. Soweit der BFH bisher bei Schönheitsreparaturen einen engen räumlichen, zeitlichen und sachlichen Zusammenhang mit den Modernisierungs- und Instandsetzungsmaßnahmen gefordert hatte (vgl. auch BFH vom 25. August 2009, BStBl. 2010 II S. 125), hält er daran nicht mehr fest.

Der BFH hat zudem klargestellt, dass bei der Prüfung, ob die Aufwendungen für Instandsetzungs- und Modernisierungsmaßnahmen zu anschaffungsnahen Herstellungskosten i. S. v. § 6 Abs. 1 Nr. 1 a EStG führen, bei einem aus mehreren Einheiten bestehenden Gebäude nicht auf das gesamte Gebäude, sondern auf den jeweiligen selbständigen Gebäudeteil abzustellen ist, wenn das Gesamtgebäude in unterschiedlicher Weise genutzt wird. Maßgeblich ist insoweit, ob die einzelnen Gebäudeteile in verschiedenen Nutzungs- und Funktionszusammenhängen stehen.

Im Einvernehmen mit den obersten Finanzbehörden der Länder sind die Grundsätze der BFH-Urteile IX R 25/14, IX R 15/15 und IX R 22/15 – unter Beachtung des § 176 Abs. 1 Nr. 3 AO – in allen offenen Fällen anzuwenden.

Es wird jedoch nicht beanstandet, wenn auf Antrag des Steuerpflichtigen abweichend hiervon

– die bisherige BFH-Rechtsprechung zur Behandlung der Schönheitsreparaturen im Zusammenhang mit anschaffungsnahen Herstellungskosten und
– die bisher von der Finanzverwaltung vertretene Rechtsauffassung, dass eine gebäudebezogene Prüfung der Aufwendungen nach § 6 Abs. 1 Nr. 1 a EStG vorzunehmen ist,

auf Sachverhalte weiter angewendet wird, bei denen der Kaufvertrag bzw. ein ihm gleichstehender Rechtsakt vor dem 1. Januar 2017 abgeschlossen wurde.

# **I** § 6/15. Schreiben betr. Zweifelsfragen zur Übertragung und Überführung von einzelnen Wirtschaftsgütern nach § 6 Abs. 5 EStG

Vom 8. Dezember 2011 (BStBl. I S. 1279)

(BMF IV C 6 – S 2241/10/10002; DOK 2011/0973858)

Geändert durch BMF v. 20. 11. 2019 (BStBl. I S. 1291)

Zur Anwendung des § 6 Abs. 5 EStG in der Fassung des Gesetzes zur Fortentwicklung des Unternehmenssteuerrechts vom 20. Dezember 2001 (BGBl. I S. 3858, BStBl. 2002 I S. 35), zuletzt geändert durch das Jahressteuergesetz 2010 vom 8. Dezember 2010 (BGBl. I S. 1768, BStBl. I S. 1394), nehme ich nach Abstimmung mit den obersten Finanzbehörden der Länder wie folgt Stellung:

## I. Überführung von Wirtschaftsgütern nach § 6 Abs. 5 Satz 1 und 2 EStG

Bei der Überführung eines einzelnen Wirtschaftsguts nach § 6 Abs. 5 Satz 1 1
und 2 EStG handelt es sich um eine Entnahme i. S. d. § 4 Abs. 1 Satz 2 EStG aus dem abgebenden Betriebsvermögen und um eine Einlage i. S. d. § 4 Abs. 1 Satz 8 EStG bei dem aufnehmenden Betriebsvermögen (vgl. *BMF-Schreiben vom 17. November 2005, BStBl. I S. 1019, Rdnr. 10*[1]), deren Bewertungen abweichend von § 6 Abs. 1 Satz 1 Nr. 4 und 5 EStG in § 6 Abs. 5 EStG geregelt sind.

### 1. Persönlicher Anwendungsbereich

Überführender i. S. v. § 6 Abs. 5 Satz 1 EStG ist grundsätzlich jede unbe- 2
schränkt oder beschränkt steuerpflichtige natürliche Person, die mehrere Betriebe unterhält. Es können aber auch Erbengemeinschaften und eheliche Gütergemeinschaften mit mehreren eigenen Betriebsvermögen unter den Anwendungsbereich der Sätze 1 und 2 fallen. Da eine Körperschaft i. S. d. § 1 Abs. 1 Nr. 1 bis 3 KStG und eine Personengesellschaft steuerlich immer nur einen Betrieb führen können, steht der Körperschaft als Mitunternehmer (über § 8 Abs. 1 KStG) oder der (doppelstöckigen) Personengesellschaft regelmäßig nur der Anwendungsbereich des § 6 Abs. 5 Satz 2 EStG offen.

### 2. Sachlicher Anwendungsbereich

Nach § 6 Abs. 5 Satz 1 und 2 EStG müssen einzelne Wirtschaftsgüter mit 3
dem Buchwert angesetzt werden, wenn sie aus einem (Sonder-)Betriebsvermögen in ein anderes Betriebs- oder Sonderbetriebsvermögen desselben Steuerpflichtigen überführt werden, sofern die Besteuerung der stillen Reserven sichergestellt ist. Dabei ist es unerheblich, ob es sich bei dem zu überführenden Wirtschaftsgut um ein Wirtschaftsgut des Anlage- oder Umlaufvermögens

[1] Jetzt BMF v. 2. 11. 2018, BStBl. I S. 1207, Rn. 10 (Nr. **1** § 4/10).

handelt. Das zu überführende Wirtschaftsgut kann auch eine wesentliche Betriebsgrundlage des abgebenden Betriebsvermögens sein. Bei der Überführung von Wirtschaftsgütern ist die gleichzeitige Übernahme von Verbindlichkeiten unschädlich.

4 In den Anwendungsbereich des § 6 Abs. 5 Satz 1 und 2 EStG fallen auch selbst geschaffene nicht bilanzierungsfähige immaterielle Wirtschaftsgüter des Anlagevermögens (§ 5 Abs. 2 EStG) und im Sammelposten erfasste Wirtschaftsgüter (vgl. BMF-Schreiben vom 30. September 2010, BStBl. I S. 755[1)]), sofern die Besteuerung der stillen Reserven sichergestellt ist (siehe auch Rdnr. 24).

5 Das Betriebs- oder Sonderbetriebsvermögen, in das das Wirtschaftsgut überführt wird, muss nicht bereits vor der Überführung bestanden haben, sondern es kann auch erst durch die Überführung des Wirtschaftsguts entstehen. Das abgebende und aufnehmende Betriebsvermögen muss nicht derselben Einkunftsart (§§ 13, 15, 18 EStG) zuzuordnen sein.

**Beispiel 1:**

A und B sind zu jeweils 50 % an der AB-OHG beteiligt. Die AB-OHG betreibt eine Metzgerei. Im Sonderbetriebsvermögen des A befindet sich ein Verkaufswagen, mit dem die AB-OHG ihre Waren auf Wochenmärkten verkauft. Diesen Wagen vermietet A an die AB-OHG für ein monatliches Entgelt. Die AB-OHG stellt den Verkauf auf den Wochenmärkten ein. A will nun diesen Wagen im Rahmen eines im eigenen Namen neu gegründeten Einzelunternehmens zum Fischverkauf einsetzen.

**Lösung:**

Der Verkaufswagen ist nunmehr dem Betriebsvermögen des neu gegründeten Einzelunternehmens des A zuzurechnen. Die Überführung aus dem Sonderbetriebsvermögen des A bei der AB-OHG in das Betriebsvermögen des Einzelunternehmens muss nach § 6 Abs. 5 Satz 2 EStG zum Buchwert erfolgen.

6 Der Anwendung des § 6 Abs. 5 Satz 1 und 2 EStG steht nicht entgegen, dass mehrere Wirtschaftsgüter zeitgleich überführt werden. Dabei ist es unschädlich, wenn die überführten Wirtschaftsgüter einen Betrieb, Teilbetrieb bilden oder es sich insgesamt um einen Mitunternehmeranteil handelt.

7 Sicherstellung der Besteuerung der stillen Reserven bedeutet, dass im Zeitpunkt der späteren Veräußerung auch diejenigen stillen Reserven zu besteuern sind, die sich in dem überführten Wirtschaftsgut zeitlich erst nach der Überführung gebildet haben (also Besteuerung auch der künftigen stillen Reserven). Eine Sicherstellung der Besteuerung der stillen Reserven liegt deshalb unter anderem dann nicht vor, wenn ein bisher einer inländischen Betriebsstätte des Steuerpflichtigen zugeordnetes Wirtschaftsgut einer ausländischen Betriebsstätte des Steuerpflichtigen zugeordnet wird (§ 6 Abs. 5 Satz 1 i. V. m. § 4 Abs. 1 Satz 4 EStG).

## II. Übertragung von Wirtschaftsgütern nach § 6 Abs. 5 Satz 3 Nr. 1 bis 3 EStG

8 Bei der Übertragung von Wirtschaftsgütern nach § 6 Abs. 5 Satz 3 EStG gegen Gewährung oder Minderung von Gesellschaftsrechten handelt es sich als eine Spezialform des Tauschs um einen Veräußerungsvorgang (tauschähnli-

---

1) Nr. **1** § 6/28.

cher Vorgang), dessen Bewertung abweichend von den allgemeinen Grundsätzen zwingend zum Buchwert vorzunehmen ist (§ 6 Abs. 6 Satz 4 EStG). Die unentgeltliche Übertragung von Wirtschaftsgütern nach § 6 Abs. 5 Satz 3 EStG stellt hingegen eine Entnahme dar (vgl. Rdnr. 1).

## 1. Persönlicher Anwendungsbereich

Übertragender i. S. v. § 6 Abs. 5 Satz 3 Nr. 1 bis 3 EStG ist ein Mitunternehmer, der neben seiner Beteiligung an einer Mitunternehmerschaft mindestens einen weiteren Betrieb unterhält, oder dem Sonderbetriebsvermögen bei der selben Mitunternehmerschaft oder einer weiteren Mitunternehmerschaft zuzurechnen ist; bei einer doppelstöckigen Personengesellschaft kann Mitunternehmer der Tochterpersonengesellschaft auch die Mutterpersonengesellschaft (Mitunternehmerschaft) und der Mitunternehmer der Mutterpersonengesellschaft sein. Bei Mitunternehmerschaften ohne Gesamthandsvermögen, z. B. atypisch stillen Gesellschaften und Ehegatten-Mitunternehmerschaften in der Land- und Forstwirtschaft, gelten § 6 Abs. 5 Satz 3 Nr. 1 bis 3 EStG entsprechend. Auch für eine Körperschaft i. S. d. KStG gelten über § 8 Abs. 1 KStG die Regelungen des § 6 Abs. 5 Satz 3 Nr. 1 bis 3 EStG. Bei Übertragungen unter Beteiligung einer Kapitalgesellschaft sind die Regelungen zur verdeckten Gewinnausschüttung und zur verdeckten Einlage zu beachten (BFH-Urteil vom 20. Juli 2005, BStBl. 2006 II S. 457). 9

## 2. Sachlicher Anwendungsbereich

Nach § 6 Abs. 5 Satz 3 Nr. 1 bis 3 EStG müssen einzelne Wirtschaftsgüter mit dem Buchwert angesetzt werden, wenn diese 10

- aus dem Betriebsvermögen des Mitunternehmers in das Gesamthandsvermögen einer Mitunternehmerschaft und umgekehrt gegen Gewährung oder Minderung von Gesellschaftsrechten oder unentgeltlich (Nr. 1),
- aus dem Sonderbetriebsvermögen eines Mitunternehmers in das Gesamthandsvermögen derselben Mitunternehmerschaft und umgekehrt gegen Gewährung oder Minderung von Gesellschaftsrechten oder unentgeltlich (Nr. 2),
- aus dem Sonderbetriebsvermögen eines Mitunternehmers in das Gesamthandsvermögen bei einer anderen Mitunternehmerschaft, an der er beteiligt ist, und umgekehrt gegen Gewährung oder Minderung von Gesellschaftsrechten oder unentgeltlich (Nr. 2),
- unentgeltlich aus einem Sonderbetriebsvermögen des Mitunternehmers in das Sonderbetriebsvermögen eines anderen Mitunternehmers bei derselben Mitunternehmerschaft, (Nr. 3),

übertragen werden und die Besteuerung der stillen Reserven sichergestellt ist. Dabei ist es unerheblich, ob es sich bei dem zu übertragenden Wirtschaftsgut um ein Wirtschaftsgut des Anlage- oder Umlaufvermögens handelt. § 6 Abs. 5 Satz 3 EStG gilt auch, wenn es sich bei dem zu übertragenden Wirtschaftsgut um eine wesentliche Betriebsgrundlage des abgebenden Betriebsvermögens handelt.

Für den Zeitpunkt der Übertragung ist aus steuerlicher Sicht immer die Zurechnung des wirtschaftlichen Eigentums (§ 39 Abs. 2 Nr. 1 Satz 1 AO) maßgeblich. 11

12 Die Rdnrn. 4, 5, 6 Satz 1 und Rdnr. 7 gelten bei der Übertragung von einzelnen Wirtschaftsgütern nach § 6 Abs. 5 Satz 3 Nr. 1 bis 3 EStG entsprechend (siehe auch Rdnr. 24). Vorrangig sind jedoch die Vorschriften des § 6 Abs. 3 EStG oder § 24 UmwStG anzuwenden, wenn die dortigen Voraussetzungen erfüllt sind. Dies ist insbesondere bei der gleichzeitigen Übernahme von Verbindlichkeiten der Fall.

13 § 6 Abs. 5 Satz 3 EStG regelt nicht die Übertragungen von Wirtschaftsgütern aus dem Privatvermögen in das Gesamthandsvermögen und umgekehrt (vgl. BMF-Schreiben vom 29. März 2000, BStBl. I S. 462[1]). Für die Übertragung von Wirtschaftsgütern des Privatvermögens des Mitunternehmers in das Gesamthandsvermögen der Mitunternehmerschaft gelten die Grundsätze des BMF-Schreibens vom 11. Juli 2011 (BStBl. I S. 713)[2].

### 3. Unentgeltliche Übertragung oder Übertragung gegen Gewährung oder Minderung von Gesellschaftsrechten

14 § 6 Abs. 5 Satz 3 Nr. 1 und 2 EStG ist anzuwenden, soweit die Übertragung unentgeltlich oder gegen Gewährung oder Minderung von Gesellschaftsrechten erfolgt; § 6 Abs. 5 Satz 3 Nr. 3 EStG ist anzuwenden, soweit die Übertragung unentgeltlich erfolgt. Ob eine Übertragung unentgeltlich oder gegen Gewährung oder Minderung von Gesellschaftsrechten vorgenommen wird, richtet sich auch nach den Grundsätzen des BMF-Schreibens vom 11. Juli 2011 (BStBl. I S. 713)[2].

#### a) Unentgeltlichkeit

15[3] Die Übertragung eines Wirtschaftsguts erfolgt unentgeltlich, soweit keine Gegenleistung hierfür erbracht wird. Eine Gegenleistung kann sowohl durch die Hingabe von Aktiva als auch durch die Übernahme von Passiva (z. B. Verbindlichkeiten) erfolgen. In diesen Fällen ist die Übertragung des Wirtschaftsguts nicht vollumfänglich unentgeltlich. Die Übernahme von Verbindlichkeiten stellt wirtschaftlich gesehen ein (sonstiges) Entgelt dar. Ob eine teilentgeltliche Übertragung vorliegt, ist nach den Grundsätzen der sog. „Trennungstheorie" anhand der erbrachten Gegenleistung im Verhältnis zum Verkehrswert des übertragenen Wirtschaftsguts zu prüfen. Liegt die Gegenleistung unter dem Verkehrswert, handelt es sich um eine teilentgeltliche Übertragung, bei der der unentgeltliche Teil nach § 6 Abs. 5 Satz 3 EStG zum Buchwert zu übertragen ist. Hinsichtlich des entgeltlichen Teils der Übertragung liegt eine Veräußerung des Wirtschaftsguts vor und es kommt insoweit zur Aufdeckung der stillen Reserven des Wirtschaftsguts (vgl. BFH-Urteil vom 11. Dezember 2001, BStBl. 2002 II S. 420).

**Beispiel 2:**

A und B sind zu jeweils 50 % an der AB-OHG beteiligt. In seinem Einzelunternehmen hat A einen PKW mit einem Buchwert von 1000 €. Der Verkehrswert des PKW beträgt 10 000 €. Zudem hat A eine Verbindlichkeit bei der Bank des PKW-Herstellers i. H. v. 3000 €. A überträgt den PKW nach § 6 Abs. 5 Satz 3 Nr. 1 EStG ohne Gewährung von Gesellschaftsrechten in das Gesamthandsvermögen der AB-OHG. Dabei übernimmt die AB-OHG auch das Darlehen.

---

[1] Nr. **1** § 4/13.

[2] Nr. **1** § 4/15.

[3] Siehe hierzu aber auch BMF v. 12. 9. 2013, BStBl. I S. 1164 (Nr. **1** § 6/32).

**Lösung:**

Es handelt sich um eine teilentgeltliche Übertragung des PKW. Der entgeltliche Anteil liegt durch die Übernahme der Verbindlichkeit bei 30 % (3000 € von 10 000 €), der unentgeltliche Anteil bei 70 %. Im Einzelunternehmen des A werden durch die teilentgeltliche Übertragung stille Reserven i. H. v. 2700 € (3000 € abzgl. 30 % des Buchwerts = 300 €) aufgedeckt. Die AB-OHG muss den PKW mit 3700 € (3000 € zzgl. 70 % des Buchwerts = 700 €) auf der Aktivseite und die Verbindlichkeit mit 3000 € auf der Passivseite im Gesamthandsvermögen bilanzieren.

### b) Gesellschaftsrechte

Für die Entscheidung, ob eine Übertragung nach § 6 Abs. 5 Satz 3 Nr. 1 und 2 EStG gegen Gewährung oder Minderung von Gesellschaftsrechten erfolgt, ist maßgeblich auf den Charakter des in diesem Zusammenhang angesprochenen Kapitalkontos des Gesellschafters abzustellen. Zur Abgrenzung zwischen Eigenkapital- und Darlehenskonten des Gesellschafters wird auf das BFH-Urteil vom 16. Oktober 2008 (BStBl. 2009 II S. 272) sowie auf das BMF-Schreiben vom 30. Mai 1997 (BStBl. I S. 627)[1] verwiesen. 16

**Abwandlung Beispiel 2:**

Der Buchwert des PKW beträgt 1000 € (Verkehrswert 10 000 €). Von der AB-OHG wurden keine Verbindlichkeiten übernommen. A überträgt den PKW in das Gesamthandsvermögen der AB-OHG gegen Gewährung von Gesellschaftsrechten i. H. v. 1000 € (Buchung auf dem Kapitalkonto I des A) und Buchung auf dem gesamthänderisch gebundenen Rücklagenkonto i. H. v. 9000 €. Die OHG setzt den PKW mit 10 000 € in ihrem Gesamthandsvermögen an.

**Lösung:**

Die nur teilweise Buchung über ein Gesellschaftsrechte vermittelndes Kapitalkonto führt insgesamt zu einem entgeltlichen Vorgang. Die Übertragung des PKW muss gleichwohl zwingend mit dem Buchwert angesetzt werden, weil die Übertragung gegen Gewährung von Gesellschaftsrechten erfolgt ist (§ 6 Abs. 5 Satz 3 Nr. 1 EStG). Ist mit der Übertragung eine Änderung der Gewinnverteilung und der Beteiligung am Liquidationserlös verbunden, haben sowohl A als auch B zum Zwecke der Erfolgsneutralität des Vorgangs eine negative Ergänzungsbilanz aufzustellen. In den übrigen Fällen sind nach § 6 Abs. 5 Satz 4 EStG die bis zur Übertragung entstandenen stillen Reserven in vollem Umfang dem Einbringenden A zuzuordnen.

## 4. Einzelfälle zu Übertragungen nach § 6 Abs. 5 Satz 3 Nr. 1 bis 3 EStG

### a) Übertragung nach § 6 Abs. 5 Satz 3 Nr. 1 EStG

§ 6 Abs. 5 Satz 3 Nr. 1 EStG regelt ausschließlich die Übertragung einzelner Wirtschaftsgüter zwischen dem Betriebsvermögen eines Mitunternehmers in das Gesamthandsvermögen einer Mitunternehmerschaft, an der der Übertragende beteiligt ist, oder umgekehrt, sofern die Besteuerung der stillen Reserven sichergestellt ist. Für die Übertragung eines Wirtschaftsguts nach § 6 Abs. 5 Satz 3 Nr. 1 EStG aus dem Gesamthandsvermögen einer Mitunternehmerschaft in das Betriebsvermögen des Mitunternehmers und umgekehrt ist die Buchwertfortführung nicht auf den ideellen Anteil des Mitunternehmers am Wirtschaftsgut des Gesamthandsvermögens begrenzt; § 6 Abs. 5 Satz 5 EStG ist zu beachten (siehe auch Rdnr. 31). 17

---

[1] Nr. 1 § 15 a/1.

**Beispiel 3:**

Vater V und Sohn S betreiben eine land- und forstwirtschaftliche GbR. Zum 30. Juni 10 scheidet V in der Form aus der GbR aus, dass er nur die wesentlichen Betriebsgrundlagen (Grund und Boden, Hofstelle), die sich in seinem Sonderbetriebsvermögen befinden, behält. Das gesamte Gesamthandsvermögen erhält hingegen S, der das land- und forstwirtschaftliche Unternehmen als Einzelunternehmen fortführt. V verpachtet die wesentlichen Betriebsgrundlagen (Grund und Boden, Hofstelle) an S und übt gleichzeitig das Verpächterwahlrecht (R 16 Abs. 5 *EStR 2008*[1]) aus.

**Lösung:**

Es handelt sich nicht um einen Fall der steuerneutralen Realteilung i. S. v. § 16 Abs. 3 Satz 2 EStG, weil S das nämliche Unternehmen in unveränderter Weise fortführt und es somit begrifflich an der erforderlichen Betriebsaufgabe fehlt. Es liegt auch kein Fall des § 6 Abs. 3 EStG vor, da V zwar seinen gesamten Anteil am Gesamthandsvermögen auf S übertragen, jedoch seinen Anteil am Sonderbetriebsvermögen zurückbehalten hat. Das zurückbehaltene Sonderbetriebsvermögen gehört infolge der Auflösung der Mitunternehmerschaft nicht mehr zum Betriebsvermögen derselben Mitunternehmerschaft. Bei der Übertragung der Wirtschaftsgüter des Gesamthandsvermögens von der land- und forstwirtschaftlichen GbR in das Betriebsvermögen des Einzelunternehmens hat S jedoch nach § 6 Abs. 5 Satz 3 Nr. 1 EStG zwingend die Buchwerte der Wirtschaftsgüter fortzuführen, wenn er im Rahmen der Übertragung keine Verbindlichkeiten übernommen hat.

### b) Übertragung nach § 6 Abs. 5 Satz 3 Nr. 2 EStG

18 § 6 Abs. 5 Satz 3 Nr. 2 EStG regelt ausschließlich die Übertragung zwischen dem Sonderbetriebsvermögen eines Mitunternehmers in das Gesamthandsvermögen derselben oder einer anderen Mitunternehmerschaft, an der der Übertragende beteiligt ist, oder umgekehrt, sofern die Besteuerung der stillen Reserven sichergestellt ist. Die unmittelbare Übertragung von einzelnen Wirtschaftsgütern zwischen den Gesamthandsvermögen von Schwesterpersonengesellschaften stellt hingegen keinen Anwendungsfall des § 6 Abs. 5 Satz 3 Nr. 2 EStG dar und ist somit nicht zu Buchwerten möglich (BFH-Urteil vom 25. November 2009, BStBl. 2010 II S. 471); dies gilt selbst dann, wenn es sich um beteiligungsidentische Schwesterpersonengesellschaften handelt[2]. Die Buchwertfortführung kann in diesen Fällen auch nicht nach § 6 Abs. 5 Satz 1 EStG erfolgen, da es sich um einen Übertragungsvorgang mit Rechtsträgerwechsel handelt und nicht um einen Überführungsvorgang *(BMF-Schreiben vom 28. Februar 2006, BStBl. I S. 228, Tz. IV.1.*[3]*).*

19[4] *Bei einer Kettenübertragung eines Wirtschaftsguts zwischen zwei Mitunternehmerschaften, bei der das zu übertragende Wirtschaftsgut in einem zeitlichen und sachlichen Zusammenhang zunächst vom Gesamthandsvermögen der Mitunternehmerschaft in das Sonderbetriebsvermögen derselben Mitunternehmerschaft und anschließend ins Gesamthandsvermögen der anderen (Schwester-)Mitunternehmerschaft übertragen wird, ist zu prüfen, ob der Buchwertfortführung die Gesamtplanrechtsprechung oder andere missbräuchliche Gestaltungen i. S. d. § 42 AO entgegenstehen.*

20 Durch die Rückkehr zur gesellschafterbezogenen Betrachtungsweise bei Anwendung des § 6 b EStG für Veräußerungen nach dem 31. Dezember

[1] Jetzt: EStR 2015.

[2] **[Amtl. Anm.:]** Hinweis auf das BMF-Schreiben vom 29. Oktober 2010, BStBl. I S. 1206 (Nr. **1** § 6/31) zum AdV-Beschluss des BFH vom 15. April 2010 (BStBl. II S. 971).

[3] Siehe jetzt BMF v. 19. 12. 2018, BStBl. 2019 I S. 6 (Nr. **1** § 16/3).

[4] Überholt; siehe BMF v. 20. 11. 2019, BStBl. I S. 1291, Rn. 40 (Nr. **1** § 6/18).

2001 können nach § 6 b EStG begünstigte Wirtschaftsgüter von einer Mitunternehmerschaft verkauft und (gleichzeitig) der Gewinn bei der erwerbenden Mitunternehmerschaft über §§ 6 b, 6 c EStG im Rahmen der Anschaffung oder Herstellung der Wirtschaftsgüter übertragen werden, soweit die Anschaffungs- oder Herstellungskosten dieser Wirtschaftsgüter anteilig dem Mitunternehmer der anschaffenden Gesellschaft zuzurechnen sind und soweit der begünstigte Gewinn anteilig auf diesen Mitunternehmer entfällt (R 6 b.2 Abs. 7 *EStR 2008*[1)]). Eine vollständige Gewinnübertragung nach §§ 6 b, 6 c EStG ist möglich, wenn dieselben Mitunternehmer an beiden Mitunternehmerschaften in demselben Beteiligungsverhältnis beteiligt sind.

### c) Übertragung nach § 6 Abs. 5 Satz 3 Nr. 3 EStG

§ 6 Abs. 5 Satz 3 Nr. 3 EStG regelt ausschließlich die Übertragung zwi- 21
schen den jeweiligen Sonderbetriebsvermögen verschiedener Mitunternehmer derselben Mitunternehmerschaft, sofern die Besteuerung der stillen Reserven sichergestellt ist.

**Beispiel 4:**

Vater V und Sohn S betreiben eine land- und forstwirtschaftliche GbR. Zum 30. Juni 10 scheidet V aus der GbR aus. Im Rahmen der Aufgabe der land- und forstwirtschaftlichen GbR erhält S zusätzlich zu den gesamten Wirtschaftsgütern des Gesamthandsvermögens auch die im Sonderbetriebsvermögen des V stehende Hofstelle. Den Grund und Boden überträgt V nicht auf S.

**Lösung:**

Die Übertragung der Hofstelle vom V auf S kann nicht zum Buchwert nach § 6 Abs. 5 Satz 3 Nr. 3 EStG erfolgen, da durch das Ausscheiden des V und die sich dadurch ergebende Anwachsung des Anteils auf S zu einem Einzelunternehmen die GbR beendet und somit eine Übertragung zwischen zwei Sonderbetriebsvermögen (des V und des S) begrifflich nicht mehr möglich ist. Die in der Hofstelle enthaltenen stillen Reserven sind daher aufzudecken. Soweit die Wirtschaftsgüter des Gesamthandsvermögens in das Einzelunternehmen des S übertragen werden, gelten die Ausführungen zu Beispiel 3.

**Abwandlung Beispiel 4:**

Vor seinem Ausscheiden überträgt V die Hofstelle aus seinem Sonderbetriebsvermögen in das Sonderbetriebsvermögen des S. Zum 30. Juni 10 scheidet V dann aus der GbR aus und S erhält die gesamten Wirtschaftsgüter des Gesamthandsvermögens. Den Grund und Boden überträgt V nicht auf S.

**Lösung:**

Die Übertragung der Hofstelle von V auf S erfolgt zum Buchwert nach § 6 Abs. 5 Satz 3 Nr. 3 EStG vom Sonderbetriebsvermögen des V in das Sonderbetriebsvermögen des S. Durch das Ausscheiden des V zum 30. Juni 10 wird die GbR beendet. Soweit die Wirtschaftsgüter des Gesamthandsvermögens in das Einzelunternehmen des S übertragen werden, gelten die Ausführungen zu Beispiel 3.

## III. Einzelheiten zu § 6 Abs. 5 Satz 4 bis 6 EStG

### 1. Sperrfrist des § 6 Abs. 5 Satz 4 EStG und rückwirkender Ansatz des Teilwerts

Der zwingende Buchwertansatz bei der Übertragung von Wirtschaftsgütern 22
nach § 6 Abs. 5 Satz 3 Nr. 1 bis 3 EStG ist beim Übernehmer zur Vermeidung von missbräuchlichen Gestaltungen mit einer sog. Sperrfrist verknüpft (§ 6 Abs. 5 Satz 4 EStG) Der Übernehmer darf innerhalb der Sperrfrist das übertragene Wirtschaftsgut weder aus dem Betriebsvermögen entnehmen

[1)] Jetzt: EStR 2015.

noch veräußern; ansonsten wird rückwirkend auf das Ereignis der Übertragung der Teilwert für das Wirtschaftsgut angesetzt. Die Sperrfrist endet drei Jahre nach Abgabe der Steuererklärung des Übertragenden für den Veranlagungs-/Feststellungszeitraum der Übertragung. Wurde keine Steuer-/Feststellungserklärung abgegeben, endet die Sperrfrist mit Ablauf des sechsten Jahres, das auf den Veranlagungs-/Feststellungszeitraum der Übertragung folgt.

23 Keine Verletzung der Sperrfrist (§ 6 Abs. 5 Satz 4 EStG) liegt vor, wenn die einer Buchwertübertragung nach § 6 Abs. 5 Satz 3 EStG nachfolgende Übertragung ebenfalls wieder unter § 6 Abs. 5 Satz 3 EStG fällt und damit auch zwingend zum Buchwert vorzunehmen ist, wenn bei einer Realteilung für die übertragenen Wirtschaftsgüter eine neue Sperrfrist ausgelöst wird oder wenn das Wirtschaftsgut aufgrund höherer Gewalt (Zerstörung, Untergang etc.) aus dem Betriebsvermögen ausgeschieden ist. Die Sperrfrist wird durch jede nachfolgende Übertragung nach § 6 Abs. 5 Satz 3 EStG neu ausgelöst und tritt somit an die Stelle der bisherigen Sperrfrist. Bei einer nachfolgenden Überführung nach § 6 Abs. 5 Satz 1 und 2 EStG liegt ebenfalls keine Verletzung der Sperrfrist vor; allerdings läuft hier die ursprüngliche Sperrfrist weiter, da eine Überführung keine neue Sperrfrist auslösen kann. Im Fall einer Veräußerung oder Entnahme innerhalb der Sperrfrist ist der Teilwert rückwirkend auf den Zeitpunkt der letzten Übertragung anzusetzen. Eine „fiktive" Entnahme i. S. v. § 4 Abs. 1 Satz 3 EStG oder eine „fiktive" Veräußerung i. S. v. § 12 Abs. 1 KStG innerhalb der Sperrfrist führt ebenfalls zum rückwirkenden Ansatz des Teilwerts auf den Übertragungsstichtag i. S. v. § 6 Abs. 5 Satz 4 EStG.

24 Bei der Übertragung selbst geschaffener nicht bilanzierungsfähiger immaterieller Wirtschaftsgüter des Anlagevermögens (§ 5 Abs. 2 EStG) und von im Sammelposten erfassten Wirtschaftsgütern (§ 6 Abs. 2 a EStG) muss die Besteuerung der stillen Reserven sichergestellt sein.

**Beispiel 5:**

A und B sind Mitunternehmer der AB-OHG. In 01 schafft sich A für seine Tätigkeit bei der AB-OHG einen Schreibtisch (AK 900 €) und einen Stuhl (AK 400 €) an. Diese Wirtschaftsgüter erfasst er im Sammelposten 01 in seinem Sonderbetriebsvermögen bei der AB-OHG. In 03 benötigt B diese Wirtschaftsgüter für seine Tätigkeit bei der AB-OHG. Die Übertragung von A auf den B erfolgt unentgeltlich.

**Lösung:**

Die Übertragung des Schreibtisches und des Stuhls vom Sonderbetriebsvermögen des A in das Sonderbetriebsvermögen des B bei der AB-OHG führt nicht zur Aufdeckung der stillen Reserven (§ 6 Abs. 5 Satz 3 Nr. 3 EStG), da diese unentgeltlich erfolgt. Die Wirtschaftsgüter sind nun dem Sonderbetriebsvermögen des B zuzurechnen und entsprechende stille Reserven sind dort steuerverstrickt. Gleichwohl werden die Wirtschaftsgüter nicht aus dem Sammelposten 01 im Sonderbetriebsvermögen des A ausgebucht. Dieser wird regulär über 5 Jahre aufgelöst.

Entsprechendes gilt, wenn der Steuerpflichtige von der Regelung des *R 14 Abs. 2 EStR 2008*[1] für das übertragene Feldinventar, die stehende Ernte und die nicht zum Verkauf bestimmten Vorräte Gebrauch gemacht hat.

25 Der mit der Sperrfrist des § 6 Abs. 5 Satz 4 EStG verbundene rückwirkende Ansatz des Teilwerts für das veräußerte Wirtschaftsgut wird ausschließlich einheitlich angewendet, d. h., bei einer vorherigen Übertragung auf eine Gesamthand wird der rückwirkende Ansatz des Teilwerts in voller Höhe vorge-

[1] Jetzt R 14 Abs. 2 und 3 EStR 2015.

nommen und nicht nur für den Anteil des Wirtschaftsguts, der auf neue Mitunternehmer der Gesamthand übergegangen ist.

**Beispiel 6:**

A und B sind zu jeweils 50 % an der landwirtschaftlichen AB-GbR beteiligt. Neben der AB-GbR betreibt A noch ein landwirtschaftliches Einzelunternehmen. A überträgt aus seinem Einzelunternehmen eine Maschine in das Gesamthandsvermögen der AB-GbR. Die Maschine wird nach einem halben Jahr von der AB-GbR an einen fremden Dritten veräußert.

**Lösung:**

Die Übertragung der Maschine aus dem Einzelunternehmen des A in das Gesamthandsvermögen der AB-GbR erfolgt zunächst nach § 6 Abs. 5 Satz 3 Nr. 1 EStG zum Buchwert. Bei einer Veräußerung innerhalb der dreijährigen Sperrfrist (§ 6 Abs. 5 Satz 4 EStG) muss rückwirkend auf den Tag der Übertragung der Teilwert der Maschine angesetzt werden. Der Entnahmegewinn fällt beim Einzelunternehmen des A an. Der Teilwert ist in voller Höhe rückwirkend anzusetzen und nicht lediglich für den hälftigen Anteil an der Maschine, der durch die Übertragung auch dem B zuzurechnen ist.

Ein rückwirkender Ansatz des Teilwerts erfolgt nicht, wenn die bis zur 26 Übertragung entstandenen stillen Reserven durch Erstellung einer Ergänzungsbilanz dem übertragenden Mitunternehmer zugeordnet werden. Hierdurch ist sichergestellt, dass die bis zur Übertragung entstandenen stillen Reserven in der Person des übertragenden Mitunternehmers – wie in Beispiel 6 – versteuert werden.

Trotz Erstellung einer Ergänzungsbilanz ist nach R 6.15 *EStR 2008*[1] ein sofortiger (rückwirkender) Ansatz des Teilwerts im Übertragungszeitpunkt vorzunehmen, wenn durch die Übertragung keine Änderung des Anteils des übertragenden Gesellschafters an dem übertragenen Wirtschaftsgut eingetreten ist, aber das Wirtschaftsgut einem anderen Rechtsträger zuzuordnen ist. Dies ist z. B. der Fall, wenn ein Wirtschaftsgut aus einem Betriebsvermögen in das Gesamthandsvermögen einer Mitunternehmerschaft übertragen wird, an deren Vermögen der Übertragende zu 100 % beteiligt ist[2].

**Beispiel 7:**

An einer KG ist A zu 100 % und eine GmbH zu 0 % beteiligt. A überträgt aus seinem Einzelunternehmen ein unbebautes Grundstück (Buchwert 100 000 €, Teilwert 500 000 €) in das Gesamthandsvermögen der KG gegen Gewährung von Gesellschaftsrechten. Die KG setzt das unbebaute Grundstück mit dem Teilwert in ihrer Gesamthandsbilanz an; zum Zwecke der Erfolgsneutralität des Vorgangs wird für A eine negative Ergänzungsbilanz mit einem Minderwert des unbebauten Grundstücks von 400 000 € ausgewiesen. Das unbebaute Grundstück wird nach einem Jahr von der KG an einen fremden Dritten veräußert.

**Lösung:**

Auf den Tag der Übertragung ist der Teilwert des Grundstücks anzusetzen. A versteuert somit – wie auch durch die Erstellung der Ergänzungsbilanz sichergestellt – die bis zur Übertragung entstandenen stillen Reserven (400 000 €). Die Versteuerung erfolgt jedoch nicht erst im Veräußerungs-, sondern schon im Übertragungszeitpunkt. Sofern A § 6 b EStG anwenden will, ist somit für die Sechs-Jahres-Frist i. S. d. § 6 b Abs. 4 Satz 1 Nr. 2 EStG auf den Übertragungszeitpunkt abzustellen.

Ob die dreijährige Sperrfrist eingehalten worden ist, kann regelmäßig nur 27 das Finanzamt des Übernehmers erkennen. Stellt dieses fest, dass das übertragene Wirtschaftsgut innerhalb der Sperrfrist vom Übernehmer entnommen oder veräußert wurde, muss es dieses Ereignis dem Finanzamt des Übertragen-

[1] Jetzt: EStR 2015.

[2] Überholt durch BFH v. 31. 7. 2013 I R 44/12, BStBl. 2015 II S. 450, und v. 26. 6. 2014 IV R 31/12, BStBl. 2015 II S. 463; siehe H 6.15 „Einmann-GmbH & Co. KG" EStH.

den mitteilen. Dieses Finanzamt muss dann prüfen, ob rückwirkend der Teilwert anzusetzen und deshalb die Steuerfestsetzung nach § 175 Abs. 1 Satz 1 Nr. 2 i. V. m. Abs. 2 Satz 1 AO zu ändern ist. Die entsprechenden Änderungen beim Übernehmer hat das für die Besteuerung zuständige Finanzamt ebenfalls nach § 175 Abs. 1 Satz 1 Nr. 2 AO vorzunehmen, z. B. eine höhere Abschreibungsbemessungsgrundlage für das übertragene Wirtschaftsgut.

**Beispiel 8:**

Im April 06 übertragen die Mitunternehmer A und B jeweils ein Wirtschaftsgut (keine wesentliche Betriebsgrundlage), das sie bis dahin in ihrem jeweiligen Einzelunternehmen genutzt haben, in das Gesamthandsvermögen der AB-OHG. A gibt seine Einkommensteuererklärung 06 im Mai 07 und B seine Einkommensteuererklärung 06 im Dezember 07 ab. Im September 10 veräußert die AB-OHG die auf sie im April 06 übertragenen Wirtschaftsgüter.

**Lösung:**

Für das von A übertragene Wirtschaftsgut ist bei der Veräußerung durch die AB-OHG die Sperrfrist bereits abgelaufen; es verbleibt beim Buchwertansatz zum Übertragungsstichtag. Für das von B übertragene Wirtschaftsgut ist dagegen rückwirkend der Teilwert anzusetzen.

### 2. Begründung oder Erhöhung eines Anteils einer Körperschaft, Personenvereinigung oder Vermögensmasse an einem Wirtschaftsgut i. S. d. § 6 Abs. 5 Satz 5 EStG

28 Bei einer Übertragung eines Wirtschaftsguts nach § 6 Abs. 5 Satz 3 Nr. 1 oder 2 EStG aus dem (Sonder-)Betriebsvermögen des Mitunternehmers in das Gesamthandsvermögen einer Mitunternehmerschaft, an der vermögensmäßig auch eine Körperschaft, Personenvereinigung oder Vermögensmasse beteiligt ist, ist der Teilwert anzusetzen, soweit der vermögensmäßige Anteil einer Körperschaft, Personenvereinigung oder Vermögensmasse an dem Wirtschaftsgut unmittelbar oder mittelbar begründet wird oder sich erhöht (§ 6 Abs. 5 Satz 5 EStG). Auch die Erstellung einer Ergänzungsbilanz ändert an den Rechtsfolgen des § 6 Abs. 5 Satz 5 EStG nichts.

**Beispiel 9:**

A und die B-GmbH sind zu jeweils 50 % vermögensmäßig an der AB-OHG beteiligt. In seinem Einzelunternehmen hat A einen PKW mit einem Buchwert von 1000 €. Der Teilwert des PKW beträgt 10 000 €. A überträgt den PKW unentgeltlich in das Gesamthandsvermögen der AB-OHG. A ist nicht Gesellschafter der B-GmbH und auch keine nahe stehende Person.

**Lösung:**

Grundsätzlich ist bei einer Übertragung von Wirtschaftsgütern nach § 6 Abs. 5 Satz 3 Nr. 1 EStG aus einem Betriebsvermögen eines Mitunternehmers in das Gesamthandsvermögen einer Mitunternehmerschaft die Buchwertverknüpfung vorgeschrieben. Durch die Beteiligung der B-GmbH an der AB-OHG gehen 50 % der stillen Reserven des PKW auf die B-GmbH über. Aus diesem Grund muss nach § 6 Abs. 5 Satz 5 EStG der hälftige Teilwert i. H. v. 5000 € angesetzt werden, da ein Anteil der B-GmbH am übertragenen PKW von 50 % begründet wird. Die AB-OHG muss den PKW mit 5500 € (5000 € zzgl. 50 % des Buchwerts i. H. v. 500 €) im Gesamthandsvermögen bilanzieren. Im Einzelunternehmen des A entsteht ein anteiliger Gewinn aus der Übertragung des PKW i. H. v. 4500 € (5000 € abzgl. 50 % des Buchwerts = 500 €).

29 Ist eine Körperschaft, Personenvereinigung oder Vermögensmasse zu 100 % vermögensmäßig am Gesamthandsvermögen einer Mitunternehmerschaft beteiligt, ist die Übertragung eines Wirtschaftsguts aus dem (Sonder-)Betriebsvermögen dieser Körperschaft, Personenvereinigung oder Vermögensmasse in

das Gesamthandsvermögen der Mitunternehmerschaft oder umgekehrt zwingend nach § 6 Absatz 5 Satz 3 Nummer 1 oder 2 EStG zum Buchwert vorzunehmen, da ihr vermögensmäßiger Anteil an dem Wirtschaftsgut weder begründet wird noch sich erhöht. Gleiches gilt, wenn eine Körperschaft, Personenvereinigung oder Vermögensmasse nicht am Vermögen der Mitunternehmerschaft beteiligt ist, auf die das Wirtschaftsgut übertragen wird. In beiden Fällen findet § 6 Absatz 5 Satz 5 EStG keine Anwendung.

**Beispiel 10:**

A ist als Kommanditist vermögensmäßig alleine an der B-GmbH & Co. KG beteiligt. Die B-GmbH ist als Komplementärin vermögensmäßig nicht an der B-GmbH & Co. KG beteiligt. In seinem Einzelunternehmen hat A einen PKW mit einem Buchwert von 1000 €. Der Teilwert des PKW beträgt 10 000 €. A überträgt den PKW unentgeltlich in das Gesamthandsvermögen der KG.

**Lösung:**

Grundsätzlich ist bei einer Übertragung von Wirtschaftsgütern nach § 6 Absatz 5 Satz 3 Nummer 1 EStG aus einem Betriebsvermögen eines Mitunternehmers in das Gesamthandsvermögen einer Mitunternehmerschaft die Buchwertverknüpfung vorgeschrieben. Da die B-GmbH an der B-GmbH & Co. KG vermögensmäßig nicht beteiligt ist, gehen hier – anders als in Beispiel 9 – auch keine stillen Reserven des PKW auf die B-GmbH über, denn wirtschaftlich gesehen ist der PKW sowohl vor als auch nach der Übertragung allein dem A zuzurechnen. Aus diesem Grund müssen bei der Übertragung des PKW keine stillen Reserven nach § 6 Absatz 5 Satz 5 EStG aufgedeckt werden.

§ 6 Absatz 5 Satz 5 EStG findet auch dann keine Anwendung, wenn sowohl eine natürliche Person als auch eine Körperschaft, Personenvereinigung oder Vermögensmasse vermögensmäßig am Gesamthandsvermögen einer Mitunternehmerschaft beteiligt sind und sich durch die Übertragung der ideelle Anteil der Körperschaft, Personenvereinigung oder Vermögensmasse am Wirtschaftsgut verringert. 30

**Beispiel 11:**

A und die B-GmbH sind im Verhältnis 2:1 an der AB-OHG beteiligt. Zum Gesamthandsvermögen der OHG gehört ein PKW (Buchwert 1000 €, Teilwert 10 000 €). Gegen Minderung von Gesellschaftsrechten überträgt die OHG den PKW in das Einzelunternehmen des A.

**Lösung:**

Bei der Übertragung des PKW aus dem Gesamthandsvermögen der OHG in das Betriebsvermögen des A ist nach § 6 Absatz 5 Satz 3 Nummer 1 EStG die Buchwertverknüpfung vorgeschrieben, sofern die Besteuerung der stillen Reserven bei A sichergestellt ist. § 6 Absatz 5 Satz 5 EStG ist nicht einschlägig, da der Anteil der B-GmbH am PKW nicht begründet oder erhöht wird, sondern sich verringert.

Ist eine Körperschaft, Personenvereinigung oder Vermögensmasse zu weniger als 100 % vermögensmäßig am Gesamthandsvermögen einer Mitunternehmerschaft beteiligt, ist die Übertragung eines Wirtschaftsguts aus dem (Sonder-)Betriebsvermögen einer anderen beteiligten Körperschaft, Personenvereinigung oder Vermögensmasse in das Gesamthandsvermögen der Mitunternehmerschaft zwingend nach § 6 Absatz 5 Satz 3 Nummer 1 oder 2 EStG zum Buchwert vorzunehmen, allerdings beschränkt auf den der übertragenden Kapitalgesellschaft, Personenvereinigung oder Vermögensmasse nach der Übertragung mittelbar zuzurechnenden Anteil am Wirtschaftsgut. Die Übertragung eines Wirtschaftsguts aus dem Sonderbetriebsvermögen einer Körperschaft, Personenvereinigung oder Vermögensmasse in das Sonderbe- 31 triebsvermögen einer anderen Körperschaft, Personenvereinigung oder Vermögensmasse bei derselben Mitunternehmerschaft nach § 6 Absatz 5 Satz 3 Nummer 3 EStG erfolgt unter Beachtung des § 6 Absatz 5 Satz 5 EStG stets zum Teilwert.

**Beispiel 12:**

Die A-GmbH ist Komplementärin und die B-GmbH ist Kommanditistin der A-GmbH & Co. KG. Die A-GmbH ist am Vermögen der KG zu 90% und die B-GmbH zu 10% beteiligt. Nun überträgt die A-GmbH einen PKW aus ihrem Betriebsvermögen in das Gesamthandsvermögen der KG.

**Lösung:**

Der PKW kann nur i. H. v. 90% zum Buchwert nach § 6 Absatz 5 Satz 3 Nummer 1 EStG in das Gesamthandsvermögen der KG übertragen werden, da der übertragenden A-GmbH der PKW nur insoweit weiterhin mittelbar zugerechnet wird. Hinsichtlich des 10%igen Anteils am PKW, der auf die B-GmbH entfällt, sind die stillen Reserven aufzudecken, da insoweit ein 10%iger Anteil an dem PKW für die B-GmbH neu begründet wird (§ 6 Absatz 5 Satz 5 EStG).

**Abwandlung Beispiel 12:**

Die A-GmbH ist Komplementärin und B (natürliche Person) ist Kommanditist der A-GmbH & Co. KG. Die A-GmbH ist am Vermögen der KG zu 90% und B zu 10% beteiligt.

**Lösung:**

Der PKW kann insgesamt zum Buchwert nach § 6 Absatz 5 Satz 3 Nummer 1 EStG in das Gesamthandsvermögen der KG übertragen werden. Der übertragenden A-GmbH wird der PKW weiterhin zu 90% zugerechnet. Somit wird der vermögensmäßige Anteil der A-GmbH an dem Wirtschaftsgut nicht unmittelbar oder mittelbar begründet oder erhöht. Hinsichtlich des 10%igen Anteils am PKW, der auf B entfällt, sind ebenfalls nicht die stillen Reserven aufzudecken, da insoweit ein (mittelbarer) Anteil einer natürlichen Person begründet wird.

32 Ist der Gesellschafter der Körperschaft gleichzeitig Mitunternehmer der Mitunternehmerschaft und wird ein Wirtschaftsgut von der Körperschaft in das Gesamthandsvermögen der Mitunternehmerschaft übertragen, können die Regelungen zur verdeckten Gewinnausschüttung Anwendung finden.

### 3. Sperrfrist bei Umwandlungsvorgängen (§ 6 Absatz 5 Satz 4 und 6 EStG)

33 Eine Veräußerung innerhalb der Sperrfrist ist z. B. auch eine Umwandlung oder eine Einbringung i. S. d. UmwStG unabhängig davon, ob die Buchwerte, gemeinen Werte oder Zwischenwerte angesetzt werden, wenn zu dem eingebrachten Betriebsvermögen ein Wirtschaftsgut gehört, für das noch die Sperrfrist nach § 6 Absatz 5 Satz 4 EStG läuft.

34 Die zwingende Buchwertverknüpfung bei der Übertragung von Wirtschaftsgütern wird innerhalb einer Sperrfrist von sieben Jahren nach § 6 Absatz 5 Satz 6 EStG rückwirkend versagt, wenn innerhalb dieser Frist ein Anteil einer Körperschaft, Personenvereinigung oder Vermögensmasse an dem übertragenen Wirtschaftsgut unmittelbar oder mittelbar begründet wird oder sich erhöht. Diese Regelung gilt insbesondere in Umwandlungsfällen (z. B. in den Fällen der §§ 20, 25 UmwStG) oder auch – vorbehaltlich der Rdnr. 29 – bei Anwachsung des Vermögens auf eine Körperschaft, Personenvereinigung oder Vermögensmasse.

35 Für die Überwachung der siebenjährigen Sperrfrist gelten die Ausführungen zu Rdnr. 27 entsprechend.

## IV. Verhältnis von § 6 Abs. 5 EStG zu anderen Vorschriften

Die Buchwertverknüpfung des § 6 Abs. 5 EStG steht bei Überführungen oder Übertragungen von Wirtschaftsgütern in Konkurrenz zu anderen steuerrechtlichen Vorschriften:

### 1. Fortführung des Unternehmens (§ 6 Abs. 3 EStG)

Scheidet ein Mitunternehmer aus der Mitunternehmerschaft aus und überträgt er zu Lebzeiten oder durch Tod seinen gesamten Mitunternehmeranteil auf eine oder mehrere natürliche Personen unentgeltlich, so sind nach § 6 Abs. 3 EStG die Buchwerte fortzuführen (vgl. im Weiteren *BMF-Schreiben vom 3. März 2005, BStBl. I S. 458*[1]*, unter Berücksichtigung der Änderungen durch das BMF-Schreiben vom 7. Dezember 2006, BStBl. I S. 766*). Der Rechtsnachfolger tritt in die steuerliche Rechtsstellung des Rechtsvorgängers ein (Gesamtrechtsnachfolge), dies gilt insbesondere für die Sperrfristen des § 6 Abs. 5 Satz 4 EStG. 36

### 2. Realteilung

Eine Realteilung einer Mitunternehmerschaft nach § 16 Abs. 3 Satz 2 EStG liegt vor, wenn die bisherige Mitunternehmerschaft beendet wird und zumindest ein Mitunternehmer den ihm zugeteilten Teilbetrieb, Mitunternehmeranteil oder die ihm zugeteilten Einzelwirtschaftsgüter als Betriebsvermögen fortführt. Insoweit sind die Buchwerte fortzuführen (vgl. auch *BMF-Schreiben vom 28. Februar 2006, BStBl. I S. 228*[2]). Scheidet ein Mitunternehmer aus einer bestehenden Mitunternehmerschaft aus und wird diese von den verbleibenden Mitunternehmern unverändert fortgeführt, liegt kein Fall der Realteilung vor (BFH-Urteil vom 10. März 1998, BStBl. 1999 II S. 269). Die Realteilung, bei der unschädlich zusammen mit Einzelwirtschaftgütern auch Verbindlichkeiten übertragen werden können, hat Vorrang vor der Regelung des § 6 Abs. 5 EStG. 37

### 3. Veräußerung

Bei einer teilentgeltlichen oder vollentgeltlichen Veräußerung des Wirtschaftsguts kommt es zur anteiligen oder zur vollumfänglichen Aufdeckung der stillen Reserven des Wirtschaftsguts, insoweit findet § 6 Abs. 5 EStG keine Anwendung (sog. „Trennungstheorie“ – vgl. Rdnr. 15). 38

### 4. Tausch

Der Anwendungsbereich des § 6 Abs. 5 Satz 3 EStG geht den allgemeinen Regelungen zur Gewinnrealisierung bei Tauschvorgängen nach § 6 Abs. 6 EStG vor. 39

## V. Zeitliche Anwendung

Dieses Schreiben ist in allen noch offenen Fällen anzuwenden. 40

---

[1] **Red. Anm.:** Siehe jetzt BMF v. 20. 11. 2019, BStBl. I S. 1291 (Nr. **1** § 6/18).
[2] **Red. Anm.:** Siehe jetzt BMF v. 19. 12. 2018, BStBl. 2019 I S. 6 (Nr. **1** § 16/3).

**Zusatz der OFD Frankfurt v. 18. 10. 2012 S 2241 A – 117 – St 213:**

Durch Beschluss der Referatsleiter des Bundes und der Länder wurden weitere Zweifelsfragen geregelt:

**Behandlung von Verbindlichkeiten, die mit einem nach § 6 Abs. 5 Satz 3 EStG übertragenen Wirtschaftsgut in Zusammenhang stehen**

**Sachverhalt:**

Bei einer doppelstöckigen Personengesellschaft wird ein Grundstück (Anlagevermögen), das bisher im Eigentum der Obergesellschaft (OG) stand und zu einem Teil (1) für eigenbetriebliche Zwecke der OG genutzt und zum anderen Teil (2) an die Untergesellschaft (UG) vermietet war, nach § 6 Abs. 5 EStG (für den Teil 1 gegen Minderung von Gesellschaftsrechten und für den Teil 2 unentgeltlich) auf den Gesellschafter X der OG übertragen. Das mit diesem Grundstück zusammenhängende Darlehen bleibt unverändert bestehen; es wird von X nicht übernommen. Auch die Nutzung beider Grundstücksteile bleibt unverändert.

Vor der Übertragung gehörte Teil 1 des Grundstücks zum Gesamthandsvermögen der OG, Teil 2 zum Sonderbetriebsvermögen der OG bei der UG. Das Darlehen war bisher, soweit es auf den Teil 1 des Grundstücks entfällt, in der Gesamthandsbilanz der OG und, soweit es auf den Teil 2 des Grundstücks entfällt, als negatives Sonderbetriebsvermögen der OG bei der UG ausgewiesen.

Nach der Übertragung stellt Teil 1 des Grundstücks Sonderbetriebsvermögen des X bei der OG und Teil 2 des Grundstücks Sonderbetriebsvermögen des X bei der UG dar.

**Lösung:**

– Das mit Teil 1 des Grundstücks (Fall des § 6 Abs. 5 Satz 3 Nr. 2 EStG) im Zusammenhang stehende Fremdfinanzierungsdarlehen bleibt – wegen der Veräußerung gegen Minderung von Gesellschaftsrechten – in vollem Umfang eine betriebliche Schuld der OG.

– Das mit Teil 2 des Grundstücks (Fall des § 6 Abs. 5 Satz 3 Nr. 3 EStG) im Zusammenhang stehende Fremdfinanzierungsdarlehen wird, soweit ein Beteiligungsverhältnis zwischen der übertragenden OG und dem übernehmenden X unverändert besteht (also entsprechend dem Anteil des X an der OG), zu einer betrieblichen Schuld im Sonderbetriebsvermögen des X bei der UG.

– Wegen der insoweit unentgeltlichen Eigentumsübertragung (Rz. 1 und 8 Satz 2 des o. a. BMF-Schreibens vom 8. 12. 2011, BStBl. I S. 1279) wird der restliche Fremdfinanzierungsanteil zum Teil 2 zu einer privaten Schuld der übrigen Gesellschafter der OG.

**Anwendung des § 6b EStG bei Übertragung/Veräußerung von Wirtschaftsgütern zwischen personenidentischen Schwestergesellschaften**

**Sachverhalt:**

Die Ehegatten A und B führen in der Rechtsform einer GbR einen Betrieb, zu dessen Betriebsvermögen ein vermietetes Einfamilienhaus gehört. Das Einfamilienhaus soll aus dem Gesamthandsvermögen der GbR in eine neu gegründete, gewerblich geprägte GmbH & Co. KG (die Kommanditanteile halten die Ehegatten zu jeweils 50 %) übertragen werden. Die Übertragung soll gegen Gewährung von Gesellschaftsrechten an A und B (Buchung auf dem jeweiligen Kapitalkonto von A und B bei der KG) erfolgen.

**Lösung:**

Gegen die Annahme einer Veräußerung i. S. der §§ 6 b und 6 c EStG bestehen Bedenken, denn die Übertragung der Immobilie erfolgt gegen Minderung von Gesellschaftsrechten von A und B an der GbR und einer entsprechenden Erhöhung von Gesellschaftsrechten von A und B an der personenidentischen KG; im Ergebnis liegt nur eine „Verschiebung" von bisher schon bestehenden Gesellschaftsrechten und gerade keine „Gewährung" von zusätzlichen (neuen) Gesellschaftsrechten vor, wie sie für die Annahme eines tausch- oder veräußerungsähnlichen Vorgangs regelmäßig verlangt wird.

Eine Anwendung von § 6 b und § 6 c EStG ist daher nicht zuzulassen.

# 1 § 6/16. Schreiben betr. Einbringung eines Wirtschaftsguts in eine Personengesellschaft gegen Gutschrift auf dem sog. Kapitalkonto II; Anwendung der BFH-Urteile vom 29. Juli 2015 IV R 15/14 (BStBl. 2016 II S. 593) und vom 4. Februar 2016 IV R 46/12 (BStBl. II S. 607)

Vom 26. Juli 2016 (BStBl. I S. 684)

(BMF IV C 6 – S 2178/09/10001; DOK 2016/0695791)

Bringt der Gesellschafter einer Personengesellschaft ein Wirtschaftsgut gegen Gutschrift eines Betrags ausschließlich auf dem sogenannten Kapitalkonto II in die Gesellschaft ein, ist auch dieser Vorgang nach dem BMF-Schreiben vom 11. Juli 2011 (BStBl. I S. 713[1]) als ein entgeltlicher Vorgang (und nicht als Einlage) anzusehen, der zur Gewährung von Gesellschaftsrechten führt, wenn nach den gesellschaftsvertraglichen Vereinbarungen auf diesem Konto auch Verluste gebucht werden. Nach den Urteilen des BFH vom 29. Juli 2015 IV R 15/14 (BStBl. 2016 II S. 593) und vom 4. Februar 2016 IV R 46/12 (BStBl. II S. 607) ist dieser Vorgang dagegen als Einlage und nicht als entgeltliches Geschäft zu behandeln. Damit hat der BFH in diesen Urteilen ausdrücklich der Rechtsauffassung der Finanzverwaltung in dem BMF-Schreiben vom 11. Juli 2011 (BStBl. I S. 713)[1] widersprochen.

Nach Auffassung des BFH sind Einbringungen in Personengesellschaften gegen Buchung auf einem Gesellschafterkonto nur dann entgeltliche Vorgänge und führen nur dann zur Gewährung von Gesellschaftsrechten, wenn ein Kapitalkonto angesprochen wird, nach dem sich die maßgebenden Gesellschaftsrechte, insbesondere das Gewinnbezugsrecht, richten (das ist in der Regel das Kapitalkonto I). Danach führt jedenfalls die ausschließliche Buchung auf dem Kapitalkonto II nicht zu einem entgeltlichen Vorgang und damit nicht zur Gewährung von Gesellschaftsrechten, sondern ist als Einlage zu behandeln.

Unter Bezugnahme auf das Ergebnis der Erörterung mit den obersten Finanzbehörden der Länder nehme ich zur Anwendung der BFH-Urteile vom 29. Juli 2015 IV R 15/14 (BStBl. 2016 II S. 593) und vom 4. Februar 2016 IV R 46/12 (BStBl. II S. 607) wie folgt Stellung:

Die BFH-Urteile sind in allen noch offenen Fällen anzuwenden. Tz. I. 2 und Tz. II. 2.a) erster und dritter Spiegelstrich sowie Tz. II. 2.b) des BMF-Schreibens vom 11. Juli 2011 (BStBl. I S. 713)[1] sowie die Tz. 24.07 des Umwandlungssteuererlasses (BMF-Schreiben vom 11. November 2011, BStBl. I S. 1314)[1] sind demnach insoweit überholt, als danach sowohl eine Buchung, die ausschließlich auf einem variablen Kapitalkonto (insbesondere dem Kapitalkonto II) erfolgt, als auch eine Buchung, die teilweise auf einem

[1] Nr. 1 § 4/15.

variablen Kapitalkonto (insbesondere dem Kapitalkonto II) und teilweise auf einem gesamthänderisch gebundenen Rücklagenkonto erfolgt, zu einer Gewährung von Gesellschaftsrechten und damit zu einem entgeltlichen Vorgang führt.

Auf gemeinsamen Antrag des Übertragenden oder des Einbringenden und der übernehmenden Personengesellschaft kann in noch offenen Fällen die bisherige Verwaltungsauffassung in den BMF-Schreiben vom 11. Juli 2011 (BStBl. I S. 713)[1] und vom 11. November 2011 (BStBl. I S. 1314)[2], wonach auch eine Buchung auf dem Kapitalkonto II zu einer Gewährung von Gesellschaftsrechten führt, für Übertragungen und Einbringungen bis zum 31. Dezember 2016 weiterhin angewendet werden.

---

[1] Nr. **1** § 4/15.
[2] Nr. **130**.

# 1 § 6/18. Schreiben betr. Zweifelsfragen zu § 6 Abs. 3 EStG im Zusammenhang mit der unentgeltlichen Übertragung von Mitunternehmeranteilen mit Sonderbetriebsvermögen und von Anteilen an Mitunternehmeranteilen mit Sonderbetriebsvermögen sowie mit der unentgeltlichen Aufnahme in ein Einzelunternehmen; Verhältnis von § 6 Abs. 3 zu § 6 Abs. 5 EStG

Vom 20. November 2019

BMF IV C 6 – S 2241/15/10003; DOK 2019/0964762

(BStBl. I S. 1291)

**Bezug:** Aufgabe der Gesamtplanbetrachtung bei Anwendung von § 6 Abs. 3 und 5 EStG sowie Beibehaltung der Gesamtplanbetrachtung bei Anwendung der §§ 16, 34 EStG; Überarbeitung des BMF-Schreibens vom 3. März 2005, BStBl. I S. 458

Geändert durch BMF v. 5.5.2021, BStBl. I S. 696

Unter Bezugnahme auf das Ergebnis der Erörterung mit den obersten Finanzbehörden der Länder wird zu den im obigen Betreff genannten Zweifelsfragen wie folgt Stellung genommen:

**Inhaltsverzeichnis**



## A. Persönlicher Anwendungsbereich

1 Übertragende und Aufnehmende können natürliche Personen, Mitunternehmerschaften und Kapitalgesellschaften sein. Aufnehmende kann auch eine Stiftung sein. Voraussetzung ist in allen Fällen, dass die Besteuerung der stillen Reserven sichergestellt ist. In den Fällen der Übertragung von Teilen eines Mitunternehmeranteils sowie der unentgeltlichen Aufnahme in ein Einzelunternehmen nach § 6 Abs. 3 Satz 1 2. Halbsatz und Satz 2 EStG ist die Übertragung nur auf natürliche Personen zulässig.

2 Bei den grundsätzlich unter § 6 Abs. 3 EStG fallenden unentgeltlichen Übertragungen von einer oder auf eine Kapitalgesellschaft gehen jedoch die Regelungen zur verdeckten Gewinnausschüttung i. S. d. § 8 Abs. 3 KStG oder der verdeckten Einlage vor (BFH-Urteil vom 18. Dezember 1990 VIII R 17/85, BStBl. 1991 II S. 512). Handelt es sich bei der unentgeltlichen Übertragung eines Mitunternehmeranteils oder eines Teils eines Mitunternehmeranteils um eine verdeckte Einlage (z. B. bei der Übertragung auf eine GmbH, an der der Übertragende beteiligt ist), greifen die Regelungen über die Betriebsaufgabe ein (BFH-Urteil vom 24. August 2000 IV R 51/98, BStBl. 2005 II S. 173). In Fällen der verdeckten Einlage eines Teils eines Mitunternehmeranteils ist § 16 Abs. 1 Satz 2 EStG zu beachten.

**Beispiel 1:**

A überträgt seinen Mitunternehmeranteil im Rahmen einer verdeckten Einlage unentgeltlich auf die A-GmbH, deren Gesellschafter er ist.

Der Übertragungsvorgang führt zur Aufdeckung der stillen Reserven (ggf. nach §§ 16 und 34 EStG begünstigt). Die Anschaffungskosten der GmbH-Beteiligung erhöhen sich bei A um den Wert des Mitunternehmeranteils.

3 Handelt es sich bei der aufnehmenden Körperschaft um eine Stiftung, die als solche keine Gesellschaftsrechte vermittelt, kommen die Grundsätze der verdeckten Einlage nicht zur Anwendung und die Buchwerte sind fortzuführen, wenn die Besteuerung der stillen Reserven sichergestellt ist.

**Beispiel 2:**

A überträgt seinen Mitunternehmeranteil unentgeltlich auf eine steuerpflichtige Stiftung. Der Übertragende A realisiert keinen Gewinn, da die Wirtschaftsgüter mit den Buchwerten anzusetzen sind (§ 6 Abs. 3 Satz 1 EStG). Bei der aufnehmenden Stiftung kommt es unter Anwendung des § 8 Abs. 1 KStG und des § 6 Abs. 3 Satz 3 EStG zu einer Buchwertfortführung.

4 Ist die aufnehmende Körperschaft eine steuerbefreite Stiftung und begründet der übertragene Mitunternehmeranteil einen steuerpflichtigen wirtschaftlichen Geschäftsbetrieb, sind ebenfalls die Buchwerte nach § 6 Abs. 3 EStG anzusetzen.

**Beispiel 3:**

A überträgt seinen Mitunternehmeranteil an einer gewerblich tätigen Personengesellschaft unentgeltlich auf eine steuerbefreite Stiftung.

Der Übertragende A realisiert keinen Gewinn, da die Wirtschaftsgüter mit den Buchwerten anzusetzen sind (§ 6 Abs. 3 Satz 1 EStG). Der übertragene Mitunternehmeranteil führt bei der aufnehmenden steuerbefreiten Stiftung zur Begründung eines steuerpflichtigen wirtschaftlichen Geschäftsbetriebs. Es kommt unter Anwendung des § 8 Abs. 1 KStG und des § 6 Abs. 3 Satz 3 EStG deshalb zu einer Buchwertfortführung.

5 Anders ist dies im Falle der Gewerblichkeit, die lediglich aufgrund Prägung nach § 15 Abs. 3 Nr. 2 EStG gegeben ist. Denn ein wirtschaftlicher Geschäftsbetrieb i. S. d. § 14 AO liegt bei der aufnehmenden steuerbefreiten Stiftung nicht vor, wenn die Tätigkeit der gewerblich geprägten Personengesellschaft nicht über eine reine Vermögensverwaltung hinausgeht (BFH-Urteil vom 25. Mai 2011 I R 60/10, BStBl. II S. 858).

**Beispiel 4:**

A überträgt seinen Mitunternehmeranteil an einer vermögensverwaltenden gewerblich geprägten GmbH & Co. KG (§ 15 Abs. 3 Nr. 2 EStG) unentgeltlich auf eine gemeinnützige Stiftung.

Der Übertragungsvorgang führt zur Aufdeckung der stillen Reserven (ggf. nach §§ 16 und 34 EStG begünstigt), denn die übernehmende gemeinnützige Stiftung begründet mit dem Mitunternehmeranteil keinen wirtschaftlichen Geschäftsbetrieb.

## B. Sachlicher Anwendungsbereich

6 Der Mitunternehmeranteil eines Gesellschafters umfasst sowohl den Anteil am Gesamthandsvermögen als auch das dem einzelnen Mitunternehmer zuzurech-

nende Sonderbetriebsvermögen (BFH-Urteil vom 12. April 2000 XI R 35/99, BStBl. 2001 II S. 26). Im Rahmen des § 6 Abs. 3 EStG kommt nur die funktionale Betrachtung zur Anwendung. Funktional wesentlich können nur solche Wirtschaftsgüter sein, die im Zeitpunkt des Übertragungsvorgangs für die Funktion des Betriebes von Bedeutung sind; auf das Vorhandensein erheblicher stiller Reserven kommt es nicht an.

## I. Übertragung des gesamten Mitunternehmeranteils (§ 6 Abs. 3 Satz 1 1. Halbsatz EStG)

### 1. Übertragung unter Vorbehalt eines Nießbrauchsrechts

Erfolgt die Übertragung eines Mitunternehmeranteils unter Vorbehalt eines Nießbrauchsrechts und wird der neue Gesellschafter Mitunternehmer, steht der Nießbrauchsvorbehalt der Buchwertfortführung nach § 6 Abs. 3 EStG nicht entgegen. Die Grundsätze des zu Einzelbetrieben mit gewerblichen Einkünften nach § 15 EStG ergangenen BFH-Urteils vom 25. Januar 2017 X R 59/14 gelten nicht für die Übertragung von Mitunternehmeranteilen. Dagegen ist die unentgeltliche Übertragung eines im Ganzen verpachteten gewerblichen Einzelunternehmens unter Vorbehalt eines Nießbrauchsrechts kein von § 6 Abs. 3 EStG erfasster Vorgang (BFH-Urteil vom 25. Januar 2017 X R 59/14). **7**

### 2. Behandlung von funktional wesentlichem Sonderbetriebsvermögen

Wird der gesamte Anteil des Mitunternehmers an der Gesellschaft übertragen, setzt § 6 Abs. 3 Satz 1 EStG vorbehaltlich der nachfolgenden Ausführungen in Rn. 10 bis 15 voraus, dass neben dem Anteil am Gesamthandsvermögen auch sämtliche Wirtschaftsgüter des Sonderbetriebsvermögens, die im Zeitpunkt der Übertragung für die Funktion des Betriebes von Bedeutung sind (im Folgenden funktional wesentliches Sonderbetriebsvermögen genannt), übertragen werden. **8**

Wird im Zeitpunkt der Übertragung des Anteils am Gesamthandsvermögen funktional wesentliches Sonderbetriebsvermögen zurückbehalten und zeitgleich (vgl. Rn. 9a) in das Privatvermögen des Übertragenden überführt, ist eine Buchwertfortführung nach § 6 Abs. 3 Satz 1 EStG nicht zulässig, weil sich das funktional wesentliche Sonderbetriebsvermögen zum Zeitpunkt der Entnahme noch im Betriebsvermögen des Übertragenden befand und bei einer derartigen Konstellation gerade nicht alle im Übertragungszeitpunkt noch vorhandenen wesentlichen Betriebsgrundlagen des vorhandenen Betriebs nach § 6 Abs. 3 Satz 1 EStG übertragen werden (vgl. hierzu BFH-Urteil vom 29. November 2017 I R 7/16, BStBl. 2019 II S. 738). Es liegt in diesem Fall insgesamt grundsätzlich eine tarifbegünstigte Aufgabe des gesamten Mitunternehmeranteils vor (BFH-Beschluss vom 31. August 1995 VIII B 21/93, BStBl. II S. 890). Die stillen Reserven im Gesamthandsvermögen und im Sonderbetriebsvermögen sind aufzudecken. § 6 Abs. 3 Satz 2 EStG ist nicht anwendbar, da der Übertragende mit der Übertragung des (gesamten) Anteils am Gesamthandsvermögen nicht mehr Mitunternehmer ist. **9**[1]

Bei der Prüfung, ob die Übertragung des Anteils am Gesamthandsvermögen und die Veräußerung an Dritte oder die Überführung ins Privatvermögen zeitgleich vorgenommen werden, ist auf das im Zeitpunkt der Übertragung vorhandene Betriebsvermögen abzustellen. Hierfür ist eine zeitpunktbezogene Prüfung vorzunehmen, bei der der Zeitpunkt des Übergangs des wirtschaftlichen Eigentums **9a**[2]

[1] Rn. 9 neu gef. durch BMF v. 5.5.2021, BStBl. I S. 696.
[2] Rn. 9a eingef. durch BMF v. 5.5.2021, BStBl. I S. 696.

(§ 39 Abs. 2 Nr. 1 Satz 1 AO) maßgeblich ist. Es ist unschädlich, wenn vor Übertragung des (verbliebenen) gesamten Mitunternehmeranteils eine (funktional) wesentliche Betriebsgrundlage aus diesem durch Veräußerung an Dritte oder Überführung in das Privatvermögen ausgeschieden ist. Dies ist auch dann der Fall, wenn es sich nur um eine „juristische Sekunde" handelt (vgl. BFH-Urteil vom 10. September 2020 IV R 14/18, BStBl. 2021 II S. 367). Rn. 11 und 12 gelten sinngemäß.

### 3. Keine Gesamtplanbetrachtung bei Anwendung von § 6 Abs. 3 und § 6 Abs. 5 EStG

#### a) Umstrukturierung und Überführung oder Übertragung

10[1)] Die gleichzeitige Anwendung der beiden Buchwertprivilegien nach § 6 Abs. 5 EStG (Auslagerung von funktional wesentlichem Betriebsvermögen/Sonderbetriebsvermögen) und § 6 Abs. 3 EStG ist möglich, denn es steht der Anwendung des § 6 Abs. 3 EStG nicht entgegen, dass im Zeitpunkt der Übertragung nach § 6 Abs. 3 EStG zum Betriebsvermögen/Sonderbetriebsvermögen der Mitunternehmerschaft gehörende Wirtschaftsgüter zeitgleich nach § 6 Abs. 5 EStG überführt oder übertragen werden (BFH-Urteil vom 2. August 2012 IV R 41/11, BStBl. 2019 II S. 715, und BFH-Urteil vom 12. Mai 2016 IV R 12/15, BStBl. 2019 II S. 726).

11 Die gleichzeitige Anwendung der beiden Buchwertprivilegien darf jedoch keine Betriebszerschlagung zur Folge haben. Vielmehr muss auch nach Auslagerung von funktional wesentlichem Betriebsvermögen/Sonderbetriebsvermögen noch weiterhin eine funktionsfähige betriebliche Einheit bestehen und die Besteuerung der stillen Reserven sichergestellt sein. § 6 Abs. 3 EStG ist demnach auch als eine Regelung der Umstrukturierung zu verstehen, welche mit der Umstrukturierungsnorm des § 6 Abs. 5 EStG auf einer Ebene steht (BFH-Urteile vom 2. August 2012 IV R 41/11, BStBl. 2019 II S. 715, und vom 12. Mai 2016 IV R 12/15, BStBl. 2019 II S. 726). Das Erfordernis der Sicherstellung der Besteuerung der stillen Reserven ist sowohl in § 6 Abs. 5 EStG als auch in § 6 Abs. 3 EStG i. d. F. des Gesetzes zur Umsetzung der Änderungen der EU-Amtshilferichtlinie und von weiteren Maßnahmen gegen Gewinnkürzungen und -verlagerungen vom 20. Dezember 2016 (BStBl. 2017 I S. 5) enthalten.

#### b) Funktionsfähige betriebliche Einheit versus Betriebszerschlagung

12 Die gleichzeitige (parallele) Anwendung der Buchwertprivilegien nach § 6 Abs. 5 und § 6 Abs. 3 EStG zu Buchwerten kommt dagegen nicht in Betracht, wenn nach der Auslagerung von funktional wesentlichem Betriebsvermögen/Sonderbetriebsvermögen gem. § 6 Abs. 5 EStG keine funktionsfähige betriebliche Einheit mehr besteht. Für die Buchwertfortführung gem. § 6 Abs. 3 EStG ist deshalb jeweils zeitpunktbezogen zu prüfen, ob auch nach der Auslagerung gem. § 6 Abs. 5 EStG noch eine funktionsfähige betriebliche Einheit nach § 6 Abs. 3 EStG übertragen werden kann. Voraussetzung hierfür ist, dass das nach der Auslagerung von Betriebsvermögen/Sonderbetriebsvermögen gem. § 6 Abs. 5 EStG noch verbleibende „Restbetriebsvermögen" für sich gesehen wirtschaftlich lebensfähig ist und dieses weiterhin alle Merkmale eines Betriebs oder Teilbetriebs i. S. d. § 16 EStG erfüllt. Stellt das nach der Auslagerung gem. § 6 Abs. 5 EStG verbleibende „Restbetriebsvermögen" keine funktionsfähige betriebliche Einheit mehr dar, liegt hinsichtlich des verbleibenden „Restbetriebsvermögens"

---

[1)] Rn. 10 neu gef. durch BMF v. 5.5.2021, BStBl. I S. 696.

eine Betriebszerschlagung und damit grundsätzlich eine nicht nach § 16 Abs. 4, § 34 EStG steuerbegünstigte Betriebsaufgabe vor, da eine im zeitlichen und sachlichen Zusammenhang stehende Übertragung oder Überführung einer wesentlichen Betriebsgrundlage zu Buchwerten nach § 6 Abs. 5 EStG die Inanspruchnahme der Vergünstigungen nach § 16 Abs. 4, § 34 EStG ausschließt (vgl. hierzu auch Rn. 16). Eine wirtschaftliche Zerschlagung des bisherigen Betriebs im Sinne einer Betriebsaufgabe gem. § 16 EStG ist aber nicht allein deshalb anzunehmen, weil das Buchwertprivileg auch für die unentgeltliche Übertragung einer bis zum Übertragungszeitpunkt verkleinerten betrieblichen Einheit zu gewähren ist.

### c) Aufdeckung der stillen Reserven im Betriebsvermögen/Sonderbetriebsvermögen

Wird aufgrund einheitlicher Planung zeitlich vor der Übertragung des Mitunternehmeranteils funktional wesentliches Betriebsvermögen/Sonderbetriebsvermögen unter Aufdeckung der stillen Reserven entweder entnommen (z. B. durch unentgeltliche Übertragung auf einen Angehörigen) oder zum gemeinen Wert veräußert, kann der Mitunternehmeranteil gleichwohl nach § 6 Abs. 3 EStG zum Buchwert übertragen werden, sofern es sich bei dem verbleibenden „Restbetriebsvermögen" weiterhin um eine funktionsfähige betriebliche Einheit handelt (BFH-Urteil vom 9. Dezember 2014 IV R 29/14, BStBl. 2019 II S. 723). § 6 Abs. 3 EStG ist hier also nur dann anwendbar, wenn funktional wesentliches Betriebsvermögen/Sonderbetriebsvermögen bereits vor dem Zeitpunkt der Übertragung des Mitunternehmeranteils entweder veräußert oder entnommen wurde. Zeitgleiche Veräußerungen oder Entnahmen sind dagegen – mit Ausnahme von Überführungen und Übertragungen nach § 6 Abs. 5 EStG – für eine Buchwertfortführung nach § 6 Abs. 3 EStG schädlich (siehe hierzu auch Rn. 9a sowie BFH-Urteil vom 29. November 2017 I R 7/16, BStBl. 2019 II S. 738, und BFH-Urteil vom 10. September 2020 IV R 14/18, BStBl. 2021 II S. 367). 13[1)]

### d) Beispiel:

Vater V war Kommanditist bei der X-KG, an die er ein Grundstück (wesentliche Betriebsgrundlage) vermietet hatte. V übertrug im Juli 2018 seinen gesamten Kommanditanteil unentgeltlich auf seinen Sohn S. Bereits im März 2018 hatte V das Grundstück nach § 6 Abs. 5 Satz 3 Nr. 2 EStG zum Buchwert auf die von ihm neu gegründete gewerblich geprägte Y-GmbH & Co KG übertragen. 14

Die Voraussetzungen für eine Buchwertübertragung des Kommanditanteils nach § 6 Abs. 3 EStG liegen hier vor, auch wenn das Grundstück (wesentliche Betriebsgrundlage im Sonderbetriebsvermögen) zuvor nach § 6 Abs. 5 Satz 3 Nr. 2 EStG auf die Y-GmbH & Co KG ausgelagert und deshalb nicht ebenfalls an den Sohn übertragen wurde, weil nach den BFH-Urteilen vom 2. August 2012 IV R 41/11 und vom 12. Mai 2016 IV R 12/15 eine gleichzeitige Anwendung der Buchwertprivilegien des § 6 Abs. 3 und des § 6 Abs. 5 EStG möglich ist.

### e) Zeitlich gestreckte Aufgabe eines Mitunternehmeranteils (§§ 16, 34 EStG)

Die Aufgabe einer betrieblichen Einheit und damit auch eines Mitunternehmeranteils kann in mehreren Schritten zeitlich gestreckt als einheitlicher Vorgang i. S. d. §§ 16, 34 EStG erfolgen. Danach liegt eine Betriebsaufgabe i. S. d. § 16 Abs. 3 EStG vor, wenn der Steuerpflichtige den Entschluss gefasst hat, seine betriebliche Tätigkeit einzustellen und seinen Betrieb als selbständigen Organismus des Wirtschaftslebens aufzulösen, und wenn er in Ausführung dieses Entschlusses alle wesentlichen Betriebsgrundlagen in einem einheitlichen Vorgang 15

1) Rn. 13 neu gef. durch BMF v. 5.5.2021, BStBl. I S. 696.

innerhalb kurzer Zeit (hier gilt eine Frist von bis zu 18 Monaten) an verschiedene Abnehmer veräußert, überträgt oder in das Privatvermögen überführt. In diesen Fällen entsteht ein insgesamt nach §§ 16, 34 EStG steuerbegünstigter Gewinn (vgl. hierzu BFH-Urteile vom 19. Mai 2005 IV R 17/02, BStBl. II S. 637, und vom 30. August 2007 IV R 5/06, BStBl. 2008 II S. 113).

**4. Weitere Anwendung des Gesamtplangedankens bei § 16 Abs. 4 und § 34 EStG**

**16** Abweichend von den Aussagen unter 3. ist übereinstimmend mit der BFH-Rechtsprechung der Gedanke des Gesamtplans im Rahmen der Gewährung der Steuervergünstigungen nach § 16 Abs. 4 und § 34 EStG auch weiterhin anzuwenden. Der Gesamtplangedanke dient in diesem Bereich der Verwirklichung des Zwecks der Vergünstigungen nach § 16 Abs. 4 und § 34 EStG, die zusammengeballte Realisierung der während vieler Jahre entstandenen stillen Reserven nicht ungemildert dem progressiven Einkommensteuertarif zu unterwerfen (siehe BFH-Urteil vom 17. Dezember 2014 IV R 57/11, BStBl. 2015 II S. 536). Außerdem sind bei der Prüfung der Vergünstigungen nach § 16 Abs. 4 und § 34 EStG auch funktional nicht wesentliche Wirtschaftsgüter mit stillen Reserven zu berücksichtigen.

Stellt das nach der Auslagerung verbleibende „Restbetriebsvermögen" keine funktionsfähige betriebliche Einheit mehr dar, liegt hinsichtlich des verbleibenden „Restbetriebsvermögens" eine Betriebszerschlagung und damit eine Betriebsaufgabe gem. § 16 EStG vor. Eine derartige Betriebszerschlagung führt zu einer nicht steuerbegünstigten Betriebsaufgabe i. S. d. § 16 Abs. 4 und § 34 EStG, da eine im zeitlichen und sachlichen Zusammenhang stehende Übertragung oder Überführung einer wesentlichen Betriebsgrundlage zu Buchwerten nach § 6 Abs. 5 EStG die Inanspruchnahme der Vergünstigungen nach § 16 Abs. 4 und § 34 EStG mangels Aufdeckung aller stiller Reserven ausschließt.

**5. Behandlung von funktional nicht wesentlichem Sonderbetriebsvermögen**

**17** Wird im Zeitpunkt der Übertragung des Anteils am Gesamthandsvermögen funktional nicht wesentliches Sonderbetriebsvermögen entnommen oder nach § 6 Abs. 5 EStG zum Buchwert in ein anderes Betriebsvermögen überführt oder übertragen, steht dies der Anwendung des § 6 Abs. 3 Satz 1 EStG im Hinblick auf die Übertragung des Mitunternehmeranteils ebenfalls nicht entgegen. Wird dieses Sonderbetriebsvermögen entnommen, entsteht insoweit grundsätzlich ein laufender Gewinn (BFH-Urteil vom 29. Oktober 1987 IV R 93/85, BStBl. 1988 II S. 374).

**II. Übertragung eines Teils eines Mitunternehmeranteils**

**1. Übertragung unter Vorbehalt eines Nießbrauchsrechts**

**18** Rn. 7 Satz 1 gilt entsprechend für die Übertragung eines Teils eines Mitunternehmeranteils.

**2. Übertragung bei funktional wesentlichem Sonderbetriebsvermögen**

**19**[1] Die unter I. dargestellten Grundsätze zur Anwendung der BFH-Urteile vom 2. August 2012 IV R 41/11 (BStBl. 2019 II S. 715), vom 12. Mai 2016 IV R 12/15 (BStBl. 2019 II S. 726), vom 9. Dezember 2014 IV R 29/14 (BStBl. 2019 II S. 723) und vom 10. September 2020 IV R 14/18 (BStBl. 2021 II S. 367) zur

[1] Rn. 19 Satz 1 neu gef. durch BMF v. 5.5.2021, BStBl. I S. 696.

Übertragung des gesamten Anteils am Gesamthandsvermögen einer Personengesellschaft sind bei der Übertragung eines Teils des Anteils am Gesamthandsvermögen einer Personengesellschaft entsprechend anzuwenden. Im Übrigen gilt hier Folgendes:

**a) Quotale Übertragung eines Teils des Anteils am Gesamthandsvermögen und eines Teils des Sonderbetriebsvermögens (§ 6 Abs. 3 Satz 1 2. Halbsatz EStG)**

§ 6 Abs. 3 Satz 1 EStG ist im Falle der unentgeltlichen Übertragung eines Teils eines Anteils am Gesamthandsvermögen bei gleichzeitigem Vorhandensein von funktional wesentlichem Sonderbetriebsvermögen auch dann anwendbar, soweit das funktional wesentliche Sonderbetriebsvermögen quotal nicht in demselben Verhältnis übergeht, in dem der übertragene Teil des Anteils am Gesamthandsvermögen zum gesamten Anteil am Gesamthandsvermögen steht (vgl. BFH-Urteil vom 24. August 2000 IV R 51/98, BStBl. 2005 II S. 173). Umfasst das Sonderbetriebsvermögen mehrere Wirtschaftsgüter, z. B. Grundstücke, müssen deshalb nicht alle funktional wesentlichen Wirtschaftsgüter anteilig mit übertragen werden. 20

Gem. BFH-Urteil vom 2. August 2012 IV R 41/11 (BStBl. 2019 II S. 715) wird für die Fälle der Übertragung eines Teils eines Mitunternehmeranteils bei gleichzeitigem Vorhandensein von funktional wesentlichem Sonderbetriebsvermögen eine rein wertmäßige (rechnerische) Betrachtung vorgenommen. Eines Wertgutachtens bedarf es nicht, wenn das funktional wesentliche Sonderbetriebsvermögen in demselben Verhältnis übergeht, in dem der übertragene Teil des Anteils am Gesamthandsvermögen zum gesamten Anteil am Gesamthandsvermögen steht. 21

Die Voraussetzungen des § 6 Abs. 3 Satz 2 EStG sind (nur) dann erfüllt, wenn nicht mindestens ein Anteil am Sonderbetriebsvermögen übertragen wird, der dem übertragenen Teil des Anteils am Gesamthandsvermögen des Übertragenden entspricht; nur dann liegt eine unterquotale Übertragung i. S. d. § 6 Abs. 3 Satz 2 EStG vor. 22

**Beispiel 1:** 23

Vater V ist alleiniger Kommanditist der V GmbH & Co. KG. Die V GmbH ist als Komplementärin nicht am Vermögen der KG beteiligt. Für ihren Betrieb überlässt V der KG zwei Grundstücke (wesentliche Betriebsgrundlagen), nämlich das Grundstück 1 mit aufstehender Produktionshalle sowie das Grundstück 2 mit aufstehendem Bürogebäude und angeschlossenem Lagerplatz. Beide Grundstücke haben den identischen Teilwert von 3 Mio. Euro. V überträgt nun auf seinen Sohn S neben dem hälftigen Kommanditanteil das ganze Grundstück 1. Grundstück 2 behält er hingegen vollständig zurück. Wertmäßig betrachtet kommt es damit weder zu einer unter- noch zu einer überquotalen Übertragung von Sonderbetriebsvermögen. Diese Vorgehensweise führt daher im rechnerischen Ergebnis zu einer quotalen Übertragung und deshalb nicht zur Aufdeckung von stillen Reserven in dem vorhandenen Sonderbetriebsvermögen (hier also die Grundstücke 1 und 2). Die Behaltefrist nach § 6 Abs. 3 Satz 2 EStG kommt nicht zur Anwendung, weil V wertmäßig einen Anteil am Sonderbetriebsvermögen überträgt, der dem übertragenen Teil des Anteils am Gesamthandsvermögen des Übertragenden entspricht.

Diese Grundsätze gelten für den Fall der unentgeltlichen Aufnahme einer natürlichen Person in ein Einzelunternehmen entsprechend.

**Beispiel 2:** 24

Vater V erzielt aus seinem Einzelunternehmen Einkünfte aus Gewerbebetrieb nach § 15 Abs. 1 Satz 1 Nr. 1 EStG. Im Betriebsvermögen des V befinden sich zwei Grundstücke (wesentliche Betriebsgrundlagen), nämlich das Grundstück 1 mit aufstehender Produktionshalle sowie das Grundstück 2 mit aufstehendem Bürogebäude und angeschlossenem Lagerplatz. Beide Grundstücke haben den identischen Teilwert von 3 Mio. Euro. V nimmt seinen Sohn S unentgeltlich in sein Einzelunternehmen auf und S erhält einen Vermögensanteil von 50 % am Betriebsvermögen. Abweichend davon erhält S das Alleineigentum am Grundstück 1 und V bleibt dafür Alleineigentümer des Grundstücks 2. Wertmäßig betrachtet kommt es damit weder zu einer unter- noch zu einer überquotalen Begründung von Sonderbetriebsvermögen. Dieses Vorgehen führt daher im rechnerischen Ergebnis zu einer quotalen Aufnahme des S. Die Behaltefrist nach § 6 Abs. 3 Satz 2 EStG kommt auch hier nicht zur Anwendung.

### b) Disquotale Übertragung von Gesamthandsvermögen und Sonderbetriebsvermögen

#### aa) Übertragung eines Teils des Anteils am Gesamthandsvermögen unter gleichzeitiger Zurückbehaltung von Sonderbetriebsvermögen (unterquotale Übertragung – § 6 Abs. 3 Satz 2 EStG)

**25** Wird im Zeitpunkt der unentgeltlichen Aufnahme einer natürlichen Person in ein Einzelunternehmen oder der unentgeltlichen Übertragung eines Teils des Anteils am Gesamthandsvermögen funktional wesentliches Betriebsvermögen/Sonderbetriebsvermögen nicht oder in geringerem Umfang (unterquotal) übertragen, als es dem übertragenen Teil des Einzelunternehmens oder des Anteils am Gesamthandsvermögen entspricht, liegt insgesamt eine Übertragung nach § 6 Abs. 3 Satz 2 EStG vor.

**26** Voraussetzung für die Buchwertübertragung ist dann, dass der Übernehmer den übernommenen Mitunternehmeranteil über einen Zeitraum von mindestens fünf Jahren nicht veräußert oder aufgibt. Der Veräußerung des Mitunternehmeranteils steht die Veräußerung nur des Anteils am Gesamthandsvermögen oder eines Teils davon und/oder des mit dem Mitunternehmeranteil übernommenen funktional wesentlichen Sonderbetriebsvermögens oder eines Teils davon innerhalb der Fünf-Jahresfrist gleich. Veräußert der Rechtsnachfolger den übernommenen Mitunternehmeranteil – oder einen Teil davon – oder gibt er den Mitunternehmeranteil innerhalb der Behaltefrist auf, liegen in Bezug auf den ursprünglichen Übertragungsvorgang die Voraussetzungen für die Buchwertübertragung nach § 6 Abs. 3 Satz 2 EStG nicht mehr vor. Für die gesamte Übertragung sind dann rückwirkend auf den ursprünglichen Übertragungsstichtag die Teilwerte anzusetzen (§ 175 Abs. 1 Satz 1 Nr. 2 AO). Der dabei beim Übertragenden entstehende Gewinn ist laufender Gewinn (§ 16 Abs. 1 Satz 2 i. V. m. § 16 Abs. 3 EStG). Für die Berechnung der Behaltefrist ist grundsätzlich auf den Übergang des wirtschaftlichen Eigentums hinsichtlich des übernommenen Mitunternehmeranteils (= Übergang von Nutzen und Lasten) abzustellen. Die Behaltefrist endet spätestens dann, wenn dem Rechtsnachfolger neben dem Teil des Anteils auch der restliche Bruchteil des Anteils am Gesamthandsvermögen übertragen wird (BFH-Urteil vom 2. August 2012 IV R 41/11, BStBl. 2019 II S. 715).

**27** War der Übernehmer bereits vor der unentgeltlichen Übertragung des Teils des Anteils Mitunternehmer dieser Mitunternehmerschaft, ist von einer Veräußerung des übernommenen Anteils erst auszugehen, wenn der Anteil der Beteiligung nach der Veräußerung des Teils des Mitunternehmeranteils unter dem Anteil der übernommenen Beteiligung liegt oder das mit dem Mitunternehmeranteil übernommene funktional wesentliche Sonderbetriebsvermögen innerhalb der Fünf-Jahresfrist veräußert oder entnommen wird.

**28** **Beispiel:**

Vater V und Sohn S sind jeweils zu 50 % an einer OHG beteiligt. V überträgt unentgeltlich einen Teil seines Gesellschaftsanteils auf S, behält sein Sonderbetriebsvermögen aber zurück, so dass V jetzt zu 25 % und S zu 75 % an der OHG beteiligt sind. S reduziert innerhalb der Fünf-Jahresfrist seine Beteiligung auf 20 % und veräußert entsprechend einen Teil seines Mitunternehmeranteils.

Es liegt eine unterquotale Übertragung von V auf S nach § 6 Abs. 3 Satz 2 EStG vor, bei der die Behaltefrist zu beachten ist. Da der Anteil des S nach der Veräußerung (20 %) unter dem Anteil der übernommenen Beteiligung (25 %) liegt, hat er auch einen Teil des übernommenen Mitunternehmeranteils veräußert. Für die ursprüngliche Übertragung von V auf S ist damit insgesamt § 6 Abs. 3 EStG nicht anwendbar (Rn. 26). Für die gesamte Übertragung sind rückwirkend auf den ursprünglichen Übertragungsstichtag die Teilwerte anzusetzen (§ 6 Abs. 3 Satz 2 EStG, § 175 Abs. 1 Satz 1 Nr. 2 AO). Der bei V entstehende Gewinn ist laufender Gewinn (§ 16 Abs. 1 Satz 2 i. V. m. § 16 Abs. 3 EStG).

Eine Veräußerung i. S. d. § 6 Abs. 3 Satz 2 EStG ist grundsätzlich auch eine Einbringung nach den §§ 20 oder 24 UmwStG, unabhängig davon, ob die Buchwerte, gemeinen Werte oder Zwischenwerte angesetzt werden. Als Veräußerung gilt auch ein Formwechsel nach § 25 UmwStG. Überträgt der Rechtsnachfolger einzelne Wirtschaftsgüter des übernommenen Sonderbetriebsvermögens gegen Gewährung von Gesellschaftsrechten nach § 6 Abs. 5 Satz 3 EStG auf einen Dritten, liegt auch eine Veräußerung vor. Wird der nach § 6 Abs. 3 Satz 2 EStG übertragene Teil eines Mitunternehmeranteils vom Übernehmer zu einem späteren Zeitpunkt insgesamt zu Buchwerten nach § 20 UmwStG in eine Kapitalgesellschaft oder zu Buchwerten nach § 24 UmwStG in eine Personengesellschaft eingebracht, liegt – abweichend vom oben genannten Grundsatz – keine schädliche Veräußerung i. S. d. § 6 Abs. 3 Satz 2 EStG vor, wenn der Einbringende die hierfür erhaltene Beteiligung an der Kapitalgesellschaft oder den erhaltenen Mitunternehmeranteil über einen Zeitraum von mindestens fünf Jahren – beginnend mit der ursprünglichen Übertragung des Mitunternehmeranteils nach § 6 Abs. 3 Satz 2 EStG – nicht veräußert oder aufgibt und die Kapitalgesellschaft oder die Personengesellschaft den eingebrachten Mitunternehmeranteil oder die eingebrachten Wirtschaftsgüter innerhalb der genannten Frist nicht veräußert. 29

Eine unentgeltliche Weiterübertragung ist unschädlich; dabei geht die Behaltefrist jedoch auf den Rechtsnachfolger über. Dem Rechtsnachfolger ist die Behaltedauer des Übertragenden anzurechnen. 30

Voraussetzung für eine Buchwertübertragung i. S. d. § 6 Abs. 3 Satz 2 EStG ist nicht, dass das zurückbehaltene Sonderbetriebsvermögen dauerhaft zum Betriebsvermögen derselben Mitunternehmerschaft gehört. Denn nach dem BFH-Urteil vom 12. Mai 2016 IV R 12/15 (BStBl. 2019 II S. 726) entfällt die Buchwertprivilegierung der unentgeltlichen Übertragung eines Teils eines Mitunternehmeranteils unter Zurückbehaltung eines Wirtschaftsgutes des Sonderbetriebsvermögens nicht deshalb rückwirkend, weil das zurückbehaltene Wirtschaftsgut zu einem späteren Zeitpunkt von dem Übertragenden zum Buchwert nach § 6 Abs. 5 EStG in ein anderes Betriebsvermögen übertragen wird. Wird Betriebsvermögen/Sonderbetriebsvermögen aufgrund einheitlicher Planung vor der unentgeltlichen Aufnahme einer natürlichen Person in ein bestehendes Einzelunternehmen oder der unentgeltlichen Übertragung eines Teils eines Mitunternehmeranteils entnommen oder unter Aufdeckung der stillen Reserven zum Verkehrswert veräußert, schließt dies eine Buchwertübertragung nach § 6 Abs. 3 EStG nicht aus. Die zeitgleiche Entnahme oder Veräußerung ist jedoch schädlich (vgl. auch Rn. 13 und 9a). 31[1]

[1] Rn. 31 neu gef. durch BMF v. 5.5.2021, BStBl. I S. 696.

### bb) Übertragung eines Teils des Anteils am Gesamthandsvermögen unter gleichzeitiger überquotaler Übertragung von Sonderbetriebsvermögen

32 Wird im Zeitpunkt der unentgeltlichen Aufnahme einer natürlichen Person in ein Einzelunternehmen oder der unentgeltlichen Übertragung eines Teils des Anteils am Gesamthandsvermögen funktional wesentliches Betriebsvermögen/Sonderbetriebsvermögen in größerem Umfang (überquotal) übertragen, als es dem übertragenen Teil des Einzelunternehmens oder des Anteils am Gesamthandsvermögen entspricht, ist der Vorgang nicht in eine Übertragung nach § 6 Abs. 3 Satz 1 EStG für den quotalen Teil des Betriebsvermögens/Sonderbetriebsvermögens (ohne Lauf einer Sperrfrist) und eine Übertragung nach § 6 Abs. 5 EStG für den überquotalen Teil des Betriebsvermögens/Sonderbetriebsvermögens (mit Lauf einer Sperrfrist) aufzuteilen. Denn in diesem Fall handelt es sich ausschließlich (und einheitlich) um eine unentgeltliche Aufnahme einer natürlichen Person in ein Einzelunternehmen oder eine unentgeltliche Übertragung eines Teils eines Mitunternehmeranteils nach § 6 Abs. 3 Satz 1 EStG ohne Lauf einer Sperrfrist (BFH-Urteil vom 2. August 2012 IV R 41/11, BStBl. 2019 II S. 715).

33 Die o. g. Grundsätze gelten auch, wenn die Mitunternehmerstellung des Empfängers mit der Übertragung eines Teils eines Mitunternehmeranteils erstmals begründet wird (BFH-Urteil vom 6. Dezember 2000 VIII R 21/00, BStBl. 2003 II S. 194).

### 3. Übertragung bei funktional nicht wesenlichem Sonderbetriebsvermögen

34 Wird ein Teil eines Mitunternehmeranteils unentgeltlich übertragen, jedoch für die Mitunternehmerschaft funktional nicht wesentliches Sonderbetriebsvermögen zurückbehalten, ist § 6 Abs. 3 Satz 1 EStG uneingeschränkt anwendbar. Der übernehmende Gesellschafter hat die Buchwerte fortzuführen. Bei der Überführung des zurückbehaltenen Sonderbetriebsvermögens in das Privatvermögen entsteht laufender Gewinn (vgl. Rn. 17).

## III. Isolierte Übertragung von Sonderbetriebsvermögen

35 Wird das Sonderbetriebsvermögen isoliert (d. h. ohne Änderung der Beteiligungsverhältnisse bei der Mitunternehmerschaft) unentgeltlich übertragen, liegt keine Übertragung eines Mitunternehmeranteils vor (BFH-Urteil vom 11. Dezember 1990 VIII R 14/87, BStBl. 1991 II S. 510). Liegen die Voraussetzungen des § 6 Abs. 5 Satz 3 EStG vor, erfolgt die Übertragung zum Buchwert. Andernfalls handelt es sich um eine Entnahme. § 16 Abs. 4 und § 34 EStG sind nicht anwendbar.

## C. Unentgeltliche Aufnahme einer natürlichen Person in ein bestehendes Einzelunternehmen (§ 6 Abs. 3 Satz 1 2. Halbsatz EStG)

36 Bei der unentgeltlichen Aufnahme einer natürlichen Person in ein bestehendes Einzelunternehmen unter Zurückbehaltung von Betriebsvermögen ist § 6 Abs. 3 Satz 2 EStG anzuwenden, wenn das zurückbehaltene Betriebsvermögen Sonderbetriebsvermögen bei der entstandenen Mitunternehmerschaft wird (vgl. Rn. 20 ff.).

## D. Fälle der mitunternehmerischen Betriebsaufspaltung

Entsteht infolge einer unentgeltlichen Übertragung nach § 6 Abs. 3 EStG eine mitunternehmerische Betriebsaufspaltung (vgl. hierzu auch BMF-Schreiben vom 28. April 1998, BStBl. I S. 583), sind verschiedene Fallgruppen zu unterscheiden: 37

### a) Übertragung von Sonderbetriebsvermögen, das nach der Übertragung im Gesamthandseigentum des Übertragenden und des Übernehmenden steht

Begründen der Übertragende und der Übernehmer hinsichtlich des anteilig übertragenen Sonderbetriebsvermögens nach der Übertragung zivilrechtlich eine Gesamthandsgemeinschaft (§ 718 ff. BGB), wird diese unmittelbar zur Besitzpersonengesellschaft. In diesem Fall folgt der unter § 6 Abs. 3 Satz 1 EStG fallenden Übertragung eine Zurechnung der Wirtschaftsgüter des Sonderbetriebsvermögens zum Gesamthandsvermögen der Besitzpersonengesellschaft gem. § 6 Abs. 5 Satz 3 EStG unmittelbar nach. 38

Entsteht die mitunternehmerische Betriebsaufspaltung infolge einer Übertragung nach § 6 Abs. 3 Satz 2 EStG, so führt eine unterquotale Übertragung des Sonderbetriebsvermögens in die Besitzpersonengesellschaft zu keiner schädlichen Veräußerung oder Aufgabe i. S. d. § 6 Abs. 3 Satz 2 EStG; für die einer Übertragung nach § 6 Abs. 3 Satz 2 EStG nachfolgenden Übertragungen sind insbesondere die Rn. 26 und 29 zu beachten.

### b) Übertragung von Sonderbetriebsvermögen, das nach der Übertragung im Bruchteilseigentum des Übertragenden und Übernehmenden steht

Wird bei der anteiligen Übertragung von Sonderbetriebsvermögen dem Übernehmer zivilrechtlich ein Bruchteil zu Eigentum übertragen (§ 741 BGB), findet zuerst eine unentgeltliche Übertragung eines Teils eines Mitunternehmeranteils (einschließlich des Sonderbetriebsvermögens) auf den übernehmenden Gesellschafter nach § 6 Abs. 3 Satz 2 EStG statt. Anschließend erfolgt sowohl bei dem übertragenden Gesellschafter als auch bei dem übernehmenden Gesellschafter eine Überführung des Sonderbetriebsvermögens in das Sonderbetriebsvermögen bei der Besitzpersonengesellschaft (GbR) gem. § 6 Abs. 5 Satz 2 EStG. 39

Hinsichtlich des Sonderbetriebsvermögens findet hier allerdings kein Rechtsträgerwechsel statt, sondern es erfolgt hier nur ein Zuordnungswechsel von dem Sonderbetriebsvermögen bei der bisherigen Personengesellschaft in das Sonderbetriebsvermögen der Besitzpersonengesellschaft (BFH-Urteil vom 18. August 2005 IV R 59/04, BStBl. II S. 830).

**Beispiel** (für eine quotale Übertragung des Sonderbetriebsvermögens):
A ist zu 60 % an der AB OHG beteiligt, der er auch ein im Sonderbetriebsvermögen befindliches Grundstück zur Nutzung überlässt. In 2018 überträgt A die Hälfte seines Mitunternehmeranteils (1/2 des Anteils am Gesamthandsvermögen und 1/2 des Sonderbetriebsvermögens) unentgeltlich auf C. Die AC-GbR überlässt das Grundstück der ABC-OHG entgeltlich zur Nutzung.

a) Das Grundstück steht im Gesamthandsvermögen von A und C.

b) Das Grundstück steht im Bruchteilseigentum von A und C.

zu a)

Zunächst liegt eine unentgeltliche Übertragung eines Teils eines Mitunternehmeranteils nach § 6 Abs. 3 Satz 1 EStG vor, der zwingend eine Buchwertfortführung vorschreibt. Im zweiten Schritt ändert sich aufgrund der steuerlichen Beurteilung des neu entstandenen Gebildes als mitunternehmerische Betriebsaufspaltung die bisherige Zuordnung des Grundstücks als Sonderbetriebsvermögen bei der OHG. Das Grundstück wird Gesamthandsvermögen bei der AC-GbR. Die damit ver-

4 *Grundsätzlich ist der vereinbarte Rückzahlungszeitpunkt maßgebend. Ist nach den Verhältnissen am Bilanzstichtag davon auszugehen, dass die Rückzahlung voraussichtlich zu einem anderen Zeitpunkt erfolgt, ist dieser zu berücksichtigen.*

***Beispiel 1:***

*Nach dem Darlehensvertrag beträgt die Laufzeit einer Verbindlichkeit am Bilanzstichtag 31. 12. 2001 noch 2 Jahre (Rückzahlung am 31. 12. 2003). Eine vorzeitige Tilgung ist jedoch möglich. Im Dezember 2001 hat der Schuldner mitgeteilt, dass die Rückzahlung voraussichtlich bereits am 31. 12. 02 erfolgen wird.*

*Die voraussichtliche Restlaufzeit beträgt nach den Erkenntnissen am Bilanzstichtag 31. 12. 2001 noch 12 Monate. Der vertragliche Rückzahlungstermin ist unbeachtlich.*

***b) Vom Leben bestimmter Personen abhängige Laufzeit***

5 *Ist die Laufzeit einer unverzinslichen Verbindlichkeit durch das Leben einer oder mehrerer Personen bedingt, ist bei Anwendung der Vereinfachungsregelung nach Randnummer 2 zur Berechnung der Laufzeit von der mittleren Lebenserwartung der betreffenden Personen am Bilanzstichtag auszugehen. Die jeweilige mittlere Lebenserwartung ergibt sich aus der „Sterbetafel für die Bundesrepublik Deutschland 1986/88 nach dem Gebietsstand seit dem 3. Oktober 1990“ (vgl. Tabelle 1 in Anlage).*

***c) Verbindlichkeiten mit unbestimmter Laufzeit***

6 *Steht am Bilanzstichtag der Rückzahlungszeitpunkt einer unverzinslichen Verbindlichkeit, deren Fälligkeit nicht vom Leben einer oder mehrerer bestimmter Personen abhängt, nicht fest, ist vorrangig die Restlaufzeit zu schätzen. Das gilt auch dann, wenn die Darlehensvereinbarung eine jederzeitige Kündbarkeit vorsieht oder die gesetzliche Kündigungsfrist nach § 488 Abs. 3 des Bürgerlichen Gesetzbuches (BGB) in der Fassung des Gesetzes zur Modernisierung des Schuldrechtes vom 26. November 2001 (BGBl I S. 3138) nicht ausgeschlossen wird.*

7 *Liegen für eine objektive Schätzung der Restlaufzeit keine Anhaltspunkte vor, kann hilfsweise § 13 Abs. 2 BewG analog angewendet werden:*

*Nach § 13 Abs. 2 BewG sind Nutzungen und Leistungen von unbestimmter Dauer, die nicht vom Leben bestimmter Personen abhängen, mit dem 9,3fachen des Jahreswertes zu bewerten. Nach der Tabelle 3 (Vervielfältiger für Tilgungsdarlehen, vgl. Randnummer 10) entspricht dieser Faktor unter Berücksichtigung der Randnummer 3 einer Laufzeit von 12 Jahren, 10 Monaten und 12 Tagen. Dementsprechend ergibt sich nach Tabelle 2 für Fälligkeitsdarlehen (vgl. Randnummer 8) ein Vervielfältiger von 0,503.*

***2. Maßgebender Vervielfältiger***

8 *Bei Anwendung der Vereinfachungsregelung nach Randnummer 2 erfolgt die Bewertung einer unverzinslichen Verbindlichkeit, die in einem Betrag fällig ist, mittels der als Anlage beigefügten Tabelle 2. Dabei ist der Nennwert der Verbindlichkeit mit dem von der Restlaufzeit abhängigen Vervielfältiger zu multiplizieren.*

***Beispiel 2:***

*Die Restlaufzeit einer Verbindlichkeit beträgt am Bilanzstichtag 31. 12. 2001 noch 1 Jahr, 3 Monate und 10 Tage. Bei Anwendung der Vereinfachungsregelung ist der maßgebende Vervielfältiger nach Tabelle 2 wie folgt zu interpolieren:*

| | |
|---|---|
| *Vervielfältiger für 2 Jahre:* | *0,898* |
| *Vervielfältiger für 1 Jahr:* | *0,948* |
| *Differenz:* | *– 0,050* |
| *davon (3/12 + 10/360):* | *– 0,014* |
| *interpoliert (0,948 – 0,014):* | ***0,934*** |

*In der steuerlichen Gewinnermittlung zum 31. 12. 2001 ist die Verbindlichkeit (Nennwert 100 000 €) somit in Höhe von 100 000 € × 0,934 = 93 400 € anzusetzen.*

## *II. Abzinsung von unverzinslichen Verbindlichkeiten, die in gleichen Jahresraten getilgt werden (Tilgungsdarlehen)*

### *1. Ermittlung der maßgebenden Restlaufzeit am Bilanzstichtag*

*Die Restlaufzeit einer Verbindlichkeit, die in gleichen Jahresraten getilgt wird (Tilgungsdarlehen), endet unter sinngemäßer Anwendung der Randnummern 3 und 4 mit Fälligkeit der letzten Rate.* **9**

***Beispiel 3:***

*Zum Bilanzstichtag 31. 12. 2001 ist eine unverzinsliche Verbindlichkeit mit einem Restwert von 10 000 € zu bewerten, die an jedem 1. Tag eines Monats in Höhe von 500 € zu tilgen ist.*

*Zum Bilanzstichtag 31. 12. 2001 sind noch insgesamt 20 Monatsraten à 500 € erforderlich, um die Verbindlichkeit vollständig zu tilgen. Die letzte Zahlung wird demnach am 1. 8. 2003 erfolgen. Die Restlaufzeit zum Bilanzstichtag 31. 12. 2001 beträgt somit 1 Jahr, 7 Monate und 1 Tag.*

### *2. Jahreswert und maßgebender Vervielfältiger (Kapitalwert)*

*Bei Anwendung der Vereinfachungsregelung nach Randnummer 2 erfolgt die Bewertung einer unverzinslichen Verbindlichkeit, die in gleichen Jahresraten getilgt wird (Tilgungsdarlehen), mittels der als Anlage beigefügten Tabelle 3. Dabei ist der Jahreswert (Jahresbetrag) der Verbindlichkeit mit dem von der Restlaufzeit abhängigen Vervielfältiger zu multiplizieren. Der Jahreswert ist die Summe der Zahlungen innerhalb eines Jahres.* **10**

***Beispiel 4:***

*Sachverhalt wie Beispiel 3, von der Vereinfachungsregelung wird Gebrauch gemacht.*

*Der Jahreswert beträgt 12 × 500 € = 6000 €. Zum Bilanzstichtag 31. 12. 2001 ist eine Restlaufzeit von 1 Jahr und 7 Monaten und 1 Tag maßgebend. Der Vervielfältiger (Kapitalwert) nach Tabelle 3 ermittelt sich wie folgt:*

| | |
|---|---|
| *Kapitalwert für 2 Jahre:* | *1,897* |
| *Kapitalwert für 1 Jahr:* | *0,974* |
| *Differenz:* | *0,923* |
| *davon (7/12 + 1/360):* | *0,541* |
| *interpoliert 0,974 + 0,541:* | *1,515* |

*In der steuerlichen Gewinnermittlung zum 31. 12. 2001 ist die Verbindlichkeit mit 6000 € × 1,515 = 9090 € anzusetzen.*

## *III. Ausnahmen von der Abzinsung*

*Eine Abzinsung unterbleibt, wenn die Laufzeit der Verbindlichkeit am Bilanzstichtag weniger als 12 Monate beträgt, die Verbindlichkeit verzinslich ist oder auf einer Anzahlung oder Vorausleistung beruht (§ 6 Abs. 1 Nr. 3 Satz 2 EStG). Der Steuerpflichtige hat darzulegen, dass ein Tatbestand des § 6 Abs. 1 Nr. 3 Satz 2 EStG vorliegt.* **11**

### *1. Laufzeit am Bilanzstichtag von weniger als 12 Monaten*

*Eine Laufzeit von weniger als 12 Monaten ist gegeben, wenn die Verbindlichkeit vor Ablauf eines Jahres nach dem Bilanzstichtag vollständig getilgt wird. Auf die Randnummern 4 bis 7 wird hingewiesen.* **12**

### *2. Verzinsliche Verbindlichkeiten*

#### *a) Allgemeines*

*Eine verzinsliche Verbindlichkeit liegt vor, wenn ein Zinssatz von mehr als 0 % vereinbart wurde. Dabei ist es unerheblich, ob am Bilanzstichtag fällige Zinsen auch tatsächlich gezahlt wurden. So ist bei einer Stundung von Zinszahlungen weiterhin eine verzinsliche Verbindlichkeit anzunehmen.* **13**

*Stehen einer Verbindlichkeit keine Kapitalverzinsung, sondern andere wirtschaftliche Nachteile gegenüber (z. B. Verpflichtung zur unentgeltlichen Überlassung eines Wirtschaftsgutes des Betriebsvermögens), liegt eine verzinsliche Verbindlichkeit vor.* **14**

15 *Die mit der Gewährung von Darlehen zur Förderung des sozialen Wohnungsbaus, des Wohnungsbaus für Angehörige des öffentlichen Dienstes und des Bergarbeiterwohnungsbaus oder anderer Förderprogramme im Bereich des Wohnungswesens verbundenen Auflagen, die den Darlehensnehmer insbesondere dazu verpflichten, die geförderten Wohnungen nur bestimmten Wohnungssuchenden zu überlassen (Belegungsbindung) oder Vorteile aus der Zinslosigkeit in Form von preisgünstigen Mieten an Dritte weiterzugeben, entsprechen in ihrem wirtschaftlichen Gehalt einer Zinsvereinbarung; derartige Darlehen sind nicht abzuzinsen (BMF-Schreiben vom 23. August 1999, BStBl. I S. 818). Entsprechendes kann gelten, wenn zinslose Kredite im Rahmen einer Regionalförderung an Unternehmen zweckgebunden gewährt werden und die Zweckbindung ihrem wirtschaftlichen Gehalt nach einer Zinsbelastung entspricht (z. B. Verpflichtung zur Schaffung zusätzlicher Dauerarbeitsplätze über einen bestimmten Zeitraum).*

16 *Ist nach den Umständen des jeweiligen Einzelfalles davon auszugehen, dass bei wirtschaftlicher Betrachtung eine Verzinslichkeit (d. h. eine Gegenleistung für die Kapitalüberlassung) nicht gegeben ist, liegt eine unverzinsliche Verbindlichkeit vor.*

***b) Verbindlichkeiten, die zeitweise verzinslich sind***

17 *Ist nach der Darlehensvereinbarung nur in bestimmten Zeiträumen eine Verzinsung vorgesehen, liegt eine verzinsliche Verbindlichkeit vor. In diesem Fall unterbleibt eine Abzinsung; Randnummer 16 ist zu beachten.*

***Beispiel 5:***

***A gewährt Unternehmer U am 1. 1. 2001 ein Darlehen über 50 000 €. Die Rückzahlung soll am 31. 12. 2005 erfolgen. Eine vorzeitige Rückzahlung ist möglich. Für den Zeitraum 1. 1. 2004 bis 31. 10. 2004 sind Zinsen in Höhe von 5 % p. a. zu entrichten.***

*Es handelt sich um ein verzinsliches Darlehen im Sinne von § 6 Abs. 1 Nr. 3 Satz 2 EStG, auch wenn teilweise keine Verzinsung vorgesehen ist. Eine Abzinsung unterbleibt.*

***Weiterführung Beispiel 5:***

*Das Darlehen wird vorzeitig am 31. 12. 2003 zurückgezahlt.*

*Die jeweiligen Bilanzansätze zum 31. 12. 2001 und 31. 12. 2002 bleiben unverändert, auch wenn das Darlehen aufgrund der vorzeitigen Tilgung vor Beginn des Zinslaufes tatsächlich unverzinst bleibt.*

18 *Entsteht oder entfällt aufgrund eines bestimmten Ereignisses die Verzinslichkeit im Sinne von § 6 Abs. 1 Nr. 3 Satz 2 EStG (z. B. neue vertragliche Vereinbarung zu den Zinskonditionen, Eintritt einer Bedingung), ist die Verbindlichkeit für die Anwendung der Steuerrechtsnorm ab dem Bilanzstichtag, der dem Ereignis folgt, nach den vorgenannten Grundsätzen neu zu bewerten. Das gilt unabhängig von der zivilrechtlichen Rechtslage. Die Bilanzansätze der dem Ereignis vorangegangenen Wirtschaftsjahre bleiben unberührt.*

***c) Verbindlichkeiten, deren Verzinsung vom Eintritt eines bestimmten Ereignisses abhängt (bedingt verzinsliche Verbindlichkeiten)***

19 *Hängt nach der Darlehensvereinbarung die Verzinslichkeit im Sinne von § 6 Abs. 1 Nr. 3 Satz 2 EStG vom Eintritt einer Bedingung ab, bleibt diese Bedingung zunächst unberücksichtigt. Bei Eintritt der Bedingung gilt Randnummer 18 entsprechend.*

***Beispiel 6:***

*A gewährt dem Unternehmer B am 1. 1. 2000 ein betriebliches Fälligkeitsdarlehen, das jährlich mit 5 % zu verzinsen ist. Fallen im Betrieb des B vor Rückzahlung des Darlehens Verluste an, entfällt die Verzinsung rückwirkend ab Beginn der Laufzeit. Bereits gezahlte Zinsen sind zu erstatten. Im Wirtschaftsjahr 1. 1. 2002 bis 31. 12. 2002 erwirtschaftet B einen Verlust.*

*Die Bedingung (Entstehung eines Verlustes) ist erst zu berücksichtigen, wenn sie eingetreten ist (Randnummer 19). Die Verbindlichkeit ist daher als verzinsliches Darlehen (zunächst) nicht abzuzinsen. Der Verlust in 2002 führt zu einem die Verzinslichkeit beeinflussenden Ereignis im Sinne der Randnummer 18. Ab dem Bilanzstichtag, der dem Verlustentstehungsjahr folgt, d. h. ab dem 31. 12. 2003, ist die Verbindlichkeit abzuzinsen. Die Bilanzstichtage 31. 12. 2000 bis 31. 12. 2002 (keine Abzinsung) bleiben unberührt.*

*Beispiel 7:*
*Nach der Darlehensvereinbarung ist die betriebliche Verbindlichkeit nur dann (rückwirkend) zu verzinsen, wenn der Gläubiger seinen Arbeitsplatz verliert und innerhalb eines Jahres keine neue Anstellung findet.*
*Das Darlehen ist (zunächst) unverzinslich und daher abzuzinsen. Bei Eintritt der Bedingung ist die Verbindlichkeit zu verzinsen, so dass ab dem diesem Ereignis folgenden Bilanzstichtag der Nennwert anzusetzen ist. Die vorangegangenen Bewertungen bleiben aber unberührt (Randnummer 18).*

### *3. Anzahlungen oder Vorausleistungen*

*Anzahlungen und Vorausleistungen sind Vorleistungen, die in Erfüllung eines zu einem späteren Zeitpunkt noch zu vollziehenden Rechtsgeschäftes erbracht werden (vgl. auch Urteil des Bundesfinanzhofes – BFH vom 2. Juni 1978, BStBl. II S. 475 und vom 21. November 1980, BStBl. 1981 II S. 179).* 20

### *IV. Unverzinsliche Verbindlichkeiten von Körperschaften gegenüber ihren Anteilseignern*

*Erhält eine Körperschaft von einem Anteilseigner ein unverzinsliches Darlehen, sind die Regelungen zur Abzinsung von Verbindlichkeiten anzuwenden. Das gilt auch für verbundene Unternehmen (z. B. Organschaften). Ein Darlehen ist verzinslich im Sinne von § 6 Abs. 1 Nr. 3 Satz 2 EStG, wenn anstelle der Kapitalverzinsung andere Gegenleistungen im Sinne der Randnummern 14 und 15 gewährt werden.* 21

*Die gewinnmindernden Erhöhungen der abgezinsten Verbindlichkeiten aufgrund kürzerer Restlaufzeiten sind keine Vergütungen im Sinne von § 8 a KStG.* 22

### *V. Unverzinsliche Verbindlichkeiten innerhalb einer Mitunternehmerschaft im Sinne von § 15 Abs. 1 Satz 1 Nr. 2 EStG*

*Die o. g. Regelungen zur Abzinsung von Verbindlichkeiten gelten auch bei Darlehen innerhalb einer Mitunternehmerschaft im Sinne von § 15 Abs. 1 Satz 1 Nr. 2 EStG, soweit es sich dabei ertragsteuerlich nicht um Einlagen oder Entnahmen handelt (vgl. z. B. BFH-Urteile vom 12. Dezember 1996, BStBl. 1998 II S. 180 zu Kapitalüberlassungen eines Gesellschafters an seine Personengesellschaft und vom 9. Mai 1996, BStBl. II S. 642 zu Darlehen von Personengesellschaften an deren Mitunternehmer).* 23

## C. Abzinsung von Rückstellungen in der steuerlichen Gewinnermittlung

## I. Abzinsung von Rückstellungen für Geld- und Sachleistungsverpflichtungen

### 1. Ermittlung der voraussichtlichen Restlaufzeit einer Rückstellung am Bilanzstichtag

#### a) Grundsatz

Die voraussichtliche Restlaufzeit einer Rückstellung für eine ungewisse Verpflichtung am Bilanzstichtag ist nach den Umständen des jeweiligen Einzelfalles zu schätzen; die Randnummern 3 bis 7 gelten entsprechend. Hinsichtlich der Berechnung des Abzinsungsbetrages wird auf die Randnummern 1 und 2 verwiesen. 24

#### b) Geldleistungsverpflichtungen

Bei der Ermittlung der Laufzeit einer Geldleistungsverpflichtung ist auf den voraussichtlichen Erfüllungszeitpunkt abzustellen. Sind mehrere Teilbeträge zu entrichten, ist die Rückstellung entsprechend aufzuteilen. Die Teilleistungen sind dann hinsichtlich ihrer Fälligkeit einzeln zu beurteilen. 25

### c) Sachleistungsverpflichtungen

26 Bei Sachleistungsverpflichtungen ist gemäß § 6 Abs. 1 Nr. 3 a Buchstabe e Satz 2 EStG auf den Zeitraum bis zum Beginn der Erfüllung der Verpflichtung abzustellen. Ist eine in Teilleistungen zu erbringende Verpflichtung als Einheit zu sehen, ist der Beginn der ersten Teilleistung maßgebend.

### d) Garantie- und Gewährleistungsrückstellungen

27 Die Laufzeit von Einzelrückstellungen für Garantie- und Gewährleistungsansprüche (Sachleistungsverpflichtungen) ist nach den Umständen des jeweiligen Einzelfalles zu schätzen. Auf Pauschalrückstellungen findet das Abzinsungsgebot gemäß § 6 Abs. 1 Nr. 3 a Buchstabe e EStG aus Vereinfachungsgründen keine Anwendung.

### 2. Maßgebender Vervielfältiger

28 Bei Anwendung der Vereinfachungsregelung nach Randnummer 2 erfolgt die Bewertung einer abzuzinsenden Rückstellung für eine Geld- oder Sachleistungsverpflichtung mittels Tabelle 2. Dabei ist die Rückstellung unter Berücksichtigung der Wertverhältnisse am Bilanzstichtag mit dem von der Restlaufzeit abhängigen Vervielfältiger zu multiplizieren.

## II. Abzinsung von Rückstellungen für Verpflichtungen, für deren Entstehen im wirtschaftlichen Sinne der laufende Betrieb ursächlich ist

29 Nach § 6 Abs. 1 Nr. 3 a Buchstabe d Satz 1 EStG sind Rückstellungen für Verpflichtungen, für deren Entstehen im wirtschaftlichen Sinne der laufende Betrieb ursächlich ist, zeitanteilig in gleichen Raten anzusammeln. Gleichzeitig sind die ratierlich angesammelten Rückstellungen abzuzinsen (§ 6 Abs. 1 Nr. 3 a Buchstabe e Satz 1 EStG). Bei der Abzinsung gelten die Randnummern 24 bis 28 entsprechend.

**Beispiel 8:**

**Unternehmer U pachtet ab 1. 1. 2001 für 20 Jahre ein unbebautes Grundstück und errichtet eine betrieblich genutzte Lagerhalle. U hat sich verpflichtet, die Lagerhalle nach Ablauf des Pachtvertrages abzureißen. Die voraussichtlichen Kosten betragen nach den Verhältnissen des Bilanzstichtages 31. 12. 2001 insgesamt 20 000 €, am 31. 12. 2002 21 000 €. Bei der Abzinsung soll die Vereinfachungsregelung angewendet werden.**

Für die Abrissverpflichtung hat U eine Rückstellung für ungewisse Verbindlichkeiten zu bilden. Da für das Entstehen der Verpflichtung im wirtschaftlichen Sinne der laufende Betrieb ursächlich ist (Nutzung der Lagerhalle), ist die Rückstellung nach § 6 Abs. 1 Nr. 3 a Buchstabe d Satz 1 EStG zeitanteilig in gleichen Raten anzusammeln.

**Bewertung am Bilanzstichtag 31. 12. 2001**

Zum 31. 12. 2001 ist unter Berücksichtigung der Wertverhältnisse am Bilanzstichtag eine Rückstellung von $^{1}/_{20} \times 20\,000$ € = 1000 € anzusetzen, die zusätzlich nach § 6 Abs. 1 Nr. 3 a Buchstabe e Satz 1 EStG abzuzinsen ist. Der Beginn der Erfüllung der Sachleistungsverpflichtung (Abbruch) ist voraussichtlich der 31. 12. 2020 (Ablauf des Pachtvertrages). Am 31. 12. 2001 ist somit eine Restlaufzeit von 19 Jahren maßgebend. Nach Tabelle 2 ergibt sich ein Vervielfältiger von 0,362. Der Ansatz in der steuerlichen Gewinnermittlung zum 31. 12. 2001 beträgt somit 1000 € × 0,362 = 362 €.

**Bewertung am Bilanzstichtag 31. 12. 2002**

Am 31. 12. 2002 sind unter Berücksichtigung der erhöhten voraussichtlichen Kosten nach den Verhältnissen am Bilanzstichtag 31. 12. 2002 und einer Restlaufzeit von 18 Jahren $^{2}/_{20} \times 21\,000$ € × 0,381 = 800 € anzusetzen.

## III. Ausnahmen von der Abzinsung

30 Die Ausnahmen hinsichtlich der Abzinsung von Verbindlichkeiten (§ 6 Abs. 1 Nr. 3 Satz 2 EStG) gelten nach § 6 Abs. 1 Nr. 3 a Buchstabe e Satz 1 zweiter Halbsatz EStG entsprechend. Somit unterbleibt eine Abzinsung, wenn die

Laufzeit der Rückstellung am Bilanzstichtag weniger als 12 Monate beträgt, die auf der Rückstellung basierende ungewisse Verbindlichkeit verzinslich ist oder die Rückstellung auf einer Anzahlung oder Vorausleistung beruht.

### 1. Laufzeit am Bilanzstichtag von weniger als 12 Monaten

Auf die Randnummern 24 bis 27 wird hingewiesen. 31

### 2. Verzinslichkeit der einer Rückstellung zugrunde liegenden Verbindlichkeit

#### a) Grundsatz

Für die Frage, ob die einer Rückstellung zugrunde liegende Verbindlichkeit 32 verzinslich ist, gelten die in Abschnitt B genannten Regelungen (Randnummern 13 bis 18) zur Verzinslichkeit von Verbindlichkeiten entsprechend.

#### b) Rückstellungen für Steuerschulden

Rückstellungen für Steuerschulden, die nach § 233 a Abgabenordnung – AO – 33 verzinst werden, sind nicht abzuzinsen. Insoweit basiert die ungewisse Verbindlichkeit auf einer zeitweise verzinslichen Verpflichtung im Sinne der Randnummer 17. Aus Vereinfachungsgründen gilt dies auch dann, wenn möglicherweise Zinsen nicht festgesetzt werden (z. B. bei einer Steuerfestsetzung vor Beginn des Zinslaufs nach § 233 a Abs. 2 AO).

### 3. Auf Anzahlungen oder Vorausleistungen beruhende Rückstellungen

Auf Randnummer 20 wird verwiesen. 34

## D. Rücklagen nach § 52 Abs. 16 EStG[1)]

### 1. Gesetzliche Regelung

Nach § 52 Abs. 16 Sätze 10 und 12 EStG gelten die Regelungen in § 6 Abs. 1 35 Nr. 3 und 3 a EStG auch für Verbindlichkeiten und Rückstellungen, die bereits zum Ende eines vor dem 1. Januar 1999 endenden Wirtschaftsjahres angesetzt oder gebildet worden sind. Für den entsprechenden, aufgrund der erstmaligen Abzinsung entstandenen Gewinn kann jeweils in Höhe von neun Zehntel eine den Gewinn mindernde Rücklage gebildet werden (Wahlrecht), die in den folgenden neun Wirtschaftsjahren jeweils mit mindestens einem Neuntel gewinnerhöhend aufzulösen ist (§ 52 Abs. 16 Sätze 11 und 14 EStG). Scheidet die gesamte Verbindlichkeit während des Auflösungszeitraums aus dem Betriebsvermögen aus oder ist die gesamte Rückstellung aufzulösen, ist die entsprechende Rücklage zum Ende des Wirtschaftsjahres des Ausscheidens oder der Auflösung in vollem Umfang gewinnerhöhend aufzulösen. Wird die Verbindlichkeit nicht vollständig, sondern lediglich bis auf einen geringen Restbetrag getilgt, ist zu prüfen, ob im Hinblick auf § 52 Abs. 16 Satz 11 zweiter Teilsatz EStG ein Missbrauch von Gestaltungsmöglichkeiten im Sinne von § 42 AO vorliegt. Die Rücklage ist in Übereinstimmung mit der handelsrechtlichen Jahresbilanz zu bilden (§ 5 Abs. 1 Satz 2 EStG); die steuerrechtliche Anerkennung der Rücklage ist jedoch vom Ausweis eines entsprechenden Sonderpostens mit Rücklagenanteil in der Handelsbilanz nur abhängig, soweit auch in der Handelsbilanz durch Abzinsung ein entsprechend höherer Gewinn ausgewiesen wird.

---

1) In der Fassung vor BilMoG v. 25. 5. 2009, BGBl. I S. 1102.

36 Die genannten Grundsätze gelten nicht für Gewinne aus der Abzinsung von Verbindlichkeiten und Rückstellungen, die erstmals in nach dem 31. Dezember 1998 endenden Wirtschaftsjahren passiviert werden.

## 2. Rücklagefähige Gewinne

37 Es ist ausschließlich die Gewinnauswirkung aufgrund der erstmaligen Anwendung der Abzinsungsregelung rücklagefähig. Sonstige gewinnwirksame Änderungen der Bewertung einer Verbindlichkeit oder Rückstellung bleiben unberücksichtigt. Dabei ist die am Ende des dem Wirtschaftsjahr der erstmaligen Abzinsung vorangegangenen Wirtschaftsjahres passivierte Verbindlichkeit oder Rückstellung (Ausgangswert) nach den Verhältnissen am Ende des Wirtschaftsjahres der erstmaligen Anwendung der Abzinsungsregelung abzuzinsen. Soweit im Wirtschaftsjahr der erstmaligen Abzinsung Änderungen zu einer gewinnerhöhenden Verminderung der abzuzinsenden Verbindlichkeit oder Rückstellung führen (z. B. geringere voraussichtliche Aufwendungen), sind diese Änderungen vom Ausgangswert abzuziehen.

**Beispiel 9:**

Wie Beispiel 8, der Bilanzstichtag 31. 12. 2001 ist jedoch durch 31. 12. 1998 und der Bilanzstichtag 31. 12. 2002 durch 31. 12. 1999 (erstmalige gesetzliche Abzinsung) zu ersetzen. Die noch in Deutsche Mark aufzustellende Bilanz 31. 12. 1998 wurde aus Vereinfachungsgründen in Euro umgerechnet.

In der steuerlichen Gewinnermittlung 31. 12. 1998 ist die Ansammlungsrückstellung nach bisheriger Rechtslage noch nicht abzuzinsen und somit in Höhe von 1000 € anzusetzen. Bei der Bewertung der Rückstellungen in der steuerlichen Gewinnermittlung 31. 12. 1999 ist erstmals eine Abzinsung erforderlich.

Ohne Abzinsung wäre die Rückstellung mit 2/20 × 21 000 € = 2100 € zu bewerten. Die Gewinnminderung aufgrund der aufzustockenden Rückstellung würde 1100 € betragen. Nach der gesetzlichen Neuregelung sind jedoch 2/20 × 21 000 € × 0,381 = 800 € anzusetzen, so dass die bisherige Rückstellung um 200 € zu vermindern ist und sich der Gewinn entsprechend erhöht.

Rücklagefähig nach § 52 Abs. 16 EStG ist die Gewinnauswirkung aus der Abzinsung der Rückstellung zum 31. 12. 1998 (1000 €) mit dem Abzinsungsfaktor am Ende des Wirtschaftsjahres 1999. Eine Korrektur des Rückstellungsansatzes 31. 12. 1998 als Ausgangswert für die Abzinsung erfolgt nicht, da die Rückstellung in 1999 vor der Abzinsung nicht zu vermindern, sondern ausschließlich zu erhöhen ist.

| | |
|---|---|
| Ansatz zum 31. 12. 1998: | 1000 € |
| Ansatz nach Abzinsung mit dem Faktor am 31. 12. 1999: 1000 € × 0,381 = | 381 € |
| Abzinsungsbetrag: | 619 € |
| davon rücklagefähig $^{9}/_{10}$ = | **557 €** |

**Beispiel 10:**

In der Bilanz 31. 12. 1998 wurde eine Rückstellung für eine unverzinsliche, ungewisse Verbindlichkeit mit 100 000 € bewertet (zur Vereinfachung Umrechnung DM in €). Nach den Erkenntnissen bei Aufstellung der Bilanz zum 31. 12. 1999 werden die voraussichtlichen Aufwendungen jedoch nur 80 000 € betragen (voraussichtliche Erfüllung in 5 Jahren). Bei der Abzinsung wird von der Vereinfachungsregelung Gebrauch gemacht.

In der Bilanz 31. 12. 1999 sind die voraussichtlichen Aufwendungen in Höhe von 80 000 € maßgebend. Zudem ist die Rückstellung nach § 6 Abs. 1 Nr. 3 a Buchstabe e EStG abzuzinsen. Es ergibt sich ein Ansatz von 80 000 € × 0,765 = 61 200 € und eine Gewinnerhöhung von 100 000 € – 61 200 € = 38 800 €. Rücklagefähig ist jedoch nur der Teil der Gewinnerhöhung, der auf der (erstmaligen) Abzinsung beruht:

| | |
|---|---|
| Ansatz am 31. 12. 1998 abzüglich der Verminderung in 1999 vor der Abzinsung (100 000 € – 20 000 €): | 80 000 € |
| Ansatz nach Abzinsung mit dem Faktor am 31. 12. 1999: 80 000 € × 0,765 = | 61 200 € |
| Abzinsungsbetrag: | 18 800 € |
| davon rücklagefähig $^{9}/_{10}$: | **16 920 €** |

### 3. Auflösung der Rücklage

Die Rücklage ist in den dem Wirtschaftsjahr der Bildung folgenden Wirtschaftsjahren jeweils mit mindestens 1/9 gewinnerhöhend aufzulösen. Das gilt auch dann, wenn die tatsächliche oder voraussichtliche Restlaufzeit kürzer ist als der Auflösungszeitraum. In diesen Fällen ist die verbleibende Rücklage bei Ausscheiden der Verbindlichkeit oder bei Auflösung der Rückstellung in einem Betrag gewinnerhöhend aufzulösen. 38

**Fortsetzung Beispiel 10:**

Zum 31. 12. 1999 wird eine den Gewinn mindernde Rücklage von 16 920 € passiviert, die in den folgenden Wirtschaftsjahren mindestens zu $^1/_9$ = 1880 € gewinnerhöhend aufzulösen ist. Da die Rückstellung zum 31. 12. 2004 aufgelöst wird, ist auch die verbleibende Rücklage von 16 920 € – (1880 € × 4) = 9400 € gewinnerhöhend auszubuchen.

Die Ausbuchung des höheren Restbetrages kann beispielsweise dadurch vermieden werden, dass anstelle der jährlichen Auflösung von $^1/_9$ die Rücklage an den Bilanzstichtagen 31. 12. 2000 bis 31. 12. 2004 zu je ⅕ = 3384 € gewinnerhöhend aufgelöst wird. Ein höherer Restbetrag bei Auflösung der Rückstellung verbleibt in diesem Fall nicht.

## E. Gewerbesteuerliche Behandlung

Aus dem Abzinsungsvorgang nach § 6 Abs. 1 Nr. 3 EStG ergeben sich keine Dauerschuldentgelte im Sinne von § 8 Nr. 1 Gewerbesteuergesetz (GewStG). 39

## F. Buchtechnische Abwicklung

Die Abzinsungsregelungen nach § 6 Abs. 1 Nr. 3 und 3 a Buchstabe e Satz 1 und 2 EStG sind spezielle bilanzsteuerrechtliche Vorschriften für die Bewertung von Verbindlichkeiten und Rückstellungen in der steuerlichen Gewinnermittlung. 40

Ist eine Verbindlichkeit oder Rückstellung abzuzinsen, ist in der steuerlichen Gewinnermittlung stets der abgezinste Betrag auszuweisen; die Bildung eines Rechnungsabgrenzungspostens unterbleibt. Dabei stellt die Abzinsung einen außerordentlichen Ertrag, die nachfolgende Aufzinsung einen außerordentlichen Aufwand dar. 41

## G. Zeitliche Anwendung

Die Grundsätze dieses Schreibens sind vorbehaltlich Randnummer 43 in allen noch offenen Fällen anzuwenden. 42

Bei der Bewertung von Verbindlichkeiten, die vor dem 1. Juni 2005 entstanden sind und deren Verzinsung von künftigen Einnahmen, Gewinnen oder ähnlichen Betriebsvermögensmehrungen abhängt, ist abweichend von Randnummer 19 aus Vertrauensschutzgründen davon auszugehen, dass diese Bedingungen eintreten werden und folglich zeitweise verzinsliche Verbindlichkeiten im Sinne von Randnummer 17 vorliegen. Bei Verbindlichkeiten, die nach dem 31. Mai 2005 entstanden sind, ist Randnummer 19 uneingeschränkt anzuwenden. 43

**Beispiel 11:**

Einem in Zahlungsschwierigkeiten befindlichen Unternehmen wird am 1. Juli 2004 ein Darlehen gewährt. Um eine Überschuldung zu vermeiden, hat der Darlehensgeber gegen Besserungsschein auf eine Verzinsung der Verbindlichkeit verzichtet. Bei Wegfall des Liquiditätsengpasses soll aber eine (nachträgliche) marktübliche Verzinsung ab Beginn der Darlehenslaufzeit erfolgen.

Die Verzinslichkeit der Verbindlichkeit hängt vom Betriebsvermögensmehrungsmerkmal „Liquidität" ab. Nach Randnummer 43 ist in vor dem 1. Juni 2005 entstandenen Verbindlichkeiten bei der Bewertung davon auszugehen, dass die Bedingung (Wegfall des Liquiditätsengpasses) eintreten wird. Eine Abzinsung unterbleibt, da aufgrund dieser Annahme eine teilweise verzinsliche Verpflichtung i. S. v. Randnummer 17 vorliegt.

**Beispiel 12:**

Nach der Darlehensvereinbarung (Vertrag vom 30. Juni 2004) ist die Verbindlichkeit grundsätzlich verzinslich. Für Wirtschaftsjahre, in denen kein Bilanzgewinn ausgewiesen wird, sind jedoch keine Zinsleistungen zu erbringen. Im Wirtschaftsjahr 1. Januar 2004 bis 31. Dezember 2004 weist der Schuldner einen Bilanzverlust aus.

Nach Randnummer 19 bleibt die Bedingung, nach der eine Verzinsung für Wirtschaftsjahre unterbleibt, in denen kein Bilanzgewinn ausgewiesen wird, zunächst unberücksichtigt. Da der Schuldner bereits im Wirtschaftsjahr des Beginns der Darlehenslaufzeit einen Bilanzverlust ausgewiesen hat, d. h. die Bedingung eingetreten ist, gilt Randnummer 18 entsprechend, so dass für Zwecke der **steuerbilanziellen Abzinsung** ab dem Bilanzstichtag, der dem Verlustentstehungsjahr folgt, d. h. ab dem 31. Dezember 2005, grundsätzlich abzuzinsen wäre, da das Darlehen (zunächst) unverzinst bleibt. Gleichzeitig liegt aber ein **neues** ungewisses Ereignis i. S. v. Randnummer 19 vor, denn im Falle von künftigen Bilanzgewinnen lebt die Verzinsung wieder auf. Da die Verzinsung des Darlehens weiterhin von künftigen Bilanzgewinnen abhängt, gilt die Fiktion gemäß Randnummer 43, so dass weiterhin nicht abgezinst wird.

## Anlage 1

### Tabelle 1.

**Mittlere Lebenserwartung, abgeleitet aus der „Sterbetafel für die Bundesrepublik Deutschland 1986/88 nach dem Gebietsstand seit dem 3. Oktober 1990“**

(Die Zahlen der mittleren Lebenserwartung sind jeweils auf- oder abgerundet)

| Bei einem erreichten Alter von … Jahren | beträgt die mittlere Lebenserwartung für | |
|---|---|---|
| | Männer | Frauen |
| 20 | 53 | 59 |
| 21 | 52 | 58 |
| 22 | 51 | 57 |
| 23 | 50 | 56 |
| 24 | 49 | 55 |
| 25 | 48 | 54 |
| 26 | 47 | 53 |
| 27 | 46 | 52 |
| 28 | 45 | 51 |
| 29 | 44 | 50 |
| 30 | 43 | 49 |
| 31 | 42 | 48 |
| 32 | 42 | 47 |
| 33 | 41 | 46 |
| 34 | 40 | 45 |
| 35 | 39 | 44 |
| 36 | 38 | 43 |
| 37 | 37 | 42 |
| 38 | 36 | 41 |
| 39 | 35 | 40 |
| 40 | 34 | 40 |
| 41 | 33 | 39 |
| 42 | 32 | 38 |
| 43 | 31 | 37 |
| 44 | 30 | 36 |
| 45 | 29 | 35 |
| 46 | 29 | 34 |
| 47 | 28 | 33 |
| 48 | 27 | 32 |
| 49 | 26 | 31 |
| 50 | 25 | 30 |
| 51 | 24 | 29 |
| 52 | 23 | 28 |
| 53 | 23 | 27 |

| Bei einem erreichten Alter von … Jahren | beträgt die mittlere Lebenserwartung für | |
|---|---|---|
| | Männer | Frauen |
| 54 | 22 | 27 |
| 55 | 21 | 26 |
| 56 | 20 | 25 |
| 57 | 19 | 24 |
| 58 | 19 | 23 |
| 59 | 18 | 22 |
| 60 | 17 | 21 |
| 61 | 17 | 21 |
| 62 | 16 | 20 |
| 63 | 15 | 19 |
| 64 | 14 | 18 |
| 65 | 14 | 17 |
| 66 | 13 | 17 |
| 67 | 12 | 16 |
| 68 | 12 | 15 |
| 69 | 11 | 14 |
| 70 | 11 | 14 |
| 71 | 10 | 13 |
| 72 | 10 | 12 |
| 73 | 9 | 11 |
| 74 | 8 | 11 |
| 75 | 8 | 10 |
| 76 | 8 | 9 |
| 77 | 7 | 9 |
| 78 | 7 | 8 |
| 79 | 6 | 8 |
| 80 | 6 | 7 |
| 81 | 6 | 7 |
| 82 | 5 | 6 |
| 83 | 5 | 6 |
| 84 | 5 | 6 |
| 85 | 4 | 5 |
| 86 | 4 | 5 |
| 87 | 4 | 4 |
| 88 | 4 | 4 |
| 89 | 3 | 4 |
| 90 | 3 | 4 |
| 91 | 3 | 3 |
| 92 | 3 | 3 |
| 93 | 3 | 3 |

| Bei einem erreichten Alter von … Jahren | beträgt die mittlere Lebenserwartung für | |
|---|---|---|
| | Männer | Frauen |
| 94 | 2 | 3 |
| 95 | 2 | 3 |
| 96 | 2 | 2 |
| 97 | 2 | 2 |
| 98 | 2 | 2 |
| 99 | 2 | 2 |
| 100 | 2 | 2 |

**Anlage 2**

**Tabelle 2.**

**Vervielfältiger für die Abzinsung einer unverzinslichen Schuld, die nach bestimmter Zeit in einem Betrag fällig ist, im Nennwert von 1,– €**

| Laufzeit in Jahren | maßgebender Vervielfältiger | Laufzeit in Jahren | maßgebender Vervielfältiger |
|---|---|---|---|
| 1 | 0,948 | 31 | 0,190 |
| 2 | 0,898 | 32 | 0,180 |
| 3 | 0,852 | 33 | 0,171 |
| 4 | 0,807 | 34 | 0,162 |
| 5 | 0,765 | 35 | 0,154 |
| 6 | 0,725 | 36 | 0,146 |
| 7 | 0,687 | 37 | 0,138 |
| 8 | 0,652 | 38 | 0,131 |
| 9 | 0,618 | 39 | 0,124 |
| 10 | 0,585 | 40 | 0,117 |
| 11 | 0,555 | 41 | 0,111 |
| 12 | 0,526 | 42 | 0,106 |
| 13 | 0,499 | 43 | 0,100 |
| 14 | 0,473 | 44 | 0,095 |
| 15 | 0,448 | 45 | 0,090 |
| 16 | 0,425 | 46 | 0,085 |
| 17 | 0,402 | 47 | 0,081 |
| 18 | 0,381 | 48 | 0,077 |
| 19 | 0,362 | 49 | 0,073 |
| 20 | 0,343 | 50 | 0,069 |
| 21 | 0,325 | 51 | 0,065 |
| 22 | 0,308 | 52 | 0,062 |
| 23 | 0,292 | 53 | 0,059 |
| 24 | 0,277 | 54 | 0,056 |
| 25 | 0,262 | 55 | 0,053 |
| 26 | 0,249 | 56 | 0,050 |
| 27 | 0,236 | 57 | 0,047 |
| 28 | 0,223 | 58 | 0,045 |
| 29 | 0,212 | 59 | 0,042 |
| 30 | 0,201 | 60 | 0,040 |

| Laufzeit in Jahren | maßgebender Vervielfältiger | Laufzeit in Jahren | maßgebender Vervielfältiger |
|---|---|---|---|
| 61 | 0,038 | 81 | 0,013 |
| 62 | 0,036 | 82 | 0,012 |
| 63 | 0,034 | 83 | 0,012 |
| 64 | 0,032 | 84 | 0,011 |
| 65 | 0,031 | 85 | 0,011 |
| 66 | 0,029 | 86 | 0,010 |
| 67 | 0,028 | 87 | 0,009 |
| 68 | 0,026 | 88 | 0,009 |
| 69 | 0,025 | 89 | 0,009 |
| 70 | 0,024 | 90 | 0,008 |
| 71 | 0,022 | 91 | 0,008 |
| 72 | 0,021 | 92 | 0,007 |
| 73 | 0,020 | 93 | 0,007 |
| 74 | 0,019 | 94 | 0,007 |
| 75 | 0,018 | 95 | 0,006 |
| 76 | 0,017 | 96 | 0,006 |
| 77 | 0,016 | 97 | 0,006 |
| 78 | 0,015 | 98 | 0,005 |
| 79 | 0,015 | 99 | 0,005 |
| 80 | 0,014 | 100 | 0,005 |

**Anlage 3**

**Tabelle 3.**

**Vervielfältiger für die Abzinsung einer unverzinslichen Schuld, die in gleichen Jahresraten getilgt wird**

Der Jahresbetrag der Raten wurde mit 1,– € angesetzt.

| Laufzeit in Jahren | maßgebender Vervielfältiger | Laufzeit in Jahren | maßgebender Vervielfältiger |
|---|---|---|---|
| 1 | 0,974 | 31 | 15,129 |
| 2 | 1,897 | 32 | 15,314 |
| 3 | 2,772 | 33 | 15,490 |
| 4 | 3,602 | 34 | 15,656 |
| 5 | 4,388 | 35 | 15,814 |
| 6 | 5,133 | 36 | 15,963 |
| 7 | 5,839 | 37 | 16,105 |
| 8 | 6,509 | 38 | 16,239 |
| 9 | 7,143 | 39 | 16,367 |
| 10 | 7,745 | 40 | 16,487 |
| 11 | 8,315 | 41 | 16,602 |
| 12 | 8,856 | 42 | 16,710 |
| 13 | 9,368 | 43 | 16,813 |
| 14 | 9,853 | 44 | 16,910 |
| 15 | 10,314 | 45 | 17,003 |
| 16 | 10,750 | 46 | 17,090 |
| 17 | 11,163 | 47 | 17,173 |
| 18 | 11,555 | 48 | 17,252 |
| 19 | 11,927 | 49 | 17,326 |
| 20 | 12,279 | 50 | 17,397 |
| 21 | 12,613 | 51 | 17,464 |
| 22 | 12,929 | 52 | 17,528 |
| 23 | 13,229 | 53 | 17,588 |
| 24 | 13,513 | 54 | 17,645 |
| 25 | 13,783 | 55 | 17,699 |
| 26 | 14,038 | 56 | 17,750 |
| 27 | 14,280 | 57 | 17,799 |
| 28 | 14,510 | 58 | 17,845 |
| 29 | 14,727 | 59 | 17,888 |
| 30 | 14,933 | 60 | 17,930 |

| Laufzeit in Jahren | maßgebender Vervielfältiger |
|---|---|
| 61 | 17,969 |
| 62 | 18,005 |
| 63 | 18,041 |
| 64 | 18,075 |
| 65 | 18,106 |
| 66 | 18,136 |
| 67 | 18,165 |
| 68 | 18,192 |
| 69 | 18,217 |
| 70 | 18,242 |
| 71 | 18,264 |
| 72 | 18,286 |
| 73 | 18,307 |
| 74 | 18,326 |
| 75 | 18,345 |
| 76 | 18,362 |
| 77 | 18,379 |
| 78 | 18,395 |
| 79 | 18,410 |
| 80 | 18,424 |
| 81 | 18,437 |
| 82 | 18,450 |
| 83 | 18,462 |
| 84 | 18,474 |
| 85 | 18,485 |
| 86 | 18,495 |
| 87 | 18,505 |
| 88 | 18,514 |
| 89 | 18,523 |
| 90 | 18,531 |

| Laufzeit in Jahren | maßgebender Vervielfältiger |
|---|---|
| 91 | 18,539 |
| 92 | 18,546 |
| 93 | 18,553 |
| 94 | 18,560 |
| 95 | 18,566 |
| 96 | 18,572 |
| 97 | 18,578 |
| 98 | 18,583 |
| 99 | 18,589 |
| 100 | 18,593 |
| 101 | 18,598 |
| 102 | 18,602 |
| 103 | 18,607 |
| 104 | 18,611 |
| 105 | 18,614 |
| 106 | 18,618 |
| 107 | 18,621 |
| 108 | 18,624 |
| 109 | 18,627 |
| 110 | 18,630 |
| 111 | 18,633 |
| 112 | 18,635 |
| 113 | 18,638 |
| 114 | 18,640 |
| 115 | 18,642 |
| 116 | 18,644 |
| 117 | 18,646 |
| 118 | 18,648 |
| 119 | 18,650 |
| 120 | 18,652 |

| Laufzeit in Jahren | maßgebender Vervielfältiger | Laufzeit in Jahren | maßgebender Vervielfältiger |
|---|---|---|---|
| 121 | 18,653 | 131 | 18,665 |
| 122 | 18,655 | 132 | 18,666 |
| 123 | 18,656 | 133 | 18,667 |
| 124 | 18,657 | 134 | 18,668 |
| 125 | 18,659 | 135 | 18,668 |
| 126 | 18,660 | 136 | 18,669 |
| 127 | 18,661 | 137 | 18,670 |
| 128 | 18,662 | 138 | 18,670 |
| 129 | 18,663 | 139 | 18,671 |
| 130 | 18,664 | 140 | 18,671 |

# I § 6/20. Schreiben betr. bilanzsteuerrechtliche Beurteilung vereinnahmter und verausgabter Pfandgelder; Vereinfachungs- und Anwendungsregelung

Vom 8. Dezember 2020 (BStBl. I S. 1367)

(BMF IV C 6 – S 2133/19/10002 :013; DOK 2020/1240192)

**Bezug:** BMF-Schreiben vom 19. Februar 2019 (BStBl. I S. 210)

Unter Bezugnahme auf das Ergebnis der Erörterungen mit den obersten Finanzbehörden der Länder gilt für die ertragsteuerliche Beurteilung vereinnahmter und verausgabter Pfandgelder Folgendes:

**1. Entscheidung des BFH vom 9. Januar 2013 (BStBl. 2019 II S. 150)**

Die bilanzsteuerrechtliche Beurteilung von Individual-, Pooleinheits- und Einheitsleergut richtet sich vorbehaltlich der Tz. 2 nach den vom BFH in seiner Entscheidung vom 9. Januar 2013 (a. a. O.) aufgestellten Grundsätzen und orientiert sich am zivilrechtlichen Eigentumsübergang.

**2. Vereinfachungsregelung**

Aus Vereinfachungsgründen wird es nicht beanstandet, wenn der Steuerpflichtige Einheitsleergut weiterhin wie Individualleergut bilanziell abbildet und auf der Passivseite der Bilanz entsprechend verfährt. Hat der Steuerpflichtige in einem Wirtschaftsjahr, das nach der Veröffentlichung dieses BMF-Schreibens endet, auf die Ausübung dieses Wahlrechtes unwiderruflich verzichtet, ist er daran auch für die Zukunft gebunden. Die Entscheidung ist einheitlich für den gesamten Betrieb zu treffen.

**3. Anwendungsregelung**

Macht der Steuerpflichtige von der Anwendung der Vereinfachungsregelung nach Tz. 2 keinen Gebrauch, kann er den Gewinn aus der Auflösung der nach der bisherigen Verwaltungsauffassung gebildeten Rückstellungen (vgl. BMF-Schreiben vom 13. Juni 2005, BStBl. I S. 715) und der Aktivierung des am Lager befindlichen Einheitsleergutes im Umlaufvermögen auf einen Zeitraum verteilen, der spätestens am 31. Dezember 2029 endet. Die gebildete Rücklage ist dabei jährlich mit mindestens dem Teil gewinnerhöhend aufzulösen, der sich bei einer gleichmäßigen Verteilung des entstandenen Buchgewinns über den gesamten Auflösungszeitraum ergibt.

# I § 6/21. Schreiben betr. ertragsteuerliche Behandlung der im Zusammenhang mit dem Abschluss eines längerfristigen Mobilfunkdienstleistungsvertrages oder eines Prepaid-Vertrages gewährten Vergünstigungen

Vom 20. Juni 2005 (BStBl. I S. 801)

(BMF IV B 2 – S 2134 – 17/05)

Im Einvernehmen mit den obersten Finanzbehörden der Länder gilt zur ertragsteuerlichen Behandlung der im Zusammenhang mit dem Abschluss eines längerfristigen Mobilfunkdienstleistungsvertrages (MFDLV) oder eines Prepaid-Vertrages gewährten Vergünstigungen Folgendes:

## I. Mobilfunkdienstleistungsverträge (MFDLV)

### 1. Sachverhalt

Telekommunikationsunternehmen (Mobilfunknetzbetreiber und Service-Provider) bieten Kunden, die sich verpflichten, für eine Mindestdauer von 24 Monaten einen MFDLV abzuschließen oder ihren Vertrag um 24 Monate zu verlängern, den verbilligten Kauf eines Mobilfunktelefons an. Die Verbilligung ist je nach Gerätetyp, Hersteller und Art des abzuschließenden MFDLV unterschiedlich. Durch den Verkauf entsteht bei den Telekommunikationsunternehmen ein Verlust (Einkaufspreis höher als Abgabepreis). Der Erlös aus dem MFDLV (Grund- und Gesprächsgebühren) wird monatlich realisiert, er verteilt sich über einen Zeitraum von 24 Monaten. 1

Eine Vergünstigung kann auch in anderer Form erfolgen, so z. B. durch Erlass von Grundgebühren, Gewährung von Gesprächsguthaben, Erlass der Anschlussgebühren oder Gewährung von Gutschriften, Einkaufsgutscheinen oder Sachzugaben. 2

### 2. Ertragsteuerliche Beurteilung des Vertragsverhältnisses

Bei den vertraglichen Vereinbarungen zwischen Telekommunikationsunternehmen und Kunde handelt es sich aus steuerrechtlicher Sicht um ein einheitliches Vertragsverhältnis, das sich aus zwei Bestandteilen – zum einen dem Kauf eines Mobilfunktelefons und zum anderen dem Dienstleistungsvertrag (MFDLV) – zusammensetzt. Dieses Vertragsverhältnis begründet ein zeitraumbezogenes Dauerschuldverhältnis, das als schwebendes Geschäft grundsätzlich nicht zu bilanzieren ist. Durch die Gewährung einer der Vergünstigungen nach Rdnr. 1 oder 2 tritt das Telekommunikationsunternehmen aber in Vorleistung. 3

Die Gegenleistung des Kunden über die Dauer von zwei Jahren besteht in der Fortführung des MFDLV mit Nutzung des entsprechenden Netzes und dem dadurch bedingten Anfall von Grund- und Telefongebühren. 4

### 3. Verbilligte Überlassung von Mobilfunktelefonen

5 Beim Telekommunikationsunternehmen liegt mit dem Abfluss des Sachwertes eine Ausgabe vor, wenn es die Verfügungsmacht über den hingegebenen Gegenstand verliert.

6 Diese Ausgabe ist als Aufwand dem Ertragszeitraum (Zeitraum, in dem die Gebühren zufließen) wirtschaftlich im Wege eines aktiven Rechnungsabgrenzungspostens zuzurechnen.

### 4. Gewährung monatlicher Vergünstigungen

7 Bei Gewährung der Vergünstigung durch Erlass von Grundgebühren oder Gewährung von monatlichen Gesprächsguthaben erfolgt keine Abgrenzung, weil die Verrechnung i. d. R. zeitraumbezogen erfolgt und dadurch eine periodengerechte Gewinnermittlung sichergestellt ist.

### 5. Gewährung einmaliger Vergünstigungen

8 Bei Gewährung einmaliger Vergünstigungen tritt der Telekommunikationsunternehmer ebenfalls in Vorleistung, so dass diese Aufwendungen auf die Laufzeit des Vertrages aktiv abzugrenzen sind.

### 6. Vertragsverhältnis Mobilfunknetzbetreiber und Service-Provider

9 Service-Provider schließen mit Mobilfunknetzbetreibern sog. Dienstleistungsverträge ab. Danach schließt der Service-Provider MFDLV mit den Kunden im eigenen Namen und für eigene Rechnung ab. Für diese Tätigkeit erhält der Service-Provider vom Mobilfunknetzbetreiber eine Provision (z. B. Kundengewinnungsprämie, Werbekostenzuschuss).

10 Diese Provision ist beim Mobilfunknetzbetreiber sofort abziehbarer Aufwand und beim Service-Provider nicht abzugrenzender Ertrag, weil zwischen diesen Vertragspartnern kein Dauerschuldverhältnis begründet wird. Für die vertraglich vereinbarte Rückerstattungsverpflichtung hat der Service-Provider eine Rückstellung nach den allgemeinen Grundsätzen zu bilden.

### 7. Behandlung beim Leistungsempfänger (Kunde)

11 Durch die verbilligte Überlassung des Mobilfunktelefons liegt bei dem Leistungsempfänger, bei dem das Mobilfunktelefon Betriebsvermögen wird, mit Erlangung der Verfügungsmacht, eine Einnahme vor. Diese ist Ertrag für eine bestimmte Zeit nach dem Abschlussstichtag, der bei bilanzierenden Steuerpflichtigen grundsätzlich passiv abzugrenzen ist. Handelt es sich bei dem Mobilfunktelefon um ein geringwertiges Wirtschaftsgut, weil die Summe aus gezahltem Barpreis und erhaltener Vergünstigung die in § 6 Abs. 2 EStG festgelegte Wertgrenze nicht übersteigt, wird es nicht beanstandet, wenn der Leistungsempfänger keinen passiven Rechnungsabgrenzungsposten bildet. In diesem Fall ist nur der gezahlte Barpreis als Anschaffungskosten zu behandeln. Liegt kein geringwertiges Wirtschaftsgut vor, ist Bemessungsgrundlage für die AfA der gemeine Wert, der dem ohne Abschluss eines MFDLV zu entrichtenden Preis des Mobilfunktelefons entspricht.

Bei den Einkunftsarten gemäß § 2 Abs. 1 Satz 1 Nr. 4 bis 7 EStG liegen hinsichtlich der verbilligten Überlassung des Mobilfunktelefons grundsätzlich keine Einnahmen vor, weil kein Zufluss im Rahmen der jeweiligen Einkunftsart erfolgt. AfA-Bemessungsgrundlage ist ggf. der für den Kauf aufgewendete Betrag, weil dem Steuerpflichtigen insofern kein höherer Aufwand entstanden ist. 12

Für die Gewährung der Vergünstigung durch Erlass von Grundgebühren, zusätzliches monatliches Gesprächsguthaben oder Zahlung einer einmaligen Gutschrift gelten die Ausführungen der Rdnr. 7 und 8 entsprechend. 13

## II. Prepaid-Verträge

### 1. Sachverhalt

Für solche Mobilfunktelefone entrichtet der Kunde die Gesprächsgebühren im Voraus. Er kann das Mobilfunktelefon nur im Rahmen seines ihm zur Verfügung stehenden Gesprächsguthabens nutzen. In der Regel erwirbt der Kunde ein Startpaket, das das Mobilfunktelefon (ggf. verbilligt) und ein Gesprächsguthaben enthält. Nach dessen Verbrauch ist der Kunde nur insoweit an das jeweilige Netz gebunden, als durch entsprechende technische Vorkehrungen eine Nutzung des Prepaid-Mobilfunktelefons in einem anderen Netz für eine bestimmte Zeit ausgeschlossen ist (sog. SIM-Lock). 14

### 2. Vertragsverhältnis und steuerliche Behandlung beim Telekommunikationsunternehmen

Hier wird kein Dauerschuldverhältnis begründet, so dass der Aufwand aus der Vergünstigung nicht abzugrenzen ist. Der Kunde erwirbt jeweils ein neues Gesprächsguthaben, das er abtelefoniert. Zum Bilanzstichtag sind das aus dem Startpaket stammende Guthaben – ebenso wie neue Guthaben –, soweit sie zu diesem Zeitpunkt noch nicht verbraucht sind, als sonstige Verbindlichkeiten in der Bilanz auszuweisen. 15

# I § 6/22. Schreiben betr. ertragsteuerliche Behandlung von Emissionsberechtigungen nach dem Gesetz über den Handel mit Berechtigungen zur Emission von Treibhausgasen (Treibhausgas-Emissionshandelsgesetz – TEHG) vom 8. Juli 2004 (BGBl. I S. 1578)

Vom 6. Dezember 2005 (BStBl. I S. 1047)

(BMF IV B 2 – S 2134 a – 42/05)

Geändert durch BMF v. 7. 3. 2013 (BStBl. I S. 275)

Durch das Gesetz über den Handel mit Berechtigungen zur Emission von Treibhausgasen (Treibhausgas-Emissionshandelsgesetz – TEHG) vom 8. Juli 2004 (BGBl. I S. 1578) wurden die rechtlichen und institutionellen Voraussetzungen für ein gemeinschaftsweites Emissionshandelssystem in Deutschland geschaffen. Das TEHG schreibt vor, dass die Betreiber der durch das Gesetz erfassten Anlagen für deren Emissionen Berechtigungen nachweisen müssen. Diese werden ihnen nach Maßgabe des Gesetzes über den nationalen Zuteilungsplan für Treibhausgas-Emissionsberechtigungen in der Zuteilungsperiode 2005 bis 2007 (Zuteilungsgesetz 2007 – ZuG 2007) vom 26. August 2004 (BGBl. I S. 2211) in einer gewissen Höhe zugeteilt und sind handelbar. Nach Ablauf eines Emissionszeitraums (Kalenderjahr) müssen die Berechtigungen für die erfolgten $CO_2$-Emissionen abgegeben werden. Reichen die ausgegebenen Emissionsberechtigungen nicht aus, müssen fehlende Berechtigungen zugekauft werden. Bei Nichtabgabe drohen Sanktionen. 1

Für die Zuteilung werden Gebühren nach der Kostenverordnung zum Treibhaus-Emissionshandelsgesetz und zum Zuteilungsgesetz 2007 (Emissionshandelskostenverordnung 2007 – EHKostV 2007) vom 31. August 2004 (BGBl. I S. 2273) erhoben.

## 1. Emissionshandelssystem nach dem TEHG

### 1.1. Emissionsberechtigung

Eine Emissionsberechtigung im Sinne des TEHG ist die Befugnis zur Emission von einer Tonne Kohlendioxidäquivalent in einem bestimmten Zeitraum (§ 3 Abs. 4 TEHG). Berechtigungen nach dem TEHG gelten nicht als Finanzinstrumente im Sinne des § 1 Abs. 11 des Kreditwesengesetzes (§ 15 Satz 1 TEHG). 2

### 1.2. Zuteilung

Berechtigungen nach dem TEHG werden für eine Zuteilungsperiode in jeweils gleich großen Teilmengen für das Jahr, für das Berechtigungen abzugeben sind, an die Verantwortlichen als Betreiber der Anlagen ausgegeben (§ 9 Abs. 2 Satz 3 TEHG, § 19 Abs. 1 ZuG 2007) und auf einem Konto im Emissionshandelsregister erfasst (§ 14 TEHG). Die Zuteilung erfolgt kostenlos (§ 18 ZuG 2007). Die erste Zuteilungsperiode umfasst die Kalenderjahre 2005 3 bis 2007 und die zweite Zuteilungsperiode die Kalenderjahre 2008 bis 2012. Künftige Zuteilungsperioden umfassen jeweils fünf Kalenderjahre (§ 6 Abs. 4 Satz 2 TEHG). Nicht in Anspruch genommene Berechtigungen des Zuteilungszeitraums 2005 bis 2007 erlöschen mit Ablauf des 30. April 2008 (§ 20 ZuG 2007). Berechtigungen des Zuteilungszeitraums 2008 bis 2012 und nachfolgender Zuteilungszeiträume können in die folgenden Zuteilungsperioden überführt werden (§ 6 Abs. 4 Satz 3 TEHG).

4 § 10 ZuG (Zuteilung für Neuanlagen als Ersatzanlagen) eröffnet Betreibern von Neuanlagen in Deutschland, durch die eine Altanlage ersetzt wird, die Möglichkeit einer Zuteilung von Berechtigungen für Betriebsjahre, wie sie sie nach den Regelungen für die ersetzte Altanlage beanspruchen konnten. Die Regelung setzt insofern einen Innovationsanreiz, da sie für einen beschränkten Zeitraum eine Ausstattung einer emissionsärmeren Neuanlage in einem Umfang wie für eine emissionsintensivere Altanlage vorsieht.

### 1.3. Handel

5 Die Emissionsberechtigungen sind übertragbar (§ 6 Abs. 3 Satz 1 TEHG). Die Übertragung von Berechtigungen nach dem TEHG erfolgt durch Einigung und Eintragung auf dem Konto des Erwerbers im Emissionshandelsregister (§ 16 Abs. 1 Satz 1 TEHG).

### 1.4. Abgabepflicht

6 Der Verantwortliche hat bis zum 30. April eines Jahres, erstmals im Jahr 2006, eine Anzahl von Berechtigungen nach dem TEHG abzugeben, die den durch seine Tätigkeit im vorangegangenen Kalenderjahr verursachten Emissionen entspricht (§ 6 Abs. 1 TEHG). Die abgegebenen Berechtigungen werden im Emissionshandelsregister gelöscht. Kommt der Verantwortliche dieser Verpflichtung nicht ausreichend nach, setzt das Umweltbundesamt (Deutsche Emissionshandelsstelle) für jede emittierte Tonne Kohlendioxidäquivalent, für die der Verantwortliche keine Berechtigung abgegeben hat, eine Zahlungspflicht von 40,00 € im Zuteilungszeitraum 2005 bis 2007, danach von 100,00 € fest (§ 18 Abs. 1 TEHG). Die Abgabeverpflichtung nach § 6 Abs. 1 TEHG bleibt davon unberührt (§ 18 Abs. 3 TEHG).

## 2. Steuerbilanzielle Behandlung der Emissionsberechtigungen

### 2.1. Zuteilung

7 Die auf Antrag erfolgte Zuteilung von Emissionsberechtigungen durch Bescheid der Deutschen Emissionshandelsstelle führt nicht zur Aktivierung eines Anspruches.

### 2.2. Bilanzielle Einordnung der Emissionsberechtigungen

8 Emissionsberechtigungen sind immaterielle Wirtschaftsgüter und dem Umlaufvermögen zuzuordnen.

### 2.3. Unentgeltliche Ausgabe von Emissionsberechtigungen

9 Kostenlos ausgegebene Emissionsberechtigungen sind im Zeitpunkt ihrer Ausgabe mit 0 € zu bewerten. Der Wert von 0 € gilt als Anschaffungskosten.

Erfolgt in der Handelsbilanz ein Ausweis der unentgeltlich ausgegebenen Emissionsberechtigungen zum Zeitwert bei gleichzeitiger Passivierung eines Sonderpostens (z. B. Sonderposten für unentgeltlich ausgegebene Schadstoffemissionsrechte), sind diese Positionen in der Steuerbilanz zu saldieren. Ein Gewinn entsteht daher daraus nicht.

Aufwendungen, die im Zusammenhang mit dem kostenlosen Erwerb getätigt werden und im Falle einer entgeltlichen Ausgabe Anschaffungsnebenkosten im Sinne von § 255 Abs. 1 Satz 2 HGB wären, wie beispielsweise Aufwendungen für die Beantragung der Zuteilung von Emissionsberechtigungen, sind sofort abzugsfähige Aufwendungen. Die Aufwendungen für die Gebühren für die Zuteilung nach EHKostV 2007 sind dabei dem Wirtschaftsjahr zuzuordnen, in dem der Zuteilungsbescheid ergeht. 10

§ 6 Abs. 4 EStG ist auf die unentgeltliche Ausgabe der Emissionsberechtigungen nicht anwendbar, da es sich bei der Ausgabe der Emissionsberechtigungen um einen öffentlich-rechtlichen Akt handelt und damit keine Übertragung aus einem anderen Betriebsvermögen heraus stattfindet. 11

### 2.4. Entgeltlicher Erwerb von Emissionsberechtigungen und Bewertung unentgeltlich und entgeltlich erworbener Emissionsberechtigungen am Bilanzstichtag

Werden Emissionsberechtigungen entgeltlich erworben, sind sie nach § 6 Abs. 1 Nr. 2 EStG mit ihren Anschaffungskosten zu bewerten. Ist der Teilwert auf Grund einer voraussichtlich dauernden Wertminderung niedriger, kann dieser angesetzt werden. Die Grundsätze des *BMF-Schreibens vom 25. Februar 2000 (BStBl. I S. 372)*[1] zur Neuregelung der Teilwertabschreibung gemäß § 6 Abs. 1 Nrn. 1 und 2 EStG durch das Steuerentlastungsgesetz 1999/2000/2002 (voraussichtlich dauernde Wertminderung, Wertaufholungsgebot und steuerliche Rücklage nach § 52 Abs. 16 EStG) sind zu beachten. 12

§ 6 Abs. 1 Nr. 2 a EStG kann nicht angewendet werden. Eine Durchschnittsbewertung nach § 256 Satz 2 i. V. m. § 240 Abs. 4 HGB und § 5 Abs. 1 Satz 1 EStG ist dagegen zulässig. 13

### 2.5. Handel mit Emissionsberechtigungen

Der Handel mit Emissionsberechtigungen richtet sich nach den allgemeinen ertragsteuerlichen Grundsätzen über den Kauf und Verkauf von Wirtschaftsgütern. Daher wird beim Verkauf unentgeltlich erworbener Emissionsberechtigungen ein Gewinn in Höhe des vollen Veräußerungserlöses realisiert. 14

## 3. Steuerbilanzielle Behandlung der Abgabepflicht von Emissionsberechtigungen der Verantwortlichen am Bilanzstichtag

### 3.1. Emissionsberechtigungen sind vorhanden

Für die Abgabepflicht für die im Kalenderjahr erfolgten Emissionen ist am Bilanzstichtag eine Verbindlichkeit auszuweisen, soweit Emissionsberechtigungen vorhanden sind, denn nur insoweit ist die Verpflichtung dem Grunde und der Höhe nach gewiss. Sie ist nach § 6 Abs. 1 Nr. 3 i. V. m. Nr. 2 EStG in Höhe des Erfüllungsbetrages zu bewerten. Sie umfasst danach die Beträge, 15

[1] Siehe nunmehr BMF v. 2. 9. 2016, BStBl. I S. 995 (Nr. 1 § 6/12).

mit denen die aktivierten Emissionsberechtigungen am Bilanzstichtag bewertet sind, soweit diese abgegeben werden müssen. Die Passivierung der Verbindlichkeit mindert den Gewinn, soweit entgeltlich erworbene Emissionsberechtigungen zur Erfüllung der Abgabeverpflichtung verwendet werden.

**16**[1] Stehen am Bilanzstichtag sowohl unentgeltlich als auch entgeltlich erworbene Emissionsberechtigungen zur Erfüllung der Abgabeverpflichtung zur Verfügung, ist die Verbrauchsfolge zur Bestimmung des Endbestands anhand der bei einer Transaktion anzugebenden ID-Nummer (z. B. Seriennummern der Emissionszertifikate oder Registernachweis) zu bestimmen.

**16 a**[2] Ist die Verbrauchsfolge nicht feststellbar, ist davon auszugehen, dass zur Erfüllung der Abgabeverpflichtung zuerst die unentgeltlich erworbenen Emissionsberechtigungen eingesetzt werden.

### 3.2. Emissionsberechtigungen sind nicht vorhanden

**17** Soweit am Bilanzstichtag auf dem Konto des Verantwortlichen im Emissionshandelsregister weniger Berechtigungen vorhanden sind als zur Erfüllung der Abgabeverpflichtung für die tatsächlichen Emissionen des abgelaufenen Kalenderjahres erforderlich, ist nach § 249 Abs. 1 Satz 1 HGB i. V. m. § 5 Abs. 1 EStG eine Rückstellung für ungewisse Verbindlichkeiten zu bilden. § 5 Abs. 4 b EStG kommt nicht zur Anwendung. Die Verpflichtung zur Abgabe der Emissionsberechtigungen ist im abgelaufenen Wirtschaftsjahr wirtschaftlich verursacht, weil sie an die bereits erfolgten $CO_2$-Emissionen anknüpft und diese abgilt. Die Abgabeverpflichtung ist auch rechtlich verursacht, weil sie unmittelbar aus jeder ausgestoßenen Tonne $CO_2$ entsteht. Des Weiteren muss der Verantwortliche ernsthaft mit einer sanktionsbewehrten Inanspruchnahme rechnen.

### 3.3. Beispiele

**18** Ein Anlagenbetreiber (Wirtschaftsjahr = Kalenderjahr) hat für das Kalenderjahr 2005 insgesamt 9709 Emissionsberechtigungen kostenlos erhalten. Seine historischen, aktuellen und zukünftigen $CO_2$-Emissionen sollen jährlich 10 000 Tonnen betragen. Der Wert von Emissionsberechtigungen am 31. 12. 2005 soll 10 € betragen.

**Alternative 1:**

Am 31. 12. 2005 sind die 9709 Emissionsberechtigungen noch vorhanden.

Am Bilanzstichtag 31. 12. 2005 ist eine Rückstellung in Höhe von 2910 € gewinnmindernd zu passivieren (10 000 abzugebende – 9709 vorhandene = 291 nicht vorhandene Emissionsberechtigungen; 291 Emissionsberechtigungen × 10 €; zur Bewertung vgl. Rdnr. 22). Soweit sich die Rückgabeverpflichtung auf die vorhandenen, unentgeltlich erworbenen 9709 Berechtigungen bezieht, ergibt sich nach Rdnr. 15 i. V. m. Rdnr. 9 eine Verbindlichkeit von 0 €.

**Alternative 2:**

In 2005 wurden zunächst 1000 Emissionsberechtigungen verkauft und anschließend 500 Emissionsberechtigungen zu je 8 € zugekauft.

Am 31. 12. 2005 ist eine Verbindlichkeit in Höhe von 4000 € (500 vorhandene und entgeltlich erworbene Emissionsberechtigungen × 8 €) und eine Rückstellung in Höhe von 7910 € gewinnmindernd zu passivieren (Kontostand Emissionsberechtigungen am 31. 12. 2005: 9709 – 1000 + 500 = 9209 Stück; folglich müssen 791 Emissionsberechtigungen × 10 € nachgekauft werden; zur Bewertung vgl. Rdnr. 22).

---

[1] Rdnr. 16 neu gef. durch BMF v. 7. 3. 2013, BStBl. I S. 275.
[2] Rdnr. 16 a eingef. durch BMF v. 7. 3. 2013, BStBl. I S. 275.

**Alternative 3:**

In 2005 wurden zunächst 1000 Emissionsberechtigungen verkauft und anschließend 1500 zu je 8 € zugekauft.

Am 31. 12. 2005 besteht eine Verbindlichkeit in Höhe von 10 328 €, die sich wie folgt ermittelt:

Der Kontostand an Emissionsberechtigungen beträgt am 31. 12. 2005: 9709 – 1000 + 1500 = 10 209 Stück. Folglich sind 209 Emissionsberechtigungen über Bedarf vorhanden. Ausgehend von der Annahme, dass zuerst die unentgeltlich erhaltenen Emissionsberechtigungen zur Erfüllung der Abgabeverpflichtung eingesetzt/gelöscht werden, werden 1291 entgeltlich erworbene Emissionsberechtigungen zur Erfüllung der Abgabeverpflichtung eingesetzt (10 000 Emissionsberechtigungen sind abzugeben, davon sind 8709 unentgeltlich und 1291 entgeltlich erworben). Folglich sind 1291 Stück × 8 € = 10 328 € gewinnmindernd zu passivieren.

## 3.4. Vom Kalenderjahr abweichendes Wirtschaftsjahr

Bei einem vom Kalenderjahr abweichenden Wirtschaftsjahr ist zur Bildung von Verbindlichkeiten oder Rückstellungen nach den Rdnrn. 15 bis 18 zu unterscheiden, ob es sich um die noch steigende Abgabeverpflichtung für das laufende oder die bereits abgeschlossene Abgabeverpflichtung für das vorangegangene Kalenderjahr handelt. 19

**Beispiel:** 20

Eine Anlage stößt gleich bleibend monatlich 100 Tonnen $CO_2$ aus. Der Steuerpflichtige hat ein abweichendes Wirtschaftsjahr vom 1. April bis zum 31. März. Er besitzt ausreichend, ausschließlich entgeltlich erworbene Emissionsberechtigungen.

Am Bilanzstichtag 31. 3. 2006 ist eine Abgabeverpflichtung (Verbindlichkeit) für 2006 im Wert von 3 × 100 Emissionsberechtigungen und für 2005 im Wert von 9 × 100 Emissionsberechtigungen auszuweisen. Diese erhöht die bereits am 31. 3. 2005 zu passivierende Abgabeverpflichtung für den Zeitraum von Januar bis März 2005 im Wert von 3 × 100 Emissionsberechtigungen.

**Beispiel:** 21

Wie vor, jedoch läuft das abweichende Wirtschaftsjahr vom 1. Juli bis 30. Juni. Der Steuerpflichtige ist seiner Abgabeverpflichtung für 2005 am 30. 4. 2006 vollständig nachgekommen. Am Bilanzstichtag 30. 06. 2006 ist demnach eine Abgabeverpflichtung (Verbindlichkeit) nur für 2006 im Wert von 6 × 100 Emissionsberechtigungen auszuweisen.

## 3.5. Bewertung der Rückstellung

Die Rückstellung nach Rdnr. 17 ist mit den Einzelkosten (Wert von Emissionsberechtigungen am Bilanzstichtag) und den notwendigen Gemeinkosten zu bewerten (§ 6 Abs. 1 Nr. 3 a Buchstabe b EStG). Bei der Bewertung der Rückstellung spielt es keine Rolle, dass die Abgabeverpflichtung auch durch zukünftig unentgeltlich zugeteilte Emissionsberechtigungen der Folgejahre erfüllt werden kann (vgl. Beispiel in Rdnr. 24). 22

## 3.6. Auflösung der Rückstellung

Rückstellungen sind aufzulösen, wenn der Grund für ihre Bildung entfallen ist (§ 249 Abs. 3 Satz 2 HGB i. V. m. § 5 Abs. 1 Satz 1 EStG; vgl. *R 31 c Abs. 13 EStR 2003*[1]). 23

**Beispiel:** 24

Ein Anlagenbetreiber (Wirtschaftsjahr = Kalenderjahr) erhält aufgrund seines Zuteilungsbescheides von 2005 bis 2007 jährlich 9709 Emissionsberechtigungen kostenlos. Seine historischen, aktuellen und zukünftigen $CO_2$-Emissionen sollen jährlich 10 000 Tonnen betragen.

[1] Jetzt: R 5.7 Abs. 13 EStR 2012.

Der Wert von Emissionsberechtigungen beträgt an allen Bilanzstichtagen 10 €. Erst im Februar 2008 kauft er 873 Emissionsberechtigungen (3 × 291 Stück) zu je 10 € zu. Das Wirtschaftsjahr entspricht dem Kalenderjahr.

| Datum | Konto im Emissionshandelsregister | Buchungen Steuerbilanz | Erläuterungen |
|---|---|---|---|
| 28. 2. 2005 | + 9709 | – | Kostenlose Ausgabe für 2005 |
| 31. 12. 2005 | = 9709 | Aufwand 2910 € an Rückstellung 2910 € | 291 Berechtigungen fehlen; Gewinnauswirkung 2005: – 2910 € |
| 28. 2. 2006 | + 9709 | – | Kostenlose Ausgabe für 2006 |
| 30. 4. 2006 | – 10 000 | Rückstellung 2910 € an Ertrag 2910 € | Die Abgabeverpflichtung für 2005 ist erfüllt, damit entfällt der Grund für die am 31. 12. 2005 gebildete Rückstellung. |
| 31. 12. 2006 | = 9418 | Aufwand 5820 € an Rückstellung 5820 € | 582 Berechtigungen fehlen; Gewinnauswirkung gesamt 2006: – 2910 € |
| 28. 2. 2007 | + 9709 | – | Kostenlose Ausgabe für 2007 |
| 30. 4. 2007 | – 10 000 | Rückstellung 5820 € an Ertrag 5820 € | Die Abgabeverpflichtung für 2006 ist erfüllt, damit entfällt der Grund für die am 31. 12. 2006 gebildete Rückstellung. |
| 31. 12. 2007 | = 9127 | Aufwand 8730 € an Rückstellung 8730 € | 873 Berechtigungen fehlen; Gewinnauswirkung gesamt 2007: – 2910 € |
| 1. 2. 2008 | + 873 | Aktiva 8730 € an Bank 8730 € | Zukauf der fehlenden Berechtigungen für die Zuteilungsperiode 2005 bis 2007 |
| 30. 4. 2008 | – 10 000<br><br>= 0 | Aufwand 8730 € an Aktiva 8730 €<br>Rückstellung 8730 € an Ertrag 8730 € | Abgang von Aktiva; Die Abgabeverpflichtung für 2007 ist erfüllt, damit entfällt der Grund für die am 31. 12. 2007 gebildete Rückstellung. |

## 3.7. Festsetzung von Zahlungen nach § 18 Abs. 1 TEHG

25 Kommt der Verantwortliche seiner Verpflichtung nach § 6 Abs. 1 TEHG nicht ausreichend nach und setzt das Umweltbundesamt (Deutsche Emissionshandelsstelle) für nicht abgegebene Emissionsberechtigungen eine Zahlungsverpflichtung nach § 18 Abs. 1 TEHG fest, kann dafür am zurückliegenden Bilanzstichtag keine Rückstellung für ungewisse Verbindlichkeiten gebildet werden.

26 Aufwendungen aufgrund einer Zahlungsverpflichtung nach § 18 Abs. 1 TEHG, die festgesetzt werden, wenn der Verantwortliche nicht ausreichend Emissionszertifikate für $CO_2$-Emissionen abgegeben hat, sind als Betriebsausgaben abzugsfähig. Sie gehören nicht zu den nicht abziehbaren Betriebsausgaben nach § 4 Abs. 5 Satz 1 Nr. 8 EStG, weil es sich nicht um eine Geldbuße, ein Ordnungsgeld oder ein Verwarnungsgeld im Sinne dieser Vorschrift handelt.

# **1** § 6/23. Schreiben betr. ertragsteuerliche Erfassung der Nutzung eines betrieblichen Kfz zu Privatfahrten, zu Fahrten zwischen Wohnung und Betriebsstätte sowie zu Familienheimfahrten nach § 4 Abs. 5 Satz 1 Nr. 6 und § 6 Abs. 1 Nr. 4 Satz 1 bis 3 EStG; Berücksichtigung der Änderungen durch das Gesetz zur Eindämmung missbräuchlicher Steuergestaltungen vom 28. 4. 2006 (BStBl. I S. 353) und des Gesetzes zur Fortführung der Gesetzeslage 2006 bei der Entfernungspauschale vom 20. 4. 2009 (BGBl. I S. 774, BStBl. I S. 536)[1)]

Vom 18. November 2009 (BStBl. I S. 1326)

(BMF IV C 6 – S 2177/07/10004; DOK 2009/0725394)

Geändert durch BMF v. 15. 11. 2012 (BStBl. I S. 1099)

Im Einvernehmen mit den obersten Finanzbehörden der Länder gilt für die ertragsteuerliche Erfassung der Nutzung eines betrieblichen Kraftfahrzeugs zu Privatfahrten, zu Fahrten zwischen Wohnung und Betriebsstätte sowie zu Familienheimfahrten nach § 4 Abs. 5 Satz 1 Nr. 6 EStG und § 6 Abs. 1 Nr. 4 Satz 1 bis 3 EStG Folgendes

## I. Anwendungsbereich des § 4 Abs. 5 Satz 1 Nr. 6 EStG und des § 6 Abs. 1 Nr. 4 Satz 2 bis 3 EStG

### 1. Betriebliche Nutzung eines Kraftfahrzeugs

Die Zuordnung von Kraftfahrzeugen zu einem Betriebsvermögen richtet sich nach allgemeinen Grundsätzen (R 4.2 Abs. 1 *EStR 2008*[2)]). Zur betrieblichen Nutzung zählt auch die auf Wege zwischen Wohnung und Betriebsstätte und Familienheimfahrten entfallende Nutzung gemäß § 4 Abs. 5 Satz 1 Nr. 6 EStG. 1

Der private Nutzungsanteil eines zum Betriebsvermögen gehörenden Kraftfahrzeugs ist nach § 6 Abs. 1 Nr. 4 Satz 2 EStG mit 1 Prozent des inländischen Listenpreises zu bewerten, wenn dieses zu mehr als 50 Prozent betrieblich genutzt wird. Dies gilt auch für gemietete oder geleaste Kraftfahrzeuge. Kraftfahrzeuge i. S. dieser Regelung sind Kraftfahrzeuge, die typischerweise nicht nur vereinzelt und gelegentlich für private Zwecke genutzt werden (BFH-Urteil vom 13. Februar 2003, BStBl. II S. 472). Hierzu zählen beispielsweise auch Geländekraftfahrzeuge, wobei die kraftfahrzeugsteuerrechtliche Einordnung vor der Neuregelung in § 2 Abs. 2 a KraftStG zum 1. Mai 2005 unerheblich ist. Keine Kraftfahrzeuge i. d. S. sind Zugmaschinen oder Lastkraftwagen, die kraftfahrzeugsteuerrechtlich „andere Kraftfahrzeuge" sind.

---

1) Bei Nutzung von Elektro- und Hybridelektrofahrzeugen siehe BMF v. 5. 6. 2014, BStBl. I S. 835 (Nr. **1** § 6/33).

2) Jetzt: EStR 2012.

2 Die bloße Behauptung, das Kraftfahrzeug werde nicht für Privatfahrten genutzt oder Privatfahrten würden ausschließlich mit anderen Kraftfahrzeugen durchgeführt, reicht nicht aus, um von dem Ansatz eines privaten Nutzungsanteils abzusehen (BFH-Urteil vom 13. Februar 2003, BStBl. II S. 472). Vielmehr trifft den Steuerpflichtigen die objektive Beweislast, wenn ein nach der Lebenserfahrung untypischer Sachverhalt, wie z. B. die ausschließlich betriebliche Nutzung des einzigen betrieblichen Kraftfahrzeugs eines Unternehmers, der Besteuerung zugrunde gelegt werden soll.

3 Die Anwendung von § 4 Abs. 5 Satz 1 Nr. 6 EStG setzt voraus, dass ein Kraftfahrzeug für Fahrten zwischen Wohnung und Betriebsstätte oder für Familienheimfahrten genutzt wird. Die Zugehörigkeit des Kraftfahrzeugs zum Betriebsvermögen des Steuerpflichtigen ist hierbei nicht erforderlich. Für ein Kraftfahrzeug im Privatvermögen des Steuerpflichtigen werden im Ergebnis nur Aufwendungen in Höhe der Entfernungspauschale i. S. d. § 9 Abs. 1 Satz 3 Nr. 4 und Nr. 5 Satz 1 bis 6 EStG zum Abzug zugelassen. Die Regelung des § 9 Abs. 2 EStG ist entsprechend anzuwenden.

## 2. Nachweis der betrieblichen Nutzung i. S. d. § 6 Abs. 1 Nr. 4 Satz 2 EStG

4 Der Umfang der betrieblichen Nutzung ist vom Steuerpflichtigen darzulegen und glaubhaft zu machen. Dies kann in jeder geeigneten Form erfolgen. Auch die Eintragungen in Terminkalendern, die Abrechnung gefahrener Kilometer gegenüber den Auftraggebern, Reisekostenaufstellungen sowie andere Abrechnungsunterlagen können zur Glaubhaftmachung geeignet sein. Sind entsprechende Unterlagen nicht vorhanden, kann die überwiegende betriebliche Nutzung durch formlose Aufzeichnungen über einen repräsentativen zusammenhängenden Zeitraum (i. d. R. drei Monate) glaubhaft gemacht werden. Dabei reichen Angaben über die betrieblich veranlassten Fahrten (jeweiliger Anlass und die jeweils zurückgelegte Strecke) und die Kilometerstände zu Beginn und Ende des Aufzeichnungszeitraumes aus.

5 Auf einen Nachweis der betrieblichen Nutzung kann verzichtet werden, wenn sich bereits aus Art und Umfang der Tätigkeit des Steuerpflichtigen ergibt, dass das Kraftfahrzeug zu mehr als 50 Prozent betrieblich genutzt wird. Dies kann in der Regel bei Steuerpflichtigen angenommen werden, die ihr Kraftfahrzeug für eine durch ihren Betrieb oder Beruf bedingte typische Reisetätigkeit benutzen oder die zur Ausübung ihrer räumlich ausgedehnten Tätigkeit auf die ständige Benutzung des Kraftfahrzeugs angewiesen sind (z. B. bei Taxiunternehmern, Handelsvertretern, Handwerkern der Bau- und Baunebengewerbe, Landtierärzten). Diese Vermutung gilt, wenn ein Steuerpflichtiger mehrere Kraftfahrzeuge im Betriebsvermögen hält, nur für das Kraftfahrzeug mit der höchsten Jahreskilometerleistung. Für die weiteren Kraftfahrzeuge gelten die allgemeinen Grundsätze. Die Vermutungsregelung ist nicht anzuwenden, sobald für ein weiteres Kraftfahrzeug der Nachweis über die überwiegende betriebliche Nutzung erbracht wird.

6 Keines weiteren Nachweises bedarf es, wenn die Fahrten zwischen Wohnung und Betriebsstätte und die Familienheimfahrten mehr als 50 Prozent der Jahreskilometerleistung des Kraftfahrzeugs ausmachen.

7 Hat der Steuerpflichtige den betrieblichen Nutzungsumfang des Kraftfahrzeugs einmal dargelegt, so ist – wenn sich keine wesentlichen Veränderungen in Art oder Umfang der Tätigkeit oder bei den Fahrten zwischen Wohnung und Betriebsstätte ergeben – auch für die folgenden Veranlagungszeiträume von diesem Nutzungsumfang auszugehen. Ein Wechsel der Kraftfahrzeugklasse kann im Einzelfall Anlass für eine erneute Prüfung des Nutzungsumfangs sein. Die im Rahmen einer rechtmäßigen Außenprüfung erlangten Kenntnisse bestimmter betrieblicher Verhältnisse des Steuerpflichtigen in den Jahren des Prüfungszeitraumes lassen Schlussfolgerungen auf die tatsächlichen Gegebenheiten in den Jahren vor oder nach dem Prüfungszeitraum zu (BFH-Urteil vom 28. August 1987, BStBl. 1988 II S. 2).

### 3. Methodenwahl

8 Wird das Kraftfahrzeug zu mehr als 50 Prozent betrieblich genutzt, kann der Steuerpflichtige die Wahl zwischen der Besteuerung nach § 6 Abs. 1 Nr. 4 Satz 2 EStG (1%-Regelung) oder nach § 6 Abs. 1 Nr. 4 Satz 3 EStG (Fahrtenbuchmethode, Rdnr. 21 bis 30) durch Einreichen der Steuererklärung beim Finanzamt vornehmen; die Methodenwahl muss für das Wirtschaftsjahr einheitlich getroffen werden. Im Fall des Kraftfahrzeugwechsels (vgl. Rdnr. 9) ist auch während eines Wirtschaftsjahres der Übergang zu einer anderen Ermittlungsmethode zulässig. Das Wahlrecht kann bis zur Bestandskraft der Steuerfestsetzung ausgeübt oder geändert werden.

### 4. Kraftfahrzeugwechsel

9 Wird das auch privat genutzte Kraftfahrzeug im laufenden Wirtschaftsjahr ausgewechselt, z. B. bei Veräußerung des bisher genutzten und Erwerb eines neuen Kraftfahrzeugs, ist der Ermittlung der pauschalen Wertansätze im Monat des Kraftfahrzeugwechsels der inländische Listenpreis des Kraftfahrzeugs zugrunde zu legen, das der Steuerpflichtige nach der Anzahl der Tage überwiegend genutzt hat.

## II. Pauschale Ermittlung des privaten Nutzungswerts

### 1. Listenpreis

10 Für den pauschalen Nutzungswert ist der inländische Listenpreis des Kraftfahrzeugs im Zeitpunkt seiner Erstzulassung zuzüglich der Kosten für Sonderausstattung (z. B. Navigationsgerät, BFH-Urteil vom 16. Februar 2005, BStBl. II S. 563) einschließlich der Umsatzsteuer (BFH-Urteil vom 6. März 2003, BStBl. II S. 704) maßgebend. Das gilt auch für reimportierte Kraftfahrzeuge. Soweit das reimportierte Kraftfahrzeug mit zusätzlicher Sonderausstattung versehen ist, die sich im inländischen Listenpreis nicht niedergeschlagen hat, ist der Wert der Sonderausstattung, der sich aus der Preisliste des Herstellers ergibt, zusätzlich zu berücksichtigen. Soweit das reimportierte Kraftfahrzeug geringwertiger ausgestattet ist, ist der Wert der „Minderausstattung" anhand des inländischen Listenpreises eines vergleichbaren inländischen Kraftfahrzeugs angemessen zu berücksichtigen. Kosten für nur betrieblich nutzbare Sonderausstattung, wie z. B. der zweite Pedalsatz eines Fahrschulkraftfahrzeugs, sind nicht anzusetzen. Für Kraftfahrzeuge, für die der inländische Lis-

tenpreis nicht ermittelt werden kann, ist dieser zu schätzen. Der Listenpreis ist auf volle Hundert Euro abzurunden. Für Veranlagungszeiträume ab 2002 ist der Listenpreis für vor dem 1. Januar 2002 angeschaffte oder hergestellte Kraftfahrzeuge zunächst in Euro umzurechnen und danach auf volle Hundert Euro abzurunden.

11 Zeitpunkt der Erstzulassung ist der Tag, an dem das Kraftfahrzeug das erste Mal zum Straßenverkehr zugelassen worden ist. Das gilt auch für gebraucht erworbene Kraftfahrzeuge. Zeitpunkt der Erstzulassung des Kraftfahrzeugs ist nicht der Zeitpunkt der Erstzulassung des Kraftfahrzeugtyps, sondern des jeweiligen individuellen Kraftfahrzeugs. Bei inländischen Kraftfahrzeugen ergibt sich das Datum aus den Zulassungspapieren. Macht der Steuerpflichtige geltend, dass für ein importiertes oder ein reimportiertes Kraftfahrzeug ein anderes Datum maßgebend sei, trifft ihn die objektive Beweislast.

## 2. Nutzung mehrerer Kraftfahrzeuge und Nutzung durch mehrere Nutzungsberechtigte

### a) Einzelunternehmen[1)]

12 Gehören gleichzeitig mehrere Kraftfahrzeuge zum Betriebsvermögen, so ist der pauschale Nutzungswert grundsätzlich für jedes Kraftfahrzeug anzusetzen, das vom Steuerpflichtigen oder zu seiner Privatsphäre gehörenden Personen für Privatfahrten genutzt wird (vgl. Rdnr. 2). Kann der Steuerpflichtige dagegen glaubhaft machen, dass bestimmte betriebliche Kraftfahrzeuge ausschließlich betrieblich genutzt werden, weil sie für eine private Nutzung nicht geeignet sind (z. B. bei sog. Werkstattwagen – BFH-Urteil vom 18. Dezember 2008 VI R 34/07, BStBl. 2009 II S. 381) oder diese ausschließlich eigenen Arbeitnehmern zur Nutzung überlassen werden, ist für diese Kraftfahrzeuge kein pauschaler Nutzungswert zu ermitteln. Dies gilt entsprechend für Kraftfahrzeuge, die nach der betrieblichen Nutzungszuweisung nicht zur privaten Nutzung zur Verfügung stehen. Hierzu können z. B. Vorführwagen eines Kraftfahrzeughändlers, zur Vermietung bestimmte Kraftfahrzeuge oder Kraftfahrzeuge von Steuerpflichtigen, die ihre Tätigkeit nicht in einer festen örtlichen Einrichtung ausüben oder die ihre Leistungen nur durch den Einsatz eines Kraftfahrzeugs erbringen können, gehören. Gibt der Steuerpflichtige in derartigen Fällen in seiner Gewinnermittlung durch den Ansatz einer Nutzungsentnahme an, dass von ihm das Kraftfahrzeug mit dem höchsten Listenpreis auch privat genutzt wird, ist diesen Angaben aus Vereinfachungsgründen zu folgen und für weitere Kraftfahrzeuge kein zusätzlicher pauschaler Nutzungswert anzusetzen. Für die private Nutzung von betrieblichen Kraftfahrzeugen durch zur Privatsphäre des Steuerpflichtigen gehörende Personen gilt dies entsprechend, wenn je Person das Kraftfahrzeug mit dem nächsthöchsten Listenpreis berücksichtigt wird. Wird ein Kraftfahrzeug gemeinsam vom Steuerpflichtigen und einem oder mehreren Arbeitnehmern genutzt, so ist bei pauschaler Nutzungswertermittlung für Privatfahrten der Nutzungswert von 1 Prozent des Listenpreises entsprechend der Zahl der Nutzungsberechtigten aufzuteilen. Es gilt die widerlegbare Vermutung, dass für Fahrten zwischen Wohnung und Betriebsstätte und für Familienheimfahrten das Kraftfahrzeug mit dem höchsten Listenpreis genutzt wird.

---

1) Rdnr. 12 neu gef. durch BMF v. 15. 11. 2012, BStBl. I S. 1099.

**Beispiel 1:**

Zum Betriebsvermögen des Versicherungsmaklers C gehören fünf Kraftfahrzeuge, von denen vier von C, seiner Ehefrau und dem erwachsenen Sohn auch zu Privatfahrten genutzt werden; von C auch für Fahrten zwischen Wohnung und Betriebsstätte. Ein Kraftfahrzeug wird ausschließlich einem Angestellten auch zur privaten Nutzung überlassen; der Nutzungsvorteil wird bei diesem lohnversteuert. Die betriebliche Nutzung der Kraftfahrzeuge beträgt jeweils mehr als 50 Prozent. Es befindet sich kein weiteres Kraftfahrzeug im Privatvermögen. Die private Nutzungsentnahme nach § 6 Abs. 1 Nr. 4 Satz 2 EStG ist für vier Kraftfahrzeuge anzusetzen, und zwar mit jeweils 1 Prozent des Listenpreises. Zusätzlich ist für Fahrten zwischen Wohnung und Betriebsstätte der Betriebsausgabenabzug zu kürzen. Dabei ist der höchste Listenpreis zugrunde zu legen.

**Beispiel 2:**

Zum Betriebsvermögen eines Architekturbüros gehören sechs Kraftfahrzeuge, die jeweils vom Betriebsinhaber, seiner Ehefrau und den Angestellten/freien Mitarbeitern genutzt werden. Der Steuerpflichtige erklärt glaubhaft eine Nutzungsentnahme für die zwei von ihm und seiner Ehefrau auch privat genutzten Kraftfahrzeuge mit den höchsten Listenpreisen. Die übrigen Kraftfahrzeuge werden den Angestellten/freien Mitarbeitern nicht zur privaten Nutzung überlassen; sie werden im Rahmen ihrer Tätigkeit genutzt, um die Bauprojekte zu betreuen und zu überwachen. Eine Nutzungswertbesteuerung der vier weiteren Kraftfahrzeuge ist nicht vorzunehmen. Weist der Steuerpflichtige dem betrieblichen Kraftfahrzeug eine bestimmte Funktion im Betrieb zu und erklärt er zudem durch den Ansatz einer Nutzungsentnahme für zwei andere Fahrzeuge, dass er und die zu seiner Privatsphäre gehörenden Personen jenes Kraftfahrzeug nicht privat nutzen, so soll dieser Erklärung grundsätzlich gefolgt werden. Die reine Möglichkeit der privaten Nutzung der den Mitarbeitern zur Betreuung und Überwachung von Bauprojekten zugeordneten Kraftfahrzeuge (z. B. am Wochenende) führt nicht zum Ansatz einer weiteren Nutzungsentnahme.

### b) Personengesellschaft

Befinden sich Kraftfahrzeuge im Betriebsvermögen einer Personengesellschaft, ist ein pauschaler Nutzungswert für den Gesellschafter anzusetzen, dem die Nutzung des Kraftfahrzeugs zuzurechnen ist. Rdnr. 12 ist entsprechend anzuwenden. 13

**Beispiel 3:**

Der IJK-OHG gehören die Gesellschafter I, J und K an. Es befinden sich vier Kraftfahrzeuge im Betriebsvermögen. Die Gesellschafter I und K sind alleinstehend. Niemand aus ihrer Privatsphäre nutzt die betrieblichen Kraftfahrzeuge. Der Gesellschafter J ist verheiratet. Seine Ehefrau nutzt ein betriebliches Kraftfahrzeug auch zu Privatfahrten. Die betriebliche Nutzung der Kraftfahrzeuge beträgt jeweils mehr als 50 Prozent. Die Bruttolistenpreise der Kraftfahrzeuge betragen 80 000 €, 65 000 €, 50 000 € und 40 000 €. I nutzt das 80 000 €-Kraftfahrzeug, J das 50 000 €-Kraftfahrzeug, K das 65 000 €-Kraftfahrzeug und Frau J das 40 000 €-Kraftfahrzeug. Die private Nutzungsentnahme ist monatlich für den Gesellschafter I mit 1 Prozent von 80 000 €, für den Gesellschafter K mit 1 Prozent von 65 000 € und für den Gesellschafter J mit 1 Prozent von 50 000 € zuzüglich 1 Prozent von 40 000 € anzusetzen.

## 3. Nur gelegentliche Nutzung des Kraftfahrzeugs

Der pauschale Nutzungswert und die nicht abziehbaren Betriebsausgaben sind auch dann mit den Monatswerten zu ermitteln, wenn das Kraftfahrzeug nur gelegentlich zu Privatfahrten oder zu Fahrten zwischen Wohnung und Betriebsstätte genutzt wird. 14

Die Monatswerte sind nicht anzusetzen für volle Kalendermonate, in denen eine private Nutzung oder eine Nutzung zu Fahrten zwischen Wohnung und Betriebsstätte ausgeschlossen ist. 15

16 Hat ein Steuerpflichtiger mehrere Betriebsstätten in unterschiedlicher Entfernung von der Wohnung, kann bei der pauschalen Berechnung der nicht abziehbaren Betriebsausgaben nach § 4 Abs. 5 Satz 1 Nr. 6 EStG die Entfernung zur näher gelegenen Betriebsstätte zugrunde gelegt werden. Die Fahrten zur weiter entfernt gelegenen Betriebsstätte sind zusätzlich mit 0,002 Prozent des inländischen Listenpreises i. S. d. § 6 Abs. 1 Nr. 4 Satz 2 EStG für jeden weiteren Entfernungskilometer (Differenz zwischen den Entfernungen der Wohnung zur jeweiligen Betriebsstätte) anzusetzen.

**Beispiel 4:**

Der Unternehmer A wohnt in A-Stadt und hat dort eine Betriebsstätte (Entfernung zur Wohnung 30 km). Eine zweite Betriebsstätte unterhält er in B-Stadt (Entfernung zur Wohnung 100 km). A fährt zwischen Wohnung und Betriebsstätte mit dem Betriebs-Kraftfahrzeug (Bruttolistenpreis: 22 500 €). Er ist an 40 Tagen von der Wohnung zur Betriebsstätte in B-Stadt gefahren, an den anderen Tagen zur Betriebsstätte in A-Stadt (insgesamt an 178 Tagen). Die nicht abziehbaren Betriebsausgaben sind wie folgt zu ermitteln:

| | | |
|---|---|---|
| a) | 22 500 € × 0,03 % × 30 km × 12 Monate = | 2430,00 € |
| | ./. 178 Tage × 30 km × 0,30 € = | 1602,00 € |
| | | 828,00 € |
| b) | 22 500 € × 0,002 % × 70 (100./. 30) km × 40 Tage = | 1260,00 € |
| | ./. 40 Tage × 100 km × 0,30 € = | 1200,00 € |
| | | 60,00 € |
| | Summe der nicht abziehbaren Betriebsausgaben | 888,00 € |

## 4. Nutzung im Rahmen unterschiedlicher Einkunftsarten

17 Nutzt der Steuerpflichtige das betriebliche Kraftfahrzeug auch im Rahmen anderer Einkunftsarten, sind die auf diese außerbetriebliche, aber nicht private Nutzung entfallenden Aufwendungen grundsätzlich nicht mit dem nach § 6 Abs. 1 Nr. 4 Satz 2 EStG (1 %-Regelung) ermittelten Betrag abgegolten (BFH-Urteil vom 26. April 2006, BStBl. 2007 II S. 445). Es bestehen keine Bedenken, diese Entnahme mangels anderer Anhaltspunkte mit 0,001 % des inländischen Listenpreises des Kraftfahrzeugs je gefahrenem Kilometer zu bewerten; dieser Entnahmewert stellt vorbehaltlich bestehender Abzugsbeschränkungen die im Rahmen der anderen Einkunftsart abziehbaren Betriebsausgaben oder Werbungskosten dar. Aus Vereinfachungsgründen wird einkommensteuerrechtlich auf den Ansatz einer zusätzlichen Entnahme verzichtet, soweit die Aufwendungen bei der anderen Einkunftsart keinen Abzugsbeschränkungen unterliegen und dort nicht abgezogen werden.

## 5. Begrenzung der pauschalen Wertansätze (sog. Kostendeckelung)

18 Der pauschale Nutzungswert nach § 6 Abs. 1 Nr. 4 Satz 2 EStG sowie die nicht abziehbaren Betriebsausgaben für Fahrten zwischen Wohnung und Betriebsstätte und Familienheimfahrten nach § 4 Abs. 5 Satz 1 Nr. 6 EStG können die für das genutzte Kraftfahrzeug insgesamt tatsächlich entstandenen Aufwendungen übersteigen. Wird das im Einzelfall nachgewiesen, so sind diese Beträge höchstens mit den Gesamtkosten des Kraftfahrzeugs anzusetzen. Bei mehreren privat genutzten Kraftfahrzeugen können die zusammengefassten pauschal ermittelten Wertansätze auf die nachgewiesenen tatsächlichen Ge-

samtaufwendungen dieser Kraftfahrzeuge begrenzt werden; eine fahrzeugbezogene „Kostendeckelung“ ist zulässig.

Wird neben dem pauschalen Nutzungswert nach § 6 Abs. 1 Nr. 4 Satz 2 EStG eine Entnahme aufgrund der Nutzung des Kraftfahrzeugs zur Erzielung anderer Einkunftsarten erfasst, ist auch dieser Betrag den tatsächlichen Aufwendungen gegenüberzustellen (vgl. Rdnr. 17). 19

Bei Anwendung der Kostendeckelung müssen dem Steuerpflichtigen als abziehbare Aufwendungen mindestens die nach § 4 Abs. 5 Satz 1 Nr. 6 Satz 2, § 9 Abs. 1 Satz 3 Nr. 4 und Nr. 5 EStG ermittelten Beträge (Entfernungspauschalen) verbleiben. 20

**Beispiel 5:**

Für ein zu mehr als 50 Prozent für betriebliche Zwecke genutztes Kraftfahrzeug (Bruttolistenpreis 35 600 €) sind im Wirtschaftsjahr 7400 € Gesamtkosten angefallen. Das Kraftfahrzeug wurde an 200 Tagen für Fahrten zwischen Wohnung und Betriebsstätte (Entfernung 27 Kilometer) genutzt. Ein Fahrtenbuch wurde nicht geführt.

| | | | |
|---|---|---|---|
| 1. | **pauschaler Wertansatz nach § 4 Abs. 5 Satz 1 Nr. 6 EStG:** | | |
| | 35 600 € × 0,03 % × 27 km × 12 Monate | = | 3460,32 € |
| 2. | **privater Nutzungsanteil nach § 6 Abs. 1 Nr. 4 Satz 2 EStG:** | | |
| | 35 600 € × 1 % × 12 Monate | = | 4272,00 € |
| 3. | **Prüfung der Kostendeckelung:** | | |
| | Gesamtaufwendungen | | 7400,00 € |
| | Pauschale Wertansätze (Summe aus 1. und 2.) | | 7732,32 € |
| | Höchstbetrag der pauschalen Wertansätze | | 7400,00 € |

Die pauschalen Wertansätze übersteigen die entstandenen Gesamtkosten. Es liegt ein Fall der Kostendeckelung vor. Der pauschale Wertansatz für die Fahrten zwischen Wohnung und Betriebsstätte nach § 4 Abs. 5 Satz 1 Nr. 6 EStG und der private Nutzungsanteil nach § 6 Abs. 1 Nr. 4 Satz 2 EStG sind auf die Höhe der Gesamtaufwendungen von 7400 € beschränkt. Die Entfernungspauschale nach § 4 Abs. 5 Satz 1 Nr. 6 i. V. m. § 9 Abs. 1 Satz 3 Nr. 4 EStG i. H. v. 1620,00 € (200 Tage × 27 km × 0,30 €) ist zu berücksichtigen.

## III. Ermittlung des tatsächlichen privaten Nutzungswerts

### 1. Führung eines Fahrtenbuches

Ein Fahrtenbuch soll die Zuordnung von Fahrten zur betrieblichen und beruflichen Sphäre ermöglichen und darstellen. Es muss laufend geführt werden. 21

Werden mehrere betriebliche Kraftfahrzeuge vom Unternehmer oder von zu seiner Privatsphäre gehörenden Personen zu Privatfahrten, zu Fahrten zwischen Wohnung und Betriebsstätte oder zu Familienheimfahrten genutzt, ist diese Nutzung für jedes der Kraftfahrzeuge, das zu mehr als 50 Prozent betrieblich genutzt wird, entweder pauschal im Wege der Listenpreisregelung oder aber konkret anhand der Fahrtenbuchmethode zu ermitteln (BFH-Urteil vom 3. August 2000, BStBl. 2001 II S. 332). Gehören dabei gleichzeitig mehrere Kraftfahrzeuge zum Betriebsvermögen, und wird nicht für jedes dieser Kraftfahrzeuge ein Fahrtenbuch im Sinne des § 6 Abs. 1 Nr. 4 Satz 3 EStG geführt, ist für diejenigen Kraftfahrzeuge, für die kein Fahrtenbuch geführt wird, und die für Privatfahrten, für Fahrten zwischen Wohnung und Betriebsstätte oder für Familienheimfahrten genutzt werden, § 6 Abs. 1 Nr. 4 Satz 2 EStG (1 %-Regelung) und § 4 Abs. 5 Satz 1 Nr. 6 EStG (pauschale 22

Ermittlung der nicht abziehbaren Betriebsausgaben) anzuwenden. Die Rdnrn. 12 und 13 gelten entsprechend.

**Beispiel 6:**

Zum Betriebsvermögen des Unternehmers C gehören fünf Kraftfahrzeuge, die von C, seiner Ehefrau und dem erwachsenen Sohn auch zu Privatfahrten genutzt werden. Die betriebliche Nutzung der Kraftfahrzeuge beträgt jeweils mehr als 50 Prozent. Es befindet sich kein weiteres Kraftfahrzeuge im Privatvermögen. Für ein Kraftfahrzeug wird ein Fahrtenbuch geführt. Die (pauschale) private Nutzungsentnahme für die vier weiteren auch privat genutzten Kraftfahrzeuge ist nach § 6 Abs. 1 Nr. 4 Satz 2 EStG mit jeweils 1 Prozent des Listenpreises anzusetzen. Für das Kraftfahrzeug, für das ein Fahrtenbuch geführt wird, ist die Nutzungsentnahme mit den tatsächlich auf die private Nutzung entfallenden Aufwendungen anzusetzen.

### 2. Elektronisches Fahrtenbuch

23 Ein elektronisches Fahrtenbuch ist anzuerkennen, wenn sich daraus dieselben Erkenntnisse wie aus einem manuell geführten Fahrtenbuch gewinnen lassen. Beim Ausdrucken von elektronischen Aufzeichnungen müssen nachträgliche Veränderungen der aufgezeichneten Angaben technisch ausgeschlossen, zumindest aber dokumentiert werden (BFH-Urteil vom 16. November 2005, BStBl. 2006 II S. 410).

### 3. Anforderungen an ein Fahrtenbuch

24 Ein Fahrtenbuch muss zeitnah und in geschlossener Form geführt werden. Es muss die Fahrten einschließlich des an ihrem Ende erreichten Gesamtkilometerstandes vollständig und in ihrem fortlaufenden Zusammenhang wiedergeben (BFH-Urteil vom 9. November 2005, BStBl. 2006 II S. 408). Das Fahrtenbuch muss mindestens folgende Angaben enthalten (vgl. R 8.1 Abs. 9 Nr. 2 Satz 3 *LStR 2008*[1]): Datum und Kilometerstand zu Beginn und Ende jeder einzelnen betrieblich/beruflich veranlassten Fahrt, Reiseziel, Reisezweck und aufgesuchte Geschäftspartner. Wird ein Umweg gefahren, ist dieser aufzuzeichnen. Auf einzelne dieser Angaben kann verzichtet werden, soweit wegen der besonderen Umstände im Einzelfall die betriebliche/berufliche Veranlassung der Fahrten und der Umfang der Privatfahrten ausreichend dargelegt sind und Überprüfungsmöglichkeiten nicht beeinträchtigt werden. So sind z. B. folgende berufsspezifisch bedingte Erleichterungen möglich:

25 **a) Handelsvertreter, Kurierdienstfahrer, Automatenlieferanten und andere Steuerpflichtige, die regelmäßig aus betrieblichen/beruflichen Gründen große Strecken mit mehreren unterschiedlichen Reisezielen zurücklegen**

Zu Reisezweck, Reiseziel und aufgesuchtem Geschäftspartner ist anzugeben, welche Kunden an welchem Ort besucht wurden. Angaben zu den Entfernungen zwischen den verschiedenen Orten sind nur bei größerer Differenz zwischen direkter Entfernung und tatsächlich gefahrenen Kilometern erforderlich.

26 **b) Taxifahrer, Fahrlehrer**

Bei Fahrten eines Taxifahrers im sog. Pflichtfahrgebiet ist es in Bezug auf Reisezweck, Reiseziel und aufgesuchtem Geschäftspartner ausreichend, täglich zu Beginn und Ende der Gesamtheit dieser Fahrten den Kilometerstand

[1] Jetzt: LStR 2015.

anzugeben mit der Angabe ‚Taxifahrten im Pflichtfahrgebiet" o. ä. Wurden Fahrten durchgeführt, die über dieses Gebiet hinausgehen, kann auf die genaue Angabe des Reiseziels nicht verzichtet werden.

Für Fahrlehrer ist es ausreichend, in Bezug auf Reisezweck, Reiseziel und aufgesuchten Geschäftspartner „Lehrfahrten", „Fahrschulfahrten" o. ä. anzugeben. 27

Werden regelmäßig dieselben Kunden aufgesucht, wie z. B. bei Lieferverkehr, und werden die Kunden mit Name und (Liefer-)Adresse in einem Kundenverzeichnis unter einer Nr. geführt, unter der sie später identifiziert werden können, bestehen keine Bedenken, als Erleichterung für die Führung eines Fahrtenbuches zu Reiseziel, Reisezweck und aufgesuchtem Geschäftspartner jeweils zu Beginn und Ende der Lieferfahrten Datum und Kilometerstand sowie die Nr.n der aufgesuchten Geschäftspartner aufzuzeichnen. Das Kundenverzeichnis ist dem Fahrtenbuch beizufügen. 28

Für die Aufzeichnung von Privatfahrten genügen jeweils Kilometerangaben; für Fahrten zwischen Wohnung und Betriebsstätte genügt jeweils ein kurzer Vermerk im Fahrtenbuch. 29

**4. Nichtanerkennung eines Fahrtenbuches**

Wird die Ordnungsmäßigkeit der Führung eines Fahrtenbuches von der Finanzverwaltung z. B. anlässlich einer Betriebsprüfung nicht anerkannt, ist der private Nutzungsanteil nach § 6 Abs. 1 Nr. 4 Satz 2 EStG zu bewerten, wenn die betriebliche Nutzung mehr als 50 Prozent beträgt. Für Fahrten zwischen Wohnung und Betriebsstätte sowie für Familienheimfahrten ist die Ermittlung der nicht abziehbaren Betriebsausgaben nach § 4 Abs. 5 Satz 1 Nr. 6 EStG vorzunehmen. 30

**5. Ermittlung des privaten Nutzungsanteils bei Ausschluss der 1 %-Regelung**

Beträgt der Umfang der betrieblichen Nutzung 10 bis 50 Prozent, darf der private Nutzungsanteil nicht gemäß § 6 Abs. 1 Nr. 4 Satz 2 EStG (1 %-Regelung) bewertet werden. Der private Nutzungsanteil ist als Entnahme gemäß § 6 Abs. 1 Nr. 4 Satz 1 EStG mit den auf die private Nutzung entfallenden tatsächlichen Selbstkosten (vgl. Rdnr. 32) zu bewerten. Für Fahrten zwischen Wohnung und Betriebsstätte und Familienheimfahrten sind die nicht abziehbaren Betriebsausgaben nach § 4 Abs. 5 Satz 1 Nr. 6 Satz 3 2. Alternative EStG zu ermitteln. 31

## IV. Gesamtaufwendungen für das Kraftfahrzeug

Zu den Gesamtaufwendungen für das Kraftfahrzeug (Gesamtkosten) gehören Kosten, die unmittelbar dem Halten und dem Betrieb des Kraftfahrzeugs zu dienen bestimmt sind und im Zusammenhang mit seiner Nutzung zwangsläufig anfallen (BFH-Urteil vom 14. September 2005, BStBl. 2006 II S. 72). Zu den Gesamtkosten gehören nicht die Sonderabschreibungen (BFH-Urteil vom 25. März 1988, BStBl. II S. 655). Außergewöhnliche Kraftfahrzeugkosten sind dagegen vorab der beruflichen oder privaten Nutzung zuzurechnen. Aufwendungen, die ausschließlich der privaten Nutzung zuzurechnen sind, sind vorab als Entnahme zu behandeln (z. B. Mautgebühren auf einer privaten 32

Urlaubsreise – BFH-Urteil vom 14. September 2005, BStBl. 2006 II S. 72). Bei der Ermittlung des privaten Nutzungsanteils nach § 6 Abs. 1 Nr. 4 Satz 3 EStG sind die verbleibenden Kraftfahrzeugaufwendungen anhand des Fahrtenbuches anteilig der privaten Nutzung, der Nutzung für Fahrten zwischen Wohnung und Betriebsstätte oder für Familienheimfahrten zuzurechnen.

## V. Fahrten zwischen Wohnung und Betriebsstätte

### 1. Mehrfache Fahrten zwischen Wohnung und Betriebsstätte

33 Werden täglich mehrere Fahrten zwischen Wohnung und Betriebsstätte zurückgelegt, so vervielfacht sich der pauschale Hinzurechnungsbetrag nach § 4 Abs. 5 Satz 1 Nr. 6 EStG nicht. Für die Ermittlung des betrieblichen Nutzungsumfangs sind auch die Mehrfachfahrten zu berücksichtigen.

### 2. Abziehbare Aufwendungen bei behinderten Menschen für Fahrten zwischen Wohnung und Betriebsstätte sowie Familienheimfahrten

34 Behinderte Menschen, deren Grad der Behinderung mindestens 70 beträgt, sowie behinderte Menschen, deren Grad der Behinderung weniger als 70, aber mindestens 50 beträgt und die in ihrer Bewegungsfähigkeit im Straßenverkehr erheblich beeinträchtigt sind, können ihre tatsächlichen Kosten für die Benutzung eines eigenen oder zur Nutzung überlassenen Kraftfahrzeuges für Fahrten zwischen Wohnung und Betriebsstätte sowie für Familienheimfahrten als Betriebsausgaben abziehen. Dabei ist der Gewinn nicht um Aufwendungen in Höhe des in § 4 Abs. 5 Satz 1 Nr. 6 EStG jeweils genannten positiven Unterschiedsbetrags zu erhöhen.

## VI. Umsatzsteuerliche Beurteilung

35 Zur Frage des Vorsteuerabzugs und der Umsatzbesteuerung bei unternehmerisch genutzten Kraftfahrzeugen vgl. *BMF-Schreiben vom 27. August 2004 (BStBl. I S. 864)*[1]. Ist die Anwendung der 1%-Regelung gem. § 6 Abs. 1 Nr. 4 Satz 2 EStG ausgeschlossen, weil das Kraftfahrzeug zu weniger als 50 Prozent betrieblich genutzt wird, und wird der nicht unternehmerische Nutzungsanteil nicht durch ein ordnungsgemäßes Fahrtenbuch nachgewiesen, ist dieser Nutzungsanteil im Wege der Schätzung zu ermitteln, wobei der Umsatzbesteuerung grundsätzlich der für ertragsteuerliche Zwecke ermittelte private Nutzungsanteil zugrunde zu legen ist.

## VII. Zeitliche Anwendung

36 Dieses Schreiben ersetzt die BMF-Schreiben vom 21. Januar 2002 (BStBl. I S. 148) und vom 7. Juli 2006 (BStBl. I S. 446) und ist in allen offenen Fällen anzuwenden. Rdnr. 12 ist erstmals auf Wirtschaftsjahre anzuwenden, die nach dem 31. Dezember 2009 beginnen. Rdnr. 17 ist erstmals ab dem Veranlagungszeitraum 2007 anzuwenden; wird der Gewinn nach einem vom Kalenderjahr abweichenden Wirtschaftsjahr ermittelt, ist Rdnr. 17 erstmals ab 1. Januar 2007 anzuwenden.

---

[1] Siehe nunmehr BMF v. 5. 6. 2014, BStBl. I S. 896 (Nr. **500** § 15/3).

# 1 § 6/27. Schreiben betr. bilanzsteuerrechtliche Behandlung von schadstoffbelasteten Grundstücken; Bildung von Rückstellungen für Sanierungsverpflichtungen und Teilwertabschreibungen nach § 6 Abs. 1 Nr. 2 Satz 2 EStG

Vom 11. Mai 2010 (BStBl. I S. 495)

(BMF IV C 6 – S 2137/07/10004; DOK 2010/0367332)

Der Bundesfinanzhof (BFH) hat mit Urteil vom 19. November 2003 I R 77/01, BStBl. 2010 II S. 482, entschieden, dass in den Fällen, in denen die zuständige Behörde von der Schadstoffbelastung eines Grundstückes und der dadurch bedingten Sanierungsverpflichtung Kenntnis erlangt, ernsthaft mit der Inanspruchnahme aus dieser Verpflichtung gerechnet werden müsse. Eine mögliche Teilwertabschreibung sei unabhängig von der Bildung einer Rückstellung für die Sanierungsverpflichtung zu prüfen.

Zur Bildung von Rückstellungen für Sanierungsverpflichtungen und zu Teilwertabschreibungen nach § 6 Absatz 1 Nummer 2 Satz 2 EStG im Zusammenhang mit schadstoffbelasteten Grundstücken nehme ich nach Abstimmung mit den obersten Finanzbehörden der Länder wie folgt Stellung:

## I. Rückstellung für ungewisse Verbindlichkeiten

Nach R 5.7 Abs. 2 *der Einkommensteuerrichtlinien 2008 (EStR 2008)*[1] ist eine Rückstellung für ungewisse Verbindlichkeiten nur zu bilden, wenn 1

– es sich um eine Verbindlichkeit gegenüber einem anderen oder eine öffentlich-rechtliche Verpflichtung handelt,
– die Verpflichtung vor dem Bilanzstichtag wirtschaftlich verursacht ist,
– mit einer Inanspruchnahme aus einer nach ihrer Entstehung oder Höhe nach ungewissen Verbindlichkeit ernsthaft zu rechnen ist und
– die Aufwendungen in künftigen Wirtschaftsjahren nicht zu Anschaffungs- oder Herstellungskosten für ein Wirtschaftsgut führen.

### 1. Öffentlich-rechtliche Verpflichtungen nach dem Gesetz zum Schutz vor schädlichen Bodenveränderungen und zur Sanierung von Altlasten – Bundes-Bodenschutzgesetz (BBodSchG) – vom 17. März 1998 (BGBl. I S. 502), zuletzt geändert durch Artikel 3 des Gesetzes zur Anpassung von Verjährungsvorschriften an das Gesetz zur Modernisierung des Schuldrechts vom 9. Dezember 2004 (BGBl. I S. 3214)

Nach § 4 Abs. 3 BBodSchG sind der Verursacher einer schädlichen Bodenveränderung oder Altlast sowie dessen Gesamtrechtsnachfolger, der Grundstückseigentümer und der Inhaber der tatsächlichen Gewalt über ein Grund- 2

[1] Jetzt EStR 2012.

stück verpflichtet, den Boden und Altlasten sowie durch schädliche Bodenveränderungen oder Altlasten verursachte Verunreinigungen von Gewässern so zu sanieren, dass dauerhaft keine Gefahren, erhebliche Nachteile oder Belästigungen für den Einzelnen oder die Allgemeinheit entstehen.

### 2. Keine hinreichende Konkretisierung der Verpflichtung nach dem BBodSchG

3 Die hinreichende Konkretisierung einer öffentlich-rechtlichen Verpflichtung liegt vor, wenn sich ein inhaltlich bestimmtes Handeln innerhalb eines bestimmbaren Zeitraums unmittelbar durch Gesetz oder Verwaltungsakt ergibt und an die Verletzung der Verpflichtung Sanktionen geknüpft sind (vgl. R 5.7 Abs. 4 Satz 1 *EStR 2008*[1]).

4 Die allgemeinen Grundpflichten zur Beseitigung von Altlasten nach dem BBodSchG schreiben kein inhaltlich bestimmtes Handeln innerhalb eines bestimmbaren Zeitraums vor. Die Erfüllung der Grundpflicht ist auch nicht sanktionsbewehrt. Eine Ordnungswidrigkeit setzt vielmehr voraus, dass der Verpflichtete einer vollziehbaren Anordnung zuwider handelt (§ 26 Abs. 1 Nr. 2 BBodSchG). Da sich die öffentlich-rechtliche Verpflichtung nicht unmittelbar aus dem Gesetz ergibt, sondern den Erlass einer behördlichen Verfügung (Verwaltungsakt) voraussetzt, ist eine Rückstellung für ungewisse Verbindlichkeiten erst zu bilden, wenn die zuständige Behörde einen vollziehbaren Verwaltungsakt erlassen hat, der ein bestimmtes Handeln innerhalb eines bestimmbaren Zeitraums vorschreibt (R 5.7 Abs. 4 Satz 2 *EStR 2008*[1]).

### 3. Wirtschaftliche Verursachung der Verpflichtung

5 Die wirtschaftliche Verursachung einer Verpflichtung liegt zum Zeitpunkt des Erlasses der in Randnummer 4 genannten behördlichen Anordnung vor. Der Tatbestand, an den der Verwaltungsakt die Verpflichtung knüpft, ist bereits verwirklicht (vgl. R 5.7 Abs. 5 *EStR 2008*[1]). Die Erfüllung der Verpflichtung knüpft an Vergangenes an und gilt Vergangenes ab.

### 4. Wahrscheinlichkeit der Inanspruchnahme aus der Verpflichtung

6 Mit Bekanntgabe der behördlichen Anordnung (vgl. Randnummer 4) ist auch mit der Inanspruchnahme aus der Verpflichtung im Sinne von R 5.7 Abs. 6 *EStR 2008*[1] ernsthaft zu rechnen.

## II. Teilwertabschreibungen nach § 6 Absatz 1 Nummer 2 Satz 2 EStG bei schadstoffbelasteten Grundstücken

7 Nach § 6 Abs. 1 Nummer 2 Satz 2 EStG erfordert eine Teilwertabschreibung eine voraussichtlich dauernde Wertminderung.

### 1. Grundsatz

8 Die Frage einer Teilwertabschreibung ist losgelöst von der Bildung einer Rückstellung für Sanierungsverpflichtungen zu prüfen. Es handelt sich um zwei unterschiedliche Sachverhalte, die im Hinblick auf den Grundsatz der Einzelbewertung und des Vollständigkeitsgebotes – vorbehaltlich der Rand-

[1] Jetzt EStR 2012.

nummer 9 – unabhängig voneinander zu beurteilen sind (vgl. auch Entscheidungsgründe unter II Nr. 8 Buchstabe b des Urteils vom 19. November 2003).

**2. Die Voraussetzungen für die Bildung einer Rückstellung für eine Sanierungsverpflichtung liegen vor**

Liegen die Voraussetzungen für die Bildung einer Rückstellung für eine Sanierungsverpflichtung nach den Randnummern 1 bis 6 vor, scheidet eine mit der bestehenden Schadstoffbelastung begründete Teilwertabschreibung oder die Beibehaltung eines niedrigeren Teilwertes gemäß § 6 Absatz 1 Nummer 2 Satz 2 und 3 EStG aus, soweit die Sanierung voraussichtlich zu einer Wertaufholung führen wird. In diesen Fällen kommt eine Teilwertabschreibung nur insoweit in Betracht, als der Steuerpflichtige anhand geeigneter Nachweise (z. B. Gutachten) darlegen kann, dass trotz der voraussichtlichen Sanierung eine dauernde Wertminderung anzunehmen ist. **9**

**3. Die Voraussetzungen für die Bildung einer Rückstellung für eine Sanierungsverpflichtung liegen nicht vor**

Ist nach den Grundsätzen der Randnummern 1 bis 6 eine Rückstellungsbildung nicht zulässig, kommt eine Teilwertabschreibung nach § 6 Absatz 1 Nummer 2 Satz 2 EStG in Betracht (vgl. *Randnummern 11 bis 13 des BMF-Schreibens vom 25. Februar 2000, BStBl. I S. 372 unter Berücksichtigung der Änderungen durch das BMF-Schreiben vom 26. März 2009, BStBl. I S. 514*[1]). Das gilt nicht, wenn die Rückstellung aufgrund § 5 Absatz 4b Satz 1 EStG nicht gebildet werden kann. In diesen Fällen ist Randnummer 9 anzuwenden. **10**

[1] Siehe nunmehr BMF v. 2. 9 2016, BStBl. I S. 995, Rz. 11 und 12 (Nr. **1** § 6/12).

# 1 § 6/28. Schreiben betr. Zweifelsfragen zur bilanzsteuerlichen Behandlung sog. geringwertiger Wirtschaftsgüter nach § 6 Absatz 2 EStG und zum Sammelposten nach § 6 Absatz 2 a EStG in der Fassung des Gesetzes zur Beschleunigung des Wirtschaftswachstums vom 22. Dezember 2009 (BGBl. 2009 I S. 3950, BStBl. 2010 I S. 2)

Vom 30. September 2010

BMF IV C 6 – S 2180/09/10001; DOK 2010/0750885

(BStBl. I S. 755)

Nach § 6 Abs. 2 EStG in der Fassung des Gesetzes zur Beschleunigung des Wirtschaftswachstums vom 22. Dezember 2009 (BGBl. I S. 3950, BStBl. 2010 I S. 2) können die Anschaffungs- oder Herstellungskosten von abnutzbaren, beweglichen und einer selbständigen Nutzung fähigen Wirtschaftsgütern des Anlagevermögens in voller Höhe als Betriebsausgaben abgezogen werden, wenn die um einen enthaltenen Vorsteuerbetrag verminderten Anschaffungs- oder Herstellungskosten für das einzelne Wirtschaftsgut *410 Euro*[1)] nicht übersteigen. Für gleichartige Wirtschaftsgüter, deren Anschaffungs- oder Herstellungskosten *150 Euro*[2)], aber nicht 1000 Euro übersteigen, kann im Wirtschaftsjahr der Anschaffung oder Herstellung ein Sammelposten gebildet werden (§ 6 Abs. 2 a EStG). Die Regelungen gemäß § 6 Abs. 2 und 2 a EStG gelten auch bei Einlagen und im Falle der Betriebseröffnung (§ 6 Abs. 1 Nummer 5 bis 6 EStG).

Nach dem Ergebnis einer Erörterung mit den obersten Finanzbehörden der Länder gelten für die Anwendung von § 6 Abs. 2 und 2 a EStG in Ergänzung zu Richtlinie *R 6.13 EStR 2008*[3)] die folgenden Regelungen. Soweit nichts anderes angegeben, sind bei Verwendung der Begriffe

– **Aufwendungen**
  die Anschaffungs- oder Herstellungskosten, vermindert um einen darin enthaltenen Vorsteuerbetrag (§ 9 b Abs. 1 EStG), oder der nach § 6 Abs. 1 Nummer 5 bis 6 EStG an deren Stelle tretende Wert für das einzelne abnutzbare, bewegliche und einer selbständigen Nutzung fähige Wirtschaftsgut des Anlagevermögens und

– **Wirtschaftsjahr**
  das Wirtschaftsjahr der Anschaffung, Herstellung oder Einlage eines Wirtschaftsgutes oder der Eröffnung eines Betriebes

gemeint.

---

[1)] **Red. Anm.:** Bei Anschaffung, Herstellung oder Einlage in das Betriebsvermögen ab 1. 1. 2018: 800 Euro (§ 52 Abs. 12 Satz 6 EStG).

[2)] **Red. Anm.:** Bei Anschaffung, Herstellung oder Einlage in das Betriebsvermögen ab 1. 1. 2018: 250 Euro (§ 52 Abs. 12 Satz 8 EStG).

[3)] **Red. Anm.:** Jetzt: R 6.13 EStR 2012.

## I. Bilanzsteuerrechtliche Wahlrechte für Aufwendungen bis 1000 Euro

### 1. Grundsatz

1 Die Aufwendungen sind grundsätzlich durch Absetzungen für Abnutzung (AfA) nach Maßgabe der §§ 7 ff. EStG (insbesondere § 7 Abs. 1 oder Abs. 2 EStG) unter Berücksichtigung der jeweiligen betriebsgewöhnlichen Nutzungsdauer des Wirtschaftsgutes gewinnmindernd als Betriebsausgaben abzuziehen.

### 2. Aufwendungen bis *150 Euro*[1)]

2 Abweichend von Rn. 1 können Aufwendungen bis *150 Euro*[1)] im maßgebenden Wirtschaftsjahr in voller Höhe gemäß § 6 Abs. 2 EStG als Betriebsausgaben abgezogen werden. Das Wahlrecht kann für jedes Wirtschaftsgut individuell in Anspruch genommen werden (wirtschaftsgutbezogenes Wahlrecht).

3 Bei Anwendung des § 6 Abs. 2 EStG bestehen mit Ausnahme der buchmäßigen Erfassung des Zugangs des Wirtschaftsgutes keine weiteren Aufzeichnungspflichten; aus steuerlichen Gründen ist eine Aufnahme in ein Inventar im Sinne des § 240 HGB nicht erforderlich.

### 3. Aufwendungen von mehr als *150 Euro*[1)] und nicht mehr als *410 Euro*[2)]

#### a) Erstes Wahlrecht

4 Abweichend von Rn. 1 können Aufwendungen von mehr als *150 Euro*[1)] und nicht mehr als *410 Euro*[2)] im maßgebenden Wirtschaftsjahr in voller Höhe gemäß § 6 Abs. 2 EStG als Betriebsausgaben abgezogen werden.

5 Nach § 6 Abs. 2 Satz 4 und 5 EStG ist das Wirtschaftsgut unter Angabe des Tages der Anschaffung, Herstellung oder Einlage sowie der Anschaffungs- oder Herstellungskosten oder des Einlagewertes in ein besonderes, laufend zu führendes Verzeichnis aufzunehmen. Das Verzeichnis braucht nicht geführt zu werden, wenn diese Angaben aus der Buchführung ersichtlich sind.

#### b) Zweites Wahlrecht

6 Die Aufwendungen können im maßgebenden Wirtschaftsjahr gemäß § 6 Abs. 2 a EStG in einem Sammelposten erfasst werden (zu den Einzelheiten vgl. Rn. 8 bis 25). Dieses Wahlrecht kann nach § 6 Abs. 2 a Satz 5 EStG nur einheitlich für alle Wirtschaftsgüter des Wirtschaftsjahres mit Aufwendungen von mehr als *150 Euro*[1)] und nicht mehr als 1000 Euro (Rn. 4 bis 7) in Anspruch genommen werden (wirtschaftsjahrbezogenes Wahlrecht).

### 4. Aufwendungen von mehr als *410 Euro*[2)] und nicht mehr als 1000 Euro

7 Abweichend von Rn. 1 können Aufwendungen von mehr als *410 Euro*[2)] und nicht mehr als 1000 Euro im maßgebenden Wirtschaftsjahr gemäß § 6 Abs. 2 a EStG in einem Sammelposten (Rn. 8 bis 25) erfasst werden. Dieses Wahlrecht kann nur einheitlich für alle Wirtschaftsgüter des Wirtschaftsjahres mit Aufwendungen von mehr als *150 Euro*[1)] und nicht mehr als 1000 Euro in Anspruch genommen werden (wirtschaftsjahrbezogenes Wahlrecht, Rn. 6 Satz 2).

---

[1)] **Red. Anm.:** Bei Anschaffung, Herstellung oder Einlage in das Betriebsvermögen ab 1. 1. 2018: 250 Euro (§ 52 Abs. 12 Satz 8 EStG).

[2)] **Red. Anm.:** Bei Anschaffung, Herstellung oder Einlage in das Betriebsvermögen ab 1. 1. 2018: 800 Euro (§ 52 Abs. 12 Satz 6 EStG).

## II. Sammelposten nach § 6 Abs. 2 a EStG

### 1. Bildung des Sammelpostens

Der Sammelposten ist kein Wirtschaftsgut, sondern eine Rechengröße (R 6.13 Abs. 6 Satz 1 EStR). **8**

Wirtschaftsgüter im Sinne des § 6 Abs. 2 a EStG können alternativ zur Sofortabschreibung nach § 6 Abs. 2 EStG oder zur ratierlichen Absetzung für Abnutzung im maßgebenden Wirtschaftsjahr in einem jahrgangsbezogenen Sammelposten je Bilanz (Gesamthandsbilanz, Sonderbilanz, Ergänzungsbilanz) erfasst werden (vgl. R 6.13 Abs. 5 Satz 1 EStR). Dies gilt sinngemäß auch bei einer Gewinnermittlung durch Einnahmenüberschussrechnung. Ein Schrott- oder Schlachtwert für im Sammelposten erfasste Wirtschaftsgüter bleibt außer Ansatz, da bei diesen Wirtschaftsgütern nach vollständiger gewinnmindernder Auflösung des Sammelpostens nicht mehr von einem beträchtlichen Restwert ausgegangen werden kann (BFH-Urteil vom 22. Juli 1971, BStBl. II S. 800). Abgesehen von der buchmäßigen Erfassung des Zugangs der Wirtschaftsgüter in den Sammelposten bestehen keine weiteren Aufzeichnungspflichten. Die Wirtschaftsgüter des Sammelpostens müssen aus steuerlichen Gründen nicht in ein Inventar im Sinne des § 240 HGB aufgenommen werden. **9**

Nachträgliche Anschaffungs- oder Herstellungskosten von Wirtschaftsgütern im Sinne des § 6 Abs. 2 a EStG erhöhen den Sammelposten des Wirtschaftsjahres, in dem die Aufwendungen entstehen (R 6.13 Abs. 5 Satz 2 EStR). Beabsichtigt der Steuerpflichtige, in diesem Wirtschaftsjahr § 6 Abs. 2 a EStG nicht anzuwenden (vgl. Rn. 6 und 7), beschränkt sich der Sammelposten auf die nachträglichen Anschaffungs- oder Herstellungskosten der in Satz 1 genannten Wirtschaftsgüter. Fallen die nachträglichen Anschaffungs- oder Herstellungskosten bereits im Wirtschaftsjahr der Investition an und übersteigt die Summe der Gesamtkosten in diesem Wirtschaftsjahr die Betragsgrenze von 1000 Euro, kann § 6 Abs. 2 a EStG nicht angewendet werden; das Wirtschaftsgut ist nach § 6 Abs. 1 Nummer 1 EStG einzeln zu bewerten. Scheidet ein Wirtschaftsgut im Jahr der Anschaffung, Herstellung oder Einlage aus dem Betriebsvermögen aus, liegen die Voraussetzungen für die Berücksichtigung des Wirtschaftsgutes im Sammelposten zum Schluss dieses Wirtschaftsjahres nicht vor. **10**

Anschaffungs- oder Herstellungskosten von nicht selbständig nutzbaren Wirtschaftsgütern sind, sofern sie keine nachträglichen Anschaffungs- oder Herstellungskosten darstellen, nicht im Sammelposten zu erfassen. **11**

**Beispiel:**

Einzelunternehmer A schafft am Ende des Wirtschaftsjahres 01 für sein Anlagevermögen einen PC an. Die Anschaffungskosten betragen 500 Euro. Im Wirtschaftsjahr 02 erfolgt die Anschaffung eines Druckers – welcher neben dem Drucken keine weiteren Funktionen ausführen kann – sowie einer PC-Maus, die bisher nicht im Lieferumfang des PC enthalten war. Die Anschaffungskosten für den Drucker betragen 180 Euro und für die PC-Maus 25 Euro. A wendet in 01 und 02 die Regelungen zum Sammelposten gemäß § 6 Abs. 2 a EStG an.

**Lösung:**

Der PC ist als selbständig nutzungsfähiges Wirtschaftsgut des Anlagevermögens im Sammelposten des Wirtschaftsjahres 01 zu erfassen. Eine Abschreibung über die betriebsgewöhnliche Nutzungsdauer kommt nicht in Betracht, da A sich für die Anwendung der Regelungen zum Sammelposten entschieden hat (einheitliche Wahlrechtsausübung). Dagegen ist der Drucker ein nicht selbständig nutzungsfähiges Wirtschaftsgut (vgl. BFH-Urteil vom 19. Februar 2004, BStBl. II S. 958). Die Aufwendungen stellen aber keine nachträglichen Anschaffungskosten des PC dar. Der Drucker ist einzeln nach den Vorschriften des § 6 Abs. 1 Nummer 1 EStG zu bewerten und die Anschaffungskosten sind über die betriebsgewöhnliche Nutzungsdauer abzuschreiben. Demgegenüber bildet die ebenfalls nicht selbständig nutzungsfähige PC-Maus eine Nutzungseinheit mit dem PC. Daher sind die Aufwendung für die PC-Maus nachträgliche Anschaffungskosten des PC und im Sammelposten des Wirtschaftsjahres 02 zu erfassen (vgl. R 6.13 Abs. 5 Satz 2 EStR).

12 Die Regelungen zum Sammelposten gelten sowohl für notwendiges als auch für gewillkürtes Betriebsvermögen.

13 Der Ansatz von Festwerten (§ 240 Abs. 3 HGB) ist für im Sammelposten erfasste Wirtschaftsgüter nicht zulässig. Der Festwert für Wirtschaftsgüter, die zulässigerweise mit einem gleich bleibenden Wert angesetzt wurden, ist planmäßig gemäß R 5.4 Abs. 3 EStR anzupassen.

**2. Auflösung des Sammelpostens**

14 Scheidet ein im Sammelposten erfasstes Wirtschaftsgut aus dem Betriebsvermögen durch Entnahme, Veräußerung, Verschrottung oder sonstiges Abhandenkommen aus, hat dieser Vorgang keine Auswirkung auf den Sammelposten. Auch der Abgang sämtlicher im Sammelposten erfasster Wirtschaftsgüter führt nicht zu einer Auflösung des Sammelpostens. Bei im Sammelposten erfassten Wirtschaftsgütern sind Sonderabschreibungen sowie Teilwertabschreibungen nicht zulässig.

15 Sammelposten sind jahrgangsbezogen mit jeweils einem Fünftel gewinnmindernd zum Ende des jeweiligen Wirtschaftsjahres aufzulösen. Die betriebsgewöhnliche Nutzungsdauer der einzelnen Wirtschaftsgüter ist für die Auflösung des Sammelpostens auch dann unbeachtlich, wenn diese weniger als fünf Jahre beträgt. Die jahrgangsbezogene Auflösung zum Ende des jeweiligen Wirtschaftsjahres mit jeweils einem Fünftel gilt auch bei Rumpfwirtschaftsjahren, beispielsweise bei Betriebsveräußerung oder Betriebsaufgabe vor Ablauf des regulären Wirtschaftsjahres. Die gewinnmindernde Auflösung zum Ende des (Rumpf-)Wirtschaftsjahres mit einem Fünftel ist beim laufenden Gewinn dieses (Rumpf-)Wirtschaftsjahres zu erfassen. Der verbleibende Restbuchwert ist bei der Ermittlung des Gewinns nach § 16 Abs. 2 EStG zu berücksichtigen.

16 Die Grundsätze der Rn. 15 gelten für die Feststellung des Unterschiedsbetrages nach § 5 a Abs. 4 EStG entsprechend. Der Unterschiedsbetrag ist für den einzelnen Sammelposten insgesamt durch die Gegenüberstellung des Buchwerts des Sammelpostens und der Teilwerte der im Betriebsvermögen noch vorhandenen Wirtschaftsgüter des jeweiligen Sammelpostens festzustellen. Scheidet ein in einem Sammelposten erfasstes Wirtschaftsgut aus dem Betriebsvermögen aus oder dient es nicht mehr dem Betrieb von Handelsschiffen im internationalen Verkehr, führt dies nicht zur Hinzurechnung nach § 5 a Abs. 4 Satz 3 Nummer 2 EStG.

17 In den Fällen der Realteilung (§ 16 Abs. 3 Satz 2 bis 4 EStG) sind die Sammelposten des Gesamthandsvermögens entsprechend der Beteiligung am Betriebsvermögen der Mitunternehmerschaft bei den einzelnen Mitunternehmern fortzuführen. Sammelposten des Sonderbetriebsvermögens sind unmittelbar bei den einzelnen Mitunternehmern planmäßig aufzulösen.

18 Werden im Sammelposten erfasste Wirtschaftsgüter außerbetrieblich genutzt, ist für die Ermittlung der als Entnahme zu behandelnden Selbstkosten der Wertverzehr im Schätzungsweg zu berücksichtigen.

### 3. Sammelposten in Fällen der Übertragung im Sinne des § 6 Abs. 3 EStG, Überführung oder Übertragung im Sinne des § 6 Abs. 5 EStG und Einbringung im Sinne der §§ 20, 24 UmwStG

#### a) Übertragung oder Einbringung eines gesamten Betriebes

In den Fällen der Übertragung oder Einbringung eines gesamten Betriebes zum Buchwert gehen die im Sammelposten erfassten Wirtschaftsgüter zusammen mit dem Betrieb auf den neuen Rechtsträger über. Der übernehmende Rechtsträger führt den Sammelposten unverändert fort. 19

Bei einer Einbringung zu einem über dem Buchwert liegenden Wert liegt für den übernehmenden Rechtsträger ein Anschaffungsvorgang vor, der unter den Voraussetzungen des § 6 Abs. 2 a EStG zur Bildung eines neuen Sammelpostens führen kann. 20

Behält der übertragende, überführende oder einbringende Rechtsträger Betriebsvermögen zurück (z. B. Einbringung des Betriebsvermögens einer Personengesellschaft in eine andere Personengesellschaft oder eine Kapitalgesellschaft, wenn die einbringende Personengesellschaft fortbesteht), ist der Sammelposten im verbleibenden Betriebsvermögen auszuweisen. 21

#### b) Übertragung oder Einbringung eines Teilbetriebes

Die Übertragung oder Einbringung eines Teilbetriebes hat ungeachtet des Verbleibs der im Sammelposten zu erfassenden erfassten Wirtschaftsgüter keine Auswirkung auf den Sammelposten des übertragenden oder einbringenden Rechtsträgers (R 6.13 Abs. 6 EStR); Entsprechendes gilt für nach § 6 Abs. 5 EStG überführte oder übertragene und im Sammelposten erfasste Wirtschaftsgüter. 22

Wird ein Teilbetrieb zum Buchwert übertragen oder eingebracht, erfolgt beim übernehmenden Rechtsträger mangels eines eigenen Buchwertes für im Sammelposten erfasste Wirtschaftsgüter weder ein Ausweis dieser Wirtschaftsgüter noch der Ausweis eines Sammelpostens. Dies gilt auch für eine Übertragung oder Überführung von Wirtschaftsgütern zum Buchwert nach entsprechender Anwendung des § 6 Abs. 5 EStG. 23

### 4. Übertragung und Veräußerung eines Mitunternehmeranteils

Bei der unentgeltlichen Übertragung des gesamten oder eines Teils eines Mitunternehmeranteils bleibt der im Gesamthandsvermögen der Mitunternehmerschaft gebildete Sammelposten unverändert bestehen. Ein im Sonderbetriebsvermögen des übertragenen Mitunternehmeranteils enthaltener Sammelposten geht auf den Rechtsnachfolger über, wenn der gesamte Mitunternehmeranteil übertragen wird. Wird hingegen nur ein Teil eines Mitunternehmeranteils übertragen, wird der Sammelposten im Sonderbetriebsvermögen des Übertragenden unverändert fortgeführt, es sei denn, mit der Übertragung des Teils eines Mitunternehmeranteils wird das gesamte Sonderbetriebsvermögen unentgeltlich übertragen. Beim rückwirkenden Ansatz des Teilwerts nach § 6 Abs. 3 Satz 2 EStG bleibt der Sammelposten aus Vereinfachungsgründen in unveränderter Höhe bestehen. 24

Die Veräußerung eines Mitunternehmeranteils hat keine Auswirkungen auf den Sammelposten der Gesamthandsbilanz der Mitunternehmerschaft. Für die Sammelposten der Sonderbilanz des veräußerten Mitunternehmeranteils ist Rn. 15 zu beachten. In der Ergänzungsbilanz des Erwerbers ist aus Vereinfachungsgründen immer nur ein Posten für im Sammelposten enthaltene 25

Mehr- oder Minderwerte zu bilden, unabhängig davon, ob der Mehr- oder Minderwert auf Wirtschaftsgüter entfällt, die in einem oder in verschiedenen Sammelposten erfasst wurden. Der Sammelposten in der Ergänzungsbilanz ist im Wirtschaftsjahr des Erwerbs und in den folgenden vier Wirtschaftsjahren mit jeweils einem Fünftel aufzulösen.

**Beispiel:**

Die ABCD-oHG hat in der Gesamthandsbilanz zum 31. 12. 02 für Anschaffungen des Jahres 01 (200 Wirtschaftsgüter zu je 500 Euro; Anschaffungskosten somit 100 000 Euro) einen Sammelposten 01 in Höhe von 60 000 Euro (Anschaffungskosten 100 000 Euro abzgl. je ein Fünftel = 20 000 Euro für 01 und 02) und für Anschaffungen des Jahres 02 (100 Wirtschaftsgüter zu je 250 Euro; Anschaffungskosten somit 25 000 Euro) einen Sammelposten 02 in Höhe von 20 000 Euro (Anschaffungskosten 25 000 Euro abzgl. ein Fünftel = 5000 Euro für 02) gebildet.

Mitunternehmer A hat in seiner Sonderbilanz zum 31. 12. 02 für Anschaffungen des Jahres 01 (Anschaffungskosten 20 000 Euro) einen Sammelposten 01 in Höhe von 12 000 Euro (Anschaffungskosten 20 000 Euro abzgl. je ein Fünftel = 4000 Euro für 01 und 02) und für Anschaffungen des Jahres 02 (Anschaffungskosten 5000 Euro) einen Sammelposten 02 in Höhe von 4000 Euro (Anschaffungskosten 5000 Euro abzgl. ein Fünftel = 1000 Euro für 02) gebildet.

**ABCD-oHG 31. 12. 02**

| | | | |
|---|---|---|---|
| Sammelposten 01 | 60 000 | Kapital A | 20 000 |
| Sammelposten 02 | 20 000 | Kapital B | 20 000 |
| | | Kapital C | 20 000 |
| | | Kapital D | 20 000 |

**Sonderbilanz A 31. 12. 02**

| | | | |
|---|---|---|---|
| Sammelposten 01 | 12 000 | Kapital | 16 000 |
| Sammelposten 02 | 4000 | | |

Zum 1. 1. 03 veräußert A seinen Mitunternehmeranteil für 50 000 Euro an E. Die Wirtschaftsgüter seines Sonderbetriebsvermögens entnimmt er in sein Privatvermögen (Teilwert = 17 000 Euro). Von den Anschaffungskosten des E entfallen 24 000 Euro auf die in den Sammelposten erfassten Wirtschaftsgüter, der Rest entfällt auf den Geschäfts- oder Firmenwert.

**Behandlung A**

| | |
|---|---|
| Veräußerungserlös | 50 000 Euro |
| Entnahmewert | 17 000 Euro |
| Kapitalkonto Gesamthandsvermögen | – 20 000 Euro |
| Kapitalkonto Sonderbetriebsvermögen | – 16 000 Euro |
| Veräußerungsgewinn | 31 000 Euro |

**Behandlung oHG und E:**

In der Gesamthandsbilanz der BCDE-oHG erfolgt keine Änderung auf Grund der Veräußerung des Mitunternehmeranteils bei den Sammelposten 01 und 02. Die Sammelposten in der Gesamthandsbilanz werden in den Folgejahren wie bisher jeweils um ein Fünftel (für 01 je 20 000 Euro und für 02 je 5000 Euro) gewinnmindernd aufgelöst. Den Mehrwert für die im Sammelposten der Gesamthandsbilanz erfassten Wirtschaftsgüter (24 000 Euro abzgl. 20 000 Euro = 4000 Euro) hat E in einem Sammelposten neben dem Geschäfts- oder Firmenwert (26 000 Euro) in seiner Ergänzungsbilanz zu erfassen. E muss im Jahr 03 in seiner Ergänzungsbilanz den Mehrwert für die im Sammelposten erfassten Wirtschaftsgüter entsprechend § 6 Abs. 2 a Satz 2 EStG um ein Fünftel (= 800 Euro) gewinnmindernd auflösen.

## 5. Zeitliche Anwendung

### a) Wirtschaftsgüter, die nach dem 31. Dezember 2009 angeschafft, hergestellt oder in das Betriebsvermögen eingelegt werden

Bei Wirtschaftsgütern, die nach dem 31. Dezember 2009 angeschafft, hergestellt oder in das Betriebsvermögen eingelegt werden, sind die Rn. 1 bis 25 anzuwenden (§ 52 Abs. 16 Satz 14 EStG[1]). 26

### b) Wirtschaftsgüter, die nach dem 31. Dezember 2007 und vor dem 1. Januar 2010 angeschafft, hergestellt oder in das Betriebsvermögen eingelegt wurden

Abweichend von den Rn. 1 bis 7 ist bei Wirtschaftsgütern, die nach dem 31. Dezember 2007 und vor dem 1. Januar 2010 angeschafft, hergestellt oder in das Betriebsvermögen eingelegt wurden, § 6 Abs. 2 und 2 a i. V. m. § 52 Abs. 16 Satz 17 EStG i. d. F. des Unternehmensteuerreformgesetzes 2008 vom 14. August 2007 (BGBl. I S. 1912, BStBl. I S. 630) anzuwenden. Danach sind Aufwendungen bis *150 Euro*[2] zwingend in voller Höhe als Betriebsausgaben abzusetzen. Für Aufwendungen von mehr als *150 Euro*[2] und nicht mehr als 1000 Euro ist zwingend ein Sammelposten im Sinne der Rn. 8 bis 13 zu bilden, der nach Maßgabe der Rn. 14 bis 18 aufzulösen ist. Abgesehen von der buchmäßigen Erfassung des Zugangs der Wirtschaftsgüter mit Aufwendungen bis 1000 Euro bestehen keine weiteren steuerlichen Aufzeichnungspflichten. 27

### c) Vom Kalenderjahr abweichendes Wirtschaftsjahr (§ 4a EStG)

Weicht das Wirtschaftsjahr vom Kalenderjahr ab (§ 4 a Abs. 1 Nummer 1 und 2 EStG), sind in dem vor dem 1. Januar 2010 beginnenden Wirtschaftsjahr (Übergangsjahr) sowohl Rn. 26 als auch Rn. 27 zu beachten. Wird im Übergangsjahr hinsichtlich der nach dem 31. Dezember 2009 angeschafften, hergestellten oder eingelegten Wirtschaftsgüter das Wahlrecht nach den Rn. 6 und 7 in Anspruch genommen, ist insoweit kein eigener Sammelposten zu bilden; diese Wirtschaftsgüter sind vielmehr in dem für die vor dem 1. Januar 2010 angeschafften, hergestellten oder eingelegten Wirtschaftsgüter mit Aufwendungen von mehr als *150 Euro*[2] und nicht mehr als 1000 Euro zwingend gebildeten Sammelposten zu erfassen. 28

In vor dem 1. Januar 2008 beginnenden abweichenden Wirtschaftsjahren ist für die vor dem 1. Januar 2008 angeschafften, hergestellten oder eingelegten Wirtschaftsgüter ausschließlich § 6 Abs. 2 EStG in der Fassung vor der zeitlichen Anwendung des Unternehmensteuerreformgesetzes 2008 vom 14. August 2007 (BGBl. I S. 1912, BStBl. I S. 630) maßgebend; Rn. 27 ist insoweit nicht anzuwenden. 29

[1] **Red. Anm.:** In der Fassung vor dem KroatienAnpG v. 25. 7. 2014, BGBl. I S. 1266.

[2] **Red. Anm.:** Bei Anschaffung, Herstellung oder Einlage in das Betriebsvermögen ab 1.1.2018: 250 Euro (§ 52 Abs. 12 Satz 8 EStG).

# I § 6/31. Schreiben betr. Gewinnrealisierung bei Übertragung eines Wirtschaftsguts zwischen beteiligungsidentischen Schwesterpersonengesellschaften; BFH-Beschluss vom 15. April 2010 IV B 105/09, BStBl. II S. 971

Vom 29. Oktober 2010 (BStBl. I S. 1206)

(BMF IV C 6 – S 2241/10/10002 :001; DOK 2010/0823164)

Zur Gewährung einer Aussetzung der Vollziehung (§ 361 AO), die im Rahmen eines Einspruchsverfahrens hinsichtlich der Gewinnrealisierung bei Übertragung eines Wirtschaftsguts zwischen beteiligungsidentischen Schwesterpersonengesellschaften begehrt wird (§ 6 Absatz 5 EStG in der Fassung des Gesetzes zur Fortentwicklung des Unternehmenssteuerrechts vom 20. Dezember 2001 [BGBl. I S. 3858, BStBl. 2002 I S. 35]), nehme ich nach Abstimmung mit den obersten Finanzbehörden der Länder wie folgt Stellung:

Der IV. Senat des BFH hat in seinem Beschluss vom 15. April 2010 IV B 105/09 (BStBl. II S. 971) entschieden, dass es ernstlich zweifelhaft sei, ob die Übertragung eines Wirtschaftsguts des Gesamthandsvermögens einer Personengesellschaft auf eine beteiligungsidentische Schwesterpersonengesellschaft zur Aufdeckung stiller Reserven führt. Die Ausführungen des IV. Senats zur Begründung dieses Beschlusses stehen nicht im Einklang mit dem Wortlaut des Gesetzes und widersprechen dem Urteil des I. Senats vom 25. November 2009 (BStBl. 2010 II S. 471) und der Verwaltungsauffassung.

Unter die Übertragung von Wirtschaftsgütern nach § 6 Absatz 5 Satz 3 Nummer 2 EStG fällt ausschließlich die Übertragung zwischen dem Sonderbetriebsvermögen eines Mitunternehmers in das Gesamthandsvermögen derselben oder einer anderen Mitunternehmerschaft, an der der Mitunternehmer beteiligt ist, oder die umgekehrte Übertragung. Die unmittelbare Übertragung von einzelnen Wirtschaftsgütern zwischen den Gesamthandsvermögen von Schwesterpersonengesellschaften stellt hingegen keinen Anwendungsfall des § 6 Absatz 5 Satz 3 Nummer 2 EStG dar und ist somit nicht zu Buchwerten zulässig. Ein Analogieschluss dahingehend, dass eine steuerneutrale Übertragung von Wirtschaftsgütern auch in diesem Fall möglich sein müsse, weil die stillen Reserven auch in diesem Fall in einem inländischen Betriebsvermögen verbleiben, ist für die Übertragung von einzelnen Wirtschaftsgütern zwischen den Gesamthandsvermögen von Schwesterpersonengesellschaften nicht zulässig, da dies eine planwidrige Unvollständigkeit des Gesetzes voraussetzen würde, die nach dem Willen des historischen Gesetzgebers nicht gegeben ist. Dies gilt auch für beteiligungsidentische Schwesterpersonengesellschaften.

Der Gleichheitsgrundsatz ist ebenfalls nicht verletzt, da es im deutschen Steuerrecht keinen allgemeinen Grundsatz gibt, der eine gewinnneutrale Übertragung zulässt oder vorschreibt, soweit die Besteuerung der stillen Reserven im Inland sichergestellt ist.

Bei Erlass von Feststellungsbescheiden ist weiterhin daran festzuhalten, dass die Übertragung eines Wirtschaftsguts des Gesamthandsvermögens einer Personengesellschaft auf eine beteiligungsidentische Schwesterpersonengesellschaft zur Aufdeckung stiller Reserven führt. Aufgrund des BFH-Beschlusses vom 15. April 2010 IV B 105/09 ist allerdings auf Antrag des Steuerpflichtigen Aussetzung der Vollziehung zu gewähren (§ 361 Absatz 2 und 3 AO).

# I § 6/32. Schreiben betr. 1. Anwendung des § 6 Abs. 5 Satz 3 Nr. 2 EStG bei Übertragung eines einzelnen Wirtschaftsguts und Übernahme von Verbindlichkeiten innerhalb einer Mitunternehmerschaft; 2. Unentgeltliche Übertragung eines Mitunternehmeranteils nach § 6 Abs. 3 EStG bei gleichzeitiger Ausgliederung von Wirtschaftsgütern des Sonderbetriebsvermögens nach § 6 Abs. 5 EStG; Anwendung der BFH-Urteile vom 21. Juni 2012 IV R 1/08, vom 19. September 2012 IV R 11/12 und vom 2. August 2012 IV R 41/11

Vom 12. September 2013 (BStBl. I S. 1164)

(BMF IV C 6 – S 2241/10/10002; DOK 2013/0837216)

Geändert durch BMF v. 20. 11. 2019 (BStBl. I S. 1291)

## I. Urteile des BFH zur Übertragung von Mitunternehmeranteilen und von Wirtschaftsgütern des Betriebsvermögens nach § 6 Abs. 3 und 5 EStG

### 1. Teilentgeltliche Übertragungen und Übernahme von Verbindlichkeiten

#### a) BFH-Urteil vom 19. September 2012 IV R 11/12

Der IV. Senat des BFH hat mit Urteil vom 19. September 2012 IV R 11/12 entschieden, dass die teilentgeltliche Übertragung eines Wirtschaftsguts aus dem Sonderbetriebsvermögen in das Gesamthandsvermögen derselben Personengesellschaft nicht zur Realisierung eines Gewinns führe, wenn das Entgelt den Buchwert des übertragenen Wirtschaftsguts nicht übersteige. Er ist der Auffassung, dass bei Annahme einer teilentgeltlichen Übertragung eines Wirtschaftsguts der entstandene Veräußerungsgewinn in der Weise zu ermitteln sei, dass dem erbrachten Teilentgelt der gesamte Buchwert des Wirtschaftsguts gegenübergestellt werden müsse. Erreiche das Teilentgelt den Buchwert des Wirtschaftsguts nicht, so sei von einem insgesamt unentgeltlichen Vorgang auszugehen.

**Zusatz der OFD Frankfurt v. 28. 11. 2019 S 2241 A – 117 – St 2517:**

Das Verfahren X R 28/12 sowie die diesbezügliche Vorlage an den Großen Senat des BFH (GrS 1/16) sind zwischenzeitlich ohne Entscheidung der vorgelegten Rechtsfrage beendet worden.

Allerdings sind nunmehr zur Thematik neue Verfahren am BFH anhängig geworden (X R 18/18, X R 19/18 und IV R 16/19), sodass Einspruchsverfahren weiterhin nach § 363 Abs. 2 Satz 2 AO ruhen.

**b) BFH-Urteil vom 21. Juni 2012 IV R 1/08**

In dem zu § 6 Abs. 5 EStG i. d. F. des Steuerentlastungsgesetzes 1999/2000/2002 ergangenen Urteil vom 21. Juni 2012 IV R 1/08 hat der IV. Senat des BFH zur teilentgeltlichen Übertragung eines Grundstücks aus dem Sonderbetriebsvermögen in das Gesamthandsvermögen einer Schwesterpersonengesellschaft im Streitjahr 1999 Stellung genommen. Er ist dabei der Auffassung des Finanzamts gefolgt, dass diese Übertragung nach der damaligen Gesetzeslage gemäß dem Steuerentlastungsgesetz 1999/2000/2002 zur Aufdeckung der gesamten stillen Reserven des Grundstücks geführt habe. In der Urteilsbegründung führt der IV. Senat des BFH aus, dass es hinsichtlich des entgeltlich übertragenen Teils zu keinem Gewinn komme, weil ein Entgelt (eine Forderung) genau in Höhe des Buchwerts des Grundstücks eingeräumt worden sei (Rdnr. 22). Soweit die Übertragung unentgeltlich durchgeführt worden sei, habe sie zu einem Entnahmegewinn geführt (Rdnr. 23).

**2. Übertragungen auf Grund eines „Gesamtplans" – BFH-Urteil vom 2. August 2012 IV R 41/11**

Ferner hat der BFH mit Urteil vom 2. August 2012 IV R 41/11 entschieden, dass der Gesellschafter einer Personengesellschaft seinen Gesellschaftsanteil steuerneutral übertragen könne, auch wenn er ein in seinem Sonderbetriebsvermögen befindliches Grundstück zeitgleich und ebenfalls steuerneutral auf eine zweite (neugegründete) Personengesellschaft übertrage. Im entschiedenen Fall war der Steuerpflichtige alleiniger Kommanditist einer GmbH & Co. KG sowie alleiniger Gesellschafter der Komplementär-GmbH. Der Steuerpflichtige vermietete der KG das in seinem Eigentum stehende Betriebsgrundstück. Am 1. Oktober 2002 schenkte er seiner Tochter zunächst 80% seines Anteils an der KG sowie die gesamten Anteile an der GmbH. Anschließend gründete er eine zweite GmbH & Co. KG, auf die er dann am 19. Dezember 2002 das Betriebsgrundstück übertrug. Am selben Tag wurde auch der restliche KG-Anteil auf die Tochter übertragen. Der Stpfl. ging davon aus, dass alle Übertragungen zum Buchwert und damit steuerneutral erfolgen könnten. Das Finanzamt stimmte dem nur in Bezug auf die Übertragung des Grundstücks zu. Wegen dessen steuerneutraler Ausgliederung nach § 6 Abs. 5 Satz 3 Nr. 2 EStG sei nicht der gesamte Mitunternehmeranteil übertragen worden mit der Folge, dass die stillen Reserven im Mitunternehmeranteil aufzudecken seien. Nach Tz. 7 des BMF-Schreibens zu § 6 Abs. 3 EStG vom 3. März 2005 (BStBl. I S. 458)[1] bewirke die steuerneutrale Ausgliederung von Wirtschaftsgütern des Sonderbetriebsvermögens (hier das Grundstück) in ein anderes Betriebsvermögen, dass der Anteil am Gesamthandsvermögen nicht nach § 6 Abs. 3 EStG zum Buchwert übertragen werden könne. Eine gleichzeitige Inanspruchnahme („Kumulation") von Steuervergünstigungen nach § 6 Abs. 3 EStG einerseits und nach § 6 Abs. 5 EStG andererseits sei nicht möglich.

Von dieser Ansicht der Finanzverwaltung ist der IV. Senat des BFH mit Urteil vom 2. August 2012 IV R 41/11 abgewichen. In der Urteilsbegründung führt er aus, dass der gleichzeitige Eintritt der Rechtsfolgen beider Nor-

---

[1] Nr. **1** § 6/18.

men (Buchwerttransfer) dem Sinn und Zweck des Gesetzes regelmäßig nicht zuwiderlaufe. Der Zweck der Regelungen des § 6 Abs. 3 EStG und des § 6 Abs. 5 EStG gebiete keine Auslegung beider Vorschriften dahingehend, dass bei gleichzeitigem Vorliegen ihrer Tatbestandsvoraussetzungen § 6 Abs. 3 Satz 1 EStG stets nur eingeschränkt nach Maßgabe einer anders lautenden Zweckbestimmung des – im Streitfall einschlägigen – § 6 Abs. 5 Satz 3 EStG verstanden werden und zur Anwendung gelangen dürfe. Bei der gleichzeitigen (auch taggleichen) Anwendung beider Normen komme es auch nicht zu einer Kumulation von Steuervergünstigungen. Denn die durch ein nach § 6 Abs. 5 EStG begünstigtes Einzelwirtschaftsgut verkörperten stillen Reserven wären anlässlich der Übertragung einer nach § 6 Abs. 3 EStG begünstigten Sachgesamtheit gleichfalls nicht aufzudecken gewesen, wenn das betreffende Wirtschaftsgut weiterhin dieser Sachgesamtheit zugehörig gewesen wäre. Zugleich blieben die stillen Reserven dieses Wirtschaftsguts in beiden Fällen gleichermaßen steuerverhaftet. Soweit durch die parallele Anwendung beider Vorschriften missbräuchliche Gestaltungen zu befürchten seien, werde dem durch die Regelung von Sperrfristen in beiden Vorschriften vorgebeugt. Das Gesetz gestatte somit beide Buchwertübertragungen nebeneinander und räume keiner der beiden Regelungen einen Vorrang ein.

## II. Auffassung der Finanzverwaltung

Unter Bezugnahme auf das Ergebnis der Erörterung mit den obersten Finanzbehörden der Länder in der Sitzung ESt II/2013 zu TOP 15 wird zur Anwendung der o. g. BFH-Urteile durch die Finanzverwaltung wie folgt Stellung genommen:

### 1. Teilentgeltliche Übertragungen und Übernahme von Verbindlichkeiten

#### a) BFH-Urteil vom 19. September 2012 IV R 11/12

Der IV. Senat des BFH lehnt in dieser Entscheidung die von der Finanzverwaltung in Tz. 15 des BMF-Schreibens vom 8. Dezember 2011 (BStBl. I S. 1279)[1] vertretene Rechtsauffassung ab. Danach ist die Frage, ob eine teilentgeltliche Übertragung vorliegt, nach den Grundsätzen der „Trennungstheorie“ anhand der erbrachten Gegenleistung im Verhältnis zum Verkehrswert des übertragenen Wirtschaftsguts zu prüfen. Liegt die Gegenleistung unter dem Verkehrswert, handelt es sich um eine teilentgeltliche Übertragung, bei der der unentgeltliche Teil nach § 6 Abs. 5 Satz 3 EStG zum Buchwert zu übertragen ist. Hinsichtlich des entgeltlichen Teils der Übertragung liegt eine Veräußerung des Wirtschaftsguts vor und es kommt insoweit zur Aufdeckung der stillen Reserven des Wirtschaftsguts. Nach Auffassung des IV. Senats des BFH ist bei einer teilentgeltlichen Übertragung eines Wirtschaftsguts zur Ermittlung des Veräußerungsgewinns dem erbrachten Teilentgelt der gesamte Buchwert des Wirtschaftsguts gegenüber zu stellen. Eine Gewinnrealisierung ist nicht gegeben, soweit das Entgelt den Buchwert nicht übersteigt.

---

[1] Nr. **1** § 6/15.

Zur Frage der Gewinnrealisation bei teilentgeltlichen und mischentgeltlichen (d. h. gegen Gewährung von Gesellschaftsrechten und sonstiges Entgelt) Übertragungen von Einzelwirtschaftsgütern ist ein Revisionsverfahren beim X. Senat des BFH anhängig (X R 28/12). Die noch ausstehende Entscheidung des X. Senats des BFH bleibt abzuwarten. Daher wird die Entscheidung über die Veröffentlichung des BFH-Urteils vom 19. September 2012 IV R 11/12 im Bundessteuerblatt Teil II zunächst zurückgestellt. In einschlägigen Fällen ist vorerst weiterhin uneingeschränkt die in Tz. 15 des BMF-Schreibens zu § 6 Abs. 5 EStG vom 8. Dezember 2011 (BStBl. I S. 1279)[1] vertretene Rechtsauffassung anzuwenden. Einsprüche von Steuerpflichtigen, die gegen entsprechende Steuerbescheide unter Berufung auf das BFH-Urteil vom 19. September 2012 IV R 11/12 eingelegt werden, ruhen gemäß § 363 Abs. 2 Satz 2 AO kraft Gesetzes bis zur endgültigen Klärung der Problematik.

**Zusatz der OFD Frankfurt v. 28. 11. 2019 S 2241 A – 117 – St 2517:**

Das Verfahren X R 28/12 sowie die diesbezügliche Vorlage an den Großen Senat des BFH (GrS 1/16) sind zwischenzeitlich ohne Entscheidung der vorgelegten Rechtsfrage beendet worden.

Allerdings sind nunmehr zur Thematik neue Verfahren am BFH anhängig geworden (X R 18/18, X R 19/18 und IV R 16/19), sodass Einspruchsverfahren weiterhin nach § 363 Abs. 2 Satz 2 AO ruhen.

### b) BFH-Urteil vom 21. Juni 2012 IV R 1/08

Mit den Aussagen des IV. Senats des BFH in seinen Entscheidungsgründen zeichnete sich bereits in diesem Urteil ab, dass er bei einer teilentgeltlichen Übertragung von Einzelwirtschaftsgütern nicht dem Verständnis der Finanzverwaltung zur Behandlung von teilentgeltlichen Übertragungsvorgängen gemäß Tz. 15 des BMF-Schreibens zu § 6 Abs. 5 EStG vom 8. Dezember 2011 (BStBl. I S. 1279)[1] folgen will. Deshalb wird die Entscheidung über die Veröffentlichung des BFH-Urteils vom 21. Juni 2012 IV R 1/08 im Bundessteuerblatt Teil II gleichfalls vorerst zurückgestellt.

## 2. Übertragungen auf Grund eines „Gesamtplans“ – BFH-Urteil vom 2. August 2012 IV R 41/11

Das BFH-Urteil vom 2. August 2012 IV R 41/11 weicht nicht nur von Tz. 7 des BMF-Schreibens zu § 6 Abs. 3 EStG vom 3. März 2005 (BStBl. I S. 458)[2] ab, sondern berücksichtigt auch nicht in ausreichendem Maß den historischen Willen des Gesetzgebers. Bis einschließlich VZ 1998 regelte § 7 Abs. 1 EStDV in den Fällen der unentgeltlichen Übertragung von betrieblichen Sachgesamtheiten, wie Betrieben, Teilbetrieben und Mitunternehmeranteilen, die Buchwertfortführung durch den Rechtsnachfolger. Nach der Gesetzesbegründung zu § 6 Abs. 3 EStG im Rahmen des Steuerentlastungsgesetzes 1999/2000/2002 sollen mit dem neu eingefügten Abs. 3 in den Fällen der unentgeltlichen Übertragung von Betrieben, Teilbetrieben oder Mitunternehmeranteilen die bisherigen Regelungen des § 7 Abs. 1 EStDV übernommen werden. In der Gesetzesbegründung wird ausdrücklich darauf hingewiesen, dass die bisherige Regelung des § 7 Abs. 1 EStDV beizubehalten und insbe-

[1] Nr. **1** § 6/15.
[2] Nr. **1** § 6/18.

sondere eine Einschränkung des bisherigen Anwendungsbereichs der Vorschrift nicht beabsichtigt ist (BT-Drucks. 14/6882, S. 32; BT-Drucks. 14/7344, S. 7). Der im Rahmen des Vermittlungsverfahrens zum Unternehmensteuerfortentwicklungsgesetz 2001 neu eingefügte § 6 Abs. 3 Satz 2 EStG geht auf eine Prüfbitte des Bundesrates zurück. Der Bundesrat hatte um eine gesetzliche Klarstellung gebeten, dass die Zurückbehaltung von Sonderbetriebsvermögen für die Anwendung des § 6 Abs. 3 EStG unschädlich sein soll. Dabei ging es dem Bundesrat aber nur um eine Öffnung des gleitenden Generationenübergangs, wobei er davon ausging, dass der Übernehmer letztlich ebenfalls das im Sonderbetriebsvermögen zurückbehaltene funktional wesentliche Wirtschaftsgut erhält. Das BFH-Urteil vom 2. August 2012 IV R 41/11 widerspricht dieser Zielsetzung des Gesetzgebers und eröffnet unter Außerachtlassung der „Gesamtplanrechtsprechung" in bestimmten Fallkonstellationen die Möglichkeit einer schrittweisen steuerneutralen Übertragung wesentlicher Betriebsgrundlagen auf mehrere verschiedene Rechtsträger.

Zur Frage der Anwendung der „Gesamtplanrechtsprechung" ist ein Revisionsverfahren beim BFH anhängig (I R 80/12). Im Verfahren I R 80/12 geht es zwar im Schwerpunkt um eine Einbringung zum Buchwert nach § 20 UmwStG. Allerdings besteht im Verfahren I R 80/12 insofern eine gewisse Ähnlichkeit mit dem vom IV. Senat des BFH in seinem Urteil vom 2. August 2012 IV R 41/11 entschiedenen Fall, als hier kurz vor der Einbringung die beiden Grundstücke als funktional wesentliche Betriebsgrundlagen in ein anderes Betriebsvermögen ausgegliedert wurden. Es stellt sich demzufolge auch im Verfahren I R 80/12 die Frage, ob unter Berücksichtigung der „Gesamtplanrechtsprechung" ein vollständiger, nach § 20 Abs. 1 UmwStG begünstigter Betrieb eingebracht worden ist. Das Vorliegen eines Betriebs, Teilbetriebs oder Mitunternehmeranteils als Buchwertfortführungsgegenstand ist nämlich sowohl bei § 6 Abs. 3 EStG als auch bei den §§ 20 und 24 UmwStG erforderlich und grundsätzlich nach denselben Kriterien zu beurteilen. Die noch ausstehende Entscheidung des I. Senats des BFH ist deshalb abzuwarten. *Daher wird die Entscheidung über die Veröffentlichung des BFH-Urteils vom 2. August 2012 IV R 41/11 im Bundessteuerblatt Teil II gleichfalls vorerst zurückgestellt. In einschlägigen Fällen ist weiterhin uneingeschränkt die Tz. 7 des BMF-Schreibens zu § 6 Abs. 3 EStG vom 3. März 2005 (BStBl. I S. 458) anzuwenden. Eine gleichzeitige Inanspruchnahme der Steuervergünstigungen nach § 6 Abs. 3 EStG einerseits und nach § 6 Abs. 5 EStG andererseits ist danach nicht möglich. Einsprüche von Steuerpflichtigen, die gegen entsprechende Steuerbescheide unter Berufung auf das BFH-Urteil vom 2. August 2012 IV R 41/11 eingelegt werden, ruhen gemäß § 363 Abs. 2 Satz 2 AO kraft Gesetzes bis zur endgültigen Klärung der Problematik*[1].

[1] Überholt; siehe nunmehr BMF v. 20. 11. 2019, BStBl. I S. 1291 (Nr. **1** § 6/18).

# 1 § 6/33. Schreiben betr. Nutzung eines betrieblichen Kraftfahrzeugs für private Fahrten, Fahrten zwischen Wohnung und Betriebsstätte/erster Tätigkeitsstätte oder Fahrten nach § 9 Abs. 1 Satz 3 Nr. 4a Satz 3 EStG und Familienheimfahrten; Nutzung von Elektro- und Hybridelektrofahrzeugen

Vom 5. November 2021

BMF IV C 6 – S 2177/19/10004 :008; IV C 5 – S 2334/19/10009 :003; DOK 2021/1117997

(BStBl. I S. 2205)

**Bezug:** BMF-Schreiben vom 5. Juni 2014 (BStBl. I S. 835); BMF-Schreiben vom 24. Januar 2018 (BStBl. I S. 272); Gesetz zur Vermeidung von Umsatzsteuerausfällen beim Handel mit Waren im Internet und zur Änderung weiterer steuerlicher Vorschriften vom 11. Dezember 2018 (BGBl. I S. 2338); Gesetz zur weiteren steuerlichen Förderung der Elektromobilität und zur Änderung weiterer steuerlicher Vorschriften vom 12. Dezember 2019 (BGBl. I S. 2451); Zweites Gesetz zur Umsetzung steuerlicher Hilfsmaßnahmen zur Bewältigung der Corona-Krise vom 29. Juni 2020 (BGBl. I S. 1512)

Durch das Gesetz zur Vermeidung von Umsatzsteuerausfällen beim Handel mit Waren im Internet und zur Änderung weiterer steuerlicher Vorschriften vom 11. Dezember 2018 (BGBl. I S. 2338)[1], das Gesetz zur weiteren steuerlichen Förderung der Elektromobilität und zur Änderung weiterer steuerlicher Vorschriften vom 12. Dezember 2019 (BGBl. I S. 2451)[2] und das Zweite Gesetz zur Umsetzung steuerlicher Hilfsmaßnahmen zur Bewältigung der Corona-Krise vom 29. Juni 2020 (BGBl. I S. 1512)[3] wurden die in § 6 Abs. 1 Nr. 4 Satz 2 und 3 EStG enthaltenen Sonderregelungen für Elektrofahrzeuge und extern aufladbare Hybridelektrofahrzeuge fortentwickelt und der Anwendungszeitraum der Regelungen verlängert. Unter Bezugnahme auf das Ergebnis der Erörterungen mit den obersten Finanzbehörden der Länder gilt für die ertragsteuerliche Beurteilung der Nutzung von betrieblichen Elektro- und extern aufladbaren Hybridelektrofahrzeugen für private Fahrten, Fahrten zwischen Wohnung und Betriebsstätte/erster Tätigkeitsstätte oder Fahrten nach § 9 Abs. 1 Satz 3 Nr. 4a Satz 3 EStG und Familienheimfahrten Folgendes:

## 1. Sachlicher Anwendungsbereich

### a) Elektrofahrzeuge

Elektrofahrzeuge i.S.d. § 6 Abs. 1 Nr. 4 Satz 2 2. Halbsatz und Satz 3 EStG sind 1
Kraftfahrzeuge, die ausschließlich durch einen Elektromotor angetrieben werden, der ganz oder überwiegend aus mechanischen oder elektrochemischen Energiespeichern oder aus emissionsfrei betriebenen Energiewandlern gespeist wird. Elektrofahrzeuge sind danach z.B.

a) reine Batterieelektrofahrzeuge i.S.d. § 2 Nr. 2 Elektromobilitätsgesetz (EmoG), bei denen es sich um Kraftfahrzeuge mit einem Antrieb handelt, dessen Energiewandler ausschließlich elektrische Maschinen sind und dessen

[1] **Amtl. Anm.:** BStBl. I S. 1377.
[2] **Amtl. Anm.:** BStBl. 2020 I S. 17.
[3] **Amtl. Anm.:** BStBl. I S. 563.

Energiespeicher zumindest von außerhalb des Fahrzeugs wieder aufladbar sind und

b) Brennstoffzellenfahrzeuge i.S.d. § 2 Nr. 4 EmoG, bei denen es sich um Kraftfahrzeuge mit einem Antrieb handelt, dessen Energiewandler ausschließlich aus den Brennstoffzellen und mindestens einer elektrischen Antriebsmaschine bestehen.

Nach dem Verzeichnis des Kraftfahrtbundesamtes zur Systematisierung von Kraftfahrzeugen und ihren Anhängern (Stand: Juli 2021) weisen danach folgende Codierungen im Teil 1, Feld 10 der Zulassungsbescheinigung ein Elektrofahrzeug in diesem Sinne aus: 0004 und 0015.

**b) Extern aufladbare Hybridelektrofahrzeuge**

2 Extern aufladbare Hybridelektrofahrzeuge i.S.d. § 6 Abs. 1 Nr. 4 Satz 2 2. Halbsatz und Satz 3 EStG sind Kraftfahrzeuge i.S.d. § 2 Nr. 3 EmoG mit einem Antrieb, der über mindestens zwei verschiedene Arten von Energiewandlern, davon mindestens ein Energiewandler als elektrische Antriebsmaschine, und Energiespeichern, davon mindestens einer von einer außerhalb des Fahrzeuges befindlichen Energiequelle elektrisch wieder aufladbar, verfügt. Extern aufladbare Hybridelektrofahrzeuge sind z.B. sogenannte Plug-in-Hybridfahrzeuge.

Nach dem Verzeichnis des Kraftfahrtbundesamtes zur Systematisierung von Kraftfahrzeugen und ihren Anhängern (Stand: Juli 2021) weisen danach folgende Codierungen im Teil 1, Feld 10 der Zulassungsbescheinigung ein Hybridelektrofahrzeug in diesem Sinne aus: 0016 bis 0019 und 0025 bis 0031.

**c) Elektrofahrräder und Elektrokleinstfahrzeuge**

3 Elektrofahrräder, die verkehrsrechtlich als Kraftfahrzeug einzuordnen sind (Elektrofahrräder, deren Motor auch Geschwindigkeiten über 25 km/h unterstützt) und Elektrokleinstfahrzeuge i.S.d. § 1 Abs. 1 Satz 1 Elektrokleinstfahrzeuge-Verordnung vom 6. Juni 2019 (BGBl. I S. 756; Kraftfahrzeuge mit elektrischem Antrieb und einer bauartbedingten Höchstgeschwindigkeit von nicht weniger als 6 km/h und nicht mehr als 20 km/h) sind ertragsteuerlich als Kraftfahrzeuge i.S.d. § 6 Abs. 1 Nr. 4 Satz 2 und 3 EStG einzuordnen. Die Überlassung solcher Fahrzeuge durch den Arbeitgeber ist daher nicht nach § 3 Nr. 37 EStG steuerfrei.

**d) Emission und Reichweite**

4 Für die Anwendung des § 6 Abs. 1 Nr. 4 Satz 2 Nr. 2 und Satz 3 Nr. 2 EStG muss ein Hybridelektrofahrzeug, das nach dem 31. Dezember 2018 und vor dem 1. Januar 2022 angeschafft wurde, die Voraussetzungen des § 3 Abs. 2 Nr. 1 oder 2 EmoG erfüllen. Für diese Fahrzeuge muss sich aus der Übereinstimmungsbescheinigung nach Anhang IX der Richtlinie 2007/46/EG oder aus der Übereinstimmungsbescheinigung nach Art. 38 der Verordnung (EU) Nr. 168/2013 ergeben, dass das Fahrzeug:

1. eine Kohlendioxidemission von höchstens 50 Gramm je gefahrenen Kilometer hat, oder
2. dessen Reichweite unter ausschließlicher Nutzung der elektrischen Antriebsmaschine mindestens 40 Kilometer beträgt.

Die Erfüllung dieser Bedingungen kann durch das Führen eines E-Kennzeichens nachgewiesen werden. Soweit ein solches nicht vorhanden ist, kann der Nachweis auch durch Vorlage der Übereinstimmungsbescheinigung nach Anhang IX der Richtlinie 2007/46/EG oder aus der Übereinstimmungsbescheinigung nach Art. 38 der Verordnung (EU) Nr. 168/2013 erbracht werden. Soweit in den Bescheinigungen verschiedene Werte ausgewiesen werden:

1. sind für Fahrzeuge, die nach dem 31. August 2018 erstmalig zugelassen wurden, grundsätzlich die WLTP[1] Werte maßgeblich (CoC[2] 49.4 und 49.5). Eine Ausnahme gilt nur für auslaufende Modelle und Lagerfahrzeuge, die nicht nach WLTP zertifiziert werden müssen. Für die Kohlendioxidemissionen ist hierbei auf die gewichteten kombinierten WLTP Werte (COC 49.4) abzustellen und
2. wird für die elektrische Mindestreichweite der Wert „Elektrische Reichweite innerorts" (EAER[3] city gem. CoC 49.5.2) herangezogen.

5 Für die Prüfung, ob ein Elektro- oder Hybridelektrofahrzeug die Voraussetzungen an den zulässigen Kohlendioxidausstoß und die erforderliche Mindestreichweite des § 6 Abs. 1 Nr. 4 Satz 2 Nr. 3 bis 5 und Satz 3 Nr. 3 bis 5 EStG erfüllt, ist auf die in Rdnr. 11 genannten Werte abzustellen. Die Kohlendioxidemissionen und die elektrische Mindestreichweite ergeben sich aus der Übereinstimmungsbescheinigung nach Anhang IX der Richtlinie 2007/46/EG oder aus der Übereinstimmungsbescheinigung nach Art. 38 der Verordnung (EU) Nr. 168/2013. Rdnr. 4 Satz 5 gilt sinngemäß.

## 2. Pauschale Ermittlung des privaten Nutzungswerts nach der 1 %-Regelung

### a) Ermittlung des maßgebenden Listenpreises

6 Die Bemessungsgrundlage für die Ermittlung des Entnahmewerts nach § 6 Abs. 1 Nr. 4 Satz 2 EStG, der nicht abziehbaren Betriebsausgaben nach § 4 Abs. 5 Satz 1 Nr. 6 EStG oder des pauschalen Nutzungswerts nach § 8 Abs. 2 Satz 2, 3 und 5 EStG ist der inländische Listenpreis im Zeitpunkt der Erstzulassung des Kraftfahrzeugs zuzüglich der Kosten für Sonderausstattung einschließlich Umsatzsteuer (Bruttolistenpreis). Diese Bemessungsgrundlage ist für Kraftfahrzeuge i.S.d. Rdnrn. 1 bis 3 wie folgt anzupassen:

### aa) § 6 Abs. 1 Nr. 4 Satz 2 Nr. 1 EStG (sogenannter Nachteilsausgleich)

7 Für Kraftfahrzeuge, die vor dem 1. Januar 2023 angeschafft werden und die nicht in den Anwendungsbereich des § 6 Abs. 1 Nr. 4 Satz 2 Nr. 2 bis 4 EStG fallen (vgl. Rdnr. 11), ist dieser Listenpreis wegen der darin enthaltenen Kosten für das Batteriesystem pauschal zu mindern; der pauschale Abschlag ist der Höhe nach begrenzt. Der Minderungs- und der Höchstbetrag richten sich nach dem Anschaffungsjahr des Kraftfahrzeugs und können aus nachfolgender Tabelle entnommen werden. Werden Elektro- und Hybridelektrofahrzeuge i.S.d. Rdnrn. 1 bis 3 gebraucht erworben, richtet sich der Minderungsbetrag nach dem Jahr der Erstzulassung des Kraftfahrzeugs. Der kWh-Wert kann dem Teil 1, Feld 22 der Zulassungsbescheinigung entnommen werden. Bei Brennstoffzellenfahrzeugen ist die Batteriekapazität der im Fahrzeug gespeicherten Energie vergleichbar; dieser Wert kann dem Teil 1, Feld 22 der Zulassungsbescheinigung entnommen werden.

---

[1] **Amtl. Anm.:** WLTP = Worldwide Harmonized Light-Duty Vehicles Test Procedure.
[2] **Amtl. Anm.:** CoC = Certificate of Conformity.
[3] **Amtl. Anm.:** EAER = Equivalent All Electric Range.

| Anschaffungsjahr/Jahr der Erstzulassung | Minderungsbetrag in Euro/kWh der Batteriekapazität | Höchstbetrag in Euro |
|---|---|---|
| 2013 und früher | 500 | 10 000 |
| 2014 | 450 | 9500 |
| 2015 | 400 | 9000 |
| 2016 | 350 | 8500 |
| 2017 | 300 | 8000 |
| 2018 | 250 | 7500 |
| 2019 | 200 | 7000 |
| 2020 | 150 | 6500 |
| 2021 | 100 | 6000 |
| 2022 | 50 | 5500 |

8 Die Abrundung des Listenpreises auf volle Hundert Euro nach Rdnr. 10 des BMF-Schreibens vom 18. November 2009 (BStBl. I S. 1326)[1] und R 8.1 Abs. 9 Nr. 1 Satz 6 LStR ist nach Abzug des Abschlages vorzunehmen. Auf den so ermittelten Wert sind für den gesamten Zeitraum der Nutzung des jeweiligen Kraftfahrzeugs die Prozentsätze nach § 4 Abs. 5 Satz 1 Nr. 6 Satz 3, § 6 Abs. 1 Nr. 4 Satz 2 und § 8 Abs. 2 Satz 2, 3 und 5 EStG anzuwenden.

**Beispiel 1:**

Der Steuerpflichtige hat in 2018 ein Elektrofahrzeug mit einer Batteriekapazität von 25,4 Kilowattstunden (kWh) erworben. Der Bruttolistenpreis beträgt 45 000 Euro. Die betriebliche Nutzung beträgt 60 %. Der private Nutzungsanteil nach § 6 Abs. 1 Nr. 4 Satz 2 Nr. 1 EStG ermittelt sich wie folgt:

Der Bruttolistenpreis (45 000 Euro) ist um 6350 Euro (25,4 kWh × 250 Euro) zu mindern. Der für die Ermittlung des Entnahmewerts geminderte und auf volle hundert Euro abgerundete Bruttolistenpreis beträgt 38 600 Euro. Die Nutzungsentnahme nach der 1 %-Regelung beträgt 386 Euro pro Monat.

**Beispiel 2:**

Der Steuerpflichtige hat in 2018 ein Elektrofahrzeug mit einer Batteriekapazität von 45 Kilowattstunden (kWh) erworben. Der Bruttolistenpreis beträgt 109 150 Euro. Die betriebliche Nutzung beträgt 60 %. Der private Nutzungsanteil nach § 6 Abs. 1 Nr. 4 Satz 2 Nr. 1 EStG ermittelt sich wie folgt:

Der Bruttolistenpreis (109 150 Euro) ist um 7500 Euro (45 kWh × 250 Euro = 11 250 Euro, begrenzt auf 7500 Euro Höchstbetrag) zu mindern und auf volle Hundert Euro abzurunden. Der für die Ermittlung des Entnahmewerts geminderte Bruttolistenpreis beträgt 101 600 Euro. Die Nutzungsentnahme beträgt 1016 Euro pro Monat.

**Beispiel 2/1:**

Der Steuerpflichtige hat in 2020 ein extern aufladbares Hybridelektrofahrzeug erworben, das die Voraussetzungen des § 3 Abs. 2 Nr. 1 oder 2 EmoG nicht erfüllt. Die betriebliche Nutzung beträgt 60 %. Der private Nutzungsanteil ist nach § 6 Abs. 1 Nr. 4 Satz 2 Nr. 1 EStG zu ermitteln, weil die Voraussetzungen für einen Bruchteilsansatz des Listenpreises nach § 6 Abs. 1 Nr. 4 Satz 2 Nr. 2 EStG (vgl. Rdnr. 11) nicht vorliegen.

9 Eine Minderung der Bemessungsgrundlage ist nur dann vorzunehmen, wenn der Listenpreis die Kosten des Batteriesystems beinhaltet. Wird das Batteriesystem des Elektro- oder Hybridelektrofahrzeugs nicht zusammen mit dem Kraftfahrzeug angeschafft, sondern ist für dessen Überlassung ein zusätzliches Entgelt, z.B. in Form von Leasingraten, zu entrichten, kommt eine Minderung

[1] Nr. 1 § 6/23.

der Bemessungsgrundlage nicht in Betracht. Die für die Überlassung der Batterie zusätzlich zu entrichtenden Entgelte sind grundsätzlich als Betriebsausgaben abziehbar.

**Beispiel 3:**

Der Steuerpflichtige hat in 2018 ein Elektrofahrzeug mit einer Batteriekapazität von 25,4 Kilowattstunden (kWh) erworben. Der Bruttolistenpreis beträgt 25 640 Euro. Für die Batterie hat der Steuerpflichtige monatlich zusätzlich eine Mietrate von 79 Euro zu zahlen. Die betriebliche Nutzung beträgt 60 %. Der private Nutzungsanteil nach § 6 Abs. 1 Nr. 4 Satz 2 Nr. 1 EStG ermittelt sich wie folgt:

Der Bruttolistenpreis (25 640 Euro) ist nicht zu mindern und wird – auf volle Hundert Euro abgerundet – für die Ermittlung des Entnahmewerts zugrunde gelegt. Die Nutzungsentnahme beträgt 256 Euro pro Monat.

Aus Vereinfachungsgründen ist es auch zulässig, die Nutzungsentnahme ausgehend vom Listenpreis für das Kraftfahrzeug mit Batteriesystem zu berechnen, wenn das gleiche Kraftfahrzeug am Markt jeweils mit oder ohne Batteriesystem angeschafft werden kann. 10

**Beispiel 4:**

Wie Beispiel 3, das Elektrofahrzeug könnte der Steuerpflichtige auch zusammen mit dem Batteriesystem erwerben. Der Bruttolistenpreis betrüge 31 640 Euro. Der private Nutzungsanteil nach § 6 Abs. 1 Nr. 4 Satz 2 Nr. 1 EStG könnte auch wie folgt ermittelt werden:

Der Bruttolistenpreis (31 640 Euro) ist um 6350 Euro (25,4 kWh × 250 Euro = 6350 Euro) zu mindern und auf volle Hundert Euro abzurunden. Der für die Ermittlung des Entnahmewerts geminderte Bruttolistenpreis beträgt 25 200 Euro. Die Nutzungsentnahme beträgt 252 Euro pro Monat.

### bb) § 6 Abs. 1 Nr. 4 Satz 2 Nr. 2 bis 5 EStG (sogenannter Bruchteilsansatz)

Nach § 6 Abs. 1 Nr. 4 Satz 2 Nr. 2 bis 5 EStG ist in Abhängigkeit vom jeweiligen Anschaffungsdatum und von der Erfüllung der jeweiligen weiteren Voraussetzungen folgender Bruchteil dieses Listenpreises anzusetzen. Für die Überlassung eines betrieblichen Kraftfahrzeugs vom Arbeitgeber an den Arbeitnehmer gilt Rdnr. 22. 11

1. Für **Elektrofahrzeuge** gilt

a) mit Wirkung zum 1. Januar 2019:

| Anschaffungszeitraum | Voraussetzungen | Anzusetzender Bruchteil |
|---|---|---|
| 1.1.2019 bis 31.12.2021 | keine | 1/2 |

b) mit Wirkung zum 1. Januar 2020:

| Anschaffungszeitraum | Voraussetzungen | Anzusetzender Bruchteil |
|---|---|---|
| 1.1.2019 bis 31.12.2030 | Listenpreis nicht mehr als 60 000 € | 1/4 |
| 1.1.2019 bis 31.12.2030 | Listenpreis mehr als 60 000 € | 1/2 |

2. Für extern aufladbare Hybridelektrofahrzeuge gilt

a) mit Wirkung zum 1. Januar 2019:

| Anschaffungszeitraum | Voraussetzungen | Anzusetzender Bruchteil |
|---|---|---|
| 1.1.2019 bis 31.12.2021 | Kohlendioxidemission höchstens 50 g/km oder | 1/2 |

| Anschaffungszeitraum | Voraussetzungen | Anzusetzender Bruchteil |
|---|---|---|
| | Mindestreichweite von 40 km | |

b) mit Wirkung zum 1. Januar 2020:

| Anschaffungszeitraum | Voraussetzungen | Anzusetzender Bruchteil |
|---|---|---|
| 1.1.2019 bis 31.12.2021 | Kohlendioxidemission höchstens 50 g/km oder Mindestreichweite von 40 km | 1/2 |
| 1.1.2022 bis 31.12.2024 | Kohlendioxidemission höchstens 50 g/km oder Mindestreichweite von 60 km | 1/2 |
| 1.1.2025 bis 31.12.2030 | Kohlendioxidemission höchstens 50 g/km oder Mindestreichweite von 80 km | 1/2 |

Dies gilt auch für die Anschaffung gebrauchter Kraftfahrzeuge.

12 Die Abrundung des Listenpreises auf volle Hundert Euro nach Rdnr. 10 des BMF-Schreibens vom 18. November 2009 (BStBl. I S. 1326) und R 8.1 Abs. 9 Nr. 1 Satz 6 LStR ist nach Ermittlung des Bruchteils vorzunehmen. Auf den so ermittelten Wert sind für den gesamten Zeitraum der Nutzung des jeweiligen Kraftfahrzeugs die Prozentsätze nach § 4 Abs. 5 Satz 1 Nr. 6 Satz 3, § 6 Abs. 1 Nr. 4 Satz 2 und § 8 Abs. 2 Satz 2, 3 und 5 EStG anzuwenden.

**Beispiel 5:**

Der Steuerpflichtige hat in 2019 ein Elektrofahrzeug erworben. Der Bruttolistenpreis beträgt 35 326 Euro. Die betriebliche Nutzung beträgt 60 %. Der private Nutzungsanteil ermittelt sich wie folgt:

**Für 2019** ist § 6 Abs. 1 Nr. 4 Satz 2 Nr. 2 EStG anzuwenden (Gesetz zur Vermeidung von Umsatzsteuerausfällen beim Handel mit Waren im Internet und zur Änderung weiterer steuerlicher Vorschriften):

Der Bruttolistenpreis (35 326 Euro) ist nur zur Hälfte zugrunde zu legen = 17 663 Euro und auf 17 600 Euro abzurunden. Die Nutzungsentnahme nach der 1 %-Regelung beträgt 176 Euro (1 % von 17 600 Euro) pro Monat.

**Für 2020** ist § 6 Abs. 1 Nr. 4 Satz 2 Nr. 3 EStG anzuwenden (Gesetz zur weiteren steuerlichen Förderung der Elektromobilität und zur Änderung weiterer steuerlicher Vorschriften):

Der Bruttolistenpreis (35 326 Euro) ist nur zu einem Viertel zugrunde zu legen = 8831,50 Euro und auf 8800 Euro abzurunden. Die Nutzungsentnahme nach der 1 %-Regelung beträgt 88 Euro (1 % von 8800 Euro) pro Monat.

### b) Begrenzung der pauschalen Wertansätze (sog. Kostendeckelung)

13 Nach den Rdnrn. 18 bis 20 des BMF-Schreibens vom 18. November 2009 (BStBl. I S. 1326)[1)] und *Rdnr. 4 des BMF-Schreibens vom 4. April 2018 (BStBl. I S. 592)*[2)] sind die pauschalen Wertansätze höchstens mit dem Betrag der Gesamtkosten des Kraftfahrzeugs anzusetzen (sogenannte Kostendeckelung).

---

1) Nr. **1** § 6/23.

2) Siehe nunmehr BMF v. 3.3.2022, BStBl. I S. 232 (Nr. **20** § 8/2).

Zu den Gesamtkosten gehört auch die Absetzung für Abnutzung. Für den Vergleich der pauschalen Wertansätze mit den Gesamtkosten ist die Bemessungsgrundlage für die Absetzung für Abnutzung um den Abschlag nach Rdnrn. 6 und 7 zu mindern oder mit dem entsprechenden Bruchteil nach Rdnr. 11 anzusetzen.

14 Enthalten die Anschaffungskosten für das Elektro- oder Hybridelektrofahrzeug keinen Anteil für das Batteriesystem (Rdnr. 9) und ist für die Überlassung der Batterie ein zusätzliches Entgelt (z.B. Miete oder Leasingrate) zu entrichten, sind bei Anwendung des § 6 Abs. 1 Nr. 4 Satz 2 Nr. 1 EStG (sog. Nachteilsausgleich) die für das genutzte oder dem Arbeitnehmer überlassene Kraftfahrzeug insgesamt tatsächlich entstandenen Gesamtkosten um dieses zusätzlich entrichtete Entgelt zu mindern. In diesem Fall sind auch weitere Kosten für das Batteriesystem, wie z.B. Reparaturkosten, Wartungspauschalen oder Beiträge für spezielle Batterieversicherungen abzuziehen, wenn sie zusätzlich zu tragen sind. Bei Anwendung des § 6 Abs. 1 Nr. 4 Satz 2 Nr. 2 bis 5 EStG (Bruchteilsansatz) sind zusätzlich für das Batteriesystem getragene Kosten entsprechend dem anzuwendenden Bruchteil (Rdnr. 11) anzusetzen.

### 3. Individuelle Ermittlung des privaten Nutzungswerts

15 Werden die Entnahme nach § 6 Abs. 1 Nr. 4 Satz 1 oder 3 EStG (betriebliche Nutzung des Kraftfahrzeugs von 10 bis 50 Prozent oder Fahrtenbuchmethode), die nicht abziehbaren Betriebsausgaben nach § 4 Abs. 5 Satz 1 Nr. 6 Satz 3 2. Halbsatz EStG oder der individuelle Nutzungswert nach § 8 Abs. 2 Satz 4 EStG mit den auf die jeweilige Nutzung entfallenden Aufwendungen bewertet und enthalten die Anschaffungskosten für das Elektro- oder Hybridelektrofahrzeug einen Anteil für das Batteriesystem, ist bei Anwendung des § 6 Abs. 1 Nr. 4 Satz 3 Nr. 1 EStG die Bemessungsgrundlage für die Absetzung für Abnutzung um die in pauschaler Höhe festgelegten Beträge (Rdnr. 7) zu mindern. Bei Anwendung des § 6 Abs. 1 Nr. 4 Satz 3 Nr. 2 bis 5 EStG ist die Bemessungsgrundlage für die Absetzung für Abnutzung mit dem entsprechenden Bruchteil (Rdnr. 11) anzusetzen. Bei der Ermittlung des individuellen Nutzungswerts nach § 8 Abs. 2 Satz 4 EStG ist bei einem Pkw von einer AfA von 12,5 % der Anschaffungskosten entsprechend einer achtjährigen (Gesamt-)Nutzungsdauer auszugehen (vgl. Rdnr. 31 des BMF-Schreibens vom 4. April 2018, BStBl. I S. 592)[1]. Vom Arbeitgeber verbilligt oder unentgeltlich gestellter, nach § 3 Nr. 46 EStG steuerfreier Ladestrom bleibt bei der Ermittlung der insgesamt durch das Kraftfahrzeug entstehenden Aufwendungen i.S.d. § 8 Abs. 2 Satz 4 EStG (Gesamtkosten) außer Ansatz (vgl. Rdnr. 13 des BMF-Schreibens vom 29. September 2020, BStBl. I S. 972)[2].

**Beispiel 6:**

Der Steuerpflichtige hat im Januar 2018 ein Elektrofahrzeug mit einer Batteriekapazität von 25,4 Kilowattstunden (kWh) erworben. Der Bruttolistenpreis beträgt 43 000 Euro; die tatsächlichen Anschaffungskosten 36 000 Euro. Die betriebliche Nutzung beträgt gemäß ordnungsgemäßem Fahrtenbuch 83 %. Der private Nutzungsanteil nach § 6 Abs. 1 Nr. 4 Satz 3 Nr. 1 EStG ermittelt sich wie folgt:

Für die Ermittlung der Gesamtkosten sind die Anschaffungskosten um den pauschal ermittelten Minderungsbetrag i.H.v. 6350 Euro (25,4 kWh × 250 Euro) zu mindern. Danach sind bei den Gesamtkosten Absetzungen für Abnutzung i.H.v. 4941,67 Euro (36 000 Euro ./. 6350 Euro = 29 650 Euro verteilt auf 6 Jahre) anzusetzen. Daneben sind Aufwendungen für Versicherung

[1] Siehe nunmehr BMF v. 3.3.2022, BStBl. I S. 232 (Nr. **20** § 8/2).

[2] Nr. **20** § 8/17.

(1000 Euro) und Strom (890 Euro) angefallen. Die Summe der geminderten Gesamtaufwendungen beträgt 6831,67 Euro. Die Nutzungsentnahme nach der Fahrtenbuchmethode beträgt 1161,38 Euro (17 %).

**Beispiel 6/1:**

Der Steuerpflichtige hat im Januar 2020 ein Elektrofahrzeug erworben. Der Bruttolistenpreis beträgt 43 000 Euro; die tatsächlichen Anschaffungskosten 36 000 Euro. Die betriebliche Nutzung beträgt gemäß ordnungsgemäßem Fahrtenbuch 83 %. Der private Nutzungsanteil nach § 6 Abs. 1 Nr. 4 Satz 3 Nr. 3 EStG (Bruchteilsansatz 1/4) ermittelt sich wie folgt:

Für die Ermittlung der Gesamtkosten sind die Anschaffungskosten mit einem Viertel anzusetzen. Danach sind bei den Gesamtkosten die vom Steuerpflichtigen vorgenommenen linearen Absetzungen für Abnutzung i.H.v. 1500 Euro (1/4 von 36 000 Euro = 9000 Euro verteilt auf 6 Jahre) zu berücksichtigen. Daneben sind Aufwendungen für Versicherung (1000 Euro) und Strom (890 Euro) angefallen. Die Summe der Gesamtaufwendungen beträgt 3390 Euro. Die Nutzungsentnahme nach der Fahrtenbuchmethode beträgt 576,30 Euro (17 %).

16 Wird die Batterie gemietet oder geleast, sind bei Anwendung des § 6 Abs. 1 Nr. 4 Satz 3 Nr. 1 EStG (sogenannter Nachteilsausgleich) entsprechend Rdnr. 14 die Gesamtkosten um dieses zusätzlich entrichtete Entgelt sowie um weitere Kosten für das Batteriesystem zu mindern. Bei Anwendung des § 6 Abs. 1 Nr. 4 Satz 3 Nr. 2 bis 5 EStG (Bruchteilsansatz) ist ein für das Batteriesystem zusätzlich zu entrichtendes Entgelt mit dem entsprechenden Bruchteil anzusetzen.

**Beispiel 7:**

Der Steuerpflichtige hat im Januar 2018 ein Elektrofahrzeug mit einer Batteriekapazität von 25,4 Kilowattstunden (kWh) erworben. Der Bruttolistenpreis beträgt 32 000 Euro; die tatsächlichen Anschaffungskosten 25 600 Euro. Für die Batterie hat der Steuerpflichtige monatlich zusätzlich eine Mietrate von 79 Euro zu zahlen. Die betriebliche Nutzung beträgt gemäß ordnungsgemäßem Fahrtenbuch 83 %. Der private Nutzungsanteil nach § 6 Abs. 1 Nr. 4 Satz 3 Nr. 1 EStG ermittelt sich wie folgt:

Für die Ermittlung der Gesamtkosten sind Absetzungen für Abnutzung i.H.v. 4266,67 Euro (25 600 Euro verteilt auf 6 Jahre) und weitere Aufwendungen für Versicherung (1000 Euro) und Strom (890 Euro) anzusetzen. Die auf die Batteriemiete entfallenden Aufwendungen sind nicht zu berücksichtigen. Die Summe der geminderten Gesamtaufwendungen beträgt 6156,67 Euro. Die Nutzungsentnahme nach der Fahrtenbuchmethode beträgt 1046,63 Euro (17 %).

**Beispiel 7/1:**

Der Steuerpflichtige hat im Januar 2020 ein Elektrofahrzeug erworben. Der Bruttolistenpreis beträgt 32 000 Euro; die tatsächlichen Anschaffungskosten 25 600 Euro. Für die Batterie hat der Steuerpflichtige monatlich zusätzlich eine Mietrate von 79 Euro zu zahlen. Die betriebliche Nutzung beträgt gemäß ordnungsgemäßem Fahrtenbuch 83 %. Der private Nutzungsanteil nach § 6 Abs. 1 Nr. 4 Satz 3 Nr. 3 EStG (Bruchteilsansatz 1/4) ermittelt sich wie folgt:

Für die Ermittlung der Gesamtkosten sind die Anschaffungskosten mit einem Viertel anzusetzen. Danach sind die Absetzungen für Abnutzung = 4266,67 Euro (25 600 Euro verteilt auf 6 Jahre) sowie die Batteriemiete = 948 Euro (12 Monate × 79 Euro) mit einem Viertel, also 1303,67 Euro (= (4266,67 Euro + 948 Euro) × 1/4) anzusetzen. Die Aufwendungen für Versicherung (1000 Euro) und Strom (890 Euro) sind in voller Höhe anzusetzen. Die Summe der Gesamtaufwendungen beträgt 3193,67 Euro. Die Nutzungsentnahme nach der Fahrtenbuchmethode beträgt 542,92 Euro (17 %).

17 Für Kraftfahrzeuge i.S.d. Rdnrn. 1 bis 3, für die die Bewertung der Entnahme nach § 6 Abs. 1 Nr. 4 Satz 3 Nr. 1 EStG (Nachteilsausgleich) vorgenommen wird und bei denen die Miet-/Leasinggebühren die Kosten des Batteriesystems beinhalten, sind diese Miet-/Leasinggebühren aufzuteilen. Die anteilig auf das Batteriesystem entfallenden Miet-/Leasinggebühren mindern die Gesamtkosten (vgl. Rdnr. 16). Es bestehen keine Bedenken, wenn als Aufteilungsmaßstab hierfür das Verhältnis zwischen dem Listenpreis (einschließlich der Kosten für das Batteriesystem) und dem um den Abschlag nach Rdnr. 7 geminderten Listenpreis angesetzt wird.

**Beispiel 8:**

Der Steuerpflichtige hat im Januar 2018 ein Elektrofahrzeug mit einer Batteriekapazität von 16 Kilowattstunden (kWh) geleast. Der Bruttolistenpreis beträgt 43 000 Euro; die monatliche Leasingrate 399 Euro. Die betriebliche Nutzung beträgt gemäß ordnungsgemäßem Fahrtenbuch 83 %. Der private Nutzungsanteil nach § 6 Abs. 1 Nr. 4 Satz 3 Nr. 1 EStG ermittelt sich wie folgt:

Für die Ermittlung der Gesamtkosten sind die Leasingraten unter Anwendung des Verhältnisses zwischen Listenpreis und dem um den pauschalen Abschlag geminderten Listenpreis aufzuteilen: Listenpreis 43 000 Euro/geminderter Listenpreis 39 000 Euro (43 000 Euro ./. 4000 Euro (= 16 kWh × 250 Euro)) entspricht einer Minderung von 9,3 %.

Leasingraten 399 Euro × 12 Monate = 4788 Euro, davon 9,3 % = 445,28 Euro.

Danach sind bei den Gesamtkosten Leasingaufwendungen i.H.v. 4342,72 Euro (4788 Euro ./. 445,28 Euro) anzusetzen. Daneben sind Aufwendungen für Versicherung (1000 Euro) und Strom (890 Euro) angefallen. Die Summe der geminderten Gesamtaufwendungen beträgt 6232,72 Euro. Die Nutzungsentnahme nach der Fahrtenbuchmethode beträgt 1059,56 Euro (17 %).

Für Kraftfahrzeuge i.S.d. Rdnrn. 1 bis 3, für die die Bewertung der Entnahme nach § 6 Abs. 1 Nr. 4 Satz 3 Nr. 2 bis 5 EStG (Bruchteilsansatz) vorgenommen wird, sind Miet- oder Leasinggebühren bei der Ermittlung der Gesamtkosten (vgl. Rdnr. 16) in Höhe des jeweils anzuwendenden Bruchteils anzusetzen. Ggf. gesondert vereinbarte Miet- oder Leasinggebühren für das Batteriesystem sind vor Anwendung des jeweiligen Bruchteils mit den Miet- oder Leasinggebühren für das Kraftfahrzeug zusammenzurechnen. 18

**Beispiel 9:**

Der Steuerpflichtige hat im Januar 2020 ein Elektrofahrzeug geleast. Der Bruttolistenpreis beträgt 33 000 Euro; die monatliche Leasingrate 399 Euro zuzüglich 79 Euro Batteriemiete. Die betriebliche Nutzung beträgt gemäß ordnungsgemäßem Fahrtenbuch 83 %. Der private Nutzungsanteil nach § 6 Abs. 1 Nr. 4 Satz 3 Nr. 3 EStG (Bruchteilsansatz 1/4) ermittelt sich wie folgt:

Für die Ermittlung der Gesamtkosten sind die Leasingraten für das Fahrzeug zuzüglich der Batteriemiete zusammenzurechnen = 399 Euro + 79 Euro = 478 Euro; monatliche Miet-/Leasingkosten × 12 Monate = 5736 Euro, davon 1/4 = 1434 Euro.

Danach sind bei den Gesamtkosten Leasingaufwendungen i.H.v. 1434 Euro anzusetzen. Daneben sind Aufwendungen für Versicherung (1000 Euro) und Strom (890 Euro) angefallen. Die Summe der geminderten Gesamtaufwendungen beträgt 3324 Euro. Die Nutzungsentnahme nach der Fahrtenbuchmethode beträgt 565,08 Euro (17 %).

## 4. Pauschaler Ansatz von Stromkosten als Betriebsausgaben

Wird ein betriebliches Elektro- oder Hybridelektrofahrzeug nicht ausschließlich im Betrieb, sondern auch an einer zur Wohnung des Steuerpflichtigen gehörenden Steckdose/Ladevorrichtung aufgeladen, kann der betriebliche Nutzungsanteil an den ansonsten privaten Stromkosten grundsätzlich mit Hilfe eines gesonderten Stromzählers (stationär oder mobil) nachgewiesen werden. Zum Nachweis des betrieblichen Nutzungsanteils an den ansonsten privaten Stromkosten werden Aufzeichnungen für einen repräsentativen Zeitraum von drei Monaten als ausreichend angesehen. Neben dem Einkaufspreis für die verbrauchten Kilowattstunden Strom ist auch ein zu zahlender Grundpreis anteilig zu berücksichtigen. 19

Aus Vereinfachungsgründen kann der betriebliche Nutzungsanteil an den ansonsten privaten Stromkosten auch mit den lohnsteuerlichen Pauschalen angesetzt werden (Rdnrn. 23 und 24 des BMF-Schreibens vom 29. September 2020, BStBl. I S. 972)[1]. Zur Unterscheidung der anzuwendenden Pauschale ist anstelle jeder zusätzlichen Lademöglichkeit an einer ortsfesten Einrichtung des lohnsteuerlichen Arbeitgebers auf die zusätzliche Lademöglichkeit in einer der Betriebsstätten abzustellen. 20

[1] Nr. **20** § 8/17.

### 5. Anwendungsregelungen

21 Die Minderungen nach § 6 Abs. 1 Nr. 4 Satz 2 Nr. 1 oder Satz 3 Nr. 1 EStG für die Ermittlung der Privatentnahme, der nicht abziehbaren Betriebsausgaben oder des Nutzungswerts für die private Nutzung eines Elektro- oder eines Hybridelektrofahrzeugs sind ab dem 1. Januar 2013 für Elektrofahrzeuge und Hybridelektrofahrzeuge anzuwenden, die vor dem 1. Januar 2023 angeschafft, geleast oder dem Arbeitnehmer erstmalig zur privaten Nutzung überlassen werden. Der Ansatz nur eines Bruchteils nach § 6 Abs. 1 Nr. 4 Satz 2 Nr. 2 bis 5 oder Satz 3 Nr. 2 bis 5 EStG ist für Elektrofahrzeuge und Hybridelektrofahrzeuge anzuwenden, die innerhalb der in Rdnr. 11 aufgeführten Zeiträume angeschafft, geleast oder dem Arbeitnehmer erstmalig zur privaten Nutzung überlassen werden.

22 Die Regelungen des § 8 Abs. 2 i.V.m. § 6 Abs. 1 Nr. 4 Satz 2 Nr. 2 oder 3 oder Satz 3 Nr. 2 oder 3 EStG in der Fassung des Gesetzes zur weiteren steuerlichen Förderung der Elektromobilität und zur Änderung weiterer steuerlicher Vorschriften vom 12. Dezember 2019 (BGBl. I S. 2451) gelten bei der Überlassung eines betrieblichen Kraftfahrzeugs an Arbeitnehmer für alle vom Arbeitgeber erstmals nach dem 31. Dezember 2018 und vor dem 1. Januar 2022 oder 1. Januar 2031 zur privaten Nutzung überlassenen betrieblichen Elektrofahrzeuge und extern aufladbaren Hybridelektrofahrzeuge. In diesen Fällen kommt es nicht auf den Zeitpunkt an, zu dem der Arbeitgeber dieses Kraftfahrzeug angeschafft, hergestellt oder geleast hat. Wurde das betriebliche Kraftfahrzeug vor dem 1. Januar 2019 vom Arbeitgeber bereits einem Arbeitnehmer zur privaten Nutzung (z.B. für Privatfahrten, Fahrten zwischen Wohnung und erster Tätigkeitsstätte, Fahrten nach § 9 Abs. 1 Satz 3 Nr. 4a Satz 3 EStG oder Familienheimfahrten im Rahmen einer doppelten Haushaltsführung) überlassen, bleibt es bei einem Wechsel des Nutzungsberechtigten nach dem 31. Dezember 2018 für dieses Kraftfahrzeug bei den bisherigen Bewertungsregelungen (§ 6 Abs. 1 Nr. 4 Satz 2 Nr. 1 oder Satz 3 Nr. 1 EStG) und die Regelungen in der Fassung des Gesetzes zur weiteren steuerlichen Förderung der Elektromobilität und zur Änderung weiterer steuerlicher Vorschriften vom 12. Dezember 2019 (BGBl. I S. 2451) sind nicht anzuwenden. Für die Anwendung des § 8 Abs. 2 i.V.m. § 6 Abs. 1 Nr. 4 Satz 2 Nr. 4 oder 5 oder Satz 3 Nr. 4 oder 5 EStG gelten dieselben Grundsätze.

**Beispiel 10 (Vor dem 1. Januar 2019 begonnene Nutzungsüberlassung):**
Dem Arbeitnehmer wurde das Elektrofahrzeug vom Arbeitgeber bereits vor dem 1. Januar 2019 zur privaten Nutzung überlassen. Der Nutzungswert ist auch ab dem Kalenderjahr 2019 nach den bisherigen Bewertungsregelungen (§ 8 Abs. 2 i.V.m. § 6 Abs. 1 Nr. 4 Satz 2 Nr. 1 EStG oder Satz 3 Nr. 1 EStG) zu ermitteln.

**Beispiel 11 (Bis zum 31. Dezember 2030 begonnene Nutzungsüberlassung):**
Dem Arbeitnehmer wird das Elektrofahrzeug vom Arbeitgeber ab Dezember 2030 zur privaten Nutzung überlassen. Die Ermittlung des dem Arbeitnehmer nach dem 31. Dezember 2030 zufließenden Nutzungswerts ist für die gesamte Nutzungsdauer dieses Elektrofahrzeugs nach den Regelungen des § 8 Abs. 2 i.V.m. § 6 Abs. 1 Nr. 4 Satz 2 Nr. 3 oder 5 oder Satz 3 Nr. 3 oder 5 EStG vorzunehmen, weil ihm das Elektrofahrzeug bereits vor dem 1. Januar 2031 überlassen worden ist.

**Beispiel 12 (Wechsel des Nutzungsberechtigten):**
Ein Arbeitgeber überlässt dem Arbeitnehmer A in 2018 ein Elektrofahrzeug zur privaten Nutzung. Nach dessen Ausscheiden aus dem Betrieb zum 30. Juni 2019 überlässt der Arbeitgeber dieses Elektrofahrzeug ab dem 1. Juli 2019 dem Arbeitnehmer B zur privaten Nutzung. Der Nutzungswert ist sowohl für A als auch für B auch ab dem Kalenderjahr 2019 nach den bisherigen Bewertungsregelungen (§ 8 Abs. 2 Satz 2 i.V.m. § 6 Abs. 1 Nr. 4 Satz 2 Nr. 1 oder Satz 3 Nr. 1 EStG) zu ermitteln.

**Beispiel 13 (Wechsel des Nutzungsberechtigten):**
Ein Arbeitgeber überlässt dem Arbeitnehmer A ab Januar 2019 ein Elektrofahrzeug (Null-Emissionen/km und Höhe des Listenpreises nicht mehr als 60 000 Euro) zur privaten Nutzung. Nach dessen Ausscheiden aus dem Betrieb zum 30. Juni 2019 überlässt der Arbeitgeber dieses Elektrofahrzeug ab dem 1. Juli 2019 dem Arbeitnehmer B zur privaten Nutzung. Ein Fahrtenbuch wird nicht geführt. Der Nutzungswert ist sowohl für A als auch für B nach den Regelungen des § 8 Abs. 2 Satz 2 i.V.m. § 6 Abs. 1 Nr. 4 Satz 2 Nr. 2 (für 2019) und 3 (ab 2020) EStG zu ermitteln. Dabei ist der pauschale Nutzungswert bei A und B im Kalenderjahr 2019 mit 1 % des auf volle 100 Euro abgerundeten halbierten und bei B ab 1. Januar 2020 mit 1 % eines auf volle 100 Euro abgerundeten Viertels des Listenpreises anzusetzen.

**Beispiel 14 (Fahrzeugpool):**
Die Arbeitnehmer können mehrere Elektrofahrzeuge aus einem Fahrzeugpool des Arbeitgebers privat nutzen, von denen ein Teil bereits vor und ein Teil nach dem 1. Januar 2019 an Arbeitnehmer zur privaten Nutzung überlassen worden sind. Fahrtenbücher werden nicht geführt. Der pauschale Nutzungswert für Privatfahrten ist mit 1 % und für Fahrten zwischen Wohnung und erster Tätigkeitsstätte grundsätzlich mit 0,03 % der Listenpreise aller Kraftfahrzeuge zu ermitteln und die Summe entsprechend der Zahl der Nutzungsberechtigten aufzuteilen (vgl. *Rdnr. 11 des BMF-Schreibens vom 4. April 2018, BStBl. I S. 592*)[1]. Dabei ist der Listenpreis zunächst für jedes Elektrofahrzeug gesondert nach den bisherigen Bewertungsregelungen oder nach den Regelungen in der Fassung des zweiten Gesetzes zur Umsetzung der steuerlichen Hilfsmaßnahmen zur Bewältigung der Corona-Krise vom 29. Juni 2020 (BGBl. I S. 1512) zu ermitteln und anschließend die Summe der gesondert ermittelten Listenpreise entsprechend der Zahl der Nutzungsberechtigten aufzuteilen.

Dieses Schreiben ersetzt die BMF-Schreiben vom 5. Juni 2014 (BStBl. I S. 835) **23**
und vom 24. Januar 2018 (BStBl. I S. 272).

---

[1] Siehe nunmehr BMF v. 3.3.2022, BStBl. I S. 232 (Nr. **20** § 8/2).

# **I** § 6/34. Schreiben betr. Bewertung des Vorratsvermögens gemäß § 6 Abs. 1 Nr. 2 a EStG – Lifo-Methode

Vom 12. Mai 2015 (BStBl. I S. 462)

(BMF IV C 6 – S 2174/07/10001 :002; DOK 2015/0348300)

Gemäß § 6 Abs. 1 Nr. 2 a EStG können Steuerpflichtige, die den Gewinn nach § 5 EStG ermitteln, für den Wertansatz gleichartiger Wirtschaftsgüter des Vorratsvermögens unterstellen, dass die zuletzt angeschafften oder hergestellten Wirtschaftsgüter zuerst verbraucht oder veräußert worden sind, soweit dies den handelsrechtlichen Grundsätzen ordnungsmäßiger Buchführung entspricht („last in – first out"). Durch die steuerliche Anerkennung der Lifo-Methode mit dem Steuerreformgesetz 1990 sollte neben der Bewertungsvereinfachung auch die Verhinderung der Besteuerung von Scheingewinnen erreicht werden (BT-Drs. 11/2157 S. 140 und BT-Drs. 11/2536 S. 47). Zur Zulässigkeit der Anwendung dieses Bewertungsvereinfachungsverfahrens nehme ich im Einvernehmen mit den obersten Finanzbehörden der Länder wie folgt Stellung:

## 1. Wirtschaftsgüter des Vorratsvermögens

Wirtschaftsgüter des Vorratsvermögens, für die eine Anwendung der Lifo-Methode in Betracht kommt, sind gemäß § 266 Abs. 2 Buchst. B I. HGB Roh-, Hilfs- und Betriebsstoffe, unfertige Erzeugnisse, fertige Erzeugnisse und Waren. 1

## 2. Grundsätze ordnungsmäßiger Buchführung

Die Bewertung des Vorratsvermögens unter Anwendung der Lifo-Methode setzt voraus, dass sie den handelsrechtlichen Grundsätzen ordnungsmäßiger Buchführung entspricht. Diese Voraussetzung ist erfüllt, wenn die am Schluss des Wirtschaftsjahres vorhandenen Wirtschaftsgüter mengenmäßig vollständig erfasst sind und die Anwendung der Lifo-Methode nach den betriebsindividuellen Verhältnissen zu einer Vereinfachung bei der Bewertung des Vorratsvermögens führt. 2

§ 6 Abs. 1 Nr. 2 a EStG enthält eine Ausnahme vom Einzelbewertungsgrundsatz. Zu diesem Zweck wird für den Wertansatz des Vorratsvermögens unterstellt, dass die zuletzt angeschafften oder hergestellten Wirtschaftsgüter zuerst verbraucht oder veräußert werden. Einer weiteren Prüfung, ob eine Durchbrechung dieses Einzelbewertungsgrundsatzes zulässig ist, bedarf es daher nicht. Die weitere Voraussetzung der Entsprechung mit den handelsrechtlichen Grundsätzen ordnungsmäßiger Buchführung verlangt nur, dass die Bewertung des Vorratsvermögens nach dem Wirtschaftlichkeits- und Wesentlichkeitsgrundsatz zu einer Bewertungsvereinfachung führt. 3

### 3. Anwendbarkeit der Lifo-Methode

4 Für die Anwendung der Lifo-Methode können gleichartige Wirtschaftsgüter zu einer Gruppe zusammengefasst werden. Wirtschaftsgüter sind gleichartig, wenn es sich bei diesen um eine gleichartige Warengattung handelt oder sie funktionsgleich sind (siehe auch R 6.9 Abs. 3 EStR). Das Bewertungswahlrecht kann für verschiedene Bewertungsgruppen unterschiedlich ausgeübt werden. Sämtliche Wirtschaftsgüter einer Bewertungsgruppe sind nach einheitlichen Grundsätzen zu bewerten. Der Steuerpflichtige darf die Lifo-Methode auch bei der Bewertung der Materialbestandteile unfertiger oder fertiger Erzeugnisse anwenden (zu den weiteren Voraussetzungen siehe R 6.9 Abs. 2 Satz 4 EStR). Zum Wechsel der Bewertungsmethoden vgl. R 6.9 Abs. 5 EStR.

5 Die Lifo-Methode muss nicht mit der tatsächlichen Verbrauchs- oder Veräußerungsfolge übereinstimmen. Sie ist somit unabhängig vom Vorhandensein besonderer ordnungsrechtlicher Vorschriften (z. B. Lebensmittelrecht) zulässig. Auch Zertifizierungs-Verfahren, die eine bestimmte tatsächliche Verbrauchsfolge vorschreiben, schließen die Anwendung der Lifo-Methode nicht aus.

#### a) Handelsware

6 Ist es bei zum Verkauf und nicht zur weiteren Ver- oder Bearbeitung bestimmten Vorräten (Handelsware) z. B. durch im Betrieb eingesetzte moderne EDV-Systeme technisch möglich, die individuellen Anschaffungskosten der einzelnen Wirtschaftsgüter ohne weiteres zu ermitteln (z. B. durch Codierung), so ist die Anwendung der Lifo-Methode unzulässig. Zur Bewertungsvereinfachung ist die Lifo-Methode für Handelsware jedoch zulässig, wenn durch den Einsatz solcher EDV-Systeme eine Einzelbewertung der Wirtschaftsgüter zwar möglich wäre, dies aber weiteren Aufwand oder weitere Rechen- oder Ermittlungsschritte erfordern würde (z. B. Zuordnung weiterer anteiliger Anschaffungsnebenkosten, aber auch weitere Programmierungs- oder Implementierungsschritte oder Kosten für den zusätzlichen manuellen Erfassungsaufwand in der Buchhaltung). Der Umfang dieser weiteren Ermittlungsschritte ist dabei unbeachtlich.

#### b) Ver- oder bearbeitete Erzeugnisse

7 Handelt es sich bei den Vorräten um Erzeugnisse, die im Betrieb erst nach einer weiteren Ver- oder Bearbeitung von Roh-, Hilfs- und Betriebsstoffen hergestellt wurden (z. B. durch Verbindung oder Trennung/Teilung, Ver- oder Entmischung, Verformung), sind zur Ermittlung der individuellen Anschaffungs- oder Herstellungskosten weitere Kosten aus dem Fertigungsprozess in die Einzelkosten einzubeziehen. Für diese Fertig- oder Teilfertigerzeugnisse ist auch bei Einsatz eines elektronischen Warenwirtschaftssystems die Anwendung der Lifo-Methode zulässig. Dies gilt für die zugehörigen Roh-, Hilfs- und Betriebsstoffe sowie unfertigen Erzeugnisse entsprechend.

8 Eine Codierung der Ausgangs-, Zwischen- oder Endprodukte ist für die Anwendung der Lifo-Methode unschädlich.

### c) Verderbliche Vorräte

9 Sind Vorräte dauerhaft haltbar oder werden sie dies durch Be- und Verarbeitung, darf die Lifo-Methode angewandt werden. Als dauerhaft gilt eine Haltbarkeit von mindestens einem Jahr. Haben Vorräte eine geringere Haltbarkeit, so ist die Lifo-Methode nicht zulässig, weil eine Verbrauchs- oder Veräußerungsfolge, wonach die zuletzt gekauften Waren als erstes verarbeitet und verkauft werden, dem betrieblichen Geschehensablauf völlig widerspricht.

## 4. Einzelbewertung im HGB- oder IFRS-Abschluss

10 Bei der Bewertung nach § 6 Abs. 1 Nr. 2 a EStG handelt es sich um ein eigenständiges steuerliches Wahlrecht, das unabhängig davon ausgeübt werden kann, ob in der Handelsbilanz das entsprechende Wahlrecht gemäß § 256 Satz 1 HGB ausgeübt wird; jedoch muss dem Grunde nach auch handelsrechtlich die Anwendung des Bewertungsvereinfachungsverfahrens Lifo zulässig sein. Auch eine Einzelbewertung im IFRS-Abschluss steht der Anwendung der Lifo-Methode in der Steuerbilanz nicht entgegen.

## 5. Anwendung

11 Die Regelungen sind in allen offenen Fällen anwendbar.

# I § 6/35. Verfügung betr. Übertragung eines Mitunternehmeranteils auf eine gemeinnützige Körperschaft; Anwendbarkeit des § 6 Abs. 3 EStG

Vom 27. Juli 2016 (DB S. 1966)

(OFD Frankfurt S 2241 A – 129 – St 213)

Nach einem Beschluss der obersten Finanzbehörden des Bundes und der Länder ist auf die unentgeltliche Übertragung eines Mitunternehmeranteils an einer gewerblich geprägten Personengesellschaft, die nicht originär gewerblich tätig ist, auf eine gemeinnützige Körperschaft § 6 Abs. 3 EStG nicht anwendbar.

Die Anwendung des § 6 Abs. 3 EStG setzt zwingend voraus, dass der Übernehmer der betrieblichen Einheit (hier: des Mitunternehmeranteils) ebenfalls betriebliche Einkünfte erzielt, damit im Falle einer späteren Veräußerung die fortgeführten stillen Reserven bei ihm der Versteuerung unterworfen werden können. Da der Anteil an einer gewerblich geprägten Personengesellschaft bei der übernehmenden gemeinnützigen Körperschaft nach dem BFH-Urteil vom 25. 5. 2011, BStBl. II S. 858, zu keinem wirtschaftlichen Geschäftsbetrieb führt, erzielt die gemeinnützige Körperschaft daraus keine betrieblichen Einkünfte, und für die Anwendung des § 6 Abs. 3 EStG ist kein Raum.

Die Übertragung führt infolgedessen beim Übertragenden zur Aufgabe des Mitunternehmeranteils nach § 16 Abs. 3 Satz 1 EStG und damit zur Entnahme ins Privatvermögen. Die Entnahme kann nach § 6 Abs. 1 Nr. 4 Satz 4 EStG zu Buchwerten erfolgen, wenn die den Mitunternehmeranteil umfassenden Wirtschaftsgüter der gemeinnützigen Körperschaft unentgeltlich überlassen werden (sog. Buchwertprivileg). Umfasst der Mitunternehmeranteil jedoch auch Verbindlichkeiten, liegt keine unentgeltliche Überlassung vor, so dass die Anwendung des Buchwertprivilegs nicht möglich ist und die in dem Mitunternehmeranteil verhafteten stillen Reserven zwingend aufzudecken sind.

# I § 6 a/1. Schreiben betr. steuerrechtliche Behandlung von Aufwendungen des Arbeitgebers für die betriebliche Altersversorgung des im Betrieb mitarbeitenden Ehegatten[1)]

Vom 4. September 1984 (BStBl. I S. 495)

(BMF IV B 1 – S 2176 – 85/84)

Unter Bezugnahme auf das Ergebnis der Erörterungen mit den obersten Finanzbehörden der Länder gilt für die steuerliche Behandlung von Aufwendungen des Arbeitgebers für die betriebliche Altersversorgung des im Betrieb mitarbeitenden Ehegatten auf der Grundlage des Beschlusses des Bundesverfassungsgerichts vom 22. 7. 1970 – BStBl. II S. 652 – (vgl. auch BFH-Urteil vom 16. 12. 1970 – BStBl. 1971 II S. 178) und der BFH-Urteile vom 15. 7. 1976 (BStBl. 1977 II S. 112), 10. 11. 1982 (BStBl. 1983 II S. 173), 26. 10. 1982 (BStBl. 1983 II S. 209), 24. 11. 1982 (BStBl. 1983 II S. 405 und 406), 30. 3. 1983 (BStBl. II S. 500 und 664), 18. 5. 1983 (BStBl. II S. 562) und vom 28. 7. 1983 (BStBl. 1984 II S. 60) folgendes:

## I. Voraussetzungen für die steuerliche Anerkennung von Pensionszusagen[2)]

(1) Für Pensionszusagen, die im Rahmen eines steuerlich anzuerkennenden Arbeitsverhältnisses dem Arbeitnehmer-Ehegatten gegeben werden, können Pensionsrückstellungen nach Maßgabe des § 6 a EStG gebildet werden, wenn

1. eine ernstlich gewollte, klar und eindeutig vereinbarte Verpflichtung vorliegt,
2. die Zusage dem Grunde nach angemessen ist und
3. der Arbeitgeber-Ehegatte tatsächlich mit der Inanspruchnahme aus der gegebenen Pensionszusage rechnen muß.

Liegen diese Voraussetzungen vor, sind Pensionsrückstellungen insoweit anzuerkennen, als die Pensionszusage der Höhe nach angemessen ist (vgl. BFH-Urteile vom 30. 3. 1983 – BStBl. II S. 500 und 664).

Für die Bildung der Pensionsrückstellungen bei Pensionszusagen zwischen Ehegatten in Einzelunternehmen kommt nur eine Zusage auf Alters-, Invaliden- und Waisenrente in Betracht. Eine Zusage auf Witwen-/Witwerversorgung ist im Rahmen von Ehegatten-Pensionszusagen nicht rückstellungsfähig, da hier bei Eintritt des Versorgungsfalls Anspruch und Verpflichtung in einer Person zusammentreffen. Sagt hingegen eine Personengesellschaft einem Arbeitnehmer, dessen Ehegatte Mitunternehmer der Personengesellschaft ist, ei-

---

1) Vgl. auch BFH v. 8. 10. 1986 (BStBl. 1987 II S. 205), v. 14. 7. 1989 (BStBl. II S. 909), v. 16. 5. 1990 (BStBl. II S. 1044) und v. 10. 12. 1992 (BStBl. 1994 II S. 381).

2) Siehe auch H 6 a (9) EStH.

ne Witwen-/Witwerrente zu, so kann sie hierfür eine Pensionsrückstellung bilden (vgl. BFH-Urteil vom 29. 1. 1976 – BStBl. II S. 372[1] – und *Abschnitt 174 a Abs. 4 Sätze 8 und 9 sowie Abs. 5 Satz 1 EStR 1981*).[2] Aufwendungen für die Pensionszusage einer Personengesellschaft an den Ehegatten des Mitunternehmers, wenn mit dem Ehegatten ein steuerlich anzuerkennendes Arbeitsverhältnis besteht, sind als Betriebsausgaben abzugsfähig, wenn sie betrieblich veranlaßt sind. Für die Beurteilung der Frage, ob die Aufwendungen betrieblich veranlaßt sind, gelten die gleichen Rechtsgrundsätze, die auch bei einer Altersversorgung des Arbeitnehmer-Ehegatten eines Einzelunternehmers anzuwenden sind; es sei denn, der Mitunternehmer-Ehegatte hat in der Personengesellschaft keine beherrschende Stellung und sein Ehegatte wird in der Gesellschaft wie ein fremder Arbeitnehmer beschäftigt (vgl. *Abschnitt 174 a Abs. 5 Satz 2 EStR 1981*).[3]

(2)[4] Eine ernstlich gewollte und dem Grunde nach angemessene Pensionszusage an den Arbeitnehmer-Ehegatten kann regelmäßig angenommen werden, wenn familienfremden Arbeitnehmern eine vergleichbare Pensionszusage eingeräumt oder zumindest ernsthaft angeboten worden ist und diese Arbeitnehmer

1. nach ihren Tätigkeits- und Leistungsmerkmalen mit dem Arbeitnehmer-Ehegatten vergleichbar sind oder eine geringerwertige Tätigkeit als der Arbeitnehmer-Ehegatte ausüben,
2. im Zeitpunkt der Pensionszusage oder des entsprechenden ernsthaften Angebots dem Betrieb nicht wesentlich länger angehört haben als der Arbeitnehmer-Ehegatte in dem Zeitpunkt, in dem ihm die Pensionszusage erteilt wird und
3. kein höheres Pensionsalter als der Arbeitnehmer-Ehegatte haben.

Die Pensionszusage an den Arbeitnehmer-Ehegatten ist nicht anzuerkennen, wenn sie zu einem Lebensalter erteilt wird, zu dem einem familienfremden Arbeitnehmer keine Pensionszusage mehr eingeräumt oder ernsthaft angeboten würde, weil seine aktive Dienstzeit in absehbarer Zeit endet.

Ein ernsthaftes Angebot liegt vor, wenn das Angebot an den familienfremden Arbeitnehmer eindeutige und objektive Bestimmungen enthält und der Arbeitnehmer durch Annahme des Angebots einen Rechtsanspruch auf Zahlung einer betrieblichen Altersversorgung erlangen würde (z. B. Angebot der betrieblichen Altersversorgung als zusätzliche Entlohnung, nicht als Ausgleich für den Verzicht auf einen Teil des Gehalts, BFH-Urteil vom 24. 11. 1982 – BStBl. 1983 II S. 406; Gleichbehandlung des mitarbeitenden Ehegatten und der familienfremden Arbeitnehmer bei der Festlegung der Voraussetzungen zur Erlangung der betrieblichen Altersversorgung).[5]

Werden neben dem Arbeitnehmer-Ehegatten keine weiteren Arbeitnehmer beschäftigt oder wird eine der Tätigkeit des Arbeitnehmer-Ehegatten

---

[1] Vgl. auch BFH v. 21. 4. 1988 (BStBl. II S. 883).
[2] Vgl. jetzt H 6 a (1) EStH.
[3] Vgl. jetzt R 4.8 Abs. 2 EStR.
[4] Vgl. BFH v. 10. 3. 1993 (BStBl. II S. 604).
[5] Siehe hierzu BMF v. 9. 1. 1986, BStBl. I S. 7 (Nr. **1** § 6 a/2).

gleichwertige Tätigkeit von anderen Arbeitnehmern im Betrieb nicht ausgeübt und Arbeitnehmern mit geringerwertiger Tätigkeit keine Pensionszusage gewährt oder ernsthaft angeboten, so ist die Pensionszusage an den Arbeitnehmer-Ehegatten in der Regel als ernstlich gewollt und dem Grunde nach angemessen anzuerkennen, wenn nach Würdigung der Gesamtumstände eine hohe Wahrscheinlichkeit dafür spricht, daß der Steuerpflichtige auch einen fremden Arbeitnehmer mit den Funktions- und Leistungsmerkmalen des tätigen Ehegatten eine solche Versorgung eingeräumt haben würde. Hiervon kann z. B. ausgegangen werden, wenn der Arbeitnehmer-Ehegatte die Tätigkeit eines ausgeschiedenen fremden Arbeitnehmers ausübt, dem der Steuerpflichtige eine Pensionszusage gewährt oder ernsthaft angeboten hatte. Das gleiche gilt, wenn zwar der Arbeitnehmer-Ehegatte für eine Zwischenzeit aus dem Betrieb ausgeschieden ist, aber dem dafür eingestellten fremden Arbeitnehmer eine entsprechende Versorgung eingeräumt oder ernsthaft angeboten worden ist. Die Pensionszusage ist nicht anzuerkennen, wenn als Pensionsaltersgrenze, sofern der Ehemann der Arbeitnehmer-Ehegatte ist, ein Alter unter 63 Jahren und, sofern die Ehefrau der Arbeitnehmer-Ehegatte ist, ein Alter unter 60 Jahren festgelegt ist, es sei denn, daß ein niedrigeres Pensionsalter bei familienfremden Arbeitnehmern im Betrieb üblich ist. Bei Pensionszusagen an Schwerbehinderte ist das *BMF-Schreiben vom 10. 8. 1982 (BStBl. I S. 667)*[1] anzuwenden.

(3) Absatz 2 gilt auch bei Teilzeitbeschäftigung, wenn Pensionszusagen an Teilzeitbeschäftigte im Betrieb eingeräumt oder ernsthaft angeboten worden sind oder wenn im Falle des Absatzes 2 Satz 4 nach Würdigung der Gesamtumstände eine hohe Wahrscheinlichkeit dafür spricht, daß der Steuerpflichtige eine solche Versorgung einem teilzeitbeschäftigten fremden Arbeitnehmer erteilt haben würde, mit dem ihn keine familiären Beziehungen verbinden. Bei Aushilfs- oder Kurzbeschäftigung des Arbeitnehmer-Ehegatten ist eine ihm gegebene Pensionszusage dem Grunde nach nicht anzuerkennen, da bei einer derartigen Beschäftigung Pensionszusagen nicht üblich sind.

(4) Die Angemessenheit der Pensionszusagen an den Arbeitnehmer-Ehegatten der Höhe nach ist ebenfalls regelmäßig durch Vergleich mit Pensionszusagen oder den entsprechenden ernsthaften Angeboten an familienfremde Arbeitnehmer zu prüfen. Werden keine familienfremden Arbeitnehmer beschäftigt oder wird familienfremden Arbeitnehmern mit einer geringerwertigen Tätigkeit als der des Arbeitnehmer-Ehegatten keine oder eine gegenüber dem Arbeitnehmer-Ehegatten niedrigere Pensionszusage gegeben, so ist die Pensionszusage der Höhe nach nur dann angemessen, wenn die zugesagten Leistungen der betrieblichen Altersversorgung zusammen mit einer zu erwartenden Sozialversicherungsrente 75 v. H. des letzten steuerlich anzuerkennenden Arbeitslohns des Arbeitnehmer-Ehegatten nicht übersteigen. Bei der Ermittlung des Arbeitslohns ist auf die Verhältnisse am jeweiligen Bilanzstichtag abzustellen. Zur Ermittlung der zu erwartenden Sozialversicherungsrente wird auf *Abschnitt 41 Abs. 15 EStR 1981*[2] hingewiesen. In Fällen, in denen eine gesetzli-

---

[1] Aufgehoben mWv 1. 1. 2005 durch BMF v. 29. 3. 2007, BStBl. I S. 369.

[2] Jetzt R 6 a Abs. 14 EStR.

che Rentenversicherung besteht, kann aus Vereinfachungsgründen von der Einhaltung der 75-v. H.-Grenze ausgegangen werden, wenn die zugesagten Leistungen der betrieblichen Altersversorgung 30 v. H. des letzten steuerlich anzuerkennenden Arbeitslohns nicht übersteigen.

(5)[1] Die in Absatz 1 Nr. 3 genannte Voraussetzung für die Rückstellungsbildung, daß der Arbeitgeber-Ehegatte aller Voraussicht nach tatsächlich aus der Pensionszusage in Anspruch genommen werden wird, liegt bei Einzelunternehmen, die nach ihrer Art und Größe weitgehend von der Arbeitskraft des Arbeitgeber-Ehegatten abhängen, nur vor, wenn die späteren Pensionszahlungen nach Einstellung des Einzelunternehmens oder nach Aufgabe der Unternehmenstätigkeit des Arbeitgeber-Ehegatten sichergestellt sind. Anhaltspunkte für die Sicherstellung späterer Pensionszahlungen können der Abschluß einer Rückdeckungsversicherung, die vertragliche Vereinbarung über die Leistung von Pensionszahlungen durch den Nachfolger des Unternehmens oder für den Fall vorzeitiger Betriebsbeendigung die Vereinbarung einer Kapitalabfindung statt laufender Pensionszahlungen sein (vgl. BFH-Urteile vom 15. 7. 1976 – BStBl. 1977 II S. 112 und vom 26. 10. 1982 – BStBl. 1983 II S. 209).

## II. Rückdeckungsversicherung

Prämienzahlungen für eine Rückdeckungsversicherung einer Pensionszusage an den Arbeitnehmer-Ehegatten können als Betriebsausgaben behandelt werden, soweit auch die Pensionszusage nach Abschnitt I als rückstellungsfähig anerkannt wird. Wegen der Aktivierung des Rückdeckungsanspruchs gilt *Abschnitt 41 Abs. 25 EStR 1981.*[2]

## III. Voraussetzungen für die Anerkennung von Direktversicherungsbeiträgen als Betriebsausgaben

(1) Im Rahmen eines steuerlich anzuerkennenden Arbeitsverhältnisses sind Beiträge des Arbeitgebers zu einer Direktversicherung zugunsten des im Betrieb mitarbeitenden Ehegatten als Betriebsausgaben abziehbar, wenn

1. die Verpflichtung aus der Zusage der Direktversicherung ernstlich gewollt sowie klar und eindeutig vereinbart und
2. die Zusage dem Grunde nach angemessen ist.[3]

Liegen diese Voraussetzungen vor, sind die Versicherungsbeiträge insoweit abziehbar, als sie der Höhe nach angemessen sind (vgl. BFH-Urteil vom 30. 3. 1983, BStBl. II S. 664).

---

[1] Vgl. auch BFH v. 29. 5. 1984 (BStBl. II S. 661) und v. 27. 10. 1993 (BStBl. 1994 II S. 111).

[2] Jetzt R 6 a Abs. 23 EStR.

[3] Vgl. auch BFH v. 21. 8. 1984 (BStBl. 1985 II S. 124) und v. 17. 4. 1986 (BStBl. II S. 559).

(2) Eine ernstlich gewollte und dem Grunde nach angemessene Versorgungszusage kann regelmäßig angenommen werden, wenn auch familienfremden Arbeitnehmern, die

1. nach ihren Tätigkeits- und Leistungsmerkmalen mit dem Arbeitnehmer-Ehegatten vergleichbar sind oder eine geringerwertige Tätigkeit als der Arbeitnehmer-Ehegatte ausüben und
2. im Zeitpunkt des Abschlusses oder des ernsthaften Angebots der Versicherung auf ihr Leben dem Betrieb nicht wesentlich länger angehört haben als der Arbeitnehmer-Ehegatte in dem Zeitpunkt, in dem die Versicherung auf sein Leben abgeschlossen wird,

eine vergleichbare Direktversicherung eingeräumt oder ernsthaft angeboten worden ist. Wird z. B. eine Direktversicherung zugunsten des Arbeitnehmer-Ehegatten bei Beginn des Ehegatten-Arbeitsverhältnisses abgeschlossen, zugunsten familienfremder Arbeitnehmer aber erst nach längerer Betriebszugehörigkeit, so kann die Direktversicherung zugunsten des Ehegatten steuerlich nicht anerkannt werden. Die Direktversicherung muß dem familienfremden Arbeitnehmer als eine zusätzliche Entlohnung eingeräumt oder ernsthaft angeboten worden sein. Eine eingeräumte oder angebotene Direktversicherung etwa unter der Bedingung, einen Teil des Gehalts für die Beiträge zu einer Direktversicherung einzubehalten, ist beim betrieblichen Vergleich nicht zu berücksichtigen (BFH-Urteil vom 24. 11. 1982 – BStBl. 1983 II S. 406). Die Ausführungen in Abschnitt I Abs. 2 Sätze 2 bis 6 sind entsprechend anzuwenden. Abschnitt I Abs. 2 Satz 7 gilt entsprechend mit der Maßgabe, daß an die Stelle der dort genannten Altersgrenze von 63 Jahren für Direktversicherungen eine Altersgrenze von 60 Jahren tritt.[1)]

(3) Die Ausführungen in Absatz 2 gelten auch bei Teilzeitbeschäftigung des Arbeitnehmer-Ehegatten, soweit Direktversicherungen an Teilzeitbeschäftigte im Betrieb eingeräumt oder ernsthaft angeboten worden sind oder wenn nach Würdigung der Gesamtumstände eine hohe Wahrscheinlichkeit dafür spricht, daß der Steuerpflichtige eine solche Versorgung einem teilzeitbeschäftigten fremden Arbeitnehmer erteilt haben würde, mit dem ihn keine familiären Beziehungen verbinden. Bei Aushilfs- oder Kurzbeschäftigung des Arbeitnehmer-Ehegatten ist eine zu seinen Gunsten abgeschlossene Direktversicherung steuerlich nicht anzuerkennen, da bei einer derartigen Beschäftigung Direktversicherungen nicht üblich sind.

(4) Die Angemessenheit der Beiträge zu einer Direktversicherung zugunsten des Arbeitnehmer-Ehegatten der Höhe nach ist regelmäßig durch Vergleich mit Beiträgen zu Direktversicherungen oder den entsprechenden ernsthaften Angeboten auf Abschluß einer Direktversicherung zugunsten familienfremder Arbeitnehmer zu prüfen. Werden keine familienfremden Arbeitnehmer beschäftigt oder werden nur Arbeitnehmer beschäftigt, deren Tätigkeits- und Leistungsmerkmale nicht mit denen des Arbeitnehmer-Ehegatten vergleichbar sind und ist für diese keine Direktversicherung abgeschlossen oder ernsthaft angeboten worden, so ist die Angemessenheit der Versicherungsbeiträge der Höhe nach zu bejahen, wenn

---

1) Siehe hierzu BMF v. 9. 1. 1986, BStBl. I S. 7 (Nr. **1** § 6 a/2).

– die geleisteten Beiträge für die Direktversicherung – im Falle einer Einmalprämie der auf das Kalenderjahr entfallende Teil – zusammen mit dem tatsächlich gezahlten Arbeitsentgelt insgesamt nicht zu einer überhöhten Lohnzahlung führen (vgl. BFH-Urteil vom 30. 3. 1983, BStBl. II S. 664) und
– die Leistungen der betrieblichen Altersversorgung (bei einem Kapitalbetrag der Jahreswert der vergleichbaren Rente, der aus Vereinfachungsgründen unter Berücksichtigung des Fälligkeitstermins durch Anwendung der *Anlage 9 zu § 14 BewG*[1] umgerechnet werden kann) zusammen mit einer zu erwartenden Sozialversicherungsrente 75 v. H. des letzten steuerlich anzuerkennenden Arbeitslohns[2] des Arbeitnehmer-Ehegatten nicht übersteigen. Bei der Ermittlung des Arbeitslohns ist auf die Verhältnisse am jeweiligen Bilanzstichtag abzustellen. Zur Ermittlung der zu erwartenden Sozialversicherungsrente wird auf *Abschnitt 41 Abs. 15 EStR 1981*[3] hingewiesen. Die Ausführungen in Abschnitt I Abs. 4 Satz 5 sind entsprechend anzuwenden.

Künftige Beitragsrückerstattungen, die die Versicherungsleistung (Kapital oder Rente) erhöhen, sind wegen des Stichtagsprinzips nicht zu berücksichtigen.

(5) Der Versicherungsanspruch einer nach Absatz 1 anzuerkennenden Direktversicherung ist auch bei Ehegatten-Arbeitsverhältnissen insoweit zu aktivieren, als in einem Betrieb die Versicherungsverträge zugunsten familienfremder verheirateter Arbeitnehmer den Arbeitgeber als Bezugsberechtigten bezeichnen *(Abschnitt 26 Abs. 2 EStR 1981)*[4]. Bei Beleihung oder Abtretung der Ansprüche aus dem zugunsten des Arbeitnehmer-Ehegatten abgeschlossenen Versicherungsvertrags gilt *Abschnitt 26 Abs. 4 und 5 EStR 1981*[5].

## IV. Andere Formen der Zukunftssicherung

Die Ausführungen in den Abschnitten I und III gelten sinngemäß für Zuwendungen des Arbeitgeber-Ehegatten an eine Pensions- oder Unterstützungskasse zugunsten eines Arbeitnehmer-Ehegatten sowie für die Übernahme von Beiträgen zur freiwilligen Höherversicherung und Weiterversicherung in der gesetzlichen Rentenversicherung.

## V. Erstmalige Anwendung

Die Regelungen in den Abschnitten I bis IV sind für alle noch nicht bestandskräftigen Veranlagungen anzuwenden. Das BMF-Schreiben vom 1. 2. 1977 IV B 1 – S 2176 – 6/77 (BStBl. I S. 56) wird aufgehoben.

[1] Siehe nunmehr § 14 BewG neue Fassung sowie Nr. **200** § 14/1, 2.
[2] Siehe hierzu BMF v. 9. 1. 1986, BStBl. I S. 7 (Nr. **1** § 6 a/2).
[3] Jetzt R 6 a Abs. 14 EStR.
[4] Jetzt R 4 b Abs. 2 EStR.
[5] Jetzt R 4 b Abs. 4 EStR und H 4 b EStH.

## **1** § 6a/2. Schreiben betr. steuerrechtliche Behandlung von Aufwendungen des Arbeitgebers für die betriebliche Altersversorgung des im Betrieb mitarbeitenden Ehegatten

Vom 9. Januar 1986 (BStBl. I S. 7)

(BMF IV B 1 – S 2176 – 2/86)

Unter Bezugnahme auf das Ergebnis der Erörterungen mit den obersten Finanzbehörden der Länder sind seit der Veröffentlichung des BMF-Schreibens vom 4. 9. 1984 – BStBl. I S. 495[1] – aufgetretene weitere Fragen zur betrieblichen Altersversorgung des im Betrieb mitarbeitenden Ehegatten steuerrechtlich wie folgt zu behandeln (zum besseren Verständnis wird auf die entsprechenden Abschnitte des o. a. BMF-Schreibens Bezug genommen):

**Zu Abschnitt I Absatz 2 Satz 3:**

Die betriebliche Altersversorgung des mitarbeitenden Ehegatten in Form einer Gehaltsumwandlung ist dem Grunde nach anzuerkennen, wenn die Altersversorgung den im Betrieb beschäftigten, mit dem Arbeitnehmer-Ehegatten vergleichbaren familienfremden Arbeitnehmern ernsthaft angeboten wird. Wird die Altersversorgung den familienfremden Arbeitnehmern in Form einer Gehaltsumwandlung, dem Arbeitnehmer-Ehegatten aber als zusätzliche Entlohnung angeboten, so ist die Anerkennung der betrieblichen Altersversorgung für den mitarbeitenden Arbeitnehmer-Ehegatten zu versagen (vgl. Abschnitt I Absatz 2 Satz 3 des BMF-Schreibens vom 4. 9. 1984). Werden im Betrieb keine oder keine mit dem Arbeitnehmer-Ehegatten vergleichbaren familienfremden Arbeitnehmer beschäftigt, ist die Zusage einer Altersversorgung für den Arbeitnehmer-Ehegatten im Falle der Gehaltsumwandlung als betrieblich veranlaßt anzuerkennen, wenn die Zusage nach den Grundsätzen des BMF-Schreibens vom 4. 9. 1984 ernstlich gewollt und dem Grunde und der Höhe nach angemessen ist.

**Zu Abschnitt I Absatz 2 Satz 7:**

Der steuerlichen Anerkennung einer Pensionszusage an den Arbeitnehmer-Ehegatten steht es nicht entgegen, wenn die Leistung der Versorgungsbezüge, sofern der Ehemann der Arbeitnehmer-Ehegatte ist, nach Vollendung des 62. Lebensjahrs und, sofern die Ehefrau der Arbeitnehmer-Ehegatte ist, nach Vollendung des 59. Lebensjahrs vereinbart worden ist.

---

[1] Nr. **1** § 6a/1.

**Zu Abschnitt III Absatz 2 letzter Satz:**

Der steuerlichen Anerkennung von Direktversicherungsbeiträgen steht nicht entgegen, wenn die Versicherung auf den Erlebensfall nach Vollendung des 59. Lebensjahrs abgeschlossen worden ist.

**Zu Abschnitt III Absatz 4 2. Tiret:**

Der Begriff des „letzten steuerlich anzuerkennenden Arbeitslohns" bestimmt sich nach § 19 Abs. 1 EStG und § 2 LStDV. Deshalb sind auch neben dem normalen Arbeitslohn steuerpflichtige sonstige Bezüge und Vorteile (z.B. Weihnachtszuwendungen, Urlaubsgeld, Erfolgsprämien usw.) einzubeziehen. Dies gilt auch für Zukunftssicherungsleistungen, die nach §§ 40a und 40b EStG pauschal besteuert werden – *abzüglich des steuerfreien Betrags von 312,– DM jährlich nach § 3 Nr. 62 EStG bzw. § 2 Abs. 3 Nr. 2 LStDV (vgl. § 2 Abs. 2 LStDV).*[1] Anders ist es, wenn der Arbeitnehmer-Ehegatte von der Sozialversicherung befreit ist und die Direktversicherung an die Stelle der gesetzlichen Rentenversicherung zur Altersversorgung tritt. In diesem Fall sind für die Berechnung der Angemessenheit der Höhe nach die Beiträge zur Lebensversicherung grundsätzlich je zur Hälfte aufzuteilen in Arbeitgeber- und Arbeitnehmerbeiträge. Soweit die anteiligen Prämien die Funktion der Arbeitnehmerbeiträge erfüllen, stellen sie – unbeschadet ihrer lohnsteuerrechtlichen Behandlung – zusätzlich laufenden Arbeitslohn dar. Die Beiträge, die anstelle der Arbeitgeberbeiträge aufgewendet werden, sind demnach nicht als zusätzlicher laufender Arbeitslohn zu behandeln (vgl. BFH-Urteil vom 30. 3. 1983 – BStBl. II S. 664).

---

[1] Steuerbefreiung ab VZ 1990 weggefallen.

# 1 § 6a/3. Schreiben betr. steuerliche Gewinnermittlung; Maßgebendes Finanzierungsendalter bei der Bewertung von Pensionsrückstellungen nach § 6a EStG und von Rückstellungen für Zuwendungen anlässlich eines Dienstjubiläums

Vom 2. Mai 2022

BMF IV C 6 - S 2176/20/10005 :001; DOK 2022/0457721

(BStBl. I S. 631)

**Bezug:** Einkommensteuer-Richtlinie R 6a Abs. 11 Satz 10 EStR 2012; BMF-Schreiben vom 8. Dezember 2008 (BStBl. I S. 1013); BFH-Urteil vom 20. November 2019 (BStBl. 2020 II S. 271)

Der Bundesfinanzhof (BFH) hat mit Urteil XI R 42/18 vom 20. November 2019 (BStBl. 2020 II S. 271) entschieden, dass bei verschiedenen gegenüber einem Arbeitnehmer im Rahmen von Entgeltumwandlungen erteilten Pensionszusagen mit jeweils unterschiedlichen Pensionsaltern nach Wahl des Berechtigten hinsichtlich des jeweiligen Finanzierungsendalters auf den in den einzelnen Zusagen festgelegten Leistungszeitpunkten abzustellen ist.

Nach Abstimmung mit den obersten Finanzbehörden der Länder sind die Grundsätze des BFH-Urteils in allen noch offenen Fällen unter Berücksichtigung der folgenden Änderungen anzuwenden:

## 1. Bewertung von Pensionsrückstellungen nach § 6a EStG, zweites Wahlrecht gemäß R 6a Abs. 11 Satz 3 ff. EStR 2012

Nach R 6a Abs. 11 Satz 10 EStR 2012 gilt die gegenüber einem Pensionsberechtigten getroffene Wahl des bei der Ermittlung des Teilwertes zu berücksichtigenden Pensionsalters einheitlich für die gesamte Pensionsverpflichtung einschließlich eventueller Entgeltumwandlungen. Diese Regelung ist nicht weiter anzuwenden. Das zweite Wahlrecht kann für unterschiedliche Pensionszusagen des Berechtigten unabhängig voneinander ausgeübt werden. Wurde bei der Teilwertermittlung einer Versorgungsverpflichtung das Pensionsalter unter Bezugnahme auf R 6a Abs. 11 Satz 10 EStR 2012 in Übereinstimmung mit einer weiteren gegenüber dem Berechtigten erteilten Zusage angesetzt, kann das zweite Wahlrecht nach R 6a Abs. 11 Satz 3 EStR spätestens in der Bilanz des nach dem 29. Juni 2023 endenden Wirtschaftsjahres einmalig neu ausgeübt oder eine frühere Ausübung dieses Wahlrechtes zurückgenommen werden; R 6a Abs. 11 Satz 15 EStR 2012 ist zu beachten.

## 2. Rückstellungen für Zuwendungen anlässlich eines Dienstjubiläums (sog. Jubiläumsrückstellungen)

Bei der Bewertung von Rückstellungen für Zuwendungen anlässlich eines Dienstjubiläums (Jubiläumsrückstellungen) ist nach Randnummer 8 Satz 2 des BMF-Schreibens vom 8. Dezember 2008 (BStBl. I S. 1013)[1] in den Fällen, in denen für den Begünstigten neben den Jubiläumsleistungen auch eine Pensionszusage besteht, dasselbe Alter zu berücksichtigen, das nach R 6a Abs. 11 EStR 2012 bei der Bewertung der Pensionsrückstellung angesetzt wird. Diese

[1] Nr. 1 § 5/2.

Regelung ist nicht weiter anzuwenden. Für die Bestimmung des Zeitpunktes, zu dem der Begünstigte wegen des Eintritts in den Ruhestand aus dem Unternehmen ausscheidet, ist ausschließlich das dienstvertragliche Pensionsalter, spätestens die jeweilige Regelaltersgrenze in der gesetzlichen Rentenversicherung zugrunde zu legen (Randnummer 8 Satz 1 des o.g. BMF-Schreibens vom 8. Dezember 2008, BStBl. I S. 1013)[1].

---

[1] Nr. **1** § 5/2.

# I § 6 a/4. Schreiben betr. betriebliche Altersversorgung; Berücksichtigung von Renten aus der gesetzlichen Rentenversicherung bei der bilanzsteuerrechtlichen Bewertung von Pensionsverpflichtungen und bei der Ermittlung der als Betriebsausgaben abzugsfähigen Zuwendungen an Unterstützungskassen (sog. Näherungsverfahren)

Vom 15. März 2007 (BStBl. I S. 290)

(BMF IV B 2 – S 2176/07/0003; DOK 2007/0111221)

Bezug: BMF v. 16. Dezember 2005 (BStBl. I S. 1056)

Geändert durch BMF v. 5. 5. 2008 (BStBl. I S. 570)

**2 Anlagen**

Unter Bezugnahme auf das Ergebnis der Erörterung mit den obersten Finanzbehörden der Länder gilt für die Berücksichtigung von Renten aus der gesetzlichen Rentenversicherung bei der Berechnung von Pensionsrückstellungen nach § 6 a EStG und der Ermittlung der als Betriebsausgaben abzugsfähigen Zuwendungen an Unterstützungskassen nach § 4 d EStG Folgendes:

## I. Pensionsrückstellungen

Pensionszusagen sehen häufig eine volle oder teilweise Anrechnung von 1
Renten aus der gesetzlichen Rentenversicherung auf die betrieblichen Renten oder eine Begrenzung der Gesamtversorgung aus betrieblichen Renten und Renten aus der gesetzlichen Rentenversicherung vor. Die Pensionsrückstellungen dürfen in diesen Fällen nur auf der Grundlage der von den Unternehmen nach Berücksichtigung der Renten aus der gesetzlichen Rentenversicherung und der Begrenzung der Gesamtversorgung tatsächlich noch zu zahlenden Beträge berechnet werden. Die genaue Berücksichtigung der Renten aus der gesetzlichen Rentenversicherung bereitet in der Praxis erhebliche Schwierigkeiten, da sich bei der geltenden Rentenformel die künftig zu erwartende Rente aus der gesetzlichen Rentenversicherung eines noch aktiven Arbeitnehmers nur schwer errechnen lässt. Aus diesem Grund ist ein Näherungsverfahren zur Anrechnung der Renten aus der gesetzlichen Rentenversicherung bei der Berechnung der Pensionsrückstellungen nach § 6 a EStG zugelassen, vgl. gleichlautende Erlasse der obersten Finanzbehörden der Länder vom 4. Oktober 1968 (BStBl. I S. 1145) und BMF-Schreiben vom 27. November 1970 (BStBl. I S. 1072), 18. Juni 1973 (BStBl. I S. 529), 28. Juli 1975 (BStBl. I S. 767), 3. Mai 1979 (BStBl. I S. 273), 22. Januar 1981 (BStBl. I S. 41), 23. April 1985 (BStBl. I S. 185), 10. Dezember 1990 (BStBl. I S. 868), 31. Oktober 1996 (BStBl. I S. 1195), 30. Dezember 1997 (BStBl. I S. 1024), 8. Februar 1999 (BStBl. I S. 212), 17. Juli 2000 (BStBl. I S. 1197), 5. Oktober 2001 (BStBl. I S. 661), 10. Januar 2003 (BStBl. I S. 76), 16. August 2004 (BStBl. I S. 849) und 16. Dezember 2005 (BStBl. I S. 1056). Dieses Näherungsverfahren ist erneut anzupassen.

Es bestehen keine Bedenken, folgendes Verfahren anzuwenden:

## 1. Näherungsformel

2 Die im Alter x maßgebende Monatsrente eines Arbeitnehmers aus der allgemeinen Rentenversicherung wird bei der Berechnung der Pensionsrückstellung nach der Formel

$R_x = EP_x \cdot AR \cdot ZF_x$

ermittelt. Dabei bedeuten:

| | |
|---|---|
| $EP_x$ = | die im Alter x maßgebenden Entgeltpunkte (vgl. Randnummer 3), |
| AR = | der am Bilanzstichtag maßgebende aktuelle Rentenwert (§ 68 SGB VI) und |
| $ZF_x$ = | der im Alter x maßgebende Zugangsfaktor (vgl. Randnummer 12). |

## 2. Maßgebende Entgeltpunkte

3 Bezeichnet $t_0$ das Alter des Arbeitnehmers am Bilanzstichtag und $x_0$ sein maßgebliches fiktives Versicherungsbeginnalter (vgl. Randnummer 5), werden für die bis zum Alter x ($x \geq x_0$) aufgelaufenen Entgeltpunkte $EP_x$ folgende Näherungen getrennt für die Vergangenheit und die Zukunft herangezogen.

Für die in der Vergangenheit bis zum Alter $t_0$ (höchstens das Prognosealter x) erworbenen Entgeltpunkte $V_{t_0,x}$ gilt mit t: = min{ $t_0;x$ } die Schätzung:

$$V_{t_o,x} = \max\left(t - x_o;0\right) \cdot \left(0{,}0831 + 0{,}7748 \cdot \frac{\min\{0{,}9 \cdot BBG;G\}}{GD} \cdot B_t\right)$$

Für die Zukunft ab Alter $t_0$ bis zum Prognosealter x wird der Erwerb weiterer Entgeltpunkte in Höhe von $Z_{t_0,x}$: unterstellt. Hierfür gilt:

$$Z_{t_o,x} = \max\left\{x - t_o;0\right\} \cdot \frac{\min\{G;BBG\}}{GD}$$

Als Näherung für die im Alter x maßgebenden Entgeltpunkte gilt dann unter Berücksichtigung von Zurechnungszeiten (vgl. Randnummer 4):

$$EP_x = \left(V_{t_o,x} + Z_{t_o,x}\right) \cdot \left(1 + \frac{\max\{60 - x;0\}}{x - x_0}\right)$$

Zur Berücksichtigung der allgemeinen Wartezeit von 5 Jahren (§ 50 SGB VI) ist zusätzlich zu setzen:

$EP_x = 0$ für $x < x_0 + 5$

In den Formeln bedeuten:

| | | |
|---|---|---|
| G | = | die für den Arbeitnehmer am Bilanzstichtag maßgebenden Bezüge (vgl. Randnummern 9 bis 11), |
| GD | = | das am Bilanzstichtag maßgebende vorläufige Durchschnittsentgelt im Sinne von § 69 Abs. 2 Nr. 2 SGB VI, |

| | | |
|---|---|---|
| BBG | = | die am Bilanzstichtag maßgebende Beitragsbemessungsgrenze in der allgemeinen Rentenversicherung (§ 159 SGB VI) und |
| $B_t$ | = | den BBG-Faktor (vgl. Randnummer 13). |

### 3. Maßgebendes Versicherungsbeginnalter

Als Versicherungsjahr zählt bei einem in der gesetzlichen Rentenversicherung versicherten Arbeitnehmer jedes Lebensjahr nach Vollendung des fiktiven Versicherungsbeginnalters $x_0$. Dabei ergibt sich $x_0$ in Abhängigkeit vom Verhältnis G/GD der maßgebenden Bezüge zum Durchschnittsentgelt am Bilanzstichtag aus folgender Tabelle: 4

| G/GD | $x_0$ |
|---|---|
| bis 0,4 | 18 |
| über 0,4 bis 0,7 | 19 |
| über 0,7 bis 1,1 | 20 |
| über 1,1 bis 1,3 | 21 |
| über 1,3 bis 1,5 | 22 |
| über 1,5 bis 1,7 | 23 |
| über 1,7 | 24 |

Für Versicherungsfälle im Altersbereich unter 60 Jahren ist die Zurechnungszeit (§ 59 SGB VI) einzubeziehen. Als Zurechnungszeit gilt die Zeit vom Eintritt des Versicherungsfalles bis zur Vollendung des 60. Lebensjahres. Sind nach den gleichlautenden Ländererlassen vom 4. Oktober 1968 (hier: Abs. 2, Abschnitt A Nr. 2 bis 4) versicherungsfreie Jahre festgestellt worden, vermindern sich die Versicherungsjahre ab Alter $x_0$ um die Zahl der versicherungsfreien Jahre.

Wird ein Arbeitsverhältnis gegenüber einem Arbeitnehmer neu begründet, dessen maßgebende Bezüge zu diesem Zeitpunkt die Beitragsbemessungsgrenze übersteigen, gelten die Kalenderjahre ab 1963, höchstens jedoch die nach dem Alter $x_0$ zurückgelegten Lebensjahre als Versicherungsjahre. Im Fall der Übernahme einer Pensionsverpflichtung durch den neuen Arbeitgeber sind statt dessen die bisher zulässigerweise berücksichtigten versicherungsfreien Jahre anzusetzen. Die Zurechnungszeit ist entsprechend den Bestimmungen in Randnummer 4 zu berücksichtigen. 5

Ist ein Angestellter auch nach dem 1. Januar 1968 von der Versicherungspflicht in der gesetzlichen Rentenversicherung befreit, sind die Kalenderjahre, in denen nach dem 1. Januar 1968 Versicherungsfreiheit bestand, nicht als Versicherungsjahre zu berücksichtigen. Besteht Versicherungsfreiheit am Bewertungsstichtag, ist davon auszugehen, dass die Versicherungsfreiheit bis zum Ende des Beschäftigungsverhältnisses andauert. 6

Hat ein Arbeitnehmer in nicht versicherungspflichtigen Zeiten Ansprüche aufgrund von freiwilligen Beitragszahlungen zur gesetzlichen Rentenversicherung erworben, die bei Bemessung der betrieblichen Rente berücksichtigt werden, gelten diese Zeiten nicht als versicherungsfreie Jahre. 7

Ist in der Pensionszusage anstelle der Anrechnung der Rente aus der gesetzlichen Rentenversicherung die Anrechnung einer befreienden Lebensversi- 8 cherung vorgesehen, ist es nicht zu beanstanden, wenn – unabhängig von der Art der Anrechnung für die Lebensversicherung – die Zeiten der Beitragszahlung zur Lebensversicherung als Versicherungsjahre berücksichtigt werden.

### 4. Maßgebende Bezüge

9 Als maßgebende Bezüge gelten die für die Beitragsbemessung in der gesetzlichen Rentenversicherung maßgebenden Bruttobezüge. Dabei sind einmalige Zahlungen (wie z. B. zusätzliche Urlaubsvergütungen, Weihnachtsgratifikationen, Ergebnisbeteiligungen, Tantiemen o. ä.) nur insoweit einzubeziehen, als sie nach den sozialversicherungsrechtlichen Bestimmungen zu Rentenleistungen führen.

10 Die maßgebenden Bezüge und die Beitragsbemessungsgrenze in der allgemeinen Rentenversicherung (vgl. § 159 SGB VI) sind nach den Verhältnissen des Bilanzstichtages zu ermitteln. Dabei sind die das Stichtagsprinzip betreffenden Regelungen von R 6 a Abs. 17 *EStR 2005*[1] zu beachten.

11 Die maßgebenden Bezüge sind für jede einzelne Verpflichtung nach Maßgabe der Randnummern 9 und 10 zu berücksichtigen. Es ist nicht zu beanstanden, wenn die maßgebenden Bezüge oder einzelne Bestandteile davon (z. B. Überstundenvergütungen, einmalige Zahlungen), die nur unter Schwierigkeiten ermittelt werden können, für Gruppen pensionsberechtigter Arbeitnehmer eines Betriebes, deren Beschäftigungs- und Vergütungsmerkmale sich annähernd entsprechen, mit einem einheitlichen Vervielfältiger aus den feststehenden pensionsfähigen Bezügen oder den feststehenden Grundbezügen näherungsweise ermittelt werden. Zur Vermeidung von Schwankungen bei der Rückstellungsbildung ist am Bilanzstichtag jeweils das arithmetische Mittel aus den zum Bilanzstichtag und zu den vier vorhergehenden Bilanzstichtagen (soweit ermittelt) gültigen Vervielfältigern anzuwenden. In gleicher Weise kann bei der Berechnung von Bezügen verfahren werden, die für die Limitierung der betrieblichen Renten und der Renten aus der gesetzlichen Rentenversicherung maßgeblich sein sollen.

### 5. Zugangsfaktoren[2]

12 Beim Bezug von Renten aus der gesetzlichen Rentenversicherung sind nach § 63 Abs. 5 i. V.m. § 77 SGB VI folgende Zugangsfaktoren zu berücksichtigen:

– Bei Renten wegen Alters, die mit Ablauf des Kalendermonats des Erreichens oder eines für den Versicherten maßgebenden niedrigeren Rentenalters beginnen, beträgt der Zugangsfaktor 1,0. Er vermindert sich für jeden Monat der vorzeitigen Inanspruchnahme um 0,3 % und erhöht sich für jeden Monat der über die Regelaltersgrenze hinausgeschobenen Inanspruchnahme um 0,5 %. Vor Berechnung der Zugangsfaktoren ist sowohl die Regelaltersgrenze als auch das gewählte Finanzierungsendalter auf volle Jahre zu runden.

– Bei Renten wegen verminderter Erwerbsfähigkeit oder wegen Todes ist der Zugangsfaktor für jeden Monat, für den der Versicherungsfall vor der Voll-

[1] Jetzt: EStR 2012.

[2] Rz. 12 neu gef. durch BMF v. 5. 5. 2008, BStBl. I S. 570. Erstmals anwendbar für Wj. die nach dem 30. 4. 2007 enden, bzw. spätestens für Wj. die nach dem 30. 12. 2008 enden (Übergangszeit); vgl. BMF v. 5. 5. 2008, BStBl. I S. 570, Tz. 3.

endung des 65. Lebensjahres des Arbeitnehmers (Versicherten) eingetreten ist, um 0,3 %, höchstens um 10,8 % niedriger als 1,0.

– Hat der Steuerpflichtige vom zweiten Wahlrecht gemäß R 6 a Abs. 11 *EStR 2005*[1] Gebrauch gemacht, ergeben sich folgende Werte:

a) Für nicht schwerbehinderte männliche Arbeitnehmer gelten die folgenden Pensionsalter und Zugangsfaktoren:

| Geburtsjahrgang | Pensionsalter | Kürzung der Altersrente | Zugangsfaktor |
|---|---|---|---|
| bis 1952 | 63 | 7,2 % | 0,928 |
| ab 1953 bis 1961 | 63 | 10,8 % | 0,892 |
| ab 1962 | 63 | 14,4 % | 0,856 |

Für nicht schwerbehinderte weibliche Arbeitnehmer gelten die folgenden Pensionsalter und Zugangsfaktoren:

| Geburtsjahrgang | Pensionsalter | Kürzung der Altersrente | Zugangsfaktor |
|---|---|---|---|
| bis 1951 | 60 | 18,0 % | 0,820 |
| 1952 | 63 | 7,2 % | 0,928 |
| ab 1953 bis 1961 | 63 | 10,8 % | 0,892 |
| ab 1962 | 63 | 14,4 % | 0,856 |

b) Abweichend hiervon gelten für nicht schwerbehinderte Männer und Frauen, die nach Vollendung des 55. Lebensjahres in Altersteilzeit im Sinne von § 237 SGB VI gegangen sind oder deren Arbeitsverhältnis nach Vollendung des 55. Lebensjahres geendet hat, die folgenden Pensionsalter und Zugangsfaktoren:

| Geburtsjahrgang | Pensionsalter | Kürzung der Altersrente | Zugangsfaktor |
|---|---|---|---|
| 1945 bis Juni 1946 | 60 | 18,0 % | 0,820 |
| Juli 1946 bis Juni 1947 | 61 | 14,4 % | 0,856 |
| Juli 1947 bis Juni 1948 | 62 | 10,8 % | 0,892 |
| Juli 1948 bis 1951 | 63 | 7,2 % | 0,928 |

Steht bei einem männlichen oder weiblichen Arbeitnehmer mit einem Geburtsdatum vor dem 1. Juli 1948, der nach Vollendung des 55. Lebensjahres in Altersteilzeit im Sinne von § 237 SGB VI gegangen ist oder dessen Arbeitsverhältnis nach Vollendung des 55. Lebensjahres geendet hat, aufgrund seines erreichten Alters oder nach den vertraglichen Vereinbarungen im Ausscheidezeitpunkt oder bei Übergang in die Altersteilzeit fest, dass er im frühestens möglichen Zeitpunkt nicht die Voraussetzungen für den Bezug der vorzeitigen Altersrente wegen Arbeitslosigkeit (ein Jahr Arbeitslosigkeit) oder nach Altersteilzeitarbeit (zwei Jahre Alters-

[1] Jetzt: EStR 2012.

teilzeitarbeit) erfüllen kann, erhöht sich das jeweilige Pensionsalter und damit der Zugangsfaktor (maximal 1) entsprechend.

c) Für schwerbehinderte Arbeitnehmerinnen und Arbeitnehmer gelten die folgenden Pensionsalter und Zugangsfaktoren:

| Geburtsjahrgang | Pensionsalter | Kürzung der Altersrente | Zugangsfaktor |
|---|---|---|---|
| bis 1952 | 60 | 10,8 % | 0,892 |
| ab 1953 bis 1961 | 61 | 10,8 % | 0,892 |
| ab 1962 | 62 | 10,8 % | 0,892 |

d) Für Renten wegen verminderter Erwerbsfähigkeit oder wegen Todes ergeben sich die folgenden Zugangsfaktoren:

**Versorgungsfälle bis 2012:**

| Alter im Versicherungsfall | Kürzung der Rente | Zugangsfaktor |
|---|---|---|
| 63 Jahre und älter | 0,0 % | 1,000 |
| 62 Jahre | 1,8 % | 0,982 |
| 61 Jahre | 5,4 % | 0,946 |
| 60 Jahre | 9,0 % | 0,910 |
| 59 Jahre und jünger | 10,8 % | 0,892 |

**Versorgungsfälle von 2013 bis 2021:**

| Alter im Versicherungsfall | Kürzung der Rente | Zugangsfaktor |
|---|---|---|
| 64 Jahre und älter | 0,0 % | 1,000 |
| 63 Jahre | 1,8 % | 0,982 |
| 62 Jahre | 5,4 % | 0,946 |
| 61 Jahre | 9,0 % | 0,910 |
| 60 Jahre und jünger | 10,8 % | 0,892 |

**Versorgungsfälle ab 2022:**

| Alter im Versicherungsfall | Kürzung der Rente | Zugangsfaktor |
|---|---|---|
| 65 Jahre und älter | 0,0 % | 1,000 |
| 64 Jahre | 1,8 % | 0,982 |
| 63 Jahre | 5,4 % | 0,946 |
| 62 Jahre | 9,0 % | 0,910 |
| 61 Jahre und jünger | 10,8 % | 0,892 |

## 6. BBG-Faktor

13 Der BBG-Faktor $B_t$ berücksichtigt die außerordentliche Erhöhung der Beitragsbemessungsgrenze im Jahre 2003 (§ 275 c SGB VI). Für $B_t$ gilt unter Beibehaltung der Bezeichnungen aus Randnummer 3:

Falls G oberhalb 90 v. H. der BBG und $t > x_0$:

$$B_t = 1 + \frac{\min\{G;BBG\} - 0{,}9 \cdot BBG}{0{,}9 \cdot BBG} \cdot \frac{\max(t - \max(x_0;\, t_{2003});0)}{t - x_0}$$

Sonst:
$B_t = 1$
wobei $t_{2003}$ das versicherungstechnische Alter am 1. Januar 2003 bezeichnet.

**7. Grundsatz der Einzelbewertung**

Die Rente aus der gesetzlichen Rentenversicherung ist bei jeder einzelnen Verpflichtung nach Maßgabe der Randnummern 2 bis 13 zu berücksichtigen. 14

**8. Knappschaftsrenten**

Die Bestimmungen der Randnummern 2 bis 14 sind sinngemäß anzuwenden, wenn Renten aus der knappschaftlichen Rentenversicherung bei der Ermittlung der Pensionsrückstellungen berücksichtigt werden müssen. In diesen Fällen sind die im Alter x maßgebenden Entgeltpunkte mit dem Faktor 4/3 zu multiplizieren; es ist die Beitragsbemessungsgrenze der knappschaftlichen Rentenversicherung zugrunde zu legen. Bei den sog. Wanderversicherungen (Versicherungszeiten sowohl in der knappschaftlichen Rentenversicherung als auch in der allgemeinen Rentenversicherung) sind die auf die verschiedenen Versicherungszweige entfallenden Versicherungsjahre getrennt zu bewerten; für künftige Versicherungsjahre sind die am Bilanzstichtag vorliegenden Verhältnisse zu unterstellen. Versicherungsfreie Jahre von Angestellten müssen im Einzelfall nachgewiesen und entsprechend berücksichtigt werden. Sonderregelungen für die Ermittlung von Rentenansprüchen nach der Leistungsordnung des Bochumer Verbandes bleiben unberührt. 15

Die Hinzurechnungszeit ist nach dem Wechsel dem neuen Versicherungszweig zuzuordnen (§ 60 SGB VI). Für Bilanzstichtage nach dem Wechsel von der knappschaftlichen zur allgemeinen Rentenversicherung sind die Entgeltpunkte unter Berücksichtigung der Hinzurechnungszeit für beide Rentenzweige getrennt zu berechnen. Dabei sind im jeweiligen Versicherungszweig nur die dort abgeleisteten Versicherungszeiten zu berücksichtigen. Formelmäßig ergibt sich folgende Darstellung: 16[1)]

$$EP_x^{Gesamt} = EP_x^{Kn} + EP_x^{AV} + EP_x^{HinzuAV}$$

*mit:*

$$EP_x^{Kn} = V_{w_0;x}^{Kn}$$

$$EP_x^{AV} = V_{t_0;\max(w_0;x)}^{AV} + Z_{t_0;x}^{AV}$$

$$EP_x^{HinzuAV} = \left(EP_x^{Kn} + EP_x^{AV}\right) \cdot \frac{\max(60 - x;0)}{x - x_0}$$

$w_0$ = Alter im Zeitpunkt des Wechsels.

[1)] Rz. 16 neu gef. durch BMF v. 5. 5. 2008, BStBl. I S. 570.

Dabei sind das Versicherungsbeginnalter $x_0$ und die Entgeltpunkte auf der Basis der aktuellen Stichtagsgrößen zu ermitteln. Die Höhe der Rentenanwartschaft ergibt sich nach Randnummer 2 wie folgt:

$R_x = \{EP_x^{Kn} \cdot 4/3 + (EP_x^{AV} + EP_x^{HinzuAV})\} \cdot AR \cdot ZF_x$

Bei einem Wechsel von der allgemeinen zur knappschaftlichen Rentenversicherung sind diese Regelungen entsprechend anzuwenden.

### 9. Allgemeine Rentenversicherung im Beitrittsgebiet (Ost)

17 In den ostdeutschen Bundesländern (sog. Beitrittsgebiet) sind für Beitragszeiten Entgeltpunkte Ost zu ermitteln (§ 254 d SGB VI). Dabei ist die Beitragsbemessungsgrenze (Ost) zu berücksichtigen (§ 275 a SGB VI) sowie das Durchschnittsentgelt (§ 69 SGB VI) über die Anlage 10 zum SGB VI auf das Entgeltniveau im Beitrittsgebiet abzusenken (§ 255 b SGB VI).

18[1] Für Bilanzstichtage nach einem Wechsel aus der allgemeinen Rentenversicherung in das Beitrittsgebiet (Ost) werden die Entgeltpunkte für West und Ost getrennt berechnet. Dabei sind im jeweiligen Versicherungszweig nur die dort abgeleisteten Versicherungszeiten zu berücksichtigen. Bei Versicherungsfällen im Altersbereich unter 60 Jahren werden die für die Hinzurechnungszeit im Rahmen der Gesamtleistungsbewertung ermittelten Entgeltpunkte den westdeutschen und den ostdeutschen Bundesländern getrennt zugeordnet. Dies erfolgt in dem Verhältnis der jeweils dort erworbenen Entgeltpunkte (vgl. § 263 a SGB VI).

19 Für den Wechsler in das Beitrittsgebiet (Ost) sind die Entgeltpunkte nach den folgenden Formeln zu berechnen:

$$EP_x^{Gesamt} = EP_x^{West} + EP_x^{Ost} + EP_x^{HinzuWest} + EP_x^{HinzuOst}$$

*mit:*

$$EP_x^{West} = V_{w_0;x}^{West}$$

$$EP_x^{Ost} = V_{t_0;\max(w_0;x)}^{Ost} + Z_{t_0;x}^{Ost}$$

$$EP_x^{HinzuWest} = EP_x^{West} \cdot \frac{\max(60 - x;0)}{x - x_0}$$

$$EP_x^{HinzuOst} = EP_x^{Ost} \cdot \frac{\max(60 - x;0)}{x - x_0}$$

$w_0$ = Alter im Zeitpunkt des Wechsels.

Dabei ist das Versicherungsbeginnalter $x_0$ und die Entgeltpunkte auf der Basis der aktuellen Stichtagsgrößen zu ermitteln; maßgebend für $x_0$ ist der neue Rentenzweig.

20[2] Auf die sich so ergebenden Entgeltpunkte ist für die Berechnung des Rentenanspruches für die Entgeltpunkte (West) der aktuelle Rentenwert (§ 68 SGB VI) und für die Entgeltpunkte (Ost) der aktuelle Rentenwert (Ost) an-

[1] Rz. 18 neu gef. durch BMF v. 5. 5. 2008, BStBl. I S. 570.

[2] Rz. 20 neu gef. durch BMF v. 5. 5. 2008, BStBl. I S. 570.

zuwenden (§ 255 a SGB VI). Die Rentenansprüche aus der allgemeinen Rentenversicherung sind wie folgt zu berechnen:

$$R_x = \{(EP_x^{West} + EP_x^{HinzuWest}) \cdot AR^{West} + (EP_x^{Ost} + EP_x^{HinzuOst}) \cdot AR^{Ost}\} \cdot ZF_x$$

Bei einem Wechsel aus dem Beitrittsgebiet (Ost) in die allgemeine Rentenversicherung sind diese Regelungen entsprechend anzuwenden.

## 10. Befreiung oder Wegfall von der Versicherungspflicht

Eine Anrechnung von Rentenanwartschaften aus der gesetzlichen Rentenversicherung kann auch gegenüber nicht mehr pflichtversicherten oder von der Pflichtversicherung befreiten Beschäftigten erfolgen. Zu diesem Personenkreis gehören insbesondere beherrschende Gesellschafter-Geschäftsführer (§ 1 SGB VI i. V.m. § 7 SGB IV), Vorstände von Aktiengesellschaften (§ 1 Satz 4 SGB VI) sowie Arbeitnehmer öffentlich-rechtlicher Einrichtungen, denen beamtenähnliche Pensionszusagen erteilt wurden (§ 5 Abs. 1 Nr. 2 SGB VI). In diesen Fällen sind die Anwartschaften aus der gesetzlichen Rentenversicherung folgendermaßen zu berechnen: 21

Die für die Berechnung der Entgeltpunkte nach dem Näherungsverfahren relevanten Größen sind im Zeitpunkt der Befreiung oder der Beendigung der Versicherungspflicht festzuschreiben und den künftigen Berechnungen zu Grunde zu legen. Dies sind die maßgebenden Bezüge, die Beitragsbemessungsgrenze, das maßgebende vorläufige Durchschnittsentgelt, das Versicherungsbeginnalter sowie der in Randnummer 13 definierte BBG-Faktor $B_t$. 22

Gemäß § 59 Abs. 2 Nr. 3 SGB VI ist bei der Anwartschaft auf Hinterbliebenenrente die Hinzurechnungszeit für die Zeit vom Tod bis zur Vollendung des 60. Lebensjahres des Versicherten zu berücksichtigen. Diese Versicherungszeiten sind mit dem folgenden Durchschnittswert zu belegen: 23

Die zum Zeitpunkt der Befreiung oder Beendigung der Versicherungspflicht erreichten Entgeltpunkte sind durch die Jahre des belegungsfähigen Gesamtzeitraums zu teilen, d. h. durch die Jahre vom Versicherungsbeginn bis zum Todesfall.

Eine Anwartschaft auf eine sofort beginnende Rente wegen Erwerbsminderung besteht nach § 43 Abs. 1 Nr. 2 oder Abs. 2 Nr. 2 SGB VI i. d. R. nur noch für den Zeitraum von 2 Jahren nach der Befreiung oder dem Wegfall der Versicherungspflicht. Dabei ist eine Hinzurechnungszeit wie für Hinterbliebenenleistungen zu berücksichtigen. Tritt eine Erwerbsminderung im Zeitraum ab dem zweiten Jahr nach der Befreiung oder dem Wegfall der Versicherungspflicht ein, verbleibt lediglich eine bis zur Altersgrenze aufgeschobene Rentenanwartschaft. 24

In besonders gelagerten Fällen, in denen das Verfahren nach den Randnummern 2 bis 24 zu unzutreffenden Ergebnissen führt, kann ein anderes, diesen besonderen Verhältnissen angepasstes Verfahren 25

1. vom Steuerpflichtigen angewendet werden oder
2. vom Finanzamt für künftige Berechnungen verlangt werden.

Das Näherungsverfahren zur Berechnung von Renten aus der gesetzlichen Rentenversicherung ist nur bei Pensionsanwartschaften zulässig. Bei bereits laufenden Pensionen ist stets von den tatsächlich bezahlten Beträgen der betrieblichen Renten auszugehen. 26

## II. Zuwendungen an Unterstützungskassen

27 Das Näherungsverfahren zur Berechnung von Renten aus der gesetzlichen Rentenversicherung gilt sinngemäß auch bei der Ermittlung der als Betriebsausgaben abzugsfähigen Zuwendungen an Unterstützungskassen.

## III. Zeitliche Anwendung

### a) Bewertung von Versorgungsanwartschaften aktiver Beschäftigter

28 Bei aktiven Beschäftigten können die Regelungen dieses BMF-Schreibens erstmals der Gewinnermittlung des Wirtschaftsjahres zugrunde gelegt werden, das nach dem Tag der

Veröffentlichung dieses Schreibens im Bundessteuerblatt endet. Sie sind spätestens für das erste Wirtschaftsjahr anzuwenden, das nach dem 30. Dezember 2007 endet. Das BMF-Schreiben vom 16. Dezember 2005 (BStBl. I S. 1056) kann letztmals der Gewinnermittlung des letzten vor dem 31. Dezember 2007 endenden Wirtschaftsjahres zugrunde gelegt werden. Der Übergang hat einheitlich für alle Pensionsverpflichtungen des Unternehmens zu erfolgen.

### b) Bewertung von unverfallbaren Versorgungsanwartschaften ausgeschiedener Versorgungsberechtigter

29 Bei ausgeschiedenen Anwärtern ist stets das im Zeitpunkt des Ausscheidens neueste Näherungsverfahren auch für künftige Bilanzstichtage anzuwenden. Bei ausgeübtem zweiten Wahlrecht gemäß R 6 a Abs. 11 *EStR 2005*[1] ist jedoch wegen § 6 Betriebsrentengesetz (BetrAVG) stets auf die aktuellen Zeitpunkte der frühestmöglichen Inanspruchnahme der vorzeitigen Altersrente aus der gesetzlichen Rentenversicherung abzustellen, vgl. Randnummer 12.

## Anlage 1

**Beispiel 1:**

Ermittlung des EPx-Vektors für ein Gehalt bis zu 90 % der BBG

| | |
|---|---|
| Bilanzstichtag | 30. 9. 2007 |
| Beitragsbemessungsgrenze in der gesetzlichen Rentenversicherung für 2007 BBG = | 63 000 € |
| Gehalt G (= 75 % BBG) = | 47 250 € |
| Vorläufiges Durchschnittsentgelt aller Versicherten für 2007 GD = | 29 488 € |
| Versicherungsbeginnalter $x_0$ = | 23 |
| Bilanzalter $t_0$ = | 42 |
| Alter am 1. 1. 2003 $t_{2003}$ = | 37 |

[1] Jetzt: EStR 2012.

| Alter x | Maßgebende Entgeltpunkte BBG-Faktor $B_t$ | Vergangenheit $V_{t0,x}$ | Zukunft $Z_{t0,x}$ | incl. Zurechnungs- und Wartezeit $EP_x$ |
|---|---|---|---|---|
| 20 | 1,0000 | 0,00 | 0,00 | 0,00 |
| 21 | 1,0000 | 0,00 | 0,00 | 0,00 |
| 22 | 1,0000 | 0,00 | 0,00 | 0,00 |
| 23 | 1,0000 | 0,00 | 0,00 | 0,00 |
| 24 | 1,0000 | 1,32 | 0,00 | 0,00 |
| 25 | 1,0000 | 2,65 | 0,00 | 0,00 |
| 26 | 1,0000 | 3,97 | 0,00 | 0,00 |
| 27 | 1,0000 | 5,30 | 0,00 | 0,00 |
| 28 | 1,0000 | 6,62 | 0,00 | 49,01 |
| 29 | 1,0000 | 7,95 | 0,00 | 49,01 |
| 30 | 1,0000 | 9,27 | 0,00 | 49,01 |
| 31 | 1,0000 | 10,60 | 0,00 | 49,01 |
| 32 | 1,0000 | 11,92 | 0,00 | 49,01 |
| 33 | 1,0000 | 13,25 | 0,00 | 49,01 |
| 34 | 1,0000 | 14,57 | 0,00 | 49,01 |
| 35 | 1,0000 | 15,90 | 0,00 | 49,01 |
| 36 | 1,0000 | 17,22 | 0,00 | 49,01 |
| 37 | 1,0000 | 18,54 | 0,00 | 49,01 |
| 38 | 1,0000 | 19,87 | 0,00 | 49,01 |
| 39 | 1,0000 | 21,19 | 0,00 | 49,01 |
| 40 | 1,0000 | 22,52 | 0,00 | 49,01 |
| 41 | 1,0000 | 23,84 | 0,00 | 49,01 |
| 42 | 1,0000 | 25,17 | 0,00 | 49,01 |
| 43 | 1,0000 | 25,17 | 1,60 | 49,52 |
| 44 | 1,0000 | 25,17 | 3,20 | 49,99 |
| 45 | 1,0000 | 25,17 | 4,81 | 50,41 |
| 46 | 1,0000 | 25,17 | 6,41 | 50,80 |
| 47 | 1,0000 | 25,17 | 8,01 | 51,15 |
| 48 | 1,0000 | 25,17 | 9,61 | 51,48 |
| 49 | 1,0000 | 25,17 | 11,22 | 51,78 |
| 50 | 1,0000 | 25,17 | 12,82 | 52,06 |
| 51 | 1,0000 | 25,17 | 14,42 | 52,31 |
| 52 | 1,0000 | 25,17 | 16,02 | 52,55 |
| 53 | 1,0000 | 25,17 | 17,63 | 52,78 |
| 54 | 1,0000 | 25,17 | 19,23 | 52,99 |
| 55 | 1,0000 | 25,17 | 20,83 | 53,19 |
| 56 | 1,0000 | 25,17 | 22,43 | 53,37 |
| 57 | 1,0000 | 25,17 | 24,04 | 53,54 |
| 58 | 1,0000 | 25,17 | 25,64 | 53,71 |
| 59 | 1,0000 | 25,17 | 27,24 | 53,86 |
| 60 | 1,0000 | 25,17 | 28,84 | 54,01 |

| Alter x | BBG-Faktor $B_t$ | Maßgebende Entgeltpunkte Vergangenheit $V_{t0,x}$ | Zukunft $Z_{t0,x}$ | incl. Zurechnungs- und Wartezeit $EP_x$ |
|---|---|---|---|---|
| 61 | 1,0000 | 25,17 | 30,44 | 55,61 |
| 62 | 1,0000 | 25,17 | 32,05 | 57,21 |
| 63 | 1,0000 | 25,17 | 33,65 | 58,82 |
| 64 | 1,0000 | 25,17 | 35,25 | 60,42 |
| 65 | 1,0000 | 25,17 | 36,85 | 62,02 |

## Anlage 2

**Beispiel 2:**

Ermittlung des EPx-Vektors für ein Gehalt oberhalb von 90 % der BBG

| | |
|---|---|
| Bilanzstichtag | 30. 9. 2007 |
| Beitragsbemessungsgrenze in der gesetzlichen Rentenversicherung für 2007 BBG = | 63 000 € |
| Gehalt G (= 95 % BBG) = | 59 850 € |
| Vorläufiges Durchschnittsentgelt aller Versicherten für 2007 GD = | 29 488 € |
| Versicherungsbeginnalter $x_0$ = | 24 |
| Bilanzalter $t_0$ = | 42 |
| Alter am 1. 1. 2003 $t_{2003}$ = | 37 |

| Alter x | BBG-Faktor $B_t$ | Maßgebende Entgeltpunkte Vergangenheit $V_{t0,x}$ | Zukunft $Z_{t0,x}$ | incl. Zurechnungs- und Wartezeit $EP_x$ |
|---|---|---|---|---|
| 20 | 1,0000 | 0,00 | 0,00 | 0,00 |
| 21 | 1,0000 | 0,00 | 0,00 | 0,00 |
| 22 | 1,0000 | 0,00 | 0,00 | 0,00 |
| 23 | 1,0000 | 0,00 | 0,00 | 0,00 |
| 24 | 1,0000 | 0,00 | 0,00 | 0,00 |
| 25 | 1,0000 | 1,57 | 0,00 | 0,00 |
| 26 | 1,0000 | 3,15 | 0,00 | 0,00 |
| 27 | 1,0000 | 4,72 | 0,00 | 0,00 |
| 28 | 1,0000 | 6,29 | 0,00 | 0,00 |
| 29 | 1,0000 | 7,86 | 0,00 | 56,62 |
| 30 | 1,0000 | 9,44 | 0,00 | 56,62 |
| 31 | 1,0000 | 11,01 | 0,00 | 56,62 |
| 32 | 1,0000 | 12,58 | 0,00 | 56,62 |
| 33 | 1,0000 | 14,16 | 0,00 | 56,62 |
| 34 | 1,0000 | 15,73 | 0,00 | 56,62 |
| 35 | 1,0000 | 17,30 | 0,00 | 56,62 |
| 36 | 1,0000 | 18,87 | 0,00 | 56,62 |

| Alter x | BBG-Faktor $B_t$ | Maßgebende Entgeltpunkte Vergangenheit $V_{t0,x}$ | Zukunft $Z_{t0,x}$ | incl. Zurechnungs- und Wartezeit $EP_x$ |
|---|---|---|---|---|
| 37 | 1,0000 | 20,45 | 0,00 | 56,62 |
| 38 | 1,0040 | 22,10 | 0,00 | 56,84 |
| 39 | 1,0074 | 23,76 | 0,00 | 57,02 |
| 40 | 1,0104 | 25,41 | 0,00 | 57,18 |
| 41 | 1,0131 | 27,07 | 0,00 | 57,33 |
| 42 | 1,0154 | 28,73 | 0,00 | 57,45 |
| 43 | 1,0154 | 28,73 | 2,03 | 58,27 |
| 44 | 1,0154 | 28,73 | 4,06 | 59,01 |
| 45 | 1,0154 | 28,73 | 6,09 | 59,68 |
| 46 | 1,0154 | 28,73 | 8,12 | 60,29 |
| 47 | 1,0154 | 28,73 | 10,15 | 60,85 |
| 48 | 1,0154 | 28,73 | 12,18 | 61,36 |
| 49 | 1,0154 | 28,73 | 14,21 | 61,82 |
| 50 | 1,0154 | 28,73 | 16,24 | 62,26 |
| 51 | 1,0154 | 28,73 | 18,27 | 62,66 |
| 52 | 1,0154 | 28,73 | 20,30 | 63,03 |
| 53 | 1,0154 | 28,73 | 22,33 | 63,37 |
| 54 | 1,0154 | 28,73 | 24,36 | 63,70 |
| 55 | 1,0154 | 28,73 | 26,39 | 64,00 |
| 56 | 1,0154 | 28,73 | 28,41 | 64,28 |
| 57 | 1,0154 | 28,73 | 30,44 | 64,55 |
| 58 | 1,0154 | 28,73 | 32,47 | 64,80 |
| 59 | 1,0154 | 28,73 | 34,50 | 65,04 |
| 60 | 1,0154 | 28,73 | 36,53 | 65,26 |
| 61 | 1,0154 | 28,73 | 38,56 | 67,29 |
| 62 | 1,0154 | 28,73 | 40,59 | 69,32 |
| 63 | 1,0154 | 28,73 | 42,62 | 71,35 |
| 64 | 1,0154 | 28,73 | 44,65 | 73,38 |
| 65 | 1,0154 | 28,73 | 46,68 | 75,41 |

# I § 6 a/6. Schreiben betr. Bewertung von Pensionsrückstellungen nach § 6 a EStG; Anhebung der Altersgrenzen der gesetzlichen Rentenversicherung durch das RV-Altersgrenzenanpassungsgesetz vom 20. April 2007 (BGBl. I S. 554)

Vom 5. Mai 2008 (BStBl. I S. 569)

(BMF IV B 2 – S 2176/07/0009; DOK 2008/0221776)

**Bezug:** BMF v. 29. Dezember 1997 (BStBl. I S. 1023)

Durch das Gesetz zur Anpassung der Regelaltersgrenze an die demografische Entwicklung und zur Stärkung der Finanzierungsgrundlagen der gesetzlichen Rentenversicherung (RV-Altersgrenzenanpassungsgesetz) vom 20. April 2007 (BGBl. I S. 554) werden die Altersgrenzen in der gesetzlichen Rentenversicherung in Abhängigkeit vom Geburtsjahrgang der Versicherten stufenweise heraufgesetzt. Diese Neuregelung wirkt sich auf die Festlegung des Pensionsalters nach R 6 a Abs. 11 *EStR 2005*[1] aus. Nach dem Ergebnis der Erörterung mit den obersten Finanzbehörden der Länder gilt hierzu Folgendes:

## 1. Grundsatz

Bei der Ermittlung des Teilwertes einer Pensionsanwartschaft ist weiterhin grundsätzlich das vertraglich vereinbarte Pensionsalter zugrunde zu legen (R 6 a Abs. 11 Satz 1 *EStR 2005*[1]). Sofern in der Pensionszusage als vertragliches Pensionsalter auf die Regelaltersgrenze der gesetzlichen Rentenversicherung verwiesen wird, sind grundsätzlich die folgenden gerundeten Pensionsalter zu verwenden (vgl. §§ 35 und 235 SGB VI):

| für Geburtsjahrgänge | Pensionsalter |
|---|---|
| bis 1952 | 65 |
| ab 1953 bis 1961 | 66 |
| ab 1962 | 67 |

## 2. Erstes Wahlrecht (R 6 a Abs. 11 Satz 2 EStR 2005[1])

Der Steuerpflichtige hat daneben wie bisher die Möglichkeit, bei der Teilwertberechnung auf ein späteres Pensionsalter abzustellen.

## 3. Zweites Wahlrecht (R 6 a Abs. 11 Satz 3 ff. EStR 2005[1])

Mit Rücksicht auf § 6 des Gesetzes zur Verbesserung der betrieblichen Altersversorgung (Betriebsrentengesetz – BetrAVG) kann bei der Ermittlung des Teilwertes der Pensionsanwartschaft anstelle des vertraglich vereinbarten Pensionsalters als Zeitpunkt des Eintritts des Versorgungsfalles der Zeitpunkt der

[1] Jetzt: EStR 2012.

frühestmöglichen Inanspruchnahme der vorzeitigen Altersrente aus der gesetzlichen Rentenversicherung angenommen werden.

Aufgrund des RV-Altersgrenzenanpassungsgesetzes gilt grundsätzlich als frühestes Pensionsalter die Vollendung des 63. Lebensjahres, bei Schwerbehinderten die Vollendung des 62. Lebensjahres.

Hiervon abweichend gilt als frühestes Pensionsalter

a) für schwerbehinderte Menschen (§ 236 a SGB VI)

| für Geburtsjahrgänge | Pensionsalter |
|---|---|
| bis 1952 | 60 |
| ab 1953 bis 1961 | 61 |

b) bei nicht schwerbehinderten Männern und Frauen, die Altersrente wegen Arbeitslosigkeit oder nach Altersteilzeitarbeit erhalten (§ 237 Abs. 3 SGB VI unter Verweis auf Anlage 19)

| für Geburtsjahrgänge | Pensionsalter |
|---|---|
| 1945 bis Juni 1946 | 60 |
| Juli 1946 bis Juni 1947 | 61 |
| Juli 1947 bis Juni 1948 | 62 |
| Juli 1948 bis 1951 | 63 |

Steht aufgrund des erreichten Alters oder nach den vertraglichen Vereinbarungen im Ausscheidungszeitpunkt oder bei Übergang in die Altersteilzeit fest, dass bis zu diesem Pensionsalter die Voraussetzungen für den Bezug der vorzeitigen Altersrente wegen Arbeitslosigkeit (ein Jahr Arbeitslosigkeit) oder nach Altersteilzeitarbeit (zwei Jahre Altersteilzeitarbeit) nicht erfüllt werden, erhöhen sich diese Altersgrenzen entsprechend.

c) für nicht schwerbehinderte Frauen der Geburtsjahrgänge bis 1951 die Vollendung des 60. Lebensjahres (§ 237 a SGB VI unter Verweis auf Anlage 20). Dabei ist Buchstabe b vorrangig anzuwenden.

Hat der Steuerpflichtige bei der Ermittlung des Teilwertes einer Pensionsanwartschaft bereits bisher vom zweiten Wahlrecht Gebrauch gemacht, ist er auch künftig an diese Entscheidung gebunden. In einem solchen Fall ist bei der weiteren Ermittlung des Teilwertes der Pensionsanwartschaft von dem neuen, oben angeführten, frühestmöglichen Pensionsalter auszugehen.

### 4. Zeitliche Anwendung

Die Regelungen dieses Schreibens können erstmals der Gewinnermittlung des Wirtschaftsjahres zugrunde gelegt werden, das nach dem 30. April 2007 (Tag der Veröffentlichung des RV-Altersgrenzenanpassungsgesetzes im Bundesgesetzblatt) endet. Sie sind spätestens in der Bilanz des ersten Wirtschaftsjahres zu berücksichtigen, das nach dem 30. Dezember 2008 endet (Übergangszeit). Der Übergang hat einheitlich für alle Pensionsverpflichtungen des Unternehmens zu erfolgen. Ab dem Übergangszeitpunkt ist das BMF-Schreiben vom 29. Dezember 1997 (BStBl. I S. 1023) nicht weiter anzuwenden.

# I § 6a/7. Schreiben betr. betriebliche Altersversorgung; Bilanzsteuerrechtliche Berücksichtigung von Versorgungsleistungen, die ohne die Voraussetzung des Ausscheidens aus dem Dienstverhältnis gewährt werden, und von vererblichen Versorgungsanwartschaften

Vom 18. September 2017 (BStBl. I S. 1293)

(BMF IV C 6 – S 2176/07/10006; DOK 2017/0761018)

Der Bundesfinanzhof (BFH) hat mit Urteilen vom 5. März 2008 (BStBl. 2015 II S. 409) und vom 23. Oktober 2013 (BStBl. 2015 II S. 413) entschieden, dass Versorgungszusagen nicht den Charakter als betriebliche Altersversorgung verlieren, wenn Leistungen nicht von dem Ausscheiden des Begünstigten aus dem Dienstverhältnis abhängig gemacht werden. Der BFH stellt aber klar, dass Pensionsleistungen in erster Linie der Deckung des Versorgungsbedarfes dienen und folglich regelmäßig erst bei Wegfall der Bezüge aus der betrieblichen Tätigkeit gezahlt werden.

Zur bilanzsteuerrechtlichen Berücksichtigung von Versorgungsleistungen, die ohne die Voraussetzung des Ausscheidens aus dem Dienstverhältnis gewährt werden, und von vererblichen Versorgungsanwartschaften nehme ich nach Abstimmung mit den obersten Finanzbehörden der Länder wie folgt Stellung:

## 1. Grundsatz der Ausgeglichenheitsvermutung von Arbeitsleistung und Entgelt

Pensionsrückstellungen nach § 6 a EStG können wegen der Ausgeglichenheitsvermutung von Arbeitsleistung und Entgelt grundsätzlich nur auf Basis der nach dem Ausscheiden aus dem Dienstverhältnis zu gewährenden Leistungen angesetzt und bewertet werden. 1

## 2. Versorgungszusagen ohne Aussagen zum Ausscheiden aus dem Dienstverhältnis als Voraussetzung für die Gewährung von Pensionsleistungen

Enthält eine Pensionszusage i. S. v. § 6 a EStG keine Aussagen zum Ausscheiden aus dem Dienstverhältnis als Voraussetzung für die Gewährung der Versorgungsleistungen nach Eintritt des Versorgungsfalles, ist davon auszugehen, dass zeitgleich mit der Inanspruchnahme der Leistungen auch das Arbeitsverhältnis beendet wird. Die Möglichkeit einer Ausübung des sog. zweiten Wahlrechtes nach R 6 a Abs. 11 Satz 3 ff. EStR bleibt davon unberührt. In der Anwartschaftsphase ist die Versorgungsverpflichtung nach § 6 a Abs. 3 Satz 2 Nr. 1 EStG zu bewerten. 2

Werden bei Eintritt der Invalidität oder bei Erreichen einer vereinbarten Altersgrenze die schriftlich zugesagten Versorgungsleistungen gewährt, gilt der Versorgungsfall auch dann als eingetreten, wenn das Arbeitsverhältnis weiter 3 bestehen bleibt. Ab diesem Zeitpunkt ist die Pensionsrückstellung nach § 6 a Abs. 3 Satz 2 Nr. 2 EStG zu berechnen.

4 Randnummer 2 des BMF-Schreibens vom 11. November 1999 (BStBl. I S. 959)[1] ist nicht weiter anzuwenden.

5 Beiträge an Direktversicherungen, Pensionskassen und Pensionsfonds sind unter den Voraussetzungen der §§ 4 Abs. 4, 4 c und 4 e EStG unabhängig davon als Betriebsausgaben abzugsfähig, ob das Arbeitsverhältnis für den Erhalt der zugesagten Leistungen beendet werden muss.

6 Zuwendungen an Unterstützungskassen sind nach Maßgabe des § 4 d EStG abzugsfähig. Bei Zusagen auf lebenslänglich laufende Leistungen ist das Deckungskapital nach § 4 d Abs. 1 Satz 1 Nr. 1 Satz 1 Buchst. a EStG aber erst maßgebend, wenn der Berechtigte aus dem Dienstverhältnis ausgeschieden ist, da nur ehemalige Arbeitnehmer Leistungsempfänger i. S. d. Regelung sind.

### 3. Versorgungszusagen, die Versorgungsleistungen neben dem Arbeitslohn in Aussicht stellen

7 Steht bei Pensionszusagen, die den Bezug von Versorgungsleistungen neben dem laufenden Arbeitslohn eröffnen oder vorsehen, der Ausscheidezeitpunkt noch nicht fest, ist dieser wegen der Ausgeglichenheitsvermutung von Arbeitsleistung und Entgelt (Randnummer 1) sachgerecht zu schätzen und der Bewertung der Pensionsrückstellung nach § 6 a EStG zugrunde zu legen. Ein Anhaltspunkt für die Schätzung kann die Regelaltersgrenze in der gesetzlichen Rentenversicherung oder das Ende des Anstellungsvertrages sein. Die Randnummer 3 sowie die Randnummern 5 und 6 bei den Durchführungswegen Direktversicherungen, Pensionskassen, Pensionsfonds und Unterstützungskassen gelten entsprechend.

### 4. Teilweise Inanspruchnahme von Versorgungsleistungen ohne Ausscheiden

8 Werden die zugesagten Versorgungsleistungen bei Erreichen einer bestimmten Altersgrenze oder bei Eintritt der Invalidität unter entsprechender Herabsetzung des Beschäftigungsgrades und des Arbeitslohns nur teilweise in Anspruch genommen, gilt der Versorgungsfall insoweit als eingetreten. In diesem Fall ist die Bewertung der Pensionsverpflichtung an Bilanzstichtagen zwischen der erstmaligen teilweisen Inanspruchnahme von Versorgungsleistungen und dem Erreichen des vom Steuerpflichtigen zulässigerweise gewählten Finanzierungsendalters (sog. rechnerisches Pensionsalter) für bilanzsteuerliche Zwecke aufzuteilen. Soweit Leistungen bereits gewährt werden, gilt Randnummer 3 entsprechend. Für die noch nicht laufenden Leistungen ist bis zum Erreichen des maßgebenden rechnerischen Pensionsalters weiterhin § 6 a Abs. 3 Satz 2 Nr. 1 EStG maßgebend. Für Bilanzstichtage nach Erreichen des rechnerischen Pensionsalters bedarf es einer Aufteilung nicht, da in diesen Fällen die Bewertung der noch nicht laufenden Leistungen nach § 6 a Abs. 3 Satz 2 Nr. 1 EStG (Teilwert eines sog. technischen Rentners) dem Barwert nach § 6 a Abs. 3 Satz 2 Nr. 2 EStG entspricht. Die Nachholung von Fehlbe-

[1] Nr. **1** § 5/3.

trägen gemäß § 6a Abs. 4 Satz 5 EStG ist nur insoweit zulässig, als der Versorgungsfall nach Satz 1 als eingetreten gilt.

9 Das BMF-Schreiben vom 25. April 1995 (BStBl. I S. 250) zu Pensionsrückstellungen für betriebliche Teilrenten ist nicht weiter anzuwenden und wird aufgehoben.

**5. Körperschaftsteuerliche Regelungen**

10 Die körperschaftsteuerlichen Regelungen für Gesellschafter-Geschäftsführer von Kapitalgesellschaften bleiben unberührt (BFH-Urteile vom 5. März 2008, BStBl. 2015 II S. 409, und vom 23. Oktober 2013, BStBl. 2015 II S. 413).

In der Anwartschaftsphase ist eine Pensionszusage an den Gesellschafter-Geschäftsführer, die zwar die Vollendung des vereinbarten Pensionsalters voraussetzt, nicht jedoch dessen Ausscheiden aus dem Betrieb oder die Beendigung des Dienstverhältnisses, körperschaftsteuerrechtlich grundsätzlich nicht zu beanstanden. Sie führt nicht von vorneherein wegen Unüblichkeit oder fehlender Ernsthaftigkeit zu einer verdeckten Gewinnausschüttung.

In der Auszahlungsphase der Pension führt die parallele Zahlung von Geschäftsführergehalt und Pension – sowohl bei einem beherrschenden als auch bei einem nicht beherrschenden Gesellschafter-Geschäftsführer – zu einer verdeckten Gewinnausschüttung, soweit das Aktivgehalt nicht auf die Pensionsleistung angerechnet wird.

Die Grundsätze gelten sowohl bei monatlicher Pensionsleistung als auch bei Ausübung eines vereinbarten Kapitalwahlrechts bei Erreichen der vereinbarten Altersgrenze.

Die Auflösung der Pensionsrückstellung steht der Annahme einer verdeckten Gewinnausschüttung nicht entgegen. Eine verdeckte Gewinnausschüttung ist auch dann zu bejahen, wenn das Aktivgehalt und die Arbeitszeit nach Eintritt des Versorgungsfalls deutlich reduziert werden, da eine „Teilzeittätigkeit" mit dem Aufgabenbild eines Gesellschafter-Geschäftsführers nicht vereinbar ist.

**6. Vererbliche Versorgungsanwartschaften und Versorgungsleistungen**

11 Sieht eine Pensionszusage die Vererblichkeit von Versorgungsanwartschaften oder Versorgungsleistungen vor und sind nach der Zusage vorrangig Hinterbliebene entsprechend der Randnummer 287 des BMF-Schreibens vom 24. Juli 2013 (BStBl. I S. 1022)[1] Erben, ist die Pensionsverpflichtung nach § 6a EStG zu bewerten. Im Vererbungsfall ist für die Bewertung der Leistungen, soweit sie nicht an Hinterbliebene i. S. d. Satzes 1 erbracht werden, § 6 EStG maßgebend.

---

[1] Nr. **1** § 79/1.

# 1 § 6 a/8. Schreiben betr. betriebliche Altersversorgung; Maßgebendes Pensionsalter bei der Bewertung von Versorgungszusagen; Urteile des BFH vom 11. September 2013 (BStBl. 2016 II S. 1008) und des BAG vom 15. Mai 2012 3 AZR 11/10 und vom 13. Januar 2015 3 AZR 897/12

Vom 9. Dezember 2016 (BStBl. I S. 1427)

(BMF IV C 6 – S 2176/07/10004 :003; DOK 2016/1112009)

Der Bundesfinanzhof (BFH) und das Bundesarbeitsgericht (BAG) haben in drei Urteilen zu dem bei Versorgungszusagen maßgebenden Pensionsalter entschieden. Zu diesen Entscheidungen nehme ich nach Abstimmung mit den obersten Finanzbehörden der Länder wie folgt Stellung:

## I. Maßgebendes Pensionsalter

Bei der bilanzsteuerrechtlichen Bewertung von Pensionszusagen nach § 6 a Einkommensteuergesetz (EStG) ist grundsätzlich das Pensionsalter maßgebend, das in der jeweiligen Versorgungszusage festgeschrieben wurde; Änderungen erfordern eine schriftliche Anpassung der Pensionszusage (§ 6 a Abs. 1 Nr. 3 EStG). 1

Wird in der Pensionszusage ausschließlich auf die Regelaltersgrenze in der gesetzlichen Rentenversicherung Bezug genommen (keine Angabe des Pensionsalters), ist als Pensionsalter die gesetzliche Regelaltersgrenze der Rückstellungsbewertung zugrunde zu legen, die am Bilanzstichtag für den Eintritt des Versorgungsfalles maßgebend ist; das BMF-Schreiben vom 5. Mai 2008 (BStBl. I S. 569)[1] zur Anhebung der Altersgrenzen der gesetzlichen Rentenversicherung durch das RV-Altersgrenzenanpassungsgesetz vom 20. April 2007 ist weiterhin anzuwenden. 2

## II. BFH-Urteil vom 11. September 2013 (BStBl. 2016 II S. 1008) zur Bewertung von Pensionsverpflichtungen gegenüber Gesellschafter-Geschäftsführern

Der BFH hat mit Urteil vom 11. September 2013 (BStBl. 2016 II S. 1008) entschieden, dass nach dem eindeutigen Wortlaut des § 6 a EStG bei der Bewertung von Pensionsverpflichtungen hinsichtlich des Pensionsalters ausschließlich auf den in der Pensionszusage vorgesehenen Zeitpunkt des Eintritts des Versorgungsfalles abzustellen ist. Maßgebend seien dabei die Verhältnisse zum Zeitpunkt der Zusageerteilung. Abweichend von R 6 a Abs. 8 EStR 3

[1] Nr. 1 § 6 a/6.

schreibe das Gesetz auch bei Versorgungszusagen gegenüber beherrschenden Gesellschafter-Geschäftsführern kein Mindestpensionsalter vor.

4 Die Grundsätze dieses BFH-Urteils sind über den entschiedenen Einzelfall hinaus in allen noch offenen vergleichbaren Fällen anzuwenden.

### 1. Pensionsrückstellungen nach § 6 a EStG

5 R 6 a Abs. 8 Satz 1 letzter Teilsatz und Satz 5 EStR zum Mindestpensionsalter bei der Bildung von Pensionsrückstellungen für beherrschende Gesellschafter-Geschäftsführer sind nicht weiter anzuwenden; das BMF-Schreiben vom 3. Juli 2009 (BStBl. I S. 712) zur erstmaligen Anwendung von R 6 a Abs. 8 EStR i. d. F. der Einkommensteuer-Änderungsrichtlinien 2008 (EStÄR 2008) wird aufgehoben. Abweichend von R 6 a Abs. 8 Satz 4 EStR ist R 6 a Abs. 11 Satz 1 EStR (grundsätzliche Zugrundelegung des vertraglich vereinbarten Pensionsalters) nunmehr anzuwenden. Es ist grundsätzlich zu unterstellen, dass die Jahresbeträge nach § 6 a Abs. 3 Satz 2 Nr. 1 Satz 3 EStG vom Beginn des Dienstverhältnisses bis zur vertraglich vorgesehenen Altersgrenze aufzubringen sind. Das sog. zweite Wahlrecht nach R 6 a Abs. 11 Satz 3 EStR kann nicht in Anspruch genommen werden.

6 In den Fällen, in denen bislang aufgrund des Mindestalters nach R 6 a Abs. 8 EStR der vertraglich vereinbarte frühere Pensionsbeginn nicht berücksichtigt wurde, kann von einem späteren Pensionseintritt ausgegangen werden, sofern mit einer Beschäftigung des Berechtigten bis zu diesem Alter gerechnet werden kann (analoge Anwendung des sog. ersten Wahlrechtes, R 6 a Abs. 11 Satz 2 EStR). Dieses einmalige Wahlrecht ist spätestens in der Bilanz des Wirtschaftsjahres auszuüben, das nach dem 9. Dezember 2016 beginnt.

### 2. Verdeckte Gewinnausschüttungen (vGA) bei Pensionszusagen an Gesellschafter-Geschäftsführer von Kapitalgesellschaften

7 Ist die Pensionsrückstellung dem Grunde und der Höhe nach zutreffend bilanziert, ist bei Zusagen an Gesellschafter-Geschäftsführer von Kapitalgesellschaften im zweiten Schritt zu prüfen, ob und inwieweit die Gewinnminderung aufgrund der Pensionsverpflichtung eine vGA darstellt.

8 Bei Neuzusagen nach dem 9. Dezember 2016 ist bei einer vertraglichen Altersgrenze von weniger als 62 Jahren davon auszugehen, dass keine ernsthafte Vereinbarung vorliegt (vGA dem Grunde nach). Zuführungen zur Pensionsrückstellung sind in voller Höhe vGA. Bei zum 9. Dezember 2016 bereits bestehenden Zusagen gilt die R 38 Satz 8 KStR 2004 (Altersgrenze von 60 Jahren) weiter.

9 Bei beherrschenden Gesellschafter-Geschäftsführern ist bei Neuzusagen nach dem 9. Dezember 2016 grundsätzlich davon auszugehen, dass eine Pensionszusage insoweit unangemessen ist, als eine geringere vertragliche Altersgrenze als 67 Jahre vereinbart wird (vGA der Höhe nach). Zuführungen zur Pensionsrückstellung sind dann insoweit vGA, als diese nicht auf das 67. Lebensjahr, sondern auf das vertraglich vereinbarte geringere Pensionsalter berechnet werden. Den Steuerpflichtigen bleibt es aber unbenommen, die Fremdüblichkeit eines niedrigeren Pensionsalters darzulegen.

Bei zum 9. Dezember 2016 bereits bestehenden Zusagen wird es nicht beanstandet, wenn eine vertragliche Altersgrenze von mindestens 65 Jahren vereinbart wurde (BFH-Urteile vom 11. September 2013 I R 72/12, BStBl. 2016 II S. 1008; vom 23. Januar 1991 I R 113/88, BStBl. II S. 379; vom 28. April 1982 I R 51/76, BStBl. II S. 612, und vom 23. Januar 1980 I R 12/77, BStBl. II S. 304) oder nachträglich spätestens bis zum Ende des Wirtschaftsjahres vereinbart wird, das nach dem 9. Dezember 2016 beginnt. Ist eine vertragliche Altersgrenze von weniger als 65 Jahren vereinbart, gelten die Sätze 1 und 2 dieser Randnummer mit der Maßgabe entsprechend, dass für die Berechnung der vGA statt auf das 67. Lebensjahr auf das 65. Lebensjahr abzustellen ist.

Bei Neuzusagen nach dem 9. Dezember 2016 an beherrschende Gesell- 10
schafter-Geschäftsführer mit Behinderung i. S. d. § 2 Abs. 2 SGB IX ist es abweichend von Randnummer 9 nicht zu beanstanden, wenn eine vertragliche Altersgrenze von mindestens 62 Jahren zugrunde gelegt wird. Bei zum 9. Dezember 2016 bereits bestehenden Zusagen ist es nicht zu beanstanden, wenn eine vertragliche Altersgrenze von mindestens 60 Jahren zugrunde gelegt wird (R 38 Satz 7 KStR 2004).

Für die Frage, ob eine vGA vorliegt, ist grundsätzlich auf die Verhältnisse 11
bei Erteilung der Zusage abzustellen (u. a. BFH-Urteil vom 31. März 2004 I R 65/03, BStBl. 2005 II S. 664). Ein Statuswechsel vom nicht beherrschenden zum beherrschenden Gesellschafter begründet für sich alleine regelmäßig noch keinen Anlass zur Prüfung, ob das in der Zusage vereinbarte Pensionsalter durch das Gesellschaftsverhältnis veranlasst ist. Dies gilt jedoch nicht, wenn weitere Anhaltspunkte für eine mögliche Veranlassung durch das Gesellschaftsverhältnis hinzutreten (z. B. eine zeitliche Nähe von Erteilung der Zusage und Erwerb der beherrschenden Stellung). Wird die Zusage wesentlich geändert, ist stets auch im Hinblick auf das vereinbarte Pensionsalter erneut zu prüfen, ob die Pensionszusage durch das Gesellschaftsverhältnis veranlasst ist.

## III. Auswirkungen der BAG-Urteile vom 15. Mai 2012 3 AZR 11/10 und 13. Januar 2015 3 AZR 897/12 auf Zusagen über Unterstützungskassen (§ 4 d EStG) und unmittelbare Pensionszusagen (§ 6 a EStG)

Nach den BAG-Urteilen vom 15. Mai 2012 3 AZR 11/10 und vom 12
13. Januar 2015 3 AZR 897/12 zu Gesamtversorgungssystemen ist die Bezugnahme auf die Vollendung des 65. Lebensjahres in einer vor dem Inkrafttreten des RV-Altersgrenzenanpassungsgesetzes vom 20. April 2007 (BGBl. I S. 554) entstandenen Versorgungsordnung regelmäßig dahingehend auszulegen, dass damit auf die Regelaltersgrenze in der gesetzlichen Rentenversicherung Bezug genommen wird.

Auch bei von der BAG-Rechtsprechung betroffenen Gesamtversorgungs- 13
zusagen bleibt bilanzsteuerrechtlich das schriftlich fixierte Pensionseintrittsalter maßgebend.

Soll aufgrund der BAG-Entscheidungen das bislang schriftlich vereinbarte 14
Pensionsalter geändert werden, ist diese Anpassung nach den allgemeinen Grundsätzen durch eine schriftliche Änderung der betroffenen Zusagen zu dokumentieren (Schriftformerfordernis gemäß § 4 d Abs. 1 Satz 1 Nr. 1 Satz 1 Buchst. b Satz 2 und 5 EStG bei Leistungsanwärtern sowie § 6 a Abs. 1

Nr. 3 EStG bei Pensionszusagen); bei mit unverfallbaren Anwartschaften ausgeschiedenen Versorgungsberechtigten reicht eine betriebsöffentliche schriftliche Erklärung des Versorgungsverpflichteten aus (z. B. Veröffentlichung im Bundesanzeiger, Aushang am „schwarzen Brett"). Es ist bilanzsteuerrechtlich nicht zu beanstanden, wenn die betreffenden Versorgungszusagen spätestens bis zum Ende des Wirtschaftsjahres angepasst werden, das nach dem 9. Dezember 2016 beginnt (Übergangsfrist). Nach Ablauf der Übergangsfrist nicht nach den oben genannten Grundsätzen angepasste Versorgungszusagen können aufgrund der o. g. Regelungen in § 4 d und § 6 a EStG mangels hinreichender Schriftform bilanzsteuerrechtlich nicht mehr berücksichtigt werden; in der Steuerbilanz insoweit passivierte Pensionsrückstellungen sind gewinnerhöhend aufzulösen.

# I § 6 a/9. Schreiben betr. Bildung von Pensionsrückstellungen; Berücksichtigung von Vordienstzeiten

Vom 22. Dezember 1997 (BStBl. I S. 1020)

(BMF IV B 2 – S 2176 – 120/97)

Erteilt ein Arbeitgeber seinem Arbeitnehmer im Rahmen eines bestehenden Dienstverhältnisses eine Pensionszusage, so hat er bei der Bewertung der Pensionsrückstellung als Beginn des Dienstverhältnisses des Pensionsberechtigten u. a. dann einen früheren Zeitpunkt als den tatsächlichen Diensteintritt im bestehenden Dienstverhältnis zugrunde zu legen, wenn dieser Arbeitnehmer Zeiten in einem früheren Dienstverhältnis bei diesem Arbeitgeber zurückgelegt hat – sog. Vordienstzeiten – (vgl. *R 41 Abs. 11 Satz 1 EStR 1996*[1]). Der BFH hat im Urteil vom 9. April 1997 (BStBl. II S. 799) hiervon abweichend entschieden, daß Vordienstzeiten bei der Rückstellungsbewertung nicht zu berücksichtigen sind, wenn

– dieses frühere Dienstverhältnis endgültig beendet worden ist,
– aus ihm keine unverfallbaren Anwartschaften erwachsen sind und
– die Anrechnung der Vordienstzeiten nicht vertraglich vereinbart worden ist.

Nach dem Ergebnis einer Erörterung mit den obersten Finanzbehörden der Länder sind die Grundsätze dieses BFH-Urteils über den entschiedenen Einzelfall hinaus nur anzuwenden, wenn der Arbeitnehmer nach dem 31. 12. 1997 in das Unternehmen des Arbeitgebers zurückkehrt und ein neues Dienstverhältnis beginnt.

Hat in einem solchen Fall der Arbeitnehmer von dem Arbeitgeber, bei dem er vor der Rückkehr zum jetzigen Arbeitgeber beschäftigt war, eine Pensionszusage erhalten, die der jetzige Arbeitgeber übernimmt, sind die Grundsätze von *R 41 Abs. 13 EStR 1996 und H 41 Abs. 13 EStH 1996*[2] anzuwenden. Dabei ist für die Ermittlung des Teilwerts der Zeitpunkt maßgebend, in dem das bestehende Dienstverhältnis beginnt.

Beginnt das bestehende Dienstverhältnis nach dem 31. 12. 1997 und bestand bei Rückkehr eine unverfallbare Anwartschaft aufgrund einer Pensionszusage aus dem früheren Dienstverhältnis mit dem Arbeitgeber, ist die Pensionsrückstellung unter sinngemäßer Anwendung der Grundsätze von *R 41 Abs. 13 EStR 1996 und H 41 Abs. 13 EStH 1996*[2] zu bewerten. Dabei gilt der Teilwert dieser unverfallbaren Anwartschaft als übernommener Vermögenswert im Sinne dieser Richtlinienregelung.

Beginnt das bestehende Dienstverhältnis zu einem früheren Zeitpunkt, sind die in *R 41 Abs. 11 Satz 1 EStR 1996*[1] festgelegten Grundsätze auch künftig weiterhin anzuwenden.

---

[1] Jetzt R 6 a Abs. 10 EStR 2012.
[2] Jetzt R 6 a Abs. 13 EStR 2012.

# I § 6a/11. Schreiben betr. steuerliche Gewinnermittlung; Bewertung von Pensionsrückstellungen nach § 6 a EStG; Übergang auf die „Heubeck-Richttafeln 2018 G“

Vom 19. Oktober 2018 (BStBl. I S. 1107)

(BMF IV C 6 – S 2176/07/10004 :001; DOK 2018/0833103)

**Bezug:** BMF-Schreiben vom 16. Dezember 2005 (BStBl. I S. 1054)

Geändert durch BMF v. 17. Dezember 2019 (BStBl. 2020 I S. 82)

Bei der Bewertung von Pensionsrückstellungen sind u. a. die anerkannten Regeln der Versicherungsmathematik anzuwenden (§ 6 a Abs. 3 Satz 3 Einkommensteuergesetz – EStG). Sofern in diesem Zusammenhang bislang die „Richttafeln 2005 G“ von Professor Klaus Heubeck verwendet wurden, ist zu beachten, dass diese durch die „Heubeck-Richttafeln 2018 G“ ersetzt wurden.

Das BMF-Schreiben vom 16. Dezember 2005 (BStBl. I S. 1054) nimmt unter Bezugnahme auf das BMF-Schreiben vom 13. April 1999 (BStBl. I S. 436) zum Übergang auf neue oder geänderte biometrische Rechnungsgrundlagen bei der Bewertung von Pensionsrückstellungen Stellung. Unter Berücksichtigung der in diesen Schreiben dargelegten Grundsätze ergibt sich für die Anwendung der neuen „Heubeck-Richttafeln 2018 G“ in der steuerlichen Gewinnermittlung nach Abstimmung mit den obersten Finanzbehörden der Länder Folgendes:

## 1. Steuerliche Anerkennung der „Heubeck-Richttafeln 2018 G“

Die „Heubeck-Richttafeln 2018 G“ werden als mit den anerkannten versi- 1
cherungsmathematischen Grundsätzen i. S. v. § 6 a Abs. 3 Satz 3 EStG übereinstimmend anerkannt.

## 2. Zeitliche Anwendung

Die „Heubeck-Richttafeln 2018 G“ können erstmals der Bewertung von 2
Pensionsrückstellungen am Ende des Wirtschaftsjahres zugrunde gelegt werden, das nach dem 20. Juli 2018 (Tag der Veröffentlichung der neuen Richttafeln) endet. Der Übergang hat einheitlich für alle Pensionsverpflichtungen und alle sonstigen versicherungsmathematisch zu bewertende Bilanzposten des Unternehmens zu erfolgen. Die „Richttafeln 2005 G“ können letztmals für das Wirtschaftsjahr verwendet werden, das vor dem 30. Juni 2019 endet.

## 3. Verteilung des Unterschiedsbetrages nach § 6 a Abs. 4 Satz 2 EStG

Nach § 6 a Abs. 4 Satz 2 EStG kann der Unterschiedsbetrag, der auf der 3
erstmaligen Anwendung der „Heubeck-Richttafeln 2018 G“ beruht, nur auf mindestens drei Wirtschaftsjahre gleichmäßig verteilt der jeweiligen Pensionsrückstellung zugeführt werden (Verteilungszeitraum). Die gleichmäßige Ver-

teilung ist sowohl bei positiven als auch bei negativen Unterschiedsbeträgen erforderlich. Bei einer Verteilung des Unterschiedsbetrages auf drei Wirtschaftsjahre gilt Folgendes:

**a) Zuführungen am Ende des Wirtschaftsjahres, für das die „Heubeck-Richttafeln 2018 G“ erstmals anzuwenden sind (Übergangsjahr)**

4 Am Ende des Wirtschaftsjahres, für das die neuen Rechnungsgrundlagen erstmals anzuwenden sind (Übergangsjahr), ist die jeweilige Pensionsrückstellung zunächst auf der Grundlage der bisherigen Rechnungsgrundlagen (z. B. „Richttafeln 2005 G“) nach § 6 a Abs. 3 und Abs. 4 Satz 1 und 3 bis 5 EStG zu ermitteln. Anschließend ist zu demselben Stichtag die so ermittelte Rückstellung um ein Drittel des Unterschiedsbetrages zwischen dem Teilwert der Pensionsverpflichtung am Ende des Übergangsjahres nach den „Heubeck-Richttafeln 2018 G“ und den bisher verwendeten Rechnungsgrundlagen zu erhöhen oder – bei negativem Unterschiedsbetrag – zu vermindern.

Ist die Pensionsrückstellung, die sich nach Satz 1 ergibt (Ist-Rückstellung auf Grundlage der bisherigen Rechnungsgrundlagen), niedriger als der Teilwert der Pensionsverpflichtung gemäß § 6 a Abs. 3 EStG nach den bisherigen Rechnungsgrundlagen (Soll-Rückstellung), kann ein negativer Unterschiedsbetrag insoweit gekürzt werden (entsprechend R 6 a Abs. 22 Satz 3 EStR 2012).

5[1)] Die Verteilungsregelung gilt nicht für Versorgungszusagen, die im Übergangsjahr erteilt werden (BFH-Beschluss vom 13. Februar 2019, BStBl. 2020 II S. 2). Die entsprechenden Pensionsrückstellungen sind zum Schluss des Wirtschaftsjahres in Höhe der Teilwerte unter Zugrundelegung der „Heubeck-Richttafeln 2018 G“ anzusetzen. Aus Billigkeitsgründen wird es jedoch nicht beanstandet, auch die Pensionsrückstellungen für Versorgungszusagen im Sinne des Satzes 1 gemäß § 6 a Abs. 4 Satz 2 EStG (vgl. Randnummern 3 und 4 sowie 6 bis 8) zu verteilen. Satz 3 kann nur einheitlich für alle Versorgungszusagen im Sinne des Satzes 1 angewendet werden.

**b) Zuführungen im Folgejahr**

6 In dem auf das Übergangsjahr folgenden Wirtschaftsjahr (Folgejahr) ist die Pensionsrückstellung zunächst auf Grundlage der „Heubeck-Richttafeln 2018 G“ nach § 6 a Abs. 3 und Abs. 4 Satz 1 und 3 bis 5 EStG zu ermitteln. Die so berechnete Pensionsrückstellung ist um ein Drittel des Unterschiedsbetrages gemäß Randnummer 4 zu vermindern oder zu erhöhen.

7 Wird in einem Folgejahr eine Pensionszusage neu erteilt oder erhöht sich bei einer bestehenden Zusage die Verpflichtung, sind insoweit die Pensionsrückstellungen in vollem Umfang auf der Basis der „Heubeck-Richttafeln 2018 G“ ohne Verteilung eines Unterschiedsbetrages zu bewerten.

**c) Zuführungen im zweiten Folgejahr**

8 In dem auf das Übergangsjahr folgenden zweiten Wirtschaftsjahr (zweites Folgejahr) ist die Pensionsrückstellung auf Grundlage der „Heubeck-Richtta-

[1)] Rn. 5 neu gef. durch BMF v. 17. 12. 2019, BStBl. 2020 I S. 82, mit der dortigen Maßgabe.

feln 2018 G“ gemäß § 6 a Abs. 3 und Abs. 4 Satz 1 und 3 bis 5 EStG zu ermitteln. Eine Kürzung der Rückstellung unterbleibt.

**d) Arbeitgeberwechsel**

Die Grundsätze der Randnummern 4 bis 8 gelten auch bei einem Übergang des Dienstverhältnisses im Übergangsjahr und Folgejahr auf einen neuen Arbeitgeber aufgrund gesetzlicher Bestimmungen, z. B. nach § 613 a BGB. In Fällen eines Arbeitgeberwechsels i. S. v. § 5 Abs. 7 Satz 4 EStG im Übergangsjahr oder in vorherigen Jahren hat der neue Arbeitgeber die Grundsätze der Randnummern 4 bis 8 entsprechend zu berücksichtigen. **9**

**e) Billigkeitsregelung**

Aus Billigkeitsgründen ist es nicht zu beanstanden, wenn der Unterschiedsbetrag für sämtliche Pensionsverpflichtungen eines Betriebes anstelle der Berechnung nach den Randnummern 4 bis 9 insgesamt als Differenz zwischen den Teilwerten nach den „Heubeck-Richttafeln 2018 G“ und den bisherigen Rechnungsgrundlagen am Ende des Übergangsjahres ermittelt und dieser Gesamtunterschiedsbetrag in unveränderter Höhe auf das Übergangsjahr und die beiden folgenden Wirtschaftsjahre gleichmäßig verteilt wird, indem von der Summe der Pensionsrückstellungen nach den „Richttafeln 2018 G“ am Ende des Übergangsjahres zwei Drittel und am Ende des Folgejahres ein Drittel dieses Gesamtunterschiedsbetrages abgezogen werden. **10**

Hat sich der Bestand der Pensionsberechtigten im Folgejahr durch einen Übergang des Dienstverhältnisses aufgrund einer gesetzlichen Bestimmung verändert, ist das für dieses Wirtschaftsjahr zu berücksichtigende Drittel des Gesamtunterschiedsbetrages entsprechend zu korrigieren. **11**

Wird der maßgebende Unterschiedsbetrag über mehr als drei Wirtschaftsjahre gleichmäßig verteilt, gelten die Regelungen der Randnummern 4 bis 11 unter Berücksichtigung der veränderten Zuführungsquoten und Übergangszeiträume entsprechend. **12**

**4. Andere Verpflichtungen, die nach § 6 a EStG bewertet werden**

Die Grundsätze dieses Schreibens gelten für andere Verpflichtungen, die nach den Grundsätzen des § 6 a EStG zu bewerten sind (z. B. Vorruhestandsleistungen), entsprechend. **13**

# 1 § 6 a/13. Schreiben betr. Hinterbliebenenversorgung für die Lebensgefährtin oder den Lebensgefährten

Vom 25. Juli 2002 (BStBl. I S. 706)

(BMF IV A 6 – S 2176 – 28/02)

Zur Frage der steuerrechtlichen Anerkennung von Zusagen auf Hinterbliebenenversorgung für den in eheähnlicher Gemeinschaft lebenden Partner des versorgungsberechtigten Arbeitnehmers nehme ich nach Abstimmung mit den obersten Finanzbehörden der Länder wie folgt Stellung:

Aufwendungen für Versorgungszusagen an Arbeitnehmer, die eine Hinterbliebenenversorgung für den in eheähnlicher Gemeinschaft lebenden Partner des Versorgungsberechtigten vorsehen, können nur dann nach Maßgabe von § 4 Abs. 4, § 4 c, § 4 d oder § 4 e EStG als Betriebsausgaben abgezogen werden, wenn die in Aussicht gestellten Leistungen betrieblich veranlasst sind. Die Zusage auf eine Hinterbliebenenversorgung ist als Pensionsrückstellung nach § 6 a EStG zu passivieren und darf nur angesetzt werden, wenn die übrigen Voraussetzungen für die Bildung von Rückstellungen *(R 31 c Abs. 2 EStR)*[1] vorliegen.

Die betriebliche Veranlassung dieser Hinterbliebenenzusagen und die Wahrscheinlichkeit der Inanspruchnahme aus der Verpflichtung ist unter Berücksichtigung der Umstände des jeweiligen Einzelfalls zu prüfen. Anhaltspunkte können beispielsweise eine von der Lebenspartnerin oder dem Lebenspartner schriftlich bestätigte Kenntnisnahme der in Aussicht gestellten Versorgungsleistungen, eine zivilrechtliche Unterhaltspflicht des Arbeitnehmers gegenüber dem Lebenspartner oder eine gemeinsame Haushaltsführung sein.

Die versorgungsberechtigte Lebenspartnerin oder der versorgungsberechtigte Lebenspartner muss in der schriftlich erteilten Zusage namentlich mit Anschrift und Geburtsdatum genannt werden.

Pensionsrückstellungen nach § 6 a EStG sind entsprechend dem Geschlecht des begünstigten Hinterbliebenen zu bewerten. Soweit der Berechnung die *„Richttafeln 1998"*[2] von Prof. Klaus Heubeck zu Grunde gelegt werden, hat die Bewertung anhand des Hinterbliebenenbestandes zu erfolgen.

Die Grundsätze zur steuerlichen Anerkennung von Versorgungszusagen gegenüber dem Arbeitgeber nahestehenden Personen (z. B. beherrschende Gesellschafter-Geschäftsführer, nahe Familienangehörige) bleiben unberührt.

---

[1] Jetzt: R 5.7 Abs. 2 EStR 2012.

[2] Zum Übergang auf die „Richttafeln 2005 G" siehe BMF v. 16. 12. 2005, BStBl. I S. 1054 (Nr. **1** § 6 a/11).

# I § 6 a/16. Schreiben betr. Zusagen auf Leistungen der betrieblichen Altersversorgung; Bilanzsteuerrechtliche Berücksichtigung von überdurchschnittlich hohen Versorgungsanwartschaften (Überversorgung)

Vom 3. November 2004 (BStBl. I S. 1045)

(BMF IV B 2 – S 2176 – 13/04)

Zur Frage der bilanzsteuerrechtlichen Berücksichtigung von überdurchschnittlich hohen Zusagen auf Leistungen der betrieblichen Altersversorgung nehme ich nach Abstimmung mit den obersten Finanzbehörden der Länder wie folgt Stellung:

## I. Grundsatz[1]

Überdurchschnittlich hohe Versorgungszusagen sind steuerrechtlich grundsätzlich anzuerkennen, soweit die Zusagen betrieblich veranlasst sind und arbeitsrechtlich keine Reduzierung der Versorgungszusagen aufgrund planwidriger Überversorgung möglich ist (vgl. u. a. Urteile des Bundesarbeitsgerichtes vom 9. Juli 1985, BB 1986 S. 1088 und 28. Juli 1998 3 AZR 100/98, DB 1999 S. 389). 1

## II. Versorgungszusagen über Direktversicherungen, Pensionskassen und Pensionsfonds

Der Betriebsausgabenabzug von Beiträgen an Direktversicherungen, Pensionskassen und Pensionsfonds ergibt sich aus den §§ 4 Abs. 4, 4 c und 4 e des Einkommensteuergesetzes (EStG). Das gilt auch für überdurchschnittlich hohe Versorgungszusagen. Weitere Beschränkungen bestehen – vorbehaltlich Randnummer 21 – grundsätzlich nicht. 2

## III. Zuwendungen an Unterstützungskassen und Direktzusagen (Pensionszusagen)

Zuwendungen an Unterstützungskassen für Leistungsanwärter können nach § 4 d Abs. 1 Satz 1 Nr. 1 Satz 1 Buchstabe b Satz 1 EStG nur nach den Verhältnissen am Schluss des Wirtschaftsjahres der Zuwendungen als Betriebsausgaben abgezogen werden. Änderungen, die erst nach dem Bilanzstichtag wirksam werden, sind nur zu berücksichtigen, wenn sie am Bilanzstichtag bereits feststehen (*R 27 a Abs. 4 Satz 8 Einkommensteuerrichtlinien – EStR*[2]). Liegen die Voraussetzungen einer rückgedeckten Unterstützungskasse im Sinne von § 4 d Abs. 1 Satz 1 Nr. 1 Satz 1 Buchstabe c EStG vor, sind hinsichtlich der Zuwendungen für Leistungsanwärter oder Leistungsempfänger ebenfalls die Verhältnisse am Schluss des Wirtschaftsjahres maßgebend. 3

---

[1] Zu sog. „Nur-Pensionszusagen" vgl. BMF v. 13. 12. 2012, BStBl. 2013 I S. 35.

[2] Jetzt R 4 d Abs. 4 Satz 8 EStR 2012.

4 Nach § 6 a Abs. 3 Satz 2 Nr. 1 Satz 4 EStG können bei der Teilwertberechnung von Versorgungsverpflichtungen gegenüber Pensionsberechtigten, deren Dienstverhältnis noch nicht beendet ist, Erhöhungen oder Verminderungen der Pensionsleistungen nach dem Schluss des Wirtschaftsjahres, die hinsichtlich des Zeitpunkts ihres Wirksamwerdens oder ihres Umfangs ungewiss sind, bei der Berechnung des Barwerts der künftigen Pensionsleistungen und der Jahresbeträge erst berücksichtigt werden, wenn sie – eingetreten sind. Entsprechendes gilt beim Ansatz des Barwertes der künftigen Pensionsleistungen am Schluss des Wirtschaftsjahres nach Beendigung des Dienstverhältnisses unter Aufrechterhaltung der Pensionsanwartschaft oder nach Eintritt des Versorgungsfalles (§ 6 a Abs. 3 Satz 2 Nr. 2 zweiter Teilsatz EStG).

5 Versorgungszusagen, die über die üblicherweise durch Betriebsrenten abgedeckten Einkommensausfälle hinaus gehen und entgegen den in den Randnummern 3 und 4 genannten Regelungen künftige Einkommens- und Lohnentwicklungen vorwegnehmen, können steuerlich nur berücksichtigt werden, soweit sie im Verhältnis zum letzten Aktivlohn angemessen sind (vgl. Urteile des Bundesfinanzhofes – BFH – vom 17. Mai 1995, BStBl. 1996 II S. 420 und vom 31. März 2004, BStBl. II S. 937 und S. 940).

## IV. Unzulässige Vorwegnahme künftiger Einkommensentwicklungen durch überdurchschnittlich hohe betriebliche Versorgungszusagen

6 Die Frage, ob durch überdurchschnittlich hohe Versorgungszusagen künftige Einkommens- und Lohnentwicklungen vorweg genommen werden und somit ein Verstoß gegen die Regelungen in § 4 d Abs. 1 Satz 1 Nr. 1 Satz 1 Buchstabe b und c EStG (Randnummer 3) oder § 6 a Abs. 3 Satz 2 Nr. 1 Satz 4 EStG (Randnummer 4) vorliegt, richtet sich nach den Umständen des jeweiligen Einzelfalles. Maßgebend ist, ob unter Heranziehung objektiver Merkmale das überdurchschnittlich hohe Versorgungsniveau von vornherein beabsichtigt wurde oder eine Vorwegnahme künftiger Einkommens- und Lohnentwicklungen anzunehmen ist. Bei laufenden und ausfinanzierten Rentenleistungen kommt eine Vorwegnahme künftiger Lohnentwicklungen regelmäßig nicht in Betracht.

### 1. 75 %-Grenze im Sinne der BFH-Rechtsprechung

7 Von einer möglichen Vorwegnahme künftiger Einkommensentwicklungen kann regelmäßig ausgegangen werden, wenn die sog. 75 %-Grenze im Sinne der BFH-Urteile vom 17. Mai 1995 und 31. März 2004 (a. a. O.) überschritten wird. Danach kann eine Vorwegnahme künftiger Einkommenstrends anzunehmen sein, soweit die insgesamt zugesagten Leistungen der betrieblichen Altersversorgung (Direktzusage, Direktversicherung, Pensionskasse, Unterstützungskasse und Pensionsfonds) zusammen mit einer zu erwartenden Rente aus der gesetzlichen Rentenversicherung höher sind als 75 % der Bezüge des Versorgungsberechtigten. Dabei ist es unerheblich, ob der Versorgungsverpflichtete für die Verpflichtung eine Rückdeckungsversicherung abgeschlossen oder die Ansprüche aus der Rückdeckungsversicherung an den Berechtigten verpfändet hat.

Bei der Prüfung der 75 %-Grenze sind folgende Bezugsgrößen maßgebend:

**a) Grundsatz**

Für die Höhe der insgesamt zugesagten Versorgungsleistungen und der Bezüge des Berechtigten sind die Verhältnisse am Bilanzstichtag maßgebend. Hat sich zu einem späteren Bilanzstichtag der Umfang der Stichtagsbezüge und/oder die Höhe der Ansprüche auf betriebliche Altersversorgung geändert, sind die geänderten Bezugsgrößen für diesen Bilanzstichtag zu berücksichtigen. Haben sich beispielsweise die laufenden Gehaltsansprüche des Berechtigten gemindert, gilt dies mit Ausnahme der in Randnummer 19 genannten Fälle unabhängig davon, welche Gründe für die Minderung dieser Ansprüche ausschlaggebend waren. 8

**b) Bezüge des Versorgungsberechtigten**

Es sind sämtliche Aktivbezüge des Versorgungsberechtigten am Bilanzstichtag zu berücksichtigen. Dabei ist es unerheblich, ob die Bezüge zu Rentenleistungen führen. Die Aktivbezüge entsprechen dem Arbeitslohn i. S. des § 2 Lohnsteuer-Durchführungsverordnung (LStDV). 9

Ist ein Leistungsanwärter mit unverfallbaren, nicht ausfinanzierten Versorgungsansprüchen ausgeschieden, sind die fiktiven Aktivbezüge zugrunde zu legen, die der Berechtigte erhalten hätte, wenn er nicht vorzeitig das Unternehmen verlassen hätte. 10

Soweit variable Gehaltsbestandteile (z. B. Tantiemen, Boni, Sachzuwendungen) einzubeziehen sind, ist der Durchschnitt dieser Bezüge aus den letzten fünf Jahren maßgebend. 11

**Beispiel:**

Der Versorgungsberechtigte hat in den letzten 6 Jahren folgende Gehälter bezogen:

| | **1997** | **1998** | **1999** | **2000** | **2001** | **2002** |
|---|---|---|---|---|---|---|
| Grundgehalt: | 3000 € | 3100 € | 3300 € | 3300 € | 3400 € | 3450 € |
| Sonderzuwendungen: | 500 € | 0 € | 1000 € | 900 € | 1500 € | 0 € |

Zu prüfen ist die Zusage im Jahr 2002.

Bei der Prüfung der 75 %-Grenze für 2002 sind als maßgebende Bezüge nicht nur das Grundgehalt von 3450 € zu berücksichtigen, sondern auch der Durchschnitt der Sonderzuwendungen der letzten 5 Jahre. Dabei ist es unerheblich, dass der Versorgungsberechtigte in 2002 keine Sonderzuwendungen erhalten hat. Der Durchschnitt der Sonderzuwendungen beträgt (0 € + 1000 € + 900 € + 1500 € + 0 €) / 5 = 680 €.

Somit ergeben sich für das Jahr 2002 maßgebende Bezüge in Höhe von 3450 € + 680 € = 4130 €.

**c) Zugesagte Versorgungsleistungen**

Für die Prüfung der 75 %-Grenze sind sämtliche am Bilanzstichtag vertraglich zugesagten Altersversorgungsansprüche (Direktzusage, Direktversicherung, Pensionskasse, Unterstützungskasse und Pensionsfonds) des Steuerpflichtigen im rechnerischen Pensionsalter (*vgl. R 41 Abs. 12 EStR*[1]) einschließlich der zu erwartenden Rente aus der gesetzlichen Rentenversicherung maßgebend. Fest zugesagte Erhöhungen dieser Ansprüche während der Rentenlaufzeit zur Abgeltung von Verpflichtungen im Sinne von § 16 des Gesetzes zur Verbesserung der 12

[1] Jetzt R 6 a Abs. 11 EStR 2012.

betrieblichen Altersversorgung (Betriebsrentengesetz – BetrAVG) bleiben dabei außer Betracht, soweit die jährlichen Steigerungsraten 3 % nicht übersteigen (BFH-Urteil vom 31. März 2004 I R 70/03, BStBl. II S. 937). Das gilt auch für Leistungen der Invaliditäts- und Hinterbliebenenversorgung.

13 Bei Beitragszusagen mit Mindestleistung im Sinne von § 1 Abs. 2 Nr. 2 BetrAVG ist auf die Mindestleistung im rechnerischen Pensionsalter abzustellen.

14 Sieht die Versorgungszusage an Stelle von lebenslänglich laufenden Leistungen eine einmalige Kapitalleistung vor, gelten 10 % der Kapitalleistung als Jahresbetrag einer lebenslänglich laufenden Leistung (analog § 4 d Abs. 1 Satz 1 Nr. 1 Satz 7 EStG).

15 Es ist nicht zu beanstanden, wenn die Höhe der zu erwartenden Rente aus der gesetzlichen Rentenversicherung nach dem steuerlichen Näherungsverfahren zur Berücksichtigung von Sozialversicherungsrenten bei der Bewertung von Pensionsverpflichtungen und bei der Ermittlung der als Betriebsausgaben abzugsfähigen Zuwendungen an Unterstützungskassen (BMF-Schreiben vom 5. Oktober 2001, BStBl. I S. 661), mit späteren Änderungen) berechnet wird. Unabhängig davon kann im Einzelfall die nachgewiesene Höhe der zu erwartenden Sozialversicherungsrente angesetzt werden.

### d) Gehaltsabhängige Zusagen und Entgeltumwandlungen

16 Beruht die Versorgungszusage auf gehaltsabhängigen Leistungen, liegt ein Verstoß gegen das Stichtagsprinzip nach § 4 d Abs. 1 Satz 1 Nr. 1 Satz 1 Buchstabe b und c EStG und § 6 a Abs. 3 Satz 2 Nr. 1 Satz 4 EStG regelmäßig nicht vor. Gehaltsabhängige Versorgungsleistungen in diesem Sinne liegen nur dann vor, wenn die zugesagten Leistungen ausschließlich von einem erreichbaren, festgelegten Prozentsatz des letzten Aktivlohnes oder des Durchschnittes der letzten Aktivbezüge vor Eintritt des Versorgungsfalles abhängen (Endgehaltsplan) oder es sich ausschließlich um beitragsorientierte Versorgungszusagen im Sinne von § 1 Abs. 2 Nr. 1 BetrAVG handelt.

17 Wurden neben einem gehaltsabhängigen Bestandteil auch Festbetragsleistungen zugesagt, sind die auf die gehaltsabhängigen Leistungen entfallenden Bezüge in die Ermittlung der 75 %-Grenze einzubeziehen und nachfolgend von dem sich ergebenden Betrag abzusetzen.

18 Soweit die Versorgungsleistungen auf Entgeltumwandlungen beruhen, können die umgewandelten Entgelte und die diesen entsprechenden Versorgungsleistungen bei der Berechnung der 75 %-Grenze – vorbehaltlich der Randnummer 21 – unberücksichtigt bleiben.

**Beispiel:**

Der Versorgungsberechtigte V (fremder Arbeitnehmer) erzielt nach den Verhältnissen am Bilanzstichtag folgende jährliche Bezüge:

| | |
|---|---|
| vereinbartes Festgehalt: | 80 000 € |
| abzgl. Entgeltumwandlungen über Direktzusage: | 5000 € |
| auszuzahlendes Entgelt: | 75 000 € |
| versorgungsfähiges Entgelt („Schattengehalt"): | 80 000 € |

V hat keine Ansprüche aus der gesetzlichen Rentenversicherung. Der jährliche Versorgungsanspruch des V aus der Direktzusage setzt sich wie folgt zusammen:
a) 60 % des versorgungsfähigen Entgeltes (80 000 €)
b) 15 000 €
c) Leistungen aus den Entgeltumwandlungen
Der die gehaltsabhängigen Versorgungsleistungen zu a) betreffende Bestandteil des versorgungsfähigen Entgeltes ist in die Ermittlung der 75 %-Grenze einzubeziehen und nachfolgend von dem sich ergebenden Betrag (Zwischenergebnis) abzusetzen. Die Entgeltumwandlungen zu c) bleiben vollständig unberücksichtigt. Lediglich hinsichtlich der Versorgungszusage zu b) kommt eine Vorwegnahme künftiger Lohnentwicklungen durch Überversorgung in Betracht. Die maßgebenden Bezugsgrößen ermitteln sich wie folgt:

| | |
|---|---|
| Versorgungsfähiges Entgelt: | 80 000 € |
| abzgl. Entgeltumwandlungen über die Direktzusage: | 5000 € |
| maßgebende Aktivbezüge (§ 2 LStDV): | 75 000 € |
| | |
| davon 75 %: | 56 250 € |
| ab gehaltsabhängiger Bestandteil der Zusage: 60 % × 80 000 €: | 48 000 € |
| verbleiben: | 8250 € |
| Festbetragsrente: | 15 000 € |
| übersteigender Betrag: | **6750 €** |

Nur hinsichtlich des übersteigenden Betrages kann eine Vorwegnahme künftiger Lohnentwicklungen vorliegen. Maßgebend sind die Verhältnisse des Einzelfalles.

### e) Wechsel Vollzeit-/Teilzeitbeschäftigungsverhältnis

Sinkt oder steigt das Gehaltsniveau aufgrund eines Wechsels des Beschäftigungsgrades, z. B. infolge eines Wechsels von einem Vollzeit- zu einem Teilzeitbeschäftigungsverhältnis, ergibt sich in Bezug auf das maßgebende volle (fiktive) Gehalt anstelle der 75 %-Grenze folgender prozentualer Grenzwert G: 19

$G = [g \times (m_1/n)] + [g \times (b/100) \times (m_2/n)]$

**Erläuterungen**

g = bislang gültige Prozent-Grenze (vor dem erstmaligen Wechsel des Beschäftigungsgrades beträgt diese immer 75 %)

b = aufgrund des Wechsels des Beschäftigungsgrades geändertes Gehaltsniveau auf Basis des ursprünglichen Beschäftigungsgrades (= 100)

$m_1$ = Zeitraum, für den die bisherige Prozent-Grenze maßgebend war

$m_2$ = Zeitraum, für den die neue Prozent-Grenze maßgebend ist

n = Gesamtlaufzeit des Dienst- oder sonstigen Rechtsverhältnisses

**Beispiel:**

Der Versorgungsberechtigte N hat 20 Jahre ein (volles) Gehalt von monatlich 1000 € (maßgebende Bezugsgröße) bezogen. Die letzten 5 Jahre bis zum Eintritt in den Ruhestand erhält er aufgrund des Wechsels in ein Teilzeitbeschäftigungsverhältnis nur noch 50 % der vollen Bezüge.
Aufgrund der Änderung des Gehaltsniveaus ist die 75 %-Grenze auf den Grenzwert G wie oben anzupassen. Ab dem dem Wechsel des Beschäftigungsgrades folgenden Bilanzstichtag ergibt sich der folgende prozentuale Grenzwert in Bezug auf das maßgebende (fiktive) volle Gehalt von 1000 €:
$G = [75 \times (20/25)] + [75 \times (50/100) \times (5/25)] = [60] + [7{,}5] = 67{,}5\ \%$

### 2. Steurrechtliche Folgen bei Verstoß gegen das Stichtagsprinzip nach § 4d Abs. 1 Satz 1 Nr. 1 Satz 1 Buchstabe b und c EStG oder § 6a Abs. 3 Satz 2 Nr. 1 Satz 4 EStG

20 Ist von einer unzulässigen Vorwegnahme künftiger Einkommens- und Lohnentwicklungen auszugehen, kann die Verpflichtung beim Betriebsausgabenabzug nach § 4d EStG oder bei der Bewertung der Pensionsrückstellung nach § 6a EStG nur insoweit berücksichtigt werden, wie sie die 75 %-Grenze (Randnummer 7) nicht überschreitet.

## V. Zusagen auf Leistungen der betrieblichen Altersversorgung an mitarbeitende Ehegatten und in einem anderen Rechtsverhältnis stehende Versorgungsberechtigte

21 Die Grundsätze über die steuerliche Anerkennung von Aufwendungen für die betriebliche Altersversorgung der mitarbeitenden Ehegatten bleiben unberührt.

22 Die dargestellten Regelungen gelten auch für Zusagen an Pensionsberechtigte, die in einem anderen Rechtsverhältnis als einem Dienstverhältnis stehen.

## VI. Zeitliche Anwendung

23 Die Grundsätze dieses Schreibens gelten für alle noch offenen Fälle. Die sog. Vereinfachungsregelung (Aufwendungen des Versorgungsverpflichteten übersteigen nicht 30 % der Stichtagsbezüge, vgl. u. a. BFH-Urteil vom 16. Mai 1995, BStBl. II S. 873, und Urteil vom 31. März 2004 I R 70/03, a. a. O., mit weiteren Nachweisen) ist letztmals für Wirtschaftsjahre anzuwenden, die vor dem 1. Januar 2005 beginnen.

# I § 6 a/17. Schreiben betr. betriebliche Altersversorgung; Bilanzsteuerrechtliche Berücksichtigung von Abfindungsklauseln in Pensionszusagen nach § 6a EStG

Vom 6. April 2005 (BStBl. I S. 619)

(BMF IV B 2 – S 2176 – 10/05)

Zusagen auf Leistungen der betrieblichen Altersversorgung können Regelungen zur Abfindung der Versorgungsanwartschaften und/oder der laufenden Versorgungsleistungen enthalten. Für die bilanzsteuerrechtliche Berücksichtigung von Abfindungsklauseln in Pensionszusagen gemäß § 6a EStG gilt nach Abstimmung mit den obersten Finanzbehörden der Länder Folgendes:

**1. Allgemeines**

Nach § 6a Abs. 1 Nr. 2 EStG können für Pensionszusagen insoweit keine Rückstellungen gebildet werden, als die Zusagen Vorbehalte enthalten, nach denen Anwartschaften oder laufende Leistungen gemindert oder entzogen werden können. Das gilt nicht, soweit sich die Vorbehalte nur auf Tatbestände erstrecken, bei deren Vorliegen nach den allgemeinen Rechtsgrundsätzen unter Beachtung billigen Ermessens eine Minderung oder ein Entzug der Versorgungsansprüche zulässig ist.

**2. Gleichwertigkeit der Abfindung und der ursprünglichen Pensionszusage**

Der Bundesfinanzhof (BFH) hat mit Urteil I R 49/97 vom 10. November 1998 (BStBl. 2005 II S. 261) entschieden, dass die dem Arbeitgeber vorbehaltene Möglichkeit, Pensionsverpflichtungen jederzeit in Höhe des Teilwertes nach § 6a Abs. 3 EStG abfinden zu können, einen steuerschädlichen Vorbehalt i. S. d. § 6a Abs. 1 Nr. 2 EStG darstellt und deshalb einer Passivierung derartiger Pensionsverpflichtungen entgegen steht. Dem Urteil lag die Annahme zu Grunde, dass der mögliche Abfindungsbetrag mindestens dem Wert des gesamten Versorgungsversprechens zum Abfindungszeitpunkt entsprechen muss.

Abfindungsklauseln in Pensionszusagen führen zu einer Steuerschädlichkeit i. S. v. § 6a Abs. 1 Nr. 2 EStG und damit zu einem Nichtausweis der Pensionsrückstellungen, wenn die Versorgungszusagen gegenüber aktiven Anwärtern mit dem Teilwert gemäß § 6a Abs. 3 Satz 2 Nr. 1 EStG abgefunden werden können. Dagegen ist ein Abfindungsrecht, das sich für aktive Anwärter nach dem Barwert der künftigen Pensionsleistungen im Sinne von § 6a Abs. 3 Satz 2 Nr. 1 EStG (d. h. der volle, unquotierte Anspruch) zum Zeitpunkt der Abfindung bemisst, unschädlich. Das gleiche gilt für die Abfindung von laufenden Versorgungsleistungen und unverfallbaren Ansprüchen gegenüber ausgeschiedenen Anwärtern (sofern arbeitsrechtlich zulässig), wenn vertraglich als Abfindungsbetrag der Barwert der künftigen Pensionsleistungen gemäß § 6a Abs. 3 Satz 2 Nr. 2 EStG vorgesehen ist.

**3. Schriftliche Festlegung des Verfahrens zur Ermittlung der Abfindungshöhe (§ 6a Abs. 1 Nr. 3 EStG)**

Die Regelungen zum Schriftformerfordernis nach dem BMF-Schreiben vom 28. August 2001 (BStBl. I S. 594) gelten für in Pensionszusagen enthaltenen Abfindungsklauseln entsprechend. Wird das Berechnungsverfahren zur Ermittlung der Abfindungshöhe nicht eindeutig und präzise schriftlich fixiert, scheidet die Bildung einer Pensionsrückstellung insgesamt aus.

**4. Zeitliche Anwendung**

Die Grundsätze dieses Schreibens gelten für alle noch offenen Fälle. Aus Vertrauensschutzgründen sind jedoch nach den Textziffern 2 und 3 schädliche Abfindungsklauseln in Pensionszusagen, die bis zum Tag der Veröffentlichung dieses Schreibens im Bundessteuerblatt erteilt wurden, nicht zu beanstanden, wenn sie bis zum 31. Dezember 2005 unter Berücksichtigung der o. g. Grundsätze schriftlich angepasst werden.

# 1 § 6 a/18. Schreiben betr. Abfindungsklauseln in Versorgungszusagen; Anpassung von Versorgungsverpflichtungen gegenüber ausgeschiedenen Versorgungsberechtigten

Vom 1. September 2005 (BStBl. I S. 860)

(BMF IV B 2 – S 2176 – 48/05)

Das BMF-Schreiben vom 6. April 2005 (BStBl. I S. 619)[1] nimmt zu der Frage Stellung, in welcher Höhe Abfindungen von Versorgungszusagen steuerlich unschädlich sind und inwieweit das Verfahren zur Ermittlung der Abfindungshöhe schriftlich zu fixieren ist. Aus Vertrauensschutzgründen können schädliche Abfindungsklauseln bis zum 31. Dezember 2005 ohne negative steuerliche Folgen schriftlich angepasst werden.

Nach Abstimmung mit den obersten Finanzbehörden der Länder ist die schriftliche Anpassung von Abfindungsklauseln in Versorgungsverpflichtungen, die nach § 6 a Abs. 3 Satz 2 Nr. 2 EStG bewertet werden, d. h. Zusagen gegenüber Leistungsempfängern und mit unverfallbaren Versorgungsansprüchen ausgeschiedenen Pensionsberechtigten, aus Praktikabilitätsgründen unter den folgenden Voraussetzungen entbehrlich:

1. Die Abfindungsklauseln in Versorgungsverpflichtungen, die nach § 6 a Abs. 3 Satz 2 Nr. 1 EStG bewertet werden, d. h. Zusagen gegenüber den aktiven Beschäftigten, werden nach Maßgabe des BMF-Schreibens vom 6. April 2005 (a. a. O.) fristgerecht schriftlich angepasst.
2. Der Versorgungsverpflichtete erklärt betriebsöffentlich, dass die unter 1. genannten Anpassungen entsprechend für Abfindungsklauseln in Versorgungszusagen gegenüber ausgeschiedenen Pensionsberechtigten gelten.

---

[1] Nr. **1** § 6 a/17.

# **I** § 6 a/20. Schreiben betr. bilanzsteuerliche Behandlung von Pensionszusagen einer Personengesellschaft an einen Gesellschafter und dessen Hinterbliebene

Vom 29. Januar 2008 (BStBl. I S. 317)

(BMF IV B 2 – S 2176/07/0001; DOK 2008/0027617)

Nach dem der bisherigen Verwaltungsauffassung zugrunde liegenden BFH-Urteil vom 8. Januar 1975 (BStBl. II S. 437) ist eine Pensionszusage, die eine Personengesellschaft ihrem Gesellschafter-Geschäftsführer erteilt, als Gewinnverteilungsabrede zwischen den Gesellschaftern anzusehen, die den Gewinn der Gesellschaft nicht beeinflussen darf und dementsprechend auch nicht zur Rückstellungsbildung für die künftigen Pensionsleistungen berechtigt. Demgegenüber hat der BFH im Urteil vom 2. Dezember 1997 VIII R 15/96 (BStBl. 2008 II S. 174) entschieden, eine derartige Pensionszusage führe bei der Gesellschaft zu einer zu passivierenden Verpflichtung, der auf der Gesellschafterebene eine korrespondierende Forderung gegenüberstehe. Das Urteil lässt offen, ob diese Forderung in einer Sonderbilanz nur bei dem durch die Zusage begünstigten Gesellschafter oder anteilig bei allen Gesellschaftern erfasst werden muss. 1

Inzwischen hat der BFH mit Urteilen vom 14. Februar 2006 VIII R 40/03 (BStBl. 2008 II S. 182) und vom 30. März 2006 IV R 25/04 (BStBl. 2008 II S. 171) entschieden, dass der zur Pensionsrückstellung korrespondierende Aktivposten ausschließlich in der Sonderbilanz des begünstigten Gesellschafters zu aktivieren ist. In seinem Urteil vom 30. März 2006 IV R 25/04 (BStBl. 2008 II S. 171) hat der BFH außerdem festgelegt, dass diese Rechtsprechung auch auf bereits vorher bestehende Pensionszusagen anzuwenden ist. Dies bedeutet, dass in solchen Fällen im ersten Jahr, dessen Veranlagung verfahrensrechtlich noch geändert werden kann, in der Sonderbilanz des begünstigten Gesellschafters die bisher nicht aktivierte Zuführung zur Pensionsrückstellung gewinnerhöhend nachzuholen ist.

Unter Berücksichtigung der Grundsätze dieser BFH-Urteile gilt zur künftigen bilanzsteuerrechtlichen Behandlung von Pensionszusagen einer Personengesellschaft an einen Gesellschafter und dessen Hinterbliebene im Einvernehmen mit den obersten Finanzbehörden der Länder Folgendes: 2

## I. Pensionszusagen an einen Gesellschafter unmittelbar durch die Gesellschaft

### 1. Gesellschaftsebene

Die Gesellschaft hat für die sich aus der Pensionszusage ergebende Verpflichtung in der Gesellschaftsbilanz nach Maßgabe des § 6 a EStG eine Pensionsrückstellung zu bilden; zum Passivierungswahlrecht bei laufenden Pensionen und Anwartschaften auf Pensionen, die vor dem 1. Januar 1987 rechtsver- 3 bindlich zugesagt worden sind (Altzusagen), vgl. R 6 a Abs. 1 Satz 3 EStR 2005.

4 Für die Zeit nach vertraglich vorgesehenem Eintritt des Versorgungsfalls sind unter Beachtung der Grundsätze in R 6 a Abs. 22 EStR 2005 laufende Pensionsleistungen auf der Gesellschaftsebene als Betriebsausgaben abziehbar und ist die gebildete Pensionsrückstellung anteilig gewinnerhöhend aufzulösen. Entfällt die Verpflichtung und ist die Rückstellung deshalb in vollem Umfang aufzulösen (z. B. im Falle des Todes des Gesellschafters ohne Hinterbliebenenversorgung), entsteht auf Gesellschaftsebene ein außerordentlicher, allen Gesellschaftern zugute kommender Ertrag. Zur Auflösung der Pensionsrückstellungen allgemein vgl. R 6 a Abs. 21 EStR 2005.

**2. Gesellschafterebene**

5 Der aus der Zusage begünstigte Gesellschafter hat gemäß § 15 Abs. 1 Satz 1 Nr. 2 EStG in seiner Sonderbilanz eine Forderung auf künftige Pensionsleistungen zu aktivieren, die der Höhe der bei der Gesellschaft passivierten Pensionsverpflichtung entspricht (korrespondierende Bilanzierung); bei den nicht begünstigten Gesellschaftern sind keine Ansprüche zu aktivieren. Ist die Pensionszusage bereits vor Beginn des Wirtschaftsjahres, das nach dem 31. Dezember 2007 endet, erteilt worden (Altzusage), kann der begünstigte Gesellschafter in den Fällen, in denen die Pensionszusage bisher entweder als steuerlich unbeachtliche Gewinnverteilungsabrede behandelt worden ist oder zwar eine Passivierung der Pensionszusage in der Gesellschaftsbilanz erfolgt ist, aber die hierdurch entstehende Gewinnminderung durch eine anteilige Aktivierung in den Sonderbilanzen aller Gesellschafter neutralisiert worden ist, aus Billigkeitsgründen eine Rücklage in Höhe von 14/15 des aus der erstmaligen Anwendung dieses Schreibens entstehenden Gewinns (Ertrag aus der erstmaligen Aktivierung des Pensionsanspruchs in der Sonderbilanz und anteiliger Aufwand aus der erstmaligen Passivierung aller Pensionsrückstellungen in der Gesamthandsbilanz oder Ertrag aus der Differenz zwischen dem bisher aktivierten anteiligen Anspruch und dem nunmehr zu aktivierenden vollen Anspruch) bilden, die in den nachfolgenden 14 Wirtschaftsjahren zu mindestens je einem Vierzehntel gewinnerhöhend aufzulösen ist. Die Rücklage darf nur gebildet werden, soweit aufgrund der erstmaligen Anwendung dieses Schreibens insgesamt – also unter anteiliger Berücksichtigung aller in der Gesamthandsbilanz zu passivierenden Rückstellungen – ein Gewinn beim begünstigten Gesellschafter verbleibt.

**Beispiel:**

A und B sind als Mitunternehmer an einer Personengesellschaft zu je 50% beteiligt. Beide Mitunternehmer haben eine Pensionszusage erhalten, und zwar beträgt der

| | |
|---|---|
| Wert für A am Bilanzstichtag | 80 |
| Wert für B am Bilanzstichtag (wegen längerer Zugehörigkeit zur Gesellschaft) | 100. |

Für die Rücklagenbildung ist bei jedem Gesellschafter nicht nur die anteilige Passivierung „seiner" Pensionsrückstellung zu berücksichtigen, sondern die anteilige Passivierung aller Pensionsrückstellungen. Also ergibt sich für A kein rücklagefähiger Gewinn, sondern vielmehr ein Verlust von 10 (Aktivierung 80 ./. ½ von 180 = ./. 10). Bei B ergibt sich hingegen ein rücklagefähiger Gewinn von 10 (Aktivierung 100 ./. ½ von 180 = 10).

Die Rücklage in der Sonderbilanz des begünstigten Gesellschafters ist nur für Zwecke der Einkommensteuer zu berücksichtigen. Die Rücklage kann außerdem nur in Anspruch genommen werden, wenn von der Gesellschaft für Altzusagen die Grundsätze dieses Schreibens ab dem Erstjahr (das ist das Wirtschaftsjahr, das nach dem 31. Dezember 2007 endet – siehe RdNr. 10 –, in den Fällen der RdNr. 11 das entsprechende Vorjahr) angewendet werden. Wird also zunächst ein Antrag nach RdNr. 20 dieses Schreibens gestellt, für Altzusagen weiterhin nach der bisherigen Rechtslage zu verfahren, und wird ein solcher Antrag später wieder zurückgenommen, kann die Rücklage nicht in Anspruch genommen werden.

Die Rücklage ist bereits vor Ablauf des Fünfzehnjahreszeitraums aufzulösen, wenn der Pensionsanspruch wegfällt.

Entsprechendes gilt, wenn in der Vergangenheit in der Gesamthandsbilanz eine Pensionsrückstellung gebildet worden ist, die Zuführungen zur Rückstellung jedoch durch außerbilanzielle Hinzurechnungen neutralisiert worden sind. Die außerbilanziellen Hinzurechnungen sind hier bei dem Gesellschafter, bei dem sie vorgenommen worden sind, im Jahr der erstmaligen Anwendung dieses Schreibens als Aufwand zu berücksichtigen. Beim begünstigten Gesellschafter ist zusätzlich der Ertrag aus der erstmaligen Aktivierung des Pensionsanspruchs in der Sonderbilanz gewinnerhöhend zu erfassen. Der Saldo aus Gewinnerhöhung und Aufwandsberücksichtigung kann beim begünstigten Gesellschafter in eine Rücklage eingestellt werden; RdNr. 5 Satz 2 ff. sind hier entsprechend anzuwenden.

Laufende Pensionsleistungen sind als Sonderbetriebseinnahmen beim begüns- 6
tigten Gesellschafter zu erfassen. Entsprechend den unterschiedlichen Rechtsgrundlagen ist zwischen Pensionsleistungen, die an noch beteiligte Gesellschafter gezahlt werden (§ 15 Abs. 1 Satz 1 Nr. 2 EStG), und Pensionsleistungen an ehemalige Gesellschafter (§ 15 Abs. 1 Satz 2 EStG) zu unterscheiden:

### a) Pensionsleistungen an noch beteiligte Gesellschafter

Die Pensionsleistungen sind nach § 15 Abs. 1 Satz 1 Nr. 2 EStG als Son- 7
derbetriebseinnahmen beim begünstigten Gesellschafter zu erfassen. Aufgrund der korrespondierenden Bilanzierung ist die in der Sonderbilanz aktivierte Forderung (RdNr. 5) entsprechend der gewinnerhöhenden Auflösung der Pensionsrückstellung in der Gesellschaftsbilanz (RdNr. 4) gewinnmindernd aufzulösen.

### b) Pensionsleistungen an ehemalige Gesellschafter

Der ehemalige Gesellschafter ist mit den nachträglichen Einkünften in die 8
gesonderte und einheitliche Feststellung für die Gesellschaft einzubeziehen; laufende Pensionsleistungen sind nach § 15 Abs. 1 Satz 2 EStG als Sonderbetriebseinnahmen dieses Gesellschafters zu erfassen.

Die aufgrund der Pensionszusage ausgewiesene Forderung bleibt nach § 15 Abs. 1 Satz 2 EStG nach dem Ausscheiden des Gesellschafters Sonderbetriebsvermögen dieses Gesellschafters. Die Forderung ist entsprechend der gewinnerhöhenden Auflösung der Pensionsrückstellung in der Gesamthandsbilanz gewinnmindernd aufzulösen.

### c) Wegfall des Pensionsanspruches

9 Bei Wegfall des Pensionsanspruches (z. B. durch Tod des Gesellschafters ohne Hinterbliebenenversorgung) entsteht durch die Ausbuchung der Forderung ein außerordentlicher Aufwand, der zu Sonderbetriebsausgaben beim betreffenden Gesellschafter führt. Eine noch bestehende Rücklage nach RdNr. 5 ist gewinnerhöhend aufzulösen.

### 3. Zeitliche Anwendung

10 Die Regelungen in den RdNrn. 3 bis 9 sind erstmals in der Schlussbilanz des Wirtschaftsjahres anzuwenden, das nach dem 31. Dezember 2007 endet.

11 Die Regelungen in RdNrn. 3 bis 9 können auch bereits für Wirtschaftsjahre noch offener Veranlagungszeiträume der Vorjahre angewendet werden, wenn die Gesellschafter der Personengesellschaft dies einvernehmlich gegenüber dem für die Gesellschaft örtlich zuständigen Finanzamt schriftlich und unwiderruflich erklären und die bisher vorgelegten Bilanzen (Gesellschaftsbilanzen und Sonderbilanzen) entsprechend berichtigen.

## II. Pensionszusage an einen Gesellschafter durch die Komplementär-GmbH einer GmbH & Co. KG

### 1. Gesellschaftsebene

12 Durch die von der Komplementär-GmbH gewährte Pensionszusage wird die Gesamthandsbilanz der GmbH & Co. KG nicht berührt.

### 2. Komplementärebene

13 Die Komplementär-GmbH hat für die sich aus der Zusage ergebende Verpflichtung in ihrer Steuerbilanz nach Maßgabe des § 6 a EStG eine Pensionsrückstellung zu bilden; die übrigen in RdNrn. 3 und 4 aufgeführten Grundsätze gelten entsprechend. Der Rückstellungsaufwand stellt für die Komplementär-GmbH eine Sonderbetriebsausgabe im Rahmen der Gewinnermittlung für die Personengesellschaft dar (§ 15 Abs. 1 Satz 1 Nr. 2 EStG).

### 3. Kommanditistenebene

14 Für den aus der Zusage (noch beteiligten oder ehemaligen) begünstigten Gesellschafter sind die Grundsätze in RdNr. 5 Satz 1 und in RdNrn. 6 bis 9 entsprechend anzuwenden. Die Billigkeitsregelung der RdNr. 5 Satz 2 ff. ist hier nicht anzuwenden, weil diese Fallgestaltung bereits dem BFH-Urteil vom 16. Dezember 1992 (BStBl. 1993 II S. 792) zugrunde lag.

## III. Pensionszusage im Rahmen einer doppelstöckigen Personengesellschaft

15 Nach § 15 Abs. 1 Satz 1 Nr. 2 Satz 2 EStG steht der mittelbar über eine oder mehrere Personengesellschaften beteiligte Gesellschafter dem unmittelbar beteiligten Gesellschafter gleich. Für Pensionszusagen, die ein Gesellschafter von der Gesellschaft erhält, an der er mittelbar beteiligt ist, sind die Grundsätze der RdNrn. 3 bis 11 entsprechend anzuwenden. Erhält der Gesellschafter die Zusage von der Komplementär-GmbH der Gesellschaft, an der er mittel-

bar beteiligt ist, sind die Grundsätze der RdNrn. 12 bis 14 entsprechend anzuwenden.

16 Dem steht § 52 Abs. 18 Satz 2 EStG i. d. F. des StÄndG 1992 vom 25. Februar 1992 (BGBl. I S. 297; BStBl. I S. 146) nicht entgegen. Diese Vorschrift betraf die Auflösung von Pensionsrückstellungen in der ersten Schlussbilanz nach Einfügung des § 15 Abs. 1 Satz 1 Nr. 2 Satz 2 EStG (doppelstöckige Personengesellschaft) in das Einkommensteuergesetz und galt damit nur für das erste Wirtschaftsjahr, das nach dem 31. Dezember 1991 endete.

## IV. Pensionszusage an Hinterbliebene eines Gesellschafters

17 Pensionszusagen an Hinterbliebene eines Gesellschafters (Witwen-/Witwerversorgung oder Waisenversorgung) sind vor Eintritt des Versorgungsfalls unselbständiger Bestandteil der Pensionszusage an den Gesellschafter; die insoweit bestehenden Verpflichtungen sind im Rahmen der Bewertung des Pensionsanspruchs und der Pensionsverpflichtung zu berücksichtigen. Auf die Ausführungen unter RdNrn. 3 bis 16 wird verwiesen. Wird nach dem Tod des Gesellschafters der Hinterbliebene Gesellschafter, so führt er den Wert in seiner Sonderbilanz fort. Andere Hinterbliebene sind mit ihren nachträglichen Einkünften als Rechtsnachfolger des Gesellschafters nach § 15 Abs. 1 Satz 2 und § 24 Nr. 2 EStG in die gesonderte und einheitliche Gewinnfeststellung für die Gesellschaft einzubeziehen (BFH-Beschluss vom 25. Januar 1994, BStBl. II S. 455); RdNr. 8 Satz 1 zweiter Halbsatz gilt entsprechend. Die Forderung des begünstigten Gesellschafters ist in dessen Sonderbilanz an den Wert anzupassen, der bei dem Hinterbliebenen anzusetzen ist. Der Hinterbliebene führt dann als Rechtsnachfolger die Sonderbilanz des Gesellschafters gemäß § 15 Abs. 1 Satz 2 EStG fort. War im Zeitpunkt der erstmaligen Anwendung der Grundsätze dieses Schreibens der Versorgungsfall für den Hinterbliebenen bereits eingetreten, ist hinsichtlich des Gewinns aus der erstmaligen Aktivierung des (restlichen) Pensionsanspruchs die Billigkeitsregelung in RdNr. 5 entsprechend anzuwenden.

18 Mit Urteil vom 2. Dezember 1997 VIII R 42/96 (BStBl. 2008 II S. 177) hat der BFH entgegen der Auffassung im BMF-Schreiben vom 10. März 1992 (BStBl. I S. 190) entschieden, dass eine bis einschließlich 31. Dezember 1985 in den Steuerbilanzen einer Personengesellschaft gebildete Rückstellung wegen Versorgungsleistungen an eine Gesellschafter-Witwe in der Bilanz zum 31. Dezember 1986 nicht gewinnerhöhend aufzulösen ist und eine Aktivierung des Versorgungsanspruchs in einer Sonderbilanz der Witwe zum 31. Dezember 1986 nicht gefordert werden kann. Die Grundsätze dieses BFH-Urteils sind in allen noch offenen Fällen anzuwenden; an der entgegenstehenden Auffassung in den BMF-Schreiben vom 16. Juli 1986 (BStBl. I S. 359) und vom 10. März 1992 (BStBl. I S. 190) wird nicht mehr festgehalten.

## V. Rückdeckungsversicherung

19 Hat die Personengesellschaft eine Pensionszusage an einen Gesellschafter und dessen Hinterbliebene durch den Abschluss eines Versicherungsvertrags rückgedeckt, gehört der der Personengesellschaft zustehende Versicherungs-

anspruch (Rückdeckungsanspruch) nicht zum Betriebsvermögen der Gesellschaft. Die Prämien für die Rückdeckungsversicherung stellen keine Betriebsausgaben dar. Sie sind Entnahmen, die allen Gesellschaftern nach Maßgabe ihrer Beteiligung zuzurechnen sind (BFH-Urteil vom 28. Juni 2001, BStBl. 2002 II S. 724).

## VI. Allgemeine Übergangsregelung betreffend die Behandlung von sog. Altzusagen

20 Die jeweilige Gesellschaft kann auf Antrag für Altzusagen (siehe RdNr. 5) auch für Wirtschaftsjahre, die nach dem 31. Dezember 2007 enden, die Pensionszusage als steuerlich unbeachtliche Gewinnverteilungsabrede behandeln oder aber bei Passivierung der Pensionsverpflichtung in der Gesamthandsbilanz die anteilige Aktivierung der Ansprüche in den Sonderbilanzen aller Gesellschafter vornehmen, wenn die betreffende Gesellschaft bisher kontinuierlich in dieser Weise verfahren ist und die Gesellschafter der betreffenden Personengesellschaft dies übereinstimmend gegenüber dem für die Gesellschaft örtlich zuständigen Finanzamt schriftlich erklären. In diesem Fall kann für Altzusagen die bisherige Behandlung zeitlich unbeschränkt fortgeführt werden. Der Antrag kann nur im Einvernehmen aller Gesellschafter zurückgenommen werden; eine Rücknahme des Antrags wirkt nur für die Zukunft.

## I § 6 a/22. Schreiben betr. Bildung von Pensionsrückstellungen nach § 6 a EStG bei Erbringung der Versorgungsleistungen durch externe Versorgungsträger im sog. Umlageverfahren

Vom 26. Januar 2010 (BStBl. I S. 138)

(BMF IV C 6 – S 2176/07/10005; DOK 2010/0026474)

Mit Urteilen vom 5. April 2006 I R 46/04 (BStBl. II S. 688) und 8. Oktober 2008 I R 3/06 (BStBl. 2010 II S. 187) hat der BFH entschieden, dass für eine Pensionszusage eine Pensionsrückstellung nicht gebildet werden kann, wenn der versorgungsverpflichtete Arbeitgeber Mitglied einer Versorgungskasse ist und die Versorgungsleistungen von dieser Versorgungskasse im sog. Umlageverfahren erbracht werden. Diesen Entscheidungen lag folgender Sachverhalt zugrunde:

- Der Arbeitgeber erteilt eine Pensionszusage nach § 6 a EStG,
- er ist gleichzeitig Mitglied einer Versorgungskasse,
- er leistet Umlagezahlungen an diese Versorgungskasse,
- die Umlagen dienen der Finanzierung der Versorgungslasten aller in der Solidargemeinschaft zusammengeschlossenen Arbeitgeber und können weder den einzelnen Versorgungsverpflichtungen noch den jeweiligen Mitgliedern zugerechnet werden,
- die späteren Versorgungsleistungen werden unmittelbar von der Versorgungskasse an den Versorgungsberechtigten ausgezahlt und
- eine Rechtsbeziehung besteht ausschließlich zwischen dem Arbeitgeber und der Versorgungskasse, d. h. die Kasse übernimmt gegenüber dem Versorgungsberechtigten keine unmittelbare eigene Verpflichtung.

Der BFH weist darauf hin, dass in den Urteilsfällen die Erfüllung der Versorgungsverpflichtung allein den Versorgungskassen ohne Mitwirkung des Arbeitgebers obliege und somit die Inanspruchnahme des Arbeitgebers aus der Versorgungszusage nicht wahrscheinlich sei. Folglich bestehe auch keine Vermögensbelastung. Eine Pensionsrückstellung könne daher nicht passiviert werden. Es sei unerheblich, dass eine Rechtsbeziehung ausschließlich zwischen dem Arbeitgeber und der Versorgungskasse bestehe. Entscheidend sei vielmehr, dass aus Sicht des Arbeitgebers die Wahrscheinlichkeit der Inanspruchnahme aus der Versorgungszusage nicht bestehe. Anders sei die Rechtslage nur dann zu beurteilen, wenn die Versorgungskasse zahlungsunfähig ist. In diesem Fall sei (wieder) eine Pensionsrückstellung nach § 6 a EStG auszuweisen.

Die Entscheidungen des BFH stehen im Einklang mit den Grundsätzen für die Bildung von Rückstellungen (R 5.7 Abs. 2 EStR). Bei Pensionsverpflichtungen ist neben der Frage, ob die Voraussetzungen des § 6 a EStG vorliegen (u. a. schriftlich erteilte unmittelbare Pensionszusage), auch zu prüfen, ob die unmittelbare Inanspruchnahme aus der Verpflichtung wahrscheinlich ist. Dabei ist es unerheblich, ob Rückdeckungsansprüche gegenüber Dritten zu aktivieren sind.

Durch die Veröffentlichung dieser Entscheidungen im Bundesteuerblatt Teil II sind die Grundsätze der Urteile auch in vergleichbaren Fällen anzuwenden. Bei entsprechenden umlagefinanzierten Versorgungssystemen können Pensionsrückstellungen nach § 6 a EStG künftig regelmäßig nicht mehr passiviert werden. Das gilt unabhängig davon, ob es sich um öffentlich-rechtliche oder privatrechtliche Versorgungszusagen handelt. Geht die Erfüllung der Versorgungsverpflichtung wieder auf den Arbeitgeber über (z. B. aufgrund einer Zahlungsunfähigkeit der Versorgungskasse), ist eine Pensionsrückstellung nach § 6 a EStG zu passivieren; § 6 a Abs. 4 Satz 3 EStG gilt entsprechend.

Gewährleistet die Versorgungskasse dagegen ausschließlich die Durchführung der einzelnen Pensionsverpflichtungen (z. B. Berechnung und Auszahlung der Altersversorgungen) und erstattet der Arbeitgeber der Versorgungskasse die hierfür erforderlichen Aufwendungen, hat der Arbeitgeber Rückstellungen nach § 6 a EStG auszuweisen. In diesen Fällen ist weiterhin von einer wahrscheinlichen Inanspruchnahme des Arbeitgebers aus den Pensionsverpflichtungen auszugehen, da die Versorgungskasse lediglich seine Versorgungsverpflichtungen ausführt und die Zahlungen an die Versorgungskasse keine Beiträge zur Finanzierung der Versorgungslasten aller in der Solidargemeinschaft zusammengeschlossenen Arbeitgeber darstellen. Zudem können die Zahlungen an die Versorgungskasse den jeweiligen Pensionszusagen des Arbeitgebers zugerechnet werden, so dass eventuell bestehende Ansprüche gegenüber der Versorgungskasse zu aktivieren sind.

Die Grundsätze der BFH-Urteile sind erstmals in nach dem 5. April 2006 (Entscheidungsdatum des ersten BFH-Urteils) aufgestellten Bilanzen zu berücksichtigen. Es ist jedoch nicht zu beanstanden, wenn diese Grundsätze erstmals der Gewinnermittlung des Wirtschaftsjahres zugrunde gelegt werden, das nach dem Tag der Veröffentlichung dieses Schreibens im Bundessteuerblatt[1] endet.

Für den Gewinn, der sich aus der Auflösung der Pensionsrückstellungen nach § 6 a EStG im Zusammenhang mit der o. g. Rechtsprechung ergibt, kann in Höhe von 14/15 eine gewinnmindernde Rücklage gebildet werden, die in den folgenden 14 Wirtschaftsjahren jeweils mit mindestens einem Vierzehntel gewinnerhöhend aufzulösen ist (Auflösungszeitraum).

Entfallen während des Auflösungszeitraums die Gründe für die Nichtpassivierung der Pensionsrückstellungen (z. B. bei Zahlungsunfähigkeit der Versorgungskasse, Beendigung der Mitgliedschaft), ist die verbleibende Rücklage in vollem Umfang gewinnerhöhend aufzulösen. Entsprechendes gilt, soweit die betreffenden Versorgungsverpflichtungen nicht mehr bestehen. So ist beispielsweise bei Tod des Berechtigten die insoweit verbleibende Teilrücklage in vollem Umfang gewinnerhöhend aufzulösen.

[1] Veröffentlicht am 26. 2. 2010.

# I § 6 a/23. Schreiben betr. betriebliche Altersversorgung; Auswirkungen des Gesetzes zur Struktur des Versorgungsausgleiches (VAStrRefG) auf Unterstützungskassen nach § 4 d EStG und Pensionszusagen nach § 6 a EStG

Vom 12. November 2010 (BStBl. I S. 1303)

(BMF IV C 6 – S 2144 – c/07/10001; DOK 2010/0892687)

Der sog. Versorgungsausgleich hat das Ziel, die von den Ehegatten während der Ehe und von Lebenspartnern i. S. des Gesetzes über die Eingetragene Lebenspartnerschaft (Lebenspartnerschaftsgesetz – LPartG) während der Lebenspartnerschaft erworbenen Anrechte auf Leistungen der betrieblichen Altersversorgung gleichmäßig aufzuteilen. Die Vorschriften zum Versorgungsausgleich wurden durch das im Rahmen des Gesetzes zur Strukturreform des Versorgungsausgleiches (VAStrRefG) vom 3. April 2009 (BGBl. I S. 700) eingeführte Versorgungsausgleichsgesetz (VersAusglG) grundlegend geändert. Bislang wurden die von den Ehegatten während der Ehezeit erworbenen Anrechte auf Leistungen der betrieblichen Altersversorgung bewertet und im Wege des Einmalausgleichs vorrangig über die gesetzliche Rentenversicherung ausgeglichen. Nach dem reformierten Recht wird jedes Anrecht gesondert geteilt.

Nach dem VersAusglG findet grundsätzlich die interne Teilung der Versorgungsanrechte, also auch der Systeme der betrieblichen Altersversorgung, statt. Durch die interne Teilung wird jedes in der Ehe oder in der Lebenspartnerschaft erworbene Anrecht in dem jeweiligen Versorgungssystem hälftig zwischen den Ehegatten oder den Lebenspartnern geteilt. Hierdurch erhält der ausgleichsberechtigte Ehegatte oder Lebenspartner ein eigenständiges Versorgungsanrecht, das unabhängig von dem Anrecht des ausgleichspflichtigen Ehegatten oder Lebenspartners in dem Versorgungssystem weitergeführt wird.

Zu einem Ausgleich bei einem anderen Versorgungsträger (externe Teilung) kommt es in den in §§ 14 bis 17 VersAusglG geregelten Fällen. Bei der externen Teilung einer betrieblichen Altersvorsorge wird der Kapitalwert des auszugleichenden Anrechtes vom Versorgungsträger des ausgleichspflichtigen Ehegatten oder Lebenspartners an den gewählten Versorgungsträger des ausgleichsberechtigten Ehegatten oder Lebenspartners gezahlt. Wird kein Versorgungsträger ausgewählt, dient seit dem 1. April 2010 nach § 15 Absatz 5 Satz 2 VersAusglG die neu geschaffene Versorgungsausgleichskasse als Auffang-Zielversorgungsträger (vgl. BGBl. I S. 340).

Nach Abstimmung mit den obersten Finanzbehörden der Länder gilt für die Teilung von Versorgungsanrechten über Unterstützungskassen im Sinne des § 4 d EStG und Pensionszusagen nach § 6 a EStG Folgendes:

## I. Zuwendungen an Unterstützungskassen nach § 4 d EStG

### 1. Leistungsanwärter und Leistungsempfänger

1 Zu den Leistungsempfängern im Sinne von § 4 d Absatz 1 Satz 1 Nummer 1 Satz 1 Buchstabe a Satz 2 EStG und Leistungsanwärtern nach § 4 d Absatz 1 Satz 1 Nummer 1 Satz 1 Buchstabe b Satz 2 EStG gehören auch Personen, für die nach dem VersAusglG ein Anrecht auf betriebliche Altersversorgung über eine Unterstützungskasse begründet wurde. Gilt für das auszugleichende Anrecht das Gesetz zur Verbesserung der betrieblichen Altersversorgung (Betriebsrentengesetz – BetrAVG), erlangt die ausgleichsberechtigte Person gemäß § 12 VersAusglG mit der Übertragung des Anrechtes die Stellung eines ausgeschiedenen Arbeitnehmers im Sinne des Betriebsrentengesetzes. Für ausgleichberechtigte Ehegatten, Lebenspartner oder andere Personen im Sinne von § 4 d Absatz 1 Satz 1 Nummer 1 Buchstabe b Satz 5 EStG, deren Ansprüche nicht unter das Betriebsrentengesetz fallen, gilt bilanzsteuerrechtlich Entsprechendes.

### 2. Schriftformgebot nach § 4 d Absatz 1 Satz 1 Nummer 1 Satz 1 Buchstabe b Satz 2 EStG

2 Die Auswirkungen des Versorgungsausgleiches auf Versorgungszusagen über Unterstützungskassen können wegen des Schriftformgebotes gemäß § 4 d Absatz 1 Satz 1 Nummer 1 Satz 1 Buchstabe b Satz 2 EStG bilanzsteuerrechtlich erst ab Rechtskraft des Beschlusses des Familiengerichtes berücksichtigt werden, aus dem Art und Umfang der Versorgung der ausgleichsberechtigten Person eindeutig hervorgehen.

### 3. Finanzierung der Versorgungsleistungen an die ausgleichsberechtigte Person

#### a) Externe Teilung

3 Wird das Anrecht durch Leistung eines Kapitalbetrages an einen anderen Versorgungsträger geteilt, ist die Zuwendung des Trägerunternehmens in Höhe des Betrages, den die Unterstützungskasse im Rahmen des Versorgungsausgleiches an den anderen Versorgungsträger zahlt, nach § 4 d Absatz 1 Satz 1 Nummer 1 Satz 1 Buchstabe d EStG als Betriebsausgabe beim Trägerunternehmen abzugsfähig; die Regelungen des § 4 d Absatz 1 Satz 1 Nummer 1 Satz 2 ff. EStG zum Kassenvermögen sind zu beachten.

#### b) Zusätzliche Zuwendungen an die Unterstützungskasse für das durch interne Teilung neu entstandene Versorgungsanrecht

##### aa) Nicht rückgedeckte Unterstützungskassen

4 Nach einer internen Teilung eines Anrechtes können Zuwendungen weiterhin ausschließlich nach § 4 d Absatz 1 Satz 1 Nummer 1 Satz 1 Buchstabe a oder b EStG als Betriebsausgabe abgezogen werden.

##### bb) Rückgedeckte Unterstützungskassen

5 Bei rückgedeckten Unterstützungskassen im Sinne des § 4 d Absatz 1 Satz 1 Nummer 1 Satz 1 Buchstabe c EStG kann der zur vollständigen Abdeckung des Anrechtes der ausgleichsberechtigten Person erforderliche Betrag steuer-

unschädlich aus dem für die ausgleichspflichtige Person angesammelten Kassenvermögen (Deckungskapital gemäß § 4 d Absatz 1 Satz 1 Nummer 1 Satz 3 EStG oder Zeitwert nach § 4 d Absatz 1 Satz 1 Nummer 1 Satz 6 EStG) entnommen und als Einmalbetrag beim gleichen Versicherungsunternehmen übertragen werden. Eine dadurch entstehende Finanzierungslücke bei dem Anrecht der ausgleichspflichtigen Person kann durch gleich bleibende oder steigende laufende Beiträge im Sinne von § 4 d Absatz 1 Satz 1 Nummer 1 Satz 1 Buchstabe c Satz 2 EStG ausgeglichen werden.

Wird dagegen das im Wege der internen Teilung geschaffene eigenständige Versorgungsanrecht der ausgleichsberechtigten Person mit zusätzlichen Finanzmitteln über einen Einmalbetrag finanziert, können weder der Einmalbetrag noch die reduzierten Zuwendungen für das verbleibende Versorgungsanrecht der ausgleichspflichtigen Person nach § 4 d Absatz 1 Satz 1 Nummer 1 Satz 1 Buchstabe c EStG als Betriebsausgabe abgezogen werden. In diesen Fällen sind die Zahlungen ausschließlich nach § 4 d Absatz 1 Satz 1 Nummer 1 Satz 1 Buchstabe a und b EStG berücksichtigungsfähig. 6

Etwaige Nachschüsse zur Finanzierung bestehender Rückdeckungsversicherungsverträge infolge eines Versorgungsausgleiches (z. B. im Zusammenhang mit der Berechnung der Pensionsverpflichtung gemäß § 45 Absatz 1 VersAusglG i. V. m. § 4 Absatz 5 BetrAVG) sind nur steuerunschädlich im Sinne des § 4 d Absatz 1 Satz 1 Nummer 1 Satz 1 Buchstabe c EStG, soweit auf das Deckungskapital der bestehenden Rückdeckungsversicherung zurückgegriffen wird, die für die Anrechte der ausgleichspflichtigen Person bereits abgeschlossen wurde. 7

## II. Pensionszusagen nach § 6 a EStG

Bei Pensionszusagen gemäß § 6 a EStG wird der ausgleichsberechtigten Person zu Lasten der Versorgungsanwartschaft des oder der Ausgleichsverpflichteten entweder eine unmittelbare Pensionszusage erteilt (interne Teilung) oder dem von der ausgleichsberechtigten Person zu benennenden Versorgungsträger ein Kapitalbetrag übertragen (externe Teilung). 8

### 1. Schriftformerfordernis nach § 6 a Absatz 1 Nummer 3 EStG

Die Auswirkungen des Versorgungsausgleiches auf eine Pensionszusage können wegen des Schriftformerfordernisses gemäß § 6 a Absatz 1 Nummer 3 EStG bilanzsteuerrechtlich erst ab Rechtskraft des Beschlusses des Familiengerichtes berücksichtigt werden, aus dem Art und Umfang der Versorgung der ausgleichsberechtigten Person eindeutig hervorgehen. 9

### 2. Bewertung des reduzierten Anrechtes der ausgleichspflichtigen Person

Das verbleibende Versorgungsanrecht der ausgleichspflichtigen Person ist vor Beendigung des Dienstverhältnisses mit dem Teilwert nach § 6 a Absatz 3 Satz 2 Nummer 1 EStG auf Basis des geminderten Pensionsanrechtes zu passivieren. 10

### 3. Bewertung des neuen Anrechtes der ausgleichsberechtigten Person bei einer internen Teilung

11 Bei einer internen Teilung erlangt die ausgleichsberechtigte Person gemäß § 12 VersAusglG die Stellung eines ausgeschiedenen Arbeitnehmers im Sinne des Betriebsrentengesetzes. Das gilt bilanzsteuerrechtlich auch für ausgleichberechtigte Ehegatten, Lebenspartner oder andere Personen, deren Ansprüche nicht unter das Betriebsrentengesetz fallen (vgl. Randnummer 1). Das Anrecht ist dementsprechend nach § 6 a Absatz 3 Satz 2 Nummer 2 und Satz 3 EStG mit dem Barwert des durch den Versorgungsausgleich begründeten Anrechtes auf künftige Pensionsleistungen zu bewerten.

## III. Vereinbarungen über den Versorgungsausgleich gemäß § 6 VersAusglG

12 Kommt es infolge einer Vereinbarung über den Versorgungsausgleich gemäß § 6 VersAusglG zu einer Teilung des Anrechtes, gelten die Randnummern 1 bis 11 entsprechend.

# 1 § 6 a/24. Schreiben betr. Bewertung von Pensionsverpflichtungen nach § 6 a EStG; Anerkennung unternehmensspezifischer und modifizierter biometrischer Rechnungsgrundlagen

Vom 9. Dezember 2011 (BStBl. I S. 1247)

(BMF IV C 6 – S 2176/07/10004 :001; DOK 2011/0991968)

Bei der Bewertung von Pensionsrückstellungen nach § 6 a EStG sind die anerkannten Regeln der Versicherungsmathematik anzuwenden (§ 6 a Absatz 3 Satz 3 EStG). Die Finanzverwaltung erkennt hierfür allgemein anerkannte biometrische Rechnungsgrundlagen ohne besonderen Nachweis der Angemessenheit an (vgl. z. B. BMF-Schreiben vom 16. Dezember 2005, BStBl. I S. 1054[1]), zum Übergang auf die „Richttafeln 2005 G" von Professor Klaus Heubeck). Soweit unternehmensspezifische Verhältnisse die Anwendung anderer oder modifizierter biometrischer Rechnungsgrundlagen erfordern, setzt deren Berücksichtigung nach Abstimmung mit den obersten Finanzbehörden der Länder u. a. die Einhaltung folgender Grundsätze voraus:

### 1. Notwendiges Datenmaterial

Die Herleitung vollständig neuer unternehmensspezifischer biometrischer Rechnungsgrundlagen kommt nur in besonderen Ausnahmefällen in Betracht. Das den Berechnungen zugrunde liegende Datenmaterial muss in der Regel über die Daten des betreffenden Unternehmens deutlich hinausgehen. 1

Wird dabei auf Datenmaterial zurückgegriffen, das als aussagekräftige Basis für die Herleitung von biometrischen Rechnungsgrundlagen angesehen werden kann, ist darzulegen, dass diese größere Datenbasis den Verhältnissen des Unternehmens noch gerecht wird. Als aussagekräftige Datenbasis können ggf. unternehmensübergreifende Untersuchungen der gleichen Branche in Frage kommen. 2

Werden signifikante Abweichungen von den allgemein anerkannten biometrischen Rechnungsgrundlagen nachgewiesen, kommt deren Modifikation nur unter Berücksichtigung der in den Randnummern 4 bis 11 dargelegten Grundsätze in Betracht. Abweichungen sind als signifikant anzusehen, wenn mathematisch-statistische Tests auf einem Signifikanzniveau von mindestens 95 % (Irrtumswahrscheinlichkeit 5 %) bestätigen, dass die im untersuchten Datenbestand über einen Zeitraum von mindestens fünf Jahren beobachteten Häufigkeiten im Hinblick auf mindestens eine Ausscheideursache (z. B. Aktiven- bzw. Altersrentnertod) von den allgemein anerkannten biometrischen Rechnungsgrundlagen abweichen. 3

### 2. Prüfung des gesamten Bestandes der Pensionsverpflichtungen

Die Angemessenheit einer Modifikation ist für den gesamten Bestand der Pensionsverpflichtungen zu prüfen und nachzuweisen. Weicht ein Teilbestand signifikant vom gesamten Bestand des Unternehmens ab und werden für die- 4

[1] Nr. **1** § 6 a/11.

sen Teilbestand die biometrischen Rechnungsgrundlagen modifiziert, ist für den Komplementärbestand zu diesem Teilbestand eine gegenläufig wirkende Modifikation zu den für den gesamten Bestand angemessenen biometrischen Rechnungsgrundlagen vorzunehmen.

5 Bei Konzernen im Sinne von § 18 des Aktiengesetzes (AktG) ist grundsätzlich auf den gesamten Bestand der Pensionsverpflichtungen der inländischen Konzerngesellschaften des jeweiligen Konzerns abzustellen.

**3. Überprüfung aller Grundwerte**

6 Bei der Prüfung modifizierter Rechnungsgrundlagen sind alle Grundwerte zu überprüfen. Allgemein anerkannte versicherungsmathematische Zusammenhänge zwischen den Grundwerten – beispielsweise zwischen der Sterblichkeit und der Invalidität – sind zu berücksichtigen und gegebenenfalls zu schätzen.

**4. Sicherheitsniveau und Projektivität**

7 Das Sicherheitsniveau muss demjenigen der allgemein anerkannten biometrischen Rechnungsgrundlagen entsprechen. Dabei ist auf Erwartungswerte ohne besondere Sicherheitszuschläge abzustellen. Art und Umfang der verwendeten Projektivität sind zu begründen.

**5. Bestätigung modifizierter biometrischer Rechnungsgrundlagen**

8 Zur Verifizierung von Modifikationen ist mittels mathematisch-statistischer Tests zu bestätigen, dass die aus dem untersuchten Datenbestand abgeleiteten modifizierten biometrischen Rechnungsgrundlagen nicht signifikant von den dort beobachteten Häufigkeiten abweichen.

**6. Typisierende Modifikationen**

9 Soweit von der Finanzverwaltung typisierende Modifikationen der allgemein anerkannten biometrischen Rechnungsgrundlagen bei Erfüllung bestimmter Kriterien (z. B. Branchenzugehörigkeit oder Art der Beschäftigung) anerkannt werden, können diese bei Vorliegen der jeweiligen Kriterien im gesamten Bestand des Unternehmens ohne besonderen Nachweis der Angemessenheit angewendet werden.

**7. Überprüfung modifizierter biometrischer Rechnungsgrundlagen**

10 Die nach den Randnummern 1 bis 9 modifizierten biometrischen Rechnungsgrundlagen sind in regelmäßigen Abständen, spätestens jedoch nach fünf Jahren, zu überprüfen. Auch bei Umstrukturierungen innerhalb eines Konzerns (insbesondere bei Veräußerung oder Hinzuerwerb von Konzerngesellschaften) ist spätestens zum nächsten regulären Überprüfungszeitpunkt nach Satz 1 eine Untersuchung nach Maßgabe der Randnummern 4 und 5 für den nunmehr vorliegenden gesamten Bestand der Pensionsverpflichtungen durchzuführen.

11 Unabhängig davon ist eine Überprüfung auch bei einer Änderung der allgemein anerkannten Rechnungsgrundlagen vorzunehmen, auf die sich die Modifikation bezieht.

# I § 6 a/25. Schreiben betr. Berücksichtigung von gewinnabhängigen Pensionsleistungen bei der Bewertung von Pensionsrückstellungen nach § 6 a EStG

Vom 18. Oktober 2013 (BStBl. I S. 1268)

(BMF IV C 6 – S 2176/12/10001; DOK 2013/0402762)

Nach § 6 a Abs. 1 Nr. 2 erster Halbsatz EStG kommt die Bildung einer Rückstellung für eine Pensionsverpflichtung nur in Betracht, wenn und soweit die Pensionszusage keine Leistungen in Abhängigkeit von künftigen gewinnabhängigen Bezügen vorsieht.

Mit BFH-Beschluss vom 3. März 2010 I R 31/09 (BStBl. 2013 II S. 781) hat der Bundesfinanzhof (BFH) entschieden, dass die Passivierung von Pensionsverpflichtungen aus gewinnabhängigen Vergütungen (hier: Gewinntantiemen) nach § 6 a Abs. 1 Nr. 2 erster Halbsatz EStG auch dann nicht möglich ist, wenn sie am Bilanzstichtag zwar dem Grunde und der Höhe nach unwiderruflich feststehen, zum Zeitpunkt der Zusage der Versorgungsleistungen jedoch noch ungewiss waren. Hierzu gilt nach Abstimmung mit den obersten Finanzbehörden der Länder Folgendes:

Gemäß § 6 a Abs. 1 Nr. 2 erster Halbsatz EStG darf eine Pensionsrückstellung nicht gebildet werden, wenn und soweit die Pensionszusage Leistungen in Abhängigkeit von künftigen gewinnabhängigen Bezügen vorsieht. Bei der Bewertung der Pensionsverpflichtungen sind Änderungen der Pensionsleistungen nicht zu berücksichtigen, die erst nach dem Schluss des Wirtschaftsjahres (Bilanzstichtag) eintreten (§ 6 a Abs. 3 Satz 2 Nr. 1 Satz 4 EStG).

Am Bilanzstichtag bereits feststehende gewinnabhängige Pensionsleistungen sind bei der Bewertung einzubeziehen, wenn und soweit sie dem Grunde und der Höhe nach eindeutig bestimmt sind und die Erhöhung der Versorgungsleistungen schriftlich durch eine Ergänzung der Pensionszusage gemäß § 6 a Abs. 1 Nr. 3 EStG festgeschrieben wurde. Unabhängig vom maßgebenden Gewinnentstehungsjahr können die zusätzlichen Versorgungsleistungen wegen des Schriftformerfordernisses nach § 6 a Abs. 1 Nr. 3 EStG erstmals an dem der schriftlichen Festschreibung folgenden Bilanzstichtag bei der Rückstellungsbewertung berücksichtigt werden.

Aus Vertrauensschutzgründen wird es nicht beanstandet, wenn die bis zum Tag der Veröffentlichung dieses Schreibens im Bundessteuerblatt feststehenden und entstandenen gewinnabhängigen Pensionsleistungen, die an bereits zum jeweiligen Bilanzstichtag erwirtschaftete und zugeteilte Gewinne gebunden sind, bis spätestens zum 31. Dezember 2014 schriftlich zugesagt werden.

# I § 6 b/1. Schreiben betr. Zweifelsfragen im Zusammenhang mit § 6 b Abs. 2 a EStG

Vom 7. März 2018 (BStBl. I S. 309)

(BMF IV C 6 – S 2139/17/10001 :001; DOK 2018/0024866)

Nach § 6 b Abs. 2 a Satz 1 EStG i. d. F. des Steueränderungsgesetzes 2015 (StÄndG 2015) kann die festgesetzte Steuer, die auf einen Gewinn i. S. d. § 6 b Abs. 2 EStG entfällt, auf Antrag des Steuerpflichtigen in fünf gleichen Jahresraten entrichtet werden. Voraussetzung hierfür ist, dass im Jahr der Veräußerung eines nach § 6 b Abs. 1 Satz 1 EStG begünstigten Wirtschaftsguts oder in den folgenden vier Jahren ein in § 6 b Abs. 1 Satz 2 EStG bezeichnetes Wirtschaftsgut angeschafft oder hergestellt wird oder werden soll, das einem Betriebsvermögen des Steuerpflichtigen in einem anderen Mitgliedstaat der Europäischen Union (EU) oder des Europäischen Wirtschaftsraums (EWR) zuzuordnen ist. § 36 Abs. 5 Satz 2 bis 5 EStG ist sinngemäß anzuwenden (§ 6 b Abs. 2 a Satz 3 EStG i. d. F. des StÄndG 2015). § 6 b Abs. 2 a EStG gilt über § 31 Abs. 1 Satz 1 KStG auch für Körperschaftsteuerpflichtige.

Nach dem BFH-Urteil vom 22. Juni 2017 VI R 84/14 (BStBl. 2018 II S. 171) bestehen gegen die Regelung des § 6 b Abs. 2 a EStG keine unionsrechtlichen Bedenken. Im Anschluss an dieses BFH-Urteil nehme ich zur Anwendung des § 6 b Abs. 2 a EStG unter Bezugnahme auf das Ergebnis der Erörterungen mit den obersten Finanzbehörden der Länder wie folgt Stellung:

## 1. Stellung des Antrags nach § 6 b Abs. 2 a Satz 2 EStG

Nach dem Wortlaut des § 6 b Abs. 2 a Satz 2 EStG kann der Antrag nach 1
§ 6 b Abs. 2 a EStG zwar „nur im Wirtschaftsjahr der Veräußerung" gestellt werden. Gemäß § 52 Abs. 14 Satz 1 EStG sind allerdings auch Gewinne i. S. d. § 6 b Abs. 2 a EStG begünstigt, die bereits vor dem Datum der Verkündung des StÄndG 2015 am 6. November 2015 entstanden sind.

Hinsichtlich der Frage, bis zu welchem Zeitpunkt der Antrag nach § 6 b 2
Abs. 2 a EStG noch wirksam beim Finanzamt gestellt werden kann, ist im Hinblick auf die gebotene unionsrechtskonforme Handhabung zu Gunsten des Steuerpflichtigen auch für Gewinne i. S. d. § 6 b Abs. 2 a EStG, die erst nach der Verkündung des StÄndG 2015 am 6. November 2015 entstanden sind, eine weite Auslegung zu befürworten. Der Antrag nach § 6 b Abs. 2 a EStG kann deshalb in allen Fällen berücksichtigt werden, in denen die materielle Bestandskraft des betroffenen Steuerbescheids noch nicht eingetreten ist; bei vom Kalenderjahr abweichendem Wirtschaftsjahr von Land- und Forstwirten ist der noch nicht bestandskräftig veranlagte Steuerbescheid maßgebend, in dem der anteilige Gewinn i. S. d. § 6 b Abs. 2 EStG aus der Veräußerung des begünstigten Wirtschaftsguts erfasst ist.

Werden die Einkünfte, in deren Rahmen der Gewinn i. S. d. § 6 b Abs. 2 3
EStG erfasst ist, gesondert oder gesondert und einheitlich festgestellt, ist der

Antrag nach § 6 b Abs. 2 a EStG beim Wohnsitz-Finanzamt des jeweiligen Antragstellers zu stellen.

4 Der Antrag nach § 6 b Abs. 2 a EStG kann auch im Rahmen einer Betriebsveräußerung gestellt werden. In diesem Fall findet im Hinblick auf die gebotene unionsrechtskonforme Handhabung zu Gunsten des Steuerpflichtigen die Regelung in R 6 b.2 Abs. 10 EStR bei einer Betriebsveräußerung entsprechende Anwendung.

5 Dies hat zur Folge, dass eine bereits gewährte Ratenzahlung nach § 6 b Abs. 2 a EStG auch noch für die Zeit weitergeführt werden kann, für die sie ohne Veräußerung des Betriebs zulässig gewesen wäre. In diesem Fall kann für den Veräußerungsgewinn der Freibetrag nach § 16 Abs. 4 EStG und eine Tarifermäßigung nach § 34 EStG nur in Anspruch genommen werden, wenn die Ratenzahlung nach § 6 b Abs. 2 a EStG nicht auf stille Reserven zurückgeht, die bei der Veräußerung einer wesentlichen Grundlage des Betriebs aufgedeckt worden sind. Wird demgegenüber für den Gewinn aus der Betriebsveräußerung ein Antrag nach § 6 b Abs. 2 a EStG erstmals gestellt, so scheidet gemäß § 34 Abs. 1 Satz 4 und Abs. 3 Satz 6 EStG eine ermäßigte Besteuerung für außerordentliche Einkünfte i. S. d. § 34 Abs. 2 Nr. 1 EStG aus.

6 Der Antrag nach § 6 b Abs. 2 a EStG ist nicht formgebunden.

### 2. Verhältnis des § 6 b Abs. 2 a EStG zu § 6 b Abs. 1 EStG und § 6 b Abs. 3 EStG

7 § 6 b Abs. 2 a EStG greift grundsätzlich nicht ein, soweit der Gewinn i. S. d. § 6 b Abs. 2 EStG nach § 6 b Abs. 1 EStG übertragen oder in eine Rücklage nach § 6 b Abs. 3 EStG eingestellt wurde und dieser Bilanzansatz nicht nach § 4 Abs. 2 Satz 2 EStG geändert werden kann.

### 3. Behandlung von „Altfällen"

8 Abweichend von den Aussagen unter Rn. 7 ist in sog. „Altfällen" das BFH-Urteil vom 22. Juni 2017 VI R 84/14 (BStBl. 2018 II S. 171) zu beachten. Ein als „Altfall" zu behandelnder Fall liegt vor,

– wenn ein nach § 6 b EStG begünstigter Veräußerungsgewinn vor der Verkündung des StÄndG 2015 am 6. November 2015 entstanden und zulässigerweise in eine Rücklage nach § 6 b Abs. 3 EStG eingestellt worden ist,
– wenn die Steuererklärung vor dem 6. November 2015 abgegeben worden ist und
– soweit Anschaffungs- oder Herstellungskosten für in § 6 b Abs. 1 Satz 2 EStG bezeichnete Wirtschaftsgüter angefallen sind, die vor Auflösung der Rücklage angeschafft oder hergestellt worden sind und einem Betriebsvermögen des Steuerpflichtigen in einem anderen Mitgliedstaat der EU oder des EWR zuzuordnen sind.

9 In diesen „Altfällen" ist zur Herstellung einer unionsrechtskonformen Rückwirkung des § 6 b Abs. 2 a EStG das Jahr, in dem der Auflösungsbetrag für die nach § 6 b Abs. 3 EStG gebildete Rücklage zu versteuern ist, als das Jahr der Veräußerung zu werten. Die auf den Auflösungsbetrag entfallende Steuer kann auf Antrag nach § 6 b Abs. 2 a EStG auf fünf gleiche Jahresraten verteilt entrichtet werden. Nach Maßgabe dieses Urteils kommt es demnach in diesen „Altfällen", in denen es um eine unionsrechtskonforme Rückwir-

kung des § 6 b Abs. 2 a EStG geht, auf die Möglichkeit der Bilanzänderung nicht an. Denn der – nicht die Steuerfestsetzung, sondern nur die Steuererhebung betreffende – Zahlungsantrag nach § 6 b Abs. 2 a EStG ist von der Beschränkung der Bilanzänderung nach § 4 Abs. 2 Satz 2 EStG nicht betroffen.

**4. Reinvestitionsabsicht im Rahmen des § 6 b Abs. 2 a Satz 2 EStG**

Die Darlegung einer Reinvestitionsabsicht wird nach § 6 b Abs. 2 a EStG 10
nicht gefordert. Damit reicht die objektive Möglichkeit künftiger grenzüberschreitender Aktivitäten aus. Dies entspricht auch der Handhabung bei der Rücklage nach § 6 b Abs. 3 EStG, bei der ebenfalls keine Investitionsabsicht dargelegt werden muss. Es ist daher für die Anwendung des § 6 b Abs. 2 a EStG nicht zwingend, dass der Steuerpflichtige bereits vor Stellung des Antrags nach § 6 b Abs. 2 a EStG eine Betriebsstätte im begünstigten Ausland unterhält. Es ist für die Anwendung des § 6 b Abs. 2 a EStG vielmehr ausreichend, wenn eine spätere Reinvestition in das Betriebsvermögen einer EU-/EWR-Betriebsstätte denkbar und möglich ist.

**5. Partielle oder ausbleibende Reinvestition im Rahmen des § 6 b Abs. 2 a Satz 2 EStG**

Eine partielle oder ausbleibende Reinvestition in eine EU/EWR-Betriebs- 11
stätte führt nicht zu einer Aufhebung der gewährten Ratenzahlung nach § 6 b Abs. 2 a EStG.

# 1 § 7/1. Schreiben betr. ertragsteuerrechtliche Behandlung von Mietereinbauten und Mieterumbauten; hier: Anwendung der Grundsätze der BFH-Urteile vom 26. 2. 1975 – I R 32/73 und I R 184/73 – (BStBl. II S. 443)

Vom 15. Januar 1976
BMF IV B 2-S 2133-1/76
(BStBl. I S. 66)

Unter Bezugnahme auf das Ergebnis der Besprechung mit den obersten Finanzbehörden der Länder nehme ich zur Frage der ertragsteuerrechtlichen Behandlung von Einbauten in ein Gebäude oder Umbauten eines Gebäudes durch den Mieter oder Pächter des Gebäudes oder eines Gebäudeteils wie folgt Stellung:

**1.**

Mietereinbauten und Mieterumbauten sind solche Baumaßnahmen, die der Mieter eines Gebäudes oder Gebäudeteils auf seine Rechnung an dem gemieteten Gebäude oder Gebäudeteil vornehmen läßt, wenn die Aufwendungen des Mieters nicht Erhaltungsaufwand sind.
Mietereinbauten und Mieterumbauten können sein:

a) Scheinbestandteile (Nr. 2),

b) Betriebsvorrichtungen (Nr. 3),

c) sonstige Mietereinbauten oder Mieterumbauten (Nr. 4).

**2.**[1]

Ein Scheinbestandteil entsteht, wenn durch die Baumaßnahmen des Mieters Sachen „zu einem vorübergehenden Zweck" in das Gebäude eingefügt werden (§ 95 BGB). Der Mieter ist rechtlicher und wirtschaftlicher Eigentümer des Scheinbestandteils.
Nach der Rechtsprechung des Bundesfinanzhofs ist eine Einfügung zu einem vorübergehenden Zweck anzunehmen, wenn die Nutzungsdauer der eingefügten Sachen länger als die voraussichtliche Mietdauer ist, die eingefügten Sachen auch nach ihrem Ausbau nicht nur einen Schrottwert, sondern noch einen beachtlichen Wiederverwendungswert repräsentieren und nach den gesamten Umständen, insbesondere nach Art und Zweck der Verbindung damit gerechnet werden kann, daß die eingebauten Sachen später wieder entfernt werden (vgl. BFH-Urteile vom 24. 11. 1970, BStBl. 1971 II S. 157, und vom 4. 12. 1970, BStBl. 1971 II S. 165).

**3.**

Die Frage, ob durch die Aufwendungen des Mieters eine Betriebsvorrichtung des Mieters entsteht, ist nach den allgemeinen Grundsätzen zu entscheiden (vgl. hierzu *Abschn. 43 Abs. 2 EStR*[2]). Entsteht durch die Aufwendungen des Mieters eine Betriebsvorrichtung, so handelt es sich bei der Betriebsvorrichtung nicht um einen Teil des Gebäudes, sondern um ein besonderes Wirtschaftsgut.

[1] **Red. Anm.:** Vgl. auch R 7.1 Abs. 4 EStR.
[2] **Red. Anm.:** Jetzt R 7.1 Abs. 3 EStR v. 16.12.2005 (BStBl. I Sondernr. S. 1).

**4.**

Aufwendungen des Mieters für Mietereinbauten oder Mieterumbauten, durch die weder ein Scheinbestandteil (vgl. Nr. 2) noch eine Betriebsvorrichtung (vgl. Nr. 3) entsteht (sonstige Mietereinbauten und Mieterumbauten), sind Aufwendungen für die Herstellung eines materiellen Wirtschaftsguts des Anlagevermögens, wenn

a) entweder der Mieter wirtschaftlicher Eigentümer der von ihm geschaffenen sonstigen Mietereinbauten oder Mieterumbauten ist (vgl. Nr. 6) oder
b) die Mietereinbauten oder Mieterumbauten unmittelbar den besonderen betrieblichen oder beruflichen Zwecken des Mieters dienen und mit dem Gebäude nicht in einem einheitlichen Nutzungs- und Funktionszusammenhang stehen (vgl. Nr. 7).

**5.**

Durch Aufwendungen für Mietereinbauten oder Mieterumbauten, die weder Scheinbestandteile noch Betriebsvorrichtungen noch materielle Wirtschaftsgüter im vorstehenden Sinne sind, entsteht beim Mieter ein immaterielles Wirtschaftsgut des Anlagevermögens (vgl. Nr. 9).

**6.**

Der Mieter ist wirtschaftlicher Eigentümer eines sonstigen Mietereinbaus oder Mieterumbaus, wenn der mit Beendigung des Mietvertrags entstehende Herausgabeanspruch des Eigentümers zwar auch die durch den Einbau oder Umbau geschaffene Substanz umfaßt, dieser Anspruch jedoch keine wirtschaftliche Bedeutung hat. Das ist in der Regel der Fall, wenn

a) die eingebauten Sachen während der voraussichtlichen Mietdauer technisch oder wirtschaftlich verbraucht werden oder
b) der Mieter bei Beendigung des Mietvertrags vom Eigentümer mindestens die Erstattung des noch verbliebenen gemeinen Werts des Einbaus oder Umbaus verlangen kann.

**7.**

Entsteht durch die Aufwendungen des Mieters weder ein Scheinbestandteil (vgl. Nr. 2) noch eine Betriebsvorrichtung (vgl. Nr. 3), noch ein dem Mieter als wirtschaftlichem Eigentümer zuzurechnendes Wirtschaftsgut (vgl. Nr. 6), so sind die durch solche Aufwendungen entstehenden Einbauten oder Umbauten dem Mieter nach dem BFH-Urteil vom 26. 2. 1975 I R 32/73 (BStBl. II S. 443) als materielle Wirtschaftsgüter des Anlagevermögens zuzurechnen, wenn sie unmittelbar den besonderen betrieblichen oder beruflichen Zwecken des Mieters dienen und mit dem Gebäude nicht in einem einheitlichen Nutzungs- und Funktionszusammenhang stehen.

Mietereinbauten oder Mieterumbauten dienen unmittelbar den betrieblichen oder beruflichen Zwecken des Mieters, wenn sie eine unmittelbare sachliche Beziehung zum Betrieb aufweisen. Ein daneben bestehender Zusammenhang mit dem Gebäude tritt in diesen Fällen gegenüber dem Zusammenhang mit dem Betrieb des Mieters zurück.

**8.**

Ist der Mieter wirtschaftlicher Eigentümer von sonstigen Mietereinbauten oder Mieterumbauten (Nr. 6) oder sind sonstige Mietereinbauten oder Mieterumbauten nach den in Nr. 7 dargestellten Grundsätzen dem Mieter zuzurechnen, so ist es für die Aktivierung als materielles Wirtschaftsgut des Anlagevermögens beim Mieter ohne Bedeutung, ob die Aufwendungen, hätte sie der Eigentümer getragen, nach den Grundsätzen des Beschlusses des Großen Senats vom 26. 11. 1973 (vgl. hierzu das *BMF-Schreiben vom 26. 7. 1974, BStBl. I S. 498*[1]), und die entsprechenden Erlasse der obersten Finanzbehörden der Länder) nicht zur Entstehung selbständiger Gebäudeteile geführt hätten, sondern vom Eigentümer als unselbständige Gebäudeteile einheitlich mit dem Gebäude abzuschreiben wären.

**Beispiele:**

a) Der Mieter schafft durch Entfernen von Zwischenwänden ein Großraumbüro.

b) Der Mieter entfernt die vorhandenen Zwischenwände und teilt durch neue Zwischenwände den Raum anders ein.

c) Der Mieter gestaltet das Gebäude so um, daß es für seine besonderen gewerblichen Zwecke nutzbar wird, z. B. Entfernung von Zwischendecken, Einbau eines Tors, das an die Stelle einer Tür tritt.

d) Der Mieter ersetzt eine vorhandene Treppe durch eine Rolltreppe.

**9.**

Eine unmittelbare sachliche Beziehung zum Betrieb des Mieters (vgl. Nr. 7) liegt nicht vor, wenn es sich um Baumaßnahmen handelt, die auch unabhängig von der vom Mieter vorgesehenen betrieblichen oder beruflichen Nutzung hätten vorgenommen werden müssen. Das ist z. B. der Fall, wenn in ein Gebäude, für das von Anfang an der Einbau einer Zentralheizung vorgesehen war, anstelle des Eigentümers der Mieter die Zentralheizung einbaut. In diesen Fällen entsteht beim Mieter – soweit nicht ein Fall der Nr. 6 vorliegt – kein körperliches, sondern ein immaterielles Wirtschaftsgut des Anlagevermögens, so daß er nach § 5 Abs. 2 EStG für die Aufwendungen, sofern nicht wegen vereinbarter Verrechnung mit der Miete ein Rechnungsabgrenzungsposten zu bilden ist, in seiner Bilanz keinen Aktivposten ausweisen darf.

**10.**

Entsteht durch die Baumaßnahme des Mieters ein Scheinbestandteil (vgl. Nr. 2) oder eine Betriebsvorrichtung (vgl. Nr. 3), so handelt es sich um ein bewegliches Wirtschaftsgut des Anlagevermögens. Ist das durch die Baumaßnahme entstandene materielle Wirtschaftsgut dem Mieter nach den Grundsätzen unter Nr. 6 oder Nr. 7 zuzurechnen, so handelt es sich um ein unbewegliches Wirtschaftsgut. Die Absetzungen für Abnutzung richten sich nach der voraussichtlichen Mietdauer; ist die voraussichtliche betriebsgewöhnliche Nutzungsdauer kürzer, so ist diese maßgebend.[2]

**11.**

Die vorstehenden Grundsätze gelten für alle Gewinnermittlungsarten.

---

[1] Aufgeh durch Positivliste des BMF v. 7. 6. 2005, BStBl. I S. 717 .

[2] **Red. Anm.:** Für unbewegliche Wirtschaftsgüter abweichend BFH v. 15. 10. 1996 (BStBl. 1997 II S. 533) sowie 7.4 EStH.

12.

Für die ertragsteuerrechtliche Behandlung von Einbauten und Umbauten des Eigentümers des Gebäudes gelten die Anordnungen in Abschn. 42 a Abs. 4 bis 6 EStR 1975[1].

[1] **Red. Anm.:** Jetzt R 7.1 bis 7.4 EStR v. 16.12.2005 (BStBl. I Sondernr. S. 1).

# 1 § 7/2. Schreiben betr. ertragsteuerliche Behandlung der Erbengemeinschaft und ihrer Auseinandersetzung

Vom 14. März 2006 (BStBl. I S. 253)

(BMF IV B 2 – S 2242 – 7/06)

Geändert durch BMF v. 27. 12. 2018 (BStBl. 2019 I S. 11)

Im Einvernehmen mit den obersten Finanzbehörden der Länder gilt zur ertragsteuerlichen Behandlung der Erbengemeinschaft und ihrer Auseinandersetzung auf der Grundlage des BFH-Beschlusses vom 5. Juli 1990 (BStBl. II S. 837) Folgendes:

**Inhaltsübersicht**

## A. Allgemeines

Mit dem Tod des Erblassers geht der gesamte Nachlass unentgeltlich im Wege der Gesamtrechtsnachfolge auf den Alleinerben oder die Erbengemeinschaft über. Der Nachlass ist Gesamthandsvermögen der Erben (§ 1922 BGB). Die Erbengemeinschaft wird bis zu ihrer Auseinandersetzung (§ 2042 BGB) steuerlich bei den Überschusseinkünften wie eine Bruchteilsgemeinschaft (§ 39 Abs. 2 Nr. 2 AO) und bei den Gewinneinkünften als Mitunternehmerschaft behandelt. 1

Die steuerlichen Grundsätze zur Erbauseinandersetzung sind auch auf Abfindungszahlungen infolge eines gerichtlichen Vergleichs an angebliche Miterben anzuwenden (BFH-Urteil vom 14. März 1996 – BStBl. II S. 310). Ein Erbprätendent mit möglichem Pflichtteilsanspruch, der zur Vermeidung weiterer Streitigkeiten Wirtschaftsgüter aus dem Nachlass erhält, ist steuerlich wie ein Erbe zu behandeln (BFH-Urteil vom 13. Februar 1997 – BStBl. II S. 535).

## B. Zurechnung der laufenden Einkünfte zwischen Erbfall und Erbauseinandersetzung

### 1. Allgemeines

Sowohl für den Bereich des Betriebsvermögens als auch für den Bereich des Privatvermögens bilden Erbfall und Erbauseinandersetzung keine rechtliche Einheit. Hinterlässt ein Erblasser mehrere Erben, geht sein Vermögen mit dem Tod im Ganzen auf die Erben über und wird bei ihnen zu gemeinschaftlichem Vermögen. Die Miterben verwalten den Nachlass gemeinsam und können über Nachlassgegenstände nur gemeinschaftlich verfügen. Die Erbengemeinschaft kann unbegrenzt bestehen bleiben. Das Ergebnis ihrer Betätigung wird Bestandteil des gemeinschaftlichen Vermögens. Hieraus ergeben sich Folgerungen für das Entstehen und die Zurechnung von steuerlichen Einkünften bei den Miterben. 2

### 2. Zurechnung laufender Gewinneinkünfte

Gehört ein gewerbliches, freiberufliches oder land- und forstwirtschaftliches Unternehmen zum Nachlass, geht es mit dem Erbfall auf die Erbengemeinschaft über (§ 1922 BGB). Sämtliche Miterben werden – abgesehen von bestimmten Sonderfällen (siehe Tz. 69 ff.) – Mitunternehmer i. S. v. § 15 Abs. 1 Satz 1 Nr. 2 EStG. Aufgrund ihrer Stellung als Miterben tragen sie ein Mitunternehmerrisiko und können Mitunternehmerinitiative entfalten. Diese Beurteilung hängt nicht von der Länge des Zeitraums ab, in dem die Erbengemeinschaft das Unternehmen weiterführt. Auch wenn die Erben ein Unternehmen frühzeitig nach dem Erbfall abwickeln und einstellen oder es auf eine andere Person übertragen, haben sie zunächst die Eigenschaft von Mitunternehmern erlangt und behalten diese bis zur Betriebsbeendigung oder Auseinandersetzung über den Betrieb. Als solche beziehen die Erben ihre Ein- 3 künfte kraft eigener Verwirklichung des Einkünftetatbestandes. Die laufenden Einkünfte sind den einzelnen Miterben als Mitunternehmer nach dem allgemeinen Gewinnverteilungsschlüssel zuzurechnen, der sich bei den Miterben grundsätzlich nach ihren Erbteilen bestimmt (§ 2038 Abs. 2, § 743 Abs. 1 BGB). Zur rückwirkenden Zurechnung laufender Einkünfte vgl. Tz. 7 ff., zur Zurechnung der Einkünfte an einen Vermächtnisnehmer als wirtschaftlichem Eigentümer eines Gewerbebetriebes vgl. Tz. 61.

4 Gehört zu einem Nachlass neben einem Gewerbebetrieb ein der selbständigen Arbeit dienendes Betriebsvermögen, ein land- und forstwirtschaftlicher Betrieb oder Privatvermögen, findet § 15 Abs. 3 Nr. 1 EStG (sog. Abfärberegelung) keine Anwendung.

5 Ist der Erblasser selbständig tätig i. S. d. § 18 Abs. 1 Nr. 1 EStG gewesen, erzielt die Erbengemeinschaft Einkünfte aus selbständiger Arbeit i. S. v. § 18 EStG allerdings nur dann, wenn keine berufsfremden Erben an der Erbengemeinschaft beteiligt sind. Berufsfremd ist, wer nicht die erforderliche freiberufliche Qualifikation besitzt. Ist zumindest ein Miterbe berufsfremd, erzielt die Erbengemeinschaft Einkünfte aus Gewerbebetrieb. Ist mit dem Übergang eines freiberuflichen Betriebsvermögens auf Grund fehlender Qualifikation des Erben, Miterben oder Vermächtnisnehmers eine Umqualifizierung des bisher freiberuflichen Vermögens in gewerbliches Betriebsvermögen und eine entsprechende Umqualifizierung der aus dem Betrieb erzielten Einkünfte verbunden, kommt es nicht zu einer Betriebsaufgabe (vgl. BFH-Urteil vom 12. März 1992, BStBl. 1993 II S. 36).

### 3. Zurechnung laufender Überschusseinkünfte

6 Hat der Erblasser Einkünfte aus Kapitalvermögen oder aus vermietetem oder verpachtetem Vermögen gehabt, wird dieses Vermögen nach dem Erbfall durch die Erbengemeinschaft zur Nutzung oder zum Gebrauch überlassen. Die Miterben bestimmen über die Verwendung des Vermögens, ihnen fließt der Vermögensertrag zu. Sie verwirklichen damit gemeinsam den Tatbestand der Einkunftserzielung nach §§ 20 oder 21 EStG. Die erzielten Einkünfte werden ihnen grundsätzlich nach ihren Erbanteilen zugerechnet (§ 2038 Abs. 2, § 743 Abs. 1 BGB).

### 4. Beendigung der Erbengemeinschaft und rückwirkende Zurechnung der laufenden Einkünfte

7 Die Einkunftserzielung durch die Erbengemeinschaft und damit die Zurechnung der laufenden Einkünfte an die Miterben findet ihr Ende, soweit sich die Miterben hinsichtlich des gemeinsamen Vermögens auseinander setzen.

8 In den Fällen der Auseinandersetzung von Erbengemeinschaften – auch in den Fällen der Auseinandersetzung einer Mitunternehmerschaft – ist eine steuerlich unschädliche Rückwirkung auf den Zeitpunkt des Erbfalls in engen Grenzen anzuerkennen, da die Erbengemeinschaft eine gesetzliche Zufallsgemeinschaft ist, die auf Teilung angelegt ist. Bei der Auseinandersetzungsvereinbarung wird in der Regel eine rückwirkende Zurechnung laufender Einkünfte für sechs Monate anerkannt. Die Frist beginnt mit dem Erbfall. In diesen Fällen können die laufenden Einkünfte daher ohne Zwischenzurechnung ab

dem Erbfall ungeschmälert dem die Einkunftsquelle übernehmenden Miterben zugerechnet werden. Dies gilt auch bei Teilauseinandersetzungen. Liegt eine Teilungsanordnung (§ 2048 BGB) des Erblassers vor und verhalten sich die Miterben tatsächlich bereits vor der Auseinandersetzung entsprechend dieser Anordnung, indem dem das Unternehmen fortführenden Miterben die Einkünfte zugeordnet werden, ist eine rückwirkende Zurechnung laufender Einkünfte auch über einen längeren Zeitraum, der sich an den Umständen des Einzelfalls zu orientieren hat, vorzunehmen. Soweit laufende Einkünfte rückwirkend zugerechnet werden, ist die Auseinandersetzung steuerlich so zu behandeln, als ob sich die Erbengemeinschaft unmittelbar nach dem Erbfall auseinandergesetzt hätte (Durchgangserwerb der Erbengemeinschaft). Solange die Teilungsanordnung von den Erben vor der Auseinandersetzung beachtet wird, sind die Veranlagungen vorläufig nach § 165 Abs. 1 Satz 1 AO durchzuführen.

Allerdings reicht es nicht aus, wenn die Miterben innerhalb der Frist ledig- **9**
lich den Entschluss fassen, sich auseinander zu setzen. Vielmehr muss innerhalb der Frist eine klare und rechtlich bindende Vereinbarung über die Auseinandersetzung und ihre Modalitäten vorliegen. Diese Auseinandersetzungsvereinbarung muss den Übergang von Nutzungen und Lasten für die von dieser Auseinandersetzung betroffenen Wirtschaftsgüter auf den Zeitpunkt des Erbfalls festlegen; sie muss auch tatsächlich durchgeführt werden. Soweit noch eine Wertfindung erforderlich ist, kann diese jedoch auch außerhalb der Frist erfolgen.

## C. Erbauseinandersetzung durch Aufteilung des Nachlasses

### I. Erbauseinandersetzung über Betriebsvermögen

#### 1. Teilung ohne Abfindungszahlungen

##### a) Allgemeines

Gehört zum Nachlass nur Betriebsvermögen und wird der Nachlass ohne **10**
Zahlung von Abfindungen real geteilt, ist die Aufteilung kein entgeltlicher Vorgang, da es sich weder um einen Tausch von (Miteigentums-)Anteilen an den einzelnen Wirtschaftsgütern des Nachlasses noch um einen Tausch eines Gesamthandsanteils gegen Alleineigentum an den zugeteilten Wirtschaftsgütern, sondern um die Erfullung des durch die Auseinandersetzungsvereinbarung konkretisierten gesetzlichen Auseinandersetzungsanspruchs handelt. Durch die Aufteilung können also weder Anschaffungskosten noch Veräußerungserlöse entstehen.

##### b) Gewinnrealisierung nach den Grundsätzen über die Betriebsaufgabe

Die Aufteilung eines Betriebsvermögens der Erbengemeinschaft ohne Be- **11**
triebsfortführung ist zugleich eine Betriebsaufgabe, durch die regelmäßig ein begünstigter Aufgabegewinn (§ 16 Abs. 3 Satz 1, § 34 EStG) entsteht; es sei denn, es liegt ein Fall der Realteilung i. S. v. § 16 Abs. 3 Satz 2 bis 4 EStG (vgl. Tz. 12) oder der Buchwertfortführung nach § 6 Abs. 5 EStG vor.

**Beispiel 1:**

A und B sind Miterben zu je 1/2. Zum Nachlass gehört ein Betriebsvermögen, das lediglich aus zwei Grundstücken besteht, die beide einen Buchwert von je 200 000 € und einen Verkehrswert von je 2 Mio. € haben. A und B setzen sich unter Aufgabe des Betriebs in der Weise auseinander, dass A das Grundstück 1 und B das Grundstück 2 erhält. Die Grundstücke gehören bei A und B jeweils zum Privatvermögen.

Durch die Betriebsaufgabe entsteht ein Aufgabegewinn von 3,6 Mio. € in der Erbengemeinschaft, den A und B je zur Hälfte zu versteuern haben. A und B müssen für die künftige Gebäude-AfA jeweils von den Entnahmewerten ausgehen (vgl. *R 7.3 Abs. 6 Satz 4 und R 7.4 Abs. 11 EStR*[1])).

### c) Buchwertfortführung bei Übertragung in ein anderes Betriebsvermögen der Miterben

12 Die Miterben haben jedoch nach Maßgabe des § 16 Abs. 3 Satz 2 bis 4 EStG die Buchwerte fortzuführen, wenn die bei der Aufteilung erworbenen Wirtschaftsgüter in ein anderes Betriebsvermögen übertragen werden. Die Grundsätze des *BMF-Schreibens zur Realteilung vom 28. Februar 2006 (BStBl. I S. 228)*[2]) sind sinngemäß anzuwenden.

**Beispiel 2:**

S und T sind Miterben zu je 1/2. Zum Nachlass gehört ein aus zwei Teilbetrieben bestehender Betrieb im Wert von je 1 Mio. €. S erhält Teilbetrieb 1, T erhält Teilbetrieb 2.

Es liegt ein Fall der Realteilung vor. S und T haben nach § 16 Abs. 3 Satz 2 bis 4 EStG die Buchwerte fortzuführen.

Gleiches gilt, wenn der Nachlass aus zwei Betrieben besteht. Da die Mitunternehmerschaft (Erbengemeinschaft) nur ein Betriebsvermögen hat, sind die geerbten Betriebe wie Teilbetriebe der Erbengemeinschaft zu behandeln.

### d) Ansatz bei Überführung von Wirtschaftsgütern in das Privatvermögen

13 Werden Wirtschaftsgüter, die zu den wesentlichen Betriebsgrundlagen gehören, von den Miterben insgesamt ins Privatvermögen überführt, liegt zwingend eine Betriebsaufgabe vor. Im Übrigen wird auf Abschnitt I des *BMF-Schreibens zur Realteilung vom 28. Februar 2006 (BStBl. I S. 228)*[3]) verwiesen. Ein etwaiger Entnahmegewinn ist allen Miterben zuzurechnen; es sei denn, dass der Gewinn nach den von den Miterben schriftlich getroffenen Vereinbarungen über die Erbauseinandersetzung dem entnehmenden Miterben zuzurechnen ist.

## 2. Teilung mit Spitzen- oder Wertausgleich

### a) Allgemeines

14 Wird im Rahmen einer Erbauseinandersetzung ein Nachlass real geteilt und erhält ein Miterbe wertmäßig mehr, als ihm nach seiner Erbquote zusteht, und zahlt er für dieses „Mehr" an seine Miterben einen Spitzen- oder Wertausgleich (Abfindung), liegt insoweit ein Anschaffungs- und Veräußerungsgeschäft vor. In Höhe der Abfindungszahlung liegen Anschaffungskosten vor. Derjenige, der die Abfindung erhält, erzielt einen Veräußerungserlös. Werden

---

[1]) **Red. Anm.:** Jetzt: R 7.3 Abs. 6 Satz 1 und R 7.4 Abs. 11 EStR 2012.

[2]) Nunmehr BMF v. 19. 12. 2018, BStBl. 2019 I S. 6 (Nr. **1** § 16/3).

[3]) **Red. Anm.:** Nunmehr BMF v. 19. 12. 2018, BStBl. 2019 I S. 6 (Nr. **1** § 16/3).

die bei der Aufteilung erworbenen Wirtschaftsgüter in ein anderes Betriebsvermögen der Miterben übertragen, ist der sich aus dem Veräußerungsgeschäft ergebende Veräußerungsgewinn nicht nach §§ 16, 34 EStG begünstigt, sondern als laufender Gewinn zu besteuern. Der Gewinn rechnet grundsätzlich nicht zum Gewerbeertrag nach § 7 Satz 1 GewStG. Ab Erhebungszeitraum 2002 ist der Gewinn aus der Aufdeckung der stillen Reserven aber nach § 7 Satz 2 GewStG als Gewerbeertrag zu erfassen, soweit er nicht auf eine natürliche Person als unmittelbar beteiligtem Mitunternehmer entfällt. Werden die bei der Aufteilung erworbenen Wirtschaftsgüter insgesamt ins Privatvermögen übertragen, führt dieser Vorgang zu einer nach §§ 16, 34 EStG steuerbegünstigten Betriebsaufgabe. Aufgabegewinn ist der Gewinn, der sich aus dem Entnahmegewinn (Übertragung der Wirtschaftsgüter ins Privatvermögen) und dem Gewinn aus der Abfindungszahlung ergibt.

**Beispiel 3:**

A und B sind Miterben zu je 1/2. Zum Nachlass gehört ein Betriebsvermögen, das lediglich aus zwei Grundstücken besteht. Grundstück 1 hat einen Buchwert von 300 000 € und einen Verkehrswert von 3 Mio. €. Grundstück 2 hat einen Buchwert von 200 000 € und einen Verkehrswert von 2 Mio. €. A erhält das Grundstück 1, B das Grundstück 2 und eine Abfindung von A i. H. v. 500 000 €. A führt den Betrieb mit Grundstück 1 fort. Grundstück 2 wird Privatvermögen des B.

Die Abfindung stellt bei A Anschaffungskosten und bei B Veräußerungserlös dar. A erwirbt 5/6 seines Betriebsvermögens unentgeltlich und führt insoweit den Buchwert (= 250 000 €) fort. Der Buchwert ist zusätzlich um die Abfindungszahlung i. H. v. 500 000 € zu erhöhen. Nach Erbauseinandersetzung beträgt der Buchwert 750 000 €.

Für B liegt eine Betriebsaufgabe vor. Durch die Aufgabe seines Mitunternehmeranteils erzielt er einen Aufgabegewinn i. H. v. 2,25 Mio. €, der sich aus dem Gewinn aus der Entnahme des Grundstücks 2 (2 Mio. abzgl. 200 000 € Buchwert) und dem Gewinn aus der Abfindungszahlung (500 000 € abzgl. 50 000 € Buchwert) zusammensetzen. Der Gewinn ist nach §§ 16, 34 EStG begünstigt zu besteuern.

Die vorstehenden Grundsätze gelten auch, soweit sich die Erbengemeinschaft gemäß § 2042 Abs. 2, § 753 Abs. 1 BGB durch Zwangsversteigerung zum Zweck der Aufhebung der Gemeinschaft auseinandersetzt und die Erben dabei Nachlassgegenstände erwerben (BFH-Urteil vom 29. April 1992 – BStBl. II S. 727). 15

Bei der Teilung im Rahmen einer Erbauseinandersetzung bezieht sich das Entgelt nicht auf das, was ein Miterbe aufgrund seiner Erbquote erhält, sondern nur auf das „Mehr“ das er aufgrund eines neben der Teilung bestehenden besonderen entgeltlichen Rechtsgeschäfts bekommt. Es handelt sich hier also nicht um die bloße Aufteilung eines einheitlichen Rechtsvorgangs, sondern um die Beurteilung von zwei rechtlich selbständigen Vorgängen, von denen der eine unentgeltlich und der andere entgeltlich ist. Für die Zahlung einer Abfindung bedarf es daher regelmäßig einer gesonderten Vereinbarung zwischen den Beteiligten, da sich eine derartige Abwicklung nicht aus dem erbrechtlichen Auseinandersetzungsanspruch ergibt; die Zahlung einer Abfindung kann sich allerdings auch auf Grund einer Teilungsanordnung des Erblassers oder aufgrund einer vom Erblasser angeordneten Testamentsvollstreckung ergeben. Die Vereinbarung ist bei der Berechnung des Anteils des Miterben am Aufgabegewinn in den Fällen der Betriebsaufgabe zu berücksichtigen. 16

17 Die Abfindungszahlung ist bei der Übertragung von Betrieben oder Teilbetrieben dem Teil des Kapitalkontos gegenüberzustellen, der dem Verhältnis von Abfindungszahlung zum Wert des übernommenen Betriebsvermögens entspricht.

**Beispiel 4:**

S und T sind Miterben zu je 1/2. Zum Nachlass (3,6 Mio. €) gehört ein aus zwei Teilbetrieben bestehender Gewerbebetrieb. Teilbetriebsvermögen 1 hat einen Wert von 2 Mio. € und einen Buchwert von 200 000 €. Teilbetriebsvermögen 2 hat einen Wert von 1,6 Mio. € und einen Buchwert von 160 000 €. Im Wege der Erbauseinandersetzung erhält S das Teilbetriebsvermögen 1 und T das Teilbetriebsvermögen 2. Außerdem zahlt S an T eine Abfindung von 200 000 €.

S stehen wertmäßig am Nachlass 1,8 Mio. € (50 % von 3,6 Mio. €) zu. Da er aber 2 Mio. € erhält, also 200 000 € mehr, zahlt er diesen Betrag für 1/10 (10 % von 2 Mio. € = 200 000 €) des Teilbetriebsvermögens 1, das er mehr erhält. S erwirbt also 9/10 des Teilbetriebsvermögens 1 unentgeltlich und 1/10 entgeltlich. Auf diese 1/10 entfällt ein Buchwert von 20 000 €, so dass S die Aktivwerte um 180 000 € (200 000 € Abfindung abzgl. anteiligem Buchwert von 20 000 €) aufstocken muss und T einen als laufenden Gewinn zu versteuernden Veräußerungsgewinn von 180 000 € (200 000 € Abfindung ./. 20 000 € anteiliger Buchwert) zu versteuern hat. Im Übrigen (für 9/10 des Nachlasses) liegt eine steuerneutrale Realteilung vor (vgl. *BMF-Schreiben zur Realteilung vom 28. Februar 2006, BStBl. I S. 228*[1])).

Gleiches gilt, wenn der Nachlass aus zwei Betrieben besteht. Da die Mitunternehmerschaft (Erbengemeinschaft) nur ein Betriebsvermögen hat, sind die geerbten Betriebe wie Teilbetriebe der Erbengemeinschaft zu behandeln.

**Beispiel 5:**

S und T sind Miterben zu je 1/2. Zum Nachlass gehört ein Betriebsvermögen, das aus dem Grundstück 1 (Teilwert 2 Mio. €, Buchwert 200 000 €) und dem Grundstück 2 (Teilwert 1,6 Mio. €, Buchwert 160 000 €) besteht. S erhält das Grundstück 1 und zahlt an T 200 000 € Abfindung. T erhält Grundstück 2 und die Abfindung. Beide bringen die Grundstücke in ein ihnen gehörendes Betriebsvermögen ein.

S stehen an dem Nachlass wertmäßig 1,8 Mio. € zu. Da er aber das Grundstück 1 im Wert von 2 Mio. € erhält, also 200 000 € mehr, zahlt er diesen Betrag für 1/10 (200 000 €/ 2 Mio. € = 1/10) des Grundstücks 1, das er erhält. S erwirbt also 9/10 des Grundstücks 1 unentgeltlich und 1/10 entgeltlich. Auf diese 1/10 entfällt ein Buchwert von 20 000 €, so dass S den Grundstücksbuchwert in seiner Bilanz um 180 000 € aufstocken muss und T einen Gewinn von 180 000 € (200 000 € Abfindung ./. 20 000 € anteiliger Buchwert) als laufenden Gewinn zu versteuern hat. Im Übrigen (für 9/10 des Nachlasses) liegt eine steuerneutrale Realteilung vor.

### b) Übernahme von Verbindlichkeiten über die Erbquote hinaus

18 Eine Übernahme von Schulden über die Erbquote hinaus führt nicht zu Anschaffungskosten. Deshalb entsteht auch kein Veräußerungserlös, soweit ein Miterbe Verbindlichkeiten über die Erbquote hinaus übernimmt. Zur Übernahme von Verbindlichkeiten vgl. im Übrigen Tz. 23 ff.

**Beispiel 6:**

Wie Beispiel 3 mit der Abwandlung, dass S den T von Betriebsschulden i. H. v. 200 000 €, die zum Teilbetriebsvermögen 2 gehören, freistellt, also zum gesamthänderisch gebundenen Nachlass gehörende Verbindlichkeiten i. H. v. 200 000 € übernimmt.

S erhält wertmäßig nur 1,8 Mio. € und braucht an T keine Abfindung zu zahlen. Es liegt keine entgeltliche Teilung vor.

---

[1]) **Red. Anm.:** Nunmehr BMF v. 19. 12. 2018, BStBl. 2019 I S. 6 (Nr. **1** § 16/3).

#### c) Buchwertfortführung im Zusammenhang mit Abfindungszahlungen

Werden Abfindungszahlungen geleistet, haben die Miterben, abgesehen von der notwendigen teilweisen Gewinnrealisierung nach Maßgabe der Abfindung, nach § 16 Abs. 3 Satz 2 bis 4 EStG die Buchwerte fortzuführen, soweit die zugeteilten Wirtschaftsgüter Betriebsvermögen bleiben. Der vom Miterben, der die Abfindungszahlung erhält, zu versteuernde Gewinn ist nicht nach §§ 16, 34 EStG begünstigt. Der Gewinn rechnet grundsätzlich nicht zum Gewerbeertrag nach § 7 Satz 1 GewStG. Ab Erhebungszeitraum 2002 ist der Gewinn aus der Aufdeckung der stillen Reserven aber nach § 7 Satz 2 GewStG als Gewerbeertrag zu erfassen, soweit er nicht auf eine natürliche Person als unmittelbar beteiligtem Mitunternehmer entfällt. Ist eine Buchwertfortführung nach § 16 Abs. 3 Satz 2 bis 4 EStG nicht möglich, kommt ggf. unter den dortigen Voraussetzungen eine Buchwertfortführung nach § 6 Abs. 5 EStG in Betracht. 19

Soweit Wirtschaftsgüter gegen Abfindungszahlungen übernommen werden und Betriebsvermögen bleiben, gilt für die AfA Folgendes: Bei der Übernahme eines Grundstücks ergeben sich hinsichtlich des Gebäudes zwei AfA-Reihen. Hinsichtlich des unentgeltlich erworbenen Gebäudeteils muss der übernehmende Miterbe die Buchwerte der Erbengemeinschaft fortführen. Bezüglich des entgeltlich erworbenen Gebäudeteils hat er Anschaffungskosten in Höhe der Abfindungszahlung, die Bemessungsgrundlage für die weitere AfA hinsichtlich des entgeltlich erworbenen Teils des Gebäudes sind. Entsprechendes gilt im Grundsatz, wenn kein Gebäude, sondern ein bewegliches Wirtschaftsgut übernommen wird; da jedoch die Nutzungsdauer des entgeltlich erworbenen Teils des Wirtschaftsguts hier regelmäßig mit der Restnutzungsdauer des unentgeltlich erworbenen Teils des Wirtschaftsguts übereinstimmt, kann in diesen Fällen auf eine Aufspaltung in zwei AfA-Reihen verzichtet werden. 20

Soweit Wirtschaftsgüter gegen Abfindungszahlungen übernommen werden, gilt für die Anwendung des § 6b Abs. 3 EStG Folgendes: 21

Für den entgeltlich erworbenen Teil des Wirtschaftsguts kann auf die durch die Abfindungszahlungen entstandenen Anschaffungskosten eine Rücklage nach § 6b EStG übertragen werden. Hinsichtlich des unentgeltlich erworbenen Teils des Wirtschaftsgutes ist im Falle einer späteren Veräußerung die Besitzzeit der Erbengemeinschaft und des Erblassers für die Besitzzeit i. S. d. § 6b Abs. 4 Satz 1 Nr. 2 EStG zu berücksichtigen, wenn die entsprechenden Voraussetzungen erfüllt sind.

## II. Erbauseinandersetzung über Privatvermögen

### 1. Teilung ohne Abfindungszahlungen

#### a) Allgemeines

Auch bei der Erbauseinandersetzung über Privatvermögen führt eine Teilung ohne Abfindungszahlungen nicht zur Entstehung von Anschaffungskosten oder Veräußerungserlösen. Eine Erbauseinandersetzung kann auch in der 22

Weise durchgeführt werden, dass einem Miterben ein Nutzungsrecht an einem zum Nachlass gehörenden Wirtschaftsgut eingeräumt wird, das einem anderen Miterben zugeteilt wird (z. B. Wohnrecht an einem Gebäude). Dieses Nutzungsrecht ist nicht gegen Entgelt bestellt. Die Ablösung des Nutzungsrechts durch den Miterben führt zu nachträglichen Anschaffungskosten (BFH-Urteil vom 28. November 1991 – BStBl. 1992 II S. 381).

Ein unentgeltlicher Vorgang liegt auch vor, wenn Gesamthandseigentum in Bruchteilseigentum umgewandelt wird und ein Miterbe Anteile an der Bruchteilsgemeinschaft von einem anderen Miterben im Tauschwege gegen eigene Anteile erwirbt.

**b) Behandlung von Nachlassverbindlichkeiten**

23 Eine Schuldübernahme führt auch insoweit nicht zu Anschaffungskosten, als sie die Erbquote übersteigt. Dies bedeutet gleichzeitig, dass Nachlassverbindlichkeiten einen wertmäßigen Ausgleich unter den Miterben bei einer Teilung und damit einen unentgeltlichen Rechtsvorgang ermöglichen. Dabei kommt es nicht darauf an, ob die übernommenen Verbindlichkeiten in einem Finanzierungszusammenhang mit zugeteilten Nachlassgegenständen stehen.

**Beispiel 7:**

A und B sind Erben zu je 1/2. Zum Nachlass gehört ein Grundstück (Wert 2 Mio. €), das mit einer noch voll valutierten Hypothek von 1 Mio. € belastet ist. Zum Nachlass gehören außerdem Wertpapiere (Wert 3 Mio. €). Die Erben setzen sich dahin auseinander, dass A das Grundstück und B die Wertpapiere erhält. B übernimmt außerdem die Verbindlichkeit in voller Höhe.

Es liegt eine Teilung ohne Abfindungszahlung, also ein unentgeltlicher Rechtsvorgang vor. A erhält einen Wert von 2 Mio. € (Grundstück). B erhält ebenfalls einen Wert von 2 Mio. € (Wertpapiere im Wert von 3 Mio. € abzüglich einer übernommenen Verpflichtung von 1 Mio. €).

24 Die Übernahme von Verbindlichkeiten der Erbengemeinschaft durch einzelne Miterben über die Erbquote hinaus führt auch dann nicht zu Anschaffungskosten, wenn durch die Art der Verteilung von Verbindlichkeiten zusätzlich Abfindungsbedarf geschaffen wird. Dies gilt unabhängig davon, ob durch die Art der Verteilung von Verbindlichkeiten ein bisher bestehender Finanzierungszusammenhang zwischen Wirtschaftsgut und Schuld erhalten bleibt oder nicht. Regelmäßig wird der Übernahme von Verbindlichkeiten eine interne Freistellungsverpflichtung zugrunde liegen.

**Beispiel 8:**

A und B sind Erben zu je 1/2. Zum Nachlass gehören zwei Grundstücke im Wert von je 1 Mio. €, die mit Hypotheken von je 500 000 € belastet sind. A erhält Grundstück 1 und übernimmt auch die das Grundstück 2 betreffende Hypothek. B erhält das Grundstück 2 und zahlt an A 500 000 €.

Es liegt eine Teilung ohne Abfindungszahlung vor. B hat mit der Zahlung von 500 000 € an A die Freistellung von der das Grundstück 2 belastenden Schuld intern beglichen.

**Beispiel 9:**

A und B sind Erben zu je 1/2. Zum Nachlass gehört ein Grundstück (Wert 2 Mio. €), das mit einer noch voll valutierten Hypothek von 1 Mio. € belastet ist. Die zu Grunde liegende Verpflichtung betrifft ein Darlehen, das zur Anschaffung des Grundstücks verwendet worden ist. Zum Nachlass gehört außerdem eine Beteiligung an einer Kapitalgesellschaft (Wert 3 Mio. €). Die Erben setzen sich dahin auseinander, dass A das Grundstück und das dazugehörige

Darlehen und B die Beteiligung übernimmt. B leistet zusätzlich an A eine Zahlung von 1 Mio. €.
B bezahlt mit der Leistung von 1 Mio. € an A eine interne Schuldfreistellung wegen der Übernahme des hypothekarisch gesicherten Darlehens durch A i. H. v. 1 Mio. €. Im Ergebnis hat somit A infolge der Freistellungsverpflichtung des B ein unbelastetes Grundstück im Wert von 2 Mio. € erhalten und B hat die Beteiligung zugeteilt bekommen, ist allerdings durch die Zahlung für die Freistellung belastet, so dass er im Ergebnis ebenfalls einen Wert von 2 Mio. € erhalten hat. Dass die Übernahme der Darlehensschuld durch A nach außen hin den Finanzierungszusammenhang zwischen Wirtschaftsgut und Schuld aufrechterhält, ist dabei ohne Bedeutung.

Die vom BFH in seinem Beschluss vom 5. Juli 1990 (BStBl. II S. 837) zur Wertangleichung zugelassene Möglichkeit der Übernahme von Verbindlichkeiten der Erbengemeinschaft über die Erbquote hinaus bezieht sich nur auf Nachlassverbindlichkeiten. Dabei kommt es nicht darauf an, ob die Verbindlichkeit bereits im Zeitpunkt des Erbfalls bestanden hat oder ob sie erst im Zuge der Verwaltung des Nachlasses entstanden ist. Geht die Erbengemeinschaft dagegen im engen zeitlichen Zusammenhang mit der Erbauseinandersetzung Verbindlichkeiten ein, um insoweit eine gewinnneutrale Realteilung zu ermöglichen, handelt es sich nicht mehr um Nachlassverbindlichkeiten (§ 42 AO). 25

## 2. Teilung mit Abfindungszahlungen

### a) Allgemeines

Wird im Rahmen einer Erbauseinandersetzung ein Nachlass real geteilt und erhält ein Miterbe wertmäßig mehr, als ihm nach seiner Erbquote zusteht, und zahlt er für dieses „Mehr" an seine Miterben eine Abfindung, liegt insoweit – wie bei der Erbauseinandersetzung über Betriebsvermögen – ein Anschaffungs- und Veräußerungsvorgang vor. In Höhe der Abfindungszahlung entstehen Anschaffungskosten. Das gilt auch, soweit sich die Erbengemeinschaft durch Zwangsversteigerung zum Zwecke der Aufhebung der Gemeinschaft auseinander setzt. Wird ein Wirtschaftsgut gegen Abfindungszahlung erworben, berechnen sich der entgeltlich und der unentgeltlich erworbene Teil des Wirtschaftsguts nach dem Verkehrswert (vgl. BFH-Urteil vom 29. Oktober 1991 – BStBl. 1992 II S. 512). In der Regel kann davon ausgegangen werden, dass der Verkehrswert dem Wert entspricht, den die Miterben der Erbauseinandersetzung zugrunde legen (Anrechnungswert). 26

**Beispiel 10:**

A und B sind Miterben zu je 1/2. Der Nachlass besteht aus einem Gebäude auf einem Erbbaugrundstück (Verkehrswert 1 Mio. €) und Bargeld (500 000 €). A erhält das Gebäude und zahlt an B eine Abfindung i. H. v. 250 000 €. B erhält das Bargeld und die Abfindungszahlung.
A hat Anschaffungskosten i. H. v. 250 000 €. Es ist unerheblich, aus welchem Vermögensbereich der die Abfindung Zahlende die Mittel für die Abfindungszahlung entnimmt. A zahlt die Abfindung nicht für das ganze Gebäude, auch nicht für den gesamten Anteil des B an dem Gebäude (1/2), sondern nur für das wertmäßige „Mehr", das er bei der Erbteilung erhalten hat. Das Gebäude ist 1 Mio. € wert. 750 000 € stehen dem A nach seiner Erbquote zu, so dass A mithin 1/4 des Gebäudes für 250 000 € entgeltlich und 3/4 des Gebäudes unentgeltlich erworben hat.

27 Der Veräußerungsgewinn ist nur steuerpflichtig, wenn die Voraussetzungen der §§ 17, 23 EStG oder des § 21 UmwStG vorliegen.

**Beispiel 11:**

Erblasser E, zu dessen Privatvermögen eine 50 v. H.-Beteiligung an einer GmbH gehörte, wird von A und B beerbt. Im Zuge der Erbauseinandersetzung erhält A die gesamte Beteiligung gegen Ausgleichszahlung an B für dessen hälftigen Anteil.

A erlangt – auf der Grundlage getrennter Rechtsgeschäfte – die Beteiligung zum einen i. H. v. 1/2 (25 v. H.) in Erfüllung seines erbrechtlichen Auseinandersetzungsanspruchs entsprechend § 11 d EStDV und zum anderen bezüglich des Mehrempfangs entgeltlich von B. B erzielt in Höhe der Ausgleichszahlung einen Veräußerungserlös, der im Rahmen des § 17 EStG anzusetzen ist.

A führt die Anschaffungskosten des Erblassers zur Hälfte, nämlich für die auf ihn entfallende 25 v. H.-Beteiligung fort; im Übrigen ist die Zahlung des A als Anschaffungskosten für die von B erhaltene 25 v. H.-Beteiligung anzusehen.

### b) Aufteilung von Abfindungsleistungen

28 Erhält ein Miterbe alle oder mehrere Wirtschaftsgüter des Nachlasses gegen Leistung einer Abfindung an die übrigen Miterben, ist die Abfindung nach dem Verhältnis der Verkehrswerte der Wirtschaftsgüter aufzuteilen. Tz. 42 ist entsprechend anzuwenden.

**Beispiel 12:**

Erben sind A und B zu je 1/2. Zum Nachlass gehören Grundstück 1 (Verkehrswert 800 000 €) und Grundstück 2 (Verkehrswert 400 000 €). A übernimmt beide Grundstücke und zahlt an B 600 000 €.

Die Abfindungszahlungen sind Anschaffungskosten, die mit 400 000 € für den Erwerb des hälftigen Anteils am Grundstück 1 und mit 200 000 € für den Erwerb des hälftigen Anteils am Grundstück 2 aufgewendet worden sind.

29 Erhalten bei einer Erbauseinandersetzung mit Abfindungszahlungen mehrere Miterben Wirtschaftsgüter des Nachlasses, sind die Anschaffungskosten ebenfalls im Verhältnis der Verkehrswerte auf die erlangten Nachlassgegenstände zu verteilen. Tz. 42 ist entsprechend anzuwenden.

**Beispiel 13:**

Erben sind A und B zu je 1/2. Zum Nachlass gehören Grundstück 1 (Verkehrswert 800 000 €), Grundstück 2 (Verkehrswert 600 000 €) und Grundstück 3 (Verkehrswert 400 000 €). A erhält Grundstück 1, B die Grundstücke 2 und 3. B zahlt an A eine Abfindung von 100 000 €.

Die Abfindung von 100 000 € stellt für B Anschaffungskosten dar. B muss diese Abfindung im Verhältnis der Verkehrswerte (6: 4) auf Grundstück 2 und 3 verteilen. Somit erwirbt er jedes Grundstück zu 1/10 entgeltlich und zu 9/10 unentgeltlich.

### c) Behandlung liquider Mittel des Nachlasses

30 Keine Anschaffungskosten liegen vor, soweit eine Abfindungszahlung dem Wert übernommener liquider Mittel des Nachlasses (z. B. Bargeld, Bankguthaben, Schecks) entspricht, weil es sich wirtschaftlich um einen Leistungsaustausch „Geld gegen Geld" handelt, der einer Rückzahlung der Abfindungszahlung gleichsteht.

**Beispiel 14:**

Ein Nachlass besteht aus einem Grundstück (Verkehrswert 2 Mio. €) und aus Bankguthaben (Verkehrswert 2 Mio. €). Miterben sind A und B zu je 1/2. A erhält das Grundstück und das Bankguthaben und zahlt an B eine Abfindung von 2 Mio. €.

Es ist steuerlich davon auszugehen, dass der Nachlass im Wege der Naturalteilung verteilt wurde, bei der A das Grundstück und B das Bankguthaben erhalten hat. A hat deshalb keine Anschaffungskosten (vgl. auch Beispiel 8).

### d) AfA-Bemessungsgrundlage und AfA-Satz nach Erbauseinandersetzung

Nach der Erbauseinandersetzung ist hinsichtlich der weiteren Abschreibung zwischen dem unentgeltlich erworbenen Teil des Wirtschaftsguts und dem entgeltlich erworbenen Teil zu unterscheiden. 31

Auf den unentgeltlich erworbenen Teil ist § 11 d Abs. 1 EStDV anzuwenden. Der Miterbe führt die von der Erbengemeinschaft vorgenommene Abschreibung anteilig fort.

Soweit der Miterbe das Wirtschaftsgut entgeltlich erworben hat, sind der weiteren AfA seine Anschaffungskosten zu Grunde zu legen. Für den entgeltlich erworbenen Teil des Wirtschaftsguts bemessen sich die AfA

- bei beweglichen Wirtschaftsgütern und bei unbeweglichen Wirtschaftsgütern, die keine Gebäude sind, nach der tatsächlichen künftigen Nutzungsdauer des Wirtschaftsguts im Zeitpunkt der Erbauseinandersetzung.
- bei Gebäuden nach den hierfür geltenden Vorschriften (i. d. R. § 7 Abs. 4 EStG).

Danach kann sich bei Gebäuden für den unentgeltlich und den entgeltlich erworbenen Teil eine unterschiedliche Abschreibungsdauer ergeben.

**Beispiel 15:**
Miterben sind S und T je zu 1/2. Zum Nachlass gehören ein bebautes Grundstück (Verkehrswerte: Gebäude 1,5 Mio. € und Grund und Boden 500 000 €) und Bargeld (1 Mio. €). Die ursprünglichen Anschaffungskosten des Gebäudes i. H. v. 2 Mio. € sind bei der Auseinandersetzung der Erbengemeinschaft am 1. Januar 2004 bereits mit jährlich 2 v. H. bis auf 800 000 € abgeschrieben. S erhält das Grundstück und zahlt an T eine Abfindung i. H. v. 500 000 €. T erhält das Bargeld und die Abfindungszahlung.
S hat das Grundstück zu 1/4 entgeltlich erworben. Nach dem Verhältnis der Verkehrswerte entfallen auf das Gebäude 375 000 € und auf den Grund und Boden 125 000 € der Abfindungszahlung. Die AfA, die S nach der Erbauseinandersetzung vornehmen kann, bemessen sich wie folgt: Hinsichtlich 3/4 des Gebäudes hat S nach § 11 d EStDV die AfA-Reihe der Erbengemeinschaft fortzuführen und mithin jährlich 2 v. H. von 1 500 000 € (3/4 von 2 Mio. € Anschaffungskosten des Erblassers) = 30 000 € abzuschreiben. Hinsichtlich 1/4 des Gebäudes liegt ein entgeltlicher Erwerb vor. S hat insofern – soweit keine kürzere Nutzungsdauer als 50 Jahre in Betracht kommt (§ 7 Abs. 4 Satz 2 EStG) – 2 v. H. von 375 000 € (= 7500 €) jährlich abzusetzen.

## III. Erbauseinandersetzung über einen Mischnachlass

### 1. Teilung ohne Abfindungszahlungen

### a) Allgemeines

Auch beim Mischnachlass führt eine Teilung ohne Abfindungszahlungen nicht zur Entstehung von Anschaffungskosten oder Veräußerungserlösen. Demzufolge können auch hier keine Veräußerungsgewinne entstehen. 32

**Beispiel 16:**

Erben sind A und B zu je 1/2. Zum Nachlass gehört ein Betriebsvermögen (Wert 3 Mio. €) und privater Grundbesitz (Wert 3 Mio. €). A und B setzen sich in der Weise auseinander, dass A den Betrieb und B den privaten Grundbesitz erhält.

Es liegen keine Anschaffungs- oder Veräußerungsgeschäfte vor mit der Folge, dass weder für A noch für B Anschaffungskosten entstehen. Der Mitunternehmeranteil des B geht ohne Gewinnrealisierung auf A nach § 6 Abs. 3 EStG zum Buchwert über. Dies gilt auch dann, wenn die Erbauseinandersetzung erst viele Jahre nach dem Erbfall stattfindet und der Umfang des Betriebsvermögens sich zwischenzeitlich verändert hat. A muss die Buchwerte fortführen. B tritt gemäß § 11 d Abs. 1 EStDV in die Abschreibungsreihe der Erbengemeinschaft ein.

In der Teilung eines Mischnachlasses ohne Abfindungszahlungen liegt – ebenso wie in der Realteilung eines nur aus Betriebsvermögen bestehenden Nachlasses – nicht nur keine entgeltliche Anschaffung oder Veräußerung, sondern auch keine zur Gewinnrealisierung führende Aufgabe eines Mitunternehmeranteils gemäß § 16 Abs. 3 Satz 1 EStG, sofern nicht alle wesentlichen Betriebsgrundlagen in das Privatvermögen überführt werden (vgl. Tzn. 11 und 13).

### b) Schaffung von Privatvermögen im engen zeitlichen Zusammenhang mit der Auseinandersetzung

33 Die Teilung eines Mischnachlasses ohne Abfindungszahlung führt nicht zur Entstehung von Anschaffungskosten einerseits sowie eines Veräußerungs- oder Aufgabegewinns andererseits, es sei denn alle wesentlichen Betriebsgrundlagen werden ins Privatvermögen überführt. Dabei kommt es nicht darauf an, ob bereits im Zeitpunkt des Erbfalls ein Mischnachlass bestanden hat oder ob sich im Zuge der Verwaltung des Nachlasses privates Nachlassvermögen gebildet hat. Wird dagegen durch Entnahmen liquider Mittel im engen zeitlichen Zusammenhang mit der Auseinandersetzung Privatvermögen geschaffen, um insoweit eine gewinnneutrale Teilung zu ermöglichen, ist diese Gestaltung nach § 42 AO steuerlich nicht anzuerkennen.

### c) Behandlung von Nachlassverbindlichkeiten bei Mischnachlässen, insbesondere Schuldzinsenabzug

34 Auch bei einem Mischnachlass kann die Abstimmung mit dem Auseinandersetzungsguthaben des Miterben dadurch erreicht werden, dass der Miterbe Verbindlichkeiten der Erbengemeinschaft übernimmt. Wie sich derartige Schulden in der Folge bei den Miterben auswirken, hängt davon ab, mit welchem Vermögen sie in Zusammenhang stehen und wie dieses Vermögen beim Erben verwendet wird. So kann Privatvermögen der Erbengemeinschaft beim Miterben Betriebsvermögen und die damit zusammenhängende Verbindlichkeit Betriebsschuld werden.

Die Übernahme von Schulden über die Erbquote hinaus kann trotz fehlender Anschaffungskosten (vgl. Tz. 18 Satz 1) zu Betriebsvermögen führen, das den Schuldzinsenabzug ermöglicht.

**Beispiel 17:**

A und B sind Miterben zu je 1/2. Zum Nachlass gehören ein Betrieb (Wert 3 Mio. €) sowie ein privates Grundstück (Wert 2 Mio. €), das mit einer Hypothek von 1 Mio. € belastet ist. A übernimmt den Betrieb und die Verbindlichkeit, B erhält das Grundstück.

Es ist von einer gewinnneutralen Teilung eines Mischnachlasses auszugehen, da auch beim Mischnachlass eine Wertangleichung zur Vermeidung von Ausgleichszahlungen durch überproportionale Übernahme von Nachlassverbindlichkeiten erreicht werden kann. Die von A zusätzlich zum Betrieb übernommene private Nachlassschuld bleibt keine Privatschuld, sondern wandelt sich nach der Übernahme durch A in eine Betriebsschuld um mit der Folge, dass A künftig die auf diese Schuld entfallenden Schuldzinsen als Betriebsausgaben abziehen kann.

Die Begleichung von Erbfallschulden (z. B. Pflichtteils- und Erbersatzansprüche) führt nicht zu Anschaffungskosten. Die Aufwendungen für die Finanzierung von Pflichtteils- und Erbersatzansprüchen dürfen nicht als Betriebsausgaben oder Werbungskosten abgezogen werden (BFH-Urteile vom 2. März 1993, BStBl. 1994 II S. 619, vom 25. November 1993, BStBl. 1994 II S. 623 und vom 27. Juli 1993, BStBl. 1994 II S. 625). Dies gilt auch für die Aufwendungen zur Finanzierung von Vermächtnissen. 35

Werden Pflichtteilsansprüche durch die Übertragung von im Nachlass befindlichen Wirtschaftsgütern, Betrieben, Teilbetrieben oder Mitunternehmeranteilen abgegolten, liegt grundsätzlich eine entgeltliche Übertragung vor. Dies bedeutet, dass der Erbe das einzelne Wirtschaftsgut, den Betrieb, Teilbetrieb oder Mitunternehmeranteil veräußert und der Pflichtteilsberechtigte Anschaffungskosten für das erhaltene Vermögen in Höhe seines Pflichtteilsanspruchs hat (BFH-Urteil vom 16. Dezember 2004, BStBl. 2005 II S. 554).

### 2. Teilung mit Abfindungszahlungen

Auch beim Mischnachlass liegt Entgeltlichkeit nur vor, soweit Abfindungszahlungen geleistet werden. Hat daher im Rahmen einer Teilung ein Miterbe an andere Miterben Abfindungszahlungen zu leisten, führt dies insoweit zu Anschaffungskosten einerseits und zu einem – ggf. einkommensteuerpflichtigen – Veräußerungserlös andererseits. 36

**Beispiel 18:**

Erben sind A und B zu je 1/2. Zum Nachlass gehören ein Betrieb (Wert 1 Mio. €, Buchwert 200 000 €) und ein Privatgrundstück (Wert 500 000 €). A erhält den Betrieb, B das Grundstück und eine Abfindung von A i. H. v. 250 000 €.
Die Abfindung stellt bei A Anschaffungskosten, bei B Veräußerungserlös für die Übertragung eines Mitunternehmeranteils dar. Da A und B jeweils im Wert von 750 000 € am Gesamtnachlass beteiligt sind (= 1/2 von 1,5 Mio. €), erwirbt A 3/4 des Betriebs unentgeltlich und führt insoweit die Buchwerte (= 150 000 €) fort. B erzielt durch die Übertragung eines Mitunternehmeranteils von 1/4 einen – als nicht nach §§ 16, 34 EStG begünstigten – Veräußerungsgewinn von 200 000 € (= 250 000 €./. 50 000 €). A stockt die Buchwerte um 200 000 € auf, da B 1/4 des Betriebs entgeltlich an A übertragen hat. Das restliche 1/4, das dem B als Mitunternehmer zuzurechnen war, ist unentgeltlich auf A übergegangen.

## D. Entgeltliche und unentgeltliche Übertragung eines Erbteils

### 1. Allgemeines

Ein Miterbe kann seinen Anteil am Nachlass (seinen Erbteil) an einen anderen Miterben oder an einen Dritten verschenken oder verkaufen (§ 2033 Abs. 1 BGB). Wird ein Erbteil verschenkt, entstehen weder Anschaffungskosten noch Veräußerungserlöse. Wird ein Erbteil verkauft, hat der Käufer dage- 37 gen Anschaffungskosten und der Verkäufer einen Veräußerungserlös. Die Ausschlagung der Erbschaft gegen eine Abfindung steht der entgeltlichen Veräußerung des Erbteils gleich (vgl. BFH-Urteil vom 20. April 2004 – BStBl. II S. 987).

## 2. Zum Nachlass gehört nur Betriebsvermögen

### a) Schenkung eines Erbteils

38 Wird ein Erbteil verschenkt und gehört zum Nachlass nur Betriebsvermögen, hat der Beschenkte die Buchwerte des Schenkers fortzuführen (§ 6 Abs. 3 EStG).

### b) Verkauf eines Erbteils

39 Die entgeltliche Übertragung des Erbanteils bedeutet die Veräußerung eines Mitunternehmeranteils i. S. v. § 16 Abs. 1 Satz 1 Nr. 2 EStG, und zwar auch dann, wenn der Erwerber Miterbe ist. Anschaffungskosten und Veräußerungsgewinn errechnen sich wie bei der Übertragung eines Mitunternehmeranteils.

**Beispiel 19:**

Der Nachlass besteht allein aus einem Einzelunternehmen. Das Kapitalkonto betrug 600 000 €. Erben sind A, B und C zu je 1/3, so dass auf jeden Miterben ein Kapitalkonto von 200 000 € entfällt. C verkauft seinen Erbteil und damit gleichzeitig seinen Mitunternehmeranteil an D für 320 000 €.

In diesem Fall liegt ein entgeltliches Veräußerungsgeschäft vor. Für C entsteht nach § 16 Abs. 2 EStG ein Veräußerungsgewinn i. H. v. 120 000 € (320 000 € Veräußerungserlös ./. 200 000 € Buchwert), der nach §§ 16, 34 EStG begünstigt ist. D hat Anschaffungskosten von 320 000 €, mit denen er seinen Anteil in der Bilanz der Erbengemeinschaft ausweisen muss. Das geschieht i. H. v. 200 000 € in der Hauptbilanz (Fortführung des Kapitalkontos des C) und i. H. v. 120 000 € in einer für D aufzustellenden positiven Ergänzungsbilanz.

## 3. Zum Nachlass gehört nur Privatvermögen

### a) Schenkung eines Erbteils

40 Wird ein Erbteil verschenkt und gehört zum Nachlass nur Privatvermögen, findet § 11 d Abs. 1 EStDV Anwendung. Durch den unentgeltlichen Erwerb des Erbteils ist der Beschenkte in die Rechtsstellung des Schenkers eingetreten, die dieser innerhalb der Erbengemeinschaft gehabt hat. Die anteilige AfA, die dem Beschenkten an den zum Nachlass gehörenden abnutzbaren Wirtschaftsgütern des Privatvermögens zusteht, bemisst sich demzufolge (weil der Schenker ebenfalls unentgeltlich erworben hat) nach der AfA-Bemessungsgrundlage der Erbengemeinschaft (§ 11 d Abs. 1 Satz 1 EStDV). Der Beschenkte kann – anteilmäßig – nur noch das nicht bereits verbrauchte AfA-Volumen abschreiben.

### b) Verkauf eines Erbteils

41 Verkauft ein Miterbe seinen Erbteil und gehört zum Nachlass nur Privatvermögen, ist § 11 d Abs. 1 EStDV nicht anwendbar. Der Erwerber muss seine AfA ausgehend von seinen Anschaffungskosten nach § 7 EStG bemessen.

**Beispiel 20:**

E wird von seinen Söhnen A, B und C zu je 1/3 beerbt. Zum Nachlass gehört nur ein privates Mietwohnhaus, das E für 2,5 Mio. € (Anteil Gebäude 2 Mio. €) erworben und jährlich

mit 2 v. H. abgeschrieben hatte. C veräußert seinen Erbteil zum 1. Januar 2004 für 700 000 € an D. Hiervon entfallen 560 000 € auf das Gebäude und 140 000 € auf den Grund und Boden. Im Zeitpunkt der Veräußerung hatte das Gebäude einen Restwert von 1,2 Mio. €.
Die AfA für das immer noch zum Nachlass gehörende Gebäude kann nicht mehr einheitlich vorgenommen werden. A und B haben als Miterben ihre Anteile am Nachlass und damit an dem Grundstück, aus dem der Nachlass besteht, unentgeltlich erworben. Sie müssen demzufolge nach § 11 d Abs. 1 EStDV die AfA der Erbengemeinschaft – anteilig – fortführen. A und B können also jährlich je 13 334 € (je 1/3 von 40 000 €) absetzen. Für D hingegen ist, da er entgeltlich erworben hat, seine anteilige AfA nach seinen Anschaffungskosten zu bemessen. Er muss seinen Gebäudeanteil mit 2 v. H. von 560 000 € = 11 200 € abschreiben. Zu einem anderen Ergebnis kann D nur dann kommen, wenn er nachweist, dass die Nutzungsdauer kürzer ist.

Wird ein Erbteil entgeltlich erworben und gehören mehrere Wirtschafts- 42
güter zum Nachlass, ist für die Aufteilung der Anschaffungskosten des Erbteils einer nach außen hin erkennbaren Zuordnung der Anschaffungskosten durch die Erben zu folgen, soweit die Aufteilung nicht zu einer unangemessenen wertmäßigen Berücksichtigung der einzelnen Wirtschaftsgüter gehört (vgl. BFH-Urteil vom 27. Juli 2004, BStBl. 2006 II S. 9).

Verkauft ein Miterbe seinen Erbteil, ist ein Veräußerungsgewinn nur steu- 43
erpflichtig, wenn die Voraussetzungen des § 17 EStG, des § 23 EStG oder des § 21 UmwStG vorliegen.

### 4. Mischnachlass

Wird der Anteil an einem Mischnachlass veräußert, gelten die unter 44
Tz. 32 ff. genannten Grundsätze.

#### a) Schenkung eines Erbteils

Eine Bewertung der Nachlassgegenstände ist hier nicht erforderlich. Im pri- 45
vaten Bereich des Nachlasses hat der Erwerber die AfA der Erbengemeinschaft nach § 11 d Abs. 1 EStDV und im betrieblichen Bereich die Buchwerte der Erbengemeinschaft (§ 6 Abs. 3 EStG) fortzuführen.

#### b) Verkauf eines Erbteils

Wird bei einem Mischnachlass ein Erbteil verkauft, muss der für den Erbteil 46
erzielte Veräußerungserlös aufgeteilt werden. Dabei ist der Veräußerungserlös im Verhältnis des Verkehrswertes des Mitunternehmeranteils und der anteiligen Verkehrswerte der Wirtschaftsgüter des Privatvermögens zu verteilen. Tz. 42 gilt entsprechend. Der Kaufpreis ist beim Erbschaftskäufer entsprechend aufzuteilen.

§ 15 Abs. 3 Nr. 1 EStG (sog. Abfärberegelung) ist auch dann nicht auf die 47
Erbengemeinschaft anzuwenden, wenn ein Miterbe seinen Erbteil veräußert und ein fremder Dritter in die Erbengemeinschaft eintritt.

## E. Ausscheiden eines Miterben

### 1. Allgemeines

Scheidet ein Miterbe freiwillig aus der Erbengemeinschaft aus, wächst zivil- 48
rechtlich sein Anteil am Gemeinschaftsvermögen den verbliebenen Miterben

zu. Die Anwachsung eines Erbteils für den Fall, dass mehrere Erben in der Weise eingesetzt sind, dass sie die gesetzliche Erbfolge ausschließen, und dass einer der Erben vor oder nach dem Eintritt des Erbfalls wegfällt, ist in § 2094 BGB geregelt. Die Anwachsung ist ein Unterfall der Veräußerung des Erbteils. Ertragsteuerlich ist das Anwachsen als entgeltliche oder unentgeltliche Übertragung des Anteils des ausscheidenden Miterben auf die verbleibenden Miterben anzusehen.

### 2. Ausscheiden ohne Abfindung

49 Scheidet ein Miterbe ohne Abfindung aus der Erbengemeinschaft aus, finden die Grundsätze über die Schenkung eines Erbteils Anwendung.

### 3. Ausscheiden gegen Barabfindung

50 Scheidet ein Miterbe gegen Barabfindung aus der Erbengemeinschaft aus, finden die Grundsätze über den Verkauf eines Erbteils Anwendung.

### 4. Ausscheiden gegen Sachwertabfindung

#### a) Grundsatz

51 Beim Ausscheiden gegen Sachwertabfindung können sich zusätzlich zu dem vom ausscheidenden Miterben zu versteuernden Veräußerungsgewinn auch für die verbleibenden Miterben Veräußerungsgewinne ergeben.

**Beispiel 21:**

A, B und C sind Miterben zu je 1/3. Der Nachlass besteht nur aus einem Betriebsvermögen. Der Wert des Betriebsvermögens beträgt 3 Mio. €, der Buchwert 300 000 €. Die Bilanz des Unternehmens sieht wie folgt aus:

| Aktiva | | | Passiva |
|---|---|---|---|
| Wirtschaftsgut 1 | 100 000 € | KapKto A | 100 000 € |
| | (TW: 1 Mio. €) | KapKto B | 100 000 € |
| Wirtschaftsgut 2 | 200 000 € | KapKto C | 100 000 € |
| | (TW: 2 Mio. €) | | |
| | 300 000 € | | 300 000 € |

C scheidet gegen eine Abfindung von 1 Mio € aus dem Unternehmen aus. Nach dem Ausscheiden des C hat die Bilanz folgendes Bild:

| Aktiva | | | | Passiva |
|---|---|---|---|---|
| Wirtschaftsgut 1 | 100 000 € | | KapKto A | 100 000 € |
| | + 300 000 € = | 400 000 € | KapKto B | 100 000 € |
| Wirtschaftsgut 2 | 200 000 € | | | |
| | + 600 000 € = | 800 000 € | Anspruch C | 1 000 000 € |
| | | 1 200 000 € | | 1 200 000 € |

Für C ist ein tarifbegünstigter Veräußerungsgewinn von 900 000 € (1 Mio. € ./. 100 000 €) entstanden. A und B müssen die Buchwerte der Wirtschaftsgüter 1 und 2 entsprechend aufstocken. Da die Wirtschaftsgüter zu 1/3 entgeltlich erworben wurden, erhöht sich die AfA-Bemessungsgrundlage um 900 000 € (Anschaffungskosten 1 Mio. € ./. Buchwert 100 000 €). Wenn C das Wirtschaftsgut 1 (Buchwert nunmehr 400 000 €) zur Tilgung seiner Ausgleichsforderung von 1 Mio. € erhält, müssen A und B dieses Wirtschaftsgut aus dem Betrieb nehmen. Da das Wirtschaftsgut 1 Mio. € wert ist, entsteht dadurch ein Veräußerungsgewinn i. H. v. 600 000 €, den A und B je zur Hälfte als laufenden Gewinn versteuern müssen. Ein Veräußerungsgewinn – und kein Entnahmegewinn – entsteht deshalb, weil die Hingabe des Sachwerts zum Wegfall der Schuld führt. Darin ist keine Entnahme, sondern eine Veräußerung, verbunden mit einer Gewinnrealisierung hinsichtlich des den Buchwert des Wirtschaftsguts übersteigenden Schuldenteils (Ausgleichsanspruch des C), zu sehen.

### b) Buchwertabfindung

Gelangt die Sachwertabfindung beim ausscheidenden Miterben in ein Betriebsvermögen, hat der Miterbe die Buchwerte der Erbengemeinschaft fortzuführen. 52[1)]

**Beispiel 21 a:**
Wie Beispiel 21. Jedoch erhält der Miterbe C statt einer Barabfindung das Wirtschaftsgut 1 als Abfindung. Dieses wird in das Betriebsvermögen des C gehörenden Einzelunternehmens übertragen.
Es liegt ein Fall der unechten Realteilung (vgl. Rn. 2 des BMF-Schreibens vom 19. Dezember 2018, BStBl. 2019 I S. 6) vor. C hat nach § 16 Abs. 3 Satz 2 EStG den Buchwert des Wirtschaftsgutes 1 (100 000 €) fortzuführen. Das Kapitalkonto des C beim Betrieb der Erbengemeinschaft sinkt unter gleichzeitigem Ausscheiden des C aus dem Betrieb auf null. C muss das Wirtschaftsgut in seinem eigenen Betrieb mit 100 000 € erfolgsneutral unter Erhöhung seines Kapitalkontos erfassen. Für C entstehen weder ein Entnahme- noch ein Veräußerungsgewinn. Auch für A und B ergeben sich keine Gewinnauswirkungen.

## F. Erbauseinandersetzung durch Veräußerung des Nachlasses

### 1. Allgemeines

Die Erbauseinandersetzung kann gem. §§ 2046 ff. BGB auch in der Weise erfolgen, dass alle Wirtschaftsgüter des Nachlasses veräußert werden. Anschließend werden alle Nachlassverbindlichkeiten abgezogen. Der Rest der Veräußerungserlöse wird den Erbquoten entsprechend anteilmäßig unter den Miterben verteilt. 53

### 2. Betriebsvermögen

Gehört zum Nachlass ein Betriebsvermögen, kann der gesamte Betrieb von der Erbengemeinschaft veräußert werden. Dann liegt ein Fall des § 16 Abs. 1 EStG vor. Der von der Erbengemeinschaft erzielte Veräußerungsgewinn ist von den Miterben begünstigt zu versteuern (§§ 16, 34 EStG). 54

Wird der Betrieb von den Miterben nicht fortgeführt und werden die einzelnen Wirtschaftsgüter des Betriebsvermögens veräußert, kann eine begünstigte Betriebsaufgabe vorliegen (§ 16 Abs. 3 Satz 1 EStG).

### 3. Privatvermögen

Soweit zum Nachlass Privatvermögen gehört, ist die Veräußerung einkommensteuerrechtlich nur dann zu erfassen, wenn die §§ 17, 23 EStG oder § 21 UmwStG zur Anwendung kommen. 55

[1)] Rn. 52 neu gef. durch BMF v. 27. 12. 2018, BStBl. 2019 I S. 11.

## G. Teilerbauseinandersetzung

### 1. Behandlung wie Gesamtauseinandersetzung

56 Bei der gegenständlichen Teilauseinandersetzung stellen die geleisteten Abfindungen Anschaffungskosten bzw. Veräußerungsentgelt dar, und zwar unabhängig davon, dass die Miterben am Restnachlass beteiligt bleiben.

**Beispiel 22:**

Erben sind A und B zu je 1/2. Zum Nachlass gehören ein Betrieb (Wert 1 Mio. €, Buchwert 200 000 €) und ein Privatgrundstück (Wert 500 000 €). Bei einer Teilauseinandersetzung erhält A den Betrieb, B bekommt eine Abfindung von A i. H. v. 500 000 €. Das Grundstück verbleibt in der Erbengemeinschaft.

B erzielt einen tarifbegünstigten Veräußerungsgewinn von 400 000 €. A stockt die Buchwerte des Betriebs um 400 000 € auf. Der Wert und die spätere Verteilung des Restnachlasses bleiben zunächst außer Betracht.

57 Soweit im Rahmen einer Teilauseinandersetzung ein Wirtschaftsgut des Betriebsvermögens einem Miterben zu Lasten seiner Beteiligung am Restnachlass zugewiesen wird, das er in sein Privatvermögen übernimmt, entsteht ein Entnahmegewinn. Der Entnahmegewinn ist Teil des Gesamtgewinns der Mitunternehmerschaft. Dieser ist den Mitunternehmern (Miterben) nach dem allgemeinen Gewinnverteilungsschlüssel zuzurechnen, der sich bei den Miterben nach ihrem Anteil am Nachlass bestimmt (§ 2038 Abs. 2, § 743 Abs. 1 BGB), es sei denn, dass der Gewinn nach den von den Miterben schriftlich getroffenen Vereinbarungen über die Teilauseinandersetzung dem entnehmenden Miterben zuzurechnen ist.

Wird im Rahmen einer Teilauseinandersetzung ein Wirtschaftsgut aus dem Betriebsvermögen der Erbengemeinschaft (Mitunternehmerschaft) in ein anderes Betriebsvermögen eines der Miterben überführt, ist nach § 6 Abs. 5 EStG der Buchwert fortzuführen.

### 2. Behandlung von umgekehrten Abfindungen

58 Abfindungen in umgekehrter Richtung vermindern grundsätzlich die bei einer Teilauseinandersetzung angenommenen Anschaffungskosten und Veräußerungserlöse, wenn die Miterben eine weitere Auseinandersetzung im Auge hatten, bei der es zu umgekehrten Abfindungen kommt (BFH-Beschluss vom 5. Juli 1990, BStBl. II S. 837). Davon ist auszugehen, wenn seit der vorausgegangenen Teilauseinandersetzung nicht mehr als fünf Jahre vergangen sind. Eine spätere (weitere) Teilauseinandersetzung oder Endauseinandersetzung ist nicht mehr mit vorangegangenen Teilauseinandersetzungen als Einheit zu betrachten, sondern wie eine selbständige Auseinandersetzung zu behandeln.

Ist bei einer vorangegangenen Teilauseinandersetzung eine Abfindung für den Erwerb mehrerer Wirtschaftsgüter geleistet worden, ist die umgekehrte Abfindung auf diese Wirtschaftsgüter nach dem Verhältnis ihrer Verkehrswerte im Zeitpunkt der vorangegangenen Teilauseinandersetzung aufzuteilen. Tz. 42 ist entsprechend anzuwenden.

**Beispiel 23:**

Erben sind A und B zu je 1/2. Zum Nachlass gehören ein Betrieb (Wert 1 Mio. €, Buchwert 200 000 €) und ein Privatgrundstück. Bei einer Teilauseinandersetzung erhält A den Betrieb und muss an B eine Abfindung i. H. v. 500 000 € zahlen. Im Rahmen der vier (sechs) Jahre später erfolgenden Endauseinandersetzung erhält B das Grundstück, dessen Wert auf 500 000 € festgestellt wurde, und zahlt deshalb an A eine Abfindung i. H. v. 250 000 €.

Die von B bei der Endauseinandersetzung an A zu zahlende umgekehrte Abfindung i. H. v. 250 000 € bewirkt, dass der Veräußerungsgewinn des B von ursprünglich 400 000 € nunmehr nur noch 200 000 € beträgt und nicht mehr nach §§ 16, 34 EStG begünstigt ist. Die bisherige Aufstockung der Buchwerte bei A um 400 000 € muss auf einen Aufstockungsbetrag von 200 000 € gemindert werden.

Dagegen würde sich die ursprüngliche Behandlung der Teilauseinandersetzung nicht mehr ändern, wenn die Endauseinandersetzung sechs Jahre später erfolgt.

Aus der Veräußerung des Mitunternehmeranteils hat B einen nach den §§ 16, 34 EStG begünstigten Veräußerungsgewinn i. H. v. 400 000 € zu versteuern; A hat die Buchwerte entsprechend aufzustocken. Der sich aus der sechs Jahre späteren Teilerbauseinandersetzung über das Grundstück ergebende Veräußerungsgewinn ist nur steuerpflichtig, wenn die Voraussetzungen des § 23 EStG vorliegen.

Werden im Rahmen einer Teilauseinandersetzung entstandene Veräuße- 59
rungsgewinne durch umgekehrte Abfindungen gemindert, ist dies ein Ereignis, das Rückwirkung für die Vergangenheit hat (§ 175 Abs. 1 Satz 1 Nr. 2 AO), weshalb die Minderung des Veräußerungsgewinns rückwirkend erfolgen muss.

Auch die bei dem die ursprüngliche Abfindung leistenden Miterben durch die umgekehrte Abfindung eintretende Verminderung der Anschaffungskosten hat rückwirkend zu erfolgen (§ 175 Abs. 1 Satz 1 Nr. 2 AO). Umgekehrte Abfindungen sind insoweit nicht erst ab dem Jahr ihrer Zahlung zu berücksichtigen.

## H. Vermächtnisse, Vorausvermächtnisse, Teilungsanordnung

### 1. Steuerliche Auswirkungen von Vermächtnissen

Im Falle der Erbeinsetzung liegt in vollem Umfang ein unentgeltlicher Er- 60
werb unmittelbar vom Erblasser vor. Der Erbe ist an die Buch- und Steuerwerte gem. § 6 Abs. 3 EStG und § 11 d Abs. 1 EStDV gebunden, auch wenn ihm die Erfüllung von Vermächtnissen auferlegt wird. Die Erfüllung eines Vermächtnisses durch den beschwerten Erben stellt kein Entgelt für den Erwerb des Erbteils dar und führt daher bei ihm nicht zu Anschaffungskosten (BFH-Urteil vom 17. Oktober 1991 – BStBl. 1992 II S. 392). Dies gilt auch, wenn ein Sachvermächtnis hinsichtlich eines Wirtschaftsguts des Betriebsvermögens ausgesetzt wird und dieses Sachvermächtnis vom Erben und Betriebsübernehmer erfüllt wird. Geht daher ein Betrieb durch Erbeinsetzung mit der Verpflichtung über, dass der Erbe oder die Erbengemeinschaft ein Wirtschaftsgut des Betriebsvermögens an einen Dritten herausgeben muss, führt dies zur Entnahme dieses Wirtschaftsguts. Dies gilt auch dann, wenn das Wirtschaftsgut beim Vermächtnisnehmer Betriebsvermögen wird (vgl. aber Tz. 65). Der Entnahmegewinn ist dem Alleinerben oder allen Miterben zuzurechnen.

Der Alleinerbe oder die Miterben können bei der Entnahme von Grund und Boden aus einem land- und forstwirtschaftlichen Betrieb ggf. den Freibetrag nach § 14 a Abs. 4 EStG in Anspruch nehmen, wenn die Entnahme vor dem 1. Januar 2006 erfolgt.

**Beispiel 24:**

A wurde vom Erblasser als Alleinerbe eingesetzt. Zum Nachlass gehört ein Gewerbebetrieb. In Erfüllung eines Vermächtnisses überträgt A auf B ein Betriebsgrundstück (Teilwert 1 Mio. €, Buchwert 400 000 €).

A führt nach § 6 Abs. 3 EStG die Buchwerte des Erblassers fort. Er erzielt bei der Übertragung des Grundstücks auf B einen nicht begünstigten Entnahmegewinn i. H. v. 600 000 € (= 1 Mio. € ./. 400 000 €). Das gilt auch, wenn das Grundstück beim Vermächtnisnehmer ins Betriebsvermögen übernommen wird.

61 Betrifft das Sachvermächtnis dagegen einen ganzen Betrieb, erzielt die Erbengemeinschaft (oder der Alleinerbe) keinen Veräußerungs- oder Aufgabegewinn. Der Vermächtnisnehmer führt nach § 6 Abs. 3 EStG die Buchwerte der Erbengemeinschaft fort. Ist ein Betrieb (Einzelunternehmen) aufgrund eines Sachvermächtnisses an einen der Miterben oder einen Dritten (Vermächtnisnehmer) herauszugeben, sind die nach dem Erbfall bis zur Erfüllung des Vermächtnisses erzielten betrieblichen Einkünfte grundsätzlich den Miterben als Mitunternehmern zuzurechnen. Abweichend von diesem Grundsatz sind die zwischen Erbfall und Erfüllung des Vermächtnisses angefallenen Einkünfte dem Vermächtnisnehmer zuzurechnen, wenn dieser schon vor der Erfüllung des Vermächtnisses als Inhaber des Betriebs (Unternehmer) anzusehen ist (BFH-Urteil vom 24. September 1991, BStBl. 1992 II S. 330).

62 Besteht das Vermächtnis darin, dass dem Bedachten ein privates Wirtschaftsgut zu übertragen ist, ist er nach § 11 d Abs. 1 EStDV an die bisher für den Alleinerben oder die Erbengemeinschaft maßgebenden Steuerwerte gebunden.

63 Wie die Erfüllung eines Vermächtnisses führt auch die Begleichung von Erbfallschulden (Pflichtteils- und Erbersatzansprüche) nicht zu Anschaffungskosten. Aufwendungen für die Finanzierung von Pflichtteils- und Erbersatzansprüchen dürfen nicht als Betriebsausgaben oder Werbungskosten abgezogen werden. Ein Vermächtnis führt ausnahmsweise dann zu einem Veräußerungserlös des beschwerten Erben oder der beschwerten Miterben und zu Anschaffungskosten des Vermächtnisnehmers, wenn der Vermächtnisnehmer für den Erwerb des vermachten Gegenstandes eine Gegenleistung zu erbringen hat.

## 2. Besonderheiten bei Vorausvermächtnissen

64 Wird ein Miterbe durch ein Vermächtnis bedacht (Vorausvermächtnis), hat er – ebenso wie ein nicht zu den Miterben gehörender Vermächtnisnehmer – lediglich einen schuldrechtlichen Anspruch gegenüber der Erbengemeinschaft. Die ihm durch das Vorausvermächtnis zugewandten Vermögensgegenstände des Erblassers erwirbt er daher nicht unmittelbar vom Erblasser, sondern von der Erbengemeinschaft.

65 Betrifft das Vorausvermächtnis einen Betrieb, erzielt die Erbengemeinschaft keinen Veräußerungs- oder Aufgabegewinn. Der Vermächtnisnehmer führt nach § 6 Abs. 3 EStG die Buchwerte der Erbengemeinschaft fort. Demgegenüber liegt eine Entnahme durch die Erbengemeinschaft (nicht durch den Erb-

lasser) vor, wenn ein Einzelwirtschaftsgut des Betriebsvermögens in Erfüllung eines Vorausvermächtnisses auf einen der Miterben in dessen Privatvermögen übertragen wird.

**Beispiel 25:**

Erben sind A und B zu je 1/2. Der Nachlass umfasst neben anderen Nachlassgegenständen einen Betrieb. A erhält im Wege des Vorausvermächtnisses ein Grundstück dieses Betriebs (Teilwert 500 000 €, Buchwert 200 000 €), das er privat nutzt.
Die Erfüllung des Vorausvermächtnisses durch Übertragung des Betriebsgrundstücks auf A führt zu einem laufenden Entnahmegewinn bei der Erbengemeinschaft i. H. v. 300 000 €, der den beiden Miterben A und B im Rahmen der gesonderten und einheitlichen Feststellung der Gewinneinkünfte je hälftig zuzurechnen ist.

Wird in Erfüllung eines Vorausvermächtnisses ein Einzelwirtschaftsgut aus dem Betriebsvermögen der Erbengemeinschaft in ein anderes Betriebsvermögen eines der Miterben überführt, besteht nach § 6 Abs. 5 EStG die Pflicht zur – gewinnneutralen – Buchwertfortführung.

**Beispiel 26:**

Erben sind A und B zu je 1/2. Zum Nachlass gehört u. a. ein Betrieb. A erhält im Wege des Vorausvermächtnisses ein Grundstück dieses Betriebs (Teilwert 500 000 €, Buchwert 200 000 €), das er in einem eigenen Betrieb nutzt.
Ein Entnahmegewinn entsteht nicht, da A als Mitunternehmer zur Fortführung des Buchwertes verpflichtet ist.

Besteht das Vorausvermächtnis darin, dass dem Bedachten ein privates Wirtschaftsgut zu übertragen ist, ist er nach § 11 d Abs. 1 EStDV an die bisher für die Erbengemeinschaft maßgebenden Steuerwerte gebunden. **66**

### 3. Steuerliche Auswirkungen von Teilungsanordnungen

Durch eine Teilungsanordnung (§ 2048 BGB) wird lediglich die Art und Weise der Erbauseinandersetzung durch den Erblasser festgelegt. Deshalb gehen auch bei der Teilungsanordnung zunächst alle Nachlassgegenstände auf die Erbengemeinschaft und nicht einzelne Nachlassgegenstände unmittelbar auf denjenigen Miterben über, der sie aufgrund der Teilungsanordnung erhalten soll. Verhalten sich die Miterben jedoch bereits vor der Auseinandersetzung entsprechend der Teilungsanordnung, ist dies auch steuerrechtlich anzuerkennen, solange die tatsächliche Auseinandersetzung innerhalb einer sich an den Umständen des Einzelfalls orientierten Frist vorgenommen wird. Dies gilt auch bei Anordnung einer Testamentsvollstreckung. Setzen sich die Erben einverständlich über die Teilungsanordnung hinweg, ist für die steuerliche Beurteilung die tatsächliche Auseinandersetzung maßgeblich. Solange die Teilungsanordnung von den Erben vor der Auseinandersetzung beachtet wird, sind die Veranlagungen vorläufig nach § 165 Abs. 1 Satz 1 AO durchzuführen. **67**

Zur Abgrenzung zwischen Teilungsanordnung und Vorausvermächtnis ist von Bedeutung, dass sich die Teilungsanordnung in der Zuweisung bestimmter Nachlassgegenstände innerhalb des Rahmens des Erbteils erschöpft, während das Vorausvermächtnis in der Zuweisung bestimmter Nachlassgegenstände außerhalb des Erbteils, d. h. über den Erbteil hinaus, besteht. Mit dem Vorausvermächtnis will der Erblasser einem der Erben einen zusätzlichen Vermögensvorteil zuwenden. Bei der Teilungsanordnung fehlt ein derartiger Begünstigungswille, sie beschränkt sich auf die Verteilung der Nachlassgegen- **68** stände bei der Erbauseinandersetzung. Bei der Abgrenzung zwischen Teilungsanordnung und Vorausvermächtnis kommt es nicht auf die formale Bezeichnung, sondern auf das tatsächlich Gewollte an.

## I. Sonderfragen

### I. Erbfolge bei der Beteiligung an einer Personengesellschaft

#### 1. Fortsetzung der Gesellschaft durch die übrigen Gesellschafter oder Auflösungsklausel

69 Bei Tod eines Gesellschafters scheidet der verstorbene Gesellschafter aus der Gesellschaft aus und die überlebenden Gesellschafter setzen die Gesellschaft fort (§ 131 Abs. 3 Nr. 1 HGB). In diesem Fall geht zivilrechtlich der Gesellschaftsanteil nicht auf die Erben über. Diese erlangen lediglich einen privaten Abfindungsanspruch gegenüber den verbleibenden Gesellschaftern. Steuerlich realisiert der Erblasser durch Aufgabe seines Mitunternehmeranteils unter Anwachsung bei den verbleibenden Gesellschaftern einen begünstigten Veräußerungsgewinn (§§ 16, 34 EStG) in Höhe des Unterschieds zwischen dem Abfindungsanspruch und dem Buchwert seines Kapitalkontos im Todeszeitpunkt (BFH-Urteil vom 15. April 1993, BStBl. 1994 II S. 227).

Ist im Gesellschaftsvertrag eine sog. Auflösungsklausel, nach der sich die Gesellschaft bei Tod eines Gesellschafters auflöst, enthalten, liegt insgesamt eine nach §§ 16, 34 EStG begünstigte Betriebsaufgabe vor, soweit weder nach Realteilungsgrundsätzen (vgl. *BMF-Schreiben vom 28. Februar 2006, BStBl. I S. 228*[1)]) noch nach § 6 Abs. 5 EStG eine Buchwertfortführung möglich ist. Satz 1 gilt nicht, sofern die Gesellschafter die Gesellschaft fortsetzen.

#### 2. Eintrittsklausel

70 Ist im Gesellschaftsvertrag eine Eintrittsklausel des Inhalts vereinbart worden, dass ein oder mehrere Erben mit dem Tod eines Gesellschafters das Recht haben, in die Gesellschaft einzutreten, wird die Gesellschaft zunächst mit den verbleibenden Gesellschaftern fortgesetzt. Der Gesellschaftsanteil des verstorbenen Gesellschafters wächst mithin den übrigen Gesellschaftern an und die eintrittsberechtigten Erben erben lediglich das Eintrittsrecht. Hieraus folgt grundsätzlich, dass bei Zahlung einer Abfindung im Fall des Nichteintritts – wie bei der Fortsetzungsklausel – der Erblasser einen tarifbegünstigten Veräußerungsgewinn (§§ 16, 34 EStG) erzielt. Wird allerdings das Eintrittsrecht innerhalb von sechs Monaten nach dem Erbfall ausgeübt, gelten, wenn alle Erben von ihrem Eintrittsrecht Gebrauch machen, die Ausführungen über die einfache Nachfolgeklausel (Tz. 71), wenn nur einer oder einige Erben von ihrem Eintrittsrecht Gebrauch machen, die Ausführungen über die qualifizierte Nachfolgeklausel (Tz. 72) entsprechend.

[1)] **Red. Anm.:** Nunmehr BMF v. 19. 12. 2018, BStBl. 2019 I S. 6 (Nr. **1** § 16/3).

### 3. Einfache Nachfolgeklausel

Im Fall der sog. einfachen Nachfolgeklausel wird die Gesellschaft beim Tod eines Gesellschafters mit allen Erben dieses Gesellschafters fortgesetzt. Mitunternehmeranteile, die vom Erblasser gesondert auf die Miterben übergegangen sind, können im Fall der sog. einfachen Nachfolgeklausel in die Erbauseinandersetzung einbezogen und abweichend aufgeteilt werden. Ausgleichszahlungen an die weichenden Miterben führen auch in diesem Fall zu Anschaffungskosten (BFH-Urteile vom 13. Dezember 1990, BStBl. 1992 II S. 510 und vom 29. Oktober 1991, BStBl. 1992 II S. 512). 71

Diese Betrachtungsweise hat zur Folge, dass durch die Einbeziehung von Mitunternehmeranteilen in die Erbauseinandersetzung im Fall der sog. einfachen Nachfolgeklausel eine gewinnneutrale Realteilung eines Nachlasses erreicht wird.

**Beispiel 27 (bei Mischnachlass):**

Gesellschafter einer OHG sind A, B und C. A stirbt. Erben sind D und E je zur Hälfte. Zum Nachlass gehören der OHG-Anteil (Wert 2 Mio. €) sowie ein Privatgrundstück (Wert 2 Mio. €). D und E treten aufgrund der im Gesellschaftsvertrag verbrieften einfachen Nachfolgeklausel in die OHG ein. Das Grundstück wird zunächst in Erbengemeinschaft verwaltet. Nach einiger Zeit setzen sich D und E dergestalt auseinander, dass E dem D seinen Gesellschaftsanteil überlässt und dafür aus der Erbengemeinschaft das Privatgrundstück erhält. Ausgleichszahlungen erfolgen nicht.

Es ist von einer gewinnneutralen Teilung eines Mischnachlasses auszugehen, bei der D den Gesellschaftsanteil und E das Grundstück erhalten hat. Anschaffungskosten und Veräußerungsgewinne entstehen mangels Ausgleichszahlungen nicht.

Aus dieser Betrachtungsweise ergibt sich weiter, dass auch beim Vorhandensein von Sonderbetriebsvermögen eine gewinnneutrale Realteilung eines Nachlasses möglich ist.

**Beispiel 28 (bei Mischnachlass):**

Gesellschafter einer OHG sind A, B und C. A stirbt. Erben sind D und E je zur Hälfte. Zum Nachlass gehören der OHG-Anteil (Wert 1,2 Mio. €), ein der OHG überlassenes Grundstück (Wert 800 000 €) und ein Privatgrundstück (Wert 2 Mio. €). D und E treten aufgrund der im Gesellschaftsvertrag verbrieften einfachen Nachfolgeklausel in die OHG ein. Das Privatgrundstück wird zunächst von der Erbengemeinschaft verwaltet. Nach einiger Zeit setzen sich D und E dergestalt auseinander, dass E dem D seinen Gesellschaftsanteil und seinen Anteil an dem der OHG überlassenen Grundstück überträgt und dafür aus der Erbengemeinschaft das Privatgrundstück erhält. Ausgleichszahlungen erfolgen nicht.

Es liegt eine gewinnneutrale Teilung eines Mischnachlasses vor, bei der D den Gesellschaftsanteil an der OHG und das der OHG überlassene Grundstück und E das Privatgrundstück erhält. Anschaffungskosten und Veräußerungs- oder Entnahmegewinne entstehen mangels Ausgleichszahlungen nicht.

### 4. Qualifizierte Nachfolgeklausel

In den Fällen der sog. qualifizierten Nachfolgeklausel folgen nicht alle Miterben, sondern nur einer oder einzelne von mehreren Miterben dem Erblasser in seiner Gesellschafterstellung nach. Nach dem BFH-Urteil vom 29. Oktober 1991 (BStBl. 1992 II S. 512) hat dies zur Folge, dass nur die qualifizierten Miterben, nicht dagegen die nicht qualifizierten Miterben als Mitunternehmer anzusehen sind (kein Durchgangserwerb). Werden von den qualifizierten Erben an die nicht qualifizierten Miterben Abfindungen geleistet, entstehen deshalb weder Veräußerungsgewinne noch Anschaffungskosten. Zur Behandlung 72 der Schuldzinsen, die durch die Finanzierung der Wertausgleichsverbindlichkeiten veranlasst sind, wird auf das *BMF-Schreiben vom 11. August 1994 (BStBl. I S. 603)* verwiesen.[1)]

**73** Daraus ergibt sich weiter, dass es mit dem Erbfall zu einer anteiligen Entnahme etwaigen Sonderbetriebsvermögens kommt, soweit das Sonderbetriebsvermögen auf nicht qualifizierte Miterben entfällt (§ 39 Abs. 2 Nr. 2 AO). Denn das Sonderbetriebsvermögen geht – im Gegensatz zum Gesellschaftsanteil – zivilrechtlich auf die Erbengemeinschaft als Ganzes über. Dies gilt auch, wenn bei einer zeitnahen Auseinandersetzung das Sonderbetriebsvermögen auf den qualifizierten Miterben übergeht.

**74** Der Entnahmegewinn ist dem Erblasser zuzurechnen, da der nicht qualifizierte Miterbe nicht Mitunternehmer geworden ist.

## II. Sonderfragen im Bereich der Land- und Forstwirtschaft

### 1. Erbfolge im Bereich der Land- und Forstwirtschaft

**75** Die Erbfolge im Bereich der Land- und Forstwirtschaft ist zivilrechtlich nach Landesrecht unterschiedlich geregelt. Im Übrigen gibt es bundesrechtliche Besonderheiten.

Während in den Ländern Hamburg, Niedersachsen, Nordrhein-Westfalen und Schleswig-Holstein für bestimmte Höfe die sog. Höfeordnung (HöfeO) Anwendung findet, sind in anderen Ländern (z. B. in Hessen und in Teilen von Baden-Württemberg bis 31. Dezember 2000) für bestimmte Höfe sog. Landesanerbengesetze maßgebend. Es gibt aber auch Länder, die weder eine HöfeO noch ein Landesanerbenrecht kennen (Bayern, Berlin, Brandenburg, Mecklenburg-Vorpommern, Saarland, Sachsen, Sachsen-Anhalt und Thüringen). Soweit keine Sonderregelung eingreift, können das Landgutrecht nach § 2049 BGB sowie das Zuweisungsverfahren nach §§ 13 bis 17 Grundstücksverkehrsgesetz bedeutsam sein.

**76** Abfindungen an weichende Erben sind stets Entgelte, wenn nach den jeweiligen landesrechtlichen Vorschriften der Hof nicht unmittelbar vom Altbauern im Wege der Sondererbfolge auf den Hoferben als Alleinerben übergeht („Höferecht"), sondern zunächst auf die Erbengemeinschaft („Anerbenrecht"). Im letzteren Falle erwirbt der Hoferbe den Hof von der Erbengemeinschaft (Durchgangserwerb).

**77** Was die als partielles Bundesrecht geltende HöfeO angeht, bestimmt § 4 HöfeO, dass der Hof als Teil der Erbschaft kraft Gesetzes nur einem der Erben zufällt und an seine Stelle im Verhältnis der Miterben zueinander der Hofeswert tritt. Diese Norm ist zivilrechtlich so zu verstehen, dass im Rahmen eines gespaltenen Nachlasses der Hof unmittelbar und sofort dem Hoferben als Alleinerben zufällt, während daneben zugleich für das hofesfreie Vermögen

*(Fortsetzung nächstes Blatt)*

[1)] **Red. Anm.:** Nunmehr BMF v. 19. 12. 2018, BStBl. 2019 I S. 6 (Nr. **1** § 16/3).

eine Erbengemeinschaft besteht. In den Fällen der HöfeO ist eine Miterbengemeinschaft hinsichtlich des Hofes ausgeschlossen, die weichenden Miterben erhalten vielmehr insoweit schuldrechtliche Abfindungsansprüche im Sinne gesetzlich angeordneter Vermächtnisse. Die weichenden Erben erhalten daher die Abfindung nach § 12 HöfeO nicht als Entgelt für die Aufgabe einer Erbquote am Hof. Die Abfindung einschließlich einer Nachabfindung nach § 13 HöfeO ist daher kein Entgelt. Aufwendungen für die Finanzierung der Abfindung sind nicht als Betriebsausgaben abzugsfähig.

Diese Betrachtungsweise gilt auch für die übrigen Landes-Höfegesetze. Nach § 9 Abs. 1 des Bremischen HöfeG fällt der Hof als Teil der Erbschaft nur einem Erben zu. § 14 des Rheinland-Pfälzischen Landesgesetzes über die HöfeO regelt die Erbfolge in gleicher Weise wie § 4 der HöfeO.

Nehmen in den Fällen der Tz. 77 Wirtschaftsgüter des Betriebsvermögens 78
nicht an der Sonderrechtsnachfolge teil (hofesfreies Vermögen), sind sie auch steuerlich der Erbengemeinschaft zuzurechnen. Soweit diese Wirtschaftsgüter nicht anteilig dem Hoferben zuzurechnen sind, liegt eine Entnahme durch den Erblasser vor. Im Übrigen gelten die allgemeinen Regeln über die Behandlung der Erbauseinandersetzung.

Nehmen umgekehrt Wirtschaftsgüter des Privatvermögens an der Sonder- 79
rechtsnachfolge teil (z. B. Wohnung des Betriebsinhabers), findet insoweit ein unentgeltlicher Erwerb vom Erblasser statt und die Abfindung führt nicht zu Anschaffungskosten.

Anders als bei land- und forstwirtschaftlichen Betrieben, die unter den Anwen- 80
dungsbereich der HöfeO oder unter vergleichbare Landes-Höferechte fallen („Höferecht"), ist die Erbfolge bei Betrieben zu beurteilen, in denen der Hof zunächst auf die Erbengemeinschaft übergeht. Dies ist insbesondere nach dem Badischen Hofgütergesetz und der Hessischen Landgüterordnung der Fall („Anerbenrecht"). Die Abfindung der „weichenden Erben" nach Badischem und Hessischem Landesrecht sowie deren Ergänzungsabfindungen (wenn die Berechtigung zur erbrechtlichen Schlechterstellung der Nicht-Hoferben entfällt) sind Entgelte. Denn der Hofübernehmer hat mehr an land- und forstwirtschaftlichem Betriebsvermögen bekommen, als ihm nach seiner Erbquote zustand. Insoweit vollzieht sich die Erbauseinandersetzung nach den allgemeinen Regeln.

Nach den allgemeinen Regeln vollzieht sich die Erbauseinandersetzung über 81
einen land- und forstwirtschaftlichen Betrieb auch in den Bundesländern, die weder eine HöfeO noch ein Landesanerbenrecht kennen (Bayern, Berlin, Brandenburg, Mecklenburg-Vorpommern, Saarland, Sachsen, Sachsen-Anhalt und Thüringen).

### 2. Behandlung von Abfindungen, die das Kapitalkonto unterschreiten

Gehört zum Nachlass ein land- und forstwirtschaftlicher Betrieb, wird dieser 82
gemäß § 2049 BGB im Rahmen der Erbauseinandersetzung in den meisten Fällen nur mit dem Ertragswert berücksichtigt. Wegen der geringen Ertragsfähigkeit liegen die Ertragswerte solcher Betriebe deutlich unter dem Verkehrswert und regelmäßig auch unter dem Buchwert. Das bedeutet, dass die weichenden Erben nach erbrechtlichen Regelungen eine geringere Abfindung erhalten, als ihrem Kapitalkonto (gemessen an der Erbquote) entspricht. Abfindungen, die das Kapitalkonto unterschreiten, sind ertragsteuerlich in der Weise zu behandeln, dass in solchen Fällen der Betriebsübernehmer gemäß § 6 Abs. 3

EStG die Buchwerte fortführt. Dies bedeutet, dass keine Abstockung der Buchwerte erforderlich ist und die weichenden Erben keinen Veräußerungsverlust erleiden.

## J. Übergangsregelung

83 Die Grundsätze dieses Schreibens sind in allen noch offenen Fällen anzuwenden. Es tritt an die Stelle der BMF-Schreiben vom 11. Januar 1993 (BStBl. I S. 62) und vom 5. Dezember 2002 (BStBl. I S. 1392).

Soweit die Erbauseinandersetzung vor dem 1. Januar 2001 durchgeführt worden ist, gelten weiterhin die in den BMF-Schreiben vom 11. Januar 1993 (BStBl. I S. 62) und 11. August 1994 (BStBl. I S. 603) genannten Grundsätze (einschließlich Übergangsregelungen) unter Berücksichtigung der Gesetzesänderungen in § 6 Abs. 5 Satz 3 und § 16 Abs. 3 Satz 2 EStG i. d. F. des StEntlG 1999/2000/2002 für Vorgänge in der Zeit vom 1. Januar 1999 bis 31. Dezember 2000.

# I § 7/3. Schreiben betr. ertragsteuerliche Behandlung der vorweggenommenen Erbfolge; hier: Anwendung des Beschlusses des Großen Senats vom 5. Juli 1990 (BStBl. II S. 847)

Vom 13. Januar 1993 (BStBl. I S. 80, ber. S. 464)

(BMF IV B 3 – S 2190 – 37/92)

Geändert durch BMF v. 26. 2. 2007 (BStBl. I S. 269)

**Inhaltsübersicht**

Unter Bezugnahme auf das Ergebnis der Erörterung mit den obersten Finanzbehörden der Länder nehme ich zur ertragsteuerlichen Behandlung der vorweggenommenen Erbfolge wie folgt Stellung:

## A. Allgemeines

### 1. Begriff der vorweggenommenen Erbfolge

1 Unter vorweggenommener Erbfolge sind Vermögensübertragungen unter Lebenden mit Rücksicht auf die künftige Erbfolge zu verstehen. Der Übernehmer soll nach dem Willen der Beteiligten wenigstens teilweise eine unentgeltliche Zuwendung erhalten (Beschluß des Großen Senats des BFH vom 5. Juli 1990, BStBl. II S. 847). Der Vermögensübergang tritt nicht kraft Gesetzes, sondern aufgrund einzelvertraglicher Regelungen ein.

### 2. Abgrenzung zu voll entgeltlichen Geschäften

2 Im Gegensatz zum Vermögensübergang durch vorweggenommene Erbfolge ist ein Vermögensübergang durch voll entgeltliches Veräußerungsgeschäft anzunehmen, wenn die Werte der Leistung und Gegenleistung wie unter Fremden nach kaufmännischen Gesichtspunkten gegeneinander abgewogen sind (vgl. *Abschnitt 23 Abs. 1 und 123 Abs. 3 EStR 1990*)[2]. Trotz objektiver Ungleichwertigkeit von Leistung und Gegenleistung kann ein Veräußerungs/Erwerbsgeschäft vorliegen, wenn die Beteiligten subjektiv von der Gleichwertigkeit ausgegangen sind (BFH-Urteil vom 29. Januar 1992, BStBl. 1992 II S. 465).

## B. Übertragung von Privatvermögen

## I. Arten der Vermögensübertragung

3 Je nach Art der anläßlich der Vermögensübertragung durch vorweggenommene Erbfolge vereinbarten Leistungen liegt eine voll unentgeltliche oder eine teilentgeltliche Übertragung vor.

---

[1] § 14 a Abs. 4 EStG ist letztmals für Entnahmen und Veräußerungen vor dem 1. 1. 2006 anzuwenden.

[2] Jetzt R 4.8 Abs. 1 EStR und H 12.6 EStH.

## 1. Versorgungsleistungen[1]

Eine unentgeltliche Übertragung liegt vor, soweit Versorgungsleistungen (Versorgungsrenten und dauernde Lasten) bei der Übertragung von Vermögen vom Übernehmer dem Übergeber oder Dritten (z. B. Ehegatten des Übergebers, Geschwister des Übernehmers) zugesagt werden. Sie sind von den als Anschaffungskosten zu beurteilenden Veräußerungsleistungen und von steuerlich nicht abziehbaren Unterhaltsleistungen abzugrenzen. 4

Eine als Anschaffungskosten zu beurteilende Veräußerungsleistung ist anzunehmen, wenn die beiderseitigen Leistungen nach den unter Tz. 2 dargestellten Grundsätzen nach kaufmännischen Gesichtspunkten gegeneinander abgewogen sind. Bei Vermögensübertragungen auf Abkömmlinge besteht eine nur in Ausnahmefällen zu widerlegende Vermutung dafür, daß die Übertragung aus familiären Gründen, nicht aber im Wege eines Veräußerungsgeschäfts unter kaufmännischer Abwägung von Leistung und Gegenleistung erfolgt (Beschluß des Großen Senats des BFH vom 5. Juli 1990 a. a. O.). 5

*Bei der Abgrenzung zu nicht abziehbaren Unterhaltsleistungen ist Abschnitt 123 Absatz 3 EStR 1990[2] zu beachten (Beschluß des Großen Senats des BFH vom 15. Juli 1991, BStBl. 1992 II S. 78)[3].*

*Versorgungsleistungen können mit dem Ertragsanteil zu berücksichtigende Leibrenten (§ 10 Abs. 1 Nr. **1a** Satz 2, § 22 Nr. 1 Satz 1 i. V. m. Satz 3 Buchstabe a EStG[5]) oder in voller Höhe zu berücksichtigende dauernde Lasten (§ 10 Absatz 1 Nr. 1a Satz 1 EStG) darstellen (vgl. Beschluß des Großen Senats des BFH vom 5. Juli 1990 a. a. O.). Das gilt auch, wenn die Versorgungsleistung nicht aus den Erträgen des übertragenen Vermögens geleistet werden kann (BFH-Urteil vom 23. Januar 1992, BStBl. II S. 526). Versorgungsleistungen in Geld sind als dauernde Lasten abziehbar, wenn sich ihre Abänderbarkeit entweder aus einer ausdrücklichen Bezugnahme auf § 323 ZPO oder in anderer Weise aus dem Vertrag ergibt (Beschluß des Großen Senats des BFH vom 15. Juli 1991, a. a. O.).* 6[4]

## 2. Ausgleichs- und Abstandsverpflichtungen

Ein Veräußerungs- und Anschaffungsgeschäft liegt vor, soweit sich der Übernehmer zur Zahlung eines bestimmten Geldbetrags an andere Angehörige des Übergebers oder an Dritte (Gleichstellungsgeld) oder zu einer Abstandszahlung an den Übergeber verpflichtet. Entsprechendes gilt, wenn der Übernehmer verpflichtet ist, bisher in seinem Vermögen stehende Wirtschaftsgüter auf Dritte zu übertragen, oder wenn er zunächst zu einer Ausgleichszahlung verpflichtet war und diese Verpflichtung später durch Hingabe eines Wirtschaftsguts erfüllt. 7

---

[1] Siehe hierzu auch BMF v. 16. 9. 2004, BStBl. I S. 922 (gilt für wiederkehrende Leistungen im Zusammenhang mit einer Vermögensübertragung, die auf einem vor dem 1. 1. 2008 geschlossenen Übertragungsvertrag beruhen). Zur Abgrenzung siehe BMF v. 11. 3. 2010, BStBl. I S. 227 (Nr. **1** § 10/5) (gilt für wiederkehrende Leistungen, die auf einem nach dem 31. 12. 2007 geschlossenen Übertragungsvertrag beruhen).

[2] Jetzt R 12.6 EStR.

[3] Überholt durch BMF v. 16. 9. 2004, BStBl. I S. 922, Rz. 50 und BMF v. 11. 3. 2010, BStBl. I S. 227 (Nr. **1** § 10/5).

[4] Überholt; § 10 Abs. 1 Nr. 1a und § 22 Nr. 1b EStG neu gef. durch JStG 2008. Siehe jetzt § 10 Abs. 1a Nr. 2 und § 22 Nr. 1a EStG.

[5] Jetzt Satz 3 Buchst. a Doppelbuchst. bb EStG.

8 Der Übernehmer erwirbt nicht deshalb entgeltlich, weil er Teile des übernommenen Vermögens an Angehörige oder Dritte zu übertragen hat.

### 3. Übernahme von Verbindlichkeiten

9 Die Übernahme von Verbindlichkeiten des Übergebers durch den Übernehmer führt zu einem Veräußerungsentgelt und zu Anschaffungskosten. Hierbei macht es keinen Unterschied, ob die Verbindlichkeiten im wirtschaftlichen oder rechtlichen Zusammenhang mit dem übernommenen Wirtschaftsgut stehen oder ob es sich um Verbindlichkeiten handelt, die nicht mit einer Einkunftsart in Zusammenhang stehen (vgl. BMF-Schreiben vom 7. August 1992, BStBl. I S. 522).

### 4. Vorbehalt oder Einräumung von Nutzungsrechten an dem übertragenen Vermögen[1]

10 Behält sich der Übergeber ein dingliches oder obligatorisches Nutzungsrecht (z. B. Nießbrauch, Wohnrecht) an übertragenen Wirtschaftsgütern vor oder verpflichtet er den Übernehmer, ihm oder einem Dritten ein solches Nutzungsrecht einzuräumen, wird das bereits mit dem Nutzungsrecht belastete Vermögen erworben. Ein entgeltlicher Erwerb liegt insoweit nicht vor (vgl. BFH-Urteil vom 24. April 1991, BStBl. II S. 793).

## II. Höhe der Anschaffungskosten

### 1. Unverzinsliche Geldleistungspflichten

11 Hat sich der Übernehmer zu einer unverzinslichen Geldleistung verpflichtet, die nach mehr als einem Jahr zu einem bestimmten Zeitpunkt fällig wird, liegen Anschaffungskosten nicht in Höhe des Nennbetrags, sondern in Höhe des nach den Vorschriften des Bewertungsgesetzes abgezinsten Gegenwartswerts vor (BFH-Urteil vom 21. Oktober 1980, BStBl. 1981 II S. 160).

Den Zinsanteil kann der Übernehmer nach § 9 Abs. 1 Nr. 1 EStG als Werbungskosten im Jahr der Zahlung abziehen. Der Inhaber des aufgrund der getroffenen Vereinbarungen entstandenen Forderungsrechts hat insoweit steuerpflichtige Einkünfte nach § 20 Abs. 1 Nr. 7 EStG. Das ist bei echten Verträgen zugunsten Dritter der Begünstigte.

**Beispiel:**

V überträgt im Wege der vorweggenommenen Erbfolge auf seinen Sohn S zum 1. Januar 1992 ein schuldenfreies vermietetes Mehrfamilienhaus. S verpflichtet sich gegenüber V, an seine Schwester T am 1. Januar 1995 200 000 DM zu zahlen.

**Lösung:**

S hat Anschaffungskosten für das Mehrfamilienhaus i. H. des Gegenwartswerts der unverzinslichen Geldleistungspflicht. Der Gegenwartswert beträgt nach § 12 Abs. 3 BewG *170 322 DM.*[2] Den Zinsanteil i. H. v. *29 678 DM*[2] kann S im Jahr der Zahlung als Werbungskosten nach § 9 Abs. 1 Nr. 1 EStG abziehen. T hat im Jahr der Zahlung in gleicher Höhe Einnahmen i. S. d. § 20 Abs. 1 Nr. 7 EStG.

---

[1] Zur einkommensteuerlichen Behandlung des Nießbrauchs und anderer Nutzungsrechte bei Einkünften aus Vermietung und Verpachtung siehe BMF v. 30. 9. 2013, BStBl. I S. 1184.

[2] Berichtigt gem. BStBl. 1993 I S. 464. Jetzt „170 400 DM“ und „29 600 DM“ auf Basis der Anlagen zum BMF-Schreiben v. 26. 5. 2005, BStBl. I S. 699 (Nr. **1** § 6/19).

### 2. Leistungen in Sachwerten

Ist der Übernehmer verpflichtet, Leistungen in Sachwerten zu erbringen (vgl. Tz. 7), hat er Anschaffungskosten in Höhe des gemeinen Werts der hingegebenen Wirtschaftsgüter. Entnimmt er ein Wirtschaftsgut aus dem Betriebsvermögen, ist der Teilwert maßgebend. 12

### 3. Anschaffungsnebenkosten

Im Rahmen eines teilentgeltlichen Erwerbs aufgewandte Anschaffungsnebenkosten (z. B. Notar-, Gerichtsgebühren) werden in voller Höhe den Anschaffungskosten zugerechnet (BFH-Urteil vom 10. Oktober 1991, BStBl. 1992 II S. 239). Nebenkosten eines in vollem Umfang unentgeltlichen Erwerbs führen weder zu Anschaffungskosten noch zu Werbungskosten[1]. Nicht zu den Anschaffungskosten gehört die Schenkungsteuer (§ 12 Nr. 3 EStG). 13

## III. Aufteilung des Veräußerungs- und Anschaffungsvorgangs in einen entgeltlichen und einen unentgeltlichen Teil

Wird ein Wirtschaftsgut teilentgeltlich übertragen, ist der Vorgang in einen entgeltlichen und einen unentgeltlichen Teil aufzuteilen. Dabei berechnen sich der entgeltlich und der unentgeltlich erworbene Teil des Wirtschaftsguts nach dem Verhältnis des Entgelts (ohne Anschaffungsnebenkosten) zu dem Verkehrswert des Wirtschaftsguts. Werden mehrere Wirtschaftsgüter teilentgeltlich übertragen, ist eine von den Vertragsparteien vorgenommene Zuordnung der Anschaffungskosten auf die einzelnen Wirtschaftsgüter maßgeblich für die Besteuerung, wenn die Zuordnung nach außen hin erkennbar ist und die Aufteilung nicht zu einer nach § 42 AO unangemessenen wertmäßigen Berücksichtigung der einzelnen Wirtschaftsgüter führt. Ansonsten sind die Anschaffungskosten vorweg nach dem Verhältnis der Verkehrswerte den einzelnen Wirtschaftsgütern anteilig zuzurechnen.[2] 14

Hat sich der Übergeber ein Nutzungsrecht an dem übertragenen Wirtschaftsgut vorbehalten, ist bei Aufteilung des Rechtsgeschäfts in den entgeltlichen und den unentgeltlichen Teil dem Entgelt der um den Kapitalwert des Nutzungsrechts geminderte Wert des Wirtschaftsguts gegenüberzustellen (BFH-Urteil vom 24. April 1991, BStBl. II S. 793). 15

## IV. Absetzungen für Abnutzung

### 1. Bemessungsgrundlage

Soweit der Übernehmer das Wirtschaftsgut unentgeltlich erworben hat, führt er die AfA des Übergebers fort. Er kann die AfA nur bis zu dem Betrag abziehen, der anteilig von der Bemessungsgrundlage des Übergebers nach Abzug der AfA, der erhöhten Absetzungen und Sonderabschreibungen verbleibt (§ 11 d Abs. 1 EStDV). Soweit er das Wirtschaftsgut entgeltlich erworben hat, bemessen sich die AfA nach seinen Anschaffungskosten. 16

**Beispiel:**

V überträgt seinem Sohn S im Wege der vorweggenommenen Erbfolge ein schuldenfreies Mietswohngrundstück mit einem Verkehrswert von 2 Millionen DM (Gebäude 1,6 Millionen DM, Grund und Boden 400 000 DM). V hatte das Mietwohngrundstück zum 1. Januar 1970

[1] Siehe aber BFH v. 9. 7. 2013 IX R 43/11 (BStBl. 2014 II S. 878); Anschaffungsnebenkosten.
[2] Tz. 14 neu gef. durch BMF v. 26. 2. 2007, BStBl. I S. 269.

erworben und die auf das Gebäude entfallenden Anschaffungskosten von 700 000 DM mit jährlich 2 v. H. abgeschrieben. S hat seiner Schwester T einen Betrag von 1 Million DM zu zahlen. Der Übergang von Nutzungen und Lasten erfolgt zum 1. Januar 1992.

**Lösung:**

S hat Anschaffungskosten in Höhe von 1 Million DM. Nach dem Verhältnis der Verkehrswerte entfallen auf das Gebäude 800 000 DM und auf den Grund und Boden 200 000 DM. Eine Gegenüberstellung von Anschaffungskosten und Verkehrswert ergibt, daß S das Gebäude zu ½ unentgeltlich und zu ½ entgeltlich für 800 000 DM erworben hat.
Die AfA-Bemessungsgrundlage und das AfA-Volumen ab 1992 berechnen sich wie folgt:

| | unentgeltlich | entgeltlich |
|---|---|---|
| | erworbener Teil des Gebäudes | |
| Bemessungsgrundlage ab 1992 | 350 000 DM (½ von 700 000) | 800 000 DM |
| ./. bereits von V für den unentgeltlich erworbenen Gebäudeteil in Anspruch genommene AfA 22 × 2 v. H. von 350 000 DM (½ von 700 000 DM. | 154 000 DM | |
| AfA-Volumen ab 1992 | 196 000 DM | 800 000 DM |

## 2. Vomhundertsatz

17 Hinsichtlich des weiteren AfA-Satzes des Erwerbers ist zwischen dem unentgeltlich und dem entgeltlich erworbenen Teil des Wirtschaftsguts zu unterscheiden.

Für den unentgeltlich erworbenen Teil des Wirtschaftsguts hat der Übernehmer die vom Übergeber begonnene Abschreibung anteilig fortzuführen (§ 11 d Abs. 1 EStDV).

Für den entgeltlich erworbenen Teil des Wirtschaftsguts bemessen sich die AfA

– bei beweglichen Wirtschaftsgütern und bei unbeweglichen Wirtschaftsgütern, die keine Gebäude sind, nach der tatsächlichen künftigen Nutzungsdauer des Wirtschaftsguts im Zeitpunkt des Übergangs von Nutzungen und Lasten,
– bei Gebäuden regelmäßig nach § 7 Abs. 4 EStG.

Danach ergibt sich bei Gebäuden für den unentgeltlich und den entgeltlich erworbenen Teil regelmäßig eine unterschiedliche Abschreibungsdauer.

**Beispiel:**

Beträgt im vorigen Beispiel die tatsächliche Nutzungsdauer des Gebäudes am 1. Januar 1992 nicht weniger als 50 Jahre, sind folgende Beträge als AfA abzuziehen:

| | unentgeltlich | entgeltlich |
|---|---|---|
| | erworbener Teil des Gebäudes | |
| AfA-Satz (§ 7 Abs. 4 S. 1 Nr. 2 a EStG) | 2 v. H. | 2 v. H. |
| AfA jährlich | 7000 DM | 16 000 DM |
| Abschreibungszeitraum | 1992–2019 | 1992–2041 |

Die abzuziehenden AfA betragen mithin in den Jahren 1992 bis 2019 insgesamt 23 000 DM jährlich und in den Jahren 2020 bis 2041 16 000 DM jährlich.

18 Entsprechendes gilt im Grundsatz, wenn kein Gebäude, sondern ein bewegliches Wirtschaftsgut übernommen wird; da jedoch die Nutzungsdauer des entgeltlich erworbenen Teils des Wirtschaftsguts hier regelmäßig mit der Restnutzungsdauer des unentgeltlich erworbenen Teil des Wirtschaftsguts

übereinstimmt, kann in diesen Fällen auf eine Aufspaltung in zwei AfA-Reihen verzichtet werden.

## V. Bedingung und Befristung

19 Eine Leistungsverpflichtung des Übernehmers steht i. d. R. unter einer aufschiebenden Bedingung, wenn ihre Entstehung von einem Ereignis abhängt, dessen Eintritt ungewiß ist (z. B. Heirat); sie steht i. d. R. unter einer aufschiebenden Befristung, wenn ihre Entstehung von einem Ereignis abhängt, dessen Eintritt sicher, der Zeitpunkt aber ungewiß ist (z. B. Tod).

20 Von der Befristung ist die bloße Betagung zu unterscheiden, bei der lediglich der Eintritt der Fälligkeit der bereits bei Begründung des Schuldverhältnisses entstandenen Forderung von einem bestimmten Termin abhängt (BFH-Urteil vom 24. November 1972, BStBl. 1973 II S. 354). Hier liegen Anschaffungskosten bereits im Zeitpunkt der Vermögensübertragung vor. Die Grundsätze der Tz. 11 sind zu beachten.

21 Aufschiebend bedingte oder befristete Leistungsverpflichtungen des Übernehmers führen erst bei Eintritt des Ereignisses, von dem die Leistungspflicht abhängt, zu Veräußerungsentgelten und Anschaffungskosten (vgl. §§ 6, 8 BewG). Der Umfang des entgeltlichen Erwerbs des Wirtschaftsguts bestimmt sich nach dem Verhältnis seines Verkehrswertes zur Höhe der Leistungsverpflichtung im Zeitpunkt ihrer Entstehung und hat Auswirkungen für die Bemessung der künftigen AfA.

**Beispiel:**

V überträgt im Wege der vorweggenommenen Erbfolge auf seinen Sohn S zum 1. Januar 1985 ein schuldenfreies Mehrfamilienhaus. V hat die Herstellungskosten in Höhe von 400 000 DM mit jährlich 2 v. H bis auf 320 000 DM abgeschrieben. S verpflichtet sich, an seine Schwester T im Zeitpunkt ihrer Heirat einen Betrag von 300 000 DM zu zahlen. T heiratet am 1. Januar 1990. Das Mehrfamilienhaus hat zu diesem Zeitpunkt einen Wert von 600 000 DM (Grund und Boden 120 000 DM, Gebäude 480 000 DM).

**Lösung:**

S hat das Mehrfamilienhaus zunächst unentgeltlich erworben und setzt gem. § 11 d EStDV die AfA des V fort. Zum 1. Januar 1990 entstehen dem S Anschaffungskosten in Höhe von 300 000 DM. Nach dem Verhältnis der Verkehrswerte zum 1. Januar 1990 entfallen auf das Gebäude 240 000 DM und auf den Grund und Boden 60 000 DM. Die Gegenüberstellung der Anschaffungskosten und des Verkehrswertes des Gebäudes ergibt, daß S das Gebäude jeweils zur Hälfte entgeltlich für 240 000 DM und zur Hälfte unentgeltlich erworben hat.
Die AfA berechnen sich ab 1985 wie folgt:

| | |
|---|---|
| AfA 1. Januar 1985 bis 31. Dezember 1989: | |
| 5 Jahre × 2 v. H. = 10 v. H. von 400 000 DM = | 40 000 DM |
| ab 1. Januar 1990: | |
| AfA unentgeltlich erworbener Gebäudeteil: | |
| 2 v. H. von 200 000 DM (½ von 400 000 DM) = | 4000 DM |
| AfA entgeltlich erworbener Gebäudeteil: | |
| 2 v. H. von 240 000 DM = | 4800 DM |

Der verbleibende Abschreibungszeitraum beträgt für den unentgeltlich erworbenen Gebäudeteil 35 Jahre und für den entgeltlich erworbenen Gebäudeteil 50 Jahre, wenn keine kürzere Nutzungsdauer nachgewiesen wird.

## VI. Schuldzinsenabzug

22 Schuldzinsen für Verbindlichkeiten, die im Rahmen der vorweggenommenen Erbfolge übernommen werden oder die aufgenommen werden, um Abfindungszahlungen zu leisten, sind als Werbungskosten abziehbar, wenn und soweit der Übernehmer das betreffende Wirtschaftsgut zur Erzielung steuerpflichtiger Einkünfte einsetzt. Dies gilt auch, wenn die Verbindlichkeiten, die der Übernehmer übernehmen muß, beim Übergeber ursprünglich privat veranlaßt waren (BFH-Urteil vom 8. November 1990, BStBl. 1991 II S. 450).

## VII. Steuerpflicht der Veräußerungsgewinne

23 Die teilentgeltliche Veräußerung von Wirtschaftsgütern des Privatvermögens führt beim Übergeber nur unter den Voraussetzungen der §§ 17 und 23 EStG und der §§ 20, *21 Umwandlungssteuergesetz* zu steuerpflichtigen Einkünften. Die Übertragung ist zur Ermittlung der steuerpflichtigen Einkünfte nach dem Verhältnis des nach den vorstehenden Grundsätzen ermittelten Veräußerungsentgelts zum Verkehrswert des übertragenen Wirtschaftsguts aufzuteilen (BFH-Urteil vom 17. Juli 1980, BStBl. 1981 II S. 11).

**Beispiel:**

V hält Aktien einer Aktiengesellschaft (Grundkapital 100 000 DM) im Nennwert von 30 000 DM (Verkehrswert 120 000 DM). Er überträgt seine Aktien im Wege der vorweggenommenen Erbfolge auf seinen Sohn S. S leistet an V eine Abstandszahlung von 60 000 DM. V hatte die Anteile für 94 000 DM erworben.

**Lösung:**

V erhält ein Veräußerungsentgelt i. H. v. 60 000 DM. Nach dem Verhältnis des Veräußerungsentgelts zum Verkehrswert ist die Beteiligung zu ½ entgeltlich übertragen worden. Der Veräußerungsgewinn wird nach § 17 Abs. 3 EStG nur insoweit zur Einkommensteuer herangezogen, als er den Teil von 20 000 DM übersteigt, der dem Nennwert des entgeltlich übertragenen Anteils (½ von 30 000 DM = 15 000 DM) entspricht.
Der steuerpflichtige Veräußerungsgewinn i. S. d. § 17 EStG beträgt:

| | | |
|---|---|---|
| Veräußerungspreis | | 60 000 DM |
| ./. ½ Anschaffungskosten des V | | 47 000 DM |
| | | 13 000 DM |
| ./. Freibetrag nach § 17 Abs. 3 EStG | | |
| 15/100 von 20 000 DM | 3 000 DM | |
| Kürzung des Freibetrags Veräußerungsgewinn | 13 000 DM | |
| ./. 15/100 von 80 000 DM | 12 000 DM | |
| | 1 000 DM | |
| verbleibender Freibetrag | | 2000 DM |
| | | 11 000 DM |

In den Fällen des § 17 EStG ist bei einer späteren Veräußerung des unentgeltlich übertragenen Anteils durch den Übernehmer § 17 Abs. 1 *Satz 5*[1] zu beachten.

[1] Jetzt Satz 4.

## C. Übertragung von Betriebsvermögen

### I. Arten der Vermögensübertragung

Für die Übertragung von Betriebsvermögen im Wege der vorweggenommenen Erbfolge gelten die unter den Tz. 3 bis 10 dargelegten Grundsätze entsprechend. Folgende Besonderheiten sind zu beachten: 24

**1. Versorgungsleistungen**

Private Versorgungsleistungen stellen wie bei der Übertragung von Privatvermögen weder Veräußerungsentgelt noch Anschaffungskosten dar, sondern können wiederkehrende Bezüge (§ 22 Nr. 1 EStG)[1] und Sonderausgaben *(§ 10 Abs. 1 Nr. 1 a EStG)*[2] sein (vgl. Tz. 4). 25

Sie sind von betrieblichen Versorgungsleistungen und betrieblichen Veräußerungsrenten abzugrenzen[3]. Betriebliche Versorgungsleistungen sind nur in Ausnahmefällen anzunehmen (vgl. BFH-Urteil vom 20. Dezember 1988, BStBl. 1989 II S. 585). Eine betriebliche Veräußerungsrente ist gegeben, wenn bei der Veräußerung eines Betriebs, eines Teilbetriebs, eines Mitunternehmeranteils oder einzelner Wirtschaftsgüter des Betriebsvermögens Leistung und Gegenleistung nach den unter Tz. 2 dargestellten Grundsätzen gegeneinander abgewogen werden. Bei Betriebsübertragungen zwischen nahen Angehörigen gegen wiederkehrende Leistungen spricht, unabhängig vom Wert der übertragenen Vermögenswerte, eine widerlegbare Vermutung für eine private Versorgungsrente (BFH-Urteile vom 9. Oktober 1985, BStBl. 1986 II S. 51 und vom 29. Januar 1992, BStBl. II S. 465). Dies gilt auch, wenn der Übernehmer Versorgungsleistungen an Angehörige des Übergebers zusagt (BFH-Beschluß vom 5. Juli 1990, a. a. O.). 26

**2. Übernahme von Verbindlichkeiten**

Im Zusammenhang mit der Übertragung von Betriebsvermögen im Wege der vorweggenommenen Erbfolge übernommene private Verbindlichkeiten des Übergebers stellen Veräußerungsentgelte und Anschaffungskosten dar. Die Verbindlichkeiten sind, soweit sich aus ihrer Übernahme Anschaffungskosten des Betriebsvermögens ergeben, als Betriebsschulden zu passivieren (vgl. BFH-Urteil vom 8. November 1990, BStBl. 1991 II S. 450). 27

Die Übernahme betrieblicher Verbindlichkeiten führt zu einem Veräußerungsentgelt und zu Anschaffungskosten, wenn sie im Zusammenhang mit der Übertragung einzelner Wirtschaftsgüter des Betriebsvermögens steht. 28

Bei der Übertragung eines Betriebs, Teilbetriebs oder Mitunternehmeranteils stellen die übernommenen Verbindlichkeiten des übertragenen Betriebs, Teilbetriebs oder Mitunternehmeranteils kein Veräußerungsentgelt und keine Anschaffungskosten dar, so daß der Betriebsübernehmer hinsichtlich der über- 29

[1] Jetzt Leistungen i. S. des § 22 Nr. 1 a EStG.

[2] Jetzt § 10 Abs. 1 a Nr. 2 EStG.

[3] Zur Abgrenzung siehe BMF v. 16. 9. 2004, BStBl. I S. 922; für wiederkehrende Leistungen im Zusammenhang mit einer Vermögensübertragung, die auf einem **nach dem 31. 12. 2007** geschlossenen Übertragungsvertrag beruhen, s. BMF v. 11. 3. 2010, BStBl. I S. 227 (Nr. **1** § 10/5).

nommenen positiven und negativen Wirtschaftsgüter die Buchwerte des Übergebers fortzuführen hat.

30 Dies gilt grundsätzlich auch bei der Übertragung eines Betriebs, Teilbetriebs oder Mitunternehmeranteils, dessen steuerliches Kapitalkonto negativ ist, da das Vorhandensein eines negativen Kapitalkontos einer unentgeltlichen Betriebsübertragung nicht entgegensteht (BFH-Urteile vom 23. April 1971, BStBl. II S. 686 und vom 24. August 1972, BStBl. 1973 II S. 111).

31 Ist allerdings neben der Übernahme des negativen Kapitalkontos noch ein Gleichstellungsgeld oder eine Abstandszahlung zu leisten oder wird eine private Verbindlichkeit übernommen, handelt es sich um eine entgeltliche Vermögensübertragung.[1]

Der Übergeber erhält ein Veräußerungsentgelt in Höhe der ihm zusätzlich gewährten Leistungen zuzüglich des übertragenen negativen Kapitalkontos, das in der Regel auch der Veräußerungsgewinn ist, und der Übernehmer hat Anschaffungskosten in entsprechender Höhe.

**Beispiel:**

V überträgt seinen Gewerbebetrieb mit einem Verkehrswert von 600 000 DM im Wege der vorweggenommenen Erbfolge auf seinen Sohn S. V hat ein negatives Kapitalkonto von 100 000 DM (Aktiva 300 000 DM, Passiva 400 000 DM). S hat an seine Schwester T ein Gleichstellungsgeld in Höhe von 150 000 DM zu zahlen.

**Lösung:**

Das an T zu zahlende Gleichstellungsgeld zuzüglich des übertragenen negativen Kapitalkontos führt zu einem Veräußerungsentgelt i. H. v. 250 000 DM, das auch gleichzeitig der Veräußerungsgewinn ist, und zu Anschaffungskosten bei S in gleicher Höhe.

### 3. Verpflichtung zur Übertragung von Gegenständen des Betriebsvermögens

32 Überträgt der Übernehmer aufgrund einer Verpflichtung gegenüber dem Übergeber einem Dritten ein Wirtschaftsgut des übernommenen Betriebsvermögens in unmittelbarem Anschluß an die Übertragung oder hält der Übergeber ein Wirtschaftsgut des Betriebsvermögens zurück und verliert das Wirtschaftsgut dadurch seine Eigenschaft als Betriebsvermögen, handelt es sich um eine Entnahme des Wirtschaftsguts durch den Übergeber. Ist der Übernehmer verpflichtet, das Wirtschaftsgut zu einem späteren Zeitpunkt auf einen Dritten zu übertragen, erfolgt die Entnahme regelmäßig durch den Übernehmer, der den durch die Entnahme realisierten Gewinn zu versteuern hat.

## II. Übertragung einzelner Wirtschaftsgüter des Betriebsvermögens

### 1. Unentgeltliche Übertragung

33 Die unentgeltliche Übertragung einzelner Wirtschaftsgüter des Betriebsvermögens stellt beim Übergeber regelmäßig eine Entnahme des Wirtschaftsguts dar.[2] Die anschließende Übertragung im Rahmen der vorweggenommenen Erbfolge erfolgt im Privatvermögen nach den hierfür geltenden Grundsätzen.

---

[1] Vgl. BFH v. 16. 12. 1992 (BStBl. 1993 II S. 436).
[2] Vgl. BFH v. 27. 8. 1992 (BStBl. 1993 II S. 225).

Der Übernehmer des Wirtschaftsguts hat daher seine Abschreibung regelmäßig nach dem Entnahmewert des Übergebers zu bemessen (§ 11 d Abs. 1 EStDV).

## 2. Teilentgeltliche Übertragung

Werden einzelne Wirtschaftsgüter des Betriebsvermögens teilentgeltlich auf den Übernehmer übertragen, handelt es sich in Höhe des unentgeltlich übertragenen Teils um eine Entnahme in Höhe des anteiligen Teilwerts und in Höhe des entgeltlich übertragenen Teils um eine Veräußerung. 34

**Beispiel:**

V überträgt ein bebautes Betriebsgrundstück im Wege der vorweggenommenen Erbfolge auf seinen Sohn S. Der Teilwert des Gebäudes beträgt 1 000 000 DM (Buchwert 100 000 DM). S hat an V eine Abstandszahlung zu leisten, die mit 250 000 DM auf das Gebäude entfällt.

**Lösung:**

Nach dem Verhältnis Veräußerungsentgelt zum Teilwert hat V das Gebäude zu ¾ entnommen (anteiliger Teilwert 750 000 DM) und zu ¼ veräußert (Veräußerungserlös 250 000 DM). S hat, soweit das Gebäude von V entnommen wurde, seine AfA nach dem Entnahmewert des V i. H. v. 750 000 DM (¾ von 1 000 000 DM) und, soweit er das Gebäude entgeltlich erworben hat, nach seinen Anschaffungskosten von 250 000 DM zu bemessen.

# III. Übertragung eines Betriebs, Teilbetriebs oder Mitunternehmeranteils

## 1. Über dem Kapitalkonto liegendes Veräußerungsentgelt

Führen die vom Vermögensübernehmer zu erbringenden Leistungen bei Erwerb eines Betriebs, Teilbetriebs oder Mitunternehmeranteils zu einem Veräußerungspreis, der über dem steuerlichen Kapitalkonto des Übergebers liegt, ist von einem entgeltlichen Erwerb des Betriebs, Teilbetriebs oder Mitunternehmeranteils auszugehen. Der Veräußerungsgewinn im Sinne des § 16 Abs. 2 EStG ist durch Gegenüberstellung des Entgelts und des steuerlichen Kapitalkontos des Übergebers zu ermitteln (BFH-Urteil vom 10. Juli 1986, BStBl. II S. 811). Zur Ermittlung der Anschaffungskosten muß zunächst festgestellt werden, in welchen Buchwerten stille Reserven enthalten sind und wieviel sie insgesamt betragen. Diese stillen Reserven sind dann gleichmäßig um den Vomhundertsatz aufzulösen, der dem Verhältnis des aufzustockenden Betrages (Unterschied zwischen dem Buchwert des übertragenen Betriebsvermögens und dem Veräußerungspreis) zum Gesamtbetrag der vorhandenen stillen Reserven des beim Veräußerer ausgewiesenen Betriebsvermögens entspricht. 35

Zu einer Aufdeckung der stillen Reserven, die auf einen in dem vom Übertragenden selbst geschaffenen Geschäfts- oder Firmenwert entfallen, kommt es erst nach vollständiger Aufdeckung der stillen Reserven, die in den übrigen Wirtschaftsgütern des Betriebsvermögens enthalten sind.

**Beispiel:**

V überträgt im Wege der vorweggenommenen Erbfolge seinen Gewerbebetrieb mit einem Verkehrswert von 10 000 000 DM einschließlich der betrieblichen Verbindlichkeiten auf seinen Sohn S. S verpflichtet sich, an seinen Vater V eine Abstandszahlung von 500 000 DM und an seine Schwester T einen Gleichstellungsbetrag von 2 Mio. DM zu zahlen. Die Bilanz des Gewerbebetriebs zum Übertragungszeitpunkt stellt sich wie folgt dar:

| | Buchwert | (Teilwert) | | Buchwert |
|---|---|---|---|---|
| Geschäfts- oder Firmenwert | – | (3 Mio.) | Kapital | 1 Mio. |
| Anlagevermögen | 4 Mio. | (9 Mio.) | Verbindlichkeiten | 7 Mio. |
| Umlaufvermögen | 5 Mio. | (6 Mio.) | Rückstellungen | 1 Mio. |
| | 9 Mio. | 18 Mio. | | 9 Mio. |

**Lösung:**

Zum Erwerb des Betriebs wendet S 2 500 000 DM auf. Nicht zu den Anschaffungskosten gehören die übernommenen betrieblichen Verbindlichkeiten. V erzielt durch die entgeltliche Übertragung seines Betriebs einen nach *§§ 16*[1], *34*[2] *EStG* begünstigten Veräußerungsgewinn in Höhe von 1 500 000 DM (Veräußerungsentgelt 2 500 000 DM ./. Betriebsvermögen 1 Mio. DM).

S hat V neben dem Kapitalkonto von 1 Mio. DM auch Teile der bisher nicht aufgedeckten stillen Reserven bezahlt (vgl. BFH-Urteil vom 10. Juli 1986, BStBl. II S. 811).

Für S ergeben sich folgende Wertansätze:

Im Anlage- und Umlaufvermögen sind folgende stille Reserven enthalten:

| | |
|---|---|
| Anlagevermögen | 5 Mio. |
| Umlaufvermögen | 1 Mio. |
| | 6 Mio. |

Diese stillen Reserven werden i. H. v. 1 500 000 DM (= 25 v. H.) aufgedeckt. Zu einer Aufdeckung der in dem von V selbst geschaffenen Geschäfts- und Firmenwert enthaltenen stillen Reserven kommt es nicht.

S hat die Buchwerte um die anteilig aufgedeckten stillen Reserven wie folgt aufzustocken:

| | |
|---|---|
| Anlagevermögen | |
| bisheriger Buchwert | 4 000 000 DM |
| + anteilig aufgedeckte stille Reserven | |
| (25 v. H. von 5 Mio. DM) | 1 250 000 DM |
| | 5 250 000 DM |
| Umlaufvermögen: | 5 000 000 DM |
| bisheriger Buchwert | |
| + anteilig aufgedeckte stille Reserven | 250 000 DM |
| (25 v. H. von 1 Mio. DM) | 5 250 000 DM |

Die Eröffnungsbilanz des S lautet:

| | | | |
|---|---|---|---|
| Geschäfts- oder Firmenwert | 0 DM | Kapital | 2 500 000 DM |
| Anlagevermögen | 5 250 000 DM | Verbindlichkeiten | 7 000 000 DM |
| Umlaufvermögen | 5 250 000 DM | Rückstellungen | 1 000 000 DM |
| | 10 500 000 DM | | 10 500 000 DM |

36 *Der Freibetrag nach § 16 Abs. 4 EStG wird in den Fällen, in denen das Entgelt den Verkehrswert des Betriebs, Teilbetriebs oder Mitunternehmeranteils nicht erreicht,*

[1] Für Veräußerungen nach dem 31. 12. 1995 ist der Freibetrag nach § 16 Abs. 4 EStG nur einmal zu gewähren.

[2] Für Veräußerungen nach dem 31. 12. 2000 kann die Steuerermäßigung nach § 34 Abs. 3 EStG nur einmal im Leben in Anspruch genommen werden.

*nur im Verhältnis des bei der Veräußerung tatsächlich entstandenen Gewinns zu dem bei einer unterstellten Veräußerung des ganzen Betriebs erzielbaren Gewinn gewährt (BFH-Urteil vom 10. Juli 1986, BStBl. II S. 811).*[1]

Überschreiten die Anschaffungskosten das steuerliche Kapitalkonto des Übergebers, bestimmt sich der entgeltlich und der unentgeltlich erworbene Teil der einzelnen Wirtschaftsgüter nach dem Verhältnis der gesamten Anschaffungskosten zum Verkehrswert des Betriebs, Teilbetriebs oder Mitunternehmeranteils. 37

Aus Vereinfachungsgründen können die Aufstockungsbeträge wie nachträgliche Anschaffungskosten behandelt werden.

### 2. Veräußerungsentgelt bis zur Höhe des Kapitalkontos

Wendet der Übernehmer Anschaffungskosten bis zur Höhe des steuerlichen Kapitalkontos auf, hat er die Buchwerte des Übergebers fortzuführen. Ein Veräußerungsverlust liegt beim Übergeber nicht vor. 38

**Beispiel:**

V überträgt seinen Gewerbebetrieb mit einem Verkehrswert von 1 000 000 DM (steuerliches Kapitalkonto 500 000 DM) im Wege der vorweggenommenen Erbfolge auf seinen Sohn S. S hat an seine Schwester T eine Abstandszahlung in Höhe von 200 000 DM zu leisten, die er durch Kredit finanziert.

**Lösung:**

V erzielt keinen Veräußerungsgewinn. S führt die Buchwerte des V unverändert fort (*§ 7 Abs. 1 EStDV*[2]). Der Kredit führt zu einer Betriebsschuld, die zu passivieren ist.

## IV. Abschreibungen

Der Übernehmer hat, soweit ein entgeltlicher Erwerb nicht gegeben ist, die Abschreibungen des Übergebers fortzuführen *(§ 7 Abs. 1 EStDV*[2]*)*. 39

## V. Schuldzinsen

Schuldzinsen für einen Kredit, der zur Finanzierung von Abstandszahlungen und Gleichstellungsgeldern aufgenommen wird, sind als Betriebsausgaben abziehbar, wenn und soweit sie im Zusammenhang mit der Übertragung des Betriebsvermögens stehen. Dies gilt auch, wenn die Schuldzinsen auf einer vom Rechtsvorgänger übernommenen privat veranlaßten Verbindlichkeit beruhen (vgl. Tz. 27). 40

## VI. Verbleibensfristen und Vorbesitzzeiten

Fordern einzelne Regelungen (z. B. § 6 b EStG, § 3 Zonenrandförderungsgesetz, § 5 Abs. 6 Investitionszulagengesetz 1986,[3] § 2 Fördergebietsgesetz) ein Verbleiben der begünstigten Wirtschaftsgüter für einen bestimmten Zeitraum im Betriebsvermögen des Steuerpflichtigen, können die Verbleibensfristen nur hinsichtlich des nach Tz. 24 bis 37 unentgeltlich übertragenen Teils 41

---

[1] Ab VZ 1996 vgl. aber Neufassung des § 16 Abs. 4 EStG sowie nunmehr BMF v. 20. 12. 2005, BStBl. 2006 I S. 7 (Nr. 1 § 16/2).

[2] Jetzt § 6 Abs. 3 EStG.

[3] Vgl. jetzt § 2 Abs. 1 Satz 1 InvZulG 2007 und InvZulG 2010.

des Betriebsvermögens beim Rechtsvorgänger und beim Rechtsnachfolger zusammengefaßt werden (vgl. BFH Urteil vom 10. Juli 1986, BStBl. II S. 811). Hinsichtlich des entgeltlich erworbenen Teils der Wirtschaftsgüter handelt es sich um eine Anschaffung, die gegebenenfalls neue Fristen in Gang setzt. Zu den Verbleibensvoraussetzungen für die Sonderabschreibungen nach § 3 Zonenrandförderungsgesetz vgl. das BMF-Schreiben vom 27. Dezember 1989, BStBl. I S. 518.

## D. Übertragung von land- und forstwirtschaftlichen Vermögen

42 Die vorstehenden Grundsätze gelten für die Übertragung land- und forstwirtschaftlichen Vermögens im Wege einer vorweggenommenen Erbfolge entsprechend. Folgende Besonderheiten sind zu beachten.

### 1. Freibetrag nach *§ 14 a Abs. 4 EStG*[1]

43 Veräußert der Hofübernehmer Grund und Boden, um mit dem Veräußerungserlös weichende Erben abzufinden, können ggf. die Freibeträge nach § 14 a Abs. 4 EStG beansprucht werden (vgl. *Abschn. 133 b Abs. 3 EStR 1990*).[2]

### 2. Abfindungen nach der Höfeordnung

44 Auf Abfindungen und Ergänzungsabfindungen, die der Übernehmer eines land- und forstwirtschaftlichen Betriebs nach §§ 12, 13, 17 Abs. 2 Höfeordnung an andere Abkömmlinge des Übergebers zahlen muß, sind die Grundsätze der ertragsteuerlichen Behandlung der Erbauseinandersetzung *(Tz. 89 des BMF-Schreibens vom 11. 1. 1993, BStBl. I S. 62)*[3] anzuwenden.

Für die Übertragung von hofesfreiem Vermögen gelten die Grundsätze der vorweggenommenen Erbfolge.

### 3. Gutabstandsgelder

45 Bei der Hofübergabe neben Altenteilsleistungen vereinbarte unverzinsliche Geldansprüche des Übergebers, die nur auf sein Verlangen zu erbringen sind und die mit seinem Tod erlöschen (Gutabstandsgelder), führen erst bei ihrer Entstehung zu Veräußerungsentgelten des Übergebers und Anschaffungskosten des Übernehmers.

### 4. Nach § 55 EStG pauschal bewerteter Grund und Boden

46 Bei Übertragung von nach § 55 Abs. 1 EStG mit pauschalen Buchwerten angesetztem Grund und Boden ist die Verlustklausel des § 55 Abs. 6 EStG zu beachten. Der entgeltlich erworbene Teil P des Grund und Bodens ist beim Übernehmer mit den tatsächlichen Anschaffungskosten zu bilanzieren. Veräußerungsverluste, die sich für den entgeltlich übertragenen Teil aufgrund der pauschalen Werte ergeben, dürfen nach § 55 Abs. 6 EStG nicht berücksichtigt

---

[1] § 14 a Abs. 4 EStG ist letztmals für Entnahmen und Veräußerungen vor dem 1. 1. 2006 anzuwenden.

[2] Jetzt R 14 a Abs. 1 EStR.

[3] Jetzt BMF v. 14. 3. 2006, BStBl. I S. 253, Rz. 80 (Nr. **1** § 7/2).

werden; d. h. der Veräußerungsgewinn ist um die Differenz aus pauschalem Wert und Entgelt für den entgeltlich übertragenen Teil des Grund und Bodens zu erhöhen.

**Beispiel:**

V überträgt seinen land- und forstwirtschaftlichen Betrieb mit einem Verkehrswert von 800 000 DM (steuerliches Kapitalkonto 300 000 DM) im Wege der vorweggenommenen Erbfolge auf seinen Sohn S. S hat an seine Schwester T ein Gleichstellungsgeld in Höhe von 400 000 DM zu leisten. Bei Aufstellung einer Bilanz zum Übertragungszeitpunkt ergeben sich folgende Werte:

| | Buchwert (Teilwert) | | Buchwert (Teilwert) |
|---|---|---|---|
| pauschal bewerteter Grund und Boden | 390 000 (260 000) | Kapital | 300 000 (800 000) |
| | | Verbindlichkeiten | 150 000 (150 000) |
| sonstige Aktiva | 60 000 (690 000) | | |
| | 450 000 (950 000) | | 450 000 (950 000) |

**Lösung:**

Mit dem Gleichstellungsgeld von 400 000 DM erwirbt S 100 000 DM stille Reserven (400 000 DM Gleichstellungsgeld. /. 300 000 DM Kapital). Er hat damit ⅕ der gesamten stillen Reserven aufzudecken (500 000 DM gesamte stille Reserven zu 100 000 DM entgeltlich erworbene stille Reserven). Die sonstigen Aktiva sind somit um 126 000 DM (⅕ von 630 000 DM aufzustocken, der Grund und Boden ist um 26 000 DM (⅕ von 130 000 DM) abzustocken. Der Betrag von 26 000 DM fällt unter das Verlustausgleichsverbot des § 55 Abs. 6 EStG.

## E. Mischfälle[1]

Besteht das übertragene Vermögen sowohl aus Privatvermögen als auch aus Betriebsvermögen, sind der steuerlichen Beurteilung die für die jeweiligen Vermögensarten geltenden Grundsätze zu Grunde zu legen. Werden zusammen mit dem Betrieb auch Wirtschaftsgüter des Privatvermögens übertragen, sind vertraglich vereinbarte Einzelpreise für das gesamte Betriebsvermögen einerseits und für das jeweilige Wirtschaftsgut des Privatvermögens andererseits bis zur Höhe der jeweiligen Verkehrswerte nicht zu beanstanden. Ansonsten ist das Entgelt vorweg nach dem Verhältnis der Verkehrswerte des Betriebsvermögens und der privaten Wirtschaftsgüter aufzuteilen. 47

**Beispiel 1:**

Im Rahmen der vorweggenommenen Erbfolge erhält Sohn S von seinem Vater V einen Betrieb der Land- und Fortswirtschaft mit einem Verkehrswert von 1 000 000 € (Buchwert 200 000 €) und ein Mietwohngrundstück mit einem Verkehrswert von 800 000 €. S ist verpflichtet, an V einen Betrag von 900 000 € zu zahlen. Sie vereinbaren einen Preis von 800 000 € für das Mietwohngrundstück und einen Preis von 100 000 € für den Betrieb der Land- und Fortswirtschaft.

**Lösung 1:**

S hat Anschaffungskosten für den Betrieb der Land- und Forstwirtschaft und das Mietwohngrundstück in Höhe der Zahlung von 900 000 €. Auf Grund der vereinbarten Einzelpreise ist das Mietwohngrundstück voll entgeltlich erworben worden, die Übernahme des Betriebs der Land- und Forstwirtschaft wird wegen Unterschreitung des Kapitalkontos dagegen steuerlich

[1] Tz. 47 neu gef. durch BMF v. 26. 2. 2007, BStBl. I S. 269.

neutral behandelt. Zur Bemessung der Abschreibung ist für das Mietwohngrundstück eine Kaufpreisaufteilung (nach den Verkehrswertanteilen von Grund und Boden und vom Gebäude) vorzunehmen.

**Beispiel 2:**

Im Rahmen der vorweggenommenen Erbfolge erhält S von seinem Vater V einen Gewerbebetrieb mit einem Verkehrswert von 1 000 000 € (Buchwert 100 000 €) und ein Mietwohngrundstück mit einem Verkehrswert von 500 000 €, das mit Verbindlichkeiten in Höhe von 150 000 € belastet ist. Die Verbindlichkeiten stehen im Zusammenhang mit dem Erwerb des Mietwohngrundstücks. S ist verpflichtet, seiner Schwester T einen Betrag von 600 000 € zu zahlen.

**Lösung 2:**

S hat Anschaffungskosten für den Gewerbebetrieb und das Mehrfamilienhaus von insgesamt 750 000 € (Verbindlichkeiten 150 000 €, Gleichstellungsgeld 600 000 €). Nach dem Verhältnis der Verkehrswerte (Gewerbebetrieb 1 000 000 €, Mietwohngrundstück 500 000 €) entfallen die Anschaffungskosten zu ⅔ auf den Gewerbebetrieb und zu ⅓ auf das Mietwohngrundstück. S hat danach Anschaffungskosten für den Gewerbebetrieb i. H. v. 500 000 € und für das Mietwohngrundstück von 250 000 €. Das Mehrfamilienhaus (Verkehrswert 500 000 €) erwirbt er zu ½ entgeltlich und zu ½ unentgeltlich. Die auf den Betriebserwerb entfallenden Verbindlichkeiten i. H. v. 100 000 € (⅔ von 150 000 €) stellen betriebliche Verbindlichkeiten des S dar.

## F. Übergangsregelung

### 1. Allgemeines

48 Die Grundsätze dieses Schreibens sind in allen noch offenen Fällen anzuwenden. Soweit die Vermögensübertragung vor dem 1. Januar 1991 rechtlich bindend festgelegt und bis spätestens 31. Dezember 1993 vollzogen worden ist, sind auf Antrag die Rechtsgrundsätze anzuwenden, die aufgrund der Rechtsprechung vor Ergehen des Beschlusses des BFH vom 5. Juli 1990 (BStBl. 1990 II S. 847) gegolten haben; in diesen Fällen ist nach den bisher maßgebenden Grundsätzen (vgl. BFH-Urteil vom 26. November 1985, BStBl. 1986 II S. 161) zu verfahren.

49 Im Falle der Tz. 48 Satz 2 ist ein Veräußerungsgewinn beim Übergeber unabhängig von der steuerlichen Behandlung beim Übernehmer gemäß § 163 AO oder § 176 AO außer Ansatz zu lassen. Zugunsten des Übernehmers sind auch in diesen Fällen die Grundsätze dieses Schreibens anzuwenden.

### 2. Nachholung unterbliebener AfA

50 Soweit eine vorweggenommene Erbfolge über abnutzbare Wirtschaftsgüter, die nach der Übertragung zur Erzielung von Einkünften im Sinne von § 2 Abs. 1 Nrn. 1 bis 7 EStG dienen, nach den bisher anzuwendenden Grundsätzen als unentgeltlicher Vorgang behandelt worden ist, sind die AfA in der Regel für den entgeltlich erworbenen Teil des Wirtschaftsguts zu niedrig angesetzt worden.

51 Für bereits veranlagte Kalenderjahre können die AfA nur berichtigt werden, soweit eine Aufhebung oder Änderung der Steuerfestsetzung verfahrensrechtlich zulässig ist (§§ 164, 165, 172 ff. AO). Eine Aufhebung oder Änderung nach § 173 Abs. 1 Nr. 2 AO scheidet aus, weil das Finanzamt bei ursprünglicher Kenntnis des Sachverhalts nach damaliger Rechtslage nicht anders ent-

schieden hätte (BFH-Beschluß vom 23. November 1987, BStBl. 1988 II S. 180).

AfA, die bei dem entgeltlich erworbenen Teil eines Gebäudes unterblieben 52
sind, für den die AfA nach § 7 Abs. 4 Satz 1 EStG zu bemessen gewesen wäre, sind in der Weise nachzuholen, daß die weiteren AfA von der nach den Grundsätzen dieses Schreibens ermittelten Bemessungsgrundlage mit dem für den entgeltlich erworbenen Teil des Gebäudes maßgebenden Vomhundertsatz vorgenommen werden. Die AfA können bis zu dem Betrag abgezogen werden, der von dieser Bemessungsgrundlage nach Abzug der bisherigen AfA, der erhöhten Absetzungen und Sonderabschreibungen verbleibt. Hierbei verlängert sich der Abschreibungszeitraum für den entgeltlich erworbenen Teil des Gebäudes über 25, 40 bzw. 50 Jahre hinaus (BFH-Urteil vom 3. Juli 1984, BStBl. II S. 709).

**Beispiel:**

V übertrug mit Wirkung zum 1. Januar 1980 im Wege der vorweggenommenen Erbfolge ein bebautes Grundstück mit einem Verkehrswert von 1 Mio. DM (Gebäude 800 000 DM, Grund und Boden 200 000 DM) auf seinen Sohn S. V hatte das Grundstück zum 1. Januar 1970 für 600 000 DM (Gebäude 480 000 DM, Grund und Boden 120 000 DM) erworben. S übernahm auf dem Grundstück lastende Verbindlichkeiten in Höhe von 400 000 DM und hatte an seine Schwester T 300 000 DM zu zahlen. Das Gebäude hatte am 1. Januar 1980 eine tatsächliche Nutzungsdauer von 50 Jahren. S hat seitdem die AfA des V, der das Gebäude nach § 7 Abs. 4 Nr. 2 a EStG mit jährlich 2 v. H. abgeschrieben hat, unverändert fortgeführt. Die Einkommensteuerbescheide für S bis einschließlich 1989 sind bestandskräftig. In 1990 legte S dem Finanzamt den Sachverhalt dar.

**Lösung:**

S hat zum Erwerb des Grundstücks insgesamt 700 000 DM (Abfindungszahlung 300 000 DM und übernommene Verbindlichkeiten 400 000 DM) aufgewendet. Nach dem Verhältnis der Verkehrswerte entfallen auf das Gebäude 560 000 DM und auf den Grund und Boden 140 000 DM. Eine Gegenüberstellung der Anschaffungskosten und des Verkehrswerts des Gebäudes ergibt, daß S das Gebäude zu 3/10 unentgeltlich und zu 7/10 entgeltlich für Anschaffungskosten in Höhe von 560 000 DM erworben hat.
Ab 1990 berechnen sich die AfA wie folgt:

| | unentgeltlich | entgeltlich |
|---|---|---|
| | erworbener Teil des Gebäudes | |
| Bemessungsgrundlage ab 1990 | 144 000 DM (3/10 von 480 000) | 560 000 DM |
| ./. AfA 1970 bis 1989 für den unentgeltlich erworbenen Teil: 20 Jahre × 2 v. H. = 40 v. H. von 144 000 DM | 57 600 DM | |
| ./. AfA 1980 bis 1989 für den entgeltlich erworbenen Teil, die S nach § 11 d EStDV bemessen hat: 10 Jahre × 2 v. H. = 20 v. H. von 336 000 DM (= 7/10 von 480 000 DM) | | 67 200 DM |
| insgesamt verbleibende AfA ab 1990 | 86 400 DM | 492 800 DM |
| jährliche AfA ab 1990 2 v. H. | 2 880 DM | 11 200 DM |
| verbliebener Absetzungszeitraum ab 1990 | 30 Jahre | 44 Jahre |
| bis einschließlich | 2019 | 2033 |

Die AfA betragen mithin in den Jahren 1990 bis 2019 insgesamt 14 080 DM jährlich und in den Jahren 2020 bis 2033 11 200 DM jährlich.

53 Sind AfA bei dem entgeltlich erworbenen Teil des Gebäudes teilweise unterblieben, den der Übernehmer nunmehr nach § 7 Abs. 4 Satz 2 EStG abschreibt, bemessen sich die weiteren AfA nach seinen um die bereits abgezogenen AfA, erhöhten Absetzungen und Sonderabschreibungen verminderten Anschaffungskosten und der Restnutzungsdauer des Gebäudes. Entsprechendes gilt für den entgeltlich erworbenen Teil eines beweglichen Wirtschaftsgutes.

54 Die vorstehenden Grundsätze sind entsprechend anzuwenden, wenn die Aufstockungsbeträge wie nachträgliche Anschaffungskosten behandelt werden *(Tz. 36)*.[1]

### 3. Anschaffungsnaher Aufwand

55 Erhaltungsaufwand, den der Übernehmer bereits in bestandskräftig veranlagten Kalenderjahren – ausgehend von den bisher für die vorweggenommene Erbfolge angewandten Grundsätzen – als Werbungskosten abgezogen hat und der sich bei Annahme eines teilentgeltlichen Erwerbs als anschaffungsnaher Aufwand *(Abschnitt 157 Abs. 5 EStR 1990)*[2] darstellt, ist nicht nachträglich in die AfA-Bemessungsgrundlage einzubeziehen.

[1] Redaktionsversehen; richtig: Tz. 37.
[2] Siehe nunmehr § 6 Abs. 1 Nr. 1 a EStG und BMF v. 18. 7. 2003, BStBl. I S. 386 (Nr. 1 § 21/8).

# 1 § 7/4. Schreiben betr. Nutzungsdauer von Computerhardware und Software zur Dateneingabe und -verarbeitung

Vom 22. Februar 2022

BMF IV C 3 – S 2190/21/10002 :025; DOK 2022/0186479

(BStBl. I S. 187)

Den Kernbereich der Digitalisierung bilden die Computerhardware (einschließlich der dazu gehörenden Peripheriegeräte) sowie die für die Dateneingabe und -verarbeitung erforderliche Betriebs- und Anwendersoftware. Diese Wirtschaftsgüter unterliegen aufgrund des raschen technischen Fortschritts einem immer schnelleren Wandel. Die betriebsgewöhnliche Nutzungsdauer, die der Abschreibung nach § 7 Einkommensteuergesetz (EStG) zugrunde zu legen ist, wurde für diese Wirtschaftsgüter allerdings seit rund 20 Jahren nicht mehr geprüft und bedarf deshalb einer Anpassung an die geänderten tatsächlichen Verhältnisse.

Unter Bezugnahme auf das Ergebnis der Erörterungen mit den obersten Finanzbehörden der Länder gelten für die Nutzungsdauer von Computerhardware (einschließlich der dazu gehörenden Peripheriegeräte) und von Betriebs- und Anwendersoftware zur Dateneingabe und -verarbeitung steuerlich die folgenden Grundsätze:

## I. Nutzungsdauer

Für die nach § 7 Abs. 1 EStG anzusetzende Nutzungsdauer kann für die in Rz. 2 ff. aufgeführten materiellen Wirtschaftsgüter „Computerhardware" sowie die in Rz. 5 näher bezeichneten immateriellen Wirtschaftsgüter „Betriebs- und Anwendersoftware" eine betriebsgewöhnliche Nutzungsdauer von einem Jahr zugrunde gelegt werden. 1

Die betroffenen Wirtschaftsgüter unterliegen auch weiterhin § 7 Abs. 1 EStG. 1.1
Die Möglichkeit, eine kürzere betriebsgewöhnliche Nutzungsdauer zugrunde zu legen, stellt

– keine besondere Form der Abschreibung,
– keine neue Abschreibungsmethode und
– keine Sofortabschreibung dar.

Die Anwendung der kürzeren Nutzungsdauer stellt zudem auch kein Wahlrecht i.S.d. § 5 Abs. 1 EStG dar.

Auch bei einer grundsätzlich anzunehmenden Nutzungsdauer von einem Jahr 1.2
gilt, dass

– die Abschreibung im Zeitpunkt der Anschaffung oder Herstellung, mithin bei Fertigstellung, beginnt,
– die Wirtschaftsgüter in das nach R 5.4 EStR 2012 zu führende Bestandsverzeichnis aufzunehmen sind,
– der Steuerpflichtige von dieser Annahme auch abweichen kann,
– die Anwendung anderer Abschreibungsmethoden grundsätzlich möglich ist.

1.3 Die Regelung findet gemäß § 9 Abs. 1 Satz 3 Nr. 7 Satz 1 EStG auch für Überschusseinkünfte Anwendung.

1.4 Es wird nicht beanstandet, wenn abweichend zu § 7 Abs. 1 Satz 4 EStG die Abschreibung im Jahr der Anschaffung oder Herstellung in voller Höhe vorgenommen wird.

## II. Begriffsbestimmung

2 Der Begriff „Computerhardware" umfasst Computer, Desktop-Computer, Notebook-Computer, Desktop-Thin-Clients, Workstations, Dockingstations, externe Speicher- und Datenverarbeitungsgeräte (Small-Scale-Server), externe Netzteile sowie Peripheriegeräte.

3 Die betroffenen Wirtschaftsgüter werden wie folgt definiert:

1. „Computer" bezeichnet ein Gerät, dass Logikoperationen ausführt und Daten verarbeitet, dass in der Lage ist, Eingabegeräte zu nutzen und Informationen auf Anzeigegeräten auszugeben und das in der Regel eine Zentraleinheit (ZE) beinhaltet, die die Operationen ausführt. Ist keine ZE vorhanden, muss das Gerät als Client Gateway zu einem Computerserver fungieren, der als Computerverarbeitungseinheit dient.
2. „Desktop-Computer" bezeichnet einen Computer, dessen Haupteinheit an einem festen Standort aufgestellt wird, der nicht als tragbares Gerät ausgelegt ist und der mit einem externen Anzeigegerät sowie externen Peripheriegeräten wie Tastatur und Maus genutzt wird. Bei einem „integrierten Desktop-Computer" funktionieren der Computer und das Anzeigegerät als Einheit, deren Wechselstromversorgung über ein einziges Kabel erfolgt.
3. „Notebook-Computer" bezeichnet einen Computer, der speziell als tragbares Gerät und für den längeren Betrieb mit oder ohne direkten Anschluss an eine Wechselstromquelle konzipiert ist. Notebook-Computer verfügen über ein integriertes Anzeigegerät mit einer sichtbaren Bildschirmdiagonale von mindestens 22,86 cm (9 Zoll) und können mit einem integrierten Akku oder einer anderen tragbaren Stromquelle betrieben werden. Unterkategorien des Notebook-Computers sind unter anderen:
   a) „Tablet-Computer": eine Notebook-Computerart, die sowohl über ein eingebautes berührungsempfindliches Anzeigegerät als auch über eine eingebaute physische Tastatur verfügt.
   b) „Slate-Computer": eine Notebook-Computerart, die über ein eingebautes berührungsempfindliches Anzeigegerät, nicht aber über eine eingebaute physische Tastatur verfügt.
   c) „mobiler Thin-Client": eine Notebook-Computerart, die eine Verbindung zu entfernten Rechenressourcen (z.B. Computerserver, Remote-Workstation) benötigt, mit denen die hauptsächliche Datenverarbeitung erfolgt, und die über kein eingebautes Rotations-Speichermedium verfügt.
4. „Desktop-Thin-Client" bezeichnet einen Computer, der eine Verbindung zu entfernten Rechenressourcen (z.B. Computerserver, Remote-Workstation) benötigt, mit denen die hauptsächliche Datenverarbeitung erfolgt, und der über kein eingebautes Rotations-Speichermedium verfügt. Die Haupteinheit eines Desktop-Thin-Clients wird an einem festen Standort (z.B. auf einem Schreibtisch) aufgestellt und ist nicht als tragbares Gerät ausgelegt. Desktop-Thin-Clients können Informationen entweder auf ei-

nem externen oder, soweit vorhanden, auf einem eingebauten Anzeigegerät ausgeben.

5. „Workstation“ bezeichnet einen Hochleistungs-Einzelplatzcomputer, der neben anderen rechenintensiven Aufgaben hauptsächlich für Grafikanwendungen, Computer Aided Design, Softwareentwicklung sowie finanzwirtschaftliche und wissenschaftliche Anwendungen genutzt wird.
6. „Mobile Workstation“ bezeichnet einen Hochleistungs-Einzelplatzcomputer, der neben anderen rechenintensiven Aufgaben mit Ausnahme von Spielen hauptsächlich für Grafikanwendungen, Computer Aided Design, Softwareentwicklung sowie finanzwirtschaftliche und wissenschaftliche Anwendungen genutzt wird, und der speziell als tragbares Gerät und für den längeren Betrieb mit oder ohne direkten Anschluss an eine Wechselstromquelle konzipiert ist. Mobile Workstations haben ein integriertes Anzeigegerät und können mit einem integrierten Akku oder einer anderen tragbaren Stromquelle betrieben werden. Die meisten mobilen Workstations verfügen über ein externes Netzteil sowie eine integrierte Tastatur und ein integriertes Zeigegerät.
7. „Small-Scale-Server“ bezeichnet eine Computer-Art, die in der Regel Desktop-Computer-Komponenten im Desktopgeräteformat verwendet, jedoch in erster Linie als Speicherhost für andere Computer und zur Ausführung von Funktionen wie der Bereitstellung von Netzinfrastrukturdiensten und dem Daten-/Medien-Hosting bestimmt ist und
   a) als Standgerät, Turmgerät oder in einem sonstigen Format ausgelegt ist, das dem Format von Desktop-Computern ähnelt, so dass alle Datenverarbeitungs-, Speicher- und Netzschnittstellenkomponenten in einem Gehäuse untergebracht sind;
   b) die für den Betrieb 24 Stunden pro Tag an 7 Tagen in der Woche ausgelegt ist;
   c) die in erster Linie für den Simultanbetrieb in einer Mehrbenutzer-Umgebung ausgelegt ist, in der mehrere Benutzer an vernetzten Client-Geräten arbeiten können;
   d) die über ein Betriebssystem verfügt, das für Heimserver oder Serveranwendungen im unteren Leistungsbereich ausgelegt ist, sofern das Gerät mit einem Betriebssystem in Verkehr gebracht wird.
8. „Dockingstation“ bezeichnet ein separates Produkt, das an einen Computer angeschlossen wird und dazu dient, Funktionen wie z.B. die Erweiterung der Anschlussmöglichkeiten oder das Zusammenlegen von Anschlüssen für Peripheriegeräte zu übernehmen. Dockingstations können auch das Laden von internen Akkus im angeschlossenen Computer erleichtern.
9. „Externes Netzteil“ bezeichnet ein Gerät, das dafür konzipiert ist, Wechselstrom (AC) aus dem Stromnetz in Wechselstrom (AC) oder Gleichstrom (DC) niedrigerer Spannung umzuwandeln; das die Umwandlung jeweils nur in eine Gleichstrom- oder eine Wechselstromausgangsspannung vornehmen kann; das zum Betrieb mit einem separaten Gerät – dem Primärverbraucher – bestimmt ist; das sich in einem vom Primärverbraucher physisch getrennten Gehäuse befindet; das über einen abnehmbaren oder fest verdrahteten elektrischen Anschluss mit Stecker und Kupplung, ein Kabel, eine Litze oder eine sonstige Verdrahtung mit dem Primärverbraucher verbunden ist und das über eine Ausgangsleistung laut Typenschild von höchstens 250 Watt verfügt.

10. „Peripherie-Geräte“ sind alle Geräte, die nach dem EVA-Prinzip (Eingabe-Verarbeitung-Ausgabe) zur Ein- und Ausgabe von Daten genutzt werden. Peripheriegeräte lassen sich funktional in drei Gruppen gliedern:
    a) Eingabegeräte: Tastatur, Maus, Grafiktablett, Scanner, Kamera, Mikrofon, Headset, u.Ä.;
    b) Externe Speicher: Festplatte, DVD-/CD-Laufwerk, Flash Speicher (USB-Stick), Bandlaufwerke (Streamer)
    c) Ausgabegeräte: Beamer, Plotter, Headset, Lautsprecher und „Computer-Bildschirm“ oder auch Monitor oder Display (dient der Darstellung der Benutzeroberfläche und der Datenausgabe) sowie „Drucker“ (Geräte, die Computerdaten in graphischer Form auf Papier oder Folien bringen, Non-Impact-Drucker [anschlagfrei, Laserdrucker, Tintenstrahldrucker] und Impact-Drucker [Nadeldrucker]).

4 Die in der Rz. 3 unter Nr. 1 bis 7 aufgeführte Computerhardware wird nur unter der Voraussetzung von Rz. 2 erfasst, dass gemäß Anhang II der Verordnung (EU) Nr. 617/2013 der Kommission vom 26. Juni 2013 zur Durchführung der Richtlinie 2009/125/EG des Europäischen Parlaments und des Rates im Hinblick auf die Festlegung von Anforderungen an die umweltgerechte Gestaltung von Computern und Computerservern (ABl. L 175 vom 27. Juni 2013, S. 13) eine Kennzeichnungspflicht des Herstellers besteht, wonach die Produktart nach Art. 2 der EU-Verordnung in den technischen Unterlagen anzugeben ist. Die Aufzählung für die Computerhardware ist insoweit abschließend. Die Identifizierung der Peripheriegeräte ist in enger Anlehnung an die in der Rz. 3 Nr. 10 aufgeführten Geräte vorzunehmen, ohne dass die Aufzählung abschließend ist.

5 Der Begriff „Software“ im Sinne dieses Schreibens erfasst die Betriebs- und Anwendersoftware zur Dateneingabe und -verarbeitung. Dazu gehören auch die nicht technisch physikalischen Anwendungsprogramme eines Systems zur Datenverarbeitung, sowie neben Standardanwendungen auch auf den individuellen Nutzer abgestimmte Anwendungen wie ERP-Software, Software für Warenwirtschaftssysteme oder sonstige Anwendungssoftware zur Unternehmensverwaltung oder Prozesssteuerung.

## III. Anwendung

6 Dieses Schreiben findet erstmals Anwendung in Gewinnermittlungen für Wirtschaftsjahre, die nach dem 31. Dezember 2020 enden. In Gewinnermittlungen nach dem 31. Dezember 2020 können die Grundsätze dieses Schreibens auch auf entsprechende Wirtschaftsgüter angewandt werden, die in früheren Wirtschaftsjahren angeschafft oder hergestellt wurden und bei denen eine andere als die einjährige Nutzungsdauer zugrunde gelegt wurde.

7 Für Wirtschaftsgüter des Privatvermögens, die zur Einkünfteerzielung verwendet werden, gilt Rz. 6 ab dem Veranlagungszeitraum 2021 entsprechend.

8 Die Regelungen des BMF-Schreibens vom 18. November 2005 (BStBl. I S. 1025) sowie die Regelung unter 6.14.3.2 des BMF-Schreibens vom 15. Dezember 2000 (AfA-Tabelle für die allgemein verwendbaren Anlagegüter – BStBl. 2000 I S. 1532) sind letztmals für Wirtschaftsjahre anzuwenden, die vor dem 1. Januar 2021 enden.

Dieses Schreiben ersetzt das BMF-Schreiben vom 26. Februar 2021 (BStBl. I S. 298).

# 1 § 7/5. Schreiben betr. Absetzung für Abnutzung (AfA) von Gebäuden nach der kürzeren tatsächlichen Nutzungsdauer (§ 7 Abs. 4 Satz 2 Einkommensteuergesetz)

Vom 22. Februar 2023

BMF IV C 3 - S 2196/22/10006 :005; DOK 2023/0158670
(BStBl. I S. 332)

Mit BFH-Urteil vom 28. Juli 2021 IX R 25/19, BFH/NV 2022 S. 108, hat der Bundesfinanzhof (BFH) entschieden, dass Steuerpflichtige, die sich nach § 7 Abs. 4 Satz 2 Einkommensteuergesetz (EStG) auf eine kürzere tatsächliche Nutzungsdauer des Gebäudes berufen, sich jeder Darlegungsmethode bedienen können, die im Einzelfall zur Führung des erforderlichen Nachweises geeignet erscheint, soweit daraus Rückschlüsse auf die maßgeblichen Determinanten (z.B. technischer Verschleiß, wirtschaftliche Entwertung, rechtliche Nutzungsbeschränkungen) möglich sind.

Unter Bezugnahme auf das Ergebnis der Erörterungen mit den obersten Finanzbehörden der Länder gelten für die Inanspruchnahme der AfA nach der kürzeren tatsächlichen Nutzungsdauer folgende Grundsätze:

**Anwendungsregelung**

Dieses Schreiben ist ab dem Zeitpunkt seiner Bekanntgabe im Bundessteuerblatt (BStBl.) auf alle offenen Fälle anzuwenden.

### 1. AfA von Gebäuden nach typisierten festen AfA-Sätzen

Gemäß § 7 Abs. 4 Satz 1 und § 52 Abs. 15 EStG gelten für die lineare AfA von 1
zur Einkünfteerzielung genutzten Gebäuden typisierte feste Prozentsätze (AfA-Sätze), die in Abhängigkeit von der Nutzungsart (Betriebsgebäude, soweit nicht zu Wohnzwecken genutzt, oder andere) und dem Zeitpunkt der Fertigstellung oder der Stellung des Bauantrages oder des rechtswirksamen Abschlusses des obligatorischen Vertrags 2 oder 2,5 oder 3 oder 4 Prozent betragen. Der jeweils für ein Gebäude anzusetzende AfA-Satz ist unabhängig von der tatsächlichen Nutzungsdauer des Gebäudes und auch unabhängig vom tatsächlichen Alter des Gebäudes anzuwenden. Er gilt daher auch für die Abschreibung einer erworbenen Bestandsimmobilie. Die AfA-Zeiträume für die einzelnen AfA-Sätze sind nicht gleichbedeutend mit der Gesamtnutzungsdauer im Sinne des Bewertungsgesetzes bzw. der Immobilienwertermittlungsverordnung (ImmoWertV). In der Regel wird die tatsächliche Nutzungsdauer eines Gebäudes länger als der AfA-Zeitraum sein.

### 2. AfA von Gebäuden nach der kürzeren tatsächlichen Nutzungsdauer

Ist die tatsächliche Nutzungsdauer bei einem Gebäude kürzer als die sich aus 2
der Anwendung des AfA-Satzes ergebende Nutzungsdauer, kann – in begründeten Ausnahmefällen – anstelle der AfA nach § 7 Abs. 4 Satz 1 EStG die der tatsächlichen Nutzungsdauer entsprechende AfA vorgenommen werden (§ 7 Abs. 4 Satz 2 EStG).

Den Steuerpflichtigen steht insoweit die Option zu, die Abschreibung nach der tatsächlichen Nutzungsdauer statt nach typisierten festen AfA-Sätzen vorzunehmen.

3 Nutzungsdauer i.S.d. § 7 Abs. 4 Satz 2 EStG ist gemäß § 11c Abs. 1 Satz 1 Einkommensteuer-Durchführungsverordnung (EStDV) der Zeitraum, in dem ein Gebäude voraussichtlich seiner Zweckbestimmung entsprechend genutzt werden kann.

4 Die AfA nach § 7 Abs. 4 Satz 2 EStG setzt voraus, dass die tatsächliche Nutzungsdauer

- bei einem Gebäude, das zu einem Betriebsvermögen gehört und nicht Wohnzwecken dient und
  - für das der Bauantrag/obligatorische Vertrag nach dem 31. März 1985 und vor dem 1. Januar 2001 gestellt/rechtswirksam abgeschlossen wurde, weniger als 25 Jahre (§ 52 Abs. 15 EStG) oder
  - für das der Bauantrag/obligatorische Vertrag nach dem 31. Dezember 2000 gestellt/rechtswirksam abgeschlossen wurde, weniger als 33 1/3 Jahre (§ 7 Abs. 4 Satz 1 Nr. 1; § 52 Abs. 15 EStG),
- bei einem Gebäude, das die oben genannten Voraussetzungen nicht erfüllt und
  - das nach dem 31. Dezember 2022 fertiggestellt wurde, weniger als 33 1/3 Jahre (sinngemäße Anwendung von § 7 Abs. 4 Satz 2 EStG in den Fällen des § 7 Abs. 4 Satz 1 Nr. 2 Buchst. a EStG),
  - das vor dem 1. Januar 2023 und nach dem 31. Dezember 1924 fertiggestellt wurde, weniger als 50 Jahre (§ 7 Abs. 4 Satz 1 Nr. 2 Buchst. b EStG) oder
  - das vor dem 1. Januar 1925 fertiggestellt wurde, weniger als 40 Jahre (§ 7 Abs. 4 Satz 1 Nr. 2 Buchst. c EStG)

beträgt.

5 Ob der AfA eine die gesetzlich vorgesehenen, typisierten Zeiträume (§ 7 Abs. 4 Satz 1 EStG) unterschreitende kürzere tatsächliche Nutzungsdauer i.S.d. § 7 Abs. 4 Satz 2 EStG zugrunde gelegt werden kann, beurteilt sich nach den tatsächlichen Verhältnissen des Einzelfalls.

### 3. Rechtfertigungsgründe für eine AfA nach der kürzeren tatsächlichen Nutzungsdauer

6 Für die Bemessung der linearen Gebäude-AfA nach der kürzeren tatsächlichen Nutzungsdauer bedarf es einer konkreten Rechtfertigung auf Grund der objektiven Gegebenheiten. Entscheidend ist, ob das Gebäude vor Ablauf des sich aus § 7 Abs. 4 Satz 1 oder § 52 Abs. 15 EStG ergebenden AfA-Zeitraums objektiv betrachtet technisch oder wirtschaftlich verbraucht ist.

7 Bei Anwendung des § 7 Abs. 4 Satz 2 EStG ist die kürzere tatsächliche Nutzungsdauer – prognostisch – zu bestimmen; dabei sind auch ungewisse künftige Ereignisse zu berücksichtigen. Der Bestimmung der kürzeren tatsächlichen Nutzungsdauer ist eine an der größtmöglichen Wahrscheinlichkeit orientierte Schätzung zu Grunde zu legen. Hierbei finden alle – von den Steuerpflichtigen darzulegenden (BFH-Urteil vom 28. September 1971 VIII R 73/68, BStBl. 1972 II S. 176; BFH-Beschluss vom 22. April 2013 IX B 181/12, BFH/NV S. 1267) – technischen und wirtschaftlichen Umstände des betreffenden Gebäudes Berücksichtigung.

Bei der Glaubhaftmachung der kürzeren tatsächlichen Nutzungsdauer sind die Steuerpflichtigen in erhöhtem Maße zur Mitwirkung verpflichtet, weil die bei der Schätzung zu berücksichtigenden Faktoren im Einfluss- und Wissensbereich der Steuerpflichtigen liegen. 8

**Abbruchabsicht**

Die Absicht, ein zunächst noch genutztes Gebäude abzubrechen oder zu veräußern, rechtfertigt es nicht, eine kürzere Nutzungsdauer des Gebäudes zugrunde zu legen (BFH-Urteil vom 15. Dezember 1981 VIII R 116/79, BStBl. 1982 II S. 385). Eine Verkürzung der Nutzungsdauer kann erst angenommen werden, wenn die Gebäudeabbruchvorbereitungen soweit gediehen sind, dass die weitere Nutzung in der bisherigen oder einer anderen Weise so gut wie ausgeschlossen ist (BFH-Urteil vom 8. Juli 1980 VIII R 176/78, BStBl. II S. 743). Die der tatsächlichen Nutzungsdauer entsprechende AfA kann erst vorgenommen werden, wenn der Zeitpunkt der Nutzungsbeendigung des Gebäudes fest steht, z.B. weil sich die Steuerpflichtigen verpflichtet haben, das Gebäude zu einem bestimmten Zeitpunkt abzubrechen (BFH-Urteil vom 22. August 1984 I R 198/80, BStBl. 1985 II S. 126). 9

### 3.1. Besondere Betriebsgebäude und bestimmte Gebäudeteile, die selbständige unbewegliche Wirtschaftsgüter sind

Als Gebäude unterliegen auch die in den Randnummern 11 bis 14 angeführten besonderen Betriebsgebäude und Gebäudeteile grundsätzlich der AfA nach typisierten festen AfA-Sätzen. Allerdings kann für diese auch eine kürzere Nutzungsdauer angenommen werden, ohne dass hierfür eine gesonderte Nachweispflicht besteht. 10

Für bestimmte betrieblich genutzte Gebäude (z.B. Hallen in Leichtbauweise oder bei Ställen und Schuppen) kann sich jeweils in Abhängigkeit von der Bauart, der Bauweise und der Nutzung aus den amtlichen AfA-Tabellen eine kürzere Nutzungsdauer ergeben. 11

Die Abschreibung kann auch bei bestimmten Gebäudeteilen, die selbständige unbewegliche Wirtschaftsgüter sind (z.B. Ladeneinbauten, Schaufensteranlagen und Gaststätteneinbauten, soweit sie keine Betriebsvorrichtungen oder Scheinbestandteile sind, und sonstige selbständige unbewegliche Gebäudeteile (R 4.2 Abs. 3 Satz 3 EStR)), nach den in den amtlichen AfA-Tabellen (BMF-Schreiben vom 15. Dezember 2000, BStBl. I S. 1532) enthaltenen Richtwerten bemessen werden (§ 7 Abs. 5a i.V.m. § 7 Abs. 4 Satz 2 EStG). 12

Berufen sich die Steuerpflichtigen auf die in den AfA-Tabellen enthaltenen Richtwerte, sind diese anzusetzen. Wer eine von den amtlichen AfA-Tabellen abweichende Nutzungsdauer geltend macht, hat entsprechende Gründe substantiiert vorzutragen (BFH-Urteil vom 14. April 2011 IV R 46/09, BStBl. II S. 696). 13

Bei Mietereinbauten und -umbauten (R 4.2 Abs. 3 Satz 3 Nr. 4 EStR) kann sich abweichend zu den für das Gebäude geltenden typisierten AfA-Sätzen eine kürzere tatsächliche Nutzungsdauer aufgrund einer ggf. kürzeren Mietdauer ergeben. 14

### 3.2. Gebäude, bei denen die objektiven Umstände im Einzelfall eine kürzere tatsächliche Nutzungsdauer vermuten lassen

Bei Gebäuden, bei denen die objektiven Umstände im Einzelfall eine kürzere tatsächliche Nutzungsdauer vermuten lassen als die sich aus der Anwendung 15 des typisierten festen AfA-Satzes ergebende Nutzungsdauer, kann – in begründeten Ausnahmefällen – anstelle der AfA nach § 7 Abs. 4 Satz 1 EStG die der tatsächlichen Nutzungsdauer entsprechende AfA vorgenommen werden (§ 7 Abs. 4 Satz 2 EStG). Den Steuerpflichtigen steht insoweit unter Erbringung eines Einzelnachweises die Option zu, die Abschreibung nach der tatsächlichen Nutzungsdauer statt nach typisierten festen AfA-Sätzen vorzunehmen (Randnummern 17 ff.).

**16** Die AfA von Musterhäusern erfolgt in der Regel nach § 7 Abs. 4 Satz 1 EStG. Für die AfA nach § 7 Abs. 4 Satz 2 EStG ist zu beachten, dass auch der Zeitraum einer nach dem Ausscheiden aus dem Betrieb sich voraussichtlich anschließenden Nutzung des Hauses als Wohngebäude einzubeziehen ist. Das gilt auch für auf fremdem Grund und Boden errichtete Fertighäuser, die zum Zwecke der Veräußerung demontiert und andernorts wiederaufgebaut werden müssen (BFH-Urteil vom 23. September 2008 I R 47/07, BStBl. 2009 II S. 986).

### 4. Maßgebliche Kriterien für die Schätzung einer kürzeren tatsächlichen Nutzungsdauer

**17** Nach ständiger höchstrichterlicher Rechtsprechung wird die zu schätzende kürzere tatsächliche Nutzungsdauer durch bestimmte Einflussfaktoren bestimmt (sog. maßgebliche Determinanten). Zu diesen Einflussfaktoren gehören:

- der technische Verschleiß,
- die wirtschaftliche Entwertung sowie
- rechtliche Gegebenheiten, welche die Nutzungsdauer eines Gegenstands begrenzen können.

**18** Auszugehen ist regelmäßig von der technischen Nutzungsdauer, also dem Zeitraum, in dem sich das Gebäude substanztechnisch abnutzt. Technische und wirtschaftliche Nutzungsdauer fallen in der Regel zusammen. Sofern die wirtschaftliche Nutzungsdauer ausnahmsweise kürzer als die technische Nutzungsdauer ist, können sich die Steuerpflichtigen hierauf berufen (BFH-Urteile vom 28. Juli 2021 IX R 25/19, BFH/NV 2022 S. 108; vom 19. November 1997 X R 78/94, BStBl. 1998 II S. 59; vom 18. September 2003 X R 54/01, BFH/NV 2004 S. 474, m.w.N.).

**19** Ausgangspunkt für die Beurteilung des technischen Verschleißes ist die Nutzungsdauer der Tragstruktur des Bauwerks (Dachkonstruktion, tragende Innen- und Außenwände, Geschossdecken und Fundament) als Hauptbestandteil des Gebäudes. Für die Annahme einer kürzeren technischen Nutzungsdauer genügt es nicht, dass lediglich einzelne unselbständige Teile des Gebäudes zur Erneuerung oder Ersetzung anstehen. Dies gilt auch dann nicht, wenn der Aufwand zu einer wesentlichen Verbesserung des Gebäudes führt und steuerlich den Herstellungskosten zuzurechnen ist (BMF-Schreiben vom 18. Juli 2003, BStBl. I S. 386)[1].

**20** Erforderlich ist vielmehr, dass durch technischen Verschleiß der tragenden Teile, d.h. insbesondere der Tragstruktur des Bauwerks, das Gebäude in seiner Gesamtheit in seiner Nutzungsfähigkeit beeinträchtigt ist (BFH-Beschluss vom 10. Juli 2015 IX B 34/15, BFH/NV S. 1429).

---

[1] Nr. **1** § 21/8.

Eine mit wirtschaftlicher Entwertung begründete kürzere tatsächliche Nutzungsdauer kann der AfA nur zugrunde gelegt werden, wenn das Gebäude vor Ablauf der technischen Nutzungsdauer objektiv wirtschaftlich verbraucht ist, d.h., wenn die Möglichkeit einer wirtschaftlich sinnvollen (anderweitigen) Nutzung oder Verwertung endgültig entfallen ist (BFH-Urteil vom 4. März 2008 IX R 16/07, BFH/NV S. 1310). **21**

**5. Nachweismethoden**

Der Nachweis einer kürzeren tatsächlichen Nutzungsdauer i.S.d. § 7 Abs. 4 **22** Satz 2 EStG ist durch Vorlage eines Gutachtens eines öffentlich bestellten und vereidigten Sachverständigen für die Bewertung von bebauten und unbebauten Grundstücken oder von Personen, die von einer nach DIN EN ISO/IEC 17024 akkreditierten Stelle als Sachverständige oder Gutachter für die Wertermittlung von Grundstücken nach entsprechender Norm zertifiziert worden sind, zu erbringen.

Im Rahmen des Nachweises ist der Zustand des Gebäudes in seinen die Nut- **23** zungsdauer bestimmenden Elementen (Tragstruktur des Bauwerks) darzustellen und begründet darzulegen, weshalb am Ende der geltend gemachten (kürzeren) Nutzungsdauer voraussichtlich keine wirtschaftlich sinnvolle (anderweitige) Nachfolgenutzung mehr möglich ist und kein Restwert mehr vorhanden ist. Ein Bausubstanzgutachten im Sinne des sog. ERAB-Verfahrens (Verfahren zur Ermittlung des Abnutzungsvorrats von Baustoffen) ist nicht zwingend erforderlich, kann aber hilfreiche Anhaltspunkte zur Beurteilung des Einzelfalls enthalten (BFH-Urteil vom 28. Juli 2021 IX R 25/19, BFH/NV 2022 S. 108).

Die bloße Übernahme einer Restnutzungsdauer aus einem Verkehrswertgut- **24** achten ist nicht als Nachweis einer kürzeren tatsächlichen Nutzungsdauer i.S.d. § 7 Abs. 4 Satz 2 EStG geeignet. Auch der alleinige Verweis auf die Modellansätze für die Gesamtnutzungsdauer in Verbindung mit dem Modell zur Ermittlung der Restnutzungsdauer bei Modernisierungen nach der Anlage 1 und 2 der Immobilienwertermittlungsverordnung[1] ist nicht ausreichend. Der Gutachtenzweck muss sich ausdrücklich auf den Nachweis einer kürzeren tatsächlichen Nutzungsdauer richten und zwingend die maßgeblichen Determinanten (Randnummer 17) berücksichtigen. Hierbei ist auch eine mögliche Nachfolgenutzung des Gebäudes und deren Auswirkung auf die Nutzungsdauer einzubeziehen. Die Restnutzungsdauer und die Gesamtnutzungsdauer nach der ImmoWertV entsprechen nicht der tatsächlichen Gesamt- bzw. Restnutzungsdauer eines einzelnen Gebäudes, sondern sind Modellansätze, die nur im Gesamtkontext einer Verkehrswertermittlung zu sachgerechten Ergebnissen führen. Eine isolierte Verwendung der Modelle bzw. Modellansätze der ImmoWertV bzw. der Anlagen zur ImmoWertV für Zwecke des Nachweises einer kürzeren tatsächlichen Nutzungsdauer i.S.d. § 7 Abs. 4 Satz 2 EStG ist nicht sachgerecht.

[1] **Amtl. Anm.:** Vormals Anlage 3 und 4 der Sachwertrichtlinie vom 5. September 2012, BAnz AT 18.10.2012 B1.

# I § 7/6. Schreiben betr. Absetzungen für Abnutzung eines in der Ergänzungsbilanz eines Mitunternehmers aktivierten Mehrwerts für ein bewegliches Wirtschaftsgut; Anwendung des BFH-Urteils vom 20. November 2014 IV R 1/11 (BStBl. 2017 II S. 34)

Vom 19. Dezember 2016 (BStBl. 2017 I S. 34)

(BMF IV C 6 – S 2241/15/10005; DOK 2016/1123341)

Mit BFH-Urteil vom 20. November 2014 IV R 1/11 (BStBl. 2017 II S. 34) wurde entschieden, dass anlässlich eines Gesellschafterwechsels und der Aufstellung einer positiven Ergänzungsbilanz für den Erwerber des Anteils an einer Mitunternehmerschaft die AfA eines abnutzbaren Wirtschaftsguts des Gesellschaftsvermögens auf die im Zeitpunkt des Anteilserwerbs geltende Restnutzungsdauer vorzunehmen ist. Zugleich – so der BFH – stehen dem Gesellschafter die Abschreibungswahlrechte zu, die auch ein Einzelunternehmer in Anspruch nehmen könnte, wenn er ein entsprechendes Wirtschaftsgut im Zeitpunkt des Anteilserwerbs angeschafft hätte. Der BFH folgt in dem Streitfall im Ergebnis zwar der Auffassung des beklagten Finanzamts und wendet für die in der Ergänzungsbilanz erfassten (Mehr-)Anschaffungskosten (AK) eigene, von der Gesellschaftsbilanz (Gesamthandsbilanz) unabhängige Abschreibungsregeln an. Die Ausführungen des BFH könnten aber so zu verstehen sein, dass sich diese (eigenen) Abschreibungsregeln nur auf die in der Ergänzungsbilanz ausgewiesenen AK, also nur auf den Mehrwert (= aufgedeckte stille Reserven) beziehen, so dass die in der Gesellschaftsbilanz sich auswirkenden AfA-Beträge dabei unberührt bleiben. Spezielle Ausführungen dazu sind dem Urteil allerdings nicht zu entnehmen.

Zur Berechnung der AfA anlässlich eines Gesellschafterwechsels bei einer Mitunternehmerschaft und – in Abgrenzung hierzu – zur Berechnung der AfA bei Einbringungsvorgängen nach § 24 UmwStG nehme ich unter Bezugnahme auf das Ergebnis der Erörterungen mit den obersten Finanzbehörden der Länder wie folgt Stellung:

## 1. Fälle des Gesellschafterwechsels

Tragendes Argument für den BFH ist es, den Erwerber des Mitunternehmeranteils soweit wie möglich einem Einzelunternehmer, dem AK für entsprechende Wirtschaftsgüter entstanden sind, gleichzustellen. Erwirbt ein Einzelunternehmer einen Betrieb, sind nach § 6 Abs. 1 Nr. 7 EStG die Wirtschaftsgüter höchstens mit den Anschaffungs- oder Herstellungskosten (AK/HK) anzusetzen. Die AK/HK sind auch die Bemessungsgrundlage für die AfA nach § 7 EStG. Übertragen auf den Erwerb eines Mitunternehmeranteils bei gleichzeitiger Aufstellung einer positiven Ergänzungsbilanz sind für die AfA die auf das jeweils (anteilig) erworbene Wirtschaftsgut entfallenden (gesamten) AK maßgebend. Zu diesen (gesamten) AK gehört aber nicht nur ein in der

Ergänzungsbilanz ausgewiesener Mehrwert, sondern auch der in der Gesellschaftsbilanz ausgewiesene anteilige (auf den Erwerber des Mitunternehmeranteils entfallende) Buchwert. Die (eigene) AfA des Erwerbers des Mitunternehmeranteils bezieht sich also nicht nur isoliert auf die in der Ergänzungsbilanz ausgewiesenen AK, sondern erfasst auch in der Gesellschaftsbilanz angesetzte AK/HK. Hinsichtlich der AfA-Höhe sind zudem die im Zeitpunkt des Erwerbs für den abschreibungsberechtigten Gesellschafter anwendbaren Abschreibungswahlrechte sowie AfA-Sätze (vgl. auch BMF-Schreiben vom 5. August 2002, BStBl. I S. 710) zu beachten.

**Beispiel 1 (abnutzbares bewegliches Wirtschaftsgut):**

A erwirbt am 1. 1. 01 zum Preis von 35 000 einen 50 %igen Mitunternehmeranteil an einer KG, zu deren Betriebsvermögen ausschließlich ein abnutzbares Wirtschaftsgut mit einem Buchwert von 20 000 gehört (ursprüngliche AK 100 000, bisher linear auf eine Nutzungsdauer von 10 Jahren abgeschrieben, d. h. jährlicher Abschreibungsbetrag 10 000). Im Zeitpunkt des Erwerbs des Mitunternehmeranteils beträgt die Nutzungsdauer für das gebrauchte Wirtschaftsgut noch 5 Jahre. In einer Ergänzungsbilanz des A auf den Erwerbszeitpunkt ist ein Mehrbetrag von 25 000 (Kaufpreis 35 000 ./. anteiliger Buchwert 10 000) auszuweisen.

**Lösung:**

A hat AK i. H. v. 35 000 für den Erwerb des Anteils an dem Wirtschaftsgut aufgewendet, wovon 10 000 in der Gesellschaftsbilanz und 25 000 in der Ergänzungsbilanz auszuweisen sind.

| | |
|---|---|
| AfA-Anteil des A gesamt: AK gesamt 35 000 × 1/5 = | 7000 |
| Bereits in der Gesellschaftsbilanz berücksichtigte AfA (1/2 von 10 000) | ./. 5000 |
| Noch in der Ergänzungsbilanz zu berücksichtigende AfA | 2000 |

**Beispiel 2 (Gebäude):**

A erwirbt am 1. 1. 01 zum Preis von 360 000 einen 50 %igen Mitunternehmeranteil an einer KG, zu deren Betriebsvermögen ausschließlich ein bebautes Grundstück mit einem Buchwert für den Grund und Boden von 100 000 (enthält keine stillen Reserven) und dem Gebäude von 420 000 (stille Reserven 200 000, ursprüngliche Anschaffungskosten 700 000, AfA-Satz nach § 7 Abs. 4 Satz 1 Nr. 1 EStG = 3 %, Restnutzungsdauer 40 Jahre) gehört. In einer Ergänzungsbilanz des A auf den Erwerbszeitpunkt ist ein Mehrbetrag für das Gebäude von 100 000 (Kaufpreis Gebäude 310 000 ./. anteiliger Buchwert Gebäude 210 000) auszuweisen.

**Lösung:**

A hat Anschaffungskosten i. H. v. 310 000 für den Erwerb des Anteils an dem Gebäude aufgewendet, wobei 210 000 in der Gesamthandsbilanz und 100 000 in der Ergänzungsbilanz auszuweisen sind. Aufgrund der im Vergleich zur in der Gesamthandsbilanz maßgeblichen AfA-Bemessungsgrundlage (= ursprüngliche Anschaffungskosten) ergibt sich somit – bei gleichbleibendem AfA-Satz – in der Ergänzungsbilanz eine Minder-AfA. Die Minder-AfA führt zu einer jährlichen Erhöhung des Mehrwerts für das Gebäude in der Ergänzungsbilanz.

| | |
|---|---|
| AfA-Anteil des A gesamt:<br>310 000 × 3 % (§ 7 Abs. 4 Satz 1 Nr. 1 EStG) = | 9300 |
| Bereits in der Gesamthandsbilanz berücksichtigte AfA (1/2 von 3 % von 700 000) = | 10 500 |
| Minder-AfA in der Ergänzungsbilanz | ./. 1200 |

Korrespondierend zu den Fällen, in denen – wie in den Beispielsfällen 1 und 2 – bei einem Mitunternehmerwechsel die Anschaffungskosten für das jeweilige Wirtschaftsgut über dem (anteiligen) Buchwert der Gesellschaftsbilanz liegen, ist auch in den Fällen, in denen bei einem Mitunternehmerwechsel die Anschaffungskosten für das jeweilige Wirtschaftsgut unter dem (anteiligen) Buchwert der Gesellschaftsbilanz liegen, die vom BFH herausgestellte Gleichbehandlung mit einem Einzelunternehmer zu beachten. Danach sind für die dem Mitunternehmer zustehenden AfA-Beträge ausschließlich seine eigenen Anschaffungskosten und die im Anschaffungszeitpunkt neu zu schätzende Restnutzungsdauer maßgebend; die bei Abstockungen im Rahmen des § 24 UmwStG geltenden Grundsätze zur Ermittlung des Korrekturbetrags können in diesen Fällen nicht angewandt werden (zur Abschreibung von Mehr- oder Minderwerten in einer Ergänzungsbilanz bei Einbringungsvorgängen nach § 24 UmwStG siehe nachfolgend unter 2).

**2. Einbringungsvorgänge nach § 24 UmwStG**

Hinsichtlich der Abschreibung von Mehr- oder Minderwerten in einer Ergänzungsbilanz im Rahmen von Einbringungsvorgängen nach § 24 UmwStG ergeben sich – mit Ausnahme der Fälle des § 24 Abs. 4 i. V. m. § 23 Abs. 4 1. Halbs. UmwStG – keine Änderungen durch das BFH-Urteil vom 20. November 2014 IV R 1/11 (BStBl. 2017 II S. 34). Hier verbleibt es bei der in der Ergänzungsbilanz – parallel zur Abschreibung in der Gesamthandsbilanz – vorzunehmenden gesellschafterbezogenen Korrektur der dem einbringenden Gesellschafter hinsichtlich seiner höheren oder geringeren Anschaffungskosten gegenüber der Gesamthandsbilanz zuzuordnenden zu niedrigen oder zu hohen Abschreibung (vgl. BFH-Urteil vom 28. September 1995, BStBl. 1996 II S. 68).

# I § 7/7. Schreiben betr. Sonderabschreibungen nach den *§§ 3 und 4 FördG*[1] und degressive AfA nach § 7 Abs. 5 EStG bei Baumaßnahmen an einem Dachgeschoß

Vom 10. Juli 1996 (BStBl. I S. 689)

(BMF IV B 3 – S 1988 – 80/96)

Unter Bezugnahme auf das Ergebnis der Erörterungen mit den obersten Finanzbehörden der Länder gelten bei Baumaßnahmen an einem Dachgeschoß für die Inanspruchnahme der Sonderabschreibungen nach den §§ 3 und 4 FördG und der degressiven AfA nach § 7 Abs. 5 EStG die folgenden Grundsätze:

## I. Baumaßnahmen an einem Dachgeschoß

Baumaßnahmen an einem Dachgeschoß im Sinne der folgenden Grundsätze sind 1

1. der Ausbau des unausgebauten Dachgeschosses (im folgenden „Dachboden"),
2. der Umbau des ausgebauten Dachgeschosses sowie
3. die Erweiterung eines Gebäudes durch Aufstockung.

Die Grundsätze gelten bei Baumaßnahmen an Gebäuden, an Gebäudeteilen im Sinne der R 13 Abs. 4 EStR 1993[2] und an Eigentumswohnungen sowie an im Teileigentum stehenden Räumen.

Wird das Wohnungseigentum oder Teileigentum erst nach Beendigung der Baumaßnahmen begründet so sind die Baumaßnahmen dem ungeteilten Gebäude oder dem Gebäudeteil im Sinne der *R 13 Abs. 4 EStR 1993*[2] zuzuordnen. Der Steuerpflichtige kann aber die Baumaßnahmen den Eigentumswohnungen oder den im Teileigentum stehenden Räumen zuordnen, wenn er die Teilungserklärung gegenüber dem Grundbuchamt (§ 8 WEG) bis zur Beendigung der Baumaßnahme abgegeben hat.

Ein Dachboden ist der Teil der im Dachgeschoß befindlichen Räumlichkeiten, der weder zum dauernden Aufenthalt von Menschen geeignete Räume noch Nebenräume enthält und deren Grundfläche deshalb nicht in die Wohnflächenberechnung einzubeziehen ist (vgl. § 17 Abs. 1 II. WoBauG in Verbindung mit § 42 Abs. 4 Nr. 1 der II. Berechnungsverordnung). Ein Ausbau des Dachbodens liegt vor, wenn die genannten Räumlichkeiten durch Baumaßnahmen in Wohnraum umgewandelt werden. 2

[1] FördG aufgeh. mit Ablauf 14. 7. 2016 durch Art. 68 des G v. 8. 7. 2016 (BGBl. I S. 1594).

[2] Jetzt R 4.2 Abs. 4 EStR.

Ein ausgebautes Dachgeschoß ist der Teil des Dachgeschosses, der in die Wohnflächenberechnung einzubeziehen ist (vgl. § 42 Abs. 1 bis 3 der II. Berechnungsverordnung). Ein Umbau des ausgebauten Dachgeschosses liegt vor, wenn die genannten Räumlichkeiten durch Baumaßnahmen in Wohnraum umgewandelt werden. 3

4 Eine Aufstockung ist die Erweiterung eines Wohngebäudes um ein weiteres Geschoß.

5 Die Tz. 1 bis 4 gelten entsprechend bei Baumaßnahmen an einem Dachgeschoß, das anderen als Wohnzwecken dient oder zu dienen bestimmt ist.

## II. Baumaßnahmen als nachträgliche Herstellungsarbeiten

6 Baumaßnahmen zum Ausbau eines Dachbodens sowie für die Aufstockung eines Gebäudes sind nachträgliche Herstellungsarbeiten, soweit das ausgebaute oder aufgestockte Dachgeschoß in dem gleichen Nutzungs- und Funktionszusammenhang wie das übrige Gebäude steht. Die durch die Baumaßnahmen entstandenen Aufwendungen sind nachträgliche Herstellungskosten, für die die *Sonderabschreibungen nach § 4 Abs. 1 FördG*[1] und die *Abschreibung des Restwerts nach § 4 Abs. 3 FördG*[1] in Betracht kommen; die degressive AfA nach § 7 Abs. 5 EStG kann nicht in Anspruch genommen werden.[2]

**Beispiel 1:**

Der Steuerpflichtige ist Eigentümer eines Mehrfamilienhauses, dessen Wohnungen er zu Wohnzwecken vermietet hat. Er baut den als Trockenraum genutzten Dachboden zu einer weiteren Wohnung aus, die er ebenfalls vermietet.

Die neu geschaffene Wohnung und die bisher vorhandenen Wohnungen stehen in einheitlichem Nutzungs- und Funktionszusammenhang. Für die durch den Ausbau entstandenen nachträglichen Herstellungskosten kommen die Sonderabschreibungen und die *Restwertabschreibung nach § 4 Abs. 1 und 3 FördG*[1] in Betracht.

7 Bei Baumaßnahmen an einem selbständigen Gebäudeteil im Sinne der *R 13 Abs. 4 EStR 1993*[3] oder an einer Eigentumswohnung oder an im Teileigentum stehenden Räumen gilt Tz. 6 entsprechend.

**Beispiel 2:**

Der Steuerpflichtige ist Eigentümer eines zweigeschossigen Hauses. Im Erdgeschoß befindet sich eine zu Wohnzwecken vermietete Wohnung, im Obergeschoß ein vermietetes Büro. In dem Dachboden errichtet der Steuerpflichtige eine Wohnung, die er ebenfalls vermietet.

Die Wohnung im Erdgeschoß und das Büro sind selbständige Wirtschaftsgüter i. S. d. *R 13 Abs. 4 EStR 1993*[3]. Die neu errichtete Dachgeschoßwohnung steht mit der Wohnung im Erdgeschoß in einheitlichem Nutzungs- und Funktionszusammenhang. Die Aufwendungen sind deshalb nachträgliche Herstellungskosten für den zu fremden Wohnzwecken genutzten Gebäudeteil. Es treten dieselben Rechtsfolgen wie in Beispiel 1 ein.

**Beispiel 3:**

Der Steuerpflichtige baut das Satteldach seines Mietwohngebäudes in weitere Räume und einen Dachgarten um, die zu der Wohnung im Dachgeschoß gehören sollen. Während der Durchführung der Baumaßnahme gibt er eine Teilungserklärung nach § 8 WEG ab.

Die Aufwendungen sind nachträgliche Herstellungskosten für die Eigentumswohnung im Dachgeschoß. Es treten dieselben Rechtsfolgen wie in Beispiel 1 ein.

---

[1] FördG aufgeh. mit Ablauf 14. 7. 2016 durch Art. 68 des G v. 8. 7. 2016 (BGBl. I S. 1594).

[2] Bestätigt durch BFH v. 7. 7. 1998, BStBl. II S. 625.

[3] Jetzt R 4.2 Abs. 4 EStR.

Aufwendungen für den Umbau eines ausgebauten Dachgeschosses sind nach Maßgabe der *R 157 EStR 1993*[1] nachträgliche Herstellungskosten oder Erhaltungsaufwand, es sei denn, daß durch die Baumaßnahmen ein anderes Wirtschaftsgut entsteht (Tz. 11 bis 13). 8

## III. Baumaßnahmen zur Herstellung eines selbständigen unbeweglichen Wirtschaftsguts

### 1. Erstmalige Herstellung eines neuen Wirtschaftsguts

Baumaßnahmen zum Ausbau eines Dachbodens sowie für die Aufstockung 9
eines Gebäudes sind Teil der erstmaligen Herstellung eines neuen selbständigen Wirtschaftsguts, soweit das ausgebaute oder aufgestockte Dachgeschoß in einem anderen Nutzungs- und Funktionszusammenhang als das übrige Gebäude steht. Die Aufwendungen zuzüglich des anteiligen Buchwerts (Restwerts) der bei der Herstellung verwendeten Teile des Gebäudes sind Herstellungskosten des erstmals hergestellten Wirtschaftsguts, für die die *Sonderabschreibungen nach § 4 Abs. 1 FördG*[2] und die degressive AfA nach § 7 Abs. 5 EStG in Betracht kommen.

**Beispiel 4:**

Der Steuerpflichtige nutzt ein Gebäude insgesamt zu eigenbetrieblichen Zwecken. Den Dachboden baut er zu einer Wohnung aus, die er zu Wohnzwecken vermietet.

Die Dachgeschoßwohnung ist ein neues selbständiges Wirtschaftsgut, von deren Herstellungskosten der Steuerpflichtige die *Sonderabschreibungen nach § 4 Abs. 1 FördG*[2] oder die degressive AfA nach § 7 Abs. 5 EStG vornehmen kann.

Um die erstmalige Herstellung eines neuen selbständigen Wirtschaftsguts 10
handelt es sich auch bei dem Ausbau eines Dachbodens, an dem Wohnungs- oder Teileigentum begründet ist. Die Aufwendungen zuzüglich des anteiligen Buchwerts (Restwerts) der bei der Herstellung verwendeten Teile der Eigentumswohnung oder der in Teileigentum stehenden Räume sind Herstellungskosten des erstmals hergestellten Wirtschaftsguts, für die die *Sonderabschreibungen nach § 4 Abs. 1 FördG*[2] und die degressive AfA nach § 7 Abs. 5 EStG in Betracht kommen.

**Beispiel 5:**

Fall a:

Der Steuerpflichtige ist Eigentümer eines Wohngebäudes, an dem Wohnungseigentum begründet ist. Er baut den Dachboden zu einer Eigentumswohnung aus, die er vermieten will.

Fall b:

Der Steuerpflichtige erwirbt ein Wohngebäude, an dem anschließend Wohnungseigentum begründet wird. Er baut den Dachboden zu einer Eigentumswohnung aus, die er vermieten will.

Fall c:

Der Steuerpflichtige erwirbt ein Gebäude, an dem Wohnungseigentum begründet werden soll. Er baut den Dachboden zu einer Wohnung aus, die er als Eigentumswohnung vermieten will. Noch während der Baumaßnahme gibt er beim Grundbuchamt die Teilungserklärung ab.

---

[1] Jetzt R 21.1 EStR.

[2] FördG aufgeh. mit Ablauf 14. 7. 2016 durch Art. 68 des G v. 8. 7. 2016 (BGBl. I S. 1594).

In den Fällen a und b stellt der Steuerpflichtige erstmals ein neues Wirtschaftsgut her. Es treten dieselben Rechtsfolgen ein wie in Beispiel 4.
Im Fall c hat der Steuerpflichtige zwar an seinem Wohngebäude nachträgliche Herstellungsarbeiten vorgenommen. Ordnet er jedoch die Baumaßnahme der künftigen Eigentumswohnung zu, treten ebenfalls die Rechtsfolgen wie in Beispiel 4 ein.

## 2. Herstellung eines anderen Wirtschaftsguts

11 Baumaßnahmen zum Umbau des ausgebauten Dachgeschosses sind Teil der Herstellung eines anderen Wirtschaftsguts, soweit das Dachgeschoß nach Beendigung der Baumaßnahmen nicht mehr im gleichen Nutzungs- und Funktionszusammenhang wie das übrige Gebäude steht und wenn die verwendete Gebäudesubstanz so tiefgreifend umgestaltet oder in einem solchen Ausmaß erweitert wird, daß die eingefügten Teile dem umgebauten Dachgeschoß das Gepräge geben und die verwendeten Altteile wertmäßig untergeordnet erscheinen (vgl. *H 43 EStH 1995*[1] „Nachträgliche Anschaffungs- oder Herstellungskosten“). Aus Vereinfachungsgründen kann der Steuerpflichtige von der Herstellung eines anderen Wirtschaftsguts ausgehen, wenn der im zeitlichen und wirtschaftlichen Zusammenhang mit der Herstellung des Wirtschaftsguts angefallene Bauaufwand zuzüglich des Werts der Eigenleistung nach überschlägiger Berechnung den Wert der Altbausubstanz (Verkehrswert) übersteigt. Die Aufwendungen zuzüglich des anteiligen Buchwerts (Restwerts) der bei der Herstellung verwendeten Teile des bisherigen Gebäudes sind Herstellungskosten für das andere Wirtschaftsgut, für die die *Sonderabschreibungen nach § 4 Abs. 1 FördG*[2] in Betracht kommen.

**Beispiel 6:**

Der Steuerpflichtige ist Eigentümer eines betrieblich genutzten Gebäudes, dessen Dachgeschoß zu Büroräumen ausgebaut ist. Das Dachgeschoß wird unter wesentlichem Bauaufwand zu einer Wohnung umgebaut, die anschließend vermietet wird.
Aus dem bereits ausgebauten Dachgeschoß entsteht ein selbständiges Wirtschaftsgut im Sinne der *R 13 Abs. 4 EStR 1993*[3]. Zu den nach *§ 4 Abs. 1 FördG*[2] begünstigten Herstellungskosten dieses anderen Wirtschaftsguts gehören der anteilige Buchwert des Dachgeschosses und die zur Herstellung des Wirtschaftsguts entstandenen Aufwendungen.

12 Ist an dem Gebäude Wohnungs- oder Teileigentum begründet, sind nach den in Tz. 11 genannten Grundsätzen die Aufwendungen für den Umbau eines in Wohnungs- oder Teileigentum stehenden Dachgeschosses ebenfalls Teil der Herstellungskosten für ein anderes Wirtschaftsgut. Dabei ist es unerheblich, wie die anderen Eigentumswohnungen oder im Teileigentum stehenden Räume genutzt werden.

**Beispiel 7:**

An einem Gebäude ist Wohnungs- und Teileigentum begründet worden. Eine im Wohnungseigentum stehende Dachgeschoßwohnung wird unter wesentlichem Bauaufwand zu einer Arztpraxis umgebaut.
Es treten dieselben Rechtsfolgen ein wie in Beispiel 6.

13 Die degressive AfA nach § 7 Abs. 5 EStG kommt in den Fällen der Tz. 11 und 12 nur in Betracht, wenn durch die Baumaßnahme ein bautechnisch neu-

[1] Jetzt H 7.3 EStH 2015.
[2] FördG aufgeh. mit Ablauf 14. 7. 2016 durch Art. 68 des G v. 8. 7. 2016 (BGBl. I S. 1594).
[3] Jetzt R 4.2 Abs. 4 EStR.

es Wirtschaftsgut entsteht, das heißt, wenn die tragenden Teile des Dachgeschosses wie die Dachkonstruktion und die Geschoßdecke ersetzt werden *(R 44 Abs. 11 Satz 5 EStR 1993*[1]*, H 44 EStH 1995 „Neubau“*[2]*)*.

**Beispiel 8:**

Der Steuerpflichtige wandelt sein insgesamt betrieblich genutztes und über 50 Jahre altes Gebäude in Teileigentum um. Die in Teileigentum stehenden und für Lagerzwecke genutzten Speicherräume baut er unter wesentlichem Aufwand zu einer modernen Mietwohnung um, wobei er das bisherige Dachgebälk erneuert und das Walmdach durch ein Satteldach ersetzt. Durch den Umbau ist ein anderes und bautechnisch neues Wirtschaftsgut entstanden. Der anteilige Restwert des Speichers und die Aufwendungen für den Umbau sind nach *§ 4 Abs. 1 FördG*[3] und nach § 7 Abs. 5 EStG begünstigte Herstellungskosten.

## IV. Anschaffung eines vom Veräußerer ausgebauten, umgebauten oder aufgestockten Dachgeschosses

Erwirbt der Steuerpflichtige eine Eigentumswohnung oder im Teileigentum stehende Räume, an denen der Veräußerer nachträgliche Herstellungsarbeiten vornimmt (Tz. 7 und 8), so kommen für ihn Sonderabschreibungen nach § 3 Satz 2 Nr. 3 in Verbindung mit § 4 Abs. 1 FördG und die Restwertabschreibung nach § 4 Abs. 3 FördG in Betracht. Bemessungsgrundlage sind die Anschaffungskosten, soweit sie auf die nach Abschluß des obligatorischen Vertrags durchgeführten nachträglichen Herstellungsarbeiten entfallen. 14

Erwirbt der Steuerpflichtige im Jahr der Fertigstellung eine Eigentumswohnung oder im Teileigentum stehende Räume, die der Veräußerer hergestellt hat (Tz. 9 bis 13) so kommen für ihn die *Sonderabschreibungen nach § 3 Satz 2 Nr. 1 in Verbindung mit § 4 Abs. 1 FördG*[3] in Betracht. Die degressive AfA nach § 7 Abs. 5 EStG ist jedoch nur in den Fällen zulässig, in denen ein „Neubau“ hergestellt wird (Tz. 9, 10 und 13). Bemessungsgrundlage sind die gesamten Anschaffungskosten.

**Beispiel 9:**

Ein Bauträger erwirbt ein Wohngebäude in Plattenbauweise, um es zu sanieren und zu erweitern. Den Bauantrag stellt er für die Baumaßnahmen an dem Wohngebäude. Nach der Teilung des Gebäudes in Wohnungseigentum will er die Eigentumswohnungen veräußern. Der Bauträger gibt die Teilungserklärung noch vor Beendigung der Baumaßnahmen beim Grundbuchamt ab und schließt Verträge über den Verkauf der Eigentumswohnungen. Es handelt sich dabei u. a. auch um Wohnungen im Dachgeschoß, und zwar
- um vorhandene Wohnungen, die vor der Eigentumsübertragung noch saniert werden sollen (Fall a),
- um neue Wohnungen, die nach Abtrag des Dachbodens (Kriechgangs) und Verstärkung der Geschoßdecke durch Aufstockung des Gebäudes hergestellt und im Jahr der Fertigstellung zu Eigentum übertragen werden sollen (Fall b).

Im Fall a sind die Anschaffungskosten des Erwerbers begünstigt, soweit sie auf die Sanierungsmaßnahmen des Bauträgers nach Abschluß des Kaufvertrags entfallen (*§ 3 Satz 2 Nr. 3 in Verbindung mit § 4 Abs. 1 und 3 FördG*[3]).
Im Fall b sind die gesamten Anschaffungskosten des Erwerbers begünstigt (*§ 3 Satz 2 Nr. 1 in Verbindung mit § 4 Abs. 1 FördG*[3], § 7 Abs. 5 EStG).

---

[1] Jetzt R 7.4 Abs. 9 Satz 5 EStR.

[2] Jetzt H 7.4 „Neubau“ EStH 2015.

[3] FördG aufgeh. mit Ablauf 14. 7. 2016 durch Art. 68 des G v. 8. 7. 2016 (BGBl. I S. 1594).

## V. Übergangsregelung

Die vorstehenden Grundsätze sind in allen noch offenen Fällen anzuwenden. Soweit sie im Einzelfall gegenüber der bisherigen Verwaltungspraxis zu einer Verschärfung der Besteuerung führen, bleibt es auf Antrag des Steuerpflichtigen bei der bisherigen Verwaltungspraxis, wenn im Fall der Herstellung die Baumaßnahme vor dem 1. August 1996 begonnen oder im Fall der Anschaffung der Kaufvertrag vor diesem Zeitpunkt abgeschlossen worden ist.

# I § 7/8. Schreiben betr. Bemessungsgrundlage für die Absetzungen für Abnutzung nach Einlage von zuvor zur Erzielung von Überschusseinkünften genutzten Wirtschaftsgütern; Anwendung der Urteile des BFH vom 18. August 2009 X R 40/06, BStBl. 2010 II S. 961, und vom 28. Oktober 2009 VIII R 46/07, BStBl. 2010 II S. 964

Vom 27. Oktober 2010 (BStBl. I S. 1204)

(BMF IV C 3 – S 2190/09/10007; DOK 2010/0764153)

Unter Bezugnahme auf das Ergebnis der Erörterungen mit den obersten Finanzbehörden der Länder gilt zur Ermittlung der Bemessungsgrundlage für die Absetzungen für Abnutzung (AfA) nach Einlage von zuvor zur Erzielung von Überschusseinkünften genutzten Wirtschaftsgütern Folgendes:

Die AfA in gleichen Jahresbeträgen von Wirtschaftsgütern, deren Verwendung oder Nutzung zur Erzielung von Einkünften sich erfahrungsgemäß auf einen Zeitraum von mehr als einem Jahr erstreckt, wird nach den Anschaffungs- oder Herstellungskosten des Wirtschaftsguts ermittelt (§ 7 Absatz 1 Satz 1 EStG). Bei einer Einlage aus dem Privatvermögen in ein Betriebsvermögen tritt an die Stelle der Anschaffungs- oder Herstellungskosten der Einlagewert (§ 6 Absatz 1 Nummer 5 Satz 1 EStG). 1

Einlagewert ist grundsätzlich der Teilwert (§ 6 Absatz 1 Nummer 5 Satz 1 Halbsatz 1 EStG). Bei der Einlage eines abnutzbaren Wirtschaftsguts in ein Betriebsvermögen innerhalb von drei Jahren nach Anschaffung oder Herstellung (§ 6 Absatz 1 Nummer 5 Satz 1 Halbsatz 2 Buchstabe a i. V. m. Satz 2 EStG) ermittelt sich der Einlagewert nach den Anschaffungs- oder Herstellungskosten abzüglich der AfA nach § 7 EStG, den erhöhten Absetzungen (außerplanmäßige AfA) sowie etwaigen Sonderabschreibungen, die auf den Zeitraum zwischen der Anschaffung oder Herstellung des Wirtschaftsguts und der Einlage entfallen, unabhängig davon, ob das Wirtschaftsgut vor der Einlage zur Einkunftserzielung genutzt worden ist (R 6.12 Absatz 1 EStR).

Werden Wirtschaftsgüter nach einer Verwendung zur Erzielung von Einkünften im Sinne des § 2 Absatz 1 Satz 1 Nummer 4 bis 7 EStG in ein Betriebsvermögen eingelegt, ist nach § 7 Absatz 1 Satz 5 EStG eine vom Einlagewert nach § 6 Absatz 1 Nummer 5 Satz 1 EStG abweichende AfA-Bemessungsgrundlage zu ermitteln. Die Abschreibung des eingelegten Wirtschaftsguts nach § 7 Absatz 1 EStG bemisst sich in diesem Fall abweichend von R 7.3 Absatz 6 Satz 1 und 2 EStR 2008 nach folgenden Grundsätzen: 2

**Fallgruppe 1**

Ist der Einlagewert des Wirtschaftsguts höher als oder gleich den historischen Anschaffungs- oder Herstellungskosten, ist die AfA ab dem Zeitpunkt 3 der Einlage nach dem um die bereits in Anspruch genommenen AfA oder Substanzverringerungen (planmäßigen AfA), Sonderabschreibungen oder erhöhten Absetzungen geminderten Einlagewert zu bemessen.

**Beispiel 1:**

A erwarb im Jahr 01 ein Grundstück mit aufstehendem Gebäude (Anschaffungskosten 800 000 Euro, davon entfallen 700 000 Euro auf das Gebäude). Er vermietete das Grundstück an eine Versicherung und machte im Rahmen der Einkünfte aus Vermietung und Verpachtung für das Gebäude AfA geltend. Nach Beendigung des Mietverhältnisses im Jahr 25 legt er das Grundstück mit aufstehendem Gebäude zu Beginn des Jahres 26 in das Betriebsvermögen seines Einzelunternehmens ein. Das Gebäude wird nicht zu Wohnzwecken verwendet. Der Teilwert des Gebäudes beträgt zu diesem Zeitpunkt 1 000 000 Euro. Bis zur Einlage des Gebäudes hat A insgesamt 350 000 Euro als AfA in Anspruch genommen.

Die Bemessungsgrundlage für die AfA des Gebäudes im Betriebsvermögen beträgt 650 000 Euro. Sie wird nach dem Einlagewert (1 000 000 Euro) abzüglich der bis dahin in Anspruch genommenen AfA (350 000 Euro) ermittelt, denn der Einlagewert (1 000 000 Euro) ist höher als die historischen Anschaffungskosten (700 000 Euro).

Nach § 7 Absatz 4 Satz 1 Nummer 1 EStG ist von der nach § 7 Absatz 1 Satz 5 EStG ermittelten Bemessungsgrundlage des Gebäudes nach der Einlage jährlich mit einem Betrag von 19 500 Euro (= 3 % von 650 000 Euro) abzusetzen. Der nach Ablauf von 33 Jahren verbleibende Restwert von 6500 Euro ist im Folgejahr abzusetzen. Von dem danach verbleibenden Restbuchwert in Höhe von 350 000 Euro darf keine AfA vorgenommen werden. Bei einer Veräußerung ist dieser Restbuchwert gewinnmindernd zu berücksichtigen. § 6 Absatz 1 Nummer 1 Satz 2 und § 7 Absatz 1 Satz 7 EStG bleiben unberührt.

## Fallgruppe 2

4 Ist der Einlagewert des Wirtschaftsguts geringer als die historischen Anschaffungs- oder Herstellungskosten, aber nicht geringer als die fortgeführten Anschaffungs- oder Herstellungskosten, ist die AfA ab dem Zeitpunkt der Einlage nach den fortgeführten Anschaffungs- oder Herstellungskosten zu bemessen.

**Beispiel 2:**

Wie Beispiel 1, der Teilwert beträgt im Zeitpunkt der Einlage jedoch 400 000 Euro.

Die Bemessungsgrundlage für die AfA des Gebäudes im Betriebsvermögen beträgt 350 000 Euro. Die AfA wird nach den fortgeführten Anschaffungskosten bemessen, weil der Einlagewert (400 000 Euro) geringer als die historischen Anschaffungskosten (700 000 Euro), jedoch höher als die fortgeführten Anschaffungskosten (350 000 Euro) ist.

Nach § 7 Absatz 4 Satz 1 Nummer 1 EStG ist von der nach § 7 Absatz 1 Satz 5 EStG ermittelten Bemessungsgrundlage das Gebäude jährlich mit einem Betrag von 10 500 Euro (= 3 % von 350 000 Euro) abzusetzen. Der nach Ablauf von 33 Jahren verbleibende Restwert von 3500 Euro ist im Folgejahr abzusetzen. Von dem danach verbleibenden Restbuchwert in Höhe von 50 000 Euro darf keine AfA vorgenommen werden. Bei einer Veräußerung ist dieser Restbuchwert gewinnmindernd zu berücksichtigen. § 6 Absatz 1 Nummer 1 Satz 2 und § 7 Absatz 1 Satz 7 EStG bleiben unberührt.

## Fallgruppe 3

5 Ist der Einlagewert des Wirtschaftsguts geringer als die fortgeführten Anschaffungs- oder Herstellungskosten, bemisst sich die weitere AfA nach diesem ungeminderten Einlagewert.

**Beispiel 3:**

Wie Beispiel 1, der Teilwert beträgt im Zeitpunkt der Einlage jedoch 100 000 Euro.

Die Bemessungsgrundlage für die AfA des Gebäudes im Betriebsvermögen beträgt 100 000 Euro. Die AfA wird nach dem Einlagewert (100 000 Euro) bemessen, weil dieser geringer ist als die fortgeführten Anschaffungskosten (350 000 Euro).

Nach § 7 Absatz 4 Satz 1 Nummer 1 EStG ist vom Einlagewert des Gebäudes jährlich ein Betrag von 3000 Euro (= 3 % von 100 000 Euro) abzusetzen. Der nach Ablauf von 33 Jahren verbleibende Restbuchwert von 1000 Euro ist im Folgejahr abzusetzen. Das insgesamt geltend gemachte AfA-Volumen (vor und nach der Einlage) beträgt damit 450 000 Euro. Der von den ursprünglichen Anschaffungskosten des Gebäudes nicht abgeschriebene Betrag in Höhe von 250 000 Euro stellt einen einkommensteuerlich unbeachtlichen Wertverlust im Privatvermögen dar.

**Fallgruppe 4**

Der Einlagewert eines Wirtschaftsguts nach § 6 Absatz 1 Nummer 5 Satz 1 Halbsatz 2 Buchstabe a i. V. m. Satz 2 EStG gilt gleichzeitig auch als AfA-Bemessungsgrundlage gemäß § 7 Absatz 1 Satz 5 EStG. 6

Die vorstehenden Grundsätze sind in allen noch offenen Fällen anzuwenden. Rz. 5 ist erstmals auf Einlagen anzuwenden, die nach dem 31. Dezember 2010 vorgenommen werden. 7

# 1 § 7b/1. Anwendungsschreiben zur Sonderabschreibung für die Anschaffung oder Herstellung neuer Mietwohnungen nach § 7 b Einkommensteuergesetz (EStG)

Vom 7. Juli 2020

BMF IV C 3 – S 2197/19/10009 :008; DOK 2020/0578401

(BStBl. I S. 623)

Geändert durch BMF v. 21.9.2021 (BStBl. I S. 1805)

**1 Anlage**[1)]

Mit Art. 1 Nr. 2 des Gesetzes zur steuerlichen Förderung des Mietwohnungsneubaus vom 4. August 2019 (BGBl. I S. 1122)[2)] wurde mit § 7 b Einkommensteuergesetz (EStG) eine neue Sonderabschreibung für die Anschaffung oder Herstellung neuer Mietwohnungen eingeführt. Mit Art. 1 Nr. 27 Buchst. e des Gesetzes zur weiteren steuerlichen Förderung der Elektromobilität und zur Änderung weiterer steuerlicher Vorschriften vom 12. Dezember 2019 (BGBl. I S. 2451)[3)] wurden der Anwendungsbereich des § 7 b EStG auf den Veranlagungszeitraum 2018 erweitert (§ 52 Abs. 15 a Satz 1 EStG) und der Abzug als Werbungskosten ermöglicht (§ 9 Abs. 1 Satz 3 Nr. 7 EStG).

**Inhaltsübersicht**



---

1) Hier nicht abgedruckt.
2) **Amtl. Anm.:** BStBl. I S. 1306.
3) **Amtl. Anm.:** BStBl. 2020 I S. 17.

Unter Bezugnahme auf das Ergebnis der Erörterungen mit den obersten Finanzbehörden der Länder gelten für die Anwendung des § 7 b EStG die folgenden Grundsätze:

## I. Einkommensteuerrechtliche Voraussetzungen der Inanspruchnahme der Sonderabschreibung nach § 7 b EStG

### 1. Anspruchsvoraussetzungen

#### 1.1. Persönliche Voraussetzungen

1 Zur Inanspruchnahme der Sonderabschreibung nach § 7 b EStG sind alle beschränkt und unbeschränkt Steuerpflichtigen i. S. d. EStG und des KStG berechtigt, die auch die beihilferechtlichen Voraussetzungen erfüllen (vgl. II. Beihilferechtliche Voraussetzungen der Inanspruchnahme der Sonderabschreibung nach § 7 b EStG).

2 Bei Mitunternehmerschaften oder Gemeinschaften ist nach § 7 a Abs. 7 Satz 1 EStG der einzelne Beteiligte anspruchsberechtigt. Das Wahlrecht zur Inanspruchnahme der Sonderabschreibung nach § 7 b EStG darf nach § 7 a Abs. 7 Satz 2 EStG sowohl dem Grunde als auch der Höhe nach nur einheitlich ausgeübt werden.

#### 1.2. Sachliche Voraussetzungen

3 Die Sonderabschreibung nach § 7 b EStG kann in Anspruch genommen werden für eine neue Mietwohnung (vgl. 4. Förderobjekt), die im entsprechenden Förderzeitraum (vgl. 3. Förderzeitraum) angeschafft oder hergestellt wird – unter Erfüllung der Nutzungsvoraussetzung (vgl. 5. Nutzungsvoraussetzung) und Einhaltung der Baukostenobergrenze (vgl. 7. Baukostenobergrenze).

4 Beschränkt Steuerpflichtige, die im Inland eine neue Mietwohnung herstellen oder anschaffen und mit den aus deren entgeltlichen Überlassung erzielten Einkünften im Inland steuerpflichtig sind, können die Sonderabschreibung nach § 7 b EStG bei Vorliegen der übrigen Voraussetzungen in Anspruch nehmen.

Wird eine neue Mietwohnung bis zum Ende des Jahres der Fertigstellung angeschafft, kann die Sonderabschreibung nach § 7 b EStG nur vom Erwerber in Anspruch genommen werden (§ 7 b Abs. 1 Satz 3 EStG). Veräußert der Erwerber die neue Mietwohnung noch bis zum Ende des Jahres der Fertigstellung weiter, kann nur der Zweit- bzw. Letzterwerber die Sonderabschreibung nach § 7 b EStG in Anspruch nehmen. 5

## 2. Fördergebiet

Die Regelung gilt für jede neue Mietwohnung im Inland. 6

§ 7 b EStG findet auch Anwendung, wenn die neue Mietwohnung in einem anderen Mitgliedstaat der Europäischen Union oder einem Staat belegen ist, der aufgrund vertraglicher Verpflichtung Amtshilfe entsprechend dem EU-Amtshilfegesetz in einem Umfang leistet, der für die Überprüfung der Voraussetzungen dieser Vorschrift erforderlich ist. Soweit es sich um einen Drittstaat handelt, ist anhand der jeweiligen vertraglichen Vereinbarungen mit diesem Staat zu prüfen, ob die entsprechenden Voraussetzungen vorliegen. Anhaltspunkte hierfür ergeben sich aus der Anlage 1 (Anwendungsbereich des EUAHiG sowie der DBA und der TIEA) zum „Merkblatt zur zwischenstaatlichen Amtshilfe durch Informationsaustausch in Steuersachen" (BMF-Schreiben vom 29. Mai 2019, BStBl. I S. 480). Für die dort unter „A. Staaten mit großem Informationsaustausch" aufgeführten Staaten ist davon auszugehen, dass die Voraussetzungen erfüllt sind 7

## 3. Förderzeitraum

Förderzeitraum ist der Zeitraum, für den die Förderung nach § 7 b EStG dem Grunde nach in Betracht kommt. 8

### 3.1. Zeitpunkt des Bauantrags/der Bauanzeige

Die Sonderabschreibung nach § 7 b EStG kann nur in Anspruch genommen werden, wenn der Bauantrag oder – wenn eine Baugenehmigung nicht erforderlich ist – die Bauanzeige nach dem 31. August 2018 und vor dem 1. Januar 2022 gestellt bzw. getätigt worden ist. Für Mietwohnungen, die nach den baurechtlichen Vorschriften ohne Bauantrag bzw. Bauanzeige errichtet werden können, kann hinsichltich des in Satz 1 genannten Zeitraums auf den Zeitpunkt des Beginns der Bauausführung abgestellt werden. 9[1)]

Wurde der Bauantrag vor dem 1. September 2018 gestellt oder die Bauanzeige vor diesem Zeitpunkt getätigt, mit der tatsächlichen Bautätigkeit aber erst nach diesem Stichtag begonnen, ist die Inanspruchnahme der Sonderabschreibung nach § 7 b EStG nicht zulässig, da die Regelung nicht auf den Beginn der Bautätigkeit, sondern auf den Zeitpunkt der Bauantragstellung bzw. der Tätigung der Bauanzeige abstellt. 10

Ein Bauantrag bzw. eine Bauanzeige wird mittels des von der nach Landesrecht zuständigen Behörde veröffentlichten Vordrucks gestellt bzw. getätigt, mit dem die landesrechtlich vorgesehene Baugenehmigung für die beabsichtigte Herstellung der Mietwohnung angestrebt wird. 11

Für die Bestimmung des Zeitpunkts der Stellung des Bauantrags bzw. der Tätigung der Bauanzeige ist regelmäßig das Datum des Eingangsstempels der nach Landesrecht zuständigen Behörde maßgebend. Dieses Datum gilt auch dann als entscheidender Zeitpunkt, wenn die Bauplanung nach dem Eingang 12

[1)] Rz. 9 geänd. durch BMF v. 21.9.2021, BStBl. I S. 1805.

des Bauantrags bzw. der Bauanzeige geändert wird, ohne dass ein neuer Bauantrag bzw. eine neue Bauanzeige erforderlich ist.

**13** Ist ein Bauantrag abgelehnt bzw. eine angezeigte Bauausführung untersagt worden und die Baugenehmigung erst aufgrund eines unter neuen Bedingungen gestellten Bauantrags erteilt bzw. der Bau erst aufgrund einer veränderten Bauanzeige begonnen worden, ist der maßgebliche Zeitpunkt des Bauantrags bzw. der Bauanzeige der Eingang des unter neuen Bedingungen gestellten Bauantrags bzw. der neuen Bauanzeige bei der zuständigen Behörde. Dies gilt auch, wenn sich die Bauplanung des Steuerpflichtigen so grundlegend ändert, dass ein neuer Bauantrag gestellt bzw. eine neue Bauanzeige getätigt werden muss. Wird ein Bauantrag bzw. eine Bauanzeige allerdings annulliert und anschließend derselbe Bauantrag bzw. dieselbe Bauanzeige unverändert erneut gestellt bzw. getätigt, bleibt der Zeitpunkt des ursprünglich gestellten Bauantrags bzw. der bisherigen Bauanzeige maßgeblich.

**14** Im Fall der Anschaffung einer neuen Mietwohnung ist der Zeitpunkt der Stellung des Bauantrags bzw. der Tätigung der Bauanzeige des Steuerpflichtigen, der die Wohnung hergestellt hat, maßgebend. Nicht entscheidend ist das Datum des Kaufvertrags.

**15** Für Mietwohnungen, die entgegen den baurechtlichen Vorschriften ohne Baugenehmigung errichtet wurden, kann die Sonderabschreibung nach § 7 b EStG nicht in Anspruch genommen werden.

### 3.2. Begrenzung des Förderzeitraums

**16** Die Sonderabschreibung nach § 7 b EStG kann nach § 52 Abs. 15 a EStG letztmals im Veranlagungszeitraum 2026 bzw. in dem letzten vor dem 1. Januar 2027 endenden Wirtschaftsjahr in Anspruch genommen werden. Ab dem Veranlagungszeitraum 2027 bzw. für nach dem 31. Dezember 2026 endende Wirtschaftsjahre kann die Sonderabschreibung nach § 7 b EStG auch dann nicht mehr in Anspruch genommen werden, wenn der vorgesehene Begünstigungszeitraum (Rz. 65) noch nicht abgelaufen ist.

**17** Bei der Bestimmung und Einhaltung des Förderzeitraums kommt es – anders als beim Begünstigungszeitraum (Rz. 65) – nicht auf den Anschaffungs- oder Herstellungszeitpunkt der begünstigten Baumaßnahme an. Das Jahr der Fertigstellung der Baumaßnahme ist damit für die Einhaltung des Förderzeitraums der Sonderabschreibung nach § 7 b EStG nicht entscheidend. Die Sonderabschreibung nach § 7 b EStG kann auch dann in Anspruch genommen werden, wenn die neue Mietwohnung, für die der Bauantrag gestellt wurde oder die Bauanzeige erfolgt ist, erst nach dem 31. Dezember 2021 fertiggestellt wird. Der Förderzeitraum endet jedoch spätestens im Veranlagungszeitraum 2026 bzw. in dem letzten vor dem 1. Januar 2027 endenden Wirtschaftsjahr.

**Beispiel 1:** 18
Ein Mehrfamilienhaus wird im Jahr 2024 aufgrund eines im Jahr 2021 gestellten Bauantrags fertiggestellt. Zum 1. Dezember 2024 geht das Eigentum auf einen Erwerber über, der die Wohnungen ab diesem Zeitpunkt vermietet.
Der Erwerber kann für die Jahre 2024, 2025 und 2026 jährlich bis zu 5 Prozent der förderfähigen Anschaffungskosten geltend machen. Das vierte Jahr des Begünstigungszeitraums für die Inanspruchnahme der Sonderabschreibung nach § 7 b EStG entfällt aufgrund der Begrenzung des Förderzeitraums auf den Veranlagungszeitraum 2026 (§ 52 Abs. 15 a EStG). Die lineare Absetzung für Abnutzung (AfA) wird im Jahr 2027 gegenüber den Vorjahren unverändert berücksichtigt. Erst ab dem 5. Jahr, dem Jahr 2028, erfolgt die AfA nach § 7 a Abs. 9 EStG (vgl. Rz. 70 ff.).

## 4. Förderobjekt

Gegenstand der Sonderabschreibung nach § 7 b EStG ist die einzelne neue Mietwohnung einschließlich der zu ihr gehörenden Nebenräume (begünstigte Wohnung). Die Sonderabschreibung nach § 7 b EStG wird nicht – wie nach den üblichen ertragsteuerrechtlichen Grundsätzen – für die Anschaffung oder Herstellung eines neuen Gebäudes oder selbständigen Gebäudeteils gewährt. So ist bei der linearen AfA nach § 7 Abs. 4 EStG Gegenstand der AfA das selbständige unbewegliche Wirtschaftsgut Gebäude. Die Vereinfachungsregelung zur Herstellung eines anderen Wirtschaftsgutes in R 7.3 Abs. 5 EStR findet für die Sonderabschreibung nach § 7 b EStG keine Anwendung. Begünstigt sind neue Mietwohnungen in neuen oder vorhandenen Gebäuden und anderen Gebäudeteilen, die selbständige unbewegliche Wirtschaftsgüter sind (Gebäude) sowie Eigentumswohnungen und im Teileigentum stehende Räume. 19

### 4.1. Wohnung i. S. d. § 7 b EStG

Nach § 7 b Abs. 2 Nr. 1 EStG muss die begünstigte Wohnung die bewertungsrechtlichen Anforderungen des § 181 Abs. 9 Bewertungsgesetz (BewG) erfüllen. Danach ist eine Wohnung die Zusammenfassung einer Mehrheit von Räumen, die in ihrer Gesamtheit so beschaffen sein muss, dass die Führung eines selbständigen Haushalts möglich ist. Die Zusammenfassung einer Mehrheit von Räumen muss eine von anderen Wohnungen oder Räumen, insbesondere Wohnräumen, baulich getrennte, in sich abgeschlossene Wohneinheit bilden und einen selbständigen Zugang haben. Außerdem ist es erforderlich, dass die für die Führung eines selbständigen Haushalts notwendigen Nebenräume (Küche, Bad oder Dusche, Toilette) vorhanden sind. Nach § 181 Abs. 9 Satz 4 BewG muss die Wohnfläche mindestens 23 m² betragen. Außerhalb der Wohnung belegene Räume werden dabei nicht berücksichtigt. 20

Ist die Wohnfläche der neuen Mietwohnung kleiner als 23 m², kann die Sonderabschreibung nach § 7 b EStG auch dann in Anspruch genommen werden, wenn es sich um eine Wohnung in einem Studentenwohnheim in Gestalt eines Appartementhauses oder um ein abgeschlossenes Appartement in einem Seniorenheim oder einer Unterkunft für betreutes Wohnen handelt. Die Wohnung muss in diesen Fällen aus einem Wohn-Schlafraum mit einer 21 vollständig eingerichteten Küchenkombination oder zumindest einer Kochgelegenheit mit den für eine Kleinkücheneinrichtung üblichen Anschlüssen und einem Bad/WC bestehen und eine Gesamtwohnfläche von mindestens 20 m² haben (BFH vom 4. Dezember 2014, BStBl. 2015 II S. 610). Vgl. auch § 249 Abs. 10 BewG wonach – für Zwecke der Grundsteuer – eine Wohnung eine Wohnfläche von mindestens 20 m² aufweisen soll.

**22** Gemäß § 7b Abs. 2 Nr. 1 EStG gehören zu einer Wohnung auch Nebenräume. Hierbei handelt es sich um Räume, die sich nicht im abgeschlossenen Bereich der Wohnung befinden, aber zu dieser gehören. Dies sind z.B. Keller- oder Abstellräume, gemeinschaftlich genutzte Räume im selben Gebäude, Stellplätze in Tiefgaragen sowie die zu einem Gebäude gehörenden Garagen.

**23** Garagen, die neben dem Gebäude errichtet werden, gehören dann zu einer Wohnung, wenn Wohnung und Garagen als Bewertungseinheit i. S. d. BewG anzusehen sind.

### 4.2. Neue Wohnung i. S. d. § 7b EStG

**24** Die Sonderabschreibung nach § 7b EStG kommt nur in Betracht, wenn eine neue Wohnung geschaffen wird, die bisher nicht vorhanden war.

**25** Eine neue Wohnung i. S. d. § 7b EStG kann entstehen durch
– den Neubau von Ein-, Zwei- oder Mehrfamilienhäusern,
– den Aus- oder Umbau von bestehenden Gebäudeflächen (insbesondere Dachgeschossausbauten, aber auch Teilung bestehender Wohnflächen) oder
– die Aufstockung oder den Anbau auf oder an einem bestehenden Gebäude (mit Flächenerweiterung).

Voraussetzung ist, dass der neu geschaffene Wohnraum die Anforderungen des Wohnungsbegriffs i. S. d. § 7b EStG erfüllt.

**26** Keine neue Wohnung i. S. d. § 7b EStG entsteht hingegen, wenn vorhandener Wohnraum nur modernisiert oder saniert wird, auch wenn dies mit hohen Kosten verbunden ist und sich die Ausstattungsmerkmale der Wohnung dadurch deutlich verbessern. Das gilt auch dann, wenn vorhandener Wohnraum innerhalb des Gebäudes verlegt oder die bestehende Wohnung um Wohnfläche erweitert wird. Dies gilt nicht, wenn vor Durchführung der Sanierung keine den Anforderungen des Wohnungsbegriffs genügende Wohnung vorhanden war. Sind diese Anforderungen nach Durchführung der Sanierung erfüllt, ist eine neue Wohnung entstanden.

**27** Eine neue Wohnung i. S. d. § 7b EStG kann auch dann entstehen, wenn unter Nutzung bestehender Gebäudeflächen neuer Wohnraum geschaffen wird, z. B. im Wege der Umgestaltung von gewerblich genutzten Flächen oder durch den Ausbau eines bisher nicht genutzten Dachgeschosses. Voraussetzung ist, dass der unter Verwendung der Altbausubstanz neu geschaffene Wohnraum erstmals die Anforderungen des Wohnungsbegriffs i. S. d. § 7b EStG erfüllt (vgl. 5.2. Wohnzwecke). Nicht entscheidend ist, dass mit der Wohnung auch ein neues selbständiges „Wirtschaftsgut" entsteht. Auch wenn die neu geschaffene Wohnung ertragsteuerrechtlich nicht als selbständiges Wirtschaftsgut behandelt wird, sondern in einen bereits bestehenden Nutzungs- und Funktionszusammenhang (zu fremden Wohnzwecken vermietete Wohnungen) eingeht, kann abweichend von dieser ertragsteuerrechtlichen Zuordnung eine neue Wohnung i. S. d. § 7b EStG entstehen.

**Beispiel 2:** 28

In einem im Jahr 2011 errichteten Gebäude gibt es vier Mietwohnungen in den oberen Etagen. Im Erdgeschoss und in der ersten Etage befinden sich Ladengeschäfte und Büroräume. Die Büroräume werden im Jahr 2019 (Tätigung der Bauanzeige am 1. Februar 2019) zu zwei 80 $m^2$ großen Wohnungen umgebaut, die ab dem 1. Dezember 2019 vermietet werden.
Bei den zwei Wohnungen handelt es sich um neue Wohnungen, für die eine Sonderabschreibung nach § 7 b EStG in Anspruch genommen werden kann.

Werden durch die Teilung einer Wohnung (unter Verwendung der vorhandenen Altbausubstanz) mehrere bisher nicht vorhandene baulich getrennte und in sich abgeschlossene Wohneinheiten hergestellt, werden damit mehrere neue Wohnungen i. S. d. § 7 b EStG geschaffen. Gehören allerdings die Räume, in denen sich vor der Teilung Bad und Küche der alten Wohnung befunden haben, nach der Teilung nur zu einer der neu entstandenen Wohnungen, so sprechen die objektiven Kriterien dafür, dass diese Wohnung nicht neu i. S. d. § 7 b EStG, sondern an die Stelle der alten Wohnung getreten ist. 29

Im Fall der Anschaffung einer Wohnung gilt diese Wohnung für den Erwerber nur dann als neu i. S. d. § 7 b EStG, wenn sie bis zum Ende des Jahres der Fertigstellung angeschafft wird. Eine Wohnung ist fertiggestellt, wenn sie entsprechend ihrer Zweckbestimmung genutzt werden kann. Der Zeitpunkt der Anschaffung einer Wohnung ist der Zeitpunkt der Erlangung der wirtschaftlichen Verfügungsmacht. Das ist der Fall, wenn Eigenbesitz, Gefahr, Nutzen und Lasten auf den Erwerber übergehen. Für die Inanspruchnahme der Sonderabschreibung nach § 7 b EStG müssen also Fertigstellung und Erlangung der wirtschaftlichen Verfügungsmacht in einem Kalenderjahr liegen. 30

**Beispiel 3:** 31

Ein Investor lässt in einem neu errichteten Gebäude mehrere Wohnungen herstellen. Das Gebäude und auch die Wohnungen werden am 30. November 2020 (Bauantrag vom 10. Mai 2019) fertiggestellt.

a) Der Investor begründet durch Teilungserklärung Eigentumswohnungen, welche einzeln veräußert werden.
b) Das Gebäude wird als Ganzes veräußert.

In beiden Fällen können die Erwerber die Sonderabschreibung nach § 7 b EStG in Anspruch nehmen, wenn die neuen Wohnungen oder das Gebäude bis zum 31. Dezember 2020 rechtswirksam unter Erlangung der wirtschaftlichen Verfügungsmacht erworben wurden.

## 5. Nutzungsvoraussetzung

Für die Inanspruchnahme der Sonderabschreibung nach § 7 b EStG muss die begünstigte Wohnung der entgeltlichen Überlassung zu fremden Wohnzwecken dienen. 32

### 5.1. Entgeltliche Überlassung zu fremden Wohnzwecken

Wird eine Wohnung selbstgenutzt oder unentgeltlich zu fremden Wohnzwecken überlassen, liegt keine entgeltliche Überlassung zu fremden Wohnzwecken i. S. d. § 7 b EStG vor. Ist die Nutzungsüberlassung gemäß § 21 Abs. 2 EStG in einen entgeltlichen und einen unentgeltlichen Teil aufzuteilen, so ist auch die Sonderabschreibung nach § 7 b EStG im gleichen Verhältnis aufzuteilen und nur in Höhe des auf die entgeltliche Nutzungsüberlassung entfallenden Anteils abzugsfähig. 33

Eine Wohnung dient der entgeltlichen Überlassung zu fremden Wohnzwecken auch dann, wenn sie zwar vorübergehend leer steht, die entgeltliche 34

Überlassung aber (weiterhin) vorgesehen ist und die Wohnung dafür bereitgehalten wird. Im Übrigen vgl. Rz. 24 bis 26 des BMF-Schreibens vom 8. Oktober 2004, BStBl. I S. 933 („Einkünfteerzielungsabsicht bei den Einkünften aus Vermietung und Verpachtung").

### 5.2. Wohnzwecke

35 Eine Wohnung dient Wohnzwecken, wenn sie dazu bestimmt und geeignet ist, Menschen auf Dauer Aufenthalt und Unterkunft zu ermöglichen.

36 Eine entgeltlich überlassene Wohnung dient Wohnzwecken i. S. d. § 7 b EStG, wenn die entgeltliche Überlassung unbefristet oder mindestens für einen Zeitraum von einem Jahr mietvertraglich festgelegt ist. Wird eine kürzere Mietdauer vereinbart, kann dies unschädlich sein, wenn ein entsprechender Nachweis erbracht wird, dass die Wohnung nicht lediglich der vorübergehenden Beherbergung von Personen, sondern der längerfristigen Nutzung zu Wohnzwecken dienen soll (z. B. Vermietung an einen Praktikanten für die Dauer des Praktikums, Vermietung an einen Studenten für die Dauer eines Semesters). Eine Untervermietung durch den Mieter ist unschädlich, wenn sie zu Wohnzwecken im vorstehenden Sinne erfolgt. Wird eine Wohnung möbliert vermietet, steht dies dem Begriff „zu Wohnzwecken dienen" nicht entgegen.

37 Eine Wohnung dient nach § 7 b Abs. 2 Nr. 3 2. Halbsatz EStG allerdings nicht Wohnzwecken, soweit sie lediglich zur vorübergehenden Beherbergung von Personen bestimmt ist, insbesondere bei regelmäßig wechselnden Personen wie z. B. in Ferienwohnungen, Hotels und Boardinghouses sowie bei der Vermietung von Serviced Apartments (auch Aparthotels oder Apartment Hotels). Anhaltspunkt für eine nicht Wohnzwecken dienende, vorübergehende Beherbergung kann z. B. die Bereitstellung oder das Angebot von Serviceleistungen, wie z. B. Wäscheservice oder Mahlzeiten, sein.

38 Eine Wohnung dient auch Wohnzwecken, wenn sie aus besonderen betrieblichen Gründen an Betriebsangehörige überlassen wird, z. B. Wohnung für den Hausmeister, für das Fachpersonal oder für Angehörige der Betriebsfeuerwehr. Das häusliche Arbeitszimmer des Mieters ist zur Vereinfachung den Wohnzwecken dienenden Räumen zuzurechnen. Räume, die sowohl Wohnzwecken als auch betrieblichen oder beruflichen Zwecken dienen, sind je nachdem, welchem Zweck sie überwiegend dienen, entweder ganz den Wohnzwecken oder ganz den betrieblichen oder beruflichen Zwecken dienenden Räumen zuzurechnen.

### 6. Abschreibungsfähige Anschaffungs- oder Herstellungskosten

39 Die abschreibungsfähigen Anschaffungs- oder Herstellungskosten, die im Rahmen der Anschaffung oder der Herstellung einer begünstigten Wohnung entstehen und für die Prüfung der Baukostenobergrenze (Rz. 49 ff.) und die Ermittlung der Bemessungsgrundlage (Rz. 55 ff.) heranzuziehen sind, werden gemäß § 255 Handelsgesetzbuch (HGB) und den für die Einkommensbesteuerung maßgebenden Grundsätzen ermittelt.

40 Danach sind Anschaffungskosten eines Gebäudes oder einer Wohnung alle Aufwendungen, die geleistet werden, um ein Gebäude/eine Wohnung zu erwerben und es/sie in einen betriebsbereiten Zustand zu versetzen, soweit sie dem

Gebäude/der Wohnung einzeln zugerechnet werden können, ferner die Nebenkosten und die nachträglichen Anschaffungskosten (vgl. § 255 Abs. 1 HGB).

Typische Anschaffungsnebenkosten sind Maklergebühr, Provisionen, Notarkosten, Grundbuchgebühren, Grunderwerbsteuer, Gerichtskosten, Vermessungskosten, Gutachterkosten und Erschließungskosten (sofern diese notwendigerweise im Zusammenhang mit der Anschaffung des Grundstücks bzw. mit der Herstellung des Gebäudes anfallen und die Benutzbarkeit oder den Wert des angeschafften Grundstücks erhöhen). 41

Nach § 255 Abs. 2 Satz 1 HGB sind Herstellungskosten die Aufwendungen, die durch den Verbrauch von Gütern und die Inanspruchnahme von Diensten für die Herstellung eines Vermögensgegenstandes/Wirtschaftsgutes entstehen. Zu den Herstellungskosten gehören auch anschaffungsnahe Herstellungskosten i. S. d. § 6 Abs. 1 Nr. 1 a EStG. 42

Kosten für die Grundstückserschließung, z. B. für Straßen, Versorgungsleitungen und Entsorgungsanlagen außerhalb des Grundstücks, sind dem Grund und Boden zuzuordnen. Anschlüsse vom Gebäude bis zur Grundstücksgrenze an Versorgungsnetze (Strom, Gas, Wasser, Wärme) sind hingegen dem Gebäude zuzurechnen und gehören zu den abschreibungsfähigen Anschaffungs- oder Herstellungskosten, wenn sie zusammen mit dem Gebäude neu hergestellt werden. 43

Aufwendungen für das Grundstück (Anschaffungskosten des Grunds und Bodens sowie die hierauf entfallenden Anschaffungsnebenkosten) sind keine abschreibungsfähigen Aufwendungen und können daher auch nicht für die Sonderabschreibung nach § 7 b EStG berücksichtigt werden. 44

Aufwendungen für ein Gebäude, das für Zwecke von Aufstockungen, Aus-, Um-, An- oder Aufbauten angeschafft wird (vgl. Rz. 25), gehören insoweit zu den abschreibungsfähigen Aufwendungen i. S. d. § 7 b EStG, als die erworbene Altbausubstanz für die Errichtung der neuen Wohnung i. S. d. § 7 b EStG verwendet wird. Dies gilt entsprechend für einen ggf. vorhandenen Restbuchwert eines Gebäudes, soweit Aufstockungen, Aus-, Um-, An- oder Aufbauten an einem Gebäude vorgenommen werden, das sich bereits im Eigentum des Steuerpflichtigen befindet. 45

Für die Aufwendungen für Außenanlagen gilt R 21.1 Abs. 3 Satz 1 EStR (vgl. auch H 6.4 „Außenanlagen" EStH und H 7.1 „Unbewegliche Wirtschaftsgüter, die keine Gebäude oder Gebäudebestandteile sind" EStH). 46

Aufwendungen für die Möblierung einer neuen Mietwohnung stellen keine abschreibungsfähigen Aufwendungen i. S. d. § 7 b EStG dar. 47

Im Fall der Anschaffung sind die Anschaffungskosten zuzüglich der Anschaffungsnebenkosten sowie nachträglich anfallende Anschaffungskosten ggf. mittels einer Kaufpreisaufteilung in einen Grund- und Bodenanteil sowie einen Gebäude- oder Wohnungsanteil aufzuteilen (siehe hierzu auch die Arbeitshilfe und Anleitung des Bundesministeriums der Finanzen zur Aufteilung eines Gesamtkaufpreises für ein bebautes Grundstück (Kaufpreisaufteilung) auf den Internetseiten des Bundesministeriums der Finanzen [www.bundesfinanzministerium.de]). 48

### 7. Baukostenobergrenze

Nach § 7 b Abs. 2 Nr. 2 EStG ist die Inanspruchnahme der Sonderabschreibung nach § 7 b EStG nur zulässig, wenn die abschreibungsfähigen Anschaffungs- oder Herstellungskosten nicht mehr als 3000 Euro je m² Wohnflä- 49 che betragen. Fallen höhere abschreibungsfähige Anschaffungs- oder Herstellungskosten an, führt dies zum vollständigen Ausschluss der Förderung.

50 Für die Prüfung der Baukostenobergrenze müssen die gesamten Anschaffungs- oder Herstellungskosten auf die gesamte Fläche, für die diese Kosten aufgewendet wurden, verteilt werden. Die dabei zugrunde zu legende Fläche ist bei der Anschaffung oder Herstellung eines neuen Gebäudes die Nutzfläche des gesamten Gebäudes, bei Aufstockungen, Aus-, Um-, An- oder Aufbauten die durch die Baumaßnahme insgesamt neu geschaffene Nutzfläche und bei der Anschaffung oder Herstellung einer Eigentumswohnung die den Eigentumsrechten entsprechende Nutzfläche des erworbenen Anteils.

51 Die Nutzfläche wird in sinngemäßer Anwendung der Verordnung zur Berechnung der Wohnfläche (Wohnflächenverordnung – WoFlV) vom 25. November 2003 (BGBl. I S. 2346) in der jeweils geltenden Fassung ermittelt (vgl. R 4.2 Abs. 6 Satz 4 EStR). Bei der Ermittlung der Nutzfläche sind – in Abweichung zu § 2 Abs. 3 WoFlV – auch Nebenräume, wie Bodenräume, Waschküchen, Kellerräume, Trockenräume, Speicherräume, Bade- und Brauseräume, Fahrrad- und Kinderwagenräume usw., soweit sie zur Benutzung durch den einzelnen oder zur gemeinsamen Benutzung durch alle Hausbewohner bestimmt sind, und die zur begünstigten Wohnung gehörenden Garagen (vgl. Definition der Wohnung unter 4. Förderobjekt) einzubeziehen.

52 Für Zwecke einer sachgerechten Ermittlung der Baukosten je m² (Wohn)Fläche kann alternativ die Bruttogrundfläche (BGF) des aufgrund der Baumaßnahme entstandenen Gebäudes herangezogen werden. Die BGF ermittelt sich als Gesamtfläche aller Grundrissebenen eines Bauwerks, die nach der DIN 277 ermittelt werden. Die entsprechenden Angaben müssen anhand der Bauunterlagen nachgewiesen werden können.

53 Zur Ermittlung der Baukosten je m² (Wohn)Fläche sind die abschreibungsfähigen Anschaffungs- oder Herstellungskosten durch die ermittelte gesamte Nutzfläche zu dividieren. Mehraufwendungen für Sonderausstattungen, z. B. bei einer barrierefreien Wohnung, gehen in die allgemeine Kostenaufteilung ein und werden nicht vorab individuell dieser Wohnung zugerechnet. Mehraufwendungen für Sonderausstattungen können jedoch unberücksichtigt bleiben, wenn sie eindeutig und nachweisbar anderen Nutzflächen als der begünstigten Wohnung zuzurechnen sind.

54 **Beispiel 4:**

Ein Gebäude mit einer BGF von insgesamt 750 m² wird neu errichtet.
Die Nutzung des Gebäudes stellt sich wie folgt dar:

| | |
|---|---|
| 300 m² | Fläche entfallen auf Mietwohnungen, |
| 350 m² | Fläche entfallen auf vermietete gewerblich genutzte Flächen, |
| 50 m² | Fläche entfallen auf gemeinschaftlich genutzte Nebenräume und |
| 50 m² | Fläche entfallen auf Funktions- und Haustechnikflächen, Aufzüge und Aufzugsschächte, Treppenläufe und -podeste. |

Die Herstellungskosten betragen insgesamt 1 850 000 Euro, darin enthalten sind Mehraufwendungen für Sonderausstattung der gewerblich genutzten Fläche i. H. v. 100 000 Euro.
Die Baukosten je m² (Wohn)Fläche ermitteln sich wie folgt:

a) Nach WoFlV und R 4.2 Abs. 6 Satz 4 EStR: 1 750 000 Euro/700 m² = 2500 Euro je m²
b) Nach DIN 277: 1 750 000 Euro/750 m² = 2333 Euro je m²

Die Baukostenobergrenze nach § 7b Abs. 2 Nr. 2 EStG ist damit in beiden Fällen nicht überschritten.

## 8. Bemessungsgrundlage

### 8.1. Ermittlung der förderfähigen Anschaffungs- oder Herstellungskosten

Zu den förderfähigen Anschaffungs- oder Herstellungskosten i. S. d. § 7b EStG gehören entgegen § 2 Abs. 3 WoFlV neben den abschreibungsfähigen Anschaffungs- oder Herstellungskosten für die neue Mietwohnung selbst (Rz. 39 ff.) auch die Anschaffungs- oder Herstellungskosten für die zu dieser Wohnung gehörenden Nebenräume, wie Bodenräume, Waschküchen, Kellerräume, Trockenräume, Speicherräume, Bade- und Brauseräume, Fahrrad- und Kinderwagenräume usw., gleichgültig, ob sie zur Benutzung durch den einzelnen oder zur gemeinsamen Benutzung durch alle Hausbewohner bestimmt sind, und die Anschaffungs- oder Herstellungskosten der zur begünstigten Wohnung gehörenden Garagen (vgl. Definition der Wohnung unter Rz. 20 ff.). 55

Bei Nebenräumen, die vollständig einer neuen Mietwohnung zugerechnet werden können, sind die darauf entfallenden Anschaffungs- oder Herstellungskosten in voller Höhe in die Bemessungsgrundlage einzubeziehen. Für gemeinschaftlich genutzte Nebenräume werden die Anschaffungs- oder Herstellungskosten entsprechend dem Anteil der Nutzfläche der neuen Mietwohnung an der Nutzfläche des gesamten Gebäudes aufgeteilt. 56

Werden neben einer begünstigten Wohnung auch andere Nutzflächen, wie z. B. Büro- oder Gewerbeflächen oder eine eigengenutzte Wohnung angeschafft oder hergestellt, werden die abschreibungsfähigen Anschaffungs- oder Herstellungskosten des gesamten Gebäudes nach den allgemeinen ertragsteuerrechtlichen Regelungen auf die einzelnen Gebäudeteile aufgeteilt. Für diese Aufteilung ist das Verhältnis der Nutzfläche eines Gebäudeteiles zur Nutzfläche des gesamten Gebäudes maßgebend (vgl. R 4.2 Abs. 6 EStR). D. h. die Aufteilung der Kosten hat so zu erfolgen, dass die gesamten abschreibungsfähigen Anschaffungs- oder Herstellungskosten vollständig verteilt werden. 57

Entsteht eine begünstigte Wohnung durch Um- oder Ausbaumaßnahmen, ist ebenfalls eine entsprechende Aufteilung der abschreibungsfähigen Anschaffungs- oder Herstellungskosten vorzunehmen, wenn mit der Baumaßnahme weitere – nicht begünstigte – Flächen geschaffen werden. Das kann z. B. dann der Fall sein, wenn neben einer begünstigten Wohnung auch eine Wohnung für die Eigennutzung hergestellt wird. Bei der Kostenaufteilung sind alle von der Baumaßnahme betroffenen Flächen zu berücksichtigen. 58

Um die gesamten abschreibungsfähigen Anschaffungs- oder Herstellungskosten auf die begünstigte Wohnung und die nicht zu ihr gehörende Fläche aufzuteilen, ist die Nutzfläche, die mit der Baumaßnahme insgesamt geschaffen wurde, und die Nutzfläche der begünstigten Wohnung zu ermitteln. So können die gesamten Aufwendungen gleichmäßig auf alle Nutzflächen verteilt werden. Es erfolgt grundsätzlich keine individuelle Zuordnung der Kosten nach Ausstattungsmerkmalen. 59

**Beispiel 5:** 60

Fortführung des Beispiels 4:

Die Nutzfläche des Gebäudes beträgt 700 m², die Nutzfläche der begünstigten Wohnungen beträgt 323 m² (die gemeinschaftlich genutzten Nebenräume werden zu 46,15 Prozent [300/

650] den begünstigten Wohnungen zugerechnet). Die Funktionsflächen von 50 m² werden in die Berechnung der Nutzflächen nicht einbezogen.
Die auf die begünstigten Wohnungen entfallenden förderfähigen Herstellungskosten ermitteln sich nach dem Verhältnis der Nutzfläche der neuen Mietwohnungen zur Gesamtnutzfläche:
(1 750 000 Euro × 323 m²)/700 m² = 807 500 Euro

### 8.2. Ermittlung der Bemessungsgrundlage

61 Die Bemessungsgrundlage für die Sonderabschreibung nach § 7 b EStG ermittelt sich aus den förderfähigen Anschaffungs- oder Herstellungskosten der begünstigten Wohnung unter Berücksichtigung der Förderhöchstgrenze.

62 Die Bemessungsgrundlage für die Sonderabschreibung nach § 7 b EStG wird auf maximal 2000 Euro je m² Wohnfläche begrenzt (Förderhöchstgrenze). Liegen die Anschaffungs- oder Herstellungskosten je m² Wohnfläche darunter, sind diese in der tatsächlich angefallenen Höhe der Sonderabschreibung nach § 7 b EStG zu Grunde zu legen.

63 Betragen die grundsätzlich förderfähigen Anschaffungs- oder Herstellungskosten mehr als 2000 Euro je m² Wohnfläche, ermittelt sich die Bemessungsgrundlage für die Sonderabschreibung nach § 7 b EStG wie folgt:

2000 Euro × Nutzfläche der begünstigten Wohnung = Bemessungsgrundlage

64 **Beispiel 6:**

Fortführung der Beispiele 4 und 5:
Herstellungskosten je m² Wohnfläche: 1 750 000 Euro/700 m² = 2500 Euro je m²

Da die Herstellungskosten je m² Wohnfläche (wobei auf die Nutzfläche abgestellt werden darf) die Förderhöchstgrenze i. H. v. 2000 Euro überschreiten, ermittelt sich die Bemessungsgrundlage für die Sonderabschreibung nach § 7 b EStG unter Berücksichtigung des Förderhöchstbetrages wie folgt:
2000 Euro × 323 m² = 646 000 Euro

## 9. Begünstigungszeitraum, Höhe der Sonderabschreibung nach § 7 b EStG und der AfA

### 9.1. Begünstigungszeitraum

65 Die Sonderabschreibung nach § 7 b EStG kann im Jahr der Anschaffung oder Fertigstellung und den folgenden drei Jahren (Begünstigungszeitraum) in Anspruch genommen werden. Zur Inanspruchnahme der Sonderabschreibung nach § 7 b EStG besteht keine Verpflichtung, sondern ein Wahlrecht. So kann die Sonderabschreibung nach § 7 b EStG wahlweise nur in einem Jahr oder nur in zwei oder drei Jahren in Anspruch genommen werden (vgl. Rz. 68). Beteiligte von Mitunternehmerschaften oder Gemeinschaften dürfen dieses Wahlrecht nur einheitlich ausüben (§ 7 a Abs. 7 Satz 2 EStG).

### 9.2. Höhe der Sonderabschreibung nach § 7 b EStG

66 Die Sonderabschreibung nach § 7 b EStG beträgt jährlich bis zu 5 Prozent der Bemessungsgrundlage einer begünstigten Wohnung im Jahr der Anschaffung oder Fertigstellung und in den darauffolgenden drei Jahren.

67 Die Sonderabschreibung nach § 7 b EStG ist eine Jahresabschreibung. Sie wird daher ohne zeitanteilige Aufteilung für jedes Jahr des Begünstigungszeitraumes vorgenommen.

Die Sonderabschreibung nach § 7b EStG kann mit „bis zu" 5 Prozent der Bemessungsgrundlage geltend gemacht werden. Es besteht somit eine Wahlmöglichkeit für den Steuerpflichtigen, jährlich auch weniger als 5 Prozent Sonderabschreibung nach § 7b EStG in Anspruch zu nehmen. Ein nichtausgeschöpfter Anteil des Sonderabschreibungsvolumens erhöht den nach § 7a Abs. 9 EStG verbleibenden Restwert, der über die Restnutzungsdauer ab dem vierten Jahr nach dem Jahr der Fertigstellung linear abgeschrieben wird. Ein darüber hinaus gehendes individuelles Verteilen des Sonderabschreibungsvolumens in Höhe von insgesamt 20 Prozent innerhalb des vierjährigen Begünstigungszeitraums ist nicht zulässig. 68

### 9.3. Höhe der AfA

Die AfA nach § 7 Abs. 4 EStG ist in jedem Fall in der gesetzlich vorgesehenen Höhe vorzunehmen (§ 7a Abs. 4 EStG). Die lineare AfA nach § 7 Abs. 4 EStG wird entsprechend der für diese Regelung vorgesehenen Bemessungsgrundlage ermittelt, d. h. maßgebend sind – unabhängig von der Bemessungsgrundlage der Sonderabschreibung nach § 7b EStG – die tatsächlichen Anschaffungs- oder Herstellungskosten der begünstigten Wohnung. Eine Begrenzung auf den Förderhöchstbetrag je m² Wohnfläche erfolgt für die lineare AfA nach § 7 Abs. 4 EStG nicht. 69

Nach Ablauf des Begünstigungszeitraums des § 7b EStG von vier Jahren bemisst sich die weitere reguläre AfA nach § 7a Abs. 9 EStG. Danach ermittelt sich die weitere Abschreibung bei Gebäuden nach dem Restwert nach Ablauf des Begünstigungszeitraums und dem nach § 7 Abs. 4 EStG unter Berücksichtigung der rechnerischen Restnutzungsdauer maßgebenden Prozentsatz. Die Begrenzung des Förderzeitraums (Rz. 16) führt nicht zu einer Verkürzung des Begünstigungszeitraums. 70

**Beispiel 7:** 71

**a) Fortführung der Beispiele 4 bis 6:**

| | 1. Jahr (in Euro) | 2. Jahr (in Euro) | 3. Jahr (in Euro) | 4. Jahr (in Euro) | 5. Jahr (in Euro) |
|---|---|---|---|---|---|
| Sonderabschreibung nach § 7b EStG i. H. v. 5 % (Bemessungsgrundlage von 646 000 Euro) | 32 300 | 32 300 | 32 300 | 32 300 | 0 |
| Reguläre AfA 1. bis 4. Jahr: Lineare AfA nach § 7 Abs. 4 Satz 1 Nr. 2 Buchst. a EStG (Bemessungsgrundlage von 807 500 Euro) Ab 5. Jahr: Restwert-AfA | 16 150¹⁾ | 16 150 | 16 150 | 16 150 | 13 342 |
| Insgesamt | 48 450 | 48 450 | 48 450 | 48 450 | 13 342 |

Bei vollständiger Inanspruchnahme der Sonderabschreibung nach § 7b EStG und bei regulärer linearer AfA nach § 7 Abs. 4 EStG beträgt der Restwert:
807 500 Euro – (4 × 48 450 Euro) = 613 700 Euro.

[1] **[Amtl. Anm.:]** Hinweis: bei Fertigstellung nach dem 31. Januar wäre eine zeitanteilige Kürzung der linearen AfA im Jahr der Fertigstellung erforderlich.

Die Restwert-AfA gemäß § 7 a Abs. 9 EStG beträgt ab dem fünften Jahr bei einer Restnutzungsdauer von 46 Jahren 13 342 Euro.

**b) Abwandlung: Fertigstellung im Jahr 2026**

Die Sonderabschreibung nach § 7 b EStG kann nur für ein Jahr in Höhe von 32 300 Euro in Anspruch genommen werden. Bis zum Ende des vierjährigen Begünstigungszeitraums, d. h. in den Jahren 2027 bis 2029 wird die lineare AfA unverändert mit 16 150 Euro berücksichtigt. Ab dem 5. Jahr, dem Jahr 2030, erfolgt die AfA dann verteilt über die Restnutzungsdauer.
Der Restwert beträgt:
807 500 Euro – 32 300 Euro – (4 × 16 150 Euro) = 710 600 Euro.
Die AfA beträgt ab dem 5. Jahr bei einer Restnutzungsdauer von 46 Jahren 15 448 Euro.

## 9.4. Kumulierung mit anderen Sonderabschreibungen/erhöhten Absetzungen

72 Liegen für die Anschaffung oder Herstellung einer Mietwohnung sowohl die Voraussetzungen für die Inanspruchnahme der Sonderabschreibung nach § 7 b EStG als auch für die Inanspruchnahme der erhöhten Absetzungen nach den §§ 7 h, 7 i EStG vor, dürfen nach dem Kumulationsverbot gemäß § 7 a Abs. 5 EStG die erhöhten Absetzungen nach den §§ 7 h, 7 i EStG oder die Sonderabschreibung nach § 7 b EStG nur aufgrund einer dieser Vorschriften in Anspruch genommen werden. Daran ändert auch die Tatsache nichts, dass die erhöhten Absetzungen nach den §§ 7 h und 7 i EStG an die Stelle der linearen AfA nach § 7 Abs. 4 EStG treten und die lineare AfA nach § 7 Abs. 4 EStG neben der Sonderabschreibung nach § 7 b EStG in Anspruch genommen werden muss.

## 10. Einhaltung der Nutzungsvoraussetzung

73 Die begünstigte Wohnung muss nach § 7 b Abs. 2 Nr. 3 EStG im Jahr der Anschaffung oder Fertigstellung und in den folgenden neun Jahren der entgeltlichen Überlassung zu Wohnzwecken dienen (zehnjähriger Nutzungszeitraum).

74 Der Nachweis über die Einhaltung der mindestens zehnjährigen Nutzung zur entgeltlichen Überlassung zu fremden Wohnzwecken ist vom Steuerpflichtigen jährlich in geeigneter Art und Weise zu erbringen (vgl. Rz. 126).

75 Wird die Nutzung zur entgeltlichen Überlassung zu fremden Wohnzwecken vor Ablauf des zehnjährigen Nutzungszeitraums beendet, hat der Steuerpflichtige dies mit der Steuererklärung des Veranlagungszeitraums, in den die Beendigung fällt, in geeigneter Art und Weise anzuzeigen.

76 Wird eine Wohnung, für die § 7 b EStG in Anspruch genommen wurde, vor Ablauf des Nutzungszeitraums veräußert, hat der Veräußerer nachzuweisen, dass die begünstigte Wohnung innerhalb des Nutzungszeitraums auch beim Erwerber der weiteren entgeltlichen Überlassung zu fremden Wohnzwecken gedient hat. Daher ist es grundsätzlich auch möglich, eine begünstigte Wohnung, für die die Sonderabschreibung nach § 7 b EStG in Anspruch genommen wurde, innerhalb des zehnjährigen Nutzungszeitraums zu veräußern, ohne dass die in Anspruch genommene Sonderabschreibung nach § 7 b Abs. 4 Satz 1 Nr. 1 EStG rückgängig zu machen ist (beachte Rz. 77 ff.). Der entsprechende Nachweis ist vom Veräußerer im Rahmen der Steuererklärung des Veranlagungszeitraums, in den der Ablauf des zehnjährigen Nutzungszeitraums fällt, in geeigneter Art und Weise zu erbringen. Ausreichend ist eine

Bestätigung des Erwerbers über die Einhaltung der Nutzungsvoraussetzung. Die Nutzungsvoraussetzung ist auch bei den in Rz. 82 geregelten Vorgängen einzuhalten.

## 11. Rückgängigmachung der Sonderabschreibung nach § 7 b EStG

Wird eine begünstigte Wohnung, für die die Sonderabschreibung nach § 7 b EStG in Anspruch genommen wurde, innerhalb des zehnjährigen Nutzungszeitraums dem Mietwohnungsmarkt entzogen oder veräußert, ohne dass der Veräußerungsgewinn der Einkommen- oder Körperschaftsteuer unterliegt, oder wird die Baukostenobergrenze nachträglich innerhalb der ersten drei Kalenderjahre nach Ablauf des Jahres der Anschaffung oder Herstellung der begünstigten Wohnung durch nachträgliche Anschaffungs- oder Herstellungskosten überschritten, ist die in Anspruch genommene Sonderabschreibung nach § 7 b Abs. 4 EStG in voller Höhe verzinslich rückgängig zu machen und die bisher in Anspruch genommene lineare AfA (ohne Berücksichtigung von § 7 a Abs. 9 EStG) entsprechend anzupassen (Berichtigungszeitraum). Für diese Fälle sieht § 7 b Abs. 4 Satz 3 EStG eine Anlaufhemmung der Festsetzungsfrist vor. Die Änderung erfolgt nach § 7 b Abs. 4 Satz 2 EStG. Die Verzinsung erfolgt gemäß § 233 a Abs. 2 i. V. m. Abs. 5 AO. 77

### 11.1. Veräußerung innerhalb des Nutzungszeitraums

Eine Veräußerung innerhalb des zehnjährigen Nutzungszeitraums, bei der der Veräußerungsgewinn nicht der Einkommen- oder Körperschaftsteuer unterliegt, führt in voller Höhe zu einer Rückgängigmachung der in Anspruch genommenen Sonderabschreibung nach § 7 b EStG. Dies gilt nicht nur im Fall der Erzielung eines Veräußerungsgewinns, sondern auch im Fall des Vorliegens eines Veräußerungsverlustes. Entscheidend ist allein, ob die Veräußerung grundsätzlich steuerbar ist. 78

Bei der Veräußerung langfristig gehaltener Grundstücke des Privatvermögens, die der Steuerpflichtige erst neu bebaut hat, liegt regelmäßig keine steuerbare Veräußerung vor, denn bei der Berechnung der in § 23 EStG vorgesehenen zehnjährigen Veräußerungsfrist wird ausschließlich an den Zeitpunkt der Anschaffung des Grunds und Bodens und nicht an den Zeitpunkt der Herstellung des Gebäudes angeknüpft. 79

**Beispiel 8:** 80

**a) Grundfall:**

A erwarb im Jahr 2010 einen Bauplatz. Am 1. Oktober 2018 stellte er einen Bauantrag zur Errichtung eines Zweifamilienhauses. Das Gebäude wurde am 1. Juli 2020 fertiggestellt und A vermietet es seitdem entgeltlich zu Wohnzwecken. A beansprucht in den Jahren 2020, 2021 und 2022 Sonderabschreibungen nach § 7 b EStG. Ende des Jahres 2022 verkauft A das vermietete Gebäude an B, der dieses weiterhin entgeltlich zu Wohnzwecken überlässt.

Der zehnjährige Nutzungszeitraum läuft vom 1. Juli 2020 bis 30. Juni 2030. A veräußert das Gebäude innerhalb des zehnjährigen Nutzungszeitraums. Der Gewinn aus der Veräußerung des Gebäudes an B im Jahr 2022 ist nicht nach § 22 Nr. 2 i. V. m. § 23 EStG steuerbar. Die zehnjährige Veräußerungsfrist des § 23 EStG begann mit dem Erwerb des Bauplatzes im Jahr 2010 und endet im Jahr 2020; sie ist deshalb im Jahr 2022 bereits abgelaufen.

Gemäß § 7 b Abs. 4 Satz 1 Nr. 2 EStG ist die Sonderabschreibung nach § 7 b EStG bei A – trotz entgeltlicher Weitervermietung des Gebäudes durch B – in voller Höhe verzinslich rückgängig zu machen.

**b) Abwandlung:**

A erwarb den Bauplatz erst im Jahr 2017.

Der Gewinn aus der Veräußerung des Gebäudes an B im Jahr 2022 ist nach § 22 Nr. 2 i. V. m. § 23 EStG steuerbar. Die zehnjährige Veräußerungsfrist des § 23 EStG ist im Jahr 2022 noch nicht abgelaufen. Gemäß § 7b Abs. 4 Satz 1 Nr. 2 EStG ist die Sonderabschreibung nach § 7b EStG bei A sodann nicht rückgängig zu machen, da der Erwerber B das Gebäude weiterhin entgeltlich zu Wohnzwecken vermietet.

**81** Ist eine Veräußerung steuerbar, hat die Bundesrepublik Deutschland aber aufgrund einer Regelung in einem Doppelbesteuerungsabkommen kein Recht zur Besteuerung des Veräußerungserlöses, ist der Tatbestand des § 7b Abs. 4 Satz 1 Nr. 2 EStG nicht erfüllt. In diesen Fällen liegt ein grundsätzlich steuerbarer Vorgang vor.

**82** Kein schädlicher Vorgang i. S. d. § 7b Abs. 4 Satz 1 Nr. 2 EStG liegt vor, wenn eine Übertragung nicht als Veräußerung anzusehen ist (z. B. im Wege der Erbfolge).

### 11.2. Überschreiten der Baukostenobergrenze bei nachträglichen Anschaffungs- oder Herstellungskosten

**83** Wird die Baukostenobergrenze in Höhe von 3000 Euro je m$^2$ Wohnfläche innerhalb der ersten drei Kalenderjahre nach Ablauf des Jahres der Anschaffung oder Fertigstellung der begünstigten Wohnung durch nachträgliche Anschaffungs- oder Herstellungskosten überschritten, ist die bisher in Anspruch genommene Sonderabschreibung nach § 7b Abs. 4 Satz 1 Nr. 3 EStG in voller Höhe verzinslich rückgängig zu machen.

**84** Es handelt sich um eine kalenderjahrbezogene Betrachtung; eine taggenaue Fristberechnung bezogen auf den Anschaffungs- oder Fertigstellungszeitpunkt ist dabei nicht vorgesehen. Bei vom Kalenderjahr abweichenden Wirtschaftsjahren ist auch auf das Kalenderjahr abzustellen.

**85** Unschädlich sind nachträgliche Anschaffungs- oder Herstellungskosten, die nach einer Veräußerung innerhalb des Begünstigungszeitraums beim Erwerber des Förderobjekts anfallen, wenn der Erwerber keinen Anspruch auf die Sonderabschreibung nach § 7b EStG hat.

## 12. Anwendung weiterer Vorschriften des EStG

**86** Im Übrigen gelten die gemeinsamen Vorschriften für erhöhte Absetzungen und Sonderabschreibungen nach § 7a EStG vollumfänglich auch für die Sonderabschreibung nach § 7b EStG.

**87** Die Anwendung des § 7b EStG ist nicht auf Wirtschaftsgüter des Anlagevermögens beschränkt, d. h. die Sonderabschreibung nach § 7b EStG kann auch bei den Einkünften aus Vermietung und Verpachtung in Anspruch genommen werden (vgl. § 9 Abs. 1 Satz 3 Nr. 7 EStG).

**88** § 6b Abs. 6 EStG findet in Zusammenhang mit der Sonderabschreibung nach § 7b EStG keine Anwendung.

## II. Beihilferechtliche Voraussetzungen der Inanspruchnahme der Sonderabschreibung nach § 7 b EStG

### 1. Anwendung der De-minimis-Verordnung

Die Sonderabschreibung nach § 7 b EStG kann aufgrund von § 7 b Abs. 5 EStG nur in Anspruch genommen werden, soweit die Voraussetzungen der Verordnung (EU) Nr. 1407/2013 der Kommission vom 18. Dezember 2013 über die Anwendung der Art. 107 und 108 des Vertrags über die Arbeitsweise der Europäischen Union auf De-minimis-Beihilfen (ABl. L 352 vom 24. Dezember 2013, S. 1) (De-minimis-Verordnung) in der jeweils geltenden Fassung eingehalten sind. 89

### 2. Beihilfehöchstbeträge

Werden Beihilfen auf der Grundlage der De-minimis-Verordnung gewährt, so darf der Gesamtbetrag der einem einzigen Unternehmen gewährten De-minimis-Beihilfen – unabhängig davon, aus welchen Förderprogrammen diese gewährt worden sind – in einem Zeitraum von drei Kalenderjahren die folgenden Beihilfehöchstbeträge nicht übersteigen: 90

| | |
|---|---|
| Nach der De-minimis-Verordnung: | 200 000 Euro |
| Nach der DAWI-de-minimis-Verordnung[1]): | 500 000 Euro |

Die Sonderabschreibung nach § 7 b EStG kann also nur in Anspruch genommen werden, wenn der nach der De-minimis-Verordnung maximal zulässige Beihilfehöchstbetrag von 200 000 Euro unter Einbeziehung des Beihilfewertes aus der Sonderabschreibung nach § 7 b EStG nicht überschritten wird. Soweit ein Steuerpflichtiger auch Beihilfen nach der DAWI-de-minimis-Verordnung erhalten hat, sind insoweit Beihilfen bis zu einem Höchstbetrag von 500 000 Euro – unter Einhaltung der 200 000-Euro-Grenze der De-minimis-Verordnung – zulässig. Zur Prüfung der Beihilfehöchstbeträge vgl. Rz. 114 ff. 91

Werden für die nach § 7 b EStG förderfähigen Kosten auch noch andere staatliche Beihilfen gewährt, ist dies nur insoweit zulässig, als dass die höchste einschlägige Beihilfeintensität oder der höchste einschlägige Beihilfebetrag, die bzw. der im Einzelfall in einer Gruppenfreistellungsverordnung oder einem Beschluss der Kommission festgelegt ist, nicht überschritten wird. 92

### 3. Erklärung zu anderen De-minimis-Beihilfen

Für die Inanspruchnahme der Sonderabschreibung nach § 7 b EStG muss der Steuerpflichtige nach § 7 b Abs. 5 Satz 4 EStG für jedes Jahr des Begünstigungszeitraums Angaben zu den von ihm im jeweiligen Kalenderjahr der Inanspruchnahme der Sonderabschreibung nach § 7 b EStG und in den jeweils zwei vorausgegangenen Kalenderjahren erhaltenen anderen Beihilfen auf der Basis der De-minimis-Verordnung und der DAWI-de-minimis-Verordnung 93

[1]) **[Amtl. Anm.:]** Verordnung (EU) Nr. 360/2012 der Kommission vom 25. April 2012 über die Anwendung der Art. 107 und 108 des Vertrags über die Arbeitsweise der Europäischen Union auf De-minimis-Beihilfen an Unternehmen, die Dienstleistungen von allgemeinem wirtschaftlichem Interesse erbringen (ABl. L 114 vom 26. April 2012, S. 8).

machen. Maßgeblich ist hierbei der Zeitpunkt der Gewährung (Datum des Bewilligungsbescheides) und nicht der Zuflusszeitpunkt der Beihilfe.

94 Nicht anzugeben sind in diesem Zusammenhang Beihilfen, die aufgrund einer genehmigten Beihilferegelung oder aufgrund einer auf der Basis der Allgemeinen Gruppenfreistellungsverordnung gewährten Beihilferegelung (z. B. Zentrales Innovationsprogramm Mittelstand – ZIM) bewilligt worden sind.

95 Beihilfen, die einem Steuerpflichtigen auf der Basis der De-minimis-Verordnung oder der DAWI-de-minimis-Verordnung gewährt wurden, sind für diesen regelmäßig ersichtlich, da von jeder beihilfegewährenden Stelle eine Mitteilung über den erhaltenen Beihilfewert ausgestellt werden muss.

96 Hat der Steuerpflichtige im jeweiligen Kalenderjahr der Inanspruchnahme der Sonderabschreibung nach § 7 b EStG und in den jeweils zwei vorausgegangenen Kalenderjahren Beihilfen nach der De-minimis-Verordnung oder der DAWI-de-minimis-Verordnung erhalten, so hat er den Beihilfegeber, das Datum der Gewährung und die Höhe des bescheinigten Beihilfewertes dieser Beihilfen gegenüber dem für ihn zuständigen Finanzamt zu erklären. Diese Erklärung ist Voraussetzung für die jeweilige Inanspruchnahme der Sonderabschreibung nach § 7 b EStG. Wurden keine anderen Beihilfen nach der De-minimis-Verordnung oder der DAWI-de-minimis-Verordnung in diesem Zeitraum bezogen, ist dies ebenfalls schriftlich zu erklären.

97 Handelt es sich bei dem anspruchsberechtigten Steuerpflichtigen um einen Beteiligten einer Mitunternehmerschaft oder einer Gemeinschaft, für die die Einkünfte gesondert und einheitlich festgestellt werden, sind die Angaben über die erhaltenen Beihilfen nach der De-minimis-Verordnung oder der DAWI-de-minimis-Verordnung für die Mitunternehmerschaft oder die Gemeinschaft im Rahmen der Erklärung zur gesonderten und einheitlichen Feststellung für jedes Jahr des Begünstigungszeitraums zu tätigen.

98 Werden die Einkünfte des anspruchsberechtigten Steuerpflichtigen gesondert festgestellt, sind die Angaben über die erhaltenen Beihilfen nach der De-minimis-Verordnung oder der DAWI-de-minimis-Verordnung im Rahmen der Erklärung zur gesonderten Feststellung für jedes Jahr des Begünstigungszeitraums zu tätigen.

99 Beträgt der Beihilfewert aus weiteren Beihilfen nach der De-minimis-Verordnung insgesamt bereits 200 000 Euro oder mehr bzw. aus weiteren Beihilfen nach der DAWI-de-minimis-Verordnung insgesamt bereits 500 000 Euro oder mehr, kann die Sonderabschreibung nach § 7 b EStG gemäß § 7 b Abs. 5 EStG im betreffenden Jahr des Begünstigungszeitraums nicht in Anspruch genommen werden. Ggf. kommt eine Inanspruchnahme im folgenden Jahr/in den folgenden Jahren des Begünstigungszeitraums in Betracht.

### 4. Ermittlung des Beihilfewerts der Sonderabschreibung nach § 7 b EStG

100 Sind im Kalenderjahr der Inanspruchnahme der Sonderabschreibung nach § 7 b EStG und in den zwei vorausgegangenen Kalenderjahren die Beihilfehöchstbeträge durch weitere De-minimis-Beihilfen nicht erreicht worden oder wurden in diesem Zeitraum bisher keine De-minimis-Beihilfen bezogen, muss der Beihilfewert der Sonderabschreibung nach § 7 b EStG ermittelt werden.

Bei der Ermittlung des sich aus der Sonderabschreibung nach § 7 b EStG ergebenden Beihilfewerts ist nicht auf die Höhe der Sonderabschreibung nach § 7 b EStG selbst, sondern nur auf den relevanten wirtschaftlichen Vorteil, der durch die vorgezogene höhere Abschreibungsmöglichkeit entsteht, abzustellen. 101

### 4.1. Grundsatz: Ermittlung des relevanten wirtschaftlichen Vorteils

Der zu Grunde zu legende relevante wirtschaftliche Vorteil der Maßnahme entsteht durch die vorgezogene höhere Abschreibungsmöglichkeit innerhalb des Referenzzeitraums des Abschreibungszeitraums des Förderobjekts. D. h. der relevante wirtschaftliche Vorteil aus der Inanspruchnahme der Sonderabschreibung nach § 7 b EStG wird mittels einer Barwertberechnung über den gesamten Abschreibungszeitraum von 50 Jahren ermittelt. Denn den durch die Inanspruchnahme der Sonderabschreibung nach § 7 b EStG entstehenden Steuervorteilen stehen im Zeitraum der Gewährung der Restwert-AfA Steuernachteile durch eine niedrigere Restwert-AfA gegenüber. Beides ist für die Ermittlung des relevanten wirtschaftlichen Vorteils in der Gesamtbetrachtung zu berücksichtigen. 102

Bei der Barwertberechnung werden jährlich die jeweiligen nominalen Vor- bzw. Nachteile auf den Investitionszeitpunkt diskontiert. Die Summe der entsprechenden Barwerte über den Abschreibungszeitraum eines Gebäudes (50 Jahre) ergibt den Liquiditätsvorteil der Investition insgesamt, welcher auf die Jahre aufgeteilt wird, in denen durch die Inanspruchnahme der Sonderabschreibung nach § 7 b EStG Steuervorteile eintreten. Dabei wird in Einkommensteuerfällen auf den prozentualen Durchschnittssteuersatz abgestellt. Dieser ermittelt sich aus der tariflichen Einkommensteuer zuzüglich Solidaritätszuschlag (soweit erhoben), dividiert durch das zu versteuernde Einkommen (nach Berücksichtigung der Sonderabschreibung nach § 7 b EStG). In Körperschaftsteuerfällen wird auf den Körperschaftsteuersatz (15 Prozent) zuzüglich Solidaritätszuschlag und dem individuellen Gewerbesteuersatz abgestellt. Maßgebend sind die Werte des Jahres der erstmaligen Inanspruchnahme der Sonderabschreibung nach § 7 b EStG. Zur Diskontierung ist der Abzinsungszinssatz entsprechend der Mitteilung der Kommission über die Änderung der Methode zur Festsetzung der Referenz- und Abzinsungssätze (ABl. C 14 vom 19. Januar 2008 S. 6), der zum Ende des Jahres, das der Fertigstellung vorausgeht, gilt, zu verwenden. 103

Der für die Berechnung des Referenz- und Abzinsungssatzes maßgebende Basissatz wird regelmäßig aktualisiert und im Internet unter der folgenden Adresse veröffentlicht: http //ec.europa.eu/competition/state_aid/legislation/reference_rates.html. 104

Zur Ermittlung des relevanten wirtschaftlichen Vorteils aus der Sonderabschreibung nach § 7 b EStG steht im Internet auf den Seiten des Bundesministeriums der Finanzen (https://www.bundesfinanzministerium.de/Content/DE/Standardartikel/Themen/Steuern/Steuerarten/Einkommensteuer/2020-07-07-berechnungsschema-sonderabschreibung-7 b-estg) ein Berechnungsschema zur Verfügung. Der relevante wirtschaftliche Vorteil, der sich daraus ergibt, wird über den vierjährigen Begünstigungszeitraum gleichmäßig verteilt. 105

106 Der relevante wirtschaftliche Vorteil wird einmalig im ersten Jahr der Inanspruchnahme der Sonderabschreibung nach § 7 b EStG ermittelt. Nachträgliche Anschaffungs- oder Herstellungskosten innerhalb der Baukostenobergrenze, eine Veräußerung oder eine Nutzungsänderung des Förderobjekts innerhalb des Abschreibungszeitraumes führen daher nicht rückwirkend zu einer Neuberechnung des relevanten wirtschaftlichen Vorteils.

### 4.2. Ermittlung des relevanten wirtschaftlichen Vorteils bei Mitunternehmerschaften oder Gemeinschaften

107 Im Rahmen der gesonderten und einheitlichen Feststellung sind entsprechend dem für die Mitunternehmerschaft oder Gemeinschaft geltenden Einkünfteverteilungsschlüssel

1. der verbrauchte Beihilfewert der Mitunternehmerschaft oder Gemeinschaft (bereits erhaltene Beihilfen nach der De-minimis-Verordnung oder der DAWI-de-minimis-Verordnung)

und

2. die Bemessungsgrundlage der Sonderabschreibung nach § 7 b EStG (vgl. Rz. 55 ff.)

auf die Feststellungsbeteiligten aufzuteilen.

108 Im Feststellungsbescheid ist für jeden Feststellungsbeteiligten der auf ihn entfallende Anteil am verbrauchten Beihilfewert und an der Bemessungsgrundlage nach § 7 b EStG auszuweisen. Der verbrauchte Beihilfewert ist für jedes Jahr des Begünstigungszeitraums auszuweisen.

109 Bei mehrstöckigen Personengesellschaften ist entsprechend zu verfahren.

110 Im Rahmen der Veranlagung zur Einkommen- oder Körperschaftsteuer des einzelnen Feststellungsbeteiligten wird für die Ermittlung des wirtschaftlichen Vorteils der Sonderabschreibung nach § 7 b EStG der im Feststellungsbescheid festgestellte Anteil an der Bemessungsgrundlage nach § 7 b EStG der Barwertberechnung, wie unter 4.1 dargestellt, zugrunde gelegt.

111 **Beispiel 9:**

Die A-KG, bestehend aus der Komplementär-GmbH [K-GmbH] (Anteil 0 Prozent) und den Kommanditisten A und B (Anteil jeweils 50 Prozent), hat mit Fertigstellung im Jahr 2020 ein Gebäude mit ausschließlich Mietwohnungen errichten lassen.

Die nach § 7 b EStG förderfähigen Herstellungskosten betragen 2 000 000 Euro (eine Begrenzung der Bemessungsgrundlage i. S. d. § 7 b Abs. 3 EStG erfolgt nicht).

Die A-KG erklärt im Rahmen der gesonderten und einheitlichen Feststellung für 2020 folgende bereits erhaltene Beihilfen für das laufende und die beiden vorausgegangenen Kalenderjahre:

nach der De-minimis-Verordnung:
80 000 Euro (erhalten im Jahr 2019)

nach der DAWI-de-minimis-Verordnung:
400 000 Euro (erhalten im Jahr 2019)

Die A-KG erzielte im Jahr 2020 unter Berücksichtigung der Sonderabschreibung nach § 7 b EStG gewerbliche Einkünfte nach § 15 EStG i. H. v. 50 000 Euro.

Der Feststellungsbescheid enthält für die Feststellungsbeteiligten folgende Werte:

| Feststellungsbeteiligter | Einkünfte aus Gewerbebetrieb in Euro | Bemessungsgrundlage nach § 7 b EStG in Euro | Verbrauchter Beihilfewert nach De-minimis-Verordnung in Euro | Verbrauchter Beihilfewert nach DAWI-de-minimis-Verordnung in Euro |
|---|---|---|---|---|
| K-GmbH | 0 | 0 | 0 | 0 |
| A | 25 000 | 1 000 000 | 40 000 | 200 000 |
| B | 25 000 | 1 000 000 | 40 000 | 200 000 |

Weil die Sonderabschreibung nach § 7 b EStG in voller Höhe (5 Prozent) in Anspruch genommen wurde, muss keine Aussage hierzu aufgenommen werden.

Im Rahmen der Veranlagung zur Einkommen- oder Körperschaftsteuer werden über die in den ESt 4 B-Mitteilungen für die jeweiligen Feststellungsbeteiligten mitgeteilten Werte die für die Feststellungsbeteiligten maßgeblichen Beihilfewerte aus der Inanspruchnahme der Sonderabschreibung nach § 7 b EStG mittels des Berechnungsschemas, wie unter 4.1 dargestellt, ermittelt.

### 4.3. Ermittlung des relevanten wirtschaftlichen Vorteils bei gesonderten Feststellungen

Bei gesonderten Feststellungen nach § 180 Abs. 1 Satz 1 Nr. 2 Buchst. b AO sind im Feststellungsbescheid der verbrauchte Beihilfewert und die Bemessungsgrundlage der Sonderabschreibung nach § 7 b EStG auszuweisen. Der verbrauchte Beihilfewert ist für jedes Jahr des Begünstigungszeitraums auszuweisen. 112

Im Rahmen der Veranlagung zur Einkommensteuer des Steuerpflichtigen wird über die im Feststellungsbescheid mitgeteilten Werte der maßgebliche Beihilfewert aus der Inanspruchnahme der Sonderabschreibung nach § 7 b EStG mittels des Berechnungsschemas, wie unter 4.1 dargestellt, ermittelt. 113

## 5. Prüfung der Beihilfehöchstbeträge

### 5.1. Grundsatz

Die Prüfung, ob die Beihilfehöchstbeträge eingehalten werden, ist für jedes Jahr des Begünstigungszeitraums gesondert vorzunehmen. 114

Im ersten Jahr des Begünstigungszeitraums werden 25 Prozent des ermittelten Beihilfewerts der Sonderabschreibung nach § 7 b EStG in die Berechnung einbezogen. Ist die Summe der erklärten anderen Beihilfen nach der De-minimis-Verordnung für das laufende und für die zwei vorausgegangenen Kalenderjahre sowie des für das erste Jahr des Begünstigungszeitraums anzusetzenden Teilbetrags des ermittelten Beihilfewerts der Sonderabschreibung nach § 7 b EStG kleiner als 200 000 Euro, kann die Sonderabschreibung nach § 7 b EStG gewährt werden. Hat der Steuerpflichtige zusätzlich auch Beihilfen nach der DAWI-de-minimis-Verordnung erhalten, kann die Sonderabschreibung nach § 7 b EStG gewährt werden, wenn der ermittelte Beihilfewert aus den De-minimis-Beihilfen kleiner ist als 200 000 Euro und bei Hinzurechnung der DAWI-de-minimis-Beihilfen den Betrag von 500 000 Euro nicht überschreitet. 115

116 Im zweiten Jahr des Begünstigungszeitraums sind wiederum die erklärten anderen De-minimis-Beihilfen für das laufende und für die zwei vorausgegangenen Kalenderjahre und die anteiligen Beihilfewerte der Sonderabschreibung nach § 7 b EStG für das erste und das zweite Jahr des Begünstigungszeitraums (jeweils 25 Prozent des gesamten im ersten Jahr des Begünstigungszeitraums ermittelten Beihilfewertes) einzubeziehen. Im dritten Jahr des Begünstigungszeitraums sind dann die anteiligen Beihilfewerte der Sonderabschreibung nach § 7 b EStG des ersten bis dritten Jahres des Begünstigungszeitraums zu den wiederum aktualisiert mitgeteilten weiteren De-minimis-Beihilfen zu addieren. Im vierten Jahr des Begünstigungszeitraums sind die anteiligen Beihilfewerte der Sonderabschreibung nach § 7 b EStG des zweiten bis vierten Jahres des Begünstigungszeitraums zu den wiederum aktualisiert mitgeteilten weiteren De-minimis-Beihilfen zu addieren.

117 Macht der Steuerpflichtige in späteren Jahren Sonderabschreibungen nach § 7 b EStG für weitere begünstigte Förderobjekte geltend, ist für Zwecke der Prüfung der Beihilfehöchstbeträge entsprechend zu verfahren: d. h. die Beihilfewerte aus diesen Sonderabschreibungen nach § 7 b EStG sind entsprechend zu ermitteln und in die in Rz. 116 erläuterte Prüfung einzubeziehen.

118 Werden für den Steuerpflichtigen Einkünfte gesondert festgestellt, ist anhand der im Feststellungsbescheid ausgewiesenen Werte sowie der im Rahmen der Einkommensteuererklärung ggf. gemachten Angaben über weitere De-minimis-Beihilfen entsprechend zu verfahren.

## 5.2. Prüfung bei Mitunternehmerschaften oder Gemeinschaften

119 Der für einen Feststellungsbeteiligten ermittelte Beihilfewert der Sonderabschreibung nach § 7 b EStG ist der Prüfung der Einhaltung der Beihilfehöchstbeträge zugrunde zu legen. Neben eigenen De-minimis-Beihilfen eines Feststellungsbeteiligten sind auch die festgestellten, anteilig auf den Feststellungsbeteiligten entfallenden verbrauchten Beihilfewerte aus anderen De-minimis-Beihilfen der Mitunternehmerschaft oder Gemeinschaft in die Berechnung des bereits verbrauchten Beihilfewerts für den Feststellungsbeteiligten einzubeziehen.

120 **Beispiel 10:**

Fortführung des Beispiels 9:

Die Feststellungsbeteiligten der A-KG haben im Jahr 2020 und den beiden vorausgegangenen Kalenderjahren bereits De-minimis-Beihilfen mit den folgenden Beihilfewerten erhalten:

| | |
|---|---|
| K-GmbH: | 200 000 Euro |
| A: | 10 000 Euro |
| B: | 5000 Euro |

Für die Inanspruchnahme der Sonderabschreibung nach § 7 b EStG werden für die Feststellungsbeteiligten die folgenden Beihilfewerte ermittelt:

| | |
|---|---|
| K-GmbH: | 0 Euro, d. h. 0 Euro/Jahr |
| A: | 10 384 Euro, d. h. 2596 Euro/Jahr |
| B: | 7632 Euro, d. h. 1908 Euro/Jahr |

| Feststellungsbeteiligter | Beihilfewert der Sonderabschreibung nach § 7b EStG in Euro | Verbrauchter Beihilfewert nach De-minimis-Verordnung in Euro | Verbrauchter Beihilfewert nach DAWI-de-minimis-Verordnung in Euro | Beihilfewerte bereits erhaltener De-minimis-Beihilfen in Euro |
|---|---|---|---|---|
| K-GmbH | 0 | 0 | 0 | 200 000 |
| A | 2596 | 40 000 | 200 000 | 10 000 |
| B | 1908 | 40 000 | 200 000 | 5000 |

Da die Feststellungsbeteiligten A und B für das Jahr 2020 den Beihilfehöchstbetrag sowohl nach der De-minimis-Verordnung (A: 52 596 Euro; B: 46 908 Euro) als auch nach der DAWI-de-minimis-Verordnung (A: 252 596 Euro; B: 246 908 Euro) noch nicht überschritten haben, kann die Sonderabschreibung nach § 7b EStG in voller Höhe in Anspruch genommen werden. Für die K-GmbH ergibt sich aus der Inanspruchnahme der Sonderabschreibung nach § 7b EStG durch die A-KG keine Auswirkung.

### 5.3. Überschreiten der Beihilfehöchstbeträge

Ergibt die Prüfung der Einhaltung der Beihilfehöchstbeträge nach der De-minimis-Verordnung und der DAWI-de-minimis-Verordnung, dass mit der Inanspruchnahme der Sonderabschreibung nach § 7b EStG der Beihilfehöchstbetrag von 200 000 Euro nach der De-minimis-Verordnung bzw. von 500 000 Euro nach der DAWI-de-minimis-Verordnung überschritten wird, ist die Sonderabschreibung nach § 7b EStG nur in der Höhe zulässig, wie der Beihilfewert aus allen De-minimis-Beihilfeprogrammen 200 000 Euro bzw. 500 000 Euro nicht überschreitet. In diesen Fällen ist die Sonderabschreibung nach § 7b EStG für das betreffende Jahr anteilig zu kürzen. 121

Das Überschreiten der Beihilfehöchstbeträge führt nur dann zur vollständigen Versagung der Sonderabschreibung nach § 7b EStG, wenn die Beihilfehöchstbeträge bereits ohne Hinzurechnung des Beihilfewerts aus der Sonderabschreibung nach § 7b EStG erreicht sind. 122

Bei Überschreiten der Beihilfehöchstbeträge hat eine entsprechende Mitteilung über die Höhe der zu gewährenden Sonderabschreibung nach § 7b EStG (ggfs. mit 0 Euro) an das für die (gesonderte bzw. gesondert und einheitliche) Feststellung zuständige Finanzamt bzw. an die zuständige Dienststelle zu ergehen. In der Folge ist ein nach § 175 Abs. 1 Satz 1 Nr. 2 AO geänderter Feststellungsbescheid zu erlassen. 123

**Beispiel 11:** 124

Abwandlung des Beispiels 10:

B hat weitere Beihilfen nach der De-minimis-Verordnung mit Beihilfewerten von insgesamt 160 000 Euro erhalten.

Die Prüfung des Beihilfehöchstbetrags für B ergibt, dass der Beihilfehöchstbetrag nach der De-minimis-Verordnung i. H. v. 200 000 Euro bereits erreicht ist (40 000 Euro aus der Beteiligung an der A-KG und 160 000 Euro für weitere Beihilfen nach der De-minimis-Verordnung). B kann die Sonderabschreibung nach § 7b EStG damit nicht mehr in Anspruch nehmen. Nach einer entsprechenden Mitteilung der für die Veranlagung zur Einkommensteuer zuständigen Dienststelle an die für die gesonderte und einheitliche Feststellung zuständige Dienststelle ergeben sich bei der gesonderten und einheitlichen Feststellung folgende Änderungen (die bislang erklärten bereits verbrauchten Beihilfewerte bleiben unverändert):

| Feststellungsbeteiligter | Einkünfte aus Gewerbebetrieb in Euro | | | Bemessungsgrundlage nach § 7b EStG in Euro |
|---|---|---|---|---|
| | Gesamt | nach Quote verteilt | Ergänzungsvermögen | |
| K-GmbH | 0 | 0 | | 0 |
| A | 25 000 | 25 000 | 0 | 1 000 000 |
| B | 75 000 | 25 000 | 50 000[1] | 1 000 000 |

### 6. Bescheinigung des Beihilfewerts der Sonderabschreibung nach § 7b EStG

125 Der Beihilfewert der Sonderabschreibung nach § 7b EStG ist für jedes Jahr des Begünstigungszeitraums im entsprechenden Bescheid über die Festsetzung der Einkommen- oder Körperschaftsteuer auszuweisen.

## III. Prüfungserfordernisse für die Inanspruchnahme der Sonderabschreibung nach § 7b EStG

126 Für die Prüfung der Sonderabschreibung nach § 7b EStG sind die in der Anlage zu diesem Schreiben zusammengestellten Angaben („Angaben zur Inanspruchnahme einer Sonderabschreibung nach § 7b EStG“) erforderlich.

127 Die erforderlichen Angaben sind nach der diesem Schreiben beigefügten Anlage an das örtlich zuständige Finanzamt zu übersenden. Die Vollständigkeit und Richtigkeit der Angaben sind mit der Unterschrift des Steuerpflichtigen bzw. des gesetzlichen Vertreters zu bestätigen. Die Angaben sind spätestens auf Anforderung des Finanzamts vorzulegen.

## IV. Anwendungsregelung

128 Dieses Schreiben ist in allen noch offenen Fällen anzuwenden.

[1] **[Amtl. Anm.:]** Hinweis: Die Einkünfte des Ergänzungsvermögens i. H. v. 50 000 Euro ergeben sich aus der vollständigen Versagung der Sonderabschreibung nach § 7b EStG (1 000 000 Euro × 5 Prozent).

# 1 § 7g/5. Schreiben betr. steuerliche Gewinnermittlung; Zweifelsfragen zu den Investitionsabzugsbeträgen nach § 7g Abs. 1 bis 4 und 7 EStG in der Fassung des Jahressteuergesetzes 2020 (JStG 2020) vom 21. Dezember 2020 (BGBl. I S. 3096)

Vom 15. Juni 2022

BMF IV C 6 - S 2139-b/21/10001 :001; DOK 2022/0547974

(BStBl. I S. 945)

**Bezug:** BMF-Schreiben vom 20. März 2017 (BStBl. I S. 423)

Zur Anwendung von § 7g Abs. 1 bis 4 und 7 EStG in der Fassung des Jahressteuergesetzes 2020 (JStG 2020) vom 21. Dezember 2020 (BGBl. I S. 3096)[1] nehme ich nach Abstimmung mit den obersten Finanzbehörden der Länder wie folgt Stellung:

## I. Voraussetzungen für die Inanspruchnahme von Investitionsabzugsbeträgen (§ 7g Abs. 1 EStG)

### 1. Begünstigte Betriebe

#### a) Aktive Betriebe

Die Inanspruchnahme von Investitionsabzugsbeträgen ist grundsätzlich nur bei Betrieben (Einzelunternehmen, Personengesellschaften und Körperschaften) möglich, die aktiv am wirtschaftlichen Verkehr teilnehmen und eine in diesem Sinne werbende Tätigkeit ausüben. Steuerpflichtige, die ihren Betrieb ohne Aufgabeerklärung durch Verpachtung im Ganzen fortführen (sog. Betriebsverpachtung im Ganzen, vgl. § 16 Abs. 3b Satz 1 Nr. 1 EStG), können die Regelungen des § 7g EStG nicht anwenden (BFH-Urteil vom 27. September 2001, BStBl. 2002 II S. 136). Im Falle einer Betriebsaufspaltung können sowohl das Besitzunternehmen als auch das Betriebsunternehmen Investitionsabzugsbeträge beanspruchen. Entsprechendes gilt bei Organschaften für Organträger und Organgesellschaft. 1

#### b) Noch nicht eröffnete Betriebe

Begünstigt i.S.d. § 7g EStG sind auch Betriebe, die sich noch in der Eröffnungsphase befinden. Die Betriebseröffnungsphase beginnt in dem Zeitpunkt, in dem der Steuerpflichtige erstmals Tätigkeiten ausübt, die objektiv erkennbar auf die Vorbereitung der beabsichtigten betrieblichen Tätigkeit gerichtet sind (BFH-Urteil vom 9. Februar 1983, BStBl. II S. 451) und endet erst, wenn alle wesentlichen Grundlagen vorhanden sind (Abschluss der Betriebseröffnung, BFH-Urteil vom 10. Juli 1991, BStBl. II S. 840). 2

In Zweifelsfällen hat der Steuerpflichtige die Betriebseröffnungsabsicht glaubhaft darzulegen. Indizien für eine Betriebseröffnung sind beispielsweise eine Gewerbeanmeldung, beantragte Kredite oder Unterlagen, aus denen sich die geplante Anschaffung oder Herstellung der wesentlichen Betriebsgrundlagen ergibt (z.B. Kostenvoranschläge, Informationsmaterial, konkrete Verhandlun- 3

[1] **Amtl. Anm.:** BStBl. 2021 I S. 6.

gen oder Bestellungen). Für eine beabsichtigte Betriebseröffnung spricht außerdem, dass der Steuerpflichtige bereits selbst und endgültig mit Aufwendungen belastet ist oder dass die einzelnen zum Zwecke der Betriebseröffnung bereits unternommenen Schritte sich als sinnvolle, zeitlich zusammenhängende Abfolge mit dem Ziel des endgültigen Abschlusses der Betriebseröffnung darstellen.

### c) Personengesellschaften und Gemeinschaften

4 Auch Personengesellschaften und Gemeinschaften können unter entsprechender Anwendung der Regelungen dieses Schreibens § 7g EStG in Anspruch nehmen (§ 7g Abs. 7 Satz 1 EStG), wenn es sich um eine Mitunternehmerschaft (§ 13 Abs. 7, § 15 Abs. 1 Satz 1 Nr. 2, § 18 Abs. 4 Satz 2 EStG) handelt. Investitionsabzugsbeträge können sowohl vom gemeinschaftlichen Gewinn als auch vom Sonderbetriebsgewinn eines Mitunternehmers abgezogen werden. Bei der Prüfung der Gewinngrenze i.S.d. § 7g Abs. 1 Satz 2 Nr. 1 Buchst. b EStG (Rdnrn. 13 bis 16) sind der gemeinschaftliche Gewinn (inklusive der Gewinne aus Ergänzungsbilanzen/-rechnungen der Mitunternehmer) und die Sonderbetriebsgewinne zusammenzurechnen. Bei der Ermittlung des Höchstbetrages von 200 000 € (§ 7g Abs. 1 Satz 4 EStG, vgl. Rdnr. 10) sind die im Bereich des gemeinschaftlichen Gewinns und die im Bereich der Sonderbetriebsgewinne in Anspruch genommenen und nicht wieder hinzugerechneten oder rückgängig gemachten Investitionsabzugsbeträge zusammenzufassen.

5 Vom Gewinn der Gesamthand oder Gemeinschaft abgezogene Investitionsabzugsbeträge können ausschließlich bei begünstigten Investitionen im Gesamthandsvermögen gewinnerhöhend hinzugerechnet werden (§ 7g Abs. 7 Satz 2 EStG). Vom Sonderbetriebsgewinn eines Gesellschafters oder Gemeinschafters abgezogene Investitionsabzugsbeträge können ausschließlich bei begünstigten Investitionen im Sonderbetriebsvermögen dieses Gesellschafters oder Gemeinschafters sonderbetriebsgewinnerhöhend hinzugerechnet werden (§ 7g Abs. 7 Satz 3 EStG).

Die Anschaffung eines begünstigten Wirtschaftsgutes liegt nicht vor, wenn ein Gesellschafter oder Gemeinschafter ein Wirtschaftsgut von der Personengesellschaft oder Gemeinschaft erwirbt oder die Personengesellschaft oder Gemeinschaft oder ein anderer Gesellschafter oder Gemeinschafter ein Wirtschaftsgut erwirbt, das zuvor zum Sonderbetriebsvermögen eines Gesellschafters oder Gemeinschafters gehörte, da in diesen Fällen das Wirtschaftsgut bereits vor der Anschaffung dem Betriebsvermögen der Mitunternehmerschaft zuzurechnen war.

## 2. Begünstigte Wirtschaftsgüter

6 Investitionsabzugsbeträge können für neue oder gebrauchte abnutzbare bewegliche Wirtschaftsgüter des Anlagevermögens geltend gemacht werden, die in einem dem Wirtschaftsjahr des Abzuges folgenden Wirtschaftsjahr angeschafft oder hergestellt werden. Für immaterielle Wirtschaftsgüter, z.B. Software, kann § 7g EStG nicht in Anspruch genommen werden (BFH-Urteil vom 18. Mai 2011, BStBl. II S. 865). Das gilt nicht für sog. Trivialprogramme, die nach R 5.5 Abs. 1 EStR zu den abnutzbaren beweglichen und selbständig nutzbaren Wirtschaftsgütern gehören.

Sogenannte geringwertige Wirtschaftsgüter (§ 6 Abs. 2 EStG) oder Wirtschaftsgüter, die nach § 6 Abs. 2a EStG in einem Sammelposten erfasst werden, sind nach § 7g EStG begünstigt. 7

Die Wirtschaftsgüter müssen mindestens bis zum Ende des dem Wirtschaftsjahr der Anschaffung oder Herstellung folgenden Wirtschaftsjahres vermietet oder in einer inländischen Betriebsstätte des Betriebes ausschließlich oder fast ausschließlich betrieblich genutzt werden (Verbleibens- und Nutzungszeitraum gemäß § 7g Abs. 1 Satz 1 EStG, vgl. Rdnrn. 33 bis 44). 8

### 3. Höhe der Investitionsabzugsbeträge

Nach § 7g EStG sind höchstens 50 % der tatsächlichen Aufwendungen für begünstigte Wirtschaftsgüter (Rdnrn. 6 bis 8), die innerhalb der dreijährigen Investitionsfrist angeschafft oder hergestellt werden, berücksichtigungsfähig. Soweit Investitionsabzugsbeträgen keine entsprechenden Investitionen gegenüberstehen, sind sie rückgängig zu machen (Rdnrn. 29 bis 51). 9

Begünstigte Betriebe (Rdnrn. 1 bis 4) können Investitionsabzugsbeträge bis zu einer Summe von insgesamt 200 000 € in Anspruch nehmen (§ 7g Abs. 1 Satz 4 EStG). Dieser betriebsbezogene Höchstbetrag vermindert sich im jeweiligen Wirtschaftsjahr des Abzuges um die in den drei vorangegangenen Wirtschaftsjahren berücksichtigten Abzugsbeträge nach § 7g Abs. 1 EStG, die noch „vorhanden“ sind, d.h. nicht wieder hinzugerechnet (§ 7g Abs. 2 Satz 1 EStG) oder rückgängig gemacht wurden (§ 7g Abs. 3 und 4 EStG). 10

### 4. Gewinngrenze nach § 7g Abs. 1 Satz 2 Nr. 1 EStG

Investitionsabzugsbeträge können nur in Wirtschaftsjahren in Anspruch genommen werden, in denen der Gewinn 200 000 € nicht überschreitet. Das gilt auch bei noch nicht eröffneten Betrieben (Rdnrn. 2 und 3). 11

#### a) Gewinnermittlung nach § 4 oder § 5 EStG

Die Inanspruchnahme von Investitionsabzugsbeträgen setzt die Ermittlung des Gewinns durch Betriebsvermögensvergleich nach § 4 Abs. 1 oder § 5 EStG bzw. Einnahmenüberschussrechnung nach § 4 Abs. 3 EStG voraus. Bei einer Tonnagebesteuerung gemäß § 5a EStG oder einer Gewinnermittlung nach Durchschnittsätzen (§ 13a EStG) ist § 7g EStG nicht anwendbar (vgl. § 5a Abs. 5 Satz 3 zweiter Teilsatz EStG bzw. § 13a Abs. 3 Satz 2 EStG und Rdnr. 85 des BMF-Schreibens vom 10. November 2015, BStBl. I S. 877). 12

#### b) Maßgebender Gewinn

Gewinn i.S.v. § 7g Abs. 1 Satz 2 Nr. 1 Buchst. b EStG ist der Betrag, der ohne Berücksichtigung von Abzügen und Hinzurechnungen gemäß § 7g Abs. 1 und Abs. 2 Satz 1 EStG der Besteuerung zugrunde zu legen ist (§ 2 Abs. 2 Satz 1 Nr. 1 i.V.m. §§ 4 bis 5 sowie 6 bis 7i EStG); außerbilanzielle Korrekturen der Steuerbilanz sowie Hinzu- und Abrechnungen bei der Einnahmeüberschussrechnung sind zu berücksichtigen. Bei Körperschaften ist der steuerliche Gewinn (Punkt 31 der R 7.1 Abs. 1 Satz 2 KStR 2022) ohne Berücksichtigung von Abzügen und Hinzurechnungen gemäß § 7g Abs. 1 und Abs. 2 Satz 1 EStG (Punkt 9 der R 7.1 Abs. 1 Satz 2 KStR 2022) maßgebend. Die Gewinngrenze ist für jeden Betrieb getrennt zu ermitteln und gilt unabhängig davon, wie viele Personen an dem Unternehmen beteiligt sind. 13

Wird ein Betrieb im Laufe eines Wirtschaftsjahres unentgeltlich nach § 6 Abs. 3 EStG übertragen, ist für die Prüfung der Gewinngrenze des § 7g Abs. 1 Satz 2 14

Nr. 1 Buchst. b EStG der anteilige Gewinn oder Verlust des Rechtsvorgängers und des Rechtsnachfolgers zusammenzufassen.

15 Hat der Steuerpflichtige mehrere Betriebe, ist für jeden Betrieb gesondert zu prüfen, ob die Voraussetzungen des § 7g Abs. 1 Satz 2 Nr. 1 EStG vorliegen. Bei Personengesellschaften, bei denen die Gesellschafter als Mitunternehmer anzusehen sind, ist der Gewinn der Personengesellschaft (gemeinschaftlicher Gewinn inklusive Ergebnisse aus Ergänzungsbilanzen/-rechnungen zzgl. Sonderbetriebsgewinne) maßgebend. Das gilt auch dann, wenn die Investitionsabzugsbeträge für Wirtschaftsgüter in Anspruch genommen werden, die zum Sonderbetriebsvermögen eines Mitunternehmers der Personengesellschaft gehören. In den Fällen der Betriebsaufspaltung sind das Besitz- und das Betriebsunternehmen bei der Prüfung der Gewinngrenze des § 7g Abs. 1 Satz 2 Nr. 1 Buchst. b EStG getrennt zu beurteilen (BFH-Urteil vom 17. Juli 1991, BStBl. 1992 II S. 246). Entsprechendes gilt bei Organschaften für Organträger und Organgesellschaft. Partnerschaftsgesellschaften, die weder rechtlich selbständige noch im Rahmen der Mitunternehmerschaft einkommensteuerrechtlich gesondert zu betrachtende Kanzleien in verschiedenen Städten betreiben und hieraus ausschließlich Einkünfte aus selbständiger Arbeit erzielen, unterhalten nur einen Betrieb i.S.d. § 7g EStG (BFH-Urteil vom 13. Juli 2016, BStBl. II S. 936).

16 Wird eine Steuerfestsetzung oder eine gesonderte Feststellung nachträglich mit der Folge geändert, dass die Gewinngrenze von 200 000 € überschritten wird, können ggf. in diesem Jahr geltend gemachte Investitionsabzugsbeträge nicht mehr berücksichtigt werden. Der entsprechende Steuer- oder Feststellungsbescheid ist unter den Voraussetzungen der §§ 164, 165 und 172 ff. Abgabenordnung (AO) zu ändern.

### 5. Inanspruchnahme von Investitionsabzugsbeträgen

17 Investitionsabzugsbeträge können ohne weitere Angaben entweder im Rahmen der Steuererklärung oder – bei Vorliegen der verfahrensrechtlichen Voraussetzungen – nach der erstmaligen Steuerfestsetzung bzw. gesonderten Feststellung (z.B. im Rechtsbehelfsverfahren oder durch Änderungsantrag nach § 172 Abs. 1 Satz 1 Nr. 2 Buchst. a AO) geltend gemacht werden. Das gilt auch bei noch nicht abgeschlossenen Betriebseröffnungen (Rdnrn. 2 und 3). Der Nachweis oder die Glaubhaftmachung von Investitionsabsichten ist nicht erforderlich.

18 Für Wirtschaftsjahre vor einer unentgeltlichen Betriebsübertragung nach § 6 Abs. 3 EStG kann der bisherige Betriebsinhaber auch dann noch Investitionsabzugsbeträge in Anspruch nehmen, wenn davon auszugehen ist, dass er vor der Übertragung keine begünstigten Investitionen mehr tätigt (vgl. BFH-Urteil vom 10. März 2016, BStBl. II S. 763). Entsprechendes gilt für Wirtschaftsjahre vor einer Einbringung von Betriebsvermögen in eine Personengesellschaft nach § 24 Umwandlungssteuergesetz (UmwStG).

19 Behält der Steuerpflichtige im Rahmen einer Betriebsveräußerung, Betriebsaufgabe oder Einbringung in einen anderen Betrieb Betriebsvermögen zurück und übt er seine bisherige Tätigkeit der Art nach weiterhin mit Gewinnerzielungsabsicht aus, können für mit dem „Restbetrieb" im Zusammenhang stehende Investitionen bei Vorliegen der Voraussetzungen des § 7g EStG weiterhin Investitionsabzugsbeträge in Anspruch genommen werden.

Dies gilt unabhängig davon, ob die Veräußerung oder Entnahme des sonstigen Betriebsvermögens nach den §§ 16 und 34 EStG besteuert wird (BFH-Urteil vom 1. August 2007, BStBl. 2008 II S. 106).

### 6. Datenfernübertragung der Angaben zu § 7g EStG nach amtlich vorgeschriebenen Datensätzen (§ 7g Abs. 1 Satz 2 Nr. 2 EStG)

Die Abzugsbeträge, Hinzurechnungen und Rückgängigmachungen nach § 7g EStG sind bei einer Gewinnermittlung 20

- nach § 4 Abs. 1 oder § 5 EStG im Rahmen der sog. E-Bilanz (§ 5b EStG),
- nach § 4 Abs. 3 EStG mit der sog. Anlage EÜR (§ 60 Abs. 4 Einkommensteuer-Durchführungsverordnung)

nach amtlich vorgeschriebenem Datensatz durch Datenfernübertragung zu übermitteln (§ 7g Abs. 1 Satz 2 Nr. 2 Satz 1 EStG). Bei Inanspruchnahme, Hinzurechnung oder Rückgängigmachung von Investitionsabzugsbeträgen sowie entsprechenden Änderungen nach der erstmaligen Übermittlung eines Datensatzes ist jeweils ein neuer Datensatz mittels E-Bilanz oder Anlage EÜR zu versenden. Im Einzelnen sind die Daten mit folgenden Datensätzen zu übermitteln:

| Vorgang | § 4 Abs. 1, § 5 EStG | § 4 Abs. 3 EStG |
|---|---|---|
| Investitionsabzugsbeträge, § 7g Abs. 1 EStG (Rdnrn. 17 bis 19) | E-Bilanz Datensatz Abzugsjahr | Anlage EÜR Abzugsjahr |
| Hinzurechnung, § 7g Abs. 2 EStG (Rdnrn. 23 bis 25) | E-Bilanz Datensatz Wirtschaftsjahr der Hinzurechnung (mit Angabe des Abzugsjahres/der Abzugsjahre) | Anlage EÜR Wirtschaftsjahr der Hinzurechnung (mit Angabe des Abzugsjahres/der Abzugsjahre) |
| Rückgängigmachung, § 7g Abs. 3 EStG (Rdnrn. 29 bis 32) | neuer E-Bilanz Datensatz Abzugsjahr (Korrektur ursprünglicher Abzugsbetrag) | geänderte Anlage EÜR Abzugsjahr (Korrektur ursprünglicher Abzugsbetrag) |
| Rückabwicklung, § 7g Abs. 4 EStG (Rdnrn. 33 bis 50) | neue E-Bilanz Datensätze Wirtschaftsjahr der Hinzurechnung und ggf. Abzugsjahr (entsprechend der „Verwendung" betroffener Abzugsbeträge, vgl. Rdnrn. 49 und 50) | geänderte Anlage EÜR Wirtschaftsjahr der Hinzurechnung und ggf. Abzugsjahr (entsprechend der „Verwendung" betroffener Abzugsbeträge, vgl. Rdnrn. 49 und 50) |

Bei Körperschaftsteuerpflichtigen sind die Abzugsbeträge, Hinzurechnungen und Rückgängigmachungen nach § 7g EStG nicht in dem E-Bilanz-Datensatz, sondern in der Körperschaftsteuererklärung (Anlage GK) anzugeben. Werden Investitionsabzugsbeträge rückgängig gemacht, nachträglich beansprucht oder geändert, ist jeweils eine berichtigte Körperschaftsteuererklärung für alle betroffenen Jahre zu übermitteln.

Nach § 7g Abs. 1 Satz 2 Nr. 2 Satz 2 EStG i.V.m. § 150 Abs. 8 AO sind die Finanzbehörden nach pflichtgemäßem Ermessen angehalten, einem Härtefallantrag zu entsprechen, wenn die elektronische Datenübermittlung aus wirt- 21 schaftlichen oder persönlichen Gründen unzumutbar ist. Die wirtschaftlichen und persönlichen Gründe liegen insbesondere dann vor, wenn der Steuerpflichtige

– nicht über die erforderliche technische Ausstattung verfügt und es für ihn nur mit nicht unerheblichem finanziellem Aufwand möglich wäre, die für die elektronische Übermittlung notwendigen Möglichkeiten zu schaffen oder
– nach seinen individuellen Kenntnissen und Fähigkeiten nicht oder nur eingeschränkt in der Lage ist, die Möglichkeiten der Datenfernübertragung zu nutzen.

22 Verzichtet die Finanzbehörde in den Fällen der Rdnr. 21 auf Antrag des Steuerpflichtigen auf die elektronische Übermittlung der Steuerdaten (§ 7g Abs. 1 Satz 2 Nr. 2 Satz 2 EStG), müssen sich Geltendmachung, Hinzurechnung und Rückgängigmachung von Investitionsabzugsbeträgen aus den der Steuererklärung beizufügenden Unterlagen ergeben (§ 7g Abs. 1 Satz 2 Nr. 2 Satz 3 EStG). Insoweit maßgebend ist die steuerliche Gewinnermittlung. In den Fällen des § 4 Abs. 3 EStG sind die erforderlichen Angaben bei Inanspruchnahme der Regelungen zu den Investitionsabzugsbeträgen stets auf dem amtlichen Vordruck der Anlage EÜR zu erklären. Bei Körperschaftsteuerpflichtigen sind die erforderlichen Angaben immer auf den amtlichen Vordrucken der Körperschaftsteuererklärung zu übermitteln.

## II. Hinzurechnung von Investitionsabzugsbeträgen bei Durchführung begünstigter Investitionen und gleichzeitige gewinnmindernde Herabsetzung der Anschaffungs- oder Herstellungskosten (§ 7g Abs. 2 EStG)

23 Wird ein begünstigtes Wirtschaftsgut (Rdnrn. 6 und 7) angeschafft oder hergestellt, das die Verbleibens- und Nutzungsvoraussetzungen (§ 7g Abs. 1 Satz 1 EStG, Rdnrn. 33 bis 44) voraussichtlich erfüllen wird, kann § 7g Abs. 2 EStG angewendet werden.

### 1. Hinzurechnung von Investitionsabzugsbeträgen (§ 7g Abs. 2 Satz 1 und 2 EStG)

24 Der Gewinn des Wirtschaftsjahres, in dem ein oder mehrere begünstigte Wirtschaftsgüter angeschafft oder hergestellt werden, kann um bis zu 50 % der jeweiligen Anschaffungs- oder Herstellungskosten, höchstens jedoch in Höhe der insgesamt geltend gemachten und bislang noch nicht hinzugerechneten oder rückgängig gemachten Abzugsbeträge, erhöht werden (Hinzurechnung von Investitionsabzugsbeträgen). Entsprechendes gilt für nachträglich anfallende Anschaffungs- oder Herstellungskosten. Bei der Hinzurechnung ist anzugeben, welche Investitionsabzugsbeträge verwendet werden (Abzugsjahr und Höhe). Mit der Ausübung des Wahlrechtes nach § 7g Abs. 2 Satz 1 EStG entscheidet der Steuerpflichtige, ob und in welchem Umfang in Anspruch genommene Investitionsabzugsbeträge getätigten Investitionen zugeordnet werden. Teilhinzurechnungen sind möglich.

25 Die Hinzurechnung von Investitionsabzugsbeträgen, die weder im Rahmen der Steuererklärung noch bis zum Eintritt der Unanfechtbarkeit der erstmaligen Steuerfestsetzung oder der erstmaligen gesonderten Feststellung (Ablauf der Einspruchsfrist von einem Monat, § 355 Abs. 1 Satz 1 AO) geltend gemacht werden, setzt voraus, dass das betreffende Wirtschaftsgut zum Zeitpunkt der jeweiligen Inanspruchnahme dieser Investitionsabzugsbeträge noch nicht an-

geschafft oder hergestellt worden ist (§ 7g Abs. 2 Satz 2 EStG). So können beispielsweise im Rahmen einer Betriebsprüfung zulässigerweise nachträglich beanspruchte Investitionsabzugsbeträge nur für Investitionen verwendet werden, die zeitlich nach der Inanspruchnahme erfolgen. Im Ergebnis scheidet nach Ablauf der Investitionsfrist die nachträgliche Inanspruchnahme von Investitionsabzugsbeträgen aufgrund § 7g Abs. 2 Satz 2 EStG aus.

**Beispiel:**

Im Anschluss an eine Betriebsprüfung betreffend das Wirtschaftsjahr 2021 (Steuerfestsetzung in 2022) nimmt der Steuerpflichtige am 24. Mai 2023 zulässigerweise für 2021 einen Investitionsabzugsbetrag in Anspruch und möchte diesen für eine in 2022 durchgeführte Investition verwenden.

Die Verwendung des nach Eintritt der Unanfechtbarkeit der erstmaligen Steuerfestsetzung nachträglich zulässigerweise in Anspruch genommenen Investitionsabzugsbetrages für die in 2022 durchgeführte Investition ist nicht zulässig, da das betreffende Wirtschaftsgut zum Zeitpunkt der Inanspruchnahme des Investitionsabzugsbetrages am 24. Mai 2023 bereits angeschafft worden ist (§ 7g Abs. 2 Satz 2 EStG). Der am 24. Mai 2023 in Anspruch genommene Investitionsabzugsbetrag kann nur für begünstigte Investitionen verwendet werden, die zwischen dem 25. Mai 2023 und dem 31. Dezember 2024 (Ende der dreijährigen Investitionsfrist) erfolgen. Andernfalls ist er nach § 7g Abs. 3 EStG rückgängig zu machen.

Wird die erstmalige Steuerfestsetzung oder erstmalige gesonderte Feststellung **26** fristgerecht angefochten, Investitionsabzugsbeträge aber erst nach Ablauf der Einspruchsfrist gemäß § 355 Abs. 1 Satz 1 AO tatsächlich geltend gemacht (z.B. Einspruch gegen eine Steuerschätzung, Abgabe der Steuererklärung mit beanspruchten Investitionsabzugsbeträgen erst nach der Monatsfrist), liegt kein Fall des § 7g Abs. 2 Satz 2 EStG vor.

## 2. Gewinnmindernde Herabsetzung der Anschaffungs- oder Herstellungskosten (§ 7g Abs. 2 Satz 3 EStG)

Zum Ausgleich der Gewinnerhöhung durch die Hinzurechnung von Investiti- **27** onsabzugsbeträgen aufgrund begünstigter Investitionen können die jeweiligen Anschaffungs- oder Herstellungskosten im Wirtschaftsjahr der Anschaffung oder Herstellung um bis zu 50 % gewinnmindernd herabgesetzt werden. Die Höhe der gewinnmindernden Herabsetzung ist beschränkt auf die wirtschaftsgutbezogene Hinzurechnung nach § 7g Abs. 2 Satz 1 EStG (Rdnr. 24). Damit wird im Ergebnis – entsprechend dem Sinn und Zweck des § 7g EStG – Abschreibungsvolumen in einem Jahr vor der tatsächlichen Investition gewinnmindernd berücksichtigt. Die gewinnmindernde Herabsetzung der Anschaffungs- oder Herstellungskosten stellt ein steuerrechtliches Wahlrecht dar, das im Rahmen der Gewinnermittlung nach § 4 Abs. 1, § 5 EStG innerhalb der Steuerbilanz (Bilanz zuzüglich Überleitungsrechnung i.S.d. § 60 Abs. 2 Satz 1 EStDV oder separate Steuerbilanz i.S.d. § 60 Abs. 2 Satz 2 EStDV) ausgeübt wird. Eine Änderung des ausgeübten Wahlrechtes ist nur nach Maßgabe der Regelungen zur Bilanzänderung gemäß § 4 Abs. 2 Satz 2 EStG zulässig. Dies gilt auch für die Änderung des im Rahmen einer Überleitungsrechnung ausgeübten Wahlrechtes (vgl. auch BFH-Urteil vom 27. Mai 2020, BStBl. II S. 779).

Bei Inanspruchnahme der Herabsetzungen nach § 7g Abs. 2 Satz 3 EStG **28** vermindern sich die jeweiligen Bemessungsgrundlagen für die Absetzungen nach den §§ 7 ff. EStG um diese Beträge. Darüber hinaus kann die gewinnmindernde Herabsetzung der Anschaffungs- oder Herstellungskosten zur Anwendung der Regelungen zu den geringwertigen Wirtschaftsgütern nach § 6 Abs. 2 EStG oder zum Sammelposten nach § 6 Abs. 2a EStG führen, wenn die dort genannten Betragsgrenzen unterschritten werden.

## III. Rückgängigmachung von Investitionsabzugsbeträgen (§ 7g Abs. 3 EStG)

29 Werden bis zum Ende des dreijährigen Investitionszeitraums keine (ausreichenden) begünstigten Investitionen getätigt, die zu Hinzurechnungen nach § 7g Abs. 2 Satz 1 EStG geführt haben (Rdnr. 24), sind insoweit noch „vorhandene" Investitionsabzugsbeträge bei der Steuerfestsetzung oder gesonderten Feststellung rückgängig zu machen, bei der der Abzug vorgenommen wurde (§ 7g Abs. 3 Satz 1 erster Teilsatz EStG). Auf Antrag des Steuerpflichtigen können Investitionsabzugsbeträge auch vorzeitig ganz oder teilweise rückgängig gemacht werden (§ 7g Abs. 3 Satz 1 letzter Teilsatz EStG). Investitionsabzugsbeträge sind auch dann rückgängig zu machen, wenn der Steuerpflichtige zwar fristgerecht begünstigte Investitionen tätigt, es aber unterlassen hat, in einem Vorjahr abgezogene Investitionsabzugsbeträge außerbilanziell entsprechend hinzuzurechnen und das Finanzamt auf dieser Grundlage einen nicht mehr änderbaren Steuerbescheid für das Jahr der Investitionen erlassen hat (BFH-Urteil vom 3. Dezember 2019, BStBl. 2020 II S. 276).

30 Bei einer unentgeltlichen Betriebsübertragung nach § 6 Abs. 3 EStG entsteht im Übertragungsjahr kein Rumpfwirtschaftsjahr, so dass sich die maßgebenden Investitionszeiträume nicht verkürzen. Erfolgt die Übertragung beispielsweise im letzten Wirtschaftsjahr der Investitionsfrist, kann der Rechtsnachfolger die Investition noch bis zum Ende der regulären Investitionsfrist steuerbegünstigt durchführen. Die beiden vorstehenden Sätze gelten bei einer Buchwerteinbringung von Betriebsvermögen in eine Personengesellschaft gemäß § 24 UmwStG entsprechend.

31 Sind im Zeitpunkt einer Betriebsveräußerung, Betriebsaufgabe oder Buchwerteinbringung nach § 20 UmwStG noch Abzugsbeträge für nicht mehr realisierbare Investitionen vorhanden, sind diese Investitionsabzugsbeträge nach § 7g Abs. 3 EStG rückgängig zu machen. Das gilt nicht, wenn ein „Restbetrieb" bestehen bleibt (Rdnr. 19) und die Investitionsfristen noch nicht abgelaufen sind.

32 Nach § 7g Abs. 2 Satz 1 EStG nicht hinzugerechnete Investitionsabzugsbeträge sind rückgängig zu machen, wenn der Steuerpflichtige zur Gewinnermittlung nach § 5a Abs. 1 oder § 13a EStG übergeht.

## IV. Nichteinhaltung der Verbleibens- und Nutzungsfristen (§ 7g Abs. 4 EStG)

33 Werden aufgrund der Anschaffung oder Herstellung eines begünstigten Wirtschaftsgutes Investitionsabzugsbeträge hinzugerechnet und gegebenenfalls die Anschaffungs- oder Herstellungskosten gemindert (§ 7g Abs. 2 EStG, Rdnrn. 24 bis 28), das Wirtschaftsgut aber nicht bis zum Ende des dem Wirtschaftsjahr der Anschaffung oder Herstellung folgenden Wirtschaftsjahres vermietet oder in einer inländischen Betriebsstätte des Betriebes ausschließlich oder fast ausschließlich betrieblich genutzt (Verbleibens- und Nutzungsfristen), ist die Anwendung von § 7g Abs. 2 EStG nach Maßgabe der Rdnrn. 48 bis 51 rückgängig zu machen (§ 7g Abs. 4 Satz 1 EStG).

34 Hat die Herabsetzung der Anschaffungs- oder Herstellungskosten gemäß § 7g Abs. 2 Satz 3 EStG zur Anwendung von § 6 Abs. 2 oder 2a EStG geführt (Rdnr. 28) oder wurden die insoweit maßgebenden maximalen Anschaffungs- oder Herstellungskosten bereits vor Anwendung von § 7g Abs. 2 Satz 3 EStG

unterschritten, sind aus Vereinfachungsgründen die Einhaltung der Verbleibens- und Nutzungsfristen i.S.d. § 7g Abs. 4 Satz 1 EStG nicht zu prüfen.

### 1. Schädliche Verwendung einer Investition

Eine i.S.d. § 7g Abs. 4 EStG schädliche Verwendung liegt insbesondere dann vor, wenn das betreffende Wirtschaftsgut vor dem Ende des dem Wirtschaftsjahr der Anschaffung oder Herstellung folgenden Wirtschaftsjahres aus dem begünstigten Betrieb ausscheidet, dort nicht mehr zu mindestens 90 % betrieblich genutzt oder vermietet wird oder der Betrieb veräußert oder aufgegeben wird. 35

#### a) Nutzung in einer inländischen Betriebsstätte des Betriebes

Eine betriebliche Nutzung i.S.d. § 7g EStG liegt entweder bei einer Verwendung des Wirtschaftsgutes in einer inländischen Betriebsstätte des Betriebes oder bei einer Vermietung (Nutzungsüberlassung gegen Entgelt) vor. Dabei ist die betriebliche Nutzung funktional zu prüfen, so dass ein Wirtschaftsgut (z.B. Werkzeug) auch dann einer inländischen Betriebsstätte des Betriebes zuzurechnen sein kann, wenn es sich räumlich im Betrieb eines Anderen befindet (vgl. hierzu BFH-Urteil vom 3. Dezember 2020, BStBl. 2021 II S. 382). Anhaltspunkt für die betriebliche Nutzung des Wirtschaftsgutes in einer inländischen Betriebsstätte des begünstigten Betriebes im Verbleibens- und Nutzungszeitraum (Rdnrn. 8 und 33) ist regelmäßig die Erfassung im Bestandsverzeichnis (Anlageverzeichnis), es sei denn, es handelt sich um ein geringwertiges Wirtschaftsgut i.S.v. § 6 Abs. 2 EStG oder um ein Wirtschaftsgut, das nach § 6 Abs. 2a EStG in einem Sammelposten erfasst wurde. Der Steuerpflichtige hat die Möglichkeit, die betriebliche Nutzung auch anderweitig nachzuweisen. Soweit das Wirtschaftsgut vermietet wird, muss die Miete als Betriebseinnahme erfasst sein. Die Angemessenheit der Miete ist bei der Prüfung der betrieblichen Nutzung i.S.d. § 7g EStG unbeachtlich. Bei nicht fremdüblichen und unangemessenen Mieten sind aber die allgemeinen Regelungen zu Nutzungsentnahmen und verdeckten Gewinnausschüttungen anzuwenden. 36

Die Verbleibens- und Nutzungsvoraussetzung wird insbesondere dann nicht mehr erfüllt, wenn das Wirtschaftsgut innerhalb des Verbleibens- und Nutzungszeitraums 37

- veräußert,
- entnommen,
- in einen anderen Betrieb,
- in eine ausländische Betriebsstätte oder
- in das Umlaufvermögen überführt wird.

Bei einer wegen sachlicher und personeller Verflechtung bestehenden Betriebsaufspaltung gilt die Verbleibensvoraussetzung auch dann als erfüllt, wenn das Besitzunternehmen dem Betriebsunternehmen das Wirtschaftsgut unentgeltlich überlässt. Das gilt jedoch nicht, wenn die personelle Verflechtung zwischen dem Besitz- und Betriebsunternehmen ausschließlich auf einer tatsächlichen Beherrschung beruht. 38

Wird der Betrieb im Jahr nach der Anschaffung oder Herstellung des begünstigten Wirtschaftsgutes aufgegeben oder veräußert, müssen die Nutzungs- und Verbleibensvoraussetzungen bis zum Schluss des mit der Betriebsaufgabe endenden Rumpfwirtschaftsjahres i.S.d. § 8b EStDV erfüllt sein (BFH-Urteil vom 28. Juli 2021, BStBl. 2022 II S. 439). Der Erbfall, der Vermögensübergang 39 i.S.d. UmwStG oder die unentgeltliche Übertragung des Betriebes, Teilbetriebes oder Mitunternehmeranteils nach § 6 Abs. 3 EStG sind unschädlich, wenn der begünstigte Betrieb, Teilbetrieb oder Mitunternehmeranteil bis zum Ende des Verbleibens- und Nutzungszeitraums in der Hand des neuen Eigentümers bestehen bleibt und gleichzeitig die Nutzungs- und Verbleibensvoraussetzungen für das begünstigte Wirtschaftsgut erfüllt werden. Der vom ursprünglichen Anschaffungs- oder Herstellungszeitpunkt ausgehend ermittelte Nutzungs- und Verbleibenszeitraum bleibt auch für Erwerber der Sachgesamtheit maßgebend; innerhalb dieses Zeitraums sind mehrere begünstigte Übertragungen möglich. Bei einer Betriebsverpachtung im Ganzen gilt Entsprechendes. Unbeachtlich ist auch, wenn der Steuerpflichtige aufgrund struktureller Veränderungen im Betrieb künftig Gewinne oder Verluste aus einer anderen Einkunftsart i.S.d. § 2 Abs. 1 Satz 1 Nr. 1 bis 3 EStG erzielt (z.B. Wechsel von Einkünften aus Land- und Forstwirtschaft zu Einkünften aus Gewerbebetrieb).

**40** Die Verbleibens- und Nutzungsvoraussetzung gilt auch dann als erfüllt, wenn das vorzeitige Ausscheiden des Wirtschaftsgutes unmittelbar auf einem nicht vom Willen des Steuerpflichtigen abhängigen Ereignis beruht, z.B. infolge

- Ablaufes der Nutzungsdauer wegen wirtschaftlichen Verbrauches,
- Umtausches wegen Mangelhaftigkeit gegen ein anderes Wirtschaftsgut gleicher oder besserer Qualität oder
- höherer Gewalt oder behördlicher Eingriffe (vgl. R 6.6 Abs. 2 EStR).

Ein noch erzielbarer Schrott- oder Schlachtwert steht einem wirtschaftlichen Verbrauch oder einer Mangelhaftigkeit nicht entgegen.

### b) Ausschließliche oder fast ausschließliche betriebliche Nutzung

**41** Ein Wirtschaftsgut wird ausschließlich oder fast ausschließlich betrieblich genutzt, wenn es der Steuerpflichtige zu nicht mehr als 10 % privat nutzt. Der Steuerpflichtige hat in begründeten Zweifelsfällen darzulegen, dass der Umfang der betrieblichen Nutzung mindestens 90 % beträgt.

**42** Die außerbetriebliche Nutzung eines Wirtschaftsgutes ist zeitraumbezogen und nicht wirtschaftsjahrbezogen zu prüfen. Eine schädliche Verwendung liegt nicht vor, wenn das Wirtschaftsgut im Wirtschaftsjahr der Anschaffung oder Herstellung zwar mehr als 10 % privat genutzt wird, die außerbetriebliche Nutzung aber bezogen auf den gesamten Nutzungszeitraum (von der Anschaffung oder Herstellung bis zum Ende des der Anschaffung oder Herstellung folgenden Wirtschaftsjahres) die 10 %-Grenze nicht übersteigt.

**43** Fahrten zwischen Wohnung und Betriebsstätte und Familienheimfahrten im Rahmen einer doppelten Haushaltsführung mit einem betrieblichen Fahrzeug sind der betrieblichen Nutzung zuzurechnen. Der Umfang der betrieblichen Nutzung im maßgebenden Nutzungszeitraum ist vom Steuerpflichtigen anhand geeigneter Unterlagen darzulegen (BFH-Urteile vom 15. Juli 2020, BStBl. 2022 II S. 435, und vom 16. März 2022, BStBl. II S. 450); im Fall des § 6 Abs. 1 Nr. 4 Satz 3 EStG durch das ordnungsgemäße Fahrtenbuch. Bei Anwendung der sog. 1 %-Regelung (§ 6 Abs. 1 Nr. 4 Satz 2 EStG) ist ohne Vorlage ergänzender Belege, die eine ausschließliche oder fast ausschließliche betriebliche Nutzung des Kraftfahrzeuges zweifelsfrei dokumentieren, von einem schädlichen Nutzungsumfang auszugehen.

**44** Wird eine Photovoltaikanlage gewerblich betrieben, ist der private Verbrauch des Stroms keine schädliche außerbetriebliche Nutzung i.S.d. § 7g EStG, sondern eine Sachentnahme des produzierten Stroms, auch soweit für den selbst verbrauchten Strom keine Vergütung mehr gezahlt wird. Für die Frage der Nutzung kommt es auf die unmittelbare Verwendung des Wirtschaftsgutes „Photovoltaikanlage“ an. Der erzeugte „Strom“ ist lediglich dessen Produkt. Entsprechendes gilt bei sog. Blockheizkraftwerken, soweit diese als Betriebsvorrichtung zu behandeln sind (zur Sachentnahme von Wärme bei Blockheizkraftwerken vgl. BFH-Urteil vom 12. März 2020, BStBl. 2021 II S. 226).

### c) Nutzung des Wirtschaftsgutes in einem anderen Betrieb des Steuerpflichtigen

Die Verbleibens- und Nutzungsfristen (Rdnrn. 33 ff.) sind betriebsbezogen zu prüfen, so dass die Nutzung des Wirtschaftsgutes in einem anderen Betrieb des Steuerpflichtigen zu mehr als 10 % grundsätzlich eine schädliche außerbetriebliche Verwendung i.S.d. § 7g Abs. 4 EStG darstellt. Das gilt nicht, wenn das Wirtschaftsgut an einen anderen Betrieb vermietet wird (vgl. hierzu Rdnr. 36) oder das Wirtschaftsgut in den Fällen der Betriebsaufspaltung unentgeltlich überlassen wird (Rdnr. 38). 45

Beträgt der private Nutzungsanteil nicht mehr als 10 % (Rdnr. 41), ist abweichend von Rdnr. 45 die Nutzung des Wirtschaftsgutes in einem anderen Betrieb des Steuerpflichtigen zu mehr als 10 % unschädlich, wenn ein einheitliches Unternehmen aus ertragsteuerrechtlichen Gründen funktionell in zwei Betriebe aufgeteilt wurde. So ist die Verwendung eines Wirtschaftsgutes in dem landwirtschaftlichen Betrieb eines Steuerpflichtigen, der hierfür einen Investitionsabzugsbetrag in seinem aus ertragsteuerlichen Gründen separierten Lohnunternehmen in Anspruch genommen hat, nicht außerbetrieblich und damit unschädlich (BFH-Urteil vom 19. März 2014, BStBl. 2017 II S. 291). Entsprechendes gilt beispielsweise bei Augenärzten, die neben ihrer selbständigen Tätigkeit Kontaktlinsen und Pflegemittel anbieten, oder Zahnärzten, die neben ihrer selbständigen Tätigkeit Artikel zur Mundhygiene verkaufen. 46

Die Ausnahmeregelung nach Rdnr. 46 setzt grundsätzlich voraus, dass die Bedingungen für die Inanspruchnahme der Investitionsabzugsbeträge, die für das in beiden Betrieben genutzte Wirtschaftsgut verwendet wurden, auch bei einer Zusammenlegung dieser Betriebe erfüllt worden wären (vgl. BFH-Urteil vom 19. März 2014, a.a.O.). Dabei sind der summierte Gewinn und die in beiden Betrieben insgesamt beanspruchten Investitionsabzugsbeträge zu ermitteln. Der Steuerpflichtige hat die Einhaltung der maßgebenden Gewinngrenze gemäß § 7g Abs. 1 Satz 2 Nr. 1 Buchst. b EStG und des Höchstbetrages (§ 7g Abs. 1 Satz 4 EStG) nachzuweisen. 47

## 2. Erforderliche Änderungen der betroffenen Steuerfestsetzungen

Im Wirtschaftsjahr der Anwendung von § 7g Abs. 2 Satz 1 EStG sind die erfolgte Hinzurechnung von Investitionsabzugsbeträgen (höchstens 50 % der Anschaffungs- oder Herstellungskosten des schädlich verwendeten Wirtschaftsgutes) sowie die insoweit beanspruchte Minderung der Anschaffungs- oder Herstellungskosten nach § 7g Abs. 2 Satz 3 EStG (abgesehen von den Fällen der Rdnr. 34) rückgängig zu machen. Dadurch erhöht sich die Bemessungsgrundlage für die Absetzungen nach den §§ 7 ff. EStG. Die Abschreibungen sind entsprechend zu erhöhen. 48

Hat der Steuerpflichtige andere begünstigte Investitionen getätigt, können Abzugsbeträge, deren Hinzurechnung wieder rückgängig gemacht wurde (Rdnr. 48), auf diese Investitionen unter Berücksichtigung der Regelungen des § 7g Abs. 2 EStG „übertragen“ werden, soweit die Steuerfestsetzung oder 49 gesonderte Feststellung für das jeweilige Investitionsjahr verfahrensrechtlich noch änderbar ist.

50 Ist die dreijährige Investitionsfrist zum Zeitpunkt der Rückgängigmachung nach § 7g Abs. 4 Satz 1 EStG noch nicht abgelaufen, können die betreffenden Investitionsabzugsbeträge entweder nach § 7g Abs. 3 EStG vorzeitig rückgängig gemacht oder für eventuelle künftige Investitionen verwendet werden. Der Verzicht auf die vorzeitige Rückgängigmachung ist aber nur zulässig, soweit dadurch der Höchstbetrag nach § 7g Abs. 1 Satz 4 EStG nicht überschritten wird. Spätestens nach Ablauf der Investitionsfrist sind die nicht verwendeten Investitionsabzugsbeträge gemäß § 7g Abs. 3 EStG im Wirtschaftsjahr des ursprünglichen Abzuges rückgängig zu machen.

51 Soweit sich die Änderungen nach den Rdnrn. 49 und 50 auf die Anwendung anderer Rechtsnormen des EStG (z.B. § 4 Abs. 4a EStG, § 34a EStG) auswirken, sind die entsprechenden Anpassungen vorzunehmen. Rdnr. 56 zu Steuerrückstellungen ist zu beachten.

## V. Buchtechnische und verfahrensrechtliche Grundlagen

Für die Inanspruchnahme von § 7g EStG gilt Folgendes:

### 1. Inanspruchnahme von Investitionsabzugsbeträgen nach § 7g Abs. 1 EStG im Abzugsjahr

52 Liegen die Voraussetzungen für die Inanspruchnahme von Investitionsabzugsbeträgen nach § 7g Abs. 1 EStG vor, kann der Gewinn i.S.v. § 2 Abs. 2 Satz 1 Nr. 1 EStG entsprechend gemindert werden. Bei einer Gewinnermittlung nach § 4 Abs. 1 oder § 5 EStG erfolgt der Abzug außerhalb der Bilanz.

### 2. Gewinnhinzurechnung und gewinnmindernde Herabsetzung der Anschaffungs- oder Herstellungskosten nach § 7g Abs. 2 EStG in den Investitionsjahren

53 Bei der Hinzurechnung von Investitionsabzugsbeträgen nach § 7g Abs. 2 Satz 1 EStG (Rdnr. 24) ist der jeweilige Gewinn i.S.d. § 2 Abs. 2 Satz 1 Nr. 1 EStG zu erhöhen. Bei der Gewinnermittlung nach § 4 Abs. 1 oder § 5 EStG erfolgt die Hinzurechnung außerhalb der Bilanz. Die Minderung der Investitionskosten begünstigter Wirtschaftsgüter nach § 7g Abs. 2 Satz 3 EStG (Rdnr. 27) ist durch eine erfolgswirksame Kürzung der entsprechenden Anschaffungs- oder Herstellungskosten vorzunehmen (Buchung bei Bilanzierung: a.o. Aufwand/ Wirtschaftsgut).

### 3. Rückgängigmachung von Investitionsabzugsbeträgen nach § 7g Abs. 3 oder 4 EStG

54 In den Fällen des § 7g Abs. 3 oder 4 EStG hat der Steuerpflichtige die maßgebenden Sachverhalte spätestens mit Abgabe der Steuererklärung für das Wirtschaftsjahr anzuzeigen, in dem das die jeweilige Rückabwicklung auslösende Ereignis (z.B. Ablauf der Investitionsfrist, schädliche Verwendung) eintritt. Der Steuerpflichtige hat aber auch die Möglichkeit, zu einem früheren Zeitpunkt Rückgängigmachungen gegenüber dem Finanzamt zu erklären und die Änderung der entsprechenden Steuerfestsetzung(en) oder gesonderte(n) Feststellung(en) zu beantragen.

55 Die Absätze 3 und 4 des § 7g EStG enthalten eigene Änderungsvorschriften und Ablaufhemmungen der Festsetzungsfrist zur Rückabwicklung von Investitionsabzugsbeträgen. Sie ermöglichen als spezielle Korrekturvorschriften ledig-

lich punktuelle Rückgängigmachungen von Investitionsabzugsbeträgen. Über diesen Rahmen hinausgehende Gewinnänderungen können nur vorgenommen werden, wenn diese durch andere Änderungsvorschriften der AO gedeckt sind. Dies gilt auch für Fehler, die dem Finanzamt im Zusammenhang mit der Rückgängigmachung von Investitionsabzugsbeträgen unterlaufen sind (BFH-Urteil vom 25. März 2021, BStBl. II S. 530).

## VI. Auswirkungen auf andere Besteuerungsgrundlagen

### 1. Auswirkungen der Rückgängigmachung von Investitionsabzugsbeträgen nach § 7g Abs. 3 oder 4 EStG auf Steuerrückstellungen

Steuerrückstellungen sind auf der Grundlage objektiver, am Bilanzstichtag vorliegender Tatsachen aus der Sicht eines sorgfältigen und gewissenhaften Kaufmanns zu bewerten (BFH-Urteil vom 30. Januar 2002, BStBl. II S. 688). Geltend gemachte Investitionsabzugsbeträge sind bei der Berechnung der Steuerrückstellungen mindernd zu berücksichtigen. Die Verhältnisse aus Sicht des Bilanzstichtages ändern sich nicht, wenn beanspruchte Investitionsabzugsbeträge zu einem späteren Zeitpunkt nach § 7g Abs. 3 oder 4 EStG rückgängig gemacht werden. In diesen Fällen sind die Steuerrückstellungen daher nicht zu erhöhen. **56**

### 2. Berücksichtigung von Investitionsabzugsbeträgen bei der Berechnung des steuerbilanziellen Kapitalkontos nach § 15a EStG

Aufgrund der außerbilanziellen Abzüge und Hinzurechnungen von Investitionsabzugsbeträgen nach § 7g EStG bleibt das steuerbilanzielle Kapitalkonto von Kommanditisten i.S.v. § 15a EStG unberührt. Infolgedessen sind die Berechnungen nach § 15a EStG insgesamt ohne die Berücksichtigung von Investitionsabzugsbeträgen durchzuführen. Die Inanspruchnahme des § 7g EStG führt immer zu einem insoweit ausgleichs- und abzugsfähigen (anteiligen) Verlust. Dementsprechend darf der (anteilige) Gewinn aus der Hinzurechnung von Investitionsabzugsbeträgen nicht mit einem vorhandenen verrechenbaren Verlust nach § 15a Abs. 2 EStG verrechnet werden. Es entsteht insoweit immer ein laufender Gewinn. Hiervon zu unterscheiden sind die innerbilanziellen Minderungen der Anschaffungs- oder Herstellungskosten nach § 7g Abs. 2 Satz 3 EStG. Dieser Aufwand ist Teil des Steuerbilanzergebnisses und hat daher insoweit auch das steuerbilanzielle Kapitalkonto gemindert. Insoweit können sich Auswirkungen im Rahmen des § 15a EStG ergeben. **57**

## VII. Zeitliche Anwendung

Dieses Schreiben ist erstmals für Investitionsabzugsbeträge anzuwenden, die in nach dem 31. Dezember 2019 endenden Wirtschaftsjahren in Anspruch genommen werden. In den folgenden Fällen gelten gemäß § 52 Abs. 16 Satz 1 und 2 EStG i.d.F. des JStG 2020 vom 21. Dezember 2020 (a.a.O.) abweichende Anwendungsregelungen: **58**

1. Mögliche spätere Anwendung der Neuregelungen zur Gewinngrenze bei nach § 4a EStG vom Kalenderjahr abweichenden Wirtschaftsjahren (Rdnrn. 11 bis 16)
   Die Rdnrn. 11 bis 16 (Gewinngrenze nach § 7g Abs. 1 Satz 2 Nr. 1 EStG) sind spätestens für Investitionsabzugsbeträge maßgebend, die in nach dem 17. Juli 2020 endenden Wirtschaftsjahren beansprucht werden.

2. Eingeschränkte Verwendung von nachträglich geltend gemachten Investitionsabzugsbeträgen (Rdnr. 25)
   Rdnr. 25 zu § 7g Abs. 2 Satz 2 EStG ist für Investitionsabzugsbeträge anzuwenden, die in nach dem 31. Dezember 2020 endenden Wirtschaftsjahren in Anspruch genommen werden. Die Regelung ist wirtschaftsjahrbezogen zu verstehen und betrifft ausschließlich Investitionsabzugsbeträge, die in Gewinnermittlungen für die Veranlagungszeiträume ab 2021 nachträglich geltend gemacht werden.
3. Eingeschränkte Verwendung von Investitionsabzugsbeträgen bei Personengesellschaften und Gemeinschaften (Rdnr. 5)
   Rdnr. 5 zu § 7g Abs. 7 Satz 2 EStG ist für Investitionsabzugsbeträge anzuwenden, die in nach dem 31. Dezember 2020 endenden Wirtschaftsjahren beansprucht werden.

**59** Für Investitionsabzugsbeträge, die in vor den in Rdnr. 58 genannten endenden Wirtschaftsjahren in Anspruch genommen wurden, bleiben § 7g EStG a.F. sowie die BMF-Schreiben vom 20. März 2017 (BStBl. I S. 423) und 26. August 2019 (BStBl. I S. 870) weiter maßgebend. Das gilt auch für die Frage, ob Investitionsabzugsbeträge bis zu 40 % oder bis zu 50 % nach § 7g Abs. 2 Satz 1 EStG hinzugerechnet werden können (Rdnrn. 24 und 25) und ebenso für das Tatbestandsmerkmal der Vermietung i.S.d. § 7g Abs. 1 Satz 1 EStG (Rdnr. 8). Hinsichtlich des Nachweises der betrieblichen Nutzung von Fahrzeugen sind die in Rdnr. 43 dieses Schreibens zitierten BFH-Urteile vom 15. Juli 2020 (BStBl. 2022 II S. 435) und 16. März 2022 (BStBl. II S. 450) in allen noch offenen Fällen anzuwenden.

**Beispiel 1:**

In den Gewinnermittlungen für die Wirtschaftsjahre 2019 und 2020 macht der Steuerpflichtige Investitionsabzugsbeträge i.H.v. 21 000 € (2019) und 6000 € (2020) geltend. Im Wirtschaftsjahr 2022 investiert er in einen neuen Lieferwagen mit Anschaffungskosten i.H.v. 50 000 € und möchte die höchstmögliche Hinzurechnung nach § 7g Abs. 2 Satz 1 EStG beanspruchen.

Der Steuerpflichtige kann die Investitionsabzugsbeträge der Wirtschaftsjahre 2019 und 2020 wie folgt für die Anschaffungskosten des neuen Lieferwagens im Wirtschaftsjahr 2022 verwenden:

| | | | |
|---|---|---|---|
| Investitionsabzugsbetrag 2019: | 40 % × 50 000 € = | | **20 000 €** |
| Investitionsabzugsbetrag 2020: | 50 % × 50 000 € = | 25 000 € | |
| | abzgl. des durch die Hinzurechnung des Investitionsabzugsbetrages 2019 verbrauchten Volumens: | 20 000 € | |
| | verbleiben: | | **5000 €** |

**Beispiel 2:**

Der Steuerpflichtige macht in seiner Gewinnermittlung 2019 einen Investitionsabzugsbetrag nach § 7g EStG geltend. In 2021 schafft er eine Maschine an, die er ausschließlich vermietet.

Da der Investitionsabzugsbetrag in der Gewinnermittlung 2019 beansprucht wurde, ist die alte Rechtslage maßgebend, die die Begünstigung bei vermieteten Wirtschaftsgütern noch nicht vorsah. Daher kann er den Investitionsabzugsbetrag nicht für die in 2021 angeschaffte Maschine verwenden.

# I § 10/1. Schreiben betr. steuerliche Berücksichtigung von Kinderbetreuungskosten ab dem Veranlagungszeitraum 2012 (§ 10 Abs. 1 Nr. 5 EStG); Anwendungsschreiben

Vom 14. März 2012 (BStBl. I S. 307)

(BMF IV C 4 – S 2221/07/0012 :012; DOK 2012/0204082)

**Bezug:** Steuervereinfachungsgesetz 2011 vom 1. November 2011 (BGBl. I S. 2131); BMF-Schreiben vom 19. Januar 2007 IV C 4 – S 2221 – 2/07 (BStBl. I S. 184)

Im Einvernehmen mit den obersten Finanzbehörden der Länder gilt für die steuerliche Berücksichtigung von Kinderbetreuungskosten ab dem Veranlagungszeitraum 2012 Folgendes:

## I. Änderung des Einkommensteuergesetzes durch das Steuervereinfachungsgesetz 2011

Die mit Wirkung vom Veranlagungszeitraum 2006 eingeführten und seit 1
2009 in § 9c EStG zusammengeführten Regelungen zum Abzug von erwerbsbedingten und nicht erwerbsbedingten Kinderbetreuungskosten bis zu einem Höchstbetrag von 4000 Euro je Kind sind – unter Verringerung der Anspruchsvoraussetzungen – mit Wirkung ab dem Veranlagungszeitraum 2012 in den neuen § 10 Abs. 1 Nr. 5 EStG übernommen worden. Die Unterscheidung nach erwerbsbedingten und nicht erwerbsbedingten Kinderbetreuungskosten entfällt. Auf die persönlichen Anspruchsvoraussetzungen bei den steuerpflichtigen Eltern, wie z.B. Erwerbstätigkeit oder Ausbildung, kommt es nicht mehr an. Aus diesem Grund können Betreuungskosten für Kinder im Sinne des § 32 Abs. 1 EStG ab dem Veranlagungszeitraum 2012 ab Geburt des Kindes bis zur Vollendung seines 14. Lebensjahres berücksichtigt werden. Darüber hinaus können solche Aufwendungen für Kinder berücksichtigt werden, die wegen einer vor Vollendung des 25. Lebensjahres eingetretenen körperlichen, geistigen oder seelischen Behinderung außerstande sind, sich selbst zu unterhalten. Das gilt auch für Kinder, die wegen einer vor dem 1. Januar 2007 in der Zeit ab Vollendung des 25. Lebensjahres und vor Vollendung des 27. Lebensjahres eingetretenen körperlichen, geistigen oder seelischen Behinderung außerstande sind, sich selbst zu unterhalten *(§ 52 Abs. 24a Satz 2 EStG)*[1].

Kinderbetreuungskosten sind ab Veranlagungszeitraum 2012 einheitlich als 2
Sonderausgaben abziehbar. Der Abzug wie Betriebsausgaben oder Werbungskosten ist ab diesem Zeitraum entfallen. Soweit es sich um Kinderbetreuungskosten handelt, die unter den Voraussetzungen der bis einschließlich 2011 geltenden gesetzlichen Regelung des § 9c EStG wie Betriebsausgaben oder Werbungskosten abgezogen werden konnten, kann die Neuregelung Auswir-

[1] Jetzt § 52 Abs. 18 Satz 3 EStG.

kungen haben, soweit außersteuerliche Rechtsnormen an steuerliche Einkommensbegriffe anknüpfen, wie z. B. § 14 Abs. 1 Wohngeldgesetz. Diese Auswirkungen werden durch den mit dem Steuervereinfachungsgesetz 2011 eingefügten § 2 Abs. 5 a Satz 2 EStG vermieden: Knüpfen außersteuerliche Rechtsnormen an die Begriffe „Einkünfte", „Summe der Einkünfte" oder „Gesamtbetrag der Einkünfte" an, mindern sich für deren Zwecke diese Größen um die nach § 10 Abs. 1 Nr. 5 EStG abziehbaren Kinderbetreuungskosten. Auch bei Anwendung dieser Regelung wird nicht danach unterschieden, ob die Kinderbetreuungskosten erwerbsbedingt oder nicht erwerbsbedingt angefallen sind.

## II. Allgemeine Voraussetzungen

### 1. Dienstleistungen zur Betreuung

3 Betreuung im Sinne des § 10 Abs. 1 Nr. 5 EStG ist die behütende oder beaufsichtigende Betreuung, d. h. die persönliche Fürsorge für das Kind muss der Dienstleistung erkennbar zugrunde liegen. Berücksichtigt werden können danach z. B. Aufwendungen für

– die Unterbringung von Kindern in Kindergärten, Kindertagesstätten, Kinderhorten, Kinderheimen und Kinderkrippen sowie bei Tagesmüttern, Wochenmüttern und in Ganztagespflegestellen,
– die Beschäftigung von Kinderpflegern und Kinderpflegerinnen oder -schwestern, Erziehern und Erzieherinnen,
– die Beschäftigung von Hilfen im Haushalt, soweit sie ein Kind betreuen,
– die Beaufsichtigung des Kindes bei Erledigung seiner häuslichen Schulaufgaben (BFH-Urteil vom 17. November 1978, BStBl. 1979 II S. 142).

4 Aufwendungen für Kinderbetreuung durch Angehörige des Steuerpflichtigen können nur berücksichtigt werden, wenn den Leistungen klare und eindeutige Vereinbarungen zugrunde liegen, die zivilrechtlich wirksam zustande gekommen sind, inhaltlich dem zwischen Fremden Üblichen entsprechen, tatsächlich so auch durchgeführt werden und die Leistungen nicht üblicherweise auf familienrechtlicher Grundlage unentgeltlich erbracht werden. So können z. B. Aufwendungen für eine Mutter, die zusammen mit dem gemeinsamen Kind im Haushalt des Steuerpflichtigen lebt, nicht berücksichtigt werden (BFH-Urteil vom 6. November 1997, BStBl. 1998 II S. 187). Auch bei einer eheähnlichen Lebensgemeinschaft oder einer Lebenspartnerschaft zwischen dem Steuerpflichtigen und der Betreuungsperson ist eine Berücksichtigung von Kinderbetreuungskosten nicht möglich. Leistungen an eine Person, die für das betreute Kind Anspruch auf einen Freibetrag nach § 32 Abs. 6 EStG oder auf Kindergeld hat, können nicht als Kinderbetreuungskosten anerkannt werden.

### 2. Aufwendungen

5 Zu berücksichtigen sind Ausgaben in Geld oder Geldeswert (Wohnung, Kost, Waren, sonstige Sachleistungen) für Dienstleistungen zur Betreuung eines Kindes einschließlich der Erstattungen an die Betreuungsperson (z. B. Fahrtkosten), wenn die Leistungen im Einzelnen in der Rechnung oder im

Vertrag aufgeführt werden. Wird z.B. bei einer ansonsten unentgeltlich erbrachten Betreuung ein Fahrtkostenersatz gewährt, so ist dieser zu berücksichtigen, wenn hierüber eine Rechnung erstellt wird. Aufwendungen für Fahrten des Kindes zur Betreuungsperson sind nicht zu berücksichtigen (BFH-Urteil vom 29. August 1986, BStBl. 1987 II S. 167). Eine Gehaltsreduzierung, die dadurch entsteht, dass der Steuerpflichtige seine Arbeitszeit zugunsten der Betreuung seines Kindes kürzt, stellt keinen Aufwand für Kinderbetreuung dar. Für Sachleistungen gilt § 8 Abs. 2 EStG entsprechend.

Wird ein einheitliches Entgelt sowohl für Betreuungsleistungen als auch für andere Leistungen gezahlt, ist mit Ausnahme der in Randnr. 9 bezeichneten Fälle gegebenenfalls eine Aufteilung im Schätzungswege vorzunehmen. Von einer Aufteilung ist abzusehen, wenn die anderen Leistungen von untergeordneter Bedeutung sind. 6

Bei Aufnahme eines Au-pairs in eine Familie fallen in der Regel sowohl Aufwendungen für die Betreuung der Kinder als auch für leichte Hausarbeiten an. Wird in einem solchen Fall der Umfang der Kinderbetreuungskosten nicht nachgewiesen (z.B. durch Festlegung der Tätigkeiten im Vertrag und entsprechende Aufteilung des Entgelts), kann ein Anteil von 50 Prozent der Gesamtaufwendungen als Kinderbetreuungskosten berücksichtigt werden. 7

Aufwendungen für Unterricht (z.B. Schulgeld, Nachhilfe oder Fremdsprachenunterricht), die Vermittlung besonderer Fähigkeiten (z.B. Musikunterricht, Computerkurse) oder für sportliche und andere Freizeitbetätigungen (z.B. Mitgliedschaft in Sportvereinen oder anderen Vereinen, Tennis- oder Reitunterricht) sind nicht zu berücksichtigen. Auch Aufwendungen für die Verpflegung des Kindes sind nicht zu berücksichtigen (BFH-Urteil vom 28. November 1986, BStBl. 1987 II S. 490). 8

Werden für eine Nachmittagsbetreuung in der Schule Elternbeiträge erhoben und umfassen diese nicht nur eine Hausaufgabenbetreuung, sind Entgeltanteile, die z.B. auf Nachhilfe oder bestimmte Kurse (z.B. Computerkurs) oder auf eine etwaige Verpflegung entfallen, nicht zu berücksichtigen. Ein Abzug von Kinderbetreuungskosten ist nur möglich, wenn eine entsprechende Aufschlüsselung der Beiträge vorliegt. 9

Die Zuordnung von Kinderbetreuungskosten zu einem Veranlagungszeitraum richtet sich nach § 11 EStG. 10

Bei beschränkter Steuerpflicht ist ein Abzug von Kinderbetreuungskosten ausgeschlossen (§ 50 Abs. 1 Satz 3 EStG). 11

### 3. Haushaltszugehörigkeit

Ein Kind gehört zum Haushalt des jeweiligen Elternteils, in dessen Wohnung es dauerhaft lebt oder mit dessen Einwilligung es vorübergehend auswärtig untergebracht ist. Auch in Fällen, in denen dieser Elternteil mit dem Kind in der Wohnung seiner Eltern oder Schwiegereltern oder in Wohngemeinschaft mit anderen Personen lebt, ist die Haushaltszugehörigkeit des Kindes als gegeben anzusehen. Haushaltszugehörigkeit erfordert ferner eine Verantwortung für das materielle (Versorgung, Unterhaltsgewährung) und immaterielle Wohl (Fürsorge, Betreuung) des Kindes. Eine Heimunterbringung ist unschädlich, wenn die Wohnverhältnisse in der Familienwohnung die speziellen Bedürfnisse des Kindes berücksichtigen und es sich im Haushalt dieses 12

Elternteils regelmäßig aufhält (BFH-Urteil vom 14. November 2001, BStBl. 2002 II S. 244). Bei nicht zusammenlebenden Elternteilen ist grundsätzlich die Meldung des Kindes maßgebend.

13 Ein Kind kann ausnahmsweise zum Haushalt des Elternteils gehören, bei dem es nicht gemeldet ist, wenn der Elternteil dies nachweist oder glaubhaft macht. Die Zahlung des Kindergeldes an einen Elternteil ist ein weiteres Indiz für die Zugehörigkeit des Kindes zu dessen Haushalt. In Ausnahmefällen kann ein Kind auch zu den Haushalten beider getrennt lebender Elternteile gehören (BFH-Beschluss vom 14. Dezember 2004, BStBl. 2008 II S. 762; BFH-Urteil vom 28. April 2010, BStBl. 2011 II S. 30).

### 4. Berechtigter Personenkreis

14 Zum Abzug von Kinderbetreuungskosten ist grundsätzlich nur der Elternteil berechtigt, der die Aufwendungen getragen hat (BFH-Urteil vom 25. November 2010, BStBl. 2011 II S. 450) und zu dessen Haushalt das Kind gehört. Trifft dies auf beide Elternteile zu, kann jeder seine tatsächlichen Aufwendungen grundsätzlich nur bis zur Höhe des hälftigen Abzugshöchstbetrages geltend machen. Zur Zuordnung der Aufwendungen siehe im Übrigen Randnrn. 25 bis 29.

15 Aufwendungen zur Betreuung von Stiefkindern und Enkelkindern können nicht berücksichtigt werden, da es sich insoweit nicht um Kinder im Sinne des § 32 Abs. 1 EStG handelt.

### 5. Höchstbetrag

16 Kinderbetreuungskosten sind in Höhe von zwei Dritteln der Aufwendungen, höchstens 4000 Euro je Kind und Kalenderjahr abziehbar.

17 Der Höchstbetrag beläuft sich auch bei einem Elternpaar, das entweder gar nicht oder nur zeitweise zusammengelebt hat, auf 4000 Euro je Kind für das gesamte Kalenderjahr. Eine Aufteilung auf die Zeiträume des gemeinsamen Haushalts bzw. der getrennten Haushalte ist nicht vorzunehmen. Haben beide Elternteile entsprechende Aufwendungen getragen, sind diese bei jedem Elternteil grundsätzlich nur bis zu einem Höchstbetrag von 2000 Euro zu berücksichtigen. Siehe im Übrigen Randnrn. 25 bis 29.

18 Der Höchstbetrag ist ein Jahresbetrag. Eine zeitanteilige Aufteilung findet auch dann nicht statt, wenn für das Kind nicht im gesamten Kalenderjahr Betreuungskosten angefallen sind.

**Beispiel:**

Das Kind eines verheirateten Elternpaares geht von Januar bis Juni 2012 in den Kindergarten. Die Sommermonate Juli bis zu seiner Einschulung Ende September 2012 verlebt es bei seinen Großeltern. Ab der Einschulung geht es nachmittags in den Kinderhort. Den Eltern sind 2012 Kinderbetreuungskosten in Höhe von insgesamt 3600 Euro entstanden. Davon können sie zwei Drittel, also 2400 Euro als Sonderausgaben geltend machen. Es findet keine zeitanteilige Kürzung statt.

19 Ist das zu betreuende Kind nicht unbeschränkt einkommensteuerpflichtig, ist der Höchstbetrag zu kürzen, soweit es nach den Verhältnissen im Wohnsitzstaat des Kindes notwendig und angemessen ist. Die für die einzelnen Staaten in Betracht kommenden Kürzungen ergeben sich aus der Ländergruppen-

einteilung, die durch BMF-Schreiben bekannt gemacht wird, zuletzt durch *BMF-Schreiben vom 4. Oktober 2011 (BStBl. I S. 961)*[1].

## III. Nachweis

### 1. Rechnung

Der Abzug von Kinderbetreuungskosten setzt nach § 10 Abs. 1 Nr. 5 Satz 4 EStG voraus, dass der Steuerpflichtige für die Aufwendungen eine Rechnung erhalten hat und die Zahlung auf das Konto des Erbringers der Leistung erfolgt ist. Die Rechnung sowie die Zahlungsnachweise sind nur auf Verlangen des Finanzamts vorzulegen. Es muss sich nicht um eine Rechnung im Sinne des Umsatzsteuergesetzes handeln. 20

Einer Rechnung stehen gleich: 21

- bei einem sozialversicherungspflichtigen Beschäftigungsverhältnis oder einem Minijob der zwischen dem Arbeitgeber und dem Arbeitnehmer abgeschlossene schriftliche (Arbeits-)Vertrag,
- bei Au-pair-Verhältnissen ein Au-pair-Vertrag, aus dem ersichtlich ist, dass ein Anteil der Gesamtaufwendungen auf die Kinderbetreuung entfällt,
- bei der Betreuung in einem Kindergarten oder Hort der Bescheid des öffentlichen oder privaten Trägers über die zu zahlenden Gebühren,
- eine Quittung, z. B. über Nebenkosten zur Betreuung, wenn die Quittung genaue Angaben über die Art und die Höhe der Nebenkosten enthält. Ansonsten sind Nebenkosten nur zu berücksichtigen, wenn sie in den Vertrag oder die Rechnung aufgenommen worden sind.

### 2. Zahlungsarten

Die Zahlung auf das Konto des Erbringers der Leistung erfolgt in der Regel durch Überweisung. Beträge, für deren Begleichung ein Dauerauftrag eingerichtet worden ist oder die durch eine Einzugsermächtigung abgebucht oder im Wege des Online-Bankings überwiesen wurden, können in Verbindung mit dem Kontoauszug, der die Abbuchung ausweist, anerkannt werden. Das gilt auch bei Übergabe eines Verrechnungsschecks oder der Teilnahme am Electronic-Cash-Verfahren oder an elektronischen Lastschriftverfahren. 22

### 3. Keine Barzahlung[2]

Barzahlungen einschließlich Baranzahlungen oder Barteilzahlungen sowie Barschecks können in keinem Fall anerkannt werden. Das gilt selbst dann, wenn die Barzahlung von dem Erbringer der Betreuungsleistung tatsächlich ordnungsgemäß verbucht worden ist und der Steuerpflichtige einen Nachweis über die ordnungsgemäße Buchung erhalten hat oder wenn eine Barzahlung durch eine später veranlasste Zahlung auf das Konto des Erbringers der Leistung ersetzt wird. 23

### 4. Konto eines Dritten

Der Sonderausgabenabzug durch den Steuerpflichtigen ist auch möglich, wenn die Betreuungsleistung, für die der Steuerpflichtige eine Rechnung er- 24

[1] Nunmehr BMF v. 20. 10. 2016, BStBl. I S. 1183 (Nr. 1 § 33 a/4).

[2] Siehe auch FBeh Hamburg v. 31. 7. 2015 S 2221-2012/038-52, DStR 2016 S. 478.

halten hat, von dem Konto eines Dritten bezahlt worden ist (abgekürzter Zahlungsweg). Siehe auch Randnr. 29.

## IV. Zuordnung der Aufwendungen

### 1. Verheiratete Eltern, welche die Voraussetzungen des § 26 Abs. 1 Satz 1 EStG erfüllen

#### a) Zusammenveranlagung

25 Für den Abzug von Kinderbetreuungskosten als Sonderausgaben kommt es bei verheirateten Eltern, die nach § 26 b EStG zusammen zur Einkommensteuer veranlagt werden, nicht darauf an, welcher Elternteil die Aufwendungen geleistet hat oder ob sie von beiden getragen wurden.

#### b) Getrennte Veranlagung 2012

26 Mangels einer ausdrücklichen gesetzlichen Regelung für den Sonderausgabenabzug von Kinderbetreuungskosten im Fall der getrennten Veranlagung von Ehegatten im Veranlagungszeitraum 2012 sind die Sonderausgaben demjenigen Ehegatten zuzurechnen, der die Aufwendungen getragen hat. Trifft dies auf beide Ehegatten zu, kann jeder seine tatsächlichen Aufwendungen grundsätzlich nur bis zur Höhe des hälftigen Abzugshöchstbetrages geltend machen. Etwas anderes gilt nur dann, wenn die Ehegatten einvernehmlich gegenüber dem Finanzamt eine anderweitige Aufteilung des Höchstbetrages wählen. Abweichend davon können die Kinderbetreuungskosten aus Billigkeitsgründen auf übereinstimmenden Antrag der Ehegatten von diesen jeweils zur Hälfte abgezogen werden. Der Abzug ist dabei bei jedem Ehegatten auf den hälftigen Abzugshöchstbetrag beschränkt.

#### c) Einzelveranlagung ab 2013

27 Mit Wirkung ab dem Veranlagungszeitraum 2013 wird die getrennte Veranlagung durch die Einzelveranlagung von Ehegatten nach § 26 a EStG in der Fassung des Steuervereinfachungsgesetzes 2011 ersetzt (§ 52 Abs. 1, 68 Satz 1 EStG i. V. m. Art. 18 Abs. 1 des Steuervereinfachungsgesetzes 2011). Nach § 26 a Abs. 2 Satz 1 EStG sind Sonderausgaben demjenigen Ehegatten zuzurechnen, der die Aufwendungen wirtschaftlich getragen hat. Trifft dies auf beide Ehegatten zu, kann jeder seine tatsächlichen Aufwendungen grundsätzlich bis zur Höhe des hälftigen Abzugshöchstbetrages geltend machen. Etwas anderes gilt nur dann, wenn die Ehegatten einvernehmlich gegenüber dem Finanzamt eine anderweitige Aufteilung des Abzugshöchstbetrages wählen. Abweichend davon können die Kinderbetreuungskosten auf übereinstimmenden Antrag der Ehegatten von diesen jeweils zur Hälfte abgezogen werden (§ 26 a Abs. 2 Satz 2 EStG). Der Abzug ist dabei bei jedem Ehegatten auf den hälftigen Abzugshöchstbetrag beschränkt. In begründeten Einzelfällen reicht der Antrag desjenigen Ehegatten, der die Aufwendungen wirtschaftlich getragen hat, aus (§ 26 a Abs. 2 Satz 3 EStG). Die Wahl des Abzugs wird durch Angabe in der Steuererklärung getroffen (§ 26 a Abs. 2 Satz 4 i. V. m. § 26 Abs. 2 Satz 3 EStG).

### 2. Nicht verheiratete, dauernd getrennt lebende oder geschiedene Eltern

Bei nicht verheirateten, dauernd getrennt lebenden oder geschiedenen Eltern ist derjenige Elternteil zum Abzug von Kinderbetreuungskosten berechtigt, der die Aufwendungen getragen hat (BFH-Urteil vom 25. November 2010, BStBl. 2011 II S. 450) und zu dessen Haushalt das Kind gehört. Trifft dies auf beide Elternteile zu, kann jeder seine tatsächlichen Aufwendungen grundsätzlich nur bis zur Höhe des hälftigen Abzugshöchstbetrages geltend machen. Etwas anderes gilt nur dann, wenn die Eltern einvernehmlich eine abweichende Aufteilung des Abzugshöchstbetrages wählen und dies gegenüber dem Finanzamt anzeigen. 28

Wenn von den zusammenlebenden, nicht miteinander verheirateten Eltern nur ein Elternteil den Kinderbetreuungsvertrag (z. B. mit der Kindertagesstätte) abschließt und das Entgelt von seinem Konto zahlt, kann dieses weder vollständig noch anteilig dem anderen Elternteil als von ihm getragener Aufwand zugerechnet werden (BFH-Urteil vom 25. November 2010, BStBl. 2011 II S. 450). 29

## V. Ausschluss eines weiteren Abzugs

Erfüllen Kinderbetreuungskosten grundsätzlich die Voraussetzungen für einen Abzug als Sonderausgaben, kommt für diese Aufwendungen eine Steuerermäßigung nach § 35 a EStG nicht in Betracht (§ 35 a Abs. 5 Satz 1, 2. Halbsatz EStG). Auf den tatsächlichen Abzug als Sonderausgaben kommt es dabei nicht an. Dies gilt sowohl für das nicht abziehbare Drittel der Aufwendungen, als auch für die Aufwendungen, die den Höchstbetrag von 4000 Euro je Kind übersteigen. 30

## VI. Abweichendes Wirtschaftsjahr

Für Steuerpflichtige mit abweichendem Wirtschaftsjahr, die Kinderbetreuungskosten bis einschließlich 31. Dezember 2011 wie Betriebsausgaben abziehen können, gilt Folgendes: Die auf die Zeit vom Beginn des abweichenden Wirtschaftsjahrs 2011 bis zum 31. Dezember 2011 entfallenden Kinderbetreuungskosten können bis zu dem zeitanteiligen Höchstbetrag wie Betriebsausgaben abgezogen werden. Die ab 1. Januar 2012 anfallenden Kinderbetreuungskosten können nur als Sonderausgaben nach Maßgabe des § 10 Abs. 1 Nr. 5 EStG in der Fassung des Steuervereinfachungsgesetzes 2011 geltend gemacht werden. 31

**Beispiel:**

Ein Ehepaar betreibt gemeinsam einen land- und forstwirtschaftlichen Betrieb mit abweichendem Wirtschaftsjahr 1. Juli bis 30. Juni. Die im Jahr 2011 anfallenden Kinderbetreuungskosten können beide wie Betriebsausgaben abziehen. Der auf die Zeit vom 1. Juli bis 31. Dezember 2011 entfallende Höchstbetrag beträgt zeitanteilig zwei Drittel der Aufwendungen, maximal 2000 Euro.

## VII. Anwendungsregelungen

32 Dieses BMF-Schreiben ist mit Ausnahme der Randnrn. 27 und 31 ab dem Veranlagungszeitraum 2012 anzuwenden.

33 Randnr. 27 ist ab dem Veranlagungszeitraum 2013 und Randnr. 31 ist nur für die Veranlagungszeiträume 2011 und 2012 anzuwenden.

34 Für die Veranlagungszeiträume 2006 bis 2011 ist das BMF-Schreiben vom 19. Januar 2007 (BStBl. I S. 184) weiter anzuwenden.

# I § 10/5. Schreiben betr. einkommensteuerrechtliche Behandlung von wiederkehrenden Leistungen im Zusammenhang mit einer Vermögensübertragung

Vom 11. März 2010 (BStBl. I S. 227)

(BMF IV C 3 – S 2221/09/10004; DOK 2010/0188949)

Geändert durch BMF v. 6. 5. 2016, BStBl. I S. 476

**Inhalt**



[1)] Jetzt § 10 Abs. 1 a Nr. 2 EStG.

Unter Bezugnahme auf das Ergebnis der Erörterungen mit den obersten Finanzbehörden der Länder gilt zur einkommensteuerrechtlichen Behandlung von wiederkehrenden Leistungen im Zusammenhang mit einer Vermögensübertragung Folgendes:

## A. Allgemeines/Abgrenzung

1 Wiederkehrende Leistungen im Zusammenhang mit einer Vermögensübertragung können Versorgungsleistungen, Unterhaltsleistungen oder wiederkehrende Leistungen im Austausch mit einer Gegenleistung sein. Liegen die Voraussetzungen des *§ 10 Abs. 1 Nr. 1 a EStG*[1] vor, sind die Versorgungsleistungen beim Verpflichteten als Sonderausgaben abziehbar und beim Berechtigten nach § 22 Nr. 1 b EStG steuerpflichtig (vgl. B.). Unterhaltsleistungen (Zuwendungen) dürfen nach § 12 Nr. 2 EStG nicht abgezogen werden. Wiederkehrende Leistungen im Austausch mit einer Gegenleistung enthalten eine nichtsteuerbare oder steuerbare Vermögensumschichtung und einen Zinsanteil (vgl. C.).

## B. Versorgungsleistungen im Zusammenhang mit einer unentgeltlichen Vermögensübertragung

### I. Vermögensübertragung i. S. des *§ 10 Abs. 1 Nr. 1 a EStG*[1]

#### 1. Begriff der Vermögensübertragung

2 Nach *§ 10 Abs. 1 Nr. 1 a EStG*[1] begünstigte Versorgungsleistungen sind wiederkehrende Leistungen, die im Zusammenhang mit einer Vermögensübertragung – in der Regel zur vorweggenommenen Erbfolge – geleistet wer-

[1] Jetzt § 10 Abs. 1 a Nr. 2 EStG.

den. Voraussetzung ist die Übertragung bestimmten Vermögens (vgl. B.I.4.) grundsätzlich kraft einzelvertraglicher Regelung unter Lebenden mit Rücksicht auf die künftige Erbfolge. Eine Vermögensübertragung i. S. des *§ 10 Abs. 1 Nr. 1 a EStG*[1] kann ihren Rechtsgrund auch in einer Verfügung von Todes wegen haben, wenn sie im Wege der vorweggenommenen Erbfolge zu Lebzeiten des Erblassers ebenfalls begünstigt wäre (BFH vom 11. Oktober 2007, BStBl. 2008 II S. 123).

Der Übergeber behält sich in Gestalt der Versorgungsleistungen typischerweise Erträge seines Vermögens vor, die nunmehr allerdings vom Übernehmer erwirtschaftet werden müssen (BFH vom 15. Juli 1991, BStBl. 1992 II S. 78). Somit ist eine Versorgung insoweit gewährleistet, als der Vermögensübergeber durch die jeweilige Übertragung begünstigten Vermögens nicht länger selbst die Früchte aus diesem übertragenen Vermögen erwirtschaftet. Soweit im Zusammenhang mit der Vermögensübertragung Versorgungsleistungen zugesagt werden, sind diese weder Veräußerungsentgelt noch Anschaffungskosten (BFH vom 5. Juli 1990, BStBl. II S. 847). 3

## 2. Empfänger des Vermögens

Eine nach *§ 10 Abs. 1 Nr. 1 a EStG*[1] begünstigte Vermögensübertragung (vgl. Rz. 2 f.) ist stets unter Angehörigen, grundsätzlich aber auch unter Fremden möglich (BFH vom 16. Dezember 1997, BStBl. 1998 II S. 718). Empfänger des Vermögens können die Abkömmlinge und grundsätzlich auch gesetzlich erbberechtigte entferntere Verwandte des Übergebers sein (vgl. BFH vom 16. Dezember 1993, BStBl. 1996 II S. 669). Hat der Übernehmer aufgrund besonderer persönlicher Beziehungen zum Übergeber ein persönliches Interesse an der lebenslangen angemessenen Versorgung des Übergebers oder sind die Vertragsbedingungen allein nach dem Versorgungsbedürfnis des Übergebers und der Leistungsfähigkeit des Übernehmers vereinbart worden, können auch nahe stehende Dritte (z. B. Schwiegerkinder, Neffen und Nichten) und ausnahmsweise auch familienfremde Dritte Empfänger des Vermögens sein (vgl. BFH vom 16. Dezember 1997, BStBl. 1998 II S. 718). 4

## 3. Unentgeltlichkeit

Bei der Vermögensübertragung im Zusammenhang mit Versorgungsleistungen soll der Übernehmer nach dem Willen der Beteiligten – wenigstens teilweise – eine unentgeltliche Zuwendung erhalten. In den Fällen der Vermögensübertragung auf Angehörige spricht eine widerlegbare Vermutung dafür, dass die wiederkehrenden Leistungen unabhängig vom Wert des übertragenen Vermögens nach dem Versorgungsbedürfnis des Berechtigten und nach der wirtschaftlichen Leistungsfähigkeit des Verpflichteten (vgl. B.I.6.) bemessen worden sind. Diese Vermutung ist widerlegt, wenn die Beteiligten Leistung und Gegenleistung nach kaufmännischen Gesichtspunkten gegeneinander abgewogen haben und subjektiv von der Gleichwertigkeit der beiderseitigen Leistungen ausgehen durften, auch wenn Leistung und Gegenleistung objektiv ungleichwertig sind (vgl. hierzu BFH vom 29. Januar 1992, BStBl. II S. 465, vom 16. Dezember 1993, BStBl. 1996 II S. 669 und vom 30. Juli 5

[1] Jetzt § 10 Abs. 1 a Nr. 2 EStG.

2003, BStBl. 2004 II S. 211). In diesem Fall ist der Anwendungsbereich des *§ 10 Abs. 1 Nr. 1 a EStG*[1] nicht eröffnet. Es gelten die Grundsätze über die einkommensteuerrechtliche Behandlung wiederkehrender Leistungen im Austausch mit einer Gegenleistung (vgl. C.).

6 Unter Fremden besteht eine nur in Ausnahmefällen widerlegbare Vermutung, dass bei der Übertragung von Vermögen Leistung und Gegenleistung kaufmännisch gegeneinander abgewogen sind. Ein Anhaltspunkt für ein entgeltliches Rechtsgeschäft kann sich auch daraus ergeben, dass die wiederkehrenden Leistungen auf Dauer die erzielbaren Erträge übersteigen. Die für die Entgeltlichkeit des Übertragungsvorgangs sprechende Vermutung kann hingegen z. B. widerlegt sein, wenn der Übernehmer aufgrund besonderer persönlicher (insbesondere familienähnlicher) Beziehungen zum Übergeber ein persönliches Interesse an der lebenslangen angemessenen Versorgung des Übergebers hat (BFH vom 16. Dezember 1997, BStBl. 1998 II S. 718).

### 4. Gegenstand der Vermögensübertragung

7 Eine begünstigte Vermögensübertragung i. S. des *§ 10 Abs. 1 Nr. 1 a EStG*[1] liegt nur vor bei Versorgungsleistungen im Zusammenhang mit der Übertragung

– eines Mitunternehmeranteils an einer Personengesellschaft, die eine Tätigkeit i. S. der §§ 13, 15 Abs. 1 Satz 1 Nr. 1 oder des § 18 Abs. 1 EStG ausübt (vgl. Rz. 8 bis 11),
– eines Betriebs oder Teilbetriebs (vgl. Rz. 12 bis 14) sowie
– eines mindestens 50 Prozent betragenden Anteils an einer Gesellschaft mit beschränkter Haftung (GmbH), wenn der Übergeber als Geschäftsführer tätig war und der Übernehmer diese Tätigkeit nach der Übertragung übernimmt (vgl. Rz. 15 bis 20).

#### a) Mitunternehmeranteil an einer Personengesellschaft

8 Die Übertragung eines Mitunternehmeranteils an einer Personengesellschaft (OHG, KG, GbR) oder an einer anderen Gesellschaft, bei der der Gesellschafter als Mitunternehmer anzusehen ist (z. B. atypisch stille Gesellschaft), ist nur dann begünstigt, wenn die Gesellschaft Einkünfte aus Land- und Forstwirtschaft, Gewerbebetrieb oder selbständiger Arbeit erzielt. Als Personengesellschaften gelten auch Gemeinschaften, wenn die Beteiligten eine dem Gesellschafter einer Personengesellschaft wirtschaftlich vergleichbare Stellung haben, z. B. als Beteiligter an einer Erbengemeinschaft oder Gütergemeinschaft (BFH vom 25. Juni 1984, BStBl. II S. 751). Die Begünstigung kann in Anspruch genommen werden bei der Übertragung des gesamten Mitunternehmeranteils (einschließlich Sonderbetriebsvermögen) auf einen oder mehrere Übernehmer, bei der Übertragung eines Teils eines Mitunternehmeranteils (einschließlich der quotalen Übertragung der wesentlichen Betriebsgrundlagen des Sonderbetriebsvermögens) und bei der unentgeltlichen Aufnahme des Übernehmers in ein bestehendes Einzelunternehmen[2].

9 Die Übertragung von Anteilen an einer gewerblich infizierten Personengesellschaft i. S. des § 15 Abs. 3 Nr. 1 1. Alternative EStG erfüllt den Tatbestand

[1] Jetzt § 10 Abs. 1 a Nr. 2 EStG.
[2] Siehe hierzu BMF v. 20. 11. 2019, BStBl. I S. 1291 (Nr. **1** § 6/18).

der begünstigten Übertragung eines Mitunternehmeranteils i. S. von *§ 10 Abs. 1 Nr. 1 a Satz 2 Buchstabe a EStG*[1]. Ein Mitunternehmeranteil an einer Besitzgesellschaft im Rahmen einer Betriebsaufspaltung kann begünstigt im Zusammenhang mit Versorgungsleistungen übertragen werden, soweit ihr die gewerbliche Tätigkeit der Betriebsgesellschaft auch nach der Übertragung zugerechnet wird. Keine Begünstigung liegt vor, wenn eine vermögensverwaltende Personengesellschaft lediglich an einer gewerblich tätigen Gesellschaft beteiligt ist, § 15 Abs. 3 Nr. 1 2. Alternative EStG.

Anteile an einer gewerblich geprägten Personengesellschaft i. S. des § 15 Abs. 3 Nr. 2 EStG (z. B. an einer vermögensverwaltenden GmbH & Co. KG) können nicht im Rahmen einer begünstigten Vermögensübertragung im Zusammenhang mit Versorgungsleistungen übertragen werden, da die Gesellschaft keine Tätigkeit i. S. des § 15 Abs. 1 Satz 1 Nr. 1 EStG ausübt. 10

Der Sonderausgabenabzug kommt auch in Betracht, wenn im Zusammenhang mit Versorgungsleistungen Anteile an einer Personengesellschaft übertragen werden, die verpachtet sind, oder wenn Anteile an einer Personengesellschaft übertragen werden, die selbst ihren gesamten Betrieb verpachtet hat, sofern der Betrieb mangels Betriebsaufgabeerklärung als fortgeführt gilt. 11

### b) Betrieb oder Teilbetrieb

Neben der Übertragung eines laufenden Betriebs oder Teilbetriebs ist nach *§ 10 Abs. 1 Nr. 1 a Satz 2 Buchstabe b EStG*[2] auch die Übertragung eines verpachteten Betriebs oder Teilbetriebs begünstigt, sofern der Betrieb oder Teilbetrieb mangels Betriebsaufgabeerklärung als fortgeführt gilt. 12

Ein Teilbetrieb i. S. des *§ 10 Abs. 1 Nr. 1 a Satz 2 Buchstabe b EStG*[2] liegt vor, wenn ein mit einer gewissen Selbständigkeit ausgestatteter, organisch geschlossener Teil des Gesamtbetriebs übertragen wird, der für sich betrachtet alle Merkmale eines Betriebs i. S. des EStG aufweist und für sich lebensfähig ist. Eine völlig selbständige Organisation mit eigener Buchführung ist nicht erforderlich (R 16 Abs. 3 EStR). Der Teilbetrieb muss bereits vor der Vermögensübertragung als solcher existiert haben. 13

Die Teilbetriebsfiktion des § 16 Abs. 1 Satz 1 Nr. 1 Satz 2 EStG ist für die Fälle der begünstigten Vermögensübertragung im Zusammenhang mit Versorgungsleistungen nicht anzuwenden. Eine das gesamte Nennkapital umfassende Beteiligung an einer Kapitalgesellschaft kann daher nicht nach *§ 10 Abs. 1 Nr. 1 a Satz 2 Buchstabe b EStG*[2] begünstigt übertragen werden. Für die Übertragung von Anteilen an einer GmbH richtet sich die begünstigte Übertragung nach den Tatbestandsvoraussetzungen des *§ 10 Abs. 1 Nr. 1 a Satz 2 Buchstabe c EStG*[3]. 14

### c) Anteil an einer GmbH

Zu einer begünstigten Vermögensübertragung im Zusammenhang mit Versorgungsleistungen führt nur die Übertragung eines mindestens 50 Prozent betragenden Anteils an einer GmbH (einschließlich Unternehmergesellschaft, § 5 a GmbHG), wenn der Übergeber als Geschäftsführer tätig war und der 15

---

[1] Jetzt § 10 Abs. 1 a Nr. 2 Satz 2 Buchst. a EStG.
[2] Jetzt § 10 Abs. 1 a Nr. 2 Satz 2 Buchst. b EStG.
[3] Jetzt § 10 Abs. 1 a Nr. 2 Satz 2 Buchst. c EStG.

Übernehmer die Geschäftsführertätigkeit nach der Übertragung übernimmt. Begünstigt ist auch die Übertragung von Anteilen an einer der GmbH vergleichbaren Gesellschaftsform eines anderen Mitgliedstaats der Europäischen Union oder eines Staates, auf den das Abkommen über den Europäischen Wirtschaftsraum anwendbar ist (vgl. Tabellen zum BMF-Schreiben vom 24. Dezember 1999, BStBl. I S. 1076[1]). Werden Anteile an anderen Körperschaften im Zusammenhang mit wiederkehrenden Leistungen übertragen, liegt keine begünstigte Vermögensübertragung nach *§ 10 Abs. 1 Nr. 1 a EStG*[2] vor.

16 Es ist nicht erforderlich, dass der Übergeber seinen gesamten Anteil überträgt, sofern der übertragene Anteil mindestens 50 Prozent beträgt. Dabei sind Teilübertragungen jeweils isoliert zu betrachten.

17 **Beispiel:**

V ist zu 80 Prozent an der X-GmbH beteiligt. Außerdem ist er Geschäftsführer der X-GmbH. V überträgt am 10. Januar 2008 einen 20 Prozent betragenden Anteil an der X-GmbH auf seinen Sohn S. S verpflichtet sich dafür, wiederkehrende Leistungen i. H. v. monatlich 200 € an V zu zahlen. Am 1. Januar 2011 überträgt V den restlichen Anteil an der X-GmbH (60 Prozent) auf S. S wird Geschäftsführer der X-GmbH, V zieht sich aus der Geschäftsführertätigkeit vollständig zurück. S verpflichtet sich im Zuge dieser Übertragung, V zusätzlich monatliche Versorgungsleistungen i. H. v. 2000 € zu zahlen.

**Lösung:**

Die wiederkehrenden Leistungen, die S im Zusammenhang mit der ersten Teilübertragung an V zu leisten hat, stellen keine Leistungen aufgrund einer nach *§ 10 Abs. 1 Nr. 1 a Satz 2 Buchstabe c EStG*[3] begünstigten Vermögensübertragung dar, weil der übertragene GmbH-Anteil nicht mindestens 50 Prozent betragen hat. Im Übrigen hat S die Geschäftsführertätigkeit von V zu diesem Zeitpunkt noch nicht übernommen. Die Übertragung des 60 Prozent betragenden GmbH-Anteils stellt hingegen eine begünstigte Übertragung dar, weil isoliert betrachtet alle Voraussetzungen des § 10 Abs. 1 Nr. 1 a Satz 2 Buchstabe c EStG erfüllt sind. S kann daher ab dem 1. Januar 2011 einen Betrag i. H. v. 2000 € monatlich als Sonderausgaben geltend machen.

18 Überträgt ein Gesellschafter-Geschäftsführer einen mindestens 50 Prozent betragenden Anteil an der GmbH auf den Übernehmer, liegen begünstigte Versorgungsleistungen nur vor, solange der Vermögensübernehmer eine Geschäftsführertätigkeit ausübt. Es ist unschädlich, wenn der Übernehmer bereits vor der Übertragung Geschäftsführer der Gesellschaft war, solange er es auch nach der Übertragung bleibt. Voraussetzung ist jedoch, dass der Übergeber seine Geschäftsführertätigkeit insgesamt aufgibt. So ist es z. B. unschädlich, wenn der Vermögensübernehmer bereits die Funktion des Geschäftsführers für die finanziellen Aufgaben innehatte und der Vermögensübergeber Geschäftsführer für den technischen Bereich war und der Übergeber die Geschäftsführertätigkeit mit der Vermögensübertragung aufgibt. Es ist nicht erforderlich, dass der Übernehmer dieselbe Funktion im Rahmen der Geschäftsführung ausübt wie vormals der Übergeber. Wird der Vermögensübergeber für die GmbH in anderer Weise als der eines Geschäftsführers tätig (im Rahmen einer selbständigen oder nicht-selbständigen Tätigkeit), so ist dieses ebenfalls unschädlich.

---

[1] Nr. **800** § 12/1.
[2] Jetzt § 10 Abs. 1 a Nr. 2 EStG.
[3] Jetzt § 10 Abs. 1 a Nr. 2 Satz 2 Buchst. c EStG.

Überträgt der Vermögensübergeber seine GmbH-Beteiligung auf mehrere Vermögensübernehmer, liegt eine begünstigte Vermögensübertragung i. S. des *§ 10 Abs. 1 Nr. 1 a Satz 2 Buchstabe c EStG*[1] nur bezogen auf den Vermögensübernehmer vor, der mindestens einen 50 Prozent betragenden Anteil erhalten und die Geschäftsführertätigkeit übernommen hat. Überträgt der Vermögensübergeber seine 100-Prozent-GmbH-Beteiligung zu jeweils 50 Prozent auf zwei Vermögensübernehmer, wird aber nur einer der Vermögensübernehmer Geschäftsführer, führt nur die Anteilsübertragung auf diesen zu einer begünstigten Vermögensübertragung i. S. des *§ 10 Abs. 1 Nr. 1 a EStG*[2]. Sind oder werden beide Übernehmer Geschäftsführer der Gesellschaft, dann liegt in beiden Fällen eine begünstigte Übertragung i. S. des *§ 10 Abs. 1 Nr. 1 a EStG*[2] vor. 19

**Beispiel:** 20

V ist zu 80 Prozent an der X-GmbH beteiligt. Er ist außerdem Geschäftsführer der Gesellschaft. V überträgt seine GmbH-Beteiligung auf seine drei Söhne S, T und U. S erhält einen 15 Prozent betragenden Anteil an der GmbH und verpflichtet sich, seinem Vater V wiederkehrende Leistungen i. H. v. 300 € monatlich zu zahlen. V überträgt dem Sohn T ebenfalls einen 15 Prozent betragenden Anteil an der GmbH und die Geschäftsführung im Bereich der Produktionsplanung. T verpflichtet sich, V wiederkehrende Leistungen i. H. v. 800 € monatlich zu zahlen. U erhält von V einen 50 Prozent betragenden Anteil an der GmbH und übernimmt die Geschäftsführung für den finanziellen Bereich der Gesellschaft von V. Er verpflichtet sich, V wiederkehrende Leistungen i. H. v. 2000 € monatlich zu zahlen. V hat die Geschäftsführertätigkeit insgesamt aufgegeben.

**Lösung:**

Die Übertragungen der Anteile an S und T stellen keine begünstigten Übertragungen von Vermögen i. S. des *§ 10 Abs. 1 Nr. 1 a Satz 2 EStG*[3] dar, da in beiden Fällen nicht mindestens ein 50 Prozent betragender Anteil übertragen wurde. An diesem Ergebnis ändert im Fall des T auch die Übertragung der Geschäftsführertätigkeit im Bereich der Produktionsplanung nichts, da die Voraussetzungen der Anteilshöhe und der Übernahme der Geschäftsführung gemeinsam erfüllt sein müssen. Die monatlichen Zahlungen der Söhne S und T sind somit nach den Grundsätzen über die einkommensteuerrechtliche Behandlung wiederkehrender Leistungen im Austausch mit einer Gegenleistung zu behandeln (vgl. C.). Lediglich die Übertragung auf den Sohn U ist begünstigt nach *§ 10 Abs. 1 Nr. 1 a EStG.*[2]

## d) Anderes Vermögen, Wirtschaftsüberlassungsverträge und Nießbrauchsrechte

Wird anderes als das in Rz. 7 genannte Vermögen übertragen (z. B. privater Grundbesitz, Wertpapiervermögen) oder erfüllt das übertragene Vermögen nicht die in Rz. 8 bis 20 genannten Bedingungen, liegt keine begünstigte Vermögensübertragung im Zusammenhang mit Versorgungsleistungen vor. Dies gilt auch für die Einräumung eines Nießbrauchsrechts, und zwar unabhängig davon, ob das Nießbrauchsrecht an Vermögen i. S. des *§ 10 Abs. 1 Nr. 1 a Satz 2 EStG*[3] bestellt ist oder nicht (vgl. aber zur sog. zeitlich gestreckten „gleitenden" Vermögensübertragung Rz. 25). Es gelten die Grundsätze über die einkommensteuerrechtliche Behandlung wiederkehrender Leistungen im Austausch mit einer Gegenleistung (vgl. C.). 21

[1] Jetzt § 10 Abs. 1 a Nr. 2 Satz 2 Buchst. c EStG.
[2] Jetzt § 10 Abs. 1 a Nr. 2 EStG.
[3] Jetzt § 10 Abs. 1 a Nr. 1 Satz 2 EStG.

22 Entsprechendes gilt für land- und forstwirtschaftliche Betriebe, wenn sie aufgrund von Wirtschaftsüberlassungsverträgen, die Vorstufe zur Hof- und Betriebsübertragung sind, überlassen werden. Eine begünstigte Vermögensübertragung im Zusammenhang mit Versorgungsleistungen kann in diesen Fällen erst bei der späteren tatsächlichen Übertragung des Hofs und Betriebs im Zusammenhang mit wiederkehrenden Leistungen vorliegen. Dies gilt auch für Pachtverträge, die steuerrechtlich als Wirtschaftsüberlassungsverträge gewürdigt werden.

### e) Missbrauchsregelung

23 Wird der Anteil an einer GmbH im Betriebsvermögen eines Betriebs, Teilbetriebs oder einer Mitunternehmerschaft (Gesamthands- und Sonderbetriebsvermögen) im Zusammenhang mit wiederkehrenden Leistungen auf den Vermögensübernehmer (mit-)übertragen, liegt eine insgesamt nach *§ 10 Abs. 1 Nr. 1 a Satz 2 Buchstabe a oder b EStG*[1] begünstigte Übertragung vor. Wurde der Anteil an der Körperschaft binnen eines Jahres vor der Vermögensübertragung in den Betrieb, Teilbetrieb oder die Mitunternehmerschaft eingelegt und gehört er dort nicht zum notwendigen Betriebsvermögen, oder der Betrieb, Teilbetrieb oder die Mitunternehmerschaft ist binnen eines Jahres vor der Vermögensübertragung durch Umwandlung einer Körperschaft entstanden, ist zu vermuten, dass *§ 10 Abs. 1 Nr. 1 a Satz 2 Buchstabe c EStG*[2] umgangen werden soll; § 2 Abs. 1 und Abs. 2 UmwStG ist nicht anzuwenden.

## 5. Übertragung von Vermögen unter Nießbrauchsvorbehalt

24 Überträgt der Vermögensübergeber begünstigtes Vermögen im Zusammenhang mit Versorgungsleistungen (vgl. Rz. 7 bis 20) unter Vorbehalt eines Nießbrauchs, steht dies der Anerkennung von Versorgungsleistungen nicht entgegen, wenn der Nießbrauch lediglich Sicherungszwecken dient und der Vermögensübergeber gleichzeitig mit der Bestellung des Nießbrauchs dessen Ausübung nach § 1059 BGB dem Vermögensübernehmer überlässt.

25 Wird ein an begünstigtem Vermögen (vgl. Rz. 7 bis 20) vorbehaltenes oder durch Vermächtnis eingeräumtes Nießbrauchsrecht im Zusammenhang mit wiederkehrenden Leistungen abgelöst, können diese im sachlichen Zusammenhang mit der Vermögensübertragung stehen und daher Versorgungsleistungen sein (sog. zeitlich gestreckte „gleitende" Vermögensübertragung; vgl. BFH vom 3. Juni 1992, BStBl. 1993 II S. 23). Dies gilt nicht, wenn die Ablösung des Nießbrauchs der lastenfreien Veräußerung des Vermögens dient. Für die Anerkennung von Versorgungsleistungen kommt es nicht darauf an, ob die wiederkehrenden Leistungen bereits im Übertragungsvertrag selbst vereinbart wurden oder erst im Zusammenhang mit der Ablösung des Nießbrauchs vereinbart werden. Dies gilt auch, wenn im Fall des § 14 HöfeO Versorgungsleistungen (in Form des Altenteils) erbracht werden, sowie in den Fällen der sog. „Rheinischen Hofübergabe", wenn der Übergeber den Betrieb in Ausübung des Nießbrauchs wiederum an den Übernehmer verpachtet.

---

[1] Jetzt § 10 Abs. 1 a Nr. 2 Satz 2 Buchst. a oder b EStG.
[2] Jetzt § 10 Abs. 1 a Nr. 2 Satz 2 Buchst. c EStG.

### 6. Ausreichend Ertrag bringendes Vermögen

#### a) Grundsätze

Das Merkmal der Versorgung ist nur bei der Übertragung von Vermögen i. S. des *§ 10 Abs. 1 Nr. 1 a Satz 2 EStG*[1] erfüllt, das ausreichend Ertrag bringt, um die Versorgung des Übergebers aus dem übernommenen Vermögen zumindest zu einem Teil zu sichern. 26

Von ausreichend Ertrag bringendem Vermögen ist auszugehen, wenn nach überschlägiger Berechnung die wiederkehrenden Leistungen nicht höher sind als der langfristig erzielbare Ertrag des übergebenen Vermögens. 27

Zu Erträgen führen grundsätzlich nur Einnahmen, die den Tatbestand einer Einkunftsart i. S. des § 2 Abs. 1 EStG erfüllen. Einnahmen aus einer Tätigkeit ohne Einkünfte- oder Gewinnerzielungsabsicht sind daher nicht als Erträge zu beurteilen. 28

Wird ein Betrieb oder Teilbetrieb i. S. des *§ 10 Abs. 1 Nr. 1 a Satz 2 Buchstabe b EStG*[2] im Zusammenhang mit wiederkehrenden Leistungen im Wege der vorweggenommenen Erbfolge übertragen, besteht eine widerlegbare Vermutung (z. B. mehrjährige Verluste oder im Verhältnis zu den wiederkehrenden Leistungen geringe Gewinne des Unternehmens) dafür, dass die Erträge ausreichen, um die wiederkehrenden Leistungen in der vereinbarten Höhe zu erbringen, wenn der Betrieb oder Teilbetrieb vom Übernehmer tatsächlich fortgeführt wird. Entsprechendes gilt, wenn ein Mitunternehmeranteil oder der Teil eines Mitunternehmeranteils i. S. des *§ 10 Abs. 1 Nr. 1 a Satz 2 Buchstabe a EStG*[3] oder ein Anteil an einer GmbH i. S. des *§ 10 Abs. 1 Nr. 1 a Satz 2 Buchstabe c EStG*[4] übertragen wird. Die Beweiserleichterung ist nicht anzuwenden bei verpachteten oder überwiegend verpachteten Betrieben, Teilbetrieben, (Teil-)Mitunternehmeranteilen und GmbH-Anteilen oder bei Personengesellschaften, die selbst ihren gesamten Betrieb verpachtet haben. 29

Wird im Rahmen einer einheitlichen Vermögensübertragung neben begünstigtem Vermögen i. S. des *§ 10 Abs. 1 Nr. 1 a Satz 2 EStG*[3] weiteres nicht begünstigtes Vermögen übertragen, greift die Beweiserleichterung nicht. Im Übrigen vgl. in diesem Fall Rz. 47. 30

Versorgungsleistungen, die aus den langfristig erzielbaren Erträgen des übergebenen Vermögens erbracht werden können, sind auch dann als Sonderausgaben abziehbar, wenn das übertragene Vermögen nicht über einen ausreichenden Unternehmenswert verfügt (entgegen BFH vom 12. Mai 2003, BStBl. 2004 II S. 100). 31

#### b) Ermittlung der Erträge

Greift die Beweiserleichterung (Rz. 29) nicht, sind zur Ermittlung der maßgebenden Erträge die auf der Grundlage des steuerlichen Gewinns ermittelten Erträge heranzuziehen. Absetzungen für Abnutzung, erhöhte Absetzungen und Sonderabschreibungen sowie außerordentliche Aufwendungen, z. B. 32

---

[1] Jetzt § 10 Abs. 1 a Nr. 1 Satz 2 EStG.
[2] Jetzt § 10 Abs. 1 a Nr. 2 Satz 2 Buchst. b EStG.
[3] Jetzt § 10 Abs. 1 a Nr. 2 Satz 2 Buchst. a EStG.
[4] Jetzt § 10 Abs. 1 a Nr. 2 Satz 2 Buchst. c EStG.

größere Erhaltungsaufwendungen, die nicht jährlich üblicherweise anfallen, sind dabei den Erträgen hinzuzurechnen. Bei Einkünften aus Land- und Forstwirtschaft, aus Gewerbebetrieb und aus selbständiger Arbeit ist ein Unternehmerlohn nicht abzuziehen. Bei der Übertragung eines Anteils an einer GmbH mindert im Falle der Rz. 34 das Gesellschafter-Geschäftsführergehalt des Vermögensübergebers und im Falle der Rz. 35 das Gesellschafter-Geschäftsführergehalt des Vermögensübernehmers die auf der Grundlage des steuerlichen Gewinns ermittelten Erträge nicht. Bei der Ermittlung der Erträge aus dem GmbH-Anteil ist im Übrigen nicht auf die tatsächlich ausgeschütteten, sondern auf die ausschüttungsfähigen Gewinne abzustellen (BFH vom 21. Juli 2004, BStBl. 2005 II S. 133).

33 Greift die Beweiserleichterung (Rz. 29) bei einem land- und forstwirtschaftlichen Betrieb nicht, kann die Ertragskraft ungeachtet der tatsächlichen Gewinnermittlung nach § 13 a EStG durch Betriebsvermögensvergleich oder Einnahmen-Überschussrechnung berechnet werden.

34 Die wiederkehrenden Leistungen müssen durch entsprechende Erträge aus dem übernommenen Vermögen abgedeckt sein. Davon ist auszugehen, wenn nach den Verhältnissen im Zeitpunkt der Vermögensübertragung der durchschnittliche jährliche Ertrag ausreicht, um die jährlichen wiederkehrenden Leistungen zu erbringen. Bei Ablösung eines vom Übergeber vorbehaltenen Nutzungsrechts in den Fällen der zeitlich gestreckten Vermögensübertragung (vgl. Rz. 25) sind die Verhältnisse im Zeitpunkt der Ablösung maßgeblich (BFH vom 16. Juni 2004, BStBl. 2005 II S. 130). Aus Vereinfachungsgründen ist es nicht zu beanstanden, wenn zur Ermittlung des durchschnittlichen Ertrags die Gewinne des Jahres der Vermögensübertragung und der beiden vorangegangenen Jahre herangezogen werden.

35 Reicht der durchschnittliche jährliche Ertrag nach den Verhältnissen im Zeitpunkt der Vermögensübertragung nicht aus, um die jährlichen wiederkehrenden Leistungen zu erbringen, bleibt es dem Übernehmer unbenommen, nachzuweisen, dass für die Zukunft ausreichend hohe Nettoerträge zu erwarten sind. Hiervon kann regelmäßig ausgegangen werden, wenn die durchschnittlichen Erträge des Jahres der Vermögensübertragung und der beiden folgenden Jahre ausreichen, um die wiederkehrenden Leistungen zu erbringen. Die Veranlagungen sind insoweit sowohl beim Übergeber als auch beim Übernehmer in dem Jahr der Vermögensübertragung und in den beiden Folgejahren vorläufig gemäß § 165 AO vorzunehmen.

## 7. Betriebsaufgabe, Übertragung, Umwandlung und Umschichtung von übertragenem Vermögen

### a) Umschichtungsverpflichtung im Übertragungsvertrag

36 Verpflichtet sich der Übernehmer im Übertragungsvertrag zur Umschichtung des übertragenen Vermögens in Vermögen i. S. des *§ 10 Abs. 1 Nr. 1 a Satz 2 EStG,*[1] liegt keine begünstigte Vermögensübertragung im Zusammenhang mit Versorgungsleistungen vor.

[1] Jetzt § 10 Abs. 1 a Nr. 1 Satz 2 EStG.

### b) Betriebsaufgabe, Übertragung, Umwandlung und nachträgliche Umschichtung

Der sachliche Zusammenhang der wiederkehrenden Leistungen mit der begünstigten Vermögensübertragung endet grundsätzlich, wenn der Übernehmer den Betrieb aufgibt oder das übernommene Vermögen dem Übernehmer steuerrechtlich nicht mehr zuzurechnen ist. Die im Zusammenhang mit der Vermögensübertragung vereinbarten wiederkehrenden Leistungen zwischen dem Übergeber und dem Übernehmer sind ab diesem Zeitpunkt Unterhaltsleistungen i. S. des § 12 Nr. 2 EStG und dürfen beim Übernehmer nicht mehr als Sonderausgaben nach § 10 Abs. 1 Nr. 1 a EStG abgezogen werden. Beim Übergeber sind sie nicht mehr nach § 22 Nr. 1 b EStG steuerbar (BFH vom 31. März 2004, BStBl. II S. 830). 37

Der sachliche Zusammenhang der wiederkehrenden Leistungen mit der Vermögensübertragung endet nicht, wenn der Übernehmer seinerseits das übernommene Vermögen im Wege der vorweggenommenen Erbfolge weiter überträgt (vgl. Rz. 50). Geht dabei die Versorgungsverpflichtung nicht mit über, können die Versorgungsleistungen weiterhin abgezogen werden, wenn der Übernehmer diese aus ihm im Rahmen der weiteren Vermögensübertragung seinerseits eingeräumten Versorgungsleistungen oder aus einem an dem weiter übertragenen Vermögen vorbehaltenen Nießbrauchsrecht bewirken kann. 38

**Beispiel:** 39

Der 65-jährige Vater V übergab seinen bislang als Einzelunternehmen geführten Betrieb im Jahre 2008 im Zusammenhang mit lebenslänglich zu erbringenden wiederkehrenden Leistungen von monatlich 5000 € an seinen Sohn S. Im Jahre 2028 überträgt S das Einzelunternehmen im Hinblick auf die Generationennachfolge an seinen Sohn, den Enkel E des V. S erhält hierfür von dem weiteren Vermögensübernehmer E lebenslang monatlich 10 000 €. Er bleibt aber weiterhin verpflichtet, an seinen inzwischen 85-jährigen Vater wiederkehrende Leistungen zu erbringen, die zwischenzeitlich in steuerlich anzuerkennender Weise auf 8000 € monatlich angepasst wurden.

**Lösung:**

Die von S zu erbringenden Zahlungen an V bleiben auch im Jahre 2028 und in den folgenden Jahren Versorgungsleistungen und können von S als Sonderausgaben abgezogen werden. Korrespondierend muss V die von S erhaltenen wiederkehrenden Leistungen ebenso als sonstige Einkünfte versteuern, wie dies für S hinsichtlich der von E gezahlten Versorgungsleistungen der Fall ist.

Werden nur Teile des begünstigt übernommenen Vermögens i. S. des *§ 10 Abs. 1 Nr. 1 a Satz 2 EStG*[1] auf Dritte übertragen, können die nach der Übertragung entrichteten wiederkehrenden Leistungen an den Übergeber weiterhin als Versorgungsleistungen zu beurteilen sein. Voraussetzung ist, dass der nicht übertragene Teil des übernommenen Vermögens nach der Übertragung auf den Dritten ausreichende Erträge abwirft, um die Versorgungsleistungen zu finanzieren, und weiterhin begünstigtes Vermögen i. S. des *§ 10 Abs. 1 Nr. 1 a Satz 2 EStG*[1] vorliegt. Maßgebend für die Beurteilung sind die Erträge ab dem Zeitpunkt, ab dem der übertragene Vermögensteil dem Übernehmer steuerrechtlich nicht mehr zuzurechnen ist (zur Ermittlung der Erträge vgl. Rz. 32 bis 35). 40

[1] Jetzt § 10 Abs. 1 a Nr. 1 Satz 2 EStG.

41 Überträgt der Vermögensübernehmer das begünstigt übernommene Vermögen auf einen Dritten und erwirbt mit dem Erlös zeitnah anderes Vermögen i. S. des *§ 10 Abs. 1 Nr. 1 a Satz 2 EStG*[1], sind die nach der Übertragung an den Übergeber entrichteten wiederkehrenden Leistungen weiterhin Versorgungsleistungen.

Dies gilt auch, wenn

– nicht der gesamte Erlös aus der Veräußerung zur Anschaffung verwendet wird, die wiederkehrenden Leistungen aber durch die Erträge aus dem neu angeschafften Vermögen abgedeckt werden

oder

– der gesamte Erlös aus der Veräußerung zur Anschaffung dieses Vermögens nicht ausreicht, der Übernehmer bei der Umschichtung zusätzlich eigene Mittel zur Anschaffung aufwendet und der auf den reinvestierten Veräußerungserlös entfallende Anteil an den Erträgen ausreicht, um die vereinbarten wiederkehrenden Leistungen zu erbringen.

Maßgebend für die Beurteilung sind die Erträge ab dem Zeitpunkt der Anschaffung dieses Vermögens (nachträgliche Umschichtung). Von ausreichenden Erträgen kann regelmäßig ausgegangen werden, wenn die durchschnittlichen Erträge des Jahres der nachträglichen Umschichtung und der beiden folgenden Jahre ausreichen, um die wiederkehrenden Leistungen zu erbringen. Die Veranlagungen sind insoweit sowohl beim Übergeber als auch beim Übernehmer in dem Jahr der Umschichtung und in den beiden Folgejahren vorläufig gemäß § 165 AO vorzunehmen.

42 Die Einbringung begünstigt übernommenen Vermögens in eine GmbH i. S. des § 20 UmwStG oder in eine Personengesellschaft i. S. des § 24 UmwStG gegen Gewährung von Gesellschaftsanteilen oder -rechten und der Anteilstausch i. S. des § 21 UmwStG stellen – unabhängig davon, mit welchem Wert das eingebrachte Vermögen bei der übernehmenden Gesellschaft angesetzt wird – keine nachträgliche Umschichtung i. S. der Rz. 41 dar, wenn auch nach der Einbringung die übrigen Voraussetzungen der Rz. 7 bis 11 und 15 bis 20 bzw. nach dem Anteilstausch die übrigen Voraussetzungen der Rz. 15 bis 20 erfüllt sind. Der sachliche Zusammenhang der wiederkehrenden Leistungen mit der begünstigten Vermögensübertragung endet in diesen Fällen nicht. Dies gilt auch für die formwechselnde Umwandlung oder Verschmelzung von Personengesellschaften. Der sachliche Zusammenhang endet hingegen, soweit dem Vermögensübernehmer die erhaltenen GmbH-Anteile oder Mitunternehmeranteile steuerrechtlich nicht mehr zuzurechnen sind; Rz. 38 bleibt unberührt.

43 Im Fall der Realteilung (§ 16 Abs. 3 Satz 2 bis 4 EStG) wird der sachliche Zusammenhang der wiederkehrenden Leistungen mit der begünstigten Vermögensübertragung nur dann nicht beendet, wenn der Vermögensübernehmer einen Teilbetrieb oder Mitunternehmeranteil erhält und nach der Realteilung die übrigen Voraussetzungen der Rz. 7 bis 11 oder der Rz. 13 und 14 erfüllt sind. Im Falle der Realteilung eines land- und forstwirtschaftlichen Betriebs gilt dies auch, wenn der Vermögensübernehmer einzelne Wirtschaftsgüter erhält, die bei ihm nach der Realteilung einen selbständigen landwirt-

[1] Jetzt § 10 Abs. 1 a Nr. 1 Satz 2 EStG.

schaftlichen Betrieb darstellen (vgl. *BMF-Schreiben vom 28. Februar 2006, BStBl. I S. 228*)[1].

## II. Versorgungsleistungen i. S. des *§ 10 Abs. 1 Nr. 1 a EStG*[2]

### 1. Umfang der Versorgungsleistungen

Versorgungsleistungen sind alle im Übertragungsvertrag vereinbarten wiederkehrenden Leistungen in Geld oder Geldeswert. Hierzu gehören insbesondere Geldleistungen, Übernahme von Aufwendungen und Sachleistungen. Bei Sachleistungen sind mit Ausnahme persönlicher Dienstleistungen und der Wohnraumüberlassung die Werte nach § 8 Abs. 2 EStG maßgebend. Zur Bewertung von unbaren Altenteilsleistungen vgl. BFH vom 18. Dezember 1990, BStBl. 1991 II S. 354. **44**

Die Verpflichtung zur Erbringung wiederkehrender persönlicher Dienstleistungen durch persönliche Arbeit ist keine Versorgungsleistung. Stellt der Verpflichtete dagegen eine fremde Arbeitskraft, sind die Dienstleistungen Versorgungsleistungen in Höhe des Lohnaufwands (BFH vom 22. Januar 1992, BStBl. II S. 552). **45**

In den Fällen der Wohnungsüberlassung an den Übergeber sind nur die mit der Nutzungsüberlassung tatsächlich zusammenhängenden Aufwendungen anzusetzen. Hierzu gehören insbesondere Aufwendungen für Sachleistungen wie Strom, Heizung, Wasser und Instandhaltungskosten, zu denen der Übernehmer aufgrund einer klaren und eindeutigen Bestimmung im Übertragungsvertrag verpflichtet ist. Entsprechendes gilt für Aufwendungen, mit denen der Übernehmer seiner bürgerlich-rechtlich wirksamen Verpflichtung zur Instandhaltung nachkommt. Instandhaltungskosten dürfen jedoch nur als Versorgungsleistungen abgezogen werden, soweit sie der Erhaltung des vertragsgemäßen Zustands der Wohnung im Zeitpunkt der Übertragung dienen (BFH vom 25. August 1999, BStBl. 2000 II S. 21, sowie BMF-Schreiben vom 21. Juli 2003, BStBl. I S. 405). Ein Abzug anteiliger Absetzungen für Abnutzung und Schuldzinsen sowie anteiliger – vor allem öffentlicher – Lasten des Grundstücks, die vom Übernehmer als Eigentümer geschuldet werden, kommt nicht in Betracht (BFH vom 25. März 1992, BStBl. II S. 1012). **46**

Hat der Vermögensübergeber neben dem nach *§ 10 Abs. 1 Nr. 1 a Satz 2 EStG*[3] begünstigten Vermögen im Rahmen des Übertragungsvertrags oder der Verfügung von Todes wegen weiteres nicht begünstigtes Vermögen übertragen (z. B. Grundvermögen, Wertpapiervermögen), ist für die Zuordnung der Versorgungsleistungen die konkrete Vereinbarung im Übertragungsvertrag maßgebend. Dabei wird es grundsätzlich nicht beanstandet, wenn die wiederkehrenden Leistungen in vollem Umfang der Übertragung des begünstigten Vermögens zugeordnet werden. Wirft das begünstigte Vermögen im Zeitpunkt der Vermögensübertragung im Verhältnis zu den wiederkehrenden Leistungen durchschnittlich nur geringe Erträge ab oder wurde keine konkrete Vereinbarung getroffen, sind die wiederkehrenden Leistungen anhand eines **47**

---

[1] **Red. Anm.:** Jetzt BMF v. 19. 12. 2018, BStBl. 2019 I S. 6 (Nr. **1** § 16/3).
[2] **Red. Anm.:** Jetzt § 10 Abs. 1 a Nr. 2 EStG.
[3] **Red. Anm.:** Jetzt § 10 Abs. 1 a Nr. 1 Satz 2 EStG.

angemessenen Maßstabs (z. B. Verhältnis der Erträge der einzelnen Vermögenswerte) aufzuteilen.

48 Wird ein Betrieb der Land- und Forstwirtschaft übertragen, ist auch der Teil der Versorgungsleistungen begünstigt, der auf den Wohnteil des Betriebes (§ 160 Abs. 1 Nr. 3 BewG) entfällt *(§ 10 Abs. 1 Nr. 1 a Satz 3 EStG*[1]*)*.

49 Versorgungsleistungen, die mit steuerbefreiten Einkünften des Übernehmers, z. B. aufgrund eines DBA, in wirtschaftlichem Zusammenhang stehen, können nicht als Sonderausgaben berücksichtigt werden. § 3 Nr. 40, § 3 Nr. 40 a und § 32 d EStG stehen der Abziehbarkeit der Versorgungsleistungen nicht entgegen.

### 2. Empfänger der Versorgungsleistungen

50 Als Empfänger der Versorgungsleistungen kommen in erster Linie der Übergeber des Vermögens i. S. des *§ 10 Abs. 1 Nr. 1 a EStG,*[2] dessen Ehegatte und die gesetzlich erb- und pflichtteilsberechtigten Abkömmlinge des Übergebers (vgl. BFH vom 27. Februar 1992, BStBl. II S. 612, und vom 26. November 2003, BStBl. 2004 II S. 820) sowie der Lebenspartner einer eingetragenen Lebenspartnerschaft in Betracht. Empfänger von Versorgungsleistungen können auch die Eltern des Übergebers sein, wenn der Übergeber das übergebene Vermögen seinerseits von den Eltern im Wege der Vermögensübertragung im Zusammenhang mit Versorgungsleistungen erhalten hat (BFH vom 23. Januar 1997, BStBl. II S. 458). Sind Empfänger der wiederkehrenden Leistungen die Geschwister des Übernehmers, besteht die widerlegbare Vermutung, dass diese nicht versorgt, sondern gleichgestellt werden sollen (vgl. BFH vom 20. Oktober 1999, BStBl. 2000 II S. 602). Nicht zum Generationennachfolgeverbund gehörende Personen (z. B. die langjährige Haushälterin, der Lebensgefährte/die Lebensgefährtin, Mitarbeiter im Betrieb) können nicht Empfänger von Versorgungsleistungen sein (vgl. BFH vom 26. November 2003, BStBl. 2004 II S. 820).

### 3. Korrespondenzprinzip bei Versorgungsleistungen

51 Im Zusammenhang mit einer Vermögensübertragung vereinbarte Versorgungsleistungen sind vom Berechtigten als Einkünfte nach § 22 Nr. 1 b EStG zu versteuern, wenn der Verpflichtete zum Abzug der Leistungen als Sonderausgaben nach *§ 10 Abs. 1 Nr. 1 a EStG*[2] berechtigt ist. Es kommt nicht darauf an, dass sich die wiederkehrenden Leistungen auch tatsächlich steuermindernd ausgewirkt haben.

52 Versorgungsleistungen anlässlich einer begünstigten Vermögensübertragung sind beim Empfänger in vollem Umfang steuerpflichtig und beim Verpflichteten in vollem Umfang als Sonderausgaben abziehbar. Dies gilt unabhängig davon, ob die wiederkehrenden Versorgungsleistungen in Form von Renten oder dauernden Lasten vereinbart sind. Bei der Ermittlung der Einkünfte nach § 22 Nr. 1 b EStG ist § 9 a Satz 1 Nr. 3 EStG anzuwenden.

53 Versorgungsleistungen können nur dann nach *§ 10 Abs. 1 Nr. 1 a EStG*[2] als Sonderausgaben abgezogen werden, wenn der Empfänger der Versorgungs-

---

[1] **Red. Anm.:** Jetzt § 10 Abs. 1 a Nr. 1 Satz 3 EStG.
[2] **Red. Anm.:** Jetzt § 10 Abs. 1 a Nr. 2 EStG.

leistungen unbeschränkt einkommensteuerpflichtig ist. Eine Ausnahme gilt in den Fällen des § 1 a Abs. 1 Nr. 1 a EStG: Ist der Vermögensübernehmer Staatsangehöriger eines Mitgliedstaates der Europäischen Union oder eines Staates, auf den das Abkommen über den Europäischen Wirtschaftsraum anwendbar ist, und ist er nach § 1 Abs. 1 oder Abs. 3 EStG unbeschränkt einkommensteuerpflichtig, sind Versorgungsleistungen auch dann als Sonderausgaben abziehbar, wenn der Empfänger nicht unbeschränkt einkommensteuerpflichtig ist. Voraussetzung ist in diesem Fall, dass der Empfänger seinen Wohnsitz oder gewöhnlichen Aufenthalt im Hoheitsgebiet eines anderen Mitgliedstaates der Europäischen Union oder eines Staates hat, auf den das Abkommen über den Europäischen Wirtschaftsraum Anwendung findet, und dass die Besteuerung der Versorgungsleistungen beim Empfänger durch eine Bescheinigung der zuständigen ausländischen Steuerbehörde nachgewiesen wird.

Fallen die Voraussetzungen der Rz. 53 nach der Vermögensübertragung weg, liegen ab dem Zeitpunkt des Wegfalls nichtabziehbare Unterhaltsleistungen i. S. des § 12 Nr. 2 EStG vor. Ebenso stellen die wiederkehrenden Leistungen solange Unterhaltsleistungen i. S. des § 12 Nr. 2 EStG dar, bis die Voraussetzungen der Rz. 53 erfüllt werden, sofern diese Voraussetzungen im Zeitpunkt der Vermögensübertragung nicht vorliegen. 54

Ist der Vermögensübernehmer in Deutschland nicht unbeschränkt einkommensteuerpflichtig und kann daher die wiederkehrenden Leistungen nicht als Sonderausgaben nach *§ 10 Abs. 1 Nr. 1 a EStG*[1] abziehen, hat der Empfänger der Versorgungsleistungen die wiederkehrenden Leistungen nicht zu versteuern. 55

## 4. Wiederkehrende Leistungen auf die Lebenszeit des Empfängers der Versorgungsleistungen

Versorgungsleistungen sind nur wiederkehrende Leistungen, die lebenslang – auf die Lebenszeit des Empfängers – gezahlt werden. Wiederkehrende Leistungen auf die Lebenszeit des Empfängers der Versorgungsleistungen, die 56

(a) für eine Mindestlaufzeit zu erbringen sind (sog. Mindestzeitrenten oder verlängerte Leibrenten oder dauernde Lasten),

(b) auf eine bestimmte Zeit beschränkt sind (sog. abgekürzte Leibrenten oder dauernde Lasten),

sind stets nach den Grundsätzen über die einkommensteuerrechtliche Behandlung wiederkehrender Leistungen im Austausch mit einer Gegenleistung zu behandeln (zu (a) BFH vom 21. Oktober 1999, BStBl. 2002 II S. 650).

## 5. Rechtliche Einordnung von wiederkehrenden Leistungen, die keine Versorgungsleistungen sind

Liegen die Voraussetzungen einer begünstigten unentgeltlichen Vermögensübertragung im Zusammenhang mit Versorgungsleistungen nicht vor, weil z. B. kein begünstigtes Vermögen i. S. des *§ 10 Abs. 1 Nr. 1 a Satz 2 EStG*[2] übertragen worden ist, die wiederkehrenden Leistungen nicht auf die Lebenszeit des Berechtigten zu zahlen sind (vgl. Rz. 56) oder die Erträge 57

---

[1] Jetzt § 10 Abs. 1 a Nr. 2 EStG.
[2] Jetzt § 10 Abs. 1 a Nr. 1 Satz 2 EStG.

nicht ausreichen, um die wiederkehrenden Leistungen zu finanzieren (vgl. Rz. 26 bis 35), gelten die Grundsätze zu C. (BFH vom 12. Mai 2003, BStBl. 2004 II S. 95).

58 Sind wiederkehrende Leistungen an Berechtigte zu erbringen, die nicht zum Generationennachfolgeverbund gehören (vgl. Rz. 50 Satz 4), oder erfüllt der Übertragungsvertrag die Voraussetzungen für eine steuerrechtliche Anerkennung nicht (Rz. 59 bis 64), ist zu prüfen, ob nichtabziehbare Unterhaltsleistungen nach § 12 Nr. 2 EStG oder wiederkehrende Leistungen im Austausch mit einer Gegenleistung vorliegen. Gleiches gilt, wenn der Übernehmer das übernommene Vermögen auf einen Dritten überträgt und die Voraussetzungen der Rz. 38 und 40 nicht vorliegen.

### III. Anforderungen an den Übertragungsvertrag[1)]

59 Die steuerrechtliche Anerkennung des Übertragungsvertrags setzt voraus, dass die gegenseitigen Rechte und Pflichten klar und eindeutig sowie rechtswirksam vereinbart und ernsthaft gewollt sind und die Leistungen wie vereinbart tatsächlich erbracht werden. Als wesentlicher Inhalt des Übertragungsvertrags müssen der Umfang des übertragenen Vermögens, die Höhe der Versorgungsleistungen und die Art und Weise der Zahlung vereinbart sein (BFH vom 15. Juli 1992, BStBl. II S. 1020).

60 Die Vereinbarungen müssen zu Beginn des durch den Übertragungsvertrag begründeten Rechtsverhältnisses oder bei Änderung dieses Verhältnisses für die Zukunft getroffen werden. Änderungen der Versorgungsleistungen sind steuerrechtlich nur anzuerkennen, wenn sie durch ein in der Regel langfristig verändertes Versorgungsbedürfnis des Berechtigten und/oder die veränderte wirtschaftliche Leistungsfähigkeit des Verpflichteten veranlasst sind (BFH vom 15. Juli 1992, BStBl. II S. 1020). Rückwirkende Vereinbarungen sind steuerrechtlich nicht anzuerkennen, es sei denn, die Rückbeziehung ist nur von kurzer Zeit und hat lediglich technische Bedeutung (BFH vom 21. Mai 1987, BStBl. II S. 710, und vom 29. November 1988, BStBl. 1989 II S. 281).

61 Einigen sich die Vertragsbeteiligten auf ein in Anbetracht des gestiegenen Versorgungsbedürfnisses – z. B. wegen des Umzugs des Versorgungsberechtigten in ein Pflegeheim – neues Versorgungskonzept, sind Zahlungen, die ab diesem Zeitpunkt nicht mehr aus dem Ertrag des übergebenen Vermögens erbracht werden können, freiwillige Leistungen i. S. des § 12 Nr. 2 EStG (BFH vom 13. Dezember 2005, BStBl. 2008 II S. 16). Um freiwillige Leistungen i. S. des § 12 Nr. 2 EStG handelt es sich auch, soweit die Zahlungen zwar aus dem Ertrag des übergebenen Vermögens erbracht werden können, aber die Anpassung der wiederkehrenden Leistungen zwecks Übernahme eines Pflegerisikos im ursprünglichen Übertragungsvertrag ausdrücklich ausgeschlossen war.

62 Werden die Versorgungsleistungen im Fall einer erheblichen Ertragsminderung infolge einer Betriebsverpachtung nicht angepasst, obwohl die Abänderbarkeit aufgrund wesentlich veränderter Bedingungen vertraglich nicht ausge-

---

1) Nachträgliche Einschränkungen sind schriftlich zu fixieren; vgl. hierzu BFH v. 15. 9. 2010 X R 13/09, BStBl. 2011 II S. 641.

schlossen war, sind die die dauerhaften Erträge übersteigenden Zahlungen freiwillige Leistungen i. S. des § 12 Nr. 2 EStG.

Werden die auf der Grundlage eines Übertragungsvertrags geschuldeten Versorgungsleistungen ohne Änderung der Verhältnisse, also willkürlich nicht mehr erbracht, sind sie steuerrechtlich nicht anzuerkennen, auch wenn die vereinbarten Zahlungen später wieder aufgenommen werden. Rz. 59 und 60 bleiben unberührt. 63

Machen die Parteien eines Übertragungsvertrags von einer vereinbarten Wertsicherungsklausel keinen Gebrauch, lässt dies für sich allein noch keinen zwingenden Schluss auf das Fehlen des Rechtsbindungswillens zu; die Abweichung vom Vereinbarten kann aber im Rahmen der gebotenen Gesamtwürdigung von Bedeutung sein (BFH vom 3. März 2004, BStBl. II S. 826). 64

## C. Entgeltliche Vermögensübertragung gegen wiederkehrende Leistungen

Wiederkehrende Leistungen im Austausch mit einer Gegenleistung enthalten bis zur Grenze der Angemessenheit eine nichtsteuerbare oder steuerbare Vermögensumschichtung in Höhe ihres Barwerts (Tilgungsanteil) und einen Zinsanteil. 65

Ist der Barwert (Tilgungsanteil) der wiederkehrenden Leistungen höher als der Wert des übertragenen Vermögens, ist Entgeltlichkeit in Höhe des angemessenen Kaufpreises anzunehmen. Der übersteigende Betrag ist eine Zuwendung i. S. des § 12 Nr. 2 EStG. Ist der Barwert der wiederkehrenden Leistungen mehr als doppelt so hoch wie der Wert des übertragenen Vermögens, liegt insgesamt eine Zuwendung i. S. des § 12 Nr. 2 EStG vor. Wiederkehrende Leistungen werden teilentgeltlich erbracht, wenn der Wert des übertragenen Vermögens höher ist als der Barwert der wiederkehrenden Leistungen. 66

### I. Übertragung von Betriebsvermögen

Zur ertragsteuerlichen Behandlung der Veräußerung von Wirtschaftsgütern des Betriebsvermögens gegen Leibrenten, Veräußerungsrenten oder Kaufpreisraten gelten die allgemeinen Grundsätze. Im Fall der Gewinnermittlung nach § 4 Abs. 3 EStG siehe R 4.5 Abs. 5 EStR. 67

Das Wahlrecht nach R 16 Abs. 11 EStR im Fall der Veräußerung eines Betriebs gegen wiederkehrende Bezüge bleibt unberührt. 68

### II. Übertragung von Privatvermögen gegen wiederkehrende Leistungen auf Lebenszeit

#### 1. Behandlung beim Verpflichteten

##### a) Anschaffungskosten

Die Anschaffungskosten bemessen sich nach dem Barwert der wiederkehrenden Leistungen, ggf. nach dem anteiligen Barwert (vgl. Rz. 65 f.), der nach §§ 12 ff. BewG (bei lebenslänglichen Leistungen nach § 14 Abs. 1 BewG) oder nach versicherungsmathematischen Grundsätzen berechnet werden kann (vgl. R 6.2 Satz 1 EStR). Bei der Berechnung des Barwerts ungleichmäßig 69 wiederkehrender Leistungen (dauernde Lasten) ist als Jahreswert der Betrag zu Grunde zu legen, der – aus der Sicht des Anschaffungszeitpunkts – in Zukunft im Durchschnitt der Jahre voraussichtlich erzielt wird (BFH vom 18. Oktober 1994, BStBl. 1995 II S. 169).

70 Werden die wiederkehrenden Leistungen für den Erwerb eines zur Einkünfteerzielung dienenden abnutzbaren Wirtschaftsguts gezahlt, ist der Barwert der Rente oder dauernden Last Bemessungsgrundlage für die Absetzungen für Abnutzung, erhöhten Absetzungen und Sonderabschreibungen (BFH vom 9. Februar 1994, BStBl. 1995 II S. 47). Der in den wiederkehrenden Leistungen enthaltene Tilgungsanteil kann im Zeitpunkt der Zahlung nicht gesondert als Werbungskosten abgezogen werden.

### b) Zinsanteil

71 Der Zinsanteil von Veräußerungsleibrenten ist nach der Ertragsanteilstabelle des § 22 Nr. 1 Satz 3 Buchstabe a Doppelbuchstabe bb EStG (ggf. i. V. m. § 55 Abs. 1 EStDV) zu ermitteln (BFH vom 25. November 1992, BStBl. 1996 II S. 666). Der Zinsanteil von dauernden Lasten ist in entsprechender Anwendung der Ertragsanteilstabelle des § 22 Nr. 1 Satz 3 Buchstabe a Doppelbuchstabe bb EStG (ggf. i. V. m. § 55 Abs. 1 EStDV) zu berechnen (BFH vom 9. Februar 1994, BStBl. 1995 II S. 47), kann aber auch nach finanzmathematischen Grundsätzen unter Verwendung eines Zinsfußes von 5,5 Prozent berechnet werden. Bei der Berechnung nach finanzmathematischen Grundsätzen ist die voraussichtliche Laufzeit nach der zum jeweiligen Berechnungszeitpunkt geltenden Sterbetafel (zurzeit Sterbetafel nach dem Stand 2005/2007) zu bemessen (BFH vom 25. November 1992, BStBl. 1996 II S. 663).

72 Der Zinsanteil von Renten und dauernden Lasten darf grundsätzlich nicht abgezogen werden (BFH vom 25. November 1992, BStBl. 1996 II S. 666). Dient das gegen Zahlung einer Rente oder dauernden Last erworbene Wirtschaftsgut der Einkünfteerzielung, ist der in den einzelnen Zahlungen enthaltene Zinsanteil dagegen als Werbungskosten abzuziehen (BFH vom 9. Februar 1994, BStBl. 1995 II S. 47), sofern kein Werbungskostenabzugsverbot greift (z. B. § 20 Abs. 9 EStG). Bei Veräußerungsleibrenten sind auch die Erhöhungs- und Mehrbeträge aufgrund einer Wertsicherungsklausel nur mit dem Ertragsanteil als Werbungskosten zu berücksichtigen (BFH vom 19. August 2008, BStBl. 2010 II S. 24).

## 2. Behandlung beim Berechtigten

### a) Veräußerungspreis

73 Der Berechtigte erzielt für das entgeltlich im Austausch mit wiederkehrenden Leistungen übertragene Vermögen einen Veräußerungspreis in Höhe des nach Rz. 69 zu ermittelnden Barwerts der wiederkehrenden Leistungen.

74 Veräußerungspreis bei privaten Veräußerungsgeschäften (§ 22 Nr. 2 EStG) gegen wiederkehrende Leistungen (Renten oder dauernde Lasten) ist – bis zur Höhe des nach Rz. 69 ermittelten Barwerts der wiederkehrenden Leistungen – der Unterschiedsbetrag zwischen der Summe der jährlichen Zahlungen und dem nach Rz. 71 zu ermittelnden Zinsanteil. Ein Gewinn aus privaten Veräußerungsgeschäften entsteht erstmals in dem Veranlagungszeitraum, in dem der in der Summe der jährlichen Zahlungen enthaltene Veräußerungspreis die

ggf. um die Absetzungen für Abnutzung, erhöhten Absetzungen und Sonderabschreibungen verminderten Anschaffungs- oder Herstellungskosten sowie die zugehörigen Werbungskosten übersteigt. Bei Veräußerungsgewinnen i. S. des § 17 Abs. 2 EStG entsteht der Gewinn im Zeitpunkt der Veräußerung. Wird eine Beteiligung i. S. des § 17 EStG gegen eine Leibrente oder gegen einen in Raten zu zahlenden Kaufpreis veräußert, sind die Grundsätze der R 17 Abs. 7 Satz 2 i. V. m R 16 Abs. 11 EStR und des BMF-Schreibens vom 3. August 2004 (BStBl. I S. 1187)[1] zu beachten. Wird Kapitalvermögen gegen wiederkehrende Leistungen veräußert, kann auch ein Gewinn oder Ertrag i. S. des § 20 Abs. 2 EStG vorliegen, der den Regelungen über die Abgeltungsteuer unterliegt.

**b) Zinsanteil**

Der in wiederkehrenden Leistungen enthaltene Zinsanteil ist Entgelt für die Stundung des Veräußerungspreises, das auf die Laufzeit der wiederkehrenden Leistungen zu verteilen ist. Der Zinsanteil wird gemäß den in Rz. 71 dargelegten Grundsätzen ermittelt. Bei dauernden Lasten ist der zu ermittelnde Zinsanteil als Einkünfte aus Kapitalvermögen nach § 20 Abs. 1 Nr. 7 EStG zu versteuern (vgl. BFH vom 25. November 1992, BStBl. 1996 II S. 663, und vom 26. November 1992, BStBl. 1993 II S. 298). Der in Veräußerungsleibrenten enthaltene Ertragsanteil ist nach § 22 Nr. 1 Satz 3 Buchstabe a Doppelbuchstabe bb EStG zu versteuern. 75

**Beispiel:** 76

V überträgt seinem Sohn S im Wege der vorweggenommenen Erbfolge eine vermietete Eigentumswohnung mit einem Verkehrswert von 210 000 €. S verpflichtet sich, V eine an dessen Bedürfnissen orientierte lebenslängliche Rente i. H. v. monatlich 2500 € (jährlich 30 000 €) zu zahlen. Der Barwert der wiederkehrenden Leistungen beträgt 350 000 €.

**Lösung:**

Da die vermietete Eigentumswohnung nicht zu den begünstigten Wirtschaftsgütern i. S. des *§ 10 Abs. 1 Nr. 1 a Satz 2 EStG*[2] gehört (vgl. Rz. 7), liegt keine Vermögensübertragung im Zusammenhang mit Versorgungsleistungen (vgl. B.), sondern bis zur Höhe eines angemessenen Kaufpreises (210 000 €) ein entgeltliches Geschäft gegen wiederkehrende Leistungen vor. Die Gegenleistung ist in dem Umfang als unangemessen anzusehen, in dem der Barwert der wiederkehrenden Leistungen (350 000 €) den Verkehrswert des übertragenen Vermögens (210 000 €) übersteigt (140 000 / 350 000 = 40 Prozent). S hat Anschaffungskosten für die vermietete Eigentumswohnung i. H. v. 210 000 €, die – abzüglich des Anteils für den Grund und Boden – Bemessungsgrundlage für die Absetzungen für Abnutzung sind. Der unangemessene Anteil der jährlichen Zahlung, also ein Betrag i. H. v. (40 Prozent von 30 000 € =) 12 000 €, ist als Zuwendung i. S. des § 12 Nr. 2 EStG zu beurteilen. Der verbleibende Betrag von (30 000 € ./. 12 000 € =) 18 000 € ist in einen Tilgungs- und einen Zinsanteil zu zerlegen. Den nach der Ertragsanteilstabelle des § 22 Nr. 1 Satz 3 Buchstabe a Doppelbuchstabe bb EStG ermittelten Zinsanteil der Veräußerungsleibrente muss V als Berechtigter versteuern. S, als Verpflichteter, kann den Zinsanteil, der ebenfalls nach der Ertragsanteilstabelle des § 22 Nr. 1 Satz 3 Buchstabe a Doppelbuchstabe bb EStG zu ermitteln ist, als Werbungskosten nach § 9 Abs. 1 Satz 3 Nr. 1 EStG abziehen, weil er das erworbene Wirtschaftsgut zur Erzielung von Einkünften aus Vermietung und Verpachtung verwendet. Bei V ist zu prüfen, ob der (angemessene) Tilgungsanteil als Gewinn aus einem privaten Veräußerungsgeschäft zu erfassen ist (vgl. Rz. 74).

---

[1] Nr. **1** § 16/1.

[2] Jetzt § 10 Abs. 1 a Nr. 1 Satz 2 EStG.

## III. Übertragung von Privatvermögen gegen wiederkehrende Leistungen auf bestimmte Zeit

### 1. Anschaffungskosten und Veräußerungspreis

77 Bei wiederkehrenden Leistungen auf bestimmte Zeit und bei für eine Mindestlaufzeit zu erbringenden wiederkehrenden Leistungen liegen Anschaffungskosten in Höhe des nach § 13 Abs. 1 BewG zu ermittelnden (ggf. anteiligen) Barwerts (Tilgungsanteil) vor. Bei wiederkehrenden Leistungen auf die Lebenszeit des Berechtigten, die auf eine bestimmte Zeit beschränkt sind, hat der Verpflichtete Anschaffungskosten in Höhe des nach § 13 Abs. 1 Satz 2 BewG i. V. m. § 14 BewG zu ermittelnden Barwerts. Der Barwert kann auch nach versicherungsmathematischen Grundsätzen ermittelt werden. Der Veräußerungspreis ist diesen Grundsätzen entsprechend zu ermitteln. Zur steuerlichen Behandlung der Anschaffungskosten vgl. Rz. 69 f. Zur steuerlichen Behandlung des Veräußerungspreises vgl. Rz. 73 f.

### 2. Zinsanteil

78 Für die Ermittlung des Zinsanteils einer Rente auf die Lebenszeit des Berechtigten bei vereinbarter Mindestlaufzeit ist zunächst zu bestimmen, ob die laufenden Zahlungen mehr von den begrifflichen Merkmalen einer Leibrente oder mehr von denjenigen einer (Kaufpreis-)Rate geprägt werden. Eine einheitliche Rente ist dabei nicht in eine Zeitrente und in eine durch den Ablauf der Mindestlaufzeit aufschiebend bedingte Leibrente aufzuspalten. Wurde die durch die Lebensdauer des Berechtigten bestimmte Wagniskomponente nicht zugunsten eines vorausbestimmten Leistungsvolumens ausgeschaltet, dann ist der Ertragsanteil mittels der Ertragswerttabelle des § 22 Nr. 1 Satz 3 Buchstabe a Doppelbuchstabe bb Satz 4 EStG zu ermitteln (BFH vom 19. August 2008, BStBl. 2010 II S. 24). Dies ist z. B. bei einer Rente auf die Lebenszeit des Empfängers mit vereinbarter Mindestlaufzeit, die kürzer ist als die durchschnittliche Lebensdauer, der Fall. Zur steuerlichen Behandlung dieses Ertragsanteils beim Verpflichteten und Berechtigten vgl. Rz. 72 und 75.

79 Überwiegen hingegen die Gründe für die Annahme, bei den wiederkehrenden Leistungen handele es sich um (Kaufpreis-)Raten (z. B. bei einer Zeitrente, bei einer abgekürzten Leibrente oder bei einer Leibrente, bei der die Mindestlaufzeit höher ist als die durchschnittliche Lebensdauer), dann ist der Zinsanteil dieser auf besonderen Verpflichtungsgründen beruhenden Renten bzw. dauernden Lasten der Unterschiedsbetrag zwischen der Summe der jährlichen Zahlungen (vgl. aber Rz. 65 ff.) und der jährlichen Minderung des Barwerts der wiederkehrenden Leistungen, der nach finanzmathematischen Grundsätzen unter Verwendung eines Zinsfußes von 5,5 Prozent zu ermitteln ist (BFH vom 26. November 1992, BStBl. 1993 II S. 298). Die jährliche Barwertminderung ist nach § 13 Abs. 1 BewG, bei sog. verlängerten Leibrenten oder dauernden Lasten nach § 13 Abs. 1 Satz 2 BewG i. V. m. § 14 BewG zu bestimmen. Aus Vereinfachungsgründen kann der Zinsanteil auch in Anlehnung an die Ertragswerttabelle des § 55 Abs. 2 EStDV bestimmt werden. Zur steuerlichen Behandlung dieses Zinsanteils beim Verpflichteten vgl. Rz. 72. Beim Berechtigten ist der Zinsanteil nach § 20 Abs. 1 Nr. 7 EStG zu besteuern.

## D. Anwendungsregelung

### I. Allgemeines

Vorstehende Regelungen sind grundsätzlich auf alle wiederkehrenden Leistungen im Zusammenhang mit einer Vermögensübertragung anzuwenden, die auf einem nach dem 31. Dezember 2007 geschlossenen Übertragungsvertrag (Abschluss des schuldrechtlichen Rechtsgeschäfts) beruhen. 80

Für wiederkehrende Leistungen im Zusammenhang mit einer Vermögensübertragung, die auf einem vor dem 1. Januar 2008 geschlossenen Übertragungsvertrag beruhen, bleiben grundsätzlich § 10 Abs. 1 Nr. 1 a EStG in der vor dem 1. Januar 2008 geltenden Fassung und das BMF-Schreiben vom 16. September 2004 (BStBl. I S. 922) weiter anwendbar. Dies gilt auch für vor dem 1. Januar 2008 geschlossene Wirtschaftsüberlassungsverträge und Pachtverträge, die als Wirtschaftsüberlassungsverträge anzusehen sind. 81

Bringt das übertragene Vermögen nur deshalb einen ausreichenden Ertrag, weil ersparte Aufwendungen zu den Erträgen des Vermögens gerechnet werden, gelten § 10 Abs. 1 Nr 1 a EStG in der Fassung des JStG 2008 und die Regelungen dieses BMF-Schreibens. Rz. 76 des BMF-Schreibens vom 16. September 2004 findet ab dem Veranlagungszeitraum 2008 keine Anwendung mehr. § 10 Abs. 1 Nr. 1 a EStG in der vor dem 1. Januar 2008 geltenden Fassung und das BMF-Schreiben vom 16. September 2004 (BStBl. I S. 922) sind jedoch weiter anwendbar, wenn ein ausreichender Ertrag in Form des Nutzungsvorteils eines zu eigenen Zwecken genutzten Grundstücks vorliegt. 82

Maßgeblich für die zeitliche Einordnung ist bei der Regelung der Vermögensübertragung in einer Verfügung von Todes wegen der Eintritt des Erbfalls. Ergibt sich der Anspruch auf Versorgungsleistungen aus einem in einer Verfügung von Todes wegen geregelten Vermächtnis, ist auf den Zeitpunkt des Anfalls des entsprechenden Vermächtnisses, also auf den Zeitpunkt der schuldrechtlichen Entstehung des Vermächtnisanspruchs oder der Auflagenbegünstigung abzustellen. 83

Bedarf die schuldrechtliche Vereinbarung einer staatlichen Genehmigung (z. B. familien-, vormundschafts- oder nachlassgerichtliche Genehmigung), wirkt die Erteilung dieser Genehmigung auf den Zeitpunkt der Vornahme des Rechtsgeschäfts zurück, wenn die Vertragsparteien alles in ihrer Macht stehende getan haben, um einen wirksamen zivilrechtlichen Vertrag abzuschließen. Steht die schuldrechtliche Vereinbarung unter einer aufschiebenden Bedingung, tritt die von der Bedingung abhängige Wirkung erst mit dem Eintritt der aufschiebenden Bedingung ein. 84

### II. Ablösung eines Nießbrauchsrechts

Wurde aufgrund eines vor dem 1. Januar 2008 abgeschlossenen Übertragungsvertrags Vermögen unter Nießbrauchsvorbehalt auf den Vermögensübernehmer übertragen und wird dieses Nießbrauchsrecht nach dem 31. De- 85[1]

[1] Rz. 85 neu gef. durch BMF v. 6. 5. 2016, BStBl. I S. 476.

zember 2007 im Zusammenhang mit wiederkehrenden Leistungen abgelöst, gilt ebenfalls Rz. 81 (vgl. BFH vom 12. Mai 2015, BStBl. 2016 II S. 331).

86 Entsprechendes gilt, wenn das Nießbrauchsrecht im Wege des Vermächtnisses eingeräumt worden ist.

## III. Umschichtung

### 1. Umschichtungsverpflichtung im Übertragungsvertrag

87 Wurde vor dem 1. Januar 2008 ein Übertragungsvertrag abgeschlossen, der die Verpflichtung des Vermögensübernehmers vorsieht, ertragloses oder nicht ausreichend Ertrag bringendes Vermögen in eine ihrer Art nach bestimmte, ausreichend Ertrag bringende Vermögensanlage umzuschichten (vgl. Rz. 13 des BMF-Schreibens vom 16. September 2004, BStBl. I S. 922), gelten § 10 Abs. 1 Nr. 1 a EStG in der Fassung des JStG 2008 und die Regelungen dieses BMF-Schreibens, wenn die Umschichtung nicht vor dem 1. Januar 2008 vollzogen ist.

### 2. Nachträgliche Umschichtung

88 Wurde vor dem 1. Januar 2008 rechtswirksam eine Vermögensübertragung im Zusammenhang mit Versorgungsleistungen vereinbart und wird das begünstigte Vermögen nach dem 31. Dezember 2007 nachträglich umgeschichtet, ist die nachträgliche Umschichtung nach den Regelungen in den Rz. 28 ff. des BMF-Schreibens vom 16. September 2004 (BStBl. I S. 922) zu beurteilen. Es ist in diesen Fällen nicht erforderlich, dass in Vermögen i. S. des § 10 Abs. 1 Nr. 1 a Satz 2 EStG in der Fassung des JStG 2008 umgeschichtet wird.

## IV. Besteuerung nach § 22 Nr. 1 b EStG

89 § 22 Nr. 1 b EStG gilt ab dem Veranlagungszeitraum 2008 für die Besteuerung von Versorgungsleistungen beim Empfänger der Leistungen unabhängig vom Zeitpunkt des Abschlusses des Übertragungsvertrags. § 22 Nr. 1 b EStG regelt, dass die Einkünfte aus Versorgungsleistungen zu versteuern sind, soweit sie beim Zahlungsverpflichteten nach *§ 10 Abs. 1 Nr. 1 a EStG*[1] als Sonderausgaben abgezogen werden können. Sofern also bei einem Vertragsabschluss vor dem 1. Januar 2008 Versorgungsleistungen in Form einer Leibrente vereinbart wurden und diese beim Vermögensübernehmer lediglich in Höhe des Ertragsanteils als Sonderausgaben abziehbar sind, unterliegen beim Vermögensübergeber die Bezüge auch nur insoweit der Besteuerung nach § 22 Nr. 1 b EStG.

## V. Umwandlung einer Versorgungsleistung

90 Für vor dem 1. Januar 2008 abgeschlossene Vermögensübertragungsverträge bleibt Rz. 48 des BMF-Schreibens vom 16. September 2004 (BStBl. I S. 922) weiter anwendbar, auch wenn die Umwandlung einer Leibrente in eine dauernde Last erst nach dem 31. Dezember 2007 erfolgt.

[1] Jetzt § 10 Abs. 1 a Nr. 2 EStG.

# 1 § 10/7. Schreiben betr. einkommensteuerrechtliche Behandlung von Leistungen im Zusammenhang mit einem Versorgungsausgleich nach § 10 Abs. 1a Nr. 3 und 4 EStG sowie § 22 Nr. 1a EStG

Vom 21. März 2023

BMF IV C 3 - S 2221/19/10035 :001; DOK 2023/0006266

(BStBl. I S. 611)

Dieses BMF-Schreiben regelt die einkommensteuerrechtliche Behandlung von Leistungen im Zusammenhang mit einem Versorgungsausgleich nach § 10 Abs. 1a Nr. 3 und 4 sowie § 22 Nr. 1a des Einkommensteuergesetzes (EStG).

**Anwendungsregelung**

Das Schreiben ist ab dem Zeitpunkt seiner Bekanntgabe im Bundessteuerblatt auf alle offenen Fälle anzuwenden und ersetzt das BMF-Schreiben vom 9. April 2010, BStBl. I S. 323.

Nach Erörterung mit den obersten Finanzbehörden der Länder gilt Folgendes:

## A. Allgemeines zum Versorgungsausgleich

### I. Zivilrechtliche Regelung ab 1. September 2009

Der Versorgungsausgleich wird bei einer ehelichen Scheidung durchgeführt. 1
Ziel des Versorgungsausgleichs ist die gerechte Teilung der in der Ehe erworbenen Rentenanrechte zwischen beiden Ehegatten. Seit der Strukturreform zum 1. September 2009 werden dafür sämtliche während der Ehe erworbenen Anrechte auf eine Versorgung im Alter oder bei Invalidität hälftig geteilt. Der Versorgungsausgleich wirkt sich regelmäßig zugunsten desjenigen Ehegatten aus, der sich keine oder nur eine geringere eigenständige Altersversorgung – beispielsweise wegen der Führung des Haushalts und der Betreuung und Erziehung der Kinder – aufbauen konnte.

Im Versorgungsausgleich werden insbesondere Anrechte aus der gesetzlichen 2
Rentenversicherung, aus anderen Regelsicherungssystemen wie der Beamtenversorgung oder der berufsständischen Versorgung, aus der betrieblichen Altersversorgung und auf eine Rente gerichtete Anrechte aus der privaten Alters- und Invaliditätsvorsorge (z.B. „Riester"- oder „Rürup"-Rente) ausgeglichen. Produkte, die ausschließlich Kapitalleistungen vorsehen (z.B. Kapitallebensversicherung), sind hingegen nicht Gegenstand des Versorgungsausgleichs.

Auch bei der Aufhebung einer eingetragenen Lebenspartnerschaft findet ein 3
Versorgungsausgleich statt. Wurde die eingetragene Lebenspartnerschaft bereits vor dem 1. Januar 2005 begründet, wird ein Versorgungsausgleich nur durchgeführt, wenn die verpartnerten Personen bis zum 31. Dezember 2005 eine entsprechende Erklärung abgegeben haben. Soweit im Folgenden nicht ausdrücklich zwischen Ehegatten und Lebenspartnern unterschieden wird, gelten die Ausführungen zu Ehegatten für Lebenspartner entsprechend.

### II. Zivilrechtliche Regelung bis zum 31. August 2009

Der Versorgungsausgleich war mit der grundlegenden Neufassung des Ehe- 4
rechts durch das Erste Gesetz zur Reform des Ehe- und Familienrechts zum

1. Juli 1977 eingeführt worden. Er war in den seinerzeit geltenden §§ 1587 ff. des Bürgerlichen Gesetzbuches (BGB) sowie über weitere Gesetze verteilt geregelt. In den Versorgungsausgleich wurden die in § 1587a Abs. 2 BGB a.F. aufgezählten Anrechte einbezogen. Zunächst wurden alle von den Ehegatten während der Ehezeit erworbenen einzelnen Anrechte ermittelt. Der Ehegatte mit den höheren Versorgungsanwartschaften musste die Hälfte des Wertunterschieds an den anderen ausgleichen. Der Wertausgleich erfolgte in der Regel nach dem Grundsatz des Einmalausgleichs über die gesetzliche Rentenversicherung (sog. öffentlich-rechtlicher Versorgungsausgleich).

5 Zudem fand in bestimmten Fällen – etwa, wenn die Ehegatten dies so vereinbart hatten oder die Anrechte im Zeitpunkt der Scheidung noch nicht unverfallbar waren – ein schuldrechtlicher Versorgungsausgleich statt (vgl. § 1587f i.V.m. §§ 1587g bis 1587n BGB a.F.). Der schuldrechtliche Ausgleich wurde nur auf Antrag durchgeführt und häufig nicht geltend gemacht. Die ausgleichsberechtigte Person erlangte dabei in der Regel keinen eigenständigen Anspruch gegen den Versorgungsträger.

6 In Verfahren über den Versorgungsausgleich, die vor dem 1. September 2009 eingeleitet worden sind und nicht abgetrennt oder ausgesetzt waren oder deren Ruhen nicht angeordnet war, ist das bis dahin geltende materielle Recht und Verfahrensrecht in der Regel weiterhin anzuwenden (§ 48 Abs. 1 und Abs. 2 Versorgungsausgleichsgesetz – VersAusglG). Auf alle Verfahren, in denen am 31. August 2010 in erster Instanz noch keine Entscheidung ergangen war, fand bzw. findet aber stets das neue Recht Anwendung (§ 48 Abs. 3 VersAusglG).

## B. Ausgleichsleistungen zur Vermeidung eines Versorgungsausgleichs

### I. Zivilrechtliche Grundlagen

7 Die Ehegatten können den Versorgungsausgleich ganz oder teilweise ausschließen (§ 6 Abs. 1 Satz 2 Nr. 2 VersAusglG). Der Ausschluss kann sowohl den gesetzlichen Versorgungsausgleich (interne und externe Teilung) als auch schuldrechtliche Ausgleichsansprüche (d.h. noch nicht ausgeglichene Anrechte) umfassen.

8 Die ausgleichsberechtigte Person kann eine zweckgebundene Abfindung für ein noch nicht ausgeglichenes Anrecht (d.h. einen schuldrechtlichen Anspruch) von der ausgleichspflichtigen Person verlangen. Die Abfindung ist an den Versorgungsträger zu zahlen, bei dem ein bestehendes Anrecht ausgebaut oder ein neues Anrecht begründet werden soll (§ 23 VersAusglG). Eine Leistung unmittelbar an die ausgleichsberechtigte Person kann jedoch nach § 6 Abs. 1 Satz 2 Nr. 2 VersAusglG vereinbart werden.

### II. Steuerrechtliche Behandlung

#### 1. Allgemeines

9 Die ausgleichspflichtige Person kann Ausgleichsleistungen zur Vermeidung des Versorgungsausgleichs als Sonderausgaben abziehen (§ 10 Abs. 1a Nr. 3 EStG). Die Abzugsmöglichkeit besteht seit dem Veranlagungszeitraum 2015. Sie umfasst Leistungen zugunsten der ausgleichsberechtigten Person nach § 6 Abs. 1 Satz 2 Nr. 2 und § 23 VersAusglG sowie nach § 1408 Abs. 2 und § 1587 BGB. Die Abzugsmöglichkeit besteht unabhängig davon, ob die Ausgleichsleistung eine beamtenrechtliche, eine öffentlich-rechtliche, eine private oder eine betriebliche Altersvorsorge betrifft und unabhängig davon, ob eine steuerliche Förderung gewährt wurde. Die ausgleichsberechtigte Person muss die Aus-

gleichsleistung als sonstige Einkünfte nach § 22 Nr. 1a EStG versteuern (sogenanntes Korrespondenzprinzip).

§ 10 Abs. 1a Nr. 3 EStG ordnet alle Ausgleichsleistungen einheitlich dem Bereich des Sonderausgabenabzugs zu. Die frühere Rechtsprechung, die Ausgleichszahlungen zur Vermeidung einer Kürzung beamtenrechtlicher Versorgungsbezüge als Werbungskosten zum Abzug zuließ, ist damit unbeachtlich. 10

Der Sonderausgabenabzug setzt voraus, dass 11

– die ausgleichsverpflichtete und die ausgleichsberechtigte Person unbeschränkt einkommensteuerpflichtig sind und
– die Identifikationsnummer (IdNr.) der ausgleichsberechtigten Person in der Steuererklärung der ausgleichsverpflichteten Person angegeben wird.

## 2. Behandlung bei der ausgleichspflichtigen Person

Die ausgleichspflichtige Person kann Ausgleichsleistungen zur Vermeidung des Versorgungsausgleichs auf Antrag als Sonderausgaben abziehen (§ 10 Abs. 1a Nr. 3 EStG), soweit die ausgleichsberechtigte Person zustimmt. Die Verfahrensbeteiligten können damit genau bestimmen, in welchem Umfang ein Abzug und die damit einhergehende Besteuerung (vgl. Rn. 14) erfolgen soll. Eine steuerrechtliche Berücksichtigung des nicht von der Zustimmung umfassten Teils der Ausgleichsleistungen in einem vom Leistungsjahr abweichenden Veranlagungszeitraum ist nicht möglich. 12

Die Abzugsmöglichkeit für Ausgleichsleistungen zur Vermeidung des Versorgungsausgleichs umfasst sowohl Leistungen der ausgleichspflichtigen Person an die ausgleichsberechtigte Person als auch Zahlungen der ausgleichspflichtigen Person an den Versorgungsträger der ausgleichsberechtigten Person. Nicht umfasst werden Zahlungen der ausgleichspflichtigen Person an den eigenen Versorgungsträger zur Wiederauffüllung der eigenen Ansprüche, vgl. dazu Rn. 15. 13

## 3. Behandlung bei der ausgleichsberechtigten Person

Die ausgleichsberechtigte Person muss die Ausgleichsleistungen zur Vermeidung des Versorgungsausgleichs korrespondierend zum Sonderausgabenabzug der ausgleichspflichtigen Person versteuern. Soweit also bei der ausgleichspflichtigen Person die Voraussetzungen für den Sonderausgabenabzug nach § 10 Abs. 1a Nr. 3 EStG vorliegen, sind die Ausgleichsleistungen bei der ausgleichsberechtigten Person als sonstige Einkünfte zu versteuern (§ 22 Nr. 1a EStG). Es kommt nicht darauf an, dass sich der Sonderausgabenabzug tatsächlich steuermindernd auswirkt. 14

**Beispiel:**
Die Eheleute A und B haben im Scheidungsfolgeverfahren vereinbart, dass B auf den Versorgungsausgleich verzichtet (§ 6 Abs. 1 Satz 2 Nr. 2 VersAusglG). A zahlt im Gegenzug für diesen Verzicht 80 000 € an B. A beantragt den Sonderausgabenabzug für die Zahlung von 80 000 € und gibt die IdNr. von B an. B ist unbeschränkt einkommensteuerpflichtig und hat auf der Anlage U die Zustimmung erteilt.

<u>Besteuerung bei A:</u>
A kann 80 000 € als Sonderausgaben abziehen (§ 10 Abs. 1a Nr. 3 EStG).

<u>Besteuerung bei B:</u>
B muss korrespondierend 80 000 € abzüglich 102 € Werbungskosten-Pauschbetrag bzw. abzüglich tatsächlicher Werbungskosten als sonstige Einkünfte versteuern (§ 22 Nr. 1a EStG).

### III. Abgrenzung: Ausgleichszahlung zur Vermeidung einer späteren Versorgungskürzung (sog. „Wiederauffüllungsleistungen“)

15 Die ausgleichspflichtige Person kann jederzeit freiwillig Zahlungen vornehmen, um aufgrund eines durchgeführten Versorgungsausgleichs geminderte eigene Versorgungsanwartschaften wieder aufzufüllen. Beiträge in die gesetzlichen Rentenversicherungen, zur landwirtschaftlichen Alterskasse oder zu berufsständischen Versorgungseinrichtungen sowie zu zertifizierten Basisrentenverträgen können im Jahr der Zahlung gemäß § 10 Abs. 1 Nr. 2 Buchst. a und b EStG als Sonderausgaben im Rahmen des Höchstbetrages nach § 10 Abs. 3 EStG berücksichtigt werden (vgl. BFH-Urteil vom 19. August 2021 X R 4/19, BStBl. 2022 II S. 256). Zahlungen zur Auffüllung eines geminderten Versorgungsanspruchs i.S.d. § 19 EStG können im Jahr der Zahlung als vorweggenommene Werbungskosten berücksichtigt werden, da dies den Bezug höherer Versorgungsbezüge sichert.

## C. Versorgungsausgleich

### I. Gesetzlicher Versorgungsausgleich

#### 1. Grundlagen

16 Dem Wertausgleich bei der Scheidung unterfallen gemäß § 9 VersAusglG alle Anrechte, es sei denn, die Ehegatten haben eine davon abweichende wirksame Vereinbarung über den Versorgungsausgleich nach den §§ 6 bis 8 VersAusglG getroffen oder die Anrechte sind gemäß § 19 VersAusglG noch nicht ausgleichsreif. Bei Geringfügigkeit soll ein Wertausgleich ausnahmsweise nicht stattfinden (§ 9 Abs. 4 i.V.m. § 18 VersAusglG).

17 Vorrangig ist stets die interne Teilung nach den §§ 10 bis 13 VersAusglG vorzunehmen. Die externe Teilung nach den §§ 14 bis 17 VersAusglG ist nachrangig und nur in den gesetzlich bestimmten Fällen möglich.

#### 1.1. Interne Teilung

18 Nach dem Grundsatz der systeminternen Teilhabe wird jedes Versorgungsanrecht innerhalb des Versorgungssystems für sich betrachtet und geteilt. Das Familiengericht überträgt für die ausgleichsberechtigte Person zulasten des Anrechts der ausgleichspflichtigen Person ein Anrecht in Höhe des Ausgleichswerts bei demjenigen Versorgungsträger, bei dem das Anrecht der ausgleichspflichtigen Person besteht. Die ausgleichsberechtigte Person erhält dadurch ein eigenes Anrecht gegenüber dem Versorgungsträger. Anrechte gleicher Art von ausgleichsberechtigter und ausgleichspflichtiger Person – z.B. wenn beide Ehegatten Anrechte in der gesetzlichen Rentenversicherung haben – werden zunächst miteinander verrechnet und nur der verbleibende Wertunterschied wird auf die ausgleichsberechtigte Person übertragen (§ 10 Abs. 2 VersAusglG).

#### 1.2. Externe Teilung

19 Bei der externen Teilung begründet das Familiengericht zulasten des Anrechts der ausgleichspflichtigen Person für die ausgleichsberechtigte Person bei einem anderen Versorgungsträger ein eigenes Anrecht. Eine externe Teilung ist nur durchzuführen, wenn

- die ausgleichsberechtigte Person und der Versorgungsträger der ausgleichspflichtigen Person eine externe Teilung – gegebenenfalls unter Zustimmung der ausgleichspflichtigen Person gem. § 15 Abs. 3 VersAusglG – vereinbaren (§ 9 Abs. 3 i.V.m. § 14 Abs. 2 Nr. 1 VersAusglG),

– der Versorgungsträger der ausgleichspflichtigen Person eine externe Teilung verlangt und der für den Ausgleichswert geltende Höchstbetrag nicht überschritten wird (§ 9 Abs. 3 i.V.m. § 14 Abs. 2 Nr. 2 VersAusglG; zu beachten sind die abweichenden Höchstbeträge für Anrechte im Sinne des Betriebsrentengesetzes aus einer Direktzusage oder einer Unterstützungskasse gemäß § 17 VersAusglG),
– der Träger einer Versorgung aus einem öffentlich-rechtlichen Dienst- oder Amtsverhältnis keine interne Teilung vorsieht (§ 9 Abs. 3 i.V.m. § 16 Abs. 1 VersAusglG) oder
– es sich bei dem auszugleichenden Anrecht um ein Anrecht aus einem Beamtenverhältnis auf Widerruf oder aus einem Dienstverhältnis einer Soldatin oder eines Soldaten auf Zeit handelt (§ 9 Abs. 3 i.V.m. § 16 Abs. 2 VersAusglG).

## 2. Steuerrechtliche Behandlung

### 2.1. Übertragung von Anrechten im Wege der internen Teilung

Zur Durchführung des Versorgungsausgleichs werden Versorgungsanrechte mit allen Rechten und Pflichten von einer ausgleichspflichtigen auf eine ausgleichsberechtigte Person übertragen. Für den Regelfall der internen Teilung ist die Übertragung der Anrechte steuerfrei (§ 3 Nr. 55a Satz 1 EStG). Die Besteuerung der Leistungen aus den Anrechten erfolgt sowohl für die ausgleichspflichtige als auch für die ausgleichberechtigte Person erst während der Auszahlungsphase, sofern kein früherer Besteuerungstatbestand ausgelöst wurde, z.B. durch eine vorzeitige Kündigung. Die konkrete Besteuerung der jeder Person zugeflossenen Leistungen richtet sich nach dem jeweiligen individuellen Sachverhalt. Wird aufgrund der internen Teilung ein Anrecht in Form eines Versicherungsvertrags zugunsten der ausgleichsberechtigten Person begründet, so gilt dieser Vertrag insoweit zu dem gleichen Zeitpunkt als abgeschlossen wie derjenige der ausgleichspflichtigen Person (§ 52 Abs. 28 Satz 9 EStG). 20

Die ausgleichsberechtigte Person bezieht die Leistungen aus eigenem Anrecht. Bei ihr gehören die Leistungen zu den Einkünften, zu denen sie bei der ausgleichspflichtigen Person gehören würden, wenn die interne Teilung nicht stattgefunden hätte (§ 3 Nr. 55a Satz 2 EStG). Anders als beim schuldrechtlichen Versorgungsausgleich (vgl. Rn. 23 ff.) können die Leistungen bei der ausgleichspflichtigen Person nicht als Sonderausgaben abgezogen werden. Die der ausgleichspflichtigen Person zuzurechnenden Leistungen sind bereits durch die Teilung der Versorgungsanwartschaften gemindert. Dies gilt sowohl für den Fall der internen als auch der externen Teilung (Rn. 22). 21

### 2.2. Übertragung von Anrechten im Wege der externen Teilung

Die externe Teilung ist mit einem Wechsel des Versorgungsträgers verbunden. Für den Regelfall der externen Teilung ist die Übertragung der Anrechte an den neuen Versorgungsträger steuerfrei (§ 3 Nr. 55b Satz 1 EStG). Die Besteuerung der Leistungen aus den Anrechten erfolgt sowohl für die ausgleichspflichtige als auch für die ausgleichberechtigte Person erst während der Auszahlungsphase, sofern kein früherer Besteuerungstatbestand ausgelöst wurde, z.B. durch eine vorzeitige Kündigung. Die Steuerfreiheit gilt nicht, soweit Leistungen, die auf dem übertragenen Anrecht beruhen, bei der ausgleichsberechtigten Person zu Einkünften nach § 20 Abs. 1 Nr. 6 oder § 22 Nr. 1 Satz 3 Buchst. a Doppelbuchst. bb EStG führen und damit nicht der nachgelagerten Besteuerung unterliegen würden (§ 3 Nr. 55b Satz 2 EStG). Wird 22 aufgrund der externen Teilung ein Anrecht in Form eines Versicherungsvertrags zugunsten der ausgleichsberechtigten Person begründet, so gilt dieser Vertrag insoweit zu dem gleichen Zeitpunkt als abgeschlossen wie derjenige der ausgleichspflichtigen Person (§ 52 Abs. 28 Satz 9 EStG).

**Beispiel:**

Das Familiengericht spricht B, dem in Scheidung befindlichen Ehegatten von A, einen Ausgleichsanspruch von 25 % (= 25 000 €) des von A auf seinem Basisrentenvertrag angesparten Kapitals zu. B und der Anbieter des A vereinbaren eine externe Teilung.

**Variante A:**

Die Anrechte werden auf die bereits bestehende betriebliche Altersversorgung (Pensionskasse) des B übertragen. Da die Leistungen aus dem Basisrentenvertrag zu Einkünften nach § 22 EStG führen würden, ist die Übertragung der Anrechte steuerfrei (§ 3 Nr. 55b Satz 1 EStG). Die (zukünftigen) Leistungen aus der Pensionskasse unterliegen in der Folge in vollem Umfang der nachgelagerten Besteuerung nach § 22 Nr. 5 Satz 1 EStG. Die Ausnahme des § 3 Nr. 55b Satz 2 EStG greift daher nicht.

**Variante B:**

Die Anrechte werden auf den bereits bestehenden, ungeförderten, privaten Rentenversicherungsvertrag (ohne Kapitalwahlrecht) des B übertragen. Die Leistungen aus der Rentenversicherung unterliegen der Besteuerung nach § 22 Nr. 1 Satz 3 Buchst. a Doppelbuchst. bb EStG. Die Ausnahme des § 3 Nr. 55b Satz 2 EStG greift. Dies führt bei A im Zeitpunkt der Übertragung zum Zufluss von Leistungen aus seinem Basisrentenversicherungsvertrag in Höhe des geleisteten Ausgleichswerts (25 000 €).

## II. Schuldrechtliche Ausgleichszahlungen

### 1. Grundlagen

23 Ehegatten können vereinbaren, sich ganz oder teilweise Ausgleichsansprüche nach der Scheidung vorzubehalten (Ehevertrag oder gerichtliche Vereinbarung). Dies hat zur Folge, dass der Versorgungsausgleich insoweit durch (spätere) schuldrechtliche Ausgleichszahlungen (§ 6 Abs. 1 Satz 2 Nr. 3 i.V.m. § 20 VersAusglG) erfolgt. Die ausgleichsberechtige Person erlangt durch die schuldrechtlichen Ausgleichszahlungen keine eigenen Anrechte gegenüber dem Versorgungsträger. Der Anspruch erlischt mit dem Tod der ausgleichspflichtigen Person. Die ausgleichsberechtigte Person kann aber gegebenenfalls vom Versorgungsträger eine Teilhabe an der Hinterbliebenenversorgung verlangen (§ 25 VersAusglG).

24 Die ausgleichsberechtigte Person kann von der ausgleichspflichtigen Person zudem den Ausgleichswert in Form einer schuldrechtlichen Ausgleichsrente verlangen, wenn ein Anrecht bei der Scheidung noch nicht ausgleichsreif i.S.d. § 19 VersAusglG ist. Die Ausgleichsreife eines Anrechts fehlt beispielsweise, wenn es bei einem ausländischen, zwischenstaatlichen oder überstaatlichen Versorgungsträger besteht (§ 19 Abs. 2 Nr. 4 VersAusglG). Denn für einen ausländischen Versorgungsträger sind die deutschen Gesetze und die deutsche Gerichtsbarkeit nicht maßgeblich. Anrechte der ausgleichsberechtigten Person bei einem ausländischen Versorgungsträger sind daher generell nicht ausgleichsreif.

25 Eine schuldrechtliche Ausgleichszahlung kann erfolgen durch

- die Zahlung einer Ausgleichsrente, wenn die ausgleichspflichtige Person eine laufende Versorgung aus einem noch nicht ausgeglichenen Anrecht bezieht (§ 20 VersAusglG),
- die Abtretung des Anspruchs gegen den Versorgungsträger in Höhe der Ausgleichsrente (§ 21 VersAusglG) oder

– die Zahlung des Ausgleichswerts, wenn die ausgleichsberechtigte Person eine Kapitalzahlung aus einem noch nicht ausgeglichenen Anrecht erhält (§ 22 VersAusglG).

Die ausgleichsberechtigte Person kann schuldrechtliche Ausgleichszahlungen verlangen, wenn die ausgleichspflichtige Person Versorgungsleistungen aus einem noch nicht ausgeglichenen Anrecht erhält (§ 20 Abs. 1 VersAusglG). Die ausgleichsberechtigte Person muss die Voraussetzungen des § 20 Abs. 2 VersAusglG erfüllen: 26

– Bezug einer eigenen laufenden Versorgung oder
– Erreichen der Regelaltersgrenze der gesetzlichen Rentenversicherung oder
– Erfüllen der gesundheitlichen Voraussetzungen für eine laufende Versorgung wegen Invalidität.

## 2. Steuerrechtliche Behandlung

Schuldrechtliche Ausgleichszahlungen von der ausgleichspflichtigen an die ausgleichsberechtigte Person führen im Ergebnis zu einem Transfer steuerbarer und steuerpflichtiger Einnahmen. Während § 10 Abs. 1a Nr. 4 EStG regelt, unter welchen Voraussetzungen und inwieweit bei der ausgleichspflichtigen Person ein Sonderausgabenabzug in Betracht kommt, bestimmt § 22 Nr. 1a EStG dementsprechend die Besteuerung dieser Leistungen bei der ausgleichsberechtigten Person (Korrespondenzprinzip). 27

### 2.1. Behandlung bei der ausgleichspflichtigen Person

Die Leistungen beim schuldrechtlichen Ausgleich fließen in einem ersten Schritt in voller Höhe der ausgleichspflichtigen Person zu, da nur für diese Person gegenüber dem Versorgungsträger ein eigenes Anrecht auf Versorgung besteht. Die Leistungen unterliegen bei der ausgleichspflichtigen Person der Besteuerung nach Maßgabe der §§ 19, 20 und/oder 22 EStG. 28

In einem zweiten Schritt leistet die ausgleichspflichtige Person die Ausgleichszahlung an die ausgleichsberechtigte Person. Die ausgleichspflichtige Person kann für diese Zahlung den Sonderausgabenabzug in Anspruch nehmen (§ 10 Abs. 1a Nr. 4 EStG). Voraussetzung für den Abzug ist, dass es sich um Ausgleichszahlungen im Rahmen des Versorgungsausgleichs 29

– nach den §§ 20 bis 22 und 26 VersAusglG oder
– nach den §§ 1587f, 1587g und 1587i BGB in der bis zum 31. August 2009 geltenden Fassung und § 3a des Gesetzes zur Regelung von Härten im Versorgungsausgleich (VAHRG) handelt.

Der Sonderausgabenabzug setzt voraus, dass 30

– die ausgleichsverpflichtete und die ausgleichsberechtigte Person unbeschränkt einkommensteuerpflichtig sind und
– die IdNr. der ausgleichsberechtigten Person in der Steuererklärung der ausgleichsverpflichteten Person angegeben wird.

Der Sonderausgabenabzug scheidet aus, soweit die der Ausgleichszahlungen zugrunde liegenden Einnahmen nicht der Besteuerung unterliegen.

### 2.2. Behandlung bei der ausgleichsberechtigten Person

Die ausgleichsberechtigte Person muss die schuldrechtlichen Ausgleichszahlungen korrespondierend zum Sonderausgabenabzug der ausgleichspflichtigen Person als sonstige Einkünfte versteuern (§ 22 Nr. 1a EStG). Es kommt nicht 31 darauf an, dass sich der Sonderausgabenabzug tatsächlich steuermindernd auswirkt.

## 2.3. Formen der Ausgleichszahlungen

### 2.3.1. Laufende Leistungen

#### 2.3.1.1. Laufende Versorgung in Form einer Basisversorgung

32 Bemessen sich die Ausgleichszahlungen nach Leistungen aus der Basisversorgung, kann die ausgleichspflichtige Person den Sonderausgabenabzug in der Höhe erhalten, wie sie die anteiligen Leistungen aus der Basisversorgung versteuern muss. Die Basisversorgung umfasst die Leistungen aus den gesetzlichen Rentenversicherungen, den berufsständischen Versorgungseinrichtungen, der landwirtschaftlichen Alterskasse sowie aus privaten Basisrentenverträgen. Die Leistungen aus der Basisversorgung werden bei der ausgleichspflichtigen Person nicht in voller Höhe, sondern mit dem sogenannten Besteuerungsanteil besteuert (§ 22 Nr. 1 Satz 3 Buchst. a Doppelbuchst. aa EStG). Die Ausgleichszahlung unterliegt bei der ausgleichsberechtigten Person mit dem entsprechenden Anteil der Besteuerung (§ 22 Nr. 1a EStG).

**Beispiel 1:**

Die ausgleichspflichtige Person A bezieht seit dem Jahr 2017 eine Altersrente aus der gesetzlichen Rentenversicherung. Laut Rentenbezugsmitteilung für das Jahr 2021 beträgt die Rente 10 000 € und der darin enthaltene Anpassungsbetrag 1000 €. A leistet an die ausgleichsberechtigte Person B eine Ausgleichszahlung von 50 % der Altersrente und somit 5000 €.

Besteuerung bei A:

Die Altersrente unterliegt mit 7660 € (74 % von 9000 € = 6660 € zuzüglich Anpassungsbetrag von 1000 €) der Besteuerung (§ 22 Nr. 1 Satz 3 Buchst. a Doppelbuchst. aa EStG).

A kann 50 % von 7660 € = 3830 € als Sonderausgaben abziehen (§ 10 Abs. 1a Nr. 4 EStG)

Besteuerung bei B:

B muss korrespondierend hierzu 3830 € abzüglich 102 € Werbungskosten-Pauschbetrag bzw. abzüglich tatsächlicher Werbungskosten versteuern (§ 22 Nr. 1a EStG).

#### 2.3.1.2. Laufende Versorgung in Form eines Versorgungsbezugs i.S.d. § 19 EStG

33 Bemessen sich die Ausgleichszahlungen nach einem Versorgungsbezug, kann die ausgleichspflichtige Person den Sonderausgabenabzug in der Höhe erhalten, wie der Versorgungsbezug anteilig bei ihr zu steuerpflichtigen Einnahmen führt. Versorgungsbezüge haben ihren wirtschaftlichen Ursprung in der früheren Beschäftigung und dienen der Versorgung des ehemaligen Beschäftigten oder seiner Hinterbliebenen. Zu den Versorgungsbezügen gehören beispielsweise die Beamtenpensionen oder auch Betriebsrenten aufgrund einer Direktzusage. Bei der ausgleichspflichtigen Person wird der Versorgungsbezug um einen Versorgungsfreibetrag und einen Zuschlag zum Versorgungsfreibetrag gekürzt und bleibt insoweit steuerfrei (§ 19 Abs. 2 EStG). Die ausgleichsberechtigte Person muss die Ausgleichszahlungen in entsprechendem Umfang versteuern (§ 22 Nr. 1a EStG).

**Beispiel 2:**

Die ausgleichspflichtige Person A bezieht im Jahr 2021 (Versorgungsbeginn 1. Januar 2017) eine Beamtenpension von 20 000 €. A leistet an die ausgleichsberechtigte Person B eine Ausgleichszahlung von 50 % = 10 000 €.

Besteuerung bei A:

| | |
|---|---|
| Einnahmen | 20 000 € |
| abzüglich Versorgungsfreibetrag gem. § 19 Abs. 2 EStG | ./. 1560 € |
| abzüglich Zuschlag zum Versorgungsfreibetrag gem. § 19 Abs. 2 EStG | ./. 468 € |
| steuerpflichtige Einnahmen | 17 972 € |

Bei A führt die Beamtenpension zu steuerpflichtigen Einnahmen von 17 972 €.

A kann 50 % von 17 972 € = 8986 € als Sonderausgaben abziehen (§ 10 Abs. 1a Nr. 4 EStG).

Besteuerung bei B:

B muss 8986 € abzüglich 102 € Werbungskosten-Pauschbetrag bzw. abzüglich tatsächlicher Werbungskosten versteuern (§ 22 Nr. 1a EStG).

### 2.3.1.3. Laufende Versorgung in Form einer privaten Rente i.S.d. § 22 Nr. 1 Satz 3 Buchst. a Doppelbuchst. bb EStG

Bemisst sich die Ausgleichszahlung nach einer Leistung, die der Besteuerung 34
mit dem Ertragsanteil unterliegt (§ 22 Nr. 1 Satz 3 Buchst. a Doppelbuchst. bb EStG), sind die Ausgleichszahlungen in Höhe des anteiligen Ertragsanteils als Sonderausgaben zu berücksichtigen. Korrespondierend hierzu hat die ausgleichsberechtigte Person die Ausgleichszahlungen in entsprechender Höhe zu versteuern (§ 22 Nr. 1a EStG).

**Beispiel 3:**

Die ausgleichspflichtige Person A bezieht seit Vollendung des 63. Lebensjahres eine Rente aus einer privaten Rentenversicherung ohne Kapitalwahlrecht. Diese ist mit dem Ertragsanteil zu versteuern (§ 22 Nr. 1 Satz 3 Buchst. a Doppelbuchst. bb EStG). Laut Rentenbezugsmitteilung für das Jahr 2021 beträgt die Rente 10 000 €. A zahlt 40 % dieser Rente an die ausgleichsberechtigte Person B, im Jahr 2021 dementsprechend 4000 €.

Besteuerung bei A:

A muss die Rente mit dem Ertragsanteil von 20 % = 2000 € versteuern.

A kann 40 % von 2000 € = 800 € als Sonderausgaben abziehen (§ 10 Abs. 1a Nr. 4 EStG).

Besteuerung bei B:

B muss 800 € abzüglich 102 € Werbungskosten-Pauschbetrag bzw. abzüglich tatsächlicher Werbungskosten versteuern (§ 22 Nr. 1a EStG).

### 2.3.1.4. Laufende Versorgung aus einem Altersvorsorgevertrag, einem Pensionsfonds, einer Pensionskasse oder einer Direktversicherung

Bemisst sich die Ausgleichszahlung nach Leistungen aus 35

- einem Altersvorsorgevertrag, der nach § 5 des Altersvorsorgeverträge-Zertifizierungsgesetzes (AltZertG) zertifiziert ist (sogenannte Riester-Rente),
- einem Pensionsfonds,
- einer Pensionskasse oder
- einer Direktversicherung,

kann die ausgleichspflichtige Person den Sonderausgabenabzug in der Höhe erhalten, wie die entsprechende Leistung anteilig bei ihr zu steuerpflichtigen Einnahmen führt.

Bei der ausgleichspflichtigen Person richtet sich der Umfang der Besteuerung 36
der Leistungen insbesondere danach, inwieweit die Beiträge in der Ansparphase gefördert wurden.

- Soweit die Leistungen auf geförderten Beiträgen beruhen, sind sie in voller Höhe steuerpflichtig (§ 22 Nr. 5 Satz 1 EStG). Dabei ist es unerheblich, ob

die zu Grunde liegende Leistung in Form einer Rentenzahlung oder eines Auszahlungsplans mit anschließender Teilkapitalverrentung ausgezahlt wird.
– Soweit die Leistungen nicht auf geförderten Beiträgen beruhen, richtet sich die Besteuerung nach der Anlageform (§ 22 Nr. 5 Satz 2 EStG).

Die ausgleichsberechtigte Person muss die Leistung in entsprechendem Umfang versteuern (§ 22 Nr. 1a EStG).

37 Handelt es sich um eine Leistung aus einem Altersvorsorgevertrag, liegt – soweit die Voraussetzungen des AltZertG erfüllt werden – keine schädliche Verwendung nach § 93 EStG vor, da das geförderte Altersvorsorgevermögen an den Vertragspartner (= ausgleichspflichtige Person) gezahlt wird und der Ausgleich erst auf der Vermögensebene durchgeführt wird.

**Beispiel 4:**

Die ausgleichspflichtige Person A erhält nach Vollendung des 62. Lebensjahres aus dem Auszahlungsplan ihres Altersvorsorgevertrages (Banksparplan) eine jährliche Leistung von 7200 €. Bei der erstmaligen Auszahlung der Leistung waren bereits mehr als 12 Jahre seit dem Vertragsabschluss vergangen. Die Leistung beruht zu 70 % auf geförderten und zu 30 % auf ungeförderten Beiträgen; die ungeförderten Beiträge betragen 2000 €. A zahlt 50 % seiner (gesamten) Leistungen aus dem Altersvorsorgevertrag und damit 3600 € an die ausgleichsberechtigte Person B.

Besteuerung bei A:

Soweit die Leistung auf geförderten Beiträgen beruht, ist sie in voller Höhe steuerpflichtig (§ 22 Nr. 5 Satz 1 EStG). Dies sind 70 % von 7200 € = 5040 €.

Soweit die Leistung auf ungeförderten Beiträgen beruht, muss A die Hälfte des Unterschiedsbetrags zwischen der Leistung und der Summe der auf sie entrichteten Beiträge versteuern (§ 22 Nr. 5 Satz 2 Buchst. c EStG).

| | |
|---|---|
| auf ungeförderten Beiträgen beruhende Leistung: 30 % von 7200 € | 2160 € |
| abzüglich darauf entrichteter Beiträge | 2000 € |
| = Unterschiedsbetrag | 160 € |
| davon die Hälfte | 80 € |

A muss damit insgesamt 5040 € + 80 € = 5120 € versteuern.

A kann 50 % von 5120 € = 2560 € als Sonderausgaben abziehen (§ 10 Abs. 1a Nr. 4 EStG).

Besteuerung bei B:

B muss 2560 € abzüglich 102 € Werbungskosten-Pauschbetrag bzw. abzüglich tatsächlicher Werbungskosten versteuern (§ 22 Nr. 1a EStG).

### 2.3.2. Andere Leistungen

#### 2.3.2.1. Abtretung von Versorgungsansprüchen (§ 21 VersAusglG/ § 1587i BGB a.F.)

38 Die ausgleichspflichtige Person kann der ausgleichsberechtigten Person auch einen Anspruch gegen den Versorgungsträger in Höhe der Ausgleichsrente nach § 21 VersAusglG/§ 1587i BGB a.F. abtreten. In diesem Fall erfolgt die Auszahlung direkt vom Versorgungsträger an die ausgleichsberechtigte Person. Die Versorgungsleistungen sind in der Auszahlungsphase dennoch weiterhin von der ausgleichspflichtigen Person zu versteuern. Dies gilt auch insoweit, als die Versorgungsleistungen wegen der Abtretung unmittelbar an die ausgleichsberechtigte Person geleistet werden. Die ausgleichspflichtige Person kann den jeweils abgetretenen und bei ihr der Besteuerung unterliegenden Teil der Versorgungsleistungen als Sonderausgaben abziehen (§ 10 Abs. 1a Nr. 4 EStG). Die ausgleichsberechtigte Person muss die Ausgleichszahlungen in entsprechendem Umfang versteuern (§ 22 Nr. 1a EStG).

39 Die Ausführungen in den Rn. 32 bis 37 gelten entsprechend.

40 Bei einem zertifizierten Altersvorsorgevertrag führt die Abtretung des Leistungsanspruchs in der Auszahlungsphase im Rahmen einer Ausgleichsrente nicht zu einer schädlichen Verwendung i.S.v. § 93 EStG. Dies gilt auch, wenn die Abtretung bereits vor Beginn der Auszahlungsphase vorgenommen wird. Es handelt sich insoweit lediglich um einen abgekürzten Zahlungsweg. Die Leistung gilt steuerrechtlich weiterhin als der ausgleichspflichtigen Person zugeflossen.

### 2.3.2.2. Anspruch auf Ausgleich von Kapitalzahlungen (§ 22 VersAusglG)

41 Die ausgleichspflichtige Person kann an die ausgleichsberechtigte Person einen Ausgleichswert für Kapitalzahlungen aus einem noch nicht ausgeglichenen Anrecht (§ 22 VersAusglG) zahlen. Die Zahlung kann bei ihr in dem Umfang als Sonderausgaben berücksichtigt werden, wie sie die dem Ausgleichswert zugrunde liegenden Kapitalzahlungen versteuern muss (§ 10 Abs. 1a Nr. 4 EStG). Die ausgleichsberechtigte Person muss die Zahlung korrespondierend hierzu versteuern (§ 22 Nr. 1a EStG). Hierbei kann es sich z.B. um betriebliche Anrechte handeln, die eine (Teil-)Kapitalisierung vorsehen, oder aber um Anrechte im Sinne des AltZertG, soweit eine Teilkapitalisierung vereinbart ist.

**Beispiel 5:**

Die ausgleichspflichtige Person A lässt sich aus einem Altersvorsorgevertrag zu Beginn der Auszahlungsphase einen Teilbetrag von 15 000 € auszahlen (förderunschädliche Teilkapitalauszahlung, maximal 30 % des zu Beginn der Auszahlungsphase zur Verfügung stehenden Kapitals). Daneben erhält A eine jährliche Leistung von 3600 €, ebenfalls aus gefördertem Altersvorsorgevermögen. A muss der ausgleichsberechtigten Person B 50 % der gesamten Leistungen, also 50 % von 18 600 €, und damit 9300 € ausgleichen. Das angesparte Altersvorsorgevermögen beruht in vollem Umfang auf gefördertem Kapital.

Besteuerung bei A:

A muss sowohl die Teilkapitalauszahlung als auch die jährlichen Leistungen von insgesamt 18 600 € in voller Höhe versteuern (§ 22 Nr. 5 Satz 1 EStG).

A kann 50 % von 18 600 € und damit 9300 € als Sonderausgaben abziehen (§ 10 Abs. 1 Nr. 4 EStG).

Besteuerung bei B:

B muss korrespondierend hierzu 9300 € abzüglich 102 € Werbungskosten-Pauschbetrag bzw. abzüglich tatsächlicher Werbungskosten versteuern (§ 22 Nr. 1a EStG).

### 2.3.2.3. Anspruch gegen die Witwe oder den Witwer (§ 26 VersAusglG)

42 Stirbt die ausgleichspflichtige Person und besteht ein noch nicht ausgeglichenes Anrecht bei einem ausländischen, zwischenstaatlichen oder überstaatlichen Versorgungsträger und leistet dieser Versorgungsträger eine Hinterbliebenenversorgung, kann die verwitwete Person zu Leistungen an den geschiedenen Ehegatten der verstorbenen Person als ausgleichsberechtigte Person verpflichtet sein (§ 26 VersAusglG, § 3a Abs. 5 VAHRG a.F.). Die verwitwete Person nimmt insoweit die Stellung der ausgleichspflichtigen Person ein und hat die Leistung zunächst zu versteuern. Sie kann die Ausgleichszahlung – soweit sie auf versteuerten Leistungen beruht – als Sonderausgaben abziehen (§ 10 Abs. 1a Nr. 4 EStG). Die ausgleichsberechtigte Person muss die Leistungen in entsprechender Höhe versteuern (§ 22 Nr. 1a EStG), Rn. 27 bis 36 sind entsprechend anzuwenden.

**Beispiel 6:**

Die Witwe W (zweite Ehefrau der verstorbenen, ursprünglich ausgleichspflichtigen Person A) bezieht seit dem Jahr 2019 eine Hinterbliebenenrente von 10 000 € jährlich von einem Versorgungsträger in der Schweiz. Die Hinterbliebenenrente ist wie eine (große) Witwenrente aus der deutschen gesetzlichen Rentenversicherung mit dem Besteuerungsanteil zu versteuern (§ 22 Nr. 1

Satz 3 Buchst. a Doppelbuchst. aa EStG). Die von A geschiedene erste Ehefrau E hat gegen W einen Anspruch auf Versorgungsausgleich von 50 % der Hinterbliebenenrente (§ 26 Abs. 1 VersAusglG). W leistet daher im Jahr 2019 an E eine Ausgleichszahlung von 5000 €.

Besteuerung bei W:

W muss die Hinterbliebenenrente mit 78 % von 10 000 € = 7800 € versteuern (§ 22 Nr. 1 Satz 3 Buchst. a Doppelbuchst. aa EStG).

W kann 50 % von 7800 € und damit 3900 € als Sonderausgaben abziehen (§ 10 Abs. 1 Nr. 4 EStG).

Besteuerung bei E:

E muss korrespondierend hierzu 3900 € abzüglich 102 € Werbungskosten-Pauschbetrag bzw. abzüglich tatsächlicher Werbungskosten versteuern (§ 22 Nr. 1a EStG).

# 1 § 10/9. Schreiben betr. einkommensteuerrechtliche Behandlung von Vorsorgeaufwendungen und Altersbezügen

Vom 19. August 2013

BMF IV C 3 - S 2221/12/10010:004; IV C 5 - S 2345/08/0001; DOK 2013/0760735

(BStBl. I S. 1087)

Geändert durch BMF v. 10. 1. 2014 (BStBl. I S. 70), BMF v. 10. 4. 2015 (BStBl. I S. 256), BMF v. 1. 6. 2015 (BStBl. I S. 475), BMF v. 4. 7. 2016 (BStBl. I S. 645), BMF v. 19. 12. 2016 (BStBl. I S. 1433), BMF v. 24. 5. 2017 (BStBl. I S. 820), BMF v. 28. 9. 2021 (BStBl. I S. 1831) und BMF v. 10.1.2022 (BStBl. I S. 36).

**1 Anlage**

Zum Sonderausgabenabzug für Beiträge nach § 10 Abs. 1 und zur Besteuerung von Versorgungsbezügen nach § 19 Abs. 2 sowie von Einkünften nach § 22 Nr. 1 Satz 3 Buchst. a des Einkommensteuergesetzes (EStG) gilt im Einvernehmen mit den obersten Finanzbehörden der Länder Folgendes:

**Inhaltsübersicht**



[1] Teil A aufgeh. und ersetzt mWv 30. 6. 2017 (Tag der Bekanntgabe im BStBl.) durch BMF v. 24. 5. 2017, BStBl. I S. 820 (Nr. 1 § 10/11).

## *A. Abzug von Vorsorgeaufwendungen – § 10 EStG –*[1]

*(...)*

## B. Besteuerung von Versorgungsbezügen – § 19 Abs. 2 EStG –

### I. Von internationalen Organisationen gezahlte Pensionen

Bei von folgenden internationalen Organisationen gezahlten Pensionen einschl. der Zulagen (Steuerausgleichszahlung, Familienzulagen und andere) handelt es sich um Versorgungsbezüge i. S. d. § 19 Abs. 2 EStG: **168**[2]

– Koordinierte Organisationen:
  – Europäische Weltraumorganisation (ESA),
  – Europarat,
  – Nordatlantikvertragsorganisation (NATO),
  – Organisation für wirtschaftliche Zusammenarbeit und Entwicklung (OECD),
  – Westeuropäische Union (WEU),
  – Europäisches Zentrum für mittelfristige Wettervorhersage (EZMV, engl. ECWMF),
– Europäische Organisation zur Sicherung der Luftfahrt (EUROCONTROL),
– Europäische Patentorganisation (EPO) einschließlich der Dienststellen des Europäischen Patentamts (EPA),
– Europäisches Hochschulinstitut (EHI),
– Europäische Organisation für die Nutzung meteorologischer Satelliten (EUMETSAT[3]).

Die Zulässigkeit der Besteuerung von an ehemalige Bedienstete internationaler Organisationen gezahlten Pensionen und Ruhegehältern in Deutschland ist davon abhängig, welche Bestimmungen das für die jeweilige internationale Organisation geltende Abkommen oder Privilegienprotokoll enthält. In der Regel lässt dieses Abkommen bzw. Privilegienprotokoll das deutsche Besteuerungsrecht für die Pensionen oder Ruhegehälter unberührt. Eine Ausnahme hiervon stellt das Protokoll über die Vorrechte und Befreiungen der Europäischen Union (ABl. C 202 vom 7. Juni 2016, S. 266–272) dar. Gemäß Art. 12 dieses Protokolls unterliegen die „Gehälter, Löhne und anderen Bezüge" der Steuer der Europäischen Union gemäß Verordnung Nummer 260/68 des Rates vom 29. Februar 1968 und sind von „innerstaatlichen Steuern" insoweit befreit; d.h., Pensionen und Ruhegehälter ehemaliger Bediensteter von Organisationen, auf die dieses Protokoll anzuwenden ist, sind von innerstaat-

[1] Teil A aufgeh. und ersetzt mW ab 30. 6. 2017 (Tag der Bekanntgabe im BStBl.) durch BMF v. 24. 5. 2017, BStBl. I S. 820.

[2] Rz. 168 neu gef. BMF v. 1 10. 2022, BStBl. I S. 36.

[3] Rz. 168 Satz 1 letzter Spiegelstrich hinzugef. mW ab VZ 2017 durch BMF v. 19. 12. 2016, BStBl. I S. 1433.

lichen Steuern ab dem Zeitpunkt befreit, ab dem eine EU-interne Steuer erhoben wird.

## II. Arbeitnehmer-/Werbungskosten-Pauschbetrag/Zuschlag zum Versorgungsfreibetrag

169 Ab 2005 ist der Arbeitnehmer-Pauschbetrag (§ 9 a Satz 1 Nr. 1 Buchst. a EStG) bei Versorgungsbezügen i. S. d. § 19 Abs. 2 EStG nicht mehr anzuwenden. Stattdessen wird – wie auch bei den Renten – ein Werbungskosten-Pauschbetrag von 102 € berücksichtigt (§ 9 a Satz 1 Nr. 1 Buchst. b EStG). Als Ausgleich für den Wegfall des Arbeitnehmer-Pauschbetrags wird dem Versorgungsfreibetrag ein Zuschlag von zunächst 900 € hinzugerechnet, der für jeden ab 2006 neu in den Ruhestand tretenden Jahrgang abgeschmolzen wird (§ 19 Abs. 2 Satz 3 EStG). Werden neben Versorgungsbezügen i. S. d. § 19 Abs. 2 EStG auch Einnahmen aus nichtselbständiger Arbeit i. S. d. § 19 Abs. 1 EStG bezogen, kommen der Arbeitnehmer-Pauschbetrag und der Werbungskosten-Pauschbetrag nebeneinander zur Anwendung. Bei den Versorgungsbezügen i. S. d. § 19 Abs. 2 EStG ist der Werbungskosten-Pauschbetrag auch dann zu berücksichtigen, wenn bei Einnahmen aus nichtselbständiger Arbeit i. S. d. § 19 Abs. 1 EStG höhere Werbungskosten als der Arbeitnehmer-Pauschbetrag anzusetzen sind.

## III. Versorgungsfreibetrag/Zuschlag zum Versorgungsfreibetrag

### 1. Allgemeines

170 Der maßgebende Prozentsatz für den steuerfreien Teil der Versorgungsbezüge und der Höchstbetrag des Versorgungsfreibetrags sowie der Zuschlag zum Versorgungsfreibetrag bestimmen sich ab 2005 nach dem Jahr des Versorgungsbeginns (§ 19 Abs. 2 Satz 3 EStG). Sie werden für jeden ab 2006 neu in den Ruhestand tretenden Jahrgang abgeschmolzen.

### 2. Berechnung des Versorgungsfreibetrags und des Zuschlags zum Versorgungsfreibetrag

171 Der Versorgungsfreibetrag und der Zuschlag zum Versorgungsfreibetrag (Freibeträge für Versorgungsbezüge) berechnen sich auf der Grundlage des Versorgungsbezugs für Januar 2005 bei Versorgungsbeginn vor 2005 bzw. des Versorgungsbezugs für den ersten vollen Monat bei Versorgungsbeginn ab 2005; wird der Versorgungsbezug insgesamt nicht für einen vollen Monat gezahlt (z. B. wegen Todes des Versorgungsempfängers), ist der Bezug des Teilmonats auf einen Monatsbetrag hochzurechnen. Bei einer nachträglichen Festsetzung von Versorgungsbezügen ist der Monat maßgebend, für den die Versorgungsbezüge erstmals festgesetzt werden; auf den Zahlungstermin kommt es nicht an. Bei Bezügen und Vorteilen aus früheren Dienstleistungen i. S. d. § 19 Abs. 2 Satz 2 Nr. 2 EStG, die wegen Erreichens einer Altersgrenze gezahlt werden, ist der Monat maßgebend, in dem der Steuerpflichtige das 63. Lebensjahr oder, wenn er schwerbehindert ist, das 60. Lebensjahr vollendet hat, da die Bezüge erst mit Erreichen dieser Altersgrenzen als Versorgungsbezüge gelten. Der maßgebende Monatsbetrag ist jeweils mit zwölf zu vervielfältigen und um Sonderzahlungen zu erhöhen, auf die zu diesem Zeitpunkt (erster voller Monat bzw. Januar 2005) ein Rechtsanspruch besteht (§ 19 Abs. 2 Satz 4 EStG). Die Sonderzahlungen (z. B. Urlaubs- oder Weihnachtsgeld) sind mit dem Betrag anzusetzen, auf den bei einem Bezug von Versorgungsbezügen für das ganze Jahr des Versorgungsbeginns ein Rechts-

anspruch besteht. Bei Versorgungsempfängern, die schon vor dem 1. Januar 2005 in Ruhestand gegangen sind, können aus Vereinfachungsgründen die Sonderzahlungen 2004 berücksichtigt werden.

Das Jahr des Versorgungsbeginns (§ 19 Abs. 2 Satz 3 EStG) ist grundsätzlich das Jahr, in dem der Anspruch auf die Versorgungsbezüge (§ 19 Abs. 2 Satz 2 EStG) entstanden ist. **171 a**[1]

Bei Bezügen wegen Erreichens einer Altersgrenze im Sinne des § 19 Abs. 2 Satz 2 Nr. 2 EStG ist das Jahr des Versorgungsbeginns das Jahr, in dem erstmals zum einen der Anspruch auf die Bezüge besteht und zum anderen das 60. bzw. 63. Lebensjahr vollendet ist. Der Versorgungsbeginn tritt dagegen nicht ein, solange der Arbeitnehmer von einer bloßen Option, Versorgungsleistungen für einen Zeitraum ab dem Erreichen der maßgeblichen Altersgrenze zu beanspruchen, tatsächlich keinen Gebrauch macht, z. B. weil er die Leistungen erst ab einem späteren Zeitpunkt in Anspruch nehmen will.

### 3. Festschreibung des Versorgungsfreibetrags und des Zuschlags zum Versorgungsfreibetrag

Der nach Rz. 171 ermittelte Versorgungsfreibetrag und der Zuschlag zum Versorgungsfreibetrag gelten grundsätzlich für die gesamte Laufzeit des Versorgungsbezugs (§ 19 Abs. 2 Satz 8 EStG). **172**

### 4. Neuberechnung des Versorgungsfreibetrags und des Zuschlags zum Versorgungsfreibetrag

Regelmäßige Anpassungen des Versorgungsbezugs (laufender Bezug und Sonderzahlungen) führen nicht zu einer Neuberechnung (§ 19 Abs. 2 Satz 9 EStG). Zu einer Neuberechnung führen nur Änderungen des Versorgungsbezugs, die ihre Ursache in der Anwendung von Anrechnungs-, Ruhens-, Erhöhungs- oder Kürzungsregelungen haben (§ 19 Abs. 2 Satz 10 EStG), z. B. Wegfall, Hinzutreten oder betragsmäßige Änderungen. Dies ist insbesondere der Fall, wenn der Versorgungsempfänger neben seinen Versorgungsbezügen **173**

- Erwerbs- oder Erwerbsersatzeinkommen (§ 53 des Beamtenversorgungsgesetzes – BeamtVG –),
- andere Versorgungsbezüge (§ 54 BeamtVG),
- Renten (§ 55 BeamtVG) oder
- Versorgungsbezüge aus zwischenstaatlicher und überstaatlicher Verwendung (§ 56 BeamtVG)

erzielt, wenn sich die Voraussetzungen für die Gewährung des Familienzuschlags oder des Unterschiedsbetrags nach § 50 BeamtVG ändern oder wenn ein Witwen- oder Waisengeld nach einer Unterbrechung der Zahlung wieder bewilligt wird (zur Neuberechnung beim Versorgungsausgleich siehe Rz. 288). Gleiches gilt für entsprechende Leistungen aufgrund landesrechtlicher Beamtenversorgungsgesetze. Ändert sich der anzurechnende Betrag aufgrund einer einmaligen Sonderzahlung und hat dies nur eine einmalige Minderung des Versorgungsbezugs zur Folge, so kann auf eine Neuberechnung verzichtet werden. Auf eine Neuberechnung kann aus Vereinfachungsgründen auch verzichtet werden, wenn der Versorgungsbezug, der bisher Bemessungsgrundlage für den Versorgungsfreibetrag war, vor und nach einer Anpassung aufgrund von Anrechnungs-, Ruhens-, Erhöhungs- und Kür-

[1] Rz. 171 a eingef. durch BMF v. 10. 4. 2015, BStBl. I S. 256.

zungsregelungen mindestens 7500 € jährlich/625 € monatlich beträgt, also die Neuberechnung zu keiner Änderung der Freibeträge für Versorgungsbezüge führen würde.

174 In den Fällen einer Neuberechnung ist der geänderte Versorgungsbezug, ggf. einschließlich zwischenzeitlicher Anpassungen, Bemessungsgrundlage für die Berechnung der Freibeträge für Versorgungsbezüge (§ 19 Abs. 2 Satz 11 EStG).

175 Bezieht ein Steuerpflichtiger zunächst Versorgungsbezüge wegen verminderter Erwerbsfähigkeit, bestimmen sich der Prozentsatz, der Höchstbetrag des Versorgungsfreibetrags und der Zuschlag zum Versorgungsfreibetrag nach dem Jahr des Beginns dieses Versorgungsbezugs. Wird der Versorgungsbezug wegen verminderter Erwerbsfähigkeit mit Vollendung des 63. Lebensjahres des Steuerpflichtigen oder, wenn er schwerbehindert ist, mit Vollendung des 60. Lebensjahres, in einen Versorgungsbezug wegen Erreichens der Altersgrenze umgewandelt, bestimmen sich der Prozentsatz, der Höchstbetrag des Versorgungsfreibetrags und der Zuschlag zum Versorgungsfreibetrag weiterhin nach dem Jahr des Beginns des Versorgungsbezugs wegen verminderter Erwerbsfähigkeit. Da es sich bei der Umwandlung des Versorgungsbezugs nicht um eine regelmäßige Anpassung handelt, ist eine Neuberechnung des Versorgungsfreibetrags erforderlich.

### 5. Zeitanteilige Berücksichtigung des Versorgungsfreibetrags und des Zuschlags zum Versorgungsfreibetrag

176 Werden Versorgungsbezüge nur für einen Teil des Kalenderjahres gezahlt, so ermäßigen sich der Versorgungsfreibetrag und der Zuschlag zum Versorgungsfreibetrag für jeden vollen Kalendermonat, für den keine Versorgungsbezüge geleistet werden, in diesem Kalenderjahr um ein Zwölftel (§ 19 Abs. 2 Satz 12 EStG). Bei Zahlung mehrerer Versorgungsbezüge erfolgt eine Kürzung nur für Monate, für die keiner der Versorgungsbezüge geleistet wird. Ändern sich der Versorgungsfreibetrag und/oder der Zuschlag zum Versorgungsfreibetrag im Laufe des Kalenderjahrs aufgrund einer Neuberechnung nach Rz. 173 f., sind in diesem Kalenderjahr die höchsten Freibeträge für Versorgungsbezüge maßgebend (§ 19 Abs. 2 Satz 11 2. Halbsatz EStG); eine zeitanteilige Aufteilung ist nicht vorzunehmen. Die Änderung der Freibeträge für Versorgungsbezüge kann im Lohnsteuerabzugsverfahren berücksichtigt werden.

### 6. Mehrere Versorgungsbezüge

177 Bei mehreren Versorgungsbezügen bestimmen sich der maßgebende Prozentsatz für den steuerfreien Teil der Versorgungsbezüge und der Höchstbetrag des Versorgungsfreibetrags sowie der Zuschlag zum Versorgungsfreibetrag nach dem Beginn des jeweiligen Versorgungsbezugs. Die Summe aus den jeweiligen Freibeträgen für Versorgungsbezüge wird nach § 19 Abs. 2 Satz 6 EStG auf den Höchstbetrag des Versorgungsfreibetrags und den Zuschlag zum Versorgungsfreibetrag nach dem Beginn des ersten Versorgungsbezugs begrenzt. Fällt der maßgebende Beginn mehrerer laufender Versorgungsbezüge in dasselbe Kalenderjahr, können die Bemessungsgrundlagen aller Versorgungsbezüge zusammengerechnet werden, da in diesen Fällen für sie jeweils dieselben Höchstbeträge gelten.

178 Werden mehrere Versorgungsbezüge von unterschiedlichen Arbeitgebern gezahlt, ist die Begrenzung der Freibeträge für Versorgungsbezüge im Lohnsteuerabzugsverfahren nicht anzuwenden; die Gesamtbetrachtung und ggf.

die Begrenzung erfolgt im Veranlagungsverfahren. Treffen mehrere Versorgungsbezüge bei demselben Arbeitgeber zusammen, ist die Begrenzung auch im Lohnsteuerabzugsverfahren zu beachten.

**Beispiel:** 179

Zwei Ehegatten erhalten jeweils eigene Versorgungsbezüge. Der Versorgungsbeginn des einen Ehegatten liegt im Jahr 2008, der des anderen im Jahr 2009. Im Jahr 2013 verstirbt der Ehegatte, der bereits seit 2008 Versorgungsbezüge erhalten hatte. Dem überlebenden Ehegatten werden ab 2013 zusätzlich zu seinen eigenen Versorgungsbezügen i. H.v. monatlich 400 € Hinterbliebenenbezüge i. H.v. monatlich 250 € gezahlt.

Für die eigenen Versorgungsbezüge des überlebenden Ehegatten berechnen sich die Freibeträge für Versorgungsbezüge nach dem Jahr des Versorgungsbeginns 2009. Der Versorgungsfreibetrag beträgt demnach 33,6 % von 4800 € (= 400 € Monatsbezug × 12) = 1613 € (aufgerundet); der Zuschlag zum Versorgungsfreibetrag beträgt 756 €.

Für den Hinterbliebenenbezug sind mit Versorgungsbeginn im Jahr 2013 die Freibeträge für Versorgungsbezüge nach § 19 Abs. 2 Satz 7 EStG unter Zugrundelegung des maßgeblichen Prozentsatzes, des Höchstbetrags und des Zuschlags zum Versorgungsfreibetrag des verstorbenen Ehegatten zu ermitteln (siehe dazu Rz. 180 bis 183). Für die Berechnung sind also die Beträge des maßgebenden Jahres 2008 zugrunde zu legen. Der Versorgungsfreibetrag für die Hinterbliebenenbezüge beträgt demnach 35,2 % von 3000 € (= 250 € Monatsbezug × 12) = 1056 €; der Zuschlag zum Versorgungsfreibetrag beträgt 792 €.

Die Summe der Versorgungsfreibeträge ab 2013 beträgt (1613 € zuzügl. 1056 €) 2669 €.

Der insgesamt berücksichtigungsfähige Höchstbetrag bestimmt sich nach dem Jahr des Beginns des ersten Versorgungsbezugs (2008: 2640 €). Da der Höchstbetrag überschritten ist, ist der Versorgungsfreibetrag auf insgesamt 2640 € zu begrenzen. Auch die Summe der Zuschläge zum Versorgungsfreibetrag (756 € zuzügl. 792 €) 1548 € ist nach dem maßgebenden Jahr des Versorgungsbeginns (2008) auf insgesamt 792 € zu begrenzen.

## 7. Hinterbliebenenversorgung

180 Folgt ein Hinterbliebenenbezug einem Versorgungsbezug, bestimmen sich der Prozentsatz, der Höchstbetrag des Versorgungsfreibetrags und der Zuschlag zum Versorgungsfreibetrag für den Hinterbliebenenbezug nach dem Jahr des Beginns des Versorgungsbezugs des Verstorbenen (§ 19 Abs. 2 Satz 7 EStG). Bei Bezug von Witwen- oder Waisengeld ist für die Berechnung der Freibeträge für Versorgungsbezüge das Jahr des Versorgungsbeginns des Verstorbenen maßgebend, der diesen Versorgungsanspruch zuvor begründete.

**Beispiel:** 181

Im Oktober 2012 verstirbt ein 67-jähriger Ehegatte, der seit dem 63. Lebensjahr Versorgungsbezüge erhalten hat. Der überlebende Ehegatte erhält ab November 2012 Hinterbliebenenbezüge.

Für den verstorbenen Ehegatten sind die Freibeträge für Versorgungsbezüge bereits mit der Pensionsabrechnung für Januar 2008 (35,2 % der voraussichtlichen Versorgungsbezüge 2008, maximal 2640 € zuzügl. 792 € Zuschlag) festgeschrieben worden. Im Jahr 2012 sind die Freibeträge für Versorgungsbezüge des verstorbenen Ehegatten mit zehn Zwölfteln zu berücksichtigen. Für den überlebenden Ehegatten sind mit der Pensionsabrechnung für November 2012 eigene Freibeträge für Versorgungsbezüge zu ermitteln. Zugrunde gelegt werden dabei die hochgerechneten Hinterbliebenenbezüge (einschl. Sonderzahlungen). Darauf sind nach § 19 Abs. 2 Satz 7 EStG der maßgebliche Prozentsatz, der Höchstbetrag und der Zuschlag zum Versorgungsfreibetrag des verstorbenen Ehegatten (35,2 %, maximal 2640 € zuzügl. 792 € Zuschlag) anzuwenden. Im Jahr 2012 sind die Freibeträge für Versorgungsbezüge des überlebenden Ehegatten mit zwei Zwölfteln zu berücksichtigen.

182 Erhält ein Hinterbliebener Sterbegeld, stellt dieses gem. R 19.8 Abs. 1 Nr. 1 und R 19.9 Abs. 3 Nr. 3 LStR ebenfalls einen Versorgungsbezug dar. Für das Sterbegeld gelten zur Berechnung der Freibeträge für Versorgungsbezüge ebenfalls der Prozentsatz, der Höchstbetrag und der Zuschlag zum Versorgungsfreibetrag des Verstorbenen. Das Sterbegeld darf als Leistung aus Anlass des Todes die Berechnung des Versorgungsfreibetrags für etwaige sonstige Hinterbliebenenbezüge nicht beeinflussen und ist daher nicht in deren Be-

rechnungsgrundlage einzubeziehen. Das Sterbegeld ist vielmehr als eigenständiger – zusätzlicher – Versorgungsbezug zu behandeln. Die Zwölftelungsregelung ist für das Sterbegeld nicht anzuwenden. Als Bemessungsgrundlage für die Freibeträge für Versorgungsbezüge ist die Höhe des Sterbegeldes im Kalenderjahr anzusetzen, unabhängig von der Zahlungsweise und Berechnungsart.

183 **Beispiel:**

Im April 2012 verstirbt ein Ehegatte, der zuvor seit 2007 Versorgungsbezüge i. H.v. 1500 € monatlich erhalten hat. Der überlebende Ehegatte erhält ab Mai 2012 laufende Hinterbliebenenbezüge i. H.v. 1200 € monatlich. Daneben wird ihm einmalig Sterbegeld i. H.v. zwei Monatsbezügen des verstorbenen Ehegatten, also 3000 € gezahlt.

Laufender Hinterbliebenenbezug:

Monatsbetrag 1200 € × 12 = 14 400 €. Auf den hochgerechneten Jahresbetrag werden der für den Verstorbenen maßgebende Prozentsatz und Höchstbetrag des Versorgungsfreibetrags (2007), zuzügl. des Zuschlags von 828 € angewandt. Das bedeutet im vorliegenden Fall 14 400 € × 36,8 % = 5300 € (aufgerundet), höchstens 2760 €. Da der laufende Hinterbliebenenbezug nur für acht Monate gezahlt wurde, erhält der überlebende Ehegatte 8/12 dieses Versorgungsfreibetrags, 2760 € : 12 = 230 € × 8 = 1840 €. Der Versorgungsfreibetrag für den laufenden Hinterbliebenenbezug beträgt somit 1840 €, der Zuschlag zum Versorgungsfreibetrag 552 € (8/12 von 828 €).

Sterbegeld:

Gesamtbetrag des Sterbegelds 2 × 1500 € = 3000 €. Auf diesen Gesamtbetrag von 3000 € werden ebenfalls der für den Verstorbenen maßgebende Prozentsatz und Höchstbetrag des Versorgungsfreibetrags (2007), zuzügl. des Zuschlags von 828 € angewandt, 3000 € × 36,8 % = 1104 €. Der Versorgungsfreibetrag für das Sterbegeld beträgt 1104 €, der Zuschlag zum Versorgungsfreibetrag 828 €.

Beide Versorgungsfreibeträge ergeben zusammen einen Betrag von 2944 €, auf den der insgesamt berücksichtigungsfähige Höchstbetrag nach dem maßgebenden Jahr 2007 anzuwenden ist. Der Versorgungsfreibetrag für den laufenden Hinterbliebenenbezug und das Sterbegeld zusammen beträgt damit 2760 €. Dazu kommt der Zuschlag zum Versorgungsfreibetrag von insgesamt 828 €.

## 8. Berechnung des Versorgungsfreibetrags im Falle einer Kapitalauszahlung/Abfindung

184 Wird anstelle eines monatlichen Versorgungsbezugs eine Kapitalauszahlung/Abfindung an den Versorgungsempfänger gezahlt, so handelt es sich um einen sonstigen Bezug. Für die Ermittlung der Freibeträge für Versorgungsbezüge ist das Jahr des Versorgungsbeginns zugrunde zu legen, die Zwölftelungsregelung ist für diesen sonstigen Bezug nicht anzuwenden. Bemessungsgrundlage ist der Betrag der Kapitalauszahlung/Abfindung im Kalenderjahr.

185[1)] **Beispiel 1:**

Dem Versorgungsempfänger wird im Jahr 2012 eine Abfindung i. H.v. 10 000 € gezahlt. Der Versorgungsfreibetrag beträgt (28,8 % von 10 000 € = 2880 €, höchstens) 2160 €; der Zuschlag zum Versorgungsfreibetrag beträgt 648 €.

**Beispiel 2:**

Der Versorgungsempfänger vollendet sein 63. Lebensjahr am 1. September 2015. Bereits seit August 2012 bezieht er Versorgungsleistungen des Arbeitgebers aus einer Direktzusage. Die Versorgungsbezüge werden als (Teil-)Kapitalauszahlungen in jährlichen Raten von 4800 € gewährt, erstmals am 1. August 2012.

Das Jahr des Versorgungsbeginns ist das Jahr 2015, denn erstmals in 2015 besteht kumulativ ein Anspruch auf die Bezüge und das 63. Lebensjahr ist vollendet (vgl. Rz. 171 a). Für 2015 sind jedoch keine Freibeträge für Versorgungsbezüge zu berücksichtigen, da die Ratenzahlung am 1. August 2015 vor Vollendung des 63. Lebensjahres geleistet wird. Der nach dem Versorgungsbeginn in 2015 maßgebende und ab 2016 zu berücksichtigende Versorgungsfreibetrag beträgt 1152 € (24,0 % von 4800 €, höchstens 1800 €); der ab 2016 zu berücksichtigende Zuschlag zum

[1)] Beispiele 2 bis 4 zu Rz. 185 angef. durch BMF v. 10. 4. 2015, BStBl. I S. 256.

Versorgungsfreibetrag beträgt 540 €; eine Zwölftelung ist nicht vorzunehmen, da es sich bei den Versorgungsbezügen um (Teil-)Kapitalauszahlungen handelt (vgl. Rz. 184). In den Jahren 2012 bis 2015 werden keine Freibeträge für Versorgungsbezüge berücksichtigt, da der Versorgungsempfänger erst im Jahr 2016 im Zeitpunkt der Zahlung der Ratenzahlung am 1. August 2016 sein 63. Lebensjahr vollendet hat.

**Beispiel 3:**

Der Versorgungsempfänger vollendet sein 63. Lebensjahr am 1. August 2014. Er könnte ab diesem Zeitpunkt monatliche Versorgungsleistungen des Arbeitgebers aus einer Direktzusage beziehen. Der Versorgungsempfänger entscheidet sich stattdessen für jährliche (Teil-)Kapitalauszahlungen von 4800 €. Die erste Rate wird am 1. Februar 2015 ausgezahlt.

Das Jahr des Versorgungsbeginns ist das Jahr 2014, denn erstmals in 2014 besteht kumulativ ein Anspruch auf die Bezüge und das 63. Lebensjahr ist vollendet (vgl. Rz. 171 a). Der ab 2015 zu berücksichtigende Versorgungsfreibetrag beträgt aufgerundet 1229 € (25,6 % von 4800 €, höchstens 1920 €); der ab 2015 zu berücksichtigende Zuschlag zum Versorgungsfreibetrag beträgt 576 €; eine Zwölftelung ist nicht vorzunehmen, da es sich bei den Versorgungsbezügen um (Teil-)Kapitalauszahlungen handelt (vgl. Rz. 184). Im Jahr 2014 werden mangels Zuflusses keine Freibeträge für Versorgungsbezüge berücksichtigt.

**Beispiel 4:**

Der Versorgungsempfänger vollendet sein 63. Lebensjahr am 1. August 2014. Er könnte ab diesem Zeitpunkt monatliche Versorgungsleistungen des Arbeitgebers aus einer Direktzusage beziehen. Der Versorgungsempfänger entscheidet sich jedoch dafür, die Versorgungsleistungen erst ab dem 1. August 2015 in Anspruch zu nehmen, um höhere Versorgungsleistungen zu erhalten. Er wählt dabei jährliche (Teil-)Kapitalauszahlungen von 4800 €. Die erste Rate wird am 1. Februar 2016 ausgezahlt.

Das Jahr des Versorgungsbeginns ist das Jahr 2015, denn erstmals im Jahr 2015 besteht kumulativ ein Anspruch auf die Bezüge und das 63. Lebensjahr ist vollendet (vgl. Rz. 171 a). Der ab 2016 zu berücksichtigende Versorgungsfreibetrag beträgt aufgerundet 1152 € (24 % von 4800 €, höchstens 1800 €); der ab 2016 zu berücksichtigende Zuschlag zum Versorgungsfreibetrag beträgt 540 €; eine Zwölftelung ist nicht vorzunehmen, da es sich bei den Versorgungsbezügen um (Teil-)Kapitalauszahlung handelt (vgl. Rz. 184). Im Jahr 2015 werden mangels Zuflusses keine Freibeträge für Versorgungsbezüge berücksichtigt.

Bei Zusammentreffen mit laufenden Bezügen darf der Höchstbetrag, der sich nach dem Jahr des Versorgungsbeginns bestimmt, nicht überschritten werden (siehe dazu Beispiele in Rz. 181 und 183 zum Sterbegeld). **186**

Die gleichen Grundsätze gelten auch, wenn Versorgungsbezüge in einem späteren Kalenderjahr nachgezahlt oder berichtigt werden. **187**

## 9. Zusammentreffen von Versorgungsbezügen (§ 19 EStG) und Rentenleistungen (§ 22 EStG)

Die Frei- und Pauschbeträge sind für jede Einkunftsart gesondert zu berechnen. Ein Lohnsteuerabzug ist nur für Versorgungsbezüge vorzunehmen. **188**

## IV. Aufzeichnungs- und Bescheinigungspflichten

Nach § 4 Abs. 1 Nr. 4 LStDV hat der Arbeitgeber im Lohnkonto des Arbeitnehmers in den Fällen des § 19 Abs. 2 EStG die für die zutreffende Berechnung des Versorgungsfreibetrags und des Zuschlags zum Versorgungsfreibetrag erforderlichen Angaben aufzuzeichnen. Aufzuzeichnen sind die Bemessungsgrundlage für den Versorgungsfreibetrag (Jahreswert, Rz. 171), das Jahr des Versorgungsbeginns und die Zahl der Monate (Zahl der Zwölftel), für die Versorgungsbezüge gezahlt werden. Bei mehreren Versorgungsbezügen sind die Angaben für jeden Versorgungsbezug getrennt aufzuzeichnen, soweit die maßgebenden Versorgungsbeginne in unterschiedliche Kalenderjahre fallen (vgl. Rz. 177). Demnach können z. B. alle Versorgungsbezüge mit Versorgungsbeginn bis zum Jahre 2005 zusammengefasst werden. Zu den **189**

Bescheinigungspflichten wird auf die jährlichen BMF-Schreiben zu den Lohnsteuerbescheinigungen hingewiesen[1)].

## C. Besteuerung von Einkünften gem. § 22 Nr. 1 Satz 3 Buchst. a EStG

### I. Allgemeines

**190** Leibrenten und andere Leistungen aus den gesetzlichen Rentenversicherungen, der landwirtschaftlichen Alterskasse, den berufsständischen Versorgungseinrichtungen und aus Leibrentenversicherungen i. S. d. § 10 Abs. 1 Nr. 2 Satz 1 Buchst. b EStG (vgl. *Rz. 8 bis 31*[2)]) werden innerhalb eines bis in das Jahr 2039 reichenden Übergangszeitraums in die vollständige nachgelagerte Besteuerung überführt (§ 22 Nr. 1 Satz 3 Buchst. a Doppelbuchst. aa EStG). Diese Regelung gilt sowohl für Leistungen von inländischen als auch von ausländischen Versorgungsträgern.

**191** Eine Nachzahlung aus der gesetzlichen Rentenversicherung, die dem Empfänger nach dem 31. Dezember 2004 zufließt, wird nach § 22 Nr. 1 Satz 3 Buchst. a Doppelbuchst. aa EStG mit dem Besteuerungsanteil besteuert, auch wenn sie für einen Zeitraum vor dem 1. Januar 2005 gezahlt wird (BFH vom 13. April 2011, BStBl. II S. 915). Dies gilt entsprechend für eine Nachzahlung aus der landwirtschaftlichen Alterskasse und den berufsständischen Versorgungseinrichtungen. Es ist zu prüfen, ob § 34 Abs. 1 EStG Anwendung findet. Die Tarifermäßigung ist grundsätzlich auch auf Nachzahlungen von Renten i. S. d. § 22 Nr. 1 EStG anwendbar, soweit diese nicht auf den laufenden VZ entfallen (R 34.4 Abs. 1 EStR 2012).

**192** Ist wegen rückwirkender Zubilligung einer Rente der Anspruch auf eine bisher gewährte Sozialleistung (z. B. auf Krankengeld, Arbeitslosengeld oder Sozialhilfe) ganz oder teilweise weggefallen und steht dem Leistenden deswegen gegenüber dem Rentenversicherungsträger (z. B. nach § 103 des Zehnten Buches Sozialgesetzbuch) ein Erstattungsanspruch zu, sind die bisher gezahlten Sozialleistungen in Höhe dieses Erstattungsanspruchs als Rentenzahlungen anzusehen. Die Rente ist dem Leistungsempfänger insoweit im Zeitpunkt der Zahlung dieser Sozialleistungen zugeflossen. Die Besteuerungsgrundsätze des § 22 Nr. 1 Satz 3 Buchst. a EStG gelten hierbei entsprechend. Sofern die Sozialleistungen dem Progressionsvorbehalt nach § 32 b EStG unterlegen haben, ist dieser rückgängig zu machen, soweit die Beträge zu einer Rente umgewidmet werden (R 32 b Abs. 4 EStR).

**193** Bei den übrigen Leibrenten erfolgt die Besteuerung auch weiterhin mit dem Ertragsanteil (§ 22 Nr. 1 Satz 3 Buchst. a Doppelbuchst. bb EStG ggf. i. V. m. § 55 Abs. 2 EStDV; vgl. Rz. 236 und 237), es sei denn, es handelt sich um nach dem 31. Dezember 2004 abgeschlossene Rentenversicherungen, bei denen keine lebenslange Rentenzahlung vereinbart und erbracht wird. In diesen Fällen wird die Besteuerung im Wege der Ermittlung des Unterschiedsbetrags nach § 20 Abs. 1 Nr. 6 EStG vorgenommen. Die Regelungen in § 22 Nr. 5 EStG bleiben unberührt (vgl. insoweit auch BMF-Schreiben vom 24. Juli 2013, BStBl. I S. 1022[3)].

---

1) Nr. **20** § 41b /1.

2) **Red. Anm.:** Siehe nunmehr BMF v. 24. 5. 2017, BStBl. I S. 820, Rz. 10 bis 42 (Nr. **1** § 10/ 11).

3) Nr. **1** § 79/1.

Für Leibrenten und andere Leistungen i. S. v. § 22 Nr. 1 Satz 3 Buchst. a EStG sind nach § 22 a EStG Rentenbezugsmitteilungen zu übermitteln. Einzelheiten hierzu sind durch BMF-Schreiben vom 7. Dezember 2011, BStBl. I S. 1223[1], geregelt. 194

## II. Leibrenten und andere Leistungen i. S. d. § 22 Nr. 1 Satz 3 Buchst. a Doppelbuchst. aa EStG

### 1. Leistungen aus den gesetzlichen Rentenversicherungen, aus der landwirtschaftlichen Alterskasse und aus den berufsständischen Versorgungseinrichtungen

§ 22 Nr. 1 Satz 3 Buchst. a Doppelbuchst. aa EStG erfasst alle Leistungen unabhängig davon, ob sie als Rente oder Teilrente (z. B. Altersrente, Erwerbsminderungsrente, Hinterbliebenenrente als Witwen- oder Witwerrente, Waisenrente oder Erziehungsrente) oder als einmalige Leistung (z. B. Sterbegeld oder Abfindung von Kleinbetragsrenten) ausgezahlt werden. 195

#### a) Besonderheiten bei Leibrenten und anderen Leistungen aus den gesetzlichen Rentenversicherungen

Zu den Leistungen i. S. d. § 22 Nr. 1 Satz 3 Buchst. a Doppelbuchst. aa EStG gehören auch Zusatzleistungen und andere Leistungen. Dazu zählen nicht Zinsen auf Rentennachzahlungen. Diese gehören gemäß § 20 Abs. 1 Nr. 7 EStG zu den Einkünften aus Kapitalvermögen (BFH vom 9. Juni 2015 VIII R 18/12, BStBl. 2016 II S. 523). 196[2]

§ 22 Nr. 1 Satz 3 Buchst. a Doppelbuchst. aa EStG gilt nicht für steuerfreie Einnahmen wie z. B. 197[3]

- Leistungen aus der gesetzlichen Unfallversicherung wie z. B. Berufsunfähigkeits- oder Erwerbsminderungsrenten der Berufsgenossenschaft (§ 3 Nr. 1 Buchst. a EStG),
- Sachleistungen und Kinderzuschüsse (§ 3 Nr. 1 Buchst. b EStG),
- Übergangsgelder nach dem SGB VI (§ 3 Nr. 1 Buchst. c EStG),
- die Erstattung von freiwilligen Beiträgen im Zusammenhang mit Nachzahlungen von Beiträgen in besonderen Fällen (§§ 204, 205 und 207 des SGB VI) sowie die Erstattung der vom Versicherten zu Unrecht geleisteten Beiträge nach § 26 SGB IV (§ 3 Nr. 3 Buchst. b EStG),
- Ausgleichszahlungen nach § 86 Bundesversorgungsgesetz (§ 3 Nr. 6 EStG),
- Renten, die als Entschädigungsleistungen aufgrund gesetzlicher Vorschriften – insbesondere des Bundesentschädigungsgesetzes – zur Wiedergutmachung nationalsozialistischen Unrechts gewährt werden (§ 3 Nr. 8 EStG),
- Renten wegen Alters und wegen verminderter Erwerbsfähigkeit aus der gesetzlichen Rentenversicherung, die an Verfolgte i. S. d. § 1 des Bundesentschädigungsgesetzes gezahlt werden, wenn rentenrechtliche Zeiten aufgrund der Verfolgung in der Rente enthalten sind. Renten wegen Todes aus der gesetzlichen Rentenversicherung, wenn der verstorbene Versicherte Verfolgter i. S. d. § 1 des Bundesentschädigungsgesetzes war und wenn

[1] Nr. 1 § 22 a/1.

[2] Rz. 196 neu gef. mW ab VZ 2016 durch BMF v. 4. 7. 2016, BStBl. I S. 645.

[3] Rz. 197 neu gef. mW ab 10.11.2021 (Zeitpunkt der Bekanntgabe im BStBl. 2021 I Nr. 19) durch BMF v. 28. 9. 2021, BStBl. I S. 1831.

rentenrechtliche Zeiten aufgrund der Verfolgung in dieser Rente enthalten sind (§ 3 Nr. 8 a EStG),

– Zuschüsse zur freiwilligen oder privaten Krankenversicherung (§ 3 Nr. 14 EStG),

– die aufgrund eines Abkommens mit einer zwischen- oder überstaatlichen Einrichtung zur Begründung von Anrechten auf Altersversorgung übertragenen Werte bei einer zwischen- oder überstaatlichen Einrichtung (§ 3 Nr. 55 e EStG),

– Leistungen nach den §§ 294 bis 299 SGB VI für Kindererziehung an Mütter der Geburtsjahrgänge vor 1921 (§ 3 Nr. 67 EStG); aus Billigkeitsgründen gehören dazu auch Leistungen nach § 294 a Satz 2 SGB VI für Kindererziehung an Mütter der Geburtsjahrgänge vor 1927, die am 18. Mai 1990 ihren gewöhnlichen Aufenthalt im Beitrittsgebiet und am 31. Dezember 1991 keinen eigenen Anspruch auf Rente aus eigener Versicherung hatten.

**198** Renten i. S. d. § 9 Anspruchs- und Anwartschaftsüberführungsgesetz – AAÜG – werden zwar von der Deutschen Rentenversicherung Bund ausgezahlt, es handelt sich jedoch nicht um Leistungen aus der gesetzlichen Rentenversicherung. Die Besteuerung erfolgt nach § 22 Nr. 1 Satz 3 Buchst. a Doppelbuchst. bb EStG ggf. i. V. m. § 55 Abs. 2 EStDV, soweit die Rente nicht nach § 3 Nr. 6 EStG steuerfrei ist.

**199**[1)] Die Ruhegehälter, die ehemaligen Bediensteten in internationalen Organisationen gezahlt werden, unterliegen der Besteuerung nach § 22 Nr. 1 Satz 3 Buchst. a Doppelbuchst. aa EStG, sofern es sich bei dem Alterssicherungssystem der jeweiligen Organisation um ein System handelt, das mit der inländischen gesetzlichen Rentenversicherung vergleichbar ist; Rz. 168 Satz 2 bis 5 ist zu beachten. Hierzu gehören z. B.:

– Bank für Internationalen Zahlungsausgleich (BIZ),

– Europäische Investitionsbank (EIB),

– Europäische Organisation für astronomische Forschung in der südlichen Hemisphäre (ESO),

– Europäische Organisation für Kernforschung (CERN),

– Europäisches Laboratorium für Molekularbiologie (EMBL),

– Vereinte Nationen (VN).

### b) Besonderheiten bei Leibrenten und anderen Leistungen aus der landwirtschaftlichen Alterskasse

**200** Die Renten wegen Alters, wegen Erwerbsminderung und wegen Todes nach dem Gesetz über die Alterssicherung der Landwirte – ALG – gehören zu den Leistungen i. S. d. § 22 Nr. 1 Satz 3 Buchst. a Doppelbuchst. aa EStG.

**201** Steuerfrei sind z. B. Sachleistungen nach dem ALG (§ 3 Nr. 1 Buchst. b EStG), Geldleistungen nach den §§ 10, 36 bis 39 ALG (§ 3 Nr. 1 Buchst. c EStG) sowie Beitragserstattungen nach den §§ 75 und 117 ALG (§ 3 Nr. 3 Buchst. b EStG).

[1)] Rz. 199 neu gef. durch BMF v. 10.1.2022, BStBl. I S. 36.

### c) Besonderheiten bei Leibrenten und anderen Leistungen aus den berufsständischen Versorgungseinrichtungen

Leistungen aus berufsständischen Versorgungseinrichtungen werden nach § 22 Nr. 1 Satz 3 Buchst. a Doppelbuchst. aa EStG besteuert, unabhängig davon, ob die Beiträge als Sonderausgaben nach § 10 Abs. 1 Nr. 2 Satz 1 Buchst. a EStG berücksichtigt wurden. Die Besteuerung erfolgt auch dann nach § 22 Nr. 1 Satz 3 Buchst. a Doppelbuchst. aa EStG, wenn die berufsständische Versorgungseinrichtung keine den gesetzlichen Rentenversicherungen vergleichbaren Leistungen erbringt. 202

Unselbständige Bestandteile der Rente (z. B. Kinderzuschüsse) werden zusammen mit der Rente nach § 22 Nr. 1 Satz 3 Buchst. a Doppelbuchst. aa EStG besteuert (vgl. *BFH vom 13. August 2011, BStBl. 2012 II S. 312*[1]). 203

Einmalige Leistungen (z. B. Kapitalauszahlungen, Sterbegeld, Abfindung von Kleinbetragsrenten) unterliegen ebenfalls der Besteuerung nach § 22 Nr. 1 Satz 3 Buchst. a Doppelbuchst. aa EStG. Das gilt auch für Kapitalzahlungen, bei denen die erworbenen Anwartschaften auf Beiträgen beruhen, die vor dem 1. Januar 2005 erbracht worden sind. Es ist zu prüfen, ob unter Berücksichtigung der vom BFH aufgestellten Grundsätze (BFH-Urteile vom 23. Oktober 2013 X R 33/10 und X R 3/12, BStBl. 2014 II S. 58) § 34 Abs. 1 EStG Anwendung findet. 204[2]

Gemäß § 3 Nr. 3 Buchst. c EStG sind die Leistungen aus berufsständischen Versorgungseinrichtungen, die den Leistungen nach § 3 Nr. 3 Buchst. a und b EStG entsprechen, steuerfrei. Hierbei kommt es darauf an, dass die Leistungen als solche vergleichbar sind und sich ihrer Art nach entsprechen („Wesensgleichheit“, vgl. BFH vom 10. Oktober 2017, BStBl. 2021 II S. 746). Es ist nicht erforderlich, dass sie auf der Grundlage identischer Voraussetzungen erbracht werden. Sind diese – entsprechend Rz. 202 bis 204 steuerbaren – Leistungen gemäß § 3 Nr. 3 Buchst. c EStG steuerfrei, erfolgt keine Korrektur des Sonderausgabenabzugs der korrespondierenden Beiträge. 205[3]

Eine Steuerfreiheit liegt z. B. in folgenden Fällen vor:

- Witwen- und Witwerrentenabfindungen bei der ersten Wiederheirat (§ 3 Nr. 3 Buchst. c EStG i.V.m. § 3 Nr. 3 Buchst. a EStG).
- Beitragserstattungen (§ 3 Nr. 3 Buchst. c EStG i.V.m. § 3 Nr. 3 Buchst. b EStG) im Falle der Beendigung der Mitgliedschaft in der berufsständischen Versorgungseinrichtung, wenn höchstens die Beiträge abzüglich des steuerfreien Arbeitgeberanteils bzw. -zuschusses (§ 3 Nr. 62 EStG) nominal erstattet werden. Dies gilt auch für Beitragserstattungen, die nach Begründung einer erneuten Versicherungspflicht in einer berufsständischen Versorgungseinrichtung aufgrund der Beendigung dieser Mitgliedschaft geleistet werden.

  Werden bis zu 60 % der für den Versicherten geleisteten Beiträge erstattet, kann die Erstattung aus Vereinfachungsgründen insgesamt als steuerfreie Beitragserstattung behandelt werden. Werden mehr als 60 % der für den Versicherten geleisteten Beiträge erstattet, ist die Beitragserstattung bei Vor-

[1] Muss wohl richtig lauten: BFH vom 31. August 2011, BStBl. 2012 II S. 312.

[2] Rz. 204 neu gef. mWv 1. 1. 2014 durch BMF v. 10. 1. 2014, BStBl. I S. 70.

[3] Rz. 205 neu gef. mW ab 10.11.2021 (Zeitpunkt der Bekanntgabe im BStBl. 2021 I Nr. 19) durch BMF v. 28. 9. 2021, BStBl. I S. 1831.

lage eines Nachweises in dem Umfang steuerfrei, in dem sie auf eigenen Beiträgen des Versicherten beruht.
Basiert die Beitragserstattung ganz oder teilweise auf freiwilligen Beiträgen des Versicherten, ist dies unschädlich.

**2. Leibrenten und andere Leistungen aus Rentenversicherungen i. S. d. § 10 Abs. 1 Nr. 2 Satz 1 Buchst. b EStG**

**206** Leistungen aus Rentenversicherungen i. S. d. § 10 Abs. 1 Nr. 2 Satz 1 Buchst. b EStG (vgl. *Rz. 8 ff.*[1]) unterliegen der nachgelagerten Besteuerung gem. § 22 Nr. 1 Satz 3 Buchst. a Doppelbuchst. aa EStG.

**207** Für Renten aus Rentenversicherungen, die nicht den Voraussetzungen des § 10 Abs. 1 Nr. 2 Satz 1 Buchst. b EStG entsprechen – insbesondere für Renten aus Verträgen i. S. d. § 10 Abs. 1 Nr. 3 a EStG –, bleibt es bei der Ertragsanteilsbesteuerung (vgl. insoweit Rz. 212 ff.), es sei denn, es handelt sich um nach dem 31. Dezember 2004 abgeschlossene Rentenversicherungen, bei denen keine lebenslange Rentenzahlung vereinbart und erbracht wird. Dann erfolgt die Besteuerung nach § 20 Abs. 1 Nr. 6 EStG im Wege der Ermittlung des Unterschiedsbetrags. Die Regelungen in § 22 Nr. 5 EStG bleiben unberührt (vgl. BMF-Schreiben vom 24. Juli 2013, BStBl. I S. 1022[2]).

**208** Wird ein Rentenversicherungsvertrag mit Versicherungsbeginn nach dem 31. Dezember 2004, der die Voraussetzungen des § 10 Abs. 1 Nr. 2 Satz 1 Buchst. b EStG nicht erfüllt, in einen zertifizierten Basisrentenvertrag umgewandelt, führt dies zur Beendigung des bestehenden Vertrags – mit den entsprechenden steuerlichen Konsequenzen – und zum Abschluss eines neuen Basisrentenvertrags im Zeitpunkt der Umstellung. Die Beiträge einschließlich des aus dem Altvertrag übertragenen Kapitals können im Rahmen des Sonderausgabenabzugs nach § 10 Abs. 1 Nr. 2 Satz 1 Buchst. b EStG berück-

*(Fortsetzung nächstes Blatt)*

[1] Siehe nunmehr BMF v. 24. 5. 2017, BStBl. I S. 820, Rz. 10 ff. (Nr. **1** § 10/11).
[2] Nr. **1** § 79/1.

sichtigt werden. Die sich aus dem Basisrentenvertrag ergebenden Leistungen unterliegen insgesamt der Besteuerung nach § 22 Nr. 1 Satz 3 Buchst. a Doppelbuchst. aa EStG.

Wird ein Kapitallebensversicherungsvertrag in einen zertifizierten Basisrentenvertrag umgewandelt, führt auch dies zur Beendigung des bestehenden Vertrags – mit den entsprechenden steuerlichen Konsequenzen – und zum Abschluss eines neuen Basisrentenvertrags im Zeitpunkt der Umstellung. Die Beiträge einschließlich des aus dem Altvertrag übertragenen Kapitals können im Rahmen des Sonderausgabenabzugs nach § 10 Abs. 1 Nr. 2 Satz 1 Buchst. b EStG berücksichtigt werden. Die sich aus dem Basisrentenvertrag ergebenden Leistungen unterliegen insgesamt der Besteuerung nach § 22 Nr. 1 Satz 3 Buchst. a Doppelbuchst. aa EStG. **209**

Wird entgegen der ursprünglichen vertraglichen Vereinbarung (vgl. *Rz. 9 und 14*[1]) ein zertifizierter Basisrentenvertrag in einen Vertrag umgewandelt, der die Voraussetzungen des § 10 Abs. 1 Nr. 2 Satz 1 Buchst. b EStG nicht erfüllt, ist steuerlich von einem neuen Vertrag auszugehen. Wird dabei die auf den „alten" Vertrag entfallende Versicherungsleistung ganz oder teilweise auf den „neuen" Vertrag angerechnet, fließt die angerechnete Versicherungsleistung dem Versicherungsnehmer zu und unterliegt im Zeitpunkt der Umwandlung des Vertrags der Besteuerung nach § 22 Nr. 1 Satz 3 Buchst. a Doppelbuchst. aa EStG. Ist die Umwandlung als Missbrauch von rechtlichen Gestaltungsmöglichkeiten (§ 42 AO) anzusehen, z. B. Umwandlung innerhalb kurzer Zeit nach Vertragsabschluss ohne erkennbaren sachlichen Grund, ist für die vor der Umwandlung geleisteten Beiträge der Sonderausgabenabzug nach § 10 Abs. 1 Nr. 2 Satz 1 Buchst. b EStG zu versagen oder rückgängig zu machen. **210**

Werden Ansprüche des Leistungsempfängers aus einem Versicherungsvertrag mit Versicherungsbeginn nach dem 31. Dezember 2004, der die Voraussetzungen des § 10 Abs. 1 Nr. 2 Satz 1 Buchst. b EStG erfüllt, unmittelbar auf einen anderen Vertrag des Leistungsempfängers bei einem anderen Unternehmen übertragen, gilt die Versicherungsleistung nicht als dem Leistungsempfänger zugeflossen, wenn der neue Vertrag nach § 5 a AltZertG zertifiziert ist. Sie unterliegt daher im Zeitpunkt der Übertragung nicht der Besteuerung (§ 3 Nr. 55 d EStG). **211**

## III. Leibrenten und andere Leistungen i. S. d. § 22 Nr. 1 Satz 3 Buchst. a Doppelbuchst. bb EStG

Der Anwendungsbereich des § 22 Nr. 1 Satz 3 Buchst. a Doppelbuchst. bb EStG umfasst diejenigen Leibrenten und anderen Leistungen, die nicht bereits unter Doppelbuchst. aa der Vorschrift (vgl. Rz. 195 ff.) oder § 22 Nr. 5 EStG einzuordnen sind, wie Renten aus **212**

- Rentenversicherungen, die nicht den Voraussetzungen des § 10 Abs. 1 Nr. 2 Satz 1 Buchst. b EStG entsprechen, weil sie z. B. eine Teilkapitalisierung oder Einmalkapitalauszahlung (Kapitalwahlrecht) oder einen Rentenbeginn vor Vollendung des 62. Lebensjahres vorsehen (bei vor dem 1. Januar 2012 abgeschlossenen Verträgen ist regelmäßig die Vollendung des 60. Lebensjahres maßgebend) oder die Laufzeit der Versicherung vor dem 1. Januar 2005 begonnen hat, oder
- Verträgen i. S. d. § 10 Abs. 1 Nr. 3 a EStG.

---

[1] Siehe nunmehr BMF v. 24. 5. 2017, BStBl. I S. 820, Rz. 11 bis 15 (Nr. **1** § 10/11).

Bei nach dem 31. Dezember 2004 abgeschlossenen Rentenversicherungen muss eine lebenslange Rentenzahlung vereinbart und erbracht werden.

213 Werden neben einer Grundrente Überschussbeteiligungen in Form einer Bonusrente gezahlt, so ist der gesamte Auszahlungsbetrag mit einem einheitlichen Ertragsanteil der Besteuerung zu unterwerfen. Mit der Überschussbeteiligung in Form einer Bonusrente wird kein neues Rentenrecht begründet (R 22.4 Abs. 1 Satz 2 EStR; BFH vom 22. August 2012, BStBl. 2013 II S. 158). In der Mitteilung nach § 22 a EStG (bei Leistungen i. S. d. § 22 Nr. 5 Satz 2 Buchst. a EStG in der Mitteilung nach § 22 Nr. 5 Satz 7 EStG) ist der Betrag von Grund- und Bonusrente in einer Summe auszuweisen.

Dem § 22 Nr. 1 Satz 3 Buchst. a Doppelbuchst. bb EStG zuzuordnen sind auch abgekürzte Leibrenten, die nicht unter § 22 Nr. 1 Satz 3 Buchst. a Doppelbuchst. aa EStG fallen (z. B. private selbständige Erwerbsminderungsrente, Waisenrente aus einer privaten Versicherung, die die Voraussetzungen des § 10 Abs. 1 Nr. 2 Satz 1 Buchst. b EStG nicht erfüllt). Dies gilt bei Rentenversicherungen (vgl. Rz. 19 des BMF-Schreibens vom 1. Oktober 2009, BStBl. I S. 1172[1]) nur, wenn sie vor dem 1. Januar 2005 abgeschlossen wurden. 214

Auf Antrag des Steuerpflichtigen sind unter bestimmten Voraussetzungen auch Leibrenten und andere Leistungen i. S. d. § 22 Nr. 1 Satz 3 Buchst. a Doppelbuchst. aa EStG nach § 22 Nr. 1 Satz 3 Buchst. a Doppelbuchst. bb EStG zu versteuern (sog. Öffnungsklausel). Wegen der Einzelheiten hierzu vgl. die Ausführungen unter Rz. 238 ff. 215

## IV. Besonderheiten bei der betrieblichen Altersversorgung

Die Versorgungsleistungen einer Pensionskasse, eines Pensionsfonds oder aus einer Direktversicherung (z. B. Rente, Auszahlungsplan, Teilkapitalauszahlung, Einmalkapitalauszahlung) unterliegen der Besteuerung nach § 22 Nr. 5 EStG. Einzelheiten zur Besteuerung von Leistungen aus der betrieblichen Altersversorgung sind im BMF-Schreiben vom 24. Juli 2013, BStBl. I S. 1022, Rz. 369 ff.[2] geregelt. 216

## V. Durchführung der Besteuerung

### 1. Leibrenten und andere Leistungen i. S. d. § 22 Nr. 1 Satz 3 Buchst. a Doppelbuchst. aa EStG

#### a) Allgemeines

In der Übergangszeit bis zur vollständigen nachgelagerten Besteuerung unterliegt nur ein Teil der Leibrenten und anderen Leistungen der Besteuerung. In Abhängigkeit vom Jahresbetrag der Rente und dem Jahr des Rentenbeginns wird der steuerfreie Teil der Rente ermittelt, der grundsätzlich für die gesamte Laufzeit der Rente gilt. Diese Regelung bewirkt, dass Rentenerhöhungen, die auf einer regelmäßigen Rentenanpassung beruhen, vollständig nachgelagert besteuert werden. 217

#### b) Jahresbetrag der Rente

Bemessungsgrundlage für die Ermittlung des der Besteuerung unterliegenden Anteils der Rente ist der Jahresbetrag der Rente (§ 22 Nr. 1 Satz 3 Buchst. a Doppelbuchst. aa Satz 2 EStG). Jahresbetrag der Rente ist die Summe der im Kalenderjahr zugeflossenen Rentenbeträge einschließlich der bei Auszahlung einbehaltenen eigenen Beitragsanteile zur Kranken- und Pflegeversicherung. Steuerfreie Zuschüsse zu den Krankenversicherungsbeiträgen sind nicht Bestandteil des Jahresbetrags der Rente. Zum Jahresbetrag der Rente gehören auch die im Kalenderjahr zugeflossenen anderen Leistungen. Bei rückwirkender Zubilligung der Rente ist ggf. Rz. 192 dieses Schreibens und Rz. 48 des BMF-Schreibens vom 7. Dezember 2011 (BStBl. I S. 1223)[3] zu 218

[1] Nr. 1 § 20/12.
[2] Nr. 1 § 79/1.
[3] Nr. 1 § 22 a/1.

beachten. Eine Pfändung der Rente hat keinen Einfluss auf die Höhe des nach § 22 EStG zu berücksichtigenden Jahresbetrags der Rente. Dies gilt auch für Abtretungen.

### c) Bestimmung des Prozentsatzes

#### aa) Allgemeines

219 Der Prozentsatz in der Tabelle in § 22 Nr. 1 Satz 3 Buchst. a Doppelbuchst. aa Satz 3 EStG bestimmt sich grundsätzlich nach dem Jahr des Rentenbeginns.

220 Unter Beginn der Rente ist der Zeitpunkt zu verstehen, ab dem die Rente (ggf. nach rückwirkender Zubilligung) tatsächlich bewilligt wird (siehe Rentenbescheid).

221 Wird die bewilligte Rente bis auf 0 € gekürzt, z. B. weil eigene Einkünfte anzurechnen sind, steht dies dem Beginn der Rente nicht entgegen und unterbricht die Laufzeit der Rente nicht. Verzichtet der Rentenberechtigte in Kenntnis der Kürzung der Rente auf die Beantragung, beginnt die Rente jedoch nicht zu laufen, solange sie mangels Beantragung nicht dem Grunde nach bewilligt wird.

222 Fließt eine andere Leistung vor dem Beginn der Leibrente zu, bestimmt sich der Prozentsatz für die Besteuerung der anderen Leistung nach dem Jahr ihres Zuflusses, andernfalls nach dem Jahr des Beginns der Leibrente.

#### bb) Erhöhung oder Herabsetzung der Rente

223 Soweit Renten i. S. d. § 22 Nr. 1 Satz 3 Buchst. a Doppelbuchst. aa EStG später z. B. wegen Anrechnung anderer Einkünfte erhöht oder herabgesetzt werden, ist keine neue Rente anzunehmen. Gleiches gilt, wenn eine Teil-Altersrente in eine volle Altersrente oder eine volle Altersrente in eine Teil-Altersrente umgewandelt wird (§ 42 SGB VI). Für den erhöhten oder verminderten Rentenbetrag bleibt der ursprünglich ermittelte Prozentsatz maßgebend (zur Neuberechnung des Freibetrags vgl. Rz. 232 ff.).

#### cc) Besonderheiten bei Folgerenten aus derselben Versicherung oder demselben Vertrag

224 Renten aus derselben Versicherung oder demselben Vertrag liegen vor, wenn Renten auf ein und demselben Rentenrecht beruhen. Das ist beispielsweise der Fall, wenn eine Rente wegen voller Erwerbsminderung einer Rente wegen teilweiser Erwerbsminderung folgt oder umgekehrt, bei einer Altersrente, der eine (volle oder teilweise) Erwerbsminderungsrente vorherging, oder wenn eine kleine Witwen- oder Witwerrente einer großen Witwen- oder Witwerrente folgt und umgekehrt oder eine Altersrente einer Erziehungsrente folgt. Das gilt auch dann, wenn die Rentenempfänger nicht identisch sind wie z. B. bei einer Altersrente mit nachfolgender Witwen- oder Witwerrente oder Waisenrente. Leistungen aus Anrechten, die im Rahmen des Versorgungsausgleichs durch interne Teilung auf die ausgleichsberechtigte Person übertragen wurden oder die zu Lasten der Anrechte der ausgleichspflichtigen Person für die ausgleichberechtigte Person durch externe Teilung begründet wurden, stellen einen eigenen Rentenanspruch der ausgleichsberechtigten Person dar. Die Rente der ausgleichsberechtigten Person ist daher

keine Rente aus der Versicherung oder dem Vertrag der ausgleichspflichtigen Person.

225 Folgen nach dem 31. Dezember 2004 Renten aus derselben Versicherung oder demselben Vertrag einander nach, wird bei der Ermittlung des Prozentsatzes nicht der tatsächliche Beginn der Folgerente herangezogen. Vielmehr wird ein fiktives Jahr des Rentenbeginns ermittelt, indem vom tatsächlichen Rentenbeginn der Folgerente die Laufzeiten vorhergehender Renten abgezogen werden. Dabei darf der Prozentsatz von 50 % nicht unterschritten werden.

226 **Beispiel:**

A bezieht von Oktober 2003 bis Dezember 2006 (= 3 Jahre und 3 Monate) eine Erwerbsminderungsrente i. H.v. 1000 €. Anschließend ist er wieder erwerbstätig. Ab Februar 2013 erhält er seine Altersrente i. H.v. 2000 €.
In 2003 und 2004 ist die Erwerbsminderungsrente gem. § 55 Abs. 2 EStDV mit einem Ertragsanteil von 4 % zu versteuern, in 2005 und 2006 gem. § 22 Nr. 1 Satz 3 Buchst. a Doppelbuchst. aa EStG mit einem Besteuerungsanteil von 50 %. Der der Besteuerung unterliegende Teil für die ab Februar 2013 gewährte Altersrente ermittelt sich wie folgt:

| | |
|---|---|
| Rentenbeginn der Altersrente | Februar 2013 |
| abzügl. der Laufzeit der Erwerbsminderungsrente (3 Jahre und 3 Monate) | |
| = fiktiver Rentenbeginn | November 2009 |
| Besteuerungsanteil lt. Tabelle | 58 % |
| Jahresbetrag der Rente in 2013: 11 × 2000 € | 22 000 € |
| Betragsmäßiger Besteuerungsanteil (58 % von 22 000 €) | 12 760 € |

227 Renten, die vor dem 1. Januar 2005 geendet haben, werden nicht als vorhergehende Renten berücksichtigt und wirken sich daher auf die Höhe des Prozentsatzes für die Besteuerung der nachfolgenden Rente nicht aus.

228 **Abwandlung des Beispiels in Rz. 226:**

Die Erwerbsminderungsrente wurde von Oktober 2000 bis Dezember 2004 bezogen.
In diesem Fall folgen nicht nach dem 31. Dezember 2004 mehrere Renten aus derselben Versicherung einander nach mit der Folge, dass für die Ermittlung des Besteuerungsanteils für die Altersrente das Jahr 2013 maßgebend ist und folglich ein Besteuerungsanteil von 66 %.

229 Lebt eine wegen Wiederheirat des Berechtigten weggefallene Witwen- oder Witwerrente wegen Auflösung oder Nichtigerklärung der erneuten Ehe oder der erneuten Lebenspartnerschaft wieder auf (§ 46 Abs. 3 SGB VI), ist bei Wiederaufleben der Witwen- oder Witwerrente für die Ermittlung des Prozentsatzes nach § 22 Nr. 1 Satz 3 Buchst. a Doppelbuchst. aa Satz 3 EStG der Rentenbeginn des erstmaligen Bezugs maßgebend.

### d) Ermittlung des steuerfreien Teils der Rente

#### aa) Allgemeines

230 Nach § 22 Nr. 1 Satz 3 Buchst. a Doppelbuchst. aa Satz 4 und 5 EStG gilt der steuerfreie Teil der Rente für die gesamte Laufzeit des Rentenbezugs. Der steuerfreie Teil der Rente wird in dem Jahr ermittelt, das dem Jahr des Rentenbeginns folgt. Bei Renten, die vor dem 1. Januar 2005 begonnen haben, ist der steuerfreie Teil der Rente des Jahres 2005 maßgebend.

### bb) Bemessungsgrundlage für die Ermittlung des steuerfreien Teils der Rente

231 Bemessungsgrundlage für die Ermittlung des steuerfreien Teils der Rente ist der Jahresbetrag der Rente in dem Jahr, das dem Jahr des Rentenbeginns folgt. Bei Renten mit Rentenbeginn vor dem 1. Januar 2005 ist der Jahresbetrag der Rente des Jahres 2005 maßgebend. Zum Jahresbetrag der Rente vgl. Rz. 218.

### cc) Neuberechnung des steuerfreien Teils der Rente

232 Ändert sich der Jahresbetrag der Rente und handelt es sich hierbei nicht um eine regelmäßige Anpassung (z. B. jährliche Rentenerhöhung), ist der steuerfreie Teil der Rente auf der Basis des bisher maßgebenden Prozentsatzes mit der veränderten Bemessungsgrundlage neu zu ermitteln. Auch Rentennachzahlungen oder -rückzahlungen sowie der Wegfall des Kinderzuschusses zur Rente aus einer berufsständischen Versorgungseinrichtung können zu einer Neuberechnung des steuerfreien Teils der Rente führen. Ändert sich der Jahresbetrag einer Rente in ausländischer Währung aufgrund von Währungsschwankungen, führt die sich daraus ergebende Änderung des Jahresbetrags der Rente ebenfalls zu einer Neuberechnung des steuerfreien Teils der Rente.

233 Der steuerfreie Teil der Rente ist in dem Verhältnis anzupassen, in dem der veränderte Jahresbetrag der Rente zum Jahresbetrag der Rente steht, der der Ermittlung des bisherigen steuerfreien Teils der Rente zugrunde gelegen hat. Regelmäßige Anpassungen des Jahresbetrags der Rente bleiben dabei außer Betracht (§ 22 Nr. 1 Satz 3 Buchst. a Doppelbuchst. aa Satz 7 EStG). Die für die Berechnung erforderlichen Angaben ergeben sich aus der Rentenbezugsmitteilung (vgl. BMF-Schreiben vom 7. Dezember 2011, BStBl. I S. 1223[1]).

234 **Beispiel:**

R bezieht ab Mai 2010 eine monatliche Witwenrente aus der gesetzlichen Rentenversicherung (keine Folgerente) i. H.v. 1100 €. Die Rente wird aufgrund regelmäßiger Anpassungen zum 1. Juli 2010, zum 1. Juli 2011, zum 1. Juli 2012 und zum 1. Juli 2013 jeweils um 10 € erhöht. Wegen anderer Einkünfte wird die Rente ab August 2013 auf 830 € gekürzt.

| Rentenzeitraum | Monatsbetrag | Betrag im Zahlungszeitraum |
|---|---|---|
| 1. 5.–30. 6. 2010 | 1100,00 € | 2200,00 € |
| 1. 7.–31. 12. 2010 | 1110,00 € | 6660,00 € |
| **Jahresrente 2010** | | **8860,00 €** |
| 1. 1.–30. 6. 2011 | 1110,00 € | 6660,00 € |
| 1. 7.–31. 12. 2011 | 1120,00 € | 6720,00 € |
| **Jahresrente 2011** | | **13 380,00 €** |
| 1. 1.–30. 6. 2012 | 1120,00 € | 6720,00 € |
| 1. 7.–31. 12. 2012 | 1130,00 € | 6780,00 € |
| **Jahresrente 2012** | | **13 500,00 €** |
| 1. 1.–30. 6. 2013 | 1130,00 € | 6780,00 € |
| 1. 7.–31. 7. 2013 | 1140,00 € | 1140,00 € |
| 1. 8.–31. 12. 2013 | 830,00 € | 4150,00 € |
| **Jahresrente 2013** | | **12 070,00 €** |

[1] Nr. **1** § 22 a/1.

Dem Finanzamt liegen die folgenden Rentenbezugsmitteilungen vor:

| Jahr | Leistungsbetrag | Anpassungsbetrag |
|---|---|---|
| 2010 | 8860,00 € | 0,00 € |
| 2011 | 13 380,00 € | 0,00 € |
| 2012 | 13 500,00 € | 120,00 € |
| 2013 | 12 070,00 € | 206,00 € |

**Berechnung des steuerfreien Teils der Rente 2011**

| | | |
|---|---|---|
| Jahresrente 2011 | | 13 380,00 € |
| – der Besteuerung unterliegender Teil (60 % von 13 380,00 €) = | | – 8028,00 € |
| = steuerfreier Teil der Rente | | 5352,00 € |

**Neuberechnung des steuerfreien Teils der Rente im Jahr 2013**

| | | |
|---|---|---|
| Jahresrente 2013 ohne regelmäßige Anpassungen (12 070,00 € – 206,00 €) = | 11 864,00 € | |
| (11 864,00 €/13 380,00 €) × 5352,00 € = | | 4745,60 € |

Ermittlung des der Besteuerung unterliegenden Teils der Rente in Anlehnung an den Wortlaut des § 22 Nr. 1 Satz 3 Buchst. a Doppelbuchst. aa Satz 3 bis 7 EStG

| Jahr | Besteuerungsanteil der Rente | |
|---|---|---|
| 2010 | 60 % von 8860,00 € = | 5316,00 € |
| 2011 | 60 % von 13 380,00 € = | 8028,00 € |
| 2012 | 13 500,00 € – 5352,00 € = | 8148,00 € |
| 2013 | 12 070,00 € – 4745,60 € = | 7324,40 € |

Ermittlung des der Besteuerung unterliegenden Teils der Rente in Anlehnung an die Einkommensteuererklärung/die Rentenbezugsmitteilung

| | 2010 | 2011 | 2012 | 2013 |
|---|---|---|---|---|
| Jahresrente lt. Rentenbezugsmitteilung | 8860,00 € | 13 380,00 € | 13 500,00 € | 12 070,00 € |
| – Anpassungsbetrag lt. Rentenbezugsmitteilung | – 0,00 € | – 0,00 € | – 120,00 € | – 206,00 € |
| Zwischensumme | 8860,00 € | 13 380,00 € | 13 380,00 € | 11 864,00 € |
| darauf fester Prozentsatz (hier: 60 %) | 5316,00 € | 8028,00 € | 8028,00 € | 7118,40 € |
| + Anpassungsbetrag lt. Rentenbezugsmitteilung | + 0,00 € | + 0,00 € | + 120,00 € | + 206,00 € |
| = der Besteuerung unterliegende Anteil der Rente | **5316,00 €** | **8028,00 €** | **8148,00 €** | **7324,40 €** |

Folgerenten i. S. d. § 22 Nr. 1 Satz 3 Buchst. a Doppelbuchst. aa Satz 8 EStG 235 (vgl. Rz. 224 ff.) werden für die Berechnung des steuerfreien Teils der Rente (§ 22 Nr. 1 Satz 3 Buchst. a Doppelbuchst. aa Satz 3 bis 7 EStG) als eigenständige Renten behandelt. Das gilt nicht, wenn eine wegen Wiederheirat weggefallene Witwen- oder Witwerrente (vgl. Rz. 229) wieder auflebt. In diesem Fall berechnet sich der steuerfreie Teil der Rente nach der ursprünglichen, später weggefallenen Rente (vgl. Rz. 230 und 231).

## 2. Leibrenten und andere Leistungen i. S. d. § 22 Nr. 1 Satz 3 Buchst. a Doppelbuchst. bb EStG

Leibrenten i. S. d. § 22 Nr. 1 Satz 3 Buchst. a Doppelbuchst. bb EStG (vgl. 236 Rz. 212) unterliegen auch ab dem VZ 2005 nur mit dem Ertragsanteil der Besteuerung. Sie ergeben sich aus der Tabelle in § 22 Nr. 1 Satz 3 Buchst. a

Doppelbuchst. bb Satz 4 EStG. Die neuen Ertragsanteile gelten sowohl für Renten, deren Rentenbeginn vor dem 1. Januar 2005 liegt, als auch für Renten, die erst nach dem 31. Dezember 2004 zu laufen beginnen.

237 Für abgekürzte Leibrenten (vgl. Rz. 214) – z. B. aus einer privaten selbständigen Erwerbsminderungsversicherung, die nur bis zum 65. Lebensjahr gezahlt wird – bestimmen sich die Ertragsanteile auch weiterhin nach § 55 Abs. 2 EStDV.

### 3. Öffnungsklausel

#### a) Allgemeines

238 Durch die Öffnungsklausel in § 22 Nr. 1 Satz 3 Buchst. a Doppelbuchst. bb Satz 2 EStG werden auf Antrag des Steuerpflichtigen Teile der Leibrenten oder anderer Leistungen, die anderenfalls der nachgelagerten Besteuerung nach § 22 Nr. 1 Satz 3 Buchst. a Doppelbuchst. aa EStG unterliegen würden, nach § 22 Nr. 1 Satz 3 Buchst. a Doppelbuchst. bb EStG besteuert.

#### b) Antrag

239 Der Antrag ist vom Steuerpflichtigen beim zuständigen Finanzamt in der Regel im Rahmen der Einkommensteuererklärung formlos zu stellen. Der Antrag kann nicht vor Beginn des Leistungsbezugs gestellt werden. Die Öffnungsklausel in § 22 Nr. 1 Satz 3 Buchst. a Doppelbuchst. bb Satz 2 EStG ist nicht von Amts wegen anzuwenden.

#### c) 10-Jahres-Grenze

240 Die Anwendung der Öffnungsklausel setzt voraus, dass bis zum 31. Dezember 2004 für mindestens zehn Jahre Beiträge oberhalb des Betrags des Höchstbeitrags zur gesetzlichen Rentenversicherung gezahlt wurden. Dabei ist jedes Kalenderjahr getrennt zu betrachten. Die Jahre müssen nicht unmittelbar aufeinander folgen. Dabei sind Beiträge grundsätzlich dem Jahr zuzurechnen, in dem sie gezahlt oder für das sie bescheinigt werden. Sofern Beiträge jedoch rentenrechtlich (als Nachzahlung) in einem anderen Jahr wirksam werden, sind diese dem Jahr zuzurechnen, in dem sie rentenrechtlich wirksam werden. Für die Prüfung, ob die 10-Jahres-Grenze erfüllt ist, sind nur Zahlungen zu berücksichtigen, die bis zum 31. Dezember 2004 geleistet wurden (BFH vom 19. Januar 2010, BStBl. 2011 II S. 567). Sie müssen außerdem „für“ Beitragsjahre vor dem 1. Januar 2005 gezahlt worden sein. Der jährliche Höchstbeitrag ist auch dann maßgebend, wenn nur für einen Teil des Jahres Versicherungspflicht bestand oder nicht während des ganzen Jahres Beiträge geleistet wurden (BFH vom 4. Februar 2010, BStBl. 2011 II S. 579).

#### d) Maßgeblicher Höchstbeitrag

241 Für die Prüfung, ob Beiträge oberhalb des Betrags des Höchstbeitrags gezahlt wurden, ist grundsätzlich der Höchstbeitrag zur gesetzlichen Rentenver-

sicherung der Angestellten und Arbeiter (West) des Jahres heranzuziehen, dem die Beiträge zuzurechnen sind. In den Jahren, in denen im gesamten Kalenderjahr eine Versicherung in der knappschaftlichen Rentenversicherung bestand, ist deren Höchstbeitrag maßgebend. Bis 1949 galten in den gesetzlichen Rentenversicherungen unterschiedliche Höchstbeiträge für Arbeiter und Angestellte. Sofern keine Versicherungspflicht in den gesetzlichen Rentenversicherungen bestand, ist stets der Höchstbeitrag für Angestellte in der gesetzlichen Rentenversicherung der Arbeiter und Angestellten zu Grunde zu legen. Höchstbeitrag ist die Summe des Arbeitgeberanteils und des Arbeitnehmeranteils zur jeweiligen gesetzlichen Rentenversicherung. Die maßgeblichen Höchstbeiträge ergeben sich für die Jahre 1927 bis 2004 aus der als Anlage beigefügten Tabelle.

**e) Ermittlung der geleisteten Beiträge**

Für die Frage, ob in einem Jahr Beiträge oberhalb des Betrags des Höchstbeitrags gezahlt wurden, sind sämtliche Beiträge an gesetzliche Rentenversicherungen, an die landwirtschaftliche Alterskasse und an berufsständische Versorgungseinrichtungen zusammenzurechnen, die dem einzelnen Jahr zuzurechnen sind (Rz. 240). Dabei sind auch Beiträge zu einer ausländischen gesetzlichen Rentenversicherung (vgl. *Rz. 4*[1]) sowie an Alterssicherungssysteme von internationalen Organisationen, die mit der gesetzlichen Rentenversicherung vergleichbar sind (vgl. Rz. 199), zu berücksichtigen; das gilt unabhängig davon, ob die sich daraus später ergebenden Renteneinkünfte im Inland besteuert werden können. Beiträge zur gesetzlichen Rentenversicherung aufgrund eines Versorgungsausgleichs (§ 187 Abs. 1 Nr. 1 SGB VI), bei vorzeitiger Inanspruchnahme einer Altersrente (§ 187 a SGB VI) oder zur Erhöhung der Rentenanwartschaft (§ 187 b SGB VI) sind in dem Jahr zu berücksichtigen, in dem sie geleistet wurden. Dies gilt entsprechend für Beitragszahlungen dieser Art an die landwirtschaftliche Alterskasse und an berufsständische Versorgungseinrichtungen. 242

Für die Anwendung der Öffnungsklausel werden nur Beiträge berücksichtigt, die eigene Beitragsleistungen des Steuerpflichtigen enthalten. Bei einer Hinterbliebenenrente ist auf die Beitragsleistung des Verstorbenen abzustellen. Bei der Ermittlung der gezahlten Beiträge kommt es nicht darauf an, ob die Beiträge vom Steuerpflichtigen vollständig oder teilweise selbst getragen wurden. Es ist auch unerheblich, ob es sich um Pflichtbeiträge, freiwillige Beiträge oder Beiträge zur Höherversicherung handelt. 243

Beiträge aufgrund von Nachversicherungen in gesetzliche Rentenversicherungen, an die landwirtschaftliche Alterskasse und an berufsständische Versorgungseinrichtungen sind nicht zu berücksichtigen. Eine Nachversicherung wird durchgeführt, wenn ein Beschäftigungsverhältnis, das unter bestimmten Voraussetzungen nicht der Versicherungspflicht in der gesetzlichen Rentenversicherung oder in einer berufsständischen Versorgungseinrichtung unterlag (z. B. als Beamtenverhältnis), unter Verlust der Versorgungszusage gelöst wird. 244

Zuschüsse zum Beitrag nach § 32 ALG werden bei der Berechnung mit einbezogen. 245

[1] Siehe nunmehr BMF v. 24 5. 2017, BStBl. I S. 820, Rz. 4 (Nr. **1** § 10/11).

246 Der jährliche Höchstbeitrag ist auch dann maßgebend, wenn nur für einen Teil des Jahres eine Versicherungspflicht bestand oder nicht während des ganzen Jahres Beiträge geleistet wurden (BFH vom 4. Februar 2010, BStBl. 2011 II S. 579). Ein anteiliger Ansatz des Höchstbeitrags erfolgt nicht.

**f) Nachweis der gezahlten Beiträge**

247 Der Steuerpflichtige muss einmalig nachweisen, dass er für einen Zeitraum von mindestens zehn Jahren vor dem 1. Januar 2005 Beiträge oberhalb des Betrags des Höchstbeitrags gezahlt hat. Der Nachweis ist durch Bescheinigungen der Versorgungsträger, an die die Beiträge geleistet wurden – bzw. von deren Rechtsnachfolgern – zu erbringen. Aus der Bescheinigung muss sich ergeben, dass die Beiträge vor dem 1. Januar 2005 geleistet wurden und welchem Jahr sie zugerechnet wurden. Soweit der Versorgungsträger für Beiträge eine Zahlung vor dem 1. Januar 2005 nicht bescheinigen kann, hat er in der Bescheinigung ausdrücklich darauf hinzuweisen. In diesen Fällen obliegt es dem Steuerpflichtigen, den Zahlungszeitpunkt vor dem 1. Januar 2005 nachzuweisen. Wird der Nachweis nicht geführt, sind diese Beträge, soweit es sich nicht um Pflichtbeiträge handelt, nicht in die Berechnung einzubeziehen. Pflichtbeiträge gelten in diesen Fällen als in dem Jahr gezahlt, für das sie bescheinigt werden. Beiträge oberhalb des Höchstbeitrags, die nach dem 31. Dezember 2004 geleistet worden sind, bleiben für die Anwendung der Öffnungsklausel auch dann außer Betracht, wenn im Übrigen vor dem 1. Januar 2005 über einen Zeitraum von mindestens zehn Jahren Beiträge oberhalb des Betrags des Höchstbeitrags zur gesetzlichen Rentenversicherung geleistet worden sind. Wurde vom Steuerpflichtigen eine von den Grundsätzen dieses BMF-Schreibens abweichende Bescheinigung vorgelegt, ist als Folge der durch die BFH-Rechtsprechung vom 19. Januar 2010, BStBl. 2011 II S. 567, geänderten Rechtslage bis spätestens für den VZ 2011 eine den Grundsätzen dieses BMF-Schreibens entsprechende neue Beitragsbescheinigung vorzulegen (vgl. auch Rz. 266 ff.).

**g) Ermittlung des auf Beiträgen oberhalb des Betrags des Höchstbeitrags beruhenden Teils der Leistung**

248 Der Teil der Leibrenten oder anderen Leistungen, der auf Beiträgen oberhalb des Betrags des Höchstbeitrags beruht, ist vom Versorgungsträger nach denselben Grundsätzen zu ermitteln wie in Leistungsfällen, bei denen keine Beiträge oberhalb des Betrags des Höchstbeitrags geleistet wurden. Dieser Teil wird bezogen auf jeden einzelnen Rentenanspruch getrennt ermittelt. Dabei sind die insgesamt in den einzelnen Kalenderjahren – ggf. zu verschiedenen Versorgungsträgern – geleisteten Beiträge nach Maßgabe der Rz. 252 bis 254 zu berücksichtigen. Jedes Kalenderjahr ist getrennt zu betrachten. Für jedes Jahr ist der Teil der Leistung, der auf Beiträgen oberhalb des Betrags des Höchstbeitrags beruht, gesondert zu ermitteln. Eine Zusammenrechnung der den einzelnen Jahren zuzurechnenden Beiträge und eine daraus resultierende Durchschnittsbildung sind nicht zulässig. Sofern Beiträge zur gesetzlichen Rentenversicherung oberhalb des Betrags des Höchstbeitrags geleistet werden und in diesen Beiträgen Höherversicherungsbeiträge enthalten sind, sind diese vorrangig als oberhalb des Betrags des Höchstbeitrags geleistet anzu-

sehen. Wurde vom Steuerpflichtigen eine von den Grundsätzen dieses BMF-Schreibens abweichende Bescheinigung vorgelegt, ist bis spätestens für den VZ 2011 eine den Grundsätzen dieses BMF-Schreibens entsprechende neue Beitragsbescheinigung vorzulegen (vgl. auch Rz. 266 ff.).

Abweichend hiervon wird bei berufsständischen Versorgungseinrichtungen 249
zugelassen, dass die tatsächlich geleisteten Beiträge und die den Höchstbeitrag übersteigenden Beiträge zum im entsprechenden Jahr maßgebenden Höchstbeitrag ins Verhältnis gesetzt werden. Aus dem Verhältnis der Summen der sich daraus ergebenden Prozentsätze ergibt sich der Prozentsatz für den Teil der Leistung, der auf Beiträge oberhalb des Betrags des Höchstbeitrags entfällt. Für Beitragszahlungen ab dem Jahr 2005 ist für übersteigende Beiträge kein Prozentsatz anzusetzen. Diese Vereinfachungsregelung ist zulässig, wenn

- alle Mitglieder der einheitlichen Anwendung der Vereinfachungsregelung zugestimmt haben oder
- die berufsständische Versorgungseinrichtung für das Mitglied den Teil der Leistung, der auf Beiträgen oberhalb des Betrags des Höchstbeitrags zur gesetzlichen Rentenversicherung beruht, nicht nach Rz. 248 ermitteln kann.

**Beispiel:** 250

Der Versicherte V war in den Jahren 1969 bis 2005 bei einer berufsständischen Versorgungseinrichtung versichert. Die Aufteilung kann wie folgt durchgeführt werden:

| Jahr | tatsächlich geleistete Beiträge in DM/€ | Höchstbeitrag zur gesetzlichen Rentenversicherung (HB) in DM/€ | übersteigende Beiträge in DM/€ | tatsächlich geleistete Beiträge in % des HB | übersteigende Beiträge in % des HB |
|---|---|---|---|---|---|
| **1969** | 2321,00 DM | 3264,00 DM | 0 DM | 71,11 % | 0,00 % |
| **1970** | 3183,00 DM | 3672,00 DM | 0 DM | 86,68 % | 0,00 % |
| **1971** | 2832,00 DM | 3876,00 DM | 0 DM | 73,07 % | 0,00 % |
| **1972** | 10 320,00 DM | 4284,00 DM | 6036,00 DM | 240,90 % | 140,90 % |
| **1973** | 11 520,00 DM | 4968,00 DM | 6552,00 DM | 231,88 % | 131,88 % |
| **1974** | 12 600,00 DM | 5400,00 DM | 7200,00 DM | 233,33 % | 133,33 % |
| **1975** | 13 632,00 DM | 6048,00 DM | 7584,00 DM | 225,40 % | 125,40 % |
| **1976** | 15 024,00 DM | 6696,00 DM | 8328,00 DM | 224,37 % | 124,37 % |
| **1977** | 16 344,00 DM | 7344,00 DM | 9000,00 DM | 222,55 % | 122,55 % |
| **1978** | 14 400,00 DM | 7992,00 DM | 6408,00 DM | 180,18 % | 80,18 % |
| **1979** | 16 830,00 DM | 8640,00 DM | 8190,00 DM | 194,79 % | 94,79 % |
| **1980** | 12 510,00 DM | 9072,00 DM | 3438,00 DM | 137,90 % | 37,90 % |
| **1981** | 13 500,00 DM | 9768,00 DM | 3732,00 DM | 138,21 % | 38,21 % |
| **1982** | 12 420,00 DM | 10 152,00 DM | 2268,00 DM | 122,34 % | 22,34 % |
| **1983** | 14 670,00 DM | 10 900,00 DM | 3770,00 DM | 134,59 % | 34,59 % |
| **1984** | 19 440,00 DM | 11 544,00 DM | 7896,00 DM | 168,40 % | 68,40 % |
| **1985** | 23 400,00 DM | 12 306,60 DM | 11 093,40 DM | 190,14 % | 90,14 % |

| Jahr | tatsächlich geleistete Beiträge in DM/€ | Höchstbeitrag zur gesetzlichen Rentenversicherung (HB) in DM/€ | übersteigende Beiträge in DM/€ | tatsächlich geleistete Beiträge in % des HB | übersteigende Beiträge in % des HB |
|---|---|---|---|---|---|
| 1986 | 18 360,00 DM | 12 902,40 DM | 5457,60 DM | 142,30 % | 42,30 % |
| 1987 | 17 730,00 DM | 12 790,80 DM | 4939,20 DM | 138,62 % | 38,62 % |
| 1988 | 12 510,00 DM | 13 464,00 DM | 0 DM | 92,91 % | 0,00 % |
| 1989 | 14 310,00 DM | 13 688,40 DM | 621,60 DM | 104,54 % | 4,54 % |
| 1990 | 16 740,00 DM | 14 137,20 DM | 2602,80 DM | 118,41 % | 18,41 % |
| 1991 | 18 000,00 DM | 14 001,00 DM | 3999,00 DM | 128,56 % | 28,56 % |
| 1992 | 16 110,00 DM | 14 443,20 DM | 1666,80 DM | 111,54 % | 11,54 % |
| 1993 | 16 020,00 DM | 15 120,00 DM | 900,00 DM | 105,95 % | 5,95 % |
| 1994 | 17 280,00 DM | 17 510,40 DM | 0 DM | 98,68 % | 0,00 % |
| 1995 | 16 020,00 DM | 17 409,60 DM | 0 DM | 92,02 % | 0,00 % |
| 1996 | 20 340,00 DM | 18 432,00 DM | 1908,00 DM | 110,35 % | 10,35 % |
| 1997 | 22 140,00 DM | 19 975,20 DM | 2164,80 DM | 110,84 % | 10,84 % |
| 1998 | 23 400,00 DM | 20 462,40 DM | 2937,60 DM | 114,36 % | 14,36 % |
| 1999 | 22 500,00 DM | 20 094,00 DM | 2406,00 DM | 111,97 % | 11,97 % |
| 2000 | 24 210,00 DM | 19 917,60 DM | 4292,40 DM | 121,55 % | 21,55 % |
| 2001 | 22 230,00 DM | 19 940,40 DM | 2289,60 DM | 111,48 % | 11,48 % |
| 2002 | 12 725,00 € | 10 314,00 € | 2411,00 € | 123,38 % | 23,38 % |
| 2003 | 14 721,80 € | 11 934,00 € | 2787,80 € | 123,36 % | 23,36 % |
| 2004 | 14 447,00 € | 12 051,00 € | 2396,00 € | 119,88 % | 19,88 % |
| 2005 | 13 274,50 € | 12 168,00 € | 0,00 € | 109,09 % | 0,00 % |
| | | | **Summe** | **5165,63 %** | **1542,07 %** |
| | | | **entspricht** | **100 %** | **29,85 %** |

Von den Leistungen unterliegt ein Anteil von 29,85 % der Besteuerung nach § 22 Nr. 1 Satz 3 Buchst. a Doppelbuchst. bb EStG.

### h) Aufteilung bei Beiträgen an mehr als einen Versorgungsträger

251 Hat der Steuerpflichtige sowohl Beiträge zu einer inländischen als auch Beiträge zu einer ausländischen gesetzlichen Rentenversicherung geleistet, kann er bestimmen, welcher gesetzlichen Rentenversicherung die Beiträge vorrangig zuzuordnen sind. Weist der Steuerpflichtige im Übrigen die Zahlung von Beiträgen an mehr als einen Versorgungsträger nach, gilt Folgendes:

#### aa) Beiträge an mehr als eine berufsständische Versorgungseinrichtung

252 Die Beiträge bis zum jeweiligen Höchstbeitrag sind einer vom Steuerpflichtigen zu bestimmenden berufsständischen Versorgungseinrichtung vorrangig zuzuordnen. Die berufsständischen Versorgungseinrichtungen haben entsprechend dieser Zuordnung den Teil der Leistung zu ermitteln, der auf Beiträgen

beruht, die jährlich isoliert betrachtet oberhalb des Betrags des Höchstbeitrags zur gesetzlichen Rentenversicherung gezahlt wurden.

**bb) Beiträge an die gesetzliche Rentenversicherung und an berufsständische Versorgungseinrichtungen**

Die Beiträge bis zum jeweiligen Höchstbeitrag sind vorrangig der gesetzlichen Rentenversicherung zuzuordnen (beachte auch Rz. 251). Die berufsständische Versorgungseinrichtung hat den Teil der Leistung zu ermitteln, der auf Beiträgen beruht, die jährlich isoliert betrachtet oberhalb des Betrags des Höchstbeitrags zur gesetzlichen Rentenversicherung gezahlt wurden. Dies gilt für den Träger der gesetzlichen Rentenversicherung entsprechend, wenn die Beiträge zur gesetzlichen Rentenversicherung bereits oberhalb des Höchstbeitrags zur gesetzlichen Rentenversicherung liegen. **253**

Beiträge an die landwirtschaftliche Alterskasse sind für die Frage der Anwendung der Öffnungsklausel wie Beiträge zur gesetzlichen Rentenversicherung zu behandeln. Sind Beiträge an die gesetzliche Rentenversicherung und an die landwirtschaftliche Alterskasse geleistet worden, sind die Beiträge bis zum jeweiligen Höchstbeitrag vorrangig der gesetzlichen Rentenversicherung zuzuordnen. **254**

**Beispiel:** **255**

Der Steuerpflichtige N hat in den Jahren 1980 bis 1990 folgende Beiträge zur gesetzlichen Rentenversicherung der Arbeiter und Angestellten und an eine berufsständische Versorgungseinrichtung gezahlt. Im Jahr 1981 hat er i. H.v. 22 100 DM Rentenversicherungsbeiträge für die Jahre 1967 bis 1979 nachentrichtet, dabei entfielen auf jedes Jahr 1700 DM. Im Jahr 1982 hat er neben seinem Grundbeitrag von 2200 DM außerdem einen Höherversicherungsbeitrag nach § 11 Angestelltenversicherungsgesetz i. H. v. 8000 DM an die gesetzliche Rentenversicherung gezahlt. Er beantragt die Anwendung der Öffnungsklausel.

| Jahr | Beiträge zur gesetzlichen Rentenversicherung | Beiträge an die berufsständische Versorgungseinrichtung | Höchstbeitrag zur gesetzlichen Rentenversicherung | übersteigende Beiträge |
|---|---|---|---|---|
| 1 | 2 | 3 | 4 | 5 |
| 1967 | 1700,00 DM | – | 2352,00 DM | – |
| 1968 | 1700,00 DM | – | 2880,00 DM | – |
| 1969 | 1700,00 DM | – | 3264,00 DM | – |
| 1970 | 1700,00 DM | – | 3672,00 DM | – |
| 1971 | 1700,00 DM | – | 3876,00 DM | – |
| 1972 | 1700,00 DM | – | 4284,00 DM | – |
| 1973 | 1700,00 DM | – | 4968,00 DM | – |
| 1974 | 1700,00 DM | – | 5400,00 DM | – |
| 1975 | 1700,00 DM | – | 6048,00 DM | – |
| 1976 | 1700,00 DM | – | 6696,00 DM | – |
| 1977 | 1700,00 DM | – | 7344,00 DM | – |
| 1978 | 1700,00 DM | – | 7992,00 DM | – |
| 1979 | 1700,00 DM | – | 8640,00 DM | – |

| Jahr | Beiträge zur gesetzlichen Rentenversicherung | Beiträge an die berufsständische Versorgungseinrichtung | Höchstbeitrag zur gesetzlichen Rentenversicherung | übersteigende Beiträge |
|---|---|---|---|---|
| 1 | 2 | 3 | 4 | 5 |
| 1980 | 2000,00 DM | 8000,00 DM | 9072,00 DM | 928,00 DM |
| 1981 | 2100,00 DM | 8600,00 DM | 9768,00 DM | 932,00 DM |
| 1982 | 10 200,00 DM | 8200,00 DM | 10 152,00 DM | 8248,00 DM |
| 1983 | 2300,00 DM | 9120,00 DM | 10 900,00 DM | 520,00 DM |
| 1984 | 2400,00 DM | 9500,00 DM | 11 544,00 DM | 356,00 DM |
| 1985 | 2500,00 DM | 9940,00 DM | 12 306,60 DM | 133,40 DM |
| 1986 | 2600,00 DM | 10 600,00 DM | 12 902,40 DM | 297,60 DM |
| 1987 | 2700,00 DM | 11 300,00 DM | 12 790,80 DM | 1209,20 DM |
| 1988 | 2800,00 DM | 11 800,00 DM | 13 464,00 DM | 1136,00 DM |
| 1989 | 2900,00 DM | 12 400,00 DM | 13 688,40 DM | 1611,60 DM |
| 1990 | 3000,00 DM | 12 400,00 DM | 14 137,20 DM | 1262,80 DM |

Die Nachzahlung im Jahr 1981 allein führt nicht zur Anwendung der Öffnungsklausel, auch wenn in diesem Jahr Beiträge oberhalb des 1981 geltenden Höchstbeitrags und für einen Zeitraum von mindestens zehn Jahren gezahlt wurden, da die Jahresbeiträge in den Jahren, denen die jeweiligen Nachzahlungen zuzurechnen sind, jeweils nicht oberhalb des Betrags des Höchstbeitrags liegen.

Im Beispielsfall ist die Öffnungsklausel jedoch anzuwenden, da unabhängig von der Nachzahlung in die gesetzliche Rentenversicherung durch die zusätzliche Zahlung von Beiträgen an eine berufsständische Versorgungseinrichtung für einen Zeitraum von mindestens zehn Jahren Beiträge oberhalb des Betrags des Höchstbeitrags zur gesetzlichen Rentenversicherung geleistet wurden (Jahre 1980 bis 1990). Die Öffnungsklausel ist vorrangig auf die Rente aus der berufsständischen Versorgungseinrichtung anzuwenden. Für die Berechung durch die berufsständische Versorgungseinrichtung, welcher Teil der Rente auf Beiträgen oberhalb des Betrags des Höchstbeitrags beruht, sind die übersteigenden Beiträge (Spalte 5 der Tabelle) – höchstens jedoch die tatsächlich an die berufsständische Versorgungseinrichtung geleisteten Beiträge – heranzuziehen. Es ist ausreichend, wenn die berufsständische Versorgungseinrichtung dem Steuerpflichtigen den prozentualen Anteil der auf die übersteigenden Beiträge entfallenden Leistungen mitteilt. Auf dieser Grundlage hat der Steuerpflichtige selbst in der Auszahlungsphase jährlich den konkreten Anteil der Rente zu ermitteln, der nach § 22 Nr. 1 Satz 3 Buchst. a Doppelbuchst. bb EStG der Besteuerung unterliegt.

Eine Besonderheit ergibt sich im Beispielsfall für das Jahr 1982. Aufgrund der Zahlung von Höherversicherungsbeiträgen im Jahr 1982 wurden auch an die gesetzliche Rentenversicherung Beiträge oberhalb des Höchstbeitrags zur gesetzlichen Rentenversicherung geleistet. Diese Beiträge sind der gesetzlichen Rentenversicherung zuzuordnen. Die gesetzliche Rentenversicherung hat auf der Grundlage der Entgeltpunkte des Jahres 1982 den Anteil der Rente aus der gesetzlichen Rentenversicherung zu ermitteln, der auf Beiträge oberhalb des Höchstbeitrags entfällt. Dabei gelten die fiktiven Entgeltpunkte für die Höherversicherungsbeiträge innerhalb der Rentenversicherung vorrangig als oberhalb des Höchstbeitrags zur gesetzlichen Rentenversicherung geleistet. Die Öffnungsklausel ist im Beispielsfall sowohl auf die Rente aus der berufsständischen Versorgungseinrichtung (8200 DM) als auch auf die Rente aus der gesetzlichen Rentenversicherung (48 DM) anzuwenden.

Die Ermittlung des Teils der Leistung, der auf Beiträgen oberhalb des Betrags des Höchstbeitrags zur gesetzlichen Rentenversicherung (Spalte 5 der Tabelle) beruht, erfolgt durch den Versorgungsträger. Hierbei ist nach den Grundsätzen in Rz. 248 bis 250 zu verfahren.

### i) Öffnungsklausel bei einmaligen Leistungen

Einmalige Leistungen unterliegen nicht der Besteuerung, soweit auf sie die Öffnungsklausel Anwendung findet. 256

**Beispiel:** 257

Nach der Bescheinigung der Versicherung beruhen 12% der Leistungen auf Beiträgen, die oberhalb des Betrags des Höchstbeitrags geleistet wurden. Nach dem Tod des Steuerpflichtigen erhält die Witwe W ein einmaliges Sterbegeld und eine monatliche Witwenrente.

Von der Witwenrente unterliegt ein Anteil von 88% der nachgelagerten Besteuerung nach § 22 Nr. 1 Satz 3 Buchst. a Doppelbuchst. aa EStG und ein Anteil von 12% der Besteuerung mit dem Ertragsanteil nach § 22 Nr. 1 Satz 3 Buchst. a Doppelbuchst. bb EStG. Der Ertragsanteil bestimmt sich nach dem Lebensjahr der rentenberechtigten Witwe W bei Beginn der Witwenrente; die Regelung zur Folgerente findet bei der Ertragsanteilsbesteuerung keine Anwendung.

Das Sterbegeld unterliegt zu einem Anteil von 88% der nachgelagerten Besteuerung nach § 22 Nr. 1 Satz 3 Buchst. a Doppelbuchst. aa EStG. 12% des Sterbegelds unterliegen nicht der Besteuerung.

### j) Versorgungsausgleich unter Ehegatten oder unter Lebenspartnern

Anrechte, auf deren Leistungen die Öffnungsklausel anzuwenden ist, können in einen Versorgungsausgleich unter Ehegatten oder Lebenspartnern einbezogen worden sein. Soweit ein solches Anrecht auf die ausgleichsberechtigte Person übertragen bzw. soweit zu Lasten eines solchen Anrechts für die ausgleichsberechtigte Person ein Anrecht begründet wurde (§§ 10, 14 VersAusglG), kann auf Antrag der ausgleichsberechtigten Person auf die darauf beruhenden Leistungen die Öffnungsklausel ebenfalls Anwendung finden. Es besteht insoweit ein Auskunftsanspruch gegen die ausgleichspflichtige Person bzw. den Versorgungsträger (§ 4 VersAusglG). In dem Umfang, wie die ausgleichsberechtigte Person für übertragene oder begründete Anrechte die Öffnungsklausel anwenden kann, entfällt für die ausgleichspflichtige Person die Anwendbarkeit der Öffnungsklausel. Dabei kommt es nicht darauf an, ob die ausgleichsberechtigte Person tatsächlich von der Anwendbarkeit der Öffnungsklausel Gebrauch macht. 258

Die Anwendung der Öffnungsklausel bei der ausgleichsberechtigten Person setzt voraus, dass die ausgleichspflichtige Person bis zum 31. Dezember 2004 für einen Zeitraum von mindestens zehn Jahren Beiträge oberhalb des Betrags des Höchstbeitrags zur gesetzlichen Rentenversicherung gezahlt hat (vgl. Rz. 240). Dabei sind sämtliche Beitragszahlungen der ausgleichspflichtigen 259

Person ohne Beschränkung auf die Ehe- bzw. Lebenspartnerschaftszeit heranzuziehen.

260 Bei Ehen bzw. Lebenspartnerschaften, die nach dem 31. Dezember 2004 geschlossen werden, kommt die Öffnungsklausel hinsichtlich der Leistungen an die ausgleichsberechtigte Person, die auf im Wege des Versorgungsausgleichs übertragenen oder begründeten Anrechten beruhen, nicht zur Anwendung, da die während der Ehe- bzw. Lebenspartnerschaftszeit erworbenen Leistungen der ausgleichspflichtigen Person insgesamt nicht auf bis zum 31. Dezember 2004 geleisteten Beiträgen oberhalb des Höchstbeitrags beruhen.

261 Erhält die ausgleichsberechtigte Person neben der Leistung, die sich aus dem im Rahmen des Versorgungsausgleichs übertragenen oder begründeten Anrecht ergibt, noch eine auf „eigenen" Beiträgen beruhende Leistung, ist das Vorliegen der 10-Jahres-Grenze für diese Leistung gesondert zu prüfen. Die Beitragszahlungen der ausgleichspflichtigen Person sind dabei nicht zu berücksichtigen.

262 Der auf dem im Rahmen des Versorgungsausgleichs übertragenen oder begründeten Anrecht beruhende Teil der Leistung, der auf Beiträgen oberhalb des Betrags des Höchstbeitrags zur gesetzlichen Rentenversicherung beruht, ermittelt sich ehe- bzw. lebenspartnerschaftszeitbezogen. Dazu ist der Teil der Leistung, der auf in der Ehe- bzw. Lebenspartnerschaftszeit von der ausgleichspflichtigen Person geleisteten Beiträgen oberhalb des Höchstbeitrags beruht, ins Verhältnis zu der insgesamt während der Ehe- bzw. Lebenspartnerschaftszeit erworbenen Leistung der ausgleichspflichtigen Person zu setzen. Als insgesamt während der Ehe- bzw. Lebenspartnerschaftszeit erworbenes Anrecht ist stets der durch das Familiengericht dem Versorgungsausgleich zugrunde gelegte Wert maßgeblich. Abänderungsverfahren nach §§ 225, 226 des Gesetzes über das Verfahren in Familiensachen und in den Angelegenheiten der freiwilligen Gerichtsbarkeit (FamFG) oder § 51 VersAusglG sind zu berücksichtigen. Mit dem sich danach ergebenden prozentualen Anteil unterliegt die sich aus dem im Rahmen des Versorgungsausgleichs übertragenen oder begründeten Anrecht ergebende Leistung an die ausgleichsberechtigte Person der Besteuerung nach § 22 Nr. 1 Satz 3 Buchst. a Doppelbuchst. bb EStG. Entsprechend reduziert sich der Teil der Leistung der ausgleichspflichtigen Person, auf den die Öffnungsklausel anwendbar ist. Hierzu ist zunächst bei der ausgleichspflichtigen Person der Betrag der Leistung zu ermitteln, der sich aus allen durch eigene Versicherung erworbenen Anrechten ergibt und auf bis zum 31. Dezember 2004 gezahlten Beiträgen oberhalb des Höchstbeitrags zur gesetzlichen Rentenversicherung beruht, wenn kein Versorgungsausgleich durchgeführt worden wäre. Dabei sind auch diejenigen Anrechte, die der ausgleichspflichtigen Person infolge des durchgeführten Versorgungsausgleichs nicht mehr zustehen, weil sie übertragen worden sind bzw. zu ihren Lasten ein Anrecht für die ausgleichsberechtigte Person begründet worden ist, zu berücksichtigen. Von diesem Betrag wird der Betrag der Leistung abgezogen, der auf Anrechten beruht, die auf die ausgleichsberechtigte Person im Rahmen des Versorgungsausgleichs übertragen wurden und für die die ausgleichsberechtigte Person die Öffnungsklausel in Anspruch nehmen kann. Der verbleibende Betrag ist ins Verhältnis zu der der ausgleichspflichtigen Person

nach Berücksichtigung des Versorgungsausgleichs tatsächlich verbleibenden Leistung zu setzen. Mit diesem Prozentsatz unterliegt die nach Durchführung des Versorgungsausgleichs verbleibende Leistung der ausgleichspflichtigen Person der Öffnungsklausel nach § 22 Nr. 1 Satz 3 Buchst. a Doppelbuchst. bb Satz 2 EStG. Diese Berechnung ist auch dann vorzunehmen, wenn die ausgleichsberechtigte Person die Anwendung der Öffnungsklausel auf das im Versorgungsausgleich übertragene oder begründete Anrecht nicht geltend macht.

Die Anwendung der Öffnungsklausel auf im Rahmen des Versorgungsausgleichs übertragene bzw. begründete Anrechte ist unabhängig vom Rentenbeginn der ausgleichspflichtigen Person und unabhängig davon, ob diese für sich selbst die Öffnungsklausel beantragt. Der bei der ausgleichsberechtigten Person nach § 22 Nr. 1 Satz 3 Buchst. a Doppelbuchst. aa EStG anzuwendende Prozentsatz (für die Kohortenbesteuerung) bestimmt sich nach dem Jahr ihres Rentenbeginns. 263

Bezieht die ausgleichsberechtigte Person vom gleichen Versorgungsträger neben der Leistung, die auf dem im Rahmen des Versorgungsausgleichs übertragenen oder begründeten Anrecht beruht, eine durch eigene Versicherung erworbene Leistung, ist die Anwendung der Öffnungsklausel und deren Umfang für die Leistung aus eigener Versicherung gesondert zu ermitteln. Die Beitragszahlungen der ausgleichspflichtigen Person sind dabei nicht zu berücksichtigen. Der sich insoweit ergebende Prozentsatz kann von demjenigen abweichen, der auf das von der ausgleichspflichtigen Person auf die ausgleichsberechtigte Person übertragene bzw. begründete Anrecht anzuwenden ist. Wird vom Versorgungsträger eine einheitliche Leistung erbracht, die sich aus der eigenen und dem im Rahmen des Versorgungsausgleichs übertragenen bzw. begründeten Anrecht zusammensetzt, kann vom Versorgungsträger ein sich auf die Gesamtleistung ergebender einheitlicher Prozentsatz ermittelt werden. Dabei sind ggf. weitere Rentenanteile, die auf einem durchgeführten Versorgungsausgleich beruhen und für die die Anwendbarkeit der Öffnungsklausel nicht gegeben ist, mit einem Verhältniswert von 0 einzubringen. Solange für Rentenanteile aus dem Versorgungsausgleich die Anwendbarkeit der Öffnungsklausel und der entsprechende Verhältniswert nicht festgestellt sind, ist stets von einem Wert von 0 auszugehen. Wird kein auf die Gesamtleistung anzuwendender Wert ermittelt, sind die einzelnen Leistungsteile, auf die der/die berechnete/n Verhältniswert/e anzuwenden ist/sind, anzugeben. 264

**Beispiel:** 265

Berechnung für die ausgleichsberechtigte Person:

Nach dem Ausscheiden aus dem Erwerbsleben erhält A von einer berufsständischen Versorgungseinrichtung eine Rente i. H.v. monatlich 1000 €. Diese Rente beruht zu 200 € auf im Rahmen des Versorgungsausgleichs auf A übertragenen Rentenanwartschaften von seiner geschiedenen Ehefrau. Die Voraussetzungen der Öffnungsklausel liegen vor. Nach Ermittlung der berufsständischen Versorgungseinrichtung unterliegen 25% der übertragenen und 5% der durch eigene Versicherung erworbenen Rentenanwartschaft des A nach § 22 Nr. 1 Satz 3 Buchst. a Doppelbuchst. bb Satz 2 EStG der Ertragsanteilsbesteuerung. Weist die berufsständische Versorgungseinrichtung die Renten jährlich getrennt aus, sind die jeweiligen Prozentsätze unmittelbar auf die einzelnen Renten anzuwenden.

800 € × 12 = 9600 €

| | |
|---|---|
| 95 % nach § 22 Nr. 1 Satz 3 Buchst. a Doppelbuchst. aa EStG | 9120 € |
| 5 % nach § 22 Nr. 1 Satz 3 Buchst. a Doppelbuchst. bb EStG | 480 € |

200 € × 12 = 2400 €

| | |
|---|---|
| 75 % nach § 22 Nr. 1 Satz 3 Buchst. a Doppelbuchst. aa EStG | 1800 € |
| 25 % nach § 22 Nr. 1 Satz 3 Buchst. a Doppelbuchst. bb EStG | 600 € |

Insgesamt zu versteuern

| | |
|---|---|
| nach § 22 Nr. 1 Satz 3 Buchst. a Doppelbuchst. aa EStG | 10 920 € |
| nach § 22 Nr. 1 Satz 3 Buchst. a Doppelbuchst. bb EStG | 1080 € |

Weist die berufsständische Versorgungseinrichtung einen einheitlichen Rentenbetrag aus, kann anstelle der Rentenaufteilung auch ein einheitlicher Prozentsatz ermittelt werden. Der einheitliche Wert für die gesamte Leistung berechnet sich wie folgt:

[(800 € × 5 %) + (200 € × 25 %)]/1000 € = 9 %

1000 € × 12 = 12 000 €

| | |
|---|---|
| 91 % nach § 22 Nr. 1 Satz 3 Buchst. a Doppelbuchst. aa EStG | 10 920 € |
| 9 % nach § 22 Nr. 1 Satz 3 Buchst. a Doppelbuchst. bb EStG | 1080 € |

9 % der Rente aus der berufsständischen Versorgungseinrichtung unterliegen der Besteuerung nach § 22 Nr. 1 Satz 3 Buchst. a Doppelbuchst. bb EStG.

Berechnung für die ausgleichspflichtige Person:

B hat Rentenanwartschaften bei einer berufsständischen Versorgungseinrichtung von insgesamt 1500 € erworben. Davon wurden im Versorgungsausgleich 200 € auf ihren geschiedenen Ehemann A übertragen. B erfüllt die Voraussetzungen für die Anwendung der Öffnungsklausel. 35 % der gesamten Anwartschaft von 1500 € beruhen auf bis zum 31. Dezember 2004 gezahlten Beiträgen oberhalb des Höchstbeitrags zur gesetzlichen Rentenversicherung. Für die Ehezeit hat der Träger der berufsständischen Versorgungseinrichtung einen Anteil von 25 % ermittelt.

Der auf die nach Durchführung des Versorgungsausgleichs der B noch zustehende Rente von 1300 € anwendbare Prozentsatz für die Öffnungsklausel ermittelt sich wie folgt:

Rente der ausgleichspflichtigen Person vor Versorgungsausgleich:

1500 € × 12 = 18 000 €

Anteilsberechnung für Öffnungsklausel, wenn kein Versorgungsausgleich erfolgt wäre:

35 % von 18 000 € = 6300 €;

6300 € der insgesamt von B erworbenen Rentenanwartschaften unterliegen (auf Antrag) der Ertragsanteilsbesteuerung (§ 22 Nr. 1 Satz 3 Buchst. a Doppelbuchst. bb EStG), die restlichen 11 700 € sind nach § 22 Nr. 1 Satz 3 Buchst. a Doppelbuchst. aa EStG zu versteuern.

Im Versorgungsausgleich übertragene Rentenanwartschaft:

200 € × 12 = 2400 €

25 % von 2400 € = 600 €

Von den im Versorgungsausgleich auf den geschiedenen Ehemann A übertragenen Rentenanwartschaften können 600 € mit dem Ertragsanteil besteuert werden.

Verbleibender Betrag der ausgleichspflichtigen Person für die Anteilsberechnung im Rahmen der Öffnungsklausel:

6300 € – 600 € = 5700 €

Der für B verbleibende Betrag, der mit dem Ertragsanteil (§ 22 Nr. 1 Satz 3 Buchst. a Doppelbuchst. bb EStG) besteuert werden kann, beträgt 5700 €.

Rente der ausgleichspflichtigen Person nach Versorgungsausgleich:

1300 € × 12 = 15 600 €

Anteilsberechnung bei der ausgleichspflichtigen Person:

5700 € von 15 600 € = 36,54 %

Dies entspricht 36,54 % der B nach Durchführung des Versorgungsausgleichs zustehenden Rente. Dieser Anteil der Rente ist nach § 22 Nr. 1 Satz 3 Buchst. a Doppelbuchst. bb EStG zu versteuern. Für den übrigen Anteil i. H.v. 63,46 % (9900 € von 15 600 €) ist § 22 Nr. 1 Satz 3 Buchst. a Doppelbuchst. aa EStG anzuwenden.

Rechenweg für die Anteilsberechnung (Öffnungsklausel) bei der ausgleichspflichtigen Person in verkürzter Darstellung:
(18 000 € × 35 % – 2400 € × 25 %)/15 600 € × 100 = 36,54 %

### k) Bescheinigung der Leistung nach § 22 Nr. 1 Satz 3 Buchst. a Doppelbuchst. bb Satz 2 EStG

Der Versorgungsträger hat dem Steuerpflichtigen auf dessen Verlangen den prozentualen Anteil der Leistung zu bescheinigen, der auf bis zum 31. Dezember 2004 geleisteten Beiträgen beruht, die oberhalb des Betrags des Höchstbeitrags zur gesetzlichen Rentenversicherung gezahlt wurden. Wurde der Prozentsatz für die Anwendung der Öffnungsklausel einmal bescheinigt, ist eine weitere Bescheinigung weder bei einer Neufeststellung der Rente noch für Folgerenten erforderlich. Rz. 269 Satz 4 bleibt hiervon unberührt. Im Fall der Anwendung der Vereinfachungsregelung (Rz. 249) hat der Versorgungsträger die Berechnung – entsprechend dem Beispielsfall in Rz. 250 – darzustellen. 266

Wurden Beiträge an mehr als einen Versorgungsträger gezahlt und ist der Höchstbeitrag – auch unter Berücksichtigung der Zusammenrechnung nach Rz. 242 – nur bei einem Versorgungsträger überschritten, so ist nur von diesem Versorgungsträger eine Bescheinigung zur Aufteilung der Leistung auszustellen. Der dort bescheinigte Prozentsatz ist nur auf die Leistung dieses Versorgungsträgers anzuwenden. Für die Leistungen der übrigen Versorgungsträger kommt die Öffnungsklausel nicht zur Anwendung. Diese unterliegen in vollem Umfang der Besteuerung nach § 22 Nr. 1 Satz 3 Buchst. a Doppelbuchst. aa EStG. 267

Stellt die gesetzliche Rentenversicherung fest, dass geleistete Beiträge zur gesetzlichen Rentenversicherung mindestens einem Jahr zugerechnet wurden, für welches die geleisteten Beiträge oberhalb des Betrags des Höchstbeitrags lagen, so stellt sie – unabhängig davon, ob die Voraussetzungen für die Öffnungsklausel erfüllt sind – eine Mitteilung aus, in der bescheinigt wird, welcher Teil der Leistung auf Beiträgen oberhalb des Betrags des Höchstbeitrags beruht. Für die Frage, welchem Jahr die geleisteten Beiträge zuzurechnen sind, ist Rz. 240 zu beachten. In dieser Bescheinigung wird ausdrücklich darauf hingewiesen, über wie viele Jahre der Betrag des Höchstbeitrags überschritten wurde und dass die Öffnungsklausel nur zur Anwendung kommt, wenn bis zum 31. Dezember 2004 für einen Zeitraum von mindestens zehn Jahren Beiträge oberhalb des Betrags des Höchstbeitrags geleistet wurden. Sind die Voraussetzungen der Öffnungsklausel durch Beiträge an weitere Versorgungsträger erfüllt, dient diese Mitteilung der gesetzlichen Rentenversicherung als Bescheinigung zur Aufteilung der Leistung. Der darin mitgeteilte Prozentsatz ist in diesem Fall auf die Leistung der gesetzlichen Rentenversicherung anzuwenden; eine weitere Bescheinigung ist nicht erforderlich. 268

Die endgültige Entscheidung darüber, ob die Öffnungsklausel zur Anwendung kommt, obliegt ausschließlich der Finanzverwaltung und nicht der die Rente auszahlenden Stelle. Der Steuerpflichtige muss deshalb die Anwendung der Öffnungsklausel beim Finanzamt und nicht beim Versorgungsträger beantragen. Der Versorgungsträger ermittelt hierfür den Teil der Leistung, der auf Beiträgen oberhalb des Betrags des Höchstbeitrags beruht und bescheinigt diesen. Für VZ ab 2011 kommt die Öffnungsklausel nur dann zur Anwendung, 269 wenn der Steuerpflichtige das Vorliegen der Voraussetzungen (vgl. Rz. 240 und 242) nachweist. Der Versorgungsträger erstellt ihm hierfür auf Antrag eine entsprechende Bescheinigung. Wenn bei einer vorangegangenen Bescheinigung von den Grundsätzen dieses BMF-Schreibens nicht abgewichen wurde, genügt eine Bestätigung des Versorgungsträgers, dass die vorangegangene Bescheinigung den Grundsätzen dieses BMF-Schreibens entspricht.

## D. Besonderheiten beim Versorgungsausgleich

### I. Allgemeines

#### 1. Gesetzliche Neuregelung des Versorgungsausgleichs

270 Mit dem VersAusglG wurden die Vorschriften zum Versorgungsausgleich grundlegend geändert. Es gilt künftig für alle ausgleichsreifen Anrechte auf Altersversorgung der Grundsatz der internen Teilung, der bisher schon bei der gesetzlichen Rentenversicherung zur Anwendung kam. Bisher wurden alle von den Ehegatten während der Ehe bzw. von den Lebenspartner während der Lebenspartnerschaftszeit erworbenen Anrechte auf eine Versorgung wegen Alter und Invalidität bewertet und im Wege eines Einmalausgleichs ausgeglichen, vorrangig über die gesetzliche Rentenversicherung.

271 Das neue VersAusglG sieht dagegen die interne Teilung als Grundsatz des Versorgungsausgleichs auch für alle Systeme der betrieblichen Altersversorgung und privaten Altersvorsorge vor. Hierbei werden die von den Ehegatten oder Lebenspartnern (§ 20 des Lebenspartnerschaftsgesetzes) in den unterschiedlichen Altersversorgungssystemen erworbenen Anrechte zum Zeitpunkt der Scheidung innerhalb des jeweiligen Systems geteilt und für den ausgleichsberechtigten Ehegatten oder Lebenspartner eigenständige Versorgungsanrechte geschaffen, die unabhängig von den Versorgungsanrechten des ausgleichspflichtigen Ehegatten oder Lebenspartner im jeweiligen System gesondert weitergeführt werden.

272 Zu einem Ausgleich über ein anderes Versorgungssystem (externe Teilung) kommt es nur noch in den in §§ 14 bis 17 VersAusglG geregelten Ausnahmefällen. Bei einer externen Teilung entscheidet die ausgleichsberechtigte Person über die Zielversorgung. Sie bestimmt also, in welches Versorgungssystem der Ausgleichswert zu transferieren ist (ggf. Aufstockung einer bestehenden Anwartschaft, ggf. Neubegründung einer Anwartschaft). Dabei darf die Zahlung des Kapitalbetrags an die gewählte Zielversorgung nicht zu nachteiligen steuerlichen Folgen bei der ausgleichspflichtigen Person führen, es sei denn, sie stimmt der Wahl der Zielversorgung zu.

273 Die gesetzliche Rentenversicherung ist Auffang-Zielversorgung, wenn die ausgleichsberechtigte Person ihr Wahlrecht nicht ausübt und es sich nicht um eine betriebliche Altersversorgung handelt. Bei einer betrieblichen Altersversorgung wird bei fehlender Ausübung des Wahlrechts ein Anspruch in der Versorgungsausgleichskasse begründet.

274 Verbunden ist die externe Teilung mit der Leistung eines Kapitalbetrags in Höhe des Ausgleichswerts, der vom Versorgungsträger der ausgleichspflichtigen Person an den Versorgungsträger der ausgleichsberechtigten Person ge-

zahlt wird (Ausnahme: Externe Teilung von Beamtenversorgungen nach § 16 VersAusglG; hier findet wie nach dem bisherigen Quasi-Splitting zwischen der gesetzlichen Rentenversicherung und dem Träger der Beamtenversorgung ein Erstattungsverfahren im Leistungsfall statt).

Kommt in Einzelfällen weder die interne Teilung noch die externe Teilung in Betracht, etwa weil ein Anrecht zum Zeitpunkt des Versorgungsausgleichs nicht ausgleichsreif ist (§ 19 VersAusglG), z. B. ein Anrecht bei einem ausländischen, zwischenstaatlichen oder überstaatlichen Versorgungsträger oder ein Anrecht i. S. d. Betriebsrentengesetzes, das noch verfallbar ist, kommt es zu Ausgleichsansprüchen nach der Scheidung (§§ 20 ff. VersAusglG). Zur steuerlichen Behandlung der Ausgleichsansprüche nach der Scheidung vgl. BMF-Schreiben vom 9. April 2010, BStBl. I S. 323[1]. 275

## 2. Besteuerungszeitpunkte

Bei der steuerlichen Beurteilung des Versorgungsausgleichs ist zwischen dem Zeitpunkt der Teilung eines Anrechts im Versorgungsausgleich durch gerichtliche Entscheidung und dem späteren Zufluss der Leistungen aus den unterschiedlichen Versorgungssystemen zu unterscheiden. 276

Bei der internen Teilung wird die Übertragung der Anrechte auf die ausgleichsberechtigte Person zum Zeitpunkt des Versorgungsausgleichs für beide Ehegatten oder Lebenspartner nach § 3 Nr. 55 a EStG steuerfrei gestellt, weil auch bei den im Rahmen eines Versorgungsausgleichs übertragenen Anrechten auf eine Alters- und Invaliditätsversorgung das Prinzip der nachgelagerten Besteuerung eingehalten wird. Die Besteuerung erfolgt erst während der Auszahlungsphase. Die später zufließenden Leistungen gehören dabei bei beiden Ehegatten oder Lebenspartnern zur gleichen Einkunftsart, da die Versorgungsanrechte innerhalb des jeweiligen Systems geteilt wurden. Ein Wechsel des Versorgungssystems und ein damit möglicherweise verbundener Wechsel der Besteuerung weg von der nachgelagerten Besteuerung hat nicht stattgefunden. Lediglich die individuellen Merkmale für die Besteuerung sind bei jedem Ehegatten oder Lebenspartner gesondert zu ermitteln. 277

Bei einer externen Teilung kann dagegen die Übertragung der Anrechte zu einer Besteuerung führen, da sie mit einem Wechsel des Versorgungsträgers und damit regelmäßig mit einem Wechsel des Versorgungssystems verbunden ist. § 3 Nr. 55 b Satz 1 EStG stellt deshalb die Leistung des Ausgleichswerts in den Fällen der externen Teilung für beide Ehegatten oder Lebenspartner steuerfrei, soweit das Prinzip der nachgelagerten Besteuerung insgesamt eingehalten wird. Soweit die späteren Leistungen bei der ausgleichsberechtigten Person jedoch nicht der nachgelagerten Besteuerung unterliegen werden (z. B. Besteuerung nach § 20 Abs. 1 Nr. 6 EStG oder nach § 22 Nr. 1 Satz 3 Buchst. a Doppelbuchst. bb EStG mit dem Ertragsanteil), greift die Steuerbefreiung gem. § 3 Nr. 55 b Satz 2 EStG nicht, und die Leistung des Ausgleichswerts ist bereits im Zeitpunkt der Übertragung beim ausgleichspflichtigen Ehegatten oder Lebenspartner zu besteuern. Die Besteuerung der später zufließenden Leistungen erfolgt bei jedem Ehegatten oder Lebenspartner unabhängig davon, zu welchen Einkünften die Leistungen beim jeweils anderen 278

[1] Nr. 1 § 10/7.

Ehegatten oder Lebenspartner führen, und richtet sich danach, aus welchem Versorgungssystem sie jeweils geleistet werden.

## II. Interne Teilung (§ 10 VersAusglG)

### 1. Steuerfreiheit des Teilungsvorgangs nach § 3 Nr. 55 a EStG

279 § 3 Nr. 55 a EStG stellt klar, dass die aufgrund einer internen Teilung durchgeführte Übertragung von Anrechten steuerfrei ist; dies gilt sowohl für die ausgleichspflichtige als auch für die ausgleichsberechtigte Person.

### 2. Besteuerung bei der ausgleichsberechtigten Person

280 Die Leistungen aus den übertragenen Anrechten gehören bei der ausgleichsberechtigten Person zu den Einkünften, zu denen die Leistungen bei der ausgleichspflichtigen Person gehören würden, wenn die interne Teilung nicht stattgefunden hätte. Die (späteren) Versorgungsleistungen sind daher (weiterhin) Einkünfte aus nichtselbständiger Arbeit (§ 19 EStG) oder aus Kapitalvermögen (§ 20 EStG) oder sonstige Einkünfte (§ 22 EStG). Ausgleichspflichtige und ausgleichsberechtigte Person versteuern beide die ihnen jeweils zufließenden Leistungen.

281 Für die Ermittlung des Versorgungsfreibetrags und des Zuschlags zum Versorgungsfreibetrag nach § 19 Abs. 2 EStG, des Besteuerungsanteils nach § 22 Nr. 1 Satz 3 Buchst. a Doppelbuchst. aa EStG sowie des Ertragsanteils nach § 22 Nr. 1 Satz 3 Buchst. a Doppelbuchst. bb EStG bei der ausgleichsberechtigten Person ist auf deren Versorgungsbeginn, deren Rentenbeginn bzw. deren Lebensalter abzustellen.

282 Zu Besonderheiten bei der Öffnungsklausel s. Rz. 258 ff.

## III. Externe Teilung (§ 14 VersAusglG)

### 1. Steuerfreiheit nach § 3 Nr. 55 b EStG

283 Nach § 3 Nr. 55 b Satz 1 EStG ist der aufgrund einer externen Teilung an den Träger der Zielversorgung geleistete Ausgleichswert grundsätzlich steuerfrei, soweit die späteren Leistungen aus den dort begründeten Anrechten zu steuerpflichtigen Einkünften bei der ausgleichsberechtigten Person führen würden. Soweit die Übertragung von Anrechten im Rahmen des Versorgungsausgleichs zu keinen Einkünften i. S. d. EStG führt, bedarf es keiner Steuerfreistellung nach § 3 Nr. 55 b EStG. Die Steuerfreiheit nach § 3 Nr. 55 b Satz 1 EStG greift gem. § 3 Nr. 55 b Satz 2 EStG nicht, soweit Leistungen, die auf dem begründeten Anrecht beruhen, bei der ausgleichsberechtigten Person zu Einkünften nach § 20 Abs. 1 Nr. 6 EStG oder § 22 Nr. 1 Satz 3 Buchst. a Doppelbuchst. bb EStG führen würden.

### 2. Besteuerung bei der ausgleichsberechtigten Person

284 Für die Besteuerung bei der ausgleichsberechtigten Person ist unerheblich, zu welchen Einkünften die Leistungen aus den übertragenen Anrechten bei der ausgleichspflichtigen Person geführt hätten, da mit der externen Teilung ein neues Anrecht begründet wird.

### 3. Beispiele

**Beispiel 1:** 285

Im Rahmen einer externen Teilung zahlt das Versicherungsunternehmen X, bei dem der ausgleichspflichtige Ehegatte A eine private Rentenversicherung mit Kapitalwahlrecht abgeschlossen hat, einen Ausgleichswert an das Versicherungsunternehmen Y zugunsten des ausgleichsberechtigten Ehegatten B in eine private Rentenversicherung, die dieser als Zielversorgung gewählt hat.

Der Ausgleichswert ist nicht steuerfrei nach § 3 Nr. 55 b Satz 1 EStG, da sich aus der Übertragung keine Einkünfte i. S. d. EStG ergeben (kein Fall des § 20 Abs. 1 Nr. 6 EStG, da es sich weder um einen Erlebensfall noch um einen Rückkauf handelt); mangels Anwendbarkeit von § 3 Nr. 55 b Satz 1 EStG kann auch kein Fall des Satzes 2 dieser Vorschrift vorliegen. Bei Ausübung des Kapitalwahlrechts unterliegt die spätere geminderte Kapitalleistung bei A der Besteuerung nach § 20 Abs. 1 Nr. 6 EStG (ggf. keine Besteuerung wegen *§ 52 Abs. 36 EStG*[1]); Rentenleistungen sind bei A steuerpflichtig nach § 22 Nr. 1 Satz 3 Buchst. a Doppelbuchst. bb EStG. Die Leistungen werden bei B in gleicher Weise besteuert.

**Beispiel 2:** 286

Im Rahmen einer externen Teilung zahlt das Versicherungsunternehmen X, bei dem der ausgleichspflichtige Ehegatte A eine Basisrentenversicherung (§ 10 Abs. 1 Nr. 2 Satz 1 Buchst. b EStG) abgeschlossen hat, mit Zustimmung des A einen Ausgleichswert an das Versicherungsunternehmen Y zugunsten des ausgleichsberechtigten Ehegatten B in eine private Rentenversicherung, die dieser als Zielversorgung gewählt hat.

Der Ausgleichswert ist nicht steuerfrei nach § 3 Nr. 55 b Satz 2 EStG, denn die Leistungen, die auf dem begründeten Anrecht beruhen, würden bei der ausgleichsberechtigten Person zu Einkünften nach § 20 Abs. 1 Nr. 6 EStG (bei Ausübung eines Kapitalwahlrechts) oder nach § 22 Nr. 1 Satz 3 Buchst. a Doppelbuchst. bb EStG (bei Rentenzahlungen) führen. A hat im Zeitpunkt der Zahlung durch das Versicherungsunternehmen X einen Betrag in Höhe des Ausgleichswerts nach § 22 Nr. 1 Satz 3 Buchst. a Doppelbuchst. aa EStG zu versteuern. Die späteren durch den Versorgungsausgleich gekürzten Leistungen unterliegen bei A ebenfalls der Besteuerung nach § 22 Nr. 1 Satz 3 Buchst. a Doppelbuchst. aa EStG. Bei Ausübung des Kapitalwahlrechts unterliegt die spätere Kapitalleistung bei B der Besteuerung nach § 20 Abs. 1 Nr. 6 EStG; Rentenleistungen sind bei B steuerpflichtig nach § 22 Nr. 1 Satz 3 Buchst. a Doppelbuchst. bb EStG.

### 4. Verfahren

Der Versorgungsträger der ausgleichspflichtigen Person hat grundsätzlich den Versorgungsträger der ausgleichsberechtigten Person über die für die Besteuerung der Leistungen erforderlichen Grundlagen zu informieren. Andere Mitteilungs-, Informations- und Aufzeichnungspflichten bleiben hiervon unberührt. 287

## IV. Neuberechnung des Versorgungsfreibetrags und des Zuschlags zum Versorgungsfreibetrag

Werden im Zeitpunkt der Wirksamkeit der Teilung bereits Versorgungsbezüge bezogen, erfolgt bei der ausgleichspflichtigen Person eine Neuberechnung des Versorgungsfreibetrags und des Zuschlags zum Versorgungsfreibetrag entsprechend § 19 Abs. 2 Satz 10 EStG. Bei der ausgleichsberechtigten Person sind der Versorgungsfreibetrag und der Zuschlag zum Versorgungsfreibetrag erstmals zu berechnen, da es sich um einen neuen Versorgungsbezug handelt. Dabei bestimmen sich der Prozentsatz, der Höchstbetrag des Versorgungsfrei- 288

[1] Jetzt § 52 Abs. 28 Satz 5 EStG.

betrags und der Zuschlag zum Versorgungsfreibetrag nach dem Jahr, für das erstmals Anspruch auf den Versorgungsbezug aufgrund der internen oder externen Teilung besteht.

## E. Anwendungsregelung

289 Vorbehaltlich besonderer Regelungen in den einzelnen Randziffern ist dieses Schreiben ab dem Zeitpunkt seiner Bekanntgabe im Bundessteuerblatt anzuwenden.

290 Das BMF-Schreiben vom 13. September 2010 IV C 3 – S 2222/09/10041; IV C 5 – S 2345/08/0001, DOK 2010/0628045, BStBl. I S. 681 wird zum Zeitpunkt der Bekanntgabe dieses Schreibens im Bundessteuerblatt aufgehoben.

## Anlage

### Zusammenstellung der Höchstbeiträge in der gesetzlichen Rentenversicherung der Arbeiter und Angestellten und in der knappschaftlichen Rentenversicherung (jeweils Arbeitgeber- und Arbeitnehmeranteil) für die Jahre 1927 bis 2004

| | Gesetzliche Rentenversicherung der Arbeiter und Angestellten | | Knappschaftliche Rentenversicherung | |
|---|---|---|---|---|
| Jahr | Arbeiter | Angestellte | Arbeiter | Angestellte |
| 1927 | 83,43 RM | 240,00 RM | 383,67 RM | 700,00 RM |
| 1928 | 104,00 RM | 280,00 RM | 371,25 RM | 816,00 RM |
| 1929 | 104,00 RM | 360,00 RM | 355,50 RM | 901,60 RM |
| 1930 | 104,00 RM | 360,00 RM | 327,83 RM | 890,40 RM |
| 1931 | 104,00 RM | 360,00 RM | 362,48 RM | 915,60 RM |
| 1932 | 104,00 RM | 360,00 RM | 405,40 RM | 940,80 RM |
| 1933 | 104,00 RM | 360,00 RM | 405,54 RM | 940,80 RM |
| 1934 | 124,80 RM | 300,00 RM | 456,00 RM | 806,40 RM |
| 1935 | 124,80 RM | 300,00 RM | 456,00 RM | 806,40 RM |
| 1936 | 124,80 RM | 300,00 RM | 456,00 RM | 806,40 RM |
| 1937 | 124,80 RM | 300,00 RM | 456,00 RM | 806,40 RM |
| 1938 | 136,37 RM | 300,00 RM | 461,93 RM | 1767,60 RM |
| 1939 | 140,40 RM | 300,00 RM | 471,90 RM | 1771,20 RM |
| 1940 | 140,40 RM | 300,00 RM | 471,90 RM | 1771,20 RM |
| 1941 | 140,40 RM | 300,00 RM | 472,73 RM | 1767,60 RM |
| 1942 | 171,00 RM | 351,60 RM | 478,50 RM | 1764,00 RM |
| 1943 | 201,60 RM | 403,20 RM | 888,00 RM | 1032,00 RM |
| 1944 | 201,60 RM | 403,20 RM | 888,00 RM | 1032,00 RM |
| 1945 | 201,60 RM | 403,20 RM | 888,00 RM | 1032,00 RM |
| 1946 | 201,60 RM | 403,20 RM | 888,00 RM | 1032,00 RM |

| | Gesetzliche Rentenversicherung der Arbeiter und Angestellten | | Knappschaftliche Rentenversicherung | |
|---|---|---|---|---|
| Jahr | Arbeiter | Angestellte | Arbeiter | Angestellte |
| 1947 | 201,60 RM | 403,20 RM | 888,00 RM | 1462,00 RM |
| 1948 | 201,60 DM[1)] | 403,20 DM[1)] | 888,00 DM[1)] | 1548,00 DM[1)] |
| 1949 | 504,00 DM | 588,00 DM | 1472,50 DM | 1747,50 DM |
| 1950 | 720,00 DM | | 1890,00 DM | |
| 1951 | 720,00 DM | | 1890,00 DM | |
| 1952 | 780,00 DM | | 2160,00 DM | |
| 1953 | 900,00 DM | | 2700,00 DM | |
| 1954 | 900,00 DM | | 2700,00 DM | |
| 1955 | 967,50 DM | | 2700,00 DM | |
| 1956 | 990,00 DM | | 2700,00 DM | |
| 1957 | 1215,00 DM | | 2770,00 DM | |
| 1958 | 1260,00 DM | | 2820,00 DM | |
| 1959 | 1344,00 DM | | 2820,00 DM | |
| 1960 | 1428,00 DM | | 2820,00 DM | |
| 1961 | 1512,00 DM | | 3102,00 DM | |
| 1962 | 1596,00 DM | | 3102,00 DM | |
| 1963 | 1680,00 DM | | 3384,00 DM | |
| 1964 | 1848,00 DM | | 3948,00 DM | |
| 1965 | 2016,00 DM | | 4230,00 DM | |
| 1966 | 2184,00 DM | | 4512,00 DM | |
| 1967 | 2352,00 DM | | 4794,00 DM | |
| 1968 | 2880,00 DM | | 5358,00 DM | |
| 1969 | 3264,00 DM | | 5640,00 DM | |
| 1970 | 3672,00 DM | | 5922,00 DM | |
| 1971 | 3876,00 DM | | 6486,00 DM | |
| 1972 | 4284,00 DM | | 7050,00 DM | |
| 1973 | 4968,00 DM | | 7896,00 DM | |
| 1974 | 5400,00 DM | | 8742,00 DM | |
| 1975 | 6048,00 DM | | 9588,00 DM | |
| 1976 | 6696,00 DM | | 10 716,00 DM | |
| 1977 | 7344,00 DM | | 11 844,00 DM | |
| 1978 | 7992,00 DM | | 12 972,00 DM | |
| 1979 | 8640,00 DM | | 13 536,00 DM | |
| 1980 | 9072,00 DM | | 14 382,00 DM | |
| 1981 | 9768,00 DM | | 15 876,00 DM | |

1) **[Amtl. Anm.:]** Die im Jahr 1948 vor der Währungsreform geltenden Höchstbeiträge wurden entsprechend der Umstellung der Renten im Verhältnis 1 : 1 von Reichsmark (RM) in Deutsche Mark (DM) umgerechnet.

| | Gesetzliche Rentenversicherung der Arbeiter und Angestellten | | Knappschaftliche Rentenversicherung | |
|---|---|---|---|---|
| **Jahr** | **Arbeiter** | **Angestellte** | **Arbeiter** | **Angestellte** |
| 1982 | 10 152,00 DM | | 16 356,00 DM | |
| 1983 | 10 900,00 DM | | 17 324,00 DM | |
| 1984 | 11 544,00 DM | | 18 624,00 DM | |
| 1985 | 12 306,60 DM | | 19 892,30 DM | |
| 1986 | 12 902,40 DM | | 20 658,60 DM | |
| 1987 | 12 790,80 DM | | 20 831,40 DM | |
| 1988 | 13 464,00 DM | | 21 418,20 DM | |
| 1989 | 13 688,40 DM | | 22 005,00 DM | |
| 1990 | 14 137,20 DM | | 22 885,20 DM | |
| 1991 | 14 001,00 DM | | 22 752,00 DM | |
| 1992 | 14 443,20 DM | | 23 637,60 DM | |
| 1993 | 15 120,00 DM | | 24 831,00 DM | |
| 1994 | 17 510,40 DM | | 28 764,00 DM | |
| 1995 | 17 409,60 DM | | 28 454,40 DM | |
| 1996 | 18 432,00 DM | | 29 988,00 DM | |
| 1997 | 19 975,20 DM | | 32 602,80 DM | |
| 1998 | 20 462,40 DM | | 33 248,40 DM | |
| 1999 | 20 094,00 DM | | 32 635,20 DM | |
| 2000 | 19 917,60 DM | | 32 563,20 DM | |
| 2001 | 19 940,40 DM | | 32 613,60 DM | |
| 2002 | 10 314,00 € | | 16 916,40 € | |
| 2003 | 11 934,00 € | | 19 425,00 € | |
| 2004 | 12 051,00 € | | 19 735,80 € | |

# 1 § 10/10. Schreiben betr. Neuregelung der einkommensteuerlichen Behandlung von Berufsausbildungskosten gemäß § 10 Abs. 1 Nr. 7, § 12 Nr. 5 EStG in der Fassung des Gesetzes zur Änderung der Abgabenordnung und weiterer Gesetze vom 21. Juli 2004 (BGBl. I S. 1753, BStBl. 2005 I S. 343) ab 2004[1) 2) 3)]

Vom 22. September 2010

BMF IV C 4 - S 2227/07/10002 :002; DOK 2010/0416045

(BStBl. I S. 721)

**Bezug:** BMF-Schreiben vom 4. November 2005 IV C 8 – S 2227 – 5/05 (BStBl. I S. 816) unter Berücksichtigung der Änderungen durch BMF-Schreiben vom 21. Juni 2007 IV C 4 – S 2227/07/0002 – 2007/0137269 (BStBl. I S. 492) und BFH-Urteil vom 18. Juni 2009 VI R 14/07 (BStBl. 2010 II S. 816)

Die einkommensteuerliche Behandlung von Berufsausbildungskosten wurde durch das Gesetz zur Änderung der Abgabenordnung und weiterer Gesetze vom 21. Juli 2004 (BGBl. I S. 1753, BStBl. 2005 I S. 343) neu geordnet (Neuordnung). Nach dem Ergebnis der Erörterungen mit den obersten Finanzbehörden der Länder unter Einbeziehung der Rechtsfolgen aus der allgemeinen Anwendung des BFH-Urteils vom 18. Juni 2009 VI R 14/07, BStBl. 2010 II S. 816) und notwendiger redaktioneller Änderungen gelten dazu die nachfolgenden Ausführungen.

## 1. Grundsätze

Aufwendungen für die erstmalige Berufsausbildung oder ein Erststudium[4)] stellen nach *§ 12 Nr. 5 EStG*[5)] keine Betriebsausgaben oder Werbungskosten dar, es sei denn, die Bildungsmaßnahme findet im Rahmen eines Dienstverhältnisses statt (Ausbildungsdienstverhältnis). 1

Aufwendungen für die eigene Berufsausbildung, die nicht Betriebsausgaben oder Werbungskosten darstellen, können nach § 10 Abs. 1 Nr. 7 EStG bis zu *4000 Euro*[6)] im Kalenderjahr als Sonderausgaben abgezogen werden.

Ist einer Berufsausbildung oder einem Studium eine abgeschlossene erstmalige Berufsausbildung oder ein abgeschlossenes Erststudium vorausgegangen (weitere Berufsausbildung oder weiteres Studium), handelt es sich dagegen bei den durch die weitere Berufsausbildung oder das weitere Studium veranlassten Aufwendungen um Betriebsausgaben oder Werbungskosten, wenn ein hinreichend konkreter, objektiv feststellbarer Zusammenhang mit späteren im Inland 2

[1)] **Red. Anm.:** Siehe nunmehr auch § 4 Abs. 9, § 9 Abs. 6, § 10 Abs. 1 Nr. 7 EStG.

[2)] **Anm. Amtl. LSt-Handbuch:** Ab dem VZ 2015 gelten neue gesetzliche Regelungen zur Definition einer Erstausbildung (§ 9 Abs. 6 EStG i.d.F. des G zur Anpassung der Abgabenordnung an den Zollkodex der Union und zur Änderung weiterer steuerlicher Vorschriften).

[3)] **Anm. Amtl. LSt-Handbuch:** Die Regelungen zur Abziehbarkeit von Aufwendungen für eine Berufsausbildung sind verfassungsgemäß (siehe BVerfG vom 19.11.2019 2 BvL 22-27/14, DStR 2020 S. 93).

[4)] **Anm. Amtl. LSt-Handbuch:** Bestätigt durch BFH v. 5.11.2013 (BStBl. 2014 II S. 165).

[5)] § 12 Nr. 5 EStG aufgeh. mWv 1.1.2015 durch G v. 22.12.2014 (BGBl. I S. 2417).

[6)] **Anm. Amtl. LSt-Handbuch:** Ab dem VZ 2012 bis zu 6000 Euro.

steuerpflichtigen Einnahmen aus der angestrebten beruflichen Tätigkeit besteht. Entsprechendes gilt für ein Erststudium nach einer abgeschlossenen nichtakademischen Berufsausbildung (BFH vom 18. Juni 2009 VI R 14/07, BStBl. 2010 II S. 816). Die Rechtsprechung des BFH zur Rechtslage vor der Neuordnung ist insoweit weiter anzuwenden (BFH vom 4. Dezember 2002 VI R 120/01, BStBl. 2003 II S. 403; vom 17. Dezember 2002 VI R 137/01, BStBl. 2003 II S. 407; vom 13. Februar 2003 IV R 44/01, BStBl. II S. 698; vom 29. April 2003 VI R 86/99, BStBl. II S. 749; vom 27. Mai 2003 VI R 33/01, BStBl. 2004 II S. 884; vom 22. Juli 2003 VI R 190/97, BStBl. 2004 II S. 886; vom 22. Juli 2003 VI R 137/99, BStBl. 2004 II S. 888; vom 22. Juli 2003 VI R 50/02, BStBl. 2004 II S. 889; vom 13. Oktober 2003 VI R 71/02, BStBl. 2004 II S. 890; vom 4. November 2003 VI R 96/01, BStBl. 2004 II S. 891).

3 Unberührt von der Neuordnung bleibt die Behandlung von Aufwendungen für eine berufliche Fort- und Weiterbildung. Sie stellen Betriebsausgaben oder Werbungskosten dar, sofern sie durch den Beruf veranlasst sind, soweit es sich dabei nicht um eine erstmalige Berufsausbildung oder ein Erststudium i. S. d. *§ 12 Nr. 5 EStG*[1] handelt.

### 2. Erstmalige Berufsausbildung, Erststudium und Ausbildungsdienstverhältnisse i. S. d. *§ 12 Nr. 5 EStG*[2]

### 2.1. Erstmalige Berufsausbildung

4 Unter dem Begriff „Berufsausbildung“ i. S. d. *§ 12 Nr. 5 EStG*[3] ist eine berufliche Ausbildung unter Ausschluss eines Studiums zu verstehen.

Eine Berufsausbildung i. S. d. *§ 12 Nr. 5 EStG*[3] liegt vor, wenn der Steuerpflichtige durch eine berufliche Ausbildungsmaßnahme die notwendigen fachlichen Fertigkeiten und Kenntnisse erwirbt, die zur Aufnahme eines Berufs befähigen. Voraussetzung ist, dass der Beruf durch eine Ausbildung im Rahmen eines öffentlich-rechtlich geordneten Ausbildungsgangs erlernt wird (BFH vom 6. März 1992 VI R 163/88, BStBl. II S. 661) und der Ausbildungsgang durch eine Prüfung abgeschlossen wird.

Die Auslegung des Begriffs „Berufsausbildung“ im Rahmen des § 32 Abs. 4 EStG ist für *§ 12 Nr. 5 EStG*[3] nicht maßgeblich.

5 Zur Berufsausbildung zählen:

– Berufsausbildungsverhältnisse gemäß § 1 Abs. 3, §§ 4 bis 52 Berufsbildungsgesetz (Art. 1 des Gesetzes zur Reform der beruflichen Bildung [Berufsbildungsreformgesetz – BerBiRefG] vom 23. März 2005, BGBl. I S. 931, zuletzt geändert durch Gesetz vom 5. Februar 2009, BGBl. I S. 160, im Folgenden BBiG), sowie anerkannte Lehr- und Anlernberufe oder vergleichbar geregelte Ausbildungsberufe aus der Zeit vor dem In-Kraft-Treten des BBiG (§ 104 BBiG). Der erforderliche Abschluss besteht hierbei in der erfolgreich abgelegten Abschlussprüfung i. S. d. § 37 BBiG. Gleiches gilt, wenn die Abschlussprüfung nach § 43 Abs. 2 BBiG ohne ein Ausbildungsverhältnis auf Grund einer entsprechenden schulischen Ausbildung abgelegt

[1] **Red. Anm.:** § 12 Nr. 5 EStG aufgeh. mWv 1.1.2015 durch G v. 22.12.2014 (BGBl. I S. 2417).

[2] **Red. Anm.:**§ 12 Nr. 5 EStG aufgeh. mWv 1. 1. 2015 durch G v. 22. 12. 2014 (BGBl. I S. 2417).

[3] **Red. Anm.:** § 12 Nr. 5 EStG aufgeh. mWv 1. 1. 2015 durch G v. 22. 12. 2014 (BGBl. I S. 2417).

wird, die gemäß den Voraussetzungen des § 43 Abs. 2 BBiG als im Einzelnen gleichwertig anerkannt ist;

- mit Berufsausbildungsverhältnissen vergleichbare betriebliche Ausbildungsgänge außerhalb des Geltungsbereichs des BBiG (zurzeit nach der *Schiffsmechaniker-Ausbildungsverordnung vom 12. April 1994, BGBl. I S. 797, in der jeweils geltenden Fassung*[1]);
- die Ausbildung auf Grund der bundes- oder landesrechtlichen Ausbildungsregelungen für Berufe im Gesundheits- und Sozialwesen;
- landesrechtlich geregelte Berufsabschlüsse an Berufsfachschulen;
- die Berufsausbildung behinderter Menschen in anerkannten Berufsausbildungsberufen oder auf Grund von Regelungen der zuständigen Stellen in besonderen „Behinderten-Ausbildungsberufen" und
- die Berufsausbildung in einem öffentlich-rechtlichen Dienstverhältnis sowie die Berufsausbildung auf Kauffahrtschiffen, die nach dem Flaggenrechtsgesetz vom 8. Februar 1951 (BGBl. I S. 79) die Bundesflagge führen, soweit es sich nicht um Schiffe der kleinen Hochseefischerei und der Küstenfischerei handelt.

Andere Bildungsmaßnahmen werden einer Berufsausbildung i. S. d. *§ 12 Nr. 5 EStG*[2] gleichgestellt, wenn sie dem Nachweis einer Sachkunde dienen, die Voraussetzung zur Aufnahme einer fest umrissenen beruflichen Betätigung ist[3]. Die Ausbildung muss im Rahmen eines geordneten Ausbildungsgangs erfolgen und durch eine staatliche oder staatlich anerkannte Prüfung abgeschlossen werden. Der erfolgreiche Abschluss der Prüfung muss Voraussetzung für die Aufnahme der beruflichen Betätigung sein. Die Ausbildung und der Abschluss müssen vom Umfang und Qualität der Ausbildungsmaßnahmen und Prüfungen her grundsätzlich mit den Anforderungen, die im Rahmen von Berufsausbildungsmaßnahmen i. S. d. Rz. 5 gestellt werden, vergleichbar sein. 6

Dazu gehört z. B. die Ausbildung zu Berufspiloten auf Grund der JAR-FCL 1 deutsch vom 15. April 2003, Bundesanzeiger 2003 Nr. 80 a.

Aufwendungen für den Besuch allgemein bildender Schulen sind Kosten der privaten Lebensführung i. S. d. § 12 Nr. 1 EStG und dürfen daher nicht bei den einzelnen Einkunftsarten abgezogen werden. Der Besuch eines Berufskollegs zum Erwerb der Fachhochschulreife gilt als Besuch einer allgemein bildenden Schule. Dies gilt auch, wenn ein solcher Abschluss, z. B. das Abitur, nach Abschluss einer Berufsausbildung nachgeholt wird (BFH vom 22. Juni 2006 VI R 5/04, BStBl. II S. 717). Derartige Aufwendungen können als Sonderausgaben gemäß § 10 Abs. 1 Nr. 7 oder Nr. 9 EStG vom Gesamtbetrag der Einkünfte abgezogen werden. 7

Die Berufsausbildung ist als erstmalige Berufsausbildung anzusehen, wenn ihr keine andere abgeschlossene Berufsausbildung beziehungsweise kein abgeschlossenes berufsqualifizierendes Hochschulstudium vorausgegangen ist. Wird ein Steuerpflichtiger ohne entsprechende Berufsausbildung in einem Beruf tätig und führt er die zugehörige Berufsausbildung nachfolgend durch (nachgeholte 8

[1] Aufgeh. mWv 15.9.2013 durch See-Berufsausbildungsverordnung v. 10.9.2013, BGBl. I S. 3565.

[2] **Red. Anm.:** § 12 Nr. 5 EStG aufgeh. mWv 1. 1. 2015 durch G v. 22. 12. 2014 (BGBl. I S. 2417).

[3] **Anm. Amtl. LSt-Handbuch:** Ab dem VZ 2015 gelten neue gesetzliche Regelungen zur Definition einer Erstausbildung.

Berufsausbildung), handelt es sich dabei um eine erstmalige Berufsausbildung (BFH vom 6. März 1992 VI R 163/88, BStBl. II S. 661).

9 Diese Grundsätze gelten auch für die Behandlung von Aufwendungen für Anerkennungsjahre und praktische Ausbildungsabschnitte als Bestandteil einer Berufsausbildung. Soweit keine vorherige abgeschlossene Berufsausbildung vorangegangen ist, stellen sie Teil einer ersten Berufsausbildung dar und unterliegen *§ 12 Nr. 5 EStG*[1]. Nach einer vorherigen abgeschlossenen Berufsausbildung oder einem berufsqualifizierenden Studium können Anerkennungsjahre und Praktika einen Bestandteil einer weiteren Berufsausbildung darstellen oder bei einem entsprechenden Veranlassungszusammenhang als Fort- oder Weiterbildung anzusehen sein.

10 Bei einem Wechsel und einer Unterbrechung der erstmaligen Berufsausbildung sind die in Rz. 19 angeführten Grundsätze entsprechend anzuwenden.

11 Inländischen Abschlüssen gleichgestellt sind Berufsausbildungsabschlüsse von Staatsangehörigen eines Mitgliedstaats der Europäischen Union (EU) oder eines Vertragstaats des europäischen Wirtschaftsraums (EWR) oder der Schweiz, die in einem dieser Länder erlangt werden, sofern der Abschluss in mindestens einem dieser Länder unmittelbar den Zugang zu dem entsprechenden Beruf eröffnet. Ferner muss die Tätigkeit, zu denen die erlangte Qualifikation in mindestens einem dieser Länder befähigt, der Tätigkeit, zu der ein entsprechender inländischer Abschluss befähigt, gleichartig sein. Zur Vereinfachung kann in der Regel davon ausgegangen werden, dass eine Gleichartigkeit vorliegt.

### 2.2. Erststudium

#### 2.2.1. Grundsätze

12 Ein Studium i. S. d. *§ 12 Nr. 5 EStG*[2] liegt dann vor, wenn es sich um ein Studium an einer Hochschule i. S. d. § 1 Hochschulrahmengesetz handelt (Gesetz vom 26. Januar 1976, BGBl. I S. 185, in der Fassung der Bekanntmachung vom 19. Januar 1999, BGBl. I S. 18, zuletzt geändert durch Gesetz vom 12. April 2007, BGBl. I S. 506, im Folgenden HRG). Nach dieser Vorschrift sind Hochschulen die Universitäten, die Pädagogischen Hochschulen, die Kunsthochschulen, die Fachhochschulen und die sonstigen Einrichtungen des Bildungswesens, die nach Landesrecht staatliche Hochschulen sind. Gleichgestellt sind private und kirchliche Bildungseinrichtungen sowie die Hochschulen des Bundes, die nach Landesrecht als Hochschule anerkannt werden, § 70 HRG. Studien können auch als Fernstudien durchgeführt werden, § 13 HRG. Auf die Frage, welche schulischen Abschlüsse oder sonstigen Leistungen den Zugang zum Studium eröffnet haben, kommt es nicht an.

13 Ein Studium stellt dann ein erstmaliges Studium i. S. d. *§ 12 Nr. 5 EStG*[2] dar, wenn es sich um eine Erstausbildung handelt. Es darf ihm kein anderes durch einen berufsqualifizierenden Abschluss beendetes Studium oder keine andere abgeschlossene nichtakademische Berufsausbildung i. S. d. Rz. 4 bis 11 vorangegangen sein (BFH vom 18. Juni 2009 VI R 14/07, BStBl. 2010 II S. 816)[3].

---

[1] **Red Anm.:** § 12 Nr. 5 EStG aufgeh. mWv 1. 1. 2015 durch G v. 22. 12. 2014 (BGBl. I S. 2417).

[2] **Red. Anm.:** § 12 Nr. 5 EStG aufgeh. mWv 1. 1. 2015 durch G v. 22. 12. 2014 (BGBl. I S. 2417).

[3] **Anm. Amtl. LSt-Handbuch:** Aufwendungen für ein Erststudium, welches zugleich eine Erstausbildung vermittelt und das nicht im Rahmen eines Dienstverhältnisses stattgefunden hat, sind keine (vorweggenommenen) Betriebsausgaben (siehe BFH v. 5. 11. 2013, BStBl. 2014 II S. 165).

Dies gilt auch in den Fällen, in denen während eines Studiums eine Berufsausbildung erst abgeschlossen wird, unabhängig davon, ob die beiden Ausbildungen sich inhaltlich ergänzen. In diesen Fällen ist eine Berücksichtigung der Aufwendungen für das Studium als Werbungskosten/Betriebsausgaben erst – unabhängig vom Zahlungszeitpunkt – ab dem Zeitpunkt des Abschlusses der Berufsausbildung möglich. Davon ausgenommen ist ein Studium, das im Rahmen eines Dienstverhältnisses stattfindet (siehe Rz. 27). Ein Studium wird auf Grund der entsprechenden Prüfungsordnung einer inländischen Hochschule durch eine Hochschulprüfung oder eine staatliche oder kirchliche Prüfung abgeschlossen (§§ 15, 16 HRG).

Auf Grund einer berufsqualifizierenden Hochschulprüfung kann ein Hochschulgrad verliehen werden. Hochschulgrade sind der Diplom- und der Magistergrad i. S. d. § 18 HRG. Das Landesrecht kann weitere Grade vorsehen. Ferner können die Hochschulen Studiengänge einrichten, die auf Grund entsprechender berufsqualifizierender Prüfungen zu einem Bachelor- oder Bakkalaureusgrad und einem Master- oder Magistergrad führen (§ 19 HRG). Der Magistergrad i. S. d. § 18 HRG setzt anders als der Master- oder Magistergrad i. S. d. § 19 HRG keinen vorherigen anderen Hochschulabschluss voraus. Zwischenprüfungen stellen keinen Abschluss eines Studiums i. S. d. § 12 Nr. 5 EStG dar. 14

Die von den Hochschulen angebotenen Studiengänge führen in der Regel zu einem berufsqualifizierenden Abschluss (§ 10 Abs. 1 Satz 1 HRG). Im Zweifel ist davon auszugehen, dass die entsprechenden Prüfungen berufsqualifizierend sind. 15

Die Ausführungen bei den Berufsausbildungskosten zur Behandlung von Aufwendungen für Anerkennungsjahre und Praktika gelten entsprechend (vgl. Rz. 9). 16

Studien- und Prüfungsleistungen an ausländischen Hochschulen, die zur Führung eines ausländischen akademischen Grades berechtigen, der nach § 20 HRG in Verbindung mit dem Recht des Landes, in dem der Gradinhaber seinen inländischen Wohnsitz oder inländischen gewöhnlichen Aufenthalt hat, anerkannt wird, sowie Studien- und Prüfungsleistungen, die von Staatsangehörigen eines Mitgliedstaats der EU oder von Vertragstaaten des EWR oder der Schweiz an Hochschulen dieser Staaten erbracht werden, sind nach diesen Grundsätzen inländischen Studien- und Prüfungsleistungen gleichzustellen. Der Steuerpflichtige hat die Berechtigung zur Führung des Grades nachzuweisen. Für die Gleichstellung von Studien- und Prüfungsleistungen werden die in der Datenbank „anabin" (www.anabin.de) der Zentralstelle für ausländisches Bildungswesen beim Sekretariat der Kultusministerkonferenz aufgeführten Bewertungsvorschläge zugrunde gelegt. 17

### 2.2.2. Einzelfragen

**Fachschulen:** 18

Die erstmalige Aufnahme eines Studiums nach dem berufsqualifizierenden Abschluss einer Fachschule stellt auch dann ein Erststudium dar, wenn die von der Fachschule vermittelte Bildung und das Studium sich auf ein ähnliches Wissensgebiet beziehen. Die Aufwendungen für ein solches Erststudium können bei Vorliegen der entsprechenden Voraussetzungen als Betriebsausgaben oder Werbungskosten berücksichtigt werden.

**Wechsel und Unterbrechung des Studiums:** 19

Bei einem Wechsel des Studiums ohne Abschluss des zunächst betriebenen Studiengangs, z. B. von Rechtswissenschaften zu Medizin, stellt das zunächst aufgenommene Jurastudium kein abgeschlossenes Erststudium dar. Bei einer Unterbrechung eines Studiengangs ohne einen berufsqualifizierenden Abschluss und seiner späteren Weiterführung stellt der der Unterbrechung nachfolgende Studienteil kein weiteres Studium dar.

**Beispiel:**

An einer Universität wird der Studiengang des Maschinenbaustudiums aufgenommen, anschließend unterbrochen und nunmehr eine Ausbildung als Kfz-Mechaniker begonnen, aber ebenfalls nicht abgeschlossen. Danach wird der Studiengang des Maschinenbaustudiums weitergeführt und abgeschlossen. *§ 12 Nr. 5 EStG*[1] ist auf beide Teile des Maschinenbaustudiums anzuwenden. Das gilt unabhängig davon, ob das Maschinenbaustudium an derselben Hochschule fortgeführt oder an einer anderen Hochschule bzw. Fachhochschule aufgenommen und abgeschlossen wird.

**Abwandlung:**

Wird das begonnene Studium stattdessen, nachdem die Ausbildung zum Kfz-Mechaniker erfolgreich abgeschlossen wurde, weitergeführt und abgeschlossen, ist *§ 12 Nr. 5 EStG*[1] nur auf den ersten Teil des Studiums anzuwenden, da der Fortsetzung des Studiums eine abgeschlossene nichtakademische Berufsausbildung vorausgeht.

20 **Mehrere Studiengänge:**

Werden zwei (oder ggf. mehrere) Studiengänge parallel studiert, die zu unterschiedlichen Zeiten abgeschlossen werden, stellt der nach dem berufsqualifizierenden Abschluss eines der Studiengänge weiter fortgesetzte andere Studiengang vom Zeitpunkt des Abschlusses an ein weiteres Studium dar.

21 **Aufeinander folgende Abschlüsse unterschiedlicher Hochschultypen:**

Da die Universitäten, Pädagogischen Hochschulen, Kunsthochschulen, Fachhochschulen sowie weitere entsprechende landesrechtliche Bildungseinrichtungen gleichermaßen Hochschulen i. S. d. § 1 HRG darstellen, stellt ein Studium an einer dieser Bildungseinrichtungen nach einem abgeschlossen Studium an einer anderen dieser Bildungseinrichtungen ein weiteres Studium dar. So handelt es sich bei einem Universitätsstudium nach einem abgeschlossenen Fachhochschulstudium um ein weiteres Studium.

22 **Ergänzungs- und Aufbaustudien:**

Postgraduale Zusatz-, Ergänzungs- und Aufbaustudien i. S. d. § 12 HRG setzen den Abschluss eines ersten Studiums voraus und stellen daher ein weiteres Studium dar.

23 **Vorbereitungsdienst:**

Als berufsqualifizierender Studienabschluss gilt auch der Abschluss eines Studiengangs, durch den die fachliche Eignung für einen beruflichen Vorbereitungsdienst oder eine berufliche Einführung vermittelt wird (§ 10 Abs. 1 Satz 2 HRG). Dazu zählt beispielhaft der jur. Vorbereitungsdienst (Referendariat). Das erste juristische Staatsexamen stellt daher einen berufsqualifizierenden Abschluss dar.

24 **Bachelor- und Masterstudiengänge:**

Nach § 19 Abs. 2 HRG stellt der Bachelor- oder Bakkalaureusgrad einer inländischen Hochschule einen berufsqualifizierenden Abschluss dar. Daraus folgt, dass der Abschluss eines Bachelorstudiengangs den Abschluss eines Erststudiums darstellt und ein nachfolgender Studiengang als weiteres Studium anzusehen ist.

---

[1] **Red. Anm.:** § 12 Nr. 5 EStG aufgeh. mWv 1. 1. 2015 durch G v. 22. 12. 2014 (BGBl. I S. 2417).

Nach § 19 Abs. 3 HRG kann die Hochschule auf Grund von Prüfungen, mit denen ein weiterer berufsqualifizierender Abschluss erworben wird, einen Master- oder Magistergrad verleihen. Die Hochschule kann einen Studiengang ausschließlich mit dem Abschluss Bachelor anbieten (grundständig). Sie kann einen Studiengang mit dem Abschluss als Bachelor und einem inhaltlich darauf aufbauenden Masterstudiengang vorsehen (konsekutives Masterstudium). Sie kann aber auch ein Masterstudium anbieten, ohne selbst einen entsprechenden Bachelorstudiengang anzubieten (postgraduales Masterstudium).

Ein Masterstudium i. S. d. § 19 HRG kann nicht ohne ein abgeschlossenes Bachelor- oder anderes Studium aufgenommen werden. Es stellt daher ein weiteres Studium dar. Dies gilt auch für den Master of Business Administration (MBA).

Er ermöglicht Studenten verschiedener Fachrichtungen ein anwendungsbezogenes Postgraduiertenstudium in den Wirtschaftswissenschaften.

**Berufsakademien und andere Ausbildungseinrichtungen:** 25

Nach Landesrecht kann vorgesehen werden, dass bestimmte an Berufsakademien oder anderen Ausbildungseinrichtungen erfolgreich absolvierte Ausbildungsgänge einem abgeschlossenen Studium an einer Fachhochschule gleichwertig sind und die gleichen Berechtigungen verleihen, auch wenn es sich bei diesen Ausbildungseinrichtungen nicht um Hochschulen i. S. d. § 1 HRG handelt. Soweit dies der Fall ist, stellt ein entsprechend abgeschlossenes Studium unter der Voraussetzung, dass ihm kein anderes abgeschlossenes Studium oder keine andere abgeschlossene Berufsausbildung vorangegangen ist, ein Erststudium i. S. d. *§ 12 Nr. 5 EStG*[1)] dar.

**Promotion:** 26

Es ist regelmäßig davon auszugehen, dass dem Promotionsstudium und der Promotion durch die Hochschule selber der Abschluss eines Studiums vorangeht. Aufwendungen für ein Promotionsstudium und die Promotion stellen Betriebsausgaben oder Werbungskosten dar, sofern ein berufsbezogener Veranlassungszusammenhang zu bejahen ist (BFH vom 4. November 2003 VI R 96/01, BStBl. 2004 II S. 891). Dies gilt auch, wenn das Promotionsstudium bzw. die Promotion im Einzelfall ohne vorhergehenden berufsqualifizierenden Studienabschluss durchgeführt wird.

Eine Promotion stellt keinen berufsqualifizierenden Abschluss eines Studienganges dar.

### 2.3. Berufsausbildung oder Studium im Rahmen eines Ausbildungsdienstverhältnisses

Eine erstmalige Berufsausbildung oder ein Studium findet im Rahmen eines Ausbildungsdienstverhältnisses statt, wenn die Ausbildungsmaßnahme Gegenstand des Dienstverhältnisses ist (vgl. R 9.2 *LStR 2008*[2)] und H 9.2 „Ausbildungsdienstverhältnis" *LStH 2010*[3)] sowie die dort angeführte Rechtsprechung des BFH). Die dadurch veranlassten Aufwendungen stellen Werbungskosten dar. Zu den Ausbildungsdienstverhältnissen zählen z. B. die Berufsausbildungsverhältnisse gemäß § 1 Abs. 3, §§ 4 bis 52 BBiG. 27

---

1) **Red. Anm.:** § 12 Nr. 5 EStG aufgeh. mWv 1. 1. 2015 durch G v. 22. 12. 2014 (BGBl. I S. 2417).

2) **Amtl. Anm.:** Jetzt LStR 2015.

3) **Amtl. Anm.:** Jetzt LStH 2022.

28 Dementsprechend liegt kein Ausbildungsdienstverhältnis vor, wenn die Berufsausbildung oder das Studium nicht Gegenstand des Dienstverhältnisses ist, auch wenn die Berufsbildungsmaßnahme oder das Studium seitens des Arbeitgebers durch Hingabe von Mitteln, z. B. eines Stipendiums, gefördert wird.

### 3. Abzug von Aufwendungen für die eigene Berufsausbildung als Sonderausgaben (§ 10 Abs. 1 Nr. 7 EStG)[1]

29 Bei der Ermittlung der Aufwendungen gelten die allgemeinen Grundsätze des Einkommensteuergesetzes. Dabei sind die Regelungen in § 4 Abs. 5 Satz 1 Nr. 5 und 6 b, *§ 9 Abs. 1 Satz 3 Nr. 4 und 5 und Abs. 2*[2] EStG zu beachten. Zu den abziehbaren Aufwendungen gehören z. B.

– Lehrgangs-, Schul- oder Studiengebühren, Arbeitsmittel, Fachliteratur,

– Fahrten zwischen Wohnung und Ausbildungsort,

– Mehraufwendungen für Verpflegung,

– Mehraufwendungen wegen auswärtiger Unterbringung.
Für den Abzug von Aufwendungen für eine auswärtige Unterbringung ist nicht erforderlich, dass die Voraussetzungen einer doppelten Haushaltsführung vorliegen.

### 4. Anwendungszeitraum

30 Die Grundsätze dieses Schreibens sind in allen noch offenen Fällen ab dem Veranlagungszeitraum 2004 anzuwenden. Dieses Schreiben ersetzt die BMF-Schreiben vom 4. November 2005 IV C 8 – S 2227 – 5/05 (BStBl. I S. 955) und vom 21. Juni 2007 IV C 4 – S 2227/07/0002, DOK 2007/0137269 (BStBl. I S. 492).

[1] **Red. Anm.:** Zur Höhe der abzugsfähigen Fahrt- und Unterkunftskosten bei vollzeitiger Bildungsmaßnahme und Vollzeitstudium siehe auch BMF-Schreiben vom 25. 11. 2020, BStBl. I S. 1228, Rz. 32 bis 35 (Nr. **20** § 9/10).

[2] **Amtl. Anm.: Ab 2014** ist erste Tätigkeitsstätte auch eine Bildungseinrichtung, die außerhalb eines Dienstverhältnisses zum Zwecke eines Vollzeitstudiums oder einer vollzeitigen Bildungsmaßnahme aufgesucht wird (§ 9 Abs. 4 Satz 8). Siehe auch BMF v. 25.11.2020, BStBl. I S. 1228, Rz. 33 f (Nr. **20** § 9/10).

# 1 § 10/11. Schreiben betr. einkommensteuerrechtliche Behandlung von Vorsorgeaufwendungen

Vom 24. Mai 2017

BMF IV C 3 - S 2221/16/10001 :004; DOK 2017/0392623

(BStBl. I S. 820)

Geändert durch BMF v. 6. 11. 2017 (BStBl. I S. 1455), BMF v. 28. 9. 2021 (BStBl. I S. 1833)und BMF v. 16.12.2021 (BStBl. I S. 155)

Zum Sonderausgabenabzug für Beiträge nach § 10 Abs. 1 Nr. 2, 3 und 3 a Einkommensteuergesetz (EStG) gilt im Einvernehmen mit den obersten Finanzbehörden der Länder Folgendes:

**Inhaltsübersicht**



[1] **Amtl. Anm.:** Der Begriff „Lebenspartner" bezeichnet in diesem BMF-Schreiben Lebenspartner einer eingetragenen Lebenspartnerschaft.

---

[1] **Amtl. Anm.:** Der Begriff „Lebenspartner" bezeichnet in diesem BMF-Schreiben Lebenspartner einer eingetragenen Lebenspartnerschaft.

# A. Abzug von Vorsorgeaufwendungen – § 10 EStG –

## I. Sonderausgabenabzug für Altersvorsorgeaufwendungen nach § 10 Abs. 1 Nr. 2 EStG (Basisversorgung)

### 1. Begünstigte Beiträge

### 1.1. Beiträge i. S. d. § 10 Abs. 1 Nr. 2 Satz 1 Buchst. a EStG (gesetzliche Altersvorsorge)

### 1.1.1. Beiträge zu den gesetzlichen Rentenversicherungen

Begünstigt sind nach § 10 Abs. 1 Nr. 2 Satz 1 Buchst. a EStG Beiträge an 1
folgende Träger der gesetzlichen Rentenversicherung (RV):
– Deutsche Rentenversicherung Bund,
– Deutsche Rentenversicherung Knappschaft-Bahn-See,
– Deutsche Rentenversicherung Regionalträger.

Die Künstlersozialkasse fungiert dagegen nicht als Träger der gesetzlichen RV, sondern lediglich als Einzugsstelle der Beiträge.

Die Beiträge können wie folgt erbracht und nachgewiesen werden: 2

| Art der Beitragsleistung | Nachweis durch |
|---|---|
| Pflichtbeiträge aufgrund einer abhängigen Beschäftigung einschließlich des nach § 3 Nr. 62 EStG steuerfreien Arbeitgeberanteils | Lohnsteuerbescheinigung |
| Pflichtbeiträge aufgrund einer selbständigen Tätigkeit | Beitragsbescheinigung des Rentenversicherungsträgers oder der Künstlersozialkasse |
| freiwillige Beiträge/Nachzahlung von freiwilligen Beiträgen | Beitragsbescheinigung des Rentenversicherungsträgers |
| freiwillige Zahlung von Beiträgen zum Ausgleich einer Rentenminderung (bei vorzeitiger Inanspruchnahme einer Altersrente), § 187 a des | Lohnsteuerbescheinigung oder Beitragsbescheinigung des Rentenversicherungsträgers |

| Art der Beitragsleistung | Nachweis durch |
|---|---|
| Sechsten Buches Sozialgesetzbuch (SGB VI) | |
| freiwillige Zahlung von Beiträgen zum Auffüllen von Rentenanwartschaften, die durch einen Versorgungsausgleich gemindert worden sind, § 187 SGB VI | Besondere Beitragsbescheinigung des Rentenversicherungsträgers |
| Abfindung von Anwartschaften auf betriebliche Altersversorgung, § 187 b SGB VI | Besondere Beitragsbescheinigung des Rentenversicherungsträgers |

3 Selbständige Künstler und Publizisten, die nach dem Künstlersozialversicherungsgesetz versicherungspflichtig sind, entrichten die Hälfte des zu entrichtenden Gesamtbeitrags an die Künstlersozialkasse. Dieser Anteil am Gesamtbeitrag ist als Beitrag zur gesetzlichen RV nach § 10 Abs. 1 Nr. 2 EStG zu berücksichtigen. Der übrige Beitragsanteil wird in der Regel von der Künstlersozialkasse aufgebracht und setzt sich aus der Künstlersozialabgabe und einem Zuschuss des Bundes zusammen. Dieser von der Künstlersozialkasse gezahlte Beitragsanteil ist nicht als Beitrag des Steuerpflichtigen i. S. d. § 10 Abs. 1 Nr. 2 EStG zu berücksichtigen.

4 Zu den Beiträgen nach § 10 Abs. 1 Nr. 2 Satz 1 Buchst. a EStG gehören auch Beiträge an ausländische gesetzliche Rentenversicherungsträger (vgl. BFH vom 24. Juni 2009, BStBl. II S. 1000); die inländischen Beitragsbemessungsgrenzen zur gesetzlichen RV sind insoweit nicht maßgebend. Zur Aufteilung von Globalbeiträgen wird auf Rz. 205 verwiesen. Der Beitrag eines inländischen Arbeitgebers an eine ausländische RV ist dem Arbeitnehmer zuzurechnen, wenn die Abführung auf vertraglicher und nicht auf gesetzlicher Grundlage erfolgte (BFH vom 18. Mai 2004, BStBl. II S. 1014). § 3 Nr. 62 EStG greift in diesen Fällen nicht.

5 Die Übertragung von Anrechten auf eine zwischen- oder überstaatliche Einrichtung aufgrund eines Abkommens zur Begründung von Anrechten auf Altersversorgung ist steuerfrei nach § 3 Nr. 55 e EStG. Das übertragene Vermögen ist nicht als Beitrag nach § 10 Abs. 1 Nr. 2 Satz 1 Buchst. a EStG zu berücksichtigen.

### 1.1.2. Beiträge zur landwirtschaftlichen Alterskasse

6 In der Alterssicherung der Landwirte können der Landwirt, sein Ehegatte, sein Lebenspartner oder in bestimmten Fällen mitarbeitende Familienangehörige versichert sein.

7 Beiträge zur landwirtschaftlichen Alterskasse können, soweit sie zum Aufbau einer eigenen Altersversorgung führen, von dem zur Zahlung Verpflichteten als Beiträge i. S. d. § 10 Abs. 1 Nr. 2 Satz 1 Buchst. a EStG geltend gemacht werden.

### 1.1.3. Beiträge zu berufsständischen Versorgungseinrichtungen

8 Berufsständische Versorgungseinrichtungen im steuerlichen Sinne sind öffentlich-rechtliche Versicherungs- oder Versorgungseinrichtungen für Be-

schäftigte und selbständig tätige Angehörige der kammerfähigen freien Berufe, die den gesetzlichen RV vergleichbare Leistungen erbringen. Welche berufsständischen Versorgungseinrichtungen diese Voraussetzung erfüllen, wird jeweils durch gesondertes BMF-Schreiben bekannt gegeben (vgl. zuletzt *BMF-Schreiben vom 8. Juli 2014, BStBl. I S. 1098*[1]).

Die Mitgliedschaft in der berufsständischen Versorgungseinrichtung ist bei Aufnahme der betreffenden Berufstätigkeit gesetzlich verpflichtend. Sie führt in den in § 6 Abs. 1 SGB VI genannten Fällen auf Antrag zu einer Befreiung von der gesetzlichen Rentenversicherungspflicht. **9**

### 1.2. Beiträge i. S. d. § 10 Abs. 1 Nr. 2 Satz 1 Buchst. b EStG (private Basisrente)

#### a) Allgemeines

Eine Basisrente i. S. d. § 10 Abs. 1 Nr. 2 Satz 1 Buchst. b EStG i. V. m. dem Altersvorsorgeverträge-Zertifizierungsgesetz (AltZertG) liegt vor bei einem Vertrag zum Aufbau einer eigenen kapitalgedeckten Altersversorgung (Basisrente-Alter), ggf. ergänzt um eine Absicherung des Eintritts der verminderten Erwerbsfähigkeit, der Berufsunfähigkeit oder von Hinterbliebenen oder zur Absicherung gegen den Eintritt der verminderten Erwerbsfähigkeit im Versicherungsfall (Basisrente-Erwerbsminderung), ggf. verbunden mit einer Absicherung gegen den Eintritt der Berufsunfähigkeit. **10**

Nach § 10 Abs. 1 Nr. 2 Satz 1 Buchst. b EStG sind nur die eigenen Beiträge des Versicherten abziehbar. Dies setzt Personenidentität zwischen dem Beitragszahler, der versicherten Person und dem Leistungsempfänger voraus (bei Ehegatten siehe R 10.1 EStR 2016 – bei Lebenspartnern entsprechend). Dies gilt nicht für Beiträge zu einer die Basisrente-Alter ergänzenden Hinterbliebenenabsicherung; insoweit ist ein abweichender Leistungsempfänger zulässig. **11**

Der Anbieter kann davon ausgehen, dass die zugunsten des Vertrags geleisteten Beiträge der Person zuzurechnen sind, die einen vertraglichen Anspruch auf die Leistung hat. Ihn trifft keine Verpflichtung zur Feststellung der Mittelherkunft. **12**

Auch Beiträge an Pensionsfonds, Pensionskassen und für Direktversicherungen, die im Rahmen der betrieblichen Altersversorgung erbracht werden, können nach § 10 Abs. 1 Nr. 2 Satz 1 Buchst. b EStG begünstigt sein, sofern es sich um Beiträge zu einem zertifizierten Vertrag handelt (vgl. Rz. 15). Nicht zu berücksichtigen sind dagegen steuerfreie Beiträge, pauschal besteuerte Beiträge und Beiträge, die aufgrund einer Altzusage geleistet werden (vgl. *Rz. 349 ff., 374 und 376 des BMF-Schreibens vom 24. Juli 2013, BStBl. I S. 1022*[2], geändert durch *BMF-Schreiben vom 13. Januar 2014, BStBl. I S. 97*[3] *und BMF-Schreiben vom 13. März 2014, BStBl. I S. 554*[3]). **13**

Beinhaltet ein Vorsorgevertrag u. a. folgende Möglichkeiten, liegen keine Beiträge nach § 10 Abs. 1 Nr. 2 Satz 1 Buchst. b EStG vor: **14**

- Kapitalwahlrecht,
- Anspruch bzw. Optionsrecht auf (Teil-)Auszahlung nach Eintritt des Versorgungsfalls,
- Zahlung eines Sterbegeldes,

---

[1] Jetzt BMF v. 19.6.2020, BStBl. I S. 617.
[2] Siehe nunmehr BMF v. 12.8.2021, BStBl. I S. 1050, Rz. 85 (Nr. **20** § 3/8).
[3] Nicht mehr in der Positivliste des BMF v. 18. 3. 2019, BStBl. I S. 270 enthalten.

– Abfindung einer Rente – Abfindungsansprüche und Beitragsrückerstattungen im Fall einer Kündigung des Vertrags; dies gilt nicht für gesetzliche Abfindungsansprüche (z. B. § 3 Betriebsrentengesetz – BetrAVG) oder die Abfindung einer Kleinbetragsrente (vgl. Rz. 34).

15 Voraussetzung für den Sonderausgabenabzug nach § 10 Abs. 1 Nr. 2 Satz 1 Buchst. b EStG ist u. a., dass

– die Beiträge zugunsten eines Vertrags geleistet wurden, der nach § 5 a AltZertG zertifiziert ist (Grundlagenbescheid i. S. d. § 171 Abs. 10 Abgabenordnung – AO), und
– der Steuerpflichtige gegenüber dem Anbieter in die Datenübermittlung nach § 10 Abs. 2 a EStG eingewilligt hat (vgl. Rz. 186 ff.).

**b) Voraussetzungen der vertraglichen Vereinbarungen**

**aa) Monatliche Zahlung**

16 Der Vertrag darf nur die Zahlung einer monatlichen Leibrente vorsehen. Abweichend hiervon ist eine vertragliche Vereinbarung, wonach bis zu zwölf Monatsleistungen in einer Auszahlung zusammengefasst werden können, zulässig.

**bb) Gleichbleibende oder steigende Leibrente**

17 Der Vertrag darf nur die Zahlung einer gleichbleibenden oder steigenden Leibrente vorsehen.

18 Ein planmäßiges Sinken der Rentenhöhe ist nicht zulässig. Geringfügige Schwankungen in der Rentenhöhe sind jedoch unschädlich, sofern diese Schwankungen auf in einzelnen Jahren unterschiedlich hohen Überschussanteilen während der Rentenzahlung beruhen, die für die ab Leistungsbeginn garantierten Rentenleistungen gewährt werden. Für die Basisrente-Alter bedeutet dies z. B., dass der auf Basis des zu Beginn der Auszahlungsphase garantierten Kapitals zzgl. der unwiderruflich zugeteilten Überschüsse zu errechnende Rentenbetrag während der gesamten Auszahlungsphase nicht unterschritten werden darf.

19 Um das Vorliegen der Voraussetzungen für eine Leibrente i. S. d. § 10 Abs. 1 Nr. 2 Satz 1 Buchst. b Doppelbuchst. aa EStG sicherzustellen, insbesondere dass die Rente während ihrer Laufzeit nicht sinken kann, muss der Vertrag die Verpflichtung des Anbieters enthalten, vor Rentenbeginn die Leibrente auf Grundlage einer anerkannten Sterbetafel zu berechnen und dabei den während der Laufzeit der Rente geltenden Zinsfaktor festzulegen.

**cc) Lebenslange Leibrente**

20 Der Vertrag darf nur die Zahlung einer lebenslangen Leibrente vorsehen.

21 Eine Auszahlung durch die regelmäßige Gutschrift einer gleichbleibenden oder steigenden Anzahl von Investmentanteilen sowie die Auszahlung von regelmäßigen Raten im Rahmen eines Auszahlungsplans sind keine lebenslange Leibrente i. S. d. § 10 Abs. 1 Nr. 2 Satz 1 Buchst. b EStG.

22 Hierbei wird nur ein bestimmtes Kapital über eine gewisse Laufzeit verteilt. Nach Laufzeitende ist das Kapital aufgebraucht, so dass die Zahlungen dann enden. Insoweit ist eine lebenslange Auszahlung nicht gewährleistet. Eine andere Wertung ergibt sich auch nicht durch eine Kombination eines Auszah-

lungsplans mit einer sich anschließenden Teilkapitalverrentung. Begrifflich ist die „Teilverrentung" zwar eine Leibrente, allerdings wird der Auszahlungsplan durch die Verknüpfung mit einer Rente nicht selbst zu einer Leibrente.

**dd) Nichtvererblichkeit**

Die Vertragsbedingungen dürfen eine Auszahlung an die Erben im Todesfall nicht vorsehen. Das vorhandene Vermögen kommt dann der Versichertengemeinschaft bzw. der Gemeinschaft der verbleibenden Vorsorgesparer zugute. **23**

Die Nichtvererblichkeit wird nicht berührt durch gesetzlich zugelassene Hinterbliebenenleistungen im Rahmen der ergänzenden Hinterbliebenenabsicherung (Rz. 37 ff.) bei der Basisrente-Alter oder durch Rentenzahlungen an die Erben für den Zeitraum bis zum Ablauf des Todesmonats der versicherten Person. **24**

Eine Rentengarantiezeit – also die Vereinbarung, dass die Rente unabhängig vom Tod der versicherten Person mindestens bis zum Ablauf einer vereinbarten Garantiezeit gezahlt wird – widerspricht der im EStG geforderten Nichtvererblichkeit. **25**

Im Rahmen von Fondsprodukten (Publikumsfonds) kann die Nichtvererblichkeit bei der Basisrente-Alter dadurch sichergestellt werden, dass keine erbrechtlich relevanten Vermögenswerte aufgrund des Basisrentenvertrags beim Steuerpflichtigen vorhanden sind. Diese Voraussetzung kann entweder über eine auflösend bedingte Ausgestaltung des schuldrechtlichen Leistungsanspruchs („Treuhandlösung") oder im Wege spezieller Sondervermögen erfüllt werden, deren Vertragsbedingungen vorsehen, dass im Falle des Todes des Anlegers dessen Anteile zugunsten des Sondervermögens eingezogen werden („Fondslösung"). Ebenso kann diese Voraussetzung durch eine vertragliche Vereinbarung zwischen dem Anbieter und dem Steuerpflichtigen erfüllt werden, nach der im Falle des Todes des Steuerpflichtigen der Gegenwert seiner Fondsanteile der Sparergemeinschaft zugutekommt („vertragliche Lösung"). **26**

Für die bei einem fondsbasierten Basis-/Rürup-Rentenprodukt im Rahmen der „vertraglichen Lösung" anfallenden „Sterblichkeitsgewinne" sowie für den Einzug der Anteile am Sondervermögen und die anschließende Verteilung bei der „Treuhandlösung" fällt mit Blick auf die persönlichen Freibeträge der Erwerber keine Erbschaftsteuer an. **27**

**ee) Nichtübertragbarkeit**

Der Vertrag muss die Möglichkeit zur Übertragung der Ansprüche des Leistungsempfängers auf eine andere Person (z. B. im Wege der Schenkung) ausschließen; die Pfändbarkeit nach den Vorschriften der Zivilprozessordnung (ZPO) steht dem nicht entgegen. **28**

Der Vertrag darf zulassen, dass die Ansprüche des Leistungsempfängers aus dem Vertrag unmittelbar auf einen nach § 5 a AltZertG zertifizierten Vertrag (vgl. Rz. 15) des Leistungsempfängers auch bei einem anderen Unternehmen übertragen werden. Dabei ist lediglich die Übertragung innerhalb der jeweiligen Produktgruppe (Basisrente-Alter oder Basisrente-Erwerbsminderung) zulässig. Dieser Vorgang ist steuerfrei nach § 3 Nr. 55 d EStG. Das übertragene Vermögen ist nicht als Beitrag nach § 10 Abs. 1 Nr. 2 Satz 1 Buchst. b EStG zu berücksichtigen. **29**

30 Die Übertragung von Anrechten aus einem Basisrentenvertrag i. S. d. § 10 Abs. 1 Nr. 2 Satz 1 Buchst. b Doppelbuchst. aa EStG zur Regelung von Scheidungsfolgen nach dem Versorgungsausgleichsgesetz (VersAusglG) vom 3. April 2009 (BGBl. I 2009 S. 700), insbesondere im Rahmen einer internen (§ 10 VersAusglG) oder externen Teilung (§ 14 VersAusglG), ist unschädlich.

**ff) Nichtbeleihbarkeit**

31 Es muss vertraglich ausgeschlossen sein, dass die Ansprüche – z. B. sicherungshalber – abgetreten oder verpfändet werden können.

**gg) Nichtveräußerbarkeit**

32 Der Vertrag muss so gestaltet sein, dass die Ansprüche nicht an einen Dritten veräußert werden können.

**hh) Nichtkapitalisierbarkeit**

33 Vertraglich darf kein Recht auf Kapitalisierung des Rentenanspruchs vorgesehen sein.

34 Eine Ausnahme gilt bei der Abfindung einer Kleinbetragsrente in Anlehnung an § 93 Abs. 3 Satz 2 und 3 EStG. Die Abfindungsmöglichkeit besteht bei einer Altersrente i. S. d. § 10 Abs. 1 Nr. 2 Satz 1 Buchst. b Doppelbuchst. aa EStG erst mit dem Beginn der Auszahlungsphase, frühestens mit Vollendung des 62. Lebensjahres des Leistungsempfängers (bei vor dem 1. Januar 2012 abgeschlossenen Verträgen ist grundsätzlich die Vollendung des 60. Lebensjahres maßgebend, vgl. Rz. 35). Bei Renten aus einem Basisrentenvertrag (Basisrente-Alter oder Basisrente-Erwerbsminderung) wegen Berufsunfähigkeit, verminderter Erwerbsfähigkeit und an Hinterbliebene ist die Abfindung einer Kleinbetragsrente schon im Versicherungsfall möglich.

### 1.2.1. Beiträge i. S. d. § 10 Abs. 1 Nr. 2 Satz 1 Buchst. b Doppelbuchst. aa EStG (Basisrente-Alter)

**a) Allgemeines**

35 Beiträge zur Basisrente-Alter können nur berücksichtigt werden, wenn die Laufzeit des Vertrags nach dem 31. Dezember 2004 beginnt (zu Laufzeitbeginn und mindestens einer Beitragsleistung vor dem 1. Januar 2005 vgl. Rz. 122) und der Vertrag eine Leibrente vorsieht, die nicht vor Vollendung des 62. Lebensjahres des Steuerpflichtigen beginnt (bei vor dem 1. Januar 2012 abgeschlossenen Verträgen ist regelmäßig die Vollendung des 60. Lebensjahres maßgebend).

36 Voraussetzung für den Abzug nach § 10 Abs. 1 Nr. 2 Satz 1 Buchst. b Doppelbuchst. aa EStG ist seit dem Veranlagungszeitraum (VZ) 2010, dass der Vertrag zertifiziert ist (vgl. Rz. 15).

**b) Ergänzende Absicherung von Berufsunfähigkeit, verminderter Erwerbsfähigkeit und Hinterbliebenen**

37 Bei der Basisrente-Alter können ergänzend der Eintritt der Berufsunfähigkeit, der verminderten Erwerbsfähigkeit oder auch Hinterbliebene abgesichert werden, wenn die Zahlung einer Rente vorgesehen ist. Eine zeitliche Befristung einer Berufsunfähigkeits- oder Erwerbsminderungsrente ist ausschließlich im Hinblick auf die entfallende Versorgungsbedürftigkeit (Verbesserung der Gesundheitssituation oder Erreichen der Altersgrenze für den Bezug der Al-

tersrente aus dem entsprechenden Vertrag) nicht zu beanstanden. Ebenso ist es unschädlich, wenn der Vertrag bei Eintritt der Berufsunfähigkeit oder der verminderten Erwerbsfähigkeit anstelle oder ergänzend zu einer Rentenzahlung eine Beitragsfreistellung vorsieht.

Die ergänzende Absicherung ist nur dann unschädlich, wenn mehr als 50% der Beiträge auf die eigene Altersversorgung des Steuerpflichtigen entfallen. Für das Verhältnis der Beitragsanteile zueinander ist regelmäßig auf den konkret vom Steuerpflichtigen zu zahlenden (Gesamt-)Beitrag abzustellen. Dabei dürfen die Überschussanteile aus den entsprechenden Risiken die darauf entfallenden Beiträge mindern. 38

Sieht der Basisrentenvertrag vor, dass der Steuerpflichtige bei Eintritt der Berufsunfähigkeit oder einer verminderten Erwerbsfähigkeit von der Verpflichtung zur Beitragszahlung für diesen Vertrag – vollständig oder teilweise – freigestellt wird, sind die insoweit auf die Absicherung dieses Risikos entfallenden Beitragsanteile der Altersvorsorge zuzuordnen. Das gilt jedoch nur, wenn sie der Finanzierung der vertraglich vereinbarten lebenslangen Leibrente i. S. d. § 10 Abs. 1 Nr. 2 Satz 1 Buchst. b Doppelbuchst. aa EStG dienen und aus diesen Beitragsanteilen keine Leistungen wegen Berufsunfähigkeit oder verminderter Erwerbsfähigkeit gezahlt werden, d. h., es wird lediglich der Anspruch auf eine Altersversorgung weiter aufgebaut. Eine Zuordnung zur Altersvorsorge erfolgt jedoch nicht, wenn der Steuerpflichtige vertragsgemäß wählen kann, ob er eine Rente wegen Berufsunfähigkeit oder verminderter Erwerbsfähigkeit erhält oder die Beitragsfreistellung in Anspruch nimmt. 39

Sieht der Basisrentenvertrag vor, dass der Steuerpflichtige eine Altersrente und nach seinem Tode der überlebende Ehegatte oder Lebenspartner seinerseits eine lebenslange gleichbleibende oder steigende Leibrente i. S. d. § 10 Abs. 1 Nr. 2 Satz 1 Buchst. b Doppelbuchst. aa EStG (insbesondere nicht vor Vollendung seines 62. bzw. 60. Lebensjahres; vgl. Rz. 35) erhält, handelt es sich nicht um eine ergänzende Hinterbliebenenabsicherung, sondern insgesamt um eine Altersvorsorge. Der Beitrag ist in diesen Fällen in vollem Umfang der Altersvorsorge zuzurechnen. Erfüllt dagegen die zugesagte Rente für den hinterbliebenen Ehegatten oder Lebenspartner nicht die Voraussetzungen des § 10 Abs. 1 Nr. 2 Satz 1 Buchst. b Doppelbuchst. aa EStG (insbesondere im Hinblick auf das Mindestalter für den Beginn der Rentenzahlung), liegt eine ergänzende Hinterbliebenenabsicherung vor. Die Beitragsanteile, die nach versicherungsmathematischen Grundsätzen auf das Risiko der Rentenzahlung an den hinterbliebenen Ehegatten oder Lebenspartner entfallen, sind daher der ergänzenden Hinterbliebenenabsicherung zuzuordnen. 40

Wird die Hinterbliebenenversorgung ausschließlich aus dem bei Tod des Steuerpflichtigen vorhandenen Altersvorsorge-(Rest)kapitals finanziert, ist die Hinterbliebenenabsicherung keine Risikoabsicherung und der Beitrag ist insoweit der Altersvorsorge zuzurechnen. Das gilt auch, wenn der Steuerpflichtige eine entsprechend gestaltete Absicherung des Ehegatten oder Lebenspartners als besondere Komponente im Rahmen seines (einheitlichen) Basisrentenvertrags hinzu- oder später wieder abwählen kann (z. B. bei Scheidung, Wiederheirat etc.). 41

Sowohl die Altersversorgung als auch die ergänzenden Absicherungen müssen in einem einheitlichen Vertrag geregelt sein. Andernfalls handelt es sich 42 nicht um ergänzende Absicherungen zu einem Basisrentenvertrag, sondern um eigenständige Versicherungen. Die Aufwendungen hierfür sind bei Vorliegen der Voraussetzungen nach § 10 Abs. 1 Nr. 3 a EStG als sonstige Vorsorgeaufwendungen zu berücksichtigen (Rz. 121 ff.). Erfüllt die Absicherung der verminderten Erwerbsfähigkeit jedoch die Voraussetzungen des § 10 Abs. 1 Nr. 2 Satz 1 Buchst. b Doppelbuchst. bb EStG, ist auch ein Abzug der Aufwendungen nach § 10 Abs. 1 Nr. 2 Satz 1 Buchst. b EStG möglich.

43 Bei einem Basisrentenvertrag auf Grundlage von Investmentfonds kann der Einschluss einer ergänzenden Absicherung des Eintritts der Berufsunfähigkeit, der verminderten Erwerbsfähigkeit oder einer zusätzlichen Hinterbliebenenrente im Wege eines einheitlichen Vertrags zugunsten Dritter gem. §§ 328 ff. des Bürgerlichen Gesetzbuchs (BGB) erfolgen. Hierbei ist die Kapitalanlagegesellschaft Versicherungsnehmer (VN), während der Steuerpflichtige die versicherte Person ist und den eigentlichen (Renten-)Anspruch gegen das entsprechende Versicherungsunternehmen erhält. Dies wird im Fall der Vereinbarung einer Berufsunfähigkeits- bzw. Erwerbsunfähigkeitsrente in den Vertragsbedingungen durch Abtretung des Bezugsrechts an den Steuerpflichtigen ermöglicht. Im Falle der Vereinbarung einer zusätzlichen Hinterbliebenenrente erfolgt die Abtretung des Bezugsrechts an den privilegierten Hinterbliebenen. Die Kapitalanlagegesellschaft leitet die Beiträge des Steuerpflichtigen, soweit sie für die ergänzende Absicherung bestimmt sind, an den Versicherer weiter.

44 Zu den Hinterbliebenen, die zusätzlich abgesichert werden können, gehören nur der Ehegatte oder der Lebenspartner des Steuerpflichtigen und Kinder i. S. d. § 32 EStG. Der Anspruch auf Waisenrente ist dabei auf den Zeitraum zu begrenzen, in dem das Kind die Voraussetzungen des § 32 EStG erfüllt. Es ist nicht zu beanstanden, wenn die Waisenrente auch für den Zeitraum gezahlt wird, in dem das Kind nur die Voraussetzungen nach § 32 Abs. 4 Satz 1 EStG erfüllt. Für die vor dem 1. Januar 2007 abgeschlossenen Verträge gilt für das Vorliegen einer begünstigten Hinterbliebenenversorgung die Altersgrenze des § 32 EStG in der bis zum 31. Dezember 2006 geltenden Fassung (§ 52 Abs. 32 Satz 3 EStG). In diesen Fällen können z. B. Kinder in Berufsausbildung in der Regel bis zur Vollendung des 27. Lebensjahres berücksichtigt werden.

### 1.2.2. Beiträge i. S. d. § 10 Abs. 1 Nr. 2 Satz 1 Buchst. b Doppelbuchst. bb EStG i. V. m. § 2 Abs. 1 a AltZertG (Basisrente-Erwerbsminderung)

45 Beiträge zur Basisrente-Erwerbsminderung können nur berücksichtigt werden, wenn diese auf einen nach § 5 a AltZertG zertifizierten Vertrag eingezahlt werden (vgl. Rz. 15). Zertifizierungen können auf Antrag des Anbieters erstmalig mit Wirkung zum 1. Januar 2014 erteilt werden. Demnach sind Beiträge zur Basisrente-Erwerbsminderung grundsätzlich ab dem VZ 2014 abziehbar.

46 Der Vertrag muss nach § 2 Abs. 1 a Nr. 1 AltZertG zwingend eine Absicherung gegen den Eintritt der teilweisen oder vollen Erwerbsminderung vorsehen. Eine Erwerbsminderung liegt vor, wenn der VN voraussichtlich für mindestens zwölf Monate aufgrund von Krankheit, Körperverletzung oder

Behinderung nicht in der Lage ist, unter den üblichen Bedingungen des allgemeinen Arbeitsmarktes voll erwerbstätig zu sein. Dabei ist von einer teilweisen Erwerbsminderung auszugehen, wenn der VN nicht imstande ist, mindestens sechs Stunden täglich erwerbstätig zu sein. Eine volle Erwerbsminderung liegt dagegen vor, wenn er hierzu nicht mindestens drei Stunden täglich in der Lage ist. Für die Beurteilung, ob eine Beschäftigung unter den üblichen Bedingungen des allgemeinen Arbeitsmarktes möglich und zumutbar ist, kommt es ausschließlich auf die gesundheitlichen Einschränkungen des Versicherten an. Die allgemeine Arbeitsmarktlage ist nicht zu beachten.

Neben der Absicherung gegen den Eintritt der verminderten Erwerbsfähigkeit 47
darf ein Basisrentenvertrag-Erwerbsminderung zusätzlich auch die Absicherung gegen den Eintritt der Berufsunfähigkeit enthalten. Es handelt sich in diesen Fällen weiterhin um einen einheitlichen Vertrag. Die verschiedenen Vertragskomponenten können versicherungsrechtlich sowohl der Haupt- als auch der Zusatzversicherung zugeordnet werden. Tritt der Versicherungsfall (Erwerbsminderung oder ggf. Berufsunfähigkeit) im versicherten Zeitraum, spätestens bis zur Vollendung des 67. Lebensjahres ein, hat der Anbieter eine lebenslange gleichbleibende oder steigende Leibrente vorzusehen.

Eine zeitliche Befristung der Erwerbsminderungs- oder Berufsunfähigkeitsrente 48
ist nur dann nicht zu beanstanden, wenn die Erwerbsminderung oder Berufsunfähigkeit bis zur Vollendung des 67. Lebensjahres weggefallen ist. Der Wegfall ist medizinisch zu begründen. Ein medizinisch begründeter Wegfall der Berufsunfähigkeit kann – wenn dies vereinbart wurde – auch dann vorliegen, wenn der VN eine andere Tätigkeit ausübt oder ausüben kann, die zu übernehmen er aufgrund seiner Ausbildung und Fähigkeiten in der Lage ist und die seiner bisherigen Lebensstellung entspricht.

Sofern der Steuerpflichtige bei Eintritt des Versicherungsfalls das 55. Lebensjahr 49
vollendet hat, darf die zugesagte Rente in ihrer Höhe vom Alter des Steuerpflichtigen bei Eintritt des Versicherungsfalls abhängig gemacht werden. Es muss allerdings auch bei Eintritt des Versicherungsfalls zwischen dem 55. und 67. Lebensjahr eine gleichbleibende oder steigende lebenslange Leibrente (> 0 €) gezahlt werden (vgl. aber Rz. 33 f.).

Für die Absicherung gegen den Eintritt der Berufsunfähigkeit sind die allgemei- 50
nen versicherungsvertraglichen Grundsätze zu beachten. Daneben müssen für die Absicherung gegen den Eintritt der verminderten Erwerbsfähigkeit folgende Regelungen nach § 2 Abs. 1 a AltZertG im Vertrag vorgesehen werden:

– Leistungsumfang: 51
  Sieht der Vertrag sowohl eine Absicherung des Eintritts der vollen als auch teilweisen Erwerbsminderung vor, hat der Anbieter bei Eintritt der teilweisen Erwerbsminderung mindestens die Hälfte der versicherten Leistung zu gewähren.
– Leistungsbeginn: 52
  Die Leistung ist spätestens ab Beginn des Kalendermonats zu gewähren, der dem Kalendermonat folgt, in dem die teilweise oder volle Erwerbsminderung eingetreten ist. Dies gilt, wenn die Leistung bis zum Ende des 36. Kalendermonats nach Ablauf des Monats des Eintritts der teilweisen oder vollen Erwerbsminderung beantragt wird. Wird der Antrag zu einem späteren Zeitpunkt gestellt, hat der Anbieter spätestens ab Beginn des Kalendermonats zu leisten, der 36 Monate vor dem Monat der Beantragung liegt, frühestens jedoch ab Vertragsbeginn.

53 – Beitragsstundung:
Die Beiträge (Beitragsanteile) zur Absicherung des Risikos „verminderte Erwerbsfähigkeit" sind auf Antrag des Steuerpflichtigen ab dem Zeitpunkt der Rentenantragstellung wegen teilweiser oder voller Erwerbsminderung bis zur endgültigen Entscheidung über die Leistungspflicht zinslos und ohne andere Auflagen zu stunden.

54 – Kündigungs- und Abänderungsverzicht:
Verletzt der Steuerpflichtige (Vertragspartner) schuldlos seine Pflicht, ihm bekannte erhebliche Gefahrumstände anzuzeigen, die für den Versicherer hinsichtlich der Entscheidung zum Abschluss des Vertrags entscheidend sein können, hat der Anbieter auf sein Kündigungsrecht nach § 19 Abs. 3 Satz 2 Versicherungsvertragsgesetz (VVG) und das Abänderungsrecht nach § 19 Abs. 4 VVG zu verzichten.

55 – Begrenzung der medizinischen Mitwirkungspflicht des Steuerpflichtigen:
Die Verpflichtung des Steuerpflichtigen zur medizinischen Mitwirkung muss nicht nur auf medizinisch indizierte, sondern auch auf zumutbare ärztliche Untersuchungs- und Behandlungsleistungen begrenzt sein. Dies gilt sowohl zur als auch nach der Feststellung der teilweisen oder vollen Erwerbsminderung.

### 1.3. Steuerfreie Zuschüsse und Beitragsrückerstattungen

56 Steuerfreie Beitragszuschüsse und Beitragsrückerstattungen mindern den Sonderausgabenabzug für Altersvorsorgeaufwendungen, z. B. bei

– steuerfrei gezahlten Zuschüssen zum Beitrag nach § 32 des Gesetzes über die Alterssicherung der Landwirte (§ 3 Nr. 17 EStG),

– steuerfreien Zuschüssen und geleisteten Erstattungen von Behörden i. S. d. § 6 Abs. 1 AO und anderen öffentlichen Stellen (z. B. vom Jugendamt; § 23 Abs. 2 Satz 1 Nr. 3 des Achten Buches Sozialgesetzbuch – SGB VIII – i. V. m. § 3 Nr. 9 EStG).

56a[1] Leistungen, die nach § 22 Nr. 1 Satz 3 Buchst. a Doppelbuchst. aa EStG steuerbare Einkünfte darstellen, mindern die als Sonderausgaben abzugsfähigen Altersvorsorgeaufwendungen nicht (vgl. BFH vom 7. Juli 2020, BStBl. 2021 II S. 750). § 10 Abs. 4b EStG ist in diesen Fällen nicht anzuwenden.

57[2] Auch bei Rückzahlung von zu Unrecht geleisteten Beiträgen infolge einer rückwirkenden Vertragsänderung oder aufgrund einer Erstattung nach § 26 SGB IV mindern diese als Beitragsrückerstattung die im Jahr des Zuflusses geleisteten Rentenversicherungsbeiträge und sind nach § 10 Abs. 4 b Satz 4 EStG zu melden. Für unterjährige Beitragsrückerstattungen, die Beiträge desselben VZ betreffen, ist in der Beitragsbescheinigung der saldierte Wert anzugeben.

57 a[3] Abweichend von Rz. 57 kann es bei Basisrenten nicht zu einer Beitragsrückerstattung kommen, da eine Kapitalisierung nicht zulässig ist (vgl. Rz. 33). Soweit zu Unrecht geleistete bzw. zivilrechtlich nicht geschuldete Beträge (z. B. bei einem Widerruf des Vertrages) zurückgezahlt werden, hat die mitteilungspflichtige Stelle eine Datensatzstornierung bzw. -korrektur der betreffenden Jahre vorzunehmen.

---

[1] Rz. 56 a eingef. durch BMF v. 28. 9. 2021, BStBl. I S. 1833.
[2] Rz. 57 ist erstmals für VZ 2017 anzuwenden; vgl. Rz. 211.
[3] Rz. 57 a eingef. durch BMF v. 6. 11. 2017, BStBl. I S. 1455.

### 1.4. Beitragsempfänger

Zu den Beitragsempfängern i. S. d. § 10 Abs. 2 Satz 1 Nr. 2 EStG gehören auch Pensionsfonds, die wie Versicherungsunternehmen den aufsichtsrechtlichen Regelungen des Versicherungsaufsichtsgesetzes (VAG) unterliegen und – seit 1. Januar 2006 – Anbieter i. S. d. § 80 EStG. Die Produktvoraussetzungen für das Vorliegen einer Basisrente (§ 10 Abs. 1 Nr. 2 Satz 1 Buchst. b EStG) werden dadurch nicht erweitert. 58

## 2. Ermittlung des Abzugsbetrags nach § 10 Abs. 3 EStG

### 2.1. Höchstbetrag

Die begünstigten Beiträge sind nach § 10 Abs. 3 EStG bis zu dem Höchstbeitrag zur knappschaftlichen RV (West) – aufgerundet auf einen vollen Betrag in Euro – als Sonderausgaben abziehbar (gültig ab VZ 2015: 22 172 €; für VZ 2016: 22 767 €[1]). Dieser ergibt sich aus der von der Bundesregierung zu erlassenen Verordnung über maßgebende Rechengrößen der Sozialversicherung und der Verordnung zur Bestimmung der Beitragssätze in der gesetzlichen RV unter Anwendung des jeweiligen Beitragssatzes auf die Beitragsbemessungsgrenze der knappschaftlichen RV (West).[2] 59

Im Falle der Zusammenveranlagung von Ehegatten oder Lebenspartnern verdoppelt sich der Betrag nach Rz. 59, unabhängig davon, wer von den Ehegatten oder Lebenspartnern die begünstigten Beiträge entrichtet hat. 60

### 2.2. Kürzung des Höchstbetrags nach § 10 Abs. 3 Satz 3 EStG

Der Höchstbetrag nach § 10 Abs. 3 Satz 1 EStG ist bei Steuerpflichtigen, die zum Personenkreis des § 10 Abs. 3 Satz 3 Nr. 1 oder 2 EStG gehören, um den Betrag zu kürzen, der dem (fiktiven) Gesamtbeitrag (Arbeitgeber- und Arbeitnehmeranteil) zur allgemeinen RV entspricht. 61

Der (fiktive) Gesamtbeitrag ist anhand der erzielten steuerpflichtigen Einnahmen aus der Tätigkeit zu ermitteln, die die Zugehörigkeit zum genannten Personenkreis begründen (Bemessungsgrundlage für den Kürzungsbetrag). Dabei ist unerheblich, ob die Zahlungen insgesamt beitragspflichtig gewesen wären, wenn Versicherungspflicht in der gesetzlichen RV bestanden hätte. 62

Bei der Berechnung des Kürzungsbetrags ist einheitlich höchstens auf die Beitragsbemessungsgrenze (Ost)[3] in der allgemeinen RV abzustellen. 63

Für die Berechnung des Kürzungsbetrags ist der zu Beginn des jeweiligen Kalenderjahres geltende Beitragssatz in der allgemeinen RV maßgebend. 64

#### 2.2.1. Kürzung des Höchstbetrags beim Personenkreis des § 10 Abs. 3 Satz 3 Nr. 1 Buchst. a EStG

Zum Personenkreis des § 10 Abs. 3 Satz 3 Nr. 1 Buchst. a EStG gehören u. a.: 65
- Beamte, Richter, Berufssoldaten, Soldaten auf Zeit, Amtsträger,
- Arbeitnehmer, die nach § 5 Abs. 1 Satz 1 Nr. 2 und 3 SGB VI oder § 230 SGB VI versicherungsfrei sind (z. B. Beschäftigte bei Trägern der Sozial-

---

[1] **Red. Anm.:** Für VZ 2017: 23 362 €; für VZ 2018: 23 712 €; für VZ 2019: 24 305 €; für VZ 2020: 25 046 €; für VZ 2021: 25 787 €.

[2] **Red. Anm.:** VZ 2018: 24,7 % von 96 000 Euro = 23 712 Euro; VZ 2019: 24,7 % von 98 400 Euro = 24 305 Euro; VZ 2020: 24,7 % von 101 400 Euro = 25 046 Euro; VZ 2021: 24,7 % von 104 400 Euro = 25 787 Euro; VZ 2022: 24,7 % von 103 800 Euro = 25 639 Euro.

[3] **Red. Anm.:** Für VZ 2018: 69 600 €; für VZ 2019: 73 800 €; für VZ 2020: 77 400 €; für VZ 2021: 80 400 €; für VZ 2022: 81 000 €.

versicherung, Geistliche der als öffentlich-rechtliche Körperschaften anerkannten Religionsgemeinschaften),
- Arbeitnehmer, die auf Antrag des Arbeitgebers von der gesetzlichen Rentenversicherungspflicht befreit worden sind, z. B. eine Lehrkraft an nicht öffentlichen Schulen, bei der eine Altersversorgung nach beamtenrechtlichen oder entsprechenden kirchenrechtlichen Grundsätzen gewährleistet ist.

**2.2.2. Kürzung des Höchstbetrags beim Personenkreis des § 10 Abs. 3 Satz 3 Nr. 1 Buchst. b EStG**

**66** Zum Personenkreis des § 10 Abs. 3 Satz 3 Nr. 1 Buchst. b EStG gehören seit dem VZ 2008 Arbeitnehmer, die während des ganzen oder eines Teils des Kalenderjahres nicht der gesetzlichen Rentenversicherungspflicht unterliegen und denen eine betriebliche Altersversorgung im Zusammenhang mit einem im betreffenden VZ bestehenden Dienstverhältnis zugesagt worden ist. Hierzu können insbesondere beherrschende Gesellschafter-Geschäftsführer einer GmbH oder Vorstandsmitglieder einer Aktiengesellschaft gehören (für VZ 2005 bis 2007 vgl. BMF-Schreiben vom 22. Mai 2007, BStBl. I S. 493).

**67** Für die Beurteilung der Zugehörigkeit zum Personenkreis sind alle Formen der betrieblichen Altersversorgung zu berücksichtigen. Ohne Bedeutung sind dabei die Art der Finanzierung, die Höhe der Versorgungszusage und die Art des Durchführungswegs. Ebenso ist unerheblich, ob im betreffenden VZ Beiträge erbracht wurden oder die Versorgungsanwartschaft angewachsen ist.

**68** Für die Beurteilung, ob eine Kürzung vorzunehmen ist, ist auf das konkrete Dienstverhältnis in dem jeweiligen VZ abzustellen. Nicht einzubeziehen sind Anwartschaftsrechte aus einer im gesamten VZ privat fortgeführten Direktversicherung, bei der der Arbeitnehmer selbst VN ist.

**2.2.3. Kürzung des Höchstbetrags beim Personenkreis des § 10 Abs. 3 Satz 3 Nr. 2 EStG**

**69** Zu den Steuerpflichtigen mit Einkünften nach § 22 Nr. 4 EStG gehören u. a.
- Bundestagsabgeordnete,
- Landtagsabgeordnete,
- Abgeordnete des Europaparlaments.

**70** Nicht zu diesem Personenkreis gehören z. B.
- ehrenamtliche Mitglieder kommunaler Vertretungen,
- kommunale Wahlbeamte wie Landräte und Bürgermeister.

**71** Eine Kürzung des Höchstbetrags nach § 10 Abs. 3 Satz 3 Nr. 2 EStG ist vorzunehmen, wenn der Steuerpflichtige zum genannten Personenkreis gehört und ganz oder teilweise ohne eigene Beitragsleistung einen Anspruch auf Altersversorgung nach dem Abgeordnetengesetz, dem Europaabgeordnetengesetz oder entsprechenden Gesetzen der Länder erwirbt.

**2.3. Kürzung des Höchstbetrags bei Ehegatten und Lebenspartnern**

**72** Bei Ehegatten ist jeweils gesondert zu prüfen, ob und in welcher Höhe der gemeinsame Höchstbetrag nach § 10 Abs. 3 Satz 2 EStG zu kürzen ist (Rz. 61 ff.). Dies gilt für Lebenspartner entsprechend.

### 2.4. Übergangsregelung (bis 2024)

Bis 2024 sind die nach Rz. 1 bis 42 und 44 bis 72 zu berücksichtigenden Aufwendungen mit dem sich aus § 10 Abs. 3 Satz 4 und 6 EStG ergebenden Prozentsatz anzusetzen: 73

| Jahr | Prozentsatz |
|---|---|
| 2012 | 74 |
| 2013 | 76 |
| 2014 | 78 |
| 2015 | 80 |
| 2016 | 82 |
| 2017 | 84 |
| 2018 | 86 |
| 2019 | 88 |
| 2020 | 90 |
| 2021 | 92 |
| 2022 | 94 |
| 2023 | 96 |
| 2024 | 98 |
| ab 2025 | 100 |

### 2.5. Kürzung des Abzugsbetrags bei Arbeitnehmern nach § 10 Abs. 3 Satz 5 EStG

Bei Arbeitnehmern, die steuerfreie Arbeitgeberleistungen nach § 3 Nr. 62 EStG oder diesen gleichgestellte steuerfreie Zuschüsse des Arbeitgebers erhalten haben, ist der sich nach Rz. 73 ergebende Abzugsbetrag um diese Beträge zu kürzen (maximal bis 0 €). Haben beide Ehegatten oder beide Lebenspartner steuerfreie Arbeitgeberleistungen erhalten, ist der Abzugsbetrag um beide Beträge zu kürzen. 74

### 2.6. Beispiele

Bei der Berechnung der Beispiele wurde ein Beitragssatz zur allgemeinen RV i. H. v. *18,7 %*[1]) herangezogen. 75

**Beispiel 1:** 76

Ein lediger Arbeitnehmer zahlt im Jahr 2016 einen Arbeitnehmeranteil zur allgemeinen RV i. H. v. 4000 €. Zusätzlich wird ein steuerfreier Arbeitgeberanteil in gleicher Höhe gezahlt. Daneben hat der Arbeitnehmer noch Beiträge in einen Basisrentenvertrag i. S. d. § 10 Abs. 1 Nr. 2 Satz 1 Buchst. b EStG i. H. v. 3000 € eingezahlt.

Im Jahr 2016 können Altersvorsorgeaufwendungen i. H. v. 5020 € als Sonderausgaben nach § 10 Abs. 1 Nr. 2 i. V. m. Abs. 3 EStG abgezogen werden:

| | | |
|---|---|---|
| Arbeitnehmerbeitrag | 4000 € | |
| Arbeitgeberbeitrag | 4000 € | |
| Basisrentenvertrag | 3000 € | |
| insgesamt | 11 000 € | |
| Höchstbetrag (91 800 € × 24,8 %) | 22 767 € | 9020 € |
| 82 % des geringeren Betrags | | |

---

1) Ab **2018:** 18,6 %.

| | |
|---|---|
| abzügl. steuerfreier Arbeitgeberanteil | 4000 € |
| verbleibender Betrag | 5020 € |

Zusammen mit dem steuerfreien Arbeitgeberbeitrag werden Altersvorsorgeaufwendungen i. H. v. 9020 € von der Besteuerung freigestellt. Dies entspricht 82 % der insgesamt geleisteten Beiträge.

77 **Beispiel 2:**

Ein lediger Beamter zahlt 3000 € in einen begünstigten Basisrentenvertrag i. S. d. § 10 Abs. 1 Nr. 2 Satz 1 Buchst. b EStG, um zusätzlich zu seinem Pensionsanspruch eine Altersversorgung zu erwerben. Seine Einnahmen aus dem Beamtenverhältnis betragen 42 781 €.

Im Jahr 2016 können Altersvorsorgeaufwendungen i. H. v. 2460 € als Sonderausgaben abgezogen werden:

| | | |
|---|---|---|
| Basisrentenvertrag | | 3000 € |
| Höchstbetrag (91 800 € × 24,8 %) | 22 767 € | |
| abzügl. fiktiver Gesamtbeitrag RV (42 781 € × 18,7 %) | 8000 € | |
| gekürzter Höchstbetrag | | 14 767 € |
| 82 % des geringeren Betrags | | 2460 € |

Damit werden 82 % der Beiträge des Steuerpflichtigen von der Besteuerung freigestellt.

78 **Beispiel 3:**

Die Eheleute A und B zahlen im Jahr 2016 jeweils 8000 € für einen Basisrentenvertrag i. S. d. § 10 Abs. 1 Nr. 2 Satz 1 Buchst. b EStG. A ist im Jahr 2016 als selbständiger Steuerberater tätig und zahlt darüber hinaus 15 000 € in die berufsständische Versorgungseinrichtung der Steuerberater, die der gesetzlichen RV vergleichbare Leistungen erbringt. B ist Beamtin ohne eigene Aufwendungen für ihre künftige Pension. Ihre Einnahmen aus dem Beamtenverhältnis betragen 42 781 €.

Im Jahr 2016 können Altersvorsorgeaufwendungen i. H. v. 25 420 € als Sonderausgaben abgezogen werden:

| | | |
|---|---|---|
| abgezogen werden: | | |
| berufsständische Versorgungseinrichtung | 15 000 € | |
| Basisrentenverträge | 16 000 € | |
| insgesamt | | 31 000 € |
| Höchstbetrag | 45 534 € | |
| abzügl. fiktiver Gesamtbeitrag RV (42 781 € × 18,7 %) | 8000 € | |
| gekürzter Höchstbetrag | | 37 534 € |
| 82 % des geringeren Betrags | | 25 420 € |

79 Die Beiträge nach § 168 Abs. 1 Nr. 1 b oder 1 c SGB VI (geringfügig versicherungspflichtig Beschäftigte) oder nach § 172 Abs. 3 oder 3 a SGB VI (versicherungsfrei geringfügig Beschäftigte) vermindern den abziehbaren Betrag nur, wenn der Steuerpflichtige die Hinzurechnung dieser Beiträge zu den Vorsorgeaufwendungen nach § 10 Abs. 1 Nr. 2 Satz 7 EStG beantragt hat. Dies gilt, obwohl der Arbeitgeberbeitrag nach § 3 Nr. 62 EStG steuerfrei ist.

## II. Sonderausgabenabzug für sonstige Vorsorgeaufwendungen nach § 10 Abs. 1 Nr. 3 und 3 a EStG

### 1. Allgemeines

80 Mit dem Gesetz zur verbesserten steuerlichen Berücksichtigung von Vorsorgeaufwendungen (Bürgerentlastungsgesetz Krankenversicherung vom 16. Juli 2009) hat der Gesetzgeber die steuerliche Berücksichtigung von Kranken- und Pflegeversicherungsbeiträgen zum 1. Januar 2010 neu geregelt. Die vom

Steuerpflichtigen tatsächlich geleisteten Beiträge für eine Absicherung auf sozialhilfegleichem Versorgungsniveau (Basisabsicherung) zur privaten und gesetzlichen Krankenversicherung und zur gesetzlichen Pflegeversicherung werden in vollem Umfang steuerlich berücksichtigt. Ab dem VZ 2010 ist deshalb innerhalb der sonstigen Vorsorgeaufwendungen zwischen den Basiskrankenversicherungsbeiträgen (Rz. 83 ff.) und den Beiträgen zur gesetzlichen Pflegeversicherung in § 10 Abs. 1 Nr. 3 EStG (Rz. 117 ff.) sowie den weiteren sonstigen Vorsorgeaufwendungen in § 10 Abs. 1 Nr. 3 a EStG (Rz. 121 ff.) zu unterscheiden.

Die Beiträge zur Basisabsicherung können grundsätzlich bei der Veranlagung des wirtschaftlich belasteten VN (Beitragsschuldner) als Sonderausgaben berücksichtigt werden, unabhängig davon, wer die versicherte Person ist. In den Fällen des § 10 Abs. 1 Nr. 3 Satz 2 EStG können sie abweichend aber auch vom Unterhaltsverpflichteten geltend gemacht werden, wenn dieser die eigenen Beiträge eines Kindes, für das ein Anspruch auf einen Kinderfreibetrag oder auf Kindergeld besteht, wirtschaftlich getragen hat. Hierbei kommt es nicht darauf an, ob die Beiträge in Form von Bar- oder Sachunterhaltsleistungen getragen wurden. Die Beiträge können zwischen den Eltern und dem Kind aufgeteilt, im Ergebnis aber nur einmal – entweder bei den Eltern oder beim Kind – als Vorsorgeaufwendungen berücksichtigt werden (Grundsatz der Einmalberücksichtigung). Die Einkünfte und Bezüge des Kindes haben keinen Einfluss auf die Höhe der bei den Eltern zu berücksichtigenden Vorsorgeaufwendungen. Die Berücksichtigung der Kranken- und Pflegeversicherungsbeiträge des Kindes bei der Grenzbetragsprüfung nach § 32 Abs. 4 Satz 2 EStG in der bis zum VZ 2012 geltenden Fassung steht einer Berücksichtigung der Beiträge zur Basisabsicherung als Sonderausgaben bei den Eltern nicht entgegen. 81[1)]

Keine Beiträge i. S. d. § 10 Abs. 1 Nr. 3 und 3 a EStG sind 82

- Prämienzuschläge nach § 193 Abs. 4 VVG. Diese werden erhoben, wenn sich Personen nicht bereits bei Eintritt der Versicherungspflicht, sondern verspätet versichern. Sie sind ein reines Sanktionsmittel, welches dem Ausgleich materieller Vorteile dient. Durch die Zahlung des Prämienzuschlags wird rückwirkend kein Versicherungsschutz begründet.
- selbst getragene Eigenleistungen für Vorsorgeuntersuchungen.
- selbst getragene Krankheitskosten aufgrund eines tariflichen Selbstbehalts oder wegen der Wahl einer Beitragsrückerstattung (BFH vom 1. Juni 2016, BStBl. 2017 II S. 55).

## 2. Sonstige Vorsorgeaufwendungen

### 2.1. Beiträge zur Basiskrankenversicherung (§ 10 Abs. 1 Nr. 3 Satz 1 Buchst. a EStG)

#### a) Allgemeines

Begünstigt sind nach § 10 Abs. 1 Nr. 3 Satz 1 Buchst. a EStG Beiträge zur Krankenversicherung, soweit diese zur Erlangung eines durch das Zwölfte Buch Sozialgesetzbuch (SGB XII) bestimmten sozialhilfegleichen Versorgungsniveaus erforderlich sind (Basiskrankenversicherung) und sofern auf die Leistungen ein (Rechts-)Anspruch besteht: 83

1) Zur Anwendbarkeit von Rz. 81 beachte BMF v. 3. 4. 2019, BStBl. I S. 254 (Nr. **1** § 10/13).

– Für Beiträge zur gesetzlichen Krankenversicherung (GKV) sind dies die nach dem Dritten Titel des Ersten Abschnitts des Achten Kapitels des Fünften Buches Sozialgesetzbuch (SGB V) oder die nach dem Sechsten Abschnitt des Zweiten Gesetzes über die Krankenversicherung der Landwirte festgesetzten Beiträge. Soweit sich aus den Beiträgen ein Anspruch auf Krankengeld oder ein Anspruch auf eine Leistung, die anstelle von Krankengeld gewährt wird, ergeben kann, sind diese für die Ermittlung der Basisabsicherung um 4 % zu mindern.
– Für Beiträge zu einer privaten Krankenversicherung (PKV) sind dies die Beitragsanteile, die auf Vertragsleistungen entfallen, die – mit Ausnahme der auf das Krankengeld entfallenden Beitragsanteile – in Art, Umfang und Höhe den Leistungen nach dem Dritten Kapitel des SGB V vergleichbar sind, auf die ein Anspruch besteht (vgl. Rz. 110 ff.).
– Bei einer bestehenden Basisabsicherung durch die GKV ist eine zeitgleiche zusätzliche private Krankheitskostenvollversicherung zur Basisabsicherung nicht erforderlich. In diesen Fällen sind bei Pflichtversicherten ausschließlich die Beiträge zur GKV und bei freiwillig Versicherten die höheren Beiträge als Beiträge für eine Basisabsicherung anzusetzen. Aus verwaltungsökonomischen Gründen ist der Sonderausgabenabzug für Beiträge an eine PKV als Basisabsicherung zu gewähren, wenn zeitgleich eine beitragsfreie Familienversicherung in der GKV gegeben ist. Werden Beiträge zu einer Anwartschaftsversicherung in der PKV neben den Beiträgen zu einer bestehenden Versicherung in der GKV geleistet, sind sowohl die Beiträge zur GKV als auch die Beiträge zur Anwartschaftsversicherung nach § 10 Abs. 1 Nr. 3 Satz 1 Buchst. a EStG abziehbar, soweit diese nach Rz. 114 einer Basisabsicherung dienen.

84 Keine Beiträge i. S. d. § 10 Abs. 1 Nr. 3 Satz 1 Buchst. a EStG sind Beiträge zu einer Auslandskrankenversicherung (Reisekrankenversicherung), die zusätzlich zu einem bestehenden Versicherungsschutz in der GKV oder PKV ohne eingehende persönliche Risikoprüfung abgeschlossen wird (vgl. Rz. 121).

85 Die im einkommensteuerrechtlichen Zusammenhang verwendeten Begriffe Basisabsicherung und Basiskrankenversicherung sind vom Basistarif i. S. d. § 152 Abs. 1 VAG (vormals § 12 Abs. 1 a VAG) abzugrenzen. Der Basistarif wurde zum 1. Januar 2009 eingeführt und ist ein besonders gestalteter Tarif. Dieser muss grundsätzlich von jedem privaten Krankenversicherungsunternehmen angeboten werden. Die Leistungen des Basistarifs entsprechen den Pflichtleistungen der GKV. Die so genannte Basisabsicherung i. S. d. Einkommensteuerrechts ist jedoch kein spezieller Tarif, sondern die Absicherung der Leistungen auf dem Niveau der GKV (mit Ausnahme des Krankengeldes), die auch in jedem anderen Tarif als dem Basistarif enthalten sein kann. Für die Absicherung solcher Leistungen gezahlte Beitragsanteile können nach § 10 Abs. 1 Nr. 3 Satz 1 Buchst. a EStG steuerlich geltend gemacht werden.

**b) Steuerfreie Zuschüsse und Beitragsrückerstattungen**

86 Steuerfreie Beitragszuschüsse zur Krankenversicherung mindern den als Sonderausgaben abzugsfähigen Betrag, z. B. bei
– steuerfrei gezahlten Arbeitgeberzuschüssen (§ 3 Nr. 62 EStG; Rz. 115),
– von der Künstlersozialkasse (an Stelle eines steuerfreien Arbeitgeberanteils) gewährten Zuschüssen (§ 3 Nr. 57 EStG),

– steuerfrei gezahlten Zuschüssen des Rentenversicherungsträgers (§ 3 Nr. 14 EStG),

– steuerfreien Zuschüssen und geleisteten Erstattungen von Behörden i. S. d. § 6 Abs. 1 AO und anderen öffentlichen Stellen (z. B. Zuschüsse des Jugendamtes zu Vorsorgeaufwendungen von Tagespflegepersonen; § 3 Nr. 9 EStG),

– steuerfreien Zuschüssen aufgrund des Abgeordnetengesetzes oder entsprechender Gesetze der Länder (§ 22 Nr. 4 Satz 4 Buchst. a EStG).

Beitragsrückerstattungen mindern, soweit sie auf die Basisabsicherung entfallen – unabhängig von ihrer Bezeichnung, z. B. als Pauschalleistung –, die nach § 10 Abs. 1 Nr. 3 Satz 1 Buchst. a EStG abziehbaren Krankenversicherungsbeiträge in dem Jahr, in dem sie zufließen. Die Minderung erfolgt unabhängig davon, ob oder in welcher Höhe sich die Beiträge im Abflussjahr steuerlich ausgewirkt haben (BFH vom 6. Juli 2016, BStBl. II S. 933). Zur Ermittlung der auf die Basisabsicherung entfallenden Höhe der Beitragsrückerstattung ist der Vertragsstand zugrunde zu legen, der den erstatteten Beitragszahlungen zugrunde lag, unabhängig vom Vertragsstand zum Zuflusszeitpunkt der Beitragsrückerstattung (zu Erstattungsüberhängen vgl. Rz. 203 f.). Aus Vereinfachungsgründen kann auf den Vertragsstand zum 31. Dezember des Jahres abgestellt werden, welcher der erstatteten Beitragszahlung zugrunde lag. 87

Beitragsrückerstattungen in diesem Sinne sind z.B. auch Prämienzahlungen nach § 53 SGB V und Bonusleistungen nach § 65a SGB V, soweit diese Bonusleistungen nicht eine Leistung der GKV darstellen (vgl. Rz. 89). Beitragsrückerstattungen aus Bonusprogrammen sind zu dem Zeitpunkt zu melden, zu dem der Vorteil aus der Bonusleistung dem Grunde nach verfügbar ist (Zufluss). Als Zufluss gilt bei 88[1)]

– Geldprämien der Zeitpunkt der Auszahlung des Geldbetrags,

– Sachprämien der Zeitpunkt der Ausgabe der Sachprämie,

– einer Gutschrift auf dem Bonuskonto der Zeitpunkt der Gutschrift,

– Verzicht auf eine Bonusleistung der Zeitpunkt des Verzichts.

Wird der Vorteil z.B. in Form von Bonuspunkten gewährt, sind diese in Euro umzurechnen und als Beitragsrückerstattung zu melden. Boni für familienversicherte Bonusprogrammteilnehmer sind dem Stammversicherten zuzurechnen. Aus Vereinfachungsgründen kann die Beitragsrückerstattung aus Bonusprogrammen, bei denen der Bonuskontoinhaber erst mit dem Erfüllen bestimmter Mindestvoraussetzungen – z.B. nach einem gewissen Zeitablauf oder nach Erreichen einer bestimmten Anzahl von Bonuspunkten – über fortlaufend angesammelte und dem Bonuskonto gutgeschriebene Bonuspunkte verfügen kann, erst in dem Jahr gemeldet werden, in dem die Bonuspunkte in Form einer Sach- oder Geldprämie an den Versicherten ausgezahlt bzw. ausgegeben werden oder auf die Bonusleistung verzichtet wird. Die Meldung hat in den Fällen, in denen die Versicherten ein Wahlrecht haben, ob sie eine Geldprämie oder eine Sachprämie in Anspruch nehmen, erst für das Jahr der Ausübung des Wahlrechts zu erfolgen.

---

1) Rz. 88 neu gef. mW ab 16.12.2021 (Tag der Bekanntgabe im BStBl. 2022 I Nr. 3) durch BMF v. 16.12.2021, BStBl. 2022 I S. 155.

89[1] Werden von der GKV im Rahmen eines Bonusprogramms nach § 65a SGB V Kosten für Gesundheitsmaßnahmen erstattet bzw. bonifiziert, die nicht im regulären Versicherungsumfang des Basiskrankenversicherungsschutzes enthalten sind (z.B. Osteopathie-Behandlung) bzw. der Förderung gesundheitsbewussten Verhaltens dienen (z.B. Mitgliedschaft in einem Sportverein oder einem Fitnessstudio) und von den Versicherten privat finanziert werden bzw. worden sind, handelt es sich um eine nicht steuerbare Leistung der Krankenkasse und nicht um eine Beitragsrückerstattung (BFH vom 6. Mai 2020, BStBl. 2022 II S. 109). Die als Sonderausgaben abziehbaren Krankenversicherungsbeiträge sind daher nicht um den Betrag der Kostenerstattung bzw. des darauf entfallenden Bonus zu mindern. Auf den Zeitpunkt des Abflusses der Kosten kommt es nicht an (§ 11 Abs. 2 EStG). Eine pauschale Bonusleistung muss die tatsächlich entstandenen bzw. entstehenden Kosten nicht exakt abdecken.

89a[2] Eine Beitragsrückerstattung liegt vor, wenn sich ein Bonus der GKV auf eine Maßnahme bezieht, die vom Basiskrankenversicherungsschutz umfasst ist (insbesondere gesundheitliche Vorsorge- oder Schutzmaßnahmen, z.B. zur Früherkennung bestimmter Krankheiten) oder für aufwandsunabhängiges Verhalten (z.B. Nichtraucherstatus, gesundes Körpergewicht) gezahlt wird.

89b[2] Aus Vereinfachungsgründen wird davon ausgegangen, dass Bonuszahlungen auf der Grundlage von § 65a SGB V bis zur Höhe von 150 Euro pro versicherte Person Leistungen der GKV darstellen. Übersteigen die Bonuszahlungen diesen Betrag, liegt in Höhe des übersteigenden Betrags eine Beitragsrückerstattung vor. Etwas anderes gilt nur, soweit der Steuerpflichtige nachweist, dass Bonuszahlungen von mehr als 150 Euro auf Leistungen der GKV gemäß Rz. 89 beruhen.

Diese Regelung gilt für bis zum 31. Dezember 2023 geleistete Zahlungen.

90[3] Auch bei Rückzahlung von zu Unrecht oder rechtsgrundlos geleisteten Beiträgen aus Vorjahren, z. B. infolge einer rückwirkenden Vertragsänderung oder aufgrund einer Erstattung nach § 26 des Vierten Buches Sozialgesetzbuch (SGB IV), mindern diese als Beitragsrückerstattung die im Jahr des Zuflusses geleisteten Kranken- und Pflegeversicherungsbeiträge. Unerheblich ist, auf welcher Rechtsgrundlage die Erstattung beruht und/oder ob der der Erstattung zugrunde liegende Beitrag materiell zu Recht oder zu Unrecht geleistet wurde (BFH vom 28. Mai 1998, BStBl. 1999 II S. 95; bestätigt durch BFH vom 3. August 2016, n. v.).

91 **Beispiel 1:**

Eine Steuerpflichtige ist grundsätzlich über ihren Ehemann beihilfeberechtigt und privat krankenversichert. Sie war im VZ 00 zeitweise als Geringverdienerin nichtselbständig tätig und damit in der GKV pflichtversichert. Auf Antrag kann die Steuerpflichtige die an die PKV geleisteten Beiträge, die auf Zeiträume der nichtselbständigen Tätigkeit entfallen, anteilig erstattet bekommen, indem der bisherige Tarif Vollversicherung auf den Tarif Anwartschaftsversicherung umgestellt wird. Werden diese anteiligen Beiträge von der PKV für 00 im Kalenderjahr 01 erstattet, handelt es sich um eine Rückzahlung von zu Unrecht geleisteten Beiträgen aus dem Vorjahr infolge einer rückwirkenden Vertragsänderung und damit um eine Beitragsrückerstattung.

---

[1] Rz. 89 neu gef. mW ab 16.12.2021 (Tag der Bekanntgabe im BStBl. 2022 I Nr. 3) durch BMF v. 16.12.2021, BStBl. 2022 I S. 155.

[2] Rz. 89a und 89b hinzugef. mW ab 16.12.2021 (Tag der Bekanntgabe im BStBl. 2022 I Nr. 3) durch BMF v. 16.12.2021, BStBl. 2022 I S. 155.

[3] Rz. 90 ist erstmals für VZ 2017 anzuwenden; vgl. Rz. 211.

**Abwandlung zu Beispiel 1:**
Der sich aufgrund der Umstellung des Tarifs ergebende Erstattungsanspruch der Ehefrau wird durch eine Verrechnung mit dem laufenden Krankenversicherungsbeitrag 01 anstelle einer Auszahlung des Guthabens beglichen. Entsprechend der Lösung zum Beispiel 1 veranlasst auch die Abwicklung über eine Ver-/Aufrechnung die Meldung einer Beitragsrückerstattung in 01.

**Beispiel 2:** 92
Aufgrund einer gerichtlich festgestellten Scheinselbständigkeit wurden Beiträge zur freiwilligen Kranken- und Pflegeversicherung von der GKV für die Jahre 00 bis 05 in 06 erstattet. Die Steuerpflichtige sei laut Gerichtsurteil seit 00 nicht (mehr) freiwillig krankenversichert, sondern pflichtversichert. Werden die Beiträge für 00 bis 05 in 06 erstattet, handelt es sich um eine Rückzahlung wegen zu Unrecht geleisteter Beiträge nach § 26 SGB IV und damit um eine Beitragsrückerstattung.

**Beispiel 3:** 93
Ein gesetzlich Krankenversicherter erhält von der GKV in 01 eine Erstattung zu viel gezahlter Beiträge für 00, da aufgrund des Zusammentreffens mehrerer Einnahmearten insgesamt bei-

*(Fortsetzung nächstes Blatt)*

tragspflichtige Einnahmen über der Beitragsbemessungsgrenze hinaus zu Beiträgen herangezogen worden sind (§ 231 SGB V). In Höhe des Auszahlungsbetrags handelt es sich um eine Rückzahlung von zu Unrecht geleisteten Beiträgen und damit um eine Beitragsrückerstattung.

Keine Beitragsrückerstattung ist das sog. „Ersatz"-Krankenhaustagegeld. 94
Diese Leistung erhält der Versicherte aufgrund vertraglicher Vereinbarungen, wenn während eines Krankenhausaufenthaltes auf die Inanspruchnahme bestimmter Wahlleistungen verzichtet wird.

### c) Beiträge an ausländische Versicherungsunternehmen (§ 10 Abs. 2 Satz 1 Nr. 2 Buchst. a EStG)

Bei Versicherungsunternehmen innerhalb eines Mitgliedstaates der Europä- 95
ischen Union bzw. eines Vertragsstaates des Abkommens über den Europäischen Wirtschaftsraum kann regelmäßig davon ausgegangen werden, dass deren Erlaubnis für das Gebiet aller Mitglied- und Vertragsstaaten – und damit zum Geschäftsbetrieb im Inland – gilt. Welche Unternehmen eine Erlaubnis besitzen, notifiziert sind oder eine Repräsentanz in Deutschland unterhalten, kann unter folgendem Link ermittelt werden: https://portal.mvp.bafin.de/database/InstInfo/.

§ 10 Abs. 2 Satz 1 Nr. 2 Buchst. a Satz 2 EStG gilt rückwirkend ab dem 96
VZ 2010.

Wird durch eine Bestätigung des jeweiligen Staates oder eine andere geeig- 97
nete Quelle (z. B. Dachverband der Versicherungen im jeweiligen Land) nachgewiesen, dass es sich beim Empfänger der Beiträge um einen ausländischen Sozialversicherungsträger handelt, sind diese Beiträge für eine Absicherung im Krankheitsfall nach § 10 Abs. 1 Nr. 3 Satz 1 Buchst. a EStG bzw. § 10 Abs. 1 Nr. 3 a EStG i. V. m. § 10 Abs. 2 Satz 1 Nr. 2 Buchst. c EStG als Sonderausgaben abziehbar (http://ec.europa.eu/employment_social/social-security-directory/welcome.seam?langId=de&cid=109205).

Beiträge in ausländischer Währung sind nach dem Jahresdurchschnitt der 98
monatlich festgesetzten und im BStBl. I veröffentlichten Umsatzsteuer-Umrechnungskurse zu berechnen. Zur Aufteilung von Globalbeiträgen wird auf Rz. 205 verwiesen.

## 2.1.1. Beiträge zur gesetzlichen Krankenversicherung

### a) Allgemeines

Beiträge zur GKV sowie Beiträge zur landwirtschaftlichen Krankenkasse 99
gehören grundsätzlich zu den Beiträgen für eine Basiskrankenversicherung. Hierzu zählt auch ein eventuell von der Krankenkasse erhobener kassenindividueller Zusatzbeitrag i. S. d. § 242 SGB V. Seit dem 1. Januar 2015 wird der Zusatzbeitrag von der Krankenkasse anstelle eines bisher einkommensunabhängigen Beitrags, als Prozentsatz der beitragspflichtigen Einnahmen (einkommensabhängig) erhoben. Dieser ist kein vom Hauptbeitrag unabhängig erhobener Geldbetrag mehr, sondern originärer Bestandteil des Krankenversicherungsbeitrags (vgl. § 220 Abs. 1 Satz 1 zweiter Halbsatz SGB V – „Nebenleistung" teilt Schicksal der „Hauptleistung"). Soweit im Folgenden auf den „GKV-Beitrag" Bezug genommen wird, umfasst dieser sowohl den

allgemeinen Beitrag zur Krankenversicherung nach §§ 241 und 243 ff. SGB V als auch den ab 1. Januar 2015 gültigen Zusatzbeitrag nach § 242 SGB V n. F.

**100** Beiträge, die über die Pflichtleistungen der GKV hinausgehende Leistungen absichern, sind nicht der Basisabsicherung i. S. d. § 10 Abs. 1 Nr. 3 Satz 1 EStG zuzurechnen, da sie nicht zur Erlangung des sozialhilfegleichen Versorgungsniveaus erforderlich sind. Hierzu gehören Beiträge für Wahl- und Zusatztarife, die z. B. Leistungen wie Chefarztbehandlung oder Einbettzimmer abdecken.

**b) Kürzung der Beiträge bei Anspruch auf Krankengeld**

**101** Auch nicht der Basisabsicherung zuzurechnen ist der Beitragsanteil, der der Finanzierung des Krankengeldes dient. Dieser Anteil wird mit einem pauschalen Abschlag i. H. v. 4 % bemessen und von der Finanzverwaltung von den – ggf. um steuerfreie Beitragszuschüsse und Beitragsrückerstattungen geminderten – übermittelten Beträgen abgezogen.

**102** Der ab 1. Januar 2015 erhobene Zusatzbeitrag i. S. d. § 242 SGB V ist in die Bemessungsgrundlage für die Ermittlung des 4 %-Abschlags einzubeziehen. Vom kassenindividuellen Zusatzbeitrag i. S. d. § 242 SGB V in der bis 31. Dezember 2014 geltenden Fassung war hingegen kein Abschlag vorzunehmen.

**103** Der Abschlag ist allerdings nur dann vorzunehmen, wenn sich aus dem GKV-Beitrag für den Steuerpflichtigen im Krankheitsfall ein Anspruch auf Krankengeldzahlung oder ein Anspruch auf eine Leistung ergeben kann, die anstelle von Krankengeld gewährt wird.

**104** Der GKV-Beitrag eines pflichtversicherten Arbeitnehmers ist grundsätzlich um 4 % zu mindern, es sei denn, der Finanzverwaltung ist bekannt, dass sich im Einzelfall aus den Beiträgen kein Anspruch auf Krankengeld bzw. auf eine Leistung, die anstelle von Krankengeld gewährt wird, ergeben kann.

**105** Der GKV-Beitrag ist auch um 4 % zu mindern

a) bei freiwillig gesetzlich versicherten Arbeitnehmern (Firmenzahler und Selbstzahler), Versorgungsempfängern, Selbständigen oder Künstlern und Publizisten,

b) bei pflichtversicherten selbständigen Künstlern und Publizisten,

wenn sich grundsätzlich ein Anspruch auf Krankengeld oder auf eine Leistung ergeben kann, die anstelle von Krankengeld gewährt wird.

**106** Bezieht ein gesetzlich Versicherter Teilrentner (Teilrente wegen Alters, teilweiser Erwerbsminderung oder Berufsunfähigkeit) neben der Rente noch andere Einkünfte und kann sich im Zusammenhang mit diesen anderen Einkünften ein Anspruch auf Krankengeld oder ein Anspruch auf eine Leistung ergeben, die anstelle von Krankengeld gewährt wird, ist der GKV-Beitrag um 4 % zu mindern.

**107** Der von pflichtversicherten Rentnern im Rahmen der Krankenversicherung der Rentner (KVdR) erhobene Beitrag ist nicht um 4 % zu mindern.

**108** Bezieht ein gesetzlich Versicherter Vollrentner (Rente wegen Alters, voller Erwerbsminderung oder Erwerbsunfähigkeit und Ruhegehalt) neben der Rente noch andere Einkünfte, ist der GKV-Beitrag ebenfalls nicht um 4 % zu mindern, da sich im Zusammenhang mit diesen anderen Einkünften kein Anspruch auf Krankengeld oder ein Anspruch auf eine Leistung, die anstelle von Krankengeld gewährt wird, ergeben kann.

Ermittelt sich bei einem freiwillig Versicherten der Beitrag unter Berücksichtigung mehrerer Einkunftsarten nach einem einheitlichen Beitragssatz, ist die Kürzung um 4 % für den gesamten GKV-Beitrag vorzunehmen, auch wenn nur ein Teil der Einkünfte bei der Bemessung der Höhe des Krankengeldes berücksichtigt wird. 109

## 2.1.2. Beiträge zur privaten Krankenversicherung

Der Basisabsicherung in einer PKV dienen die jeweiligen Beitragsanteile, mit denen Versicherungsleistungen finanziert werden, die in Art, Umfang und Höhe den Leistungen nach dem Dritten Kapitel des SGB V – also den Pflichtleistungen der GKV – vergleichbar sind und auf die ein Anspruch besteht. Nicht zur Basisabsicherung gehören – wie bei der GKV – Beitragsanteile, die der Finanzierung von Wahlleistungen i. S. d. §§ 1 Abs. 1 i. V. m. 2 Abs. 1 der Verordnung zur tarifbezogenen Ermittlung der steuerlich berücksichtigungsfähigen Beiträge zum Erwerb eines Krankenversicherungsschutzes i. S. d. § 10 Abs. 1 Nr. 3 Satz 1 Buchst. a des Einkommensteuergesetzes (Krankenversicherungsbeitragsanteil-Ermittlungsverordnung; KVBEVO; BGBl. 2009 I S. 2730; z. B. Chefarztbehandlung, Einbettzimmer), des Krankenhaustagegeldes oder des Krankentagegeldes dienen. 110

Sind in einem Versicherungstarif sowohl begünstigte als auch nicht begünstigte Versicherungsleistungen abgesichert, muss der vom VN geleistete Beitrag durch das Krankenversicherungsunternehmen aufgeteilt werden. Wie diese Aufteilung in typisierender Weise zu erfolgen hat, wird durch die KVBEVO geregelt. Die wesentlichen Grundsätze der Beitragsaufteilung lassen sich wie folgt zusammenfassen: 111

- Enthält ein Tarif nur Leistungen, mit denen eine Basisabsicherung gewährleistet wird, ist eine tarifbezogene Beitragsaufteilung nicht erforderlich. Der für diesen Tarif geleistete Beitrag ist insgesamt abziehbar. Dies gilt auch für Beiträge zum Basistarif i. S. d. § 152 Abs. 1 VAG (vormals § 12 Abs. 1 a VAG). Kann sich im Rahmen des Basistarifs ein Anspruch auf Krankengeld ergeben, ist vom Beitrag ein Abschlag von 4 % vorzunehmen.
- Enthält ein Tarif nur Wahlleistungen, ist eine tarifbezogene Beitragsaufteilung nicht durchzuführen. Der für diesen Tarif geleistete Beitrag ist insgesamt nicht nach § 10 Abs. 1 Nr. 3 EStG abziehbar.
- Enthält ein Tarif sowohl Leistungen, mit denen eine Basisabsicherung gewährleistet wird, als auch solche, die darüber hinausgehen, hat das Krankenversicherungsunternehmen nach den Vorschriften der KVBEVO den nicht nach § 10 Abs. 1 Nr. 3 EStG abziehbaren Beitragsanteil zu ermitteln.
- Enthält ein erstmals nach dem 1. Mai 2009 für das Neugeschäft angebotener Tarif nur in geringerem Umfang Leistungen, mit denen eine Basisabsicherung gewährleistet wird, und im Übrigen Leistungen, die diesem Niveau nicht entsprechen, hat das Krankenversicherungsunternehmen vom geleisteten Beitrag einen Abschlag i. H. v. 99 % vorzunehmen. Gleiches gilt, wenn – mit Ausnahme des Basistarifs i. S. d. § 152 Abs. 1 VAG (vormals § 12 Abs. 1 a VAG) – Krankentagegeld oder Krankenhaustagegeld zusammen mit anderen Leistungen in einem Tarif abgesichert ist. Bei der zum 21. De-

zember 2012 eingeführten verpflichtenden Umstellung eines Bisextarifs auf einen Unisextarif, handelt es sich nicht um einen für das Neugeschäft angebotenen Tarif, wenn das Leistungsversprechen tariflich unverändert geblieben ist.

**112** Zur Vorsorge für die mit dem Alter steigende Inanspruchnahme von Gesundheitskosten wird von den Krankenkassen ein Zuschlag auf die Tarifprämie des Versicherten erhoben und als sog. Alterungsrückstellung nach § 149 VAG (vormals § 12 Abs. 4 a VAG) angelegt. Der für die Bildung der Alterungsrückstellung abgeführte Beitragsanteil ist – soweit auf die Basisabsicherung entfallend – nach § 10 Abs. 1 Nr. 3 Satz 1 Buchst. a EStG in Einheit mit dem regulären Versicherungsbeitrag abziehbar.

**113** Zahlt der Versicherte im Rahmen eines freiwillig vertraglich vereinbarten sog. Beitragsentlastungstarifs einen erhöhten Beitrag, um ab einem bestimmten Alter eine zuvor vereinbarte zeitlich unbefristete Beitragsentlastung für seine Basisabsicherung zu erhalten, ist der auf die Basisabsicherung entfallende Beitragsanteil nach § 10 Abs. 1 Nr. 3 Satz 1 Buchst. a EStG abziehbar.

**114** Mit Beiträgen zugunsten einer sog. Anwartschaftsversicherung erwirbt der VN den Anspruch, zu einem späteren Zeitpunkt eine PKV zu einem ermäßigten Beitrag zu erhalten. Der VN wird dabei hinsichtlich seines der Beitragsbemessung zugrunde gelegten Gesundheitszustands und ggf. auch hinsichtlich der Alterungsrückstellung so gestellt, als sei der Krankenversicherungsvertrag bereits zu einem früheren Zeitpunkt abgeschlossen worden. Bis zu einem Betrag von 100 € jährlich sind Beiträge für eine Anwartschaftsversicherung aus Billigkeitsgründen insgesamt wie Beiträge zu einer Basiskrankenversicherung zu behandeln. Darüber hinaus sind sie nur insoweit wie Beiträge zu einer Basiskrankenversicherung zu behandeln, als sie auf die Minderung von Beitragsbestandteilen gerichtet sind, die der Basiskrankenversicherung zuzurechnen sind.

**115** Hat ein Arbeitnehmer mit dem Lohn einen steuerfreien Zuschuss für seine Krankenversicherung erhalten, steht dieser insgesamt in unmittelbarem Zusammenhang mit den Vorsorgeaufwendungen i. S. d. § 10 Abs. 1 Nr. 3 EStG (§ 10 Abs. 2 Satz 1 Nr. 1 EStG). Dies gilt auch, wenn der Arbeitnehmer Wahlleistungen abgesichert hat. Der Zuschuss mindert in vollem Umfang die Beiträge zur Basisabsicherung (BFH vom 2. September 2014, BStBl. 2015 II S. 257).

**116** **Beispiel:**

A ist privat krankenversicherter Arbeitnehmer und hat für seine Krankenversicherung einen Beitrag i. H. v. insgesamt 6000 € jährlich zu leisten. Darin enthalten sind 500 € für einen Tarif, der ausschließlich Wahlleistungen abdeckt, und ein Beitrag i. H. v. 5500 € für einen Tarif, der sowohl Leistungen abdeckt, die der Basisabsicherung dienen, als auch darüber hinausgehende Leistungen. A erhält von seinem Arbeitgeber jährlich einen steuerfreien Zuschuss i. H. v. 3000 € zu seinem Krankenversicherungsbeitrag.

Der Beitrag i. H. v. 5500 € ist durch das Versicherungsunternehmen nach der KVBEVO aufzuteilen. Nach der Aufteilung ergibt sich für die Absicherung von Leistungen, die der Basisabsicherung dienen, ein Beitragsanteil i. H. v. 4500 € und für die Absicherung von Leistungen, die nicht der Basisabsicherung dienen, ein Beitragsanteil i. H. v. 1000 €. Das Versicherungsunternehmen übermittelt einen Beitrag für die Basisabsicherung i. H. v. 4500 € an die Finanzverwaltung.

Der übermittelte Beitrag wird von der Finanzverwaltung um den vom Arbeitgeber steuerfrei gezahlten Zuschuss i. H. v. 3000 € vermindert. Es verbleibt danach ein Beitrag i. H. v. 1500 €, der als Vorsorgeaufwendungen i. S. d. § 10 Abs. 1 Nr. 3 EStG in vollem Umfang abzugsfähig ist. Die nicht nach § 10 Abs. 1 Nr. 3 EStG abzugsfähigen Beiträge sind als Vorsorgeaufwendungen nach § 10 Abs. 1 Nr. 3 a EStG bis zum Höchstbetrag nach § 10 Abs. 4 EStG zu berücksichtigen.

## 2.2. Beiträge zur gesetzlichen Pflegeversicherung (§ 10 Abs. 1 Nr. 3 Satz 1 Buchst. b EStG)

### a) Allgemeines

Begünstigt sind nach § 10 Abs. 1 Nr. 3 Satz 1 Buchst. b EStG Beiträge zur gesetzlichen Pflegeversicherung, d. h. zur sozialen Pflegeversicherung und zur privaten Pflege-Pflichtversicherung. 117

Für Beiträge zugunsten einer Anwartschaftsversicherung zur Pflegeversicherung gilt Rz. 114 entsprechend. 118

### b) Steuerfreie Zuschüsse und Beitragsrückerstattungen

Die Beiträge zur gesetzlichen Pflegeversicherung sind nach Abzug des steuerfreien Arbeitgeberzuschusses (§ 3 Nr. 62 EStG) bzw. des an Stelle des steuerfreien Arbeitgeberzuschusses gezahlten Betrags, z. B. von der Künstlersozialkasse, ungekürzt anzusetzen. 119

Beitragsrückerstattungen mindern die nach § 10 Abs. 1 Nr. 3 Satz 1 Buchst. b EStG abziehbaren Pflegeversicherungsbeiträge in dem Jahr, in dem sie zufließen. 120

## 2.3. Weitere sonstige Vorsorgeaufwendungen (§ 10 Abs. 1 Nr. 3 a EStG)

Begünstigt sind nach § 10 Abs. 1 Nr. 3 a EStG Beiträge zu 121

- gesetzlichen oder privaten Kranken- und Pflegeversicherungen, soweit diese nicht nach § 10 Abs. 1 Nr. 3 EStG zu berücksichtigen sind; hierzu zählen z. B. Beitragsanteile, die auf Wahlleistungen entfallen oder der Finanzierung des Krankengeldes dienen, Beiträge zu einer Reisekrankenversicherung (vgl. Rz. 84), Beiträge zur freiwilligen privaten Pflegeversicherung oder Basiskrankenversicherungsbeiträge und Beiträge zur gesetzlichen Pflegeversicherung bei fehlender Einwilligung nach § 10 Abs. 2 a EStG (vgl. Rz. 186 ff.),
- Versicherungen gegen Arbeitslosigkeit (gesetzliche Beiträge an die Bundesagentur für Arbeit und Beiträge zu privaten Versicherungen),
- Erwerbs- und Berufsunfähigkeitsversicherungen, die nicht Bestandteil einer Versicherung i. S. d. § 10 Abs. 1 Nr. 2 Satz 1 Buchst. b EStG sind; dies gilt auch für Beitragsbestandteile einer kapitalbildenden Lebensversicherung i. S. d. § 20 Abs. 1 Nr. 6 EStG, die bei der Ermittlung des steuerpflichtigen Ertrags nicht abgezogen werden dürfen,
- Unfallversicherungen, wenn es sich nicht um eine Unfallversicherung mit garantierter Beitragsrückzahlung handelt, die insgesamt als RV oder Kapitalversicherung behandelt wird,
- Haftpflichtversicherungen,
- Lebensversicherungen, die nur für den Todesfall eine Leistung vorsehen (Risikolebensversicherung).

122 Beiträge zu nachfolgenden Versicherungen sind ebenfalls nach § 10 Abs. 1 Nr. 3 a EStG begünstigt, wenn die Laufzeit dieser Versicherungen vor dem 1. Januar 2005 begonnen hat und mindestens ein Versicherungsbeitrag bis zum 31. Dezember 2004 entrichtet wurde; auf den Zeitpunkt des Vertragsabschlusses kommt es insoweit nicht an:

- RV ohne Kapitalwahlrecht, die die Voraussetzungen des § 10 Abs. 1 Satz 1 Nr. 2 EStG nicht erfüllen,
- RV mit Kapitalwahlrecht gegen laufende Beitragsleistungen, wenn das Kapitalwahlrecht nicht vor Ablauf von zwölf Jahren seit Vertragsabschluss ausgeübt werden kann,
- Kapitalversicherungen gegen laufende Beitragsleistungen mit Sparanteil, wenn der Vertrag für die Dauer von mindestens zwölf Jahren abgeschlossen worden ist.

123 Ein Versicherungsbeitrag ist bis zum 31. Dezember 2004 entrichtet, wenn nach § 11 Abs. 2 EStG der Beitrag einem Kalenderjahr vor 2005 zuzuordnen ist. Für Beiträge im Rahmen der betrieblichen Altersversorgung an einen Pensionsfonds, an eine Pensionskasse oder für eine Direktversicherung gilt *Rz. 330 des BMF-Schreibens vom 24. Juli 2013, BStBl. I S. 1022*[1], geändert durch *BMF-Schreiben vom 13. Januar 2014, BStBl. I S. 97*[2] *und BMF-Schreiben vom 13. März 2014, BStBl. I S. 554*[2].

124 Für die Berücksichtigung von diesen Beiträgen (Rz. 122) gelten außerdem die bisherigen Regelungen des § 10 Abs. 1 Nr. 2 Buchst. b Satz 2 bis 6 und Abs. 2 Satz 2 EStG in der am 31. Dezember 2004 geltenden Fassung.

## 3. Ermittlung des Abzugsbetrags

### 3.1. Höchstbetrag nach § 10 Abs. 4 EStG

125 Vorsorgeaufwendungen i. S. d. § 10 Abs. 1 Nr. 3 und Nr. 3 a EStG können vorbehaltlich des Mindestansatzes (siehe Rz. 129) und der Günstigerprüfung (siehe Rz. 207 ff.) gem. § 10 Abs. 4 EStG grundsätzlich bis zur Höhe von 2800 € abgezogen werden.

126 Bei einem Steuerpflichtigen, der ganz oder teilweise ohne eigene Aufwendungen einen Anspruch auf vollständige oder teilweise Erstattung oder Übernahme von Krankheitskosten hat oder für dessen Krankenversicherung Leistungen i. S. d. § 3 Nr. 9, 14, 57 oder 62 EStG erbracht werden, vermindert sich der Höchstbetrag auf 1900 €. Dies gilt auch, wenn die Voraussetzungen dafür nur in einem Teil des Kalenderjahres vorliegen. Ohne Bedeutung ist hierbei, ob aufgrund eines Anspruchs tatsächlich Leistungen erbracht werden und wie hoch der Anspruch ist. Ein vom Arbeitgeber im Rahmen einer geringfügigen Beschäftigung erbrachter pauschaler Beitrag zur GKV führt nicht zum Ansatz des verminderten Höchstbetrags.

127 Der verminderte Höchstbetrag i. H. v. 1900 € gilt z. B. für

- sozialversicherungspflichtige Arbeitnehmer, für die der Arbeitgeber nach § 3 Nr. 62 EStG steuerfreie Beiträge zur Krankenversicherung leistet; das gilt auch dann, wenn der Arbeitslohn aus einer Auslandstätigkeit aufgrund eines Doppelbesteuerungsabkommens (DBA) steuerfrei gestellt wird,

---

[1] Jetzt BMF v. 6. 12. 2017, BStBl. 2018 I S. 147, Rz. 66 (Nr. **20** § 3/8).
[2] Nicht mehr in der Positivliste des BMF v. 18. 3. 2019, BStBl. I S. 270, enthalten.

- Besoldungsempfänger oder gleichgestellte Personen, die von ihrem Arbeitgeber nach § 3 Nr. 11 EStG steuerfreie Beihilfen zu Krankheitskosten erhalten,
- Rentner, die aus der gesetzlichen RV nach § 3 Nr. 14 EStG steuerfreie Zuschüsse zu den Krankenversicherungsbeiträgen erhalten,
- Rentner, bei denen der Träger der gesetzlichen RV Beiträge an die GKV zahlt,
- den Ehegatten oder Lebenspartner des Arbeitnehmers, wenn der Arbeitgeber Leistungen i. S. d. § 3 Nr. 62 EStG auch für Ehegatten oder Lebenspartner erbringt (BFH vom 23. Januar 2013, BStBl. II S. 608),
- im VZ beihilferechtlich berücksichtigungsfähige Ehegatten oder Lebenspartner (BFH vom 23. Januar 2013, BStBl. II S. 608),
- Beamte, die in der GKV freiwillig versichert sind und deshalb keine Beihilfe zu ihren Krankheitskosten – trotz eines grundsätzlichen Anspruchs – erhalten,
- Versorgungsempfänger im öffentlichen Dienst mit Beihilfeanspruch oder gleichgestellte Personen,
- in der GKV ohne eigene Beiträge familienversicherte Angehörige,
- Personen, für die steuerfreie Leistungen der Künstlersozialkasse nach § 3 Nr. 57 EStG erbracht werden,
- Beamte, bei denen der Dienstherr seine Fürsorgeverpflichtung dadurch erfüllt, dass er statt der Gewährung eines Beihilfeanspruchs einen Zuschuss zur Krankenversorgung leistet.

Der nach § 3 Nr. 62 EStG steuerfreie Arbeitgeberanteil zur gesetzlichen **128** Kranken- und Pflegeversicherung ist bei der Ermittlung des Höchstbetrags nach § 10 Abs. 4 EStG nicht zu berücksichtigen. Dies gilt auch für den von der Künstlersozialkasse getragenen steuerfreien Beitragsanteil (§ 3 Nr. 57 EStG).

### 3.2. Mindestansatz

Übersteigen die vom Steuerpflichtigen geleisteten Beiträge für die Basisab- **129** sicherung (Basiskrankenversicherung – Rz. 83 ff. – und gesetzliche Pflegeversicherung – Rz. 117 ff. –) den Höchstbetrag von 2800 €/1900 €, sind diese Beiträge als Sonderausgaben anzusetzen. Eine betragsmäßige Deckelung auf den Höchstbetrag erfolgt in diesen Fällen nicht. Ein zusätzlicher Abzug von Beiträgen nach § 10 Abs 1 Nr. 3 a EStG ist daneben nicht möglich (vorbehaltlich der Günstigerprüfung, Rz. 207 ff.).

### 3.3. Abzugsbetrag bei Ehegatten und Lebenspartnern

#### a) Zusammenveranlagung nach § 26 b EStG

Bei zusammen veranlagten Ehegatten oder Lebenspartnern ist zunächst für **130** jeden Ehegatten oder Lebenspartner nach dessen persönlichen Verhältnissen der ihm zustehende Höchstbetrag zu bestimmen. Die Summe der beiden Höchstbeträge ist der gemeinsame Höchstbetrag (§ 10 Abs. 4 Satz 3 EStG). Übersteigen die von den Ehegatten oder Lebenspartnern geleisteten Beiträge für die Basisabsicherung in der Summe den gemeinsamen Höchstbetrag, sind diese Beiträge als Sonderausgaben zu berücksichtigen. Eine betragsmäßige Deckelung auf den gemeinsamen Höchstbetrag erfolgt in diesen Fällen nicht.

Ein zusätzlicher Abzug von Beiträgen nach § 10 Abs. 1 Nr. 3 a EStG ist – vorbehaltlich der Günstigerprüfung (Rz. 207 ff.) – daneben nicht möglich.

**b) Einzelveranlagung nach § 26 a EStG und „Patchwork-Familien“**

131 Wird von den Ehegatten oder Lebenspartnern die Einzelveranlagung beantragt, wird der Höchstbetrag sowie der Mindestansatz für jeden Ehegatten oder Lebenspartner gesondert ermittelt. Für die Berechnung des Mindestansatzes ist bei jedem Ehegatten oder Lebenspartner der von ihm als VN geleistete Beitrag zur Basisabsicherung anzusetzen. Ist ein Kind VN (vgl. Rz. 81), werden die Beiträge zur Kranken- und Pflegeversicherung i. S. d. § 10 Abs. 1 Nr. 3 Satz 2 EStG jedoch von Unterhaltsverpflichteten getragen, sind die Beiträge von dem jeweiligen unterhaltsverpflichteten Elternteil zu beantragen und anzusetzen, der sie wirtschaftlich getragen hat (Grundsatz der Einmalberücksichtigung). Innerhalb der Ehe bzw. Lebenspartnerschaft folgt die weitere Zuordnung den Regelungen des § 26 a Abs. 2 EStG.

132 **Beispiel 1:**

Ehemann A ist selbständig tätig und privat versichert. Er leistet als VN für seine Basiskrankenversicherung einen Jahresbeitrag i. H. v. 6000 € bei Versicherung X. Seine Ehefrau B ist Beamtin und privat versichert bei Versicherung Y. Der von B als VN zu leistende Jahresbeitrag zur Basiskrankenversicherung beträgt 3500 €. Der gemeinsame Sohn S ist im Vertrag von B mitversichert. Der hierfür zu leistende und von B getragene Jahresbeitrag zur Basiskrankenversicherung beträgt 1000 €. Die Tochter T – steuerlich als Kind i. S. d. § 10 Abs. 1 Nr. 3 Satz 2 EStG zu berücksichtigen – ist in der studentischen Krankenversicherung (KVdS) versichert und zahlt als VN einen Jahresbeitrag zu ihrer Basiskrankenversicherung i. H. v. 2000 €. A und B erstatten T den von ihr geleisteten Jahresbeitrag im Rahmen ihrer Unterhaltsverpflichtung. Die Eheleute A und B beantragen die Einzelveranlagung, wobei § 26 a Abs. 2 Satz 1 EStG Anwendung finden soll.

Nach § 10 Abs. 4 Satz 1 EStG kann A Vorsorgeaufwendungen grundsätzlich bis zu einem Höchstbetrag von 2800 € abziehen, da er seine Krankenversicherung vollständig aus eigenen Mitteln finanziert und auch keine steuerfreien Leistungen zu seinen Krankheitskosten erhält. Für B mindert sich der Höchstbetrag nach § 10 Abs. 4 Satz 2 EStG auf 1900 €, da B einen Anspruch auf steuerfreie Beihilfen zu ihren Krankheitskosten hat. Dem für jeden Ehegatten gesondert ermittelten Höchstbetrag sind die jeweils von A bzw. von B als VN geleisteten Jahresbeiträge zur Basiskrankenversicherung gegenüberzustellen. Sowohl bei A als auch bei B übersteigen die als VN geleisteten Jahresbeiträge zur Basiskrankenversicherung die Höchstbeträge nach § 10 Abs. 4 EStG. Daher sind jeweils die Beiträge zur Basiskrankenversicherung anzusetzen (Mindestansatz, vgl. Rz. 129).

A kann seinen Beitrag i. H. v. 6000 € geltend machen. B kann in ihrer Veranlagung den von ihr als VN geleisteten Beitrag i. H. v. 3500 € zzgl. des von ihr getragenen Beitrags für S i. H. v. 1000 € (= 4500 €) ansetzen. Den von A und B an T erstatteten Krankenversicherungsbeitrag i. H. v. 2000 € können A und B jeweils zu 1000 € im Rahmen der Sonderausgaben geltend machen.

133 **Beispiel 2:**

A und B sind verheiratet. B ist die leibliche Mutter des Kindes K. Der Kindesvater ist C. K ist selbst VN seiner Kranken- und Pflegeversicherung. Im Rahmen ihrer Unterhaltspflicht haben C und B die Beiträge des K wirtschaftlich getragen – C zu 20 % und B zu 80 %. A und B beantragen die Einzelveranlagung nach § 26 a EStG, wobei § 26 a Abs. 2 Satz 2 EStG Anwendung finden soll.

Gem. § 10 Abs. 1 Nr. 3 Satz 2 EStG werden entsprechend der wirtschaftlichen Belastung 20 % bei C und 80 % bei B der jeweils für K getragenen Krankenversicherungsbeiträge wie eigene Beiträge behandelt. Nach der Verteilungsregelung des § 26 a Abs. 2 Satz 2 EStG werden bei A und B sämtliche Sonderausgaben – und damit auch die der B nach § 10 Abs. 1 Nr. 3 Satz 2 EStG zugewiesenen Beiträge des K – jeweils hälftig abgezogen, so dass im Ergebnis A und B jeweils 40% der Beiträge des K absetzen können. Dass bei A keine Unterhaltsverpflichtung gegenüber K besteht, da es sich nicht um sein leibliches Kind handelt, ist für die Verteilung durch § 26a Abs. 2 Satz 2 EStG ohne Belang.

## 4. Beitragsvorauszahlungen

### 4.1. Anwendungsbereich

§ 10 Abs. 1 Nr. 3 Satz 4 EStG begrenzt ab dem VZ 2011 die innerhalb eines VZ als Sonderausgaben abziehbaren Basiskranken- und gesetzlichen Pflegeversicherungsbeiträge, soweit diese für nach Ablauf des VZ beginnende Beitragsjahre geleistet werden (Beitragsvorauszahlungen). Beitragsvorauszahlungen, die in der Summe das Zweieinhalbfache der im VZ vertraglich geschuldeten Beiträge überschreiten, sind nicht im Jahr der Verausgabung, sondern in dem VZ anzusetzen, für den sie geleistet wurden (Einschränkung des Abflussprinzips gem. § 11 Abs. 2 Satz 1 EStG). Die Einhaltung der Regelung wird durch die Finanzverwaltung überprüft. 134

Soweit Basiskranken- und gesetzliche Pflegeversicherungsbeiträge im Rahmen eines freiwillig vertraglich vereinbarten sog. Beitragsentlastungstarifs zur unbefristeten Beitragsminderung frühestens nach Vollendung des 62. Lebensjahres (Rz. 113) für nach Ablauf des VZ beginnende Beitragsjahre gezahlt werden, stellen diese keine Vorauszahlungen i. S. d. § 10 Abs. 1 Nr. 3 Satz 4 EStG dar. Sie sind gem. § 10 Abs. 1 Nr. 3 Satz 4 zweiter Halbsatz EStG stets im VZ der Zahlung abziehbar. 135

Die Vorschrift gilt für Beiträge zur freiwilligen gesetzlichen und zur privaten Kranken- und Pflegeversicherung gleichermaßen. Für die Beiträge zur Pflegeversicherung und für die Beiträge zur Krankenversicherung sind jeweils getrennte Berechnungen durchzuführen. 136

### 4.2. Zeitliche Zuordnung der Beitragsvorauszahlungen

Die zeitliche Zuordnung der geleisteten Beiträge ist in Abhängigkeit von zwei Berechnungsgrößen zu ermitteln: 137

- das Zweieinhalbfache der im VZ vertraglich geschuldeten Beiträge (zulässiges Vorauszahlungsvolumen) und
- die Summe der für nach Ablauf des VZ beginnende Beitragsjahre geleisteten Beiträge (Summe der geleisteten Beitragsvorauszahlungen).

In den Fällen des § 10 Abs. 1 Nr. 3 Satz 2 und Satz 3 EStG ist für die Ermittlung des zulässigen Vorauszahlungsvolumens und die Summe der geleisteten Beitragsvorauszahlungen auf die Verhältnisse des VN abzustellen. 138

#### a) Ermittlung des zulässigen Vorauszahlungsvolumens

Zunächst sind die für den VZ der Zahlung vertraglich geschuldeten Beiträge zur Basiskranken- bzw. zur gesetzlichen Pflegeversicherung – jeweils gesondert – zu ermitteln. Auf die tatsächlich gezahlten Beiträge kommt es hierbei nicht an. Das Ergebnis ist jeweils mit 2,5 zu multiplizieren. 139

Wird das Versicherungsunternehmen im Laufe eines VZ gewechselt, sind die für den VZ vertraglich geschuldeten Basiskranken- bzw. gesetzlichen Pflegeversicherungsbeiträge aller betroffenen Versicherungsunternehmen einzubeziehen. 140

Schuldet der Steuerpflichtige für den VZ keine eigenen Beiträge, z. B. weil er als Kind in einer Familienversicherung mitversichert war, beträgt das zuläs- 141 sige Vorauszahlungsvolumen 0 €. Dagegen erhöht der von den Eltern im laufenden VZ letztmalig für das Kind geleistete Beitrag deren zulässiges Vorauszahlungsvolumen, obwohl insoweit die Beitragsverpflichtung im Folge-VZ nicht mehr besteht.

142 Steuerfreie Zuschüsse und Beitragsrückerstattungen bleiben bei der Ermittlung des zulässigen Vorauszahlungsvolumens außer Betracht. Auch die in einem späteren VZ zufließenden Beitragsrückerstattungen oder die dann gewährten steuerfreien Zuschüsse ändern nicht das zulässige Vorauszahlungsvolumen.

143 Beitragsanteile aufgrund eines freiwillig vertraglich vereinbarten sog. Beitragsentlastungstarifs zur unbefristeten Beitragsminderung frühestens nach Vollendung des 62. Lebensjahres (Rz. 113, 135) sind bei der Ermittlung der vertraglich geschuldeten Beiträge nicht zu berücksichtigen. Dagegen erhöhen die Beitragsanteile, die der sog. Alterungsrückstellung nach § 149 VAG (vormals § 12 Abs. 4 a VAG) (Rz. 112) zugeführt werden, in Einheit mit dem Gesamtversicherungsbeitrag die vertraglich geschuldeten Beiträge.

**b) Summe der geleisteten Beitragsvorauszahlungen**

144 In die Summe der Beitragsvorauszahlungen sind sämtliche im VZ abgeflossenen Basiskranken- bzw. gesetzlichen Pflegeversicherungsbeiträge – jeweils gesondert – einzubeziehen, die für nach dem VZ beginnende Beitragsjahre geleistet werden.

145 Keine Vorauszahlungen und somit nicht einzubeziehen sind jedoch Beiträge, die entsprechend ihrer wirtschaftlichen Zugehörigkeit gem. § 11 Abs. 2 Satz 2 EStG ohnehin erst im folgenden VZ anzusetzen sind (vgl. Beispiele 3 und 4, Rz. 157 f.; Rz. 195 ff.).

146 Beitragsanteile aufgrund eines sog. Beitragsentlastungstarifs zur unbefristeten Beitragsminderung frühestens nach Vollendung des 62. Lebensjahres (Rz. 113, 135) sind bei der Ermittlung der geleisteten Beitragsvorauszahlungen nicht zu berücksichtigen. Dagegen erhöhen die Beitragsanteile, die der sog. Alterungsrückstellung nach § 149 VAG (vormals § 12 Abs. 4 a VAG) (Rz. 112) zugeführt werden, in Einheit mit dem Gesamtversicherungsbeitrag die geleisteten Beitragsvorauszahlungen.

## 4.3. Rechtsfolge

### a) Allgemein

147 Basiskranken- und Pflegeversicherungsbeiträge, die der Steuerpflichtige als Vorauszahlungen leistet, sind im VZ der Zahlung abziehbar, soweit sie das Zweieinhalbfache der für das Zahlungsjahr geschuldeten Beiträge nicht übersteigen.

148 Abweichend vom Jahr der Zahlung sind die das Zweieinhalbfache übersteigenden Beiträge in dem VZ anzusetzen, für den sie geleistet wurden. Die Zuordnung der vorausbezahlten Beiträge zu den Zeiträumen, für die sie geleistet wurden, erfolgt gemäß ihrer zeitlichen Abfolge. Vom zulässigen Vorauszahlungsvolumen sind dabei die Beiträge für jene VZ gedeckt, die zeitlich am nächsten am Kalenderjahr der Zahlung liegen.

**Beispiel 1:** 149

Der für das Kalenderjahr 00 zu leistende Beitrag beträgt 1000 €. Der Steuerpflichtige leistet am 10. Dezember 00 für die Jahre 01 bis 04 jeweils 1000 € im Voraus.
Das zulässige Vorauszahlungsvolumen für 00 ist mit 2,5 × 1000 € = 2500 € zu bemessen. Die geleisteten Beitragsvorauszahlungen betragen in der Summe 4 × 1000 € = 4000 €. Der in 00 absetzbare Teil der Vorauszahlungen i. H. v. 2500 € ist den Jahren 01, 02 (jeweils i. H. v. 1000 €) und i. H. v. 500 € dem Jahr 03 chronologisch zuzuordnen. Der verbleibende Betrag i. H. v. 1500 € ist mit 500 € in 03 und mit 1000 € in 04 anzusetzen.

**Abwandlung 1 zu Beispiel 1:** 150

In dem Beitrag i. H. v. 1000 € sind 100 € für einen Beitragsentlastungstarif zur unbefristeten Beitragsminderung frühestens nach Vollendung des 62. Lebensjahres enthalten.
Die Vorauszahlungen auf den Beitragsentlastungstarif i. H. v. 400 € sind im VZ der Zahlung (00) anzusetzen. Für die übrigen Vorauszahlungen i. H. v. 3600 € gilt:
Das zulässige Vorauszahlungsvolumen für 00 ist mit 2,5 × 900 € = 2250 € zu bemessen. Der in 00 absetzbare Teil der Vorauszahlungen i. H. v. 2250 € ist den Jahren 01, 02 (jeweils i. H. v. 900 €) und i. H. v. 450 € dem Jahr 03 chronologisch zuzuordnen. Der verbleibende Betrag i. H. v. 1350 € ist mit 450 € in 03 und mit 900 € in 04 anzusetzen.

**Abwandlung 2 zu Beispiel 1:** 151

Im Beitrag i. H. v. 1000 € sind 100 € für einen Beitragsentlastungstarif zur unbefristeten Beitragsminderung frühestens nach Vollendung des 60. Lebensjahres enthalten.
Lösung wie zu Beispiel 1.

Für die vom VN vorausbezahlten Beiträge findet die Rechtsfolge des § 10 Abs. 1 Nr. 3 Satz 4 EStG in den Fällen des § 10 Abs. 1 Nr. 3 Satz 2 EStG beim unterhaltsverpflichteten Steuerpflichtigen und in den Fällen des § 10 Abs. 1 Nr. 3 Satz 3 EStG beim Unterhaltsberechtigten Anwendung. 152

### b) Vorauszahlungen vs. regelmäßig wiederkehrende Zahlungen (vgl. Rz. 195 ff.)

Regelmäßig wiederkehrende Ausgaben, die kurze Zeit vor Beginn oder kurze Zeit nach Beendigung des Kalenderjahres, zu dem sie wirtschaftlich gehören, abgeflossen und fällig geworden sind, werden dem Kalenderjahr zugeordnet, zu dem sie wirtschaftlich gehören (§ 11 Abs. 2 Satz 2 i. V. m. Abs. 1 Satz 2 EStG). Für im Voraus entrichtete Beiträge bedeutet „kurze Zeit“, dass die Zahlung innerhalb des Zeitraums vom 22. Dezember bis 31. Dezember vorgenommen wird und die Beiträge entsprechend der vertraglichen Vereinbarung innerhalb des Zeitraums vom 22. Dezember bis 10. Januar fällig werden. 153

Rz. 153 gilt auch für Kranken- und Pflegeversicherungsbeiträge, die kumuliert für mehrere Monate oder Jahre in einer Zahlung geleistet werden. Sind die Voraussetzungen des § 11 Abs. 2 Satz 2 i. V. m. Abs. 1 Satz 2 EStG erfüllt, wird der für das folgende Jahr geleistete Beitrag steuerlich im Folgejahr berücksichtigt. 154

§ 10 Abs. 1 Nr. 3 Satz 4 EStG greift nicht, soweit aufgrund der Anwendbarkeit des § 11 Abs. 2 Satz 2 i. V. m. Abs. 1 Satz 2 EStG keine Vorauszahlungen i. S. d. Rz. 144 vorliegen (vgl. auch Rz. 145). 155

**Beispiel 2:** 156

Am 28. Dezember 00 leistet der Steuerpflichtige in einer Zahlung die Beiträge für die Jahre 01 und 02. Der Jahresbeitrag ist regelmäßig am 1. Januar des jeweiligen Beitragsjahres fällig. Insgesamt überschreitet die Summe der geleisteten Beitragsvorauszahlungen das Zweieinhalbfache der für den VZ 00 geschuldeten Beiträge nicht.

Der in 00 geleistete Beitrag für das Beitragsjahr 01 ist gem. § 11 Abs. 2 Satz 2 i. V. m. Abs. 1 Satz 2 EStG abweichend vom Zahlungsjahr im Jahr der wirtschaftlichen Zugehörigkeit – 01 – zu berücksichtigen. Insoweit liegen keine Vorauszahlungen i. S. d. § 10 Abs. 1 Nr. 3 Satz 4 EStG vor. Der vorausgezahlte Betrag für das Beitragsjahr 02 ist im Jahr 00 anzusetzen.

157 **Beispiel 3:**

Am 28. Dezember 00 leistet der Steuerpflichtige in einer Zahlung die Beiträge für die Jahre 01 bis 04. Der Jahresbeitrag ist regelmäßig am 1. Januar des jeweiligen Beitragsjahres fällig. Für das Kalenderjahr 00 bis 04 beträgt der zu leistende Beitrag jeweils 1000 €.
Der zum Jahreswechsel geleistete Beitrag für das Jahr 01 i. H. v. 1000 € ist gem. § 11 Abs. 2 Satz 2 i. V. m. Abs. 1 Satz 2 EStG im VZ 01 zu berücksichtigen. Insoweit liegen keine Vorauszahlungen i. S. d. § 10 Abs. 1 Nr. 3 Satz 4 EStG vor.
Die Summe der geleisteten Beitragsvorauszahlungen i. H. v. 3000 € für die Jahre 02 bis 04 überschreitet das zulässige Vorauszahlungsvolumen von 2500 € um 500 €. Die Vorauszahlungen sind somit aufzuteilen und, soweit das zulässige Vorauszahlungsvolumen überschritten ist, den künftigen VZ chronologisch zuzuordnen. Bis zur Höhe des zulässigen Vorauszahlungsvolumens i. H. v. 2500 € ist der Beitrag für 02, 03 und ein Betrag i. H. v. 500 € für das Kalenderjahr 04 in 00 anzusetzen. Der das zulässige Vorauszahlungsvolumen überschreitende Betrag von 500 € ist gem. § 10 Abs. 1 Nr. 3 Satz 4 EStG im VZ 04 anzusetzen.

158 **Beispiel 4:**

Der Steuerpflichtige leistet regelmäßig zum Monatsende den für den Folgemonat geschuldeten Beitrag, der jeweils am ersten Tag des Monats fällig ist. Am 28. Dezember 00 leistet er die Beiträge für die Jahre 01 bis 06 im Voraus. Der monatlich zu leistende Beitrag beträgt in allen Kalenderjahren 100 € (Jahresbeitrag jeweils 1200 €).
Der Beitrag für Januar 01 ist nach der Regelung in § 11 Abs. 2 Satz 2 i. V. m. Abs. 1 Satz 2 EStG abweichend vom Zahlungsjahr 00 im Jahr 01 zu berücksichtigen. Somit ist dieser nicht in die Summe der geleisteten Beitragsvorauszahlungen mit einzubeziehen.
Die Summe der geleisteten Beitragsvorauszahlungen (Februar bis Dezember 01: 1100 € + 02 bis 06: 6000 € = 7100 €) überschreitet das zulässige Vorauszahlungsvolumen von 3000 € (= 2,5 × 1200 €) um 4100 €. Bis zur Höhe des zulässigen Vorauszahlungsvolumens i. H. v. 3000 € können die Beiträge für Februar 01 bis Juli 03 (1100 € für 01, 1200 € für 02, 700 € für 03) in 00 als Sonderausgaben angesetzt werden. Der das zulässige Vorauszahlungsvolumen überschreitende Betrag i. H. v. 4100 € ist aufzuteilen und gem. § 10 Abs. 1 Nr. 3 Satz 4 EStG im jeweiligen Kalenderjahr, für das er gezahlt wurde, abzuziehen. In 03 sind daher 500 €, in 04 bis 06 jeweils 1200 € als Sonderausgaben anzusetzen.

## 5. Verfahren

159 Die mitteilungspflichtigen Stellen haben die geleisteten und erstatteten Beiträge i. S. d. § 10 Abs. 1 Nr. 3 EStG sowie die weiteren nach § 10 Abs. 2a Satz 4 Nr. 2 EStG erforderlichen Daten an die Finanzverwaltung (Zentrale Zulagenstelle für Altersvermögen – ZfA) zu übermitteln; wegen Einzelheiten vgl. die Ausführungen unter Rz. 181 ff.

160 Der Abzug der steuerfreien Zuschüsse zu den Kranken- und Pflegeversicherungsbeiträgen (vgl. Rz. 86) sowie die Minderung um 4 % bei den Beiträgen zur GKV (im Einzelnen vgl. Rz. 101 ff.) werden von der Finanzverwaltung vorgenommen. Die Beiträge zu einer PKV werden bereits durch das Versicherungsunternehmen um einen Beitragsanteil, der auf Krankentagegeld entfällt, gemindert, so dass die Finanzverwaltung hier nur noch ggf. gewährte Zuschüsse abziehen muss.

161 Werden Beitragsvorauszahlungen (siehe Rz. 134) geleistet, sind die vertraglich geschuldeten Beiträge zur Basiskranken- und gesetzlichen Pflegeversicherung des Beitragsjahres als Bestandteil der Vertrags- bzw. Versicherungsdaten i. S. d. § 10 Abs. 2a Satz 4 EStG in den Datensatz aufzunehmen. Nicht dazu

gehören Beiträge, die der unbefristeten Beitragsminderung frühestens ab Vollendung des 62. Lebensjahres im Rahmen eines freiwillig vertraglich vereinbarten sog. Beitragsentlastungstarifs dienen (Rz. 113). Eine Übermittlung der vertraglich geschuldeten Beiträge ist aus Vereinfachungsgründen nicht erforderlich, sofern es sich lediglich um eine Vorauszahlung für den Monat Januar des Folgejahres handelt. Im Datensatz ist anzugeben, ob sich aus den Beiträgen ein Anspruch auf Krankengeld oder ein Anspruch auf eine Leistung ergeben kann, die anstelle von Krankengeld gewährt wird. Auf der Grundlage der übermittelten Daten ermittelt die Finanzverwaltung die sofort abziehbaren Vorauszahlungen nach § 10 Abs. 1 Nr. 3 Satz 4 EStG.

### 5.1. Gesetzlich Versicherte

Bei Vorliegen einer Familienversicherung i. S. d. § 10 SGB V ist für die mitversicherte Person mangels eigener Beitragsleistung kein Datensatz zu übermitteln. 162

Kann sich für 163
- einen freiwillig gesetzlich versicherten Arbeitnehmer (Selbstzahler), Selbständigen, Künstler oder Publizisten,
- einen pflichtversicherten selbständigen Künstler und Publizisten

aus der GKV ein Anspruch auf Krankengeld bzw. eine Leistung ergeben, die anstelle von Krankengeld gewährt wird, ist dies bei der Übermittlung der Daten anzugeben.

Falls die Kranken- und Pflegeversicherungsbeiträge von einem Dritten, der nicht zur Datenübermittlung mittels elektronischer Lohnsteuerbescheinigung oder im Rentenbezugsmitteilungsverfahren verpflichtet ist, einbehalten und per Sammelüberweisung an die Krankenkassen überwiesen werden, ist – mit Ausnahme der in Rz. 184 geregelten Fälle – grundsätzlich die GKV zur Datenübermittlung verpflichtet. 164

**Beispiel 1:** 165

Selbständig tätige Knappschaftsärzte, die im Rahmen ihrer Berufstätigkeit auch für die Knappschaft-Bahn-See tätig sind, beziehen aus der gesamten Tätigkeit Einkünfte aus selbständiger Tätigkeit nach § 18 EStG. Die Alters- und Hinterbliebenenbezüge, die nach Abschluss der aktiven selbständigen Tätigkeit von der Knappschaft-Bahn-See an die Knappschaftsärzte geleistet werden, sind als betriebliche Versorgungsrenten in voller Höhe nach § 24 Nr. 2 EStG als nachträgliche Einkünfte aus der selbständigen Tätigkeit zu erfassen. Die Knappschaft behält Beiträge zur gesetzlichen Kranken- und Pflegeversicherung ein und führt diese im sog. Zahlstellenverfahren (§ 256 SGB V) an den Träger der GKV ab.

Nach § 10 Abs. 2a Satz 4 EStG ist die GKV zur Datenübermittlung der Basiskranken- und gesetzlichen Pflegeversicherungsbeiträge i. S. d. § 10 Abs. 1 Nr. 3 Satz 1 EStG an die Finanzverwaltung verpflichtet. Gründe, aus denen die Daten bereits mit der elektronischen Lohnsteuerbescheinigung oder im Rentenbezugsmitteilungsverfahren zu melden sind (vgl. Rz. 183), liegen nicht vor. Eine Verpflichtung zur Datenübermittlung aufgrund des Einbehaltens der Sozialversicherungsbeiträge und anschließender Sammelüberweisung an die Krankenkasse ergibt sich für die Knappschaft-Bahn-See („Dritter") nicht.

**Beispiel 2:** 166

Honorare der freien Mitarbeiter des Hessischen Rundfunks (und auch der Synchronsprecher) sind einkommensteuerrechtlich im Einzelfall als Einkünfte aus selbständiger Tätigkeit nach § 18 Abs. 1 Nr. 1 EStG zu beurteilen. Sozialversicherungsrechtlich können die freien Mitarbeiter jedoch als sozialversicherungspflichtige abhängig Beschäftigte eingestuft werden. Entsprechend behält der Hessische Rundfunk dann die Kranken- und Pflegeversicherungsbeiträge von den Honoraren ein und führt sie an den Träger der GKV ab.

Aufgrund der steuerrechtlichen Qualifikation als Einkünfte aus selbständiger Tätigkeit werden die von den Einkünften aus der sozialversicherungspflichtigen abhängigen Beschäftigung einbehaltenen Kranken- und Pflegeversicherungsbeiträge nicht im Lohnsteuerbescheinigungsverfahren übermittelt. Der Hessische Rundfunk ist keine Einrichtung i. S. d. § 10 Abs. 2 a Satz 1 EStG und somit keine mitteilungspflichtige Stelle. Nach § 10 Abs. 2 a Satz 4 EStG ist daher die GKV zur Datenübermittlung der Basiskranken- und gesetzlichen Pflegeversicherungsbeiträge i. S. d. § 10 Abs. 1 Nr. 3 Satz 1 EStG an die Finanzverwaltung verpflichtet.

### a) Pflichtversicherte Arbeitnehmer

167 Der vom Arbeitgeber einbehaltene und abgeführte GKV- und Pflegeversicherungsbeitrag des Arbeitnehmers wird im Rahmen der elektronischen Lohnsteuerbescheinigung an die Finanzverwaltung übermittelt. Erstattet die GKV Beiträge, sind diese – sofern sie auf die Basisabsicherung entfallen – unmittelbar von der GKV an die Finanzverwaltung zu übermitteln.

168 Der vom Arbeitgeber einbehaltene und abgeführte GKV- und Pflegeversicherungsbeitrag des Arbeitnehmers, welcher nicht im Rahmen der elektronischen Lohnsteuerbescheinigung an die Finanzverwaltung übermittelt wird (z. B. Fälle der Pauschalbesteuerung nach § 40 a Abs. 2 a EStG), ist von der GKV an die Finanzverwaltung zu übermitteln. Erstattet die GKV Beiträge, sind diese – sofern sie auf die Basisabsicherung entfallen – ebenfalls unmittelbar von der GKV an die Finanzverwaltung zu übermitteln.

### b) Freiwillig gesetzlich versicherte Arbeitnehmer

169 Für Arbeitnehmer, bei denen der Arbeitgeber den Gesamtbeitrag zur Kranken- und Pflegeversicherung an die GKV abführt (Firmenzahler), hat der Arbeitgeber in der elektronischen Lohnsteuerbescheinigung der Finanzverwaltung den abgeführten GKV-Beitrag und den geleisteten steuerfreien Arbeitgeberzuschuss (§ 3 Nr. 62 EStG) mitzuteilen. Erstattet die GKV Beiträge, sind diese – sofern sie auf die Basisabsicherung entfallen – unmittelbar von der GKV an die Finanzverwaltung zu übermitteln.

170 Für Arbeitnehmer, bei denen der Kranken- und Pflegeversicherungsbeitrag an die GKV vom Arbeitnehmer selbst gezahlt wird (Selbstzahler), hat der Arbeitgeber in der elektronischen Lohnsteuerbescheinigung den geleisteten steuerfreien Arbeitgeberzuschuss (§ 3 Nr. 62 EStG) mitzuteilen. Die vom Arbeitnehmer unmittelbar an die GKV geleisteten oder von der GKV erstatteten Beiträge sind – sofern sie auf die Basisabsicherung entfallen – von der GKV an die Finanzverwaltung zu übermitteln.

### c) Freiwillig gesetzlich versicherte Selbständige

171 An die GKV geleistete oder von der GKV erstattete Beiträge sind – sofern sie auf die Basisabsicherung entfallen – von der GKV an die Finanzverwaltung zu übermitteln.

### d) Pflichtversicherte selbständige Künstler und Publizisten

172 Die Künstlersozialkasse übermittelt nach § 10 Abs. 2 a Satz 4 Nr. 2 EStG die Höhe des eigenen Anteils des Künstlers oder Publizisten am GKV- und Pflegeversicherungsbeitrag, nicht aber die von der Künstlersozialkasse getragenen steuerfreien Beitragsanteile an die Finanzverwaltung. Erstattet die GKV Beiträge, sind diese – sofern sie auf die Basisabsicherung entfallen – als Beitragsrückerstattung von der GKV an die Finanzverwaltung zu übermitteln.

**e) Freiwillig gesetzlich versicherte Künstler und Publizisten**

An die GKV geleistete oder von der GKV erstattete Beiträge sind – sofern sie auf die Basisabsicherung entfallen – von der GKV an die Finanzverwaltung zu übermitteln. Die Künstlersozialkasse übermittelt zudem die Höhe des an den Künstler oder Publizisten steuerfrei gezahlten Beitragszuschusses. 173

**f) Pflichtversicherte Rentner**

Bei den Empfängern einer Rente aus der gesetzlichen RV oder aus einer betrieblichen Altersversorgung wird in der Regel der GKV- und Pflegeversicherungsbeitrag unmittelbar vom Rentenversicherungs-/Versorgungsträger einbehalten und abgeführt. Die entsprechenden Daten werden zusammen mit der Rentenbezugsmitteilung vom Träger der gesetzlichen RV bzw. vom Versorgungsträger an die Finanzverwaltung übermittelt. Erstattet die GKV Beiträge, sind diese – sofern sie auf die Basisabsicherung entfallen – unmittelbar von der GKV an die Finanzverwaltung zu übermitteln. 174

**g) Pflichtversicherte Empfänger einer Kapitalleistung aus der betrieblichen Altersversorgung**

Die vom Empfänger einer Kapitalleistung aus der betrieblichen Altersversorgung unmittelbar an die GKV geleisteten oder von der GKV erstatteten Kranken- und Pflegeversicherungsbeiträge sind von der GKV an die Finanzverwaltung zu übermitteln. 175

**h) Freiwillig gesetzlich versicherte Rentner**

An die GKV geleistete oder von der GKV erstattete GKV- und Pflegeversicherungsbeiträge sind – sofern sie auf die Basisabsicherung entfallen – von der GKV an die Finanzverwaltung zu übermitteln. Die Höhe des von der mitteilungspflichtigen Stelle i. S. d. § 22 a Abs. 1 Satz 1 EStG (z. B. Träger der gesetzlichen RV) gewährten steuerfreien Zuschusses zu den Krankenversicherungsbeiträgen ist im Rahmen der Rentenbezugsmitteilung an die Finanzverwaltung zu übermitteln. 176

**5.2. Privat Versicherte**

**a) Privat versicherte Arbeitnehmer**

Das Versicherungsunternehmen übermittelt die Höhe der geleisteten und erstatteten Beiträge zur Basiskrankenversicherung und zur privaten Pflege-Pflichtversicherung an die Finanzverwaltung. 177

Bei Arbeitnehmern, denen mit dem Lohn ein steuerfreier Zuschuss gezahlt wird, hat der Arbeitgeber in der elektronischen Lohnsteuerbescheinigung die Höhe des geleisteten steuerfreien Arbeitgeberzuschusses mitzuteilen. 178

**b) Privat versicherte Künstler und Publizisten**

Unmittelbar an die PKV geleistete oder von der PKV erstattete Kranken- und Pflegeversicherungsbeiträge sind von der PKV an die Finanzverwaltung zu übermitteln. Bei Künstlern und Publizisten, für die von der Künstlersozialkasse ein Zuschuss zur Krankenversicherung abgeführt wird, hat die Künstlersozialkasse der Finanzverwaltung die Höhe des Zuschusses mitzuteilen. 179

**c) Privat versicherte Rentner**

180 Unmittelbar an die PKV geleistete oder von der PKV erstattete Kranken- und Pflegeversicherungsbeiträge sind von der PKV an die Finanzverwaltung zu übermitteln. Der von der mitteilungspflichtigen Stelle i. S. d. § 22 a Abs. 1 Satz 1 EStG (z. B. Träger der gesetzlichen RV) gewährte steuerfreie Zuschuss zu den Krankenversicherungsbeiträgen ist im Rahmen der Rentenbezugsmitteilung an die Finanzverwaltung zu übermitteln.

## III. Gemeinsame Regelungen

### 1. Datenübermittlung

181 Die erforderlichen Daten nach § 10 Abs. 1 Nr. 2 Satz 1 Buchst. b und Nr. 3 EStG sowie § 10 Abs. 4 b Satz 4 EStG (ab VZ 2016) werden von den mitteilungspflichtigen Stellen nach amtlich vorgeschriebenem Datensatz durch Datenfernübertragung unter Angabe der steuerlichen Identifikationsnummer (§ 139 b AO) und der Vertragsdaten an die ZfA (§ 81 EStG) übermittelt.

182 Mitteilungspflichtige Stellen sind in den Fällen des
- § 10 Abs. 1 Nr. 2 Satz 1 Buchst. b EStG der Anbieter,
- § 10 Abs. 1 Nr. 3 EStG das Versicherungsunternehmen, der Träger der gesetzlichen Kranken- und Pflegeversicherung, die Künstlersozialkasse und Einrichtungen i. S. d. § 10 Abs. 2 Satz 1 Nr. 2 Buchst. a Satz 2 EStG,
- § 10 Abs. 4 b Satz 4 EStG die Behörden i. S. d. § 6 Abs. 1 AO und andere öffentliche Stellen, die entsprechende Zuschüsse/Erstattungen gewährt haben.

183 In den Fällen des § 10 Abs. 1 Nr. 3 EStG ist eine Datenübermittlung durch die mitteilungspflichtigen Stellen nicht vorzunehmen, soweit die Daten bereits mit der elektronischen Lohnsteuerbescheinigung oder der Rentenbezugsmitteilung übermittelt werden. Wurden die auf eine Rente entfallenden Beiträge i. S. d. § 10 Abs. 1 Satz 1 Nr. 3 Buchst. a Satz 1 und 2 und Buchst. b EStG bereits mit einer elektronischen Lohnsteuerbescheinigung übermittelt, sind diese insoweit nicht in die Rentenbezugsmitteilung nach § 22 a Abs. 1 Satz 1 EStG aufzunehmen (vgl. Rz. 97 des BMF-Schreibens vom 7. Dezember 2011, BStBl. I S. 1223[1]). In den Fällen des § 10 Abs. 4 b Satz 4 EStG besteht eine Mitteilungspflicht nicht, wenn die mitteilungspflichtige Stelle der Finanzverwaltung die Zahlung der geleisteten und zurückgeforderten steuerfreien Zuschüsse und der erstatteten Vorsorgeaufwendungen bereits aufgrund anderer Vorschriften elektronisch mitzuteilen hat (§ 24 Satz 2 Altersvorsorge-Durchführungsverordnung – AltvDV).

184[2] Abweichend vom allgemeingültigen Verfahren zur Datenübermittlung gilt folgende Ausnahmeregelung:

Werden Kranken- und Pflegeversicherungsbeiträge aufgrund unterschiedlicher Einkunftsarten insgesamt an eine Zahlstelle entrichtet, welche eine mitteilungspflichtige Stelle i. S. d. § 22 a Abs. 1 Satz 1 EStG darstellt und welche den Gesamtbeitrag im sog. Zahlstellenverfahren (§ 256 SGB V) an den Träger der GKV abzuführen hat, erfolgt die Datenübermittlung für den Gesamtbei-

[1] Nr. **1** § 22 a/1.
[2] Rz. 184 ist erstmals für VZ 2017 anzuwenden; vgl. Rz. 211.

trag insgesamt durch diese Zahlstelle. Eine Datenübermittlung nach § 10 Abs. 2 a Satz 4 EStG durch die GKV darf insoweit nicht zusätzlich vorgenommen werden.

**Beispiel:** 185

Ein ehemals selbständiger Versicherungsmakler der X-AG erhält vom Vertreterversorgungswerk sowohl Versorgungsleistungen, die nach §§ 15, 24 Nr. 2 EStG als nachträgliche gewerbliche Einkünfte zu versteuern sind, als auch eine nach § 22 EStG zu erfassende Leibrente. Die X-AG (= hier mitteilungspflichtige Stelle nach § 22 a Abs. 1 Satz 1 EStG) ermittelt anhand der gesamten erzielten Einkünfte die zu entrichtenden Kranken- und Pflegeversicherungsbeiträge, behält diese ein und führt sie im sog. Zahlstellenverfahren an den Träger der GKV (= hier mitteilungspflichtige Stelle nach § 10 Abs. 2 a Satz 1 EStG) ab.
Ohne Berücksichtigung der Rz. 184 würde die X-AG nur in Bezug auf die Leibrente eine Rentenbezugsmitteilung nach § 22 a EStG übermitteln, in der die anteilig auf die Einnahmen aus § 22 EStG entfallenden und geleisteten Kranken- und Pflegeversicherungsbeiträge mitgeteilt werden. Für die Versicherungsbeiträge, die auf dem Teil der Vertreterversorgung basieren, müsste der Träger der GKV – bei Vorliegen einer entsprechenden Einwilligung – die Beiträge an die Finanzverwaltung übermitteln.
Unter Berücksichtigung der Vereinfachungsregelung in Rz. 184 sind der Finanzverwaltung die gesamten von der X-AG abgeführten Kranken- und Pflegeversicherungsbeiträge durch sie als Zahlstelle mitzuteilen. Eine teilweise Datenübermittlung nach § 10 Abs. 2 a Satz 4 EStG durch den Träger der GKV ist insoweit nicht zusätzlich vorzunehmen (vgl. Rz. 183).

## 2. Einwilligung in die Datenübermittlung

### a) Allgemeines

Voraussetzung für den Sonderausgabenabzug nach § 10 Abs. 1 Nr. 2 Satz 1 Buchst. b und Nr. 3 EStG ist, dass der Steuerpflichtige (= VN) gegenüber der mitteilungspflichtigen Stelle in die Übermittlung der erforderlichen Daten schriftlich einwilligt bzw. nicht widersprochen hat, als die mitteilungspflichtige Stelle ihn informierte, dass sie von seinem Einverständnis ausgeht (§ 10 Abs. 6 Satz 2 EStG). Die Einwilligung in die Übermittlung der Beiträge umfasst die das gesamte Versicherungsverhältnis betreffenden Daten aller mitversicherten Personen sowie Beitragsrückerstattungen. 186

Der VN kann die Entscheidung, ob die Datenübermittlung erfolgen darf, nur einheitlich für ein Beitragsjahr treffen. Die Einwilligung muss der mitteilungspflichtigen Stelle spätestens bis zum Ablauf des zweiten Kalenderjahres vorliegen, das auf das Beitragsjahr folgt. Die Einwilligung gilt auch für die folgenden Beitragsjahre, wenn der Steuerpflichtige sie nicht gegenüber der mitteilungspflichtigen Stelle schriftlich widerruft. 187

Widerruft der Steuerpflichtige seine Einwilligung, so muss der Widerruf der mitteilungspflichtigen Stelle vor Beginn des Beitragsjahres, für das die Einwilligung erstmals nicht mehr gelten soll, vorliegen. 188

Wurde eine Einwilligung erteilt (oder gilt diese nach § 10 Abs. 6 Satz 2 EStG als erteilt) und wurde diese nicht widerrufen, hat ein zwischenzeitlicher Statuswechsel (z. B. ein privat krankenversicherter Selbständiger ist vorübergehend als gesetzlich Versicherter Arbeitnehmer tätig) auf den Sonderausgabenabzug von Basiskranken- und gesetzlichen Pflegeversicherungsbeiträgen keinen Einfluss. 189

Die mitteilungspflichtige Stelle hat die Daten auch dann zu übermitteln, wenn die Einwilligung offenbar verspätet erteilt wurde. Ob die Frist eingehal- 190 ten wurde, ist vom Finanzamt als materiell-rechtliche Grundlage für den Sonderausgabenabzug zu prüfen.

### b) Einwilligungsfiktion bei Kranken- und Pflegeversicherungsbeiträgen

191 Im Lohnsteuerabzugs- und Rentenbezugsmitteilungsverfahren gilt für den Zeitraum der Datenübermittlung im Rahmen dieser Verfahren die Einwilligung für alle sich aus dem Versicherungsverhältnis ergebenden Zahlungsverpflichtungen (einschließlich Beitragsrückerstattungen) als erteilt.

192 Bei Beiträgen an ein ausländisches Versicherungsunternehmen oder den Träger einer ausländischen GKV ist die Einwilligung mangels Datenübermittlung irrelevant. Hat der Steuerpflichtige seine Beiträge in geeigneter Form nachgewiesen, werden die nach § 10 Abs. 1 Nr. 3 Buchst. a EStG abziehbaren Beiträge nach den Regelungen der KVBEVO ermittelt.

## 3. Nachweis bei fehlgeschlagener Datenübermittlung

### a) Kranken- und Pflegeversicherungsbeiträge

193 Werden die erforderlichen Daten aus Gründen, die der Steuerpflichtige nicht zu vertreten hat (z. B. technische Probleme), von der mitteilungspflichtigen Stelle nach § 10 Abs. 2 a Satz 1 EStG und nach § 22 a Abs. 1 Satz 1 EStG oder dem Arbeitgeber nicht übermittelt, kann der Steuerpflichtige den Nachweis über die geleisteten und erstatteten Beiträge i. S. v. § 10 Abs. 1 Nr. 3 EStG auch in anderer Weise erbringen. Die mitteilungspflichtigen Stellen haben die Datenübermittlung gleichwohl unverzüglich nachzuholen.

### b) Beiträge zur Basisrente

194 Liegen die in § 10 Abs. 2 Satz 2 EStG genannten Voraussetzungen vor und kann der vorgegebene Übermittlungstermin durch den Anbieter, z. B. wegen technischer Probleme, nicht eingehalten werden, hat er dem Steuerpflichtigen die für den Sonderausgabenabzug erforderlichen Daten nach dem mit BMF-Schreiben vom 18. August 2011 (BStBl. I S. 788) bekannt gegebenen Vordruckmuster grundsätzlich bis zum 31. März des dem Beitragsjahr folgenden Kalenderjahres zu bescheinigen. Die Bescheinigung entbindet den Anbieter nicht von seiner Verpflichtung zur Datenübermittlung. Er hat diese unverzüglich nachzuholen. Bei fristgerechter Datenübermittlung hat der Anbieter keine solche Bescheinigungspflicht, selbst wenn dem Finanzamt im Zeitpunkt der Veranlagung die erforderlichen Daten für den Sonderausgabenabzug (noch) nicht vorliegen.

## 4. Zufluss- und Abflussprinzip (§ 11 EStG)

195 Regelmäßig wiederkehrende Ausgaben (z. B. Versicherungsbeiträge) sind im Rahmen des Sonderausgabenabzugs grundsätzlich in dem Kalenderjahr anzusetzen, in dem sie geleistet wurden (allgemeines Abflussprinzip des § 11 Abs. 2 Satz 1 EStG). Eine Ausnahme von diesem Grundsatz wird durch § 11 Abs. 2 Satz 2 EStG normiert. Danach sind regelmäßig wiederkehrende Ausgaben, die kurze Zeit (Zeitraum von bis zu 10 Tagen) vor oder nach Beendigung des Kalenderjahres geleistet werden, abweichend vom Jahr des tatsächlichen Abflusses dem Jahr der wirtschaftlichen Zugehörigkeit zuzuordnen,

wenn die Ausgaben kurze Zeit vor oder nach dem Jahreswechsel fällig werden (vgl. H 11 EStH „Allgemeines", Rz. 153 ff.).

**Beispiel 1:** 196

Der am 1. Januar 01 fällige Beitrag für den Monat Dezember 00 wird am 10. Januar 01 geleistet.

Grundsätzlich wäre der Beitrag im Kalenderjahr 01 (Zahlung im Jahr 01) anzusetzen. Da die laufenden Beitragszahlungen aber regelmäßig wiederkehrend sind und die hier aufgeführte Zahlung innerhalb des Zeitraums vom 22. Dezember bis 10. Januar fällig war und geleistet wurde, ist sie abweichend vom Jahr der Zahlung (01) dem Jahr der wirtschaftlichen Zugehörigkeit 00 zuzuordnen.

**Beispiel 2:** 197

Der am 15. Januar 01 fällige Beitrag für den Monat Dezember 00 wird am 5. Januar 01 geleistet.

Da die Fälligkeit des Dezemberbeitrags außerhalb des sog. „10-Tageszeitraums" liegt, ist die Zahlung vom 5. Januar 01 steuerlich dem Jahr 01 zuzuordnen.

Bei Erstellung der Datensätze haben die mitteilungspflichtigen Stellen für die 198
zeitliche Zuordnung § 11 EStG zu beachten (vgl. in diesem Zusammenhang auch H 11 EStH).

## 5. Zusammenhang mit steuerfreien Einnahmen

Voraussetzung für die Berücksichtigung von Vorsorgeaufwendungen i. S. d. § 10 199
EStG ist, dass sie nicht in unmittelbarem wirtschaftlichen Zusammenhang mit steuerfreien Einnahmen stehen[1]. Dieser Zusammenhang ist z. B. in folgenden Fällen gegeben:

- Gesetzliche Arbeitnehmeranteile, die auf steuerfreien Arbeitslohn entfallen (z. B. nach dem Auslandstätigkeitserlass, aufgrund eines DBA oder aufgrund des zusätzlichen Höchstbetrags von *1800 €*[2] nach § 3 Nr. 63 Satz 3 EStG),
- Aufwendungen aus Mitteln, die nach ihrer Zweckbestimmung zur Leistung der Vorsorgeaufwendungen dienen:
  - Steuerfreie Zuschüsse zur Krankenversicherung der Rentner, z. B. nach § 106 SGB VI,
  - steuerfreie Beträge, die Land- und Forstwirte nach dem Gesetz über die Alterssicherung der Landwirte zur Entlastung von Vorsorgeaufwendungen i. S. d. § 10 Abs. 1 Nr. 2 Satz 1 Buchst. a EStG erhalten,
- Krankenversicherungsbeiträge, soweit sie auf steuerfrei ausgezahlte Erträge einer Kapitalleistung aus der betrieblichen Altersversorgung entfallen. Ausgenommen sind Beitragsanteile, soweit sie auf die Rückzahlung der eingezahlten Beiträge in die betriebliche Altersversorgung entfallen. Die Kapitalauszahlung unterliegt insgesamt nicht der Besteuerung, wenn diese nach Ablauf von 12 Jahren seit Vertragsabschluss eines vor dem 1. Januar 2005 abgeschlossenen Versicherungsvertrags erfolgt und der Vertrag die weiteren Voraussetzungen des § 10 Abs. 1 Nr. 2 EStG in der am 31. Dezember 2004 geltenden Fassung erfüllt (§ 52 Abs. 28 Satz 5 EStG).

Beiträge in unmittelbarem wirtschaftlichen Zusammenhang mit steuerfreiem Arbeitslohn sind nicht als Sonderausgaben abziehbar (BFH vom 18. April 2012, BStBl. II S. 721). Dies gilt nicht, wenn der Arbeitslohn nicht zum Zufluss von Arbeitslohn führt, jedoch beitragspflichtig ist (z. B. Umwandlung zugunsten einer Direktzusage oberhalb von 4 % der Beitragsbemessungsgrenze in der allgemeinen RV[3]). Die Hinzurechnung des nach § 3 Nr. 62 EStG steuerfreien

---

[1] **Red. Anm.:** Zur Unionsrechtsmäßigkeit siehe § 10 Abs. 2 Satz 1 Nr. 1 EStG.

[2] **Red. Anm.:** Ab 2018: 4 % des RV-BBG-Wertes.

[3] **Red. Anm.:** RV-BBG 2018: 78 000 €; 2019: 80 400 €; 2020: 82 800 €; 2021: 85 200 €: 2022: 84 600 €.

Arbeitgeberanteils zur gesetzlichen RV oder eines gleichgestellten steuerfreien Zuschusses des Arbeitgebers nach § 10 Abs. 1 Nr. 2 Satz 2 EStG und die Verminderung um denselben nach § 10 Abs. 3 Satz 5 EStG bleiben hiervon unberührt; dies gilt nicht, soweit der steuerfreie Arbeitgeberanteil auf steuerfreien Arbeitslohn entfällt.

**200** Die von einem Rentner gezahlten Kranken- und Pflegeversicherungsbeiträge sind – trotz der nur anteiligen steuerlichen Erfassung der Rente im Rahmen der Kohortenbesteuerung – ungekürzt bei den Sonderausgaben zu berücksichtigen.

**201** **Beispiel 1:**

Der alleinstehende 57-jährige Steuerpflichtige ist arbeitslos und bezieht Arbeitslosengeld i. H. v. 1150 € monatlich. Da der Steuerpflichtige freiwillig in der gesetzlichen RV und privat kranken- und pflegeversichert ist, übernimmt die Bundesagentur für Arbeit während des Bezugs des Arbeitslosengelds seine freiwillig an die gesetzliche RV gezahlten Beiträge i. H. v. 130 € und seine Beiträge zur privaten Kranken- und Pflegeversicherung i. H. v. 270 €.

Die von der Bundesagentur für Arbeit übernommenen freiwilligen Beiträge zur gesetzlichen RV sowie die Beiträge zur privaten Kranken- und Pflegeversicherung stehen mit dem nach § 3 Nr. 2 EStG steuerfreien Arbeitslosengeld in einem unmittelbaren wirtschaftlichen Zusammenhang. Daher sind diese Beiträge nicht als Sonderausgaben nach § 10 Abs. 1 Nr. 2, 3 und 3 a EStG zu berücksichtigen.

**202** **Beispiel 2:**

Der Steuerpflichtige erhält im Jahr 2016 nach Ablauf von 22 Jahren eine Kapitalauszahlung aus einer pauschal besteuerten Direktversicherung i. H. v. 50 000 €. Die pauschal besteuerten Beiträge betragen 40 000 €. Zur Berechnung der Kranken- und Pflegeversicherungsbeiträge wird die Kapitalleistung auf 120 Monate verteilt. Es ergibt sich eine jährliche Bemessungsgrundlage von 5000 € (416,67 € × 12 Monate). Die Kranken- und Pflegeversicherungsbeiträge betragen hierfür für das Jahr 2016 902,50 € (Krankenversicherung: 14,6 % zzgl. – angenommen – 1,1 % und Pflegeversicherung 2,35 % = 18,05 % von 5000 €).

Die Kranken- und Pflegeversicherungsbeiträge sind i. H. v. 722 € jährlich als Sonderausgaben abziehbar (entspricht dem Verhältnis der eingezahlten Beiträge zur Kapitalleistung = 4/5 von 902,50 €, 1/5 beruht auf „steuerfreien" Erträgen).

## 6. Erstattungsüberhänge

**203**[1] Übersteigen die vom Steuerpflichtigen erhaltenen Erstattungen zzgl. steuerfreier Zuschüsse die im VZ geleisteten Aufwendungen i. S. d. § 10 Abs. 1 Nr. 2 bis 3 a EStG, sind – soweit § 10 Abs. 4b EStG anzuwenden ist (siehe Rz. 56a) – die Aufwendungen mit null anzusetzen. Für den insoweit entstandenen Erstattungsüberhang ist entsprechend § 10 Abs. 4b Satz 2 und 3 EStG zu verfahren (gültig ab VZ 2012)[2]. Ein Erstattungsüberhang, der sich bei den Aufwendungen nach § 10 Abs. 1 Nr. 2 und 3a EStG ergibt, ist in den VZ der Zahlung zurückzutragen (§ 175 Abs. 1 Satz 1 Nr. 2 AO).

**204**[3] **Beispiel:**

A ist nichtselbständig tätig und privat krankenversichert. Folgende Beiträge hat A im Jahr 01 entrichtet:

| | | | |
|---|---|---|---|
| – | Krankenversicherung | | 1500 € |
| | davon für Basisabsicherung | 1200 € | |
| | davon für Wahlleistungen | 300 € | |
| – | Pflege-Pflichtversicherung | | 300 € |

[1] Rz. 203 neu gef. durch BMF v. 28. 9. 2021, BStBl. I S. 1833.

[2] **Amtl. LSt-Handbuch:** Die Hinzurechnung nach § 10 Abs. 4b Satz 3 EStG erfolgt auch dann, wenn sich die erstattete Zahlung im Zahlungsjahr nicht steurmindernd ausgewirkt hat (siehe BFH vom 12.3.2019, BStBl. II S 658).

[3] Rz. 204 geänd. durch BMF v. 28. 9. 2021, BStBl. I S. 1833.

– gesetzliche RV (Erstattung von zu Unrecht geleisteten Beiträgen nach § 26 SGB IV, siehe Rz. 57) 500 €
– Kirchensteuer 200 €

Für das Vorjahr 00 erhält er folgende Beitragsrückerstattungen:

– Krankenversicherung 2000 €
  davon für Basisabsicherung 1600 €
– gesetzliche RV (Erstattung von zu Unrecht geleisteten Beiträgen nach § 26 SGB IV, siehe Rz. 57) 500 €
– Kirchensteuer 1500 €

Die im VZ erhaltenen Erstattungen sind mit den geleisteten Zahlungen wie folgt zu verrechnen:

| | **Zahlungen im VZ 01** | **Erstattungen im VZ 01** | **Erstattungs- bzw. Zahlungsüberhang** | **Verrechnung innerhalb der Nummern (§ 10 Abs. 4 b Satz 2 EStG)** | **Hinzurechnung des Erstattungsüberhangs zum Gesamtbetrag der Einkünfte (§ 10 Abs. 4 b Satz 3 EStG)** |
|---|---|---|---|---|---|
| Rentenversicherung § 10 Abs. 1 Nr. 2 Satz 1 Buchst. a EStG | 800 € | 500 € | +300 € | – | – |
| Krankenversicherung § 10 Abs. 1 Nr. 3 Satz 1 Buchst. a EStG | 1200 € | 1600 € | –400 € | –400 € | |
| Gesetzliche Pflegeversicherung § 10 Abs. 1 Nr. 3 Satz 1 Buchst. b EStG | 300 € | 0 € | +300 € | +300 €<br>= –100 € | 100 € |
| Krankenversicherung § 10 Abs. 1 Nr. 3 a EStG | 300 € | 400 € | –100 € | Keine Verrechnung | Keine Hinzurechnung |
| Kirchensteuer § 10 Abs. 1 Nr. 4 EStG | 200 | 1500 € | –1300 € | Keine Verrechnung | 1300 € |

Gem. § 10 Abs. 4 b Satz 2 EStG ist ein Erstattungsüberhang bei den Sonderausgaben nach § 10 Abs. 1 Nr. 2 bis 3 a EStG im Rahmen der jeweiligen Nummer zu verrechnen. Daher ist der Erstattungsüberhang aus den Krankenversicherungsbeiträgen zur Absicherung von Basisleistungen mit den Beiträgen zur gesetzlichen Pflegeversicherung zu verrechnen. Eine Verrechnung des Erstattungsüberhangs aus den Krankenversicherungsbeiträgen für die Absicherung von Wahlleistungen ist mangels anderer Beiträge nach § 10 Abs. 1 Nr. 3 a EStG nicht möglich. Für die Kirchensteuer sieht § 10 Abs. 4 b Satz 2 EStG keine Verrechnungsmöglichkeit mit Sonderausgaben nach § 10 Abs. 1 Nr. 2 bis 3 a EStG vor (BFH vom 21. Juli 2009, BStBl. 2010 II S. 38). Nach § 10 Abs. 4 b Satz 3 EStG ist ein sich aus § 10 Abs. 1 Nr. 3 und 4 EStG ergebender Erstattungsüberhang dem Gesamtbetrag der Einkünfte (§ 2 Abs. 3 EStG) hinzuzurechnen. Deshalb sind die Erstattungsüberhänge aus den Krankenversicherungsbeiträgen zur Absicherung von Basisleistungen und aus der Kirchensteuer dem Gesamtbetrag der Einkünfte hinzuzurechnen. Der Erstattungsüberhang aus den Krankenversicherungsbeiträgen für die Absicherung von Wahlleistungen nach § 10 Abs. 1 Nr. 3 a EStG ist dagegen mit den entsprechenden Beiträgen im VZ 00 zu verrechnen. Der Bescheid für den VZ 00 ist diesbezüglich nach § 175 Abs. 1 Satz 1 Nr. 2 AO zu ändern.

## 7. Globalbeiträge

Anders als bei der inländischen gesetzlichen Sozialversicherung gibt es einige 205
ausländische Sozialversicherungen, in denen – bezogen auf die Beitragsleis-

tung – nicht nach den verschiedenen Sozialversicherungszweigen unterschieden und ein einheitlicher Sozialversicherungsbeitrag (Globalbeitrag) erhoben wird. Mit dem Globalbeitrag werden Leistungen u. a. bei Arbeitslosigkeit, Krankheit, Mutterschutz, Invalidität, Alter und Tod finanziert. Wie die vom Steuerpflichtigen geleisteten Globalbeiträge zur Ermittlung der steuerlich berücksichtigungsfähigen Vorsorgeaufwendungen (u. a. Beiträge an einen ausländischen gesetzlichen Rentenversicherungsträger) aufzuteilen sind, wird für jeden VZ durch gesondertes BMF-Schreiben bekannt gegeben:

- für den VZ 2011 und früher:
  BMF-Schreiben vom 5. Juli 2011, BStBl. I S. 711,
- für den VZ 2012 und teilweise auch für den VZ 2011:
  BMF-Schreiben vom 26. Januar 2012, BStBl. I S. 169,
- für den VZ 2013:
  BMF-Schreiben vom 29. Oktober 2012, BStBl. I S. 1013,
- für den VZ 2014:
  BMF-Schreiben vom 8. Oktober 2013, BStBl. I S. 1266,
- für den VZ 2015:
  BMF-Schreiben vom 3. Dezember 2014, BStBl. I S. 1606,
- für den VZ 2016:
  BMF-Schreiben vom 28. August 2015, BStBl. I S. 632,
- für den VZ 2017[1]:
  BMF-Schreiben vom 22. August 2016, BStBl. I S. 804[2].

### 8. Änderungsnorm

206 Ein Steuerbescheid ist nach § 10 Abs. 2 a Satz 8 EStG zu ändern, soweit Daten bis einschließlich VZ 2016 betroffen sind. Ab VZ 2017 enthält § 175 b AO die im Grundsatz bislang in § 10 Abs. 2 a Satz 8 EStG verortete Änderungsvorschrift, welche für alle Fälle gilt, in denen sich die Datenübermittlung nach § 93 c Abs. 1 AO richtet.

## IV. Günstigerprüfung nach § 10 Abs. 4 a EStG[3]

207 Die Regelungen zum Abzug von Vorsorgeaufwendungen nach § 10 Abs. 1 Nr. 2, 3 und 3 a EStG sind in bestimmten Fällen ungünstiger als nach der für das Kalenderjahr 2004 geltenden Fassung des § 10 Abs. 3 EStG. Zur Vermeidung einer Schlechterstellung wird in diesen Fällen der höhere Betrag berücksichtigt. Die Überprüfung erfolgt von Amts wegen. Einbezogen in die Überprüfung werden nur Vorsorgeaufwendungen, die nach dem ab 2005 geltenden Recht abziehbar sind. Hierzu gehört nicht der nach § 10 Abs. 1 Nr. 2 Satz 2 EStG hinzuzurechnende Betrag (steuerfreier Arbeitgeberanteil zur ge-

[1] **Red. Anm.:** Für den VZ **2018:** BMF v. 9. 10. 2017, BStBl. I S. 1326, für den VZ **2019:** BMF v. 17. 9. 2018, BStBl. I S. 1326, für den VZ **2020:** BMF v. 15. 10. 2019, BStBl. I S. 985 (Nr. **1** § 10/14), für den VZ **2021:** BMF v. 13. 11. 2020, BStBl. I S. 1215 (Nr. **1** § 10/15).

[2] **Red. Anm.:** Fälschlich im BStBl.: S. 805.

[3] **Red. Anm.:** Die Günstigerprüfung galt nur bis 2019 und ist ab VZ 2020 obsolet.

setzlichen RV und ein diesem gleichgestellter steuerfreier Zuschuss des Arbeitgebers).

Für die Jahre bis 2019 werden bei der Anwendung des § 10 Abs. 3 EStG in der für das Kalenderjahr 2004 geltenden Fassung die Höchstbeträge für den Vorwegabzug schrittweise gekürzt; Einzelheiten ergeben sich aus der Tabelle zu § 10 Abs. 4 a EStG. 208

In die Günstigerprüfung nach § 10 Abs. 4 a Satz 1 EStG werden zunächst nur die Vorsorgeaufwendungen ohne die Beiträge nach § 10 Abs. 1 Nr. 2 Satz 1 Buchst. b EStG einbezogen. Die Beiträge zu einer eigenen kapitalgedeckten Altersversorgung i. S. d. § 10 Abs. 1 Nr. 2 Satz 1 Buchst. b EStG (siehe Rz. 10 bis 55) werden gesondert, und zwar stets mit dem sich aus § 10 Abs. 3 Satz 4 und 6 EStG ergebenden Prozentsatz berücksichtigt. Hierfür erhöhen sich die nach der Günstigerprüfung als Sonderausgaben zu berücksichtigenden Beträge um einen Erhöhungsbetrag (§ 10 Abs. 4 a Satz 1 und 3 EStG) für Beiträge nach § 10 Abs. 1 Nr. 2 Satz 1 Buchst. b EStG. Es ist jedoch im Rahmen der Günstigerprüfung mindestens der Betrag anzusetzen, der sich ergibt, wenn auch die Beiträge nach § 10 Abs. 1 Nr. 2 Satz 1 Buchst. b EStG in die Günstigerprüfung nach § 10 Abs. 4 a Satz 1 EStG einbezogen werden, allerdings ohne Hinzurechnung des Erhöhungsbetrags nach § 10 Abs. 4 a Satz 1 und 3 EStG. Der jeweils höhere Betrag (Vorsorgeaufwendungen nach dem seit 2010 geltenden Recht, Vorsorgeaufwendungen nach dem für das Jahr 2004 geltenden Recht zzgl. Erhöhungsbetrag oder Vorsorgeaufwendungen nach dem für das Jahr 2004 geltenden Recht einschließlich Beiträge nach § 10 Abs. 1 Nr. 2 Satz 1 Buchst. b EStG) wird dann als Sonderausgaben berücksichtigt. 209

**Beispiel:** 210

Die Eheleute A (Gewerbetreibender) und B (Hausfrau) zahlen im Jahr 2016 folgende Versicherungsbeiträge:

| | |
|---|---|
| Basisrente (§ 10 Abs. 1 Nr. 2 Satz 1 Buchst. b EStG) | 2000 € |
| PKV (Basisabsicherung – § 10 Abs. 1 Nr. 3 Satz 1 Buchst. a EStG) | 5000 € |
| PKV (Wahlleistungen – § 10 Abs. 1 Nr. 3 a EStG) | 500 € |
| Beiträge zur gesetzlichen Pflegeversicherung | 500 € |
| Haftpflichtversicherungen | 1200 € |
| Kapitalversicherung (Versicherungsbeginn 1995, Laufzeit 25 Jahre) | 3600 € |
| Kapitalversicherung (Versicherungsbeginn 2005, Laufzeit 20 Jahre) | 2400 € |
| Insgesamt | 15 200 € |

Die Beiträge zu der Kapitalversicherung mit Versicherungsbeginn im Jahr 2005 sind nicht zu berücksichtigen, weil sie nicht die Voraussetzungen des § 10 Abs. 1 Nr. 2 und 3 a EStG erfüllen.

**Abziehbar nach § 10 Abs. 1 Nr. 2 EStG i. V. m. § 10 Abs. 3 EStG und § 10 Abs. 1 Nr. 3 und 3 a EStG i. V. m. § 10 Abs. 4 EStG (abziehbare Vorsorgeaufwendungen nach dem seit 2010 geltenden Recht):**

| | | | |
|---|---|---|---|
| a) | Beiträge zur Altersversorgung: | 2000 € | |
| | Höchstbetrag (ungekürzt) | 45 534 € | |
| | zu berücksichtigen | 2000 € | |
| | davon 82 % | | 1640 € |

| | | |
|---|---|---|
| b) | sonstige Vorsorgeaufwendungen: | |
| | PKV (Basisabsicherung – § 10 Abs. 1 Nr. 3 Satz 1 Buchst. a EStG) | 5000 € |
| | PKV (Wahlleistungen – § 10 Abs. 1 Nr. 3 a EStG) | 500 € |
| | Gesetzliche Pflegepflichtversicherung | 500 € |
| | Haftpflichtversicherungen | 1200 € |
| | Kapitalversicherung (88 % von 3600 €) | 3168 € |
| | Zwischensumme | 10 368 € |
| | Höchstbetrag nach § 10 Abs. 4 EStG: | 5600 € |
| | Beiträge nach § 10 Abs. 1 Nr. 3 EStG (Basisabsicherung + gesetzliche Pflegeversicherung) | 5500 € |
| | anzusetzen somit | 5600 € |
| c) | abziehbar insgesamt | 7240 € |

**Günstigerprüfung nach § 10 Abs. 4 a Satz 1 EStG:**
Abziehbare Vorsorgeaufwendungen in der für das Kalenderjahr 2004 geltenden Fassung des § 10 Abs. 3 EStG (ohne Beiträge i. S. d. § 10 Abs. 1 Nr. 2 Satz 1 Buchst. b EStG) zzgl. Erhöhungsbetrag nach § 10 Abs. 4 a Satz 3 EStG:

| | | | | |
|---|---|---|---|---|
| a) | PKV (Basisabsicherung – § 10 Abs. 1 Nr. 3 Satz 1 Buchst. a EStG) | 5000 € | | |
| | PKV (Wahlleistungen – § 10 Abs. 1 Nr. 3 a EStG) | 500 € | | |
| | Gesetzliche Pflegepflichtversicherung | 500 € | | |
| | Haftpflichtversicherungen | 1200 € | | |
| | Kapitalversicherung | 3168 € | | |
| | Summe | 10 368 € | | |
| | davon abziehbar: | | | |
| | Vorwegabzug | 2400 € | 2400 € | |
| | verbleibende Aufwendungen | 7968 € | | |
| | Grundhöchstbetrag | 2668 € | 2668 € | |
| | verbleibende Aufwendungen | 5300 € | | |
| | hälftige Aufwendungen | 2650 € | | |
| | hälftiger Höchstbetrag | 1334 € | 1334 € | |
| | Zwischensumme | | | 6402 € |
| b) | zzgl. Erhöhungsbetrag nach § 10 Abs. 4 a Satz 3 EStG/Basisrente (§ 10 Abs. 1 Nr. 2 Satz 1 Buchst. b EStG) | 2000 € | | |
| | davon 82 % | 1640 € | | |
| | Erhöhungsbetrag | | | 1640 € |
| c) | Abzugsvolumen nach § 10 Abs. 4 a Satz 1 EStG somit: | | | 8042 € |

**Ermittlung des Mindestbetrags nach § 10 Abs. 4 a Satz 2 EStG:**
Nach § 10 Abs. 4 a Satz 2 EStG ist bei Anwendung der Günstigerprüfung aber mindestens der Betrag anzusetzen, der sich ergibt, wenn auch die Beiträge zur Basisrente (§ 10 Abs. 1

Nr. 2 Satz 1 Buchst. b EStG) in die Berechnung des Abzugsvolumens nach dem bis 2004 geltenden Recht einbezogen werden.

| | | | | |
|---|---|---|---|---|
| a) | Basisrente | 2000 € | | |
| | PKV (Basisabsicherung – § 10 Abs. 1 Nr. 3 Satz 1 Buchst. a EStG) | 5000 € | | |
| | PKV (Wahlleistungen – § 10 Abs. 1 Nr. 3 a EStG) | 500 € | | |
| | Gesetzliche Pflegepflichtversicherung | 500 € | | |
| | Haftpflichtversicherungen | 1200 € | | |
| | Kapitalversicherung | 3168 € | | |
| | Summe | 12 368 € | | |
| | davon abziehbar: | | | |
| | Vorwegabzug | 2400 € | 2400 € | |
| | verbleibende Aufwendungen | 9968 € | | |
| | Grundhöchstbetrag | 2668 € | 2668 € | |
| | verbleibende Aufwendungen | 7300 € | | |
| | hälftige Aufwendungen | 3650 € | | |
| | hälftiger Höchstbetrag | 1334 € | 1334 € | |
| | Zwischensumme | | 6402 € | |
| b) | Mindestabzugsvolumen nach § 10 Abs. 4 a Satz 2 EStG | | | 6402 € |

Zusammenstellung:

| | |
|---|---|
| Abzugsvolumen nach neuem Recht | 7240 € |
| Günstigerprüfung nach § 10 Abs 4 a Satz 1 EStG | 8042 € |
| Mindestabzugsvolumen nach § 10 Abs. 4 a Satz 2 EStG | 6402 € |

Die Eheleute können somit für das Jahr 2016 einen Betrag von 8042 € als Vorsorgeaufwendungen abziehen.

## B. Anwendungsregelung

Dieses Schreiben ist ab dem Zeitpunkt seiner Bekanntgabe im Bundessteuerblatt auf alle offenen Fälle anzuwenden. Abweichend hiervon gelten die Rz. 57, 90 und 184 erstmals für den VZ 2017. 211

Teil A des BMF-Schreibens vom 19. August 2013 IV C 3 – S 2221/12/10010:004/IV C 5 – S 2345/08/0001, DOK 2013/0760735 (BStBl. I S. 1087)[1], geändert durch BMF-Schreiben vom 10. Januar 2014 (BStBl. I S. 70), durch BMF-Schreiben vom 10. April 2015 (BStBl. I S. 256), durch BMF-Schreiben vom 1. Juni 2015 (BStBl. I S. 475), durch BMF-Schreiben vom 4. Juli 2016 (BStBl. I S. 645), durch BMF-Schreiben vom 6. Dezember 2016 (BStBl. I S. 1426) und durch das BMF-Schreiben vom 19. Dezember 2016 (BStBl. I S. 1433) wird zum Zeitpunkt der Bekanntgabe dieses Schreibens im Bundessteuerblatt aufgehoben. 212

[1] Nr. **1** § 10/9.

# I § 10/12. Schreiben betr. Berücksichtigung von Schulgeldzahlungen als Sonderausgaben nach § 10 Abs. 1 Nr. 9 EStG; Änderungen durch das Jahressteuergesetz 2009

Vom 9. März 2009 (BStBl. I S. 487)

(BMF IV C 4 – S 2221/07/0007; DOK 2009/0158048)

Aufgrund der Änderungen durch das Jahressteuergesetz 2009 (JStG 2009) vom 19. Dezember 2008 (BGBl. I S. 2794 vom 24. Dezember 2008, BStBl. I S. 74) gilt in Abstimmung mit den obersten Finanzbehörden der Länder für die Berücksichtigung von Schulgeldzahlungen als Sonderausgaben nach § 10 Abs. 1 Nr. 9 EStG Folgendes:

**1. Ab dem Veranlagungszeitraum 2008** ist die Klassifizierung der Schule (z. B. als Ersatz- oder Ergänzungsschule) für die Berücksichtigung von Schulgeldzahlungen nicht mehr von Bedeutung. Vielmehr kommt es nunmehr – auch für Schulgeldzahlungen an inländische Schulen – allein auf den erreichten oder beabsichtigten Abschluss an. Führt eine in der Europäischen Union bzw. im Europäischen Wirtschaftsraum (EU/EWR-Raum) belegene Privatschule oder eine Deutsche Schule im Ausland zu einem anerkannten Schul-, Jahrgangs- oder Berufsabschluss oder bereitet sie hierauf vor, kommt ein Sonderausgabenabzug der Schulgeldzahlungen in Betracht. Daher sind im Inland nicht nur wie bisher Entgelte an staatlich genehmigte oder nach Landesrecht erlaubte allgemein bildende und berufsbildende Ersatzschulen sowie an allgemein bildende anerkannte Ergänzungsschulen einbezogen, sondern erstmalig auch solche an andere Schulen (z. B. berufsbildende Ergänzungsschulen einschließlich der Schulen des Gesundheitswesens) und solche Einrichtungen, die auf einen Beruf oder einen allgemein bildenden Abschluss vorbereiten (s. Nr. 2). Die Prüfung und Feststellung der schulrechtlichen Kriterien obliegt allein dem zuständigen inländischen Landesministerium (z. B. dem Schul- oder Kultusministerium), der Kultusministerkonferenz der Länder oder der zuständigen inländischen Zeugnisanerkennungsstelle. *Die Finanzverwaltung ist – wie bisher – an deren Entscheidung gebunden und führt keine eigenen Prüfungen durch*[1].

**2.** Zu den Einrichtungen, die auf einen Schul-, Jahrgangs- oder Berufsabschluss ordnungsgemäß vorbereiten, gehören solche, die nach einem staatlich vorgegebenen, genehmigten oder beaufsichtigten Lehrplan ausbilden. Hierzu gehören auch Volkshochschulen und Einrichtungen der Weiterbildung in Bezug auf die Kurse zur Vorbereitung auf die Prüfungen für Nichtschülerinnen und Nichtschüler zum Erwerb des Haupt- oder Realschulabschlusses, der

---

[1] Überholt durch BFH-Urteil v. 20. 6. 2017 X R 26/15, BStBl. 2018 II S. 58: Die Prüfung und Feststellung der schulrechtlichen Kriterien in Bezug auf die ordnungsgemäße Vorbereitung eines schulischen Abschlusses gem. § 10 Abs. 1 Nr. 9 Satz 3 EStG obliegt nicht den Schulbehörden, sondern ist Aufgabe der Finanzbehörden.

Fachhochschulreife oder des Abiturs, wenn die Kurse hinsichtlich der angebotenen Fächer sowie in Bezug auf Umfang und Niveau des Unterrichts den Anforderungen und Zielsetzungen der für die angestrebte Prüfung maßgeblichen Prüfungsordnung entsprechen. Dagegen sind Besuche von Nachhilfeeinrichtungen, Musikschulen, Sportvereinen, Ferienkursen (z. B. Feriensprachkursen) und Ähnlichem nicht einbezogen.

**3.** Auch Entgelte an private Grundschulen können von § 10 Abs. 1 Nr. 9 EStG erfasst sein; der Schulbesuch von Grund- oder Förderschulen wird von der Norm durch den Verweis auf Jahrgangsabschlüsse umfasst. Dies gilt aber regelmäßig erst ab Beginn der öffentlich-rechtlichen Schulpflicht (vgl. BFH-Urteil vom 16. November 2005 XI R 79/03, BStBl. 2006 II S. 377).

**4.** Hochschulen, einschließlich der Fachhochschulen und die ihnen im EU/EWR-Ausland gleichstehenden Einrichtungen, sind keine Schulen im Sinne des § 10 Abs. 1 Nr. 9 EStG, so dass Entgelte für den Besuch dieser Einrichtungen nicht berücksichtigt werden. Ein Abzug von Studiengebühren ist somit ausgeschlossen.

**5.** Der Höchstbetrag beläuft sich auch bei einem Elternpaar, das nicht zusammen zur Einkommensteuer veranlagt wird, auf 5000 Euro je Kind. Die Schulgeldzahlungen sind dabei grundsätzlich bei dem Elternteil zu berücksichtigen, der sie getragen hat. Haben beide Elternteile entsprechende Aufwendungen getragen, sind sie bei jedem Elternteil nur bis zu einem Höchstbetrag von 2500 Euro zu berücksichtigen, es sei denn, die Eltern beantragen einvernehmlich eine andere Aufteilung. Eine abweichende Aufteilung kommt z. B. in Betracht, wenn die von einem Elternteil getragenen Aufwendungen den anteiligen Höchstbetrag von 2500 Euro überschreiten, während die von dem anderen Elternteil getragenen Aufwendungen den anteiligen Höchstbetrag nicht erreichen.

**6. Übergangsregelung für Veranlagungszeiträume bis einschließlich 2007**

Für Schulgeldzahlungen an inländische Privatschulen für Veranlagungszeiträume bis einschließlich 2007 gilt weiterhin H 10.10 in der Fassung des Einkommensteuerhandbuchs (EStH) 2007. Für Schulgeldzahlungen, die vor 2008 an Privatschulen geleistet wurden, die in einem anderen Mitgliedstaat der Europäischen Union oder in einem Staat belegen sind, auf den das Abkommen über den Europäischen Wirtschaftsraum Anwendung findet, gilt bei Vorliegen der in § 52 Abs. 24 b Satz 2 EStG genannten Voraussetzungen die Rechtsfolge des § 10 Abs. 1 Nr. 9 EStG in der vor dem Jahressteuergesetz 2009 geltenden Fassung, also ohne Beschränkung auf einen absoluten Höchstbetrag, wenn bei Inkrafttreten des JStG 2009 am 25. Dezember 2008 noch keine bestandskräftige Steuerfestsetzung erfolgt war. Das Sonderungsverbot ist in diesen Fällen nicht mehr zu prüfen.

# 1 § 10/14. Schreiben betr. Aufteilung eines einheitlichen Sozialversicherungsbeitrags (Globalbeitrag); Anpassung der Aufteilungsmaßstäbe für den Veranlagungszeitraum 2023

Vom 22. November 2022

BMF IV C 3 - S 2221/20/10002 :004; DOK 2022/1097940

(BStBl. I S. 1632)

**Bezug:** Zuletzt BMF-Schreiben vom 19. November 2021 IV C 3 – S 2221/20/10002 :003, DOK 2021/1200738 (BStBl. I S. 2275)

Nach Erörterung mit den obersten Finanzbehörden der Länder sind zur Ermittlung der steuerlich berücksichtigungsfähigen Vorsorgeaufwendungen die vom Steuerpflichtigen geleisteten einheitlichen Sozialversicherungsbeiträge (Globalbeiträge) staatenbezogen wie folgt aufzuteilen:[1]

| Vorsorgeaufwendungen nach | Belgien | Irland | Lettland | Malta | Norwegen | Portugal | Spanien | Zypern |
|---|---|---|---|---|---|---|---|---|
| § 10 Abs. 1 Nr. 2 Buchst. a EStG | 52,25 % | 75,61 % | 76,86 % | 52,25 % | 57,06 % | 86,12 % | 96,88 % | 86,11 % |
| § 10 Abs. 1 Nr. 3 Satz 1 Buchst. a und b EStG (ohne Krankengeldanteil) | 39,33 % | 12,20 % | 2,93 % | 39,33 % | 42,94 % | – | – | – |
| § 10 Abs. 1 Nr. 3a EStG (Anteil vom Globalbeitrag für Krankengeld) | 8,43 % (1,69 %) | 12,20 % (2,44 %) | 16,81 % (10,18 %) | 8,43 % (1,69 %) | – | 13,89 % (2,78 %) | 3,12 % (3,12 %) | 13,89 % (2,78 %) |
| Gesamtaufwand | 100,00 %[2] | 100,00 %[2] | 96,60 % (3,40 % sonstige nicht Abziehbare) | 100,00 %[2] | 100,00 % | 100,00 %[2] | 100,00 % | 100,00 % |
| Für Höchstbetragsberechnung gemäß § 10 Abs. 3 EStG anzusetzender Arbeitgeberanteil | 99,62 % | 166,34 % | 172,68 % | 52,25 % | 98,12 % | 185,94 % | 486,46 % | 86,11 % |

**Anwendungsbeispiel:**

Der ledige Arbeitnehmer A leistet für das Jahr 2023 in Belgien einen Globalbeitrag i.H.v. 1000 €.

**Lösung:**

A kann an Vorsorgeaufwendungen geltend machen:

- Altersvorsorgeaufwendungen i.S.d. § 10 Abs. 1 Nr. 2 Buchst. a EStG i.H.v. 522,50 € (= 52,25 % von 1000 €),
- Beiträge zur Basiskranken- und gesetzlichen Pflegeversicherung i.S.d. § 10 Abs. 1 Nr. 3 Satz 1 Buchst. a und Buchst. b EStG i.H.v. 393,30 € (= 39,33 % von 1000 €),
- Beiträge für sonstige Vorsorgeaufwendungen i.S.d. § 10 Abs. 1 Nr. 3a EStG i.H.v. 84,30 € (= 8,43 % von 1000 €, darin enthalten 16,90 € = 1,69 % von 1000 € für Krankengeld und 67,40 € = 6,74 % von 1000 € für die weiteren sonstigen Vorsorgeaufwendungen).

Im Rahmen der Höchstbetragsberechnung gemäß § 10 Abs. 3 EStG ist ein Arbeitgeberanteil i.H.v. 996,20 € (= 99,62 % von 1000 €) anzusetzen.

---

[1] **Amtl. Anm.:** Angaben in Prozent des vom Arbeitnehmer geleisteten Globalbeitrags.

[2] **Amtl. Anm.:** Die Abweichung in der Summe beruht auf der Rundung der Einzelwerte.

Eine entsprechende Aufteilung ist hinsichtlich der Altersvorsorgeaufwendungen auch bei der Ausstellung von elektronischen Lohnsteuerbescheinigungen und Besonderen Lohnsteuerbescheinigungen durch den Arbeitgeber für das Kalenderjahr 2023 vorzunehmen (s. Abschn. I Tz. 13 Buchst. a des für Kalenderjahre ab 2020 maßgeblichen BMF-Schreibens vom 9. September 2019 [BStBl. I S. 911] i.V.m. der Bekanntmachung des BMF vom 8. September 2022 [BStBl. I S. 1397]).

Die Tabellen sind für den Veranlagungszeitraum 2023 anzuwenden. Sie gelten für den gesamten Veranlagungszeitraum.

Die Aufteilung von Globalbeiträgen, die an Sozialversicherungsträger in Ländern außerhalb Europas geleistet werden, ist nach den Umständen des Einzelfalls vorzunehmen. Gleiches gilt auch für das Vereinigte Königreich. Informationen zur Aufteilung der dortigen Globalbeiträge stehen seit Januar 2020 nicht mehr zur Verfügung.

# 1 § 10/15. Schreiben betr. Aufteilung eines einheitlichen Sozialversicherungsbeitrags (Globalbeitrag); Anpassung der Aufteilungsmaßstäbe für den Veranlagungszeitraum 2022

Vom 19. November 2021

BMF IV C 3 - S 2221/20/10002 :003; DOK 2021/1200738

(BStBl. I S. 2275)

**Bezug:** Zuletzt BMF-Schreiben vom 13. November 2020 (BStBl. I S. 1215)

Unter Bezugnahme auf das Ergebnis der Erörterungen mit den obersten Finanzbehörden der Länder sind zur Ermittlung der steuerlich berücksichtigungsfähigen Vorsorgeaufwendungen die vom Steuerpflichtigen geleisteten einheitlichen Sozialversicherungsbeiträge (Globalbeiträge) staatenbezogen wie folgt aufzuteilen:[1]

| Vorsorgeaufwendungen nach | Belgien | Irland | Lettland | Malta | Norwegen | Portugal | Spanien | Zypern |
|---|---|---|---|---|---|---|---|---|
| § 10 Abs. 1 Nr. 2 Buchst. a EStG | 52,25 % | 75,61 % | 76,86 % | 52,25 % | 57,06 % | 86,12 % | 96,88 % | 86,11 % |
| § 10 Abs. 1 Nr. 3 Satz 1 Buchst. a und b EStG (ohne Krankengeldanteil) | 39,33 % | 12,20 % | 2,93 % | 39,33 % | 42,94 % | – | – | – |
| § 10 Abs. 1 Nr. 3a EStG (Anteil vom Globalbeitrag für Krankengeld) | 8,43 % (1,69 %) | 12,20 % (2,44 %) | 16,81 % (10,18 %) | 8,43 % (1,69 %) | – | 13,89 % (2,78 %) | 3,12 % (3,12 %) | 13,89 % (2,78 %) |
| Gesamtaufwand | 100,00 %[2] | 100,00 %[2] | 96,60 % (3,40 % sonstige nicht Abziehbare) | 100,00 %[2] | 100,00 % | 100,00 %[2] | 100,00 % | 100,00 % |
| Für Höchstbetragsberechnung gemäß § 10 Abs. 3 EStG anzusetzender Arbeitgeberanteil | 99,62 % | 166,34 % | 172,68 % | 52,25 % | 98,12 % | 185,94 % | 486,46 % | 86,11 % |

**Anwendungsbeispiel:**

Der ledige Arbeitnehmer A leistet für das Jahr 2022 in Belgien einen Globalbeitrag i.H.v. 1000 Euro.

**Lösung:**

A kann an Vorsorgeaufwendungen geltend machen:

- Altersvorsorgeaufwendungen i.S.d. § 10 Abs. 1 Nr. 2 Buchst. a EStG i.H.v. 522,50 Euro (= 52,25 % von 1000 Euro),
- Beiträge zur Basiskranken- und gesetzlichen Pflegeversicherung i.S.d. § 10 Abs. 1 Nr. 3 Satz 1 Buchst. a und Buchst. b EStG i.H.v. 393,30 Euro (= 39,33 % von 1000 Euro),
- Beiträge für sonstige Vorsorgeaufwendungen i.S.d. § 10 Abs. 1 Nr. 3a EStG i.H.v. 84,30 Euro (= 8,43 % von 1000 Euro, darin enthalten 16,90 Euro = 1,69 % von 1000 Euro für Krankengeld und 67,40 Euro = 6,74 % von 1000 Euro für die weiteren sonstigen Vorsorgeaufwendungen).

[1] **Amtl. Anm.:** Angaben in Prozent des vom Arbeitnehmer geleisteten Globalbeitrags.

[2] **Amtl. Anm.:** Die Abweichung in der Summe beruht auf der Rundung der Einzelwerte.

Im Rahmen der Höchstbetragsberechnung gemäß § 10 Abs. 3 EStG ist ein Arbeitgeberanteil i.H.v. 996,20 Euro (= 99,62 % von 1000 Euro) anzusetzen.

Eine entsprechende Aufteilung ist hinsichtlich der Altersvorsorgeaufwendungen auch bei der Ausstellung von elektronischen Lohnsteuerbescheinigungen und Besonderen Lohnsteuerbescheinigungen durch den Arbeitgeber für das Kalenderjahr 2022 vorzunehmen (s. Abschn. I Tz. 13 Buchst. a des für Kalenderjahre ab 2020 maßgeblichen BMF-Schreibens vom 9. September 2019, BStBl I S. 911, i.V.m. der Bekanntmachung des BMF vom 18. August 2021 (BStBl I S. 1079).

Die Tabelle ist für den Veranlagungszeitraum 2022 anzuwenden. Sie gilt für den gesamten Veranlagungszeitraum.

Die Aufteilung von Globalbeiträgen, die an Sozialversicherungsträger in Ländern außerhalb Europas geleistet werden, ist nach den Umständen des Einzelfalls vorzunehmen. Gleiches gilt auch für das Vereinigte Königreich. Informationen zur Aufteilung der dortigen Globalbeiträge stehen seit Januar 2020 nicht mehr zur Verfügung.

# I § 10 b/1. Schreiben betr. steuerliche Anerkennung von Spenden durch den Verzicht auf einen zuvor vereinbarten Aufwendungsersatz (Aufwandsspende) bzw. einen sonstigen Anspruch (Rückspende)

Vom 25. November 2014 (BStBl. I S. 1584)

(BMF IV C 4 – S 2223/07/0010 :005; DOK 2014/0766502)

**Bezug:** BMF vom 7. Juni 1999 IV C 4 – S 2223 – 111/99 (BStBl. I S. 591)

Geändert durch BMF v. 24. 8. 2016 (BStBl. I S. 994)

Im Einvernehmen mit den obersten Finanzbehörden der Länder gilt zur steuerlichen Anerkennung von Aufwandsspenden und Rückspenden als Sonderausgabe nach § 10 b EStG Folgendes:

**1.** Aufwendungsersatzansprüche können Gegenstand sog. Aufwandsspenden gemäß § 10 b Abs. 3 Satz 5 und 6 EStG sein. Das gilt auch im Verhältnis eines Zuwendungsempfängers zu seinen ehrenamtlich tätigen Mitgliedern. Nach den Erfahrungen spricht aber eine tatsächliche Vermutung dafür, dass Leistungen ehrenamtlich tätiger Mitglieder und Förderer des Zuwendungsempfängers unentgeltlich und ohne Aufwendungsersatzanspruch erbracht werden. Diese Vermutung ist allerdings widerlegbar. Dafür ist bei vertraglichen Ansprüchen eine schriftliche Vereinbarung zwischen Zuwendendem und Zuwendungsempfänger vorzulegen, die vor der zum Aufwand führenden Tätigkeit getroffen sein muss.

**2.** Hat der Zuwendende einen Aufwendungsersatzanspruch gegenüber dem Zuwendungsempfänger und verzichtet er darauf, ist ein Spendenabzug nach § 10 b Abs. 3 Satz 5 EStG allerdings nur dann rechtlich zulässig, wenn der entsprechende Aufwendungsersatzanspruch durch einen Vertrag oder die Satzung eingeräumt worden ist, und zwar bevor die zum Aufwand führende Tätigkeit begonnen worden ist. Die Anerkennung eines Aufwendungsersatzanspruches ist auch in den Fällen eines rechtsgültigen Vorstandsbeschlusses möglich, wenn der Vorstand dazu durch eine Regelung in der Satzung ermächtigt wurde. Eine nachträgliche rückwirkende Begründung von Ersatzpflichten des Zuwendungsempfängers, zum Beispiel durch eine rückwirkende Satzungsänderung, reicht nicht aus. Aufwendungsersatzansprüche aus einer auf einer entsprechenden Satzungsermächtigung beruhenden Vereinsordnung (z. B. Reisekostenordnung) sind Ansprüche aus einer Satzung im Sinne des § 10 b Abs. 3 Satz 5 EStG. Der Verzicht auf bestehende sonstige Ansprüche (Rückspende), wie z. B. Lohn- oder Honorarforderungen oder gesetzliche Ansprüche (die keine Aufwendungsersatzansprüche sind), ist unter den nachstehend unter 3. aufgeführten Voraussetzungen als Spende im Sinne des § 10 b EStG abziehbar.

**3**[1]**.** Ansprüche auf einen Aufwendungsersatz oder auf eine Vergütung müssen ernsthaft eingeräumt sein und dürfen nicht von vornherein unter der Bedingung des Verzichts stehen. Wesentliche Indizien für die Ernsthaftigkeit von

[1] Tz. 3 neu gef. durch BMF v. 24. 8. 2016, BStBl. I S. 994.

Ansprüchen auf Aufwendungsersatz oder auf eine Vergütung sind auch die zeitliche Nähe der Verzichtserklärung zur Fälligkeit des Anspruchs und die wirtschaftliche Leistungsfähigkeit des Zuwendungsempfängers. Die Verzichtserklärung ist dann noch zeitnah, wenn bei einmaligen Ansprüchen innerhalb von drei Monaten und bei Ansprüchen aus einer regelmäßigen Tätigkeit innerhalb eines Jahres nach Fälligkeit des Anspruchs der Verzicht erklärt wird. Regelmäßig ist eine Tätigkeit, wenn sie gewöhnlich monatlich ausgeübt wird. Die wirtschaftliche Leistungsfähigkeit ist anzunehmen, wenn der Zuwendungsempfänger ungeachtet eines späteren Verzichts durch den Zuwendenden bei prognostischer Betrachtung zum Zeitpunkt der Einräumung des Anspruchs auf den Aufwendungsersatz oder die Vergütung wirtschaftlich in der Lage ist, die eingegangene Verpflichtung zu erfüllen. Wird auf einen Anspruch verzichtet, muss dieser auch im Zeitpunkt des Verzichts tatsächlich werthaltig sein. Nur dann kommt ein Abzug als steuerbegünstigte Zuwendung in Betracht.

Sofern der Verein im Zeitpunkt der Einräumung des Anspruchs auf einen Aufwendungsersatz oder eine Vergütung wirtschaftlich in der Lage ist, die eingegangene Verpflichtung zu erfüllen, kann regelmäßig davon ausgegangen werden, dass der Anspruch im Zeitpunkt des Verzichts noch werthaltig ist. Etwas anderes gilt nur dann, wenn sich die finanziellen Verhältnisse des Vereins im Zeitraum zwischen der Einräumung des Anspruchs und dem Verzicht wesentlich verschlechtert haben.

Von der wirtschaftlichen Leistungsfähigkeit ist immer dann auszugehen, wenn die Körperschaft offensichtlich über genügend liquide Mittel bzw. sonstiges Vermögen verfügt, das zur Begleichung der eingegangenen Verpflichtung herangezogen wird. Dabei ist keine Differenzierung nach steuerbegünstigtem Tätigkeitsbereich (ideelle Tätigkeit, Zweckbetrieb), steuerfreier Vermögensverwaltung oder steuerpflichtigem wirtschaftlichen Geschäftsbetrieb vorzunehmen.

**4.** Der Abzug einer Spende gemäß § 10 b EStG setzt voraus, dass die Ausgabe beim Spender zu einer endgültigen wirtschaftlichen Belastung führt. Eine endgültige wirtschaftliche Belastung liegt nicht vor, soweit der Wertabgabe aus dem Vermögen des Steuerpflichtigen ein entsprechender Zufluss – im Falle der Zusammenveranlagung auch beim anderen Ehegatten/Lebenspartner – gegenübersteht (BFH-Urteil vom 20. Februar 1991, BStBl. II S. 690). Die von der spendenempfangsberechtigten Einrichtung erteilten Aufträge und die mit deren Ausführung entstehenden Aufwendungen dürfen nicht, auch nicht zum Teil, im eigenen Interesse des Zuwendenden ausgeführt bzw. getätigt werden. Die Auszahlung von Aufwendungsersatz an den Spender führt insoweit nicht zu einem schädlichen Rückfluss, als der Aufwendungsersatz aufgrund eines ernsthaft eingeräumten Ersatzanspruchs geleistet wird, der nicht unter der Bedingung einer vorhergehenden Spende steht.

**5.** Bei dem nachträglichen Verzicht auf den Ersatz der Aufwendungen bzw. auf einen sonstigen Anspruch handelt es sich um eine Geldspende, bei der entbehrlich ist, dass Geld zwischen dem Zuwendungsempfänger und dem Zuwendenden tatsächlich hin und her fließt. Dem Zuwendenden ist deshalb eine Zuwendungsbestätigung über eine Geldzuwendung zu erteilen, in der auch ausdrückliche Angaben darüber zu machen sind, ob es sich um den Verzicht auf die Erstattung von Aufwendungen handelt.

**6.** Eine Zuwendungsbestätigung darf nur erteilt werden, wenn sich der Ersatzanspruch auf Aufwendungen bezieht, die zur Erfüllung der satzungsmäßigen Zwecke des Zuwendungsempfängers erforderlich waren. Für die Höhe der Zuwendung ist der vereinbarte Ersatzanspruch maßgeblich; allerdings kann ein unangemessen hoher Ersatzanspruch zum Verlust der Gemeinnützigkeit des Zuwendungsempfängers führen (§ 55 Abs. 1 Nr. 3 AO). Der Zuwendungsempfänger muss die zutreffende Höhe des Ersatzanspruchs, über den er eine Zuwendungsbestätigung erteilt hat, durch geeignete Unterlagen im Einzelnen belegen können.

**7.** Dieses BMF-Schreiben ist ab 1. Januar 2015 anzuwenden.

Das BMF-Schreiben vom 7. Juni 1999 IV C 4 – S 2223 – 111/99 (BStBl. I S. 591) findet weiter Anwendung auf alle Zusagen auf Aufwendungsersatz sowie auf alle Zusagen auf Vergütungen, die bis zum 31. Dezember 2014 erteilt werden.

Wird bei einer Körperschaft, die vor dem 1. Januar 2015 gegründet wurde, Aufwendungsersatz lediglich aufgrund eines rechtsgültigen Vorstandsbeschlusses ohne ausdrückliche Satzungsermächtigung eingeräumt, so muss die Satzung nicht allein zur Einräumung dieser Ermächtigung geändert werden.

# I § 10 b/2. Schreiben betr. Muster für Zuwendungsbestätigungen (§ 10 b EStG)

Vom 7. November 2013 (BStBl. I S. 1333)

(BMF IV C 4 – S 2223/07/0018 :005; DOK 2013/0239390)

**18 Anlagen**[1]

Im Einvernehmen mit den obersten Finanzbehörden der Länder sind die in der Anlage beigefügten Muster für Zuwendungen an inländische Zuwendungsempfänger zu verwenden.

Für die Verwendung der aktualisierten Muster für Zuwendungsbestätigungen gilt Folgendes:

1. Die in der Anlage beigefügten Muster für Zuwendungsbestätigungen sind verbindliche Muster (vgl. § 50 Abs. 1 EStDV). Die Zuwendungsbestätigungen können weiterhin vom jeweiligen Zuwendungsempfänger anhand dieser Muster selbst hergestellt werden. In einer auf einen bestimmten Zuwendungsempfänger zugeschnittenen Zuwendungsbestätigung müssen nur die Angaben aus den veröffentlichten Mustern übernommen werden, die im Einzelfall einschlägig sind. Die in den Mustern vorgesehenen Hinweise zu den haftungsrechtlichen Folgen der Ausstellung einer unrichtigen Zuwendungsbestätigung und zur steuerlichen Anerkennung der Zuwendungsbestätigung sind stets in die Zuwendungsbestätigungen zu übernehmen.
2. Die Wortwahl und die Reihenfolge der vorgegebenen Textpassagen in den Mustern sind beizubehalten, Umformulierungen sind unzulässig. Auf der Zuwendungsbestätigung dürfen weder Danksagungen an den Zuwendenden noch Werbung für die Ziele der begünstigten Einrichtung angebracht werden. Entsprechende Texte sind jedoch auf der Rückseite zulässig. Die Zuwendungsbestätigung darf die Größe einer DIN-A4-Seite nicht überschreiten.
3. Gegen optische Hervorhebungen von Textpassagen beispielsweise durch Einrahmungen und/oder vorangestellte Ankreuzkästchen bestehen keine Bedenken. Ebenso ist es zulässig, den Namen des Zuwendenden und dessen Adresse so untereinander anzuordnen, dass die gleichzeitige Nutzung als Anschriftenfeld möglich ist. Fortlaufende alphanumerische Zeichen mit einer oder mehreren Reihen, die zur Identifizierung der Zuwendungsbestätigung geeignet sind, können vergeben werden; die Verwendung eines Briefpapiers mit einem Logo, Emblem oder Wasserzeichen der Einrichtung ist zulässig.

[1] Hier nicht abgedruckt; siehe **Steuerrichtlinien** Nr. **1** Anl. 4.

4. Es bestehen keine Bedenken, wenn der Zuwendungsempfänger in seinen Zuwendungsbestätigungen alle ihn betreffenden steuerbegünstigten Zwecke nennt. Aus steuerlichen Gründen bedarf es keiner Kenntlichmachung, für welchen konkreten steuerbegünstigten Zweck die Zuwendung erfolgt bzw. verwendet wird.
5. Der zugewendete Betrag ist sowohl in Ziffern als auch in Buchstaben zu benennen. Für die Benennung in Buchstaben ist es nicht zwingend erforderlich, dass der zugewendete Betrag in einem Wort genannt wird; ausreichend ist die Buchstabenbenennung der jeweiligen Ziffern. So kann z. B. ein Betrag in Höhe von 1322 Euro als „eintausenddreihundertzweiundzwanzig" oder „eins – drei – zwei – zwei" bezeichnet werden. In diesen Fällen sind allerdings die Leerräume vor der Nennung der ersten Ziffer und hinter der letzten Ziffer in geeigneter Weise (z. B. durch „X") zu entwerten.
6. Handelt es sich um eine Sachspende, so sind in die Zuwendungsbestätigung genaue Angaben über den zugewendeten Gegenstand aufzunehmen (z. B. Alter, Zustand, historischer Kaufpreis usw.). Für die Sachspende zutreffende Sätze sind in den entsprechenden Mustern anzukreuzen.

   **Sachspende aus dem Betriebsvermögen:**

   Stammt die Sachzuwendung nach den Angaben des Zuwendenden aus dessen Betriebsvermögen, bemisst sich die Zuwendungshöhe nach dem Wert, der bei der Entnahme angesetzt wurde und nach der Umsatzsteuer, die auf die Entnahme entfällt (§ 10 b Abs. 3 Satz 2 EStG). In diesen Fällen braucht der Zuwendungsempfänger keine zusätzlichen Unterlagen in seine Buchführung aufzunehmen, ebenso sind Angaben über die Unterlagen, die zur Wertermittlung gedient haben, nicht erforderlich. Der Entnahmewert ist grundsätzlich der Teilwert. Der Entnahmewert kann auch der Buchwert sein, wenn das Wirtschaftsgut unmittelbar nach der Entnahme für steuerbegünstigte Zwecke gespendet wird (sog. Buchwertprivileg, § 6 Abs. 1 Nr. 4 Satz 4 und 5 EStG).

   **Sachspende aus dem Privatvermögen:**

   Handelt es sich um eine Sachspende aus dem Privatvermögen des Zuwendenden, ist der gemeine Wert des gespendeten Wirtschaftsguts maßgebend, wenn dessen Veräußerung im Zeitpunkt der Zuwendung keinen Besteuerungstatbestand erfüllen würde (§ 10 b Abs. 3 Satz 3 EStG). Ansonsten sind die fortgeführten Anschaffungs- oder Herstellungskosten als Wert der Zuwendung auszuweisen. Dies gilt insbesondere bei Veräußerungstatbeständen, die unter § 17 oder § 23 EStG fallen (z. B. Zuwendung einer mindestens 1 %igen Beteiligung an einer Kapitalgesellschaft (§ 17 EStG), einer Immobilie, die sich weniger als zehn Jahre im Eigentum des Spenders befindet (§ 23 Abs. 1 Satz 1 Nr. 1 EStG), eines anderen Wirtschaftsguts im Sinne des § 23 Abs. 1 Satz 1 Nr. 2 EStG mit einer Eigentumsdauer von nicht mehr als einem Jahr). Der Zuwendungsempfänger hat anzugeben, welche Unterlagen er zur Ermittlung des angesetzten Wertes herangezogen hat. In Betracht kommt in diesem Zusammenhang z. B. ein Gutachten über den aktuellen Wert der zugewendeten Sache oder der sich aus der ursprünglichen Rechnung ergebende historische

Kaufpreis unter Berücksichtigung einer Absetzung für Abnutzung. Diese Unterlagen hat der Zuwendungsempfänger zusammen mit der Zuwendungsbestätigung in seine Buchführung aufzunehmen.

7. Die Zeile: „Es handelt sich um den Verzicht auf die Erstattung von Aufwendungen Ja ☐ Nein ☐" ist stets in die Zuwendungsbestätigungen über Geldzuwendungen/Mitgliedsbeiträge zu übernehmen und entsprechend anzukreuzen. Dies gilt auch für Sammelbestätigungen und in den Fällen, in denen ein Zuwendungsempfänger grundsätzlich keine Zuwendungsbestätigungen für die Erstattung von Aufwendungen ausstellt.

8. Werden Zuwendungen an eine juristische Person des öffentlichen Rechts von dieser an andere juristische Personen des öffentlichen Rechts weitergeleitet und werden von diesen die steuerbegünstigten Zwecke verwirklicht, so hat der „Erstempfänger" die in den amtlichen Vordrucken enthaltene Bestätigung wie folgt zu fassen:

   „Die Zuwendung wird entsprechend den Angaben des Zuwendenden an ………………….[Name des Letztempfängers verbunden mit dem Hinweis auf dessen öffentlich-rechtliche Organisationsform] weitergeleitet."

9. Erfolgt der Nachweis in Form der Sammelbestätigung, so ist der bescheinigte Gesamtbetrag auf der zugehörigen Anlage in sämtliche Einzelzuwendungen aufzuschlüsseln. Es bestehen keine Bedenken, auf der Anlage zur Sammelbestätigung entweder den Namen des Zuwendenden oder ein fortlaufendes alphanumerisches Zeichen anzubringen, um eine sichere Identifikation zu gewährleisten.

10. Für maschinell erstellte Zuwendungsbestätigungen ist R 10 b.1 Abs. 4 EStR zu beachten.

11. Nach § 50 Abs. 4 EStDV hat die steuerbegünstigte Körperschaft ein Doppel der Zuwendungsbestätigung aufzubewahren. Es ist in diesem Zusammenhang zulässig, das Doppel in elektronischer Form zu speichern. Die Grundsätze ordnungsmäßiger DV-gestützter Buchführungssysteme (BMF-Schreiben vom 7. November 1995, BStBl. I S. 738) sind zu beachten.

12. Für Zuwendungen nach dem 31. Dezember 1999 ist das Durchlaufspendenverfahren keine zwingende Voraussetzung mehr für die steuerliche Begünstigung von Spenden. Seit 1. Januar 2000 sind alle steuerbegünstigten Körperschaften im Sinne des § 5 Abs. 1 Nr. 9 KStG zum unmittelbaren Empfang und zur Bestätigung von Zuwendungen berechtigt. Dennoch dürfen juristische Personen des öffentlichen Rechts oder öffentliche Dienststellen auch weiterhin als Durchlaufstelle auftreten und Zuwendungsbestätigungen ausstellen (vgl. R 10 b.1 Abs. 2 EStR). Sie unterliegen dann aber auch – wie bisher – der Haftung nach § 10 b Abs. 4 EStG. Dach- und Spitzenorganisationen können für die ihnen angeschlossenen Vereine dagegen nicht mehr als Durchlaufstelle fungieren.

13. Mit dem Gesetz zur Stärkung des Ehrenamtes vom 21. März 2013 (BGBl. I S. 556)[1] wurde mit § 60 a AO die Feststellung der satzungsmäßigen Voraussetzungen eingeführt. Nach § 60 a AO wird die Einhaltung

[1] **[Amtl. Anm.:]** BStBl. I S. 339.

der satzungsmäßigen Voraussetzungen gesondert vom Finanzamt festgestellt. Dieses Verfahren löst die so genannte vorläufige Bescheinigung ab. Übergangsweise bleiben die bislang ausgestellten vorläufigen Bescheinigungen weiterhin gültig und die betroffenen Körperschaften sind übergangsweise weiterhin zur Ausstellung von Zuwendungsbestätigungen berechtigt. Diese Körperschaften haben in ihren Zuwendungsbestätigungen anzugeben, dass sie durch vorläufige Bescheinigung den steuerbegünstigten Zwecken dienend anerkannt worden sind. Die Bestätigung ist wie folgt zu fassen:

„Wir sind wegen Förderung (Angabe des begünstigten Zwecks/der begünstigten Zwecke) durch vorläufige Bescheinigung des Finanzamtes (Name), StNr. (Angabe) vom (Datum) ab (Datum) als steuerbegünstigten Zwecken dienend anerkannt."

Außerdem sind die Hinweise zu den haftungsrechtlichen Folgen der Ausstellung einer unrichtigen Zuwendungsbestätigung und zur steuerlichen Anerkennung der Zuwendungsbestätigung folgendermaßen zu fassen:

„Wer vorsätzlich oder grob fahrlässig eine unrichtige Zuwendungsbestätigung erstellt oder veranlasst, dass Zuwendungen nicht zu den in der Zuwendungsbestätigung angegebenen steuerbegünstigten Zwecken verwendet werden, haftet für die entgangene Steuer (§ 10 b Abs. 4 EStG, § 9 Abs. 3 KStG, § 9 Nr. 5 GewStG).

Diese Bestätigung wird nicht als Nachweis für die steuerliche Berücksichtigung der Zuwendung anerkannt, wenn das Datum der vorläufigen Bescheinigung länger als 3 Jahre seit Ausstellung der Bestätigung zurückliegt (BMF vom 15. Dezember 1994 – BStBl. I S. 884)."

In Fällen, in denen juristische Personen des öffentlichen Rechts oder Stiftungen des öffentlichen Rechts Zuwendungen an Körperschaften im Sinne des § 5 Abs. 1 Nr. 9 KStG weiterleiten, ist ebenfalls anzugeben, ob die Empfängerkörperschaft durch vorläufige Bescheinigung als steuerbegünstigten Zwecken dienend anerkannt worden ist. Diese Angabe ist hierbei in den Zuwendungsbestätigungen folgendermaßen zu fassen:

„Entsprechend den Angaben des Zuwendenden an (Name) weitergeleitet, die/der vom Finanzamt (Name) StNr. (Angabe) mit vorläufiger Bescheinigung (gültig ab: Datum) vom (Datum) als steuerbegünstigten Zwecken dienend anerkannt ist."

Die Hinweise zu den haftungsrechtlichen Folgen der Ausstellung einer unrichtigen Zuwendungsbestätigung und zur steuerlichen Anerkennung der Zuwendungsbestätigung sind dann folgendermaßen zu fassen:

„Wer vorsätzlich oder grob fahrlässig eine unrichtige Zuwendungsbestätigung erstellt oder veranlasst, dass Zuwendungen nicht zu den in der Zuwendungsbestätigung angegebenen steuerbegünstigten Zwecken verwendet werden, haftet für die entgangene Steuer (§ 10 b Abs. 4 EStG, § 9 Abs. 3 KStG, § 9 Nr. 5 GewStG)."

Nur in den Fällen der Weiterleitung an steuerbegünstigte Körperschaften im Sinne von § 5 Abs. 1 Nr. 9 KStG:

„Diese Bestätigung wird nicht als Nachweis für die steuerliche Berücksichtigung der Zuwendung anerkannt, wenn das Datum der vorläufigen Bescheinigung länger als 3 Jahre seit Ausstellung der Bestätigung zurückliegt."

14. Ist der Körperschaft, Personenvereinigung oder Vermögensmasse bisher weder ein Freistellungsbescheid noch eine Anlage zum Körperschaftsteuerbescheid erteilt worden und sieht der Feststellungsbescheid nach § 60 a AO die Steuerbefreiung erst für den nächsten Veranlagungszeitraum vor (§ 60 Abs. 2 AO), sind Zuwendungen erst ab diesem Zeitpunkt nach

# 1 § 10b/3. Schreiben betr. steuerliche Maßnahmen zur Unterstützung der Opfer des Erdbebens in der Türkei und in Syrien

Vom 27. Februar 2023

BMF IV C 4 – S 2223/19/10003 :019; DOK 2023/0154386
(BStBl. I S. 335)

## A. Einführung

1 Das Erdbeben in der Türkei und in Syrien im Februar 2023 hat sehr großes menschliches Leid und massive Schäden an der Infrastruktur verursacht. Wegen der hohen Anteilnahme und Spendenbereitschaft in der Bevölkerung werden die der Unterstützung der Betroffenen des Erdbebens in der Türkei und in Syrien dienenden Verwaltungsregelungen im Einvernehmen mit den obersten Finanzbehörden der Länder in diesem Schreiben zusammengefasst.

Sie gelten für die nachfolgenden Unterstützungsmaßnahmen, die vom 6. Februar 2023 bis zum 31. Dezember 2023 durchgeführt werden.

## B. Nachweis steuerbegünstigter Zuwendungen

2 Statt einer Zuwendungsbestätigung genügt als Nachweis der Zuwendungen, die bis zum 31. Dezember 2023 zur Hilfe in den durch das Erdbeben verursachten Katastrophenfällen auf ein dafür eingerichtetes Sonderkonto einer inländischen juristischen Person des öffentlichen Rechts, einer inländischen öffentlichen Dienststelle oder eines inländischen amtlich anerkannten Verbandes der freien Wohlfahrtspflege einschließlich seiner Mitgliedsorganisationen eingezahlt oder bis zur Einrichtung des Sonderkontos auf ein anderes Konto der genannten Zuwendungsempfänger eingezahlt werden, der Bareinzahlungsbeleg oder die Buchungsbestätigung eines Kreditinstitutes (z.B. der Kontoauszug, Lastschrifteinzugsbeleg oder der PC-Ausdruck bei Online-Banking). Wird die Zuwendung über ein als Treuhandkonto geführtes Konto eines Dritten auf eines der genannten Sonderkonten eingezahlt, genügt als Nachweis der Bareinzahlungsbeleg oder die Buchungsbestätigung des Kreditinstituts des Zuwendenden zusammen mit einer Kopie des Bareinzahlungsbelegs oder der Buchungsbestätigung des Kreditinstituts des Dritten (§ 50 Abs. 4 Satz 1 Nr. 1 EStDV).

3 Bei Zuwendungen zur Hilfe in den durch das Erdbeben verursachten Katastrophenfällen, die bis zum 31. Dezember 2023 über ein Konto eines Dritten an eine inländische juristische Person des öffentlichen Rechts, an eine inländische öffentliche Dienststelle oder an eine nach § 5 Abs. 1 Nr. 9 KStG steuerbefreite Körperschaft, Personenvereinigung oder Vermögensmasse geleistet werden, genügt als Nachweis eine auf den jeweiligen Zuwendenden ausgestellte Zuwendungsbestätigung des Zuwendungsempfängers, wenn das Konto des Dritten als Treuhandkonto geführt wurde, die Zuwendungen von dort an den Zuwendungsempfänger weitergeleitet wurden und diesem eine Liste mit den einzelnen Zuwendenden und ihrem jeweiligen Anteil an der Zuwendungssumme übergeben wurde (§ 50 Abs. 5 EStDV).

4 Wird eine Zuwendungsbestätigung ausgestellt, dann genügt es, als Verwendungszweck der Zuwendung die Förderung mildtätiger Zwecke (§ 53 AO) anzugeben.

5 Die für den Nachweis jeweils erforderlichen Unterlagen sind vom Zuwendenden auf Verlangen der Finanzbehörde vorzulegen und im Übrigen bis zum Ablauf eines Jahres nach Bekanntgabe der Steuerfestsetzung aufzubewahren (§ 50 Abs. 8 EStDV).

## C. Maßnahmen von steuerbegünstigten Körperschaften für durch das Erdbeben geschädigte Personen

### I. Spendenaktionen

6 Einer steuerbegünstigten Körperschaft ist es grundsätzlich nicht erlaubt, Mittel für steuerbegünstigte Zwecke zu verwenden, die sie nach ihrer Satzung nicht fördert (§ 55 Abs. 1 Nr. 1 AO). Ruft eine steuerbegünstigte Körperschaft, die nach ihrer Satzung keine hier in Betracht kommenden Zwecke, wie insbesondere mildtätige Zwecke, verfolgt (z.B. Sportverein, Musikverein, Kleingartenverein oder Brauchtumsverein), zu Spenden zur Hilfe für die Geschädigten des Erdbebens auf und kann sie die Spenden nicht zu Zwecken, die sie nach ihrer Satzung fördert, verwenden, gilt Folgendes:

7 Es ist unschädlich für die Steuerbegünstigung einer Körperschaft, die nach ihrer Satzung keine z.B. mildtätigen Zwecke fördert oder regional gebunden ist, wenn sie Mittel, die sie im Rahmen einer Sonderaktion zur Hilfe für die Geschädigten des Erdbebens erhalten hat, ohne entsprechende Änderung ihrer Satzung unmittelbar selbst für den angegebenen Zweck verwendet. Die Körperschaft hat bei der Förderung mildtätiger Zwecke die Bedürftigkeit der unterstützten Person oder Einrichtung selbst zu prüfen und zu dokumentieren. Bei materiellen und finanziellen Hilfen reicht es aus, wenn die wirtschaftliche Hilfsbedürftigkeit der unterstützten Person glaubhaft gemacht wird.

8 Unterstützungsleistungen außerhalb der Verwirklichung gemeinnütziger oder mildtätiger Zwecke, z.B. in den betrieblichen Bereich an von dem Erdbeben besonders betroffene Unternehmen, an Selbständige oder an entsprechende Hilfsfonds der Kommunen, sind insoweit nicht begünstigt.

9 Es ist nach § 58 Nr. 1 AO ferner unschädlich, wenn die Spenden beispielsweise entweder an eine steuerbegünstigte Körperschaft, die z.B. mildtätige Zwecke verfolgt, oder an eine inländische juristische Person des öffentlichen Rechts bzw. eine inländische öffentliche Dienststelle zur Hilfe für die Geschädigten des Erdbebens weitergeleitet werden. Die steuerbegünstigte Einrichtung, die die Spenden gesammelt hat, muss entsprechende Zuwendungsbestätigungen für Spenden bescheinigen, die sie zur Hilfe für die Geschädigten des Erdbebens erhält und verwendet. Auf die Sonderaktion ist in der Zuwendungsbestätigung hinzuweisen.

### II. Verwendung sonstiger vorhandener Mittel

10 Neben der Verwendung der eingeworbenen Spendenmittel (vgl. Randnummern 6 bis 9) ist es ausnahmsweise auch unschädlich für die Steuerbegünstigung der Körperschaft, wenn sie sonstige bei ihr vorhandene Mittel, die keiner anderweitigen Bindungswirkung unterliegen, ohne Änderung der Satzung zur Hilfe für die Geschädigten des Erdbebens einsetzt. Gleiches gilt für die Überlassung von Personal und von Räumlichkeiten. Die Körperschaft hat bei der

§ 10 b EStG abziehbar. Zuwendungen, die vor Beginn der Steuerbefreiung nach § 5 Abs. 1 Nr. 9 KStG erfolgen, sind steuerlich nicht nach § 10 b EStG begünstigt, da die Körperschaft, Personenvereinigung oder Vermögensmasse in diesem Zeitraum nicht die Voraussetzungen des § 10 b Abs. 1 Satz 2 Nr. 2 EStG erfüllt. Zuwendungsbestätigungen, die für Zeiträume vor der Steuerbefreiung ausgestellt werden, sind daher unrichtig und können – bei Vorliegen der Voraussetzungen des § 10 b Abs. 4 EStG – eine Haftung des Ausstellers auslösen.

15. Die neuen Muster für Zuwendungsbestätigungen werden als ausfüllbare Formulare unter https://www.formulare-bfinv.de zur Verfügung stehen.
16. Für den Abzug steuerbegünstigter Zuwendungen an nicht im Inland ansässige Empfänger wird auf das BMF-Schreiben vom 16. Mai 2011 IV C 4 – S 2223/07/0005 :008, DOK 2011/0381377 (BStBl. I S. 559) hingewiesen.

Das BMF-Schreiben vom 30. August 2012 IV C 4 – S 2223/07/0018 :005, DOK 2012/0306063 (BStBl. I S. 884) wird hiermit aufgehoben.

Es wird seitens der Finanzverwaltung nicht beanstandet, wenn bis zum *31. Dezember 2013*[1] die bisherigen Muster für Zuwendungsbestätigungen verwendet werden.

[1] Nichtbeanstandungsregelung verlängert bis 31. 12. 2014 durch BMF v. 26. 3. 2014, BStBl. I S. 791.

Förderung mildtätiger Zwecke die Bedürftigkeit der unterstützten Person oder Einrichtung selbst zu prüfen und zu dokumentieren.

Bei materiellen und finanziellen Hilfen reicht es aus, wenn die wirtschaftliche Hilfsbedürftigkeit der unterstützten Person glaubhaft gemacht wird. **11**

Unterstützungsleistungen außerhalb der Verwirklichung gemeinnütziger oder mildtätiger Zwecke, z.B. (in den betrieblichen Bereich) an von dem Schadenereignis besonders betroffene Unternehmen, an Selbständige oder an entsprechende Hilfsfonds der Kommunen, sind insoweit nicht begünstigt. **12**

Werden vorhandene Mittel beispielsweise an andere steuerbegünstigte Körperschaften, die mildtätige Zwecke verfolgen, die im unmittelbaren Zusammenhang mit der Hilfe für die Geschädigten des Erdbebens stehen, oder an eine inländische juristische Person des öffentlichen Rechts bzw. eine inländische öffentliche Dienststelle zu diesem Zweck weitergeleitet, ist dies nach § 58 Nr. 1 AO unschädlich für die Steuerbegünstigung der Körperschaft. **13**

Es wird darauf hingewiesen, dass Stiftungen wegen der Zulässigkeit von Tätigkeiten außerhalb des Satzungszwecks zusätzlich die stiftungsaufsichtsrechtlichen Bestimmungen der Länder zu beachten haben. **14**

## D. Steuerliche Behandlung von Zuwendungen aus dem Betriebsvermögen

### I. Zuwendung als Sponsoring-Maßnahme

Die Aufwendungen des Steuerpflichtigen zur Unterstützung der Geschädigten des Erdbebens sind nach den Maßgaben des Schreibens des Bundesministeriums der Finanzen vom 18. Februar 1998 (BStBl. I S. 212)[1] zum Betriebsausgabenabzug zuzulassen. Aufwendungen des sponsernden Steuerpflichtigen sind danach Betriebsausgaben, wenn der Sponsor wirtschaftliche Vorteile, die in der Sicherung oder Erhöhung seines unternehmerischen Ansehens liegen können, für sein Unternehmen erstrebt. Diese wirtschaftlichen Vorteile sind u.a. dadurch erreichbar, dass der Sponsor öffentlichkeitswirksam (z.B. auf Bitte um Unterstützung durch die Gemeinde, durch Berichterstattung in Zeitungen, Rundfunk, Fernsehen, Internet usw.) auf seine Leistungen aufmerksam macht. **15**

### II. Zuwendungen an Geschäftspartner

Wendet der Steuerpflichtige bis zum 31. Dezember 2023 seinen von dem Erdbeben geschädigten Geschäftspartnern zum Zwecke der Aufrechterhaltung der Geschäftsbeziehungen in angemessenem Umfang unentgeltlich Leistungen aus seinem inländischen Betriebsvermögen zu, sind die Aufwendungen in voller Höhe als Betriebsausgaben abziehbar. § 4 Abs. 5 Satz 1 Nr. 1 EStG ist insoweit aus Billigkeitsgründen nicht anzuwenden. Entsprechendes gilt für Zuwendungen, für die kein Abzug nach § 10b EStG möglich ist, an öffentlich-rechtliche oder nach § 5 Abs. 1 Nr. 5 KStG steuerbefreite Körperschaften zur Berufsvertretung (z.B. Berufskammern und Innungen) im Rahmen von Spendenaufrufen zugunsten der von dem Erdbeben geschädigten Berufsangehörigen. **16**

### III. Sonstige Zuwendungen

Erfüllt die Zuwendung des Steuerpflichtigen unter diesen Gesichtspunkten nicht die Voraussetzungen für den Betriebsausgabenabzug, so ist bis zum **17**

[1] Nr. **1** § 4/11.

31. Dezember 2023 aus allgemeinen Billigkeitserwägungen die Zuwendung von Wirtschaftsgütern oder sonstigen betrieblichen Nutzungen und Leistungen (nicht hingegen Geld) des Steuerpflichtigen aus einem inländischen Betriebsvermögen an durch das Erdbeben Geschädigte oder mit der Bewältigung des Erdbebens befasste Betriebe oder Einrichtungen (einschließlich der juristischen Personen des öffentlichen Rechts) als Betriebsausgabe zu behandeln, die ohne Rücksicht auf § 4 Abs. 5 Satz 1 Nr. 1 EStG abgezogen werden darf. Dies gilt für Zuwendungen des Steuerpflichtigen im Rahmen der unmittelbaren Gefahrenabwehr oder der allgemeinen Aufräumarbeiten.

### IV. Behandlung der Zuwendungen im betrieblichen Bereich beim Empfänger

**18** In den Fällen der Randnummern 15 bis 17 sind die Zuwendungen im betrieblichen Bereich beim Empfänger gemäß § 6 Abs. 4 EStG als Betriebseinnahme mit dem gemeinen Wert anzusetzen.

## E. Lohnsteuer

**19** Die in den nachstehenden Randnummern 20 bis 31 aufgeführten Regelungen sind für Zuwendungen anzuwenden, die bis zum 31. Dezember 2023 zufließen.

### I. Unterstützung an Arbeitnehmer

**20** Beihilfen und Unterstützungen des Arbeitgebers an seine Arbeitnehmer können nach R 3.11 der Lohnsteuer-Richtlinien steuerfrei sein. R 3.11 Abs. 2 LStR ist auf Beihilfen und Unterstützungen, die geschädigte Arbeitnehmer von ihrem Arbeitgeber oder von dritter Seite, soweit die Leistungen dem Grunde nach dem Arbeitslohn zuzurechnen sind, erhalten, mit folgender Maßgabe anzuwenden:

- die in R 3.11 Abs. 2 Satz 2 Nr. 1 bis 3 LStR genannten Voraussetzungen brauchen nicht vorzuliegen,
- die Unterstützungen sind bis zu einem Betrag von 600 € je Kalenderjahr steuerfrei. Der 600 € übersteigende Betrag gehört nicht zum steuerpflichtigen Arbeitslohn, wenn unter Berücksichtigung der Einkommens- und Familienverhältnisse des Arbeitnehmers ein besonderer Notfall vorliegt. Im Allgemeinen kann bei vom Erdbeben betroffenen Arbeitnehmern von einem besonderen Notfall ausgegangen werden.

**21** Auf Unterstützungen, die in Form von sonst steuerpflichtigen Zinsvorteilen oder in Form von Zinszuschüssen gewährt werden, ist die vorstehende Regelung ebenfalls anzuwenden. Zinszuschüsse und Zinsvorteile bei Darlehen, die zur Beseitigung von Schäden aufgenommen worden sind, sind deshalb ebenfalls nach R 3.11 Abs. 2 LStR steuerfrei, und zwar während der gesamten Laufzeit des Darlehens. Voraussetzung hierfür ist, dass das Darlehen die Schadenshöhe nicht übersteigt.

**22** Vorteile aus einer erstmalig nach Eintritt des Schadensereignisses erfolgten

- Nutzungsüberlassung eines betrieblichen Kraftfahrzeugs an Arbeitnehmer, deren privates Kraftfahrzeug durch das Erdbeben zerstört oder erheblich beschädigt wurde,
- Nutzungsüberlassung von Wohnungen oder von Unterkünften, wenn die vom Arbeitnehmer bisher bewohnte Wohnung oder Unterkunft durch das Erdbeben unbewohnbar geworden ist,

– Gewährung von unentgeltlicher Verpflegung an Arbeitnehmer, soweit diese sich nicht selbst versorgen können, oder
– Nutzungsüberlassung anderer Sachen, wenn entsprechende Güter des Arbeitnehmers durch das Erdbeben unbrauchbar geworden sind oder die Überlassung der Schadensbeseitigung dient,

sind in die vorstehenden Regelungen einzubeziehen.

Der Vorteil aus der unentgeltlichen oder verbilligten Übereignung von gebrauchten Gegenständen zum Zweck der Ausstattung der Wohnung oder der Unterkunft eines geschädigten Arbeitnehmers, ist nicht dem Arbeitslohn des Arbeitnehmers zuzurechnen. 23

Die vorstehend genannten begünstigten Zuschüsse und Sachzuwendungen sind insgesamt nur bis zu einem Betrag in Höhe des Schadens steuerfrei. 24

Die steuerfreien Leistungen sind im Lohnkonto aufzuzeichnen (§ 4 Abs. 2 Nr. 4 Satz 1 LStDV); dabei ist auch zu dokumentieren, dass der die Leistung empfangende Arbeitnehmer durch das Erdbeben zu Schaden gekommen ist. Der Arbeitnehmer hat dem Arbeitgeber Unterlagen zur Glaubhaftmachung der Schadenshöhe sowie der wegen des Schadens erhaltenen bzw. zu erwartenden Entschädigungen oder Zuwendungen zur Verfügung zu stellen. 25

Die vorgenannten Grundsätze gelten bei Leistungen zur Unterstützung der Angehörigen des Arbeitnehmers entsprechend. 26

## II. Arbeitslohnspende

Verzichten Arbeitnehmer auf die Auszahlung von Teilen des Arbeitslohns oder auf Teile eines angesammelten Wertguthabens 27

a) zugunsten einer steuerfreien Beihilfe und Unterstützung des Arbeitgebers an vom Erdbeben betroffene Arbeitnehmer des Unternehmens oder Arbeitnehmer von Geschäftspartnern oder
b) zugunsten einer Zahlung des Arbeitgebers auf ein Spendenkonto einer spendenempfangsberechtigten Einrichtung i.S.d. § 10b Abs. 1 Satz 2 EStG,

bleiben diese Lohnteile bei der Feststellung des steuerpflichtigen Arbeitslohns außer Ansatz, wenn der Arbeitgeber die Verwendungsauflage erfüllt und dies dokumentiert. Unter den Begriff des Unternehmens fallen auch mit dem Arbeitgeber verbundene Unternehmen i.S.v. § 15 AktG.

Als Verzicht gilt auch die teilweise Lohnverwendung eines Beamten, Richters, Soldaten oder Tarifbeschäftigten auf den gesetzlich oder tarifvertraglich zustehenden Arbeitslohn im Sinne der vorstehenden Buchst. a oder b, wenn der Arbeitgeber die Verwendungsauflage erfüllt und dies dokumentiert. 28

Der außer Ansatz bleibende Arbeitslohn ist im Lohnkonto aufzuzeichnen (§ 4 Abs. 2 Nr. 4 Satz 1 LStDV). Auf die Aufzeichnung kann verzichtet werden, wenn stattdessen der Arbeitnehmer seinen Verzicht schriftlich erteilt hat und diese Erklärung zum Lohnkonto genommen worden ist. 29

Der außer Ansatz bleibende Arbeitslohn ist nicht in der Lohnsteuerbescheinigung (§ 41b Abs. 1 Satz 2 Nr. 3 EStG) anzugeben. 30

Die steuerfrei belassenen Lohnteile dürfen in der Einkommensteuerveranlagung nicht als Spende berücksichtigt werden. 31

### F. Aufsichtsratsvergütungen

32 Verzichtet ein Aufsichtsratsmitglied vor Fälligkeit oder Auszahlung auf Teile seiner Aufsichtsratsvergütung, so gelten die Randnummern 19 bis 31 sinngemäß. Da es sich auf Seiten der Gesellschaft gleichwohl um Aufsichtsratsvergütungen und nicht um Spenden handelt, bleibt die Anwendung des § 10 Nr. 4 KStG davon unberührt.

### G. Umsatzsteuer

33 Bei der unentgeltlichen Bereitstellung von Gegenständen und Personal für humanitäre Zwecke durch Unternehmen an Einrichtungen, die einen unverzichtbaren Einsatz zur Bewältigung der Auswirkungen und Folgen bei den von dem Erdbeben Geschädigten leisten, wie insbesondere Hilfsorganisationen, Einrichtungen für geflüchtete Menschen und zur Versorgung Verletzter sowie weitere öffentliche Institutionen, wird von der Besteuerung einer unentgeltlichen Wertabgabe im Billigkeitswege abgesehen.

34 Beabsichtigt ein Unternehmer bereits beim Leistungsbezug, die Leistungen ausschließlich und unmittelbar für die genannten Zwecke zu verwenden, sind die entsprechenden Vorsteuerbeträge unter den übrigen Voraussetzungen des § 15 UStG im Billigkeitswege entgegen Abschn. 15.15 Abs. 1 UStAE zu berücksichtigen. Die folgende unentgeltliche Wertabgabe wird nach dem vorangegangenen Abs. im Billigkeitswege nicht besteuert.

### H. Schenkungsteuer

35 Handelt es sich bei den Zuwendungen um Schenkungen, können bei Vorliegen der entsprechenden Voraussetzungen Steuerbefreiungen nach § 13 ErbStG gewährt werden. Hierunter fallen u.a. Zuwendungen an die in § 13 Abs. 1 Nr. 16 ErbStG genannten Religionsgesellschaften, jüdische Kultusgemeinden, Körperschaften, Personenvereinigungen und Vermögensmassen. Ebenfalls fallen hierunter Zuwendungen, die ausschließlich kirchlichen, gemeinnützigen oder mildtätigen Zwecken gewidmet sind, sofern deren Verwendung zu diesem Zweck gesichert ist (§ 13 Abs. 1 Nr. 17 ErbStG). Unter diesen Voraussetzungen sind auch direkt an die hilfsbedürftigen Personen gerichtete Zuwendungen zur Hilfe im Zusammenhang mit dem Erdbeben von der Schenkungsteuer nach § 13 Abs. 1 Nr. 17 ErbStG befreit. Bei Zuwendungen zur Hilfe im Zusammenhang mit dem Erdbeben, die bis zum 31. Dezember 2023 nach § 13 Abs. 1 Nr. 17 ErbStG unmittelbar an Geschädigte zur Behebung der entstandenen Schäden geleistet werden, ist die Zweckwidmung und die Zwecksicherung zu unterstellen.

# 1 § 10b/4. Schreiben betr. steuerliche Maßnahmen zur Unterstützung der vom Krieg in der Ukraine Geschädigten

Vom 17. März 2022

BMF IV C 4 – S 2223/19/10003 :013; DOK 2022/0226401

(BStBl. I S. 330)

Geändert durch BMF v. 7.6.2022 (BStBl. I S. 923)

Der Krieg in Europa zerstört Städte und Dörfer. Er bringt Tod und Vertreibung. Weltweit engagieren sich Staaten, Menschen und Unternehmen für die Demokratie in der Ukraine. Auch Deutschland hilft: Die vielen aus der Ukraine in der EU Ankommenden erfahren persönliche und finanzielle Unterstützung von Bürgerinnen und Bürgern und auch von Unternehmen. Die humanitäre Unterstützung der im Krisengebiet Bleibenden hilft der Demokratie in der Ukraine. Die nachfolgenden Verwaltungsanweisungen dienen der Anerkennung des gesamtgesellschaftlichen Engagements.

Sie gelten für die nachfolgenden Maßnahmen, die vom 24. Februar 2022 bis zum *31. Dezember 2022*[1)] durchgeführt werden.

## I. Spenden

### 1. Nachweis steuerbegünstigter Zuwendungen

Statt einer Zuwendungsbestätigung genügt als Nachweis der Zuwendungen, die bis zum *31. Dezember 2022*[1)] zur Unterstützung der vom Krieg in der Ukraine Geschädigten auf ein dafür eingerichtetes Sonderkonto einer inländischen juristischen Person des öffentlichen Rechts, einer inländischen öffentlichen Dienststelle oder eines inländischen amtlich anerkannten Verbandes der freien Wohlfahrtspflege einschließlich seiner Mitgliedsorganisationen eingezahlt oder bis zur Einrichtung des Sonderkontos auf ein anderes Konto der genannten Zuwendungsempfänger eingezahlt werden, der Bareinzahlungsbeleg oder die Buchungsbestätigung eines Kreditinstitutes (z.B. der Kontoauszug, Lastschrifteinzugsbeleg oder der PC-Ausdruck bei Online-Banking). Wird die Zuwendung über ein als Treuhandkonto geführtes Konto eines Dritten auf eines der genannten Sonderkonten eingezahlt, genügt als Nachweis der Bareinzahlungsbeleg oder die Buchungsbestätigung des Kreditinstituts des Zuwendenden zusammen mit einer Kopie des Bareinzahlungsbelegs oder der Buchungsbestätigung des Kreditinstituts des Dritten (§ 50 Abs. 4 Satz 1 Nr. 1 EStDV).

Bei Zuwendungen zur Unterstützung der vom Krieg in der Ukraine Geschädigten, die bis zum 31. Dezember 2022 über ein Konto eines Dritten an eine inländische juristische Person des öffentlichen Rechts, an eine inländische öffentliche Dienststelle oder an eine nach § 5 Abs. 1 Nr. 9 KStG steuerbefreite Körperschaft, Personenvereinigung oder Vermögensmasse geleistet werden, genügt als Nachweis eine auf den jeweiligen Zuwendenden ausgestellten Zuwendungsbestätigung des Zuwendungsempfängers, wenn das Konto des Dritten als Treuhandkonto geführt wurde, die Zuwendungen von dort an den Zuwendungsempfänger weitergeleitet wurden und diesem eine Liste mit den einzelnen

---

1) Verlängerung bis **31. Dezember 2023** durch BMF v. 17.11.2022, BStBl. I S. 1516.

Zuwendenden und ihrem jeweiligen Anteil an der Zuwendungssumme übergeben wurde (§ 50 Abs. 5 EStDV).

Die für den Nachweis jeweils erforderlichen Unterlagen sind vom Zuwendenden auf Verlangen der Finanzbehörde vorzulegen und im Übrigen bis zum Ablauf eines Jahres nach Bekanntgabe der Steuerfestsetzung aufzubewahren (§ 50 Abs. 8 EStDV).

**2. Spendenaktionen von steuerbegünstigten Körperschaften zur Unterstützung der vom Krieg in der Ukraine Geschädigten**

Einer steuerbegünstigten Körperschaft ist es grundsätzlich nicht erlaubt, Mittel für steuerbegünstigte Zwecke zu verwenden, die sie nach ihrer Satzung nicht fördert (§ 55 Abs. 1 Nr. 1 AO). Ruft eine steuerbegünstigte Körperschaft, die nach ihrer Satzung keine hier in Betracht kommenden Zwecke, wie insbesondere mildtätige Zwecke, verfolgt (z.B. Sportverein, Musikverein, Kleingartenverein oder Brauchtumsverein), zu Spenden zur Unterstützung der vom Krieg in der Ukraine Geschädigten auf und kann sie die Spenden nicht zu Zwecken verwenden, die sie nach ihrer Satzung fördert, gilt Folgendes:

Es ist unschädlich für die Steuerbegünstigung einer Körperschaft, die nach ihrer Satzung keine z.B. mildtätigen Zwecke fördert oder regional gebunden ist, wenn sie Mittel, die sie in Sonderaktionen für die Unterstützung der vom Krieg in der Ukraine Geschädigten erhalten hat, ohne entsprechende Änderung ihrer Satzung unmittelbar selbst für den angegebenen Zweck verwendet. In entsprechender Anwendung der Nr. 12 des AEAO zu § 53 AO kann bei vom Krieg in der Ukraine Geschädigten auf den Nachweis der Hilfebedürftigkeit verzichtet werden.

Es ist nach § 58 Nr. 1 AO ferner unschädlich, wenn die Spenden beispielsweise entweder an eine steuerbegünstigte Körperschaft, die mildtätige Zwecke verfolgt, oder an eine inländische juristische Person des öffentlichen Rechts bzw. eine inländische öffentliche Dienststelle zur Unterstützung der vom Krieg in der Ukraine Geschädigten weitergeleitet werden. Die steuerbegünstigte Einrichtung, die die Spenden gesammelt hat, muss entsprechende Zuwendungsbestätigungen für Spenden bescheinigen, die sie für Unterstützung der vom Krieg in der Ukraine Geschädigten erhält und verwendet. Auf die Sonderaktion ist in der Zuwendungsbestätigung hinzuweisen.

## II. Maßnahmen steuerbegünstigter Körperschaften zur Unterstützung der vom Krieg in der Ukraine Geschädigten

Neben der Verwendung der eingeworbenen Spendenmittel (Abschn. I.) ist es ausnahmsweise auch unschädlich für die Steuerbegünstigung der Körperschaft, wenn sie sonstige bei ihr vorhandene Mittel, die keiner anderweitigen Bindungswirkung unterliegen, ohne Änderung der Satzung zur unmittelbaren Unterstützung der vom Krieg in der Ukraine Geschädigten einsetzt. Gleiches gilt für die Überlassung von Personal und von Räumlichkeiten. In entsprechender Anwendung der Nr. 12 des AEAO zu § 53 AO kann bei vom Krieg in der Ukraine Geschädigten auf den Nachweis der Hilfebedürftigkeit verzichtet werden.

Werden beispielsweise vorhandene Mittel an andere steuerbegünstigte Körperschaften, die mildtätige Zwecke verfolgen, die im unmittelbaren Zusammenhang mit der Unterstützung der vom Krieg in der Ukraine Geschädigten stehen, oder an eine inländische juristische Person des öffentlichen Rechts bzw.

eine inländische öffentliche Dienststelle zu diesem Zweck weitergeleitet, ist dies nach § 58 Nr. 1 AO unschädlich für die Steuerbegünstigung der Körperschaft.

## III. Vorübergehende Unterbringung von Kriegsflüchtlingen aus der Ukraine

### 1. Vorübergehende Unterbringung in Einrichtungen steuerbegünstigter Körperschaften, die ausschließlich dem satzungsmäßigen Zweck der Körperschaft dienen (einschließlich Zweckbetriebe und Vermögensverwaltung)

Zweckbetriebe sind auch Einrichtungen zur Versorgung, Verpflegung und Betreuung von Flüchtlingen (§ 68 Nr. 1 Buchst. c AO).

Finden auf Leistungen dieser Einrichtungen besondere steuerliche Vorschriften Anwendung (z.B. Umsatzsteuerbefreiung nach § 4 Nr. 18, 23 bzw. 24 UStG oder Umsatzsteuerermäßigung nach § 12 Abs. 2 Nr. 8 UStG), werden sie auch auf die Leistungen im Zusammenhang mit der vorübergehenden Unterbringung von Kriegsflüchtlingen aus der Ukraine angewendet.

### 2. Vorübergehende Unterbringung in zum Vermögensbereich einer juristischen Person des öffentlichen Rechts gehörenden Einrichtungen

Die entgeltliche vorübergehende Unterbringung ist ohne Prüfung, ob ein Betrieb gewerblicher Art einer juristischen Person des öffentlichen Rechts (BgA) vorliegt, dem hoheitlichen Bereich zuzuordnen.

Bei Unterbringung in Einrichtungen eines BgA richtet sich die steuerliche Behandlung grundsätzlich nach den allgemeinen steuerlichen Vorschriften. Handelt es sich um einen steuerbegünstigten BgA, sind die Ausführungen unter Ziffer 1. zu beachten.

Die vorübergehende Nutzung von zu einem BgA gehörenden Betriebsvermögen zugunsten der vom Krieg in der Ukraine Geschädigten führt aus Billigkeitsgründen nicht zu einer gewinnwirksamen Überführung ins Hoheitsvermögen und somit nicht zur Aufgabe des BgA. Für die Zeitspanne bis zur (Wieder-)Nutzung der Unterbringungsmöglichkeit zu ihrem ursprünglichen Zweck (z.B. als Sporthalle) ist das Einkommen des BgA aber insoweit mit Null anzusetzen. Ein tatsächlicher Verlustausgleich des BgA durch die juristische Person des öffentlichen Rechts für diese Zeitspanne ist nicht als Zugang zum steuerlichen Einlagekonto zu behandeln. In der Zeit der „Nullstellung" wird im Übrigen auch kein Steuertatbestand des § 20 Abs. 1 Nr. 10 Buchst. b EStG realisiert.

## IV. Steuerliche Behandlung von Zuwendungen aus dem Betriebsvermögen

### Zuwendung als Sponsoring-Maßnahme

Die Aufwendungen des Steuerpflichtigen zur Unterstützung der vom Krieg in der Ukraine Geschädigten sind nach den Maßgaben des BMF-Schreibens vom 18. Februar 1998 (BStBl. I S. 212)[1] zum Betriebsausgabenabzug zuzulassen. Aufwendungen des sponsernden Steuerpflichtigen sind danach Betriebsausgaben, wenn der Sponsor wirtschaftliche Vorteile, die in der Sicherung oder

---

[1] Nr. **1** § 4/11.

Erhöhung seines unternehmerischen Ansehens liegen können, für sein Unternehmen erstrebt. Diese wirtschaftlichen Vorteile sind u.a. dadurch erreichbar, dass der Sponsor öffentlichkeitswirksam (z.B. auf Bitte um Unterstützung durch die Gemeinde, durch Berichterstattung in Zeitungen, Rundfunk, Fernsehen, Internet usw.) auf seine Leistungen aufmerksam macht.

## V. Lohnsteuer[1)]

### 1. Unterstützung an Arbeitnehmer

Beihilfen und Unterstützungen des Arbeitgebers an seine Arbeitnehmer können nach R 3.11 der Lohnsteuer-Richtlinien steuerfrei sein. R 3.11 Abs. 2 LStR ist auf Beihilfen und Unterstützungen, die vom Krieg in der Ukraine geschädigte Arbeitnehmer von ihrem Arbeitgeber oder von dritter Seite, soweit die Leistungen dem Grunde nach dem Arbeitslohn zuzurechnen sind, erhalten, mit folgender Maßgabe anzuwenden:

- die in R 3.11 Abs. 2 Satz 2 Nr. 1 bis 3 LStR genannten Voraussetzungen brauchen nicht vorzuliegen,
- die Unterstützungen sind bis zu einem Betrag von 600 € je Kalenderjahr steuerfrei. Der 600 € übersteigende Betrag gehört nicht zum steuerpflichtigen Arbeitslohn,

wenn unter Berücksichtigung der Einkommens- und Familienverhältnisse des Arbeitnehmers ein besonderer Notfall vorliegt. Im Allgemeinen kann bei einem Arbeitnehmer von einem besonderen Notfall ausgegangen werden, wenn er im Zusammenhang mit den Kriegsereignissen die Ukraine verlassen hat (Kriegsflüchtling) oder vergleichbar unmittelbar vom Krieg betroffen ist.

Auf Unterstützungen, die in Form von sonst steuerpflichtigen Zinsvorteilen oder in Form von Zinszuschüssen gewährt werden, ist die vorstehende Regelung ebenfalls anzuwenden. Zinszuschüsse und Zinsvorteile bei Darlehen, die im unmittelbaren Zusammenhang mit den Kriegsschäden in der Ukraine aufgenommen worden sind, sind deshalb ebenfalls nach R 3.11 Abs. 2 LStR steuerfrei, und zwar während der gesamten Laufzeit des Darlehens. Voraussetzung hierfür ist, dass das Darlehen die Schadenshöhe nicht übersteigt.

Vorteile aus eier erstmalig nach Kriegsausbruch erfolgten

- Nutzungsüberlassung eines betrieblichen Kraftfahrzeugs an Arbeitnehmer, deren privates Kraftfahrzeug durch die Kriegsereignisse nicht mehr verfügbar ist,
- Nutzungsüberlassung von Wohnungen oder von Unterkünften, wenn die vom Arbeitnehmer bisher bewohnte Wohnung oder Unterkunft durch die Kriegshandlungen unbewohnbar geworden ist,
- Gewährung von unentgeltlicher Verpflegung an Arbeitnehmer, soweit der Arbeitnehmer sich nicht selbst versorgen kann, oder
- Nutzungsüberlassung anderer Sachen, wenn entsprechende Güter des Arbeitnehmers durch die Kriegsereignisse nicht mehr verfügbar sind oder die Überlassung der Schadensbeseitigung dient,

sind in die vorstehenden Regelungen einzubeziehen.

Der Vorteil aus der unentgeltlichen oder verbilligten Übereignung von gebrauchten Gegenständen zum Zweck der Ausstattung der Wohnung oder der

[1)] Abschn. V. neu gef. durch BMF v. 7.6.2022, BStBl. I S. 923.

Unterkunft eines Arbeitnehmers, der aufgrund der Kriegsereignisse die Ukraine verlassen hat, ist nicht dem Arbeitslohn des Arbeitnehmers zuzurechnen.

Die steuerfreien Leistungen sind im Lohnkonto aufzuzeichnen (§ 4 Abs. 2 Nr. 4 Satz 1 LStDV); dabei ist auch zu dokumentieren, dass der die Leistung empfangende Arbeitnehmer durch die Kriegshandlungen zu Schaden gekommen ist. Der Arbeitnehmer hat dem Arbeitgeber die erforderlichen Angaben zur Glaubhaftmachung der Schadenshöhe sowie der wegen des Schadens erhaltenen bzw. zu erwartenden Entschädigung oder Zuwendung zur Verfügung zu stellen.

Die vorgenannten Grundsätze gelten bei Leistungen zur Unterstützung der Angehörigen des Arbeitnehmers entsprechend.

### 2. Arbeitslohnspende

Verzichten Arbeitnehmer auf die Auszahlung von Teilen des Arbeitslohns oder auf Teile eines angesammelten Wertguthabens

a) zugunsten einer steuerfreien Beihilfe und Unterstützung des Arbeitgebers an vom Krieg in der Ukraine geschädigte Arbeitnehmer des Unternehmens oder Arbeitnehmer von Geschäftspartnern oder

b) zugunsten einer Zahlung des Arbeitgebers auf ein Spendenkonto einer spendenempfangsberechtigten Einrichtung i.S.d. § 10b Abs. 1 Satz 2 EStG,

bleiben diese Lohnteile bei der Feststellung des steuerpflichtigen Arbeitslohns außer Ansatz, wenn der Arbeitgeber die Verwendungsauflage erfüllt und dies dokumentiert. Unter den Begriff des Unternehmens fallen auch mit dem Arbeitgeber verbundene Unternehmen i.S.d. § 15 AktG.

Als Verzicht gilt auch die teilweise Lohnverwendung eines Beamten, Richters, Soldaten oder Tarifbeschäftigten auf den gesetzlich oder tarifvertraglich zustehenden Arbeitslohn im Sinne des vorstehenden Absatzes, wenn der Arbeitgeber die Verwendungsauflage erfüllt und dies dokumentiert.

Der außer Ansatz bleibende Arbeitslohn ist im Lohnkonto aufzuzeichnen (§ 4 Abs. 2 Nr. 4 Satz 1 LStDV). Auf die Aufzeichnung kann verzichtet werden, wenn stattdessen der Arbeitnehmer seinen Verzicht schriftlich erteilt hat und diese Erklärung zum Lohnkonto genommen worden ist.

Der außer Ansatz bleibende Arbeitslohn ist nicht in der Lohnsteuerbescheinigung (§ 41b Abs. 1 Satz 2 Nr. 3 EStG) anzugeben.

Die steuerfrei belassenen Lohnteile dürfen in der Einkommensteuerveranlagung nicht als Spende berücksichtigt werden.

## VI. Aufsichtsratsvergütungen

Verzichtet ein Aufsichtsratsmitglied vor Fälligkeit oder Auszahlung auf Teile seiner Aufsichtsratsvergütung, so gilt Abschnitt V. sinngemäß. Da es sich auf Seiten der Gesellschaft gleichwohl um Aufsichtsratvergütungen und nicht um Spenden handelt, bleibt die Anwendung des § 10 Nr. 4 KStG davon unberührt.

## VII. Umsatzsteuer

### 1. Steuerbegünstigte Körperschaften

Stellen steuerbegünstigte Körperschaften i.S.d. § 5 Abs. 1 Nr. 9 KStG entgeltlich Personal, Räumlichkeiten, Sachmittel oder andere Leistungen in Bereichen zur Verfügung, die für die Bewältigung der Auswirkungen und Folgen des Krieges in der Ukraine notwendig sind, wird es nicht beanstandet, wenn diese

Betätigungen sowohl ertragsteuerlich als auch umsatzsteuerlich dem Zweckbetrieb i.S.d. § 65 AO zugeordnet werden. Dies gilt unabhängig davon, welchen steuerbegünstigten Zweck die jeweilige Körperschaft, die Personal, Räumlichkeiten, Sachmittel oder andere Leistungen zur Verfügung stellt, satzungsmäßig verfolgt.

**2. Umsatzsteuerbefreiung für die Überlassungen von Sachmitteln und Räumen sowie von Personal**

Die umsatzsteuerbaren Überlassungen von Sachmitteln und Räumen sowie von Personal sind unter den weiteren Voraussetzungen des § 4 Nr. 14, 16, 18, 23 und 25 UStG als eng verbundene Umsätze umsatzsteuerfrei, soweit diese zwischen steuerbegünstigten Einrichtungen erfolgen, deren Umsätze jeweils nach derselben Vorschrift befreit sind.

Es wird nicht beanstandet, dass umsatzsteuerliche Vorschriften (z.B. Umsatzsteuerbefreiung nach § 4 Nr. 18, 23, 24 bzw. 25 UStG oder Umsatzsteuerermäßigung nach § 12 Abs. 2 Nr. 8 UStG), die auf vergleichbare Leistungen der jeweiligen Einrichtung an andere Leistungsempfänger (z.B. Obdachlose) bereits Anwendung finden, auch auf Leistungen dieser Einrichtung, die der Betreuung und Versorgung von Kriegsflüchtlingen dienen, angewendet werden, wenn Entgelte dafür aus öffentlichen Kassen oder von anderen steuerbegünstigten Körperschaften gezahlt werden.

**3. Unentgeltliche Bereitstellung von Gegenständen oder Personal**

Bei der unentgeltlichen Bereitstellung von Gegenständen und Personal für humanitäre Zwecke durch Unternehmen an Einrichtungen, die einen unverzichtbaren Einsatz zur Bewältigung der Auswirkungen und Folgen bei den vom Krieg in der Ukraine Geschädigten leisten, wie insbesondere Hilfsorganisationen, Einrichtungen für geflüchtete Menschen und zur Versorgung Verwundeter sowie weitere öffentliche Institutionen, wird von der Besteuerung einer unentgeltlichen Wertabgabe im Billigkeitswege abgesehen.

Beabsichtigt ein Unternehmer bereits beim Leistungsbezug, die Leistungen ausschließlich und unmittelbar für die genannten Zwecke zu verwenden, sind die entsprechenden Vorsteuerbeträge unter den übrigen Voraussetzungen des § 15 UStG im Billigkeitswege entgegen Abschn. 15.15 Abs. 1 UStAE zu berücksichtigen. Die folgende unentgeltliche Wertabgabe wird nach dem vorangegangenen Absatz im Billigkeitswege nicht besteuert.

**4. Vorsteuerabzug bei Nutzungsänderung**

Bei Nutzungsänderungen von Räumlichkeiten von Unternehmen der öffentlichen Hand wird gemäß § 163 AO aus sachlichen Billigkeitsgründen von der Besteuerung einer unentgeltlichen Wertabgabe nach § 3 Abs. 9a UStG und einer Vorsteuerkorrektur nach § 15a UStG abgesehen, wenn und soweit der Sachverhalt in einer unentgeltlichen Nutzung zur Bewältigung der Auswirkungen und Folgen des Kriegs in der Ukraine begründet ist. Diese Regelung ist auch auf Vorsteuern aus laufenden Kosten anzuwenden. Die Billigkeitsregelung ist auf in privater Rechtsform betriebene Unternehmen der öffentlichen Hand entsprechend anzuwenden.

**5. Unentgeltliche Überlassung von Wohnraum**

Von der Besteuerung einer unentgeltlichen Wertabgabe und einer Vorsteuerkorrektur nach § 15a UStG wird im Billigkeitswege ebenfalls abgesehen, wenn private Unternehmen Unterkünfte, die für eine umsatzsteuerpflichtige Verwendung vorgesehen waren (Hotelzimmer, Ferienwohnungen o. Ä.), unentgeltlich Personen zur Verfügung stellen, die aufgrund des Kriegs in der Ukraine geflüchtet sind. Beabsichtigen diese Unternehmer bereits bei Bezug von Nebenleistungen (Strom, Wasser o. Ä.) eine entsprechende unentgeltliche Beherbergung, wird ausnahmsweise unter den oben genannten Bedingungen und den weiteren Voraussetzungen des § 15 UStG zusätzlich im Billigkeitswege ein entsprechender Vorsteuerabzug gewährt. Die folgende unentgeltliche Wertabgabe wird nach dem vorangegangenen Absatz im Billigkeitswege nicht besteuert.

## VIII. Schenkungsteuer

Handelt es sich bei den Zuwendungen um Schenkungen, können bei Vorliegen der entsprechenden Voraussetzungen Steuerbefreiungen nach § 13 ErbStG gewährt werden. Hierunter fallen u. a. Zuwendungen an gemeinnützige Körperschaften nach § 13 Abs. 1 Nr. 16 ErbStG und Zuwendungen, die ausschließlich kirchlichen, gemeinnützigen oder mildtätigen Zwecken gewidmet sind, sofern deren Verwendung zu diesem Zweck gesichert ist (§ 13 Abs. 1 Nr. 17 ErbStG).

## Ergänzung durch BMF v. 13. März 2023 (BStBl. I S. 404):

Bei einer unentgeltlichen Leistung, die unmittelbar die Reparatur von kriegsbeschädigter Infrastruktur in der Ukraine zum Ziel hat, wird aus Billigkeitsgründen bis zum 31. Dezember 2023 von der Besteuerung einer unentgeltlichen Wertabgabe abgesehen. Dies umfasst z.B. die unentgeltliche Bereitstellung von Baumaterialien, Baumaschinen, technischen Einrichtungen und Personal jeweils einschließlich etwaiger Transportleistungen.

Beabsichtigt ein Unternehmer bereits beim Leistungsbezug, die Leistungen ausschließlich und unmittelbar für die genannten Zwecke zu verwenden, sind die entsprechenden Vorsteuerbeträge unter den übrigen Voraussetzungen des § 15 UStG im Billigkeitswege entgegen Abschn. 15.15 Abs. 1 UStAE zu berücksichtigen. Die folgende unentgeltliche Wertabgabe wird nach dem vorangegangenen Absatz im Billigkeitswege nicht besteuert.

# I § 10 b/6. Schreiben betr. Gesetz zur Stärkung des Ehrenamtes (Ehrenamtsstärkungsgesetz) vom 21. März 2013; Anwendungsschreiben zu § 10 b Abs. 1 a EStG

Vom 15. September 2014 (BStBl. I S. 1278)
(BMF IV C 4 – S 2223/07/0006 :005; DOK 2014/0761691)

Unter Bezugnahme auf das Ergebnis der Erörterungen mit den obersten Finanzbehörden der Länder gilt für die Anwendung des § 10 b Abs. 1 a EStG ab dem Veranlagungszeitraum 2013 Folgendes:

## 1. Spenden in das zu erhaltende Vermögen

### a) Zu erhaltendes Vermögen (Vermögensstock)

#### aa) Definition

Zum zu erhaltenden Vermögen einer Stiftung zählen insbesondere:
- Vermögenswerte, die anlässlich der Errichtung der Stiftung zugewendet werden und die nicht zum Verbrauch bestimmt sind,
- Zuwendungen nach Errichtung der Stiftung mit der ausdrücklichen Bestimmung, dass die Zuwendung der Vermögensausstattung zugutekommen soll (Zustiftungen).

Entscheidend ist die Zweckbestimmung zur dauerhaften Ausstattung bzw. Erhöhung des Stiftungsvermögens.

#### bb) Verbrauchsstiftung

Verbrauchsstiftungen verfügen nicht über zu erhaltendes Vermögen i. S. d. § 10 b Abs. 1 a EStG, da das Vermögen der Stiftung zum Verbrauch innerhalb eines vorgegebenen Zeitraums bestimmt ist.

Spenden in das Vermögen einer Verbrauchsstiftung sind nach den allgemeinen Grundsätzen des § 10 b Abs. 1 EStG zu behandeln.

#### cc) Besonderheiten

Gliedert sich das Vermögen einer Stiftung in einen Teil, der zu erhalten ist, und einen Teil, der verbraucht werden kann, dann gilt Folgendes:

Die Spenden in den Teil des Vermögens, der zu erhalten ist und nicht für den Verbrauch bestimmt ist, sind nach § 10 b Abs. 1 a EStG abziehbar. Die Spenden in den Teil des Vermögens, der verbraucht werden kann, sind dagegen nach § 10 b Abs. 1 EStG abziehbar. Der Spender muss daher gegenüber der Stiftung deutlich machen, für welchen Teil des Vermögens seine Zuwendung erfolgt.

Enthält die Satzung der Stiftung eine Klausel, nach der das zu erhaltende Vermögen in Ausnahmefällen vorübergehend zur Verwirklichung der steuerbegünstigten Zwecke verwendet werden kann, aber der Betrag dem zu erhaltenden Vermögen unverzüglich wieder zugeführt werden muss, liegt kein verbrauchbares Vermögen vor. Das gilt auch dann, wenn die Stiftungsaufsicht den Verbrauch des Vermögens unter der Bedingung des unverzüglichen Wiederaufholens genehmigt.

Sind in der Stiftungssatzung Gründe verankert, die eine Auflösung der Stiftung und den anschließenden Verbrauch des Vermögens für die steuerbegünstigten satzungsmäßigen Zwecke der Stiftung bestimmen, so liegt kein verbrauchbares Vermögen vor.

**b) Zuwendungen von Ehegatten/Lebenspartnern**

Werden Ehegatten/Lebenspartner nach §§ 26, 26 b EStG zusammenveranlagt, gilt für diese ein Höchstbetrag von 2 Mio. Euro. Es muss dabei nicht nachgewiesen werden, dass die Spende von beiden wirtschaftlich getragen wurde.

Wird innerhalb des 10-Jahreszeitraums zur Einzelveranlagung gewechselt, dann ist der verbleibende Spendenvortrag aufzuteilen. Maßgeblich ist dabei, wer die Spende wirtschaftlich getragen hat. Die bisher abgezogenen Beträge werden dem Ehegatten/Lebenspartner zugerechnet, der die Spende wirtschaftlich getragen hat. Überstieg die Spende den Höchstbetrag für Einzelveranlagte, ist der davon noch verbleibende Anteil nach § 10 b Abs. 1 EStG abzuziehen.

**2. Anwendungsregelung**

Dieses Schreiben ist ab dem Veranlagungszeitraum 2013 anzuwenden.

# I § 10 d/1. Schreiben betr. Verlustabzug nach § 10 d EStG; Anwendung der Verlustabzugsbeschränkung des § 10 d EStG bei besonderen Verrechnungsbeschränkungen (§ 2 b EStG, § 15 Abs. 4 Satz 1 und 2 sowie den Sätzen 3 bis 5 und 6 bis 8 EStG; §§ 22 Nrn. 2, 3 und 23 EStG)

Vom 29. November 2004 (BStBl. I S. 1097)

(BMF IV C 8 – S 2225 – 5/04)

Der Verlustabzug nach § 10 d EStG wurde durch das Gesetz zur Umsetzung der Protokollerklärung der Bundesregierung zur Vermittlungsempfehlung zum Steuervergünstigungsabbaugesetz vom 22. Dezember 2003 (BGBl. I S. 2840) neu geregelt. Im Rahmen des *§ 2 b EStG*[1], § 15 Abs. 4 Satz 1 und 2 sowie den Sätzen 3 bis 5 und 6 bis 8 EStG, §§ 22 Nrn. 2, 3 und 23 EStG gelten gesonderte Verlustverrechnungsbeschränkungen (besondere Verrechnungskreise). Dabei mindern die negativen Einkünfte jeweils „nach Maßgabe des § 10 d" die positiven Einkünfte. Im Einvernehmen mit den obersten Finanzbehörden der Länder gilt für die Anwendung der Verlustabzugsbeschränkungen des § 10 d Abs. 1 und 2 EStG neuer Fassung innerhalb der besonderen Verrechnungskreise Folgendes:

Die Abzugsbeschränkung des § 10 d Abs. 2 EStG ist sowohl im Rahmen des Verlustvortrags nach § 10 d Abs. 2 EStG als auch innerhalb der besonderen Verrechnungskreise in Ansatz zu bringen. Dabei stellen die Einkünfte aus § 15 Abs. 4 Satz 1 und 2 sowie den Sätzen 3 bis 5 und 6 bis 8 EStG jeweils gesonderte besondere Verrechnungskreise dar.

**Beispiel:**

Sachverhalt:

| | |
|---|---|
| Einkünfte § 21 EStG | 5 000 000 € |
| Einkünfte §§ 22 Nr. 2, 23 EStG | 2 500 000 € |
| Verlustvortrag §§ 22 Nr. 2, 23 EStG | 2 000 000 € |
| Verlustvortrag nach § 10 d Abs. 2 EStG | 4 000 000 € |

| | | |
|---|---|---|
| Besonderer Verrechnungskreis: | | |
| Einkünfte §§ 22 Nr. 2, 23 EStG | 2 500 000 € | 2 500 000 € |
| Berechnung des abziehbaren Betrags (nach Maßgabe des § 10 d Abs. 2 EStG) | | |
| Sockelbetrag | 1 000 000 € | |
| Zuzüglich 60 v. H. des verbleibenden Betrags i. H. v. 1 500 000 € | 900 000 € | |

[1] § 2 b EStG aufgeh. durch G v. 22. 12. 2005 (BGBl. I S. 3683); zur weiteren Anwendung siehe § 52 Abs. 4 EStG.

| | | |
|---|---|---|
| Maximal abziehbarer Betrag | 1 900 000 € | |
| Vorhandener Verlustvortrag §§ 22 Nr. 2, 23 EStG | 2 000 000 € | |
| Abziehbarer Betrag | | 1 900 000 € |
| In den G.d.E. eingehender Gewinn | | 600 000 € |
| | | |
| G.d.E. | | |
| Einkünfte § 21 EStG | | 5 000 000 € |
| Einkünfte §§ 22 Nr. 2, 23 EStG | | 600 000 € |
| G.d.E. | | 5 600 000 € |
| | | |
| Verlustvortrag nach § 10 d Abs. 2 EStG | | |
| Gesamtbetrag der Einkünfte | | 5 600 000 € |
| Berechnung des abziehbaren Betrags (§ 10 d Abs. 2 EStG) | | |
| Sockelbetrag | 1 000 000 € | |
| Zuzüglich 60 v. H. des verbleibenden Betrags i. H. v. 4 600 000 € | 2 760 000 € | |
| Maximal abziehbarer Betrag | 3 760 000 € | |
| Vorhandener Verlustvortrag § 10 d Abs. 2 EStG | 4 000 000 € | |
| Abziehbarer Betrag | | 3 760 000 € |
| Ergebnis (G.d.E. nach Verlustabzug) | | 1 840 000 € |

Liegen bei einem Steuerpflichtigen Einkünfte aus mehreren besonderen Verrechnungskreisen vor, findet die Abzugsbeschränkung bei jedem der besonderen Verrechnungskreise gesondert Anwendung.

Bei zusammen veranlagten Ehegatten ist die Abzugsbeschränkung von 1 Mio. € zu verdoppeln und ebenso wie die Grenze von 60 % auf die zusammengerechneten Einkünfte der Ehegatten aus dem jeweiligen besonderen Verrechnungskreis anzuwenden.[1]

Bei der Behandlung des Höchstbetrags für den Verlustrücktrag nach § 10 d Abs. 1 EStG ist entsprechend zu verfahren.

Soweit sich aus Rdnr. 42, vorletzter Satz, des BMF-Schreibens vom 5. Oktober 2000 (BStBl. I S. 1383) etwas anderes ergibt, geht die vorliegende Neuregelung hinsichtlich der besonderen Verrechnungskreise vor.

Die vorstehenden Regelungen sind erstmals für den Veranlagungszeitraum 2004 sowie auf den Verlustrücktrag aus dem Veranlagungszeitraum 2004 in den Veranlagungszeitraum 2003 anzuwenden.

[1] Ergänzend hierzu siehe FM Mecklenburg-Vorpommern v. 5. 4. 2005 IV – S 2225 – 2/04.

# I § 10 d/2. Schreiben betr. Mindestgewinnbesteuerung nach § 10 d Absatz 2 Satz 1 und 2 EStG; Beschluss des Bundesfinanzhofs vom 26. August 2010 I B 49/10 (BStBl. 2011 II S. 826)

Vom 19. Oktober 2011 (BStBl. I S. 974)

(BMF IV C 2 – S 2741/10/10002; DOK 2010/1012683)

Der Bundesfinanzhof hat mit Beschluss vom 26. August 2010 I B 49/10 (BStBl. 2011 II S. 826) entschieden, dass es ernstlich zweifelhaft ist, ob die sog. Mindestgewinnbesteuerung gemäß § 10 d Absatz 2 Satz 1 EStG 2002 n. F. verfassungsrechtlichen Anforderungen auch dann standhält, wenn eine Verlustverrechnung in späteren Veranlagungszeiträumen aus rechtlichen Gründen (hier: nach § 8 c KStG) endgültig ausgeschlossen ist. Im Einvernehmen mit den obersten Finanzbehörden der Länder nehme ich zur Frage der Gewährung einer Aussetzung der Vollziehung (§ 361 AO, § 69 Absatz 2 FGO) von Einkommensteuer-, Körperschaftsteuer- und Gewerbesteuermessbetragsbescheiden wie folgt Stellung:

Aussetzung der Vollziehung ist auf Antrag in den in dem Beschluss genannten Fällen zu gewähren, in denen es aufgrund des Zusammenwirkens der Anwendung der Mindestgewinnbesteuerung nach § 10 d Absatz 2 Satz 1 und 2 EStG oder § 10 a GewStG und eines tatsächlichen oder rechtlichen Grundes, der zum endgültigen Ausschluss einer Verlustnutzungsmöglichkeit führt, zu einem Definitiveffekt kommt. 1

Im Einzelnen handelt es sich um Fälle

- des schädlichen Beteiligungserwerbs nach § 8 c KStG in den Fassungen vor dem Wachstumsbeschleunigungsgesetz vom 22. Dezember 2009 (BStBl. 2010 I S. 2),
- der Umwandlung beim übertragenden Rechtsträger (§ 12 Absatz 3 i. V. m. § 4 Absatz 2 Satz 2 UmwStG),
- der Liquidation einer Körperschaft,
- der Beendigung der persönlichen Steuerpflicht (Tod einer natürlichen Person) bei fehlender Möglichkeit der „Verlustvererbung".

Die Aussetzung der Vollziehung ist auf die oben genannten Fallgruppen beschränkt.

Keine Aussetzung der Vollziehung ist dementsprechend insbesondere in den Fällen des § 10 a GewStG bei Ausscheiden eines Gesellschafters aus einer Mitunternehmerschaft zu gewähren.

Aussetzung der Vollziehung ist nicht in Missbrauchsfällen (Rz. 19 des BFH-Beschlusses) zu gewähren. Dies gilt insbesondere für den endgültigen Ausschluss der Verlustverrechnung in Fällen des § 8 Absatz 4 KStG 2002 a. F. (sog. Mantelkaufregelung).

Kommt es aufgrund eines rechtlichen Grundes (§ 8 c KStG – in den Fassungen vor dem Wachstumsbeschleunigungsgesetz – bzw. § 12 Absatz 3 2

i. V. m. § 4 Absatz 2 Satz 2 UmwStG) zu einem endgültigen Ausschluss der Verlustverrechnung, ist die Aussetzung der Vollziehung auf Veranlagungszeiträume (VZ) bzw. Erhebungszeiträume (EZ) bis zu dem schädlichen Ereignis beschränkt.

**Beispiel 1:**

Aufgrund einer Veräußerung von 100 % der Anteile an der X-GmbH zum 1. Januar 2009 sind nicht genutzte Verluste nach § 8 c KStG[1] (bzw. § 10 a Satz 10 GewStG) ab dem VZ (bzw. EZ) 2009 endgültig nicht mehr abziehbar. Im Wirtschaftsjahr (Wj. = Kj.) 2009 erzielt die GmbH Gewinne.

**Ergebnis:**

Eine Aussetzung der Vollziehung des Körperschaftsteuerbescheids für den VZ 2009 und des Gewerbesteuermessbetragsbescheids für den EZ 2009 ist nicht zu gewähren. Die Aussetzung der Vollziehung ist auf VZ/EZ bis einschließlich 2008 beschränkt.

3 Die Aussetzung der Vollziehung ist bei einem quotalen Verlustuntergang nach § 8 c Satz 1 KStG[1] bzw. § 8 c Absatz 1 Satz 1 KStG[2] (schädlicher Beteiligungserwerb von bis zu 50 % der Anteile an einer Kapitalgesellschaft) wie folgt zu berechnen:

**Beispiel 2:**

Veräußert werden zum 1. Januar 2009 40 % der Anteile an der Y-GmbH; der Tatbestand des § 8 c Satz 1 KStG[1] ist erfüllt. Im VZ 2008 wird von dem Gesamtbetrag der Einkünfte in Höhe von 4 000 000 € ein Verlustabzug nach § 10 d Absatz 2 Satz 1 EStG in Höhe von 2 800 000 € (= 1 000 000 € + 60 % von 3 000 000 €) vorgenommen. Es ergibt sich ein zu versteuerndes Einkommen von 1 200 000 €. Der verbleibende Verlustabzug zum 31. Dezember 2008 beträgt

a) 1 000 000 €,
b) 1 500 000 €,
c) 4 000 000 €.

Gegen den Körperschaftsteuerbescheid 2008 legt die Y-GmbH Einspruch ein und beantragt Aussetzung der Vollziehung.

**Ergebnis:**

Aussetzung der Vollziehung ist in Höhe von 40 % (= quotaler Verlustuntergang nach § 8 c KStG) des aufgrund der Mindestgewinnbesteuerung nicht gewährten Verlustabzugs, max. in Höhe von 40 % des verbleibenden Verlustabzugs, zu gewähren. Danach kann die Steuer auf folgende Beträge von der Vollziehung ausgesetzt werden:

a) 40 % von 1 000 000 € = 400 000 €,
b) 40 % von 1 200 000 € = 480 000 €,
c) 40 % von 1 200 000 € = 480 000 €.

4 Kommt bei einem unterjährigem Beteiligungserwerb in einem VZ (bzw. EZ) sowohl § 8 c Satz 1 KStG[1] bzw. § 8 c Absatz 1 Satz 1 KStG[2] als auch die Mindestgewinnbesteuerung nach § 10 d Absatz 2 Satz 1 EStG zur Anwendung, kann Aussetzung der Vollziehung für diesen VZ/EZ nicht gewährt werden (Rz. 31 des BMF-Schreibens vom 4. Juli 2008, BStBl. I S. 736[3]).

**Beispiel 3:**

Wie Beispiel 2. Die Veräußerung der Anteile erfolgt aber zum 30. September 2008.

---

[1] **[Amtl. Anm.:]** I. d. F. des Unternehmensteuerreformgesetzes 2008 vom 14. August 2007 (BStBl. I S. 630).

[2] **[Amtl. Anm.:]** I. d. F. des Bürgerentlastungsgesetzes Krankenversicherung vom 16. Juli 2009 (BGBl. I S. 1959).

[3] Nr. **100** § 8 c/1.

**Ergebnis:**

Eine Aussetzung der Vollziehung für den VZ 2008 ist abzulehnen.

Die allgemeinen Grundsätze für die Gewährung der Aussetzung der Vollziehung sind zu beachten. Eine Aussetzung der Vollziehung setzt insbesondere die Vollziehbarkeit eines Steuerbescheids voraus (AEAO zu § 361, Nr. 2.3). 5

**Beispiel 4:**

Aufgrund der in Beispiel 1 dargestellten Anteilsveräußerung zum 1. Januar 2009 wendet sich die X-GmbH gegen die Mindestgewinnbesteuerung nach § 10 d Absatz 2 Satz 1 EStG und beantragt die Änderung des formell bestandskräftigen Körperschaftsteuerbescheids 2007 nach § 164 Absatz 2 AO bzw. § 175 Absatz 1 Satz 1 Nummer 2 AO. Gegen die Ablehnung der Änderung des Bescheids legt die X-GmbH Einspruch ein und beantragt Aussetzung der Vollziehung.

**Ergebnis:**

Eine Aussetzung der Vollziehung ist abzulehnen (AEAO zu § 361, Nr. 2.3.2, 3. Spiegelstrich).

# I § 12/1. Schreiben betr. Zuordnung der Steuerberatungskosten zu den Betriebsausgaben, Werbungskosten oder Kosten der Lebensführung

Vom 21. Dezember 2007 (BStBl. 2008 I S. 256)

(BMF IV B 2 – S 2144/07/0002)

Durch das Gesetz zum Einstieg in ein steuerliches Sofortprogramm vom 22. Dezember 2005 (BGBl. I S. 3682, BStBl. 2006 I S. 79) wurde der Abzug von Steuerberatungskosten als Sonderausgaben ausgeschlossen[1]. Steuerberatungskosten sind nur noch zu berücksichtigen, wenn sie Betriebsausgaben oder Werbungskosten darstellen. Im Einvernehmen mit den obersten Finanzbehörden der Länder gilt für die Zuordnung der Steuerberatungskosten zu den Betriebsausgaben, Werbungskosten oder den nicht abziehbaren Kosten der Lebensführung Folgendes:

## 1. Begriffsbestimmung

Steuerberatungskosten umfassen alle Aufwendungen, die in sachlichem Zusammenhang mit dem Besteuerungsverfahren stehen. Hierzu zählen insbesondere solche Aufwendungen, die dem Steuerpflichtigen durch die Inanspruchnahme eines Angehörigen der steuerberatenden Berufe zur Erfüllung seiner steuerlichen Pflichten und zur Wahrung seiner steuerlichen Rechte entstehen (§§ 1 und 2 StBerG). Dazu gehören auch die damit zwangsläufig verbundenen und durch die Steuerberatung veranlassten Nebenkosten (BFH v. 12. Juli 1989, BStBl. II S. 967), wie Fahrtkosten zum Steuerberater und Unfallkosten auf dem Weg zum Steuerberater. Steuerberatungskosten sind u. a. auch Beiträge zu Lohnsteuerhilfevereinen, Aufwendungen für Steuerfachliteratur und sonstige Hilfsmittel (z. B. Software). 1

Nicht zu den Steuerberatungskosten zählen u. a. Rechtsanwaltskosten, die der Steuerpflichtige aufwendet, um die Zustimmung seines geschiedenen oder dauernd getrennt lebenden unbeschränkt steuerpflichtigen Ehegatten zum begrenzten Realsplitting zu erlangen oder die für die Verteidigung in einem Steuerstrafverfahren (BFH v. 20. September 1989, BStBl. 1990 II S. 20) anfallen. 2

## 2. Zuordnung zu den Betriebsausgaben/Werbungskosten

Steuerberatungskosten sind als Betriebsausgaben oder Werbungskosten abzuziehen, wenn und soweit sie bei der Ermittlung der Einkünfte anfallen (BFH v. 18. November 1965, BStBl. 1966 III S. 190) oder im Zusammenhang mit Betriebssteuern (z. B. Gewerbesteuer, Umsatzsteuer, Grundsteuer für Betriebsgrundstücke) oder Investitionszulagen für Investitionen im einkünfterelevanten Bereich stehen. Die Ermittlung der Einkünfte umfasst die Kosten der Buchführungsarbeiten und der Überwachung der Buchführung, die Er- 3

[1] Beachte aber den Vorläufigkeitskatalog in BMF v. 16. 5. 2011, BStBl. I S. 464 (Nr. **800** § 165/1).

mittlung von Ausgaben oder Einnahmen, die Anfertigung von Zusammenstellungen, die Aufstellung von Bilanzen oder von Einnahmenüberschussrechnungen, die Beantwortung der sich dabei ergebenden Steuerfragen, soweit es sich nicht um Nebenleistungen nach § 12 Nr. 3 EStG handelt und die Kosten der Beratung. Zur Ermittlung der Einkünfte zählt auch das Ausfüllen des Vordrucks Einnahmenüberschussrechnung (EÜR).

### 3. Zuordnung zu den Kosten der Lebensführung

4 Das Übertragen der Ergebnisse aus der jeweiligen Einkunftsermittlung in die entsprechende Anlage zur Einkommensteuererklärung und das übrige Ausfüllen der Einkommensteuererklärung gehören nicht zur Einkunftsermittlung. Die hierauf entfallenden Kosten sowie Aufwendungen, die die Beratung in Tarif- oder Veranlagungsfragen betreffen oder im Zusammenhang mit der Ermittlung von Sonderausgaben und außergewöhnlichen Belastungen stehen, sind als Kosten der privaten Lebensführung gemäß § 12 Nr. 1 EStG steuerlich nicht zu berücksichtigen (BFH v. 12. Juli 1989, BStBl. II S. 967).

5 Zu den der Privatsphäre zuzurechnenden Aufwendungen zählen auch die Steuerberatungskosten, die:
- durch haushaltsnahe Beschäftigungsverhältnisse veranlasst sind,
- im Zusammenhang mit der Inanspruchnahme haushaltsnaher Dienstleistungen oder der steuerlichen Berücksichtigung von Kinderbetreuungskosten stehen,
- die Erbschaft- oder Schenkungsteuer,
- das Kindergeld oder
- die Eigenheimzulage betreffen.

### 4. Zuordnung zur Betriebs-/Berufssphäre oder zur Privatsphäre

6 Steuerberatungskosten, die für Steuern entstehen, die sowohl betrieblich/beruflich als auch privat verursacht sein können, sind anhand ihrer Veranlassung den Aufwendungen nach Rdnr. 3 oder 4 zuzuordnen (z. B. Grundsteuer, Kraftfahrzeugsteuer, Zweitwohnungssteuer, Gebühren für verbindliche Auskünfte nach § 89 Abs. 3 bis 5 AO). Als Aufteilungsmaßstab dafür ist grundsätzlich die Gebührenrechnung des Steuerberaters heranzuziehen.

### 5. Zuordnung gemischt veranlasster Aufwendungen

7 Entstehen dem Steuerpflichtigen Aufwendungen, die unter Berücksichtigung der Ausführungen zu den Rdnrn. 3 und 4 sowohl betrieblich/beruflich als auch privat veranlasst sind, wie z. B. Beiträge an Lohnsteuerhilfevereine, Anschaffungskosten für Steuerfachliteratur zur Ermittlung der Einkünfte und des Einkommens, Beratungsgebühren für einen Rechtsstreit, der sowohl die Ermittlung von Einkünften als auch z. B. den Ansatz von außergewöhnlichen Belastungen umfasst, ist im Rahmen einer sachgerechten Schätzung eine Zuordnung zu den Betriebsausgaben, Werbungskosten oder Kosten der Lebensführung vorzunehmen. Dies gilt auch in den Fällen einer Vereinbarung einer Pauschalvergütung nach *§ 14 der StBGebV*[1]).

[1]) Jetzt § 14 StBVV.

Bei Beiträgen an Lohnsteuerhilfevereine, Aufwendungen für steuerliche Fachliteratur und Software wird es nicht beanstandet, wenn diese Aufwendungen i. H. v. 50 Prozent den Betriebsausgaben oder Werbungskosten zugeordnet werden. Dessen ungeachtet ist aus Vereinfachungsgründen der Zuordnung des Steuerpflichtigen bei Aufwendungen für gemischte Steuerberatungskosten bis zu einem Betrag von 100 Euro im Veranlagungszeitraum zu folgen. 8

**Beispiel:**

Der Steuerpflichtige zahlt in 01 einen Beitrag an einen Lohnsteuerhilfeverein i. H. v. 120 Euro. Davon ordnet er 100 Euro den Werbungskosten zu; diese Zuordnung ist nicht zu beanstanden.

## 6. Zuordnung der Steuerberatungskosten bei Körperschaften

Auf Körperschaften findet § 12 EStG keine Anwendung. Den Körperschaften im Sinne des § 1 Abs. 1 Nr. 1 bis 3 KStG entstehende Steuerberatungskosten sind in vollem Umfang als Betriebsausgaben abziehbar. Für Körperschaften, die auch andere als gewerbliche Einkünfte erzielen, ist zwischen einkunftsbezogenen und nicht einkunftsbezogenen Aufwendungen zu unterscheiden. Den einzelnen Einkunftsarten zuzuordnende Steuerberatungskosten sind als Betriebsausgaben oder Werbungskosten abziehbar. 9

## 7. Anwendungszeitpunkt

Steuerberatungskosten, die den Kosten der Lebensführung zuzuordnen sind, sind ab dem 1. Januar 2006 nicht mehr als Sonderausgaben zu berücksichtigen. Maßgebend dafür ist der Zeitpunkt des Abflusses der Aufwendungen (§ 11 Abs. 2 Satz 1 EStG). Werden Steuerberatungskosten für den Veranlagungszeitraum 2005 vorschussweise (*§ 8 StBGebV*[1]) bereits in 2005 gezahlt, so sind sie dem Grunde nach abziehbar. Eine spätere Rückzahlung aufgrund eines zu hohen Vorschusses mindert die abziehbaren Aufwendungen des Veranlagungszeitraumes 2005. Ein bereits bestandskräftiger Bescheid ist nach § 175 Abs. 1 Satz 1 Nr. 2 AO zu ändern (BFH v. 28. Mai 1998, BStBl. 1999 II S. 95). 10

[1] Entspricht § 8 StBVV.

# 1 § 12/2. Schreiben betr. steuerliche Beurteilung gemischter Aufwendungen; Beschluss des Großen Senats des BFH vom 21. September 2009 GrS 1/06 (BStBl. 2010 II S. 672)

Vom 6. Juli 2010

BMF IV C 3-S 2227/07/10003 :002; DOK 2010/0522213

(BStBl. I S. 614)

**Inhaltsverzeichnis**



Der Große Senat des Bundesfinanzhofs hat mit dem o. a. Beschluss entschieden, dass § 12 Nr. 1 Satz 2 EStG kein allgemeines Aufteilungs- und Abzugsverbot für Aufwendungen normiert, die sowohl durch die Einkunftserzielung als auch privat veranlasste Teile enthalten (gemischte Aufwendungen). Unter Bezugnahme auf das Ergebnis der Erörterungen mit den obersten Finanzbehörden der Länder gelten zur steuerlichen Beurteilung gemischter Aufwendungen für alle Einkunftsarten und für die verschiedenen Arten der Gewinnermittlung die folgenden Grundsätze:

## 1. Allgemeines

Gemischte Aufwendungen eines Steuerpflichtigen können nach Maßgabe der folgenden Ausführungen grundsätzlich in als Betriebsausgaben oder Werbungskosten abziehbare sowie in privat veranlasste und damit nicht abziehbare Teile aufgeteilt werden, soweit nicht gesetzlich etwas anderes geregelt ist oder es sich um Aufwandspositionen handelt, die durch das steuerliche Existenzminimum abgegolten oder als Sonderausgaben oder als außergewöhnliche Belastungen abziehbar sind. 1

Eine Aufteilung der Aufwendungen kommt nur in Betracht, wenn der Steuerpflichtige die betriebliche oder berufliche Veranlassung im Einzelnen umfassend dargelegt und nachgewiesen hat. Bestehen gewichtige Zweifel an einer betrieblichen oder beruflichen (Mit-)Veranlassung der Aufwendungen, so kommt für die Aufwendungen schon aus diesem Grund ein Abzug insgesamt nicht in Betracht. 2

Die Aufteilung gemischt veranlasster Aufwendungen hat nach einem an objektiven Kriterien orientierten Maßstab der Veranlassungsbeiträge zu erfolgen. Ist eine verlässliche Aufteilung nur mit unverhältnismäßigem Aufwand möglich, erfolgt die Aufteilung im Wege der Schätzung. Fehlt es an einer geeigneten Schätzungsgrundlage oder sind die Veranlassungsbeiträge nicht trennbar, gelten die Aufwendungen als insgesamt privat veranlasst. 3

## 2. Nicht abziehbare Aufwendungen der Lebensführung

4 Nach § 12 Nr. 1 Satz 1 EStG sind Aufwendungen für den Haushalt des Steuerpflichtigen und für den Unterhalt seiner Familienangehörigen vollständig vom Betriebsausgaben-/Werbungskostenabzug ausgeschlossen und demzufolge nicht in einen abziehbaren und nicht abziehbaren Teil aufzuteilen. Sie sind durch die Vorschriften zur Berücksichtigung des steuerlichen Existenzminimums (Grundfreibetrag, Freibeträge für Kinder) pauschal abgegolten oder als Sonderausgaben oder als außergewöhnliche Belastungen abziehbar.

Kosten der Lebensführung in diesem Sinne sind insbesondere Aufwendungen für

- Wohnung,
- Ernährung,
- Kleidung,
- allgemeine Schulausbildung,
- Kindererziehung,
- persönliche Bedürfnisse des täglichen Lebens, z. B. Erhaltung der Gesundheit, Pflege, Hygieneartikel,
- Zeitung,
- Rundfunk oder
- Besuch kultureller und sportlicher Veranstaltungen.

5 Vollumfänglich nicht abziehbar und demzufolge nicht aufzuteilen sind ferner Aufwendungen nach § 12 Nr. 1 Satz 2 EStG. Das sind Aufwendungen für die Lebensführung, die zwar der Förderung des Berufs oder der Tätigkeit dienen können, die aber grundsätzlich die wirtschaftliche oder gesellschaftliche Stellung des Steuerpflichtigen mit sich bringt. Hierbei handelt es sich um Aufwendungen, die mit dem persönlichen Ansehen des Steuerpflichtigen in Zusammenhang stehen, d. h. der Pflege der sozialen Verpflichtungen dienen (sog. Repräsentationsaufwendungen).

Ob Aufwendungen Repräsentationsaufwendungen im Sinne des § 12 Nr. 1 Satz 2 EStG oder (zumindest teilweise) Betriebsausgaben/Werbungskosten darstellen, ist stets durch eine Gesamtwürdigung aller Umstände des Einzelfalls festzustellen[1]. Bei Veranstaltungen, die vom Steuerpflichtigen ausgerichtet werden, stellt ein persönlicher Anlass (z. B. Geburtstag, Trauerfeier) regelmäßig ein bedeutendes Indiz für die Annahme nicht abziehbarer Repräsentationsaufwendungen dar. Auch Aufwendungen für gesellschaftliche Veranstaltungen fallen in der Regel unter § 12 Nr. 1 Satz 2 EStG.

6 Aufwendungen nach § 12 Nr. 1 EStG sind selbst im Falle einer betrieblichen/beruflichen Mitveranlassung nicht als Betriebsausgaben/Werbungskosten abziehbar.

7 Aufwendungen im Sinne der Rn. 4 und 5 sind Betriebsausgaben oder Werbungskosten, soweit sie ausschließlich oder nahezu ausschließlich betrieblich/beruflich veranlasst sind (z. B. § 4 Absatz 5 Satz 1 Nr. 6 b EStG: Arbeitszimmer; § 9 Absatz 1 Satz 3 Nr. 6 EStG: Arbeitsmittel, typische Berufskleidung) oder ein abgegrenzter betrieblicher/beruflicher Mehraufwand gegeben ist. Die Abzugsbeschränkungen des *§ 4 Absatz 5 Satz 1 Nr. 5*

[1] **Anm. Amtl. LSt-Handbuch:** Vgl. H 9.1 „Gemischte Aufwendungen" LStH.

EStG (Verpflegungsmehraufwendungen) und § 9 Absatz 1 Satz 3 Nummer 5 EStG (Doppelte Haushaltsführung) sind zu beachten.[1)]

### 3. Grundsätze der Aufteilung gemischter Aufwendungen

Gemäß § 4 Absatz 4 EStG (Betriebsausgaben) und § 9 Absatz 1 EStG (Werbungskosten) werden bei der Ermittlung der Einkünfte nur Aufwendungen berücksichtigt, die durch die Einkunftserzielung veranlasst sind. Ein Veranlassungszusammenhang in diesem Sinne besteht, wenn die Aufwendungen mit der Einkunftserzielung objektiv zusammenhängen und ihr subjektiv zu dienen bestimmt sind, d. h., wenn sie in unmittelbarem oder mittelbarem wirtschaftlichen Zusammenhang mit einer der Einkunftsarten des Einkommensteuergesetzes stehen. 8

Aufwendungen, die eindeutig und klar abgrenzbar ausschließlich betrieblich/beruflich oder privat veranlasst sind, sind unmittelbar dem betrieblichen/beruflichen oder privaten Teil der Aufwendungen zuzuordnen. 9

#### a) Durch die Einkunftserzielung (mit-)veranlasste Aufwendungen

Nicht von § 12 Nummer 1 EStG erfasste Aufwendungen, die nicht eindeutig zugeordnet werden können, aber einen nachgewiesenen abgrenzbaren betrieblichen oder beruflichen Anteil enthalten, sind nach dem jeweiligen Veranlassungsanteil in abziehbare und nicht abziehbare Aufwendungen aufzuteilen. 10

Bei einer untergeordneten betrieblichen/beruflichen Mitveranlassung (< 10 %) sind die Aufwendungen in vollem Umfang nicht als Betriebsausgaben/Werbungskosten abziehbar. Wird ein Sachverhalt insgesamt als privat veranlasst gewürdigt und werden die Aufwendungen dementsprechend steuerlich nicht berücksichtigt, so können zusätzliche ausschließlich betrieblich/beruflich veranlasste Aufwendungen für sich genommen als Betriebsausgaben oder Werbungskosten abzuziehen sein (vgl. Rn. 9).[2)] 11

**Beispiel 1:**

Ein Steuerpflichtiger nimmt während seiner 14-tägigen Urlaubsreise an einem eintägigen Fachseminar teil.

Die Aufwendungen für die Urlaubsreise sind nicht abziehbar. Die Aufwendungen, die unmittelbar mit dem Fachseminar zusammenhängen (Seminargebühren, Fahrtkosten vom Urlaubsort zum Tagungsort, ggf. Pauschbetrag für Verpflegungsmehraufwendungen), sind als Betriebsausgaben/Werbungskosten abziehbar.

Bei einer untergeordneten privaten Mitveranlassung (< 10 %) sind die Aufwendungen in vollem Umfang als Betriebsausgaben/Werbungskosten abziehbar; die Abzugsbeschränkungen des § 4 Absatz 5 EStG und § 9 Absatz 5 EStG bleiben unberührt. 12

Von einer untergeordneten privaten Mitveranlassung der Kosten für die Hin- und Rückreise ist auch dann auszugehen, wenn der Reise ein eindeutiger unmittelbarer betrieblicher/beruflicher Anlass zugrunde liegt (z. B. ein Arbeitnehmer nimmt aufgrund einer Weisung seines Arbeitgebers einen ortsgebundenen Pflichttermin wahr oder ein Nichtarbeitnehmer tätigt einen ortsgebundenen Geschäftsabschluss oder ist Aussteller auf einer auswärtigen

1) **[Amtl. Anm.:]** Vgl. C. III.4.a der Entscheidungsgründe des GrS.

2) **[Amtl. Anm.:]** Vgl. C. III.3.f der Entscheidungsgründe des GrS.

Messe), den der Steuerpflichtige mit einem vorangehenden oder nachfolgenden Privataufenthalt verbindet.

### b) Höhe der abziehbaren Aufwendungen

13 Sind die Aufwendungen sowohl durch betriebliche/berufliche als auch private Gründe von jeweils nicht untergeordneter Bedeutung (vgl. Rn. 11 und 12) veranlasst, ist nach Möglichkeit eine Aufteilung der Aufwendungen nach Veranlassungsbeiträgen vorzunehmen (vgl. BFH vom 21. April 2010 VI R 66/04, BStBl. II S. 685; siehe aber Rn. 18).

14 Es ist ein geeigneter, den Verhältnissen im Einzelfall gerecht werdender Aufteilungsmaßstab zu finden. Der Maßstab muss nach objektivierbaren – d. h. nach außen hin erkennbaren und nachvollziehbaren – Kriterien ermittelt und hinsichtlich des ihm zugrunde liegenden Veranlassungsbeitrags dokumentiert werden.

15 Der betrieblich/beruflich und privat veranlasste Teil der Aufwendungen kann beispielsweise nach folgenden Kriterien ermittelt werden: Zeit-, Mengen- oder Flächenanteile sowie Aufteilung nach Köpfen.

**Beispiel 2:**

An der Feier zum 30. Firmenjubiläum des Einzelunternehmens Y nehmen 100 Personen teil (80 Kunden und Geschäftsfreunde und 20 private Gäste des Firmeninhabers). Die Gesamtkosten der Feier betragen 5000 €, auf Essen und Getränke entfallen 4000 €.

Aufgrund der Teilnahme privater Gäste handelt es sich um eine gemischt betrieblich und privat veranlasste Veranstaltung. Zwar liegt der Anlass der Veranstaltung im betrieblichen Bereich (Firmenjubiläum). Die Einladung der privaten Gäste erfolgte allerdings ausschließlich aus privaten Gründen, so dass die Kosten der Verköstigung und Unterhaltung der privaten Gäste als privat veranlasst zu behandeln sind. Sachgerechtes objektivierbares Kriterium für eine Aufteilung ist eine Aufteilung nach Köpfen. 80 Personen nehmen aus betrieblichen Gründen an dem Firmenjubiläum teil, 20 aus privaten Gründen. Damit sind 1000 € (20 % des Gesamtkosten), die anteilig auf die privaten Gäste entfallen, nicht als Betriebsausgaben abziehbar. Von den verbleibenden betrieblich veranlassten Kosten in Höhe von 4000 € sind unter Berücksichtigung des § 4 Absatz 5 Satz 1 Nummer 2 EStG 3040 € (80 % von 1000 € + 70 % von 80 % von 4000 €) als Betriebsausgaben abziehbar.

**Beispiel 3:**

Ein niedergelassener Arzt besucht einen Fachkongress in London. Er reist Samstagfrüh an. Die Veranstaltung findet ganztägig von Dienstag bis Donnerstag statt. Am Sonntagabend reist er nach Hause zurück.

Da Reisen nach dem Beschluss des Großen Senats des BFH entgegen der bisherigen Rechtsprechung nicht mehr in jedem Fall als Einheit zu betrachten sind, sind die Kosten für zwei Übernachtungen (von Dienstag bis Donnerstag) sowie die Kongressgebühren ausschließlich dem betrieblichen Bereich zuzuordnen und daher vollständig als Betriebsausgaben abziehbar. Die Flugkosten sind gemischt veranlasst und entsprechend den Veranlassungsbeiträgen aufzuteilen. Sachgerechter Aufteilungsmaßstab ist das Verhältnis der betrieblichen und privaten Zeitanteile der Reise (betrieblich veranlasst sind 3/9). Ein Abzug der Verpflegungskosten als Betriebsausgaben ist nur in Höhe der Pauschbeträge für Verpflegungsmehraufwendungen für die betrieblich veranlassten Tage zulässig.

**Abwandlung:**

Der Arzt fährt nicht als Zuhörer, sondern als Mitveranstalter zu dem Fachkongress.

Die Kosten für die Hin- und Rückreise sind vollständig dem betrieblichen Bereich zuzurechnen und daher nicht aufzuteilen (vgl. Rn. 12).

16 Bestehen keine Zweifel daran, dass ein nach objektivierbaren Kriterien abgrenzbarer Teil der Aufwendungen betrieblich/beruflich veranlasst ist, bereitet seine Quantifizierung aber Schwierigkeiten, so ist dieser Anteil unter Berück-

sichtigung aller maßgeblichen Umstände zu schätzen (§ 162 AO). Ist also zweifelsfrei ein betrieblicher/beruflicher Kostenanteil entstanden, kann aber dessen jeweiliger Umfang mangels geeigneter Unterlagen nicht belegt werden, ist wie bisher eine Schätzung geboten.

### c) Nicht aufteilbare gemischte Aufwendungen

Ein Abzug der Aufwendungen kommt insgesamt nicht in Betracht, wenn die – für sich gesehen jeweils nicht unbedeutenden – betrieblichen/beruflichen und privaten Veranlassungsbeiträge so ineinander greifen, dass eine Trennung nicht möglich und eine Grundlage für die Schätzung nicht erkennbar ist. Das ist insbesondere der Fall, wenn es an objektivierbaren Kriterien für eine Aufteilung fehlt. 17

**Beispiel 4:**

Ein Steuerberater begehrt die hälftige Anerkennung der Kosten eines Abonnements einer überregionalen Zeitung, die er neben der regionalen Tageszeitung bezieht, als Betriebsausgaben, weil die überregionale Zeitung umfassend auch über die steuerrechtliche Entwicklung informiere.

Die Kosten sind insgesamt nicht als Betriebsausgaben abziehbar. Die betrieblichen und privaten Veranlassungsbeiträge greifen so ineinander, dass eine Trennung nicht möglich ist. Soweit die Zeitung nicht bereits durch das steuerliche Existenzminimum abgegolten ist, fehlt es an einer Aufteilbarkeit der Veranlassungsbeiträge. Denn keine Rubrik oder Seite einer Zeitung kann ausschließlich dem betrieblichen Bereich zugeordnet werden, sondern dient stets auch dem privaten Informationsinteresse. Es fehlt damit an einer Möglichkeit zur Aufteilung nach objektivierbaren Kriterien.

Die für Auslandsgruppenreisen aufgestellten Abgrenzungsmerkmale gelten grundsätzlich weiter (BFH vom 27. November 1978, BStBl. 1979 II S. 213; zuletzt BFH vom 21. April 2010 VI R 5/07, BStBl. II S. 687).[1] Eine Aufteilung der Kosten und damit ein teilweiser Abzug als Betriebsausgaben/Werbungskosten kommt bei solchen Reisen regelmäßig nur in Betracht, soweit die beruflichen und privaten Veranlassungsbeiträge voneinander abgrenzbar sind (vgl. BFH vom 21. April 2010 VI R 5/07, BStBl. II S. 687). 18

Soweit der BFH bisher die Abziehbarkeit anderer gemischter Aufwendungen mangels objektiver Aufteilungskriterien abgelehnt hat, ist weiterhin von der Nichtabziehbarkeit auszugehen. 19

**Beispiele:**

Aufwendungen für Sicherheitsmaßnahmen eines Steuerpflichtigen zum Schutz von Leben, Gesundheit, Freiheit und Vermögen seiner Person (BFH vom 5. April 2006, BStBl. II S. 541),
Aufwendungen eines in Deutschland lebenden Ausländers für das Erlernen der deutschen Sprache (BFH vom 15. März 2007, BStBl. II S. 814),
Aufwendungen einer Landärztin für einen Schutzhund (BFH vom 29. März 1979, BStBl. II S. 512),
Einbürgerungskosten zum Erwerb der deutschen Staatsangehörigkeit (BFH vom 18. Mai 1984, BStBl. II S. 588),
Kosten für den Erwerb eines Führerscheins (BFH vom 8. April 1964, BStBl. III S. 431).

## 4. Anwendungsregelung

Dieses Schreiben ist vorbehaltlich des § 176 Absatz 1 Satz 1 Nummer 3 AO für alle offenen Fälle anzuwenden. 20

[1] **[Amtl. Anm.:]** Vgl. C. III.4.e der Entscheidungsgründe des GrS.

# I § 13/1. Schreiben betr. Bewertung von Tieren in land- und forstwirtschaftlich tätigen Betrieben nach § 6 Abs. 1 Nr. 1 und 2 EStG

Vom 14. November 2001 (BStBl. I S. 864)

(BMF IV A 6 – S 2170 – 36/01)

Zu der Frage, wie Tiere in land- und forstwirtschaftlich tätigen Betrieben nach § 6 Abs. 1 Nr. 1 und 2 EStG zu bewerten sind, gilt unter Bezugnahme auf das Ergebnis der Erörterungen mit den obersten Finanzbehörden der Länder folgendes:

## 1. Herstellungskosten[1)]

Maßgebend ist die Bestimmung des Begriffs der Herstellungskosten nach § 255 Abs. 2 HGB *(R 33 Abs. 1 EStR[2)])*. 1

Material- und Fertigungskosten sind die Anschaffungskosten für Jungtiere sowie insbesondere die Kosten des selbst hergestellten und zugekauften Futters (einschl. Feldbestellungskosten, Pachtzinsen für Futterflächen), Deck- und Besamungskosten (einschl. Embryotransfer) und die Fertigungslöhne bis zum Zeitpunkt der Fertigstellung. Zu den Einzelkosten gehören auch Transport- und Fahrtkosten, die bei der Fertigung entstehen. 2

In die Herstellungskosten sind auch die Material- und Fertigungsgemeinkosten einzubeziehen, z. B. die Kosten für Tierarzt, Medikamente, Tierversicherungen (einschl. Tierseuchenkasse), Energie, Abwasser, Gülleentsorgung und AfA, Erhaltungs- und laufender Unterhaltungsaufwand für die beweglichen und unbeweglichen Wirtschaftsgüter des Anlagevermögens, die der Tierhaltung dienen (z. B. Stallgebäude, Futterlager, Gülleeinrichtungen), sowie Miet- und Pachtzinsen für derartige Wirtschaftsgüter. AfA und Unterhaltskosten der Elterntiere sind bei der Herstellung von Jungtieren anteilig zu berücksichtigen. Zu erfassen sind diese Gemeinkosten aus allen Herstellungsphasen, die bis zum Zeitpunkt der Fertigstellung entstehen. 3

Die Kosten der allgemeinen Verwaltung brauchen nicht erfaßt zu werden[3)] (z. B. Beiträge zur Berufsgenossenschaft, zur Landwirtschaftskammer, Kosten für die Leitung des Betriebes, freiwillige soziale Aufwendungen, Gewerbesteuer)[4)]. Sie sind in den Richtwerten lt. Anlage nicht enthalten. 4

Nicht zu den Herstellungskosten gehören Umsatzsteuer, Ertragsteuern und Vertriebskosten. 5

Zu den Zinsen und Geldbeschaffungskosten siehe *R 33 Abs. 4 EStR[5)]*. 6

---

[1)] Zu Herstellungskosten von Kühen siehe BFH-Urteil vom 15. 5. 1997 (BStBl. II S. 575).

[2)] Jetzt R 6.3 Abs. 1 EStR 2012.

[3)] Siehe nunmehr § 6 Abs. 1 Nr. 1 b, § 52 Abs. 12 Satz 1 EStG.

[4)] Siehe jetzt R 6.3 Abs. 6 Satz 2 EStR 2012.

[5)] Jetzt R 6.3 Abs. 5 EStR 2012.

### 2. Herstellungskosten von Jungtieren bis zur Geburt

7 Ein Jungtier wird erst mit der Geburt als Wirtschaftsgut greifbar. Deshalb ist es erst zu diesem Zeitpunkt mit den bis dahin als Betriebsausgaben behandelten Herstellungskosten zu bewerten. Die vor der Geburt entstandenen Herstellungskosten eines Jungtieres sind nur auf kalkulatorischem Weg von den Herstellungs- bzw. Erhaltungsaufwendungen des Muttertieres abgrenzbar.

### 3. Zeitpunkt der Fertigstellung von Tieren des Anlagevermögens

8 Ein Tier ist fertig gestellt, wenn es ausgewachsen ist. Als Zeitpunkt der Fertigstellung gilt bei männlichen Zuchttieren der Zeitpunkt, in dem sie zur Zucht eingesetzt werden können, bei weiblichen Zuchttieren die Vollendung der ersten Geburt (BFH vom 9. Dezember 1988, BStBl. 1989 II S. 244) und bei Gebrauchstieren die erste Ingebrauchnahme. Turnier- und Reitpferde gelten mit ihrem ersten Einsatz (BFH vom 23. Juli 1981, BStBl. II S. 672), Reitpferde mit Beginn des Zureitens als fertiggestellt.

### 4. Anschaffungskosten

9 Maßgebend ist die Bestimmung des Begriffs der Anschaffungskosten nach § 255 Abs. 1 HGB *(R 32 a EStR[1])*.

### 5. Bewertungsgrundsätze

10 Tiere sind grundsätzlich einzeln zu bewerten. Als weitere Bewertungsmethode kommt die Gruppenbewertung nach § 240 Abs. 4 HGB in Betracht. Innerhalb dieser Bewertungsmethoden sind verschiedene Verfahren zur Wertermittlung zulässig.

#### a) Einzelbewertung

#### aa) Betriebsindividuelle Wertermittlung

11 Die dem Tier zurechenbaren Anschaffungs- und Herstellungskosten sind nach den Verhältnissen des Betriebs zu ermitteln. Ist der Teilwert eines Tieres niedriger als der Buchwert, der sich aufgrund der Anschaffungs- oder Herstellungskosten ergibt, kann der Teilwert angesetzt werden; für Wirtschaftsjahre, die nach dem 31. Dezember 1998 enden, kommt der Ansatz des niedrigeren Teilwerts nur in Betracht, wenn eine voraussichtlich dauernde Wertminderung vorliegt (§ 6 Abs. 1 Nr. 1 Satz 2, Nr. 2 Satz 2 EStG).

#### bb) Werte aus vergleichbaren Musterbetrieben

12 Die Werte können auch aus vergleichbaren Musterbetrieben abgeleitet werden (BFH vom 4. Juni 1992, BStBl. 1993 II S. 276; vom 1. Oktober 1992, BStBl. 1993 II S. 284).

#### cc) Richtwerte[2]

13 Die Anschaffungs- oder Herstellungskosten können auch mit den Richtwerten lt. Spalte 2/3 der Anlage angesetzt werden, soweit es sich nicht um besonders wertvolle Tiere (z. B. Zuchttiere wie Zuchthengste und Zuchtbullen, Turnier- und Rennpferde) handelt.

---

[1] Jetzt R 6.2 EStR 2012.

[2] Siehe hierzu auch BFH v. 6. 8. 1998 (BStBl. 1999 II S. 14).

**b) Gruppenbewertung**

Die am Bilanzstichtag vorhandenen Tiere können in Gruppen zusammengefaßt werden, die nach Tierarten und Altersklassen (Aufzuchtstadien) gebildet sind und mit dem gewogenen Durchschnittswert bewertet werden (§ 240 Abs. 4 HGB, *R 125 EStR*[1]) Die in der Anlage vorgenommene Gliederung kann der Bestimmung der Tiergruppen zugrunde gelegt werden. 14

Für besonders wertvolle Tiere (vgl. Rn. 13) ist die Gruppenbewertung nicht zulässig. 15

**aa) Betriebsindividuelle Wertermittlung**

Der gewogene Durchschnittswert kann nach den Verhältnissen des Betriebs ermittelt werden. 16

**bb) Werte aus vergleichbaren Musterbetrieben**

Der gewogene Durchschnittswert kann auch aus vergleichbaren Musterbetrieben abgeleitet werden (vgl. Rn. 12). 17

**cc) Richtwerte**

Als gewogener Durchschnittswert können die Richtwerte aus Spalte 6/7 der Anlage angesetzt werden. 18

**c) Bewertungsstetigkeit**

Die gewählte Bewertungsmethode sowie das Wertermittlungsverfahren sind für die jeweilige Tiergruppe (vgl. Rn. 10–18) grundsätzlich beizubehalten (§ 252 Abs. 1 Nr. 6 HGB; BFH vom 14. April 1988, BStBl. II S. 672). Von der Gruppenbewertung der Tiere des Anlagevermögens kann jedoch für Neuzugänge eines Wirtschaftsjahres der jeweiligen Tiergruppe einheitlich zur Einzelbewertung übergegangen werden (BFH vom 15. Februar 2001, BStBl. II S. 548 und S. 549). 19

Im Übrigen kann auf eine andere Bewertungsmethode oder auf ein anderes Wertermittlungsverfahren nur dann übergegangen werden, wenn sich die betrieblichen Verhältnisse wesentlich geändert haben, z. B. bei Strukturwandel. 20

**6. Anlagevermögen**

**a) Zugehörigkeit zum Anlagevermögen**

Zum Anlagevermögen gehören Tiere, die nach ihrer Fertigstellung nicht zur sofortigen Veräußerung, Verarbeitung oder zum Verbrauch bestimmt sind (z. B. Zuchttiere, Milchvieh, Legehennen). 21

Tiere des Anlagevermögens sind sowohl zur Nutzung im Betrieb als auch zur Verwendung als Schlachtvieh bestimmt. 22

**b) Absetzung für Abnutzung und Sonderabschreibungen**

AfA nach § 7 EStG und Sonderabschreibungen können erst ab dem Zeitpunkt der Fertigstellung entsprechend der betriebsgewöhnlichen Nutzungsdauer des Tieres vorgenommen werden. Dasselbe gilt für die Bewertungsfreiheit nach § 6 Abs. 2 EStG *(R 40 Abs. 4 EStR*[2]*)*. 23

---

[1] Zuletzt in EStR 2003.
[2] Jetzt R 6.13 Abs. 3 EStR 2012.

24 Bemessungsgrundlage und Volumen für AfA nach § 7 EStG und Sonderabschreibungen sind die Differenz zwischen den Anschaffungs- oder Herstellungskosten und dem Schlachtwert. Schlachtwert ist der Veräußerungserlös, der bei vorsichtiger Beurteilung nach Beendigung der Nutzung erzielbar sein wird (BFH vom 4. Juni 1992, BStBl. 1993 II S. 276, und vom 1. Oktober 1992, BStBl. 1993 II S. 284). Der Schlachtwert kann betriebsindividuell, mit Wertansätzen aus vergleichbaren Musterbetrieben oder mit den Richtwerten lt. Spalte 4/5 der Anlage ermittelt werden.

25 Bei Inanspruchnahme der Bewertungsfreiheit nach § 6 Abs. 2 EStG sind die Anschaffungs- oder Herstellungskosten bis zur Höhe des Schlachtwerts abzusetzen (BFH vom 15. Februar 2001, BStBl. II S. 549). Die Berücksichtigung eines Schlachtwerts braucht bei Tieren, die in Wirtschaftsjahren angeschafft oder hergestellt worden sind, die vor dem 1. Juli 2002 enden, nicht vorgenommen zu werden.

### c) Betriebsgewöhnliche Nutzungsdauer

26 Bei der Bemessung der AfA nach § 7 EStG kann folgende betriebsgewöhnliche Nutzungsdauer zugrunde gelegt werden:

| | |
|---|---|
| Zuchthengste | 5 Jahre |
| Zuchtstuten | 10 Jahre |
| Zuchtbullen | 3 Jahre |
| Milchkühe | 3 Jahre |
| übrige Kühe | 5 Jahre |
| Zuchteber und -sauen | 2 Jahre |
| Zuchtböcke und -schafe | 3 Jahre |
| Legehennen | 1,33 Jahre |
| Damtiere | 10 Jahre |

### d) Gruppenwert beim Anlagevermögen

27 Die degressive AfA nach § 7 Abs. 2 EStG und Sonderabschreibungen können nur bei Einzelbewertung (Rn. 11–13) in Anspruch genommen werden. Den Gruppenwerten in Spalte 6/7 der Anlage liegt die lineare AfA nach § 7 Abs. 1 EStG zugrunde.

28 Bei der Gruppenbewertung mit Richtwerten (Rn. 18) ist der Wert aus Spalte 6/7 der Anlage anzusetzen. Dieser ist das Mittel zwischen dem Richtwert für die Anschaffungs- oder Herstellungskosten (Spalte 2/3 der Anlage) und dem Richtwert für den Schlachtwert (Spalte 4/5 der Anlage). Bei den betriebsindividuell ermittelten oder aus vergleichbaren Musterbetrieben abgeleiteten Gruppenwerten ist entsprechend zu verfahren.

## 7. Umlaufvermögen

29 Zum Umlaufvermögen gehören die Tiere, die zur Veräußerung, zur Verarbeitung oder zum Verbrauch im Betrieb bestimmt sind (z. B. Masttiere). Sie sind nach § 6 Abs. 1 Nr. 2 EStG mit den Anschaffungs- oder (Teil-) Herstellungskosten oder mit dem Teilwert zu bewerten; für Wirtschaftsjahre, die nach dem 31. Dezember 1998 enden, kommt der Ansatz des niedrigeren

Teilwerts nur in Betracht, wenn eine voraussichtlich dauernde Wertminderung vorliegt. Es gelten die dargestellten Bewertungsgrundsätze (vgl. Rn. 10–20).

## 8. Anwendung

### a) Sachlicher Geltungsbereich

Die vorstehenden Regelungen gelten für alle land- und forstwirtschaftlich 30
tätigen Betriebe unabhängig von ihrer Rechtsform. Sie gelten auch für Betriebe, die Einkünfte aus Gewerbebetrieb im Sinne des § 15 EStG erzielen.

Bei der Gewinnermittlung nach § 4 Abs. 3 EStG sind die Regelungen sinngemäß anzuwenden *(R 125 a EStR[1]).*[2]

### b) Zeitlicher Geltungsbereich

Die vorstehenden Regelungen gelten für Wirtschaftsjahre, die nach dem 31
31. Dezember 1994 enden. Sie können auch für frühere Wirtschaftsjahre angewendet werden. Bilanzänderungen sind im Rahmen des § 4 Abs. 2 Satz 2 EStG zulässig (BMF-Schreiben vom 18. Mai 2000, BStBl. I S. 587,[3] und vom 23. März 2001, BStBl. I S. 244[4]). *Bei einem vom Kalenderjahr abweichenden Wirtschaftsjahr ist eine Bilanzberichtigung auch dann vorzunehmen, wenn die Veranlagung für das Erstjahr bereits bestandskräftig geworden ist (BFH vom 12. November 1992, BStBl. 1993 II S. 392)*[5].

Dieses Schreiben ersetzt das BMF-Schreiben vom 22. Februar 1995 (BStBl. I S. 179).

## Anlage Richtwerte für die Viehbewertung

| Tierart | Anschaffungs-/ Herstellungskosten je Tier | | Schlachtwerte je Tier | | Gruppenwert je Tier | |
|---|---|---|---|---|---|---|
| | DM (bis 31. 12. 2001) | € (ab 1. 1. 2002) | DM (bis 31. 12. 2001) | € (ab 1. 1. 2002) | DM (bis 31. 12. 2001) | € (ab 1. 1. 2002) |
| Spalte 1 | Spalte 2 | Spalte 3 | Spalte 4 | Spalte 5 | Spalte 6 | Spalte 7 |
| **Pferde[6]** | | | | | | |
| Pferde bis 1 Jahr | 1600,00 | 800,00 | | | 1600,00 | 800,00 |
| Pferde über 1 bis 2 Jahre | 2800,00 | 1400,00 | | | 2800,00 | 1400,00 |
| Pferde über 2 bis 3 Jahre | 4000,00 | 2000,00 | | | 4000,00 | 2000,00 |
| Pferde über 3 Jahre | 5200,00 | 2600,00 | 800,00 | 400,00 | 3000,00 | 1500,00 |

[1] Zuletzt R 13.3 EStR 2005.

[2] Dies gilt nach BMF v. 3. 6. 1996, BStBl. I S. 654, auch für die Übergangsregelung nach Rn. 33 und 34.

[3] Nr. **1** § 4/14.

[4] Nr. **1** § 4/16.

[5] Überholt für Bilanzberichtigungen nach dem 31. 12. 2006 durch § 4 Abs. 2 Satz 1 EStG i. d. F. des JStG 2007.

[6] **[Amtl. Anm.:]** Kleinpferde sind jeweils mit ⅔ und Ponys mit ⅓ der Werte anzusetzen.

| Tierart | Anschaffungs-/ Herstellungskosten je Tier | | Schlachtwerte je Tier | | Gruppenwert je Tier | |
|---|---|---|---|---|---|---|
| | DM (bis 31. 12. 2001) | € (ab 1. 1. 2002) | DM (bis 31. 12. 2001) | € (ab 1. 1. 2002) | DM (bis 31. 12. 2001) | € (ab 1. 1. 2002) |
| Spalte 1 | Spalte 2 | Spalte 3 | Spalte 4 | Spalte 5 | Spalte 6 | Spalte 7 |
| **Rindvieh** | | | | | | |
| Mastkälber | 550,00 | 275,00 | | | 550,00 | 275,00 |
| Männl. bis ½ Jahr | 400,00 | 200,00 | | | 400,00 | 200,00 |
| Männl. über ½ bis 1 Jahr | 670,00 | 335,00 | | | 670,00 | 335,00 |
| Männl. über 1 bis 1½ Jahre | 1000,00 | 500,00 | | | 1000,00 | 500,00 |
| Männl. über 1½ Jahre | 1400,00 | 700,00 | | | 1400,00 | 700,00 |
| Weibl. bis ½ Jahr | 360,00 | 180,00 | | | 360,00 | 180,00 |
| Weibl. über ½ bis 1 Jahr | 600,00 | 300,00 | | | 600,00 | 300,00 |
| Weibl. über 1 bis 2 Jahre | 1000,00 | 500,00 | | | 1000,00 | 500,00 |
| Färsen | 1500,00 | 750,00 | | | 1500,00 | 750,00 |
| Kühe | 1600,00 | 800,00 | 1100,00 | 550,00 | 1350,00 | 675,00 |
| **Schweine** | | | | | | |
| Ferkel bis 25 kg | 60,00 | 30,00 | | | 60,00 | 30,00 |
| Ferkel bis 50 kg | 100,00 | 50,00 | | | 100,00 | 50,00 |
| Mastschweine über 50 kg | 160,00 | 80,00 | | | 160,00 | 80,00 |
| Jungsauen | 400,00 | 200,00 | | | 400,00 | 200,00 |
| Zuchtsauen | 420,00 | 210,00 | 300,00 | 150,00 | 360,00 | 180,00 |
| **Schafe** | | | | | | |
| Lämmer bis ½ Jahr | 60,00 | 30,00 | | | 60,00 | 30,00 |
| Schafe über ½ bis 1 Jahr | 100,00 | 50,00 | | | 100,00 | 50,00 |
| Jungschafe bis 20 Monate | 140,00 | 70,00 | | | 140,00 | 70,00 |
| Mutterschafe über 20 Monate | 150,00 | 75,00 | 50,00 | 25,00 | 100,00 | 50,00 |
| **Geflügel** | | | | | | |
| Aufzuchtküken | 2,00 | 1,00 | | | 2,00 | 1,00 |
| Junghennen | 5,90 | 2,95 | | | 5,90 | 2,95 |
| Legehennen | 9,00 | 4,50 | 0,80 | 0,40 | 4,90 | 2,45 |
| Masthähnchen | 1,30 | 0,65 | | | 1,30 | 0,65 |
| schwere Mastputen | 14,50 | 7,25 | | | 14,50 | 7,25 |
| Enten | 4,50 | 2,25 | | | 4,50 | 2,25 |
| Gänse | 10,60 | 5,30 | | | 10,60 | 5,30 |

# 1 § 13/2. Schreiben betr. Bewertung mehrjähriger Kulturen in Baumschulbetrieben nach § 6 Abs. 1 Nr. 2 des Einkommensteuergesetzes (EStG); Neuregelung für die Wirtschaftsjahre ab 2023/2024

Vom 13. Dezember 2022
BMF IV C 7 - S 2163/21/10001 :002; DOK 2022/1188347
(BStBl. I S. 1673)

Unter Bezugnahme auf das Ergebnis der Erörterungen mit den obersten Finanzbehörden der Länder gilt zur Bewertung mehrjähriger Kulturen in Baumschulbetrieben Folgendes:

## 1. Grundsätze

Mehrjährige Kulturen sind Pflanzungen, die nach einer Gesamtkulturzeit der Pflanzen von mehr als einem Jahr einen einmaligen Ertrag liefern (z.B. Baumschulkulturen). Sie unterliegen der jährlichen Bestandsaufnahme und gehören zum Umlaufvermögen. Nach § 6 Abs. 1 Nr. 2 EStG ist das Umlaufvermögen mit den Anschaffungskosten, mit den Herstellungskosten oder mit dem niedrigeren Teilwert zu bewerten. Wegen der Begriffe der Anschaffungs- und Herstellungskosten wird auf § 255 Abs. 1 und 2 des Handelsgesetzbuchs hingewiesen. 1

## 2. Vereinfachungsregelungen

Die jährliche Bestandsaufnahme wird erleichtert und die Bewertung des Umlaufvermögens kann durch Schätzung eines Pflanzenbestandswerts, wie in den Randnummern 3 bis 10 dargestellt, vereinfacht werden. 2

### 2.1. Pflanzenwert

Die Pflanzen, die am Bilanzstichtag eines Wirtschaftsjahres vorhanden sind, sowie das Saatgut (R 15.5 Abs. 5 Satz 3 Einkommensteuer-Richtlinien 2012 – EStR 2012) werden aus Vereinfachungsgründen auf die zu bewertende Baumschulfläche bezogen (Pflanzenwert). Bei der Vereinfachung wird unterstellt, dass zugekauftes Pflanz- bzw. Saatgut verwendet wird, und dieses nicht zum Verkauf als Handelsware (R 15.5 Abs. 5 Satz 7 EStR 2012) bestimmt ist. Zur Ermittlung des Pflanzenwerts werden die Anschaffungskosten für Aufschulware (Jungpflanzen, Sämlinge, Stecklinge etc.) und für Saatgut des laufenden Wirtschaftsjahres herangezogen. Aus den Aufzeichnungen der einzelnen Wirtschaftsjahre über den Zukauf muss ersichtlich sein, welche Ware der Aufschulung und welche dem Handel dient. 3

### 2.2. Flächenwert

#### 2.2.1. Baumschulbetriebsfläche

Zur Baumschulbetriebsfläche gehören die selbst bewirtschafteten Flächen eines Betriebs sowie sämtliche Hof- und Gebäudeflächen, die zur Erzeugung und Vermarktung von mehrjährigen Kulturen bestimmt sind. Hierzu gehören auch die Flächen, auf denen Pflanzen zur Vervollständigung der üblichen Produktpalette stehen. Maßgeblich ist die Flächengröße, die am Bilanzstichtag auf der Grundlage des Automatisierten Liegenschaftskatasters nachgewiesen wurde. 4

### 2.2.2. Zu bewertende Baumschulfläche

5 Die der Bewertung zugrunde zu legende Fläche ist wie folgt zu ermitteln:

| | |
|---|---|
| | Baumschulbetriebsfläche |
| abzüglich | Hof- und Gebäudeflächen, die Wohnzwecken dienen |
| | Hausgärten |
| | Flächen der Bewässerungsteiche |
| | Brach- und Gründüngungsflächen und am Bilanzstichtag vollständig geräumte Quartiere, soweit sie nicht zur Erzeugung von Pflanzen in Töpfen und Containern bestimmt sind |
| | Zwischenergebnis |
| abzüglich | 20 % vom Zwischenergebnis für Besonderheiten |
| | **zu bewertende Baumschulfläche** |

6 Der Abzug von 20 % berücksichtigt Besonderheiten wie z.B. Wegeflächen oder Wendeplätze. Die zu bewertende Fläche ist zur Bestimmung des zutreffenden Flächenwertes ggf. aufzuteilen in Flächen mit Forstpflanzen, in übrige Flächen und in Flächen für Pflanzen in Töpfen und Containern.

### 2.2.3. Ermittlung des Flächenwerts

7 Zur Ermittlung des Flächenwerts sind je Hektar (ha) zu bewertender Fläche anzusetzen:

– für Flächen bzw. Flächenanteile mit Forstpflanzen 4800 €/ha,

– für Flächen bzw. Flächenanteile aller übrigen Pflanzen 8800 €/ha.

8 Werden Pflanzen in Töpfen und/oder Containern erzeugt oder vermarktet, so ist der Flächenwert um 40 % zu erhöhen. Für Pflanzen auf Schau-, Ausstellungs- und Verkaufsflächen gilt dies entsprechend.

### 2.2.4. Nachweis der Baumschulbetriebsfläche

9 Die Baumschulbetriebsfläche muss sich aus dem Anbauverzeichnis, das nach § 142 Abgabenordnung bzw. R 13.6 EStR 2012 zu führen ist, ergeben. Die Hof- und Gebäudeflächen müssen anhand anderer geeigneter Unterlagen nachgewiesen werden können. Bei der Übermittlung der Inhalte der Bilanz und der Gewinn- und-Verlust-Rechnung nach § 5b EStG durch Datenfernübertragung ist die Berechnung des Pflanzen- und Flächenwerts anhand des Anbauverzeichnisses oder einer Flächenzusammenstellung in einer Fußnote im E-Bilanz-Datensatz darzulegen.

### 2.3. Pflanzenbestandswert

10 Der Pflanzenbestandswert eines Wirtschaftsjahres setzt sich aus dem Pflanzenwert (Randnummer 3) und dem Flächenwert (Randnummern 4 bis 9) zusammen. Um die durchschnittliche Umtriebszeit mehrjähriger Kulturen zu berücksichtigen, ist der aktivierte Pflanzenwert eines Wirtschaftsjahres in den folgenden Wirtschaftsjahren zu mindern:

Am Bilanzstichtag nach der ersten Bilanzierung ist der jeweilige Pflanzenwert eines Wirtschaftsjahres

– für Pflanzen in Töpfen und Containern mit 0 %,

– für Forstpflanzen mit 30 %

– und für alle übrigen Pflanzen (einschließlich der Pflanzen auf Schau-, Ausstellungs- und Verkaufsflächen) mit 50 %

seines ursprünglichen Werts in der Bilanz auszuweisen. Am darauffolgenden Bilanzstichtag ist dieser Pflanzenwert für die Forstpflanzen und die übrigen Pflanzen mit 0 € anzusetzen.

## 3. Anwendungsregelungen

### 3.1. Sachlicher Geltungsbereich

Die mehrjährigen Kulturen eines Baumschulbetriebs sind unabhängig vom Vorliegen eines Betriebs der Land- und Forstwirtschaft oder eines Gewerbebetriebs insgesamt entweder nach den vorstehenden Vereinfachungsregelungen oder nach den allgemeinen Grundsätzen zu erfassen und zu bewerten. Wurde die Anwendung der Vereinfachungsregelungen gewählt, so sind diese Methoden beizubehalten und gelten für die gesamte Baumschulbetriebsfläche. Eine Bewertung mit dem niedrigeren Teilwert ist in diesen Fällen ausgeschlossen. Die Vereinfachungsregelungen dürfen nicht bzw. nicht mehr in Anspruch genommen werden, wenn die mehrjährigen Kulturen in einer Schlussbilanz des Betriebs für vorangegangene Wirtschaftsjahre, bei einem Wechsel zum Betriebsvermögensvergleich oder erstmals in einer Bilanz als Umlaufvermögen mit den tatsächlichen Anschaffungs- oder Herstellungskosten ausgewiesen wurden. 11

### 3.2. Zeitlicher Geltungsbereich

Die vorstehenden Regelungen gelten erstmals für das Wirtschaftsjahr 2023/2024 bzw. das mit dem Kalenderjahr 2024 übereinstimmende Wirtschaftsjahr. Sie sind letztmals für das Wirtschaftsjahr 2026/2027 bzw. das mit dem Kalenderjahr 2027 übereinstimmende Wirtschaftsjahr anzuwenden. 12

Darüber hinaus sind die Regelungen bis zum Ablauf des Wirtschaftsjahres 2027/2028 bzw. bis zum Ablauf des mit dem Kalenderjahr 2028 übereinstimmenden Wirtschaftsjahres weiter anzuwenden, wenn mit Ablauf des Kalenderjahres 2026 statistisch repräsentative Daten des Projekts „Betriebsvergleich 4.0" von inländischen Baumschulbetrieben vorliegen. 13

## 4. Übergangsregelung

Bei der Anwendung der neuen Vereinfachungsregelungen zur Erfassung und Bewertung der Pflanzen und des Saatguts kann im Vergleich zu der Anwendung der bisherigen Grundsätze im Wirtschaftsjahr 2023/2024 bzw. 2024 ein Gewinn entstehen. Dieser Gewinn ergibt sich aus der Gegenüberstellung der neuen und der bisherigen Bewertungsmethode am maßgeblichen Bilanzstichtag im Wirtschaftsjahr 2023/2024 bzw. 2024. Die steuerpflichtige Person kann deshalb in Höhe von höchstens 80 % des Gewinns, der durch die Anwendung der neuen Vereinfachungsregelungen entsteht, in der Schlussbilanz des Wirtschaftsjahres eine den steuerlichen Gewinn mindernde Rücklage bilden. Die Rücklage ist in den folgenden Wirtschaftsjahren mit mindestens 25 % der gebildeten Rücklage gewinnerhöhend aufzulösen (vgl. Beispiel Buchst. f). 14

## 5. Beispiel zur Berechnung des Pflanzenbestandswerts ab dem Wirtschaftsjahr 2023/2024 bzw. 2024

15 In einem 46 ha großen Baumschulbetrieb werden im Wirtschaftsjahr 2023/2024 laut Anbauverzeichnis 6 ha Forstpflanzen, 15 ha sonstige Ziergehölze und 14,5 ha Obstgehölze erzeugt. Die Brach- und Gründüngungsflächen im laufenden Wirtschaftsjahr betragen 4,5 ha, die geräumten Quartiere, die der Erzeugung von Containerpflanzen dienen, betragen 2 ha. Die mit sonstigen Ziergehölzen bestückten Schau- und Ausstellungsflächen umfassen 1 ha. Ferner betragen die Wohngebäudeflächen einschließlich des Hausgartens 1,5 ha und die zutreffend abgegrenzten übrigen Flächen umfassen 1,5 ha (Dauerwege, Wendeplätze etc.).

Der Wareneinkauf an Aufschulware beträgt laut Buchführung im laufenden Wirtschaftsjahr 30 000 € für Forstpflanzen, 20 000 € für Ziergehölze in Containern und 180 000 € für alle übrigen Pflanzen.

Nach den Vereinfachungsregelungen ist der Pflanzenbestandswert am Bilanzstichtag 30.6.2024 wie folgt zu ermitteln:

a) Pflanzenwert

Der Wareneinkauf an Aufschulware beträgt im laufenden Wirtschaftsjahr insgesamt 230 000 € (30 000 € für Forstpflanzen, 20 000 € für Ziergehölze in Containern, 180 000 € für alle übrigen Pflanzen). Der Pflanzenwert nach Randnummer 3 beträgt somit 230 000 €.

b) Flächenwert

**1. Berechnung der zu bewertenden Fläche**

| | | |
|---|---|---|
| | Selbst bewirtschaftete Baumschulbetriebsfläche | 46,00 ha |
| abzüglich | Wohnzwecken dienende Flächen und Hausgärten | 1,50 ha |
| | Brach- u. Gründüngungsflächen des lfd. Wirtschaftsjahres | 4,50 ha |
| | Zwischenergebnis | 40,00 ha |
| abzüglich | 20 % für Besonderheiten (20 % von 40,00 ha) | 8,00 ha |
| | **Zu bewertende Fläche** | 32,00 ha |

**2. Aufteilung der zu bewertenden Fläche und Ermittlung des Flächenwerts**

Für die Aufteilung der zu bewertenden Fläche ist das Verhältnis der Flächen laut Anbauverzeichnis maßgebend.

| | Tatsächl. Fläche in ha | Anteil der Fläche an der Gesamtfläche[1] | Zu bewertende Fläche in ha[2] | Flächenwert pro ha in € | Flächenwert gesamt in €[3] |
|---|---|---|---|---|---|
| **Gesamtfläche** | **38,50** | | **32,00** | | |
| davon | | | | | |
| Forstpflanzen | 6,00 | 15,58 % | 4,99 | 4800 | 23 952 |
| Sonstige Ziergehölze | 15,00 | 38,96 % | 12,47 | 8800 | 109 736 |
| Obstgehölze | 14,50 | 37,66 % | 12,05 | 8800 | 106 040 |
| Ziergehölze in Containern | 2,00 | 5,20 % | 1,66 | 12 320 | 20 451 |
| Ziergehölze auf Schau-/Ausstellungsflächen | 1,00 | 2,60 % | 0,83 | 12 320 | 10 226 |
| **Summe** | | | | | **270 405** |

[1] **Amtl. Anm.:** Z.B. Forstpflanzen: 6 ha/38,5 ha = 15,58 %.
[2] **Amtl. Anm.:** Z.B. Forstpflanzen: 15,58 % × 32 ha = 4,99 ha.
[3] **Amtl. Anm.:** Z.B. Forstpflanzen: 4,99 ha × 4800 € = 23 952 €.

| | Tatsächl. Fläche in ha | Anteil der Fläche an der Gesamtfläche | Zu bewertende Fläche in ha | Flächenwert pro ha in € | Flächenwert gesamt in € |
|---|---|---|---|---|---|
| nachrichtlich: | | | **32,00** | | |
| Brach- u. Gründ.-flächen[1] | 4,50 | | | | |
| Wohnzwecken dienende Flächen | 1,50 | | | | |
| Übrige Flächen | 1,50 | | | | |
| Summe | 46,00 | | | | |

c) Pflanzenbestandswert (Bilanzansatz) zum 30.6.2024

Der Pflanzenwert nach Randnummer 3 von 230 000 € und der Flächenwert nach Randnummern 4 bis 9 von 270 405 € sind als Pflanzenbestandswert nach Randnummer 10 in Höhe von 500 405 € in der Bilanz anzusetzen.

d) Darstellung für die folgenden Wirtschaftsjahre

| Bilanzposition dem Grunde nach | Bilanzposition der Höhe nach in € | davon Forstpflanzen in € | davon Pflanzen in Containern in € | davon übrige Pflanzen in € |
|---|---|---|---|---|
| | | | | |
| Bilanzansatz: | | | | |
| Pflanzenwert 2023/2024 | 230 000 | 30 000 | 20 000 | 180 000 |
| Flächenwert 2023/2024 | 270 405 | 23 952 | 20 451 | 226 002 |
| zum 30.6.2024 | 500 405 | 53 952 | 40 451 | 406 002 |
| | | | | |
| Bilanzansatz: | | | | |
| Pflanzenwert 2023/2024 | | 30 % von 30 000 | 0 % von 20 000 | 50 % von 180 000 |
| zum 30.6.2025 | 99 000 | 9000 | 0 | 90 000 |
| | | | | |
| Bilanzansatz: | | | | |
| Pflanzenwert 2023/2024 | | Ansatz mit 0 | Ansatz mit 0 | Ansatz mit 0 |
| zum 30.6.2026 | 0 | 0 | 0 | 0 |

e) Darstellung mehrerer Wirtschaftsjahre

Der Pflanzenwert für das Wirtschaftsjahr 2023/2024 zum 30.6.2025 beträgt 99 000 € (vgl. Beispiel Buchst. d). Im Wirtschaftsjahr 2024/2025 beträgt der Wareneinkauf 20 000 € für Forstpflanzen, 30 000 € für Zierpflanzen in Containern und 160 000 € für alle übrigen Pflanzen; der Pflanzenwert beträgt somit insgesamt 210 000 €. Der Pflanzenbestandswert für das Wirtschaftsjahr 2024/2025 zum 30.6.2025 beträgt bei identischem Flächenwert in Höhe von 270 405 € somit 480 405 €. Zum Bilanzstichtag 30.6.2025 ist der Pflanzenbestandswert wie folgt auszuweisen:

| Bilanzposition dem Grunde nach | Bilanzposition der Höhe nach in € | davon Forstpflanzen in € | davon Pflanzen in Containern in € | davon übrige Pflanzen in € |
|---|---|---|---|---|
| Bilanzansatz: | | | | |
| Pflanzenwert 2023/2024 | 99 000 | 9000 | 0 | 90 000 |
| zum 30.6.2025 | 99 000 | 9000 | 0 | 90 000 |
| | | | | |
| Bilanzansatz: | | | | |
| Pflanzenwert 2024/2025 | 210 000 | 20 000 | 30 000 | 160 000 |

[1] **Amtl. Anm.:** Brach- und Gründüngungsflächen.

| Bilanzposition dem Grunde nach | Bilanzposition der Höhe nach in € | davon Forstpflanzen in € | davon Pflanzen in Containern in € | davon übrige Pflanzen in € |
|---|---|---|---|---|
| Flächenwert 2024/2025 | 270 405 | 23 952 | 20 451 | 226 002 |
| zum 30.6.2025 | 480 405 | 43 952 | 50 451 | 386 002 |
| **Summe der beiden Bilanzansätze** | **579 405** | | | |

f) Bildung der Rücklage im Rahmen der Übergangsregelung für das Wirtschaftsjahr 2023/2024 aufgrund der Anpassung der Flächenwerte

| | |
|---|---|
| Flächenwert nach der neuen Bewertungsmethode (vgl. im Beispiel Buchst. b Nr. 2) | 270 405 € |
| Flächenwert nach der bisherigen Bewertungsmethode[1)] | 250 607 € |
| Differenz | 19 798 € |
| Rücklage (höchstens 80 % der Differenz) | 15 838 € |
| | |
| **Auflösung in den folgenden Wirtschaftsjahren mit mindestens 25 % der Rücklage** | **3959 €** |

## 6. Veröffentlichung

Dieses Schreiben wird im Bundessteuerblatt Teil I veröffentlicht.

Es steht ab sofort bis auf weiteres auf den Internetseiten des Bundesministeriums der Finanzen (www.bundesfinanzministerium.de) unter der Rubrik Steuern – Veröffentlichungen zu Steuerarten – Einkommensteuer – zur Ansicht und zum Abruf bereit.

[1)] **Amtl. Anm.:** Vgl. Abschn. 5 Buchst. b Nr. 2 des BMF-Schreibens vom 27. Juni 2014, BStBl. I S. 1094 .

# I § 13/5. Schreiben betr. Auswirkungen der Rechtsprechung des Bundesfinanzhofs vom 5. Juni 2008 (BStBl. II S. 960 und 968) und Anpassung an die Änderungen des Steuervereinfachungsgesetzes 2011

Vom 16. Mai 2012 (BStBl. I S. 595)

(BMF IV D 4 – S 2232/0 – 01; DOK 2012/0205152)

Unter Bezugnahme auf das Ergebnis der Erörterungen mit den obersten Finanzbehörden der Länder gilt zur ertragsteuerrechtlichen Behandlung des Wirtschaftsguts Baumbestand das Folgende:

## A. Wirtschaftsgut Baumbestand

### I. Definition

Als Wirtschaftsgut ist beim stehenden Holz der in einem selbständigen Nutzungs- und Funktionszusammenhang stehende Baumbestand anzusehen (BFH vom 5. Juni 2008, BStBl. II S. 960, und vom 5. Juni 2008, BStBl. II S. 968). Dieser ist ein vom Grund und Boden getrennt zu bewertendes Wirtschaftsgut des nicht abnutzbaren Anlagevermögens. Der Umfang der einzelnen Wirtschaftgüter (Baumbestand) ergibt sich vorrangig aus einem amtlich anerkannten Betriebsgutachten oder aus einem Betriebswerk, ansonsten aus den Regelungen zum Anbauverzeichnis nach § 142 AO (vgl. BMF-Schreiben vom 15. Dezember 1981, BStBl. I S. 878, Tz. 3.3.3[1]).

Ein Baumbestand innerhalb eines land- und forstwirtschaftlichen Betriebs tritt in der Regel nur dann als ein selbständiges Wirtschaftsgut nach außen in Erscheinung, wenn er eine Flächengröße von zusammenhängend mindestens einem Hektar aufweist (vgl. BFH vom 5. Juni 2008, BStBl. II S. 960). Baumbestände auf verschiedenen räumlich voneinander entfernt liegenden Flurstücken stehen nicht in einem einheitlichen Nutzungs- und Funktionszusammenhang und sind deshalb auch dann selbständige Wirtschaftsgüter, wenn deren Größe einen Hektar unterschreitet.

### II. Ausweis der Wirtschaftsgüter

Jedes selbständige Wirtschaftsgut Baumbestand ist im Bestandsverzeichnis bzw. dem laufend zu führenden Verzeichnis nach § 4 Absatz 3 Satz 5 EStG auszuweisen.

## B. Bilanzierung des Wirtschaftsguts Baumbestand

Bei der Bilanzierung des Wirtschaftsguts Baumbestand ist zwischen Holznutzungen in Form von Kahlschlägen und anderen Holznutzungen zu unterscheiden.

---

[1] Nr. **800** § 141/1.

## I. Holznutzungen in Form von Kahlschlägen

### 1. Definition

Ein Kahlschlag im ertragsteuerrechtlichen Sinne liegt vor, wenn das nutzbare Derbholz auf der gesamten Fläche eines Baumbestandes, der ein selbständiges Wirtschaftsgut ist, eingeschlagen wird und keine gesicherte Kultur bestehen bleibt. Dieses gilt gleichermaßen für den Fall, dass auf einer mindestens ein Hektar großen zusammenhängenden Teilfläche ein Kahlschlag erfolgt, unabhängig davon, ob er in verschiedenen aneinander angrenzenden Baumbeständen oder innerhalb eines Baumbestandes vorgenommen wird. Dabei sind Einschläge innerhalb eines Zeitraums von fünf aufeinander folgenden Wirtschaftsjahren einheitlich zu beurteilen.

### 2. Übergang ins Umlaufvermögen

Mit dem Einschlag des Holzes wird der Nutzungs- und Funktionszusammenhang zum bisherigen Wirtschaftsgut Baumbestand gelöst und das eingeschlagene Holz wird Umlaufvermögen.

### 3. Minderung des Buchwerts

Mit dem Kahlschlag eines Baumbestandes, der ein selbständiges Wirtschaftsgut des Anlagevermögens gewesen ist, wird dessen Buchwert im Umfang des Einschlags gemindert und in gleicher Höhe den Herstellungskosten des eingeschlagenen Holzes (Umlaufvermögen) zugerechnet. Gleiches gilt für den Kahlschlag auf einer mindestens ein Hektar großen zusammenhängenden Teilfläche. Die Minderung des Buchwerts des Baumbestandes ist grundsätzlich entsprechend dem Flächenanteil des Kahlschlags vorzunehmen.

### 4. Wiederaufforstungskosten nach einem Kahlschlag

Wiederaufforstungskosten nach einem Kahlschlag sind Herstellungskosten für das neu entstehende Wirtschaftsgut Baumbestand und als nicht abnutzbares Anlagevermögen zu aktivieren.

Die Wiederaufforstung beginnt mit den Pflanzmaßnahmen, der Naturverjüngung oder der Saat. Sie endet mit der Sicherung des Baumbestandes, die nach Ablauf von fünf Wirtschaftsjahren nach dem Wirtschaftsjahr des Beginns der Wiederaufforstung anzunehmen ist. Zu den Wiederaufforstungskosten gehören insbesondere die Aufwendungen für Setzlinge, Pflanzung, Befestigung des Pflanzgutes (z. B. Pfähle und Drähte), Pflegemaßnahmen sowie Löhne. Dagegen führen Aufwendungen für Kulturzäune zu Herstellungskosten für ein selbständiges Wirtschaftsgut und werden über R 6.3 Absatz 1 EStR entsprechend berücksichtigt.

Sofern die Wiederaufforstung erst in einem späteren Wirtschaftsjahr vorgenommen wird, ist eine Rückstellung nach § 5 Absatz 4 b EStG nicht zulässig.

### 5. Aufwendungen für Verjüngung und Pflege

Aufwendungen für Bestandsverjüngung und Bestandspflege sind sofort abzugsfähige Betriebsausgaben.

## II. Holznutzungen, die keine Kahlschläge sind

### 1. Abgrenzung zum ertragsteuerrechtlichen Kahlschlag

Führen Holznutzungen nicht zu Kahlschlägen im ertragsteuerrechtlichen Sinn, bleibt das Wirtschaftsgut Baumbestand erhalten. Daher kommt eine Buchwertminderung grundsätzlich nicht in Betracht.

### 2. Minderung des Buchwerts

Sofern die planmäßige Ernte hiebsreifer Bestände im Einzelfall zu einer weitgehenden Minderung der Substanz und des Wertes des Wirtschaftsgutes Baumbestand führt, kann dies eine Buchwertminderung begründen (vgl. BFH vom 5. Juni 2008, BStBl. II S. 968). Die Buchwertminderung ist begrenzt auf den Unterschied zwischen dem bisherigen Buchwert des jeweiligen Baumbestands und dem Teilwert des verbleibenden Baumbestands. Diese Voraussetzungen und der Teilwert des verbleibenden Baumbestands (§ 6 Absatz 1 Nummer 2 Satz 2 EStG) sind vom Steuerpflichtigen nachzuweisen. Der Betrag, um den der Buchwert gemindert wurde, ist den Herstellungskosten des eingeschlagenen Holzes (Umlaufvermögen) zuzurechnen.

### 3. Aufwendungen für die Wiederaufforstung

Soweit infolge einer Holznutzung, die keinen Kahlschlag darstellt und die nicht zu einer Buchwertminderung entsprechend Tz. B.II.2 geführt hat, dennoch eine Wiederaufforstungsverpflichtung entsteht, sind die Wiederaufforstungskosten nicht zu aktivieren. Sie sind entsprechend dem Umfang der Verpflichtung und den Wertverhältnissen am Bilanzstichtag in eine Rückstellung einzustellen, wenn die Voraussetzungen für eine Rückstellungsbildung gem. R 5.7 Absatz 4 EStR erfüllt sind (für Rückstellung aufgrund öffentlich-rechtlicher Verpflichtung vgl. BFH vom 13. Dezember 2007, BStBl. 2008 II S. 516). Die Grundsätze von R 6.11 Absatz 1 EStR sind zu berücksichtigen (z. B. Zuschüsse).

Ist dagegen nach Tz. B.II.2 eine Buchwertminderung vorgenommen worden, sind die Wiederaufforstungskosten als nachträgliche Anschaffungs- oder Herstellungskosten zu aktivieren, soweit die Aufwendungen für die Wiederaufforstung der gesicherten Kultur den bei der Buchwertminderung zu Grunde gelegten Wert dieser Kultur übersteigen.

Zum Umfang der Wiederaufforstungskosten vgl. Tz. B.I.4, zu den Aufwendungen für Verjüngung und Pflege vgl. Tz. B.I.5.

## C. Gewinnermittlung nach § 4 Absatz 3 EStG und *§ 13 a Absatz 6 Satz 1 Nummer 1 EStG*[1]

Soweit beim Übergang vom nicht abnutzbaren Anlagevermögen zum Umlaufvermögen von den (fortgeführten) Anschaffungs-/Herstellungskosten des Baumbestands ein Betrag abzuspalten ist, der bei der Gewinnermittlung durch Betriebsvermögensvergleich als Herstellungskosten für das eingeschlagene Holz zu berücksichtigen wäre, sind im Wirtschaftsjahr des Einschlags in dieser Höhe Betriebsausgaben zu berücksichtigen.

[1] Jetzt § 13 a Abs. 5 EStG.

## D. Wertansätze für bereits vorhandene Baumbestände

Die Verpflichtung zum Ausweis eines Wertansatzes für die einzelnen Wirtschaftsgüter Baumbestand (vgl. Tz. A.) besteht auch für Baumbestände, die vor der Veröffentlichung der BFH-Urteile vom 5. Juni 2008 (BStBl. II S. 960 und 968) am 31. Dezember 2008 angeschafft oder hergestellt wurden. Dabei ist es regelmäßig nicht zu beanstanden, wenn die Aufteilung eines bisher einheitlichen Wertansatzes auf die einzelnen Wirtschaftsgüter Baumbestand nach dem Umfang der entsprechenden Flächen vorgenommen wird.

Ein bisher für mehrere Wirtschaftgüter Baumbestand ausgewiesener einheitlicher Wertansatz kann so lange fortgeführt werden, bis sich eine ertragsteuerrechtliche Auswirkung ergibt. In einem solchen Fall sind die bisher bestehenden Wertansätze insgesamt auf die einzelnen Wirtschaftsgüter nach dem Verhältnis der einzelnen Teilwerte im Zeitpunkt der Anschaffung bzw. Herstellung aufzuteilen. Aus Vereinfachungsgründen kann regelmäßig eine Aufteilung eines bisher einheitlichen Wertansatzes nach dem Umfang der entsprechenden Flächen vorgenommen werden. Für die übrigen Wirtschaftsgüter Baumbestand kann der Wertansatz weiterhin einheitlich ausgewiesen werden, bis sich bei diesen eine ertragsteuerrechtliche Auswirkung ergibt.

## E. Kalamitätsnutzungen

Soweit durch Kalamitätsnutzungen ein Kahlschlag entsteht, kann abweichend von den unter B. dargestellten Grundsätzen der Buchwert dieses Baumbestandes beibehalten werden. Die Wiederaufforstungskosten sind in diesem Fall sofort als Betriebsausgaben abzugsfähig.

## F. Pauschsätze nach § 51 EStDV

### Rechtslage für Wirtschaftsjahre, die vor dem 1. Januar 2012 beginnen

Mit einer Holznutzung im Zusammenhang stehende Wiederaufforstungskosten, die sofort abziehbare Betriebsausgaben sind, sind durch die Pauschsätze nach § 51 EStDV abgegolten. Dies gilt unabhängig vom Wirtschaftsjahr ihrer Entstehung.

Im Falle eines Kahlschlags (vgl. Tz. B.I.1) ist der Buchwertabgang mit dem jeweiligen Pauschsatz abgegolten und die Wiederaufforstungskosten sind als Herstellungskosten in dem nach § 4 Absatz 3 Satz 5 EStG laufend zu führenden Verzeichnis auszuweisen. Dabei sind der Umfang des Kahlschlags und die Höhe der Wiederaufforstungskosten nachzuweisen.

### Rechtslage für Wirtschaftsjahre, die nach dem 31. Dezember 2011 beginnen

Mit einer Holznutzung im Zusammenhang stehende Wiederaufforstungskosten, die sofort abziehbare Betriebsausgaben sind, sind durch die Pauschsätze nach § 51 EStDV nicht abgegolten. Sie sind im Wirtschaftsjahr der Zahlung abziehbar. Zuschüsse zu den Wiederaufforstungskosten sind Betriebseinnahmen, die nicht mit der Verwertung des Holzes zusammenhängen, so dass die Pauschsätze nach § 51 Absatz 2 und 3 EStDV hierfür nicht angewendet werden können.

Buchwertminderungen und Buchwertabgänge beim Wirtschaftsgut Baumbestand sind neben den jeweiligen Pauschsätzen nach § 51 EStDV als Betriebsausgaben zu berücksichtigen. Soweit Wiederaufforstungskosten Herstellungskosten darstellen, sind sie in dem nach § 4 Absatz 3 Satz 5 EStG laufend zu führenden Verzeichnis auszuweisen. Zur Behandlung der Wiederaufforstungskosten vgl. Tz. B.I.4 und II.3.

## G. Forstschäden-Ausgleichsgesetz

Bei der Anwendung des § 4 Forstschäden-Ausgleichsgesetz gelten die Grundsätze der Tz. C.

Bei der Ausübung des Wahlrechts nach § 4 a Forstschäden-Ausgleichsgesetz sind Buchwertminderungen und Buchwertabgänge beim Wirtschaftsgut Baumbestand im Wirtschaftsjahr des Einschlags als Betriebsausgaben sofort abziehbar, soweit von einer Aktivierung abgesehen worden ist.

## H. Tarifvergünstigung nach § 34 b EStG

### Rechtslage bis 31. Dezember 2011

Buchwertminderungen im Sinne der Tz. B. und die sofort als Betriebsausgaben abziehbaren Wiederaufforstungskosten (Tz. B.II.3) gehören zu den anderen Betriebsausgaben im Sinne des § 34 b Absatz 2 Nummer 2 EStG.

## I. Anwendungsregelung

Die Regelungen dieses Schreibens sind in allen noch offenen Fällen anzuwenden. R 34 b.2 Absatz 1 Satz 4 EStR 2008 ist nicht mehr anzuwenden.

Soweit sich aus diesem Schreiben für einen Steuerpflichtigen Verschlechterungen gegenüber der bisherigen bundeseinheitlichen Verwaltungsauffassung ergeben, sind die Regelungen erstmals für Wirtschaftsjahre anzuwenden, die nach dem 30. Juni 2010 beginnen.

Für die Tz. F. und H. gelten die darin getroffenen Anwendungsregelungen.

Dieses Schreiben tritt an die Stelle des BMF-Schreibens vom 2. März 2010 (BStBl. I S. 224).

# 1 § 13a/1. Schreiben betr. Gewinnermittlung nach Durchschnittssätzen für Land- und Forstwirte gemäß § 13 a EStG; Neuregelung für die Wirtschaftsjahre 2015 ff. bzw. abweichenden Wirtschaftsjahre 2015/2016 ff.

Vom 10. November 2015

BMF IV C 7 - S 2149/15/10001; DOK 2015/1014358

(BStBl. I S. 877)

Geänd. durch BMF v. 4.1.2023 (BStBl. I S. 175).

Nach dem Ergebnis der Erörterungen mit den obersten Finanzbehörden der Länder gilt zur Anwendung des § 13 a EStG in der Fassung des Zollkodex-Anpassungsgesetzes vom 22. Dezember 2014 (BGBl. I S. 2417)[1] für Wirtschaftsjahre, die nach dem 30. Dezember 2015 enden, das Folgende:

## A. Neuregelung der Gewinnermittlung nach Durchschnittssätzen gemäß § 13 a EStG

### I. Zugangsvoraussetzungen

#### 1. Grundsätze

Die Einkünfte aus einem selbst bewirtschafteten Betrieb der Land- und Forstwirtschaft sind grundsätzlich nach der Gewinnermittlungsvorschrift des § 13 a EStG zu ermitteln, wenn die Voraussetzungen des § 13 a Abs. 1 Satz 1 Nr. 1 bis 5 oder Satz 2 EStG erfüllt sind. Zu den selbst bewirtschafteten Nutzungen gehören auch im Ausland belegene Betriebsteile eines Betriebs der Land- und Forstwirtschaft (z. B. Traktatländereien). 1

#### 2. Buchführungspflicht – § 13 a Abs. 1 Satz 1 Nr. 1 EStG

Eine die Anwendung der Gewinnermittlung nach Durchschnittssätzen nach § 13 a Abs. 1 Satz 1 Nr. 1 EStG ausschließende Buchführungspflicht muss gesetzlich begründet sein (§§ 140, 141 AO). Daher ist die Gewinnermittlung nach Durchschnittssätzen für den Betrieb der Land- und Forstwirtschaft auch dann anzuwenden, wenn der Steuerpflichtige für diesen Betrieb freiwillig Bücher führt und aufgrund jährlicher Bestandsaufnahmen Abschlüsse macht und keinen wirksamen Antrag nach § 13 a Abs. 2 EStG gestellt hat. 2

#### 3. Selbst bewirtschaftete Flächen der landwirtschaftlichen Nutzung – § 13 a Abs. 1 Satz 1 Nr. 2 EStG

Die Gewinnermittlung nach Durchschnittssätzen ist anwendbar, wenn die selbst bewirtschafteten Flächen der landwirtschaftlichen Nutzung am 15. Mai des laufenden Wirtschaftsjahres nicht mehr als 20 Hektar betragen; zur Neugründung eines Betriebs und zum Rumpfwirtschaftsjahr vgl. Rn. 15 und 16 ff. 3

Zur Ermittlung der maßgeblichen Flächen der landwirtschaftlichen Nutzung sind alle selbst bewirtschafteten Flächen i. S. d. § 160 Abs. 2 Satz 1 Nr. 1 Buchst. a BewG i. V. m. R 13.2 Abs. 3 Satz 1 EStR zu berücksichtigen. Dies gilt auch, soweit die Flächen als Grundvermögen bewertet wurden. Zur Berücksichtigung der Hof- und Gebäudeflächen vgl. Rn. 14. Maßgeblich ist 4

[1] **Amtl. Anm.:** BStBl. 2015 I S. 58.

die für den Stichtag 15. Mai des laufenden Wirtschaftsjahres auf der Grundlage des Automatisierten Liegenschaftskatasters nachgewiesene Flächengröße. Nicht zur landwirtschaftlichen Nutzung gehören die Sondernutzungen (§ 13 a Abs. 6 EStG i. V. m. § 160 Abs. 2 Satz 1 Nr. 1 Buchst. c bis e BewG). Ferner sind das Abbauland, Geringstland und Unland (§ 160 Abs. 2 Satz 1 Nr. 3 BewG) nicht zu berücksichtigen.

**4. Vieheinheitengrenze – § 13 a Abs. 1 Satz 1 Nr. 3 EStG**

5 Bei der Prüfung der Vieheinheitengrenze nach § 13 a Abs. 1 Satz 1 Nr. 3 EStG von 50 Vieheinheiten sind die im Wirtschaftsjahr erzeugten und gehaltenen Tiere i. S. v. § 13 Abs. 1 Nr. 1 Satz 2 bis 4 EStG i. V. m. § 51 BewG sowie der Anlage 1 zum BewG zu berücksichtigen. Die Grundsätze zum Strukturwandel nach R 15.5 Abs. 2 EStR sind entsprechend anzuwenden.

6 Zu den in die Prüfung der Vieheinheitengrenze einzubeziehenden Tieren gehören auch die im Betrieb des Land- und Forstwirts gehaltenen und erzeugten fremden Tiere (vgl. Rn. 70).

**5. Forstwirtschaftliche Nutzung – § 13 a Abs. 1 Satz 1 Nr. 4 EStG**

7 Die Gewinnermittlung nach Durchschnittssätzen ist nicht anwendbar, wenn ausschließlich selbst bewirtschaftete Flächen der forstwirtschaftlichen Nutzung vorhanden sind.

8 Bei der Prüfung, ob die Grenze von 50 Hektar der forstwirtschaftlichen Nutzung überschritten ist, ist die für den Stichtag 15. Mai des laufenden Wirtschaftsjahres auf der Grundlage des Automatisierten Liegenschaftskatasters nachgewiesene Flächengröße maßgebend; zur Berücksichtigung der Hof- und Gebäudeflächen vgl. Rn. 14. Zur Neugründung eines Betriebs und zum Rumpfwirtschaftsjahr vgl. Rn. 15 und 16 ff.

**6. Sondernutzungen – § 13 a Abs. 1 Satz 1 Nr. 5 oder Satz 2 EStG**

9 Zu den Sondernutzungen i. S. d. § 13 a Abs. 1 Satz 1 Nr. 5 und Abs. 6 EStG i. V. m. § 160 Abs. 2 Satz 1 Nr. 1 Buchst. c bis e BewG gehören die weinbauliche Nutzung, die gärtnerischen Nutzungsteile Gemüsebau, Blumen/Zierpflanzenbau, Obstbau und Baumschulen, der Anbau von Hopfen, Spargel, Tabak und anderen Sonderkulturen sowie die sonstigen land- und forstwirtschaftlichen Nutzungen.

10 Zu den sonstigen land- und forstwirtschaftlichen Nutzungen gehören insbesondere die Binnenfischerei, die Teichwirtschaft, die Fischzucht für Binnenfischerei und Teichwirtschaft, die Imkerei, die Wanderschäferei, die Saatzucht, der Pilzanbau, die Produktion von Nützlingen, die Weihnachtsbaumkulturen und die Kurzumtriebsplantagen.

11 Für die Anwendung der Gewinnermittlung nach Durchschnittssätzen ist nicht erforderlich, dass neben einer selbst bewirtschafteten Sondernutzung auch selbst bewirtschaftete Flächen der landwirtschaftlichen Nutzung vorhanden sind.

12 Bei Prüfung der Zugangsvoraussetzung für eine Sondernutzung, die in Anlage 1 a Nr. 2 zu § 13 a EStG aufgeführt ist, gilt jeweils die Grenze der Spalte 2. Bei Sondernutzungen, die in Spalte 2 nicht aufgeführt sind, gelten für die Zugangsvoraussetzung keine Grenzen. Zur Ermittlung des Gewinns aus Sondernutzungen vgl. Rn. 38–40.

13 Bei der Prüfung, ob die jeweiligen Sondernutzungsgrenzen des § 13 a Abs. 1 Satz 1 Nr. 5 oder Satz 2 EStG i. V. m. Anlage 1 a Nr. 2 zu § 13 a EStG überschritten sind, ist bei flächengebundenen Nutzungen die für den Stichtag

15. Mai des laufenden Wirtschaftsjahres auf der Grundlage des Automatisierten Liegenschaftskatasters nachgewiesene Flächengröße maßgebend. Bei nicht flächengebundenen Nutzungen ist auf die durchschnittlichen Verhältnisse des laufenden Wirtschaftsjahres abzustellen.

Zur Berücksichtigung der Hof- und Gebäudeflächen vgl. Rn. 14. Zur Neugründung eines Betriebs und zum Rumpfwirtschaftsjahr vgl. Rn. 15 und 16 ff.

**7. Hof- und Gebäudeflächen**

Die Hof- und Gebäudeflächen eines Betriebs der Land- und Forstwirtschaft, jedoch ohne den zur Wohnung gehörenden Grund und Boden, sind in die einzelnen land- und forstwirtschaftlichen Nutzungen im Sinne des § 160 Abs. 2 Satz 1 BewG einzubeziehen (vgl. § 163 Abs. 13 BewG, R 13 a.2 Abs. 1 Satz 2 EStR). Dies erfolgt bei mehreren vorhandenen Nutzungen grundsätzlich anteilig im Verhältnis der tatsächlichen Nutzung. Anstelle einer anteiligen Zuordnung zu den einzelnen Nutzungen können vorhandene Hof- und Gebäudeflächen aus Vereinfachungsgründen der landwirtschaftlichen Nutzung zugeordnet werden. 14

**8. Rumpfwirtschaftsjahr**

Umfasst ein Rumpfwirtschaftsjahr nicht den Stichtag 15. Mai, ist hinsichtlich der Zugangsvoraussetzungen anstelle dieses Stichtags auf die Verhältnisse am Ende des Wirtschaftsjahres abzustellen. Zu den Einzelheiten bei Neugründung und Betriebsübernahme vgl. Rn. 16 ff. 15

**9. Neugründung und Betriebsübernahme**

Bei Neugründung und Betriebsübernahme eines land- und forstwirtschaftlichen Betriebs bestimmt sich die Zulässigkeit der Gewinnermittlung nach Durchschnittssätzen ausschließlich nach § 13 a Abs. 1 Satz 1 oder 2 EStG. 16

Bei der Neugründung eines Betriebs durch erstmalige Aufnahme einer land- und forstwirtschaftlichen Tätigkeit oder der Übernahme eines Betriebs bedarf es keiner Mitteilung des Finanzamts, wenn die Voraussetzungen des § 13 a Abs. 1 Satz 1 oder 2 EStG nicht vorliegen. Für die Zugangsvoraussetzungen des § 13 a Abs. 1 Satz 1 Nr. 2, 4 und 5 oder Satz 2 EStG sind grundsätzlich die Verhältnisse am 15. Mai des Wirtschaftsjahres der Neugründung oder der Betriebsübernahme maßgebend. 17

Die Gewinnermittlung nach § 13 a EStG ist auch anzuwenden, wenn die Zugangsvoraussetzungen des § 13 a Abs. 1 Satz 1 oder 2 EStG zu Beginn des ersten Wirtschaftsjahres nicht vorliegen, jedoch am 15. Mai dieses Wirtschaftsjahres erstmals erfüllt sind. 18

Liegen die Voraussetzungen des § 13 a Abs. 1 Satz 1 oder 2 EStG zu Beginn des ersten Wirtschaftsjahres, aber nicht am 15. Mai dieses Wirtschaftsjahres vor, besteht für das Wirtschaftsjahr keine Berechtigung zur Gewinnermittlung nach Durchschnittssätzen. Es wird in diesen Fällen nicht beanstandet, wenn für dieses erste Wirtschaftsjahr ein nach den Grundsätzen des § 13 a EStG ermittelter Gewinn angesetzt wird. In diesen Fällen bedarf es keiner Mitteilung nach § 13 a Abs. 1 Satz 4 EStG. 19

Ist das erste Wirtschaftsjahr ein Rumpfwirtschaftsjahr und umfasst dieses nicht den Stichtag 15. Mai, ist hinsichtlich der Zugangsvoraussetzungen anstelle des 15. Mai auf die Verhältnisse am Ende dieses Wirtschaftsjahres abzustellen. 20

Liegen die Voraussetzungen des § 13 a Abs. 1 Satz 1 oder 2 EStG zu Beginn des ersten Rumpfwirtschaftsjahres, aber nicht am Ende dieses Wirtschaftsjahres vor, 21 besteht für das Wirtschaftsjahr keine Berechtigung zur Gewinnermittlung nach Durchschnittssätzen. Es wird in diesen Fällen jedoch nicht beanstandet, wenn für dieses erste Wirtschaftsjahr ein nach den Grundsätzen des § 13 a EStG ermittelter Gewinn angesetzt wird. In diesen Fällen bedarf es keiner Mitteilung nach § 13 a Abs. 1 Satz 4 EStG.

22 Bei einem Betriebsübergang sind die persönlichen Zugangsvoraussetzungen des § 13 a Abs. 1 Satz 1 oder 2 EStG grundsätzlich für jeden Steuerpflichtigen gesondert zu betrachten. Führt die Übernahme eines bisher bestehenden Betriebs der Land- und Forstwirtschaft, für den der Übergeber bis zum Zeitpunkt der Übergabe den Gewinn zulässiger Weise nach § 4 Abs. 1 oder 3 EStG ermittelt hat, beim Übernehmer zur Bildung eines Rumpfwirtschaftsjahres, ist die Anwendung der Gewinnermittlung nach Durchschnittssätzen für dieses (Rumpf-) Wirtschaftsjahr ausgeschlossen (§ 13 a Abs. 1 Satz 3 EStG). Dies betrifft insbesondere Fälle, in denen der Übernehmer die Zugangsvoraussetzungen grundsätzlich erfüllt. In diesen Fällen kommt es bis zum Ende des laufenden Wirtschaftsjahres zu einer Übernahme der Bindungsfrist für den Übernehmer. Liegen die Voraussetzungen des § 13 a Abs. 1 Satz 3 EStG vor, treten die Rechtsfolgen des § 13 a Abs. 2 Satz 2 EStG nicht ein. Möchte der Übernehmer die Gewinnermittlung nach § 4 Abs. 1 oder 3 EStG auch für die darauf folgenden Wirtschaftsjahre fortführen, muss er die Gewinnermittlung nach Durchschnittssätzen gemäß § 13 a Abs. 2 EStG abwählen.

### 10. Wegfallmitteilung

23 Die Mitteilung nach § 13 a Abs. 1 Satz 4 EStG soll innerhalb einer Frist von einem Monat vor Beginn des folgenden Wirtschaftsjahres bekanntgegeben werden (vgl. aber BFH vom 29. März 2007, BStBl. II S. 816). Bis zum Beginn dieses Wirtschaftsjahres ist der Gewinn noch nach Durchschnittssätzen zu ermitteln.

### 11. Rückkehr zur Gewinnermittlung nach Durchschnittssätzen

24 Das Wort „letztmalig" in § 13 a Abs. 1 Satz 4 EStG bedeutet nicht, dass eine Rückkehr zur Gewinnermittlung nach Durchschnittssätzen zu einem späteren Zeitpunkt ausgeschlossen ist. Der Gewinn ist erneut nach Durchschnittssätzen zu ermitteln, wenn die Voraussetzungen des § 13 a Abs. 1 Satz 1 oder 2 EStG wieder gegeben sind und ein Antrag nach § 13 a Abs. 2 EStG nicht gestellt wird. Bestand für den Land- und Forstwirt Buchführungspflicht nach § 141 Abs. 1 AO, ist zuvor die Feststellung der Finanzbehörde erforderlich, dass die Voraussetzungen für die Buchführungspflicht nach § 141 Abs. 1 AO nicht mehr vorliegen (§ 141 Abs. 2 Satz 2 AO). Bei einem Land- und Forstwirt, der weder buchführungspflichtig ist noch die sonstigen Voraussetzungen des § 13 a Abs. 1 Satz 1 oder 2 EStG erfüllt und dessen Gewinn nach § 4 Abs. 1 oder 3 EStG ermittelt wird, ist der Gewinn bereits ab dem folgenden Wirtschaftsjahr nach Durchschnittssätzen zu ermitteln, wenn am maßgeblichen Stichtag (grundsätzlich 15. Mai) dieses Wirtschaftsjahres die Voraussetzungen des § 13 a Abs. 1 Satz 1 oder 2 EStG wieder erfüllt sind; § 141 Abs. 2 Satz 2 AO ist nur bei wegfallender Buchführungspflicht anzuwenden. Einer Mitteilung der Finanzbehörde bedarf es insoweit nicht. Ist eine Mitteilung nach § 13 a Abs. 1 Satz 4 EStG über den Wegfall der Voraussetzungen des § 13 a Abs. 1 Satz 1 oder 2 EStG ergangen und liegen am maßgeblichen Stichtag (grundsätzlich 15. Mai) des auf die Bekanntgabe der Mitteilung folgenden Wirtschaftsjahres die Voraussetzungen für die Gewinnermittlung nach Durchschnittssätzen wieder vor, hat

das Finanzamt die Rechtswirkungen dieser Mitteilung zu beseitigen; § 13 a EStG ist weiterhin anzuwenden.

### II. Gewinnermittlung auf Grund eines Antrags i. S. d. § 13 a Abs. 2 EStG

Ein Land- und Forstwirt, der seinen Gewinn auf Antrag nach § 13 a Abs. 2 EStG für vier aufeinanderfolgende Wirtschaftsjahre nach § 4 Abs. 1 oder 3 EStG ermittelt, ist damit vorübergehend aus der Gewinnermittlung nach Durchschnittssätzen ausgeschieden. Dabei ist Folgendes zu beachten: 25

1. Wird innerhalb des Vierjahreszeitraums eine der Buchführungsgrenzen des § 141 Abs. 1 AO überschritten, ist der Land- und Forstwirt rechtzeitig vor Beginn des nächstfolgenden Wirtschaftsjahres auf den Beginn der Buchführungspflicht hinzuweisen. Die Mitteilung soll einen Monat vor Beginn des Wirtschaftsjahres bekannt gegeben werden, von dessen Beginn an die Buchführungspflicht zu erfüllen ist.
2. Werden innerhalb des Vierjahreszeitraums die Voraussetzungen des § 13 a Abs. 1 Satz 1 Nr. 2 bis 5 oder des Satzes 2 EStG nicht mehr erfüllt, soll der Land- und Forstwirt innerhalb einer Frist von einem Monat vor Beginn des nächstfolgenden Wirtschaftsjahres darauf hingewiesen werden, dass der Gewinn nicht mehr nach Durchschnittssätzen zu ermitteln ist.
3. Ist der Land- und Forstwirt vor Beginn eines Wirtschaftsjahres innerhalb des Vierjahreszeitraums darauf hingewiesen worden, dass der Gewinn nicht mehr nach Durchschnittssätzen zu ermitteln bzw. dass eine der Buchführungsgrenzen überschritten ist, verkürzt sich der Vierjahreszeitraum entsprechend. Die Rechtsfolge des § 13 a Abs. 2 Satz 2 EStG tritt nicht ein, wenn der Land- und Forstwirt für den verkürzten Vierjahreszeitraum den Gewinn nach § 4 Abs. 1 oder 3 EStG ermittelt hat.
4. Nach Ablauf des Vierjahreszeitraums ist der Gewinn wieder nach Durchschnittssätzen zu ermitteln, wenn die Voraussetzungen des § 13 a Abs. 1 Satz 1 oder 2 EStG
   a) erfüllt sind und der Land- und Forstwirt von der Möglichkeit der erneuten Ausübung des Wahlrechtes (§ 13 a Abs. 2 EStG) keinen Gebrauch macht,
   b) nicht mehr erfüllt sind, der Land- und Forstwirt aber noch nicht zur Buchführung aufgefordert oder darauf hingewiesen worden ist, dass der Gewinn nicht mehr nach Durchschnittssätzen zu ermitteln ist.

### III. Ermittlung des Durchschnittssatzgewinns – § 13 a Abs. 3 EStG

Im Rahmen der Gewinnermittlung nach § 13 a EStG wird der Gewinn der landwirtschaftlichen Nutzung (§ 13 a Abs. 3 Satz 1 Nr. 1 EStG) und der in Anlage 1 a Nr. 2 zu § 13 a EStG genannten Sondernutzungen (§ 13 a Abs. 3 Satz 1 Nr. 3 i. V. m. Abs. 6 Satz 2 EStG) nach den Grundsätzen des § 4 Abs. 1 EStG ermittelt. Alle übrigen Gewinne werden nach der Systematik des § 4 Abs. 3 EStG ermittelt. 26

Der Durchschnittssatzgewinn ist die Summe der Gewinne nach § 13 a Abs. 3 Satz 1 Nr. 1 bis 6 EStG. Mit dem Ansatz des Durchschnittssatzgewinns sind alle Betriebseinnahmen und Betriebsausgaben berücksichtigt. Insbesondere sind verausgabte Pachtzinsen, Schuldzinsen und dauernde Lasten, die Betriebsausgaben sind, nach § 13 a Abs. 3 EStG nicht zusätzlich abziehbar. 27

Bei der forstwirtschaftlichen Nutzung, den Sondernutzungen nach § 13 a Abs. 6 Satz 3 i. V. m. § 4 Abs. 3 EStG und bei einzelnen Sondergewinntatbeständen 28 können Verluste entstehen, die zu einem negativen Durchschnittssatzgewinn führen können.

29[1)] Ist der Gewinn nach § 13 a EStG für ein Rumpfwirtschaftsjahr oder ein verlängertes Wirtschaftsjahr zu ermitteln, sind der Grundbetrag (§ 13 a Abs. 4 Satz 2 EStG), der Zuschlag für Tierzucht und Tierhaltung (§ 13 a Abs. 4 Satz 3 EStG) und die pauschalen Gewinne für Sondernutzungen (§ 13 a Abs. 6 Satz 2 EStG) zeitanteilig für jeden begonnenen Monat mit einem Zwölftel anzusetzen.

## IV. Ermittlung des Gewinns der landwirtschaftlichen Nutzung – § 13 a Abs. 4 EStG

### 1. Ermittlung des Grundbetrags – § 13 a Abs. 4 Satz 2 EStG

30 Zur Ermittlung des Grundbetrags für ein Wirtschaftsjahr sind alle selbst bewirtschafteten Flächen der landwirtschaftlichen Nutzung i. S. d. § 160 Abs. 2 Satz 1 Nr. 1 Buchst. a BewG ohne Sondernutzungen (§ 13 a Abs. 6 EStG i. V. m. § 160 Abs. 2 Satz 1 Nr. 1 Buchst. c bis e BewG) zu berücksichtigen. Zum maßgeblichen Stichtag (grundsätzlich 15. Mai) und zum Umfang der Flächen an diesem Stichtag vgl. Rn. 3 und 4 sowie Rn. 14. Für angefangene Hektar ist ein entsprechender Anteil zu berücksichtigen.

### 2. Zuschlag für Tierzucht und Tierhaltung – § 13 a Abs. 4 Satz 3 EStG

31 Der Zuschlag für Tierzucht und Tierhaltung je Wirtschaftsjahr ist für im Betrieb der Land- und Forstwirtschaft gehaltene und erzeugte Tiere vorzunehmen. Tiere, die in einem gesonderten Gewerbebetrieb des Steuerpflichtigen oder im Zusammenhang mit einer dem Grunde nach gewerblichen Dienstleistung (§ 13 a Abs. 7 Satz 1 Nr. 3 EStG) gehalten oder erzeugt werden, sind nicht zu berücksichtigen. Zur Abgrenzung beim Halten und der Erzeugung fremder Tiere vgl. Rn. 70.

32 Maßgeblich sind bei Tieren des Umlaufvermögens die im Wirtschaftsjahr erzeugten und bei Tieren des Anlagevermögens die im Durchschnitt des Wirtschaftsjahrs gehaltenen Tiere. Die Umrechnung der Tierbestände in Vieheinheiten erfolgt unter Beachtung der bewertungsrechtlichen Vorschriften des § 51 BewG. Der Umrechnungsschlüssel ergibt sich aus Anlage 1 zum BewG.

33 Eine Tierzucht und Tierhaltung bis insgesamt einschließlich 25 Vieheinheiten ist mit dem Ansatz des Grundbetrags der landwirtschaftlichen Nutzung nach § 13 a Abs. 4 Satz 2 EStG abgegolten. Für alle weiteren Vieheinheiten sind nach Nr. 1 der Anlage 1 a zu § 13 a EStG 300 Euro pro Vieheinheit als Tierzuschlag für das Wirtschaftsjahr anzusetzen. Für angefangene Vieheinheiten ist ein entsprechender Anteil von 300 Euro zu berücksichtigen.

## V. Ermittlung des Gewinns der forstwirtschaftlichen Nutzung – § 13 a Abs. 5 EStG

### 1. Grundsätze

34 Bei der Gewinnermittlung nach Durchschnittssätzen ist der Gewinn aus forstwirtschaftlicher Nutzung nach den Grundsätzen des § 4 Abs. 3 EStG zu ermitteln. Dabei sind gemäß § 13 a Abs. 5 EStG zwingend die pauschalen Betriebsausgaben nach § 51 EStDV zu berücksichtigen.

---

[1)] Rn. 29 neu gef. durch BMF v. 4.1.2023, BStBl. I S. 175. Siehe dortige Übergangsregelung.

## 2. Pauschalierung des Gewinns aus Holznutzungen

Die Einnahmen aus Holznutzungen umfassen die Erlöse aus der Verwertung des Holzes, die im Wirtschaftsjahr zugeflossen sind. Hierzu gehören insbesondere die Erlöse für das veräußerte und der Teilwert für das entnommene Holz. Nicht dazu gehören die Einnahmen aus einer anderen Nutzung des Waldes, wie z. B. aus der Verpachtung einzelner Flächen, der Ausübung der Jagd, dem Verkauf von Früchten des Waldes (Beeren, Pilze, Bärlauch) oder von Reisholz und Grünschnitt. Zinsen aus der Kreditierung von Holzverkäufen gehören ebenfalls nicht zu den Einnahmen aus Holznutzungen, sondern zu den Einnahmen aus Kapitalvermögen i. S. d. § 13 a Abs. 3 Satz 1 Nr. 6 EStG. 35

Zur Ermittlung des Gewinns aus Holznutzungen sind bei einer Verwertung von Holz auf dem Stamm 20 % und bei einer Verwertung von eingeschlagenem Holz 55 % der zugeflossenen Einnahmen als Betriebsausgaben abziehbar. Alle übrigen Einnahmen in sachlichem Zusammenhang mit Holznutzungen (z. B. Entschädigungen, Zuschüsse zur Abgeltung erhöhter Betriebsausgaben) sind in voller Höhe zu erfassen. Damit sind sämtliche Betriebsausgaben nach den Grundsätzen des § 4 Abs. 3 EStG abgegolten, die die forstwirtschaftlichen Flächen betreffen. Ausgenommen hiervon sind die Wiederaufforstungskosten und die Minderung des Buchwerts für das jeweilige Wirtschaftsgut Baumbestand (vgl. BMF-Schreiben vom 16. Mai 2012, BStBl. I S. 595[1]). 36

## 3. Ermittlung des Gewinns für die übrige Forstwirtschaft

Die pauschalen Betriebsausgaben von 20 % bzw. 55 % gelten nicht für die Ermittlung des Gewinns aus Waldverkäufen sowie für die übrigen Einnahmen und die damit in unmittelbarem Zusammenhang stehenden Betriebsausgaben. Der Gewinn aus Waldverkäufen wird entsprechend der Regelung des § 51 Abs. 5 EStDV grundsätzlich als Sondergewinn nach § 13 a Abs. 7 Satz 1 Nr. 1 Buchst. a EStG und die Ermittlung des Gewinns für das übrige Anlagevermögen als Sondergewinn nach § 13 a Abs. 7 Satz 1 Nr. 1 Buchst. b oder c EStG erfasst. Einnahmen aus der Verpachtung von Flächen der forstwirtschaftlichen Nutzung und der Jagdpacht sind nach § 13 a Abs. 3 Satz 1 Nr. 5 EStG zu erfassen, ohne dass es darauf ankommt, ob sich die Jagd auf landwirtschaftliche oder forstwirtschaftliche Flächen bezieht. Für alle übrigen Einnahmen, die nicht in einem unmittelbaren Zusammenhang mit den Holznutzungen stehen (vgl. Rn. 35) und nicht nach § 13 a Abs. 3 Satz 1 Nr. 5 und 6 EStG zu erfassen sind, gilt § 51 Abs. 5 EStDV. 37

# VI. Ermittlung des Gewinns der Sondernutzungen – § 13 a Abs. 6 EStG

Bei der Ermittlung der Gewinne aus Sondernutzungen im Sinne des § 13 a Abs. 6 i. V. m. § 160 Abs. 2 Satz 1 Nr. 1 Buchst. c bis e BewG ist für jede selbst bewirtschaftete Nutzung und für jeden selbst bewirtschafteten Nutzungsteil ein Sondergewinn zu ermitteln. Zur Frage der Definition der Sondernutzungen und deren Umfang zum maßgeblichen Stichtag (grundsätzlich 15. Mai) vgl. Rn. 9–13 und Rn. 14. 38

Nach § 13 a Abs. 6 Satz 2 EStG ist bei jeder einzelnen Sondernutzung, die die in Anlage 1 a Nr. 2 – Spalte 3 zu § 13 a EStG genannte Grenze überschreitet, ein Gewinn von 1000 Euro je Sondernutzung für das Wirtschaftsjahr anzusetzen. Dagegen ist für jede Sondernutzung, die unter dieser Grenze liegt, ein 39

[1] Nr. 1 § 13/5.

Gewinn von 0 Euro für das Wirtschaftsjahr anzusetzen. Der Gewinn aus Sondernutzungen nach § 13 a Abs. 6 Satz 2 EStG ist ein nach den Grundsätzen des § 4 Abs. 1 EStG ermittelter Gewinn.

40 Für Sondernutzungen, die nicht in der Anlage 1 a Nr. 2 zu § 13 a EStG aufgeführt sind (vgl. Rn. 9–13), ist innerhalb des § 13 a EStG eine Gewinnermittlung nach § 4 Abs. 3 EStG erforderlich (§ 13 a Abs. 6 Satz 3 EStG). Zu diesen Sondernutzungen gehören insbesondere der Anbau von Tabak, der Anbau von Energieholz auf Kurzumtriebsplantagen und die Produktion von Nützlingen. Für diese Sondernutzungen ist bei der im Rahmen der Gewinnermittlung nach Durchschnittssätzen vorzunehmenden Gewinnermittlung nach § 4 Abs. 3 EStG für Wirtschaftsgüter, die ausschließlich dieser Sondernutzung dienen, die Vornahme der Absetzung für Abnutzung nur in gleichen Jahresbeträgen zulässig; im Übrigen gilt die Absetzung für Abnutzung im Rahmen des Durchschnittssatzgewinns als in Anspruch genommen (§ 13 a Abs. 3 Satz 3 EStG).

## VII. Ermittlung der Sondergewinne – § 13 a Abs. 7 EStG

### 1. Grundsätze

41 Die Ermittlung aller Sondergewinne nach § 13 a Abs. 7 EStG erfolgt einschließlich der damit verbundenen Aufzeichnungs- und Aufbewahrungspflichten nach § 4 Abs. 3 EStG (vgl. Rn. 86–89). Betriebseinnahmen i. S. v. § 13 a Abs. 7 Satz 1 EStG sind die zugeflossenen Erlöse einschließlich der gesetzlichen Umsatzsteuer. Entsprechendes gilt im Falle der Entnahme für den an deren Stelle tretenden Wert und die daraus resultierende gesetzliche Umsatzsteuer.

### 2. Veräußerung oder Entnahme von Grund und Boden und dem dazugehörigen Aufwuchs, Gebäuden, immateriellen Wirtschaftsgütern und Beteiligungen

42 Der Gewinn oder Verlust aus der Veräußerung oder Entnahme des zum Betriebsvermögen gehörenden Grund und Bodens und des dazugehörigen Aufwuchses (z. B. stehendes Holz und Dauerkulturen) sowie der zum Betriebsvermögen gehörenden Gebäude, immateriellen Wirtschaftsgüter und Beteiligungen ist stets als Sondergewinn zu erfassen und nicht mit dem Ansatz des Durchschnittssatzgewinns nach § 13 a Abs. 3 Satz 1 Nr. 1 bis 3 und 5 bis 6 EStG abgegolten.

43 Für Gewinne aus der Veräußerung von Grund und Boden und des dazugehörigen Aufwuchses sowie von Gebäuden kann unter den Voraussetzungen des § 6 c i. V. m. § 6 b EStG eine Rücklage gebildet werden. Gleiches gilt unter den Voraussetzungen der R 6.6 EStR für die Bildung einer Rücklage für Ersatzbeschaffung. Soweit für das Wirtschaftsgut Grund und Boden und ggf. immaterielle Wirtschaftsgüter ein Buchwert nach § 55 EStG anzusetzen ist, sind die Grundsätze dieser Vorschrift anzuwenden.

44 Bei der Gewinnermittlung nach § 13 a EStG ist die Bildung und Beibehaltung von gewillkürtem Betriebsvermögen nach den für die Land- und Forstwirtschaft geltenden allgemeinen Grundsätzen möglich. Die unter Rn. 42–43 genannten Grundsätze gelten auch für Wirtschaftsgüter des gewillkürten Betriebsvermögens.

45 Zu den Beteiligungen gehören insbesondere die zum Betriebsvermögen gehörenden Anteile an Kapitalgesellschaften und Genossenschaften. Mitunternehmeranteile gehören nicht zu den Beteiligungen, wenn sie außerhalb der Ge-

winnermittlung nach § 13 a EStG als gesondertes Betriebsvermögen behandelt werden.

Ist der Land- und Forstwirt an einer Bruchteilsgemeinschaft (z. B. Maschinengemeinschaft) beteiligt, die keine eigene Gewinnerzielungsabsicht verfolgt, ist der Eigentumsanteil des Steuerpflichtigen an Wirtschaftsgütern des Gemeinschaftsvermögens ertragsteuerrechtlich wie ein eigenes Wirtschaftsgut des Steuerpflichtigen zu behandeln. In diesen Fällen bezieht sich die Regelung des § 13 a Abs. 7 Satz 1 Nr. 1 Buchst. b EStG bei Veräußerung oder Entnahme des Wirtschaftsguts einschließlich der Grenze von 15 000 Euro auf den Eigentumsanteil des Steuerpflichtigen (vgl. Rn. 47–51). 46

### 3. Veräußerung von übrigem Anlagevermögen und von Tieren

Die Veräußerung oder Entnahme der übrigen Wirtschaftsgüter des Anlagevermögens und von Tieren ist unter den Voraussetzungen des § 13 a Abs. 7 Nr. 1 Buchst. b EStG nicht mit dem Ansatz des Durchschnittssatzgewinns nach § 13 a Abs. 3 Satz 1 Nr. 1 bis 3 EStG abgegolten. 47

Der für die Prüfung der Grenze von 15 000 Euro maßgebliche Veräußerungspreis ist der bürgerlich-rechtliche Gesamtendpreis, d. h. einschließlich der gesetzlichen Umsatzsteuer. Entsprechendes gilt im Falle der Entnahme für den an dessen Stelle tretenden Wert und die daraus resultierende gesetzliche Umsatzsteuer. Erfolgt die Veräußerung des Wirtschaftsguts durch einen Tausch oder einen Tausch mit Baraufgabe, so ist die Angemessenheit des Werts für das hingegebene Wirtschaftsgut auf Verlangen des Finanzamts glaubhaft zu machen. 48

Bei der Ermittlung des Gewinns aus der Veräußerung von übrigem Anlagevermögen ist der Buchwert des jeweiligen Wirtschaftsguts zu ermitteln. Dabei sind die Vorgaben der amtlichen Abschreibungstabellen zu berücksichtigen. Wird ein Wirtschaftsgut in mehreren Abschreibungstabellen angeführt, ist vorrangig die amtliche Abschreibungstabelle für die Land- und Forstwirtschaft anzuwenden. 49

Soweit sich die Anschaffungs- bzw. Herstellungskosten nicht aus einem vom Steuerpflichtigen geführten Anlageverzeichnis ergeben oder nicht mehr nachgewiesen werden können, dürfen allenfalls die vom Steuerpflichtigen angemessen geschätzten Anschaffungs- bzw. Herstellungskosten und der glaubhaft daraus abgeleitete Buchwert des jeweiligen Wirtschaftsguts zum Zeitpunkt des Ausscheidens aus dem Betriebsvermögen anerkannt werden. 50

Bei der Ermittlung des Gewinns aus der Veräußerung von Tieren gelten die vorstehenden Regelungen entsprechend. Dabei ist ohne Bedeutung, ob das jeweilige Tier ertragsteuerrechtlich dem Anlage- oder Umlaufvermögen zuzurechnen ist. Die Ermittlung der Anschaffungs- bzw. Herstellungskosten, der zu berücksichtigenden Absetzungen für Abnutzung sowie eines ggf. anzusetzenden Schlachtwerts kann nach den Grundsätzen des BMF-Schreibens vom 14. November 2001 (BStBl. I S. 864)[1] erfolgen. 51

### 4. Entschädigungen für den Verlust, den Untergang oder die Wertminderung von Wirtschaftsgütern des Anlagevermögens und Tieren

Gewährte Entschädigungen für den Verlust, den Untergang oder die Wertminderung von Wirtschaftsgütern des Anlagevermögens und von Tieren i. S. d. 52

[1] Nr. 1 § 13/1.

§ 13 a Abs. 7 Satz 1 Nr. 1 Buchst. a oder b EStG sind als Sondergewinn zu erfassen (§ 13 a Abs. 7 Satz 1 Nr. 1 Buchst. c EStG). Bei der Prüfung der Grenze von 15 000 Euro ist die für das jeweilige Wirtschaftsgut i. S. d. § 13 a Abs. 7 Satz 1 Nr. 1 Buchst. b EStG gezahlte Entschädigung einschließlich Umsatzsteuer maßgebend.

**53** Entschädigungen, die als Ersatz für entgangene Einnahmen oder als Ersatz für erhöhte Betriebsausgaben gewährt werden, sind bei entsprechendem Veranlassungszusammenhang mit dem Gewinn der landwirtschaftlichen Nutzung nach § 13 a Abs. 4 EStG und dem Gewinn aus Sondernutzungen nach § 13 a Abs. 6 Satz 2 EStG abgegolten. Bei der forstwirtschaftlichen Nutzung sind diese Entschädigungen nach den Regelungen des § 51 EStDV zu erfassen. Pauschale Betriebsausgaben sind nur zu berücksichtigen, soweit die Zahlungen auf entgangene Einnahmen aus Holznutzungen entfallen.

**54** Einheitlich gewährte Entschädigungen sind für die Anwendung der vorstehenden Grundsätze nach deren wirtschaftlichen Gehalt aufzuteilen.

### 5. Auflösung von Rücklagen

**55** Soweit im Rahmen der Gewinnermittlung für den land- und forstwirtschaftlichen Betrieb eine Rücklage gebildet wurde (z. B. §§ 6 b, 6 c EStG, R 6.6 EStR), ist die Auflösung der Rücklage als Sondergewinn zu erfassen.

### 6. Betriebseinnahmen und Betriebsausgaben nach § 9 b Abs. 2 EStG

**56** Betriebseinnahmen und Betriebsausgaben aus Vorsteuerberichtigungen i. S. d. § 15 a UStG sind im Zeitpunkt des Zuflusses bzw. Abflusses als Sondergewinn zu erfassen (§ 13 a Abs. 7 Satz 1 Nr. 2 EStG).

### 7. Einnahmen aus dem Grunde nach gewerblichen Tätigkeiten, die dem Bereich der Land- und Forstwirtschaft zugerechnet werden

#### a) Grundsätze

**57** Soweit Einnahmen (Erlöse und Entnahmen) nach den allgemeinen Grundsätzen in einem gesonderten Gewerbebetrieb zu erfassen sind (Abgrenzung zu Einkünften i. S. v. § 13 EStG; vgl. insbesondere R 15.5 EStR), sind sie dem Grunde nach kein innerhalb der Gewinnermittlung nach § 13 a EStG zu berücksichtigender Sondergewinn.

**58** Sind Einnahmen aus dem Grunde nach gewerblichen Tätigkeiten noch dem Bereich der Land- und Forstwirtschaft zuzuordnen, werden sie abzüglich pauschaler Betriebsausgaben in Höhe von 60 % nach § 13 a Abs. 7 Satz 1 Nr. 3 EStG i. V. m. Nr. 3 der Anlage 1 a zu § 13 a EStG innerhalb der Gewinnermittlung nach Durchschnittssätzen als Sondergewinn erfasst. Zu den genannten Tätigkeiten gehören insbesondere die innerhalb der Grenzen nach R 15.5 Abs. 11 EStR ausgeübten Tätigkeiten i. S. d. R 15.5 Abs. 3 bis 10 EStR.

#### b) Nebenbetriebe (R 15.5 Abs. 3 EStR)

**59** Die Be- und Verarbeitung überwiegend eigener land- und forstwirtschaftlicher Erzeugnisse im Rahmen einer ersten Bearbeitungsstufe ist als land- und forstwirtschaftliche Tätigkeit mit dem jeweiligen Gewinn nach § 13 a Abs. 4 bis 6 EStG abgegolten.

**60** Gleiches gilt für Substanzbetriebe, soweit die gewonnene Substanz im eigenen land- und forstwirtschaftlichen Betrieb verwendet wird. Der Verkauf oder die Entnahme einer gewonnenen Substanz innerhalb der Grenzen der R 15.5

Abs. 3 EStR ist dagegen als Sondergewinn zu erfassen (§ 13 a Abs. 7 Satz 1 Nr. 3 EStG i. V. m. Nr. 3 der Anlage 1 a zu § 13 a EStG).

Die Be- und Verarbeitung überwiegend fremder Erzeugnisse oder die Bearbeitung überwiegend eigener land- und forstwirtschaftlicher Erzeugnisse im Rahmen einer zweiten und weiteren Bearbeitungsstufe kann unter den Voraussetzungen der R 15.5 Abs. 11 EStR der Land- und Forstwirtschaft zuzurechnen sein, ist aber dem Grunde nach eine gewerbliche Tätigkeit. In diesem Fall sind die hieraus erzielten Einnahmen unter Abzug der pauschalen Betriebsausgaben von 60 % als Sondergewinn zu erfassen. 61

### c) Verwertung organischer Abfälle (R 15.5 Abs. 4 EStR)

Ist die Verwertung organischer Abfälle nach R 15.5 Abs. 4 Satz 1 und 2 EStR eine dem Grunde nach land- und forstwirtschaftliche Tätigkeit, so ist sie mit dem Ansatz des jeweiligen Gewinns nach § 13 a Abs. 4 bis 6 EStG abgegolten. Zu Tätigkeiten nach R 15.5 Abs. 4 Satz 3 EStR vgl. Rn. 69. 62

### d) Absatz eigener und fremder Erzeugnisse (R 15.5 Abs. 5 und 6 EStR)

Der Absatz eigener land- und forstwirtschaftlicher Erzeugnisse ist als land- und forstwirtschaftliche Tätigkeit mit dem jeweiligen Gewinn nach § 13 a Abs. 4 bis 6 EStG abgegolten. 63

Der Absatz fremder Erzeugnisse ist unter den Voraussetzungen der R 15.5 Abs. 11 EStR der Land- und Forstwirtschaft zuzurechnen. Die hieraus erzielten Einnahmen sind unter Abzug der pauschalen Betriebsausgaben von 60 % als Sondergewinn zu erfassen. 64

### e) Absatz eigener Erzeugnisse i. V. m. Dienstleistungen (R 15.5 Abs. 7 EStR)

Der Absatz eigener land- und forstwirtschaftlicher Erzeugnisse ist bezogen auf die jeweilige Tätigkeit in folgenden Fällen als land- und forstwirtschaftlich zu qualifizieren und mit dem Ansatz des jeweiligen Gewinns nach § 13 a Abs. 4 bis 6 EStG abgegolten: 65

- Lieferung ausschließlich eigener land- und forstwirtschaftlicher Erzeugnisse ohne Dienstleistung;
- Lieferung ausschließlich eigener land- und forstwirtschaftlicher Erzeugnisse i. V. m. grundsätzlich gewerblichen Dienstleistungen bis zu 50 % der Erlöse;
- Lieferung eigener land- und forstwirtschaftlicher Erzeugnisse von mindestens 50 % i. V. m. der Lieferung fremder Erzeugnisse und grundsätzlich gewerblichen Dienstleistungen bis zu insgesamt 50 % der Erlöse.

Der Absatz eigener Erzeugnisse i. V. m. darüber hinausgehenden gewerblichen Dienstleistungen oder einem darüber hinausgehenden Absatz fremder Erzeugnisse i. V. m. gewerblichen Dienstleistungen führt zu einer insgesamt grundsätzlich gewerblichen Tätigkeit und kann nur unter den Voraussetzungen der R 15.5 Abs. 11 EStR der Land- und Forstwirtschaft zuzurechnen sein. Die hieraus erzielten Einnahmen sind unter Abzug der pauschalen Betriebsausgaben von 60 % als Sondergewinn zu erfassen. 66

### f) Absatz eigener Erzeugnisse i. V. m. besonderen Leistungen (R 15.5 Abs. 8 EStR)

Der Ausschank von eigen erzeugten, der Land- und Forstwirtschaft zuzurechnenden Getränken ist eine Form der Vermarktung und als land- und forstwirt- 67 schaftliche Tätigkeit mit dem Ansatz des jeweiligen Gewinns nach § 13 a Abs. 4 bis 6 EStG abgegolten.

**68** Dagegen ist der Absatz von Speisen und anderen Getränken (z. B. fremde Getränke, 2. Bearbeitungsstufe), die im Rahmen einer land- und forstwirtschaftlichen Tätigkeit abgegeben werden, nur unter den Voraussetzungen der R 15.5 Abs. 11 EStR der Land- und Forstwirtschaft zuzurechnen. Die hieraus erzielten Einnahmen sind unter Abzug der pauschalen Betriebsausgaben von 60 % als Sondergewinn zu erfassen.

### g) Verwendung von Wirtschaftsgütern und Dienstleistungen (R 15.5 Abs. 9 und 10 EStR)

**69** Die Verwendung von Wirtschaftsgütern sowie Dienstleistungen i. S. d. R 15.5 Abs. 9 und 10 EStR sind unabhängig vom Empfänger der Leistung (Landwirt oder Nichtlandwirt) dem Grunde nach gewerbliche Tätigkeiten, die unter den Voraussetzungen der R 15.5 Abs. 11 EStR der Land- und Forstwirtschaft zugerechnet werden können. Die hieraus erzielten Einnahmen sind unter Abzug der pauschalen Betriebsausgaben von 60 % als Sondergewinn zu erfassen.

### h) Aufzucht und Halten fremder Tiere

**70** Zieht der Steuerpflichtige innerhalb der Grenzen des § 13 Abs. 1 Nr. 1 Satz 2 EStG auf eigenes wirtschaftliches Risiko im Rahmen einer land- und forstwirtschaftlichen Tätigkeit fremde Tiere auf, so ist dies mit dem Ansatz des Gewinns nach § 13 a Abs. 4 EStG abgegolten. Zur Abgrenzung der dem Grunde nach land- und forstwirtschaftlichen Tätigkeit und der dem Grunde nach gewerblichen Tätigkeit bei Pensionspferdehaltung vgl. BFH vom 29. November 2007 (BStBl. 2008 II S. 425).

**71** Beschränkt sich die Leistung des Steuerpflichtigen im Wesentlichen auf die Vermietung des Stallplatzes, so liegen Mieteinnahmen nach § 13 a Abs. 3 Satz 1 Nr. 5 EStG vor (vgl. dazu Rn. 74–77).

**72** Übt ein Land- und Forstwirt im Rahmen der Gewinnermittlung nach § 13 a EStG eine Pensionstierhaltung aus, so bestehen aus Vereinfachungsgründen keine Bedenken, die hieraus erzielten gesamten Einnahmen ohne Aufteilung in einzelne Leistungsbereiche unter Abzug der pauschalen Betriebsausgaben von 60 % als Sondergewinn zu erfassen.

## 8. Rückvergütungen

**73** Zur Abgrenzung von Hilfs- und Nebengeschäften im Rahmen genossenschaftlicher Rückvergütungen ist *R 20 Abs. 6 Nr. 3 und 4 KStR 2004*[1] einschlägig.

## VIII. Einnahmen aus Vermietung und Verpachtung von Wirtschaftsgütern des land- und forstwirtschaftlichen Betriebsvermögens – § 13 a Abs. 3 Satz 1 Nr. 5 EStG

**74** Die Ermittlung der Einnahmen aus der Vermietung und Verpachtung von Wirtschaftsgütern des land- und forstwirtschaftlichen Betriebsvermögens erfolgt unter Berücksichtigung des § 11 Abs. 1 EStG. Vermietung und Verpachtung i. S. d. § 13 a Abs. 3 Satz 1 Nr. 5 EStG ist die entgeltliche Nutzungsüberlassung von Wirtschaftsgütern des Betriebsvermögens. Auf die Bezeichnung des Vertrages über die Nutzungsüberlassung kommt es nicht an.

[1] Siehe nunmehr R 5.11 Abs. 6 Nr. 3 und 4 KStR.

Zu erfassen sind Einnahmen aus einer Nutzungsüberlassung, die ohne Zugehörigkeit der überlassenen Wirtschaftsgüter zum land- und forstwirtschaftlichen Betriebsvermögen als vermögensverwaltende Tätigkeit zu qualifizieren wäre. Hierzu gehört insbesondere die Nutzungsüberlassung von Grund und Boden, Gebäuden, beweglichen oder immateriellen Wirtschaftsgütern und von Ferienzimmern/-wohnungen im Rahmen der R 15.5 Abs. 13 EStR. 75

Werden Wirtschaftsgüter des Betriebsvermögens im Zusammenhang mit mehr als nur unbedeutenden Dienstleistungen und vergleichbaren Tätigkeiten zur Nutzung überlassen, liegen insgesamt Einnahmen nach R 15.5 Abs. 9 EStR vor (vgl. dazu Rn. 69). 76

Die nach § 13 a Abs. 3 Satz 1 Nr. 5 EStG anzusetzenden Nutzungsentgelte dürfen nicht um Betriebsausgaben gemindert werden (vgl. BFH vom 5. Dezember 2002, BStBl. 2003 II S. 345). Bei einer Vermietung einer zum land- und forstwirtschaftlichen Betriebsvermögen gehörenden Wohnung zählen auch zusätzlich zur Grundmiete vereinnahmte Umlagen und Nebenentgelte zu den anzusetzenden Nutzungsentgelten (vgl. BFH vom 14. Mai 2009, BStBl. II S. 900). Dies gilt auch für die im Zusammenhang mit einer Nutzungsüberlassung von Wirtschaftsgütern vereinnahmte gesetzliche Umsatzsteuer. 77

### IX. Einnahmen aus Kapitalvermögen, soweit sie zu den Einkünften aus Land- und Forstwirtschaft gehören – § 13 a Abs. 3 Satz 1 Nr. 6 EStG

Nach § 13 a Abs. 3 Satz 1 Nr. 6 EStG sind sämtliche Einnahmen aus Kapitalvermögen i. S. v. § 20 EStG zu erfassen, die nach § 20 Abs. 8 EStG den Einkünften aus Land- und Forstwirtschaft zuzurechnen sind. Die Ermittlung der Einnahmen aus Kapitalvermögen nach § 13 a Abs. 3 Satz 1 Nr. 6 EStG erfolgt unter Berücksichtigung des § 11 Abs. 1 EStG. Ein Abzug von Betriebsausgaben im Zusammenhang mit Einnahmen aus Kapitalvermögen kommt nicht in Betracht. 78

Unterliegen Einnahmen aus Kapitalvermögen dem Teileinkünfteverfahren, sind die Einnahmen nur in Höhe des steuerpflichtigen Teils von 60 % zu erfassen (§ 3 Nr. 40 Satz 1 Buchst. d EStG). 79

Einnahmen aus Kapitalvermögen, die aus betrieblichen Mitteln stammen, können der Abgeltungsteuer nur dann unterworfen werden, wenn der sachliche Zusammenhang mit dem Betrieb der Land- und Forstwirtschaft gelöst und die dafür erforderliche Entnahme der Mittel nachweisbar dokumentiert wird. 80

## B. Wechsel der Gewinnermittlungsart

### 1. Übergang zur Gewinnermittlung nach § 4 Abs. 1 EStG

Bei einem Wechsel der Gewinnermittlungsart von § 13 a EStG zum Betriebsvermögensvergleich nach § 4 Abs. 1 EStG und umgekehrt ist im Bereich des § 13 a Abs. 3 Satz 1 Nr. 1 und 3 i. V. m. Abs. 6 Satz 2 EStG (Gewinn der landwirtschaftlichen Nutzung und der in der Anlage 1 a Nr. 2 zu § 13 a EStG genannten Sondernutzungen) kein Übergangsgewinn zu ermitteln. 81

In den übrigen Bereichen des § 13 a Abs. 3 Satz 1 Nr. 2 bis 6 EStG ist ein Übergangsgewinn nach den Grundsätzen des Übergangs von der Gewinnermittlung nach § 4 Abs. 3 EStG zur Gewinnermittlung nach § 4 Abs. 1 EStG und umgekehrt zu ermitteln; R 4.6 EStR ist anzuwenden. 82

**2. Übergang zur Gewinnermittlung nach § 4 Abs. 3 EStG**

**83** Bei einem Wechsel der Gewinnermittlungsart von § 13 a EStG zur Gewinnermittlung nach § 4 Abs. 3 EStG und umgekehrt ist im Bereich des § 13 a Abs. 3 Satz 1 Nr. 1 und 3 i. V. m. Abs. 6 Satz 2 EStG (Gewinn der landwirtschaftlichen Nutzung und der in der Anlage 1 a zu § 13 a EStG Nr. 2 genannten Sondernutzungen) ein Übergangsgewinn zu ermitteln; R 4.6 EStR ist anzuwenden.

**3. Besonderheiten beim Übergang zur Gewinnermittlung nach § 13 a EStG n. F.**

**84** Nach § 13 a Abs. 3 Satz 2 EStG n. F. findet die Vorschrift des § 6 Abs. 2 a EStG keine Anwendung. Außerhalb der Geltung des § 13 a EStG gebildete Sammelposten sind beim Übergang zu § 13 a EStG nicht als Abrechnungsbetrag zu berücksichtigen.

**85** Außerhalb der Geltung des § 13 a EStG n. F. zulässigerweise in Anspruch genommene Investitionsabzugsbeträge können bei Anwendung des § 13 a EStG n. F. nicht nach § 7 g Abs. 2 Satz 1 EStG zum Gewinn des Wirtschaftsjahres der Investition hinzugerechnet werden, da die Regelungen zu den Investitionsabzugsbeträgen nicht angewendet werden dürfen (§ 13 a Abs. 3 Satz 2 EStG). Demzufolge sind in Vorjahren beanspruchte Investitionsabzugsbeträge gemäß § 7 g Abs. 3 EStG im Wirtschaftsjahr des jeweiligen Abzugs rückgängig zu machen. Zu den Einzelheiten vgl. *Rn. 49 und 55 des BMF-Schreibens vom 20. November 2013 (BStBl. I S. 1493)*[1]; Rn. 1 Satz 2, Rn. 47 Satz 2 und Rn. 54 Satz 2 des BMF-Schreibens sind nicht weiter anzuwenden. Im Hinblick auf die gesetzliche Änderung bezüglich der Berücksichtigung von Investitionsabzugsbeträgen bei der Gewinnermittlung nach Durchschnittssätzen ist es aus Billigkeitsgründen nicht zu beanstanden, wenn beim Übergang auf die Neuregelung des § 13 a EStG im Rahmen der Gewinnermittlung für das Wirtschaftsjahr 2015 oder das abweichende Wirtschaftsjahr 2015/2016 noch bestehende Investitionsabzugsbeträge nicht nach § 7 g Abs. 3 EStG im ursprünglichen Abzugsjahr rückgängig gemacht, sondern unter sinngemäßer Anwendung von § 7 g Abs. 2 Satz 1 EStG in voller Höhe hinzugerechnet werden.

## C. Aufzeichnungs- und Aufbewahrungspflichten

**86** Soweit innerhalb der Gewinnermittlung nach § 13 a EStG Gewinne nach den Grundsätzen des § 4 Abs. 3 EStG zu ermitteln sind (§ 13 a Abs. 5, Abs. 6 Satz 3 und Abs. 7 EStG), sind die hierfür geltenden Aufzeichnungs- und Aufbewahrungsvorschriften anzuwenden. Bei der Ermittlung des Gewinns aus der forstwirtschaftlichen Nutzung gemäß § 13 a Abs. 5 EStG ist nach dem BMF-Schreiben vom 16. Mai 2012 (BStBl. I S. 595)[2] zu verfahren.

**87** Ein besonderes, laufend zu führendes Verzeichnis ist nur für die in § 13 a Abs. 7 Satz 1 Nr. 1 Buchst. a EStG genannten Wirtschaftsgüter zu führen (§ 13 a Abs. 7 Satz 3 EStG). Bei der Ermittlung des Gewinns aus der Veräußerung oder Entnahme von Wirtschaftsgütern i. S. v. § 13 a Abs. 7 Satz 1 Nr. 1 Buchst. b EStG kann ein Restbuchwert nur abgezogen werden, wenn dieser nachgewiesen oder nach Rn. 50 glaubhaft gemacht wird.

---

[1] Aufgeh. für nach dem 1. 1. 2016 endende Wirtschaftsjahre; vgl. BMF v. 20. 3. 2017, BStBl. I S. 423 (Nr. **1** § 7 g/5).

[2] Nr. **1** § 13/5.

Werden dem Grunde nach gewerbliche Tätigkeiten ausgeführt (§ 13 a Abs. 7 Satz 1 Nr. 3 EStG), sind die daraus erzielten Einnahmen aufzuzeichnen. Darüber hinaus obliegt es dem Steuerpflichtigen, die Voraussetzungen von R 15.5 Abs. 11 EStR nachzuweisen. **88**

Aufzeichnungs- und Aufbewahrungspflichten nach anderen steuerrechtlichen oder außersteuerlichen Vorschriften bleiben unberührt. Auf § 147 Abs. 1 Nr. 5 AO wird hingewiesen. **89**

## D. Schlussbestimmungen

Die vorstehenden Grundsätze gelten für Wirtschaftsjahre, die nach dem 30. Dezember 2015 enden. Die R 13 a.1 und R 13 a.2 EStR sind für diese Wirtschaftsjahre nicht mehr anzuwenden. **90**

Nach § 52 Abs. 22 a Satz 3 EStG gilt die Bindungsfrist für Steuerpflichtige, die ihren Gewinn nach § 13 a Abs. 2 EStG a. F. freiwillig nach § 4 Abs. 1 oder 3 EStG ermitteln, fort. Der Zeitraum der Abwahl der Gewinnermittlung nach § 13 a EStG wird dadurch nicht unterbrochen. **91**

# 1 § 14/1. Schreiben betr. Übertragung und Überführung von land- und forstwirtschaftlichem Vermögen aus einer Mitunternehmerschaft und Verpächterwahlrecht bei land- und forstwirtschaftlichen Betrieben

Vom 17. Mai 2022

BMF IV C 7 - S 2230/21/10001 :007; DOK 2022/0505922

(BStBl. I S. 678)

Der Bundesfinanzhof (BFH) hat mit Urteilen vom 17. Mai 2018 VI R 66/15 und VI R 73/15, BStBl. 2022 II S. 301 und S. 306, entschieden:

1. Ein landwirtschaftlicher (Eigentums-)Betrieb wird mit der Übertragung sämtlicher landwirtschaftlicher Nutzflächen aufgegeben.
2. Das Verpächterwahlrecht setzt auch bei den Einkünften aus Land- und Forstwirtschaft voraus, dass die wesentlichen, dem Betrieb das Gepräge gebenden Wirtschaftsgüter mitverpachtet werden. Daran fehlt es, wenn eine Mitunternehmerschaft nach Aufgabe ihres land- und forstwirtschaftlichen Verpachtungsbetriebs ihre wesentlichen Betriebsgrundlagen (Grundstücke) den Mitunternehmern jeweils zu Alleineigentum überträgt.
3. Die Grundsätze der Realteilung sind in einem solchen Fall nur anwendbar, wenn die bisherigen Mitunternehmer die ihnen zugeteilten Grundstücke einem eigenen Betriebsvermögen widmen.
4. Die bloße Verpachtung landwirtschaftlicher Flächen führt als solche grundsätzlich nicht zu land- und forstwirtschaftlichem Betriebsvermögen des Verpächters.

Der Gesetzgeber hat auf diese Entscheidungen des BFH mit der Einführung des § 14 Abs. 2 und 3 EStG (i.d.F. des Jahressteuergesetzes 2020 vom 21. Dezember 2020, BGBl. I S. 3098)[1] reagiert.

Im Einvernehmen mit den obersten Finanzbehörden der Länder gilt bei Übertragung und Überführung von land- und forstwirtschaftlichem Vermögen aus einer Mitunternehmerschaft und zur Anwendung des Verpächterwahlrechts bei land- und forstwirtschaftlichen Betrieben Folgendes:

## I. Anwendungsbereich

Für die Anwendung dieses Schreibens sind zwei Fallgruppen zu unterscheiden: 1

- Übertragung oder Überführung der Grundstücke hat vor dem 17. Dezember 2020 stattgefunden und es wurde kein Antrag nach § 52 Abs. 22c Satz 2 EStG gestellt (Fallgruppe 1),
- Übertragung oder Überführung der Grundstücke hat nach dem 16. Dezember 2020 stattgefunden oder es wurde ein Antrag nach § 52 Abs. 22c Satz 2 EStG gestellt (Fallgruppe 2).

[1] **Amtl. Anm.:** BStBl. 2021 I S. 6.

## II. Fallgruppen

### 1. Fallgruppe 1

#### a) Vorliegen einer Realteilung

2 Eine Realteilung ist nur bei einer vorher bestehenden Mitunternehmerschaft möglich (z.B. Erbengemeinschaft). Eine Mitunternehmerschaft in Gestalt einer Erbengemeinschaft liegt nicht vor, soweit die Landes-Höfegesetze zur Anwendung kommen (vgl. Rn. 75 ff. des BMF-Schreibens vom 14. März 2006, BStBl. I S. 253)[1)] oder beispielsweise durch ein Testament ein Alleinerbe bestimmt wurde. Es darf sich nicht um die Abfindung weichender Erben i.S.d. § 14a Abs. 4 EStG (BFH-Urteil vom 9. Mai 1996 IV R 77/95, BStBl. II S. 476) oder um eine Flächenübertragung im Rahmen einer Vermächtniserfüllung gehandelt haben. Die Regelungen zur Erbauseinandersetzung in Rn. 56 ff. des BMF-Schreibens vom 14. März 2006, BStBl. I S. 253,[1)] sind zu beachten.

#### b) Nachweispflicht

3 Dem Steuerpflichtigen obliegt die Feststellungslast dafür, dass ursprünglich zu einem landwirtschaftlichen Betrieb gehörende verpachtete Flächen zu einem späteren Zeitpunkt ins Privatvermögen gelangt sind (BFH-Urteil vom 17. Mai 2018 VI R 73/15, BStBl. 2022 II S. 306). Eine Realteilung nach § 16 Abs. 3 Satz 2 bis 4 EStG setzt eine ausdrückliche Willenserklärung voraus, z.B. durch Erbauseinandersetzungs- oder Realteilungsvertrag. Ohne eine solche Erklärung kann nicht allein aus späteren Eigentumsverhältnissen abgeleitet werden, dass tatsächlich eine Realteilung stattgefunden hat.

4 Eine Verpachtung im Zeitpunkt der Realteilung ist zweifelsfrei nach Art und Umfang möglichst durch Vorlage der vollständigen Pachtverträge nachzuweisen. Eine erst nach geraumer Zeit abgegebene Erklärung oder Versicherung an Eides statt des Steuerpflichtigen oder Dritter ist in der Regel mangels Nachprüfbarkeit kein geeigneter Nachweis.

#### c) Übertragung von Gesamthandsvermögen

#### (1) Betrieb

5 Wird eine funktionsfähige betriebliche Einheit (Betrieb) übertragen, kann das Verpächterwahlrecht vom Rechtsnachfolger fortgeführt oder erstmalig ausgeübt werden.

**Beispiel 1:**

6 Bei Auflösung der Mitunternehmerschaft A-B erhält A aus dem Gesamthandsvermögen neben der Hofstelle auch 50 ha verpachtetes Ackerland, während B die Mietwohngrundstücke übernimmt. Die Mitunternehmerschaft hat keine Betriebsaufgabe erklärt. Beide verfügen daneben über kein anderweitiges Betriebsvermögen.

A erhält die funktionsfähige betriebliche Einheit Landwirtschaft. Ihm steht das Verpächterwahlrecht zu. B steht das Verpächterwahlrecht nicht zu, weil die erhaltenen Mietwohngrundstücke keinen Betrieb bzw. Teilbetrieb darstellen und er daneben keinen eigenen Betrieb hat. Die Mietwohngrundstücke werden daher ins Privatvermögen übertragen und stellen Entnahmen der Mitunternehmerschaft A-B dar.

**Beispiel 2:**

7 Bei Auflösung der Mitunternehmerschaft C-D erhält C aus dem Gesamthandsvermögen 5 ha verpachtetes Ackerland, während D 95 ha verpachtetes Ackerland übernimmt. Die Mitunternehmerschaft hat keine Betriebsaufgabe erklärt. Beide verfügen daneben über kein anderweitiges Betriebsvermögen.

---

[1)] Nr. **1** § 7/2.

D übernimmt die wesentlichen, dem Betrieb das Gepräge gebenden Wirtschaftsgüter (BFH-Urteil vom 28. März 1985 IV R 88/81, BStBl. II S. 508). Ihm steht das Verpächterwahlrecht zu. C steht das Verpächterwahlrecht nicht zu, weil die erhaltenen Flächen lediglich einzelne Wirtschaftsgüter darstellen und er keinen eigenen Betrieb hat, dem er das Ackerland zuordnen kann.

## (2) Teilbetrieb

Wird ein Teilbetrieb nach § 16 Abs. 3 Satz 2 EStG übertragen, kann das Verpächterwahlrecht vom Rechtsnachfolger fortgeführt oder erstmalig ausgeübt werden. Erhält der übernehmende Realteiler daneben noch einzelne Wirtschaftsgüter aus einem anderen Teilbetrieb der bisherigen Mitunternehmerschaft, werden diese notwendiges Betriebsvermögen des erhaltenen Teilbetriebs, wenn sie dem Betrieb dergestalt dienen, dass sie (innerhalb von zwölf Monaten nach der Übertragung) objektiv erkennbar zum unmittelbaren Einsatz im Betrieb bestimmt sind. Andernfalls bedarf es einer entsprechenden Zuordnungsentscheidung zu diesem Betriebsvermögen. Die Regelungen der R 4.2 Abs. 9 EStR sind dabei zu beachten. 8

**Beispiel 3:**

Bei Auflösung der Mitunternehmerschaft E-F erhält E aus dem Gesamthandsvermögen neben dem Teilbetrieb 1 (Forst) auch eine Ackerfläche (3500 m²) aus dem verpachteten Teilbetrieb 2 (Landwirtschaft mit insgesamt 50 ha). F erhält den restlichen Teilbetrieb 2. E und F führen die Verpachtung jeweils fort. E hat keine Zuordnungsentscheidung bezüglich der Ackerfläche getroffen. 9

E führt den übernommenen Teilbetrieb 1 als Einzelunternehmen fort. Die übernommene Ackerfläche ist kein notwendiges Betriebsvermögen, weil sie dem Forstbetrieb nicht objektiv erkennbar unmittelbar dient. Da es auch an einer Zuordnungsentscheidung hinsichtlich der übernommenen Ackerfläche durch E fehlt, ist diese in das Privatvermögen zu übertragen und stellt eine Entnahme der Mitunternehmerschaft E-F dar. F steht das Verpächterwahlrecht zu, weil er die weiterhin funktionsfähige betriebliche Einheit (Teilbetrieb 2) übernommen hat.

## (3) Einzelne Wirtschaftsgüter

Werden einzelne Wirtschaftsgüter nach § 16 Abs. 3 Satz 2 EStG übertragen, kann das Verpächterwahlrecht zum Zeitpunkt der Übertragung neu begründet werden, wenn (innerhalb von 12 Monaten nach der Übertragung) eine aktive Bewirtschaftung der übertragenen Flächen erfolgt und der Rahmen einer privaten Gartenbewirtschaftung für Eigenbedarfszwecke überschritten wird (vgl. BFH-Urteil vom 5. Mai 2011 IV R 48/08, BStBl. II S. 792). Dies gilt auch für zuvor von der Mitunternehmerschaft aktiv bewirtschaftete Flächen. 10

Ist daneben bereits ein Verpachtungsbetrieb vorhanden und werden die erhaltenen einzelnen Wirtschaftsgüter (innerhalb von 12 Monaten nach der Übertragung) an denselben/dieselben Pächter verpachtet, sind die erhaltenen Wirtschaftsgüter dem notwendigen Betriebsvermögen des bereits vorhandenen Verpachtungsbetriebs zuzuordnen (vgl. BFH vom 19. Dezember 2019 VI R 53/16, BStBl. 2021 II S. 427). Entsprechendes gilt, wenn die erhaltenen Wirtschaftsgüter an einen anderen Pächter (weiter) verpachtet werden und eine Entscheidung zur Zuordnung der Wirtschaftsgüter zum gewillkürten Betriebsvermögen vorliegt. 11

Die bloße Verpachtung von einzelnen Wirtschaftsgütern, insbesondere von landwirtschaftlichen Flächen allein, führt indessen nicht zu landwirtschaftlichem Betriebsvermögen des Verpächters. Die Wirtschaftsgüter werden daher ins Privatvermögen übertragen und stellen Entnahmen der Mitunternehmerschaft dar. 12

Die Grundsätze des BMF-Schreibens vom 18. Mai 2018, BStBl. I S. 689 bleiben unberührt. 13

### d) Überführung von Sonderbetriebsvermögen

14 Werden Wirtschaftsgüter aus dem eigenen Sonderbetriebsvermögen überführt (§ 6 Abs. 5 Satz 2 EStG), stellen diese beim (bisherigen) Mitunternehmer weiterhin Betriebsvermögen dar (vgl. Rn. 57 des BFH-Urteils vom 17. Mai 2018 VI R 66/15, BStBl. 2022 II S. 301), sofern der Umfang einer vergleichbaren privaten Gartenbewirtschaftung für Eigenbedarfszwecke überschritten wird. Dabei ist es unerheblich, ob die überführten Wirtschaftsgüter einen Betrieb oder Teilbetrieb bilden oder es sich insgesamt um einen Mitunternehmeranteil handelt.

**Beispiel 4:**

15 Bei Auflösung der Mitunternehmerschaft G-H erhält G aus seinem Sonderbetriebsvermögen seinen landwirtschaftlichen Betrieb (mit landwirtschaftlichen Flächen von insgesamt 50 ha), während H die in seinem Sonderbetriebsvermögen befindlichen Brachflächen (5 ha) erhält. Die Mitunternehmerschaft verfügte nicht über Gesamthandsvermögen und hatte nach Aufgabe der aktiven Bewirtschaftung die landwirtschaftlichen Flächen verpachtet. Die Mitunternehmerschaft hat keine Betriebsaufgabe erklärt. G und H verfügen daneben über kein anderweitiges Betriebsvermögen.

G erhält die funktionsfähige betriebliche Einheit landwirtschaftlicher Betrieb. Ihm steht das Verpächterwahlrecht zu. H steht das Verpächterwahlrecht ebenfalls zu, weil er sein eigenes Sonderbetriebsvermögen erhält.

16 Werden Wirtschaftsgüter aus einem fremden Sonderbetriebsvermögen übertragen, gelten die Grundsätze der Rn. 10 ff.

### e) Mischfälle

17 Werden sowohl Wirtschaftsgüter aus dem Gesamthandsvermögen übertragen als auch Wirtschaftsgüter aus dem Sonderbetriebsvermögen überführt, gelten bezüglich des erhaltenen Gesamthandsvermögens die Ausführungen in den Rn. 5 ff. und bezüglich des Sonderbetriebsvermögens die Ausführungen in den Rn. 14 ff.

**Beispiel 5:**

18 Bei Auflösung der Mitunternehmerschaft I-J erhalten sowohl I als auch J jeweils die Hälfte der Forstflächen aus dem Gesamthandsvermögen. J hatte bisher im Sonderbetriebsvermögen der Mitunternehmerschaft eine verpachtete Ackerfläche von 5 ha, die er im Rahmen der Auseinandersetzung ebenfalls erhält und die er auch weiterhin verpachtet. J hat keine Zuordnungsentscheidung bezüglich der Ackerfläche getroffen.

I und J führen jeweils die Bewirtschaftung der übernommenen Forstflächen im Rahmen eines Einzelunternehmens fort. Die aus dem eigenen Sonderbetriebsvermögen überführte Ackerfläche stellt bei J ebenfalls Betriebsvermögen seines land- und forstwirtschaftlichen Betriebs dar.

## 2. Fallgruppe 2

### a) Anwendungsbereich § 14 Abs. 3 EStG

19 § 14 Abs. 3 EStG erfasst sowohl die echte als auch die unechte Realteilung sowie die (ausschließliche) Überführung des bisherigen Sonderbetriebsvermögens, wenn Gegenstand die Übertragung oder Überführung von einzelnen Grundstücken ist. § 14 Abs. 3 EStG erfasst nicht die Übertragung von Betrieben, Teilbetrieben oder Mitunternehmeranteilen (vgl. insoweit Rn. 5 bis 9).

20 § 14 Abs. 3 EStG fingiert zunächst in der ersten logischen Sekunde unabhängig von der Flächengröße und der Nutzung (z.B. aktiv bewirtschaftet oder verpachtet) für sämtliche übertragene und überführte Grundstücke ein neues Betriebsvermögen beim übernehmenden Mitunternehmer (weiteres Vorgehen nach Rn. 23). Voraussetzung dafür ist, dass mindestens eine übertragene oder überführte Fläche der Erzeugung von Pflanzen oder Tieren i.S.d. § 13 Abs. 1 EStG zu dienen bestimmt ist. Die tatsächliche Nutzung zur Erzeugung von

Pflanzen oder Tieren i.S.d. § 13 Abs. 1 EStG im Zeitpunkt der Übertragung oder Überführung ist nicht erforderlich. Die Einstufung als Bauland schließt die Fähigkeit der Fläche zur Erzeugung von Pflanzen oder Tieren zu dienen bestimmt zu sein nicht aus.

Keine Flächen, die zur Erzeugung von Pflanzen oder Tieren i.S.d. § 13 Abs. 1 21
EStG zu dienen bestimmt sind, sind:

- Mietwohngrundstücke,
- Geschäftsgrundstücke und/oder
- Wirtschaftsgebäude (z.B. Hofstelle mit Zuwegungen ohne landwirtschaftlich nutzbare Fläche).

Sind die Voraussetzungen des § 14 Abs. 3 EStG gegeben, 22

- geht das überführte Sonderbetriebsvermögen nach § 6 Abs. 5 Satz 2 EStG zwingend zum Buchwert über und
- gehen die übertragenen Wirtschaftsgüter unter Beachtung der Sperrfrist nach § 16 Abs. 3 Satz 2 und 3 EStG zwingend zum Buchwert über; § 16 Abs. 3 Satz 4 EStG bleibt unberührt.

Die übernommenen Wirtschaftsgüter können Betriebsvermögen eines bereits 23
bestehenden Betriebs werden. Sofern dies nicht der Fall ist, begründet das übernommene Betriebsvermögen (vgl. Rn. 20) einen neuen Betrieb, wenn die allgemeinen Voraussetzungen des § 13 Abs. 7 i.V.m. § 15 Abs. 2 Satz 2 und 3 EStG erfüllt sind. Die Rechtsprechungsgrundsätze der Betriebsneugründung im Bereich der Land- und Forstwirtschaft sind zu beachten. Es ist insbesondere erforderlich, dass der Rahmen einer privaten Gartenbewirtschaftung für Eigenbedarfszwecke überschritten wird (BFH-Urteil vom 5. Mai 2011 IV R 48/08, BStBl. II S. 792).

Wird der Rahmen der privaten Gartenbewirtschaftung für Eigenbedarfszwecke 24
nicht überschritten, liegt wegen der Fiktion des § 14 Abs. 3 EStG weiterhin Betriebsvermögen vor, ohne dass ein neuer Betrieb begründet wird. Die Betriebsvermögenseigenschaft der übernommenen Wirtschaftsgüter besteht in diesen Fällen jedoch nicht fort, wenn

- die erhaltenen Flächen insgesamt verpachtet sind (BFH-Urteil vom 17. Mai 2018 VI R 73/15, BStBl. 2022 II S. 306) oder
- keine Teilnahme am allgemeinen wirtschaftlichen Verkehr vorliegt (z.B. Hofstelle mit brachliegender landwirtschaftlich nutzbarer Fläche),

und führt daher beim übernehmenden Realteiler zur Entnahme in das Privatvermögen. Dies stellt eine Sperrfristverletzung i.S.d. § 16 Abs. 3 Satz 3 EStG dar.

**b) Gewillkürtes Betriebsvermögen**

Sofern mit den übernommenen Flächen ein neuer Betrieb begründet worden 25
ist oder vor der Übernahme bereits ein bestehender Betrieb vorlag (Rn. 23), können andere übernommene Wirtschaftsgüter, sofern sie nicht notwendiges Betriebsvermögen sind, in diesen Betrieben als gewillkürtes Betriebsvermögen behandelt werden.

**c) Mietwohn- und/oder Geschäftsgrundstücke**

Werden im Rahmen von § 14 Abs. 3 EStG Mietwohn- und/oder Geschäfts- 26
grundstücke übertragen oder überführt, die kein notwendiges Betriebsvermögen (z.B. Arbeitnehmerwohnungen) darstellen, sind diese nur dann (wei-

terhin) dem Betriebsvermögen zuzuordnen, wenn die Voraussetzungen der R 4.2 Abs. 9 EStR erfüllt sind. Wird dadurch das Gesamtbild der land- und forstwirtschaftlichen Tätigkeit wesentlich verändert (Anteil der Mietwohn- und Geschäftsgrundstücke beträgt mehr als 10,00 Prozent der Gesamtfläche des Betriebes), sind sämtliche übernommene Mietwohn- und/oder Geschäftsgrundstücke ins Privatvermögen zu entnehmen (BFH-Urteil vom 31. März 2021 VI R 30/18, BStBl. 2022 II S. 312). Dies stellt eine Sperrfristverletzung i.S.d. § 16 Abs. 3 Satz 3 EStG dar.

**d) Antrag auf Anwendung des § 14 Abs. 3 EStG nach § 52 Abs. 22c Satz 2 EStG**

**27** Für Übertragungen und Überführungen vor dem 17. Dezember 2020 kann nur der jeweilige Mitunternehmer, der an der realgeteilten Mitunternehmerschaft beteiligt war, oder sein Gesamtrechtsnachfolger einen unwiderruflichen Antrag auf Anwendung des § 14 Abs. 3 EStG stellen. Der Antrag ist schriftlich bei dem Finanzamt zu stellen, das für die gesonderte und einheitliche Feststellung der Einkünfte der Mitunternehmerschaft zuständig ist. Der Antrag kann auch dann gestellt werden, wenn der Erlass oder die Änderung des Bescheids für den Feststellungszeitraum der Realteilung verfahrensrechtlich ausgeschlossen ist und in den Folgezeiträumen von land- und forstwirtschaftlichen Betriebsvermögen ausgegangen wurde.

**28** Zur Vermeidung unbilliger Härten ist eine Antragstellung durch einen Einzelrechtsnachfolger bis zum 31. Dezember 2022 beim zuständigen Finanzamt möglich.

# I § 15/1. Schreiben betr. Abgrenzung zwischen privater Vermögensverwaltung und gewerblichem Grundstückshandel

Vom 26. März 2004 (BStBl. I S. 434)

(BMF IV A 6 – S 2240 – 46/04)

**Anlage**

Im Einvernehmen mit den obersten Finanzbehörden der Länder gilt zur Abgrenzung des gewerblichen Grundstückshandels von der privaten Vermögensverwaltung Folgendes:

## I. Allgemeine Grundsätze

Veräußern Privatpersonen Grundstücke, ist bei der Prüfung, ob ein gewerblicher Grundstückshandel vorliegt, wesentlich auf die Dauer der Nutzung vor Veräußerung und die Zahl der veräußerten Objekte abzustellen. In Fällen, in denen ein gewerblicher Grundstückshandel zu verneinen ist, bleibt jedoch zu prüfen, ob der Gewinn aus der Veräußerung nach § 23 EStG zu besteuern ist. 1

### 1. Bebaute Grundstücke

Sind bebaute Grundstücke bis zur Veräußerung während eines langen Zeitraums (mindestens zehn Jahre) vermietet worden, gehört grundsätzlich auch noch die Veräußerung der bebauten Grundstücke zur privaten Vermögensverwaltung (vgl. BFH-Urteil vom 6. April 1990 – BStBl. II S. 1057). Dies ist unabhängig vom Umfang des veräußerten Grundbesitzes. Bei Grundstücken, die im Wege der vorweggenommenen Erbfolge oder durch Schenkung auf den Grundstücksveräußerer übergegangen sind, ist für die Berechnung der Nutzungsdauer die Besitzdauer des Rechtsvorgängers wie eine eigene Besitzzeit des Veräußerers zu werten. Zu Grundstücken, die durch Erbfolge oder durch Schenkung übergegangen sind, vgl. Tz. 9. Wegen der zu eigenen Wohnzwecken genutzten Grundstücke vgl. Tz. 10. 2

Die Aufteilung eines Gebäudes in Eigentumswohnungen ist – für sich betrachtet – allein kein Umstand, der die Veräußerung der so entstandenen Eigentumswohnungen zu einer gewerblichen Tätigkeit macht. Auch hier ist maßgeblich auf die Dauer der Nutzung vor Veräußerung abzustellen.

### 2. Unbebaute Grundstücke

Bei unbebauten Grundstücken, die vor Veräußerung selbst genutzt (z.B. als Gartenland) oder verpachtet wurden, führt die bloße Parzellierung für sich allein nicht zur Annahme eines gewerblichen Grundstückshandels. Beim An- und Verkauf von Grundstücken über mehrere Jahre liegt dagegen im Regelfall ein gewerblicher Grundstückshandel vor. Ein gewerblicher Grundstücks- 3 handel liegt auch dann vor, wenn der Grundstückseigentümer, ähnlich wie ein Grundstückshändler oder ein Baulandaufschließungsunternehmen, beginnt, seinen Grundbesitz ganz oder teilweise durch Baureifmachung in Baugelände umzugestalten und zu diesem Zweck diesen Grundbesitz nach einem bestimmten Bebauungsplan in einzelne Parzellen aufteilt und diese dann an Interessenten veräußert (vgl. BFH-Urteile vom 28. September 1961 – BStBl. 1962 III S. 32; vom 25. Juli 1968 – BStBl. II S. 655; vom 22. Oktober 1969 – BStBl. 1970 II S. 61; vom 17. Dezember 1970 – BStBl. 1971 II S. 456; vom 14. November 1972 – BStBl. 1973 II S. 239; vom 7. Februar 1973 – BStBl. II S. 642, und vom 29. März 1973 – BStBl. II S. 682). In diesem Fall sind alle Aktivitäten des Veräußerers bei der Baureifmachung, Erschließung und Bebauung einzeln zu untersuchen und im Zusammenhang zu würdigen. Auch die Veräußerung land- und forstwirtschaftlicher Grundstücke oder Betriebe kann Gegenstand eines selbständigen gewerblichen Unternehmens sein (vgl. BFH-Urteil vom 28. Juni 1984 – BStBl. II S. 798); vgl. Tz. 27.

### 3. Beteiligung am allgemeinen wirtschaftlichen Verkehr

4 Die Beteiligung am allgemeinen wirtschaftlichen Verkehr ist durch den Kontakt zu einer Mehrzahl von Verkäufern oder Käufern gegeben (vgl. BFH-Urteile vom 20. Dezember 1963 – BStBl. 1964 III S. 137, und vom 29. März 1973 – BStBl. II S. 661). Eine Beteiligung am allgemeinen wirtschaftlichen Verkehr kann

- auch bei einer Tätigkeit für nur einen Vertragspartner oder bei Einschaltung eines Maklers vorliegen (vgl. BFH-Urteile vom 12. Juli 1991 – BStBl. 1992 II S. 143, und vom 7. Dezember 1995 – BStBl. 1996 II S. 367);
- bereits dadurch vorliegen, dass die Verkaufsabsicht nur einem kleinen Personenkreis – unter Umständen einer einzigen Person – bekannt wird und der Verkäufer damit rechnet, die Verkaufsabsicht werde sich herumsprechen. Entscheidend ist, dass der Verkäufer an jeden, der die Kaufbedingungen erfüllt, verkaufen will. Das ist bereits dann der Fall, wenn er bereit ist, das fragliche Objekt an einen anderen Erwerber zu veräußern, falls sich der Verkauf an den ursprünglich vorgesehenen Käufer zerschlägt;
- durch den Verkauf an Bekannte erfolgen (vgl. BFH-Urteile vom 28. Oktober 1993 – BStBl. 1994 II S. 463, und vom 7. März 1996 – BStBl. II S. 369);
- auch dann gegeben sein, wenn der Steuerpflichtige nur ein Geschäft mit einem Dritten tätigt, sich dieser aber in Wirklichkeit und nach außen erkennbar nach den Bestimmungen des Steuerpflichtigen an den allgemeinen Markt wendet (vgl. BFH-Urteil vom 13. Dezember 1995 – BStBl. 1996 II S. 232).

Auch ein entgeltlicher und von Gewinnerzielungsabsicht getragener Leistungsaustausch zwischen nahen Angehörigen erfüllt die Voraussetzung einer Teilnahme am allgemeinen wirtschaftlichen Verkehr (vgl. BFH-Urteil vom 13. August 2002 – BStBl. II S. 811). Dies gilt auch, wenn der Eigentümer Objekte nur an bestimmte Personen auf deren Wunsch veräußert.

Bei mehreren Grundstücksverkäufen muss das Merkmal der Beteiligung am allgemeinen wirtschaftlichen Verkehr nicht bei jedem Geschäft vorliegen (vgl. BFH-Urteil vom 28. Oktober 1993 – BStBl. 1994 II S. 463).

## II. Gewerblicher Grundstückshandel wegen Überschreitung der „Drei-Objekt-Grenze“

### 1. Merkmale der „Drei-Objekt-Grenze“

Als Indiz für das Vorliegen eines gewerblichen Grundstückshandels gilt die Überschreitung der „Drei-Objekt-Grenze“ (vgl. BFH-Beschluss vom 10. Dezember 2001, BStBl. 2002 II S. 291). Danach ist die Veräußerung von mehr als drei Objekten innerhalb eines Fünfjahreszeitraums grundsätzlich gewerblich (vgl. BFH-Urteil vom 18. September 1991, BStBl. 1992 II S. 135). Die Veräußerung von mehr als drei in bedingter Verkaufsabsicht erworbener oder errichteter (vgl. Tz. 19 ff.) Objekte innerhalb dieses Zeitraums führt bei Vorliegen der übrigen Voraussetzungen (§ 15 Abs. 2 EStG) grundsätzlich zur Gewerblichkeit aller – d. h. auch der ersten drei – Objektveräußerungen. Die zeitliche Grenze von fünf Jahren hat allerdings keine starre Bedeutung. Ein gewerblicher Grundstückshandel kann z. B. bei einer höheren Zahl von Veräußerungen nach Ablauf dieses Zeitraums, aber auch bei einer hauptberuflichen Tätigkeit im Baubereich vorliegen. 5

Objekt i. S. der „Drei-Objekt-Grenze“ sind nur solche Objekte, bei denen ein enger zeitlicher Zusammenhang (vgl. Tz. 20) zwischen Errichtung, Erwerb oder Modernisierung und der Veräußerung besteht. Ist ein derartiger enger zeitlicher Zusammenhang nicht gegeben, können bis zur zeitlichen Obergrenze von zehn Jahren Objekte nur mitgerechnet werden, wenn weitere Umstände den Schluss rechtfertigen, dass im Zeitpunkt der Errichtung, des Erwerbs oder der Modernisierung eine Veräußerungsabsicht vorgelegen hat. Solche weiteren Umstände liegen z. B. vor, wenn ein branchenkundiger Steuerpflichtiger innerhalb eines Zeitraums von fünf Jahren nach der Errichtung eines Gebäudes weniger als vier, danach aber in relativ kurzer Zeit planmäßig weitere Objekte veräußert (vgl. BFH-Urteil vom 5. September 1990, BStBl. II S. 1060). Vgl. auch Tz. 28. 6

Als Veräußerung i. S. der „Drei-Objekt-Grenze“ gilt auch die Einbringung eines Grundstücks in das Gesamthandsvermögen einer Personengesellschaft, die nach den Grundsätzen des BMF-Schreibens vom 29. März 2000 (BStBl. I S. 462)[1] als Veräußerung anzusehen ist. Grundstücksübertragungen in das Gesamthandsvermögen einer Personengesellschaft, für die der Übertragende keine Gegenleistung erhält (verdeckte Einlage), und die Übertragung von Grundstücken im Wege der Realteilung einer vermögensverwaltenden Personengesellschaft oder Bruchteilsgemeinschaft auf die einzelnen Gesellschafter zu Alleineigentum gelten dagegen nicht als Veräußerung i. S. der „Drei-Objekt-Grenze“. Als Veräußerung i. S. der „Drei-Objekt-Grenze“ gilt die Einbringung eines Grundstücks in eine Kapitalgesellschaft gegen Gewährung von Gesellschaftsrechten. Dies gilt auch in den sog. Mischfällen, in denen die dem Gesellschafter gewährte angemessene (drittübliche) Gegenleistung teils in der Gewährung von Gesellschaftsrechten und teils in anderen Entgelten, z. B. in der Zahlung eines Barkaufpreises, der Einräumung einer Forderung oder in der Übernahme von Schulden des Gesellschafters besteht (vgl. BFH-Urteil vom 19. September 2002, BStBl. 2003 II S. 394). 7

[1] Nr. **1** § 4/13.

Im Einzelnen gilt für die Überschreitung der „Drei-Objekt-Grenze" Folgendes:

### a) Definition des Objekts i. S. der „Drei-Objekt-Grenze"

8 Objekt i. S. der „Drei-Objekt-Grenze" sind Grundstücke jeglicher Art. Auf die Größe, den Wert oder die Nutzungsart des einzelnen Objekts kommt es nicht an (vgl. BFH-Urteile vom 18. Mai 1999, BStBl. 2000 II S. 28, und vom 15. März 2000, BStBl. 2001 II S. 530). Es kommt nicht darauf an, ob es sich um bebaute oder unbebaute Grundstücke handelt oder ob der Steuerpflichtige die Objekte selbst errichtet hat oder in bebautem Zustand erworben hat.

Danach stellt auch ein im Teileigentum stehender Garagenabstellplatz ein selbständiges Objekt dar, wenn dieser nicht im Zusammenhang mit dem Verkauf einer Wohnung veräußert wird. Der Verkauf eines Garagenabstellplatzes ist jedoch dann nicht als eigenes Objekt zu zählen, wenn dieser als Zubehörraum einer Eigentumswohnung im Zusammenhang mit dem Verkauf der Eigentumswohnung an andere Erwerber als die Käufer der Eigentumswohnung veräußert wird (vgl. BFH-Urteil vom 18. September 2002, BStBl. 2003 II S. 238).

Jedes zivilrechtliche Wohnungseigentum, das selbständig nutzbar und veräußerbar ist, stellt ein Objekt i. S. der „Drei-Objekt-Grenze" dar, auch wenn mehrere Objekte nach Vertragsabschluss baulich zu einem Objekt zusammengefasst werden (vgl. BFH-Urteil vom 16. Mai 2002, BStBl. II S. 571). Gleiches gilt für Grundstücke, bei denen der Verkauf beim Vertragsvollzug gescheitert ist (vgl. BFH-Urteil vom 5. Dezember 2002, BStBl. 2003 II S. 291).

Als Objekt i. S. der „Drei-Objekt-Grenze" kommen weiterhin auch Erbbaurechte in Betracht.

### b) Durch Erbfall, vorweggenommene Erbfolge oder Schenkung übergegangene Grundstücke als Grundstücke i. S. der „Drei-Objekt-Grenze"

9 In die Prüfung des gewerblichen Grundstückshandels und damit der „Drei-Objekt-Grenze" sind Grundstücke, die im Wege der vorweggenommenen Erbfolge oder durch Schenkung übertragen und vom Rechtsnachfolger in einem zeitlichen Zusammenhang veräußert worden sind, mit einzubeziehen. In diesem Fall ist hinsichtlich der unentgeltlich übertragenen Grundstücke für die Frage des zeitlichen Zusammenhangs (vgl. Tz. 6, 20) auf die Anschaffung oder Herstellung durch den Rechtsvorgänger abzustellen. Werden im zeitlichen Zusammenhang durch den Rechtsvorgänger und den Rechtsnachfolger insgesamt mehr als drei Objekte veräußert, liegen gewerbliche Einkünfte vor:

– beim Rechtsvorgänger hinsichtlich der veräußerten Grundstücke;
– beim Rechtsnachfolger hinsichtlich der unentgeltlich erworbenen und veräußerten Grundstücke.

In diesen Fällen sind beim Rechtsnachfolger die Veräußerungen der unentgeltlich erworbenen Grundstücke für die Frage, ob er daneben Einkünfte aus einem eigenen gewerblichen Grundstückshandel erzielt, als Objekte i. S. der „Drei-Objekt-Grenze" mitzuzählen.

**Beispiel:**

V erwirbt im Jahr 01 vier Eigentumswohnungen E 1, E 2, E 3 und E 4. Im Jahr 03 veräußert er die Eigentumswohnungen E 1, E 2 und E 3. Die Eigentumswohnung E 4 überträgt er im Wege der vorweggenommenen Erbfolge im Jahr 03 auf seinen Sohn S. S hat im Jahr 02 die Reihenhäuser RH 1, RH 2 und RH 3 erworben. Im Jahr 04 veräußert S die Reihenhäuser und die Eigentumswohnung E 4.

– Die Veräußerung der Eigentumswohnung E 4 innerhalb des zeitlichen Zusammenhangs durch S führt bei V zur Annahme eines gewerblichen Grundstückshandels. Der Gewinn aus der Veräußerung der Eigentumswohnungen E 1 bis E 3 ist bei V steuerpflichtig.
– Bei S ist der Gewinn aus der Veräußerung der Eigentumswohnung E 4 steuerpflichtig. Auch aus der Veräußerung der drei Objekte (RH 1 bis RH 3) erzielt er Einkünfte aus einem gewerblichen Grundstückshandel, weil die Veräußerung der Eigentumswohnung E 4 als sog. Zählobjekt mitzuzählen ist.

Dies gilt entsprechend im Fall der Modernisierung (vgl. Tz. 24).

Nicht einzubeziehen sind jedoch – unabhängig vom Umfang des Grundbesitzes – Grundstücke, die durch Erbfolge übergegangen sind (vgl. BFH-Urteil vom 15. März 2000, BStBl. 2001 II S. 530), es sei denn, dass bereits der Erblasser in seiner Person einen gewerblichen Grundstückshandel begründet hat und der Erbe einen unternehmerischen Gesamtplan fortführt oder der Erbe die Grundstücke vor der Veräußerung in nicht unerheblichem Maße modernisiert und hierdurch ein Wirtschaftsgut anderer Marktgängigkeit entstanden ist (vgl. Tz. 24).

### c) Zu eigenen Wohnzwecken genutzte Grundstücke als Grundstücke i. S. der „Drei-Objekt-Grenze"

Ebenfalls nicht einzubeziehen sind Grundstücke, die eigenen Wohnzwe- 10
cken dienen. Zu eigenen Wohnzwecken genutzte bebaute Grundstücke gehören in aller Regel zum notwendigen Privatvermögen (vgl. BFH-Urteil vom 16. Oktober 2002, BStBl. 2003 II S. 245). Etwas anderes kann sich allerdings ergeben, wenn ein zur Veräußerung bestimmtes Wohnobjekt nur vorübergehend zu eigenen Wohnzwecken genutzt wird (vgl. BFH-Urteil vom 11. April 1989, BStBl. II S. 621). Bei einer Selbstnutzung von weniger als fünf Jahren ist das Grundstück dann nicht einzubeziehen, wenn der Veräußerer eine auf Dauer angelegte Eigennutzung nachweist, indem er darlegt, dass die Veräußerung auf offensichtlichen Sachzwängen beruhte (vgl. BFH-Urteil vom 18. September 2002, BStBl. 2003 II S. 133).

### d) Grundstücke, die ohne Gewinnerzielungsabsicht veräußert werden, als Grundstücke i. S. der „Drei-Objekt-Grenze"

Objekte, mit deren Weitergabe kein Gewinn erzielt werden soll (z. B. teil- 11
entgeltliche Veräußerung oder Schenkung an Angehörige), sind in die Betrachtung, ob die „Drei-Objekt-Grenze" überschritten ist, grundsätzlich nicht einzubeziehen (vgl. BFH-Urteile vom 18. September 2002, BStBl. 2003 II S. 238, und vom 9. Mai 1996, BStBl. II S. 599). Eine teilentgeltliche Veräußerung in diesem Sinne liegt vor, wenn der Verkaufspreis die Selbstkosten (Anschaffungs- oder Herstellungskosten oder Einlagewert) nicht übersteigt (vgl. BFH-Urteile vom 14. März 1989, BStBl. 1990 II S. 1053; vom 9. Mai 1996, BStBl. II S. 599, und vom 18. September 2002, BStBl. 2003 II S. 238).

Eine Einbeziehung von an Kinder übertragene Objekte hinsichtlich der Frage des Überschreitens der „Drei-Objekt-Grenze" kommt jedoch dann in

Betracht, wenn der Steuerpflichtige – bevor er sich dazu entschlossen hat, diese Objekte unentgeltlich an seine Kinder zu übertragen – die zumindest bedingte Absicht besaß, auch diese Objekte am Markt zu verwerten (vgl. BFH-Urteil vom 18. September 2002, BStBl. 2003 II S. 238).

Grundstücke, die zwar mit der Absicht, Gewinn zu erzielen, veräußert wurden, mit deren Verkauf aber letztlich ein Verlust realisiert wurde, sind in die Betrachtung, ob die „Drei-Objekt-Grenze" überschritten ist, mit einzubeziehen.

**e) Veräußerungen durch Ehegatten**

12 Bei Ehegatten ist eine Zusammenfassung der Grundstücksaktivitäten im Regelfall nicht zulässig. Dies bedeutet, dass jeder Ehegatte bis zu drei Objekte im Bereich der Vermögensverwaltung veräußern kann. Die Grundstücksaktivitäten von Ehegatten sind jedoch dann zusammenzurechnen, wenn die Ehegatten eine über ihre eheliche Lebensgemeinschaft hinausgehende, zusätzliche enge Wirtschaftsgemeinschaft, z. B. als Gesellschaft des bürgerlichen Rechts, eingegangen sind, in die sie alle oder den größeren Teil der Grundstücke eingebracht haben (vgl. *BFH-Urteil vom 24. Juli 1996, BStBl. II S. 603*[1])).

**f) Übertragungen im Wege der Realteilung**

13 Grundstücke, die im Wege der Realteilung einer vermögensverwaltenden Personengesellschaft oder Bruchteilsgemeinschaft den einzelnen Gesellschaftern zu Alleineigentum übertragen werden, sind ebenfalls nicht mit in die „Drei-Objekt-Grenze" einzubeziehen (vgl. BFH-Urteil vom 9. Mai 1996, BStBl. II S. 599).

**g) Beteiligung an Grundstücksgesellschaften**

14 Beteiligt sich ein Steuerpflichtiger an Grundstücksgesellschaften zur Verwertung von Grundstücken (z. B. durch Verkauf oder Bebauung und Verkauf), ist zunächst zu prüfen, ob die Gesellschaft selbst ein gewerbliches Unternehmen i. S. des § 15 Abs. 2 EStG betreibt (vgl. BFH-Beschluss vom 25. Juni 1984, BStBl. II S. 751), so dass steuerlich eine Mitunternehmerschaft i. S. des § 15 Abs. 1 Satz 1 Nr. 2 EStG vorliegt. In diesem Fall ist die Überschreitung der „Drei-Objekt-Grenze" auf der Ebene der Gesellschaft zu prüfen; auf eventuelle Grundstücksveräußerungen durch den einzelnen Gesellschafter kommt es insoweit nicht an. Wird die Gesellschaft nach den vorgenannten Grundsätzen im Rahmen eines gewerblichen Grundstückshandels tätig, sind die Grundstücksveräußerungen der Gesellschaft bei der Prüfung, ob auch auf der Ebene des Gesellschafters ein – weiterer – gewerblicher Grundstückshandel besteht, als Objekt mitzuzählen (vgl. BFH-Beschluss vom 3. Juli 1995, BStBl. II S. 617; BFH-Urteil vom 28. November 2002, BStBl. 2003 II S. 250).

Voraussetzung hierfür ist jedoch, dass der Gesellschafter an der jeweiligen Gesellschaft zu mindestens 10 % beteiligt ist oder dass der Verkehrswert des Gesellschaftsanteils oder des Anteils an dem veräußerten Grundstück bei einer Beteiligung von weniger als 10 % mehr als 250 000 € beträgt.

15 Ist die Gesellschaft nach den vorgenannten Grundsätzen vermögensverwaltend tätig, muss ihre Betätigung (z. B. Erwerb, Bebauung und Verkauf der Grundstücke) den einzelnen Gesellschaftern in gleicher Weise wie bei einer

---

[1]) Muss richtig lauten: BFH-Urteil vom 24. Juli 1986, BStBl. II S. 913.

Bruchteilsgemeinschaft anteilig zugerechnet werden (§ 39 Abs. 2 Nr. 2 AO) und bei diesen einkommensteuerrechtlich nach den für den einzelnen Gesellschafter und seine Betätigung maßgeblichen Kriterien beurteilt werden. Dabei sind zwei Fallgruppen zu unterscheiden:

**aa) Die Beteiligung an der Grundstücksgesellschaft wird im Betriebsvermögen gehalten**

Der Gesellschafter erzielt aus der Beteiligung in jedem Fall gewerbliche Einkünfte (vgl. BFH-Urteile vom 20. November 1990 – BStBl. 1991 II S. 345, und vom 3. Juli 1995 – BStBl. II S. 617). **16**

**bb) Die Beteiligung an der Grundstücksgesellschaft wird im Privatvermögen gehalten**

In diesen Fällen gilt unter Beachtung der Halte- und Veräußerungsfristen Folgendes:

**Veräußerungen von Grundstücken der Grundstücksgesellschaft**

Überschreiten die von der vermögensverwaltenden Gesellschaft getätigten **17** und dem einzelnen Gesellschafter anteilig zuzurechnenden Grundstücksveräußerungen entweder für sich gesehen oder unter Zusammenrechnung mit der Veräußerung von Objekten, die dem betreffenden Gesellschafter allein oder im Rahmen einer anderen Personengesellschaft gehören, den Rahmen der bloßen Vermögensverwaltung, wird der Gesellschafter selbst im Rahmen eines gewerblichen Grundstückshandels tätig. Für die Prüfung, ob auf der Ebene des Gesellschafters ein gewerblicher Grundstückshandel begründet wird, ist der Anteil des Steuerpflichtigen an dem Objekt der Grundstücksgesellschaft oder -gesellschaften für die Ermittlung der „Drei-Objekt-Grenze" jeweils einem Objekt gleichzustellen. Bei Veräußerung von Miteigentumsanteilen an einem Grundstück an verschiedene Erwerber stellt jeder Miteigentumsanteil ein Zählobjekt i.S. der „Drei-Objekt-Grenze" dar (vgl. BFH-Urteil vom 7. Dezember 1995 – BStBl. 1996 II S. 367). Voraussetzung hierfür ist jedoch, dass der Gesellschafter an der jeweiligen Gesellschaft zu mindestens 10% beteiligt ist oder dass der Verkehrswert des Gesellschaftsanteils oder des Anteils an dem veräußerten Grundstück bei einer Beteiligung von weniger als 10% mehr als 250 000 € beträgt.

**Veräußerung des Anteils an der Grundstücksgesellschaft**

In den Fällen, in denen der Gesellschafter seinen Anteil an der Grund- **18** stücksgesellschaft veräußert, ist die Veräußerung der Beteiligung gem. § 39 Abs. 2 Nr. 2 AO einer anteiligen Grundstücksveräußerung gleichzustellen.

Für die „Drei-Objekt-Grenze" kommt es dabei auf die Zahl der im Gesellschaftsvermögen (Gesamthandsvermögen) befindlichen Grundstücke an (vgl. BFH-Urteile vom 7. März 1996 – BStBl. II S. 369, und vom 28. November 2002 – BStBl. 2003 II S. 250). Voraussetzung für die Anrechnung von Anteilsveräußerungen ist jedoch, dass der Gesellschafter an der jeweiligen Gesellschaft zu mindestens 10% beteiligt ist oder dass eine Beteiligung von weniger als 10% einen Verkehrswert von mehr als 250 000 € hat.

Die vorstehenden Ausführungen (Tz. 15 bis 18) gelten entsprechend für Grundstücksgemeinschaften (Bruchteilsgemeinschaften).

**Beispiel 1:**
Ein Steuerpflichtiger erwirbt und veräußert innerhalb von vier Jahren drei Beteiligungen an verschiedenen Gesellschaften, zu deren Gesellschaftsvermögen jeweils ein Grundstück gehört. Die „Drei-Objekt-Grenze" wird nicht überschritten. Der Steuerpflichtige wird nicht im Rahmen eines gewerblichen Grundstückshandels tätig.

**Beispiel 2:**
Ein Steuerpflichtiger erwirbt und veräußert innerhalb von vier Jahren zwei Beteiligungen an verschiedenen Gesellschaften, zu deren Gesellschaftsvermögen jeweils zwei Grundstücke gehören.
Die „Drei-Objekt-Grenze" ist überschritten. Der Steuerpflichtige wird im Rahmen eines gewerblichen Grundstückshandels tätig.

### 2. Errichtung von Objekten

19 **a)** Bebaut ein Steuerpflichtiger ein Grundstück oder erwirbt er ein unbebautes Grundstück zur Bebauung, liegt in der Regel ein gewerblicher Grundstückshandel vor, wenn mehr als drei Objekte **in engem zeitlichen Zusammenhang** mit ihrer Errichtung veräußert werden und der Steuerpflichtige mit **Veräußerungsabsicht** handelt. Ein gewerblicher Grundstückshandel liegt in diesem Fall auch dann vor, wenn die Objekte zwischenzeitlich vermietet wurden (vgl. BFH-Urteil vom 11. April 1989 – BStBl. II S. 621). Ferner ist unerheblich, ob die veräußerten Wohneinheiten in der rechtlichen Gestalt von Eigentumswohnungen entstanden sind oder ob sie zunächst rechtlich unselbständige, zur Vermietung an verschiedene Interessenten bestimmte Teile eines Gesamtobjekts (z. B. Mehrfamilienhaus) waren.

20 **b)** Ein **enger zeitlicher Zusammenhang** zwischen Errichtung und Veräußerung der Objekte ist dann gegeben, wenn die Zeitspanne zwischen Fertigstellung und der Veräußerung der Objekte nicht mehr als fünf Jahre beträgt (vgl. BFH-Urteile vom 23. Oktober 1987 – BStBl. 1988 II S. 293, und vom 22. März 1990 – BStBl. II S. 637). Eine Überschreitung von wenigen Tagen beeinträchtigt diese Indizwirkung noch nicht (vgl. BFH-Urteil vom 28. November 2002 – BStBl. 2003 II S. 250).

21 **c)** Die **Veräußerungsabsicht** ist anhand äußerlicher Merkmale zu beurteilen; die bloße Erklärung des Steuerpflichtigen, er habe eine solche Absicht nicht gehabt, reicht nicht aus. Das Vorhandensein einer Veräußerungsabsicht kann allerdings nicht allein aus dem engen zeitlichen Zusammenhang zwischen Errichtung und Veräußerung hergeleitet werden (vgl. Beschluss des Großen Senats des BFH vom 10. Dezember 2001 – BStBl. 2002 II S. 291). Liegen von Anfang an eindeutige (vom Steuerpflichtigen darzulegende) Anhaltspunkte dafür vor, dass ausschließlich eine anderweitige Nutzung als die Veräußerung objektiv in Betracht gezogen worden ist, hat der enge zeitliche Zusammenhang für sich genommen keine Bedeutung. Fehlen solche Anhaltspunkte, zwingt der enge zeitliche Zusammenhang zwischen Errichtung und Veräußerung aber nach der Lebenserfahrung zu der Schlussfolgerung, dass bei der Errichtung der Objekte zumindest eine bedingte Veräußerungsabsicht bestanden hat. In diesen Fällen kann sich der Steuerpflichtige nicht darauf berufen, die (eigentliche) Verkaufsabsicht sei erst später wegen Finanzierungsschwierigkeiten und zu hoher finanzieller Belastungen gefasst worden (vgl. BFH-Urteile vom 6. April 1990 – BStBl. II S. 1057, und vom 12. Dezember 2002 – BStBl. II 2003 S. 297); vgl. auch Tz. 30.

### 3. Erwerb von Objekten

Beim Erwerb von Objekten liegt grundsätzlich ein gewerblicher Grundstückshandel vor, wenn mehr als drei Objekte in engem zeitlichem Zusammenhang mit ihrem Erwerb veräußert werden und der Steuerpflichtige mit Veräußerungsabsicht handelt. Hinsichtlich des engen zeitlichen Zusammenhangs gilt Tz. 20, hinsichtlich der Veräußerungsabsicht gilt Tz. 21 entsprechend. 22

Im Fall des Erwerbs bebauter Grundstücke gelten folgende Besonderheiten:

Wandelt der Steuerpflichtige bisher vermietete Wohnungen eines erworbenen Mietshauses in Eigentumswohnungen um und versetzt er die Wohnungen vor der sich anschließenden Veräußerung lediglich in einen zum vertragsmäßigen Gebrauch geeigneten Zustand, wozu unter Berücksichtigung des bei Mietwohnungen Ortsüblichen auch die Ausführung von Schönheitsreparaturen gehören kann (vgl. BFH-Urteil vom 10. August 1983 – BStBl. 1984 II S. 137), ist ein gewerblicher Grundstückshandel nur anzunehmen, wenn innerhalb eines überschaubaren Zeitraums (in der Regel fünf Jahre) ein oder mehrere bereits in Veräußerungsabsicht erworbene Gebäude aufgeteilt und nach dieser Aufteilung mehr als drei Eigentumswohnungen veräußert werden. 23

### 4. Modernisierung von Objekten

Besteht kein enger, zeitlicher Zusammenhang zwischen der Errichtung oder dem Erwerb und der Veräußerung der Objekte, kann ein gewerblicher Grundstückshandel vorliegen, wenn der Steuerpflichtige die Objekte vor der Veräußerung in nicht unerheblichem Maße modernisiert und hierdurch ein Wirtschaftsgut anderer Marktgängigkeit entstanden ist. Für die Veräußerungsabsicht kommt es dann auf den engen zeitlichen Zusammenhang mit der Modernisierung an. In Sanierungsfällen beginnt die Fünf-Jahres-Frist mit Abschluss der Sanierungsarbeiten (vgl. BFH-Urteil vom 5. Dezember 2002 – BStBl. 2003 II S. 291). 24

### 5. Mischfälle

Treffen bei einem Steuerpflichtigen, der eine bestimmte Anzahl von Objekten veräußert hat, diejenigen Fälle, in denen das veräußerte Objekt vom Steuerpflichtigen selbst errichtet worden ist, mit solchen Fällen zusammen, in denen das Objekt von einem Dritten erworben worden ist, ist die Frage, ob die Veräußerung eines Objektes der einen oder anderen Gruppe bei Prüfung der „Drei-Objekt-Grenze" mitzuzählen ist, jeweils nach den Kriterien zu entscheiden, die für die betreffende Gruppe bei Veräußerung von mehr als drei Objekten gelten. 25

### 6. Unbebaute Grundstücke

Beim Verkauf von unbebauten Grundstücken gelten die für den Erwerb und die Veräußerung bebauter Grundstücke dargestellten Grundsätze entsprechend (vgl. BFH-Urteil vom 13. Dezember 1995 – BStBl. 1996 II S. 232). Dies bedeutet, dass der Erwerb, die Parzellierung und die Veräußerung von 26

mehr als drei unbebauten Grundstücken (Bauparzellen) nur dann gewerblich ist, wenn
- die Grundstücke (Bauparzellen) in Veräußerungsabsicht erworben wurden oder
- der Steuerpflichtige über die Parzellierung hinaus Tätigkeiten entwickelt hat (z. B. Erschließung, Bebauungsplan, Baureifmachung).

Bei Mischfällen gilt Tz. 25 entsprechend.

### 7. Land- und forstwirtschaftlich genutzte Grundstücke

27 Die Veräußerung land- und forstwirtschaftlicher Grundstücke kann unter den vorstehenden Voraussetzungen Gegenstand eines selbständigen gewerblichen Unternehmens sein. Hat der Land- und Forstwirt schon mit Tätigkeiten begonnen, die objektiv erkennbar auf die Vorbereitung von Grundstücksgeschäften gerichtet sind, wechseln die Grundstücke auch bei zunächst unveränderter Nutzung nach § 6 Abs. 5 EStG zum Buchwert aus dem Anlagevermögen des landwirtschaftlichen Betriebs in das Umlaufvermögen des Gewerbebetriebs gewerblicher Grundstückshandel (vgl. BFH-Urteile vom 31. Mai 2001 – BStBl. II S. 673, und vom 25. Oktober 2001 – BStBl. 2002 II S. 289).

Überführt der Land- und Forstwirt ein Grundstück anlässlich einer Betriebsaufgabe in das Privatvermögen, liegt darin eine Entnahme. Wird das Grundstück später veräußert, ist bei der Anwendung der Grundsätze zum zeitlichen Zusammenhang (vgl. Tz. 20) der Zeitraum, in dem sich das Grundstück vor seiner steuerpflichtigen Entnahme im Betriebsvermögen befunden hat, mitzurechnen.

## III. Gewerblicher Grundstückshandel ohne Überschreitung der „Drei-Objekt-Grenze“

28 **1.** Abweichend von den Grundsätzen der „Drei-Objekt-Grenze“ kann auch der Verkauf von weniger als vier Objekten in zeitlicher Nähe zu ihrer Errichtung zu einer gewerblichen Tätigkeit führen (vgl. Beschluss des Großen Senats des BFH vom 10. Dezember 2001 – BStBl. 2002 II S. 291; BFH-Urteile vom 13. August 2002 – BStBl. II S. 811, und vom 18. September 2002 – BStBl. 2003 II S. 238 und 286). Dies gilt bei Wohnobjekten (Ein-, Zweifamilienhäuser, Eigentumswohnungen) insbesondere in folgenden Fällen:
- Das Grundstück mit einem darauf vom Veräußerer zu errichtenden Gebäude wird bereits vor seiner Bebauung verkauft. Als Verkauf vor Bebauung ist ein Verkauf bis zur Fertigstellung des Gebäudes anzusehen.
- Das Grundstück wird von vornherein auf Rechnung und nach Wünschen des Erwerbers bebaut.
- Das Bauunternehmen des das Grundstück bebauenden Steuerpflichtigen erbringt erhebliche Leistungen für den Bau, die nicht wie unter fremden Dritten abgerechnet werden.
- Das Bauvorhaben wird nur kurzfristig finanziert.
- Der Steuerpflichtige beauftragt bereits während der Bauzeit einen Makler mit dem Verkauf des Objekts.

– Vor Fertigstellung wird ein Vorvertrag mit dem künftigen Erwerber geschlossen.
– Der Steuerpflichtige übernimmt über den bei Privatverkäufen üblichen Bereich hinaus Gewährleistungspflichten.
– Unmittelbar nach dem Erwerb des Grundstücks wird mit der Bebauung begonnen und das Grundstück wird unmittelbar nach Abschluss der Bauarbeiten veräußert.

**2.** Bei Verkauf von errichteten Großobjekten (z. B. Mehrfamilienhäuser, Büro-, Hotel-, Fabrik- oder Lagergrundstücke) kann auch außerhalb der o. g. Ausnahmefälle ein gewerblicher Grundstückshandel bei Veräußerung von weniger als vier Objekten vorliegen (vgl. BFH-Urteile vom 24. Januar 1996, BStBl. II S. 303, und vom 14. Januar 1998, BStBl. II S. 346). Dies setzt voraus, dass besondere Umstände gegeben sind, z. B. wenn die Tätigkeit des Steuerpflichtigen nach ihrem wirtschaftlichen Kern der Tätigkeit eines Bauträgers entspricht. 29

## IV. Kein gewerblicher Grundstückshandel bei Überschreitung der „Drei-Objekt-Grenze"

Trotz des Überschreitens der „Drei-Objekt-Grenze" ist ein gewerblicher Grundstückshandel ausnahmsweise nicht anzunehmen, wenn auf Grund besonderer vom Steuerpflichtigen darzulegender Umstände eindeutige Anhaltspunkte gegen eine von Anfang an bestehende Veräußerungsabsicht sprechen. Als Umstand, der gegen eine bereits im Zeitpunkt der Anschaffung oder Errichtung des Objekts bestehende Veräußerungsabsicht spricht, kann eine vom Veräußerer selbst vorgenommene langfristige – über fünf Jahre hinausgehende – Vermietung eines Wohnobjektes angesehen werden. Die konkreten Anlässe und Beweggründe für die Veräußerungen (z. B. plötzliche Erkrankung, Finanzierungsschwierigkeiten, schlechte Vermietbarkeit, Scheidung, nachträgliche Entdeckung von Baumängeln, unvorhergesehene Notlagen) sind im Regelfall jedoch nicht geeignet, die auf Grund des zeitlichen Abstands der maßgebenden Tätigkeiten vermutete (bedingte) Veräußerungsabsicht im Zeitpunkt der Anschaffung oder Errichtung auszuschließen (vgl. BFH-Urteil vom 20. Februar 2003, BStBl. II S. 510). 30

## V. Beginn, Umfang und Beendigung des gewerblichen Grundstückshandels, Gewinnermittlung

### 1. Beginn

Als Beginn des gewerblichen Grundstückshandels ist regelmäßig der Zeitpunkt anzusehen, in dem der Steuerpflichtige mit Tätigkeiten beginnt, die objektiv erkennbar auf die Vorbereitung der Grundstücksgeschäfte gerichtet sind (vgl. BFH-Urteile vom 9. Februar 1983, BStBl. II S. 451; vom 23. Oktober 1987, BStBl. 1988 II S. 293, und vom 21. Juni 2001, BStBl. 2002 II S. 537). Dabei sind folgende Fallgruppen zu unterscheiden: 31

**a)** Bei Errichtung und Veräußerung in engem zeitlichen Zusammenhang (vgl. Tz. 20) beginnt der gewerbliche Grundstückshandel grundsätzlich mit der

Stellung des Bauantrags, bei baugenehmigungsfreien Bauvorhaben mit der Einreichung der Bauunterlagen oder dem Beginn der Herstellung (vgl. *R 42 a Abs. 4 EStR*[1]).

**b)** Bei Erwerb und Veräußerung in engem zeitlichen Zusammenhang (vgl. Tz. 22 und 23) beginnt der gewerbliche Grundstückshandel grundsätzlich im Zeitpunkt des Grundstückserwerbs.

**c)** Bei Modernisierung und Veräußerung in engem zeitlichen Zusammenhang (vgl. Tz. 24) beginnt der gewerbliche Grundstückshandel in dem Zeitpunkt, in dem mit den Modernisierungsmaßnahmen begonnen wird.

**d)** Bei Sanierung und Veräußerung in engem zeitlichen Zusammenhang (vgl. Tz. 25) beginnt der gewerbliche Grundstückshandel in dem Zeitpunkt, in dem mit den Sanierungsarbeiten begonnen wird.

### 2. Umfang

32 Der Umfang eines gewerblichen Grundstückshandels wird grundsätzlich durch den veräußerten Grundbesitz bestimmt. Dabei ist auch die Vermutung des § 344 Abs. 1 HGB zu beachten, wonach die von einem Kaufmann vorgenommenen Rechtsgeschäfte im Zweifel als zum Betrieb seines Handelsgewerbes gehörig gelten. Diese Zugehörigkeitsvermutung wird insbesondere bei branchengleichen Wirtschaftsgütern angenommen und rechtfertigt sich aus der Nähe der Tätigkeit zum gewerblichen Betrieb und der Schwierigkeit, einzelne Wirtschaftsgüter oder Geschäfte als Privatangelegenheit auszusondern.

Im Übrigen hat die Prüfung des Umfangs der gewerblichen Tätigkeit eines bereits bestehenden gewerblichen Grundstückshandels – abgesehen davon, dass es auf die Anzahl der veräußerten Objekte im Sinne der „Drei-Objekt-Grenze" nicht mehr ankommt – nach den gleichen Kriterien wie denjenigen für die Abgrenzung zwischen gewerblichem Grundstückshandel und privater Vermögensverwaltung zu erfolgen (vgl. BFH-Urteil vom 12. Dezember 2002, BStBl. 2003 II S. 297). Dabei sind Objektveräußerungen, die unter Tzn. 2 und 10 fallen – das sind die Fälle, in denen bebaute Grundstücke bis zum Verkauf während eines langen Zeitraums durch Vermietung (mindestens zehn Jahre) oder zu eigenen Wohnzwecken (i. d. R. mindestens fünf Jahre) genutzt worden sind – nicht mit einzubeziehen.

Werden die im Rahmen eines gewerblichen Grundstückshandels zu erfassenden Grundstücke zwischenzeitlich vermietet, bleiben diese Umlaufvermögen beim gewerblichen Grundstückshandel und dürfen demzufolge nicht abgeschrieben werden (vgl. BFH-Urteil vom 5. Dezember 2002, BStBl. 2003 II S. 291).

### 3. Gewinnermittlung

33 Der Gewinn aus einem gewerblichen Grundstückshandel ist grundsätzlich durch Betriebsvermögensvergleich zu ermitteln. Die Grundstücke stellen Umlaufvermögen dar (vgl. BFH-Urteil vom 18. September 2002, BStBl. 2003 II S. 133). Abschreibung und Sonderabschreibungen können daher nicht geltend gemacht werden.

[1] Jetzt R 7.2 Abs. 4 EStR.

Eine Gewinnermittlung nach § 4 Abs. 3 EStG kommt für einen Grundstückshändler in Betracht, wenn dieser die Grenzen des § 141 AO nicht überschreitet und nicht nach § 140 AO i. V. m. § 238 HGB buchführungspflichtig ist. Ein Grundstückshändler, dessen Betrieb nach Art oder Umfang keinen in einer kaufmännischen Weise eingerichteten Geschäftsbetrieb erfordert, betreibt kein Handelsgewerbe und ist kein Kaufmann i. S. des HGB (§§ 1, 238 HGB); es sei denn, der Betrieb ist im Handelsregister eingetragen (§ 2 HGB).

Das Wahlrecht zur Gewinnermittlung nach § 4 Abs. 3 EStG kann nur zu Beginn des Gewinnermittlungszeitraums durch schlüssiges Verhalten ausgeübt werden (vgl. *BFH-Urteil vom 13. Oktober 1989, BStBl. 1990 II S. 287*[1]).

Diese Wahlentscheidung setzt denknotwendig das Bewusstsein des Steuerpflichtigen zur Einkünfteerzielung voraus. Ist der Steuerpflichtige davon ausgegangen, gar nicht gewerblich tätig und demgemäß auch nicht verpflichtet gewesen zu sein, für Zwecke der Besteuerung einen Gewinn aus Gewerbebetrieb ermitteln und erklären zu müssen, ist eine Wahl zwischen den Gewinnermittlungsarten nicht denkbar (vgl. BFH-Urteil vom 8. März 1989, BStBl. II S. 714). Der Gewinn ist in diesen Fällen durch Betriebsvermögensvergleich zu ermitteln.

Bei einem gewerblichen Grundstückshandel auf Grund der Überschreitung der „Drei-Objekt-Grenze" sind auch die Veräußerungen der ersten drei Objekte gewerblich. Die entsprechenden Steuerbescheide sind ggf. nach § 173 Abs. 1 Nr. 1 AO zu ändern (vgl. BFH-Urteil vom 23. März 1983, BStBl. II S. 548). In diesen Fällen bestehen keine Bedenken, den nachträglich zu ermittelnden Gewinn durch Abzug der fortgeführten Anschaffungs- oder Herstellungskosten oder des Einlagewerts und der Veräußerungskosten vom Veräußerungserlös zu berechnen. Dies gilt entsprechend bei Gewinnermittlung durch Einnahmenüberschussrechnung nach § 4 Abs. 3 EStG.

## 4. Wertansatz

Die nach Tz. 32 dem gewerblichen Grundstückshandel zuzurechnenden 34
Objekte sind in den Fällen des Erwerbs von Objekten für den gewerblichen Grundstückshandel mit den Anschaffungskosten, im Übrigen mit den Werten, die sich aus § 6 Abs. 1 Nr. 6 i. V. m. Nr. 5 EStG (Einlage in das Betriebsvermögen) ergeben, dem Betriebsvermögen zuzuordnen.

In Errichtungsfällen gilt für die Einlagewerte des Grund und Bodens Folgendes:

Die unbebauten Grundstücke sind mit den Werten anzusetzen, die sich zu Beginn des gewerblichen Grundstückshandels ergeben (vgl. Tz. 31).

In Modernisierungsfällen (Tz. 24) gilt Folgendes:

Die Wirtschaftsgüter „Grund und Boden" sowie „Gebäude" sind mit den Werten anzusetzen, die sich zum Beginn der Sanierungsarbeiten ergeben.

## 5. Beendigung

Die Gewinne aus den Grundstücksveräußerungen sind regelmäßig nicht 35
begünstigte laufende Gewinne, auch wenn zugleich der Gewerbebetrieb auf-

[1] Überholt durch BFH v. 19. 3. 2009 IV R 57/07, BStBl. II S. 659; siehe auch H 4.5 (1) „Wahl der Gewinnermittlungsart" EStH.

gegeben wird (vgl. BFH-Urteile vom 29. September 1976, BStBl. 1977 II S. 71; vom 23. Juni 1977, BStBl. II S. 721, und vom 23. Januar 2003, BStBl. II S. 467). Ein gewerblicher Grundstückshandel wird mit Verkauf des letzten Objekts oder durch die endgültige Einstellung der Verkaufstätigkeiten beendet.

## VI. Anwendungszeitpunkt

36 Dieses Schreiben tritt an die Stelle der BMF-Schreiben vom 20. Dezember 1990 (BStBl. I S. 884), vom 9. Juli 2001 (BStBl. I S. 512) und vom 19. Februar 2003 (BStBl. I S. 171), welche hiermit aufgehoben werden. Es ist auf alle noch offenen Fälle anzuwenden. Die Regelungen der Tz. 28 sind, soweit sich hieraus nachteilige Folgen für den Steuerpflichtigen ergeben, erst auf Veräußerungen anzuwenden, die nach dem 31. Mai 2002 (Datum der Veröffentlichung des Beschlusses des Großen Senats des BFH vom 10. Dezember 2001) stattgefunden haben. Die vor dem 1. Juni 2002 erfolgten Veräußerungen sind jedoch in jedem Fall als Zählobjekte i. S. der „Drei-Objekt-Grenze" zu behandeln. Veräußerungen vor dem 1. Juni 2002 sind somit für Veräußerungen nach dem 31. Mai 2002 in die Prüfung eines gewerblichen Grundstückshandels einzubeziehen.

**Anlage**

## Vereinfachtes Prüfschema „Gewerblicher Grundstückshandel“

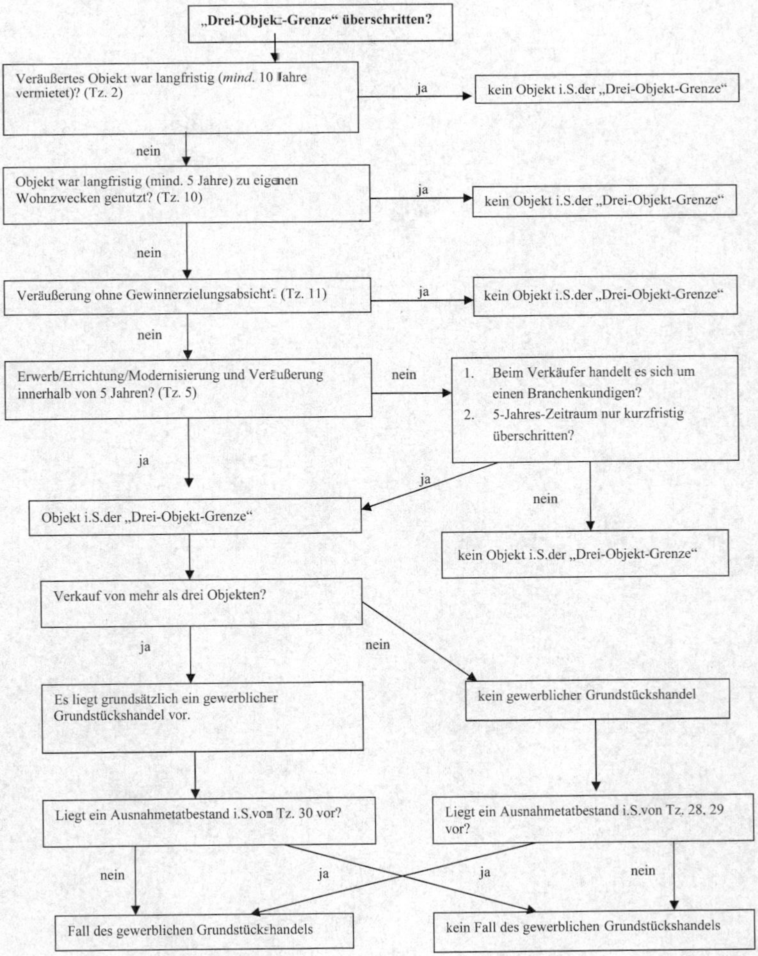

# I § 15/2. Schreiben betr. Abgrenzung von vermögensverwaltender und gewerblicher Tätigkeit; Anwendung des BFH-Urteils vom 26. Juni 2007 IV R 49/04 auf Ein-Objekt-Gesellschaften

Vom 1. April 2009 (BStBl. I S. 515)

(BMF IV C 6 – S 2240/08/10008; DOK 2009/0208434)

Mit Urteil vom 26. Juni 2007 (BStBl. 2009 II S. 289) hat der BFH entschieden, dass der Erwerb, die Vermietung und die Veräußerung von in die Luftfahrzeugrolle eingetragenen Flugzeugen eine gewerbliche Tätigkeit darstellt, wenn die Vermietung mit dem An- und Verkauf aufgrund eines einheitlichen Geschäftskonzepts verklammert ist. Daher gehört die Veräußerung von Wirtschaftsgütern, die Bestandteil des einheitlichen Geschäftskonzepts der gewerblichen Tätigkeit ist, zum laufenden Geschäftsbetrieb, auch wenn die Veräußerung zeitlich mit der Betriebsveräußerung/-aufgabe zusammenfällt.

Diese Aussage hat der BFH zu einer Personengesellschaft getroffen, die zum Gegenstand ihres Unternehmens den Kauf, die Vermietung (insbesondere in der Form des Leasings) und den Verkauf von mehreren beweglichen Wirtschaftsgütern hatte.

Zu der Frage der Anwendung der Grundsätze des BFH-Urteils vom 26. Juni 2007 auf die Fälle, in denen das Geschäftskonzept eines Einzelunternehmens oder einer Personengesellschaft den Ankauf, die Vermietung und den Verkauf von nur einem Wirtschaftsgut beinhaltet, also bei sog. Einzelobjekt- oder auch Ein-Objekt-Gesellschaften gilt im Einvernehmen mit den obersten Finanzbehörden der Länder Folgendes:

## I. Zuordnung der Einkünfte

Die Voraussetzungen für eine gewerbliche Tätigkeit entnimmt der BFH dem § 15 Abs. 2 Satz 1 EStG und fügt in ständiger Rechtsprechung – zuletzt in seinem Urteil vom 31. Mai 2007 (BStBl. II S. 768) – als ungeschriebenes negatives Tatbestandsmerkmal hinzu, dass die Betätigung den Rahmen einer privaten Vermögensverwaltung überschreitet. Die Absicht, gewerbliche Gewinne zu erzielen, muss durch eine Tätigkeit verfolgt werden, die nach allgemeiner Auffassung als unternehmerisch (händlertypisch) gewertet wird. 1

Nach dem BFH-Urteil vom 2. Mai 2000 (BStBl. II S. 467) erfüllt das Vermieten einzelner beweglicher Wirtschaftsgüter zwar grundsätzlich die Tatbestandsmerkmale des § 15 Abs. 2 Satz 1 EStG, geht aber in der Regel nicht über den Rahmen der privaten Vermögensverwaltung hinaus. 2

Im Gegensatz dazu sind die verschiedenen Tätigkeiten – wie hier der Ankauf, die Vermietung und der Verkauf – gegenüber den Teilnehmern am wirtschaftlichen Verkehr ein Verhalten, das sich objektiv als nachhaltig darstellt.

– So ist die Nachhaltigkeit einer Betätigung nicht schon dann zu verneinen, wenn nur ein einziger Vertrag abgeschlossen wird, dessen Erfüllung mehrere unterschiedliche Einzeltätigkeiten erfordert. Diese verschiedenen Tätigkeiten – wie hier Ankauf, Vermietung und Verkauf – rechtfertigen in ihrer

Gesamtheit die Würdigung einer nachhaltigen Betätigung (vgl. BFH-Urteil vom 9. Dezember 2002, BStBl. 2003 II S. 294).

- Auch wird eine Teilnahme am allgemeinen wirtschaftlichen Verkehr durch ein Tätigwerden nur für einen einzigen Vertragspartner nicht ausgeschlossen, auch nicht dadurch, dass ein Mietobjekt bereits bei seiner Anschaffung für einen bestimmten Mieter bestimmt ist (vgl. BFH-Urteil vom 22. Januar 2003, BStBl. II S. 464).

3 Eine gewerbliche Vermietungstätigkeit ist erst dann anzunehmen, wenn nach dem Gesamtbild der Verhältnisse im Einzelfall besondere Umstände hinzutreten, die der Tätigkeit als Ganzes das Gepräge einer selbständigen, nachhaltigen, von Gewinnstreben getragenen Beteiligung am allgemeinen wirtschaftlichen Verkehr geben, hinter der die Gebrauchsüberlassung (Vermögensverwaltung) des Wirtschaftsguts in den Hintergrund tritt (vgl. BFH-Urteil vom 2. Mai 2000, BStBl. II S. 467). Die jeweiligen artspezifischen Besonderheiten des vermieteten Wirtschaftsguts sind dabei zu beachten.

4 Die Vermietungstätigkeit stellt dann nicht mehr die Nutzung von Vermögen im Sinne der Fruchtziehung aus zu erhaltenden Substanzwerten dar, wenn die Vermietungstätigkeit mit dem An- und Verkauf aufgrund eines einheitlichen Geschäftskonzepts verklammert ist. Das hat zur Folge, dass die gesamte Tätigkeit gewerblichen Charakter besitzt (vgl. BFH-Urteil vom 22. Januar 2003, BStBl. II S. 464).

5 Ein einheitliches Geschäftskonzept liegt vor, wenn von vorneherein ein Verkauf des vermieteten Wirtschaftsguts vor Ablauf von dessen gewöhnlicher oder tatsächlicher Nutzungsdauer geplant ist und die Erzielung eines Totalgewinns diesen Verkauf notwendig macht. Somit besteht die Tätigkeit in ihrer Gesamtheit nicht mehr allein aus der Vermietung, sondern aus dem Ankauf, der Vermietung und dem Verkauf des einzelnen Wirtschaftsguts.

## II. Gewinn im Zusammenhang mit einer Betriebsveräußerung/-aufgabe

6 In ständiger Rechtsprechung hat der BFH, u. a. in seinem Urteil vom 5. Juli 2005 (BStBl. 2006 II S. 160), entschieden, dass eine zusammengeballte Gewinnrealisierung dann nicht nach den §§ 16, 34 EStG begünstigt ist, wenn diese auf der im Wesentlichen unveränderten Fortsetzung der bisherigen unternehmerischen Tätigkeit beruht, ungeachtet dessen, ob der in Frage stehende Vorgang im zeitlichen Zusammenhang mit einer Betriebsveräußerung oder -aufgabe steht und die gewerbliche Gesamttätigkeit abschließt.

7 In Fällen, in denen die Gesamtheit der Tätigkeit aus Ankauf, Vermietung und Verkauf besteht (vgl. Rn. 2 und 5), gehört die Veräußerung des vermieteten Wirtschaftsguts noch zum bisherigen objektiven Geschäftsfeld des Unternehmens/der Gesellschaft und gehört daher zum gewerbesteuerpflichtigen (laufenden) Geschäftsbetrieb. Auf den Gewinn aus dem Verkauf des vermieteten Wirtschaftsguts finden die §§ 16, 34 Abs. 1 oder 3 EStG auch dann keine Anwendung, wenn das Wirtschaftsgut zum Anlagevermögen gehört.

## III. Zeitliche Anwendung

8 Dieses Schreiben ist in allen noch offenen Fällen anzuwenden.

# I § 15/3. Schreiben betr. personelle Verflechtung bei Betriebsaufspaltung; hier: Zusammenrechnung von Ehegattenanteilen

Vom 18. November 1986 (BStBl. I S. 537)

(BMF IV B 2 – S 2240 – 25/86 II)

Mit Urteil vom 27. November 1985 I R 115/85 (BStBl. 1986 II S. 362) hat der Bundesfinanzhof zur Beurteilung der personellen Verflechtung zwischen Besitz- und Betriebsunternehmen bei Eheleuten als Voraussetzung für die Annahme einer Betriebsaufspaltung Stellung genommen. Unter Bezugnahme auf das Ergebnis der Erörterung mit den obersten Finanzbehörden der Länder bitte ich daher, die auf Grund meines Schreibens vom 15. August 1985 IV B 2 – S 2240 – 11/85 II (BStBl. I S. 537) und den entsprechenden Erlassen der obersten Finanzbehörden der Länder vorerst zurückgestellten Fälle nunmehr abzuwickeln.

Eine personelle Verflechtung i. S. der Betriebsaufspaltung ist allgemein und ebenso in Ehegattenfällen gegeben, wenn die hinter dem Besitz- und Betriebsunternehmen stehenden Personen einen einheitlichen geschäftlichen Betätigungswillen haben. Sind an beiden Unternehmen nicht dieselben Personen im gleichen Verhältnis beteiligt (sog. Beteiligungsidentität), wird ein einheitlicher geschäftlicher Betätigungswille dadurch dokumentiert, daß die Personen, die das Besitzunternehmen beherrschen, in der Lage sind, auch im Betriebsunternehmen ihren Willen durchzusetzen (sog. Beherrschungsidentität). Für die Beurteilung der Frage, ob eine sog. Beherrschungsidentität vorliegt, darf bei Ehegatten entsprechend dem Beschluß des BVerfG vom 12. März 1985 1 BvR 571/81, 1 BvR 494/82, 1 BvR 47/83 (BStBl. II S. 475) nicht mehr von der – wenn auch widerlegbaren – Vermutung ausgegangen werden, sie verfolgten gleichgerichtete wirtschaftliche Interessen. Nach dem Beschluß des BVerfG vom 12. März 1985 ist eine Zusammenrechnung von Anteilen der Eheleute nur gerechtfertigt, wenn hierfür konkrete Umstände vorliegen. Es müssen zusätzlich zur ehelichen Lebensgemeinschaft Beweisanzeichen gegeben sein, die für die Annahme einer personellen Verflechtung durch gleichgerichtete wirtschaftliche Interessen sprechen.

Sind beide Eheleute jeweils an beiden Unternehmen in dem Maße beteiligt, daß ihnen zusammen die Mehrheit der Anteile gehört, stellen sie – wie bei vergleichbaren Verhältnissen zwischen fremden Dritten – eine durch gleichgerichtete Interessen geschlossene Personengruppe dar, die in der Lage ist, beide Unternehmen zu beherrschen. Damit ist die personelle Verflechtung gegeben (BFH-Urteil vom 7. November 1985 – BStBl. 1986 II S. 364). Das gilt dann nicht, wenn die Geschlossenheit der Personengruppe durch nachweisbar schwerwiegende Interessenkollisionen gestört oder aufgehoben ist (BFH-Urteil vom 16. Juni 1982, BStBl. 1982 II S. 662 m. w. N.).

Ist dagegen an einem der beiden Unternehmen nur ein Ehegatte mehrheitlich beteiligt und gehört diesem Ehegatten an dem anderen Unternehmen lediglich zusammen mit dem anderen Ehegatten die Mehrheit der Anteile, so müssen besondere Umstände vorliegen, damit die Anteile der Ehegatten an dem anderen Unternehmen für die Beurteilung der Beherrschungsidentität zusammengerechnet werden dürfen. Die Voraussetzungen für eine Zusammenrechnung sind nach dem BFH-Urteil vom 24. Juli 1986 (BStBl. II S. 913) beispielsweise erfüllt, wenn die Ehegatten durch eine mehrere Unternehmen umfassende, planmäßige, gemeinsame Gestaltung der wirtschaftlichen Verhältnisse den Beweis dafür liefern, daß sie aufgrund ihrer gleichgerichteten wirtschaftlichen Interessen zusätzlich zur ehelichen Lebensgemeinschaft eine Zweck- und Wirtschaftsgemeinschaft eingegangen sind. Konkrete Umstände i. S. der Entscheidung des BVerfG vom 12. März 1985 können auch in dem Abschluß von sog. Stimmrechtsbindungsverträgen gesehen werden. Der Entscheidung des BFH vom 27. November 1985 (a. a. O.) zufolge genügen dagegen folgende Umstände nicht, um die Anteile eines Ehegatten an einem Unternehmen denen des anderen Ehegatten zuzurechnen:

a) jahrelanges konfliktfreies Zusammenwirken der Eheleute innerhalb der Gesellschaft,
b) Herkunft der Mittel für die Beteiligung eines Ehegatten an der Betriebsgesellschaft vom anderen Ehegatten,
c) „Gepräge" der Betriebsgesellschaft durch den Ehegatten,
d) Erbeinsetzung des Ehegatten durch den anderen Ehegatten als Alleinerbe, gesetzlicher Güterstand der Zugewinngemeinschaft, beabsichtigte Alterssicherung des anderen Ehegatten.

Bei der Abwicklung der o. a. Fälle bitte ich auch zu prüfen, ob die an die Betriebsgesellschaft vermieteten Wirtschaftsgüter bei Fehlen der Voraussetzungen für die Annahme einer Betriebsaufspaltung wegen der vom BVerfG beanstandeten Zusammenrechnung von Ehegattenanteilen aus anderen Gründen Betriebsvermögen sind. Dies kann insbesondere der Fall sein

- bei der Verpachtung eines Gewerbebetriebs im Ganzen *(Abschnitt 137 Abs. 4 und Abschnitt 139 Abs. 5 EStR)*,[1]
- bei Personengesellschaften, die neben der vermögensverwaltenden Tätigkeit als Besitzgesellschaft noch in geringem Umfang gewerblich tätig sind und deren Tätigkeit somit insgesamt als Gewerbebetrieb gilt (§ 15 Abs. 3 Nr. 1 EStG),
- bei Personengesellschaften, die wegen ihrer Rechtsform als Gewerbebetriebe anzusehen sind (§ 15 Abs. 3 Nr. 2 EStG),
- in Betriebsaufspaltungsfällen, die nicht nur auf der vom BVerfG beanstandeten Zusammenrechnung von Ehegattenanteilen beruhen, und zwar
  - wenn die Ehegatten – als Personengruppe an beiden Unternehmen beteiligt – in der Lage sind, beide Unternehmen zu beherrschen (BFH-Urteil vom 7. November 1985, BStBl. 1986 II S. 362) und
  - bei der sog. mitunternehmerischen Betriebsaufspaltung (vgl. BFH-Urteil vom 25. April 1985, BStBl. II S. 622).

Können die an die Betriebsgesellschaft vermieteten Wirtschaftsgüter unter keinem rechtlichen Gesichtspunkt als Betriebsvermögen behandelt werden,

[1] Nunmehr § 16 Abs. 3 b EStG.

sind sie in Fällen, in denen bis zum Ergehen der BVerfG-Entscheidung vom 12. März 1985 eine sog. echte Betriebsaufspaltung angenommen wurde *(Abschnitt 137 Abs. 5 EStR*[1]*)*, zu dem Zeitpunkt als entnommen anzusehen, in dem die Betriebsaufspaltung begründet worden ist. *Abschnitt 15 Abs. 1 Satz 9 und 10 EStR*[2] ist anzuwenden. In Fällen, in denen eine sog. unechte Betriebsaufspaltung angenommen worden ist, sind die an die Betriebsgesellschaft vermieteten Wirtschaftsgüter ggf. zu keinem Zeitpunkt Betriebsvermögen geworden.

[1] „EStR 1984".
[2] Jetzt H 4.4 EStH (Berichtigung einer Bilanz, die einer bestandskräftigen Veranlagung zugrunde liegt).

# I § 15/4. Schreiben betr. 1. Sonderbetriebsvermögen bei Vermietung an eine Schwester-Personengesellschaft; Anwendung der BFH-Urteile vom 16. 6. 1994 (BStBl. 1996 II S. 82), vom 22. 11. 1994 (BStBl. 1996 II S. 93) und vom 26. 11. 1996 (BStBl. 1998 II S. 328); 2. Verhältnis des § 15 Abs. 1 Nr. 2 EStG zur mitunternehmerischen Betriebsaufspaltung; Anwendung des BFH-Urteils vom 23. 4. 1996 VIII R 13/95 (BStBl. 1998 II S. 325)

Vom 28. April 1998 (BStBl. I S. 583)

(BMF IV B 2 – S 2241 – 42/98)

Der BFH hat mit Urteilen vom 16. Juni 1994 (BStBl. 1996 II S. 82) und vom 22. November 1994 (BStBl. 1996 II S. 93) entschieden, daß die Wirtschaftsgüter, die eine gewerblich tätige oder gewerblich geprägte Personengesellschaft an eine ganz oder teilweise personenidentische Personengesellschaft (Schwestergesellschaft) vermietet, zum Betriebsvermögen der vermietenden Personengesellschaft und nicht der nutzenden Personengesellschaft gehören. Diese Rechtsgrundsätze gelten auch, wenn leistende Gesellschaft eine gewerblich geprägte atypisch stille Gesellschaft ist (BFH-Urteil vom 26. November 1996, BStBl. 1998 II S. 328). Mit BFH-Urteil vom 23. April 1996 (BStBl. 1998 II S. 325) hat der BFH unter Aufgabe der bisherigen Rechtsprechung schließlich die Auffassung vertreten, bei einer Betriebsaufspaltung habe die Qualifikation des überlassenen Vermögens als Betriebsvermögen der Besitzpersonengesellschaft sowie der Einkünfte aus der Verpachtung dieses Vermögens als gewerbliche Einkünfte der Gesellschafter der Besitzpersonengesellschaft Vorrang vor der Qualifikation des Vermögens als Sonderbetriebsvermögen und der Einkünfte aus der Verpachtung als Sonderbetriebseinkünfte der Gesellschafter bei der Betriebspersonengesellschaft.

Unter Bezugnahme auf das Ergebnis der Erörterung mit den obersten Finanzbehörden der Länder nehme ich zur Anwendung der Rechtsgrundsätze der genannten BFH-Urteile wie folgt Stellung:

## 1. Bedeutung und Abgrenzung des Anwendungsbereichs der neuen Rechtsprechung

Nach früherer Rechtsprechung und Verwaltungsauffassung hatte die Vorschrift des § 15 Abs. 1 Satz 1 Nr. 2 Satz 1 Halbsatz 2 EStG Vorrang vor dem Rechtsinstitut der mitunternehmerischen Betriebsaufspaltung (BFH-Urteil vom 25. April 1985, BStBl. II S. 622, sowie R 137 Abs. 4 EStR 1993). Das BFH-Urteil vom 23. April 1996 (BStBl. 1998 II S. 325) führt nunmehr zu einem Vorrang der Rechtsgrundsätze der Betriebsaufspaltung vor der Anwendung des § 15 Abs. 1 Satz 1 Nr. 2 Satz 1 Halbsatz 2 EStG und schließt damit – ebenso wie die BFH-Urteile vom 16. Juni 1994 (BStBl. 1996 II S. 82), vom 22. November 1994 (BStBl. 1996 II S. 93) und vom 26. November 1996 (BStBl. 1998 II

S. 328) – die Behandlung der vermieteten Wirtschaftsgüter als Sonderbetriebsvermögen der mietenden Gesellschaft bei sog. Schwester-Personengesellschaften aus. Im Falle einer unentgeltlichen Überlassung von Wirtschaftsgütern ist allerdings auch nach der neuen Rechtsprechung keine mitunternehmerische Betriebsaufspaltung anzunehmen, weil es in diesem Fall an einer Gewinnerzielungsabsicht und damit an einer eigenen gewerblichen Tätigkeit der Besitzpersonengesellschaft fehlt. In diesem Fall bleibt *§ 15 Abs. 1 Nr. 2 EStG*[1] weiterhin anwendbar. Auch bei einer lediglich teilentgeltlichen Nutzungsüberlassung ist eine eigene gewerbliche Tätigkeit der Besitzpersonengesellschaft und damit eine mitunternehmerische Betriebsaufspaltung nur anzunehmen, wenn die Voraussetzung der Gewinnerzielungsabsicht bei der Besitzpersonengesellschaft vorliegt.

Die Rechtsgrundsätze des BFH-Urteils vom 23. April 1996 sind – ebenso wie die der BFH-Urteile vom 16. Juni 1994 (BStBl. 1996 II S. 82), vom 22. November 1994 (BStBl. 1996 II S. 93) und vom 26. November 1996 (BStBl. 1998 II S. 328) – nur in den Fällen sog. Schwestergesellschaften anzuwenden, d. h., wenn sowohl an der vermietenden als auch an der mietenden Personengesellschaft ganz oder teilweise dieselben Personen als Gesellschafter beteiligt sind. Nicht betroffen von der neuen Rechtsprechung sind die Fälle der sog. doppel- oder mehrstöckigen Personengesellschaft, also diejenigen Fälle, in denen eine Personengesellschaft selbst unmittelbar oder mittelbar an einer anderen Personengesellschaft als Mitunternehmer beteiligt ist. In diesen Fällen verbleibt es bei der Anwendung der gesetzlichen Regelung zur doppelstöckigen Personengesellschaft in § 15 Abs. 1 Satz 1 Nr. 2 Satz 2 EStG.

## 2. Ertragsteuerliche Folgen der Änderung der BFH-Rechtsprechung

Die Anwendung der Rechtsgrundsätze des BFH-Urteils vom 23. April 1996 (BStBl. 1998 II S. 325) führt insbesondere zu folgenden steuerlichen Änderungen:

a) Auf der Grundlage der bisherigen Rechtsprechung und Verwaltungspraxis sind bei einem Gesellschafter, der nur an der Besitz-, nicht aber an der Betriebspersonengesellschaft beteiligt ist („Nur-Besitz-Gesellschafter"), vielfach lediglich Einkünfte aus Vermietung und Verpachtung angenommen und seine Anteile an den Wirtschaftsgütern dem Privatvermögen zugeordnet worden. Nach der geänderten Rechtsprechung erzielt er Einkünfte aus Gewerbebetrieb und die Wirtschaftsgüter gehören zum Betriebsvermögen, so daß auch die Veräußerungsgewinne steuerpflichtig sind.

b) Die Besitzpersonengesellschaft unterfällt ggf. der Abfärbung gemäß § 15 Abs. 3 Nr. 1 EStG (Beispiel: Eine Grundstücks-GbR vermietet einige Grundstücke an private Dritte und ein Grundstück an die mit ihr personell verflochtene KG).

c) Durch die Begründung der Eigengewerblichkeit werden die bisherigen Verpachtungspersonengesellschaften der Gewerbesteuer unterworfen, die Wirtschaftsgüter an von der Gewerbesteuer befreite Personengesellschaften zur Nutzung überlassen haben, die Krankenhäuser, Rehabilitationskliniken oder sonstige Gesundheitseinrichtungen betreiben, die in den Anwendungsbereich von § 67 AO fallen. Die über die bisherige Zurechnungsvorschrift des *§ 15 Abs. 1 Nr. 2 EStG*[1] wirksame Befreiungsvorschrift des § 3 Nr. 20 Gewerbesteuergesetz kommt insoweit nicht mehr zum Tragen.

[1] Muss richtig lauten: „§ 15 Abs. 1 Satz 1 Nr. 2 EStG".

d) Zwischen Schwester-Personengesellschaften vereinbarte Darlehen, die als Dauerschulden zu qualifizieren sind, führen bei der mitunternehmerischen Betriebsaufspaltung in Höhe des hälftigen Entgelts zu einer gewerbesteuerlichen Doppelbelastung, da das hälftige Entgelt bei der das Darlehen empfangenden Gesellschaft gemäß § 8 Nr. 1 GewStG hinzuzurechnen ist. Waren die Darlehenszinsen nach bisheriger Rechtsprechung Sondervergütungen i. S. des *§ 15 Abs. 1 Nr. 2 EStG*[1)] der Gesellschafter der Besitzpersonengesellschaft, erhöhten sie zwar bei der das Darlehen empfangenden Personengesellschaft den Gewerbeertrag *(Abschnitt 40 Abs. 2 GewStR*[2)]*)*. Da aber die Hinzurechnungsvorschrift des § 8 Nr. 1 GewStG auf Sondervergütungen i. S. des *§ 15 Abs. 1 Nr. 2 EStG*[1)] nicht anzuwenden ist, ergab sich bisher keine gewerbesteuerliche Doppelbelastung.

e) Ein negativer Gewerbeertrag der Besitzpersonengesellschaft darf nicht mit einem positiven Gewerbeertrag der Betriebspersonengesellschaft verrechnet werden (oder umgekehrt), während bisher eine Saldierung zwischen Gesamthandsergebnis und Sonderbetriebsergebnis grundsätzlich möglich war.

f) Bei der Investitionszulage und bei den Sonderabschreibungen nach dem Fördergebietsgesetz ist nicht mehr die Betriebspersonengesellschaft, sondern die Besitzpersonengesellschaft anspruchsberechtigt. Es gelten die allgemeinen Regelungen zur Betriebsaufspaltung, z. B. bei der Investitionszulage *Nr. 5 des BMF-Schreibens vom 31. März 1992 (BStBl. I S. 236)*[3)] *und Abschnitt IV des BMF-Schreibens vom 30. Dezember 1994 (BStBl. 1995 I S. 18)*[3)] sowie bei dem Fördergebietsgesetz *Tz. 6 des BMF-Schreibens vom 29. März 1993 (BStBl. I S. 279)*[3)] und *Abschnitt II Nr. 2 des BMF-Schreibens vom 24. Dezember 1996 (BStBl. I S. 1516)*[3)].

### 3. Uneingeschränkte Anwendung der Rechtsprechung zur Vermietung von gewerblich tätigen oder geprägten Personengesellschaften an Schwestergesellschaften

Die Rechtsgrundsätze der BFH-Urteile vom 16. Juni 1994 (BStBl. 1996 II S. 82), vom 22. November 1994 (BStBl. 1996 II S. 93) und vom 26. November 1996 (BStBl. 1998 II S. 328) sind für Wirtschaftsjahre, die nach dem 31. Dezember 1998 beginnen, **uneingeschränkt** anzuwenden. Das BMF-Schreiben vom 18. Januar 1996 (BStBl. I S. 86), nach dem die Grundsätze der BFH-Urteile vom 16. Juni 1994 (BStBl. 1996 II S. 82) und vom 22. November 1994 (BStBl. 1996 II S. 93) nur unter den dort genannten Einschränkungen für anwendbar erklärt worden sind, ist für Wirtschaftsjahre, die nach dem 31. Dezember 1998 beginnen, nicht mehr anzuwenden. Sind die vermieteten Wirtschaftsgüter aufgrund der in dem BMF-Schreiben vom 18. Januar 1996 (BStBl. I S. 86) enthaltenen Einschränkungen bisher zum Betriebsvermögen der nutzenden Personengesellschaft gerechnet worden, so gelten die Ausfüh-

[1)] Muss richtig lauten: „§ 15 Abs. 1 Satz 1 Nr. 2 EStG".

[2)] Nunmehr H 7.1 (3) „Ermittlung des Gewerbeertrages bei Mitunternehmerschaften" GewStH.

[3)] Nicht mehr anzuwenden für Steuertatbestände, die nach dem 31. Dezember 2009 verwirklicht werden, da nicht in der Positivliste des BMF v. 4. 4. 2011, BStBl. I S. 356 enthalten. Die Anwendung bleibt unberührt für vor dem 1. 1. 2010 verwirklichte Steuertatbestände. Soweit das BMF-Schreiben schon aus anderen Gründen keine Rechtswirkung mehr entfaltet, hat die Aufhebung nur deklaratorischen Charakter.

rungen unter Nr. 4 zur erfolgsneutralen Übertragung der überlassenen Wirtschaftsgüter in die Bilanz der vermietenden Personengesellschaft entsprechend.

**4. Erstmalige Anwendung der Rechtsprechung zur Betriebsaufspaltung zwischen Schwester-Personengesellschaften nebst Übergangsregelung**

Die Rechtsgrundsätze des BFH-Urteils vom 23. April 1996 (BStBl. 1998 II S. 325) werden **aus Vertrauensschutzgründen** erstmals für Wirtschaftsjahre angewendet, die nach dem 31. Dezember 1998 beginnen.

Auf Antrag sind die Rechtsgrundsätze des BFH-Urteils vom 23. April 1996 (BStBl. 1998 II S. 325) auch für Wirtschaftsjahre anzuwenden, die vor dem 1. Januar 1999 beginnen. Der Antrag kann nur einheitlich für alle vor dem 1. Januar 1999 beginnenden Wirtschaftsjahre und für alle Steuerarten einschließlich der Investitionszulage und für alle Beteiligten gestellt werden. Entsprechende Anträge sind bis zum 31. Dezember 1999 bei den jeweils zuständigen Finanzämtern zu stellen; die Anträge sind unwiderruflich.

Die Anwendung der neuen Rechtsprechung führt in den Fällen, in denen die vermieteten Wirtschaftsgüter bisher wegen des Vorrangs des § 15 Abs. 1 Satz 1 Nr. 2 Satz 1 Halbsatz 2 EStG vor der mitunternehmerischen Betriebsaufspaltung als Sonderbetriebsvermögen der mietenden Gesellschaft behandelt worden sind, entsprechend den Grundsätzen der Bilanzberichtigung zu einer – erfolgsneutralen – Übertragung der überlassenen Wirtschaftsgüter in die – ggf. erstmals aufzustellende – Bilanz der Besitzpersonengesellschaft und einer entsprechenden Ausbuchung in den (Sonder-)Bilanzen der Betriebspersonengesellschaft. Aus Vereinfachungsgründen ist es nicht zu beanstanden, wenn die erforderlichen Korrekturen wie die Überführung eines Wirtschaftsguts von einem Betrieb in einen anderen Betrieb (R 14 Abs. 2 Satz 2 EStR 1996) dargestellt werden. Die Wirtschaftsgüter sind dann bei der Besitzpersonengesellschaft mit dem Buchwert anzusetzen, den sie in der letzten Bilanz der Betriebspersonengesellschaft hatten. Die weiteren AfA sind in diesen Fällen (Behandlung gemäß R 14 Abs. 2 Satz 2 EStR 1996) nach der bisherigen Bemessungsgrundlage und dem bisherigen Absetzungsverfahren zu bemessen. Die Besitzpersonengesellschaft darf Sonderabschreibungen nach dem Fördergebietsgesetz noch in der Höhe und in dem Zeitraum vornehmen, wie es auch die Betriebspersonengesellschaft noch dürfte.

Nach der neuen Rechtsprechung sind auch die Anteile an Wirtschaftsgütern eines „Nur-Besitz-Gesellschafters“ (vgl. oben unter Nr. 2 Buchstabe a) sowie alle Wirtschaftsgüter einer Besitzpersonengesellschaft, die nun mehr der Abfärbung gemäß § 15 Abs. 3 Nr. 1 EStG unterliegt (vgl. oben unter Nr. 2 Buchstabe b), im Betriebsvermögen der Besitzpersonengesellschaft angeschafft oder hergestellt worden. Die o. g. Grundsätze zur Anwendung von R 14 Abs. 2 Satz 2 EStR 1996 gelten in diesen Fällen entsprechend mit der Maßgabe, daß es nicht beanstandet wird, wenn die Anteile an den Wirtschaftsgütern des „Nur-Besitz-Gesellschafters“ und die Wirtschaftsgüter der der Abfärbung unterliegenden Besitzpersonengesellschaft mit ihren Restwerten angesetzt werden.

Die Betriebspersonengesellschaft bleibt für die Investitionszulage von Wirtschaftsgütern, die die Besitzpersonengesellschaft vor der erstmaligen Anwendung der Rechtsgrundsätze des BFH-Urteils vom 23. April 1996 (BStBl. 1998 II S. 325) angeschafft oder hergestellt und der Betriebspersonengesellschaft seit der Anschaffung oder Herstellung zur Nutzung überlassen hat, antragsberechtigt.

Die Änderung der Rechtsprechung allein hat keine Auswirkungen auf die Zugehörigkeits-, Verbleibens- und Verwendungsvoraussetzungen nach dem Investitionszulagengesetz und dem Fördergebietsgesetz.

**Beispiel:**

Bei einer mitunternehmerischen Betriebsaufspaltung hat die Besitzpersonengesellschaft im November 1996 ein neues bewegliches Wirtschaftsgut mit Anschaffungskosten von 100 000 DM angeschafft. Die Rechtsgrundsätze des BFH-Urteils vom 23. April 1996 (BStBl. 1998 II S. 325) werden erstmalig im Kalenderjahr 1997 angewendet.

a) Die Besitzpersonengesellschaft hat ihren Sitz in München und überläßt das Wirtschaftsgut einer Betriebspersonengesellschaft zur Nutzung in deren Betriebsstätte in Dresden. Im Jahr 1996 nimmt die Betriebspersonengesellschaft Sonderabschreibungen von 30 000 DM in Anspruch.
Der Antrag auf Investitionszulage für 1996 ist von der Betriebspersonengesellschaft zu stellen. Für die Investitionszulage von 5 v. H. und die Sonderabschreibungen nach dem Fördergebietsgesetz ist es ohne Bedeutung, daß das Wirtschaftsgut ab 1. Januar 1997 zum Anlagevermögen der Besitzpersonengesellschaft in München gehört. Die Verbleibensvoraussetzung im Sinne des § 2 Nr. 2 FördG ist auch nach dem 31. Dezember 1996 erfüllt, weil das Wirtschaftsgut im Rahmen einer Betriebsaufspaltung zur Nutzung überlassen wird und in einer Betriebsstätte der Betriebspersonengesellschaft im Fördergebiet verbleibt (vgl. *Tz. 6 des BMF-Schreibens vom 29. März 1993, BStBl. I S. 279*[1]). Die Besitzpersonengesellschaft kann in den Jahren 1997 bis 2000 die restlichen Sonderabschreibungen von 20 000 DM in Anspruch nehmen.

b) Die Besitzpersonengesellschaft gehört nicht zum verarbeitenden Gewerbe und überläßt das Wirtschaftsgut einer zum verarbeitenden Gewerbe gehörenden Betriebspersonengesellschaft zur Nutzung in deren Betriebsstätte im Fördergebiet.
Für die Investitionszulage nach § 5 Abs. 3 InvZulG 1996 von 10 v. H. ist es ohne Bedeutung, daß das Wirtschaftsgut ab 1. Januar 1997 nicht mehr zum Anlagevermögen eines Betriebs des verarbeitenden Gewerbes gehört. Die Verbleibensvoraussetzung im Sinne des § 5 Abs. 3 Nr. 2 Buchstabe b InvZulG ist auch nach dem 31. Dezember 1996 erfüllt, weil das Wirtschaftsgut im Rahmen einer Betriebsaufspaltung zur Nutzung überlassen wird und die Betriebspersonengesellschaft zum verarbeitenden Gewerbe gehört (vgl. *Tz. 12 des BMF-Schreibens vom 30. Dezember 1994, BStBl. 1995 I S. 18*[1]).

## 5. Steuerneutrale Vermeidung bzw. Beendigung der mitunternehmerischen Betriebsaufspaltung

### a) Mitunternehmererlaß vom 20. Dezember 1977 (BStBl. 1978 I S. 8)[2]

Vor Anwendung der neuen BFH-Rechtsprechung kann die Annahme einer mitunternehmerischen Betriebsaufspaltung im Sinne des BFH-Urteils vom 23. April 1996 (BStBl. 1998 II S. 325) vermieden werden, indem die vermieteten Wirtschaftsgüter nach dem sog. Mitunternehmererlaß (vgl. Tz. 28, Tz. 35 und Tz. 66 des BMF-Schreibens vom 20. Dezember 1977, BStBl. 1978 I S. 8[2]), d. h. erfolgsneutral ohne Aufdeckung der stillen Reserven, auf die Betriebspersonengesellschaft übertragen werden. Das setzt allerdings voraus, daß keine Verbindlichkeiten übernommen werden. Es muß Unentgeltlichkeit in dem Sinne gegeben sein, daß lediglich Gesellschaftsrechte bei der aufnehmenden Gesellschaft gewährt werden. Der erfolgsneutralen Übertragung von Wirtschaftsgütern auch unter Übernahme von Verbindlichkeiten stehen die Tz. 28 und Tz. 66 des Mitunternehmer-Erlasses[2] entgegen. Danach kann,

---

[1] Nicht mehr anzuwenden für Steuertatbestände, die nach dem 31. Dezember 2009 verwirklicht werden, da nicht in der Positivliste des BMF v. 4. 4. 2011, BStBl. I S. 356 enthalten. Die Anwendung bleibt unberührt für vor dem 1. 1. 2010 verwirklichte Steuertatbestände. Soweit das BMF-Schreiben schon aus anderen Gründen keine Rechtswirkung mehr entfaltet, hat die Aufhebung nur deklaratorischen Charakter.

[2] Ab 1. 1. 1999 vgl. aber § 6 Abs. 5 Satz 3 EStG.

wenn ein Wirtschaftsgut gegen Gewährung von Gesellschaftsrechten und gegen sonstiges Entgelt aus dem Sonderbetriebsvermögen oder einem anderen Betrieb des Mitunternehmers in das Gesamthandsvermögen übertragen wird, die Personengesellschaft das Wirtschaftsgut nur insoweit mit dem anteiligen Buchwert ansetzen, als es gegen Gewährung von Gesellschaftsrechten übertragen wird. Die Übernahme von Verbindlichkeiten ist als sonstiges Entgelt im Sinne des Mitunternehmer-Erlasses[1] anzusehen. Beides gilt auch für den umgekehrten Fall der Übertragung von der Gesellschaft in ein Betriebsvermögen des Gesellschafters. In derartigen Fällen ist der Vorgang in ein entgeltliches Veräußerungsgeschäft und in einen steuerneutralen Übertragungsvorgang aufzuspalten.

**b) Umwandlungssteuergesetz**

Hat der Steuerpflichtige die vorzeitige Anwendung der neuen Rechtsprechung beantragt (vgl. oben unter 4.), so ist eine steuerneutrale Beendigung der bestehenden mitunternehmerischen Betriebsaufspaltung, z. B. durch Einbringung sämtlicher Mitunternehmeranteile der Gesellschafter der Besitzpersonengesellschaft in die Betriebspersonengesellschaft, nach § 24 UmwStG möglich. Denn bei Anwendung der neuen Rechtsprechung, nach der die Besitzpersonengesellschaft aufgrund der Betriebsaufspaltung als eigengewerblicher Betrieb anzusehen ist, haben die Gesellschafter der Besitzpersonengesellschaft Mitunternehmeranteile, die sie nach § 24 UmwStG in die Betriebspersonengesellschaft einbringen können. Hat der Steuerpflichtige keinen Antrag auf vorzeitige Anwendung der neuen Rechtsprechung gestellt, so ist die neue Rechtsprechung erstmals für das nach dem 31. Dezember 1998 beginnende Wirtschaftsjahr anzuwenden. In diesem Fall ist in den vor dem 1. Januar 1999 beginnenden Wirtschaftsjahren eine steuerneutrale Beendigung der bestehenden mitunternehmerischen Betriebsaufspaltung nicht nach § 24 UmwStG möglich. Denn für die Frage der Anwendung des § 24 UmwStG muß in diesem Fall die bis zum Ergehen des BFH-Urteils vom 23. April 1996 (BStBl. 1998 II S. 325) vertretene Rechtsauffassung zugrunde gelegt werden: Wegen des Vorrangs des § 15 Abs. 1 Nr. 2 EStG würde es sich hier um eine Einbringung von Sonderbetriebsvermögen einer Personengesellschaft in das Gesamthandsvermögen derselben Personengesellschaft handeln. Die Einbringung von Wirtschaftsgütern des Sonderbetriebsvermögens fällt nicht unter § 24 UmwStG, sondern ist ausschließlich nach den Regeln des Mitunternehmer-Erlasses zu beurteilen (vgl. oben unter a).

**6. Weitere Anwendung des *BMF-Schreibens vom 10. Dezember 1979 (BStBl. I S. 683)*[2]**

Das *BMF-Schreiben vom 10. Dezember 1979 (BStBl. I S. 683)*[2] zu den Fällen, in denen der Mitunternehmer einen gewerblichen Betrieb unterhält und er im Rahmen dieses Betriebs Wirtschaftsgüter entgeltlich der Mitunternehmerschaft zur Nutzung überläßt, ist weiterhin anzuwenden.

[1] Ab 1. 1. 1999 vgl. aber § 6 Abs. 5 Satz 3 EStG.

[2] Nicht mehr anzuwenden für Steuertatbestände, die nach dem 31. Dezember 2009 verwirklicht werden, da nicht in der Positivliste des BMF v. 4. 4. 2011, BStBl. I S. 356 enthalten. Die Anwendung bleibt unberührt für vor dem 1. 1. 2010 verwirklichte Steuertatbestände. Soweit das BMF-Schreiben schon aus anderen Gründen keine Rechtswirkung mehr entfaltet, hat die Aufhebung nur deklaratorischen Charakter.

# I § 15/5. Schreiben betr. schenkweise als Kommanditisten in eine Kommanditgesellschaft aufgenommene minderjährige Kinder als Mitunternehmer; hier: Anwendung des BFH-Urteils vom 10. November 1987 (BStBl. 1989 II S. 758)

Vom 5. Oktober 1989 (BStBl. I S. 378)

(BMF IV B 2 – S 2241 – 48/89)

Der Bundesfinanzhof (BFH) hat in seinem Urteil vom 10. November 1987 (BStBl. 1989 II S. 758) schenkweise als Kommanditisten in einer KG aufgenommene minderjährige Kinder als Mitunternehmer anerkannt, obwohl in dem Entscheidungsfall das Widerspruchsrecht der Kommanditisten nach § 164 HGB ausgeschlossen, das Gewinnentnahmerecht der Kommanditisten weitgehend beschränkt und das Kündigungsrecht für die Kommanditisten langfristig abbedungen war und die Kommanditisten für den Fall ihres vorzeitigen Ausscheidens aufgrund eigener Kündigung zum Buchwert abgefunden werden sollten. Der BFH sieht darin keine nennenswerten und nicht auch zwischen Fremden üblichen Abweichungen vom Regelstatut des HGB. Dabei macht es für den BFH keinen Unterschied, ob die besonderen Bedingungen einzeln oder zusammen vorliegen.

Zu der Frage, welche Folgerungen aus diesem Urteil für die steuerliche Anerkennung von schenkweise als Kommanditisten in eine KG aufgenommenen minderjährigen Kindern als Mitunternehmer zu ziehen sind, wird unter Bezugnahme auf das Ergebnis der Erörterungen mit den Vertretern der obersten Finanzbehörden der Länder wie folgt Stellung genommen:

Die Frage, ob eine Mitunternehmerschaft minderjähriger Kinder gegeben ist, muß nach dem Gesamtbild der Verhältnisse entschieden werden (Beschluß des Großen Senats des BFH vom 25. Juni 1984 – BStBl. II S. 751, 769). Dabei sind alle Umstände des Einzelfalles in ihrer Gesamtheit zu würdigen. Das minderjährige Kind eines Gesellschafters einer Personengesellschaft kann nur als Mitunternehmer anerkannt werden, wenn es Mitunternehmerinitiative entfalten kann und Mitunternehmerrisiko trägt. Es kommt deshalb darauf an, ob dem minderjährigen Kommanditisten nach dem Gesellschaftsvertrag wenigstens annäherungsweise diejenigen Rechte eingeräumt werden, die einem Kommanditisten nach dem HGB zustehen. Maßstab ist das nach dem HGB für den Kommanditisten vorgesehene Regelstatut. Dazu gehören auch die gesetzlichen Regelungen, die im Gesellschaftsvertrag abbedungen werden können.

Wie der Große Senat des BFH im Beschluß vom 25. Juni 1984 (BStBl. II S. 751, 769) ausgeführt hat, können Mitunternehmerinitiative und Mitunternehmerrisiko im Einzelfall mehr oder weniger ausgeprägt sein. Beide Merkmale müssen jedoch gemeinsam vorliegen. Ein Kommanditist ist beispielsweise dann mangels Mitunternehmerinitiative kein Mitunternehmer, wenn sowohl sein Stimmrecht als auch sein Widerspruchsrecht durch Gesellschaftsvertrag faktisch ausgeschlossen sind (BFH-Urteil vom 11. Oktober 1988 – BStBl. 1989 II S. 762).

Besondere Bedeutung kommt, wie auch vom BFH im Urteil vom 10. November 1987 (BStBl. 1989 II S. 758) ausgeführt wird, der Frage zu, ob die minderjährigen Kommanditisten durch Kündigung oder Änderung des Gesellschaftsvertrags gegen ihren Willen aus der KG verdrängt werden können. Ist der Komplementär nach dem Gesellschaftsvertrag berechtigt, nach freiem Ermessen weitere Kommanditisten in die KG aufzunehmen, und kann er dadurch die für eine Änderung des Gesellschaftsvertrags im Einzelfall erforderlichen Mehrheitsverhältnisse (z. B. Erfordernis einer $^2/_3$-Mehrheit) zu seinen Gunsten so verändern, daß die als Kommanditisten in die KG aufgenommenen minderjährigen Kinder gegen ihren Willen aus der KG verdrängt werden können, so spricht dies gegen eine Mitunternehmerstellung der Kinder. Das gilt auch dann, wenn der Komplementär tatsächlich noch keine weiteren Kommanditisten in die KG aufgenommen hat.

Der BFH hat in dem Urteil vom 10. November 1987 (BStBl. 1989 II S. 758) allein die Tatsache, daß der Komplementär derzeit nicht die im Einzelfall erforderliche Stimmrechtsmehrheit bezüglich der Änderung des Gesellschaftsvertrags und der Auflösung der Gesellschaft hat, für ausreichend gehalten, um die Mitunternehmerinitiative der Kommanditisten – und zwar auch bei Ausschluß des Widerspruchsrechts nach § 164 HGB – zu bejahen. Ich bitte, die Grundsätze dieses BFH-Urteils insoweit nicht über den entschiedenen Einzelfall hinaus anzuwenden.

# 1 § 15/6. Schreiben betr. Gewinnerzielungsabsicht bei kleinen Photovoltaikanlagen und vergleichbaren Blockheizkraftwerken

Vom 29. Oktober 2021
BMF IV C 6 - S 2240/19/10006 :006; DOK 2021/1117804
(BStBl. I S. 2202)

**Bezug:** BMF-Schreiben vom 2. Juni 2021 (BStBl. I S. 722)

Nach Erörterung mit den obersten Finanzbehörden der Länder gelten zur ertragsteuerlichen Behandlung kleiner Photovoltaikanlagen und vergleichbarer Blockheizkraftwerke (BHKW) die nachfolgenden Regelungen. Diese dienen der Vereinfachung des Verwaltungsverfahrens, da bei Inanspruchnahme der Vereinfachungsregelung aufwändige und streitanfällige Ergebnisprognosen für die Beurteilung der Gewinnerzielungsabsicht weder erstellt noch geprüft werden müssen.

## I. Betrieb kleiner Photovoltaikanlagen und vergleichbarer BHKW

Betreibt eine steuerpflichtige Person oder eine Mitunternehmerschaft ausschließlich eine oder mehrere Photovoltaikanlagen mit einer installierten Gesamtleistung (Summe der installierten Leistung aller Photovoltaikanlagen einer steuerpflichtigen Person/einer Mitunternehmerschaft) von bis zu 10,0 kW/kWp (maßgeblich ist die installierte Leistung i.S.d. § 3 Nr. 31 EEG 2021) und/oder ein oder mehrere BHKW mit einer installierten elektrischen Gesamtleistung von bis zu 2,5 kW ist auf schriftlichen Antrag der steuerpflichtigen Person aus Vereinfachungsgründen ohne weitere Prüfung in allen offenen Veranlagungszeiträumen zu unterstellen, dass diese ohne Gewinnerzielungsabsicht betrieben werden und es sich daher um eine steuerlich unbeachtliche Liebhaberei handelt, wenn die in den nachfolgenden Randnummern genannten Voraussetzungen erfüllt sind Bei Mitunternehmerschaften ist der Antrag durch den Vertreter/den Empfangsbevollmächtigen oder alle Mitunternehmer gemeinsam zu stellen. 1

Alle Photovoltaikanlagen/BHKW, die von einer antragstellenden Person betrieben werden, bilden dabei einen einzigen Betrieb, so dass die jeweiligen Leistungen für die Ermittlung der 10,0 kW/kWp-Grenze zu addieren sind. Das gilt sowohl für Anlagen, die sich auf demselben Grundstück befinden als auch für Anlagen auf verschiedenen Grundstücken. Dabei ist unerheblich, ob die Anlagen technisch voneinander getrennt sind. Auch solche Anlagen sind einzubeziehen, die die übrigen Voraussetzungen der Vereinfachungsregelung nicht erfüllen (z.B. Anlagen, deren Strom einem Mieter des Antragstellers zur Verfügung gestellt wird). 2

**Beispiel 1:**

A betreibt seit dem 1. Januar 2020 auf

a) ihrem zu eigenen Wohnzwecken genutzten Einfamilienhaus
b) ihrem zu eigenen Wohnzwecken genutzten Zweifamilienhaus (zweite Wohnung ist vermietet)
c) dem Dach eines Mehrfamilienhauses, in dem sich eine zu eigenen Wohnzwecken genutzte Wohnung befindet,

eine Photovoltaikanlage mit einer Leistung von 8,0 kW/kWp.

Der Strom wird neben der Einspeisung in das öffentliche Stromnetz nur von A für private Wohnzwecke genutzt.

**Lösung:**

In den Fällen a) bis c) kann auf Antrag die Vereinfachungsregelung in Anspruch genommen werden, mit der Folge, dass Liebhaberei unterstellt wird und die Abgabe einer Anlage EÜR nicht erforderlich ist.

**Beispiel 2:**

A betreibt seit dem 1. Januar 2020 auf ihrem zu eigenen Wohnzwecken genutzten Einfamilienhaus und auf ihrem Ferienhaus, das nicht vermietet wird, je eine Photovoltaikanlage mit einer Leistung von jeweils

a) 4 kW/kWp

b) 6 kW/kWp.

**Lösung:**

In Fall a) kann A auf Antrag die Vereinfachungsregelung in Anspruch nehmen, mit der Folge, dass Liebhaberei unterstellt wird und die Abgabe einer Anlage EÜR nicht erforderlich ist.

In Fall b) kann A die Vereinfachungsregelung nicht in Anspruch nehmen, auch nicht für nur eine der beiden Anlagen.

3 Die Photovoltaikanlage(n)/das oder die BHKW wurde(n) nach dem 31. Dezember 2003 oder vor mehr als 20 Jahren in Betrieb genommen.

**Beispiel 3:**

A betreibt zwei Photovoltaikanlagen (zusammen 9 kW/kWp). Photovoltaikanlage 1 wurde am 1. Oktober 2003 und Photovoltaikanlage 2 wurde am 1. Juni 2020 in Betrieb genommen.

**Lösung:**

Ein Antrag kann erst ab Veranlagungszeitraum 2024 gestellt werden (vgl. Rn. 9).

4 Eine Photovoltaikanlage mit einer installierten Leistung von über 10,0 kW/kWp, deren maximale Werkleistungseinspeisung aufgrund der Regelung § 6 Abs. 2 Nr. 2 EEG 2012 bzw. § 9 Abs. 2 Nr. 2 EEG 2021 auf 70 Prozent der installierten Leistung begrenzt ist und damit eine tatsächliche Leistung von bis zu 10,0 kW/kWp erbringt, ist keine Photovoltaikanlage i.S.d. Rn. 1.

5 Der von der Photovoltaikanlage/dem BHKW erzeugte Strom wird neben der Einspeisung in das öffentliche Stromnetz ausschließlich in den zu eigenen Wohnzwecken genutzten Räumen verbraucht. Die unentgeltliche Überlassung zu Wohnzwecken steht der Nutzung zu eigenen Wohnzwecken gleich. Der Verbrauch des erzeugten Stroms in einem häuslichen Arbeitszimmer ist unschädlich. Der (teilweise) Verbrauch des durch die Photovoltaikanlage/das BHKW erzeugten Stroms durch einen Mieter oder zu anderweitigen eigenen oder fremden betrieblichen Zwecken muss technisch ausgeschlossen sein. Dies gilt nicht, wenn die Mieteinnahmen 520 Euro im Veranlagungszeitraum nicht überschreiten (vgl. R 21.2 Abs. 1 Satz 2 EStR). Wird die Photovoltaikanlage/das BHKW von einer Mitunternehmerschaft betrieben, reicht es aus, wenn der erzeugte Strom in das öffentliche Stromnetz eingespeist und daneben von mindestens einem Mitunternehmer privat zu eigenen Wohnzwecken genutzt wird.

**Beispiel 4:**

A betreibt auf dem Dach ihres zu eigenen Wohnzwecken genutzten Einfamilienhauses eine Photovoltaikanlage mit 9 kW/kWp.

Ein Raum wird als häusliches Arbeitszimmer im Rahmen der nichtselbständigen Tätigkeit genutzt. Daneben vermietet A gelegentlich über eine Internetplattform das Gästezimmer an Touristen. Die Mieteinnahmen hieraus betragen:

a) 400 €/Jahr

b) 600 €/Jahr.

**Lösung:**

Nur im Fall a) kann auf Antrag die Vereinfachungsregelung in Anspruch genommen werden, mit der Folge, dass Liebhaberei unterstellt wird und die Abgabe einer Anlage EÜR nicht erforderlich ist.

**Beispiel 5:**

A betreibt auf dem Dach ihres zu eigenen Wohnzwecken genutzten Einfamilienhauses eine Photovoltaikanlage mit 9 kW/kWp.

Zwei Räume nutzt A im Rahmen ihrer selbständigen Tätigkeit als Physiotherapiepraxis.

a) Für die Physiotherapiepraxis besteht ein technisch getrennter eigener Stromanschluss. Der Strom aus der Photovoltaikanlage wird neben der Einspeisung in das öffentliche Stromnetz ausschließlich in den zu Wohnzwecken genutzten Räumen verbraucht.

b) Für die Physiotherapiepraxis besteht lediglich ein eigener Stromzähler.

**Lösung:**

Nur im Fall a) kann auf Antrag die Vereinfachungsregelung in Anspruch genommen werden, mit der Folge, dass Liebhaberei unterstellt wird und die Abgabe einer Anlage EÜR nicht erforderlich ist.

**Beispiel 6:**

Die Eheleute A und B betreiben auf dem Dach ihres Einfamilienhauses eine Photovoltaikanlage mit 9 kW/kWp. Die Eheleute leben getrennt. A nutzt das Haus zu eigenen Wohnzwecken. B wohnt nicht im Einfamilienhaus.

**Lösung:**

Die Eheleute können einen Antrag auf Anwendung der Vereinfachungsregelung stellen, auch wenn kein Verbrauch des Stroms durch B stattfindet.

## II. Wirkung des Antrags

### 1. Inbetriebnahme nach dem 31. Dezember 2003

Der Antrag, der beim örtlich zuständigen Finanzamt zu stellen ist, wirkt in allen offenen Veranlagungszeiträumen und auch für die Folgejahre. In diesen Fällen ist eine Anlage EÜR für den Betrieb der Photovoltaikanlage/des BHKW für alle offenen Veranlagungszeiträume nicht mehr abzugeben. 6

Veranlagte Gewinne und Verluste aus zurückliegenden Veranlagungszeiträumen, die verfahrensrechtlich einer Änderung noch zugänglich sind (z.B. bei unter dem Vorbehalt der Nachprüfung oder vorläufig durchgeführten Veranlagungen), sind nicht mehr zu berücksichtigen. Die Inanspruchnahme der Vereinfachungsregelung ist kein Fall des § 7g Abs. 4 EStG, da insoweit keine schädliche Verwendung der Investition vorliegt. 7

Bei Neuanlagen, die nach dem 31. Dezember 2021 in Betrieb genommen werden, ist der Antrag bis zum Ablauf des Veranlagungszeitraums zu stellen, der auf das Jahr der Inbetriebnahme folgt. Bei Altanlagen (Inbetriebnahme vor dem 31. Dezember 2021) ist der Antrag bis zum 31. Dezember 2022 zu stellen. 8

### 2. Ausgeförderte Anlagen

Bei Photovoltaikanlagen/BHKW i.S.v. Rn. 1 und 2, die vor dem 1. Januar 2004 in Betrieb genommen wurden, und die nach dem Auslaufen der Förderung in die Einspeisevergütung i.S.d. § 21 Abs. 1 Nr. 3 EEG 2021 eintreten (sog. ausgeförderte Anlagen), können frühestens nach 20 Jahren Betriebsdauer zur Liebhaberei übergehen. Der Antrag wirkt in diesen Fällen abweichend von Rn. 6 erst für den Veranlagungszeitraum, der auf den Veranlagungszeitraum folgt, in dem letztmalig die garantierte Einspeisevergütung gewährt wurde, und für alle Folgejahre. Die stillen Reserven im Zeitpunkt des Übergangs zur Liebhaberei sind mit 0 Euro zu bewerten. In diesen Fällen ist eine Anlage EÜR für den Betrieb der Photovoltaikanlage/des BHKW ab dem Veranlagungszeitraum, 9 der auf den Veranlagungszeitraum folgt, in dem letztmalig die garantierte Einspeisevergütung gewährt wurde, nicht mehr abzugeben.

10 Bei ausgeförderten Anlagen i.S.d. Rn. 9 ist der Antrag bis zum Ablauf des Veranlagungszeitraums zu stellen, der auf den Veranlagungszeitraum folgt, in dem letztmalig die erhöhte garantierte Einspeisevergütung gewährt wurde.

### 3. Nutzungsänderungen, Überschreitung der Leistungsgrenze

11 Für Veranlagungszeiträume, in denen die Voraussetzungen der Rn. 1 und 2 nicht ganzjährig vorliegen (z.B. bei Nutzungsänderung, Vergrößerung der Anlage(n) über eine Gesamtleistung von 10,0 kW/kWp), ist die Vereinfachungsregelung unabhängig von der Erklärung der steuerpflichtigen Person/der Mitunternehmerschaft nicht anzuwenden. Sie hat den Wegfall der Voraussetzungen der Rn. 1 und 2 dem zuständigen Finanzamt schriftlich mitzuteilen. Es ist eine Anlage EÜR abzugeben.

## III. Nachweis Gewinnerzielungsabsicht durch die steuerpflichtige Person

12 Unabhängig von den Regelungen dieses Schreibens bleibt es der steuerpflichtigen Person unbenommen, eine Gewinnerzielungsabsicht nach Maßgabe von H 15.3 EStH nachzuweisen. Macht die steuerpflichtige Person von der Vereinfachungsregelung dieses Schreibens keinen Gebrauch, ist die Gewinnerzielungsabsicht nach den allgemeinen Grundsätzen (vgl. H 15.3 EStH) zu prüfen. In diesem Fall gelten die allgemeinen Regelungen in allen noch offenen und künftigen Veranlagungszeiträumen, d.h. die in Rn. 1 ff beschriebene Vereinfachungsregelung kann nicht in Anspruch genommen werden.

## IV. Anwendungsregelung

13 Dieses Schreiben tritt an die Stelle des BMF-Schreibens vom 2. Juni 2021 IV C 6 – S 2240/19/10006:003, DOK 2021/0627224, BStBl. I S. 722, das hiermit aufgehoben wird.

# 1 § 15/7. Schreiben betr. Gewährung von Forschungszulage nach dem Gesetz zur steuerlichen Förderung von Forschung und Entwicklung (Forschungszulagengesetz – FZulG)

Vom 7. Februar 2023

BMF IV C 3 - S 2020/22/10007 :003; DOK 2023/0102799

(BStBl. I S. 364)

Mit dem Gesetz zur steuerlichen Förderung von Forschung und Entwicklung (Forschungszulagengesetz – FZulG) vom 14. Dezember 2019 (BGBl. I S. 2763)[1)] wurde eine steuerliche Förderung von Forschung und Entwicklung (FuE) in Form einer Forschungszulage (FZul) eingeführt. Das Gesetz ist am 1. Januar 2020 in Kraft getreten.

Mit Art. 8 des Zweiten Gesetzes zur Umsetzung steuerlicher Hilfsmaßnahmen zur Bewältigung der Corona-Krise (Zweites Corona-Steuerhilfegesetz) vom 29. Juni 2020 (BGBl. I S. 1512)[2)] wurde der Bemessungsgrundlagenhöchstbetrag in § 3 Abs. 5 FZulG angehoben und die Anwendungsregelung in § 16 FZulG konkretisiert.

Mit Art. 40 des Jahressteuergesetzes 2020 (JStG 2020) vom 21. Dezember 2020 (BGBl. I S. 3096)[3)] wurden Klarstellungen in Bezug auf den Ausschluss der Förderung von Auftragnehmern in § 3 Abs. 4 FZulG und in Bezug auf die Anrechnung der FZul bei der nächsten erstmaligen Festsetzung zur Einkommen- oder Körperschaftsteuer und die damit ggf. zusammenhängende Steuererstattung in § 10 FZulG getroffen.

Mit Art. 5 des Gesetzes zur erleichterten Umsetzung der Reform der Grundsteuer und Änderung weiterer steuerrechtlicher Vorschriften (Grundsteuerreform-Umsetzungsgesetz – GrStRefUG) vom 16. Juli 2021 (BGBl. I S. 2931)[4)] wurden insbesondere in § 3 Abs. 6 FZulG erforderliche Anpassungen zur Begrenzung der Bemessungsgrundlage bei verbundenen Unternehmen umgesetzt sowie in § 5 Abs. 4 FZulG ein Verfahren zur gesonderten Feststellung von förderfähigen Aufwendungen für die Fälle, in denen die Einkünfte des FuE-Unternehmens gesondert festgestellt werden, eingeführt.

Die im FZulG verwendeten Begriffe sind nach den für die Einkommensbesteuerung maßgebenden Grundsätzen auszulegen, soweit sich nicht aus dem FZulG, seinem Zweck und seiner Entstehungsgeschichte etwas Anderes entnehmen lässt (BFH vom 18. Mai 1999 III R 65/97, BStBl. II S. 619). Die Gewährung der FZul hängt aber nicht von der konkreten ertragsteuerlichen Behandlung beim Steuerpflichtigen ab.

Unter Bezugnahme auf das Ergebnis der Erörterungen mit den obersten Finanzbehörden der Länder gelten für die Anwendung des FZulG die folgenden Grundsätze:

---

[1)] **Amtl. Anm.:** BStBl. 2020 I S. 122.
[2)] **Amtl. Anm.:** BStBl. I S. 563.
[3)] **Amtl. Anm.:** BStBl. 2021 I S. 6.
[4)] **Amtl. Anm.:** BStBl. I S. 1451.

**Anwendungsregelung**

Dieses Schreiben ersetzt das BMF-Schreiben vom 11. November 2021 (BStBl. I S. 2277) und ist ab dem Zeitpunkt seiner Bekanntgabe im Bundessteuerblatt (BStBl.) in allen noch offenen Fällen anzuwenden.

## Erster Teil. Materiell-rechtliche Vorschriften

### I. Anspruchsberechtigung

#### 1. Allgemeines

1 Zur Inanspruchnahme der Forschungszulage (FZul) berechtigt sind nach § 1 Abs. 1 FZulG unbeschränkt und beschränkt Steuerpflichtige i.S.d. Einkommensteuergesetzes (EStG) und des Körperschaftsteuergesetzes (KStG), soweit sie nicht von der Besteuerung befreit sind. Zu den Steuerpflichtigen i.S.d. KStG gehören auch die nach § 1a KStG optierenden Gesellschaften. Die Anspruchsberechtigung setzt die Durchführung eines begünstigten Forschungs- und Entwicklungsvorhabens (FuE-Vorhabens) i.S.d. § 2 FZulG voraus (Rn. 23 ff.).

2 Mitunternehmerschaften sind nach § 1 Abs. 2 FZulG eigenständig anspruchsberechtigt (Rn. 10 ff.).

3 Die FZul kann nur von Steuerpflichtigen i.S.d. EStG und KStG beansprucht werden, soweit sie steuerpflichtige Einkünfte nach § 13 EStG (Einkünfte aus Land- und Forstwirtschaft), § 15 EStG (Einkünfte aus Gewerbebetrieb) oder § 18 EStG (Einkünfte aus selbständiger Arbeit) erzielen. Die allgemeinen Merkmale für das Vorliegen eines Betriebes müssen daher für das Entstehen einer Anspruchsberechtigung erfüllt sein. Insbesondere muss die betriebliche Tätigkeit nachhaltig und mit Gewinnerzielungsabsicht ausgeübt werden.

4 Wird das Besteuerungsrecht aufgrund eines Abkommens zur Vermeidung der Doppelbesteuerung (DBA) einem anderen Staat zugewiesen, steht dies einer Steuerbefreiung i.S.d. § 1 Abs. 1 FZulG gleich (BFH vom 14. August 1997 III R 55/95, BStBl. 1998 II S. 355).

#### 2. Juristische Personen des öffentlichen Rechts sowie steuerbefreite Körperschaften/Personenvereinigungen und Vermögensmassen

5 Nicht anspruchsberechtigt nach § 1 Abs. 1 FZulG sind

- juristische Personen des öffentlichen Rechts, soweit sie keinen steuerpflichtigen Betrieb gewerblicher Art unterhalten (Rn. 6 f.), sowie
- Körperschaften, Personenvereinigungen und Vermögensmassen, soweit sie von der Besteuerung befreit sind und keinen steuerpflichtigen wirtschaftlichen Geschäftsbetrieb unterhalten (Rn. 8 f.). Darunter fallen u.a. die Steuerbefreiungen nach § 5 KStG.

#### 2.1. Betriebe gewerblicher Art

6 Juristische Personen des öffentlichen Rechts sind nur anspruchsberechtigt, soweit sie einen steuerpflichtigen Betrieb gewerblicher Art unterhalten (§ 1 Abs. 1 Nr. 6 und § 4 KStG). Zum Begriff des „Betriebs gewerblicher Art“ wird auf R 4.1 Körperschaftsteuer-Richtlinien (KStR) verwiesen. Hierbei ist es ausreichend, wenn die betriebliche Tätigkeit nachhaltig und mit Einnahmeerzielungsabsicht ausgeübt wird. Eine Gewinnerzielungsabsicht ist nicht erforderlich.

Das den Anspruch auf FZul auslösende FuE-Vorhaben muss dem steuerpflichtigen Betrieb gewerblicher Art zuzurechnen sein. 7

## 2.2. Wirtschaftlicher Geschäftsbetrieb

Nach § 5 KStG von der Körperschaftsteuer befreite Körperschaften, Personenvereinigungen und Vermögensmassen sind nur anspruchsberechtigt, soweit sie einen steuerpflichtigen wirtschaftlichen Geschäftsbetrieb (§ 14 Abgabenordnung – AO) unterhalten (BFH vom 8. Juli 1994 III R 13/93, BStBl. II S. 869). Hierbei ist es ausreichend, wenn die betriebliche Tätigkeit nachhaltig und mit Einnahmeerzielungsabsicht ausgeübt wird. Eine Gewinnerzielungsabsicht ist nicht erforderlich. 8

Das den Anspruch auf FZul auslösende FuE-Vorhaben muss dem steuerpflichtigen wirtschaftlichen Geschäftsbetrieb zuzurechnen sein. 9

## 3. Mitunternehmerschaften

Anspruchsberechtigte Mitunternehmerschaften i.S.d. § 1 Abs. 2 FZulG sind solche, die Tätigkeiten ausführen, die bei den Mitunternehmern zu steuerpflichtigen Einkünften nach § 13 EStG (Einkünfte aus Land- und Forstwirtschaft), § 15 EStG (Einkünfte aus Gewerbebetrieb) oder § 18 EStG (Einkünfte aus selbständiger Arbeit) führen. 10

Zu den anspruchsberechtigten Mitunternehmerschaften gehören auch Innengesellschaften, die Mitunternehmerschaften sind, z.B. atypisch stille Gesellschaften. Zur Antragsberechtigung von atypisch stillen Gesellschaften wird auf Rn. 201 hingewiesen. 11

Optiert eine Personenhandels- oder Partnerschaftsgesellschaft nach § 1a Abs. 1 Satz 1 KStG zur Körperschaftsteuer, wird diese ab dem Wirtschaftsjahr der Option auch nach dem FZulG als Steuerpflichtige i.S.d. KStG behandelt. 12

Nicht anspruchsberechtigt sind Gemeinschaften, die keine Mitunternehmerschaften i.S.d. § 1 Abs. 2 FZulG sind. 13

Hat eine Mitunternehmerschaft eine ausländische Betriebsstätte, besteht hinsichtlich dieser Betriebsstätte keine Anspruchsberechtigung, soweit die Einkünfte aus dieser Betriebsstätte nach einem DBA von der Bemessungsgrundlage der deutschen Steuer auszunehmen sind. 14

## 4. Organschaften

Im Rahmen einer ertragsteuerlichen Organschaft sind Organgesellschaften eigenständig anspruchsberechtigt. 15

## 5. Kooperationspartner

Wird das begünstigte FuE-Vorhaben in Kooperation von einem Anspruchsberechtigten mit mindestens einem anderen Unternehmen nach § 2 Abs. 4 Nr. 2 FZulG bzw. in Zusammenarbeit mit einer oder mehreren Einrichtungen für Forschung und Wissensverbreitung nach § 2 Abs. 4 Nr. 3 FZulG durchgeführt, kann sich für jeden der beteiligten Kooperationspartner eine eigene Anspruchsberechtigung nach den vorstehenden Ausführungen ergeben. 16

Ist ein Kooperationspartner eine grundsätzlich nicht körperschaftsteuerpflichtige Einrichtung für Forschung und Wissensverbreitung, besteht eine Anspruchsberechtigung nur insoweit, als das FuE-Vorhaben in einem steuerpflichtigen wirtschaftlichen Geschäftsbetrieb oder einem steuerpflichtigen Betrieb gewerblicher Art durchgeführt wird. 17

## 5a. Treuhandmodell bei einer Kommanditgesellschaft

17a Bei einer sogenannten Treuhand-Kommanditgesellschaft, die zwar zivilrechtlich als Personengesellschaft, jedoch steuerlich nicht als Mitunternehmerschaft beurteilt wird (vgl. BFH vom 3. Februar 2010 IV R 26/07, BStBl. II S. 751), ist nur der steuerpflichtige Komplementär (Treugeber) anspruchsberechtigt i.S.d. § 1 FZulG. Sämtliche Aufwendungen und Erträge der Treuhand-Kommanditgesellschaft, und damit auch die Aufwendungen für Auftragsforschung, sind dem Komplementär (Treugeber) ertragsteuerlich und somit auch für Zwecke der FZul zuzurechnen. Dieses gilt auch für deren Lohnaufwendungen, obwohl die Lohnsteuer selbst von der zivilrechtlich existierenden Treuhand-Kommanditgesellschaft an das Finanzamt abgeführt wird.

## 6. Rechtsnachfolge

18 Wird ein Betrieb oder Teilbetrieb im Wege der Gesamtrechtsnachfolge (z.B. durch Erbfall oder Verschmelzung) übertragen, geht die Anspruchsberechtigung auf den Rechtsnachfolger über. Dies ergibt sich aus § 45 AO, wonach bei Gesamtrechtsnachfolge die Forderungen und Schulden aus dem Steuerschuldverhältnis auf den Rechtsnachfolger übergehen. Bei einem Teilbetrieb muss das begünstigte FuE-Vorhaben diesem bereits vor dem Eintritt der Gesamtrechtsnachfolge zuzuordnen gewesen sein. Ändert sich durch einen Formwechsel das Steuersubjekt (z.B. in Fällen der Umwandlung einer Personengesellschaft in eine Kapitalgesellschaft), führt dies grundsätzlich nicht zu einer Gesamtrechtsnachfolge i.S.d. § 45 Abs. 1 AO, da lediglich ein Wechsel der Rechtsform eines Rechtsträgers unter Wahrung seiner rechtlichen Identität vorliegt (§ 202 Abs. 1 Nr. 1 Umwandlungsgesetz [UmwG]). Jedoch ist in diesen Fällen § 45 Abs. 1 AO (Gesamtrechtsnachfolge) sinngemäß anzuwenden (vgl. Nr. 3 des Anwendungserlasses zur Abgabenordnung (AEAO) zu § 45 AO). Zur Antragsberechtigung vgl. Rn. 202.

19 **Beispiel 1 (Gesamtrechtsnachfolge durch Erbfall):**
Einzelunternehmer A verstirbt am 30. Juni 2021. Das am 1. Januar 2021 begonnene Wirtschaftsjahr 2021 des Einzelunternehmens des A endet mit dem Tod, damit steuerlich am 30. Juni 2021. Mit dem Tod endet nicht nur die persönliche Steuerpflicht des Erblassers, sondern auch seine Eigenschaft als Gewerbetreibender (BFH vom 28. März 1973 I R 100/71, BStBl. II S. 544). Der Anspruch auf FZul entsteht damit mit Ablauf des 30. Juni 2021, mithin während des Bestehens der persönlichen Steuerpflicht des A. Der Alleinerbe B tritt als Gesamtrechtsnachfolger in die steuerlichen Rechte und Pflichten des A ein (zur Antrags- und Anrechnungsberechtigung in diesen Fällen siehe Rn. 200 und 260).

20 **Beispiel 2 (Gesamtrechtsnachfolge durch Verschmelzung):**
Die A-GmbH wird zum 1. Juli 2021 auf die B-GmbH verschmolzen (§ 2 UmwG). Die persönliche Steuerpflicht der A-GmbH besteht damit bis zum 30. Juni 2021 (steuerlicher Übertragungsstichtag, § 2 Umwandlungssteuergesetz [UmwStG]). Das am 1. Januar 2021 begonnene Wirtschaftsjahr 2021 der A-GmbH endet mit der Verschmelzung, damit steuerlich am 30. Juni 2021. Der Anspruch auf FZul entsteht damit mit Ablauf des 30. Juni 2021, mithin während des Bestehens der persönlichen Steuerpflicht der A-GmbH. Die B-GmbH tritt als Gesamtrechtsnachfolgerin in die steuerlichen Rechte und Pflichten der A-GmbH ein.

20a **Beispiel 2a (Formwechsel):**
Die A-GmbH & Co. KG wird durch Formwechsel zur A-GmbH umgewandelt (§ 1 Abs. 3 Nr. 3 UmwStG; steuerlicher Übertragungsstichtag 31. Dezember 2022). Die Mitunternehmerschaft besteht damit bis zum 31. Dezember 2022. Das am 1. Januar 2022 begonnene Wirtschaftsjahr 2022 der A-GmbH & Co. KG endet mit der formwechselnden Umwandlung somit steuerlich am 31. Dezember 2022. Der Anspruch auf FZul entsteht demzufolge mit Ablauf des 31. Dezember 2022, mithin während des Bestehens der Mitunternehmerschaft. Da sich durch die formwechselnde Umwandlung das Steuersubjekt ändert, ist § 45 Abs. 1 AO (Gesamtrechtsnachfolge) sinngemäß anzuwenden (vgl. Nr. 3 des AEAO zu § 45 AO) mit der Folge, dass die A-GmbH in die steuerlichen Rechte und Pflichten der A-GmbH & Co. KG eintritt.

Wird ein Betrieb im Wege der Einzelrechtsnachfolge übertragen, geht die Anspruchsberechtigung nicht auf den Rechtsnachfolger über. Der Rechtsnachfolger kann daher nach der Übertragung eines Betriebs die FZul für vom Rechtsvorgänger verwirklichte Sachverhalte nicht beanspruchen. 21

Entstehen dem Rechtsnachfolger ab dem Übertragungsstichtag förderfähige Aufwendungen im Zusammenhang mit der Durchführung von begünstigten FuE-Vorhaben, die der Rechtsvorgänger begonnen hat, kann eine Anspruchsberechtigung beim Rechtsnachfolger insoweit entstehen. Hinsichtlich des Beginns des fortgeführten FuE-Vorhabens gilt der Beginn beim Rechtsvorgänger auch für den Rechtsnachfolger. 22

## II. Begünstigte FuE-Vorhaben

Ob ein begünstigtes FuE-Vorhaben i.S.d. § 2 Abs. 1 bis 3 FZulG vorliegt, entscheidet ausschließlich die Bescheinigungsstelle Forschungszulage (BSFZ) (vgl. Rn. 39). Von der BSFZ werden bei dieser Entscheidung insbesondere die nachstehenden Grundsätze berücksichtigt. Nähere Informationen hierzu unter www.bescheinigung-forschungszulage.de. 23

### 1. Fördergegenstand

Fördergegenstand ist das jeweils beantragte FuE-Vorhaben. 24

Das FuE-Vorhaben ist eine planmäßige Anordnung von FuE-Tätigkeiten (Forschungsdesign) mit dem Ziel, neue Erkenntnisse oder Fertigkeiten für Produkte, Verfahren oder Dienstleistungen zu gewinnen. 25

Ein FuE-Vorhaben kann aus mehreren Arbeitspaketen, Tätigkeiten oder Dienstleistungen bestehen (§ 2 Abs. 3 Satz 2 FZulG). Es umfasst klare Ziele und die Tätigkeiten, die zur Erreichung dieser Ziele durchzuführen sind, sowie konkrete Vorgaben, anhand derer die Ergebnisse dieser Tätigkeiten festgestellt und mit den einschlägigen Zielen verglichen werden können (§ 2 Abs. 3 Satz 3 FZulG). Wenn zwei oder mehrere FuE-Vorhaben nicht eindeutig voneinander getrennt werden können und einzeln betrachtet keine Aussicht auf technologischen Erfolg haben, werden sie als ein einziges Vorhaben betrachtet (§ 2 Abs. 3 Satz 4 FZulG). 26

FuE-Vorhaben sind nach § 2 Abs. 1 FZulG begünstigt, soweit sie einer oder mehreren der Kategorien 27

- Grundlagenforschung,
- industrielle Forschung oder
- experimentelle Entwicklung

zuzuordnen sind. Eine Abgrenzung innerhalb dieser Kategorien bzw. eine konkrete Zuordnung zu einer dieser Kategorien ist nicht vorgesehen, da sich ein FuE-Vorhaben über mehr als eine der o.g. Kategorien erstrecken kann. Für die Gewährung der FZul ist die Abgrenzung der zutreffenden Kategorie(n) nicht entscheidend.

Die Ziele eines FuE-Vorhabens und die dafür erforderlichen Arbeitspakete, Tätigkeiten oder Dienstleistungen von Auftragnehmern sind so klar darzustellen, dass die Zuordnung der einzelnen FuE-Arbeiten und ihre Funktion im FuE-Vorhaben nachvollziehbar sind. Der Antragsteller hat daher im Rahmen der Antragstellung gegenüber der BSFZ seine Arbeitsschritte, seinen Arbeitsplan bzw. sein Forschungsdesign darzulegen. 28

29 FuE-Vorhaben sind nur begünstigt, soweit sie den vorgegebenen Rahmen der drei genannten Kategorien nicht überschreiten. Gehen die Arbeiten über diesen Rahmen hinaus, z.B. weil sie der Markteinführung dienen, handelt es sich bei diesen Tätigkeiten nicht um begünstigte FuE-Tätigkeiten. Im Antrag auf Bescheinigung nach § 6 FZulG sowie in der Bescheinigung der BSFZ sind hierzu genaue Angaben erforderlich. Entsprechende Angaben der BSFZ zu Tätigkeiten, die von der Bescheinigung auszuschließen sind, werden unter dem Buchst. C der Bescheinigung nach § 6 FZulG aufgeführt (vgl. Rn. 33 ff.).

### 1.1. Definitionen

30 Bei der Zuordnung verschiedener Tätigkeiten zu den einzelnen FuE-Kategorien gelten die Definitionen der Art. 2 Nr. 84 bis 86 der Allgemeinen Gruppenfreistellungsverordnung (AGVO) (Verordnung (EU) Nr. 651/2014 der Kommission vom 17. Juni 2014 zur Feststellung der Vereinbarkeit bestimmter Gruppen von Beihilfen mit dem Binnenmarkt in Anwendung der Art. 107 und 108 des Vertrags über die Arbeitsweise der Europäischen Union (AEUV); ABl. L 187 vom 26. Juni 2014, S. 1) in der jeweils geltenden Fassung:

– Als „Grundlagenforschung" werden experimentelle oder theoretische Arbeiten bezeichnet, die in erster Linie dem Erwerb neuen Grundlagenwissens ohne erkennbare direkte kommerzielle Anwendungsmöglichkeiten dienen.
– „Industrielle Forschung" ist gekennzeichnet durch planmäßiges Forschen oder kritisches Erforschen zur Gewinnung neuer Kenntnisse und Fertigkeiten mit dem Ziel, neue Produkte, Verfahren oder Dienstleistungen zu entwickeln oder wesentliche Verbesserungen bei bestehenden Produkten, Verfahren oder Dienstleistungen herbeizuführen. Hierzu zählen auch die Entwicklung von Teilen komplexer Systeme und unter Umständen auch der Bau von Prototypen in einer Laborumgebung oder in einer Umgebung mit simulierten Schnittstellen zu bestehenden Systemen wie auch von Pilotlinien, wenn dies für die industrielle Forschung und insbesondere die Validierung von technologischen Grundlagen notwendig ist.
– „Experimentelle Entwicklung" umfasst den Erwerb, die Kombination, Gestaltung und Nutzung vorhandener wissenschaftlicher, technischer, wirtschaftlicher und sonstiger einschlägiger Kenntnisse und Fertigkeiten mit dem Ziel, neue oder verbesserte Produkte, Verfahren oder Dienstleistungen zu entwickeln. Dazu zählen z.B. auch Tätigkeiten zur Konzeption, Planung und Dokumentation neuer Produkte, Verfahren und Dienstleistungen. Die experimentelle Entwicklung kann die Entwicklung von Prototypen, Demonstrationsmaßnahmen, Pilotprojekte sowie die Erprobung und Validierung neuer oder verbesserter Produkte, Verfahren und Dienstleistungen in einem für die realen Einsatzbedingungen repräsentativen Umfeld umfassen, wenn das Hauptziel dieser Maßnahmen darin besteht, im Wesentlichen noch nicht feststehende Produkte, Verfahren oder Dienstleistungen weiter zu verbessern. Die experimentelle Entwicklung kann die Entwicklung von kommerziell nutzbaren Prototypen und Pilotprojekten einschließen, wenn es sich dabei zwangsläufig um das kommerzielle Endprodukt handelt und dessen Herstellung allein für Demonstrations- und Validierungszwecke zu teuer wäre. Die experimentelle Entwicklung umfasst keine routinemäßigen oder regelmäßigen Änderungen an bestehenden Produkten, Produktionslinien, Produktionsverfahren, Dienstleistungen oder anderen laufenden betrieblichen Prozessen, selbst wenn diese Änderungen Verbesserungen darstellen sollten.

31 FuE-Vorhaben und damit zusammenhängende FuE-Tätigkeiten müssen im Rahmen der steuerlichen Forschungsförderung nach dem FZulG folgende übergeordnete Kriterien erfüllen:

a) Neuartigkeit der Ziele bzw. Ergebnisse

b) Ungewissheit (Risiko)

c) Planmäßigkeit der Umsetzung

32 Im Rahmen der Prüfung des FuE-Vorhabens durch die BSFZ werden bestimmte Tatbestandsmerkmale für FuE als Prüfkriterien zugrunde gelegt. Hierfür nutzt die BSFZ ein Indikatorenset, welches die Prüfkriterien näher differenziert und als Instrument für die individuelle Vorhabenprüfung herangezogen wird. Die Prüfkriterien basieren auf den Definitionen der drei Forschungsarten nach dem FZulG, welche sich aus den AGVO-Definitionen ableiten und durch die Ausführungen und Erläuterungen des Frascati-Handbuchs (OECD (2018), Frascati-Handbuch 2015: Leitlinien für die Erhebung und Meldung von Daten über Forschung und experimentelle Entwicklung, Messung von wissenschaftlichen, technologischen und Innovationstätigkeiten, OECD Publishing, Paris) ergänzt werden.

### 1.2. Abgrenzungen

33 Von begünstigten FuE-Vorhaben abzugrenzen sind Tätigkeiten, die der Marktentwicklung dienen, und Tätigkeiten, die auf das reibungslose Funktionieren des Produktionssystems abzielen (§ 2 Abs. 2 FZulG), sowie Aktivitäten, die zwar Bestandteil des Innovationsprozesses sind, aber die o.g. Kriterien für FuE nicht erfüllen. Entsprechende Vorhaben oder Arbeitspakete in Vorhaben sind grundsätzlich nicht Forschung bzw. experimentelle Entwicklung. Dazu zählen:

- routinemäßige, regelmäßige Verbesserungen bestehender Produkte auch unter Verbesserung des Stands der Technik,
- routinemäßige Einhaltung der öffentlichen Aufsichtskontrolle, Normenüberwachung, Vorschriften,
- Qualitätskontrollen, Erarbeitung von Produktionshandbüchern und Qualitätssicherungen,
- administrative und juristische Tätigkeiten im Zusammenhang mit Patenten oder der Entwicklung von Geschmacksmustern, die deren juristischer Erlangung, Validierung und Verteidigung dienen,
- Marktforschung (Bedarfsanalysen, Analysen der Konkurrenzprodukte),
- Produktionsanlauf,
- Datensammlung (solange diese nicht als integraler Bestandteil eines FuE-Projekts erfolgt),
- Software-Entwicklungen, soweit es sich um Standardanwendungen oder Support für bereits existierende Systeme handelt,
- Beschaffung, Verwaltung und Zuteilung von staatlichen FuE-Zuschüssen durch staatliche Behörden oder Projektträger,
- Untersuchungen zur Erschließung von Märkten,
- Vorhaben mit primärem Ziel der Marktentwicklung,
- Entwicklung von Management-Systemen,
- Vertrieb, Support, Kundenakquise und -betreuung, Kundenschulungen/Testungen,

– FuE-Gemeinkosten, z.B. für Transport, Lagerhaltung, Reparatur, Wartung, Sicherheit,
– Umsetzung oder Einhaltung von neuen oder bestehenden Standards und Normen und
– Durchführbarkeits- und Machbarkeitsstudien (Arbeiten zur Vorbereitung von Forschungstätigkeiten bzw. zur Bewertung und Analyse des Potenzials stellen keine Grundlagenforschung, industrielle Forschung oder experimentelle Entwicklung im Sinne des FZulG dar).

**34** Arbeiten zur Erlangung von Patenten und sonstigen Schutzrechten können von der BSFZ als begünstigter Teil eines FuE-Vorhabens angesehen werden, wenn es sich hierbei um FuE-Tätigkeiten handelt, die mit der Zielsetzung, ein Patent oder sonstiges Schutzrecht zu erlangen, durchgeführt werden. Dies schließt die Dokumentation von FuE-Ergebnissen mit ein (Erfüllung der FuE-Kriterien der Planmäßigkeit und Übertragbarkeit). Hiervon zu unterscheiden sind verwaltungstechnische und rechtliche Tätigkeiten, die für die Erlangung von Patenten oder sonstigen Schutzrechten erforderlich sind.

**35** Der Entwurf, die Konstruktion und die Erprobung von Prototypen fallen typischerweise in den Bereich von begünstigter FuE. Dies gilt für die Herstellung eines oder mehrerer Prototypen, wobei die Herstellung nacheinander oder auch gleichzeitig erfolgen kann. Sind alle erforderlichen Änderungen an dem Prototyp/den Prototypen vorgenommen und ist die Testphase abgeschlossen, ist das Ende der begünstigungsfähigen FuE-Phase erreicht. Die Kategorie „experimentelle Entwicklung“ ist damit abgeschlossen. Werden nach Erprobung eines Prototyps mehrere Einheiten davon hergestellt, so fällt dies nicht in die Kategorie „experimentelle Entwicklung“ und gehört damit nicht mehr zu einem begünstigten FuE-Vorhaben. Das gilt auch dann, wenn die Herstellung von FuE-Personal durchgeführt wird (vgl. Frascati-Handbuch unter 2.5; a.a.O.).

**36** Der Bau und Betrieb einer Versuchsanlage ist so lange Teil eines begünstigten FuE-Vorhabens, wie der Hauptzweck darin besteht, Erfahrungen sowie technische und andere Daten zu sammeln, wie sie z.B. notwendig sind für
– die Auswertung von Hypothesen,
– die Ausarbeitung neuer Produktionsvorschriften und
– die Aufstellung neuer Merkmale über die fertigen Produkte.

**37** Abgrenzung zwischen begünstigter FuE, Innovationen und anderen wirtschaftlichen Aktivitäten:

| Gegenstand | Einordnung | Bemerkungen |
|---|---|---|
| Prototypen | FuE | Solange das Hauptziel in der Erarbeitung weiterer Verbesserungen liegt. |
| Versuchsanlage | FuE | Solange der Hauptzweck FuE ist. |
| Produktdesign | Im Einzelfall zu prüfen/ggf. teilweise | Das in der FuE-Phase benötigte Produktdesign ist einzubeziehen. Das Produktdesign für den Produktionsprozess ist auszuschließen. |
| Industrial Engineering und Werkzeugeinrichtung | Im Einzelfall zu prüfen/ggf. teilweise | „Feedback“-FuE und die erforderliche Werkzeugeinrichtung sind in Innovationsprozesse bzw. FuE-Tätigkeiten einzubeziehen. Erfolgen sie für Produktionsprozesse, sind sie auszuschließen. |
| Versuchsproduktion | Im Einzelfall zu prüfen/ggf. teilweise | Einzubeziehen, falls die Produktion Serientests und in der Folge weitere Konzipierungs- und Ingenieurarbeiten ergibt. Alle anderen verbundenen |

| Gegenstand | Einordnung | Bemerkungen |
|---|---|---|
| | | Aktivitäten sind auszuschließen. U.a. dann Ausschluss, sobald eine Versuchsanlage als normale kommerzielle Produktionseinheit dient. |
| Vorserienentwicklung | Keine FuE | Ausnahme sog. „Feedback"-FuE (die als FuE einzubeziehen ist). |
| Kundendienst und Beseitigung von Störungen nach dem Verkauf | Keine FuE | |
| Patent- und Lizenzarbeiten | Im Einzelfall zu prüfen/ggf. teilweise | Alle verwaltungstechnischen und rechtlichen Schritte, die für die Beantragung von Patenten und Lizenzen erforderlich sind, sind keine FuE. Dagegen sind Patentarbeiten in direkter Verbindung mit FuE-Projekten einschließlich der Dokumentation von FuE-Projekten FuE. |
| Routineuntersuchungen | Keine FuE | Selbst wenn sie von FuE-Personal durchgeführt werden. |

in Anlehnung an Frascati-Handbuch, Tabelle 2.3

Ob ein FuE-Vorhaben das gewünschte Ziel erreicht, ist für die Begünstigung des FuE-Vorhabens nach dem FZulG kein Kriterium. Zu den Schlüsselkriterien eines FuE-Vorhabens gehört das Kriterium der Ungewissheit in Bezug auf das Endergebnis. Daher ist der Erfolg kein Maßstab für die Förderung nach dem FZulG. Auch für „erfolglose" FuE-Projekte, d.h., wenn das beabsichtigte Ziel nicht erreicht wurde, kann die FZul beantragt und gewährt werden, solange es sich um begünstigte FuE-Vorhaben i.S.d. § 2 FZulG handelt. 38

## 2. Bescheinigung nach § 6 FZulG

Die Bescheinigung der BSFZ nach § 6 FZulG („Bescheid über den Antrag auf Bescheinigung nach § 6 FZulG über FuE-Vorhaben"), die das Vorliegen eines begünstigten FuE-Vorhabens feststellt, ist Grundlagenbescheid für die Festsetzung der FZul (§ 6 Abs. 1 FZulG) und für das Finanzamt bindend. Die BSFZ begründet ihre Entscheidung in diesem Bescheid. Einzelheiten zum Bescheinigungsverfahren vgl. Rn. 222 ff. 39

Die im Bescheid zusätzlich mitgeteilten nachrichtlichen Angaben zu Forschungsart, Kooperationsvorhaben, Beginn und voraussichtlichem Ende, voraussichtlichem Aufwand, weiteren Fördermitteln, verbundenen Unternehmen, Kooperationspartnern und zur Auftragsforschung entfalten keine Bindungswirkung. Die Überprüfung dieser Angaben obliegt dem für die Bearbeitung des Antrags auf FZul zuständigen Finanzamt. In den Fällen des § 5 Abs. 4 FZulG ist das Betriebsfinanzamt zuständig. 40

Ein Bescheid ergeht für mehrere FuE-Vorhaben einheitlich, wenn der Antragsteller in einem Antrag auf Bescheinigung mehrere FuE-Vorhaben gleichzeitig beantragt. Der Bescheid kann dann auch positive und negative Entscheidungen für die jeweiligen FuE-Vorhaben enthalten. 41

## 3. Durchführung

Das FZulG knüpft bezüglich der Durchführung von begünstigten FuE-Vorhaben an die vielfältigen Möglichkeiten der Zusammenarbeit zwischen Wissenschaft und Wirtschaft an. 42

Nach § 2 Abs. 4 FZulG können daher begünstigte FuE-Vorhaben durchgeführt werden als 43

– eigenbetriebliche FuE (Rn. 44 ff.),

– Auftragsforschung (Rn. 47 ff.) oder
– Kooperationsvorhaben (Rn. 56 ff.).

Ein begünstigtes FuE-Vorhaben kann auch in Kombinationen aus den genannten Varianten durchgeführt werden.

### 3.1. Eigenbetriebliche FuE

44 Eigenbetriebliche FuE ist im Allgemeinen gekennzeichnet durch das systematische Forschen und vorwettbewerbliche Entwickeln unter Einsatz wissenschaftlicher Methoden durch das Unternehmen selbst.

45 Die Rechte an den Forschungsresultaten stehen daher regelmäßig dem forschenden Unternehmen zu.

46 Wird ein FuE-Vorhaben im Auftrag eines anderen Unternehmens durchgeführt, stellt dies keine eigenbetriebliche FuE i.S.d. FZulG dar, selbst wenn der einzige Geschäftszweck des Unternehmens des Auftragnehmers in der Durchführung von FuE für andere Unternehmen besteht. Eine Förderung des Auftragnehmers ist ausgeschlossen. Dies ergibt sich aus Art. 6 AGVO, wonach eine Beihilfe nach den beihilferechtlichen Vorgaben einen Anreizeffekt haben muss. Der Anreizeffekt einer Beihilfe soll die betreffenden Unternehmen dazu bringen, ihr Verhalten i.S.d. Lenkungszwecks der Norm zu ändern und zusätzliche Tätigkeiten aufzunehmen, die sie ohne die Beihilfe nicht, nur in geringerem Umfang, auf andere Weise oder an einem anderen Standort ausüben würden. Dieser Anreizeffekt würde bei einer Förderung des Auftragnehmers nicht bewirkt, da der Auftragnehmer in diesem Kontext selbst keine eigene Investitionsentscheidung trifft, die zu mehr FuE-Tätigkeit führt.

### 3.2. Auftragsforschung

47 Auftragsforschung i.S.d. FZulG umfasst neben der „Forschung" auch die nach § 2 Abs. 1 FZulG aufgeführte Kategorie „experimentelle Entwicklung". Auftragsforschung liegt vor, wenn ein Unternehmen einen FuE-Auftrag an einen Dritten oder mehrere Dritte vergibt. Ein Dritter in diesem Sinne ist ein vom Auftraggeber rechtlich unabhängiger Rechtsträger. Das kann z.B. eine Universität, eine Forschungseinrichtung, ein anderes Unternehmen oder ein mit dem Auftraggeber verbundenes anderes Unternehmen sein (zu den Besonderheiten bei verbundenen Unternehmen beachte aber auch Rn. 62 ff.). Kein Dritter in diesem Sinne ist eine unselbständige Betriebsstätte des Auftraggebers.

48 Auftragsforschung zeichnet sich dadurch aus, dass diese gegen Entgelt durch den oder die Auftragnehmer durchgeführt wird.

49 Indizien für das Vorliegen von Auftragsforschung sind, dass
– der Auftraggeber gezielt eine spezielle Aufgabenstellung vorgibt, die der Auftragnehmer zu lösen hat, und die Auftragsinhalte in einem Vertrag festlegt, der entsprechend den laufenden Entwicklungen gemeinsam von den Vertragspartnern fortgeschrieben wird,
– der Auftraggeber das Eigentum an den Rechten der Forschungsresultate bzw. Ergebnissen der FuE-Tätigkeiten erwirbt oder der Auftragnehmer dem Auftraggeber eine ausschließliche, entgeltliche Lizenz an den Neurechten einräumt,
– der Auftraggeber das Risiko des Scheiterns trägt,
– der Auftragnehmer ohne Zustimmung des Auftraggebers nicht berechtigt ist, Dritte mit der Durchführung von Teilaufgaben zu beauftragen.

Die vorgenannten Indizien sind in der Gesamtschau zu würdigen und müssen nicht kumulativ vorliegen.

Werden bei einem eigenbetrieblichen FuE-Vorhaben (vgl. Rn. 44 ff.) Teilbereiche des Vorhabens an einen Dritten in Auftrag gegeben, kann es sich bei den in Auftrag gegebenen Tätigkeiten um Auftragsforschung handeln. Dies setzt voraus, dass die Tätigkeiten für das FuE-Vorhaben erforderlich und unerlässlich sind und es sich nicht um reine Beschaffungsmaßnahmen handelt. Von einer Auftragsforschung kann ausgegangen werden, wenn der Auftrag Personalleistungen und Sachkosten erfordert, die unerlässlich und komplementär für die Zielerreichung des FuE-Vorhabens sind und ein individueller Vorhabenbezug besteht. Dagegen handelt es sich um eine reine Beschaffungsmaßnahme, wenn der Auftrag z.B. nur darin besteht, eine für das FuE-Vorhaben benötigte Spezialausrüstung oder Spezialanfertigung zu beschaffen. Die Entscheidung, ob die Vergabe von Aufträgen innerhalb eines eigenbetrieblich durchgeführten FuE-Vorhabens als FuE-Auftragsforschung zu beurteilen ist, obliegt der Bescheinigungsstelle Forschungszulage. Die Bescheinigung muss die Förderfähigkeit des vergebenen Auftrags als zum FuE-Vorhaben gehörend beinhalten. 50

Auftragsforschung i.S.d. FZulG ist nur dann förderfähig, wenn der Auftragnehmer den Ort seiner Geschäftsleitung in Deutschland, einem anderen Mitgliedstaat der Europäischen Union (EU) oder in einem anderen Staat, auf den das Abkommen über den Europäischen Wirtschaftsraum (EWR-Abkommen) Anwendung findet, hat. Zudem muss der andere Staat aufgrund vertraglicher Verpflichtung Amtshilfe entsprechend dem EU-Amtshilfegesetz in einem Umfang leisten, der für die Überprüfung der Anspruchsvoraussetzungen erforderlich ist (§ 2 Abs. 5 FZulG). 51

Die Prüfung der Begünstigung des FuE-Vorhabens erfolgt auf der Ebene des Auftraggebers, d.h., die Kriterien für ein begünstigtes FuE-Vorhaben müssen beim Auftraggeber erfüllt sein. Der Auftraggeber hat im Rahmen der Beantragung der Bescheinigung entsprechende Angaben zu den Zielen und Arbeiten des als Auftragsforschung durchgeführten FuE-Vorhabens oder des als Auftrag vergebenen Teils eines FuE-Vorhabens zu machen. 52

Bei der Beantragung der FZul trägt der Auftraggeber die Feststellungslast für das Vorliegen der weiteren Voraussetzungen der Auftragsforschung i.S.d. § 2 Abs. 5 FZulG, die nicht Gegenstand der Bescheinigung nach § 6 FZulG sind. Ist die Geschäftsleitung des Auftragnehmers im EU- bzw. EWR-Ausland, ist § 90 Abs. 2 AO zu beachten. 53

Hat ein Unternehmen ein FuE-Vorhaben in Auftrag gegeben und beauftragt der Auftragnehmer für die Durchführung dieses FuE-Vorhabens oder eines Teils des in Auftrag genommenen FuE-Vorhabens ein weiteres Unternehmen (Unterauftragnehmer), ist der Auftragnehmer in seiner Eigenschaft als Unterauftraggeber nicht anspruchsberechtigt i.S.d. FZulG (§ 3 Abs. 4 Satz 2 FZulG). 54

Ein Auftraggeber kann für die Durchführung eines begünstigten FuE-Vorhabens auch mehrere Auftragnehmer parallel beauftragen. 55

### 3.3. Kooperationsvorhaben

Kooperationsvorhaben sind eine Form der eigenbetrieblichen FuE; ein FuE-Vorhaben wird dabei von zwei oder mehreren Kooperationspartnern durchgeführt. 56

57 Indizien für das Vorliegen eines Kooperationsvorhabens sind, dass mindestens zwei unabhängige Partner

- arbeitsteilig ein gemeinsames Ziel verfolgen,
- gemeinsam den Gegenstand des Vorhabens festlegen, an seiner Gestaltung mitwirken, zu seiner Durchführung beitragen,
- die mit dem Vorhaben verbundenen finanziellen, technischen, wissenschaftlichen und sonstigen Risiken sowie die erzielten Ergebnisse teilen.

Die Indizien müssen nicht kumulativ vorliegen, sondern sind in der Gesamtschau zu würdigen.

58 Auftragsforschung gilt nicht als Kooperationsvorhaben. Ob ein FuE-Vorhaben als Kooperationsvorhaben oder als Auftragsforschung durchgeführt wird, ist nach der konkreten Ausgestaltung im Einzelfall zu beurteilen.

59 Kooperationen können zwischen forschenden Unternehmen oder mit anderen Einrichtungen für Forschungs- und Wissensverbreitung wie Hochschulen, Forschungsinstituten, Technologietransfer-Einrichtungen, Innovationsmittlern sowie forschungsorientierten Kooperationseinrichtungen erfolgen. Forschungskooperationen i.S.d. § 2 Abs. 4 FZulG sind daher insbesondere in folgenden Formen möglich:

- im Verbund mit anderen Unternehmen, auch innerhalb von miteinander verbundenen Unternehmen,
- im Verbund mit Forschungsinstituten,
- im Verbund mit Hochschulen oder
- im Verbund auch mit ausländischen Unternehmen oder Forschungseinrichtungen.

60 Die Aufzählung in § 2 Abs. 4 FZulG begründet keine von § 1 Abs. 1 FZulG abweichende Anspruchsberechtigung. Die Anspruchsberechtigung verbleibt bei Kooperationsvorhaben beim jeweils rechtlich selbständigen steuerpflichtigen Unternehmen bzw. der Mitunternehmerschaft. Ist der Kooperationspartner eine steuerbefreite Einrichtung, sind in der Konsequenz nur die beim steuerpflichtigen Unternehmen anfallenden förderfähigen Aufwendungen nach § 3 FZulG begünstigt. Insoweit bedarf es eindeutiger Regelungen in den jeweiligen Kooperationsvereinbarungen, insbesondere im Hinblick auf Einsatz, Zuordnung und Bezahlung der eingesetzten Arbeitskräfte.

61 Auch im Rahmen einer Kooperation können Aufträge vergeben werden, die als Auftragsforschung i.S.d. FZulG bei dem den Auftrag auslösenden Unternehmen (Auftraggeber) förderfähig sein können. Zur Abgrenzung sind die jeweiligen vertraglichen Vereinbarungen entscheidend.

### 3.4. FuE-Vorhaben innerhalb von verbundenen Unternehmen

62 Bei verbundenen Unternehmen können FuE-Vorhaben als

- eigenbetriebliche FuE,
- Auftragsforschung,
- Kooperationsvorhaben oder
- in Kombinationen aus den genannten Varianten

ausgestaltet sein.

Zum Begriff der verbundenen Unternehmen wird auf Rn. 179 ff. verwiesen.

Die Zuordnung der FuE-Vorhaben zu einer der vorgenannten Durchführungsarten von FuE und damit die Frage der Anspruchsberechtigung hängt entsprechend der nachstehenden Grundsätze von der jeweiligen rechtlichen Ausgestaltung zwischen den verbundenen Unternehmen ab. 63

Auftragsforschung zwischen verbundenen Unternehmen lässt sich nicht immer zweifelsfrei anhand der in der Rn. 49 ff. aufgeführten Indizien identifizieren. Die Auftragsvergabe zwischen verbundenen Unternehmen ist nicht zwingend dadurch gekennzeichnet, dass ein verbundenes Unternehmen die FuE-Tätigkeit aufgrund von üblicherweise zwischen fremden Dritten getroffenen Vereinbarungen zur Vertragsgestaltung bzw. Gestaltung der Rechtsbeziehungen durchführt. Für die erbrachte Dienstleistung wird typischerweise nicht immer ein Entgelt vereinbart. Stattdessen erhält das forschende Unternehmen üblicherweise, unabhängig vom Erfolg der FuE-Tätigkeit, eine Kostenerstattung zuzüglich eines prozentualen Gewinnaufschlags. Die Zurechnung des Eigentums oder die Inhaberschaft an dem Ergebnis der FuE ist nicht immer eindeutig oder steht dem Unternehmen zu, welches dem FuE-durchführenden Unternehmen die Kosten erstattet. 64

Aus Vereinfachungsgründen ist für die Abgrenzung zwischen eigenbetrieblicher FuE und Auftragsforschung zwischen verbundenen Unternehmen anhand der nachstehenden Kriterien für das jeweilige Vorhaben zu prüfen, ob danach Auftragsforschung vorliegt. Abweichend von Rn. 49 ist zwischen verbundenen Unternehmen von Auftragsforschung auszugehen, wenn folgende Kriterien kumulativ vorliegen: 65

- gezielte Beauftragung einer FuE-Gesellschaft durch die Konzernmutter oder ein anderes verbundenes Unternehmen mittels einer speziellen Aufgabenstellung für ein konkretes FuE-Vorhaben,
- Festlegung oder wesentliche Mitbestimmung der Ziele der Forschung und der Durchführungswege durch das beauftragende Unternehmen,
- Vereinbarung eines gesonderten Entgelts oder festgelegten Budgets für das FuE-Vorhaben und
- fehlende Berechtigung des Auftragnehmers ohne Zustimmung des Auftraggebers, Dritte mit der Durchführung von Teilaufgaben zu beauftragen.

Liegen die Kriterien einer Auftragsforschung danach vor, ist das beauftragende Unternehmen als Auftraggeber nach dem FZulG anspruchsberechtigt. Liegen die Kriterien nicht vor, ist von eigenbetrieblicher FuE des das FuE-Vorhaben durchführenden Unternehmens auszugehen.

Die vorstehenden Regelungen gelten ausdrücklich nur zur Abgrenzung für Zwecke des § 2 Abs. 4 Nr. 1 FZulG (eigenbetriebliche FuE vs. Auftragsforschung) im Unternehmensverbund und haben keine präjudizierende Wirkung, beispielsweise auf die Frage angemessener Ertrags- und Aufwandszurechnungen, auf die Gewinnabgrenzung oder auf Bilanzierungsfragen der im Zusammenhang mit dem FuE-Vorhaben entstehenden Wirtschaftsgüter. Dies gilt auch für internationale Konzerne und FuE-Vorhaben. 66

### 4. Begünstigungszeitraum

FuE-Vorhaben nach § 2 FZulG sind nach § 8 FZulG nur begünstigt, wenn mit deren Arbeiten nach dem 1. Januar 2020 begonnen wurde oder wenn der Auftrag nach dem 1. Januar 2020 erteilt worden ist. Aus Vereinfachungsgründen wird nicht beanstandet, wenn vom Anspruchsberechtigten als Beginn des 67

Vorhabens oder als Tag der Auftragserteilung der 1. Januar 2020 angegeben wurde.

68 Der Begünstigungszeitraum für ein FuE-Vorhaben ist grundsätzlich nicht begrenzt, sondern orientiert sich an der Dauer der Durchführung des begünstigten FuE-Vorhabens.

### 4.1. Beginn des begünstigten FuE-Vorhabens

69 Begünstigte FuE-Vorhaben zielen darauf ab, eine genau definierte unteilbare Aufgabe ökonomischer, wissenschaftlicher oder technischer Art mit klar festgelegten Zielen durchzuführen. Auf die beschriebene Aufgabe „abzielen" kann ein FuE-Vorhaben erst, wenn das Vorhaben systematisch geplant worden ist. Damit können die Arbeiten an einem FuE-Vorhaben erst zu dem Zeitpunkt beginnen, an dem Aufgaben- und Zieldefinition, personeller und finanzieller Umfang eines FuE-Vorhabens feststehen und die Umsetzung der geplanten Aktivitäten beginnt.

70 **Beispiel 3:**

Ein FuE-Vorhaben aus dem Bereich der Medizin besteht aus verschiedenen Arbeitspaketen:

1. Einarbeitung, Literaturrecherche
2. Lastfall- und Machbarkeitsanalyse
3. Analyse von äußeren Einflüssen

4.–8. …

9. Optimierungsverfahren
10. Markteinführung

Einarbeitung und Literaturrecherche sowie Machbarkeitsstudien oder auch Analysen des Marktes auf bereits vorhandene Lösungen stellen Vorstufen für eine erfolgreiche Beschreibung und Benennung der konkreten Zielsetzung dar. Sie sind Voraussetzungen für die Planung und Beschreibung des FuE-Vorhabens, aber gehören noch nicht zum FuE-Vorhaben. Auch Durchführbarkeitsstudien gehören noch nicht zu den begünstigten FuE-Tätigkeiten. Als Beginn des FuE-Vorhabens i.S.d. FZulG ist daher der Beginn der 3. Stufe anzusetzen.

Das begünstigte FuE-Vorhaben endet im vorliegenden Fall mit der 9. Stufe, da die Markteinführung ebenfalls nicht zu den begünstigten FuE-Tätigkeiten gehört und damit nicht mehr Teil des begünstigten FuE-Vorhaben ist. In die Bescheinigung nach § 6 FZulG der BSFZ würde insoweit ein entsprechender Hinweis aufgenommen werden.

71 Bei der Auftragsforschung ist für den Beginn des begünstigten FuE-Vorhabens der Tag der Auftragsvergabe entscheidend. Wurde mit dem Auftragnehmer eine Rahmenvereinbarung über die Durchführung von FuE-Tätigkeiten abgeschlossen, ist dies nicht zwingend als Beginn eines konkreten FuE-Vorhabens anzusehen. Erst die konkrete Beauftragung des von der BSFZ als begünstigt bescheinigten FuE-Vorhabens ist als Beginn dieses FuE-Vorhabens zu bewerten.

72 Liegt der Tag der Auftragsvergabe für ein FuE-Vorhaben vor dem 2. Januar 2020 und wurde in dem Vertrag zur Durchführung dieses FuE-Vorhabens ein Maßnahmenbeginn nach dem 1. Januar 2020 vereinbart, liegen die Voraussetzungen für die Anwendung des FZulG nicht vor (vgl. Rn. 67).

73 Im Antrag auf FZul hat der Anspruchsberechtigte den Beginn des FuE-Vorhabens anzugeben. Die Angabe des Beginns des FuE-Vorhabens im Antrag auf Bescheinigung bei der BSFZ ist für die Beurteilung des Anspruchs auf FZul durch das Finanzamt nicht bindend. Das Unternehmen hat den Beginn des begünstigten FuE-Vorhabens in geeigneter Weise zu dokumentieren und im Unternehmen vorzuhalten. Dabei sind auch vor Beginn des FuE-Vorhabens

durchgeführte vorbereitende Tätigkeiten zu dokumentieren, um eine Abgrenzung zu den Tätigkeiten des FuE-Vorhabens aufzuzeigen.

### 4.2. Ende des begünstigten FuE-Vorhabens

Das FuE-Vorhaben endet in dem Zeitpunkt, in dem das mit ihm verfolgte Ziel erreicht wurde; das kann die Überführung des Produkts oder Verfahrens in die Marktentwicklung sein (§ 2 Abs. 2 FZulG). 74

Wird ein FuE-Vorhaben eingestellt, endet das Vorhaben regelmäßig mit dem entsprechenden Beschluss. 75

## III. Förderfähige Aufwendungen

### 1. Eigenbetriebliche FuE

Förderfähige Aufwendungen im Rahmen der eigenbetrieblichen FuE sind 76
- lohnsteuerpflichtige Arbeitslöhne,
- Ausgaben des Arbeitgebers für die Zukunftssicherung seiner Arbeitnehmer (§ 3 Nr. 62 EStG), soweit diese Ausgaben auf den Anteil der förderfähigen Arbeitslöhne entfallen; sowie
- diejenigen Teile der Arbeitslöhne, für die nach einem DBA das Besteuerungsrecht einem anderen Mitgliedstaat der EU oder einem anderen Vertragsstaat des EWR-Abkommens oder der Schweizerischen Eidgenossenschaft zugewiesen ist,

soweit sie der Arbeitgeber unmittelbar an Arbeitnehmer für ihre tatsächliche Beschäftigung mit FuE-Tätigkeiten in einem begünstigten FuE-Vorhaben zahlt.

Förderfähige Aufwendungen im Rahmen der eigenbetrieblichen FuE sind im Rahmen der gesetzlich vorgesehenen Grenzen (vgl. § 3 Abs. 3 Satz 2 und 3 FZulG) auch 77
- Eigenleistungen eines Einzelunternehmers oder
- die (anteilige) Tätigkeitsvergütung des Mitunternehmers,

soweit diese in einem begünstigten FuE-Vorhaben mit FuE-Tätigkeiten selbst aktiv tätig sind.

### 1.1. FuE-Tätigkeiten

Die Förderung nach dem FZulG stellt auf die Qualifikation eines konkreten FuE-Vorhabens i.S.d. § 2 Abs. 1 FZulG ab. Die Qualifikation des FuE-Vorhabens bestimmt sich nach der Beurteilung der durchzuführenden Arbeiten und Tätigkeiten. Diese müssen daher ebenfalls die Kriterien für FuE erfüllen (Rn. 31 ff.). 78

Förderfähig i.S.d. FZulG sind daher nur solche Aufwendungen, die unmittelbar auf begünstigte FuE-Tätigkeiten in einem begünstigten FuE-Vorhaben entfallen. Bei der Ermittlung der förderfähigen Aufwendungen im Rahmen der eigenbetrieblichen FuE können Lohnaufwendungen sowie Eigenleistungen oder Tätigkeitsvergütungen eines Mitunternehmers daher nur insoweit einbezogen werden, als diese für Personen entstehen, die mit FuE-Tätigkeiten in einem begünstigten FuE-Vorhaben unmittelbar beschäftigt sind. 79

Gemeinkosten oder Aufwendungen für Tätigkeiten, die nur mittelbar oder unterstützend dem FuE-Vorhaben dienen, wie z.B. Verwaltung, Management, Transport, Lagerhaltung, Reparatur, Wartung, Sicherheit usw., erfüllen die 80 vorgenannten Voraussetzungen nicht und sind daher keine förderfähigen Aufwendungen.

81 **Beispiel 4:**
Im Bereich der Medizin stellen Routineuntersuchungen, z.B. im Rahmen von Gesundheitschecks durchgeführte Blutuntersuchungen und bakteriologische Tests, keine FuE-Tätigkeit dar, wohingegen die Durchführung spezieller Blutuntersuchungen bei Patienten, die ein neu eingeführtes Medikament einnehmen, FuE darstellen kann.

82 FuE-Tätigkeiten werden in der Regel von solchen Personen ausgeführt, die für die notwendigen FuE-Arbeiten qualifiziert sind. Nicht vorausgesetzt wird in diesem Zusammenhang ein besonderer Grad der Ausbildung. Personen, die typische FuE-Tätigkeiten i.S.d. FZulG ausführen, sind in der Regel qualifizierte wissenschaftliche Mitarbeiter oder technisches Hilfspersonal.

83 FuE-Tätigkeiten sind nur insoweit zu berücksichtigen, wie diese dem begünstigten FuE-Vorhaben zugerechnet werden können. Tätigkeiten, die über den der Bescheinigung der BSFZ zugrundeliegenden Rahmen des beschriebenen FuE-Vorhabens hinausgehen oder ein anderes, nicht begünstigtes FuE-Vorhaben betreffen, können nicht bei der Ermittlung der förderfähigen Aufwendungen berücksichtigt werden.

84 Zum Nachweis, dass die FuE-Tätigkeiten dem begünstigten FuE-Vorhaben zuzurechnen sind, sind aussagefähige Unterlagen darüber vorzuhalten, wie weit die Arbeiten des begünstigten FuE-Vorhabens in Bezug auf die im Antrag auf Bescheinigung gemachten Angaben zur Durchführung des FuE-Vorhabens am Ende des jeweiligen Wirtschaftsjahres fortgeschritten sind. Hierzu kann auch die im Rahmen der Durchführung eines FuE-Vorhabens erforderliche Dokumentation dienen. Die Aufzeichnungen sollten den Stand des FuE-Vorhabens am Ende eines Wirtschaftsjahres belegen.

### 1.2. Förderfähige Lohnaufwendungen

85 Grundlage der Ermittlung der förderfähigen Lohnaufwendungen sind nach § 3 Abs. 1 und 2 FZulG

- der vom Anspruchsberechtigten geleistete und dem Lohnsteuerabzug nach § 38 Abs. 1 EStG unterliegende Arbeitslohn (§ 2 Abs. 1 Lohnsteuer-Durchführungsverordnung [LStDV]) der eigenen Arbeitnehmer (Rn. 87 ff.) und
- die Ausgaben des Anspruchsberechtigten für die Zukunftssicherung seiner Arbeitnehmer nach § 3 Nr. 62 EStG (Rn. 103 ff.) oder
- der vom Anspruchsberechtigten geleistete Arbeitslohn an seine Arbeitnehmer, für den aufgrund eines DBA kein Lohnsteuerabzug vorzunehmen ist (Rn. 106 ff.).

86 Die steuerliche FuE-Förderung knüpft zwar zielorientiert an die Durchführung von FuE-Vorhaben an, basiert bei der Bemessung der FZul aber auf steuerlichen Bezugsgrößen. Die gesetzlichen Regelungen sind insoweit eindeutig bestimmt. Abweichungen hiervon sind gesetzlich ausgeschlossen. Damit ist ein Ansatz von pauschal im Unternehmen ermittelter oder betriebsindividueller Mittelwerte für die Ermittlung der förderfähigen Lohnaufwendungen nicht zulässig.

#### 1.2.1. Förderfähige Lohnaufwendungen nach § 3 Abs. 1 und 2 FZulG

##### 1.2.1.1. Lohnsteuerpflichtiger Arbeitslohn nach § 38 Abs. 1 Nr. 1 EStG

87 Nach dem FZulG kann grundsätzlich nur solcher Arbeitslohn als förderfähige Aufwendungen berücksichtigt werden, der dem Lohnsteuerabzug gemäß § 38

Abs. 1 EStG unterliegt. Für die Beurteilung der Frage, ob der Arbeitslohn dem Lohnsteuerabzug nach § 38 Abs. 1 EStG unterliegt, gelten die Regelungen des Lohnsteuerrechts.

Die Pflicht, Lohnsteuer einzubehalten, trifft grundsätzlich nur einen inländischen Arbeitgeber (§ 38 Abs. 1 Satz 1 Nr. 1 EStG). Inländischer Arbeitgeber ist, wer im Inland einen Wohnsitz, einen gewöhnlichen Aufenthalt, eine Geschäftsleitung, einen Sitz, eine Betriebsstätte oder einen ständigen Vertreter hat. Förderfähiger lohnsteuerpflichtiger Arbeitslohn kann daher auch dann vorliegen, wenn in den Fällen der internationalen Arbeitnehmerentsendung das in Deutschland ansässige aufnehmende Unternehmen inländischer Arbeitgeber nach § 38 Abs. 1 Satz 2 EStG ist. 88

Die Verpflichtung des inländischen Arbeitgebers, Lohnsteuer einzubehalten, gilt unabhängig davon, ob seine Arbeitnehmer unbeschränkt oder beschränkt einkommensteuerpflichtig sind. Ist der Arbeitnehmer weder unbeschränkt (§ 1 Abs. 1 EStG) noch beschränkt (§ 1 Abs. 4 EStG) einkommensteuerpflichtig, liegen keine förderfähigen Lohnaufwendungen vor, da der vom Anspruchsberechtigten geleistete Arbeitslohn nicht dem Lohnsteuerabzug gemäß § 38 Abs. 1 EStG unterliegt und somit die Voraussetzungen des § 3 Abs. 1 FZulG nicht erfüllt. Eine Berücksichtigung des Arbeitslohns als förderfähige Lohnaufwendungen gemäß § 3 Abs. 2 FZulG kommt ebenfalls nicht in Betracht, da es bereits an der grundsätzlichen Einkommensteuerpflicht des Arbeitnehmers fehlt. 89

Zum lohnsteuerpflichtigen Arbeitslohn und damit zu den förderfähigen Lohnaufwendungen gehören auch die dem Lohnsteuerabzug unterliegenden Sonderzahlungen, wie z.B. Jahres-Boni, Leistungszulagen und Überstundenvergütungen. 90

Arbeitslohn, der zwar grundsätzlich dem Lohnsteuerabzug nach § 38 Abs. 1 EStG unterliegt, für den der Arbeitgeber aufgrund eines Wahlrechts nach § 37b Abs. 2, §§ 40, 40a und 40b EStG die Lohnsteuer aber tatsächlich mit einem Pauschsteuersatz erhebt, wird den dem Lohnsteuerabzug gemäß § 38 Abs. 1 EStG unterliegenden Arbeitslöhnen gleichgestellt und kann in die förderfähigen Lohnaufwendungen i.S.d. § 3 Abs. 1 und 2 FZulG einbezogen werden, sofern eine individuelle Zuordnung bei einem Arbeitnehmer möglich ist. Das gilt nicht für Sachprämien und Sachzuwendungen, die nach §§ 37a und 37b Abs. 1 EStG pauschal besteuert werden. 91

Nach § 3 Abs. 1 FZulG muss der Arbeitnehmer den Arbeitslohn unmittelbar vom Anspruchsberechtigten erhalten. Das Merkmal der Unmittelbarkeit ist auch dann erfüllt, wenn der Anspruchsberechtigte den Arbeitslohn für die im FuE-Vorhaben tätigen Arbeitnehmer wirtschaftlich trägt oder nach dem Fremdvergleichsgrundsatz hätte tragen müssen und deshalb den Lohnsteuerabzug vorzunehmen hat (§ 38 Abs. 1 Satz 2 erster Halbsatz EStG). Bei einer Treuhand-Kommanditgesellschaft sind die von der Treuhand-Kommanditgesellschaft gezahlten Arbeitslöhne dem anspruchsberechtigten Treugeber zuzurechnen (siehe Rn. 17a). 92

Nicht besetzt. 93

### 1.2.1.2. Keine förderfähigen Lohnaufwendungen nach § 3 Abs. 1 FZulG

Lohnzahlungen durch Dritte, für die der Anspruchsberechtigte zwar zum Lohnsteuerabzug verpflichtet ist (§ 38 Abs. 1 Satz 3 EStG), den Lohn aber nicht 94 selbst unmittelbar an den Arbeitnehmer zahlt, gehören nicht zu den förderfähigen Lohnaufwendungen.

95 Auch keine förderfähigen Lohnaufwendungen sind Aufwendungen des Anspruchsberechtigten für Personal, das über inländische (Personal-/Ingenieurs-) Dienstleister entliehen wird und in der FuE-Abteilung des Anspruchsberechtigten an FuE-Vorhaben mitarbeitet. Der Entleiher ist regelmäßig nicht Arbeitgeber, der zum Lohnsteuerabzug verpflichtet ist.

96 Steuerfreie Gehaltsbestandteile, z.B. der nach § 3 Nr. 33 EStG steuerfreie Kindergartenzuschuss des Arbeitgebers sowie die nach § 3b EStG steuerfreien Zuschläge für Sonntags-, Feiertags- oder Nachtarbeit, sowie außer Ansatz bleibende Sachbezüge (z.B. nach § 8 Abs. 2 Satz 11 EStG) gehören nicht zu den förderfähigen Lohnaufwendungen. Wegen der steuerfreien Zukunftssicherungsleistungen vgl. Rn. 103 ff.

97 Nicht zu den förderfähigen Lohnaufwendungen gehört der entsprechende Aufwand eines Auftragnehmers, der das FuE-Vorhaben nur im Auftrag eines anderen Unternehmens durchführt. Der Auftragnehmer führt damit keine begünstigte eigenbetriebliche FuE i.S.d. FZulG durch (vgl. Rn. 54).

### 1.2.1.3. Arbeitslohn eines angestellten Anteilseigners einer Kapitalgesellschaft

98 Zu den förderfähigen Lohnaufwendungen kann auch der Arbeitslohn eines als Arbeitnehmer i.S.d. Lohnsteuerrechts beschäftigten Anteilseigners einer Kapitalgesellschaft gehören (§ 3 Abs. 1 Satz 3 FZulG). Voraussetzung ist ein zwischen Gesellschaft und Anteilseigner geschlossener Anstellungsvertrag über einen der Höhe nach fremdüblich vereinbarten Arbeitslohn, der die Voraussetzungen für den Lohnsteuerabzug erfüllt. Übersteigt der vereinbarte Arbeitslohn eine fremdübliche Vergütung und wird der übersteigende Teil steuerlich als durch das Gesellschaftsverhältnis veranlasste verdeckte Gewinnausschüttung angesehen, ist dieser Teil nicht als Arbeitslohn und dementsprechend auch nicht als förderfähige Lohnaufwendungen i.S.d. FZulG zu qualifizieren.

99 Besteht kein steuerrechtlich anzuerkennendes Arbeitsverhältnis, können für den Einsatz eines Anteilseigners einer Körperschaft keine förderfähigen Lohnaufwendungen geltend gemacht werden, auch nicht als Eigenleistung i.S.d. § 3 Abs. 3 FZulG.

99a Die Ausführungen gelten entsprechend für die optierende Gesellschaft i.S.d. § 1a KStG und bei einer Treuhand-Kommanditgesellschaft i.S.d. Rn. 17a für den anspruchsberechtigten Treugeber, soweit es sich um eine Kapitalgesellschaft handelt.

### 1.2.1.4. Abgrenzungsbeispiele förderfähige/nicht förderfähige Lohnaufwendungen

100 **Beispiel 5:**

Eine in Deutschland ansässige und unbeschränkt steuerpflichtige Tochtergesellschaft eines international agierenden Konzerns führt ein begünstigtes FuE-Vorhaben als eigenbetriebliche FuE durch. Die ausländische Konzernmutter entsendet an die inländische Konzerntochter für zwei Jahre einen Arbeitnehmer, der in Deutschland einen Wohnsitz begründet und in dem begünstigten FuE-Vorhaben tätig wird. Das Arbeitsverhältnis zur Konzernmutter bleibt bestehen. Die deutsche Konzerntochter erstattet der Konzernmutter den Lohnaufwand. Weil die Konzerntochter damit den Arbeitslohn für die ihr geleistete Arbeit wirtschaftlich trägt, ist sie nach § 38 Abs. 1 Satz 2 EStG als inländischer Arbeitgeber anzusehen. Der Lohnaufwand der Konzernmutter unterliegt bei der Konzerntochter deshalb dem Lohnsteuerabzug.

Die Voraussetzungen des § 3 Abs. 1 FZulG sind bei der inländischen Konzerntochter für den erstatteten Arbeitslohn erfüllt.

**Beispiel 6:** 101

Eine ausländische Kapitalgesellschaft verfügt über eine Betriebsstätte im Inland, in der sie Forschung betreibt. Die Gesellschaft beschäftigt in der Betriebsstätte einen in der Forschung tätigen Arbeitnehmer, welcher seinen Wohnsitz im Inland hat.

Nach dem DBA mit dem Ansässigkeitsstaat der Kapitalgesellschaft hat Deutschland das Besteuerungsrecht für die Einkünfte aus der inländischen Betriebsstätte (Art. 7 OECD-Musterabkommen), so dass die ausländische Gesellschaft grundsätzlich anspruchsberechtigt ist. Wegen ihrer inländischen Betriebsstätte ist die Kapitalgesellschaft inländischer Arbeitgeber i.S.d. § 38 Abs. 1 Satz 1 Nr. 1 EStG. Der Arbeitnehmer hat seinen Wohnsitz im Inland und ist daher unbeschränkt einkommensteuerpflichtig.

Der gezahlte Arbeitslohn unterliegt der Lohnsteuer und erfüllt daher die Voraussetzungen des § 3 Abs. 1 FZulG.

**Beispiel 7:** 102

Eine Kapitalgesellschaft mit Sitz und Geschäftsleitung im Inland hat eine Betriebsstätte in einem Staat, mit dem kein DBA besteht. In der ausländischen Betriebsstätte forschen im Betriebsstättenstaat wohnhafte Arbeitnehmer, die im Rahmen ihrer Tätigkeit keine inländischen Einkünfte nach § 49 EStG erzielen.

Die Arbeitslöhne stellen keine förderfähigen Aufwendungen dar, weil sie im Inland nicht dem Lohnsteuerabzug nach § 38 Abs. 1 EStG unterliegen.

### 1.2.1.5. Ausgaben für Zukunftssicherung

Förderfähige Aufwendungen sind auch die Ausgaben des Arbeitgebers für die Zukunftssicherung von Arbeitnehmern (§ 3 Nr. 62 EStG), soweit diese Ausgaben auf förderfähigen Arbeitslohn entfallen. 103

Zu den Ausgaben des Arbeitgebers für die Zukunftssicherung von Arbeitnehmern siehe § 3 Nr. 62 EStG i.V.m. § 2 Abs. 2 Nr. 3 LStDV, R 3.62 der Lohnsteuer-Richtlinien (LStR). 104

Der Umfang der Ausgaben des Arbeitgebers für die Zukunftssicherung des Arbeitnehmers kann grundsätzlich dem beim Arbeitgeber für jeden Arbeitnehmer geführten Lohnkonto (§ 41 EStG i.V.m. § 4 LStDV) entnommen werden. 105

### 1.2.1.6. Arbeitslohn, der aufgrund eines DBA nicht der deutschen Besteuerung unterliegt

Leistet der Anspruchsberechtigte an seine Arbeitnehmer Arbeitslohn und liegen die Voraussetzungen des § 3 Abs. 1 FZulG vor, kann nach § 3 Abs. 2 FZulG dieser Arbeitslohn auch dann zu den förderfähigen Lohnaufwendungen gehören, wenn der Lohnsteuerabzug nach § 38 Abs. 1 Satz 1 Nr. 1 EStG nur deshalb nicht oder nur begrenzt vorzunehmen ist, weil aufgrund eines DBA das Besteuerungsrecht einem anderen Mitgliedstaat der EU oder einem anderen Vertragsstaat des EWR-Abkommens oder der Schweizerischen Eidgenossenschaft zugewiesen ist. 106

**Beispiel 8:** 107

Das in Stuttgart ansässige Einzelunternehmen A führt ein begünstigtes FuE-Vorhaben durch. Die im FuE-Vorhaben tätigen wissenschaftlichen Mitarbeiter sind in der Schweizerischen Eidgenossenschaft ansässig und als Grenzgänger in Deutschland tätig. Der Arbeitslohn, den A den Grenzgängern zahlt, unterliegt nach dem DBA grundsätzlich im Ansässigkeitsstaat der Grenzgänger der Besteuerung. In Deutschland unterliegt der Arbeitslohn lediglich einer Abzugsteuer von 4,5 Prozent.

Auch wenn der Lohnsteuerabzug im Inland aufgrund dieser Regelung auf 4,5 Prozent begrenzt wird, liegen dennoch förderfähige Lohnaufwendungen i.S.d. § 3 Abs. 2 FZulG vor.

**Beispiel 9:** 108

In einem international agierenden Konzern betreiben zwei Tochtergesellschaften in Kooperation ein begünstigtes FuE-Vorhaben. Eine Tochtergesellschaft ist in Deutschland unbeschränkt steuerpflichtig, die andere ist in Frankreich ansässig. Im Rahmen der Kooperation entsendet die deutsche Tochtergesellschaft beginnend am 1. Januar für 12 Monate einen Arbeitnehmer zum französischen Kooperationspartner, der in dem FuE-Vorhaben tätig wird, seinen Familienwohnsitz in Deutschland beibehält und sich an 250 Tagen in Frankreich berufsbedingt aufhält. Die deutsche Tochtergesellschaft leistet weiterhin die Lohnzahlungen für den Arbeitnehmer. Ein Lohnsteuerabzug erfolgt nicht, da eine Bescheinigung des Betriebsstättenfinanzamts vorliegt, wonach der Arbeitslohn nach dem DBA-Frankreich von der Lohnsteuer freizustellen ist (§ 39 Abs. 4 Nr. 5 i.V.m. § 52 Abs. 36 EStG, R 39.5 LStR (bis 31. Dezember 2022: R 39b.10 LStR.).

Die deutsche Tochtergesellschaft ist nach § 1 FZulG anspruchsberechtigt und inländischer Arbeitgeber i.S.d. § 38 Abs. 1 Satz 1 Nr. 1 EStG. Der Arbeitnehmer ist im Inland unbeschränkt einkommensteuerpflichtig. Soweit der Arbeitslohn grundsätzlich dem Lohnsteuerabzug gemäß § 38 Abs. 1 Satz 1 Nr. 1 EStG unterliegt, dieser aber aufgrund der Regelungen des DBA-Frankreich im Inland unterbleibt, kann der Arbeitslohn insoweit den förderfähigen Lohnaufwendungen gemäß § 3 Abs. 2 FZulG zugerechnet werden.

### 1.2.2. Zuordnung der förderfähigen Lohnaufwendungen zu einem begünstigten FuE-Vorhaben

**109** Förderfähige Lohnaufwendungen entstehen nur insoweit, als diese auf Arbeitnehmer entfallen, die in einem FuE-Vorhaben mit begünstigten FuE-Tätigkeiten auch tatsächlich beschäftigt sind (FuE-Arbeitnehmer) (vgl. Rn. 79 ff.). Leistungen an Arbeitnehmer, die zwar für ein begünstigtes FuE-Vorhaben tätig sind, aber keine typischen FuE-Tätigkeiten ausführen, gehören damit nicht zu den förderfähigen Lohnaufwendungen (vgl. Rn. 80).

**110** Wird ein FuE-Arbeitnehmer sowohl in einem begünstigten FuE-Vorhaben als auch in anderen Bereichen für den Anspruchsberechtigten tätig, ist eine Aufteilung der förderfähigen Lohnaufwendungen vorzunehmen. Der Anteil, der auf FuE-Tätigkeiten in einem begünstigten FuE-Vorhaben entfällt, gehört zu den förderfähigen Lohnaufwendungen (vgl. Rn. 83). Zur Feststellung dieses Anteils ist eine Stundenaufzeichnung erforderlich, aus der der Arbeitseinsatz des FuE-Arbeitnehmers im jeweiligen begünstigten FuE-Vorhaben auf Stundenbasis ersichtlich ist.

### 1.2.3. Ermittlung der Höhe der förderfähigen Lohnaufwendungen

**111** Gemäß § 41 Abs. 1 EStG i.V.m. § 4 LStDV hat der Arbeitgeber für jeden Arbeitnehmer und jedes Kalenderjahr ein Lohnkonto zu führen. Bei jeder Lohnzahlung sind im Lohnkonto die Art und Höhe des gezahlten Arbeitslohns einschließlich der steuerfreien Bezüge einzutragen. Die förderfähigen Lohnaufwendungen können so anhand der Aufzeichnungen im jeweiligen Lohnkonto des Arbeitnehmers festgestellt werden.

**112** Die förderfähigen Lohnaufwendungen werden für ein Wirtschaftsjahr ermittelt; d.h., Grundlage sind die Bruttobeträge, so wie sie sich für das Wirtschaftsjahr aus dem jeweiligen Lohnkonto bzw. den jeweiligen Lohnkonten (bei vom Kalenderjahr abweichendem Wirtschaftsjahr) des FuE-Arbeitnehmers ergeben.

**113** Zur Ermittlung der förderfähigen Lohnaufwendungen eines Wirtschaftsjahres wird dem Wirtschaftsjahr daher der laufende lohnsteuerpflichtige Arbeitslohn zugeordnet, der auf Lohnzahlungszeiträume entfällt, die bis zum Ablauf dieses Wirtschaftsjahres enden. Zur zeitlichen Zuordnung von Lohnzahlungen wird auf § 38a Abs. 1 EStG verwiesen. Sonstige Bezüge werden dem Wirtschaftsjahr zugeordnet, in dem sie dem Arbeitnehmer zufließen. Bei vom Kalenderjahr abweichenden Wirtschaftsjahren ist somit der von einem Arbeitnehmer in einem Kalenderjahr bezogene Arbeitslohn den Wirtschaftsjahren entsprechend anteilig zuzuordnen.

**113a** **Beispiel 10:**

Die A-GmbH hat ein vom Kalenderjahr abweichendes Wirtschaftsjahr vom 1. Juli bis 30. Juni. Im Wirtschaftsjahr 2020/2021 ist ein (wissenschaftlicher) Mitarbeiter vom 1. Juli 2020 bis 30. Juni 2021 ausschließlich in einem förderfähigen FuE-Vorhaben beschäftigt. Der laufende Arbeitslohn beträgt im Kalenderjahr 2020 72 000 Euro (6000 Euro/Monat) und im Kalenderjahr 2021 78 000 Euro (6500 Euro/Monat). Der Arbeitnehmer erhält mit seiner Lohnzahlung für Juni am 15. Juli jeweils ein Urlaubsgeld von 1000 Euro. Die Ausgaben des Arbeitgebers für die Zukunftssicherung des Arbeitnehmers nach § 3 Nr. 62 EStG sind in den vorgenannten Beträgen enthalten.

Die förderfähigen Lohnaufwendungen der A-GmbH für das Wirtschaftsjahr 2020/2021 ermitteln sich wie folgt:

| | |
|---|---|
| laufender Arbeitslohn für die Monate Juli bis Dezember 2020: | 36 000 Euro |
| sonstiger Bezug am 15. Juli 2020 gezahlt (vgl. Rn. 113): | 1000 Euro |
| laufender Arbeitslohn für die Monate Januar bis Juni 2021: | 39 000 Euro |
| förderfähige Lohnaufwendungen im Wirtschaftsjahr 2020/2021: | 76 000 Euro |

Die förderfähigen Aufwendungen können nur insoweit berücksichtigt werden, als diese dem Anteil der tatsächlichen Arbeitszeit des FuE-Arbeitnehmers in dem begünstigten FuE-Vorhaben im Verhältnis zu dessen zu erbringender Jahresarbeitszeit entsprechen. **114**

Ist ein Arbeitnehmer neben der FuE-Tätigkeit im begünstigten FuE-Vorhaben mit weiteren Tätigkeiten außerhalb des begünstigten FuE-Vorhabens betraut, ist der Arbeitseinsatz im begünstigten FuE-Vorhaben anhand geeigneter Aufzeichnungen zu belegen (siehe Rn. 122 ff.). Dies kann auch anhand einer unternehmensinternen Dokumentation erfolgen. **115**

Die Ermittlung des förderfähigen Anteils des lohnsteuerpflichtigen Bruttoarbeitslohns und der Ausgaben des Arbeitgebers gemäß § 3 Nr. 62 EStG ist wie folgt vorzunehmen: **116**

1. Der Anteil der Arbeitszeit in einem begünstigten FuE-Vorhaben ist auf der Basis der vertraglich, tariflich oder betrieblich vereinbarten Jahresarbeitszeit zu ermitteln. Diese vereinbarte Jahresarbeitszeit umfasst die jährlich zu leistenden Arbeitsstunden und bezeichnet den Zeitraum, in dem der Arbeitnehmer gemäß Arbeitsvertrag, geltender Tarifvereinbarung oder sonstiger Arbeitszeitvorschriften dem Arbeitgeber zur Verfügung steht und seine Tätigkeit ausüben oder seine Aufgaben wahrnehmen muss. Für die Ermittlung der maßgeblichen vereinbarten Jahresarbeitszeit sind die Jahresarbeitsstunden (wöchentliche Arbeitszeit × 52 Wochen) um den arbeitsvertraglich vereinbarten Anspruch auf Urlaub und um die Arbeitszeit zu kürzen, in der der Arbeitnehmer dem Arbeitgeber wegen Krankheit, Sonderurlaub oder aufgrund von gesetzlichen Feiertagen, die auf Arbeitstage/Werktage entfallen, nicht zur Verfügung stand. Zur Ermittlung der Arbeitszeit, die auf die vereinbarten Urlaubstage entfällt, ist die vereinbarte wöchentliche Arbeitszeit durch die vereinbarten Arbeitstage pro Woche zu teilen und mit der Anzahl der vereinbarten Urlaubstage zu multiplizieren. Dies gilt entsprechend zur Ermittlung der Arbeitszeit, die auf Krankheitstage, Kurzarbeit, Elternzeit o. Ä. entfällt.
2. Die im Wirtschaftsjahr aufgrund der Stundenaufzeichnung (vgl. Rn. 110, 123) ermittelten Arbeitsstunden, in denen der Arbeitnehmer im jeweiligen begünstigten FuE-Vorhaben tätig war, sind durch die nach Nr. 1 ermittelte maßgebliche vereinbarte Jahresarbeitszeit zu teilen. Sofern der ermittelte Wert größer als eins ist (z.B. wegen Überstunden oder nicht in Anspruch genommenem Urlaub), ist er auf eins zu begrenzen.
3. Zur Ermittlung der förderfähigen Lohnaufwendungen ist der nach Nr. 2 ermittelte Wert mit der Summe des lohnsteuerpflichtigen Jahresarbeitslohns des Arbeitnehmers und der Ausgaben gemäß § 3 Nr. 62 EStG zu multiplizieren.

Nicht zu beanstanden ist, wenn ein Stundensatz des Arbeitnehmers berechnet wird, indem der Jahresbruttolohn (einschließlich Ausgaben gemäß § 3 Nr. 62 EStG) durch die ermittelte maßgebliche vereinbarte Jahresarbeitszeit (vgl. Nr. 1 Satz 3) geteilt wird. Dieser Stundensatz kann dann mit den in der Stundenaufzeichnung (vgl. Rn. 110, 123) erfassten Projektarbeitsstunden multipliziert werden. Der so ermittelte förderfähige Arbeitslohn ist ggf. auf den tatsächlich entstandenen Lohnaufwand für diesen Arbeitnehmer im Wirtschaftsjahr zu begrenzen. Es ist nicht möglich, mehr Projektarbeitszeit als die maßgebliche vereinbarte Jahresarbeitszeit anzusetzen.

117 Ein pauschaler Ansatz von internen Personalstundensätzen, durchschnittlichen Stundensätzen oder von Durchschnittsgehältern der entsprechenden Abteilungen oder Kostenstellen ist nicht – auch nicht anteilig – möglich.

118 Überstunden oder nicht genommene Urlaubstage erhöhen nicht die vereinbarte Jahresarbeitszeit. Freizeitausgleichstage aufgrund von Überstunden vermindern nicht die vereinbarte Jahresarbeitszeit.

119 **Beispiel 11:**

Ein Mitarbeiter, der ausschließlich in einem begünstigten FuE-Vorhaben tätig ist, erhält einen Jahresbruttolohn (einschließlich Ausgaben nach § 3 Nr. 62 EStG) i.H.v. 60 000 Euro. Seine vereinbarte Wochenarbeitszeit beträgt 30 Stunden an fünf Tagen/Woche, der arbeitsvertragliche Urlaubsanspruch 29 Tage (6 Stunden/Tag). Der Mitarbeiter war an zwei Tagen krank und hat lediglich an 28 Tagen Urlaub genommen. An fünf Tagen hat er jeweils zwei Überstunden geleistet. Sechs Feiertage fielen auf einen Arbeitstag.

Berechnung der maßgeblichen vereinbarten Jahresarbeitszeit:

| | | |
|---|---|---|
| Jahresarbeitsstunden: | 30 Stunden × 52 Wochen = | 1560 Stunden |
| abzgl. arbeitsvertraglicher Urlaubsanspruch: | 29 Tage × 6 Stunden = | 174 Stunden |
| abzgl. Krankheitstage: | 2 Tage × 6 Stunden = | 12 Stunden |
| abzgl. Feiertage, die Arbeitstage waren: | 6 Tage × 6 Stunden = | 36 Stunden |
| maßgebliche vereinbarte Jahresarbeitszeit: | | 1338 Stunden |

| | Maßgebliche vereinbarte Jahresarbeitszeit (in Stunden) | Davon (anteilig) im begünstigten FuE-Vorhaben (nach Zeiterfassung) | |
|---|---|---|---|
| | | in Stunden | in Prozent |
| Mitarbeiter | 1338 | 1354[1] | Max. 100 |

Förderfähige Lohnaufwendungen:

| | Jahresbruttolohn | Anteilige Arbeitszeit im begünstigten FuE-Vorhaben | Förderfähige Lohnaufwendungen |
|---|---|---|---|
| Mitarbeiter | 60 000 Euro | 100 Prozent | 60 000 Euro |

**Abwandlung des Beispiels:**

Der Mitarbeiter befindet sich im Monat November (20 Arbeitstage) zu 100 Prozent in Kurzarbeit. Der Jahresbruttolohn (einschließlich Ausgaben nach § 3 Nr. 62 EStG) beträgt 55 000 Euro. Das Kurzarbeitergeld beträgt 3000 Euro und wird dem Arbeitgeber erstattet.

Berechnung der maßgeblichen vereinbarten Jahresarbeitszeit:

| | | |
|---|---|---|
| Maßgebliche vereinbarte Jahresarbeitszeit Grundfall: | | 1338 Stunden |
| abzgl. Kurzarbeit: | 20 Tage × 6 Stunden = | 120 Stunden |
| maßgebliche vereinbarte Jahresarbeitszeit: | | 1218 Stunden |

[1] **Amtl. Anm.:** Jahresarbeitszeit zzgl. geleisteter Überstunden und nicht genommener Urlaubstage.

| | Maßgebliche vereinbarte Jahresarbeitszeit (in Stunden) | Davon (anteilig) im begünstigten FuE-Vorhaben (nach Zeiterfassung) | |
|---|---|---|---|
| | | in Stunden | in Prozent |
| Mitarbeiter | 1218 | 1234 | Max. 100 |

Förderfähige Lohnaufwendungen:

| | Jahresbruttolohn | Anteilige Arbeitszeit im begünstigten FuE-Vorhaben | Förderfähige Lohnaufwendungen |
|---|---|---|---|
| Mitarbeiter | 55 000 Euro | 100 Prozent | 55 000 Euro |

Das Kurzarbeitergeld gehört nicht zu den förderfähigen Lohnaufwendungen. Die Erstattung des Kurzarbeitergeldes stellt keine Förderung von förderfähigen Lohnaufwendungen dar und bleibt daher unberücksichtigt. 120

**Beispiel 12:** 121

Die A-GmbH beschäftigt im Wirtschaftsjahr 2020 zehn Arbeitnehmer. Drei Arbeitnehmer sind mit FuE-Tätigkeiten in einem begünstigten FuE-Vorhaben beschäftigt. Ein Arbeitnehmer ist für die Abrechnung aller im Zusammenhang mit dem begünstigten FuE-Vorhaben anfallenden Kosten und für die Rechnungslegung verantwortlich. Sechs Arbeitnehmer arbeiten in der Produktion. Die lohnsteuerpflichtigen Jahresbruttolöhne einschließlich der Ausgaben nach § 3 Nr. 62 EStG betragen:

| | |
|---|---|
| (Wissenschaftlicher) Mitarbeiter 1: | 80 000 Euro |
| (Wissenschaftlicher) Mitarbeiter 2: | 65 000 Euro |
| (Technischer) Mitarbeiter 3: | 50 000 Euro |
| Bürosachbearbeiter: | 35 000 Euro |
| 6 Produktionsarbeiter (je 35 000 Euro): | 210 000 Euro |
| Summe: | 440 000 Euro |

Zeiterfassung im Wirtschaftsjahr 2020 für das begünstigte FuE-Vorhaben:

| | Maßgebliche vereinbarte Jahresarbeitszeit (in Stunden) | Davon anteilig im begünstigten FuE-Vorhaben (nach Stundenaufzeichnung, vgl. Rn. 110, 123) | |
|---|---|---|---|
| | | in Stunden | in Prozent |
| Mitarbeiter 1 | 1840 | 1500 | 81,52 |
| Mitarbeiter 2 | 1610 | 1610 | 100,00 |
| Mitarbeiter 3 | 920 | 500 | 54,35 |

Förderfähige Lohnaufwendungen:

| | Jahresbruttolohn | Anteilige Arbeitszeit im begünstigten FuE-Vorhaben | Förderfähige Lohnaufwendungen |
|---|---|---|---|
| Mitarbeiter 1 | 80 000 Euro | 81,52 Prozent | 65 216 Euro |
| Mitarbeiter 2 | 65 000 Euro | 100,00 Prozent | 65 000 Euro |
| Mitarbeiter 3 | 50 000 Euro | 54,35 Prozent | 27 175 Euro |
| Summe | | | 157 391 Euro |

Die A-GmbH kann von den gesamten Lohnaufwendungen des Wirtschaftsjahres 2020 (440 000 Euro) im Antrag auf FZul 157 391 Euro als förderfähige Lohnaufwendungen geltend machen. Die Lohnaufwendungen für den Bürosachbearbeiter sowie die Produktionsarbeiter sind mangels FuE-Tätigkeit nicht berücksichtigungsfähig.

## 1.2.4. Erfassung und Nachweis der förderfähigen Lohnaufwendungen

Die Erfassung der Arbeitszeit des FuE-Arbeitnehmers hat die im begünstigten FuE-Vorhaben geleisteten Arbeitsstunden im Wirtschaftsjahr aufzuzeigen. 122

Zur Ermittlung der förderfähigen Lohnaufwendungen für ein begünstigtes FuE-Vorhaben sind für jeden Arbeitstag, an dem ein FuE-Arbeitnehmer im 123 begünstigten FuE-Vorhaben tätig wird, Aufzeichnungen zu führen, die die Tätigkeit dieses Arbeitnehmers in dem jeweiligen begünstigten FuE-Vorhaben belegen.

**124** Die Stundenerfassung soll die folgenden Mindestangaben enthalten:

– Kurzbezeichnung des FuE-Vorhabens

– Wirtschaftsjahr

– Vorhabens-ID lt. Bescheinigung der BSFZ

– Name des FuE-Arbeitnehmers

– Kurzbezeichnung der FuE-Tätigkeit des FuE-Arbeitnehmers (z.B. Laborant)

**125** Soweit die Aufzeichnungen personell geführt werden, sind diese am Monatsende von einem FuE-Projektverantwortlichen gegenzuzeichnen. Bei elektronischer Zeiterfassung kann auf eine zusätzliche Bestätigung des FuE-Projektverantwortlichen verzichtet werden.

**126** Auf den Internetseiten des Bundesministeriums der Finanzen steht ein Muster eines „Stundenzettels" bereit, der zur Dokumentation vorgehalten werden kann. Die Verwendung dieses Musters ist optional.

**127** Es gelten die Grundsätze zur ordnungsmäßigen Führung und Aufbewahrung von Büchern, Aufzeichnungen und Unterlagen in elektronischer Form sowie zum Datenzugriff (GoBD) (BMF-Schreiben vom 28. November 2019, BStBl. I S. 1269)[1)]. Der Grundsatz der Klarheit verlangt dabei u.a. eine systematische Erfassung und übersichtliche, eindeutige und nachvollziehbare Buchung. Das Führen der Aufzeichnungen ist sowohl in elektronischer als auch in Papierform möglich.

**128** Für den Nachweis der förderfähigen Lohnaufwendungen sind die Lohnkonten der in dem begünstigten FuE-Vorhaben beschäftigten Arbeitnehmer sowie die individuellen Aufzeichnungen für jeden Arbeitnehmer, der in dem begünstigten FuE-Vorhaben beschäftigt ist, vorzuhalten und auf Anforderung vorzulegen. Die Aufzeichnungen sollten den Arbeitseinsatz des Arbeitnehmers dem Grunde und der Höhe nach belegen. Die Dokumentation hat so zu erfolgen, dass bei einer Nachprüfung die Zuordnung sowie der Arbeitszeitaufwand des einzelnen Arbeitnehmers nachvollzogen werden können.

### 1.3. Eigenleistungen eines Einzelunternehmers und anteilige Tätigkeitsvergütung eines Mitunternehmers

**129** Im Rahmen der eigenbetrieblichen FuE können Eigenleistungen eines Einzelunternehmers oder Tätigkeitsvergütungen eines Mitunternehmers, soweit diese selbst in einem begünstigten FuE-Vorhaben mit FuE-Tätigkeiten beschäftigt sind, förderfähig sein.

#### 1.3.1. Eigenleistungen eines Einzelunternehmers

**130** Ist ein Einzelunternehmer selbst mit FuE-Tätigkeiten in einem begünstigten FuE-Vorhaben beschäftigt, kann hierfür ein pauschaler Aufwand für die Förderung nach dem FZulG geltend gemacht werden.

**131** Die im FuE-Vorhaben mit FuE-Tätigkeiten tatsächlich aufgewendete Arbeitszeit kann bis zu einer Höhe von 40 Arbeitsstunden pro Woche als förderfähige Aufwendungen nach § 3 Abs. 3 Satz 2 FZulG anerkannt werden.

---

[1)] Nr. **800** § 146/1.

132 Die maximal förderfähigen 40 Arbeitsstunden pro Woche beziehen sich dabei auf die insgesamt vom Einzelunternehmer in allen begünstigten FuE-Vorhaben geleisteten Arbeitsstunden. Übersteigen die nachgewiesenen tatsächlich geleisteten Arbeitsstunden in allen begünstigten FuE-Vorhaben insgesamt die maximal förderfähigen 40 Arbeitsstunden, ist eine Kappung vorzunehmen. Eine Verteilung der insgesamt geleisteten Arbeitsstunden auf die anzuerkennenden Wochenarbeitsstunden ist nicht möglich. Für jede einzelne Woche sind maximal 40 Stunden förderfähig. Aus Vereinfachungsgründen kann die Ermittlung der förderfähigen Arbeitsstunden auf Monatsbasis erfolgen (d.h. maximal 1/12 von 2080 Stunden), soweit die FuE-Tätigkeit im gesamten Monat erbracht wurde. Wird ein FuE-Vorhaben im Laufe eines Monats begonnen oder beendet, ist dies entsprechend zu berücksichtigen.

133 Zum Nachweis der erbrachten Eigenleistung eines Einzelunternehmers in einem begünstigten FuE-Vorhaben reicht es aus, laufende Aufzeichnungen zu führen, die eindeutig und zeitnah die geleisteten Arbeitsstunden im jeweiligen begünstigten FuE-Vorhaben belegen.

134 Die Dokumentation kann jeweils anhand des vom BMF online bereitgestellten „Stundenzettels" erfolgen. Die Verwendung dieses Musters ist nicht verpflichtend. Das Führen der Aufzeichnungen ist sowohl in elektronischer als auch in Papierform zulässig (im Übrigen vgl. Rn. 127 f.).

135 Als förderfähige Aufwendungen sind je nachgewiesener und maximal zulässiger Arbeitsstunde nach § 3 Abs. 3 Satz 2 FZulG pauschal 40 Euro zugrunde zu legen.

### 1.3.2. Tätigkeitsvergütung eines Mitunternehmers

136 Haben Gesellschafter einer anspruchsberechtigten Mitunternehmerschaft vertraglich vereinbart, dass ein oder mehrere Mitunternehmer für FuE-Tätigkeiten in begünstigten FuE-Vorhaben eine Tätigkeitsvergütung erhalten, ist diese Tätigkeitsvergütung nach § 3 Abs. 3 Satz 3 FZulG grundsätzlich förderfähiger Aufwand. Voraussetzung ist nach § 3 Abs. 3 Satz 4 FZulG, dass die Vereinbarung zivilrechtlich wirksam geschlossen wurde, ernsthaft gewollt ist und tatsächlich durchgeführt wird. Für Anteilseigner einer Kapitalgesellschaft gelten hingegen die Rn. 98 f.

137 Die Höhe der begünstigten Tätigkeitsvergütung ist anhand der vertraglichen Vereinbarung feststellbar. Diese muss so eindeutig und klar abgefasst sein, dass die Tätigkeitsvergütung, die ein Gesellschafter für FuE-Tätigkeiten in begünstigten FuE-Vorhaben erhält, von anderen Tätigkeitsvergütungen im Dienste der Gesellschaft abgegrenzt werden kann.

138 Förderfähiger Aufwand ist die vereinbarte Tätigkeitsvergütung für die FuE-Tätigkeit in einem oder mehreren begünstigten FuE-Vorhaben. Diese wird jedoch nur in der Höhe als förderfähiger Aufwand berücksichtigt, als sie 40 Euro je nachgewiesener Arbeitsstunde bei maximal 40 Arbeitsstunden pro Woche nicht übersteigt. Das bedeutet, die Tätigkeitsvergütung wird zum einen begrenzt durch den Betrag, der sich bei Ansatz von 40 Euro je nachgewiesener Arbeitsstunde ergibt. Zum anderen ist die für die FuE-Tätigkeit nachgewiesene Arbeitszeit nur mit maximal 40 Stunden je Woche zu berücksichtigen. Aus Vereinfachungsgründen kann die Ermittlung der förderfähigen Arbeitsstunden auf Monatsbasis erfolgen (d.h. maximal 1/12 von 2080 Stunden). Rn. 132 gilt insoweit entsprechend. Ist der Gesellschafter in mehreren FuE-Vorhaben tätig, gilt die stundenmäßige Begrenzung insgesamt für alle FuE-Vorhaben.

139 Zum Nachweis der erbrachten Eigenleistung in einem begünstigten FuE-Vorhaben sind laufende Aufzeichnungen zu führen, die eindeutig und zeitnah die geleisteten Arbeitsstunden im jeweiligen begünstigten FuE-Vorhaben belegen. Rn. 134 gilt entsprechend.

140 Im Fall der Umsatzsteuerpflicht der Tätigkeit gilt Rn. 146 entsprechend.

141 **Beispiel 13:**

In einer nach dem FZulG anspruchsberechtigten Mitunternehmerschaft werden zwei begünstigte FuE-Vorhaben (A und B) durchgeführt. Die beiden Gesellschafter (X und Y) der Mitunternehmerschaft erhalten vertraglich vereinbarte Tätigkeitsvergütungen (Gesellschafter X: 100 000 Euro und Gesellschafter Y: 88 000 Euro). Nach den vertraglichen Regelungen werden diese Tätigkeitsvergütungen jeweils für die FuE-Tätigkeit als Wissenschaftler in den beiden begünstigten FuE-Vorhaben gezahlt. Die daneben anfallenden administrativen Aufgaben sind nicht von der Tätigkeitsvergütung umfasst.

Die Zeiterfassungen im Kalenderjahr 2020 für die begünstigten FuE-Vorhaben stellen sich wie folgt dar:

| | Nachgewiesene Arbeitszeit insgesamt (in Stunden) | Davon anteilig im begünstigten FuE-Vorhaben A | Davon anteilig im begünstigten FuE-Vorhaben B |
|---|---|---|---|
| | | in Stunden | in Stunden |
| Gesellschafter X | 1900 | 1240 | 660 |
| Gesellschafter Y | 2200 | 1000 | 1200 |

Höchstbetrag nach § 3 Abs. 3 Satz 3 FZulG:

| | Gesellschafter X | Gesellschafter Y |
|---|---|---|
| tatsächliche Arbeitsstunden FuE-Vorhaben A | 1240 Stunden | 1000 Stunden |
| tatsächliche Arbeitsstunden FuE-Vorhaben B | 660 Stunden | 1200 Stunden |
| Summe | 1900 Stunden | 2200 Stunden |
| ggf. Begrenzung auf 40 Stunden × 52 Wochen | | 2080 Stunden |
| Höchstbetrag (40 Euro × Stunden) | 76 000 Euro | 83 200 Euro |
| Tatsächlich gezahlte Tätigkeitsvergütungen FuE-Vorhaben | 100 000 Euro | 88 000 Euro |
| förderfähiger Aufwand i.S.d. FZulG | 76 000 Euro | 83 200 Euro |

Zu den im Antrag auf FZul anzugebenden Werten und zur Berechnung der Bemessungsgrundlage wird auf Rn. 167 verwiesen.

## 2. Auftragsforschung

142 Wird ein Dritter mit der Durchführung eines begünstigten FuE-Vorhabens beauftragt, ist der Ermittlung der förderfähigen Aufwendungen das beim anspruchsberechtigten Auftraggeber für den Auftrag entstandene Entgelt zugrunde zu legen. Wird der Gewinn nach § 4 Abs. 3 EStG ermittelt, ist das in dem Wirtschaftsjahr gezahlte Entgelt (auch soweit es sich nur um eine Teilleistung handelt) maßgeblich.

143 Von dem beim Auftraggeber im Wirtschaftsjahr entstandenen bzw. gezahlten Entgelt für Auftragsforschung können 60 Prozent als förderfähige Aufwendungen berücksichtigt werden.

### 2.1. Entgelt

144 Entgelt i.S.d. § 3 Abs. 4 FZulG ist der zwischen Auftraggeber und Auftragnehmer für die Erbringung der Dienstleistung vereinbarte Betrag.

145 Die förderfähigen Aufwendungen sind von dem Entgelt zu bemessen, das beim Auftraggeber im Wirtschaftsjahr für das begünstigte FuE-Vorhaben entstanden ist.

Die im Entgelt enthaltene Umsatzsteuer gehört nicht zu den förderfähigen Aufwendungen, soweit der Anspruchsberechtigte vorsteuerabzugsberechtigt ist und die im Entgelt enthaltene Umsatzsteuer als Vorsteuer geltend machen kann. 146

Über das im Wirtschaftsjahr entstandene Entgelt hinaus sind keine weiteren Aufwendungen im Zusammenhang mit der Auftragsforschung förderfähig. 147

### 2.2. Entgeltveränderungen

Wird das Entgelt gegenüber der ursprünglichen Vertragsgestaltung gemindert oder erhöht, ändern sich insoweit die förderfähigen Aufwendungen. 148

Der Anspruchsberechtigte hat spätere Änderungen des Entgeltes unverzüglich dem in diesem Zeitpunkt für die FZul zuständigen Finanzamt anzuzeigen. Für die Änderung des Forschungszulagenbescheids gelten die allgemeinen Regelungen der AO für das Steuerfestsetzungsverfahren (siehe Rn. 245). Eine bereits erfolgte Anrechnung ist nach § 10 Abs. 3 FZulG entsprechend zu ändern. 149

### 2.3. Auftragsforschung unter nahestehenden Personen

Sind Auftraggeber und Auftragnehmer nahestehende Personen, ist das Entgelt höchstens in der Höhe zu berücksichtigen, wie es zwischen fremden Dritten vereinbart worden wäre. 150

Entgelt i.S.d. § 3 Abs. 4 FZulG sind danach höchstens die fremdüblichen Aufwendungen, die der Anspruchsberechtigte (Auftraggeber) für den Auftrag aufwendet (Auftragswert) und an den Auftragnehmer tatsächlich leistet. 151

Zur Definition der nahestehenden Person ist § 1 Abs. 2 des Außensteuergesetzes sinngemäß anzuwenden. 152

### 2.4. Nachweis der Aufwendungen

Der Anspruchsberechtigte (Auftraggeber) hat die Höhe und die Entstehung der begünstigten Aufwendungen durch geeignete Unterlagen nachzuweisen. Als Nachweis ist der zwischen Auftraggeber und Auftragnehmer geschlossene Vertrag über die Vergabe des Auftrags vorzuhalten und auf Anforderung vorzulegen. Besteuerungsrelevante Dokumente sind grundsätzlich in deutscher Sprache abzufassen (§ 87 AO) 153

Der Auftraggeber muss keine Angaben dazu machen, wie sich die Aufwendungen beim Auftragnehmer aufgliedern oder wie hoch die beim Auftragnehmer entstandenen Aufwendungen tatsächlich sind. 154

## 3. Kumulierung mit anderen Förderungen oder staatlichen Beihilfen

Für den Anspruch auf FZul ist es grundsätzlich nicht schädlich, wenn für das begünstigte FuE-Vorhaben andere Förderungen oder Beihilfen gewährt werden oder wurden (§ 7 Abs. 1 FZulG). 155

Aufwendungen, die nach dem FZulG grundsätzlich zu den förderfähigen Aufwendungen gehören, dürfen nicht in die Bemessungsgrundlage einbezogen werden, soweit sie im Rahmen anderer Förderungen oder staatlicher Beihilfen bereits berücksichtigt wurden oder werden (§ 7 Abs. 2 FZulG). D.h., es besteht ein Verbot der Doppelförderung (Kumulierungsverbot) in Bezug auf dieselben förderfähigen Aufwendungen. 156

Für das Kumulierungsverbot ist nicht die Höhe der anderweitigen Förderung entscheidend. Es ist darauf abzustellen, inwieweit dieselben förderfähigen Aufwendungen dem Grunde nach bereits in die Bemessung einer anderen – das FuE-Vorhaben betreffenden – Förderung einbezogen wurden oder noch wer- 157 den. D.h., soweit förderfähige Lohnaufwendungen, förderfähige Eigenleistungen oder das im Rahmen der Auftragsforschung förderfähige Entgelt bereits im Rahmen einer anderen Förderung berücksichtigt wurden, sind diese Aufwendungen im Rahmen der Bemessung der FZul nicht mehr berücksichtigungsfähig. Sind die im Rahmen des FZulG förderfähigen Lohnaufwendungen höher, als die im Rahmen einer anderen Förderung für dieses FuE-Vorhaben berücksichtigten Lohnaufwendungen, z.B. weil ein Arbeitnehmer zusätzlich im FuE-Vorhaben tätig werden musste oder weil das FuE-Vorhaben länger andauerte als ursprünglich angenommen, kann der übersteigende – und damit nicht geförderte Lohnaufwand – für die Bemessung der FZul berücksichtigt werden. Hierzu wären die gesamten förderfähigen Aufwendungen und die Höhe der bereits in die Bemessung der anderen Förderung eingeflossenen Aufwendungen nachzuweisen (vgl. Rn. 159).

**158** Wurde für ein begünstigtes FuE-Vorhaben eine andere Förderung zwar beantragt, aber nicht bewilligt, können die förderfähigen Aufwendungen im Rahmen der Bemessung der FZul berücksichtigt werden.

**159** Die Einhaltung der gesetzlichen Vorgaben obliegt dem Anspruchsberechtigten. Der Anspruchsberechtigte hat daher im Antrag auf FZul Angaben über die Beantragung und Gewährung anderer Förderungen oder anderer staatlicher Beihilfen und die Höhe der geförderten Aufwendungen zu tätigen (§ 7 Abs. 3 FZulG).

**160** **Beispiel 14:**

Die A-GmbH betreibt im Jahr 2020 zwei begünstigte FuE-Vorhaben (A und B). Die nach dem FZulG förderfähigen Lohnaufwendungen betragen für die beiden FuE-Vorhaben jeweils 1 000 000 Euro.

Für das FuE-Vorhaben A wurden Fördermittel aus einem anderen Förderprogramm i.H.v. 500 000 Euro gewährt. Der Bemessung lagen zuwendungsfähige Kosten laut Zuwendungsbescheid i.H.v. 2 000 000 Euro zugrunde. Darin eingeflossen sind auch Personalkosten i.H.v. 1 000 000 Euro.

Für die Förderung nach dem FZulG des FuE-Vorhabens A können nach § 7 Abs. 2 FZulG die grundsätzlich förderfähigen Lohnaufwendungen nicht mehr berücksichtigt werden, da sie bereits der Bemessung einer anderen Förderung zugrunde lagen. Für die Förderung nach dem FZulG des FuE-Vorhabens B können die grundsätzlich förderfähigen Lohnaufwendungen vollständig berücksichtigt werden, da sie nicht bereits im Rahmen einer anderen Förderung berücksichtigt wurden.

**161** **Beispiel 15:**

Die B-GmbH führt ein begünstigtes FuE-Vorhaben zum Teil als eigenbetriebliche FuE und zum Teil als Auftragsforschung durch. Die nach dem FZulG förderfähigen Lohnaufwendungen für eigenbetriebliche FuE betragen 750 000 Euro. Das Entgelt für die Auftragsforschung beträgt 500 000 Euro.

Für das FuE-Vorhaben wurden Fördermittel aus einem anderen Förderprogramm gewährt. Als Berechnungsgrundlage für die maximale Höhe dieser Förderung konnte die B-GmbH nur Personalkosten i.H.v. 100 000 Euro geltend machen (z.B. weil nur der Arbeitslohn einer zusätzlichen Arbeitskraft gefördert wurde). Der Fördersatz für diese Förderung beträgt 50 Prozent, somit wurden der B-GmbH für dieses FuE-Vorhaben bereits 50 000 Euro Fördermittel bewilligt. Die übrigen Personalkosten sowie die Kosten für den in Auftrag gegebenen Teil des FuE-Vorhabens waren nach dem anderen Förderprogramm nicht förderfähig.

Für die Förderung nach dem FZulG können als förderfähige Aufwendungen für Auftragsforschung 300 000 Euro (nach § 3 Abs. 4 Satz 1 FZulG: 60 Prozent von 500 000 Euro) und als förderfähige Lohnaufwendungen 650 000 Euro (750 000 Euro abzgl. 100 000 Euro) berücksichtigt werden.

## IV. Bemessungsgrundlage

### 1. Grundsatz

**162** Bemessungsgrundlage für die FZul ist nach § 3 Abs. 5 Satz 1 FZulG grundsätzlich die Summe der im Wirtschaftsjahr für alle begünstigten FuE-Vorhaben insgesamt entstandenen förderfähigen Aufwendungen i.S.d. § 3 Abs. 1 bis 4 FZulG.

Förderfähige Aufwendungen i.S.d. § 3 Abs. 1 bis 4 FZulG dürfen nicht in die **163**
Bemessungsgrundlage nach § 3 Abs. 5 FZulG einbezogen werden, soweit diese im Rahmen anderer Förderungen oder staatlicher Beihilfen gefördert wurden oder werden (§ 7 Abs. 2 Satz 1 FZulG). Einzelheiten siehe unter Rn. 155 ff.

## 2. Begrenzung der Bemessungsgrundlage

Die Bemessungsgrundlage wird nach § 3 Abs. 5 FZulG der Höhe nach **164**
begrenzt (Bemessungsgrundlagenhöchstbetrag).

Die Bemessungsgrundlage wird für vor dem 1. Juli 2020 und nach dem 30. Juni **165**
2026 entstandene Aufwendungen auf den Betrag von jährlich 2 000 000 Euro begrenzt.

Für förderfähige Aufwendungen, die nach dem 30. Juni 2020 und vor dem **166**
1. Juli 2026 entstanden sind, erhöht sich die maximale jährliche Bemessungsgrundlage auf 4 000 000 Euro.

## 3. Ermittlung der Bemessungsgrundlage

Die förderfähige Bemessungsgrundlage ermittelt sich vorbehaltlich der folgen- **167**
den Absätze wie folgt:

<table>
<tr><td colspan="3">Förderfähige Aufwendungen aus eigenbetrieblicher FuE<br>(Summe aus allen begünstigten FuE-Vorhaben)</td></tr>
<tr><td>1</td><td>Förderfähige Lohnaufwendungen</td><td>_______ Euro</td></tr>
<tr><td>1a</td><td>Abzüglich Aufwendungen, für die eine andere Förderung beansprucht wird/wurde</td><td>abzgl. _______ Euro<br>_______ Euro</td></tr>
<tr><td colspan="3">Förderfähige Aufwendungen aus Eigenleistungen<br>(Summe aus allen begünstigten FuE-Vorhaben)</td></tr>
<tr><td>2a</td><td colspan="2">Eigenleistungen eines Einzelunternehmers</td></tr>
<tr><td></td><td>Anerkannte Arbeitsstunden: _____ Stunden<br>davon maximal förderfähig:<br>x/12 × 2080 Stunden = _____ Stunden</td><td>Förderfähige Eigenleistungen:<br><förderfähige Arbeitsstunden> Stunden × 40 Euro<br>_______ Euro</td></tr>
<tr><td>2b</td><td colspan="2">Eigenleistungen von Mitunternehmern</td></tr>
<tr><td></td><td>Nachfolgende Berechnung ist für jeden Mitunternehmer gesondert aufzuführen:<br>Vereinbarte Tätigkeitsvergütung:<br>Euro<br>davon maximal förderfähig:<br>x/12 × 2080 Stunden<br>× 40 Euro = _______ Euro<br>oder<br>Anerkannte nachgewiesene Arbeitsstunden:<br>_____ Stunden<br>× 40 Euro = _______ Euro</td><td>Förderfähige Eigenleistungen:<br>Niedrigerer Betrag aus Vergleichsberechnung je Mitunternehmer<br>_______ Euro<br>Summe der förderfähigen Eigenleistungen aller Mitunternehmer<br>_______ Euro</td></tr>
<tr><td colspan="3">Förderfähige Aufwendungen aus Auftragsforschung<br>(Summe aus allen begünstigten FuE-Vorhaben)</td></tr>
<tr><td>3</td><td>Entgelt für Auftragsforschung:<br>_______ Euro</td><td>Davon 60 Prozent förderfähig:<br>_______ Euro</td></tr>
<tr><td colspan="3">Bemessungsgrundlage</td></tr>
<tr><td>4</td><td>Summe aus dem niedrigeren Betrag von Zeile 1 oder 1a und Betrag aus Zeilen 2a, 2b und 3:</td><td>_______ Euro</td></tr>
</table>

| | | |
|---|---|---|
| 5 | Bemessungsgrundlagenhöchstbetrag | Höchstens 4 000 000 Euro |
| 5a | Bemessungsgrundlagenhöchstbetrag bei verbundenen Unternehmen | _______ Euro |

### 3.1. Ermittlung der Bemessungsgrundlage für förderfähige Aufwendungen in den Jahren 2020 und 2026

168 Förderfähige Aufwendungen, die nach dem 1. Januar 2020 und vor dem 1. Juli 2020 entstanden sind, können bis zu einer Bemessungsgrundlage von 2 000 000 Euro berücksichtigt werden. Für förderfähige Aufwendungen, die nach dem 30. Juni 2020 und vor dem 1. Januar 2021 entstanden sind, gilt unter Berücksichtigung der im 1. Halbjahr 2020 entstandenen förderfähigen Aufwendungen eine maximale Bemessungsgrundlage von 4 000 000 Euro. Insgesamt darf die maximal förderfähige Bemessungsgrundlage 2020 4 000 000 Euro nicht überschreiten.

169 Förderfähige Aufwendungen, die nach dem 31. Dezember 2025 und vor dem 1. Juli 2026 entstanden sind, können bis zu einer Bemessungsgrundlage von 4 000 000 Euro berücksichtigt werden. Für förderfähige Aufwendungen, die nach dem 30. Juni 2026 entstehen, gilt dann wieder eine maximale Bemessungsgrundlage von 2 000 000 Euro unter Berücksichtigung der förderfähigen Aufwendungen des 1. Halbjahres 2026.

170 Für eine zutreffende Ermittlung der Bemessungsgrundlage sind die förderfähigen Aufwendungen eines Wirtschaftsjahres, in dem unterschiedliche maximale Bemessungsgrundlagen gelten, nach ihrem Entstehungszeitpunkt abzugrenzen. Bei einem vom Kalenderjahr abweichenden Wirtschaftsjahr vom 1. Juli bis 30. Juni ist die nachfolgend beschriebene gesonderte Höchstbetragsberechnung unter Berücksichtigung der unterschiedlichen Höchstbemessungsgrundlagen somit nicht erforderlich.

#### 3.1.1. Ermittlung der Bemessungsgrundlage für die Wirtschaftsjahre 2020, 2019/2020 und 2020/2021

171 Berechnungsschema:

| | | |
|---|---|---|
| 1. | Ermittlung der Bemessungsgrundlage für förderfähige Aufwendungen, die nach dem 1. Januar 2020 und vor dem 1. Juli 2020 entstanden sind | |
| Förderfähige Aufwendungen aus eigenbetrieblicher FuE (Summe aus allen begünstigten FuE-Vorhaben) | | |
| 1 | Förderfähige Lohnaufwendungen | _______ Euro |
| 1a | Abzüglich Aufwendungen, für die eine andere Förderung beansprucht wird/wurde | abzgl. _______ Euro<br>_______ Euro |
| Förderfähige Aufwendungen aus Eigenleistungen (Summe aus allen begünstigten FuE-Vorhaben) | | |
| 2a | Eigenleistungen eines Einzelunternehmers | |
| | Anerkannte Arbeitsstunden: ___ Stunden<br>davon **maximal** förderfähig:<br>x/12 × 2080 Stunden =<br>___ Stunden | Förderfähige Eigenleistungen:<br><förderfähige Arbeitsstunden> Stunden × 40 Euro<br>_____ Euro |
| 2b | Eigenleistungen von Mitunternehmern | |
| | *Nachfolgende Berechnung ist für jeden Mitunternehmer gesondert aufzuführen:*<br>Vereinbarte Tätigkeitsvergütung:<br>_____ Euro<br>davon **maximal** förderfähig:<br>x/12 × 2080 Stunden | Förderfähige Eigenleistungen:<br>Niedrigerer Betrag aus Vergleichsberechnung je Mitunternehmer<br>_______ Euro |

| | | |
|---|---|---|
| | × 40 Euro = ____ Euro<br>oder<br>Anerkannte nachgewiesene Arbeitsstunden:<br>____ Stunden<br>× 40 Euro = ____ Euro | *Summe der förderfähigen Eigenleistungen aller Mitunternehmer*<br>____ Euro |
| Förderfähige Aufwendungen aus Auftragsforschung<br>(Summe aus allen begünstigten FuE-Vorhaben) | | |
| 3 | Entgelt für Auftragsforschung:<br>____ Euro | Davon 60 Prozent förderfähig:<br>____ Euro |
| Erste Zwischensumme bis 30. Juni 2020 | | |
| 4 | Summe aus Zeile 1 oder niedrigerem Betrag aus Zeile 1a, Zeile 2a, Zeile 2b und Zeile 3: | ____ Euro |
| 5 | Bemessungsgrundlagenhöchstbetrag | Höchstens 2 000 000 Euro |
| 2. | Ermittlung der Bemessungsgrundlage für förderfähige Aufwendungen, die nach dem 30. Juni 2020 und vor dem 1. Juli 2021 entstanden sind | |
| Förderfähige Aufwendungen aus eigenbetrieblicher FuE<br>(Summe aus allen begünstigten FuE-Vorhaben) | | |
| 6 | Förderfähige Lohnaufwendungen | ____ Euro |
| 6a | Abzüglich Aufwendungen, für die eine andere Förderung beansprucht wird/wurde | abzgl. ____ Euro<br>____ Euro |
| Förderfähige Aufwendungen aus Eigenleistungen<br>(Summe aus allen begünstigten FuE-Vorhaben) | | |
| 7a | Eigenleistungen eines Einzelunternehmers | |
| | Anerkannte Arbeitsstunden:<br>____ Euro<br>davon **maximal** förderfähig:<br>x/12 × 2080 Stunden = ____ Stunden | Förderfähige Eigenleistungen:<br><förderfähige Arbeitsstunden><br>Stunden × 40 Euro<br>____ Euro |
| 7b | Eigenleistungen von Mitunternehmern | |
| | *Nachfolgende Berechnung ist für jeden Mitunternehmer gesondert aufzuführen:*<br>Vereinbarte Tätigkeitsvergütung:<br>____ Euro<br>davon **maximal** förderfähig:<br>x/12 × 2080 Stunden<br>× 40 Euro = ____ Euro<br>oder<br>Anerkannte nachgewiesene Arbeitsstunden:<br>____ Stunden<br>× 40 Euro = ____ Euro | Förderfähige Eigenleistungen:<br>Niedrigerer Betrag aus Vergleichsberechnung je Mitunternehmer<br>____ Euro<br>*Summe der förderfähigen Eigenleistungen aller Mitunternehmer*<br>____ Euro |
| Förderfähige Aufwendungen aus Auftragsforschung<br>(Summe aus allen begünstigten FuE-Vorhaben) | | |
| 8 | Entgelt für Auftragsforschung:<br>____ Euro | Davon 60 Prozent förderfähig:<br>____ Euro |
| Zweite Zwischensumme ab 1. Juli 2020 | | |
| 9 | Summe aus Zeile 6 oder niedrigerem Betrag aus Zeile 6a, Zeile 7a, Zeile 7b und Zeile 8: | ____ Euro |
| 3. | Ermittlung der Bemessungsgrundlage für vor dem 1. Juli 2021 endende Wirtschaftsjahre | |
| 10 | Summe aus Zeile 4 oder niedrigerem Betrag aus Zeile 5 und Zeile 9: | ____ Euro |
| 11 | Bemessungsgrundlagenhöchstbetrag | Höchstens 4 000 000 Euro |

| | | |
|---|---|---|
| 11a | Bemessungsgrundlagenhöchstbetrag bei verbundenen Unternehmen | ________ Euro |

172 **Beispiel 16:**

Die A-GmbH führt im Wirtschaftsjahr 2020 ein begünstigtes FuE-Vorhaben i.S.d. § 2 FZulG durch. Mit dem Vorhaben wurde am 8. Januar 2020 begonnen.

a) Bis zum 30. Juni 2020 sind förderfähige Lohnaufwendungen i.H.v. 2 200 000 Euro zu berücksichtigen. In der Zeit vom 1. Juli 2020 bis 31. Dezember 2020 sind förderfähige Lohnaufwendungen i.H.v. 1 700 000 Euro zu berücksichtigen.

b) Bis zum 30. Juni 2020 sind förderfähige Lohnaufwendungen i.H.v. 1 800 000 Euro zu berücksichtigen. In der Zeit vom 1. Juli 2020 bis 31. Dezember 2020 sind förderfähige Lohnaufwendungen i.H.v. 3 000 000 Euro zu berücksichtigen.

c) Bis zum 30. Juni 2020 sind förderfähige Lohnaufwendungen i.H.v. 2 800 000 Euro zu berücksichtigen. In der Zeit vom 1. Juli 2020 bis 31. Dezember 2020 sind förderfähige Lohnaufwendungen i.H.v. 5 000 000 Euro zu berücksichtigen.

| | Lösung a) | Lösung b) | Lösung c) |
|---|---|---|---|
| Schritt 1 = Höchstbetragsprüfung auf den 30. Juni 2020 | | | |
| Förderfähige Lohnaufwendungen bis zum 30. Juni 2020 | 2 200 000 Euro | 1 800 000 Euro | 2 800 000 Euro |
| *Bemessungsgrundlagenhöchstbetrag* | *2 000 000 Euro* | *2 000 000 Euro* | *2 000 000 Euro* |
| Berücksichtigung der (höchstens) förderfähigen Lohnaufwendungen | 2 000 000 Euro | 1 800 000 Euro | 2 000 000 Euro |
| Schritt 2 = Höchstbetragsprüfung auf den 31. Dezember 2020 | | | |
| Förderfähige Lohnaufwendungen vom 1. Juli bis 31. Dezember 2020 | 1 700 000 Euro | 3 000 000 Euro | 5 000 000 Euro |
| Zzgl. (höchstens) förderfähige Lohnaufwendungen bis zum 30. Juni 2020 | 2 000 000 Euro | 1 800 000 Euro | 2 000 000 Euro |
| Summe | 3 700 000 Euro | 4 800 000 Euro | 7 000 000 Euro |
| *Bemessungsgrundlagenhöchstbetrag* | *4 000 000 Euro* | *4 000 000 Euro* | *4 000 000 Euro* |
| Bemessungsgrundlage im Wirtschaftsjahr 2020 | 3 700 000 Euro | 4 000 000 Euro | 4 000 000 Euro |

### 3.1.2. Ermittlung der Bemessungsgrundlage für die Wirtschaftsjahre 2026, 2025/2026 und 2026/2027

173 Die Berechnung erfolgt auf der Basis des Berechnungsschemas in Rn. 171 und betrifft alle Wirtschaftsjahre 2026, 2025/2026 und 2026/2027, die über den Stichtag 30. Juni/1. Juli 2026 hinausgehen:

| | | |
|---|---|---|
| Erste Zwischensumme bis 30. Juni 2026 | | |
| 4 | Summe aus Zeile 1 oder niedrigerem Betrag aus Zeile 1a, Zeile 2a, Zeile 2b und Zeile 3: | ________ Euro |
| 5 | Bemessungsgrundlagenhöchstbetrag | Höchstens 4 000 000 Euro |
| Zweite Zwischensumme ab 1. Juli 2026 | | |
| 9 | Summe aus Zeile 6 oder niedrigerem Betrag aus Zeile 6a, Zeile 7a, Zeile 7b und Zeile 8: | ________ Euro |
| 9a | Bemessungsgrundlagenhöchstbetrag | Höchstens 2 000 000 Euro |
| 3. | Ermittlung der Bemessungsgrundlage für die Wirtschaftsjahre 2026, 2025/2026, 2026/2027 | |
| 10a | Ist der Betrag aus Zeile 4 höher (bzw. gleich) als 2 000 000 Euro:<br>Niedrigerer Betrag aus Zeile 4 oder 5 | ________ Euro |
| 10b | Ist der Betrag aus Zeile 4 niedriger als 2 000 000 Euro:<br>Summe aus Zeile 4 und niedrigerem Betrag aus Zeile 9 oder 9a | ________ Euro |
| | Bemessungsgrundlagenhöchstbetrag (aus Zeile 9a) | Höchstens 2 000 000 Euro |

| | | |
|---|---|---|
| 11 | Bemessungsgrundlagenhöchstbetrag bei verbundenen Unternehmen | ______ Euro |

## 4. Bemessungsgrundlage bei verbundenen Unternehmen i.S.d. § 3 Abs. 6 FZulG

### 4.1. Begrenzung der Bemessungsgrundlage

Bei verbundenen Unternehmen wird die Bemessungsgrundlage je Kalenderjahr für alle verbundenen Unternehmen insgesamt auf die Höhe von 2 000 000 bzw. 4 000 000 Euro begrenzt (§ 3 Abs. 6 Satz 1 und Satz 3 FZulG). Die Bemessungsgrundlage aller verbundenen Unternehmen darf für die Berechnung der FZul für dasselbe Kalenderjahr damit insgesamt den Betrag von 2 000 000 bzw. 4 000 000 Euro nicht übersteigen. 174

Verbundene Unternehmen haben die Verteilung der Bemessungsgrundlage unter Beachtung der Bemessungsgrundlagenhöchstbeträge untereinander durch eine entsprechende Erklärung im Antrag auf FZul festzulegen (§ 5 Abs. 2 Satz 2 FZulG), wenn mehrere der miteinander verbundenen Unternehmen für ein Kalenderjahr FZul beanspruchen wollen und die Summe aller förderfähigen Aufwendungen den Höchstbetrag übersteigt. 175

Haben verbundene Unternehmen voneinander abweichende Wirtschaftsjahre, ist für die Begrenzung der Bemessungsgrundlage auf das Kalenderjahr abzustellen, in dem die Wirtschaftsjahre enden. 176

Für die Begrenzung der Bemessungsgrundlage bei verbundenen Unternehmen wird die in den Kalenderjahren 2020 und 2026 geltende maximal förderfähige Bemessungsgrundlage zugrunde gelegt. Eine Aufteilung der Bemessungsgrundlagenhöchstbeträge in vor dem 1. Juli oder nach dem 30. Juni entstandenen Aufwendungen erfolgt nur im Rahmen der individuellen Prüfung des Antrags eines Anspruchsberechtigten, nicht aber im Rahmen der Begrenzung der Bemessungsgrundlage für die verbundenen Unternehmen insgesamt. 177

Gemäß § 3 Abs. 6 Satz 4 FZulG kann ein Bescheid über die Festsetzung von FZul für ein verbundenes Unternehmen auch, nachdem er bestandskräftig ist, noch geändert werden, wenn 177a

1. ein Bescheid über die Festsetzung von FZul für dasselbe Kalenderjahr eines verbundenen Unternehmens aufgehoben, geändert oder berichtigt wird und
2. diese Änderung Einfluss auf die Aufteilung des Höchstbetrages zwischen den verbundenen Unternehmen hat. Das die Änderung begehrende Unternehmen kann insoweit weitere förderfähige Aufwendungen geltend machen, wenn hierauf bisher aufgrund der Begrenzung des Höchstbetrages für verbundene Unternehmen verzichtet wurde.

**Beispiel 17:** 178

Die A-GmbH, B-GmbH und C-GmbH sind als Schwestergesellschaften eines Konzerns verbundene Unternehmen i.S.d. § 3 Abs. 6 Satz 2 FZulG und ermitteln ihren Gewinn für folgende Wirtschaftsjahre:

| | |
|---|---|
| A-GmbH: | 1. Januar bis 31. Dezember |
| B-GmbH: | 1. April bis 31. März |
| C-GmbH: | 1. November bis 31. Oktober |

Die A-GmbH beantragt am 1. Mai 2021 FZul für das am 31. Dezember 2020 abgelaufene Wirtschaftsjahr auf Basis einer Bemessungsgrundlage von 1 500 000 Euro.

Die B-GmbH beantragt am 1. Dezember 2021 FZul für das am 31. März 2020 abgelaufene Wirtschaftsjahr 2019/2020 auf Basis einer Bemessungsgrundlage von 1 200 000 Euro.

Die C-GmbH beantragt am 1. August 2021 FZul für das am 31. Oktober 2020 abgelaufene Wirtschaftsjahr 2019/2020 auf Basis einer Bemessungsgrundlage von 1 450 000 Euro.

Alle drei GmbH vereinbaren die Verteilung der maximalen Bemessungsgrundlage und geben diese in ihren Anträgen auf FZul wie folgt an:

| | |
|---|---|
| A-GmbH: | 1 500 000 Euro (= 375 000 Euro FZul) |
| B-GmbH: | 1 100 000 Euro (= 275 000 Euro FZul) |
| C-GmbH: | 1 400 000 Euro (= 350 000 Euro FZul) |

Die Summe der insgesamt gewährten Bemessungsgrundlage beträgt damit 4 000 000 Euro und die darauf zu gewährende FZul 1 000 000 Euro.

Für die Prüfung, ob die maximale Bemessungsgrundlage von allen drei verbundenen Unternehmen eingehalten wird, sind die Anträge der verbundenen Unternehmen, die das Jahr 2020 betreffen (Kalenderjahr 2020 bzw. abweichende Wirtschaftsjahre 2019/2020) zusammen zu betrachten:

Die FZul wird entsprechend dem vereinbarten Aufteilungsverhältnis in allen drei Fällen antragsgemäß festgesetzt.

Im Jahr 2023 findet bei der A-GmbH eine Betriebsprüfung statt. Infolgedessen werden die förderfähigen Aufwendungen um 50 000 Euro gekürzt (Bemessungsgrundlage damit 1 450 000 Euro; FZul 362 500 Euro). Die sich so ergebende Reduktion der FZul für die A-GmbH kann nun der B-GmbH oder der C-GmbH nachträglich gewährt werden. Die drei GmbH legen untereinander fest, dass der „offene" Betrag bei der B-GmbH gefördert werden soll, und teilen dies dem Finanzamt mit. Da die B-GmbH bereits förderfähige Aufwendungen i.H.v. 1 200 000 Euro geltend gemacht hat, kann der FZul-Bescheid gemäß § 3 Abs. 6 Satz 4 FZulG insoweit geändert werden, als die zunächst gekürzte Bemessungsgrundlage um 50 000 Euro erhöht wird. Die B-GmbH erhält nunmehr FZul für eine Bemessungsgrundlage von 1 150 000 Euro i.H.v. 287 500 Euro. Die Summe der für das Kalenderjahr 2020 geförderten Bemessungsgrundlage beträgt „weiterhin" 4 000 000 Euro und die darauf festgesetzte FZul 1 000 000 Euro. Die Schwestergesellschaften haben die maximale Bemessungsgrundlage ausgeschöpft.

### 4.2. Verbundene Unternehmen im Sinne des FZulG

179 Wann Unternehmen im Sinne des FZulG als „verbunden" gelten, wird in § 3 Abs. 6 Satz 2 FZulG definiert. Danach wird von einem verbundenen Unternehmen ausgegangen, wenn die Merkmale des beherrschenden Einflusses aufeinander i.S.d. § 290 Abs. 2 bis 4 des Handelsgesetzbuches (HGB) erfüllt sind.

180 Somit ist immer von verbundenen Unternehmen auszugehen, wenn die Voraussetzungen zur Aufstellung eines Konzernabschlusses nach § 290 Abs. 1 HGB vorliegen, da der für die Aufstellung eines Konzernabschlusses erforderliche beherrschende Einfluss durch § 290 Abs. 2 bis 4 HGB konkretisiert wird.

181 Für die Einordnung als verbundene Unternehmen im Sinne des FZulG ist es nicht relevant, ob tatsächlich ein Konzernabschluss zu erstellen ist oder ob die Voraussetzungen für eine Befreiung von der Pflicht zur Aufstellung eines Konzernabschlusses vorliegen (§ 290 Abs. 5 HGB). Z.B. kann auch bei einem Tochterunternehmen, das nach § 296 HGB nicht in den Konzernabschluss einbezogen zu werden braucht, ein beherrschender Einfluss bestehen.

182 Das Kriterium des beherrschenden Einflusses aus § 290 Abs. 1 HGB wird durch typisierende und unwiderlegbare Tatbestände in § 290 Abs. 2 HGB bestimmt. Die Auflistung ist dabei nicht als abschließend zu verstehen, sondern stellt typische Beispiele dar, die gleichrangig eine Beherrschungsmöglichkeit begründen können.

183 Beherrschender Einfluss liegt gemäß § 290 Abs. 2 HGB stets vor bei:

– Stimmrechtsmehrheit,
– Organbestimmungsmehrheit,
– Beherrschungsvertrag oder entsprechenden Bestimmungen in der Satzung oder

– Übernahme der Mehrheit der Risiken und Chancen einer Zweckgesellschaft.

Für die Interpretation und Auslegung des § 290 Abs. 2 bis 4 HGB gelten die Abgrenzungskriterien des HGB. Die Grundsätze des Deutschen Rechnungslegungs Standard Nr. 19 (DRS 19) vom 29. Dezember 2010 können zur Auslegung herangezogen werden. 184

Unternehmen, die lediglich über reine vermögensverwaltende Gesellschaftsstrukturen (z.B. Private Equity Fonds, Venture Capital Fonds) horizontal miteinander verbunden sind und bei denen sich die Beteiligungsunternehmen untereinander nicht koordinieren können, sind nicht als verbundene Unternehmen i.S.d. § 3 Abs. 6 FZulG anzusehen. Dies gilt auch für reine vermögensverwaltende Gesellschaftsstrukturen von privaten Investoren (sog. Business Angels). Die Beweislast liegt beim Steuerpflichtigen. 184a

Für die Zuordnung eines Unternehmens als verbundenes Unternehmen sind die Verhältnisse am Ende des Wirtschaftsjahres, für das die FZul beantragt wird, maßgeblich. 185

### 5. Bemessungsgrundlage bei Organschaften

Für Organschaften gelten keine besonderen Regelungen. Soweit es sich bei den jeweiligen anspruchsberechtigten Organgesellschaften um verbundene Unternehmen handelt, gelten die Ausführungen unter Rn. 174 ff. 186

### 6. Bemessungsgrundlage bei Kooperationsvorhaben

Wird ein begünstigtes FuE-Vorhaben gemeinsam mit einem oder mehreren anderen Unternehmen bzw. einer anderen Einrichtung oder mehreren anderen Einrichtungen für Forschung und Wissensverbreitung durchgeführt, gelten die vorstehenden Ausführungen entsprechend. Soweit es sich bei den Kooperationspartnern auch um verbundene Unternehmen handelt, gelten die Ausführungen unter Rn. 174 ff. Sind die Kooperationspartner keine verbundenen Unternehmen, beantragt jeder Kooperationspartner, der gemäß § 1 FZulG anspruchsberechtigt ist (vgl. Rn. 16 f.), für die bei ihm entstandenen förderfähigen Aufwendungen eine FZul. 187

## V. Höhe der FZul

### 1. Grundsatz

Die FZul beträgt nach § 4 Abs. 1 Satz 1 FZulG 25 Prozent der förderfähigen Bemessungsgrundlage eines Wirtschaftsjahres. 188

Die FZul wird für das Wirtschaftsjahr festgesetzt, in dem die förderfähigen Aufwendungen entstanden sind. Die FZul wird damit bezogen auf alle FuE-Vorhaben eines Wirtschaftsjahres gewährt. 189

Aufgrund der Begrenzung der förderfähigen Bemessungsgrundlage nach § 3 Abs. 5 FZulG kann die FZul pro Wirtschaftsjahr höchstens 1 000 000 Euro bzw. für nach dem 30. Juni 2026 beginnende Wirtschaftsjahre 500 000 Euro betragen. 190

### 2. Begrenzung der FZul nach der AGVO

Die FZul darf nur in der Höhe festgesetzt werden, in der dies nach den beihilferechtlichen Vorgaben zulässig ist. Eine Beihilfe nach dem FZulG ist mit der AGVO vereinbar, wenn die in Art. 4 Nr. 1 Buchst. i AGVO genannten Schwellenwerte für FuE-Beihilfen periodenübergreifend pro Unternehmen und Vorhaben nicht überschritten werden. Da die FZul für förderfähige Aufwendungen in begünstigten FuE-Vorhaben der Kategorien Grundlagenfor- 191 schung, industrielle Forschung oder experimentelle Entwicklung gleichermaßen gewährt wird, sieht § 4 Abs. 2 FZulG den nach Art. 4 Nr. 1 Buchst. i AGVO zu beachtenden geringsten Schwellenwert vor. Somit darf die FZul in der Summe der gewährten staatlichen Beihilfen für ein FuE-Vorhaben jahresübergreifend den Betrag von 15 000 000 Euro pro Unternehmen nicht übersteigen.

**192** Zur Einhaltung dieses Schwellenwertes hat der Anspruchsberechtigte im Antrag auf FZul Angaben über weitere staatliche Beihilfen für das jeweilige begünstigte FuE-Vorhaben zu tätigen.

**193** Soweit der beihilferechtliche Schwellenwert für ein FuE-Vorhaben bei einem Unternehmen überschritten wird, darf die FZul nur noch insoweit festgesetzt werden, wie der Betrag von 15 000 000 Euro nicht überschritten wird.

### 3. Begrenzung der FZul nach der De-minimis-Verordnung

**194** Wird die FZul auch für förderfähige Aufwendungen aus Eigenleistungen eines Einzelunternehmers oder eines Mitunternehmers einer Mitunternehmerschaft gewährt, handelt es sich insoweit nicht um eine Beihilfe im Sinne der AGVO (vgl. Rn. 305 ff.).

**195** Gemäß § 9 Abs. 5 FZulG kann die FZul für den Teil der Bemessungsgrundlage, der auf förderfähige Eigenleistungen i.S.d. § 3 Abs. 3 FZulG entfällt, aber nur gewährt werden, soweit die Voraussetzungen der Verordnung (EU) Nr. 1407/2013 der Kommission vom 18. Dezember 2013 über die Anwendung der Art. 107 und 108 des Vertrags über die Arbeitsweise der Europäischen Union auf De-minimis-Beihilfen (ABl. L 352 vom 24. Dezember 2013, S. 1) (De-minimis-Verordnung) in der jeweils geltenden Fassung eingehalten sind.

**196** Werden Beihilfen auf der Grundlage der De-minimis-Verordnung gewährt, so darf der Gesamtbetrag der einem einzigen Unternehmen gewährten De-minimis-Beihilfen – unabhängig davon, aus welchen Förderprogrammen diese gewährt worden sind – in einem Zeitraum von drei Wirtschaftsjahren den Beihilfehöchstbetrag von 200 000 Euro nicht übersteigen. Zudem dürfen die nach der De-minimis-Verordnung gewährten Beihilfen auch nur bis zu dem in der DAWI-de-minimis-Verordnung (Verordnung (EU) Nr. 360/2012 der Kommission vom 25. April 2012 über die Anwendung der Art. 107 und 108 des Vertrags über die Arbeitsweise der Europäischen Union auf De-minimis-Beihilfen an Unternehmen, die Dienstleistungen von allgemeinem wirtschaftlichen Interesse erbringen; ABl. L 114 vom 26. April 2012, S. 8) festgelegten Beihilfehöchstbetrag von 500 000 Euro mit anderen De-minimis-Beihilfen und DAWI-de-minimis-Beihilfen kumuliert werden.

**197** Soweit FZul auch für Eigenleistungen i.S.d. § 3 Abs. 3 FZulG beantragt wird, sind entsprechende Angaben über die Höhe anderweitig bezogener De-minimis-Beihilfen und DAWI-de-minimis-Beihilfen für das Wirtschaftsjahr, für das FZul beantragt wird, und die zwei vorausgegangenen Wirtschaftsjahre im Antrag auf FZul erforderlich (vgl. Rn. 310 ff.).

**198** Die FZul ermittelt sich unter Berücksichtigung der für De-minimis-Beihilfen erforderlichen Prüfung wie folgt:
(Bezug ist das Berechnungsschema in Rn. 171)

| | | |
|---|---|---|
| 4. | Ermittlung der FZul (vor Prüfung De-minimis-Beihilfen) | |
| 12 | niedrigerer Betrag aus Zeile 10, 11 oder 11a<br>× 25 Prozent | ______ Euro |
| 5. | De-minimis-Prüfung für förderfähige Aufwendungen aus Eigenleistungen | |

| | | |
|---|---|---|
| 5.1. | Ermittlung des De-minimis-Beihilfewerts der FZul | |
| 5.1.1. | Bei Ansatz eines Bemessungsgrundlagenhöchstbetrags (wenn Zeile 5 < Zeile 4 oder Zeile 11 bzw. niedrigerer Betrag aus Zeile 11a < Zeile 10) | |
| | a) Bei Ansatz des Bemessungsgrundlagenhöchstbetrags bis 30. Juni 2020<br>(wenn Zeile 5 < Zeile 4 und<br>wenn Zeile 10 < 4 000 000 Euro oder = Zeile 11a) | |
| 13a | Differenz aus Zeile 10 und Summe aus Zeilen 1 bzw. 1a, 3, 6 bzw. 6a und 8<br>_____ Euro | < = 0 Euro: FZul lt. Zeile 12<br>> 0 Euro: Differenz<br>× 25 Prozent<br>De-minimis-Beihilfewert FZul:<br>_____ Euro |
| | b) Übrige Fälle, wenn Zeile 11 bzw. niedrigerer Betrag aus Zeile 11a < Zeile 10 | |
| | Differenz aus Zeile 11 bzw. niedrigerem Betrag aus Zeile 11a und Summe aus Zeilen 1 bzw. 1a, 3, 6 bzw. 6a und 8<br>_____ Euro | < = 0 Euro: FZul lt. Zeile 12<br>> 0 Euro: Differenz<br>× 25 Prozent<br>De-minimis-Beihilfewert FZul:<br>_____ Euro |
| 5.1.2. | Ohne Begrenzung auf einen Bemessungsgrundlagenhöchstbetrag (wenn Zeile 5 > Zeile 4 und Zeile 11 bzw. niedrigerer Betrag aus Zeile 11a >/= Zeile 10) | |
| 13b | De-minimis-Beihilfewert FZul (Summe aus Zeilen 2a, 2b, 7a und 7b)<br>× 25 Prozent | _____ Euro |
| 5.2. | Prüfung des Höchstbetrages nach der De-minimis-Verordnung | |
| 14 | Beihilfewert bereits erhaltener De-minimis-Beihilfen gesamt | _____ Euro<br>> = 200 000 Euro:<br>Weiter bei Zeile 19 |
| 15 | De-minimis-Beihilfewert FZul und bereits erhaltener De-minimis-Beihilfen (Summe aus Zeilen 13a oder 13b und 14) | _____ Euro<br>< = 200 000 Euro:<br>FZul lt. Zeile 12<br>> 200 000 Euro:<br>Weiter bei Zeile 20 |
| 5.3. | Prüfung des Höchstbetrages nach der DAWI-de-minimis-Verordnung | |
| 16 | Beihilfewert bereits erhaltener<br>DAWI-de-minimis-Beihilfen gesamt | _____ Euro<br>> = 500 000 Euro:<br>Weiter bei Zeile 19 |
| 17 | Beihilfewert bereits erhaltener De-minimis-Beihilfen und DAWI-de-minimis-Beihilfen (Summe aus Zeilen 14 und 16) | _____ Euro<br>> = 500 000 Euro:<br>Weiter bei Zeile 19 |
| 18 | De-minimis-Beihilfewert FZul und Beihilfewert bereits erhaltener De-minimis-Beihilfen und DAWI-de-minimis-Beihilfen<br>(Summe aus Zeilen 13a oder 13b, 14 und 16) | _____ Euro<br>< = 500 000 Euro:<br>FZul lt. Zeile 12<br>> 500 000 Euro:<br>Weiter bei Zeile 21 |
| 5.4. | Ermittlung der FZul unter Beachtung der De-minimis-Verordnung:<br>Niedrigerer Betrag aus den nachfolgenden Zeilen: | |
| 19 | Differenz aus Zeile 12 und Zeile 13a oder 13b | _____ Euro |
| 20 | Differenz aus Zeile 12 und Zeile 13a oder 13b zzgl. Differenz aus 200 000 Euro und Zeile 14 | _____ Euro |

| | | |
|---|---|---|
| 21 | Differenz aus Zeile 12 und Zeile 13a oder 13b zzgl. Differenz aus 500 000 Euro und Zeile 17 | ______ Euro |

## Zweiter Teil. Verfahrensrechtliche Vorschriften

### I. Antragstellung

#### 1. Allgemeines

199 Die Gewährung der FZul erfolgt über ein zweistufiges Verfahren:

1. Antrag auf Bescheinigung nach § 6 FZulG (Rn. 222 ff.)
2. Antrag auf FZul (Rn. 204 ff.)

#### 2. Antragsberechtigung

200 Antragsberechtigt ist grundsätzlich der Anspruchsberechtigte nach § 1 Abs. 1 FZulG (Rn. 1 ff.) oder sein Gesamtrechtsnachfolger.

201 Bei Körperschaften, Personenvereinigungen sowie Mitunternehmerschaften ist die Gesellschaft, vertreten durch den gesellschaftsvertraglich bestimmten Vertreter, und bei Vermögensmassen im Sinne des KStG der gesetzliche Vertreter bzw. der Vermögensverwalter (§ 34 AO) antragsberechtigt.

202 Ist vor Antragstellung Gesamtrechtsnachfolge eingetreten, ist der Gesamtrechtsnachfolger antragsberechtigt (§ 45 AO). Bei mehreren Gesamtrechtsnachfolgern sind diese nur gemeinschaftlich antragsberechtigt. Ist vor Antragstellung Einzelrechtsnachfolge eingetreten, so ist der Einzelrechtsnachfolger nur antragsberechtigt, soweit die förderfähigen Aufwendungen nach Eintritt der Einzelrechtsnachfolge entstanden sind.

203 Der Antragsteller kann sich im Festsetzungsverfahren durch einen Bevollmächtigten vertreten lassen (§ 80 AO). Er kann auch einen Dritten (z.B. Steuerberater) damit beauftragen, den Antrag für ihn an das zuständige Finanzamt zu übermitteln (§ 87d AO). Dies gilt nicht für das Bescheinigungsverfahren. Hinsichtlich der Zulässigkeit der steuerlichen Hilfeleistung im Zusammenhang mit der FZul im Einzelnen wird auf Rn. 208 und Rn. 229 verwiesen.

#### 3. Antrag auf FZul

##### 3.1. Zuständiges Finanzamt

204 Der Antrag auf FZul ist bei dem für die Besteuerung des Anspruchsberechtigten nach dem Einkommen zuständigen Finanzamt zu stellen. Zuständiges Finanzamt für die Festsetzung der FZul ist

1. bei Steuerpflichtigen im Sinne des EStG und des KStG das für die Besteuerung nach dem Einkommen zuständige Finanzamt (§§ 19, 20 AO). Das gilt auch, wenn die Einkünfte des Anspruchsberechtigten nach § 180 Abs. 1 Satz 1 Nr. 2 Buchst. b AO gesondert festgestellt werden.
2. bei Mitunternehmerschaften das für die gesonderte und einheitliche Feststellung der Einkünfte zuständige Finanzamt (§ 18 Abs. 1 Nr. 1 bis 3 i.V.m. § 180 Abs. 1 Satz 1 Nr. 2 Buchst. a AO).

##### 3.2. Antragsverfahren

205 Der Antrag auf FZul ist nach amtlich vorgeschriebenem Datensatz über die amtlich bestimmte Schnittstelle zu stellen (§ 5 Abs. 1 Satz 1 FZulG i.V.m. § 87b Abs. 1 und 2 AO). Die Finanzverwaltung bietet hierzu das kostenfreie Online-Portal „Mein ELSTER" (www.elster.de) an.

Die Antragstellung erfolgt unabhängig von der Einkommen- oder Körperschaftsteuererklärung oder der Erklärung zur gesonderten und einheitlichen Feststellung der Einkünfte. Es ist nicht erforderlich, dass dem Finanzamt bereits die Steuer- oder Feststellungserklärung für das Jahr vorliegt, für das die FZul beantragt wird. 206

Die Antragstellung kann je Wirtschaftsjahr nur einheitlich für alle in dem Wirtschaftsjahr entstandenen förderfähigen Aufwendungen des Anspruchsberechtigten erfolgen. Je Wirtschaftsjahr ist daher nur ein Antrag auf FZul möglich. 207

Für Hilfeleistungen im Zusammenhang mit der FZul ist, soweit sie auf den Antrag auf FZul entfallen, der Anwendungsbereich des § 1 Abs. 1 Nr. 1 Steuerberatungsgesetz (StBerG) eröffnet. Die Beantragung der FZul beim Finanzamt sowie die damit zusammenhängende Beratungsleistung sind eine Hilfeleistung in Steuersachen nach § 2 StBerG und dürfen daher nur von zur Hilfeleistung in Steuersachen Befugten erfolgen. Personen i.S.d. § 4 Nr. 5 StBerG (z.B. sog. Förderberater) sind zu dieser Hilfeleistung nicht befugt, da deren Haupttätigkeit auch ohne diese Hilfeleistung ausgeübt werden kann und es daher an einem unmittelbaren Zusammenhang fehlt. 208

### 3.3. Inhalt des Antrags

Im Antrag auf FZul sind die begünstigten FuE-Vorhaben, für die eine FZul beantragt wird, sowie die förderfähigen Aufwendungen so genau anzugeben, dass eine Überprüfung möglich ist. Bei mehreren Betrieben oder Betriebsstätten sind diese sowie die FuE-Vorhaben jeweils einzeln zu bezeichnen. 209

Voraussetzung für den Antrag ist die Bescheinigung nach § 6 FZulG, aus der die begünstigten FuE-Vorhaben ersichtlich sind. Nachrichtliche Angaben, die in der Bescheinigung nach § 6 FZulG enthalten sind, müssen bei Einwilligung in die Datenübernahme im Antrag auf FZul grundsätzlich nicht wiederholt werden. Zu diesen nachrichtlichen Angaben gehören alle Angaben, die nicht die Feststellung des FuE-Vorhabens selbst betreffen, z.B. Angaben zu verbundenen Unternehmen, zu Kooperationspartnern oder zur Auftragsforschung. Wenn sich Änderungen gegenüber diesen Angaben im Bescheinigungsverfahren nach § 6 FZulG ergeben haben, müssen die entsprechenden Angaben im Antrag auf FZul aufgeführt werden (vgl. demgegenüber zur Erforderlichkeit einer neuen Bescheinigung Rn. 237). 210

Der Anspruchsberechtigte hat im Antrag auf FZul zu versichern, dass sich die im Rahmen des Bescheinigungsverfahrens gegenüber der BSFZ erklärten und die der Bescheinigung nach § 6 FZulG zugrunde gelegten Sachverhalte zum FuE-Vorhaben selbst nicht verändert haben. 211

Im Antrag auf FZul sind Erklärungen zur Einhaltung der beihilferechtlich relevanten Vorgaben erforderlich. 212

Nachträgliche Änderungen gegenüber den im Antrag auf FZul getätigten Angaben sind dem in diesem Zeitpunkt für die FZul zuständigen Finanzamt unverzüglich anzuzeigen. 213

Zum Inhalt des Antrags auf FZul wird auf die Veröffentlichung auf den Internetseiten des Bundesministeriums der Finanzen (www.bundesfinanzministerium.de) verwiesen. 214

### 3.4. Belegnachweis

215 Dem elektronischen Antrag auf FZul sind keine Belege beizufügen. Diese sind erst auf Anforderung des Finanzamtes vorzulegen.

216 Das Finanzamt entscheidet im Rahmen der Bearbeitung des Antrages auf FZul in eigener Zuständigkeit über den Umfang der Prüfung (§ 88 AO); hierzu gehört auch die Entscheidung über die Anforderung von Belegen. Diese sind im Falle einer Aufforderung durch das Finanzamt vom Anspruchsberechtigten vorzulegen.

217 Vom Anspruchsberechtigten sind für den Fall einer etwaigen Beleganforderung nachvollziehbare und aussagefähige Dokumentationen über die Ermittlung der Höhe der förderfähigen Aufwendungen sowie zum Stand des begünstigten FuE-Vorhabens am Ende des Wirtschaftsjahres vorzuhalten.

218 Zu diesen Dokumentationen gehören u.a.

- Aufzeichnungen über die im begünstigten FuE-Vorhaben tätigen Arbeitnehmer mit einer Kurzbeschreibung der Tätigkeit im begünstigten FuE-Vorhaben,
- Stundenaufzeichnung(en) sowohl für die nur zeitweise im begünstigten FuE-Vorhaben als auch für die in verschiedenen FuE-Vorhaben beschäftigten Arbeitnehmer,
- Stundenaufzeichnung(en) über geleistete Eigenleistungen des jeweiligen Einzel- oder Mitunternehmers sowie
- Kurzbeschreibung zum Stand des begünstigten FuE-Vorhabens am Ende des jeweiligen Wirtschaftsjahres.

219 Nicht erforderlich ist die Erstellung und Vorlage einer abschließenden Dokumentation über die Ergebnisse am Ende des begünstigten FuE-Vorhabens.

### 4. Antragsfrist

220 Die FZul kann gemäß § 5 Abs. 1 FZulG erst nach Ablauf des Wirtschaftsjahres, in dem die förderfähigen Aufwendungen für begünstigte FuE-Vorhaben entstanden sind, beantragt werden. Vor diesem Zeitpunkt gestellte Anträge sind unwirksam.

221 Das FZulG sieht keine Frist für die Abgabe des Antrags auf FZul vor. Die für Steuervergütungen geltenden Vorschriften der AO sind, mit Ausnahme des § 163 AO, entsprechend anzuwenden. Damit kann der Antrag auf FZul nach dem FZulG nur bis zum Ablauf der Festsetzungsfrist gestellt werden. Diese beträgt grundsätzlich vier Jahre (§ 169 Abs. 2 Satz 1 Nr. 2 AO). Die Festsetzungsfrist beginnt mit Ablauf des Kalenderjahres, in dem der Anspruch auf FZul entstanden ist (§ 170 Abs. 1 AO). Der Anspruch auf FZul entsteht mit Ablauf des Wirtschaftsjahres, in dem die förderfähigen Aufwendungen i.S.d. § 3 Abs. 1 und 2 FZulG vom Arbeitnehmer bezogen worden sind oder die nach § 3 Abs. 3 und 4 FZulG förderfähigen Aufwendungen beim Anspruchsberechtigten entstanden sind (§ 4 Abs. 1 Satz 2 FZulG).

## II. Bescheinigungsverfahren

### 1. Allgemeines

222 Das Bescheinigungsverfahren basiert auf der Verordnung zur Durchführung von § 14 Abs. 1 des Forschungszulagengesetzes (Forschungszulagen-Bescheinigungsverordnung – FZulBV) vom 30. Januar 2020 (BGBl. I S. 118).

## 2. Antrag auf Bescheinigung nach § 6 FZulG

### 2.1. Zuständige Stelle

Zuständige Stelle für den Antrag auf Bescheinigung nach § 6 FZulG ist die BSFZ. 223

Das Verfahren richtet sich nach dem Verwaltungsverfahrensgesetz. 224

### 2.2. Antragsverfahren

Der Antrag auf Bescheinigung nach § 6 FZulG ist für die FuE-Vorhaben zu stellen, für die die FZul nach dem FZulG beantragt werden soll. Der Anspruchsberechtigte kann die Bescheinigung gleichzeitig für mehrere FuE-Vorhaben in einem Antrag beantragen (vgl. auch Rn. 41). 225

Der Antrag auf Bescheinigung ist über das Web-Portal der BSFZ (www.bescheinigung-forschungszulage.de) elektronisch zu stellen. Zur Registrierung ist ein gültiges ELSTER-Zertifikat (Organisationszertifikat mit Steuernummer) erforderlich. Nähere Informationen hierzu unter www.bescheinigung-forschungszulage.de. 226

Das Antragsverfahren ist derzeit nicht gebührenpflichtig. 227

Für die Beantragung der Bescheinigung nach § 6 FZulG sind keine Antragsfristen zu beachten. Der Antrag kann vor, während oder nach Abschluss der Durchführung eines FuE-Vorhabens, d.h. bereits im Laufe des Wirtschaftsjahres oder auch erst nach Ablauf des Wirtschaftsjahres, für das die FZul beantragt werden soll, gestellt werden. In jedem Fall muss die Bescheinigung vor der Beantragung der FZul beim Finanzamt vorliegen. 228

Hilfeleistungen, die im Zusammenhang mit einem Antrag auf Bescheinigung nach § 6 FZulG bei der BSFZ stehen, sind keine geschäftsmäßige Hilfeleistung im Sinne des StBerG. Den Antrag auf Bescheinigung kann allerdings nur der Anspruchsberechtigte selbst stellen. Im Webportal der BSFZ können im „Unternehmensaccount" weitere Bevollmächtigte und sogenannte „Antragsbearbeiter" hinzugefügt werden. Antragsbearbeiter können die ihnen zugewiesenen Anträge bearbeiten (aber nicht einreichen), Vorhabenbeschreibungen eingeben und ändern sowie eventuelle Nachforderungen beantworten. Antragsbearbeiter können sowohl Angestellte des Unternehmens sein als auch unternehmensexterne Personen (z.B. Steuerberater, Wirtschaftsprüfer, Förderberater). 229

## 3. Übermittlung der Bescheinigung nach § 6 FZulG

Gemäß § 5 Abs. 3 FZulBV soll die Bescheinigung nach § 6 FZulG dem Antragsteller durch die BSFZ innerhalb von drei Monaten nach Vorlage der vollständigen Unterlagen bekanntgegeben und dem zuständigen Finanzamt übermittelt werden. 230

Gemäß § 5 Abs. 3 FZulG ist für den Antrag auf FZul eine Bescheinigung nach § 6 FZulG für die im Antrag auf FZul aufgeführten begünstigten FuE-Vorhaben erforderlich. Die Voraussetzung wird dadurch erfüllt, dass die Bescheinigung nach § 6 FZulG unmittelbar von der BSFZ an das zuständige Finanzamt übermittelt wird. Diese muss daher dem Antrag auf FZul nicht gesondert beigefügt werden. 231

## 4. Grundlagenbescheid

Die Bescheinigung nach § 6 FZulG wird für alle in einem Antrag aufgeführten FuE-Vorhaben eines Anspruchsberechtigten ausgestellt. Die Bescheinigung nach § 6 FZulG enthält jeweils getrennt für jedes FuE-Vorhaben die ent- 232 sprechende Feststellung mit der Begründung, ob ein begünstigtes FuE-Vorhaben i.S.d. § 2 Abs. 1 bis 3 FZulG vorliegt oder ob die gesetzlichen Voraussetzungen nicht erfüllt sind.

**233** Die Bescheinigung nach § 6 FZulG enthält verbindlich lediglich die Feststellung, ob das FuE-Vorhaben die Voraussetzungen des § 2 Abs. 1 bis 3 FZulG erfüllt. Insoweit entfaltet diese Bescheinigung eine Bindungswirkung als Grundlagenbescheid (§ 171 Abs. 10 i.V.m. § 175 Abs. 1 Satz 1 Nr. 1 AO). Die Ablaufhemmung für die Festsetzungsfrist des Folgebescheids nach § 171 Abs. 10 AO greift nur, wenn der Antrag auf Bescheinigung nach § 6 FZulG vor Ablauf der für den Folgebescheid geltenden Festsetzungsfrist gestellt worden ist (§ 171 Abs. 10 Satz 3 AO). Das für die Festsetzung der FZul zuständige Finanzamt ist an die in der Bescheinigung getroffenen Entscheidungen gebunden, soweit diese die Beurteilung des FuE-Vorhabens betreffen.

**234** Die Bescheinigung nach § 6 FZulG entfaltet dagegen keine Bindungswirkung im Hinblick auf den Umfang der förderfähigen Aufwendungen, die Art der Durchführung des FuE-Vorhabens oder den Zeitpunkt des Beginns oder Endes eines Vorhabens.

**235** Die BSFZ stellt fest, ob es sich bei dem beantragten FuE-Vorhaben um ein solches handelt, das einer oder mehreren der Kategorien Grundlagenforschung, industrielle Forschung oder experimentelle Entwicklung zuzurechnen ist. Die BSFZ begründet in dem Bescheid ihre Entscheidung. Dadurch ist eine Abgrenzung des begünstigten FuE-Vorhabens von nicht begünstigten FuE-Tätigkeiten (z.B. Tätigkeiten im Sinne der Rn. 33) möglich.

**236** Die Bescheinigung gilt für den gesamten Zeitraum, in dem das begünstigte FuE-Vorhaben durchgeführt wird. Sie muss, soweit keine Änderungen gegenüber dem ursprünglichen Antrag auf Bescheinigung eintreten, nicht – insbesondere nicht jährlich – neu beantragt werden und entfaltet damit auch hinsichtlich der Feststellung, ob das FuE-Vorhaben die Voraussetzungen des § 2 Abs. 1 bis 3 FZulG erfüllt, Bindungswirkung für Anträge auf Festsetzung der FZul für mehrere Wirtschaftsjahre.

**237** Wird das FuE-Vorhaben während seiner Durchführung geändert oder erweitert, ist eine neue Bescheinigung der BSFZ erforderlich. Eine Änderung oder Erweiterung kann z.B. vorliegen, wenn sich die Zielrichtung des FuE-Vorhabens oder die bisher vorgesehene Aufgabenplanung ändert oder wenn neue Arbeitspakete integriert werden. Eine neue Bescheinigung ist auch erforderlich, wenn sich die geplanten Durchführungswege ändern (z.B. durch zusätzliche Integration einer Auftragsforschung).

**238** Das Finanzamt kann im Rahmen der Ermittlung des Sachverhalts von Amts wegen vom Anspruchsberechtigten eine neue Bescheinigung nach § 6 FZulG über die Beurteilung des aktuellen FuE-Vorhabens anfordern, wenn dafür ein Anlass besteht. Dies kann z.B. für die Prüfung erforderlich sein, ob die FuE-Tätigkeiten dem begünstigten FuE-Vorhaben zuzurechnen sind, weil der ursprünglich geplante finanzielle oder zeitliche Rahmen wesentlich überschritten wurde.

### III. Festsetzungsverfahren

#### 1. Allgemeines

**239** Gemäß § 12 Satz 1 FZulG sind die für Steuervergütungen geltenden Vorschriften der AO mit Ausnahme des § 163 AO entsprechend anzuwenden. Für die Bearbeitung des Antrags und der Festsetzung der FZul gelten daher gemäß

§ 155 Abs. 5 AO die für die Steuerfestsetzung geltenden Vorschriften der AO sinngemäß.

Das Finanzamt setzt die FZul für das Wirtschaftsjahr, in dem die förderfähigen Aufwendungen entstanden sind, in einem Forschungszulagenbescheid gegenüber dem Anspruchsberechtigten fest (§ 10 Abs. 1 Satz 1 FZulG). Bei einer Mitunternehmerschaft erfolgt die Festsetzung gegenüber der Mitunternehmerschaft (zum weiteren Verfahren siehe Rn. 252 ff.). 240

## 2. Prüfung des Antrags

Das Finanzamt prüft die Angaben im Antrag auf FZul und setzt die FZul, soweit alle Voraussetzungen vorliegen, in einem Bescheid fest. 241

Die Finanzbehörde bestimmt Art und Umfang der Ermittlungen nach den Umständen des Einzelfalls sowie nach den Grundsätzen der Gleichmäßigkeit, Gesetzmäßigkeit und Verhältnismäßigkeit (§ 88 Abs. 2 AO). 242

Die zuständigen Behörden von Land, Bund und EU, die jeweiligen Rechnungshöfe und die vom Land, Bund und EU beauftragten Prüfinstitutionen dürfen die Voraussetzungen für die Gewährung der FZul durch Kontrollmaßnahmen (z.B. durch Besichtigungen an Ort und Stelle, Einsichtnahme in die Bücher, Belege und sonstige Unterlagen) – auch nachträglich – prüfen und Auskünfte über die tatsächlichen und rechtlichen Verhältnisse einholen. Aufzeichnungen in elektronischer Form sind, wenn die Behörde dies verlangt, auf Kosten des Anspruchsberechtigten auszudrucken. 243

Die Angaben im Antrag auf FZul können auch im Weg einer Außenprüfung beim Anspruchsberechtigten überprüft werden (§ 193 Abs. 1 AO). Gemäß § 194 AO kann eine Außenprüfung eine oder mehrere Steuerarten, einen oder mehrere Besteuerungszeiträume umfassen oder sich auf bestimmte Sachverhalte beschränken. Damit kann die FZul Bestandteil einer Außenprüfung sein oder auch eigenständig geprüft werden. Die Vorschriften der AO zur Durchführung von Außenprüfungen gelten auch für die FZul entsprechend (§ 12 FZulG). 244

## 3. Aufhebung und Änderung des Forschungszulagenbescheids

Für die Aufhebung und Änderung des Forschungszulagenbescheids gelten die allgemeinen Regelungen der AO für das Steuerfestsetzungsverfahren (§§ 129, 172 ff. AO) entsprechend (§ 12 FZulG). 245

# IV. Feststellungsverfahren

## 1. Gesonderte Feststellung der förderfähigen Aufwendungen nach § 5 Abs. 4 FZulG

In den Fällen, in denen eine gesonderte Feststellung der Einkünfte nach § 180 Abs. 1 Satz 1 Nr. 2 Buchst. b AO erfolgt, hat gemäß § 5 Abs. 4 FZulG das hierfür zuständige Finanzamt (Betriebsfinanzamt) die für diesen Betrieb förderfähigen Aufwendungen nach § 3 Abs. 1 bis 4 FZulG gesondert festzustellen. 246

Das gesonderte Feststellungsverfahren erfolgt von Amts wegen. Das für die Festsetzung der FZul zuständige Finanzamt (Festsetzungsfinanzamt), bei dem der Antrag auf FZul gestellt wird (siehe Rn. 204), löst das gesonderte Feststellungsverfahren beim Betriebsfinanzamt aus. 247

Dem Betriebsfinanzamt obliegt im Rahmen des gesonderten Feststellungsverfahrens die Prüfung und Feststellung der förderfähigen Aufwendungen nach § 3 Abs. 1 bis 4 FZulG dem Grunde und der Höhe nach. Diese Prüfung umfasst somit auch die Auswertung der Bescheinigung nach § 6 FZulG, die Prüfung der Einhaltung des Begünstigungszeitraums sowie die Prüfung der 248 zutreffenden Art der förderfähigen Aufwendungen unter Berücksichtigung der Durchführungsart des FuE-Vorhabens.

249 Das Betriebsfinanzamt erlässt einen Bescheid über die gesonderte Feststellung von förderfähigen Aufwendungen (gesonderter Feststellungsbescheid) an den Anspruchsberechtigten und übersendet eine entsprechende Mitteilung an das Festsetzungsfinanzamt. Es gelten die §§ 179 ff. AO.

250 Das Festsetzungsfinanzamt erlässt den Forschungszulagenbescheid unter Berücksichtigung der Mitteilung aus dem gesonderten Feststellungsverfahren; liegen mehrere Mitteilungen vor, sind diese dabei zusammenzuführen. Das Festsetzungsfinanzamt ist insoweit an die Mitteilung des Betriebsfinanzamts gebunden (Grundlagenbescheid nach § 171 Abs. 10 i.V.m. § 175 Abs. 1 Satz 1 Nr. 1 AO).

251 Einwände gegen die gesonderte Feststellung der förderfähigen Aufwendungen sind über einen Einspruch gegen den gesonderten Feststellungsbescheid an das Betriebsfinanzamt zu richten (§ 351 Abs. 2 AO; vgl. Rn. 270).

### 2. Gesonderte und einheitliche Feststellung der Anteile an der FZul nach § 10 Abs. 2 FZulG

#### 2.1. Allgemeines

252 Bei Mitunternehmerschaften werden nach § 10 Abs. 2 Satz 2 FZulG die den Mitunternehmern jeweils zuzurechnenden Anteile an der festgesetzten FZul gesondert und einheitlich gegenüber den Mitunternehmern festgestellt (Forschungszulagenfeststellungsbescheid). Bei mehrstöckigen Personengesellschaften hat auf Ebene der Oberpersonengesellschaft eine weitere Feststellung über die Zurechnung der gegenüber der Unterpersonengesellschaft festgesetzten FZul zu erfolgen.

253 Zuständig für die gesonderte und einheitliche Feststellung ist das für die gesonderte und einheitliche Feststellung der Einkünfte zuständige Finanzamt (Feststellungsfinanzamt; § 5 Abs. 1 Satz 3 FZulG).

254 Aufteilungsmaßstab für die Verteilung ist der allgemeine Gewinnverteilungsschlüssel (§ 10 Abs. 2 Satz 3 FZulG), der sich aus dem Gesellschaftsvertrag oder den gesetzlichen Regelungen des HGB ergibt (§ 109 HGB; ab 1. Januar 2024: § 108 HGB). Dies gilt nur insoweit, als die Gewinnverteilung auch steuerrechtlich anzuerkennen ist. Vorabgewinnanteile und Sondervergütungen sind nicht zu berücksichtigen. Maßgebend sind der Gesellschafterbestand und die Verhältnisse zum Ende des Wirtschaftsjahres, für das die FZul beansprucht wird.

255 Die Mitunternehmer können im Antrag auf FZul der Mitunternehmerschaft einen gemeinsamen Bevollmächtigten für den Empfang des Forschungszulagenfeststellungsbescheids bestimmen (§ 122 Abs. 6 AO).

256 Die gesonderte und einheitliche Feststellung der den Mitunternehmern jeweils zuzurechnenden Anteile an der gegenüber der Mitunternehmerschaft festgesetzten FZul erfolgt auf Grundlage des § 10 Abs. 2 FZulG. Die §§ 179 ff. AO finden insoweit keine Anwendung.

#### 2.2. Aufhebung und Änderung des Forschungszulagenfeststellungsbescheids

257 Die Aufhebung oder Änderung des einer gesonderten und einheitlichen Feststellung nach § 10 Abs. 2 Satz 2 FZulG zugrundeliegenden Forschungszulagenbescheids führt nach § 10 Abs. 2 Satz 4 FZulG zu einer entsprechenden Aufhebung oder Änderung des Forschungszulagenfeststellungsbescheids.

## V. Anrechnungsverfahren

### 1. Allgemeines

Die FZul wird nicht unmittelbar nach der Festsetzung ausgezahlt, sondern nach § 10 Abs. 1 Satz 2 FZulG bei der dem Forschungszulagenbescheid zeitlich nachfolgenden erstmaligen Festsetzung von Einkommen- oder Körperschaftsteuer vollständig auf die festgesetzte Steuer angerechnet. Die Anrechnung auf den festgesetzten Steuerbetrag bewirkt folglich eine Minderung der zu zahlenden Steuer. 258

Ergibt sich nach der Anrechnung ein Überschuss zugunsten des Steuerpflichtigen, wird dieser dem Steuerpflichtigen als Einkommen- oder Körperschaftsteuererstattung ausgezahlt. Die Anrechnung der FZul führt also zu einer Steuererstattung, wenn die festgesetzte Steuer abzüglich geleisteter Vorauszahlungen und anderer Anrechnungsbeträge geringer ist als die anzurechnende FZul. Die FZul kann eine Steuererstattung damit auch erhöhen, wenn die geleisteten Vorauszahlungen und andere Anrechnungsbeträge die festgesetzte Steuer bereits übersteigen. Die FZul führt in voller Höhe zu einer Steuererstattung, wenn die festgesetzte Steuer 0 Euro beträgt (z.B. bei einem im Besteuerungsverfahren festgestellten Verlust oder bei Organgesellschaften – § 19 KStG ist auf die FZul nicht anzuwenden). 259

In Fällen, in denen es nach der Forschungszulagenfestsetzung zu keiner erstmaligen Einkommen- oder Körperschaftsteuerfestsetzung mehr kommen kann (z.B. im Erbfall), geht der Anspruch auf Anrechnung einer festgesetzten FZul auf den oder die Rechtsnachfolger über. 260

Die Anrechnung auf die Einkommensteuer erfolgt nach § 36 Abs. 2 Nr. 3 EStG. Gemäß § 31 KStG gilt § 36 Abs. 2 Nr. 3 EStG für die Anrechnung auf die Körperschaftsteuer entsprechend. 261

Eine Anrechnung der FZul im Rahmen der Festsetzung von Steuervorauszahlungen sieht das FZulG nicht vor. 262

Der Veranlagungszeitraum der Einkommen- oder Körperschaftsteuerfestsetzung, bei der die Anrechnung erfolgt, muss nicht mit dem Zeitraum übereinstimmen, für den die FZul festgesetzt worden ist. 263

**Beispiel 18:** 264

Für das Wirtschaftsjahr 2020 wird im September 2021 FZul i.H.v. 100 000 Euro festgesetzt. Die Einkommensteuer für den Veranlagungszeitraum 2019 wird mit Bescheid vom 20. Oktober 2021 i.H.v. 250 000 Euro erstmals festgesetzt. In der Anrechnungsverfügung des Bescheids wird Folgendes ausgewiesen:

| | |
|---|---|
| Festgesetzte Einkommensteuer für 2019: | 250 000 Euro |
| Geleistete Vorauszahlungen für 2019: | abzgl. 200 000 Euro |
| Anrechnung der FZul für 2020: | abzgl. 100 000 Euro |
| Einkommensteuer-Erstattungsbetrag: | 50 000 Euro |

### 2. Anrechnung bei gesonderter und einheitlicher Feststellung

Bei Mitunternehmerschaften (§ 15 Abs. 1 Satz 1 Nr. 2 EStG) erfolgt die Anrechnung der FZul i.S.d. § 10 Abs. 1 FZulG in Höhe des gesondert und einheitlich festgestellten Anteils bei der dem Forschungszulagenfeststellungsbescheid zeitlich nachfolgenden erstmaligen Einkommen- oder Körperschaftsteuerfestsetzung des jeweiligen Mitunternehmers (§ 10 Abs. 2 Satz 1 FZulG). Das kann nach den persönlichen Verhältnissen für jeden Mitunternehmer einen anderen Veranlagungszeitraum betreffen. 265

### 3. Verfahren bei Aufhebung oder Änderung eines Forschungszulagenbescheids

266 Die Aufhebung oder Änderung eines Forschungszulagenbescheids bzw. Forschungszulagenfeststellungsbescheids kann im Ergebnis nach § 10 Abs. 3 FZulG auch zu einer entsprechenden Änderung der nach § 10 Abs. 1 Satz 2 oder Abs. 2 Satz 1 FZulG erfolgten Anrechnung führen. Hierzu ist die Anrechnungsverfügung derjenigen Einkommen- oder Körperschaftsteuerfestsetzung zu ändern, bei der die FZul zuvor angerechnet wurde (§ 10 Abs. 3 FZulG). Damit kann eine Korrektur der Anrechnung unabhängig von einer ggf. künftig durchzuführenden Änderung der Festsetzung zur Einkommen- oder Körperschaftsteuer erfolgen. Wird ein Forschungszulagenbescheid bzw. Forschungszulagenfeststellungsbescheid geändert oder aufgehoben, kann eine Änderung der Anrechnungsverfügung aber nur innerhalb der Zahlungsverjährungsfrist für die Steuer des betroffenen Veranlagungszeitraums vorgenommen werden (§§ 228 ff. AO).

267 Führt die Aufhebung oder Änderung eines Forschungszulagenbescheids bzw. Forschungszulagenfeststellungsbescheids und die in dessen Folge geänderte Anrechnungsverfügung des Steuerbescheids zur Nachforderung von Einkommen- oder Körperschaftsteuer, ist diese Rückforderung auch verfahrensrechtlich wie eine Steuernachforderung von Einkommen- oder Körperschaftsteuer zu behandeln. Somit ist bei Teilnahme am Lastschriftverfahren keine separate Einzugsermächtigung anzufordern bzw. erforderlich und in einem etwaigen Vollstreckungsauftrag als Abgabeart Einkommen- oder Körperschaftsteuer anzugeben.

### 4. Anrechnung bei Ehegatten oder Lebenspartnern

268 Die FZul ist bei Anwendung von § 37 Abs. 2 AO wie eine mit individueller Tilgungsbestimmung geleistete Einkommensteuervorauszahlung zu behandeln. Hinsichtlich der Aufteilung eines Einkommensteuer-Erstattungsanspruchs bei Ehegatten oder Lebenspartnern gelten daher die Ausführungen unter Tz. 3.2 des BMF-Schreibens zum Erstattungsanspruch nach § 37 Abs. 2 AO bei der Einkommensteuer (BMF-Schreiben vom 14. Januar 2015, BStBl. I S. 83)[1] entsprechend. D.h., hinsichtlich eines Erstattungsanspruchs, der sich allein aufgrund der Anrechnung der FZul ergibt, ist allein der Ehegatte oder Lebenspartner erstattungsberechtigt, der Anspruchsberechtigter der FZul ist.

269 Wird die Anrechnung der FZul zu Ungunsten geändert (Rn. 266), schulden zusammenveranlagte Ehegatten oder Lebenspartner den daraus resultierenden Anspruch (Rn. 267) als Gesamtschuldner i.S.d. § 44 AO. Eine Aufteilung der Steuerschuld nach §§ 268 ff. AO ist auf Antrag möglich.

## VI. Weitere Verfahrensvorschriften

### 1. Rechtsbehelfsverfahren

270 Hinsichtlich der gegen Verwaltungsakte der Finanzbehörden (z.B. (Teil-)Ablehnung eines Antrages auf FZul, gesonderter Feststellungsbescheid, Forschungszulagenbescheid bzw. Forschungszulagenfeststellungsbescheid) eingelegten Rechtsbehelfe sind die Vorschriften der AO und der Finanzgerichtsordnung entsprechend anzuwenden (§ 12 FZulG).

---

[1] Nr. **800** § 37/1.

## 2. Zulässigkeit von Billigkeitsmaßnahmen

Eine entsprechende Anwendung des § 163 AO auf die FZul ist nicht zulässig (§ 12 Satz 1 FZulG). Das bedeutet, dass eine FZul nicht aus Billigkeitsgründen gewährt oder höher festgesetzt werden darf, als dies aus Rechtsgründen möglich ist (BFH vom 2. Dezember 1977 III R 36/77, BStBl. 1978 II S. 272). 271

## 3. Stundung fälliger Steuern im Hinblick auf später fällig werdende Steuererstattungsansprüche aufgrund der FZul

Für fällige Steuerbeträge kann auf Antrag i.S.d. § 222 AO i.V.m. Nr. 11 des AEAO zu § 234 grundsätzlich eine zinslose Stundung (sog. Verrechnungsstundung) erfolgen, wenn aus der Anrechnung einer festgesetzten FZul bei der nächsten erstmaligen Einkommen- oder Körperschaftsteuerfestsetzung mit an Sicherheit grenzender Wahrscheinlichkeit ein Erstattungsanspruch erwartet und dieser demnächst fällig wird. Allein die Bescheinigung nach § 6 FZulG und der Forschungszulagenbescheid nach § 10 FZulG sind für das Bestehen eines Gegenanspruchs des Steuerschuldners jedoch noch nicht ausreichend. Vielmehr muss dem Finanzamt auch eine Steuererklärung für eine erstmalige Einkommen- oder Körperschaftsteuerfestsetzung vorliegen, bei der die festgesetzte FZul angerechnet werden kann und der daraus resultierende Erstattungsanspruch zur Aufrechnung zur Verfügung steht. 272

## 4. Abtretung, Pfändung, Verpfändung und Aufrechnung von Ansprüchen auf FZul

Eine Abtretung, Pfändung oder Verpfändung der FZul nach § 46 AO ist nicht möglich, da es sich nicht um einen eigenständigen Zahlungsanspruch handelt, sondern lediglich um einen Anspruch auf Anrechnung bei der Einkommen- oder Körperschaftsteuer. Ebenso kommt eine Aufrechnung nach § 226 AO mit der FZul nicht in Betracht 273

Eine geschäftsmäßige Abtretung eines sich aus der Anrechnung der FZul auf die festgesetzte Einkommen- oder Körperschaftsteuer ergebenden Erstattungsanspruchs wäre zudem nicht mit § 46 Abs. 4 AO vereinbar. Hiernach wäre der geschäftsmäßige Erwerb von Vergütungsansprüchen zum Zwecke der Einziehung oder sonstigen Verwertung auf eigene Rechnung nicht zulässig. Eine Ausnahme würde nur für die Fälle der Sicherungsabtretung und dabei auch nur für Bankunternehmen gelten. 274

## 5. Zinsen und Säumniszuschläge

Auf die Verzinsung der Einkommen- oder Körperschaftsteuer nach § 233a AO hat die FZul sowohl bei der Bewilligung als auch bei der Rückforderung keinen Einfluss, da ihre Anrechnung außerhalb der Festsetzung der Einkommen- oder Körperschaftsteuer erfolgt. Wird indes ein Forschungszulagenbescheid zu Ungunsten des Anspruchsberechtigten geändert oder aufgehoben, ist der Rückforderungsanspruch gemäß § 11 Satz 1 FZulG grundsätzlich nach Maßgabe der §§ 238 Abs. 1 Satz 1 und 239 AO (Höhe, Berechnung und Festsetzung der Zinsen) zu verzinsen. 275

Die Verzinsung beginnt mit dem Tag, an dem der Einkommen- oder Körperschaftsteuerbescheid, in dem die FZul erstmalig angerechnet wurde, durch Bekanntgabe wirksam wird. Der Zinslauf endet nach § 11 Satz 2 FZulG mit Ablauf des Tages, an dem der geänderte Forschungszulagenbescheid durch Bekanntgabe (§§ 122 und 124 AO) wirksam geworden ist. 276

277 Maßgebend für die Zinsberechnung ist die Differenz zwischen der – infolge der Änderung – neu festgesetzten FZul und der bisher festgesetzten FZul (§ 11 Satz 3 FZulG). Im Falle eines geänderten Forschungszulagenfeststellungsbescheids ist hierfür der jeweils festgestellte Anteil an der festgesetzten FZul maßgeblich.

278 Zinsschuldner ist derjenige, bei dem die FZul nach § 10 Abs. 1 und/oder Abs. 2 FZulG auf die Einkommen- oder Körperschaftsteuer angerechnet wurde (§ 11 Satz 4 FZulG).

279 Führt die Änderung eines Forschungszulagenbescheids und die in dessen Folge nach § 10 Abs. 3 FZulG geänderte Anrechnung der FZul (§ 36 Abs. 2 Nr. 3 EStG; § 31 Abs. 1 KStG) zur Nachforderung von Einkommen- oder Körperschaftsteuer, ist dieser Anspruch innerhalb eines Monats nach Bekanntgabe des Steuerbescheids zu entrichten (§ 36 Abs. 4 Satz 1 EStG; § 31 Abs. 1 KStG). Wird der Rückforderungsanspruch nicht bis zum Ablauf des Fälligkeitstages entrichtet, fallen kraft Gesetzes Säumniszuschläge an (§ 240 AO). Für die Entstehung und Erhebung von Säumniszuschlägen ist der nach Änderung der Anrechnung entstandene Einkommen- oder Körperschaftsteuer-Rückforderungsanspruch (vgl. Rn. 266, 267) relevant.

280 Werden Einkommen- oder Körperschaftsteueransprüche, die auf einem Rückforderungsanspruch von FZul aus einer nach § 10 Abs. 3 FZulG geänderten Anrechnung beruhen, gestundet, sind – da die Vorschriften über die Steuervergütung entsprechend gelten – Stundungszinsen zu erheben (§ 234 i.V.m. § 37 Abs. 1 AO).

281 Im Falle der Hinterziehung von FZul sind Hinterziehungszinsen nach § 235 AO auf diejenigen Einkommen- oder Körperschaftsteueransprüche festzusetzen, die insoweit auf einem Rückforderungsanspruch von FZul aus einer nach § 10 Abs. 3 FZulG geänderten Anrechnung beruhen. Zinsen nach § 11 FZulG sind hierauf – analog zu § 235 Abs. 4 AO – anzurechnen, soweit sie für denselben Zeitraum auf den Rückzahlungsanspruch der FZul festgesetzt wurden.

## 6. Verfolgung von Straftaten und Ordnungswidrigkeiten

282 Nach § 13 Satz 1 FZulG gelten die straf- und bußgeldrechtlichen Bestimmungen nach § 370 Abs. 1 bis 4, §§ 371, 375 Abs. 1 und 376, §§ 378 und 379 Abs. 1 und 4 sowie §§ 383 und 384 AO für die FZul entsprechend. Dies bedeutet, dass sich derjenige entsprechend § 370 Abs. 1 Nr. 1 AO strafbar macht, der die FZul durch vorsätzlich unrichtige oder unvollständige Angaben unrechtmäßig erlangt. Unter den Voraussetzungen des § 371 AO, der über § 13 Satz 1 FZulG entsprechend gilt, kann durch eine Selbstanzeige Straffreiheit eintreten. Werden leichtfertig unrichtige oder unvollständige Angaben gemacht, so ist dies entsprechend § 378 AO mit Geldbuße bedroht. Dasselbe gilt für denjenigen, der im Zusammenhang mit der FZul einen Tatbestand des § 379 Abs. 1 Satz 1 Nr. 1 bis 3 AO erfüllt. Ebenso ist es in entsprechender Anwendung des § 383 Abs. 1 AO mit Geldbuße bedroht, wenn entgegen § 46 Abs. 4 Satz 1 AO der Zulageanspruch geschäftsmäßig erworben wird. Für das Strafverfahren wegen einer Tat i.S.d. § 13 Satz 1 FZulG i.V.m. § 370 AO sowie Begünstigung einer Person, die eine solche Tat begangen hat (§ 257 StGB), gelten die §§ 385 bis 408 AO, für das Bußgeldverfahren wegen einer Ordnungswidrigkeit die §§ 409 bis 412 AO entsprechend.

### 7. Haftung

Wer hinsichtlich der FZul eine Tat i.S.d. § 13 Satz 1 FZulG i.V.m. § 370 AO begeht oder an ihr teilnimmt, haftet im Rahmen des nach § 12 Satz 1 FZulG entsprechend anzuwendenden § 71 AO für die – durch die unrichtige Festsetzung der FZul – bei der Anrechnung der FZul auf die Einkommen- oder Körperschaftsteuer zu Unrecht gewährten Steuervorteile (Minderung des Steuerertrags) sowie für die Zinsen nach § 235 AO. 283

## Dritter Teil. Ertragsteuerliche Behandlung der FZul

Die FZul wird auf die festgesetzte Einkommen- oder Körperschaftsteuer angerechnet (§ 10 Abs. 1 FZulG). Die FZul führt bei Einzelunternehmen und Mitunternehmerschaften nicht zu einer Betriebsvermögensmehrung bzw. Betriebseinnahme (Umkehrschluss aus § 12 Nr. 3 EStG). 284

Bei Einzelunternehmen und Mitunternehmerschaften hat der Anspruch auf FZul keine Auswirkung auf deren Gewinnermittlung, denn Forderungen auf die Erstattung von Einkommensteuer gehören nicht zum Betriebsvermögen, weil sie den betrieblichen Bereich nicht betreffen. 285

Einzelunternehmer und Mitunternehmer können nach Anrechnung den Betrag der FZul in das Unternehmen einlegen (Erhöhung des Kapitalkontos). Einen Anspruch auf Einlage des Betrages der FZul hat eine Mitunternehmerschaft nur, wenn sie dies entsprechend zivilrechtlich vereinbart. In diesem Fall ist die Forderung der Mitunternehmerschaft gegenüber ihren Mitunternehmern zu aktivieren. Korrespondierend dazu ist im Sonderbetriebsvermögen der Mitunternehmer eine entsprechende Verbindlichkeit gegenüber der Mitunternehmerschaft auszuweisen. 286

Bei Körperschaften ist die Körperschaftsteuer grundsätzlich in der Höhe in der Bilanz auszuweisen, in der sie entstanden ist. Die Anrechnung der FZul auf die entstandene Körperschaftsteuer mindert daher die auszuweisende Körperschaftsteuer-Rückstellung oder führt zu einem als Forderung zu aktivierenden Körperschaftsteuer-Erstattungsanspruch. Die mit der Aktivierung des Körperschaftsteuer-Erstattungsanspruchs einhergehende bilanzielle Ertragsauswirkung ist außerbilanziell zu korrigieren (§ 10 Nr. 2 KStG). 287

## Vierter Teil. Beihilferechtliche Vorgaben im FZulG

### I. Allgemeine Gruppenfreistellungsverordnung (AGVO)

### 1. Allgemeines

Die FZul ist eine Beihilfe i.S.d. Art. 107 Abs. 1 des AEUV (Konsolidierte Fassung bekanntgemacht im ABl. EG Nr. C 115 vom 9. Mai 2008, S. 47). Zur Einhaltung der Vorgaben des Europäischen Beihilferechts wurde das Gesetz entsprechend der AGVO (Verordnung (EU) Nr. 651/2014 der Kommission vom 17. Juni 2014 zur Feststellung der Vereinbarkeit bestimmter Gruppen von Beihilfen mit dem Binnenmarkt in Anwendung der Art. 107 und 108 des AEUV; ABl. L 187 vom 26. Juni 2014, S. 1) in der jeweils gültigen Fassung ausgestaltet. 288

Gemäß § 16 Abs. 1 und 2 FZulG ist das FZulG auf der Grundlage und im Rahmen der Vorgaben der AGVO ununterbrochen bis zum Wegfall der Freistellungsvoraussetzungen der AGVO oder eines Rechtsaktes, der an die Stelle der AGVO tritt, anwendbar. 289

290 Mit Beschluss vom 26. Juni 2020 hat die Europäische Kommission die nach der AGVO erforderliche Genehmigung des Evaluierungsplans zum FZulG erteilt und beschlossen, dass die Freistellung des FZulG über den anfänglichen sechsmonatigen Zeitraum hinaus bis sechs Monate nach Ablauf der in Art. 59 AGVO festgelegten Geltungsdauer der AGVO in der geänderten Fassung fortbesteht.

291 Nach Art. 59 AGVO a.F. galt die AGVO zunächst bis zum 31. Dezember 2020. Mit der Verordnung (EU) Nr. 972/2020 der Kommission vom 2. Juli 2020 zur Änderung der Verordnung (EU) Nr. 1407/2013 hinsichtlich ihrer Verlängerung und zur Änderung der Verordnung (EU) Nr. 651/2014 hinsichtlich ihrer Verlängerung und relevanter Anpassungen (ABl. L 215 vom 7. Juli 2020, S. 3-6) wurde Art. 59 AGVO dahingehend geändert, dass die AGVO bis zum 31. Dezember 2023 gilt. Mithin ist das FZulG unter Berücksichtigung der derzeit geltenden Fassung der AGVO zunächst bis zum 30. Juni 2024 anwendbar.

**2. Unternehmen in Schwierigkeiten**

292 Gemäß Art. 1 Abs. 4 Buchst. c AGVO gilt die AGVO nicht für Beihilfen für Unternehmen in Schwierigkeiten. Daher darf eine FZul nach dem FZulG grundsätzlich nicht für ein Unternehmen gewährt werden, welches nach der beihilferechtlichen Definition ein Unternehmen in Schwierigkeiten ist.

293 Mit der Verordnung (EU) Nr. 972/2020 vom 2. Juli 2020 (a.a.O.) hat die Europäische Kommission Art. 1 Abs. 4 Buchst. c AGVO erweitert und eine Ausnahme vom Ausschluss der Beihilfegewährung vorgesehen. Danach darf eine Beihilfe dann gewährt werden, wenn das anspruchsberechtigte Unternehmen am 31. Dezember 2019 kein Unternehmen in Schwierigkeiten war, aber in der Zeit vom 1. Januar 2020 bis zum 30. Juni 2021 zu einem Unternehmen in Schwierigkeiten wurde. Mit der Verordnung (EU) Nr. 1237/2021 der Kommission vom 23. Juli 2021 zur Änderung der Verordnung (EU) Nr. 651/2014 zur Feststellung der Vereinbarkeit bestimmter Gruppen von Beihilfen mit dem Binnenmarkt in Anwendung der Art. 107 und 108 des AEUV (ABl. L 270 vom 29. Juli 2021, S. 39) hat die Europäische Kommission diese Ausnahme verlängert. Unternehmen, die im Zeitraum vom 1. Januar 2020 bis 31. Dezember 2021 zu Unternehmen in Schwierigkeiten wurden, sollten während des begrenzten Zeitraums vom 1. Januar 2020 bis zum 31. Dezember 2021 weiterhin Beihilfen nach der AGVO und damit auch nach dem FZulG erhalten dürfen. Die Ausnahme in Art. 1 Abs. 4 Buchst. c Satz 2 AGVO gilt für alle Unternehmen in Schwierigkeiten, unabhängig von der Ursache der Schwierigkeiten.

294 Was Unternehmen in Schwierigkeiten sind, ist in Art. 2 Nr. 18 AGVO geregelt. Danach ist ein Unternehmen ein „Unternehmen in Schwierigkeiten“, wenn auf dieses Unternehmen mindestens einer der folgenden Umstände zutrifft:

a) Im Falle von Gesellschaften mit beschränkter Haftung (z.B. die Aktiengesellschaft, die Kommanditgesellschaft auf Aktien, die Gesellschaft mit beschränkter Haftung, ausgenommen KMU (Kleine und mittlere Unternehmen), die noch keine drei Jahre bestehen): Mehr als die Hälfte des gezeichneten Stammkapitals ist infolge aufgelaufener Verluste verlorengegangen. Dies ist der Fall, wenn sich nach Abzug der aufgelaufenen Verluste von den Rücklagen (und allen sonstigen Elementen, die im Allgemeinen den Eigenmitteln des Unternehmens zugerechnet werden) ein negativer kumulativer Betrag ergibt, der mehr als der Hälfte des gezeichneten Stammkapitals entspricht.

b) Im Falle von Gesellschaften, bei denen zumindest einige Gesellschafter unbeschränkt für die Schulden der Gesellschaft haften (z.B. OHG, KG, ausgenommen KMU, die noch keine drei Jahre bestehen): Mehr als die Hälfte der in den Geschäftsbüchern ausgewiesenen Eigenmittel ist infolge aufgelaufener Verluste verlorengegangen.

c) Das Unternehmen ist Gegenstand eines Insolvenzverfahrens oder erfüllt die im innerstaatlichen Recht vorgesehenen Voraussetzungen für die Eröffnung eines Insolvenzverfahrens auf Antrag seiner Gläubiger.

d) Das Unternehmen hat eine Rettungsbeihilfe erhalten und der Kredit wurde noch nicht zurückgezahlt oder die Garantie ist noch nicht erloschen beziehungsweise das Unternehmen hat eine Umstrukturierungsbeihilfe erhalten und unterliegt immer noch einem Umstrukturierungsplan.

e) Im Falle eines Unternehmens, das kein KMU ist: In den letzten beiden Jahren

1. betrug der buchwertbasierte Verschuldungsgrad des Unternehmens mehr als 7,5 und

2. das anhand des EBITDA berechnete Zinsdeckungsverhältnis des Unternehmens lag unter 1,0.

In Art. 2 Nr. 18 Buchst. a und b AGVO ist aufgeführt, dass ein Unternehmen als Unternehmen in Schwierigkeiten gilt, „wenn sich nach Abzug der aufgelaufenen Verluste von den Rücklagen (und allen sonstigen Elementen, die im Allgemeinen den Eigenmitteln des Unternehmens zugerechnet werden) ein negativer kumulativer Betrag ergibt, der mehr als der Hälfte des gezeichneten Stammkapitals entspricht". Nach Auffassung der Europäischen Kommission werden Gesellschafterdarlehen, die mit einem qualifizierten Rangrücktritt versehen sind, als Fremd- und nicht als Eigenkapital angesehen. Die Einordnung von Nachrangdarlehen als Fremdkapital ist nach Auffassung der Europäischen Kommission auch unabhängig von der gewährenden Person, d.h. unabhängig davon, ob es sich um ein Nachrangdarlehen eines Gesellschafters oder eines Dritten handelt. Eine Ausnahme davon, dass derartige Nachrangdarlehen als Fremdkapital anzusehen sind, besteht, wenn die Rückzahlungsverpflichtung nur im Fall der Liquidierung entsteht. Diese Ausnahme dürfte nach derzeit vertretener Auffassung der Europäischen Kommission für Wandeldarlehen nicht gelten. **295**

Ist ein anspruchsberechtigtes Unternehmen mit anderen Unternehmen im Sinne des Anhangs I Art. 3 Abs. 3 AGVO verbunden, ist für die Beurteilung eines Unternehmens in Schwierigkeiten im Sinne des FZulG zunächst eine Einzelbetrachtung des anspruchsberechtigten Unternehmens durchzuführen. Wenn sich das anspruchsberechtigte Unternehmen selbst in Schwierigkeiten befindet, kann FZul auch dann nicht festgesetzt werden, wenn sich die Muttergesellschaft oder der Unternehmensverbund insgesamt nicht in Schwierigkeiten befindet. Es obliegt dem Unternehmensverbund, ein in Schwierigkeiten befindliches verbundenes Unternehmen durch Zuführung von Eigenkapital zum Ende des Wirtschaftsjahres, in dem der Anspruch auf FZul entsteht, aus den Schwierigkeiten herauszuholen, wenn für ein begünstigtes FuE-Vorhaben FZul begehrt wird. Patronats- oder Absichtserklärungen des Unternehmensverbundes sind hierbei nicht ausreichend, da diese nicht die erforderliche tatsächliche **295a**

Erhöhung der Eigenmittel des sich in Schwierigkeiten befindlichen Unternehmens oder eine Verringerung seiner Schulden bzw. kumulierten Verluste bewirken.

**295b** Abweichend zur Rn. 295a ist bei anspruchsberechtigten Unternehmen, die in einen konsolidierten Konzernabschluss (Vollkonsolidierung) einbezogen werden, für die Beurteilung des Unternehmens der konsolidierte Jahresabschluss des Unternehmensverbundes maßgeblich.

**296** Nach Art. 2 Nr. 28 AGVO gilt als Tag der Gewährung der Beihilfe der Tag, an dem der Beihilfeempfänger nach dem geltenden nationalen Recht einen Rechtsanspruch auf die Beihilfe erwirbt. Gemäß Art. 3 AGVO müssen zu diesem Zeitpunkt die Freistellungsvoraussetzungen der AGVO, mithin auch die Voraussetzungen des Art. 1 Abs. 4 Buchst. c AGVO erfüllt sein. Beihilferechtlich geboten ist der Ausschluss für Unternehmen in Schwierigkeiten daher zum Zeitpunkt des Erwerbs eines Rechtsanspruchs auf die Beihilfe nach nationalem Recht. Gemäß § 4 Abs. 1 Satz 2 FZulG entsteht der Anspruch auf FZul mit Ablauf des Wirtschaftsjahres, in dem die förderfähigen Aufwendungen beim Anspruchsberechtigten entstanden sind. Daher ist ein Anspruch auf FZul zu versagen, wenn ein Unternehmen zu diesem Zeitpunkt als Unternehmen in Schwierigkeiten einzustufen ist. Art. 1 Abs. 4 Buchst. c Satz 2 AGVO ist zu beachten.

**296a** FZul kann danach für einen am Ende des jeweiligen Wirtschaftsjahres 2020 und 2021 entstandenen Anspruch auf FZul an ein Unternehmen gewährt werden, wenn dieses am 31. Dezember 2019 kein Unternehmen in Schwierigkeiten war, aber am Ende des Jahres 2020 oder 2021 die beihilferechtlichen Kriterien für ein Unternehmen in Schwierigkeiten erfüllt werden. Ist ein Unternehmen zum Ende des Wirtschaftsjahres 2022 (immer noch oder erstmals) ein Unternehmen in Schwierigkeiten, besteht am Ende des Wirtschaftsjahres 2022 kein Anspruch auf FZul. Erst wenn am Ende eines Wirtschaftsjahres die Kriterien für ein Unternehmen in Schwierigkeiten nicht mehr vorliegen, kann ein Anspruch auf FZul wieder bestehen.

### 3. Unternehmen mit offenen Rückzahlungsverpflichtungen

**297** Hat ein Unternehmen aufgrund einer Entscheidung der Europäischen Kommission eine Rückforderungsanordnung über die Rückzahlung einer Beihilfe erhalten, darf eine FZul erst festgesetzt werden, wenn das Unternehmen den Rückforderungsbetrag vollständig zurückgezahlt hat (§ 9 Abs. 3 FZulG).

### 4. Transparenzpflichten gemäß Art. 9 AGVO

**298** Die Bundesrepublik Deutschland ist verpflichtet, bei der Gewährung staatlicher Beihilfen Informationen zu solchen Einzelbeihilfen zu veröffentlichen, die bestimmte Schwellenwerte überschreiten (sogenannte großvolumige Einzelbeihilfen). Die Veröffentlichung erfolgt auf der von der Europäischen Kommission bereitgestellten Plattform/Webseite https://webgate.ec.europa.eu/competition/transparency/public/search/home.

**299** Die Verpflichtung zur Veröffentlichung von Informationen über die Gewährung der FZul nach dem FZulG ergibt sich aus Art. 9 AGVO. In diesem Zusammenhang werden die folgenden Informationen über jede Einzelbeihilfe von über 500 000 Euro veröffentlicht (vgl. Anhang III zur AGVO):

a) Name des Empfängers
b) Identifikator des Empfängers (z.B. Handelsregisternummer)

c) Art des Unternehmens (KMU/großes Unternehmen) zum Zeitpunkt der Gewährung
d) Region, in der der Beihilfeempfänger seinen Standort hat, auf NUTS-II-Ebene
e) Wirtschaftszweig auf Ebene der NACE-Gruppe
f) Beihilfeelement, in voller Höhe, in Landeswährung (Betrag der kumulierten FZul in Spannen von 0,5-1; 1-2; 2-5; 5-10; 10-30 und 30 und mehr in Mio. Euro)
g) Beihilfeinstrument (hier: Steuerermäßigung)
h) Tag der Gewährung (Datum des Bescheids, mit dem die FZul festgesetzt wurde, die zu einer Überschreitung der o.a. Spannen führt)
i) Ziel der Beihilfe (hier: Grundlagenforschung, industrielle Forschung oder experimentelle Entwicklung)
j) Bewilligungsbehörde (hier: das zuständige Finanzamt)
k) Nummer der Beihilfemaßnahme (SA.56245).

Für die Eintragung ist auf den jeweiligen Beihilfeempfänger abzustellen. Dabei handelt es sich um den Steuerpflichtigen, der die FZul beantragt und gegenüber dem die FZul festgesetzt wird (Anspruchsberechtigter). Sobald die gewährten FZul für einen Anspruchsberechtigten 500 000 Euro überschreiten, ist eine Eintragung vorzunehmen. Wird der Betrag von 500 000 Euro aufgrund mehrerer Festsetzungen für mehrere Wirtschaftsjahre für denselben Anspruchsberechtigten überschritten, wird diese Festsetzung zu dem Zeitpunkt veröffentlichungspflichtig, zu dem die festgesetzte FZul die Grenze überschreitet. Das gilt auch, wenn die FZul für verschiedene FuE-Vorhaben festgesetzt wird. **300**

Gemäß Art. 9 Abs. 2 AGVO kann die Höhe von Beihilfen, die als Steuervergünstigungen gewährt werden, auch in Form von sog. Spannen veröffentlicht werden (bei einer Einzelbeihilfe i.H.v. 600 000 Euro müsste dann statt des Betrages die Spanne mit „500 001, 1 000 000" in die Datenbank eingetragen werden). Von dieser Möglichkeit ist mit Rücksicht auf das Steuergeheimnis Gebrauch zu machen. Die AGVO ist zwar „Recht" i.S.d. § 30 Abs. 4 Nr. 2a AO, allerdings ist mehr als die Angabe der Spanne nicht vorgeschrieben. Wird nach einer Veröffentlichung einer FZul von mehr als 500 000 Euro für spätere Wirtschaftsjahre erneut FZul festgesetzt, löst diese Festsetzung immer nur dann eine weitere Eingabe in die Datenbank aus, wenn durch die erneute Festsetzung die nächsthöhere Spanne erreicht wird. Dann ist die neue Spanne einzutragen und die bisherige Spanne nach Art. 17 Abs. 1a der Datenschutzgrundverordnung (DSGVO) zu löschen, auch wenn die betroffene Person (der Beihilfeempfänger) dies nicht verlangt. Unabhängig davon ist die eingetragene Spanne nach Ablauf von zehn Jahren ab dem Tag der Beihilfegewährung, die die Eintragung der Spanne ausgelöst hat, nach Art. 17 Abs. 1a DSGVO i.V.m. Art. 9 Abs. 4 Satz 2 AGVO zu löschen, auch wenn die betroffene Person dies nicht verlangt. **301**

Nach dem o.g. Anhang III zur AGVO (vgl. Rn. 299) ist auch der sog. Identifikator zu veröffentlichen. Liegt eine Eintragung ins Handelsregister vor, ist die Handelsregisternummer einzutragen. Liegt keine Eintragung ins Handelsregister vor, ist die Steuernummer einzutragen. **302**

Die genannten Informationen sind innerhalb eines Jahres nach dem Tag der Festsetzung der FZul zu veröffentlichen und müssen mindestens zehn Jahre zur Verfügung stehen. **303**

### 5. Prüfungsverfahren

304 Die zuständigen Behörden der EU haben gemäß Art. 12 AGVO das Recht, die nach der AGVO von der Anmeldepflicht freigestellten Beihilfen zu prüfen. Dazu ist die Bundesrepublik Deutschland verpflichtet, ausführliche Aufzeichnungen mit den Informationen und einschlägigen Unterlagen zu führen, die für die Feststellungen notwendig sind, dass alle Voraussetzungen erfüllt sind. Die Bundesrepublik Deutschland ist verpflichtet, der Europäischen Kommission innerhalb von 20 Arbeitstagen alle Informationen und Unterlagen zu übermitteln, die die Europäische Kommission als notwendig ansieht, um die Anwendung der AGVO prüfen zu können.

## II. De-minimis-Verordnung

305 Die auf Eigenleistungen eines Einzelunternehmers oder eines Mitunternehmers einer Mitunternehmerschaft gewährte FZul unterliegt nicht den Vorgaben der AGVO, sondern wird gemäß § 9 Abs. 5 FZulG als De-minimis-Beihilfe gewährt, soweit die Voraussetzungen der De-minimis-Verordnung in der jeweils geltenden Fassung eingehalten sind (vgl. Rn. 194 ff.).

306 Die FZul für Eigenleistungen kann nur festgesetzt werden, wenn der nach der De-minimis-Verordnung maximal zulässige Beihilfehöchstbetrag von 200 000 Euro unter Einbeziehung der FZul nicht überschritten wird. Soweit ein Anspruchsberechtigter auch Beihilfen nach der DAWI-de-minimis-Verordnung erhalten hat, sind insoweit Beihilfen bis zu einem Höchstbetrag von 500 000 Euro – unter Einhaltung der 200 000-Euro-Grenze der De-minimis-Verordnung – zulässig.

307 Die auf förderfähige Aufwendungen nach § 3 Abs. 3 FZulG gewährte FZul ist der für die Prüfung der Einhaltung der Höchstbeträge anzusetzende Beihilfewert.

308 Unter dem Begriff des Unternehmens wird in der De-minimis-Verordnung jede, eine wirtschaftliche Tätigkeit ausübende Einheit, unabhängig von ihrer Rechtsform und Finanzierung verstanden (siehe Erwägungsgrund 4 der De-minimis-Verordnung). Für den Begriff „ein einziges Unternehmen" ist die Definition im Art. 2 Abs. 2 der De-minimis-Verordnung maßgebend.

309 Die Regelungen zur Kumulierung (Art. 5 der De-minimis-Verordnung) und zur Überwachung (Art. 6 der De-minimis-Verordnung) sind einzuhalten. Die FZul darf, soweit diese als De-minimis-Beihilfe gewährt wird, erst festgesetzt werden, nachdem das betreffende Unternehmen eine Erklärung in schriftlicher oder elektronischer Form abgegeben hat, in der alle von dem Unternehmen in den beiden vorangegangenen sowie im laufenden Veranlagungszeitraum bezogenen De-minimis-Beihilfen angegeben werden, für die die vorliegende oder andere De-minimis-Verordnungen gelten (Art. 6 Abs. 1 der De-minimis-Verordnung), und nur soweit die zulässigen Höchstgrenzen nicht überschritten werden.

310 Werden im Rahmen der Beantragung der FZul Eigenleistungen i.S.d. § 3 Abs. 3 FZulG als förderfähige Aufwendungen geltend gemacht, muss der Anspruchsberechtigte daher Angaben zu den von ihm im jeweiligen Wirtschaftsjahr der Beantragung der FZul sowie zu den in den jeweils zwei vorausgegangenen Wirtschaftsjahren erhaltenen anderen Beihilfen auf der Basis der De-minimis-Verordnung und der DAWI-de-minimis-Verordnung machen. Maßgeblich ist hierbei der Zeitpunkt der Gewährung (Datum des Bewilligungsbescheids) und nicht der Zuflusszeitpunkt der jeweiligen Beihilfe. Wurden keine anderen Bei-

hilfen nach der De-minimis-Verordnung oder der DAWI-de-minimis-Verordnung in diesem Zeitraum gewährt, ist dies ebenfalls schriftlich zu erklären. Diese Erklärung ist Voraussetzung für die Festsetzung der FZul (vgl. Rn. 197).

Beihilfen, die einem Anspruchsberechtigten auf der Basis der De-minimis-Verordnung oder der DAWI-de-minimis-Verordnung gewährt wurden, sind für diesen regelmäßig ersichtlich, da von jeder beihilfegewährenden Stelle eine Mitteilung über den erhaltenen Beihilfewert ausgestellt werden muss. **311**

Beihilfen, die aufgrund einer genehmigten Beihilferegelung oder aufgrund einer auf der Basis der AGVO gewährten Beihilferegelung (z.B. Zentrales Innovationsprogramm Mittelstand – ZIM) bewilligt worden sind, müssen vom Anspruchsberechtigten nicht erklärt werden. **312**

Beträgt der Beihilfewert aus weiteren Beihilfen nach der De-minimis-Verordnung insgesamt bereits 200 000 Euro oder mehr bzw. aus weiteren Beihilfen nach der DAWI-de-minimis-Verordnung insgesamt bereits 500 000 Euro oder mehr, kann die FZul, soweit diese auf Eigenleistungen entfällt, nicht in Anspruch genommen werden. **313**

Die Regelungen zur De-minimis-Verordnung gelten ausschließlich für die förderfähigen Aufwendungen nach § 3 Abs. 3 FZulG. Für die Anwendung der De-minimis-Verordnung ist daher die FZul zu ermitteln, die auf die Eigenleistungen eines Einzelunternehmers oder die Tätigkeitsvergütungen eines Mitunternehmers einer Mitunternehmerschaft entfällt. **314**

**Beispiel 19:** **315**

| | |
|---|---|
| Förderfähige Lohnaufwendungen: | 250 000 Euro |
| Förderfähige Eigenleistungen: | 80 000 Euro |
| Förderfähige Bemessungsgrundlage: | 330 000 Euro |
| FZul | |
| (25 Prozent der förderfähigen Bemessungsgrundlage): | 82 500 Euro |
| Davon als De-minimis-Beihilfe | |
| (25 Prozent von 80 000 Euro): | 20 000 Euro |

Zur Ermittlung der FZul unter Berücksichtigung der für De-minimis-Beihilfen erforderlichen Prüfung vgl. Rn. 198. **316**

# I § 15/10. Schreiben betr. Bedeutung von Einstimmigkeitsabreden beim Besitzunternehmen für das Vorliegen einer personellen Verflechtung im Rahmen einer Betriebsaufspaltung; Anwendung der BFH-Urteile vom 21. Januar 1999 IV R 96/96 (BStBl. 2002 II S. 771), vom 11. Mai 1999 VIII R 72/96 (BStBl. 2002 II S. 722) und vom 15. März 2000 VIII R 82/98 (BStBl. 2002 II S. 774)

Vom 7. Oktober 2002 (BStBl. I S. 1028)

(BMF IV A 6 – S 2240 – 134/02)

Der BFH hat in seinen Urteilen vom 21. Januar 1999 (a. a. O.), vom 11. Mai 1999 (a. a. O.) und vom 15. März 2000 (a. a. O.) daran festgehalten, dass im Grundsatz eine personelle Verflechtung fehlt, wenn ein nur an der Besitzgesellschaft beteiligter Gesellschafter die rechtliche Möglichkeit hat zu verhindern, dass die beherrschende Person oder Personengruppe ihren Willen in Bezug auf die laufende Verwaltung des an die Betriebsgesellschaft überlassenen Wirtschaftsguts durchsetzt.

Im Einvernehmen mit den obersten Finanzbehörden der Länder gilt zur allgemeinen Anwendung der Grundsätze der BFH-Urteile vom 21. Januar 1999 (a. a. O.) und vom 11. Mai 1999 (a. a. O.) Folgendes:

## I. Grundsatz

Für einen einheitlichen geschäftlichen Betätigungswillen als personelle Voraussetzung einer Betriebsaufspaltung genügt es, dass die Person oder die Personengruppe, die die Betriebsgesellschaft tatsächlich beherrscht, in der Lage ist, auch in dem Besitzunternehmen ihren Willen durchzusetzen (Beherrschungsidentität). Die Betriebsgesellschafter können ihren Willen in der Besitzgesellschaft durch Regelungen im Gesellschaftsvertrag, mit Mitteln des Gesellschaftsrechts oder aber ausnahmsweise durch eine faktische Beherrschung durchsetzen. Für die Durchsetzung des geschäftlichen Betätigungswillens ist auf das hinsichtlich der wesentlichen Betriebsgrundlage bestehende Miet- oder Pachtverhältnis (sachliche Verflechtung) abzustellen (BFH-Urteil vom 27. August 1992, BStBl. 1993 II S. 134).

## II. Gesellschaftsrechtliches Einstimmigkeitsprinzip und Reichweite dieses Prinzips

Werden im Gesellschaftsvertrag keine Regelungen über die Zulässigkeit von Mehrheitsentscheidungen bei Gesellschafterbeschlüssen getroffen, gilt der Grundsatz der Einstimmigkeit (Einstimmigkeitsprinzip). Hierzu gilt im Einzelnen Folgendes:

### 1. Gesellschaft bürgerlichen Rechts

Wird das Besitzunternehmen als Gesellschaft bürgerlichen Rechts geführt, steht die Führung der Geschäfte den Gesellschaftern nur gemeinschaftlich zu. Für jedes Geschäft ist die Zustimmung aller Gesellschafter erforderlich (§ 709 Abs. 1 BGB).

### 2. Offene Handelsgesellschaft

Ist das Besitzunternehmen eine Offene Handelsgesellschaft, bedarf es für die über den gewöhnlichen Betrieb hinausgehenden Handlungen des Beschlusses aller Gesellschafter (§ 116 Abs. 2 HGB). Dieser Beschluss ist einstimmig zu fassen (§ 119 Abs. 1 HGB).

### 3. Kommanditgesellschaft

Das Einstimmigkeitsprinzip gilt auch für die Kommanditgesellschaft, soweit es um die Änderung oder Aufhebung des Miet- oder Pachtvertrags mit der Betriebsgesellschaft geht, denn hierbei handelt es sich um ein so genanntes außergewöhnliches Geschäft, das der Zustimmung aller Gesellschafter bedarf (§ 164 HGB; BFH-Urteil vom 27. August 1992, a. a. O.). Für die laufenden, so genannten Geschäfte des täglichen Lebens ist dagegen die Zustimmung der Kommanditisten nicht erforderlich; insoweit gilt bei einer Kommanditgesellschaft das Einstimmigkeitsprinzip nicht.

## III. Beherrschungsidentität auf vertraglicher und gesellschaftsrechtlicher Grundlage

Ist an der Besitzgesellschaft neben der mehrheitlich bei der Betriebsgesellschaft beteiligten Person oder Personengruppe mindestens ein weiterer Gesellschafter beteiligt (Nur-Besitzgesellschafter) und müssen Beschlüsse der Gesellschafterversammlung wegen vertraglicher oder gesetzlicher Bestimmungen einstimmig gefasst werden, ist eine Beherrschungsidentität auf vertraglicher und gesellschaftsrechtlicher Grundlage und damit eine personelle Verflechtung nicht gegeben.

Die mehrheitlich beteiligte Person oder Personengruppe ist infolge des Widerspruchsrechts des nur an der Besitzgesellschaft beteiligten Gesellschafters nicht in der Lage, ihren geschäftlichen Betätigungswillen in der Besitzgesellschaft durchzusetzen.

Dies gilt jedoch nur, wenn das Einstimmigkeitsprinzip auch die laufende Verwaltung der vermieteten Wirtschaftsgüter, die so genannten Geschäfte des täglichen Lebens, einschließt. Ist die Einstimmigkeit nur bezüglich der Geschäfte außerhalb des täglichen Lebens vereinbart, wird die personelle Verflechtung dadurch nicht ausgeschlossen (BFH-Urteil vom 21. August 1996, BStBl. 1997 II S. 44).

## IV. Beherrschungsidentität auf faktischer Grundlage

In besonders gelagerten Ausnahmefällen kann trotz fehlender vertraglicher und gesellschaftsrechtlicher Möglichkeit zur Durchsetzung des eigenen geschäftlichen Betätigungswillens auch eine faktische Machtstellung ausreichen, um eine personelle Verflechtung zu bejahen. Eine solche faktische Beherrschung liegt vor, wenn auf die Gesellschafter, deren Stimmen zur Erreichung der im Einzelfall erforderlichen Stimmenmehrheit fehlen, aus wirtschaftlichen oder anderen Gründen Druck dahingehend ausgeübt werden kann, dass sie sich dem Willen der beherrschenden Person oder Personengruppe unterordnen. Dazu kann es z. B. kommen, wenn ein Gesellschafter der Gesellschaft unverzichtbare Betriebsgrundlagen zur Verfügung stellt, die er der Gesellschaft ohne weiteres wieder entziehen kann. Das Vorliegen solcher besonderen Umstände kann stets nur im Einzelfall festgestellt werden. Ein jahrelanges konfliktfreies Zusammenwirken allein lässt den Schluss auf eine faktische Beherrschung nicht zu (BFH-Urteil vom 21. Januar 1999, BStBl. 2002 II S. 771).

## V. Anwendungsregelung

Die Grundsätze dieses Schreibens sind in allen offenen Fällen anzuwenden.

Die BMF-Schreiben vom 29. März 1985 (BStBl. I S. 121) und vom 23. Januar 1989 (BStBl. I S. 39) werden hiermit aufgehoben.

In den Fällen, in denen die Beteiligten entsprechend der bisherigen Verwaltungsauffassung (BMF-Schreiben vom 29. März 1985, BStBl. I S. 121, und vom 23. Januar 1989, BStBl. I S. 39) steuerlich vom Vorliegen einer Betriebsaufspaltung ausgegangen sind und das Vorliegen einer Betriebsaufspaltung auf der Grundlage der unter I. bis IV. beschriebenen Grundsätze zu verneinen wäre, werden für die Vergangenheit daraus keine Folgerungen gezogen, wenn bis zum 31. Dezember 2002 Maßnahmen zur Herstellung der Voraussetzungen einer Betriebsaufspaltung (z. B. Rücknahme bzw. Ausschluss der Einstimmigkeitsabrede) getroffen werden. Steuerpflichtige, die von der Übergangsregelung Gebrauch machen wollen, können dies bis zur Unanfechtbarkeit des entsprechenden Steuerbescheids beantragen. Der Antrag kann nicht widerrufen werden und ist von allen Gesellschaftern oder Gemeinschaftern, ggf. vertreten durch einen gemeinsamen Bevollmächtigten oder einen Vertreter i. S. d. § 34 AO, einheitlich zu stellen.

Werden solche Maßnahmen nicht ergriffen und ein solcher Antrag nicht gestellt, gilt Folgendes:

### 1. Echte Betriebsaufspaltung

In Fällen, in denen in der Vergangenheit von einer echten Betriebsaufspaltung ausgegangen worden ist, die personelle Verflechtung aber nach der vorliegenden BFH-Rechtsprechung zu keinem Zeitpunkt bestanden hat, lag eine Betriebsaufspaltung **von Anfang an** nicht vor. Die Anwendung der vorliegenden BFH-Rechtsprechung allein führt nicht zu einer (Zwangs-)Betriebsaufgabe im Sinne des § 16 EStG.

Es ist vielmehr zu prüfen, ob die von der Besitzgesellschaft an die Betriebsgesellschaft überlassenen Wirtschaftsgüter aus anderen Gründen während der Zeit, für die bisher eine Betriebsaufspaltung angenommen worden ist, zum Betriebsvermögen der Besitzgesellschaft gehört haben und auch weiterhin gehören. Die Einkünfte aus der Überlassung dieser Wirtschaftsgüter sind dann weiterhin den Einkünften aus Gewerbebetrieb zuzurechnen. Dies kann insbesondere der Fall sein

- bei der Verpachtung eines Gewerbebetriebs im Ganzen (*R 139 Abs. 5 EStR*[1]);
- bei Ruhenlassen der gewerblichen Tätigkeit (BFH-Urteil vom 11. Mai 1999, BStBl. 2002 II S. 722). Der Annahme einer Betriebsunterbrechung durch Ruhen des Betriebes steht die Betriebsaufteilung in übereignete Wirtschaftsgüter des Anlage- und Umlaufvermögens einerseits und verpachtete Wirtschaftsgüter andererseits nicht entgegen;
- bei Personengesellschaften, die neben der nunmehr von Anfang an bestehenden vermögensverwaltenden Tätigkeit als Besitzgesellschaft noch gewerblich tätig sind und deren Tätigkeit somit insgesamt als Gewerbebetrieb gilt (§ 15 Abs. 3 Nr. 1 EStG);
- bei gewerblich geprägten Personengesellschaften (§ 15 Abs. 3 Nr. 2 EStG).

Können die von der Besitzgesellschaft an die Betriebsgesellschaft überlassenen Wirtschaftsgüter unter keinem rechtlichen Gesichtspunkt als Betriebsvermögen behandelt werden, sind sie in Fällen, in denen eine echte Betriebsaufspaltung angenommen wurde, zu dem Zeitpunkt als entnommen anzusehen (§ 4 Abs. 1 Satz 2 EStG), ab dem eine Betriebsaufspaltung angenommen worden ist. Sind die Bescheide des entsprechenden Veranlagungszeitraums bereits bestandskräftig, sind sie nach § 174 Abs. 3 AO zu ändern. Diese Vorschrift soll verhindern, dass ein steuererhöhender oder steuermindernder Vorgang bei der Besteuerung überhaupt nicht berücksichtigt wird (negativer Widerstreit). Der Gewinn aus dieser Entnahme kann nach §§ 16 und 34 EStG begünstigt sein, soweit die dort genannten übrigen Voraussetzungen erfüllt sind. Dies gilt auch dann, wenn bei Gründung der „Betriebsgesellschaft" Wirtschaftsgüter zu Buchwerten auf diese übertragen wurden und die Buchwerte bei der „Betriebsgesellschaft" fortgeführt werden.

Vor dem Ergehen der BFH-Urteile vom 21. Januar 1999, BStBl. 2002 II S. 771, vom 11. Mai 1999, BStBl. 2002 II S. 722, und vom 15. März 2000, BStBl. 2002 II S. 774, haben die Finanzämter aufgrund der bisherigen Rechtsauffassung (BMF-Schreiben vom 29. März 1985, BStBl. I S. 121, und vom 23. Januar 1989, BStBl. I S. 39) auf die Besteuerung von Entnahmegewinnen erkennbar in der Annahme verzichtet, die stillen Reserven seien in späteren Veranlagungszeiträumen steuerwirksam zu erfassen. Diese Annahme hat sich nachträglich als unzutreffend erwiesen. Werden bis zum 31. Dezember 2002 keine Maßnahmen zur Herstellung der Voraussetzungen einer Betriebsaufspaltung ergriffen und der entsprechende Antrag nicht gestellt, sind bestandskräftige Bescheide insoweit nach § 174 Abs. 3 AO zu ändern. Die Festsetzungsfrist ist auf Grund der Sonderregelung in § 174 Abs. 3 Satz 2 AO noch nicht abgelaufen.

§ 176 Abs. 1 Satz 1 Nr. 3 oder Abs. 2 AO steht einer Bescheidänderung nicht entgegen. Dem Steuerpflichtigen war bereits im Zeitpunkt der Betriebsaufspaltung bewusst, dass die stillen Reserven der von der Besitzgesellschaft an die Betriebsgesellschaft überlassenen Wirtschaftsgüter zu einem späteren Zeitpunkt steuerwirksam aufzulösen sind. Die Anwendung des § 176 AO würde dem Grundsatz von Treu und Glauben widersprechen, der auch im Verhältnis zwischen Steuerpflichtigen und Finanzbehörden zumindest insoweit Anwendung findet, als der Änderungsbescheid im Ergebnis zu keiner höheren Belas-

[1] Jetzt § 16 Abs. 3b EStG.

tung des Steuerpflichtigen führt (BFH-Urteil vom 8. Februar 1995, BStBl. II S. 764).

Sind in der Vergangenheit auf Grund der Annahme einer Betriebsaufspaltung Wirtschaftsgüter zu Buchwerten auf die Betriebsgesellschaft übertragen worden, verbleibt es aus Billigkeitsgründen bei dem Ansatz des Buchwertes, wenn die Buchwerte auch von der Betriebsgesellschaft fortgeführt werden.

**2. Unechte Betriebsaufspaltung**

In Fällen, in denen eine sog. unechte Betriebsaufspaltung angenommen worden ist, sind die an die Betriebsgesellschaft überlassenen Wirtschaftsgüter zu keinem Zeitpunkt Betriebsvermögen geworden, sondern es lag **von Anfang an** Privatvermögen vor. Eine (Zwangs-)Betriebsaufgabe im Sinne des § 16 EStG ist somit nicht anzunehmen.

**3. Ermittlung der Einkünfte bei dem Besitzunternehmen**

Soweit in der Vergangenheit trotz fehlender personeller Verflechtung eine Betriebsaufspaltung mit Einkünften aus Gewerbebetrieb beim Besitzunternehmen angenommen worden ist und die Einkünfte auf der Basis eines Betriebsvermögensvergleichs bestandskräftig festgestellt worden sind, ist bei der Feststellung der Einkünfte aus Vermietung und Verpachtung für die Folgejahre darauf zu achten, dass Einnahmen und Ausgaben nicht doppelt angesetzt werden. Ggf. sind Berichtigungen nach § 174 AO durchzuführen. Es ist nicht zu beanstanden, wenn der Steuerpflichtige in der Erklärung für den ersten noch offenen Feststellungszeitraum eine Hinzurechnung und Abrechnung wie beim Übergang vom Betriebsvermögensvergleich (§ 4 Abs. 1 oder § 5 EStG) zur Einnahmenüberschussrechnung entsprechend *R 17 Abs. 2 EStR*[1] vornimmt.

---

[1] Jetzt R 4.6 EStR.

# I § 15/12. Schreiben betr. einkommensteuerliche Behandlung von Venture Capital und Private Equity Fonds; Abgrenzung der privaten Vermögensverwaltung vom Gewerbebetrieb

Vom 16. Dezember 2003 (BStBl. 2004 I S. 40, ber. 2006 I S. 632)

(BMF IV A 6 – S 2240 – 153/03)

Zur einkommensteuerlichen Behandlung von Venture Capital Fonds und Private Equity Fonds nehme ich im Einvernehmen mit den obersten Finanzbehörden der Länder wie folgt Stellung:

## I. Begriffsbestimmung

In Venture Capital und Private Equity Fonds, die meist von einem oder mehreren Initiatoren gegründet werden, schließen sich Kapitalanleger insbesondere zum Zweck der Finanzierung junger Unternehmen, des Wachstums mittelständischer Unternehmen, der Ausgliederung von Unternehmensteilen oder der Nachfolge in Unternehmen zusammen. Dabei dient der Fonds als Mittler zwischen den Kapitalanlegern einerseits und den zu finanzierenden Unternehmen (Portfolio-Gesellschaften) andererseits. Von den Fonds werden Eigenkapital- und eigenkapitalähnliche Beteiligungen an den Portfolio-Gesellschaften erworben. Nach Erreichen des durch die Finanzierung beabsichtigten Ziels (z. B. Umwandlung der Portfolio-Gesellschaften in Aktiengesellschaften und die Platzierung der Unternehmen an der Börse, Ausgliederung von Unternehmensteilen) werden die Anteile an den Gesellschaften – kurspflegend – veräußert. 1

## II. Venture Capital und Private Equity Fonds

### 1. Typischer Sachverhalt

Bei Venture Capital Fonds und Private Equity Fonds ist regelmäßig von den nachfolgend dargestellten Sachverhaltselementen auszugehen: 2

Venture Capital und Private Equity Fonds werden regelmäßig in Form einer Personengesellschaft (GmbH & Co. KG) gegründet. Die Komplementär-GmbH ist meist am Vermögen der KG nicht beteiligt. In- und ausländische private und institutionelle Anleger beteiligen sich als Kommanditisten an den Fonds. Auch die Initiatoren beteiligen sich als Kommanditisten an den Fonds. Sie bringen neben ihrem Kapital regelmäßig auch immaterielle Beiträge (Erfahrungen, Kontakte, Netzwerke) ein.

Die laufende Geschäftsführung wird von der Komplementär-GmbH oder einer Management-Gesellschaft als Kommanditist mit Geschäftsführungsbefugnis („geschäftsführende Gesellschafter") wahrgenommen. Zur laufenden Geschäftsführung gehört die Prüfung der Beteiligungen, die Verhandlung der 3

Beteiligungsverträge, die Überwachung der Beteiligungen, das Berichtswesen, die Kapitalabrufe und die Betreuung der Anleger. Der „geschäftsführende Gesellschafter" erhält regelmäßig eine jährliche Haftungs- und Geschäftsführungsvergütung zwischen 1,5 und 2,5 % des Zeichnungskapitals des Fonds. Die letztverantwortlichen Anlageentscheidungen (Investment- und Desinvestment-Entscheidungen) werden von einer weiteren GmbH und Co. KG (Initiator-KG) getroffen. Die Initiatoren erhalten unmittelbar oder mittelbar über die Initiator-KG neben ihrem Gewinnanteil für ihre letztverantwortlichen Anlageentscheidungen und sonstigen immateriellen Beiträge zusätzlich eine Vergütung von meist 20 % der Gewinne des Fonds, die erst nach der Ausschüttung der Gewinne an die übrigen Gesellschafter ausgezahlt wird (sog. Carried Interest).

4 Die Tätigkeit des Fonds besteht regelmäßig im Erwerb von Beteiligungen an den zu finanzierenden Unternehmen (meist Kapitalgesellschaften), dem Einziehen von Dividenden und Zinsen und – nach Erreichen des mit der Finanzierung beabsichtigten Zwecks – der Veräußerung der im Wert erheblich gestiegenen Beteiligungen. Die Beteiligungen werden im Durchschnitt drei bis fünf Jahre gehalten, der Fonds hat im Durchschnitt eine Laufzeit von acht bis zwölf Jahren.

5 Die Beteiligungen werden ausschließlich mit Eigenmitteln des Fonds – mit Ausnahme der Inanspruchnahme staatlicher Förderung, die zivilrechtlich als Darlehen ausgestaltet ist – erworben. Die Verwaltung der Beteiligungen erfolgt in der Regel nur über die Ausübung von gesetzlichen oder üblichen gesellschaftsvertraglichen Rechten von Gesellschaftern. Für wichtige Geschäftsführungsmaßnahmen bei den Portfolio-Gesellschaften kann ein Zustimmungsvorbehalt für die Initiator-KG – analog § 111 Abs. 4 Satz 2 AktG – bestehen. Der Fonds oder die geschäftsführenden Gesellschafter streben eine Vertretung in Aufsichtsräten oder Beiräten der Portfolio-Gesellschaften an. Die Rechte und Pflichten als Aufsichtsrat oder Beirat orientieren sich am gesetzlichen Leitbild des Aufsichtsrats einer Kapitalgesellschaft.

## 2. Steuerrechtliche Beurteilung der Tätigkeit des Fonds

6 Eine private Vermögensverwaltung liegt vor, wenn sich die Betätigung noch als Nutzung von Vermögen im Sinne einer Fruchtziehung aus zu erhaltenden Substanzwerten darstellt und die Ausnutzung substanzieller Vermögenswerte durch Umschichtung nicht entscheidend in den Vordergrund tritt (vgl. BFH-Urteile vom 4. März 1980, BStBl. II S. 389, und vom 29. Oktober 1998, BStBl. 1999 II S. 448). Ein Gewerbebetrieb liegt dagegen vor, wenn eine selbstständige nachhaltige Betätigung mit Gewinnerzielungsabsicht unternommen wird, die sich als Beteiligung am allgemeinen wirtschaftlichen Verkehr darstellt und über den Rahmen einer Vermögensverwaltung hinausgeht (vgl. BFH-Beschluss vom 25. Juni 1984, BStBl. II S. 751, 762).

7 Nach der Rechtsprechung des BFH (vgl. BFH-Urteile vom 4. März 1980, BStBl. II S. 389, vom 31. Juli 1990, BStBl. 1991 II S. 66, vom 6. März 1991, BStBl. II S. 631, vom 19. Februar 1997, BStBl. II S. 399 und vom 29. Oktober 1998, BStBl. 1999 II S. 448) können folgende Merkmale für einen gewerblichen Wertpapierhandel sprechen:

- Einsatz von Bankkrediten statt Anlage von Eigenkapital
- Unterhaltung eines Büros oder einer Organisation zur Durchführung von Geschäften
- Ausnutzung eines Marktes unter Einsatz beruflicher Erfahrungen
- Anbieten von Wertpapiergeschäften einer breiten Öffentlichkeit gegenüber oder Wertpapiergeschäfte auch auf Rechnung Dritter
- eigenes unternehmerisches Tätigwerden in den Portfolio-Gesellschaften

Unter Berücksichtigung dieser Merkmale und der Grundsätze des BFH-Urteils vom 25. Juli 2001 (BStBl. II S. 809) zum gewerblichen Handel mit GmbH-Geschäftsanteilen sind die Voraussetzungen für die Annahme einer gewerblichen Tätigkeit des Fonds in der Regel nicht erfüllt, wenn die Kriterien der Tz. 9 bis 16 vorliegen. Dabei ist auf das Gesamtbild der Tätigkeiten abzustellen; die einzelnen Kriterien sind im Zusammenhang zu würdigen. 8

**Kein Einsatz von Bankkrediten/keine Übernahme von Sicherheiten[1]**

Der Fonds selbst muss den Erwerb von Anteilen an der Portfolio-Gesellschaft im Wesentlichen aus Eigenmitteln finanzieren. Die Inanspruchnahme staatlicher Förderung, die zivilrechtlich als Darlehen strukturiert ist, ist unschädlich. Unschädlich ist es auch, wenn ausstehende Kapitaleinlagen zur Überbrückung von Einforderungsfristen kurzfristig zwischenfinanziert werden müssen und der Zwischenkredit nach der Kapitaleinzahlung unverzüglich zurückgeführt wird. Werden dem Fonds durch Investoren (z. B. Banken) Gesellschafterdarlehen gewährt, liegt insoweit eine schädliche Fremdfinanzierung vor, da dem Fonds hier Fremdkapital zugeführt wird; dies gilt nicht, wenn das Gesellschafterdarlehen aus bank- oder versicherungsaufsichtsrechtlichen Gründen vorgeschrieben ist. Die vom BFH im Urteil vom 20. Dezember 2000 (BStBl. 2001 II S. 706) vertretene Auffassung, dass eine Fremdfinanzierung von Wertpapiergeschäften selbst in nennenswertem Umfang diese nicht als gewerblich prägt, ist auf die vorliegenden Gestaltungen nicht übertragbar. Durch die von üblichen Wertpapiergeschäften abweichende Zielsetzung dieser Fonds, in erster Linie Anteile an Kapitalgesellschaften zu erwerben und sie nach gewisser Zeit wieder zu veräußern, spricht eine wesentliche Fremdfinanzierung der zugrunde liegenden Beteiligungsgeschäfte für einen gewerblichen „Warenumschlag" der Beteiligungen an den Portfolio-Gesellschaften, weil dies ein „händlertypisches" Verhalten darstellt. 9

Übernimmt der Fonds die Besicherung von Verbindlichkeiten der Portfolio-Gesellschaft, entspricht dies eher dem Bild des Gewerbebetriebs als dem der privaten Vermögensverwaltung. Auch die Rückdeckung von Darlehensverbindlichkeiten der Portfolio-Gesellschaften durch den Fonds entspricht eher dem Bild des Gewerbebetriebs als dem der privaten Vermögensverwaltung; eine unschädliche Rückdeckung liegt jedoch vor, wenn die „rückgedeckten" Kredite der Portfolio-Gesellschaft als Zwischenkredite mit noch ausstehenden Einlagen durch den Fonds im Zusammenhang stehen. 10

**Keine eigene Organisation**

Der Fonds darf für die Verwaltung des Fonds-Vermögens keine umfangreiche eigene Organisation unterhalten. Betreibt der Fonds ein eigenes Büro und 11

[1] Ergänzend hierzu siehe OFD Frankfurt v. 16. 2. 2007, GmbHR S. 671.

hat er Beschäftigte, ist dies unschädlich, wenn dies nicht das Ausmaß dessen übersteigt, was bei einem privaten Großvermögen üblich ist. Die Größe des verwalteten Vermögens begründet für sich allein betrachtet noch keinen Gewerbebetrieb (vgl. BFH-Urteile vom 17. Januar 1961, BStBl. III S. 233, und vom 18. März 1964, BStBl. III S. 367).

**Keine Ausnutzung eines Marktes unter Einsatz beruflicher Erfahrung**

12 Der Fonds darf sich nicht eines Marktes bedienen und auf fremde Rechnung unter Einsatz beruflicher Erfahrungen tätig werden. Das Nutzbarmachen einschlägiger beruflicher Kenntnisse für eigene Rechnung begründet noch keine Gewerblichkeit. Der/die „geschäftsführenden Gesellschafter" und die Initiatoren nutzen häufig bei der Prüfung und Entscheidung der möglichen Investitionen ihr Know-how und ihre Branchenkenntnisse. Dies ist aber mit dem Verhalten eines privaten Anlegers, der ein umfangreiches Vermögen zu verwalten hat, noch vergleichbar und daher unschädlich.

**Kein Anbieten gegenüber breiter Öffentlichkeit/Handeln auf eigene Rechnung**

13 Der Fonds darf Beteiligungen an den Portfolio-Gesellschaften nicht gegenüber einer breiten Öffentlichkeit anbieten oder auf fremde Rechnung handeln. Ein Anbieten gegenüber einer breiten Öffentlichkeit als Teilnahme am allgemeinen wirtschaftlichen Verkehr liegt vor, wenn die Tätigkeit auf einen „Leistungs- und Güteraustausch" gerichtet ist. Bei der Verwaltung der Beteiligungen durch den Fonds ist dies nicht gegeben. Unschädlich sind daher die Tätigkeiten der Fonds-Gesellschaft bei der Verwertung ihrer auf eigene Rechnung eingegangenen Beteiligungen, z. B. bei der Veräußerung der Beteiligungen oder beim Börsengang der Portfolio-Gesellschaften. Der Fonds erwirbt seine Beteiligungen stets auf eigene Rechnung. Die Tätigkeit und das Nutzbarmachen der Kenntnisse des/der „geschäftsführenden Gesellschafter" oder der Initiatoren führt nicht zu der Annahme, dass der Fonds gleichzeitig auch für fremde Rechnung tätig wird. Denn die Tätigkeit dieser Kommanditisten ist unmittelbar dem Fonds als eigene Tätigkeit zuzurechnen.

**Keine kurzfristige Beteiligung[1)]**

14 Der Fonds muss die Beteiligungen mindestens mittelfristig, d. h. drei bis fünf Jahre, halten, da bei kurzfristigen Anlagen keine Fruchtziehung aus zu erhaltenden Substanzwerten anzunehmen ist. Bei der Prüfung der Mindesthaltedauer sind alle Beteiligungen des Fonds einzubeziehen. Die Veräußerung einer einzelnen Beteiligung vor Ablauf der Haltedauer führt für sich noch nicht zum Gewerbebetrieb. Es ist vielmehr auf das Gesamtbild abzustellen; maßgeblich ist daher die gewogene durchschnittliche Haltedauer, bezogen auf das gesamte Beteiligungskapital. Von einer Fruchtziehung aus zu erhaltenden Substanzwerten ist zwar auch auszugehen, wenn die Ertragserwartung des Anlegers nicht im Zufluss von Dividenden, sondern überwiegend in der Realisierung von Wertsteigerungen der Beteiligung durch Veräußerung besteht, vgl. BFH-Urteil vom 20. Dezember 2000 (BStBl. 2001 II S. 706). Diese für Wertpapierverkäufe geltenden Grundsätze sind aber nicht entsprechend

---

1) Ergänzend hierzu siehe OFD Frankfurt v. 16. 2. 2007, GmbHR S. 671.

bei nachhaltigen, zeitlich eng zusammenhängenden An- und Verkäufen von Unternehmensbeteiligungen anzuwenden, vgl. BFH-Urteil vom 25. Juli 2001 (BStBl. II S. 809). Die Syndizierung, d. h. die spätere Aufteilung des Investitionsbetrags in eine Portfolio-Gesellschaft auf mehrere Fonds, z. B. zwecks Risikostreuung, nach Erwerb der Beteiligung stellt ebenfalls eine Veräußerung dar; diese bleibt für die Frage der Haltedauer jedoch außer Betracht, wenn die Aufteilung innerhalb von 18 Monaten nach Erwerb der Beteiligung nur zwischen Fonds desselben Initiators stattfindet und zu Anschaffungskosten zzgl. einer marktüblichen Verzinsung erfolgt.

**Keine Reinvestition von Veräußerungserlösen**

Die erzielten Veräußerungserlöse dürfen nicht reinvestiert, sondern müssen ausgeschüttet werden. Keine Reinvestition von Veräußerungserlösen liegt vor, wenn Erlöse in Höhe des Betrags, zu dem Kosten und der Ergebnis-Vorab für die Geschäftsführung aus Kapitaleinzahlungen finanziert wurden, erstmals in Beteiligungen investiert werden. Dasselbe gilt, wenn Veräußerungserlöse bis zur Höhe eines Betrags von 20 % des Zeichnungskapitals in Nachfinanzierungen von Portfolio-Gesellschaften investiert werden, an denen der Fonds bereits beteiligt ist. **15**

**Kein unternehmerisches Tätigwerden in Portfolio-Gesellschaften**[1]

Der Fonds darf sich nicht am aktiven Management der Portfolio-Gesellschaften (auch nicht über verbundene Dritte) beteiligen (vgl. Abschnitt 8 Abs. 5 KStR; BFH-Urteil vom 25. Juli 2001, BStBl. II S. 809). Die Wahrnehmung von Aufsichtsratsfunktionen in den gesellschaftsrechtlichen Gremien der Portfolio-Gesellschaften ist hierbei unschädlich. Die Einräumung von Zustimmungsvorbehalten – analog § 111 Abs. 4 Satz 2 AktG – ist regelmäßig unschädlich, es sei denn, es werden Zustimmungsvorbehalte in einem Maße eingeräumt, dass der Geschäftsführung der Portfolio-Gesellschaft kein echter Spielraum für unternehmerische Entscheidungen bleibt, dies wäre ein Indiz für eine gewerbliche Tätigkeit des Fonds. Die Einschaltung eines sog. Inkubators (gewerbliche Entwicklungsgesellschaft), dessen Tätigkeit dem Fonds auf Grund schuldrechtlicher Verträge oder personeller Verflechtungen zuzurechnen ist, führt stets zur Gewerblichkeit des Fonds. **16**

**Keine gewerbliche Prägung bzw. gewerbliche „Infektion“**

Bei dem Fonds darf es sich nicht bereits um einen Gewerbebetrieb kraft Prägung im Sinne des § 15 Abs. 3 Nr. 2 EStG bzw. kraft „Infektion“ (§ 15 Abs. 3 Nr. 1 EStG) handeln. Venture Capital Fonds und Private Equity Fonds sind regelmäßig nicht gewerblich geprägt, weil auch Personen zur Geschäftsführung befugt sind, die Kommanditisten des Fonds sind. Eine in vollem Umfang gewerbliche Tätigkeit des Fonds ist dagegen gegeben, wenn der Fonds mitunternehmerische Beteiligungen (Beteiligung an gewerblich tätigen oder gewerblich geprägten Personengesellschaften) im Portfolio hält, § 15 Abs. 3 Nr. 1 EStG. Denn bei doppelstöckigen Personengesellschaften färbt eine etwaige gewerbliche Tätigkeit der Untergesellschaft auf die Obergesellschaft ab **17**

[1] Ergänzend hierzu siehe OFD Frankfurt v. 16. 2. 2007, GmbHR S. 671.

(vgl. BFH-Urteile vom 8. Dezember 1994, BStBl. 1996 II S. 264, und vom 18. April 2000, BStBl. 2001 II S. 359).

### 3. Steuerrechtliche Beurteilung der Gewinnanteile

18 Ist die Tätigkeit des Fonds nach Prüfung der oben genannten Kriterien nach dem Gesamtbild der Betätigung als gewerbliche Tätigkeit zu qualifizieren, gehören die Gewinnanteile der Gesellschafter zu den laufenden Einkünften aus Gewerbebetrieb nach § 15 Abs. 1 Satz 1 Nr. 2 Satz 1 EStG. Nach dem Wechsel des Körperschaftsteuersystems sind im Rahmen der jeweiligen Anwendungsvorschriften auch die Neuregelungen zur Besteuerung von Ausschüttungen und von Gewinnen aus der Veräußerung von Beteiligungen zu beachten. Sofern an dem Fonds natürliche Personen beteiligt sind und soweit der Gewinnanteil des Gesellschafters Gewinne aus der Veräußerung von Anteilen an Kapitalgesellschaften und Dividenden enthält, unterliegen danach diese Gewinne dem Halbeinkünfteverfahren nach § 3 Nr. 40 Satz 1 Buchst. a und d und Satz 2 i. V. m. § 3 c Abs. 2 EStG. Soweit an dem Fonds eine Körperschaft, Personenvereinigung oder Vermögensmasse im Sinne des § 1 Abs. 1 KStG beteiligt ist, sind Dividenden und Gewinne aus der Veräußerung von Anteilen an Kapitalgesellschaften nach § 8 b Abs. 1 und 2 in Verbindung mit Abs. 6 KStG von der Körperschaftsteuer befreit. § 15 Abs. 4 Satz 4 EStG und § 8 b Abs. 7 KStG finden keine Anwendung, weil es sich bei den Fonds nicht um ein Kreditinstitut, einen Finanzdienstleister oder ein Finanzunternehmen im Sinne des Gesetzes über das Kreditwesen handelt und die Fonds keine kurzfristigen Eigenhandelserfolge verfolgen, sondern mindestens mittelfristige Anlagen tätigen.

19 Haben sich beschränkt Steuerpflichtige an einem Venture Capital oder Private Equity Fonds mit Geschäftsleitung im Inland beteiligt, sind die Einkünfte des (inländischen) Fonds unter den Voraussetzungen der Tzn. 6 bis 17, soweit sie den beschränkt Steuerpflichtigen zuzurechnen sind, als gewerbliche Einkünfte gem. § 49 Abs. 1 Nr. 2 Buchst. a EStG anzusehen; es sei denn, die Einkünfte sind einer ausländischen Betriebsstätte des Fonds zuzuordnen. Befindet sich die Geschäftsleitung des Fonds im Ausland, sind Einkünfte des Fonds, die den beschränkt Steuerpflichtigen zuzurechnen sind, als gewerbliche Einkünfte i. S. v. § 49 Abs. 1 Nr. 2 Buchst. a EStG anzusehen, wenn sie einer inländischen Betriebsstätte des Fonds zugeordnet werden oder ein ständiger Vertreter im Inland bestellt ist.

20 Die Einkünfte des Fonds unterliegen grundsätzlich auf der Ebene des Fonds nach § 2 Abs. 1 Satz 2 GewStG der Gewerbesteuer. *§ 8 b Abs. 1 bis 5 KStG und § 3 Nr. 40 EStG sind bei der Ermittlung des Gewerbeertrags des Fonds nicht anzuwenden*[1]. Ein ausländischer Fonds, für den im Inland nur ein ständiger Vertreter bestellt ist, unterliegt nicht der Gewerbesteuer.

21 Ist die Tätigkeit des Fonds nach dem Gesamtbild der Betätigung als private Vermögensverwaltung einzustufen, gehören die laufenden Ergebnisanteile der Beteiligten des Fonds zu den Einkünften aus § 20 EStG, soweit sie auf die von den Beteiligungsunternehmen gezahlten Dividenden entfallen. Sind an dem Fonds unbeschränkt Steuerpflichtige beteiligt, die die Beteiligung an dem

[1] Tz. 20 Satz 2 aufgeh. durch BMF v. 21. 3. 2007, BStBl. I S. 302.

Fonds nicht in einem Betriebsvermögen halten, führt die Veräußerung der Beteiligungen an den Portfolio-Gesellschaften selbst nur dann zu steuerpflichtigen Einnahmen, wenn es sich um private Veräußerungsgeschäfte (§ 23 EStG), um eine Beteiligung im Sinne des § 17 EStG oder um einbringungsgeborene Anteile im Sinne des § 21 UmwStG handelt. Für die Beurteilung, ob die Voraussetzungen des § 17 Abs. 1 EStG gegeben sind, kommt es nicht auf den Anteil des Fonds an der Gesellschaft, sondern auf den Bruchteilsanteil der einzelnen Beteiligten des Fonds an der Portfolio-Gesellschaft an (sog. Bruchteilsbetrachtung, vgl. BFH-Urteil vom 9. Mai 2000, BStBl. II S. 686).

Nach dem Wechsel des Körperschaftsteuersystems unterliegen die Dividenden und die Gewinne aus der Veräußerung von Anteilen an Kapitalgesellschaften bei den Beteiligten des Fonds nach § 3 Nr. 40 i. V. m. § 3c EStG dem Halbeinkünfteverfahren oder der Steuerbefreiung gemäß § 8b Abs. 1 und 2 KStG im Rahmen der jeweiligen Anwendungsregelungen, sofern es sich um steuerpflichtige Einkünfte handelt. Bei Körperschaften im Sinne des § 1 Abs. 1 KStG als Gesellschafter des „vermögensverwaltenden" Fonds findet § 8b Abs. 1 und 2 KStG unmittelbar Anwendung, weil wegen der Bruchteilsbetrachtung des § 39 Abs. 2 AO die Beteiligung an der Kapitalgesellschaft den Gesellschaftern der Personengesellschaft anteilig zuzurechnen ist und die Veräußerung der Anteile an der Kapitalgesellschaft durch die vermögensverwaltende Personengesellschaft der anteiligen Veräußerung durch die Gesellschafter der Personengesellschaft gleichsteht. 22

Sind an dem Fonds beschränkt steuerpflichtige natürliche Personen beteiligt, sind Gewinne aus der Veräußerung von Anteilen an den Portfolio-Gesellschaften unter den Voraussetzungen des § 49 Abs. 1 Nr. 2 Buchst. e) und Nr. 8 EStG zu erfassen. Ggf. ist eine Steuerfreistellung nach dem jeweils geltenden Doppelbesteuerungsabkommen zu beachten, insbesondere, wenn das Abkommen eine Regelung entsprechend dem Art. 13 Abs. 4 OECD-MA beinhaltet. Bei Körperschaften im Sinne des § 1 Abs. 1 KStG ist § 8b Abs. 1 und 2 KStG unmittelbar anwendbar. 23

Die Ausführungen in Tz. 21[1] bis 23 gelten nicht für den erhöhten Gewinnanteil (carried interest) der mittelbar oder unmittelbar an der Fonds-Gesellschaft beteiligten Initiatoren (zur Begriffsbestimmung Tz. 3). Nur soweit der Gewinnanteil der mittelbar oder unmittelbar an der Fonds-Gesellschaft beteiligten Initiatoren ihrem Anteil an der Gesamthand entspricht, können diese Einnahmen als Einnahmen im Sinne der §§ 17, 20 oder 23 EStG gewertet werden, vgl. Tz. 21[1]. Nach der Rechtsprechung des BFH werden dem Gesellschafter die Kapitalbeteiligungen der Personengesellschaft nach § 39 Abs. 2 Nr. 2 AO in einem seiner Beteiligung an der Gesamthand entsprechenden Bruchteil zugerechnet (BFH-Urteil vom 7. April 1976, BStBl. II S. 557, vom 27. März 1979, BStBl. II S. 724, vom 12. Juni 1980, BStBl. II S. 646, zweifelnd BFH-Urteil vom 13. Juli 1999, BStBl. II S. 820, bestätigend BFH vom 9. Mai 2000, BStBl. II S. 686). Bei dieser Betrachtung kann der erhöhte Gewinnanteil der mittelbar oder unmittelbar an der Fonds-Gesellschaft beteiligten Initiatoren nicht Bestandteil etwaiger steuerfreier Veräußerungsgewinne oder steuerbegünstigter Dividenden sein, sondern wird als (ver- 24

[1] Ber. durch BStBl. 2006 I S. 632.

decktes) Entgelt für eine Tätigkeit angesehen und führt somit stets zu steuerpflichtigen Einkünften (§ 18 Abs. 1 Nr. 3 EStG, u.U. auch § 15 EStG, sofern der Beteiligte seine Beteiligung an dem Fonds in einem Betriebsvermögen hält). Der erhöhte Gewinnanteil beruht nicht auf der den mittelbar oder unmittelbar an der Fonds-Gesellschaft beteiligten Initiatoren – wie allen anderen Gesellschaftern – zuzurechnenden Kapitalbeteiligung. Der erhöhte Gewinnanteil ist ein voll steuerpflichtiges Entgelt für die Dienstleistungen, die die mittelbar oder unmittelbar an der Fonds-Gesellschaft beteiligten Initiatoren zugunsten der Mitgesellschafter erbringen. Die übrigen Gesellschafter überlassen den mittelbar oder unmittelbar an der Fonds-Gesellschaft beteiligten Initiatoren über die Gewinnbeteiligung innerhalb der Gesellschaft einen Teil ihrer Dividenden und Veräußerungserlöse, die nach Maßgabe des aufgebrachten Kapitals ihnen zustehen würden. Das Entgelt wird nicht durch Zahlung eines Betrages, sondern durch Verzicht auf einen Anteil der den übrigen Gesellschaftern zustehenden Gewinnanteile erbracht. Dies stellt lediglich einen abgekürzten Zahlungsweg dar; an der Qualität der Vergütung als Entgelt für eine erbrachte Dienstleistung ändert dies aber nichts.

25 Das Halbeinkünfteverfahren nach § 3 Nr. 40 i. V. m. § 3 c Abs. 2 EStG und die Steuerbefreiung des § 8 b Abs. 1 und 2 KStG ist auf die erhöhten Gewinnanteile nicht anzuwenden, weil es sich hierbei nicht um eine Zuordnung der Einkünfte des Fonds nach Bruchteilen handelt, sondern um eine Vergütung für eine erbrachte Leistung, die nicht die Voraussetzungen des § 3 Nr. 40 i. V. m. § 3 c Abs. 2 EStG bzw. § 8 b Abs. 1 und 2 KStG erfüllt.

## III. Anwendungszeitpunkt[1]

26 Dieses BMF-Schreiben ist in allen nicht bestandskräftigen Fällen anzuwenden. Soweit die Anwendung der Regelungen dieses BMF-Schreibens zu einer Verschärfung der Besteuerung gegenüber der bisher geltenden Verwaltungspraxis führt, ist dieses Schreiben nicht anzuwenden, wenn der Fonds vor dem 1. April 2002 gegründet worden ist und soweit die Portfolio-Beteiligung vor dem 8. November 2003 erworben wurde.

[1] Ergänzend hierzu siehe OFD Frankfurt v. 16. 2. 2007, GmbHR S. 671.

# 1 § 15/14. Schreiben betr. ertragsteuerrechtliche Behandlung von Biogasanlagen und der Erzeugung von Energie aus Biogas

Vom 11. April 2022

BMF IV C 7 – S 2236/21/10001 :002; DOK 2022/0397645

(BStBl. I S. 633)

Unter Bezugnahme auf das Ergebnis der Erörterung mit den obersten Finanzbehörden der Länder gilt für die ertragsteuerrechtliche Behandlung von Biogasanlagen und der Energieerzeugung aus Biogas das Folgende:

## A. Einkommensteuer

### I. Biogasanlagen im Rahmen eines land- und forstwirtschaftlichen Hauptbetriebs

#### 1. Biogaserzeugung als Teil des Hauptbetriebs

Die Erzeugung von Biogas ist Teil der land- und forstwirtschaftlichen Urproduktion, wenn die Biomasse überwiegend im eigenen Betrieb erzeugt wird und das Biogas oder die daraus erzeugte Energie (Strom, Wärme) überwiegend im eigenen Betrieb verwendet wird. 1

Der Absatz von Strom und Wärme führt unabhängig vom Umfang der verarbeiteten und selbst erzeugten Biomasse nach R 15.5 Abs. 12 Satz 2 EStR 2012 zu Einkünften aus einem neben dem land- und forstwirtschaftlichen Betrieb bestehenden Gewerbebetrieb i.S.d. § 15 Abs. 1 i.V.m. Abs. 2 EStG (vgl. R 15.5 Abs. 1 Satz 4 EStR 2012). Die Überführung von Biomasse aus dem land- und forstwirtschaftlichen Betrieb in den Gewerbebetrieb ist nach den Grundsätzen des § 6 Abs. 5 Satz 1 EStG vorzunehmen. 2

#### 2. Beteiligung einer land- und forstwirtschaftlich tätigen Person an einer Mitunternehmerschaft, die eine Biogasanlage betreibt

Ist eine land- und forstwirtschaftlich tätige Person an einer Mitunternehmerschaft beteiligt, die aus Biogas Energie erzeugt, und diese land- und forstwirtschaftlich tätige Person verkauft Biomasse ihres eigenen land- und forstwirtschaftlichen Betriebs an die Mitunternehmerschaft, sind die daraus resultierenden Einnahmen nicht als Sonderbetriebseinnahmen der beteiligten land- und forstwirtschaftlich tätigen Personen bei der Mitunternehmerschaft, sondern als Einnahmen im Rahmen des land- und forstwirtschaftlichen (Einzel-)Betriebs zu erfassen. Die Betriebseinnahmen gehören dort zu den land- und forstwirtschaftlichen Umsätzen und sind bei der Beurteilung nach R 15.5 Abs. 11 EStR 2012 entsprechend zu berücksichtigen. Gleiches gilt, soweit die Biomasse von einer land- und forstwirtschaftlich tätigen Mitunternehmerschaft erzeugt wird, die an einer Biogasanlagen-Mitunternehmerschaft beteiligt ist. 3

Der land- und forstwirtschaftliche (Einzel-)Betrieb des Mitunternehmers bleibt auch dann bestehen, wenn die Ernte überwiegend oder gar ausschließlich als Biomasse für die Energieerzeugung in der Mitunternehmerschaft dient. Es liegt keine Überführung des land- und forstwirtschaftlichen (Einzel-)Betriebs in das Sonderbetriebsvermögen der Mitunternehmerschaft vor. Bei unentgeltlicher 4

Abgabe der Biomasse an die Biogasanlagen-Mitunternehmerschaft sind die Grundsätze des § 6 Abs. 5 Satz 3 Nr. 1 EStG zu beachten.

5 Wird zwischen der land- und forstwirtschaftlich tätigen Person und der Biogasanlagen-Mitunternehmerschaft auch der Transport von Biomasse durch die land- und forstwirtschaftlich tätige Person vereinbart, liegt ein einheitlich zu beurteilender Verkauf von eigenen Erzeugnissen vor. Der Transport stellt insoweit eine Nebenleistung zum Verkauf der Biomasse („Lieferung vor Ort") dar. Soweit die an der Biogasanlagen-Mitunternehmerschaft beteiligte land- und forstwirtschaftlich tätige Person Transportdienstleistungen für die Mitunternehmerschaft aufgrund eines gesonderten schuldrechtlichen Vertrags erbringt, handelt es sich im Rahmen der Mitunternehmerschaft um Sondervergütungen i.S.d. § 15 Abs. 1 Satz 1 Nr. 2 Satz 1 2. Halbsatz EStG. Die Sondervergütungen sind deshalb beim land- und forstwirtschaftlichen (Einzel-)Betrieb keine Einnahmen aus einer dem Grunde nach gewerblichen Tätigkeit i.S.d. R 15.5 Abs. 9 bis 11 EStR 2012. Entsprechendes gilt für die Aufwendungen, die für den Transport entstehen. Die mit dem Transport im Zusammenhang stehenden Wirtschaftsgüter sind Betriebsvermögen des Betriebs, in dem sie überwiegend verwendet werden. Sofern ein solches Wirtschaftsgut (z.B. Güllefassanhänger) dem land- und forstwirtschaftlichen (Einzel-)Betrieb zuzuordnen ist, ist für die Verwendung dieses Wirtschaftsguts im Rahmen der Biogasanlagen-Mitunternehmerschaft eine Entnahme zu erfassen.

## II. Biogasanlagen im Rahmen eines land- und forstwirtschaftlichen Nebenbetriebs

### 1. Be-/Verarbeitung der Biomasse im Nebenbetrieb

6 Die Erzeugung von Biogas erfolgt im Rahmen eines Nebenbetriebs, wenn die Biomasse überwiegend im eigenen Hauptbetrieb erzeugt wird und das Biogas überwiegend zum Verkauf bestimmt ist (vgl. R 15.5 Abs. 3 Satz 1 bis 3 i.V.m. Satz 4 Nr. 1 EStR 2012). Die Verwertung der pflanzlichen oder tierischen Rohstoffe als Biomasse bis hin zur Reinigung des Biogases stellt in diesen Fällen die erste Stufe der Be- oder Verarbeitung im Rahmen der Land- und Forstwirtschaft dar. Gleiches gilt in den Fällen, in denen eine land- und forstwirtschaftlich tätige Person Umsätze aus der Übernahme der Biomasse erzielt und das hieraus gewonnene Biogas nahezu ausschließlich zur Energieerzeugung im eigenen Hauptbetrieb einsetzt (vgl. R 15.5 Abs. 3 Satz 4 Nr. 2 EStR 2012).

### 2. Zukauf von Biomasse und untrennbare Vermischung im Rahmen des Nebenbetriebs

7 Bei der Abgrenzung der Land- und Forstwirtschaft vom Gewerbebetrieb ist für die Frage, ob die Grenze der R 15.5 Abs. 3 Satz 4 Nr. 1 EStR 2012 überschritten wird, grundsätzlich ein Mengenvergleich der eingesetzten Rohstoffe vorzunehmen. Dies gilt bei Biogasanlagen nur in den Fällen, in denen ausschließlich Rohstoffe mit gleichem Energiegehalt eingesetzt werden. Abweichend hiervon ist die Abgrenzung anhand des typisierten Biogasertrags (siehe nachfolgende Tabelle) aus den eingesetzten Rohstoffen vorzunehmen, wenn in Biogasanlagen Rohstoffe von unterschiedlicher Art und Güte eingesetzt werden. Werden danach überwiegend eigene Erzeugnisse im Rahmen einer ersten Stufe der Be- oder Verarbeitung verwendet, ist das hergestellte Biogas noch dem land- und forstwirtschaftlichen Bereich zuzuordnen.

Übersicht eingesetzter Rohstoffe:[1)]

| Substrat bzw. Nutzung | Biogasertrag in m³/t Substrat bzw. Frischmasse | Biogasertrag in m³/t organische Trockensubstanz |
|---|---|---|
| Rindergülle | 30 | 385 |
| Schweinegülle | 15 | 400 |
| Rindermist[2)] | 55 | 330 |
| Schweinemist[3)] | 12 | 345 |
| Hühnermist[4)] | 200 | 500 |
| Maissilage | 220 | 660 |
| Roggensilage (GPS)[5)] | 205 | 620 |
| Grassilage | 190 | 600 |
| Biertreber[6)] | 119 | 612 |
| Getreideschlempe | 40 | 700 |
| Bioabfall[7)] | 30–280 | 270–570 |
| Speisereste[7)] | 70–280 | 850–900 |

### 3. Erzeugung von Biogas und Erzeugung von Energie durch den Nebenbetrieb

Die Erzeugung von Biogas kann unter den Voraussetzungen der R 15.5 Abs. 3 EStR 2012 im Rahmen eines Nebenbetriebs eine land- und forstwirtschaftliche Tätigkeit sein (vgl. R 15.5 Abs. 12 Satz 3 EStR 2012). 8

Wird in einer Biogasanlage Energie (Strom, Wärme) erzeugt und abgesetzt, ist dies eine originär gewerbliche Tätigkeit i.S.v. R 15.5 Abs. 12 Satz 2 EStR 2012, so dass kein Nebenbetrieb i.S.v. R 15.5 Abs. 3 EStR 2012, sondern ein selbständiger Gewerbebetrieb vorliegt. 9

## III. Biogasanlagen im Rahmen eines gemeinschaftlichen Nebenbetriebs

### 1. Ebene der Beteiligten

Erfolgt die Erzeugung von Biogas durch Zusammenschluss mehrerer land- und forstwirtschaftlich tätiger Personen in einer gemeinschaftlich betriebenen Anlage, kann diese Biogasanlage noch als Nebenbetrieb der jeweiligen land- und forstwirtschaftlichen Hauptbetriebe angesehen werden. Dies setzt voraus, dass alle Beteiligten als Mitunternehmer zu qualifizieren sind. 10

[1)] **Amtl. Anm.:** Quelle: KTBL (2021): Gasausbeute in landwirtschaftlichen Biogasanlagen. Potenziale, Erträge, Einflussfaktoren. Darmstadt, Kuratorium für Technik und Bauwesen in der Landwirtschaft e.V. (KTBL).

[2)] **Amtl. Anm.:** Gelagert; Nur als Teilsubstrat und i.d.R. mit Vorbehandlung nutzbar.

[3)] **Amtl. Anm.:** Auswertung von Laborergebnissen (kein „Richtwert").

[4)] **Amtl. Anm.:** Geflügelmist; Nur als Teilsubstrat und i.d.R. mit Vorbehandlung nutzbar.

[5)] **Amtl. Anm.:** Getreide, Ganzpflanzensilage.

[6)] **Amtl. Anm.:** Auswertung von Laborergebnissen (kein „Richtwert").

[7)] **Amtl. Anm.:** Bioabfall und Speisereste setzen sich aus einer Vielzahl von Substraten unterschiedlicher Herkunft zusammen. Im Einzelnen können sich die tatsächlichen Gasausbeuten von den hier angegebenen Werten deutlich unterscheiden.

### 2. Ebene der Mitunternehmerschaft

11 Ist ein Mitunternehmer als Gewerbetreibender (z.B. im Rahmen eines Strukturwandels) zu beurteilen, ist die gemeinschaftliche Biogasanlage als Gewerbebetrieb zu qualifizieren.

12 Nach R 15.5 Abs. 3 Satz 8 EStR 2012 dürfen bei gemeinschaftlichen Nebenbetrieben ausschließlich eigen erzeugte Rohstoffe der beteiligten land- und forstwirtschaftlich tätigen Personen be- oder verarbeitet werden oder nur Erzeugnisse gewonnen werden, die ausschließlich in den Betrieben der beteiligten land- und forstwirtschaftlich tätigen Personen verwendet werden. Für den Verkauf von Biogas aus einer gemeinschaftlich betriebenen Anlage bedeutet dies, dass ausschließlich Biomasse verwendet werden darf, die in den jeweiligen Hauptbetrieben der beteiligten land- und forstwirtschaftlich tätigen Personen erzeugt wurde. Das aus einer Übernahme von Rohstoffen gewonnene Biogas muss ausschließlich zur Energieerzeugung für die eigenen Hauptbetriebe eingesetzt werden.

### 3. Erzeugung von Energie durch den gemeinschaftlichen Nebenbetrieb

13 Wird durch einen gemeinschaftlichen Nebenbetrieb Energie erzeugt, gilt Rn. 9 entsprechend.

## IV. Abgrenzung der Wirtschaftsgüter und Absetzung für Abnutzung (AfA)

14 Zu einer Biogasanlage gehören insbesondere der Gärbehälter/Fermenter mit dem Nachgärer, die dazugehörige Einbringungs-, Mess- und Steuerungstechnik, die Elektroinstallation, das Rührwerk, die Separierung, die Gasfackeln, der Gasspeicher und die Pumpstation. Diese Wirtschaftsgüter stehen in einem einheitlichen Nutzungs- und Funktionszusammenhang mit der Biogasanlage. Damit sind sie unselbständige Bestandteile der als einheitlich bewertbares Wirtschaftsgut anzusehenden Biogasanlage und daher einheitlich mit dieser abzuschreiben.

15 Für die Bemessung der AfA gelten die allgemeinen gesetzlichen Regelungen. Danach sind bewegliche Wirtschaftsgüter und unbewegliche abnutzbare Wirtschaftsgüter, die keine Gebäude sind, grundsätzlich nach § 7 Abs. 1 EStG entsprechend der betriebsgewöhnlichen Nutzungsdauer abzuschreiben. Zur Bestimmung der Nutzungsdauer können als Hilfsmittel die amtliche AfA-Tabelle „Landwirtschaft und Tierzucht" (BMF-Schreiben vom 19. November 1996, BStBl. I S. 1416) und die amtliche AfA-Tabelle für die allgemein verwendbaren Anlagegüter (BMF-Schreiben vom 15. Dezember 2000, BStBl. I S. 1532) herangezogen werden. Die betriebsgewöhnliche Nutzungsdauer einer Biogasanlage beträgt nach der amtlichen AfA-Tabelle „Landwirtschaft und Tierzucht" (a.a.O.) 16 Jahre.

16 Die im Zusammenhang mit dem Betrieb einer Biogasanlage genutzten Wirtschaftsgüter, die losgelöst von der Biogasanlage auch alleine nutzbar wären (z.B. Gebäude, Hof- und Platzbefestigung, Zuwege, Grünanlagen mit Umzäunung, Transformator, Gas- und Wärmeleitungen, Fahrsilo, Siloplatte, Fuhrwerkswaage), sind demgegenüber als selbständige Wirtschaftsgüter zu behandeln, soweit sie selbständig bewertbar sind. Sie sind entsprechend den gesetzlichen Regelungen zur AfA abzuschreiben. Nach den in Rn. 15 genannten amtlichen AfA-Tabellen kann von folgenden betriebsgewöhnlichen Nutzungsdauern ausgegangen werden:

| | |
|---|---|
| Gebäude | je nach Ausgestaltung als Scheune oder richtigem Gebäude 25 bzw. 33 Jahre |
| Fernwärmeleitungen und Gasleitungen aus Stahl oder Kunststoff | 20 Jahre |
| Transformator | 20 Jahre |
| Grünanlagen | 15 Jahre |
| Hofbefestigung | 19 Jahre |
| Fahrsilo, Siloplatte und Waage | jeweils 20 Jahre |

Ein im Zusammenhang mit einer Biogasanlage betriebenes Blockheizkraftwerk stellt ein selbständig bewertbares Wirtschaftsgut dar. Die für den Betrieb eines Blockheizkraftwerkes notwendige Technik und der Motor sind regelmäßig unselbständige Bestandteile des Blockheizkraftwerkes. Die betriebsgewöhnliche Nutzungsdauer eines Blockheizkraftwerkes beträgt nach der amtlichen AfA-Tabelle für die allgemein verwendbaren Anlagegüter (a.a.O.) 10 Jahre. Für Blockheizkraftwerke, die bis zum 31. Dezember 2014 im Zusammenhang mit einer Biogasanlage angeschafft oder hergestellt worden sind, wird es nicht beanstandet, wenn das Blockheizkraftwerk als Teil der Biogasanlage über die Nutzungsdauer von 16 Jahren abgeschrieben wird, wenn dies seit der Anschaffung oder Herstellung erklärt wurde. 17

## V. Bewertung

### 1. Bewertung des Umlaufvermögens

Die zum Betreiben einer Biogasanlage eingelagerten Vorräte an Biomasse sind gemäß § 6 Abs. 1 Nr. 2 Satz 1 und 2 EStG grundsätzlich mit den Anschaffungs- oder Herstellungskosten oder bei Vorliegen einer voraussichtlich dauernden Wertminderung und Ausübung des Wahlrechtes mit dem niedrigeren Teilwert zu bewerten. Soweit eine „stehende Ernte“ als Biomasse erworben wird, rechnen etwaige Ernte- und Transportkosten zu den Anschaffungskosten der Vorräte. Bei Inanspruchnahme der Vereinfachungsregelung für die „stehende Ernte“ nach R 14 Abs. 3 Satz 1 EStR 2012 hat die daraus resultierende reine Biomasse einen Buchwert von 0 Euro. Etwaige Ernte- und Transportkosten erhöhen in diesem Fall den Buchwert. 18

Zum Umlaufvermögen gehört als unfertiges Erzeugnis „Biogas“ auch der Inhalt im Fermenter und im Nachgärer. Das unfertige Erzeugnis ist mit den bis zum Bilanzstichtag angefallenen Herstellungskosten nach R 6.3 EStR 2012 zu bewerten. Hierzu gehören insbesondere die Anschaffungskosten der Biomasse oder Substrate (z.B. Maissilage und Gülle), die erforderlich sind, um den Fermenter auf das erforderliche Maß zu füllen. 19

Der Wert des Fermenterinhalts kann unter Annahme einer Substratverweildauer im Fermenter von beispielsweise 90 Tagen wie folgt ermittelt werden: 20

$$\text{Wert Fermenterinhalt (Bestandteil Substrat)} = \text{Wert Substrat in } \frac{\text{Euro}}{\text{t}} \cdot \text{tägliche Einsatzmenge in t} \cdot 90 \text{ Tage} \cdot \text{Wertfaktor } 25\,\%$$

**Beispiel für Bestandteil Maissilage:**

Bei einem Wert der Maissilage von 35 Euro/t und einer täglichen Einsatzmenge von 20 t beträgt der Wert des Fermenterinhalts:

$$15\,750 \text{ Euro} = 35 \frac{\text{Euro}}{\text{t}} \cdot 20 \text{ t} \cdot 90 \text{ Tage} \cdot \text{Wertfaktor } 25\,\%$$

Etwaige Kosten für Bakterienstämme sind mit der vorgenannten Formel abgegolten. Das sich im Fermenter befindliche Gas, Heizkosten und Gärreste sind zusätzlich zu bewerten.

21 Bei Gehaltslieferungen ist zu beachten, dass die Biomasse sowie die Gärreste der landwirtschaftlich tätigen Person zuzurechnen sind und nicht dem Betrieb der Biogasanlage.

## 2. Bewertung der Entnahme von Strom und Wärme

22 Die Sachentnahme von Strom und (Ab-)Wärme ist nach § 6 Abs. 1 Nr. 4 EStG mit dem Teilwert zu bewerten. Der Teilwert bestimmt sich grundsätzlich nach den anteiligen Herstellungskosten des entnommenen Stroms bzw. der entnommenen Wärme einschließlich Umsatzsteuer, soweit sich für Erzeugnisse gleicher Art und Güte kein niedrigerer Marktpreis gebildet hat (BFH-Urteil vom 12. März 2020 IV R 9/17, BStBl. 2021 II S. 226).

23 Der Marktpreis für Strom kann aus Vereinfachungsgründen im Wege der Schätzung aus dem Strompreis eines regionalen Energieversorgers abgeleitet oder pauschal mit 0,20 €/kWh angesetzt werden.

24 Als Marktpreis für entnommene Wärme kann ein regional üblicher Abgabepreis an fremde Dritte zugrunde gelegt werden. Der bundesdurchschnittliche Fernwärmepreis des jeweiligen Vorjahres auf Basis der jährlichen Veröffentlichungen des Bundesministeriums für Wirtschaft und Energie erfüllt die Anforderungen an eine Bewertung nach regionalen Preisen nicht.

25 Bei der Abgabe von (Ab-)Wärme beim Betrieb von Biogasanlagen mit Blockheizkraftwerken an fremde Dritte zu verbilligten Preisen oder ohne Entgelt liegt nicht zwingend eine Entnahme vor. Bei der Beurteilung im Einzelfall ist insbesondere zu berücksichtigen, ob die Abgabe aufgrund betrieblicher Veranlassung vorgenommen wird. Das Anstreben eines KWK-Bonus könnte ein Indiz dafür sein. Als weiterer Aspekt kann die (widerlegbare) Vermutung herangezogen werden, dass unter fremden Dritten marktübliche Konditionen vereinbart werden oder zumindest betriebliche Gründe für die Höhe der Vergütung (ggf. auch ohne Vergütung) vorliegen, und somit eine Entnahme zu verneinen wäre.

## VI. Rückstellung für Rückbauverpflichtung

26 Für nach § 35 Abs. 1 Nr. 6 BauGB baurechtlich zulässige Biomasseanlagen im Außenbereich, zu denen auch Biogasanlagen zählen, ist die in § 35 Abs. 5 Satz 2 BauGB geregelte Verpflichtungserklärung abzugeben, das Vorhaben nach dauerhafter Aufgabe der zulässigen Nutzung zurückzubauen und die Bodenversiegelung zu beseitigen (sog. Rückbauverpflichtung).

27 Die gesetzliche Rückbauverpflichtung greift nicht, wenn die Anlage nicht im Rahmen der baurechtlichen Vorhaben, sondern auf der Grundlage eines Bebauungsplans errichtet wird. In diesen Fällen kann eine vertragliche Rückbauverpflichtung im Durchführungsvertrag mit der Kommune im Rahmen des Bauantragsverfahrens getroffen werden.

28 Eine Rückstellung für ungewisse Verbindlichkeiten darf steuerlich nach R 5.7 Abs. 4 Satz 1 EStR 2012 nur passiviert werden, wenn die öffentlich-rechtliche Handlungsverpflichtung hinreichend konkretisiert ist, also innerhalb eines bestimmbaren Zeitraums vorgeschrieben ist. Die Vorgabe des § 35 Abs. 5 Satz 2 BauGB begründet regelmäßig noch keinen hinreichend bestimmbaren Zeit-

raum für die Rückbauverpflichtung vor Eintritt der dauerhaften Aufgabe der zulässigen Nutzung als Biogasanlage. Hat die steuerpflichtige Person die nach § 35 Abs. 5 Satz 2 BauGB erforderliche Verpflichtungserklärung hingegen abgegeben und ist diese Verpflichtung durch Eintragung einer Baulast ins Grundbuch oder durch Vorlage einer Bankbürgschaft in Höhe der voraussichtlichen Beseitigungs- und Wiederherstellungskosten sichergestellt, ist die Verpflichtung hinreichend konkretisiert. Bei einer vertraglich geregelten Rückbauverpflichtung ist für das Vorliegen der Voraussetzungen zur Bildung einer Rückstellung auf den Einzelfall abzustellen. Ist in diesen Fällen im Genehmigungsbescheid der Baubehörde eine Rückbauverpflichtung enthalten, ist die Verpflichtung jedenfalls hinreichend konkretisiert. Die Bewertung einer solchen Rückstellung erfolgt nach § 6 Abs. 1 Nr. 3a Buchst. d Satz 1 EStG zeitanteilig in gleichen Raten und ist über die Laufzeit anzusammeln. Ebenso ist nach § 6 Abs. 1 Nr. 3a Buchst. e Satz 1 EStG eine Abzinsung vorzunehmen.

## B. Körperschaftsteuer

### I. Biogas-Erzeugungsgenossenschaften

#### 1. Erzeugung und Verkauf von Biogas

Wird eine Biogasanlage in der Rechtsform einer Genossenschaft betrieben, ist eine Steuerbefreiung nach § 5 Abs. 1 Nr. 14 Satz 1 Buchst. c KStG nur möglich, wenn für die Erzeugung des Biogases ausschließlich eigen erzeugte Rohstoffe der beteiligten land- und forstwirtschaftlich tätigen Personen verwendet werden. Die Verwertung der pflanzlichen oder tierischen Rohstoffe als Biomasse bis hin zur Reinigung des Biogases stellt in diesen Fällen die erste Stufe der Be- oder Verarbeitung im Rahmen der Land- und Forstwirtschaft dar. 29

#### 2. Erzeugung von Energie durch eine Biogas-Erzeugungsgenossenschaft

Soweit eine Biogas-Erzeugungsgenossenschaft zur Beheizung der Anlage Energie erzeugt, ist dies für die Steuerbefreiung unschädlich. Wird hingegen überschüssige Energie durch eine Biogas-Erzeugungsgenossenschaft in das (Strom-/Wärme-)Netz eingespeist und an Dritte oder auch eigene Mitglieder geliefert, ist diese Bearbeitung der zweiten Stufe der Be- oder Verarbeitung zuzuordnen. Diese Tätigkeit ist nicht nach § 5 Abs. 1 Nr. 14 KStG begünstigt. Die Genossenschaft ist insoweit partiell steuerpflichtig (vgl. R 5.11 Abs. 1 Satz 3 KStR). In diesen Fällen ist § 5 Abs. 1 Nr. 14 Satz 2 KStG zu beachten. 30

### II. Generatoren-Genossenschaft

#### 1. Erzeugung von Energie

Die Be- oder Verarbeitung von Biogas im Rahmen einer Generatoren-Genossenschaft stellt eine weitere und damit die zweite (gewerbliche) Stufe der Be- oder Verarbeitung dar. Die Erzeugung von Energie durch Generatoren ist eine Betätigung außerhalb der Land- und Forstwirtschaft; insoweit scheidet eine Steuerbefreiung nach § 5 Abs. 1 Nr. 14 Buchst. c KStG aus. Dies gilt unabhängig davon, ob Mitglieder der Genossenschaft oder Dritte Abnehmer der erzeugten Energie sind. 31

#### 2. Beteiligung der Biogas-Erzeugungsgenossenschaft

Beteiligt sich eine Biogas-Erzeugungsgenossenschaft an einer steuerpflichtigen Generatoren-Genossenschaft, sind die Gewinnanteile oder Bezüge nach R 5.11 32

Abs. 5 KStR als Einnahmen aus nicht begünstigter Tätigkeit anzusehen. In diesen Fällen ist § 5 Abs. 1 Nr. 14 Satz 2 KStG zu beachten.

### 3. Rückvergütung an eine Biogas-Erzeugungsgenossenschaft

33 Rückvergütungen i.S.d. § 22 KStG sind den Einnahmen aus den Geschäften zuzurechnen, für die die Rückvergütungen gewährt worden sind (R 5.11 Abs. 5 Satz 6 KStR). Soweit die Generatoren-Genossenschaft in zulässiger Weise eine Rückvergütung nach § 22 KStG für den Verkauf des Biogases (Gegengeschäft) gewährt, fallen die der Biogas-Erzeugungsgenossenschaft aus der Rückvergütung zufließenden Erträge bei Vorliegen der unter den Rn. 29 und 30 genannten Voraussetzungen daher in den steuerbefreiten Teil der Genossenschaft.

## III. Bewertung des Feldinventars und der Vorräte einer steuerpflichtigen Körperschaft bei Erzeugung von Biogas und Energie

34 Nach R 14 Abs. 2 i.V.m. Abs. 3 Satz 1 EStR 2012 kann bei landwirtschaftlichen Betrieben oder Teilbetrieben zur Vereinfachung der Bewertung von einer Aktivierung des Feldinventars und der stehenden Ernte abgesehen werden. Voraussetzung hierfür ist, dass in der Schlussbilanz des Betriebs für vorangegangene Wirtschaftsjahre oder beim Wechsel zum Betriebsvermögensvergleich keine Aktivierung eines Wirtschaftsguts Feldinventar oder stehende Ernte vorgenommen wurde (vgl. R 14 Abs. 3 Satz 2 EStR 2012). Dies gilt nach R 8.3 Satz 2 und 3 KStR auch für Betriebe, die kraft Rechtsform gewerbliche Einkünfte erzielen. In diesen Fällen muss sich der Betrieb der Körperschaft ausschließlich auf die Land- und Forstwirtschaft beschränken oder es muss ein organisatorisch verselbstständigter Betriebsteil vorliegen. Die Rn. 18 ist bei Körperschaften analog anzuwenden.

35 Für die Frage, ob ein organisatorisch verselbstständigter Betriebsteil i.S.d. R 8.3 Satz 3 KStR vorliegt, ist auf die einkommensteuerrechtliche Definition des Teilbetriebs abzustellen; zur Definition des Teilbetriebs vgl. R 16 Abs. 3 EStR 2012. Kann die Erzeugung von Biomasse und die Herstellung von Biogas bzw. die Energieerzeugung organisatorisch und technisch ohne weiteres getrennt werden, kann unter diesen Voraussetzungen im Einzelfall ein Teilbetrieb vorliegen.

36 Ein Teilbetrieb liegt nicht vor, wenn die wesentlichen Betriebsgrundlagen von mehreren Teilbereichen eines land- und forstwirtschaftlichen Betriebs genutzt werden (z.B. Grund und Boden, auf dem sich neben einer Biogasanlage auch Wirtschaftsgebäude für den landwirtschaftlichen Betrieb befinden). Insoweit müssen gemeinsam genutzte wesentliche Betriebsgrundlagen nicht nur räumlich, sondern auch zivilrechtlich real aufteilbar sein (vgl. BFH-Urteil vom 13. Februar 1996 VIII R 39/92, BStBl. II S. 409).

37 Liegen die Voraussetzungen für einen Teilbetrieb im Einzelfall vor und können die Erträge und Aufwendungen getrennt ausgewiesen werden, bestehen keine Bedenken, für den originär landwirtschaftlichen Bereich die Nichtaktivierung des Feldinventars bzw. der stehenden Ernte zu gewähren. Gleichwohl sollte das wirtschaftliche Ergebnis des Teilbetriebs im Rahmen der Gewinnermittlung der Körperschaft zum Ausdruck gebracht werden.

## C. Zeitliche Anwendung

Die vorstehenden Regelungen gelten für Wirtschaftsjahre, die nach der Veröffentlichung der Einkommensteuer-Änderungsrichtlinien am 25. März 2013 beginnen. 38

Für Wirtschaftsjahre, die nach dem 25. März 2013 und vor dem 31. Dezember 2018 beginnen, sind die Regelungen des BMF-Schreibens vom 6. März 2006 (BStBl. I S. 248) wahlweise weiterhin anzuwenden. Die Regelungen des BMF-Schreibens vom 6. März 2006 (a.a.O.) und die Regelungen dieses BMF-Schreibens sind für den vorgenannten Zeitraum einheitlich anzuwenden.

# I § 15/15. Anwendungsschreiben zur Verlustabzugsbeschränkung nach § 15 Abs. 4 Satz 6 bis 8 EStG

Vom 19. November 2008 (BStBl. I S. 970)

(BMF IV C 6 – S 2119/07/10001; DOK 2008/0498934)

Im Einvernehmen mit den obersten Finanzbehörden der Länder gilt zur Anwendung der Verlustabzugsbeschränkung nach § 15 Abs. 4 Satz 6 bis 8 EStG Folgendes:

## I. Allgemeine Grundsätze

1 Nach § 15 Abs. 4 Satz 6 bis 8 EStG sind Verluste aus atypisch stillen Beteiligungen und vergleichbaren Innengesellschaften an Kapitalgesellschaften (im Weiteren: atypisch stille Gesellschaft), an denen unmittelbar oder mittelbar Kapitalgesellschaften beteiligt sind, nach Maßgabe des § 10 d EStG nur mit späteren Gewinnen oder dem Vorjahresgewinn aus derselben Einkunftsquelle verrechenbar. Soweit an der stillen Gesellschaft unmittelbar oder mittelbar, ganz oder teilweise jedoch natürliche Personen beteiligt sind, bleibt der Verlust weiterhin abzugsfähig.

## II. Definition des Verlustes i. S. von § 15 Abs. 4 Satz 6 bis 8 EStG

2 Der Verlust i. S. v. § 15 Abs. 4 Satz 6 bis 8 EStG ist der nach den einkommensteuerrechtlichen Vorschriften ermittelte und nach Anwendung des § 15 a EStG ausgleichsfähige Verlust. Hierzu gehören insbesondere auch der steuerpflichtige Teil der sog. Teil-/Halbeinkünfte (§ 3 Nr. 40 i. V.m. § 3 c EStG) und die ausländischen Einkünfte.

3 Bei dem Verlust i. S. v. § 15 Abs. 4 Satz 6 bis 8 EStG handelt es sich lediglich um den laufenden Verlust aus der Beteiligung, jedoch nicht um den Verlust der Beteiligung selbst. Somit stehen alle anderen Verluste, z. B. aus der Veräußerung, für einen – unter den Voraussetzungen der Abzugsfähigkeit nach § 15 a EStG (vgl. auch IV.) – unbeschränkten Verlustausgleich zur Verfügung.

## III. Verlustabzug nach Maßgabe des § 10 d EStG

4 Der Verlust i. S. von § 15 Abs. 4 Satz 6 bis 8 EStG ist nach Maßgabe des § 10 d EStG in das unmittelbar vorangegangene Jahr zurückzutragen. Der Steuerpflichtige hat nach § 10 d Abs. 1 Satz 5 EStG jedoch das Wahlrecht, den Verlustrücktrag auszuschließen oder einzugrenzen. Dieses Wahlrecht muss nicht von allen Mitunternehmern einheitlich ausgeübt werden. Es kann vielmehr jeder von der Verlustabzugsbeschränkung betroffene Mitunternehmer selbst entscheiden, ob und ggf. in welcher Höhe ein Verlustrücktrag durchgeführt werden soll.

5 Nach § 15 Abs. 4 Satz 6 bis 8 EStG wird die Verlustverrechnung auf Ebene des Gesellschafters/Beteiligten durchgeführt, so dass für jeden Steuerpflichtigen ein gesonderter Verlustverrechnungskreis gebildet wird. Dementsprechend sind die Höchstbeträge des § 10 d Abs. 1 und 2 EStG für jeden Beteiligten/Mitunternehmer in voller Höhe gesellschafterbezogen anzuwenden. Ist der Gesellschafter/Beteiligte mehrere atypisch stille Beteiligungen an verschiedenen Kapitalgesellschaften eingegangen, gelten die Sätze 1 und 2 entsprechend für jede Beteiligung.

6 Sind im Rücktragsjahr im Gewinnanteil des atypisch stillen Gesellschafters ausländische Einkünfte enthalten und anrechenbare ausländische Steuern i. S. von § 34 c EStG angefallen, wird die Anrechnung der ausländischen Steuern i. S. von § 34 c EStG durch den Verlustrücktrag grundsätzlich nicht berührt. Aufgrund der durch den Verlustrücktrag verringerten deutschen Einkommensteuer i. S. des § 34 c EStG vermindert sich jedoch der Anrechnungshöchstbetrag des entsprechenden Jahres.

## IV. Verhältnis der Verlustabzugsbeschränkung für atypisch stille Gesellschaften (§ 15 Abs. 4 Satz 6 bis 8 EStG) zur Verlustabzugsbeschränkung bei Verlusten aus beschränkter Haftung (§ 15 a EStG)

### 1. Verhältnis zu § 15 a EStG

7 Die Verlustabzugsbeschränkung nach § 15 Abs. 4 Satz 6 bis 8 EStG findet auf den nach Anwendung des § 15 a EStG noch abzugsfähigen Verlust Anwendung. Soweit der Verlust bereits nach § 15 a EStG lediglich verrechenbar ist, ist für die Anwendung von § 15 Abs. 4 Satz 6 bis 8 EStG kein Raum mehr.

### 2. Verfahren bei festgestellten verrechenbaren Verlusten nach § 15 a EStG und § 15 Abs. 4 Satz 6 bis 8 EStG

8 Liegen sowohl verrechenbare Verluste i. S. v. § 15 a EStG als auch verrechenbare Verluste i. S. v. § 15 Abs. 4 Satz 6 bis 8 EStG vor, sind spätere Gewinne vorrangig mit den nach § 15 a EStG verrechenbaren Verlusten auszugleichen. Erst wenn keine nach § 15 a EStG verrechenbaren Verluste mehr verbleiben, sind verbleibende Gewinne mit den nach § 15 Abs. 4 Satz 6 bis 8 EStG verrechenbaren Verlusten auszugleichen.

### 3. Verlustrücktrag nach Maßgabe des § 10 d EStG

9 Nach § 15 Abs. 4 Satz 6 bis 8 EStG ist ein Verlustrücktrag nach Maßgabe des § 10 d EStG möglich. Dieser Verlustrücktrag ist nach Anwendung des § 15 a EStG im Rücktragsjahr durchzuführen.

**Beispiel 1:**

**Veranlagungszeitraum (VZ) 01:**

Die A-GmbH geht eine atypisch stille Beteiligung an der B-GmbH ein. Sie tätigt eine Einlage von 100 000 € und es wird ihr in 01 ein Verlust von 180 000 € zugerechnet.

Nach § 15 a EStG sind von dem Verlust 100 000 € ausgleichsfähig und 80 000 € verrechenbar. Der ausgleichsfähige Verlust nach § 15 a EStG wird i. H. von 100 000 € auf Ebene der stillen Beteiligung (A-GmbH) als verrechenbarer Verlust nach § 15 Abs. 4 Satz 6 bis 8 EStG gesondert festgestellt.

| | | |
|---|---|---|
| VZ 01 | Verlustanteil | – 180 000 € |
| | davon verrechenbar nach § 15 a EStG | – 80 000 € |
| | nach Anwendung des § 15 a EStG verbleibender Verlustanteil | – 100 000 € |
| | davon verrechenbar nach § 15 Abs. 4 Satz 6 EStG | – 100 000 € |
| | bei der Veranlagung anzusetzen | 0 € |
| 31. 12. 01: | Feststellung des verbleibenden Verlustvortrags nach § 15 Abs. 4 Satz 7 i. V.m. § 10 d EStG: | |
| | nach Anwendung des § 15 a EStG verbleibender Verlustanteil | – 100 000 € |
| | Rücktrag in den VZ 00 | 0 € |
| | Verbleibender Verlustvortrag | – 100 000 € |

**VZ 02:**

In 02 werden der A-GmbH Einkünfte nach § 15 Abs. 4 Satz 6 bis 8 EStG in Höhe von + 1 000 000 € zugerechnet.
Der verrechenbare § 15 a-Verlust aus 01 wird mit dem Gewinn aus 02 verrechnet. Danach beträgt der verrechenbare Verlust nach § 15 a EStG 0 € (31. 12. 02). Der verbleibende Gewinn von 920 000 € muss mit dem verrechenbaren Verlust nach § 15 Abs. 4 Satz 6 bis 8 EStG verrechnet werden.

| | | |
|---|---|---|
| VZ 02 | Gewinnanteil | + 1 000 000 € |
| | davon Verrechnung mit § 15 a Abs. 2 EStG | – 80 000 € |
| | nach Anwendung des § 15 a EStG verbleibender Gewinnanteil | + 920 000 € |
| | davon Verrechnung nach § 15 Abs. 4 Satz 7 EStG | – 100 000 € |
| | bei der Veranlagung anzusetzen | + 820 000 € |
| 31. 12. 02: | Feststellung des verbleibenden Verlustvortrags nach § 15 Abs. 4 Satz 7 i. V.m. § 10 d EStG: | |
| | verbleibender Verlustabzug am 31. 12. 01 | – 100 000 € |
| | im VZ 02 abgezogener Verlust | – 100 000 € |
| | Verbleibender Verlustvortrag | 0 € |

**VZ 03:**

In 03 werden der A-GmbH Einkünfte nach § 15 Abs. 4 Satz 6 bis 8 EStG in Höhe von – 1 500 000 € zugerechnet.
In Höhe von 580 000 € führt der Verlust aus 03 zu einem negativen Kapitalkonto, so dass nach § 15 a EStG verrechenbare Verluste in dieser Höhe festzustellen sind. Der verbleibende Verlust ist nach § 15 Abs. 4 Satz 6 bis 8 EStG nicht ausgleichsfähig. Es besteht jedoch nach Maßgabe des § 10 d EStG die Möglichkeit eines Verlustrücktrags i. H. v. 511 500 € nach 02. In diesem Fall vermindert sich der bei der Veranlagung 02 anzusetzende Gewinnanteil auf 308 500 € (= 820 000 € – 511 500 €). Die in 02 vorgenommene Verlustverrechnung nach § 15 a EStG bleibt unberührt.

| | | |
|---|---|---|
| VZ 03 | Verlustanteil | – 1 500 000 € |
| | davon verrechenbar nach § 15 a EStG | – 580 000 € |
| | nach Anwendung des § 15 a EStG verbleibender Verlustanteil | – 920 000 € |
| | davon verrechenbar nach § 15 Abs. 4 Satz 6 EStG | – 920 000 € |
| | bei der Veranlagung anzusetzen | 0 € |
| 31. 12. 03: | Feststellung des verbleibenden Verlustvortrags nach § 15 Abs. 4 Satz 7 i. V.m. § 10 d EStG: | |
| | nach Anwendung des § 15 a EStG verbleibender Verlustanteil | – 920 000 € |
| | Rücktrag in den VZ 02 | – 511 500 € |
| | Verbleibender Verlustvortrag | – 408 500 € |

**Beispiel 2:**

**VZ 01:**

Die A-GmbH ist atypisch still an der B-GmbH beteiligt. Zum 31. 12. 01 wurde ein nach § 15 a EStG verrechenbarer Verlust i. H. von 100 000 € festgestellt.

**VZ 02:**

Der A-GmbH werden aus der atypisch stillen Beteiligung Einkünfte i. H. von – 80 000 € zugerechnet. Einlagen und Entnahmen wurden nicht getätigt, so dass sich das negative Kapitalkonto der A-GmbH um 80 000 € erhöht.

Der nach § 15 a EStG verrechenbare Verlust erhöht sich um 80 000 €. Zum 31.12 .02 wird daher ein verrechenbarer Verlust i. H. von – 180 000 € festgestellt. Eine Feststellung nach § 15 Abs. 4 Satz 6 bis 8 EStG ist nicht erforderlich, da keine bei der Veranlagung verbleibenden Einkünfte entstanden sind.

**VZ 03:**

Der A-GmbH werden aus der atypisch stillen Beteiligung Einkünfte i. H. von 50 000 € zugerechnet.

Der Gewinn ist nach § 15 a Abs. 2 EStG mit dem verrechenbaren Verlust aus den Vorjahren zu saldieren. Eine Feststellung nach § 15 Abs. 4 Satz 6 bis 8 EStG ist weiterhin nicht erforderlich. Der verrechenbare Verlust nach § 15 a EStG zum 31.12. 03 beträgt – 130 000 €.

## V. Auswirkung von § 15 Abs. 4 Satz 6 bis 8 EStG auf die Gewerbesteuer

10 Die Verlustabzugsbeschränkung des § 15 Abs. 4 Satz 6 bis 8 EStG hat keine Auswirkung auf die Festsetzung des Gewerbesteuermessbetrags der atypisch stillen Gesellschaft, da gewerbesteuerlich das Ergebnis der atypisch stillen Gesellschaft besteuert wird und beim Mitunternehmer (wenn er selbst der Gewerbesteuer unterliegt und die Beteiligung zum Betriebsvermögen gehört) ein positiver Gewinnanteil nach § 9 Nr. 2 GewStG oder ein Verlustanteil nach § 8 Nr. 8 GewStG neutralisiert wird.

## VI. Feststellungsverfahren

11 Die Verlustverrechnung nach § 15 Abs. 4 Satz 6 bis 8 EStG wird erst auf Ebene des Gesellschafters/Beteiligten durchgeführt (vgl. Rn. 5). Im Bescheid über die gesonderte und einheitliche Feststellung der gemeinschaftlichen Ein-

künfte der Beteiligten der atypisch stillen Gesellschaft (*§ 180 Abs. 1 Nr. 2 Buchst. a AO*[1]) ist der Gewinn oder Verlust daher ohne Anwendung des § 15 Abs. 4 Satz 6 bis 8 EStG festzustellen.

Das für die Gewinnfeststellung nach *§ 180 Abs. 1 Nr. 2 Buchst. a AO*[1] für die atypisch stille Gesellschaft zuständige Finanzamt hat dem für die Besteuerung des atypisch stillen Gesellschafters zuständigen Finanzamt die als Grundlagen für die Verlustverrechnung maßgebenden Beträge nachrichtlich mitzuteilen.

Handelt es sich bei dem atypisch stillen Gesellschafter um eine Mitunternehmerschaft (Obergesellschaft), an der unmittelbar oder mittelbar eine Kapitalgesellschaft beteiligt ist, ist der Verlustanteil nur insoweit nach § 15 Abs. 4 Satz 6 bis 8 EStG verrechenbar, als er mittelbar auf diese Kapitalgesellschaft entfällt. Das für die Gewinnfeststellung nach *§ 180 Abs. 1 Nr. 2 Buchst. a AO*[1] für die Obergesellschaft zuständige Finanzamt hat dem für die Besteuerung der Kapitalgesellschaft zuständigen Finanzamt die als Grundlagen für die Verlustverrechnung maßgebenden Beträge nachrichtlich mitzuteilen.

Der nach § 15 Abs. 4 Satz 6 bis 8 EStG verbleibende Verlustvortrag ist auf 12
Ebene des Gesellschafters/Beteiligten an der atypisch stillen Gesellschaft nach Durchführung eines eventuellen Verlustrücktrags in das Vorjahr gesondert festzustellen. Zuständig für die gesonderte Feststellung ist das für die Einkommensbesteuerung des Gesellschafters/Beteiligten zuständige Finanzamt (§ 15 Abs. 4 Satz 6 i. V. m. § 10 d Abs. 4 Satz 3 EStG).

## VII. Anwendung auf typisch stille Gesellschaften i. S. von § 20 Abs. 1 Nr. 4 EStG

Die Grundsätze dieses Schreibens unter I. bis IV. sind auf typisch stille Ge- 13
sellschaften i. S. v. § 20 Abs. 1 Nr. 4 und Abs. 3 EStG (ab VZ 2009: Abs. 8) entsprechend anzuwenden. Allerdings liegen bei dem Inhaber des Handelsgeschäfts und dem typisch stillen Gesellschafter keine gemeinschaftlich erzielten Einkünfte vor, die folglich auch nicht gesondert und einheitlich festgestellt werden. Die gesonderte Feststellung des nach § 15 Abs. 4 Satz 6 bis 8 EStG verrechenbaren Verlustes erfolgt auch in diesen Fällen ausschließlich auf Ebene des Gesellschafters.

## VIII. Zeitliche Anwendung

Dieses Schreiben ist in allen noch offenen Fällen anzuwenden. 14

[1] Jetzt: § 180 Abs. 1 Satz 1 Nr. 2 Buchst. a AO.

# I § 15/16. Schreiben betr. gewerbliche Prägung einer „GmbH & Co GbR" im Fall eines individualvertraglich vereinbarten Haftungsausschlusses (§ 15 Abs. 3 Nr. 2 EStG)

Vom 17. März 2014 (BStBl. I S. 555)

(BMF IV C 6 – S 2241/07/10004; DOK 2014/0252207)

Nach dem Ergebnis einer Erörterung mit den obersten Finanzbehörden der Länder wird zur ertragsteuerlichen Behandlung einer „GmbH & Co GbR" wie folgt Stellung genommen:

## 1. Keine gewerbliche Prägung i. S. des § 15 Abs. 3 Nr. 2 EStG bei individualvertraglich vereinbartem Haftungsausschluss

Bei einer GbR liegt keine gewerbliche Prägung i. S. des § 15 Abs. 3 Nr. 2 EStG vor, wenn lediglich die GmbH persönlich haftende Gesellschafterin ist und die Haftung der übrigen Gesellschafter durch individualvertragliche Vereinbarungen ausgeschlossen ist (sog. „GmbH & Co GbR"). Bei der Auslegung der Vorschrift des § 15 Abs. 3 Nr. 2 EStG ist der abstrakte gesellschaftsrechtliche Typus entscheidend, weil das Tatbestandsmerkmal „persönlich haftender Gesellschafter" i. S. des § 15 Abs. 3 Nr. 2 EStG typisierend an die gesellschaftsrechtliche Stellung des Gesellschafters anknüpft. Nach dem gesetzlichen Leitbild kann bei einer GbR die persönliche Haftung der Gesellschafter gesellschaftsrechtlich aber nicht generell ausgeschlossen werden. Ein Haftungsausschluss kann zivilrechtlich vielmehr nur individuell beim einzelnen Vertragsabschluss mit der Zustimmung des jeweiligen Vertragspartners vereinbart werden und wirkt jeweils auch nur für den betreffenden Vertragsabschluss. Die Rechtsstellung als persönlich haftender Gesellschafter wird hiervon nicht berührt. Ein individualvertraglicher Haftungsausschluss ist deshalb für die ertragsteuerliche Beurteilung ohne Bedeutung. Hieraus folgt, dass bei einer GbR die gewerbliche Prägung nicht durch einen individualvertraglich vereinbarten Haftungsausschluss herbeigeführt werden kann. An der bisherigen Verwaltungsauffassung, dass bei einer GbR die gewerbliche Prägung durch einen individualvertraglich vereinbarten Haftungsausschluss herbeigeführt werden kann, wird nicht mehr festgehalten.

## 2. Übergangsregelung

Soweit bisher in entsprechenden Fällen aufgrund eines individualvertraglich vereinbarten Haftungsausschlusses eine gewerblich geprägte Personengesellschaft i. S. des § 15 Abs. 3 Nr. 2 EStG angenommen wurde, kann auf gesonderten schriftlichen Antrag der Gesellschaft das Vermögen der Personengesellschaft auch weiterhin als Betriebsvermögen behandelt werden. Der Antrag ist bis zum 31. Dezember 2014 bei dem für die Besteuerung der Personengesellschaft zuständigen Finanzamt zu stellen. Eine nach Veröffentlichung des BMF-Schreibens und vor dem 31. Dezember 2014 abgegebene Erklärung zur gesonderten und einheitlichen Feststellung der Einkünfte, in der die Einkünfte wie bisher als gewerbliche Einkünfte erklärt werden, reicht allein für einen wirksamen Antrag nicht aus. Der Antrag ist unwiderruflich und hat zur Folge, dass das Vermögen der betreffenden Personengesellschaft in jeder Hinsicht als Betriebsvermögen behandelt wird, d. h. es sind auch Gewinne oder Verluste aus einer späteren Betriebsveräußerung oder Betriebsaufgabe gemäß § 16 EStG steuerlich zu erfassen. Voraussetzung hierfür ist, dass die betreffende GbR bis zum 31. Dezember 2014 in eine gewerblich geprägte GmbH & Co KG umgewandelt wird. Maßgebend ist der Zeitpunkt, in dem der Antrag auf Eintragung der GmbH & Co KG in das Handelsregister gestellt wird.

# I § 15 a/1. Schreiben betr. Umfang des Kapitalkontos i. S. des § 15 a Abs. 1 Satz 1 EStG

Vom 30. Mai 1997 (BStBl. I S. 627)

(BMF IV B 2 – S 2241 a – 51/93 II)

Mit Urteil vom 14. Mai 1991 (BStBl. 1992 II S. 167) hat der BFH entschieden, daß bei der Ermittlung des Kapitalkontos i. S. des § 15 a EStG das – positive und negative – Sonderbetriebsvermögen des Kommanditisten außer Betracht zu lassen ist. Nach dem Urteil ist für die Anwendung des § 15 a EStG das Kapitalkonto nach der Steuerbilanz der KG unter Berücksichtigung etwaiger Ergänzungsbilanzen maßgeblich. Die bisherige Verwaltungsauffassung, wonach auch das Sonderbetriebsvermögen des Kommanditisten in die Ermittlung des Kapitalkontos i. S. des § 15 a EStG einzubeziehen war (vgl. Abschnitt 138 d Abs. 2 EStR 1990), ist überholt (vgl. BMF-Schreiben vom 20. Februar 1992, BStBl. I S. 123 – nebst der darin getroffenen Übergangsregelung).

Zu der Frage, wie der Umfang des Kapitalkontos i. S. des § 15 a Abs. 1 Satz 1 EStG unter Zugrundelegung dieser Rechtsprechung zu bestimmen ist, nehme ich unter Bezugnahme auf das Ergebnis der Erörterungen mit den obersten Finanzbehörden der Länder wie folgt Stellung:

Das Kapitalkonto i. S. des § 15 a Abs. 1 Satz 1 EStG setzt sich aus dem Kapitalkonto des Gesellschafters in der Steuerbilanz der Gesellschaft und dem Mehr- oder Minderkapital aus einer etwaigen positiven oder negativen Ergänzungsbilanz des Gesellschafters (BFH-Urteil vom 30. März 1993, BStBl. II S. 706) zusammen. Bei der Ermittlung des Kapitalkontos sind im einzelnen folgende Positionen zu berücksichtigen:

**1. Geleistete Einlagen;** hierzu rechnen insbesondere erbrachte Haft- und Pflichteinlagen, aber auch z. B. verlorene Zuschüsse zum Ausgleich von Verlusten. Pflichteinlagen gehören auch dann zum Kapitalkonto i. S. des § 15 a Abs. 1 Satz 1 EStG, wenn sie unabhängig von der Gewinn- oder Verlustsituation verzinst werden.

**2. In der Bilanz ausgewiesene Kapitalrücklagen.** Wenn eine KG zur Abdeckung etwaiger Bilanzverluste ihr Eigenkapital vorübergehend durch Kapitalzuführung von außen im Wege der Bildung einer Kapitalrücklage erhöht, so verstärkt sich das steuerliche Eigenkapital eines jeden Kommanditisten nach Maßgabe seiner Beteiligung an der Kapitalrücklage.

**3. In der Bilanz ausgewiesene Gewinnrücklagen.** Haben die Gesellschafter einer KG durch Einbehaltung von Gewinnen Gewinnrücklagen in der vom Gesellschaftsvertrag hierfür vorgesehenen Weise gebildet, so verstärkt sich das steuerliche Eigenkapital eines jeden Kommanditisten nach Maßgabe seiner Beteiligung an der Gewinnrücklage.

Der Umstand, daß durch die Bildung von Kapital- (siehe Nr. 2) und Gewinnrücklagen das steuerliche Eigenkapital der KG nur vorübergehend verstärkt und die Haftung im Außenverhältnis nicht nachhaltig verbessert wird, ist für die Zugehörigkeit ausgewiesener Kapital- und Gewinnrücklagen zum Kapitalkonto i. S. des § 15 a Abs. 1 Satz 1 EStG ohne Bedeutung.

**4. Beteiligungskonto in Abgrenzung zu einem Forderungskonto (Darlehenskonto)[1)]**

Nach § 167 Abs. 2 HGB wird der Gewinnanteil des Kommanditisten seinem Kapitalanteil nur so lange gutgeschrieben, wie dieser die Höhe der vereinbarten Pflichteinlage nicht erreicht. Nach § 169 HGB sind nicht abgerufene Gewinnanteile des Kommanditisten, soweit sie seine Einlage übersteigen, außerhalb seines Kapitalanteils gutzuschreiben. In diesem Fall sind die auf einem weiteren Konto (Forderungskonto oder Darlehenskonto) ausgewiesenen Gewinnanteile dem Sonderbetriebsvermögen des Kommanditisten zuzuordnen, weil sie ein selbständiges Forderungsrecht des Kommanditisten gegenüber der Gesellschaft begründen.

§ 169 HGB kann jedoch durch Gesellschaftsvertrag abbedungen werden. Die Vertragspraxis hat daher ein System kombinierter Kapitalanteile mit geteilten Kapitalkonten entwickelt. Die Kapitalbeteiligung, das Stimmrecht und die Gewinn- bzw. Verlustbeteiligung richten sich regelmäßig nach dem Verhältnis der festen Kapitalanteile, wie sie auf dem sog. Kapitalkonto I ausgewiesen werden. Auf diesem Konto wird in der Regel die ursprünglich vereinbarte Pflichteinlage gebucht. Daneben wird ein zweites variables Gesellschafterkonto geführt, das eine Bezeichnung wie Kapitalkonto II, Darlehenskonto, Kontokorrentkonto o. a. zu tragen pflegt. Dieses Konto dient dazu, über das Kapitalkonto I hinausgehende Einlagen, Entnahmen oder Gewinn- und Verlustanteile auszuweisen. Es kann aber auch Gesellschafterdarlehen aufnehmen (BFH-Urteil vom 3. Februar 1988 – BStBl. II S. 551). Soweit deshalb ein Gesellschaftsvertrag die Führung mehrerer Gesellschafterkonten vorschreibt, kann nicht mehr die Rechtslage nach dem HGB zugrunde gelegt werden. Vielmehr ist entscheidend darauf abzustellen, welche Rechtsnatur das Guthaben auf dem gesellschaftsvertraglich vereinbarten zweiten Gesellschafterkonto hat (BFH-Urteil vom 3. Februar 1988, a. a. O.).

Werden auch Verluste auf dem separat geführten Gesellschafterkonto verrechnet, so spricht dies grundsätzlich für die Annahme eines im Gesellschaftsvermögen gesamthänderisch gebundenen Guthabens. Denn nach § 120 Abs. 2 HGB besteht der Kapitalanteil begrifflich aus der ursprünglichen Einlage und den späteren Gewinnen, vermindert um Verluste sowie Entnahmen. Damit werden stehengelassene Gewinne wie eine Einlage behandelt, soweit vertraglich nicht etwas anderes vereinbart ist; sie begründen keine Forderung des Gesellschafters gegen die Gesellschaft. Verluste mindern die Einlage und mindern nicht eine Forderung des Gesellschafters gegen die Gesellschaft. Insoweit fehlt es an den Voraussetzungen der §§ 362 bis 397 BGB. Die Einlage einschließlich der stehengelassenen Gewinne und abzüglich der Verluste und

[1)] Vgl. auch BFH v. 27. 6. 1996 , BStBl. 1997 II S. 36.

der Entnahmen stellt damit für die Gesellschaft Eigen- und nicht Fremdkapital dar. Deshalb läßt sich die Verrechnung von Verlusten auf dem separat geführten Gesellschafterkonto mit der Annahme einer individualisierten Gesellschafterforderung nur vereinbaren, wenn der Gesellschaftsvertrag dahin verstanden werden kann, daß die Gesellschafter im Verlustfall eine Nachschußpflicht trifft und die nachzuschießenden Beträge durch Aufrechnung mit Gesellschafterforderungen zu erbringen sind (BFH-Urteil vom 3. Februar 1988, a. a. O.).

Sieht der Gesellschaftsvertrag eine Verzinsung der separat geführten Gesellschafterkonten im Rahmen der Gewinnverteilung vor, so spricht dies weder für noch gegen die Annahme individualisierter Gesellschafterforderungen, weil eine Verzinsung von Fremdkapital (§ 110, § 111 HGB) und eine Verzinsung der Kapitalanteile im Rahmen der Gewinnverteilung (§ 121 Abs. 1 und 2, § 168 Abs. 1 HGB) gleichermaßen üblich und typisch sind. Sieht der Gesellschaftsvertrag eine Ermäßigung der Verzinsung entsprechend der Regelung in § 121 Abs. 1 Satz 2 HGB vor, so spricht dies allerdings für die Annahme eines noch zum Gesellschaftsvermögen gehörenden Guthabens (BFH-Urteil vom 3. Februar 1988, a. a. O.).

Ob ein Gesellschafterdarlehen zum steuerlichen Eigenkapital der Gesellschaft oder zum steuerlichen Sonderbetriebsvermögen des Gesellschafters gehört, läßt sich danach nur anhand der Prüfung der Gesamtumstände des Einzelfalls anhand der vom BFH aufgezeigten Kriterien entscheiden. Ein wesentliches Indiz für die Abgrenzung eines Beteiligungskontos von einem Forderungskonto ist, ob – nach der gesellschaftsvertraglichen Vereinbarung – auf dem jeweiligen Kapitalkonto auch Verluste gebucht werden.

## 5. Verlustvortrag in Abgrenzung zu Darlehen der Gesellschaft an den Gesellschafter

Nach § 167 Abs. 3 HGB nimmt der Kommanditist an dem Verlust nur bis zum Betrag seines Kapitalanteils und seiner noch rückständigen Einlage teil. Getrennt geführte Verlustvortragskonten mindern regelmäßig das Kapitalkonto des Kommanditisten i. S. des § 15 a Abs. 1 Satz 1 EStG. Dies gilt auch, wenn die Regelung des § 167 Abs. 3 HGB von den Gesellschaftern abbedungen wird, so daß den Gesellschafter im Verlustfall eine Nachschußpflicht trifft. Derartige Verpflichtungen berühren die Beschränkung des Verlustausgleichs nach § 15 a EStG nicht. Die Forderung der Gesellschaft gegen den Gesellschafter auf Übernahme bzw. Ausgleich des Verlustes entspricht steuerlich einer Einlageverpflichtung des Kommanditisten (BFH-Urteil vom 14. Dezember 1995, BStBl. 1996 II S. 226) und ist damit erst bei tatsächlicher Erbringung in das Gesamthandsvermögen zu berücksichtigen (BFH-Urteil vom 11. Dezember 1990, BStBl. 1992 II S. 232). Dem zur Verlustübernahme verpflichteten Gesellschafter ist steuerlich zum Bilanzstichtag im Verlustentstehungsjahr ein Verlustanteil zuzurechnen, der zu diesem Stichtag auch sein Kapitalkonto i. S. des § 15 a Abs. 1 Satz 1 EStG vermindert. Eine Berücksichtigung der Verpflichtung im Sonderbetriebsvermögen ist nicht möglich (BFH-Urteil vom 14. Dezember 1995, a. a. O.).

**6. Außer Betracht zu lassen sind kapitalersetzende Darlehen.** Handels- und steuerrechtlich sind eigenkapitalersetzende Darlehen als Fremdkapital zu behandeln; eine Gleichbehandlung mit Eigenkapital ist nicht möglich (BFH-Urteil vom 5. Februar 1992 – BStBl. II S. 532).

Dieses Schreiben ersetzt mein Schreiben vom 24. November 1993 – IV B2 – S2241 a – 51/93 (BStBl. I S. 934).

# I § 15 a/2. Schreiben betr. Zweifelsfragen zu § 15 a EStG; hier: Saldierung von Gewinnen und Verlusten aus dem Gesellschaftsvermögen mit Gewinnen und Verlusten aus dem Sonderbetriebsvermögen

Vom 15. Dezember 1993 (BStBl. I S. 976)

(BMF IV B 2 – S 2241 a – 57/93)

Zur Frage der Saldierung von Gewinnen und Verlusten aus dem Gesellschaftsvermögen mit Gewinnen und Verlusten aus dem Sonderbetriebsvermögen wird unter Bezugnahme auf das Ergebnis der Erörterungen mit den obersten Finanzbehörden der Länder wie folgt Stellung genommen:

Nach dem Urteil des Bundesfinanzhofs vom 14. Mai 1991 (BStBl. 1992 II S. 167) sind das Gesellschaftsvermögen laut Gesellschaftsbilanz einschließlich einer etwaigen Ergänzungsbilanz und das Sonderbetriebsvermögen für die Anwendung des § 15 a EStG zu trennen. Deshalb ist das Sonderbetriebsvermögen eines Kommanditisten nicht in die Ermittlung seines Kapitalkontos im Sinne des § 15 a EStG einzubeziehen (vgl. BMF-Schreiben vom 20. Februar 1992 – BStBl. I S. 123).

Aus der Trennung der beiden Vermögensbereiche folgt, daß

- in die Ermittlung der Ausgleichs- und abzugsfähigen Verluste nach § 15 a Abs. 1 EStG nur die Verluste aus dem Gesellschaftsvermögen einschließlich einer etwaigen Ergänzungsbilanz ohne vorherige Saldierung mit Gewinnen aus dem Sonderbetriebsvermögen einbezogen werden können; nur ein nach Anwendung des § 15 a Abs. 1 EStG verbleibender ausgleichs- und abzugsfähiger Verlust ist mit Gewinnen aus dem Sonderbetriebsvermögen zu saldieren,
- Gewinne späterer Jahre aus dem Geschäftsvermögen einschließlich einer etwaigen Ergänzungsbilanz mit verrechenbaren Verlusten der Vorjahre verrechnet werden müssen (§ 15 a Abs. 2 EStG) und Verluste aus dem Sonderbetriebsvermögen nur mit einem danach verbleibenden Gewinn aus dem Gesellschaftsvermögen einschließlich einer etwaigen Ergänzungsbilanz ausgeglichen werden können.

Die Abgrenzung zwischen dem Anteil am Gewinn oder Verlust der KG und dem Sonderbilanzgewinn bzw. -verlust richtet sich nach der Abgrenzung zwischen Gesellschafts- und Sonderbetriebsvermögen. Dem Kommanditisten gutgeschriebene Tätigkeitsvergütungen beruhen im Hinblick auf § 164 HGB mangels anderweitiger Vereinbarungen im Zweifel auf schuldrechtlicher Basis und sind damit als Sondervergütungen zu behandeln. Sie zählen hingegen zum Gewinnanteil aus der Personengesellschaft, wenn die Tätigkeit auf gesellschaftsrechtlicher Basis geleistet wird (vgl. BFH-Urteile vom 14. November 1985 – BStBl. 1986 II S. 58, vom 7. April 1987 – BStBl. II S. 707 und vom 10. Juni 1987 – BStBl. II S. 816).

Solange für einen Kommanditisten aufgrund der Übergangsregelung in dem BMF-Schreiben vom 20. Februar 1992 (BStBl. I S. 123) das positive Sonderbetriebsvermögen in die Ermittlung des Kapitalkontos i.S. des § 15a EStG einbezogen wird, können weiterhin Verluste aus dem Gesellschaftsvermögen unter Einbeziehung einer etwaigen Ergänzungsbilanz mit Gewinnen des Kommanditisten aus dem Sonderbetriebsvermögen verrechnet werden, so daß nur der verbleibende Verlust der Beschränkung des § 15a Abs. 1 EStG unterliegt. In diesen Fällen können Gewinne aus dem Sonderbetriebsvermögen auch mit verrechenbaren Verlusten der Vorjahre verrechnet werden (§ 15a Abs. 2 EStG).

Für Entnahmen aus dem Sonderbetriebsvermögen während der Anwendung der Übergangsregelung in dem BMF-Schreiben vom 20. Februar 1992 (BStBl. I S. 123) kommt auch eine Gewinnzurechnung aufgrund von Einlageminderungen unter den Voraussetzungen des § 15a Abs. 3 EStG in Betracht.

# I § 15 a/3. Verfügung betr. einkommensteuerliche Zurechnung von Verlustanteilen und Nachversteuerung negativer Kapitalkonten

Vom 7. Mai 2004 (FR S. 731)
(OFD München S 2241 – 26 St 41/42)
(OFD Nürnberg S 2241 – 167/St 31)

## 1. Allgemeines

Der Große Senat des BFH hat durch Beschluss vom 10. November 1980 GrS 1/79 (BStBl. 1981 II S. 164) entschieden, dass

a) einem Kommanditisten, dessen gesellschaftsrechtliche Stellung sich im Innen- und Außenverhältnis nach den Vorschriften des HGB bestimmt, ein Verlustanteil, der nach dem allgemeinen Gewinn- und Verlustverteilungsschlüssel der KG auf ihn entfällt, einkommensteuerrechtlich auch insoweit zuzurechnen ist, als er in einer den einkommensteuerrechtlichen Bilanzierungs- und Bewertungsvorschriften entsprechenden Bilanz der KG zu einem negativen Kapitalkonto des Kommanditisten führen würde,

b) der zu a) erwähnte Grundsatz aber nicht gilt, soweit bei Aufstellung der Bilanz nach den Verhältnissen am Bilanzstichtag feststeht, dass ein Ausgleich des negativen Kapitalkontos mit künftigen Gewinnanteilen des Kommanditisten nicht mehr in Betracht kommt,

c) bei Wegfall eines durch einkommensteuerliche Verlustzurechnung entstandenen negativen Kapitalkontos eines Kommanditisten in Höhe dieses negativen Kapitalkontos ein steuerpflichtiger Gewinn des Kommanditisten entsteht,

d) dieser Gewinn zwar grundsätzlich erst im Zeitpunkt der Betriebsaufgabe oder -veräußerung entsteht (§ 16 EStG), im Einzelfall jedoch schon ein steuerlich nicht begünstigter laufender Gewinn früher zu erfassen ist, sofern feststeht, dass ein Ausgleich des negativen Kapitalkontos des Kommanditisten mit künftigen Gewinnanteilen nicht mehr in Betracht kommt.

Bei der Anwendung dieser Grundsätze ist folgendes zu beachten:

### 1.1 Einkommensteuerliche Zurechnung von Verlustanteilen einer KG

Einem Kommanditisten einer gewerblich tätigen (§ 15 Abs. 3 Nr. 1 EStG) oder gewerblich geprägten (§ 15 Abs. 3 Nr. 2 EStG) KG ist der auf ihn entfallende Verlustanteil einkommensteuerlich grundsätzlich auch insoweit zuzurechnen, als dieser in der Steuerbilanz zu einem negativen Kapitalkonto führt oder dieses erhöht, obwohl der Kommanditist in Höhe des negativen Kapitalkontos weder gegenüber den Gläubigern der Gesellschaft haftet noch in anderer Weise rechtlich verpflichtet ist, zusätzlich Einlagen an die KG oder Ausgleichszahlungen an, die übrigen Gesellschafter zu leisten. Dies gilt, solange zu erwarten ist, dass künftige Gewinnanteile anfallen werden, die der Kommanditist der KG zur Deckung früherer Verluste belassen muss, die ihm aber gleichwohl einkommensteuerrechtlich als Gewinnanteile zuzurechnen sind.

Diese „Verlusthaftung mit künftigen Gewinnanteilen“ ist Ausdruck und Teil des Mitunternehmerrisikos.

Die Frage der Zurechnung von Einkünften wird durch die Regelung des § 15 a EStG nicht berührt. Im Falle eines Verlustes der KG ist daher in jedem Fall zunächst zu entscheiden, ob einem Kommanditisten nach den unten dargestellten Grundsätzen Verlustanteile aus der Gesellschaftsbilanz noch zugerechnet werden können. Nur soweit eine Verlustzurechnung in Betracht kommt, ist im zweiten Schritt zu prüfen, ob § 15 a EStG anzuwenden ist (vgl. *H 138 d ‚Allgemeines‘ EStH 2003*[1])).

Über die Zurechnung von Einkünften ist nach den Verhältnissen am jeweiligen Bilanzstichtag zu entscheiden, da im Rahmen des Betriebsvermögensvergleiches die Veränderung des Vermögens der Gesellschaft ermittelt und gleichzeitig bestimmt wird, wem das Betriebsvermögen steuerlich zuzurechnen ist (BFH vom 11. Februar 1988, BStBl. II S. 825, und vom 9. Februar 1993, BStBl. II S. 747).

Bei der Prüfung, ob nach den Verhältnissen, am Bilanzstichtag feststand, dass ein Ausgleich des negativen Kapitalkontos mit künftigen Gewinnanteilen nicht mehr in Betracht kommt und eine Zurechnung von Verlustanteilen an den betreffenden Kommanditisten damit ausscheidet, ist auf die Umstände abzustellen, die den BFH veranlasst haben, die Bildung eines negativen Kapitalkontos zuzulassen. Danach sei; so der Senat, bei einer sonst gutgehenden KG mit stillen Reserven irgendwann zu erwarten, dass die Auflösung der stillen Reserven einen Gewinn der KG und damit auch Gewinnanteile des Kommanditisten bewirke, die dieser zur Auffüllung seines negativen Kapitalkontos zu verwenden habe.

Ein Ausgleich des negativen Kapitalkontos mit künftigen Gewinnanteilen auch ohne Veräußerung oder Aufgabe des Betriebs der KG kann deshalb insbesondere bei Fällen mit folgendem Sachverhalt nicht mehr in Betracht kommen:

- die KG ist erheblich überschuldet
- stille Reserven oder ein Geschäftswert sind nicht oder nicht in ausreichender Höhe vorhanden
- die KG tätigt keine nennenswerten Umsätze mehr
- die KG hat ihre werbende Tätigkeit eingestellt
- Antrag auf Eröffnung des Insolvenzverfahrens
- trotz erheblicher Überschuldung einer GmbH und Co. KG hat der Geschäftsführer pflichtwidrig keinen Antrag auf Eröffnung des Insolvenzverfahrens gestellt (§ 161 Abs. 2 i. V. m. § 130 a Abs. 1 HGB)
- ein Antrag auf Eröffnung des Insolvenzverfahrens wurde mangels einer die Verfahrenskosten deckenden Masse abgelehnt (§ 26 Abs. 1 InsO)
- Eröffnung des Insolvenzverfahrens (vgl. hierzu Tz. 2)

Dass künftige Gewinnanteile zum Ausgleich eines negativen Kapitalkontos nicht mehr entstehen, kann im Einzelfall bei vernünftiger kaufmännischer Beurteilung auch bei einer KG, die gesellschaftsrechtlich noch nicht aufgelöst worden ist, feststehen. Umgekehrt schließt aber die gesellschaftsrechtliche Auflösung einer KG keineswegs aus, dass im Rahmen der Liquidation stille Reserven realisiert werden und deshalb noch Gewinne zu erwarten sind.

[1]) Jetzt H 15 a „Allgemeines“ EStH 2016.

Die Einstellung der werbenden Tätigkeit ist anzunehmen, wenn das Unternehmen aufgehört hat, seine Dienstleistungen oder Produkte am Markt anzubieten. Keine Bedeutung kommt in diesem Zusammenhang Umsätzen aus dem Verkauf von Wirtschaftsgütern des Anlagevermögens sowie Umsätzen zu, die lediglich geeignet sind zu dokumentieren, dass die Gesellschaft noch existent ist.

Eine rein theoretische, mehr oder weniger spekulative Möglichkeit, eine KG werde durch Fortführung der bisherigen Tätigkeit oder durch Aufnahme einer andersartigen Betätigung wieder Gewinne erzielen, kann die Annahme nicht hindern, dass es insgesamt oder wenigstens für einen Teilbetrag des negativen Kapitalkontos bei vernünftiger kaufmännischer Beurteilung feststeht, dass künftige Gewinnanteile zum Ausgleich des negativen Kapitalkontos nicht mehr in Betracht kommen.

Insoweit können dem Kommanditisten laufende Verlustanteile der Gesellschaftsbilanz (einschließlich der Ergebnisse einer Ergänzungsbilanz) selbst dann nicht mehr zugerechnet werden, wenn sich der Kommanditist für Verbindlichkeiten der KG verbürgt hat. Ungeachtet der Bürgschaft entfällt auch für diesen Kommanditisten die Verlusthaftung mit künftigen Gewinnanteilen nach Maßgabe des Gewinn- und Verlustverteilungsschlüssels der KG, die allein der Rechtfertigungsgrund für die einkommensteuerrechtliche Anerkennung eines negativen Kapitalkontos eines Kommanditisten ist (vgl. BFH-Urteil vom 19. März 1981, BStBl. II S. 570, zur steuerlichen Behandlung von Bürgschaften eines Kommanditisten für Verbindlichkeiten der KG siehe Tz. 3).

Im Einzelnen vgl. hierzu auch die ergänzenden BFH-Urteile vom 19. März 1981, BStBl. II S. 570, vom 26. März 1981, BStBl. II S. 572, vom 26. Mai 1981, BStBl. II S. 668 und vom 16. Dezember 1981, BStBl. 1982 II S. 474.

Wegen der Zurechnung von Sanierungsgewinnen und deren Auswirkungen auf das negative Kapitalkonto des Kommanditisten wird auf das in *H 138 d „Sanierungsgewinn" EStH 2003*[1] Bezug genommene Urteil des BFH vom 16. 5. 2002 (BStBl. II S. 748) verwiesen.

## 1.2 Nachversteuerung des negativen Kapitalkontos

Der Gewinn aus dem Wegfall des negativen Kapitalkontos (s. o. Tz. 1 Buchst. c) und d) entsteht grundsätzlich erst im Zeitpunkt der Betriebsaufgabe oder -veräußerung (§ 16 EStG).

Fällt das negative Kapitalkonto im Zuge der Liquidation der Gesellschaft weg, geschieht dies handelsrechtlich zu dem Zeitpunkt, für den die Liquidationsschlussbilanz aufgestellt wird. Steuerrechtlich ist im Rahmen der Ermittlung des Veräußerungs- bzw. Aufgabegewinns auf den Zeitpunkt abzustellen, zu dem die Gesellschaft ihren Gewerbebetrieb im Ganzen veräußert oder tatsächlich aufgibt. Die zu diesem Zeitpunkt aufzustellende Aufgabebilanz zur Ermittlung des Veräußerungs- bzw. Aufgabegewinns tritt an die Stelle der handelsrechtlichen Liquidationsschlussbilanz (vgl. BFH-Urteil vom 19. Januar 1993, BStBl. II S. 594). In diesen Fällen ist der Gewinn aus dem Wegfall des negativen Kapitalkontos unter den weiteren Voraussetzungen der §§ 16 und 34 EStG ein begünstigter Veräußerungs- oder Aufgabegewinn.

---

[1] Jetzt H 15 a „Sanierungsgewinn" EStH 2016.

Ergibt sich dagegen im Einzelfall, dass bereits zu einem Bilanzstichtag vor Aufgabe oder Veräußerung des Betriebs ein Ausgleich des durch Verlustanteile aus der Gesellschaftsbilanz (einschließlich Ergänzungsbilanz) entstandenen negativen Kapitalkontos mit künftigen Gewinnen des Kommanditisten nicht mehr in Betracht kommt, ergibt sich bereits zu diesem Zeitpunkt in Höhe des negativen Kapitalkontos ein laufender, nicht begünstigter Gewinn (vgl. den o. a. Beschluss des Großen Senats des BFH). Den Gewerbeertrag berührt dies in der Summe allerdings nicht, da insoweit dem persönlich haftenden Gesellschafter oder den anderen Kommanditisten, deren positives Kapitalkonto noch nicht aufgezehrt ist, Verlustanteile in gleicher Höhe zuzurechnen sind (vgl. § 52 Abs. 33 Satz 4 EStG). Sind jedoch in dem VZ, in dem die vorzeitige Nachversteuerung des negativen Kapitalkontos erfolgt, auch die Voraussetzungen des § 52 Abs. 33 Satz 3 EStG erfüllt, ist der Gewinn nach §§ 16, 34 EStG begünstigt. § 52 Abs. 33 Satz 4 EStG ist dabei auch anzuwenden, wenn eine KG aufgelöst wird und der Kommanditist sein negatives Kapitalkonto nicht ausgleichen muss (BFH vom 11. August 1994, BStBl. 1995 II S. 253).

Soweit allerdings ein negatives Kapitalkonto des Kommanditisten auf Entnahmen zurückzuführen ist, scheidet eine vorzeitige Nachversteuerung aus. In Höhe dieser Entnahmen entsteht jedoch ein Gewinn im Zeitpunkt der Auflösung der KG bzw. des Ausscheidens des Kommanditisten, soweit dieser nicht zu Ausgleichszahlungen an die anderen Gesellschafter verpflichtet ist (vgl. *Schmidt,* EStG, 22. Auflage, § 16 Rz. 472).

### 1.3 Nachholung eines zu Unrecht nicht aufgelösten negativen Kapitalkontos eines Kommanditisten

Ist das negative Kapitalkonto eines Kommanditisten nicht zum richtigen Bilanzstichtag aufgelöst worden und die Veranlagung des betroffenen Veranlagungszeitraumes bereits bestandskräftig, so kann die Auflösung im Folgejahr nach den für eine Bilanzberichtigung geltenden Grundsätzen erfolgswirksam nachgeholt werden *(H 138 d ‚Auflösung des negativen Kapitalkontos' EStH 2003*[1]*).* Das negative Kapitalkonto ist in diesem Zusammenhang einem Bilanzansatz i. S. des § 4 Abs. 1 Satz 1 EStG gleichzustellen (vgl. BFH-Urteile vom 11. Februar 1988, BStBl. II S. 825, und vom 10. Dezember 1991, BStBl. 1992 II S. 650).

Ist die Gewinnfeststellung des Vorjahres nicht auf Grundlage einer von der KG eingereichten Bilanz, sondern im Wege der Schätzung vorgenommen worden, ist die Verknüpfung zwischen der Schlussbilanz des Vorjahres und der Anfangsbilanz des Folgejahres weiterhin gegeben (vgl. BFH-Urteil vom 19. Januar 1993, BStBl. II S. 594). Auch in diesen Fällen kann deshalb eine bisher zu Unrecht unterbliebene erfolgswirksame Auflösung des negativen Kapitalkontos im Folgejahr nachgeholt werden.

Ist dagegen im Klageverfahren gegen einen Gewinnfeststellungsbescheid lediglich die Höhe des Veräußerungsgewinnes streitig, so kann eine in den Schlussbilanzen der Vorjahre fehlerhaft ausgewiesene Beteiligung der Gesellschafter am Vermögen der Personengesellschaft in der Schlussbilanz des Streitjahres grundsätzlich nicht erfolgswirksam berichtigt werden. Eine Korrektur kommt insoweit nur hinsichtlich solcher Fehler in Betracht die sich bisher

[1] Jetzt H 15 a „Auflösung des negativen Kapitalkontos" EStH 2016.

nicht auf die Höhe der festgestellten Gewinne und Gewinnanteile ausgewirkt haben (z. B. Entnahmen und Einlagen), da die Schlussbilanz des Streitjahres Grundlage einer bestandskräftigen Feststellung des laufenden Gewinns und der Anteile der Gesellschafter an diesem Gewinn geworden ist. Die Schlussbilanz des Streitjahres ist insoweit keine „offene Bilanz" im Sinne der Rechtsprechung zum formellen Bilanzzusammenhang (vgl. BFH-Urteil vom 19. Januar 1993, BStBl. II S. 594).

Fehlt es jedoch an einer Feststellung für das vorangegangene Wirtschaftsjahr und kann diese nach Ablauf der Feststellungsfrist auch nicht mehr nachgeholt werden, so ist es nach dem BFH-Urteil vom 28. Januar 1992 (BStBl. II S. 881) nicht möglich, nach den Grundsätzen des Bilanzzusammenhangs an eine – wenn auch fehlerhafte – Schlussbilanz des vorangegangenen Wirtschaftsjahres anzuknüpfen. In diesem Fall ist der Bilanzzusammenhang durchbrochen, so dass die Versteuerung des negativen Kapitalkontos auch nicht mehr nachgeholt werden kann.

Der sich aus der Richtigstellung der Bilanzansätze für einen Kommanditisten ergebende Gewinn genießt die Steuervergünstigungen, die ihm bei rechtzeitigem Ausweis zugekommen wären (vgl. BFH-Urteil vom 11. Februar 1988, BStBl. II S. 825).

## 2. Besonderheiten im Insolvenzfall

Auch nach der Eröffnung des Insolvenzverfahrens bleibt eine KG als Handelsgesellschaft bestehen. Durch die Eröffnung des Insolvenzverfahrens über das Vermögen der Gesellschaft wird sie zwar aufgelöst (vgl. § 161 Abs 2 i. V. m. § 131 Abs. 1 Nr. 3 HGB), aber noch nicht voll beendet. Einkommensteuerrechtlich betreibt eine KG auch während des Abwicklungsstadiums ein gewerbliches Unternehmen i. S. des § 15 EStG. Dies gilt auch dann, wenn die KG jegliche werbende Tätigkeit eingestellt hat, denn die gewerbliche Tätigkeit i. S. des § 15 EStG umfasst auch die auf Abwicklung gerichteten Handlungen (vgl. BFH-Urteile vom 27. April 1978, BStBl. 1979 II S. 89, und vom 11. Februar 1988, a. a. O.).

Gewerbesteuerrechtlich gelten die allgemeinen Grundsätze. Der Gewerbebetrieb als Steuergegenstand besteht damit bis zur tatsächlichen Einstellung des Betriebs. (§ 2 Abs. 1 GewStG, § 4 und § 16 GewStDV sowie *A 19 GewStR*[1]).

Die während der Abwicklung entstehenden Gewinne und Verluste einer aufgelösten KG sind im Wege des Betriebsvermögensvergleichs nach den Grundsätzen ordnungsgemäßer Buchführung zu ermitteln (§§ 4 Abs. 1, 5 Abs. 1 EStG) und gesondert festzustellen (§ 180 Abs. 1 Nr. 2 a AO). Die Durchführung einer gesonderten und einheitlichen Feststellung der Einkünfte aus Gewerbebetrieb wird durch die Insolvenzeröffnung nicht gehindert.

Nach Eröffnung des Insolvenzverfahrens hat der Insolvenzverwalter für die ordnungsgemäße Erfüllung der steuerrechtlichen Buchführungs- und Bilanzierungspflichten zu sorgen (§ 80 Abs. 1 InsO, § 34 Abs. 3 AO). Soweit der Insolvenzverwalter seiner Verpflichtung zur Aufstellung entsprechender Bilanzen für die KG nicht nachkommt, sind die festzustellenden Besteuerungsgrundlagen zu schätzen (vgl. Tz. 1.3). Dabei sind die für den Stpfl. maßgeblichen Gewinnermittlungsvorschriften zu beachten. Die Schätzung ist so vorzuneh-

---

[1] Siehe nunmehr R 2.6 (1–4) GewStR 2009.

men, dass sie im Ergebnis einem ordnungsgemäß durchgeführten Bestandsvergleich möglichst nahe kommt (vgl. BFH-Urteil vom 19. Januar 1993, BStBl. II S. 594). Dabei ist auch der Anfangs- und Endbestand des Betriebsvermögens schätzungsweise festzustellen und aktenkundig zu dokumentieren. Auch Gewinne und Verluste im Bereich des Sonderbetriebsvermögens eines Gesellschafters sind im Rahmen der Schätzung in den Gewinnfeststellungsbescheid aufzunehmen (BFH vom 5. Juni 2003, BStBl. II S. 871).

Nach Eröffnung eines Insolvenzverfahrens muss umgehend geprüft werden, ob eine vorzeitige Nachversteuerung negativer Kapitalkonten erforderlich ist, weil bereits zum Zeitpunkt der Eröffnung des Insolvenzverfahrens feststeht, dass ein Ausgleich des negativen Kapitalkontos mit künftigen Gewinnanteilen des/der Kommanditisten nicht mehr in Betracht kommt Allerdings ist hiervon nicht ohne weiteres auszugehen (vgl. BFH-Urteil vom 22. Januar 1985, BStBl. 1986 II S. 136 m. w. N.). Über die Zurechnung von Verlustanteilen und die Auflösung negativer Kapitalkonten beschränkt haftender Gesellschafter ist deshalb auch während eines laufenden Insolvenzverfahrens über das Vermögen einer KG nach den in Tz. 1 dargestellten allgemeinen Grundsätzen zu entscheiden. Sofern keine ausreichenden Unterlagen zur Feststellung und zeitlichen Erfassung des Aufgabegewinns vorliegen, sollten die gesonderten und einheitlichen Feststellungen bis zur abschließenden Sachverhaltsaufklärung unter dem Vorbehalt der Nachprüfung (§ 164 AO) durchgeführt werden.

### 3. Bürgschaftsübernahme durch Kommanditisten

Die Übernahme einer Bürgschaft durch einen Kommanditisten für Verbindlichkeiten der KG aus betrieblichen Gründen hat keinen Einfluss auf die Höhe des laufenden Gewinns/Verlusts der Gesellschaft. Die Bürgschaftsübernahme führt auch nicht zu Sonderbetriebsausgaben des betreffenden Kommanditisten. Droht die Inanspruchnahme des Kommanditisten aus der Bürgschaft oder wurde er bereits aus der Bürgschaft in Anspruch genommen, kann er in seiner Sonderbilanz keine Rückstellung bilden bzw. keine Verbindlichkeit einstellen (vgl. BFH-Urteil vom 12. Juli 1990, BStBl. 1991 II S. 64 m. w. N.). Die in Erfüllung einer Bürgschaftsverpflichtung geleisteten Zahlungen sind einkommensteuerrechtlich als Kapitaleinlage zu beurteilen. Dies gilt nicht nur für den Fall, dass die Übernahme der Bürgschaft und die Zahlung der Bürgschaftssumme auf dem Gesellschaftsverhältnis beruhende Beitragsleistungen des Kommanditisten darstellen, die während des Bestehens der Gesellschaft keinen Ersatzanspruch des Kommanditisten begründen. Eine Einlage liegt vielmehr auch vor, wenn dem Kommanditisten zivilrechtlich als Folge der Bürgschaftsleistung ein selbständiger, noch nicht erfüllter Ersatzanspruch gegenüber der KG oder den persönlich haftendenden Gesellschaftern zusteht. Ein etwaiges Wertloswerden einer solchen Forderung, die zum Sonderbetriebsvermögen des Kommanditisten gehört, wirkt sich nicht schon während des Bestehens, sondern erst mit der Beendigung der Gesellschaft steuerlich aus (BFH vom 5. Juni 2003, BStBl. II S. 871).

### 3.1 Gewinnermittlung bei vorzeitiger Nachversteuerung des negativen Kapitalkontos

Steht fest, dass ein Ausgleich des negativen Kapitalkontos mit künftigen Gewinnanteilen des Kommanditisten nicht mehr in Betracht kommt, ergibt sich bereits zu diesem Zeitpunkt in Höhe des negativen Kapitalkontos ein laufender, nicht begünstigter Gewinn. Der vorzeitigen Nachversteuerung unterliegt das durch Verlustanteile aus der Gesellschaftsbilanz (einschließlich Ergänzungsbilanz) entstandene negative Kapitalkonto (vgl. Tz. 1.2).

Ein positives Kapitalkonto in der Sonderbilanz des Kommanditisten mindert das vorzeitig nachzuversteuernde negative Kapitalkonto nicht. Dementsprechend können sich auch Bürgschaftszahlungen eines Kommanditisten, die zivilrechtlich keine auf dem Gesellschaftsverhältnis beruhende Beitragsleistungen darstellen, auf die Höhe des vorzeitig nachzuversteuernden negativen Kapitalkontos nicht auswirken, da *die* aufgrund der Bürgschaftsinanspruchnahme entstehenden Ersatzansprüche des Kommanditisten gegenüber der KG oder den persönlich haftenden Gesellschaftern Sonderbetriebsvermögen darstellen. Die Wertlosigkeit dieser Kapitalkontenteile ist erst mit der Beendigung der werbenden Tätigkeit d.h. mit der Ermittlung des Veräußerungs- oder Aufgabegewinns im Rahmen der Aufstellung der Liquidationsschlussbilanz steuerlich zu berücksichtigen (BFH vom 5. Juni 2003 a. a. O.). Dementsprechend können auch drohende Bürgschaftsinanspruchnahmen bei der vorzeitigen Nachversteuerung nicht berücksichtigt werden.

## 3.2 Wegfall des negativen Kapitalkontos eines Kommanditisten bei Betriebsveräußerung oder Betriebsaufgabe bzw. Ausscheiden des Kommanditisten

Fällt ein negatives Kapitalkonto eines Kommanditisten bei Betriebsveräußerung oder Betriebsaufgabe weg oder scheidet ein Kommanditist gegen Übernahme eines negativen Kapitalkontos durch den Erwerber aus der Gesellschaft aus, entsteht grundsätzlich zu diesem Zeitpunkt in Höhe des negativen Kapitalkontos ein Veräußerungs- oder Aufgabegewinn. Ein solcher Veräußerungs- oder Aufgabegewinn ist grundsätzlich auch dann zu versteuern, wenn der Kommanditist im Außenverhältnis aufgrund einer Bürgschaftsverpflichtung weiterhin für Verbindlichkeiten der Gesellschaft haftet. Etwas anderes gilt jedoch, wenn der Kommanditist aus der Bürgschaft bereits in Anspruch genommen worden ist, aber hoch nicht gezahlt hat, oder wenn er mit einer Inanspruchnahme durch die Gesellschaftsgläubiger ernsthaft rechnen muss und er keine realisierbaren Ausgleichs- und Rückgriffsansprüche hat (vgl. BFH-Urteil vom 12. Juli 1990, a. a. O.).

Der Ermittlung des Aufgabegewinns ist das im Zeitpunkt der Betriebsaufgabe vorhandene Betriebsvermögen zugrunde zu legen, in dem auch künftige Einnahmen und Ausgaben in Gestalt von Forderungen und Verbindlichkeiten zu berücksichtigen sind. Für einen Kommanditisten ist zu diesem Zweck eine Sonderbilanz aufzustellen, für die grundsätzlich die allgemeinen bilanzrechtlichen Vorschriften des EStG gelten (vgl. BFH-Urteil vom 9. Februar 1993, BStBl. 1993 II S. 747). In dieser Sonderbilanz muss der Kommanditist eine den Aufgabe-/Veräußerungsgewinn mindernde Rückstellung bilden, wenn ihm in Zusammenhang mit seiner Beteiligung eine Haftungsinanspruchnahme droht und keine realisierbaren Ausgleichs- und Rückgriffsansprüche bestehen. Bürgschaftszahlungen, die der Kommanditist während des Bestehens der Gesellschaft bzw. vor seinem Ausscheiden geleistet hat, wirken sich – soweit kein realisierbarer Ersatzanspruch besteht – **ebenfalls erst zu diesem Zeitpunkt** gewinnmindernd aus (BFH vom 5. Juni 2003 a. a. O.).

Soweit ein Kommanditist im Falle der Beendigung der Gesellschaft aus dem Wegfall des negativen Kapitalkontos wegen der zu berücksichtigenden Bürgschaftsverpflichtung keinen Veräußerungsgewinn zu versteuern hat, ist dem Komplementär gleichwohl ein Verlust in Höhe des weggefallenen negativen Kapitalkontos zuzurechnen, weil dessen Verbindlichkeiten sich trotz der Bürgschaftsverpflichtung/Bürgschaftszahlungen des Kommanditisten nicht vermindern. An die Stelle der weggefallenen Verbindlichkeiten gegenüber den Gesellschaftsgläubigern aufgrund der Zahlung durch den Bürgen tritt in derselben Höhe bei dem Komplementär die Ausgleichsverpflichtung nach § 774 BGB. Darüber hinaus kann sich eine Ausgleichsverpflichtung des Komplementärs aus § 670 BGB ergeben. Ein Gewinn entsteht beim Komplementär erst dann, wenn der Bürge auf seinen Ersatzanspruch verzichtet oder der Ersatzverpflichtete mit einer Inanspruchnahme durch den Bürgen nicht mehr zu rechnen braucht (vgl. BFH-Urteil vom 22. November 1988, BStBl. 1989 II S. 359).

Soweit wegen des Bestehens einer Bürgschaftsverpflichtung ein Gewinn aus dem Wegfall eines negativen Kapitalkontos nicht besteuert worden ist, ergeben sich jedoch steuerliche Auswirkungen, wenn der Kommanditist tatsächlich später nicht oder nicht in vollem Umfang Zahlungen zu erbringen hat bzw. er später durch Rückgriff auf die KG, einen ihrer Gesellschafter oder Mitbürgen Ersatz seiner Aufwendungen erlangen kann (vgl. Schmidt, EStG, 22. Auflage, § 16 Rz. 465, 473). In diesem Fall ist der Feststellungsbescheid für das Jahr der Auflösung der KG bzw. des Ausscheidens des Kommanditisten bezüglich des Veräußerungsgewinnes gem. § 175 Abs. 1 Nr. 2 AO zu ändern, da sich aufgrund von Umständen, die nach der Aufgabe/Veräußerung neu hinzugetreten sind, ergeben hat, dass der der Besteuerung zugrunde gelegte Wert des Betriebsvermögens zu niedrig gewesen ist (vgl. Beschluss des Großen Senats des BFH vom 19. Juli 1993, BStBl. 1993 II S. 894). Entsprechendes gilt, wenn der Kommanditist über den bereits gewinnmindernd berücksichtigten Betrag hinaus für Verbindlichkeiten der KG in Anspruch genommen wird.

Sind bei der Ermittlung des Veräußerungs- bzw. Aufgabegewinns eines Kommanditisten Bürgschaftsverpflichtungen und/oder Bürgschaftszahlungen berücksichtigt worden, hat das für die Besteuerung der KG zuständige FA deshalb zu überwachen, ob tatsächlich eine Inanspruchnahme erfolgt bzw. Zahlungen geleistet werden und ob ggf. noch Rückgriffsansprüche realisiert werden konnten. Soweit dem Komplementär (bzw. mehreren Komplementären anteilig) Verluste in Höhe des negativen Kapitalkontos des ausgeschiedenen Kommanditisten zugerechnet wurden, ist ebenfalls zu überwachen, ob dem Komplementär, z. B. durch den Verzicht des Bürgen auf Rückgriffsansprüche, ein Gewinn in entsprechender Höhe zuzurechnen ist.

Diese Karteikarte wurde inhaltlich weitgehend von der OFD Frankfurt übernommen (Vfg. vom 16. Juli 2003, S 2241 A – 30 – St II 21, Steuer-Eildienst 2003, S. 641)

# I § 15 a/4. Verfügung betr. Zweifelsfragen zu § 15 a EStG

Vom 27. Oktober 2015 (StEd S. 747)

(LfSt Bayern S 2241 a.2.1 – 10/11 St32)

## 1. Inhalt

Diese Verfügung regelt entsprechend einer Abstimmung der obersten Finanzbehörden des Bundes und der Länder Zweifelsfragen im Zusammenhang mit der Verlustausgleichsbeschränkung des § 15 a EStG. Die einzelnen Problemfelder sind anhand von Beispielsfällen verdeutlicht (ausgegangen wird dabei von einem zu 100 % beteiligten Kommanditisten). Soweit nichts Gegenteiliges genannt wird, steht eine erweiterte Außenhaftung für einen Verlustausgleich nach § 15 a Abs. 1 Satz 2 EStG nicht zur Verfügung.

## 2. Adressaten

Adressaten dieser Verfügung sind die Bearbeiterinnen und Bearbeiter in den Veranlagungsstellen für Personengesellschaften, die Betriebsprüferinnen und Betriebsprüfer, die mit der Prüfung von Personengesellschaften betraut sind, die für diese Fälle zuständigen Rechtsbehelfsstellen sowie die jeweils zuständigen Sachgebietsleiterinnen und Sachgebietsleiter. Sind in den genannten Arbeitsgebieten Fälle mit nachfolgend dargestellten Thematiken vorhanden, so sind die jeweils zuständigen Sachgebietsleiterinnen und Sachgebietsleiter angehalten, die Verfügung mit ihren zuständigen Bearbeiterinnen und Bearbeitern zu besprechen.

## 3. Regelungen im Zusammenhang mit § 15 a Abs. 1 EStG

### 3.1. Nicht abzugsfähige Betriebsausgaben

§ 15 a Abs. 1 Satz 1 EStG setzt kumulativ voraus, dass dem Kommanditisten ein Anteil am Verlust der KG zuzurechnen ist und dass der Verlust zur Entstehung oder Erhöhung eines negativen Kapitalkontos geführt hat. Bei der Gewinnermittlung auf der 1. Stufe (innerhalb der Bilanz) stellen steuerlich nicht abziehbare Betriebsausgaben (BA) Aufwand für die Gesellschaft dar. Das steuerbilanzielle Kapitalkonto ist um diese Betriebsausgaben gemindert worden. Dadurch wird auch das Verlustausgleichsvolumen i. S. d. § 15 a EStG gemindert.

Der dem Kommanditisten „zuzurechnende Anteil am Verlust" beinhaltet jedoch den (anteiligen) Steuerbilanzverlust unter Berücksichtigung der außerbilanziellen Hinzurechnung der nicht abziehbaren BA.

**Beispiel 1:**
Im steuerbilanziellen Verlust 01 (– 16 000) sind nicht abziehbare BA (6000) enthalten, sodass sich ein steuerlicher Verlustanteil i. H. v. – 10 000 ergibt.

**Kapitalkontenentwicklung:**

| | |
|---|---|
| 1. 1. 01 | – 18 000 |
| steuerbilanz. Verlust | – 16 000 |
| 31. 12. 01 | – 34 000 |

Das negative Kapitalkonto erhöht sich um 16 000. Der dem Kommanditisten zuzurechnende steuerliche Verlustanteil beträgt jedoch nur 10 000, somit ist der steuerliche Verlustanteil in voller Höhe nur verrechenbar.

Wird der Sachverhalt in Beispiel 1 dahingehend erweitert, dass in 01 auch eine Einlage getätigt wird, ist das vorhandene Verlustverrechnungspotenzial vorrangig um den steuerlich berücksichtigungsfähigen Verlustanteil (ohne nicht abziehbare BA) zu mindern.

**Beispiel 2:**

Im steuerbilanziellen Verlust 01 (– 16 000) sind nicht abziehbare BA (6000) enthalten, sodass sich ein steuerlicher Verlustanteil i. H. v. – 10 000 ergibt. Außerdem wird in 01 eine Einlage i. H. v. 10 000 getätigt.

**Kapitalkontenentwicklung:**

| | |
|---|---|
| 1. 1. 01 | – 18 000 |
| Einlage 01 | + 10 000 |
| Kapitalkontenveränderung durch den steuerlichen Verlust | – 10 000 |
| Zwischenergebnis | – 18 000 |
| Kapitalkontenveränderung durch die nicht abziehbaren BA | – 6000 |
| 31. 12. 01 | – 24 000 |

Die Kapitalkontenveränderung durch den steuerbilanziellen Verlust i. H. v. 16 000 ist aufzuteilen in einen steuerlich berücksichtigungsfähigen Anteil (steuerlicher Verlust) und in einen steuerlich nicht berücksichtigungsfähigen Anteil (nicht abziehbare BA). Das vorhandene Verlustausgleichspotential (Einlage i. H. v. 10 000) wird vorrangig um den steuerlichen Verlustanteil gemindert. Damit führt der steuerliche Verlustanteil nicht zur Erhöhung des negativen Kapitalkontos. Der dem Kommanditisten zuzurechnende Verlustanteil (– 10 000) ist somit in voller Höhe ausgleichs– und abzugsfähig.

Die vorgenannte vorrangige Verrechnung des Verlustausgleichspotentials mit dem steuerlichen Verlustanteil gilt auch im Falle eines zu Beginn des Wirtschaftsjahres positiven Kapitalkontos.

**Beispiel 3:**

Im steuerbilanziellen Verlust 01 (– 10 000) sind nicht abziehbare BA (6000) enthalten, sodass sich ein steuerlicher Verlustanteil i. H. v. – 4000 ergibt. Das Kapital am 1. 1. 01 war i. H. v. 5000 positiv.

**Kapitalkontenentwicklung:**

| | |
|---|---|
| 1. 1. 01 | 5000 |
| Kapitalkontenveränderung durch den steuerlichen Verlust | – 4000 |
| Zwischenergebnis | 1000 |
| Kapitalkontenveränderung durch die nicht abziehbaren BA | – 6000 |
| 31. 12. 01 | – 5000 |

Das vorhandene Verlustausgleichspotential (positives Kapitalkonto zu Beginn des Wirtschaftsjahres i. H. v. 5000) wird vorrangig um den steuerlichen Verlustanteil gemindert. Damit führt der steuerliche Verlustanteil nicht zur Entstehung eines negativen Kapitalkontos. Der dem

Kommanditisten zuzurechnende Verlustanteil (– 4000) ist somit in voller Höhe ausgleichs– und abzugsfähig.

Für das nachfolgende Wirtschaftsjahr maßgebend ist der Endstand des Kapitalkontos zum 31. 12. 01 (und nicht das Zwischenergebnis).

### 3.2. Behandlung des Investitionsabzugsbetrags

Die Bildung eines Investitionsabzugsbetrags (IAB) nach § 7 g Abs. 1 Satz 1 EStG sowie die entsprechende Hinzurechnung nach § 7 g Abs. 2 Satz 1 EStG vollziehen sich außerhalb der Bilanz. Das steuerbilanzielle Kapitalkonto des Kommanditisten wird in diesen Fällen nicht berührt. Die Berechnungen nach § 15 a EStG sind somit insgesamt ohne Berücksichtigung der Bildung (§ 7 g Abs. 1 Satz 1 EStG) und Auflösung (§ 7 g Abs. 2 Satz 1 EStG) eines IAB durchzuführen.

Diese Betrachtungsweise hat zur Folge, dass die Bildung eines IAB immer zu einem insoweit ausgleichs– und abzugsfähigen (anteiligen) Verlust führt. Dementsprechend darf der (anteilige) Gewinn aus der Auflösung eines IAB (Hinzurechnung nach § 7 g Abs. 2 Satz 1 EStG) nicht mit einem vorhandenen verrechenbaren Verlust nach § 15 a Abs. 2 EStG verrechnet werden, insoweit entsteht immer ein laufender Gewinn.

Davon zu unterscheiden ist die innerbilanzielle Minderung der Anschaffungs– oder Herstellungskosten nach § 7 g Abs. 2 Satz 2 EStG. Dieser Aufwand ist Teil des Steuerbilanzergebnisses und hat daher insoweit auch das steuerbilanzielle Kapitalkonto gemindert. Hier können sich somit Auswirkungen im Rahmen des § 15 a EStG ergeben.

**Beispiel 4:**

Im steuerbilanziellen Verlust 01 (– 10 000) ist eine Minderung der Anschaffungskosten einer Maschine nach § 7 g Abs. 2 Satz 2 EStG (6000) enthalten. Der dafür im vorangegangenen Wirtschaftsjahr gebildete IAB (6000) wurde zutreffend aufgelöst. Gleichzeitig bildet die KG erneut für eine geplante Investition einen IAB i. H. v. 5000. Der steuerliche Verlust beträgt somit – 9000.

**Kapitalkontenentwicklung:**

| | |
|---|---|
| 1. 1. 01 | – 5000 |
| Verlust 01 | – 10 000 |
| 31. 12. 01 | – 15 000 |

Der Verlustanteil vor Berücksichtigung der außerbilanziellen Abzugs– und Hinzurechnungsbeträge nach § 7 g EStG und damit auch die Kapitalkontenveränderung i. S. d. § 15 a EStG beträgt – 10 000. Somit ist der Verlust insoweit nur verrechenbar.
Daneben sind die Bildung und Auflösung des IAB entsprechend zu berücksichtigen:

| | |
|---|---|
| Verlust nach Anwendung § 15 a EStG | 0 |
| Auflösung IAB | + 6000 |
| Bildung IAB | – 5000 |
| **steuerpflichtiger Gewinn** | 1000 |

### 3.3. Teileinkünfteverfahren

#### 3.3.1. Positive steuerfreie Teileinkünfte

Positive steuerfreie Teileinkünfte nach § 3 Nr. 40 EStG erhöhen das Kapitalkonto des Kommanditisten und damit zugleich das Verlustausgleichsvolumen i. S. d. § 15 a EStG.

**Beispiel 5:**

Im steuerbilanziellen Verlust i. H. v. – 10 000 ist eine nach § 3 Nr. 40 EStG begünstigte Dividende i. H. v. 50 000 enthalten (steuerfreier Anteil: 40 % von 50 000 = 20 000). Der steuerliche Verlustanteil beträgt somit im Ergebnis – 30 000 (– 10 000 abzgl. 20 000).

**Kapitalkontenentwicklung:**

| | |
|---|---|
| 1. 1. 01 | – 20 000 |
| steuerbilanz. Verlust | – 10 000 |
| 31. 12. 01 | – 30 000 |

In Höhe der Kapitalkontenveränderung (– 10 000) ist der dem Kommanditisten zuzurechnende Verlust (– 30 000) nur verrechenbar nach § 15 a Abs. 2 EStG, i. H. v. – 20 000 ist er ausgleichs– und abzugsfähig.

### 3.3.2. Negative nicht abziehbare Teileinkünfte

Negative steuerfreie Teileinkünfte nach § 3 Nr. 40 i. V. m. § 3 c Abs. 2 EStG sind bei Anwendung des § 15 a EStG wie nicht abziehbare BA zu behandeln (vgl. 3.1 Nicht abzugsfähige Betriebsausgaben).

## 4. Regelungen im Zusammenhang mit § 15 a Abs. 3 EStG

### 4.1. Berücksichtigungsreihenfolge von Entnahmen und Gewinnen

Nach § 15 a Abs. 3 Satz 1 und 2 EStG liegt eine Einlageminderung vor, soweit ein negatives Kapitalkonto des Kommanditisten durch Entnahmen entsteht oder sich erhöht. Dabei stellt das Gesetz auf einen Vergleich der Kapitalkontenstände ab, und zwar des Kapitalkontos am Bilanzstichtag des Wirtschaftsjahres der Entnahme mit dem Kapitalkonto am Bilanzstichtag des Vorjahres.

Gewinne und Entnahmen sind demnach bei der Kapitalkontenentwicklung zu saldieren, und für Zwecke des § 15 a Abs. 3 Satz 1 EStG ist nur auf das Kapitalkonto am Ende des Wirtschaftsjahres abzustellen („Saldobetrachtung"). Danach kommt es auf die Berücksichtigungsreihenfolge von Gewinnen und Entnahmen nicht an.

**Beispiel 6:**

**Kapitalkontenentwicklung:**

| | |
|---|---|
| 1. 1. 01 | – 50 000 |
| Entnahme 01 | – 30 000 |
| (Zwischenergebnis | – 80 000 ) |
| Gewinn 01 | + 30 000 |
| 31. 12. 01 | – 50 000 |

Entsprechend den oben genannten Grundsätzen ist für die Anwendung des § 15 a Abs. 3 Satz 1 EStG nur der Vergleich der Kapitalkonten zum Ende des Wirtschaftsjahres der Entnahme (31. 12. 01) und zum Ende des Vorjahres (31. 12. 00 = 1. 1. 01) maßgebend. Der (gedankliche) Zwischenwert (– 80 000) ist ohne Bedeutung. Da in vorliegendem Fall kein negatives Kapitalkonto entsteht bzw. sich erhöht, kommt die Gewinnzurechnung nach § 15 a Abs. 3 Satz 1 EStG nicht zur Anwendung.

### 4.2. Berücksichtigungsreihenfolge von Entnahmen und Verlusten

Entnahmen und Einlagen sind für Zwecke des § 15 a EStG als Geschäftsvorfälle des laufenden Wirtschaftsjahres vor dem Verlustanteil zu berücksichtigen. Beim Zusammentreffen von Entnahmen und Verlusten stellt sich die Frage, ob vorrangig § 15 a Abs. 3 EStG (Einlagenminderung) oder § 15 a Abs. 1 EStG anzuwenden ist. Zunächst wäre die Reihenfolge der Verrechnung unerheblich, da sich im einen Fall ein höherer ausgleichfähiger Verlust ergibt, der durch die Gewinnzurechnung teilweise in verrechenbare Verluste „umgepolt" wird, und im anderen Fall der ausgleichsfähige Verlust entsprechend geringer wäre. Die Unterscheidung hat jedoch dann Bedeutung, wenn es auf Grund der Regelung des § 15 a Abs. 3 Satz 2 EStG (ausgleichs– und abzugsfähige Verluste im Wirtschaftsjahr der Einlagenminderung und den zehn vorangegangenen Wirtschaftsjahren) zu keiner Gewinnhinzurechnung kommt.

**Beispiel 7:**

**Kapitalkontenentwicklung:**

| | |
|---|---|
| 1. 1. 01 | + 10 000 |
| Entnahme 01 | – 80 000 |
| Verlust 01 | – 80 000 |
| 31.12. 01 | – 150 000 |

Im Elfjahreszeitraum des § 15 a Abs. 3 Satz 2 EStG war ein Verlust i. H. v. 50 000 ausgleichs– und abzugsfähig (es wurden keine Gewinne erzielt). Vorrangig wird hier die Entnahme berücksichtigt, demnach kommt es dadurch zu einer Entstehung eines negativen Kapitalkontos i. H. v 70 000. Die Gewinnzurechnung ist auf die ausgleichsfähigen Verluste beschränkt, somit werden 50 000 als Gewinn nach § 15 a Abs. 3 EStG hinzugerechnet. Insoweit entstehen verrechenbare Verluste.[1)]

Nach § 15 a Abs. 1 Satz 1 EStG erhöht sich darüber hinaus i. H. v. 80 000 das negative Kapitalkonto. Insoweit ist der Verlust nur verrechenbar.

| | | |
|---|---|---|
| Verlust vor § 15 a EStG | 80 000 | |
| davon nicht ausgleichs–/abzugsfähig | 80 000 | 0 |
| Gewinnhinzurechnung | | 50 000 |
| Einkünfte | | +50 000 |
| nicht ausgleichsfähiger Verlust | | 80 000 |
| Gewinnhinzurechnung | | 50 000 |
| **verrechenbarer Verlust** | | **130 000** |

## 4.3. Nicht abzugsfähige Betriebsausgaben

Bei der Prüfung, ob die Voraussetzungen für eine Hinzurechnung nach § 15 a Abs. 3 Satz 1 EStG vorliegen, ist auf das um die nicht abzugsfähigen Betriebsausgaben geminderte Kapitalkonto abzustellen. Die Hinzurechnung eines fiktiven Gewinns nach § 15 a Abs. 3 Satz 1 EStG hat auch dann zu erfolgen, wenn ein durch vorangegangene nicht abzugsfähige Betriebsausgaben geschmälertes Kapitalkonto auf Grund von Entnahmen negativ wird.

**Beispiel 8:**

**Kapitalkontenentwicklung:**

| | |
|---|---|
| 1. 1. 01 | 0 |
| geleistete Hafteinlage | + 2000 |
| darüber hinaus geleistete Einlagen | + 100 000 |

1) **[Amtl. Anm.:]** Bei Ermittlung des Maximalbetrages der Gewinnhinzurechnung nach § 15 a Abs. 3 Satz 2 EStG ist die dazu ergangene BFH–Rechtsprechung zu beachten (vgl. BFH–Urteil vom 20. 3. 2003, IV R 42/00, BStBl. II S. 798).

| | |
|---|---|
| Verlust 01 | – 90 000 |
| (darin 30 000 nicht abziehbare BA) | |
| **31. 12. 01** | **12 000** |
| Entnahme 02 | – 20 000 |
| Verlust 02 | – 1000 |
| **31. 12. 02** | **– 9000** |

Im Jahr 02 liegen die Voraussetzungen für die Anwendung des § 15 a Abs. 3 EStG vor. Das Kapitalkonto auf den 31. 12. 02 wird i. H. v. 8000 durch die getätigte Entnahme negativ. Die getätigte Entnahme führt i. H. v. 2000 zum Wiederaufleben der Haftung nach § 172 Abs. 4 HGB, damit verbleibt ein Betrag i. H. v. 6000 für die Anwendung des § 15 a Abs. 3 EStG. Im Wirtschaftsjahr 01 (§ 15 a Abs. 3 Satz 2 EStG) wurden dem Kommanditisten ausgleichs- und abzugsfähige Verluste i. H. v. 60 000 zugerechnet.

Der dem Kommanditisten zuzurechnende Anteil am Verlust beträgt – 1000. Dieser ist nach § 15 a Abs. 1 Satz 1 EStG nicht ausgleichs- und abzugsfähig, sondern nur verrechenbar. Eine Außenhaftung nach § 15 a Abs. 1 Satz 2 EStG steht nicht zur Verfügung, da diese bereits bei der Berechnung der Einlagenminderung nach § 15 a Abs. 3 EStG verbraucht worden ist.

Somit ergeben sich für den Kommanditisten Einkünfte nach Anwendung des § 15 a EStG i. H. v. + 6000, der verrechenbare Verlust nach § 15 a Abs. 2 und 3 EStG beträgt 7000 (6000 Einlagenminderung und 1000 nicht ausgleichsfähiger Verlust).

# I § 15 b/1. Anwendungsschreiben § 15 b EStG

Vom 17 Juli 2007 (BStBl. I S. 542)

(BMF IV B 2 – S 2241 – b/07/0001; DOK 2007/0299270)

Durch das Gesetz zur Beschränkung der Verlustverrechnung im Zusammenhang mit Steuerstundungsmodellen vom 22. 12. 2005 (BGBl. I S. 3683, BStBl. 2006 I S. 80) wurde § 15 b EStG eingeführt. Danach sind Verluste im Zusammenhang mit Steuerstundungsmodellen nicht mehr mit den übrigen Einkünften des Steuerpflichtigen im Jahr der Verlustentstehung, sondern lediglich mit Gewinnen aus späteren Veranlagungszeiträumen aus dem nämlichen Steuerstundungsmodell verrechenbar, wenn die prognostizierten Verluste mehr als 10 % des gezeichneten und aufzubringenden oder eingesetzten Kapitals betragen. § 15 b EStG ist auch bei den Einkünften aus Land- und Forstwirtschaft (§ 13 EStG), selbständiger Arbeit (§ 18 EStG), Kapitalvermögen (§ 20 EStG, vgl. hierzu auch Ausführungen unter Tz. 28), Vermietung und Verpachtung (§ 21 EStG) und sonstigen Einkünften i. S. v. § 22 Nr. 1 Satz 1 EStG anzuwenden.

Im Einvernehmen mit den obersten Finanzbehörden der Länder gilt für die Anwendung der Verlustverrechnungsbeschränkung im Zusammenhang mit Steuerstundungsmodellen (§ 15 b EStG) Folgendes:

## I. Sachlicher Anwendungsbereich

§ 15 b EStG gilt für negative Einkünfte aus Steuerstundungsmodellen. 1
§ 15 b EStG findet auf Anlaufverluste von Existenz- und Firmengründern hingegen grundsätzlich keine Anwendung.

Die Anwendung des § 15 b EStG setzt eine einkommensteuerrechtlich re- 2
levante Tätigkeit voraus. Daher ist vorrangig das Vorliegen einer Gewinn- oder Überschusserzielungsabsicht zu prüfen (BFH vom 12. 12. 1995, BStBl. 1996 II S. 219; BMF-Schreiben vom 8. 10. 2004, BStBl. I S. 933[1] (zu Einkünften aus Vermietung und Verpachtung)); denn nur dann entsteht überhaupt ein Steuerstundungseffekt. Liegt bereits keine Gewinn- oder Überschusserzielungsabsicht vor, handelt es sich um eine einkommensteuerrechtlich nicht relevante Tätigkeit.

Für die Anwendung des § 15 b EStG ist es ohne Belang, auf welchen Ursa- 3
chen die negativen Einkünfte aus dem Steuerstundungsmodell beruhen (§ 15 b Abs. 2 Satz 3 EStG).

Die Einkünfte sind nach den allgemeinen Regelungen zu ermitteln. Für ge- 4
schlossene Fonds und Anleger im Rahmen von Gesamtobjekten (§ 1 Abs. 1 Satz 1 Nr. 2 der Verordnung zu § 180 Abs. 2 AO) gelten die BMF-Schreiben vom 20. 10. 2003 (BStBl. I S. 546, sog. Fondserlass)[2] und vom 23. 2. 2001 (BStBl. I S. 175)[3], geändert durch BMF-Schreiben vom 5. 8. 2003 (BStBl. I S. 406, sog. Medienerlass) unverändert fort.

[1] Nr. 1 § 21/5.
[2] Nr. 1 § 21/4.
[3] Nr. 1 § 5/4.

5 Das BMF-Schreiben vom 13. 7. 1992 (BStBl. I S. 404)[1] unter Berücksichtigung der Änderungen durch das BMF-Schreiben vom 28. 6. 1994 (BStBl. I S. 420) – sog. Verfahrenserlass – ist auch in den Fällen des § 15 b EStG anzuwenden.

6 Die Prüfung, ob § 15 b EStG Anwendung findet, ist bei Gesellschaften und Gemeinschaften auch anlegerbezogen vorzunehmen (vgl. Tz. 8).

## II. Tatbestandsmerkmale der Verlustverrechnungsbeschränkung im Einzelnen

### 1. Definition des Steuerstundungsmodells

7 Ein Steuerstundungsmodell i. S. v. § 15 b EStG liegt vor, wenn aufgrund einer modellhaften Gestaltung (vgl. Tz. 8 ff.) steuerliche Vorteile in Form negativer Einkünfte erzielt werden sollen (§ 15 b Abs. 2 Satz 1 EStG).

Bei Beteiligung an einer Gesellschaft oder Gemeinschaft kann als Indiz für die Annahme eines Steuerstundungsmodells auch gesehen werden, dass der Anleger vorrangig eine kapitalmäßige Beteiligung ohne Interesse an einem Einfluss auf die Geschäftsführung anstrebt. Geschlossene Fonds in der Rechtsform einer Personengesellschaft, die ihren Anlegern in der Anfangsphase steuerliche Verluste zuweisen, sind regelmäßig als Steuerstundungsmodell zu klassifizieren, auch wenn die Gesellschafter in ihrer gesellschaftsrechtlichen Verbundenheit die Möglichkeit haben, auf die Vertragsgestaltung Einfluss zu nehmen (vgl. RdNr. 33 bis 37 des BMF-Schreibens vom 20. 10. 2003, BStBl. I S. 546[2]). Hierzu gehören insbesondere Medienfonds, Gamefonds, New Energy Fonds, Lebensversicherungszweitmarktfonds und geschlossene Immobilienfonds. Entsprechendes gilt für Gesamtobjekte i. S. d. RdNr. 1.3. des BMF-Schreibens vom 13. 7. 1992 (BStBl. I S. 404)[1], sofern in der Anfangsphase einkommensteuerrechtlich relevante Verluste erzielt werden.

§ 15 b EStG erfasst aber auch modellhafte Anlage- und Investitionstätigkeiten einzelner Steuerpflichtiger außerhalb einer Gesellschaft oder Gemeinschaft. Es ist nicht erforderlich, dass mehrere Steuerpflichtige im Hinblick auf die Einkünfteerzielung gemeinsam tätig werden. Es sind demnach auch Investitionen mit modellhaftem Charakter von Einzelpersonen betroffen. Ein Steuerstundungsmodell im Rahmen von Einzelinvestitionen ist z. B. die mit Darlehen gekoppelte Lebens- und Rentenversicherung gegen Einmalbetrag.

### 2. Modellhafte Gestaltung

#### a) Grundsatz

8 Für die Frage der Modellhaftigkeit sind vor allem folgende Kriterien maßgeblich:
– vorgefertigtes Konzept (vgl. Tz. 10),
– gleichgerichtete Leistungsbeziehungen, die im Wesentlichen identisch sind (vgl. Tz. 11).

Für die Modellhaftigkeit typisch ist die Bereitstellung eines Bündels an Haupt-, Zusatz- und Nebenleistungen. Zusatz- oder Nebenleistungen führen

[1] Nr. **800** § 180/2.
[2] Nr. **1** § 21/4.

dann zur Modellhaftigkeit eines Vertragswerkes, wenn sie es nach dem zugrunde liegenden Konzept ermöglichen, den sofort abziehbaren Aufwand zu erhöhen. In Betracht kommen hierfür grundsätzlich alle nach dem BMF-Schreiben vom 20. 10. 2003 (BStBl. I S. 546, sog. Fondserlass)[1] sofort abziehbaren Aufwendungen.

Wird den Anlegern neben der Hauptleistung ein Bündel von Neben- oder Zusatzleistungen gegen besonderes Entgelt angeboten, verzichtet ein Teil der Anleger jedoch darauf, liegen unterschiedliche Vertragskonstruktionen vor, die jeweils für sich auf ihre Modellhaftigkeit geprüft werden müssen (anlegerbezogene Betrachtungsweise).

**Beispiel:**
Ein Bauträger verkauft Wohnungen in einem Sanierungsgebiet, die von ihm auch saniert werden. Der Bauträger bietet daneben jeweils gegen ein gesondertes Entgelt eine Mietgarantie sowie die Übernahme einer Bürgschaft für die Endfinanzierung – entsprechend RdNr. 18 des BMF-Schreibens vom 20. 10. 2003 (BStBl. I S. 546)[1] – an.
Anleger A kauft lediglich eine Wohnung, nimmt aber weder die Mietgarantie noch die Bürgschaft in Anspruch.
Anleger B kauft eine Wohnung und nimmt sowohl die Mietgarantie als auch die Bürgschaft in Anspruch.
Anleger C kauft eine Wohnung und nimmt lediglich die Mietgarantie in Anspruch.
Bei Anleger A liegt keine modellhafte Gestaltung vor.
Bei Anleger B ist aufgrund der Inanspruchnahme aller Nebenleistungen eine modellhafte Gestaltung gegeben.
Bei Anleger C liegt wegen der Annahme einer der angebotenen Nebenleistungen eine modellhafte Gestaltung vor (vgl. Tz 9).

### b) Erwerb von Wohnungen von einem Bauträger[2]

Der Erwerb einer Eigentumswohnung vom Bauträger zum Zwecke der Vermietung stellt grundsätzlich keine modellhafte Gestaltung dar, es sei denn, der Anleger nimmt modellhafte Zusatz- oder Nebenleistungen (z. B. Vermietungsgarantien) 9
- vom Bauträger selbst,
- von dem Bauträger nahe stehenden Personen sowie von Gesellschaften, an denen der Bauträger selbst oder diesem nahe stehende Personen beteiligt sind, oder
- auf Vermittlung des Bauträgers von Dritten

in Anspruch, die den Steuerstundungseffekt ermöglichen sollen. Zur Annahme einer Modellhaftigkeit ist es nicht erforderlich, dass der Anleger mehrere Nebenleistungen in Anspruch nimmt. Bereits die Inanspruchnahme einer einzigen Nebenleistung (wie z. B. Mietgarantie oder Bürgschaft für die Endfinanzierung) führt daher zur Modellhaftigkeit der Anlage. Unschädlich sind jedoch die Vereinbarungen über Gegenleistungen, welche die Bewirtschaftung und Verwaltung des Objekts betreffen (z. B. Aufwendungen für die Hausverwaltung, Vereinbarung über den Abschluss eines Mietpools, Tätigkeit als WEG-Verwalter), soweit es sich nicht um Vorauszahlungen für mehr als 12 Monate handelt.

---

[1] Nr. 1 § 21/4.
[2] Siehe ergänzend hierzu BMF v. 29. 1. 2008, DStR S. 561.

Keine modellhafte Gestaltung liegt vor, wenn der Bauträger mit dem Erwerber zugleich die Modernisierung des Objekts ohne weitere modellhafte Zusatz- oder Nebenleistungen vereinbart. Dies gilt insbesondere für Objekte in Sanierungsgebieten und Baudenkmale, für die erhöhte Absetzungen nach §§ 7 h, 7 i EStG geltend gemacht werden können, und bei denen die Objekte vor Beginn der Sanierung an Erwerber außerhalb einer Fondskonstruktion veräußert werden.

**c) Vorgefertigtes Konzept**

10 Für die Modellhaftigkeit spricht das Vorhandensein eines vorgefertigten Konzepts, das die Erzielung steuerlicher Vorteile aufgrund negativer Einkünfte ermöglichen soll. Typischerweise, wenn auch nicht zwingend, wird das Konzept mittels eines Anlegerprospekts oder in vergleichbarer Form (z. B. Katalog, Verkaufsunterlagen, Beratungsbögen usw.) vermarktet. Auch Blindpools haben typischerweise ein vorgefertigtes Konzept i. S. d. § 15 b EStG. Blindpools sind Gesellschaften oder Gemeinschaften, bei denen zum Zeitpunkt des Beitritts der Anleger das konkrete Investitionsobjekt noch nicht bestimmt ist. Nur wenn der Anleger die einzelnen Leistungen und Zusatzleistungen sowie deren Ausgestaltung vorgibt, handelt es sich nicht um ein vorgefertigtes Konzept.

**d) Gleichgerichtete Leistungsbeziehungen**

11 Gleichgerichtete Leistungsbeziehungen liegen vor, wenn gleichartige Verträge mit mehreren identischen Vertragsparteien abgeschlossen werden, z. B. mit demselben Treuhänder, demselben Vermittler, derselben Finanzierungsbank. Werden Zusatz- und Nebenleistungen, die den Steuerstundungseffekt ermöglichen sollen, unmittelbar vom Modellinitiator angeboten, kann dies ebenfalls zur Anwendung des § 15 b EStG führen.

**e) Steuerliche Vorteile**

12 § 15 b EStG ist nur anzuwenden, wenn steuerliche Vorteile in Form von negativen Einkünften erzielt werden sollen.

Bei vermögensverwaltenden Venture Capital und Private Equity Fonds steht die Erzielung nicht steuerbarer Veräußerungsgewinne im Vordergrund, so dass § 15 b EStG auf diese Fonds regelmäßig keine Anwendung findet, weil die Erzielung negativer Einkünfte grundsätzlich nicht Gegenstand des Fondskonzepts ist.

Bleiben Einkünfte im Inland aufgrund von Doppelbesteuerungsabkommen außer Ansatz, ist dies für sich gesehen kein Steuervorteil i. S. d. § 15 b EStG. Zur Berücksichtigung eines negativen Progressionsvorbehalts vgl. Tz. 24.

**f) Einkunftsquelle**

13 Einkunftsquelle ist die Beteiligung am jeweiligen Steuerstundungsmodell. Soweit es sich bei dem Steuerstundungsmodell um eine Gesellschaft oder Gemeinschaft in der Rechtsform einer gewerblichen oder gewerblich geprägten Personengesellschaft handelt, bildet der Mitunternehmeranteil (Gesamthands- und Sonderbetriebsvermögen) die Einkunftsquelle. Bei vermögensverwaltenden Personengesellschaften sind neben der Beteiligung an der Personengesellschaft für die Einkunftsquelle die Sondereinnahmen und Sonderwerbungskosten der einzelnen Gesellschafter einzubeziehen (vgl. Tzn. 18 und 19).

Erzielt der Anleger aus einer vermögensverwaltenden Gesellschaft oder Gemeinschaft nebeneinander Einkünfte aus verschiedenen Einkunftsarten (z. B. § 20 und § 21 EStG), handelt es sich für Zwecke des § 15 b EStG dennoch nur um eine Einkunftsquelle. Eine Aufteilung in mehrere Einkunftsquellen ist nicht vorzunehmen.

Maßgeblich ist bei Beteiligungen an Gesellschaften oder Gemeinschaften nicht das einzelne Investitionsobjekt. Soweit also in einer Gesellschaft oder Gemeinschaft Überschüsse erzielende und verlustbringende Investitionen kombiniert werden oder die Gesellschaft oder Gemeinschaft in mehrere Projekte investiert, sind diese für die Ermittlung der 10 %-Verlustgrenze (vgl. Tz. 16) zu saldieren.

**Beispiel:**

Anleger X hat in einen Windkraftfonds investiert, der zwei Windkraftparks mit jeweils 100 Windrädern betreibt. Für den Windkraftpark A werden aufgrund der dort herrschenden guten Windverhältnisse Überschüsse erwartet. Für den Windkraftpark B werden hingegen hohe Verluste prognostiziert.

Die Beteiligung an dem Windkraftfonds stellt eine einzige Einkunftsquelle dar.

Handelt es sich bei dem Steuerstundungsmodell nicht um eine Beteiligung an einer Gesellschaft oder Gemeinschaft, sondern um eine modellhafte Einzelinvestition, stellt die Einzelinvestition die Einkunftsquelle dar. Tätigt der Steuerpflichtige mehrere gleichartige Einzelinvestitionen, stellt jede für sich betrachtet eine Einkunftsquelle dar. Dies gilt grundsätzlich auch für stille Beteiligungen.

Auch eventuelles Sonderbetriebsvermögen oder Sondervermögen ist – unabhängig davon, ob dieses modellhaft ist oder nicht – Bestandteil der Einkunftsquelle (vgl. Tzn. 18 und 19).

### g) Prognostizierte Verluste/10 %-Grenze

Die Verlustverrechnung ist nur zu beschränken, wenn bei Gesellschaften oder Gemeinschaften innerhalb der Anfangsphase die prognostizierten Verluste 10 % des gezeichneten und nach dem Konzept auch aufzubringenden Kapitals übersteigen. Bei Einzelinvestoren führt ein konzeptbedingter Verlust von mehr als 10 % des eingesetzten Eigenkapitals zur Anwendung des § 15 b EStG. 14

#### aa) Anfangsphase

Die Anfangsphase i. S. d. § 15 b EStG ist der Zeitraum, in dem nach dem zugrunde liegenden Konzept nicht nachhaltig positive Einkünfte erzielt werden, und ist damit im Regelfall identisch mit der Verlustphase. Der Abschluss der Investitionsphase ist zur Bestimmung der Anfangsphase ohne Bedeutung. 15

Die Anfangsphase endet, wenn nach der Prognoserechnung des Konzepts ab einem bestimmten Veranlagungszeitraum dauerhaft und nachhaltig positive Einkünfte erzielt werden.

#### bb) Summe der prognostizierten Verluste

Maßgeblich für die Berechnung der 10 %-Grenze des § 15 b EStG sind die prognostizierten Verluste, nicht jedoch die letztlich tatsächlich erzielten Verluste. Dies bedeutet, dass Aufwendungen (z. B. für die Erhaltung des Gebäudes), die im Zeitpunkt der Prognose nicht vorhersehbar sind, nicht in die Berechnung einzubeziehen sind. 16

Enthält die Prognoserechnung Unrichtigkeiten, ist sie bei der Berechnung der 10%-Grenze nicht zugrunde zu legen. Wird trotz Aufforderung eine berichtigte Prognoseberechnung nicht vorgelegt, können die fehlerhaften Angaben im Schätzungswege geändert werden. Eine Schätzung ist auch vorzunehmen, wenn keine Prognoserechnung vorgelegt wird.

### cc) Maßgebendes Kapital bei Beteiligung an einer Gesellschaft

17 Für die Beteiligung an Gesellschaften ist auf das gezeichnete und nach dem Konzept auch aufzubringende Kapital abzustellen. Regelmäßig ist das sog. gezeichnete Eigenkapital, welches die Beteiligungssumme am Gesellschaftskapital darstellt, auch das aufzubringende Kapital.

Als Ausschüttungen gestaltete planmäßige Eigenkapitalrückzahlungen sind für Zwecke der Berechnung der 10%-Grenze vom gezeichneten Eigenkapital abzuziehen, soweit sie die aus dem normalen Geschäftsbetrieb planmäßig erwirtschafteten Liquiditätsüberschüsse übersteigen.

Soweit das aufzubringende Kapital in Teilbeträgen zu leisten ist (z. B. bei Zahlungen nach dem Baufortschritt oder dem Fortschritt der Dreharbeiten), ist die Summe der geleisteten Teilbeträge zugrunde zu legen, soweit diese in der Anfangsphase zu leisten sind. Gleiches gilt für Nachschüsse, wenn diese bereits bei Begründung der Einkunftsquelle feststehen und in der Anfangsphase zu leisten sind.

Wird ein Teil des aufzubringenden Kapitals modellhaft fremdfinanziert, ist das maßgebende Kapital um die Fremdfinanzierung zu kürzen (vgl. Beispiel zu Tz. 18). Es ist unerheblich, ob die Fremdfinanzierung auf der Ebene der Gesellschaft vorgenommen wird oder der Gesellschafter seine Einlage modellhaft finanziert.

### dd) Sonderbetriebsvermögen

18 Sind modellhaft Sonderbetriebsausgaben oder Sonderwerbungskosten (z. B. bei modellhafter Finanzierung der Einlage) vorgesehen, ist das Sonderbetriebsvermögen oder Sondervermögen Bestandteil des Steuerstundungsmodells. Die Verluste des Sonderbetriebsvermögens oder die Sonderwerbungskosten stehen somit im Zusammenhang mit dem Steuerstundungsmodell und sind demnach auch Bestandteil der prognostizierten Verluste (vgl. auch Umfang der Verlustverrechnungsbeschränkung, Tz. 19). Die modellhaften Sonderbetriebsausgaben oder Sonderwerbungskosten sind daher bei der Berechnung der Verlustgrenze einzubeziehen.

**Beispiel:**

Anleger A beteiligt sich an einem Windkraftfonds mit 100 000 €. Das Konzept sieht eine 20%ige Finanzierung der Einlage vor. Die restlichen 80 000 € erbringt A aus seinem Barvermögen. Die Verluste aus dem Gesamthandsvermögen betragen in der Anfangsphase 7500 €, die modellhaften Zinsen für die Fremdfinanzierung (Sonderbetriebsausgaben) 1500 €.
Der steuerliche Verlust des A beträgt insgesamt 9000 € und liegt damit oberhalb von 10% der aufzubringenden Einlage (80 000 €). Die Verlustverrechnungsbeschränkung des § 15 b EStG ist anzuwenden.

## 3. Umfang der Verlustverrechnungsbeschränkung

19 Findet § 15 b EStG dem Grunde nach Anwendung, erstreckt sich die Verlustverrechnungsbeschränkung auf sämtliche Verluste aus diesem Steuerstundungsmodell (Gesamthands- und Sondervermögen). Auch nicht modellhafte

Sonderbetriebsausgaben oder Sonderwerbungskosten (z. B. bei individueller Finanzierung der Anlage durch den Anleger) und nicht prognostizierte Aufwendungen (z. B. bei unerwartetem Erhaltungsaufwand) unterliegen demnach der Verlustverrechnungsbeschränkung.

**Beispiel:**

Anleger A beteiligt sich modellhaft an einem Medienfonds mit einer Einlage von 100 000 €, die er zu 80% bei seiner „Hausbank" fremdfinanziert (= nicht modellhafte Fremdfinanzierung). Die prognostizierten Verluste betragen 100 000 €. Aufgrund unvorhersehbarer Ereignisse steigen die Produktionskosten für den Film um 20%, so dass A einen Verlust aus dem Gesamthandsvermögen von 120 000 € erzielt. Daneben hat A in der Verlustphase für die Finanzierung Zinsen i. H. v. 15 000 € zu bezahlen.

Der Gesamtverlust aus der Anlage beträgt 135 000 €. Dieser unterliegt in voller Höhe der Verlustverrechnungsbeschränkung.

### 4. Anwendung bei im Betriebsvermögen gehaltenen Anteilen an vermögensverwaltenden Personengesellschaften (sog. Zebragesellschaften)

Auf Ebene der vermögensverwaltenden Personengesellschaft sind lediglich 20
Überschusseinkünfte festzustellen. Diese werden auf Ebene der Gesellschafter in gewerbliche Einkünfte umqualifiziert (vgl. BMF-Schreiben vom 29. 4. 1994, BStBl. I S. 282[1]), BFH-Beschluss vom 11. 4. 2005, BStBl. II S. 679). Ob ein Steuerstundungsmodell vorliegt, ist bereits auf Ebene der vermögensverwaltenden Personengesellschaft zu entscheiden. Die Umqualifizierung der Einkunftsart auf Ebene des Anteilseigners berührt die Einordnung als Steuerstundungsmodell grundsätzlich jedoch nicht. Dies gilt auch dann, wenn sich die Höhe der erzielten Einkünfte aufgrund der Umqualifizierung ändert.

### 5. Regelung bei mehrstöckigen Gesellschaften

Bei mehrstöckigen Personengesellschaften ist bereits auf Ebene der Unter- 21
gesellschaften zu prüfen, ob § 15 b EStG anzuwenden ist. Wird die Anwendung des § 15 b EStG bereits auf Ebene der Untergesellschaften bejaht, ist ein Verlustausgleich mit anderen Einkünften auf Ebene der Obergesellschaft nicht möglich.

Es sind folgende Fälle zu unterscheiden:

1. Untergesellschaft und Obergesellschaft sind Steuerstundungsmodelle. In diesem Fall werden die Verluste der Untergesellschaft für den Gesellschafter „Obergesellschaft" festgestellt und von dieser als § 15 b-Verluste an ihre Gesellschafter weitergegeben. Da die Obergesellschaft selbst ebenfalls ein Steuerstundungsmodell darstellt, sind die Voraussetzungen für die Anwendung des § 15 b EStG (z. B. 10%-Grenze) ohne Berücksichtigung der § 15 b-Verluste der Untergesellschaft zu prüfen.
2. Die Untergesellschaft ist ein Steuerstundungsmodell, die Obergesellschaft jedoch nicht. In diesem Fall werden die Verluste der Untergesellschaft für den Gesellschafter „Obergesellschaft" festgestellt und von dieser als § 15 b-Verluste an ihre Gesellschafter weitergegeben. Verluste, die nicht aus der Untergesellschaft stammen, sind beim Gesellschafter im Rahmen der übrigen Verlustverrechnungsregelungen (z. B. § 10 d EStG) ausgleichsfähig.

[1]) Nr. **800** § 180/6.

3. Die Untergesellschaft ist kein Steuerstundungsmodell; die Obergesellschaft ist ein Steuerstundungsmodell. In diesem Fall wird geprüft, ob auf die saldierten Einkünfte der Obergesellschaft (d. h. einschließlich der Einkünfte aus der Untergesellschaft) § 15 b EStG anzuwenden ist.

### 6. Verhältnis § 15 b EStG zu anderen Vorschriften

#### a) § 15 Abs. 4 EStG

22 § 15 b EStG geht als die speziellere Norm der Anwendung des § 15 Abs. 4 EStG vor.

#### b) § 15 a EStG

23 Die Anwendung des § 15 b EStG geht der Anwendung des § 15 a EStG vor (§ 15 b Abs. 1 Satz 3 EStG).

### 7. Nach DBA steuerfreie Einkünfte

24 Bei Einkünften, die nach einem Abkommen zur Vermeidung der Doppelbesteuerung dem Progressionsvorbehalt unterliegen (§ 32 b Abs. 1 Nr. 3 EStG), gilt Folgendes:

Die Höhe der ausländischen Einkünfte ist nach deutschem Steuerrecht zu ermitteln (BFH-Urteil vom 22. Mai 1991, BStBl. 1992 II S. 94). Ein negativer Progressionsvorbehalt nach § 32 b Abs. 1 Nr. 3 EStG ist ungeachtet § 2 a EStG nicht zu berücksichtigen, wenn die ausländischen Verluste aus einem Steuerstundungsmodell i. S. d. § 15 b EStG herrühren (vorrangige Anwendung des § 15 b EStG).

### 8. Behandlung der Verluste aus Steuerstundungsmodellen bei unentgeltlichem Beteiligungsübergang

25 Bei unentgeltlichem Erwerb einer Beteiligung gehen die beim Rechtsvorgänger nach § 15 b EStG verrechenbaren Verluste auf den oder die Rechtsnachfolger über.

Ist der Rechtsvorgänger vor dem 11. November 2005 dem Steuerstundungsmodell beigetreten und unterliegen die Verluste daher nicht der Verlustverrechnungsbeschränkung des § 15 b EStG, gilt dies insoweit auch für den Rechtsnachfolger, und zwar auch dann, wenn dieser zuvor bereits selbst nach dem 10. November 2005 dem Steuerstundungsmodell beigetreten ist.

### 9. Feststellungsverfahren

26 Der nicht ausgleichsfähige Verlust ist jährlich gesondert festzustellen (§ 15 b Abs. 4 EStG). Zuständig für den Erlass des Feststellungsbescheids ist bei Gesellschaften oder Gemeinschaften das für die gesonderte und einheitliche Feststellung der Einkünfte aus dem Steuerstundungsmodell zuständige Finanzamt.

### 10. Übergangsregelungen

27 Nach *§ 52 Abs. 33 a EStG*[1] ist § 15 b EStG auf Verluste aus Steuerstundungsmodellen anzuwenden, denen der Steuerpflichtige nach dem 10. November 2005 beigetreten ist oder für die nach dem 10. November 2005 mit dem Außenvertrieb begonnen wurde. Der Außenvertrieb beginnt in dem

[1] Jetzt § 52 Abs. 25 EStG.

Zeitpunkt, in dem die Voraussetzungen für die Veräußerung der konkret bestimmbaren Fondsanteile erfüllt sind und die Gesellschaft selbst oder über ein Vertriebsunternehmen mit Außenwirkung an den Markt herangetreten ist. Zur Vermeidung von Umgehungsgestaltungen ist bei Fonds, die bereits vor dem 11. November 2005 mit dem Außenvertrieb begonnen haben, dem Beginn des Außenvertriebs der Beschluss von Kapitalerhöhungen und die Reinvestition von Erlösen in neue Projekte gleichgestellt. Bei Einzelinvestitionen ist § 15 b EStG auf Investitionen anzuwenden, die nach dem 10. November 2005 rechtsverbindlich getätigt wurden.

Durch das Jahressteuergesetz 2007 vom 13. 12. 2006 (BGBl. I S. 2878 **28**
BStBl. 2007 I S. 28) wurde die bislang auf § 20 Abs. 1 Nr. 4 EStG (Einkünfte aus typisch stiller Beteiligung) beschränkte analoge Anwendung des § 15 b EStG bei den Einkünften aus Kapitalvermögen durch die Einführung von *§ 20 Abs. 2 b EStG*[1] mit Wirkung vom 1. Januar 2006 auf alle Einkünfte aus Kapitalvermögen ausgedehnt.

Bei Anteilsübertragungen zwischen Gesellschaftern einer Personengesell- **29**
schaft, bei der § 15 b EStG nicht anzuwenden ist, ist bei der Ermittlung des Beitrittszeitpunktes insoweit auf den Zeitpunkt des Vertragsabschlusses und nicht auf den Zeitpunkt der ggf. erforderlichen Zustimmung der übrigen Gesellschafter abzustellen.

Wurden Anteile an einer Personengesellschaft, bei der § 15 b EStG nicht **30**
anzuwenden ist, vor dem Stichtag von einem Treuhänder erworben und nach dem Stichtag an einzelne Anleger weiter veräußert, ist zur Ermittlung des Beitrittszeitpunkts auf die Veräußerung der Anteile durch den Treuhänder abzustellen.

Nach *§ 52 Abs. 15 Satz 3 und 4 EStG*[2] i. V. m. § 5 a Abs. 3 EStG a. F. **31**
können Schifffonds den Antrag auf Gewinnermittlung nach § 5 a Abs. 1 EStG im Jahr der Anschaffung oder Herstellung des Handelsschiffes oder in einem der beiden folgenden Wirtschaftsjahre stellen. Für die Anwendung des § 15 b EStG ist – analog zu § 15 a EStG – der nach § 4 Abs. 1 oder § 5 EStG ermittelte Gewinn zu Grunde zu legen. Verluste i. S. d. § 15 b EStG sind nicht mit Gewinnen i. S. d. § 5 a Abs. 1 EStG verrechenbar, Tz. 32 des BMF-Schreibens vom 12. 6. 2002 (BStBl. I S. 614)[3] gilt entsprechend.

---

[1] Jetzt: § 20 Abs. 7 EStG.
[2] Jetzt § 52 Abs. 10 Sätze 2 und 3 EStG.
[3] Nr. **1** § 5 a/1.

**Prüfschema § 15 b EStG**

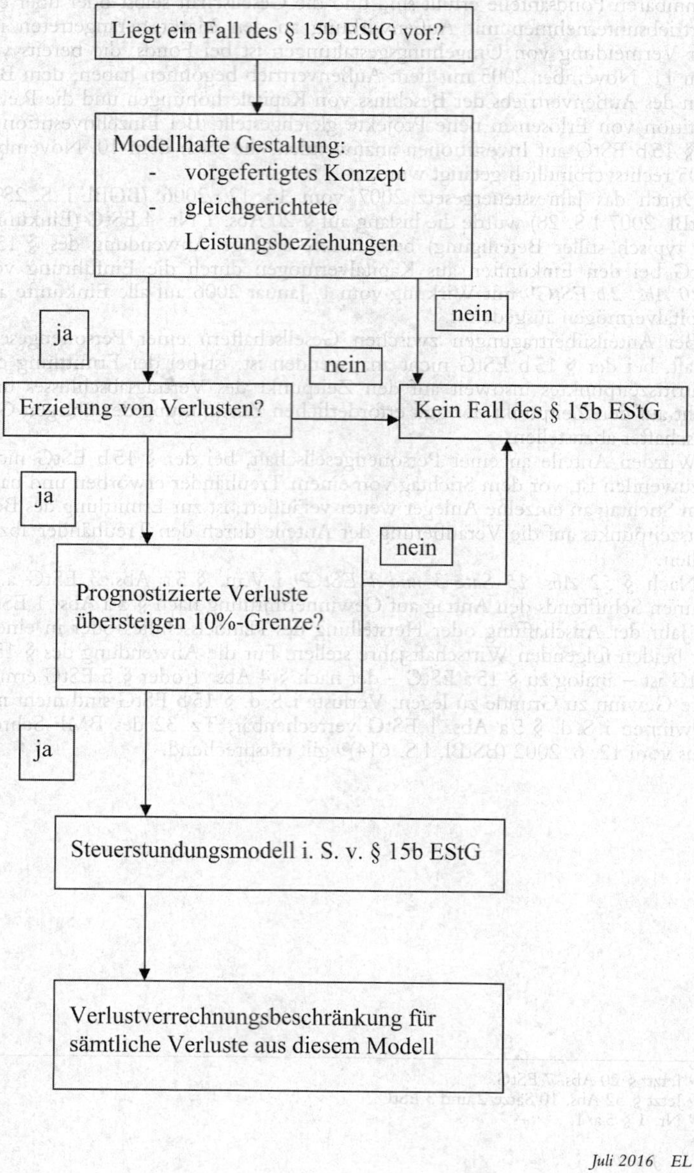

# I § 16/1. Schreiben betr. Anwendung des Halbeinkünfteverfahrens bei der Veräußerung von Betrieben, Teilbetrieben, Mitunternehmeranteilen und Beteiligungen an Kapitalgesellschaften gegen wiederkehrende Leistungen, bei denen der Steuerpflichtige die Zuflussbesteuerung gewählt hat; Anwendung von *R 139 Abs. 11 und R 140 Abs. 7 Satz 2 EStR*[1)]

Vom 3. August 2004 (BStBl. I S. 1187)

(BMF IV A 6 – S 2244 – 16/04)

Wird ein Betrieb, ein Teilbetrieb, ein Mitunternehmeranteil oder eine Beteiligung i. S. d. § 17 EStG gegen eine Leibrente oder gegen einen in Raten zu zahlenden Kaufpreis (zur Verschaffung einer Versorgung) veräußert, hat der Veräußerer die Wahl zwischen der sofortigen Besteuerung eines Veräußerungsgewinns (Sofortbesteuerung) und einer nicht tarifbegünstigten Besteuerung als nachträgliche Betriebseinnahmen im Jahr des Zuflusses (Zuflussbesteuerung) (vgl. *R 139 Abs. 11, R 140 Abs.* 7 *Satz 2 EStR*[2)]). Im Einvernehmen mit den obersten Finanzbehörden der Länder gilt hierzu Folgendes:

## A. Veräußerungen nach dem 31. Dezember 2003

### 1. Veräußerung gegen Leibrente

Bei Veräußerung gegen eine Leibrente sind die Rentenzahlungen bei der Wahl der Zuflussbesteuerung in einen Zins- und einen Tilgungsanteil aufzuteilen.

### 1.1 Veräußerung von Betrieben, Teilbetrieben oder Mitunternehmeranteilen (§ 16 EStG)

Mit ihrem Zinsanteil unterliegen die Rentenzahlungen im Jahr ihres Zuflusses als nachträgliche Einkünfte aus Gewerbebetrieb i. S. v. § 15 i. V. m. § 24 Nr. 2 EStG der Besteuerung. Der Tilgungsanteil ist nach Verrechnung mit dem Buchwert des steuerlichen Kapitalkontos und etwaigen Veräußerungskosten im Jahr des Zuflusses als nachträgliche Einkünfte aus Gewerbebetrieb (§ 15 EStG i. V. m. § 24 Nr. 2 EStG) zu versteuern. Bei Mitveräußerung eines Anteils an einer Kapitalgesellschaft, der im Betriebsvermögen gehalten wird, siehe ergänzend Nr. 3.

---

1) Jetzt R 16 Abs. 11 und R 17 Abs. 7 Satz 2 EStR.
Zum Anwendungsbereich des Stichtagsprinzips vgl. BFH v. 18. 11. 2014 (BStBl. 2015 II S. 526). Das Stichtagsprinzip ist bei Veräußerungen von Anteilen i. S. d. § 17 EStG gegen wiederkehrende Leistungen nur noch bei der fakultativen Wahl des Steuerpflichtigen zur Sofortbesteuerung zu beachten; OFD Niedersachsen v. 13. 11. 2015, DB S. 2845.

2) Jetzt R 16 Abs. 11 und R 17 Abs. 7 Satz 2 EStR.

Die Aufteilung in einen Zins- und einen Tilgungsanteil ist nach §§ 13, 14 BewG oder nach versicherungsmathematischen Grundsätzen vorzunehmen.

### 1.2 Veräußerung von Anteilen an Kapitalgesellschaften i. S. v. § 17 EStG

Mit ihrem Zinsanteil unterliegen die Rentenzahlungen im Jahr ihres Zuflusses als sonstige Einkünfte i. S. v. § 22 Nr. 1 Satz 3 Buchst. a EStG in voller Höhe der Besteuerung. Der Tilgungsanteil ist nach Verrechnung mit den Anschaffungskosten der Beteiligung und etwaigen Veräußerungskosten im Jahr des Zuflusses als nachträgliche Einkünfte aus Gewerbebetrieb i. S. v. § 17 i. V. m. §§ 15, 24 Nr. 2 EStG zu versteuern. Nur auf den Tilgungsanteil ist nach § 3 Nr. 40 Buchst. c EStG das Halbeinkünfteverfahren anzuwenden. Der Zinsanteil ist nach der Tabelle in § 22 Nr. 1 Satz 3 Buchst. a Satz 3 EStG zu ermitteln.

## 2. Veräußerung gegen einen in Raten zu zahlenden Kaufpreis

Bei Veräußerung gegen einen in Raten zu zahlenden Kaufpreis ist dieser in den Fällen, in denen die Raten während eines mehr als zehn Jahre dauernden Zeitraums zu zahlen sind und die Ratenvereinbarung sowie die sonstige Ausgestaltung des Vertrags eindeutig die Absicht des Veräußerers zum Ausdruck bringen, sich eine Versorgung zu verschaffen, nach Tab. 2 zu § 12 BewG in einen Zins- und einen Tilgungsanteil aufzuteilen. Aus Vereinfachungsgründen kann der Zinsanteil auch in Anlehnung an die Ertragswerttabelle des § 55 Abs. 2 EStDV bestimmt werden.

### 2.1 Veräußerung von Betrieben, Teilbetrieben oder Mitunternehmeranteilen (§ 16 EStG)

Der Zinsanteil unterliegt nach § 15 i. V. m. § 24 Nr. 2 EStG als nachträgliche Einkünfte aus Gewerbebetrieb im Jahr des Zuflusses der Besteuerung. Der Tilgungsanteil ist nach Verrechnung mit dem Buchwert des steuerlichen Kapitalkontos und etwaigen Veräußerungskosten im Jahr des Zuflusses als nachträgliche Einkünfte aus Gewerbebetrieb (§ 15 i. V. m. § 24 Nr. 2 EStG) zu versteuern. Bei Mitveräußerung eines Anteils an einer Kapitalgesellschaft, der im Betriebsvermögen gehalten wird, siehe ergänzend Nr. 3.

### 2.2 Veräußerung von Anteilen an Kapitalgesellschaften i. S. v. § 17 EStG

Der Zinsanteil unterliegt nach § 20 Abs. 1 Nr. 7 EStG ggf. nach Abzug des Sparerfreibetrags (§ 20 Abs. 4 EStG) im Jahr des Zuflusses in voller Höhe der Besteuerung. Der Tilgungsanteil nach Verrechnung mit den Anschaffungskosten der Beteiligung und etwaigen Veräußerungskosten gehört im Jahr des Zuflusses zu den Einkünften aus Gewerbebetrieb (§ 17 EStG). Das Halbeinkünfteverfahren nach § 3 Nr. 40 Buchst. c EStG ist nur auf den Tilgungsanteil anzuwenden.

**Beispiel:**

A veräußert zum 1. Januar 2004 seine 50%ige Beteiligung an der AB-GmbH gegen einen in 11 gleichen Jahresraten zu zahlenden Kaufpreis von 1 100 000 €. Die erste der jährlichen Raten von 100 000 € ist am 31. 12. 2004 zur Zahlung fällig. Eine Verzinsung ist nicht vereinbart. Nach dem Inhalt des Kaufvertrags wurde die Ratenzahlung vereinbart, um A eine Versorgung zu verschaffen. Die Anschaffungskosten der Beteiligung betrugen 100 000 €.

Die Jahresraten sind nach Tab. 2 zu § 12 Abs. 1 BewG in einen Tilgungs- und in einen Zinsanteil aufzuteilen:

| Jahr | Zugeflossene Rate | Kapitalwert am Anfang | Kapitalwert am Ende | Tilgungsanteil | Zinsanteil § 20 Abs. 1 Nr. 7 EStG | Steuerpflicht § 17 EStG i. V. m. § 3 Nr. 40 Buchst. c EStG |
|---|---|---|---|---|---|---|
| 2004 | 100 000 | 831 500 | 774 500 | 57 000 | 43 000 | 0 |
| 2005 | 100 000 | 774.500 | 714 300 | 60 200 | 39 800 | 8 600 |
| 2006 | 100 000 | 714 300 | 650 900 | 63 400 | 36 600 | 31 700 |
| 2007 | 100 000 | 650 900 | 583 900 | 67 000 | 33 000 | 33 500 |
| 2008 | 100 000 | 583 900 | 513 300 | 70 600 | 29 400 | 35 300 |
| 2009 | 100 000 | 513 300 | 438 800 | 74 500 | 25 500 | 37 250 |
| 2010 | 100 000 | 438 800 | 360 200 | 78 600 | 21 400 | 39 300 |
| 2011 | 100 000 | 360 200 | 277 200 | 83 000 | 17 000 | 41 500 |
| 2012 | 100 000 | 277 200 | 189 700 | 87 500 | 12 500 | 43 750 |
| 2013 | 100 000 | 189 700 | 97 400 | 92 300 | 7 700 | 46 150 |
| 2014 | 100 000 | 97 400 | 0 | 97 400 | 2 600 | 48 700 |
| **Summe** | **1 100 000** | | | **831 500** | **268 500** | **365 750** |

Die jeweiligen Zinsanteile sind im Jahr des Zuflusses als Einkünfte aus Kapitalvermögen i. S. v. § 20 Abs. 1 Nr. 7 EStG in vollem Umfang zu versteuern. Der jeweilige Tilgungsanteil unterliegt nach Verrechnung mit den Anschaffungskosten der Beteiligung im Jahr des Zuflusses als nachträgliche Einkünfte aus Gewerbebetrieb nach § 17 i. V. m. §§ 15, 24 Nr. 2 EStG dem Halbeinkünfteverfahren (§ 3 Nr. 40 Buchst. c EStG).

### 3. Mitveräußerung eines Anteils an einer Kapitalgesellschaft, der im Betriebsvermögen gehalten wird

Wird ein Anteil an einer Kapitalgesellschaft, der im Betriebsvermögen gehalten wird, im Rahmen der Veräußerung eines Betriebes, Teilbetriebes oder Mitunternehmeranteils gegen wiederkehrende Leistungen verkauft, so gelten die vorgenannten Regelungen mit der Maßgabe, dass die Zinsanteile Einkünfte aus Gewerbebetrieb darstellen, sinngemäß.

*(Fortsetzung nächste Seite)*

4 **Beispiel:**

Einzelunternehmer A hält eine Beteiligung an der B-GmbH (Buchwert 10 000 €) in seinem Betriebsvermögen. A verkauft seinen Gewerbebetrieb zum 1. Januar 2004 gegen einen in 11 gleichen Jahresraten zu zahlenden Kaufpreis von insgesamt 1 100 000 €. Auf die Veräußerung der Beteiligung entfällt ein Anteil von 10% des Kaufpreises. Die erste der jährlichen Raten von 100 000 € ist am 31. 12. 2004 zur Zahlung fällig. Eine Verzinsung ist nicht vereinbart. Nach dem Inhalt des Kaufvertrags wurde die Ratenzahlung vereinbart, um A eine Versorgung zu verschaffen. Das Kapitalkonto zum Zeitpunkt des Verkaufs beträgt 100 000 €.

| Jahr | Zugeflossene Rate | Kapitalwert am Anfang | Kapitalwert am Ende | Tilgungsanteil | Zinsanteil § 15 i. V. m. § 24 Nr. 2 EStG | voll stpfl. Teil des Tilgungsanteils | Stpfl. Teilbetrag aus Beteiligung § 15 EStG i. V. m. § 3 Nr. 40 Buchst. b EStG | Stpfl. Gesamtbetrag Tilgungsanteil (§ 15 i. V. m. § 24 Nr. 2) insgesamt |
|---|---|---|---|---|---|---|---|---|
| 2004 | 100 000 | 831 500 | 774 500 | 57 000 | 43 000 | 0 | 0 | 0 |
| 2005 | 100 000 | 774 500 | 714 300 | 60 200 | 39 800 | 15 480 | 860 | 16 340 |
| 2006 | 100 000 | 714 300 | 650 900 | 63 400 | 36 600 | 57 060 | 3 170 | 60 230 |
| 2007 | 100 000 | 650 900 | 583 900 | 67 000 | 33 000 | 60 300 | 3 350 | 63 650 |
| 2008 | 100 000 | 583 900 | 513 300 | 70 600 | 29 400 | 63 540 | 3 530 | 67 070 |
| 2009 | 100 000 | 513 300 | 438 800 | 74 500 | 25 500 | 67 050 | 3 725 | 70 775 |
| 2010 | 100 000 | 438 800 | 360 200 | 78 600 | 21 400 | 70 740 | 3 930 | 74 670 |
| 2011 | 100 000 | 360 200 | 277 200 | 83 000 | 17 000 | 74 700 | 4 150 | 78 850 |
| 2012 | 100 000 | 277 200 | 189 700 | 87 500 | 12 500 | 78 750 | 4 375 | 83 125 |
| 2013 | 100 000 | 189 700 | 97 400 | 92 300 | 7 700 | 83 070 | 4 615 | 87 685 |
| 2014 | 100 000 | 97 400 | 0 | 97 400 | 2 600 | 87 660 | 4 870 | 92 530 |
| **Summe** | **1 100 000** | | | **831 500** | **268 500** | **658 350** | **36 575** | **694 925** |

Die Zinsanteile sind im Jahr des Zuflusses als nachträgliche Einkünfte aus Gewerbebetrieb in vollem Umfang zu versteuern. Die jeweiligen Tilgungsanteile unterliegen nach Verrechnung mit dem Kapitalkonto und unter Berücksichtigung des Halbeinkünfteverfahrens bei dem auf die Beteiligung entfallenden Teil (siehe vorletzte Spalte) ebenfalls als nachträgliche Einkünfte aus Gewerbebetrieb der Einkommensteuer.

## B. Veräußerungen von Anteilen an Kapitalgesellschaften vor dem 1. Januar 2004, bei denen im Fall der Sofortbesteuerung das Halbeinkünfteverfahren anzuwenden wäre

### 1. Veräußerung von Anteilen an Kapitalgesellschaften gegen Leibrente

Bei Veräußerung gegen eine Leibrente sind die Rentenzahlungen mit den Anschaffungskosten der Beteiligung und etwaigen Veräußerungskosten zu verrechnen. Nach vollständiger Verrechnung sind die Rentenzahlungen in einen Zins- und einen Tilgungsanteil aufzuteilen. Mit ihrem Zinsanteil unterliegen die Rentenzahlungen im Jahr ihres Zuflusses als sonstige Einkünfte i. S. v. § 22 Nr. 1 Satz 3 Buchst. a EStG in voller Höhe der Besteuerung. Der Tilgungsanteil ist im Jahr des Zuflusses als nachträgliche Einkünfte aus Gewerbebetrieb i. S. v. § 17 i. V. m. §§ 15, 24 Nr. 2 EStG zu versteuern. Nur auf den Tilgungsanteil ist nach § 3 Nr. 40 Buchst. c EStG das Halbeinkünfteverfahren anzuwenden. Der Zinsanteil ist nach der Tabelle in § 22 Nr. 1 Satz 3 Buchst. a Satz 3 EStG zu ermitteln.

### 2. Veräußerung gegen einen in Raten zu zahlenden Kaufpreis

Ratenzahlungen sind mit den Anschaffungskosten der Beteiligung und etwaigen Veräußerungskosten zu verrechnen und nach vollständiger Verrechnung in einen Zins- und einen Tilgungsanteil aufzuteilen. Die jeweiligen Zinsanteile sind im Jahr des Zuflusses nach § 20 Abs. 1 Nr. 7 EStG ggf. nach Abzug des Sparerfreibetrags (§ 20 Abs. 4 EStG) in vollem Umfang zu besteuern. Der Tilgungsanteil unterliegt im Jahr des Zuflusses als nachträgliche Einkünfte aus Gewerbebetrieb i. S. v. § 17 EStG i. V. m. §§ 15, 24 Nr. 2 EStG dem Halbeinkünfteverfahren (§ 3 Nr. 40 Buchst. c EStG).

### 3. Mitveräußerung eines Anteils an einer Kapitalgesellschaft, der im Betriebsvermögen gehalten wird

Wird ein Anteil an einer Kapitalgesellschaft, der im Betriebsvermögen gehalten wird, im Rahmen der Veräußerung eines Betriebes, Teilbetriebes oder Mitunternehmeranteils gegen wiederkehrende Leistungen verkauft, so gelten die vorgenannten Regelungen mit der Maßgabe, dass die Zinsanteile Einkünfte aus Gewerbebetrieb darstellen, sinngemäß.

# I § 16/2. Schreiben betr. Gewährung des Freibetrages nach § 16 Abs. 4 EStG und der Tarifermäßigung nach § 34 Abs. 3 EStG

Vom 20. Dezember 2005 (BStBl. 2006 I S. 7)

(BMF IV B 2 – S 2242 – 18/05)

Im Einvernehmen mit den obersten Finanzbehörden der Länder gilt zur Gewährung des Freibetrages nach § 16 Abs. 4 EStG und der Tarifermäßigung nach § 34 Abs. 3 EStG Folgendes:

## I. Aufteilung des Freibetrages und Gewährung der Tarifermäßigung bei Betriebsaufgaben über zwei Kalenderjahre

Erstreckt sich eine Betriebsaufgabe (§ 16 Abs. 3 Satz 1 EStG, R 16 Abs. 2 EStR) über zwei Kalenderjahre und fällt der Aufgabegewinn daher in zwei Veranlagungszeiträumen an, ist der Freibetrag nach § 16 Abs. 4 EStG insgesamt nur einmal zu gewähren. Er bezieht sich auf den gesamten Betriebsaufgabegewinn und ist im Verhältnis der Gewinne auf beide Veranlagungszeiträume zu verteilen. Die Tarifermäßigung nach § 34 Abs. 3 EStG kann für diesen Gewinn auf Antrag in beiden Veranlagungszeiträumen gewährt werden. Der Höchstbetrag von fünf Millionen Euro ist dabei aber insgesamt nur einmal zu gewähren.

**Beispiel:**

Unternehmer A (60 Jahre alt) will seinen Gewerbebetrieb (Summe der Buchwerte des Betriebsvermögens 20 000 €) aufgeben. In der Zeit von November 2004 bis Januar 2005 werden daher alle – wesentlichen – Wirtschaftsgüter des Betriebsvermögens veräußert. Die Veräußerungserlöse betragen 80 000 € in 2004 (hierauf entfällt anteilig ein Buchwert von 16 000 €) und 100 000 € in 2005 (anteiliger Buchwert 4000 €).

Der begünstigte Aufgabegewinn beträgt insgesamt 160 000 €. Davon entsteht ein Gewinn i. H. v. 64 000 € (40 %) in 2004 und ein Gewinn i. H. v. 96 000 € (60 %) in 2005.

Der zu gewährende Freibetrag beträgt insgesamt 21 000 € (45 000 € abzüglich [160 000 € – 136 000 €]). Er ist i. H. v. 8400 € (40 %) in 2004 und i. H. v. 12 600 € (60 %) in 2005 zu gewähren.

Da die Höhe des zu berücksichtigenden Freibetrages nach § 16 Abs. 4 EStG nach dem Gesamtaufgabegewinn beider Veranlagungszeiträume zu bemessen ist, steht die Höhe des Freibetrages nach § 16 Abs. 4 EStG erst nach Abschluss der Betriebsaufgabe endgültig fest.

Ergibt sich im zweiten Veranlagungszeitraum durch den Gewinn oder Verlust eine Über- oder Unterschreitung der Kappungsgrenze oder insgesamt ein Verlust, ist der im ersten Veranlagungszeitraum berücksichtigte Freibetrag rückwirkend zu ändern. Diese Tatsache stellt ein Ereignis mit steuerlicher Rückwirkung dar (§ 175 Abs. 1 Satz 1 Nr. 2 AO).

Entsteht in einem Veranlagungszeitraum ein Gewinn und in dem anderen ein Verlust, ist die Tarifermäßigung des § 34 EStG nur auf den saldierten Betrag anzuwenden.

Sowohl nach § 16 Abs. 4 EStG als auch nach § 34 Abs. 3 EStG ist in dem jeweiligen Veranlagungszeitraum maximal der Betrag begünstigt, der sich insgesamt aus dem einheitlich zu beurteilenden Aufgabevorgang ergibt.

### *II. Aufteilung des Freibetrages, wenn der Veräußerungsgewinn auch einen Gewinn aus der Veräußerung von Anteilen an Körperschaften, Personenvereinigungen oder Vermögensmassen umfasst*[1]

*Umfasst der Veräußerungsgewinn auch dem Halbeinkünfteverfahren unterliegende Gewinne aus der Veräußerung von Anteilen an Körperschaften, Personenvereinigungen oder Vermögensmassen, ist der Freibetrag nach § 16 Abs. 4 EStG entsprechend den Anteilen der Gewinne, die dem ermäßigten Steuersatz nach § 34 EStG unterliegen, und der Gewinne, die im Halbeinkünfteverfahren zu versteuern sind, am Gesamtgewinn aufzuteilen (vgl. H 16.13 EStH 2005 – Halbeinkünfteverfahren).*

### III. Freibetrag bei teilentgeltlicher Veräußerung im Wege der vorweggenommenen Erbfolge

Abweichend von Tz. 36 des BMF-Schreibens vom 13. 1. 1993 IV B 3 – S 2190 – 37/92 (BStBl. I S. 80)[2] ist bei Übertragungen von Betrieben, Teilbetrieben oder Mitunternehmeranteilen im Wege der vorweggenommenen Erbfolge der Freibetrag nach § 16 Abs. 4 EStG auch in den Fällen, in denen das Entgelt den Verkehrswert des Betriebs, Teilbetriebs oder Mitunternehmeranteils nicht erreicht (teilentgeltliche Veräußerung), in voller Höhe zu gewähren.

### IV. Vollendung der Altersgrenze in § 16 Abs. 4 und § 34 Abs. 3 EStG nach Beendigung der Betriebsaufgabe oder -veräußerung, aber vor Ablauf des Veranlagungszeitraums der Betriebsaufgabe oder -veräußerung

Vollendet der Steuerpflichtige das 55. Lebensjahr zwar nach Beendigung der Betriebsaufgabe oder -veräußerung, aber noch vor Ablauf des Veranlagungszeitraums der Betriebsaufgabe, sind weder der Freibetrag nach § 16 Abs. 4 EStG noch die Tarifermäßigung nach § 34 Abs. 3 EStG zu gewähren.

Vollendet der Steuerpflichtige das 55. Lebensjahr bei einer Betriebsaufgabe über mehrere Veranlagungszeiträume zwar vor Beendigung der Betriebsaufgabe, aber erst im zweiten Veranlagungsjahr, sind der (anteilige) Freibetrag und die Tarifermäßigung auch für den ersten Veranlagungszeitraum zu gewähren.

### V. Zeitliche Anwendung

Dieses Schreiben ist in allen noch offenen Fällen anzuwenden.

---

[1] Überholt durch BFH-Urteil v. 14. 7. 2010 X R 61/08 (BStBl. II S. 1011).

[2] Nr. **1** § 7/3.

# 1 § 16/3. Schreiben betr. Realteilung; Anwendung von § 16 Abs. 3 Satz 2 bis 4 und Abs. 5 EStG

Vom 19. Dezember 2018

BMF IV C 6 – S 2242/07/10002; DOK 2018/0795144

(BStBl. 2019 I S. 6)

**Bezug:** BMF-Schreiben vom 20. Dezember 2016 (BStBl. 2017 I S. 36)

Im Einvernehmen mit den obersten Finanzbehörden der Länder gilt für die Anwendung des § 16 Abs. 3 Satz 2 bis 4 und Abs. 5 EStG Folgendes:

## I. Abgrenzung „echte" Realteilung und „unechte" Realteilung

Die „echte" Realteilung i. S. d. § 16 Abs. 3 Satz 2 und 3 EStG ist durch den 1
auf der Ebene der Mitunternehmerschaft verwirklichten Tatbestand der Betriebsaufgabe i. S. d. § 16 Abs. 3 Satz 1 EStG gekennzeichnet (BFH vom 16. März 2017 IV R 31/14, BStBl. 2019 II S. 24). Eine Betriebsaufgabe auf Ebene der Mitunternehmerschaft und damit ein Fall der „echten" Realteilung liegt auch bei Ausscheiden eines Mitunternehmers unter Übertragung eines Teilbetriebs, eines (Teil-)Mitunternehmeranteils an einer Tochter-Personengesellschaft oder von Einzelwirtschaftsgütern aus einer zweigliedrigen Mitunternehmerschaft und Fortführung des Betriebs durch den verbleibenden Mitunternehmer in Form eines Einzelunternehmens vor.

Scheidet ein Mitunternehmer aus einer mehrgliedrigen Mitunternehmer- 2
schaft gegen Übertragung von Wirtschaftsgütern des Betriebsvermögens, die beim ausscheidenden Mitunternehmer zumindest teilweise weiterhin Betriebsvermögen darstellen, aus und wird diese im Übrigen von den verbleibenden Mitunternehmern als Mitunternehmerschaft fortgeführt, liegt ein Fall der „unechten" Realteilung vor (BFH vom 16. März 2017 IV R 31/14, BStBl. 2019 II S. 24). Dies gilt unabhängig davon, ob der ausscheidende Mitunternehmer einen Teilbetrieb (BFH vom 17. September 2015 III R 49/13, BStBl. 2017 II S. 37), einen Mitunternehmeranteil oder nur Einzelwirtschaftsgüter (BFH vom 30. März 2017 IV R 11/15, BStBl. 2019 II S. 29) erhält. Entsprechendes gilt im Fall von doppelstöckigen Personengesellschaften beim Ausscheiden aus der Mutter-Personengesellschaft gegen Übertragung eines Teils eines Mitunternehmeranteils an einer Tochter-Personengesellschaft. Kein Fall der „unechten" Realteilung liegt vor, wenn der ausscheidende Mitunternehmer die ihm im Rahmen seines Ausscheidens übertragenen Einzelwirtschaftsgüter vollständig ins Privatvermögen überführt. In diesem Fall erzielt der ausscheidende Mitunternehmer einen Veräußerungsgewinn.

Scheidet ein Mitunternehmer aus einer Mitunternehmerschaft in der Weise 3
aus, dass sein Mitunternehmeranteil den verbleibenden Mitunternehmern oder dem letzten verbleibenden Mitunternehmer anwächst und er eine Abfindung in Geld erhält, liegt ebenfalls kein Fall der Realteilung vor.

Die nachfolgenden Grundsätze der Realteilung gelten sowohl für die „echte" 4
Realteilung als auch für die „unechte" Realteilung (BFH vom 16. März 2017 IV R 31/14, BStBl. 2019 II S. 24).

## II. Gegenstand der Realteilung

5 Gegenstand einer Realteilung ist das Gesamthandsvermögen der Mitunternehmerschaft. Das Sonderbetriebsvermögen ist nur insoweit Gegenstand der Realteilung, als es im Rahmen der Realteilung auf einen anderen Mitunternehmer übertragen wird. Die Überführung von Wirtschaftsgütern des Sonderbetriebsvermögens eines Mitunternehmers in ein anderes (Sonder-)Betriebsvermögen desselben Mitunternehmers ist nicht Bestandteil einer Realteilung und richtet sich nach den Grundsätzen des § 6 Abs. 5 Satz 2 EStG. Die Realteilung kann durch Übertragung von Teilbetrieben, Mitunternehmeranteilen oder Einzelwirtschaftsgütern erfolgen. Mitunternehmeranteile in diesem Sinne sind auch Teile von Mitunternehmeranteilen. Die Übertragung von Mitunternehmeranteilen stellt keinen Fall der Übertragung von Einzelwirtschaftsgütern mit der Folge der Anwendbarkeit der Sperrfrist dar (vgl. VIII.).

6 Die Übertragung einer 100 %igen Beteiligung an einer Kapitalgesellschaft ist als Übertragung eines Teilbetriebs zu behandeln.

7 Die vorherige Einbringung der Anteile an einer Mitunternehmerschaft in andere Personengesellschaften steht einer Realteilung der Mitunternehmerschaft mit Buchwertfortführung nicht entgegen, wenn an den anderen Personengesellschaften vermögensmäßig nur die Personen beteiligt sind, die zuvor auch an der Mitunternehmerschaft vermögensmäßig beteiligt waren (BFH vom 16. Dezember 2015 IV R 8/12, BStBl. 2017 II S. 766). Die tatbestandlichen Voraussetzungen des § 16 Abs. 3 Satz 2 EStG und insbesondere die Übertragung auf einen Mitunternehmer müssen gleichwohl im Zeitpunkt der Übertragung vorliegen.

## III. Begünstigte Realteilung

8 Hinsichtlich der im Rahmen einer Realteilung übertragenen Wirtschaftsgüter findet § 6 Abs. 5 Satz 3 EStG keine Anwendung (BFH vom 30. März 2017 IV R 11/15, BStBl. 2019 II S. 29); vgl. jedoch Rn. 5 zum Gegenstand der Realteilung. Unschädlich für die Annahme einer im Übrigen steuerneutralen Realteilung ist die Zahlung eines Spitzen- oder Wertausgleichs (siehe auch VI.). Es ist nicht erforderlich, dass jeder Realteiler wesentliche Betriebsgrundlagen des Gesamthandsvermögens erhält. Wesentliche Betriebsgrundlage i. S. d. § 16 Abs. 3 Satz 3 EStG sind Wirtschaftsgüter, in denen erhebliche stille Reserven ruhen (quantitative Betrachtungsweise), oder Wirtschaftsgüter, die zur Erreichung des Betriebszwecks erforderlich sind und denen ein besonderes wirtschaftliches Gewicht für die Betriebsführung zukommt (funktionale Betrachtungsweise).

9 Im Fall einer echten Realteilung stellen die in das Privatvermögen übertragenen Wirtschaftsgüter Entnahmen der Realteilungsgemeinschaft dar. Im Übrigen sind zwingend die Buchwerte fortzuführen.

10 Werden im Fall der unechten Realteilung einzelne Wirtschaftsgüter in das Privat-

*(Fortsetzung nächstes Blatt)*

vermögen des ausscheidenden Mitunternehmers übertragen, realisiert nur er einen Veräußerungsgewinn i. S. v. § 16 Abs. 2 EStG. Im Rahmen der Ermittlung des Gewinnes i. S. v. § 16 Abs. 2 EStG ist als Veräußerungspreis der gemeine Wert der in das Privatvermögen gelangten Wirtschaftsgüter und der Buchwert der im Rahmen der Realteilung erhaltenen und in das Betriebsvermögen des ausscheidenden Mitunternehmers gelangten Wirtschaftsgüter anzusetzen. Die verbleibenden Mitunternehmer realisieren auf Ebene der Mitunternehmerschaft einen laufenden Gewinn aus der Veräußerung der in das Privatvermögen des ausgeschiedenen Mitunternehmers übertragenen Wirtschaftsgüter. Insoweit sind die Buchwerte der in der Mitunternehmerschaft verbleibenden Wirtschaftsgüter anteilig aufzustocken.

Eine begünstigte Realteilung i. S. d. § 16 Abs. 3 Satz 2 EStG ist insoweit nicht **11**
gegeben, als Einzelwirtschaftsgüter der real zu teilenden Mitunternehmerschaft unmittelbar oder mittelbar in das Betriebsvermögen einer Körperschaft, Personenvereinigung oder Vermögensmasse übertragen werden (§ 16 Abs. 3 Satz 4 EStG) und die Körperschaft nicht schon bisher mittelbar oder unmittelbar an dem übertragenen Wirtschaftsgut beteiligt war. Dies gilt auch dann, wenn an der real zu teilenden Mitunternehmerschaft ausschließlich Körperschaften, Personenvereinigungen oder Vermögensmassen beteiligt sind.

## IV. Übertragung in das jeweilige Betriebsvermögen der einzelnen Mitunternehmer

### 1. Umfang des Betriebsvermögens

Voraussetzung für die Buchwertfortführung ist, dass das übernommene Be- **12**
triebsvermögen nach der Realteilung weiterhin Betriebsvermögen bleibt. Hierfür ist es ausreichend, wenn erst im Rahmen der Realteilung bei den Realteilern durch die Übertragung einzelner Wirtschaftsgüter ein neuer Betrieb (z. B. durch Begründung einer Betriebsaufspaltung) entsteht. Es ist demnach nicht erforderlich, dass die Realteiler bereits vor der Realteilung außerhalb der real zu teilenden Mitunternehmerschaft noch Betriebsvermögen (z. B. im Rahmen eines Einzelunternehmens) haben. Das übernommene Betriebsvermögen muss in das jeweilige Betriebsvermögen des einzelnen Realteilers übertragen werden. Hierzu zählt auch das Sonderbetriebsvermögen bei einer anderen Mitunternehmerschaft. Eine Übertragung einzelner Wirtschaftsgüter des Gesamthandsvermögens in das Gesamthandsvermögen einer anderen Mitunternehmerschaft, an der der Realteiler ebenfalls beteiligt ist, ist jedoch zu Buchwerten nicht möglich. Dies gilt auch dann, wenn es sich um eine personenidentische Schwesterpersonengesellschaft handelt.

Beim Übergang eines Mitunternehmeranteils oder eines Teils eines Mitunter- **13**
nehmeranteils ist eine Übertragung in ein weiteres Betriebsvermögen des Realteilers nicht erforderlich.

### 2. Betriebsverpachtung im Ganzen

Erfolgt die Realteilung durch Übertragung von Teilbetrieben, können diese **14**
Teilbetriebe anschließend im Rahmen einer Betriebsverpachtung im Ganzen verpachtet werden (BFH vom 14. Dezember 1978 IV R 106/75, BStBl. 1979 II S. 300). Wird ein land- und forstwirtschaftlicher Betrieb im Wege der Realteilung mit Einzelwirtschaftsgütern geteilt, kann das Verpächterwahlrecht nach der Realteilung erstmalig begründet oder fortgeführt werden, wenn die erhaltenen Wirtschaftsgüter bei dem Realteiler nach der Realteilung einen selb-

ständigen land- und forstwirtschaftlichen Betrieb darstellen (vgl. *BMF vom 1. Dezember 2000, BStBl. I S. 1556*[1]).

## V. Sicherstellung der Versteuerung der stillen Reserven

**15** Eine Übertragung des übernommenen Betriebsvermögens des Realteilers zu Buchwerten in ein anderes Betriebsvermögen ist nur dann möglich, wenn die Besteuerung der stillen Reserven weiterhin sichergestellt ist. Dies ist z. B. dann nicht der Fall, wenn die Wirtschaftsgüter in eine ausländische Betriebsstätte übertragen werden (§ 16 Abs. 3 Satz 2 i. V. m. § 4 Abs. 1 Satz 4 EStG).

## VI. Realteilung und Spitzen- oder Wertausgleich

**16** Eine Realteilung mit Spitzenausgleich liegt vor, wenn ein Mitunternehmer aus eigenen Mitteln einen Ausgleich an den anderen Mitunternehmer leistet, weil er etwa im Rahmen der Realteilung Wirtschaftsgüter übernommen hat, deren Verkehrswerte den Wert seines Anteils am Gesamthandsvermögen übersteigen (BFH vom 11. April 2013 III R 32/12, BStBl. 2014 II S. 242).

**17** Wird ein Spitzen- oder Wertausgleich gezahlt, liegt im Verhältnis des Spitzenausgleichs zum Wert des übernommenen Betriebsvermögens ein entgeltliches Geschäft vor. In Höhe des um den anteiligen Buchwert verminderten Spitzenausgleichs entsteht ein Veräußerungsgewinn für den veräußernden Realteiler oder die veräußernde Mitunternehmerschaft. Dieser Gewinn ist nicht nach §§ 16 und 34 EStG begünstigt, sondern als laufender Gewinn zu versteuern. Die „echte" Realteilung ist auch nach Gewerbesteuerrecht eine Betriebsaufgabe (BFH vom 17. Februar 1994 VIII R 13/94, BStBl. II S. 809); im Fall der Sperrfristverletzung ist die rückwirkende Aufdeckung (§ 16 Abs. 3 Satz 3 EStG) vorgenannter stiller Reserven diesem Vorgang zuzuordnen (vgl. Rn. 24 ff.).

**18** Der Gewinn rechnet grundsätzlich nicht zum Gewerbeertrag nach § 7 Satz 1 GewStG. Der Gewinn aus der Aufdeckung der stillen Reserven ist aber nach § 7 Satz 2 GewStG als Gewerbeertrag zu erfassen, soweit er nicht auf eine natürliche Person als unmittelbar beteiligter Mitunternehmer entfällt.

**19** Bei einer „unechten" Realteilung gehört der Gewinn aus der Aufdeckung der stillen Reserven durch die Übertragung von Wirtschaftsgütern an den ausscheidenden Mitunternehmer bei der Mitunternehmerschaft zum laufenden Gewerbeertrag.

**20** **Beispiel 1 („echte" Realteilung):**

A und B sind Mitunternehmer eines aus zwei Teilbetrieben bestehenden Gewerbebetriebs. Teilbetriebsvermögen 1 hat einen Wert von 2 Mio. € und einen Buchwert von 200 000 €. Teilbetriebsvermögen 2 hat einen Wert von 1,6 Mio. € und einen Buchwert von 160 000 €. Im Wege der Realteilung erhält A das Teilbetriebsvermögen 1 und B das Teilbetriebsvermögen 2. Außerdem zahlt A an B eine Abfindung von 200 000 €.

**Lösung:**

A stehen bei der Realteilung wertmäßig 1,8 Mio. € (50 % von 3,6 Mio. €) zu. Da er aber 2 Mio. € erhält, also 200 000 € mehr, zahlt er diesen Betrag für 1/10 (10 % von 2 Mio. € = 200 000 €) des Teilbetriebsvermögens 1, das er mehr erhält. A erwirbt also 9/10 des Teilbetriebsvermögens 1 unentgeltlich und 1/10 entgeltlich. Auf diese 1/10 entfällt ein Buchwert von 20 000 €, so dass A die Aktivwerte um 180 000 € (200 000 € Abfindung abzgl. anteiligem Buchwert von 20 000 €) aufstocken muss und B einen als laufenden Gewinn zu versteuernden Veräußerungsgewinn von 180 000 € (200 000 € Abfindung ./. 20 000 € anteiliger Buchwert) zu versteuern hat.

---

[1] Nunmehr § 14 Abs. 3 i.V.m. § 52 Abs. 22c EStG. Siehe auch BFH-Urteile v. 17.5.2018 VI R 66/15 und VI R 73/15, BFH/NV 2018 S. 1249.

**Beispiel 2 („unechte“ Realteilung):** 21

A, B und C sind zu gleichen Teilen Mitunternehmer eines aus zwei Teilbetrieben bestehenden Gewerbebetriebs. Teilbetriebsvermögen 1 hat einen Wert von 2 Mio. € und einen Buchwert von 200 000 €. Teilbetriebsvermögen 2 hat einen Wert von 1,6 Mio. € und einen Buchwert von 160 000 €. C scheidet im Rahmen einer „unechten“ Realteilung aus der Mitunternehmerschaft aus, die im Übrigen durch A und B fortgeführt wird. C erhält das Teilbetriebsvermögen 1. A und B behalten das Teilbetriebsvermögen 2. Außerdem zahlt C an A und B eine Abfindung von 800 000 €.

**Lösung:**

C stehen bei der Realteilung wertmäßig 1,2 Mio. € (1/3 von 3,6 Mio. €) zu. Da er aber 2 Mio. € erhält, also 800 000 € mehr, zahlt er diesen Betrag für 4/10 (40 % von 2 Mio. € = 800 000 €) des Teilbetriebsvermögens 1, das er mehr erhält. C erwirbt also 6/10 des Teilbetriebsvermögens 1 unentgeltlich und 4/10 entgeltlich. Auf diese 4/10 entfällt ein Buchwert von 80 000 €, so dass C die Aktivwerte um 720 000 € (800 000 € Abfindung abzgl. anteiligem Buchwert von 80 000 €) aufstocken muss und A und B einen als laufenden Gewinn zu versteuernden Veräußerungsgewinn von 720 000 € (800 000 € Abfindung ./. 80 000 € anteiliger Buchwert) zu versteuern haben.

## VII. Ansatz des übernommenen Betriebsvermögens

Entspricht der Buchwert des erhaltenen Vermögens dem Buchwert des bisherigen Kapitalkontos des jeweiligen Realteilers und geht auf den betreffenden Realteiler betragsmäßig genau der Anteil an den stillen Reserven über, der ihm zuvor auf Ebene der Mitunternehmerschaft zuzurechnen war, erübrigen sich in den Eröffnungsbilanzen der Realteiler bilanzielle Anpassungsmaßnahmen. Entspricht jedoch die Summe der Buchwerte der übernommenen Wirtschaftsgüter nicht dem Buchwert des Kapitalkontos, sind bilanzielle Anpassungsmaßnahmen erforderlich, damit sich Aktiva und Passiva in der Bilanz des Realteilers entsprechen. Hierzu ist die sog. Kapitalkontenanpassungsmethode anzuwenden. Bei der Kapitalkontenanpassungsmethode werden die Buchwerte der übernommenen Wirtschaftsgüter von den Realteilern in ihren eigenen Betrieben fortgeführt. Die Kapitalkonten der Realteiler werden durch Auf- oder Abstocken gewinnneutral dahin angepasst, dass ihre Höhe der Summe der Buchwerte der übernommenen Wirtschaftsgüter entspricht (BFH vom 10. Dezember 1991 VIII R 69/86, BStBl. 1992 II S. 385). 22

**Beispiel:** 23

A ist zu 40 %, B zu 60 % an der AB-OHG beteiligt. A und B beschließen, die OHG aufzulösen. Im Wege der Realteilung soll A den Teilbetrieb I und B den Teilbetrieb II erhalten. Die Schlussbilanz der OHG sieht wie folgt aus:

Schlussbilanz

| Aktiva | Buchwerte | Gemeine Werte | | Buchwerte | Passiva<br>Auseinandersetzungsansprüche |
|---|---|---|---|---|---|
| Teilbetrieb I | 50 000 € | 80 000 € | Kapital A | 40 000 € | 80 000 € |
| Teilbetrieb II | 50 000 € | 120 000 € | Kapital B | 60 000 € | 120 000 € |
| | 100 000€ | 200 000 € | | 100 000 € | 200 000 € |

Der Buchwert des Teilbetriebs I (50 000 €) übersteigt den Buchwert des Kapitalkontos des A um 10 000 €, während der Buchwert des Teilbetriebs II den Buchwert des Kapitalkontos des B um 10 000 € unterschreitet.

**Lösung:**

Die Eröffnungsbilanzen stellen sich wie folgt dar:

Eröffnungsbilanz A

| Aktiva | | | | Passiva |
|---|---|---|---|---|
| Teilbetrieb I | 50 000 € | Kapital A | 40 000 € | |
| | | Kapitalanpassung | 10 000 € | 50 000 € |

Eröffnungsbilanz A

| Aktiva | | | | Passiva |
|---|---|---|---|---|
| | 50 000 € | | | 50 000 € |

Eröffnungsbilanz B

| Aktiva | | | | Passiva |
|---|---|---|---|---|
| Teilbetrieb II | 50 000 € | Kapital B | 60 000 € | |
| | | Kapitalanpassung | –10 000 € | 50 000 € |
| | 50 000 € | | | 50 000 € |

## VIII. Sperrfrist

### 1. Realteilung durch Übertragung von Einzelwirtschaftsgütern

24 Werden im Rahmen einer Realteilung einzelne Wirtschaftsgüter in ein Betriebsvermögen des Realteilers übertragen, ist für den jeweiligen Übertragungsvorgang nach § 16 Abs. 3 Satz 3 EStG rückwirkend der gemeine Wert anzusetzen, soweit übertragener Grund und Boden, übertragene Gebäude (ausgenommen Umlaufvermögen) oder andere übertragene wesentliche Betriebsgrundlagen innerhalb der Sperrfrist entnommen oder veräußert (maßgeblicher Zeitpunkt: Übergang des wirtschaftlichen Eigentums) werden. Die Entnahme oder Veräußerung von Grund und Boden sowie Gebäuden des Anlagevermögens, die keine wesentlichen Betriebsgrundlagen darstellen, löst ebenfalls die Folgen des § 16 Abs. 3 Satz 3 EStG aus. Bei einer Realteilung durch Übertragung von Betrieben, Teilbetrieben oder Mitunternehmer(teil)anteilen ist die Sperrfrist jedoch unbeachtlich. Es ist jedoch § 16 Abs. 5 EStG zu beachten (vgl. Aussagen unter 2.). Die Sperrfrist beginnt im Zeitpunkt der Realteilung und endet drei Jahre nach Abgabe der Feststellungserklärung der Mitunternehmerschaft für den Veranlagungszeitraum der Realteilung.

25 Im Fall der „unechten" Realteilung ist § 16 Abs. 3 Satz 3 EStG bei der von den verbleibenden Mitunternehmern fortgeführten Mitunternehmerschaft nicht anzuwenden.

26 Eine Veräußerung ist grundsätzlich auch eine Einbringung der im Rahmen der Realteilung erhaltenen einzelnen Wirtschaftsgüter, wenn sie zusammen mit einem Betrieb, Teilbetrieb oder Mitunternehmer(teil)anteil nach §§ 20, 24 UmwStG eingebracht werden, unabhängig davon, ob die Buchwerte, die gemeinen Werte oder Zwischenwerte angesetzt werden. Als Veräußerung gilt auch ein Formwechsel nach § 25 UmwStG. Überträgt der Realteiler Wirtschaftsgüter, die im Anschluss an die Realteilung Betriebsvermögen geworden sind, gegen Gewährung von Gesellschaftsrechten nach § 6 Abs. 5 EStG auf einen Dritten, liegt ebenfalls eine Veräußerung vor.

### 2. Realteilung durch Übertragung von Teilbetrieben

27 Werden bei einer Realteilung durch Übertragung mit Teilbetrieben Anteile an einer Körperschaft, Personenvereinigung oder Vermögensmasse unmittelbar oder mittelbar von einem nicht nach § 8 b Abs. 2 KStG begünstigten Mitunternehmer (z. B. natürliche Person) auf einen nach § 8 b Abs. 2 KStG begünstigten Mitunternehmer (z. B. GmbH) übertragen, ist rückwirkend auf den Zeitpunkt der Realteilung der gemeine Wert anzusetzen, wenn der übernehmende Mitunternehmer die Anteile innerhalb eines Zeitraumes von sieben Jahren nach der Realteilung unmittelbar oder mittelbar veräußert oder nach § 22 UmwStG weiter überträgt (§ 16 Abs. 5 EStG).

## IX. Folgen bei Veräußerung oder Entnahme während der Sperrfrist

Eine schädliche Entnahme oder Veräußerung i. S. d. § 16 Abs. 3 Satz 3 EStG führt zu einer rückwirkenden Aufdeckung der in den veräußerten oder entnommenen Wirtschaftsgütern enthaltenen stillen Reserven. Dieser Vorgang stellt ein Ereignis mit steuerlicher Rückwirkung dar (§ 175 Abs. 1 Satz 1 Nr. 2 AO). Eine Aufdeckung der übrigen stillen Reserven erfolgt nicht. Der aus der nachträglichen Aufdeckung entstehende Gewinn stellt einen laufenden Gewinn dar, der nicht nach §§ 16 und 34 EStG begünstigt ist. Ein nach §§ 16 und 34 EStG begünstigter Veräußerungsgewinn liegt jedoch vor, wenn sämtliche stille Reserven aus den wesentlichen Betriebsgrundlagen rückwirkend aufzudecken sind. Die „echte" Realteilung ist auch nach Gewerbesteuerrecht eine Betriebsaufgabe (BFH vom 17. Februar 1994 VIII R 13/94, BStBl. II S. 809); die nachträgliche Aufdeckung vorgenannter stiller Reserven ist diesem Vorgang zuzuordnen. 28

Dieser Gewinn ist im Fall der „echten" Realteilung bei Wirtschaftsgütern, die zum Gesamthandsvermögen der Mitunternehmerschaft gehörten, allen Realteilern nach dem allgemeinen Gewinnverteilungsschlüssel zuzurechnen, es sei denn, dass der Gewinn nach dem Gesellschaftsvertrag oder den von den Mitunternehmern schriftlich getroffenen Vereinbarungen über die Realteilung allein dem entnehmenden oder veräußernden Realteiler zuzurechnen ist[1]. Soweit Sonderbetriebsvermögen eines Realteilers von einem anderen Realteiler im Rahmen der Realteilung übernommen wurde, ist der Gewinn nur dann dem übernehmenden Realteiler zuzurechnen, wenn dies in den schriftlichen Vereinbarungen über die Realteilung so vereinbart wurde. 29

Der Gewinn rechnet grundsätzlich nicht zum Gewerbeertrag nach § 7 Satz 1 GewStG. Der Gewinn aus der Aufdeckung der stillen Reserven ist aber nach § 7 Satz 2 GewStG als Gewerbeertrag zu erfassen, soweit er nicht auf eine natürliche Person als unmittelbar beteiligter Mitunternehmer entfällt. 30

Im Fall der „unechten" Realteilung ist bei dem ausgeschiedenen Mitunternehmer bei der Ermittlung des Gewinnes i. S. v. § 16 Abs. 2 EStG rückwirkend der gemeine Wert des Wirtschaftsgutes anzusetzen. Zudem entsteht auf Ebene der Mitunternehmerschaft ein laufender Gewinn mit der Folge, dass insoweit die Buchwerte der Wirtschaftsgüter der verbleibenden Mitunternehmerschaft aufzustocken sind. 31

---

[1] **Zusatz der OFD Frankfurt v. 1.8.2022 S 2242 A-016- St 517:** Mit Urteil vom 23.11.2021 (BStBl. 2022 II S. 371) hat der BFH entschieden, dass ein Gewinn i. S. d. § 16 Abs. 3 Satz 3 EStG idF der Bek. v. 8.10.2009 (BGBl. I S. 3366, ber. S. 3862), zuletzt geänd. durch G v. 19.10.2022 (BGBl. I S. 1743), den ein Realteiler erzielt, weil er seinen Betrieb, in den er die im Rahmen der Realteilung übernommenen wesentlichen Betriebsgrundlagen zum Buchwert übertragen hat, innerhalb der Sperrfrist veräußert, gem. § 16 Abs. 3 Satz 8 EStG idF der Bek. v. 8.10.2009 (BGBl. I S. 3366, ber. S. 3862), zuletzt geänd. durch G v. 19.10.2022 (BGBl. I S. 1743) allein diesem Realteiler zuzurechnen ist. Die Frage, ob der aus der Sperrfrist gem. § 16 Abs. 3 Satz 3 EStG idF der Bek. v. 8.10.2009 (BGBl. I S. 3366, ber. S. 3862), zuletzt geänd. durch G v. 19.10.2022 (BGBl. I S. 1743) resultierende Gewinn nicht nur im Fall der Betriebsveräußerung, sondern stets nach Maßgabe des § 16 Abs. 3 Satz 8 EStG idF der Bek. v. 8.10.2009 (BGBl. I S. 3366, ber. S. 3862), zuletzt geänd. durch G v. 19.10.2022 (BGBl. I S. 1743) abweichend vom allgemeinen Gewinnverteilungsschlüssel zuzurechnen ist, sofern die Beteiligten keine abweichende Zurechnung in der Realteilungsvereinbarung bestimmt haben, hat der BFH offengelassen. Hier gilt weiterhin Rz. 29 dieses BMF-Schreibens.

## X. Zeitliche Anwendung

32 Dieses Schreiben ersetzt das BMF-Schreiben vom 20. Dezember 2016 (BStBl. 2017 I S. 36). Es ist auf alle offenen Fälle anzuwenden. Die im BMF-Schreiben vom 20. Dezember 2016 (BStBl. 2017 I S. 36) enthaltenen Übergangsregelungen gelten fort. Auf einvernehmlichen Antrag aller Mitunternehmer sind die Grundsätze dieses Schreibens in den Fällen einer „unechten" Realteilung (vgl. Abschnitt I.) nicht anzuwenden, wenn die „unechte" Realteilung vor dem 1. Januar 2019 stattgefunden hat.

# 1 § 16/4. Anwendungsschreiben zu § 16 Abs. 3 b EStG

Vom 22. November 2016 (BStBl. I S. 1326)

(BMF IV C 6 – S 2242/12/10001)

Im Rahmen des Steuervereinfachungsgesetzes 2011 vom 1. November 2011 (BGBl. I S. 2131)[1] wurde mit § 16 Abs. 3 b EStG eine Betriebsfortführungsfiktion für Fälle der Betriebsunterbrechung und der Betriebsverpachtung im Ganzen eingeführt. Danach gilt in diesen Fällen ein Gewerbebetrieb oder ein Mitunternehmeranteil i. S. v. § 16 Abs. 1 Satz 1 Nr. 2 EStG oder ein Anteil eines persönlich haftenden Gesellschafters einer Kommanditgesellschaft auf Aktien i. S. v. § 16 Abs. 1 Satz 1 Nr. 3 EStG nicht als aufgegeben, bis

1. der Steuerpflichtige die Aufgabe i. S. d. § 16 Abs. 3 Satz 1 EStG ausdrücklich gegenüber dem Finanzamt erklärt oder
2. dem Finanzamt Tatsachen bekannt werden, aus denen sich ergibt, dass die Voraussetzungen für eine Aufgabe i. S. d. § 16 Abs. 3 Satz 1 EStG erfüllt sind.

Im Einvernehmen mit den obersten Finanzbehörden der Länder gilt für die Anwendung der Betriebsfortführungsfiktion in § 16 Abs. 3 b EStG Folgendes:

## I. Betroffene Betriebe

§ 16 Abs. 3 b EStG findet Anwendung, soweit es sich um eine Betriebsverpachtung im Ganzen oder um einen Fall der Betriebsunterbrechung (sog. ruhender Gewerbebetrieb) eines Betriebs oder Teilbetriebs handelt.

§ 16 Abs. 3 b EStG kommt nicht zur Anwendung, wenn eine Betriebsaufgabe anlässlich (d. h. in engem zeitlichen Zusammenhang) der Beendigung der aktiven, werbenden Tätigkeit durch schlüssige und unmissverständliche Handlung erfolgt und dies dem Finanzamt gegenüber zeitnah erklärt wird.

§ 16 Abs. 3 b EStG ist sowohl bei Einzelunternehmen als auch bei Personengesellschaften/Mitunternehmerschaften anzuwenden.

Die Regelung gilt jedoch nicht für gewerblich geprägte Personengesellschaften, da diesen aufgrund der gewerblichen Prägung das Verpächterwahlrecht nicht zusteht (vgl. BMF-Schreiben vom 17. Oktober 1994, BStBl. I S. 771), für die Besitzpersonengesellschaft bei einer (mitunternehmerischen) Betriebsaufspaltung (vgl. BMF-Schreiben vom 28. April 1998, BStBl. I S. 583[2]), und vom 17. Oktober 1994, BStBl. I S. 771) und der Verpachtung des Betriebs eines Mitunternehmers an seine Mitunternehmerschaft (§ 15 Abs. 1 Satz 1 Nr. 2 EStG).

§ 16 Abs. 3 b EStG ist auch bei Einkünften aus selbständiger Arbeit (§ 18 EStG) oder aus Land- und Forstwirtschaft (§ 13 EStG i. V. m. § 14 Satz 2 EStG) anzuwenden.

---

[1] **[Amtl. Anm.:]** BStBl. I S. 986.

[2] Nr. **1** § 15/4.

**1. Betriebsunterbrechung (ruhender Gewerbebetrieb)**

Stellt ein Unternehmer seine gewerbliche Tätigkeit ein, liegt darin nicht notwendiger Weise eine Betriebsaufgabe. Die Einstellung kann auch nur als Betriebsunterbrechung zu beurteilen sein, die den Fortbestand des Betriebs unberührt lässt. Eine Betriebsunterbrechung ist anzunehmen, wenn die betriebliche Tätigkeit vorübergehend ruht und die wesentlichen Betriebsgrundlagen zurückbehalten werden, so dass der Betrieb jederzeit wieder aufgenommen werden könnte. Im Übrigen wird auf H 16 (2) „Betriebsunterbrechung" EStH 2015 verwiesen.

**2. Betriebsverpachtung im Ganzen**

Ein verpachteter Gewerbebetrieb liegt nur vor, wenn der Steuerpflichtige oder in den Fällen der unentgeltlichen Rechtsnachfolge sein Rechtsnachfolger objektiv die Möglichkeit hat, ohne wesentliche Änderungen den Betrieb fortzuführen (vgl. BFH-Urteil vom 11. Oktober 2007, BStBl. 2008 II S. 220). Zu den Einzelheiten vgl. im Übrigen H 16 (5) EStH 2015.

Bei land- und forstwirtschaftlichen Betrieben ist es nicht erforderlich, dass sämtliche landwirtschaftlich genutzten Flächen ausnahmslos an einen Pächter verpachtet werden (vgl. BFH-Urteil vom 28. November 1991, BStBl. 1992 II S. 521). Eine Betriebsverpachtung im Ganzen liegt auch vor, wenn Stückländereien ohne Hofstelle und stehende Betriebsmittel zunächst bewirtschaftet und diese Flächen dann insgesamt verpachtet werden (vgl. BFH-Urteil vom 18. März 1999, BStBl. II S. 398). Die unentgeltliche Überlassung des land- und fortwirtschaftlichen Betriebs oder Teilen davon steht einer Verpachtung gleich (vgl. BFH-Urteil vom 28. November 1991, BStBl. 1992 II S. 521).

## II. Betriebsfortführungsfiktion

Liegen die Voraussetzungen einer Betriebsunterbrechung oder einer Betriebsverpachtung im Ganzen vor, gilt der Betrieb unwiderleglich so lange nicht als aufgegeben, bis der Steuerpflichtige die Betriebsaufgabe erklärt oder dem Finanzamt Tatsachen bekannt werden, dass zwischenzeitlich eine Betriebsaufgabe stattgefunden hat.

## III. Form und Inhalt der Aufgabeerklärung

Für die gegenüber dem Finanzamt abzugebende Erklärung zur Aufgabe des Betriebs ist keine bestimmte Form vorgeschrieben. Aus Beweisgründen sollte die Aufgabeerklärung jedoch schriftlich und unter Angabe eines Aufgabedatums abgegeben werden. Bei Mitunternehmerschaften muss die Betriebsaufgabeerklärung einvernehmlich von allen Mitunternehmern abgegeben werden.

Keine Betriebsaufgabeerklärung i. S. v. § 16 Abs. 3 b Satz 1 Nr. 1 EStG liegt vor, wenn die Einkünfte aus dem verpachteten Betrieb im Rahmen der Einkommensteuer- oder Feststellungserklärung bei den Einkünften aus Vermietung und Verpachtung aufgeführt werden. Auch sind in einem solchen Fall die Voraussetzungen des § 16 Abs. 3 b Satz 1 Nr. 2 EStG nicht erfüllt.

## IV. Zeitpunkt der Betriebsaufgabe

### 1. Betriebsaufgabeerklärung durch den Betriebsinhaber

Sind die Voraussetzungen einer Betriebsunterbrechung oder -verpachtung im Ganzen entfallen, hat der Steuerpflichtige eine Aufgabeerklärung zum Aufgabezeitpunkt abzugeben oder dem Finanzamt die Tatsachen mitzuteilen, aus denen sich das Vorliegen einer Betriebsaufgabe i. S. v. § 16 Abs. 3 Satz 1 EStG ergibt. Anderenfalls gilt der Betrieb nach § 16 Abs. 3b EStG solange als nicht aufgegeben, bis der Steuerpflichtige die Betriebsaufgabe gegenüber dem zuständigen Finanzamt erklärt oder dem zuständigen Finanzamt die Tatsachen bekannt werden, dass zwischenzeitlich eine Betriebsaufgabe stattgefunden hat.

Die Aufgabe ist rückwirkend für den vom Steuerpflichtigen gewählten Zeitpunkt anzuerkennen, wenn die Aufgabeerklärung spätestens drei Monate nach diesem Zeitpunkt beim zuständigen Finanzamt abgegeben wird. Dies gilt auch dann, wenn der vom Steuerpflichtigen gewählte und innerhalb der Drei-Monatsfrist liegende Aufgabezeitpunkt in einem zurückliegenden Kalenderjahr liegt. Zur Berechnung der Drei-Monatsfrist gelten die Vorschriften der §§ 187, 188 BGB. Wird die Aufgabeerklärung nicht spätestens drei Monate nach dem vom Steuerpflichtigen gewählten Zeitpunkt abgegeben, gilt der Betrieb oder Mitunternehmeranteil erst in dem Zeitpunkt als aufgegeben, in dem die Aufgabeerklärung beim Finanzamt (Eingangsstempel) eingeht. Der vom Steuerpflichtigen i. S. v. § 16 Abs. 3b Satz 2 EStG rückwirkend bis zu drei Monate gewählte Zeitpunkt ist nicht anzuerkennen, wenn der Betrieb zu diesem Zeitpunkt die aktive werbende Tätigkeit noch nicht beendet hat. In diesem Fall kann frühestens mit Einstellung der aktiven Tätigkeit die Betriebsaufgabe angenommen werden, sofern die aktive Tätigkeit vor der Abgabe der Aufgabeerklärung beendet wurde.

Dem Steuerpflichtigen obliegt die Darlegungslast dafür, ob und wann die Aufgabe gegenüber dem Finanzamt erklärt wurde.

Bei Mitunternehmerschaften ist der Aufgabezeitpunkt von allen Mitunternehmern einvernehmlich zu bestimmen.

### 2. Betriebsaufgabeerklärung durch den/die Rechtsnachfolger

#### a) Erbfall

Wird die Aufgabe im Erbfall durch den oder die Rechtsnachfolger erklärt, ist innerhalb des Drei-Monatszeitraums eine Betriebsaufgabe auch für einen Zeitpunkt vor Eintritt des Erbfalls zulässig, frühestens jedoch mit der Einstellung der aktiven Tätigkeit durch den Erblasser. Bei mehreren Rechtsnachfolgern ist die rückwirkende Betriebsaufgabeerklärung einvernehmlich vorzunehmen. Der Aufgabegewinn ist dem Erblasser zuzurechnen. Wenn die übrigen Voraussetzungen erfüllt sind, kommt für den Erblasser der Freibetrag nach § 16 Abs. 4 EStG und eine Tarifbegünstigung nach § 34 Abs. 1 oder 3 EStG in Betracht.

#### b) Vorweggenommene Erbfolge

Im Fall der vorweggenommenen Erbfolge ist eine Betriebsaufgabeerklärung durch den oder die Rechtsnachfolger frühestens für den Zeitpunkt des Übergangs des Betriebs auf den oder die Rechtsnachfolger möglich.

Der Rechtsvorgänger kann die Betriebsaufgabe innerhalb des Drei-Monatszeitraums nur bis zum Tag der Betriebsübergabe erklären. Der Aufgabegewinn ist in diesem Fall dem oder den Rechtsvorgänger/Rechtsvorgängern zuzurechnen.

**3. Bekanntwerden von Tatsachen, dass eine Betriebsaufgabe stattgefunden hat**

Wenn eine Betriebsaufgabeerklärung des Steuerpflichtigen nicht vorliegt, dem Finanzamt aber Tatsachen bekannt werden, dass eine Betriebsaufgabe stattgefunden hat (z. B. aufgrund der Veräußerung einer oder mehrerer wesentlicher Betriebsgrundlagen), sind die steuerrechtlichen Folgerungen (insbesondere die Aufdeckung der stillen Reserven) wie folgt zu ziehen:

Der Aufgabegewinn ist in dem Veranlagungszeitraum zu erfassen, in dem das Finanzamt Kenntnis von der Betriebsaufgabe erlangt, wenn die Betriebsaufgabe beim Rechtsvorgänger des Steuerpflichtigen oder in einem Veranlagungszeitraum stattgefunden hat, für den Festsetzungs- oder Feststellungsverjährung eingetreten ist. Dabei sind die im Zeitpunkt der Kenntniserlangung des Finanzamtes noch vorhandenen Wirtschaftsgüter mit dem gemeinen Wert zu diesem Zeitpunkt anzusetzen.

Werden Wirtschaftsgüter in vorherigen Wirtschaftsjahren veräußert oder unentgeltlich übertragen, sind die Gewinne hieraus im Jahr der Veräußerung oder der unentgeltlichen Übertragung zu erfassen. Die Vorschriften der Abgabenordnung über die Änderung von Steuerfestsetzungen sind zu beachten.

Für die Frage, ob dem Finanzamt die maßgeblichen Tatsachen, aus denen sich eine Betriebsaufgabe ergibt, bekannt geworden sind, kommt es auf den Kenntnisstand der Personen an, die innerhalb des Finanzamts dazu berufen sind, den betreffenden Steuerfall zu bearbeiten. Keine Kenntnis i. S. d. § 16 Abs. 3b Satz 1 Nr. 2 EStG liegt vor, wenn eine andere Stelle des Finanzamts von den maßgeblichen Tatsachen Kenntnis erlangt hat.

## V. Anwendungsregelung

Das BMF-Schreiben ist in allen offenen Fällen für Betriebsaufgaben nach dem 4. November 2011 anzuwenden. Für frühere Betriebsaufgaben gelten R 16 Abs. 5 EStR 2008 und H 16 (5) EStH 2011 unverändert fort.

Soweit für Betriebe der Land- und Forstwirtschaft bisher Übergangsregelungen (z. B. aus der Einführung der Bodengewinnbesteuerung oder hinsichtlich der Nutzungsüberlassung von Betrieben der Land- und Forstwirtschaft im Beitrittsgebiet vor dem 1. Juli 1990) Anwendung finden, bleiben diese von der gesetzlichen Neuregelung und diesem Schreiben unberührt.

# 1 § 17/1. Schreiben betr. ertragsteuerrechtliche Behandlung von Gesellschafterdarlehen (§ 17 Abs. 2a EStG), Bürgschaftsregress- und vergleichbaren Forderungen

Vom 7. Juni 2022

BMF IV C 6-S 2244/20/10001 :001; DOK 2022/0474692

(BStBl. I S. 897)

Im Rahmen des Gesetzes zur weiteren steuerlichen Förderung der Elektromobilität und zur Änderung weiterer steuerlicher Vorschriften vom 12. Dezember 2019 (BGBl. I S. 2451) wurde § 17 Abs. 2a EStG neu eingeführt, in dem in den Sätzen 1 bis 4 nunmehr normspezifisch die Anschaffungskosten einschließlich der nachträglichen Anschaffungskosten von Anteilen i.S.v. § 17 EStG definiert werden.

Unter Bezugnahme auf das Ergebnis der Erörterungen mit den obersten Finanzbehörden der Länder gilt zur Anwendung von § 17 Abs. 2a EStG Folgendes:

## I. Nachträgliche Anschaffungskosten

Zu den nachträglichen Anschaffungskosten gehören insbesondere: 1

1. offene oder verdeckte Einlagen,
2. Darlehensverluste, soweit die Gewährung des Darlehens oder das Stehenlassen des Darlehens in der Krise der Gesellschaft gesellschaftsrechtlich veranlasst war, und
3. Ausfälle von Bürgschaftsregressforderungen und vergleichbaren Forderungen, soweit die Hingabe oder das Stehenlassen der betreffenden Sicherheit gesellschaftsrechtlich veranlasst war.

Die rein gesellschaftsintern wirkende Umgliederung einer freien Gewinnrücklage in eine zweckgebundene Rücklage führt nicht zu nachträglichen Anschaffungskosten auf den Geschäftsanteil des veräußernden Gesellschafters (BFH-Urteil vom 6. Dezember 2017 IX R 7/17, BStBl. 2019 II S. 213). 2

### 1. Offene oder verdeckte Einlagen (§ 17 Abs. 2a Satz 3 Nr. 1 EStG)

Ob eine offene oder eine verdeckte Einlage vorliegt, richtet sich nach handels-, bilanzsteuer- und körperschaftsteuerrechtlichen Grundsätzen. 3

Zu den offenen Einlagen zählen insbesondere Nachschüsse (§§ 26 ff GmbHG), Barzuschüsse und sonstige Zuzahlungen (§ 272 Abs. 2 Nr. 4 HGB) wie Einzahlungen in die Kapitalrücklage. Auch Einlagen, die in zeitlicher Nähe zur Veräußerung der Beteiligung geleistet werden (sog. Einlagen in letzter Minute), sind als offene Einlage i.S.v. § 17 Abs. 2a EStG zu berücksichtigen (vgl. BFH-Urteil vom 20. Juli 2018 IX R 5/15, BStBl. 2019 II S. 194). 4

Zu den verdeckten Einlagen (vgl. R 8.9 Abs. 1 KStR) gehört insbesondere der Verzicht auf ein Gesellschafterdarlehen in Höhe des werthaltigen Teils. Dies gilt unabhängig davon, ob es sich im Zeitpunkt des Verzichtes um ein fremdübliches oder um ein gesellschaftsrechtlich veranlasstes Darlehen handelt. Der Verzicht auf den nicht werthaltigen Teil des Gesellschafterdarlehens ist ggf. 5

unter den Voraussetzungen des § 20 Abs. 2 Satz 1 Nr. 7 i.V.m. Satz 2 EStG zu berücksichtigen (vgl. Rdnr. 18).

6 Eine verdeckte Einlage kann auch vorliegen, wenn die vom Gesellschafter gewährte Fremdkapitalhilfe aufgrund der vertraglichen Abreden mit der Zuführung einer Einlage in das Gesellschaftsvermögen wirtschaftlich vergleichbar ist. Dies kann der Fall sein bei einem Gesellschafterdarlehen, dessen Rückzahlung auf Grundlage der von den Beteiligten getroffenen Vereinbarungen, wie beispielsweise der Vereinbarung eines Rangrücktritts i.S.d. § 5 Abs. 2a EStG, im Wesentlichen denselben Voraussetzungen unterliegt wie die Rückzahlung von Eigenkapital, wenn und soweit der die Ausbuchung auslösende Rangrücktritt nicht betrieblich, sondern durch das Gesellschaftsverhältnis veranlasst war und die entsprechenden Forderungen des Gläubigers noch werthaltig waren (BFH-Urteil vom 15. April 2015 I R 44/14, BStBl. II S. 769).

### 2. Darlehensverluste (§ 17 Abs. 2a Satz 3 Nr. 2 EStG)

7 Verluste aus Gesellschafterdarlehen sind nur dann zu berücksichtigen, wenn die Gewährung oder das Stehenlassen des Darlehens gesellschaftsrechtlich – also durch das Gesellschaftsverhältnis – veranlasst war. Das gilt auch für Verluste von Darlehen, die unter das Kleinanlegerprivileg (§ 39 Abs. 1 Satz 1 Nr. 5 i.V.m. Abs. 5 InsO) fallen und von Darlehen, die nach § 39 Abs. 1 Nr. 5 i.V.m. Abs. 4 InsO nicht dem Nachranggebot unterliegen (sog. Sanierungsprivileg).

### 3. Gesellschaftsrechtliche Veranlassung (§ 17 Abs. 2a Satz 4 EStG)

8 Eine gesellschaftsrechtliche Veranlassung der Darlehensgewährung ist danach zu beurteilen, ob die Gesellschaft unter den bestehenden Verhältnissen von einem Dritten noch ein Darlehen zu marktüblichen Bedingungen erhalten hätte. Allein die Vereinbarung eines Gesellschafterdarlehens zu nicht marktüblichen Bedingungen (z.B. zinsloses Darlehen) führt daher noch nicht zur Annahme einer gesellschaftsrechtlichen Veranlassung i.S.v. § 17 Abs. 2a Satz 4 EStG.

9 Ein Darlehen ist dann gesellschaftsrechtlich veranlasst, wenn im Zeitpunkt seiner Gewährung (Krisendarlehen, vgl. Rdnr. 11) oder Weitergewährung (sog. stehengelassenes Darlehen, vgl. Rdnrn. 16 bis 18) die Rückzahlung des Darlehens angesichts der finanziellen Situation der Gesellschaft in dem Maße gefährdet ist, dass ein ordentlicher Kaufmann das Risiko einer Darlehensgewährung zu denselben Bedingungen wie der Gesellschafter nicht mehr eingegangen wäre (sog. Krise). Bei sog. krisenbestimmten Darlehen (vgl. Rdnrn. 12, 13) und Finanzplandarlehen (vgl. Rdnrn. 14, 15) ist unabhängig von einer tatsächlichen Krise stets von einer gesellschaftsrechtlichen Veranlassung auszugehen.

10 Liegt keine gesellschaftsrechtliche Veranlassung vor, ist eine steuerliche Berücksichtigung des Darlehensverlustes nur im Rahmen der Einkünfte aus Kapitalvermögen unter den dortigen Voraussetzungen möglich. Rdnrn. 5 und 6 bleiben unberührt.

### 4. Höhe der nachträglichen Anschaffungskosten

Im Einzelnen sind folgende Fallgruppen zu unterscheiden:

#### a) Hingabe des Darlehens in der Krise (Krisendarlehen)

11 Im Falle der Hingabe des Darlehens in der Krise ist bei Verlust der Nennwert des Darlehens als nachträgliche Anschaffungskosten zu berücksichtigen (§ 17 Abs. 2a Satz 3 Nr. 2 EStG). Entsprechendes gilt bei Darlehensverzicht (§ 17 Abs. 2a Satz 3 Nr. 1 und 2 EStG). Eine Berücksichtigung des Verlustes eines

solchen Darlehens im Rahmen der Einkünfte aus Kapitalvermögen ist aufgrund der Subsidiarität des § 20 EStG zu § 17 EStG nicht möglich (vgl. § 20 Abs. 8 EStG).

**b) Krisenbestimmtes Darlehen**

Ein krisenbestimmte Darlehen ist ein Darlehen, bei dem der Gesellschafter schon vor dem Eintritt der Krise mit bindender Wirkung gegenüber der Gesellschaft oder den Gesellschaftsgläubigern erklärt, dass er das Darlehen auch im Falle einer Krise stehen lassen werde. 12

Im Falle eines krisenbestimmten Darlehens gilt Rdnr. 11 entsprechend. 13

**c) Finanzplandarlehen**

Ein Finanzplandarlehen ist ein Darlehen, das von vornherein in die Finanzplanung der Gesellschaft in der Weise einbezogen wird, dass die zur Aufnahme der Geschäfte erforderliche Kapitalausstattung der Gesellschaft krisenunabhängig durch eine Kombination von Eigen- und Fremdfinanzierung erreicht werden soll. Ein solches von den Gesellschaftern gewährten „finanzplanmäßigen" Darlehen zur Finanzierung des Unternehmenszwecks ist den Einlagen gleichgestellt. 14

Der Verlust eines Finanzplandarlehens ist in Höhe seines Nennwerts als nachträgliche Anschaffungskosten zu berücksichtigen (§ 17 Abs. 2a Satz 3 Nr. 2 EStG). Eine Berücksichtigung des Verlustes eine solchen Darlehens im Rahmen der Einkünfte aus Kapitalvermögen ist aufgrund der Subsidiarität des § 20 EStG zu § 17 EStG nicht möglich (vgl. § 20 Abs. 8 EStG). 15

**d) Stehen gelassenes Darlehen**

Was im Fall der Hingabe des Darlehens in der Krise der Gesellschaft gilt, gilt grundsätzlich auch bei einem der Gesellschaft vor der Krise gewährten fremdüblichen Darlehen, wenn der Gesellschafter das Darlehen stehen lässt, obwohl er es hätte abziehen können und es angesichts der veränderten finanziellen Situation der Gesellschaft absehbar war, dass die Rückzahlung gefährdet sein wird (sog. stehen gelassenes Darlehen). 16

Im Falle eines stehen gelassenen Darlehens führt bei Verlust nur der im Zeitpunkt des Eintritts der Krise werthaltige Teil des stehen gelassenen Darlehens zu nachträglichen Anschaffungskosten (§ 17 Abs. 2a Satz 3 Nr. 2 EStG). Der Verlust des im Zeitpunkt des Eintritts der Krise nicht mehr werthaltigen Teils des stehen gelassenen Darlehens ist nur im Rahmen der Einkünfte aus Kapitalvermögen unter den dortigen Voraussetzungen zu berücksichtigen. 17

**Beispiel 1:**

A hält einen Geschäftsanteil in Höhe von 100 % des Stammkapitals an der A-GmbH. Im Jahr 01 gewährte A der A-GmbH ein fremdüblich vereinbartes Darlehen in Höhe 100 000 Euro. Im Jahr 04 gerät die A-GmbH in die Krise. A lässt das Darlehen stehen. Das Darlehen ist bei Kriseneintritt nur noch zu 50 % (50 000 Euro) werthaltig. Im Jahr 05 wird die A-GmbH insolvenzfrei liquidiert. Eine Rückzahlung des Darlehens erfolgt nicht.

Mit dem Stehenlassen des Darlehens in der Krise wird das Darlehen gesellschaftsrechtlich veranlasst. Der zum Eintritt der Krise (Stehenlassen des Darlehens) nicht mehr werthaltige Teil der Forderung (50 000 Euro) kann im Verlustzeitpunkt (Veranlagungszeitraum 05) bei den Einkünften aus Kapitalvermögen unter den dortigen Voraussetzungen berücksichtigt werden. Der zum Zeitpunkt des Eintritts der Krise noch werthaltige Teil der Forderung (50 000 Euro) ist im Veranlagungszeitraum der Liquidation (Veranlagungszeitraum 05) als Darlehensverlust als nachträgliche Anschaffungskosten nach § 17 Abs. 2a Satz 3 Nr. 2 EStG berücksichtigungsfähig.

Im Falle des Verzichtes führt nur der im Zeitpunkt des Eintritts der Krise werthaltige Teil des stehen gelassenen Darlehens zu nachträglichen Anschaf- 18 fungskosten. Dabei stellt der im Zeitpunkt des Verzichtes noch werthaltige Teil eine verdeckte Einlage nach § 17 Abs. 2a Satz 3 Nr. 1 EStG und der nicht mehr werthaltige Teil einen Darlehensverlust i.S.v. § 17 Abs. 2a Satz 3 Nr. 2 EStG dar. Der Verzicht auf den bereits im Zeitpunkt des Eintritts der Krise nicht mehr werthaltigen Teil des stehen gelassenen Darlehens ist nur im Rahmen der Einkünfte aus Kapitalvermögen unter den dortigen Voraussetzungen zu berücksichtigen.

**Beispiel 2:**

A hält einen Geschäftsanteil in Höhe von 100 % des Stammkapitals an der A-GmbH. Im Jahr 01 gewährte A der A-GmbH ein fremdüblich vereinbartes Darlehen in Höhe von 100 000 Euro. Im Jahr 04 gerät die A-GmbH in die Krise. A lässt das Darlehen stehen. Das Darlehen ist bei Kriseneintritt nur noch zu 50 % (50 000 Euro) werthaltig. Im Jahr 05 verzichtet A auf die Darlehensforderung. Zu diesem Zeitpunkt ist die Darlehensforderung nur noch zu 20 % (20 000 Euro) werthaltig. Im Jahr 07 veräußert A seinen Geschäftsanteil.

Mit dem Stehenlassen des Darlehens in der Krise wird das Darlehen gesellschaftsrechtlich veranlasst. Der zum Eintritt der Krise (Stehenlassen des Darlehens) nicht werthaltige Teil der Forderung (50 000 Euro) kann im Verzichtszeitpunkt (Veranlagungszeitraum 05) bei den Einkünften aus Kapitalvermögen unter den dortigen Voraussetzungen berücksichtigt werden. Der im Zeitpunkt des Verzichtes noch werthaltige Teil (20 000 Euro) ist im Zeitpunkt der Veräußerung (Veranlagungszeitraum 07) nach § 17 Abs. 2a Satz 3 Nr. 1 EStG als verdeckte Einlage und damit als nachträgliche Anschaffungskosten zu berücksichtigen. Der zum Verzichtszeitpunkt nicht mehr werthaltige Teil der Forderung (30 000 Euro) ist im Veranlagungszeitraum 07 als Darlehensverlust als nachträgliche Anschaffungskosten nach § 17 Abs. 2a Satz 3 Nr. 2 EStG zu berücksichtigen.

#### e) Veräußerung eines gesellschaftsrechtlich veranlassten Darlehens

19 Ein Verlust aus der Veräußerung eines gesellschaftsrechtlich veranlassten Darlehens an die Gesellschaft oder einen Dritten führt nicht zu nachträglichen Anschaffungskosten i.S.v. § 17 Abs. 2a EStG, soweit keine verdeckte Einlage vorliegt. Eine Berücksichtigung des Verlustes ist nur im Rahmen der Einkünfte aus Kapitalvermögen unter den dort genannten Voraussetzungen möglich.

## II. Bürgschaftsregressforderung und vergleichbare Forderung

20 Die Ausführungen unter I. gelten sinngemäß für Bürgschaftsregress- und vergleichbare Forderungen.

## III. Berücksichtigung von Verlusten aus Gesellschafterdarlehen bei den Einkünften aus Kapitalvermögen

21 Eine Berücksichtigung von Darlehensverlusten bei den Einkünften aus Kapitalvermögen ist nur möglich, soweit der Darlehensverlust nach den vorstehenden Ausführungen nicht nach § 17 EStG zu berücksichtigen ist (§ 20 Abs. 8 EStG).

### 1. Einkunftserzielungsabsicht

22 Der Ausfall einer Darlehensforderung kann einkommensteuerrechtlich nur als Verlust berücksichtigt werden, wenn das Darlehen in der Absicht gewährt wurde, positive Einkünfte zu erzielen. Bei den Einkünften aus Kapitalvermögen ist infolge des beschränkten und pauschalierten Werbungskostenabzugsverbots regelmäßig von einer (widerlegbaren) Einkunftserzielungsabsicht auszugehen (BFH-Urteil vom 14. März 2017 VIII R 38/15, BStBl. II S. 1040). Allein die Unverzinslichkeit einer Darlehensforderung eines Gesellschafters führt nicht dazu, dass keine Einkunftserzielungsabsicht vorliegt, da sich die Einkunftserzielungsabsicht hier auch aus anderen Vorteilen (z.B. Wertsteigerung des Anteils an der Gesellschaft, Erzielung Geschäftsführergehalt) ergeben kann. Von einer fehlenden Einkunftserzielungsabsicht ist nur dann auszugehen,

wenn die Erzielung von positiven Einkünften im Zusammenhang mit der Darlehensgewährung insgesamt unmöglich ist.

Lag im Zeitpunkt der Darlehensgewährung eine Einkunftserzielungsabsicht vor, dann ist im Zeitpunkt des Kriseneintritts keine erneute Prüfung der Einkunftserzielungsabsicht vorzunehmen. Dies gilt insbesondere für den bei Eintritt der Krise wertlosen Teil eines ursprünglich fremdüblich gewährten Darlehens, das bei Eintritt der Krise stehen gelassen wird. **23**

### 2. Eintritt der Uneinbringlichkeit einer Darlehensforderung

#### a) Ausfall der Darlehensforderung

Nach § 20 Abs. 2 Satz 1 Nr. 7 und Satz 2 sowie Abs. 4 EStG führt der endgültige Ausfall einer Darlehensforderung i.S.d. § 20 Abs. 1 Nr. 7 EStG zu einem steuerlich zu berücksichtigenden Verlust. Steuerliche Auswirkungen hat der Darlehensausfall jedoch nur, wenn die steuerpflichtige Person für den nicht werthaltigen Teil der Forderung Anschaffungskosten getragen hat (BFH-Urteil vom 6. August 2019 VIII R 18/16, BStBl. 2020 II S. 833). Von einem endgültigen Forderungsausfall ist auszugehen, wenn feststeht, dass keine Rückzahlung mehr stattfinden wird. Die Eröffnung eines Insolvenzverfahrens über das Vermögen des Schuldners reicht hierfür in der Regel nicht aus. Etwas anderes gilt, wenn die Eröffnung des Insolvenzverfahrens mangels Masse abgelehnt worden ist oder aus anderen Gründen feststeht, dass keine Rückzahlung mehr stattfinden wird (BFH-Urteil vom 24. Oktober 2017 VIII R 13/15, BStBl. 2020 II S. 831). Der Verlust wird in dem Veranlagungszeitraum realisiert, in dem seine Höhe endgültig feststeht (vgl. Rdnr. 60 des BMF-Schreibens vom 19. Mai 2022, BStBl. I S. 742)[1]. Von einem endgültigen Ausfall einer privaten Kapitalforderung i.S.d. § 20 Abs. 1 Nr. 7 EStG ist jedenfalls dann auszugehen, wenn über das Vermögen des Schuldners das Insolvenzverfahren eröffnet wurde und der Insolvenzverwalter gegenüber dem Insolvenzgericht die Masseunzulänglichkeit gemäß § 208 Abs. 1 Satz 1 InsO angezeigt hat (BFH-Urteil vom 1. Juli 2021 VIII R 28/18, BStBl. II S. 911). **24**

#### b) Verzicht auf die Darlehensforderung

Der Verzicht auf eine nicht werthaltige Darlehensforderung steht einem Forderungsausfall gleich und führt nach § 20 Abs. 2 Satz 1 Nr. 7 und Satz 2 sowie Abs. 4 EStG zu einem steuerlich anzuerkennenden Veräußerungsverlust (BFH-Urteil vom 6. August 2019 VIII R 18/16, BStBl. 2020 II S. 833). Steuerliche Auswirkungen hat der Darlehensverzicht jedoch nur, wenn die steuerpflichtige Person für den nicht werthaltigen Teil der Forderung Anschaffungskosten getragen hat (BFH-Urteil vom 6. August 2019 VIII R 18/16, a.a.O.). Der Anerkennung des Verlusts steht die Freiwilligkeit des Verzichts nicht entgegen. Bei einem teilweisen Verzicht ist nur der Teil der nicht werthaltigen Kapitalforderung, auf den verzichtet wurde, als Verlust steuerlich zu berücksichtigen. Der Verlust ist im Fall eines Verzichts in dem Veranlagungszeitraum zu berücksichtigen, in dem der Verzicht erklärt wurde (vgl. Rdnr. 61 des BMF-Schreibens vom 19. Mai 2022, BStBl. I S. 742)[1]. **25**

---

[1] Nr. **1** § 43/1.

### c) Begrenzung der Verlustverrechnung bei den Einkünften aus Kapitalvermögen nach § 20 Abs. 6 EStG i.V.m. § 32d Abs. 2 Nr. 1 Satz 1 Buchst. b und Satz 2 EStG

#### aa) Darlehensgewährung vor dem 1. Januar 2009

**26** Verluste aus dem Ausfall oder Verzicht von Darlehen, deren rechtliche Grundlage vor dem 1. Januar 2009 (also vor Einführung der Abgeltungsteuer) begründet wurde (Darlehensgewährung oder Erwerb der Darlehensforderung), können nicht bei den Einkünften aus Kapitalvermögen berücksichtigt werden.

#### bb) Darlehensgewährung nach dem 31. Dezember 2008

**27** Bei Verlusten aus Darlehen, deren rechtliche Grundlage nach dem 31. Dezember 2008, aber vor dem 1. Januar 2021 begründet wurde, ist zu unterscheiden, ob der Anteilseigner zu mindestens 10 % an der Gesellschaft beteiligt oder eine einem solchen Anteilseigner nahe stehende Person (vgl. Rdnr. 136 des BMF-Schreibens vom 19. Mai 2022, BStBl. I S. 742)[1)] ist oder ob die Beteiligung des Anteilseigners unterhalb dieser Schwelle liegt.

##### aaa) Beteiligung unter 10 %

**28** Bis einschließlich Veranlagungszeitraum 2019 sind Darlehensverluste uneingeschränkt mit übrigen Kapitaleinkünften verrechenbar (§ 20 Abs. 6 Satz 1 bis 3 EStG).

**29** Darlehensverluste ab Veranlagungszeitraum 2020 sind nur nach Maßgabe des § 20 Abs. 6 Satz 6 EStG mit den übrigen Einkünften aus Kapitalvermögen verrechenbar (vgl. Rdnr. 118 des BMF-Schreibens vom 19. Mai 2022, BStBl. I S. 742)[1)].

##### bbb) Beteiligung des Anteilseigners mindestens 10 % oder Darlehensvergabe durch eine einem solchen Anteilseigner nahe stehende Person bei Darlehensgewährung vor dem 1. Januar 2021

**30** In diesen Fällen sind die Verluste aus einem Darlehen bis einschließlich Veranlagungszeitraum 2023 uneingeschränkt mit anderen positiven Einkünften verrechenbar (§ 32d Abs. 2 Nr. 1 Satz 1 Buchst. b und Satz 2 i.V.m. § 52 Abs. 33b EStG). Ab dem Veranlagungszeitraum 2024 ist § 32d Abs. 2 Nr. 1 Satz 1 Buchst. b und Satz 2 EStG auf Verluste aus einem Darlehen nicht mehr anzuwenden mit der Folge, dass die Verlustverrechnungsbeschränkung des § 20 Abs. 6 Satz 6 EStG greift (vgl. Rdnr. 118 des BMF-Schreibens vom 19. Mai 2022, BStBl. I S. 742)[1)].

##### ccc) Beteiligung des Anteilseigners mindestens 10 % oder Darlehensvergabe durch eine einem solchen Anteilseigner nahe stehende Person bei Darlehensgewährung nach dem 31. Dezember 2020

**31** In diesen Fällen ist § 32d Abs. 2 Nr. 1 Satz 1 Buchst. b und Satz 2 EStG auf Verluste eines Darlehens nicht mehr anzuwenden mit der Folge, dass die Verlustverrechnungsbeschränkung des § 20 Abs. 6 Satz 6 EStG greift (vgl. Rdnr. 118 des BMF-Schreibens vom 19. Mai 2022, BStBl. I S. 742)[1)].

---

[1)] Nr. **1** § 43/1.

## IV. Anwendungsregelung (Abschn. I und II)

### 1. Veräußerung i.S.d. § 17 EStG ab 1. August 2019

Abschn. I und II dieses Schreibens sind in allen offenen Fällen anzuwenden, wenn die Veräußerung (§ 17 Abs. 1 EStG) oder der einem der Veräußerung gleich gestellte Vorgang i.S.v. § 17 Abs. 4 und 5 EStG nach dem 31. Juli 2019 stattgefunden hat (§ 52 Abs. 25a Satz 1 EStG). Der Zeitpunkt der Darlehensgewährung oder des Darlehenserwerbs ist unmaßgeblich. Es kommt ausschließlich auf den Zeitpunkt des Übergangs des zivilrechtlichen/wirtschaftlichen Eigentums an den Anteilen an der Kapitalgesellschaft an. Soweit in Veranlagungszeiträumen vor 2019 der Verlust von gesellschaftsrechtlich veranlassten Darlehen im Rahmen der Einkünfte aus Kapitalvermögen berücksichtigt wurde, ist dies nicht zu beanstanden. Eine Berücksichtigung des Darlehensverlustes in einem späteren Veranlagungszeitraum im Rahmen der nachträglichen Anschaffungskosten bei § 17 EStG ist in diesen Fällen nicht möglich. 32

### 2. Veräußerung i.S.d. § 17 EStG bis 31. Juli 2019

Abschn. I und II dieses Schreibens sind in allen offenen Fällen anzuwenden, wenn die Veräußerung (§ 17 Abs. 1 EStG) oder der einem der Veräußerung gleich gestellte Vorgang i.S.v. § 17 Abs. 4 und 5 EStG bis 31. Juli 2019 stattgefunden hat und die steuerpflichtige Person die Anwendung von § 17 Abs. 2a EStG beantragt (§ 52 Abs. 25a Satz 2 EStG). Der Zeitpunkt der Darlehensgewährung oder des Darlehenserwerbs ist unmaßgeblich. Es kommt ausschließlich auf den Zeitpunkt des Übergangs des zivilrechtlichen/wirtschaftlichen Eigentums an den Anteilen an der Kapitalgesellschaft an. 33

Wird ein Antrag nach § 52 Abs. 25a Satz 2 EStG gestellt, sind Verluste aus Kapitalvermögen aufgrund eines Verlustes eines gesellschaftsrechtlich veranlassten Darlehens in Veranlagungszeiträumen vor der Veräußerung der Anteile an der Kapitalgesellschaft nicht zu berücksichtigen. Liegen für diese Veranlagungszeiträume bereits Steuerbescheide vor, sind diese nach § 174 Abs. 2 AO zu ändern, soweit diese Verluste im Rahmen der Einkünfte aus Kapitalvermögen berücksichtigt wurden. 34

Wird kein Antrag nach § 52 Abs. 25a Satz 2 EStG gestellt, sind die BMF-Schreiben vom 21. Oktober 2010 (BStBl. I S. 832) und vom 5. April 2019 (BStBl. I S. 257) weiter anzuwenden. 35

# I § 17/2. Schreiben betr. rückwirkende Absenkung der Beteiligungsgrenze in § 17 Absatz 1 Satz 4 EStG; Auswirkungen des Beschlusses des Bundesverfassungsgerichts vom 7. Juli 2010 – 2 BvR 748/05, 2 BvR 753/05 und 2 BvR 1738/05 – (BStBl. 2011 II S. 86)

Vom 20. Dezember 2010 (BStBl. 2011 I S. 16)
(BMF IV C 6 – S 2244/10/10001; DOK 2010/1006836)
Geändert durch BMF v. 16. 12. 2015 (BStBl. 2016 I S. 10)

Das Bundesverfassungsgericht (BVerfG) hat mit Beschluss vom 7. Juli 2010 2 BvR 748/05, 2 BvR 753/05, 2 BvR 1738/05 (BStBl. 2011 II S. 86) entschieden, dass § 17 Absatz 1 Satz 4 EStG i. V. m. § 52 Absatz 1 Satz 1 EStG i. d. F. des Steuerentlastungsgesetzes 1999/2000/2002 (StEntlG 1999/2000/2002) vom 24. März 1999 (BGBl. I S. 402) gegen die verfassungsrechtlichen Grundsätze des Vertrauensschutzes verstößt und nichtig ist, soweit in einem Veräußerungsgewinn Wertsteigerungen steuerlich erfasst werden, die bis zur Verkündung des StEntlG 1999/2000/2002 am 31. März 1999 entstanden sind und die entweder – bei einer Veräußerung bis zu diesem Zeitpunkt – nach der zuvor geltenden Rechtslage steuerfrei realisiert worden sind oder – bei einer Veräußerung nach Verkündung des Gesetzes – sowohl zum Zeitpunkt der Verkündung als auch zum Zeitpunkt der Veräußerung nach der zuvor geltenden Rechtslage steuerfrei hätten realisiert werden können. Das BVerfG begründet seine Entscheidung damit, dass insoweit bereits eine konkrete Vermögensposition entstanden sei, die durch die rückwirkende Absenkung der Beteiligungsgrenze nachträglich entwertet werde. Das führe zu einer unzulässigen Ungleichbehandlung im Vergleich zu Anteilseignern, die ihre Anteile noch bis Ende 1998 verkauft hatten, da diese den Gewinn noch steuerfrei vereinnahmen konnten. Dies sei unter dem Gesichtspunkt der Lastengleichheit nicht zulässig.

Soweit sich der steuerliche Zugriff auf die erst nach der Verkündung der Neuregelung eintretenden Wertsteigerungen beschränke, begegne dies unter Gesichtspunkten des Vertrauensschutzes jedoch keinen verfassungsrechtlichen Bedenken, auch wenn sie bislang steuerfrei gewesen wären. Zwar könne der Erwerb einer Beteiligung in einer bestimmten Höhe maßgeblich von der Erwartung bestimmt sein, etwaige Wertsteigerungen steuerfrei realisieren zu können. Die bloße Möglichkeit, Gewinne später steuerfrei vereinnahmen zu können, begründe aber keine vertrauensrechtlich geschützte Position, weil damit im Zeitpunkt des Erwerbs nicht sicher gerechnet werden könne.

Im Einvernehmen mit den obersten Finanzbehörden der Länder gelten für die Anwendung des Beschlusses des Bundesverfassungsgerichts vom 7. Juli 2010 (BStBl. 2011 II S. 86) die folgenden Grundsätze:

### A. Beteiligung i. H. v. mehr als 25 %

War der Veräußerer in den letzten fünf Jahren vor der Veräußerung am Kapital der Gesellschaft unmittelbar oder mittelbar zu mehr als 25 % beteiligt, hat der o. g. BVerfG-Beschluss keine Auswirkungen auf die steuerrechtliche Beurteilung der Veräußerung, da die Veräußerungen nach altem wie nach neuem Recht steuerbar sind.

### B. Beteiligung i. H. v. weniger als 10 % vor Geltung des Steuersenkungsgesetzes (StSenkG) vom 23. Oktober 2000 (BStBl. I S. 1433; BStBl. I S. 1428)

Auf Veräußerungen vor Geltung des StSenkG hat der o. g. BVerfG-Beschluss keine Auswirkungen auf die steuerrechtliche Beurteilung der Veräußerung, wenn der Veräußerer in den letzten fünf Jahren vor der Veräußerung am Kapital der Gesellschaft unmittelbar oder mittelbar durchgehend zu weniger als 10 % beteiligt war, da die Veräußerungen nach altem (mehr als 25 %) wie nach neuem (mindestens 10 %) Recht nicht steuerbar sind.

### C. Beteiligung i. H. v. mind. 10 %, aber höchstens 25 %

War der Veräußerer in den letzten fünf Jahren vor der Veräußerung am Kapital der Gesellschaft unmittelbar oder mittelbar zu höchstens 25 %, jedoch zu mindestens 10 % beteiligt[1], gilt für die Besteuerung der Gewinne und Verluste aus der Veräußerung der Anteile Folgendes:

**I. Veräußerung bis 31. März 1999**

Der Gewinn aus der Veräußerung der Anteile ist nicht steuerbar.

**II. Veräußerung ab dem 1. April 1999**

**1. Veräußerungsgewinne**

Der Gewinn aus der Veräußerung der Anteile ist nur insoweit nicht steuerbar, als er auf den Wertzuwachs bis zum 31. März 1999 entfällt. Zur Ermittlung des Veräußerungsgewinns tritt abweichend von § 17 Absatz 2 EStG der gemeine Wert der veräußerten Anteile zum 31. März 1999 an die Stelle der ursprünglichen Anschaffungskosten. Soweit es sich um börsennotierte Anteile an Kapitalgesellschaften handelt, ist dies der Börsenkurs vom 31. März 1999. Liegt für den 31. März 1999 keine Notierung vor, ist der letzte innerhalb von 30 Tagen im regulierten Markt notierte Kurs anzusetzen. Soweit es sich nicht um börsennotierte Anteile handelt, vgl. Aussagen unter a) bis c). Einer anteiligen Zuordnung der Veräußerungskosten i. S. v § 17 Abs. 2 EStG bedarf es nicht.[2] Diese sind unter Beachtung von § 3 c Absatz 2 EStG in vollem Umfang vom steuerbaren Veräußerungserlös abzuziehen[2].

**Beispiel:**

A ist seit 1990 zu 10 % an der A-GmbH (AK umgerechnet 100 000 €) beteiligt. Er veräußert die Beteiligung am 2. August 2010 für 1 000 000 €. Der Wert der Beteiligung belief sich am 31. März 1999 auf umgerechnet 500 000 €.

Die beim Verkauf realisierten stillen Reserven (900 000 €) dürfen nur besteuert werden, soweit sie nach dem 31. März 1999 entstanden sind. Es dürfen im VZ 2010 daher nur 500 000 € (1 000 000 € (Veräußerungspreis) abzüglich 500 000 € (Wert der Beteiligung zum

---

[1] Siehe hierzu aber BMF v. 27. 5. 2013, BStBl. I S. 721 (Nr. **1** § 17/4).

[2] Abschn. C.II.1 Sätze 6 und 7 hinzugef. durch BMF v. 16. 12. 2015, BStBl. 2016 I S. 10.

31. März 1999)) im Teileinkünfteverfahren besteuert werden. Der steuerpflichtige Veräußerungsgewinn im Jahr 2010 beträgt demnach (500 000 € × 60 % =) 300 000 €.

### a) Vereinfachungsregelung zur Ermittlung des steuerbaren Veräußerungsgewinns

Aus Vereinfachungsgründen ist der Umfang des steuerbaren Wertzuwachses der veräußerten Anteile regelmäßig entsprechend dem Verhältnis der Besitzzeit nach dem 31. März 1999 im Vergleich zur Gesamthaltedauer aus Vereinfachungsgründen zeitanteilig linear (monatsweise) zu ermitteln. Angefangene Monate werden bei der Ermittlung der Gesamtbesitzzeit aufgerundet und bei der Ermittlung der steuerbaren Besitzzeit (1. April 1999 bis Veräußerungsdatum) abgerundet.

**Beispiel:**
A hat am 15. Januar 1997 Anteile i. H. v. 20 % an der C-GmbH erworben (AK umgerechnet 100 000 €). Am 3. August 2009 veräußerte A die Anteile für 500 000 €.
Die Gesamtbesitzzeit für die Anteile an der C-GmbH beträgt 150 volle und einen angefangenen Monat (= aufgerundet 151 Monate). Auf den Zeitraum 31. März 1999 bis 3. August 2009 entfallen 124 volle Monate und ein angefangener Monat (= abgerundet 124 Monate). Der Wertzuwachs von 400 000 € für die Anteile an der C-GmbH ist zu einem Anteil von 124/151 = 328 476 € steuerbar. Unter Berücksichtigung des Teileinkünfteverfahrens beträgt der steuerpflichtige Veräußerungsgewinn im Jahr 2009 (328 476 € × 60 % =) 197 085 €.

### b) Abweichende Aufteilung zugunsten des Steuerpflichtigen

Abweichend davon findet die Vereinfachungsregelung auf Antrag des Steuerpflichtigen keine Anwendung, wenn dieser einen tatsächlich höheren Wertzuwachs für den Zeitraum zwischen dem Erwerb der Anteile und dem Zeitpunkt der Verkündung des StEntlG 1999/2000/2002 in geeigneter Weise (z. B. durch Gutachten oder anhand von tatsächlichen Veräußerungen in zeitlicher Nähe zum 31. März 1999) nachweist. Vgl. dazu auch die Aussagen unter II.3.

### c) Abweichende Aufteilung zuungunsten des Steuerpflichtigen

Sofern im Einzelfall die grundsätzlich durchzuführende zeitanteilig lineare Aufteilung des Wertzuwachses zu offensichtlichen Widersprüchen zu den tatsächlichen Wertverhältnissen führt und klare, nachweisbare Anhaltspunkte für eine wesentliche – den linear ermittelten steuerbaren Wertzuwachs übersteigende – Wertsteigerung für den Zeitraum nach dem 31. März 1999 und dem Veräußerungszeitpunkt vorliegen, kann die Finanzverwaltung abweichend von der Vereinfachungsregelung auch eine andere – im Einzelfall sachgerechtere – Aufteilung des Wertzuwachses auch zuungunsten des Steuerpflichtigen durchführen. Vgl. dazu auch die Aussagen unter II.3.

## 2. Veräußerungsverluste

Auf Veräußerungsverluste (bezogen auf die gesamte Besitzzeit) i. S. v. § 17 EStG findet der Beschluss des BVerfG vom 7. Juli 2010 (a. a. O.) keine Anwendung. Bei der Ermittlung des Veräußerungsverlustes sind daher die ursprünglichen Anschaffungskosten zu berücksichtigen (§ 17 Absatz 2 EStG). Dies gilt auch, wenn bis zum 31. März 1999 eine Werterhöhung eingetreten ist (vgl. auch Aussagen unter II.3). Der Verlust ist ohne zeitanteilig lineare Aufteilung unter Beachtung des § 3 c Absatz 2 EStG bei der Ermittlung des zu versteuernden Einkommens anzusetzen.

**Beispiel:**

A war seit 1990 zu 10 % an der C-GmbH (AK umgerechnet 100 000 €) beteiligt. Am 31. März 1999 belief sich der Wert seiner Anteile auf umgerechnet 60 000 €. Am 2. August 2010 veräußerte A seine Anteile für 50 000 €.

Aus dem Verkauf entsteht im VZ 2010 ein Veräußerungsverlust i. H. v. 50 000 €, der im Teileinkünfteverfahren (§ 3 Nummer 40 Satz 1 Buchstabe c EStG i. V. m. § 3 c Absatz 2 EStG) mit 60 % (30 000 €) abzugsfähig ist.

### 3. Berücksichtigung von zwischenzeitlichen Wertminderungen

Wird von der Vereinfachungsregelung unter II.1 nicht Gebrauch gemacht, gilt für die Berücksichtigung von zwischenzeitlichen Wertminderungen (= Wert der Beteiligung ist unter die Anschaffungskosten gesunken.) Folgendes:

#### a) Wertminderungen bis zum 31. März 1999

Wertminderungen, die bis zum 31. März 1999 eingetreten sind, jedoch nach diesem Zeitpunkt wieder aufgeholt wurden, bleiben ohne steuerliche Auswirkung. Der Beschluss des BVerfG vom 7. Juli 2010 (a. a. O.) ist nicht dahingehend zu interpretieren, dass bis zum 31. März 1999 eingetretene Wertminderungen den späteren Veräußerungsgewinn erhöhen. Der Beschluss betrifft ausdrücklich nur die bis zum 31. März 1999 eingetretene Wertsteigerung als verfassungsrechtlich geschützte Vermögensposition. In diesen Fällen sind nach Maßgabe der Regelungen unter II.1.c) bei der Ermittlung des Veräußerungsgewinns nach § 17 Absatz 2 EStG die ursprünglichen Anschaffungskosten zu berücksichtigen.

**Beispiel:**

A war seit 1990 zu 10 % an der C-GmbH (AK umgerechnet 100 000 €) beteiligt. Am 31. März 1999 belief sich der Wert seiner Anteile auf umgerechnet 60 000 €. Am 2. August 2010 veräußerte A seine Anteile für 300 000 €.

Aus dem Verkauf entsteht ein Veräußerungsgewinn von 200 000 €, der unter Berücksichtigung des Teileinkünfteverfahrens (§ 3 Nummer 40 Satz 1 Buchstabe c EStG i. V. m. § 3 c Absatz 2 EStG) zu 60 % (= 120 000 €) steuerpflichtig ist.

#### b) Wertminderungen nach dem 31. März 1999

Fand bis zum 31. März 1999 eine Werterhöhung statt und wurde diese durch eine spätere Wertminderung vollständig kompensiert, tritt im Fall der Veräußerung der Anteile der Wert der Beteiligung zum 31. März 1999 nach Maßgabe der Regelungen unter II.1.c) nicht an die Stelle der Anschaffungskosten, so dass sowohl die Werterhöhung als auch die spätere Wertminderung außer Ansatz bleiben.

**Beispiel:**

A war seit 1990 zu 10 % an der C-GmbH (AK umgerechnet 100 000 €) beteiligt. Am 31. März 1999 belief sich der Wert seiner Anteile auf umgerechnet 500 000 €. Am 2. August 2010 veräußerte A seine Anteile für 100 000 €.

Aus dem Verkauf entsteht ein Veräußerungsgewinn von 0 €. Ein Veräußerungsverlust ist nicht zu berücksichtigen, da der gemeine Wert der Anteile zum 31. März 1999 nicht als Anschaffungskosten zu betrachten ist.

Fand bis zum 31. März 1999 eine vom Steuerpflichtigen nachgewiesene Werterhöhung statt und trat danach eine Wertminderung ein, die die Werterhöhung nur teilweise kompensierte, ist die noch nicht verzehrte Werterhöhung nach den Grundsätzen des o. g. BVerfG-Beschlusses nicht steuerbar.

**Beispiel:**

A war seit 1990 zu 10 % an der C-GmbH (AK umgerechnet 100 000 €) beteiligt. Am 31. März 1999 belief sich der Wert seiner Anteile sich auf umgerechnet 500 000 €. Am 2. August 2010 veräußerte A seine Anteile für 300 000 €.

Aus dem Verkauf entsteht an sich ein Veräußerungsgewinn von 200 000 €. Da dieser Veräußerungsgewinn auf eine Werterhöhung zurückgeht, die vor dem 31. März 1999 eingetreten ist, ist er nicht steuerbar.

## D. Absenkung der Beteiligungsgrenze auf mind. 1 % durch das StSenkG vom 23. Oktober 2000 (BGBl. I S. 1435 vom 26. Oktober 2000, BStBl. I S. 1428)

Die unter A. bis C. dargestellten Grundsätze sind entsprechend anzuwenden.[1] Das StSenkG ist am 26. Oktober 2000 im BGBl. verkündet worden.

## E. Anwendungsregelung

Dieses Schreiben ist auf alle noch offenen Fälle anzuwenden.

---

[1] Siehe hierzu auch BMF v. 27. 5. 2013, BStBl. I S. 721 (Nr. **1** § 17/4).

# 1 § 17/3. Schreiben betr. Beschluss des BVerfG vom 7. Juli 2010 – 2 BvR 748/05, 2 BvR 753/05 und 2 BvR 1738/05 – (BStBl. 2011 II S. 86); Auswirkungen auf Einlagen nach § 6 Absatz 1 Nummer 5 Satz 1 Buchstabe b EStG und Einbringungen nach § 22 Absatz 1 Satz 5 i. V. m. Absatz 2 UmwStG

Vom 21. Dezember 2011 (BStBl. 2012 I S. 42)

(BMF IV C 6 – S 2178/11/10001; DOK 2011/0939512)
Geändert durch BMF v. 16. 12. 2015 (BStBl. 2016 I S. 11)

Das Bundesverfassungsgericht (BVerfG) hat mit Beschluss vom 7. Juli 2010 (BStBl. 2011 II S. 86) entschieden, dass § 17 Absatz 1 Satz 4 i. V. m. § 52 Absatz 1 Satz 1 EStG in der Fassung des Steuerentlastungsgesetzes 1999/2000/2002 (StEntlG 1999/2000/2002) vom 24. März 1999 (BGBl. I S. 402)[1] gegen die verfassungsrechtlichen Grundsätze des Vertrauensschutzes verstößt und nichtig ist, soweit in einem Veräußerungsgewinn Wertsteigerungen steuerlich erfasst werden, die bis zur Verkündung des StEntlG 1999/2000/2002 am 31. März 1999 entstanden sind und die entweder – bei einer Veräußerung bis zu diesem Zeitpunkt – nach der zuvor geltenden Rechtslage steuerfrei realisiert worden sind oder – bei einer Veräußerung nach Verkündung des Gesetzes – sowohl zum Zeitpunkt der Verkündung als auch zum Zeitpunkt der Veräußerung nach der zuvor geltenden Rechtslage steuerfrei hätten realisiert werden können. Das BVerfG begründet seine Entscheidung damit, dass insoweit bereits eine konkrete Vermögensposition entstanden sei, die durch die rückwirkende Absenkung der Beteiligungsgrenze nachträglich entwertet werde. Das führe zu einer unzulässigen Ungleichbehandlung im Vergleich zu Anteilseignern, die ihre Anteile noch bis Ende 1998 verkauft hatten, da diese den Gewinn noch steuerfrei vereinnahmen konnten. Dies sei unter dem Gesichtspunkt der Lastengleichheit nicht zulässig.

Soweit sich der steuerliche Zugriff auf die erst nach der Verkündung der Neuregelung eintretenden Wertsteigerungen beschränke, begegne dies unter Gesichtspunkten des Vertrauensschutzes jedoch keinen verfassungsrechtlichen Bedenken, auch wenn sie bislang steuerfrei gewesen wären. Zwar könne der Erwerb einer Beteiligung in einer bestimmten Höhe maßgeblich von der Erwartung bestimmt sein, etwaige Wertsteigerungen steuerfrei realisieren zu können. Die bloße Möglichkeit, Gewinne später steuerfrei vereinnahmen zu können, begründe aber keine rechtlich geschützte Vertrauensposition, weil damit im Zeitpunkt des Erwerbs nicht sicher gerechnet werden könne.

Zur Anwendung der Grundsätze dieser Entscheidung auf Fälle des § 17 EStG hat die Finanzverwaltung mit BMF-Schreiben vom 20. Dezember 2010 (BStBl. 2011 I S. 16)[2] Stellung genommen.

Im Einvernehmen mit den obersten Finanzbehörden der Länder sind die Grundsätze dieser Entscheidung des BVerfG auch auf

[1] **[Amtl. Anm.:]** BStBl. I S. 304.
[2] Nr. **1** § 17/2.

– die Fälle von Einlagen nach § 6 Absatz 1 Nummer 5 Satz 1 Buchstabe b EStG und
– Einbringungen nach § 22 Absatz 1 Satz 5 i. V. m. Absatz 2 UmwStG

entsprechend anzuwenden, in denen es über den Ansatz der originären Anschaffungskosten zur Erfassung des bis zum 31. März 1999 eingetretenen nicht steuerbaren Wertzuwachses kommt.

## A. Einlage nach § 6 Absatz 1 Nummer 5 Satz 1 Buchstabe b EStG

Einlagen von Beteiligungen i. S. v. § 17 EStG in ein Betriebsvermögen sind nach § 6 Absatz 1 Nummer 5 Satz 1 Buchstabe b EStG mit den Anschaffungskosten zu bewerten.

Die Grundsätze der Entscheidung des BVerfG sind erst im Zeitpunkt der Veräußerung durch außerbilanzielle Korrektur des Gewinns aus der Veräußerung der Beteiligung entsprechend den nachfolgenden Grundsätzen anzuwenden.

### I. Veräußerung von Beteiligungen an Kapitalgesellschaften i. S. v. § 17 Absatz 1 oder 6 EStG nach dem 31. März 1999 ohne zwischenzeitliche Teilwertabschreibungen nach dem Zeitpunkt der Einlage

Für die Veräußerung von im Betriebsvermögen gehaltenen Anteilen an Kapitalgesellschaften mit einer Beteiligungshöhe von mind. 10 % und höchstens 25 %, die vor dem 1. April 1999 angeschafft wurden und nach dem 31. Dezember 1998 nach § 6 Absatz 1 Nummer 5 Satz 1 Buchstabe b EStG zu Anschaffungskosten in das Betriebsvermögen eingelegt wurden und zwischenzeitlich keine Teilwertabschreibungen auf diese Beteiligung vorgenommen wurde, gilt, soweit der Teilwert am 31. März 1999 über den Anschaffungskosten lag, Folgendes:

#### 1. Ermittlung des steuerbaren Gewinns

Der Gewinn aus der Veräußerung der Anteile ist insoweit nicht steuerbar, als er auf den im Privatvermögen entstandenen Wertzuwachs bis zum 31. März 1999 entfällt. Der Gewinn aus der Veräußerung der Anteile ist außerbilanziell um den Unterschiedsbetrag zwischen dem erzielten Gewinn und dem Gewinn zu kürzen, der sich ergibt, wenn die Einlage abweichend von § 6 Absatz 1 Nummer 5 Satz 1 Buchstabe b EStG mit dem die Anschaffungskosten übersteigenden Teilwert der veräußerten Anteile zum 31. März 1999 bewertet worden wäre. Die Kürzung darf jedoch nicht zur Entstehung eines Veräußerungsverlustes führen. Einer anteiligen Zuordnung der Veräußerungskosten bedarf es nicht[1]. Diese sind unter Beachtung von § 3 c Absatz 2 EStG in vollem Umfang vom steuerbaren Veräußerungserlös abzuziehen[1]. Soweit es sich um börsennotierte Anteile an Kapitalgesellschaften handelt, ist der höchste an einer deutschen Börse notierte Börsenschlusskurs vom 31. März 1999 maßgebend. Liegt für den 31. März 1999 keine Notierung vor, ist der letzte innerhalb von 30 Tagen im regulierten Markt notierte Kurs anzusetzen. Soweit es sich nicht um börsennotierte Anteile handelt, vgl. Aussagen unter a) bis c).

---

[1] Abschn. A.I.1 Satz 4 neu gef., Satz 5 hinzugef. durch BMF v. 16. 12. 2015, BStBl. 2016 I S. 11.

**Beispiel:**

A hielt seit 1990 eine 10 %ige Beteiligung an der A-GmbH (AK umgerechnet 100 000 €) im Privatvermögen. Er legte diese Beteiligung am 1. Oktober 2005 nach § 6 Absatz 1 Nummer 5 Satz 1 Buchstabe b EStG mit den Anschaffungskosten in das Betriebsvermögen seines Einzelunternehmens ein. Er veräußerte die Beteiligung am 2. August 2010 für 1 000 000 €. Der Wert der Beteiligung belief sich am 31. März 1999 auf umgerechnet 500 000 €.

Die beim Verkauf realisierten stillen Reserven (900 000 €) dürfen nur besteuert werden, soweit sie nach dem 31. März 1999 entstanden sind. Es dürfen im VZ 2010 daher nur 500 000 € (1 000 000 € (Veräußerungspreis) abzüglich 500 000 € (Wert der Beteiligung zum 31. März 1999)) im Rahmen des Gewinns des Einzelunternehmens besteuert werden. Der steuerbare Gewinn aus der Veräußerung der Beteiligung i. H. v. 500 000 € ist unter Berücksichtigung des Teileinkünfteverfahrens (§ 3 Nummer 40 Satz 1 Buchstabe a EStG) zu 60 % (= 300 000 €) steuerpflichtig.

### a) Vereinfachungsregelung zur Ermittlung des steuerbaren Anteils des Gewinns aus der Veräußerung

Aus Vereinfachungsgründen ist der Umfang des steuerbaren Anteils des Gewinns der veräußerten Anteile regelmäßig entsprechend dem Verhältnis der Besitzzeit nach dem 31. März 1999 im Vergleich zur Gesamthaltedauer zeitanteilig linear (monatsweise) zu ermitteln. Angefangene Monate werden bei der Ermittlung der Gesamtbesitzzeit aufgerundet und bei der Ermittlung der steuerbaren Besitzzeit (1. April 1999 bis Veräußerungsdatum) abgerundet. Einer anteiligen Zuordnung der Veräußerungskosten bedarf es nicht[1]. Diese sind unter Beachtung von § 3 c Absatz 2 EStG in vollem Umfang vom steuerbaren Veräußerungserlös abzuziehen[1].

**Beispiel:**

A hat am 15. Januar 1997 Anteile i. H. v. 20 % an der C-GmbH erworben (AK umgerechnet 100 000 €), die er am 31. Dezember 2000 nach § 6 Absatz 1 Nummer 5 Satz 1 Buchstabe b EStG mit den Anschaffungskosten in das Betriebsvermögen seines Einzelunternehmens eingelegt hat. Am 3. August 2009 veräußerte A die Anteile für 500 000 €.

Die Gesamtbesitzzeit für die Anteile an der C-GmbH beträgt 150 volle und einen angefangenen Monat (= aufgerundet 151 Monate). Auf den Zeitraum 31. März 1999 bis 3. August 2009 entfallen 124 volle Monate und 1 angefangener Monat (= abgerundet 124 Monate). Der Wertzuwachs von 400 000 € für die Anteile an der C-GmbH ist zu einem Anteil von 124/151 = 328 476 € steuerbar. Der Gewinn des Einzelunternehmens ist daher um 71 524 € außerbilanziell zu kürzen. Unter Berücksichtigung des Teileinkünfteverfahrens beträgt der steuerpflichtige Gewinn aus der Veräußerung der Anteile im Jahr 2009 (328 476 € × 60 % =) 197 085 €.

### b) Abweichende Aufteilung zugunsten des Steuerpflichtigen

Abweichend davon findet die Vereinfachungsregelung auf Antrag des Steuerpflichtigen keine Anwendung, wenn dieser einen tatsächlich höheren Wertzuwachs für den Zeitraum zwischen dem Erwerb der Anteile und dem Zeitpunkt der Verkündung des StEntlG 1999/2000/2002 in geeigneter Weise (z. B. durch Gutachten oder anhand von tatsächlichen Veräußerungen in zeitlicher Nähe zum 31. März 1999) nachweist.

War der Teilwert der Anteile bis zum 31. März 1999 über die Anschaffungskosten gestiegen und ist danach wieder gesunken, ohne dabei unter die Anschaffungskosten zu fallen, ist der Veräußerungsgewinn außerbilanziell auf 0 € zu kürzen, weil die Wertsteigerung bis zum 31. März 1999 realisiert wurde. Ein Verlust ist nicht zu berücksichtigen.

---

[1] Abschn. A.I.1.a) Satz 3 neu gef., Satz 4 hinzugef. durch BMF v. 16. 12. 2015, BStBl. 2016 I S. 11.

### c) Abweichende Aufteilung zuungunsten des Steuerpflichtigen

Sofern im Einzelfall die grundsätzlich durchzuführende zeitanteilig lineare Aufteilung des Wertzuwachses zu offensichtlichen Widersprüchen zu den tatsächlichen Wertverhältnissen führt und klare, nachweisbare Anhaltspunkte für eine wesentliche – den linear ermittelten steuerbaren Wertzuwachs übersteigende – Wertsteigerung für den Zeitraum zwischen dem 31. März 1999 und dem Veräußerungszeitpunkt vorliegen, kann die Finanzverwaltung abweichend von der Vereinfachungsregelung eine andere – im Einzelfall sachgerechtere – Aufteilung des Wertzuwachses auch zuungunsten des Steuerpflichtigen durchführen.

## 2. Verluste aus der Veräußerung von Anteilen an Kapitalgesellschaften

Soweit Anteile an Kapitalgesellschaften mit Verlust veräußert werden (bezogen auf die gesamte Besitzzeit), findet der Beschluss des BVerfG vom 7. Juli 2010 (BStBl. 2011 II S. 86) keine Anwendung. Bei der Ermittlung des Verlustes aus der Veräußerung sind daher die ursprünglichen Anschaffungskosten zu berücksichtigen (§ 6 Absatz 1 Nummer 5 Satz 1 Buchstabe b EStG). Der Verlust ist ohne zeitanteilig lineare Aufteilung unter Beachtung von § 3 Nummer 40 Satz 1 Buchstabe a i. V. m. § 3 c Absatz 2 EStG bei der Ermittlung des Gewinns des Betriebs zu berücksichtigen.

**Beispiel:**

A war seit 1990 zu 10% an der C-GmbH (AK umgerechnet 100 000 €) beteiligt. Am 31. März 1999 belief sich der Wert seiner Anteile auf umgerechnet 60 000 €. A legte die Beteiligung am 10. Januar 2005 zu Anschaffungskosten in das Betriebsvermögen seines Einzelunternehmens ein. Am 2. August 2010 veräußerte A seine Anteile für 50 000 €.
Aus dem Verkauf entsteht ein Verlust i. H. v. 50 000 €, der im Teileinkünfteverfahren (§ 3 Nummer 40 Satz 1 Buchstabe a EStG i. V. m. § 3 c Absatz 2 EStG) mit 60% (30 000 €) abzugsfähig ist.

Dies gilt auch, wenn bis zum 31. März 1999 eine Werterhöhung eingetreten ist.

## 3. Veräußerung von Anteilen an Kapitalgesellschaften im Rahmen einer Betriebsveräußerung oder -aufgabe i. S. v. § 16 EStG

Werden im Rahmen einer Betriebsveräußerung im Ganzen Anteile an Kapitalgesellschaften veräußert, auf die der Beschluss des BVerfG anzuwenden ist, ist der gemeine Wert der Beteiligung zum Zeitpunkt der Betriebsveräußerung separat – ggf. im Schätzungswege – zu ermitteln. Der Veräußerungsgewinn nach § 16 EStG ist nach Maßgabe der Ausführungen unter 1. ggf. zu kürzen.

Werden im Rahmen einer Betriebsaufgabe Anteile an Kapitalgesellschaften ins Privatvermögen überführt, auf die der Beschluss des BVerfG anzuwenden ist, ist der gemeine Wert der Beteiligung zum Zeitpunkt der Betriebsaufgabe separat – ggf. im Schätzungswege – zu ermitteln. Der Aufgabegewinn nach § 16 EStG ist nach Maßgabe der Ausführungen unter 1. ggf. zu kürzen.

Werden im Rahmen einer Betriebsaufgabe Anteile an Kapitalgesellschaften veräußert, auf die der Beschluss des BVerfG anzuwenden ist, ist der Aufgabegewinn nach § 16 EStG nach Maßgabe der Ausführungen unter 1. unter Berücksichtigung des tatsächlich erzielten Veräußerungspreises ggf. zu kürzen.

Werden im Rahmen einer Betriebsaufgabe Anteile an Kapitalgesellschaften veräußert, auf die der Beschluss des BVerfG anzuwenden ist, ist der Aufgabegewinn nach § 16 EStG nach Maßgabe der Ausführungen unter 1. unter Berücksichtigung des tatsächlich erzielten Veräußerungspreises ggf. zu kürzen.

## II. Veräußerung von Beteiligungen an Kapitalgesellschaften i. S. v. § 17 Absatz 1 oder 6 EStG nach dem 31. März 1999 mit zwischenzeitlichen Teilwertabschreibungen und/oder Wertaufholungen nach dem Zeitpunkt der Einlage

### 1. Wertminderungen bis zum 31. März 1999

Wertminderungen, die bis zum 31. März 1999 eingetreten sind, jedoch nach diesem Zeitpunkt wieder aufgeholt wurden, bleiben – unabhängig davon, ob sie im Zeitpunkt der Einlage noch oder nicht bestanden – ohne steuerliche Auswirkung. Der Beschluss des BVerfG vom 7. Juli 2010 (BStBl. 2011 II S. 86) ist nicht dahingehend zu interpretieren, dass bis zum 31. März 1999 eingetretene Wertminderungen den späteren Veräußerungsgewinn erhöhen. H 17 (8) EStH (Einlage einer wertgeminderten Beteiligung) bleibt unberührt. Der Beschluss betrifft ausdrücklich nur die bis zum 31. März 1999 eingetretene Wertsteigerung als verfassungsrechtlich geschützte Vermögensposition. Einer außerbilanziellen Korrektur des Gewinns bedarf es nicht. Bei der Ermittlung des Gewinns aus der Veräußerung der Anteile ist der Einlagewert (= ursprüngliche Anschaffungskosten) zu berücksichtigen. R 17 Absatz 8 EStR 2008 ist überholt und damit nicht anzuwenden.

**Beispiel:**

A war seit 1990 zu 10% an der C-GmbH (AK umgerechnet 100 000 €) beteiligt. Am 31. März 1999 belief sich der Wert seiner Anteile auf umgerechnet 60 000 €. A legte die Beteiligung am 31. Dezember 2009 nach § 6 Absatz 1 Nummer 5 Satz 1 Buchstabe b EStG i. V. m. H 17 (8) (Einlage einer wertgeminderten Beteiligung) zu Anschaffungskosten in das Betriebsvermögen seines Einzelunternehmens ein. Am 2. August 2010 veräußerte A seine Anteile für 300 000 €.

Aus dem Verkauf der Anteile entsteht ein Gewinn von 200 000 €, der unter Berücksichtigung des Teileinkünfteverfahrens (§ 3 Nummer 40 Satz 1 Buchstabe a EStG i. V. m. § 3 c Absatz 2 EStG) zu 60 % (= 120 000 €) steuerpflichtig ist.

### 2. Wertminderungen nach dem 31. März 1999

War der Teilwert der Anteile bis zum 31. März 1999 über die Anschaffungskosten gestiegen und wurde später aufgrund einer dauerhaften Wertminderung eine Teilwertabschreibung vorgenommen, ist der Gewinn aus der Veräußerung der Anteile (Veräußerungspreis abzgl. Buchwert der Anteile) um den Unterschiedsbetrag zwischen dem Teilwert am 31. März 1999 (ggf. Ermittlung des Teilwerts unter Berücksichtigung der Vereinfachungsregelung unter I.1.a) und den Anschaffungskosten zu kürzen. Die Kürzung darf nicht zur Entstehung eines Veräußerungsverlustes führen.

Gleiches gilt in den Fällen, in denen die Teilwertabschreibung durch spätere Wertaufholungen teilweise wieder rückgängig gemacht wurde.

## B. Umwandlung

Die oben unter A.I.1. genannten Grundsätze sind in den Fällen des § 22 Absatz 1 Satz 5 i. V. m. Absatz 2 UmwStG (Einbringungsgewinn II aufgrund der späteren Veräußerung der im Rahmen einer Betriebseinbringung miteingebrachten von dem o. g. Beschluss des BVerfG betroffenen Anteile durch die aufnehmende Kapitalgesellschaft) analog anzuwenden.

Fand der Anteilstausch in eine Kapitalgesellschaft nach Maßgabe des UmwStG a. F. (bis 12. Dezember 2006) statt, muss die aufnehmende Kapitalgesellschaft den Gewinn aus der Veräußerung der eingebrachten Anteile innerhalb der siebenjährigen Sperrfrist des alten Rechts nach § 8 b Absatz 4 Satz 1 Nummer 2 KStG a. F. in voller Höhe versteuern, wenn die Anteile von einer natürlichen Person eingebracht wurden (§ 34 Absatz 7 a KStG[1]). Auch in diesen Fällen sind die unter A. I. 1 genannten Grundsätze analog anzuwenden.

## C. Absenkung der Beteiligungsgrenze auf mind. 1 % durch das StSenkG vom 23. Oktober 2000 (BGBl. I S. 1435 vom 26. Oktober 2000, BStBl. I S. 1428)

Die unter A. dargestellten Grundsätze sind entsprechend anzuwenden. Maßgeblicher Stichtag ist der 26. Oktober 2000 (Tag der Verkündung des StSenkG im BGBl.).

## D. Anwendungsregelung

Dieses Schreiben ist auf alle noch offenen Fälle anzuwenden.

[1] In der Fassung vor dem KroatienAnpG v. 25. 7. 2014, BGBl. I S. 1266.

# I § 17/4. Schreiben betr. Anwendung des BFH-Urteils vom 11. Dezember 2012 (BStBl. 2013 II S. 372) auf die Absenkung der Beteiligungsgrenze in § 17 EStG auf 1 %

Vom 27. Mai 2013 (BStBl. I S. 721)

(BMF IV C 6 – S 2244/12/10001; DOK 2013/0463063)

Im Einvernehmen mit den obersten Finanzbehörden der Länder gilt zur Anwendung der Grundsätze des BFH-Urteils vom 11. Dezember 2012 IX R 7/12 (BStBl. 2013 II S. 372) Folgendes:

Nach den Grundsätzen des BFH-Urteils vom 11. Dezember 2012 IX R 7/12 (BStBl. 2013 II S. 372) ist der Begriff der Beteiligung veranlagungszeitraumbezogen auszulegen, indem das Tatbestandsmerkmal „innerhalb der letzten fünf Jahre am Kapital der Gesellschaft wesentlich beteiligt" in § 17 Abs. 1 Satz 1 EStG für jeden abgeschlossenen Veranlagungszeitraum nach der in diesem Veranlagungszeitraum jeweils geltenden Beteiligungsgrenze zu bestimmen ist.

Die Urteilsgrundsätze sind auf alle vergleichbaren Fälle im Bereich der Absenkung der Beteiligungsgrenze in § 17 EStG von mehr als 25 % auf mindestens 10 % anzuwenden. Eine analoge Anwendung auf die Absenkung der Beteiligungsgrenze durch das Steuersenkungsgesetz vom 23. Oktober 2000 (StSenkG) auf 1 % ist aus nachfolgenden Gründen nicht vorzunehmen:

Seit der Absenkung der Beteiligungsgrenze auf 1 % durch das StSenkG ist nach dem Gesetzeswortlaut des § 17 Abs. 1 Satz 1 EStG Tatbestandsvoraussetzung, dass der Steuerpflichtige „innerhalb der letzten fünf Jahre am Kapital der Gesellschaft unmittelbar oder mittelbar zu mindestens 1 % beteiligt war". Anders als die Fassung des Steuerentlastungsgesetzes 1999/2000/2002 ab dem Veranlagungszeitraum 1999 enthält § 17 Abs. 1 EStG i. d. F. des StSenkG den Begriff der Wesentlichkeit der Beteiligung nicht mehr.

# 1 § 17/5. Schreiben betr. Folgen der „Umqualifizierung" von Einkünften i. S. des § 20 Abs. 2 Satz 1 Nr. 1 EStG in Einkünfte i. S. des § 17 EStG

Vom 16. Dezember 2014 (BStBl. 2015 I S. 24)

(BMF IV C 1 – S 2252/14/10001 :001; DOK 2014/1106737)

Ich bin gefragt worden, wie bei der Veranlagung von Einkünften nach § 17 EStG, die durch Veräußerung von in inländischen Depots verwahrten Beteiligungen an börsennotierten Gesellschaften realisiert werden, die vor Veranlagung der Einkünfte erfolgte Abwicklung des Veräußerungsgeschäftes durch das depotführende Institut berücksichtigt wird. Denn durch dieses wurde ein Veräußerungstatbestand nach § 20 Abs. 2 Satz 1 Nr. 1 EStG erfasst und im Falle eines Veräußerungsgewinns ein Steuerabzug nach § 43 Abs. 1 Satz 1 Nr. 9 EStG bzw. im Falle eines Veräußerungsverlustes ggf. eine Verlustverrechnung nach § 43 a Abs. 3 EStG vorgenommen. Im Einvernehmen mit den obersten Finanzbehörden der Länder gilt hierzu Folgendes:

Die Behandlung als Veräußerungstatbestand nach § 20 Abs. 2 Satz 1 Nr. 1 EStG beim Kapitalertragsteuerabzug ist im Rahmen der Veranlagung zu korrigieren, wenn festgestellt wird, dass es sich um einen Veräußerungsgewinn oder -verlust aus einer nach § 17 EStG relevanten Beteiligung handelt. In diesen Fällen ist einerseits bei Veranlagung der Einkünfte die kapitalertragsteuerliche Behandlung durch das depotführende Institut zu berücksichtigen, andererseits sind aber auch beim depotführenden Institut die Folgewirkungen aus der Umqualifizierung der Einkünfte durch das Finanzamt zu beachten.

Die Behandlung als Veräußerungsgeschäft nach § 20 Abs. 2 Satz 1 Nr. 1 EStG durch das depotführende Institut kann zur Verrechnung mit anderen Kapitalerträgen oder Aktienverlusten führen und beeinflusst dann die insgesamt für den Kunden abgeführte Kapitalertragsteuer. In der Steuerbescheinigung (Muster I des *BMF-Schreibens vom 20. Dezember 2012, BStBl. 2013 I S. 36*[1] [im Folgenden: Muster I]) wird die Veräußerung in den saldiert ausgewiesenen Beträgen berücksichtigt.

Es sind fünf Fallgruppen zu unterscheiden. Hierbei wird unterstellt, dass auf Ebene des depotführenden Institutes etwaige Verluste aus Aktien bzw. allgemeine Verluste vorrangig mit anderen Aktiengewinnen und erst danach mit einem Gewinn aus der Veräußerung der nach § 17 EStG relevanten Beteiligung verrechnet wurden bzw. etwaige Gewinne aus Aktiengeschäften vorrangig mit Verlusten aus anderen Aktiengeschäften verrechnet wurden, bevor eine Verrechnung des Verlustes aus der Veräußerung der nach § 17 EStG relevanten Beteiligung erfolgt ist.

1. Der Steuerpflichtige hat einen Veräußerungsgewinn erzielt. Das depotführende Institut hat den Veräußerungsgewinn gemäß § 20 Abs. 2 Satz 1

[1] Jetzt: BMF v. 3. 12. 2014 BStBl. I S. 1586 (Nr. 1 § 45 a/1).

Nr. 1 EStG berücksichtigt und Kapitalertragsteuer einbehalten. Der Steuerpflichtige begehrt im Rahmen seiner Einkommensteuererklärung die Anrechnung der einbehaltenen Kapitalertragsteuer auf den nach § 17 EStG zu besteuernden Veräußerungsgewinn.

In diesem Fall ist der Einbehalt der Kapitalertragsteuer auf den Veräußerungsgewinn für Zwecke der Veranlagung belegt und in Höhe des auf den Veräußerungsgewinn entfallenden Betrages im Rahmen der Veranlagung der Einkünfte nach § 17 EStG anzurechnen, wenn folgende Voraussetzungen erfüllt sind:

- Auf der Steuerbescheinigung gemäß des Musters I, die der Steuerpflichtige im Rahmen der Einkommensteuererklärung vorlegt, wird im „davon-Ausweis" „Gewinn aus Aktienveräußerungen i. S. des § 20 Abs. 2 Satz 1 Nr. 1 EStG" ein Betrag ausgewiesen, der den im Rahmen der Einkommensteuererklärung als Gewinn nach § 17 EStG erklärten Betrag (vor Berücksichtigung des Teileinkünfteverfahrens und des Freibetrages gemäß § 17 Abs. 3 EStG) nicht unterschreitet.
- Unter der Position „Kapitalertragsteuer" wird Kapitalertragsteuer mindestens in Höhe der rechnerisch auf den Veräußerungsgewinn entfallenden Kapitalertragsteuer ausgewiesen.

2. Der Steuerpflichtige hat einen Veräußerungsgewinn erzielt. Der Gewinn wurde teilweise mit anderen Aktienverlusten oder mit allgemeinen Verlusten durch das depotführende Institut verrechnet.

   Auf der Steuerbescheinigung gemäß des Musters I, die der Steuerpflichtige im Rahmen der Einkommensteuererklärung vorlegt, wird im „davon-Ausweis" „Gewinn aus Aktienveräußerungen i. S. des § 20 Abs. 2 Satz 1 Nr. 1 EStG" ein Betrag ausgewiesen, der niedriger ist als der im Rahmen der Veranlagung als Gewinn nach § 17 EStG geltend gemachte Betrag.

   In diesem Fall ist davon auszugehen, dass die Kapitalertragsteuer auf den Veräußerungsgewinn erhoben wurde, soweit in der Steuerbescheinigung ein Veräußerungsgewinn und abgeführte Kapitalertragsteuer in Höhe des auf den Veräußerungsgewinn entfallenden Steuerbetrages ausgewiesen wird. Insoweit erfolgt eine Anrechnung der Kapitalertragsteuer auf den im Rahmen der Veranlagung zu berücksichtigenden Veräußerungsgewinn nach § 17 EStG.

   Soweit der in der Steuerbescheinigung ausgewiesene Aktiengewinn geringer ist als der in der Veranlagung nach § 17 EStG zu versteuernde Veräußerungsgewinn, wird auf Antrag des Steuerpflichtigen in Höhe des Unterschiedsbetrages durch das Finanzamt in der Veranlagung gemäß § 32 d Abs. 4 EStG ein Aktienverlust nach § 20 Abs. 2 Satz 1 Nr. 1 EStG oder ein allgemeiner Verlust berücksichtigt, wenn der Steuerpflichtige die Art des mit dem Aktiengewinn verrechneten Verlustes durch Abrechnungsbelege des depotführenden Institutes oder eine Bestätigung des depotführenden Institutes nachweist. Insoweit wird die Verlustverrechnung auf Ebene des depotführenden Instituts durch das Finanzamt über die Berücksichtigung des Verlustes in der Veranlagung korrigiert.

3. Der Steuerpflichtige hat einen Veräußerungsverlust erzielt, den das depotführende Institut nach § 20 Abs. 2 Satz 1 Nr. 1 EStG berücksichtigt hat.

Das depotführende Institut hat eine Verlustbescheinigung i. S. des § 43 a Abs. 3 Satz 4 EStG gemäß des Musters I erstellt. In der der Einkommensteuererklärung beigefügten Verlustbescheinigung wird unter der Position „Höhe des nicht ausgeglichenen Verlustes aus der Veräußerung von Aktien i. S. des § 20 Abs. 2 Satz 1 Nr. 1 EStG" ein Betrag ausgewiesen, der nicht geringer ist als der nach § 17 EStG erklärte Verlust.

In diesem Fall ist der bescheinigte Veräußerungsverlust als Verlust nach § 17 EStG zu berücksichtigen. Eine Berücksichtigung des bescheinigten Veräußerungsverlustes im Rahmen von § 20 EStG erfolgt insoweit nicht. Übersteigt der bescheinigte Veräußerungsverlust den nach § 17 EStG zu berücksichtigenden Veräußerungsverlust, wird der übersteigende Verlustbetrag durch das Finanzamt nach § 20 Abs. 6 EStG berücksichtigt.

4. Der Steuerpflichtige hat einen Veräußerungsverlust erzielt, den das depotführende Institut nach § 20 Abs. 2 Satz 1 Nr. 1 EStG berücksichtigt hat. Das depotführende Institut hat den Verlust in den Aktienverlusttopf eingebucht und auf Antrag eine Verlustbescheinigung i. S. des § 43 a Abs. 3 Satz 4 EStG gemäß des Musters I erstellt. Diese weist infolge der Verrechnung des Verlustes mit Aktiengewinnen einen niedrigeren Verlust aus als der im Rahmen der Einkommensteuererklärung gemäß § 17 EStG erklärte Verlustbetrag.

   In diesem Fall wurden in Folge der Berücksichtigung als Aktienverlust durch das depotführende Institut Aktiengewinne mit dem Veräußerungsverlust verrechnet. Diese Verrechnung ist in der Veranlagung zu korrigieren. Soweit eine Verrechnung des Aktienverlustes mit Aktiengewinnen erfolgt ist, wird die Besteuerung der mit dem Verlust verrechneten Aktiengewinne durch das Finanzamt in der Veranlagung nach § 32 d Abs. 3 EStG nachgeholt und in Höhe des verrechneten Verlustes in der Veranlagung ein Veräußerungsgewinn nach § 20 Abs. 2 Satz 1 Nr. 1 EStG berücksichtigt. Der Veräußerungsverlust nach § 17 EStG wird in voller Höhe berücksichtigt.

5. Der Steuerpflichtige hat einen Veräußerungsverlust erzielt, den das depotführende Institut nach § 20 Abs. 2 Satz 1 Nr. 1 EStG berücksichtigt hat. Das depotführende Institut hat den Verlust in den Aktienverlusttopf eingebucht. Es wurde keine Verlustbescheinigung erstellt. In seiner Einkommensteuererklärung begehrt der Steuerpflichtige eine Berücksichtigung des Veräußerungsverlustes gemäß § 17 EStG. Die Berücksichtigung als Aktienverlust durch das depotführende Institut hat entweder dazu geführt, dass Aktiengewinne mit dem Aktienverlust verrechnet wurden oder dass der Aktienverlust noch im Verlusttopf weiter geführt wird. Dieses Ergebnis ist wie folgt zu korrigieren.
   - Das Finanzamt hat dem Steuerpflichtigen zu bestätigen, dass es sich in Höhe des jeweiligen Veräußerungsverlustes um einen nach § 17 EStG zu berücksichtigenden Verlust handelt.
   - Nach Vorlage dieser Bestätigung durch den Steuerpflichtigen hat das depotführende Institut
     - eine Korrektur gemäß § 43 a Abs. 3 Satz 7 EStG in Höhe des aktuell noch nicht verrechneten Aktienverlustes vorzunehmen und

– dem Steuerpflichtigen die Höhe dieses Betrages sowie des bereits verrechneten Verlustbetrages zur Vorlage beim Finanzamt zu bestätigen.
– Nach Vorlage der Bestätigung des depotführenden Institutes ist in der Veranlagung der Verlust im Rahmen von § 17 EStG zu berücksichtigen. In Höhe des bereits verrechneten Verlustbetrages berücksichtigt das Finanzamt in der Veranlagung einen Veräußerungsgewinn nach § 20 Abs. 2 Satz 1 Nr. 1 EStG.

**Beispiel:**

Ein Steuerpflichtiger hat einen Veräußerungsverlust i. S. des § 17 EStG in Höhe von 1000 Euro erzielt und setzt diesen im Rahmen seiner Einkommensteuererklärung an. Das depotführende Institut hat den Verlust nach § 20 Abs. 2 Satz 1 Nr. 1 EStG im Aktienverlusttopf berücksichtigt.

Nach Vorlage der Bestätigung des Finanzamts durch den Steuerpflichtigen stellt das depotführende Institut fest, dass der Veräußerungsverlust bereits in Höhe von 200 Euro mit Aktiengewinnen verrechnet worden ist. Das depotführende Institut hat in Höhe von 800 Euro eine Korrektur gemäß § 43 a Abs. 3 Satz 7 EStG vorzunehmen und dem Steuerpflichtigen den Korrekturbetrag in Höhe von 800 Euro und den übersteigenden Betrag von 200 Euro, für den keine Korrektur erfolgen konnte, zu bestätigen.

Das Finanzamt berücksichtigt nach Vorlage der Bestätigung einen Veräußerungsverlust von 1000 Euro nach § 17 EStG. Die Besteuerung der durch das depotführende Institut verrechneten Aktiengewinne in Höhe von 200 Euro nach § 20 Abs. 2 Satz 1 Nr. 1 EStG wird gemäß § 32 d Abs. 3 EStG in der Veranlagung nachgeholt.

Die Grundsätze dieses Schreibens sind auf alle noch offenen Fälle anzuwenden.

# I § 18/1. Schreiben betr. einkommensteuerrechtliche Behandlung der Psychologischen Psychotherapeuten und der Kinder- und Jugendlichenpsychotherapeuten

Vom 27. Dezember 1999 (BStBl. 2000 I S. 42)

(BMF IV C 2 – S 2246 – 69/99)

Das Gesetz über die Berufe des Psychologischen Psychotherapeuten und des Kinder- und Jugendlichenpsychotherapeuten, zur Änderung des Fünften Buches Sozialgesetzbuch und anderer Gesetze (Psychotherapeutengesetz – PsychThG) vom 16. Juni 1998 (BGBl. 1998 I S. 1311) regelt das Berufsrecht der genannten Berufsgruppen. Zur Frage, ob die Psychologischen Psychotherapeuten und die Kinder- und Jugendlichenpsychotherapeuten danach freiberuflich oder gewerblich tätig sind, nehme ich im Einvernehmen mit den obersten Finanzbehörden der Länder wie folgt Stellung:

Die Tätigkeit des Psychologischen Psychotherapeuten und des Kinder- und Jugendlichenpsychotherapeuten ist eine freiberufliche Tätigkeit im Sinne des § 18 Abs. 1 Nr. 1 S. 2 EStG. Die Tätigkeit ist zwar in dem Katalog der freien Berufe nach § 18 Abs. 1 Nr. 1 S. 2 EStG nicht aufgeführt. Es handelt sich jedoch um eine dem Katalogberuf des Arztes ähnliche heilberufliche Tätigkeit.

Das Berufsbild des Psychologischen Psychotherapeuten und des Kinder- und Jugendlichenpsychotherapeuten nach dem PsychThG ist, was Tätigkeit und Ausbildung angeht, mit dem Beruf des Arztes vergleichbar. Die Ausübung der psychotherapeutischen Tätigkeit ist im Übrigen nach dem PsychThG ebenso wie die ärztliche Tätigkeit von einer staatlichen Erlaubnis (Approbation) abhängig.

Somit ist die Tätigkeit als Psychologischer Psychotherapeut und die Tätigkeit als Kinder- und Jugendlichenpsychotherapeut vom Veranlagungszeitraum 1998 an in ihren wesentlichen Merkmalen mit der Tätigkeit des Arztes als Katalogberuf gleichzustellen.

Dagegen ist bei selbständig tätigen Diplom-Psychologen, die auf anderen Gebieten als der Psychotherapie tätig sind, eine der ärztlichen Tätigkeit ähnliche Tätigkeit im Sinne des § 18 Abs. 1 Nr. 1 Satz 2 EStG nicht gegeben; denn die Psychologie ist als solche keine spezifisch heilkundliche Wissenschaft. Damit ist nicht ausgeschlossen, dass sich die Tätigkeit des Diplom-Psychologen als wissenschaftliche Tätigkeit darstellt. Der wissenschaftliche Charakter oder die Ähnlichkeit der Tätigkeit des Diplom-Psychologen mit einer oder mehreren der in § 18 Abs. 1 Nr. 1 Satz 2 EStG genannten Tätigkeiten außerhalb der Heilberufe kann jedoch nur aufgrund des Betätigungsfeldes und der Art der Tätigkeit im jeweiligen Einzelfall festgestellt werden.

Die BMF-Schreiben vom 9. Februar 1981 – IV B 4 – S 2246 – 12/81 – und vom 18. Juli 1983 – IV B 4 – S 2246 – 23/83 – sind nicht mehr anzuwenden.

# I § 18/2. Schreiben betr. ertragsteuerliche Behandlung von Heil- und Heilhilfsberufen

Vom 20. November 2019 (BStBl. I S. 1298)

(BMF IV C 6 – S 2246/19/10001; DOK 2019/0982151)

Zur Einordnung der Einkünfte aus der Tätigkeit im Rahmen eines Heil- oder Heilhilfsberufs als Einkünfte aus freiberuflicher Tätigkeit (§ 18 Abs. 1 Nr. 1 EStG) oder als Einkünfte aus Gewerbebetrieb (§ 15 EStG) gilt im Einvernehmen mit den obersten Finanzbehörden der Länder Folgendes:

## 1. Vergleichbarkeit mit einem Katalogberuf

Einen Heil- oder Heilhilfsberuf übt derjenige aus, dessen Tätigkeit der Feststellung, Heilung oder Linderung von Krankheiten, Leiden oder Körperschäden beim Menschen dient. Dazu gehören auch Leistungen der vorbeugenden Gesundheitspflege.

Soweit Heil- oder Heilhilfsberufe nicht zu den Katalogberufen zählen, ist ein solcher Beruf einem der in § 18 Abs. 1 Nr. 1 Satz 2 EStG genannten Katalogberufe ähnlich, wenn das typische Bild des Katalogberufs mit seinen wesentlichen Merkmalen dem Gesamtbild des zu beurteilenden Berufs vergleichbar ist. Dazu gehören die Vergleichbarkeit der jeweils ausgeübten Tätigkeit nach den sie charakterisierenden Merkmalen, die Vergleichbarkeit der Ausbildung und die Vergleichbarkeit der Bedingungen, an die das Gesetz die Ausübung des zu vergleichenden Berufs knüpft.

Bei der Prüfung der Vergleichbarkeit ist regelmäßig auf die Katalogberufe des Heilpraktikers oder Krankengymnasten abzustellen. Dies bedeutet für die einzelnen Tatbestandsmerkmale Folgendes:

### a) Vergleichbarkeit der ausgeübten Tätigkeit

Die ausgeübte Tätigkeit ist den o. g. Katalogberufen ähnlich, wenn sie der Ausübung der Heilkunde dient.

### b) Vergleichbarkeit der Ausbildung

Die Ausbildung ist den o. g. Katalogberufen ähnlich, wenn sie als mehrjährige theoretische und praktische Ausbildung auf Grund eines bundeseinheitlichen Berufsgesetzes absolviert wird.

### c) Vergleichbarkeit der gesetzlichen Bedingungen an die Ausübung

Es müssen grundsätzlich vergleichbare berufsrechtliche Regelungen über Ausbildung, Prüfung, staatliche Anerkennung sowie staatliche Erlaubnis und Überwachung der Berufsausübung vorliegen.

#### aa) Berufsrechtliche Regelung

Für den zu beurteilenden Beruf muss ein bundeseinheitliches Berufsgesetz existieren, in dem Ausbildung und Ausübung geregelt sind.

**bb) Staatliche Erlaubnis der Berufsausübung**

Die Ausübung des zu beurteilenden Berufs muss einer gesetzlich vorgeschriebenen Erlaubnis bedürfen.

**cc) Staatliche Überwachung**

Die Ausübung des zu beurteilenden Berufs muss einer staatlichen Überwachung durch die zuständige Behörde (z. B. Gesundheitsamt) unterliegen.

**2. Vergleichbare Berufsgruppen**

Nach den unter 1. genannten Grundsätzen üben demnach folgende Berufsgruppen eine freiberufliche Tätigkeit aus:
– Altenpfleger, soweit keine hauswirtschaftliche Versorgung der Patienten erfolgt[1)]
– Diätassistenten
– Ergotherapeuten
– Fußpfleger, medizinische
– Hebammen/Entbindungspfleger
– Krankenpfleger/Krankenschwestern, soweit keine hauswirtschaftliche Versorgung der Patienten erfolgt
– Logopäden
– staatlich geprüfte Masseure, Heilmasseure, soweit diese nicht lediglich oder überwiegend kosmetische oder Schönheitsmassagen durchführen
– medizinische Bademeister, soweit diese auch zur Feststellung des Krankheitsbefunds tätig werden oder persönliche Heilbehandlungen am Körper des Patienten vornehmen
– medizinisch-technische Assistenten
– Orthoptisten
– Psychologische Psychotherapeuten, Kinder- und Jugendlichenpsychotherapeuten
– Podologen
– Rettungsassistenten
– Zahnpraktiker

**3. Zulassung des Steuerpflichtigen oder der Berufsgruppe nach § 124 Abs. 1 SGB V oder §§ 140 a ff. SGB V**

Ergänzend zu den unter 1. dargestellten Grundsätzen stellt die Zulassung des jeweiligen Steuerpflichtigen oder die regelmäßige Zulassung seiner Berufsgruppe nach § 124 Abs. 1 SGB V durch die zuständigen Stellen der gesetzlichen Krankenkassen ein ausreichendes Indiz für das Vorliegen einer dem Katalogberuf des Krankengymnasten ähnlichen Tätigkeit dar. Gleiches gilt für die Zulassung zur Teilnahme an Verträgen zur Integrierten Versorgung mit Anthroposophischer Medizin nach §§ 140 a ff. SGB V.

Fehlt es an einer solchen Zulassung, kann durch ein Gutachten nachgewiesen werden, ob die Ausbildung, die Erlaubnis und die Tätigkeit des Steuerpflichtigen mit den Erfordernissen des § 124 Abs. 1 Satz 1 Nr. 1 bis 3 SGB V

---

[1)] Zur Umsatzsteuerbefreiung für sozialpflegerische Leistungen vgl. § 4 Nr. 16 UStG und Abschn. 4.14.4 Abs. 11 i. V. m. Abschn. 4.16.1 UStAE.

oder § 140 a ff. SGB V vergleichbar sind. (vgl. BFH-Urteile vom 28. August 2003, BStBl. II 2004 S. 954, und vom 20. November 2018 VIII R 26/15).

Dieses Schreiben tritt an die Stelle des BMF-Schreibens vom 22. Oktober 2004 (BStBl. I S. 1030) und ist auf alle offenen Fälle anzuwenden.

**Zusätze der OFD Frankfurt v. 2. 12. 2019 S 2245 A – 011 – St 21:**

**a)** In zunehmender Zahl bieten Krankengymnasten in ihren Praxen Fitnessgeräte zur Nutzung im Rahmen des sog. "medizinischen Gerätetrainings" (MGT) an. Beim MGT handelt es sich regelmäßig um eine reine Präventivmaßnahme im Anschluss an eine ärztlich verordnete Maßnahme. Eine ärztliche Verordnung liegt beim MGT regelmäßig nicht vor.

Die Krankengymnasten treten insoweit in Wettbewerb zu den Betreibern gewerblicher Fitnessstudios. Soweit Krankengymnasten MGT anbieten, handelt es sich nicht mehr um eine heilberufliche Tätigkeit i. S. d. § 18 Abs. 1 Nr. 1 EStG. Aus dem MGT erzielen die Krankengymnasten vielmehr gewerbliche Einkünfte. Dies gilt auch dann, wenn – ausnahmsweise – für ein MGT eine ärztliche Verordnung vorliegen sollte.

**b)** Zur ertragsteuerlichen Behandlung der Einkünfte aus selbständiger Tätigkeit als Krankenschwester/-pfleger hat das BMF mit Schreiben vom 29. 9. 2003 IV A 6 - S 2246 - 37/03 Folgendes mitgeteilt:

Nach dem BMF-Schreiben vom 3. 3. 2003, BStBl. I S. 183 (abgelöst durch das BMF-Schreiben vom 20. 11. 2019, s. o.) erzielen Krankenschwestern/-pfleger Einkünfte aus selbständiger Tätigkeit (§ 18 Abs. 1 Nr. 1 EStG), soweit keine hauswirtschaftliche Versorgung der Patienten erfolgt. Dies entspricht der Regelung in H 15.6 EStH 2018. Grundlage hierfür ist das BFH-Urteil vom 18. 5. 2000, BStBl. II S. 625.

Wird neben einer freiberuflichen (z. B. Krankenpflege) auch eine gewerbliche Tätigkeit (z. B. hauswirtschaftliche Versorgung) ausgeübt, sind die beiden Tätigkeiten steuerlich getrennt zu behandeln, wenn eine Trennung nach der Verkehrsauffassung ohne besondere Schwierigkeit möglich ist. Eine getrennte Behandlung wird insbesondere in Betracht kommen können, wenn eine getrennte Buchführung für die beiden Tätigkeiten vorhanden ist.

Die getrennte Behandlung ist auch dann zulässig, wenn in einem Beruf freiberufliche und gewerbliche Merkmale zusammentreffen und ein enger sachlicher und wirtschaftlicher Zusammenhang zwischen den Tätigkeitsarten besteht, also eine sog. gemischte Tätigkeit vorliegt (vgl. BFH-Urteil vom 3. 10. 1985, BStBl. 1986 II S. 213). Sind bei einer gemischten Tätigkeit die beiden Tätigkeitsmerkmale miteinander verflochten und bedingen sich gegenseitig unlösbar, muss der gesamte Betrieb als ein einheitlicher angesehen werden (vgl. BFH-Urteile vom 13. 5. 1966, BStBl. III S. 489, vom 15. 12. 1971, BStBl. 1972 II S. 291, und vom 9. 8. 1983, BStBl. 1984 II S. 129). Dies ist insbesondere dann der Fall, wenn sich die freiberufliche Tätigkeit lediglich als Ausfluss einer gewerblichen Betätigung darstellt oder wenn ein einheitlicher Erfolg geschuldet wird und in der dafür erforderlichen gewerblichen Tätigkeit auch freiberufliche Leistungen enthalten sind (vgl. BFH-Urteile vom 12. 11. 1964, BStBl. 1965 III S. 90, vom 13. 5. 1966, BStBl. III S. 489, und vom 15. 12. 1971, BStBl. 1972 II S. 291). In diesem Fall ist unter Würdigung aller Umstände zu entscheiden, ob nach dem Gesamtbild die gemischte Tätigkeit insgesamt als freiberuflich oder als gewerblich zu behandeln ist (vgl. BFH-Urteil vom 7. 3. 1974, BStBl. II S. 383; H 15.6 EStH 2018).

Ob die vorgenannten Voraussetzungen für eine getrennte Beurteilung erfüllt sind oder ob die Tätigkeit nach dem Gesamtbild der Verhältnisse einheitlich als gewerbliche oder freiberufliche Tätigkeit zu beurteilen ist, ist im jeweiligen Einzelfall zu entscheiden.

# I § 18/3. Schreiben betr. ertragsteuerliche Beurteilung von ärztlichen Laborleistungen[1]

Vom 12. Februar 2009 (BStBl. I S. 398)

(BMF IV C 6 – S 2246/08/10001; DOK 2009/0080376)

Im Einvernehmen mit den obersten Finanzbehörden der Länder gilt zur ertragsteuerlichen Beurteilung von ärztlichen Laborleistungen Folgendes:

## I. Erbringung von Laborleistungen durch einen niedergelassenen Laborarzt

1 Der Laborarzt erzielt Einkünfte aus freiberuflicher Tätigkeit (§ 18 Abs. 1 Nr. 1 Satz 2 EStG), wenn er – ggf. unter Mithilfe fachlich vorgebildeter Arbeitskräfte – auf Grund der eigenen Fachkenntnisse leitend und eigenverantwortlich tätig wird (sog. Stempeltheorie). Dies ist nach den Umständen des Einzelfalls zu beurteilen. Hierfür sind die Praxisstruktur, die individuelle Leistungskapazität des Arztes, das in der Praxis anfallende Leistungsspektrum und die Qualifikation der Mitarbeiter zu berücksichtigen. Eine leitende und eigenverantwortliche Tätigkeit liegt im Einzelfall z. B. dann nicht vor, wenn die Zahl der vorgebildeten Arbeitskräfte und die Zahl der täglich anfallenden Untersuchungen eine Eigenverantwortlichkeit ausschließen.

## II. Erbringung von Laborleistungen durch eine Laborgemeinschaft

### 1. Definition der Laborgemeinschaft

2 Nach *§ 25 Abs. 3 des Bundesmantelvertrages-Ärzte (BMV-Ä)*[2] ist eine Laborgemeinschaft eine Gemeinschaftseinrichtung von Vertragsärzten, welche dem Zweck dient, labormedizinische Analysen in derselben gemeinschaftlich genutzten Betriebsstätte zu erbringen. Die Gesellschaften besitzen aus diesem Grund die für das Labor notwendigen Räume, stellen das Hilfspersonal ein und beschaffen die notwendigen Apparate und Einrichtungen. Die Gesellschafter haben in der Regel gleiche Investitionseinlagen zu leisten und sind am Gesellschaftsvermögen in gleicher Höhe beteiligt.

3 Laborgemeinschaften können in unterschiedlichen Organisationsformen – wie z. B. als Leistungserbringer, als Abrechnungseinheit oder als Laborgemeinschaft mit einer gesonderten Betriebsführungs- oder Laborgesellschaft – tätig werden.

### 2. Ertragsteuerliche Beurteilung

4 Unabhängig von der jeweiligen Organisationsform kommt es für die ertragsteuerliche Beurteilung auf die Gewinnerzielungsabsicht (§ 15 Abs. 2 EStG) an.

[1] Siehe hierzu OFD Hannover v. 4. 5. 2009 G 1401 – 9 – StO 154.
[2] Siehe nunmehr § 1 a Nr. 14 a BMV-Ä 2017.

### a) Erbringung von Laborleistungen ausschließlich an Mitglieder

5 Bei einer Laborgemeinschaft handelt es sich ertragsteuerlich regelmäßig um eine Kosten-/Hilfsgemeinschaft, die lediglich den Gesellschaftszweck „Erlangung wirtschaftlicher Vorteile durch gemeinsame Übernahme von Aufwendungen" verfolgt, d. h., die auf gemeinsame Rechnung getätigten Betriebsausgaben im Einzelnen auf ihre Mitglieder umzulegen. Die Ausgliederung aus der Einzelpraxis erfolgt ausschließlich aus technischen Gründen. Die Laborgemeinschaften sollen lediglich kostendeckend arbeiten, jedoch keinen Gewinn erzielen. Eine Gewinnerzielungsabsicht liegt daher grundsätzlich nicht vor.

6 Ist eine Ärztegemeinschaft an einer lediglich kostendeckend arbeitenden Laborgemeinschaft beteiligt, entsteht keine Mitunternehmerschaft i. S. von § 15 Abs. 1 Satz 1 Nr. 2 EStG, so dass § 15 Abs. 3 Nr. 1 EStG für die gesamte Ärztegemeinschaft nicht anwendbar ist. Die Einnahmen aus einer Laborgemeinschaft oder aus Laborleistungen sind in diesem Fall unmittelbar den Einnahmen aus selbständiger Arbeit der beteiligten Ärzte zuzurechnen.

7 Da die Laborgemeinschaft auf Grund der lediglich kostendeckenden Auftragsabwicklung nicht mit Gewinnerzielungsabsicht tätig wird, ist in diesem Fall eine einheitliche und gesonderte Gewinnfeststellung für die Laborgemeinschaft nicht vorzunehmen. Es sind lediglich die anteiligen Betriebsausgaben gesondert festzustellen. Dies gilt auch für Laborgemeinschaften mit einer großen Zahl von Mitgliedern.

8 Die Änderung der Abrechnungsgrundsätze zwischen der Laborgemeinschaft und der gesetzlichen Krankenversicherung in Folge der Neuregelung des *§ 25 Abs. 3 BMV-Ä*[1] ändert an dieser Rechtsauffassung nichts, wenn die Laborgemeinschaft weiterhin lediglich die Kosten gegenüber der gesetzlichen Krankenkasse in der Höhe abrechnet, in der diese ihr tatsächlich entstanden sind *(§ 25 Abs. 3 Satz 4 BMV-Ä*[1]*)*. Der Gewinn wird in diesem Fall weiterhin ausschließlich durch die einzelnen Mitglieder im Rahmen ihrer jeweiligen ärztlichen Tätigkeit erwirtschaftet.

9 Sind an einer Laborgemeinschaft, die nicht mit Gewinnerzielungsabsicht tätig wird, auch niedergelassene Laborärzte beteiligt, ist eine Umqualifizierung der Einkünfte erst auf der Ebene des niedergelassenen Laborarztes nach den oben dargestellten Grundsätzen zu prüfen.

10 Erzielt die Laborgemeinschaft hingegen Gewinne, stellt diese keine Kosten-/Hilfsgemeinschaft mehr im oben genannten Sinne, sondern eine Mitunternehmerschaft nach § 15 Abs. 1 Satz 1 Nr. 2 EStG i. V.m. § 18 Abs. 4 Satz 2 EStG dar. Für die Prüfung, ob die Laborgemeinschaft in diesem Fall gewerbliche (§ 15 EStG) oder freiberufliche (§ 18 EStG) Einkünfte erzielt, gelten die unter I. dargestellten Grundsätze entsprechend. Danach ist zu prüfen, ob unter Berücksichtigung der Zahl der Angestellten und der durchgeführten Untersuchungen eine eigenverantwortliche Tätigkeit der an der Laborgemeinschaft beteiligten Ärzte noch gegeben ist. Ist dies zu bejahen und sind nur selbständig tätige Ärzte an der Laborgemeinschaft beteiligt, erzielen sie Einkünfte aus ärztlicher Tätigkeit gemäß § 18 Abs. 1 Nr. 1 Satz 2 EStG. Ist dies zu verneinen und/oder sind nicht nur selbständig tätige Ärzte an der Laborgemeinschaft beteiligt, sind die gesamten Einkünfte der Laborgemein-

---

[1] Siehe nunmehr § 1 a Nr. 14 a BMV-Ä 2017.

schaft als Einkünfte aus Gewerbebetrieb gemäß § 15 Abs. 1 Satz 1 Nr. 2 EStG zu behandeln. Wegen der Regelung des § 15 Abs. 3 Nr. 1, 2. Alternative EStG schlägt diese Behandlung dann auch auf die Einkünftequalifizierung der beteiligten Ärztegemeinschaften durch (Abfärbung bei sog. „Beteiligungseinkünften").

### b) Erbringung von Laborleistungen an Nichtmitglieder

Erbringt die Laborgemeinschaft auch Laboruntersuchungen für Nichtmitglieder, ist wie bei den niedergelassenen Laborärzten zu prüfen, ob unter Berücksichtigung der Zahl der Angestellten und durchgeführten Untersuchungen eine eigenverantwortliche Tätigkeit der Laborgemeinschaft noch gegeben ist. **11**

## III. Anwendungszeitraum

Dieses Schreiben ersetzt das BMF-Schreiben vom 31. Januar 2003 (BStBl. I S. 170). Es gilt für Veranlagungszeiträume ab 2008. **12**

# 1 § 18/4. Schreiben betr. einkommensteuerrechtliche Behandlung der Geldleistungen für Kinder in Vollzeitpflege und anderen Betreuungsverhältnissen (nach den §§ 32 bis 35 sowie 42 und 42a SGB VIII)

Vom 31. August 2021
BMF IV C 3 - S 2342/20/10001 :003; DOK 2021/0917789
(BStBl. I S. 1802)

Im Einvernehmen mit den obersten Finanzbehörden der Länder gilt für Kinder in Vollzeitpflege (§ 33 SGB VIII), für die Erziehung in einer Tagesgruppe (§ 32 SGB VIII), für die Heimerziehung/Erziehung in sonstiger betreuter Wohnform (§ 34 SGB VIII), für die intensive sozialpädagogische Einzelbetreuung (§ 35 SGB VIII) nach § 39 SGB VIII vereinnahmte Gelder zum Unterhalt des Kindes oder des Jugendlichen, sowie für vereinnahmte Gelder für die Unterbringung und Betreuung bei Inobhutnahme von Kindern und Jugendlichen (§§ 42, 42a SGB VIII) Folgendes:

## A. Vollzeitpflege (§ 33 SGB VIII)

Die Vollzeitpflege nach § 33 SGB VIII dient dazu, einem Kind zeitlich befristet oder dauerhaft im Haushalt der Pflegeeltern ein neues Zuhause zu bieten. Zwischen Pflegeeltern und Kind soll ein dem Eltern-Kind-Verhältnis ähnliches Band entstehen. Formen der Vollzeitpflege sind die Dauerpflege, die Kurzzeitpflege, die Bereitschaftspflege, die Wochenpflege, die Sonderpflege sowie die Familienpflege für besonders beeinträchtigte Kinder und Jugendliche. Auch die Betreuung von Kindern und Jugendlichen im Privathaushalt ausgebildeter Erzieher stellt eine Vollzeitpflege nach § 33 SGB VIII dar (BFH vom 5. November 2014 VIII R 29/11, BStBl. 2017 II S. 432).

Im Rahmen der Vollzeitpflege wird Pflegegeld ausgezahlt, welches die materiellen Aufwendungen und die Kosten der Erziehung abdeckt. Zusätzlich werden anlassbezogene Beihilfen und Zuschüsse geleistet. Sowohl das Pflegegeld als auch die anlassbezogenen Beihilfen und Zuschüsse aus öffentlichen Mitteln sind steuerfreie Beihilfen i.S.d. § 3 Nr. 11 EStG, die die Erziehung unmittelbar fördern, sofern eine Erwerbstätigkeit nicht vorliegt. Werden mehr als sechs Kinder gleichzeitig im Haushalt aufgenommen, wird eine Erwerbstätigkeit vermutet. Bei einer Betreuung von bis zu sechs Kindern ist ohne weitere Prüfung davon auszugehen, dass die Pflege nicht erwerbsmäßig betrieben wird. Weder die besondere Qualifikation noch ein in diesem Kontext für eine Familienpflege für besonders beeinträchtigte Kinder gezahltes bedarfsabhängiges erhöhtes Pflegegeld schließen die Annahme einer Beihilfe zur Förderung der Erziehung i.S.v. § 3 Nr. 11 EStG aus.

Die Bestandteile der Vergütungen an Bereitschaftspflegepersonen, die unabhängig von der tatsächlichen Aufnahme von Kindern geleistet werden, fördern nicht unmittelbar die Erziehung. Für den Fall, dass sog. Platzhaltekosten und Bereitschaftsgelder gezahlt werden, sind diese – mit Ausnahme der Erstattungen zur Unfallversicherung und Altersvorsorge – insoweit steuerpflichtig.

### B. Erziehung in einer Tagesgruppe (§ 32 SGB VIII)

Die Hilfe zur Erziehung in einer Tagesgruppe soll die Entwicklung des Kindes oder Jugendlichen durch soziales Lernen in der Gruppe, Begleitung der schulischen Förderung und Elternarbeit unterstützen und dadurch den Verbleib des Kindes oder des Jugendlichen in seiner Familie sichern. Die Ausgestaltung der Hilfe zur Erziehung in einer Tagesgruppe findet in der Regel in institutionalisiertem Rahmen nach § 32 Satz 1 SGB VIII statt. Die Betreuung wird von beim Träger angestellten Fachkräften erwerbsmäßig geleistet. Diese Tagesgruppen als Teil einer Einrichtung unterliegen dem Erlaubnisvorbehalt (§ 45 SGB VIII). Die Einnahmen hieraus sind nicht nach § 3 Nr. 11 EStG steuerfrei.

§ 32 Satz 2 SGB VIII ermöglicht die Hilfe zur Erziehung in einer Tagesgruppe auch in geeigneten Formen der Familienpflege. Diese Form der spezialisierten Tagespflege nach § 32 Satz 2 SGB VIII erfordert, dass die betreuende Person bestimmte pädagogische Voraussetzungen erfüllt. Sie unterscheidet sich daher von der Kindertagespflege nach § 23 SGB VIII. Die Hilfe nach § 32 Satz 2 SGB VIII bietet über die typische Betreuungs- und Erziehungsform einer Kindertagespflege hinaus vor allem älteren Kindern mit Leistungs- und Verhaltensproblemen Hilfestellung. Wird eine solche Hilfe gewährt, so wird auch der notwendige Unterhalt des Kindes oder Jugendlichen außerhalb des Elternhauses sichergestellt. Er umfasst die Kosten für den Sachaufwand sowie für die Pflege und Erziehung des Kindes oder Jugendlichen. Bei diesen Geldleistungen der Jugendämter handelt es sich um Beihilfen, die unmittelbar die Erziehung fördern und aus öffentlichen Mitteln geleistet werden. Sie sind daher bei der Pflegeperson als steuerfreie Einnahme i.S.d. § 3 Nr. 11 EStG zu behandeln.

### C. Heimerziehung/Erziehung in sonstiger betreuter Wohnform (§ 34 SGB VIII)

Hilfe zur Erziehung in einer Einrichtung über Tag und Nacht (Heimerziehung) oder in einer sonstigen betreuten Wohnform soll Kinder und Jugendliche durch eine Verbindung von Alltagserleben mit pädagogischen und therapeutischen Angeboten in ihrer Entwicklung fördern. Das langfristige Ziel dieser Form der Pflege ist – entsprechend dem Alter und Entwicklungsstand des Kindes oder des Jugendlichen sowie den Möglichkeiten der Verbesserung der Erziehungsbedingungen in der Herkunftsfamilie –, eine Rückkehr in diese Familie zu erreichen oder – falls dies nicht möglich ist – die Erziehung in einer anderen Familie vorzubereiten oder durch eine auf längere Zeit angelegte Lebensform auf ein selbständiges Leben vorzubereiten. Zur Heimerziehung und sonstigen betreuten Wohnform können u.a. heilpädagogische oder therapeutische Heime, Kinderdörfer, Kinderhäuser zählen.

Die sozialrechtliche Einordnung entfaltet für die Anwendung des § 3 Nr. 11 EStG, welche sich an den tatsächlichen Verhältnissen orientiert, keine Tatbestandswirkung. Ob es sich um eine Betreuung in einer Vollzeitpflegestelle nach § 33 SGB VIII oder in einem Heim oder in einer sonstigen betreuten Wohnform nach § 34 SGB VIII handelt, bestimmt sich daher allein nach den tatsächlichen Verhältnissen der konkreten Unterbringung. Sonstige betreute Wohnformen i.S.d. § 34 SGB VIII sind nur dann gegeben, wenn sie als Einrichtung einen institutionalisierten Rahmen für die stationäre Betreuung über Tag und Nacht bieten; lediglich angemietete Wohnungen oder die bloße Überlassung von Wohnraum wie z.B. eines Zimmers im Haushalt der Betreuungsperson genügen nicht. Unter „Einrichtung“ ist eine auf eine gewisse

Dauer angelegte Verbindung von sächlichen und persönlichen Mitteln zu einem bestimmten Zweck unter der Verantwortung des Trägers zu verstehen. Privathaushalte der Betreuungspersonen sind daher in der Regel keine Einrichtungen i.S.d. § 34 SGB VIII (BFH vom 5. November 2014 VIII R 29/11, BStBl. 2017 II S. 432). Ausnahmen können im Einzelfall z.B. sog. familienangelehnte Wohngruppen darstellen, insbesondere dann, wenn neben den Pflegeeltern pädagogisch ausgebildete Fachkräfte beschäftigt werden.

Die Erziehung in sonstiger betreuter Wohnform i.S.d. § 34 SGB VIII wird anders als bei den meisten Pflegefamilien i.S.d. § 33 SGB VIII grundsätzlich durch besonders qualifizierte Fachkräfte übernommen, sodass diese Form der Erziehungshilfe in diesen Einrichtungen regelmäßig erwerbsmäßig ausgeübt wird und eine berufliche Tätigkeit der Betreuungsperson darstellt. Die hierfür gezahlten Gelder sind wegen ihres entgeltlichen Charakters keine Beihilfen i.S.d. § 3 Nr. 11 EStG und deshalb steuerpflichtig. Einnahmen einer Betreuungsperson gemäß § 34 SGB VIII für die Pflege, Betreuung, Unterkunft und Verpflegung eines behinderten oder von Behinderung bedrohten Menschen nach § 2 Abs. 1 SGB IX sind auch nicht nach § 3 Nr. 10 EStG steuerfrei.

Werden der Betreuungsperson Leistungen für die Bestreitung der Sach- und Unterhaltsaufwendungen des Kindes gezahlt, gilt Folgendes:

Ist die Betreuungsperson freiberuflich (§ 18 Abs. 1 Nr. 1 EStG) tätig, stellen die Zahlungen für die Bestreitung der Sach- und Unterhaltsaufwendungen des Kindes Betriebseinnahmen dar.

Grundsätzlich sind nur die tatsächlich angefallenen und auch nachgewiesenen Sach- und Unterhaltsaufwendungen für das Kind als Betriebsausgaben abziehbar. Aus Vereinfachungsgründen ist es jedoch nicht zu beanstanden, wenn statt der tatsächlich angefallenen und nachgewiesenen Betriebsausgaben ein Betriebsausgabenabzug für Sach- und Unterhaltskosten des Kindes in Höhe der hierfür erhaltenen kinderbezogenen Leistungen geltend gemacht wird. Der Betriebsausgabenabzug für anderweitige, im Zusammenhang mit der Kindesbetreuung entstandene Kosten, die keine Sach- und Unterhaltsaufwendungen für das Kind darstellen, bleibt unberührt.

## D. Intensive sozialpädagogische Einzelbetreuung (§ 35 SGB VIII)

Intensive sozialpädagogische Einzelbetreuung soll Jugendlichen gewährt werden, die einer intensiven Unterstützung zur sozialen Integration und zu einer eigenverantwortlichen Lebensführung bedürfen. Die Hilfe ist in der Regel auf längere Zeit angelegt und soll den individuellen Bedürfnissen des Jugendlichen Rechnung tragen. Adressaten dieser Form der Hilfe sind besonders belastete oder gefährdete Jugendliche, die Gewalt erlebt haben, Kontakt mit dem Drogen- und Prostituiertenmilieu haben und z.T. ohne feste Unterkunft oder Arbeit sind bzw. bereits häufig strafrechtlich in Erscheinung getreten sind. Der Jugendliche wird bei der Bewältigung persönlicher Krisen, der Gewinnung neuer Perspektiven sowie bei der Alltagsbewältigung in Schule, Ausbildung oder Arbeit durch eine Einzelperson intensiv begleitet.

Erfolgt die Betreuung eines Kindes bzw. Jugendlichen im Haushalt der Betreuungsperson, dann ist unabhängig von der sozialrechtlichen Qualifikation des Betreuungsverhältnisses als intensive sozialpädagogische Einzelbetreuung i.S.d. § 35 SGB VIII die steuerliche Beurteilung der hierfür gezahlten Pflegegelder ausschließlich nach Inhalt und Durchführung des individuellen Pflegeverhältnisses vorzunehmen. Maßgeblich ist, ob das Kind bzw. der Jugendliche zeitlich unbefristet Teil des Haushalts der Betreuungsperson sein soll und eine umfassende Betreuung erhält, die mit der eines leiblichen Kindes vergleichbar ist.

Leistungen, die aus öffentlichen Mitteln der Jugendhilfe für eine intensive sozialpädagogische Einzelbetreuung verhaltensauffälliger Kinder bzw. Jugendlicher erbracht werden, sind gemäß § 3 Nr. 11 EStG als steuerfreie Bezüge zu behandeln, wenn jeweils nur ein Kind bzw. ein Jugendlicher zeitlich unbefristet in den Haushalt des Betreuers aufgenommen und dort umfassend betreut wird.

Für die steuerliche Beurteilung nicht maßgebend ist der Umstand, dass die besondere Situation der Kinder bzw. Jugendlichen hohe Anforderungen an die persönliche und fachliche Qualifikation der Pflegeperson stellt und dementsprechend dessen pädagogisches Konzept Bestandteil des Betreuungsverhältnisses ist. Ebenso ist nicht allein deswegen von einer steuerpflichtigen Vergütung auszugehen, wenn der Betrag des bedarfsabhängig gezahlten Pflegegelds die Regelsätze für die Vollzeitpflege von Kindern und Jugendlichen übersteigt, solange mit der Zahlung kein vollständiger Ersatz des sachlichen und zeitlichen Aufwands der Pflegeeltern beabsichtigt ist. Der Steuerfreiheit widerspricht es schließlich auch nicht, wenn der Betreuer und die das Pflegegeld zahlende Stelle einen jederzeit kündbaren, privatrechtlichen Pflegevertrag abgeschlossen haben. Aus der jederzeitigen Kündigungsmöglichkeit kann dabei nicht ohne Weiteres gefolgert werden, dass das Betreuungsverhältnis nur kurzfristig bestehen soll (BFH vom 14. Juli 2020 VIII R 27/18, BStBl. 2021 II S. 672).

Die Annahme einer steuerpflichtigen erwerbsmäßigen Betreuung ist dagegen gerechtfertigt, wenn die Umstände des Pflegeverhältnisses für den Vergütungscharakter der gezahlten Gelder sprechen. Besonders ins Gewicht fallen dabei die Anzahl der durch die Pflegeperson betreuten Kinder bzw. Jugendlichen, sowie die Absicht einer nur kurzfristigen Betreuung.

## E. Leistungen des Jugendamtes über einen zwischengeschalteten Träger der freien Jugendhilfe

Werden die nach den vorstehenden Grundsätzen als steuerfreie Beihilfe gemäß § 3 Nr. 11 EStG zu beurteilenden Leistungen nach § 39 SGB VIII an Betreuungspersonen über einen zwischengeschalteten Träger der freien Jugendhilfe geleistet, steht dies der Einstufung als steuerfreie Beihilfen nach § 3 Nr. 11 EStG grundsätzlich nicht entgegen. Voraussetzung ist, dass der Finanzbedarf für die zur Betreuung erforderlichen Leistungen in den Haushaltsplänen des Trägers des zuständigen Jugendamts festgestellt wird und die Verwendung der Mittel der Rechnungskontrolle durch die Jugendhilfebehörde unterliegt. Gegenstand der notwendigen öffentlichen Rechnungskontrolle ist die Frage, ob die für ein bestimmtes Kind bewilligten Jugendhilfemittel an die vom freien Träger vertraglich zur Betreuung verpflichtete Pflegeperson tatsächlich abfließen. Es genügt für die erforderliche Kontrolle der zweckgerichteten Mittelverausgabung, wenn diese Feststellung der öffentlichen Hand anhand ggf. vom freien Träger vorzulegender Unterlagen möglich ist (BFH vom 25. März 2021 VIII R 37/19, BStBl. II S. 685).

Der Steuerfreiheit der Beihilfe i.S.d. § 3 Nr. 11 EStG steht es grundsätzlich auch nicht entgegen, wenn vom freien Träger von dem bewilligten Tagessatz ein Eigenanteil einbehalten und nur ein (Rest-)Betrag für die Betreuung (für Honorar, Sachkostenersatz und weiterzuleitendes Taschen- und Bekleidungsgeld) an die Pflegepersonen weitergeleitet wird.

Pflegegelder eines freien Trägers der Jugendhilfe, die ab dem 1. Januar 2022 geleistet werden, werden jedoch nur dann als nach den haushaltsrechtlichen Vorschriften verausgabt und der gesetzlich geregelten Kontrolle der Mittelverwendung genügend anerkannt, wenn anhand geeigneter Unterlagen (z.B. durch schriftliche Bestätigung des freien Trägers oder des beteiligten Jugendamts) dokumentiert ist, dass die nachstehenden Vorgaben kumulativ erfüllt sind (BFH vom 25. März 2021 VIII R 37/19, BStBl. II S. 685):

- das zuständige Jugendamt weiß, ob und in welcher Höhe der freie Träger einen Eigenanteil einbehält, und billigt dies;
- dem zuständigen Jugendamt steht gegen den freien Träger ein gesetzlicher oder vertraglicher Anspruch zu, aufgrund dessen es eine Rechnungslegung über die Mittelverwendung und die Vorlage geeigneter Nachweise verlangen kann.

Für Pflegegelder eines freien Trägers der Jugendhilfe, die bis zum 31. Dezember 2021 geleistet wurden, kann unterstellt werden, dass die o.g. Kriterien erfüllt sind.

**F. Erstattungen zur Unfallversicherung und Altersvorsorge**

Die Leistungen des Jugendamtes umfassen nach § 39 Abs. 4 SGB VIII auch die Erstattung nachgewiesener Aufwendungen für Beiträge zu einer Unfallversicherung sowie die hälftige Erstattung nachgewiesener Aufwendungen zu einer angemessenen Alterssicherung der Pflegeperson. Diese Teilbeträge sind nach § 3 Nr. 9 EStG steuerfrei. Das gilt auch dann, wenn die Geldleistungen an sich steuerpflichtig sind.

**G. Inobhutnahme von Kindern und Jugendlichen (§§ 42, 42a SGB VIII)**

Nach § 42 SGB VIII nimmt das Jugendamt unter bestimmten Voraussetzungen ein Kind oder einen Jugendlichen in seine Obhut und bringt das Kind oder den Jugendlichen bei einer geeigneten Person, in einer geeigneten Einrichtung oder in einer sonstigen Wohnform vorläufig unter. Nach § 42a SGB VIII erfolgt eine vorläufige Inobhutnahme von ausländischen Kindern und Jugendlichen nach unbegleiteter Einreise. In den Fällen der Sätze 1 und 2 gelten für die Unterbringung und Betreuung die vorstehenden Ausführungen entsprechend.

**H. Betreuungspersonen, die als Arbeitnehmer tätig sind**

Soweit die Betreuungsperson als Arbeitnehmer(in) tätig ist, kann nach § 3 Nr. 11 Satz 3 EStG keine Steuerbefreiung gewährt werden. Auch die Zahlung einer Sach- und Unterhaltskostenpauschale je Monat und Kind gehört grundsätzlich zu den Einkünften aus nichtselbständiger Arbeit. Sie kann jedoch aus Vereinfachungsgründen als steuerfreier Auslagenersatz nach § 3 Nr. 50 EStG behandelt werden, wenn sie den bei Vollzeitpflege nach § 33 SGB VIII gezahlten Sätzen entspricht. Die Pauschale gehört in diesem Fall nicht zum steuerpflichtigen Arbeitslohn. Gleiches trifft auf einmalige Beihilfen zu, die auf Einzelantrag unter Beifügung eines Nachweises erstattet werden. Korrespondierend dazu dürfen nach § 3c Abs. 1 EStG die damit abgegoltenen Aufwendungen nicht als Werbungskosten geltend gemacht werden.

Dieses Schreiben ersetzt das BMF-Schreiben vom 22. Oktober 2018 (BStBl. I S. 1109). Es ist in allen noch offenen Fällen anzuwenden.

# 1 § 18/5. Schreiben betr. ertragsteuerliche Behandlung der Kindertagespflege

Vom 6. April 2023
BMF IV C 6 - S 2246/19/10004 :004; DOK 2023/0351535
(BStBl. I S. 669)

Nach Erörterung mit den obersten Finanzbehörden der Länder gilt ab Veranlagungszeitraum 2023 für die ertragsteuerliche Behandlung der Kindertagespflege Folgendes:

## I. Definition der Kindertagespflege

Bei der Kindertagespflege nach § 22 Sozialgesetzbuch VIII (SGB VIII) wird von einer Kindertagespflegeperson ein einer Kindertagesstätte ähnliches Angebot im familiären Rahmen geboten. 1

## II. Einkunftsart

### 1. Selbständige Kindertagespflegeperson

Wird die Kindertagespflege im Haushalt der Kindertagespflegeperson, der Personensorgeberechtigten (z.B. Eltern) des Kindes oder in anderen geeigneten Räumen (z.B. in für die Durchführung der Kindertagespflege extra angemieteten Räumen außerhalb der Wohnung der Kindertagespflegeperson) vorgenommen und betreut die Kindertagespflegeperson Kinder verschiedener Personensorgeberechtigter eigenverantwortlich, handelt es sich um eine selbständige erzieherische Tätigkeit i.S.v. § 18 Abs. 1 Nr. 1 Einkommensteuergesetz (EStG). 2

### 2. Nichtselbständige Kindertagespflegeperson

Betreut die Kindertagespflegeperson ein Kind oder mehrere Kinder in dessen/deren Familie nach Weisungen der Personensorgeberechtigten, ist sie in der Regel Arbeitnehmer. Die Personensorgeberechtigten sind die Arbeitgeber. In diesem Fall erzielt die Kindertagespflegeperson Einkünfte aus nichtselbständiger Arbeit i.S.v. § 19 EStG. Von den Einnahmen aus der Tätigkeit als Kindertagespflegeperson können die tatsächlich angefallenen Werbungskosten (§ 9 Abs. 1 EStG) oder alternativ der Arbeitnehmerpauschbetrag (§ 9a Satz 1 Nr. 1 Buchst. a EStG) von 1230 € abgezogen werden. 3

## III. Ermittlung des Gewinns bei einer selbständigen Kindertagespflegeperson

### 1. Einnahmen

Nach § 23 SGB VIII erhält die Kindertagespflegeperson eine laufende Geldleistung, die neben der Erstattung des Sachaufwands die Förderungsleistung der Kindertagespflegeperson anerkennen soll. Diese Geldleistung ist als steuerpflichtige Einnahme aus freiberuflicher Tätigkeit i.S.d. § 18 Abs. 1 Nr. 1 EStG zu qualifizieren. Dies gilt unabhängig von der Anzahl der betreuten Kinder und von der Herkunft der vereinnahmten Mittel. § 3 Nr. 11 und 26 EStG sind nicht anwendbar. 4

Die vom Träger der öffentlichen Jugendhilfe geleisteten Erstattungen für Beiträge zu einer Unfallversicherung, die Erstattungen zu einer angemessenen Alterssicherung und zu einer angemessenen Kranken- und Pflegeversicherung 5 nach § 23 Abs. 2 Satz 1 Nr. 3 und 4 SGB VIII sind nach § 3 Nr. 9 EStG steuerfrei.

**2. Abzug der tatsächlichen Betriebsausgaben**

6 Von den steuerpflichtigen Einnahmen (vgl. III.1) sind die tatsächlich angefallenen und nachgewiesenen Betriebsausgaben abzuziehen.

7 Zu den Betriebsausgaben einer Kindertagespflegeperson gehören zum Beispiel folgende tätigkeitsbezogene Aufwendungen für

- Nahrungsmittel, Ausstattungsgegenstände (Mobiliar), Beschäftigungsmaterialien, Fachliteratur, Hygieneartikel,
- Miete und Betriebskosten der zur Kinderbetreuung genutzten Räumlichkeiten,
- Kommunikationskosten,
- Weiterbildungskosten,
- Beiträge für Versicherungen, soweit unmittelbar mit der Tätigkeit im Zusammenhang stehend,
- Fahrtkosten,
- Freizeitgestaltung.

8 Keine Betriebsausgaben sind die von der Kindertagespflegeperson gezahlten Beiträge zur Alterssicherung, Unfallversicherung und zu einer angemessenen Kranken- und Pflegeversicherung.

**3. Betriebsausgabenpauschalen**

**a) Betriebsausgabenpauschale für betreute Kinder**

9 Bei der Ermittlung der Einkünfte aus der Tätigkeit als Kindertagespflegeperson wird aus Vereinfachungsgründen zugelassen, dass anstelle der tatsächlichen Betriebsausgaben von den erzielten Einnahmen 400 € je Kind und Monat pauschal als Betriebsausgaben abgezogen werden. Der Betriebsausgabenpauschale liegt eine wöchentliche Betreuungszeit von 40 Stunden zugrunde. Weicht die tatsächlich vereinbarte Betreuungszeit hiervon ab, ist die Betriebsausgabenpauschale zeitanteilig nach der nachfolgenden Formel zu kürzen:

$$\frac{400\text{ €} \times \text{vereinbarte wöchentliche Betreuungszeit (max. 40 Stunden)}}{(8\text{ Stunden} \times 5\text{ Tage} =)\ 40\text{ Stunden}}$$

10 Bei tageweiser Belegung von sog. Freihalteplätzen (vgl. Ausführungen unter b) ist die ggf. nach der obigen Formel gekürzte Betriebsausgabenpauschale von 400 €/Monat/Kind zeitanteilig (Zahl der belegten Tage/pauschal 20 Arbeitstagen im Monat) zu gewähren.

11 Für Zeiten, in denen die Kindertagespflegeperson verhindert ist, die vereinbarten Betreuungszeiten selbst zu absolvieren (z.B. aufgrund von Urlaub, Krankheit oder Fortbildung), kann die Betriebsausgabenpauschale nur dann abgezogen werden, wenn das Betreuungsgeld für diese Zeit weitergezahlt wird.

12 Die Betriebsausgabenpauschale kann auch dann abgezogen werden, wenn die Kindertagespflegestätte aufgrund von Maßnahmen nach dem Infektionsschutzgesetz (IfSG) geschlossen wurde und die Kindertagespflegeperson in der Schließzeit keine Geldleistungen i.S.v. Rn. 4 mehr erhält.

Hat die Kindertagespflegeperson Leistungen nach § 56 Abs. 1 bis 4 IfSG erhalten, sind weder die Betriebsausgabenpauschale (Rn. 9) noch die tatsächlichen Betriebsausgaben (Rn. 6 und 7) nach § 3c Abs. 1 EStG zu kürzen. 13

**b) Betriebsausgabenpauschale für Freihalteplätze**

Werden der Kindertagespflegeperson nach § 23 SGB VIII laufende Geldleistungen für sog. Freihalteplätze gezahlt, die im Fall einer Krankheits-, Urlaubs- oder Fortbildungsvertretung einer anderen Kindertagespflegeperson kurzfristig belegt werden können, wird bei der Ermittlung der Einkünfte aus selbständiger Arbeit aus Vereinfachungsgründen zugelassen, dass anstelle der tatsächlichen Betriebsausgaben von den für den Freihalteplatz gezahlten Einnahmen 50 € je Freihalteplatz und Monat pauschal als Betriebsausgaben abgezogen werden. Bei Belegung der Freihalteplätze ist die Betriebsausgabenpauschale zeitanteilig (Verhältnis der Tage der Belegung des Freihalteplatzes im Monat zu pauschal 20 Arbeitstagen im Monat) zu kürzen. 14

**c) Voraussetzungen für den Abzug der Betriebsausgabenpauschale**

Findet die Betreuung im Haushalt der Personensorgeberechtigten oder in unentgeltlich zur Verfügung gestellten Räumlichkeiten als selbständige Tätigkeit statt, können die Betriebsausgabenpauschalen nicht abgezogen werden. In diesen Fällen ist nur der Abzug der tatsächlichen Betriebsausgaben möglich. 15

Die Betriebsausgabenpauschalen dürfen nur bis zur Höhe der Betriebseinnahmen abgezogen werden. 16

Es können entweder die Betriebsausgabenpauschalen in Anspruch genommen oder die tatsächlichen Betriebsausgaben abgezogen werden. Neben den Betriebsausgabenpauschalen ist ein zusätzlicher Abzug tatsächlicher Betriebsausgaben nicht zulässig. 17

## IV. Berechnungsbeispiel zur Ermittlung der Betriebsausgabenpauschalen

Eine Kindertagespflegeperson betreut im Jahr 01 vier Kinder. Zudem hält die Kindertagespflegeperson einen Freihalteplatz vor. Kind 1 wird von Januar bis Dezember für jeweils 40 Wochenstunden betreut. Kind 2 wird von Februar bis November für 20 Wochenstunden betreut. Im Juni wird Kind 2 für 3 Wochen krankheitsbedingt nicht betreut. Die Zahlungen des Trägers der öffentlichen Jugendhilfe bleiben jedoch unverändert. Kind 3 wird von August bis Dezember für 45 Wochenstunden betreut. Kind 4 wird von Januar bis Dezember betreut, jedoch nur an 2 Tagen in der Woche für jeweils 9 Stunden. 18

Der Freihalteplatz ist nur im November für 12 Tage für jeweils 6 Stunden (Kind 5) und im Dezember für 4 Tage für jeweils 8 Stunden (Kind 6) belegt.

**Lösung:**

Die Kindertagespflegeperson kann im Jahr 01 folgende Betriebsausgabepauschalen geltend machen: 19

| Kind | Berechnung der Pauschale | Pauschale |
|---|---|---|
| Kind 1 | 400 € × 12 Monate | 4800 € |
| Kind 2 | 200 € (400 € × 20 Stunden vereinbarte wöchentliche Betreuungszeit/40 Stunden) × 10 Monate | 2000 € |
| Kind 3 | 400 € × 5 Monate | 2000 € |
| Kind 4 | 180 € (400 € × 18 Stunden vereinbarte wöchentliche Betreuungszeit/40 Stunden) × 12 Monate | 2160 € |
| Kind 5 (Belegung Freihalteplatz im November) | 6/8 × 400 € × 12 Tage/20 Tagen | 180 € |
| Kind 6 | 400 € × 4 Tage/20 Tagen | 80 € |

| Kind | Berechnung der Pauschale | Pauschale |
|---|---|---|
| (Belegung Freihalteplatz im Dezember) | | |
| Freihalteplatz | 50 € × 10 Monate (Januar bis Oktober)<br>50 € × 8 Tage/20 Tage für November<br>50 € × 16 Tage/20 Tage für Dezember | 500 €<br>20 €<br>40 € |

## V. Aufhebung BMF-Schreiben

Das BMF-Schreiben vom 11. November 2016 (BStBl. I S. 1236) ist letztmalig im Veranlagungszeitraum 2022 anzuwenden.

# 1 § 20/1. Schreiben betr. steuerliche Behandlung von „Cum/Cum-Transaktionen"

Vom 9. Juli 2021

BMF IV C 1 - S 2252/19/10035 :014; DOK 2021/0726914

(BStBl. I S. 995)

**Bezug:** Neufassung des BMF-Schreibens vom 17. Juli 2017 (BStBl. I S. 986)

**Inhaltsverzeichnis**



Nach Erörterung mit den obersten Finanzbehörden der Länder gelten für die steuerliche Behandlung von Cum/Cum-Transaktionen die folgenden Grundsätze:

## I. Begriffsbestimmung

### 1. Cum/Cum-Transaktion

Der Begriff Cum/Cum-Transaktion steht im Wortsinn für eine Aktientransaktion, bei der das schuldrechtliche Verpflichtungsgeschäft „mit Dividendenberechtigung" vereinbart wird und die anschließende Lieferung der Aktien (dingliches Verfügungsgeschäft) ebenfalls „mit Dividendenberechtigung" erfolgt. Lieferung mit Dividendenberechtigung meint, dass dem Erwerber das zivilrechtliche Eigentum an den Aktien noch vor oder spätestens am Dividendenstichtag (= Tag der Hauptversammlung der ausschüttenden Gesellschaft) verschafft wird. 1

### 2. Cum/Cum-Gestaltungen

2 Cum/Cum-Gestaltungen sind in der Regel dadurch gekennzeichnet, dass unmittelbar vor dem Dividendenstichtag inländische Aktien zur Vermeidung einer Definitivbelastung mit Kapitalertragsteuer (KapSt), insbesondere bei Steuerausländern, durch Cum/Cum-Transaktionen auf einen anrechnungsberechtigten Steuerinländer übertragen werden (vgl. Rz. 8-10).

### 3. Strukturierte Wertpapierleihe

3 Sogenannte strukturierte Wertpapierleihegeschäfte sind in der Regel dadurch gekennzeichnet, dass die Aktien an einen Entleiher verliehen werden, bei dem die Dividendenerträge nach § 8b Abs. 1 Körperschaftsteuergesetz (KStG) von der Steuer befreit sein sollen. Insgesamt handelt es sich bei der strukturierten Wertpapierleihe – anders als bei Cum/Cum-Gestaltungen – um eine Gestaltung, bei der beim Entleiher künstlich ein Betriebsausgabenüberhang geschaffen werden soll.

4 Dieser Betriebsausgabenüberhang entsteht für den Entleiher durch die an den Verleiher zu entrichtenden Entgelte (u.a. Dividendenkompensationszahlung und Wertpapierleihegebühr), denen infolge der Steuerbefreiung für Dividenden nach § 8b Abs. 1 KStG kein steuerpflichtiger Ertrag in Form der Dividende gegenübersteht. Bei Cum/Cum-Gestaltungen wird dagegen die Vermeidung der Definitivbelastung mit KapSt, insbesondere durch Steuerausländer, angestrebt. Anders als bei Cum/Cum-Gestaltungen werden bei strukturierten Wertpapierleihegeschäften auch ausländische Aktien (ohne inländische KapSt-Belastung) übertragen. Cum/Cum-Gestaltungen und strukturierte Wertpapierleihegeschäfte können kombiniert auftreten.

5 Für die wirtschaftliche Zurechnung von Wertpapieren im Rahmen der strukturierten Wertpapierleihe gelten die Ausführungen im BMF-Schreiben zur wirtschaftlichen Zurechnung bei Wertpapiergeschäften vom 9. Juli 2021 (BStBl. I S. 1002)[1].

## II. Materiell-rechtliche Ausgangssituation

### 1. Steuerausländer beim Bezug inländischer Dividenden

6 Wenn ein Steuerausländer Dividenden aus Deutschland bezieht, ist – ebenso wie beim Steuerinländer – KapSt in Höhe von 25 % einzubehalten. Aufgrund der Abkommen zur Vermeidung der Doppelbesteuerung (DBA) wird die für Steuerausländer einbehaltene KapSt in vielen Fällen teilweise erstattet. In der Regel verbleibt eine Definitivsteuerbelastung des Steuerausländers in Höhe von 15 %, da Deutschland als Quellenstaat ein begrenztes Quellensteuerrecht eingeräumt wird (vgl. Art. 10 Abs. 2 Buchst. b OECD-Musterabkommen).

7 **Beispiel 1 (aus Vereinfachungsgründen ohne Solidaritätszuschlag):**
Ein Steuerausländer hält Aktien einer inländischen Aktiengesellschaft. Im Rahmen der Ausschüttung erhält er eine Bruttodividende von 10.000 €. Dies ergibt folgenden Nettoertrag:

| | | |
|---|---|---|
| Bruttodividende | | 10.000 € |
| ./. | KapSt | ./. 2.500 € |
| + | Erstattung aufgrund DBA-Regelung | +1.000 € |
| Nettoertrag | | 8.500 € |

[1] Nr. **800** § 39/1.

In Höhe von 1.500 € hat der Steuerausländer keinen Erstattungsanspruch. Die Dividende ist in Deutschland endgültig mit 15 % KapSt belastet.

## 2. Cum/Cum-Gestaltungen bei Steuerausländern

Cum/Cum-Gestaltungen sind dadurch gekennzeichnet, dass ein Steuerauslän- 8
der die Definitivbelastung mit KapSt auf Dividendenausschüttungen vermeidet, indem er seine inländischen Aktien vor dem Dividendenstichtag auf eine inländische KapSt-anrechnungsberechtigte Person (z.B. inländische Bank) überträgt und nach der Ausschüttung der Dividende wieder zurückübertragen bekommt. Die Übertragung der Aktien kann z.B. durch ein Wertpapierleihegeschäft (= die inländische KapSt-anrechnungsberechtigte Person leiht sich die Aktien über den Dividendenstichtag vom Steuerausländer), durch ein Kassageschäft (= die inländische KapSt-anrechnungsberechtigte Person kauft vor dem Dividendenstichtag die Aktien vom Steuerausländer und veräußert sie nach dem Dividendenstichtag zurück) oder durch ein Wertpapierpensionsgeschäft (Repo-Geschäfte) erfolgen.

Cum/Cum-Gestaltungen sind in der Regel wirtschaftlich so ausgestaltet, dass 9
bei der inländischen KapSt-anrechnungsberechtigten Person ein prozentualer Anteil der Bruttodividende verbleibt.

Im Ergebnis soll durch diese Gestaltungen die beim Steuerausländer steuer- 10
pflichtige Dividende in eine nicht steuerpflichtige Kompensationszahlung aus dem Wertpapierleihegeschäft bzw. in einen nicht steuerpflichtigen Veräußerungsgewinn aus dem Kassageschäft umgewandelt werden. Die einzelnen Transaktionen unterscheiden sich in der Dauer ihres Bestehens (Leihezeitraum) und in der Rendite.

## III. Grundsätze der materiell-rechtlichen Beurteilung von Cum/Cum-Gestaltungen

Nach § 39 Abs. 1 AO sind Wirtschaftsgüter grundsätzlich dem (zivilrecht- 11
lichen) Eigentümer zuzurechnen. Abweichend von diesem Grundsatz ist das Wirtschaftsgut gemäß § 39 Abs. 2 Nr. 1 AO nicht dem zivilrechtlichen Eigentümer zuzuordnen, wenn ein anderer als der zivilrechtliche Eigentümer die tatsächliche Sachherrschaft über die Aktien ausübt.

Bei Cum/Cum-Gestaltungen geht zwar das zivilrechtliche Eigentum an den 12
Aktien mit der Einbuchung der Wertpapiere in das Depot des Entleihers bzw. Erwerbers (sachenrechtliches Erfüllungsgeschäft) vor dem Dividendenstichtag auf den Entleiher bzw. Erwerber über. Die anlässlich der Transaktion abgeschlossenen Verträge und die Art ihres Vollzugs bewirken aber, dass das wirtschaftliche Eigentum nicht auf den zivilrechtlichen Eigentümer der Aktien übergeht. Bei Cum/Cum-Gestaltungen erfolgt kein endgültiger Übergang der Chancen und Risiken, die mit dem Eigentum an den Wertpapieren üblicherweise verbunden sind. Der Empfänger der Aktien überträgt die Aktien nach der Dividendenausschüttung an seinen Vertragspartner zurück und trägt bis zur Rückübertragung der Aktien keine Kursrisiken, da er entweder

- die Aktien über eine Wertpapierleihe vom Veräußerer übertragen bekommt,
- der Verkaufspreis im Falle der Rückveräußerung als Bestandteil der Gestaltung bereits feststeht oder
- die Aktien während der Haltedauer im Rahmen des Gesamtkonzepts gegen Kursschwankungen gesichert werden.

13 Die Übertragung der Wertpapiere an den Empfänger ist nicht darauf angelegt, diesem die Erträge aus den übertragenen Wertpapieren in einem wirtschaftlichen Sinne zukommen zu lassen oder ihm die Möglichkeit zu eröffnen, aus den Geschäften einen Liquiditätsvorteil zu erzielen. Der Empfänger der Aktien wird vielmehr aufgrund der anlässlich der Übertragung der Aktien abgeschlossenen Rechtsgeschäfte gegen die Risiken abgeschirmt, die mit dem Halten der Aktien verbunden sind. Bei Cum/Cum-Gestaltungen erhält der Empfänger einen Anteil an der während seines zivilrechtlichen Eigentums ausgeschütteten Dividende als Entgelt für seine Mitwirkung an der Durchführung der Gestaltung (vgl. Rz. 9). Dieser Anteil kann direkt aus einer prozentualen Beteiligung an der Dividendenzahlung berechnet sein, die der Empfänger der Aktien vor Weiterleitung der Dividende an seinen Vertragspartner einbehält. Möglich ist auch die Erzielung eines Vorteils aus Rechtsgeschäften mit dem Veräußerer, die anlässlich der Übertragung der Aktien abgeschlossen werden. Diese Vorteile können insbesondere

– aus „Provisionszahlungen" oder „Gebühren", die vom Veräußerer an den Erwerber der Aktien geleistet werden, oder
– aus Zinserträgen der mit der Wertpapierübertragung in Zusammenhang stehenden Darlehensgeschäften resultieren.

14 Kann der Empfänger der Aktien während der Dauer der Cum/Cum-Gestaltung seine Rendite durch die Weiterverwendung der Aktien über den erhaltenen Anteil an der Cum/Cum-Gestaltung hinaus verbessern, schließt dies nicht die vom zivilrechtlichen Eigentum abweichende wirtschaftliche Zuordnung beim Veräußerer aus. Die Aktien werden nach Beendigung der Cum/Cum-Gestaltung wieder zurückübertragen. Außerdem erhält der Erwerber, wirtschaftlich betrachtet, nicht den während der Haltedauer aus den gehaltenen Aktien maßgebend erzielbaren Ertrag in Höhe der Dividendenzahlung.

15 Die nur kurzfristige Haltedauer der Aktien um den Dividendenstichtag ist ein Indiz für das Vorliegen einer Cum/Cum-Gestaltung, da Cum/Cum-Gestaltungen darauf angelegt sind, kurzfristig Aktien auf einen Empfänger zu übertragen, um die Belastung der Dividendenzahlung mit KapSt zu vermeiden bzw. zu reduzieren. Dieses Ziel kann aber auch bei Haltedauern erreicht werden, die sich über einen längeren Zeitraum erstrecken und nicht nur wenige Tage um den Dividendenstichtag betragen.

16 Bei Cum/Cum-Gestaltungen ist neben der Frage der Zurechnung des wirtschaftlichen Eigentums, die vorrangig nach § 39 AO zu prüfen ist, bezüglich der sonstigen steuerlichen Folgen zu prüfen, ob ein Missbrauch von rechtlichen Gestaltungsmöglichkeiten (Gestaltungsmissbrauch) i.S.d. § 42 Abs. 2 AO vorliegt. Bei Cum/Cum-Gestaltungen besteht der eigentliche Zweck in der Vermeidung der Definitivbelastung mit Kapitalertragsteuer auf Dividendenausschüttungen (vgl. Rz. 2 und 8-10). Die Umgehung der Definitivbelastung ist missbräuchlich und führt zu einem gesetzlich nicht vorgesehenen Steuervorteil. Als Rechtsfolge ist der vorliegende Sachverhalt so zu beurteilen, als ob eine angemessene rechtliche Gestaltung gewählt worden wäre. Der Besteuerung ist ein fiktiver den wirtschaftlichen Vorgängen angemessener Sachverhalt zugrunde zu legen und nicht der tatsächlich realisierte Sachverhalt. Dabei sind insbesondere diejenigen steuerlichen Folgen zugrunde zu legen, die mit der konkret gewählten Gestaltung umgangen werden sollten. In diesem Fall wären Dividendeneinkünfte dem wirtschaftlichen Eigentümer der Aktien zugerechnet worden. Die Kapitalertragsteuer wäre für Rechnung des steuerlichen Anteils-

eigners einbehalten worden und nicht für Rechnung des Empfängers der Aktien. Dem Empfänger der Aktien ist die Geltendmachung der mit der Gestaltung zusammenhängenden Aufwendungen, insbesondere aus der Nichtanrechnung bzw. Rückforderung der Kapitalertragsteuer, zu versagen.

Ergibt die Prüfung des § 39 AO, dass der Empfänger der Aktien auf Grundlage der Prüfung des § 39 AO das wirtschaftliche Eigentum erlangt hat, sind die weiteren steuerlichen Folgen ebenfalls auf Grundlage des § 42 AO zu prüfen. 17

### Rechtsfolge

Der Empfänger der Aktien aus einer Cum/Cum-Gestaltung ist nicht der steuerliche Anteilseigner nach § 20 Abs. 5 EStG. Er ist nicht zur Anrechnung oder Erstattung der auf die Dividendenzahlung abgeführten KapSt befugt. Die auf die Dividendenzahlung abgeführte KapSt ist nicht auf die Steuerschuld des Empfängers der Aktien anzurechnen oder an den Empfänger zu erstatten. Wurde bei der Dividendenzahlung kein KapSt-Abzug vorgenommen oder die einbehaltene KapSt erstattet, ist die KapSt nachzuzahlen. 18

## IV. Beispielhafte und nicht abschließende Aufzählung von Fallgestaltungen bei Cum/Cum-Gestaltungen und ihre steuerlichen Folgen

### 1. Cum/Cum-Gestaltungen auf Grundlage einer Wertpapierleihe (Grundfall)

Im Rahmen von Cum/Cum-Gestaltungen auf Grundlage einer Wertpapierleihe verleihen nicht bzw. nicht voll KapSt-anrechnungsberechtigte Aktionäre (Verleiher der Aktien) ihre Aktien für einen kurzen Zeitraum über den Dividendenstichtag an einen voll KapSt-anrechnungsberechtigten inländischen Empfänger (Entleiher der Aktien). Als ein kurzer Zeitraum über den Dividendenstichtag gilt in jedem Fall eine Haltedauer von weniger als 45 Tagen. Der Entleiher der Aktien vereinnahmt die Dividende ohne Abzug von KapSt bzw. macht die einbehaltene KapSt im Wege der Anrechnung oder Erstattung geltend. Die aus der Wertpapierleihe vom Entleiher der Aktien an den Verleiher der Aktien geschuldete Kompensationszahlung ist regelmäßig niedriger als die (Brutto-) Dividendenzahlung. 19

**Beispiel 2 (aus Vereinfachungsgründen ohne Solidaritätszuschlag):** 20

| | | Ergebnis |
|---|---|---|
| Der Entleiher der Aktien erhält die Nettodividende i.H.v. | | + 750 € |
| + | Steuergutschrift in Höhe der KapSt von | + 250 € |
| ./. | leistet eine Kompensationszahlung an den Verleiher der Aktien i.H.v. 90 % der Bruttodividende | ./. 900 € |
| ./. | zahlt ein Darlehensentgelt in Höhe von 4,25 % p. a. des Aktienwertes (Kurs: 72,40 € × 100 Stück = 7.240 € × 4,25 %/360 Tage × 14 Tage) | ./. 12 € |
| Gewinn | | 88 € |
| Der Steuerausländer erhält die Kompensationszahlung von | | 900 € |
| und ein Darlehnsentgelt von | | 12 € |
| Insgesamt | | 912 € |
| Ohne Gestaltung blieben dem Verleiher 85 % der Bruttodividende | | 850 €. |

Der ausländische Verleiher der Aktien erzielt einen Gewinn von 912 €, der im Inland nicht der Besteuerung unterliegt.

**Rechtsfolge nach Anwendung der Grundsätze zu III.:**

Die KapSt ist beim Entleiher nicht anrechenbar.

| | |
|---|---|
| Änderung des Ergebnisses: | |
| bisheriger Gewinn des Entleihers | 88 € |
| Rückforderung KapSt vom Entleiher: | ./. 250 € |
| Verlust | ./. 162 € |
| Außerbilanzielle Korrektur des sich aus der Nichtanrechnung der KapSt ergebenden bilanziellen Verlustes | + 162 € |
| Steuerliches Ergebnis | 0 € |

## 2. Cum/Cum-Gestaltungen auf Grundlage eines steuerinduzierten Kassageschäftes

21 Im Rahmen von Cum/Cum-Gestaltungen auf Grundlage eines Kassageschäftes verkauft ein nicht bzw. nicht voll KapSt-anrechnungsberechtigter Aktionär Aktien mit Dividendenanspruch kurz vor dem Dividendenstichtag an einen voll KapSt-anrechnungsberechtigten Käufer im Inland mit dem Ziel der kurzfristigen Rückübertragung nach dem Dividendenstichtag. Der inländische Käufer vereinnahmt die Dividende ohne Abzug von KapSt oder macht die einbehaltene KapSt im Wege der Anrechnung oder Erstattung geltend. Ist bei Erwerb der Aktien der Preis für die Rückübertragung an den Veräußerer zwischen den Parteien nicht festgelegt, werden bei steuerinduzierten Cum/Cum-Transaktionen zur Absicherung von Marktrisiken regelmäßig zeitgleich mit dem Kauf der Aktien Absicherungsgeschäfte vereinbart, insbesondere über Future- und Swapgeschäfte. Die positive Marge für den inländischen KapSt-anrechnungsberechtigten Käufer entsteht dann dadurch, dass die Preise der Wertpapierkäufe und die Entgelte der Sicherungsgeschäfte entsprechend vereinbart werden.

22 Für diese Gestaltung eignen sich als inländische Beteiligte insbesondere Kredit- und Finanzdienstleistungsinstitute, Lebens- und Krankenversicherungsunternehmen sowie andere Kapitalgesellschaften, bei denen § 8b Abs. 7 oder 8 KStG Anwendung findet.

23 **Beispiel 3 (aus Vereinfachungsgründen ohne Solidaritätszuschlag):**

Der nicht bzw. nicht voll KapSt-anrechnungsberechtigte Aktionär verkauft seine Aktien zu einem Preis von 10.000 € zwei Tage vor dem Dividendenstichtag an eine inländische Bank. Die Bank erhält die Dividende von 1.000 € abzüglich 250 € KapSt. Der Kurs der Aktie beträgt nach der Dividendenausschüttung 9.000 € (sog. Dividendenabschlag). Die inländische Bank verkauft die Aktien unmittelbar nach dem Dividendenstichtag zu dem vorab festgelegten Preis von 9.030 € zurück an den Steuerausländer. Da der Preis für den Verkauf der Aktien vorab festgelegt wurde, wurden Kursdifferenzen nicht durch Absicherungsgeschäfte ausgeglichen.

| | | **Ergebnis** |
|---|---|---|
| Anschaffung der Aktien durch inländische Bank | | ./. 10.000 € |
| + | Nettodividende i.H.v. | + 750 € |
| + | Steuergutschrift in Höhe der KapSt von | + 250 € |
| + | verkaufte Aktien | + 9.030 € |
| Gewinn | | 30 € |

| | |
|---|---|
| Der Steuerausländer erhält einen Verkaufspreis von | 10.000 € |
| und zahlt beim Rückkauf | ./. 9.030 € |
| In Deutschland nicht zu versteuernder Ertrag i.H.v. | 970 € |

**Rechtsfolge nach Anwendung der Grundsätze zu III.:**

Die KapSt ist bei der inländischen Bank nicht anrechenbar.

| | |
|---|---|
| Änderung des Ergebnisses: | |
| bisheriger Gewinn der inländischen Bank | 30 € |
| Rückforderung der KapSt von der inländischen Bank | ./. 250 € |
| Verlust | ./. 220 € |
| Außerbilanzielle Korrektur des sich aus der Nichtanrechnung der KapSt ergebenden bilanziellen Verlustes | + 220 € |
| Steuerliches Ergebnis | 0 € |

## 3. Weitergereichte Wertpapierleihe bei gleichzeitigem Rückgeschäft mit festverzinslichen Wertpapieren

In einem ersten Schritt werden Aktien mit Dividendenanspruch kurz vor dem Dividendenstichtag von einem nicht bzw. nicht voll KapSt-anrechnungsberechtigten Aktionär an eine inländische voll KapSt-anrechnungsberechtigte Bank A verliehen. Im zweiten Schritt werden diese Aktien von der Bank A an eine voll KapSt-anrechnungsberechtigte inländische Bank B verliehen. Diese Leihe erfolgt (formal) als Sicherung für eine gleichzeitige Leihe von festverzinslichen Wertpapieren von Bank B an Bank A mit einer Leihgebühr über dem Marktniveau. Während der Leihe der festverzinslichen Wertpapiere fließen Bank A keine Zinsen zu. Entliehene Aktien werden nach dem Dividendenstichtag an die Bank A zurückübertragen. Teilweise werden die Aktien auch durch andere Aktien mit bevorstehendem Dividendenstichtag ersetzt. 24

Im wirtschaftlichen Ergebnis wird die Bank B damit so gestellt, als hätte sie die Cum/Cum-Transaktion unmittelbar mit dem Aktionär (Ausland) durchgeführt und daraus eine Marge von z.B. 1,5 % der Bruttodividende erzielt; bei der Bank A können z.B. 0,5 % verbleiben. Dabei trägt die Bank B kein Kursrisiko. Sie überträgt nach Ablauf des Leihezeitraumes die Aktien an die Bank A unabhängig von der Kursentwicklung und erhält ihr ursprüngliches Portfolio an festverzinslichen Wertpapieren wieder vollumfänglich zurück. 25

**Beispiel 4 (aus Vereinfachungsgründen ohne Solidaritätszuschlag):** 26

| | | Ergebnis |
|---|---|---|
| | Die Bank B erhält die Nettodividende | + 750 € |
| + | Steuergutschrift in Höhe der KapSt von | + 250 € |
| ./. | leistet an Bank A eine Kompensationszahlung i.H.v. 100 % der Bruttodividende | ./. 1.000 € |
| + | erhält für ihre festverzinslichen Wertpapiere von Bank A eine über dem Marktniveau liegende Leihgebühr von | 15 € |
| | Gewinn | 15 € |

| | | |
|---|---|---|
| | Die Bank A erhält die Kompensationszahlung von Bank B i.H.v. 100 % der Bruttodividende | 1.000 € |
| ./. | leistet an Bank B für die festverzinslichen Wertpapiere eine über dem Marktniveau liegende Leihgebühr von | ./. 15 € |
| ./. | leistet an den Aktionär (Ausland) für die entliehenen Aktien eine Kompensationszahlung von | ./. 980 € |
| | Gewinn | 5 € |

| | |
|---|---|
| Der Aktionär (Ausland) erhält von Bank A eine Kompensationszahlung i.H.v. 98 % der Bruttodividende | 980 € |
| **Rechtsfolge nach Anwendung der Grundsätze zu III.:** | |
| Die KapSt ist bei der Bank B nicht anrechenbar. | |
| Änderung des Ergebnisses: | |
| bisheriger Gewinn der Bank B | 15 € |
| Rückforderung der KapSt von der inländischen Bank B | ./. 250 € |
| Verlust | ./. 235 € |
| Außerbilanzielle Korrektur des sich aus der Nichtanrechnung der KapSt ergebenden bilanziellen Verlustes | + 235 € |
| Steuerliches Ergebnis | 0 € |

## 4. Cum/Cum-Gestaltungen auf der Grundlage von Wertpapierpensionsgeschäften (Repo-Geschäften)

27 Zwischen einer A-Bank mit Sitz im Ausland und einer inländischen B-Bank werden Wertpapierpensionsgeschäfte (Repo-Geschäfte) über deutsche Aktien mit Dividendenbezugsrecht geschlossen.

28 Die B-Bank erwirbt Aktien von der A-Bank vor dem Dividendenstichtag zum vereinbarten Preis. Die B-Bank erhält die Gewinnausschüttung und macht die Anrechnung der KapSt geltend. Die Nettodividende wird von der B-Bank an die A-Bank unmittelbar nach Erhalt, die einbehaltene KapSt nach der Erstattung bzw. Anrechnung durch das Finanzamt als Ausgleichszahlung weitergeleitet. Die B-Bank erhält eine Vergütung sowie einen Zinsertrag, der sich nach dem vereinbarten (marktüblichen) Zinssatz, dem jeweiligen Preis der Aktie und der individuellen Haltedauer bemisst. Die Bank veräußert die Aktien wenige Tage nach dem Dividendenstichtag zum ursprünglichen Preis an die A-Bank zurück.

29 **Beispiel 5 (aus Vereinfachungsgründen ohne Solidaritätszuschlag):**

| | | Ergebnis |
|---|---|---|
| **Auswirkungen bei der B-Bank:** | | |
| Kaufpreiszahlung an die A-Bank für die Aktien | | ./. 10.000 € |
| + | Nettodividende | + 750 € |
| + | Steuergutschrift in Höhe der KapSt von | + 250 € |
| ./. | Nettodividende an die A-Bank | ./. 750 € |
| ./. | angerechnete KapSt an die A-Bank | ./. 250 € |
| + | „Verkaufspreis" der Aktien (hier 10.000 €) | + 10.000 € |
| + | Vergütung (hier 3,5 % von 1.000 €) | + 35 € |
| + | Zinsertrag (marktüblich hier 1,2 % × 10.000/360 × 12 Tage) | + 4 € |
| Gewinn bei der B-Bank | | 39 € |

| | | |
|---|---|---|
| **Auswirkungen bei der A-Bank:** | | |
| Veräußerungserlös für die Aktien | | + 10.000 € |
| + | Ausgleichszahlung in Höhe der Bruttodividende | + 1.000 € |
| ./. | Vergütung und Zinsen | ./. 39 € |
| ./. | Zahlung Veräußerungspreis bei Rückerwerb | ./. 10.000 € |
| In Deutschland nicht zu versteuernder Ertrag i.H.v. | | + 961 € |

**Rechtsfolge nach Anwendung der Grundsätze zu III.:**

Die KapSt ist bei der inländischen Person (B-Bank) nicht anrechenbar.

| Änderung des Ergebnisses: | |
| --- | --- |
| bisheriger Gewinn der B-Bank | 39 € |
| Rückforderung der KapSt von der B-Bank | ./. 250 € |
| Verlust | ./. 211 € |
| Außerbilanzielle Korrektur des sich aus der Nichtanrechnung der KapSt ergebenden bilanziellen Verlustes | + 211 € |
| Steuerliches Ergebnis | 0 € |

## 5. Cum/Cum-Gestaltungen mit Investmentfonds

Ein inländischer Investmentfonds ist bis einschließlich 31. Dezember 2017 (bis zum Inkrafttreten der im Rahmen des Investmentsteuerreformgesetzes vom 19. Juli 2016 (BGBl. I S. 1730)[1] umgesetzten Neufassung des Investmentsteuergesetzes (InvStG) am 1. Januar 2018) von der Körperschaftsteuer und Gewerbesteuer gemäß § 11 Abs. 1 Satz 2 und 3 InvStG 2004 befreit. Die von den Kapitalerträgen des inländischen Investmentfonds einbehaltene und abgeführte KapSt wird dem Investmentfonds unter Einschaltung der Verwahrstelle nach § 11 Abs. 2 Satz 1 InvStG 2004 erstattet. Der Fonds erhält die Dividende ungekürzt, wenn er eine Bescheinigung i.S.d. § 11 Abs. 2 Satz 4 InvStG 2004 vorlegt. 30

### 5.1. Cum/Cum-Gestaltungen im Zusammenhang mit Kassageschäften auf Fondsebene

Im Rahmen der Kassa-Variante kauft der Investmentfonds Aktien inländischer Emittenten von ausländischen Banken bzw. Brokern und sichert Kursrisiken ab. Nach Eingang der Dividenden werden die Aktien wiederverkauft und die Sicherungsgeschäfte durch entsprechende Gegengeschäfte glattgestellt. 31

### 5.2. Cum/Cum-Gestaltungen im Zusammenhang mit Wertpapierleihegeschäften mit Aktien als Sicherheiten auf Fondsebene

Ein inländischer Investmentfonds verleiht festverzinsliche Wertpapiere an einen ausländischen Fonds. Als „Wertausgleich" wird (formal) als Sicherheit ein nachgeschaltetes Wertpapierleihegeschäft mit inländischen Aktien geschlossen. Die KapSt wird gemäß § 11 Abs. 2 InvStG 2004 an den inländischen Investmentfonds erstattet und über die Kompensationszahlungen größtenteils an den ausländischen Fonds weitergereicht. Wenige Monate später wird der inländische Investmentfonds aufgelöst. 32

**Rechtsfolge nach Anwendung der Grundsätze zu III.:** 33

Rückforderung beim inländischen Investmentfonds

Die an den inländischen Investmentfonds erstattete KapSt ist zurückzufordern. Im Fall der aufgrund einer Bescheinigung nach § 11 Abs. 2 Satz 4 InvStG 2004 unterlassenen Abführung der KapSt ist dieser Betrag von dem inländischen Investmentfonds nachzufordern.

**Haftungsinanspruchnahme der Depotbank** 34

Es ist eine Haftungsinanspruchnahme der Depotbanken gemäß § 11 Abs. 2 Satz 3 InvStG 2004, § 44 Abs. 5, § 45a Abs. 7 EStG zu prüfen. Dabei ist

[1] **Amtl. Anm.:** BStBl. I S. 731.

insbesondere zu berücksichtigen, dass Depotbanken regelmäßig eine eigene Buchführung für den Fonds erstellen, diese mit der Buchführung des Fonds abstimmen und bestehende Unstimmigkeiten ausräumen. Dadurch besitzen Depotbanken regelmäßig die Kenntnis über die Vertragsabschlüsse und einzelne Geschäftsvorgänge des Fonds und können so Cum/Cum-Gestaltungen erkennen.

### 6. Cum/Cum-Gestaltungen im Zusammenhang mit Kassageschäften und Erteilung einer Bescheinigung nach § 44a Abs. 5 EStG (sog. Dauerüberzahler)

35 Eine inländische GmbH erwirbt von einem nicht bzw. nicht voll KapSt-anrechnungsberechtigten Steuerausländer Aktien deutscher Kapitalgesellschaften im Rahmen eines Over the counter-Geschäfts (OTC-Geschäfts = außerbörsliches Geschäft) kurz vor dem Dividendenstichtag und veräußert diese unmittelbar nach der Dividendenausschüttung wieder an den Steuerausländer zurück. Kurschancen und -risiken werden (z.B. durch den Abschluss von Future-Geschäften) ausgeschlossen.

36 Der GmbH wurde auf Antrag eine Bescheinigung nach § 44a Abs. 5 EStG (Dauerüberzahler als Holdinggesellschaft) erteilt. Ein Steuerabzug für die Dividendenzahlungen wurde dementsprechend nicht vorgenommen. Die Depotbank schreibt die Dividenden gemäß § 44a Abs. 10 EStG ohne Steuerabzug auf dem Konto der GmbH gut. Die Sicherungsgeschäfte wurden jeweils so austariert, dass sich Gewinne und Verluste aus den Sicherungsgeschäften beinahe vollkommen mit den Gewinnen und Verlusten aus den Aktientransaktionen sowie den erhaltenen Dividenden ausgleichen.

37 Durch entsprechende Preisvereinbarungen bei den OTC-Aktiengeschäften wurden bewusst Preise unter oder über dem Börsenkurs vereinbart, sodass am Ende eine Rendite in Höhe von bis zu 3 % der Bruttodividende bei der GmbH verbleibt.

38 **Beispiel 6:**

Der nicht bzw. nicht voll KapSt-anrechnungsberechtigte Steuerausländer verkauft seine inländischen Aktien zu einem Preis von 10.000 € zwei Tage vor dem Dividendenstichtag an die B-GmbH. Die B-GmbH erhält die Bruttodividende i.H.v. 1.000 €, weil für die B-GmbH aufgrund einer Bescheinigung nach § 44a Abs. 5 EStG von der inländischen Depotbank (Bank A) keine KapSt einbehalten wurde (§ 44a Abs. 10 EStG). Der Kurs der Aktie beträgt nach der Dividendenausschüttung 9.000 €. Die B-GmbH verkauft nach dem Dividendenstichtag die inländischen Aktien zum aktuellen Kurswert von 9.000 € zurück an den Steuerausländer. Zur Vermeidung von Verlusten aus Kursdifferenzen werden Absicherungsgeschäfte getätigt. Hierzu erfolgen der Verkauf und die spätere Glattstellung von gegenläufigen Futures auf den Wert der inländischen Aktien als Basiswert. Der Verkaufspreis des Futures wird hierbei mit einem geringen Preiszuschlag angesetzt, wodurch bei der B-GmbH im Zeitpunkt der Glattstellung eine geringe Rendite verbleibt. Zum Zeitpunkt des Future-Verkaufs erfolgt kein Abfluss/Zufluss. Bei Glattstellung wird das Ergebnis aus dem Future-Geschäft ausgewiesen (im Beispielsfall + 30 €). Zur Erzielung der Rendite wurde ein verminderter Dividendenabschlag in der Preisbestimmung des Futures einbezogen.

| | | Ergebnis |
|---|---|---|
| Anschaffung der Aktien durch die B-GmbH | | ./. 10.000 € |
| + | Bruttodividende | + 1.000 € |
| + | Steuergutschrift i.H.v. | + 0 € |
| + | Erträge Future-Geschäft | + 30 € |
| + | Verkaufserlös bei Rückveräußerung der Aktien | + 9.000 € |
| Gewinn bei der B-GmbH | | 30 € |

| | | |
|---|---|---|
| Der Steuerausländer erhält einen Verkaufspreis von | | + 10.000 € |
| ./. | Aufwendung Future-Geschäft | ./. 30 € |
| + | Kaufpreis bei Rückerwerb der Aktien | ./. 9.000 € |
| Gewinn beim Steuerausländer | | 970 € |
| In Deutschland nicht zu versteuernder Mehrertrag i.H.v. | | + 970 € |

**Rechtsfolge nach den Grundsätzen zu III.:**

Rückforderung der Kapitalertragsteuer

Die Kapitalertragsteuer ist beim Steuerausländer nachzufordern. Die der B-GmbH nach § 44a Abs. 5 EStG erteilte Bescheinigung ist zurückzufordern. Da sie die Bescheinigung durch Angaben zur Geschäftstätigkeit erwirkt hat, die in wesentlicher Beziehung unrichtig oder unvollständig waren, kann eine Rücknahme gemäß § 130 Abs. 2 Nr. 3 AO erfolgen. Bei der Depotbank ist eine Nachforderung der Kapitalertragsteuer zu prüfen. Dies betrifft insbesondere Fallgestaltungen, in denen die Depotbank Cum/Cum-Gestaltungen unter Verwendung einer Dauerüberzahlerbescheinigung als Anlagemodell angeboten hat oder die Abwicklung der Transaktionen koordiniert hat. Die Inanspruchnahme weiterer Haftungsschuldner ist zu prüfen.

## V. Berichtigung von Erklärungen nach § 153 AO

Bei Vorliegen von Cum/Cum-Sachverhalten besteht dann eine Anzeige- und Berichtigungspflicht nach § 153 AO, wenn der Steuerpflichtige nachträglich vor Ablauf der Festsetzungsfrist erkennt, dass er diese Sachverhalte in seiner Steuererklärung objektiv unrichtig oder unvollständig erklärt hat und es dadurch zu einer Verkürzung von Steuern kommen kann oder bereits gekommen ist (vgl. Nrn. 1 bis 3 des AEAO zu § 153). 39

## VI. Anwendungsregelung

Dieses BMF-Schreiben ersetzt das BMF-Schreiben vom 17. Juli 2017 (BStBl. I S. 986) und ist in allen noch offenen Fällen anzuwenden. 40

# I § 20/9. Schreiben betr. Gesetz zur Reform der Investmentbesteuerung; Verhinderung von Gestaltungen mit Bond-Stripping im Privatvermögen

Vom 11. November 2016 (BStBl. I S. 1245)

(BMF IV C 1 – S 2283 – c/11/10001 :015; DOK 2016/1020950)

Wird ein Zinsschein oder eine Zinsforderung vom Stammrecht abgetrennt (Bond-Stripping), gilt dies nach § 20 Abs. 2 Satz 4 EStG i. d. Fassung des Investmentsteuerreformgesetzes vom 19. Juli 2016[1] als Veräußerung der Schuldverschreibung und als Anschaffung der durch die Trennung entstandenen Wirtschaftsgüter.

Im Einvernehmen mit den obersten Finanzbehörden der Länder gilt für die Bestimmung der Anschaffungskosten bei der Einlösung oder Veräußerung der neuen Wirtschaftsgüter (Zinsschein und gestrippte Anleihe) Folgendes:

Als Veräußerungserlös gilt der gemeine Wert (§ 9 BewG) des einheitlichen Wirtschaftsguts zum Zeitpunkt der Trennung. Als gemeiner Wert ist bei börsennotierten Schuldverschreibungen in der Regel der niedrigste im regulierten Markt notierte Kurs am Tag der Trennung anzusetzen. Der gemeine Wert der Schuldverschreibung gilt gleichzeitig als Anschaffungskosten der neuen Wirtschaftsgüter. Um die Anschaffungskosten auf den Zinsschein bzw. die Zinsforderung und das Stammrecht aufteilen zu können, ist wiederum deren gemeiner Wert zu ermitteln.

Da für diese Papiere im Zeitpunkt der Trennung typischerweise noch kein Börsenkurs existiert, ist deren gemeiner Wert grundsätzlich der nach finanzmathematischen Methoden ermittelte Barwert. Dabei ist der Barwert der „gestrippten" Anleihe aufgrund ihrer Unverzinslichkeit nach Maßgabe des § 12 Abs. 3 BewG mit einem Zinssatz von 5,5 % und unter Berücksichtigung der Laufzeit abzuzinsen. Der Barwert des Zinsscheins/der Zinsforderung ist unter Berücksichtigung des Zinssatzes der ursprünglichen Anleihe und der Laufzeit des Zinsscheins/der Zinsforderung zu ermitteln.

Die Summe der Barwerte der neuen Wirtschaftsgüter dürfte in der Regel dem gemeinen Wert der Schuldverschreibung entsprechen. Sofern eine Abweichung auftritt, ist eine Verhältnisrechnung vorzunehmen.

**Beispiel:**

Ein Anleger hat eine Schuldverschreibung zum Nennwert von 100 Euro erworben. Bei der Abtrennung des Zinskupons beträgt der Kurswert der Schuldverschreibung 110 Euro. Durch die Trennung erzielt der Anleger auf Grund der Neuregelung einen Kursgewinn von 10 Euro. Für das Stammrecht wird ein Barwert von 70 Euro und für den Zinskupon ein Barwert von 39 Euro ermittelt. Daher entfallen auf das Stammrecht 70 × 110/109 = 70,64 Euro und auf den Zinskupon 39 × 110/109 = 39,36 Euro als Anschaffungskosten.

---

[1] **[Amtl. Anm.:]** BGBl. 2016 I S. 1730, BStBl. 2016 I S. 731.

# 1 § 20/11. Schreiben betr. Auslegungsfragen zu § 20 Abs. 1 Nr. 10 EStG bei Betrieben gewerblicher Art als Schuldner der Kapitalerträge

Vom 28. Januar 2019

BMF IV C 2 - S 2706-a/15/10001; DOK 2019/0046925

(BStBl. I S. 97)

Geänd. durch BMF v. 4.4.2022 (BStBl. I S. 645)

Nach dem Ergebnis einer Erörterung mit den obersten Finanzbehörden der Länder gilt für die Auslegung des § 20 Abs. 1 Nr. 10 EStG, soweit Betriebe gewerblicher Art (BgA) Schuldner der in der Vorschrift genannten Kapitalerträge sind, Folgendes:

## A. Allgemeines

Durch das Steuersenkungsgesetz (StSenkG) vom 23. Oktober 2000 (BStBl. I S. 1428) und das Unternehmenssteuerfortentwicklungsgesetz (UntStFG) vom 20. Dezember 2001 (BStBl. 2002 I S. 35) sind in § 20 Abs. 1 Nr. 10 EStG für juristische Personen des öffentlichen Rechts neue Einkommenstatbestände eingeführt worden. 1

Zu Kapitaleinkünften der Trägerkörperschaft werden qualifiziert 2

- nach § 20 Abs. 1 Nr. 10 Buchst. a EStG:
  Leistungen eines nicht von der Körperschaftsteuer befreiten BgA mit eigener Rechtspersönlichkeit, z. B. Sparkassen, und
- nach § 20 Abs. 1 Nr. 10 Buchst. b EStG:
  - der durch Betriebsvermögensvergleich ermittelte Gewinn eines nicht von der Körperschaftsteuer befreiten BgA ohne eigene Rechtspersönlichkeit (soweit der Gewinn nicht den Rücklagen zugeführt wird),
  - der nicht den Rücklagen zugeführte Gewinn eines nicht bilanzierenden nicht von der Körperschaftsteuer befreiten BgA ohne eigene Rechtspersönlichkeit, der die in § 20 Abs. 1 Nr. 10 Buchst. b EStG genannte Umsatz- oder Gewinngrenze überschreitet (vgl. auch Rdnrn. 16 bis 18),
  - verdeckte Gewinnausschüttungen,
  - die Auflösung von Rücklagen des BgA zu Zwecken außerhalb des BgA,
  - die Gewinne i. S. d. § 22 Abs. 4 UmwStG und
  - die Gewinne aus Werbesendungen durch inländische öffentlich-rechtliche Rundfunkanstalten.

Diese Einkunftstatbestände führen nach § 2 Nr. 2 KStG zu einer beschränkten Steuerpflicht mit einer Kapitalertragsteuerbelastung von 15 % (§ 43 Abs. 1 Satz 1 Nr. 7 b und 7 c i. V. m. § 43 a Abs. 1 Satz 1 Nr. 2 EStG). Damit wird die wirtschaftliche Betätigung einer juristischen Person des öffentlichen Rechts unabhängig davon, ob sie in der Form eines BgA oder einer Kapitalgesellschaft ausgeübt wird, im Ergebnis der gleichen Steuerbelastung unterworfen. 3

Die Körperschaftsteuer für diese – dem Kapitalertragsteuerabzug unterliegenden – Einkünfte ist in der Regel nach § 32 Abs. 1 Nr. 2 KStG durch den Steuerabzug abgegolten. Die Kapitalertragsteuer von 15 % ist somit nicht anrechenbar (vgl. aber Rdnrn. 7 und 11). Erfüllt die Trägerkörperschaft des BgA 4 die Voraussetzungen des § 44 a Abs. 7 Satz 1 Nr. 2 oder 3 EStG, ist der Kapitalertragsteuerabzug nicht vorzunehmen; bei steuerpflichtigen wirtschaftlichen Geschäftsbetrieben von steuerbegünstigten BgA richtet sich die Abstandnahme vom Kapitalertragsteuerabzug nach § 44 a Abs. 7 Satz 1 Nr. 1 EStG.

## B. Leistungen eines BgA mit eigener Rechtspersönlichkeit (§ 20 Abs. 1 Nr. 10 Buchst. a EStG)

### I. Persönlicher Anwendungsbereich

5 Die Leistungen (Kapitalerträge) müssen von einem nicht von der Körperschaftsteuer befreiten BgA (vgl. § 1 Abs. 1 Nr. 6 i. V. m. § 4 KStG) stammen, der eine eigene Rechtspersönlichkeit besitzt. Er muss alle Merkmale einer juristischen Person des öffentlichen Rechts erfüllen, insbesondere im vollen Umfang rechtsfähig sein. Teilrechtsfähigkeit, wie sie bei öffentlich-rechtlichen Sondervermögen oder bei Landesbetrieben bzw. Eigenbetrieben die Regel ist, reicht nicht aus.

6 Von den Regelungen erfasst werden BgA mit eigener Rechtspersönlichkeit (z. B. in der Rechtsform des Zweckverbandes oder einer nach Landes- oder Kommunalrecht errichteten Anstalt des öffentlichen Rechts), die beispielsweise der Versorgung der Bevölkerung mit Wasser, Gas, Elektrizität oder Wärme (= Versorgungsbetriebe), dem öffentlichen Verkehr oder dem Hafenbetrieb dienen (§ 4 Abs. 3 KStG). Als weitere Beispiele kommen in Betracht: die öffentlich-rechtlich als rechtsfähige Anstalten betriebenen Sparkassen, Landesbanken und Versicherungen sowie Kreditinstitute, die nicht nach § 5 Abs. 1 Nr. 2 KStG steuerbefreit sind. Sind Teilbereiche öffentlich-rechtlicher Kreditinstitute von der Körperschaftsteuer befreit (z. B. Landesbanken mit den in § 5 Abs. 1 Nr. 2 KStG genannten steuerbefreiten Förderbereichen), ist § 20 Abs. 1 Nr. 10 Buchst. a EStG auf den nicht steuerbefreiten Bereich anzuwenden.

7 § 20 Abs. 1 Nr. 10 Buchst. a EStG findet aus Billigkeitsgründen auch dann Anwendung, wenn eine juristische Person des öffentlichen Rechts aus ihrem BgA ohne eigene Rechtspersönlichkeit Leistungen an eine andere juristische Person des öffentlichen Rechts (insbesondere an deren BgA) erbringt. Eine solche Leistung liegt nur vor, wenn die Beträge nicht zuvor der Besteuerung nach § 20 Abs. 1 Nr. 10 Buchst. b EStG unterlegen haben.

**Beispiel:**

Ein Zweckverband, der neben der Frischwasserversorgung (BgA) auch der Abwasserentsorgung (Hoheitsbetrieb) dient, beschließt bei Feststellung der Bilanz für 01, aus dem laufenden Gewinn des BgA von 1000 einen Betrag in Höhe von 200 für eine Leistung an die Mitgliedsgemeinden des Verbandes zu verwenden. Der Betrag von 200 gilt als Leistung i. S. d. § 20 Abs. 1 Nr. 10 Buchst. a EStG mit der Folge, dass beim Empfänger der Tatbestand des § 8 b Abs. 1 Satz 1 KStG erfüllt ist, wenn der Betrag bei ihm einem BgA zuzurechnen ist. Der Restbetrag von 800 unterliegt § 20 Abs. 1 Nr. 10 Buchst. b EStG. Wird der Betrag von 800 im Folgejahr vom Zweckverband an die Mitgliedsgemeinden überführt, löst dies nicht die Rechtsfolge des § 20 Abs. 1 Nr. 10 EStG aus. Ist dieser Betrag beim Empfänger einem BgA zuzurechnen, löst dies nicht die Rechtfolge des § 8 b Abs. 1 Satz 1 KStG aus. Hätte der Verband den anteiligen Gewinn von 800 zulässigerweise in eine Rücklage i. S. d. § 20 Abs. 1 Nr. 10 Buchst. b EStG eingestellt, diese dann aber in 03 aufgelöst, um den Betrag von 800 für eine Leistung an die Mitgliedsgemeinden zu verwenden, ist auf diese Leistung § 20 Abs. 1 Nr. 10 Buchst. a EStG anzuwenden.

## II. Sachlicher Anwendungsbereich

Der sachliche Anwendungsbereich des § 20 Abs. 1 Nr. 10 Buchst. a EStG **8** erstreckt sich auf Leistungen, die zu Einnahmen führen, die mit Gewinnausschüttungen i. S. d. § 20 Abs. 1 Nr. 1 EStG wirtschaftlich vergleichbar sind. Dazu gehören auch verdeckte Gewinnausschüttungen (§ 20 Abs. 1 Nr. 1 Satz 2 EStG) sowie Gewinnübertragungen, die aus steuerfreien Zuflüssen (z. B. nach § 8 b Abs. 1 KStG) stammen. Nicht zu den Einnahmen gehören Leistungen des BgA, für die Beträge aus dem steuerlichen Einlagekonto i. S. d. § 27 KStG als verwendet gelten (§ 20 Abs. 1 Nr. 10 Buchst. a letzter Halbsatz EStG).

**Beispiele:**

Eine Stadtsparkasse führt einen Teil des Jahresüberschusses dem Gewährträger (Stadt) zu. Es handelt sich um eine einer Gewinnausschüttung vergleichbare Leistung i. S. d. § 20 Abs. 1 Nr. 10 Buchst. a EStG.

Eine Stadtsparkasse macht dem Gewährträger (Stadt) oder einer dem Gewährträger nahestehenden Person eine Zuwendung für steuerbegünstigte (gemeinnützige) Zwecke, die dem Drittspendenvergleich i. S. d. BFH-Rechtsprechung (vgl. H 9 „Zuwendungen und Spenden von Trägern der Sparkassen [Gewährträger]" KStH 2015) nicht standhält. Die Zuwendung ist als verdeckte Gewinnausschüttung zu werten.

## III. Entstehung der Kapitalertragsteuer

Die Kapitalertragsteuer entsteht in dem Zeitpunkt, in dem die Kapitalerträ- **9** ge (= Leistungen i. S. d. § 20 Abs. 1 Nr. 10 Buchst. a EStG) dem Gläubiger (= Trägerkörperschaft des BgA) zufließen (§ 44 Abs. 1 Satz 2 EStG). Der Schuldner der Kapitalertragsteuer ist nach § 44 Abs. 1 Satz 1 EStG der Gläubiger der Kapitalerträge (= Trägerkörperschaft des BgA). Im Zeitpunkt des Zuflusses der Kapitalerträge hat der Schuldner der Kapitalerträge (BgA) den Steuerabzug für Rechnung des Gläubigers der Kapitalerträge (= Trägerkörperschaft des BgA) vorzunehmen (§ 44 Abs. 1 Satz 3 EStG). Auf Leistungen, die wirtschaftlich mit Gewinnausschüttungen vergleichbar sind, ist § 44 Abs. 2 EStG anwendbar.

## IV. Durchführung der Besteuerung

Von den Kapitalerträgen ist der Kapitalertragsteuerabzug nach § 43 Abs. 1 **10** Satz 1 Nr. 7 b EStG i. V. m. § 31 KStG vorzunehmen. Die Kapitalertragsteuer beträgt 15 % des Kapitalertrags (§ 43 a Abs. 1 Satz 1 Nr. 2 EStG).

Ist der Empfänger der Leistungen unbeschränkt körperschaftsteuerpflichtig **11** und fallen die ausschüttungsgleichen Leistungen und verdeckten Gewinnausschüttungen i. S. d. § 20 Abs. 1 Nr. 10 Buchst. a EStG bei ihm in einem inländischen gewerblichen Betrieb an, so erfolgt deren steuerliche Erfassung in der Veranlagung zur Körperschaftsteuer. Allerdings ist auf diese Leistungen die Regelung des § 8 b KStG anzuwenden, nach der die Leistungen bei der Einkommensermittlung außer Ansatz bleiben. Die nach § 43 Abs. 1 Satz 1 Nr. 7 b i. V. m. § 43 a Abs. 1 Satz 1 Nr. 2 EStG einbehaltene Kapitalertragsteuer von 15 % (vgl. § 43 Abs. 1 Satz 3 EStG) ist im Rahmen der Veranlagung zur Körperschaftsteuer des Empfängers nach § 36 Abs. 2 Nr. 2 EStG i. V. m. § 31 KStG in vollem Umfang anzurechnen.

**Beispiel:**

An der Landesbank A (= Anstalt des öffentlichen Rechts) sind das Land A (Gebietskörperschaft), der Landschaftsverband A (Gebietskörperschaft) sowie der Sparkassen- und Giroverband A zu je einem Drittel beteiligt. Der Sparkassen- und Giroverband A ist ein von den Sparkassen und ihren Gewährträgern gebildeter Berufsverband mit öffentlich-rechtlichem Charakter in der Rechtsform der Körperschaft des öffentlichen Rechts.

Die Landesbank A verteilt ihren Gewinn von 120 Mio. EUR zu je einem Drittel an die Beteiligten. Dabei wird die Kapitalertragsteuer nach § 43 Abs. 1 Satz 1 Nr. 7 b i. V. m. § 43 a Abs. 1 Satz 1 Nr. 2 EStG in Höhe von 15 % der Kapitalerträge (120 Mio. EUR) = 18 Mio. EUR einbehalten und an das für die Landesbank A zuständige Finanzamt abgeführt (§ 44 Abs. 1 Satz 5 EStG), so dass zur Auszahlung an die Beteiligten 102 Mio. EUR (120 Mio. EUR abzüglich 18 Mio. EUR) zur Verfügung stehen. Jeder Beteiligte erhält einen Betrag von 34 Mio. EUR (102 Mio. EUR: 3). Auf jeden der Beteiligten entfällt eine einbehaltene Kapitalertragsteuer von 6 Mio. EUR.

Die Körperschaftsteuer der Beteiligten ist durch den Steuerabzug vom Kapitalertrag abgegolten (§ 32 Abs. 1 Nr. 2 KStG). Die Beteiligten unterliegen insoweit der beschränkten Körperschaftsteuerpflicht nach § 2 Nr. 2 KStG. Dies gilt grundsätzlich auch für den Sparkassen- und Giroverband A.

Leitet der Sparkassen- und Giroverband (Gläubiger der Kapitalerträge) jedoch die zugeflossenen Gewinnanteile ganz oder teilweise an die in ihm zusammengeschlossenen Sparkassen weiter, so erhalten die Sparkassen Bezüge i. S. d. § 8 b Abs. 6 Satz 2 KStG, die bei ihnen im Rahmen der Ermittlung des steuerlichen Einkommens nach Maßgabe des § 8 b KStG außer Ansatz bleiben. Zur Anrechnung der auf diese Bezüge entfallenden, von der Landesbank A einbehaltenen Kapitalertragsteuer auf die Körperschaftsteuer der Sparkassen nach § 36 Abs. 2 Nr. 2 EStG reicht die Vorlage der Bescheinigung nach § 45 a Abs. 2 und 3 EStG (Kapitalertragsteuerbescheinigung), die dem Gläubiger der Kapitalerträge (Sparkassen- und Giroverband) ausgestellt wird, aus (§ 36 Abs. 2 Nr. 2 Satz 3 EStG).

12 In den Fällen des § 8 b Abs. 6 Satz 2 KStG wird es für die Anrechnung der Kapitalertragsteuer bei dem BgA nach § 36 Abs. 2 Nr. 2 Satz 4 EStG nicht beanstandet, wenn die die mittelbare Beteiligung vermittelnde Körperschaft, Personenvereinigung oder Vermögensmasse dem BgA auf einer Kopie der ihr vorliegenden Kapitalertragsteuerbescheinigung die auf ihn entfallenden Bezüge und Gewinne und die darauf anteilig entfallende Kapitalertragsteuer mitteilt. Die für Wohnungseigentümergemeinschaften geltenden Grundsätze von Rdnrn. 18 und 19 des BMF-Schreibens vom 20. Dezember 2012 (BStBl. 2013 I S. 36) sind entsprechend anzuwenden.

## V. Steuerliche Behandlung der Einlagen

13 Auf Leistungen des BgA, die in der Rückgewähr von Einlagen bestehen, ist § 20 Abs. 1 Nr. 10 Buchst. a EStG nicht anzuwenden (§ 20 Abs. 1 Nr. 10 Buchst. a letzter Halbsatz EStG). Um eine Trennung der Einlagen von den übrigen Eigenkapitalteilen (z. B. Gewinnrücklagen, Gewinnvortrag) des BgA vornehmen zu können, hat auch der BgA mit eigener Rechtspersönlichkeit das steuerliche Einlagekonto i. S. d. § 27 KStG zu führen (§ 27 Abs. 7 KStG).

Dabei sind Altrücklagen aus Wirtschaftsjahren vor dem Systemwechsel, die das Nennkapital oder eine vergleichbare Kapitalgröße übersteigen, wie Einlagen zu behandeln und als Anfangsbestand des steuerlichen Einlagekontos (§ 27 KStG) zu erfassen. Zu dem Anfangsbestand gehören auch Einlagen aus früheren Zeiträumen. Im Ergebnis sind alle im Zeitpunkt des Systemwechsels vorhandenen Eigenkapitalteile, die das Nennkapital bzw. eine vergleichbare Kapitalgröße des BgA übersteigen, dem steuerlichen Einlagekonto als Anfangsbestand zuzurechnen.

Nach Rdnrn. 8 und 13 werden BgA mit eigener Rechtspersönlichkeit im Grundsatz mit Kapitalgesellschaften gleichgestellt. Diese BgA haben ein Nennkapital oder eine hiermit vergleichbare Größe. Solche Eigenkapitalteile sind nicht Bestandteil des steuerlichen Einlagekontos. Eine Herabsetzung des Nennkapitals oder der hiermit vergleichbaren Größe und anschließende Rückzahlung führt grundsätzlich nicht zu steuerpflichtigen Einnahmen i. S. d. § 20 Abs. 1 Nr. 10 Buchst. a EStG und lässt das steuerliche Einlagekonto im Ergebnis unverändert. 14

## VI. Zeitlicher Anwendungsbereich

§ 52 Abs. 37 a Satz 1 EStG in der Fassung des StSenkG verknüpft die erstmalige Anwendung des § 20 Abs. 1 Nr. 10 Buchst. a EStG beim Gläubiger der Leistungen mit der körperschaftsteuerlichen Behandlung des BgA mit eigener Rechtspersönlichkeit. Danach ist die Vorschrift erstmals auf Leistungen anzuwenden, die der Gläubiger der Leistungen nach Ablauf des ersten Wirtschaftsjahrs des BgA erzielt, für das das KStG i. d. F. des StSenkG erstmals anzuwenden ist. Bei kalenderjahrgleichem Wirtschaftsjahr des BgA ist § 20 Abs. 1 Nr. 10 Buchst. a EStG erstmals auf Leistungen anzuwenden, die der Gläubiger der Leistungen in 2002 erzielt, da der BgA bereits mit den Ergebnissen des Wirtschaftsjahrs 2001 im Rahmen der Veranlagung zur Körperschaftsteuer 2001 dem neuen Recht unterliegt. Hat der leistende BgA ein vom Kalenderjahr abweichendes Wirtschaftsjahr, hängt die erstmalige Anwendung des § 20 Abs. 1 Nr. 10 Buchst. a EStG davon ab, wann im Verlauf des Kalenderjahres 2002 die Leistung i. S. d. § 20 Abs. 1 Nr. 10 Buchst. a EStG erbracht wird. 15

**Beispiel:**

Der BgA hat ein Wirtschaftsjahr vom 1. Dezember bis zum 30. November eines Jahres. Die Leistung i. S. d. § 20 Abs. 1 Nr. 10 Buchst. a EStG für das Wirtschaftsjahr 2000/2001 wird am 15. Dezember 2001, die für das Wirtschaftsjahr 2001/2002 am 15. Dezember 2002 erbracht.

Für die am 15. Dezember 2001 erbrachte Leistung ist das neue Recht noch nicht anzuwenden, da sie vor Ablauf des ersten Wirtschaftsjahrs des BgA erbracht wird, für das das neue Recht gilt. Für die am 15. Dezember 2002 erbrachte Leistung gilt bereits neues Recht, da sie nach Ablauf des ersten Wirtschaftsjahrs des BgA erbracht wird, für das das neue Recht gilt.

## C. Gewinne von BgA ohne eigene Rechtspersönlichkeit (§ 20 Abs. 1 Nr. 10 Buchst. b Satz 1 bis 3 und 5 EStG)

### I. Persönlicher Anwendungsbereich

16 Unter die Vorschrift des § 20 Abs. 1 Nr. 10 Buchst. b EStG fallen – jeweils in Abhängigkeit von den unterschiedlichen Kapitalerträgen – drei Gruppen von BgA ohne eigene Rechtspersönlichkeit:

**– Gruppe 1 (Betriebsvermögensvergleich):**

17 Zu dieser Gruppe gehören die nicht von der Körperschaftsteuer befreiten BgA (einschl. der Verpachtungsbetriebe gewerblicher Art i. S. d. § 4 Abs. 4 KStG), die ihren Gewinn auf Grund einer gesetzlichen Verpflichtung oder freiwillig durch Betriebsvermögensvergleich (§ 4 Abs. 1 und § 5 EStG) ermitteln. Kommunalrechtlich sind diese BgA ohne eigene Rechtspersönlichkeit grundsätzlich nach Eigen- und Regiebetrieben zu unterscheiden. Unter Eigenbetrieb ist ein finanzwirtschaftliches Sondervermögen im haushaltsrechtlichen Sinne zu verstehen, das organisatorisch verselbstständigt, gleichwohl aber rechtlich unselbständiger Teil der Körperschaft öffentlichen Rechts ist. Dabei muss sich das Sondervermögen Eigenbetrieb nicht mit dem steuerlichen BgA decken. Der BgA umfasst in einem solchen Fall nur einen Teil des Eigenbetriebs (z. B. umfasst bei einem Abwasserentsorgungs- und Frischwasserversorgungseigenbetrieb der BgA nur den Frischwasserbereich). Einem Regiebetrieb fehlt die Eigenschaft des Sondervermögens; er ist eine rechtlich unselbständige Einheit der Trägerkörperschaft, die finanzwirtschaftlich kein Sondervermögen der Trägerkörperschaft darstellt. Wird ein Regiebetrieb allerdings auf Grund spezieller landesrechtlicher Vorgaben (z. B. § 139 Abs. 1 Niedersächsische Kommunalverfassung, NKomVG, oder Art. 76 Abs. 6 Landkreisordnung für den Freistaat Bayern, LKrO) kommunalrechtlich nach den Vorschriften für Eigenbetriebe geführt, d. h., liegt im rechtlichen Sinne kein Eigenbetrieb vor (eigenbetriebsähnliche Einrichtung), ist er für Zwecke des § 20 Abs. 1 Nr. 10 Buchst. b EStG und § 27 KStG nach den Grundsätzen für Eigenbetriebe zu behandeln. Dies gilt jedoch nur, wenn die eigenbetriebsähnliche Einrichtung nur diesen Betrieb umfasst.

18 Zu der Gruppe 1 gehören auch BgA, die – unabhängig von der Gewinnermittlungsart – Umsätze einschließlich der steuerfreien Umsätze, ausgenommen die Umsätze nach § 4 Nr. 8 bis 10 UStG, von mehr als 350 000 EUR im Kalenderjahr oder einen Gewinn von mehr als 30 000 EUR im Wirtschaftsjahr erzielen. § 20 Abs. 1 Nr. 10 Buchst. b EStG kommt bei BgA, die ihren Gewinn nicht durch Betriebsvermögensvergleich ermitteln (vgl. hierzu auch das BMF-Schreiben vom 3. Januar 2013, BStBl. I S. 59[1]) und unterhalb der genannten Umsatz- bzw. Gewinngrenzen liegen, nicht zur Anwendung; die Verwaltungsbuchführung (Kameralistik) ist mit einem Betriebsvermögensvergleich nicht vergleichbar.

---

[1] Nr. **1** § 4/24.

Ferner gehören zur Gruppe 1 auch BgA, die nach § 140 oder § 141 AO zur Buchführung und damit zur Gewinnermittlung durch Betriebsvermögensvergleich verpflichtet sind, die dieser Verpflichtung aber nicht nachkommen. 19

Bei den BgA der Gruppe 1 sind Gegenstand der Besteuerung der „Gewinn“ und „verdeckte Gewinnausschüttungen“. 20

**– Gruppe 2 (Besteuerung von Einbringungsgewinnen und Anteilsveräußerungsgewinnen):**

Zu dieser Gruppe gehören BgA i. S. d. § 22 Abs. 4 Nr. 1 UmwStG ohne eigene Rechtspersönlichkeit unabhängig von den Voraussetzungen der Gruppe 1. 21

Soweit auf einbringungsgeborene Anteile § 21 UmwStG in der am 21. Mai 2003 geltenden Fassung weiter anzuwenden ist (vgl. § 27 Abs. 3 Nr. 3 UmwStG), sind die Rdnrn. 28 und 29 des BMF-Schreibens vom 11. September 2002, BStBl. I S. 935, weiter anzuwenden. 22

**– Gruppe 3 (Rundfunkanstalten):**

Zu dieser Gruppe gehören unabhängig von den Voraussetzungen der Gruppe 1 die BgA „Veranstaltung von Werbesendungen“ der inländischen öffentlich-rechtlichen Rundfunkanstalten. Die Besteuerung knüpft in diesen Fällen an das Einkommen i. S. d. § 8 Abs. 1 Satz 3 KStG an. 23

## II. Sachlicher Anwendungsbereich

### 1. Kapitalerträge der Gruppe 1

Bei den Steuerpflichtigen der Gruppe 1 werden als Kapitalerträge die nicht den Rücklagen zugeführten Gewinne des BgA, die nachfolgende Auflösung der Rücklagen zu Zwecken außerhalb des BgA sowie verdeckte Gewinnausschüttungen (§ 8 Abs. 3 Satz 2 KStG) der Besteuerung unterworfen. 24

#### a) Laufende Gewinne

Bei dem in der Vorschrift genannten Gewinnbegriff handelt es sich um den Gewinn des BgA, den die juristische Person des öffentlichen Rechts für Zwecke außerhalb des BgA verwenden kann (= verwendungs- bzw. rücklagefähiger Gewinn). Bei der hier maßgebenden handelsrechtlichen Betrachtung entspricht dies dem Jahresüberschuss i. S. v. § 275 HGB (vgl. BFH-Urteil vom 11. September 2013, BStBl. 2015 II S. 161). Bei der Ermittlung des maßgeblichen Jahresüberschusses kommt es nicht zwingend auf das Jahresergebnis nach dem festgestellten Jahresabschluss an, sondern auf das nach den handelsrechtlichen Grundsätzen ordnungsmäßiger Buchführung zutreffende Jahresergebnis. Z. B. von einer Betriebsprüfung aufgedeckte fehlerhafte handelsrechtliche Bilanzansätze sind im Jahr der Fehlbuchung und nicht erst im Zeitpunkt der Anpassung der Handelsbilanz zu korrigieren (BFH-Urteil vom 11. September 2013, BStBl. 2015 II S. 161). Wird später die entsprechende Anpassung der Handelsbilanz an die Steuerbilanz vorgenommen, hat diese im Anpassungsjahr keine Auswirkung auf den kapitalertragsteuerpflichtigen Gewinn. 25

Wird nur eine Steuerbilanz aufgestellt, ist aus Vereinfachungsgründen nicht zu beanstanden, wenn auf den Gewinn nach § 4 Abs. 1 EStG (Unterschiedsbetrag nach § 4 Abs. 1 Satz 1 EStG) abgestellt wird. Der so ermittelte Gewinn ist weder um nicht abziehbare Aufwendungen nach § 4 Abs. 5 EStG bzw. 26

§ 10 KStG noch um bei der Einkommensermittlung außer Ansatz bleibende Beträge (z. B. § 8 b KStG) zu korrigieren.

27 Sofern der Gewinn in Fällen, in denen die Umsatz- oder Gewinngrenze des § 20 Abs. 1 Nr. 10 Buchst. b EStG überschritten ist, nach § 4 Abs. 3 EStG ermittelt wird, ist dieser für Zwecke der Anwendung des § 20 Abs. 1 Nr. 10 Buchst. b EStG auf der Grundlage des Betriebsvermögensvergleichs zu schätzen; eine nach kameralen Grundsätzen oder nach Doppik erstellte Ergebnisrechnung ist als Schätzungsgrundlage nicht geeignet. In den Fällen der Rdnr. 19 ist für Zwecke der Anwendung des § 20 Abs. 1 Nr. 10 Buchst. b EStG der Gewinn im Wege des Betriebsvermögensvergleichs zu schätzen.

28 Der Gewinn mindert sich für Zwecke des § 20 Abs. 1 Nr. 10 Buchst. b EStG in Höhe des Betrags, zu dem er zum Ausgleich von Fehlbeträgen (Verlusten) aus früheren Wirtschaftsjahren zu verwenden ist, sofern diese Fehlbeträge mangels kommunalrechtlich gebotenen Ausgleichs durch die Trägerkörperschaft noch ausgewiesen sind.

29 Bei Regiebetrieben gelten – abweichend von Eigenbetrieben – der Gewinn des BgA und die Einkünfte aus Kapitalvermögen wegen der rechtlichen Identität der Trägerkörperschaft und des BgA als zeitgleich zum Schluss des Wirtschaftsjahrs erzielt (BFH-Urteil vom 11. Juli 2007, BStBl. II S. 841).

Bei Regiebetrieben kommt es – ebenfalls abweichend von Eigenbetrieben – kommunalrechtlich zum laufenden Ausgleich der im BgA entstandenen Verluste durch die Trägerkörperschaft (vgl. BFH-Urteil vom 23. Januar 2008, BStBl. II S. 573); dieser Ausgleich führt zum Ende des Wirtschaftsjahrs des BgA zu Einlagen beim BgA (vgl. Rdnr. 55). Ein kommunalrechtlicher Ausgleich von Verlusten hat keine Auswirkung auf die Höhe des steuerlichen Verlustvortrags i. S. d. § 10 d Abs. 4 EStG des BgA.

30 Die Beteiligung an einer Mitunternehmerschaft begründet bei der beteiligten juristischen Person des öffentlichen Rechts einen bzw. mehrere eigenständige BgA; dieser gilt bzw. diese gelten als Regiebetriebe. Die Beteiligung an einer Personengesellschaft, die keinen Gewerbebetrieb unterhält, kann bei der beteiligten juristischen Person des öffentlichen Rechts nach Maßgabe des § 4 KStG ebenfalls einen bzw. mehrere BgA begründen; auch dieser gilt bzw. diese gelten als Regiebetriebe. Ermittelt die Gesellschaft, an der die Beteiligung besteht, ihren Gewinn durch Betriebsvermögensvergleich, schlägt dies nicht auf die Gewinnermittlung des bzw. der BgA durch. Auf den BgA bzw. die BgA ist § 20 Abs. 1 Nr. 10 Buchst. b EStG nur anzuwenden, wenn freiwillig bilanziert wird oder der maßgebende Jahresüberschuss bzw. Gewinn i. S. d. Rdnr. 31 die Gewinngrenze der Norm überschreitet.

31 Auf diesen BgA bzw. diese BgA sind die Grundsätze der Rdnr. 25 anzuwenden. Als Jahresüberschuss bzw. aus Vereinfachungsgründen in Fällen, in denen für den BgA bzw. die BgA keine Handelsbilanz aufgestellt wird, als Gewinn ist bei dem BgA bzw. den BgA anzusetzen

– der aus dem Gesamthandsvermögen der Mitunternehmerschaft/-Personengesellschaft stammende Gewinnanteil der juristischen Person des öffentlichen Rechts i. S. d. § 120 Abs. 1 und des § 122 HGB soweit er tatsächlich entnommen wurde. Erzielt die Mitunternehmerschaft/Personengesellschaft handelsrechtlich Verluste, entsteht ein entnahmefähiger Gewinn erst, wenn diese Verluste durch künftige Gewinne ausgeglichen sind, und

– die der juristischen Person des öffentlichen Rechts von der Mitunternehmerschaft/Personengesellschaft zustehenden Sondervergütungen i. S. d. § 15 Abs. 1 Satz 1 Nr. 2 EStG abzüglich der damit im Zusammenhang stehenden Aufwendungen.

Der Gewinn des BgA mindert sich um bei ihm anfallende Ertragsteuern.

Ist ein BgA i. S. v. Rdnr. 30 zulässigerweise mit einem BgA zusammengefasst, für den die Eigenbetriebsgrundsätze anzuwenden sind, ist der zusammengefasste BgA für Zwecke des § 20 Abs. 1 Nr. 10 Buchst. b EStG als Eigenbetrieb anzusehen. 32

**b) Rücklagen**

Kapitalertragsteuerpflichtige Einkünfte aus Kapitalvermögen i. S. d. § 20 Abs. 1 Nr. 10 Buchst. b EStG liegen insoweit nicht vor, als der Gewinn zulässigerweise durch Rücklagenbildung gemindert wird. 33

**– Eigenbetriebe**

Bei einem Eigenbetrieb unterliegt der Gewinn nicht der Besteuerung nach § 20 Abs. 1 Nr. 10 Buchst. b EStG, soweit er den Rücklagen des BgA zugeführt wird. Als Zuführung zu den Rücklagen gilt jedes Stehenlassen von Gewinnen als Eigenkapital für Zwecke des BgA unabhängig davon, ob dies in der Form der Zuführung zu den Gewinnrücklagen, als Gewinnvortrag oder unter einer anderen Position des Eigenkapitals vorgenommen wird (vgl. BFH-Urteil vom 16. November 2011, BStBl. 2013 II S. 328). Die Rücklagenbildung ist unabhängig von haushaltsrechtlichen Regelungen anzuerkennen und ist auch nicht davon abhängig, dass die Zwecke des BgA ohne die Rücklagenbildung nachhaltig nicht erfüllt werden können. 34

**– Regiebetriebe**

Über die Gewinne eines Regiebetriebs kann die Trägerkörperschaft unmittelbar verfügen. Für eine Rücklagenbildung ist damit kommunalrechtlich kein Raum. Gleichwohl ist bei einem Regiebetrieb für Zwecke des § 20 Abs. 1 Nr. 10 Buchst. b EStG die Rücklagenbildung anzuerkennen, soweit anhand objektiver Umstände nachvollzogen und überprüft werden kann, dass der handelsrechtliche Gewinn durch Stehenlassen dem Regiebetrieb als Eigenkapital zur Verfügung stehen soll (vgl. BFH-Urteile vom 30. Januar 2018, BStBl. 2019 II S. 96 und S. 101). Als objektiver Umstand wird insbesondere ein förmlicher Beschluss der zuständigen Gremien der Trägerkörperschaft anerkannt, der spätestens acht Monate nach Ablauf des Wirtschaftsjahrs des BgA gefasst sein muss. Für die Rücklagenzuführung durch Stehenlassen gilt Rdnr. 34 Satz 2 entsprechend. Vorstehende Grundsätze gelten entsprechend auch für die in Rdnr. 18 aufgeführten BgA. Darüber hinaus liegt eine zulässige Rücklagenbildung auch bei einer Mittelreservierung vor, soweit die verwendbaren Mittel, die auf Grund eines gewinnrealisierenden Vorgangs dem BgA zugeführt worden sind, bereits im laufenden Wirtschaftsjahr z. B. reinvestiert oder zur Tilgung von betrieblichen Verbindlichkeiten verwendet worden sind; ein förmlicher Beschluss i. S. d. Satzes 4 ist hierfür nicht erforderlich. Entsprechendes gilt, wenn dem BgA aus einer Beteiligung an einer Kapitalgesellschaft Dividenden zufließen, die dieser im Zuge einer gleichzeitig stattfindenden Kapitalerhöhung wieder in diese Kapitalgesellschaft einlegt. Keine verwendbaren Mittel sind dagegen bloße Buchgewinne, die sich z. B. beim Tausch von Wirtschaftsgütern des BgA ergeben. Für diese Buchgewinne gilt Satz 3 entsprechend. Soweit neu 35 gebildete Rücklagen nach vorstehenden Grundsätzen unzulässig sind, ist grundsätzlich Kapitalertragsteuer zu erheben. Wegen der Auswirkung auf das steuerliche Einlagekonto wird auf Rdnr. 54 verwiesen.

**– BgA als bloßer Teil des Eigenbetriebs**

**36** Ist der BgA nur ein Teil eines Eigenbetriebs (z. B. Wassereigenbetrieb mit den Geschäftsfeldern Frischwasserversorgung [BgA] und Abwasserentsorgung [hoheitlich]), dann gelten hinsichtlich einer Rücklagenbildung bei diesem BgA die Grundsätze der Rdnr. 35. Den Tatbestand des § 20 Abs. 1 Nr. 10 Buchst. b EStG erfüllt in einem solchen Fall beispielsweise auch der Ausgleich von Gewinnen des BgA mit hoheitlichen Verlusten des Betriebs.

**– Beteiligung an Personengesellschaften**

**37** Auf einen BgA i. S. d. Rdnr. 30 sind die für Regiebetriebe geltenden Rücklagengrundsätze der Rdnr. 35 anzuwenden. Dieser BgA – und nicht die Personengesellschaft, an der die juristische Person des öffentlichen Rechts beteiligt ist – muss die dort genannten Rücklagenvoraussetzungen erfüllen. Auf einen BgA i. S. d. Rdnr. 32 sind die für Eigenbetriebe geltenden Rücklagengrundsätze der Rdnr. 34 anzuwenden.

**– Teilweise steuerbefreiter BgA**

**38**[1)] Die Vorschrift des § 20 Abs. 1 Nr. 10 Buchst. b EStG ist nur für den nicht steuerbefreiten Teil des BgA relevant. Dieser nicht steuerbefreite Teil des BgA gilt für Zwecke des § 20 Abs. 1 Nr. 10 Buchst. b EStG als Regiebetrieb. Auf diesen Teil des BgA sind die für Regiebetriebe geltenden Rücklagengrundsätze der Rdnr. 35 anzuwenden. Erfüllt der Träger des BgA bzw. der steuerbegünstigte Teil des BgA die Voraussetzungen des § 44 a Abs. 7 EStG, ist § 20 Abs. 1 Nr. 10 Buchst. b EStG nicht anzuwenden. Auf die Feststellung eines steuerlichen Einlagekontos kann in diesen Fällen verzichtet werden.

**– Rücklagenverwendung**

**39** Der Beschluss der für die Bilanzfeststellung zuständigen Gremien, Rücklagenmittel für Zwecke außerhalb des BgA zu überführen, löst den Besteuerungstatbestand des § 20 Abs. 1 Nr. 10 Buchst. b EStG aus (§ 20 Abs. 1 Nr. 10 Buchst. b Satz 2 EStG). Der insoweit aufgelöste Rücklagenbetrag führt zu einem Gewinn i. S. d. § 20 Abs. 1 Nr. 10 Buchst. b Satz 1 EStG. Wird ein BgA i. S. d. § 20 Abs. 1 Nr. 10 Buchst. b Satz 2 zweiter Halbsatz EStG umgewandelt und enthält der umgewandelte BgA Rücklagen, gelten diese als mit der Umwandlung als aufgelöst. Die Sätze 1 bis 3 gelten auch in den Fällen der in Rdnr. 18 aufgeführten BgA.

**40** Eine Gewinnverwendung für Zwecke außerhalb des BgA ist z. B. gegeben, wenn die Gewinne und aufgelösten Rücklagen im hoheitlichen Bereich der Trägerkörperschaft eingesetzt werden. Für Zwecke außerhalb des BgA werden Gewinne und aufgelöste Rücklagen auch dann verwendet, wenn sie einem anderen BgA der gleichen Trägerkörperschaft oder einer Eigengesellschaft zugeführt werden. Dabei ist der Vorgang steuerlich in folgende Schritte zu zerlegen: Die Überführung der Gewinne bzw. aufgelösten Rücklagenbeträge des übertragenden BgA ist im ersten Schritt als Zuführung in den hoheitlichen Bereich der Trägerkörperschaft (mit der Folge der Anwendung des § 20 Abs. 1 Nr. 10 Buchst. b EStG) und im zweiten Schritt als Zuführung der Trägerkör-

[1)] Rn. 38 neu gef. durch BMF v. 4.4.2022, BStBl. I S. 645.

perschaft (Einlage) an den empfangenden BgA oder die Eigengesellschaft (mit der Folge der Erfassung des Einlagebetrags auf dem steuerlichen Einlagekonto) zu behandeln.

Verdeckte Gewinnausschüttungen des BgA ohne eigene Rechtspersönlichkeit an die Trägerkörperschaft führen stets zu Kapitalerträgen i. S. d. § 20 Abs. 1 Nr. 10 Buchst. b EStG. Im Verhältnis zwischen verschiedenen BgA der gleichen Trägerkörperschaft können auch verdeckte Gewinnausschüttungen die Besteuerung nach § 20 Abs. 1 Nr. 10 Buchst. b EStG auslösen. 41

**Beispiel:**

Der BgA X überträgt auf den BgA Y der gleichen Trägerkörperschaft (unentgeltlich) die zu seinem gewillkürten Betriebsvermögen gehörende Beteiligung an einer GmbH. Die Beteiligung ist aus versteuerten Gewinnen zu 100 angeschafft worden. Der Teilwert im Zeitpunkt der Übertragung beträgt 120; ein Einlagekonto ist beim BgA X nicht vorhanden. Der Vorgang ist steuerrechtlich – in Anlehnung an die Besteuerungsgrundsätze von verdeckten Gewinnausschüttungen bei Schwestergesellschaften – wie folgt zu lösen:

Beim BgA X führt der Vorgang zu einer verdeckten Gewinnausschüttung an die Trägerkörperschaft und zu einer Besteuerung nach § 20 Abs. 1 Nr. 10 Buchst. b EStG. Die Bemessungsgrundlage für die Kapitalertragsteuer beträgt 120. Beim BgA Y ist die Beteiligung als Einlage der Trägerkörperschaft mit dem Teilwert zu aktivieren. Das steuerliche Einlagekonto (§ 27 KStG) ist um diesen Betrag zu erhöhen.

## d) Steuerliches Einlagekonto

Kapitalerträge der Gruppe 1 gehören nicht zu den Einnahmen i.S.d. § 20 Abs. 1 Nr. 10 Buchst. b EStG, wenn für die Leistungen des BgA Beträge aus dem steuerlichen Einlagekonto als verwendet gelten (§ 20 Abs. 1 Nr. 10 Buchst. b Satz 5 i.V.m. Nr. 1 Satz 3 EStG). Auch BgA (Eigen- und Regiebetriebe) haben daher nach § 27 Abs. 7 KStG ein steuerliches Einlagekonto zu führen, das sich entsprechend den Vorschriften des § 27 KStG entwickelt. Die Feststellung des Einlagekontos ist fortlaufend vorzunehmen, da es weder an die Gewinnermittlungsart noch an das Überschreiten der jeweiligen Betragsgrenzen des § 20 Abs. 1 Nr. 10 Buchst. b Satz 1 EStG gebunden ist (BFH-Urteil vom 30. September 2020, BStBl 2021 II S. 269). 42[1]

### – Anfangsbestände

Dabei sind Altrücklagen aus Wirtschaftsjahren vor dem Systemwechsel, die das Nennkapital oder eine vergleichbare Kapitalgröße übersteigen, wie Einlagen zu behandeln und als Anfangsbestand des steuerlichen Einlagekontos (§ 27 KStG) zu erfassen. Zu dem Anfangsbestand gehören auch noch vorhandene Einlagen aus früheren Zeiträumen. Im Ergebnis sind alle im Zeitpunkt des Systemwechsels vorhandenen Eigenkapitalteile, die das Nennkapital bzw. eine vergleichbare Kapitalgröße des BgA übersteigen, dem steuerlichen Einlagekonto als Anfangsbestand zuzurechnen. 43

Wenn für einen BgA bisher durchgängig ein steuerliches Einlagekonto festgestellt wurde, ergibt sich der Anfangsbestand des steuerlichen Einlagekontos jeweils nach § 27 Abs. 1 Satz 2 i.V.m. Abs. 7 KStG. Wenn für einen BgA bisher keine oder nicht fortlaufend eine Feststellung des steuerlichen Einlagekontos vorzunehmen war, ist nunmehr für die Feststellungen auf den Schluss des letzten in 2022 endenden Wirtschaftsjahres (Erstjahr) eine entsprechende Erklärung abzugeben und eine Feststellung des steuerlichen Einlagekontos vor- 44[2]

[1] Rn. 42 neu gef. durch BMF v. 4.4.2022, BStBl. I S. 645.
[2] Rn. 44 neu gef. durch BMF v. 4.4.2022, BStBl. I S. 645.

zunehmen. Der Anfangsbestand des steuerlichen Einlagekontos im Erstjahr ergibt sich grundsätzlich nach § 27 Abs. 1 Satz 2 i.V.m. Abs. 7 KStG.

Aus Vereinfachungsgründen kann für BgA, für die bisher noch überhaupt keine Feststellung des steuerlichen Einlagekontos erfolgt ist, der Anfangsbestand des steuerlichen Einlagekontos im Erstjahr aus der Summe des vorhandenen Eigenkapitals des BgA zu Beginn des im Erstjahr endenden Wirtschaftsjahrs, das das Nennkapital bzw. eine vergleichbare Kapitalgröße des BgA übersteigt, zuzüglich der seit dem Systemwechsel zum Halbeinkünfteverfahren geleisteten Verlustausgleichseinlagen ermittelt werden. Gleiches gilt für BgA, für die keine durchgängige Feststellung des steuerlichen Einlagekontos und keine Feststellung des steuerlichen Einlagekontos auf den Schluss des dem Erstjahr unmittelbar vorangegangenen Wirtschaftsjahres erfolgt ist. BgA im Sinne von Satz 5 steht es frei, Erklärungen für die vorangegangenen Jahre bis zu dem Jahr abzugeben, in dem letztmalig eine Feststellung des steuerlichen Einlagekontos erfolgt ist; insoweit gilt Satz 3. Geleistete Verlustausgleichseinlagen liegen auch vor, soweit der die Ausgleichszahlung begründende Verlust (Rdnr. 55) steuerlich durch Annahme einer verdeckten Gewinnausschüttung gemindert wurde. Gewinne eines Regiebetriebs begründen keine Eigenkapitalveränderung, wenn sie mangels Rücklagenbildung als an die Trägerkörperschaft abgeführt gelten (Rdnr. 49 Satz 1); entsprechende Gewinne können folglich nicht im Anfangsbestand im Sinne des Satzes 4 enthalten sein.

**45**[1] Sind die Buchführungs-oder Betragsvoraussetzungen des § 20 Abs. 1 Nr. 10 Buchst. b Satz 1 Halbsatz 2 EStG in einem Wirtschaftsjahr nicht erfüllt, führen Eigenkapitalveränderungen in sinngemäßer Anwendung der Rdnr. 43 grundsätzlich zu einer entsprechenden Veränderung des Bestands des steuerlichen Einlagekontos (Rdnr. 54 Satz 4). Diese Eigenkapitalzugänge stellen keine Rücklagen nach § 20 Abs. 1 Nr. 10 Buchst. b Satz 1 EStG dar und unterliegen daher bei ihrer Auflösung nicht der Kapitalertragsteuer. Zusätzlich erhöhen nachgewiesene Einlagen, die zum Verlustausgleich in den jeweiligen Wirtschaftsjahren geleistet worden sind, den Bestand des steuerlichen Einlagekontos. Rücklagen i.S.d. § 20 Abs. 1 Nr. 10 Buchst. b Satz 1 EStG stellen nur solche Gewinne dar, die in Wirtschaftsjahren erwirtschaftet und stehengelassen worden sind, in denen die Buchführungs-oder Betragsvoraussetzungen des § 20 Abs. 1 Nr. 10 Buchst. b Satz 1 Halbsatz 2 EStG erfüllt sind. Verringert sich das Eigenkapital aufgrund der Auflösung von Rücklagen i.S.d. § 20 Abs. 1 Nr. 10 Buchst. b Satz 1 EStG nach § 20 Abs. 1 Nr. 10 Buchst. b Satz 2 EStG, führt dies nur insoweit zu einer Verringerung des steuerlichen Einlagekontos, wie diese in sinngemäßer Anwendung des § 27 Absatz 1 Satz 3 KStG als Einlagenrückgewähr anzusehen ist (Rdnr. 50). Dabei ist unmaßgeblich, ob im Jahr der Rücklagenauflösung die Buchführungs- oder Betragsvoraussetzungen des § 20 Abs. 1 Nr. 10 Buchst. b Satz 1 Halbsatz 2 EStG erfüllt sind oder nicht. Auch Eigenkapitalzugänge nach Satz 1 werden bei ihrer Auflösung in die Verwendungsrechnung nach § 27 Abs. 1 Satz 3 KStG einbezogen.

**Beispiel:**

Ein BgA (Regiebetrieb) erfüllt im Jahr 01 nicht die Buchführungs- oder Betragsvoraussetzungen des § 20 Abs. 1 Nr. 10 Buchst. b Satz 1 Halbsatz 2 EStG (sog. Unterjahr) und erwirtschaftet einen Gewinn von 10T €. Dieser handelsrechtliche Gewinn steht durch Stehenlassen dem Regiebetrieb als Eigenkapital zur Verfügung. Im Jahr 02 erfüllt der BgA die Buchführungsoder Betragsvoraussetzungen des § 20 Abs. 1 Nr. 10 Buchst. b Satz 1 Halbsatz 2 EStG (sog. Überjahr) und erwirt-

[1] Rn. 45 neu gef. durch BMF v. 4.4.2022, BStBl. I S. 645.

schaftet einen Gewinn von 40T €, der den Rücklagen nach § 20 Abs. 1 Nr. 10 Buchst. b Satz 1 EStG zugeführt wird. Die Gewinne aus dem Jahr 01 und 02 i.H.v. insgesamt 50T € werden in 03 für Zwecke außerhalb des BgA verwendet.

Im Jahr 01 liegt ein Zugang zum steuerlichen Einlagekonto i.H.v. 10T € vor (s. Rdnr. 54 Satz 4). Das „Stehenlassen" in einem sog. Unterjahr gilt nicht als Rücklagenbildung i. S. d. § 20 Abs. 1 Nr. 10 Buchst. b Satz 1 EStG; insoweit findet Rdnr. 54 Satz 5 keine Anwendung.

In 02 führt das Stehenlassen des Gewinns im Überjahr zur Bildung einer Rücklage nach § 20 Abs. 1 Nr. 10 Buchst. b Satz 1 EStG. Der Bestand des Einlagekontos erhöht sich nicht (Rdnr. 54 Sätze 4 und 5). Der maßgebliche ausschüttbare Gewinn zum Schluss des Wirtschaftsjahrs 02 beträgt nach § 27 Abs. 1 Satz 5 i.V.m. Abs 7 KStG: 40T € (Eigenkapital 50 T€ ./. Nennkapital 0 € ./. Einlagekonto 10 T € = 40 T€).

Die Gewinnverwendung im Jahr 03 ist insgesamt als Leistung nach § 27 Abs. 1 Satz 3 KStG zu behandeln. Sie löst den Besteuerungstatbestand des § 20 Abs. 1 Nr. 10 Buchst. b Satz 2 EStG und damit eine Kapitalertragsteuerpflicht, vorbehaltlich der Anwendung des § 27 Abs. 5 KStG, nur insoweit aus, wie die Verwendungsrechnung nach § 27 Abs. 1 Satz 3 KStG nicht zu einer Verwendung des steuerlichen Einlagekontos führt. Vorliegend unterliegt daher nur ein Betrag von 40T € und damit der im Überjahr 02 erwirtschaftete Gewinn der Kapitalertragsteuer, nicht jedoch der Restbetrag i.H.v. 10T €, der dem im Seite 5 Unterjahr erwirtschafteten Gewinn entspricht. Ob der BgA im Abflussjahr 03 die Buchführungs-oder Betragsvoraussetzungen des § 20 Abs. 1 Nr. 10 Buchst. b Satz 1 Halbsatz 2 EStG erfüllt oder nicht, hat auf die steuerliche Beurteilung des Beispielfalls keine Auswirkung.

*Muss das steuerliche Einlagekonto mangels Vorliegen der Voraussetzungen des § 20 Abs. 1 Nr. 10 Buchst. b EStG und entsprechender Rücklagen dagegen nicht mehr geführt werden und liegen die Voraussetzungen später wieder vor, ist der neue Anfangsbestand des steuerlichen Einlagekontos grundsätzlich wiederum nach den Grundsätzen der Rdnr. 43 zu ermitteln und festzustellen. Abweichend von diesen Grundsätzen erhöhen Einlagen, die zum Verlustausgleich seit dem Zeitpunkt des Wegfalls der Voraussetzungen des § 20 Abs. 1 Nr. 10 Buchst. b EStG nachweislich geleistet worden sind, das steuerliche Einlagekonto. Eine Feststellung des steuerlichen Einlagekontos ist auf Feststellungszeitpunkte, für die nach den vorstehenden Grundsätzen kein steuerliches Einlagekonto geführt werden muss, nur auf Antrag durchzuführen.* **46**[1]

## – Verminderung des steuerlichen Einlagekontos bei Eigenbetrieben

Bei Eigenbetrieben kann – abgesehen von verdeckten Gewinnausschüttungen **47** – allein der Ausschüttungsbeschluss zu einem Abfluss der entsprechenden Leistung beim BgA und damit ggf. zu einer Minderung des steuerlichen Einlagekontos führen (vgl. Rdnr 34). Der Ausschüttungsbeschluss führt zu einer Abführung des Gewinns des Wirtschaftsjahrs bzw. der Auflösung und Abführung zuvor stehengelassener und als Rücklagen anzusehender Gewinne der Vorjahre an die Trägerkörperschaft zu Zwecken außerhalb des BgA (§ 20 Abs. 1 Nr. 10 Buchst. b Satz 2 EStG). Das Gesetz enthält zwar in § 20 Abs. 1 Nr. 10 Buchst. b EStG eine Ausschüttungsfiktion; im Rahmen der Verwendungsrechnung des § 27 Abs. 1 Satz 3 KStG kommt es aber – jedenfalls bei Eigenbetrieben – auf den tatsächlichen Abfluss an. Damit werden BgA, die als Eigenbetriebe geführt werden, im Verhältnis zu ihrer Trägerkörperschaft wie selbständige Kapitalgesellschaften behandelt. Wie bei beherrschenden Gesellschaftern einer Kapitalgesellschaft führt allerdings allein der Ausschüttungsbeschluss zu einem Abfluss der entsprechenden Leistung beim BgA und damit – nach Maßgabe des § 27 KStG – zu einer Minderung des steuerlichen Einlagekontos.

Altrücklagen und Rücklagen aus Wirtschaftsjahren, die nicht die Voraussetzun- **48** gen des § 20 Abs. 1 Nr. 10 Buchst. b Satz 1 EStG erfüllen, erhöhen den Bestand des steuerlichen Einlagekontos. Folglich sind entsprechend – von

[1] Rn. 46 aufgeh. durch BMF v. 4.4.2022, BStBl. I S. 645.

Kapitalherabsetzungen (vgl. Rdnr. 51) abgesehen – sämtliche Transferleistungen des Eigenbetriebs an seine Trägerkörperschaft, die nicht auf der Grundlage eines steuerlich anzuerkennenden (fiktiven) gegenseitigen Vertrages erbracht werden, in die Verwendungsrechnung des § 27 Abs. 1 Satz 3 KStG einzubeziehen (BFH-Urteil vom 16. November 2011, BStBl. 2013 II S. 328). Das gilt auch dann, wenn nach dem Ausschüttungsbeschluss ausdrücklich Altrücklagen ausgekehrt werden.

**– Verminderung des steuerlichen Einlagekontos bei Regiebetrieben**

49 Soweit der Gewinn eines Regiebetriebs nicht zulässigerweise entsprechend den Grundsätzen der Rdnr. 35 den Rücklagen zugeführt worden ist, gilt er nach § 20 Abs. 1 Nr. 10 Buchst. b Satz 1 EStG als zum Schluss des Wirtschaftsjahrs an die Trägerkörperschaft abgeführt (BFH-Urteil vom 11. Juli 2007, BStBl. II S. 841). Es liegt eine Leistung i. S. d. § 27 Abs. 1 Satz 3 KStG des nämlichen Wirtschaftsjahrs vor. Entsprechendes gilt für nach Rdnr. 35 nicht anzuerkennende Rücklagen.

50 Werden Rücklagen eines Regiebetriebs zu Zwecken außerhalb des Betriebs gewerblicher Art aufgelöst, liegt eine Leistung i. S. d. § 27 Abs. 1 Satz 3 KStG im Zeitpunkt der Rücklagenauflösung vor.

**– Kapitalmaßnahmen und Auswirkung auf das steuerliche Einlagekonto**

51 Nach Rdnr. 42 haben BgA ohne eigene Rechtspersönlichkeit ein steuerliches Einlagekonto zu führen, dessen Anfangsbestand entsprechend den Rdnrn. 43 ff. zu ermitteln ist. Haben solche BgA auf der Grundlage landesrechtlicher Regelungen ein Nennkapital oder eine hiermit vergleichbare Größe, gelten für die „Herabsetzung" und anschließende „Auskehrung" die Ausführungen in Rdnr. 14 entsprechend.

52 Dies setzt allerdings voraus, dass diese Maßnahmen nach den landesrechtlichen Regelungen auch zulässig sind. Sie sind in der Regel nicht zulässig, wenn der nach „Herabsetzung" und „Auskehrung" verbleibende Betrag für die zukünftige Entwicklung des Betriebs nicht als ausreichend anzusehen ist. Hierfür kann der Umstand sprechen, dass es alsbald nach der „Auskehrung" wieder zu einer Kapitalzuführung kommt. Ist jedoch nach landesrechtlichen Vorschriften eine Herabsetzung des Nennkapitals und zeitnahe Heraufsetzung des Nennkapitals in nahezu gleicher Höhe zulässig, führt dies unter den Voraussetzungen des § 28 Abs. 2 KStG zu einem gleichzeitigen grundsätzlich betragsgleichem Zu- und Abgang beim steuerlichen Einlagekonto in Höhe des Nennkapitals, ohne dass die Verwendungsreihenfolge des § 27 Abs. 1 Satz 3 KStG zu beachten ist. Andernfalls handelt es sich bei der Auskehrung des „Kapitalherabsetzungsbetrags" um eine kapitalertragsteuerpflichtige Ausschüttung. Die anschließende Mittelzuführung im Wege der „Kapitalerhöhung" führt zu einer Erhöhung des steuerlichen Einlagekontenbestands im Zuflusszeitpunkt.

53 Eine pauschale Annahme von Nennkapital oder einer hiermit vergleichbaren Größe mittels Rückgriff auf die Regelungen in R 8.2 Abs. 2 KStR 2015 ist nicht möglich.

**– Erhöhung des steuerlichen Einlagekontos**

54 Ob bei Regie- oder Eigenbetrieben eine Einlage anzunehmen ist, richtet sich nach den allgemeinen Grundsätzen (R 8.9 KStR 2015). Der Zugang zum steuerlichen Einlagekonto richtet sich nach Zuflussgrundsätzen. Bei Regie-

betrieben wird aus kommunalrechtlicher Sicht der Gewinn – losgelöst von einer steuerlichen Rücklagenbildung für Zwecke des § 20 Abs. 1 Nr. 10 Buchst. b Satz 1 EStG – an den allgemeinen Haushalt abgeführt. Für Zwecke des § 27 KStG ist jedwede tatsächliche Zuführung von Mitteln sowie ein buchungstechnisches „Stehenlassen" von Gewinnen als Einlage und als Zugang zum steuerlichen Einlagekonto anzusehen. Dies gilt allerdings nicht, soweit die Gewinne nach den Grundsätzen der Rdnr. 35 in die steuerliche Rücklage eingestellt wurden.

Nach den Grundsätzen des BFH-Urteils vom 23. Januar 2008 (BStBl. II S. 573) gilt der Verlust bei Regiebetrieben als zum Schluss des Wirtschaftsjahrs der Verlustentstehung durch die Trägerkörperschaft ausgeglichen. In Höhe des Verlustes liegt zeitgleich ein Zugang zum steuerlichen Einlagekonto vor. In entsprechender Anwendung der Rdnr. 25 ff. ist dabei der handelsrechtliche Jahresfehlbetrag bzw. der Verlust nach § 4 Abs. 1 EStG maßgeblich. Zur Frage des maßgeblichen Verlusts gelten die Ausführungen in Rdnr. 25 entsprechend. Bei Eigenbetrieben ist ein Zugang zum steuerlichen Einlagekonto erst im Zeitpunkt und in der Höhe des tatsächlichen Verlustausgleichs anzunehmen. **55**

### 2. Kapitalerträge der Gruppe 2

Bei Steuerpflichtigen der Gruppe 2 ist innerhalb einer siebenjährigen Sperrfrist Kapitalertrag der Einbringungsgewinn i. S. d. § 22 Abs. 1 UmwStG und der Gewinn aus der Anteilveräußerung (§ 22 Abs. 4 Nr. 1 UmwStG). Ersterer fällt rückwirkend in dem BgA an, der seinerzeit eingebracht wurde. Letzterer gilt als in einem BgA (ohne eigene Rechtspersönlichkeit) entstanden. Auf Rdnrn. 22.34 und 22.35 des BMF-Schreibens vom 11. November 2011, BStBl. I S. 1314[1], wird verwiesen. Auslöser der Besteuerung sind sowohl die Veräußerung der Anteile nach § 22 Abs. 1 Satz 1 UmwStG als auch die Vorgänge nach § 22 Abs. 1 Satz 6 UmwStG. Sind erhaltene Anteile bereits Betriebsvermögen eines BgA (ohne eigene Rechtspersönlichkeit), liegt – bei Veräußerung der Anteile – begrifflich kein Gewinn i. S. d. § 22 Abs. 4 UmwStG vor; ein solcher Gewinn ist vielmehr regelmäßig als Kapitalertrag des BgA (Gruppe 1) zu erfassen. **56**

### 3. Kapitalerträge der Gruppe 3

Bei den BgA „Veranstaltung von Werbesendungen" (ohne eigene Rechtspersönlichkeit) der inländischen öffentlich-rechtlichen Rundfunkanstalten wird hinsichtlich des Kapitalertrags an die Einkommensdefinition des § 8 Abs. 1 Satz 3 KStG angeknüpft. Der steuerpflichtige Kapitalertrag (Bemessungsgrundlage) beträgt drei Viertel des Einkommens. Eine Einschränkung der Besteuerung durch Rücklagendotierung ist nicht vorgesehen. **57**

Soweit die inländischen öffentlich-rechtlichen Rundfunkanstalten neben der Veranstaltung von Werbesendungen noch andere BgA (z. B. Kantinenbetrieb) unterhalten, fallen sie damit unter die Steuerpflicht der Gruppe 1. **58**

## III. Entstehung der Kapitalertragsteuer

§ 44 Abs. 6 EStG regelt als Spezialvorschrift den Entstehungszeitpunkt der Kapitalertragsteuer. Grundsätzlich entsteht die Kapitalertragsteuer bei Regiebetrieben auf den Gewinn des abgelaufenen Wirtschaftsjahrs im Zeitpunkt der Bilanzerstellung, spätestens jedoch acht Monate nach Ablauf des Wirtschafts- **59**

[1] Nr. **130**.

jahrs (§ 44 Abs. 6 Satz 2 EStG), soweit nicht nach den Grundsätzen der Rdnr. 35 eine Rücklagenbildung anzuerkennen ist; als Zeitpunkt der Bilanzerstellung in diesem Sinne der Vorschrift ist der Zeitpunkt der Bilanzfeststellung zu verstehen. Dies gilt bei Regie- und Eigenbetrieben auch für die verdeckten Gewinnausschüttungen im abgelaufenen Wirtschaftsjahr. Bei Eigenbetrieben, soweit es sich nicht um Eigenbetriebe i. S. d. Rdnrn. 32 und 36 handelt, gilt dies nur, soweit die Überführung des Gewinns des abgelaufenen Wirtschaftsjahrs in den allgemeinen Haushalt der Trägerkörperschaft beschlossen wird; im Übrigen gilt der Gewinn als in Rücklagen eingestellt (vgl. BFH-Urteil vom 16. November 2011, BStBl. 2013 II S. 328).

**60** Bei der Auflösung von Rücklagen entsteht die Kapitalertragsteuer am Tage nach der Beschlussfassung über die Verwendung. Für Gewinne nach § 22 Abs. 4 UmwStG entsteht die Kapitalertragsteuer am Tage nach der Veräußerung bzw. am Tag nach dem die Besteuerungsfolge i. S. d. § 22 Abs. 1 Satz 6 UmwStG auslösenden Ereignis (§ 44 Abs. 6 Satz 2 zweiter Halbsatz EStG).

**61** Für die Gewinne aus Werbesendungen der öffentlich-rechtlichen Rundfunkanstalten entsteht die Kapitalertragsteuer mit Ablauf des jeweiligen Wirtschaftsjahrs (§ 44 Abs. 6 Satz 3 EStG).

## IV. Durchführung der Besteuerung

**62** Die Besteuerung wird in den Fällen des § 20 Abs. 1 Nr. 10 Buchst. b EStG im Wege des Kapitalertragsteuerabzugs vorgenommen (§ 43 Abs. 1 Satz 1 Nr. 7 c EStG). Durch § 43 Abs. 2 EStG wird klargestellt, dass die Identität von Gläubiger und Schuldner dem Steuerabzug vom Kapitalertrag nicht entgegensteht.

**63** Die Kapitalertragsteuer wird in Höhe von 15 % der Kapitalerträge erhoben (§ 43 a Abs. 1 Satz 1 Nr. 2 EStG).

**64** Die Vorschrift des § 44 Abs. 6 Satz 1 EStG fingiert für die Durchführung des Kapitalertragsteuerabzugs die juristische Person des öffentlichen Rechts als Gläubiger und den BgA als Schuldner der Kapitalerträge. Im Rahmen der entsprechenden Anwendung des § 44 Abs. 1 Satz 5 EStG tritt an die Stelle der einbehaltenen die „entstandene" Kapitalertragsteuer. Die juristische Person des öffentlichen Rechts kann hinsichtlich der Kapitalertragsteuer auch mit dem Vermögen außerhalb des BgA in Anspruch genommen werden (§ 32 Abs. 2 Nr. 1 KStG i. V. m. § 44 Abs. 6 Satz 4 EStG).

## V. Zeitlicher Anwendungsbereich

**65** § 52 Abs. 37 a Satz 2 EStG i. d. F. des StSenkG verknüpft die erstmalige Anwendung des § 20 Abs. 1 Nr. 10 Buchst. b EStG beim Empfänger des Gewinns mit der körperschaftsteuerlichen Behandlung des leistenden BgA ohne eigene Rechtspersönlichkeit. Danach ist die Vorschrift erstmals auf Gewinne anzuwenden, die der Empfänger des Gewinns nach Ablauf des ersten Wirtschaftsjahrs des BgA ohne eigene Rechtspersönlichkeit erzielt, für das das KStG i. d. F. des StSenkG erstmals anzuwenden ist.

**66** Bezogen auf die Gewinne von als Regiebetrieb geführten BgA heißt das, dass § 20 Abs. 1 Nr. 10 Buchst. b EStG auf Gewinne, die in einem in 2001 endenden Wirtschaftsjahr erzielt worden sind, noch nicht anzuwenden ist (BFH-Urteil vom 11. Juli 2007, BStBl. II S. 841). Wurde dieser Gewinn jedoch zulässigerweise einer Rücklage zugeführt und wird diese in späteren Wirtschaftsjahren aufgelöst, liegen insoweit keine Einkünfte i. S. d. § 20 Abs. 1

Nr. 10 Buchst. b Satz 2 EStG vor (BFH-Urteil vom 30. Januar 2018, BStBl. 2019 II S. 91).

Bei Eigenbetrieben kommt es nach den Grundsätzen des BFH-Urteils vom 16. November 2011 (BStBl. 2013 II S. 328) nur aufgrund von Ausschüttungsbeschlüssen oder verdeckten Gewinnausschüttungen zu einer Kapitalertragsteuerpflicht. Der Gewinn eines in 2001 endenden Wirtschaftsjahrs unterfällt daher der Kapitalertragsteuerpflicht, wenn ein entsprechender Ausschüttungsbeschluss nach dem 31. Dezember 2001 gefasst worden ist. **67**

**Beispiel:**

Der Eigenbetrieb hat ein Wirtschaftsjahr vom 1. Dezember bis zum 30. November eines Jahres. Die Bilanz für das Wirtschaftsjahr 2000/2001 wird am 15. Dezember 2001, die für das Wirtschaftsjahr 2001/2002 am 15. Dezember 2002 erstellt; jeweils mit Beschluss über eine Gewinnüberführung in den allgemeinen Haushalt.

Die Bilanzfeststellung am 15. Dezember 2001 führt noch nicht zu Kapitalerträgen i. S. d. § 20 Abs. 1 Nr. 10 Buchst. b EStG, weil für dieses Wirtschaftsjahr des BgA das neue Recht noch nicht anzuwenden ist. Dagegen führt die Bilanzerstellung am 15. Dezember 2002 zu Kapitalerträgen i. S. d. § 20 Abs. 1 Nr. 10 Buchst. b EStG, weil für dieses Wirtschaftsjahr des BgA das neue Recht erstmals anzuwenden ist und ein Beschluss zur Gewinnüberführung vorliegt.

Verdeckte Gewinnausschüttungen in 2001 werden nicht erfasst. **68**

Die Kapitalertragsteuerpflicht für das Einkommen aus der Veranstaltung von Werbesendungen durch inländische öffentlich-rechtliche Rundfunkanstalten gilt bereits für Gewinne des Veranlagungszeitraums 2001 (§ 52 Abs. 37 a Satz 3 und Abs. 53 Satz 3 EStG i. d. F. des StSenkG). **69**

## D. Anwendung des Schreibens

Dieses Schreiben tritt – soweit sich für Veranlagungszeiträume vor 2018 aus gesetzlichen Vorgaben nichts anders ergibt – an die Stelle des BMF-Schreibens vom 11. September 2002, BStBl. I S. 935, in der durch BMF-Schreiben vom 8. August 2005, BStBl. I S. 831, geänderten Fassung, und des BMF-Schreibens vom 9. Januar 2015, BStBl. I S. 111. Seine Grundsätze sind in allen offenen Fällen anzuwenden. Sind Rücklagen bei Regiebetrieben in Veranlagungszeiträumen vor 2018 nach den Grundsätzen der bisherigen BMF-Schreiben anerkannt worden, richten sich die Tatbestände für deren Fortbestand ab Veranlagungszeitraum 2018, ohne dass es hierfür einer Beschlussfassung nach Maßgabe der Rdnr. 35 bedarf, nach den Grundsätzen dieses Schreibens. **70**

# I § 20/12. Schreiben betr. Besteuerung von Versicherungserträgen i. S. d. § 20 Abs. 1 Nr. 6 EStG

Vom 1. Oktober 2009 (BStBl. I S. 1172)

(BMF IV C 1 – S 2252/07/0001; DOK 2009/0637786)

Geändert durch BMF v. 6. 3. 2012 (BStBl. I S. 238), BMF v. 11. 11. 2016 (BStBl. I S. 1238) und BMF v. 29. 9. 2017 (BStBl. I S. 1314)

Im Einvernehmen mit den obersten Finanzbehörden der Länder wird das BMF-Schreiben vom 22. Dezember 2005 (BStBl. 2006 I S. 92) wie folgt gefasst:

**Übersicht**

## I. Versicherung i. S. d. § 20 Abs. 1 Nr. 6 EStG

1 Der Besteuerung nach § 20 Abs. 1 Nr. 6 EStG unterliegen die Erträge aus folgenden Versicherungen auf den Erlebens- oder Todesfall (kapitalbildende Lebensversicherungen): Rentenversicherungen mit Kapitalwahlrecht, soweit nicht die Rentenzahlung gewählt wird, und Kapitalversicherungen mit Sparanteil. Erträge aus Unfallversicherungen mit garantierter Beitragsrückzahlung unterliegen ebenfalls der Besteuerung nach § 20 Abs. 1 Nr. 6 EStG.

2 Eine Versicherung i. S. d. § 20 Abs. 1 Nr. 6 EStG unterscheidet sich von einer Vermögensanlage ohne Versicherungscharakter dadurch, dass ein wirtschaftliches Risiko abgedeckt wird, das aus der Unsicherheit und Unberechenbarkeit des menschlichen Lebens für den Lebensplan des Menschen erwächst (biometrisches Risiko). Die durch die Lebensversicherung typischer-

weise abgedeckten Gefahren sind der Tod (Todesfallrisiko) oder die ungewisse Lebensdauer (Erlebensfallrisiko, Langlebigkeitsrisiko). Bei der Unfallversicherung mit garantierter Beitragsrückzahlung stellen das Unfallrisiko oder das Risiko der Beitragsrückzahlung im Todesfall die mit der Versicherung untrennbar verbundenen charakteristischen Hauptrisiken dar.

Es liegt kein Versicherungsvertrag i. S. d. § 20 Abs. 1 Nr. 6 EStG vor, wenn der Vertrag keine nennenswerte Risikotragung enthält. Davon ist insbesondere dann auszugehen, wenn bei Risikoeintritt nur eine Leistung der angesammelten und verzinsten Sparanteile zuzüglich einer Überschussbeteiligung vereinbart ist. In der Regel ist vom Vorliegen eines Versicherungsvertrages i. S. d. § 20 Abs. 1 Nr. 6 EStG auszugehen, wenn es sich um eine Lebensversicherung oder Unfallversicherung mit garantierter Beitragsrückzahlung i. S. d. Versicherungsaufsichtsrechts handelt. Die Regelungen zum Mindesttodesfallsschutz (vgl. Rz. 23 ff. des BMF-Schreibens vom 22. August 2002, BStBl. I S. 827) sind für nach dem 31. Dezember 2004 abgeschlossene Versicherungsverträge nicht anzuwenden; für nach dem 31. März 2009 abgeschlossene Kapital-Lebensversicherungsverträge gelten neue Regelungen zum Mindesttodesfallschutz (vgl. Rz. 78 a ff). 3

Eine Rentenversicherung liegt nur dann vor, wenn bereits am Beginn der Vertragslaufzeit ein Langlebigkeitsrisiko vom Versicherungsunternehmen übernommen wird. Dies bedeutet, dass bereits bei Vertragsabschluss die Höhe der garantierten Leibrente in Form eines konkreten Geldbetrages festgelegt wird oder ein konkret bezifferter Faktor garantiert wird, mit dem die Höhe der garantierten Leibrente durch Multiplikation mit dem am Ende der Anspar- bzw. Aufschubphase vorhandenen Fondsvermögen bzw. Deckungskapital errechnet wird (Rentenfaktor). Für einzelne Vermögensteile (z. B. durch die Kapitalanlage sichergestelltes Mindestvermögen, eventuelle über die gezahlten Beiträge erheblich hinausgehende Wertsteigerungen) können auch unterschiedliche Rentenfaktoren garantiert werden. Bei Beitragserhöhungen muss der konkrete Geldbetrag oder der Rentenfaktor spätestens im Erhöhungszeitpunkt garantiert werden. Eine vereinbarte Anpassung des Beitrags oder der Leistung gemäß § 163 VVG ist unschädlich. 3 a

Für vor dem 1. Juli 2010 abgeschlossene Rentenversicherungen ist es ausreichend, dass das Versicherungsunternehmen bei Vertragsabschluss bzw. im Erhöhungszeitpunkt hinreichend konkrete Grundlagen für die Berechnung der Rentenhöhe oder des Rentenfaktors zugesagt hat. Dieses Erfordernis ist auch erfüllt, wenn die bei Vertragsbeginn für die Rentenberechnung unterstellten Rechnungsgrundlagen mit Zustimmung eines unabhängigen Treuhänders, der die Voraussetzungen und die Angemessenheit prüft, geändert werden können. 3 b

Insbesondere bei den nachfolgenden Vertragsgestaltungen ist von einer hinreichenden Konkretisierung der Berechnungsgrundlagen auszugehen:

**Beispiel 1:**

Es gelten die am Ende der Aufschubphase gültigen Rententarife. Der maßgebende Rentenfaktor muss dabei aber mindestens 75 % des Wertes des Rentenfaktors betragen, der sich mit den bei Vertragsabschluss verwendeten Rechnungsgrundlagen ergeben würde.

**Beispiel 2:**
Die auszuzahlende Rente wird zu Beginn der Rentenzahlung für die gesamte Rentenbezugszeit festgelegt. Bei der Rentenberechnung werden mindestens 50 % der Sterblichkeiten der Sterbetafel DAV 2004 R und der dann aufsichtsrechtlich festgelegte Höchstrechnungszins zur Deckungsrückstellungsberechnung angesetzt.

Ein Vertrag, der keine hinreichend konkreten Berechnungsgrundlagen enthält, sondern lediglich eine Verrentung am Ende der Anspar- bzw. Aufschubphase zu den dann gültigen Bedingungen vorsieht, ist steuerrechtlich keine Rentenversicherung, sondern ein nach den allgemeinen Vorschriften zu besteuernder Sparvorgang mit einer steuerlich unbeachtlichen Verrentungsoption. Wird bei einem derartigen Vertrag während der Anspar- bzw. Aufschubphase ein Todesfallrisiko übernommen, ist von einer Kapitalversicherung und von einem Zufluss der Erträge am Ende der Anspar- bzw. Aufschubphase auszugehen (vgl. Rz. 26). Sofern vor dem 1. Juli 2010 ein konkreter Geldbetrag oder Rentenfaktor nachträglich zugesagt wird, ist der Vertrag als Rentenversicherung zu betrachten und es ist keine steuerlich relevante Vertragsänderung anzunehmen. Bei Verträgen, bei denen vor diesem Datum die Rentenzahlung beginnt, und bei vor dem 1. Januar 2005 abgeschlossenen Rentenversicherungsverträgen ist eine nachträgliche Zusage nicht erforderlich.

**3 c** Bei ab dem 1. Juli 2010 abgeschlossenen Versicherungsverträgen ist nicht von einer steuerlich anzuerkennenden Rentenversicherung auszugehen, wenn der vereinbarte Rentenzahlungsbeginn dergestalt aufgeschoben ist, dass die mittlere Lebenserwartung der versicherten Person unwesentlich unterschritten oder sogar überschritten wird. Nicht zu beanstanden ist es, wenn der Zeitraum zwischen dem vereinbarten spätesten Rentenbeginn und der mittleren Lebenserwartung mehr als 10 % der bei Vertragsabschluss verbliebenen Lebenserwartung beträgt. Maßgebend ist die dem Vertrag zu Grunde gelegte Sterbetafel.

**Beispiel:**
Die versicherte Person ist bei Vertragsabschluss 30 Jahre alt und hat eine mittlere Lebenserwartung von 82 Jahren. Die verbleibende Lebenserwartung beträgt 52 Jahre, davon 10 % sind 5,2 Jahre. Ein vereinbarter Rentenbeginn mit 77 Jahren wäre nicht zu beanstanden.

**4** Keine Versicherungsverträge i. S. d. § 20 Abs. 1 Nr. 6 EStG sind Kapitalisierungsgeschäfte. Als Kapitalisierungsgeschäfte gelten Geschäfte, bei denen unter Anwendung eines mathematischen Verfahrens die im Voraus festgesetzten einmaligen oder wiederkehrenden Prämien und die übernommenen Verpflichtungen nach Dauer und Höhe festgelegt sind (vgl. § 1 Abs. 4 Satz 2 des Versicherungsaufsichtsgesetzes [VAG]).

**5** Bei Kapitalforderungen aus Verträgen mit Versicherungsunternehmen, bei denen es sich nicht um einen Versicherungsvertrag im oben angeführten Sinne handelt, richtet sich die Besteuerung des Kapitalertrags nach § 20 Abs. 1 Nr. 7 EStG.

**6** Zu den nach § 20 Abs. 1 Nr. 6 EStG steuerpflichtigen Renten- oder Kapitalversicherungen zählen nur solche, die einen Sparanteil enthalten. Bei solchen Versicherungen setzt sich der Versicherungsbeitrag grundsätzlich zusammen aus dem

- **Kostenanteil** (Beitragsteil insbesondere für Verwaltungsaufgaben des Unternehmens, Abschlusskosten, Inkassokosten), dem

– **Risikoanteil** (Beitragsanteil für Leistungen bei Eintritt eines charakteristischen Hauptrisikos: Tod bei Lebensversicherungen, Unfall oder Beitragsrückzahlung im Todesfall bei Unfallversicherungen mit garantierter Beitragsrückzahlung) und dem
– **Sparanteil** (Beitragsanteil der für die Finanzierung einer Erlebensfall-Leistung verwendet wird).

Eine Leistung aus einer **reinen Risikoversicherung**, also einer Versicherung ohne Sparanteil (z. B. Risikolebensversicherung, Unfallversicherung ohne garantierte Beitragsrückzahlung, Berufsunfähigkeitsversicherung, Erwerbsunfähigkeitsversicherung, Pflegeversicherung), fällt nicht unter § 20 Abs. 1 Nr. 6 EStG. Dies gilt sowohl für Kapitalauszahlungen aus reinen Risikoversicherungen als auch für Rentenzahlungen (z. B. Unfall-Rente, Invaliditätsrente). Bei einer Rentenzahlung kann sich jedoch eine Besteuerung aus anderen Vorschriften (insbesondere § 22 Nr. 1 Satz 1 EStG oder § 22 Nr. 1 Satz 3 Buchst. a Doppelbuchst. bb EStG) ergeben. Die Barauszahlung von Überschüssen (vgl. Rz. 13 ff.) sowie die Leistung aufgrund einer verzinslichen Ansammlung der Überschüsse (vgl. Rz. 17) ist bei einer reinen Risikoversicherung keine Einnahme i. S. d. § 20 Abs. 1 Nr. 6 EStG und auch nicht i. S. d. § 20 Abs. 1 Nr. 7 EStG. 7

## II. Allgemeine Begriffsbestimmungen

### 1. Versicherungsnehmer

Der Versicherungsnehmer (vgl. § 1 des Versicherungsvertragsgesetzes [VVG]) ist der Vertragspartner des Versicherers. Er ist Träger aller Rechte des Vertrages, z. B. Recht die Versicherungsleistung zu fordern, den Vertrag zu ändern, zu kündigen, Bezugsberechtigungen zu erteilen, die Ansprüche aus dem Vertrag abzutreten oder zu verpfänden. Er ist gleichzeitig Träger aller Pflichten, z. B. Pflicht zur Beitragszahlung. 8

### 2. Bezugsberechtigter

Der Bezugsberechtigte (vgl. *§§ 166, 167 VVG*[1]) ist derjenige, der nach den vertraglichen Vereinbarungen die Versicherungsleistung erhalten soll. In der Regel kann der Versicherungsnehmer ohne Zustimmung des Versicherers einen Dritten als Bezugsberechtigten bestimmen. Das Bezugsrecht kann getrennt für den Erlebensfall und den Rückkauf sowie für den Todesfall festgelegt sein. Es kann widerruflich oder unwiderruflich ausgesprochen sein. 9

Bei einem unwiderruflichen Bezugsrecht bedarf jede Änderung des Bezugsrechts der Zustimmung des Bezugsberechtigten. Dieser hat auch einen unmittelbaren Rechtsanspruch auf die Leistung. 10

Bei einem widerruflichen Bezugsrecht hat der Bezugsberechtigte nur eine Anwartschaft auf die Leistung. Das widerrufliche Bezugsrecht kann auch jederzeit durch eine Mitteilung des Versicherungsnehmers an das Versicherungsunternehmen geändert werden. Im Zeitpunkt des Versicherungsfalls wird aus der Anwartschaft ein Rechtsanspruch. 11

---

[1] Jetzt: §§ 159, 160 VVG.

### 3. Versicherte Person

12 Die versicherte Person ist die Person, auf deren Leben oder Gesundheit die Versicherung abgeschlossen wird (vgl. § 150 VVG). Da von ihren individuellen Eigenschaften (insbes. Alter und Gesundheitszustand) die wesentlichen Merkmale eines Versicherungsvertrages abhängen (vgl. BFH vom 9. Mai 1974, BStBl. II S. 633), ist die versicherte Person eine unveränderbare Vertragsgrundlage. Bei einem Wechsel der versicherten Person erlischt, unabhängig von der Frage, ob ein entsprechendes Optionsrecht bereits bei Vertragsabschluss vereinbart worden ist oder nicht (vgl. hierzu Rz. 68), steuerrechtlich der „alte Vertrag" und es wird steuerrechtlich vom Abschluss eines „neuen Vertrages" ausgegangen. Dabei ist für beide Verträge getrennt zu prüfen, ob die Voraussetzungen für die Anwendung des § 20 Abs. 1 Nr. 6 Satz 2 EStG erfüllt sind. Wird die auf den „alten Vertrag" entfallende Versicherungsleistung ganz oder teilweise auf den „neuen Vertrag" angerechnet, so gilt auch die angerechnete Versicherungsleistung aus dem „alten Vertrag" als zugeflossen. Die aus dem „alten Vertrag" angerechnete Versicherungsleistung gilt als Beitragszahlung auf den „neuen Vertrag".

12 a Ein steuerlich relevanter Zufluss liegt nicht vor, wenn bei einer internen Teilung nach § 10 des Versorgungsausgleichsgesetzes (VersAusglG) oder bei einer externen Teilung nach § 14 VersAusglG Ansprüche aus einem Vertrag der ausgleichspflichtigen Person übertragen werden. Der Vertrag der ausgleichsberechtigten Person gilt insoweit als zum gleichen Zeitpunkt abgeschlossen wie derjenige der ausgleichspflichtigen Person *(§ 52 Abs. 36 Satz 12 EStG[1])*.

### 4. Überschussbeteiligung

13 Der Versicherungsvertrag sieht in der Regel vor, dass der Versicherungsnehmer und/oder der Bezugsberechtigte an den Überschüssen des Versicherungsunternehmens zu beteiligen ist. Überschüsse erzielen die Unternehmen vor allem aus dem Kapitalanlage-, dem Risiko- und dem Kostenergebnis.

Ein Überschuss entsteht im Kapitalanlageergebnis, wenn ein höherer Ertrag als der Rechnungszins erzielt wird. Der Rechnungszins gibt den vom Versicherungsunternehmen garantierten Zins wieder, mit dem die Deckungsrückstellung kalkuliert wird. Beim Risikoergebnis kommt es zu Überschüssen, wenn der Risikoverlauf günstiger ist als bei der Kalkulation angenommen (z. B. bei Versicherungen mit Todesfall-Leistung eine geringere Anzahl von Sterbefällen). Das Kostenergebnis ist positiv, wenn das Versicherungsunternehmen weniger Kosten für die Einrichtung und die laufende Verwaltung des Vertrages aufwendet, als veranschlagt wurde. Die Überschüsse werden jährlich ermittelt.

Die Beteiligung an den Überschüssen kann insbesondere in Form der nachfolgend beschriebenen Methoden erfolgen:

**Barauszahlung**

14 Die Überschüsse werden jährlich ausgezahlt (zu den steuerlichen Folgen siehe Rz. 45).

[1] Jetzt: § 52 Abs. 28 Satz 9 EStG.

**Beitragsverrechnung**

Es kann auch vereinbart werden, dass die Überschüsse mit den Beiträgen zu verrechnen sind, so dass die laufende Beitragsleistung des Versicherungsnehmers gemindert wird. Der kalkulierte Beitrag wird in diesem Zusammenhang als Bruttobeitrag, der um Überschüsse reduzierte Beitrag als Nettobeitrag bezeichnet (zu den steuerlichen Folgen siehe Rz. 46). 15

**Bonussystem**

Beim Bonussystem werden die Überschussanteile als Einmalbeiträge für eine zusätzliche beitragsfreie Versicherung (Bonus) verwendet. Bei jährlichen Überschussanteilen erhöht sich dadurch die Versicherungsleistung von Jahr zu Jahr (zu den steuerlichen Folgen siehe Rzn. 47 und 57). 16

**Verzinsliche bzw. rentierliche Ansammlung**

Bei der verzinslichen Ansammlung werden die jährlichen Überschussanteile beim Versicherungsunternehmen einbehalten und Ertrag bringend angelegt. Die angesammelten Beträge zuzüglich der Erträge werden zusammen mit der Versicherungssumme ausbezahlt (zu den steuerlichen Folgen siehe Rz. 47). 17

**Schlussüberschussbeteiligung**

Überschussanteile, die nicht laufend dem Vertrag unwiderruflich zugeteilt, sondern nur für den Fall einer Leistung aus dem Vertrag in einem Geschäftsjahr festgelegt werden, werden als Schlussüberschüsse, Schlussgewinne, Schlussdividende o. ä. bezeichnet (zu den steuerlichen Folgen siehe Rz. 47). 18

## III. Rentenversicherung mit Kapitalwahlrecht, soweit nicht die Rentenzahlung gewählt wird

Bei einer Rentenversicherung besteht die Versicherungsleistung grundsätzlich in der Zahlung einer lebenslänglichen Rente für den Fall, dass die versicherte Person den vereinbarten Rentenzahlungsbeginn erlebt. Zu den Einnahmen nach § 20 Abs. 1 Nr. 6 EStG rechnet die Versicherungsleistung aus einer Rentenversicherung mit Kapitalwahlrecht nur dann, wenn sie nicht in Form einer Rentenzahlung erbracht wird. Davon ist dann auszugehen, wenn eine einmalige Kapitalauszahlung erfolgt, wenn mehrere Teilauszahlungen geleistet werden oder wenn wiederkehrende Bezüge erbracht werden, die nicht die nachstehenden Anforderungen an eine Rente erfüllen (zur Berechnung des Unterschiedsbetrags bei der Leistung in Form eines wiederkehrenden Bezugs siehe Rz. 63). Ebenfalls nach § 20 Abs. 1 Nr. 6 EStG zu versteuern sind Kapitalleistungen, soweit ein Teil der Versicherungsleistung nicht als Rente gezahlt wird, oder wenn ein laufender Rentenzahlungsanspruch durch eine Abfindung abgegolten wird. Bei einer Teilverrentung kann bei der Ermittlung des Unterschiedsbetrages für die Kapitalauszahlung nur ein Teil der geleisteten Beiträge abgezogen werden. Dies gilt auch dann, wenn vereinbart ist, dass lediglich die Beiträge ausgezahlt werden sollen und der verbleibende Teil verrentet wird. Auch in diesem Fall sind die Beiträge gleichmäßig auf die Kapitalauszahlung und den nach versicherungsmathematischen Grundsätzen ermittelten Barwert der Rentenauszahlung zu verteilen (zur Berechnung des Unterschiedsbetrags in diesen Fällen siehe Rz. 64). 19

20 Eine die Besteuerung nach § 20 Abs. 1 Nr. 6 EStG ausschließende Rentenzahlung setzt voraus, dass gleich bleibende oder steigende wiederkehrende Bezüge zeitlich unbeschränkt für die Lebenszeit der versicherten Person (lebenslange Leibrente) vereinbart werden. Leibrenten mit einer vertraglich vereinbarten Höchstlaufzeit (abgekürzte Leibrenten) und wiederkehrende Bezüge, die nicht auf die Lebenszeit, sondern auf eine festgelegte Dauer zu entrichten sind (Zeitrenten), sind nach § 20 Abs. 1 Nr. 6 EStG zu versteuern. Leibrenten mit einer vertraglich vereinbarten Mindestlaufzeit (verlängerte Leibrenten) sind nur dann nach § 20 Abs. 1 Nr. 6 EStG zu versteuern, wenn die Rentengarantiezeit über die auf volle Jahre aufgerundete verbleibende mittlere Lebenserwartung der versicherten Person bei Rentenbeginn hinausgeht. Maßgebend ist die zum Zeitpunkt des Vertragsabschlusses zugrunde gelegte Sterbetafel und das bei Rentenbeginn vollendete Lebensjahr der versicherten Person. Entspricht die Rentengarantiezeit der Lebenserwartung oder ist sie kürzer, ist auch für den Rechtsnachfolger (in der Regel der Erbe) die Ertragsanteilsbesteuerung anzuwenden. Dabei wird der auf den Erblasser angewandte Ertragsanteil fortgeführt.

21 Wird neben einem gleich bleibenden oder steigenden Sockelbetrag eine jährlich schwankende Überschussbeteiligung gewährt, handelt es sich dennoch insgesamt um gleich bleibende oder steigende Bezüge i. S. d. Rz. 20. Sowohl auf den Sockelbetrag als auch auf die Überschussbeteiligung ist die Ertragsanteilbesteuerung (§ 22 Nr. 1 Satz 3 Buchst. a Doppelbuchst. bb EStG) anzuwenden (vgl. BMF-Schreiben vom 26. November 1998, BStBl. I S. 1508).

Die Auszahlung in Form einer konstanten Anzahl von Investmentanteilen stellt keinen gleich bleibenden Bezug und damit keine Rentenzahlung dar.

22 Die Todesfall-Leistung einer Rentenversicherung gehört nicht zu den Einnahmen aus § 20 Abs. 1 Nr. 6 EStG. Bei einer Rentenzahlung kann sich jedoch eine Besteuerung aus anderen Vorschriften (insbesondere § 22 Nr. 1 Satz 3 Buchst. a Doppelbuchst. bb EStG) ergeben.

## IV. Kapitalversicherung mit Sparanteil

23 Kapitalversicherungen mit Sparanteil treten insbesondere in folgenden Ausgestaltungen auf:

### 1. Kapitalversicherung auf den Todes- und Erlebensfall (klassische Kapital-Lebensversicherung)

24 Bei einer Kapitalversicherung auf den Todes- und Erlebensfall leistet der Versicherer, wenn die versicherte Person den im Versicherungsschein genannten Auszahlungstermin erlebt oder wenn die versicherte Person vor dem Auszahlungstermin verstirbt. Die Leistung im Todesfall unterfällt nicht der Besteuerung nach § 20 Abs. 1 Nr. 6 EStG.

25 Die Ausgestaltung des Vertrages mit oder ohne Rentenwahlrecht, gegen Einmalbeitrag oder laufende Beitragszahlung hat keinen Einfluss auf die Besteuerung nach § 20 Abs. 1 Nr. 6 EStG.

26 Wird bei einer Kapitalversicherung mit Rentenwahlrecht die Rentenzahlung gewählt, fließen die Erträge nach § 11 Abs. 1 EStG in dem Zeitpunkt zu, in dem die Kapitalleistung im Erlebensfall zu leisten wäre. Lediglich das

nach Abzug von Kapitalertragsteuer vorhandene Kapital steht für die Verrentung zur Verfügung. Die Rentenzahlungen gehören zu den Einnahmen aus § 22 Nr. 1 Satz 3 Buchst. a Doppelbuchst. bb EStG.

## 2. Unfallversicherung mit garantierter Beitragsrückzahlung

Bei einer Unfallversicherung mit garantierter Beitragsrückzahlung wird neben den Beitragsbestandteilen für die Abdeckung des Unfallrisikos sowie des Risikos der Beitragsrückzahlung im Todesfall und der Verwaltungskosten ein Sparanteil erbracht, der verzinslich bzw. rentierlich angelegt wird. Die Versicherungsleistung bei Ablauf der Versicherungslaufzeit gehört zu den Einnahmen aus § 20 Abs. 1 Nr. 6 EStG, nicht aber die Versicherungsleistung bei Eintritt des versicherten Risikos. Sofern die Unfallversicherung mit garantierter Beitragsrückzahlung als Rentenversicherung mit Kapitalwahlrecht abgeschlossen wird, sind die unter Rzn. 19 ff. angeführten Regelungen anzuwenden. 27

## 3. Kapitalversicherung auf den Todes- und Erlebensfall von zwei oder mehreren Personen (Kapitalversicherung auf verbundene Leben)

Die Erlebensfall-Leistung ist bei einer Kapitalversicherung auf verbundene Leben zu erbringen, wenn beide/alle versicherten Personen den im Versicherungsschein genannten Ablauftermin erleben. Zur Ermittlung des hälftigen Unterschiedsbetrags, wenn nur einer der Steuerpflichtigen bei Auszahlung der Versicherungsleistung im Erlebensfall oder bei Rückkauf das 60. Lebensjahr vollendet hat, siehe Rzn. 77 bis 78. Die Leistung im Todesfall unterfällt nicht der Besteuerung nach § 20 Abs. 1 Nr. 6 EStG. 28

## 4. Kapitalversicherung mit festem Auszahlungszeitpunkt (Termfixversicherung)

Bei einer Termfixversicherung wird die Versicherungsleistung nur zu einem festen Zeitpunkt ausgezahlt. Wenn die versicherte Person vor Erreichen dieses festen Zeitpunkts verstirbt, wird die Todesfallsumme in der Regel nicht sofort ausgezahlt, sondern es endet lediglich die Beitragszahlungsdauer. Die Leistung im Todesfall gehört nicht zu den Einnahmen aus § 20 Abs. 1 Nr. 6 EStG. 29

## 5. Kapitalversicherung mit lebenslangem Todesfallschutz

Bei einer Kapitalversicherung mit lebenslangem Todesfallschutz leistet das Versicherungsunternehmen grundsätzlich nur, wenn die versicherte Person stirbt. Der vornehmliche Zweck eines solchen Versicherungsvertrages ist die Deckung von Kosten und Aufwendungen im Zusammenhang mit dem Todesfall, z. B. Erbschaftsteuer (Erbschaftsteuerversicherung), zivilrechtlich bedingten Ausgleichszahlungen im Rahmen einer Erbschaftsplanung (Vermögensnachfolgeversicherung) oder Deckung der Bestattungskosten (Sterbegeldversicherung). Die Versicherungsleistung im Todesfall stellt keine Einnahme i. S. d. § 20 Abs. 1 Nr. 6 EStG dar. Manche Kapitalversicherungen mit lebenslangem Todesfallschutz bieten jedoch die Möglichkeit, zu Lebzeiten der versicherten Person eine Versicherungsleistung abzurufen, so dass die Versicherung beendet wird oder mit einer reduzierten Versicherungssumme beste- 30 hen bleibt. Eine abgerufene Leistung ist nach § 20 Abs. 1 Nr. 6 EStG zu versteuern.

## V. Sonderformen

### 1. Fondsgebundene Kapital-Lebensversicherung und fondsgebundene Rentenversicherung

31 Fondsgebundene Lebensversicherungen unterscheiden sich von konventionellen Lebensversicherungen dadurch, dass die Höhe der Leistungen direkt von der Wertentwicklung der in einem besonderen Anlagestock angesparten Vermögensanlagen abhängt, wobei üblicherweise die Sparanteile nur in Investmentanteilen angelegt werden. Die Kapitalerträge aus fondsgebundenen Lebensversicherungen gehören unter den gleichen Voraussetzungen zu den Einnahmen aus Kapitalvermögen wie Erträge aus konventionellen Lebensversicherungen.

32 Eine der Höhe nach garantierte Leistung gibt es bei der fondsgebundenen Lebensversicherung in der Regel nicht, selbst der Verlust des gesamten eingesetzten Kapitals ist möglich (zu einem negativen Unterschiedsbetrag siehe Rz. 60).

33 Üblich sind Verträge, bei denen der Versicherungsnehmer einen oder mehrere Investmentfonds selbst wählen kann, wobei er die Auswahl für zukünftige Sparanteile während der Versicherungsdauer in der Regel ändern kann (Switchen). Außerdem kann das Recht eingeräumt sein, bereits investierte Sparanteile in andere Fonds umzuschichten (Shiften). Solche Umschichtungen stellen keinen Zufluss dar.

34 Hinsichtlich der Versicherungsleistung kann vereinbart sein, dass der Versicherungsnehmer wählen kann, ob er statt einer Geldzahlung die Übertragung der Fondsanteile in sein Depot möchte. Sofern eine Übertragung der Fondsanteile erfolgt, ist als Versicherungsleistung der Rücknahmepreis anzusetzen, mit dem die Versicherungsleistung bei einer Geldzahlung berechnet worden wäre.

### 2. Vermögensverwaltende Versicherungsverträge

34 a Nach § 20 Abs. 1 Nr. 6 Satz 5 EStG (in der Fassung des Art. 1 des Gesetzes vom 19. Dezember 2008 [BGBl. I S. 2794]) werden vermögensverwaltende Versicherungsverträge von den allgemeinen Besteuerungsregelungen für Versicherungsverträge ausgenommen. Stattdessen werden derartige Verträge transparent besteuert. Das heißt, dass im Zeitpunkt, in dem Kapitalerträge z. B. in Form von Zinsen, Dividenden oder Veräußerungsgewinnen dem vom Versicherungsunternehmen gehaltenen Depot oder Konto zufließen, diese dem wirtschaftlich Berechtigten zuzurechnen sind. Dabei richtet sich die Besteuerung nach den für das jeweilige Anlagegut geltenden Regelungen (z. B. bei Zinsen nach § 20 Abs. 1 Nr. 7 EStG, bei Dividenden nach § 20 Abs. 1 Nr. 1 EStG, bei Veräußerungen nach § 20 Abs. 2 i. V. m. Abs. 4 EStG und bei Investmentfondserträgen nach den Vorschriften des Investmentsteuergesetzes). Die Vorschrift ist für alle Kapitalerträge anzuwenden, die dem Versicherungsunternehmen nach dem 31. Dezember 2008 zufließen *(§ 52 Abs. 36 Satz 10*

*EStG*[1]*)*. Dies gilt nicht für Versicherungsverträge, die vor dem 1. Januar 2005 abgeschlossen wurden.

Ein vermögensverwaltender Versicherungsvertrag liegt vor, wenn die folgenden Voraussetzungen kumulativ erfüllt sind: **34 b**

(1) In dem Versicherungsvertrag ist eine gesonderte Verwaltung von speziell für diesen Vertrag zusammengestellten Kapitalanlagen vereinbart und

(2) die zusammengestellten Kapitalanlagen sind nicht auf öffentlich vertriebene Investmentfondsanteile oder Anlagen, die die Entwicklung eines veröffentlichten Indexes abbilden, beschränkt und

(3) der wirtschaftlich Berechtigte kann unmittelbar oder mittelbar über die Veräußerung der Vermögensgegenstände und die Wiederanlage der Erlöse bestimmen (Dispositionsmöglichkeit).

Bei einer gesonderten Verwaltung, wird die Sparleistung nicht vom Versicherungsunternehmen für eine unbestimmte Vielzahl von Versicherten gemeinschaftlich, sondern separat für den einzelnen Vertrag angelegt bzw. verwaltet, wobei der wirtschaftlich Berechtigte das Kapitalanlagerisiko trägt. Typischerweise erfolgt die Kapitalanlage bei einem vermögensverwaltenden Versicherungsvertrag auf einem Konto oder Depot bei einem vom Kunden frei wählbaren Kreditinstitut. Dabei wird das Versicherungsunternehmen Eigentümer bzw. Inhaber der auf dem Konto oder Depot verwalteten Anlagegüter. **34 c**

Speziell für diesen Vertrag zusammengestellte Kapitalanlagen liegen vor, wenn die Anlage ganz oder teilweise gemäß den individuellen Wünschen des Versicherungsnehmers erfolgt. Dies ist insbesondere der Fall, wenn der Versicherungsnehmer einzelne Wertpapiere oder ein bereits vorhandenes Wertpapierdepot als Versicherungsbeitrag erbringt. **34 d**

Die ausschließliche Auswahl von im Inland oder im Ausland öffentlich vertriebenen Investmentfondsanteilen schließt die Annahme eines vermögensverwaltenden Versicherungsvertrages aus. Die Verwendung von versicherungsinternen Fonds beeinträchtigt nicht die Charakterisierung als öffentlich vertriebene Investmentfondsanteile, vorausgesetzt dass diese internen Fonds die Anlagen von einem oder mehreren öffentlich vertriebenen Investmentfonds widerspiegeln. **34 e**

Unter „Anlagen, die einen veröffentlichten Index abbilden" fallen auch Kombinationsmöglichkeiten mehrerer im Inland oder Ausland veröffentlichter Indizes. **34 f**

Eine unmittelbare Dispositionsmöglichkeit besteht, wenn der Versicherungsvertrag ein Weisungsrecht des wirtschaftlich Berechtigten gegenüber dem Versicherungsunternehmen oder gegenüber einem beauftragten Vermögensverwalter vorsieht. **34 g**

Von einer mittelbaren Dispositionsmöglichkeit ist insbesondere auszugehen, wenn

– die Anlageentscheidungen von einem Vermögensverwalter getroffen werden, der durch den wirtschaftlich Berechtigten beauftragt wurde,
– der wirtschaftlich Berechtigte einen Wechsel in der Person des Vermögensverwalters verlangen kann,

[1] In der Fassung vor dem KroatienAnpG v. 25. 7. 2014, BGBl. I S. 1266.

– eine individuelle Anlagestrategie zwischen dem Versicherungsunternehmen oder dem Vermögensverwalter und dem wirtschaftlich Berechtigten vereinbart wird.

**34 h** Die Auswahlmöglichkeit aus standardisierten Anlagestrategien, die einer unbestimmten Vielzahl von Versicherungsnehmern angeboten werden, stellt keine unmittelbare oder mittelbare Dispositionsmöglichkeit dar; dies gilt auch dann, wenn der Versicherungsnehmer einem Vertrag mehrere derartiger standardisierter Anlagestrategien in unterschiedlicher Gewichtung zugrunde legen darf.

**34 i** Wird ein bereits vorhandenes Depot in einen Versicherungsvertrag dergestalt eingebracht, dass die Depotführung und die Vermögensverwaltung beim bisherigen Kreditinstitut oder dem bisherigen Vermögensverwalter verbleiben, ist in der Regel von einer weiter bestehenden Dispositionsmöglichkeit des wirtschaftlich Berechtigten auszugehen. Es gilt insoweit die – widerlegbare – Vermutung, dass der wirtschaftlich Berechtigte aufgrund einer gewachsenen und weiterhin bestehenden Geschäftsbeziehung Einfluss auf die Anlageentscheidungen ausüben kann.

**34 j** Wirtschaftlich Berechtigter ist der Inhaber des Anspruchs auf die Versicherungsleistung. Dies ist in der Regel der Versicherungsnehmer, kann in den Fällen eines unwiderruflich eingeräumten Bezugsrechts aber auch ein Dritter sein. Sicherungsübereignung oder Pfändung führt grundsätzlich nicht zu einem Wechsel in der Person des wirtschaftlich Berechtigten. Die Regelungen in Rzn. 50 bis 53 gelten entsprechend.

**34 k** Nach § 20 Abs. 1 Nr. 6 Satz 5 EStG erfolgt eine Besteuerung der dem Versicherungsunternehmen zugeflossenen Erträge i. S. d. § 20 Abs. 1 und Abs. 2 EStG. Leistungen im Todes- oder Erlebensfall sowie bei Rückkauf des Vertrages sind hingegen einkommensteuerlich unbeachtlich, soweit die Erträge, die in diesen Versicherungsleistungen enthalten sind, nach § 20 Abs. 1 Nr. 6 Satz 5 EStG der Besteuerung unterlegen haben. Soweit in der Beitragsleistung Kosten insbesondere für die Verwaltung enthalten sind oder von dem Anlagekonto bzw. -depot entnommen werden, sind diese grundsätzlich als Werbungskosten zu betrachten. Werbungskosten werden ab dem Veranlagungszeitraum 2009 nur noch im Rahmen des Sparer-Pauschbetrages (§ 20 Abs. 9 EStG) berücksichtigt (vgl. Rz. 81 a).

**34 l** Die Übertragung von Anlagegütern auf das Versicherungsunternehmen im Zeitpunkt der Begründung eines vermögensverwaltenden Versicherungsvertrags sowie deren Rückübertragung auf den wirtschaftlich Berechtigten im Zeitpunkt der Beendigung des Vertragsverhältnisses ist steuerlich unbeachtlich und führt damit insbesondere nicht zu einer Veräußerung i. S. d. § 20 Abs. 2 EStG.

**34 m** Ob eine Vertragsänderung, die darauf abzielt, bislang bestehende Merkmale eines vermögensverwaltenden Versicherungsvertrages nachträglich abzubedingen, steuerlich zu einer Beendigung des bisherigen Vertrages und Schaffung eines neuen Vertrages führt, hängt von den jeweiligen Umständen des Einzelfalls ab. Bei derartigen Vertragsänderungen die vor dem 1. Juli 2010 vorgenommen werden, ist jedenfalls nicht von einer steuerrechtlich relevanten Vertragsänderung auszugehen.

### 3. Direktversicherung, Pensionskasse, Pensionsfonds

35 Zur steuerrechtlichen Behandlung von Leistungen aus einer Pensionskasse, aus einem Pensionsfonds oder aus einer Direktversicherung wird auf das *BMF-Schreiben vom 20. Januar 2009, BStBl. I S. 273, Rzn. 268–285*[1], verwiesen.

## VI. Absicherung weiterer Risiken

36 Neben dem der Versicherung zugrunde liegenden charakteristischen Hauptrisiko können weitere Risiken (Nebenrisiken) in Form einer Zusatzversicherung oder innerhalb einer einheitlichen Versicherung abgesichert sein. Üblich sind dabei die Invaliditäts-, Berufsunfähigkeits-, Unfalltod-, Pflege- und die Dread-Disease-Absicherung. Bei einer Dread-Disease-Absicherung wird bei Eintritt einer schweren Krankheit geleistet (engl. dread disease = furchtbare Krankheit, schlimme Leiden).

Enthält der Versicherungsvertrag andere als die oben angeführten Nebenrisiken und ist der Eintritt dieses Risikos zu erwarten oder durch die versicherte Person herbeiführbar, so dass es sich bei wirtschaftlicher Betrachtungsweise um eine Fälligkeitsregelung handelt (z. B. Beginn der Ausbildung, Heirat), ist die Kapitalauszahlung bei Eintritt eines solchen unechten Nebenrisikos als Erlebensfall-Leistung nach § 20 Abs. 1 Nr. 6 EStG zu versteuern.

37 Kapitalauszahlungen bei Eintritt eines (echten) Nebenrisikos sind nicht nach § 20 Abs. 1 Nr. 6 EStG zu versteuern. Besteht die Leistung der weiteren Absicherung in einer Beitragsbefreiung für den Hauptvertrag, ist für die Berechnung des Unterschiedsbetrags ein rechnerischer Ausgleichsposten in Höhe der angenommenen oder tatsächlich durch das Versicherungsunternehmen übernommenen Beiträge bei der Berechnung des Unterschiedsbetrags ertragsmindernd zu berücksichtigen.

38 Überschüsse und sonstige Leistungen (z. B. Rückzahlung überhobener Beiträge) aus einer weiteren Absicherung sind grundsätzlich keine Einnahmen i. S. d. § 20 Abs. 1 Nr. 6 EStG. Der hierfür erforderliche Nachweis, dass die Überschüsse und sonstigen Leistungen aus einer weiteren Absicherung stammen, setzt voraus, dass das Versicherungsunternehmen den darauf entfallenden Beitrag, den Überschussanteil und die sonstige Leistung für die weitere Absicherung getrennt ausweist. In diesem Fall ist gegebenenfalls ein Sonderausgabenabzug nach *§ 10 Abs. 1 Nr. 3 Buchst. a EStG*[2] für diese Beitragsbestandteile möglich.

39 Beitragsbestandteile für die Absicherung der Nebenrisiken mindern den steuerpflichtigen Unterschiedsbetrag nicht (vgl. Rz. 58).

## VII. Erlebensfall oder Rückkauf

40 Der Besteuerung nach § 20 Abs. 1 Nr. 6 EStG unterliegen nur der Erlebensfall oder der Rückkauf. Die Versicherungsleistung bei Eintritt des mit der Versicherung untrennbar verbundenen charakteristischen Hauptrisikos (Tod, Unfall) rechnet nicht zu den Einnahmen nach § 20 Abs. 1 Nr. 6 EStG (hinsichtlich weiterer versicherter Risiken siehe Rzn. 36 bis 38).

[1] Jetzt BMF v. 6. 12. 2017, BStBl. 2018 I S. 147, Rz. 148–166 (Nr. **1** § 79/1).
[2] Jetzt: § 10 Abs. 1 Nr. 3 a EStG.

### 1. Erlebensfall

41 Alle Versicherungsleistungen, die vom Versicherungsunternehmen aufgrund des Versicherungsvertrages zu erbringen sind, ohne dass sich das versicherte Risiko realisiert hat (Risiko-Leistung) oder dass der Versicherungsvertrag ganz oder teilweise vorzeitig beendet wurde (Rückkauf), sind Erlebensfall-Leistungen.

41 a Enthält der Versicherungsvertrag einen Anspruch auf Gewährung eines Darlehens des Versicherungsunternehmens an den Steuerpflichtigen, ohne dass sich das Versicherungsunternehmen eine freie Entscheidung über das Ob der Darlehensgewährung vorbehält, ist generell von einer steuerpflichtigen Erlebensfall-Leistung auszugehen. In allen anderen Fällen ist zu prüfen, ob ein nicht am Versicherungsvertrag beteiligter Dritter einen vergleichbaren Darlehensvertrag abschließen würde, wenn man unterstellt, dass dem Dritten die vertraglichen Ansprüche zur Sicherheit abgetreten werden. Unter Zugrundelegung des Fremdvergleichsmaßstabs ist in der Regel von einer steuerpflichtigen Erlebensfall-Leistung auszugehen, wenn insbesondere

- der Versicherungsschutz (Leistung bei Eintritt des versicherten Risikos) aufgrund der Auszahlung abgesenkt wird, oder
- keine oder offensichtlich marktunüblich niedrige Darlehenszinsen zu entrichten sind, oder
- die Höhe der Darlehenszinsen und/oder die Höhe des zurückzuzahlenden Kapitals an die Höhe der Verzinsung oder Wertentwicklung des Versicherungsvertrages gekoppelt sind.

Diese Regelungen sind auf Auszahlungen nach Veröffentlichung dieses Schreibens im Bundessteuerblatt anzuwenden. Erfolgen die Auszahlungen entsprechend der Darlehensvereinbarung ratierlich, ist für die Anwendung dieser Regelung insgesamt das Datum der ersten Rate maßgeblich. Bei Altverträgen (zum Begriff siehe Rz. 88) kann eine steuerpflichtige Erlebensfall-Leistung nur vorliegen, wenn im Auszahlungszeitpunkt die Voraussetzungen für eine Steuerbefreiung i. S. d. § 20 Abs. 1 Nr. 6 Satz 2 EStG in der am 31. Dezember 2004 geltenden Fassung (a. F.) fehlen. Sofern nach den oben angeführten Grundsätzen von einer Erlebensfall-Leistung auszugehen ist, kann es sich bei Altverträgen nicht um eine schädliche Verwendung eines Policendarlehens i. S. d. § 10 Abs. 2 Satz 2 EStG a. F. handeln. Bei Endfälligkeit des Versicherungsvertrages sind bereits versteuerte außerrechnungsmäßige und rechnungsmäßige Zinsen oder Unterschiedsbeträge sowie an den Versicherer gezahlte Zinsen bei der Ermittlung des steuerpflichtigen Ertrags zum Abzug zu bringen. Ein zusätzlicher Abzug derartiger Zinsen als Werbungskosten oder Betriebsausgaben, wenn die Leistung zur Erzielung von Einkünften verwendet wird, ist ausgeschlossen.

42 In der Regel tritt der Erlebensfall bei Ablauf der vereinbarten Versicherungslaufzeit ein. Es können im Versicherungsvertrag mehrere konkrete Teilauszahlungstermine oder zeitlich und der Höhe nach flexible Abrufmöglichkeiten bereits in der Ansparphase bzw. Aufschubphase vereinbart sein, so dass es mehrere Erlebensfälle gibt. Beispielsweise können bei einem Versicherungsvertrag mit 30-jähriger Laufzeit Teilauszahlungen nach 20 und nach 25 Jahren vorgesehen sein. Sofern es sich dabei lediglich um ein Wahlrecht des Begüns-

tigten handelt, das nicht ausgeübt wird, liegt kein Erlebensfall vor. Zur Ermittlung des Unterschiedsbetrags bei Teilauszahlungen siehe Rzn. 61 bis 62.

Bei einer gestreckten Kapitalauszahlung (Teilauszahlungen oder wiederkehrende Bezüge, die keine Rentenzahlung darstellen, vgl. Rz. 20) nach Ablauf der Versicherungslaufzeit liegt nur ein Erlebensfall zum Ablauftermin vor. Ein Zufluss ist jedoch erst mit Leistung des jeweiligen Teilbetrags gegeben. Davon zu unterscheiden ist der Fall, dass bei einer Kapital-Lebensversicherung mit Rentenwahlrecht für die Rentenzahlung optiert wird. In der Ausübung der Renten-Option liegt eine Verfügung über die auszahlbare Versicherungsleistung, die einen Zufluss begründet (vgl. Rz. 26). 43

Wenn sich der Steuerpflichtige das Kapital nach Erreichen des Ablauftermins nicht auszahlen lässt, sondern es gegen Entgelt oder auch ohne Entgelt bis zur Entscheidung über die endgültige Verwendung dem Versicherungsunternehmen überlässt (sog. Parkdepot), liegt aufgrund der erlangten Verfügungsmacht ein Zufluss vor. Wird die Fälligkeit einer Versicherungsleistung aufgrund einer nachträglichen Vertragsänderung während der Versicherungslaufzeit (Verlängerung der Versicherungslaufzeit) hinausgeschoben, liegt dagegen zum ursprünglichen Fälligkeitszeitpunkt kein Zufluss vor. 44

Eine laufende (z. B. jährliche) Auszahlung von Überschüssen (vgl. Rz. 14) stellt eine zugeflossene Erlebensfall-Leistung dar. Die Regelungen zur Ermittlung des Unterschiedsbetrags bei Teilauszahlungen (siehe Rzn. 61 bis 62) sind anzuwenden. Wird der Überschuss nicht zur Barauszahlung, sondern zur Reduzierung der laufenden Beitragszahlung verwendet, liegt zivilrechtlich eine Aufrechnung und damit ebenfalls eine zugeflossene Erlebensfall-Leistung vor. Bei der Berechnung des Unterschiedsbetrags ist der Bruttobeitrag (einschließlich des durch Aufrechnung gezahlten Teils) in Ansatz zu bringen. 45

Ist jedoch von vornherein keine Auszahlung der laufenden Überschüsse, sondern eine Verrechnung mit den Beiträgen vereinbart, besteht also kein Wahlrecht zwischen Auszahlung und Verrechnung, liegt hinsichtlich der Überschüsse kein Erlebensfall und kein Zufluss von Erträgen vor. Bei der Ermittlung des Unterschiedsbetrags ist nur der Netto-Beitrag (vgl. Rz. 15) anzusetzen. 46

Beim Bonussystem (vgl. Rz. 16), bei der verzinslichen bzw. rentierlichen Ansammlung (vgl. Rz. 17) und bei der Schlussüberschussbeteiligung (vgl. Rz. 18) liegt ein Zufluss von Erträgen in der Regel erst bei Ablauf der Versicherungslaufzeit vor. 47

## 2. Rückkauf

Ein Rückkauf liegt vor, wenn der Versicherungsvertrag vorzeitig ganz oder teilweise beendet wird (insbesondere aufgrund Rücktritt, Kündigung oder Anfechtung). Bei einer vorzeitigen Beendigung des Versicherungsvertrages ist regelmäßig vereinbart, dass das Versicherungsunternehmen einen Rückkaufswert zu erstatten hat (vgl. *§ 176 Abs. 1 VVG*[1]*,* der eine gesetzliche Verpflichtung zur Erstattung des Rückkaufswertes bei Kapitalversicherungen auf den Todesfall mit unbedingter Leistungspflicht enthält). Der Rückkaufswert ist nach den anerkannten Regeln der Versicherungsmathematik für den Schluss der laufenden Versicherungsperiode als Zeitwert der Versicherung zu berech- 48

[1] Jetzt: § 169 Abs. 1 VVG.

nen. Beitragsrückstände werden vom Rückkaufswert abgesetzt. § 12 Abs. 4 Satz 1 Bewertungsgesetz ist nicht anwendbar. Ein teilweiser Rückkauf liegt insbesondere vor, wenn der Versicherungsvertrag das Recht enthält, durch Teilkündigung einen Teil der Erlebensfall-Leistung vorzeitig abzurufen.

**49** In der Anfangszeit einer Versicherung ist der Rückkaufswert regelmäßig niedriger als die Summe der geleisteten Beiträge. Dies ergibt sich daraus, dass jeder Vertrag Abschlusskosten (z. B. Provision für den Versicherungsvermittler) verursacht, die zu tilgen sind. Außerdem behalten sich die Versicherer gewöhnlich vor, einen Abzug bei vorzeitiger Beendigung vorzunehmen (Stornoabschlag). Dadurch kann es insbesondere bei einem sehr frühzeitigen Rückkauf zu einem negativen Unterschiedsbetrag kommen.

## VIII. Steuerpflichtiger

**50** Steuerpflichtiger i. S. d. § 20 Abs. 1 Nr. 6 EStG ist grundsätzlich derjenige, der das Kapital in Form der Sparanteile im eigenen Namen und für eigene Rechnung dem Versicherungsunternehmen zur Nutzung überlassen hat. Soweit eine andere Person wirtschaftlicher Eigentümer i. S. d. § 39 Abs. 2 Nr. 1 Abgabenordnung – AO – des Anspruchs auf die steuerpflichtige Versicherungsleistung (Erlebensfall-Leistung oder Rückkaufswert) ist, sind ihr die erzielten Erträge zuzurechnen.

**51** In der Regel ist der Versicherungsnehmer Steuerpflichtiger, da er die Sparanteile zur Nutzung überlassen hat und auch Inhaber des Rechts ist, die Versicherungsleistung zu fordern. Wechselt die Person des Versicherungsnehmers durch Gesamtrechts- oder Einzelrechtsnachfolge, wird regelmäßig der Rechtsnachfolger Steuerpflichtiger.

**52** Mit der Einräumung eines unwiderruflichen Bezugsrechts (vgl. Rz. 10) für die steuerpflichtige Versicherungsleistung gilt grundsätzlich der Bezugsberechtigte als Steuerpflichtiger der erzielten Erträge. Bei einem widerruflichen Bezugsrecht wird der Bezugsberechtigte erst bei Eintritt des Erlebensfalls Steuerpflichtiger.

**53** Bei einer Abtretung des Anspruchs auf die Versicherungsleistung wird der Abtretungsempfänger (Zessionar) nur dann Steuerpflichtiger, wenn er und nicht der Abtretende (Zedent) die Erträge erzielt. Das Erzielen von Erträgen setzt voraus, dass nach den getroffenen Vereinbarungen die Versicherungsleistung das Vermögen des Zessionars und nicht das des Zedenten mehren soll. Dient beispielsweise die Versicherungsleistung dazu, eigene Verbindlichkeiten des Zedenten gegenüber dem Zessionar zu tilgen, bleibt der Zedent Steuerpflichtiger. Typischerweise werden durch die Versicherungsleistung bei Eintritt des Sicherungsfalls bei einer Sicherungsabtretung oder bei Einziehung und Verwertung durch einen Pfandgläubiger eigene Verbindlichkeiten des Zedenten bzw. des Pfandschuldners getilgt, so dass regelmäßig der Zedent bzw. der Pfandschuldner Steuerpflichtiger der Erträge bleibt.

## IX. Berechnung des Unterschiedsbetrags

**54** Die Ermittlung des Ertrags nach § 20 Abs. 1 Nr. 6 EStG ist nur anzuwenden, wenn der Steuerpflichtige die Versicherung im Privatvermögen hält. Gehört der Versicherungsvertrag zu dem Betriebsvermögen des Steuerpflichtigen, sind die allgemeinen Gewinnermittlungsvorschriften anzuwenden. Für den Kapitalertragsteuerabzug gelten aber auch in diesen Fällen die Vorschriften für Versicherungen im Privatvermögen (vgl. Rzn. 84 ff.).

### 1. Versicherungsleistung

Versicherungsleistung ist grundsätzlich der Gesamtbetrag der zugeflossenen Geldleistungen (zur Übertragungsoption bei fondsgebundenen Lebensversicherungen siehe Rz. 34). In der Versicherungsleistung enthalten sind die angesammelten Sparanteile, die garantierte Verzinsung der Sparanteile und Überschüsse aus dem Kapitalanlage-, dem Risiko- und dem Kostenergebnis. Auszusondern sind die Überschussanteile und sonstige Leistungen aus Nebenrisiken (vgl. Rz. 38). 55

### 2. Summe der entrichteten Beiträge

Versicherungsbeiträge (Prämien) sind die aufgrund des Versicherungsvertrages erbrachten Geldleistungen. Hierzu gehören auch die Ausfertigungsgebühr, Abschlussgebühr und die Versicherungsteuer. Provisionen, die der Versicherungsvermittler von der Versicherungsgesellschaft erhält und die dieser an den Steuerpflichtigen weiterleitet, oder Provisionen, die der Steuerpflichtige unmittelbar von der Versicherungsgesellschaft erhält (sog. Eigenprovisionen), mindern die Summe der entrichteten Beiträge (BFH-Urteil vom 2. März 2004, BStBl. II S. 506). Eine Vermittlungsprovision, die vom Versicherungsnehmer aufgrund eines gesonderten Vertrages an einen Versicherungsvermittler erbracht wird, ist bei der Berechnung des Unterschiedsbetrags ertragsmindernd anzusetzen. Für Zwecke der Kapitalertragsteuer ist es erforderlich, dass der Steuerpflichtige die Zahlung der Provision an den Vermittler gegenüber dem Versicherungsunternehmen belegt. 56

Zur Höhe der entrichteten Beiträge in den Fällen der Beitragsverrechnung siehe Rzn. 45 und 46. Der beim Bonussystem (vgl. Rz. 16) für eine Erhöhung der Versicherungsleistung verwendete Überschussanteil stellt keinen entrichteten Beitrag dar. 57

Die im Beitrag enthaltenen Anteile zur Absicherung des charakteristischen Hauptrisikos (Todesfallrisiko bei einer Lebensversicherung, Unfallrisiko sowie das Risiko der Beitragsrückzahlung im Todesfall bei einer Unfallversicherung mit Beitragsrückzahlung) mindern den steuerpflichtigen Ertrag. Beitragsanteile, die das Versicherungsunternehmen aufgrund individueller oder pauschaler Kalkulation den Nebenrisiken (Rzn. 36 ff.) zugeordnet hat, sind bei der Ermittlung des Unterschiedsbetrags nicht ertragsmindernd anzusetzen. 58

Für die Berechnung des Unterschiedsbetrags ist es grundsätzlich unerheblich, wer die Versicherungsbeiträge aufgewendet hat. Auch Beiträge, die nicht der Steuerpflichtige aufgewendet hat, mindern den steuerpflichtigen Ertrag. 59

### 3. Negativer Unterschiedsbetrag (Verlust)

Insbesondere in den Fällen eines frühzeitigen Rückkaufs (vgl. Rz. 49) des Versicherungsvertrags kann es zu einem negativen Unterschiedsbetrag kommen. Ist die Einkunftserzielungsabsicht zu überprüfen, ist vom hälftigen Unterschiedsbetrag als Ertrag auszugehen, wenn nach dem vereinbarten Versicherungsverlauf die Voraussetzungen des § 20 Abs. 1 Nr. 6 Satz 2 EStG erfüllt 60 worden wären (vgl. BFH-Urteil vom 6. März 2003, BStBl. II S. 702; zum Ansatz der Werbungskosten vgl. Rz. 81).

**4. Teilleistungen**[1)]

61 Bei Teilleistungen (Teilauszahlungen, Auszahlungen in Form von wiederkehrenden Bezügen, die keine Rentenzahlung darstellen, sowie Barauszahlungen von laufenden Überschussanteilen) sind die anteilig entrichteten Beiträge von der Auszahlung in Abzug zu bringen. Die anteilig entrichteten Beiträge sind dabei wie folgt zu ermitteln:

$$\frac{\text{Versicherungsleistung} \times (\text{Summe der entrichteten Beiträge} - \text{bereits verbrauchte Beiträge})}{\text{Zeitwert der Versicherung zum Auszahlungszeitpunkt}}$$

Die hiernach ermittelten Beiträge sind höchstens in Höhe der Teilleistung anzusetzen. Die bereits für Teilleistungen verbrauchten Beiträge mindern die bei nachfolgenden Teilleistungen zu berücksichtigenden Beiträge. Bei der Ermittlung des Unterschiedsbetrags der letzten Teilleistung bzw. der Schlussleistung sind die noch nicht angesetzten Beiträge abzuziehen.

62 **Beispiel 1: Teilauszahlung in der Ansparphase**

Laufzeit 20 Jahre, nach 10 Jahren Teilauszahlung i. H. v. 5000 €, geleistete Beiträge im Auszahlungszeitpunkt: 10 000 €, Zeitwert der Versicherung im Auszahlungszeitpunkt 15 000 €; Restauszahlung nach weiteren 10 Jahren i. H. v. 25 000 €, geleistete Beiträge insgesamt: 20 000 €

**Lösung:**

– Teilauszahlung i. H. v. 5000 €

anteilige Beiträge: $\frac{5000 \times 10\,000}{15\,000} = 3333{,}33$ €

| | | |
|---|---|---|
| Versicherungsleistung: | 5000,00 € | |
| ./. anteilig geleistete Beiträge: | 3333,33 € | (= 33 %) |
| Ertrag nach § 20 Abs. 1 Nr. 6 EStG | 1666,67 € | |

– Restauszahlung i. H. v. 25 000 €

| | |
|---|---|
| Versicherungsleistung: | 25 000,00 € |
| ./. geleistete Beiträge (20 000 – 3333,33) | 16 666,67 € |
| Ertrag nach § 20 Abs. 1 Nr. 6 EStG | 8333,33 € |

**Kontrollrechnung:**

| | | |
|---|---|---|
| Versicherungsleistung: | 5000,00 € + 25 000,00 € = | 30 000,00 € |
| Summe der Beiträge: | 3333,33 € + 16 666,67 € = | 20 000,00 € |
| Ertrag nach § 20 Abs. 1 Nr. 6 EStG: | | 10 000,00 € |

63 **Beispiel 2: Auszahlung in Form eines wiederkehrenden Bezugs**

Der Versicherungsvertrag sieht wiederkehrende Bezüge von jährlich 6000 € für die Lebenszeit des Begünstigten, längstens jedoch für fünf Jahre vor. An Beiträgen wurden 12 000 € er-

[1)] Siehe abweichend hiervon auch BMF v. 18. 6. 2013, BStBl. I S. 768 (Nr. **1** § 20/19).

bracht. Der Steuerpflichtige (männlich) hat zum Beginn der Auszahlung das 50. Lebensjahr vollendet.

Der nach den anerkannten Regeln der Versicherungsmathematik unter Berücksichtigung der geschlechtsspezifischen Sterbewahrscheinlichkeit ermittelte Zeitwert der Versicherung vor Auszahlung der jeweiligen Bezüge beträgt im

Jahr 01: 27 500
Jahr 02: 22 500
Jahr 03: 17 200
Jahr 04: 11 700
Jahr 05: 6 000.

**Lösung:**

– anteilige Beiträge im Jahr 01: $\frac{6000 \times 12\,000}{27\,500} = 2618{,}18$ €

| | |
|---|---|
| Versicherungsleistung: | 6000,00 € |
| ./. anteilig geleistete Beiträge: | 2618,18 € |
| Ertrag nach § 20 Abs. 1 Nr. 6 EStG | 3381,82 € |

– anteilige Beiträge im Jahr 02: $\frac{6000 \times (12\,000 - 2618{,}18)}{22\,500} = 2501{,}82$ €

| | |
|---|---|
| Versicherungsleistung: | 6000,00 € |
| ./. anteilig geleistete Beiträge: | 2501,82 € |
| Ertrag nach § 20 Abs. 1 Nr. 6 EStG | 3498,18 € |

– Gesamtlösung:

| Jahr | Versicherungs-leistungen | anteilige Beiträge | Ertrag |
|---|---|---|---|
| 01 | 6000,00 € | 2618,18 | 3381,82 |
| 02 | 6000,00 € | 2501,82 | 3498,18 |
| 03 | 6000,00 € | 2400,00 | 3600,00 |
| 04 | 6000,00 € | 2297,44 | 3702,56 |
| 05 | 6000,00 € | 2182,56 | 3817,44 |
| Kontrollsumme | 30 000,00 € | 12 000,00 | 18 000,00 |

**Beispiel 3: Teilkapitalauszahlung bei einer Rentenversicherung** 64

Rentenversicherung mit Kapitalwahlrecht, Ansparphase 20 Jahre, gezahlte Beiträge insgesamt 20 000 €, Zeitwert der Versicherung zum Ende der Ansparphase: 30 000 €, Ausübung des Kapitalwahlrechts i. H. v. 15 000 €, Verrentung des Restkapitals führt zu einer monatlichen garantierten Rente von 100 €.

**Lösung:**

– Teilauszahlung i. H. v. 15 000 €:

anteilige Beiträge: $\frac{15\,000 \times 20\,000}{30\,000} = 10\,000$ €

| | |
|---|---|
| Versicherungsleistung: | 15 000 € |
| ./. anteilig geleistete Beiträge | 10 000 € |
| Ertrag nach § 20 Abs. 1 Nr. 6 EStG | 5000 € |

– Rentenzahlung:

Jahresbetrag der Rente (ggf. zuzüglich Überschüsse) 1200 €

zu versteuern nach § 22 Nr. 1 Satz 3 Buchst. a Doppelbuchst. bb EStG

### 5. Entgeltlicher Erwerb

64 a Die Aufwendungen für den Erwerb des Anspruchs auf eine Versicherungsleistung sind Anschaffungskosten (siehe Rz. 80 und Rz. 81 b). Diese Anschaffungskosten treten nach § 20 Abs. 1 Nr. 6 Satz 3 EStG an die Stelle der vor dem Erwerb entrichteten Beiträge und sind bei der Ermittlung des Unterschiedsbetrags steuermindernd anzusetzen. Diese Regelung ist ab dem Veranlagungszeitraum 2008 anzuwenden (§ 52 Abs. 1 EStG in der Fassung des Unternehmensteuerreformgesetzes 2008 [BGBl. I S. 1912]).

64 b Bei einem entgeltlichen Erwerb eines vor dem 1. Januar 2005 abgeschlossenen Versicherungsvertrages ist die Steuerfreiheit der außerrechnungsmäßigen und rechnungsmäßigen Zinsen in der Regel ausgeschlossen (§ 20 Abs. 1 Nr. 6 Satz 3, i. V. m. § 10 Abs. 1 Nr. 2 Buchst. b Satz 6, § 52 Abs. 36 Satz 4 und Satz 5 EStG jeweils in der am 31. Dezember 2004 geltenden Fassung). Zur weiteren Erläuterung und den Ausnahmen siehe Rz. 4 des BMF-Schreibens vom 22. August 2002 (BStBl. I S. 827). § 20 Abs. 1 Nr. 6 Satz 3 EStG ist bei der Ermittlung der zu versteuernden außerrechnungsmäßigen und rechnungsmäßigen Zinsen entsprechend anzuwenden. Das heißt, dass die bis zu dem Erwerbszeitpunkt angefallenen außerrechnungsmäßigen und rechnungsmäßigen Zinsen steuermindernd zu berücksichtigen sind. Als Nachweis für die Höhe der Zinsen im Erwerbszeitpunkt ist in der Regel eine Bescheinigung des Versicherungsunternehmens vorzulegen.

## IXa. Steuerfreistellung nach § 20 Abs. 1 Nr. 6 Satz 9 EStG[1)]

64 c Gemäß § 20 Abs. 1 Nr. 6 Satz 9 EStG sind bei fondsgebundenen Lebensversicherungen 15 % des Unterschiedsbetrages steuerfrei oder dürfen nicht bei der Ermittlung der Einkünfte abgezogen werden, soweit der Unterschiedsbetrag aus Investmenterträgen stammt. Die Steuerfreistellung wird gewährt, um die steuerliche Vorbelastung von Investmentfonds durch das Investmentsteuerreformgesetz vom 19. Juli 2016 (BGBl. I S. 1730, BStBl. I S. 731) ab dem 1. Januar 2018 zu berücksichtigen. Die Steuerfreistellung greift nur, soweit Investmenterträge i. S. d. § 52 Abs. 28 Satz 21 EStG (Erträge aus Investmentfonds) Bestandteil des Unterschiedsbetrages nach § 20 Abs. 1 Nr. 6 Satz 1 EStG sind. Erträge aus konventionellen Anlagen oder aus Spezial-Investmentfonds fallen nicht in den Anwendungsbereich der Norm. Dies gilt auch für Erträge aus „internen Fonds" i. S. d. § 124 Abs. 2 Nr. 1 VAG, es sei denn, sie stammen nachweislich aus Investmentfonds. Werden die Sparanteile aus den Versicherungsbeiträgen nicht ausschließlich für die Erzielung von Investmenterträgen verwendet, muss der Anteil der Erträge aus Investmentfonds ermittelt werden.

1) Abschn. IX a (Rz. 64 c bis 64 x) neu eingef. durch BMF v. 29. 9. 2017, BStBl. I S. 1314.

Bei Versicherungsverträgen, die nach dem 31. Dezember 2004 und vor dem 1. Januar 2018 abgeschlossen wurden (Bestandsverträge), umfasst die Steuerfreistellung nur die Investmenterträge, die auf den Zeitraum nach dem 31. Dezember 2017 entfallen. Die bis zum 31. Dezember 2017 entstandenen Investmenterträge werden von der pauschalen Freistellung nicht erfasst und müssen abgegrenzt werden. 64 d

Bei der Ermittlung des steuerpflichtigen Ertrags aus dem Versicherungsvertrag werden nach § 20 Abs. 1 Nr. 6 Satz 1 EStG von der Versicherungsleistung im Erlebensfall die Summe der auf sie entrichteten Beiträge einschließlich des darin enthaltenen Kostenanteils (Abschluss-, Verwaltungs- und Vertriebskosten) abgezogen. Entsprechend muss für Zwecke des § 20 Abs. 1 Nr. 6 Satz 9 EStG bei der Ermittlung der Erträge aus Investmentfonds der auf den nach dem 31. Dezember 2017 entfallende Kostenanteil aus dem Versicherungsvertrag berücksichtigt werden. Die zeitliche und sachliche Abgrenzung der anteilig auf Investmentfonds entfallenden Erträge unter Berücksichtigung zu verrechnender Kosten hat grundsätzlich auf Grundlage der tatsächlich aus der Anlage in Investmentfonds erzielten Erträge und Aufwendungen zu erfolgen (exakte Wertermittlung). 64 e

Es wird nicht beanstandet, dass der steuerfreie Anteil am Unterschiedsbetrag nach § 20 Abs. 1 Nr. 6 Satz 9 EStG anstelle der exakten Wertermittlung pauschaliert ermittelt wird, wenn die auf Investmentfonds ab 1. Januar 2018 entfallenden Erträge sachgerecht abgegrenzt werden. Wird die pauschale Ermittlung des steuerfreien Anteils am Unterschiedsbetrag gewählt, ist die in Randziffer 64 e bis 64 x dargestellte Verfahrensweise zu befolgen. 64 f

Bei der zeitlichen und sachlichen Abgrenzung der Erträge ist zu unterscheiden zwischen

– Versicherungsverträgen mit ausschließlicher Anlage der Sparanteile in Investmentfonds und Vertragsabschluss nach dem 31. Dezember 2017 (vgl. nachfolgend die Ausführungen zu 1.) bzw. vor dem 1. Januar 2018 (vgl. nachfolgend die Ausführungen zu 3.) und
– Versicherungsverträgen mit nur teilweiser Anlage der Sparanteile in Investmentfonds (sog. Hybridprodukte) und Vertragsabschluss nach dem 31. Dezember 2017 (vgl. nachfolgend die Ausführungen zu 2.) bzw. vor dem 1. Januar 2018 (vgl. nachfolgend die Ausführungen zu 4.).

## 1. Steuerfreistellung bei ausschließlicher Anlage in Investmentfonds und Vertragsbeginn nach dem 31. Dezember 2017

Soweit bei fondsgebundenen Lebensversicherungen die Sparanteile aus den Versicherungsbeiträgen ausschließlich für die Anlage in Investmentfonds verwendet wurden, werden 15 % des Unterschiedsbetrages nach § 20 Abs. 1 Nr. 6 Satz 1 EStG von der Steuer freigestellt. 64 g

**Beispiel 1:**

Die Sparanteile eines fondsgebundenen Versicherungsvertrags werden ausschließlich in Investmentfonds angelegt. Der Versicherungsvertrag wird am 1. Februar 2018 abgeschlossen und kommt am 31. Januar 2048 zur Auszahlung.

| | |
|---|---|
| Versicherungsleistung am 31. Januar 2048 | 100 000 € |
| ./. Versicherungsbeiträge | 50 000 € |

**Lösung:**

Unterschiedsbetrag nach § 20 Abs. 1 Nr. 6 Satz 1 EStG:

| | |
|---|---|
| Versicherungsleistung am 31. Januar 2048 | 100 000 € |
| ./. Versicherungsbeiträge | 50 000 € |
| | 50 000 € |

Teilfreistellung nach § 20 Abs. 1 Nr. 6 Satz 9 EStG = $\frac{15}{100}$ × 50 000 € = 7500 €

Steuerpflichtiger Unterschiedsbetrag gemäß § 20 Abs. 1 Nr. 6 Satz 1 EStG nach Teilfreistellung:

(50 000 € ./. 7500 € =) 42 500 €

**Beispiel 2 (negative Teilfreistellung):**

Die Sparanteile eines fondsgebundenen Versicherungsvertrags werden ausschließlich in Investmentfonds angelegt. Der Versicherungsvertrag wird am 1. Februar 2018 abgeschlossen und kommt am 31. Januar 2048 zur Auszahlung.

| | |
|---|---|
| Versicherungsleistung am 31. Januar 2048 | 50 000 € |
| ./. Versicherungsbeiträge | 100 000 € |

**Lösung:**

Unterschiedsbetrag nach § 20 Abs. 1 Nr. 6 Satz 1 EStG:

| | |
|---|---|
| Versicherungsleistung am 31. Januar 2048 | 50 000 € |
| ./. Versicherungsbeiträge | 100 000 € |
| | –50 000 € |

Nicht abzugsfähiger Anteil nach § 20 Abs. 1 Nr. 6 Satz 9 EStG

= $\frac{15}{100}$ × –50 000 € = –7500 €

Steuerpflichtiger Unterschiedsbetrag gemäß § 20 Abs. 1 Nr. 6 Satz 1 EStG nach Teilfreistellung

= –50 000 € + 7500 € = –42 500 €

## 2. Steuerfreistellung bei gemischter Anlage (Investmentfonds und konventionelle Anlage – Hybridprodukte) und Vertragsbeginn nach dem 31. Dezember 2017

64 h Soweit die Sparanteile aus den Versicherungsbeiträgen nicht ausschließlich für die Anlage in Investmentfonds verwendet werden, sondern beispielsweise bei sog. „Hybridprodukten“ teilweise in das konventionelle Sicherungsvermögen investiert wurden, kann die Steuerfreistellung nach § 20 Abs. 1 Nr. 6 Satz 9 EStG nicht auf den vollen Unterschiedsbetrag nach § 20 Abs. 1 Nr. 6 Satz 1 EStG gewährt werden. Vielmehr muss vor der Berechnung der Freistellung nach § 20 Abs. 1 Nr. 6 Satz 9 EStG der Anteil der Investmenterträge am Unterschiedsbetrag nach § 20 Abs. 1 Nr. 6 Satz 1 EStG ermittelt werden. Dazu müssen auch die anteilig auf das **F**ondsvermögen entfallenden **G**esamt**k**osten aus dem Versicherungsvertrag (GKF – siehe auch Rz. 64 l) zugeordnet werden. Die anteilig dem Fondsvermögen zuzuordnenden Gesamtkosten werden nach dem Gewicht bestimmt, das die Entwicklung des Fondsvermögens an der Wertentwicklung des Versicherungsvertrags insgesamt hat. Je

höher die Wertentwicklung des Fondsvermögens für den Erfolg des gesamten Versicherungsvertrags ausschlaggebend ist, desto höher werden auch die dem Fondsvermögen zuzuordnenden Gesamtkosten angesetzt.

### a) Wertzuwachs des Versicherungsvertrags (WzV)

Der **W**ert**z**uwachs des **V**ersicherungsvertrags (WzV) ist aus der Differenz zwischen der **V**ersicherungs**l**eistung (VL) und der für die Vermögensanlage verwendeten Einzahlungen (Sparanteile, Anlagebeträge aus zugeteilten Überschussanteilen) in den Versicherungsvertrag zu ermitteln. Der Wertzuwachs des Versicherungsvertrags bildet dabei die Wertentwicklung des für die Vermögensanlage zur Verfügung stehenden Kapitals aus dem Versicherungsvertrag ohne Berücksichtigung der auf den Vertrag entfallenden Kosten ab. Bei der Ermittlung des Unterschiedsbetrags nach § 20 Abs. 1 Nr. 6 Satz 1 EStG hingegen beinhalten die von der Versicherungsleistung abzusetzenden Beiträge die auf den Vertrag entfallenden Kosten. Der Wertzuwachs des Versicherungsvertrags übersteigt betragsmäßig stets den Unterschiedsbetrag nach § 20 Abs. 1 Nr. 6 Satz 1 EStG. Die dem versicherten Vertrag belasteten Kosten ergeben sich aus der Differenz zwischen dem Wertzuwachs des Versicherungsvertrags und dem Unterschiedsbetrag nach § 20 Abs. 1 Nr. 6 Satz 1 EStG. 64i

VL – Einzahlungen (Sparanteile, Anlagebeträge aus zugeteilten Überschussanteilen) = WzV

**Beispiel 3:**

Die Sparanteile eines fondsgebundenen Versicherungsvertrags werden ausschließlich in Investmentfonds angelegt. Der Versicherungsvertrag wird am 1. Februar 2018 abgeschlossen und kommt am 31. Januar 2048 zur Auszahlung. 64j

| | |
|---|---|
| Versicherungsleistung am 31. Januar 2048 | 50 000 € |
| Sparanteile | 20 000 € |
| Anlagebeträge aus zugeteilten Überschussanteilen | 5000 € |

**Lösung:**

Wertzuwachs des Versicherungsvertrags

| | |
|---|---|
| Versicherungsleistung am 31. Januar 2048 | 50 000 € |
| ./. Sparanteile | 20 000 € |
| ./. Anlagebeträge aus zugeteilten Überschussanteilen | 5000 € |
| | 25 000 € |

### b) Wertzuwachs des Fondsvermögens (WzF)

Der **W**ert**z**uwachs des **F**ondsvermögens (WzF) errechnet sich aus der Differenz des für die Erbringung der Versicherungsleistung zur Verfügung stehenden Fondsvermögens und den für den Erwerb der Fondsanteile aufgewendeten Sparanteilen und sonstigen Zuflüssen (z. B. Anlagebeträge aus zugeteilten Überschussanteilen oder aus Umschichtungen zu Lasten des konventionellen Sicherungsvermögens in Investmentfonds). Während der Versicherungslaufzeit erfolgte Abflüsse zu Lasten des Fondsvermögens (z. B. Umschichtungen in das konventionelle Sicherungsvermögen) werden zur Ermittlung des während der Versicherungslaufzeit erzielten Wertzuwachses hinzugerechnet. 64k

Fondsvermögen am Ende der Versicherungslaufzeit
\+ Abflüsse aus dem Fondsvermögen

– Zuflüsse in das Fondsvermögen = WzF

### c) Gesamtkosten des Versicherungsvertrags (GKV) und anteilig auf das Fondsvermögen zu verrechnende Gesamtkosten (GKF)

641 Die Gesamtkosten des Versicherungsvertrags sind aus der Differenz zwischen dem Wertzuwachs des Versicherungsvertrags (WzV) und dem Unterschiedsbetrag nach § 20 Abs. 1 Nr. 6 Satz 1 EStG zu ermitteln. Die Differenz zeigt die dem Versicherungsvertrag belasteten Gesamtkosten und entspricht dem Betrag, um den die Summe der Versicherungsbeiträge die für die Vermögensanlage verwendeten Beitragsteile übersteigt.

WzV – Unterschiedsbetrag nach § 20 Abs. 1 Nr. 6 Satz 1 EStG = GKV

Die anteilig dem **F**ondsvermögen zuzurechnenden **G**esamt**k**osten (GKF) ergeben sich aus dem Anteil, den die Entwicklung des Fondsvermögens an der Wertentwicklung des gesamten Versicherungsvertrags hat. Das Gewicht wird ermittelt, indem der betragsmäßige Wertzuwachs des Fondsvermögens zur Summe des betragsmäßigen Wertzuwachses des Fondsvermögens und der übrigen Kapitalanlagen zueinander ins Verhältnis gesetzt wird.

$$(\text{WzV} - \text{Unterschiedsbetrag nach § 20 Abs. 1 Nr. 6 Satz 1 EStG}) \times \frac{|\text{WzF}|}{|\text{WzV} - \text{WzF}| + |\text{WzF}|} = \text{GKF}$$

Nach Berechnung der anteiligen Gesamtkosten errechnet sich der nach § 20 Abs. 1 Nr. 6 Satz 9 EStG steuerfreie Teil der Erträge aus Investmentfonds wie folgt:

$$\frac{15}{100} \times (\text{WzF} - \text{GKF}) = \text{Steuerfreier Anteil}$$

**Beispiel 4:**

64 m Eine als Hybridprodukt ausgestaltete Versicherung wird am 1. Februar 2018 abgeschlossen und kommt am 31. Januar 2048 zur Auszahlung. Zugeteilte Überschussanteile, die dem Versicherungsvertrag gutgeschrieben werden, liegen nicht vor. Am Ende der Versicherungslaufzeit ergeben sich folgende Eckwerte:

| | |
|---|---|
| Versicherungsleistung am 31. Januar 2048 | 44 550 € |
| Versicherungsbeiträge | 30 000 € |
| Unterschiedsbetrag i. S. d. § 20 Abs. 1 Nr. 6 Satz 1 EStG | 14 550 € |
| Sparanteile der Versicherungsbeiträge | 27 850 € |
| Fondsvermögen am 31. Januar 2048 | 19 000 € |
| Für das Fondsvermögen verwendete Beiträge | 9500 € |

**Lösung:**

Berechnung Wertzuwachs Fondsvermögen (WzF)

| | |
|---|---|
| Fondsvermögen am 31. Januar 2048 | 19 000 € |
| ./. für das Fondsvermögen verwendete Beiträge | 9500 € |
| | 9500 € |

Berechnung Wertzuwachs Versicherungsvertrag (WzV):

| | |
|---|---|
| Versicherungsleistung am 31. Januar 2048 | 44 550 € |
| ./. Sparanteile | 27 850 € |
| | 16 700 € |

Berechnung Gesamtkosten Versicherungsvertrag (GKV):

| | |
|---|---|
| WzV | 16 700 € |
| ./. Unterschiedsbetrag nach § 20 Abs. 1 Nr. 6 Satz 1 EStG | 14 550 € |
| | 2150 € |

Dem Fondsvermögen zuzurechnender Anteil der Gesamtkosten (GKF):

$$\text{GKF} = 2150\text{ €}\ (\text{GKV}) \times \frac{9500\text{ €}\ (|\text{WzF}|)}{16\,700\text{ €}\ (|\text{WzV} - \text{WzF}| + |\text{WzF}|)} = 1223\text{ €}$$

Teilfreistellung nach § 20 Abs. 1 Nr. 6 Satz 9 EStG:

$$\frac{15}{100} \times (9500\text{ €} - 1223\text{ €}) = 1242\text{ €}$$

Steuerpflichtiger Unterschiedsbetrag gemäß § 20 Abs. 1 Nr. 6 Satz 1 EStG nach Teilfreistellung:
44 550 € – 30 000 € – 1242 € = 13 308 €

**Beispiel 5 (negative Teilfreistellung):**
Eine als Hybridprodukt ausgestaltete Versicherung wird am 1. Februar 2018 abgeschlossen **64 n**
und kommt am 31. Januar 2048 zur Auszahlung. Zugeteilte Überschussanteile, die dem Versicherungsvertrag gutgeschrieben werden, liegen nicht vor. Am Ende der Versicherungslaufzeit ergeben sich folgende Eckwerte:

| | |
|---|---|
| Versicherungsleistung am 31. Januar 2048 | 35 000 € |
| Versicherungsbeiträge | 30 000 € |
| Unterschiedsbetrag i. S. d. § 20 Abs. 1 Nr. 6 EStG | 5000 € |
| Sparanteile der Versicherungsbeiträge | 26 850 € |
| Fondsvermögen am 31. Januar 2048 | 17 000 € |
| Für das Fondsvermögen verwendete Beiträge | 19 000 € |

**Lösung:**
Berechnung Wertzuwachs Fondsvermögen (WzF):

| | |
|---|---|
| Fondsvermögen am 31. Januar 2048 | 17 000 € |
| ./. für das Fondsvermögen verwendete Beiträge | 19 000 € |
| | –2000 € |

Berechnung Wertzuwachs Versicherungsvertrag (WzV):

| | |
|---|---|
| Versicherungsleistung am 31. Januar 2048 | 35 000 € |
| ./. Sparanteile | 26 850 € |
| | 8150 € |

Berechnung Gesamtkosten Versicherungsvertrag (GKV):

| | |
|---|---|
| WzV | 8150 € |
| ./. Unterschiedsbetrag nach § 20 Abs. 1 Nr. 6 Satz 1 EStG | 5000 € |
| | 3150 € |

Dem Fondsvermögen zuzurechnender Anteil der Gesamtkosten (GKF):

$$GKF = 3150 \text{ €} \; (GKV) \times \frac{2000 \text{ €} \; (|WzF|)}{2000 \text{ €} + 10\,150 \text{ €} \; (|WzF| + |WzV - WzF|)} = 519 \text{ €}$$

Nicht abzugsfähiger Anteil nach § 20 Abs. 1 Nr. 6 Satz 9 EStG:

$$\frac{15}{100} \times (-2000 \text{ €} - 519 \text{ €}) = -378 \text{ €}$$

Steuerpflichtiger Unterschiedsbetrag gemäß § 20 Abs. 1 Nr. 6 Satz 1 EStG nach Teilfreistellung:
35 000 € – 30 000 € + 378 € = 5378 €

### 3. Steuerfreistellung bei ausschließlicher Anlage in Investmentfonds und Vertragsbeginn vor dem 1. Januar 2018

64 o Werden bei Bestandsverträgen die Sparanteile vollständig in Investmentfonds angelegt, ist der anteilig auf den Zeitraum nach dem 1. Januar 2018 erzielte Wertzuwachs vom Wertzuwachs des den Zeitraum vor dem 1. Januar 2018 betreffenden Vertragsteils abzugrenzen, da auch nur insoweit eine Teilfreistellung nach § 20 Abs. 1 Nr. 6 Satz 9 EStG vorzunehmen ist.

**Beispiel 6:**

64 p Die Sparanteile eines fondsgebundenen Versicherungsvertrags werden ausschließlich in Investmentfonds angelegt. Der Versicherungsvertrag wurde am 1. Februar 2010 abgeschlossen und kommt am 31. Januar 2040 zur Auszahlung. Zugeteilte Überschussanteile, die dem Versicherungsvertrag gutgeschrieben werden, liegen nicht vor.

| | |
|---|---|
| Versicherungsleistung am 31. Januar 2040 | 55 000 € |
| Versicherungsbeiträge | 36 000 € |
| Unterschiedsbetrag nach § 20 Abs. 1 Nr. 6 Satz 1 EStG | 19 000 € |
| Vertragswert am 31. Dezember 2017 | 11 000 € |
| Versicherungsbeiträge bis 31. Dezember 2017 | 10 000 € |

**Lösung:**

Auf den Zeitraum ab 1. Januar 2018 aus dem Investmentfonds erzielter Wertzuwachs:

| | |
|---|---|
| Versicherungsleistung zum 31. Januar 2040 | 55 000 € |
| ./. Versicherungsbeiträge ab 1. Januar 2018 (36 000 € ./. 10 000 €) | 26 000 € |
| ./. Vertragswert zum 31. Dezember 2017 | 11 000 € |
| | 18 000 € |

$$\text{Steuerpflichtiger Anteil nach § 20 Abs. 1 Nr. 6 Satz 9 EStG} = \frac{15}{100} \times 18\,000 \text{ €} = 2700 \text{ €}$$

Steuerpflichtiger Unterschiedsbetrag gemäß § 20 Abs. 1 Nr. 6 Satz 1 EStG nach Teilfreistellung
= 19 000 € – 2700 € = 16 300 €

### 4. Steuerfreistellung bei gemischter Anlage (Investmentfonds und konventionelle Anlage – Hybridprodukte) und Vertragsbeginn vor dem 1. Januar 2018 (Bestandsverträge)

64 q Zur Berechnung des steuerfreien Unterschiedsbetrages bei Bestandsverträgen in Form der sog. Hybridprodukte muss zusätzlich zur Abgrenzung der Er-

träge, die auf den Zeitraum nach dem 31. Dezember 2017 entfallen, eine Ermittlung des Anteils der Erträge aus Investmentfonds an den Gesamterträgen der Versicherung erfolgen. Korrespondierend sind auch die Kosten auf den nach dem 31. Januar 2017 auf Investmentfonds entfallenden Anteil abzugrenzen.

64 r Der steuerfreie Unterschiedsbetrag ist entsprechend der Vorgehensweise zur Abgrenzung der Investmenterträge bei Hybridprodukten mit Vertragsabschluss nach dem 31. Dezember 2017 zu ermitteln.

Die Teilfreistellung nach § 20 Abs. 1 Nr. 6 Satz 9 EStG errechnet sich wie folgt:

64 s **a) Unterschiedsbeträge nach § 20 Abs. 1 Nr. 6 Satz 1 EStG:**

Versicherungsleistung
./. Beiträge
= Unterschiedsbetrag nach § 20 Abs. 1 Nr. 6 Satz 1 EStG

Vertragswert$_{31. Dezember 2017}$
./. Beiträge$_{bis 31. Dezember 2017}$
= Unterschiedsbetrag nach § 20 Abs. 1 Nr. 6 Satz 1 EStG$_{31. Dezember 2017}$

Unterschiedsbetrag nach § 20 Abs. 1 Nr. 6 Satz 1 EStG
./. Unterschiedsbetrag nach § 20 Abs. 1 Nr. 6 Satz 1 EStG$_{31. Dezember 2017}$
= Unterschiedsbetrag nach § 20 Abs. 1 Nr. 6 Satz 1 EStG$_{ab 1. Januar 2018}$

64 t **b) Wertzuwachs des Versicherungsvertrags ab 1. Januar 2018 (WzV$_{2018}$):**

Versicherungsleistung
./. Sparanteile$_{ab 1. Januar 2018}$
./. Überschussanteile$_{ab 1. Januar 2018}$
./. Vertragswert$_{31. Dezember 2017}$
= WzV$_{2018}$

64 u **c) Wertzuwachs Fondsvermögen ab 1. Januar 2018 (WzF$_{2018}$):**

Der Wertzuwachs des Fondsvermögens ab 1. Januar 2018 (WzF$_{2018}$) errechnet sich aus dem für die Erbringung der Versicherungsleistung zur Verfügung stehenden Fondsvermögens abzüglich der ab dem 1. Januar 2018 für den Erwerb der Investmentanteile verwendeten Mittel aus Sparanteilen, sonstigen Zuflüssen zum Erwerb von Investmentanteilen (z. B. aus Anlagebeiträgen aus zugeteilten Überschussanteilen oder aus Umschichtungen zu Lasten des konventionellen Sicherungsvermögens in Investmentfonds) und des Fondsvermögens zum 31. Dezember 2017. Ab dem 1. Januar 2018 erfolgte Abflüsse zu Lasten des Fondsvermögens (z. B. aus Umschichtungen vom Fondsvermögen in das konventionelle Sicherungsvermögen) werden hinzugerechnet.

Fondsvermögen am Ende der Versicherungslaufzeit
+ Abflüsse aus dem Fondsvermögen$_{\text{ab 1. Januar 2018}}$
– Zuflüsse in das Fondsvermögen$_{\text{ab 1. Januar 2018}}$
– Fondsvermögen$_{\text{31. Dezember 2017}}$
= $WzF_{2018}$

64 v **d) Gesamtkosten Versicherungsvertrag ab 1. Januar 2018 ($GKV_{2018}$):**

Die Gesamtkosten des Versicherungsvertrags (GKV) sind aus der Differenz zwischen dem Wertzuwachs des Versicherungsvertrags (WzV), der auf den Zeitraum ab dem 1. Januar 2018 entfällt, und dem Unterschiedsbetrag nach § 20 Abs. 1 Nr. 6 Satz 1 EStG, der auf den Zeitraum ab dem 1. Januar 2018 entfällt, zu ermitteln. Der auf den Zeitraum nach dem 1. Januar 2018 entfallende Unterschiedsbetrag nach § 20 Abs. 1 Nr. 6 Satz 1 EStG ist aus der Differenz zwischen dem Unterschiedsbetrag des Versicherungsvertrags nach § 20 Abs. 1 Nr. 6 Satz 1 EStG und dem auf den 31. Dezember 2017 errechneten Unterschiedsbetrag nach § 20 Abs. 1 Nr. 6 Satz 1 EStG zu ermitteln.

$GKV_{2018}$ = $WzV_{2018}$
– (Unterschiedsbetrag nach § 20 Abs. 1 Nr. 6 Satz 1 EStG
– Unterschiedsbetrag nach § 20 Abs. 1 Nr. 6 Satz 1 EStG$_{\text{31. Dezember 2017}}$)

64 w **e) Anteilig auf das Fondsvermögen zu verrechnende Gesamtkosten ab 1. Januar 2018 ($GKF_{2018}$):**

Die anteilig auf das Fondsvermögen zu verrechnenden Kosten ab dem 1. Januar 2018 ($GKF_{2018}$) ergeben sich analog Rz. 641.

$$GKF_{2018} = GKV_{2018} \times \frac{|WzF_{2018}|}{|WzF_{2018}| + |WzV_{2018} - WzF_{2018}|}$$

Teilfreistellung nach § 20 Abs. 1 Nr. 6 Satz 9 EStG:

$$\frac{15}{100} \times (WzF_{2018} - GKF_{2018})$$

**Beispiel 7:**

64 x Die Sparanteile eines fondsgebundenen Versicherungsvertrags werden in Investmentfonds und sonstige Kapitalanlagen angelegt (Hybridprodukt). Der Versicherungsvertrag wird am 1. Februar 2010 abgeschlossen und kommt am 31. Dezember 2029 zur Auszahlung. Zugeteilte Überschussanteile, die dem Vertrag gutgeschrieben werden, liegen nicht vor.

| | |
|---|---|
| Versicherungsleistung am 31. Dezember 2029 | 44 500 € |
| Versicherungsbeiträge | 30 000 € |
| Sparanteile ab 1. Januar 2018 | 18 000 € |
| Vertragswert am 31. Dezember 2017 | 12 000 € |
| Versicherungsbeiträge bis zum 31. Dezember 2017 | 10 000 € |
| Fondsvermögen am 31. Dezember 2029 | 20 000 € |
| Abflüsse aus dem Fondsvermögen ab dem 1. Januar 2018 | 1000 € |
| Zuflüsse in das Fondsvermögen ab dem 1. Januar 2018 | 10 000 € |
| Fondsvermögen am 31. Dezember 2017 | 4000 € |

**Lösung:**

Unterschiedsbetrag nach § 20 Abs. 1 Nr. 6 Satz 1 EStG:

| | |
|---|---|
| Versicherungsleistung am 31. Dezember 2029 | 44 500 € |
| ./. Versicherungsbeiträge | 30 000 € |
| | 14 500 € |

Unterschiedsbetrag nach § 20 Abs. 1 Nr. 6 Satz 1 EStG am 31. Dezember 2017:

| | |
|---|---|
| Vertragswert am 31. Dezember 2017 | 12 000 € |
| ./. Beiträge bis zum 31. Dezember 2017 | 10 000 € |
| | 2000 € |

Wertzuwachs des Versicherungsvertrags ab dem 1. Januar 2018 ($WzV_{2018}$):

| | |
|---|---|
| Versicherungsleistung am 31. Dezember 2029 | 44 500 € |
| ./. Sparanteile ab dem 1. Januar 2018 | 18 000 € |
| ./. Vertragswert am 31. Dezember 2017 | 12 000 € |
| | 14 500 € |

Wertzuwachs Fondsvermögen ($WzF_{2018}$):

| | |
|---|---|
| Fondsvermögen am 31. Dezember 2029 | 20 000 € |
| + Abflüsse aus dem Fondsvermögen ab dem 1. Januar 2018 | 1000 € |
| ./. Zuflüsse in das Fondsvermögen ab dem 1. Januar 2018 | 10 000 € |
| ./. Fondsvermögen am 31. Dezember 2017 | 4000 € |
| | 7000 € |

Gesamtkosten des Versicherungsvertrags ab dem 1. Januar 2018:

$GKV_{2018} = WzV_{2018}$
$-$ (Unterschiedsbetrag nach § 20 Abs. 1 Nr. 6 Satz 1 EStG
$-$ Unterschiedsbetrag nach § 20 Abs. 1 Nr. 6 Satz 1 $EStG_{31.\ Dezember\ 2017}$)

$GKV_{2018} = 14\,500\ € - (14\,500\ € - 2000\ €) = 2000\ €$

Auf die Fondsanlage zu verrechnender Anteil der Gesamtkosten ab 1. Januar 2018 ($GKF_{2018}$):

$$GKF_{2018} = GKV_{2018} \times \frac{|WzF_{2018}|}{|WzF_{2018}| + |WzV_{2018} - WzF_{2018}|}$$

$$GKF_{2018} = 2000\ € \times \frac{7000\ €}{14\,500\ €} = 966\ €$$

Teilfreistellung nach § 20 Abs. 1 Nr. 6 Satz 9 EStG:

$$\frac{15}{100} \times (7000\ € - 966\ €) = 905\ €$$

Steuerpflichtiger Unterschiedsbetrag gemäß § 20 Abs. 1 Nr. 6 Satz 1 EStG nach Teilfreistellung:

$44\,500\ € - 30\,000\ € - 905\ € = 13\,595\ €$

## X. Hälftiger Unterschiedsbetrag[1]

Wird die Versicherungsleistung nach Vollendung des 60. Lebensjahres des Steuerpflichtigen und nach Ablauf von zwölf Jahren seit dem Vertragsab- 65

[1] Bei Vertragsänderung siehe BMF v. 6. 3. 2012, BStBl. I S. 238 (Nr. **1** § 20/15).

schluss ausgezahlt, ist die Hälfte des Unterschiedsbetrags anzusetzen. Bei Verträgen, die nach dem 31. Dezember 2011 abgeschlossen werden, ist die Vollendung des 62. Lebensjahres des Steuerpflichtigen erforderlich *(§ 52 Abs. 36 Satz 9 EStG*[1]*)*.

### 1. Beginn der Mindestvertragsdauer

66 Für den Beginn der Mindestvertragsdauer bestehen aus Vereinfachungsgründen keine Bedenken, als Zeitpunkt des Vertragsabschlusses den im Versicherungsschein bezeichneten Tag des Versicherungsbeginns gelten zu lassen, wenn innerhalb von drei Monaten nach diesem Tag der Versicherungsschein ausgestellt und der erste Beitrag gezahlt wird; ist die Frist von drei Monaten überschritten, tritt an die Stelle des im Versicherungsschein bezeichneten Tages des Versicherungsbeginns der Tag der Zahlung des ersten Beitrages.

### 2. Neubeginn aufgrund von Vertragsänderungen

67 Werden wesentliche Vertragsmerkmale einer Versicherung i. S. d. § 20 Abs. 1 Nr. 6 EStG (Versicherungslaufzeit, Versicherungssumme, Beitragshöhe, Beitragszahlungsdauer, vgl. BFH vom 9. Mai 1974, BStBl. II S. 633) geändert, führt dies nach Maßgabe der nachfolgenden Regelungen zu einem Neubeginn der Mindestvertragsdauer. Bei einer Änderung der Person des Versicherungsnehmers ist steuerrechtlich grundsätzlich nicht von einem neuen Vertrag auszugehen.

#### a) Bei Vertragsabschluss vereinbarte künftige Vertragsänderungen

68 Vertragsanpassungen, die bereits bei Vertragsabschluss vereinbart worden sind, sowie hinreichend bestimmte Optionen zur Änderung des Vertrages führen vorbehaltlich der Grenzen des Gestaltungsmissbrauchs nicht zu einem Neubeginn der Mindestvertragsdauer.

#### b) Nachträglich vereinbarte Vertragsänderungen

69 Werden ausschließlich wesentliche Vertragsbestandteile vermindert bzw. gesenkt (z. B. Verkürzung der Laufzeit oder der Beitragszahlungsdauer, niedrigere Beitragszahlungen oder Versicherungssumme), so gilt steuerrechtlich der geänderte Vertrag als „alter Vertrag", der unverändert fortgeführt wird.

70 Nachträglich vereinbarte Änderungen der Versicherungslaufzeit oder der Beitragszahlungsdauer bleiben für die Beurteilung der Mindestvertragsdauer außer Betracht, soweit nicht die Gesamtvertragsdauer von zwölf Jahren unterschritten wird (z. B. nachträgliche Verlängerung der Versicherungslaufzeit und/oder der Beitragszahlungsdauer bei gleich bleibender Versicherungssumme aufgrund reduzierten Beitrags).

71 Nachträglich vereinbarte Beitragserhöhungen und Erhöhungen der Versicherungssumme gelten steuerlich im Umfang der Erhöhung als gesonderter neuer Vertrag, für den die Mindestvertragsdauer ab dem vereinbarten Erhöhungszeitpunkt neu zu laufen beginnt. Im Hinblick auf die gesetzliche Anhebung des Rentenalters von 65 auf 67 Jahre gilt Folgendes:

Die Verlängerung der Laufzeit eines Vertrages, der bisher einen Auszahlungszeitpunkt im 65. oder 66. Lebensjahr zum Inhalt hatte, führt nicht zu einer nachträglichen Vertragsänderung, wenn die Verlängerung einen Zeitraum

[1] Jetzt: § 52 Abs. 28 Satz 7 EStG.

von höchstens zwei Jahren umfasst. Eine entsprechende Verlängerung der Beitragszahlungsdauer ist zulässig. Eine solche Verlängerung der Laufzeit bzw. der Beitragszahlungsdauer infolge der Anhebung der Altersgrenze kann nur einmalig vorgenommen werden.[1)]

**c) Zahlungsschwierigkeiten**

Wurden Versicherungsbeiträge oder die Versicherungssumme wegen Zahlungsschwierigkeiten des Versicherungsnehmers insbesondere wegen Arbeitslosigkeit, Kurzarbeit oder Arbeitsplatzwechsels gemindert oder die Beiträge ganz oder teilweise befristet gestundet, so kann der Versicherungsnehmer innerhalb einer Frist von in der Regel drei Jahren eine Wiederherstellung des alten Versicherungsschutzes bis zur Höhe der ursprünglich vereinbarten Versicherungssumme verlangen und die Beitragsrückstände nachentrichten. Die nachentrichteten Beiträge werden als auf Grund des ursprünglichen Vertrages geleistet angesehen. 72

Konnte der Versicherungsnehmer wegen Zahlungsschwierigkeiten, insbesondere aufgrund von Arbeitslosigkeit, Kurzarbeit oder Arbeitsplatzwechsel die vereinbarten Beiträge nicht mehr aufbringen und nach Behebung seiner finanziellen Schwierigkeiten die fehlenden Beiträge nicht nachentrichten, so kann der Versicherungsnehmer innerhalb von in der Regel bis zu drei Jahren eine Wiederherstellung des alten Versicherungsschutzes bis zur Höhe der ursprünglich vereinbarten Versicherungssumme verlangen. Maßnahmen zur Schließung der Beitragslücke (z. B. Anhebung der künftigen Beiträge, Leistungsherabsetzung, Verlegung von Beginn- und Ablauftermin) führen nicht zu einem Neubeginn der Mindestvertragsdauer. 73

**d) Fortsetzung einer während der Elternzeit beitragsfrei gestellten Lebensversicherung**

Die Regelungen in den Rzn. 72 und 73 sind entsprechend anzuwenden, wenn eine Lebensversicherung während der Elternzeit i. S. d. Bundeselterngeld- und Elternzeitgesetzes beitragsfrei gestellt wurde und innerhalb von drei Monaten nach Beendigung der Elternzeit zu den vor der Umwandlung vereinbarten Bedingungen fortgeführt wird. 73 a

**e) Umwandlung einer Kapital-Lebensversicherung in eine nach § 851 c ZPO unter Pfändungsschutz stehende Rentenversicherung**

Eine vor dem 1. Januar 2010 vollzogene Umwandlung einer Kapital-Lebensversicherung in eine Rentenversicherung, die die in § 10 Abs. 1 Nr. 2 Buchst. b EStG genannten Voraussetzungen nicht erfüllt, die jedoch den Voraussetzungen des § 851 c Abs. 1 ZPO entspricht, wird aus Billigkeitsgründen nicht als steuerschädliche Vertragsänderung betrachtet. Hiervon ausgenommen sind vor dem 1. Januar 2005 abgeschlossene Versicherungsverträge, wenn bei vertragsgemäßer Fortsetzung bis zum vereinbarten Ablaufzeitpunkt die rechnungsmäßigen und außerrechnungsmäßigen Zinsen nach § 20 Abs. 1 Nr. 6 Satz 1 EStG in der am 31. Dezember 2004 geltenden Fassung der Besteuerung unterlegen hätten, und Lebensversicherungsverträge, die nach dem 30. März 2007 abgeschlossen wurden. Zu den Rechtsfolgen einer Umwandlung eines Kapital-Lebensversiche- 73 b

---

1) Rz. 71 ergänzt durch BMF v. 6. 3. 2012, BStBl. I S. 238 (Nr. **1** § 20/15).

rungsvertrags in einen Rentenversicherungsvertrag i. S. d. § 10 Abs. 1 Nr. 2 Buchst. b EStG (Basisrente) siehe *Rz. 104 des BMF-Schreibens vom 30. Januar 2008 (BStBl. I S. 390)*[1].

73 c Nach der Umwandlung geleistete Versicherungsbeiträge können als sonstige Vorsorgeaufwendungen berücksichtigt werden, wenn der Beginn des Versicherungsvertrages vor dem 1. Januar 2005 lag und ein Versicherungsbeitrag vor diesem Zeitpunkt geleistet wurde. Aus Billigkeitsgründen sind für die Frage des Versicherungsbeginns und der ersten Beitragsleistung (§ 10 Abs. 1 Nr. 3 Buchst. b EStG) der ursprüngliche Kapital-Lebensversicherungsvertrag und der Rentenversicherungsvertrag als Einheit anzusehen. Die aus dem umgewandelten Vertrag angerechnete Versicherungsleistung kann nicht als Sonderausgabe berücksichtigt werden.

73 d **Beispiel:**

Unternehmer A hat in 2007 eine Kapital-Lebensversicherung vor dem 30. März 2007 abgeschlossen, die nach Ablauf der Versicherungslaufzeit eine Erlebensfall-Leistung in Form einer Kapitalauszahlung vorsieht (steuerpflichtig nach § 20 Abs. 1 Nr. 6 EStG). Im Jahre 2008 macht er von seinem Umwandlungsrecht nach *§ 173 VVG*[2] Gebrauch und stellt die Kapital-Lebensversicherung auf einen privaten Rentenversicherungsvertrag um, der im Todesfall während der Ansparphase eine Todesfall-Leistung in Form einer Beitragsrückgewähr vorsieht, die seine Erben erhalten sollen.

73 e Die Regelung in Rz. 58 des BMF-Schreibens vom 22. August 2002 (BStBl. I S. 827), dass die Umstellung einer Kapital-Lebensversicherung in einen Vertrag i. S. d. Altersvorsorgeverträge-Zertifizierungsgesetzes keine steuerschädliche Vertragsänderung darstellt, ist auf nach dem 31. Dezember 2004 abgeschlossene Versicherungsverträge nicht anzuwenden (vgl. Rz. 90).

### 3. Policendarlehen

74 Dienen die Ansprüche aus dem Versicherungsvertrag der Tilgung oder Sicherung eines Darlehens, so steht dies der Anwendung des § 20 Abs. 1 Nr. 6 Satz 2 EStG (Ansatz des hälftigen Unterschiedsbetrags) nicht entgegen. **Zur Abgrenzung zwischen Policendarlehen und steuerpflichtigen Versicherungsleistungen siehe Rz. 41 a.**

### 4. Teilleistungen teilweise vor dem 60. Lebensjahr und teilweise danach

75 Werden mehrere Versicherungsleistungen zu unterschiedlichen Zeitpunkten ausgekehrt (z. B. bei Teilauszahlungen und Barauszahlungen von laufenden Überschussanteilen), ist jeweils gesondert zu prüfen, ob § 20 Abs. 1 Nr. 6 Satz 2 EStG zur Anwendung kommt. Die anteilig entrichteten Beiträge sind zu berücksichtigen.

76 **Beispiel:**

Laufzeit 20 Jahre, nach 10 Jahren Teilauszahlung i. H. v. 5000 €, vollendetes Lebensalter des Steuerpflichtigen im Zeitpunkt der Teilauszahlung 55 Jahre, geleistete Beiträge zum Auszahlungszeitpunkt: 10 000 €, Zeitwert der Versicherung zum Auszahlungszeitpunkt 15 000 €, Restauszahlung nach weiteren 10 Jahren i. H. v. 25 000 € geleistete Beiträge insgesamt: 20 000 €.

---

[1] Jetzt: Rz. 109 des BMF-Schreibens v. 19. 8. 2013, BStBl. I S. 1087 (Nr. **1** § 10 /9).
[2] Jetzt: § 167 VVG.

**Lösung:**

– Teilauszahlung i. H. v. 5000 € (Laufzeit 10 Jahre Alter 55)

| | | |
|---|---|---|
| Versicherungsleistung: | 5000,00 € | |
| ./. anteilig geleistete Beiträge: (5000: 15 000 × 10 000) | 3333,33 € | (= 33 %) |
| Ertrag nach § 20 Abs. 1 Nr. 6 Satz 1 EStG | 1666,67 € | |

– Restauszahlung i. H. v. 25 000 € (Laufzeit 20 Jahre Alter 65)

| | |
|---|---|
| Versicherungsleistung: | 25 000,00 € |
| ./. geleistete Beiträge (20 000 – 3333,33) | 16 666,67 € |
| Ertrag nach § 20 Abs. 1 Nr. 6 Satz 1 EStG | 8333,33 € |
| Davon anzusetzen nach § 20 Abs. 1 Nr. 6 Satz 2 EStG | 4166,67 € |

## 5. Hälftiger Unterschiedsbetrag bei Kapitalversicherungen auf verbundene Leben

Sofern bei einer Kapitalversicherung auf verbundene Leben (vgl. Rz. 28) 77
die Versicherungsleistung mehreren Steuerpflichtigen gemeinschaftlich zufließt, ist bei jedem Beteiligten gesondert zu prüfen, inwieweit er in seiner Person den Tatbestand des § 20 Abs. 1 Nr. 6 Satz 1 bzw. Satz 2 EStG verwirklicht. Die Aufteilung der Erträge ist dabei nach Köpfen vorzunehmen, soweit kein abweichendes Verhältnis vereinbart ist.

**Beispiel:** 78

Ehemann A schließt als Versicherungsnehmer eine Kapitalversicherung mit Sparanteil auf verbundene Leben ab. Versicherte Personen sind Ehemann A und Ehefrau B. Beiden steht das unwiderrufliche Bezugsrecht gemeinschaftlich zu. Laufzeit der Versicherung 20 Jahre. Erlebensfall-Leistung 30 000 €, geleistete Beiträge 20 000 €. A hat zum Auszahlungszeitpunkt das 62., B das 58. Lebensjahr vollendet.

**Lösung:**

| | |
|---|---|
| Versicherungsleistung: | 30 000 € |
| ./. geleistete Beiträge: | 20 000 € |
| Zwischensumme: | 10 000 € |
| Auf Ehemann A entfallen 50 % | = 5000 € |
| Davon anzusetzen nach § 20 Abs. 1 Nr. 6 Satz 2 EStG | 2500 € |
| Auf Ehefrau B entfallen 50 % | = 5000 € |
| Davon anzusetzen nach § 20 Abs. 1 Nr. 6 Satz 1 EStG | 5000 € |

## 6. Mindesttodesfallschutz

Durch § 20 Abs. 1 Nr. 6 Satz 6 EStG (in der Fassung des Art. 1 des Gesetzes vom 19. Dezember 2008 [BGBl. I S. 2794]) werden neue steuerliche Mindeststandards für die Anforderungen an die Risikoleistung aus einer Kapital-Lebensversicherung gesetzt. Sofern diese nicht erfüllt sind, ist die Steuerbegünstigung des Satzes 2 nicht anzuwenden, d. h. diese Verträge sind von einer nur hälftigen Versteuerung der Erträge ausgeschlossen. Die Neuregelung ist für alle Versicherungsverträge anzuwenden, die nach dem 31. März 2009 ab- 78 a geschlossen werden oder bei denen die erstmalige Beitragsleistung nach dem 31. März 2009 erfolgt *(§ 52 Abs. 36 Satz 11 EStG*[1]*)*.

### a) § 20 Abs. 1 Nr. 6 Satz 6 Buchst. a EStG („50%-Regel")

78 b Buchst. a des § 20 Abs. 1 Nr. 6 Satz 6 EStG (im Weiteren nur „Buchst. a") betrifft Kapital-Lebensversicherungen mit einer vereinbarten laufenden Beitragszahlung bis zum Zeitpunkt des Erlebensfalls. Mindestens 50% der über die gesamte Laufzeit zu zahlenden Beiträge werden als Mindesttodesfallschutz vorausgesetzt. Dies gilt nicht für Kapital-Lebensversicherungen, bei denen die Todesfallsumme mindestens der Erlebensfallsumme entspricht; bei diesen Verträgen ist die Festlegung eines Mindesttodesfallschutzes nicht erforderlich.

### Beitragserhöhungen

78 c Eine „vereinbarte laufende Beitragszahlung in mindestens gleich bleibender Höhe" liegt auch bei vertraglich vereinbarten Beitragserhöhungen und vertraglich vereinbarten Optionsrechten i. S. d. Rz. 68 vor. Sie stehen der Anwendung des Mindestrisikoschutzes nach Buchst. a nicht entgegen. Bei dynamischen Tarifen ist zu unterscheiden zwischen solchen, bei denen von vornherein Beitragserhöhungen zur Erlebensfall-Leistung fest vereinbart werden, und solchen, bei denen der Versicherungsnehmer zwar das Recht auf Erhöhung des Beitrags hat, eine Verpflichtung zur Beitragserhöhung aber nicht besteht. Für die Unterscheidung sind die im Versicherungsvertrag enthaltenen Vereinbarungen maßgebend. Beitragserhöhungen, die von vornherein vereinbart werden, sind bei der Bestimmung des Mindesttodesfallschutzes zu berücksichtigen. Künftige Beitragserhöhungen sind dagegen erst dann zu berücksichtigen, wenn die Erhöhung wirksam wird.

78 d Sofern Beitragserhöhungen eine steuerlich relevante Vertragsänderung darstellen (z. B. nachträglich vereinbarte einmalige Zuzahlungen), sind die Voraussetzungen für den Mindesttodesfallschutz für den neuen Vertagsteil separat zu prüfen. Bei einmaligen nachträglichen Zuzahlungen, die eine steuerlich relevante Vertragsänderung darstellen, kommt in der Regel der Mindesttodesfallschutz nach Buchst. b des § 20 Abs. 1 Nr. 6 Satz 6 EStG in Betracht.

### Beitragsfreistellung/Beitragsherabsetzung

78 e Ist die Beitragszahlungsdauer kürzer als die Versicherungsdauer, kommt die Anwendung des Mindesttodesfallschutzes nach Buchst. a grundsätzlich nicht in Betracht. Das Recht des Versicherungsnehmers, jederzeit die Umwandlung der Versicherung in eine prämienfreie Versicherung zu verlangen (§ 165 VVG), schließt die Anwendbarkeit des Mindesttodesfallschutzes nach Buchst. a jedoch nicht aus. Übt der Versicherungsnehmer dieses aus, reduziert sich der Mindesttodesfallschutz auf 50% der sich nach der Beitragsfreistellung insgesamt für die Vertragsdauer ergebenden Beitragssumme. Entsprechendes gilt bei einer nachträglich vereinbarten Beitragsherabsetzung. Nach der Herabsetzung müssen die neuen laufenden Beiträge nach der Vereinbarung in mindestens gleich bleibender Höhe bis zum Zeitpunkt des Erlebensfalls vorgesehen werden.

[1] Jetzt: § 52 Abs. 28 Satz 8 EStG.

### Kapital-Lebensversicherungen mit mehreren Erlebensfallzahlungen während der Versicherungsdauer

Nach jeder Teilauszahlung ermäßigt sich der Mindesttodesfallschutz in dem Verhältnis, in dem die Teilauszahlungssumme zum aktuellen Rückkaufswert vor Abzug von Kosten steht. 78 f

**Beispiel:**

Vertraglich vereinbarte Beitragssumme 70 000 €, garantierte Erlebensfall-Leistung 100 000 €, Mindesttodesfallschutz: 35 000 €, Vertragsstand nach 20 Jahren: 90 000 € (Rückkaufswert), Teilauszahlung nach 20 Jahren i. H. v. 30 000 €.

**Lösung:**

Der Mindesttodesfallschutz ermäßigt sich im Verhältnis 30 000 zu 90 000 mithin um 1/3. Der Mindesttodesfallschutz beträgt nach der Teilauszahlung 23 333 € (35 000 € × 2/3).

### Zuzahlungen zur Abkürzung der Versicherungsdauer

Zuzahlungen zur Abkürzung der Versicherungsdauer, bei denen der ursprünglich vereinbarte Beitrag nach erfolgter Zuzahlung in unveränderter Höhe weiterläuft, führen ebenfalls zu einer Neuberechnung des Mindesttodesfallschutzes, sofern die Zuzahlung keine steuerlich relevante Vertragsänderung darstellt (insbesondere bei gleich bleibender Versicherungssumme). 78 g

**Beispiel:**

Vertragsdauer 30 Jahre, Jahresbeitrag 3000 €, Beitragssumme 90 000 €, Mindesttodesfallschutz 45 000 €, garantierte Erlebensfall-Leistung 120 000 €.
Zuzahlung im Jahr 10 i. H. v. 20 000 € führt zu einer neuen Vertragslaufzeit von 20 Jahren, Versicherungssumme bleibt unverändert.

**Lösung:**

Die Beitragsumme reduziert sich auf 80 000 € (20 Jahre × 3000 € + 20 000 €). Der Mindesttodesfallschutz reduziert sich ab Zuzahlung entsprechend auf 40 000 € (80 000 € × 50 %).

### Zusatzversicherungen

Beitragsanteile für Nebenrisiken, die nach Rz. 58 bei der Ermittlung des Unterschiedsbetrages nicht ertragsmindernd anzusetzen sind, bleiben bei der Bestimmung des Mindesttodesfallschutzes außer Betracht. 78 h

### Karenzzeit

Ein Ausschluss der Risikotragung in den ersten Jahren der Vertragslaufzeit ist bei der Prüfung des Mindesttodesfallschutzes nach Buchst. a nicht zulässig. 78 i

### b) § 20 Abs. 1 Nr. 6 Satz 6 Buchst. b EStG („10 %-Regel")

Buchst. b des § 20 Abs. 1 Nr. 6 Satz 6 EStG (im Weiteren nur: „Buchst. b") betrifft hauptsächlich Kapital-Lebensversicherungsverträge gegen Einmalbeitrag oder mit abgekürzter Beitragszahlungsdauer. Anstatt auf die Beitragssumme werden bei diesen Verträgen die Anforderungen an den Mindesttodesfallschutz auf das Deckungskapital, auf den Zeitwert des Vertrages oder auf die Summe der gezahlten Beiträge bezogen. Als ausreichend wird eine Todesfall-Leistung betrachtet, die das Deckungskapital oder den Zeitwert um mindestens zehn Prozent des Deckungskapitals, des Zeitwerts oder die Summe der gezahlten Beiträge übersteigt. 78 j

**Karenzzeit**

78k Es ist zulässig, wenn der Mindesttodesfallschutz erst nach Ablauf von fünf Jahren nach Vertragsabschluss erbracht wird. Beitragserhöhungen führen nicht dazu, dass diese Frist erneut zu laufen beginnt.

**Absinken des Mindesttodesfallschutzes**

78l Der Mindesttodesfallschutz nach Buchst. b darf vom Zeitpunkt des Beginns des Versicherungsschutzes an bis zum Ende der Vertragslaufzeit in jährlich gleichen Schritten auf Null sinken (§ 20 Abs. 1 Nr. 6 Satz 6 Buchst. b Satz 2 EStG). Bei der Vereinbarung einer Karenzzeit darf das gleichmäßige Absinken des Satzes von zehn Prozent erst nach Ablauf der vereinbarten Karenzzeit einsetzen. Diese Regelung zum Absinken des Versicherungsschutzes ist nicht auf Kapital-Lebensversicherungen mit lebenslangem Todesfallschutz (vgl. Rz. 30) anwendbar, da es an einem zeitlich bestimmten Laufzeitende fehlt.

**Beitragserhöhungen**

78m Vertraglich vereinbarte Beitragserhöhungen, die keine steuerlich relevante Vertragsänderung darstellen, führen zu einer Erhöhung des Deckungskapitals bzw. des Zeitwertes und sind bei der Ermittlung des Mindesttodesfallschutzes zu berücksichtigen. § 20 Abs. 1 Nr. 6 Satz 6 Buchst. b Satz 2 EStG ist dabei mit der Maßgabe anzuwenden, dass im Zeitpunkt der Beitragserhöhung weiterhin der sich zu diesem Zeitpunkt ergebende Prozentsatz maßgeblich ist.

78n Soweit aufgrund einer Beitragserhöhung steuerlich ein neuer Vertrag vorliegt (z. B. bei einer nachträglich vereinbarten Beitragserhöhung), ist hinsichtlich des neuen Vertragsteils der Mindesttodesfallschutz einschließlich des Prozentsatzes nach § 20 Abs. 1 Nr. 6 Satz 6 Buchst. b Satz 2 EStG neu zu ermitteln.

### c) Verhältnis zwischen den Regelungen zum Mindesttodesfallschutz

78o Der Versicherungsvertrag muss durchgehend entweder den Mindesttodesfallschutz nach Buchst. a oder Buchst. b des § 20 Abs. 1 Nr. 6 Satz 6 EStG erfüllen. Ein Wechsel zwischen den beiden Varianten ist während der Vertragslaufzeit nicht möglich. Wenn ein Versicherungsvertrag die Anforderungen in Buchst. a und Buchst. b dergestalt miteinander verbindet, dass bei Risikoeintritt jeweils die Variante anzuwenden sei, die zu einer niedrigeren Leistung führt, ist nicht von einem ausreichenden Mindesttodesfallschutz auszugehen. Es besteht jedoch ein ausreichender Todesfallschutz, wenn der Versicherungsvertrag bei Risikoeintritt die höhere Leistung nach den Anforderungen von Buchst. a oder Buchst. b bietet.

## XI. Werbungskosten

79 Kosten, die durch den Versicherungsvertrag veranlasst sind, können als Werbungskosten abgezogen werden. Zur Behandlung einer Vermittlungsprovision, die der Versicherungsnehmer aufgrund eines gesonderten Vertrages an den Versicherungsvermittler zahlt, siehe Rz. 56. Abschlusskosten, die durch die Beitragsleistung bezahlt werden (insbesondere die Vermittlungsprovision, die das Versicherungsunternehmen an den Vermittler erbringt), sind keine

Werbungskosten. Die Werbungskosten sind auf den Sparer-Pauschbetrag beschränkt (Rz. 81 a).

Die Aufwendungen für den entgeltlichen Erwerb eines Versicherungsvertrages sind Anschaffungskosten und keine Werbungskosten (siehe Rz. 64 a und Rz. 81 b). **80**

Auch bei hälftigem Unterschiedsbetrag besteht der volle Werbungskostenabzug. § 3 c Abs. 1 EStG ist nicht anwendbar, da § 20 Abs. 1 Nr. 6 Satz 2 EStG keine Steuerbefreiung, sondern eine Sonderregelung zur Ermittlung des anzusetzenden Ertrags enthält. **81**

Ab dem 1. Januar 2009 ist der Werbungskostenabzug nach § 20 Abs. 9 EStG ausschließlich durch den Sparer-Pauschbetrag i. H. v. 801 Euro bzw. 1602 Euro für Verheiratete möglich. Der Ansatz der tatsächlichen Werbungskosten ist ausgeschlossen. **81 a**

## XIa. Entgeltliche Veräußerung

Nach § 20 Abs. 2 Satz 1 Nr. 6 EStG ist die Veräußerung von Ansprüchen auf eine Versicherungsleistung i. S. d. § 20 Abs. 1 Nr. 6 steuerpflichtig, wenn der Verkauf nach dem 31. Dezember 2008 stattgefunden hat und der Versicherungsvertrag nach dem 31. Dezember 2004 abgeschlossen wurde. Bei Versicherungsverträgen, die vor dem 1. Januar 2005 abgeschlossen wurden, ist die Veräußerung nach § 20 Abs. 2 Satz 1 Nr. 6 EStG steuerpflichtig, wenn bei einem Rückkauf zum Veräußerungszeitpunkt die Erträge nach § 20 Abs. 1 Nr. 6 EStG in der Fassung vom 31. Dezember 2004 steuerpflichtig wären *(§ 52 a Abs. 10 Satz 5 EStG[1])*. **81 b**

## XII. Nachweis der Besteuerungsgrundlagen

### 1. Inländische Versicherungen

Bei Versicherungen, die im Inland Sitz, Geschäftsleitung oder Niederlassung haben, dient als Nachweis für die Höhe der Kapitalerträge i. S. d. § 20 Abs. 1 Nr. 6 EStG im Rahmen der Einkommensteuererklärung bei positiven Kapitalerträgen die Steuerbescheinigung i. S. d. § 45 a EStG. Negative Kapitalerträge sind in der Regel durch eine Berechnung des Versicherungsunternehmens zu belegen. **82**

### 2. Ausländische Versicherungen

Der Steuerpflichtige hat alle für die Besteuerung nach § 20 Abs. 1 Nr. 6 EStG erforderlichen Unterlagen zu beschaffen und seiner Steuererklärung beizufügen (§ 90 Abs. 2 AO). **83**

## XIII. Kapitalertragsteuer

Dem Kapitalertragsteuerabzug (§ 43 Abs. 1 Satz 1 Nr. 4 Satz 1 EStG) unterliegen auch Teilleistungen (vgl. Rz. 61). **84**

Bemessungsgrundlage ist im Regelfall der Unterschiedsbetrag. **85[2]**

---

[1] Jetzt: § 52 Abs. 28 Satz 14 EStG.

[2] Rz. 85 neu gef. mW ab 1. 1. 2018 durch BMF v. 9. 8. 2019, BStBl. I S. 829.

86 Kapitalertragsteuer ist nach § 44 a EStG nicht einzubehalten, wenn eine Nichtveranlagungsbescheinigung vorgelegt oder soweit ein Freistellungsauftrag erteilt wurde.

87 Die Kapitalertragsteuer wird von den inländischen Versicherungsunternehmen auch von den Erträgen aus Versicherungen i. S. d. § 20 Abs. 1 Nr. 6 EStG erhoben, bei denen der Steuerpflichtige nur beschränkt steuerpflichtig ist (§§ 1 Abs. 4, 49 Abs. 1 Nr. 5 EStG). Sie hat in diesen Fällen nach **§ 50 Abs. 2 Satz 1 EStG** abgeltende Wirkung. Niedrigere Quellensteuerhöchstsätze nach den Doppelbesteuerungsabkommen sind im Erstattungsverfahren nach § 50 d Abs. 1 EStG geltend zu machen.

## XIIIa. Mitteilungspflicht für inländische Versicherungsvermittler

87 a Ein inländischer Versicherungsvermittler ist verpflichtet, die erfolgreiche Vermittlung eines Vertrages i. S. d. § 20 Abs. 1 Nr. 6 (Kapitalversicherungen und Rentenversicherungen) nach § 45 d Abs. 3 EStG bis zum 30. März des Folgejahres gegenüber dem Bundeszentralamt für Steuern (BZSt) mitzuteilen, wenn es sich um einen Vertrag zwischen einer im Inland ansässigen Person und einem ausländischen Versicherungsunternehmen handelt. Ausgenommen sind Verträge mit ausländischen Versicherungsunternehmen mit inländischer Niederlassung, da für diese Fälle eine Verpflichtung zum Einbehalt der Kapitalertragsteuer besteht (§ 43 Abs. 3 Satz 1 EStG).

Die Verpflichtung zur Mitteilung entfällt, sofern das Versicherungsunternehmen freiwillig das BZSt bis zum 30. März des Folgejahres über den Abschluss eines Vertrages informiert hat und den Versicherungsvermittler hierüber in Kenntnis gesetzt hat.

87 b Der Versicherungsvermittler hat die in § 45 d Abs. 3 Satz 2 EStG genannten Daten dem BZSt mitzuteilen, wenn der Versicherungsvertrag nach dem 31. Dezember 2008 abgeschlossen wurde. Die erstmalige Übermittlung hat bis zum 30. März 2011 zu erfolgen, somit sind in 2011 die Vertragsabschlüsse für zwei Kalenderjahre zu übermitteln.

87 c Die Übermittlung hat nach amtlich vorgeschriebenem Datensatz grundsätzlich in elektronischer Form zu erfolgen (§ 45 d Abs. 3 Satz 3 i. V. m. Abs. 1 Satz 2 bis 4 EStG, § 150 Abs. 6 AO, § 1 Abs. 1 Steuerdaten-Übermittlungsverordnung). Die Datensatzbeschreibung und Hinweise zur Übermittlung werden in einem gesonderten nachfolgenden Schreiben dargestellt.

## XIV. Anwendungsregelungen

### 1. Zeitliche Abgrenzung von Altverträgen zu Neuverträgen

88 Durch das Alterseinkünftegesetz vom 5. Juli 2004 (BGBl. I S. 1427) ist § 20 Abs. 1 Nr. 6 EStG neu gefasst worden. Nach *§ 52 Abs. 36 EStG*[1] ist für vor dem 1. Januar 2005 abgeschlossene Versicherungsverträge (Altverträge) § 20 Abs. 1 Nr. 6 EStG in der am 31. Dezember 2004 geltenden Fassung (a. F.) weiter anzuwenden. Damit besteht insbesondere die Steuerbefreiung nach § 20 Abs. 1 Nr. 6 Satz 2 EStG a. F. für Altverträge fort.

[1] Jetzt: § 52 Abs. 28 EStG.

Für die Frage, ob noch § 20 Abs. 1 Nr. 6 EStG a. F. anzuwenden ist, kommt es auf den Zeitpunkt des Vertragsabschlusses an. Die Regelung zur Rückdatierung (Rz. 66) ist in diesem Zusammenhang nicht anzuwenden. Der Versicherungsvertrag kommt mit dem Zugang der Annahmeerklärung des Versicherers beim Versicherungsnehmer zustande. Auf eine ausdrückliche Annahmeerklärung kann jedoch verzichtet werden, wenn sie nach der Verkehrssitte nicht zu erwarten ist oder der Antragende auf sie verzichtet hat (§ 151 BGB). Bei Lebensversicherungsverträgen kann aufgrund der regelmäßig erforderlichen Risikoprüfung davon ausgegangen werden, dass eine ausdrückliche Annahmeerklärung erfolgt. Für die steuerrechtliche Beurteilung ist unter dem Zeitpunkt des Vertragsabschlusses grundsätzlich das Datum der Ausstellung des Versicherungsscheines zu verstehen. Wenn der Steuerpflichtige geltend macht, der Vertragsschluss sei vor dem Datum der Ausstellung des Versicherungsscheins erfolgt, hat er dies durch geeignete Dokumente (z. B. Annahmeerklärung des Versicherers) zu belegen. Aus Vereinfachungsgründen ist es nicht erforderlich, dass der Steuerpflichtige den Zeitpunkt des Zugangs der Annahmeerklärung nachweist, sondern es ist auf das Datum der Annahmeerklärung abzustellen. 89

## 2. Weitergeltung von BMF-Schreiben

Die BMF-Schreiben vom 22. August 2002 IV C 4 – S 2221 – 211/02 (BStBl. I S. 827), vom 15. Juni 2000 IV C 4 – S 2221 – 86/00 (BStBl. I S. 1118), vom 13. November 1985 IV B 4 – S 2252 – 150/85 (BStBl. I S. 661) und vom 31. August 1979 IV B 4 – S 2252 – 77/79 (BStBl. I S. 592) sind für Altverträge weiterhin anzuwenden. Die BMF-Schreiben vom 25. November 2004 IV C 1 – S 2252 – 405/04 (BStBl. I S. 1096) und vom 22. Dezember 2005 IV C 1 – S 2252 – 343/05 (BStBl. 2006 I S. 92) werden aufgehoben. 90

## 3. Vorratsverträge

Im Abschluss so genannter Vorratsverträge ist regelmäßig ein steuerrechtlicher Gestaltungsmissbrauch i. S. d. § 42 AO zu sehen. Bei Versicherungsverträgen, die zwar noch im Jahr 2004 abgeschlossen werden, bei denen der vereinbarte Versicherungsbeginn aber erst nach dem 31. März 2005 liegt, kommt steuerlich der Vertragsabschluss zu dem Zeitpunkt zustande, zu dem die Versicherung beginnt. 91

## 4. Vertragsänderungen bei Altverträgen

Ergänzend zu dem BMF-Schreiben vom 22. August 2002 IV C 4 – S 2221 – 211/02 (BStBl. I S. 827) gilt für Beitragserhöhungen bei Altverträgen Folgendes: Ob im Falle von bereits bei Vertragsabschluss vereinbarten Beitragsanpassungen in vollem Umfange ein Altvertrag vorliegt, hängt davon ab, ob die vereinbarten Beitragsanpassungen als rechtsmissbräuchlich einzustufen sind (BMF-Schreiben vom 22. August 2002, BStBl. I S. 827, Rz. 38). Ein Missbrauch rechtlicher Gestaltungsmöglichkeiten liegt insbesondere dann nicht vor, wenn die Beitragserhöhung pro Jahr 20 v. H. des bisherigen Beitrags nicht übersteigt. Dabei ist es unbeachtlich, ob die Beitragserhöhung durch Anwendung eines Vomhundertsatzes oder eines vergleichbaren Dynamisierungsfaktors, bezifferter Mehrbeträge oder durch im Voraus festgelegte feste 92

Beiträge ausgedrückt wird. Im Falle einer Beitragserhöhung pro Jahr um mehr als 20 v. H. des bisherigen Beitrags handelt es sich nicht um einen Missbrauch steuerlicher Gestaltungsmöglichkeiten,

– wenn die jährliche Beitragserhöhung nicht mehr als 250 € beträgt oder
– wenn der Jahresbeitrag bis zum fünften Jahr der Vertragslaufzeit auf nicht mehr als 4800 € angehoben wird und der im ersten Jahr der Vertragslaufzeit zu zahlende Versicherungsbeitrag mindestens 10 v. H. dieses Betrages ausmacht oder
– wenn der erhöhte Beitrag nicht höher ist, als der Beitrag, der sich bei einer jährlichen Beitragserhöhung um 20 v. H. seit Vertragsabschluss ergeben hätte.

Im Hinblick auf die gesetzliche Anhebung des Rentenalters von 65 auf 67 Jahre gilt Folgendes:

Die Verlängerung der Laufzeit eines Vertrages, der bisher einen Auszahlungszeitpunkt im 65. oder 66. Lebensjahr zum Inhalt hatte, führt nicht zu einer nachträglichen Vertragsänderung, wenn die Verlängerung einen Zeitraum von höchstens zwei Jahren umfasst. Eine entsprechende Verlängerung der Beitragszahlungsdauer ist zulässig. Eine solche Verlängerung der Laufzeit bzw. der Beitragszahlungsdauer infolge der Anhebung der Altersgrenze kann nur einmalig vorgenommen werden[1].

93 Ist die Erhöhung der Beitragsleistung als missbräuchlich einzustufen, sind die insgesamt auf die Beitragserhöhung entfallenden Vertragsbestandteile steuerlich als gesonderter neuer Vertrag zu behandeln. Der neue Vertrag gilt in dem Zeitpunkt als abgeschlossen, zu dem der auf den Erhöhungsbetrag entfallende Versicherungsbeginn erfolgt. Wenn die Beitragshöhe in den Kalenderjahren 2005 oder 2006 gesenkt wird und nunmehr die o. a. Grenzen nicht überschritten werden, ist kein Gestaltungsmissbrauch und steuerlich kein gesonderter neuer Vertrag anzunehmen.

94 Es wird nicht beanstandet, wenn das Versicherungsunternehmen als Einnahmen aus einem Vertrag, für den aufgrund einer Vertragsänderung nach Maßgabe des BMF-Schreibens vom 22. August 2002 (BStBl. I S. 827) für den „alten Vertrag" § 20 Abs. 1 Nr. 6 EStG a. F. und für den „neuen Vertrag" § 20 Abs. 1 Nr. 6 EStG n. F. Anwendung findet, insgesamt die rechnungsmäßigen und außerrechnungsmäßigen Zinsen zugrunde legt, wenn der Steuerpflichtige dem zugestimmt hat.

§ 20 Abs. 1 Nr. 6 Satz 2 EStG n. F. ist für den „neuen Vertrag" entsprechend anzuwenden.

## 5. Vertragsschluss im Namen eines minderjährigen Kindes

95 Fälle, in denen Eltern für ihr minderjähriges Kind einen Versicherungsvertrag dergestalt vor dem 31. Dezember 2004 abschließen, dass das Kind Versicherungsnehmer wird, sind folgendermaßen zu behandeln:

96 Nach § 1643 Abs. 1 BGB i. V. m. § 1822 Nr. 5 BGB bedarf ein Vertrag der Genehmigung des Familiengerichts, wenn durch den Vertrag der Minderjährige zu wiederkehrenden Leistungen verpflichtet wird und das Vertragsverhältnis länger als ein Jahr nach dem Eintritt der Volljährigkeit fortdauern soll. Enthält der Versicherungsvertrag eine Beitragszahlungsverpflichtung über den

[1] Rz. 92 ergänzt durch BMF v. 6. 3. 2012, BStBl. I S. 238 (Nr. **1** § 20/15).

19. Geburtstag hinaus, ist somit eine Genehmigung erforderlich. Wird das Kind volljährig, so tritt seine Genehmigung an die Stelle des Familiengerichts (§ 1829 Abs. 3 BGB). Solange keine Genehmigung erteilt wurde, ist das Rechtsgeschäft schwebend unwirksam (§ 1829 Abs. 1 Satz 1 BGB). Nach § 184 Abs. 1 BGB wirkt eine Genehmigung auf den Zeitpunkt der Vornahme des Rechtsgeschäfts zurück (ex tunc). Bei Genehmigung gilt der Vertrag als noch in 2004 geschlossen. § 20 Abs. 1 Nr. 6 EStG ist in der bis zum 31. Dezember 2004 geltenden Fassung anzuwenden.

Wird die Genehmigung nicht erteilt und erfolgt eine Rückabwicklung des 97
Leistungsverhältnisses (§ 812 BGB), sind die in den Rückabwicklungsansprüchen enthaltenen Zinsanteile nach § 20 Abs. 1 Nr. 7 EStG zu versteuern.

# I § 20/14. Schreiben betr. Auslegungsfragen zu § 20 Abs. 1 Nr. 10 Buchst. b Satz 4 EStG; Gewinne steuerpflichtiger wirtschaftlicher Geschäftsbetriebe der von der Körperschaftsteuer befreiten Körperschaften, Personenvereinigungen und Vermögensmassen

Vom 2. Februar 2016 (BStBl. I S. 200)

(BMF IV C 2 – S 2706 – a/14/10001; DOK 2016/0089621)

Geändert durch BMF v. 21. 7. 2016 (BStBl. I S. 685)

Nach dem Ergebnis der Erörterungen mit den obersten Finanzbehörden der Länder gilt für die Anwendung des § 20 Abs. 1 Nr. 10 Buchst. b Satz 4 EStG bei wirtschaftlichen Geschäftsbetrieben (wiGB) der von der Körperschaftsteuer befreiten Körperschaften, Personenvereinigungen und Vermögensmassen (nachfolgend Körperschaften) Folgendes:

## 1. Allgemeines

Nach § 20 Abs. 1 Nr. 10 Buchst. b Satz 4 und 5 EStG in der Fassung des Steuersenkungsgesetzes (StSenkG) vom 23. Oktober 2000 (BStBl. I S. 1428) und des Unternehmenssteuerfortentwicklungsgesetzes (UntStFG) vom 20. Dezember 2001 (BStBl. 2002 I S. 35) gehören 1

– der nicht den Rücklagen zugeführte durch Betriebsvermögensvergleich ermittelte Gewinn eines von der Steuerbefreiung ausgeschlossenen wiGB ansonsten steuerbefreiter Körperschaften,
– der nicht den Rücklagen zugeführte Gewinn eines von der Steuerbefreiung ausgeschlossenen wiGB ansonsten steuerbefreiter Körperschaften, der die in § 20 Abs. 1 Nr. 10 Buchst. b Satz 1 EStG genannte Umsatz- oder Gewinngrenze überschreitet,
– die Auflösung von nach § 20 Abs. 1 Nr. 10 Buchst. b Satz 1 EStG gebildeten Rücklagen eines von der Steuerbefreiung ausgeschlossenen wiGB ansonsten steuerbefreiter Körperschaften zu Zwecken außerhalb eines wiGB und
– die Gewinne i. S. d. § 22 Abs. 4 Nr. 2 UmwStG

zu den Einkünften aus Kapitalvermögen. Diese Gewinne des wiGB unterliegen der Kapitalertragsteuer nach § 20 Abs. 1 Nr. 10 Buchst. b Satz 4 EStG i. V. m. § 43 Abs. 1 Satz 1 Nr. 7 c EStG von 15 % (§ 43 a Abs. 1 Satz 1 Nr. 2 EStG). Die Steuerbefreiung auf diese dem Steuerabzug unterliegenden Einkünfte aus Kapitalvermögen ist nach § 5 Abs. 2 Nr. 1 KStG ausgeschlossen. Diese Kapitalertragsteuer hat abgeltende Wirkung (§ 32 Abs. 1 Nr. 1 KStG). Verdeckte Gewinnausschüttungen an die Gesellschafter/Mitglieder zählen nicht zu den Steuertatbeständen des § 20 Abs. 1 Nr. 10 Buchst. b Satz 4 EStG. Zur Verwendung von Vermögen des wiGB im steuerbefreiten Bereich der Körperschaft vgl. Rdnr. 4. Die Kapitalertragsteuerpflicht tritt neben die Besteuerung des in dem wiGB erzielten Gewinns mit 15 % des zu versteuernden Einkommens der Körperschaft (§ 23 Abs. 1 KStG).

2[1] § 20 Abs. 1 Nr. 10 Buchst. b Satz 4 EStG erfasst insbesondere die nach § 5 Abs. 1 Nr. 5, 7, 10, 12, 14, 16, 19, 21, 22 und 24 KStG befreiten Körperschaften. Umfasst die Steuerpflicht dieser Körperschaften nicht nur einen oder mehrere wiGB, sondern z. B. auch die Vermögensverwaltung, ist § 20 Abs. 1 Nr. 10 Buchst. b Satz 4 EStG nur für den bzw. die wiGB anzuwenden. § 20 Abs. 1 Nr. 10 Buchst. b Satz 4 EStG ist nicht anzuwenden, wenn Ausschüttungen der von der Körperschaftsteuer befreiten Körperschaften beim Empfänger zu Einkünften i. S. d. § 20 Abs. 1 Nr. 1 EStG führen. Beim Gewinn eines wiGB von nach § 5 Abs. 1 Nr. 9 KStG steuerbefreiten Körperschaften wird nach § 44 a Abs. 7 Satz 1 Nr. 1 EStG vom Kapitalertragsteuerabzug Abstand genommen; auf die Vorlage der Bescheinigung nach § 44 a Abs. 7 Satz 2 EStG an den Schuldner der Kapitalerträge (den wiGB) kann verzichtet werden.

3 Für Betriebe gewerblicher Art ohne eigene Rechtspersönlichkeit werden Auslegungsfragen zu § 20 Abs. 1 Nr. 10 Buchst. b Satz 1 EStG in den Rdnrn. 16 ff. des BMF-Schreibens vom 9. Januar 2015 (BStBl. I S. 111)[2] geregelt. Die Grundsätze dieses BMF-Schreibens sind mit Ausnahme der Rdnrn. 23, 28, 32, 34, 36, 37 Satz 3, Rdnrn. 38, 39 Satz 1 und 2, Rdnr. 40 Satz 2 und 3, Rdnrn. 41, 47, 48, 51 bis 53, 55 Satz 5, Rdnrn. 57, 58, 59 Satz 3 und 4, Rdnrn. 61, 63, 67 bis 69 und unter Berücksichtigung der nachfolgenden Regelungen auf § 20 Abs. 1 Nr. 10 Buchst. b Satz 4 EStG entsprechend anzuwenden. Der wiGB wird regelmäßig mit einem Regiebetrieb i. S. d. BMF-Schreibens vom 9. Januar 2015 (BStBl. I S. 111)[2] vergleichbar sein.

## 2. Laufender Gewinn und Vermögensverwendung

4 Der laufende Gewinn des wiGB ermittelt sich nach den Grundsätzen der Rdnrn. 25 bis 27 des BMF-Schreibens vom 9. Januar 2015 (BStBl. I S. 111)[2]. Die Verwendung von Vermögen des wiGB für den steuerbefreiten Bereich der Körperschaft oder für Dritte führt zu Entnahmen aus dem wiGB und mindert daher den laufenden Gewinn des wiGB nicht.

**Beispiel:**

Ein bisher dem wiGB zugeordnetes Wirtschaftsgut wird künftig im steuerbefreiten Bereich der Körperschaft verwandt. Diese geänderte Verwendung ist im Zuge der Gewinnermittlung des wiGB als Entnahme des Wirtschaftsguts zu behandeln.

## 3. Gewinnermittlung durch Betriebsvermögensvergleich

5 Ist die steuerfreie Körperschaft selbst verpflichtet, ihren Gewinn durch Betriebsvermögensvergleich zu ermitteln, hat dies nicht automatisch zur Folge, dass der Gewinn des wiGB auch durch Betriebsvermögensvergleich zu ermitteln ist (vgl. hierzu auch BMF-Schreiben vom 3. Januar 2013, BStBl. I S. 59[3]).

## 4. Mehrere wirtschaftliche Geschäftsbetriebe

6 Unterhält eine steuerbefreite Körperschaft mehrere wiGB, ist für § 20 Abs. 1 Nr. 10 Buchst. b Satz 4 EStG auf das Gesamtergebnis aller wiGB abzustellen, deren Gewinn durch Betriebsvermögensvergleich ermittelt wird

---

[1] Rdnr. 2 neu gef. durch BMF v. 21. 7. 2016, BStBl. I S. 685.
[2] Nr. **1** § 20/11.
[3] Nr. **1** § 4/24.

oder die die Umsatz- oder Gewinngrenze des § 20 Abs. 1 Nr. 10 Buchst. b EStG überschreiten. Die Umsatz- und Gewinngrenzen des § 20 Abs. 1 Nr. 10 Buchst. b Satz 1 EStG sind auf den jeweiligen wiGB anzuwenden.

§ 6 Abs. 5 Satz 1 EStG ist anzuwenden. 7

### 5. Rücklagen

Werden in einem wiGB zulässigerweise gebildete Rücklagen für Zwecke 8
eines anderen wiGB der Körperschaft verwandt und fallen beide wiGB unter § 20 Abs. 1 Nr. 10 Buchst. b Satz 4 EStG, führt dies im Hinblick auf die Zusammenfassung der wiGB (vgl. Rdnr. 6 Satz 1) nicht zu Einkünften aus Kapitalvermögen.

Bei einem Verlust der Steuerbefreiung der Körperschaft gelten die zum 9
Schluss des letzten unter die Steuerbefreiung fallenden Wirtschaftsjahrs noch bestehenden Rücklagen, die nach § 20 Abs. 1 Nr. 10 Buchst. b Satz 1 EStG gebildet worden waren, als aufgelöst und führen, vorbehaltlich einer Verwendung des steuerlichen Einlagekontos, zu Einkünften aus Kapitalvermögen.

### 6. Steuerliches Einlagekonto

Das steuerliche Einlagekonto eines wiGB, der unter § 20 Abs. 1 Nr. 10 10
Buchst. b Satz 4 EStG fällt, erhöht sich durch direkte Einlagen der Gesellschafter bzw. Mitglieder der Körperschaft, durch Zuführungen von Vermögensmitteln aus dem steuerfreien Bereich der Körperschaft sowie aus Zuführungen aus wiGB derselben Körperschaft, die nicht unter § 20 Abs. 1 Nr. 10 Buchst. b Satz 4 EStG fallen. Mittelverwendungen zwischen wiGB, die unter § 20 Abs. 1 Nr. 10 Buchst. b Satz 4 EStG fallen, haben im Hinblick auf die Zusammenfassung der wiGB (vgl. Rdnr. 6 Satz 1) dagegen keinen Einfluss auf den Bestand des steuerlichen Einlagekontos.

### 7. Beteiligung an einer Personengesellschaft

Die Beteiligung einer steuerbefreiten Körperschaft an einer Personengesell- 11
schaft stellt – unter den Voraussetzungen des § 14 AO – einen eigenständigen wiGB dar. Die Ermittlung des Gewinns dieses wiGB richtet sich nach den Grundsätzen der Rdnrn. 30 und 31 des BMF-Schreibens vom 9. Januar 2015 (BStBl. I S. 111)[1].

### 8. Erstmalige Anwendung des § 20 Abs. 1 Nr. 10 Buchst. b Satz 4 EStG und erstmalige Feststellung des steuerlichen Einlagekontos

§ 52 Abs. 37 a Satz 2 EStG in der Fassung des StSenkG regelt die erstmalige 12
Anwendung des § 20 Abs. 1 Nr. 10 Buchst. b Satz 4 EStG in Abhängigkeit mit der körperschaftsteuerlichen Behandlung des wiGB. In Fällen, in denen die Umsatz- oder Gewinngrenze nach Ablauf des VZ 2001 erstmalig überschritten wird oder der wiGB erstmals seinen Gewinn durch Betriebsvermögensvergleich ermittelt, ist bei der erstmaligen Feststellung des Anfangsbestands des steuerlichen Einlagekontos die Billigkeitsregelung der Rdnr. 43 des BMF-Schreibens vom 9. Januar 2015 (BStBl. I S. 111)[1] entsprechend anzuwenden. Dem Anfangsbestand des steuerlichen Einlagekontos eines derartigen wiGB sind alle bis zum Ablauf des Wirtschaftsjahres, das dem erstmaligen

[1] Nr. **1** § 20/11.

Überschreiten der Umsatz- oder Gewinngrenze bzw. der Gewinnermittlung durch Betriebsvermögensvergleich vorangeht, vorhandenen Eigenkapitalteile zuzurechnen. Entsprechendes gilt für den Fall, dass bereits ein oder ein zusammengefasster wiGB (vgl. Rdnr. 6) unterhalten wird, der unter § 20 Abs. 1 Nr. 10 Buchst. b Satz 4 EStG fällt, und ein weiterer wiGB erstmals die Tatbestandsvoraussetzungen der Vorschrift erfüllt. Es liegt insoweit jedoch keine Erhöhung des Anfangsbestands des steuerlichen Einlagekontos, sondern ein laufender Zugang zum bestehenden steuerlichen Einlagekonto des wiGB vor.

**9. Erstmalige Anwendung des Schreibens**

13 Dieses Schreiben tritt – soweit sich für Veranlagungszeiträume vor 2015 aus gesetzlichen Vorgaben nichts anderes ergibt – an die Stelle des BMF-Schreibens vom 10. November 2005, BStBl. I S. 1029.

# 1 § 20/15. Schreiben betr. Anhebung der Altersgrenzen; Erhöhungen im Bereich Versicherungen im Sinne des § 20 Abs. 1 Nr. 6 EStG, Altersvorsorgeverträge, Basisrentenverträge, betriebliche Altersversorgung

Vom 6. März 2012 (BStBl. I S. 238)

(BMF IV C 3 – S 2220/11/10002; IV C 1 – S 2252/07/0001 :005; DOK 2012/0186064)

In Abstimmung mit den obersten Finanzbehörden der Länder gilt im Hinblick auf die steuerlichen Auswirkungen einer Anpassung von Vorsorgeverträgen an die Anhebung des Mindestrentenalters vom 60. auf das 62. Lebensjahr Folgendes:

## I. Versicherungsleistungen, die nach § 20 Abs. 1 Nr. 6 EStG zu versteuern sind

Bei Versicherungsverträgen, die nach dem 31. Dezember 2011 abgeschlossen werden, ist der hälftige Unterschiedsbetrag nach § 20 Abs. 1 Nr. 6 Satz 2 EStG mit der Maßgabe anzuwenden, dass die Versicherungsleistung nach Vollendung des 62. Lebensjahres des Steuerpflichtigen ausgezahlt wird.

Werden wesentliche Vertragsmerkmale einer Versicherung (Versicherungslaufzeit, Versicherungssumme, Beitragshöhe, Beitragszahlungsdauer), die vor dem 1. Januar 2012 abgeschlossen wurde, geändert und führt dies nach den Ausführungen im BMF-Schreiben vom 22. August 2002 (BStBl. I S. 827) und den Rz. 67 ff. des BMF-Schreibens vom 1. Oktober 2009 (BStBl. I S. 1172)[1] zu einem Neubeginn der Mindestvertragsdauer, dann ist bei Vertragsänderung nach dem 31. Dezember 2011 der hälftige Unterschiedsbetrag nur dann anzusetzen, wenn

- die Versicherungsleistungen nach Vollendung des 62. Lebensjahres des Steuerpflichtigen und
- nach Ablauf von zwölf Jahren seit der Vertragsänderung ausgezahlt werden.

Soweit nachträglich vereinbarte Beitragserhöhungen oder Erhöhungen der Versicherungssumme im Umfang der Erhöhung steuerlich zu einem gesonderten neuen Vertrag führen, gelten die v. g. Regelungen nur für diesen neuen Vertrag.

Führt die Vertragsänderung bei vor dem 1. Januar 2012 abgeschlossen Versicherungsverträgen nicht zu einem Neubeginn der Mindestvertragsdauer, bspw. weil sie bereits bei Vertragsabschluss vereinbart wurde, kommt es für die Anwendung des § 20 Abs. 1 Nr. 6 Satz 2 EStG nicht zu einer Anhebung der Altersgrenze auf das 62 Lebensjahr. Der Zeitpunkt der Vertragsänderung ist insoweit ohne Bedeutung.

Darüber hinaus werden Rz. 71 und Rz. 92 des BMF-Schreibens vom 1. Oktober 2009 (BStBl. I S. 1172)[1] um folgende Sätze ergänzt:

[1] Nr. 1 § 20/12.

„Im Hinblick auf die gesetzliche Anhebung des Rentenalters von 65 auf 67 Jahre gilt Folgendes:
Die Verlängerung der Laufzeit eines Vertrages, der bisher einen Auszahlungszeitpunkt im 65. oder 66. Lebensjahr zum Inhalt hatte, führt nicht zu einer nachträglichen Vertragsänderung, wenn die Verlängerung einen Zeitraum von höchstens zwei Jahren umfasst. Eine entsprechende Verlängerung der Beitragszahlungsdauer ist zulässig. Eine solche Verlängerung der Laufzeit bzw. der Beitragszahlungsdauer infolge der Anhebung der Altersgrenze kann nur einmalig vorgenommen werden."

## II. Zertifizierte Altersvorsorgeverträge

Bei Altersvorsorgeverträgen, die nach dem 31. Dezember 2011 abgeschlossen werden, dürfen die sich ergebenden Altersleistungen nicht vor Vollendung des 62. Lebensjahres oder einer vor Vollendung des 62. Lebensjahres beginnenden Leistung aus einem gesetzlichen Alterssicherungssystem des Anlegers ausgezahlt werden.

Bei Altersvorsorgeverträgen ist im Hinblick auf die **Förderbarkeit der Beiträge** (§ 10 a/Abschnitt XI EStG) insgesamt auf das Datum des ursprünglichen Vertragsabschlusses und das dem Vertragsabschluss zugrunde liegende Vertragsmuster abzustellen. D. h., wurde der Altersvorsorgevertrag vor dem 1. Januar 2012 abgeschlossen und sieht dieser für den Beginn der Altersleistungen ein Mindestrentenalter von 60 Jahren vor, dann gilt dies auch für eine nach dem 31. Dezember 2011 vorgenommene Erhöhung des Beitrags bzw. der Versicherungssumme.

Die sich aus den geförderten Beträgen ergebenden Leistungen unterliegen der **nachgelagerten Besteuerung** nach § 22 Nr. 5 Satz 1 EStG. Der Zeitpunkt der Beitragserhöhung ist insoweit ohne Bedeutung.

Für die Besteuerung von Leistungen aus Altersvorsorgeverträgen, die auf ungeförderten Beiträgen beruhen, ist § 22 Nr. 5 Satz 2 EStG anzuwenden. Im Hinblick auf den Ansatz des hälftigen Unterschiedsbetrags nach § 20 Abs. 1 Nr. 6 Satz 2 EStG gelten für Versicherungsverträge die unter I. genannten Grundsätze. Für die Frage der anwendbaren Altersgrenze kommt es somit auf den Zeitpunkt des Vertragsabschlusses an. Für Altersvorsorgeverträge, deren Leistungen nach § 22 Nr. 5 Satz 2 Buchstabe c EStG besteuert werden, gelten die oben genannten Grundsätze entsprechend.

## III. Basisrentenverträge

Bei Basisrentenverträgen, die nach dem 31. Dezember 2011 abgeschlossen werden, dürfen die sich ergebenden Altersleistungen nicht vor Vollendung des 62. Lebensjahres des Anlegers ausgezahlt werden.

Wurde der Basisrentenvertrag vor dem 1. Januar 2012 abgeschlossen, dann führt die Erhöhung der Versicherungssumme bzw. der Beiträge nicht zu einer steuerlichen Aufteilung des Vertrags. Die zugunsten des Basisrentenvertrags geleisteten Beiträge sind nach § 10 Abs. 1 Nr. 2 Buchstabe b EStG begünstigt, da sie zugunsten eines zertifizierten Basisrentenvertrags gezahlt werden.

Die sich aus dem Basisrentenvertrag ergebenden Leistungen sind nach § 22 Nr. 1 Satz 3 Buchstabe a Doppelbuchstabe aa EStG nachgelagert zu versteuern. Der Zeitpunkt der Beitragserhöhung ist insoweit ohne Bedeutung.

## IV. Betriebliche Altersversorgung

Im Bereich der betrieblichen Altersversorgung gilt als Untergrenze für betriebliche Altersversorgungsleistungen bei altersbedingtem Ausscheiden aus dem Erwerbsleben im Regelfall das 60. Lebensjahr. Für Versorgungszusagen, die nach dem 31. Dezember 2011 erteilt werden, tritt an die Stelle des 60. Lebensjahres regelmäßig das 62. Lebensjahr (Rz. 249 des BMF-Schreibens vom 31. März 2010, BStBl. I S. 270[1]).

Wird in einer vor dem 1. Januar 2012 erteilten Zusage die Untergrenze für betriebliche Altersversorgungsleistungen bei altersbedingtem Ausscheiden aus dem Erwerbsleben entsprechend erhöht, führt dies allein nicht zu einer Neuzusage (s. auch Rz. 306 ff. des BMF-Schreibens vom 31. März 2010, BStBl. I S. 270[1]). Dabei ist es unerheblich, ob dies zusammen mit einer Verlängerung der Beitragszahlungsdauer erfolgt oder nicht.

Hinsichtlich der Besteuerung der Leistungen aus einer betrieblichen Altersversorgung in den Durchführungswegen Direktversicherung, Pensionskasse und Pensionsfonds gelten die Ausführungen unter Abschnitt I. bis III. entsprechend. Wird bei einem vor dem 1. Januar 2012 abgeschlossenen Vertrag die Untergrenze für betriebliche Altersversorgungsleistungen bis auf das 62. Lebensjahr erhöht und dadurch die Laufzeit des Vertrages verlängert, führt auch dies allein zu keiner nachträglichen Vertragsänderung, wenn die Verlängerung einen Zeitraum von höchstens zwei Jahren umfasst. Eine entsprechende Verlängerung der Beitragszahlungsdauer ist zulässig. Eine Verlängerung der Laufzeit bzw. der Beitragszahlungsdauer infolge der Anhebung der Altersgrenze kann nur einmalig vorgenommen werden.

---

[1] Nr. **1** § 79/1.

# 1 § 20/18. Schreiben betr. Prämien wertlos gewordener Optionen als Werbungskosten bei einem Termingeschäft; Anwendung des BFH-Urteils vom 26. September 2012 IX R 50/09 (BStBl. 2013 II S. 231)

Vom 27. März 2013 (BStBl. I S. 403)

(BMF IV C 1 – S 2256/07/10005 :013; DOK 2013/0288345)

In dem o. g. Urteil hat der Bundesfinanzhof (BFH) entschieden, dass das Recht auf einen Differenzausgleich, Geldbetrag oder Vorteil auch dann i. S. von § 23 Abs. 1 Satz 1 Nr. 4 EStG a. F. beendet wird, wenn ein durch das Basisgeschäft indizierter negativer Differenzausgleich durch Nichtausüben der (wertlosen) Forderung aus dem Termingeschäft vermieden wird.

Unter Bezugnahme auf das Ergebnis der Erörterungen mit den obersten Finanzbehörden der Länder findet das Urteil keine Anwendung auf Fälle des § 20 Abs. 2 Satz 1 Nr. 3 Buchst. a EStG.

Zudem sind die Grundsätze des Beschlusses des BFH vom 24. April 2012 IX B 154/10 (BStBl. II S. 454) zu den Aufwendungen im Zusammenhang mit dem Erwerb eines Knock-Out-Zertifikats weiterhin für die Fälle des § 23 Abs. 1 Satz 1 Nr. 4 EStG a. F. anwendbar.

# I § 20/19. Schreiben betr. Berechnung des Unterschiedsbetrages zwischen der Versicherungsleistung und der Summe der auf sie entrichteten Beiträge bei (Teil-)Auszahlungen des Zeitwertes von Rentenversicherungen nach Beginn der Rentenzahlung

Vom 18. Juni 2013 (BStBl. I S. 768)

(BMF IV C 1 – S 2252/07/0001 :023; DOK 2013/0556629)

**Bezug:** BMF v. 1. Oktober 2009 (BStBl. I S. 1172)[1]

Zu der Frage, wie der Unterschiedsbetrag zwischen der Versicherungsleistung und der Summe der auf sie entrichteten Beiträge bei (Teil-)Kapitalauszahlungen des Zeitwertes von Rentenversicherungen nach Beginn der laufenden Rentenzahlung zu ermitteln ist, gilt nach Erörterung mit den obersten Finanzbehörden der Länder Folgendes:

Bei einer Rentenversicherung besteht die Versicherungsleistung grundsätzlich in der Zahlung einer lebenslänglichen Rente für den Fall, dass die versicherte Person den vereinbarten Rentenzahlungsbeginn erlebt. Die laufende Rentenzahlung unterliegt gemäß § 22 Nr. 1 Satz 3 Buchst. a Doppelbuchst. bb EStG der Besteuerung mit dem Ertragsanteil. Hierbei wird u. a. berücksichtigt, dass mit der Rentenzahlung auch eine Rückzahlung der zum Aufbau der Anwartschaft aus dem versteuerten Einkommen eingesetzten Beiträge erfolgt.

Zu den Einnahmen nach § 20 Abs. 1 Nr. 6 EStG zählt die Versicherungsleistung aus einer Rentenversicherung, soweit sie nicht in Form einer lebenslangen Leibrente erbracht wird. Dies gilt insbesondere, wenn ein laufender Rentenzahlungsanspruch nach einer Kündigung oder Teilkündigung des Versicherungsvertrages durch Auszahlung des Zeitwertes der Versicherung abgegolten wird.

Wie der Unterschiedsbetrag nach § 20 Abs. 1 Nr. 6 EStG im Falle einer Teilkapitalauszahlung einer Rentenversicherung zum Ende der Ansparphase zu berechnen ist, ergibt sich aus Rz. 64 des BMF-Schreibens vom 1. Oktober 2009, BStBl. I S. 1172[1].

Erfolgt die Kapitalauszahlung nach Beginn der Auszahlungsphase der Rentenversicherung, ist bei der Ermittlung des Unterschiedsbetrages zu berücksichtigen, dass in den bis zum Zeitpunkt der Auszahlung geleisteten Rentenzahlungen anteilige Versicherungsbeiträge enthalten sind. Diese ergeben sich in pauschalierender Form aus der Differenz zwischen dem bisher ausgezahlten Rentenbetrag und dem für diese Rentenzahlung anzusetzenden Ertragsanteil. Der so ermittelte Betrag ist bei der Berechnung des Unterschiedsbetrages nach § 20 Abs. 1 Nr. 6 EStG als bereits verbrauchte Beiträge zu berücksichtigen.

---

[1] Nr. **1** § 20/12.

Die anteilig entrichteten Beiträge sind dabei wie folgt zu ermitteln:

$$\frac{\text{Versicherungsleistung} \times (\text{Summe der auf die Versicherung entrichteten Beiträge} - \text{Differenz aus Rentenzahlungen bis zum Auszahlungszeitpunkt und kumuliertem Ertragsanteil auf die Rentenzahlungen})}{\text{Zeitwert der Versicherung zum Auszahlungszeitpunkt}}$$

**Beispiel:**

| | | |
|---|---|---|
| Zeitwert der Versicherung zum Auszahlungszeitpunkt | | 24 000 € |
| Teilauszahlung von 50 % des Zeitwertes der Versicherung | | 12 000 € |
| Summe der auf die Versicherung entrichteten Beiträge | | 20 000 € |
| Bei Beginn der Rente vollendetes Lebensjahr des Rentenberechtigten | | 65 |
| Ertragsanteil der Rente in Prozent | | 18 |
| Monatliche Rente | | 100 € |
| Dauer des Rentenbezuges bis zur Teilauszahlung in Monaten | | 60 |
| Summe der Rentenzahlungen | | 6000 € |
| Kumulierter Ertragsanteil auf die Rentenzahlungen | | 1080 € |
| Anteilig entrichtete Beiträge | $\frac{12\,000 \times (20\,000 - 4920)}{24\,000}$ | = 7540 € |
| Berechnung des Unterschiedsbetrages | 12000 € – 7540 € | = 4460 € |
| Ertrag nach § 20 Absatz 1 Nummer 6 EStG | | 4460 € |

Soweit der Unterschiedsbetrag bei (Teil-)Auszahlungen des Zeitwertes von Rentenversicherungen nach Beginn der Rentenzahlung abweichend von diesem Schreiben entsprechend der Rz. 61–64 des BMF-Schreibens vom 1. Oktober 2009 (BStBl. I S. 1172)[1] berechnet wurde, wird dies für Teilauszahlungen vor Veröffentlichung dieses Schreibens nicht beanstandet.

[1] Nr. **1** § 20/12.

# I § 20/20. Schreiben betr. Besteuerung von American Depository Receipts (ADRs) auf inländische Aktien

Vom 24. Mai 2013 (BStBl. I S. 718)

(BMF IV C 1 – S 2204/12/10003; DOK 2013/0457359)

Geändert durch BMF v. 18. 12. 2018 (BStBl. I S. 1400)

Im Einvernehmen mit den obersten Finanzbehörden der Länder gilt für die Besteuerung von American Depository Receipts (ADRs) Folgendes:

## I. Grundlagen der Besteuerung von American Depository Receipts auf inländische Aktien

ADRs (Hinterlegungsscheine) auf inländische Aktien werden durch Emittenten in den USA im Rahmen von ADR-Programmen aufgelegt und verbriefen einen Anteil an einem im Inland verwahrten Bestand an inländischen Aktien. Beteiligte an dem ADR-Programm sind insbesondere die ausländische Depotbank, die inländische Hinterlegungsstelle der inländischen Aktien, die inländischen und ausländischen Zwischenverwahrer sowie der Inhaber der ADRs.

Die ausländische Depotbank übernimmt die Registrierung und laufende Verwaltung des ADR-Programmes in den USA. Sie verwaltet die emittierten ADRs und ist Inhaberin des Aktiendepots inländischer Aktien bei der inländischen Hinterlegungsstelle. Die Aktionärsrechte, insbesondere das Stimmrecht sowie Dividendenansprüche und Bezugsrechte, stehen zwar der Depotbank zu, allerdings wird die Aktionärsstellung über das ADR-Programm durch die Depotbank an die ADR-Inhaber vermittelt. Die Depotbank muss Dividenden und sonstige Bezüge an die ADR-Inhaber weiterleiten. Je nach Ausgestaltung des ADR-Programmes nimmt die Depotbank ihr Stimmrecht nach Weisung des ADR-Inhabers wahr. Die ADR-Inhaber können auch über eine Vollmacht selbst in der Hauptversammlung als Vertreter der Depotbank auftreten.

Die Beziehungen zwischen den Beteiligten gestalten sich danach wie folgt:

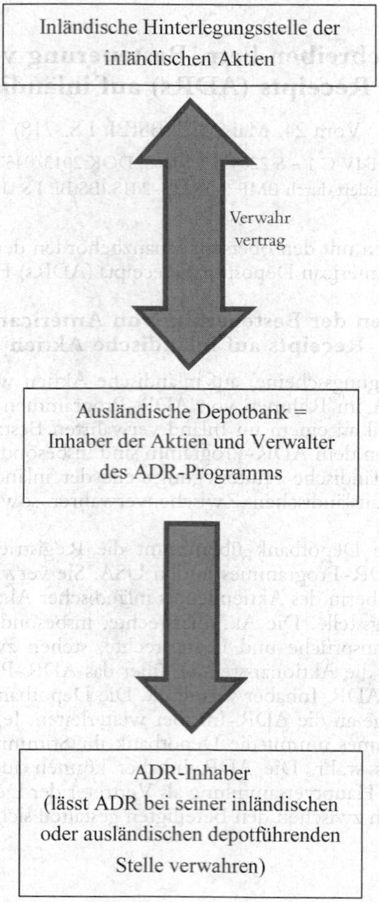


## II. Besteuerung der Gewinnanteile im Rahmen von ADR-Programmen auf inländische Aktien

Gewinnbezugsberechtigter Aktionär im Rahmen eines ADR-Programmes auf inländische Aktien ist zwar das Finanzinstitut, das die inländischen Aktien für die ADR-Inhaber bei einer inländischen Hinterlegungsstelle verwahren lässt. Die auf die inländischen Aktien geleistete Dividendenzahlung wird aber aufgrund der vertraglichen Verpflichtung aus dem ADR-Programm durch dieses Finanzinstitut an die ADR-Inhaber über die Verwahrkette weitergeleitet. Die Dividendenzahlung ist deshalb für Zwecke der Besteuerung nicht dem zivilrechtlichen Aktionär, sondern den ADR-Inhabern ihren Anteilen entsprechend zuzurechnen.

Für die Besteuerung der ADR-Inhaber wird an die von der inländischen Hinterlegungsstelle ausgezahlte Dividendenzahlung angeknüpft. Gleiches gilt für sonstige Bezüge, die die Depotbank über das ADR-Programm an die ADR-Inhaber weiterleitet. Der Ertrag aus dem ADR wird im Zeitpunkt des Zuflusses beim ADR-Inhaber realisiert.

Handelt es sich bei den im Rahmen des ADR-Programms verwahrten Aktien um Aktien i. S. d. § 43 Abs. 1 Satz 1 Nr. 1 a EStG, hat die inländische Hinterlegungsstelle den Kapitalertragsteuerabzug auf die Dividendenzahlung vor Zahlung in das Ausland vorzunehmen.

Die Dividendenzahlung ist beim ADR-Inhaber ein steuerpflichtiger Kapitalertrag gemäß § 20 Abs. 1 Nr. 1 Satz 1 EStG bzw. § 49 Abs. 1 Nr. 5 Buchst. a) EStG. Maßgebend ist die in Euro lautende Dividendenzahlung auf die inländische Aktie. Für die Erstattung von Kapitalertragsteuer nach § 50 d EStG aus im Rahmen von ADR-Programmen erzielten Dividendenerträgen ist entsprechend § 50 d Abs. 1 Satz 4 EStG die Vorlage einer Steuerbescheinigung erforderlich, wenn es sich bei den für die ADRs hinterlegten Aktien um Aktien i. S. d. § 43 Abs. 1 Satz 1 Nr. 1 a EStG handelt.

Das BMF-Schreiben vom 23. Juni 2011 (BStBl. I S. 625)[1] betreffend Berücksichtigung von Freistellungsaufträgen und Verrechnung von Verlusten im Zusammenhang mit dem Zufluss von Kapitalerträgen i. S. v. § 43 Abs. 1 Satz 1 Nr. 1 a EStG i. d. F. des OGAW-IV-Umsetzungsgesetzes gilt für ADR-Erträge entsprechend.

## III. Steuerbescheinigungen bei ADRs auf inländische Aktien

### 1. Allgemeines

Für die Erteilung von Steuerbescheinigungen gilt das BMF-Schreiben vom 20. Dezember 2012 (BStBl. 2013 I S. 36)[2] entsprechend. Die Steuerbescheinigungen werden ausgestellt durch die inländische Hinterlegungsstelle der Aktien auf Anforderung der inländischen oder ausländischen depotführenden Stellen, die die ADRs für ihre Endkunden verwahren.

Inländische depotführende Stellen können unter den Voraussetzungen der Ziffer III.2 bei der inländischen Hinterlegungsstelle auch eine Sammelsteuerbescheinigung beantragen. Der Antrag auf Ausstellung einer durch die inländische Hinterlegungsstelle auszustellenden Steuerbescheinigung ist über die Depotbank, die die Aktien bei der inländischen Hinterlegungsstelle verwahren lässt, an die inländische Hinterlegungsstelle zu leiten.

Eine Steuerbescheinigung kann jeweils entsprechend dem Verhältnis der ADRs zu den zugrundeliegenden Aktien beantragt werden. Das Gesamtvolumen der zu bescheinigenden Kapitalerträge ist auf die Dividendenzahlung der insgesamt im Rahmen des ADR-Programms verwahrten Aktien beschränkt.

---

[1] Nr. **1** § 43/2.
[2] Nr. **1** § 45 a/1.

**Vereinfachtes Beispiel:**

| | |
|---|---|
| Verhältnis ADR – Aktie: | 4:1 |
| Dividende auf eine Aktie: | 4 Euro |

Es sind vier ADRs in Umlauf, die von vier verschiedenen Inhabern gehalten werden.

**Lösung:**
Verlangen die Inhaber der ADR über das das ADR-Programm verwaltende Finanzinstitut jeweils eine Steuerbescheinigung, sind vier Steuerbescheinigungen über jeweils 1 Euro Kapitalertrag mit darauf entfallender Kapitalertragsteuer auszustellen.

### *2. Sammel-Steuerbescheinigungen und zweiter Steuerabzug bei Verwahrung der ADR durch inländische Kredit- und Finanzdienstleistungsinstitute*[1]

*Werden die ADRs bei einem inländischen Kredit- oder Finanzdienstleistungsinstitut i. S. d. § 43 Abs. 1 Satz 1 Nr. 7 Buchst. b EStG (nachfolgend inländische depotführende Stelle) verwahrt und erhält dieses für ihre Kunden von der ausländischen Depotbank über die Verwahrkette der ADRs eine Dividendenzahlung auf das ADR, ist die Abwicklung der Dividendenzahlung bis zur Gutschrift für den Kunden bei der inländischen depotführenden Stelle mit der Abwicklung von Dividendenzahlungen bei der ausländischen Zwischenverwahrung von inländischen Aktien vergleichbar.*

*Wegen der Vergleichbarkeit der Verwahrung von ADRs durch inländische depotführende Stellen mit der ausländischen Zwischenverwahrung von inländischen Aktien sind die BMF-Schreiben vom 1. März 2012 zur Anwendung der Sammel-Steuerbescheinigung nach § 44 a Abs. 10 Satz 4 EStG (BStBl. I S. 236)*[2] *und das BMF-Schreiben vom 26. Oktober 2011 IV C 1 – S 2400/11/10002 :003, DOK 2011/0833226*[3] *zur doppelten Kapitalertragsteuerbelastung bei im Ausland zwischenverwahrten Aktienbeständen entsprechend anzuwenden.*

*Liegen die dort genannten Voraussetzungen für die bei der inländischen depotführenden Stelle verwahrten ADR-Bestände vor, kann vom zweiten Steuerabzug Abstand genommen sowie eine Sammel-Steuerbescheinigung beantragt werden. Die Sammel-Steuerbescheinigung kann bei der inländischen Hinterlegungsstelle für die Aktien beantragt werden, die dem bei der inländischen depotführenden Stelle verwahrten Bestand an ADRs entsprechen.*

### 3. Angabe der ISIN

**3.1.** Auf den Steuerbescheinigungen, die von der inländischen Hinterlegungsstelle ausgestellt werden, ist die ISIN der inländischen Aktien anzugeben, für die das ADR-Programm aufgelegt wurde. Die ausgewiesenen Beträge sind unter Berücksichtigung des Verhältnisses der ADRs zur Originalaktie zu bescheinigen.

---

[1] Tz. III.2 aufgeh. durch BMF v. 18. 12. 2018, BStBl. I S. 1400.
[2] Nr. **1** § 44 a/2.
[3] Nr. **1** § 43/3.

Erteilt eine inländische Hinterlegungsstelle entsprechend Rz. 54 des BMF-Schreibens vom 20. Dezember 2012 (BStBl. 2013 I S. 36)[1] auf Antrag eines inländischen oder ausländischen Kreditinstitutes eine Einzelsteuerbescheinigung für einen ADR-Inhaber nach Muster I für die Dividende aus den anteilig auf den ADR-Inhaber entfallenden Aktien, ist auf der Einzelsteuerbescheinigung nach der Angabe des Zahlungstags die Stückzahl der anteiligen inländischen Aktien, die ISIN der inländischen Aktien und die Bezeichnung der ausschüttenden Aktiengesellschaft anzugeben.

Die im amtlichen Muster I angeführten Anwendungsfälle von Einzelsteuerbescheinigungen (Treuhand-/Nießbrauch-/Anderkonto etc.) sind entweder zu streichen oder wegzulassen. Stattdessen hat der Hinweis „ADR-Erträge" zu erfolgen.

Durch die inländische Hinterlegungsstelle sind demnach folgende Steuerbescheinigungen unter Angabe der ISIN der inländischen Aktien zu erstellen:

- Antrag inländischer oder ausländischer Kreditinstitute, die Bestände für Endkunden verwahren:
  Einzelsteuerbescheinigung nach Muster I oder Steuerbescheinigung nach Muster III
- Antrag eines inländischen Kreditinstitutes:
  Sammel-Steuerbescheinigung.

**3.2.** Die Anforderung zur Angabe der ISIN der inländischen Aktien gilt nicht für Steuerbescheinigungen der inländischen depotführenden Stellen, die ADRs für den Endkunden verwahren. Werden bei diesen Instituten für beschränkt steuerpflichtige ADR-Inhaber Einzelsteuerbescheinigungen bzw. zeitraumbezogene Steuerbescheinigungen beantragt, sind diese nach Muster III unter Angabe der ISIN des ADRs auszustellen. Für unbeschränkt steuerpflichtige ADR-Inhaber sind die Erträge aus dem ADR-Programm im Rahmen der Jahressteuerbescheinigung zu erfassen, soweit Einkünfte aus Kapitalvermögen vorliegen, bzw. im Rahmen einer Steuerbescheinigung nach Muster III bei Einkünften nach §§ 13, 15, 18 und 21 EStG.

## IV. Auswirkungen der Währungsumrechnung

Bemessungsgrundlage für die Besteuerung des ADR-Inhabers nach § 20 Abs. 1 Nr. 1 EStG ist der in Euro lautende inländische Dividendenertrag. Dies gilt auch, wenn dem ADR-Inhaber infolge von Währungsumrechnungen ein höherer oder niedrigerer Betrag in Euro gutgeschrieben wird.

Wird einem unbeschränkt steuerpflichtigen Inhaber eines ADR aufgrund von Währungsschwankungen in Euro ein höherer oder niedrigerer Betrag gutgeschrieben als es der Dividende entspricht, verwirklicht dieser in Höhe des Differenzbetrages zwischen der Gutschrift und der Dividende einen Gewinn bzw. Verlust aus einem privaten Veräußerungsgeschäft gemäß §§ 22 Nr. 2, 23 Abs. 1 Satz 1 Nr. 2 EStG.

---

[1] Nr. **1** § 45 a/1.

## V. Entsprechende Anwendung auf European- (EDR), International- (IDR) und Global Depository Receipts (GDR)

Die Regelungen der Ziffer I. bis IV. finden auf EDRs, IDRs und GDRs entsprechende Anwendung, soweit diese entsprechend ADRs ausgestaltet sind.

## VI. Anwendungsregelung

Dieses Schreiben ist auf nach dem 31. Dezember 2013 zufließende Kapitalerträge anwendbar. Die Beantragung und Ausstellung von Sammel-Steuerbescheinigungen ist bereits für ab 1. Januar 2012 zufließende Kapitalerträge zulässig.

# 1 § 20/21. Schreiben betr. Kapitalertragsteuer; BFH-Urteil vom 15. November 2022 VIII R 21/19; Aufhebung des BMF-Schreibens „Ertragsteuerliche Folgen der Veräußerung von Dividendenansprüchen durch Steuerausländer an Dritte“ vom 26. Juli 2013 (BStBl. I S. 939)

Vom 12. Mai 2023

BMF IV C 1 - S 2252/19/10017 :001; DOK 2023/0466839

Nach Erörterung mit den obersten Finanzbehörden der Länder gilt Folgendes:

Der BFH hat mit seinem Urteil vom 15. November 2022 VIII R 21/19 entschieden, dass die Sperrwirkung des § 20 Abs. 2 Satz 1 Nr. 2 Buchst. a Satz 2 EStG für die Besteuerung der Dividenden nach § 20 Abs. 1 Nr. 1 EStG nach der im Jahr 2013 geltenden Fassung auch dann eintritt, wenn der Gewinn aus der Veräußerung der Dividendenansprüche bei beschränkt Steuerpflichtigen gemäß § 49 EStG nicht steuerpflichtig ist.

Dies steht im Widerspruch zum BMF-Schreiben „Ertragsteuerliche Folgen der Veräußerung von Dividendenansprüchen durch Steuerausländer an Dritte“ vom 26. Juli 2013 (BStBl. I S. 939). Dieses BMF-Schreiben wird daher aufgehoben.

Durch das KroatienAnpG vom 25. Juli 2014 wurde gesetzlich klargestellt, dass eine tatsächliche Besteuerung der Veräußerungsgewinne auf Dividendenansprüche für den Eintritt der Sperrwirkung nach § 20 Abs. 2 Satz 1 Nr. 2 Buchst. a Satz 2 EStG erforderlich ist. Eine nicht steuerbare Veräußerung der Dividendenansprüche zwischen beschränkt Steuerpflichtigen führt daher seit dem Veranlagungszeitraum 2014 nicht mehr zur Steuerfreiheit der Dividenden.

# I § 21/2. Schreiben betr. einkommensteuerrechtliche Behandlung des Nießbrauchs und anderer Nutzungsrechte bei Einkünften aus Vermietung und Verpachtung (Nießbraucherlass)

Vom 30. September 2013 (BStBl. I S. 1184)

(BMF IV C 1 – S 2253/07/10004; DOK 2013/0822518)

**Inhaltsübersicht**

Unter Bezugnahme auf das Ergebnis der Erörterung mit den obersten Finanzbehörden der Länder nehme ich zur einkommensteuerrechtlichen Behandlung des Nießbrauchs und anderer Nutzungsrechte bei den Einkünften aus Vermietung und Verpachtung wie folgt Stellung:

## A. Allgemeines

### I. Zurechnung von Einkünften

1 Einkünfte aus Vermietung und Verpachtung sind demjenigen zuzurechnen, der den Tatbestand der Einkunftsart Vermietung und Verpachtung (§ 21 EStG) verwirklicht und dadurch Einkünfte erzielt (BFH-Urteil vom 7. April 1987, BStBl. II S. 707 m. w. N.). Den Tatbestand der Einkunftsart Vermietung und Verpachtung verwirklicht derjenige, der Träger der Rechte und Pflichten eines Vermieters ist (BFH-Urteil vom 31. Oktober 1989, BStBl. 1992 II S. 506 m. w. N.) und mit diesen Rechten und Pflichten Sachen und Rechte i. S. d. § 21 Abs. 1 EStG an andere zur Nutzung gegen Entgelt überlässt (BFH-Urteil vom 26. April 1983, BStBl. II S. 502). Einem Nutzungsberechtigten sind bei Vermietung des Grundstücks die Einkünfte im Sinne von § 21 Abs. 1 Satz 1 Nr. 1 EStG zuzurechnen, wenn ihm die volle Besitz- und Verwaltungsbefugnis zusteht, er die Nutzungen tatsächlich zieht, das Grundstück in Besitz hat und es verwaltet. Den Tatbestand der Einkunftsart Vermietung und Verpachtung erfüllt auch der am Gesellschaftsanteil einer Gesellschaft des bürgerlichen Rechts mit Einkünften aus Vermietung und Verpachtung Nießbrauchsberechtigte, wenn ihm kraft seines Nießbrauchs eine Stellung eingeräumt ist, die der eines Gesellschafters entspricht. Hierfür genügt die bloße Einräumung eines Anspruchs auf Gewinnbezug nicht (BFH-Urteil vom 9. April 1991, BStBl. II S. 809).

### II. Bestellung eines dinglichen Nutzungsrechts zugunsten naher Angehöriger

2 Bürgerlich-rechtliche Gestaltungen zwischen nahen Angehörigen sind steuerrechtlich nur dann anzuerkennen, wenn sie klar vereinbart, ernsthaft gewollt und tatsächlich durchgeführt werden.

Aus der Bestellung eines Nießbrauchs oder eines anderen dinglichen Nutzungsrechts zugunsten naher Angehöriger können somit steuerrechtliche Folgerungen nur gezogen werden, wenn ein bürgerlich-rechtlich wirksames Nutzungsrecht begründet worden ist und die Beteiligten die zwischen ihnen getroffenen Vereinbarungen auch tatsächlich durchführen (BFH-Urteil vom 11. März 1976, BStBl. II S. 421 und vom 16. Januar 2007, BStBl. II S. 579 m. w. N.). An der tatsächlichen Durchführung fehlt es, wenn äußerlich alles beim Alten bleibt und etwa nur die Erträge an den Nutzungsberechtigten abgeführt werden. 3

Räumen Eltern ihren minderjährigen Kindern einen Nießbrauch an einem Grundstück ein, bedarf es in der Regel der Mitwirkung eines Pflegers, weil das mit dem Nießbrauch regelmäßig verbundene gesetzliche Schuldverhältnis zwischen Eigentümer und Nießbraucher neben Rechten auch Pflichten des Nießbrauchers begründet und der Nießbraucher daher nicht lediglich einen rechtlichen Vorteil erlangt (BFH-Urteil vom 13. Mai 1980, BStBl. 1981 II S. 297). Insbesondere der Eintritt des Nießbrauchers in die Vermieterstellung ist insoweit als rechtlich nachteilig anzusehen. Daher ist auch in den Fällen des Bruttonießbrauchs (Rz. 14) die Mitwirkung des Ergänzungspflegers erforderlich, wenn der Nießbraucher in bestehende Mietverhältnisse eintreten oder zur Vermietung verpflichtet sein soll. Die Anordnung einer Ergänzungspflegschaft ist nur für die Bestellung, nicht für die Dauer des Nießbrauchs erforderlich (BFH-Urteil vom 13. Mai 1980, BStBl. 1981 II S. 295). 4

Die Bestellung des Nießbrauchs ohne Mitwirkung eines Ergänzungspflegers ist in diesen Fällen einkommensteuerrechtlich jedoch anzuerkennen, wenn das Familiengericht die Mitwirkung eines Ergänzungspflegers für entbehrlich gehalten hat. 5

## III. Obligatorische Nutzungsrechte und „fehlgeschlagener" Nießbrauch

Den Tatbestand der Erzielung von Einkünften aus Vermietung und Verpachtung kann auch ein obligatorisch Nutzungsberechtigter erfüllen, wenn er eine gesicherte Rechtsposition erlangt hat und tatsächlich selbst die Stellung des Vermieters oder Verpächters einnimmt. Eine gesicherte Rechtsposition ist gegeben, wenn der Eigentümer dem Nutzenden den Gebrauch des Grundstücks für eine festgelegte Zeit nicht entziehen kann (BFH-Urteil vom 29. November 1983, BStBl. 1984 II S. 366). 6

Obligatorische Nutzungsrechte zugunsten naher Angehöriger sind nur anzuerkennen, wenn die Voraussetzungen der Rz. 2 bis 5 erfüllt sind. Ein unentgeltlich begründetes Nutzungsrecht kann regelmäßig nur anerkannt werden, wenn der Überlassungsvertrag schriftlich abgeschlossen und das Nutzungsrecht für einen festgelegten Zeitraum vereinbart worden ist. Bei einem teilweise entgeltlich begründeten Nutzungsrecht ist grundsätzlich ein schriftlicher Mietvertrag erforderlich. Die Befristung eines dinglichen Nutzungsrechts führt zu dessen Erlöschen kraft Gesetzes, die des schuldrechtlichen Nutzungsrechts zur Beendigung der Rechtswirkungen dieses Rechtsgeschäfts. Dies gilt nicht, wenn ein Fortbestehen des schuldrechtlichen Nutzungsrechts ausdrücklich oder konkludent 7 auch für den Zeitraum nach Ablauf der (Bedingungs-)Frist vereinbart wird (BFH-Urteil vom 16. Januar 2007, BStBl. II S. 579).

8 Ist ein Nießbrauch mangels Eintragung im Grundbuch bürgerlich-rechtlich nicht wirksam bestellt worden, sind die Grundsätze zu den obligatorischen Nutzungsrechten (Rz. 35 bis 38 und 51 bis 54) anzuwenden.

### IV. Sicherungsnießbrauch

9 Ein Nießbrauch, der lediglich zu Sicherungszwecken eingeräumt wird, ist, soweit er nicht ausgeübt wird, einkommensteuerrechtlich unbeachtlich. Ein Sicherungsnießbrauch liegt vor, wenn die Vereinbarung des dinglichen Nutzungsrechts lediglich dazu bestimmt ist, die dem Berechtigten versprochenen Leistungen dinglich abzusichern, ohne dass der Berechtigte selbst auf Art und Umfang Einfluss nehmen kann (zum Sicherungsnießbrauch vgl. auch Rz. 81 ff. des BMF-Schreibens vom 11. März 2010, BStBl. I S. 227[1]) i. V. m. Rz. 18 des BMF-Schreibens vom 16. September 2004, BStBl. I S. 922).

## B. Zurechnung von Einkünften im Einzelnen

## I. Zugewendete Nutzungsrechte

### 1. Zuwendungsnießbrauch

#### a) Abgrenzung zwischen entgeltlicher, teilweise entgeltlicher und unentgeltlicher Bestellung

10 Ein Nießbrauch, der vom Eigentümer dem Berechtigten bestellt ist (Zuwendungsnießbrauch), ist als entgeltlich bestellt anzusehen, wenn der Wert des Nießbrauchs und der Wert der Gegenleistung nach wirtschaftlichen Gesichtspunkten gegeneinander abgewogen sind. Beim Vergleich von Leistung und Gegenleistung sind die von den Vertragsparteien jeweils insgesamt zu erbringenden Leistungen gegenüberzustellen.

11 Ist zwischen Personen, die nicht durch verwandtschaftliche oder sonstige enge Beziehungen miteinander verbunden sind, ein Nießbrauch gegen Entgelt vereinbart worden, ist davon auszugehen, dass der Wert des Nießbrauchs und der Wert der Gegenleistung nach wirtschaftlichen Gesichtspunkten abgewogen sind.

12 Sind der Wert des Nießbrauchs und der Wert der Gegenleistung nicht nach wirtschaftlichen Gesichtspunkten abgewogen, ist von einem teilweise entgeltlich bestellten Nießbrauch auszugehen. Der Vorgang ist in einen entgeltlichen und in einen unentgeltlichen Teil aufzuteilen. Dabei berechnen sich der entgeltlich und der unentgeltlich erworbene Teil des Nießbrauchs nach dem Verhältnis des Entgelts zu dem Kapitalwert des Nießbrauchs.

13 Ist der Wert der Gegenleistung im Verhältnis zum Wert des Nießbrauchs so bemessen, dass bei Zugrundelegung einer zwischen Fremden üblichen Gestaltung nicht mehr von einer Gegenleistung ausgegangen werden kann, liegt ein unentgeltlich bestellter Nießbrauch vor. Davon ist regelmäßig auszugehen,

[1]) Nr. 1 § 10/5.

wenn der Wert der Gegenleistung weniger als 10 v. H. des Werts des Nießbrauchs beträgt.

**b) Allgemeine Grundsätze**

Nach § 567 BGB tritt der Nießbraucher in die Rechtsstellung des Eigentümers als Vermieter ein. Die Ausgestaltung eines Nießbrauchs als Bruttonießbrauch beeinträchtigt die Vermieterstellung eines Nießbrauchers grundsätzlich nicht (BFH-Urteil vom 13. Mai 1980, BStBl. 1981 II S. 299). Es handelt sich dabei um einen Nießbrauch, bei dem sich der Nießbrauchbesteller verpflichtet, die den Nießbraucher nach §§ 1041, 1045, 1047 BGB treffenden Kosten und Lasten zu tragen, so dass dem Nießbraucher die Bruttoerträge verbleiben. 14

Mietzahlungen sind an den Nießbraucher zu leisten. Vertreten Eltern ihre minderjährigen Kinder, müssen die Willenserklärungen im Namen der Kinder abgegeben werden (BFH-Urteil vom 13. Mai 1980, BStBl. 1981 II S. 295). 15

Bei einem Quotennießbrauch und einem Bruchteilsnießbrauch gelten für die Gemeinschaft von Nießbraucher und Eigentümer die Grundsätze in Rz. 14 und 15 entsprechend. Ein Quotennießbrauch liegt vor, wenn dem Nießbraucher ein bestimmter Anteil an den Einkünften des Grundstücks zusteht; ein Bruchteilsnießbrauch liegt vor, wenn der Nießbrauch an einem Bruchteil eines Grundstücks bestellt wird. Mietzahlungen auf ein gemeinsames Konto beeinträchtigen die Vermieterstellung des Quotennießbrauchers oder Bruchteilsnießbrauchers nicht, wenn sichergestellt ist, dass der anteilige Überschuss in die alleinige Verfügungsmacht des Nießbrauchers gelangt. 16

Hat der Nießbraucher das Gebäude oder eine Wohnung in Ausübung seines Nießbrauchsrechts an den Eigentümer vermietet, so kann darin die Rückgängigmachung des Nießbrauchs oder ein Missbrauch von rechtlichen Gestaltungsmöglichkeiten (§ 42 AO) liegen. Bestellen Eltern ihrem Kind einen befristeten Nießbrauch an einem Grundstück und vermietet das Kind den Grundbesitz anschließend an die Eltern zurück, stellt eine solche Gestaltung regelmäßig einen Missbrauch von rechtlichen Gestaltungsmöglichkeiten i. S. d. § 42 AO dar (BFH-Urteil vom 18. Oktober 1990, BStBl. 1991 II S. 205). Eine missbräuchliche Gestaltung kann auch in der Unkündbarkeit eines in zeitlichem Zusammenhang mit der Nießbrauchbestellung mit dem Nießbrauchbesteller vereinbarten Mietverhältnisses oder darin liegen, dass die Dauer eines befristeten Nießbrauchs auf die Unterhaltsbedürftigkeit des Nießbrauchers abgestimmt ist. 17

**c) Unentgeltlich bestellter Nießbrauch**

**aa) Behandlung beim Nießbraucher**

Bei der Vermietung des nießbrauchbelasteten Grundstücks sind die Grundsätze der Rz. 14 bis 17 maßgebend. 18

AfA auf das Gebäude darf der Nießbraucher nicht abziehen (BFH-Urteil vom 24. April 1990, BStBl. II S. 888). Von den Herstellungskosten für in Ausübung des Nießbrauchs eingebaute Anlagen und Einrichtungen im Sinne des § 95 Abs. 1 Satz 2 BGB darf der Nießbraucher AfA in Anspruch nehmen. Ferner darf er AfA für Aufwendungen für Einbauten zu vorübergehendem Zweck im Sinne des § 95 Abs. 1 Satz 1 BGB abziehen. 19

20 Auf das unentgeltlich erworbene Nießbrauchrecht darf der Nießbraucher keine AfA vornehmen (BFH-Urteil vom 28. Juli 1981, BStBl. 1982 II S. 454).

21 Andere Werbungskosten darf der Nießbraucher abziehen, soweit er sie im Rahmen der Nießbrauchbestellung vertraglich übernommen und tatsächlich getragen hat oder – bei Fehlen einer vertraglichen Regelung – aufgrund der gesetzlichen Lastenverteilung getragen hat. Aufwendungen, zu denen der Nießbraucher nicht verpflichtet, aber nach § 1043 BGB berechtigt ist und die in seinem Interesse erfolgen, sind abzuziehen. Verzichtet der Nießbraucher jedoch gegenüber dem Eigentümer von vornherein auf den Ersatzanspruch nach § 1049 BGB oder steht schon bei der Aufwendung fest, dass der Ersatzanspruch nicht zu realisieren ist, ist von einer Zuwendung gemäß § 12 Nr. 2 EStG durch die Erhaltungsmaßnahme auszugehen (vgl. BFH-Urteil vom 14. November 1989, BStBl. 1990 II S. 462, und vom 5. September 1991, BStBl. 1992 II S. 192).

22 Hat der Nießbraucher größeren Erhaltungsaufwand nach § 82 b EStDV auf mehrere Jahre verteilt und endet der Nießbrauch vor Ablauf des Verteilungszeitraums (z. B. durch Tod des Nießbrauchers), darf der Nießbraucher den noch nicht berücksichtigten Teil des Erhaltungsaufwands nur noch im Jahr der Beendigung des Nießbrauchs abziehen. Die von einem Steuerpflichtigen geleisteten Aufwendungen sind nach seinem Tod in der für ihn durchzuführenden Veranlagung zu berücksichtigen; eine spätere Verteilung nach § 82 b EStDV durch den Rechtsnachfolger ist ausgeschlossen.

**bb) Behandlung beim Eigentümer**

23 Dem Eigentümer sind keine Einkünfte aus dem nießbrauchbelasteten Grundstück zuzurechnen.

24 Der Eigentümer darf AfA auf das Gebäude und Grundstücksaufwendungen, die er getragen hat, nicht als Werbungskosten abziehen, da er keine Einnahmen erzielt.

25 Bei einem Bruchteilsnießbrauch darf der Eigentümer AfA auf das Gebäude nicht abziehen, soweit sie auf den mit dem Nießbrauch belasteten Eigentumsanteil entfallen. Entsprechendes gilt für den Abzug anderer Aufwendungen. Die Sätze 1 und 2 gelten beim Quotennießbrauch sinngemäß.

**d) Entgeltlich bestellter Nießbrauch**

**aa) Behandlung beim Nießbraucher**

26 Im Falle der Nutzung durch Vermietung sind Einmalzahlungen für die Einräumung eines Nießbrauchs als Werbungskosten im Zeitpunkt der Zahlung abzuziehen, sofern die Vorauszahlung für einen Zeitraum von bis zu fünf Jahren geleistet wird. Auf die Vorausleistung des für mehr als fünf Jahre geltenden Nießbrauchrechts ist § 11 Abs. 2 Satz 3 EStG anzuwenden und mithin auf den Zeitraum gleichmäßig zu verteilen, für den sie geleistet wird. Ist der Nießbrauch für die Lebenszeit des Berechtigten oder einer anderen Person eingeräumt, sind die Aufwendungen für den Erwerb des Nießbrauchs nach § 11 Abs. 2 Satz 3 EStG auf die mutmaßliche Lebenszeit der betreffenden Person zu verteilen, sofern diese mehr als fünf Jahre beträgt (zur Lebenserwartung ist auf die jeweils aktuelle Sterbetafel des Statistischen Bundesamtes abzu-

stellen, § 14 Abs. 1 BewG, für Bewertungsstichtage ab 1. Januar 2011 siehe BMF-Schreiben vom 8. November 2010, BStBl. I S. 1288, für Bewertungsstichtage ab dem 1. Januar 2012 siehe BMF-Schreiben vom 26. September 2011, BStBl. I S. 834[1]), und für Bewertungsstichtage ab dem 1. Januar 2013 siehe BMF-Schreiben vom 26. Oktober 2012, BStBl. I S. 950[2])). Leistet der Nießbraucher als Gegenleistungen für die Einräumung des Nießbrauchs ausschließlich gleichmäßige laufende Zahlungen, sind die laufend gezahlten Beträge für das Kalenderjahr als Werbungskosten abzusetzen, in dem sie geleistet worden sind.

Nutzt der Nießbraucher das Gebäude durch Vermietung, darf er Aufwen- 27
dungen, die er aufgrund vertraglicher Bestimmungen getragen hat, als Werbungskosten abziehen. Haben die Vertragsparteien bei Einräumung des Nießbrauchs keine besonderen Regelungen getroffen, sind Aufwendungen des Nießbrauchers als Werbungskosten zu berücksichtigen, soweit er sie nach den gesetzlichen Bestimmungen (§§ 1041, 1045, 1047 BGB) getragen hat. Zur Abziehbarkeit der Aufwendungen im Einzelnen vgl. Rz. 21.

### bb) Behandlung beim Eigentümer

Beim Eigentümer ist das für die Bestellung des Nießbrauchs gezahlte Ent- 28
gelt grundsätzlich im Jahr des Zuflusses als Einnahme aus Vermietung und Verpachtung zu erfassen. Das gilt unabhängig davon, ob beim Nießbraucher Einkünfte aus Vermietung und Verpachtung anfallen. Bei Vorausleistung des Entgelts durch den Nießbraucher für mehr als 5 Jahre können die Einnahmen auf den Zeitraum verteilt werden, für den die Zahlung geleistet wird (§ 11 Abs. 1 Satz 3 EStG).

(weggefallen) 29

Der Eigentümer ist – da ihm Einnahmen aus Vermietung und Verpachtung 30
zuzurechnen sind – zur Vornahme von AfA berechtigt. Daneben darf er die von ihm aufgrund vertraglicher Vereinbarungen, bei fehlenden Vereinbarungen die aufgrund der gesetzlichen Lastenverteilung (§§ 1041, 1045, 1047 BGB) getragenen Aufwendungen für das belastete Grundstück abziehen.

### e) Teilweise entgeltlich bestellter Nießbrauch

Bei einem teilweise entgeltlich bestellten Nießbrauch sind die Grundsätze 31
der Rz. 26 bis 30 anzuwenden. Rz. 30 ist nicht anzuwenden, soweit der Nießbrauch unentgeltlich bestellt worden ist. Zur Aufteilung der Aufwendungen vgl. Rz. 12.

## 2. Vermächtnisnießbrauch

Ein Vermächtnisnießbrauch liegt vor, wenn aufgrund einer letztwilligen Ver- 32
fügung des Grundstückseigentümers durch dessen Erben einem Dritten der Nießbrauch an dem Grundstück eingeräumt worden ist. Für den Vermächtnisnießbrauch gelten die Ausführungen zum unentgeltlichen Zuwendungsnießbrauch (Rz. 18 bis 25) entsprechend. Der Vermächtnisnehmer ist nicht berechtigt, die AfA für das vom Erblasser hinterlassene Gebäude in Anspruch zu nehmen (BFH-Urteil vom 28. September 1993, BStBl. 1994 II S. 319).

---

[1]) Nr. **200** § 14/1.
[2]) Nr. **200** § 14/2.

### 3. Zugewendetes dingliches Wohnrecht

33 Ist das Grundstück in der Weise belastet, dass an einer Wohnung ein im Grundbuch eingetragenes Wohnrecht zugunsten eines anderen begründet worden ist, sind die für einen Zuwendungsnießbrauch geltenden Grundsätze insoweit entsprechend anzuwenden. Zur Abgrenzung von unentgeltlich, entgeltlich und teilentgeltlich zugewendeten dinglichen Wohnrechten vgl. Rz. 10 bis 13. Die Übertragung eines Grundstücks gegen die Verpflichtung, dieses mit einem Wohngebäude zu bebauen und dem Veräußerer ein dingliches Wohnrecht an einer Wohnung zu bestellen, stellt keine entgeltliche Überlassung des Wohnrechts, sondern ein auf die Anschaffung des Grundstücks gerichtetes Rechtsgeschäft dar.

34 Der Eigentümer darf AfA auf den mit dem Wohnrecht belasteten Gebäudeteil nur in Anspruch nehmen, soweit das Wohnrecht entgeltlich zugewendet worden ist. Entsprechendes gilt für den Abzug anderer Aufwendungen.

### 4. Zugewendetes obligatorisches Nutzungsrecht

#### a) Allgemeines

35 Zur Abgrenzung zwischen der entgeltlichen, teilweise entgeltlichen und unentgeltlichen Einräumung eines Nutzungsrechts vgl. Rz. 10 bis 13.

#### b) Behandlung beim Nutzenden

36 Vermietet der Nutzungsberechtigte das Grundstück, hat er die erzielten Einnahmen zu versteuern. Er darf die vertraglich übernommenen und von ihm getragenen Aufwendungen einschließlich des an den Eigentümer gezahlten Entgelts als Werbungskosten absetzen. Bei bereits bestehenden Nutzungsverträgen kann der Nutzungsberechtigte nur durch eine rechtsgeschäftliche Vertragsübernahme in die Vermieterstellung eintreten (vgl. BFH-Urteil vom 26. April 1983, BStBl. II S. 502). Im Übrigen gelten die Ausführungen in Rz. 14 bis 22, 26 bis 27 und 31 entsprechend.

#### c) Behandlung beim Eigentümer

37 Beim Eigentümer ist das für die Einräumung eines Nutzungsrechts gezahlte Entgelt im Jahr des Zuflusses als Einnahme aus Vermietung und Verpachtung zu erfassen. Im Übrigen gelten die Ausführungen in Rz. 14 bis 17, 23 bis 25, 28 bis 31 entsprechend.

38 Nutzt der Berechtigte eine ihm unentgeltlich überlassene Wohnung aufgrund einer gesicherten Rechtsposition, darf der Eigentümer AfA auf das Gebäude nicht in Anspruch nehmen, soweit sie auf den Gebäudeteil entfallen, auf den sich das Nutzungsrecht erstreckt. Entsprechendes gilt für den Abzug anderer Aufwendungen.

## II. Vorbehaltene Nutzungsrechte

### 1. Vorbehaltsnießbrauch

#### a) Allgemeines

39 Ein Vorbehaltsnießbrauch liegt vor, wenn bei der Übertragung eines Grundstücks gleichzeitig ein Nießbrauchrecht für den bisherigen Eigentümer an dem übertragenen Grundstück bestellt wird. Einem Vorbehaltsnießbrau-

cher ist ein Schenker gleichzustellen, der mit dem Beschenkten im Voraus eine klare und eindeutige Schenkungsabrede über den Erwerb eines bestimmten Grundstücks und die Bestellung eines Nießbrauchrechts an diesem Grundstück trifft (BFH-Urteil vom 15. Mai 1990, BStBl. 1992 II S. 67). Gleiches gilt für einen vorläufigen Erben, der die Erbschaft mit der Maßgabe ausgeschlagen hat, dass ihm ein Nießbrauchrecht an den zum Nachlass gehörenden Gegenständen eingeräumt wird (BFH-Urteil vom 4. Juni 1996, BStBl. 1998 II S. 431).

Die Bestellung des Nießbrauchs ist keine Gegenleistung des Erwerbers **40** (BFH-Urteil vom 28. Juli 1981, BStBl. 1982 II S. 378, vom 10. April 1991, BStBl. II S. 791, und vom 24. April 1991, BStBl. II S. 793), unabhängig davon, ob das Grundstück entgeltlich oder unentgeltlich übertragen wird.

### b) Behandlung beim Nießbraucher

Ist das mit dem Vorbehaltsnießbrauch belastete Grundstück vermietet, erzielt der Nießbraucher Einkünfte aus Vermietung und Verpachtung. Dies gilt auch, wenn der Nießbraucher das Grundstück dem Grundstückseigentümer entgeltlich zur Nutzung überlässt. **41**

Der Vorbehaltsnießbraucher darf im Falle der Nutzung durch Vermietung die AfA für das Gebäude wie zuvor als Eigentümer in Anspruch nehmen (BFH-Urteil vom 28. Juli 1981, BStBl. 1982 II S. 380, vom 24. September 1985, BStBl. 1986 II S. 12, und vom 30. Januar 1995, BStBl. II S. 281). Rz. 25 ist entsprechend anzuwenden. **42**

Der Vorbehaltsnießbraucher ist berechtigt, die von ihm getragenen Aufwendungen auf das Grundstück nach Maßgabe der Rz. 21 und 22 als Werbungskosten abzuziehen. **43**

Ist das Grundstück unter Vorbehalt des Nießbrauchs entgeltlich übertragen worden, ist die Bemessungsgrundlage für die AfA nicht um die Gegenleistung des Erwerbers zu kürzen. **44**

### c) Behandlung beim Eigentümer

Sind dem Eigentümer aus dem nießbrauchbelasteten Grundstück keine Einnahmen zuzurechnen, darf er Aufwendungen auf das Grundstück nicht als Werbungskosten abziehen. Sind dem Eigentümer Einnahmen aus dem nießbrauchbelasteten Grundstück zuzurechnen, ist Rz. 25 entsprechend anzuwenden. **45**

Nach Erlöschen des Nießbrauchs stehen dem Eigentümer die AfA auf das gesamte Gebäude zu. **46**

Ist das Grundstück entgeltlich unter Vorbehalt des Nießbrauchs übertragen worden, bemessen sich die AfA nach den Anschaffungskosten des Eigentümers. Der Kapitalwert des Nießbrauchs gehört nicht zu den Anschaffungskosten. Die AfA-Bemessungsgrundlage erhöht sich um die zusätzlichen Herstellungskosten, die der Eigentümer getragen hat (BFH-Urteil vom 7. Juni 1994, BStBl. II S. 927). Das AfA-Volumen ist um die AfA-Beträge zu kürzen, die von den Anschaffungskosten des Eigentümers auf den Zeitraum zwischen Anschaffung des Grundstücks und dem Erlöschen des Nießbrauchs entfallen. **47**

Ist das Grundstück unentgeltlich unter Vorbehalt des Nießbrauchs übertragen worden, führt der Eigentümer nach Erlöschen des Nießbrauchs die AfA **48** nach § 11 d EStDV fort. Bei teilentgeltlichem Erwerb gelten die Grundsätze der Tz. 14 des BMF-Schreibens vom 26. Februar 2007 (BStBl. I S. 269) und 15 des BMF-Schreibens vom 13. Januar 1993 (BStBl. I S. 80)[1] entsprechend.

## 2. Vorbehaltenes dingliches Wohnrecht

49 Ist das Grundstück gegen Einräumung eines vorbehaltenen dinglichen Wohnrechts übertragen worden, sind die für den Vorbehaltsnießbrauch geltenden Grundsätze entsprechend anzuwenden.

50 Der Eigentümer darf AfA auf das entgeltlich erworbene Gebäude nur in Anspruch nehmen, soweit sie auf den unbelasteten Teil entfällt (BFH-Urteil vom 7. Juni 1994, BStBl. II S. 927). In diesen Fällen ist die AfA-Bemessungsgrundlage nur für den unbelasteten Gebäudeteil zu ermitteln, und zwar wie folgt: Die Einräumung des Wohnrechts stellt kein Entgelt für die Übertragung des Grundstücks dar. Der Übernehmer erhält lediglich das von vornherein um das Nutzungsrecht geminderte Vermögen. Der Kaufpreis zuzüglich der Nebenkosten ist auf die beiden Wirtschaftsgüter Grund und Boden sowie Gebäude nach dem Verhältnis der Verkehrswerte aufzuteilen. Da sich das Wohnrecht nicht auf den Grund und Boden bezieht, ist nur der Verkehrswert des Gebäudes um den kapitalisierten Wert des Wohnrechts zu mindern. Der Anteil des unbelasteten Gebäudeteils an den tatsächlichen Gebäudeanschaffungskosten ergibt sich dann aus dem Verhältnis des Verkehrswerts des unbelasteten Teils zum Verkehrswert des gesamten Gebäudes abzüglich des kapitalisierten Werts des Nutzungsrechts (BFH-Urteil vom 31. Mai 2000, BStBl. 2001 II S. 594). Eine von den Vertragsparteien vorgenommene Aufteilung des Kaufpreises auf einzelne Wirtschaftsgüter ist grundsätzlich – auch in den Fällen einer gemischten Schenkung – der Besteuerung zu Grunde zu legen, soweit der Verkehrswert des jeweiligen Wirtschaftsguts nicht überschritten wird (BFH-Urteil vom 27. Juli 2004, BStBl. 2006 II S. 9).

**Beispiel 1:**

V überträgt sein Zweifamilienhaus gegen Übernahme der Verbindlichkeiten in Höhe von 175 000 € an K. Dabei behält V sich ein lebenslängliches dingliches Wohnrecht an der Wohnung im Obergeschoss vor (Kapitalwert des Wohnrechts im Erwerbszeitpunkt 75 000 €). Die Erdgeschosswohnung ist weiterhin vermietet. Beide Wohnungen sind gleich groß. Die Verkehrswerte betragen für das Gebäude 250 000 € und für den Grund und Boden 50 000 € (ohne Berücksichtigung des Wohnrechts). Im notariellen Vertrag erfolgte keine konkrete Zuordnung der Schuldübernahme als Kaufpreis auf die Wohnungen sowie den Grund und Boden.

Die AfA-Bemessungsgrundlage für die unbelastete Wohnung ist wie folgt zu ermitteln:

**1. Schritt: Aufteilung der Anschaffungskosten in Höhe von 175 000 € auf Grund und Boden und Gebäude im Verhältnis der Verkehrswerte:**

| | | |
|---|---|---|
| Verkehrswert Grund und Boden | 50 000 € | = 22,22 v. H. |
| Verkehrswert Gebäude | 250 000 € | |
| abzügl. Kapitalwert Nutzungsrecht | 75 000 € | |
| | 175 000 € | = 77,78 v. H. |

[1] Nr. **1** § 7/3.

| | | | |
|---|---|---|---|
| Damit entfällt der Kaufpreis von 175 000 € auf | 22,22 v. H. | | |
| den Grund und Boden von | 175 000 € | 38 885 € | |
| | 77,78 v. H. | | |
| das Gebäude von | 175 000 € | 136 115 € | |

**2. Schritt: Ermittlung der AfA-Bemessungsgrundlage:**

| | | unbelastete Wohnung (50 v. H.) | wohnrechts-belastete Wohnung (50 v. H.) |
|---|---|---|---|
| Verkehrswert Gebäude | 250 000 € | 125 000 € | 125 000 € |
| abzügl. Kapitalwert Nutzungsrecht | 75 000 € | | 75 000 € |
| | 175 000 € | 125 000 € | 50 000 € |
| Kaufpreisanteil | 175/175 | 125/175 | 50/175 |
| Gebäude | 136 115 € | 97 225 € | 38 890 € |

Da es sich hier um einen teilentgeltlichen Erwerb handelt, ist § 11 d EStDV auf den unentgeltlich erworbenen und unbelasteten Anteil anzuwenden.

**Beispiel 2 (Abwandlung):**

Sachverhalt wie Beispiel 1, allerdings ist im Kaufvertrag Folgendes vereinbart: Die wohnrechtsbelastete Wohnung geht unentgeltlich über. Als Kaufpreis werden für den Grund und Boden 50 000 € und für die vermietete Wohnung 125 000 € bestimmt. Die Kaufpreiszahlung erfolgt durch Schuldübernahme in entsprechender Höhe.

**Lösung:**

Die im Kaufvertrag vorgenommene Kaufpreiszuordnung ist steuerlich anzuerkennen, wenn sie weder zum Schein getroffen noch missbräuchlich vorgenommen wurde (BFH-Urteil vom 1. April 2009, BStBl. II S. 663). Die AfA-Bemessungsgrundlage für die vermietete Wohnung beträgt hiernach 125 000 €.

## 3. Vorbehaltenes obligatorisches Nutzungsrecht

### a) Allgemeines

Behält sich der bisherige Eigentümer bei der Übertragung des Grundstücks 51
ein obligatorisches Nutzungsrecht vor, stellt die Einräumung des Nutzungsrechts keine Gegenleistung des Erwerbers dar.

### b) Behandlung beim Nutzenden

Der Nutzungsberechtigte hat bei Vermietung des Grundstücks die Einnah- 52
men zu versteuern. Er darf die von ihm getragenen Aufwendungen einschließlich des an den Eigentümer gezahlten Entgelts als Werbungskosten absetzen. Der Nutzende darf wie zuvor als Eigentümer die AfA für das Gebäude in Anspruch nehmen (BFH-Urteil vom 28. März 1995, BStBl. 1997 II S. 121).

#### c) Behandlung beim Eigentümer

53 Die für den Eigentümer geltenden Grundsätze des Vorbehaltsnießbrauchs nach Rz. 45 bis 48 sind entsprechend anzuwenden.

54 Zur AfA-Berechtigung des Eigentümers auf das Gebäude und zur Ermittlung der Bemessungsgrundlage vgl. Rz. 50.

## C. Ablösung von Nutzungsrechten

### 1. Vorbehaltsnießbrauch

#### a) Allgemeines

55 Unbeachtlich ist, ob der Nießbrauch anlässlich einer entgeltlichen oder einer unentgeltlichen Grundstücksübertragung vorbehalten wurde. Bei der Ablösung ist zu unterscheiden zwischen Vermögensübertragungen im Rahmen der vorweggenommenen Erbfolge (Vermögensübergabe) und sonstigen Vermögensübertragungen. Zur Abgrenzung der Vermögensübergabe von sonstigen Vermögensübertragungen vgl. Rz. 2, 3, 5 und 57 des BMF-Schreibens vom 11. März 2010 (BStBl. I S. 227)[1].

#### b) Ablösung im Zusammenhang mit einer Vermögensübergabe

##### aa) Allgemeines

56 Zum Begriff der vorweggenommenen Erbfolge und den Arten der Vermögensübertragung durch vorweggenommene Erbfolge vgl. BMF-Schreiben vom 13. Januar 1993 (BStBl. I S. 80)[2].

##### bb) Behandlung beim Eigentümer

57 Einmalige Zahlungen zur Ablösung des Vorbehaltsnießbrauchs sind Abstandszahlungen an den Vermögensübergeber und erhöhen die Bemessungsgrundlage für die AfA des Grundstückseigentümers (BFH-Urteil vom 28. November 1991, BStBl. 1992 II S. 381, vom 21. Juli 1992, BStBl. 1993 II S. 484 und vom 21. Juli 1992, BStBl. 1993 II S. 486). Zur Ablösung des Vorbehaltsnießbrauchs durch wiederkehrende Leistungen vgl. Rz. 85 des BMF-Schreibens vom 11. März 2010 (BStBl. I S. 227)[1].

##### cc) Behandlung beim Nießbraucher

58 Die Ablösung des Vorbehaltsnießbrauchs gegen Einmalzahlung ist beim Nießbraucher eine nicht steuerbare Vermögensumschichtung (für den Fall eines vorbehaltenen Wohnrechts vgl. BFH-Urteil vom 9. August 1990, BStBl. II S. 1026). Zur Beurteilung der zur Ablösung empfangenen wiederkehrenden Leistungen vgl. Rz. 85, 89 des BMF-Schreibens vom 11. März 2010 (BStBl. I S. 227)[1].

---

[1] Nr. **1** § 10/5.
[2] Nr. **1** § 7/3.

### c) Ablösung im Zusammenhang mit sonstigen Vermögensübertragungen

#### aa) Behandlung beim Eigentümer

Eine Einmalzahlung führt in voller Höhe, wiederkehrende Leistungen führen mit ihrem Barwert (§§ 13, 14 BewG i. V. m. Anlage 9, 9 a zum BewG) zu Anschaffungskosten (BFH-Urteil vom 9. Februar 1994, BStBl. 1995 II S. 47 und vom 18. Oktober 1994, BStBl. 1995 II S. 169 – für dauernde Lasten –). Ist die Einmalzahlung bzw. der Barwert der wiederkehrenden Leistungen höher als der Wert des übertragenen Vermögens, ist Entgeltlichkeit in Höhe des angemessenen Kaufpreises anzunehmen. Der übersteigende Betrag ist eine Zuwendung i. S. d. § 12 Nr. 2 EStG. Ist der Barwert der wiederkehrenden Leistungen mehr als doppelt so hoch wie der Wert des übertragenen Vermögens, liegt insgesamt eine Zuwendung i. S. d. § 12 Nr. 2 EStG vor. Wiederkehrende Leistungen in Zusammenhang mit einer privaten Vermögensumschichtung dürfen weder als Rente noch als dauernde Last abgezogen werden (BFH-Urteil vom 25. November 1992, BStBl. 1996 II S. 663 m. w. N.). Der in den wiederkehrenden Leistungen enthaltene Zinsanteil, der in entsprechender Anwendung der Ertragsanteilstabellen der §§ 22 EStG, 55 EStDV zu ermitteln ist, ist im Falle der Vermietung gem. § 9 Abs. 1 Satz 3 Nr. 1 Satz 2 EStG als Werbungskosten bei den Einkünften aus Vermietung und Verpachtung abzuziehen. 59

#### bb) Behandlung beim Nießbraucher

Die Ablösung eines vorbehaltenen Nießbrauchs gegen Einmalzahlung ist eine beim Nießbraucher nicht steuerbare Vermögensumschichtung. Wiederkehrende Leistungen, die nicht als Versorgungsleistungen im Rahmen einer Vermögensübergabe erbracht werden, sind mit ihrem Zinsanteil nach § 20 Abs. 1 Nr. 7 EStG oder bei Veräußerungsleibrenten mit dem Ertragsanteil nach § 22 Nr. 1 Satz 3 Buchst. a Doppelbuchst. bb EStG steuerbar (vgl. Rz. 75 des BMF-Schreibens vom 11. März 2010, BStBl. I S. 227[1]). 60

## 2. Zuwendungsnießbrauch

### a) Unentgeltlicher Zuwendungsnießbrauch

Zahlungen zur Ablösung eines unentgeltlich eingeräumten Zuwendungsnießbrauchs sind grundsätzlich als Zuwendungen i. S. d. § 12 Nr. 2 EStG zu beurteilen (vgl. bei fehlender tatsächlicher Änderung der rechtlichen oder wirtschaftlichen Verhältnisse BFH-Urteil vom 13. Oktober 1993, BStBl. 1994 II S. 451 und beim Missbrauch von rechtlichen Gestaltungsmöglichkeiten nach § 42 AO BFH-Urteil vom 6 Juli 1993, BStBl. 1998 II S. 429). Sie gehören daher beim Nießbraucher nicht zu den Einkünften aus Vermietung und Verpachtung. Der Eigentümer kann sie nicht als Werbungskosten abziehen; sie erhöhen auch nicht seine Anschaffungskosten für das Grundstück. Ein anstelle des bisherigen Nießbrauchs eingeräumter Ersatznießbrauch ist als neu bestellter unentgeltlicher Zuwendungsnießbrauch zu behandeln. 61

Rz. 61 gilt nicht für die Fälle, in denen der ablösende Eigentümer das Grundstück selbst bereits mit der Belastung des Nießbrauchs erworben hat 62

[1] Nr. **1** § 10/5.

(vgl. BFH-Urteil vom 15. Dezember 1992, BStBl. 1993 II S. 488). In einem solchen Fall vollzieht sich die Ablösung im Rahmen eines entgeltlichen Veräußerungsgeschäfts. Eine Einmalzahlung ist in voller Höhe, wiederkehrende Leistungen sind mit ihrem Barwert Anschaffungskosten.

**b) Entgeltlicher Zuwendungsnießbrauch**

63 Zahlungen zur Ablösung eines entgeltlich bestellten Zuwendungsnießbrauchs sind beim Eigentümer im Jahr der Zahlung als negative Einnahmen bei den Einkünften aus Vermietung und Verpachtung zu erfassen. Ist das für die Bestellung des Nießbrauchs gezahlte Entgelt nach § 11 Absatz 1 Satz 3 EStG auf mehrere Jahre verteilt worden, ist der noch nicht versteuerte Restbetrag beim Eigentümer als Einnahme aus Vermietung und Verpachtung zu erfassen. Besteht die Abfindung in wiederkehrenden Leistungen, sind diese jeweils im Jahr der Zahlung als negative Einnahmen anzusetzen.

64 Die Ablösungszahlungen sind beim Nießbraucher grundsätzlich der privaten Vermögensebene zuzuordnen (BFH-Urteil vom 9. August 1990, BStBl. II S. 1026).

**3. Vermächtnisnießbrauch**

65 Aufwendungen zur Ablösung eines zugewendeten Vermächtnisnießbrauchs sind nachträgliche Anschaffungskosten des Grundstückseigentümers (BFH-Urteil vom 21. Juli 1992, BStBl. 1993 II S. 484). Die Ablösung eines Vermächtnisnießbrauchs gegen Einmalzahlung ist eine beim Nießbraucher nicht steuerbare Vermögensumschichtung. Zur Ablösung gegen wiederkehrende Leistungen vgl. Tz. 85, 86 des BMF-Schreibens vom 11. März 2010 (BStBl. I S. 227)[1].

**4. Dingliches Wohnrecht**

66 Für die Behandlung von Ablösungszahlungen des Eigentümers an den dinglich Wohnberechtigten sind die für die Ablösung von Nießbrauchrechten geltenden Grundsätze entsprechend anzuwenden. Aufwendungen zur Ablösung eines vom Rechtsvorgänger eingeräumten dinglichen Wohnrechts entfallen, soweit sie nachträgliche Anschaffungskosten des Grundstückseigentümers sind, in vollem Umfang auf das Gebäude (BFH-Urteil vom 21. Juli 1992, BStBl. 1993 II S. 484).

**5. Obligatorisches Nutzungsrecht**

67 Für die Behandlung von Aufwendungen für die Ablösung obligatorischer Nutzungsrechte gelten die Grundsätze zur Ablösung eines Vorbehalts- und Zuwendungsnießbrauchs (Rz. 55 bis 64) entsprechend.

## D. Anwendungsregelung

68 Dieses BMF-Schreiben tritt an die Stelle des BMF-Schreibens vom 24. Juli 1998, BStBl. I S. 914. Die Grundsätze dieses Schreibens sind in allen noch offenen Fällen anzuwenden. Die BMF-Schreiben vom 9. Februar 2001, BStBl. I S. 171, und vom 29. Mai 2006, BStBl. I S. 392 werden aufgehoben.

[1] Nr. **1** § 10/5.

Die Grundsätze in Rz. 4 und 5 sind in allen Fällen anzuwenden, in denen der Nießbrauch nach dem 30. Juni 1992 notariell beurkundet oder der Überlassungsvertrag nach dem 30. Juni 1992 abgeschlossen worden ist. Ist der Nießbrauch vor dem 1. Juli 1992 beurkundet oder der Überlassungsvertrag vor dem 1. Juli 1992 abgeschlossen worden, ist Rz. 4 bzw. Rz. 53 des BMF-Schreibens vom 15. November 1984, BStBl. I S. 561 weiter anzuwenden. 69

Die Grundsätze in Rz. 26 und 28 sind erstmals auf Vorausleistungen anzuwenden, die nach dem 31. Dezember 2003 geleistet wurden. Auf vor dem 1. Januar 2004 getätigte Vorausleistungen finden die Rz. 26 und 28 sowie die Billigkeitsregelung gem. Rz. 29 des BMF-Schreibens vom 24. Juli 1998, BStBl. I S. 914 weiter Anwendung. 70

Die Grundsätze in Rz. 32 sind in den Fällen anzuwenden, in denen der Vermächtnisnießbrauch nach dem 31. Mai 1994 notariell beurkundet worden ist. Ist der Vermächtnisnießbrauch vor dem 1. Juni 1994 notariell beurkundet worden, ist der Nießbraucher weiterhin zum Abzug der Gebäude-AfA nach Maßgabe der Rz. 51, 41 des BMF-Schreibens vom 15. November 1984, BStBl. I S. 561 berechtigt. 71

Die Grundsätze der Rz. 33 sind in allen noch offenen Fällen anzuwenden. 72
Soweit die Anwendung der Randziffer zu einem Nachteil gegenüber der bisherigen Verwaltungsauffassung führt, sind die Grundsätze erstmals anzuwenden, wenn die Bestellung eines dinglichen Nutzungsrechts gegen Übertragung eines Grundstücks im privaten Bereich nach dem 31. Mai 2006 erfolgt ist.

Wurden wiederkehrende Leistungen im Zusammenhang mit der Ablösung eines Zuwendungsnießbrauchs vor dem 1. Januar 2008 vereinbart, können diese als Sonderausgaben nach *§ 10 Absatz 1 Nr. 1 a EStG*[1] abgezogen werden, soweit die übrigen Voraussetzungen für eine begünstigte Vermögensübergabe vorliegen (Rz. 81 des BMF-Schreibens vom 11. März 2010, BStBl. I S. 227[2]; BFH-Urteil vom 13. Dezember 2005, BStBl. 2008 II S. 16). 73

In Fällen der Ermittlung des Nutzungswerts als Überschuss des Mietwerts über die Werbungskosten gelten die Rz. 68 bis 75[3] des BMF-Schreibens vom 24. Juli 1998 (BStBl. I S. 914) fort. 74

[1] Jetzt § 10 Abs. 1 a Nr. 2 EStG.
[2] Nr. **1** § 10/5.
[3] Muss wohl lauten: Rz. 72.

[2] Nr. 1 S. 1[illegible].
[3] Muss wohl lauten: R... 12.

# I § 21/3. Schreiben betr. sinngemäße Anwendung des § 15a Abs. 5 Nr. 2 2. Alt. EStG bei den Einkünften aus Vermietung und Verpachtung von Gesellschaften bürgerlichen Rechts; hier: Anwendung der BFH-Urteile vom 17. Dezember 1992 – IX R 150/89, IX R 7/91 – und vom 30. November 1993 – IX R 60/91 – (BStBl. 1994 II S. 490, 492, 496)

Vom 30. Juni 1994 (BStBl. I S. 355)

(BMF IV B 3 – S 2253 b – 12/94)

Die sinngemäße Anwendung des § 15a Abs. 5 EStG bei Gesellschaftern einer Gesellschaft bürgerlichen Rechts mit Einkünften aus Vermietung und Verpachtung (§ 21 Abs. 1 Satz 2 EStG) setzt voraus, daß ihre Haftung nach der gewählten tatsächlichen und rechtlichen Gestaltung der eines Kommanditisten vergleichbar ist. Liegt diese Voraussetzung vor, ist der Ausgleich und Abzug von negativen Einkünften aus Vermietung und Verpachtung über den Betrag der Einlage des jeweiligen Gesellschafters hinaus ausgeschlossen, soweit die Inanspruchnahme des Gesellschafters für Schulden der Gesellschaft im Zusammenhang mit dem Betrieb nach Art und Weise des Geschäftsbetriebs unwahrscheinlich ist. Der BFH hat mit Urteilen vom 17. Dezember 1992 IX R 150/89 (BStBl. 1994 II S. 490), IX R 7/91 (BStBl. 1994 II S. 492) und vom 30. November 1993 IX R 60/91 (BStBl. 1994 II S. 496) entschieden, daß eine Inanspruchnahme der Gesellschafter einer Gesellschaft bürgerlichen Rechts unwahrscheinlich i. S. des § 15a Abs. 5 Nr. 2 2. Alt. EStG ist, wenn der kalkulierte Gesamtaufwand durch Eigenkapital und im wesentlichen dinglich gesichertes Fremdkapital gedeckt und eine Kostenerhöhung bei normalem Verlauf der Dinge nicht zu erwarten ist. Der Gesellschafter habe persönliche Haftungsrisiken, die konkret bestehen, darzulegen, die nicht aus dem Gesellschaftsvermögen – unter Umständen sogar nach Zuführung von weiterem Eigenkapital durch Einlagenerhöhung oder durch Aufnahme neuer Gesellschafter oder von zusätzlichem Fremdkapital – gedeckt werden könnten.

Unter Bezugsnahme auf das Ergebnis der Erörterungen mit den obersten Finanzbehörden der Länder sind die BFH-Urteile vom 17. Dezember 1992 IX R 150/89 (BStBl. 1994 II S. 490), IX R 7/91 (BStBl. 1994 II S. 492) und vom 30. November 1993 IX R 60/91 (BStBl. 1994 II S. 496) mit folgender Maßgabe anzuwenden:

Bei der Auslegung des Begriffs der nicht unwahrscheinlichen Inanspruchnahme nach § 15a Abs. 5 Nr. 2 2. Alt. EStG ist an die Auslegung des Begriffs der nicht unwahrscheinlichen Vermögensminderung nach § 15a Abs. 1 Satz 3 EStG anzuknüpfen. Eine Vermögensminderung nach § 15a Abs. 1 Satz 3 EStG ist bei gegenüber der Pflichteinlage höherer Hafteinlage nur dann unwahrscheinlich, wenn die finanzielle Ausstattung der KG und deren gegenwärtige sowie zu erwartende Liquidität im Verhältnis zu dem vertraglich festgelegten Gesellschaftszweck und dessen Umfang so außergewöhnlich günstig ist, daß die finanzielle Inanspruchnahme des zu beurteilenden Kommanditisten nicht zu erwarten ist (BFH-Urteil vom 14. Mai 1991, BStBl. 1992 II S. 164; BMF-Schreiben vom 20. Februar 1992, BStBl. I S. 123). Nach der Systematik der Regelung ist die Möglichkeit des Verlustausgleichs bzw. Verlustabzugs nicht an die Wahrscheinlichkeit der Inanspruchnahme geknüpft, sondern der Verlustausgleich und der Verlustabzug wird nur ausgeschlossen, wenn festgestellt wird, daß die Inanspruchnahme unwahrscheinlich ist. Der Regeltatbestand geht demnach von dem Risiko der Inanspruchnahme nach Art und Weise des Geschäftsbetriebs aus.

Die Haftung eines Gesellschafters einer Gesellschaft bürgerlichen Rechts kann nicht anders beurteilt werden als die eines Kommanditisten, dessen eingetragene Haftsumme die geleistete Einlage übersteigt. Kann nicht festgestellt werden, ob das Risiko der Inanspruchnahme des Gesellschafters einer Gesellschaft bürgerlichen Rechts für Gesellschaftsschulden unwahrscheinlich ist, ist von der Wahrscheinlichkeit der Inanspruchnahme auszugehen.

Die Wahrscheinlichkeit der Inanspruchnahme ist nicht deswegen ausgeschlossen, weil

- die Haftung des Gesellschafters der Gesellschaft bürgerlichen Rechts quotal beschränkt ist,
- das dem Immobilienfonds zugrundeliegende Vertragswerk ein geschlossenes Finanzierungskonzept vorsieht, wonach der voraussichtliche Finanzbedarf durch Eigenkapital und die Aufnahme von dinglich gesichertem Fremdkapital gedeckt ist,
- Einnahmen und Ausgaben so kalkuliert sind, daß nach Beendigung der Bauphase kein Ausgabenüberschuß entsteht.

Die Inanspruchnahme ist jedoch unwahrscheinlich, wenn durch entsprechende vertragliche Gestaltungen ein wirtschaftlich ins Gewicht fallendes Haftungsrisiko des Gesellschafters nicht mehr verbleibt, d. h. die Gesamtkosten einschließlich der Kosten der Finanzierung durch Garantie- und vergleichbare Verträge abgedeckt sind oder die Haftung des Gesellschafters auf einen bestimmten Höchstbetrag begrenzt wird. Dabei ist nicht auf den Inhalt des einzelnen Vertrags, sondern auf die Gesamtheit der Vereinbarungen abzustellen. Neben Garantieverträgen sind auch Versicherungsverträge in die Prüfung mit einzubeziehen. Die Unwahrscheinlichkeit der Inanspruchnahme kann bei folgenden Vereinbarungen in Betracht kommen:

- Übernahme der Verkehrssicherungspflichten durch den Bauunternehmer;
- Höchstzinsgarantien während und nach der Bauphase;
- Mietgarantien, sonstige Garantieverträge und vergleichbare Verträge, soweit die Haftung des Gesellschafters auf einen bestimmten Höchstbetrag begrenzt wird;
- Ausschluß einer Nachschußpflicht sowie Bindung des Geschäftsbesorgers, den Gesellschafter nur bis zu einer bestimmten Höhe in Anspruch zu nehmen;

– Schuldübernahme durch einen Dritten, soweit ein Rückgriffsanspruch gegen den Gesellschafter ausgeschlossen ist.

Bürgschaften eines Dritten mindern dagegen die Haftung der Gesellschafter nicht, soweit wegen des Rückgriffsanspruchs des Bürgen die Gesellschafter belastet bleiben.

# I § 21/4. Schreiben betr. einkommensteuerrechtliche Behandlung von Gesamtobjekten, von vergleichbaren Modellen mit nur einem Kapitalanleger und von gesellschafts- sowie gemeinschaftsrechtlich verbundenen Personenzusammenschlüssen (geschlossene Fonds)

Vom 20. Oktober 2003 (BStBl. I S. 546)

(BMF IV C 3 – S 2253 a – 48/03)

Unter Bezugnahme auf das Ergebnis der Erörterungen mit den obersten Finanzbehörden der Länder wird zu der Frage der einkommensteuerrechtlichen Behandlung von Einkünften im Rahmen von Gesamtobjekten (§ 1 Abs. 1 Nr. 2 der Verordnung zu § 180 Abs. 2 AO), von vergleichbaren Modellen mit nur einem Kapitalanleger sowie von sog. geschlossenen Fonds wie folgt Stellung genommen:

## I. Gesamtobjekte und vergleichbare Modelle mit nur einem Kapitalanleger

### 1. Abgrenzung der Eigenschaft als Bauherr oder Erwerber bei der Errichtung, Sanierung, Modernisierung oder des Erwerbs von Gebäuden und Eigentumswohnungen

Ein Anleger, der sich auf Grund eines von den Projektanbietern vorformulierten Vertragswerks an einem Projekt beteiligt und sich bei den damit zusammenhängenden Rechtsgeschäften durch die Projektanbieter oder von ihnen eingeschalteten sonstigen Personen (z. B. Treuhänder, Geschäftsbesorger, Betreuer) umfassend vertreten lässt, ist regelmäßig nicht Bauherr, sondern Erwerber des bebauten und gegebenenfalls sanierten oder modernisierten Grundstücks (BFH-Urteil vom 14. November 1989, BStBl. 1990 II S. 299, m. w. N.). Das gilt auch, wenn der Anleger unter Verzicht auf eine dazu bevollmächtigte Person die Verträge selbst unterzeichnet, falls die Verträge vorher vom Projektanbieter bereits ausgehandelt oder vorformuliert worden sind, oder wenn die vertraglichen Vereinbarungen vorsehen, dass einzelne der in dem Vertragswerk angebotenen Leistungen abgewählt werden können. 1

Der Anleger ist nur Bauherr, wenn er auf eigene Rechnung und Gefahr ein Gebäude baut oder bauen lässt und das Baugeschehen beherrscht (BFH-Urteil vom 14. November 1989, a. a. O., vgl. auch BFH-Urteil vom 13. September 1989, BStBl. II S. 986). Der Bauherr muss das umfassend zu verstehende Bauherrenwagnis, d. h. wirtschaftlich das für die Durchführung des Bauvorhabens auf seinem Grundstück typische Risiko, tragen sowie rechtlich und tatsächlich die Planung und Ausführung in der Hand haben. Das ist regelmäßig nicht der Fall, wenn eine Vielzahl von Wohnungen oder gleichförmig ausgestalteten Wohngebäuden nach einem bereits vor Beitritt des einzelnen Anlegers aus- 2 gearbeiteten Vertragswerk errichtet wird und der einzelne Anleger demzufolge weder die Vertragsgestaltung noch die Vertragsdurchführung wesentlich beeinflussen kann.

3 Die Entscheidung darüber, ob die Voraussetzungen für die Erwerber- oder Bauherreneigenschaft vorliegen, ist nach dem Gesamtbild unter Berücksichtigung aller Umstände des Einzelfalls zu treffen, und zwar unabhängig von den in den Verträgen gewählten Bezeichnungen nach dem wirklichen Gehalt der von den Beteiligten getroffenen Vereinbarungen und deren tatsächlicher Durchführung.

4 Wird für den Gesamtaufwand (einschließlich der bis zur Fertigstellung des Bauobjekts angefallenen Finanzierungskosten) ein Höchstpreis vereinbart, über den nach Abschluss der Bauarbeiten nicht gegenüber dem Beteiligten selbst detailliert Rechnung gelegt zu werden braucht, ist der Beteiligte ebenfalls Erwerber. Das gilt auch, wenn die tatsächlichen Baukosten zwar abgerechnet werden, der Unterschiedsbetrag zu dem vereinbarten Höchstpreis jedoch als Gebühr für die Höchstpreisgarantie beansprucht wird.

**a) Allgemeines zur rechtlichen Einordnung der aufzubringenden Kosten**

5 Die mit der Errichtung und dem Vertrieb der Objekte befassten Personen sind regelmäßig bestrebt, möglichst hohe Werbungskosten auszuweisen. Hierzu wird der Gesamtaufwand durch eine Vielzahl von Verträgen und durch Einschaltung zahlreicher, zum Teil finanziell und personell verbundener Unternehmen aufgespalten. Die geltend gemachten Aufwendungen können, auch wenn sie im Einzelfall nach dem Wortlaut der Vereinbarungen Werbungskosten sind, nicht als solche anerkannt werden, wenn sie in Wirklichkeit für andere als die in den Verträgen bezeichneten Leistungen gezahlt werden, die nicht zu Werbungskosten führen können. Die vereinbarten Kosten sind deshalb nicht nach der vertraglichen Bezeichnung, sondern nach dem tatsächlichen wirtschaftlichen Gehalt der erbrachten Leistungen zu beurteilen (vgl. BFH-Urteil vom 29. Oktober 1986, BStBl. II S. 217). Diese Beurteilung ist auch vorzunehmen, wenn Leistungen, die zu Anschaffungs- oder Herstellungskosten führen, nicht oder zu niedrig berechnet werden. Erfahrungsgemäß erfolgt in diesen Fällen ein Ausgleich, der dem tatsächlichen wirtschaftlichen Gehalt der Leistungen entspricht. Die Beurteilung nach dem tatsächlichen wirtschaftlichen Gehalt ist auch dann maßgebend, wenn für den Teil der Aufwendungen, der den Werbungskosten zuzurechnen ist, im Folgenden Vom-Hundert-Sätze oder Bruchteile angegeben werden.

6 Der Anleger muss im Einzelnen nachweisen, welche tatsächlichen Leistungen an ihn erbracht worden sind und welches Entgelt er dafür leisten musste.

7 Soweit für Werbungskosten nachfolgend Vom-Hundert-Sätze oder Bruchteile angegeben sind, handelt es sich um Nettobeträge (ohne Umsatzsteuer).

**b) Rechtliche Einordnung der vom Erwerber aufzubringenden Kosten**

8 Die Kosten, die der Erwerber im Zusammenhang mit der Errichtung, Sanierung oder Modernisierung des Gebäudes oder der Eigentumswohnung aufzubringen hat, können Anschaffungskosten des Grund und Bodens, Anschaf-

fungskosten des Gebäudes oder der Eigentumswohnung oder sofort abziehbare Werbungskosten sein. Zu den einzelnen Aufwendungen gilt Folgendes:

**aa) Anschaffungskosten**

Zu den Anschaffungskosten gehören grundsätzlich alle auf Grund des vor- 9
formulierten Vertragswerks an die Anbieterseite geleisteten Aufwendungen, die auf den Erwerb des Grundstücks mit dem bezugsfertigen Gebäude gerichtet sind, insbesondere die Baukosten für die Errichtung oder Modernisierung des Gebäudes, die Baubetreuungsgebühren, Treuhandgebühren, Finanzierungsvermittlungsgebühren, Zinsfreistellungsgebühren, Gebühren für die Vermittlung des Objekts oder Eigenkapitals und des Treuhandauftrags, Abschlussgebühren, Courtage, Agio, Beratungs- und Bearbeitungsgebühren, Platzierungsgarantiegebühren, Kosten für die Ausarbeitung der technischen, wirtschaftlichen und steuerlichen Grundkonzeption, für die Werbung der Bauinteressenten, für die Prospektprüfung und sonstige Vorbereitungskosten sowie Gebühren für die Übernahme von Garantien und Bürgschaften (vgl. BFH-Urteil vom 14. November 1989, a. a. O.). Eine Aufspaltung dieser Aufwendungen in sofort abziehbare Werbungskosten und Anschaffungskosten danach, ob sie auf die Finanzierung, die steuerliche Beratung oder die Errichtung des Gebäudes entfallen, kommt nicht in Betracht (vgl. BFH vom 14. November 1989, a. a. O.).

**– Besonderheit bei Baumaßnahmen i. S. der §§ 7 h und 7 i EStG**

Der Gesamtaufwand ist, soweit das eindeutig möglich ist, unmittelbar dem 10
Grund und Boden, der Altbausubstanz des Gebäudes, den bescheinigten Baumaßnahmen i. S. der §§ 7 h, 7 i EStG, den übrigen Baumaßnahmen und den sofort abziehbaren Werbungskosten zuzuordnen. Aufwendungen, die sich nicht eindeutig zuordnen lassen, sind auf die Kostenarten, mit denen sie zusammenhängen, aufzuteilen. Die Aufteilung erfolgt im Verhältnis der auf diese Kostenarten eindeutig entfallenden Kosten. Die eindeutig den bescheinigten Baumaßnahmen i. S. der §§ 7 h, 7 i EStG zuzuordnenden Aufwendungen zuzüglich der nach den vorstehenden Grundsätzen ermittelten Anteile der nicht eindeutig zuzuordnenden Anschaffungskosten, die den Aufwendungen für bescheinigte Baumaßnahmen i. S. der §§ 7 h, 7 i EStG zuzurechnen sind, ergeben die begünstigten Anschaffungskosten i. S. der §§ 7 h, 7 i EStG. Ist der Erwerber dem Gesamtobjekt erst nach Beginn der begünstigten Baumaßnahmen i. S. der §§ 7 h, 7 i EStG beigetreten, gehören die Aufwendungen für Baumaßnahmen, soweit sie bis zu seinem Beitritt durchgeführt worden sind, zu den nicht begünstigten Anschaffungskosten. Der Erwerber hat die Aufteilung darzulegen. Ist er später beigetreten, hat er darzulegen, inwieweit die anteilig den Baumaßnahmen i. S. der §§ 7 h, 7 i EStG zuzurechnenden Aufwendungen auf Maßnahmen entfallen, die nach dem rechtswirksamen Abschluss des obligatorischen Erwerbsvertrags oder eines gleichstehenden Rechtsakts durchgeführt worden sind.

**bb) Werbungskosten**

Aufwendungen, die nicht auf den Erwerb des Grundstücks mit dem be- 11
zugsfertigen Gebäude gerichtet sind und die auch der Erwerber eines bebauten Grundstücks außerhalb eines Gesamtobjekts als Werbungskosten abziehen

könnte, sind nicht den Anschaffungskosten des Objekts zuzurechnen. Werden sie an die Anbieterseite geleistet, sind sie unter den nachfolgenden Voraussetzungen Werbungskosten (vgl. BFH-Urteil vom 14. November 1989, a. a. O.):

- Bereits vor der Zahlung müssen klare Vereinbarungen über den Grund und die Höhe dieser Aufwendungen bestehen.
- Die vereinbarten Leistungen und das jeweils zugehörige Entgelt müssen den tatsächlichen Gegebenheiten entsprechen; der Rechtsgedanke des § 42 AO darf dem Werbungskostenabzug in der begehrten Höhe nicht entgegenstehen.
- Die Aufwendungen müssen von den übrigen Aufwendungen, die mit der Anschaffung des Erwerbsgegenstandes in Zusammenhang stehen, einwandfrei abgrenzbar sein.
- Die Vergütung darf nur dann zu zahlen sein, wenn der Anleger die Gegenleistung in Anspruch nimmt.
- Die rechtliche und tatsächliche Abwahlmöglichkeit der Leistung und die dann eintretende Ermäßigung des Gesamtpreises muss in dem Vertrag klar und eindeutig zum Ausdruck kommen.

**– Zinsen der Zwischen- und Endfinanzierung**

12 Zinsen und Bearbeitungskosten des Kreditinstituts sind, wenn der Anleger sie aufgrund eigener Verpflichtung gegenüber dem Darlehensgeber zahlt, Entgelt für die Überlassung des Kredits und damit Werbungskosten. Eine andere Beurteilung ist jedoch z. B. dann geboten, wenn hinsichtlich der Bauzeitzinsen eine Vereinbarung mit der Anbieterseite besteht, nach der eine bestimmte Zinsbelastung garantiert wird, und hierbei höhere Zinsen vom Garantiegeber getragen, niedrigere Zinsen jedoch dem Erwerber nicht erstattet werden. In einem derartigen Fall stellen die vom Darlehensnehmer zu zahlenden Zinsen und die Gebühr für die Zinsgarantie lediglich einen Kalkulationsbestandteil des Gesamtpreises und damit Anschaffungskosten dar.

**– Vorauszahlung von Schuldzinsen**

13 Zinsen sind im Regelfall spätestens am Ende des jeweiligen Jahres zu entrichten. Bei einer Vorauszahlung liegt ein im Jahr der Zahlung zu berücksichtigender Zahlungsabfluss nur vor, wenn für die Vorauszahlung ein wirtschaftlich vernünftiger Grund maßgebend ist. Hiervon kann ausgegangen werden, wenn Schuldzinsen für einen Zeitraum von nicht mehr als 12 Monaten vorausgezahlt werden. Bei einer Vorauszahlung für einen Zeitraum von mehr als 12 Monaten ist der wirtschaftlich vernünftige Grund vom Steuerpflichtigen im Einzelfall darzulegen. Bestehen für die Vorauszahlung von Schuldzinsen für einen Zeitraum von mehr als einem Jahr keine vernünftigen wirtschaftlichen Gründe, sind die vorausgezahlten Schuldzinsen anteilig in den Jahren als Werbungskosten abziehbar, zu denen sie wirtschaftlich gehören.

**– Zinsfreistellungsgebühren**

14 Vereinbarungen, nach denen der Anleger für mehrere Jahre von Zinszahlungsverpflichtungen gegenüber dem Darlehensgläubiger gegen Entrichtung von Gebühren an diesen freigestellt wird, haben den Charakter eines zusätzlichen Darlehens. Die gezahlten Gebühren sind deshalb anteilig in den Jahren

als Werbungskosten abziehbar, für die der Anleger von Zinszahlungsverpflichtungen freigestellt worden ist.

**– Damnum, Disagio, Bearbeitungs- und Auszahlungsgebühren**[1]

Diese Aufwendungen sind in Höhe des vom jeweiligen Darlehensnehmer an das Kreditinstitut gezahlten Betrags als Werbungskosten abziehbar, soweit unter Berücksichtigung der jährlichen Zinsbelastung die marktüblichen Beträge nicht überschritten werden. Der über die marktüblichen Beträge hinausgehende Teil ist auf den Zinsfestschreibungszeitraum oder bei dessen Fehlen auf die Laufzeit des Darlehens zu verteilen. Eine Zinsvorauszahlung ist regelmäßig anzunehmen, wenn der Nominalzins ungewöhnlich niedrig und das Damnum entsprechend hoch bemessen ist. Aus Vereinfachungsgründen kann von der Marktüblichkeit ausgegangen werden, wenn für ein Darlehen mit einem Zinsfestschreibungszeitraum von mindestens 5 Jahren ein Damnum in Höhe von bis zu 5 v. H. vereinbart worden ist. Ist ein Damnum nicht mehr als 3 Monate vor Auszahlung der Darlehensvaluta oder einer ins Gewicht fallenden Teilauszahlung des Darlehens (mindestens 30 v. H. der Darlehensvaluta einschließlich Damnum) geleistet worden, kann davon ausgegangen werden, dass ein wirtschaftlich vernünftiger Grund besteht (BFH-Urteil vom 3. Februar 1987, BStBl. II S. 492). 15

**– Kosten der Darlehenssicherung**

Die anteiligen Notariats- und Grundbuchkosten für die Darlehenssicherung sind in der Höhe sofort abziehbare Werbungskosten, in der sie an den Notar und das Grundbuchamt abgeführt worden sind. 16

**– Gebühren im Zusammenhang mit der Vermietung**

Gebühren für die erstmalige Vermietung des Objekts sind Werbungskosten, soweit sie die ortsübliche Maklerprovision nicht überschreiten. Im Allgemeinen kann eine Gebühr in Höhe von bis zu 2 Monatsmieten als angemessen angesehen werden. An einer wirtschaftlich ernsthaften Gegenleistung fehlt es, wenn z. B. das Objekt schon von der Planung her für einen ganz bestimmten Mieter errichtet werden soll oder wenn bereits zum Beitrittszeitpunkt des Anlegers ein Mietvertrag oder eine entsprechende Vorvereinbarung mit dem Mieter bestand. Eine Mietervermittlungsgebühr ist auch nicht anzuerkennen, wenn der Vermittler mit dem Mieter identisch oder wirtschaftlich verflochten ist, der Anleger das Objekt selbst bezieht oder aus anderen Gründen die angebotenen Leistungen nicht in Anspruch nimmt. In diesen Fällen stellen die erhobenen Gebühren anteilig Anschaffungskosten des Grund und Bodens und des Gebäudes oder der Eigentumswohnung dar. 17

Die Anerkennung von Gebühren für die Übernahme von Garantien und Bürgschaften als Werbungskosten setzt stets voraus, dass das vom Garantiegeber oder Bürgen getragene Risiko im Verhältnis zu der dafür erhobenen Gebühr als eine wirtschaftlich ernsthafte Gegenleistung anzusehen ist. Außerdem muss der Garantiegeber oder Bürge wirtschaftlich (einkommens- und vermö-

[1] Bis zu einer gesetzlichen Klarstellung wird es nicht beanstandet, wenn die Neuregelung des § 11 Abs. 1 Satz 3 und Abs. 2 Satz 3 EStG nicht auf ein Damnum oder Disagio angewendet wird; vgl. BMF v. 15. 12. 2005, BStBl. I S. 1052.

gensmäßig) in der Lage sein, die Garantieverpflichtung zu erfüllen. Alle diese Voraussetzungen sind vom Anleger darzulegen.

Gebühren für die Mietgarantie sind Werbungskosten, wenn tatsächlich ein Mietausfallwagnis besteht. Bei dem üblicherweise vereinbarten Garantiezeitraum von 5 Jahren kann das wirtschaftliche Risiko durch eine Gebühr bis zur Höhe von 4 Monatsmieten als abgedeckt angesehen werden. War das Objekt im Zeitpunkt des Vertragsabschlusses bereits vermietet, muss das Risiko entsprechend geringer bewertet werden; es ist regelmäßig mit einer Gebühr in Höhe von bis zu 2 Monatsmieten angemessen abgegolten. Soweit höhere Gebühren vereinbart und gezahlt worden sind, stellen diese anteilig Anschaffungskosten des Grund und Bodens und des Gebäudes oder der Eigentumswohnung dar.

**– Gebühren im Zusammenhang mit der Endfinanzierung**

18 Geldbeschaffungskosten, Bürgschafts- und Garantiegebühren für die Endfinanzierung sind unter den Voraussetzungen der RdNr. 17 2. Absatz sowie der RdNr. 22 und RdNr. 27 als Werbungskosten abzuziehen. Die RdNr. 22 und RdNr. 27 sind für die Bestimmung der Höhe des abziehbaren Betrags entsprechend anzuwenden.

**– Vergütungen an Steuer- und Rechtsberater**

19 Beratungskosten im Zusammenhang mit der Anschaffung des Grund und Bodens oder der Errichtung oder Modernisierung des Gebäudes oder der Eigentumswohnung sind den jeweiligen Anschaffungskosten zuzurechnen. Soweit auch der Erwerber eines bebauten Grundstücks außerhalb eines Gesamtobjekts die Gebühren sofort als Werbungskosten abziehen könnte, können sie, insbesondere, soweit die Leistungen den Zeitraum nach Bezugsfertigkeit betreffen (z. B. Abgabe von Feststellungserklärungen, Rechtsbehelfsverfahren), als Werbungskosten berücksichtigt werden. Ist der Steuer- und Rechtsberater zugleich Vermittler, Initiator oder Treuhänder, ist bei vereinbarter gesonderter Berechnung der Gebühren zu prüfen, ob die Gebühren dem jeweiligen Leistungsumfang angemessen sind. Ist für die Vermittler-, Initiatoren- oder Treuhandtätigkeit und die Steuer- und Rechtsberatungstätigkeit ein Gesamthonorar vereinbart, gehören die Gebühren zu den Anschaffungskosten. Das gilt auch, wenn ein pauschales Steuer- und Rechtsberatungshonorar, das die Zeit vor und nach Bezugsfertigkeit umfasst, vereinbart worden ist und die Tätigkeit vor Bezugsfertigkeit mit der Anschaffung des bebauten Grundstücks wirtschaftlich zusammenhängt.

**– Beiträge zu Sach- und Haftpflichtversicherungen**

20 Beiträge zu den Sach- und Haftpflichtversicherungen für während der Bauzeit eintretende Schäden sind Werbungskosten, soweit sie der Erwerber als Versicherungsnehmer gezahlt hat.

**c) Rechtliche Einordnung der vom Bauherrn aufzubringenden Kosten**

21 Die Kosten, die der Bauherr im Zusammenhang mit der Errichtung des Gebäudes oder der Eigentumswohnung aufzubringen hat, können Anschaffungskosten des Grund und Bodens und – bei Beitritt nach Baubeginn – des bereits erstellten Teils des Gebäudes oder der Eigentumswohnung, Herstel-

lungskosten des Gebäudes oder der Eigentumswohnung oder sofort abziehbare Werbungskosten sein.[1] Zu den nachstehenden Aufwendungen gilt Folgendes:

**– Gebühren für die Vermittlung und die damit verbundene Bearbeitung der Zwischen- und Endfinanzierung**

Diese Geldbeschaffungskosten sind in Höhe der marktüblichen Konditionen als Werbungskosten abziehbar. Erfahrungsgemäß betragen sie insgesamt 2 v. H. des jeweils vermittelten Darlehens. Der darüber hinausgehende Teil ist den Herstellungskosten des Gebäudes oder der Eigentumswohnung und den Anschaffungskosten anteilig hinzuzurechnen. Hat der Bauherr derartige Gebühren gezahlt, obwohl er die Finanzierung selbst beschafft, sind diese in vollem Umfang auf die Herstellungskosten des Gebäudes oder der Eigentumswohnung und die Anschaffungskosten aufzuteilen. 22

**– Gebühren für die Vermittlung des Objekts oder Eigenkapitals und des Treuhandauftrags, Abschlussgebühren, Courtage, Agio, Beratungs- und Bearbeitungsgebühren sowie Platzierungsgarantiegebühren**

Diese Kosten sollen Leistungen des Anlageberaters an den Bauherrn abgelten. Sie sind auf die Erlangung des Bauobjekts gerichtet und gehören deshalb anteilig zu den Herstellungskosten des Gebäudes oder der Eigentumswohnung und zu den Anschaffungskosten (vgl. BFH-Urteil vom 13. Oktober 1983, BStBl. 1984 II S. 101). 23

**– Kosten für die Ausarbeitung der technischen, wirtschaftlichen und steuerlichen Grundkonzeption, für die Werbung der Bauinteressenten, für die Prospektprüfung und sonstige Vorbereitungskosten**

Diese Kosten decken regelmäßig Kosten der Initiatoren des Bauvorhabens ab. Werden solche Aufwendungen vom Bauherrn übernommen, gehören sie anteilig zu den Herstellungskosten des Gebäudes oder der Eigentumswohnung und zu den Anschaffungskosten. 24

**– Treuhandgebühren**

Die Leistungen des Treuhänders betreffen zum Teil die Geldbeschaffung und die spätere Vermietung. Die hierauf entfallenden Teile der Treuhandgebühren können als Werbungskosten abgezogen werden. Zum Teil betreffen die Leistungen des Treuhänders die Anschaffung des Grund und Bodens. Deshalb gehört z. B. das Entgelt für die Mitwirkung beim Abschluss des Grundstückskaufvertrags oder für die Bewirkung der Grundbuchumschreibung bezüglich des Grunderwerbs im Namen des Bauherrn zu den Anschaffungskosten des Grund und Bodens. Zum Teil stehen die Leistungen des Treuhänders mit der Herstellung des Gebäudes oder der Eigentumswohnung im Zusammenhang. Die darauf entfallenden Teile der Treuhandgebühren gehören deshalb zu den Anschaffungs- oder Herstellungskosten des Gebäudes oder der Eigentumswohnung. Hierzu rechnen z. B. Entgeltsanteile für 25

[1] Zur steuerlichen Behandlung von Funktionsträgergebühren in Erbbaurechtsfällen s. OFD Berlin v. 8. 10. 2004 – St 124 – S 2253 a – 1/89.

– die Vergabe der Gebäudeplanung durch den Treuhänder im Namen des Bauherrn,
– die Vertretung des Bauherrn gegenüber Baubehörden,
– die sachliche und zeitliche Koordination aller für die Durchführung des Bauvorhabens erforderlichen Leistungen,
– die Stellung des Antrags auf Baugenehmigung für den Bauherrn oder für die Abgabe der zur Begründung des Wohnungseigentums von den künftigen Eigentümern erforderlichen Erklärungen,
– die Entgegennahme und Verwaltung der Geldmittel,
– die Beaufsichtigung des Baubetreuers.

Erfahrungsgemäß betrifft die Tätigkeit des Treuhänders überwiegend den Herstellungsbereich, während auf den Finanzierungsbereich und den Bereich der späteren Vermietung nur ein geringer Teil seiner gesamten Tätigkeit entfällt. Deshalb kann ein Viertel der Kosten für die Leistungen des Treuhänders, in aller Regel jedoch nicht mehr als 0,5 v. H. der Gesamtaufwendungen den Werbungskosten zugeordnet werden. Nicht zu den Gesamtaufwendungen gehören die in RdNr. 15 und RdNr. 23 genannten Aufwendungen. Der nicht als Werbungskosten anzuerkennende Teil der Treuhandgebühr ist anteilig den Herstellungskosten des Gebäudes oder der Eigentumswohnung und den Anschaffungskosten zuzuordnen.

**– Baubetreuungskosten**

26 Leistungen im Rahmen der technischen Baubetreuung (z. B. Beschaffung der Baugenehmigung, Erstellen von Leistungsverzeichnissen und Baufristenplänen, Bauaufsicht, Bauabnahme und dergleichen) sind dem Herstellungsbereich zuzuordnen. Im Rahmen der wirtschaftlichen Baubetreuung ist eine Vielzahl von unterschiedlichen Leistungen zu erbringen. Auch hierbei ist stets zu prüfen, ob die Aufwendungen des Bauherrn zu den Herstellungskosten des Gebäudes oder der Eigentumswohnung, den Anschaffungskosten oder den sofort abziehbaren Werbungskosten gehören. Anschaffungskosten des Grund und Bodens sind z. B. Kosten für die Regelung der eigentums- und bauplanungsrechtlichen Verhältnisse am Grundstück, z. B. betreffend Abtretung von Straßenland, Vorbereitung und Abschluss von Erschließungs- und Versorgungsverträgen sowie für Maßnahmen bei Vermessung und Erschließung des Grundstücks. Im Wesentlichen betreffen die Leistungen die Herstellung des Gebäudes oder der Eigentumswohnung.

Zu den Herstellungskosten gehören z. B. Entgeltsanteile für
– die Vertretung des Bauherrn gegenüber Baubehörden, den an der Baudurchführung beteiligten Architekten, Ingenieuren und bauausführenden Unternehmen,
– Vorbereitung und Abschluss der mit der technischen Abwicklung des Bauprojekts zusammenhängenden Verträge,
– die Aufstellung eines Geldbedarfs- und Zahlungsplans in Koordination mit dem Baufristenplan,
– die Führung eines Baugeld-Sonderkontos für den Bauherrn,
– die Vornahme des gesamten das Bauobjekt betreffenden Zahlungsverkehrs,
– die laufende Unterrichtung des Treuhänders,
– die Übersendung von Auszügen des Baukontos,

– die Erstellung der Schlussabrechnung und die Erteilung der dazu erforderlichen Informationen an den Treuhänder,
– die sachliche und zeitliche Koordination aller für die Durchführung des Bauvorhabens erforderlichen Leistungen,
– eine Wirtschaftlichkeitsberechnung, die zur Beurteilung der Wirtschaftlichkeit des Herstellungsvorgangs für den Bauherrn erstellt worden ist.

Zu den sofort abziehbaren Werbungskosten gehören z. B. Entgeltsanteile für
– eine Wirtschaftlichkeitsberechnung, die Finanzierungszwecken des Bauherrn zu dienen bestimmt ist,
– Leistungen, die den Vermietungsbereich betreffen,
– Leistungen, die den Betreuungsbereich nach Fertigstellung des Objekts (z. B. Abschluss von Wartungsverträgen) betreffen.

Nach allgemeiner Erfahrung können den Werbungskosten ein Achtel der Gebühren für die wirtschaftliche Betreuung, in aller Regel jedoch nicht mehr als 0,5 v. H. des Gesamtaufwands genannten Aufwendungen zugeordnet werden. Nicht zu den Gesamtaufwendungen gehören die in den RdNr. 15 und RdNr. 23 genannten Aufwendungen. Der nicht als Werbungskosten anzuerkennende Teil der Gebühren für die wirtschaftliche Baubetreuung ist anteilig den Herstellungskosten des Gebäudes oder der Eigentumswohnung und den Anschaffungskosten zuzuordnen.

**– Bürgschaftsgebühren für die Zwischen- und Endfinanzierung, Ausbietungsgarantie**

Neben den Voraussetzungen der RdNr. 17 2. Absatz ist eine weitere vom Anleger darzulegende Voraussetzung für die Anerkennung der im Zusammenhang mit der Finanzierung stehenden Gebühren, dass die selbstschuldnerische Garantie oder Bürgschaft vom Darlehensgläubiger nachweislich gefordert und bei diesem auch hinterlegt worden ist. Gebühren für die Übernahme von Bürgschaftsverpflichtungen gegenüber dem Kreditgeber zur Sicherstellung der Zwischenfinanzierung können unabhängig von der Zahl der Bürgen in Höhe einer banküblichen Avalprovision (insgesamt 2 v. H. jährlich des verbürgten und zugesagten Betrags) den Werbungskosten zugerechnet werden. Mit Rücksicht auf die übrigen bestehenden Sicherungen können Gebühren für die Übernahme der Bürgschaft für die Endfinanzierung und der Ausbietungsgarantie einmalig, d. h. für den gesamten Zeitraum und unabhängig von der Zahl der Bürgen und Garantiegeber, in Höhe von insgesamt 0,5 v. H. der in Anspruch genommenen Darlehensmittel den Werbungskosten zugerechnet werden. Der nicht als Werbungskosten anzuerkennende Teil dieser Gebühren ist anteilig den Herstellungskosten des Gebäudes oder der Eigentumswohnung und den Anschaffungskosten zuzuordnen. 27

**– Gebühren für die Preissteigerungs-, Kosten-, Vertragsdurchführungs-(Fertigstellungs-)Garantie**

Vergütungen für die Übernahme solcher Garantien gegenüber dem Bauherrn sind keine sofort abziehbaren Werbungskosten. Sie sind grundsätzlich den Herstellungskosten des Gebäudes oder der Eigentumswohnung zuzurechnen. Gebühren für die Vertragsdurchführungsgarantie gehören in den Fällen, in denen die Garantie z. B. auf die Werbung von Bauinteressenten gerichtet 28 ist, anteilig zu den Herstellungskosten des Gebäudes oder der Eigentumswohnung und den Anschaffungskosten. Bezieht sich bei der Herstellung von Eigentumswohnungen die Garantie auf die Finanzierung des gesamten Bauvorhabens, handelt es sich in der Regel um eine Vertragsdurchführungsgarantie, so dass die Kosten hierfür anteilig zu den Herstellungskosten des Gebäudes oder der Eigentumswohnung und den Anschaffungskosten gehören.

29 Als Werbungskosten kommen darüber hinaus Aufwendungen in Betracht, die nach den Grundsätzen der RdNr. 12 bis 20 sofort abziehbar sind. Soweit Gebühren im Sinne von RdNr. 17 bis RdNr. 19 nicht als Werbungskosten anerkannt werden können, gehören die Kosten anteilig zu den Herstellungskosten des Gebäudes oder der Eigentumswohnung und den Anschaffungskosten.

### 2. Anwendung der Grundsätze bei anderen Wirtschaftsgütern

30 Die vorstehenden Grundsätze gelten entsprechend, wenn Gegenstand des Gesamtobjekts oder des vergleichbaren Modells mit nur einem Kapitalanleger nicht eine Immobilie, sondern ein anderes Wirtschaftsgut ist.

## II. Geschlossene Fonds

31 Die nachstehenden Regelungen gelten im Grundsatz für alle Fonds. Die ertragsteuerliche Behandlung von Film- und Fernsehfonds richtet sich im Einzelnen nach den BMF-Schreiben vom 23. Februar 2001 (BStBl. I S. 175)[1] und vom 5. August 2003 (BStBl. I S. 406).

### 1. Einkunftserzielung

32 Erfüllt ein geschlossener Fonds in der Rechtsform der Personengesellschaft in der gesellschaftsrechtlichen Verbundenheit seiner Gesellschafter den Tatbestand der Einkunftserzielung, ist auf der Ebene der Gesellschaft zu entscheiden, ob Aufwendungen, die die Gesellschaft trägt, Herstellungskosten, Anschaffungskosten, Betriebsausgaben oder Werbungskosten sind. Der auf der Ebene der Gesellschaft ermittelte Überschuss der Einnahmen über die Werbungskosten oder der Gewinn ist den einzelnen Gesellschaftern zuzurechnen (vgl. BFH-Beschluss vom 19. August 1986, BStBl. 1987 II S. 212 m. w. N.).

### 2. Erwerbereigenschaft eines Fonds auf Grund fehlender wesentlicher Einflussnahmemöglichkeiten

33 Ein geschlossener Fonds ist nach den Grundsätzen der BFH-Urteile zur ertragsteuerlichen Behandlung der Eigenkapitalvermittlungsprovision und anderer Gebühren vom 8. Mai 2001 (BStBl. II S. 720) und vom 28. Juni 2001 (BStBl. II S. 717) immer dann als Erwerber anzusehen, wenn der Initiator der Gesellschaft ein einheitliches Vertragswerk vorgibt und die Gesellschafter in ihrer gesellschaftsrechtlichen Verbundenheit keine Möglichkeit besitzen, hierauf Einfluss zu nehmen.

34 Für die Herstellereigenschaft ist es wegen der besonderen Konzeption geschlossener Fonds bei gewerblichen Fonds erforderlich, dass die Mitwirkungsrechte der Gesellschafter über die zur Anerkennung der Mitunternehmer-

[1] Nr. 1 § 5/4.

eigenschaft nach § 15 Abs. 1 Satz 1 Nr. 2 EStG geforderte Initiative hinausgehen; auch bei vermögensverwaltenden Fonds müssen die Mitwirkungsrechte weiter gehen als die einem Kommanditisten nach dem HGB zustehenden Rechte. Wesentliche Einflussnahmemöglichkeiten entstehen nicht bereits dadurch, dass der Initiator als Gesellschafter oder Geschäftsführer für den Fonds gehandelt hat oder handelt. Die Einflussnahmemöglichkeiten müssen den Gesellschaftern selbst gegeben sein, die sie innerhalb des Fonds im Rahmen der gesellschaftsrechtlichen Verbundenheit ausüben. Eine Vertretung durch bereits konzeptionell vorbestimmte Dritte (z. B. Treuhänder, Beiräte) reicht nicht aus. Einem von den Gesellschaftern selbst aus ihrer Mitte bestimmten Beirat oder einem vergleichbaren Gremium dürfen weder der Initiator noch Personen aus dessen Umfeld angehören. Über die Einrichtung und Zusammensetzung eines Beirats dürfen allein die Gesellschafter frühestens zu einem Zeitpunkt entscheiden, in dem mindestens 50 v. H. des prospektierten Kapitals eingezahlt sind.

Eine ausreichende Einflussnahmemöglichkeit ist gegeben, wenn der Fonds rechtlich und tatsächlich in der Lage ist, wesentliche Teile des Konzepts zu verändern. Das kann auch dann bejaht werden, wenn Entscheidungsalternativen für die wesentlichen Konzeptbestandteile angeboten werden. Allein die Zustimmung zu den vom Initiator vorgelegten Konzepten oder Vertragsentwürfen bedeutet keine ausreichende Einflussnahme. Die Gesellschafter müssen vielmehr über die wesentlichen Vertragsgestaltungen und deren Umsetzung tatsächlich selbst bestimmen können. 35

Die Einflussnahmemöglichkeiten dürfen auch faktisch nicht ausgeschlossen sein. 36

Die Umsetzung der wesentlichen Konzeptbestandteile und Abweichungen hiervon sind durch geeignete Unterlagen vollständig zu dokumentieren. 37

## 3. Rechtliche Einordnung der von einem Fonds ohne wesentliche Einflussnahmemöglichkeiten der Anleger aufzubringenden Kosten

### a) Anschaffungskosten

Zu den Anschaffungskosten des Fonds gehören grundsätzlich alle Aufwendungen, die im wirtschaftlichen Zusammenhang mit der Abwicklung des Projekts in der Investitionsphase anfallen. RdNr. 9 gilt entsprechend. Ohne Bedeutung ist in diesem Zusammenhang, ob diese Aufwendungen von dem Gesellschafter unmittelbar geleistet werden oder ob ein Teil seiner Einlage mit oder ohne sein Wissen für diese Zahlungen verwendet wird. Unbeachtlich ist weiterhin, ob diese Aufwendungen an den Initiator des Projektes oder an Dritte gezahlt werden. Zu den Anschaffungskosten gehören darüber hinaus stets Haftungs- und Geschäftsführungsvergütungen für Komplementäre, Geschäftsführungsvergütungen bei schuldrechtlichem Leistungsaustausch und Vergütungen für Treuhandkommanditisten, soweit sie auf die Investitionsphase entfallen. 38

### b) Betriebsausgaben oder Werbungskosten

Aufwendungen, die nicht auf den Erwerb des ggf. sanierten oder modernisierten Wirtschaftsguts gerichtet sind und die auch der (Einzel-)Erwerber au- 39 ßerhalb einer Fondsgestaltung als Betriebsausgaben oder Werbungskosten abziehen könnte, sind nicht den Anschaffungskosten des Objekts zuzurechnen.

40 Für den Abzug von Betriebsausgaben oder Werbungskosten gelten RdNrn. 5 bis 7 und 11 bis 20 entsprechend. Die in RdNr. 11 (letzter Gliederungspunkt) aufgeführte rechtliche und tatsächliche Abwahlmöglichkeit der Leistung muss den Anlegern in ihrer gesellschaftsrechtlichen Verbundenheit gegeben sein.

### 4. Rechtliche Einordnung der von einem Fonds mit wesentlichen Einflussnahmemöglichkeiten der Anleger aufzubringenden Kosten

41 Haben die Anleger eines geschlossenen Fonds wesentliche Einflussnahmemöglichkeiten im Sinne der RdNr. 33 bis 37, richtet sich die Abgrenzung zwischen Erwerber- und Herstellereigenschaft nach den allgemeinen Grundsätzen zu § 6 Abs. 1 Nr. 1 EStG.

#### a) Herstellungs-, Modernisierungs- oder Sanierungsfonds

42 Für die Abgrenzung der Anschaffungskosten, Herstellungskosten und sofort abziehbaren Werbungskosten sowie Betriebsausgaben bei einem Fonds, der ein Wirtschaftsgut herstellt oder modernisiert sowie saniert, gelten die Ausführungen in RdNr. 5 bis 7 sowie 21 bis 29 entsprechend. In Fällen der Instandsetzung und Modernisierung von Gebäuden gilt zusätzlich das BMF-Schreiben vom 18. Juli 2003, BStBl. I S. 386[1]. Ferner können insbesondere folgende Aufwendungen sofort abziehbare Werbungskosten sein:

#### aa) Eigenkapitalvermittlungsprovisionen

43 Provisionen, die die Fondsgesellschaft für die Vermittlung des Eintritts von Gesellschaftern zahlt, sind in der Regel Betriebsausgaben oder Werbungskosten (BFH-Urteil vom 24. Juli 1987, BStBl. II S. 810). Bemessungsgrundlage ist das jeweils vermittelte Eigenkapital. Hierzu gehören neben der Einlage des Gesellschafters auch ein an die Gesellschaft zu leistendes Agio sowie ein Gesellschafterdarlehen, wenn es eigenkapitalähnlichen Charakter hat. Das ist grundsätzlich der Fall, wenn das Darlehen derselben zeitlichen Bindung wie die Gesellschaftereinlage unterliegt und zur Erreichung des Gesellschaftszwecks notwendig ist. Ist bei Refinanzierung der Einlage oder des Gesellschafterdarlehens das Refinanzierungsdarlehen durch Gesellschaftsvermögen gesichert, gehören die Beträge nur zum Eigenkapital, soweit das Refinanzierungsdarlehen gleichzeitig durch Vermögen des Gesellschafters tatsächlich gesichert ist. Provisionen von bis zu insgesamt höchstens 6 v. H. des vermittelten Eigenkapitals können den Betriebsausgaben oder Werbungskosten zugerechnet werden. Damit sind sämtliche Vertriebsleistungen Dritter, die auf die Werbung von Gesellschaftern gerichtet und nicht den Anschaffungs- oder Herstellungskosten zuzurechnen sind, abgegolten. Hierzu gehören insbesondere die Aufwendungen für die Prospekterstellung, Prospektprüfung und Übernahme der Prospekthaftung, für den Außenvertrieb, für Werbung und für Marketing. Der nicht als Betriebsausgaben oder Werbungskosten anzuerkennende Teil der Eigenkapitalvermittlungsprovision ist gegebenenfalls anteilig den Anschaffungs- oder Herstellungskosten des Objekts zuzuordnen.

---

[1] Nr. 1 § 21/8.

**bb) Haftungs- und Geschäftsführungsvergütungen für Komplementäre**

Vergütungen, die der Komplementär für die Übernahme der Haftung oder Geschäftsführung aufgrund gesellschaftsrechtlich wirksamer Vereinbarung erhält, mindern, soweit sie nicht unangemessen sind, die Ergebnisanteile der übrigen Gesellschafter (vgl. BFH-Urteil vom 7. April 1987, BStBl. II 707). Die Haftungsvergütungen können wie Bürgschaftsgebühren entsprechend RdNr. 27 behandelt werden, soweit die dort genannten Höchstbeträge noch nicht ausgeschöpft sind. Wegen der steuerlichen Behandlung der Geschäftsführungsvergütung vgl. RdNr. 45. 44

**cc) Geschäftsführungsvergütungen bei schuldrechtlichem Leistungsaustausch**

Vergütungen, die ein Gesellschafter für die Übernahme der Geschäftsführung erhält, können wie entsprechende Leistungen an einen Nichtgesellschafter auf einem schuldrechtlichen Leistungsaustausch beruhen (zur Abgrenzung vgl. BFH, Urteil vom 13. Oktober 1998, BStBl. 1999 II S. 284, und Urteil vom 23. Januar 2001, BStBl. II S. 621). In diesem Fall kommt ein Betriebsausgaben- oder Werbungskostenabzug auf der Gesellschaftsebene in Betracht. Die Geschäftsführung während der Investitionsphase betrifft im Wesentlichen die Tätigkeiten i. S. der RdNr. 25 und 26. Hierzu zählen z. B. auch die „Verwaltung" der Gesellschaft, die Mittelverwaltung und die „Buchführung", die Unterrichtung der Beteiligten über den Fortgang des Projekts und die Einberufung von Gesellschafterversammlungen (Gesellschafterbetreuung). Diese Tätigkeiten sind untrennbar mit der Erstellung des Fondsobjekts verbunden. Die während der Investitionsphase geleisteten Geschäftsführungsvergütungen einschließlich der auf die Zeit nach Abschluss der Investition entfallenden Beträge sind in dem Verhältnis aufzuteilen, in dem die Geschäftsführungstätigkeit die Baubetreuung und die Treuhandtätigkeit im Sinne der RdNr. 25 und 26 betrifft. Die jeweiligen Anteile sind gegebenenfalls mit weiteren für die Baubetreuung oder Treuhandtätigkeit gezahlten Gebühren zusammenzufassen und nach den Grundsätzen der RdNr. 25 und 26 zu behandeln. 45

**b) Erwerberfonds**

Für die Abgrenzung der Anschaffungskosten von den sofort abziehbaren Werbungskosten oder Betriebsausgaben bei einem Fonds, der ein fertig gestelltes und nutzungsbereites Wirtschaftsgut erwirbt, gelten die Ausführungen in RdNr. 38 bis 40 entsprechend. Die von der Gesellschaft zu zahlende Eigenkapitalvermittlungsprovision ist nach den Grundsätzen der RdNr. 43 zu behandeln. 46

**c) Konzeptionsgebühren und Platzierungsgarantiegebühren**

Konzeptionsgebühren und Platzierungsgarantiegebühren gehören nicht zu den Betriebsausgaben oder Werbungskosten (vgl. RdNr. 23 und 24 sowie BFH-Beschluss vom 19. August 1986, a. a. O.). 47

**d) Kosten für die Vertretung der Gesellschafter**

48 Vergütungen, die Gesellschafter für die Wahrnehmung ihrer Interessen in der Gesellschaft an Dritte zahlen, sind entsprechend der tatsächlichen Gegenleistung in Anschaffungskosten, Herstellungskosten und sofort abziehbaren Werbungskosten oder Betriebsausgaben aufzuteilen. Soweit sie den Anschaffungskosten oder Herstellungskosten zuzuordnen sind, sind sie in einer Ergänzungsrechnung zu erfassen oder in einer Ergänzungsbilanz zu aktivieren. Soweit sie sofort abziehbare Werbungskosten oder Betriebsausgaben darstellen, sind sie Sonderwerbungskosten oder Sonderbetriebsausgaben des betreffenden Gesellschafters. Werden diese Kosten gemäß Gesellschafterbeschluss von der Gesellschaft übernommen, ist die Aufteilung auf der Ebene der Gesamthand vorzunehmen.

**e) Späterer Beitritt von Gesellschaftern**

49 Aufwendungen, die vor dem Beitritt eines Gesellschafters zu einer Fondsgesellschaft rechtlich entstanden und gezahlt worden sind, gehören bei dem Gesellschafter zu den Anschaffungskosten. Rechtlich entstandene Aufwendungen, die nach dem Beitritt eines Gesellschafters von der Gesellschaft gezahlt werden und bei der Ermittlung der Einkünfte auf der Ebene der Gesellschaft den Betriebsausgaben oder Werbungskosten zuzurechnen sind, sind bei dem neu eintretenden Gesellschafter Betriebsausgaben oder Werbungskosten, wenn er mit ihnen belastet wird (vgl. BFH-Beschluss vom 19. August 1986, a. a. O.).

## III. Erstmalige Anwendung

50 Dieses Schreiben ist in allen Fällen anzuwenden, in denen ein bestandskräftiger Steuerbescheid noch nicht vorliegt. Soweit die Anwendung der RdNr. 15 und 26 dieses Schreibens zu einem Nachteil gegenüber der bisherigen Verwaltungsauffassung bei der Steuerfestsetzung führt, ist dieses Schreiben erstmals für Darlehensverträge und Baubetreuungsverträge anzuwenden, die nach dem 31. Dezember 2003 abgeschlossen werden. Soweit die Anwendung dieser Grundsätze im Übrigen zu einer Verschärfung der Besteuerung gegenüber der bisher geltenden Verwaltungspraxis führt, sind die Grundsätze nicht anzuwenden, wenn der Außenvertrieb der Fondsanteile vor dem 1. September 2002 begonnen hat und der Steuerpflichtige dem Fonds vor dem 1. Januar 2004 beitritt. Der Außenvertrieb beginnt in dem Zeitpunkt, in dem die Voraussetzungen für die Veräußerung der konkret bestimmbaren Fondsanteile erfüllt sind und die Gesellschaft selbst oder über ein Vertriebsunternehmen mit Außenwirkung an den Markt herangetreten ist.

51 Die BMF-Schreiben vom 31. August 1990 (BStBl. I S. 366), vom 1. März 1995 (BStBl. I S. 167), vom 24. Oktober 2001 (BStBl. I S. 780) und vom 29. November 2002 (BStBl. I S. 1388) werden aufgehoben.

# I § 21/5. Schreiben betr. Einkunftserzielung bei den Einkünften aus Vermietung und Verpachtung

Vom 8. Oktober 2004 (BStBl. I S. 933)
(BMF IV C 3 – S 2253 – 91/04)

Nach dem Beschluss des Großen Senats vom 25. Juni 1984 (BStBl. 1984 II S. 751) setzt eine einkommensteuerrechtlich relevante Betätigung oder Vermögensnutzung im Bereich der Überschusseinkünfte die Absicht voraus, auf Dauer gesehen nachhaltig Überschüsse zu erzielen.

Bei den Einkünften aus Vermietung und Verpachtung ist nach ständiger Rechtsprechung des Bundesfinanzhofs (vgl. BFH-Urteil vom 30. September 1997, BStBl. 1998 II S. 771, m. w. N.) bei einer auf Dauer angelegten Vermietungstätigkeit grundsätzlich ohne weitere Prüfung vom Vorliegen der Einkunftserzielungsabsicht auszugehen. 1

Dies gilt nur dann nicht, wenn besondere Umstände oder Beweisanzeichen gegen das Vorliegen einer Einkunftserzielungsabsicht sprechen oder besondere Arten der Nutzung für sich allein Beweisanzeichen für eine private, nicht mit der Erzielung von Einkünften zusammenhängende Veranlassung sind. 2

Zur einkommensteuerlichen Ermittlung der Einkünfte aus Vermietung und Verpachtung hat der Bundesfinanzhof mit Urteilen vom 21. November 2000 (BStBl. 2001 II S. 705), 6. November 2001 (BStBl. 2002 II S. 726), 9. Juli 2002 (BStBl. 2003 II S. 580 u. S. 695), 5. November 2002 (BStBl. 2003 II S. 646 u. S. 914), 9. Juli 2003 (BStBl. II S. 940) und vom 22. Juli 2003 (BStBl. II S. 806) seine Rechtsprechung weiter präzisiert. 3

Unter Bezugnahme auf das Ergebnis der Erörterungen mit den obersten Finanzbehörden des Bundes und der Länder sind die Grundsätze dieser Urteile mit folgender Maßgabe anzuwenden:

## 1. Auf Dauer angelegte Vermietungstätigkeit

Eine Vermietungstätigkeit ist auf Dauer angelegt, wenn sie nach den bei Beginn der Vermietung ersichtlichen Umständen keiner Befristung unterliegt (vgl. aber RdNr. 28). Hat der Steuerpflichtige den Entschluss, auf Dauer zu vermieten, endgültig gefasst, gelten die Grundsätze des Urteils vom 30. September 1997 (RdNr. 1) für die Dauer seiner Vermietungstätigkeit auch dann, wenn er das bebaute Grundstück später auf Grund eines neu gefassten Entschlusses veräußert (BFH-Urteil vom 9. Juli 2002, BStBl. 2003 II S. 580, m. w. N.). 4

## 2. Gegen die Einkunftserzielungsabsicht sprechende Beweisanzeichen

### a) Nicht auf Dauer angelegte Vermietungstätigkeit

Hat sich der Steuerpflichtige nur für eine vorübergehende Vermietung entschieden, wie es regelmäßig bei der Beteiligung an einem Mietkaufmodell (BFH-Urteil vom 9. Februar 1993, BStBl. II S. 658) oder einem Bauherrenmodell mit Rückkaufangebot oder Verkaufsgarantie (BFH-Urteil vom 22. April 1997, BStBl. II S. 650, m. w. N.) der Fall ist, bildet dies ein gegen die Einkunftserzielungsabsicht sprechendes Beweisanzeichen, wenn voraus- 5 sichtlich Werbungskostenüberschüsse erzielt werden. Gleiches gilt auch außerhalb modellhafter Gestaltungen, wenn sich der Steuerpflichtige bei der Anschaffung oder Herstellung noch nicht endgültig entschieden hat, ob er das Grundstück langfristig vermieten will.

**6** Liegen Umstände vor, aus denen geschlossen werden kann, dass sich der Steuerpflichtige die Möglichkeit ausbedungen oder offen gehalten hat, das Mietobjekt innerhalb einer bestimmten Frist, innerhalb der er einen positiven Gesamtüberschuss nicht erzielen kann, unabhängig von einer Zwangslage zu verkaufen oder nicht mehr zur Einkunftserzielung zu nutzen, ist die Einkunftserzielungsabsicht zu verneinen. Beweisanzeichen hierfür können zum Beispiel der Abschluss eines entsprechenden Zeitmietvertrages, einer entsprechenden kurzen Fremdfinanzierung oder die Suche nach einem Käufer schon kurze Zeit nach Anschaffung oder Herstellung des Gebäudes sein. Gleiches gilt für den Fall der Kündigung eines bestehenden Mietverhältnisses, in das der Steuerpflichtige mit der Anschaffung des Objekts eingetreten ist (zur Anwendung vgl. RdNr. 41). Die Inanspruchnahme von Sonderabschreibungen oder erhöhten Absetzungen bei Gebäuden reicht zur Widerlegung der Einkunftserzielungsabsicht allein nicht aus.

**7** Ein gegen die Einkunftserzielungsabsicht sprechendes Beweisanzeichen liegt auch dann vor, wenn der Steuerpflichtige ein bebautes Grundstück oder eine Wohnung innerhalb eines engen zeitlichen Zusammenhangs – von in der Regel bis zu fünf Jahren – seit der Anschaffung oder Herstellung veräußert oder selbst nutzt und innerhalb dieser Zeit nur einen Werbungskostenüberschuss erzielt. Je kürzer der Abstand zwischen der Anschaffung oder Errichtung des Objekts und der nachfolgenden Veräußerung oder Selbstnutzung ist, umso mehr spricht dies gegen eine auf Dauer angelegte Vermietungstätigkeit und für eine von vornherein bestehende Veräußerungs- oder Selbstnutzungsabsicht (BFH-Urteile vom 9. Juli 2002, a. a. O.).

**Beispiel:**

A erwirbt mit Wirkung vom Januar 01 eine gebrauchte Eigentumswohnung, die er zunächst fremdvermietet. Ende Juli 03 kündigt er das Mietverhältnis mit Ablauf des 31. Dezember 03 wegen Eigenbedarf. Nach Durchführung von Renovierungsarbeiten für insgesamt 30 000 € zieht A selbst in das Objekt ein.

Dass A das Mietobjekt innerhalb von fünf Jahren seit der Anschaffung tatsächlich selbst nutzt, spricht gegen eine auf Dauer angelegte Vermietungstätigkeit. Kann A keine Umstände darlegen und nachweisen, die dafür sprechen, dass er den Entschluss zur Selbstnutzung erst nachträglich (neu) gefasst hat, ist anhand einer Prognose zu prüfen, ob er aus der befristeten Vermietung einen Totalüberschuss erzielen kann. Diese Prognose bezieht sich grundsätzlich auf die Zeit bis einschließlich Dezember 03. Die Kosten der erst nach Beendigung der Vermietungstätigkeit durchgeführten Renovierungsmaßnahme können nicht als Werbungskosten abgezogen werden und sind daher auch nicht zusätzlich in diese Prüfung einzubeziehen.

**8** Selbstnutzung ist gegeben, wenn der Steuerpflichtige die Wohnung selbst nutzt oder sie unentgeltlich Dritten zur Nutzung überlässt.

**9** Die objektive Beweislast (Feststellungslast) für das Vorliegen der Einkunftserzielungsabsicht trägt der Steuerpflichtige. Er kann das gegen die Einkunftserzielungsabsicht sprechende Beweisanzeichen erschüttern, indem er Umstände schlüssig darlegt und ggf. nachweist, die dafür sprechen, dass er den Entschluss zur Veräußerung oder zur Selbstnutzung erst nachträglich gefasst hat (BFH-Urteil vom 9. Juli 2002, BStBl. 2003 II S. 695).

Stellt sich das Fehlen einer Einkunftserzielungsabsicht (als Haupttatsache) erst zu einem späteren Zeitpunkt heraus, etwa durch nachträglich bekannt gewordene oder entstandene negative Beweisanzeichen (als Hilfstatsachen), kommt eine Änderung bestandskräftiger Steuerbescheide nach § 173 Abs. 1 Nr. 1 AO in Betracht (vgl. BFH-Urteil vom 6. Dezember 1994, BStBl. 1995 II S. 192). **10**

## b) Verbilligte Überlassung einer Wohnung

Nach § 21 Abs. 2 EStG ist die Nutzungsüberlassung in einen entgeltlichen und in einen unentgeltlichen Teil aufzuteilen, wenn das Entgelt für die Überlassung einer Wohnung zu Wohnzwecken (Kaltmiete und gezahlte Umlagen) weniger als *56 v. H.*[1] (bis einschließlich Veranlagungszeitraum 2003: 50 v. H.) der ortsüblichen Marktmiete beträgt. **11**

Der Bundesfinanzhof hat mit Urteil vom 5. November 2002 (BStBl. 2003 II S. 646) eine Aufteilung auch für Mieten von mindestens 50 v. H. der ortsüblichen Marktmiete (vgl. *R 162 EStR*[2]) vorgenommen, wenn die auf Grund einer verbilligten Vermietung angezeigte Überschussprognose zur Überprüfung der Einkunftserzielungsabsicht negativ ist.

Bei einer langfristigen Vermietung ist grundsätzlich vom Vorliegen einer Einkunftserzielungsabsicht auszugehen, wenn das Entgelt nicht weniger als *75 v. H.*[3] der ortsüblichen Marktmiete beträgt. **12**

*Beträgt das Entgelt 56 v. H. und mehr, jedoch weniger als 75 v. H. der ortsüblichen Marktmiete, ist die Einkunftserzielungsabsicht anhand einer Totalüberschussprognose zu prüfen (vgl. RdNr. 37). Führt diese zu positiven Ergebnissen, sind die mit der verbilligten Vermietung zusammenhängenden Werbungskosten in voller Höhe abziehbar. Ist die Überschussprognose negativ, muss die Vermietungstätigkeit in einen entgeltlichen und einen unentgeltlichen Teil aufgeteilt werden. Die anteilig auf den entgeltlichen Teil entfallenden Werbungskosten sind abziehbar.* **13**[4]

Bei Überlassung eines Mietobjekts zu einem Entgelt, das unter *56 v. H.*[1] der ortsüblichen Marktmiete liegt, ist die Nutzungsüberlassung in einen entgeltlichen und in einen unentgeltlichen Teil aufzuteilen. Die geltend gemachten Aufwendungen sind insoweit zu berücksichtigen, als sie auf den entgeltlichen Teil entfallen. *In diesem Fall entfällt die Prüfung der Einkunftserzielungsabsicht in Bezug auf die verbilligte Miete (BFH-Urteil vom 22. Juli 2003, BStBl. II S. 806)*[5]. **14**

Für die Beurteilung der Einkunftserzielungsabsicht ist es ohne Belang, ob an fremde Dritte oder an Angehörige verbilligt vermietet wird. **15**

## c) Vermietung von Ferienwohnungen[6]

### – Ausschließliche Vermietung[7]

Bei einer ausschließlich an wechselnde Feriengäste vermieteten und in der übrigen Zeit hierfür bereit gehaltenen Ferienwohnung ist ohne weitere Prüfung von der Einkunftserzielungsabsicht des Steuerpflichtigen auszugehen. Die- **16**

[1] **Red. Anm:** Ab VZ 2012 bis VZ 2020: 66 %; ab VZ 2021: 50 %.

[2] **Red. Anm:** Jetzt R 21.3 EStR.

[3] **Red. Anm:** Ab VZ 2012 bis VZ 2020: 75 %; ab VZ 2021: 66 %.

[4] **Red. Anm:** Ab VZ 2012 bis 2020: keine Anwendung; siehe § 21 Abs. 2 EStG a.F. Ab VZ 2021: Anwendung der Rdnr. 13 mit der Maßgabe, dass 56 % durch 50 % und 75 % durch 66 % ersetzt wird.

[5] **Red. Anm:** Siehe aber Rdnr. 2.

[6] **Red. Anm.:** Siehe hierzu auch FSen Berlin v. 12. 1. 2005 III A 2 – S 2253 – 1/93.

[7] **Red. Anm.:** Beachte hierzu aber BFH v. 26. 10. 2004, BStBl. 2005 II S. 388, sowie OFD München v. 25. 7. 2005 S 2253 – 86 St 41.

se Grundsätze gelten unabhängig davon, ob der Steuerpflichtige die Ferienwohnung in Eigenregie oder durch Einschalten eines fremden Dritten vermietet (BFH-Urteile vom 21. November 2000, BStBl. 2001 II S. 705, und vom 5. November 2002, BStBl. 2003 II S. 914).

17 Dem Steuerpflichtigen obliegt die Feststellungslast, dass ausschließlich eine Vermietung der Ferienwohnung vorliegt. Davon kann ausgegangen werden, wenn der Steuerpflichtige einen der folgenden Umstände glaubhaft macht:

- Der Steuerpflichtige hat die Entscheidung über die Vermietung der Ferienwohnung einem ihm nicht nahe stehenden Vermittler (überregionaler Reiseveranstalter, Kurverwaltung o. a.) übertragen und eine Eigennutzung vertraglich für das gesamte Jahr ausgeschlossen.
- Die Ferienwohnung befindet sich im ansonsten selbst genutzten Zwei- oder Mehrfamilienhaus des Steuerpflichtigen oder in unmittelbarer Nähe zu seiner selbst genutzten Wohnung. Voraussetzung ist jedoch, dass die selbst genutzte Wohnung nach Größe und Ausstattung den Wohnbedürfnissen des Steuerpflichtigen entspricht. Nur wenn die selbst genutzte Wohnung die Möglichkeit zur Unterbringung von Gästen bietet, kann davon ausgegangen werden, dass der Steuerpflichtige die Ferienwohnung nicht selbst nutzt.
- Der Steuerpflichtige hat an demselben Ort mehr als eine Ferienwohnung und nutzt nur eine dieser Ferienwohnungen für eigene Wohnzwecke oder in Form der unentgeltlichen Überlassung. Hiervon kann ausgegangen werden, wenn Ausstattung und Größe einer Wohnung auf die besonderen Verhältnisse des Steuerpflichtigen zugeschnitten sind.
- Die Dauer der Vermietung der Ferienwohnung entspricht zumindest dem Durchschnitt der Vermietungen in der am Ferienort üblichen Saison.

18 In den übrigen Fällen muss der Steuerpflichtige das Fehlen der Selbstnutzung schlüssig darlegen und ggf. nachweisen. Bei einer zu geringen Zahl der Vermietungstage muss der Steuerpflichtige die Absicht einer auf Dauer angelegten Vermietungstätigkeit durch entsprechend gesteigerte Werbemaßnahmen – z. B. durch häufige Zeitungsanzeigen – nachweisen.

19 Keine Selbstnutzung sind kurzfristige Aufenthalte des Steuerpflichtigen in der Ferienwohnung zu Wartungsarbeiten, Schlüsselübergabe an Feriengäste, Reinigung bei Mieterwechsel, allgemeiner Kontrolle, Beseitigung von durch Mieter verursachten Schäden, Durchführung von Schönheitsreparaturen oder Teilnahme an Eigentümerversammlungen. Begleiten den Steuerpflichtigen jedoch dabei Familienmitglieder oder Dritte oder dauert der Aufenthalt mehr als einen Tag, sind die dafür maßgebenden Gründe zu erläutern. Dabei ist schlüssig darzulegen und ggf. nachzuweisen, dass der (mehrtägige) Aufenthalt während der normalen Arbeitszeit vollständig mit Arbeiten für die Wohnung ausgefüllt war (BFH-Urteil vom 25. November 1993, BStBl. 1994 II S. 350). Dies gilt insbesondere dann, wenn es sich um Aufenthalte während der am Ferienort üblichen Saison handelt.

20 Wird in einem späteren Veranlagungszeitraum die Ferienwohnung vermietet und (zeitweise) selbst genutzt (vgl. RdNr. 21), muss ab diesem Zeitpunkt eine Prüfung der Einkunftserzielungsabsicht erfolgen.

*(Fortsetzung nächstes Blatt)*

**– Zeitweise Vermietung und zeitweise Selbstnutzung**

Selbstnutzung ist gegeben, wenn der Steuerpflichtige die Wohnung selbst nutzt oder sie unentgeltlich Dritten zur Nutzung überlässt. Wird eine Ferienwohnung zeitweise vermietet und zeitweise selbst genutzt oder behält sich der Steuerpflichtige eine zeitweise Selbstnutzung vor, ist diese Art der Nutzung Beweisanzeichen für eine auch private, nicht mit der Einkunftserzielung zusammenhängende Veranlassung der Aufwendungen. In diesen Fällen ist die Einkunftserzielungsabsicht stets zu prüfen. Der Steuerpflichtige muss im Rahmen der ihm obliegenden Feststellungslast für die Anerkennung dieser Absicht objektive Umstände vortragen, auf Grund derer im Beurteilungszeitraum ein Totalüberschuss (s. RdNr. 39) erwartet werden konnte. 21

**– Zuordnung der Leerstandszeiten**

Hat der Steuerpflichtige die Selbstnutzung zeitlich beschränkt (z. B. bei der Vermietung durch einen Dritten), ist nur die vorbehaltene Zeit der Selbstnutzung zuzurechnen; im Übrigen ist die Leerstandszeit der Vermietung zuzuordnen. Ist die Selbstnutzung dagegen jederzeit möglich, sind die Leerstandszeiten im Wege der Schätzung entsprechend dem Verhältnis der tatsächlichen Selbstnutzung zur tatsächlichen Vermietung aufzuteilen. 22

Lässt sich der Umfang der Selbstnutzung nicht aufklären, ist davon auszugehen, dass die Leerstandszeiten der Ferienwohnung zu gleichen Teilen durch das Vorhalten zur Selbstnutzung und das Bereithalten zur Vermietung entstanden sind und damit die hierauf entfallenden Aufwendungen zu je 50 v. H. der Selbstnutzung und der Vermietung zuzuordnen sind. 23

**d) Leer stehende Immobilie**

Ein gegen die Einkunftserzielungsabsicht sprechendes Beweisanzeichen liegt dann vor, wenn sich der Steuerpflichtige bei Erwerb eines Objekts noch nicht entschieden hat, ob er dieses veräußern, selbst nutzen oder dauerhaft vermieten will (vgl. RdNr. 5). Sind zum Beispiel bei mehrjähriger Renovierung Bemühungen zur Fertigstellung der Baumaßnahmen nicht erkennbar, kann dies Beweisanzeichen für einen fehlenden Entschluss zur dauerhaften Vermietung sein. Hat sich der Steuerpflichtige jedoch zur dauerhaften Vermietung einer leer stehenden Wohnung entschlossen, gilt RdNr. 1 auch dann, wenn er die leer stehende Immobilie auf Grund eines neu gefassten Beschlusses selbst nutzt oder veräußert (siehe auch RdNr. 6). 24

Eine Einkunftserzielungsabsicht kann schon vor Abschluss eines Mietvertrags über eine leer stehende Wohnung vorliegen. Dementsprechend können bereits vor dem Anfall von Einnahmen Aufwendungen als vorab entstandene Werbungskosten abgezogen werden, sofern anhand objektiver Umstände festgestellt werden kann, dass der Steuerpflichtige den Entschluss zur dauerhaften Vermietung endgültig gefasst hat. 25

Steht eine Wohnung nach vorheriger auf Dauer angelegter Vermietung leer, sind Aufwendungen als Werbungskosten so lange abziehbar, wie der Steuerpflichtige den Entschluss, mit dieser Wohnung Einkünfte zu erzielen, nicht endgültig aufgegeben hat. Solange sich der Steuerpflichtige ernsthaft und nachhaltig um eine Vermietung der leer stehenden Wohnung bemüht – z. B. durch Einschaltung eines Maklers, fortgesetzte Zeitungsinserate u.ä. –, kann 26 regelmäßig nicht von einer endgültigen Aufgabe der Einkunftserzielungsabsicht ausgegangen werden, selbst wenn er – z. B. wegen mehrjähriger Erfolglosigkeit einer Vermietung – die Wohnung zugleich zum Verkauf anbietet (BFH-Urteil vom 9. Juli 2003, BStBl. II S. 940, m. w. N.).

27 Für die Ernsthaftigkeit und Nachhaltigkeit der Vermietungsbemühungen als Voraussetzungen der fortbestehenden Einkunftserzielungsabsicht trägt der Steuerpflichtige die Feststellungslast.

**Beispiel:**

B ist Eigentümer einer seit 15 Jahren zu ortsüblichen Konditionen vermieteten Eigentumswohnung. Nach dem Auszug des Mieters bemüht er sich nicht ernsthaft und nachhaltig um einen Nachmieter. Nach einer Leerstandszeit von zwei Jahren vermietet B die Wohnung zu einem auf 60 v. H. der ortsüblich erzielbaren Miete ermäßigten Mietzins an seine Schwester.

Während der Leerstandszeit fehlt es an einem ausreichend bestimmten wirtschaftlichen Zusammenhang mit der Erzielung von Einkünften aus Vermietung und Verpachtung. Als Folge der objektiven Ungewissheit über die Einkunftserzielungsabsicht muss der Werbungskostenabzug daher in diesem Zeitraum entfallen. Die spätere und auf Dauer angelegte Vermietung an die Schwester begründet zwar eine erneute Vermietungstätigkeit, die auf die vorangehende Leerstandszeit aber nicht zurückwirkt. Werbungskosten sind daher erst wieder von dem Zeitpunkt an abziehbar, zu dem sich der auf einer Absichtsänderung beruhende endgültige Vermietungsentschluss anhand objektiver Umstände feststellen lässt.

*Infolge der gewährten Verbilligung ist zusätzlich festzustellen, ob B über die Dauer dieses Mietverhältnisses regelmäßig innerhalb eines Zeitraums von 30 Jahren seit Abschluss des Mietvertrags ein positives Gesamtergebnis erzielen kann. Weder die aus der ursprünglichen Fremdvermietung erzielten Erträge noch die der Leerstandszeit zuzurechnenden und steuerrechtlich irrelevanten Aufwendungen fließen in diese Prüfung ein (vgl. RdNr. 34 1. Tiret)*[1].

### e) Entstehen oder Wegfall der Einkunftserzielungsabsicht

28 Die Einkunftserzielungsabsicht kann zu einem späteren Zeitpunkt sowohl begründet werden als auch wegfallen (BFH-Urteil vom 5. November 2002, BStBl. 2003 II S. 914, m. w. N.). Deshalb ist z. B. bei Umwandlung eines ausdrücklich mit Veräußerungs- oder Selbstnutzungsabsicht vereinbarten befristeten Mietvertrags in ein unbefristetes Mietverhältnis oder bei erneuter Vermietung dieser Immobilie nach Auszug des Mieters erneut zu prüfen, ob eine dauernde Vermietungsabsicht vorliegt. Entsprechend ist bei Vereinbarung eines befristeten Mietverhältnisses im Anschluss an eine unbefristete Vermietung oder bei verbilligter Überlassung einer Wohnung nach vorheriger nicht verbilligter Überlassung die Einkunftserzielungsabsicht zu prüfen.

**Beispiel:**

Wie Beispiel zu RdNr. 27, allerdings vermietet B die Wohnung nach Auszug des Mieters aufgrund eines mit Selbstnutzungsabsicht begründeten Zeitmietvertrags für vier Jahre an einen weiteren Mieter.

Die an das Dauermietverhältnis anschließende, nicht auf Dauer angelegte Fremdvermietung ist gesondert daraufhin zu untersuchen, ob Einkunftserzielungsabsicht gegeben ist (vgl. RdNrn. 6 und 36).

## 3. Unbebaute Grundstücke

### – Verpachtung unbebauter Grundstücke

29 Die Grundsätze des BFH-Urteils vom 30. September 1997 zur Einkunftserzielungsabsicht bei auf Dauer angelegter Vermietung (RdNr. 1) gelten nicht

[1] Überholt; ab VZ 2012 siehe § 21 Abs. 2 EStG.

für die dauerhafte Vermietung und Verpachtung von unbebautem Grundbesitz (BFH-Beschluss vom 25. März 2003, BStBl. II S. 479). Für die Ermittlung des Totalüberschusses ist RdNr. 33 ff. entsprechend anzuwenden.

## 4. Personengesellschaften und -gemeinschaften

Bei Grundstücksverwaltungsgesellschaften oder -gemeinschaften mit Einkünften aus Vermietung und Verpachtung von Grundstücken sowie bei geschlossenen Immobilienfonds gelten die Grundsätze zu RdNr. 1 ff. entsprechend. 30

Bei einer Personengesellschaft mit Einkünften aus Vermietung und Verpachtung, bei der die Einkünfte zunächst auf der Ebene der Gesellschaft zu ermitteln und sodann auf die Gesellschafter zu verteilen sind, muss die Einkunftserzielungsabsicht sowohl auf der Ebene der Gesellschaft als auch auf der Ebene des einzelnen Gesellschafters gegeben sein. Im Regelfall bedarf es insoweit allerdings keiner getrennten Beurteilung (BFH-Urteil vom 8. Dezember 1998, BStBl. 1999 II S. 468). Insbesondere können den einzelnen Gesellschaftern keine steuerrechtlich relevanten Einkünfte zugerechnet werden, wenn (bereits) auf der Gesellschaftsebene keine Einkunftserzielungsabsicht besteht. Liegt hingegen auf der Gesellschaftsebene Einkunftserzielungsabsicht vor, kann gleichwohl diese Absicht eines Gesellschafters dann zweifelhaft sein, wenn er sich z. B. nur kurzfristig zur Verlustmitnahme an einer Gesellschaft beteiligt hat (BFH-Urteil vom 21. November 2000, BStBl. 2001 II S. 789, m. w. N.). 31

Soweit es sich bei der Personengesellschaft jedoch um eine Verlustzuweisungsgesellschaft handelt, besteht zunächst die Vermutung der fehlenden Einkunftserzielungsabsicht (BFH-Urteil vom 21. November 2000, BStBl. 2001 II S. 789). Bei einer Verlustzuweisungsgesellschaft liegt in der Regel eine Einkunftserzielungsabsicht erst von dem Zeitpunkt an vor, in dem nach dem Urteil eines ordentlichen Kaufmanns mit großer Wahrscheinlichkeit ein Totalüberschuss erzielt werden kann. Zur Ermittlung des Totalüberschusses vgl. RdNr. 33 ff. 32

## 5. Ermittlung des Totalüberschusses (Überschussprognose)

### a) Allgemeine Grundsätze zur Ermittlung des Totalüberschusses

Sprechen Beweisanzeichen gegen das Vorliegen der Einkunftserzielungsabsicht (vgl. RdNr. 5 ff.), ist stets zu prüfen, ob ein Totalüberschuss zu erzielen ist. Ob die jeweilige Vermietungstätigkeit einen Totalüberschuss innerhalb des Zeitraums der tatsächlichen Vermögensnutzung erwarten lässt, hängt von einer vom Steuerpflichtigen zu erstellenden Prognose über die voraussichtliche Dauer der Vermögensnutzung, die in dieser Zeitspanne voraussichtlich erzielbaren steuerpflichtigen Einnahmen und anfallenden Werbungskosten ab. In diese Prognose sind alle objektiv erkennbaren Umstände einzubeziehen, zukünftig eintretende Faktoren jedoch nur dann, wenn sie bei objektiver Betrachtung vorhersehbar waren. Die Verhältnisse eines bereits abgelaufenen Zeitraums können wichtige Anhaltspunkte liefern. Dies gilt umso mehr, wenn die zukünftige Bemessung eines Faktors unsicher ist (BFH-Urteil vom 6. November 2001). 33

34 Dabei ist nach folgenden Grundsätzen zu verfahren:

- Für die Prognose ist nicht auf die Dauer der Nutzungsmöglichkeit des Gebäudes, sondern auf die voraussichtliche Dauer der Nutzung durch den Nutzenden und ggf. seiner unentgeltlichen Rechtsnachfolger abzustellen. Der Prognosezeitraum umfasst – sofern nicht von einer zeitlich befristeten Vermietung auszugehen ist – einen Zeitraum von 30 Jahren (s. auch BFH-Urteile vom 9. Juli 2003). Dieser beginnt grundsätzlich mit der Anschaffung oder Herstellung des Gebäudes; in Fällen der RdNr. 28 mit dem Zeitpunkt, zu dem wegen Veränderung der Verhältnisse der nachträgliche Wegfall oder die nachträgliche Begründung der Einkunftserzielungsabsicht zu prüfen ist, und im Fall der Vermietung nach vorheriger Selbstnutzung mit Beendigung der Selbstnutzung.
- Bei der Ermittlung des Totalüberschusses ist von den Ergebnissen auszugehen, die sich nach den einkommensteuerrechtlichen Vorschriften voraussichtlich ergeben werden. Die Einkunftserzielungsabsicht ist für jede Einkunftsart gesondert zu ermitteln; private Veräußerungsgewinne sind nicht in die auf eine Vermietungstätigkeit bezogene Prognose einzubeziehen, unabhängig davon, ob und ggf. in welcher Höhe sie nach § 23 Abs. 1 Satz 1 Nr. 1 EStG der Besteuerung unterliegen.
- Die Einkunftserzielungsabsicht ist in der Regel jeweils für das einzelne Mietverhältnis gesondert zu prüfen. Abweichend hiervon ist bei der Vermietung von Ferienwohnungen eine objekt-, d. h. wohnungsbezogene Prüfung durchzuführen.

**Beispiel 1:**

C tritt im Mai 01 durch den Erwerb eines vollständig vermieteten Zweifamilienhauses in die bestehenden Mietverträge ein. Dem Mieter der Erdgeschosswohnung kündigt er wegen Eigenbedarf. In Wahrung der im Einzelfall geltenden Kündigungsschutzfrist besteht das Mietverhältnis allerdings noch bis einschließlich Mai 02 fort, so dass C die Wohnung erst zum 1. Juni 02 bezieht.

Infolge der gegen eine auf Dauer angelegte Vermietung sprechenden Beweisanzeichen ist zu prüfen, ob Einkunftserzielungsabsicht besteht. Hierzu ist zu ermitteln, ob C über die von vornherein befristete Vermietung der Erdgeschosswohnung in der Zeit bis einschließlich Mai 02 einen Totalüberschuss erzielen kann. Die aus der auf Dauer angelegten Vermietung der Obergeschosswohnung erzielten Erträge fließen nicht in diese Prüfung ein.

**Beispiel 2:**

Wie Beispiel 1, allerdings bezieht nicht C, sondern sein Sohn zum 1. Juni 02 die Erdgeschosswohnung. Grundlage dieser Nutzungsüberlassung bildet ein zwischen den beiden abgeschlossener und einem Fremdvergleich standhaltender Mietvertrag, der aber einen auf 60 v. H. der ortsüblich erzielbaren Miete ermäßigten Mietzins vorsieht.

Wie im Beispiel 1 ist zunächst eigenständig zu prüfen, ob C über die nach wie vor von vornherein befristete Vermietung der Erdgeschosswohnung in der Zeit bis einschließlich Mai 02 einen Totalüberschuss erzielen kann.

*Für die Zeit ab Juni 02 ist entsprechend Beispiel zu RdNr. 27 festzustellen, ob C über die Dauer dieses Mietverhältnisses, regelmäßig innerhalb eines Zeitraums von 30 Jahren seit Abschluss des Mietvertrags mit seinem Sohn, ein positives Gesamtergebnis erzielen kann. Hier sind also weder die aus der Vermietung der Obergeschosswohnung noch die aus der vorangegangenen Vermietung der Erdgeschosswohnung erzielten Erträge zu berücksichtigen.*[1)]

- Bei der Totalüberschussprognose ist für die Gebäudeabschreibung allgemein von der AfA nach § 7 Abs. 4 EStG auszugehen. Die tatsächlich in Anspruch

---

1) Überholt; ab VZ 2012 siehe § 21 Abs. 2 EStG.

genommenen Absetzungen (also auch Sonderabschreibungen, erhöhte Absetzungen und degressive AfA nach § 7 Abs. 5 EStG) sind regelmäßig nicht anzusetzen (vgl. aber RdNr. 36).

– Die im Prognosezeitraum zu erwartenden Einnahmen und Ausgaben sind zu schätzen. Sofern der Steuerpflichtige keine ausreichenden objektiven Umstände über die zukünftige Entwicklung vorträgt, sind die zu erwartenden Überschüsse anhand des Durchschnitts der in der Vergangenheit in einem bestimmten Zeitraum (in der Regel in den letzten fünf Veranlagungszeiträumen) angefallenen Einnahmen und Werbungskosten zu schätzen. Künftig anfallende Instandhaltungsaufwendungen können in Anlehnung an § 28 der Zweiten Berechnungsverordnung vom 12. Oktober 1990 in die Schätzung einbezogen werden.
– Legt der Steuerpflichtige dar, dass er auf die in der Vergangenheit entstandenen Werbungskostenüberschüsse reagiert und die Art und Weise der weiterhin ausgeübten Vermietungstätigkeit geändert hat, ist der Schätzung der Durchschnitt der Einnahmen und Werbungskosten der zukünftigen (in der Regel ebenfalls fünf) Veranlagungszeiträume zu Grunde zu legen, in denen sich die im (jeweiligen) Streitjahr objektiv erkennbar angelegten Maßnahmen erstmals ausgewirkt haben. Die sich so ergebenden Überschüsse sind auf den Rest des Prognosezeitraums hochzurechnen.
– Wegen der Unsicherheitsfaktoren, denen eine Prognose über einen Zeitraum von bis zu 30 Jahren unterliegt, ist bei der Gesamtsumme der geschätzten Einnahmen ein Sicherheitszuschlag von 10 v. H. und bei der Gesamtsumme der geschätzten Werbungskosten ein Sicherheitsabschlag von 10 v. H. vorzunehmen.

**Beispiel:**

Bei der im Oktober 14 erfolgenden Einkommensteuerveranlagung für das das Jahr 13 stellt das Finanzamt fest, dass D eine von ihm im Juli 01 für umgerechnet 100 000 € (Bodenwertanteil 20%) angeschaffte und degressiv nach § 7 Abs. 5 EStG abgesetzte Eigentumswohnung für nach wie vor monatlich 400 € (einschließlich gezahlter Umlagen) an seinen Sohn vermietet. Der für den Veranlagungszeitraum 13 erklärte Verlust hieraus beträgt 1100 €. Die ortsübliche Miete für dieses Jahr (einschließlich umlagefähiger Nebenkosten) beläuft sich auf monatlich 600 €.

Die in den Vorjahren berücksichtigten Verluste belaufen sich auf insgesamt 41 800 €, davon 8500 € in den Jahren 08 bis 12. Schuldzinsen und Bewirtschaftungskosten wurden darin mit 20 500 € berücksichtigt. *Nachdem das Finanzamt darauf hingewiesen hat, dass für das Jahr 13 infolge der Verbilligung eine Überschussprognose durchzuführen ist,*[1] teilt D mit, er hätte die monatliche Miete mit Wirkung ab dem Jahr 15 auf nunmehr 500 € angepasst. Ferner macht er glaubhaft, dass sich die Schuldzinsen ab dem Jahr 14 auf jährlich im Mittel 2000 € und die Bewirtschaftungskosten auf 1800 € belaufen würden. Für das Jahr 14 erklärt D einen Verlust von 1000 €.

*Die Mieterhöhung kann bei der für den Veranlagungszeitraum 13 erforderlichen Überschussprognose noch nicht berücksichtigt werden, weil sie in diesem Jahr noch nicht objektiv erkennbar angelegt war. Die auf der Grundlage von 13 geschätzten Mieteinnahmen von jährlich 4800 € (12 × 400 €) sind daher lediglich um den Sicherheitszuschlag von 10% zu erhöhen (geschätzte Jahreseinnahmen somit 5280 €). Bei den Werbungskosten sind die durchschnittlichen Schuldzinsen und Bewirtschaftungskosten von insgesamt 3800 € zu berücksichtigen. Daneben die nach § 7 Abs. 4 EStG bemessene Jahres-AfA von 1600 € (2% von 80 000 €). Die gesamten Werbungskosten von 5400 € sind um den Sicherheitsab-*

[1] Überholt; ab VZ 2012 siehe § 21 Abs. 2 EStG.

*schlag von 10% zu kürzen (prognostizierte Werbungskosten somit 4860 €). Der durchschnittlich prognostizierte Jahresüberschuss beträgt daher 420 € (5280 – 4860 €).*
*Der Prognosezeitraum umfasst die Jahre 01 bis einschließlich 30. Der auf die Jahre 14 bis 30 (17 Jahre) hochgerechnete Jahresüberschuss von 7140 € (17 × 420 €) ist dem um die degressive AfA bereinigten Verlust der Jahre 01 bis 13 gegenüberzustellen:*

| | |
|---|---|
| *angesetzte Verluste 01 bis 12:* | *– 41 800 €* |
| *erklärter Verlust 13:* | *– 1100 €* |
| *Gesamtverlust* | *– 42 900 €* |
| *abzüglich degressive AfA nach § 7 Abs. 5 EStG:* | |
| *8 Jahre 5% aus 80 000 €* | *+ 32 000 €* |
| *5 Jahre 2,5% aus 80 000 €* | *+ 10 000 €* |
| *zuzüglich lineare AfA nach § 7 Abs. 4 EStG:* | |
| *12,5 Jahre 2% aus 80 000 €* | *– 20 000 €* |
| *bereinigter Verlust:* | *= – 20 900 €* |

*Für den Prognosezeitraum errechnet sich somit ein insgesamt negatives Gesamtergebnis von 13 760 € (7140 – 20 900 €). Für die Besteuerung im Jahr 13 ist die Vermietung daher in einen entgeltlichen und einen unentgeltlichen Teil aufzuteilen mit der Folge, dass den Einnahmen von 4800 € nur 66,66% der Werbungskosten von 5900 € (= 3933 €) entgegengerechnet werden können. Hieraus ergeben sich positive Einkünfte von 867 €.*
*Auch für das Jahr 14 ist eine Überschussprognose anzustellen, wobei hier allerdings die Mieterhöhung ab dem Jahr 15 berücksichtigt werden kann. Einschließlich des Sicherheitszuschlages von 10% kann daher nunmehr von geschätzten Mieteinnahmen von jährlich 6600 € ausgegangen werden. Die geschätzten Werbungskosten bleiben mit 4860 € unverändert, so dass ein durchschnittlich prognostizierter Jahresüberschuss von nunmehr 1740 € (6600 – 4860 €) angesetzt werden kann. Hochgerechnet auf die Jahre 15 bis 30 (16 Jahre) ermittelt sich dann ein positiver Betrag von insgesamt 27 840 € (1740 € × 16).*
*Bereits bei Gegenüberstellung mit den bereinigten Verlusten aus 01 bis 13 (20 900 €) ergibt sich ein insgesamt positives Gesamtergebnis. Der für 14 geltend gemachte Verlust von 1000 € kann daher berücksichtigt werden. Im Jahr 15 beträgt die vereinbarte Miete mehr als 75% der Marktmiete. Es ist daher ohne weitere Prüfung vom Vorliegen einer Einkunftserzielungsabsicht auszugehen (vgl. RdNr. 12).*[1]

## b) Ermittlung des Totalüberschusses in Sonderfällen

### – Einbeziehung der Investitionszulage

35 Die Investitionszulage ist in die Beurteilung der Einkunftserzielungsabsicht einzubeziehen.

### – Totalüberschussprognose bei befristeter Vermietung

36 Bei zeitlich befristeter Vermietung ist bei der Prüfung der Einkunftserzielungsabsicht wie folgt zu verfahren (BFH-Urteile vom 9. Juli 2002):

- Ob ein Totalüberschuss zu erzielen ist, ergibt sich – abweichend von RdNr. 34 – aus der den Zeitraum der abgekürzten Vermögensnutzung umfassenden Totalüberschussprognose, d. h. nur die während des befristeten Vermietungszeitraums zufließenden Einnahmen und abfließenden Werbungskosten sind gegenüberzustellen.
- Negative Einkünfte auf Grund von steuerrechtlichen Subventions- und Lenkungsnormen sind in die befristete Totalüberschussprognose einzubeziehen, wenn der jeweilige Zweck der Subventions- und Lenkungsnorm sowie die Art der Förderung dies gebieten. Dies hat zur Folge, dass – anders

[1] Überholt; ab VZ 2012 siehe § 21 Abs. 2 EStG.

als bei auf Dauer angelegter Vermietung (vgl. RdNr. 34) – die jeweils tatsächlich in Anspruch genommenen Absetzungen (also auch Sonderabschreibungen, erhöhte Absetzungen und degressive AfA nach § 7 Abs. 5 EStG) und nicht die in fiktiver Anwendung des § 7 Abs. 4 EStG zu ermittelnden linearen Absetzungen anzusetzen sind.

**– Totalüberschussprognose bei verbilligter Überlassung**

*Ist bei verbilligter Überlassung einer Wohnung die Einkunftserzielungsabsicht zu prüfen (vgl. RdNr. 13), gelten für die Erstellung der Totalüberschussprognose die Grundsätze der RdNr. 34 f.* **37**[1]

Eine Totalüberschussprognose ist auch erforderlich, wenn die Miethöhe im Lauf eines Mietverhältnisses die ortsübliche Marktmiete um mehr als 25 v. H. unterschreitet. In diese Prognose sind auch die in früheren Veranlagungszeiträumen durch Vermietung erzielten Entgelte einzubeziehen. **38**

**– Totalüberschussprognose bei zeitweise vermieteter und zeitweise selbstgenutzter Ferienwohnung**

In die Prognose sind als Werbungskosten nur die Aufwendungen einzubeziehen, die (ausschließlich oder anteilig) auf Zeiträume entfallen, in denen die Ferienwohnung an Feriengäste tatsächlich vermietet oder zur Vermietung angeboten und bereitgehalten worden ist (der Vermietung zuzurechnende Leerstandszeiten), dagegen nicht die auf die Zeit der nicht steuerbaren Selbstnutzung entfallenden Aufwendungen. Der Steuerpflichtige trägt die Feststellungslast dafür, ob und in welchem Umfang die Wohnung selbst genutzt oder zur Vermietung angeboten und bereitgehalten wird. **39**

Aufwendungen, die sowohl durch die Selbstnutzung als auch durch die Vermietung veranlasst sind (z. B. Schuldzinsen, Grundbesitzabgaben, Erhaltungsaufwendungen, Gebäudeabschreibungen oder Versicherungsbeiträge), sind im Verhältnis der Zeiträume der jeweiligen Nutzung zueinander aufzuteilen. **40**

**6. Anwendungsregelung**

Dieses Schreiben ersetzt die BMF-Schreiben vom 23. Juli 1992 (BStBl. I S. 434), 29. Juli 2003 (BStBl. I S. 405), 15. August 2003 (BStBl. I S. 427) und vom 20. November 2003 (BStBl. I S. 640). **41**

Die Grundsätze der RdNr. 5 ff. zur Einkunftserzielungsabsicht bei befristeter Vermietung mit anschließender Selbstnutzung sind erstmals auf Mietverträge anzuwenden, die nach dem 31. Dezember 2003 abgeschlossen werden. In Fällen der Anschaffung von vermieteten bebauten Grundstücken oder Wohnungen sind diese Grundsätze anzuwenden, wenn das Grundstück oder die jeweilige Wohnung auf Grund eines nach dem 8. Oktober 2004 rechtswirksam abgeschlossenen Kaufvertrags oder gleichstehenden Rechtsakts angeschafft wird. Der Zeitpunkt des Abschlusses des Mietvertrages ist in diesen Fällen ohne Bedeutung.

Die Grundsätze der RdNr. 11 ff. zur Einkunftserzielungsabsicht bei verbilligter Überlassung einer Wohnung sind erstmals für den Veranlagungszeitraum 2004 anzuwenden.

---

[1] Überholt; ab VZ 2012 siehe § 21 Abs. 2 EStG.

Soweit die Anwendung der Grundsätze dieses Schreibens bei geschlossenen Immobilienfonds zu einer Verschärfung der Besteuerung gegenüber der bisher geltenden Verwaltungspraxis führt, sind diese Grundsätze nicht anzuwenden, wenn der Außenvertrieb der Fondsanteile vor dem 8. Oktober 2004 begonnen hat. Dies gilt nicht bei konzeptionellen Änderungen des Fonds. Der Außenvertrieb beginnt in dem Zeitpunkt, in dem die Voraussetzungen für die Veräußerung der konkret bestimmbaren Fondsanteile erfüllt sind und die Gesellschaft selbst oder über ein Vertriebsunternehmen mit Außenwirkung an den Markt herangetreten ist.

# I § 21/6. Schreiben betr. Schuldzinsen bei einem Darlehen für die Anschaffung oder Herstellung eines teilweise vermieteten und teilweise selbstgenutzten Gebäudes bei den Einkünften aus Vermietung und Verpachtung; BFH-Urteil vom 25. März 2003[1] (BStBl. 2004 II S. 348)

Vom 16. April 2004 (BStBl. I S. 464)

(BMF IV C 3 – S 2211 – 36/04)

**1 Anlage**

Der BFH hat mit den Urteilen vom 27. Oktober 1998 (BStBl. 1999 II S. 676, 678 und 680) sowie vom 9. Juli 2002 (BStBl. 2003 II S. 389) und zuletzt vom 25. März 2003 (BStBl. 2004 II S. 348) zum Abzug von Schuldzinsen bei Darlehen für die Anschaffung oder Herstellung eines teilweise vermieteten und teilweise selbstgenutzten Gebäudes entschieden. Unter Bezugnahme auf das Ergebnis der Erörterung mit den obersten Finanzbehörden der Länder nehme ich zur Anwendung der Urteilsgrundsätze wie folgt Stellung:

Ein Steuerpflichtiger, der ein teilweise vermietetes und teilweise selbstgenutztes Gebäude mit Eigenmitteln und Fremdmitteln finanziert, kann Darlehenszinsen als Werbungskosten bei den Einkünften aus Vermietung und Verpachtung abziehen, soweit er die Darlehensmittel tatsächlich zur Finanzierung der Anschaffungs- oder Herstellungskosten des vermieteten Gebäudeteils verwendet.

## 1. Zuordnung der Anschaffungs- oder Herstellungskosten

Der Abzug von Schuldzinsen als Werbungskosten setzt zunächst voraus, dass die Anschaffungs- oder Herstellungskosten den Gebäudeteilen, die eigenständige Wirtschaftsgüter bilden, zugeordnet werden. Hierbei ist Folgendes zu beachten:

### a) Anschaffungskosten, Anschaffungsnebenkosten

– Einer nach außen hin erkennbaren Zuordnung der Anschaffungskosten durch den Steuerpflichtigen, z. B. durch Aufteilung des zivilrechtlich einheitlichen Kaufpreises im notariellen Kaufvertrag, ist steuerrechtlich zu folgen, soweit die Aufteilung nicht zu einer unangemessenen wertmäßigen Berücksichtigung der einzelnen Gebäudeteile führt.

– Trifft der Steuerpflichtige keine nach außen hin erkennbare Zuordnungsentscheidung, sind die Anschaffungskosten den einzelnen Gebäudeteilen nach dem Verhältnis der Wohn-/Nutzflächen anteilig zuzuordnen.

### b) Herstellungskosten

– In Rechnung gestellte Entgelte für Lieferungen und Leistungen, die ausschließlich einen bestimmten Gebäudeteil betreffen (z. B. Aufwendungen

[1] Siehe Zusatz der OFD Ffm v. 30. 8. 2006, DB S. 2260 (Nr. 1 § 21/6 Anl.).

für Bodenbeläge, Malerarbeiten oder Sanitärinstallationen in einer einzelnen Wohnung), sind diesem Gebäudeteil gesondert zuzuordnen. Diese Aufwendungen müssen entweder durch den Unternehmer gesondert abgerechnet oder durch den Steuerpflichtigen in einer gleichartigen Aufstellung gesondert aufgeteilt und ausgewiesen werden.

– Kosten, die das Gesamtgebäude betreffen (z. B. Aufwendungen für den Aushub der Baugrube, den Rohbau, die Dacheindeckung, den Außenanstrich), sind den einzelnen Gebäudeteilen nach dem Verhältnis der Wohn-/Nutzflächen anteilig zuzuordnen. Dies gilt auch, wenn der Steuerpflichtige die Kosten für die Errichtung des gesamten Gebäudes einheitlich abgerechnet hat, ohne die auf die jeweiligen Gebäudeteile entfallenden Kosten gesondert auszuweisen.

**2. Wirtschaftlicher Zusammenhang zwischen Schuldzinsen und Anschaffungs- oder Herstellungskosten**

Für den Werbungskostenabzug ist darüber hinaus ein wirtschaftlicher Zusammenhang zwischen den Schuldzinsen und den zugeordneten Anschaffungs- oder Herstellungskosten für den vermieteten Gebäudeteil unabdingbar. Dieser liegt nur dann vor, wenn dieser Teil der Anschaffungs- oder Herstellungskosten tatsächlich mit den dafür aufgenommenen Darlehensmitteln bezahlt worden ist. Hieraus folgt für Anschaffungs- und Herstellungsvorgänge:

**a) Anschaffung eines Gebäudes**

Eine gesonderte Zahlung der zugeordneten Anschaffungskosten liegt auch vor, wenn der Steuerpflichtige diese Kosten mittels eines eigenständigen Darlehens auf ein Notaranderkonto überweist und der Notar den gesamten Kaufpreis vom Notaranderkonto auskehrt.

**b) Herstellung eines Gebäudes**

– Von einem wirtschaftlichen Zusammenhang ist auszugehen, wenn der Steuerpflichtige ein Baukonto ausschließlich mit Darlehensmitteln ausstattet und die Zahlungen der zugeordneten Herstellungskosten zu Lasten dieses Kontos ergehen.

– Versäumt es der Steuerpflichtige, die den unterschiedlich genutzten Gebäudeteilen gesondert zugeordneten Aufwendungen getrennt mit Eigen-/Darlehensmitteln zu finanzieren, sind die Schuldzinsen nach dem Verhältnis der Baukosten der einzelnen Gebäudeteile schätzungsweise aufzuteilen.

– Werden die Kosten für die Errichtung des gesamten Gebäudes einheitlich abgerechnet und bezahlt, ist grundsätzlich davon auszugehen, dass auch die Darlehensmittel nach dem Verhältnis der Wohn-/Nutzflächen verwendet worden sind. Etwas anderes gilt nur dann, wenn der Steuerpflichtige durch eigene Aufstellung die Herstellungskosten anteilig dem vermieteten Gebäudeteil zuordnet und die sich danach ergebenden Herstellungskosten mit Darlehensmitteln bezahlt (BFH-Urteil vom 25. März 2003).

**3. Anwendungsregelungen**

Die vorstehenden Grundsätze sind auch für ein vom Steuerpflichtigen beruflich genutztes häusliches Arbeitszimmer anwendbar, das als selbständiger Gebäudeteil zu behandeln ist.

Die vom Steuerpflichtigen vorgenommene tatsächliche Zuordnung von Darlehen bleibt auch maßgebend, wenn er die vormals selbstgenutzte Wohnung später vermietet.

Dieses BMF-Schreiben, das gleichzeitig mit dem BFH-Urteil vom 25. März 2003 im Bundessteuerblatt veröffentlicht wird, ersetzt die BMF-Schreiben vom 10. Dezember 1999 (BStBl. I S. 1130) und vom 24. April 2003 (BStBl. I S. 287).

**Anlage**

**Zusatz der OFD Frankfurt v. 30. 8. 2006 (DB S. 2260):**

„Nach Abstimmung auf Bundesebene sind die Grundsätze dieses BMF-Schreibens auch auf Darlehenszinsen anzuwenden, die im Zusammenhang mit der Finanzierung von Renovierungsmaßnahmen (überwiegend Erhaltungsaufwand) für ein gemischt genutztes Gebäude entstehen. Für den Zusammenhang zwischen Darlehen und Anschaffungs- bzw. Herstellungskosten kommt es maßgeblich auf die tatsächliche Zahlung aus Eigen- bzw. Fremdmitteln an. Die Zuordnungsentscheidung des Stpfl. muss anhand getrennter Zahlungsströme nachvollziehbar sein. Es reicht daher für die Zuordnungsentscheidung nicht aus, wenn die Höhe eines Darlehens und die Höhe der Anschaffungs-/Herstellungskosten des fremdvermieteten Teils betragsmäßig identisch sind, die Anschaffungs-/Herstellungskosten aber nicht getrennt beglichen werden (vgl. BFH vom 7. 7. 2005, BFH/NV 2006 S. 264).

Darlehen können einem Gebäudeteil – auch bei getrennten Zahlungsströmen – nur insoweit zugeordnet werden, als sie die Anschaffungskosten des Gebäudeteils nicht übersteigen (Urteil des BFH v. 1. 3. 2005, BStBl. II S. 597)."

# I § 21/7. Schreiben betr. sinngemäße Anwendung des § 15 a EStG bei vermögensverwaltenden Kommanditgesellschaften nach § 21 Abs. 1 Satz 2 EStG; Anwendung des BFH-Urteils vom 2. September 2014 IX R 52/13 (BStBl. 2015 II S. 263)

Vom 15. September 2020 (BStBl. I S. 919)

(BMF IV C 1 – S 2253/08/10006 :033; DOK 2020/0914203)

**Inhaltsverzeichnis**



Nach § 21 Abs. 1 Satz 2 EStG ist die Verlustausgleichsbeschränkung des § 15 a EStG auf vermögensverwaltende Kommanditgesellschaften mit Einkünften aus Vermietung und Verpachtung sinngemäß anzuwenden. Mit BFH-Urteil vom 2. September 2014 IX R 52/13 (BStBl. 2015 II S. 263) hat der BFH zur Anwendung von § 15 a EStG auf eine vermögensverwaltende Kommanditgesellschaft entschieden, dass der einem Kommanditisten zuzurechnende nicht ausgeglichene oder abgezogene Werbungskostenüberschuss mit Überschüssen zu verrechnen ist, die dem Kommanditisten in späteren Jahren aus seiner Beteiligung an der Kommanditgesellschaft zuzurechnen sind, und zwar unabhängig von der Einkunftsart.

Unter Bezugnahme auf das Ergebnis der Erörterungen mit den obersten Finanzbehörden der Länder gilt zur Anwendung des § 15 a EStG bei vermögensverwaltenden Kommanditgesellschaften Folgendes:

## I. Allgemeine Grundsätze

Nach § 21 Abs. 1 Satz 2 i. V. m. § 15 a Abs. 1 Satz 1 EStG ist für Kom- 1
manditisten einer vermögensverwaltenden Kommanditgesellschaft der Ausgleich von Verlusten aus Vermietung und Verpachtung mit anderen positiven

Einkünften nur möglich, soweit kein negatives Kapitalkonto entsteht oder sich erhöht (ausgleichsfähiger Verlust). Darüber hinausgehende Verluste werden dem Kommanditisten zwar zugerechnet, dürfen aber nicht mit anderen Einkünften ausgeglichen oder nach § 10 d EStG abgezogen werden, sondern nur mit in späteren Jahren aus derselben Beteiligung erzielten positiven Einkünften verrechnet werden (verrechenbarer Verlust). Der verrechenbare Verlust ist in sinngemäßer Anwendung von § 15 a Abs. 4 EStG jährlich gesondert festzustellen (vgl. Rz. 20).

Übersteigt die im Handelsregister eingetragene Einlage des Kommanditisten die tatsächlich geleistete Einlage, ist § 15 a Abs. 1 Satz 2 und 3 EStG entsprechend zu berücksichtigen (sog. erweiterter Verlustausgleich wegen Außenhaftung). Ob eine Außenhaftung besteht, bestimmt sich nach dem Stand des handelsrechtlichen Kapitalkontos des Kommanditisten am Bilanzstichtag.

## II. Fiktives Kapitalkonto

2 Das fiktive Kapitalkonto bildet das dem Kommanditisten nach § 15 a Abs. 1 Satz 1 EStG zur Verfügung stehende Verlustausgleichsvolumen ab. Die ihm zuzurechnenden negativen Einkünfte aus Vermietung und Verpachtung sind nur bis zur Höhe des fiktiven Kapitalkontos mit anderen Einkünften ausgleichsfähig. Wird das fiktive Kapitalkonto negativ oder erhöht sich ein bestehendes negatives fiktives Kapitalkonto, können die negativen Einkünfte aus Vermietung und Verpachtung nur mit späteren positiven Einkünften (nach Maßgabe der folgenden Ausführungen unabhängig von der Einkunftsart) aus der Beteiligung an der Kommanditgesellschaft verrechnet werden.

3 Für die sinngemäße Anwendung des § 15 a Abs. 1 Satz 1 EStG ist es erforderlich, das Verlustausgleichspotential für jeden Kommanditisten mittels eines fiktiven Kapitalkontos nach den für die Ermittlung der Überschusseinkünfte geltenden Grundsätzen zu ermitteln.

Das fiktive Kapitalkonto ermittelt sich aus der von dem jeweiligen Kommanditisten tatsächlich geleisteten Einlage, erhöht um weitere Einzahlungen während der Zeit der Zurechnung der Beteiligung sowie um positive Einkünfte aus seiner Beteiligung und vermindert um die Entnahmen und negativen Einkünfte aus seiner Beteiligung. Die bei einem entgeltlichen Gesellschafterwechsel vom Erwerber aufgewendeten Anschaffungskosten sind bei Ermittlung des fiktiven Kapitalkontos zu berücksichtigen (BFH-Urteil vom 29. Oktober 2019 IX R 38/17, BFH/NV 2020 S. 720). Maßgeblich ist der Stand des fiktiven Kapitalkontos am Ende des Veranlagungszeitraums bzw. am Ende der Beteiligtenstellung.

Die Grundsätze des BMF-Schreibens vom 30. Mai 1997 (BStBl. I S. 627)[1] zum Umfang des Kapitalkontos sind entsprechend anzuwenden.

4 In die Berechnung des fiktiven Kapitalkontos fließen unabhängig von der Einkunftsart alle Vermögenszuflüsse und -abflüsse ein, die durch die Kommanditgesellschaft im Gesamthandsvermögen realisiert werden und dem Kommanditisten aus seiner Beteiligung zuzurechnen sind. Damit gehen unter anderem auch folgende Vermögenszu- und -abflüsse wertmäßig ein:

[1] Nr. **1** § 15 a /1.

– Kapitalerträge einschließlich der Gewinne/Verluste aus der Veräußerung von Kapitalvermögen (einschließlich derjenigen, die dem gesonderten Steuertarif nach § 32 d Abs. 1 EStG unterliegen),
– tatsächliche Werbungskosten bei den Einkünften aus Kapitalvermögen – unabhängig von dem Werbungskostenabzugsverbot des § 20 Abs. 9 EStG,
– Verluste aus Kapitalvermögen – unabhängig von den Verlustverrechnungsbeschränkungen des § 20 Abs. 6 EStG,
– steuerbare Veräußerungsgewinne und -verluste i. S. d. § 22 Nr. 2 i. V. m. § 23 EStG,
– nicht steuerbare Veräußerungsgewinne und -verluste,
– steuerfreie Erträge und
– nicht abziehbare Werbungskosten.

Einkünfte aus privaten Veräußerungsgeschäften fließen in das fiktive Kapitalkonto i. S. d. § 15 a Abs. 1 Satz 1 EStG ein, wenn sie auf der Veräußerung von Wirtschaftsgütern durch die Kommanditgesellschaft beruhen. 5

## III. Ausgleichsfähige und verrechenbare Verluste i. S. d. § 15 a EStG

### 1. Bei den Einkünften gemäß § 21 EStG

§ 15 a EStG ist auf die Einkünfte aus Vermietung und Verpachtung sinngemäß anzuwenden (§ 21 Abs. 1 Satz 2 EStG). Erzielt der Kommanditist aus seiner Beteiligung an der Kommanditgesellschaft negative Einkünfte aus Vermietung und Verpachtung nach § 21 EStG im Gesamthandsvermögen, ist bei der Verlustberücksichtigung danach zu unterscheiden, ob diese Verluste ausgleichsfähig oder lediglich verrechenbar sind. 6

Ausgleichsfähige Verluste können mit allen positiven Einkünften desselben Jahres gleich welcher Einkunftsart ausgeglichen werden, die der Kommanditist aus seiner Beteiligung oder außerhalb seiner Beteiligung erzielt. 7

Ist der Verlust aus Vermietung und Verpachtung nach sinngemäßer Anwendung des § 15 a Abs. 1 EStG lediglich verrechenbar, ist er nach § 15 a Abs. 2 EStG mit positiven Einkünften auszugleichen, die der Kommanditist aus seiner Beteiligung aus der Gesamthand in späteren Jahren erzielt. Dabei ist die Art der positiven Einkünfte unbeachtlich. Der Ausgleich erfolgt in sinngemäßer Anwendung des § 15 a Abs. 2 EStG mit Erträgen aus Kapitalvermögen, die gemäß § 20 i. V. m. § 32 d Abs. 2 EStG (mit Ausnahme des § 32 d Abs. 2 Nr. 3 EStG) der Besteuerung gemäß § 32 a Abs. 1 Satz 2 EStG unterliegen, und steuerpflichtigen Überschüssen aus privaten Veräußerungsgeschäften gemäß § 22 Nr. 2 i. V. m. § 23 EStG. Zur Verrechnungsreihenfolge vgl. Rz. 16 und 17. Der verbleibende verrechenbare Verlust ist entsprechend § 15 a Abs. 4 EStG jährlich gesondert festzustellen. 8

### 2. Bei Erträgen/Verlusten gemäß § 20 EStG

Nach § 180 Abs. 1 Satz 1 Nr. 2 Buchst. a AO gesondert und einheitlich festgestellte Kapitalerträge, die gemäß § 32 d Abs. 1 EStG dem gesonderten Einkommensteuertarif unterliegen, können mit negativen Einkünften aus Vermietung und Verpachtung aus dieser Beteiligung weder ausgeglichen noch verrechnet werden. Dabei ist unbeachtlich, ob die Kapitalerträge auf Ebene 9 des Kommanditisten nach Antragstellung gemäß § 32 d Abs. 2 Nr. 3 oder Abs. 6 EStG der Besteuerung nach § 32 a Abs. 1 Satz 2 EStG unterworfen werden. Die Anwendung von § 32 d Abs. 2 Nr. 3 und Abs. 6 EStG steht nicht im Zusammenhang mit der Beteiligung und findet außerhalb des Feststellungsverfahrens nach § 180 Abs. 1 Satz 1 Nr. 2 Buchst. a AO statt. Für nicht dem gesonderten Einkommensteuertarif nach § 32 d Abs. 1 EStG unterliegende Kapitalerträge der Kommanditgesellschaft siehe Rz. 8.

10 Erzielt der Kommanditist aus seiner Beteiligung an der Kommanditgesellschaft Verluste gemäß § 20 EStG, die der Anwendung des § 32 d Abs. 1 EStG unterliegen, sind auf Ebene des Kommanditisten die Verlustausgleichsbeschränkungen nach § 20 Abs. 6 EStG zu berücksichtigen.

Verluste aus Kapitalvermögen, die der Anwendung des § 32 d Abs. 1 EStG unterliegen, dürfen im Rahmen der gesonderten und einheitlichen Feststellung gemäß § 20 Abs. 6 Satz 7 EStG nur berücksichtigt werden, wenn eine Bescheinigung i. S. d. § 43 a Abs. 3 Satz 4 EStG vorliegt.

### 3. Bei Einkünften gemäß § 22 Nr. 2 i. V. m. § 23 EStG

11 Der einem Kommanditisten zuzurechnende, nicht ausgeglichene oder abgezogene Werbungskostenüberschuss nach § 21 Abs. 1 Satz 2 i. V. m. § 15 a Abs. 2 EStG ist mit Überschüssen nach § 22 Nr. 2 i. V. m. § 23 EStG, die dem Kommanditisten aus seiner Beteiligung an der Kommanditgesellschaft zuzurechnen sind, zu verrechnen. Dies gilt auch:

– wenn über den Einkünftetatbestand des § 23 EStG nicht im Rahmen der gesonderten und einheitlichen Feststellung der Einkünfte zu entscheiden war, weil die nur für den Kommanditisten maßgebliche Veräußerungsfrist noch nicht abgelaufen ist (vgl. BFH-Urteil vom 21. Januar 2014 IX R 9/13, BStBl. 2016 II S. 515) oder
– wenn der Kommanditist einen steuerbaren Überschuss aus der Veräußerung seiner Beteiligung erzielt (§ 23 Abs. 1 Satz 4 EStG).

12 Die Verlustausgleichsbeschränkung nach § 15 a EStG findet auf Einkünfte i. S. d. § 22 Nr. 2 i. V. m. § 23 EStG keine Anwendung. Die dem Kommanditisten aus seiner Beteiligung an der Kommanditgesellschaft zuzurechnenden anteiligen Verluste aus privaten Veräußerungsgeschäften können daher unabhängig vom fiktiven Kapitalkonto auch mit allen positiven Einkünften aus privaten Veräußerungsgeschäften des Kommanditisten verrechnet werden.

13 Erzielt der Kommanditist aus seiner Beteiligung an der Kommanditgesellschaft aus der Gesamthand negative Einkünfte aus privaten Veräußerungsgeschäften, ist erst auf Ebene des Kommanditisten die Verlustausgleichsbeschränkung nach § 23 Abs. 3 Satz 7 EStG zu berücksichtigen.

## IV. Reihenfolge des Verlustausgleichs und der Verlustverrechnung

### 1. Vorliegen eines ausgleichsfähigen Verlustes

14 Für den ausgleichsfähigen Verlust gelten die allgemeinen Verlustausgleichsregeln. Erzielt der Kommanditist aus der Beteiligung an der Kommanditgesellschaft negative Einkünfte gemäß § 21 EStG und führen diese Einkünfte nicht dazu, dass ein fiktives negatives Kapitalkonto entsteht oder sich erhöht, gelten

die allgemeinen Verlustausgleichsregeln. Hinsichtlich des Ausgleichs mit positiven Einkünften aus Kapitalvermögen, die dem gesonderten Steuertarif nach § 32 d Abs. 1 EStG unterliegen, wird auf die Ausführungen unter Rz. 9 verwiesen.

Anmerkungen zu den Beispielen:

- Soweit von „Einkünften/Erträgen aus der Beteiligung" gesprochen wird, ist davon auszugehen, dass diese im Gesamthandsvermögen entstanden sind.
- Aus Vereinfachungsgründen ist ferner davon auszugehen, dass sich die angegebenen Einkünfte/Erträge in nämlicher Höhe auf das fiktive Kapitalkonto ausgewirkt haben.
- Es liegen keine Erträge gemäß § 20 Abs. 1 Nr. 4 EStG vor.

**Beispiel 1:**

A ist seit Anfang 01 mit einer Einlage von 1000 € (entspricht der Hafteinlage und der tatsächlich geleisteten Einlage i. S. d. § 171 Abs. 1 HGB) an der vermögensverwaltenden Immobilien-KG beteiligt. Im Jahr 01 erzielt A aus der Beteiligung negative Einkünfte gemäß § 21 EStG i. H. v. 2000 €, positive Einkünfte gemäß § 22 Nr. 2 i. V. m. § 23 EStG i. H. v. 1000 € und Erträge gemäß § 20 EStG i. H. v. 2000 €, die dem gesonderten Steuertarif nach § 32 d Abs. 1 EStG unterliegen. Außerdem erzielt A im selben Zeitraum außerhalb seiner Beteiligung positive Einkünfte gemäß § 21 EStG i. H. v. 1000 €.

**Lösung:**

Entwicklung des fiktiven Kapitalkontos:

| | |
|---|---|
| Einlage | + 1000 € |
| § 21 EStG | ./. 2000 € |
| § 23 EStG | + 1000 € |
| § 20 EStG | + 2000 € |
| Stand 31. 12. 01 | + 2000 € |

Das fiktive Kapitalkonto von A beträgt zum 31. 12. 01 2000 €. Bei der Berechnung des fiktiven Kapitalkontos sind die Einlage (1000 €) sowie sämtliche A zuzurechnenden Einkünfte/Erträge aus der Beteiligung an der Kommanditgesellschaft (§ 21 EStG ./. 2000 €, § 23 EStG 1000 € und § 20 EStG 2000 €) zu berücksichtigen. Die Verlustausgleichsbeschränkung entsprechend § 15 a Abs. 1 EStG greift nicht, da das fiktive Kapitalkonto positiv ist. Es gelten die allgemeinen Verlustausgleichsregeln. Für A werden gemäß § 180 Abs. 1 Satz 1 Nr. 2 Buchst. a AO nach Anwendung von § 15 a EStG folgende Einkünfte/Erträge gesondert und einheitlich festgestellt:

| | |
|---|---|
| § 21 EStG | ./. 2000 € |
| § 23 EStG | 1000 € |
| § 20 EStG | 2000 € |

Der verrechenbare Verlust beträgt 0 €.

Die negativen Einkünfte von A gemäß § 21 EStG i. H. v. 2000 € aus der Beteiligung sind i. H. v. 1000 € mit seinen positiven Einkünften gemäß § 21 EStG, die A außerhalb der Beteiligung erzielt hat, im Rahmen der Einkommensteuerveranlagung auszugleichen. Die übrigen Verluste sind sodann mit den positiven Einkünften von A gemäß § 22 Nr. 2 i. V. m. § 23 EStG aus der Beteiligung auszugleichen. Die Erträge gemäß § 20 EStG aus der Beteiligung haben bereits der Abgeltungsteuer unterlegen.

## 2. Vorliegen eines verrechenbaren Verlustes

Erzielt der Kommanditist aus der Beteiligung an der Kommanditgesellschaft 15
negative Einkünfte aus Vermietung und Verpachtung und führen diese dazu, dass ein negatives fiktives Kapitalkonto entsteht oder sich erhöht, können die-

se negativen Einkünfte insoweit nur mit späteren positiven Einkünften aus der Beteiligung verrechnet werden.

**Beispiel 2:**

A ist seit Anfang 01 mit einer Einlage von 1000 € (entspricht der Hafteinlage und der tatsächlich geleisteten Einlage i. S. d. § 171 Abs. 1 HGB) an der vermögensverwaltenden Immobilien-KG beteiligt. Im Jahr 01 erzielt A aus der Beteiligung negative Einkünfte gemäß § 21 EStG i. H. v. 5000 €, positive Einkünfte gemäß § 22 Nr. 2 i. V. m. § 23 EStG i. H. v. 1000 € und Erträge gemäß § 20 EStG ebenfalls i. H. v. 1000 €, die dem gesonderten Steuertarif nach § 32 d Abs. 1 EStG unterliegen. Außerdem erzielt A im selben Zeitraum außerhalb seiner Beteiligung positive Einkünfte gemäß § 21 EStG i. H. v. 5000 €.

**Lösung:**

Entwicklung des fiktiven Kapitalkontos:

| | |
|---|---|
| Einlage | + 1000 € |
| § 21 EStG | ./. 5000 € |
| § 23 EStG | + 1000 € |
| § 20 EStG | + 1000 € |
| Stand 31. 12. 01 | ./. 2000 € |

Das fiktive Kapitalkonto von A beträgt zum 31. 12. 01 ./. 2000 €. Bei der Berechnung des fiktiven Kapitalkontos sind die Einlage (1000 €) sowie sämtliche A zuzurechnenden Einkünfte aus der Beteiligung an der Kommanditgesellschaft (§ 21 EStG ./. 5000 €, § 22 Nr. 2 i. V. m. § 23 EStG 1000 € und § 20 EStG 1000 €) zu berücksichtigen. I.H.v. ./. 2000 € greift bei den Einkünften aus Vermietung und Verpachtung in sinngemäßer Anwendung des § 15 a Abs. 1 EStG die Verlustausgleichsbeschränkung ein, da insoweit ein negatives fiktives Kapitalkonto entsteht. Diesen Verlust kann A nur mit positiven Einkünften aus der Beteiligung späterer Jahre verrechnen; sie sind in sinngemäßer Anwendung von § 15 Abs. 4 EStG gesondert festzustellen. In Höhe v. ./. 3000 € greift die Verlustausgleichsbeschränkung bei den Einkünften aus Vermietung und Verpachtung nicht. Für diese Verluste gelten die allgemeinen Verlustausgleichsregeln. Für A sind gemäß § 180 Abs. 1 Satz 1 Nr. 2 Buchst. a AO nach Anwendung von § 15 a EStG folgende Einkünfte/Erträge aus der Beteiligung gesondert und einheitlich festzustellen:

| | |
|---|---|
| § 21 EStG | ./. 3000 € |
| § 23 EStG | 1000 € |
| § 20 EStG | 1000 € |

2000 € sind in sinngemäßer Anwendung des § 15 a Abs. 4 EStG als verrechenbarer Verlust gesondert festzustellen.

Die negativen Einkünfte des A gemäß § 21 EStG i. H. v. 3000 € aus der Beteiligung sind mit den positiven Einkünften aus Vermietung und Verpachtung (5000 €), die er außerhalb der Beteiligung erzielt hat, im Rahmen der Einkommensteuerveranlagung auszugleichen.

16 Erzielt der Kommanditist aus seiner Beteiligung an der Kommanditgesellschaft per Saldo positive Einkünfte gemäß §§ 21, 22 Nr. 2 i. V. m. § 23 EStG oder Kapitalerträge nach § 20 EStG, die nach § 32 d Abs. 2 EStG (mit Ausnahme des § 32 d Abs. 2 Nr. 3 EStG) der Besteuerung nach § 32 a Abs. 1 Satz 2 EStG unterliegen und ist zum 31. Dezember des vorangegangenen Jahres ein verrechenbarer Verlust aus Vermietung und Verpachtung festgestellt worden, sind die positiven Einkünfte aus der Beteiligung vorrangig mit diesem Verlust zu verrechnen. Dabei haben Einkünfte nach § 21 EStG Vorrang.

**Beispiel 3:**

A ist mit einer Einlage von 1000 € (entspricht der Hafteinlage und der tatsächlich geleisteten Einlage i. S. d. § 171 Abs. 1 HGB) an der vermögensverwaltenden Immobilien-KG beteiligt.

Das fiktive Kapitalkonto betrug zum 31. 12. 00 ./. 1000 €. Der zum 31. 12. 00 entsprechend § 15 a EStG festgestellte verrechenbare Verlust aus Vermietung und Verpachtung beträgt 1000 €. Im Jahr 01 erzielt A aus der Beteiligung positive Einkünfte gemäß § 21 EStG i. H. v. 4000 €. Außerhalb seiner Beteiligung hat A noch negative Einkünfte gemäß § 21 EStG i. H. v. 2000 € erzielt.

**Lösung:**
Entwicklung des fiktiven Kapitalkontos:

| | |
|---|---|
| Stand 31. 12. 00 | ./. 1000 € |
| § 21 EStG | + 4000 € |
| Stand 31. 12. 01 | + 3000 € |

Zum 31. 12. 01 beträgt das fiktive Kapitalkonto 3000 € (fiktives Kapitalkonto zum 31. 12. 00: ./.1000 € zuzüglich die dem A zuzurechnenden Einkünfte aus Vermietung und Verpachtung aus der Beteiligung an der Kommanditgesellschaft i. H. v. 4000 €). Im Rahmen der gesonderten und einheitlichen Feststellung sind die positiven Einkünfte aus Vermietung und Verpachtung aus der Beteiligung zunächst mit dem zum 31. 12. 00 entsprechend § 15 a EStG festgestellten verrechenbaren Verlust i. H. v. 1000 € zu verrechnen. Der verrechenbare Verlust ist in sinngemäßer Anwendung des § 15 a Abs. 4 EStG i. H. v. 0 € gesondert festzustellen. Die übrigen Einkünfte aus Vermietung und Verpachtung aus der Beteiligung i. H. v. 3000 € sind gemäß § 180 Abs. 1 Satz 1 Nr. 2 Buchst. a AO nach Anwendung von § 15 a EStG gesondert und einheitlich festzustellen und in der Einkommensteuerveranlagung von A mit den außerhalb seiner Beteiligung erzielten Verlusten aus Vermietung und Verpachtung i. H. v. 2000 € auszugleichen.

**Beispiel 4:**
A ist mit einer Einlage von 1000 € (entspricht der Hafteinlage und der tatsächlich geleisteten Einlage i. S. d. § 171 Abs. 1 HGB) an der vermögensverwaltenden Immobilien-KG beteiligt. Das fiktive Kapitalkonto beträgt zum 31. 12. 00 ./. 1000 €. Der zum 31. 12. 00 entsprechend § 15 a EStG festgestellte verrechenbare Verlust beträgt 1000 €. Im Jahr 01 erzielt A aus dieser Beteiligung negative Einkünfte gemäß § 21 EStG i. H. v. 3000 €. Des Weiteren erzielt er aus der Beteiligung positive Einkünfte gemäß § 22 Nr. 2 i. V. m. § 23 EStG i. H. v. 2000 € und Erträge gemäß § 20 EStG i. H. v. 3000 €, die dem gesonderten Steuertarif nach § 32 d Abs. 1 EStG unterliegen. Außerhalb seiner Beteiligung erzielte A positive Einkünfte gemäß § 21 EStG i. H. v. 6000 €.

**Lösung:**
Entwicklung des fiktiven Kapitalkontos:

| | |
|---|---|
| Stand 31. 12. 00 | ./. 1000 € |
| § 21 EStG | ./. 3000 € |
| § 23 EStG | + 2000 € |
| § 20 EStG | + 3000 € |
| Stand 31. 12. 01 | + 1000 € |

Das fiktive Kapitalkonto des A beträgt zum 31. 12. 01 1000 €.
Die Verluste aus Vermietung und Verpachtung i. H. v. 3000 € aus der Beteiligung sind damit in voller Höhe ausgleichsfähig.
Für die negativen Einkünfte aus Vermietung und Verpachtung gelten die allgemeinen Verlustausgleichsregeln. Die negativen Einkünfte des A gemäß § 21 EStG i. H. v. 3000 € aus der Beteiligung sind mit den positiven Einkünften aus Vermietung und Verpachtung (6000 €), die A außerhalb der Beteiligung erzielt hat, im Rahmen der Einkommensteuerveranlagung auszugleichen.
Der zum 31. 12. 00 entsprechend § 15 a Abs. 4 EStG festgestellte verrechenbare Verlust von 1000 € ist nur mit den positiven Einkünften gemäß § 22 Nr. 2 i. V. m. § 23 EStG zu verrechnen, die A aus der Beteiligung zugeflossen sind. Die Erträge aus Kapitalvermögen, die

dem gesonderten Steuertarif gemäß § 32 d Abs. 1 EStG unterliegen, stehen nicht für eine Verlustverrechnung zur Verfügung. Der verrechenbare Verlust ist in sinngemäßer Anwendung des § 15 a Abs. 4 EStG i. H. v. 0 € gesondert festzustellen.
Für A sind gemäß § 180 Abs. 1 Satz 1 Nr. 2 Buchst. a AO nach Anwendung von § 15 a EStG folgende Einkünfte/Erträge aus der Beteiligung gesondert und einheitlich festzustellen:

| | |
|---|---|
| § 21 EStG | ./. 3000 € |
| § 23 EStG | 1000 € |
| § 20 EStG | 3000 € |

**Beispiel 5:**
A ist mit einer Einlage von 1000 € (entspricht der Hafteinlage und der tatsächlich geleisteten Einlage i. S. d. § 171 Abs. 1 HGB) an der vermögensverwaltenden Immobilien-KG beteiligt. Das fiktive Kapitalkonto beträgt zum 31. 12. 00 ./.1000 €. Der zum 31. 12. 00 entsprechend § 15 a EStG festgestellte verrechenbare Verlust beträgt 1000 €. Im Jahr 01 erzielt A aus dieser Beteiligung positive Einkünfte gemäß § 21 EStG i. H. v. 3000 €. Des Weiteren erzielt A aus der Beteiligung negative Einkünfte gemäß § 22 Nr. 2 i. V. m. § 23 EStG i. H. v. 1000 € und Verluste gemäß § 20 EStG i. H. v. 2000 €, die dem gesonderten Steuertarif nach § 32 d Abs. 1 EStG unterliegen. Außerhalb seiner Beteiligung erzielte A negative Einkünfte gemäß § 21 EStG i. H. v. 2000 €.
**Lösung:**
Entwicklung des fiktiven Kapitalkontos:

| | |
|---|---|
| Stand 31. 12. 00 | ./. 1000 € |
| § 21 EStG | + 3000 € |
| § 23 EStG | ./. 1000 € |
| § 20 EStG | ./. 2000 € |
| Stand 31. 12. 01 | ./. 1000 € |

Das fiktive Kapitalkonto des A beträgt zum 31. 12. 01 ./. 1000 €. Da A positive Einkünfte gemäß § 21 EStG erzielt hat, ist § 15 a Abs. 1 EStG nicht einschlägig. Eine Verlustverrechnung nach § 15 a Abs. 2 EStG ist nicht vorzunehmen, da nach Saldierung sämtlicher Einkunftsarten keine positiven Einkünfte aus der Beteiligung verbleiben. Der verrechenbare Verlust zum 31. 12. 01 ist entsprechend § 15 a EStG unverändert mit 1000 € festzustellen. Er kann nur mit positiven Einkünften aus der Beteiligung in späteren Jahren verrechnet werden. Auf die negativen Einkünfte gemäß § 22 Nr. 2 i. V. m. § 23 EStG i. H. v. 1000 € und die Verluste gemäß § 20 EStG findet § 15 a EStG mangels Regelung keine Anwendung. Zu berücksichtigen sind allerdings die Verlustverrechnungsbeschränkungen gemäß § 22 Nr. 2 i. V. m. § 23 Abs. 3 Satz 7 EStG und § 20 Abs. 6 EStG. Die Einkünfte aus Vermietung und Verpachtung aus der Beteiligung sind in der Einkommensteuerveranlagung des A mit den außerhalb seiner Beteiligung erzielten Verlusten aus Vermietung und Verpachtung i. H. v. 2000 € auszugleichen.

17 Werden in der Gesamthand der Kommanditgesellschaft Überschüsse gemäß § 22 Nr. 2 i. V. m. § 23 EStG erzielt, sind diese vorrangig mit dem zum 31.12. des Vorjahres festgestellten nach § 15 a EStG verrechenbaren Verlust zu verrechnen. Danach verbleibende Überschüsse aus privaten Veräußerungsgeschäften können mit nach § 23 Abs. 3 Satz 8 EStG festgestellten Verlusten ausgeglichen werden.

## V. Feststellungsverfahren nach § 180 Abs. 1 Satz 1 Nr. 2 Buchst. a AO

Im Bescheid über die gesonderte und einheitliche Feststellung der gemeinschaftlichen Einkünfte sind die Einkünfte nach Einkunftsarten getrennt auszuweisen. 18

## VI. Gesonderte Feststellung des verrechenbaren Verlustes in sinngemäßer Anwendung des § 15 a Abs. 4 EStG

Fließen Überschüsse aus der Beteiligung nicht in die gesonderte und einheitliche Feststellung gemäß § 180 Abs. 1 Satz 1 Nr. 2 Buchst. a AO auf Ebene der Kommanditgesellschaft ein (vgl. Rz. 11), ist ein Ausgleich mit den verrechenbaren Verlusten nur möglich, wenn die Feststellung des verrechenbaren Verlustes noch nicht bestandskräftig geworden ist. 19

Bei im Betriebsvermögen gehaltenen Anteilen an vermögensverwaltenden Kommanditgesellschaften (sog. Zebragesellschaft) erfolgt die Feststellung des verrechenbaren Verlustes nach § 15 a Abs. 4 Satz 3 EStG auf Ebene des für die gesonderte Feststellung des Überschusses der Gesellschaft zuständigen Finanzamts. 20

## VII. Zeitliche Anwendung

Dieses Schreiben ist in allen offenen Fällen anzuwenden. § 176 AO findet Anwendung. 21

# I § 21/8. Schreiben betr. Abgrenzung von Anschaffungskosten, Herstellungskosten und Erhaltungsaufwendungen bei der Instandsetzung und Modernisierung von Gebäuden; BFH-Urteile vom 9. Mai 1995, BStBl. 1996 II S. 628, 630, 632, 637; vom 10. Mai 1995, BStBl. 1996 II S. 639, und vom 16. Juli 1996, BStBl. II S. 649, sowie vom 12. September 2001, BStBl. 2003 II S. 569, 574, und vom 22. Januar 2003, BStBl. II S. 596

Vom 18. Juli 2003 (BStBl. I S. 386)

(BMF IV C 3 – S 2211 – 94/03)

Mit o. a. Urteilen hat der Bundesfinanzhof zur Abgrenzung von Anschaffungskosten, Herstellungskosten und sofort abziehbaren Erhaltungsaufwendungen bei Instandsetzung und Modernisierung eines Gebäudes entschieden. Unter Bezugnahme auf das Ergebnis der Erörterung mit den obersten Finanzbehörden der Länder nehme ich zur Anwendung der Urteilsgrundsätze wie folgt Stellung:

## I. Anschaffungskosten zur Herstellung der Betriebsbereitschaft

Anschaffungskosten eines Gebäudes sind die Aufwendungen, die geleistet 1
werden, um das Gebäude zu erwerben und es in einen betriebsbereiten Zustand zu versetzen, soweit sie dem Gebäude einzeln zugeordnet werden können, ferner die Nebenkosten und die nachträglichen Anschaffungskosten (§ 255 Abs. 1 HGB).

Ein Gebäude ist betriebsbereit, wenn es entsprechend seiner Zweckbestim- 2
mung genutzt werden kann. Die Betriebsbereitschaft ist bei einem Gebäude für jeden Teil des Gebäudes, der nach seiner Zweckbestimmung selbständig genutzt werden soll, gesondert zu prüfen. Dies gilt auch für Gebäudeteile (z. B. die einzelnen Wohnungen eines Mietwohngebäudes), die als Folge des einheitlichen Nutzungs- und Funktionszusammenhangs mit dem Gebäude keine selbständigen Wirtschaftsgüter sind (vgl. § 7 Abs. 5 a EStG und *R 13 Abs. 3 EStR 2001*[1]).

Nutzt der Erwerber das Gebäude ab dem Zeitpunkt der Anschaffung (d. h. 3
ab Übergang von Besitz, Gefahr, Nutzungen und Lasten) zur Erzielung von Einkünften oder zu eigenen Wohnzwecken, ist es ab diesem Zeitpunkt grundsätzlich betriebsbereit. Instandsetzungs- und Modernisierungsaufwendungen können in diesem Fall keine Anschaffungskosten im Sinne des § 255 Abs. 1 Satz 1 HGB sein (vgl. jedoch Rz. 6). Dies gilt nicht, wenn der Erwerber ein vermietetes Gebäude erworben hat und umgehend die Mietverträge

[1] Jetzt: R 4.2 Abs. 3 EStR 2015.

kündigt, weil das Gebäude aus der Sicht des Erwerbers nicht zur Erzielung der vor der Veräußerung erwirtschafteten Einkünfte aus Vermietung und Verpachtung bestimmt war, auch wenn diese während einer kurzen Übergangszeit tatsächlich erzielt wurden.

4 Wird das Gebäude im Zeitpunkt der Anschaffung nicht genutzt, ist zunächst offen, ob es aus Sicht des Erwerbers betriebsbereit ist. Führt der Erwerber im Anschluss an den Erwerb und vor der erstmaligen Nutzung Baumaßnahmen durch, um das Gebäude entsprechend seiner Zweckbestimmung nutzen zu können, sind die Aufwendungen hierfür Anschaffungskosten. Zweckbestimmung bedeutet die konkrete Art und Weise, in der der Erwerber das Gebäude zur Erzielung von Einnahmen im Rahmen einer Einkunftsart nutzen will (z. B. ob er das Gebäude zu Wohnzwecken oder als Büroraum nutzen will).

### 1. Herstellung der Funktionstüchtigkeit

5 Die Betriebsbereitschaft setzt die objektive und subjektive Funktionstüchtigkeit des Gebäudes voraus.

#### 1.1. Objektive Funktionsuntüchtigkeit

6 Ein Gebäude ist objektiv funktionsuntüchtig, wenn für den Gebrauch wesentliche Teile objektiv nicht nutzbar sind. Dies gilt unabhängig davon, ob das Gebäude im Zeitpunkt der Anschaffung bereits genutzt wird oder leer steht. Mängel, vor allem durch Verschleiß, die durch laufende Reparaturen beseitigt werden, schließen die Funktionstüchtigkeit hingegen nicht aus. Werden für den Gebrauch wesentliche Teile des Gebäudes funktionstüchtig gemacht, führen die Aufwendungen zu Anschaffungskosten.

#### 1.2. Subjektive Funktionsuntüchtigkeit

7 Ein Gebäude ist subjektiv funktionsuntüchtig, wenn es für die konkrete Zweckbestimmung des Erwerbers nicht nutzbar ist. Aufwendungen für Baumaßnahmen, welche zur Zweckerreichung erforderlich sind, führen zu Anschaffungskosten.

8 **Beispiele:**

- Die Elektroinstallation eines Gebäudes, die für Wohnzwecke, jedoch nicht für ein Büro brauchbar ist, wird für die Nutzung als Bürogebäude erneuert.
- Büroräume, die bisher als Anwaltskanzlei genutzt wurden, werden zu einer Zahnarztpraxis umgebaut.

### 2. Hebung des Standards

9 Zur Zweckbestimmung gehört auch die Entscheidung, welchem Standard das Gebäude künftig entsprechen soll (sehr einfach, mittel oder sehr anspruchsvoll). Baumaßnahmen, die das Gebäude auf einen höheren Standard bringen, machen es betriebsbereit; ihre Kosten sind Anschaffungskosten.

10 Der Standard eines Wohngebäudes bezieht sich auf die Eigenschaften einer Wohnung. Wesentlich sind vor allem Umfang und Qualität der Heizungs-, Sanitär- und Elektroinstallationen sowie der Fenster (zentrale Ausstattungsmerkmale). Führt ein Bündel von Baumaßnahmen bei mindestens drei Bereichen der zentralen Ausstattungsmerkmale zu einer Erhöhung und Erweiterung des Gebrauchwertes, hebt sich der Standard eines Gebäudes.

## 2.1. Sehr einfacher Standard

Sehr einfacher Wohnungsstandard liegt vor, wenn die zentralen Ausstattungsmerkmale im Zeitpunkt der Anschaffung nur im nötigen Umfang oder in einem technisch überholten Zustand vorhanden sind. 11

**Beispiele:**

- Das Bad besitzt kein Handwaschbecken.
- Das Bad ist nicht beheizbar.
- Eine Entlüftung ist im Bad nicht vorhanden.
- Die Wände im Bad sind nicht überwiegend gefliest.
- Die Badewanne steht ohne Verblendung frei.
- Es ist lediglich ein Badeofen vorhanden.
- Die Fenster haben nur eine Einfachverglasung.
- Es ist eine technisch überholte Heizungsanlage vorhanden (z. B. Kohleöfen).
- Die Elektroversorgung ist unzureichend.

## 2.2. Mittlerer Standard

Mittlerer Standard liegt vor, wenn die zentralen Ausstattungsmerkmale durchschnittlichen und selbst höheren Ansprüchen genügen. 12

## 2.3. Sehr anspruchsvoller Standard (Luxussanierung)

Sehr anspruchsvoller Standard liegt vor, wenn bei dem Einbau der zentralen Ausstattungsmerkmale nicht nur das Zweckmäßige, sondern das Mögliche, vor allem durch den Einbau außergewöhnlich hochwertiger Materialien, verwendet wurde (Luxussanierung). 13

## 2.4. Standardhebung und Erweiterung im Sinne des § 255 Abs. 2 Satz 1 HGB

Treffen Baumaßnahmen, die ihrer Art nach – z. B. als Erweiterung im Sinne von § 255 Abs. 2 Satz 1 HGB (vgl. Rz. 19 bis 24) – stets zu Herstellungskosten führen und einen der den Nutzungswert eines Gebäudes bestimmenden Bereiche der zentralen Ausstattungsmerkmale betreffen, mit der Verbesserung von mindestens zwei weiteren Bereichen der zentralen Ausstattungsmerkmale zusammen, ist ebenfalls eine Hebung des Standards anzunehmen. 14

**Beispiel:**

Im Anschluss an den Erwerb eines leer stehenden, bisher als Büro genutzten Einfamilienhauses, das für eine Vermietung zu fremden Wohnzwecken vorgesehen ist, wird im bisher nicht ausgebauten Dachgeschoss ein zusätzliches Badezimmer eingerichtet. Außerdem werden einfach verglaste Fenster durch isolierte Sprossenfenster ersetzt und die Leistungskapazität der Elektroinstallation durch den Einbau dreiphasiger an Stelle zweiphasiger Elektroleitungen maßgeblich aufgebessert sowie die Zahl der Anschlüsse deutlich gesteigert.

Neben die Erweiterung des Gebäudes als Herstellungskosten im Sinne des § 255 Abs. 2 Satz 1 HGB durch den Einbau des Badezimmers tritt die Verbesserung von zwei weiteren Bereichen der zentralen Ausstattungsmerkmale ein. Die hierdurch verursachten Aufwendungen führen zu Anschaffungskosten des Gebäudes.

## 3. Unentgeltlicher oder teilentgeltlicher Erwerb

Aufwendungen für Baumaßnahmen, die das Gebäude in einen betriebsbereiten Zustand versetzen, führen bei einem unentgeltlichen Erwerb mangels Anschaffung im Sinne des § 255 Abs. 1 HGB nicht zu Anschaffungskosten; vielmehr handelt es sich um Erhaltungsaufwendungen oder, sofern die Voraussetzungen des § 255 Abs. 2 HGB erfüllt sind (vgl. Rz. 17 bis 32), um Herstellungskosten. 15

16 Bei einem teilentgeltlichen Erwerb können Anschaffungskosten zur Herstellung der Betriebsbereitschaft nur im Verhältnis zum entgeltlichen Teil des Erwerbvorganges gegeben sein. Im Übrigen liegen Erhaltungsaufwendungen oder, sofern die Voraussetzungen des § 255 Abs. 2 HGB erfüllt sind (vgl. Rz. 17 bis 32), Herstellungskosten vor.

## II. Herstellungskosten

17 Herstellungskosten eines Gebäudes sind nach § 255 Abs. 2 Satz 1 HGB Aufwendungen für die Herstellung eines Gebäudes sowie Aufwendungen, die für die Erweiterung oder für die über den ursprünglichen Zustand hinausgehende wesentliche Verbesserung eines Gebäudes entstehen.

### 1. Herstellung

18 Instandsetzungs- und Modernisierungsarbeiten können ausnahmsweise auch im Zusammenhang mit der (Neu-)Herstellung eines Gebäudes stehen. Dies ist der Fall, wenn das Gebäude so sehr abgenutzt ist, dass es unbrauchbar geworden ist (Vollverschleiß), und durch die Instandsetzungsarbeiten unter Verwendung der übrigen noch nutzbaren Teile ein neues Gebäude hergestellt wird. Ein Vollverschleiß liegt vor, wenn das Gebäude schwere Substanzschäden an den für die Nutzbarkeit als Bau und die Nutzungsdauer des Gebäudes bestimmenden Teilen hat.

### 2. Erweiterung

19 Instandsetzungs- und Modernisierungsaufwendungen bilden unabhängig von ihrer Höhe Herstellungskosten, wenn sie für eine Erweiterung i. S. von § 255 Abs. 2 Satz 1 HGB entstehen. *R 157 Abs. 3 Satz 2 EStR 2001*[1] bleibt unberührt.

Eine Erweiterung liegt in folgenden Fällen vor:

#### 2.1. Aufstockung oder Anbau

20 Ein Gebäude wird aufgestockt oder ein Anbau daran errichtet.

#### 2.2. Vergrößerung der nutzbaren Fläche

21 Die nutzbare Fläche des Gebäudes wird vergrößert. Hierfür reicht es aus, wenn die Baumaßnahmen zu einer – wenn auch nur geringfügigen – Vergrößerung der Nutzfläche führen. Die Nutzfläche ist in sinngemäßer Anwendung der §§ 42 und 44 der II. Berechnungsverordnung zu ermitteln. Von Herstellungskosten ist z. B. auszugehen, wenn die Nutzfläche durch eine zuvor nicht vorhandene Dachgaube, den Anbau eines Balkons oder einer Terrasse über die ganze Gebäudebreite vergrößert wird oder durch ein das Flachdach ersetzendes Satteldach erstmals ausbaufähiger Dachraum geschaffen wird (vgl. BFH-Urteil vom 19. Juni 1991, BStBl. 1992 II S. 73).

#### 2.3. Vermehrung der Substanz

22 Ein Gebäude wird in seiner Substanz vermehrt, ohne dass zugleich seine nutzbare Fläche vergrößert wird, z. B. bei Einsetzen von zusätzlichen Trenn-

[1] Jetzt: R 21.1 Abs. 2 Satz 2 EStR 2015.

wänden, bei Errichtung einer Außentreppe, bei Einbau einer Alarmanlage (vgl. BFH-Urteil vom 16. Februar 1993, BStBl. II S. 544), einer Sonnenmarkise (vgl. BFH-Urteil vom 29. August 1989, BStBl. 1990 II S. 430), einer Treppe zum Spitzboden, eines Kachelofens oder eines Kamins.

Keine zu Herstellungsaufwendungen führende Substanzmehrung liegt dagegen vor, wenn der neue Gebäudebestandteil oder die neue Anlage die Funktion des bisherigen Gebäudebestandteils für das Gebäude in vergleichbarer Weise erfüllen. Erhaltungsaufwendungen können daher auch angenommen werden, wenn der neue Gebäudebestandteil für sich betrachtet nicht die gleiche Beschaffenheit aufweist wie der bisherige Gebäudebestandteil oder die Anlage technisch nicht in der gleichen Weise wirkt, sondern lediglich entsprechend dem technischen Fortschritt modernisiert worden ist. Von einer Substanzmehrung ist danach regelmäßig z. B. nicht auszugehen bei 23

- Anbringen einer zusätzlichen Fassadenverkleidung (z. B. Eternitverkleidung oder Verkleidung mit Hartschaumplatten und Sichtklinker) zu Wärme- oder Schallschutzzwecken (vgl. BFH-Urteil vom 13. März 1979, BStBl. II S. 435),
- Umstellung einer Heizungsanlage von Einzelöfen auf eine Zentralheizung (vgl. BFH-Urteil vom 24. Juli 1979, BStBl. 1980 II S. 7),
- Ersatz eines Flachdaches durch ein Satteldach, wenn dadurch lediglich eine größere Raumhöhe geschaffen wird, ohne die nutzbare Fläche und damit die Nutzungsmöglichkeit zu erweitern,
- Vergrößern eines bereits vorhandenen Fensters oder
- Versetzen von Wänden.

Ein neuer Gebäudebestandteil erfüllt auch dann regelmäßig die Funktion des bisherigen Gebäudebestandteils in vergleichbarer Weise, wenn er dem Gebäude lediglich deshalb hinzugefügt wird, um bereits eingetretene Schäden zu beseitigen oder einen konkret drohenden Schaden abzuwenden. Das ist z. B. der Fall bei Anbringung einer Betonvorsatzschale zur Trockenlegung der durchfeuchteten Fundamente (insoweit entgegen BFH-Urteil vom 10. Mai 1995, BStBl. 1996 II S. 639), bei Überdachung von Wohnungszugängen oder einer Dachterrasse mit einem Glasdach zum Schutz vor weiteren Wasserschäden (vgl. BFH-Urteil vom 24. Februar 1981, BStBl. II S. 468). 24

## 3. Über den ursprünglichen Zustand hinausgehende wesentliche Verbesserung

Instandsetzungs- oder Modernisierungsaufwendungen sind, soweit sie nicht als Folge der Herstellung der Betriebsbereitschaft bereits zu den Anschaffungskosten gehören, nach § 255 Abs. 2 Satz 1 HGB als Herstellungskosten zu behandeln, wenn sie zu einer über den ursprünglichen Zustand hinausgehenden wesentlichen Verbesserung führen. Dies gilt auch, wenn oder soweit das Gebäude unentgeltlich erworben wurde. 25

### 3.1. Ursprünglicher Zustand

Ursprünglicher Zustand i. S. von § 255 Abs. 2 Satz 1 HGB ist grundsätzlich der Zustand des Gebäudes im Zeitpunkt der Herstellung oder Anschaffung durch den Steuerpflichtigen oder seinen Rechtsvorgänger im Fall des unentgeltlichen Erwerbs. Erforderlich ist danach ein Vergleich des Zustands des 26

Gebäudes, in dem es sich bei Herstellung oder Anschaffung befunden hat, mit dem Zustand, in den es durch die vorgenommenen Instandsetzungs- oder Modernisierungsarbeiten versetzt worden ist. Hiervon abweichend ist in Fällen, in denen die ursprünglichen Herstellungs- oder Anschaffungskosten zwischenzeitlich z. B. durch anderweitige Herstellungs- oder Anschaffungskosten, durch Absetzungen für außergewöhnliche Abnutzung nach § 7 Abs. 4 Satz 3 i. V. m. Abs. 1 *Satz 5*[1] EStG oder durch Teilwertabschreibung verändert worden sind, für den Vergleich auf den für die geänderte AfA-Bemessungsgrundlage maßgebenden Zustand abzustellen. Wird ein Gebäude dem Betriebsvermögen entnommen oder in das Betriebsvermögen eingelegt, kommt es für die Bestimmung des ursprünglichen Zustandes auf den Zeitpunkt der Entnahme oder der Einlage an.

### 3.2. Wesentliche Verbesserung

27 Eine wesentliche Verbesserung i. S. von § 255 Abs. 2 Satz 1 HGB liegt nicht bereits dann vor, wenn ein Gebäude generalüberholt wird, d. h. Aufwendungen, die für sich genommen als Erhaltungsaufwendungen zu beurteilen sind, in ungewöhnlicher Höhe zusammengeballt in einem Veranlagungszeitraum oder Wirtschaftsjahr anfallen.

28 Eine wesentliche Verbesserung i. S. von § 255 Abs. 2 Satz 1 HGB und damit Herstellungskosten sind vielmehr erst dann gegeben, wenn die Maßnahmen zur Instandsetzung und Modernisierung eines Gebäudes in ihrer Gesamtheit über eine zeitgemäße substanzerhaltende (Bestandteil-)Erneuerung hinausgehen, den Gebrauchswert des Gebäudes insgesamt deutlich erhöhen und damit für die Zukunft eine erweiterte Nutzungsmöglichkeit geschaffen wird. Von einer deutlichen Erhöhung des Gebrauchswerts ist z. B. auszugehen, wenn der Gebrauchswert des Gebäudes (Nutzungspotential) von einem sehr einfachen auf einen mittleren oder von einem mittleren auf einen sehr anspruchsvollen Standard gehoben wird. Zum Standard des Wohngebäudes vgl. Rz. 9 bis 14.

29 Instandsetzungs- oder Modernisierungsmaßnahmen, die über eine substanzerhaltende Erneuerung nicht hinausgehen, sind bei dieser Prüfung grundsätzlich außer Betracht zu lassen.

30 Eine substanzerhaltende (Bestandteil-)Erneuerung liegt vor, wenn ein Gebäude durch die Ersetzung einzelner Bestandteile oder Instandsetzungs- oder Modernisierungsmaßnahmen an dem Gebäude als Ganzem lediglich in ordnungsgemäßem Zustand entsprechend seinem ursprünglichen Zustand erhalten oder dieser in zeitgemäßer Form wiederhergestellt wird. Dem Gebäude wird in diesem Fall nur der zeitgemäße Wohnkomfort wiedergegeben, den es ursprünglich besessen, aber durch den technischen Fortschritt und die Veränderung der Lebensgewohnheiten verloren hat.

**Beispiel:**

Der Eigentümer eines bewohnten verwahrlosten Wohnhauses lässt die alten Kohleöfen durch eine moderne Heizungsanlage ersetzen. Er baut an Stelle der einfach verglasten Fenster Isolierglasfenster ein. Er modernisiert das Bad, wobei er neben der Badewanne separat eine Dusche einbaut. Außerdem lässt er es durchgängig fliesen. Im Übrigen lässt er Schönheitsreparaturen durchführen.

---

[1] Nunmehr „Satz 7".

Hinsichtlich der Aufwendungen für die zentralen Ausstattungsmerkmale liegen Herstellungskosten als wesentliche Verbesserung i. S. von § 255 Abs. 2 Satz 1 HGB vor. Bei den Schönheitsreparaturen handelt es sich um sofort abziehbare Erhaltungsaufwendungen (vgl. aber Rz. 33 bis 35).

### 3.3. Sanierung in Raten

Aufwendungen für Baumaßnahmen innerhalb eines Veranlagungszeitraumes oder Wirtschaftsjahres sind Herstellungskosten i. S. von § 255 Abs. 2 Satz 1 HGB, wenn die Baumaßnahmen zwar für sich gesehen noch nicht zu einer wesentlichen Verbesserung führen, wenn sie aber Teil einer Gesamtmaßnahme sind, die sich planmäßig in zeitlichem Zusammenhang über mehrere Veranlagungszeiträume erstreckt und die insgesamt zu einer Hebung des Standards führt (Sanierung in Raten). Von einer Sanierung in Raten ist grundsätzlich auszugehen, wenn die Maßnahmen innerhalb eines Fünfjahreszeitraumes durchgeführt worden sind. 31

### 3.4. Baumaßnahmen, die nur einen Teil des Gebäudes betreffen

Wird ein Gebäude in der Weise saniert, dass von einer Vielzahl von Wohnungen nur der Gebrauchswert einer oder mehrerer Wohnungen erhöht wird, sind die dafür entstandenen Aufwendungen Herstellungskosten i. S. von § 255 Abs. 2 Satz 1 HGB. 32

## III. Zusammentreffen von Anschaffungs- oder Herstellungskosten mit Erhaltungsaufwendungen

Sind im Rahmen einer umfassenden Instandsetzungs- und Modernisierungsmaßnahme sowohl Arbeiten zur Schaffung eines betriebsbereiten Zustandes, zur Erweiterung des Gebäudes oder Maßnahmen, die über eine zeitgemäße substanzerhaltende Erneuerung hinausgehen, als auch Erhaltungsarbeiten durchgeführt worden, sind die hierauf jeweils entfallenden Aufwendungen grundsätzlich – ggf. im Wege der Schätzung – in Anschaffungs- oder Herstellungskosten und Erhaltungsaufwendungen aufzuteilen, die mit den jeweiligen Aufwendungsarten im Zusammenhang stehen. 33

**Beispiel:**
Ein für die Gesamtmaßnahme geleistetes Architektenhonorar oder Aufwendungen für Reinigungsarbeiten sind entsprechend dem Verhältnis von Anschaffungs- oder Herstellungskosten und Erhaltungsaufwendungen aufzuteilen.

Aufwendungen für ein Bündel von Einzelmaßnahmen, die für sich genommen teils Anschaffungskosten oder Herstellungskosten, teils Erhaltungsaufwendungen darstellen, sind insgesamt als Anschaffungskosten oder Herstellungskosten zu beurteilen, wenn die Arbeiten im sachlichen Zusammenhang stehen. 34

Ein sachlicher Zusammenhang in diesem Sinne liegt vor, wenn die einzelnen Baumaßnahmen – die sich auch über mehrere Jahre erstrecken können – bautechnisch ineinander greifen. Ein bautechnisches Ineinandergreifen ist gegeben, wenn die Erhaltungsarbeiten 35

– Vorbedingung für Schaffung des betriebsbereiten Zustandes oder für die Herstellungsarbeiten

oder

– durch Maßnahmen, welche den betriebsbereiten Zustand schaffen, oder durch Herstellungsarbeiten veranlasst (verursacht) worden

sind.

**Beispiel 1:**

Um eine Überbauung zwischen zwei vorhandenen Gebäuden durchführen zu können, sind zunächst Ausbesserungsarbeiten an den Fundamenten des einen Gebäudes notwendig (vgl. BFH-Urteil vom 9. März 1962 – BStBl. III S. 195).

Ein solcher Zusammenhang wird nicht dadurch gelöst, dass die Arbeiten in verschiedenen Stockwerken des Gebäudes ausgeführt werden.

**Beispiel 2:**

Im Dachgeschoss eines mehrgeschossigen Gebäudes werden erstmals Bäder eingebaut. Diese Herstellungsarbeiten machen das Verlegen von größeren Fallrohren bis zum Anschluss an das öffentliche Abwassernetz erforderlich. Die hierdurch entstandenen Aufwendungen sind ebenso wie die Kosten für die Beseitigung der Schäden, die durch das Verlegen der größeren Fallrohre in den Badezimmern der darunter liegenden Stockwerke entstanden sind, den Herstellungskosten zuzurechnen.

Von einem bautechnischen Ineinandergreifen ist nicht allein deswegen auszugehen, weil der Steuerpflichtige solche Herstellungsarbeiten zum Anlass nimmt, auch sonstige anstehende Renovierungsarbeiten vorzunehmen. Allein die gleichzeitige Durchführung der Arbeiten, z.B. um die mit den Arbeiten verbundenen Unannehmlichkeiten abzukürzen, reicht für einen solchen sachlichen Zusammenhang nicht aus. Ebenso wird ein sachlicher Zusammenhang nicht dadurch hergestellt, dass die Arbeiten unter dem Gesichtspunkt der rationellen Abwicklung eine bestimmte zeitliche Abfolge der einzelnen Maßnahmen erforderlich machen – die Arbeiten aber ebenso unabhängig voneinander hätten durchgeführt werden können.

**Beispiel 3:**

Wie Beispiel 2, jedoch werden die Arbeiten in den Bädern der übrigen Stockwerke zum Anlass genommen, diese Bäder vollständig neu zu verfliesen und neue Sanitäranlagen einzubauen. Diese Modernisierungsarbeiten greifen mit den Herstellungsarbeiten (Verlegung neuer Fallrohre) nicht bautechnisch ineinander. Die Aufwendungen führen daher zu Erhaltungsaufwendungen. Die einheitlich in Rechnung gestellten Aufwendungen für die Beseitigung der durch das Verlegen der größeren Fallrohre entstandenen Schäden und für die vollständige Neuverfliesung sind dementsprechend in Herstellungs- und Erhaltungsaufwendungen aufzuteilen.

**Beispiel 4:**

Durch das Aufsetzen einer Dachgaube wird die nutzbare Fläche des Gebäudes geringfügig vergrößert. Diese Maßnahme wird zum Anlass genommen, gleichzeitig das alte, schadhafte Dach neu einzudecken. Die Erneuerung der gesamten Dachziegel steht insoweit nicht in einem bautechnischen Zusammenhang mit der Erweiterungsmaßnahme. Die Aufwendungen für Dachziegel, die zur Deckung der neuen Gauben verwendet werden, sind Herstellungskosten, die Aufwendungen für die übrigen Dachziegel sind Erhaltungsaufwendungen.

**Beispiel 5:**

Im Zusammenhang mit einer Erweiterungsmaßnahme erhält ein Gebäude ein zusätzliches Fenster. Zudem wird die Einfachverglasung der schon vorhandenen Fenster durch Isolierverglasung ersetzt. Die Erneuerung der bestehenden Fenster ist nicht durch die Erweiterungsmaßnahme und das Einsetzen des zusätzlichen Fensters veranlasst, greift daher nicht bautechnisch mit diesen Maßnahmen ineinander (insoweit entgegen BFH-Urteil vom 9. Mai 1995 – IX R 2/94 –, BStBl. 1996 II S. 637). Die auf die Fenstererneuerung entfallenden Aufwendungen können demnach als Erhaltungsaufwendungen abgezogen werden.

## IV. Feststellungslast

Die Feststellungslast für die Tatsachen, die eine Behandlung als Anschaf- **36** fungs- oder Herstellungskosten begründen (wie z. B. die Herstellung der Betriebsbereitschaft oder eine wesentliche Verbesserung über den ursprünglichen Zustand hinaus), trägt das Finanzamt. Soweit das Finanzamt nicht in der Lage ist, den Zustand des Gebäudes im Zeitpunkt der Anschaffung (vgl. Rz. 5 bis 16) oder den ursprünglichen Zustand im Sinne des § 255 Abs. 2 HGB (vgl. Rz. 25 bis 32) festzustellen, trifft den Steuerpflichtigen hierbei eine erhöhte Mitwirkungspflicht (§ 90 Abs. 1 Satz 3 AO). Kann der maßgebliche Zustand des Wohngebäudes nicht sicher festgestellt werden, kann das Finanzamt aus Indizien auf die Hebung des Standards eines Gebäudes und somit auf Anschaffungs- oder Herstellungskosten schließen.

Indizien für die Hebung des Standards liegen vor, wenn **37**
- ein Gebäude in zeitlicher Nähe zum Erwerb im Ganzen und von Grund auf modernisiert wird,
- hohe Aufwendungen für die Sanierung der zentralen Ausstattungsmerkmale getätigt werden,
- auf Grund dieser Baumaßnahmen der Mietzins erheblich erhöht wird.

Ob eine Hebung des Standards vorliegt, ist für die ersten drei Jahre nach **38**[1] Anschaffung des Gebäudes nicht zu prüfen, wenn die Aufwendungen für die Instandsetzung und Modernisierung des Gebäudes insgesamt 15 % der Anschaffungskosten des Gebäudes nicht übersteigen. Dies gilt nicht, wenn sich bei Erwerb des Gebäudes mit mehreren Wohnungen der Standard für einzelne Wohnungen hebt oder die Instandsetzungsmaßnahme der Beginn einer Sanierung in Raten sein kann. Veranlagungen sind vorläufig durchzuführen, solange in diesem Zeitraum die Instandsetzungsarbeiten 15 % der Anschaffungskosten des Gebäudes nicht übersteigen oder wenn eine Sanierung in Raten zu vermuten ist.

## V. Anwendungsregelung

Dieses Schreiben ersetzt das BMF-Schreiben vom 16. Dezember 1996 **39** (BStBl. I S. 1442), welches hiermit aufgehoben wird.

Die Grundsätze dieses Schreibens sind in allen noch offenen Fällen anzuwenden.

Auf Antrag ist dieses Schreiben nicht anzuwenden, wenn mit Baumaßnahmen vor dem Tag der Veröffentlichung des Schreibens im Bundessteuerblatt begonnen wurde.

---

[1] Zu anschaffungsnahen Herstellungskosten siehe BMF v. 20. 10. 2017, BStBl. I S. 1447 (Nr. **1** § 6/14).

Mit diesem Schreiben werden gleichzeitig die BFH-Urteile vom 12. September 2001 und vom 22. Januar 2003 im Bundessteuerblatt Teil II veröffentlicht.

# I § 21/9. Schreiben betr. einkommensteuerrechtliche Behandlung von Bausparzinsen und Schuldzinsen bei selbstgenutztem Wohneigentum[1)]

Vom 28. Februar 1990 (BStBl. I S. 124)

(BMF IV B 4 – S 2252 – 49/90)

Um die Wartezeit bis zur Zuteilungsreife eines Bausparvertrags zu überbrücken oder abzukürzen, lassen sich Bausparer häufig einen Zwischenkredit oder einen Auffüllungskredit geben. Bis zur Zuteilung des Bauspardarlehens fallen sowohl Zinsen auf das Bausparguthaben als auch Schuldzinsen für den Zwischenkredit oder den Auffüllungskredit an. Zur einkommensteuerrechtlichen Behandlung dieser Zinsen vertrete ich auf Grund der Erörterungen mit den obersten Finanzbehörden der Länder in Fällen des selbstgenutzten Wohneigentums ab dem Veranlagungszeitraum 1987 folgende Auffassung:

## 1. Guthabenzinsen

**1.1.** Zinsen auf Bausparguthaben gehören zu den Einnahmen aus Vermietung und Verpachtung, wenn sie mit dieser Einkunftsart in wirtschaftlichem Zusammenhang stehen (§ 20 Abs. 3 EStG; BFH-Urteile vom 9. November 1982, BStBl. 1983 II S. 172, und vom 8. Februar 1983, BStBl. II S. 355). Der Vorrang der Einkunftsart Vermietung und Verpachtung vor der Einkunftsart Kapitalvermögen gilt auch für Veranlagungszeiträume nach 1986, sofern der Nutzungswert der Wohnung im eigenen Haus nach § 52 Abs. 21 Satz 2 EStG weiterhin als Überschuß des Mietwerts über die Werbungskosten ermittelt wird.

**1.2.** Fallen die Guthabenzinsen dagegen im Rahmen der Finanzierung von Wohneigentum an, das in Veranlagungszeiträumen nach 1986 nicht oder nicht mehr der Nutzungswertbesteuerung unterliegt, so besteht grundsätzlich kein wirtschaftlicher Zusammenhang mit einer anderen Einkunftsart. In diesen Fällen ist § 20 Abs. 3 EStG nicht mehr anwendbar. Die Zinsen aus dem Bausparguthaben sind daher – vorbehaltlich der Regelung in Tz. 2.2.2 – als Einnahmen aus Kapitalvermögen i. S. d. § 20 Abs. 1 Nr. 7 EStG zu behandeln.[2)]

## 2. Schuldzinsen

**2.1.** In den Fällen der fortgeführten Nutzungswertbesteuerung (vgl. Tz. 1.1) sind die Schuldzinsen für einen Zwischen- oder Auffüllungskredit weiterhin als Werbungskosten bei den Einkünften aus Vermietung und Verpachtung abziehbar (§ 9 Abs. 1 Nr. 1 EStG).

**2.2.** In den übrigen Fällen (vgl. Tz. 1.2) hängt die einkommensteuerrechtliche Behandlung davon ab, ob es sich um Schuldzinsen für ein Bau- oder Anschaffungsdarlehen oder um Schuldzinsen für einen Auffüllungskredit handelt.

---

[1)] Vgl. ergänzend BFH v. 18. 2. 1992 (BStBl. II S. 1005).

[2)] Bestätigt durch BFH v. 8. 12. 1992 (BStBl. 1993 II S. 301).

**2.2.1.** Schuldzinsen für Bau- oder Anschaffungsdarlehen (Zwischen- oder Vorfinanzierungskredite) werden weder unmittelbar noch mittelbar zur Erwerbung, Sicherung oder Erhaltung von Zinsen aus einem Bausparguthaben aufgewendet. Solche Schuldzinsen können deshalb nicht bei den Einkünften aus Kapitalvermögen abgezogen werden. Bis zum Beginn der erstmaligen Nutzung des Wohneigentums zu eigenen Wohnzwecken sind sie jedoch nach § 10 e Abs. 6 EStG wie Sonderausgaben abziehbar.

**2.2.2.** *Schuldzinsen für einen Auffüllungskredit sind dagegen dem Grunde nach Werbungskosten bei den Einkünften aus Kapitalvermögen. Regelmäßig werden die Schuldzinsen jedoch die Zinsen aus dem Bausparguthaben auf Dauer übersteigen, so daß das Tatbestandsmerkmal der Einkunftserzielungsabsicht insoweit nicht erfüllt ist (vgl. Abschn. 153 Abs. 1 Satz 4 EStR)*[1]. Unter diesen Voraussetzungen sind weder die Guthabenzinsen noch die Schuldzinsen den Einkünften aus Kapitalvermögen zuzuordnen. In diesen Fällen kann jedoch der übersteigende Aufwand (Schuldzinsen, abzüglich Guthabenzinsen bis zum Beginn der erstmaligen Nutzung des Wohneigentums zu eigenen Wohnzwecken nach § 10 e Abs. 6 EStG wie Sonderausgaben abgezogen werden.

Die vorstehenden Regelungen gelten auch für Ausbau- oder Erweiterungsmaßnahmen an einem zu eigenen Wohnzwecken genutzten Wohneigentum (§ 10 e Abs. 2 EStG).

[1] Beachte nunmehr § 20 Abs. 9 Satz 1 Hs. 2 EStG.

# I § 21/10. Schreiben betr. steuerliche Absetzbarkeit von Aufwendungen für die Erneuerung einer Einbauküche in einer vermieteten Wohnung; BFH-Urteil vom 3. August 2016 IX R 14/15 (BStBl. 2017 II S. 437)

Vom 16. Mai 2017 (BStBl. I S. 775)

(BMF IV C 1 – S 2211/07/10005 :001; DOK 2017/0412371)

Der BFH hat mit Urteil vom 3. August 2016 IX R 14/15 entschieden, dass die Aufwendungen für die vollständige Erneuerung einer Einbauküche (Spüle, Herd, Einbaumöbel und Elektrogeräte) in einem vermieteten Immobilienobjekt grundsätzlich nicht sofort als Werbungskosten bei den Einkünften aus Vermietung und Verpachtung abziehbar sind. Die Einbauküche ist ein eigenständiges und einheitliches Wirtschaftsgut mit einer Nutzungsdauer von 10 Jahren, deren Anschaffungs- und Herstellungskosten im Wege der Absetzung für Abnutzung zu berücksichtigen sind.

An seiner bisherigen Rechtsauffassung (vgl. die Nachweise in Rz. 26, 30 und 32 des Urteils) hält der BFH nicht mehr fest.

Im Einvernehmen mit den obersten Finanzbehörden der Länder sind die Grundsätze des BFH-Urteils IX R 14/15 – unter Beachtung des § 176 Abs. 1 Nr. 3 AO – in allen offenen Fällen anzuwenden.

Bei Erstveranlagungen bis einschließlich des Veranlagungszeitraums 2016 wird nicht beanstandet, wenn auf Antrag des Steuerpflichtigen die bisherige Rechtsprechung (vgl. insbesondere das BFH-Urteil vom 13. März 1990 IX R 104/85, BStBl. II S. 514) für die Erneuerung einer Einbauküche zugrunde gelegt wird, wonach die Spüle und der (nach der regionalen Verkehrsauffassung erforderliche) Herd als wesentliche Bestandteile des Gebäudes behandelt wurden und deren Erneuerung/Austausch zu sofort abzugsfähigem Erhaltungsaufwand führte.

# 1 § 21/12. Schreiben betr. Abziehbarkeit von Erhaltungsaufwendungen bei zunächst vermieteter und später selbstgenutzter Wohnung; Anwendung des BFH-Urteils vom 10. Oktober 2000 – IX R 15/96 (BStBl. 2001 II S. 787)

Vom 26. November 2001 (BStBl. I S. 868)

(BMF IV C 3 – S 2211 – 53/01)

Mit Urteil vom 10. Oktober 2000 – IX R 15/96 – hat der Bundesfinanzhof entschieden, dass Aufwendungen für Erhaltungsmaßnahmen, die der Steuerpflichtige noch während der Vermietungszeit an einem anschließend selbstgenutzten Gebäude durchführt, – unabhängig vom Zahlungszeitpunkt – grundsätzlich als Werbungskosten bei den Einkünften aus Vermietung und Verpachtung abzuziehen sind. Für die Frage, ob Aufwendungen der Vermietungszeit oder der Selbstnutzung zuzurechnen sind, kommt es nicht auf die Zweckbestimmung des Erhaltungsaufwands an. Bei den während der Vermietungszeit durchgeführten Erhaltungsmaßnahmen ist vielmehr typisierend anzunehmen, dass sie noch der Einkünfteerzielung dienen.

Unter Bezugnahme auf das Ergebnis der Erörterungen mit den obersten Finanzbehörden der Länder sind die Grundsätze dieses Urteils mit folgender Maßgabe anzuwenden:

Aufwendungen für Erhaltungsmaßnahmen, die der Steuerpflichtige noch während der Vermietungszeit an einem anschließend selbst genutzten Gebäude durchführt, dürfen ausnahmsweise dann nicht als Werbungskosten abgezogen werden, wenn die Erhaltungsmaßnahmen für die Selbstnutzung bestimmt sind und in die Vermietungszeit vorverlagert werden. Dies kann insbesondere der Fall sein, wenn das Mietverhältnis bereits gekündigt ist und die Maßnahmen unter Zugrundelegung eines objektiven Maßstabs nicht nur zur Wiederherstellung oder Bewahrung der Mieträume und des Gebäudes erforderlich sind.

**Zusatz der OFD Magdeburg v. 24. 6. 2008 S 2211 – 18 – St 222 V:**

**Behandlung von Erhaltungsaufwendungen, welche im Rahmen der Veräußerung des Mietwohngrundstücks vom Verkäufer übernommen werden**

Mit BFH-Urteil vom 14. Dezember 2004 IX R 34/03 (BStBl. 2005 II S. 343) wurde entschieden, dass Aufwendungen für die im Rahmen der Veräußerung eines Mietwohngrundstücks vom Verkäufer übernommene Instandsetzung auch dann nicht als Werbungskosten bei den bisherigen Einkünften aus Vermietung und Verpachtung zu berücksichtigen sind, wenn die betreffenden Arbeiten noch während der Vermietungszeit durchgeführt werden.

Dieser Entscheidung lag der Sachverhalt zu Grunde, dass sich der Verkäufer im notariell beurkundeten Vertrag verpflichtet hatte, verschiedene Baumaßnahmen, z. B. Sanierung der Balkone, „bis zum Tage des Besitzübergangs" auf eigene Kosten durchzuführen.

Der BFH verneinte den Werbungskostenabzug, weil der erforderliche Veranlassungszusammenhang mit der Vermietungstätigkeit nicht mehr gegeben ist, soweit die Aufwendungen allein oder ganz überwiegend durch die Veräußerung des Mietwohnobjekts veranlasst sind.

Die typisierende Annahme, während der Vermietungszeit durchgeführte Erhaltungsmaßnahmen dienten noch der Vermietungszeit (BFH vom 10. Oktober 2000 IX R 15/96, BStBl. 2001 II S. 787) setzt einen für solche Fälle üblichen Geschehensablauf voraus. Dieser ist aber im entschiedenen Fall durch die – gewollte – Gestaltung der Grundstücksübergabe nicht gegeben gewesen.

# I § 21/14. Schreiben betr. Vermietung eines Arbeitszimmers oder einer als Homeoffice genutzten Wohnung an den Arbeitgeber; Anwendung der BFH-Urteile vom 16. September 2004 (BStBl. 2006 II S. 10) und vom 17. April 2018 (BStBl. 2019 II S. 219)

Vom 18. April 2019 (BStBl. I S. 461)

(BMF IV C 1 – S 2211/16/10003 :005; DOK 2019/0046116)

Zur einkommensteuerrechtlichen Beurteilung der Vermietung eines Arbeitszimmers oder einer als Homeoffice genutzten Wohnung durch einen Arbeitnehmer an seinen Arbeitgeber gelten unter Bezugnahme auf das Ergebnis der Erörterungen mit den obersten Finanzbehörden der Länder und unter Berücksichtigung der Urteile des BFH vom 19. Oktober 2001 (BStBl. 2002 II S. 300), 20. März 2003 (BStBl. II S. 519), 16. September 2004 (BStBl. 2006 II S. 10) und 17. April 2018 (BStBl. 2019 II S. 219) die folgenden Grundsätze:

Die Beurteilung von Leistungen des Arbeitgebers für ein im Haus oder in der Wohnung des Arbeitnehmers gelegenes Arbeitszimmer oder für eine Wohnung des Arbeitnehmers, die dieser zweckfremd als Homeoffice nutzt, als Arbeitslohn oder als Einnahmen aus Vermietung und Verpachtung ist daran auszurichten, in wessen vorrangigem Interesse die Nutzung erfolgt.

## I. Einkünfte aus nichtselbständiger Arbeit

Zu den Einkünften aus nichtselbständiger Arbeit gehören nach § 19 Abs. 1 Satz 1 Nr. 1 EStG auch andere Bezüge und Vorteile, die durch das individuelle Dienstverhältnis des Arbeitnehmers veranlasst sind. Hieran fehlt es, wenn der Arbeitgeber dem Arbeitnehmer Bezüge und Vorteile aufgrund einer anderen, neben dem Dienstverhältnis gesondert bestehenden Rechtsbeziehung – beispielsweise einem Mietverhältnis – zuwendet.

Dient das Arbeitszimmer oder die als Homeoffice genutzte Wohnung in erster Linie dem Interesse des Arbeitnehmers, ist davon auszugehen, dass die Leistungen des Arbeitgebers als Gegenleistung für das Zurverfügungstellen der individuellen Arbeitskraft des Arbeitnehmers erfolgen. Die Einnahmen sind als Arbeitslohn zu beurteilen. Einkünfte aus Vermietung und Verpachtung liegen dann nicht vor (§ 21 Abs. 3 EStG).

Ein für den Arbeitslohncharakter der Leistungen des Arbeitgebers an den Arbeitnehmer sprechendes gewichtiges Indiz liegt vor, wenn der Arbeitnehmer im Betrieb des Arbeitgebers über einen weiteren Arbeitsplatz verfügt und die Nutzung des Arbeitszimmers oder der als Homeoffice genutzten Wohnung vom Arbeitgeber lediglich gestattet oder geduldet wird. In diesem Fall ist grundsätzlich von einem vorrangigen Interesse des Arbeitnehmers an der Nutzung auszugehen. Zur Widerlegung dieser Annahme muss der Steuerpflichtige das vorrangige Interesse seines Arbeitgebers am zusätzlichen Arbeitsplatz, hinter welches das Interesse des Steuerpflichtigen zurücktritt, nachweisen. Ein etwa gleichgerichtetes Interesse von Arbeitgeber und Arbeitnehmer reicht nicht aus.

## II. Einkünfte aus Vermietung und Verpachtung

Eine für die Zuordnung der Leistungen des Arbeitgebers an den Arbeitnehmer zu den Einkünften aus Vermietung und Verpachtung i. S. v. § 21 Abs. 1 Satz 1 Nr. 1 EStG erforderliche, neben dem Dienstverhältnis gesondert bestehende Rechtsbeziehung setzt voraus, dass das Arbeitszimmer oder die als Homeoffice genutzte Wohnung vorrangig im betrieblichen Interesse des Arbeitsgebers genutzt wird und dieses Interesse über die Entlohnung des Arbeitnehmers sowie über die Erbringung der jeweiligen Arbeitsleistung hinausgeht. Die Ausgestaltung der Vereinbarung zwischen Arbeitgeber und Arbeitnehmer als auch die tatsächliche Nutzung des angemieteten Arbeitszimmers oder der als Homeoffice genutzten Wohnung des Arbeitnehmers müssen maßgeblich und objektiv nachvollziehbar von den Bedürfnissen des Arbeitgebers geprägt sein.

Für das Vorliegen eines betrieblichen Interesses des Arbeitgebers sprechen beispielsweise folgende Anhaltspunkte:

- Für den Arbeitnehmer ist im Unternehmen kein geeigneter Arbeitsplatz vorhanden; die Versuche des Arbeitgebers, entsprechende Räume von fremden Dritten anzumieten, sind erfolglos geblieben.
- Der Arbeitgeber hat für andere Arbeitnehmer des Betriebs, die über keine für ein Arbeitszimmer geeignete Wohnung verfügen, entsprechende Rechtsbeziehungen mit fremden Dritten begründet, die nicht in einem Dienstverhältnis zu ihm stehen.
- Es wurde eine ausdrückliche, schriftliche Vereinbarung über die Bedingungen der Nutzung der überlassenen Räumlichkeiten abgeschlossen.

Allerdings muss der Steuerpflichtige auch in diesen Fällen das vorrangige betriebliche Interesse seines Arbeitgebers nachweisen, ansonsten sind die Leistungen als Arbeitslohn entsprechend den Ausführungen zu I. zu beurteilen.

Für das Vorliegen eines betrieblichen Interesses kommt es nicht darauf an,

- ob ein entsprechendes Nutzungsverhältnis zu gleichen Bedingungen auch mit einem fremden Dritten hätte begründet werden können,
- ob der vereinbarte Mietzins die Höhe der ortsüblichen Marktmiete unterschreitet, denn das geforderte betriebliche Interesse an der Nutzung der betreffenden Räumlichkeiten wird durch eine für den Arbeitgeber vorteilhafte Gestaltung der zugrunde liegenden Rechtsbeziehung grundsätzlich nicht in Frage gestellt.

Bei der zweckentfremdeten Vermietung von Wohnraum an den Arbeitgeber zu dessen betrieblichen Zwecken (z. B. Arbeitszimmer, als Homeoffice genutzte Wohnung) handelt es sich um Gewerbeimmobilien, für die die Einkünfteerzielungsabsicht ohne typisierende Vermutung durch objektbezogene Überschussprognose festzustellen ist (vgl. BFH vom 17. April 2018, BStBl. 2019 II S. 219).

Ist das vorrangige betriebliche Interesse des Arbeitgebers an der Vermietung des Arbeitszimmers oder der als Homeoffice genutzten Wohnung vom Arbeitnehmer an den Arbeitgeber nachgewiesen, mangelt es aber an der Einkünfteerzielungsabsicht nach § 21 Abs. 1 Satz 1 Nr. 1 EStG infolge negativer Überschussprognose, handelt es sich um einen steuerlich unbeachtlichen Vorgang auf der privaten Vermögensebene. Eine Zuordnung der Leistungen des Arbeitgebers an den Arbeitnehmer als Arbeitslohn kommt dann im Hinblick auf § 21 Abs. 3 EStG nicht mehr in Betracht.

### III. Werbungskostenabzug für das Arbeitszimmer oder die als Homeoffice genutzte Wohnung des Arbeitnehmers

Liegen die Voraussetzungen für die Zuordnung der Leistungen des Arbeitgebers an den Arbeitnehmer zu den Einkünften aus Vermietung und Verpachtung vor, sind die das Arbeitszimmer oder die als Homeoffice genutzte Wohnung betreffenden Aufwendungen in vollem Umfang als Werbungskosten bei den Einkünften aus Vermietung und Verpachtung zu berücksichtigen. Sie fallen nicht unter die Abzugsbeschränkung des § 4 Abs. 5 Satz 1 Nr. 6 b EStG.

Sind die Leistungen des Arbeitgebers an den Arbeitnehmer hingegen als Arbeitslohn zu erfassen, unterliegt der Abzug der Aufwendungen für das Arbeitszimmer oder die als Homeoffice genutzte Wohnung ggf. der Abzugsbeschränkung des § 4 Abs. 5 Satz 1 Nr. 6 b EStG.

Dieses Schreiben findet auf alle offenen Fälle Anwendung.

Das BMF-Schreiben vom 13. Dezember 2005 (BStBl. 2006 I S. 4) wird aufgehoben.

Es wird für vor dem 1. Januar 2019 abgeschlossene Mietverträge nicht beanstandet, wenn bei den Einkünften aus Vermietung und Verpachtung nach § 21 Abs. 1 Satz 1 Nr. 1 EStG unverändert entsprechend den Grundsätzen des BFH-Urteils vom 16. September 2004 (BStBl. 2006 II S. 10) eine Einkünfteerzielungsabsicht typisierend angenommen wird.

# I § 21/16. Schreiben betr. Schuldzinsen als nachträgliche Werbungskosten bei den Einkünften aus Vermietung und Verpachtung nach Veräußerung des Mietobjekts oder nach Wegfall der Einkünfteerzielungsabsicht; Anwendung der BFH-Urteile vom 21. Januar 2014 IX R 37/12 (BStBl. 2015 II S. 631), vom 11. Februar 2014 IX R 42/13 (BStBl. 2015 II S. 633) und vom 8. April 2014 IX R 45/13 (BStBl. 2015 II S. 635)

Vom 27. Juli 2015 (BStBl. I S. 581)

(BMF IV C 1 – S 2211/11/10001; DOK 2015/0644430)

Mit Urteil vom 20. Juni 2012 IX R 67/10 (BStBl. 2013 II S. 275) hatte der BFH unter Aufgabe seiner früheren Rechtsauffassung zur Frage der Abziehbarkeit nachträglicher Schuldzinsen bei den Einkünften aus Vermietung und Verpachtung entschieden, dass Schuldzinsen für ein zur Anschaffung eines Mietobjekts aufgenommenes Darlehen auch nach einer gemäß § 23 Abs. 1 Satz 1 Nr. 1 EStG steuerbaren Veräußerung der Immobilie weiter als (nachträgliche) Werbungskosten abgezogen werden können, wenn und soweit der Veräußerungserlös nicht zur Tilgung der Darlehensverbindlichkeit ausreicht.

Der BFH hat in dem Urteil vom 21. Januar 2014 IX R 37/12 (BStBl. 2015 II S. 631) die Rechtsauffassung vertreten, dass ein fortdauernder Veranlassungszusammenhang von nachträglichen Schuldzinsen mit früheren Einkünften i. S. d. § 21 EStG nicht anzunehmen ist, wenn der Steuerpflichtige zwar ursprünglich mit Einkünfteerzielungsabsicht gehandelt hat, seine Absicht zu einer (weiteren) Einkünfteerzielung jedoch bereits vor der Veräußerung des Mietobjekts aus anderen Gründen weggefallen ist.

Mit Urteil vom 11. Februar 2014 IX R 42/13 (BStBl. 2015 II S. 633) hat der BFH zur steuerlichen Behandlung von Vorfälligkeitsentschädigungen bei den Einkünften aus Vermietung und Verpachtung entschieden, dass ein Steuerpflichtiger die für die vorzeitige Ablösung seiner Darlehensschuld zwecks lastenfreier Veräußerung seines Mietobjekts zu entrichtende Vorfälligkeitsentschädigung auch dann nicht „ersatzweise" als Werbungskosten aus Vermietung und Verpachtung abziehen kann, wenn der Veräußerungsvorgang nicht nach § 23 Abs. 1 Satz 1 Nr. 1 EStG steuerbar ist. Seine bisherige Rechtsprechung, wonach in Veräußerungsfällen wegen Beurteilung der Vorfälligkeitsentschädigung als Finanzierungskosten eines neu erworbenen Mietobjekts ausnahmsweise ein Werbungskostenabzug für zulässig erachtet wurde, gab der BFH mit dieser Entscheidung ausdrücklich auf.

Den Abzug von nachträglichen Schuldzinsen bei den Einkünften aus Vermietung und Verpachtung im Falle der nicht nach § 23 Abs. 1 Satz 1 Nr. 1 EStG steuerbaren Veräußerung der Immobilie hat der BFH mit Urteil vom

8. April 2014 IX R 45/13 (BStBl. 2015 II S. 635) für den Fall bejaht, dass der Grundsatz des Vorranges der Schuldentilgung beachtet wurde. Für den nachträglichen Werbungskostenabzug ist nach Ansicht des BFH entscheidungserheblich, wie der Veräußerungserlös verwendet wird. Bei Einsatz des Veräußerungserlöses für die Anschaffung einer neuen Einkunftsquelle (z. B. eine neue zur Vermietung bestimmte Immobilie) besteht der Zusammenhang am neuen Mietobjekt fort (Surrogationsbetrachtung). Wird hingegen keine neue Immobilie oder anderweitige Einkunftsquelle angeschafft, kommt es für den Werbungskostenabzug darauf an, ob der Veräußerungserlös ausreicht, um das Darlehen zu tilgen.

Unter Bezugnahme auf das Ergebnis der Erörterung mit den obersten Finanzbehörden der Länder gelten zur Abziehbarkeit von Schuldzinsen als nachträgliche Werbungskosten bei den Einkünften aus Vermietung und Verpachtung nach Veräußerung des Mietobjekts oder nach Wegfall der Einkünfteerzielungsabsicht sowie von Vorfälligkeitsentschädigungen unter Anwendung der vorgenannten Urteile folgende Rechtsgrundsätze:

## 1. Schuldzinsen für fremdfinanzierte Anschaffungs-/Herstellungskosten eines Mietobjekts nach dessen Veräußerung

### 1.1. Rechtswirksam nach dem 31. Dezember 1998 getätigte Grundstücksveräußerungen

Schuldzinsen, die auf Verbindlichkeiten entfallen, welche der Finanzierung von Anschaffungskosten oder Herstellungskosten einer zur Erzielung von Einkünften aus Vermietung und Verpachtung genutzten Immobilie dienten, können nach deren Veräußerung weiter als nachträgliche Werbungskosten abgezogen werden, wenn und soweit die Verbindlichkeiten nicht durch den Veräußerungserlös hätten getilgt werden können (sog. Grundsatz des Vorrangs der Schuldentilgung). Der Grundsatz des Vorrangs der Schuldentilgung gilt jedoch so lange nicht, als der Schuldentilgung Auszahlungshindernisse hinsichtlich des Veräußerungserlöses oder Rückzahlungshindernisse entgegenstehen. Voraussetzung ist, dass die Absicht, (weitere) Einkünfte aus Vermietung und Verpachtung zu erzielen, nicht bereits vor der Veräußerung der Immobilie aus anderen Gründen weggefallen ist (BFH vom 21. Januar 2014 IX R 37/12, BStBl. 2015 II S. 631).

Es ist für den Werbungskostenabzug unmaßgeblich, ob die Veräußerung innerhalb der zehnjährigen Veräußerungsfrist erfolgt und gemäß § 23 Abs. 1 Satz 1 Nr. 1 EStG steuerbar ist (BFH-Urteil vom 8. April 2014 IX R 45/13, BStBl. 2015 II S. 635).

Bestehen im Zusammenhang mit dem veräußerten Mietobjekt mehrere Darlehensverbindlichkeiten, ist für die steuerliche Anerkennung der Verwendung des Veräußerungserlöses zur Tilgung der Verbindlichkeiten – entsprechend der Beurteilung durch einen ordentlichen und gewissenhaften Geschäftsmann – entscheidend, dass die Darlehen nach Maßgabe der konkreten Vertragssituationen marktüblich und wirtschaftlich unter Berücksichtigung der Zinskonditionen abgelöst werden.

Die vorgenannten Rechtsgrundsätze zum nachträglichen Schuldzinsenabzug sind entsprechend auf Refinanzierungs- oder Umschuldungsdarlehen anzuwenden, soweit die Valuta des Umschuldungsdarlehens nicht über den abzulösenden Restdarlehensbetrag hinausgeht und die Umschuldung sich im Rahmen einer üblichen Finanzierung bewegt (BFH-Urteil vom 8. April 2014 IX R 45/13, BStBl. 2015 II S. 631).

### 1.2. Rechtswirksam vor dem 1. Januar 1999 getätigte Grundstücksveräußerungen

Bei Grundstücksveräußerungen, bei denen die Veräußerung auf einem vor dem 1. Januar 1999 rechtswirksam abgeschlossenen obligatorischen Vertrag oder gleichstehenden Rechtsakt beruht, ist für Schuldzinsen, die auf die Zeit nach der Veräußerung oder dem Wegfall der Einkünfteerzielungsabsicht entfallen, kein nachträglicher Werbungskostenabzug bei den Einkünften aus Vermietung und Verpachtung zulässig. Denn die Schuldzinsen stehen nicht mehr mit dieser Einkunftsart in wirtschaftlichem Zusammenhang i. S. v. § 9 Abs. 1 Satz 3 Nr. 1 EStG. Sie sind vielmehr als Gegenleistung für die Überlassung von Kapital anzusehen, das im privaten Vermögensbereich nicht mehr der Erzielung von Einkünften dient (BFH-Urteil vom 12. November 1991 IX R 15/90, BStBl. 1992 II S. 289).

## 2. Im Zuge der Veräußerung gezahlte Vorfälligkeitsentschädigung für die Ablösung einer Fremdfinanzierung der Anschaffungs-/ Herstellungskosten des Mietobjekts

Eine Vorfälligkeitsentschädigung ist wirtschaftlich betrachtet das Ergebnis einer auf vorzeitige Ablösung gerichteten Änderung des Darlehensvertrages. Der ursprünglich durch die Darlehensaufnahme zur Finanzierung der Anschaffungs- oder Herstellungskosten eines Mietobjekts begründete wirtschaftliche Zusammenhang mit der bisherigen Vermietungstätigkeit wird bei Leistung einer Vorfälligkeitsentschädigung im Zuge der Veräußerung überlagert bzw. von einem neuen, durch die Veräußerung ausgelösten Veranlassungszusammenhang ersetzt (BFH-Urteil vom 11. Februar 2014 IX R 42/13 (BStBl. 2015 II S. 633).

Eine Vorfälligkeitsentschädigung stellt in diesem Fall infolge des Veranlassungszusammenhangs mit der Veräußerung keine nachträglichen Werbungskosten bei den Einkünften aus Vermietung und Verpachtung, sondern Veräußerungskosten bei der Ermittlung der Einkünfte i. S. d. § 23 Abs. 3 i. V. m. § 23 Abs. 1 Satz 1 Nr. 1 EStG dar. Die bisherige Rechtsprechung, wonach der BFH in der Vergangenheit ausnahmsweise einen Werbungskostenabzug im Bereich der Vermietungseinkünfte zugelassen hat (vgl. BFH-Urteil vom 23. April 1996 IX R 5/94, BStBl. II S. 595), ist durch das BFH-Urteil vom 11. Februar 2014 IX R 42/13 (BStBl. 2015 II S. 633), überholt.

Diese bisherigen Rechtsgrundsätze sind letztmals auf Vorfälligkeitsentschädigungen anzuwenden, wenn das obligatorische Veräußerungsgeschäft des Mietobjekts vor dem 27. Juli 2015 rechtswirksam abgeschlossen wurde.

## 3. Schuldzinsen für fremdfinanzierte Anschaffungs-/Herstellungskosten eines Mietobjekts nach Wegfall der Einkünfteerzielungsabsicht

Für Schuldzinsen, die in der Zeit nach Aufgabe der Einkünfteerzielungsabsicht vor der Veräußerung des Mietobjekts gezahlt werden, ist kein nachträglicher Werbungskostenabzug bei den Einkünften aus Vermietung und Verpachtung zulässig. Derartige Schuldzinsen stehen nicht mehr mit den Einkünften gemäß § 21 Abs. 1 Nr. 1 EStG in wirtschaftlichem Zusammenhang, sondern sind Gegenleistung für die Kapitalüberlassung, die im privaten Vermögensbereich nicht mehr der Erzielung von Einkünften dient (BFH-Urteil vom 21. Januar 2014 IX R 37/12, BStBl. 2015 II S. 631). Der Anwendungsbereich des § 23 EStG ist mangels eines Veräußerungstatbestandes nicht gegeben.

## 4. Schuldzinsen für fremdfinanzierte laufende sofort abziehbare Werbungskosten (Erhaltungsaufwendungen) nach Veräußerung des Mietobjekts

### 4.1. Rechtswirksamer Abschluss des Veräußerungsgeschäfts nach dem 31. Dezember 2013

Voraussetzung für den nachträglichen Werbungskostenabzug von Schuldzinsen bei fremdfinanzierten sofort abziehbaren Werbungskosten (Erhaltungsaufwendungen) ist, dass der Erlös aus der Veräußerung des Mietobjekts nicht ausreicht, um die Darlehensverbindlichkeit zu tilgen. Der durch die tatsächliche Verwendung des Darlehens zur Finanzierung sofort abziehbarer Werbungskosten geschaffene Zusammenhang mit der Einkunftsart Vermietung und Verpachtung bleibt zwar grundsätzlich nach Beendigung der Einkünfteerzielung bestehen. Wird der Veräußerungserlös aber nicht zur Tilgung dieses Darlehens verwendet, kann eine daneben bestehende bzw. neu entstehende relevante private Motivation für die Beibehaltung des Darlehens den ursprünglich gesetzten wirtschaftlichen Zusammenhang überlagern und damit durchbrechen.

Zum Bestehen mehrerer Darlehensverbindlichkeiten im Zusammenhang mit dem veräußerten Mietobjekt siehe Tz. 1.1.

### 4.2. Rechtswirksamer Abschluss des Veräußerungsgeschäfts vor dem 1. Januar 2014

Wurde das obligatorische Veräußerungsgeschäft des Mietobjekts vor dem 1. Januar 2014 rechtswirksam abgeschlossen, bleibt das BMF-Schreiben vom 3. Mai 2006 (BStBl. I S. 363) weiter anwendbar. Danach kommt es in diesen Fällen unter Zugrundelegung der zwischenzeitlich überholten Rechtsgrundsätze (BFH-Urteil vom 12. Oktober 2005 IX R 28/04, BStBl. 2006 II S. 407) aus Gründen des Vertrauensschutzes nicht darauf an, ob ein bei einer Veräußerung des Objekts erzielbarer Erlös zur Tilgung des Darlehens ausgereicht hätte, da der durch die tatsächliche Verwendung des Darlehens geschaffene Zusammenhang auch nach Aufgabe der Einkünfteerzielung für bestehen bleibend erachtet wurde.

## 5. Im Zuge der Veräußerung gezahlte Vorfälligkeitsentschädigung für die Ablösung einer Fremdfinanzierung sofort abziehbarer Werbungskosten (Erhaltungsaufwendungen) des Mietobjekts

Die Rechtsgrundsätze unter Tz. 2 zu den Vorfälligkeitsentschädigungen für die Ablösung einer Restschuld fremdfinanzierter Anschaffungs-/Herstellungskosten eines Mietobjekts im Zuge dessen Veräußerung gelten in analoger Anwendung des BFH-Urteils vom 11. Februar 2014 IX R 42/13, BStBl. 2015 II S. 633, entsprechend.

**6. Schuldzinsen für fremdfinanzierte laufende sofort abziehbare Werbungskosten (Erhaltungsaufwendungen) eines Mietobjekts nach Wegfall der Einkünfteerzielungsabsicht**

Die Rechtsgrundsätze unter Tz. 3 zu Schuldzinsen für fremdfinanzierte Anschaffungs-/Herstellungskosten eines Mietobjekts nach Wegfall der Einkünfteerzielungsabsicht gelten in analoger Anwendung des BFH-Urteils vom 21. Januar 2014 IX R 37/12, BStBl. 2015 II S. 631, entsprechend.

Sie sind erstmals auf Schuldzinszahlungen anzuwenden, wenn die Einkünfteerzielungsabsicht nach dem 31. Dezember 2014 aufgegeben wurde. Wurde die Einkünfteerzielungsabsicht vorher aufgegeben, bleibt das BMF-Schreiben vom 3. Mai 2006 (BStBl. I S. 363) weiter auf entsprechende Schuldzinszahlungen anwendbar.

Dieses BMF-Schreiben ersetzt die BMF-Schreiben vom 28. März 2013 (BStBl. I S. 508) und vom 15. Januar 2014 (BStBl. I S. 108) und ist vorbehaltlich besonderer Regelungen in den einzelnen Tz. in allen offenen Fällen anzuwenden.

**Hinweis FM Sachsen-Anhalt v. 31. 8. 2015 45-S 2211-64:**

Für den nachträglichen Werbungskostenabzug von Schuldzinsen bei fremdfinanzierten sofort abziehbaren Werbungskosten (Erhaltungsaufwendungen) gelten nach Tz. 4.2 sowie Tz. 6 des o. g. BMF-Schreibens vom 27. 7. 2015 Übergangsregelungen, wenn das obligatorische Veräußerungsgeschäft des Mietobjektes vor dem 1. 1. 2014 rechswirksam abgeschlossen wurde bzw. die Einkunftserzielungsabsicht vor dem 1. 1. 2015 aufgegeben wurde. In diesen sog. Altfällen bleibt das BMF-Schreiben vom 3. 5. 2006, BStBl. I S. 363, weiterhin anwendbar.

# I § 22/2. Schreiben betr. Mitteilung über steuerpflichtige Leistungen aus einem Altersvorsorgevertrag oder aus einer betrieblichen Altersversorgung ab dem Kalenderjahr 2020; Amtlich vorgeschriebenes Vordruckmuster nach § 22 Nr. 5 Satz 7 EStG

Vom 9. November 2020 (BStBl. I S. 1061)

(BMF IV C 3 – S 2257 – b/19/10005 :002; DOK 2020/1058317)

**1 Anlage**

Nach § 22 Nr. 5 Satz 7 Einkommensteuergesetz (EStG) hat der Anbieter eines Altersvorsorgevertrags oder einer betrieblichen Altersversorgung
– bei erstmaligem Bezug von Leistungen,
– in den Fällen der steuerschädlichen Verwendung nach § 93 EStG sowie
– bei Änderung der im Kalenderjahr auszuzahlenden Leistungen
dem Steuerpflichtigen nach amtlich vorgeschriebenem Muster den Betrag der im abgelaufenen Kalenderjahr zugeflossenen Leistungen i. S. d. § 22 Nr. 5 Satz 1 bis 3 EStG jeweils gesondert mitzuteilen. Das gilt auch für die Abschluss- und Vertriebskosten eines Altersvorsorgevertrages, die dem Steuerpflichtigen erstattet werden.

Im Einvernehmen mit den obersten Finanzbehörden der Länder wird hiermit ein neues Vordruckmuster für die Mitteilung nach § 22 Nr. 5 Satz 7 EStG bekannt gemacht. Das in der Anlage beigefügte Vordruckmuster ist erstmals zur Bescheinigung von Leistungen des Kalenderjahres 2020 zu verwenden.

Für die maschinelle Herstellung des Vordrucks werden folgende ergänzende Regelungen getroffen:

Der Vordruck kann auch maschinell hergestellt werden, wenn nach Inhalt, Aufbau und Reihenfolge vom Vordruckmuster nicht abgewichen wird und die Leistungen auf Seite 2 oder 3 des Vordrucks bescheinigt werden. Der Vordruck hat das Format DIN A 4. Maschinell erstellte Vordrucke können zweiseitig bedruckt werden; sie brauchen nicht unterschrieben zu werden.

Folgende Abweichungen werden zugelassen:

1. Die Zeilen des Vordrucks, bei denen im Einzelfall keine Leistungen zu bescheinigen sind, können einschließlich der zugehörigen Hinweise entfallen. Dies gilt auch für die letzte Tabellenzeile einschließlich des Hinweises 12. Die Nummerierung der ausgedruckten Zeilen und Hinweise ist dabei dem Vordruckmuster entsprechend beizubehalten.

2. Werden die Zeile 1 und der Hinweis 1 des Vordruckmusters nicht ausgedruckt, da keine Leistungen im Sinne der Nummer 1, sondern ausschließ-

lich Leistungen im Sinne der Nr. 2 oder der Nr. 3 bezogen werden, kann bei der Nr. 2 und der Nr. 3 auch der Klammerzusatz in Zeile 2 „(in Nummer 1 nicht enthalten)" entfallen.

3. Werden Leistungen bescheinigt, kann unter der entsprechenden Zeile des Vordrucks ein Hinweis auf die Zeile der Anlage R-AV/bAV aufgenommen werden, in die ggf. der entsprechende Betrag einzutragen ist. Ebenso kann der Anbieter weitere für die Durchführung der Besteuerung erforderliche Angaben (z. B. Beginn der Rente) in den Vordruck aufnehmen.
4. Sind Nachzahlungen zu mehr als einer Zeile zu bescheinigen, ist die Zeile mit der Nr. 11 des Vordruckmusters mehrfach aufzunehmen.

Der Vordruck darf durch weitere Erläuterungen ergänzt werden, sofern die Ergänzungen im Anschluss an die Inhalte des Vordruckmusters einschließlich der Hinweise erfolgen und hiervon optisch abgesetzt werden.

**Anlage**

| (Bezeichnung und Anschrift des Anbieters) | Datum der Absendung |
|---|---|

(Bekanntgabeadressat)

**Wichtiger Hinweis:**
Diese Mitteilung informiert Sie über die Höhe der steuerpflichtigen Leistungen aus Ihrem Altersvorsorgevertrag oder aus Ihrer inländischen betrieblichen Altersversorgung. Die Daten werden **elektronisch** an Ihr Finanzamt **übermittelt** und **automatisch berücksichtigt**. Bitte füllen Sie die Anlage R-AV/ bAV zur Einkommensteuererklärung nur aus, wenn Sie von den hier bescheinigten Daten abweichen oder Ergänzungen vornehmen möchten.

**Mitteilung**

**über steuerpflichtige Leistungen aus einem Altersvorsorgevertrag oder aus einer betrieblichen Altersversorgung (§ 22 Nummer 5 Satz 7 Einkommensteuergesetz - EStG)**

für das Kalenderjahr ______

| | |
|---|---|
| **Name, Vorname** | **Geburtsdatum** (soweit bekannt) |
| **Straße, Hausnummer** | |
| **Postleitzahl, Wohnort** | |
| **Vertragsnummer** (soweit vorhanden) | **Sozialversicherungsnummer/ Zulagenummer** (soweit vorhanden) |
| **Anbieternummer** (soweit vorhanden) | **Zertifizierungsnummer** (soweit vorhanden) |

**Grund für die Mitteilung:**

- ☐ erstmalige regelmäßige Leistungen im Sinne des § 22 Nummer 5 EStG
- ☐ Änderung des Leistungsbetrags gegenüber dem Vorjahr
- ☐ ausschließlich einmalige Leistungen im Sinne des § 22 Nummer 5 EStG
- ☐ Berichtigung der für dieses Kalenderjahr erstellten Mitteilung vom ______

- 2 -

**Folgende Leistungen aus Ihrem Altersvorsorgevertrag oder aus Ihrer betrieblichen Altersversorgung im Kalenderjahr ___________ unterliegen der Besteuerung nach § 22 Nummer 5 EStG:**

| Nummer | Besteuerung nach | Betrag in Euro/ Cent |
|---|---|---|
| **1** | § 22 Nummer 5 Satz 1 EStG [1] | |
| **2** | § 22 Nummer 5 Satz 1 in Verbindung mit Satz 11 EStG (in Nummer 1 nicht enthalten) [2]<br>**Freiwillige Angaben:**<br>Bemessungsgrundlage für den Versorgungsfreibetrag ☐<br>Maßgebendes Kalenderjahr des Versorgungsbeginns ☐<br>Bei unterjähriger Zahlung: Erster und letzter Monat, für den Versorgungsbezüge gezahlt wurden ☐ | |
| **3** | § 22 Nummer 5 Satz 1 in Verbindung mit § 22 Nummer 5 Satz 13 EStG (in Nummer 1 nicht enthalten) [3] | |
| **4** | § 22 Nummer 5 Satz 2 Buchstabe a in Verbindung mit § 22 Nummer 1 Satz 3 Buchstabe a Doppelbuchstabe aa EStG [4]<br>darin enthaltener Rentenanpassungsbetrag ☐ | |
| **5** | § 22 Nummer 5 Satz 2 Buchstabe a in Verbindung mit § 22 Nummer 1 Satz 3 Buchstabe a Doppelbuchstabe bb EStG ggf. in Verbindung mit § 55 Absatz 1 Nummer 1 EStDV [5] | |
| **6** | § 22 Nummer 5 Satz 2 Buchstabe a in Verbindung mit § 22 Nummer 1 Satz 3 Buchstabe a Doppelbuchstabe bb Satz 5 EStG in Verbindung mit § 55 Absatz 2 EStDV ggf. in Verbindung mit § 55 Absatz 1 Nummer 1 EStDV [6] | |
| **7** | § 22 Nummer 5 Satz 2 Buchstabe b in Verbindung mit § 20 Absatz 1 Nummer 6 EStG [7] | |
| **8** | § 22 Nummer 5 Satz 2 Buchstabe c EStG [8] | |

- 3 -

| | | |
|---|---|---|
| **9a** | § 22 Nummer 5 Satz 3 in Verbindung mit Satz 2 Buchstabe a in Verbindung mit § 22 Nummer 1 Satz 3 Buchstabe a Doppelbuchstabe bb EStG in Verbindung mit § 55 Absatz 1 Nummer 1 EStDV [9] | |
| **9b** | § 22 Nummer 5 Satz 3 in Verbindung mit Satz 2 Buchstabe a in Verbindung mit § 22 Nummer 1 Satz 3 Buchstabe a Doppelbuchstabe bb Satz 5 EStG in Verbindung mit § 55 Absatz 2 EStDV ggf. in Verbindung mit § 55 Absatz 1 Nummer 1 EStDV [9] | |
| **9c** | § 22 Nummer 5 Satz 3 in Verbindung mit Satz 2 Buchstabe b in Verbindung mit § 20 Absatz 1 Nummer 6 EStG[9] | |
| **9d** | § 22 Nummer 5 Satz 3 in Verbindung mit Satz 2 Buchstabe c EStG [9] | |
| **10** | § 22 Nummer 5 Satz 8 EStG [10] | |
| **11** | In der Nummer ____ enthaltene Nachzahlungen für mehrere vorangegangene Jahre [11] | |
| Bei den Leistungen der Nummer(n) ________ handelt es sich um Leistungen an den Rechtsnachfolger bei vereinbarter Rentengarantiezeit. [12] | | |

Diese Bescheinigung ist maschinell erstellt und daher nicht unterschrieben. Die bescheinigten Leistungen werden gemäß § 22a EStG auch der zentralen Stelle (§ 81 EStG) zur Übermittlung an die Landesfinanzbehörden mitgeteilt (Rentenbezugsmitteilungsverfahren).

__Hinweise__

**Geförderte Beträge** im Sinne des § 22 Nummer 5 EStG sind

- Beiträge, auf die § 3 Nummer 63, § 3 Nummer 63a, § 10a, Abschnitt XI oder Abschnitt XII EStG angewendet wurde,
- steuerfreie Leistungen nach § 3 Nummer 55b Satz 1, § 3 Nummer 55c oder § 3 Nummer 66 EStG oder
- steuerfreie Zuwendungen nach § 3 Nummer 56 EStG.

**Gefördertes Kapital** ist Kapital, das auf geförderten Beträgen und Zulagen im Sinne des Abschnitts XI EStG beruht.

1 Es handelt sich um Leistungen aus einem Altersvorsorgevertrag im Sinne des § 82 EStG, einem Pensionsfonds, einer Pensionskasse oder aus einer Direktversicherung, soweit die Leistungen auf

- 4 -

gefördertem Kapital beruhen. **Die bescheinigten Leistungen unterliegen in vollem Umfang der Besteuerung.**

2 Es handelt sich um Leistungen aus einem Pensionsfonds, wenn laufende Versorgungsleistungen auf Grund einer Versorgungszusage in Form einer Direktzusage oder aus einer Unterstützungskasse bezogen wurden und die Ansprüche steuerfrei nach § 3 Nummer 66 EStG auf einen Pensionsfonds übertragen wurden. **Die bescheinigten Leistungen unterliegen in vollem Umfang der Besteuerung. Das Finanzamt gewährt jedoch einen Pauschbetrag für Werbungskosten nach § 9a Satz 1 Nummer 1 EStG sowie den Versorgungsfreibetrag und den Zuschlag zum Versorgungsfreibetrag nach § 19 Absatz 2 EStG, wenn die entsprechenden Voraussetzungen vorliegen; die Abzugsbeträge werden einkunftsübergreifend im Verhältnis der Einnahmen berücksichtigt.**
Der Anbieter kann auf freiwilliger Basis zusätzlich die Bemessungsgrundlage für den Versorgungsfreibetrag, das maßgebende Kalenderjahr des Versorgungsbeginns und den Beginn und das Ende einer unterjährigen Zahlung angeben. Unterbleibt eine solche Angabe durch den Anbieter, hat der Rentenempfänger die dem Finanzamt elektronisch übermittelten Daten dieser Mitteilung um die Bemessungsgrundlage des Versorgungsfreibetrags, um das maßgebende Kalenderjahr des Versorgungsbeginns und um den Beginn und das Ende einer unterjährigen Zahlung in der Anlage R-AV/ bAV der Einkommensteuererklärung zu ergänzen.

3 Es handelt sich um Leistungen zur Abfindung einer Kleinbetragsrente aus zertifizierten Altersvorsorgeverträgen nach § 93 Absatz 3 EStG. Auf die bescheinigte Leistung wird das Finanzamt § 34 Absatz 1 EStG entsprechend anwenden.

4 Es handelt sich um Leistungen aus einem Pensionsfonds, einer Pensionskasse (inkl. Versorgungsausgleichskasse) oder einer Direktversicherung, soweit sie auf nicht gefördertem Kapital beruhen und für die die Voraussetzungen der Basisrente gemäß § 10 Absatz 1 Nummer 2 Buchstabe b EStG erfüllt sind (zertifiziert nach § 5a AltZertG). Die der Leistung zu Grunde liegende Versorgungszusage wurde nach dem 31. Dezember 2004 erteilt (Neuzusage). **Die Besteuerung erfolgt nach § 22 Nummer 5 Satz 2 Buchstabe a EStG in Verbindung mit § 22 Nummer 1 Satz 3 Buchstabe a Doppelbuchstabe aa EStG (Kohorte).**

5 Es handelt sich um eine lebenslange Leibrente aus einem Altersvorsorgevertrag im Sinne des § 82 EStG, einem Pensionsfonds, einer Pensionskasse oder einer Direktversicherung, soweit sie auf nicht gefördertem Kapital beruht. Bei der betrieblichen Altersversorgung wurde die der Leibrente zu Grunde liegende Versorgungszusage vor dem 1. Januar 2005 erteilt (Altzusage; § 10 Absatz 1 Nummer 3a EStG) oder die Voraussetzungen des § 10 Absatz 1 Nummer 2 Buchstabe b EStG werden **nicht** erfüllt. **Die Rente unterliegt der Besteuerung mit dem Ertragsanteil (§ 22 Nummer 5 Satz 2 Buchstabe a EStG in Verbindung mit § 22 Nummer 1 Satz 3 Buchstabe a Doppelbuchstabe bb EStG, bei einem Rentenbeginn vor dem 1. Januar 1955 in Verbindung mit § 55 Absatz 1 Nummer 1 EStDV).**

6 Es handelt sich um eine abgekürzte Leibrente (Berufsunfähigkeits-, Erwerbsminderungs- oder nicht lebenslang gezahlte Hinterbliebenenrente) aus einem Altersvorsorgevertrag im Sinne des § 82 EStG,

einem Pensionsfonds, einer Pensionskasse oder einer Direktversicherung, soweit sie auf nicht gefördertem Kapital beruht. Bei der betrieblichen Altersversorgung wurde die der abgekürzten Leibrente zu Grunde liegende Versorgungszusage vor dem 1. Januar 2005 erteilt (Altzusage; § 10 Absatz 1 Nummer 3a EStG) oder die Voraussetzungen des § 10 Absatz 1 Nummer 2 Buchstabe b EStG werden **nicht** erfüllt. **Die abgekürzte Leibrente unterliegt der Besteuerung mit dem Ertragsanteil (§ 22 Nummer 5 Satz 2 Buchstabe a EStG in Verbindung mit § 22 Nummer 1 Satz 3 Buchstabe a Doppelbuchstabe bb EStG, bei einem Rentenbeginn vor dem 1. Januar 1955 in Verbindung mit § 55 Absatz 1 Nummer 1 EStDV). Der Ertragsanteil ergibt sich aus der Tabelle in § 55 Absatz 2 EStDV (bei einem Rentenbeginn vor dem 1. Januar 1955 in Verbindung mit § 55 Absatz 1 Nummer 1 EStDV).**

7 Es handelt sich um andere Leistungen (insbesondere Kapitalauszahlungen) aus einem versicherungsförmigen Altersvorsorgevertrag im Sinne des § 82 EStG, einem Pensionsfonds, einer Pensionskasse oder einer Direktversicherung (Versicherungsvertrag), soweit sie auf nicht gefördertem Kapital beruhen. Wenn der Versicherungsvertrag, der die Voraussetzungen des § 10 Absatz 1 Nummer 2 Buchstabe b EStG in der am 31. Dezember 2004 geltenden Fassung erfüllt, vor dem 1. Januar 2005 abgeschlossen wurde und die Auszahlung vor Ablauf von 12 Jahren seit Vertragsabschluss erfolgt, werden die rechnungsmäßigen und außerrechnungsmäßigen Zinsen bescheinigt. Wenn der Versicherungsvertrag nach dem 31. Dezember 2004 abgeschlossen wurde, enthält die Mitteilung den positiven oder negativen Unterschiedsbetrag zwischen der Versicherungsleistung und der Summe der auf sie entrichteten Beiträge oder - wenn die Auszahlung erst nach Vollendung des 60. Lebensjahrs (bei Vertragsabschlüssen nach dem 31. Dezember 2011: nach Vollendung des 62. Lebensjahrs) erfolgt und der Vertrag im Zeitpunkt der Auszahlung mindestens 12 Jahre bestanden hat - die Hälfte dieses Unterschiedsbetrags. Soweit gemäß § 22 Nummer 5 Satz 15 EStG § 20 Absatz 1 Nummer 6 Satz 9 EStG Anwendung findet, ist der nach Teilfreistellung steuerpflichtige Unterschiedsbetrag angegeben. **Der bescheinigte Betrag unterliegt in diesem Umfang der Besteuerung.**

8 Bescheinigt werden die auf nicht gefördertem Kapital beruhenden Leistungen, die nicht bereits nach § 22 Nummer 5 Satz 2 Buchstabe a oder b EStG erfasst werden (z. B. Leistungen, die auf ungefördertem Kapital beruhen, aus zertifizierten Bank- oder Investmentfondssparplänen). Hierbei ist der Unterschiedsbetrag zwischen den Leistungen und der Summe der auf sie entrichteten Beiträge anzusetzen. Wenn die Auszahlung erst nach Vollendung des 60. Lebensjahrs (bei Vertragsabschlüssen nach dem 31. Dezember 2011: nach Vollendung des 62. Lebensjahrs) erfolgt und der Vertrag im Zeitpunkt der Auszahlung mindestens 12 Jahre bestanden hat, ist die Hälfte des Unterschiedsbetrags anzusetzen. **Die bescheinigten Leistungen unterliegen in diesem Umfang der Besteuerung.**

9 Das ausgezahlte geförderte Altersvorsorgevermögen (= Kapital, das auf nach § 10a oder Abschnitt XI EStG geförderten Altersvorsorgebeiträgen und den gewährten Altersvorsorgezulagen beruht) wurde steuerschädlich im Sinne des § 93 Absatz 1 Satz 1 und 2 EStG verwendet. In welchem Umfang eine Besteuerung erfolgt, richtet sich in Anwendung des § 22 Nummer 5 Satz 2 EStG nach der Art der ausgezahlten Leistung. Hierbei ist der Hinweis 5 für Nummer 9a, der Hinweis 6 für Nummer 9b, der Hinweis 7 für Nummer 9c und der Hinweis 8 für Nummer 9d zu beachten. Als Leistung im Sinne

des § 22 Nummer 5 Satz 2 EStG gilt das ausgezahlte geförderte Altersvorsorgevermögen nach Abzug der Zulagen im Sinne des Abschnitts XI EStG.

10 Es handelt sich um Provisionserstattungen bei geförderten Altersvorsorgeverträgen. Als Leistung sind vom Anbieter die Abschluss- und Vertriebskosten eines Altersvorsorgevertrages zu bescheinigen, die dem Steuerpflichtigen erstattet werden, unabhängig davon, ob der Erstattungsbetrag auf den Altersvorsorgevertrag eingezahlt oder an den Steuerpflichtigen ausgezahlt wurde. **Der bescheinigte Betrag unterliegt in diesem Umfang der Besteuerung.**

11 Nachzahlungen von Leistungen nach § 22 Nummer 5 EStG sind ggf. als außerordentliche Einkünfte nach § 34 EStG ermäßigt zu besteuern. **Die Entscheidung über die Anwendung des § 34 EStG trifft das Finanzamt.** Die bescheinigten Nachzahlungen müssen in dem bescheinigten Betrag der bezeichneten Zeile enthalten sein.

12 Es handelt sich um eine Rentenzahlung, die für die Dauer einer Rentengarantiezeit unabhängig vom Überleben des Rentenempfängers gezahlt wird. **Die Besteuerung dieser Leistung erfolgt bei dem Rechtsnachfolger mit dem für die versicherte Person maßgebenden Ertragsanteil.** Hierfür muss der Rentenempfänger die dem Finanzamt elektronisch übermittelten Daten dieser Mitteilung stets um die Angabe des Geburtsdatums der versicherten Person und den Beginn der Rente an die versicherte Person in der Anlage R-AV/ bAV zur Einkommensteuererklärung ergänzen.

# I § 22/3. Schreiben betr. einkommensteuerrechtliche Behandlung von Fernseh-Preisgeldern; Konsequenzen aus dem BFH-Urteil vom 28. November 2007 IX R 39/06 (BStBl. 2008 II S. 469)

Vom 30. Mai 2008 (BStBl. I S. 645)

(BMF IV C 3 – S 2257/08/10001; DOK 2008/0217070)

Mit o. g. Urteil hat der Bundesfinanzhof entschieden, dass Preisgelder für die Teilnahme als Kandidat an einer Fernsehshow als sonstige Einkünfte nach § 22 Nr. 3 EStG steuerbar sind. Entscheidendes Kriterium für die Steuerbarkeit ist, dass der Auftritt des Kandidaten und das gewonnene Preisgeld in einem gegenseitigen Leistungsverhältnis stehen.

Unter Bezugnahme auf das Ergebnis der Erörterungen mit den obersten Finanzbehörden der Länder sprechen für ein solches zur Steuerbarkeit führendes gegenseitiges Leistungsverhältnis folgende Anhaltspunkte:

– Dem Kandidaten wird von Seiten des Produzenten ein bestimmtes Verhaltensmuster oder Ähnliches vorgegeben.
– Dem Kandidaten wird neben der Gewinnchance und dem damit verbundenen Preisgeld noch ein erfolgsunabhängiges Antritts-, Tagegeld etc. gezahlt.
– Das Format sieht grundsätzlich nicht nur einen einmaligen Auftritt vor, sondern erstreckt sich über mehrere Folgen. Der Kandidat muss hierfür ggf. Urlaub nehmen oder von der Arbeit freigestellt werden.
– Das Preisgeld hat die Funktion einer Entlohnung für eine Leistung. Es fließt als Erfolgshonorar zu.

Liegen allerdings keine der vorstehenden Anhaltspunkte vor, bleibt es auch bei im Rahmen von Fernsehsendungen gewonnenen Geldern bei nicht steuerbaren Einnahmen.

Hinsichtlich der ertragsteuerlichen Behandlung der Einnahmen prominenter Kandidaten aus Spiel- und Quizshows weise ich auf das BMF-Schreiben vom 27. April 2006 (BStBl. I S. 342) hin.

# I § 22/4. Schreiben betr. Steuerbarkeit von Schadensersatzrenten; BFH-Urteile vom 25. Oktober 1994 VIII R 79/91 (BStBl. 1995 II S. 121) und vom 26. November 2008 X R 31/07 (BStBl. 2009 II S. 651)

Vom 15. Juli 2009 (BStBl. I S. 836)

(BMF IV C 3 – S 2255/08/10012; DOK 2009/0474962)

Nach den o. a. BFH-Urteilen unterliegen Schadensersatzrenten nur in den Fällen der Einkommensteuer, in denen Ersatz für andere, bereits steuerbare Einkünfte geleistet wird.

Schadensersatzrenten zum Ausgleich vermehrter Bedürfnisse nach § 843 Absatz 1 2. Alternative BGB, die bei Verletzung höchstpersönlicher Güter im Bereich der privaten Vermögenssphäre geleistet werden (sog. Mehrbedarfsrenten), sind nach dem BFH-Urteil vom 25. Oktober 1994, BStBl. 1995 II S. 121, weder als Leibrenten noch als sonstige wiederkehrende Bezüge nach § 22 Nummer 1 EStG steuerbar, obwohl sie ihrer äußeren Form nach wiederkehrende Leistungen sind.

Unter Bezugnahme auf das Ergebnis der Erörterungen mit den obersten Finanzbehörden der Länder sind die Grundsätze des BFH-Urteils vom 25. Oktober 1994, BStBl. 1995 II S. 121, auch auf die Zahlung von Schmerzensgeldrenten nach § 253 Absatz 2 BGB (früher: § 847 BGB) anzuwenden. Ebenso wie die Mehrbedarfsrente ist die Schmerzensgeldrente Ersatz für den durch die Verletzung höchstpersönlicher Güter eingetretenen Schaden. Der Geschädigte soll durch das Schmerzensgeld in die Lage versetzt werden, sich Erleichterungen und Annehmlichkeiten an Stelle derer zu verschaffen, deren Genuss ihm durch die Verletzung unmöglich gemacht wurde. Die Schmerzensgeldrente erhöht die wirtschaftliche Leistungsfähigkeit des Empfängers demnach ebenso wenig wie die lediglich zum Ausgleich für verletzungsbedingt entstandene zusätzliche Bedürfnisse gezahlten Ersatzleistungen nach § 843 Absatz 1 2. Alternative BGB.

In den einzelnen Rentenleistungen einer Schmerzensgeldrente ist auch kein steuerpflichtiger Zinsanteil enthalten. Der Schmerzensgeldanspruch wird anders als der Anspruch auf Mehrbedarfsrente regelmäßig kapitalisiert. Wird die Schmerzensgeldleistung ausnahmsweise in Form einer Rente erbracht, sollen hierdurch insbesondere dauernde Nachteile ausgeglichen werden, deren zukünftige Entwicklung noch nicht absehbar ist. Treten künftig weitere, bisher noch nicht erkenn- und voraussehbare Leiden auf, ist eine Anpassung der Rente nach den konkreten Umständen des Einzelfalles möglich. Insoweit kann ebenso wie bei den Mehrbedarfsrenten i. S. des § 843 BGB jede einzelne Zahlung als Schadensersatzleistung angesehen werden.

Mit Urteil vom 26. November 2008, BStBl. 2009 II S. 651, hat der BFH entschieden, dass die Unterhaltsrente nach § 844 Absatz 2 BGB nicht steuerbar ist, da sie lediglich den durch das schädigende Ereignis entfallenden, nicht steuerbaren Unterhaltsanspruch ausgleicht und nicht Ersatz für entgangene oder entgehende Einnahmen i. S. der in § 2 Absatz 1 Satz 1 Nummer 1 bis 7 EStG genannten Einkunftsarten gewährt.

Unter Bezugnahme auf das Ergebnis der Erörterungen mit den obersten Finanzbehörden der Länder sind die Grundsätze des BFH-Urteils vom 26. November 2008, BStBl. 2009 II S. 651, auch auf Ersatzansprüche wegen entgangener Dienste nach § 845 BGB anwendbar. Die Schadensersatzrente nach § 845 BGB erhöht ebenso wie die Unterhaltsrente nach § 844 Absatz 2 BGB nicht die wirtschaftliche Leistungsfähigkeit des Empfängers.

Diese Regelung ist in allen noch offenen Fällen anzuwenden.

Dieses Schreiben ersetzt das Schreiben vom 8. November 1995 (BStBl. I S. 705).

# I § 22a/1. Schreiben betr. Rentenbezugsmitteilungsverfahren nach § 22 a EStG

Vom 7. Dezember 2011 (BStBl. I S. 1223)

(BMF IV C 3 – S 2257 – c/10/10005 :003; DOK 2011/0693211)

**1 Anlage**

Zum Rentenbezugsmitteilungsverfahren nach § 22 a EStG nehme ich im Einvernehmen mit den obersten Finanzbehörden der Länder wie folgt Stellung:

**Inhaltübersicht**

## A. Allgemeines

1 Nach § 22 a Abs. 1 Satz 1 und 2 EStG müssen Rentenbezugsmitteilungen von den Mitteilungspflichtigen durch Datenfernübertragung nach amtlich vorgeschriebenem Datensatz an die zentrale Stelle übermittelt werden. Hierbei hat der Mitteilungspflichtige für Rentenbezugsmitteilungen, die für den Veranlagungszeitraum 2010 ff. zu übermitteln sind, die im Bundessteuerblatt veröffentlichten Auslegungsvorschriften der Finanzverwaltung zu beachten (§ 22 a Abs. 1 Satz 1 EStG). Die Finanzverwaltung ist nicht an die Angaben aus der Rentenbezugsmitteilung gebunden, da diese kein Grundlagenbescheid im Sinne des § 171 Abs. 10 AO ist. Der für die Übersendung der Rentenbezugsmitteilung erforderliche amtlich vorgeschriebene Datensatz ist auf der Internetseite des Bundeszentralamtes für Steuern – BZSt – (www.bzst.bund.de) veröffentlicht (vgl. BMF-Schreiben vom 13. August 2008, BStBl. I S. 846). Die für die Datenübermittlung erforderliche Schnittstelle und die dazugehörige Dokumentation werden von der zentralen Stelle in einem geschützten Bereich des Internets unter http://www.zfa.deutsche-rentenversicherung-bund.de zur Verfügung gestellt.

2 Für jeden Vertrag und für jede Leibrente oder andere Leistung nach § 22 Nr. 1 Satz 3 Buchst. a EStG oder § 22 Nr. 5 EStG, bei denen die tatbestandlichen Voraussetzungen erfüllt sind, ist eine gesonderte Rentenbezugsmitteilung erforderlich; ob diese Leistung beim Leistungsempfänger gegebenenfalls einer anderen Einkunftsart (z. B. Einkünften aus Gewerbebetrieb nach § 15 oder Einkünften aus selbständiger Arbeit nach § 18 EStG) zuzuordnen ist, ist von der Finanzverwaltung zu prüfen. Eine gesonderte Rentenbezugsmitteilung ist auch erforderlich, wenn es sich um verschiedene Renten bzw. Leistungen aus derselben Versicherung oder demselben Vertragsverhältnis handelt (vgl. Rz. 17 ff. dieses Schreibens und *Rz. 163 des BMF-Schreibens vom 13. September 2010, BStBl. I S. 681*[1])).

3 Soweit Renten, Teile von Renten oder andere (Teil-)Leistungen steuerfrei sind oder nicht der Besteuerung unterliegen (z. B. Leistungen aus der gesetzlichen Unfallversicherung; siehe auch Rz. 137 des BMF-Schreibens vom 13. September 2010, BStBl. I S. 681[1])), ist keine Rentenbezugsmitteilung zu übermitteln (vgl. Rz. 103 f.). Aufzunehmen sind hingegen Renten oder andere (Teil-)Leistungen, für die Deutschland infolge eines Doppelbesteuerungsabkommens kein oder nur ein eingeschränktes Besteuerungsrecht hat.

4 Die Rentenbezugsmitteilung ist bis zum 1. März des Jahres zu übermitteln, das auf das Jahr folgt, in dem die Leistung zugeflossen ist (§ 22 a Abs. 1 Satz 1 EStG). Die Rentenbezugsmitteilung darf nicht vor Ablauf des Jahres übermittelt werden, in dem die Leistung zugeflossen ist. Dies gilt auch dann, wenn die Leistung im Laufe des Jahres beendet wurde. Für die Veranlagungszeiträume 2005 bis 2008 waren die Rentenbezugsmitteilungen in dem Zeitraum vom 1. Oktober bis 31. Dezember 2009 zu übermitteln (§ 52 Abs. 38 a EStG; Schreiben des BZSt vom 28. Oktober 2008, BStBl. I S. 955).

---

1) Siehe nunmehr BMF v. 19. 8. 2013, BStBl. I S. 1087, Rz. 224 (Nr. **1** § 10/9).

## B. Mitteilungspflichtige

Mitteilungspflichtig nach § 22 a Abs. 1 Satz 1 EStG sind die Träger der gesetzlichen Rentenversicherung, der Spitzenverband der landwirtschaftlichen Sozialversicherung für die Träger der Alterssicherung der Landwirte, die berufsständischen Versorgungseinrichtungen, die Pensionskassen inklusive der Versorgungsausgleichskasse, die Pensionsfonds, die Versicherungsunternehmen, die Unternehmen, die Verträge i. S. d. § 10 Abs. 1 Nr. 2 Satz 1 Buchst. b EStG anbieten, und die Anbieter im Sinne des § 80 EStG. Dies gilt auch, wenn es sich bei diesen Einrichtungen um Einrichtungen mit Sitz im Ausland handelt und sie zur Ausübung des Geschäftsbetriebs im Inland befugt sind. 5

Zu den Mitteilungspflichtigen im Sinne des § 22 a EStG zählen auch die Versorgungsanstalt des Bundes und der Länder, die Zusatzversorgungskassen des kommunalen und kirchlichen Dienstes, die Versorgungsanstalt der deutschen Kulturorchester, die Versorgungsanstalt der deutschen Bühnen, die Versorgungsanstalt der deutschen Bezirksschornsteinfegermeister, die Hilfskasse des Landtages Nordrhein-Westfalen und die Gemeinsame Ausgleichskasse im Seelotswesen der Seelotsreviere, da sie die Versicherung biometrischer Risiken betreiben. 6

## C. Inhalt der Rentenbezugsmitteilung

Die in die Rentenbezugsmitteilung aufzunehmenden Daten sind § 22 a Abs. 1 EStG zu entnehmen. Sie werden im amtlich vorgeschriebenen Datensatz konkretisiert. 7

### I. Angaben zum Leistungsempfänger (Baustein 03 LeistungsempfängerDaten)

Leistungsempfänger im Sinne des § 22 a EStG ist grundsätzlich die Person, die Inhaber des Rechts ist, die (Versicherungs-)Leistung zu fordern. Dies gilt auch bei der Auszahlung von Sterbegeldern. Wird eine Leistung an einen Nachlassverwalter oder -pfleger ausgezahlt, ist nicht dieser, sondern der Erbe oder die Erben Leistungsempfänger (vgl. auch Rz. 103). Unerheblich ist, ob der Leistungsempfänger die (Versicherungs-)Leistung aufgrund eines widerruflichen oder unwiderruflichen Bezugsrechts fordern kann. Leibrenten oder andere Leistungen i. S. d. § 22 Nr. 1 Satz 3 Buchst. a und § 22 Nr. 5 EStG unterliegen nur der Mitteilungspflicht, wenn sie natürlichen Personen zufließen. § 39 AO ist zu beachten. 8

**Beispiel:** 9

A hat als Versicherungsnehmer eine Berufsunfähigkeitsversicherung zugunsten seines Sohnes B abgeschlossen und leistet auch die Beiträge. Nachdem B berufsunfähig geworden ist, erhält er aus der Versicherung eine Rente. In der Rentenbezugsmitteilung ist B als Leistungsempfänger auszuweisen.

Fließen z. B. bei einer Abtretung oder Pfändung des Anspruchs oder in den Fällen des abgekürzten Zahlungswegs einem Dritten die Zahlungen zu, sind 10 sie vom Leistungsempfänger zu versteuern. Daher ist der Leistungsempfänger in die Rentenbezugsmitteilung aufzunehmen.

11 Wird bei Versterben des Leistungsempfängers innerhalb einer vertraglich vereinbarten Rentengarantiezeit die Rente an einen Dritten weitergezahlt, wird der Dritte Leistungsempfänger. Daher ist der Dritte als Leistungsempfänger in die Rentenbezugsmitteilung aufzunehmen.

12 **Beispiel:**

A erhält eine lebenslange Leibrente aus seiner privaten Rentenversicherung. Die vertraglichen Vereinbarungen sehen eine garantierte Rentenlaufzeit von zehn Jahren vor. Zwei Jahre nach Rentenbeginn verstirbt A. Für die verbleibende garantierte Rentenlaufzeit erhält die langjährige Lebensgefährtin von A die Rentenzahlung, weil A sie gegenüber seinem Versicherungsunternehmen als Empfängerin bestimmt hat. Die Lebensgefährtin versteuert die ihr zufließenden Rentenzahlungen mit dem Ertragsanteil, der für A gegolten hat. Für A ist letztmals für das Todesjahr eine Rentenbezugsmitteilung zu übermitteln. Für die Lebensgefährtin sind ab Beginn ihres Rentenbezugs Rentenbezugsmitteilungen zu übermitteln, die auch Angaben zu der vorangegangenen Rente des A enthalten (vgl. Rz. 73).

13 Wird mehreren Leistungsempfängern, beispielsweise Ehegatten, gemeinsam eine Leistung gewährt, ist die Leistung zu gleichen Teilen auf die Leistungsempfänger aufzuteilen und für jeden Leistungsempfänger eine Rentenbezugsmitteilung zu übermitteln.

14 Die Rentenbezugsmitteilung muss die Identifikationsnummer nach § 139 b AO (Datenfeld idNr), den Familiennamen (Datenfeld nName), den Vornamen (Datenfeld vName) und das Geburtsdatum des Leistungsempfängers (Datenfeld gebDt) beinhalten. Ein Vorsatzwort (Datenfeld vWort), ein Namenszusatz (Datenfeld namZu) oder ein Titel des Leistungsempfängers (Datenfeld titel) ist aufzunehmen, soweit bekannt. Eine Übermittlung des Geburtsorts ist nicht erforderlich. Zum Verfahren zur Erlangung der Identifikationsnummer vgl. Rz. 108 ff. Ist ein konkretes Geburtsdatum nicht bekannt und haben die Meldebehörden als Geburtsdatum „jhjj-00-00“ gespeichert, dann ist dieses Geburtsdatum in die Rentenbezugsmitteilung aufzunehmen. Die Verwendung eines davon abweichenden Geburtsdatums (beispielsweise „jhjj-07-01“) führt zur Abweisung des Datensatzes mit Fehlernummer 3004.

15 In den in Rz. 11 genannten Fällen hat der Mitteilungspflichtige – z. B. bei Vertragsabschluss – darauf hinzuwirken, dass ihm spätestens zum Zeitpunkt der Auszahlung u. a. das Geburtsdatum des Leistungsempfängers zur Verfügung steht. Konnte der Mitteilungspflichtige das Geburtsdatum nicht erheben, weil beispielsweise der der Leistungsauszahlung zugrunde liegende Vertragsabschluss bereits vor Einführung des Rentenbezugsmitteilungsverfahrens erfolgte, hat er alle ihm zur Verfügung stehenden Unterlagen (z. B. vorgelegter Erbschein) auszuwerten.

16 Ab dem Veranlagungszeitraum 2011 hat der Mitteilungspflichtige eine ausländische Anschrift des Leistungsempfängers in die Rentenbezugsmitteilung aufzunehmen, soweit diese bekannt ist. In diesen Fällen ist zudem eine ihm bekannte Staatsangehörigkeit (ggf. auch mehrere) zu übermitteln (§ 22 a Abs. 1 Satz 1 Nr. 1 EStG). Die Übermittlung eines inländischen Staatenschlüssels ist hierbei nicht zulässig.

## II. Leistungsbezug

### 1. Leistungsart/Rechtsgrund (Baustein 05 Leistungsbetrag)

#### a) Allgemeines

In der Rentenbezugsmitteilung ist zu den einzelnen (Teil-)Leistungen der entsprechende Rechtsgrund zu übermitteln (Datenfeld leRg). Der Betrag der Leibrenten und anderen Leistungen i. S. d. § 22 Nr. 1 Satz 3 Buchst. a Doppelbuchst. aa, Doppelbuchst. bb Satz 4 und Doppelbuchst. bb Satz 5 EStG i. V. m. § 55 Abs. 2 EStDV sowie i. S. d. § 22 Nr. 5 EStG muss jeweils gesondert ausgewiesen sein. Leistungen nach § 22 Nr. 5 EStG sind unterschieden nach Leistungen i. S. d. Satz 1 bis 6 und 9 mitzuteilen. Eine Übersicht der Rechtsgründe ist als Anlage 1 beigefügt. 17

Zu einem übermittelten Rechtsgrund ist eine Leistung nur anzugeben, wenn auch tatsächlich Zahlungen oder Rückzahlungen aufgrund von Rückforderungen zu diesem Rechtsgrund erfolgt sind. Sind im Kalenderjahr (Teil-)Leistungen zu einem bestimmten Rechtsgrund jedoch weder gezahlt noch zurückgezahlt worden, hat in diesen Fällen keine Übermittlung einer Leistung i. H. v. 0 € zu erfolgen. Eine Leistung ist ebenfalls nicht zu übermitteln, wenn die Rentenansprüche – z. B. wegen anderer Einkünfte – ruhen und daher im gesamten Kalenderjahr keine Zahlungen erfolgt sind oder gewährte Leistungen in demselben Kalenderjahr vollständig zurückgezahlt wurden. Die Angabe von 0 € im Datenfeld leBtr ist dagegen nur in den Fällen zulässig, in denen mit der Rentenbezugsmitteilung zwar keine Leistung zu übermitteln ist, aber Daten zum Baustein 07 anzugeben sind, oder soweit eine Rentenbezugsmitteilung berichtigt werden muss (vgl. Rz. 99 ff.). 18

Für jeden Vertrag und für jede Leibrente oder andere Leistung ist eine gesonderte Rentenbezugsmitteilung erforderlich (vgl. Rz. 2). Erfolgt während des Leistungsbezugs ein Wechsel der Besteuerungsnorm und damit auch ein Wechsel des der Leistung zuzurechnenden Rechtsgrundes (wird z. B. nach einer privaten Erwerbsunfähigkeitsrente eine private Altersrente oder nach einer kleinen Witwen/Witwer-Rente eine große gezahlt), handelt es sich um zwei selbständig zu meldende Leistungen. In diesem Fall sind jeweils separate Rentenbezugsmitteilungen zu übermitteln. 19

**Beispiel 1:** 20

R erhält in der Zeit vom 1. September 2007 bis 30. Juni 2010 eine Erwerbsminderungsrente aus einer privaten Rentenversicherung. Ab dem 1. Juli 2010 wird eine lebenslange Altersrente aus einer privaten Rentenversicherung gezahlt.
Im Jahr 2011 sind für 2010 eine Rentenbezugsmitteilung für die Erwerbsminderungsrente i. S. d. § 22 Nr. 1 Satz 3 Buchst. a Doppelbuchst. bb Satz 5 EStG i. V. m. § 55 Abs. 2 EStDV mit Rechtsgrund 03 und eine Rentenbezugsmitteilung für die lebenslange Altersrente i. S. d. § 22 Nr. 1 Satz 3 Buchst. a Doppelbuchst. bb Satz 4 EStG mit Rechtsgrund 02 zu übermitteln. Eine zusammenfassende Rentenbezugsmitteilung für beide Leistungen ist nicht zulässig.

**Beispiel 2:** 21

A hat eine betriebliche Altersversorgung in einer Pensionskasse aufgebaut. Diese beruht zu 50% auf geförderten Beträgen. Vom 1. Juli 2010 bis zum 30. Juni 2012 erhält er aus seiner betrieblichen Altersversorgung eine Erwerbsminderungsrente. Ab 1. Juli 2012 bezieht er eine Altersrente aus der betrieblichen Altersversorgung.
Im Jahr 2013 sind für 2012 für die Erwerbsminderungsrente sowie für die Altersrente je eine Rentenbezugsmitteilung zu erstellen.

In der Rentenbezugsmitteilung für die Erwerbsminderungsrente ist die Leistung aufzuteilen. Soweit die Leistung auf ungeförderten Beträgen beruht, ist dieser Teil der Leistung mit Rechtsgrund 08 zu melden (§ 22 Nr. 5 Satz 2 Buchst. a EStG i. V. m. § 22 Nr. 1 Satz 3 Buchst. a Doppelbuchst. bb Satz 5 EStG i. V. m. § 55 Abs. 2 EStDV). Der auf die geförderten Beträge entfallende Teil der Leistung ist in derselben Rentenbezugsmitteilung mit dem Rechtsgrund 04 zu melden (§ 22 Nr. 5 Satz 1 EStG).

Für die Altersrente ist eine gesonderte Rentenbezugsmitteilung zu erstellen. Hierbei ist ebenfalls die Leistung aufzuteilen. Soweit die Leistung auf ungeförderten Beträgen beruht, ist dieser Teil der Leistung mit Rechtsgrund 07 zu melden (§ 22 Nr. 5 Satz 2 Buchst. a EStG i. V. m. § 22 Nr. 1 Satz 3 Buchst. a Doppelbuchst. bb Satz 4 EStG). Der auf die geförderten Beträge entfallende Teil der Leistung ist in derselben Rentenbezugsmitteilung mit dem Rechtsgrund 04 zu melden (§ 22 Nr. 5 Satz 1 EStG).

22 Zu Besonderheiten bei der Bestimmung des Rentenbeginns im Zusammenhang mit der Umwandlung von Renten, die nach § 22 Nr. 1 Satz 3 Buchst. a Doppelbuchst. aa EStG zu besteuern sind, vgl. Rz. 92 f. (Folgerenten).

### b) Besonderheiten bei Renten aus der Basisversorgung

23 Werden Leistungen aus den gesetzlichen Rentenversicherungen, den landwirtschaftlichen Alterskassen, den berufsständischen Versorgungseinrichtungen und aus Basisrentenverträgen i. S. d. § 10 Abs. 1 Nr. 2 Satz 1 Buchst. b EStG gezahlt, ist die Besteuerung nach § 22 Nr. 1 Satz 3 Buchst. a Doppelbuchst. aa EStG vorzunehmen. Daher hat die Meldung ausschließlich mit Rechtsgrund 01 zu erfolgen. Dies gilt unabhängig davon, ob es sich hierbei um eine Rente oder Teilrente (Altersrente, Erwerbsminderungsrente, Berufsunfähigkeitsrente, Hinterbliebenenrente) handelt. Soweit einmalige Leistungen möglich sind (z. B. Sterbegeld, Abfindung von Kleinbetragsrenten), sind diese ebenfalls nur mit Rechtsgrund 01 zu übermitteln (vgl. *Rz. 135 des BMF-Schreibens vom 13. September 2010, BStBl. I S. 681*[1])).

### c) Besonderheiten zur Öffnungsklausel

24 Die Anwendung der Öffnungsklausel (§ 22 Nr. 1 Satz 3 Buchst. a Doppelbuchst. bb Satz 2 EStG; vgl. *Rz. 177 ff. des BMF-Schreibens vom 13. September 2010, BStBl. I S. 681*[2])) ist antragsgebunden und daher im Rentenbezugsmitteilungsverfahren nicht zu berücksichtigen. In der Rentenbezugsmitteilung sind die Leistungen den Einkünften des § 22 Nr. 1 Satz 3 Buchst. a Doppelbuchst. aa EStG zuzuordnen und ausschließlich mit Rechtsgrund 01 zu übermitteln.

25 **Beispiel:**

R bezieht seit 2009 eine Rente i. H. v. 45 000 € aus einer berufsständischen Versorgungseinrichtung. Im Rahmen der Veranlagung weist R nach, dass die Voraussetzungen zur Anwendung der Öffnungsklausel erfüllt sind. Nach der Bescheinigung der berufsständischen Versorgungseinrichtung beruhen 22 % der Leistungen auf Beiträgen, die oberhalb des Betrags des Höchstbeitrags zur gesetzlichen Rentenversicherung geleistet wurden. Von der Rente i. H. v. 45 000 € unterliegt demnach auf Antrag ein Anteil von 22 % = 9990 € der Besteuerung mit dem Ertragsanteil nach § 22 Nr. 1 Satz 3 Buchst. a Doppelbuchst. bb EStG.

In der Rentenbezugsmitteilung ist die Rente ausschließlich nach § 22 Nr. 1 Satz 3 Buchst. a Doppelbuchst. aa EStG mit Rechtsgrund 01 i. H. v. 45 000 € zu übermitteln. Ob die Voraussetzungen für die Anwendung der Öffnungsklausel vorliegen, ist im Rahmen der Veranlagung zu prüfen.

---

[1] Siehe nunmehr BMF v. 19. 8. 2013, BStBl. I S. 1087, Rz. 195 (Nr. **1** § 10/9).

[2] Siehe nunmehr BMF v. 19. 8. 2013, BStBl. I S. 1087, Rz. 238 ff. (Nr. **1** § 10/9).

### d) Besonderheiten zu den Leistungen i. S. d. § 22 Nr. 5 EStG

§ 22 Nr. 5 EStG ist anzuwenden auf Leistungen aus Altersvorsorgeverträgen, Pensionsfonds, Pensionskassen, Direktversicherungen und der Versorgungsausgleichskasse. Der Umfang der Besteuerung der (Teil-)Leistungen richtet sich danach, inwieweit die Beiträge in der Ansparphase steuerfrei gestellt (§ 3 Nr. 63 und 66 EStG) oder nach § 10 a/Abschnitt XI EStG (Sonderausgabenabzug und Altersvorsorgezulage) gefördert wurden oder inwieweit die Leistungen auf Ansprüchen beruhen, die durch steuerfreie Zuwendungen nach § 3 Nr. 56 EStG oder durch die nach § 3 Nr. 55 b Satz 1 EStG steuerfreien Leistungen aus einem im Versorgungsausgleich begründeten Anrecht erworben wurden (geförderte Beiträge oder steuerfreie Zuwendungen). 26

Leistungen, die auf geförderten Beiträgen oder steuerfreien Zuwendungen beruhen, unterliegen in vollem Umfang der Besteuerung (Rechtsgrund 04). Beruhen die Leistungen auf nicht geförderten Beiträgen und wurden keine steuerfreien Zuwendungen geleistet, richtet sich die Besteuerung nach der Art der Leistung. *Rz. 129 bis 134 und Rz. 331 bis 333 und 337 des BMF-Schreibens vom 31. März 2010 (BStBl. I S. 270)*[1] sind hierbei zu beachten. Wird ein Rentenanspruch i. S. d. § 22 Nr. 5 Satz 2 Buchst. a EStG abgefunden (z. B. Abfindung von Kleinbetragsrenten), richtet sich die Besteuerung des Abfindungsbetrags nach § 22 Nr. 5 Satz 2 Buchst. b EStG. Zur Ermittlung des zu übermittelnden Betrages unter Berücksichtigung des hälftigen Unterschiedsbetrages gelten die Ausführungen im BMF-Schreiben vom 1. Oktober 2009 (BStBl. I S. 1172, Rz. 54 ff.)[2]. Aus Vereinfachungsgründen wird es nicht beanstandet, wenn abweichend hiervon für Zwecke der Rentenbezugsmitteilung der Unterschiedsbetrag einmal jährlich ermittelt wird. 27

**Beispiel 1:** 28

M erhält erstmalig im Jahr 2010 eine lebenslange Rente aus seiner betrieblichen Altersversorgung bei der Pensionskasse X i. H. v. 6000 €. Die Leistung beruht i. H. v. 500 € auf steuerlich geförderten Beiträgen, da die Beiträge in der Aufbauphase ab dem Veranlagungszeitraum 2002 anteilig nach § 3 Nr. 63 EStG steuerfrei eingezahlt wurden.
Für das Jahr 2010 ist eine Rentenbezugsmitteilung zu erstellen. Da die Leistung teilweise auf geförderten und teilweise auf nicht geförderten Beiträgen beruht, ist entsprechend Rz. 17 zu der einzelnen Teilleistung der jeweilige Rechtsgrund zu übermitteln. Die Leistung i. H. v. 500 €, die auf geförderten Beiträgen beruht und in vollem Umfang der Besteuerung unterliegt, ist in der Rentenbezugsmitteilung mit Rechtsgrund 04 (§ 22 Nr. 5 Satz 1 EStG) zu übermitteln. Der Teil der Leistung, der auf nicht geförderten Beiträgen beruht (5500 €), ist in der Rentenbezugsmitteilung mit Rechtsgrund 07 (§ 22 Nr. 5 Satz 2 Buchst. a EStG i. V. m. § 22 Nr. 1 Satz 3 Buchst. a Doppelbuchst. bb EStG) zu übermitteln.

**Beispiel 2:** 29

A bezieht in 2010 eine lebenslange Rente aus der betrieblichen Altersversorgung der Pensionskasse Y i. H. v. 2000 €. Die Versorgungszusage wurde nach dem 31. Dezember 2004 erteilt (Neuzusage). Für die Beiträge konnte in der Aufbauphase nicht die Steuerfreiheit nach § 3 Nr. 63 EStG gewährt werden, da sie im Rahmen eines zweiten Dienstverhältnisses (Steuerklasse VI) geleistet wurden. Die Neuzusage beruht auf einem nach § 5 a AltZertG zertifizierten Vertragsmuster (Basisrente).

---

[1] Siehe nunmehr BMF v. 24. 7. 2013, BStBl. I S. 1022, Rz. 138–143, 374–377 u. 381 (Nr. **1** § 79/1).

[2] Nr. **1** § 20/12.

Es handelt sich um eine Leistung aus einer Neuzusage, die vollständig auf nicht geförderten Beiträgen in der Aufbauphase beruht. Die Voraussetzungen der Basisrente des § 10 Abs. 1 Nr. 2 Buchst. b Satz 1 EStG sind erfüllt. In der Rentenbezugsmitteilung für das Jahr 2010 ist der Leistungsbetrag i. H. v. 2000 € mit Rechtsgrund 06 (§ 22 Nr. 5 Satz 2 Buchst. a EStG i. V. m. § 22 Nr. 1 Satz 3 Buchst. a Doppelbuchst. aa EStG) zu übermitteln.

30 **Beispiel 3:**

B erhält seit dem Jahr 2000 eine Erwerbsminderungsrente aus der betrieblichen Altersversorgung der Pensionskasse Z. Im Jahr 2010 beträgt die Leistung 6000 €. Die Leistung beruht vollständig auf nicht geförderten Beiträgen, da die Beiträge in der Aufbauphase individuell über die Lohnsteuerkarte versteuert wurden und keine Förderung nach § 10 a/Abschnitt XI EStG gewährt wurde.

Es handelt sich um eine abgekürzte Leibrente (Erwerbsminderungsrente) aus einer Pensionskasse, die ausschließlich auf nicht geförderten Beiträgen beruht. In der Rentenbezugsmitteilung für das Jahr 2010 ist der Leistungsbetrag i. H. v. 6000 € mit Rechtsgrund 08 (§ 22 Nr. 5 Satz 2 Buchst. a EStG i. V. m. § 22 Nr. 1 Satz 3 Buchst. a Doppelbuchst. bb Satz 5 EStG i. V. m. § 55 Abs. 2 EStDV) zu übermitteln. Da es sich um eine abgekürzte Leibrente handelt, ist auch das Ende der Rente in der Rentenbezugsmitteilung anzugeben (siehe Rz. 83 ff.).

31 **Beispiel 4:**

R hat am 1. Januar 2005 einen Altersvorsorgevertrag (Banksparplan) abgeschlossen. Ihm wurde eine Verzinsung von konstant 3,25% zugesagt (Auszahlungs- und Ansparphase/Kosten werden aus Vereinfachungsgründen nicht berücksichtigt). Da R weder die steuerliche Förderung nach § 10 a EStG noch nach Abschnitt XI EStG in Anspruch nimmt, zahlt er zugunsten dieses Banksparplans ausschließlich nicht geförderte Beiträge i. H. v. jährlich 2000 € ein (25 Jahre × 2000 € = 50 000 €). Zum 1. Januar 2030 beträgt das von ihm aufgebaute Altersvorsorgevermögen rund 77 800 €.

R erhält von seinem Anbieter ab dem 1. Januar 2030 eine monatliche Auszahlung i. H. v. 383 € aus einem Auszahlungsplan. Ab der Vollendung seines 85. Lebensjahres erhält er eine monatliche Rente in gleicher Höhe. Für die Finanzierung dieser Rente wird zu Beginn der Auszahlungsphase ein Betrag i. H. v. 9800 € eingesetzt.

Die auf nicht gefördertem Kapital beruhenden Leistungen, die im Rahmen des Auszahlungsplans gezahlt werden, unterliegen der Besteuerung nach § 22 Nr. 5 Satz 2 Buchst. c EStG. Da die Auszahlung erst mit Vollendung des 65. Lebensjahres und nach einer Laufzeit von mindestens 12 Jahren erfolgt, ist § 20 Abs. 1 Nr. 6 Satz 2 EStG entsprechend anzuwenden und nur der hälftige Unterschiedsbetrag anzusetzen. Die ab der Vollendung des 85. Lebensjahres gezahlte Rente wird nach § 22 Nr. 5 Satz 2 Buchst. a EStG mit dem Ertragsanteil erfasst.

Für die Ermittlung des Unterschiedsbetrags entfällt von den insgesamt geleisteten Beiträgen der gleiche Prozentsatz auf die Auszahlung im Rahmen des Auszahlungsplans, wie das für den Auszahlungsplan verwendete Kapital im Verhältnis zum Gesamtkapital steht.

| | |
|---|---|
| Stand des Altersvorsorgevermögens zum 1. Januar 2030 | 77 800 € |
| Verwendung für die Teilkapitalverrentung | 9800 € |
| für den Auszahlungsplan stehen zur Verfügung | 68 000 € |
| Einzahlungen insgesamt | 50 000 € |
| davon für den Auszahlungsplan verwendet (68 000/77 800 × 50 000) | 43 702 € |

Ansonsten gelten die Ausführungen im BMF-Schreiben vom 1. Oktober 2009 (BStBl. I S. 1172, Rz. 61 ff.)[1] entsprechend. Es wird abweichend hiervon nicht beanstandet, wenn der Unterschiedsbetrag für Zwecke der Rentenbezugsmitteilung einmal jährlich nach der folgenden Formel ermittelt wird.

$$\frac{\text{Auszahlungsbetrag im VZ} \times (\text{Summe der entrichteten Beiträge} - \text{Summe der verbrauchten Beiträge})}{\text{Zeitwert am Ende des VZ}}$$

[1] Nr. **1** § 20/12.

**Beispiel 5:** 32

Der 50-jährige C hat seit dem 1. Januar 2002 zugunsten eines Altersvorsorgevertrags (Banksparplan) ausschließlich geförderte Beiträge (insgesamt 12 000 €) eingezahlt. Im Jahr 2010 verwendet er das Altersvorsorgevermögen steuerschädlich, indem er sich das gesamte Kapital in einer Summe auszahlen lässt. Zum Zeitpunkt der schädlichen Verwendung beträgt das Altersvorsorgevermögen 17 500 €. Dem Altersvorsorgevertrag wurden insgesamt Zulagen i. H. v. 918 € gutgeschrieben. Einen über die Zulagen hinausgehenden Steuervorteil nach § 10 a EStG hat C während der gesamten Vertragslaufzeit nicht erhalten.

Das ausgezahlte geförderte Altersvorsorgevermögen wurde steuerschädlich i. S. d. § 93 Abs. 1 Satz 1 EStG verwendet. Die Besteuerung erfolgt nach § 22 Nr. 5 Satz 3 EStG i. V. m. § 22 Nr. 5 Satz 2 Buchst. c EStG. Nach § 22 Nr. 5 Satz 3 EStG ergibt sich als Leistungsbetrag das ausgezahlte Altersvorsorgevermögen abzüglich der Zulagen.

| | |
|---|---|
| Altersvorsorgevermögen | 17 500 € |
| abzüglich Zulagen | 918 € |
| Betrag nach § 22 Nr. 5 Satz 3 EStG = | 16 582 € |

Auf diesen Betrag ist § 22 Nr. 5 Satz 2 Buchst. c EStG anzuwenden.

| | |
|---|---|
| maßgeblicher Betrag | 16 582 € |
| abzüglich Eigenbeiträge | 12 000 € |
| zu versteuern = | 4582 € |

In der Rentenbezugsmitteilung für das Jahr 2010 ist der Leistungsbetrag i. H. v. 4582 € mit Rechtsgrund 12 d zu übermitteln.

**Beispiel 6:** 33

G verfügt seit 1970 über eine betriebliche Altersversorgung bei einer Pensionskasse. Zum 1. Juli 2010 lässt er sich eine Kapitalabfindung i. H. v. 110 000 € auszahlen. Die Kapitalabfindung beruht i. H. v. 10 000 € auf gefördertem Kapital, da die diesem Kapital zugrunde liegenden Beiträge ab dem 1. Januar 2002 steuerfrei nach § 3 Nr. 63 EStG waren.

Die Kapitalabfindung ist steuerrechtlich in einen steuerfreien und in einen voll zu versteuernden Teil aufzuteilen. Die Leistung i. H. v. 10 000 €, die auf gefördertem Kapital beruht, unterliegt in vollem Umfang der Besteuerung nach § 22 Nr. 5 Satz 1 EStG. In der Rentenbezugsmitteilung für das Jahr 2010 ist dieser Leistungsbetrag i. H. v. 10 000 € mit Rechtsgrund 04 zu übermitteln. Für die Kapitalauszahlung i. H. v. 100 000 €, die auf nicht gefördertem Kapital beruht, ist nach § 22 Nr. 5 Satz 2 Buchst. b EStG die Regelung des § 20 Abs. 1 Nr. 6 EStG in der für den zugrunde liegenden Vertrag geltenden Fassung entsprechend anzuwenden. Hier ist die Kapitalauszahlung bei einem vor dem 1. Januar 2005 abgeschlossenen Vertrag erst nach Ablauf von zwölf Jahren seit Vertragsabschluss erfolgt, so dass dieser Teil der Auszahlung nicht der Besteuerung unterliegt. Für diesen Teil der Leistung ist keine Rentenbezugsmitteilung zu übermitteln.

Ist eine Leistung nach mehreren Rechtsgründen in unterschiedlicher Höhe zu versteuern, weil z. B. ein Teil der Leistung nach § 22 Nr. 5 Satz 1 EStG in voller Höhe (Rechtsgrund 04 bzw. 05) zu versteuern ist und der andere Teil der Leistung nach § 22 Nr. 5 Satz 2 Buchst. a i. V. m. § 22 Nr. 1 Satz 3 Buchst. a Doppelbuchst. bb EStG ggf. i. V. m. § 55 Abs. 2 EStDV (Rechtsgrund 07 bzw. 08) mit dem Ertragsanteil der Besteuerung unterliegt, ist in die Rentenbezugsmitteilung die (Teil-)Leistung mit dem jeweiligen Rechtsgrund und dem entsprechenden Leistungsbetrag aufzunehmen. 34

**Beispiel:** 35

R erhält im Jahr 2010 aus einem Altersvorsorgevertrag (Rentenversicherung) eine lebenslange Rente i. H. v. 1100 €. Die Rente beruht i. H. v. 220 € auf steuerlich nicht geförderten Beiträgen.

In der Rentenbezugsmitteilung für das Jahr 2010 sind die Teile der Rente jeweils gesondert mit dem zutreffenden Rechtsgrund mitzuteilen – der auf steuerlich geförderten Beiträgen beruhende Teil der Rente i. H. v. 880 € mit Rechtsgrund 04 (§ 22 Nr. 5 Satz 1 EStG) und der auf steuerlich nicht geförderten Beiträgen beruhende Teil der Rente i. H. v. 220 €, welcher der Besteuerung mit dem Ertragsanteil unterliegt, mit Rechtsgrund 07 (§ 22 Nr. 5 Satz 2 Buchst. a i. V. m. § 22 Nr. 1 Satz 3 Buchst. a Doppelbuchst. bb EStG).

**36** Für Versorgungsleistungen aufgrund einer Direktzusage und aus einer Unterstützungskasse sind keine Rentenbezugsmitteilungen zu übermitteln, da diese Leistungen zu Einkünften aus nichtselbständiger Arbeit führen (vgl. *Rz. 327 des BMF-Schreibens vom 31. März 2010, BStBl. I S. 270*[1]).

**37** Die Übertragung von Altersvorsorgevermögen entsprechend § 93 Abs. 2 EStG sowie die Übertragung von Anwartschaften im Rahmen einer betrieblichen Altersversorgung entsprechend § 3 Nr. 55 EStG i. V. m. § 4 Abs. 2 und 3 BetrAVG führt zu keiner Besteuerung. Das gilt gleichermaßen für die Übertragung von gefördertem wie ungefördertem Altersvorsorgevermögen. Es ist vom abgebenden Anbieter insoweit keine Rentenbezugsmitteilung zu erstellen.

**38** Wird gefördertes Altersvorsorgevermögen förderschädlich verwendet, richtet sich der Umfang der Besteuerung nach der Art der ausgezahlten Leistung. *Rz. 129 bis 134 des BMF-Schreibens vom 31. März 2010, BStBl. I S. 270*[2], sind zu beachten. Führt eine förderschädliche Auszahlung von gefördertem Altersvorsorgevermögen zu einem negativen Leistungsbetrag, ist dieser in der Rentenbezugsmitteilung anzugeben. Dies gilt auch bei der Auszahlung von nicht gefördertem Altersvorsorgevermögen. Bei Anwendung des § 22 Nr. 5 Satz 3 i. V. m. Satz 2 Buchst. b EStG ist bei Verträgen mit Vertragsabschluss vor dem 1. Januar 2005 ein negativer Leistungsbetrag nicht möglich. Rechnungsmäßige und außerrechnungsmäßige Zinsen (§ 22 Nr. 5 Satz 2 Buchst. b EStG i. V. m § 20 Abs. 1 Nr. 6 EStG in der bis zum 31. Dezember 2004 geltenden Fassung) von 0 € sind in der Rentenbezugsmitteilung nicht anzugeben (vgl. Rz. 18).

**39** **Beispiel:**

A hat zum 1. Januar 2008 einen Altersvorsorgevertrag (Fondssparplan) abgeschlossen und zugunsten dieses Vertrags jährliche Beiträge i. H. v. jeweils 1000 € eingezahlt, die nicht nach § 10 a/Abschnitt XI EStG gefördert wurden. Der Anbieter verteilt die Abschluss- und Vertriebskosten i. H. v. insgesamt 500 € auf fünf Jahre. Zum 31. Dezember 2010 wird der Vertrag von A gekündigt. Die von den Beiträgen abzüglich der anteiligen Abschluss- und Vertriebskosten erworbenen Fondsanteile sind auf einen Wert von 2500 € gesunken. Kosten für die Kündigung werden vom Anbieter nicht erhoben.
Die Besteuerung erfolgt nach § 22 Nr. 5 Satz 2 Buchst. c EStG mit dem Unterschiedsbetrag zwischen der Leistung und der Summe der auf sie entrichteten Beiträge:

| | |
|---|---|
| Leistung | 2500 € |
| abzüglich geleistete Beiträge | 3000 € |
| negativer Leistungsbetrag | - 500 € |

Dieser negative Leistungsbetrag ist mit Rechtsgrund 11 zu übermitteln.
Würde der Anbieter noch Kosten für die Kündigung fordern, wäre auch dieser Betrag im Jahr der Zahlung als negativer Leistungsbetrag in der Rentenbezugsmitteilung mit Rechtsgrund 11 zu übermitteln.

---

[1] Siehe nunmehr BMF v. 24. 7. 2013, BStBl. I S. 1022, Rz. 370 (Nr. **1** § 79/1).
[2] Siehe nunmehr BMF v. 24. 7. 2013, BStBl. I S. 1022, Rz. 138–143 (Nr. **1** § 79/1).

## 2. Leistungsbetrag (mit Zufluss/Abfluss) (Baustein 04 BezugsDaten und Baustein 05 Leistungsbetrag)

In der Rentenbezugsmitteilung sind die im Kalenderjahr zugeflossenen Leistungen getrennt nach Rechtsgründen anzugeben (Datenfeld leBtr). Sofern (Teil-)Leistungen aus demselben Recht demselben Rechtsgrund zuzuordnen sind, sind diese zusammengefasst in einer Summe zu übermitteln. Dies ist auch bei einer unterjährigen Software-Änderung sicherzustellen. Der Betrag der Leistung kann positiv oder negativ sein. Die Angabe von 0 € ist nur in den in Rz. 18 genannten Fällen zulässig. Erfolgt im Kalenderjahr tatsächlich keine Zahlung oder Rückforderung oder sind gezahlte Leistungen in demselben Jahr vollständig zurückgezahlt worden, ist eine (Teil-)Leistung nicht mitzuteilen (vgl. Rz. 18). 40

Das Währungskennzeichen der Leistung ist anzugeben (Datenfeld leWkz). 41 Hierbei darf in einer Rentenbezugsmitteilung, die für einen Veranlagungszeitraum vor 2011 übermittelt wird, nur ein einheitliches Währungskennzeichen verwendet werden. D.h., die Datenfelder leWkz (im Baustein 04) und beWkz (im Baustein 07) dürfen nicht voneinander abweichen (vgl. Rz. 95). Werden Beträge mit einer ausländischen Währungseinheit gemeldet, sind diese von der Landesfinanzverwaltung in die maßgebliche inländische Währung (Euro) umzurechnen. Hierbei entspricht der Umrechnungskurs dem rechnerischen und auf volle 50 Cent abgerundeten Durchschnittswert der gesamten für den maßgebenden Veranlagungszeitraum ermittelten Umsatzsteuer-Umrechnungskurse. Währungen, für die keine Umsatzsteuer-Umrechnungskurse veröffentlicht werden, sind zu dem letzten Tageskurs des Jahres umzurechnen, in dem die Leistung gezahlt wurde. Der Steuerpflichtige kann im Veranlagungsverfahren eine Währungsumrechnung nach dem Kurs des Zuflusstages einheitlich für den gesamten Veranlagungszeitraum nachweisen.

Einmalige Leistungen – wie Sterbegeld oder Abfindung von Kleinbetragsrenten (*vgl. Rz. 135 des BMF-Schreibens vom 13. September 2010, BStBl. I S. 681*[1])) – sind in Höhe des Leistungsbetrags in der Rentenbezugsmitteilung auszuweisen. Dies gilt auch für Kapitalauszahlungen von berufsständischen Versorgungseinrichtungen (*vgl. Rz. 143 des BMF-Schreibens vom 13. September 2010, BStBl. I S. 681*[2])). Der Leistungsbetrag einmaliger Leistungen ist in der Rentenbezugsmitteilung nicht gesondert auszuweisen, wenn weitere Leistungen mit dem gleichen Rechtsgrund im Jahr des Zuflusses geleistet werden (vgl. aber Besonderheiten zum Rentenbeginn Rz. 75 ff. und den Unterschied zu Nachzahlungsbeträgen Rz. 61 ff.). 42

**Beispiel 1:** 43

Für B werden Zahlungen in eine Direktversicherung geleistet (kein Fall von § 52 Abs. 34 c EStG). Vor Fälligkeit der entsprechenden Leistungen verstirbt B. Seiner nichtehelichen Lebensgefährtin L wird als alleiniger Erbin einmalig ein Sterbegeld i. H. v. 8000 € ausgezahlt. Das Sterbegeld beruht vollständig auf geförderten Beträgen.

Das Sterbegeld ist in voller Höhe steuerpflichtig (§ 22 Nr. 5 Satz 1 EStG). Der Leistungsbetrag i. H. v. 8000 € ist in der Rentenbezugsmitteilung mit L als Leistungsempfängerin (Rechtsgrund 04) auszuweisen.

---

[1]) Siehe nunmehr BMF v. 19. 8. 2013, BStBl. I S. 1087, Rz. 195 (Nr. **1** § 10/9).

[2]) Siehe nunmehr BMF v. 19. 8. 2013, BStBl. I S. 1087, Rz. 204 (Nr. **1** § 10/9).

44 **Beispiel 2:**

R steht ab 2010 eine Rente aus einem zertifizierten Basisrentenvertrag i. H. v. 25 € zu. Das Versicherungsunternehmen bietet ihm anstelle monatlicher Rentenzahlungen die Abfindung der Kleinbetragsrente i. H. v. 5000 € an; dieses Angebot nimmt R an.

Der Abfindungsbetrag der Kleinbetragsrente ist mit dem Besteuerungsanteil steuerpflichtig (§ 22 Nr. 1 Satz 3 Buchst. a Doppelbuchst. aa EStG). In der Rentenbezugsmitteilung ist der Leistungsbetrag i. H. v. 5000 € mit Rechtsgrund 01 auszuweisen.

45 **Beispiel 3:**

R erhält ab dem 1. Juli 2010 aus einem Altersvorsorgevertrag eine monatliche Rente i. H. v. 900 € sowie im Juli 2010 eine einmalige Teilkapitalauszahlung i. H. v. 30 000 € (20 % des zu Beginn der Auszahlungsphase zur Verfügung stehenden Kapitals, § 1 Abs. 1 Satz 1 Nr. 4 AltZertG). Die Leistungen beruhen vollständig auf geförderten Beiträgen.

In der Rentenbezugsmitteilung für das Jahr 2010 sind die laufenden Rentenzahlungen i. H. v. insgesamt 5400 € (6 × 900 €) sowie die einmalige Teilkapitalauszahlung i. H. v. 30 000 € in einer Summe als Leistungen nach § 22 Nr. 5 Satz 1 EStG zusammen i. H. v. 35 400 € mit Rechtsgrund 04 zu übermitteln.

46 **Beispiel 4:**

R bezieht von einer berufsständischen Versorgungseinrichtung im Februar 2010 ein Sterbegeld i. H. v. 4000 € sowie ab dem 1. März 2010 eine monatliche Hinterbliebenenrente i. H. v. 500 €.

In der Rentenbezugsmitteilung für das Jahr 2010 sind die Leistungen aus der Hinterbliebenenrente und das Sterbegeld in einer Summe als Leistungen nach § 22 Nr. 1 Satz 3 Buchst. a Doppelbuchstabe aa EStG zusammen i. H. v. 9000 € (4000 € + 10 × 500 €) mit Rechtsgrund 01 zu übermitteln.

47 Wird für das Sterbevierteljahr eine Hinterbliebenenrente in Höhe der Versichertenrente gewährt, ist eine Rentenbezugsmitteilung auch dann für diese Leistung zu übermitteln, wenn nach den drei Monaten die Hinterbliebenenrente wegen der Höhe der eigenen Einkünfte in voller Höhe ruht.

48 Ist wegen rückwirkender Zubilligung einer Rente der Anspruch auf eine bisher gewährte Sozialleistung (z. B. auf Kranken-, Arbeitslosengeld oder Sozialhilfe) ganz oder teilweise weggefallen und steht dem Leistenden deswegen gegenüber dem Rentenversicherungsträger (z. B. nach § 103 des Zehnten Buches Sozialgesetzbuch – SGB X –) ein Erstattungsanspruch zu, sind die bisher gezahlten Sozialleistungen in Höhe dieses Erstattungsanspruchs als Rentenzahlungen anzusehen. Die Rente gilt in dieser Höhe im Zeitpunkt der Zahlung der ursprünglichen Sozialleistungen als dem Leistungsempfänger zugeflossen. Die umgewidmeten Beträge unterliegen ebenfalls der Mitteilungspflicht nach § 22 a EStG, wenn sie nach dem 31. Dezember 2004 zugeflossen sind. Insoweit sind auch nachträglich die entsprechenden Rentenbezugsmitteilungen zu übermitteln. Dem Leistungsempfänger bleibt es unbenommen, dem Finanzamt einen abweichenden Zuflusszeitpunkt zu belegen.

49 **Beispiel 1:**

R erhält in der Zeit vom 1. Juli 2009 bis 30. September 2010 Krankengeld. Mit Bescheid vom 31. August 2010 wird R rückwirkend ab dem 1. Juli 2009 von der gesetzlichen Rentenversicherung eine monatliche Erwerbsminderungsrente i. H. v. 1000 € gewährt. Die Auszahlung erfolgt ab dem 1. Oktober 2010. Zum Ausgleich des bisher an R gezahlten Krankengeldes erstattet die gesetzliche Rentenversicherung der Krankenkasse für den Zeitraum vom 1. Juli 2009 bis 30. September 2010 je Monat einen Betrag von 1000 €.

Soweit der Krankenkasse ein Erstattungsanspruch nach § 103 SGB X gegenüber dem Rentenversicherungsträger zusteht, ist das bisher gezahlte Krankengeld als Rentenzahlung i. S. d. § 22 Nr. 1 Satz 3 Buchst. a Doppelbuchstabe aa EStG anzusehen. Der Zufluss der Rentenzahlung erfolgte im Zeitpunkt der ursprünglichen Zahlung des Krankengeldes. Aus diesem Grund ist für das Jahr 2009 eine Rentenbezugsmitteilung mit einem Leistungsbetrag i. H. v. 6000 € (6 × 1000 €) mit Rechtsgrund 01 zu übermitteln. In die Rentenbezugsmitteilung für das Jahr 2010 ist ein Leistungsbetrag i. H. v. 12 000 € (12 × 1000 €) mit Rechtsgrund 01 aufzunehmen.

**Beispiel 2:** 50

R erhält in der Zeit vom 1. Juli 2009 bis 30. September 2010 monatlich ein Arbeitslosengeld i. H. v. 800 €. Mit Bescheid vom 31. August 2010 wird R rückwirkend ab dem 1. Juli 2009 von der gesetzlichen Rentenversicherung eine monatliche Altersrente i. H. v. 1000 € gewährt. Die Auszahlung erfolgt ab dem 1. Oktober 2010. Zum Ausgleich des bisher an R gezahlten Arbeitslosengeldes erstattet die gesetzliche Rentenversicherung der Arbeitsagentur für den Zeitraum vom 1. Juli 2009 bis 30. September 2010 je Monat einen Betrag von 800 €.
Soweit der Arbeitsagentur ein Erstattungsanspruch nach § 103 SGB X gegenüber dem Rentenversicherungsträger zusteht, ist das bisher gezahlte Arbeitslosengeld als Rentenzahlung i. S. d. § 22 Nr. 1 Satz 3 Buchst. a Doppelbuchstabe aa EStG anzusehen. Der Zufluss der Rentenzahlung erfolgte im Zeitpunkt der ursprünglichen Zahlung des Arbeitslosengeldes. Aus diesem Grund ist für das Jahr 2009 eine Rentenbezugsmitteilung mit einem Leistungsbetrag i. H. v. 4800 € (6 × 800 €) mit Rechtsgrund 01 zu übermitteln. In die Rentenbezugsmitteilung für das Jahr 2010 ist ein Leistungsbetrag i. H. v. 13 200 € (12 × 1000 € + 6 × 200 €) mit Rechtsgrund 01 aufzunehmen.

Werden Renten oder andere Leistungen zurückgefordert, sind sie im Kalenderjahr der Rückzahlung von den entsprechenden Leistungen abzuziehen. Die Saldierung erfolgt nur zwischen den aus demselben Rechtsgrund übermittelten Leistungen. Übersteigt in einem Kalenderjahr der zurückgezahlte Betrag den Betrag der zugeflossenen Leistungen, ist der übersteigende Betrag als negativer Betrag in der Rentenbezugsmitteilung anzugeben. 51

**Beispiel 1:** 52

R erhält seit Mai 2008 eine Erwerbsminderungsrente i. H. v. monatlich 1000 € aus der gesetzlichen Rentenversicherung. Eine Rentenanpassung erfolgte in dieser Zeit nicht. Mitte des Jahres 2010 stellt der Träger der gesetzlichen Rentenversicherung als Mitteilungspflichtiger fest, dass R seit 2008 einen Anspruch auf eine Rente aus der gesetzlichen Unfallversicherung hatte und fordert für diesen Zeitraum die gesamten Rentenzahlungen zurück. Die Rückzahlung erfolgt im Jahr 2010.
Der Leistungsbetrag der für 2010 zu übermittelnden Rentenbezugsmitteilung ermittelt sich wie folgt:

| | |
|---|---|
| Leistungsbetrag (6 × 1000 €) | 6000 € |
| Rückforderung (für 2010, 2009 und 2008 = 26 × 1000 €) | – 26 000 € |
| Negativ-Leistungsbetrag | – 20 000 € |

Der negative Leistungsbetrag ist mit Rechtsgrund 01 zu übermitteln.

**Beispiel 2:** 53

R erhält seit Mai 2008 eine Erwerbsminderungsrente aus einer privaten Rentenversicherung, die weder die Voraussetzungen eines Altersvorsorgevertrags noch die eines Basisrentenvertrags erfüllt. Im Zeitpunkt der Erstellung der Leistungsmitteilung für den Veranlagungszeitraum 2010 (also Stand Januar 2011) stellt der Mitteilungspflichtige fest, dass die von ihm getroffene Einordnung unzutreffend ist und es sich bei der ausgezahlten Rente tatsächlich um eine private Altersrente gehandelt hat.
Hinsichtlich der bisher mit Rechtsgrund 03 übermittelten Erwerbsminderungsrente für die Jahre 2008 und 2009 ist jeweils eine berichtigte Rentenbezugsmitteilung zu übermitteln. Hierin ist die nach § 22 Nr. 1 Satz 3 Buchst. a Doppelbuchstabe bb EStG zu versteuernde lebenslange private Altersrente nunmehr mit Rechtsgrund 02 und dem entsprechenden Leis-

tungsbetrag zu übermitteln. Für das Jahr 2010 ist die lebenslange private Altersrente mit Rechtsgrund 02 mit dem entsprechenden Leistungsbetrag zu übermitteln.

**54** In der Rentenbezugsmitteilung ist das Jahr des Zu- oder Abflusses der Leistung, der Beiträge bzw. des Beitragszuschusses anzugeben (Datenfeld leJahr). § 11 EStG ist zu beachten. Hiernach sind Einnahmen und Ausgaben dem Kalenderjahr zuzuordnen, in dem sie dem Leistungsempfänger zugeflossen bzw. von ihm geleistet worden sind (Zuflussprinzip/Abflussprinzip). So ist beispielsweise bei Rückzahlung einer Leistung (z. B. nach Rückforderung der Rentenzahlung) die Rentenbezugsmitteilung für das Jahr zu übermitteln, in dem die Rückzahlung tatsächlich erfolgte. Das Jahr, für welches die Rückzahlung bzw. Rückforderung erfolgte, ist unmaßgeblich.

**55** Eine Ausnahme vom Zufluss- und Abflussprinzip besteht gemäß § 11 Abs. 1 Satz 2, Abs. 2 Satz 2 EStG für regelmäßig wiederkehrende Zahlungen, die kurz vor oder nach dem Jahreswechsel bezogen bzw. geleistet und innerhalb des Zeitraums kurz vor bis kurz nach dem Jahreswechsel fällig werden. Diese Zu- bzw. Abflüsse sind dem Jahr zuzurechnen, zu dem sie wirtschaftlich gehören. Unter einem kurzen Zeitraum ist eine Zeitspanne von 10 Tagen zu verstehen.

**56** Der für die Anwendung des § 11 EStG erforderliche Zeitpunkt des tatsächlichen Zuflusses beim Leistungsempfänger ist den Mitteilungspflichtigen in der Regel nicht bekannt. Für Zwecke der Rentenbezugsmitteilung kann aus Vereinfachungsgründen der Tag der Auszahlung beim Leistungsverpflichteten als Zuflusszeitpunkt angenommen werden. Der Mitteilungspflichtige kann von anderen Kriterien ausgehen, wenn dies wegen seiner organisatorischen Verhältnisse zu genaueren Ergebnissen führt. Dem Leistungsempfänger bleibt es unbenommen, dem Finanzamt einen abweichenden Zuflusszeitpunkt zu belegen.

**57** **Beispiel 1:**

A hat im November 2010 von seiner Rentenversicherung unrechtmäßig eine Rente für November 2010 erhalten. Er zahlt diese nach Rückforderung am 5. Januar 2011 zurück. Die Ausnahmeregel von § 11 EStG kommt nicht zur Anwendung, da es sich bei der Rückforderung nicht um eine regelmäßig wiederkehrende Zahlung handelt. Für die Erstellung der Rentenbezugsmitteilung ist die Rückzahlung dem Jahr 2011 zuzuordnen, d. h., dass in der Rentenbezugsmitteilung als Jahr des Zuflusses/Abflusses der Leistung (Datenfeld leJahr) 2011 zu übermitteln ist.

**58** **Beispiel 2:**

Die am 30. Dezember 2010 fällige Rente für Dezember 2010 wird A am 2. Januar 2011 ausgezahlt. Nach § 11 Abs. 1 Satz 2 EStG ist der grundsätzlich dem Jahr des Zuflusses (2011) zuzuordnende Betrag hier ausnahmsweise dem Jahr 2010 zuzuordnen, da es sich um eine regelmäßig wiederkehrende Zahlung handelt, die kurz nach dem Jahreswechsel bezogen worden und im Zeitraum kurz vor dem Jahreswechsel fällig geworden ist. D.h., dass in der Rentenbezugsmitteilung als Jahr des Zuflusses/Abflusses der Leistung (Datenfeld leJahr) 2010 zu übermitteln ist.

**Abwandlung 1:**

Wie oben, jedoch ist die Dezember-Rente bereits am 1. Dezember 2010 fällig. Der Betrag ist dem Jahr des Zuflusses 2011 zuzuordnen, da § 11 Abs. 1 Satz 2 EStG nicht anzuwenden ist. Die Zahlung ist zwar kurz nach dem Jahreswechsel bezogen, aber nicht innerhalb des Zeitraums kurz vor bis kurz nach dem Jahreswechsel, sondern bereits am 1. Dezember 2010 fällig geworden. D.h., dass in der Rentenbezugsmitteilung als Jahr des Zuflusses/Abflusses der Leistung (Datenfeld leJahr) 2011 zu übermitteln ist.

**Abwandlung 2:**

Wie oben, jedoch ist die Dezember-Rente erst am 1. Januar 2011 fällig. Der Betrag ist dem Jahr 2010 zuzuordnen, da es sich nach § 11 Abs. 1 Satz 2 EStG um eine regelmäßig wiederkehrende Zahlung handelt, die kurz nach dem Jahreswechsel fällig geworden und ebenfalls kurz nach dem Jahreswechsel gezahlt worden ist. D.h., dass in der Rentenbezugsmitteilung als Jahr des Zuflusses/Abflusses der Leistung (Datenfeld leJahr) 2010 zu übermitteln ist.

**Beispiel 3:** 59

Die am 30. Dezember 2010 fällige Rente für Dezember 2010 wird am 9. Januar 2011 durch den Mitteilungspflichtigen zur Auszahlung angewiesen. Tatsächlich gutgeschrieben wird der Betrag dem Leistungsempfänger erst am 11. Januar 2011, ohne dass der Mitteilungspflichtige hiervon Kenntnis erlangt. Der Mitteilungspflichtige kann unterstellen, dass der Betrag bereits am 9. Januar 2011 beim Rentenempfänger gutgeschrieben wurde. Der Betrag ist vom Mitteilungspflichtigen unter Anwendung der Ausnahmeregelung des § 11 Abs. 1 Satz 2 EStG dem Jahr 2010 zuzuordnen, da es sich um eine regelmäßig wiederkehrende Einnahme handelt, die innerhalb kurzer Zeit nach Beendigung des Kalenderjahres, zu dem sie wirtschaftlich gehört, zugeflossen ist und auch innerhalb des Zeitraums kurz vor bis kurz nach dem Jahreswechsel fällig geworden ist. D.h., dass in der Rentenbezugsmitteilung als Jahr des Zuflusses/Abflusses der Leistung (Datenfeld leJahr) 2010 zu übermitteln ist. Für das Steuerfestsetzungsverfahren entsteht dadurch keine Bindungswirkung; dem Leistungsempfänger bleibt es unbenommen, dem Finanzamt den abweichenden Zuflusszeitpunkt nachzuweisen.

**Beispiel 4:** 60

Eine Rentennachzahlung für das Jahr 2008 wird am 28. Dezember 2009 zur Auszahlung angewiesen. Für die Erstellung der Rentenbezugsmitteilung kann der Mitteilungspflichtige aus Vereinfachungsgründen unterstellen, dass der Betrag am 28. Dezember 2009 dem Konto des Rentenempfängers gutgeschrieben wurde. Für die Erstellung der Rentenbezugsmitteilung ist die Rentennachzahlung dem Jahr 2009 zuzuordnen, d. h., dass in der Rentenbezugsmitteilung als Jahr des Zuflusses/Abflusses der Leistung (Datenfeld leJahr) 2009 zu übermitteln ist. Für das Steuerfestsetzungsverfahren entsteht dadurch keine Bindungswirkung; dem Leistungsempfänger bleibt es unbenommen, dem Finanzamt den abweichenden Zuflusszeitpunkt nachzuweisen.

### 3. Nachzahlungsbetrag (Baustein 05 Leistungsbetrag)

Im Leistungsbetrag enthaltene Nachzahlungen für mehrere Jahre sind gesondert in der Rentenbezugsmitteilung auszuweisen (Datenfeld leBtrNach). Es handelt sich um einen Davon-Betrag der zugeflossenen Leistung, der als in dem Jahr gezahlt gilt, für das die Rentenbezugsmitteilung erstellt wird. Eine Prüfung, ob § 34 EStG Anwendung findet, erfolgt im Steuerfestsetzungsverfahren. 61

Im Datenfeld leBtrNach dürfen keine Eintragungen enthalten sein, wenn die Leistungen nach den Rechtsgründen 10 oder 12 c zu versteuern sind. Datensätze, die dennoch in diesem Feld befüllt sind, werden mit einer entsprechenden Fehlermeldung abgewiesen. 62

Sind in dem gezahlten Gesamtbetrag sowohl Nachzahlungen für vorangegangene Kalenderjahre als auch für das laufende Jahr enthalten, ist nur die Nachzahlung für die vorangegangenen Jahre gesondert auszuweisen. Die Nachzahlung für das laufende Jahr ist nicht gesondert zu melden. 63

**Beispiel:** 64

Die Rente des Leistungsempfängers beginnt am 1. November 2008. Die laufende Rente i. H. v. 500 € monatlich wird erstmalig im August 2010 zur Zahlung angewiesen. Die Rentennachzahlung für die Zeit vom 1. November 2008 bis zum 31. Juli 2010 i. H. v. 10 500 € wird ebenfalls im August 2010 überwiesen. Insgesamt wird 2010 eine Gesamtsumme von 13 000 € gezahlt, die sich aus folgenden Einzelbeträgen zusammensetzt:

| | |
|---|---|
| Zahlung für August bis Dezember 2010 (laufend) | 2500 € |
| Nachzahlung Januar bis Juli | 3500 € |
| Nachzahlung für Vorjahre | 7000 € |

Im Baustein 05 (Leistungsbetrag) ist im Datenfeld leBtr die gesamte Summe i. H. v. 13 000 € und im Datenfeld leBtrNach der Betrag von 7000 € einzutragen.

### 4. Betrag, der auf regelmäßigen Anpassungen beruht (Baustein 04 BezugsDaten)

65 In den Fällen, in denen die Leistung ganz oder teilweise der Besteuerung nach § 22 Nr. 1 Satz 3 Buchst. a Doppelbuchstabe aa EStG (Rechtsgrund 01) unterliegt, ist in der Rentenbezugsmitteilung die auf regelmäßigen Rentenanpassungen beruhende Erhöhung des Jahresbetrags der Rente gegenüber dem Jahr mitzuteilen, das dem Jahr des Rentenbeginns folgt (Datenfeld leApBtr). Das gilt auch bei einer Neuberechnung der Rente. Bei Renten, die vor dem 1. Januar 2005 begonnen haben, sind nur die Erhöhungen des Jahresbetrags der Rente gegenüber dem Jahr 2005 mitzuteilen.

66 Soweit sich die Besteuerung nicht nach § 22 Nr. 1 Satz 3 Buchst. a Doppelbuchstabe aa EStG (Rechtsgrund 01) richtet, sind keine Rentenanpassungsbeträge auszuweisen.

67 **Beispiel 1:**

R bezieht ab Mai 2008 eine monatliche Witwenrente aus der gesetzlichen Rentenversicherung i. H. v. 1100 €. Die Rente wird aufgrund regelmäßiger Anpassungen zum 1. Juli 2008, zum 1. Juli 2009, zum 1. Juli 2010 und zum 1. Juli 2011 jeweils um 10 € erhöht.

| **Rentenzeitraum** | **Monatsbetrag** | **Betrag im Zahlungszeitraum** |
|---|---|---|
| 1. 5. – 30. 6. 2008 | 1100,00 € | 2200,00 € |
| 1. 7. – 31. 12. 2008 | 1110,00 € | 6660,00 € |
| Jahresrente 2008 | | 8860,00 € |
| 1. 1. – 30. 6. 2009 | 1110,00 € | 6660,00 € |
| 1. 7. – 31. 12. 2009 | 1120,00 € | 6720,00 € |
| Jahresrente 2009 | | 13 380,00 € |
| 1. 1. – 30. 6. 2010 | 1120,00 € | 6720,00 € |
| 1. 7. – 31. 12. 2010 | 1130,00 € | 6780,00 € |
| Jahresrente 2010 | | 13 500,00 € |
| Jahresrente 2009 | | 13 380,00 € |
| Rentenanpassungsbetrag 2010 | | 120,00 € |
| 1. 1. – 30. 6. 2011 | 1130,00 € | 6780,00 € |
| 1. 7. – 31. 12. 2011 | 1140,00 € | 6840,00 € |
| Jahresrente 2011 | | 13 620,00 € |
| Jahresrente 2009 | | 13 380,00 € |
| Rentenanpassungsbetrag 2011 | | 240,00 € |

In den Rentenbezugsmitteilungen für die Jahre 2008 bis 2011 ist als Leistungsbetrag der jeweilige Jahresbetrag der Rente auszuweisen. Zusätzlich ist ab dem Jahr 2010 die auf regelmä-

ßigen Rentenanpassungen beruhende Erhöhung des Jahresbetrags der Rente gegenüber dem Jahr 2009 mitzuteilen.
Regelmäßige Rentenanpassungen unterliegen (im vorliegenden Fall ab dem Jahr 2010) gemäß § 22 Nr. 1 Satz 3 Buchst. a Doppelbuchstabe aa Satz 7 EStG vollständig der nachgelagerten Besteuerung.

**Rentenbezugsmitteilungen**

| Jahr | Leistungsbetrag | Anpassungsbetrag |
|---|---|---|
| 2008 | 8860,00 € | keine Angabe[1] |
| 2009 | 13 380,00 € | keine Angabe[1] |
| 2010 | 13 500,00 € | 120,00 € |
| 2011 | 13 620,00 € | 240,00 € |

Auch in Fällen, in denen sich – z. B. wegen Anrechnung anderer Einkünfte – die monatliche Rente vermindert, können in der gekürzten Rente Teile enthalten sein, die auf einer regelmäßigen Anpassung des Jahresbetrags der Rente beruhen. 68

**Abwandlung des Beispiels in Rz. 67:** 69

Wegen anderer Einkünfte erhält R ab August 2011 eine auf 830 € gekürzte Witwenrente. Eine regelmäßige Rentenanpassung erfolgte im Jahr 2012 nicht.
Ab 2011 ist der steuerfreie Teil der Rente neu zu berechnen, da sich die Jahresrente nicht aufgrund regelmäßiger Anpassungen geändert hat, sondern auch wegen der Anrechnung anderer Einkünfte auf die Witwenrente (§ 22 Nr. 1 Satz 3 Buchst. a Doppelbuchstabe aa Satz 6 EStG).

| Rentenzeitraum | Monatsbetrag | Betrag im Zahlungszeitraum |
|---|---|---|
| 1. 1. – 30. 6. 2011 | 1130,00 € | 6780,00 € |
| 1. 7. – 31. 7. 2011 | 1140,00 € | 1140,00 € |
| 1. 8. – 31. 12. 2011 | 830,00 € | 4150,00 € |
| Jahresrente 2011 | | 12 070,00 € |
| Rentenanpassungsbetrag 2011 (Berechnung siehe unten) | | 206,00 € |
| 1. 1. – 31. 12. 2012 | 830,00 € | 9960,00 € |
| Jahresrente 2012 | | 9960,00 € |
| Rentenanpassungsbetrag 2012 (12 × 18,20 €) | | 218,40 € |

In der ab August 2011 gekürzten Rente ist derselbe prozentuale Erhöhungsbetrag enthalten, der auf regelmäßigen Anpassungen der Jahresrente beruht, wie in der ungekürzten Rente für Juli 2011. Der in der Rente enthaltene auf regelmäßigen Anpassungen beruhende Teil der Rente errechnet sich wie folgt:

| | | | |
|---|---|---|---|
| Januar bis Juni 2011: | jeweils 1130,00 € – (13 380,00 € : 12) | = 15,00 € | insgesamt 90 € |
| Juli 2011: | 1140,00 € – (13 380,00 € : 12) | = 25,00 € | insgesamt 25 € |
| August bis Dezember 2011: | jeweils (830,00 € : 1140,00 €) × 25 € | = 18,20 € | insgesamt 91 € |
| Jahresanpassungsbetrag 2011 | | | 206 € |

[1] **[Amtl. Anm.:]** Im Datensatz ist weder die Übermittlung des Datenfeldes leApBtr mit einem Betrag i. H. v. 0,00 € noch die Übermittlung eines leeren Datenfeldes zulässig.

In den Rentenbezugsmitteilungen ist jeweils der ermittelte Rentenanpassungsbetrag anzugeben, beispielsweise für den Veranlagungszeitraum 2011 ist ein Anpassungsbetrag von 206 € auszuweisen.

70 **Beispiel 2:**

R erhält seit dem 1. Mai 2003 eine Altersrente. Diese beträgt im Jahr 2005 und bis zum 30. Juni 2007 monatlich 900 €. Zum 1. Juli 2007 wird die monatliche Rente um 10 € erhöht.
Aufgrund eines Versorgungsausgleichs im Rahmen der Scheidung von R wird die Rente ab dem 1. September 2008 auf monatlich 600 € gekürzt. Eine regelmäßige Rentenanpassung erfolgte im Jahr 2008 und 2009 nicht.

| **Rentenzeitraum** | **Monatsbetrag** | **Betrag im Zahlungszeitraum** |
|---|---|---|
| 1. 1. – 31. 12. 2005 | 900,00 € | 10 800,00 € |
| Jahresrente 2005 | | 10 800,00 € |
| 1. 1. – 31. 12. 2006 | 900,00 € | 10 800,00 € |
| Jahresrente 2006 | | 10 800,00 € |
| Jahresrente 2005 | | 10 800,00 € |
| Rentenanpassungsbetrag 2006 | | 0,00 €[1] |
| 1. 1. – 30. 6. 2007 | 900,00 € | 5400,00 € |
| 1. 7. – 31. 12. 2007 | 910,00 € | 5460,00 € |
| Jahresrente 2007 | | 10 860,00 € |
| Jahresrente 2005 | | 10 800,00 € |
| Rentenanpassungsbetrag 2007 | | 60,00 € |
| 1. 1. – 31. 8. 2008 | 910,00 € | 7280,00 € |
| 1. 9. – 31. 12. 2008 | 600,00 € | 2400,00 € |
| Jahresrente 2008 | | 9680,00 € |
| Rentenanpassungsbetrag 2008 (Berechnung siehe unten) | | 106,36 € |
| 1. 1. – 31. 12. 2009 | 600,00 € | 7200,00 € |
| Jahresrente 2009 | | 7200,00 € |
| Rentenanpassungsbetrag 2009 (12 × 6,59 €) | | 79,08 € |

Berechnung Rentenanpassungsbetrag 2008:
In der ab September 2008 gekürzten Rente ist derselbe prozentuale Erhöhungsbetrag enthalten, der auf regelmäßigen Anpassungen der Jahresrente beruht, wie in der ungekürzten Rente in den Vormonaten. Der in der Rente enthaltene auf regelmäßigen Anpassungen beruhende Teil der Rente errechnet sich wie folgt:

| | | |
|---|---|---|
| Januar bis August 2008: | jeweils 910,00 € – (10 800,00 € : 12) = 10,00 € | insgesamt 80,00 € |
| September bis Dezember 2008: | jeweils (600,00 € : 910,00 €) × 10,00 € = 6,59 € | insgesamt 26,36 € |
| Jahresanpassungsbetrag 2008 | | 106,36 € |

In den Rentenbezugsmitteilungen ist jeweils der ermittelte Rentenanpassungsbetrag anzugeben, beispielsweise für den Veranlagungszeitraum 2008 ist ein Anpassungsbetrag von 106,36 € auszuweisen.

[1] **[Amtl. Anm.:]** Im Datensatz ist weder die Übermittlung des Datenfeldes leApBtr mit einem Betrag i. H. v. 0,00 € noch die Übermittlung eines leeren Datenfeldes zulässig.

Bei einer vollständigen oder teilweisen Rückforderung der Rente ist der in der Rückforderung enthaltene, auf regelmäßigen Anpassungen beruhende Teil der Rente zu ermitteln. Dieser Betrag ist für den Ausweis in der Rentenbezugsmitteilung mit dem in der laufenden Rente enthaltenen Teil der Rente, der auf regelmäßigen Anpassungen beruht, zu saldieren. Ggf. ist auch ein negativer Betrag in der Rentenbezugsmitteilung auszuweisen. 71

**Abwandlung des Beispiels in Rz. 67:** 72

Wegen anderer Einkünfte wird die Rente für die Jahre 2009 bis 2010 von R im Jahr 2011 zurückgefordert und zurückgezahlt Im Jahr 2011 wird die Rente rechtmäßig gezahlt:
In der Rentenbezugsmitteilung für das Jahr 2011 sind folgende Beträge auszuweisen:

| Jahr | Leistungsbetrag | Anpassungsbetrag |
|---|---|---|
| 2011 | 13 620,00 € | 240,00 €[1] |
| Rückforderung für das Jahr 2010 | – 13 500,00 € | – 120,00 € |
| Rückforderung für das Jahr 2009 | – 13 380,00 € | keine Angabe[1] |
| Summe (negativer Betrag) | – 13 260,00 € | 120,00 € |

Für das Jahr 2011 würde sich ein Rentenanpassungsbetrag von 240 € ergeben. Für den Ausweis in der Rentenbezugsmitteilung ist dieser Betrag nach Rz. 71 mit dem in der Rückforderung enthaltenen Teil der Rente, der auf regelmäßigen Anpassungen beruht (in dem Fall 120 €), zu saldieren, so dass sich für 2011 ein Rentenanpassungsbetrag von 120 € ergibt.

### 5. Rentengarantiezeit (Baustein 05 Leistungsbetrag, Block „Garantierente“)

Sofern es sich bei der gemeldeten Leistung um eine Leistung an einen Dritten aufgrund vereinbarter Rentengarantiezeit handelt, ist dieser Tatbestand in die Meldung aufzunehmen. Hierbei handelt es sich um Fallgestaltungen, bei denen der ursprüngliche Rentenempfänger innerhalb einer Rentengarantiezeit verstorben ist und die Rente für die noch ausstehenden Zahlungen vereinbarungsgemäß an einen Dritten geleistet wird. In diesem Fall ist das Geburtsdatum des Erblassers (Datenfeld erbGebDt) und/oder der Beginn des Leistungsbezugs an den Erblasser (Datenfeld erbLeBeginn) zu melden. Ist weder das Geburtsdatum des Erblassers, noch der Beginn des Leistungsbezugs bekannt, ist mindestens die Leistung mit einem leeren Block „Garantierente“ zu bescheinigen. Vgl. auch Beispiel unter Rz. 12. 73

## III. Angaben zum Zeitpunkt des Beginns und zum Ende des Leistungsbezugs (Baustein 04 BezugsDaten)

In der Rentenbezugsmitteilung müssen der Zeitpunkt des Beginns (Datenfeld leBeginn) und – soweit bekannt – das voraussichtliche Ende des jeweiligen Leistungsbezugs (Datenfeld leEnde) übermittelt werden. 74

### 1. Beginn (Datenfeld leBeginn)

Unter dem Beginn der Leistung ist der Zeitpunkt zu verstehen, ab dem die Leistung (ggf. rückwirkend) bewilligt wird (vgl. *Rz. 159 des BMF-Schreibens* 75

[1] **[Amtl. Anm.:]** Im Datensatz ist weder die Übermittlung des Datenfeldes leApBtr mit einem Betrag i. H. v. 0,00 € noch die Übermittlung eines leeren Datenfeldes zulässig.

*vom 13. September 2010, BStBl. I S. 681*[1]). Bei Renten aus Versicherungsverträgen bzw. aus einem privaten Altersvorsorgevertrag oder einer betrieblichen Altersversorgung ist der sich aus dem Vertrag ergebende versicherungsrechtliche Beginn maßgebend. Unmaßgeblich ist z. B., wann ein Versicherungsvertrag abgeschlossen oder eine Versorgungsverpflichtung nach § 3 Nr. 66 EStG auf einen Pensionsfonds übertragen wurde. Sofern ein Anspruch auf eine Leistung aufgrund eines Versorgungsausgleichs besteht, ist als Beginn der Leistung der Zeitpunkt mitzuteilen, zu dem die Leistung für die ausgleichsberechtigte Person versicherungs- oder vertragsrechtlich beginnt. Soweit der tatsächliche Beginn der Leistung seitens des Mitteilungspflichtigen technisch nicht vorgehalten wurde, ist dieser vor Übermittlung der Rentenbezugsmitteilung aufzuklären. Bei Systemumstellungen des Mitteilungspflichtigen ist sicher zu stellen, dass der zutreffende Leistungsbeginn übermittelt wird.

76 **Beispiel:**

Die Pensionskasse X hat die Daten aller Leistungsempfänger erst ab dem 1. Januar 2002 elektronisch gespeichert. R bezieht seine lebenslange Rente aus der Pensionskasse X bereits seit 1. Juli 1990. Für 2010 beträgt die Rente insgesamt 3800 €, die ausschließlich auf nicht geförderten Beiträgen beruht.

Der Mitteilungspflichtige hat den gesamten Rentenbetrag i. H. v. 3800 € mit Rechtsgrund 07 zu melden (§ 22 Nr. 5 Satz 2 Buchst. a EStG i. V. m. § 22 Nr. 1 Satz 3 Buchst. a Doppelbuchstabe bb EStG). Der für die Ermittlung des zutreffenden Ertragsanteils erforderliche Leistungsbeginn ist in der Rentenbezugsmitteilung mit dem 1. Juli 1990 auszuweisen.

77 Wird eine Erwerbsminderungsrente oder eine Rente wegen Berufs- oder Erwerbsunfähigkeit wegen desselben Versicherungsfalles mehrfach hintereinander auf Zeit bewilligt und schließen sich die Bezugszeiten unmittelbar aneinander an, liegt weiterhin dieselbe abgekürzte Leibrente vor, so dass auch in diesen Fällen als Beginn des Leistungsbezugs stets das Datum der ersten Bewilligung zu übermitteln ist.

78 **Beispiel:**

R hat eine private Berufsunfähigkeitsversicherung abgeschlossen. Im Versicherungsfall soll bei einem Invaliditätsgrad von mindestens 50 % eine Berufsunfähigkeitsrente bis zum Zeitpunkt der Bewilligung einer Altersrente gezahlt werden. Der Versicherer behält sich vor, die Voraussetzungen der Invalidität in regelmäßigen Abständen (alle drei Jahre) zu prüfen. Am 1. Juni 2007 tritt der Versicherungsfall ein. R ist in diesem Zeitpunkt 52 Jahre alt. Der Versicherer zahlt die vereinbarte Rente zunächst bis Mai 2010. R konnte nachweisen, dass die Invalidität weiterhin vorliegt. Die Rente wird daraufhin ohne Unterbrechung weiter gezahlt.

In den Rentenbezugsmitteilungen für die Jahre 2007 ff. ist die private Berufsunfähigkeitsrente als abgekürzte Leibrente jeweils mit Rechtsgrund 03 (§ 22 Nr. 1 Satz 3 Buchst. a Doppelbuchstabe bb Satz 5 EStG i. V. m. § 55 Abs. 2 EStDV) zu übermitteln. Als Rentenbeginn ist immer der 1. Juni 2007 anzugeben.

79 Wird eine Hinterbliebenenrente wegen desselben Versicherungsfalles mehrfach hintereinander auf Zeit bewilligt und schließen sich die Bezugszeiten unmittelbar aneinander an, liegt weiterhin dieselbe abgekürzte Leibrente vor, so dass auch in diesen Fällen als Beginn des Leistungsbezugs stets das Datum der ersten Bewilligung zu übermitteln ist. Dies gilt auch dann, wenn zwischenzeitlich aufgrund von Anrechnungsvorschriften die Zahlung zeitweise vollständig ruhte. Sind dagegen für einen Zeitraum die Anspruchsvorausset-

[1]) Siehe nunmehr BMF v. 19. 8. 2013, BStBl. I S. 1087, Rz. 220 (Nr. **1** § 10/9).

zungen für die Hinterbliebenenrente nicht mehr gegeben und erst zu einem späteren Zeitpunkt wieder erfüllt, liegt eine neue Bewilligung vor. In diesem Fall ist als Beginn des Leistungsbezugs das Datum der erneuten Bewilligung zu übermitteln. Zudem ist Rz. 92 ff. zu beachten.

**Beispiel 1:** 80

R erhält aus der gesetzlichen Rentenversicherung seit dem 1. Juni 2010 eine monatliche Waisenrente. Aufgrund von Anrechnungsvorschriften (R hat in dieser Zeit aufgrund einer Nebenbeschäftigung ein sehr hohes Einkommen bezogen) wird in der Zeit vom 1. Januar 2011 bis zum 31. Juli 2011 keine Waisenrente ausgezahlt. Ab dem 1. August 2011 wird die Rente wieder ausgezahlt.

In der Rentenbezugsmitteilung ist die Waisenrente mit Rechtsgrund 01 (§ 22 Nr. 1 Satz 3 Buchst. a Doppelbuchstabe aa EStG) zu übermitteln. Als Rentenbeginn ist immer der 1. Juni 2010 anzugeben.

**Beispiel 2:** 81

R erhält aus der gesetzlichen Rentenversicherung seit dem 1. Juni 2010 eine monatliche Waisenrente. Im Zeitraum vom 1. Januar 2012 bis zum 31. Juli 2012 erhält R keine Waisenrente, da die Voraussetzungen für eine Gewährung aufgrund einer fehlenden Schul- bzw. Berufsausbildung nicht vorliegen. Mit Aufnahme seines Studiums, am 1. August 2012, wird R erneut eine monatliche Waisenrente bewilligt und ausgezahlt.

Für den Veranlagungszeitraum 2010 und 2011 ist in der Rentenbezugsmitteilung die Waisenrente mit Rechtsgrund 01 (§ 22 Nr. 1 Satz 3 Buchst. a Doppelbuchstabe aa EStG) zu übermitteln. Als Rentenbeginn ist der 1. Juni 2010 anzugeben.

Ab dem Veranlagungszeitraum 2012 ist für die Waisenrente (nunmehr Folgerente) in der Rentenbezugsmitteilung neben dem Rechtsgrund 01 auch als Vorzeitraum der 1. Juni 2010 bis 31. Dezember 2011 und als Rentenbeginn der 1. August 2012 auszuweisen.

Bei einmaligen Leistungen, die vor Beginn der Rente ausgezahlt werden, 82 ist als Beginn des Leistungsbezugs das Datum der Zahlung der einmaligen Leistung anzugeben.

## 2. Ende (Datenfeld leEnde)

Das voraussichtliche Ende der Leistung ist insbesondere anzugeben 83

- bei Zahlung einer abgekürzten Leibrente (z. B. Rente wegen teilweiser oder voller Erwerbsminderung), deren Besteuerung sich nach § 22 Nr. 1 Satz 3 Buchst. a Doppelbuchstabe bb Satz 5 EStG i. V. m. § 55 Abs. 2 EStDV (Rechtsgrund 03) richtet,
- bei entsprechenden Leistungen im Sinne von § 22 Nr. 5 Satz 2 Buchst. a EStG i. V. m. § 22 Nr. 1 Satz 3 Buchst. a Doppelbuchstabe bb Satz 5 EStG i. V. m. § 55 Abs. 2 EStDV ggf. i. V. m. § 55 Abs. 1 Nr. 1 EStDV (Rechtsgrund 08) oder
- bei Zahlungen nach § 22 Nr. 5 Satz 3 i. V. m. Satz 2 Buchst. a EStG i. V. m. § 22 Nr. 1 Satz 3 Buchst. a Doppelbuchstabe bb Satz 5 EStG i. V. m. § 55 Abs. 2 EStDV (Rechtsgrund 12 b).

Für die Bemessung der Laufzeit kommt es auf die vertraglichen Vereinbarungen oder die gesetzlichen Regelungen an. Als Ende des Leistungsbezugs ist das voraussichtliche Leistungsende (z. B. Erreichen einer Altersgrenze, Beginn der Altersrente bei einer kombinierten Rentenversicherung, voraussichtlicher Ablauf der Hauptversicherung) maßgeblich. Das gilt auch, wenn der Anspruch auf Rentengewährung unter der auflösenden Bedingung des Wegfalls der Erwerbsminderung steht und der Versicherer das Fortbestehen der Erwerbsminderung in Abständen überprüfen lässt. Ist der Wegfall oder die

Umwandlung in eine Altersrente nicht bei Erreichen eines bestimmten Alters vorgesehen, sondern von anderen Umständen – z. B. Bezug von Altersrente aus der gesetzlichen Rentenversicherung – abhängig, hat der Mitteilungspflichtige grundsätzlich davon auszugehen, dass der Wegfall oder die Umwandlung in die Altersrente mit Vollendung des 65. Lebensjahres erfolgt und dies in der Rentenbezugsmitteilung anzugeben. Entfällt eine Rente wegen verminderter Erwerbsfähigkeit vor Vollendung des 65. Lebensjahres oder wird sie vor diesem Zeitpunkt in eine vorzeitige Altersrente umgewandelt, ist die Laufzeit bis zum Wegfall oder zum Umwandlungszeitpunkt maßgebend (vgl. Richtlinie R 22.4 Abs. 5 Satz 3 und 5 EStR). Wird eine Erwerbsminderungsrente über die Vollendung des 65. Lebensjahres hinaus gezahlt und zu einem späteren Zeitpunkt umgewandelt, ist der tatsächliche Umwandlungszeitpunkt als Ende der Leistung aufzunehmen. Wird eine in Satz 1 genannte Leistung gezahlt und verstirbt der Empfänger, ist weiterhin in der Rentenbezugsmitteilung das voraussichtliche Ende der Leistung anzugeben und nicht das tatsächliche Ende der Leistung, d. h. in diesen Fällen ist nicht das Sterbedatum in die Rentenbezugsmitteilung (Datenfeld leEnde) aufzunehmen.

84 Ist ein Ende der Leistung zum Zeitpunkt der Datenübermittlung nicht bekannt, ist das Datenfeld nicht zu befüllen, d. h., ein fiktives Datum (z. B. 31. 12. 9999) ist nicht zu verwenden. Wird zu einem späteren Zeitpunkt das Ende der Leistung (z. B. Tod) bekannt, ist allein aus diesem Grunde keine Korrekturmeldung für Vorjahre erforderlich.

85 **Beispiel 1:**

R (geboren am 5. Juni 1950) erhält ab dem 1. Juli 2005 aus seiner privaten Berufsunfähigkeitsversicherung eine monatliche Rente. Es handelt sich bei dem von R abgeschlossenen Versicherungsprodukt nicht um einen Altersvorsorge- oder Basisrentenvertrag. Die Laufzeit der Berufsunfähigkeitsrente ist begrenzt auf die Zeit bis zum Beginn der gesetzlichen Altersrente, spätestens jedoch auf die Zeit bis zum Ende des Monats, in dem R das 65. Lebensjahr vollendet.

In der Rentenbezugsmitteilung ist die Rente mit Rechtsgrund 03 (§ 22 Nr. 1 Satz 3 Buchst. a Doppelbuchstabe bb EStG i. V. m. § 55 Abs. 2 EStDV) zu übermitteln. Neben anderen Daten ist zwingend das für die Ermittlung des zutreffenden Ertragsanteils erforderliche Leistungsende – Datenfeld leEnde: 30. Juni 2015 – anzugeben.

86 **Beispiel 2 (Abwandlung des Beispiels 1):**

Die Zahlung der Berufsunfähigkeitsrente wird am 31. Juli 2010 aufgrund des Bezugs einer Altersrente aus der gesetzlichen Rentenversicherung eingestellt.

Die Berufsunfähigkeitsrente endet mit Beginn der Altersrente. In der Rentenbezugsmitteilung ist die Rente mit Rechtsgrund 03 (§ 22 Nr. 1 Satz 3 Buchst. a Doppelbuchstabe bb EStG i. V. m. § 55 Abs. 2 EStDV) zu übermitteln. Zudem ist aufgrund des Wegfalls zum 31. Juli 2010 das neue Leistungsende – Datenfeld leEnde: 31. Juli 2010 – auszuweisen. Die Rentenbezugsmitteilung für das Jahr 2010 darf aber erst nach Ablauf des Jahres, also frühestens am 1. Januar 2011, übermittelt werden. In diesen Fällen sind Mitteilungen für die Vorjahre nur aufgrund des geänderten Leistungsendes nicht zu berichtigen.

87 **Beispiel 3:**

R (geboren am 10. Mai 1955) erhält seit dem 1. April 1999 eine Berufsunfähigkeitsrente aus einer privaten Versicherung (kein Altersvorsorge- oder Basisrentenvertrag). Die Berufsunfähigkeit wird vom Anbieter zunächst nur bis zum 31. März 2010 anerkannt. Aufgrund eines erneuten Antrages wird mit Schreiben vom 1. Februar 2010 die Berufsunfähigkeit für weitere drei Jahre bis zum 31. März 2013 anerkannt.

Die Berufsunfähigkeitsrente ist nach § 22 Nr. 1 Satz 3 Buchst. a Doppelbuchstabe bb EStG i. V. m. § 55 Abs. 2 EStDV zu versteuern. Es handelt sich um eine einzige abgekürzte Leibrente. Die voraussichtliche Laufzeit ist unter Berücksichtigung der jeweiligen Verlängerung und des ursprünglichen Beginns neu zu bestimmen. In den Rentenbezugsmitteilungen bis 2009 ist als Leistungsende – Datenfeld leEnde: 31. März 2010 – anzugeben. Erst in der Mitteilung für das Jahr 2010 ist das veränderte, neue Leistungsende – Datenfeld leEnde: 31. März 2013 – zu übermitteln.

**Beispiel 4:** 88

R (geboren am 20. Januar 1990) erhält aus einer privaten Versicherung (kein Altersvorsorge- oder Basisrentenvertrag) seit dem 1. Juni 2010 eine monatliche Waisenrente. Aufgrund der vertraglichen Vereinbarungen soll die Waisenrente, vorbehaltlich der Vorlage von entsprechenden Ausbildungs- bzw. Studienbescheinigungen, während der Ausbildungszeit, längstens jedoch bis zum Ende des Monats der Vollendung des 25. Lebensjahres, gezahlt werden.
In der Rentenbezugsmitteilung ist die Waisenrente mit Rechtsgrund 03 (§ 22 Nr. 1 Satz 3 Buchst. a Doppelbuchstabe bb EStG i. V. m. § 55 Abs. 2 EStDV) zu übermitteln. Neben anderen Daten ist zwingend das für die Ermittlung des zutreffenden Ertragsanteils erforderliche Leistungsende – Datenfeld leEnde: 31. Januar 2015 – anzugeben. Entfällt die Zahlung zu einem früheren Zeitpunkt, ist das frühere Ende ab der Rentenbezugsmitteilung anzugeben, ab der dem Mitteilungspflichtigen der neue Zeitpunkt bekannt ist.

**Beispiel 5:** 89

R (geboren am 20. Januar 2000) erhält aus einer privaten Versicherung (kein Altersvorsorge- oder Basisrentenvertrag) seit dem 1. Juni 2010 eine monatliche Waisenrente. Aufgrund der vertraglichen Vereinbarungen soll die Waisenrente mindestens bis zum 18. Lebensjahr gewährt werden. Nach dem 18. Lebensjahr wird eine Leistung nur gewährt, wenn das Kind sich in einer Schul- oder Berufsausbildung befindet, längstens jedoch bis zum Ende des Monats der Vollendung des 25. Lebensjahres.
In der Rentenbezugsmitteilung ist die Waisenrente mit Rechtsgrund 03 (§ 22 Nr. 1 Satz 3 Buchst. a Doppelbuchstabe bb EStG i. V. m. § 55 Abs. 2 EStDV) zu übermitteln. Für das Jahr 2010 ist neben anderen Daten zwingend das für die Ermittlung des zutreffenden Ertragsanteils erforderliche Leistungsende – Datenfeld leEnde: 19. Januar 2018 – anzugeben.

**Beispiel 6 (Fortführung des Beispiels 5):** 90

R legt im Jahre 2018 der Versicherung einen Nachweis vor, dass er ein Studium aufgenommen hat (das Ende ist nicht bekannt).
In der Rentenbezugsmitteilung ist die Waisenrente mit Rechtsgrund 03 (§ 22 Nr. 1 Satz 3 Buchst. a Doppelbuchstabe bb EStG i. V. m. § 55 Abs. 2 EStDV) zu übermitteln. Für das Jahr 2018 ist neben anderen Daten zwingend das für die Ermittlung des zutreffenden Ertragsanteils erforderliche Leistungsende – Datenfeld leEnde: 19. Januar 2025 – anzugeben. Eine Korrektur der Rentenbezugsmitteilungen für die Vorjahre allein aufgrund des geänderten Leistungsendes ist nicht erforderlich.

Bei Einmalkapitalauszahlungen ist ebenfalls das Ende der Leistung anzugeben. Dieses Datum muss in dem Monat liegen, der als Leistungsbeginn ausgewiesen wird. Wird neben der Einmalkapitalauszahlung eine laufende Rente aus demselben Rechtsgrund gezahlt, gilt dies nicht. In diesem Fall ist ggf. das voraussichtliche Ende der laufenden Zahlung anzugeben (vgl. Rz. 83). 91

Soweit in anderen Fällen das Ende der Leistung auf die Höhe der Besteuerung keine Auswirkung hat (z. B. bei Erwerbsminderungsrenten im Sinne von § 22 Nr. 1 Satz 3 Buchst. a Doppelbuchstabe aa EStG – Rechtsgrund 01), kann auf die Übermittlung des voraussichtlichen Endes des Leistungsbezugs verzichtet werden. Dies gilt auch bei steuerpflichtigen Kapitalauszahlungen.

**3. Folgerenten (Baustein 06 Vorzeiträume)**

92 Folgen nach dem 31. Dezember 2004 Renten aus derselben Versicherung einander nach (vgl. Beispiel Rz. 20 f. dieses Schreibens, *Rz. 163 und 164 des BMF-Schreibens vom 13. September 2010, BStBl. I S. 681*[1]), wird in den Fällen, in denen die Leistung ganz oder teilweise der Besteuerung nach § 22 Nr. 1 Satz 3 Buchst. a Doppelbuchstabe aa EStG (Rechtsgrund 01) oder der Besteuerung nach § 22 Nr. 5 Satz 2 Buchst. a EStG i. V. m. § 22 Nr. 1 Satz 3 Buchst. a Doppelbuchstabe aa EStG (Rechtsgrund 06) unterliegt, aufgrund vorhergehender Renten ein fiktiver Rentenbeginn zur Bestimmung des Besteuerungsanteils der nachfolgenden Rente ermittelt. Dafür sind auch Beginn (Datenfeld vorBeginn) und Ende der vorhergehenden Renten (Datenfeld vor Ende) mitzuteilen (vgl. § 22 Nr. 1 Satz 3 Buchst. a Doppelbuchstabe aa Satz 8 EStG).

93 **Beispiel:**

A wird zunächst vom 1. Januar 1999 bis 31. Dezember 2001 eine Erwerbsminderungsrente aus der gesetzlichen Rentenversicherung gewährt. Die Gewährung der Erwerbsminderungsrente wird Ende 2001 bis zum 31. Dezember 2004 und noch einmal vom 1. Januar 2005 bis 30. September 2007 verlängert. Sodann wird festgestellt, dass ab dem 1. Oktober 2007 die Voraussetzungen für die Gewährung einer Erwerbsminderungsrente nicht mehr vorliegen. Die Rentenzahlung wird eingestellt. Ab 1. Oktober 2010 erhält A seine Altersrente aus der gesetzlichen Rentenversicherung.

Da die Erwerbsminderungsrente wegen desselben Versicherungsfalles mehrfach hintereinander auf Zeit bewilligt wird, liegt eine einzige Rente mit einer Laufzeit vom 1. Januar 1999 bis 30. September 2007 vor. In den Rentenbezugsmitteilungen (Rechtsgrund 01) für 2005, 2006 und 2007 ist als Rentenbeginn der 1. Januar 1999 auszuweisen. Als Ende der Rente ist für die Erwerbsminderungsrente der 30. September 2007 mitzuteilen (ergänzender Hinweis: Für die Jahre 1999 bis 2004 waren keine Rentenbezugsmitteilungen zu übermitteln).

Für die Altersrente (Folgerente) ist in der Rentenbezugsmitteilung (Rechtsgrund 01) für 2010 als Vorzeitraum der 1. Januar 1999 bis 30. September 2007 und als Rentenbeginn der 1. Oktober 2010 auszuweisen.

## IV. Angaben zur Identifikation des Mitteilungspflichtigen (Baustein 00 MeldegrundDaten und Baustein 02 MitteilungspflichtigenDaten)

94 Zur Identifikation des Leistenden müssen Bezeichnung und Anschrift des Mitteilungspflichtigen (Datenfeld mipfBez und ein Adressblock) sowie die von der zentralen Stelle vergebene Kundennummer (Datenfeld kdnr) in der Rentenbezugsmitteilung übermittelt werden. Der Mitteilungspflichtige hat einen Ordnungsbegriff (Datenfeld mipfOrdBg) und/oder ein Merkmal zur Leistung (Datenfeld leMm) zu vergeben. Eines dieser Kriterien ist zwingend in der Rentenbezugsmitteilung anzugeben. Für Rückfragen der Finanzverwaltung sind die Angaben zum Ansprechpartner empfehlenswert (u. a. Datenfeld mipfAnName). Diese sind ausschließlich für den Dienstgebrauch zu verwenden und nicht an den Steuerpflichtigen weiterzugeben.

[1] Siehe nunmehr BMF v. 19. 8. 2013, BStBl. I S. 1087, Rz. 224, 225 (Nr. **1** § 10/9).

### V. Angaben zu Beiträgen, die an die Träger der gesetzlichen Kranken- und Pflegeversicherung abgeführt werden, sowie zu den Beitragszuschüssen (Baustein 07 BeitragsDaten)

Beiträge im Sinne des § 10 Abs. 1 Satz 1 Nr. 3 Buchst. a Satz 1 und 2 und Buchst. b EStG, die vom Mitteilungspflichtigen an die Träger der gesetzlichen Kranken- und Pflegeversicherung abgeführt werden, sind in die Rentenbezugsmitteilung nach § 22 a Abs. 1 Satz 1 Nr. 5 EStG aufzunehmen. Dies gilt auch für erstattete Beiträge. Die dem Leistungsempfänger zustehenden Beitragszuschüsse nach § 106 des Sechsten Buches Sozialgesetzbuch (SGB VI) sind ebenfalls in die Rentenbezugsmitteilung aufzunehmen (§ 22 a Abs. 1 Satz 1 Nr. 6 EStG). Dies gilt auch für zurückgeforderte Beitragszuschüsse. Im Datensatz ist neben der Art und der Höhe der geleisteten oder erstatteten Beiträge bzw. der geleisteten oder zurückgeforderten Beitragszuschüsse (Datenfelder betragArt und betrag) auch das Währungskennzeichen (Datenfeld beWkz) anzugeben (hierbei ist Rz. 41 zu beachten). Für Rentenbezugsmitteilungen, die für den Veranlagungszeitraum 2011 ff. übermittelt werden, entfällt das Datenfeld beWkz. 95

In der Rentenbezugsmitteilung ist zusätzlich auch der Zeitraum anzugeben, für den die Beitragszahlung, die Erstattung der Beiträge oder die Zahlung bzw. Rückforderung des Zuschusses erfolgt (Datenfelder beZBeginn und beZEnde). Hierbei muss das Jahr des Beginns des Zeitraums gleich dem Jahr des Endes des Zeitraums sein, d. h., dass der Baustein 07 mehrfach zu verwenden ist, wenn beispielsweise der Zeitraum der Beitragszahlung einen Kalenderjahrwechsel umfasst. 96

Soweit die auf eine Rente entfallenden Beiträge im Sinne des § 10 Abs. 1 Satz 1 Nr. 3 Buchst. a Satz 1 und 2 und Buchst. b EStG bereits mit einer elektronischen Lohnsteuerbescheinigung übermittelt worden sind, sind diese nicht in die Rentenbezugsmitteilung nach § 22 a Abs. 1 Satz 1 EStG aufzunehmen. 97

Soweit die Beitragsdaten nicht mit der Rentenbezugsmitteilung und auch nicht mit der elektronischen Lohnsteuerbescheinigung übermittelt werden, müssen die Beitragsdaten nach § 10 Abs. 2 a EStG von den übermittelnden Stellen (z. B. Versicherungsunternehmen) nach amtlich vorgeschriebenem Datensatz durch Datenfernübertragung an die zentrale Stelle übermittelt werden. Der für die Übermittlung der Beitragsdaten erforderliche amtlich vorgeschriebene Datensatz ist auf der Internetseite des BZSt (www.bzst.bund.de) veröffentlicht (vgl. BMF-Schreiben vom 11. Oktober 2010, BStBl. I S. 759). 98

## D. Stornierung/Berichtigungen von Rentenbezugsmitteilungen

Eine Rentenbezugsmitteilung ist unverzüglich zu berichtigen, wenn sich Änderungen der Daten in den Bausteinen 99
– BezugsDaten (Baustein 04),
– Leistungsbetrag (Baustein 05),
– Vorzeiträume (Baustein 06)

und/oder
– BeitragsDaten (Baustein 07)

ergeben. Des Weiteren ist eine Berichtigungsmeldung erforderlich, wenn das Geburtsdatum des Leistungsempfängers korrigiert werden soll.

**100** Eine Berichtigung hat zur Folge, dass die von der zentralen Stelle auf Basis der ursprünglichen Meldung des Mitteilungspflichtigen erstellte und weitergeleitete Meldung an die Finanzverwaltung ebenfalls berichtigt wird.

**101** Eine Rentenbezugsmitteilung ist unverzüglich zu stornieren, wenn die Grundlage der Meldung entfallen ist oder Änderungen an Schlüsselfeldern vorgenommen werden müssen (vgl. Rz. 102). Die Grundlage der Meldung ist entfallen, wenn die Meldung irrtümlich oder zu Unrecht übermittelt wurde. Eine Stornierung hat zur Folge, dass die von der zentralen Stelle auf der Basis der ursprünglichen Meldung des Mitteilungspflichtigen erstellte und weitergeleitete Meldung an die Finanzverwaltung ebenfalls storniert wird.

**102** Der Datensatz wird über Schlüsselfelder identifiziert, um eine eindeutige Zuordnung von Berichtigungen und Stornierungen zu ermöglichen. Sofern Änderungen an Schlüsselfeldern vorgenommen werden müssen, ist die ursprüngliche Meldung zu stornieren. Anschließend ist eine neue Meldung mit dem bzw. den geänderten Schlüsselfeld/ern zu übermitteln. Schlüsselfelder im Datensatz sind die Kundennummer des Mitteilungspflichtigen (Datenfeld kdnr), der Mitteilungsordnungsbegriff und/oder das Merkmal zur Leistung (Datenfeld mipfOrdB und/oder Datenfeld leMm), die Identifikationsnummer (Datenfeld idNr) und das Jahr des Zuflusses/Abflusses der Leistung (Datenfeld leJahr).

## E. Fälle, in denen eine Rentenbezugsmitteilung nicht zu übermitteln ist

**103** Nicht in das Rentenbezugsmitteilungsverfahren einbezogen werden Renten, Teile von Renten oder andere (Teil-)Leistungen, die steuerfrei oder nicht steuerbar sind (z. B. Leistungen aus der gesetzlichen Unfallversicherung; siehe auch Rz. 3). Dazu gehören z. B. auch Kapitalauszahlungen, die auf nicht geförderten Beträgen beruhen bei einem vor dem 1. Januar 2005 abgeschlossenen Altersvorsorgevertrag in Form eines Versicherungsvertrags nach Ablauf von 12 Jahren seit Vertragsabschluss, wenn der Vertrag die weiteren Voraussetzungen des § 10 Abs. 1 Nr. 2 EStG in der am 31. Dezember 2004 geltenden Fassung erfüllt (§ 52 Abs. 36 Satz 5 EStG, vgl. auch Rz. 333 i. V. m. Rz. 131 des BMF-Schreibens vom 31. März 2010, BStBl. I S. 270[1]). Sind anspruchsberechtigte Hinterbliebene nicht vorhanden und wird deshalb das Sterbegeld höchstens in Höhe der tatsächlich entstandenen und übernommenen Krankheits- und/oder Beerdigungskosten an sonstige Personen ausgezahlt, die diese Kosten getragen haben, kann auf die Übermittlung einer Rentenbezugsmitteilung aus verwaltungsökonomischen Gründen verzichtet werden. Erfolgt die Zahlung der Leistung an den Nachlassverwalter/-pfleger und ist dem Mitteilungspflichtigen nicht bekannt, welchem Leistungsempfänger die Leistung zuzurechnen ist, ist eine Rentenbezugsmitteilung nicht zu übermitteln.

[1] Nr. **1** § 79/1.

Nicht in das Rentenbezugsmitteilungsverfahren einbezogen werden auch Renten, Teile von Renten oder andere (Teil-)Leistungen, die nicht der Besteuerung nach § 22 Nr. 1 Satz 3 Buchst. a oder nach § 22 Nr. 5 EStG unterliegen (z. B. Leistungen aus Restschuldversicherungen, soweit Leistungen aus dieser Versicherung unmittelbar der Tilgung eines bestimmten Restdarlehens bzw. Restkredits dienen). Dies gilt auch für Zeitrenten, die nach § 20 Abs. 1 Nr. 6 EStG zu besteuern sind (vgl. Rz. 20 des BMF-Schreibens vom 1. Oktober 2009, BStBl. I S. 1172[1]). 104

## F. Ident-Abgleich

Die bei der zentralen Stelle eingehenden Rentenbezugsmitteilungen werden an das BZSt/Zentrum für Informationsverarbeitung und Informationstechnik (ZIVIT) zum Ident-Abgleich weitergeleitet. Mithilfe des Ident-Abgleichs wird die Gültigkeit der von den Mitteilungspflichtigen übermittelten Identifikationsnummer überprüft, indem die steuerliche Identifikationsnummer und das Geburtsdatum (Datenfelder idNr und gebDt) mit dem Datenbestand der Identifikationsnummer-Datenbank des BZSt/ZIVIT abgeglichen werden. Bei Übereinstimmung wird die Anschrift des Leistungsempfängers beigestellt sowie die zuständige Bundesfinanzamt-Nr. ergänzt und sodann der zentralen Stelle übermittelt. Zusätzlich wird grundsätzlich ab dem 1. Oktober 2011 die steuerliche Identifikationsnummer des Ehegatten beigesteuert, wenn diese bekannt ist. Die zentrale Stelle übernimmt die Weiterleitung bzw. Zuordnung der Rentenbezugsmitteilungen an die zuständigen Landesfinanzbehörden. 105

Fehlerhafte Datensätze werden mit einem dem Fehlerkatalog entsprechenden Hinweis zurückgesandt. 106

Wird die Identifikationsnummer beispielsweise als fehlerhaft abgewiesen (Fehlernummer 3001), hat der Mitteilungspflichtige durch Nachfrage beim Leistungsempfänger oder Nutzung des maschinellen Anfrageverfahrens die Identifikationsnummer erneut zu ermitteln. Wird dagegen eine Identität nicht bestätigt (Fehlernummer 3004), hat sich die Überprüfung beim Mitteilungspflichtigen nicht nur auf den technischen Aspekt zu beziehen, ob tatsächlich die Daten aus dem Datenbestand des Mitteilungspflichtigen in die Rentenbezugsmitteilung eingearbeitet wurden, sondern auch eine inhaltliche Überprüfung, d. h., ggf. eine Rücksprache mit dem Leistungsempfänger beinhalten. 107

## G. Mitteilung der Identifikationsnummer (§ 139 b AO) an den Mitteilungspflichtigen – Maschinelles Anfrageverfahren zur Abfrage der Identifikationsnummer (MAV)

Der Leistungsempfänger hat dem Mitteilungspflichtigen seine Identifikationsnummer mitzuteilen. Kommt der Leistungsempfänger dieser Verpflichtung trotz Aufforderung nicht nach, kann sich der Mitteilungspflichtige mit der Bitte um Mitteilung der Identifikationsnummer des Leistungsempfängers an 108

[1] Nr. 1 § 20/12.

das BZSt wenden. In der Anfrage dürfen nur die in § 139 b Abs. 3 AO genannten Daten des Leistungsempfängers angegeben werden.

109 Der Mitteilungspflichtige nach § 22 a Abs. 1 EStG kann die Identifikationsnummer (§ 139 b AO) eines Leistungsempfängers, dem in den Jahren 2005 bis 2008 Leistungen zugeflossen sind (Bestandsrentner), abweichend von § 22 a Abs. 2 Satz 1 und 2 EStG – auch ohne vorherige Anfrage beim Steuerpflichtigen – beim BZSt erheben (§ 52 Abs. 38 a Satz 2 EStG). Das BZSt teilt dem Mitteilungspflichtigen die Identifikationsnummer des Leistungsempfängers mit, sofern die übermittelten Daten mit den nach § 139 b Abs. 3 AO beim BZSt gespeicherten Daten übereinstimmen. Stimmen die Daten nicht überein, findet § 22 a Abs. 2 Satz 1 und 2 EStG Anwendung. D.h., der Mitteilungspflichtige muss sich nun an den Steuerpflichtigen wenden, um die Identifikationsnummer zu erfragen. Erhält er vom Steuerpflichtigen zeitnah keine oder eine fehlerhafte Identifikationsnummer oder ist dem Mitteilungspflichtigen bekannt, dass der Steuerpflichtige bisher keine Identifikationsnummer erhalten hat, ist eine erneute Anfrage an das BZSt zu übermitteln. Wurde eine Identifikationsnummer beispielsweise aufgrund einer fehlenden Meldepflicht in Deutschland bisher nicht vergeben, nimmt das BZSt in diesen Fällen die Neuvergabe einer Identifikationsnummer aufgrund der übermittelten Personendaten vor. Konnte die Rentenbezugsmitteilung aufgrund einer fehlenden Identifikationsnummer nicht rechtzeitig übermittelt werden, obwohl der Mitteilungspflichtige alle erforderlichen Maßnahmen zur Erlangung der Identifikationsnummer veranlasst hatte, so beruht die Fristüberschreitung nicht auf Gründen, die der Mitteilungspflichtige zu vertreten hat.

110 Die Anfrage des Mitteilungspflichtigen und die Antwort des BZSt sind nach amtlich vorgeschriebenem Datensatz durch Datenfernübertragung über die zentrale Stelle zu übermitteln. Die amtlich vorgeschriebenen Datensätze sind auf der Internetseite des BZSt (www.bzst.bund.de) veröffentlicht (vgl. BMF-Schreiben vom 28. September 2009, BStBl. I S. 1171). Die für die Datenübermittlung erforderliche Schnittstelle und die dazugehörige Dokumentation werden im geschützten Bereich des Internets der zentralen Stelle unter http://www.zfa.deutsche-renten-versicherung-bund.de zur Verfügung gestellt.

111 Das BZSt darf dem Mitteilungspflichtigen nur die Identifikationsnummer des jeweiligen Leistungsempfängers übermitteln. Der Mitteilungspflichtige darf die Identifikationsnummer nur verwenden, soweit dies für die Erfüllung steuerlicher Pflichten erforderlich ist. Hat eine zur Datenübermittlung verpflichtete Stelle bereits beim BZSt die Identifikationsnummer nach § 22 a Abs. 2 EStG für die Übermittlung der Daten erhoben und wird in einer anderen Vorschrift durch einen Verweis auf § 22 a Abs. 2 EStG das maschinelle Anfrageverfahren zur Abfrage der steuerlichen Identifikationsnummer eröffnet (z. B. § 10 a Abs. 5 Satz 2 EStG), kann die zur Datenübermittlung verpflichtete Stelle die bereits beim BZSt erhobene Identifikationsnummer für die Übermittlung der Daten an die Finanzverwaltung auch in dem weiteren Verfahren verwenden. Der Wortlaut des § 22 a Abs. 2 Satz 9 EStG steht dem nicht entgegen. Im Übrigen gilt § 139 b Abs. 2 Satz 2 AO. Danach dürfen nicht öffentliche Stellen die Identifikationsnummer erheben oder verwenden, soweit dies für Datenübermittlungen zwischen ihnen und den Finanzbehörden erforderlich ist oder eine Rechtsvorschrift die Erhebung oder Verwendung der

Identifikationsnummer ausdrücklich erlaubt oder anordnet. Ist die Identifikationsnummer bereits im Datenbestand der zur Datenübermittlung verpflichteten Stelle, hat sie die Identifikationsnummer auch zu verwenden. Die dargestellte Erhebungs- und Verwendungsmöglichkeit wirkt grundsätzlich personenbezogen. Da Konzerne der Versicherungsbranche infolge der dort geltenden sog. Spartentrennung häufig als Verbund mehrerer eigenständiger juristischer Personen organisiert sind, gilt hier deswegen Folgendes: Es ist bei jeder juristischen Person gesondert zu prüfen, ob sie nach § 139 b Abs. 2 AO berechtigt ist, die Identifikationsnummer zu erheben und zu verwenden. Innerhalb des Konzerns muss sichergestellt werden (ggf. durch entsprechende Zugriffsbeschränkungen), dass nur verwendungsberechtigte Personen auf die Identifikationsnummer zugreifen können.

## H. Unterrichtung des Leistungsempfängers

Der Leistungsempfänger ist vom Mitteilungspflichtigen jeweils darüber zu unterrichten, dass die Leistung der zentralen Stelle mitgeteilt wird (§ 22 a Abs. 3 EStG). Dies kann im Rentenbescheid, in einer Rentenanpassungsmitteilung, in einer sonstigen Mitteilung über Leistungen oder in der Mitteilung nach § 22 Nr. 5 Satz 7 EStG erfolgen. Zusätzliche Angaben, aus denen der Leistungsempfänger die zum Ausfüllen der Anlage R zur Einkommensteuererklärung benötigten Daten entnehmen kann, sind zweckmäßig. **112**

## I. Ermittlungspflicht

Nach geltendem Recht sind die Finanzämter bei der Ermittlung der steuererheblichen Sachverhalte an den Grundsatz der Verhältnismäßigkeit gebunden. Danach ist auch bei Vorliegen einer Rentenbezugsmitteilung zu berücksichtigen, inwieweit der Ermittlungsaufwand bei der Finanzbehörde aber auch bei den Steuerpflichtigen durch das voraussichtliche steuerliche Ergebnis gerechtfertigt wäre. **113**

## J. Anwendungsregelung

Dieses Schreiben ist grundsätzlich mit Wirkung ab 1. Januar 2012 anzuwenden. Es ist auch anzuwenden, sofern Rentenbezugsmitteilungen für Veranlagungszeiträume vor 2012 ab dem 1. Januar 2012 ausgestellt, berichtigt oder storniert werden. **114**

Abschnitt E des BMF-Schreibens vom 13. September 2010 IV C 3 – S 2222/09/10041; IV C 5 – S 2345/08/0001, BStBl. I S. 681[1] wird mit Wirkung ab 1. Januar 2012 aufgehoben. **115**

Dieses Schreiben steht für eine Übergangszeit auf den Internet-Seiten des Bundesministeriums der Finanzen (www.bundesfinanzministerium.de) zur Ansicht und zum Abruf bereit. **116**

[1] Nr. **1** § 10/9.

## Anlage

### Kurzübersicht über die Rechtsgründe der Rentenbezugsmitteilungen

| Rechtsgrund | Besteuerungsnorm | Beschreibung und Besteuerungsansatz | Fundstelle | Rz. des BMF-Schreibens |
|---|---|---|---|---|
| 01 | § 22 Nr. 1 Satz 3 Buchst. a Doppelbuchstabe aa EStG | Leibrente aus der Basisversorgung:<br>Besteuerung des Besteuerungsanteils (Kohorte)<br>RA 1 = aus gesetzlichen Rentenversicherungen,<br>RA 2 = aus landwirtschaftlichen Alterskassen,<br>RA 3 = aus berufsständischen Versorgungseinrichtungen,<br>RA 4 = Basis-Renten | BMF-Schreiben vom 13. 9. 2010, BStBl. I S. 681[1] | 135 – 150 |
| 02 | § 22 Nr. 1 Satz 3 Buchst. a Doppelbuchstabe bb Satz 4 EStG | Leibrenten aus privaten Rentenversicherungen (RA 6):<br>Besteuerung des Ertragsanteils | BMF-Schreiben vom 13. 9. 2010, BStBl. I S. 681[1] | 151 – 152 |
| 03 | § 22 Nr. 1 Satz 3 Buchst. a Doppelbuchstabe bb Satz 5 EStG i. V. m. § 55 Abs. 2 EStDV | Leibrenten aus privaten Rentenversicherungen mit befristeter Laufzeit (RA 7):<br>Besteuerung des Ertragsanteils nach § 55 EStDV | R 22.4 Abs. 4 – 6 EStH 2009 und BMF-Schreiben vom 13. 9. 2010, BStBl. I S. 681[1] | 153 |
| 04 | § 22 Nr. 5 Satz 1 EStG | Leistungen aus einem Altersvorsorgevertrag, einem Pensionsfonds, einer Pensionskasse (inkl. Versorgungsausgleichskasse) oder aus einer Direktversicherung, die auf gefördertem Kapital beruhen:<br>volle Besteuerung<br>(Nr. 1 der LM) | BMF-Schreiben vom 31. 3. 2010, BStBl. I S. 270[2] | 124, 334 |

[1] Nr. **1** § 10/9.
[2] Nr. **1** § 79/1.

| Rechtsgrund | Besteuerungsnorm | Beschreibung und Besteuerungsansatz | Fundstelle | Rz. des BMF-Schreibens |
|---|---|---|---|---|
| 05 | § 22 Nr. 5 Satz 1 EStG i. V. m. § 52 Abs. 34 c EStG (in Rechtsgrund 04 nicht enthalten) | Leistungen aus einem Pensionsfonds, wenn die Versorgungsleistungen aus einer Direktzusage/Unterstützungskasse steuerfrei nach § 3 Nr. 66 EStG auf den Pensionsfonds übertragen wurden:<br>volle Besteuerung, aber Anwendung §§ 9 a Satz 1 Nr. 1, 19 Abs. 2 EStG<br>(Nr. 2 der LM) | BMF-Schreiben vom 31. 3. 2010, BStBl. I S. 270[1] | 340 – 341 |
| 06 | § 22 Nr. 5 Satz 2 Buchst. a EStG i. V. m. § 22 Nr. 1 Satz 3 Buchst. a Doppelbuchstabe aa EStG (ist nicht mit Rechtsgrund 01 zu übermitteln) | Leistungen aus einem Pensionsfonds, einer Pensionskasse (inkl. Versorgungsausgleichskasse) oder aus einer Direktversicherung (Neuzusage), die auf nicht gefördertem Kapital beruhen, die Voraussetzungen der Basis-Rente sind erfüllt:<br>Besteuerung des Besteuerungsanteils (Kohorte)<br>(Nr. 3 der LM) | BMF-Schreiben vom 31. 3. 2010, BStBl. I S. 270[1] | 332 |
| 07 | § 22 Nr. 5 Satz 2 Buchst. a EStG i. V. m. § 22 Nr. 1 Satz 3 Buchst. a Doppelbuchstabe bb EStG (ggf. i. V. m. § 55 Abs. 1 Nr. 1 EStDV) | Lebenslange Leibrente aus einem Altersvorsorgevertrag, einem Pensionsfonds, einer Pensionskasse (inkl. Versorgungsausgleichskasse) oder einer Direktversicherung (Alt- oder Neuzusage), die auf nicht gefördertem Kapital beruht, die Voraussetzungen der Basis-Rente sind nicht erfüllt (bei Neuzusage):<br>Besteuerung des Ertragsanteils<br>(Nr. 4 der LM) | BMF-Schreiben vom 31. 3. 2010, BStBl. I S. 270[1] | 130, 331, 332 |
| 08 | § 22 Nr. 5 Satz 2 Buchst. a EStG i. V. m. § 22 Nr. 1 Satz 3 Buchst. a Doppelbuchstabe bb Satz 5 EStG i. V. m. § 55 Abs. 2 EStDV (ggf. i. V. m. § 55 Abs. 1 Nr. 1 EStDV) | Abgekürzte Leibrente aus einem Altersvorsorgevertrag, einem Pensionsfonds, einer Pensionskasse (inkl. Versorgungsausgleichskasse) oder einer Direktversicherung (Alt- oder Neuzusage), die auf nicht gefördertem Kapital beruht, die Voraussetzungen der Basis-Rente sind nicht erfüllt (bei Neuzusage):<br>Besteuerung des Ertragsanteils nach § 55 Abs. 2 EStDV<br>(Nr. 5 der LM) | BMF-Schreiben vom 31. 3. 2010, BStBl. I S. 270[1] | 130, 331, 332 |
| 09 | unbesetzt | | | |

[1] Nr. 1 § 79/1.

| Rechtsgrund | Besteuerungsnorm | Beschreibung und Besteuerungsansatz | Fundstelle | Rz. des BMF-Schreibens |
|---|---|---|---|---|
| 10 | § 22 Nr. 5 Satz 2 Buchst. b EStG i. V. m. § 20 Abs. 1 Nr. 6 EStG in der jeweils für den Vertrag geltenden Fassung (ggf. i. V. m. § 52 Abs. 36 Satz 5 EStG) | Andere Leistungen (insbesondere Kapitalauszahlungen) aus einem Altersvorsorgevertrag in Form eines Versicherungsvertrages, einem Pensionsfonds, einer Pensionskasse (inkl. Versorgungsausgleichskasse) oder einer Direktversicherung, die auf nicht gefördertem Kapital beruhen, Altvertrag (vor dem 1. 1. 2005):<br>Besteuerung der rechnungsmäßigen und außerrechnungsmäßigen Zinsen;<br>Neuvertrag (nach dem 31. 12. 2004):<br>Besteuerung des Unterschiedsbetrags zwischen der Versicherungsleistung und der auf sie entrichteten Beiträge (bei Auszahlung nach dem 60./62. Lebensjahr und Laufzeit von mindestens 12 Jahren mit der Hälfte dieses Unterschiedsbetrages)<br>(Nr. 6 der LM) | BMF-Schreiben vom 31. 3. 2010, BStBl. I S. 270[1] | 131, 333 |
| 11 | § 22 Nr. 5 Satz 2 Buchst. c EStG | Auf nicht gefördertem Kapital beruhende Leistungen (z. B. aus einem zertifizierten Bank- oder Investmentfondssparplan), die nicht bereits nach § 22 Nr. 5 Satz 2 Buchst. a bzw. Buchst. b EStG erfasst werden:<br>Besteuerung des Unterschiedsbetrags zwischen den Leistungen und der auf sie entrichteten Beiträge (bei Auszahlung nach dem 60./62. Lebensjahr und Laufzeit von mindestens 12 Jahren mit der Hälfte dieses Unterschiedsbetrags)<br>(Nr. 7 der LM) | BMF-Schreiben vom 31. 3. 2010, BStBl. I S. 270[1] | 132 |
| 12 a | § 22 Nr. 5 Satz 3 EStG i. V. m. § 22 Nr. 5 Satz 2 Buchst. a i. V. m. § 22 Nr. 1 Satz 3 Buchst. a Doppelbuchstabe bb EStG (ggf. i. V. m. § 55 Abs. 1 Nr. 1 EStDV) | Das ausgezahlte geförderte Altersvorsorgevermögen wurde steuerschädlich i. S. d. § 93 Abs. 1 Satz 1 und 2 EStG verwendet und als lebenslange Leibrente ausgezahlt, die Voraussetzungen der Basis-Rente sind nicht erfüllt:<br>Die Besteuerung richtet sich nach den Ausführungen zu Rechtsgrund 07<br>(Nr. 8 a der LM) | BMF-Schreiben vom 31. 3. 2010, BStBl. I S. 270[1] | 186, 347, 130, 331, 332 |

[1] Nr. **1** § 79/1.

| Rechts-grund | Besteuerungsnorm | Beschreibung und Besteuerungsansatz | Fundstelle | Rz. des BMF-Schreibens |
|---|---|---|---|---|
| 12 b | § 22 Nr. 5 Satz 3 EStG i. V. m. § 22 Nr. 5 Satz 2 Buchst. a i. V. m. § 22 Nr. 1 Satz 3 Buchst. a Doppelbuchstabe bb Satz 5 StG i. V. m. § 55 Abs. 2 EStDV (ggf. i. V. m. § 55 Abs. 1 Nr. 1 EStDV) | Das ausgezahlte geförderte Altersvorsorgevermögen wurde steuerschädlich i. S. d. § 93 Abs. 1 Satz 1 und 2 EStG verwendet und als abgekürzte Leibrente ausgezahlt, die Voraussetzungen der Basis-Rente sind nicht erfüllt:<br>Die Besteuerung richtet sich nach den Ausführungen zu Rechtsgrund 08<br>(Nr. 8 b der LM) | BMF-Schreiben vom 31. 3. 2010, BStBl. I S. 270[1] | 186, 347, 130, 331, 332 |
| 12 c | § 22 Nr. 5 Satz 3 EStG i. V. m. § 22 Nr. 5 Satz 2 Buchst. b i. V. m. § 20 Abs. 1 Nr. 6 in der jeweils für den Vertrag geltenden Fassung (ggf. i. V. m. § 52 Abs. 36 Satz 5 EStG) | Das ausgezahlte geförderte Altersvorsorgevermögen wurde steuerschädlich i. S. d. § 93 Abs. 1 Satz 1 und 2 EStG verwendet und als andere Leistung (insbesondere Kapitalauszahlung) aus einem Altersvorsorgevertrag, einem Pensionsfonds, einer Pensionskasse (inkl. Versorgungsausgleichskasse) oder einer Direktversicherung ausgezahlt:<br>Die Besteuerung richtet sich nach den Ausführungen zu Rechtsgrund 10<br>(Nr. 8 c der LM) | BMF-Schreiben vom 31. 3. 2010, BStBl. I S. 270[1] | 186, 347, 131, 333 |
| 12 d | § 22 Nr. 5 Satz 3 EStG i. V. m. § 22 Nr. 5 Satz 2 Buchst. c EStG | Das ausgezahlte geförderte Altersvorsorgevermögen wurde steuerschädlich i. S. d. § 93 Abs. 1 Satz 1 und 2 EStG verwendet und als Leistung (z. B. aus einem zertifizierten Bank- oder Investmentfondssparplan) ausgezahlt, die nicht bereits nach § 22 Nr. 5 Satz 2 Buchst. a bzw. Buchst. b EStG erfasst wird:<br>Die Besteuerung richtet sich nach den Ausführungen zu Rechtsgrund 11<br>(Nr. 8 d der LM) | BMF-Schreiben vom 31. 3. 2010, BStBl. I S. 270[1] | 186, 132 |
| 13 | Keine Anwendungsfälle | | | |
| 14 | § 22 Nr. 5 Satz 4 EStG i. V. m. § 92 a Abs. 2 Satz 5 EStG | Sukzessiv zu versteuernde Beträge aus dem Wohnförderkonto, Verminderungsbetrag:<br>Besteuerung des jährlichen Verminderungsbetrags, der sich ergibt, wenn der Gesamtbetrag des Wohnförderkontos zu Be- | BMF-Schreiben vom 31. 3. 2010, BStBl. I S. 270[1] | 147 |

[1] Nr. **1** § 79/1.

| Rechtsgrund | Besteuerungsnorm | Beschreibung und Besteuerungsansatz | Fundstelle | Rz. des BMF-Schreibens |
|---|---|---|---|---|
| | | ginn der Auszahlungsphase bis zum 85. Lebensjahr gleichmäßig verteilt wird<br>(Nr. 9 der LM) | | |
| 15 | § 22 Nr. 5 Satz 4 EStG i. V. m. § 92 a Abs. 3 Satz 5 EStG | Das in der Wohnung gebundene geförderte Kapital wurde steuerschädlich verwendet:<br>Besteuerung des Auflösungsbetrags nach § 92 a Abs. 3 Satz 5 EStG in Höhe des Gesamtbetrags des Wohnförderkontos<br>(Nr. 10 der LM) | BMF-Schreibenvom 31. 3. 2010, BStBl. I S. 270[1] | 149 |
| 16 | § 22 Nr. 5 Satz 5 EStG | Einmalbesteuerung der Beträge aus dem Wohnförderkonto zu Beginn der Auszahlungsphase:<br>Besteuerung in Höhe von 70 % des Gesamtbetrags des Wohnförderkontos<br>(zu übermitteln ist der Gesamtbetrag des Wohnförderkontos)<br>(Nr. 11 der LM) | BMF-Schreiben vom 31. 3. 2010, BStBl. I S. 270[1] | 150 |
| 17 | § 22 Nr. 5 Satz 6 EStG | Das in der Wohnung gebundene Kapital wurde in der Auszahlungsphase innerhalb der Frist von 20 Jahren nach der Einmalbesteuerung steuerschädlich verwendet:<br>Besteuerung des Eineinhalbfachen (innerhalb der ersten zehn Jahre) bzw. des Einfachen (zwischen dem zehnten und dem zwanzigsten Jahr) des noch nicht versteuerten Restbetrags i. H. v. 30 % des Gesamtbetrags des Wohnförderkontos im Zeitpunkt der Einmalbesteuerung<br>(Nr. 12 der LM) | BMF-Schreiben vom 31. 3. 2010, BStBl. I S. 270[1] | 151 |
| 18 | § 22 Nr. 5 Satz 9 EStG | Provisionserstattungen bei geförderten Altersvorsorgeverträgen:<br>Besteuerung der erstatteten Abschluss- und Vertriebskosten<br>(Nr. 13 der LM) | BMF-Schreiben vom 31. 3. 2010, BStBl. I S. 270[1] | 155 |

[1] Nr. **1** § 79/1.

**Erläuterungen**

LM = Leistungsmitteilung i. S. d. § 22 Nr. 5 Satz 7 EStG

RA = Rentenart lt. Anlage R der Einkommensteuererklärung

Gefördertes Kapital ist Kapital, das auf geförderten Beträgen und Zulagen im Sinne des Abschnitts XI EStG beruht.

Geförderte Beträge im Sinne des § 22 Nr. 5 EStG sind:
- Beiträge, auf die § 3 Nr. 63, § 10 a oder Abschnitt XI EStG angewendet wurde,
- steuerfreie Leistungen nach § 3 Nr. 66 EStG,
- steuerfreie Zuwendungen nach § 3 Nr. 56 EStG oder
- steuerfreie Leistungen nach § 3 Nr. 55 b Satz 1 EStG

# I § 23/1. Schreiben betr. Zweifelsfragen zur Neuregelung der Besteuerung privater Grundstücksveräußerungsgeschäfte nach § 23 EStG

Vom 5. Oktober 2000 (BStBl. I S. 1383)

(BMF IV C 3 – S 2256 – 263/00)

Geändert durch BMF v. 7. 2. 2007 (BStBl. I S. 262) und BMF v. 3. 9. 2019 (BStBl. I S. 888)

Im Einvernehmen mit den obersten Finanzbehörden der Länder nehme ich zu Zweifelsfragen der Besteuerung privater Veräußerungsgeschäfte bei Grundstücken und grundstücksgleichen Rechten nach § 23 EStG wie folgt Stellung:

**1. Überführung eines Grundstücks aus dem Betriebsvermögen in das Privatvermögen (§ 23 Abs. 1 Satz 2 EStG)[1]**

Als Anschaffung gilt die Überführung eines Grundstücks in das Privatvermögen des Steuerpflichtigen durch Entnahme oder Betriebsaufgabe, wenn das Grundstück nach dem 31. Dezember 1998 in das Privatvermögen überführt wird. Zum Zeitpunkt der Entnahme vgl. *R 4.3 Abs. 3 EStR 2005*[2]. 1

**2. Einlage eines Grundstücks in das Betriebsvermögen und Übertragungsvorgänge zwischen Gesellschaftsvermögen und Vermögen eines Gesellschafters (§ 23 Abs. 1 Satz 5 EStG)**

Die Einlage eines Grundstücks in 2
- das Betriebsvermögen eines Einzelunternehmens,
- in das Sonderbetriebsvermögen des Steuerpflichtigen bei einer Personengesellschaft und
- in das Gesamthandsvermögen einer Personengesellschaft ohne Gewährung von Gesellschaftsrechten und sonstigen Gegenleistungen

ist keine Veräußerung. Demgegenüber ist eine verdeckte Einlage in eine Kapitalgesellschaft stets als Veräußerung des Grundstücks zu behandeln (§ 23 Abs. 1 Satz 5 Nr. 2 EStG).

Die Einlage eines Grundstücks in das Betriebsvermögen ist jedoch dann nachträglich als Veräußerung zu werten, wenn das Grundstück innerhalb von zehn Jahren nach seiner Anschaffung aus dem Betriebsvermögen veräußert wird (§ 23 Abs. 1 Satz 5 Nr. 1 EStG). Zur Ermittlung des privaten Veräußerungsgewinns und zur zeitlichen Erfassung siehe Rz. 35 ff. 3

Als Veräußerung des Grundstücks aus dem Betriebsvermögen gilt für die Anwendung des § 23 Abs. 1 Satz 5 Nr. 1 EStG z. B. auch 4

1. die Veräußerung des Grundstücks im Rahmen der Veräußerung des gesamten Betriebs oder eines Teilbetriebs. Bei einer Personengesellschaft gilt dies bei Veräußerung
   - des Betriebs,
   - eines Teilbetriebs oder
   - eines Mitunternehmeranteils,

[1] Rz. 1 neu gef. durch BMF v. 7. 2. 2007, BStBl. I S. 262.

[2] **Red. Anm.:** Jetzt R 4.3 Abs. 3 EStR 2012.

wenn das Grundstück zum Sonderbetriebsvermögen des Mitunternehmers gehört oder ohne Gewährung von Gesellschaftsrechten in das Gesamthandsvermögen eingelegt worden ist;

2. die Überführung eines zuvor in das Betriebsvermögen eingelegten Grundstücks in eine Kapitalgesellschaft im Wege einer verschleierten Sachgründung oder einer verschleierten Sacheinlage im Zusammenhang mit einer Kapitalerhöhung;
3. die Einbringung des zuvor eingelegten Grundstücks zusammen mit einem Betrieb, Teilbetrieb oder Mitunternehmeranteil in eine Kapitalgesellschaft oder in das Gesamthandsvermögen einer Personengesellschaft gegen Gewährung von Gesellschaftsrechten;
4. die Übertragung eines Grundstücks aus dem betrieblichen Gesamthandsvermögen einer Personengesellschaft in das Privatvermögen oder das Sonderbetriebsvermögen eines Gesellschafters, soweit das Grundstück vorher in das Vermögen der Gesellschaft ohne Gewährung von Gesellschaftsrechten eingelegt wurde;
5. die verdeckte Einlage des Grundstücks in eine Kapitalgesellschaft, wenn die Anteile an der Kapitalgesellschaft zum Betriebsvermögen des Steuerpflichtigen gehören; hier ist kein Fall des § 23 Abs. 1 Satz 5 Nr. 2 EStG gegeben, weil das Grundstück gleichzeitig in das Betriebsvermögen des Steuerpflichtigen eingelegt wird.

**5** Wird das in das Betriebsvermögen eingelegte Grundstück wieder ins Privatvermögen überführt, liegt keine Veräußerung aus dem Betriebsvermögen im Sinne des § 23 Abs. 1 Satz 5 Nr. 1 EStG vor. Zur steuerlichen Behandlung einer anschließenden Veräußerung vgl. Rz. 35.

**6** Kein Fall des § 23 Abs. 1 Satz 5 Nr. 1 EStG, sondern eine Veräußerung im Sinne des § 23 Abs. 1 Satz 1 Nr. 1 EStG ist die Übertragung eines Grundstücks aus dem Privatvermögen in das betriebliche Gesamthandsvermögen einer Personengesellschaft oder in das Vermögen einer Kapitalgesellschaft, soweit sie gegen Gewährung von Gesellschaftsrechten erfolgt. Zur steuerlichen Behandlung der Übertragung von Grundstücken aus dem Privatvermögen in das betriebliche Gesamthandsvermögen einer Personengesellschaft und zur Übertragung eines Grundstücks aus dem betrieblichen Gesamthandsvermögen einer Personengesellschaft in das Privatvermögen vgl. im Übrigen BMF-Schreiben vom 29. 3. 2000, BStBl. I S. 462[1].

**7** Entsprechendes gilt bei der Übertragung eines Grundstücks in das Vermögen einer Gemeinschaft mit betrieblichem Vermögen oder aus dem betrieblichen Gemeinschaftsvermögen in das Vermögen eines Mitglieds der Gemeinschaft.

**8** Die Übertragung eines Grundstücks auf eine Personengesellschaft oder Gemeinschaft ohne Betriebsvermögen gegen Entgelt oder gegen Gewährung von Gesellschaftsrechten ist insoweit nicht als Veräußerung anzusehen, als der bisherige Eigentümer nach der Übertragung am Vermögen der Gesellschaft oder Gemeinschaft beteiligt ist. Entsprechendes gilt, wenn das Grundstück von der Personengesellschaft oder Gemeinschaft auf einen Gesellschafter oder

[1] Nr. **1** § 4/13; siehe auch BMF v. 11. 7. 2011, BStBl. I S. 713 (Nr. **1** § 4/15).

ein Mitglied der Gemeinschaft übertragen wird. Rz. 23 ff. des *BMF-Schreibens vom 11. Januar 1993, BStBl. I S. 62*[1]), bleiben unberührt.

**Beispiel:**

An der vermögensverwaltend tätigen BC-GbR sind B und C zu je ½ beteiligt. Im Jahr 2000 beteiligt sich A an der GbR und bringt dazu ein unbebautes Grundstück mit einem Wert von 240 000 DM, das er im Jahr 1993 für 180 000 DM erworben hatte, in die GbR ein. Danach sind A, B und C zu je ⅓ an der GbR beteiligt. Im Jahr 2004 veräußert die GbR das Grundstück zu einem Kaufpreis von 270 000 DM an den Gesellschafter B, der es seinerseits im Jahr 2005 für 300 000 DM an einen fremden Dritten verkauft.

**1. Einbringung durch A in GbR**

Die Übertragung des Grundstücks auf die GbR ist zu ⅓ nicht als Veräußerung anzusehen, weil A in diesem Umfang an der GbR beteiligt ist.
Berechnung des Veräußerungsgewinns:

| | |
|---|---|
| ⅔ des Veräußerungserlöses von 240 000 DM | 160 000 DM |
| abzgl. ⅔ der Anschaffungskosten von 180 000 DM | 120 000 DM |
| Veräußerungsgewinn des A | 40 000 DM |

**2. Verkauf GbR an B**

Die Veräußerung durch die GbR an B ist als anteilige Veräußerung des Grundstücks durch A und C an B zu behandeln. Der von A erzielte Veräußerungsgewinn unterliegt nicht der Besteuerung nach § 23 Abs. 1 Satz 1 Nr. 1 EStG, weil er das Grundstück, das ihm noch zu ⅓ zuzurechnen ist, vor mehr als zehn Jahren vor der Veräußerung erworben hat.
Berechnung des Veräußerungsgewinns des C:

| | |
|---|---|
| ⅓ des Veräußerungserlöses von 270 000 DM | 90 000 DM |
| abzgl. ⅓ der Anschaffungskosten von 240 000 DM im Jahr 2000 | 80 000 DM |
| Veräußerungsgewinn des C | 10 000 DM |

**3. Verkauf B an Dritten**

Der Erwerb des Grundstücks durch die GbR im Jahr 2000 ist zu ⅓ als Anschaffung durch B und der Erwerb des Grundstücks von der GbR durch B im Jahr 2004 zu ⅔ als Anschaffung des Grundstücks durch B zu behandeln. Da die Anschaffungsvorgänge und die Veräußerung der jeweiligen Grundstücksanteile innerhalb der Zehnjahresfrist erfolgte, unterliegt der gesamte Vorgang der Besteuerung nach § 23 Abs. 1 Satz 1 Nr. 1 EStG.
Berechnung des Veräußerungsgewinns:

| | | |
|---|---|---|
| Veräußerungserlös | | 300 000 DM |
| Anschaffungskosten | | |
| ⅓ von 240 000 DM im Jahr 2000 | 80 000 DM | |
| ⅔ von 270 000 DM im Jahr 2002 | 180 000 DM | 260 000 DM |
| Veräußerungsgewinn des B | | 40 000 DM |

## 3. Im Zeitraum zwischen Anschaffung und Veräußerung des Grundstücks errichtete Gebäude und andere in diesem Zeitraum durchgeführte Baumaßnahmen (§ 23 Abs. 1 Satz 1 Nr. 1 Satz 2 EStG)

Errichtet ein Steuerpflichtiger ein Gebäude und veräußert er es zusammen 9
mit dem zuvor erworbenen Grund und Boden, liegt ein privates Veräußerungsgeschäft sowohl hinsichtlich des Grund und Bodens als auch hinsichtlich des Gebäudes vor, wenn die Frist zwischen Anschaffung des Grund und Bodens und Veräußerung des bebauten Grundstücks nicht mehr als zehn Jahre beträgt.

[1]) Siehe nunmehr BMF v. 14. 3. 2006, BStBl. I S. 253 (Nr. **1** § 7/2).

**Beispiel:**

A hat am 31. März 1993 ein unbebautes Grundstück angeschafft. Im Jahr 1998 stellt er darauf ein Einfamilienhaus fertig, das er anschließend vermietet. Ab dem 1. April 2003 kann er das bebaute Grundstück veräußern, ohne dass der Gewinn der Besteuerung nach § 23 EStG unterliegt.

10 Wurde der Grund und Boden vom Veräußerer unentgeltlich erworben und vom Rechtsvorgänger innerhalb von zehn Jahren vor der Veräußerung durch den Rechtsnachfolger angeschafft, unterliegt ein Veräußerungsgewinn beim Rechtsnachfolger sowohl hinsichtlich des Grund und Bodens als auch eines zwischenzeitlich errichteten Gebäudes der Besteuerung, unabhängig davon, ob der Rechtsvorgänger oder der Veräußerer das Gebäude errichtet hat. Dies gilt auch bei unentgeltlicher Einzelrechtsnachfolge (§ 23 Abs. 1 Satz 3 EStG).

11 Wird ein teilweise entgeltlich (z. B. im Wege der vorweggenommenen Erbfolge) oder gegen Abfindungszahlung bei der Erbauseinandersetzung erworbenes Grundstück während der Zehnjahresfrist nach Anschaffung bebaut und veräußert, ist das Gebäude anteilig in die Besteuerung nach § 23 Abs. 1 Nr. 1 EStG einzubeziehen. Für den unentgeltlich erworbenen Teil des Grundstücks gilt Rz. 10.

12 Im Zeitpunkt der Veräußerung noch nicht fertig gestellte Gebäude, Ausbauten und Erweiterungen sind einzubeziehen.

**Beispiel:**

A errichtet auf dem von ihm im Jahr 1993 erworbenen Grund und Boden im Jahr 1995 ein Einfamilienhaus, das zu Wohnzwecken vermietet wird. Im Jahr 1998 beginnt er mit dem Ausbau des bisher nicht nutzbaren Dachgeschosses zu einer zweiten, zur Vermietung bestimmten Wohnung. Im Februar 1999 wird das Grundstück mit dem teilfertigen Zweifamilienhaus veräußert.

Der auf das Gebäude (einschließlich des noch nicht fertig gestellten Dachgeschossausbaus) entfallende Teil des Veräußerungserlöses ist in die Ermittlung des steuerpflichtigen Veräußerungsgewinns einzubeziehen.

13 Rz. 9 bis 12 gelten entsprechend für Außenanlagen sowie für Gebäudeteile, die selbständige unbewegliche Wirtschaftsgüter sind, für Eigentumswohnungen und für im Teileigentum stehende Räume.

## 4. Veräußerung eines „bebauten“ Erbbaurechts (§ 23 Abs. 1 Satz 1 Nr. 1 EStG)

14 Ein privates Veräußerungsgeschäft im Sinne des § 23 Abs. 1 Satz 1 Nr. 1 EStG liegt auch bei Veräußerung eines „bebauten“ Erbbaurechts vor, wenn der Zeitraum zwischen

a) dem Abschluss des Erbbaurechtsvertrags und der Veräußerung des „bebauten“ Erbbaurechts oder

b) der Anschaffung und der Veräußerung des „bebauten“ Erbbaurechts

nicht mehr als zehn Jahre beträgt (vgl. BFH-Urteil vom 30. 11. 1976, BStBl. 1977 II S. 384). Der Veräußerungspreis entfällt insgesamt auf das Gebäude oder die Außenanlage, wenn der Erwerber dem bisherigen Erbbauberechtigten nachweislich nur etwas für das Gebäude oder die Außenanlage gezahlt hat und gegenüber dem Erbbauverpflichteten nur zur Zahlung des laufenden Erbbauzinses verpflichtet ist (vgl. BFH-Urteil vom 15. 11. 1994, BStBl. 1995 II S. 374).

Sind Grundstück und aufstehendes Gebäude getrennt handelbar (Art. 231 und 233 EGBGB[1]), können sowohl Grundstück als auch Gebäude gesondert Gegenstand eines privaten Veräußerungsgeschäfts nach § 23 Abs. 1 Satz 1 Nr. 1 EStG sein. Wird ein Gebäude in Ausübung eines Nutzungsrechts am Grund und Boden errichtet und der Grund und Boden nach Fertigstellung des Gebäudes erworben, ist bei einer späteren Veräußerung des bebauten Grundstücks das Gebäude nicht in das private Veräußerungsgeschäft einzubeziehen. 15

**Beispiel:**
An einem unbebauten Grundstück wird im Jahr 1993 ein Erbbaurecht zu Gunsten von A bestellt. A errichtet auf dem Grundstück im Jahr 1994 ein zur Vermietung bestimmtes Gebäude. Im Jahr 1997 erwirbt er das Grundstück und veräußert es im Jahr 2000 mit dem aufstehenden Gebäude.
Hinsichtlich des Grundstücks liegt ein privates Veräußerungsgeschäft im Sinne des § 23 Abs. 1 Satz 1 Nr. 1 EStG vor. Das Gebäude ist nicht einzubeziehen, weil es vor der Anschaffung des Grundstücks in Ausübung des Erbbaurechts errichtet wurde und somit nicht das private Veräußerungsgeschäft betrifft, dessen Gegenstand das Grundstück und nicht das Erbbaurecht ist.

## 5. Zu eigenen Wohnzwecken genutzte Wirtschaftsgüter (§ 23 Abs. 1 Satz 1 Nr. 1 Satz 3 EStG)

### 5.1. Begünstigte Wirtschaftsgüter

Gebäude, selbständige Gebäudeteile, Eigentumswohnungen und in Teileigentum stehende Räume (Wirtschaftsgüter), die im Zeitraum zwischen Anschaffung oder Fertigstellung und Veräußerung ausschließlich zu eigenen Wohnzwecken oder im Jahr der Veräußerung und in den beiden vorangegangenen Jahren zu eigenen Wohnzwecken genutzt wurden, sind von der Veräußerungsgewinnbesteuerung ausgenommen. Dasselbe gilt bei Veräußerung eines teilweise zu eigenen Wohnzwecken und teilweise zu anderen Zwecken genutzten Gebäudes (z. B. zu Wohnzwecken vermietete Wohnung, betrieblich oder beruflich genutztes Arbeitszimmer einschließlich des Gebäudeanteils eines Grundstücksteils von untergeordnetem Wert nach § 8 EStDV und *R 13 Abs. 8 EStR 1999*[2]) für den zu eigenen Wohnzwecken genutzten Gebäudeteil und für zu eigenen Wohnzwecken genutzte Eigentumswohnungen. 16

Von der Veräußerungsgewinnbesteuerung ausgenommen ist auch der Grund und Boden, der zu einem zu eigenen Wohnzwecken genutzten Gebäude gehört. Dieser umfasst nur die für die entsprechende Gebäudenutzung erforderlichen und üblichen Flächen. Dabei ist auch deren künftige Nutzung zu berücksichtigen. Die steuerfreie Veräußerung weiterer Flächen ist selbst dann ausgeschlossen, wenn diese im Veräußerungszeitpunkt als Hausgarten genutzt werden (vgl. BFH-Urteil vom 24. 10. 1996, BStBl. 1997 II S. 50). Dies gilt insbesondere, soweit Teilflächen parzelliert werden und dadurch ein verkehrsfähiges Grundstück entstanden ist, das in absehbarer Zeit einer anderen Nutzung, z. B. als Bauland, zugeführt werden kann. 17

Bei Veräußerung eines teilweise zu eigenen Wohnzwecken und teilweise zu anderen Zwecken genutzten Gebäudes ist der Grund und Boden, der nach dem Verhältnis der Nutzflächen des Gebäudes auf den zu eigenen Wohnzwecken genutzten Gebäudeteil entfällt, nicht in den Veräußerungsgewinn einzubeziehen. 18

[1] **Schönfelder** Nr. 21.
[2] Nunmehr R 4.2 Abs. 8 EStR.

19 Für die Einbeziehung des Grund und Bodens in die Ermittlung des nicht zu besteuernden Veräußerungsgewinns ist es ohne Bedeutung, welchen Zwecken der Grund und Boden vor Errichtung des Gebäudes gedient hat.

**Beispiel:**

A hat im Jahr 1993 ein unbebautes Grundstück angeschafft, das er zunächst als Gartenland nutzt. Im Jahr 1996 errichtet er darauf ein Einfamilienhaus, das er bis zur Veräußerung des Grundstücks im Jahr 1999 mit seiner Familie bewohnt.

Da A das Einfamilienhaus im Zeitraum zwischen Fertigstellung und Veräußerung zu eigenen Wohnzwecken genutzt hat, unterliegt ein erzielter Veräußerungsgewinn insgesamt nicht der Besteuerung.

20 Ein unbebautes Grundstück ist kein begünstigtes Wirtschaftsgut im Sinne des § 23 Abs. 1 Satz 1 Nr. 1 Satz 3 EStG.

**Beispiel:**

A hat im Jahr 1995 ein unbebautes Grundstück angeschafft. Bis zu dessen Veräußerung im Jahr 1999 nutzt er das unbebaute Grundstück zusammen mit seiner Familie ausschließlich zu Erholungszwecken.

Ein erzielter Veräußerungsgewinn unterliegt der Besteuerung nach § 23 Abs. 1 Satz 1 Nr. 1 Satz 1 EStG.

Dies gilt auch

- in den Fällen, in denen die vorgesehene Bebauung mit einer zu eigenen Wohnzwecken bestimmten Wohnung nicht realisiert wird, und
- bei der Veräußerung von Grund und Boden (unbebaute Teilfläche) eines Grundstücks, das ansonsten mit dem zu eigenen Wohnzwecken genutzten Gebäude bebaut ist.

### 5.2. Wohnzwecke

21 Ein Wirtschaftsgut dient Wohnzwecken, wenn es dazu bestimmt und geeignet ist, Menschen auf Dauer Aufenthalt und Unterkunft zu ermöglichen. Wirtschaftsgüter, die zur vorübergehenden Beherbergung von Personen bestimmt sind (z. B. Ferienwohnungen), dienen nicht Wohnzwecken (vgl. *R 42 a Abs. 1 Satz 3 EStR 1999*[1]). Auch ein häusliches Arbeitszimmer (*BMF-Schreiben vom 16. 6. 1998, BStBl. I S. 863, Rz. 7*)[2] dient nicht Wohnzwecken, selbst wenn der Abzug der Aufwendungen als Betriebsausgaben oder Werbungskosten nach § 4 Abs. 5 Satz 1 Nr. 6 b, § 9 Abs. 5 EStG ausgeschlossen oder eingeschränkt ist.

### 5.3. Nutzung zu eigenen Wohnzwecken

22 Der Steuerpflichtige muss das Wirtschaftsgut zu eigenen Wohnzwecken genutzt haben. Diese Voraussetzung ist erfüllt, wenn er das Wirtschaftsgut allein, mit seinen Familienangehörigen oder gemeinsam mit einem Dritten bewohnt hat. Unschädlich ist, wenn der Steuerpflichtige Teile des Wirtschaftsguts einem Dritten unentgeltlich zu Wohnzwecken überlassen hat. Die dem Steuerpflichtigen zu eigenen Wohnzwecken verbleibenden Räume müssen jedoch noch den Wohnungsbegriff erfüllen und ihm die Führung eines selbständigen Haushalts ermöglichen. Ein Wirtschaftsgut wird auch dann zu eigenen Wohnzwecken genutzt, wenn es vom Steuerpflichtigen nur zeitweise bewohnt wird, in der übrigen Zeit ihm jedoch als Wohnung zur Verfügung steht (z. B. Woh-

[1] Nunmehr R 7.2 Abs. 1 Satz 3 EStR.

[2] Vgl. jetzt BMF v. 2. 3. 2011, BStBl. I S. 195 (Nr. **1** § 4/9).

nung im Rahmen einer doppelten Haushaltsführung, nicht zur Vermietung bestimmte Ferienwohnung; auf die Belegenheit der Wohnung in einem Sondergebiet für Ferien- oder Wochenendhäuser kommt es nicht an).

Eine Nutzung zu eigenen Wohnzwecken liegt auch vor, wenn der Steuerpflichtige das Wirtschaftsgut einem Kind, für das er Anspruch auf Kindergeld oder einen Freibetrag nach § 32 Abs. 6 EStG hat, unentgeltlich zu Wohnzwecken überlassen hat. Die unentgeltliche Überlassung eines Wirtschaftsguts an andere – auch unterhaltsberechtigte – Angehörige stellt keine Nutzung zu eigenen Wohnzwecken im Sinne des § 23 Abs. 1 Satz 1 Nr. 1 Satz 3 EStG dar. Die Altenteilerwohnung in der Land- und Forstwirtschaft ist kein vom Eigentümer zu eigenen Wohnzwecken genutztes Wirtschaftsgut. **23**

Bewohnt ein Miteigentümer eines Zwei- oder Mehrfamilienhauses eine Wohnung allein, liegt eine Nutzung zu eigenen Wohnzwecken vor, soweit er die Wohnung auf Grund eigenen Rechts nutzt (vgl. *R 164 Abs. 2 Satz 1 EStR 1999*[1] und *H 164 „Beispiele zur Überlassung an Miteigentümer" EStH 1999*[1]). **24**

## 5.4. Zeitlicher Umfang der Nutzung zu eigenen Wohnzwecken

Von der Besteuerung des Veräußerungsgewinns sind Wirtschaftsgüter ausgenommen, die ausschließlich, d. h. ununterbrochen **25**

– vom Zeitpunkt der Anschaffung oder Fertigstellung bis zur Veräußerung zu eigenen Wohnzwecken genutzt wurden. Für die Bestimmung des Zeitpunkts der Anschaffung und der Veräußerung ist in diesem Zusammenhang jeweils auf den Zeitpunkt der Übertragung des wirtschaftlichen Eigentums abzustellen. Ein Leerstand vor Beginn der Nutzung zu eigenen Wohnzwecken ist unschädlich, wenn er mit der beabsichtigten Nutzung des Wirtschaftsguts zu eigenen Wohnzwecken in Zusammenhang steht. Dies gilt auch für einen Leerstand zwischen Beendigung der Nutzung zu eigenen Wohnzwecken und Veräußerung des Gebäudes, wenn der Steuerpflichtige die Veräußerungsabsicht nachweist;
– im Jahr der Veräußerung und in den beiden vorangegangenen Jahren, d. h. in einem zusammenhängenden Zeitraum innerhalb der letzten drei Kalenderjahre, der nicht die vollen drei Kalenderjahre umfassen muss[2], zu eigenen Wohnzwecken genutzt wurden. Ein Leerstand zwischen Beendigung der Selbstnutzung und Veräußerung ist unschädlich, wenn das Wirtschaftsgut im Jahr der Beendigung der Nutzung zu eigenen Wohnzwecken und in den beiden vorangegangenen Jahren zu eigenen Wohnzwecken genutzt wurde.

**Beispiel:**
Eine Eigentumswohnung, die A im Jahr 1995 angeschafft und anschließend vermietet hatte, wird nach Beendigung des Mietverhältnisses im Dezember 1998 bis zur Veräußerung im Januar 2000 von ihm zu eigenen Wohnzwecken genutzt.
Da A die Wohnung im Jahr der Veräußerung und in den beiden vorangegangenen Jahren zu eigenen Wohnzwecken genutzt hat, unterliegt ein erzielter Veräußerungsgewinn nicht der Besteuerung. Hätte A die Eigentumswohnung im Jahr 1999 auch nur kurzfristig zu anderen

---

[1] **Red. Anm.:** Siehe nunmehr R 21.6 EStR bzw. H 21.6 EStH.

[2] **Red. Anm.:** Konkretisiert durch BMF v. 17. 6. 2020, BStBl. I S. 576. Es genügt hierbei, dass der Steuerpflichtige das Wirtschaftsgut im Jahr der Veräußerung zumindest am 1. Januar im Vorjahr der Veräußerung durchgehend sowie im zweiten Jahr vor der Veräußerung mindestens am 31. Dezember zu eigenen Wohnzwecken genutzt hat.

Bereits eine kurzfristige Nutzung zu anderen Zwecken (Vermietung, Leerstand) innerhalb dieses Zeitraums führt jedoch stets zu einer Besteuerungspflicht.

Zwecken genutzt (z. B. vorübergehende Fremdvermietung), wäre der erzielte Veräußerungsgewinn zu versteuern.

26 Bei unentgeltlichem Erwerb (Gesamtrechtsnachfolge, unentgeltliche Einzelrechtsnachfolge) ist die Nutzung des Wirtschaftsguts zu eigenen Wohnzwecken durch den Rechtsvorgänger dem Rechtsnachfolger zuzurechnen.

27 Werden in das zu eigenen Wohnzwecken genutzte Wirtschaftsgut innerhalb des Zehnjahreszeitraums bisher zu anderen Zwecken genutzte Räume einbezogen, unterliegt ein auf diese Räume entfallender Veräußerungsgewinn nur dann nicht der Besteuerung, wenn die bisher zu anderen Zwecken genutzten Räume in einem zusammenhängenden Zeitraum innerhalb der letzten drei Kalenderjahre vor der Veräußerung zu eigenen Wohnzwecken genutzt wurden.

## 6. Ermittlung des steuerpflichtigen Veräußerungsgewinns (§ 23 Abs. 3 EStG)

### 6.1. Anschaffungs- und Herstellungskosten

28 Anschaffungs- und Herstellungskosten im Sinne des § 23 Abs. 3 Satz 1 EStG sind die vom Steuerpflichtigen getragenen Aufwendungen im Sinne des § 255 HGB. Dazu gehören auch nachträgliche Anschaffungs- und Herstellungskosten, die für das Wirtschaftsgut aufgewendet worden sind. Werden auf die Anschaffungs- oder Herstellungskosten Zuschüsse von dritter Seite geleistet, die keine Mieterzuschüsse im Sinne des *R 163 Abs. 3 EStR 1999*[1] sind, sind die Anschaffungs- oder Herstellungskosten bei der Ermittlung des Veräußerungsgewinns um diese Zuschüsse zu kürzen. Eigenheimzulage und Investitionszulage mindern die Anschaffungs- und Herstellungskosten nicht (§ 9 InvZulG 1999, § 16 EigZulG).

### 6.2. Werbungskosten

29 Als Werbungskosten sind die im Zusammenhang mit der Veräußerung stehenden Aufwendungen zu berücksichtigen, die nicht zu den Anschaffungs- oder Herstellungskosten des veräußerten Wirtschaftsguts gehören, nicht vorrangig einer anderen Einkunftsart zuzuordnen sind und nicht wegen der Nutzung zu eigenen Wohnzwecken unter das Abzugsverbot des § 12 EStG fallen (*vgl. H 169 „Werbungskosten" EStH 1999*[2]).

### 6.3. Ermittlung des Veräußerungsgewinns bei einem teilweise entgeltlich oder im Wege der Erbauseinandersetzung mit Abfindungszahlung erworbenen Grundstück

30 Bei der Veräußerung eines teilweise entgeltlich, teilweise unentgeltlich oder im Wege der Erbauseinandersetzung mit Abfindungszahlung erworbenen Grundstücks berechnet sich der Veräußerungsgewinn im Sinne des § 23 Abs. 3 EStG für den entgeltlich erworbenen Teil durch Gegenüberstellung des anteiligen Veräußerungserlöses zu den tatsächlichen Anschaffungskosten. Der anteilige Veräußerungserlös bestimmt sich nach dem Verhältnis der aufgewendeten Anschaffungskosten zum Verkehrswert des Grundstücks im Zeitpunkt des Erwerbs (vgl. *BMF-Schreiben vom 11. 1. 1993, BStBl. I S. 62*[3]),

---

[1] **Red. Anm.:** Nunmehr R 21.5 Abs. 3 EStR.
[2] **Red. Anm.:** Nunmehr H 23 „Werbungskosten" EStH.
[3] **Red. Anm.:** Siehe nunmehr BMF v. 14. 3. 2006, BStBl. I S. 253 (Nr. **1** § 7/2).

Rz. 28 und BMF-Schreiben vom 13. 1.1993, BStBl. I S. 80, Rz. 23[1]). Die Werbungskosten sind, soweit sie nicht eindeutig dem entgeltlichen oder unentgeltlichen Teil zugeordnet werden können, im Verhältnis des Entgelts (ohne Anschaffungsnebenkosten) zum Verkehrswert des Grundstücks im Zeitpunkt des Erwerbs aufzuteilen (BFH-Urteile vom 24. 3. 1993, BStBl. II S. 704 und vom 1. 10. 1997, BStBl. 1998 II S. 247).

Wird ein teilweise entgeltlich oder im Wege der Erbauseinandersetzung gegen Abfindungszahlung erworbenes Grundstück während der Zehnjahresfrist nach Anschaffung bebaut und veräußert, ist der auf das Gebäude entfallende Teil des Veräußerungserlöses in die Berechung des Veräußerungsgewinns einzubeziehen, soweit das Grundstück als entgeltlich erworben gilt. 31

**Beispiel:**

A erwirbt im Jahr 1995 im Wege der vorweggenommenen Erbfolge von B ein unbebautes Grundstück mit einem gemeinen Wert von 200 000 DM für eine Gegenleistung von 50 000 DM. B hatte das Grundstück im Jahr 1982 erworben. Im Jahr 1999 wird das Grundstück mit einem Zweifamilienhaus mit Herstellungskosten von 400 000 DM bebaut und unmittelbar nach Fertigstellung des Gebäudes zu einem Kaufpreis von 800 000 DM veräußert. Von diesem Kaufpreis entfallen nach dem Verhältnis der Verkehrswerte 280 000 DM auf das Grundstück und 520 000 DM auf das Gebäude.

Das Grundstück gilt zu einem Viertel (50 000 DM zu 200 000 DM) als entgeltlich erworben. Der für das Grundstück erzielte Veräußerungserlös ist somit ebenfalls zu einem Viertel in die Berechnung des Veräußerungsgewinns im Sinne des § 23 Abs. 3 EStG einzubeziehen. Der auf das Gebäude entfallende Teil des Veräußerungserlöses geht im selben Verhältnis in die Ermittlung des steuerpflichtigen Veräußerungsgewinns ein.

| | | |
|---|---|---|
| ¼ des Veräußerungserlöses Grundstück | 70 000 DM | |
| abzüglich Anschaffungskosten Grundstück | ./. 50 000 DM | 20 000 DM |
| ¼ des Veräußerungserlöses Gebäude | 130 000 DM | |
| abzüglich ¼ der Herstellungskosten Gebäude | 100 000 DM | 30 000 DM |
| steuerpflichtiger Veräußerungsgewinn | | 50 000 DM |

## 6.4. Ermittlung des steuerpflichtigen Veräußerungsgewinns bei teilweise zu eigenen Wohnzwecken, teilweise zu anderen Zwecken genutzten Gebäuden

Die Anschaffungs- oder Herstellungskosten und der Veräußerungspreis des gesamten Gebäudes sind auf den zu eigenen Wohnzwecken und auf den zu anderen Zwecken genutzten Gebäudeteil aufzuteilen. Für die Aufteilung ist das Verhältnis der Nutzfläche des zu anderen Zwecken genutzten Gebäudeteils zur Nutzfläche des gesamten Gebäudes maßgebend, es sei denn, die Aufteilung nach dem Verhältnis der Nutzflächen führt zu einem unangemessenen Ergebnis. Die Nutzfläche ist in sinngemäßer Anwendung der §§ 43 und 44 der Zweiten Berechnungsverordnung zu ermitteln. Für die Aufteilung der Anschaffungskosten und des Veräußerungspreises des Grund und Bodens, der zu dem zu anderen Zwecken genutzten Gebäudeteil gehört, ist das Verhältnis der Nutzfläche des zu anderen Zwecken genutzten Gebäudeteils zur Nutzfläche des gesamten Gebäudes maßgebend. 32

**Beispiel:**

A hat im Jahr 1993 ein unbebautes Grundstück für 220 000 DM angeschafft. Im Jahr 1996 stellt er darauf ein Zweifamilienhaus für 900 000 DM fertig. Eine Wohnung wird von ihm zu eigenen Wohnzwecken genutzt, die andere hat er vermietet. Beide Wohnungen haben eine Nutzfläche von jeweils 150 qm. Im Jahr 1999 veräußert A das Grundstück für 1,6 Mio. DM.

---

[1] Nr. 1 § 7/3.

Von dem Veräußerungspreis entfallen 1,2 Mio. DM auf das Gebäude und 400 000 DM auf den Grund und Boden.
Ermittlung des steuerpflichtigen Veräußerungsgewinns:
Verhältnis der Nutzfläche des vermieteten Gebäudeteils zur Gesamtnutzfläche des Gebäudes 150 qm: 300 qm.

| | | | |
|---|---|---|---|
| Gebäude: | | | |
| Veräußerungspreis | 1 200 000 DM | | |
| Herstellungskosten | 900 000 DM | | |
| Veräußerungsgewinn | 300 000 DM | davon entfallen auf den vermieteten Gebäudeteil 50 v. H. = | 150 000 DM |
| Grund und Boden: | | | |
| Veräußerungspreis | 400 000 DM | | |
| Anschaffungskosten | 220 000 DM | | |
| Veräußerungsgewinn | 180 000 DM | davon entfallen auf den vermieteten Gebäudeteil 50 v. H. = | 90 000 DM |
| steuerpflichtiger Veräußerungsgewinn | | | 240 000 DM |

A hat einen Veräußerungsgewinn von 240 000 DM zu versteuern. Der auf die eigengenutzte Wohnung einschließlich des dazu gehörenden Grund und Bodens entfallende Gewinn von 240 000 DM unterliegt nicht der Besteuerung.

### 6.5. Ermittlung des steuerpflichtigen Veräußerungsgewinns bei Entnahme des Grundstücks aus einem Betriebsvermögen (§ 23 Abs. 1 Satz 2 und Abs. 3 Satz 3 EStG)

33 Wird ein Grundstück veräußert, das vorher aus einem Betriebsvermögen in das Privatvermögen überführt worden ist, tritt an die Stelle der Anschaffungs- oder Herstellungskosten der Wert, mit dem das Grundstück bei der Überführung angesetzt worden ist (§ 23 Abs. 3 Satz 3 i. V. m. § 6 Abs. 1 Nr. 4 EStG). Entsprechendes gilt für den Fall, in dem das Grundstück anlässlich der Betriebsaufgabe in das Privatvermögen überführt worden ist (§ 23 Abs. 3 Satz 3 i. V. m. § 16 Abs. 3 Satz 5 EStG). Sätze 1 und 2 gelten auch, wenn bei einer vorangegangenen Überführung des Grundstücks in das Privatvermögen der Entnahmegewinn nicht zur Einkommensteuer herangezogen worden ist (§ 16 Abs. 4, §§ 14, 14 a, § 18 Abs. 3 EStG).

34[1] *Bleibt bei der Überführung eines Wirtschaftsguts in das Privatvermögen der Entnahmegewinn kraft gesetzlicher Regelung bei der Besteuerung außer Ansatz, tritt an die Stelle der Anschaffungs- oder Herstellungskosten der Buchwert des Wirtschaftsguts im Zeitpunkt der Entnahme. Bei einer Überführung eines Wirtschaftsguts in das Privatvermögen vor dem 1. Januar 1999 ist in diesen Fällen aus Billigkeitsgründen Rz. 33 anzuwenden.*

***Beispiel 1:***

*A errichtet im Jahr 2000 auf einem zum Betriebsvermögen seines landwirtschaftlichen Betriebs gehörenden Grundstücks ein Gebäude, das als Altenteilerwohnung genutzt werden soll. Das Gebäude ist im Januar 2002 fertig gestellt. Der Entnahmegewinn beim Grund und Boden bleibt nach § 13 Abs. 5 EStG bei der Besteuerung außer Ansatz. Nach dem Tod des Altenteilers wird das Gebäude mit dem dazugehörenden Grund und Boden zum 31. Dezember 2004 veräußert.*

| | *Gebäude* | *Grund und Boden* |
|---|---|---|
| *Buchwert im Zeitpunkt der Entnahme* | | *10 000 DM* |
| *Herstellungskosten des Gebäudes* | *300 000 DM* | |

[1] Rz. 34 aufgeh. durch BMF v. 3. 9. 2019, BStBl. I S. 888.

| | | |
|---|---|---|
| *Veräußerungserlös zum 31. 12. 2004* | *400 000 DM* | *100 000 DM* |
| *steuerpflichtiger Veräußerungsgewinn* | *100 000 DM* | *90 000 DM* |

***Beispiel 2:***

*Eine ehemals zu einem land- und forstwirtschaftlichen Betriebsvermögen gehörende Wohnung des Betriebsinhabers wurde zusammen mit dem dazugehörenden Grund und Boden zum 31. Dezember 1995 in das Privatvermögen überführt. Der Entnahmegewinn war nach § 52 Abs. 15 Satz 7 EStG in der für den Veranlagungszeitraum der Entnahme anzuwendenden Fassung steuerbefreit. Die Wohnung war seit dem 1. Juli 1996 vermietet. Am 1. August 2000 wurde die Wohnung veräußert.*

| | *Gebäude* | *Grund und Boden* |
|---|---|---|
| *Buchwert im Zeitpunkt der Entnahme* | *20 000 DM* | *10 000 DM* |
| *Steuerfreier Entnahmegewinn* | *60 000 DM* | *40 000 DM* |
| *Teilwert im Zeitpunkt der Entnahme* | *80 000 DM* | *50 000 DM* |
| *AfA für den Zeitraum 1. 7. 1996 bis 31. 7. 2000 (berechnet nach den ursprünglichen Anschaffungskosten)* | *- 5 000 DM* | |
| | *75 000 DM* | |
| *Veräußerungserlös zum 1. 8. 2000* | *78 000 DM* | *52 000 DM* |
| *steuerpflichtiger Veräußerungsgewinn* | *3 000 DM* | *2 000 DM* |

## 6.6. Ermittlung des privaten Veräußerungsgewinns bei Einlage des Grundstücks in das Betriebsvermögen (§ 23 Abs. 1 Satz 5 Nr. 1 und 2 und Abs. 3 Satz 2 EStG)

Wird das Grundstück in das Betriebsvermögen eingelegt und innerhalb der 35
Zehnjahresfrist seit Anschaffung veräußert, tritt bei der Ermittlung des Gewinns oder des Verlustes aus dem privaten Veräußerungsgeschäft an die Stelle des Veräußerungspreises der Wert, mit dem die Einlage angesetzt wurde. Wurde das Grundstück wieder ins Privatvermögen überführt und innerhalb von zehn Jahren nach der ursprünglichen Anschaffung veräußert, sind bei der Ermittlung des privaten Veräußerungsgewinns die ursprünglichen Anschaffungskosten zu Grunde zu legen. Dieser Veräußerungsgewinn ist um den im Betriebsvermögen zu erfassenden Gewinn zu korrigieren. Wurde das Grundstück nach mehr als zehn Jahren seit der ursprünglichen Anschaffung, aber innerhalb von zehn Jahren nach der Überführung ins Privatvermögen veräußert, ist bei der Ermittlung des privaten Veräußerungsgewinns der bei der Überführung angesetzte Wert zu Grunde zu legen.

**Beispiel:**

A hat am 2. Januar 1993 ein unbebautes Grundstück für 100 000 DM angeschafft. Im Jahr 1997 legt er es in sein Einzelunternehmen zum Teilwert von 150 000 DM ein und entnimmt es wieder am 3. März 2000. Der Teilwert zum Zeitpunkt der Entnahme beträgt 200 000 DM. Veräußert A das Grundstück vor dem 3. Januar 2003 für 230 000 DM, ermittelt sich der private Veräußerungsgewinn wie folgt:

| | | |
|---|---|---|
| Veräußerungserlös | 230 000 DM | |
| abzgl. Anschaffungskosten | 100 000 DM | |
| Veräußerungsgewinn (§ 23 Abs. 1 Satz 1 EStG) | | 130 000 DM |
| Teilwert Entnahme | 200 000 DM | |
| abzgl. Teilwert Einlage | 150 000 DM | |
| abzuziehender Entnahmegewinn im Betriebsvermögen | | 50 000 DM |
| privater Veräußerungsgewinn | | 80 000 DM |

Wird das Grundstück nach dem 2. Januar 2003 und vor dem 4. März 2010 veräußert, unterliegt der Veräußerungsgewinn auf der Grundlage des bei der Entnahme angesetzten Werts wie folgt der Besteuerung nach § 23 EStG:

| | |
|---|---|
| Veräußerungserlös | 230 000 DM |
| abzgl. Entnahmewert (§ 23 Abs. 3 Satz 3 EStG) | 200 000 DM |
| privater Veräußerungsgewinn | 30 000 DM |

36 Der private Veräußerungsgewinn bei Einlage in das Betriebsvermögen und anschließender Veräußerung des Wirtschaftsguts aus dem Betriebsvermögen ist in dem Kalenderjahr anzusetzen, in dem der Veräußerungspreis zufließt. Fließt der Veräußerungspreis in Teilbeträgen über mehrere Kalenderjahre zu, ist der Veräußerungsgewinn erst zu berücksichtigen, wenn die Summe der gezahlten Teilbeträge die ggf. um die Absetzungen für Abnutzung, erhöhten Absetzungen und Sonderabschreibungen geminderten Anschaffungs- oder Herstellungskosten des veräußerten Wirtschaftsguts übersteigt.

37 In den Fällen der Rz. 4 Nr. 2 bis 5 gilt der Veräußerungspreis in dem Zeitpunkt als zugeflossen, in dem die dort genannten, der Veräußerung aus dem Betriebsvermögen gleichgestellten Sachverhalte verwirklicht werden. Bei der verdeckten Einlage eines Wirtschaftsguts in eine Kapitalgesellschaft ist der private Veräußerungsgewinn im Kalenderjahr der verdeckten Einlage zu erfassen.

### 6.7. Kürzung der Anschaffungs- oder Herstellungskosten um Absetzungen für Abnutzung, erhöhte Absetzungen und Sonderabschreibungen (§ 23 Abs. 3 Satz 4 EStG)

38 Bei Veräußerungsgeschäften, bei denen der Steuerpflichtige das Wirtschaftsgut nach dem 31. Juli 1995 angeschafft oder in das Privatvermögen überführt und veräußert hat, mindern sich die Anschaffungs- oder Herstellungskosten um Absetzungen für Abnutzung, erhöhte Absetzungen und Sonderabschreibungen, soweit sie bei der Ermittlung der Einkünfte im Sinne des § 2 Abs. 1 Nr. 4 bis 6 EStG abgezogen worden sind. Als Zeitpunkt der Anschaffung gilt der Zeitpunkt des Abschlusses des obligatorischen Vertrags oder des gleichstehenden Rechtsakts. Bei Veräußerung eines vom Steuerpflichtigen errichteten Wirtschaftsguts mindern sich die Herstellungskosten um Absetzungen für Abnutzung, erhöhte Absetzungen und Sonderabschreibungen, wenn der Steuerpflichtige das Wirtschaftsgut nach dem 31. Dezember 1998 fertig stellt und veräußert.

**Beispiel:**

A errichtet ab dem Jahr 1998 ein zur Vermietung zu Wohnzwecken bestimmtes Gebäude auf einem in 1996 angeschafften Grundstück in Dresden. Das Gebäude mit Herstellungskosten von 800 000 DM wird im Jahr 1999 fertig gestellt. Bis zum 31. Dezember 1998 sind Teilherstellungskosten in Höhe von 600 000 DM entstanden, für die A 150 000 DM Sonderabschreibungen nach § 4 Abs. 2 FördG für den Veranlagungszeitraum 1998 in Anspruch nimmt. Das Gebäude wird unmittelbar nach Fertigstellung veräußert. A kann den Nachweis der Einkunfterzielungsabsicht erbringen.

Da das Wirtschaftsgut nach dem 31. Dezember 1998 fertig gestellt worden ist, sind die Herstellungskosten bei der Ermittlung des Veräußerungsgewinns um die in Anspruch genommenen Sonderabschreibungen in Höhe von 150 000 DM zu mindern.

39 Nutzt der Steuerpflichtige einen Raum zu betrieblichen oder beruflichen Zwecken (häusliches Arbeitszimmer), sind die anteiligen Anschaffungs- oder Herstellungskosten um den auf das häusliche Arbeitszimmer entfallenden Teil der Absetzungen für Abnutzung, der erhöhten Absetzungen und der Sonder-

abschreibungen zu kürzen. Die anteiligen Anschaffungs- oder Herstellungskosten sind nicht zu kürzen, wenn der Abzug der Aufwendungen nach § 4 Abs. 5 Satz 1 Nr. 6b, § 9 Abs. 5 EStG ausgeschlossen ist. Aus Vereinfachungsgründen gilt dies auch, wenn der Abzug der Betriebsausgaben oder Werbungskosten auf *2400 DM*[1] begrenzt ist.

Die Anschaffungs- oder Herstellungskosten sind nicht um die Abzugsbeträge nach den §§ 10e, 10f, 10g und 10h EStG oder § 7 FördG, die Eigenheimzulage und die Investitionszulage nach dem InvZulG 1999 zu kürzen. 40

**7. Verlustverrechnung** ***(§ 23 Abs. 3 Satz 8 und 9 EStG***[2]***)***

Bei der Zusammenveranlagung von Ehegatten ist der Gesamtgewinn aus privaten Veräußerungsgeschäften für jeden Ehegatten zunächst getrennt zu ermitteln. Dabei ist für den Gewinn jedes Ehegatten die Freigrenze von *1000 DM*[3] nach *§ 23 Abs. 3 Satz 6 EStG*[4] gesondert zu berücksichtigen. Die ggf. von einem Ehegatten nicht ausgeschöpfte Freigrenze kann nicht beim anderen Ehegatten berücksichtigt werden. Verluste aus privaten Veräußerungsgeschäften des einen Ehegatten sind mit Gewinnen des anderen Ehegatten aus privaten Veräußerungsgeschäften auszugleichen (vgl. BFH-Urteil vom 6. 7. 1989, BStBl. II S. 787). Ein Ausgleich ist nicht vorzunehmen, wenn der erzielte Gesamtgewinn aus privaten Veräußerungsgeschäften des anderen Ehegatten steuerfrei bleibt, weil er im Kalenderjahr weniger als *1000 DM*[3] betragen hat. 41

Nicht im Entstehungsjahr mit Veräußerungsgewinnen ausgeglichene Veräußerungsverluste der Jahre ab 1999 sind nach Maßgabe des § 10d EStG rück- und vortragsfähig. Sie mindern in den Rück- oder Vortragsjahren erzielte private Veräußerungsgewinne im Sinne des § 23 EStG, soweit diese in die Ermittlung der Summe der Einkünfte eingegangen sind oder eingehen würden *(§ 23 Abs. 3 Satz 9 EStG*[6]*)*. Bei der Zusammenveranlagung von Ehegatten ist der Verlustabzug nach Maßgabe des § 10d Abs. 1 und 2 EStG zunächst getrennt für jeden Ehegatten und anschließend zwischen den Ehegatten durchzuführen[7]. Der am Schluss eines Veranlagungszeitraums verbleibende Verlustvortrag ist gesondert festzustellen (*§ 23 Abs. 3 Satz 9 EStG*[6], nach Maßgabe des § 10d Abs. 4 Satz 1 EStG). 42[5]

Für Veräußerungsverluste aus den Veranlagungszeiträumen vor 1999 ist *§ 23 Abs. 3 Satz 9 EStG*[6] nicht anzuwenden. Sie dürfen nur mit Veräußerungsgewinnen desselben Kalenderjahres ausgeglichen und nicht nach § 10d EStG abgezogen werden. 43

---

[1] **Red. Anm.:** Jetzt 1250 €.

[2] **Red. Anm.:** Jetzt: § 23 Abs. 3 Satz 7 und 8 EStG.

[3] **Red. Anm.:** Jetzt 600 €.

[4] **Red. Anm.:** Jetzt: § 23 Abs. 3 Satz 5 EStG.

[5] **Zusatz der OFD Frankfurt v. 21. 2. 2011 S 2256 A – 13 – St 225:**
Diese Auffassung des BMF wird durch das JStG 2007 mit einem Verweis auf § 10d Abs. 4 EStG in § 23 Abs. 3 Satz 9 EStG klargestellt; s. a. OFD Frankfurt v. 2. 3. 2007 zu § 23 EStG, ofix HE EStG/23/11.

[6] **Red. Anm.:** Jetzt: § 23 Abs. 3 Satz 8 EStG.

[7] **Red. Anm.:** Beachte aber die Neuregelung durch BMF v. 29. 11. 2004, BStBl. I S. 1097 (Nr. **1** § 10d/1).

# 1 § 24b/1. Schreiben betr. Entlastungsbetrag für Alleinerziehende (§ 24b Einkommensteuergesetz - EStG); Überarbeitung des BMF-Schreibens vom 23. Oktober 2017 (BStBl. I S. 1432)

Vom 23. November 2022

BMF IV C 8 - S 2265-a/22/10001 :001; DOK 2022/1165370

(BStBl. I S. 1634)

Dieses Schreiben ersetzt das Anwendungsschreiben vom 23. Oktober 2017 (BStBl. I S. 1432) und ist in Bezug auf die Änderungen durch das Zweite Corona-Steuerhilfegesetz vom 29. Juni 2020 (BGBl. I S. 1512)[1] und das Jahressteuergesetz 2020 vom 21. Dezember 2020 (BGBl. I S. 3096)[2] für Veranlagungszeiträume ab 2020, im Übrigen in allen noch offenen Fällen anzuwenden.

Nach den Erörterungen mit den obersten Finanzbehörden der Länder gilt Folgendes:

## I. Allgemeines

Alleinerziehende Steuerpflichtige haben gemäß § 24b EStG Anspruch auf einen Entlastungsbetrag. Ziel des Entlastungsbetrags ist es, die höheren Kosten für die eigene Lebens- bzw. Haushaltsführung der Alleinerziehenden abzugelten, die einen gemeinsamen Haushalt nur mit ihren Kindern und keiner anderen erwachsenen Person führen, die tatsächlich oder finanziell zum Haushalt beiträgt. Ab dem Veranlagungszeitraum 2020 beträgt der Entlastungsbetrag jährlich 4008 € und erhöht sich für jedes weitere Kind um jährlich 240 €. 1

Der Entlastungsbetrag für Alleinerziehende wird außerhalb des Familienleistungsausgleichs bei der Ermittlung des Gesamtbetrags der Einkünfte durch Abzug von der Summe der Einkünfte und beim Lohnsteuerabzug durch die Steuerklasse II berücksichtigt. 2

## II. Anspruchsvoraussetzungen

Der Entlastungsbetrag für Alleinerziehende wird Steuerpflichtigen gewährt, die alleinstehend sind und zu deren Haushalt mindestens ein Kind gehört, für das ihnen ein Freibetrag nach § 32 Abs. 6 EStG oder Kindergeld zusteht (§ 24b Abs. 1 Satz 1 EStG). 3

### 1. Alleinstehend

Alleinstehend i.S.d. § 24b Abs. 1 EStG ist nach § 24b Abs. 3 Satz 1 EStG in der Regel (Ausnahme s. Rn. 5) ein Steuerpflichtiger, der nicht die Voraussetzungen für die Anwendung des Splitting-Verfahrens (§ 26 Abs. 1 EStG) erfüllt oder verwitwet ist und keine Haushaltsgemeinschaft mit einer anderen volljährigen Person bildet. Eine Haushaltsgemeinschaft mit einem minderjährigen Kind ist stets unschädlich. 4

---

[1] **Amtl. Anm.:** BStBl. I S. 563.

[2] **Amtl. Anm.:** BStBl. 2021 I S. 6.

### a) Kein Splitting-Verfahren

5 Als alleinstehend ist in der Regel nur ein Steuerpflichtiger anspruchsberechtigt, der nicht die Voraussetzungen für die Anwendung des Splitting-Verfahrens erfüllt. Nach § 2 Abs. 8 EStG sind die Regelungen des Splitting-Verfahrens auch auf Lebenspartner und Lebenspartnerschaften anzuwenden. Ausnahmsweise kann ein Steuerpflichtiger, der als Ehegatte/Lebenspartner nach §§ 26 ff. EStG einzeln oder zusammen zur Einkommensteuer veranlagt wird, den Entlastungsbetrag für Alleinerziehende im Jahr der Trennung oder der Eheschließung/Verpartnerung zeitanteilig in Anspruch nehmen, sofern er die übrigen Voraussetzungen des § 24b EStG erfüllt (vgl. BFH-Urteile vom 28. Oktober 2021 III R 17/20, BStBl. 2022 II S. 797, und III R 57/20, BStBl. 2022 II S. 799).

6 Alleinstehend kann daher ein Steuerpflichtiger sein,
– der nicht verheiratet/verpartnert ist oder
– der verheiratet/verpartnert ist, aber dauernd getrennt lebt (siehe Rn. 25) oder
– der im Veranlagungszeitraum eine Ehe/Lebenspartnerschaft schließt (siehe Rn. 25b) oder
– der verwitwet ist (siehe Rn. 25c) oder
– dessen Ehegatte/Lebenspartner im Ausland lebt und nicht unbeschränkt einkommensteuerpflichtig i.S.d. § 1 Abs. 1 oder Abs. 2 oder des § 1a EStG ist.

### b) Keine Haushaltsgemeinschaft mit einer anderen volljährigen Person

7 Weitere Voraussetzung ist, dass der Steuerpflichtige keine Haushaltsgemeinschaft mit einer anderen volljährigen Person bildet. Es ist allerdings unschädlich, wenn es sich bei der anderen volljährigen Person um ein leibliches Kind, Adoptiv-, Pflege-, Stief- oder Enkelkind handelt, für das dem Steuerpflichtigen ein Freibetrag nach § 32 Abs. 6 EStG oder Kindergeld zusteht.

8 Eine Haushaltsgemeinschaft mit einer anderen volljährigen Person liegt vor, wenn der Steuerpflichtige und die andere Person in der gemeinsamen Wohnung gemeinsam wirtschaften (§ 24b Abs. 3 Satz 2 EStG). Ein gemeinsames Wirtschaften kann sowohl darin bestehen, dass die andere volljährige Person zu den Kosten des gemeinsamen Haushalts beiträgt, als auch in einer Entlastung durch tatsächliche Hilfe und Zusammenarbeit. Auf den Umfang der Hilfe oder des Anteils an den im Haushalt anfallenden Arbeiten kommt es in der Regel nicht an (vgl. BFH-Urteil vom 28. Juni 2012 III R 26/10, BStBl. II S. 815).

9 Ein gemeinsames Wirtschaften setzt nicht voraus, dass nur eine gemeinsame Kasse besteht und die zur Befriedigung jeglichen Lebensbedarfs dienenden Güter nur gemeinsam und aufgrund gemeinsamer Planung angeschafft werden. Es genügt eine mehr oder weniger enge Gemeinschaft mit nahem Beieinanderwohnen, bei der jedes Mitglied der Gemeinschaft tatsächlich oder finanziell seinen Beitrag zur Haushalts- bzw. Lebensführung leistet und an ihr teilnimmt (der gemeinsame Verbrauch der Lebensmittel oder Reinigungsmittel, die gemeinsame Nutzung des Kühlschrankes etc.). Auf die Zahlungswege kommt es nicht an. Es steht daher der Annahme einer Haushaltsgemeinschaft nicht entgegen, wenn z.B. eine Person die laufenden Kosten des Haushalts ohne Miete trägt und die andere Person dafür vereinbarungsgemäß die volle Miete bezahlt.

10 Es kommt auch nicht darauf an, dass der Steuerpflichtige und die andere Person in besonderer Weise materiell (Unterhaltsgewährung) und immateriell (Fürsorge und Betreuung) verbunden sind. Als Kriterien für eine Haushalts-

gemeinschaft können auch der Zweck und die Dauer der Anwesenheit der anderen Person in der Wohnung des Steuerpflichtigen herangezogen werden. So liegt bei nur kurzfristiger Anwesenheit in der Wohnung, z.B. zu Besuchszwecken oder aus Krankheitsgründen, eine Haushaltsgemeinschaft nicht vor. Andererseits bleibt eine Haushaltsgemeinschaft bestehen bei nur vorübergehender Abwesenheit von der Wohnung, z.B. wegen Krankenhausaufenthalt, Auslandsreise, Auslandsaufenthalt eines Montagearbeiters, doppelter Haushaltsführung aus beruflichen Gründen bei regelmäßiger Rückkehr in die gemeinsame Wohnung. Eine Haushaltsgemeinschaft liegt hingegen nicht mehr vor bei nicht nur vorübergehender Abwesenheit, z.B. wegen Strafvollzug, Meldung als vermisst, Auszug aus der gemeinsamen Wohnung, Unterhaltung einer zweiten Wohnung aus privaten Gründen.

Eine Haushaltsgemeinschaft ist insbesondere gegeben bei 11

- eheähnlichen Gemeinschaften,
- bei Wohngemeinschaften unter gemeinsamer Wirtschaftsführung mit einer sonstigen volljährigen Person, z.B.
  - einem Studierenden,
  - mit volljährigen Kindern, für die dem Steuerpflichtigen weder ein Freibetrag nach § 32 Abs. 6 EStG noch Kindergeld zusteht,
  - mit anderen Verwandten (vgl. BFH-Urteil vom 28. Juni 2012 III R 26/10, BStBl. II S. 815), oder
- bei nicht dauernd getrennt lebenden Ehegatten/Lebenspartnern, wenn keine Ehegatten-/Lebenspartnerbesteuerung in Betracht kommt, z.B. deutsche Ehegatten/Lebenspartner von Angehörigen der NATO-Streitkräfte.

Eheähnliche Gemeinschaften – im Sinne einer auf Dauer angelegten Verantwortungs- und Einstehensgemeinschaft – können anhand der folgenden, aus dem Sozialrecht abgeleiteten Indizien festgestellt werden: 12

- Dauer des Zusammenlebens (z.B. von länger als einem Jahr),
- Versorgung gemeinsamer Kinder im selben Haushalt,
- Versorgung anderer Angehöriger im selben Haushalt,
- von beiden Partnern unterschriebener und auf Dauer angelegter Mietvertrag,
- gemeinsame Kontoführung,
- andere Verfügungsbefugnisse über Einkommen und Vermögen des Partners oder
- andere gemeinsame Verträge, z.B. über Unterhaltspflichten.

Beantragt ein Steuerpflichtiger den Abzug von Unterhaltsleistungen an die andere volljährige Person als außergewöhnliche Belastungen nach § 33a Abs. 1 Satz 3 EStG, ist in der Regel vom Vorliegen einer eheähnlichen Gemeinschaft auszugehen.

Mit einer sonstigen volljährigen Person besteht keine Haushaltsgemeinschaft, wenn sie sich tatsächlich und finanziell nicht an der Haushaltsführung beteiligt. Das ist in der Regel nur dann der Fall, wenn diese einen vollständig getrennten Haushalt führt oder wenn – z.B. beim Zusammenleben mit einkommenslosen pflegebedürftigen Angehörigen – jedwede Unterstützungsleistung durch die andere Person ausgeschlossen erscheint. So fehlt die Fähigkeit, sich tatsächlich an der Haushaltsführung zu beteiligen, bei Personen, bei denen mindestens ein Schweregrad der Pflegebedürftigkeit i.S.d. §§ 14, 15 des Elften Buches Sozialgesetzbuch (Pflegegrade 1 bis 5) besteht, die blind oder hilflos i.S.d. § 33b Abs. 3 13

Satz 4 EStG sind. Der Nachweis über den Pflegegrad und der gesundheitlichen Merkmale „Bl" („blind") und „H" („hilflos") richtet sich nach § 65 Einkommensteuer-Durchführungsverordnung. Bei rückwirkender Feststellung der Merkmale „Bl" und „H" oder der Pflegebedürftigkeit sind ggf. bestandskräftige Steuerfestsetzungen auch hinsichtlich des Entlastungsbetrags nach § 24b EStG zu ändern. Die Fähigkeit, sich finanziell an der Haushaltsführung zu beteiligen, fehlt bei einer Person, die kein oder nur geringes Vermögen i.S.d. § 33a Abs. 1 Satz 4 EStG besitzt und deren Einkünfte und Bezüge i.S.d. § 33a Abs. 1 Satz 5 EStG den Unterhaltshöchstbetrag (§ 33a Abs. 1 Satz 1 EStG) nicht übersteigen.

**c) Gesetzliche Vermutung einer Haushaltsgemeinschaft**

**14** Die Annahme einer Haushaltsgemeinschaft setzt nicht die Meldung der anderen Person in der Wohnung des Steuerpflichtigen voraus. Neben der gesetzlichen Definition der Haushaltsgemeinschaft besteht auch die gesetzliche Vermutung für das Vorliegen einer Haushaltsgemeinschaft, wenn eine andere volljährige Person mit Haupt- oder Nebenwohnsitz in der Wohnung des Steuerpflichtigen gemeldet ist (§ 24b Abs. 3 Satz 2 EStG). Eine nachträgliche Ab- bzw. Ummeldung ist insoweit unerheblich.

**15** Die Vermutung ist widerlegbar (§ 24b Abs. 3 Satz 3 EStG). Sie ist widerlegt, wenn die Gemeinde oder das Finanzamt positive Kenntnis davon haben, dass die tatsächlichen Verhältnisse von den melderechtlichen Verhältnissen zugunsten des Steuerpflichtigen abweichen. Der Steuerpflichtige kann die Vermutung der Haushaltsgemeinschaft mit einer in seiner Wohnung gemeldeten anderen volljährigen Person widerlegen, wenn er glaubhaft darlegt, dass eine Haushaltsgemeinschaft mit der anderen Person nicht vorliegt.

**16** Leben der Steuerpflichtige und die andere volljährige Person in einer eheähnlichen Gemeinschaft (vgl. Rn. 11 und 12), ist die Vermutung, dass eine Haushaltsgemeinschaft vorliegt, unwiderlegbar (§ 24b Abs. 3 Satz 3 2. Halbsatz EStG).

**2. Haushaltszugehörigkeit eines Kindes**

**17** Weitere Anspruchsvoraussetzung ist, dass ein Kind, für das dem Steuerpflichtigen ein Freibetrag nach § 32 Abs. 6 EStG oder Kindergeld zusteht, zum Haushalt des Steuerpflichtigen gehört. Ein Kind gehört zum Haushalt des Steuerpflichtigen, wenn es in der Wohnung des Steuerpflichtigen gemeldet, dauerhaft in dessen Wohnung lebt oder mit seiner Einwilligung vorübergehend, z.B. zu Ausbildungszwecken, auswärtig untergebracht ist.

**18** Haushaltszugehörigkeit erfordert außerdem eine Verantwortung für das materielle (Versorgung, Unterhaltsgewährung) und immaterielle Wohl (Fürsorge, Betreuung) des Kindes. Eine Heimunterbringung ist unschädlich, wenn die Wohnverhältnisse in der Familienwohnung die speziellen Bedürfnisse des Kindes berücksichtigen und es sich im Haushalt des Steuerpflichtigen regelmäßig aufhält (vgl. BFH-Urteil vom 14. November 2001 X R 24/99, BStBl. 2002 II S. 244). Die Haushaltszugehörigkeit ist selbst dann anzunehmen, wenn das Kind in der Wohnung des Steuerpflichtigen gemeldet ist, aber tatsächlich in einer eigenen Wohnung lebt. Diese Vermutung ist unwiderlegbar (vgl. BFH-Urteil vom 5. Februar 2015 III R 9/13, BStBl. II S. 926). Ist das Kind hingegen nicht in der Wohnung des Steuerpflichtigen gemeldet, trägt der Steuerpflichtige die Beweislast für das Vorliegen der Haushaltszugehörigkeit. Ist das Kind bei mehreren Steuerpflichtigen gemeldet oder gehört es unstreitig zum Haushalt des Steuerpflichtigen, ohne bei ihm gemeldet zu sein, steht der Entlastungsbetrag demjenigen Alleinstehenden zu, der das Kind tatsächlich in seinen Haushalt aufgenommen hat.

Ist ein Kind annähernd gleichwertig in die beiden Haushalte seiner alleinstehenden Eltern aufgenommen, können die Eltern – unabhängig davon, an welchen Berechtigten das Kindergeld ausgezahlt wird – untereinander bestimmen, wem der Entlastungsbetrag zustehen soll, es sei denn, einer der Berechtigten hat bei seiner Veranlagung oder durch Berücksichtigung der Steuerklasse II beim Lohnsteuerabzug den Entlastungsbetrag bereits in Anspruch genommen. Treffen die Eltern keine Bestimmung über die Zuordnung des Entlastungsbetrags, steht er demjenigen zu, an den das Kindergeld ausgezahlt wird (vgl. BFH-Urteil vom 28. April 2010 III R 79/08, BStBl. 2011 II S. 30). 19

Ist das Kind in den Wohnungen beider Elternteile gemeldet und ist nur ein Elternteil alleinstehend, ist diesem Elternteil der Entlastungsbetrag für Alleinerziehende unabhängig davon zu gewähren, ob dieser die Voraussetzungen für die Auszahlung des Kindergeldes erfüllt oder erfüllen würde. 20

**Beispiel 1:**

Die geschiedenen Eltern M und V haben eine gemeinsame zehnjährige Tochter T. M hat im Jahr 01 erneut geheiratet und lebt während des ganzen Jahres mit dem neuen Ehegatten und T in einem gemeinsamen Haushalt. T ist sowohl in der Wohnung von M als auch in der Wohnung von V gemeldet. M erhält das Kindergeld für T.

V kann den Entlastungsbetrag für Alleinerziehende in Anspruch nehmen. Er ist alleinstehend i.S.d. § 24b Abs. 3 EStG und T gehört zu seinem Haushalt. M kann den Entlastungsbetrag nicht in Anspruch nehmen. Sie ist nicht alleinstehend, da sie während des gesamten Jahres 01 in einer Haushaltsgemeinschaft mit einer anderen volljährigen Person lebt (§ 24b Abs. 3 Satz 1 Halbsatz 1 EStG).

### 3. Identifizierung eines Kindes

Voraussetzung für die Berücksichtigung des Kindes ist gemäß § 24b Abs. 1 Satz 4 EStG die Identifizierung des Kindes durch die an dieses Kind vergebene Identifikationsnummer (§ 139b AO). 21

## III. Jahresbetrag, zeitanteilige Gewährung

Der Entlastungsbetrag für Alleinerziehende von 4008 € erhöht sich gemäß § 24b Abs. 2 EStG um jeweils 240 € für jedes weitere zum Haushalt gehörende Kind. Er ist ein Jahresbetrag, der in jedem Veranlagungszeitraum insgesamt nur einmal in Anspruch genommen werden kann. Eine Aufteilung zwischen den Haushalten alleinerziehender Elternteile ist nicht möglich. 22

Für jeden vollen Kalendermonat, in dem die Voraussetzungen für die Inanspruchnahme des Entlastungsbetrages dem Grunde nach nicht vorgelegen haben, ermäßigt sich der Betrag zeitanteilig um ein Zwölftel (§ 24b Abs. 4 EStG). 23

**Beispiel 2:**

Die alleinstehende Mutter M bringt im April ihr erstes Kind zur Welt. Sie lebt in ihrem Haushalt mit keiner weiteren volljährigen Person zusammen. Ab April kann M den Entlastungsbetrag für Alleinerziehende zeitanteilig in Höhe von (4008 € × 9/12 =) 3006 € in Anspruch nehmen.

Entsprechend ermäßigt sich für jeden Kalendermonat, in dem die Voraussetzungen für die Inanspruchnahme des Erhöhungsbetrages nicht vorgelegen haben, der Erhöhungsbetrag zeitanteilig. 24

**Beispiel 3:**

Die alleinstehende Mutter M bringt im Juni ihr zweites Kind zur Welt. Sie lebt in ihrem Haushalt mit keiner weiteren volljährigen Person zusammen. Für den Veranlagungszeitraum kann M einen Entlastungsbetrag für Alleinerziehende in Höhe von 4148 € (4008 € + 240 € × 7/12) in Anspruch nehmen.

25 In dem Veranlagungszeitraum, in dem Ehegatten bzw. Lebenspartner sich trennen, ist eine zeitanteilige Inanspruchnahme des Entlastungsbetrages möglich, sofern die übrigen Voraussetzungen des § 24b EStG erfüllt sind (vgl. BFH-Urteil vom 28. Oktober 2021 III R 17/20, BStBl. 2022 II S. 797). Bei dauerndem Getrenntleben kann der Entlastungsbetrag für Alleinerziehende nach § 24b Abs. 4 EStG zeitanteilig ab dem Monat der Trennung der Ehegatten/Lebenspartner beansprucht werden.

25a Im Fall der Rn. 25 kann im Vorgriff auf eine gesetzliche Regelung der anteilige Entlastungsbetrag für Alleinerziehende als Freibetrag im Lohnsteuerabzugsverfahren entsprechend § 39a Abs. 1 Satz 1 Nr. 8 EStG gebildet werden, wenn die Voraussetzungen des § 24b und des § 39a Abs. 2 Satz 4 EStG erfüllt sind. § 39a Abs. 1 Satz 1 Nr. 4a EStG gilt entsprechend.

25b Der Steuerpflichtige kann den Entlastungsbetrag für Alleinerziehende im Jahr der Eheschließung/Verpartnerung zeitanteilig in Anspruch nehmen, sofern er die übrigen Voraussetzungen des § 24b EStG erfüllt, insbesondere nicht bereits in einer Haushaltsgemeinschaft mit dem späteren Ehegatten gelebt hat (vgl. BFH-Urteil vom 28. Oktober 2021 III R 57/20, BStBl. 2022 II S. 799, und Beispiel 4).

25c Ein verwitweter Steuerpflichtiger kann nach § 24b Abs. 4 EStG den Entlastungsbetrag für Alleinerziehende erstmals zeitanteilig für den Monat des Todes des Ehegatten oder Lebenspartners beanspruchen.

26 Im Fall des Zusammenlebens mit einer anderen volljährigen Person ist der Entlastungsbetrag zeitanteilig für volle Kalendermonate zu kürzen, in denen eine Haushaltsgemeinschaft mit der anderen volljährigen Person besteht.

**Beispiel 4:**

Mutter M ist alleinstehend und lebt mit ihren minderjährigen Kindern K und L in einem gemeinsamen Haushalt zusammen. Am 15. August des Jahres 01 zieht der neue Partner P in die Wohnung von M mit ein. M und P heiraten am 12. Dezember 01 und wählen für diesen Veranlagungszeitraum die Zusammenveranlagung nach §§ 26, 26b EStG. Bis einschließlich August kann M den Entlastungsbetrag für Alleinerziehende zeitanteilig in Höhe von (4248 € × 8/12 =) 2832 € in Anspruch nehmen.

# I § 32/1. Schreiben betr. steuerliche Berücksichtigung volljähriger Kinder nach § 32 Abs. 4 Satz 2 und 3 EStG ab 2012

Vom 8. Februar 2016 (BStBl. I S. 226)

(BMF IV C 4 – S 2282/07/0001 – 01; DOK 2015/1175697)

Nach dem Ergebnis der Erörterungen mit den obersten Finanzbehörden der Länder gelten für die Berücksichtigung volljähriger Kinder im Familienleistungsausgleich die nachfolgenden Ausführungen.

## 1. Allgemeines

Für die steuerliche Berücksichtigung eines volljährigen Kindes sind ab 2012 1
dessen eigene Einkünfte und Bezüge unbeachtlich. Ein volljähriges Kind wird grundsätzlich bis zum Abschluss einer erstmaligen Berufsausbildung oder eines Erststudiums berücksichtigt. Darüber hinaus wird es nur noch berücksichtigt, wenn es einen der Grundtatbestände des § 32 Abs. 4 Satz 1 Nr. 2 erfüllt und keiner die Ausbildung hindernden Erwerbstätigkeit nachgeht. Diese Regelung gilt nicht für Kinder bis zur Vollendung des 21. Lebensjahrs, die bei einer Agentur für Arbeit als arbeitsuchend gemeldet sind (§ 32 Abs. 4 Satz 1 Nr. 1 EStG), sowie für behinderte Kinder, die nach § 32 Abs. 4 Satz 1 Nr. 3 EStG zu berücksichtigen sind.

Nach Abschluss einer erstmaligen Berufsausbildung wie auch nach Ab- 2
schluss eines Erststudiums gilt die gesetzliche Vermutung, dass ein volljähriges Kind in der Lage ist, sich selbst zu unterhalten. Dies hat zur Folge, dass das Kind, wenn es nicht als arbeitsuchend gemeldet (bis 21 Jahre) oder behindert ist, nicht mehr zu berücksichtigen ist. Die Vermutung des Gesetzgebers gilt als widerlegt, wenn der Nachweis erbracht wird, dass das Kind weiterhin für einen Beruf ausgebildet wird (§ 32 Abs. 4 Satz 1 Nr. 2 Buchst. a EStG) und tatsächlich keiner Erwerbstätigkeit nachgeht, die Zeit und Arbeitskraft des Kindes überwiegend beansprucht. Eine unschädliche Erwerbstätigkeit liegt vor, wenn diese 20 Stunden regelmäßiger wöchentlicher Arbeitszeit nicht übersteigt, ein Ausbildungsdienstverhältnis oder ein geringfügiges Beschäftigungsverhältnis im Sinne der §§ 8 und 8 a SGB IV darstellt. Entsprechendes gilt für die Berücksichtigungstatbestände des § 32 Abs. 4 Satz 1 Nr. 2 Buchst. b, c und d EStG.

## 2. Abschluss einer erstmaligen Berufsausbildung oder eines Erststudiums

### 2.1. Erstmalige Berufsausbildung

Das Tatbestandsmerkmal „Berufsausbildung" in § 32 Abs. 4 Satz 2 EStG ist 3
enger gefasst als das Tatbestandsmerkmal „für einen Beruf ausgebildet werden" in § 32 Abs. 4 Satz 1 Nr. 2 Buchst. a EStG (siehe Rz. 21). Unter dem Begriff „Berufsausbildung" i. S. d. § 32 Abs. 4 Satz 2 EStG ist eine berufliche Ausbil-

dung unter Ausschluss eines Studiums zu verstehen. Eine Berufsausbildung in diesem Sinne liegt vor, wenn das Kind durch eine berufliche Ausbildungsmaßnahme die notwendigen fachlichen Fertigkeiten und Kenntnisse erwirbt, die zur Aufnahme eines Berufs befähigen. Voraussetzung ist, dass der Beruf durch eine Ausbildung in einem öffentlich-rechtlich geordneten Ausbildungsgang erlernt wird (BFH vom 6. März 1992, BStBl. II S. 661) und der Ausbildungsgang durch eine Prüfung abgeschlossen wird.

4 Zur Berufsausbildung zählen insbesondere:

- Berufsausbildungsverhältnisse gemäß § 1 Abs. 3, §§ 4 bis 52 Berufsbildungsgesetz (BBiG) bzw. §§ 21 bis 40 Gesetz zur Ordnung des Handwerks (Handwerksordnung) in auf der Grundlage des BBiG bzw. der HwO anerkannten Ausbildungsberufen sowie anerkannte Lehr- und Anlernberufe oder vergleichbar geregelte Ausbildungsberufe aus der Zeit vor dem Inkrafttreten des BBiG (§ 104 BBiG). Der erforderliche Abschluss besteht hierbei in der erfolgreich abgelegten Abschlussprüfung i. S. d. § 37 BBiG und § 31 HwO. Gleiches gilt, wenn die Abschlussprüfung nach § 43 Abs. 2 BBiG ohne ein Ausbildungsverhältnis auf Grund einer entsprechenden schulischen Ausbildung abgelegt wird, die gemäß den Voraussetzungen des § 43 Abs. 2 BBiG als gleichwertig anerkannt ist;
- mit Berufsausbildungsverhältnissen vergleichbare betriebliche Ausbildungsgänge außerhalb des Geltungsbereichs des BBiG (z. B. die Ausbildung zum/zur Schiffsmechaniker/Schiffsmechanikerin nach der See-Berufsausbildungsverordnung – See-BAV vom 10. 9. 2013, BGBl. I S. 3565, in der jeweils geltenden Fassung);
- die Ausbildung auf Grund der bundes- oder landesrechtlichen Ausbildungsregelungen für Berufe im Gesundheits- und Sozialwesen;
- landesrechtlich geregelte Berufsabschlüsse an Berufsfachschulen;
- die Berufsausbildung behinderter Menschen in anerkannten Berufsausbildungsberufen oder auf Grund von Regelungen der zuständigen Stellen in besonderen „Behinderten-Ausbildungsberufen";
- die Berufsausbildung in einem öffentlich-rechtlichen Dienstverhältnis und
- Maßnahmen zur Behebung von amtlich festgestellten Unterschieden zwischen einem im Ausland erworbenen Berufsabschluss und einem entsprechenden im Inland geregelten Berufsabschluss, z. B. Anpassungslehrgänge nach § 11 Berufsqualifikationsfeststellungsgesetz. Informationen zur Anerkennung ausländischer Berufsqualifikationen (z. B. zu den zuständigen Stellen) sind unter www.anerkennung-in-deutschland.de und www.bq-portal.de zu finden. Handelt es sich bei dem im Ausland erworbenen Berufsabschluss um eine erstmalige Berufsausbildung, ist diese erst mit der Beendigung der inländischen Anpassungsqualifizierung abgeschlossen.

5 Andere Bildungsmaßnahmen werden einer Berufsausbildung gleichgestellt, wenn sie dem Nachweis einer Sachkunde dienen, die Voraussetzung zur Aufnahme einer fest umrissenen beruflichen Betätigung ist. Die Ausbildung muss in einem geordneten Ausbildungsgang erfolgen und durch eine staatliche oder staatlich anerkannte Prüfung abgeschlossen werden. Der erfolgreiche Abschluss der Prüfung muss Voraussetzung für die Aufnahme der beruflichen Betätigung sein. Die Ausbildung und der Abschluss müssen vom Umfang und Qualität der Ausbildungsmaßnahmen und Prüfungen her grundsätzlich mit

den Anforderungen, die bei Berufsausbildungsmaßnahmen im Sinne der Rz. 4 gestellt werden, vergleichbar sein. Dazu gehört z. B. die Ausbildung zu Berufspiloten auf Grund der JAR-FCL 1 deutsch vom 15. April 2003 (Bundesanzeiger 2003 Nr. 80 a).

Die Berufsausbildung ist als erstmalige Berufsausbildung anzusehen, wenn ihr keine andere abgeschlossene Berufsausbildung beziehungsweise kein abgeschlossenes berufsqualifizierendes Hochschulstudium vorausgegangen ist. Wird ein Kind ohne entsprechende Berufsausbildung in einem Beruf tätig und führt es die zugehörige Berufsausbildung nachfolgend durch (nachgeholte Berufsausbildung), handelt es sich dabei um eine erstmalige Berufsausbildung (BFH vom 6. März 1992, BStBl. II S. 661). 6

Entsprechendes gilt für ausländische Berufsausbildungsabschlüsse, die inländischen Abschlüssen gleichgestellt sind. Bei Abschlüssen aus einem Mitgliedstaat der Europäischen Union (EU) oder einem Vertragsstaat des Europäischen Wirtschaftsraums (EWR) oder der Schweiz ist in der Regel davon auszugehen, dass diese gleichgestellt sind. 7

## 2.2. Erststudium

Ein Studium i. S. d. § 32 Abs. 4 Satz 2 EStG liegt dann vor, wenn es sich um ein Studium an einer Hochschule i. S. d. Hochschulgesetze der Länder handelt. Hochschulen im Sinne dieser Vorschriften sind Universitäten, Pädagogische Hochschulen, Kunsthochschulen, Fachhochschulen und sonstige Einrichtungen des Bildungswesens, die nach dem jeweiligen Landesrecht staatliche Hochschulen sind. Gleichgestellt sind private und kirchliche Bildungseinrichtungen sowie Hochschulen des Bundes, die nach dem jeweiligen Landesrecht als Hochschule anerkannt sind. Studien können auch als Fernstudien durchgeführt werden. Welche schulischen Abschlüsse oder sonstigen Voraussetzungen den Zugang zum Studium eröffnet haben, ist dabei unerheblich. 8

Ein Studium stellt ein Erststudium i. S. d. § 32 Abs. 4 Satz 2 EStG dar, wenn es sich um eine Erstausbildung handelt. Es darf ihm kein anderes durch einen berufsqualifizierenden Abschluss beendetes Studium bzw. keine andere abgeschlossene nichtakademische Berufsausbildung im Sinne der Rz. 4 bis 7 vorangegangen sein. Ein Studium wird – sofern zwischen Prüfung und Bekanntgabe des Prüfungsergebnisses noch keine Vollzeiterwerbstätigkeit im angestrebten Beruf ausgeübt wird – regelmäßig erst mit Bekanntgabe des Prüfungsergebnisses abgeschlossen. 9

Als Abschluss einer berufsqualifizierenden Hochschulprüfung kann ein Hochschulgrad verliehen werden. Hochschulgrade sind insbesondere der Bachelor-, der Master-, der Diplom-, der Magister- und der Bakkalaureusgrad. Nach dem jeweiligen Landesrecht können weitere Grade vorgesehen sein, insbesondere in künstlerischen Studiengängen oder in Studiengängen, die in Kooperation mit ausländischen Hochschulen durchgeführt werden. Zwischenprüfungen stellen keinen Abschluss eines Studiums i. S. d. § 32 Abs. 4 Satz 2 EStG dar. 10

Die von den Hochschulen angebotenen Studiengänge führen in der Regel zu einem berufsqualifizierenden Abschluss. Im Zweifel ist davon auszugehen, dass die entsprechenden Prüfungen berufsqualifizierend sind. 11

12 Studien- und Prüfungsleistungen an ausländischen Hochschulen, die zur Führung eines ausländischen akademischen Grades berechtigen, der nach dem Recht des Landes, in dem der Gradinhaber seinen inländischen Wohnsitz oder inländischen gewöhnlichen Aufenthalt hat, anerkannt wird, sowie Studien- und Prüfungsleistungen, die von Staatsangehörigen eines Mitgliedstaats der EU oder von Vertragsstaaten des EWR oder der Schweiz an Hochschulen dieser Staaten erbracht werden, sind nach diesen Grundsätzen inländischen Studien- und Prüfungsleistungen gleichzustellen. Der Steuerpflichtige hat die Berechtigung zur Führung des Grades nachzuweisen. Für die Gleichstellung von Studien- und Prüfungsleistungen werden die in der Datenbank „anabin" (www.anabin.kmk.org) der Zentralstelle für ausländisches Bildungswesen beim Sekretariat der Kultusministerkonferenz aufgeführten Bewertungsvorschläge zugrunde gelegt.

### 2.3. Abschluss einer erstmaligen Berufsausbildung oder eines Erststudiums

12 a Eine erstmalige Berufsausbildung oder ein Erststudium sind grundsätzlich abgeschlossen, wenn sie das Kind zur Aufnahme eines Berufs befähigen. Wenn das Kind später eine weitere Ausbildung aufnimmt (z. B. Meisterausbildung nach mehrjähriger Berufstätigkeit auf Grund abgelegter Gesellenprüfung oder Masterstudium nach mehrjähriger Berufstätigkeit), handelt es sich um eine Zweitausbildung.

12 b Ist auf Grund objektiver Beweisanzeichen erkennbar, dass das Kind sein angestrebtes Berufsziel noch nicht erreicht hat, kann auch eine weiterführende Ausbildung noch als Teil der Erstausbildung zu qualifizieren sein (BFH vom 3. Juli 2014, BStBl. 2015 II S. 152, sog. mehraktige Ausbildung). Abzustellen ist dabei darauf, ob die weiterführende Ausbildung in einem engen sachlichen Zusammenhang mit der nichtakademischen Ausbildung oder dem Erststudium steht und im engen zeitlichen Zusammenhang durchgeführt wird (BFH vom 15. April 2015, BStBl. 2016 II S. 163). Ein enger sachlicher Zusammenhang liegt vor, wenn die nachfolgende Ausbildung z. B. dieselbe Berufssparte oder denselben fachlichen Bereich betrifft. Ein enger zeitlicher Zusammenhang liegt vor, wenn das Kind die weitere Ausbildung zum nächstmöglichen Zeitpunkt aufnimmt oder sich bei mangelndem Ausbildungsplatz zeitnah zum nächstmöglichen Zeitpunkt für die weiterführende Ausbildung bewirbt. Unschädlich sind Verzögerungen, die z. B. aus einem zunächst fehlenden oder einem aus schul-, studien- oder betriebsorganisatorischen Gründen erst zu einem späteren Zeitpunkt verfügbaren Ausbildungsplatz resultieren. Unschädlich ist es auch, wenn das Kind infolge Erkrankung oder wegen eines Beschäftigungsverbots nach den §§ 3 und 6 Mutterschutzgesetz daran gehindert ist, die weitere Ausbildung aufzunehmen. Erst wenn die für das von Kind und Eltern bestimmte Berufsziel geeigneten Grundlagen erreicht sind, stellt eine weitere Ausbildung eine Weiterbildung oder eine Zweitausbildung dar.

12 c Setzt das angestrebte Berufsziel keinen weiterführenden Abschluss voraus, handelt es sich bei weiteren Ausbildungsmaßnahmen nach Abschluss der erstmaligen Berufsausbildung um eine Weiterbildung oder eine Zweitausbildung. Eine Berücksichtigung des Kindes ist dann nach § 32 Abs. 4 Satz 2 EStG nur möglich, wenn das Kind keiner Erwerbstätigkeit nachgeht oder es sich bei den

Ausbildungsmaßnahmen um ein Ausbildungsdienstverhältnis handelt (BFH vom 23. Juni 2015, BStBl. 2016 II S. 55).

Für die Frage, ob eine erstmalige Berufsausbildung oder ein Erststudium nach § 32 Abs. 4 Satz 2 EStG abgeschlossen sind, kommt es nicht darauf an, ob die Berufsausbildung bzw. das Studium die besonderen Voraussetzungen für eine Erstausbildung i. S. d. § 9 Abs. 6 EStG erfüllen. 12 d

**2.4. Einzelfragen**

**Fachschulen:** 13

Fachschulen sind Einrichtungen der beruflichen Weiterbildung, deren Besuch grundsätzlich eine berufliche Erstausbildung voraussetzt. Der Besuch einer Fachschule stellt daher ebenso wie ein nach dem Besuch einer Fachschule aufgenommenes Studium grundsätzlich keine Erstausbildung bzw. kein Erststudium i. S. d. § 32 Abs. 4 Satz 2 EStG dar. Dies gilt nicht, wenn der Fachschulbesuch Teil der mehraktigen Ausbildung ist (siehe Rz. 12 b).

**Wechsel und Unterbrechung des Studiums:** 14

Bei einem Wechsel des Studiums ohne Abschluss des zunächst betriebenen Studiengangs stellt das zunächst aufgenommene Studium kein abgeschlossenes Erststudium dar. Bei einer Unterbrechung eines Studiengangs ohne einen berufsqualifizierenden Abschluss und seiner späteren Weiterführung stellt der der Unterbrechung vorangegangene Studienteil kein abgeschlossenes Erststudium dar.

**Mehrere Studiengänge:** 15

Werden zwei (oder ggf. mehrere) Studiengänge parallel studiert, die zu unterschiedlichen Zeiten abgeschlossen werden, stellt der nach dem berufsqualifizierenden Abschluss eines der Studiengänge weiter fortgesetzte andere Studiengang vom Zeitpunkt des Abschlusses des einen Studienganges an kein Erststudium mehr dar. Etwas anderes gilt nur, wenn die Studiengänge in einem engen sachlichen Zusammenhang stehen.

**Aufeinanderfolgende Abschlüsse unterschiedlicher Hochschultypen:** 16

Da die Universitäten, Pädagogischen Hochschulen, Kunsthochschulen, Fachhochschulen sowie weitere entsprechende landesrechtliche Bildungseinrichtungen gleichermaßen Hochschulen i. S. d. Hochschulgesetze der Länder sind, stellt ein Studium an einer dieser Bildungseinrichtungen nach einem abgeschlossenen Studium an einer anderen dieser Bildungseinrichtungen kein Erststudium dar. So handelt es sich z. B. bei einem Universitätsstudium nach einem abgeschlossenen Fachhochschulstudium grundsätzlich nicht um ein Erststudium. Dies gilt nicht, wenn das Universitätsstudium Teil der mehraktigen Ausbildung ist (siehe Rz. 12 b).

**Ergänzungs- und Aufbaustudien:** 17

Postgraduale Zusatz-, Ergänzungs- und Aufbaustudiengänge setzen den Abschluss eines ersten Studiums voraus und stellen daher grundsätzlich kein Erststudium dar. Dies gilt nicht, wenn ein solches Zusatz-, Ergänzungs- oder Aufbaustudium auf dem ersten Studienabschluss des Kindes aufbaut und in einem engen zeitlichen Zusammenhang aufgenommen wird (siehe Rz. 12 b). In diesen Fällen ist von einem einheitlichen Erststudium auszugehen.

18 **Vorbereitungsdienst:**

Als berufsqualifizierender Studienabschluss gilt auch der Abschluss eines Studiengangs, durch den die fachliche Eignung für einen beruflichen Vorbereitungsdienst oder eine berufliche Einführung vermittelt wird. Daher ist z. B. mit dem ersten juristischen Staatsexamen die erstmalige Berufsausbildung grundsätzlich abgeschlossen. Ein in einem engen zeitlichen Zusammenhang aufgenommenes Referendariat zur Vorbereitung auf das zweite Staatsexamen ist jedoch Teil der erstmaligen Berufsausbildung (siehe Rz. 12 b).

19 **Bachelor- und Masterstudiengänge:**

Der Bachelor- oder Bakkalaureusgrad einer inländischen Hochschule ist ein berufsqualifizierender Abschluss. Daraus folgt, dass der Abschluss eines Bachelorstudiengangs den Abschluss eines Erststudiums darstellt und ein nachfolgender Studiengang grundsätzlich als weiteres Studium anzusehen ist. Wird hingegen ein Masterstudiengang besucht, der zeitlich und inhaltlich auf den vorangegangenen Bachelorstudiengang abgestimmt ist, so ist dieser Teil der Erstausbildung (BFH vom 3. September 2015, BStBl. 2016 II S. 166, siehe auch Rz. 12 b). Bei konsekutiven Masterstudiengängen an einer inländischen Hochschule ist von einem engen sachlichen Zusammenhang auszugehen.

20 **Berufsakademien und andere Ausbildungseinrichtungen:**

Nach Landesrecht kann vorgesehen werden, dass bestimmte an Berufsakademien oder anderen Ausbildungseinrichtungen erfolgreich absolvierte Ausbildungsgänge einem abgeschlossenen Studium an einer Fachhochschule gleichwertig sind und die gleichen Berechtigungen verleihen. Soweit dies der Fall ist, stellt ein entsprechendes Studium unter der Voraussetzung, dass ihm kein anderes abgeschlossenes Studium oder keine andere abgeschlossene Berufsausbildung vorangegangen ist, grundsätzlich ein Erststudium i. S. d. § 32 Abs. 4 Satz 2 EStG dar. Es kann ggf. auch Teil einer mehraktigen Ausbildung sein (siehe Rz. 12 b).

20 a **Promotion:**

Dem Promotionsstudium und der Promotion durch die Hochschule geht regelmäßig ein abgeschlossenes Studium voran, sodass die erstmalige Berufsausbildung grundsätzlich bereits abgeschlossen ist. Wird die Vorbereitung auf die Promotion jedoch in einem engen zeitlichen Zusammenhang mit dem Erststudium durchgeführt, ist sie noch Teil der erstmaligen Ausbildung (siehe Rz. 12 b).

### 2.5. Abgrenzung des Tatbestandsmerkmals „Berufsausbildung" zum Tatbestandsmerkmal „für einen Beruf ausgebildet werden"

21 Die eng gefasste Auslegung des Tatbestandsmerkmals „Berufsausbildung" in § 32 Abs. 4 Satz 2 EStG im Sinne eines öffentlich-rechtlich geordneten Ausbildungsganges führt nicht zu einer Einschränkung des Berücksichtigungstatbestandes des § 32 Abs. 4 Satz 1 Nr. 2 Buchst. a EStG. Bei der Auslegung des Tatbestandsmerkmals „für einen Beruf ausgebildet werden" ist weiterhin das BFH-Urteil vom 9. Juni 1999, BStBl. II S. 701, anzuwenden.

Hiernach wird für einen Beruf ausgebildet, wer sein Berufsziel noch nicht erreicht hat, sich aber ernstlich darauf vorbereitet. Der Vorbereitung auf ein Berufsziel dienen alle Maßnahmen, bei denen es sich um den Erwerb von Kenntnissen, Fähigkeiten und Erfahrungen handelt, die als Grundlagen für die

Ausübung des angestrebten Berufs geeignet sind, und zwar unabhängig davon, ob die Ausbildungsmaßnahmen in einer Ausbildungsordnung oder Studienordnung vorgeschrieben sind. Der Besuch beispielsweise einer allgemein bildenden Schule führt demnach regelmäßig zu einer Berücksichtigung nach § 32 Abs. 4 Satz 1 Nr. 2 Buchst. a EStG, der Erwerb eines Schulabschlusses jedoch nicht zum „Verbrauch" der erstmaligen Berufsausbildung nach § 32 Abs. 4 Satz 2 EStG. Gleiches gilt für ein Volontariat (vgl. BFH vom 9. Juni 1999, BStBl. II S. 706) oder ein freiwilliges Berufspraktikum (vgl. BFH vom 9. Juni 1999, BStBl. II S. 713).

Der Abschluss einer erstmaligen Berufsausbildung oder eines Erststudiums 22
führt dazu, dass ein volljähriges Kind danach nur berücksichtigt wird, wenn es keiner Erwerbstätigkeit i. S. d. § 32 Abs. 4 Satz 2 und 3 EStG nachgeht. Dies gilt auch, wenn die erstmalige Berufsausbildung vor Vollendung des 18. Lebensjahres abgeschlossen worden ist. Zu einzelnen Maßnahmen einer mehraktigen Ausbildung siehe Rz. 12 b.

### 3. Erwerbstätigkeit

Unter dem Begriff „Erwerbstätigkeit" ist nicht nur eine nichtselbständige 23
Tätigkeit zu verstehen. Ein Kind ist vielmehr erwerbstätig, wenn es einer auf die Erzielung von Einkünften gerichteten Beschäftigung nachgeht, die den Einsatz seiner persönlichen Arbeitskraft erfordert (BFH vom 16. Mai 1975, BStBl. II S. 537). Hieraus folgt, dass der Begriff „Erwerbstätigkeit" auch durch eine land- und forstwirtschaftliche, eine gewerbliche und eine selbständige Tätigkeit erfüllt werden kann. Die Verwaltung eigenen Vermögens ist demgegenüber keine Erwerbstätigkeit.

Unschädlich ist eine Erwerbstätigkeit, wenn die regelmäßige wöchentliche 24
Arbeitszeit insgesamt nicht mehr als 20 Stunden beträgt. Hierbei ist von der individuell vertraglich vereinbarten Arbeitszeit auszugehen. Eine vorübergehende (höchstens 2 Monate andauernde) Ausweitung der Beschäftigung auf mehr als 20 Stunden ist unbeachtlich, wenn während des Zeitraumes innerhalb eines Kalenderjahres, in dem einer der Grundtatbestände des § 32 Abs. 4 Satz 1 Nr. 2 EStG erfüllt ist, die durchschnittliche wöchentliche Arbeitszeit nicht mehr als 20 Stunden beträgt.

**Beispiel:**

Ein Kind schließt nach dem Abitur eine Lehre als Koch ab und studiert ab Oktober 2014 Medizin. Gemäß vertraglicher Vereinbarung ist das Kind ab dem 30. März 2015 mit einer wöchentlichen Arbeitszeit von 20 Stunden als Bürokraft beschäftigt. In den Semesterferien arbeitet das Kind – auf Grund einer zusätzlichen vertraglichen Vereinbarung – vom 1. August bis zur Kündigung am 30. September 2015 in Vollzeit mit 40 Stunden wöchentlich. Ab dem 1. November 2015 ist das Kind gemäß vertraglicher Vereinbarung mit einer wöchentlichen Arbeitszeit von 15 Stunden als Verkaufsaushilfe tätig. Somit ergeben sich folgende Arbeitszeiten pro voller Woche:

– vom 30. März bis 31. Juli 2015 (17 Wochen): 20 Stunden pro Woche
– vom 1. August bis 30. September 2015 (8 Wochen): 40 Stunden pro Woche (= Ausweitung der Beschäftigung)
– vom 1. November bis 31. Dezember 2015 (8 Wochen): 15 Stunden pro Woche

Die durchschnittliche wöchentliche Arbeitszeit beträgt 15 Stunden; Berechnung:

$$\frac{(17 \text{ Wochen} \times 20 \text{ Std.}) + (8 \text{ Wochen} \times 40 \text{ Std.}) + (8 \text{ Wochen} \times 15 \text{ Std.})}{52 \text{ Wochen}} = 15 \text{ Std.}$$

Das Kind ist auf Grund des Studiums das gesamte Jahr 2015 nach § 32 Abs. 4 Satz 1 Nr. 2 Buchst. a EStG zu berücksichtigen. Das Studium wird jedoch nach Abschluss einer erstmaligen Berufsausbildung durchgeführt, sodass das Kind nach § 32 Abs. 4 Satz 2 und 3 EStG nur berücksichtigt werden kann, wenn die ausgeübte Erwerbstätigkeit unschädlich ist. Da die Ausweitung der Beschäftigung des Kindes lediglich vorübergehend ist und gleichzeitig während des Vorliegens des Grundtatbestandes nach § 32 Abs. 4 Satz 1 Nr. 2 EStG die durchschnittliche wöchentliche Arbeitszeit 20 Stunden nicht übersteigt, ist die Erwerbstätigkeit unschädlich. Das Kind ist während des gesamten Kalenderjahres zu berücksichtigen.

**Variante:**

Würde das Kind während der Semesterferien dagegen vom 1. Juli bis 30. September 2015 (= mehr als zwei Monate) vollzeiterwerbstätig sein, wäre die Ausweitung der Erwerbstätigkeit nicht nur vorübergehend und damit diese Erwerbstätigkeit als schädlich einzustufen. Dies gilt unabhängig davon, dass auch hier die durchschnittliche wöchentliche Arbeitszeit 20 Stunden nicht überschritten werden würde. Das Kind könnte demnach für die Monate Juli, August und September 2015 nicht berücksichtigt werden.

25 Ein Ausbildungsdienstverhältnis ist unschädlich. Es liegt vor, wenn die Ausbildungsmaßnahme Gegenstand des Dienstverhältnisses ist (vgl. R 9.2 LStR 2015 und H 9.2 „Ausbildungsdienstverhältnis" LStH 2015; BFH vom 23. Juni 2015, BStBl. 2016 II S. 55). Zu den Ausbildungsdienstverhältnissen zählen z. B. die Berufsausbildungsverhältnisse gemäß § 1 Abs. 3, §§ 4 bis 52 BBiG. Dementsprechend liegt kein Ausbildungsdienstverhältnis vor, wenn die Berufsausbildung oder das Studium nicht Gegenstand des Dienstverhältnisses ist, auch wenn die Berufsbildungsmaßnahme oder das Studium seitens des Arbeitgebers durch Hingabe von Mitteln, z. B. eines Stipendiums, gefördert wird. Eine neben einem Ausbildungsdienstverhältnis ausgeübte geringfügige Beschäftigung (Rz. 26) ist hingegen unschädlich.

26 Eine geringfügige Beschäftigung i. S. d. §§ 8 und 8 a SGB IV ist ebenfalls unschädlich. Bei der Beurteilung, ob ein geringfügiges Beschäftigungsverhältnis vorliegt, ist aus Vereinfachungsgründen die Einstufung des Arbeitgebers maßgeblich. Hierzu kann eine Bescheinigung des Arbeitgebers oder ein anderer Nachweis vorgelegt werden.

27 Eine geringfügige Beschäftigung kann neben einer Erwerbstätigkeit i. S. d. Rz. 24 nur ausgeübt werden, wenn dadurch insgesamt die 20-Stunden-Grenze nicht überschritten wird.

## 4. Monatsprinzip

28 Bei der Prüfung, ob die Voraussetzungen des § 32 Abs. 4 Satz 1 bis 3 EStG vorliegen, ist auf den Kalendermonat abzustellen. Es genügt, wenn in dem jeweiligen Monat an einem Tag die Anspruchsvoraussetzungen vorliegen.

**Beispiel:**

Ein Kind schließt nach dem Abitur zunächst eine Berufsausbildung mit der Gesellenprüfung als Elektroniker ab und studiert ab dem Jahr 2014 Soziologie. Ab dem 20. Juli 2016 nimmt es unbefristet eine Teilzeitbeschäftigung mit 30 Stunden pro Woche auf.

Auf Grund des Studiums ist das Kind nach § 32 Abs. 4 Satz 1 Nr. 2 Buchst. a EStG zu berücksichtigen. Das Studium wird jedoch nach Abschluss einer erstmaligen Berufsausbildung durchgeführt, sodass das Kind nach § 32 Abs. 4 Satz 2 EStG nur berücksichtigt werden kann, wenn es keiner Erwerbstätigkeit nachgeht. Die Erwerbstätigkeit des Kindes ist gemäß § 32 Abs. 4 Satz 3 EStG zwar grundsätzlich als schädlich einzustufen. Das Kind kann aber für jeden Kalendermonat berücksichtigt werden, in dem wenigstens an einem Tage die Anspruchsvoraussetzungen – hier „keiner Erwerbstätigkeit nachgeht" – vorgelegen haben, somit für die

Monate Januar bis Juli 2016. Für die Monate August bis Dezember 2016 kann das Kind nicht berücksichtigt werden.

Werden die Grenzen für eine geringfügige Beschäftigung i. S. d. Rz. 26 und 27 während eines Monats überschritten und ist hierdurch die 20-Stunden-Grenze überschritten, kann das Kind ab dem auf das Überschreiten folgenden Monat nicht mehr berücksichtigt werden. Dies gilt, solange die Grenzen überschritten werden bzw. die entsprechende Beschäftigung ausgeübt wird. 29

**5. Behinderte Kinder (§ 32 Abs. 4 Satz 1 Nr. 3 EStG)**

Ein Kind ist zu berücksichtigen, wenn es wegen körperlicher, geistiger oder seelischer Behinderung außerstande ist, sich selbst zu unterhalten, d. h., wenn es mit den ihm zur Verfügung stehenden finanziellen Mitteln seinen gesamten notwendigen Lebensbedarf nicht bestreiten kann. Dieser notwendige Lebensbedarf setzt sich typischerweise aus dem allgemeinen Lebensbedarf (Grundbedarf) und dem individuellen behinderungsbedingten Mehrbedarf zusammen. Als Grundbedarf ist bei der Prüfung der Voraussetzungen der Grundfreibetrag nach § 32 a Abs. 1 Satz 2 Nr. 1 EStG anzusetzen. Die kindeseigenen finanziellen Mittel setzen sich aus dem verfügbaren Nettoeinkommen (siehe Rz. 31) und den Leistungen Dritter zusammen. 30

Bei der Ermittlung des verfügbaren Nettoeinkommens sind alle steuerpflichtigen Einkünfte i. S. d. § 2 Abs. 1 EStG (Gewinneinkünfte i. S. d. §§ 13 bis 18 EStG, Überschusseinkünfte i. S. d. §§ 19 bis 23 EStG – auch unter Berücksichtigung privater Veräußerungsgeschäfte), alle steuerfreien Einnahmen (z. B. Leistungen nach dem SGB III und BEEG) sowie etwaige Steuererstattungen (Einkommensteuer, Kirchensteuer, Solidaritätszuschlag) zu berücksichtigen. Abzuziehen sind tatsächlich gezahlte Steuern (Steuervorauszahlungen und -nachzahlungen, Steuerabzugsbeträge) sowie die unvermeidbaren Vorsorgeaufwendungen (Beiträge zu einer Basiskranken- und Pflegepflichtversicherung, gesetzliche Sozialabgaben bei Arbeitnehmern). Von den steuerfreien Einnahmen ist – maximal bis zur Höhe der steuerfreien Einnahmen – eine Kostenpauschale von insgesamt 180 Euro im Kalenderjahr abzuziehen, wenn nicht höhere Aufwendungen im Zusammenhang mit den steuerfreien Einnahmen nachgewiesen oder glaubhaft gemacht werden (z. B. Kosten eines Rechtsstreits zur Erlangung der steuerfreien Einnahmen). 31

**6. Anwendungszeitraum**

Dieses Schreiben ersetzt das BMF-Schreiben vom 7. Dezember 2011 (BStBl. I S. 1243) und ist ab dem Veranlagungszeitraum 2012 anzuwenden. Die Rz. 12 a bis 12 d sowie 13 bis 20 a und 25 sind ab dem Veranlagungszeitraum 2015 und im Übrigen auf alle offenen Fälle anzuwenden. 32

# 1 § 32/2. Schreiben betr. steuerliche Berücksichtigung behinderter Kinder; Anwendungsschreiben zu § 32 Abs. 4 Satz 1 Nr. 3 EStG

Vom 22. November 2010

BMF IV C 4 - S 2282/07/0006-01; DOK 2010/0912635

(BStBl. I S. 1346)

Unter Bezugnahme auf das Ergebnis der Erörterungen mit den obersten Finanzbehörden der Länder gilt zur Anwendung der BFH-Urteile vom 4. November 2003 VIII R 43/02 (BStBl. 2010 II S. 1046), vom 24. August 2004 VIII R 59/01 (BStBl. 2010 II S. 1048) und VIII R 50/03 (BStBl. 2010 II S. 1052), vom 31. August 2006 III R 71/05 (BStBl. 2010 II S. 1054) sowie vom 19. November 2008 III R 105/07 (BStBl. 2010 II S. 1057) für die steuerliche Berücksichtigung von Kindern, die wegen körperlicher, geistiger oder seelischer Behinderung außerstande sind, sich selbst zu unterhalten, Folgendes:

## I. Behinderte Kinder (Allgemeines)

Menschen sind behindert, wenn ihre körperliche Funktion, geistige Fähigkeit oder seelische Gesundheit mit hoher Wahrscheinlichkeit länger als sechs Monate von dem für das Lebensalter typischen Zustand abweichen und daher ihre Teilhabe am Leben in der Gesellschaft beeinträchtigt ist (§ 2 Abs. 1 Satz 1 SGB IX). Zu einer Behinderung können auch Suchtkrankheiten (z. B. Drogenabhängigkeit, Alkoholismus) führen (BFH vom 16. April 2002, BStBl. II S. 738). Nicht zu den Behinderungen zählen Krankheiten, deren Verlauf sich auf eine im Voraus abschätzbare Dauer beschränkt, insbesondere akute Erkrankungen.

Ein Kind, das wegen seiner Behinderung außerstande ist, sich selbst zu unterhalten, kann bei Vorliegen der sonstigen Voraussetzungen über das 25. Lebensjahr hinaus ohne altersmäßige Begrenzung berücksichtigt werden. Eine Berücksichtigung setzt voraus, dass die Behinderung, deretwegen das Kind nicht in der Lage ist, sich selbst zu unterhalten, vor Vollendung des 25. Lebensjahres eingetreten ist. Ein Kind kann auch berücksichtigt werden, wenn diese Behinderung bereits vor dem 1. Januar 2007 und vor Vollendung des 27. Lebensjahres eingetreten ist (*§ 52 Abs. 40 Satz 8 EStG*[1]).

## II. Nachweis der Behinderung

Der Nachweis einer Behinderung kann folgendermaßen erbracht werden:

1. bei einer Behinderung, deren Grad auf mindestens 50 festgestellt wurde, durch einen Ausweis nach dem SGB IX oder durch einen Bescheid der nach § 69 Abs. 1 SGB IX zuständigen Behörde,
2. bei einer Behinderung, deren Grad auf weniger als 50, aber mindestens 25 festgestellt ist,

[1] **Red. Anm.:** Jetzt § 52 Abs. 32 EStG idF der Bek. v. 8.10.2009 (BGBl. I S. 3366, ber. S. 3862), zuletzt geänd. durch G v. 20.8.2021 (BGBl. I S. 3932).

a) durch eine Bescheinigung der nach § 69 Abs. 1 SGB IX zuständigen Behörde auf Grund eines Feststellungsbescheides nach § 69 Abs. 1 SGB IX, die eine Äußerung darüber enthält, ob die Behinderung zu einer dauernden Einbuße der körperlichen Beweglichkeit geführt hat oder auf einer typischen Berufskrankheit beruht,

b) wenn dem Kind wegen seiner Behinderung nach den gesetzlichen Vorschriften Renten oder andere laufende Bezüge zustehen, durch den Rentenbescheid oder einen entsprechenden Bescheid,

3. bei einer Einstufung als schwerstpflegebedürftige Person in Pflegestufe III nach dem SGB XI oder diesem entsprechenden Bestimmungen durch den entsprechenden Bescheid.

Der Nachweis der Behinderung kann auch in Form einer Bescheinigung des behandelnden Arztes oder eines ärztlichen Gutachtens erbracht werden (BFH vom 16. April 2002, BStBl. II S. 738). Aus der Bescheinigung bzw. dem Gutachten muss Folgendes hervorgehen:

– Umfang der Behinderung,
– Beginn der Behinderung, soweit das Kind das 25. Lebensjahr vollendet hat und
– Auswirkungen der Behinderung auf die Erwerbstätigkeit des Kindes.

Für ein Kind, das wegen seiner Behinderung bereits länger als ein Jahr in einer Kranken- oder Pflegeeinrichtung untergebracht ist, genügt eine Bestätigung des für diese Einrichtung zuständigen Arztes hierüber; die Bescheinigung ist nach spätestens fünf Jahren zu erneuern.

## III. Ursächlichkeit der Behinderung

Die Behinderung des Kindes muss ursächlich („wegen") für die mangelnde Fähigkeit zum Selbstunterhalt sein. Hiervon ist zur Vereinfachung des Verfahrens grundsätzlich auszugehen, wenn bei einem Kind der Grad der Behinderung 50 oder mehr beträgt und besondere Umstände hinzutreten, auf Grund derer eine Erwerbstätigkeit unter den üblichen Bedingungen des Arbeitsmarktes ausgeschlossen erscheint. Als besondere Umstände gelten beispielsweise die Unterbringung in einer Werkstatt für behinderte Menschen, der Bezug von Grundsicherungsleistungen nach dem SGB XII oder die Fortdauer einer Schul- oder Berufsausbildung eines Kindes auf Grund seiner Behinderung über das 25. Lebensjahr hinaus. Die Ursächlichkeit der Behinderung ist auch gegeben, wenn im Ausweis über die Eigenschaft als schwerbehinderter Mensch das Merkmal „H" (hilflos) eingetragen ist. Dem Merkzeichen „H" steht die Einstufung als Schwerstpflegebedürftiger in Pflegestufe III nach dem SGB XI oder diesem entsprechenden Bestimmungen gleich. Entsprechendes gilt bei einer Festsetzung einer vollen Erwerbsminderungsrente gegenüber dem Kind.

Bestehen Zweifel an der Ursächlichkeit der Behinderung, ist eine Stellungnahme der Agentur für Arbeit darüber einzuholen, ob die Voraussetzungen für eine Mehrfachanrechnung nach § 76 Absätze 1 oder 2 SGB IX erfüllt sind oder ob das Kind nach Art und Umfang seiner Behinderung in der Lage ist, eine arbeitslosenversicherungspflichtige, mindestens 15 Stunden wöchentlich umfassende Beschäftigung unter den üblichen Bedingungen des für das Kind in Betracht kommenden Arbeitsmarktes auszuüben. Liegen die Voraussetzungen für eine Mehrfachanrechnung vor, ist das Kind zu berücksichtigen, auch wenn es eine Erwerbstätigkeit von mehr als 15 Stunden wöchentlich ausüben könnte.

Ist das Kind nicht in der Lage, eine mindestens 15 Stunden wöchentlich umfassende Beschäftigung unter den üblichen Bedingungen des für das Kind in Betracht kommenden Arbeitsmarktes auszuüben, kann unterstellt werden, dass die Ursächlichkeit der Behinderung gegeben ist.

Beträgt der Grad der Behinderung weniger als 50 und treten keine besonderen Umstände hinzu, ist die Behinderung grundsätzlich als nicht ursächlich für die mangelnde Fähigkeit zum Selbstunterhalt anzusehen.

Wird der Nachweis der Behinderung nicht durch einen Ausweis nach dem SGB IX oder über einen behördlichen Bescheid (z. B. Feststellungsbescheid des Versorgungsamtes bzw. der nach Landesrecht zuständigen Behörde, Rentenbescheid) geführt, ist für die Frage der Ursächlichkeit der Behinderung in jedem Fall die Stellungnahme der Agentur für Arbeit einzuholen (siehe vorstehende Ausführungen; vgl. im Übrigen *DA-FamEStG 63.3.6.3 Abs. 3, BStBl. 2009 I S. 1070*[1]); hierzu kann der Vordruck KG 4 a des Bundeszentralamts für Steuern (http://www.bzst.de/DE/Steuern_National/Kindergeld_Fachaufsicht/Familienkassen/Formulare/Formulare_node.html) verwendet werden. In Zweifelsfällen ist zunächst die Familienkasse zu beteiligen (R 31 Abs. 4 *EStR 2008*[2]).

Die Behinderung muss bei der Prüfung der Ursächlichkeit nicht die einzige Ursache dafür sein, dass das Kind außerstande ist, sich selbst zu unterhalten. Eine Mitursächlichkeit ist ausreichend, wenn der Mitursächlichkeit nach den Gesamtumständen des Einzelfalls erhebliche Bedeutung zukommt (BFH vom 19. November 2008, BStBl. 2010 II S. 1057). Die Prüfung der Mitursächlichkeit kommt in den Fällen zum Tragen, in denen das Kind grundsätzlich in der Lage ist, eine Erwerbstätigkeit auf dem allgemeinen Arbeitsmarkt auszuüben (d. h. eine mindestens 15 Stunden wöchentlich umfassende Beschäftigung), die Behinderung einer Vermittlung einer Arbeitsstelle jedoch entgegensteht. Eine allgemein ungünstige Situation auf dem Arbeitsmarkt oder andere Umstände (z. B. mangelnde Mitwirkung bei der Arbeitsvermittlung, Ablehnung von Stellenangeboten), die zur Arbeitslosigkeit des Kindes und damit zur Unfähigkeit zum Selbstunterhalt führen, begründen hingegen keine Berücksichtigung nach § 32 Abs. 4 Satz 1 Nr. 3 EStG.

## IV. Außerstande sein, sich selbst zu unterhalten[3]

Ein behindertes Kind ist außerstande, sich selbst zu unterhalten, wenn es mit den ihm zur Verfügung stehenden finanziellen Mitteln seinen gesamten notwendigen Lebensbedarf nicht bestreiten kann. *Bei der Prüfung dieser Voraussetzung ist der Lebensbedarf zu ermitteln und den Einkünften und Bezügen (R 32.10 EStR 2008) sowie weiteren verfügbaren Mitteln des Kindes gegenüberzustellen. Da sich diese Ermittlung im Einzelfall recht aufwändig gestalten kann, ist in dieser Weise nur dann zu verfahren, wenn die Einkünfte und Bezüge des behinderten Kindes den Grenzbetrag des § 32 Abs. 4 Satz 2 EStG übersteigen. Zu den Bezügen eines behinderten Kindes zählen bei dieser vereinfachten Methode keine Leistungen, die dem Kind wegen eines behinderungsbedingten Bedarfs zweckgebunden zufließen, wie beispielsweise das Pflegegeld oder das Blindengeld. Unterschreiten die Einkünfte und Bezüge des Kindes*

[1] **Red. Anm.:** Jetzt A 19.3 Abs. 3 DA-KG 2021, BZSt v. 17. 9. 2021, BStBl. I S. 1598.

[2] **Red. Anm.:** Jetzt EStR 2015.

[3] **Red. Anm.:** Abschn. IV. überholt; zur Ermittlung des notwendigen Lebensbedarfs siehe nunmehr BMF v. 7. 12. 2011, BStBl. I S. 1243 (Nr. **1** § 32/1).

*den Grenzbetrag, ist ohne weiteres davon auszugehen, dass das Kind außerstande ist, sich selbst zu unterhalten (R 32.9 EStR 2008).*

*Übersteigen die Einkünfte und Bezüge des behinderten Kindes den Grenzbetrag des § 32 Abs. 4 Satz 2 EStG, ist bei der regulären Vergleichsberechnung nach den folgenden Grundsätzen zu verfahren: zunächst ist der existenzielle Lebensbedarf des behinderten Kindes zu ermitteln. Dieser setzt sich typischerweise aus dem allgemeinen Lebensbedarf (Grundbedarf) und dem individuellen behinderungsbedingten Mehrbedarf zusammen. Als Grundbedarf ist der Jahresgrenzbetrag des § 32 Abs. 4 Satz 2 EStG anzusetzen. Der behinderungsbedingte Mehrbedarf umfasst Aufwendungen, die nicht behinderte Kinder nicht haben (siehe Abschnitt V). Dem gesamten notwendigen Lebensbedarf des behinderten Kindes sind sodann dessen finanzielle Mittel (Einkünfte und Bezüge einschließlich der Leistungen, die dem Kind wegen eines behinderungsbedingten Bedarfs zweckgebunden zufließen) gegenüberzustellen. Zur Berechnung kann der Vordruck KG 4 c des Bundeszentralamts für Steuern (http://www.bzst.de/DE/Steuern_National/Kindergeld_Fachaufsicht/Familienkassen/Formulare/Formulare_node.html) verwendet werden (vgl. zur Berechnung auch die Beispiele in H 32.9 EStH 2009). Übersteigen die eigenen finanziellen Mittel des Kindes seinen Lebensbedarf nicht, ist es außerstande, sich selbst zu unterhalten und demzufolge als Kind zu berücksichtigen.*

## V. Behinderungsbedingter Mehrbedarf

### a) Allgemeines

Zum behinderungsbedingten Mehrbedarf gehören alle mit einer Behinderung zusammenhängenden außergewöhnlichen Belastungen, z. B. Aufwendungen für die Hilfe bei den gewöhnlichen und regelmäßig wiederkehrenden Verrichtungen des täglichen Lebens, für die Pflege sowie für einen erhöhten Wäschebedarf. Sofern kein Einzelnachweis erfolgt, bemisst sich der behinderungsbedingte Mehrbedarf grundsätzlich nach dem Pauschbetrag für behinderte Menschen gemäß § 33 b Abs. 3 EStG. Daneben kann ein weiterer behinderungsbedingter Mehrbedarf angesetzt werden, soweit dieser nicht schon durch den Pauschbetrag erfasst ist. Zu den zusätzlich berücksichtigungsfähigen Aufwendungen gehören alle übrigen durch die Behinderung bedingten Aufwendungen wie z. B. Operationskosten und Heilbehandlungen, Kuren, Arzt- und Arzneikosten; bestehen Zweifel darüber, dass die Aufwendungen durch die Behinderung bedingt sind, ist eine ärztliche Bescheinigung hierüber vorzulegen.

Zu den zusätzlich berücksichtigungsfähigen Aufwendungen zählen auch ergänzende persönliche Betreuungsleistungen der Eltern, soweit sie über die durch das Pflegegeld abgedeckte Grundpflege und hauswirtschaftliche Verrichtungen hinausgehen und nach amtsärztlicher Bescheinigung unbedingt erforderlich sind. Der hierfür anzusetzende Stundensatz beträgt *8 Euro*[1]. Unter bestimmten Voraussetzungen sind Fahrtkosten ebenfalls als Mehrbedarf zu berücksichtigen (H 33.1-33.4 Fahrtkosten behinderter Menschen *EStH 2009*[2]). Zusätzlich können Mehraufwendungen als behinderungsbedingter Mehrbedarf berücksichtigt werden, die einem behinderten Kind anlässlich einer Urlaubsreise durch Kosten für Fahrten, Unterbringung und Verpflegung einer Begleitperson entstehen, sofern die Notwendigkeit ständiger Begleitung nachgewiesen ist

[1] **Red. Anm.:** Nunmehr 10 Euro; vgl. A 19.4 Abs. 5 DA-KG 2021, BZSt v. 17. 9. 2021, BStBl. I S. 1598.

[2] **Red. Anm.:** Jetzt EStH 2015.

(siehe hierzu im Einzelnen *DA-FamEStG 63.3.6.4 Abs. 3, BStBl. 2009 I S. 1071*[1]).

Anstelle des Pauschbetrages für behinderte Menschen nach § 33 b Abs. 3 EStG kann das Pflegegeld als behinderungsbedingter Mehrbedarf angesetzt werden, wenn das Kind Pflegegeld aus der Pflegeversicherung erhält (BFH vom 24. August 2004, BStBl. 2010 II S. 1052). Dies gilt gleichermaßen für das Blindengeld (BFH vom 31. August 2006, BStBl. 2010 II S. 1054). Diese Regelung findet sowohl bei Kindern, die in eigener Wohnung (ohne Kostenbeteiligung Dritter) oder im Haushalt der Eltern leben, Anwendung als auch in Fällen teil- oder vollstationärer Unterbringung.

**b) Behinderungsbedingter Mehrbedarf bei teilstationärer Unterbringung**

Eine teilstationäre Unterbringung liegt beispielsweise dann vor, wenn ein Kind tagsüber in einer Werkstatt für behinderte Menschen betreut wird, ansonsten aber im Haushalt der Eltern lebt. Ohne Einzelnachweis bemisst sich der behinderungsbedingte Mehrbedarf bei Kindern, die teilstationäre Einrichtungen besuchen und entsprechende Leistungen im Rahmen der Eingliederungshilfe erhalten (z. B. für die Betreuung in einer Werkstatt für behinderte Menschen), nach dem Pauschbetrag für behinderte Menschen gemäß § 33 b Abs. 3 EStG. Zusätzlich kann ein weiterer behinderungsbedingter Mehrbedarf angesetzt werden. Dieser umfasst neben den im vorherigen Abschnitt aufgeführten Mehraufwendungen insbesondere die Kosten im Rahmen der Eingliederungshilfe (Kosten für die Beschäftigung in der Werkstatt für behinderte Menschen, Fahrten zur Werkstatt) abzüglich des nach der Sozialversicherungsentgeltverordnung zu ermittelnden Wertes der Verpflegung, da diese schon durch den Grundbedarf abgedeckt ist (vgl. Buchstabe A der Beispiele in *H 32.9 „Außerstande sein, sich selbst zu unterhalten" EStH 2009*[2]).

**c) Behinderungsbedingter Mehrbedarf bei vollstationärer Unterbringung**

Ein Kind ist vollstationär untergebracht, wenn es nicht im Haushalt der Eltern lebt, sondern anderweitig auf Kosten eines Dritten (im Regelfall der Sozialhilfeträger) untergebracht ist. Dabei kommt es nicht darauf an, ob das Kind in einem Heim untergebracht ist; es kann auch in einer eigenen Wohnung oder einer sonstigen Wohneinrichtung (z. B. betreutes Wohnen) leben. Eine vollstationäre Unterbringung liegt auch dann vor, wenn sich das Kind zwar zeitweise (z. B. am Wochenende oder in den Ferien) im Haushalt der Eltern aufhält, der Platz im Heim oder im Rahmen des betreuten Wohnens aber durchweg auch während dieser Zeit zur Verfügung steht.

In den Fällen der vollstationären Unterbringung eines behinderten Kindes erfolgt die Ermittlung des behinderungsbedingten Mehrbedarfs regelmäßig durch Einzelnachweis der Aufwendungen, indem die im Wege der Eingliederungshilfe übernommenen Kosten für die Unterbringung abzüglich des nach der Sozialversicherungsentgeltverordnung zu ermittelnden Wertes der Verpflegung angesetzt werden (BFH vom 15. Oktober 1999, BStBl. 2000 II S. 79; vgl. zur Berechnung Buchstabe B der Beispiele in *H 32.9 „Außerstande sein, sich selbst zu unterhalten" EStH 2009*[2]), die schon durch den Grundbedarf abge-

[1] **Red. Anm.:** Jetzt A 19.4 Abs. 5 DA-KG 2021, BZSt v. 17. 9. 2021, BStBl. I S. 1598.

[2] **Red. Anm.:** Jetzt H 32.9 „Außerstande sein, sich selbst zu unterhalten" EStH 2015 v. ErlDat.

deckt ist. Sofern kein Einzelnachweis erfolgt, bemisst sich der behinderungsbedingte Mehrbedarf auch bei Kindern, die vollstationär untergebracht sind, nach dem Pauschbetrag für behinderte Menschen gemäß § 33 b Abs. 3 EStG. Daneben kann ein weiterer behinderungsbedingter Mehrbedarf angesetzt werden, soweit dieser nicht schon durch den Pauschbetrag erfasst ist. Hierzu zählen die im Abschnitt a) aufgeführten Mehraufwendungen. Eine Berücksichtigung der Eingliederungshilfe neben dem Pauschbetrag für behinderte Menschen ist nicht möglich, da der Ansatz der Kosten für die Unterbringung bei vollstationärer Unterbringung einem Einzelnachweis entspricht.

## VI. Monatsprinzip

Bei der Prüfung, ob ein volljähriges behindertes Kind behinderungsbedingt außerstande ist, sich selbst zu unterhalten, ist vom Grundsatz her auf den Kalendermonat abzustellen, da die für behinderte Kinder maßgebliche Vorschrift des § 32 Abs. 4 Satz 1 Nr. 3 EStG von der Jahresgrenzbetragsregelung in § 32 Abs. 4 Satz 2 EStG nicht erfasst wird (BFH vom 4. November 2003, BStBl. 2010 II S. 1046). Eine Jahresberechnung führt bei gleich bleibenden monatlichen Einnahmen und einem monatlich gleich bleibenden behinderungsbedingten Mehrbedarf während des gesamten Kalenderjahres jedoch zu demselben Ergebnis wie eine Monatsberechnung. Aus Vereinfachungsgründen ist deshalb in der Praxis bei der Ermittlung des individuellen behinderungsbedingten Mehrbedarfs sowie bei der Ermittlung der finanziellen Mittel des behinderten Kindes eine Monatsberechnung nur dann anzustellen, wenn ein nicht monatlich anfallender Sonderbedarf gegeben ist bzw. unregelmäßig anfallende Gratifikationen oder Sonderzuwendungen wie beispielsweise das Urlaubs- oder Weihnachtsgeld zugeflossen sind.

Der behinderungsbedingte Sonderbedarf, der nicht jeden Monat anfällt, ist nicht ausschließlich dem Monat zuzuordnen, in dem die Kosten angefallen sind. Die Fähigkeit zum Selbstunterhalt bleibt vielmehr auch dann bestehen, wenn die monatlichen Einnahmen eines längeren Zeitraumes so hoch gewesen sind, dass sie den nicht monatlich anfallenden behinderungsbedingten Mehrbedarf abdecken können. Es ist deshalb darauf abzustellen, ob bei einer vorausschauenden Bedarfsplanung unter Zugrundelegung einer monatlichen Durchschnittsbelastung der Mehrbedarf aufgefangen werden kann (BFH vom 24. August 2004, BStBl. 2010 II S. 1048). Der Mehrbedarf ist demzufolge gleichmäßig auf das Kalenderjahr zu verteilen.

Sonderzuwendungen, die nicht monatlich anfallen, und einmalige Einnahmen sind auf einen angemessenen Zeitraum aufzuteilen und monatlich mit einem entsprechenden Teilbetrag anzusetzen. Jährlich anfallende Einnahmen wie Weihnachts- oder Urlaubsgeld sind bei dieser monatsbezogenen Vergleichsberechnung nicht ausschließlich dem Monat des Zuflusses zuzuordnen, sondern auf den Zuflussmonat und die nachfolgenden elf Monate aufzuteilen (BFH vom 24. August 2004, BStBl. 2007 II S. 248).

**Beispiel**:

Die Tochter (28 Jahre, Grad der Behinderung 80) eines Steuerpflichtigen erhält Weihnachtsgeld im November 2009 in Höhe von 1200 Euro. Für die Monate November 2009 bis Oktober 2010 sind jeweils 100 Euro an Einnahmen anzusetzen.

Nachzahlungen für vorangegangene Kalenderjahre sind in voller Höhe im Jahr des Zuflusses zu erfassen (BFH vom 4. November 2003, BStBl. 2010 II S. 1046) und auf den Zuflussmonat und die nachfolgenden Monate des Zuflussjahres zu verteilen.

Das Monatsprinzip gilt lediglich für die Vergleichsberechnung zur Prüfung der wirtschaftlichen Leistungsfähigkeit (Lebensbedarf ./. finanzielle Mittel) eines behinderten Kindes. Die auf das gesamte Veranlagungsjahr bezogene Vergleichsberechnung des § 31 Satz 4 EStG ist hiervon nicht berührt.

Für den Fall, dass die finanziellen Mittel des behinderten Kindes dessen allgemeinen Lebensbedarf übersteigen, ist zu prüfen, ab welchem Monat das Kind in der Lage ist, selbst für seinen Lebensunterhalt zu sorgen. Dabei ist der Monat der Änderung der Verhältnisse ggf. wie ein Teilmonat zu behandeln, in dem das Kind berücksichtigt wird.

# **1** § 32/3. Schreiben betr. Übertragung der Freibeträge für Kinder[1]; BMF-Schreiben zu § 32 Abs. 6 Satz 6 bis 11 EStG

Vom 28. Juni 2013 (BStBl. I S. 845)

(BMF IV C 4 – S 2282 – a/10/10002; DOK 2013/0518616)

Durch das Steuervereinfachungsgesetz 2011 vom 1. November 2011 (BGBl. I S. 2131)[2] sind die Voraussetzungen für die Übertragung der Freibeträge für Kinder (§ 32 Abs. 6 Satz 6 bis 11 EStG) sowie des Behinderten-Pauschbetrags (§ 33 b Abs. 5 Satz 2 EStG) mit Wirkung ab dem Veranlagungszeitraum 2012 geändert worden. Nach dem Ergebnis der Erörterungen mit den obersten Finanzbehörden der Länder gelten hierzu die nachfolgenden Ausführungen:

## I. Übertragung des Kinderfreibetrags des anderen Elternteils (§ 32 Abs. 6 Satz 6 und 7 EStG)

Bei nicht verheirateten, geschiedenen oder dauernd getrennt lebenden unbeschränkt einkommensteuerpflichtigen Eltern wird auf Antrag eines Elternteils der Kinderfreibetrag des anderen Elternteils auf ihn übertragen, wenn er, nicht aber der andere Elternteil, seiner Unterhaltspflicht gegenüber dem Kind für das Kalenderjahr im Wesentlichen nachkommt (Rz. 2) oder der andere Elternteil mangels Leistungsfähigkeit nicht unterhaltspflichtig ist (Rz. 3). **1**

Ein Elternteil kommt seiner Barunterhaltsverpflichtung gegenüber dem Kind dann im Wesentlichen nach, wenn er sie mindestens zu 75 % erfüllt. Der Elternteil, in dessen Obhut sich ein minderjähriges Kind befindet, erfüllt seine Unterhaltsverpflichtung in der Regel durch die Pflege und Erziehung des Kindes (§ 1606 Abs. 3 Satz 2 BGB). **2**

Eine Unterhaltspflicht besteht für den anderen Elternteil dann nicht, wenn er mangels ausreichender eigener Mittel nicht leistungsfähig ist (§ 1603 Abs. 1 BGB). Freiwillige Leistungen des nicht leistungsfähigen Elternteils können die Übertragung nicht verhindern. **3**

Eine Übertragung scheidet für solche Kalendermonate aus, für die Unterhaltsleistungen nach dem Unterhaltsvorschussgesetz gezahlt werden. Auf die Höhe der Unterhaltsleistungen kommt es nicht an. Nachzahlungen sind auf die Kalendermonate zu verteilen, für die sie bestimmt sind. **4**

Die Übertragung des Kinderfreibetrags führt stets auch zur Übertragung des Freibetrags für den Betreuungs- und Erziehungs- oder Ausbildungsbedarf. **5**

## II. Übertragung des Freibetrags für den Betreuungs- und Erziehungs- oder Ausbildungsbedarf (§ 32 Abs. 6 Satz 8 und 9 EStG)

Bei minderjährigen Kindern von nicht verheirateten, geschiedenen oder dauernd getrennt lebenden unbeschränkt einkommensteuerpflichtigen Eltern **6**

[1] Siehe hierzu auch BMF v. 17. 1. 2014, BStBl. I S. 109 (Nr. **1** § 32/4).

[2] **[Amtl. Anm.:]** BStBl. I S. 986.

wird auf Antrag des Elternteils, bei dem das Kind gemeldet ist, der Freibetrag für den Betreuungs- und Erziehungs- oder Ausbildungsbedarf des anderen Elternteils auf ihn übertragen, wenn das minderjährige Kind bei dem anderen Elternteil nicht gemeldet ist.

7 Der Elternteil, bei dem das Kind nicht gemeldet ist, kann der Übertragung widersprechen, wenn er Kinderbetreuungskosten (Rz. 8) trägt oder wenn er das Kind regelmäßig in einem nicht unwesentlichen Umfang (Rz. 9) betreut.

8 Als Kinderbetreuungskosten gelten nicht nur Aufwendungen für Dienstleistungen im Sinne des § 10 Abs. 1 Nr. 5 EStG, sondern alle Aufwendungen für die Betreuung, Erziehung oder Ausbildung des Kindes bis zur Vollendung seines 18. Lebensjahres. Hierzu zählen beispielsweise Aufwendungen für die regelmäßige Unterbringung an Wochenenden.

9 Maßgebend für eine regelmäßige Betreuung in einem nicht unwesentlichen Umfang ist ein nicht nur gelegentlicher Umgang mit dem Kind, der erkennen lässt, dass der Elternteil die Betreuung mit einer gewissen Nachhaltigkeit wahrnimmt, d. h. fortdauernd und immer wieder in Kontakt zum Kind steht. Bei lediglich kurzzeitigem, anlassbezogenem Kontakt, beispielsweise zum Geburtstag, zu Weihnachten und zu Ostern, liegt eine Betreuung in unwesentlichem Umfang vor. Von einem nicht unwesentlichen Umfang der Betreuung eines Kindes ist typischerweise auszugehen, wenn eine gerichtliche oder außergerichtliche Vereinbarung über einen regelmäßigen Umgang an Wochenenden und in den Ferien vorgelegt wird.

10 Widerspricht der andere Elternteil der Übertragung des Freibetrags, so hat das Finanzamt zu prüfen, ob dieser Einrede für das weitere Verfahren Bedeutung zukommt. Die Entscheidung hierüber wird nicht in einem eigenen Verwaltungsakt getroffen, sondern im jeweiligen Einkommensteuerbescheid.

11 Es ist ausreichend, wenn der Steuerpflichtige der Übertragung durch Einspruch gegen seinen eigenen Steuerbescheid mit dem Ziel widerspricht, dass bei ihm der Freibetrag neu oder wieder angesetzt wird. Ist diese widersprechende Einrede sachlich gerechtfertigt, so ist der Steuerbescheid desjenigen Elternteils, auf dessen Antrag zunächst der Freibetrag übertragen wurde, nach § 175 Abs. 1 Satz 1 Nr. 2 AO zu ändern.

## III. Übertragung der Freibeträge für Kinder auf einen Stief- oder Großelternteil (§ 32 Abs. 6 Satz 10 und 11 EStG)

12 Die den Eltern zustehenden Freibeträge für Kinder können auf Antrag auf einen Großelternteil übertragen werden, wenn dieser das Kind in seinen Haushalt aufgenommen hat oder einer Unterhaltspflicht gegenüber dem Kind unterliegt. Auf einen Stiefelternteil können diese Freibeträge auf Antrag übertragen werden, wenn dieser das Kind in seinen Haushalt aufgenommen hat. Da ein Stiefelternteil keiner gesetzlichen Unterhaltspflicht gegenüber seinem Stiefkind unterliegt, kommt eine Übertragung aus diesem Grund nicht in Betracht.

13 Eine Übertragung auf einen Großelternteil, der das Kind nicht in seinen Haushalt aufgenommen hat, ist nur möglich, wenn dieser einer konkreten Unterhaltsverpflichtung unterliegt. Dies ist insbesondere dann der Fall, wenn die Eltern des Kindes nicht leistungsfähig sind.

Die Tatsache, dass der die Übertragung beantragende Großelternteil die Unterhaltsverpflichtung gegenüber seinem Enkelkind erfüllt, ist in geeigneter Weise – zum Beispiel durch Vorlage von Zahlungsbelegen – nachzuweisen. Bei einer Haushaltsaufnahme erübrigt sich der Nachweis. 14

## IV. Aufteilung des Behinderten-Pauschbetrags eines Kindes bei der Übertragung auf die Eltern (§ 33 b Abs. 5 Satz 2 EStG)

Steht der Behinderten-Pauschbetrag oder der Hinterbliebenen-Pauschbetrag einem Kind zu, für das der Steuerpflichtige einen Anspruch auf einen Freibetrag nach § 32 Abs. 6 EStG oder auf Kindergeld hat, wird der Pauschbetrag auf Antrag auf den Steuerpflichtigen übertragen, wenn ihn das Kind nicht in Anspruch nimmt. Der Pauschbetrag wird auf die Elternteile je zur Hälfte aufgeteilt, es sei denn, der Kinderfreibetrag wurde auf den anderen Elternteil übertragen. 15

Bei einer Übertragung des Kinderfreibetrags ist stets der volle Behinderten-Pauschbetrag oder der volle Hinterbliebenen-Pauschbetrag zu übertragen. Eine Übertragung des vollen Pauschbetrags erfolgt auch dann, wenn der Kinderfreibetrag nur für einen Teil des Kalenderjahres übertragen wird. 16

## V. Anwendungszeitraum

Dieses Schreiben ist ab dem Veranlagungszeitraum 2012 anzuwenden. 17

# 1 § 32/4. Schreiben betr. Familienleistungsausgleich; Lebenspartner und Freibeträge für Kinder

Vom 17. Januar 2014 (BStBl. I S. 109)

(BMF IV C 4 – S 2282 – a/0 :004; DOK 2014/0036473)

Nach § 2 Abs. 8 EStG sind die einkommensteuerrechtlichen Vorschriften zu Ehegatten und Ehen auch auf Lebenspartner und Lebenspartnerschaften anzuwenden. Nach dem Ergebnis der Erörterungen mit den obersten Finanzbehörden der Länder gilt für den Abzug der Freibeträge für Kinder in Lebenspartnerschaften Folgendes:

## I. Leibliches Kind eines Lebenspartners, das vom anderen Lebenspartner adoptiert worden ist (Stiefkindadoption)

Hat ein Lebenspartner das leibliche Kind seines Lebenspartners adoptiert, besteht zu beiden Lebenspartnern ein Kindschaftsverhältnis. Demzufolge erhalten beide Lebenspartner jeweils die Freibeträge für Kinder; im Fall der Zusammenveranlagung haben die Lebenspartner einen Anspruch auf die verdoppelten Freibeträge (§ 32 Abs. 6 Satz 2 EStG).

## II. Kind ohne leibliches Verwandtschaftsverhältnis zu beiden Lebenspartnern, das von einem Lebenspartner adoptiert worden ist

Hat ein Lebenspartner ein fremdes Kind adoptiert, besteht ein Kindschaftsverhältnis nur zu diesem Lebenspartner (Adoptiv-Elternteil). In diesem Fall erhält dieser Lebenspartner sowohl bei Einzel- als auch bei Zusammenveranlagung die verdoppelten Freibeträge für Kinder (§ 32 Abs. 6 Satz 3 Nr. 2 EStG).

## III. Leibliches Kind eines Lebenspartners, das nicht vom anderen Lebenspartner adoptiert worden ist

Ist ein Lebenspartner leiblicher Elternteil eines Kindes, das sein Lebenspartner nicht adoptiert hat, besteht ein Kindschaftsverhältnis nur zum leiblichen Elternteil. Dieser Elternteil erhält als leiblicher Elternteil in folgenden Fällen ebenfalls die verdoppelten Freibeträge für Kinder:

– Der andere Elternteil des Kindes ist verstorben oder nicht unbeschränkt einkommensteuerpflichtig.
– Der Wohnsitz des anderen Elternteils ist nicht ermittelbar.
– Der Vater des Kindes ist amtlich nicht feststellbar; das ist auch dann der Fall, wenn unter Nutzung fortpflanzungsmedizinischer Verfahren der biologische Vater anonym bleibt.

Besteht eine Unterhaltspflicht eines anderen Elternteils, beispielsweise wenn eine Vaterschaft anerkannt oder gerichtlich festgestellt wurde, erfolgt keine Verdoppelung der Freibeträge bei den Lebenspartnern.

Bei einer bestehenden Unterhaltspflicht kann der Kinderfreibetrag nur dann vom anderen Elternteil auf den in einer Lebenspartnerschaft lebenden leiblichen Elternteil übertragen werden, wenn dieser, nicht aber der andere Elternteil seiner Unterhaltsverpflichtung im Wesentlichen nachgekommen ist oder wenn der andere Elternteil mangels Leistungsfähigkeit nicht unterhaltspflichtig ist (§ 32 Abs. 6 Satz 6 EStG).

## IV. Übertragung der Freibeträge für Kinder auf einen Stiefelternteil

Auf Antrag können die Freibeträge für Kinder auf einen Stiefelternteil übertragen werden, wenn dieser das Kind in seinen Haushalt aufgenommen hat (§ 32 Abs. 6 Satz 10 EStG). Das gilt auch für Lebenspartner eines Elternteils.

## V. Anwendung

Dieses Schreiben ergänzt das BMF-Schreiben vom 28. Juni 2013 (BStBl. I S. 845)[1] und ist in allen Fällen anzuwenden, in denen die Einkommensteuer noch nicht bestandskräftig festgesetzt ist.

[1] Nr. **1** § 32/3.

# 1 § 32c/1. Schreiben betr. Tarifermäßigung bei Einkünften aus Land- und Forstwirtschaft nach § 32 c EStG

Vom 18. September 2020

BMF IV C 7 – S 2230/19/10003 :007; DOK 2020/0937829

(BStBl. I S. 952)

Geändert durch BMF v. 24. 11. 2020 (BStBl. I S. 1217) und BMF v. 31.8.2022 (BStBl. I S. 1302)

Zur Tarifermäßigung nach § 32 c Einkommensteuergesetz (EStG) i. d. F. des Gesetzes zur weiteren steuerlichen Förderung der Elektromobilität und zur Änderung weiterer steuerlicher Vorschriften vom 12. Dezember 2019 (BGBl. I S. 2451)[1] nehme ich im Einvernehmen mit den obersten Finanzbehörden der Länder wie folgt Stellung:

## I. Inkrafttreten und Betrachtungszeiträume

### 1. Inkrafttreten

1 Die Europäische Kommission hat am 30. Januar 2020 durch Beschluss festgestellt, dass es sich bei § 32 c EStG in der o. g. Fassung um eine mit dem Binnenmarkt vereinbare Beihilfe handelt. Die steuerabschnittsübergreifende Tarifermäßigung ist daher nach Art. 39 Abs. 8 Satz 2 des Gesetzes zur weiteren steuerlichen Förderung der Elektromobilität und zur Änderung weiterer steuerlicher Vorschriften vom 12. Dezember 2019 (BGBl. I S. 2451) am 30. Januar 2020 in Kraft getreten (Bekanntmachung des Bundesministeriums für Ernährung und Landwirtschaft vom 18. März 2020, BGBl. I S. 597). Sie ermöglicht eine durchschnittliche Besteuerung von Einkünften aus Land- und Forstwirtschaft für einen Betrachtungszeitraum von drei Jahren.

2 Die Tarifglättungsregelung (§§ 32 c, 36 Abs. 2 Nr. 3 EStG) in der Fassung des Gesetzes zum Erlass und zur Änderung marktordnungsrechtlicher Vorschriften sowie zur Änderung des Einkommensteuergesetzes vom 20. Dezember 2016 (BGBl. I S. 3045) ist mangels Genehmigung der Europäischen Kommission nicht in Kraft getreten und wurde mit Art. 31 des Gesetzes zur weiteren steuerlichen Förderung der Elektromobilität und zur Änderung weiterer steuerlicher Vorschriften vom 12. Dezember 2019 (a. a. O.) zur Beseitigung des von ihr ausgehenden Rechtsscheins aufgehoben.

### 2. Betrachtungszeiträume

3 Nach § 52 Abs. 33 a EStG sind ausschließlich drei Betrachtungszeiträume zu bilden. Die Betrachtungszeiträume umfassen die Veranlagungszeiträume 2014 bis 2016, 2017 bis 2019 und 2020 bis 2022. Die Tarifermäßigung erfolgt jeweils im letzten Veranlagungszeitraum des Betrachtungszeitraums, d. h. nur in den Veranlagungszeiträumen 2016, 2019 und 2022.

[1] **Amtl. Anm.:** BStBl. 2020 I S. 17.

## II. Zugangsvoraussetzungen

### 1. Antrag

#### 1.1. Allgemeines

4 Die Tarifermäßigung kann gemäß § 32 c Abs. 1 Satz 1 EStG für Einkünfte aus Land- und Forstwirtschaft i. S. d. § 13 EStG nur auf Antrag gewährt werden. Hierfür stehen das Antragsformular „Anlage 32 c" und die dazugehörige „Anlage zur Anlage 32 c" mit beihilferechtlichen Erläuterungen und Unterrichtungen zum Schutz und zur Veröffentlichung der im Rahmen der Tarifermäßigung übermittelten personenbezogenen Daten zur Verfügung. Der Antrag kann grundsätzlich i.R.d. Steuererklärung oder bis zum Eintritt der Bestandskraft der Steuerfestsetzung gestellt (und auch zurückgenommen) werden. Es besteht weder eine gesetzliche Verpflichtung zur Verwendung des Antragsformulars „Anlage 32 c" noch zur elektronischen Übermittlung an das Finanzamt.

5 Der Antrag kann grundsätzlich auch formlos gestellt werden. Voraussetzung ist, dass alle benötigten beihilferechtlichen Erklärungen (vgl. Rn. 9) abgegeben werden. Eine pauschale Erklärung (z. B. „Ich erkläre, dass ich die Voraussetzungen des § 32 c Abs. 5 EStG erfülle.") genügt den beihilferechtlichen Anforderungen nicht.

6 Der Antrag auf Tarifermäßigung muss von der jeweiligen antragstellenden Person höchstpersönlich unterschrieben werden. Sammelanträge von Angehörigen der steuerberatenden Berufe für ihre Mandanten sind nicht möglich.

7 Bei zusammenveranlagten Ehegatten/Lebenspartnern genügt die Unterschrift desjenigen Ehegatten/Lebenspartners, der die Einkünfte aus Land- und Forstwirtschaft erzielt hat. Sofern beide im Betrachtungszeitraum land- und forstwirtschaftliche Einkünfte erzielt haben, müssen beide Ehegatten/Lebenspartner unterschreiben.

8 Im Falle von gesondert sowie gesondert und einheitlich festzustellenden Einkünften aus Land- und Forstwirtschaft ist der Antrag auf Tarifermäßigung durch den jeweiligen Steuerpflichtigen bei dem für die Einkommensbesteuerung zuständigen Finanzamt zu stellen.

#### 1.2. Beihilferechtliche Erklärungen

#### 1.2.1. Erstmalige Erklärung

9 Der Steuerpflichtige muss bzw. bei Zusammenveranlagung – wenn beide Ehegatten/Lebenspartner Einkünfte aus Land- und Forstwirtschaft erzielen – müssen beide Steuerpflichtigen bei Beantragung der Tarifermäßigung für beihilferechtliche Zwecke erklären, dass folgende Voraussetzungen vorliegen:

– Der Steuerpflichtige ist/die Steuerpflichtigen sind kein/e „Unternehmer in Schwierigkeiten" i. S. d. Rahmenregelung der Europäischen Union für staatliche Beihilfen im Agrar- und Forstsektor und in ländlichen Gebieten 2014–2020 (2014/C 204/01) (ABl. C 204 vom 1. Juli 2014, S. 1) (§ 32 c Abs. 5 Satz 1 Nr. 3 EStG).

– Sollte(n) der Steuerpflichtige/die Steuerpflichtigen zu einer Rückzahlung von Beihilfen auf Grund eines früheren Beschlusses der Europäischen Kommission zur Feststellung der Unzulässigkeit einer Beihilfe und ihrer Unvereinbarkeit mit dem Binnenmarkt verpflichtet worden sein, muss er/müssen sie dieser Rückforderungsanordnung vollständig nachgekommen sein (§ 32 c Abs. 5 Satz 1 Nr. 4 EStG).

– Der Steuerpflichtige hat/die Steuerpflichtigen haben weder einen der in Art. 10 Abs. 1 der Verordnung (EU) Nr. 508/2014 vom 15. Mai 2014 über den Europäischen Meeres- und Fischereifonds und zur Aufhebung der Verordnungen (EG) Nr. 2328/2003, (EG) Nr. 861/2006, (EG) Nr. 1198/2006 und (EG) Nr. 791/2007 des Rates und der Verordnung (EU) Nr. 1255/2011 des Europäischen Parlaments und des Rates (ABl. L 149 vom 20. Mai 2014, S. 1) genannten Verstöße oder Vergehen noch einen Betrug gemäß Art. 10 Abs. 3 dieser Verordnung in dem Zeitraum, der in den delegierten Rechtsakten auf der Grundlage von Art. 10 Abs. 4 dieser Verordnung festgelegt ist, begangen (§ 32 c Abs. 5 Satz 1 Nr. 5 EStG).
– Der Steuerpflichtige/die Steuerpflichtigen mit Einkünften aus Binnenfischerei, Teichwirtschaft oder Fischzucht für Binnenfischerei und Teichwirtschaft versichert/versichern,
  – dass er/sie für einen Zeitraum von fünf Jahren nach Bekanntgabe des Einkommensteuerbescheids, mit dem die Tarifermäßigung gewährt wird, die Bestimmungen der Gemeinsamen Fischereipolitik einhalten wird/werden (§ 32 c Abs. 5 Satz 1 Nr. 6 EStG) und
  – keine nicht förderfähigen Vorhaben gemäß Art. 11 der Verordnung (EU) Nr. 508/2014 (a. a. O.) durchgeführt zu haben.
– Der Steuerpflichtige/die Steuerpflichtigen erklärt/erklären, dass er/sie die vorstehenden Angaben nach bestem Wissen und Gewissen vollständig und richtig gemacht hat/haben und er/sie – sollte einer der vorstehenden Punkte nachträglich nicht mehr vorliegen – Änderungen sowie einen der in Art. 10 Abs. 1 der Verordnung (EU) Nr. 508/2014 (a. a. O.) genannten Verstöße unverzüglich dem Finanzamt anzeigt/anzeigen.

Aus beihilferechtlicher Sicht muss der Steuerpflichtige/müssen die Steuerpflichtigen die vorgenannten Voraussetzungen für den Zeitraum der Inanspruchnahme der Beihilfe (d. h. für alle Veranlagungszeiträume des Betrachtungszeitraums) bis zum Zeitpunkt der Anspruchsentstehung erfüllen. Die Prüfung des Vorliegens der Voraussetzungen ist auf den Zeitpunkt der Anspruchsentstehung der Tarifermäßigung vorzunehmen. Daher ist ein Anspruch auf Tarifermäßigung zu versagen, wenn ein Unternehmen zu diesem Zeitpunkt als Unternehmen in Schwierigkeiten einzustufen ist. Die zwischenzeitliche Einstufung als Unternehmen in Schwierigkeiten innerhalb des Zeitraums der Inanspruchnahme der Beihilfe ist unschädlich. Nach der Beantragung hat der Steuerpflichtige/haben die Steuerpflichtigen Änderungen dem Finanzamt unverzüglich mitzuteilen, § 32c Absatz 5 Satz 3 EStG. Liegt keine weitere oder berichtigte Erklärung des Steuerpflichtigen/der Steuerpflichtigen vor, ist davon auszugehen, dass die erstmalige Erklärung zur Tarifermäßigung weiterhin zutreffend ist. 10[1]

### 1.2.2. Erneute Erklärung bei einer Änderungsveranlagung

Aufgrund der gesetzlichen Verpflichtung für den Steuerpflichtigen bzw. die Steuerpflichtigen, Änderungen dem Finanzamt unverzüglich und fortlaufend mitzuteilen (vgl. Rn. 10), gilt die erstmalige Erklärung zur Tarifermäßigung auch im Zeitpunkt der Bekanntgabe eines Änderungsbescheides fort, sofern der Steuerpflichtige bzw. die Steuerpflichtigen dem Finanzamt zwischenzeitlich keine weiteren oder berichtigten Angaben mitgeteilt hat/haben. 11

[1] Rn. 10 neu gef. durch BMF v. 31.8.2022, BStBl. I S. 1302.

### 1.3. Information zum Schutz und zur Veröffentlichung der im Rahmen der Tarifermäßigung übermittelten personenbezogenen Daten

12[1)] Die Finanzbehörden der Länder veröffentlichen Tarifermäßigungen ab folgenden Beträgen:

- 60 000 EUR bei Beihilfeempfängern, die in der landwirtschaftlichen Primärproduktion tätig sind,
- 500 000 EUR bei Beihilfeempfängern, die in der Verarbeitung oder Vermarktung landwirtschaftlicher Erzeugnisse oder in der Forstwirtschaft tätig sind oder Tätigkeiten ausüben, die nicht unter Art. 42 AEUV fallen,
- 30 000 EUR für den Fischerei- und Aquakultursektor.

Die Betragsgrenzen gelten für jeden Betrachtungszeitraum gesondert.

Die Veröffentlichung erfolgt auf der Website https://webgate.ec.europa.eu/competition/transparency/public/search/home.

13 Folgende Informationen werden veröffentlicht:

- das die Tarifermäßigung gewährende Finanzamt,
- Name des/der die Tarifermäßigung erhaltenden Steuerpflichtigen,
- Angaben zum Regierungsbezirk (= Region gemäß NUTS-Ebene 2), in dem sich der/die land- und forstwirtschaftliche(n) Betrieb(e) befindet/befinden,
- die Höhe der gewährten Tarifermäßigung in folgenden Spannen (in Mio. EUR):
  0,03–0,5 (nur für den Fischerei- und Aquakultursektor);
  0,06–0,5 (nur für die landwirtschaftliche Primärproduktion);
  0,5–1; 1–2; 2–5; 5–10; 10–30; 30 und mehr,
- Datum des Einkommensteuerbescheids, mit dem die Tarifermäßigung gewährt wurde,
- die Art des Unternehmens (KMU[2)]/großes Unternehmen) und
- Hauptwirtschaftszweig, in dem der Steuerpflichtige/die Steuerpflichtigen tätig ist/sind (auf Ebene der NACE-Gruppe).

Die Informationen sind innerhalb eines Jahres ab dem Tag, an dem die Steuererklärung bei dem zuständigen Finanzamt einzureichen war (d. h. mit Ablauf der individuellen Abgabefrist), zu veröffentlichen. Da diese Frist für den Veranlagungszeitraum 2016 nicht eingehalten werden kann, muss die Veröffentlichung in diesen Fällen innerhalb von sechs Monaten ab dem Tag der Gewährung der Tarifermäßigung erfolgen.

### 1.4. Wirkung fehlender Erklärung bei Zusammenveranlagung

14 Erfüllt einer der Ehegatten/Lebenspartner mit Einkünften aus Land- und Forstwirtschaft die beihilferechtlichen Vorgaben nicht, kann bei einer Zusammenveranlagung insgesamt keine Tarifermäßigung gewährt werden.

---

[1)] Tz. 12 neu gef. durch BMF v. 24. 11. 2020, BStBl. I S. 1217.

[2)] **Amtl. Anm.:** „Kleinstunternehmen sowie kleine und mittlere Unternehmen": Unternehmen, die die Voraussetzungen in Anhang I der Verordnung (EU) Nr. 702/2014 (ABl. L 193 vom 1. Juli 2014, S. 1–75) der Kommission erfüllen.

## 2. Erzielen von Einkünften aus Land- und Forstwirtschaft

Es ist nicht notwendig, dass in allen drei Veranlagungszeiträumen des Betrachtungszeitraums Einkünfte aus Land- und Forstwirtschaft i. S. d. § 13 EStG erzielt werden. Eine Tarifermäßigung ist aber – bei Vorliegen der übrigen Voraussetzungen – nur dann zu gewähren, wenn in mindestens zwei Veranlagungszeiträumen des Betrachtungszeitraums Einkünfte aus Land- und Forstwirtschaft erzielt werden und im letzten Veranlagungszeitraum des Betrachtungszeitraums eine Einkommensteuerveranlagung erfolgt. Dies gilt unabhängig davon, ob im ersten, zweiten oder dritten Veranlagungszeitraum keine Einkünfte aus Land- und Forstwirtschaft erzielt werden. In Fällen der Zusammenveranlagung sind für die vorstehende Prüfung die zusammengerechneten Einkünfte aus Land- und Forstwirtschaft beider Ehegatten/Lebenspartner maßgebend (vgl. Rn. 33). Für Zwecke der fiktiven Einkommensteuerberechnung werden die Einkünfte aus Land- und Forstwirtschaft in jedem Fall auf die drei Veranlagungszeiträume des Betrachtungszeitraums gleichmäßig verteilt (vgl. Rn. 40). 15

**Beispiel:** 16

Der Steuerpflichtige erzielt in den Veranlagungszeiträumen 2017 und 2018 u. a. Einkünfte aus Land- und Forstwirtschaft in Höhe von insgesamt 60 000 EUR (= keine Einkünfte nach § 32 c Abs. 4 EStG). Wegen einer Betriebsaufgabe des land- und forstwirtschaftlichen Betriebs im Veranlagungszeitraum 2018 erzielt er im Veranlagungszeitraum 2019 nur noch Einkünfte aus nichtselbständiger Arbeit. Die übrigen Voraussetzungen des § 32 c EStG sind erfüllt.

Im Veranlagungszeitraum 2019 ist eine Tarifermäßigung zu gewähren. Für Zwecke der fiktiven Steuerberechnung sind die Einkünfte aus Land- und Forstwirtschaft in den drei Veranlagungszeiträumen jeweils in Höhe von 20 000 EUR zu berücksichtigen (gleichmäßige Verteilung auf die drei Veranlagungszeiträume).

### 2.1. Besonderheit Veranlagungszeitraum 2016

Sofern ein Land- und Forstwirt letztmals in den Veranlagungszeiträumen 2014 und 2015 Einkünfte aus Land- und Forstwirtschaft erzielt hat und der Einkommensteuerbescheid 2016 ohne Berücksichtigung von Einkünften aus Land- und Forstwirtschaft bereits bestandskräftig geworden ist, kann grundsätzlich keine Tarifermäßigung gewährt werden. Im Einzelfall kann eine abweichende Entscheidung im Billigkeitswege in Betracht kommen. 17

Wurden auch im Veranlagungszeitraum 2016 Einkünfte aus Land- und Forstwirtschaft erzielt, die z. B. wegen Nichtvorliegen einer gesonderten und einheitlichen Feststellung noch nicht im bereits bestandskräftigen Einkommensteuerbescheid 2016 berücksichtigt wurden, kann eine Tarifermäßigung nur bei Vorliegen einer Änderungsmöglichkeit und innerhalb des gesetzlichen Änderungsrahmens i. S. d. § 177 Abgabenordnung (AO) gewährt werden. 18

### 2.2. Besonderheit Todesfälle im Betrachtungszeitraum

#### 2.2.1. Behandlung beim Erblasser

Bei Tod im ersten Veranlagungszeitraum des Betrachtungszeitraums ist für den Erblasser keine Tarifermäßigung zu gewähren, § 32 c Abs. 1 Satz 3 EStG. Bei Tod im zweiten Veranlagungszeitraum kann der Erblasser ebenfalls keine Tarifermäßigung erhalten, da er im letzten Veranlagungszeitraum des Betrachtungszeitraums nicht zur Einkommensteuer veranlagt wird. 19

Bei Tod im letzten Veranlagungszeitraum des Betrachtungszeitraums kann für den Erblasser eine Tarifermäßigung gewährt werden, wenn er in mindestens zwei Veranlagungszeiträumen des Betrachtungszeitraums Einkünfte aus Land- 20 und Forstwirtschaft erzielt hat und die Voraussetzungen des § 32 c Abs. 5 EStG erfüllt.

### 2.2.2. Behandlung bei den Erben

21 Bei Tod des Erblassers im ersten oder zweiten Veranlagungszeitraum des Betrachtungszeitraums kann für die Erben eine Tarifermäßigung durchgeführt werden, wenn diese in mindestens zwei Veranlagungszeiträumen des Betrachtungszeitraums selbst eigene Einkünfte aus Land- und Forstwirtschaft erzielt haben und die Voraussetzungen des § 32 c Abs. 5 EStG erfüllen. Die Einkünfte des Erblassers werden den Erben für Zwecke der Tarifermäßigung nicht zugerechnet.

### 2.2.3. Zusammenfassendes

22 **Beispiel:**

Der Erblasser verstirbt am 30. Juni 2018. Der Erbe führt den Betrieb der Land- und Forstwirtschaft bis einschließlich Veranlagungszeitraum 2019 fort.

Der Erblasser kann keine Tarifermäßigung erhalten, da er im Veranlagungszeitraum 2019 nicht zur Einkommensteuer veranlagt wird. Der Erbe erzielt im Veranlagungszeitraum 2018 und 2019 Einkünfte aus Land- und Forstwirtschaft. Im Veranlagungszeitraum 2019 ist ihm auf Antrag eine Tarifermäßigung zu gewähren. Maßgeblich für die Berechnung der Tarifermäßigung sind nur die vom Erben ab dem 1. Juli 2018 selbst erzielten Einkünfte aus Land- und Forstwirtschaft. Die Einkünfte des Erblassers werden dem Erben für Zwecke dessen Tarifermäßigung nicht zugerechnet.

**Abwandlung:**

Der Erblasser verstirbt erst am 30. Juni 2019.

Für den Erblasser kann auf Antrag des Erben als Rechtsnachfolger eine Tarifermäßigung gewährt werden, da der Erblasser mindestens in den Veranlagungszeiträumen 2018 und 2019 Einkünfte aus Land- und Forstwirtschaft erzielt. Für den Erben kann auf Antrag ebenfalls eine Tarifermäßigung gewährt werden, wenn dieser zusätzlich mindestens in einem der beiden vorangegangenen Veranlagungszeiträume Einkünfte aus Land- und Forstwirtschaft erzielt hat. Die Einkünfte des Erblassers werden dem Erben für Zwecke dessen Tarifermäßigung nicht zugerechnet.

## 3. Verlustvortrag und Verlustrücktrag

23 Weitere Voraussetzung für die Gewährung der Tarifermäßigung ist, dass

- für negative Einkünfte, die im ersten Veranlagungszeitraum des Betrachtungszeitraums erzielt wurden, kein Verlustrücktrag nach § 10 d Abs. 1 EStG in den letzten Veranlagungszeitraum eines vorangegangenen Betrachtungszeitraums vorgenommen wurde (§ 32 c Abs. 5 Satz 1 Nr. 1 EStG) und
- für negative Einkünfte, die im zweiten und dritten Veranlagungszeitraum des Betrachtungszeitraums erzielt wurden, nicht auf den Verlustrücktrag nach § 10 d Abs. 1 Satz 5 EStG verzichtet wird (§ 32 c Abs. 5 Satz 1 Nr. 2 EStG).

Erfüllt einer der Ehegatten/Lebenspartner mit Einkünften aus Land- und Forstwirtschaft diese Voraussetzungen nicht, kann bei einer Zusammenveranlagung insgesamt keine Tarifermäßigung gewährt werden.

Ein Verlustrücktrag nach § 10 d Abs. 1 EStG im ersten Betrachtungszeitraum (Veranlagungszeiträume 2014 bis 2016) in den Veranlagungszeitraum 2013 ist für die Anwendung des § 32 c EStG unschädlich. 24

Für eine Änderung des Antrags nach § 10 d Abs. 1 Satz 5 EStG begründet § 32 c EStG keine eigenständige Änderungsgrundlage. Es gelten insoweit nur die für die Durchbrechung der materiellen Bestandskraft maßgeblichen allgemeinen Korrekturvorschriften (§§ 164, 165, 172 bis 175 b AO). 25

## III. Ermittlung der Tarifermäßigung

### 1. Grundsätze

Hinsichtlich der Einkünfte aus Land- und Forstwirtschaft im Betrachtungszeitraum wird neben der zutreffenden Abschnittsbesteuerung (tatsächliche tarifliche Einkommensteuer) in einer fiktiven Steuerberechnung mit den gleichmäßig auf drei Jahre verteilten begünstigten Einkünften aus Land- und Forstwirtschaft die entsprechende jährliche auf die Einkünfte aus Land- und Forstwirtschaft entfallende tarifliche Einkommensteuer ermittelt (fiktive tarifliche Einkommensteuer). Dies gilt selbst dann, wenn in einem Veranlagungszeitraum des Betrachtungszeitraums keine Einkommensteuerfestsetzung durchgeführt wurde (z. B. bei Begründung einer persönlichen oder sachlichen Steuerpflicht erst innerhalb eines Betrachtungszeitraums). Gleiches gilt z. B. in den Fällen des § 46 EStG, wenn der Steuerpflichtige/die Steuerpflichtigen in einem Veranlagungszeitraum des Betrachtungszeitraums nicht zur Abgabe einer Steuererklärung verpflichtet war/waren. In derartigen Fallgestaltungen, in denen nicht in jedem Veranlagungszeitraum eines Betrachtungszeitraums eine Einkommensteuerfestsetzung vorliegt (z. B. Antragsveranlagung i. S. d. § 46 EStG), sind für Zwecke der Ermittlung des Tarifermäßigungsbetrags gleichwohl die tatsächlichen Einkünfte in die Berechnung einzubeziehen. Diese sind von dem/den Steuerpflichtigen im Rahmen der Antragstellung zu erklären. Lagen hingegen keine Einkünfte vor (bspw. mangels Vorliegen einer Steuerpflicht), sind diese für die Berechnung der Tarifermäßigung mit Null Euro zu berücksichtigen. 26

Ist die Summe der fiktiven tariflichen Einkommensteuer für den jeweiligen Betrachtungszeitraum geringer als die Summe der tatsächlichen tariflichen Einkommensteuer des Betrachtungszeitraums, erhält der Steuerpflichtige/erhalten die Steuerpflichtigen im letzten Veranlagungszeitraum des Betrachtungszeitraums (2016, 2019 und 2022) den Unterschiedsbetrag als Steuerermäßigung bzw. Steueranrechnungsbetrag. 27

Bei dem Ansatz der fiktiven Einkünfte für die Berechnung der fiktiven tariflichen Einkommensteuer kann es dazu kommen, dass Sonderausgaben, außergewöhnliche Belastungen, Kinderfreibeträge und weitere steuerliche Ermäßigungen nicht oder in veränderter Höhe zu berücksichtigen sind. Dieser Umstand kann sich sowohl zugunsten als auch zuungunsten der Antragstellerin/des Antragstellers auswirken. Da für die Ermittlung der Tarifermäßigung einzig auf die Summen der (fiktiven) tariflichen Einkommensteuer abgestellt wird und z. B. auch eine § 2 Abs. 6 Satz 3 oder § 10 a Abs. 2 Satz 1 EStG vergleichbare Regelung für diese Zwecke fehlt, erfolgen für diese Zwecke keine Zu- und Abrechnungen auf die (fiktive) tarifliche Einkommensteuer. 28

Die für den jeweiligen Betrachtungszeitraum ermittelte Tarifermäßigung wird auch dann in voller Höhe gewährt, wenn sie höher als die tarifliche Einkommensteuer für den Veranlagungszeitraum 2016, 2019 oder 2022 ist. In diesen Fällen wird der überschießende Betrag auf die festzusetzende Einkommensteu- 29 er angerechnet (§ 36 Abs. 2 Nr. 3 EStG i. d. F. des Gesetzes zur weiteren steuerlichen Förderung der Elektromobilität und zur Änderung weiterer steuerlicher Vorschriften vom 12. Dezember 2019, a. a. O.) und gemäß § 36 Abs. 4 Satz 2 EStG erstattet.

**30** Kann eine Ermäßigung im letzten Veranlagungszeitraum des Betrachtungszeitraums gewährt werden, mindert diese zunächst die tarifliche Einkommensteuer des letzten Veranlagungszeitraums im Betrachtungszeitraum (§ 2 Abs. 6 Satz 1 EStG). In Höhe des Ermäßigungsbetrags wirkt sich diese Steuerermäßigung hierdurch auch steuermindernd bei der Bemessung des Solidaritätszuschlags und einer gegebenenfalls festzusetzenden Kirchensteuer aus.

**31** Soweit der Ermäßigungsbetrag eine Steueranrechnung bewirkt (Rn. 29), kann ausschließlich der übersteigende (auf die festzusetzende Einkommensteuer anzurechnende) Betrag zu einer Erstattung führen; weitergehende Erstattungsbeträge hinsichtlich des Solidaritätszuschlags und einer gegebenenfalls festzusetzenden Kirchensteuer ergeben sich hieraus nicht.

**32** Eine Erhöhung der tariflichen Einkommensteuer ist ausgeschlossen. Sofern sich bei der Berechnung der Tarifermäßigung entsprechend Rn. 27 ein positiver Unterschiedsbetrag ergibt (d. h. die Summe der fiktiven tariflichen Einkommensteuer übersteigt die Summe der tatsächlichen tariflichen Einkommensteuer = Erhöhungsbetrag), ist der Tarifermäßigungsbetrag mit Null Euro anzusetzen.

## 2. Begünstigte Einkünfte aus Land- und Forstwirtschaft

**33** Ausgangspunkt bilden die im Betrachtungszeitraum insgesamt erzielten Einkünfte aus Land- und Forstwirtschaft. Im Fall der Zusammenveranlagung sind dies die zusammengerechneten Einkünfte aus Land- und Forstwirtschaft beider Ehegatten/Lebenspartner (§ 32 c Abs. 3 Satz 3 EStG). Eine betriebsbezogene Ermittlung der Tarifermäßigung erfolgt nicht.

**34** Maßgeblich ist die einkommensteuerrechtlich zutreffende Einkunftsart im jeweiligen Veranlagungszeitraum. Nicht begünstigt sind somit z. B. Einkünfte aus einer gewerblich geprägten Personengesellschaft, die eine landwirtschaftliche Tätigkeit ausübt.

**35** Nicht begünstigt und damit nicht von der Tarifermäßigung erfasst sind nach § 32 c Abs. 4 EStG in den Einkünften aus Land- und Forstwirtschaft enthaltene außerordentliche Einkünfte i. S. d. § 34 Abs. 2 EStG, nicht entnommene Gewinne nach § 34 a EStG und Einkünfte aus außerordentlichen Holznutzungen i. S. d. § 34 b EStG. Enthaltene außerordentliche Einkünfte i. S. d. § 34 Abs. 2 EStG sind auch dann nicht begünstigt, wenn die Tarifermäßigung nach § 34 Abs. 1 EStG nicht gewährt wird.

**36** Der Freibetrag nach § 13 Abs. 3 EStG wird bei der Ermittlung des Gesamtbetrags der Einkünfte von der Summe der Einkünfte und nicht bereits bei der Ermittlung der Einkünfte aus Land- und Forstwirtschaft abgezogen (vgl. BFH-Urteil vom 25. Februar 1988, BStBl. II S. 827). Die maßgeblichen steuerpflichtigen Einkünfte aus Land- und Forstwirtschaft sind demzufolge für die Berechnung der Tarifermäßigung nicht um einen Freibetrag nach § 13 Abs. 3 EStG zu mindern.

## 3. Summe der positiven Einkünfte

### 3.1. Allgemeines

Für die Ermittlung der Summe der positiven Einkünfte wird auf die Einkunftsart i. S. d. § 2 Abs. 1 Satz 1 EStG und nicht auf die Einkunftsquelle (bspw. auf den einzelnen Betrieb) abgestellt. Dabei werden innerhalb der Einkunftsart laufende und außerordentliche sowie positive und negative Einkünfte saldiert (horizontaler Verlustausgleich). Eine negative Summe der Einkünfte aus einer Einkunftsart kann nicht mit der positiven Summe der Einkünfte aus einer anderen Einkunftsart verrechnet werden (kein vertikaler Verlustausgleich). **37**

Die nicht begünstigten positiven Einkünfte aus Land- und Forstwirtschaft (vgl. Rn. 35) zählen zur Summe der positiven Einkünfte. **38**

### 3.2. Summe der positiven Einkünfte bei Zusammenveranlagung

Bei der Ermittlung der Summe der positiven Einkünfte werden bei der Zusammenveranlagung von Ehegatten/Lebenspartnern die jeweiligen Einkünfte der Einkunftsarten beider Ehegatten/Lebenspartner zusammengerechnet (§ 32 c Abs. 3 Satz 3 EStG). Hierfür sind zunächst die Summen der einzelnen Einkunftsarten je Ehegatte/Lebenspartner zu bilden (siehe Rn. 37). Anschließend sind die Summen der jeweiligen Einkunftsarten beider Ehegatten/Lebenspartner zu addieren. Dabei sind negative Summen je Einkunftsart eines Ehegatten/Lebenspartners mit positiven Summen der jeweils gleichen Einkunftsart des anderen Ehegatten/Lebenspartners zu verrechnen. Verbleibt ein negativer Saldo einer Einkunftsart, bleibt diese in der Summe der positiven Einkünfte unberücksichtigt (kein vertikaler Verlustausgleich). **39**

## 4. Fiktive Steuerberechnung

Für die fiktive Steuerberechnung wird die Summe der tatsächlichen begünstigten Einkünfte aus Land- und Forstwirtschaft gleichmäßig auf den Betrachtungszeitraum, d. h. immer auf alle drei Veranlagungszeiträume, verteilt. Dies gilt auch, wenn im ersten, zweiten oder dritten Veranlagungszeitraum keine Einkünfte aus Land- und Forstwirtschaft erzielt werden. **40**

Im Rahmen der fiktiven Steuerberechnung wird das zu versteuernde Einkommen insgesamt neu berechnet (z. B. Freibetrag nach § 13 Abs. 3 EStG, Spendenhöchstbetrag, zumutbare Belastung bei außergewöhnlichen Belastungen, Günstigerprüfungen). Bereits ausgeübte Wahlrechte können dabei nicht erneut ausgeübt werden. Ergeben sich durch die fiktive Berechnung geänderte Spendenvorträge und Verlustvor- bzw. -rückträge, werden diese bei den weiteren fiktiven Berechnungen innerhalb desselben Betrachtungszeitraums berücksichtigt. **41**

## 5. Ermittlung der anteiligen tariflichen Einkommensteuer

Zur Ermittlung der anteiligen, auf die steuerpflichtigen nach § 32 c EStG begünstigten Einkünfte aus Land- und Forstwirtschaft i. S. d. § 13 EStG entfallenden tariflichen Einkommensteuer wird die gesamte tarifliche Einkommensteuer eines Veranlagungszeitraums nach dem Verhältnis der nach § 32 c EStG begünstigten positiven Einkünfte aus Land- und Forstwirtschaft i. S. d. § 13 EStG zur Summe der positiven Einkünfte aufgeteilt. Dies gilt entsprechend für die Ermittlung der anteiligen fiktiven Einkommensteuer. **42**

Für die so für jeden Veranlagungszeitraum des Betrachtungszeitraums ermittelte anteilige tatsächliche tarifliche Einkommensteuer und die fiktive tarifliche Einkommensteuer ist jeweils eine Summe zu bilden. **43**

**44** Zur Ermittlung der Höhe der Tarifermäßigung stehen Berechnungshilfen auf den Internetseiten des Bundesministeriums der Finanzen und der Länderfinanzverwaltungen zur Verfügung.

### 6. Bilanzänderung für Veranlagungszeiträume vor Inkrafttreten der Tarifermäßigung

**45** Nach Einreichen der Bilanz bei der Finanzbehörde dürfen bilanzielle Ansatz- und Bewertungswahlrechte durch Steuerpflichtige, die die Einkünfte aus Land- und Forstwirtschaft nach § 4 Abs. 1 EStG ermitteln, nur unter den Voraussetzungen des § 4 Abs. 2 Satz 2 EStG erneut ausgeübt werden.

### 7. Besonderheiten bei Ehegatten/Lebenspartnern

**46** Für die Tarifermäßigung ist bei Ehegatten/Lebenspartnern die gewählte Veranlagungsart im letzten Veranlagungszeitraum des Betrachtungszeitraums maßgebend:

#### 7.1. Zusammenveranlagung im letzten Veranlagungszeitraum des Betrachtungszeitraums

**47** Wählen die Ehegatten/Lebenspartner im letzten Veranlagungszeitraum des Betrachtungszeitraums die Zusammenveranlagung, sind die jeweiligen Einkünfte der Ehegatten/Lebenspartner sowie die Einkommensteuern unabhängig von der Veranlagungsart (ggf. Einzelveranlagung) in den anderen Veranlagungszeiträumen des Betrachtungszeitraums zusammenzurechnen.

**48** Unabhängig davon, ob nur ein Ehegatte/Lebenspartner oder beide Einkünfte aus Land- und Forstwirtschaft erzielen, erfolgt in diesem Fall nur eine Berechnung der Tarifermäßigung.

**49** Die tarifliche Einkommensteuer bzw. die fiktive tarifliche Einkommensteuer für den jeweiligen Veranlagungszeitraum ergibt sich bei einer Einzelveranlagung aus der Summe der beiden tariflichen Einkommensteuern aus den Einzelveranlagungen, bei einer Zusammenveranlagung aus der hierbei ermittelten tariflichen Einkommensteuer.

#### 7.2. Einzelveranlagung im letzten Veranlagungszeitraum des Betrachtungszeitraums

**50** Wird im letzten Veranlagungszeitraum des Betrachtungszeitraums eine Einzelveranlagung durchgeführt, sind für Zwecke der Berechnung der Tarifermäßigung bei einer vorangegangenen Zusammenveranlagung die tarifliche Einkommensteuer und die fiktive tarifliche Einkommensteuer nach dem Verhältnis der positiven Summe der Einkünfte der Ehegatten aufzuteilen. Die jeweiligen Einkünfte der Ehegatten/Lebenspartner sind unabhängig von der Veranlagungsart (ggf. Zusammenveranlagung) im jeweiligen Veranlagungszeitraum den Steuerpflichtigen getrennt zuzurechnen.

**51** Erzielen beide Ehegatten/Lebenspartner Einkünfte aus Land- und Forstwirtschaft, so erfolgen zwei getrennte Berechnungen einer Tarifermäßigung für diesen Betrachtungszeitraum. Erzielt nur ein Ehegatte/Lebenspartner Einkünfte aus Land- und Forstwirtschaft, erfolgt nur eine Berechnung.

**52** Die tarifliche Einkommensteuer bzw. die fiktive tarifliche Einkommensteuer für den jeweiligen Veranlagungszeitraum wird bei einer Zusammenveranlagung auf die jeweiligen Ehegatten/Lebenspartner aufgeteilt und der jeweilige Anteil nur bei diesem berücksichtigt. Bei einer Einzelveranlagung ist die bereits berechnete tarifliche Einkommensteuer zu verwenden.

### 7.3. § 26 Abs. 1 Satz 1 EStG nicht im gesamten Betrachtungszeitraum erfüllt

Die Ausführungen unter Rn. 47 bis 52 gelten auch, wenn die Ehegatten/ Lebenspartner nicht im gesamten Betrachtungszeitraum die Voraussetzungen für eine Zusammenveranlagung miteinander erfüllt haben. **53**

## IV. Änderung einer gewährten Tarifermäßigung

### 1. Änderungsnorm § 32 c Abs. 6 EStG

Ändern sich die Besteuerungsgrundlagen für einen Veranlagungszeitraum im Betrachtungszeitraum, die Auswirkungen auf die Tarifermäßigung haben, ist die im letzten Veranlagungszeitraum eines Betrachtungszeitraums gewährte Tarifermäßigung zu ändern. Ändert sich z. B. die Höhe der Einkünfte aus Land- und Forstwirtschaft oder die Summe der positiven Einkünfte oder ergeben sich sonstige Änderungen, die Auswirkungen auf die tarifliche Einkommensteuer in einem Veranlagungszeitraum des Betrachtungszeitraums haben (z. B. wegen einer Minderung der außergewöhnlichen Belastungen), ist die Tarifermäßigung neu zu berechnen. Der Einkommensteuerbescheid, mit dem eine Tarifermäßigung gewährt wurde, bzw. die Anrechnungsverfügung, in welcher eine diesbezügliche Steueranrechnung berücksichtigt wurde, sind nach § 32 c Abs. 6 Satz 1 bzw. Satz 3 EStG zu ändern. **54**

Die Festsetzungsfrist des § 32 c Abs. 6 Satz 1 EStG endet insoweit nicht, bevor die Festsetzungsfrist für den Veranlagungszeitraum abgelaufen ist, in dem sich die Besteuerungsgrundlagen geändert haben (§ 32 c Abs. 6 Satz 2 EStG). **55**

### 2. Änderungsnorm § 32 c Abs. 7 EStG bei einem der in Art. 10 Abs. 1 der Verordnung (EU) Nr. 508/2014 vom 15. Mai 2014 (a. a. O.) genannten Verstöße

Eine Tarifermäßigung ist nach § 32 c Abs. 7 EStG rückgängig zu machen, wenn während eines Zeitraums von fünf Jahren nach Bekanntgabe des Einkommensteuerbescheids, mit dem die Tarifermäßigung für den jeweiligen Betrachtungszeitraum gewährt wird, ein in Art. 10 Abs. 1 der Verordnung (EU) Nr. 508/2014 vom 15. Mai 2014 (a. a. O.) genannter Verstoß durch die zuständige Behörde festgestellt wird. **56**

Der Steuerpflichtige hat/die Steuerpflichtigen haben diesen Verstoß unverzüglich nach dessen Feststellung dem Finanzamt mitzuteilen (§ 32 c Abs. 7 Satz 3 EStG). **57**

Die Festsetzungsfrist für die Einkommensteuer endet im Fall des § 32 c Abs. 7 Satz 1 EStG nicht vor Ablauf von vier Jahren nach Ablauf des Kalenderjahres, in dem die Finanzbehörde von dem Verstoß Kenntnis erlangt hat (§ 32 c Abs. 7 Satz 4 EStG). **58**

### 3. Weitere Änderungsmöglichkeiten

Fehlt ein Beschluss der zuständigen Behörde gemäß § 32 c Abs. 7 EStG, und stellt das Finanzamt (z. B. bei einer Außenprüfung) fest, dass die Voraussetzungen des § 32 c Abs. 5 Nr. 3 bis 6 EStG nicht vorlagen, sind Änderungen nach den allgemeinen Änderungs- und Verjährungsvorschriften vorzunehmen. **59**

Wird bei Ermittlung der festzusetzenden Einkommensteuer aufgrund vorsätzlich unrichtiger, unvollständiger oder pflichtwidrig unterlassener Angaben des Steuerpflichtigen/der Steuerpflichtigen eine zu hohe Tarifermäßigung nach **60**

§ 32 c EStG berücksichtigt (Steuerhinterziehung nach § 370 AO), beträgt die Festsetzungsfrist nach § 169 Abs. 2 Satz 2 AO zehn Jahre.

Wurde die Steuerverkürzung leichtfertig begangen, beträgt die Festsetzungsfrist fünf Jahre (§ 169 Abs. 2 Satz 2 AO).

**61** In beiden Fällen sind zusätzlich Anlauf- und Ablaufhemmungen der Festsetzungsfrist nach §§ 170 und 171 AO zu berücksichtigen. Von besonderer praktischer Bedeutung sind die Anlaufhemmung nach § 170 Abs. 2 Satz 1 Nr. 1 AO. Daneben kann zusätzlich die Ablaufhemmung nach § 171 Abs. 4 oder 5 AO von Bedeutung sein.

### V. Anwendungsregelung

**62** Dieses Schreiben ist in allen noch offenen Fällen anzuwenden.

# 1 § 33a/1. Schreiben betr. Aufwendungen eines Steuerpflichtigen für die krankheits- oder behinderungsbedingte Unterbringung eines nahen Angehörigen in einem Heim als außergewöhnliche Belastung[1)]

Vom 2. Dezember 2002
BMF IV C 4-S 2284-108/02
(BStBl. I S. 1389)

Unter Bezugnahme auf das Ergebnis der Erörterungen mit den obersten Finanzbehörden der Länder gilt für die Anwendung der §§ 33 und 33 a Abs. 1 EStG auf Fälle, in denen einem Steuerpflichtigen Aufwendungen für die krankheits- oder behinderungsbedingte Unterbringung eines nahen Angehörigen in einem Heim entstehen, das Folgende:

Erwachsen einem oder mehreren Steuerpflichtigen zwangsläufig Aufwendungen für die krankheits- oder behinderungsbedingte Unterbringung eines nahen Angehörigen in einem Heim, gehören zu den Aufwendungen, die nach § 33 EStG zu berücksichtigen sind, die gesamten vom Heim in Rechnung gestellten Unterbringungskosten einschließlich der Kosten für die ärztliche Betreuung und Pflege, gemindert um eine Haushaltsersparnis entsprechend *R 188 Abs. 2 EStR*[2)]. Eine zusätzliche Berücksichtigung des Abzugsbetrags nach § 33 a Abs. 3 Satz 2 Nr. 2 EStG ist nicht zulässig (BFH-Urteil vom 24. Februar 2000, BStBl. II S. 294).

Die Übernahme der Kosten einer Heimunterbringung für einen nahen Angehörigen ist nur dann zwangsläufig, wenn die untergebrachte Person kein oder nur ein geringes Vermögen besitzt und soweit ihre eigenen Einkünfte und Bezüge zur Deckung dieser Kosten nicht ausreichen. Bei der Beurteilung, ob die eigenen Einkünfte und Bezüge nicht ausreichen, ist ein angemessener Betrag für einen zusätzlichen persönlichen Bedarf zu berücksichtigen. Als angemessen kann in Anlehnung an § 21 Abs. 3 BSHG regelmäßig der für den zusätzlichen persönlichen Bedarf erklärte Betrag anerkannt werden, soweit er 1550 EUR (bis zum Kalenderjahr 2001 einschließlich 3000 DM) jährlich nicht übersteigt.

*Eine krankheits- oder behinderungsbedingte Unterbringung liegt nur dann vor, wenn eine Pflegestufe nach dem Elften Buch Sozialgesetzbuch festgestellt worden ist (R 188 Abs. 1 EStR)*[3)]. Der Nachweis ist durch eine Bescheinigung der sozialen Pflegekasse oder des privaten Versicherungsunternehmens, das die private Pflegepflichtversicherung durchführt, oder nach § 65 Abs. 2 EStDV zu erbringen. Dies gilt auch dann, wenn der nahe Angehörige bereits seit einem früheren Zeitpunkt aus anderen Gründen (z. B. wegen Alters) im Heim untergebracht ist. Werden die Kosten für eine behinderungsbedingte Unterbringung zum Teil vom Sozialhilfeträger übernommen (insbesondere durch die Gewährung einer Eingliederungshilfe nach § 39 BSHG), braucht die Notwendigkeit der Unterbringung

---

1) **Red. Anm.:** Siehe hierzu auch BMF v. 20. 1. 2003, BStBl. I S. 89.
2) **Red. Anm.:** Jetzt R 33.3 Abs. 2 EStR 2015.
3) **Red. Anm.:** Überholt; siehe jetzt R 33.3 Abs. 1 EStR 2015.

nicht nachgewiesen zu werden, da regelmäßig von einer sorgfältigen, ordnungsmäßigen Prüfung durch den Sozialhilfeträger und von der Richtigkeit seiner Entscheidung ausgegangen werden kann (BFH-Urteil vom 23. Mai 2002, BStBl. II S. 567).

Aufwendungen in Höhe der Haushaltsersparnis können zusammen mit vom Steuerpflichtigen zusätzlich getragenen Kosten für die normale Lebensführung (z. B. Kleidung, Versicherung) entsprechend den Grundsätzen des § 33 a Abs. 1 EStG als Unterhaltsaufwendungen berücksichtigt werden.

**Beispiel 1:**

Der pflegebedürftige (Pflegestufe II) vermögenslose Vater A hat seinen eigenen Haushalt aufgelöst und ist während der gesamten Kalenderjahre 2001 und 2002 in einem Pflegeheim untergebracht.

Für die Heimunterbringung werden insgesamt 33 000 EUR (2001: 66 000 DM) in Rechnung gestellt. Die Pflegeversicherung übernimmt hiervon 15 348 EUR (2001: 30 000 DM). A zahlt aus seinen eigenen anrechenbaren Einkünften und Bezügen in Höhe von 4500 EUR (2001: 9000 DM) einen Betrag von 3300 EUR (2001: 6600 DM) auf die Heimkosten und behält einen Betrag von 1200 EUR (2001: 2400 DM) für zusätzlichen persönlichen Bedarf zurück. Die restlichen Heimkosten von 14 352 EUR (33 000 EUR – 15 348 EUR – 3300 EUR; im Jahr 2001: 66 000 DM – 30 000 DM – 6600 DM = 29 400 DM) trägt der Sohn B.

Die Abzugsbeträge für B berechnen sich wie folgt:

**– nach § 33 a Abs. 1 EStG:**

| | 2001 | 2002 | 2001 | 2002 |
|---|---|---|---|---|
| Anteil für den typischen Unterhalt in Höhe der Haushaltsersparnis | | | 14 040 DM | *7188 EUR*[1] |
| anrechenbare Einkünfte und Bezüge des A | 9000 DM | 4500 EUR | | |
| anrechnungsfreier Betrag | – 1200 DM | – 624 EUR | | |
| anzurechnende Einkünfte und Bezüge des A | 7800 DM | 3876 EUR | – 7800 DM | – 3876 EUR |
| zu berücksichtigender Betrag | | | 6240 DM | 3312 EUR |

Der Betrag von 6240 DM für 2001 und 3312 EUR für 2002 ist nach § 33 a Abs. 1 EStG in voller Höhe vom Gesamtbetrag der Einkünfte des B abzuziehen. Hiermit sind auch zusätzlich getragene Kosten wie z. B. Versicherungsbeiträge abgegolten.

**– nach § 33 EStG:**

| | 2001 | 2002 | 2001 | 2002 |
|---|---|---|---|---|
| Heimkosten | | | 66 000 DM | 33 000 EUR |
| Pflegeversicherungsleistungen | | | – 30 000 DM | – 15 348 EUR |
| Anteil des A aufgrund seiner eigenen Einkünfte und Bezüge, mindestens aber die Haushaltsersparnis: | | | | |

[1] **Red. Anm.:** Ab VZ 2004: 7680 €; ab VZ 2010: 8004 €; für VZ 2013: 8130 €; für VZ 2014: 8354 €; für VZ 2015: 8472 €; für VZ 2016: 8652 €; für VZ 2017: 8820 €; für VZ 2018: 9000 €; für VZ 2019: 9168 €; für VZ 2020: 9408 €; für VZ 2021: 9744 €; ab VZ 2022: 9984 € (§ 33a Abs. 1 Satz 1 EStG).

| | 2001 | 2002 | 2001 | 2002 |
|---|---|---|---|---|
| eigene Einkünfte und Bezüge des A: | 9000 DM | 4500 EUR | | |
| gemindert um einen angemessenen Betrag für den zusätzlichen persönlichen Bedarf (pauschal): | – 3000 DM | – 1550 EUR | | |
| verbleibender Betrag | 6000 DM | 2950 EUR | | |
| Dieser Betrag liegt unter der Haushaltsersparnis von | 14 040 DM | *7188 EUR.*[1] | | |
| Daher ist die Haushaltsersparnis anzusetzen: | | | – 14 040 DM | – *7188 EUR*[2]. |
| Höchstbetrag der bei B zu berücksichtigenden Heimkosten: | | | 21 960 DM | 10 464 EUR. |

Da die eigenen Einkünfte und Bezüge des A nicht ausreichen, um dessen Kosten für die normale Lebensführung einschließlich der krankheitsbedingten Heimunterbringung zu bestreiten, ist der von B getragene Anteil, vermindert um die bereits nach § 33 a Abs. 1 EStG berücksichtigten Aufwendungen, bis zur Höhe von 21 960 DM für 2001 und 10 464 EUR für 2002 abzuziehen.

| | 2001 | 2002 |
|---|---|---|
| Von B getragene Heimkosten | 29 400 DM | 14 352 EUR |
| davon nach § 33 a Abs. 1 EStG berücksichtigt | – 6240 DM | – 3312 EUR |
| verbleibende Heimkosten | 23 160 DM | 11 040 EUR. |

Der Höchstbetrag von 21 960 DM für 2001 und 10 464 EUR für 2002 ist nach Minderung um die zumutbare Belastung nach § 33 EStG vom Gesamtbetrag der Einkünfte des B abzuziehen.

**Beispiel 2:**

Sachverhalt wie im ersten Beispiel, jedoch hat A anrechenbare Einkünfte und Bezüge von 18 000 EUR (2001: 36 000 DM). Er zahlt daraus auf die Gesamtkosten 15 000 EUR (2001: 30 000 DM) und behält 3000 EUR (2001: 6000 DM) für seinen zusätzlichen persönlichen Bedarf zurück. Die restlichen Heimkosten von 2652 EUR (33 000 EUR – 15 348 EUR – 15 000 EUR; im Jahr 2001: 66 000 DM – 30 000 DM – 30 000 DM = 6000 DM) trägt der Sohn B.

Da die anrechenbaren eigenen Einkünfte und Bezüge des A höher sind als die Summe aus Höchstbetrag und anrechnungsfreiem Betrag (*7188 EUR*[1] + 624 EUR = 7812 EUR; im Jahr 2001: 14 040 DM + 1200 DM = 15 240 DM), scheidet ein Abzug nach § 33 a Abs. 1 EStG aus. Für B kommt nur ein Abzug nach § 33 EStG in Betracht. Dieser berechnet sich wie folgt:

---

[1] **Red. Anm.:** Ab VZ 2004: 7680 €; ab VZ 2010: 8004 €; für VZ 2013: 8130 €; für VZ 2014: 8354 €; für VZ 2015: 8472 €; für VZ 2016: 8652 €; für VZ 2017: 8820 €; für VZ 2018: 9000 €; für VZ 2019: 9168 €; für VZ 2020: 9408 €; für VZ 2021: 9744 €; ab VZ 2022: 9984 € (§ 33a Abs. 1 Satz 1 EStG idF der Bek. v. 8.10.2009 (BGBl. I S. 3366, ber. S. 3862), zuletzt geänd. durch G v. 19.10.2022 (BGBl. I S. 1743)).

[2] **Red. Anm.:** Ab VZ 2004: 7680 €; ab VZ 2010: 8004 €; für VZ 2013: 8130 €; für VZ 2014: 8354 €; für VZ 2015: 8472 €; für VZ 2016: 8652 €; für VZ 2017: 8820 €; für VZ 2018: 9000 €; für VZ 2019: 9168 €; für VZ 2020: 9408 €; für VZ 2021: 9744 €; ab VZ 2022: 9984 € (§ 33a Abs. 1 Satz 1 EStG).

| | 2001 | 2002 | 2001 | 2002 |
|---|---|---|---|---|
| Heimkosten | | | 66 000 DM | 33 000 EUR |
| Pflegeversicherungsleistungen | | | – 30 000 DM | – 15 348 EUR |
| Anteil des A aufgrund seiner eigenen Einkünfte und Bezüge, mindestens aber die Haushaltsersparnis: | | | | |
| eigene Einkünfte und Bezüge des A: | 36 000 DM | 18 000 EUR | | |
| gemindert um einen angemessenen Betrag für den zusätzlichen Bedarf (pauschal): | – 3000 DM | – 1550 EUR | | |
| verbleibender Betrag (mindestens Haushaltsersparnis) | | | – 33 000 DM | – 16 450 EUR |
| Höchstbetrag der bei B zu berücksichtigenden Heimkosten: | | | 3000 DM | 1202 EUR. |

Der Höchstbetrag von 3000 DM für 2001 und 1202 EUR für 2002, der niedriger ist als die von B getragenen Aufwendungen von 6000 DM in 2001 und 2652 EUR in 2002, ist nach Minderung um die zumutbare Belastung nach § 33 EStG vom Gesamtbetrag der Einkünfte des B abzuziehen.

Die vorstehenden Grundsätze sind in allen noch offenen Fällen anzuwenden. Das BMF-Schreiben vom 26. Februar 1999 IV C 4 – S 2285 – 7/99; IV C 4 – S 2284 – 9/99 (BStBl. I S. 270) wird aufgehoben.

# 1 § 33a/2. Schreiben betr. Berücksichtigung von Aufwendungen für den Unterhalt von Personen im Ausland als außergewöhnliche Belastung nach § 33a Abs. 1 Einkommensteuergesetz (EStG); Überarbeitung des BMF-Schreibens vom 7. Juni 2010 (BStBl. I S. 588)

Vom 6. April 2022

BMF IV C 8 – S 2285/19/10002 :001; DOK 2022/0025379

(BStBl. I S. 623)

Unter Bezugnahme auf das Ergebnis der Erörterungen mit den obersten Finanzbehörden der Länder gelten für die Berücksichtigung von Unterhaltsaufwendungen an Personen im Ausland als außergewöhnliche Belastung die folgenden Grundsätze.

## 1. Unterhaltsempfänger

### 1.1. Zum Abzug berechtigende Unterhaltsempfänger

Aufwendungen für den Unterhalt an Personen im Ausland dürfen nur abgezogen werden, wenn diese Personen gegenüber dem Steuerpflichtigen oder seinem Ehegatten bzw. Partner einer eingetragenen Lebenspartnerschaft (§ 2 Abs. 8 EStG)[1] nach inländischem Recht gesetzlich unterhaltsberechtigt sind (§ 33a Abs. 1 Satz 1 und 6 2. Halbsatz EStG; BFH-Urteil vom 4. Juli 2002, BStBl. II S. 760, sowie vom 27. Juli 2011, BStBl. II S. 965). Die Voraussetzungen für eine Ehegattenveranlagung nach § 26 Abs. 1 Satz 1 EStG müssen nicht vorliegen (BFH-Urteil vom 27. Juli 2011, BStBl. II S. 965). Zur Berücksichtigung von Personen mit einer Aufenthaltserlaubnis nach § 23 Aufenthaltsgesetz siehe BMF-Schreiben vom 27. Mai 2015, BStBl. I S. 474[2]. 1

### 1.2. Zum Abzug nicht berechtigende Unterhaltsempfänger

Ein Abzug nach § 33a Abs. 1 EStG kommt nicht in Betracht, wenn der Unterhaltsempfänger 2

- ein Kind ist, für das ein Anspruch auf Freibeträge für Kinder nach § 32 Abs. 6 EStG oder Kindergeld (§ 66 EStG) besteht (§ 33a Abs. 1 Satz 4 EStG); andere Leistungen für Kinder und dem inländischen Kindergeld vergleichbare Familienbeihilfen nach ausländischem Recht stehen nach § 65 EStG dem Kindergeld gleich (BFH-Urteil vom 4. Dezember 2003, BStBl. 2004 II S. 275); eine Übersicht über im Ausland gewährte vergleichbare Leistungen gemäß § 65 Abs. 1 Satz 1 Nr. 2 EStG kann dem Schreiben des Bundeszentralamtes für Steuern (BZSt) vom 16. Januar 2017 (BStBl. I S. 151) entnommen werden;
- der nicht dauernd getrennt lebende und nicht unbeschränkt einkommensteuerpflichtige Ehegatte des Steuerpflichtigen ist und das Veranlagungswahlrecht nach § 26 Abs. 1 Satz 1 i.V.m. § 1a Abs. 1 Nr. 2 EStG gegeben ist;
- der geschiedene oder dauernd getrennt lebende Ehegatte des Steuerpflichtigen ist und der Sonderausgabenabzug nach § 10 Abs. 1a Nr. 1 i.V.m. § 1a Abs. 1 Nr. 1 EStG vorgenommen wird;

[1] **Amtl. Anm.:** Nachfolgend Ehegatte.
[2] Nr. 1 § 33a/3.

– zwar nach ausländischem, aber nicht nach inländischem Recht unterhaltsberechtigt ist, selbst wenn die Unterhaltspflicht des Steuerpflichtigen aufgrund internationalen Privatrechts im Inland verbindlich ist (BFH-Urteil vom 4. Juli 2002, BStBl. II S. 760, sowie vom 27. Juli 2011, BStBl. II S. 965).

### 2. Feststellungslast/Beweisgrundsätze/Erhöhte Mitwirkungspflicht und Beweisvorsorge des Steuerpflichtigen

3 Der Steuerpflichtige trägt nach den im Steuerrecht geltenden allgemeinen Beweisgrundsätzen für Steuerermäßigungen die objektive Beweislast (Feststellungslast). Bei Sachverhalten im Ausland müssen sich die Steuerpflichtigen in besonderem Maße um Aufklärung und Beschaffung geeigneter, in besonderen Fällen auch zusätzlicher Beweismittel bemühen (§ 90 Abs. 2 AO). Danach trifft den Steuerpflichtigen bei der Gestaltung der tatsächlichen Verhältnisse eine Pflicht zur Beweisvorsorge. Aus den Unterlagen muss hervorgehen, dass Geldbeträge des Steuerpflichtigen tatsächlich verwendet worden und an den Unterhaltsempfänger gelangt sind. Der Steuerpflichtige muss, wenn er seine Aufwendungen steuerlich geltend machen will, dafür Sorge tragen, dass sichere und leicht nachprüfbare Belege oder Bescheinigungen vorliegen, die den Zugang und Abfluss der Geldbeträge erkennen lassen. Eigenerklärungen oder eidesstattliche Versicherungen sind allein keine ausreichenden Mittel zur Glaubhaftmachung (BFH-Urteil vom 3. Juni 1987, BStBl. II S. 675). Bei Unterlagen in ausländischer Sprache ist eine deutsche Übersetzung durch einen amtlich zugelassenen Dolmetscher, ein Konsulat oder eine sonstige zuständige (ausländische) Dienststelle notwendig. Hierfür anfallende Aufwendungen sind keine Unterhaltsaufwendungen.

4 Da die Erfüllung dieser Mitwirkungspflichten erforderlich, möglich, zumutbar und verhältnismäßig sein muss, können hinsichtlich der Beschaffung amtlicher Bescheinigungen aus Krisengebieten Beweiserleichterungen in Betracht kommen. Ist ein Steuerpflichtiger wegen der besonderen Situation im Wohnsitzstaat der unterhaltenen Person nicht in der Lage, beweisgeeignete Unterlagen zu erlangen, so ist ihm dies unter dem Gesichtspunkt des Beweisnotstands nur nach Würdigung der Gesamtumstände des Einzelfalls anzulasten. Ein Beweisnotstand kann beispielsweise in Betracht kommen, wenn wegen der sozialen oder politischen Verhältnisse (etwa im Falle eines Bürgerkriegs) im Heimatland des Empfängers die Beschaffung von beweiserheblichen Unterlagen nicht möglich oder für den Steuerpflichtigen mit erheblichen Schwierigkeiten verbunden und daher unzumutbar ist (BFH-Urteil vom 2. Dezember 2004, BStBl. 2005 II S. 483). Die Weigerung der zuständigen Heimatbehörde, die Angaben der unterstützten Person auf der Unterhaltserklärung zu bestätigen, stellt keinen Beweisnotstand dar (Hinweis auf Rz. 8).

### 3. Allgemeiner Grundsatz zur Nachweiserbringung

5 Der Steuerpflichtige hat die in den Rz. 6 bis 8 und 12 bis 21 bezeichneten Unterlagen und Nachweise nur auf Anforderung der Finanzbehörde zur Sachverhaltsaufklärung vorzulegen. Die Finanzbehörde kann nach den Umständen des Einzelfalls weitere Auskünfte oder Nachweise verlangen.

### 4. Nachweis der Unterhaltsbedürftigkeit/Unterhaltserklärung

6 Voraussetzung für den Abzug von Unterhaltsaufwendungen ist der Nachweis über die Unterhaltsbedürftigkeit der im Ausland lebenden unterhaltenen Per-

son. Hierzu sind folgende Angaben des Steuerpflichtigen und der unterhaltenen Person erforderlich:

– das Verwandtschaftsverhältnis der unterhaltenen Person zum Steuerpflichtigen oder dessen Ehegatten,
– Name, Geburtsdatum und -ort, berufliche Tätigkeit, Anschrift, Familienstand der unterhaltenen Person sowie eine Aussage, ob zu ihrem Haushalt noch weitere Personen gehören; diese Angaben sind in der Regel durch eine Bestätigung der Heimatbehörde (Gemeinde-/Meldebehörde) der unterhaltenen Person nachzuweisen; die Bestätigung der Angaben kann auch durch einen öffentlich bestellten Notar erfolgen, sofern die Heimatbehörde diesen hiermit beauftragt hat,
– Angaben über Art und Umfang der eigenen Einnahmen (einschließlich Unterhaltsleistungen von dritter Seite) und des eigenen Vermögens der unterhaltenen Person im Kalenderjahr der Unterhaltsleistung sowie eine Aussage darüber, ob die unterhaltene Person nicht, gelegentlich oder regelmäßig beruflich tätig war und ob Unterstützungsleistungen aus öffentlichen Mitteln erbracht worden sind,
– bei erstmaliger Antragstellung sind außerdem detaillierte Angaben erforderlich, wie der Unterhalt bisher bestritten worden ist, welche jährlichen Einnahmen vor der Unterstützung bezogen worden sind, ob eigenes Vermögen vorhanden war und welcher Wert davon auf Hausbesitz entfällt (vgl. R 33a.1 Abs. 2 Satz 4 Nr. 2 EStR 2012). Die Einnahmen sind durch geeignete Unterlagen (z.B. Steuerbescheide, Rentenbescheide, Verdienstbescheinigungen, Bescheide der ausländischen Arbeits- oder Sozialverwaltung) zu belegen,
– Angaben darüber, ob noch andere Personen zum Unterhalt beigetragen haben, welche Unterhaltsbeiträge sie geleistet haben und ab wann und aus welchen Gründen die unterhaltene Person nicht selbst für ihren Lebensunterhalt aufkommen konnte.

Zur Erleichterung und Vereinheitlichung der insoweit vorzunehmenden Sachverhaltsaufklärung und zur erleichterten Beweisführung werden zweisprachige Unterhaltserklärungen in den gängigsten Sprachen aufgelegt und im Formular-Management-System (FMS) der Bundesfinanzverwaltung (https://www.formulare-bfinv.de) zum Download bereitgestellt. Die Richtigkeit der darin zu den persönlichen und wirtschaftlichen Verhältnissen geforderten detaillierten Angaben ist durch Unterschrift der unterhaltenen Person zu bestätigen und durch geeignete Unterlagen (z.B. Steuerbescheide, Rentenbescheide, Verdienstbescheinigungen, Bescheide der ausländischen Arbeits- oder Sozialverwaltung) zu belegen. Für jede unterhaltene Person ist eine eigene Unterhaltserklärung auszufüllen. 7

Ist eine Unterhaltserklärung als Nachweis für die Bedürftigkeit der unterhaltenen Person nur unvollständig ausgefüllt, so ist grundsätzlich die Bedürftigkeit der sie betreffenden Person nicht anzunehmen (BFH-Urteil vom 2. Dezember 2004, BStBl. 2005 II S. 483). Weigert sich die Heimatbehörde, die Angaben auf der zweisprachigen Unterhaltserklärung zu bestätigen (vgl. hierzu auch Rz. 4), kann die behördliche Bestätigung zum Verwandtschaftsverhältnis, zu Name, Geburtsdatum und -ort, zur beruflichen Tätigkeit und Anschrift, zum Familienstand der unterhaltenen Person sowie zu Haushaltsmitgliedern auf anderen Dokumenten erbracht werden. 8

9 Der Abzug von Unterhaltsaufwendungen entfällt, wenn die Unterhaltsbedürftigkeit der unterhaltenen Person trotz entsprechender Unterhaltserklärung nicht glaubhaft ist. Dies ist der Fall, wenn die Unterhaltszahlungen nicht den gesamten Lebensbedarf der unterhaltenen Person abdecken (BFH-Urteil vom 11. November 2010, BStBl. 2011 II S. 966).

**5. Unterstützung von Personen im erwerbsfähigen Alter (Erwerbsobliegenheit)**

10 Bei Personen im erwerbsfähigen Alter ist davon auszugehen, dass sie ihren Lebensunterhalt durch eigene Arbeit verdienen (BFH-Urteile vom 2. Dezember 2004, BStBl. 2005 II S. 483, und vom 5. Mai 2010, BStBl. 2011 II S. 115). Hierzu hat die unterhaltene Person ihre Arbeitskraft als die ihr zur Bestreitung ihres Lebensunterhalts zur Verfügung stehende Quelle in ausreichendem Maße auszuschöpfen (sog. Erwerbsobliegenheit). Für Personen im erwerbsfähigen Alter sind daher – mangels Zwangsläufigkeit – Unterhaltsaufwendungen grundsätzlich nicht berücksichtigungsfähig. Die Erwerbsobliegenheit ist bei allen unterhaltsberechtigten Personen, die nicht unbeschränkt einkommensteuerpflichtig sind, zu prüfen. Die in R 33a.1 Abs. 2 Satz 2 i.V.m. Abs. 1 Satz 4 EStR 2012 aufgeführte Vereinfachungsregelung gilt in diesen Fällen nicht. Lediglich bei Unterhaltszahlungen an den im Ausland lebenden Ehegatten ist im Rahmen einer bestehenden Ehegemeinschaft die Erwerbsobliegenheit nicht zu prüfen (BFH-Urteil vom 5. Mai 2010, BStBl. 2011 II S. 115).

11 Der Einsatz der eigenen Arbeitskraft darf nicht gefordert werden, wenn die unterhaltene Person aus gewichtigen Gründen keiner oder nur in geringem Umfang einer Beschäftigung gegen Entgelt nachgehen kann (BFH-Urteil vom 13. März 1987, BStBl. II S. 599). Als Gründe kommen beispielsweise in Betracht:

- Alter (ab Erreichen der Regelaltersgrenze), die Regelaltersgrenze richtet sich nach den Vorschriften des deutschen Sozialrechts (BFH-Urteil vom 15. April 2015, BStBl. 2016 II S. 148),
- Behinderung,
- schlechter Gesundheitszustand,
- die Erziehung oder Betreuung von Kindern unter 6 Jahren,
- ein ernsthaft und nachhaltig betriebenes Studium oder eine Berufsausbildung,
- die Pflege von Angehörigen mit Behinderungen. Dabei ist das jederzeitige Bereitstehen für einen eventuellen Pflegeeinsatz bei Angehörigen mit Behinderungen („Pflege auf Abruf") kein Umstand, der die generelle Erwerbsobliegenheit volljähriger, sich im erwerbsfähigen Alter befindender Personen entfallen lässt (BFH-Urteil vom 15. April 2015, BStBl. 2016 II S. 148).

Eine von der zuständigen Heimatbehörde bestätigte Arbeitslosigkeit der unterhaltenen Person stellt keinen gewichtigen Grund dar.

12 Bei Personen, die noch nicht die Regelaltersgrenze nach den Vorschriften des deutschen Sozialrechts erreicht haben, aber bereits eine Rente beziehen, kann auf den Einsatz der eigenen Arbeitskraft nur dann verzichtet werden, wenn die Rente auf Grund eines schlechten Gesundheitszustandes oder einer Behinderung gezahlt wird. An den Nachweis einer Behinderung oder den Nachweis eines schlechten Gesundheitszustandes sind im Regelfall strenge Anforderungen zu stellen. Der Nachweis ist durch eine Bescheinigung des behandelnden Arztes zu führen, die mindestens Ausführungen zur Art der Krankheit, zum

Krankheitsbild und den dadurch bedingten dauernden Beeinträchtigungen bzw. dem Grad der Behinderung der unterstützten Person enthalten muss. Außerdem ist anzugeben, in welchem Umfang die unterstützte Person noch in der Lage ist, einer Erwerbstätigkeit nachzugehen. Entsprechend den in Rz. 3 genannten Grundsätzen ist den Unterlagen eine deutsche Übersetzung beizufügen. Die Finanzbehörde kann nach den Umständen des Einzelfalles weitere Auskünfte oder Nachweise verlangen.

## 6. Nachweis von Aufwendungen für den Unterhalt

### 6.1. Überweisungen

#### Post- und Bankbelege

Überweisungen sind grundsätzlich durch Post- oder Bankbelege (Buchungsbestätigungen oder Kontoauszüge) nachzuweisen, die die unterhaltene Person als Empfänger ausweisen. Durch solche Unterlagen wird in der Regel in hinreichendem Maße bewiesen, wann und wie viel Geld aus dem Vermögensbereich des Steuerpflichtigen abgeflossen ist, und es kann im Allgemeinen unterstellt werden, dass diese Beträge auch in den Verfügungsbereich des Adressaten gelangen, nämlich auf dessen Bankkonto im Ausland verbucht bzw. von der Post bar ausgehändigt worden sind (BFH-Urteil vom 14. Mai 1982, BStBl. II S. 772). Für den Geldtransfer anfallende Aufwendungen (Porto, Spesen und Bearbeitungsgebühren) sind keine Unterhaltsaufwendungen. 13

#### Mehrere Personen

Werden mehrere Personen, die in einem gemeinsamen Haushalt leben, unterhalten, so genügt es, wenn die Überweisungsbelege auf den Namen einer dieser Personen lauten. 14

#### Abweichender Kontoinhaber

Bei Überweisungen auf ein nicht auf den Namen der unterhaltenen Person lautendes Konto im Ausland ist neben den inländischen Zahlungsbelegen eine Bescheinigung der Bank über die Kontovollmacht und über den Zeitpunkt, die Höhe und den Empfänger der Auszahlung erforderlich. 15

#### Ersatzbelege

Sind Zahlungsbelege abhandengekommen, hat der Steuerpflichtige Ersatzbelege zu beschaffen. Die hierfür anfallenden Kosten sind keine Unterhaltsaufwendungen. 16

### 6.2. Andere Zahlungswege

#### Allgemeines

Der Steuerpflichtige kann auch einen anderen Zahlungsweg wählen, wenn die so erbrachte Unterhaltsleistung in hinreichender Form nachgewiesen wird (BFH-Urteil vom 14. Mai 1982, BStBl. II S. 774). Entsprechend den unter Rz. 3, 4 dargelegten Grundsätzen sind bei baren Unterhaltszahlungen sowie bei allen anderen Zahlungswegen erhöhte Beweisanforderungen zu erfüllen. Abhebungsnachweise und detaillierte Empfängerbestätigungen (vgl. Rz. 21) sind erforderlich. Zwischen der Abhebung und der jeweiligen Geldübergabe muss ein ausreichender Sachzusammenhang (Zeitraum von höchstens zwei Wochen) bestehen. Die Durchführung der Reise ist stets anhand von Fahrkarten, Tankquittungen, Grenzübertrittsvermerken, Flugscheinen, Visa usw. nachzuweisen. 17

## Mitnahme von Bargeld bei Familienheimfahrten

18 Erleichterungen gelten bei Familienheimfahrten des Steuerpflichtigen zu seiner von ihm unterstützten und im Ausland lebenden Familie. Eine Familienheimfahrt liegt nur vor, wenn der Steuerpflichtige seinen im Ausland lebenden Ehegatten besucht, der dort weiter den Familienhaushalt aufrechterhält. Lebt auch der Ehegatte im Inland und besucht der Steuerpflichtige nur seine im Ausland lebenden Kinder oder die eigenen Eltern, liegt keine Familienheimfahrt vor mit der Folge, dass die allgemeinen Beweisgrundsätze gelten (BFH-Urteil vom 19. Mai 2004, BStBl. 2005 II S. 24).

19 Bei Arbeitnehmern kann grundsätzlich davon ausgegangen werden, dass der Steuerpflichtige je Familienheimfahrt einen Nettomonatslohn für den Unterhalt des Ehegatten, der Kinder und anderer im Haushalt des Ehegatten lebender Angehöriger mitnimmt. Diese Beweiserleichterung gilt nur für bis zu vier im Kalenderjahr nachweislich durchgeführte Familienheimfahrten. Im Rahmen der Beweiserleichterung kann aber höchstens ein Betrag geltend gemacht werden, der sich ergibt, wenn der vierfache Nettomonatslohn um die auf andere Weise erbrachten und nachgewiesenen oder glaubhaft gemachten Zahlungen gekürzt wird (vgl. BFH-Urteil vom 4. August 1994, BStBl. 1995 II S. 114). Macht der Steuerpflichtige höhere Aufwendungen als (pauschal) den vierfachen Nettomonatslohn geltend, müssen alle Zahlungen entsprechend den allgemeinen Grundsätzen nachgewiesen werden.

**Beispiel 1:**

Ein Arbeitnehmer hat seinen Familienhaushalt (Ehefrau, minderjähriges Kind, kein Anspruch auf Kindergeld oder vergleichbare Leistungen) in einem Land der Ländergruppe 1 (keine Kürzung). Er hat im Kalenderjahr 2021 nachweislich zwei Heimfahrten unternommen und macht die Mitnahme von Bargeld im Wert von jeweils 1500 Euro geltend, ohne dies jedoch belegen zu können. Außerdem hat er drei Überweisungen i.H.v. jeweils 1450 Euro nachgewiesen. Sein Nettomonatslohn beläuft sich auf 1312 Euro. Die Opfergrenze kommt nicht zur Anwendung.

| | | |
|---|---|---|
| 1. | Aufwendungen für den Unterhalt: | |
| | Mitnahme von Bargeld | |
| | (2 tatsächliche Familienheimfahrten × 1312 Euro, Deckelung gemäß Rz. 19 Satz 1) | 2624 Euro |
| | Überweisungen (3 × 1450 Euro) | 4350 Euro |
| | Summe | 6974 Euro |
| 2. | Berechnung der abziehbaren Unterhaltsaufwendungen: | |
| | vierfacher Nettomonatslohn (1312 Euro × 4) | 5248 Euro |
| | (jährlich höchstens anzusetzen im Rahmen der Beweiserleichterung) | |
| | ./. anderweitig nachgewiesene Zahlungen | 4350 Euro |
| | verbleibender Betrag im Rahmen der Beweiserleichterung | 898 Euro |
| | abziehbare Unterhaltsaufwendungen (4350 Euro + 898 Euro) | 5248 Euro |

## Geldtransfer durch eine Mittelsperson

20 Der Geldtransfer durch eine Mittelsperson (hierzu zählt auch ein neutrales gewerbliches Transportunternehmen) kann grundsätzlich nicht anerkannt werden. Dies gilt nicht, wenn wegen der besonderen Situation im Wohnsitzstaat (z.B. Krisengebiet) ausnahmsweise kein anderer Zahlungsweg möglich ist. In diesem Fall sind neben der Identität der Mittelsperson (Name und Anschrift) der genaue Reiseverlauf darzustellen sowie ein lückenloser Nachweis über die Herkunft des Geldes im Inland und über jeden einzelnen Schritt bis zur Übergabe an die unterhaltene Person zu erbringen. Die Durchführung der Reise

durch eine private Mittelsperson ist stets durch Fahrkarten, Tankquittungen, Grenzübertrittsvermerke, Flugscheine, Visa usw. nachzuweisen.

**Empfängerbestätigung**

Eine Empfängerbestätigung muss für die Übergabe jedes einzelnen Geldbetrags 21
ausgestellt werden. Sie muss den Namen und die Anschrift des Steuerpflichtigen und der unterhaltenen Person, das Datum der Ausstellung und die Unterschrift des Empfängers sowie den Ort und den Zeitpunkt der Geldübergabe enthalten. Um die ihr zugedachte Beweisfunktion zu erfüllen, muss sie Zug um Zug gegen Hingabe des Geldbetrags ausgestellt werden. Nachträglich ausgestellte oder zusammengefasste Empfängerbestätigungen erfüllen die Nachweisvoraussetzungen nicht.

## 7. Aufteilung einheitlicher Unterhaltsleistungen auf mehrere Personen

Werden Personen unterhalten, die in einem gemeinsamen Haushalt leben, sind 22
die insgesamt nachgewiesenen bzw. glaubhaft gemachten Aufwendungen einheitlich nach Köpfen aufzuteilen, auch soweit unterhaltene Personen nicht zu den zum Abzug berechtigenden Unterhaltsempfängern (Rz. 2) gehören (BFH-Urteile vom 12. November 1993, BStBl. 1994 II S. 731, und vom 19. Juni 2002, BStBl. II S. 753). Eine Aufteilung einheitlicher Unterhaltszahlungen ist nur möglich, wenn die Unterhaltsempfänger gewissermaßen „aus einem Topf" wirtschaften (BFH-Urteil vom 30. Juni 2010, BStBl. 2011 II S. 267).

**Beispiel 2:**

Ein Steuerpflichtiger unterstützt im Kalenderjahr 2021 seine Ehefrau, sein minderjähriges Kind (Kindergeld wird gewährt), seine verwitwete Mutter und seine Schwester, die im Heimatland in einem gemeinsamen Haushalt leben, mit 6000 Euro.

Von den Aufwendungen für den Unterhalt i.H.v. 6000 Euro entfallen auf jede unterstützte Person 1500 Euro (6000 Euro : 4). Die Schwester des Steuerpflichtigen und das minderjährige Kind gehören nicht zu den zum Abzug berechtigenden Unterhaltsempfängern (Rz. 1). Abziehbar sind – vorbehaltlich anderer Abzugsbeschränkungen – lediglich die für die Ehefrau (1500 Euro) und die Mutter (1500 Euro) erbrachten Aufwendungen.

## 8. Unterstützung durch mehrere Personen

### 8.1. Unterstützung durch mehrere unbeschränkt einkommensteuerpflichtige Personen

Werden Aufwendungen für eine unterhaltene Person von mehreren unbe- 23
schränkt Einkommensteuerpflichtigen getragen, so wird bei jedem der Teil des sich hiernach ergebenden Betrags abgezogen, der seinem Anteil am Gesamtbetrag der Leistung entspricht (§ 33a Abs. 1 Satz 7 EStG). Unterhaltsbeiträge von Personen, die die Voraussetzungen von § 33a Abs. 1 Sätze 1 und 3 EStG nicht erfüllen, führen jedoch nicht zu einer anteiligen Kürzung des Höchstbetrags nach § 33a Abs. 1 Satz 7 EStG. Sie sind als andere Einkünfte und Bezüge der unterhaltenen Person gemäß § 33a Abs. 1 Satz 5 EStG zu berücksichtigen (BFH-Urteil vom 28. April 2020, BStBl. 2021 II S. 209).

**Beispiel 3:**

Vier Töchter A, B, C und D unterstützen ihren in einem Land der Ländergruppe 1 (keine Kürzung) lebenden bedürftigen Vater im Kalenderjahr 2021 mit jeweils 250 Euro monatlich.

Der Abzug der Aufwendungen für den Unterhalt von insgesamt 12 000 Euro ist auf den Höchstbetrag von *9744 Euro*[1] (§ 33a Abs. 1 Satz 1 EStG) beschränkt. Dieser ist entsprechend dem Anteil der Töchter am Gesamtbetrag der Leistungen mit jeweils 2436 Euro (*9744 Euro*[1]: 4) abziehbar.

---

[1] **Red. Anm.:** Für **VZ 2022:** 10 347 Euro; für **VZ 2023:** 10 908 Euro (nach § 32a EStG).

### 8.2. Unterstützung durch eine im Inland nicht unbeschränkt einkommensteuerpflichtige Person

24 Tragen mehrere Personen zum Unterhalt bei und ist eine davon im Inland nicht unbeschränkt einkommensteuerpflichtig, wird diese bei der Aufteilung des abziehbaren Betrags nicht berücksichtigt. Deren Unterhaltsleistungen sind bei der unterhaltenen Person als Bezüge (Rz. 31) zu erfassen.

**Beispiel 4:**

Sachverhalt wie Beispiel 3, die Tochter D lebt jedoch in Frankreich.

| | | |
|---|---|---|
| Höchstbetrag (§ 33a Abs. 1 Satz 1 EStG): | | *9744 Euro*[1] |
| anrechenbare Bezüge (250 Euro × 12) | 3000 Euro | |
| Kostenpauschale | –180 Euro | |
| | 2820 Euro | |
| anrechnungsfreier Betrag | –624 Euro | |
| anzurechnende Bezüge | 2196 Euro | 2196 Euro |
| abziehbarer Höchstbetrag: | | 7548 Euro |

Bei den Töchtern A, B und C ist wegen ihrer Leistungen in gleicher Höhe jeweils ein Betrag von 2516 Euro (7548 Euro : 3) abzuziehen.

## 9. Zeitanteilige Ermäßigung des Höchstbetrags

### 9.1. Feststellung der Monate der Unterhaltszahlungen

25 Für jeden vollen Kalendermonat, in dem die allgemeinen Voraussetzungen für den Abzug von Aufwendungen für den Unterhalt nicht vorgelegen haben, ermäßigt sich der nach Rz. 34 in Betracht kommende Höchstbetrag um ein Zwölftel (§ 33a Abs. 3 Satz 1 EStG). Es ist deshalb festzustellen, für welche Monate Zahlungen geleistet wurden.

**Beispiel 5:**

Der Steuerpflichtige unterstützt seine in einem Land der Ländergruppe 1 (keine Kürzung) lebende bedürftige 70 Jahre alte Mutter durch monatliche Überweisungen von Juni bis Dezember 2021 i.H.v. jeweils 800 Euro.

| | |
|---|---|
| nachgewiesene Aufwendungen für den Unterhalt | 5600 Euro |
| Höchstbetrag (§ 33a Abs. 1 Satz 1 EStG) | *9744 Euro*[1] |
| zeitanteilige Ermäßigung des Höchstbetrags um 5/12 | |
| (§ 33a Abs. 3 Satz 1 EStG, erste Zahlung im Juni) | –4060 Euro |
| abziehbare Aufwendungen für den Unterhalt (7/12) | 5684 Euro |

Es sind maximal Unterhaltsaufwendungen i.H.v. 5684 Euro abzuziehen.

### 9.2. Zeitliche Zuordnung der Unterhaltsaufwendungen

26 Unterhaltsaufwendungen können nur abgezogen werden, soweit sie dem laufenden Lebensbedarf der unterhaltenen Person im Kalenderjahr der Leistung dienen (BFH-Urteil vom 11. November 2010, BStBl. 2011 II S. 966).

27 Auch nur gelegentliche oder einmalige Leistungen im Kalenderjahr können Aufwendungen für den Unterhalt sein. Die Unterstützung und die Eignung der Leistungen zur Deckung des laufenden Unterhalts sind dabei besonders sorgfältig zu prüfen. Unterhaltsaufwendungen dürfen aber grundsätzlich nicht auf Monate vor ihrer Zahlung zurückbezogen werden. Dabei ist davon auszugehen, dass der Unterhaltsverpflichtete seine Zahlungen so einrichtet, dass sie zur Deckung des Lebensbedarfs der unterhaltenen Person bis zum Erhalt der

[1] **Red. Anm.:** Für **VZ 2022:** 10 347 Euro; für **VZ 2023:** 10 908 Euro (nach § 32a EStG).

nächsten Unterhaltszahlung dienen. Etwas anderes gilt, wenn damit Schulden getilgt werden, die der unterhaltenen Person in den vorangegangenen Monaten des Kalenderjahres durch Bestreitung von Lebenshaltungskosten entstanden sind, und wenn der Steuerpflichtige dies nachweist (BFH-Urteil vom 2. Dezember 2004, BStBl. 2005 II S. 483).

Soweit Zahlungen nicht ausschließlich dazu bestimmt sind, den Unterhaltsbedarf des laufenden, sondern auch des folgenden Kalenderjahres abzudecken, können die gesamten Unterhaltsaufwendungen nur im Kalenderjahr der Zahlung, nicht jedoch im folgenden Kalenderjahr berücksichtigt werden. Dabei wird zugunsten des Steuerpflichtigen unterstellt, dass die Zahlung der Bedarfsdeckung bis zum Ende des Kalenderjahres der Zahlung dient (BFH-Urteil vom 25. April 2018, BStBl. II S. 643). 28

**Beispiel 6:**

Der Steuerpflichtige überweist erstmals im Dezember 2021 einen Betrag von 3000 Euro an seinen bedürftigen Vater in einem Land der Ländergruppe 1 (keine Kürzung). Die Zahlung ist für den Unterhalt bis zum 30. Juni 2022 bestimmt.

Die Unterhaltszahlung ist in 2021 abgeflossen (§ 11 Abs. 2 EStG). Die Unterhaltsaufwendungen sind mit 812 Euro (1/12 von *9744 Euro*[1)]) abziehbar. Eine Berücksichtigung in 2022 ist nicht möglich.

## 9.3. Vereinfachungsregelungen

Aus Vereinfachungsgründen kann davon ausgegangen werden, dass 29

- Unterhaltsleistungen an den Ehegatten stets zur Deckung des Lebensbedarfs des gesamten Kalenderjahrs bestimmt sind;
- bei Unterhaltsleistungen an andere unterhaltene Personen die einzelne Zahlung ohne Rücksicht auf die Höhe ab dem Zeitpunkt, in dem sie geleistet wurde, zur Deckung des Lebensbedarfs der unterhaltenen Person bis zur nächsten Zahlung reicht. Dies gilt auch, wenn einzelne Zahlungen den auf einen Monat entfallenden anteiligen Höchstbetrag nicht erreichen;
- die einzige oder letzte Unterhaltsleistung im Kalenderjahr der Bedarfsdeckung bis zum Schluss des Kalenderjahrs dient;
- bei jeder nachgewiesenen Familienheimfahrt Unterhalt geleistet wird (Rz. 18, 19);
- Unterhaltsleistungen an den Ehegatten auch zum Unterhalt anderer Personen bestimmt sind, die mit diesem in einem gemeinsamen Haushalt leben (Rz. 22).

**Beispiel 7:**

Der Steuerpflichtige unterstützt im Kalenderjahr 2021 seine in einem Land der Ländergruppe 1 (keine Kürzung) lebende bedürftige Ehefrau durch eine einmalige Zahlung im Monat Juli i.H.v. 5000 Euro.

Es ist davon auszugehen, dass die Aufwendungen für den Unterhalt an die Ehefrau zur Deckung des Lebensbedarfs des gesamten Kalenderjahres bestimmt sind. Die Aufwendungen für den Unterhalt sind in voller Höhe (5000 Euro) abziehbar.

**Beispiel 8:**

Der Steuerpflichtige unterstützt seinen in einem Land der Ländergruppe 2 (Kürzung des Höchstbetrages auf 3/4 bzw. 7308 Euro) lebenden bedürftigen schwerkranken Vater durch gelegentliche Überweisungen im Laufe des Kalenderjahres 2021 i.H.v. 3200 Euro, und zwar im Februar mit 1200 Euro und im November mit 2000 Euro.

Es ist aus Vereinfachungsgründen davon auszugehen, dass die Zahlung im Februar ohne Rücksicht auf die Höhe zur Deckung des Lebensbedarfs des Vaters bis zur nächsten Zahlung im November

---

[1)] **Red. Anm.:** Für **VZ 2022:** 10 347 Euro; für **VZ 2023:** 10 908 Euro (nach § 32a EStG).

reicht. Die tatsächlich geleisteten Unterhaltszahlungen sind in voller Höhe (3200 Euro) abziehbar, da sie unter dem anteiligen Höchstbetrag von 6699 Euro (11/12 von 7308 Euro) liegen.

**Beispiel 9:**

Der Steuerpflichtige unterstützt im Kalenderjahr 2021 seine in einem Land der Ländergruppe 1 (keine Kürzung) lebende bedürftige 80 Jahre alte Mutter durch eine einmalige Zahlung im Monat Juli i.H.v. 5000 Euro.

Es ist davon auszugehen, dass die Aufwendungen für den Unterhalt an die Mutter der Bedarfsdeckung bis zum Schluss des Kalenderjahres dienen. Von den tatsächlichen Aufwendungen für den Unterhalt i.H.v. 5000 Euro sind jedoch unter Berücksichtigung der zeitanteiligen Kürzung des Höchstbetrags nach § 33a Abs. 3 Satz 1 EStG lediglich 4872 Euro (6/12 von *9744 Euro*[1]) abziehbar.

**Beispiel 10:**

Wie Beispiel 9, aber der Steuerpflichtige leistet vier Zahlungen i.H.v. insgesamt 10 000 Euro (je 2500 Euro im Februar, Juni, August und November).

Es ist davon auszugehen, dass von Februar an (Zeitpunkt der ersten Unterhaltsleistung) Unterhalt erbracht wurde und dass die letzte Unterhaltsleistung der Bedarfsdeckung bis zum Ende des Kalenderjahrs dient. Die tatsächlichen Aufwendungen i.H.v. 10 000 Euro sind damit unter Berücksichtigung der zeitanteiligen Kürzung des Höchstbetrags nach § 33a Abs. 3 Satz 1 EStG lediglich i.H.v. 8932 Euro (11/12 von *9744 Euro*[1]) abziehbar.

## 9.4. Zeitpunkt des Abflusses der Unterhaltsleistung

30 Eine Unterhaltsleistung ist in dem Zeitpunkt abgeflossen, in dem der Steuerpflichtige die wirtschaftliche Verfügungsmacht über das Geld verliert. Für Überweisungen bedeutet dies, dass die Leistung grundsätzlich mit der Abgabe des Überweisungsträgers bei der Überweisungsbank, spätestens jedoch mit der Lastschrift (Wertstellung) bei der unterstützenden Person abgeflossen ist (BFH-Urteil vom 6. März 1997, BStBl. II S. 509).

**Beispiel 11:**

Der Steuerpflichtige überweist mit Wertstellung 23. Dezember 2021 einen Betrag von 3000 Euro an seine bedürftige Mutter in einem Land der Ländergruppe 3 (Kürzung des Höchstbetrages auf 1/2 bzw. 4872 Euro).

Das Geld wird am 6. Januar 2022 auf dem Konto der Mutter gutgeschrieben.

Die Unterhaltsleistung ist in 2021 abgeflossen (§ 11 Abs. 2 EStG). Daher sind die Unterhaltsaufwendungen als Leistungen des Monats Dezember 2021 i.H.v. 406 Euro zu berücksichtigen (1/12 von 4872 Euro). Eine Berücksichtigung in 2022 ist nicht möglich.

## 10. Anrechnung eigener Bezüge der unterhaltenen Personen

## 10.1. Begriff der Bezüge

31 Bezüge sind alle Einnahmen in Geld oder Geldeswert, die nicht im Rahmen der einkommensteuerrechtlichen Einkunftsermittlung erfasst werden. Bezüge im Ausland, die – wenn sie im Inland anfielen – Einkünfte wären, sind wie inländische Einkünfte zu ermitteln. Unter Beachtung der Ländergruppeneinteilung (Rz. 35) sind Sachbezüge nach der jeweils geltenden Sozialversicherungsentgeltverordnung mit dem sich ergebenden Anteil anzusetzen. Die Kürzung nach der Ländergruppeneinteilung gilt nicht für die Werbungskosten-Pauschbeträge, den Sparer-Pauschbetrag und die Kostenpauschale (Rz. 33).

## 10.2. Umrechnung ausländischer Bezüge

32 Ausländische Bezüge sind in Euro umzurechnen (§ 33a Abs. 1 Satz 8 EStG).

---

[1] **Red. Anm.:** Für **VZ 2022:** 10 347 Euro; für **VZ 2023:** 10 908 Euro (nach § 32a EStG).

## 10.3. Berücksichtigung der Kostenpauschale

Bei Bezügen, die nicht wie inländische Einkünfte ermittelt werden, ist eine Kostenpauschale von 180 Euro (unabhängig von der Ländergruppeneinteilung) zu berücksichtigen, wenn nicht höhere Aufwendungen geltend gemacht werden. 33

**Beispiel 12:**
Ein Steuerpflichtiger unterstützt seine im Heimatland (Ländergruppe 2, Kürzung auf 3/4) lebenden Eltern durch zwei Überweisungen am 3. April und am 6. September 2021 von jeweils 750 Euro. Der Vater erzielt im Kalenderjahr 2021 Bezüge aus gewerblicher Tätigkeit (Rz. 31) von – umgerechnet – 1000 Euro. Die Mutter bezieht eine Rente von – umgerechnet – 1440 Euro im Kalenderjahr.

| | | | |
|---|---|---|---|
| 1. | Höhe der Aufwendungen für den Unterhalt<br>nachgewiesene Zahlungen | | 1500 Euro |
| 2. | Berechnung der Höchstbeträge | | |
| | Berechnung der Höchstbeträge: 9744 Euro × 2 | | 19 488 Euro |
| | zeitanteilige Ermäßigung auf 9/12 (§ 33a Abs. 3 Satz 1 EStG)<br>(erste Zahlung im April) | | 14 616 Euro |
| | Ermäßigung nach der Ländergruppeneinteilung auf 3/4 | | 10 962 Euro |
| 3. | Berechnung der anzurechnenden Bezüge | | |
| 3.1 | Bezüge aus gewerblicher Tätigkeit (Vater) im Unterstützungszeitraum anteilig: 9/12<br>(April bis Dezember, § 33a Abs. 3 Satz 2 EStG) | 1000 Euro | 750 Euro |
| 3.2 | Renteneinnahmen (Mutter)<br>(Erfassung der Rente in voller Höhe) | 1440 Euro | |
| | Werbungskosten-Pauschbetrag 102 Euro (für den sonstigen Einkünften vergleichbaren Rentenanteil) | –102 Euro | |
| | Kostenpauschale 180 Euro (für den Rentenanteil, der bei einer inländischen Rente als Bezug zu erfassen wäre) | –180 Euro | |
| | anzusetzende Rente | 1158 Euro | |
| | im Unterstützungszeitraum angefallen: 9/12 (April bis Dezember, § 33a Abs. 3 Satz 2 EStG) | | 868 Euro |
| | Summe der Bezüge | | 1618 Euro |
| 3.3 | Summe der anteilig anzurechnenden Bezüge (April bis Dezember, § 33a Abs. 3 Satz 2 EStG) | | |
| | anrechnungsfreier Betrag (§ 33a Abs. 1 Satz 5 EStG):<br>624 Euro × 2 | 1248 Euro | |
| | Kürzung nach der Ländergruppeneinteilung auf 3/4 | 936 Euro | |
| | im Unterstützungszeitraum anteilig zu berücksichtigen: 9/12 | | –702 Euro |
| | Summe der anzurechnenden Bezüge | | 916 Euro |
| 4. | Berechnung des abziehbaren Höchstbetrags | | |
| | ermäßigte zeitanteilige Höchstbeträge (Nr. 2) | | 10 962 Euro |
| | anzurechnende Bezüge (Nr. 3) | | –916 Euro |
| | abziehbarer Höchstbetrag | | 10 046 Euro |

Abziehbar sind jedoch höchstens die nachgewiesenen Unterhaltsaufwendungen i.H.v. 1500 Euro (Nr. 1).

## 10.4. Unterstützungszeitraum/Schwankende Bezüge

Bezüge der unterhaltenen Person, die auf Kalendermonate entfallen, in denen die Voraussetzungen für die Anerkennung von Aufwendungen für den Unter- 34 halt nicht vorliegen, vermindern nicht den ermäßigten Höchstbetrag (§ 33a Abs. 3 Satz 2 EStG). Bei schwankenden Bezügen ist aus Vereinfachungsgründen keine monatliche Betrachtungsweise bzw. Zuordnung vorzunehmen, sondern der jeweilige Unterstützungszeitraum als Ganzes zu sehen.

## 11. Abzugsbeschränkungen

### 11.1. Verhältnisse des Wohnsitzstaates (Ländergruppeneinteilung)

35 Aufwendungen für den Unterhalt können nur abgezogen werden, soweit sie nach den Verhältnissen des Wohnsitzstaates notwendig und angemessen sind (§ 33a Abs. 1 Satz 6 EStG). Als Maßstab gilt grundsätzlich das Pro-Kopf-Einkommen der Bevölkerung.

36 Die Ländergruppeneinteilung und die sich hiernach ergebenden Kürzungen für die einzelnen Staaten werden durch BMF-Schreiben bekannt gegeben (zuletzt durch das BMF-Schreiben vom 11. November 2020, BStBl. I S. 1212).

37 Der Höchstbetrag nach § 33a Abs. 1 Satz 1 EStG und der anrechnungsfreie Betrag nach § 33a Abs. 1 Satz 5 EStG sind entsprechend der Ländergruppeneinteilung zu kürzen. Die Kürzung nach der Ländergruppeneinteilung gilt nicht für die zur Absicherung der unterhaltsberechtigten Person aufgewandten Beiträge zu einer Basiskranken- und Pflegeversicherung i.S.d. § 33a Abs. 1 Satz 2 EStG.

### 11.2. Opfergrenzenregelung

38 Eine Abzugsbeschränkung von Unterhaltsaufwendungen kann sich auch durch die Berücksichtigung der Verhältnisse des Steuerpflichtigen selbst und die Anwendung der sog. Opfergrenze ergeben (vgl. hierzu Rz. 16 – 21 des BMF-Schreibens „Allgemeine Hinweise zur Berücksichtigung von Unterhaltsaufwendungen nach § 33a Abs. 1 Einkommensteuergesetz (EStG) als außergewöhnliche Belastung" vom 6. April 2022, BStBl. I S. 617).

**Beispiel 13:**

Ein Steuerpflichtiger unterstützt im Kalenderjahr 2021 seine im Heimatland (Ländergruppe 1, keine Kürzung) in einem gemeinsamen Haushalt lebenden Angehörigen, und zwar seine Ehefrau, sein minderjähriges Kind (Kindergeld wird gewährt) und seine Schwiegereltern durch Unterhaltsleistungen i.H.v. 8400 Euro. Die Unterhaltsbedürftigkeit der Ehefrau und der Schwiegereltern ist nachgewiesen. Alle Personen haben keine Bezüge. Der Steuerpflichtige hat Einnahmen (Bruttoarbeitslohn, Steuererstattungen, Kindergeld) i.H.v. 28 000 Euro. Die Steuerabzugsbeträge belaufen sich auf 2500 Euro. Die Arbeitnehmerbeiträge zur Sozialversicherung belaufen sich auf 4800 Euro. An Werbungskosten sind ihm 4250 Euro entstanden.

1. Die Aufwendungen für den Unterhalt sind nach Köpfen auf alle unterstützten Personen aufzuteilen (Rz. 22). Hiernach entfallen auf jede unterstützte Person 2100 Euro (8400 Euro : 4).
2. Das minderjährige Kind, für das Kindergeld gewährt wird, gehört nicht zu den begünstigten Unterhaltsempfängern (Rz. 2). Insoweit kommt ein Abzug nicht in Betracht.
3. Für die Unterhaltsleistungen an die Ehefrau gilt die Opfergrenzenregelung nicht. Sie sind in voller Höhe (2100 Euro) abziehbar.
4. Für die Unterhaltsleistungen an die Schwiegereltern (4200 Euro) kann eine Begrenzung durch die Opfergrenzenregelung in Betracht kommen.

4.1 Berechnung des Nettoeinkommens:

| | |
|---|---|
| verfügbare Einnahmen | |
| (Bruttoarbeitslohn, Steuererstattungen, Kindergeld) | 28 000 Euro |
| Steuerabzugsbeträge | –2500 Euro |
| Arbeitnehmerbeiträge zur Sozialversicherung | –4800 Euro |
| Werbungskosten | –4250 Euro |

| | | |
|---|---|---|
| | verfügbares Nettoeinkommen für die Ermittlung der Opfergrenze | 16 450 Euro |
| 4.2 | Berechnung der Opfergrenze: | |
| | 1 % je volle 500 Euro des Nettoeinkommens | |
| | 16 450 Euro abgerundet auf volle 500 Euro | 32 % |
| | (16 000 Euro : 500 Euro = 32) | |
| | abzgl. je 5 %-Punkte für Ehefrau und Kind | –10 % |
| | maßgebender Prozentsatz für die Berechnung der Opfergrenze | 22 % |
| | Die Opfergrenze liegt somit bei 3619 Euro (22 % von 16 450 Euro). | |
| 5. | Berechnung der Abzugsbeträge | |
| 5.1 | Aufwendungen für den Unterhalt an die Ehefrau: | |
| | nachgewiesene Zahlungen (Nr. 3) | 2100 Euro |
| 5.2. | Aufwendungen für den Unterhalt an die Schwiegereltern: | |
| | nachgewiesene Zahlungen (Nr. 4): 4200 Euro, davon höchstens zu berücksichtigen (Opfergrenze, Nr. 4.2) | 3619 Euro |
| | Summe der abziehbaren Unterhaltsaufwendungen | 5719 Euro |

## 12. Anwendungsregelung

Die vorstehenden Grundsätze gelten für alle offenen Fälle und ersetzen das BMF-Schreiben vom 7. Juni 2010, BStBl. I S. 588. **39**

# **1** § 33 a/3. Schreiben betr. Unterhaltsleistungen nach § 33 a Abs. 1 EStG; Berücksichtigung von Personen mit einer Aufenthaltserlaubnis nach § 23 Aufenthaltsgesetz

Vom 27. Mai 2015 (BStBl. I S. 474)

(BMF IV C 4 – S 2285/07/0003 :006; DOK 2015/0432662)

**Bezug:** BMF-Schreiben vom 7. Juni 2010 (BStBl. I S. 582[1] und S. 588[2])

Ergänzend zu den BMF-Schreiben vom 7. Juni 2010 (BStBl. I S. 582[1] und S. 588[2]) gilt unter Bezugnahme auf das Ergebnis der Erörterungen mit den obersten Finanzbehörden der Länder bei Unterhaltsleistungen an Personen mit einer Aufenthalts- oder Niederlassungserlaubnis nach § 23 Aufenthaltsgesetz (AufenthG) Folgendes:

Aufwendungen für den Unterhalt von Personen, die eine Aufenthalts- oder Niederlassungserlaubnis nach § 23 AufenthG haben, können – unabhängig von einer gesetzlichen Unterhaltsverpflichtung – nach § 33 a Abs. 1 Satz 3 EStG berücksichtigt werden.

Voraussetzung ist, dass der Steuerpflichtige eine Verpflichtungserklärung nach § 68 AufenthG abgegeben hat und sämtliche Kosten zur Bestreitung des Unterhalts übernimmt. Die Gewährung von Leistungen bei Krankheit, Schwangerschaft und Geburt nach § 4 Asylbewerberleistungsgesetz (AsylbLG) ist unschädlich. Werden Kosten durch einen Dritten (z. B. Verein) ersetzt, ist dies mindernd zu berücksichtigen.

Ist die unterhaltene Person in den Haushalt des Steuerpflichtigen aufgenommen, kann regelmäßig davon ausgegangen werden, dass hierfür Unterhaltsaufwendungen in Höhe des maßgeblichen Höchstbetrags erwachsen.

Ist die unterhaltene Person gemäß § 1 Abs. 1 Satz 1 EStG unbeschränkt steuerpflichtig, so gelten im Hinblick auf ihre Erwerbsobliegenheit die allgemeinen Grundsätze der Richtlinie R 33 a.1 Abs. 1 Satz 4 EStR 2012. Ist die unterhaltene Person nicht gemäß § 1 Abs. 1 Satz 1 EStG unbeschränkt steuerpflichtig, so gelten die allgemeinen Grundsätze des BMF-Schreibens vom 7. Juni 2010, BStBl. I S. 588, Rn. 8 und 9[2].

Bei einer Aufenthalts- oder Niederlassungserlaubnis nach § 23 AufenthG ordnet die oberste Landesbehörde bzw. das Bundesministerium des Innern aus völkerrechtlichen oder humanitären Gründen oder zur Wahrung politischer Interessen der Bundesrepublik Deutschland an, dass Ausländern aus bestimmten Staaten oder in sonstiger Weise bestimmten Ausländergruppen eine Aufenthalts- oder Niederlassungserlaubnis erteilt wird. Durch die behördliche Anordnung wird in besondere Weise zum Ausdruck gebracht, dass sich die Betroffenen in einer außerordentlichen Notlage befinden.

Dieses Schreiben ist ab dem Veranlagungszeitraum 2013 anzuwenden.

---

[1] Nr. **1** § 33 a/5.
[2] Nr. **1** § 33 a/2.

# I § 33 a/4. Schreiben betr. Berücksichtigung ausländischer Verhältnisse; Ländergruppeneinteilung ab 1. Januar 2021

Vom 11. November 2020 (BStBl. I S. 1212)

(BMF IV C 8 – S 2285/19/10001 :002; DOK 2020/1145114)

**Bezug:** BMF-Schreiben vom 20. Oktober 2016 (BStBl. I S. 1183)

Unter Bezugnahme auf das Abstimmungsergebnis mit den obersten Finanzbehörden der Länder ist die Ländergruppeneinteilung ab dem Veranlagungszeitraum 2021 überarbeitet worden. Änderungen sind durch Fettdruck hervorgehoben. Gegenüber der Ländergruppeneinteilung zum 1. Januar 2017 ergeben sich insbesondere folgende Änderungen:

**Albanien:** von Gruppe 4 nach Gruppe 3
**Algerien:** von Gruppe 3 nach Gruppe 4
**Amerikanische Jungferninseln:** Neuaufnahme in Gruppe 1
**Angola:** von Gruppe 3 nach Gruppe 4
**Antigua und Barbuda:** von Gruppe 3 nach Gruppe 2
**Aserbaidschan:** von Gruppe 3 nach Gruppe 4
**Bahamas:** von Gruppe 2 nach Gruppe 1
**Britische Jungferninseln:** Neuaufnahme in Gruppe 1
**Gibraltar:** Neuaufnahme in Gruppe 1
**Guam:** Neuaufnahme in Gruppe 1
**Guyana:** von Gruppe 4 nach Gruppe 3
**Jordanien:** von Gruppe 3 nach Gruppe 4
**Korea, Republik:** von Gruppe 2 nach Gruppe 1
**Kroatien:** von Gruppe 3 nach Gruppe 2
**Marshallinseln:** von Gruppe 4 nach Gruppe 3
**Nördliche Marianen:** Neuaufnahme in Gruppe 2
**Nauru:** von Gruppe 2 nach Gruppe 3
**Palau:** von Gruppe 3 nach Gruppe 2
**Panama:** von Gruppe 3 nach Gruppe 2
**Paraguay:** von Gruppe 4 nach Gruppe 3
**Polen:** von Gruppe 3 nach Gruppe 2
**Seychellen:** von Gruppe 3 nach Gruppe 2
**St. Martin (französischer Teil):** Neuaufnahme in Gruppe 2
**Taiwan:** von Gruppe 2 nach Gruppe 1
**Ungarn:** von Gruppe 3 nach Gruppe 2

Die Beträge des § 1 Abs. 3 Satz 2, des § 10 Abs. 1 Nr. 5 Satz 3, des § 32 Abs. 6 Satz 4, des § 33 a Abs. 1 Satz 6 und Abs. 2 Satz 2 EStG sind ab dem Veranlagungszeitraum 2021 wie folgt anzusetzen:

| in voller Höhe | mit ¾ | mit ½ | mit ¼ |
|---|---|---|---|
| **Wohnsitzstaat[1] oder -ort des Steuerpflichtigen bzw. der unterhaltenen Person** | | | |
| 1 | 2 | 3 | 4 |
| **Amerikanische Jungferninseln** | **Antigua und Barbuda** | **Albanien** | Afghanistan |
| Andorra | Aruba | Amerikanisch-Samoa | Ägypten |
| Australien | Bahrain | Äquatorialguinea | **Algerien** |
| **Bahamas** | Barbados | Argentinien | **Angola** |
| Belgien | Chile | Bosnien und Herzegowina | Armenien |
| Bermuda | Cookinseln | Botsuana | **Aserbaidschan** |
| **Britische Jungferninseln** | Curaçao | Brasilien | Äthiopien |
| Brunei Darussalam | Estland | Bulgarien | Bangladesch |
| Dänemark | Französisch-Polynesien | China | Belize |
| Färöer | Griechenland | Costa Rica | Benin |
| Finnland | **Kroatien** | Dominica | Bhutan |
| Frankreich | Lettland | Dominikanische Republik | Bolivien, Plurinationaler Staat |
| **Gibraltar** | Litauen | Ecuador | Burkina Faso |
| Grönland | Malta | Fidschi | Burundi |
| **Guam** | **Nördliche Marianen** | Gabun | Cabo Verde |
| Hongkong | Oman | Grenada | Côte d'Ivoire |
| Insel Man | **Palau** | **Guyana** | Dschibuti |
| Irland | **Panama** | Irak | El Salvador |
| Island | **Polen** | Iran, Islamische Republik | Eritrea |
| Israel | Portugal | Jamaika | **Eswatini** (bisher: Swasiland) |
| Italien | Puerto Rico | Kasachstan | Gambia |
| Japan | Saudi-Arabien | Kolumbien | Georgien |

[1] **[Amtl. Anm.:]** Die Aufführung auf dieser Liste als „Wohnsitzstaat oder -ort" erfolgt allein zum Erhalt der Übersichtlichkeit und hat keinen Einfluss auf die Position der Bundesrepublik Deutschland hinsichtlich der Anerkennung von Staaten und/oder Regierungen.

| in voller Höhe | mit ¾ | mit ½ | mit ¼ |
|---|---|---|---|
| **Wohnsitzstaat[1)] oder -ort des Steuerpflichtigen bzw. der unterhaltenen Person** | | | |
| 1 | 2 | 3 | 4 |
| Kaimaninseln | **Seychellen** | Kuba | Ghana |
| Kanada | Slowakei | Libanon | Guatemala |
| Kanalinseln | Slowenien | Libyen | Guinea |
| Katar | St. Kitts und Nevis | Malaysia | Guinea-Bissau |
| **Korea, Republik** | **St. Martin (französischer Teil)** | Malediven | Haiti |
| Kuwait | St. Martin (niederländischer Teil) | **Marshallinseln** | Honduras |
| Liechtenstein | Trinidad und Tobago | Mauritius | Indien |
| Luxemburg | **Tschechien** (bisher: Tschechische Republik) | Mexiko | Indonesien |
| Macau | Turks- und Caicosinseln | Montenegro | Jemen |
| Monaco | **Ungarn** | Namibia | **Jordanien** |
| Neukaledonien | Uruguay | **Nauru** | Kambodscha |
| Neuseeland | Zypern | Niue | Kamerun |
| Niederlande | | **Nordmazedonien** (bisher: Mazedonien, ehemalige jugoslawische Republik) | Kenia |
| Norwegen | | **Paraguay** | Kirgisistan |
| Österreich | | Peru | Kiribati |
| Palästinensische Gebiete | | Rumänien | Komoren |
| San Marino | | Russische Föderation | Kongo |
| Schweden | | Serbien | Kongo, Demokratische Republik |

| in voller Höhe | mit ¾ | mit ½ | mit ¼ |
|---|---|---|---|
| **Wohnsitzstaat[1] oder -ort des Steuerpflichtigen bzw. der unterhaltenen Person** | | | |
| 1 | 2 | 3 | 4 |
| Schweiz | | St. Lucia | Korea, Demokratische Volksrepublik |
| Singapur | | St. Vincent und die Grenadinen | Kosovo |
| Spanien | | Südafrika | Laos, Demokratische Volksrepublik |
| **Taiwan** | | Suriname | Lesotho |
| Vatikanstadt | | Thailand | Liberia |
| Vereinigte Arabische Emirate | | Türkei | Madagaskar |
| Vereinigte Staaten | | Turkmenistan | Malawi |
| Vereinigtes Königreich | | Tuvalu | Mali |
| | | Venezuela, Bolivarische Republik | Marokko |
| | | Weißrussland/ Belarus | Mauretanien |
| | | | Mikronesien, Föderierte Staaten von |
| | | | Moldau, Republik |
| | | | Mongolei |
| | | | Mosambik |
| | | | Myanmar |
| | | | Nepal |
| | | | Nicaragua |
| | | | Niger |
| | | | Nigeria |
| | | | Pakistan |
| | | | Papua Neuguinea |

| in voller Höhe | mit ¾ | mit ½ | mit ¼ |
|---|---|---|---|
| **Wohnsitzstaat[1] oder -ort des Steuerpflichtigen bzw. der unterhaltenen Person** | | | |
| **1** | **2** | **3** | **4** |
| | | | Philippinen |
| | | | Ruanda |
| | | | Salomonen |
| | | | Sambia |
| | | | Samoa |
| | | | São Tomé und Príncipe |
| | | | Senegal |
| | | | Sierra Leone |
| | | | Simbabwe |
| | | | Somalia |
| | | | Sri Lanka |
| | | | Sudan |
| | | | Südsudan |
| | | | Syrien, Arabische Republik |
| | | | Tadschikistan |
| | | | Tansania, Vereinigte Republik |
| | | | Timor-Leste |
| | | | Togo |
| | | | Tonga |
| | | | Tschad |
| | | | Tunesien |
| | | | Uganda |
| | | | Ukraine |
| | | | Usbekistan |
| | | | Vanuatu |
| | | | Vietnam |
| | | | Zentralafrikanische Republik |

Dieses Schreiben ersetzt ab dem Veranlagungszeitraum 2021 das BMF-Schreiben vom 20. Oktober 2016 (BStBl. I S. 1183).

# 1 § 33a/5. Schreiben betr. Allgemeine Hinweise zur Berücksichtigung von Unterhaltsaufwendungen nach § 33a Abs. 1 Einkommensteuergesetz (EStG) als außergewöhnliche Belastung; Überarbeitung des BMF-Schreibens vom 7. Juni 2010 (BStBl. I S. 582)

Vom 6. April 2022

BMF IV C 8 – S 2285/19/10003 :001; DOK 2022/0025940

(BStBl. I S. 617)

Unter Bezugnahme auf das Ergebnis der Erörterungen mit den obersten Finanzbehörden der Länder gelten für die steuerliche Behandlung von Unterhaltsaufwendungen als außergewöhnliche Belastung nach § 33a Abs. 1 EStG die folgenden allgemeinen Grundsätze.

## 1. Begünstigter Personenkreis

### 1.1. Gesetzlich unterhaltsberechtigte Personen

Nach § 33a Abs. 1 Satz 1 EStG sind Aufwendungen für den Unterhalt und die Berufsausbildung einer dem Steuerpflichtigen oder seinem Ehegatten gegenüber gesetzlich unterhaltsberechtigten Person bis zu dem vorgesehenen Höchstbetrag als außergewöhnliche Belastung zu berücksichtigen. Gesetzlich unterhaltsberechtigt sind Personen, denen gegenüber der Steuerpflichtige nach dem Bürgerlichen Gesetzbuch (BGB) oder dem Lebenspartnerschaftsgesetz (LPartG) unterhaltsverpflichtet ist (siehe R 33a.1 Abs. 1 EStR 2012 und H 33a.1 „Unterhaltsanspruch der Mutter bzw. des Vaters eines nichtehelichen Kindes" und „Unterhaltsberechtigung" EStH 2020). Danach sind folgende Personen gegenüber dem Steuerpflichtigen unterhaltsberechtigt: 1

- Verwandte in gerader Linie (z.B. Kinder, Enkel, Eltern, Großeltern),
- Ehegatten und Lebenspartner einer eingetragenen Lebenspartnerschaft (siehe § 2 Abs. 8 EStG)[1],
- geschiedene Ehegatten und Lebenspartner einer aufgehobenen Lebenspartnerschaft,
- Mutter bzw. Vater eines nichtehelichen Kindes gegenüber dem anderen Elternteil.

Gehört die unterhaltsberechtigte Person zum Haushalt des Steuerpflichtigen, kann regelmäßig davon ausgegangen werden, dass ihm dafür Unterhaltsaufwendungen in Höhe des maßgeblichen Höchstbetrags erwachsen (vgl. R 33a.1 Abs. 1 Satz 5 EStR 2012). Eine bestehende Zugehörigkeit der unterhaltsberechtigten Person zum Haushalt des Steuerpflichtigen wird durch eine auswärtige Ausbildung oder durch ein auswärtiges Studium (z.B. durch die Unterbringung des studierenden Kindes am Studienort) in der Regel nicht aufgehoben. Eine gewisse räumliche Trennung ist unschädlich, wenn keine besonderen Umstände hinzukommen, die auf eine dauerhafte Trennung der unterhaltsberechtigten Person vom Haushalt des Steuerpflichtigen schließen lassen (z.B. wenn ein verheiratetes Kind mit seinem Ehegatten eine eigene Wohnung

[1] **Amtl. Anm.:** Nachfolgend Ehegatte.

bezogen hat). Eine auswärtige Unterbringung der unterhaltsberechtigten Person (z.B. des Kindes), die nicht zu einer Beendigung der Haushaltszugehörigkeit führt, hat demzufolge keine Auswirkung auf die Annahme, dass Unterhaltsaufwendungen in Höhe des maßgeblichen Höchstbetrags erwachsen sind.

### 1.2. Gleichgestellte Personen

2 Den gesetzlich unterhaltsberechtigten Personen stehen nach § 33a Abs. 1 Satz 3 EStG Personen gleich, bei denen die inländische öffentliche Hand ihre Leistungen (z.B. Arbeitslosengeld II nach dem Dritten Kapitel SGB II, Hilfe zum Lebensunterhalt nach dem Dritten Kapitel SGB XII, Grundsicherung im Alter und bei Erwerbsminderung nach dem Vierten Kapitel SGB XII) wegen der Unterhaltsleistungen des Steuerpflichtigen ganz oder teilweise nicht gewährt oder, wenn ein entsprechender Antrag gestellt würde, ganz oder teilweise nicht gewähren würde.
Aufgrund dessen kann beim Vorliegen einer sozialrechtlichen Bedarfsgemeinschaft regelmäßig davon ausgegangen werden, dass der gleichgestellten Person i.S.d. § 33a Abs. 1 Satz 3 EStG zum Unterhalt bestimmte inländische öffentliche Mittel mit Rücksicht auf die Unterhaltsleistungen des Steuerpflichtigen gekürzt werden (BFH-Urteil vom 9. März 2017, BStBl. II S. 890), vgl. hierzu Rz. 6. Ob eine Gemeinschaft in diesem Sinne vorliegt, ist ausschließlich nach sozialrechtlichen Kriterien zu beurteilen.

3 Als Personen, die i.S.d. Rz. 2 eine sozialrechtliche Bedarfsgemeinschaft bilden und demzufolge gesetzlich unterhaltsberechtigten Personen gleichstehen, kommen insbesondere Partner einer eheähnlichen Gemeinschaft (§ 7 Abs. 3 Nr. 3 Buchst. c i.V.m. Abs. 3a, § 9 Abs. 2 SGB II und § 20 Satz 1 SGB XII) in Betracht.

### 2. Besonderheiten bei gleichgestellten Personen

4 Unterhaltsleistungen des Steuerpflichtigen für seinen bedürftigen im Inland lebenden ausländischen Lebensgefährten können auch nach § 33a Abs. 1 Satz 3 EStG abziehbar sein, wenn der Lebensgefährte bei Inanspruchnahme von Sozialhilfe damit rechnen müsste, keine Aufenthaltsgenehmigung zu erhalten oder ausgewiesen zu werden (BFH-Urteil vom 20. April 2006, BStBl. 2007 II S. 41).

5 Hat die unterhaltene Person Leistungen der inländischen öffentlichen Hand erhalten, die zur Bestreitung des Unterhalts bestimmt oder geeignet sind, sind diese Leistungen als Bezüge der unterhaltenen Person im Rahmen des § 33a Abs. 1 Satz 5 EStG zu berücksichtigen. Bei Vorliegen einer sozialrechtlichen Bedarfsgemeinschaft zwischen der unterhaltenen Person und dem Steuerpflichtigen werden typischerweise Sozialleistungen gekürzt oder nicht gewährt, da bei Prüfung der Bedürftigkeit der unterhaltenen Person nicht nur deren eigenes Einkommen und Vermögen, sondern auch das Einkommen und Vermögen der mit ihr in der Bedarfsgemeinschaft lebenden Personen berücksichtigt wird.

6 Da die Vorschriften der § 7 Abs. 3 Nr. 3 Buchst. c i.V.m. Abs. 3a, § 9 Abs. 2 SGB II und des § 20 Satz 1 SGB XII die Partner von eheähnlichen Gemeinschaften faktisch wie Ehegatten behandeln, bestehen keine Bedenken, wenn in diesen Fällen grundsätzlich davon ausgegangen wird, dass bei der unterstützten Person die Voraussetzungen des § 33a Abs. 1 Satz 3 EStG vorliegen, auch wenn sie keinen Antrag auf Arbeitslosengeld II nach dem Dritten Kapitel SGB II oder Hilfe zum Lebensunterhalt nach dem Dritten Kapitel SGB XII oder Grund-

sicherung im Alter und bei Erwerbsminderung nach dem Vierten Kapitel SGB XII gestellt hat (bestätigt durch das BFH-Urteil vom 9. März 2017, BStBl. II S. 890).

Liegt ein Kürzungs- oder Ablehnungsbescheid nicht vor, setzt die steuermindernde Berücksichtigung der Unterhaltsleistungen voraus, dass die unterstützte Person schriftlich versichert, 7

- dass sie für den jeweiligen Veranlagungszeitraum keine zum Unterhalt bestimmten Mittel aus inländischen öffentlichen Kassen erhalten und auch keinen entsprechenden Antrag gestellt hat,
- dass im jeweiligen Veranlagungszeitraum eine eheähnliche Gemeinschaft (§ 7 Abs. 3 Nr. 3 Buchst. c i.V.m. Abs. 3a, § 9 Abs. 2 SGB II und § 20 Satz 1 SGB XII) mit dem Steuerpflichtigen bestand und darüber hinaus darlegt,
- über welche anderen zum Unterhalt bestimmten Einkünfte und Bezüge sowie über welches Vermögen sie verfügt hat.

Die oben genannte Erklärung ist vom Steuerpflichtigen vorzuhalten und der Finanzbehörde auf Anforderung vorzulegen. Dies schließt im Einzelfall nicht aus, dass die Finanzbehörde weitere Nachweise oder Auskünfte verlangen und ggf. ein Auskunftsersuchen an die zuständigen Behörden (§ 93 AO) stellen kann. 8

In entsprechender Anwendung der R 33a.1 Abs. 1 Satz 5 EStR 2012 ist auch bei Unterhaltsaufwendungen an gleichgestellte Personen davon auszugehen, dass dem Steuerpflichtigen Unterhaltsaufwendungen in Höhe des maßgeblichen Höchstbetrags erwachsen. Wegen möglicher Abzugsbeschränkungen wird auf Rz. 23 ff. verwiesen. 9

### 3. Bedürftigkeit des Unterhaltsempfängers

Die Abziehbarkeit von Unterhaltsaufwendungen setzt – neben der Unterhaltsberechtigung – voraus, dass der Unterhaltsempfänger bedürftig ist, d.h. er darf kein oder nur ein geringes Vermögen besitzen und kein ausreichendes Einkommen haben; vgl. hierzu R 33a.1 Abs. 2 und 3 EStR 2012 und H 33a.1 „Unterhaltsberechtigung" EStH 2020. 10

### 4. Begünstigte Unterhaltsaufwendungen

Abziehbare Aufwendungen i.S.d. § 33a Abs. 1 Satz 1 EStG sind solche für den typischen Unterhalt, d.h. die üblichen für den Lebensunterhalt bestimmten Leistungen, sowie Aufwendungen für eine Berufsausbildung. Typische Unterhaltsaufwendungen – insbesondere für Ernährung, Kleidung, Wohnung, Hausrat und notwendige Versicherungen – können nur nach § 33a Abs. 1 EStG berücksichtigt werden. Erwachsen dem Steuerpflichtigen außer Aufwendungen für den typischen Unterhalt und einer etwaigen Berufsausbildung Aufwendungen für einen besonderen Unterhaltsbedarf der unterhaltenen Person, z.B. Krankheitskosten, kommt dafür eine Ermäßigung nach § 33 EStG in Betracht (BFH-Urteil vom 19. Juni 2008, BStBl. 2009 II S. 365). 11

Aufwendungen für die krankheitsbedingte Unterbringung von Angehörigen in einem Altenpflegeheim fallen unter § 33 EStG, während Aufwendungen für deren altersbedingte Heimunterbringung nur nach § 33a Abs. 1 EStG berücksichtigt werden können (BFH-Urteil vom 30. Juni 2011, BStBl. 2012 II S. 876). 12

13 Ausbildungsunterhalt i.S.v. § 1610 BGB, zu dem auch Studiengebühren gehören können, ist typischer Unterhaltsaufwand (BFH-Urteil vom 17. Dezember 2009, BStBl. 2010 II S. 341).

14 Auch gelegentliche oder einmalige Leistungen können typische Unterhaltsaufwendungen sein, diese dürfen aber regelmäßig nicht als Unterhaltsleistungen für Vormonate und auch nicht zur Deckung des Unterhaltsbedarfs für das Folgejahr berücksichtigt werden (BFH-Urteil vom 5. Mai 2010, BStBl. 2011 II S. 164, und BFH-Urteil vom 11. November 2010, BStBl. 2011 II S. 966).

15 Die Abgrenzung der typischen von den untypischen Unterhaltsaufwendungen richtet sich nach deren Anlass und Zweckbestimmung, nicht nach deren Zahlungsweise. So kann eine Kapitalabfindung, mit der eine Unterhaltsverpflichtung abgelöst wird, nur im Rahmen des § 33a Abs. 1 EStG berücksichtigt werden (BFH-Urteil vom 19. Juni 2008, BStBl. 2009 II S. 365).

## 5. Abzugsbeschränkung/Ermittlung der abzugsfähigen Unterhaltsaufwendungen unter Berücksichtigung des verfügbaren Nettoeinkommens

### 5.1. Ermittlung des verfügbaren Nettoeinkommens

16 Eine Beschränkung der Abziehbarkeit von Aufwendungen für den Unterhalt kann sich durch die Berücksichtigung der Verhältnisse des Steuerpflichtigen selbst ergeben. Es ist zu prüfen, inwieweit der Steuerpflichtige zu Unterhaltsleistungen unter Berücksichtigung seiner persönlichen Einkommensverhältnisse verpflichtet ist bzw. bis zu welcher Höhe ihm die Übernahme der Unterhaltsleistungen überhaupt möglich ist. Hierfür ist es notwendig, das verfügbare Nettoeinkommen des Steuerpflichtigen zu ermitteln.

17 Bei der Ermittlung des verfügbaren Nettoeinkommens sind alle steuerpflichtigen Einkünfte i.S.d. § 2 Abs. 1 EStG, alle steuerfreien Einnahmen sowie etwaige Steuererstattungen (Einkommensteuer, Kirchensteuer, Solidaritätszuschlag) anzusetzen. Zu den Einkünften nach § 2 Abs. 1 EStG zählen sämtliche Gewinneinkünfte i.S.d. §§ 13 bis 18 EStG sowie sämtliche Überschusseinkünfte i.S.d. §§ 19 bis 23 EStG. Darüber hinaus sind Kapitalerträge nach § 32d Abs. 1 und § 43 Abs. 5 EStG (der Abgeltungsteuer unterliegende Kapitalerträge) ohne Abzug des Sparer-Pauschbetrages nach § 20 Abs. 9 EStG einzubeziehen. Steuerfreie Einnahmen sind z.B. das Kindergeld und vergleichbare Leistungen, Leistungen nach dem SGB II, SGB III und BEEG, die ausgezahlten Arbeitnehmer-Sparzulagen nach dem 5. VermBG, das Baukindergeld und der steuerfreie Teil der Rente. Wegen der Besonderheiten bei der Berücksichtigung von Kindergeld wird auch auf die Ausführungen unter Rz. 25 und 26 verwiesen.

18 Ein ggf. in Anspruch genommener Investitionsabzugsbetrag nach § 7g EStG ist dem Nettoeinkommen wieder hinzuzurechnen, da dem Abzugsbetrag mangels Investition keine Ausgaben bzw. kein Werteverzehr zugrunde liegen und somit die Leistungsfähigkeit des Steuerpflichtigen effektiv nicht beeinflusst wird (BFH-Urteil vom 6. Februar 2014, BStBl. II S. 619).

19 Abzuziehen sind die entsprechenden Steuervorauszahlungen und -nachzahlungen sowie die Steuerabzugsbeträge (Lohn- und Kirchensteuer, Kapitalertragsteuer, Solidaritätszuschlag). Ferner sind die unvermeidbaren Versicherungsbeiträge mindernd zu berücksichtigen (gesetzliche Sozialabgaben bei Arbeitnehmern, gesetzliche Kranken- und Pflegeversicherungsbeiträge bei Rentnern,

für alle Übrigen die eigenen Beiträge zu einer Basiskranken- und Pflegepflichtversicherung).

Der Arbeitnehmer-Pauschbetrag ist auch dann abzuziehen, wenn der Steuerpflichtige keine Werbungskosten hatte (BFH-Urteil vom 11. Dezember 1997, BStBl. 1998 II S. 292). Entsprechendes gilt für den Abzug anderer Werbungskosten-Pauschbeträge nach § 9a EStG und des Sparer-Pauschbetrags nach § 20 Abs. 9 EStG (ausgenommen der Abgeltungsteuer unterliegende Kapitalerträge, vgl. Rz. 17) bei der Ermittlung der anderen Einkünfte. 20

Die Berechnung des verfügbaren Nettoeinkommens ist bei Steuerpflichtigen mit Gewinneinkünften i.S.d. §§ 13 bis 18 EStG regelmäßig auf Grundlage eines Dreijahreszeitraumes vorzunehmen. Steuerzahlungen sind dabei in dem Jahr abzuziehen, in dem sie gezahlt worden sind. Führen Steuerzahlungen für mehrere Jahre allerdings zu nicht unerheblichen Verzerrungen des unterhaltsrechtlich maßgeblichen Einkommens des Veranlagungszeitraumes, sind die im maßgeblichen Dreijahreszeitraum geleisteten durchschnittlichen Steuerzahlungen zu ermitteln und vom „Durchschnittseinkommen" des Veranlagungszeitraumes abzuziehen (vgl. BFH-Urteil vom 28. April 2016, BStBl. II S. 742). 21

### 5.2. Anwendung der Opfergrenze auf das verfügbare Nettoeinkommen

Unter Berücksichtigung seiner Verhältnisse ist ein Steuerpflichtiger nur insoweit zu Unterhaltsleistungen verpflichtet, als diese in einem vernünftigen Verhältnis zu seinen Einkünften stehen und ihm nach Abzug der Unterhaltsaufwendungen genügend Mittel zur Bestreitung des Lebensbedarfs für sich und ggf. für seinen Ehegatten und seine Kinder verbleiben – sog. Opfergrenze (BFH-Urteil vom 27. September 1991, BStBl. 1992 II S. 35). 22

Soweit keine sozialrechtliche Bedarfsgemeinschaft i.S.d. Rz. 2 mit der unterhaltenen Person besteht, sind Unterhaltsaufwendungen im Allgemeinen höchstens insoweit als außergewöhnliche Belastung anzuerkennen, als sie einen bestimmten Prozentsatz des verfügbaren Nettoeinkommens nicht übersteigen. Dieser beträgt 1 Prozent je volle 500 Euro des verfügbaren Nettoeinkommens, höchstens 50 Prozent, und ist um je 5 Prozent für den (ggf. auch geschiedenen) Ehegatten und für jedes Kind, für das der Steuerpflichtige Anspruch auf Freibeträge für Kinder nach § 32 Abs. 6 EStG, Kindergeld (§ 66 EStG) oder eine andere Leistung für Kinder (§ 65 EStG) hat, zu kürzen, höchstens um 25 Prozent. Bei der Berechnung der Opfergrenze ist die kinderbezogene 5-Prozent-Pauschale monatsbezogen zu kürzen, wenn nur für einen Teil des Jahres Anspruch auf Freibeträge für Kinder nach § 32 Abs. 6 EStG, Kindergeld (§ 66 EStG) oder eine andere Leistung für Kinder (§ 65 EStG) besteht (BFH-Urteil vom 14. Dezember 2016, BStBl. 2017 II S. 454). 23

Die Opfergrenzenregelung gilt nicht bei Aufwendungen für den Unterhalt an den (ggf. auch geschiedenen) Ehegatten.

**Beispiel 1:**

Der ledige Steuerpflichtige A unterstützt seinen im Kalenderjahr 2021 nicht mit ihm in einem Haushalt lebenden Sohn B und zahlt für diesen zusätzlich begünstigte Beiträge zu dessen Basiskranken- und Pflegepflichtversicherung i.H.v. 1200 Euro, die nicht im Rahmen des Sonderausgabenabzugs berücksichtigt werden. Für B besteht kein Anspruch auf einen Freibetrag nach § 32 Abs. 6 EStG oder Kindergeld.

A erzielte in den Kalenderjahren 2019 bis 2021 Einkünfte aus Gewerbebetrieb i.H.v. jährlich durchschnittlich 30 000 Euro.

Im Kalenderjahr 2021 erzielt A einen Verlust aus Vermietung und Verpachtung i.H.v. 5000 Euro. Er entrichtet im Kalenderjahr 2021 Einkommensteuervorauszahlungen i.H.v. 5000 Euro und eigene Beiträge zu einer Basiskranken- und Pflegepflichtversicherung i.H.v. 6000 Euro.

Des Weiteren erhält A im April 2021 eine Einkommensteuererstattung für den Veranlagungszeitraum 2019 i.H.v. 1000 Euro. B hat keine eigenen Einkünfte und Bezüge.

**Berechnung der außergewöhnlichen Belastung nach § 33a Abs. 1 EStG:**

| | | | |
|---|---|---|---|
| Höchstbetrag nach § 33a Abs. 1 Satz 1 EStG: | | | 9744 Euro |
| zuzüglich Beiträge zur Basiskranken- und Pflegepflichtversicherung des B nach § 33a Abs. 1 Satz 2 EStG: | | | 1200 Euro |
| Gesamthöchstbetrag nach § 33a Abs. 1 EStG: | | | 10 944 Euro |
| Nettoeinkommen des A: | | | |
| Einkünfte aus Gewerbebetrieb | 30 000 Euro | | |
| abzüglich Verlust aus Vermietung und Verpachtung | –5000 Euro | | |
| zuzüglich Einkommensteuererstattung | 1000 Euro | | |
| abzüglich eigene Beiträge zur Basiskranken- und Pflegepflichtversicherung | –6000 Euro | | |
| abzüglich Einkommensteuervorauszahlungen | –5000 Euro | | |
| verfügbares Nettoeinkommen für die Berechnung der Opfergrenze: | | 15 000 Euro | |
| Opfergrenze: 1 % je volle 500 Euro des Nettoeinkommens (15 000 Euro: 500 Euro = 30) maßgebender Prozentsatz für die Berechnung der Opfergrenze | | 30 % | |
| 30 % von 15 000 Euro | | | 4500 Euro |

Es können maximal Unterhaltsleistungen i.H.v. 4500 Euro als außergewöhnliche Belastung nach § 33a Abs. 1 EStG berücksichtigt werden.

### 5.3. Ermittlung der abziehbaren Unterhaltsaufwendungen bei einer sozialrechtlichen Bedarfsgemeinschaft

**24** Bei einer bestehenden sozialrechtlichen Bedarfsgemeinschaft mit der unterhaltenen Person ist die Opfergrenze nicht anzuwenden (BFH-Urteil vom 29. Mai 2008, BStBl. 2009 II S. 363). Für die Ermittlung der nach § 33a Abs. 1 EStG maximal abziehbaren Unterhaltsaufwendungen sind die verfügbaren Nettoeinkommen des Unterhaltsleistenden und der unterhaltenen Person(en) zusammenzurechnen und dann nach Köpfen auf diese Person(en) zu verteilen (BFH-Urteil vom 17. Dezember 2009, BStBl. 2010 II S. 343).

**25** Für zur sozialrechtlichen Bedarfsgemeinschaft gehörende **gemeinsame Kinder** (i.S.d. § 32 EStG) des Steuerpflichtigen und der unterhaltenen Person wird das hälftige Kindergeld sowie der hälftige Kinderbonus (Sonderzahlung in den Jahren 2020 und 2021 aufgrund der Corona-Pandemie, § 66 Abs. 1 Satz 2 ff. EStG i.d.F. vom 29. Juni 2020 bzw. 10. März 2021) jeweils dem Nettoeinkommen des Steuerpflichtigen und der unterhaltenen Person zugerechnet. Bei der Ermittlung der maximal abziehbaren Unterhaltsaufwendungen sind die den Eltern gemeinsam zur Verfügung stehenden Mittel um den nach § 1612a BGB zu ermittelnden Mindestunterhalt der Kinder zu kürzen (BFH-Urteil vom 17. Dezember 2009, BStBl. 2010 II S. 343). Der verbleibende Betrag ist auf die Eltern nach Köpfen zu verteilen und ergibt die maximal abziehbaren Unterhaltsaufwendungen i.S.d. § 33a Abs. 1 EStG.

**26** Für zur sozialrechtlichen Bedarfsgemeinschaft gehörende **Kinder** (i.S.d. § 32 EStG) **des Steuerpflichtigen**, die zu der unterhaltenen Person in keinem Kindschaftsverhältnis stehen, wird bei der Berechnung des verfügbaren Nettoeinkommens das hälftige Kindergeld sowie der hälftige Kinderbonus (siehe Rz. 25) hinzugerechnet. Bei der Ermittlung der maximal abziehbaren Unterhaltsaufwendungen ist das gemeinsame verfügbare Nettoeinkommen um die Hälfte des nach § 1612a BGB zu ermittelnden Mindestunterhalts für diese Kinder bzw. dieses Kind zu kürzen und der verbleibende Betrag nach Köpfen zu verteilen.

Gemäß § 1612a BGB richtet sich der Mindestunterhalt nach dem steuerfrei zu stellenden sächlichen Existenzminimum eines Kindes. Er beträgt monatlich entsprechend dem Alter des Kindes für die Zeit bis zur Vollendung des sechsten Lebensjahres 87 Prozent (erste Altersstufe), für die Zeit vom siebten bis zur Vollendung des zwölften Lebensjahres 100 Prozent (zweite Altersstufe) und für die Zeit vom dreizehnten Lebensjahr an 117 Prozent (dritte Altersstufe) des steuerfrei zu stellenden sächlichen Existenzminimums des Kindes (siehe Düsseldorfer Tabelle). 27

Soweit zur sozialrechtlichen Bedarfsgemeinschaft bei einer eheähnlichen Ge- 28
meinschaft auch Kinder (i.S.d. § 32 EStG) des Lebensgefährten/der Lebensgefährtin gehören, die zum Steuerpflichtigen in keinem Kindschaftsverhältnis stehen und denen gegenüber der Steuerpflichtige nicht unterhaltsverpflichtet ist, ist aus Vereinfachungsgründen typisierend zu unterstellen, dass deren Unterhaltsbedarf in vollem Umfang durch das Kindergeld und die Unterhaltsaufwendungen des anderen Elternteils abgedeckt wird und sie damit nicht der sozialrechtlichen Bedarfsgemeinschaft angehören. Dies hat zur Folge, dass diese Kinder bei der Ermittlung und Verteilung des verfügbaren Nettoeinkommens nicht berücksichtigt werden. Kindergeld, das der unterhaltenen Person für ein solches Kind zufließt, ist demnach bei der Ermittlung des verfügbaren Nettoeinkommens nicht zu berücksichtigen.

**Beispiel 2:**

Der Steuerpflichtige A und dessen Lebensgefährtin B leben zusammen mit dem leiblichen Kind von B in eheähnlicher Gemeinschaft und bilden eine sozialrechtliche Bedarfsgemeinschaft. A ist nicht der leibliche Vater des Kindes. A unterstützt B und zahlt für B zusätzlich begünstigte Beiträge zu deren Basiskranken- und Pflegepflichtversicherung i.H.v. 1200 Euro, die nicht im Rahmen des Sonderausgabenabzugs berücksichtigt werden.

Im Kalenderjahr 2021 erzielt A Einnahmen aus nichtselbständiger Arbeit i.H.v. 40 000 Euro und einen Verlust aus privaten Veräußerungsgeschäften i.H.v. 5000 Euro.

Er entrichtet im Kalenderjahr 2021 Lohn- und Kirchensteuer i.H.v. 6300 Euro und gesetzliche Sozialabgaben i.H.v. 8000 Euro. Des Weiteren erhält A im April 2021 eine Einkommensteuererstattung für den Veranlagungszeitraum 2019 i.H.v. 1000 Euro. B erhält Kindergeld und hat darüber hinaus keine eigenen Einkünfte und Bezüge.

**Berechnung der außergewöhnlichen Belastung nach § 33a Abs. 1 EStG:**

| | | | |
|---|---|---|---|
| Höchstbetrag nach § 33a Abs. 1 Satz 1 EStG: | | | 9744 Euro |
| zuzüglich Beiträge zur Basiskranken- und Pflegepflichtversicherung der B nach § 33a Abs. 1 Satz 2 EStG: | | | 1200 Euro |
| Gesamthöchstbetrag nach § 33a Abs. 1 EStG: | | | 10 944 Euro |
| Nettoeinkommen des A: | | | |
| Einnahmen aus nichtselbständiger Arbeit | 40 000 Euro | | |
| abzüglich Arbeitnehmer-Pauschbetrag | *–1000 Euro*[1] | | |
| | | 39 000 Euro | |
| abzüglich Verlust aus privaten Veräußerungsgeschäften | –5000 Euro | | |

[1] **Red. Anm.:** Arbeitnehmer-Pauschbetrag ab VZ 2022: 1200 €; ab VZ 2023: 1230 €.

| | | | |
|---|---|---|---|
| zuzüglich Einkommensteuererstattung | 1000 Euro | | |
| abzüglich gesetzliche Sozialabgaben | –8000 Euro | | |
| abzüglich Lohn- und Kirchensteuer | –6300 Euro | | |
| Nettoeinkommen des A: | | 20 700 Euro | |
| Nettoeinkommen der B: | | 0 Euro | |
| gemeinsames verfügbares Nettoeinkommen: | | 20 700 Euro | |
| Aufteilung des Nettoeinkommens nach Köpfen | | : 2 | 10 350 Euro |

Es können maximal Unterhaltsleistungen i.H.v. 10 350 Euro als außergewöhnliche Belastung nach § 33a Abs. 1 EStG anerkannt werden. Die Opfergrenze ist nicht anzuwenden. Bei der Ermittlung und Verteilung des verfügbaren Nettoeinkommens ist das Kind von B nicht zu berücksichtigen.

**Beispiel 3:**

Der Steuerpflichtige A lebt im Kalenderjahr 2021 mit seiner Lebensgefährtin B in einer eheähnlichen Gemeinschaft in einem gemeinsamen Haushalt. A hat zwei leibliche Kinder (Kind X vollendet im Juni 2021 das sechste Lebensjahr, Kind Y vollendet im Juni 2021 das fünfzehnte Lebensjahr) mit in den Haushalt gebracht, die zu B in keinem Kindschaftsverhältnis stehen. Die zwei von B mit in die Haushaltsgemeinschaft gebrachten Kinder stehen in keinem Kindschaftsverhältnis zu A. Für alle Kinder wird noch Kindergeld gezahlt. A unterstützt B und zahlt für diese zusätzlich begünstigte Beiträge zu deren Basiskranken- und Pflegepflichtversicherung i.H.v. 1200 Euro, die nicht im Rahmen des Sonderausgabenabzugs berücksichtigt werden.

A erzielt im Kalenderjahr 2021 Einnahmen aus nichtselbständiger Arbeit i.H.v. 40 000 Euro sowie Einkünfte aus Vermietung und Verpachtung i.H.v. 1000 Euro.

Er entrichtet im Kalenderjahr 2021 gesetzliche Sozialabgaben i.H.v. 7900 Euro und Lohn- und Kirchensteuer i.H.v. 6300 Euro.

Außerdem hat A im Kalenderjahr 2021 Einkommensteuervorauszahlungen i.H.v. 2000 Euro und eine Einkommensteuernachzahlung für den Veranlagungszeitraum 2019 i.H.v. 4000 Euro geleistet. B hat keine weiteren Einkünfte oder Bezüge und kein eigenes Vermögen.

Kind X:

monatlicher Mindestunterhalt von Januar bis Mai nach der ersten Altersstufe:
393 Euro (× 5 = gesamt 1965 Euro)
monatlicher Mindestunterhalt von Juni bis Dezember nach der zweiten Altersstufe:
451 Euro (× 7 = gesamt 3157 Euro)
Jahresmindestunterhalt für Kind X = 5122 Euro
davon hälftiger Anteil des A = 2561 Euro

Kind Y:

monatlicher Mindestunterhalt von Januar bis Dezember nach der dritten Altersstufe:
528 Euro (× 12 = gesamt 6336 Euro)
Jahresmindestunterhalt für Kind Y = 6336 Euro
davon hälftiger Anteil des A = 3168 Euro

**Berechnung der außergewöhnlichen Belastung nach § 33a Abs. 1 EStG:**

| | | | |
|---|---|---|---|
| Höchstbetrag nach § 33a Abs. 1 Satz 1 EStG: | | | 9744 Euro |
| zuzüglich Beiträge zur Basiskranken- und Pflegepflichtversicherung der B nach § 33a Abs. 1 Satz 2 EStG: | | | 1200 Euro |
| Gesamthöchstbetrag nach § 33a Abs. 1 EStG: | | | 10 944 Euro |
| Nettoeinkommen A: | | | |
| Einnahmen aus nichtselbständiger Arbeit | 40 000 Euro | | |
| abzüglich Arbeitnehmer-Pauschbetrag | *–1000 Euro*[1] | | |
| | | 39 000 Euro | |
| abzüglich gesetzliche Sozialabgaben | –7900 Euro | | |

[1] **Red. Anm.:** Arbeitnehmer-Pauschbetrag ab VZ 2022: 1200 €; ab VZ 2023: 1230 €.

| | | |
|---|---|---|
| abzüglich Lohn- und Kirchensteuer | –6300 Euro | | |
| Einkünfte aus Vermietung und Verpachtung | 1000 Euro | | |
| abzüglich Einkommensteuernachzahlung | –4000 Euro | | |
| abzüglich Einkommensteuervorauszahlungen | –2000 Euro | | |
| zuzüglich hälftiges Kindergeld und Kinderbonus für die Kinder X und Y von A | 2778 Euro | | |
| Nettoeinkommen A: | | 22 578 Euro | |
| Nettoeinkommen B: | | 0 Euro | |
| gemeinsames Nettoeinkommen von A und B: | | 22 578 Euro | |
| abzüglich Mindestunterhalt für die Kinder X und Y von A (2561 Euro + 3168 Euro =) | | –5729 Euro | |
| gemeinsames verfügbares Nettoeinkommen: | | 16 849 Euro | |
| Aufteilung des Nettoeinkommens nach Köpfen auf A und B | | : 2 | 8424 Euro |

Es können maximal Unterhaltsleistungen i.H.v. 8424 Euro als außergewöhnliche Belastung nach § 33a Abs. 1 EStG anerkannt werden. Die Opfergrenze ist nicht anzuwenden. Bei der Ermittlung und Verteilung des verfügbaren Nettoeinkommens sind die leiblichen Kinder von B nicht zu berücksichtigen.

## 6. Eigene Einkünfte und Bezüge der unterhaltenen Person

Hat die unterhaltene Person andere eigene Einkünfte und Bezüge, die zur Bestreitung des Unterhalts bestimmt oder geeignet sind, so vermindert sich der Höchstbetrag um die eigenen Einkünfte und Bezüge, soweit diese den Betrag von insgesamt 624 Euro jährlich übersteigen, sowie um die vom Unterhaltsempfänger als Ausbildungshilfe aus öffentlichen Mitteln oder von Förderungseinrichtungen, die hierfür öffentliche Mittel erhalten, bezogenen Zuschüsse (§ 33a Abs. 1 Satz 5 EStG). 29

Als anrechenbare „andere Einkünfte“ i.S.d. § 33a Abs. 1 Satz 5 EStG sind alle Einkünfte i.S.d. Einkommensteuergesetzes (§ 2 Abs. 1 EStG) zu verstehen; Verlustabzüge nach § 10d EStG, Sonderausgaben und außergewöhnliche Belastungen sind nicht zu berücksichtigen (BFH-Urteil vom 18. Juni 2015, BStBl. II S. 928). Fiktive Einkünfte sind nicht anzusetzen (vgl. BFH-Urteil vom 9. März 2017, BStBl. II S. 890). 30

Bezüge i.S.d. § 33a Abs. 1 Satz 5 EStG sind alle Einnahmen in Geld oder Geldeswert, die nicht im Rahmen der einkommensteuerrechtlichen Einkünfteermittlung erfasst werden. Zu den Bezügen zählt in vollem Umfang auch das Elterngeld einschließlich des Sockelbetrags; § 2 Abs. 4 BEEG (vgl. BFH-Beschluss vom 20. Oktober 2016, BStBl. 2017 II S. 194). 31

Weitere Einzelheiten, welche Einkünfte und Bezüge angerechnet bzw. nicht angerechnet werden, sind in H 33a.1 „Anrechnung eigener Einkünfte und Bezüge“ EStH 2020 mit Verweis auf R 33a.1 Abs. 3 EStR 2012 dargestellt. 32

Bei der Feststellung der anzurechnenden Bezüge sind aus Vereinfachungsgründen insgesamt 180 Euro im Kalenderjahr abzuziehen, wenn nicht höhere Aufwendungen, die im Zusammenhang mit dem Zufluss der entsprechenden Einnahmen stehen, geltend gemacht werden (vgl. R 33a.1 Abs. 3 Satz 5 EStR 2012). 33

Die Kranken- und Pflegeversicherungsbeiträge, die der Mindestversorgung dienen, werden bei der Bemessung des Höchstbetrages berücksichtigt. Sie dürfen daher zur Vermeidung einer Doppelberücksichtigung nicht zusätzlich 34 die Einkünfte der unterhaltenen Person mindern. Arbeitnehmerbeiträge zur gesetzlichen Renten- und Arbeitslosenversicherung sowie die Beiträge zur gesetzlichen Krankenversicherung für Leistungen, die über das sozialhilferechtliche Niveau hinausgehen, dürfen ebenfalls nicht abgezogen werden (BFH-Urteil vom 18. Juni 2015, BStBl. II S. 928).

**35** Im Rahmen der Ermittlung der eigenen Einkünfte und Bezüge sind Kapitalerträge, soweit die tarifliche Einkommensteuer zur Anwendung kommt, unter Berücksichtigung des Sparer-Pauschbetrages nach § 20 Abs. 9 EStG als Einkünfte zu erfassen. Kapitalerträge, die nach § 32d Abs. 1 und § 43 Abs. 5 EStG der Abgeltungsteuer unterliegen, sind als Bezüge ohne Abzug des Sparer-Pauschbetrages nach § 20 Abs. 9 EStG nach § 33a Abs. 1 Satz 5 EStG zu erfassen (vgl. R 33a.1 Abs. 3 Satz 4 Nr. 1 EStR 2012).

**36** Eigene Einkünfte und Bezüge der unterhaltenen Person sind nur anzurechnen, soweit sie auf den Unterhaltszeitraum entfallen (§ 33a Abs. 3 Satz 2 EStG; vgl. H 33a.3 „Allgemeines" EStH 2020).

### 7. Nachweiserfordernisse

**37** Bei Bargeldzahlungen ist die Rz. 17 des BMF-Schreibens „Berücksichtigung von Aufwendungen für den Unterhalt von Personen im Ausland als außergewöhnliche Belastung nach § 33a Abs. 1 Einkommensteuergesetz (EStG)" vom 6. April 2022 (BStBl. I S. 623) sinngemäß anzuwenden.

### 8. Anwendungsregelung

**38** Die vorstehenden Grundsätze sind ab sofort auf alle offenen Fälle anzuwenden und ersetzen das BMF-Schreiben vom 7. Juni 2010 (BStBl. I S. 582).

# I § 34 a/1. Anwendungsschreiben zur Begünstigung der nicht entnommenen Gewinne (§ 34 a EStG)

Vom 11. August 2008 (BStBl. I S. 838)

(BMF IV C 6 – S 2290 a/07/10001; DOK 2008/0431405)

**Inhaltsübersicht**

Im Einvernehmen mit den obersten Finanzbehörden der Länder gilt zur Anwendung der Tarifbegünstigung für nicht entnommene Gewinne nach § 34 a EStG Folgendes:

## I. Tarifbegünstigung für nicht entnommene Gewinne

### 1. Begünstigte Einkunftsarten

1 Der unbeschränkt oder beschränkt Steuerpflichtige kann die Tarifbegünstigung nach § 34 a EStG für Einkünfte aus Land- und Forstwirtschaft (§ 13 EStG), Gewerbebetrieb (§ 15 EStG) und selbständiger Arbeit (§ 18 EStG) für den nicht entnommenen Teil des Gewinns aus einem Einzelunternehmen oder aus einem Mitunternehmeranteil in Anspruch nehmen. Die Ermittlung des zu versteuernden Einkommens (§ 2 Abs. 5 EStG) bleibt durch § 34 a EStG unberührt. Damit sind insbesondere die Regelungen über den Verlustausgleich und -abzug vorrangig zu beachten. Der Verlustausgleich und -abzug ist auch dann vorzunehmen, wenn für nicht entnommene Gewinne die Tarifbegünstigung nach § 34 a EStG in Anspruch genommen wird. Durch § 34 a EStG kann daher kein Verlustvortrag nach § 10 d EStG generiert werden.

2 Bei Mitunternehmeranteilen kommt eine Inanspruchnahme des § 34 a EStG für den Gewinnanteil des Mitunternehmers aus der Mitunternehmerschaft, d. h. für den Anteil am Gewinn der Gesellschaft sowie aus etwaigen Ergänzungs- und Sonderbilanzen des Mitunternehmers in Betracht. Auch der persönlich haftende Gesellschafter einer Kommanditgesellschaft auf Aktien, der kein Mitunternehmer ist, jedoch wie ein Mitunternehmer zu behandeln ist, kann für seinen nicht entnommenen Gewinnanteil nach § 15 Abs. 1 Satz 1 Nr. 3 EStG die Tarifbegünstigung nach § 34 a EStG in Anspruch nehmen.

### 2. Begünstigter Gewinn bei beschränkter Steuerpflicht

3 Abweichend von der Behandlung der unbeschränkt Steuerpflichtigen gilt für beschränkt Steuerpflichtige Folgendes:

Bei beschränkt Steuerpflichtigen erstreckt sich die Anwendung des § 34 a EStG auf die Gewinneinkünfte nach § 49 EStG (ggf. eingeschränkt durch ein Doppelbesteuerungsabkommen). Entnahmen und Einlagen, die nicht diesen Einkünften zugeordnet werden können, bleiben außer Ansatz. Zu grenzüberschreitenden Überführungen und Übertragungen vgl. Tz. 34 ff.

### 3. Veräußerungsgewinne

4 Für Veräußerungsgewinne, bei denen der Steuerpflichtige den Freibetrag nach § 16 Abs. 4 EStG oder die Tarifermäßigung nach § 34 Abs. 3 EStG in Anspruch nimmt, ist eine Tarifbegünstigung nach § 34 a EStG nicht möglich. Dies gilt auch für den Veräußerungsgewinn, der nach Abzug des Freibetrags nach § 16 Abs. 4 EStG zu versteuern ist, der bei Inanspruchnahme des § 34 Abs. 3 EStG die Höchstgrenze überschreitet oder nach § 3 Nr. 40 Satz 1 Buchst. b EStG dem Teileinkünfteverfahren unterliegt.

5 Eine Tarifbegünstigung nach § 34 a EStG kommt jedoch in Betracht, soweit es sich um einen Veräußerungsgewinn handelt, der nicht aus dem Unternehmen entnommen wurde (z. B. bei Veräußerung eines Teilbetriebs oder

Veräußerung eines in einem Betriebsvermögen befindlichen Mitunternehmeranteils) und kein Antrag nach § 16 Abs. 4 oder § 34 Abs. 3 EStG gestellt wurde.

Sind sowohl die Voraussetzungen für eine Tarifbegünstigung nach § 34 a EStG als auch die Voraussetzung für eine Begünstigung nach § 34 Abs. 1 EStG erfüllt, kann der Steuerpflichtige wählen, welche Begünstigung er in Anspruch nehmen will. Dies gilt auch für übrige Tarifermäßigungen (z. B. § 34 b EStG). 6

## 4. Antragstellung

Der Antrag auf Tarifbegünstigung nach § 34 a EStG ist grundsätzlich bei Abgabe der Einkommensteuererklärung für jeden Betrieb oder Mitunternehmeranteil gesondert zu stellen. Dabei kann der Steuerpflichtige für jeden Betrieb oder Mitunternehmeranteil wählen, ob und in welcher Höhe er für den jeweils nicht entnommenen Gewinn die Tarifbegünstigung nach § 34 a EStG in Anspruch nimmt. Der Antrag kann für jeden Betrieb oder Mitunternehmeranteil bis zur Höhe des nicht entnommenen Gewinns gestellt werden. 7

### a) Antragstellung bei Einzelunternehmern

Einzelunternehmer können unabhängig von der Höhe des Gewinns nach § 4 Abs. 1 Satz 1 oder § 5 EStG die Tarifbegünstigung nach § 34 a EStG ganz oder teilweise in Anspruch nehmen. 8

### b) Antragstellung bei Mitunternehmern

Jeder einzelne Mitunternehmer kann nur dann einen Antrag stellen, wenn die Beteiligung am Gewinn (aus Gesamthands-, Sonder- und Ergänzungsbilanz) nach § 4 Abs. 1 Satz 1 oder § 5 EStG mehr als 10% oder mehr als 10 000 € beträgt. Der vertraglichen Gewinnverteilungsabrede kommt keine Bedeutung zu. Einer einheitlichen Antragstellung aller Mitunternehmer einer Personengesellschaft bedarf es nicht. 9

**Beispiel:**

A und B sind Mitunternehmer der AB-OHG. A ist zu 90%, B ist nach der getroffenen Gewinnverteilungsabrede zu 10% am Gesamthandsgewinn beteiligt. Der Gewinn nach § 4 Abs. 1 Satz 1 EStG aus dem Gesamthandsbereich beträgt 200 000 €. Es sind nicht abzugsfähige Betriebsausgaben i. H. v. 30 000 € angefallen. B hat in seiner Sonderbilanz aus der Vermietung eines Grundstücks an die AB-OHG einen Verlust von 12 000 € erzielt.

Der nach § 4 Abs. 1 Satz 1 und § 5 EStG ermittelte Gewinn der Mitunternehmerschaft beträgt 188 000 € (200 000 € Gesamthand abzgl. 12 000 € Sonderbilanz des B; die nicht abzugsfähigen Betriebsausgaben haben den Gewinn nach § 4 Abs. 1 Satz 1 EStG gemindert). Hieran ist B mit weniger als 10 000 € (20 000 € Gesamthandsbereich abzgl. 12 000 € aus Sonderbilanz = 8000 €) und nicht zu mehr als 10% (8/188 = 4,25%) beteiligt, so dass die Anwendung des § 34 a EStG nur für A (Gewinnanteil 180 000 €) zulässig ist.

### c) Änderung des Antrags

Hinsichtlich der Änderung des Antrages nach § 34 a Abs. 1 Satz 1 EStG gelten die allgemeinen Grundsätze zur Ausübung von Wahlrechten (vgl. Nr. 8 des AEAO vor §§ 172–177). Danach können nach Eintritt der Unanfechtbarkeit der Steuerfestsetzung Wahlrechte nur noch ausgeübt werden, soweit die Steuerfestsetzung nach §§ 129, 164, 165, 172 ff. AO oder nach entsprechenden Regelungen in den Einzelsteuergesetzen korrigiert werden kann; dabei sind die §§ 177 und 351 Abs. 1 AO zu beachten. Darüber hinaus kann 10 der Antrag jederzeit noch bis zur Unanfechtbarkeit des Einkommensteuerbescheids für den folgenden Veranlagungszeitraum ganz oder teilweise zurückgenommen (§ 34 a Abs. 1 Satz 4 EStG) werden.

## II. Nicht entnommener Gewinn

11 Maßgeblich für die Tarifbegünstigung nach § 34 a EStG ist der nach § 4 Abs. 1 Satz 1 oder § 5 EStG ermittelte Gewinn (einschließlich Ergebnisse aus Ergebnisabführungsverträgen in Organschaftsfällen oder steuerfreier Gewinnbestandteile wie z. B. steuerfreie Betriebsstättengewinne, steuerfreie Teileinkünfte oder Investitionszulage). Dieser Gewinn ist der Unterschiedsbetrag zwischen dem Betriebsvermögen am Schluss des Wirtschaftsjahres und dem Betriebsvermögen am Schluss des vorangegangenen Wirtschaftsjahres (§ 4 Abs. 1 Satz 1, 1. Halbsatz EStG), vermehrt um die Hinzurechnungen der privat veranlassten Wertabgaben, die das Betriebsvermögen gemindert haben (Entnahmen), und vermindert um die privat veranlassten Wertzuführungen, die das Betriebsvermögen erhöht haben (Einlagen, § 4 Abs. 1 Satz 1, 2. Halbsatz EStG). Im Gewinn nach § 4 Abs. 1 Satz 1 EStG sind auch noch die Beträge enthalten, die zur weiteren Ermittlung des steuerpflichtigen Gewinns außerhalb der Bilanz abgezogen (z. B. steuerfreie Gewinnanteile) oder hinzugerechnet (z. B. nicht abzugsfähige Betriebsausgaben) werden.

12 Bei Personengesellschaften umfasst der Gewinn nach § 4 Abs. 1 Satz 1 EStG auch die Korrekturen aufgrund von Ergänzungsbilanzen und die Ergebnisse der Sonderbilanzen der Mitunternehmer.

13 Der nicht entnommene Gewinn i. S. d. § 34 a EStG wird durch Abzug des positiven Saldos aus Entnahmen und Einlagen (bei Mitunternehmeranteilen Entnahmen und Einlagen der Gesamthands-, Sonder- und Ergänzungsbilanzen) vom Gewinn nach § 4 Abs. 1 Satz 1 EStG ermittelt (maximaler Begünstigungsbetrag).

14 Entnahmen i. S. d. § 34 a EStG sind die Entnahmen nach § 4 Abs. 1 Satz 2 i. V. m. § 6 Abs. 1 Nr. 4 EStG. Es wird nicht zwischen Bar-, Sach- und Nutzungsentnahmen unterschieden. Zur Behandlung von Entnahmen nach § 4 Abs. 1 Satz 3 EStG bei Überführung von Wirtschaftsgütern ins Ausland vgl. Tz. 34 ff.

### 1. Gewinnermittlungsart

15 Die Tarifbegünstigung nach § 34 a EStG kann nur in Anspruch genommen werden, wenn der Gewinn durch Bestandsvergleich (§ 4 Abs. 1 Satz 1 oder § 5 EStG) ermittelt wird. Das Erfordernis der Gewinnermittlung durch Bestandsvergleich erstreckt sich auch auf etwaige im Betriebsvermögen gehaltene Beteiligungen an vermögensverwaltenden, land- und forstwirtschaftlichen, gewerblichen oder freiberuflichen Personengesellschaften (vgl. BFH-Beschluss vom 11. April 2005, BStBl. II S. 679). Es ist nicht erforderlich, dass die Untergesellschaft selbst ihren Gewinn nach § 4 Abs. 1 Satz 1 oder § 5 EStG ermittelt. Jedoch muss die Obergesellschaft ihren Gewinn aus der Untergesellschaft nach § 4 Abs. 1 Satz 1 oder § 5 EStG ermitteln.

Bei Gewinnermittlung durch Einnahmenüberschussrechnung (§ 4 Abs. 3 EStG) oder bei pauschalierten Gewinnermittlungen (§§ 5 a, 13 a EStG) ist eine ermäßigte Besteuerung nicht möglich.

## 2. Nicht abzugsfähige Betriebsausgaben

Die nach § 4 Abs. 4 a, 5, 5 a und 5 b und § 4 h EStG nicht abzugsfähigen Betriebsausgaben haben den nach § 4 Abs. 1 Satz 1 oder § 5 EStG ermittelten Gewinn gemindert, da sie außerbilanziell hinzuzurechnen sind. Soweit der steuerpflichtige Gewinn also auf Betriebsausgabenabzugsverboten beruht, kann keine Tarifbegünstigung nach § 34 a EStG in Anspruch genommen werden. 16

**Beispiel:**

Der Gewinn (§ 4 Abs. 1 Satz 1 oder § 5 EStG) des Unternehmens beträgt 330 000 €. Es sind nicht abzugsfähige Betriebsausgaben (§ 4 Abs. 5 EStG) von 45 000 € angefallen. Der Unternehmer hat 70 000 € entnommen. Einlagen wurden i. H. v. 10 000 € getätigt.
Der nicht entnommene Gewinn beträgt 270 000 € (330 000 € abzgl. Saldo aus Entnahmen [70 000 €] und Einlagen [10 000 €] 60 000 €). Der steuerpflichtige Gewinn beträgt 375 000 € (330 000 € zzgl. 45 000 € nicht abzugsfähige Betriebsausgaben). Der Steuerpflichtige kann einen Antrag nach § 34 a EStG für einen Gewinn bis zu 270 000 € stellen.

## 3. Steuerfreie Gewinnanteile

Steuerfreie Gewinnanteile sind Bestandteil des Steuerbilanzgewinns, können aufgrund ihrer Steuerfreiheit jedoch selbst nicht Gegenstand der Tarifbegünstigung nach § 34 a EStG sein. Bei der Ermittlung des nicht entnommenen Gewinns gelten sie jedoch als vorrangig entnommen. 17

**Beispiel:**

Der Gewinn (§ 4 Abs. 1 Satz 1 oder § 5 EStG) des Unternehmens beträgt 330 000 €. Hierin sind steuerfreie Gewinnanteile (z. B. nach § 3 Nr. 40 EStG) von 50 000 € enthalten. Der Unternehmer hat 70 000 € entnommen. Einlagen wurden nicht getätigt.
Der nicht entnommene Gewinn beträgt 260 000 € (330 000 € abzgl. 70 000 € Entnahmen). Der steuerpflichtige Gewinn beträgt 280 000 € (330 000 € abzgl. 50 000 € steuerfreie Gewinnanteile). Der Steuerpflichtige kann einen Antrag nach § 34 a EStG für einen Gewinn bis zu 260 000 € stellen.

## 4. Ausländische Betriebsstätten

Einkünfte ausländischer Betriebsstätten sind im Rahmen des Betriebsvermögensvergleichs des Gesamtunternehmens zu erfassen und führen zu einem um die ausländischen Gewinnanteile erhöhten oder verminderten Gewinn nach § 4 Abs. 1 Satz 1 oder § 5 EStG. Damit beeinflussen ausländische Betriebsstättenergebnisse unmittelbar den nicht entnommenen Gewinn des (inländischen) Betriebes. Soweit die Gewinne aus ausländischen Betriebsstätten steuerfrei (z. B. aufgrund eines Doppelbesteuerungsabkommens) gestellt sind, können sie – wie die anderen steuerfreien Gewinnanteile – nicht Gegenstand der Tarifbegünstigung nach § 34 a EStG sein. Vergleiche im Übrigen Tz. 34 ff. 18

## 5. Abweichendes Wirtschaftsjahr

Bei Personenunternehmen, die Einkünfte aus Gewerbebetrieb beziehen und ein abweichendes Wirtschaftsjahr haben, gilt der Gewinn in dem Veranlagungsjahr als bezogen, in dem das Wirtschaftsjahr endet (§ 4 a Abs. 2 Nr. 2 EStG). Eine Aufteilung des Gewinns des Wirtschaftsjahres 2007/2008 19 sowie der Entnahmen und Einlagen für Zwecke des § 34 a EStG ist nicht vorzunehmen. Daher kann die Tarifbegünstigung nach § 34 a EStG auch schon für den gesamten Gewinn des Wirtschaftsjahres 2007/2008 beantragt werden, wenn die übrigen Voraussetzungen erfüllt sind.

Dagegen ist der Gewinn bei Personenunternehmen, die Einkünfte aus Land- und Forstwirtschaft erzielen und ein abweichendes Wirtschaftsjahr haben, auf die Kalenderjahre, in denen das Wirtschaftsjahr beginnt und endet, zeitanteilig aufzuteilen (§ 4 a Abs. 2 Nr. 1 EStG). Die Entnahmen und Einlagen sind dabei für Zwecke des § 34 a EStG ebenfalls zeitanteilig auf die betreffenden Kalenderjahre aufzuteilen. Der Antrag nach § 34 a Abs. 1 EStG kann somit auch nur für den danach auf das jeweilige Kalenderjahr entfallenden nicht entnommenen Gewinn gestellt werden.

### 6. Nicht entnommener Gewinn bei Personengesellschaften

20 Bei Mitunternehmeranteilen werden sowohl die Entnahmen und Einlagen des Gesamthandsvermögens als auch die des Sonderbetriebsvermögens berücksichtigt. Deren Ermittlung erfolgt für Zwecke des § 34 a EStG mitunternehmeranteilsbezogen, d. h. eine Entnahme des Mitunternehmers aus dem Betriebsvermögen der Mitunternehmerschaft mindert den nicht entnommenen Gewinn nur, wenn sie in sein Privatvermögen oder in ein anderes Betriebsvermögen erfolgt.

Die Übertragung eines Wirtschaftsguts aus dem Gesamthandsvermögen einer Mitunternehmerschaft in das Sonderbetriebsvermögen eines Mitunternehmers bei derselben Mitunternehmerschaft (und umgekehrt) hat keinen Einfluss auf die Höhe des nicht entnommenen Gewinns dieses Mitunternehmeranteils. Die Zahlung von Sondervergütungen i. S. v. § 15 Abs. 1 Satz 1 Nr. 2 Satz 1, 2. Halbsatz EStG an einen Mitunternehmer führt nur dann zu einer Entnahme i. S. d. § 34 a EStG, wenn die Zahlung ins Privatvermögen (z. B. auf ein privates Bankkonto des Mitunternehmers) erfolgt.

### 7. Nicht entnommener Gewinn bei doppel- und mehrstöckigen Personengesellschaften

21 Bei doppel- und mehrstöckigen Personengesellschaften ist für den Mitunternehmer der Obergesellschaft nur ein einheitlicher begünstigter Gewinn zu ermitteln, der neben dem Gewinn aus der Obergesellschaft – einschließlich der Ergebnisse aus Ergänzungs- und Sonderbilanzen – auch die Ergebnisse aus einer etwaigen Sonderbilanz nach § 15 Abs. 1 Satz 1 Nr. 2 Satz 2 EStG bei der Untergesellschaft umfasst. Entnahmen des Mitunternehmers bei der Obergesellschaft sind zu addieren mit Entnahmen, die von ihm aus seinem Sonderbetriebsvermögen bei der Untergesellschaft (§ 15 Abs. 1 Satz 1 Nr. 2 Satz 2 EStG) getätigt werden. Gleiches gilt für Einlagen.

Zahlungen zwischen der Obergesellschaft und der Untergesellschaft haben keinen Einfluss auf das Begünstigungsvolumen.

**Beispiel:**

An der X-KG (Obergesellschaft) ist A zu 50% als Mitunternehmer beteiligt. Die X-KG ist ihrerseits an der Y-OHG (Untergesellschaft) beteiligt. Die X-KG erzielt (einschließlich des von der Y-OHG stammenden Gewinnanteils) einen Gewinn von 80 000 €, der A zur Hälfte zugerechnet wird. A erzielt aus einem an die Y-OHG vermieteten Grundstück (Sonderbetriebsvermögen des A bei der Y-OHG) einen Gewinn von 5000 €. Die gesamten Mietzahlungen

der Y-OHG i. H. v. 20 000 € hat A privat verwendet. Aus der X-KG hat A 15 000 € entnommen. Weitere Entnahmen oder Einlagen wurden nicht getätigt.
Der nicht entnommene Gewinn des A beträgt 10 000 € (40 000 € Gewinnanteil Obergesellschaft zzgl. 5000 € Gewinn aus dem Sonderbetriebsvermögen bei der Untergesellschaft) = 45 000 € Gewinn nach § 4 Abs. 1 Satz 1 EStG, abzgl. Saldo aus Entnahmen ([15 000 € aus Obergesellschaft zzgl. 20 000 € aus Sonderbetriebsvermögen bei der Untergesellschaft = 35 000 €] und Einlagen [0 €]).

## III. Begünstigungsbetrag/Nachversteuerungspflichtiger Betrag

Aus der Ausgangsgröße des nicht entnommenen Gewinns werden zunächst der Begünstigungsbetrag (§ 34 a Abs. 3 Satz 1 EStG) und daraus der nachversteuerungspflichtige Betrag entwickelt (§ 34 a Abs. 3 Satz 2 EStG). 22

### 1. Begünstigungsbetrag

Der Begünstigungsbetrag ist der Teil des nicht entnommenen Gewinns, für den der Steuerpflichtige einen Antrag nach § 34 a Abs. 1 EStG stellen kann und diesen auch gestellt hat. Der Begünstigungsbetrag ist die Bemessungsgrundlage für die Steuer nach § 34 a Abs. 1 Satz 1 EStG. 23

**Beispiel:**

Der nicht entnommene Gewinn (§ 34 a Abs. 2 EStG) beträgt 150 000 €. Der Steuerpflichtige stellt einen Antrag nach § 34 a Abs. 1 Satz 1 EStG für 60 000 €.
Der Begünstigungsbetrag (§ 34 a Abs. 3 Satz 1 EStG) beträgt 60 000 €.
Der Steuerpflichtige muss 90 000 € mit dem progressiven persönlichen Steuersatz (Bemessungsgrundlage verbleibendes z. v. E. nach Abzug des nach § 34 a EStG begünstigt zu versteuernden Gewinns) versteuern. Für den Begünstigungsbetrag zahlt er 16 950 € (28,25 % v. 60 000 €) ESt zzgl. 932,25 € (5,5 % von 16 950 €) SolZ.

### 2. Nachversteuerungspflichtiger Betrag des Veranlagungszeitraums

Der nachversteuerungspflichtige Betrag des Betriebs oder Mitunternehmeranteils für den laufenden Veranlagungszeitraum wird aus dem Begünstigungsbetrag durch Abzug der auf den Begünstigungsbetrag entfallenden Steuerbelastung (ESt und SolZ, nicht jedoch der KiSt) ermittelt. Der Betrag ist Euro- und Cent-genau zu ermitteln. 24

**Beispiel:**

Der Steuerpflichtige hat für 60 000 € seines im Jahr 01 nicht entnommenen Gewinns die Tarifbegünstigung nach § 34 a EStG beantragt (wie voriges Beispiel).
Der nachversteuerungspflichtige Betrag des Jahres 01 ermittelt sich wie folgt:

| | |
|---|---|
| Begünstigungsbetrag | 60 000,00 € |
| Abzgl. ESt (28,25 % von 60 000 €) | 16 950,00 € |
| Abzgl. SolZ (5,5 % von 16 950 €) | 932,25 € |
| Nachversteuerungspflichtiger Betrag | 42 117,75 € |

### 3. Ermittlung des nachversteuerungspflichtigen Betrags zum Ende des Veranlagungszeitraums

Der nachversteuerungspflichtige Betrag ist jährlich fortzuschreiben und zum Ende des Veranlagungszeitraums für jeden Betrieb und Mitunternehmeranteil gesondert festzustellen (§ 34 a Abs. 3 Satz 3 EStG). In den Fällen des § 34 a Abs. 7 EStG (vgl. Tz. 47) ist der nachversteuerungspflichtige Betrag zum Ende des Tages vor dem steuerlichen Übertragungsstichtag festzustellen. 25

Die Ermittlung und Fortschreibung des nachversteuerungspflichtigen Betrags (§ 34 a Abs. 3 Satz 2 EStG) wird durch das nachfolgende Schema veranschaulicht:

| | |
|---|---|
| Nachversteuerungspflichtiger Betrag zum 31.12. des vorangegangenen Veranlagungszeitraums | |
| zzgl. | nachversteuerungspflichtiger Betrag des laufenden Veranlagungszeitraums (§ 34 a Abs. 3 EStG) |
| zzgl. | auf diesen Betrieb oder Mitunternehmeranteil von einem anderen Betrieb oder Mitunternehmeranteil desselben Steuerpflichtigen übertragener nachversteuerungspflichtiger Betrag (§ 34 a Abs. 5 EStG) |
| abzgl. | Nachversteuerungsbetrag des laufenden Veranlagungszeitraums (§ 34 a Abs. 4, 5 und 6 EStG) |
| abzgl. | auf einen anderen Betrieb oder Mitunternehmeranteil von diesem Betrieb oder Mitunternehmeranteil übertragener nachversteuerungspflichtiger Betrag (§ 34 a Abs. 5 EStG) |
| = | Nachversteuerungspflichtiger Betrag zum 31.12. des Veranlagungszeitraums |

## IV. Nachversteuerung (§ 34 a Abs. 4 EStG)

26 Liegt in späteren Jahren der positive Saldo von Entnahmen und Einlagen über dem Gewinn dieses Jahres, ist nach § 34 a Abs. 4 EStG insoweit eine Nachversteuerung des festgestellten nachversteuerungspflichtigen Betrags durchzuführen.

### 1. Nachversteuerungsbetrag

27 Es kommt grundsätzlich zur Nachversteuerung, wenn der positive Saldo von Entnahmen und Einlagen im Wirtschaftsjahr den (positiven) Gewinn nach § 4 Abs. 1 Satz 1 oder § 5 EStG dieses Wirtschaftsjahres übersteigt (Entnahmenüberhang). Im Fall eines Verlustes ist der Entnahmenüberhang so hoch wie der positive Saldo von Entnahmen und Einlagen. In Höhe des Entnahmenüberhangs entsteht ein Nachversteuerungsbetrag (Ausnahme: Entnahmen zur Zahlung von Erbschaft-/Schenkungsteuer, vgl. Tz. 30 und Fälle des § 34 a Abs. 5 Satz 2 EStG, vgl. Tz. 32 und 33). Die Nachversteuerung wird in Höhe des Nachversteuerungsbetrags (max. in Höhe des festgestellten nachversteuerungspflichtigen Betrags) mit einem festen Steuersatz von 25 % zzgl. Solidaritätszuschlag und ggf. Kirchensteuer neben der Versteuerung des zu versteuernden Einkommens des laufenden Veranlagungszeitraums mit dem persönlichen Steuersatz vorgenommen.

**Beispiel:**

Der Steuerpflichtige hat im Jahr 04 einen Gewinn nach § 4 Abs. 1 Satz 1 EStG i. H. v. 8000 €. Die Entnahmen betragen 50 000 €. Der für das Vorjahr festgestellte nachversteuerungspflichtige Betrag beträgt 60 000 €. Einlagen wurden nicht getätigt.

Der Steuerpflichtige muss den laufenden Gewinn des Jahres (8000 €) nach § 32 a EStG versteuern. Der Entnahmenüberhang beträgt 42 000 €, für die er 10 500 € ESt (25 % von 42 000 €) und 577,50 € SolZ zahlen muss. Der nachversteuerungspflichtige Betrag zum 31. 12. 04 ist i. H. v. 18 000 € festzustellen.

28 Bei der Ermittlung des Entnahmenüberhangs sind außerbilanzielle Hinzurechnungen (z. B. nicht abzugsfähige Betriebsausgaben) nicht zu berücksichtigen.

**Beispiel:**

Der Steuerpflichtige hat im Jahr 04 einen Gewinn nach § 4 Abs. 1 Satz 1 EStG i. H. v. 60 000 €. Es sind nicht abzugsfähige Betriebsausgaben nach § 4 Abs. 5 EStG i. H. v. 30 000 € entstanden. Die Entnahmen betragen 80 000 €. Der für das Vorjahr festgestellte nachversteuerungspflichtige Betrag beträgt 60 000 €. Einlagen wurden nicht getätigt.
Der Steuerpflichtige muss den laufenden Gewinn des Jahres (90 000 € [60 000 € zzgl. nichtabzugsfähige Betriebsausgaben von 30 000 €]) nach § 32 a EStG versteuern. Der Entnahmenüberhang beträgt 20 000 € (60 000 € abzgl. 80 000 €), für die er 5000 € ESt (25 % von 20 000 €) und 275 € SolZ zahlen muss. Der nachversteuerungspflichtige Betrag zum 31. 12. 04 ist i. H. v. 40 000 € festzustellen.

## 2. Verwendungsreihenfolge

29 Die Verwendungsreihenfolge des positiven Saldos aus Entnahmen und Einlagen ist wie folgt aufgebaut:

1. positiver steuerfreier Gewinn des laufenden Jahres
2. positiver steuerpflichtiger Gewinn des laufenden Jahres
3. nicht entnommene und nach § 34 a EStG begünstigte Gewinne der Vorjahre (= Nachversteuerungspflichtiger Gewinn der Vorjahre)
4. steuerfreie und nicht entnommene mit dem persönlichen Steuersatz versteuerte Gewinne der Vorjahre.

## 3. Entnahmen zur Zahlung von Erbschaft-/Schenkungsteuer

30 Eine Nachversteuerung nach § 34 a Abs. 4 Satz 1 EStG ist nicht durchzuführen, soweit sie durch Entnahmen für die Erbschaft-/Schenkungsteuer anlässlich der Übertragung des Betriebs oder Mitunternehmeranteils ausgelöst wird. Die Erbschaft-/Schenkungsteuer anlässlich der Übertragung des Betriebs oder Mitunternehmeranteils berechnet sich wie folgt:

$$\text{Festgesetzte Erbschaftsteuer} \times \frac{\text{Erbschaftsteuerbemessungsgrundlage für den Betrieb oder Mitunternehmeranteil}}{\text{Erbschaftsteuerbemessungsgrundlage}}$$

31 Entnahmen für die Erbschaft-/Schenkungsteuer sind bei der Ermittlung des nicht entnommenen Gewinns des laufenden Wirtschaftsjahres zu berücksichtigen (vgl. Tz. 11). Die Regelung des § 34 a Abs. 4 Satz 1 EStG lässt diese nur bei der Ermittlung des Nachversteuerungsbetrags unberücksichtigt.

Eine Entnahme aus einem Betrieb für die Erbschaftsteuer eines anderen Betriebsvermögens desselben Steuerpflichtigen fällt nicht unter die Ausnahmeregelung und führt daher im Fall des Entnahmenüberhangs zur Nachversteuerung beim Betrieb, bei dem die Entnahme getätigt wurde.

Wird die Erbschaft-/Schenkungsteuer nur teilweise aus dem Betrieb entnommen, gilt die Entnahme vorrangig als für die auf den Betrieb oder Mitunternehmeranteil entfallende Erbschaft-/Schenkungsteuer getätigt.

**Beispiel:**

Die Erbschaftsteuer beträgt insgesamt 100 000 €, davon entfallen 50 000 € auf den geerbten Gewerbebetrieb. Zur Bezahlung der Erbschaftsteuer entnimmt der Steuerpflichtige 80 000 € aus dem Betrieb. Die restlichen 20 000 € werden aus privaten Mitteln beglichen. Der Gewinn des Betriebs beträgt 0 €. Es wurde ein nachversteuerungspflichtiger Betrag von 60 000 € für diesen Betrieb festgestellt.

Der Entnahmenüberhang beträgt 80 000 €. Davon entfallen 50 000 € auf die Entnahme für Erbschaftsteuer (§ 34 a Abs. 4 Satz 1 EStG). Es sind daher lediglich 30 000 € nachzuversteuern.

## V. Übertragungen und Überführungen von einzelnen Wirtschaftsgütern

### 1. Entnahmereihenfolge bei Übertragung oder Überführung von einzelnen Wirtschaftsgüter (§ 34 a Abs. 5 EStG)

32 Es besteht nach § 34 a Abs. 5 Satz 2 EStG die Möglichkeit, bei Übertragungen und Überführungen von einzelnen Wirtschaftsgütern zum Buchwert in ein anderes Betriebsvermögen nach § 6 Abs. 5 EStG statt einer Nachversteuerung beim Ursprungsbetrieb den (anteiligen) nachversteuerungspflichtigen Betrag auf das übernehmende Unternehmen zu übertragen.

§ 34 a Abs. 5 Satz 2 EStG ist nicht anzuwenden, wenn Geldbeträge von einem Betrieb oder Mitunternehmeranteil in einen anderen Betrieb oder Mitunternehmeranteil des Steuerpflichtigen unter den Voraussetzungen des § 6 Abs. 5 EStG überführt oder übertragen werden.

Ist in späteren Wirtschaftsjahren nach § 6 Abs. 5 Satz 4 oder 6 EStG für den Übertragungs-/Überführungsvorgang auf Grund eines schädlichen Ereignisses rückwirkend der Teilwert anzusetzen, ist insoweit die Übertragung des nachversteuerungspflichtigen Betrags rückgängig zu machen.

**Beispiel:**

Der Steuerpflichtige überführt in 01 ein Grundstück (Buchwert 200 000 €) zum Buchwert von seinem Einzelunternehmen in das Sonderbetriebsvermögen einer Personengesellschaft, an der er beteiligt ist. Der Steuerpflichtige tätigt in 01 übrige Entnahmen i. H. v. 60 000 €. Der Gewinn seines Einzelunternehmens beträgt in 01 40 000 €. Der nachversteuerungspflichtige Betrag des Einzelunternehmens zum 31. 12. 00 beträgt 300 000 €. Einlagen wurden nicht getätigt.

Die Gesamtentnahmen des Steuerpflichtigen betragen 260 000 €. Der Nachversteuerungsbetrag nach § 34 a Abs. 4 EStG beträgt zunächst 220 000 € (260 000 € Entnahmen abzgl. 40 000 € Gewinn). Auf Antrag des Steuerpflichtigen können 200 000 € (= Buchwert des überführten Grundstücks) auf den nachversteuerungspflichtigen Betrag des Mitunternehmeranteils übertragen werden. Es verbleiben 20 000 €, die der Nachversteuerung mit 25 % unterliegen (= 5000 €). Der nachversteuerungspflichtige Betrag des Einzelunternehmens zum 31. 12. 01 beträgt 80 000 € (300 000 € abzgl. 200 000 € Übertragung abzgl. 20 000 € Nachversteuerung).

33 Der übertragungsfähige, nachversteuerungspflichtige Betrag i. S. d. § 34 a Abs. 5 EStG ist der nach Berücksichtigung der übrigen Entnahmen und hierauf nach § 34 a Abs. 4 EStG erfolgender Nachversteuerungen verbleibende nachversteuerungspflichtige Betrag, maximal jedoch der Buchwert.

**Beispiel:**

Der Steuerpflichtige überführt in 01 ein Grundstück (Buchwert 200 000 €) zum Buchwert von seinem Einzelunternehmen in das Sonderbetriebsvermögen einer Personengesellschaft, an der er beteiligt ist. Der Steuerpflichtige tätigt in 01 übrige Entnahmen i. H. v. 60 000 €. Der Gewinn seines Einzelunternehmens beträgt in 01 0 €. Der nachversteuerungspflichtige Betrag des Einzelunternehmens zum 31. 12. 00 beträgt 150 000 €. Einlagen wurden nicht getätigt.

Die Gesamtentnahmen des Steuerpflichtigen betragen 260 000 €. Der Entnahmenüberhang nach § 34 a Abs. 4 EStG beträgt (zunächst) 260 000 €, da ein Gewinn nicht erzielt wurde. Der Steuerpflichtige muss 60 000 € nachversteuern, da der Entnahmenüberhang insoweit auf den übrigen Entnahmen beruht. Auf Antrag des Steuerpflichtigen können 90 000 € (= Buchwert des überführten Grundstücks [200 000 €], maximal jedoch verbleibender nachversteuerungspflichtiger Betrag [150 000 € abzgl. Nachversteuerungsbetrag 60 000 €]) auf den nachversteuerungspflichtigen Betrag des Mitunternehmeranteils übertragen werden. Der nachversteuerungspflichtige Betrag des Einzelunternehmens zum 31. 12. 01 beträgt 0 € (150 000 € abzgl. 60 000 € Nachversteuerungsbetrag abzgl. 90 000 € Übertragungsbetrag).

## 2. Grenzüberschreitende Überführungen und Übertragungen von Wirtschaftsgütern

Entnahmen i. S. d. § 4 Abs. 1 Satz 3 ff. EStG aufgrund der Überführung oder Übertragung von Wirtschaftsgütern aus einem inländischen Betriebsvermögen in ein ausländisches Betriebsvermögen desselben Steuerpflichtigen sind grundsätzlich auch bei der Ermittlung des nicht entnommenen Gewinns und des Entnahmenüberhangs i. S. d. § 34 a EStG zu berücksichtigen. Gleiches gilt für Einlagen i. S. d. *§ 4 Abs. 1 Satz 7 EStG*[1] aufgrund der Überführung oder Übertragung aus einem ausländischen Betriebsvermögen in ein inländisches Betriebsvermögen desselben Steuerpflichtigen. Dabei sind jedoch folgende Fallgruppen zu unterscheiden: 34

### a) Überführungen innerhalb eines Betriebs oder Mitunternehmeranteils

Bei unbeschränkt Steuerpflichtigen wirkt sich die Überführung eines Wirtschaftsguts von einer inländischen in eine ausländische Betriebsstätte nicht auf den Gewinn des Gesamtunternehmens aus, da der Entnahme aus der inländischen Betriebsstätte eine korrespondierende Einlage in die ausländische Betriebsstätte gegenübersteht. Entsprechendes gilt für die Überführung eines Wirtschaftsguts von einer ausländischen in eine inländische Betriebsstätte. 35

Bei beschränkt Steuerpflichtigen ist die Anwendung des § 34 a EStG begrenzt auf den nicht entnommenen Gewinn/den Entnahmenüberhang der inländischen Betriebsstätte (vgl. Tz. 3). Die der Einlage in die inländische Betriebsstätte vorhergehende Entnahme aus dem ausländischen Betriebsvermögen oder die der Entnahme aus der inländischen Betriebsstätte nachfolgende Einlage in das ausländische Betriebsvermögen bleibt infolge der in Satz 1 beschriebenen Begrenzung unberücksichtigt. 36

### b) Überführungen und Übertragungen zwischen mehreren Betrieben oder Mitunternehmeranteilen

Die Überführung eines Wirtschaftsguts von einem inländischen Betrieb in einen anderen, im Ausland belegenen Betrieb desselben unbeschränkt Steuerpflichtigen ist eine Entnahme aus dem inländischen und eine Einlage in den ausländischen Betrieb. Eine Zusammenfassung ist – wie bei reinen Inlandsvorgängen – nicht zulässig. Entsprechendes gilt für die Überführung eines Wirtschaftsguts von einem ausländischen Betrieb in einen anderen, im Inland belegenen Betrieb desselben unbeschränkt Steuerpflichtigen. 37

Bei beschränkt Steuerpflichtigen haben derartige Vorgänge nur Bedeutung für den nicht entnommenen Gewinn/den Entnahmenüberhang der inländischen Betriebsstätte. Infolge der in Tz. 36 Satz 1 beschriebenen Begrenzung auf den nicht entnommenen Gewinn/den Entnahmenüberhang der inländischen Betriebstätte sind die Verhältnisse im Ausland ohne Bedeutung. 38

[1] Jetzt § 4 Abs. 1 Satz 8 EStG.

39 Die grenzüberschreitende Übertragung eines Wirtschaftsguts aus dem oder in das Gesamthandsvermögen einer Personengesellschaft steht der grenzüberschreitenden Überführung aus einem oder in einen Betrieb gleich. Insoweit gelten die Ausführungen in Tz. 37 entsprechend.

### c) Grenzüberschreitende Überführungen und Übertragungen bei Einkünften aus Land- und Forstwirtschaft und selbständiger Arbeit

40 Die vorstehenden Grundsätze gelten sinngemäß für Einkünfte aus Land- und Forstwirtschaft und selbständiger Arbeit.

## VI. Nachversteuerungsfälle nach § 34 a Abs. 6 EStG

41 Nach § 34 a Abs. 6 EStG ist eine Nachversteuerung auch in den folgenden Fällen durchzuführen:
- Betriebsaufgaben (einschl. Realteilung nach § 16 Abs. 3 Satz 2 bis 4 EStG), -veräußerungen (vgl. Tz. 42)
- Umwandlungsfälle (vgl. Tz. 43)
- Wechsel der Gewinnermittlungsart (vgl. Tz. 44)
- Antrag des Steuerpflichtigen (freiwillige Nachversteuerung; vgl. Tz. 45).

### 1. Betriebsaufgabe, -veräußerung

42 Wird ein ganzer Betrieb oder ein ganzer Mitunternehmeranteil vollständig aufgegeben, real geteilt oder veräußert (§ 16 EStG), entfällt die Grundlage für die Tarifbegünstigung nach § 34 a EStG und damit die Möglichkeit, beim Steuerpflichtigen eine Nachversteuerung durchzuführen (§ 34 a Abs. 6 Satz 1 Nr. 1 EStG). Der für diesen Betrieb oder Mitunternehmeranteil festgestellte nachversteuerungspflichtige Betrag ist in voller Höhe aufzulösen und nachzuversteuern. Dies gilt auch für die Fälle des § 16 Abs. 2 Satz 3 EStG.

Veräußert der Steuerpflichtige nur einen Teil seines Betriebs oder Mitunternehmeranteils oder einen Teilbetrieb, löst dies hingegen keine Nachversteuerung der zuvor nach § 34 a EStG begünstigten Gewinne aus, da eine Nachversteuerung beim Steuerpflichtigen im Rahmen des verbleibenden Teils des Betriebs oder Mitunternehmeranteils weiterhin möglich ist.

### 2. Umwandlungsfälle

43 Eine Nachversteuerung in voller Höhe des festgestellten nachversteuerungspflichtigen Betrags ist bei Einbringung eines Betriebs oder Mitunternehmeranteils in eine Kapitalgesellschaft oder eine Genossenschaft sowie in den Fällen des Formwechsels einer Personengesellschaft in eine Kapitalgesellschaft oder Genossenschaft vorzunehmen (§ 34 a Abs. 6 Satz 1 Nr. 2 EStG). Bei der Einbringung eines Teils eines Betriebs, eines Teilbetriebs oder eines Teils eines Mitunternehmeranteils gilt Tz. 42 2. Absatz entsprechend.

### 3. Wechsel der Gewinnermittlungsart

44 Beim Übergang von der Gewinnermittlung durch Betriebsvermögensvergleich zur Einnahmenüberschussrechnung oder zu einer pauschalierten Gewinnermittlung (z. B. § 5 a EStG, § 13 a EStG) ist der festgestellte nachversteuerungspflichtige Betrag ebenfalls in voller Höhe aufzulösen (§ 34 a Abs. 6 Satz 1 Nr. 3 EStG).

**4. Antrag auf Nachversteuerung**

Eine Nachversteuerung des gesamten oder eines Teils des festgestellten nachversteuerungspflichtigen Betrags ist zudem durchzuführen, wenn der Steuerpflichtige dies beantragt (§ 34 a Abs. 6 Satz 1 Nr. 4 EStG). 45

**5. Stundung**

Bei Nachversteuerungen nach § 34 a Abs. 6 Satz 1 Nr. 1 und 2 EStG besteht die Möglichkeit, die nach § 34 a Abs. 4 EStG geschuldete Steuer über einen Zeitraum von bis zu 10 Jahren zinslos zu stunden. Voraussetzung ist jedoch, dass die sofortige Begleichung der Steuer eine erhebliche Härte darstellen würde. Ob eine erhebliche Härte vorliegt, ist nach den Gesamtumständen des jeweiligen Einzelfalls nach den Grundsätzen des § 222 AO zu prüfen. 46

Eine Stundung nach § 34 a Abs. 6 Satz 2 EStG ist bei Wechsel der Gewinnermittlungsart und bei freiwilliger Nachversteuerung nicht vorgesehen. Die Stundungsmöglichkeit nach § 222 AO bleibt unberührt.

## VII. Fälle des § 6 Abs. 3 EStG und § 24 UmwStG

In den Fällen der unentgeltlichen Übertragung eines ganzen Betriebs oder eines ganzen Mitunternehmeranteils nach § 6 Abs. 3 EStG und den Fällen der Einbringung eines ganzen Betriebs oder eines ganzen Mitunternehmeranteils zu Buchwerten in eine Personengesellschaft nach § 24 UmwStG ist nach § 34 a Abs. 7 EStG der für diesen Betrieb oder Mitunternehmeranteil festgestellte nachversteuerungspflichtige Betrag (vgl. Tz. 25) auf den neuen (Mit-)Unternehmer zu übertragen. Bei der Übertragung eines Teils eines Betriebs, eines Teilbetriebs oder eines Teils eines Mitunternehmeranteils verbleibt der nachversteuerungspflichtige Betrag in voller Höhe beim bisherigen (Mit-)Unternehmer. Erfolgt die Einbringung eines ganzen Betriebs oder eines ganzen Mitunternehmeranteils hingegen nicht zu Buchwerten, ist der nachversteuerungspflichtige Betrag im Jahr der Einbringung in voller Höhe nachzuversteuern. 47

Findet die unentgeltliche Übertragung des Betriebs oder Mitunternehmeranteils nicht zum Ende des Wirtschaftsjahres statt, ist eine Schlussbilanz auf den Zeitpunkt der Übertragung zu erstellen. Geschieht dies nicht, sind die Entnahmen und Einlagen des Wirtschaftsjahres der Übertragung vor dem Übertragungsstichtag dem Rechtsvorgänger und die Entnahmen und Einlagen des Wirtschaftsjahres der Übertragung nach dem Übertragungsstichtag dem Rechtsnachfolger zuzurechnen. Maßgeblich ist der tatsächliche Zeitpunkt der Entnahmen und Einlagen. Der Gewinn des Wirtschaftsjahres der Übertragung ist im Wege der Schätzung auf Rechtsvorgänger und Rechtsnachfolger aufzuteilen. Zur Feststellung des nachversteuerungspflichtigen Betrags vgl. Tz. 25 Satz 2.

Die Übertragung des nachversteuerungspflichtigen Betrags auf den Rechtsnachfolger kann vermieden werden, wenn der Rechtsvorgänger vor der Übertragung die Nachversteuerung nach § 34 a Abs. 6 Satz 1 Nr. 4 EStG beantragt.

## VIII. Anwendungszeitpunkt

48 Dieses Schreiben ist ab Veranlagungszeitraum 2008 anzuwenden.

# I § 34c/1. Schreiben betr. Pauschalierung der Einkommensteuer und Körperschaftsteuer[1] für ausländische Einkünfte gemäß § 34c Abs. 5 EStG und § 26 Abs. 6 KStG

Vom 10. April 1984 (BStBl. I S. 252)

(BMF IV C 6 – S 2293 – 11/84)

## 1. Allgemeiner Grundsatz

Die auf ausländische Einkünfte entfallende Einkommen- bzw. Körperschaftsteuer kann nach § 34c Abs. 5 EStG (§ 26 Abs. 6 KStG) im Einzelfall ganz oder zum Teil erlassen oder in einem Pauschbetrag festgesetzt werden, wenn es aus volkswirtschaftlichen Gründen zweckmäßig oder die Anrechnung ausländischer Steuer nach § 34c Abs. 1 EStG besonders schwierig ist. Zur Erzielung einer einheitlichen Beurteilung solcher volkswirtschaftlichen Gründe gelten unter Bezugnahme auf das Ergebnis der Erörterungen mit den obersten Finanzbehörden der Länder für die Anwendung dieser Vorschrift nachstehende Grundsätze. Liegen die darin beschriebenen Voraussetzungen vor, gilt die nach § 34c Abs. 5 EStG erforderliche Zustimmung des Bundesministers der Finanzen als erteilt. Die Finanzämter sind in diesen Fällen ermächtigt, über die pauschale Steuerfestsetzung in eigener Zuständigkeit zu entscheiden.

## 2. Erfordernis der Antragstellung

Die pauschale Festsetzung der Einkommen- bzw. Körperschaftsteuer wird auf Antrag vorgenommen. Bezüglich des Antragsrechts gelten die allgemeinen Grundsätze, die auch sonst für Erklärungen des Steuerpflichtigen im Besteuerungsverfahren anzuwenden sind, wenn von bestimmten in den Steuergesetzen vorgesehenen Wahlmöglichkeiten Gebrauch gemacht werden kann. Der Antrag kann gestellt werden, solange die Steuerfestsetzung noch nicht unanfechtbar ist oder unter dem Vorbehalt der Nachprüfung steht. Er ist für jeden Veranlagungszeitraum neu zu stellen.

## 3. Pauschal zu besteuernde Einkünfte

**3.1.** Die Einkommen- bzw. Körperschaftsteuer von unbeschränkt steuerpflichtigen natürlichen Personen, Körperschaften, Personenvereinigungen und Vermögensmassen, die ihren Gewinn durch Betriebsvermögensvergleich ermitteln, kann pauschal festgesetzt werden

**3.1.1.** für Einkünfte aus Gewerbebetrieb, die durch die Tätigkeit einer in einem ausländischen Staat befindlichen Betriebsstätte (§ 12 AO, BFH-Urteil vom 7. 3. 1979 – BStBl. I S. 527) erzielt werden, wenn die ausländische Be-

[1] Für die Körperschaftsteuer aufgeh. mWv VZ 2004 durch BMF v. 24. 11. 2003, BStBl. I S. 747.

triebsstätte von dem inländischen Teil des Gesamtunternehmens durch organisatorische Maßnahmen, z. B. in der Buchführung oder durch eine Kostenträgerrechnung, so getrennt ist, daß die Ausgliederung des Teils der Einkünfte sichergestellt ist, für den die pauschale Besteuerung beantragt wird,

**3.1.2.** für Einkünfte aus der Beteiligung an einer ausländischen Personengesellschaft, bei der der Gesellschafter als Unternehmer (Mitunternehmer) anzusehen ist, wenn die Beteiligung zum Betriebsvermögen eines inländischen gewerblichen Unternehmens gehört,

**3.1.3.** für Einkünfte aus selbständiger Arbeit, wenn diese Einkünfte auf der technischen Beratung, Planung und Überwachung bei Anlagenerrichtung beruhen und in einer in einem ausländischen Staat unterhaltenen Betriebsstätte (festen Einrichtung) erzielt werden. Die Ausführungen in Tz. 3.1.1. zur Möglichkeit der Ausgliederung der pauschal zu besteuernden Einkünfte gelten entsprechend.

**3.2.** Die Körperschaftsteuer von unbeschränkt steuerpflichtigen Körperschaften, Personenvereinigungen und Vermögensmassen (Muttergesellschaft) kann für Einkünfte aus einer zu ihrem inländischen Betriebsvermögen gehörenden Beteiligung an einer Kapitalgesellschaft mit Geschäftsleitung und Sitz im Ausland (Tochtergesellschaft) pauschal festgesetzt werden, wenn die Muttergesellschaft nachweislich seit mindestens 12 Monaten vor dem Ende des Veranlagungszeitraums oder des davon abweichenden Gewinnermittlungszeitraums mindestens zu einem Zehntel unmittelbar am Nennkapital der Tochtergesellschaft beteiligt ist. Bei der Ermittlung dieser Einkünfte ist *Abschnitt 76 Abs. 15 Satz 3 KStR*[1] zu beachten.

**4. Veräußerungsgewinne**

Tz. 3 gilt nicht für Einkünfte aus der Veräußerung der Betriebsstätte und von Anteilen an einer Personengesellschaft oder an einer Tochtergesellschaft.

**5. Tätigkeitsmerkmale**

In den Fällen der Tz. 3.1.1., 3.1.2. und 3.2. setzt die pauschale Besteuerung voraus, daß die ausländische Betriebsstätte, Personengesellschaft oder Tochtergesellschaft, aus der die Einkünfte bezogen werden, jeweils ausschließlich oder fast ausschließlich (vgl. Abschn. 76 Abs. 9 Satz 1 und 2 KStR) die Herstellung oder Lieferung von Waren außer Waffen, die Gewinnung von Bodenschätzen oder die Bewirkung gewerblicher Leistungen zum Gegenstand hat, soweit diese nicht in der Errichtung oder dem Betrieb von Anlagen, die dem Fremdenverkehr dienen, oder in der Vermietung und Verpachtung von Wirtschaftsgütern einschließlich der Überlassung von Rechten, Plänen, Verfahren, Erfahrungen und Kenntnissen oder im Betrieb von Handelsschiffen im internationalen Verkehr bestehen.

**6. Verluste**

Bezieht der Steuerpflichtige aus einem ausländischen Staat Einkünfte i. S. der Tz. 3. aus mehreren Einkunftsquellen, so ist auf das Gesamtergebnis abzu-

[1] Jetzt Abschn. 76 Abs. 15 Satz 4 KStR.

stellen. Die Steuer kann also nur für den Betrag der in Tz. 3. genannten Einkünfte pauschal festgesetzt werden, der sich nach Ausgleich mit den im selben Veranlagungszeitraum erzielten negativen Einkünften ergibt. Ein negatives Gesamtergebnis mindert pauschal zu besteuernde Einkünfte der folgenden Veranlagungszeiträume nicht.

## 7. Umfang der pauschal zu besteuernden Einkünfte

**7.1.** Stammen Einkünfte im Sinne dieser Grundsätze aus mehreren ausländischen Staaten, so kann der Steuerpflichtige den Antrag auf Pauschalierung auf die Einkünfte aus einem oder mehreren dieser Staaten beschränken.

**7.2.** Der Antrag auf pauschale Besteuerung kann nicht auf einen beliebigen Teilbetrag der Einkünfte, für die die pauschale Besteuerung in Betracht kommt, begrenzt werden, um z. B. durch die Inanspruchnahme der in den Steuertabellen enthaltenen Freibeträge insgesamt einen Steuersatz zu erreichen, der unter 25 vom Hundert liegt.

**7.3.** In den Antrag auf pauschale Besteuerung brauchen jedoch Einkünfte der in § 26 Abs. 3 KStG genannten Art nicht einbezogen zu werden.

**7.4.** Gesonderte Feststellung der Einkünfte

**7.4.1.** Sind pauschal zu besteuernde Einkünfte im Rahmen einer gesonderten Gewinnfeststellung (§ 180 AO) zu berücksichtigen, so hat das Betriebsfinanzamt auf Antrag die für die pauschale Besteuerung erforderlichen Feststellungen zu treffen und dem Wohnsitzfinanzamt mitzuteilen.

**7.4.2.** Ein Mitunternehmer kann unter Beachtung der Tz. 6. die pauschale Besteuerung für seinen Anteil an den ausländischen Einkünften beantragen. Es ist nicht erforderlich, daß die übrigen Mitunternehmer einen entsprechenden Antrag gestellt haben.

## 8. Steuerberechnung

Die Einkommen- bzw. *Körperschaftsteuer*[1] auf die pauschal zu besteuernden Einkünfte beträgt 25 vom Hundert der Einkünfte, höchstens 25 vom Hundert des zu versteuernden Einkommens. Wird die Steuer pauschal festgesetzt, so kann eine auf diese Einkünfte ggf. entfallende ausländische Steuer vom Einkommen weder auf die deutsche Einkommen- bzw. Körperschaftsteuer angerechnet noch bei der Ermittlung *des Gesamtbetrags der Einkünfte*[2] abgezogen werden. Die pauschale Besteuerung schließt aber weder die Anrechnung noch den Abzug ausländischer Steuern aus demselben Staat aus, die auf andere als die pauschal besteuerten Einkünfte erhoben worden sind. Die pauschal besteuerten Einkünfte sind bei der Ermittlung der auf die übrigen Einkünfte anzuwendenden Steuersätze nicht zu berücksichtigen. Kommt im selben Veranlagungsfall neben der pauschalen Besteuerung die Anrechnung ausländischer Steuern nach § 34c Abs. 1 EStG in Betracht, so sind vor der Berechnung des Anrechnungshöchstbetrags der Betrag der pauschal zu besteuernden Einkünfte

[1] Ab VZ 2004 ist Tz. 8 bzgl. der Körperschaftsteuer gegenstandlos; vgl. BMF v. 24. 11. 2003, BStBl. I S. 747.

[2] Ab VZ 1992 „Ermittlung der Einkünfte"; vgl. § 34 Abs. 2 und 3 EStG.

aus dem *Gesamtbetrag der Einkünfte*[1] und die Pauschsteuer aus dem aufzuteilenden Steuerbetrag herauszurechnen.

**9. Organschaft**

Werden Einkünfte i. S. der Tz. 3. von einer unbeschränkt steuerpflichtigen Kapitalgesellschaft (Organgesellschaft) bezogen, deren Einkünfte nach den §§ 14 bis 18 KStG einem inländischen gewerblichen Unternehmen (Organträger) zuzurechnen sind, so kann der Organträger die pauschale Steuerfestsetzung beantragen. Dabei sind alle dem Organträger zuzurechnenden begünstigungsfähigen Einkünfte aus einem Staat zusammenzufassen.

**10. Verhältnis zu Doppelbesteuerungsabkommen**

Die vorstehenden Grundsätze gelten nicht für Einkünfte aus einem Staat, mit dem ein Doppelbesteuerungsabkommen besteht.

**11.** Nach diesen Grundsätzen ist ab Veranlagungszeitraum 1984 zu verfahren.

[1] Ab VZ 1992 „Summe der Einkünfte"; vgl. § 34c Abs. 1 EStG.

# I § 35/1. Schreiben betr. Steuerermäßigung bei den Einkünften aus Gewerbebetrieb gem. § 35 EStG

Vom 3. November 2016 (BStBl. I S. 1187)

(BMF IV C 6 – S 2296 – a/08/10002 :003; DOK 2016/0944407)

**Bezug:** BMF-Schreiben vom 24. Februar 2009 (BStBl. I S. 440)

Geändert durch BMF v. 17. 4. 2019 (BStBl. I S. 459)

**Inhaltsverzeichnis**



Im Einvernehmen mit den obersten Finanzbehörden der Länder nehme ich zur Anwendung der Steuerermäßigung bei Einkünften aus Gewerbebetrieb nach § 35 EStG wie folgt Stellung:

## 1. Anwendungsbereich

1 § 35 EStG ist erstmals für den Veranlagungszeitraum 2001 anzuwenden. Dies gilt auch für Einkünfte aus einem Gewerbebetrieb mit einem vom Kalenderjahr abweichenden Wirtschaftsjahr, wenn das Wirtschaftsjahr nach dem 31. Dezember 2000 endet (§ 52 Abs. 50 a EStG 2001). Begünstigt sind unbeschränkt und beschränkt steuerpflichtige natürliche Personen mit Einkünften aus Gewerbebetrieb als Einzelunternehmer oder als unmittelbar oder mittelbar beteiligter Mitunternehmer i. S. d. § 15 Abs. 1 Satz 1 Nr. 2 EStG oder i. S. d. § 15 Abs. 3 Nr. 1 oder 2 EStG. Begünstigt sind auch die persönlich haftenden Gesellschafter einer Kommanditgesellschaft auf Aktien (KGaA) mit ihren Gewinnanteilen (§ 15 Abs. 1 Satz 1 Nr. 3 EStG).

2 § 35 EStG in der Fassung des Unternehmensteuerreformgesetzes 2008 vom 14. August 2007 (BGBl. I S. 1912), geändert durch das Jahressteuergesetz 2008 vom 20. Dezember 2007 (BGBl. I S. 3150) und das Jahressteuergesetz

2009 vom 19. Dezember 2008 (BGBl. I S. 2794), ist erstmalig für den Veranlagungszeitraum 2008 anzuwenden. Gewerbesteuermessbeträge, die Erhebungszeiträumen zuzuordnen sind, die vor dem 1. Januar 2008 enden, sind nur mit dem 1,8-fachen des Gewerbesteuermessbetrages zu berücksichtigen.

3 Die Steuerermäßigung nach § 35 EStG mindert die Bemessungsgrundlage des Solidaritätszuschlags (§ 3 Abs. 2 SolZG), nicht aber die Bemessungsgrundlage der Kirchensteuer (§ 51 a Abs. 2 Satz 3 EStG i. V. m. den jeweiligen Kirchensteuergesetzen).

### 2. Tarifliche Einkommensteuer i. S. d. § 35 Abs. 1 EStG

4 Ausgangsgröße für die Steuerermäßigung nach § 35 EStG ist die tarifliche Einkommensteuer, vermindert um die anzurechnenden ausländischen Steuern nach § 32 d Abs. 6 EStG, § 34 c Abs. 1 und 6 EStG und § 12 AStG (tarifliche Einkommensteuer i. S. d. § 35 Abs. 1 Satz 1 EStG). Die Steuerermäßigungen nach § 34 f EStG, § 34 g EStG sowie nach § 35 a EStG sind erst nach Abzug der Steuerermäßigung nach § 35 EStG zu berücksichtigen.

### 3. Anrechnungsvolumen

5 Das Anrechnungsvolumen ist begrenzt auf den Ermäßigungshöchstbetrag (siehe Rn. 16 ff.); es darf die tatsächlich zu zahlende Gewerbesteuer (§ 35 Abs. 1 Satz 5 EStG) nicht übersteigen (Rn. 6).

6 Die tatsächlich zu zahlende Gewerbesteuer entspricht grundsätzlich der im Gewerbesteuerbescheid festgesetzten Gewerbesteuer für den jeweiligen Betrieb (vgl. § 35 Abs. 3 Satz 2 EStG) und in den Fällen des § 35 Abs. 1 Satz 1 Nr. 2 EStG der jeweils anteiligen festgesetzten Gewerbesteuer. Erfolgt die Festsetzung der Einkommensteuer vor Bekanntgabe des Gewerbesteuerbescheides durch die Gemeinde, kann die tatsächlich zu zahlende Gewerbesteuer auf der Grundlage des festgestellten Gewerbesteuermessbetrages und des Hebesatzes angesetzt werden (§ 16 Abs. 1 GewStG). Bei einer Abweichung zwischen der zunächst dem Einkommensteuerbescheid zugrunde gelegten „tatsächlich zu zahlenden Gewerbesteuer" und der im Gewerbesteuerbescheid festgesetzten Gewerbesteuer kann der Einkommensteuerbescheid nach § 175 Abs. 1 Satz 1 Nr. 1 AO geändert werden. Entsprechendes gilt, wenn die Kommune nach Bekanntgabe des Gewerbesteuerbescheides die tatsächlich zu zahlende Gewerbesteuer aufgrund einer Billigkeitsmaßnahme nach § 163 AO mindert. Bei einer Billigkeitsmaßnahme im Erhebungsverfahren gemäß § 227 AO besteht die Möglichkeit einer Änderung des Einkommensteuerbescheides gemäß § 175 Abs. 1 Satz 1 Nr. 2 AO.

Der Steuerpflichtige ist gemäß § 153 Abs. 2 AO verpflichtet, dem Finanzamt die Minderung der tatsächlich zu zahlenden Gewerbesteuer unverzüglich mitzuteilen.

7 Die Höhe der Steuerermäßigung beträgt das 3,8-fache des nach § 14 GewStG festgesetzten Gewerbesteuermessbetrags oder des anteiligen Gewerbesteuermessbetrags (Anrechnungsvolumen). Maßgebend ist der Gewerbesteuermessbetrag, der für den Erhebungszeitraum festgesetzt worden ist, der dem Veranlagungszeitraum entspricht. Bei einem vom Kalenderjahr abwei-

chenden Wirtschaftsjahr wird der Gewerbeertrag dem Erhebungszeitraum zugerechnet, in dem das Wirtschaftsjahr endet (§ 10 Abs. 2 GewStG).

Zur Ermittlung des auf den Mitunternehmer oder des auf den persönlich haftenden Gesellschafter einer KGaA entfallenden anteiligen Gewerbesteuermessbetrags siehe Rn. 27. 8

Sind dem Steuerpflichtigen als Einzelunternehmer oder Mitunternehmer Einkünfte aus mehreren Gewerbebetrieben oder aus Mitunternehmerschaften mit gewerblichen Einkünften zuzurechnen, sind die jeweiligen Gewerbesteuermessbeträge für jeden Gewerbebetrieb und für jede Mitunternehmerschaft getrennt zu ermitteln, mit dem Faktor 3,8 zu vervielfältigen und auf die tatsächlich zu zahlende Gewerbesteuer zu begrenzen (betriebsbezogene Ermittlung, BFH-Urteil v. 20. März 2017 X R 62/14, BStBl. 2019 II S. 244). Die so ermittelten Beträge sind zur Berechnung des Ermäßigungshöchstbetrags zusammenzufassen. Zu den Besonderheiten bei mehrstöckigen Gesellschaften vgl. Rn. 25 und 26. 9[1]

Bei zusammenveranlagten Ehegatten/Lebenspartnern sind die Anrechnungsvolumina der Ehegatten/Lebenspartner zusammenzufassen, sofern beide Ehegatten/Lebenspartner jeweils eine positive Summe der gewerblichen Einkünfte i. S. d. § 35 EStG (vgl. Rn. 14 bis 18) haben. Sofern ein Ehegatte/Lebenspartner eine positive Summe der gewerblichen Einkünfte und der andere Ehegatte/Lebenspartner eine negative Summe der gewerblichen Einkünfte oder eine Summe der gewerblichen Einkünfte i. H. v. 0 € hat, sind die Gewerbesteuermessbeträge des Ehegatten/Lebenspartners, der keine positive Summe der gewerblichen Einkünfte hat, nicht zu berücksichtigen. 10

**Beispiel:**

Ein zusammenveranlagtes Ehepaar erzielt folgende Einkünfte i. S. d. § 15 EStG:

| | **Einkünfte § 15 EStG** | **Gewerbesteuermessbetrag** |
|---|---|---|
| Betrieb I (Ehefrau) | 100 000 € | 3000 € |
| Betrieb II (Ehemann) | –100 000 € | 1000 € |
| Betrieb III (Ehemann) | –100 000 € | 0 € |
| Betrieb IV (Ehemann) | 100 000 € | 3000 € |

**Lösung:**

Bei der Berechnung des Ermäßigungshöchstbetrags i. S. d. § 35 Abs. 1 Satz 2 EStG sind nur die positiven gewerblichen Einkünfte der Ehefrau zu berücksichtigen (positive Summe der gewerblichen Einkünfte: 100 000 €). Die negative Summe der gewerblichen Einkünfte des Ehemanns i. H. v. –100 000 € bleibt unberücksichtigt (vgl. Rn. 16). Folglich steht auch nur der auf die gewerblichen Einkünfte der Ehefrau entfallende Gewerbesteuermessbetrag i. H. v. 3000 € für die Berechnung des Anrechnungsvolumens i. S. d. § 35 Abs. 1 Satz 1 EStG zur Verfügung.

Die Festsetzungen des Gewerbesteuermessbetrags, der zu zahlenden Gewerbesteuer und die Feststellung der Prozentsätze nach § 35 Abs. 2 EStG (anteiliger Gewerbesteuermessbetrag und anteilig zu zahlende Gewerbesteuer bei Mitunternehmerschaften und KGaA) sind bei der Ermittlung der Steuererma- 11

[1] Rn. 9 neu gef. mW ab VZ 2020 durch BMF v. 17. 4. 2019, BStBl. I S. 459. Auf Antrag des Stpfl. auch gültig für VZ vor 2020.

ßigung nach § 35 Abs. 1 EStG Grundlagenbescheide (§ 35 Abs. 3 Satz 2 EStG).

12 Nicht nutzbares Anrechnungsvolumen kann nicht auf vorherige und nachfolgende Veranlagungszeiträume übertragen werden (BFH vom 23. April 2008 X R 32/06, BStBl. 2009 II S. 7).

13 Der auf einen Veräußerungs- oder Aufgabegewinn nach § 18 Abs. 4 Satz 1 und 2 UmwStG a. F., § 18 Abs. 3 Satz 1 und 2 UmwStG i. d. F. des SEStEG entfallende Gewerbesteuermessbetrag bleibt bei der Ermäßigung der Einkommensteuer nach § 35 EStG unberücksichtigt (§ 18 Abs. 4 Satz 3 UmwStG a. F., § 18 Abs. 3 Satz 3 UmwStG i. d. F. des SEStEG). Dies gilt nicht, wenn das Personenunternehmen aus einer umgewandelten Organ(kapital)gesellschaft entstanden ist und ein von dieser erzielter und dem Organträger zuzurechnender Veräußerungs- oder Aufgabegewinn zu einer Anrechnung nach § 35 EStG geführt hätte (BFH vom 28. Mai 2015 IV R 27/12, BStBl. II S. 837). § 35 EStG findet keine Anwendung auf Gewinne, die der Tonnagebesteuerung nach § 5 a Abs. 1 EStG unterliegen (§ 5 a Abs. 5 EStG); insoweit sind auch der (anteilig) darauf entfallende Gewerbesteuermessbetrag und die (anteilig) darauf entfallende, tatsächlich zu zahlende Gewerbesteuer nicht zu berücksichtigen. In Fällen, in denen

– einem Mitunternehmer aus der Mitunternehmerschaft lediglich ein anteiliger Tonnagegewinn i. S. d. § 5 a Abs. 1 EStG und keine nach § 35 EStG begünstigten Einkünfte zugerechnet werden und
– auf den Mitunternehmer aber gleichwohl ein anteiliger nach § 35 EStG begünstigter Gewerbesteuermessbetrag entfällt, der beispielsweise aus Einkünften i. S. d. § 5 a Abs. 4 Satz 3 EStG eines anderen Mitunternehmers resultiert,

geht der nach § 35 EStG begünstigte Gewerbesteuermessbetrag in das Anrechnungsvolumen i. S. d. § 35 Abs. 1 Satz 1 EStG ein. Bei der Ermittlung des Ermäßigungshöchstbetrags i. S. d. § 35 Abs. 1 Satz 2 EStG sind die gewerblichen Einkünfte bei der Ermittlung der „Summe der positiven gewerblichen Einkünfte" für die Beteiligung in diesem Fall mit 0 € anzusetzen (vgl. Rn. 16).

## 4. Gewerbliche Einkünfte i. S. d. § 35 EStG

14 Die gewerblichen Einkünfte i. S. d. § 35 EStG umfassen die Einkünfte aus Gewerbebetrieb i. S. d. § 15 EStG, wenn sie gewerbesteuersteuerpflichtig und nicht von der Anwendung des § 35 EStG ausgeschlossen sind (vgl. Rn. 13). Einkünfte i. S. d. §§ 16 und 17 EStG gehören grundsätzlich nicht zu den gewerblichen Einkünften i. S. d. § 35 EStG. In die gewerblichen Einkünfte i. S. d. § 35 EStG einzubeziehen sind jedoch die gewerbesteuerpflichtigen Veräußerungsgewinne aus der 100%igen Beteiligung an einer Kapitalgesellschaft (§ 16 Abs. 1 Satz 1 Nr. 1 Satz 2 EStG), wenn die Veräußerung nicht im engen Zusammenhang mit der Aufgabe des Gewerbebetriebs erfolgt (vgl. R 7.1 (3) GewStR und H 7.1. (3) GewStH) sowie die Veräußerungsgewinne, die nach § 7 Satz 2 GewStG gewerbesteuerpflichtig sind. Der Gewinn aus der Veräußerung eines Teils eines Mitunternehmeranteils i. S. d. § 16 Abs. 1 Satz 2 EStG gehört als laufender Gewinn auch zu den gewerblichen Einkünften i. S. d. § 35 EStG. Die auf einen Veräußerungs- oder Aufgabegewinn nach § 18 Abs. 4 Satz 1 und 2 UmwStG a. F., § 18 Abs. 3 Satz 1 und 2 UmwStG

i. d. F. des SEStEG entfallenden Einkünfte aus Gewerbebetrieb sind nicht in die gewerblichen Einkünfte i. S. d. § 35 EStG einzubeziehen. Dies gilt nicht, wenn das Personenunternehmen aus einer umgewandelten Organ(kapital)gesellschaft entstanden ist und ein von dieser erzielter und dem Organträger zuzurechnender Veräußerungs- oder Aufgabegewinn zu einer Anrechnung nach § 35 EStG geführt hätte (BFH vom 28. Mai 2015 IV R 27/12, BStBl. II S. 837).

Nicht entnommene Gewinne i. S. d. § 34 a EStG sind im Veranlagungszeitraum ihrer begünstigten Besteuerung bei der Steuerermäßigung nach § 35 EStG einzubeziehen. Im Veranlagungszeitraum der Nachversteuerung i. S. d. § 34 a Abs. 4 EStG **15**

- gehören die Nachversteuerungsbeträge nicht zu den begünstigten gewerblichen Einkünften,
- gehört die Einkommensteuer auf den Nachversteuerungsbetrag zur tariflichen Einkommensteuer.

### 5. Ermittlung des Ermäßigungshöchstbetrags (§ 35 Abs. 1 Satz 2 EStG)

Die Steuerermäßigung wird durch § 35 Abs. 1 EStG auf die tarifliche Einkommensteuer beschränkt, die anteilig auf die gewerblichen Einkünfte entfällt (Ermäßigungshöchstbetrag). Der Ermäßigungshöchstbetrag wird wie folgt ermittelt (§ 35 Abs. 1 Satz 2 EStG): **16**

$$\frac{\text{Summe der positiven gewerblichen Einkünfte}}{\text{Summe aller positiven Einkünfte}} \times \text{geminderte tarifliche Steuer}$$

Die „Summe der positiven gewerblichen Einkünfte" und die „Summe aller positiven Einkünfte" im Sinne dieser Berechnungsformel sind die positiven Einkünfte aus der jeweiligen Einkunftsart. Positive und negative Einkünfte innerhalb einer Einkunftsart sind zu saldieren (sog. horizontaler Verlustausgleich). Eine negative Summe der Einkünfte aus einer Einkunftsart kann nicht mit der positiven Summe der Einkünfte aus einer anderen Einkunftsart verrechnet werden (sog. vertikaler Verlustausgleich).

Bei zusammenveranlagten Ehegatten/Lebenspartnern ist für jeden Ehegatten/Lebenspartner getrennt zu prüfen, ob positive Einkünfte i. S. d. Berechnungsformel vorliegen. Positive Einkünfte eines Ehegatten/Lebenspartners sind nicht mit negativen Einkünften des anderen Ehegatten/Lebenspartners aus derselben Einkunftsart zu verrechnen.

Bei der Ermittlung der „Summe der positiven gewerblichen Einkünfte" i. S. d. Berechnungsformel sind nur positive und negative gewerbliche Einkünfte i. S. d. § 35 EStG zu berücksichtigen (vgl. Rn. 14 ff.). Andere gewerbliche Einkünfte bleiben unberücksichtigt. Dagegen sind bei der Ermittlung der Summe aller positiven Einkünfte i. S. d. Berechnungsformel jegliche positiven und negativen gewerblichen Einkünfte – also auch solche, die nicht gewerbesteuerpflichtig oder von der Anwendung des § 35 EStG ausgeschlossen sind – zu saldieren. Bei der Ermittlung der „Summe der positiven gewerblichen Einkünfte" und der „Summe aller positiven Einkünfte" i. S. d. § 35 Abs. 1 Satz 2

EStG sind zudem die bei der Ermittlung der Summe der Einkünfte geltenden Verlustverrechnungsbeschränkungen (z. B. § 15 Abs. 4, §§ 15 a, 15 b, § 23 Abs. 3 Satz 7 EStG) zu beachten.

In den Fällen, in denen einem Mitunternehmer nur ein Tonnagegewinn nach § 5 a Abs. 1 EStG und ein anteiliger Gewerbesteuermessbetrag, der nicht auf den Tonnagegewinn entfällt, zugerechnet werden, sind für die Ermittlung der „Summe der gewerblichen Einkünfte" i. S. d. § 35 Abs. 1 Satz 2 EStG gewerbliche Einkünfte i. H. v. 0 € zu berücksichtigen. Der Tonnagegewinn ist Bestandteil der „Summe aller positiven Einkünfte".

17 **Beispiel 1:**

Der ledige Steuerpflichtige A erzielt folgende Einkünfte:

| | |
|---|---|
| § 15 EStG, Betrieb 1 | –50 000 € |
| § 15 EStG, Betrieb 2 | 120 000 € |
| § 17 EStG (keine Einkünfte i. S.d. § 35 EStG) | –30 000 € |
| § 18 EStG | –100 000 € |
| § 21 EStG, Grundstück 1 | –100 000 € |
| § 21 EStG, Grundstück 2 | 200 000 € |
| Summe der Einkünfte: | 40 000 € |

**Lösung:**

Der Ermäßigungshöchstbetrag ermittelt sich wie folgt:

70 000 (Summe der positiven gewerblichen Einkünfte (Betrieb 1 + Betrieb 2))
/
140 000 (gewerbliche Einkünfte (§§ 15, 17 EStG) + Einkünfte § 21 EStG)
× geminderte tarifliche Steuer

18 **Beispiel 2:**

Ein zusammenveranlagtes Ehepaar erzielt folgende Einkünfte:

| **Einkünfte** | **Ehemann** | **Ehefrau** |
|---|---|---|
| § 15 EStG | 50 000 € | –25 000 € |
| § 19 EStG | | 10 000 € |
| § 21 EStG Grundstück 1 | –30 000 € | |
| § 21 EStG Grundstück 2 | | 25 000 € |
| § 21 EStG Grundstück 3 | | –10 000 € |
| Summe der Einkünfte | 20 000 € | |

**Lösung:**

Der Ermäßigungshöchstbetrag ermittelt sich wie folgt:

50 000 (gewerbliche Einkünfte EM)
/
75 000 (gewerbliche Einkünfte EM + Einkünfte § 19 EStG EF + Einkünfte § 21 EStG EF)
× geminderte tarifliche Steuer

## 6. Steuerermäßigung bei Mitunternehmerschaften

### 6.1. Aufteilung nach dem allgemeinen Gewinnverteilungsschlüssel

Der anteilige Gewerbesteuermessbetrag von Mitunternehmern ist gemäß § 35 Abs. 2 Satz 2 EStG nach Maßgabe des allgemeinen Gewinnverteilungsschlüssels zu ermitteln; auf die Verteilung im Rahmen der einheitlichen und gesonderten Feststellung der Einkünfte aus Gewerbebetrieb kommt es dabei nicht an. Dies gilt auch für Fälle der atypisch stillen Gesellschaft. 19

Für die Verteilung aufgrund des allgemeinen Gewinnverteilungsschlüssels ist grundsätzlich die handelsrechtliche Gewinnverteilung maßgeblich. Diese ergibt sich entweder aus den gesetzlichen Regelungen des HGB oder aus abweichenden gesellschaftsvertraglichen Vereinbarungen. 20

Dies gilt jedoch nur insoweit, wie die handelsrechtliche Gewinnverteilung auch in steuerrechtlicher Hinsicht anzuerkennen ist. So sind steuerrechtliche Korrekturen der Gewinnverteilung bei Familienpersonengesellschaften in Fällen, in denen die gesellschaftsvertragliche Gewinnverteilung nicht anerkannt wird oder steuerrechtliche Korrekturen in Fällen, in denen eine unzulässige rückwirkende Änderung der Gewinnverteilungsabrede festgestellt wird, auch bei der Ermittlung des allgemeinen Gewinnverteilungsschlüssels i. S. d. § 35 Abs. 2 Satz 2 EStG zu berücksichtigen. 21

Bei der Ermittlung des Aufteilungsmaßstabs für den Gewerbesteuermessbetrag sind Vorabgewinnanteile nach § 35 Abs. 2 Satz 2 2. Halbsatz EStG nicht zu berücksichtigen. Dies gilt auch für Sondervergütungen i. S. d. § 15 Abs. 1 Satz 1 Nr. 2 EStG sowie für die Ergebnisse aus Sonder- und Ergänzungsbilanzen. 22

Gewerbesteuermessbeträge aus gewerbesteuerpflichtigen Veräußerungsgewinnen sind ebenfalls entsprechend dem am Ende des gewerbesteuerrechtlichen Erhebungszeitraums geltenden, allgemeinen Gewinnverteilungsschlüssel auf die am Ende des gewerbesteuerrechtlichen Erhebungszeitraums beteiligten Mitunternehmer (vgl. Rn 28) aufzuteilen. 23

In die Aufteilung sind auch Gesellschafter einzubeziehen, für die eine Ermäßigung nach § 35 EStG nicht in Betracht kommt, beispielsweise Kapitalgesellschaften. 24

### 6.2. Besonderheiten bei mehrstöckigen Gesellschaften

#### 6.2.1. Ermittlung des Ermäßigungshöchstbetrags (§ 35 Abs. 1 Satz 2 EStG)

Bei mehrstöckigen Mitunternehmerschaften sind bei der Ermittlung des Ermäßigungshöchstbetrags nach § 35 Abs. 1 Satz 2 EStG die Einkünfte aus der Obergesellschaft (einschließlich der Ergebnisse der Untergesellschaft(en)) als gewerbliche Einkünfte zu berücksichtigen, soweit es sich um gewerbliche Einkünfte i. S. d. § 35 EStG (vgl. Rn. 14, 15) handelt. Die gewerblichen Einkünfte i. S. d. § 35 Abs. 1 Satz 3 EStG sind im Verfahren der gesonderten und einheitlichen Feststellung (§ 35 Abs. 2 EStG) nachrichtlich mitzuteilen. Neben dem anteiligen Gewerbesteuermessbetrag und der anteiligen tatsächlich zu 25[1)]

[1)] Rn. 25 neu gef. mW ab VZ 2020 durch BMF v. 17. 4. 2019, BStBl. I S. 459. Auf Antrag des Stpfl. auch gültig für VZ vor 2020.

zahlenden Gewerbesteuer der Obergesellschaft sind den Mitunternehmern der Obergesellschaft zudem die anteilig auf die Obergesellschaft entfallenden Gewerbesteuermessbeträge der Untergesellschaften nach Maßgabe des allgemeinen Gewinnverteilungsschlüssels zuzurechnen (§ 35 Abs. 2 Satz 5 EStG). Dies gilt auch für die Zurechnung eines anteiligen Gewerbesteuermessbetrags einer Untergesellschaft an den mittelbar beteiligten Gesellschafter, wenn sich auf der Ebene der Obergesellschaft ein negativer Gewerbeertrag und damit ein Gewerbesteuermessbetrag von 0 € ergibt.

### 6.2.2. Begrenzung des Ermäßigungsbetrags auf die tatsächlich zu zahlende Gewerbesteuer (§ 35 Abs. 1 Satz 5 EStG)

25a[1] Die Beschränkung des Steuerermäßigungsbetrags auf die tatsächlich zu zahlende Gewerbesteuer (§ 35 Abs. 1 Satz 5 EStG) (Vergleich zwischen dem mit dem Faktor 3,8 vervielfältigten anteiligen Gewerbesteuermessbetrag und der anteiligen tatsächlich zu zahlenden Gewerbesteuer) ist bei mehrstöckigen Mitunternehmerschaften betriebsbezogen jeweils getrennt für Obergesellschaft und Untergesellschaft(en) zu ermitteln (BFH-Urteile vom 20. März 2017 X R 12/15, BStBl. 2019 II S. 249 und X R 62/14, BStBl. 2019 II S. 244). Der ggf. auf die tatsächlich zu zahlende Gewerbesteuer begrenzte Steuerermäßigungsbetrag nach § 35 Abs. 1 Satz 5 EStG sowie die gewerblichen Einkünfte i. S. d. § 35 EStG sind im Verfahren der gesonderten und einheitlichen Feststellung (§ 35 Abs. 2 EStG) stets nachrichtlich mitzuteilen.

26[2] **Beispiel:**

A ist zu 70% an der GmbH & Co KG I (KG I) beteiligt, die wiederum zu 50% an der GmbH & Co KG II (KG II) beteiligt ist. Die KG II erzielt einen Gewinn von 100 000 €. Für die KG II wird unter Berücksichtigung von §§ 8 und 9 GewStG ein Gewerbesteuermessbetrag von 1000 € festgestellt. Die tatsächlich zu zahlende Gewerbesteuer der KG II beträgt 3600 €. Dies führt damit zu einem der KG I zuzurechnenden anteiligen Gewerbesteuermessbetrag von 500 € (50% von 1000 € entsprechend dem allgemeinen Gewinnverteilungsschlüssel) und einer zuzurechnenden anteiligen tatsächlich zu zahlenden Gewerbesteuer von 1800 € (50% von 3600 € entsprechend dem allgemeinen Gewinnverteilungsschlüssel).

Der KG I werden aus der Beteiligung an der KG II Einkünfte von 50 000 € zugewiesen. Die KG I erzielt aus dem eigenen operativen Geschäft einen Gewinn von 120 000 €. Es wird ein Gewerbesteuermessbetrag von 1500 € festgestellt. Dies führt zu einer zu zahlenden Gewerbesteuer von 6000 €.

**Lösung:**

Der auf A entfallende Gewerbesteuermessbetrag beträgt 1400 € (70% von [1500 € + 500 €]) und die auf A entfallende tatsächlich zu zahlende Gewerbesteuer 5460 € (70% von [6000 € + 1800 €]). Bei A ist eine Steuerermäßigung nach § 35 EStG in Höhe des 3,8-fachen des auf ihn entfallenden anteiligen Gewerbesteuermessbetrags von 1400 € (= 5320 €), höchstens der Ermäßigungshöchstbetrag nach § 35 Abs. 1 Satz 2 EStG und begrenzt auf die auf ihn entfallende anteilige tatsächlich zu zahlende Gewerbesteuer nach § 35 Abs. 1 Satz 5 EStG (3990 € lt. unten stehender Berechnung) zu berücksichtigen. Bei der Ermittlung des Ermäßigungshöchstbetrags für A sind positive Einkünfte aus Gewerbebetrieb von 119 000 € anzusetzen.

Die Begrenzung des Steuerermäßigungsbetrags nach § 35 Abs. 1 Satz 5 EStG auf die tatsächlich zu zahlende Gewerbesteuer berechnet sich betriebsbezogen wie folgt:

[1] Rn. 25 a eingef. mW ab VZ 2020 durch BMF v. 17. 4. 2019, BStBl. I S. 459. Auf Antrag des Stpfl. auch gültig für VZ vor 2020.

[2] Rn. 26 neu gef. mW ab VZ 2020 durch BMF v. 17. 4. 2019, BStBl. I S. 459. Auf Antrag des Stpfl. auch gültig für VZ vor 2020.

**KG II:**

auf die KG I entfallender Anteil am Gewerbesteuermessbetrag: 500 € (50% von 1000 €)
auf die KG I entfallende tatsächlich zu zahlende Gewerbesteuer: 1800 € (50% von 3600 €)
500 € × 3,8 = 1900 € > 1800 €, d. h., die tatsächlich zu zahlende Gewerbesteuer ist geringer als das 3,8-fache des Gewerbesteuermessbetrags
Der für die KG II betriebsbezogen ermittelte nach § 35 Abs. 1 Satz 5 EStG begrenzte Steuerermäßigungsbetrag der KG I beträgt 1800 €. Dieser nach § 35 Abs. 1 Satz 5 EStG begrenzte Steuerermäßigungsbetrag ist dem für die KG I zuständigen Finanzamt nachrichtlich mitzuteilen.

**KG I:**

auf A entfallender Anteil am Gewerbesteuermessbetrag: 1050 € (70% von 1500 €)
auf A entfallende tatsächlich zu zahlende Gewerbesteuer: 4200 € (70% von 6000 €)
1050 € × 3,8 = 3990 € < 4200 €, d. h., das 3,8-fache des Gewerbesteuermessbetrags übersteigt nicht die tatsächlich zu zahlende Gewerbesteuer
Der für die KG I betriebsbezogen ermittelte Steuerermäßigungsbetrag des A beträgt 3990 €.
Das für die KG I zuständige Finanzamt hat ferner dem für den A zuständigen Finanzamt den auf A entfallenden Teil des Steuerermäßigungsbetrags aus der KG II mitzuteilen (70 % von 1800 € = 1260 €).

**Einkommensteuer des A**

Der Ermäßigungsbetrag nach § 35 Abs. 1 Satz 1 Nr. 2 EStG beträgt 5320 € (das 3,8-fache des festgestellten anteiligen Gewerbesteuermessbetrags von 1400 €).
Für Zwecke der Ermittlung des Ermäßigungshöchstbetrags nach § 35 Abs. 1 Satz 2 EStG sind für A positive gewerbliche Einkünfte in Höhe von 119 000 € anzusetzen.
Der Steuerermäßigungsbetrag ist auf die tatsächlich zu zahlende Gewerbesteuer beschränkt (§ 35 Abs. 1 Satz 5 EStG). Die Beschränkung ist betriebsbezogen zu ermitteln (vgl. Rn. 9) und führt zu einer Begrenzung auf 5250 € (3990 € + 1260 €).

## 6.3. Der anteilige Gewerbesteuermessbetrag bei einer KGaA

27 Bei einer KGaA führt nur der auf die persönlich haftenden Gesellschafter entfallende Teil des Gewerbesteuermessbetrags zu einer Steuerermäßigung. Für die erforderliche Aufteilung des Gewerbesteuermessbetrags gilt die Regelung des § 35 Abs. 2 EStG. Zur Ermittlung des anteilig auf den persönlich haftenden Gesellschafter entfallenden Gewerbesteuermessbetrags ist ebenfalls auf den allgemeinen Gewinnverteilungsschlüssel (vgl. Rn. 20 ff.) abzustellen. Demnach ist das Verhältnis seines allgemeinen Gewinnanteils an der Gesellschaft, soweit er nicht auf seine Anteile am Grundkapital (Kommanditaktien) entfällt, zum Gesamtgewinn der KGaA maßgebend. Sondervergütungen werden bei der Ermittlung des Aufteilungsschlüssels nicht berücksichtigt.

Erhält der persönlich haftende Gesellschafter neben seiner Ausschüttung auf seine Anteile am Grundkapital beispielsweise nur eine Tätigkeitsvergütung, beträgt sein anteiliger Gewerbesteuermessbetrag immer 0 €.

Für die Berücksichtigung der tatsächlich zu zahlenden Gewerbesteuer (§ 35 Abs. 1 Satz 5 EStG) gilt Entsprechendes.

## 6.4. Ermittlung des Gewerbesteuermessbetrags bei unterjähriger Unternehmensübertragung und Gesellschafterwechsel

28 Tritt ein Gesellschafter während des Wirtschaftsjahrs in eine Personengesellschaft ein oder scheidet er aus dieser aus, und besteht die Personengesellschaft fort, geht der Gewerbebetrieb nicht im Ganzen auf einen anderen Unternehmer über. Für Zwecke der Berechnung der Steuerermäßigung ist der für den Erhebungszeitraum festgestellte Gewerbesteuermessbetrag auf die Gesellschaf-

ter aufzuteilen, die zum Ende des gewerbesteuerrechtlichen Erhebungszeitraums noch an der Personengesellschaft beteiligt sind (BFH vom 14. Januar 2016 IV R 5/14, BStBl. II S. 875). Aufteilungsmaßstab ist der zum Ende des gewerbesteuerrechtlichen Erhebungszeitraums geltende allgemeine Gewinnverteilungsschlüssel. Unterjährig ausgeschiedenen Gesellschaftern ist kein anteiliger Gewerbesteuermessbetrag zuzurechnen. Hinsichtlich der zeitlichen Anwendung des vorstehenden Satzes wird auf Rn. 34 verwiesen. Der Veräußerungs- und Aufgabegewinn des ausscheidenden Gesellschafters beeinflusst den allgemeinen Gewinnverteilungsschlüssel nicht.

29 Wird ein Einzelunternehmen durch Aufnahme eines oder mehrerer Gesellschafter in eine Personengesellschaft umgewandelt oder scheiden aus einer Personengesellschaft alle Gesellschafter bis auf einen aus und findet dieser Rechtsformwechsel während des Kalenderjahrs statt, ist der für den Erhebungszeitraum ermittelte einheitliche Gewerbesteuermessbetrag dem Einzelunternehmer und der Personengesellschaft anteilig zuzurechnen und getrennt festzusetzen (R 11.1 GewStR 2009). Die getrennte Festsetzung des anteiligen Gewerbesteuermessbetrags ist jeweils für die Anwendung des § 35 EStG maßgeblich. Eine gesonderte Aufteilung des Gewerbesteuermessbetrags zwischen dem Einzelunternehmen und der Personengesellschaft ist daher nicht erforderlich.

30 Besteht die sachliche Gewerbesteuerpflicht bei Vorgängen nach dem UmwStG für das Unternehmen fort, obwohl der gewerbesteuerliche Steuerschuldner wechselt, so ergehen mehrere den Steuerschuldnerwechsel berücksichtigende Gewerbesteuermessbescheide mit Anteilen des einheitlichen Gewerbesteuermessbetrags. Diese Anteile sind bei der Ermittlung der Steuerermäßigung nach § 35 EStG maßgeblich.

Für die Berücksichtigung der tatsächlich zu zahlenden Gewerbesteuer (§ 35 Abs. 1 Satz 5 EStG) gilt Entsprechendes.

### 6.5. Gesonderte oder gesonderte und einheitliche Feststellung

31 Zuständig für die gesonderte Feststellung des anteiligen Gewerbesteuermessbetrags und der tatsächlich zu zahlenden Gewerbesteuer nach § 35 Abs. 2 EStG ist das für die gesonderte Feststellung der Einkünfte zuständige Finanzamt (§ 35 Abs. 3 Satz 1 EStG). Dabei sind die Festsetzung des Gewerbesteuermessbetrags, die tatsächlich zu zahlende Gewerbesteuer und die Festsetzung des anteiligen Gewerbesteuermessbetrags aus der Beteiligung an einer Mitunternehmerschaft Grundlagenbescheide (§ 35 Abs. 3 Satz 3 EStG).

32 Das Betriebsfinanzamt stellt außerdem die gewerblichen Einkünfte i. S. d. § 35 EStG und ggf. Verluste gemäß § 16 EStG, die nicht in die Ermittlung des Gewerbeertrages einzubeziehen sind, gesondert oder bei einer Beteiligung mehrerer Personen gesondert und einheitlich fest.

### 6.6. Behandlung von Veräußerungs- und Aufgabegewinnen i. S. d. § 7 Satz 2 GewStG

33 Nach § 7 Satz 2 GewStG gewerbesteuerpflichtige Veräußerungs- oder Aufgabegewinne gehen in den Gewerbeertrag der Mitunternehmerschaft ein. Der unter Berücksichtigung des § 7 Satz 2 GewStG festgesetzte Gewerbesteuermessbetrag sowie die gezahlte Gewerbesteuer sind nach Maßgabe des allge-

meinen, zum Ende des Erhebungszeitraums geltenden Gewinnverteilungsschlüssels auf die Mitunternehmer zu verteilen.

Bei der Ermittlung des Ermäßigungshöchstbetrags i. S. d. § 35 Abs. 1 Satz 2 GewStG sind nach § 7 Satz 2 GewStG gewerbesteuerpflichtige Veräußerungs- oder Aufgabegewinne nur dann bei der „Summe der positiven gewerblichen Einkünfte" und der „Summe aller positiven Einkünfte" zu berücksichtigen, wenn sie dem betroffenen Mitunternehmer zuzurechnen sind. Eine Aufteilung nach dem allgemeinen Gewinnverteilungsschlüssel kommt nicht in Betracht, weil § 35 Abs. 2 Satz 2 EStG nur für die Verteilung des Gewerbesteuermessbetrags gilt.

**Beispiel 1:**

A und die B-GmbH sind zu 50% an der C-OHG beteiligt. Der laufende Gewinn 01 beträgt 0 €. Der Betrieb der C-OHG wird zum 31. 12. 01 aufgegeben. Der Aufgabegewinn i. H. v. 100 000 € entfällt i. H. v. jeweils 50 000 € auf A und die B-GmbH. Der Gewerbesteuermessbetrag wird auf Grundlage eines Gewerbeertrags i. H. v. 25 500 € (nach § 7 Satz 2 GewStG gewerbesteuerpflichtiger Aufgabegewinn i. H. v. 50 000 € abzüglich Freibetrag nach § 11 Abs. 1 Satz 3 Nr. 1 GewStG i. H. v. 24 500 €) festgesetzt (Gewerbesteuermessbetrag 892 €).

**Lösung:**

Der auf A entfallende, nach § 35 EStG begünstigte Gewerbesteuermessbetrag beträgt 446 € (50% von 892 €). Er geht in das Anrechnungsvolumen i. S. d. § 35 Abs. 1 Satz 1 EStG ein. Bei der Ermittlung des Ermäßigungshöchstbetrags i. S. d. § 35 Abs. 1 Satz 2 EStG sind bei der Ermittlung der „Summe der positiven gewerblichen Einkünfte" die Einkünfte aus der Beteiligung an der C-OHG mit 0 € anzusetzen, weil der auf A entfallende Aufgabegewinn nicht der Gewerbesteuer unterlegen hat (§ 35 Abs. 1 Satz 3 EStG). Bei der Ermittlung der „Summe aller positiven Einkünfte" i. S. d. § 35 Abs. 1 Satz 2 EStG sind die Einkünfte aus der Beteiligung an der C-OHG mit 50 000 € anzusetzen.

**Beispiel 2:**

A ist alleiniger Kommanditist der B-KG. Die B-KG ist alleinige Kommanditistin der C-KG. Die Komplementär-GmbHs sind jeweils nicht am Vermögen der B-KG und C-KG beteiligt. Der Betrieb der C-KG wird zum 31. 12. 01 aufgegeben. Der Aufgabegewinn ist nach § 7 Satz 2 GewStG gewerbesteuerpflichtig, weil er auf die B-KG als unmittelbar beteiligte Mitunternehmerin entfällt, die keine natürliche Person ist.

**Lösung:**

Der nach § 7 Satz 2 GewStG gewerbesteuerpflichtige Aufgabegewinn wird A für Zwecke der Einkommensteuer über die B-KG zugerechnet und bei der Ermittlung der Einkünfte des A erfasst. Da der Aufgabegewinn mit Gewerbesteuer belastet ist, ist er bei Ermittlung der „Summe der positiven gewerblichen Einkünfte" i. S. d. § 35 Abs. 1 Satz 2 EStG zu berücksichtigen (§ 35 Abs. 1 Satz 3 EStG). Der für die C-KG festgesetzte Gewerbesteuermessbetrag geht in das Anrechnungsvolumen i. S. d. § 35 Abs. 1 Satz 1 EStG des A ein (§ 35 Abs. 2 Satz 5 EStG).

## 7. Anwendungsregelung

Dieses Schreiben ist auf alle offenen Fälle anzuwenden. In den Fällen, in 34
denen die Anwendung der Rn. 16 bis 18 zu einer geringeren Anrechnung der Gewerbesteuer nach § 35 EStG als nach der bisherigen Verwaltungsauffassung im BMF-Schreiben vom 24. Februar 2009 (BStBl. I S. 440) führt, ist das Schreiben auf Antrag des Steuerpflichtigen erst ab dem Veranlagungszeitraum 2016 anzuwenden. Rn 30 des BMF-Schreibens vom 24. Februar 2009 (BStBl. I S. 440) ist bis zum Veranlagungszeitraum 2017 weiterhin anzuwenden, wenn alle zum Ende des gewerbesteuerrechtlichen Erhebungszeitraums noch beteiligten Mitunternehmer dies einheitlich beantragen.

Die BMF-Schreiben vom 24. Februar 2009 (BStBl. I S. 440), vom 22. Dezember 2009 (BStBl. 2010 I S. 43) und vom 25. November 2010 (BStBl. I S. 1312) werden aufgehoben.

# 1 § 35a/1. Schreiben betr. Steuerermäßigung bei Aufwendungen für haushaltsnahe Beschäftigungsverhältnisse und für die Inanspruchnahme haushaltsnaher Dienstleistungen (§ 35 a EStG); Überarbeitung des BMF-Schreibens vom 10. Januar 2014 (BStBl. I S. 75)

Vom 9. November 2016

BMF IV C 8 - S 2296-b/07/10003 :008; DOK 2016/1021450

(BStBl. I S. 1213)

Geändert durch BMF v. 1.9.2021 (BStBl. I S. 1494)

2 Anlagen[1)]

Unter Bezugnahme auf das Ergebnis der Erörterungen mit den obersten Finanzbehörden der Länder gilt für die Anwendung des § 35 a EStG Folgendes:

## I. Haushalt

### 1. Allgemeines

Das haushaltsnahe Beschäftigungsverhältnis, die haushaltsnahe Dienstleistung 1 oder die Handwerkerleistung müssen in einem inländischen oder in einem anderen in der Europäischen Union oder im Europäischen Wirtschaftsraum liegenden Haushalt des Steuerpflichtigen ausgeübt oder erbracht werden. Unter einem Haushalt i. S. d. § 35 a EStG ist die Wirtschaftsführung mehrerer zusammenlebender Personen oder einer einzelnen Person in einer Wohnung oder in einem Haus einschließlich des dazu gehörenden Grund und Bodens zu verstehen. Zum Haushalt gehört auch das Bewirtschaften von Zubehörräumen und Außenanlagen. Maßgeblich ist, dass der Steuerpflichtige den ggf. gemeinschaftlichen Besitz über diesen Bereich ausübt und für Dritte dieser Bereich nach der Verkehrsanschauung als der Ort, an dem der Steuerpflichtige seinen Haushalt betreibt, anzusehen ist. Dabei können auch mehrere, räumlich voneinander getrennte Orte dem Haushalt des Steuerpflichtigen zuzuordnen sein. Dies gilt insbesondere für eine vom Steuerpflichtigen tatsächlich zu eigenen Wohnzwecken genutzte Zweit-, Wochenend- oder Ferienwohnung, für eine Wohnung, die dieser einem bei ihm zu berücksichtigenden Kind (§ 32 EStG) zur unentgeltlichen Nutzung überlässt, sowie eine tatsächlich zu eigenen Wohnzwecken genutzte geerbte Wohnung. Die Steuerermäßigung wird – auch bei Vorhandensein mehrerer Wohnungen – insgesamt nur einmal bis zu den jeweiligen Höchstbeträgen gewährt (BFH-Urteil vom 29. Juli 2010, BStBl. 2014 II S. 151).

### 2. Räumlicher Zusammenhang

Der räumliche Bereich, in dem sich der Haushalt entfaltet, wird regelmäßig 2[2)] durch die Grundstücksgrenzen abgesteckt. Ausnahmsweise können auch Leistungen, die jenseits der Grundstücksgrenzen auf fremdem, beispielsweise öf-

[1)] Hier nur Anlage 1 abgedruckt.

[2)] Rdnr. 2 Abs. 2 hinzugef. durch BMF v. 1.9.2021, BStBl. I S. 1494.

fentlichem Grund erbracht werden, begünstigt sein. Es muss sich dabei allerdings um Leistungen handeln, die in unmittelbarem räumlichem Zusammenhang zum Haushalt durchgeführt werden und diesem dienen (BFH-Urteile vom 20. März 2014, BStBl. II S. 880 und S. 882). Ein solcher unmittelbarer räumlicher Zusammenhang liegt nur vor, wenn beide Grundstücke eine gemeinsame Grenze haben oder dieser durch eine Grunddienstbarkeit vermittelt wird.

Für Handwerkerleistungen der öffentlichen Hand, die nicht nur einzelnen Haushalten, sondern allen an den Maßnahmen der öffentlichen Hand beteiligten Haushalten zugutekommen, ist eine Begünstigung nach § 35a EStG ausgeschlossen (z.B. Ausbau des allgemeinen Versorgungsnetzes oder Erschließung einer Straße). Insoweit fehlt es an einem räumlich-funktionalen Zusammenhang der Handwerkerleistungen mit dem Haushalt des einzelnen Grundstückseigentümers (BFH-Urteil vom 21. Februar 2018, BStBl II S. 641).

### 3. Wohnungswechsel, Umzug

3 Der Begriff „im Haushalt" ist nicht in jedem Fall mit „tatsächlichem Bewohnen" gleichzusetzen. Beabsichtigt der Steuerpflichtige umzuziehen und hat er für diesen Zweck bereits eine Wohnung oder ein Haus gemietet oder gekauft, gehört auch diese Wohnung oder dieses Haus zu seinem Haushalt, wenn er tatsächlich dorthin umzieht. Hat der Steuerpflichtige seinen Haushalt durch Umzug in eine andere Wohnung oder ein anderes Haus verlegt, gelten Maßnahmen zur Beseitigung der durch die bisherige Haushaltsführung veranlassten Abnutzung (z. B. Renovierungsarbeiten eines ausziehenden Mieters) noch als im Haushalt erbracht. Voraussetzung ist, dass die Maßnahmen in einem engen zeitlichen Zusammenhang zu dem Umzug stehen. Für die Frage, ab wann oder bis wann es sich um einen Haushalt des Steuerpflichtigen handelt, kommt es grundsätzlich auf das wirtschaftliche Eigentum an. Bei einem Mietverhältnis ist der im Mietvertrag vereinbarte Beginn des Mietverhältnisses oder bei Beendigung der Zeitpunkt, auf den die Kündigung erfolgt, und bei einem Kauf der Übergang von Nutzen und Lasten entscheidend. Ein früherer oder späterer Zeitpunkt für den Ein- oder Auszug ist durch geeignete Unterlagen (z. B. Meldebestätigung der Gemeinde, Bestätigung des Vermieters) nachzuweisen. In Zweifelsfällen kann auf das in der Regel anzufertigende Übergabe-/Übernahmeprotokoll abgestellt werden.

### 4. Wohnen in einem Alten(wohn)heim, einem Pflegeheim oder einem Wohnstift

4 Eine Inanspruchnahme der Steuerermäßigung nach § 35 a Abs. 1 bis 3 EStG ist auch möglich, wenn sich der eigenständige und abgeschlossene Haushalt in einem Heim, wie z. B. einem Altenheim, einem Altenwohnheim, einem Pflegeheim oder einem Wohnstift befindet. Ein Haushalt in einem Heim ist gegeben, wenn die Räumlichkeiten des Steuerpflichtigen nach ihrer Ausstattung für eine Haushaltsführung geeignet sind (Bad, Küche, Wohn- und Schlafbereich), individuell genutzt werden können (Abschließbarkeit) und eine eigene Wirtschaftsführung des Steuerpflichtigen nachgewiesen oder glaubhaft gemacht wird.

## II. Haushaltsnahe Beschäftigungsverhältnisse oder Dienstleistungen

### 1. Haushaltsnahe Beschäftigungsverhältnisse

Der Begriff des haushaltsnahen Beschäftigungsverhältnisses ist gesetzlich nicht definiert. Im Rahmen eines solchen Beschäftigungsverhältnisses werden Tätigkeiten ausgeübt, die einen engen Bezug zum Haushalt haben. Zu diesen Tätigkeiten gehören u. a. die Zubereitung von Mahlzeiten im Haushalt, die Reinigung der Wohnung des Steuerpflichtigen, die Gartenpflege und die Pflege, Versorgung und Betreuung von Kindern sowie von kranken, alten oder pflegebedürftigen Personen. Die Erteilung von Unterricht (z. B. Sprachunterricht), die Vermittlung besonderer Fähigkeiten sowie sportliche und andere Freizeitbetätigungen fallen nicht darunter. 5

### 2. Geringfügige Beschäftigung i. S. d. § 8 a SGB IV

Die Steuerermäßigung nach § 35 a Abs. 1 EStG kann der Steuerpflichtige nur beanspruchen, wenn es sich bei dem haushaltsnahen Beschäftigungsverhältnis um eine geringfügige Beschäftigung i. S. d. § 8 a SGB IV handelt. Es handelt sich nur dann um ein geringfügiges Beschäftigungsverhältnis im Sinne dieser Vorschrift, wenn der Steuerpflichtige am Haushaltsscheckverfahren teilnimmt und die geringfügige Beschäftigung in seinem inländischen oder in einem anderen Mitgliedstaat der Europäischen Union oder im Europäischen Wirtschaftsraum liegenden Haushalt ausgeübt wird. 6

Wohnungseigentümergemeinschaften und Vermieter können im Rahmen ihrer Vermietertätigkeit nicht am Haushaltsscheckverfahren teilnehmen. Die von ihnen eingegangenen geringfügigen Beschäftigungsverhältnisse sind nicht nach § 35 a Abs. 1 EStG begünstigt. Sie fallen unter die haushaltsnahen Dienstleistungen. Zur Berücksichtigung der Aufwendungen s. Rdnr. 11. 7

### 3. Beschäftigungsverhältnisse in nicht inländischen Haushalten

Bei einem nicht inländischen Haushalt, der in einem Staat liegt, der der Europäischen Union oder dem Europäischen Wirtschaftsraum angehört, setzt die Inanspruchnahme der Steuerermäßigung nach § 35 a Abs. 1 EStG voraus, dass das monatliche Arbeitsentgelt 450 Euro nicht übersteigt, die Sozialversicherungsbeiträge ausschließlich von dem Arbeitgeber zu entrichten sind und von ihm auch entrichtet werden. Bei anderen haushaltsnahen Beschäftigungsverhältnissen ist für die Gewährung einer Steuerermäßigung nach § 35 a Abs. 2 Satz 1 Alternative 1 EStG Voraussetzung, dass aufgrund des Beschäftigungsverhältnisses Arbeitgeber- und Arbeitnehmerbeiträge an die Sozialversicherung in dem jeweiligen Staat der Europäischen Union oder des Europäischen Wirtschaftsraums entrichtet werden. 8

### 4. Beschäftigungsverhältnisse zwischen Ehegatten, Partnern einer Lebenspartnerschaft bzw. einer nicht ehelichen Lebensgemeinschaft oder zwischen nahen Angehörigen

Da familienrechtliche Verpflichtungen grundsätzlich nicht Gegenstand eines steuerlich anzuerkennenden Vertrags sein können, sind entsprechende Vereinbarungen zwischen in einem Haushalt zusammenlebenden Ehegatten (§§ 1360, 1356 Abs. 1 BGB) oder zwischen Eltern und in deren Haushalt lebenden Kindern (§ 1619 BGB) nicht begünstigt. Entsprechendes gilt für die Partner einer Lebenspartnerschaft. Auch bei in einem Haushalt zusammenlebenden Partnern einer nicht ehelichen Lebensgemeinschaft oder einer Lebenspartnerschaft, die nicht unter das Lebenspartnerschaftsgesetz fällt, kann regelmäßig 9 nicht von einem begünstigten Beschäftigungsverhältnis ausgegangen werden, weil jeder Partner auch seinen eigenen Haushalt führt und es deshalb an dem für Beschäftigungsverhältnisse typischen Über- und Unterordnungsverhältnis fehlt. Ein steuerlich nicht begünstigtes Vertragsverhältnis liegt darüber hinaus auch dann vor, wenn der Vertragspartner eine zwischengeschaltete Person (z. B. GmbH) ist und die Arbeiten im Namen dieser zwischengeschalteten Person von einer im Haushalt lebenden Person ausgeführt werden. Zur haushaltsbezogenen Inanspruchnahme der Steuerermäßigung vgl. Rdnrn. 53 bis 55.

10 Haushaltsnahe Beschäftigungsverhältnisse mit Angehörigen, die nicht im Haushalt des Steuerpflichtigen leben (z. B. mit Kindern, die in einem eigenen Haushalt leben), können steuerlich nur anerkannt werden, wenn die Verträge zivilrechtlich wirksam zustande gekommen sind, inhaltlich dem zwischen Fremden Üblichen entsprechen und tatsächlich auch so durchgeführt werden.

**5. Haushaltsnahe Dienstleistungen**

**Grundsatz**

11 Unter haushaltsnahen Dienstleistungen i. S. d. § 35 a Abs. 2 Satz 1 Alternative 2 EStG werden Leistungen verstanden, die eine hinreichende Nähe zur Haushaltsführung aufweisen oder damit im Zusammenhang stehen (BFH-Urteil vom 20. März 2014, BStBl. II S. 880). Das sind Tätigkeiten, die gewöhnlich Mitglieder des privaten Haushalts erledigen und für die fremde Dritte beschäftigt werden oder für die eine Dienstleistungsagentur oder ein selbstständiger Dienstleister in Anspruch genommen wird. Zu den haushaltsnahen Dienstleistungen gehören auch geringfügige Beschäftigungsverhältnisse, die durch Wohnungseigentümergemeinschaften und Vermieter im Rahmen ihrer Vermietertätigkeit eingegangen werden. Keine haushaltsnahen Dienstleistungen sind solche, die zwar im Haushalt des Steuerpflichtigen ausgeübt werden, jedoch keinen Bezug zur Hauswirtschaft haben (BFH-Urteil vom 1. Februar 2007, BStBl. II S. 760). Ebenfalls nicht zu den haushaltsnahen Dienstleistungen gehören die handwerklichen Leistungen i. S. d. § 35 a Abs. 3 EStG. Keine begünstigte haushaltsnahe Dienstleistung ist die als eigenständige Leistung vergütete Bereitschaft auf Erbringung einer Leistung im Bedarfsfall. Etwas anderes gilt nur dann, wenn der Bereitschaftsdienst Nebenleistung einer ansonsten begünstigten Hauptleistung oder im Fall eines Hausnotrufsystems innerhalb des sog. „Betreuten Wohnens“ in einer Seniorenwohneinrichtung ist; s. auch Rdnrn. 17 und 28. Eine beispielhafte Aufzählung begünstigter und nicht begünstigter haushaltsnaher Dienstleistungen enthält Anlage 1.

**Personenbezogene Dienstleistungen**

12 Personenbezogene Dienstleistungen (z. B. Frisör- oder Kosmetikerleistungen) sind keine haushaltsnahen Dienstleistungen, selbst wenn sie im Haushalt des Steuerpflichtigen erbracht werden. Diese Leistungen können jedoch zu den Pflege- und Betreuungsleistungen i. S. d. Rdnr. 13 gehören, wenn sie im Leistungskatalog der Pflegeversicherung aufgeführt sind.

**Pflege- und Betreuungsleistungen**

13 Die Feststellung und der Nachweis einer Pflegebedürftigkeit oder der Bezug von Leistungen der Pflegeversicherung sowie eine Unterscheidung nach Pflegestufen bzw. Pflegegraden sind nicht erforderlich. Es reicht aus, wenn Dienstleistungen zur Grundpflege, d. h. zur unmittelbaren Pflege am Menschen (Körperpflege, Ernährung und Mobilität) oder zur Betreuung in Anspruch

genommen werden. Die Steuerermäßigung steht neben der pflegebedürftigen Person auch anderen Personen zu, wenn diese für Pflege- oder Betreuungsleistungen aufkommen, die in ihrem inländischen oder in einem anderen Mitgliedstaat der Europäischen Union oder im Europäischen Wirtschaftsraum liegenden Haushalt bzw. im Haushalt der gepflegten oder betreuten Person durchgeführt werden. Die Steuerermäßigung ist haushaltsbezogen. Werden z. B. zwei pflegebedürftige Personen in einem Haushalt gepflegt, kann die Steuerermäßigung nur einmal in Anspruch genommen werden.

**Aufwendungen für Dienstleistungen, die mit denen einer Hilfe im Haushalt vergleichbar sind (§ 35 a Abs. 2 Satz 2 EStG)**

Voraussetzung für die Gewährung einer Steuerermäßigung für Aufwendungen, die mit denen einer Hilfe im Haushalt vergleichbar sind, ist, dass das Heim oder der Ort der dauernden Pflege in der Europäischen Union oder dem Europäischen Wirtschaftsraum liegt (§ 35 a Abs. 4 Satz 2 EStG). Das Vorhandensein eines eigenen Haushalts im Heim oder am Ort der dauernden Pflege ist nicht erforderlich. Zum Wohnen in einem eigenständigen und abgeschlossenen Haushalt in einem Alten(wohn)heim, einem Pflegeheim oder einem Wohnstift vgl. Rdnrn. 4, 17 und 28. **14**

Begünstigt sind Aufwendungen, die einem Steuerpflichtigen wegen der Unterbringung in einem Heim oder zur dauernden Pflege erwachsen, soweit darin – die allgemeinen Unterbringungskosten übersteigende – Aufwendungen für Dienstleistungen enthalten sind, die mit denen einer Hilfe im Haushalt vergleichbar sind (§ 35 a Abs. 2 Satz 2 EStG). In Frage kommen die (anteiligen) Aufwendungen für **15**

- die Reinigung des Zimmers oder des Appartements,
- die Reinigung der Gemeinschaftsflächen,
- das Zubereiten der Mahlzeiten in dem Heim oder an dem Ort der dauernden Pflege,
- das Servieren der Mahlzeiten in dem Heim oder an dem Ort der dauernden Pflege,
- den Wäscheservice, soweit er in dem Heim oder an dem Ort der dauernden Pflege erfolgt.

Nicht begünstigt sind **16**

- Mietzahlungen, wie z. B. die allgemeinen Aufwendungen für die Unterbringung in einem Alten(wohn)heim, einem Pflegeheim oder einem Wohnstift,
- die Aufwendungen für den Hausmeister, den Gärtner sowie sämtliche Handwerkerleistungen.

Nicht mit einer Hilfe im Haushalt vergleichbar sind Pflege- und Betreuungsleistungen (s. Rdnr. 13).

**Wohnen in einem Alten(wohn)heim, einem Pflegeheim oder einem Wohnstift**

Zu den begünstigten haushaltsnahen Dienstleistungen bei einer Heimunterbringung gehören neben den in dem eigenständigen und abgeschlossenen Haushalt des Steuerpflichtigen durchgeführten und individuell abgerechneten Leistungen (z. B. Reinigung des Appartements, Pflege- oder Handwerkerleistungen im Appartement), u. a. die Hausmeisterarbeiten, die Gartenpflege sowie kleinere Reparaturarbeiten, die Dienstleistungen des Haus- und Etagenper- **17** sonals sowie die Reinigung der Gemeinschaftsflächen, wie Flure, Treppenhäuser und Gemeinschaftsräume (BFH-Urteil vom 29. Januar 2009, BStBl. 2010 II S. 166). Aufwendungen für die Zubereitung von Mahlzeiten in der hauseigenen Küche eines Alten(wohn)heims, Pflegeheims oder Wohnstifts und das Servieren der Speisen in dem zur Gemeinschaftsfläche rechnenden Speisesaal sind ebenfalls als haushaltsnahe Dienstleistungen begünstigt. Die Tätigkeit von Haus- und Etagenpersonal, dessen Aufgabe neben der Betreuung des Bewohners noch zusätzlich in der Begleitung des Steuerpflichtigen, dem Empfang von Besuchern und der Erledigung kleiner Botengänge besteht, ist grundsätzlich den haushaltsnahen Dienstleistungen zuzurechnen. Zur Anspruchsberechtigung im Einzelnen s. Rdnr. 28.

### 6. Beschäftigungsverhältnisse und Dienstleistungen außerhalb des Haushalts des Steuerpflichtigen

18 Beschäftigungsverhältnisse oder Dienstleistungen, die ausschließlich Tätigkeiten zum Gegenstand haben, die außerhalb des Haushalts des Steuerpflichtigen ausgeübt oder erbracht werden, sind nicht begünstigt. Die Begleitung von Kindern, kranken, alten oder pflegebedürftigen Personen bei Einkäufen und Arztbesuchen sowie kleine Botengänge usw. sind nur dann begünstigt, wenn sie zu den Nebenpflichten der Haushaltshilfe, des Pflegenden oder Betreuenden im Haushalt gehören. Pflege- und Betreuungsleistungen sind auch begünstigt, wenn die Pflege und Betreuung im Haushalt der gepflegten oder betreuten Person durchgeführt wird. In diesem Fall ist Voraussetzung, dass der Haushalt der gepflegten oder betreuten Person im Inland, in einem anderen Mitgliedstaat der Europäischen Union oder im Europäischen Wirtschaftsraum liegt (§ 35 a Abs. 4 EStG).

## III. Inanspruchnahme von Handwerkerleistungen

### 1. Begünstigte Handwerkerleistung

19 § 35 a Abs. 3 EStG gilt für alle handwerklichen Tätigkeiten für Renovierungs-, Erhaltungs- und Modernisierungsmaßnahmen, die in einem inländischen, in der Europäischen Union oder dem Europäischen Wirtschaftsraum liegenden Haushalt des Steuerpflichtigen erbracht werden, unabhängig davon, ob es sich um regelmäßig vorzunehmende Renovierungsarbeiten oder kleine Ausbesserungsarbeiten handelt, die gewöhnlich durch Mitglieder des privaten Haushalts erledigt werden, oder um Erhaltungs- und Modernisierungsmaßnahmen, die im Regelfall nur von Fachkräften durchgeführt werden. Ob es sich bei den Aufwendungen für die einzelne Maßnahme ertragsteuerrechtlich um Erhaltungs- oder Herstellungsaufwand handelt, ist nicht ausschlaggebend. Die sachliche Begrenzung der begünstigten Maßnahme ist vielmehr aus dem Tatbestandsmerkmal „im Haushalt" zu bestimmen (BFH-Urteil vom 6. November 2014, BStBl. 2015 II S. 481). Maßnahmen im Zusammenhang mit neuer Wohn- bzw. Nutzflächenschaffung in einem vorhandenen Haushalt sind begünstigt (BFH-Urteil vom 13. Juli 2011, BStBl. 2012 II S. 232), vgl. auch Rdnr. 21. Eine – nachhaltige – Erhöhung des Gebrauchswerts der Immobilie ist kein Kriterium und führt nicht zum Ausschluss der Gewährung der Steuerermäßigung.

20 Die Erhebung des unter Umständen mangelfreien Istzustands, z. B. die Prüfung der ordnungsgemäßen Funktion einer Anlage, ist ebenso eine Handwerkerleistung wie die Beseitigung eines bereits eingetretenen Schadens oder Maßnahmen zur vorbeugenden Schadensabwehr. Das gilt auch dann, wenn der Hand-

werker über den ordnungsgemäßen Istzustand eines Gewerkes oder einer Anlage eine Bescheinigung „für amtliche Zwecke" erstellt. Es ist nicht erforderlich, dass eine etwaige Reparatur- oder Instandhaltungsmaßnahme zeitlich unmittelbar nachfolgt. Sie kann auch durch einen anderen Handwerksbetrieb durchgeführt werden (BFH-Urteil vom 6. November 2014, BStBl. 2015 II S. 481). Handelt es sich dagegen bei der gutachterlichen Tätigkeit weder um eine Handwerkerleistung noch um eine haushaltsnahe Dienstleistung, kommt die Steuerermäßigung nach § 35 a EStG nicht in Betracht. Weder zu den haushaltsnahen Dienstleistungen noch zu den Handwerkerleistungen gehören beispielsweise

- Tätigkeiten, die der Wertermittlung dienen,
- die Erstellung eines Energiepasses,
- Tätigkeiten im Zusammenhang mit einer Finanzierung (z. B. zur Erlangung einer KfW-Förderung).

## 2. Nicht begünstigte Handwerkerleistungen

21 Handwerkliche Tätigkeiten im Rahmen einer Neubaumaßnahme sind nicht begünstigt. Als Neubaumaßnahmen gelten alle Maßnahmen, die im Zusammenhang mit der Errichtung eines Haushalts bis zu dessen Fertigstellung (vgl. H 7.4 „Fertigstellung" EStH) anfallen. Rdnr. 3 ist für Dienstleistungen im Zusammenhang mit dem Bezug der Wohnung anwendbar. Eine beispielhafte Aufzählung begünstigter und nicht begünstigter handwerklicher Tätigkeiten enthält Anlage 1.

## 3. Beauftragtes Unternehmen und Maßnahmen der öffentlichen Hand

22 Das beauftragte Unternehmen muss nicht in die Handwerksrolle eingetragen sein. Auch Kleinunternehmer i. S. d. § 19 Abs. 1 UStG oder die öffentliche Hand können steuerbegünstigte Handwerkerleistungen erbringen (BFH-Urteil vom 6. November 2014, BStBl. 2015 II S. 481). *Maßnahmen, die von der öffentlichen Hand oder einem von ihr beauftragten Dritten auf gesetzlicher Grundlage erbracht und mit dem Hauseigentümer nach öffentlich-rechtlichen Kriterien abgerechnet werden, sind jedoch nicht im Rahmen des § 35 a EStG begünstigt.*[1)]

## 4. Öffentlich geförderte Maßnahmen

23 Unter einer Maßnahme i. S. d. § 35 a Abs. 3 Satz 2 EStG ist die (Einzel-) Maßnahme zu verstehen, für die eine öffentliche Förderung in der Form eines zinsverbilligten Darlehens oder steuerfreier Zuschüsse in Anspruch genommen wird. Wird für diese Maßnahme die öffentliche Förderung bewilligt, schließt dies die Möglichkeit der Inanspruchnahme einer Steuerermäßigung nach § 35 a Abs. 3 EStG auch für den Teil der mit dieser Maßnahme verbundenen Aufwendungen aus, die sich – z. B. weil sie den Förderhöchstbetrag übersteigen – im Rahmen der öffentlichen Förderung nicht auswirken. Eine Aufteilung der Aufwendungen für eine öffentlich geförderte (Einzel-)Maßnahme mit dem Ziel, für einen Teil der Aufwendungen die Steuerermäßigung nach § 35 a Abs. 3 EStG in Anspruch zu nehmen, ist nicht möglich.

24 Werden im Rahmen von Renovierungs-, Erhaltungs- und Modernisierungsmaßnahmen mehrere (Einzel-)Maßnahmen durchgeführt, von denen einzelne öffentlich gefördert werden, ist die Inanspruchnahme der Steuerermäßigung

---

1) Rdnr. 22 Satz 3 gestrichen durch BMF v. 1.9.2021, BStBl. I S. 1494.

für (Einzel-)Maßnahmen, die nicht unter diese öffentliche Förderung fallen, möglich.

**Beispiel 1:**

Der Eigentümer E saniert sein Einfamilienhaus. Er lässt von einer Heizungsfirma eine neue energieeffiziente Heizungsanlage einbauen und beantragt dafür öffentliche Fördergelder mit der Folge, dass die Inanspruchnahme der Steuerermäßigung nach § 35 a EStG für diese Maßnahme ausgeschlossen ist. Gleichzeitig lässt er an den Außenwänden eine Wärmedämmung anbringen. Hierfür beantragt er keine öffentliche Förderung, sondern macht für die darauf entfallenden Arbeitskosten die ihm für diese Maßnahme auch zu gewährende Steuerermäßigung nach § 35 a Abs. 3 EStG geltend.

## IV. Anspruchsberechtigte

### 1. Arbeitgeber, Auftraggeber, Grundsatz

25 Der Steuerpflichtige kann die Steuerermäßigung nach § 35 a EStG grundsätzlich nur in Anspruch nehmen, wenn er entweder Arbeitgeber des haushaltsnahen Beschäftigungsverhältnisses oder Auftraggeber der haushaltsnahen Dienstleistung oder Handwerkerleistung ist.

### 2. Wohnungseigentümergemeinschaften

26 Besteht ein Beschäftigungsverhältnis zu einer Wohnungseigentümergemeinschaft (z. B. bei Reinigung und Pflege von Gemeinschaftsräumen) oder ist eine Wohnungseigentümergemeinschaft Auftraggeber der haushaltsnahen Dienstleistung bzw. der handwerklichen Leistung, kommt für den einzelnen Wohnungseigentümer eine Steuerermäßigung in Betracht, wenn in der Jahresabrechnung

– die im Kalenderjahr unbar gezahlten Beträge nach den begünstigten haushaltsnahen Beschäftigungsverhältnissen, Dienstleistungen und Handwerkerleistungen jeweils gesondert aufgeführt sind (zur Berücksichtigung von geringfügigen Beschäftigungsverhältnissen s. Rdnr. 11),
– der Anteil der steuerbegünstigten Kosten ausgewiesen ist (Arbeits- und Fahrtkosten, s. auch Rdnr. 39) und
– der Anteil des jeweiligen Wohnungseigentümers individuell errechnet wurde.

Hat die Wohnungseigentümergemeinschaft zur Wahrnehmung ihrer Aufgaben und Interessen einen Verwalter bestellt und ergeben sich die Angaben nicht aus der Jahresabrechnung, ist der Nachweis durch eine Bescheinigung des Verwalters über den Anteil des jeweiligen Wohnungseigentümers zu führen. Ein Muster für eine derartige Bescheinigung ist als Anlage 2[1] beigefügt. Das Datum über die Beschlussfassung der Jahresabrechnung kann formlos bescheinigt oder auf der Bescheinigung vermerkt werden.

### 3. Mieter/unentgeltliche Nutzer

27 Auch der Mieter einer Wohnung kann die Steuerermäßigung nach § 35 a EStG beanspruchen, wenn die von ihm zu zahlenden Nebenkosten Beträge umfassen, die für ein haushaltsnahes Beschäftigungsverhältnis, für haushaltsnahe Dienstleistungen oder für handwerkliche Tätigkeiten geschuldet werden und sein Anteil an den vom Vermieter unbar gezahlten Aufwendungen entweder aus der Jahresabrechnung hervorgeht oder durch eine Bescheinigung (vgl. Rdnr. 26 und Anlage 2[1]) des Vermieters oder seines Verwalters nachgewiesen wird. Das

[1] Hier nicht abgedruckt.

gilt auch für den Fall der unentgeltlichen Überlassung einer Wohnung, wenn der Nutzende die entsprechenden Aufwendungen getragen hat.

### 4. Wohnen in einem Alten(wohn)heim, einem Pflegeheim oder einem Wohnstift

Für Bewohner eines Altenheims, eines Altenwohnheims, eines Pflegeheims oder eines Wohnstiftes (vgl. Rdnr. 4) gilt nach Abschluss eines sog. Heimvertrages Folgendes: Aufwendungen für Dienstleistungen, die innerhalb des Appartements erbracht werden, wie z. B. die Reinigung des Appartements oder die Pflege und Betreuung des Heimbewohners, sind begünstigt. Aufwendungen für Dienstleistungen, die außerhalb des Appartements erbracht werden, sind im Rahmen der Rdnrn. 4, 14, 15 und 17 begünstigt. Das gilt jeweils auch für die von dem Heimbetreiber pauschal erhobenen Kosten, sofern die damit abgegoltene Dienstleistung gegenüber dem einzelnen Heimbewohner nachweislich tatsächlich erbracht worden ist. Darüber hinausgehende Dienstleistungen fallen grundsätzlich nicht unter die Steuerermäßigungsregelung des § 35 a EStG, es sei denn, es wird nachgewiesen, dass die jeweilige haushaltsnahe Dienstleistung im Bedarfsfall von dem Heimbewohner abgerufen worden ist. Das gilt sowohl für Dienstleistungen des Heimbetreibers selbst, ggf. mittels eigenen Personals, als auch für Dienstleistungen eines externen Anbieters. Rdnrn. 26 und 27 gelten sinngemäß. Aufwendungen für die Möglichkeit, bei Bedarf bestimmte Pflege- oder Betreuungsleistungen in Anspruch zu nehmen, sind begünstigt. Aufwendungen für Pflegekostenergänzungsregelungen oder Beiträge an Einrichtungen (z. B. Solidarkassen), durch welche der Heimbewohner ähnlich einer Versicherung Ansprüche erwirbt, in vertraglich definierten Sachverhalten (z. B. bei Eintritt der Pflegebedürftigkeit) eine Kostenfreistellung oder eine Kostenerstattung zu erhalten, sind nicht begünstigt. 28

### 5. Arbeitgeber-Pool

Schließen sich mehrere Steuerpflichtige als Arbeitgeber für ein haushaltsnahes Beschäftigungsverhältnis zusammen (sog. Arbeitgeber-Pool), kann jeder Steuerpflichtige die Steuerermäßigung für seinen Anteil an den Aufwendungen in Anspruch nehmen, wenn für die an dem Arbeitgeber-Pool Beteiligten eine Abrechnung über die im jeweiligen Haushalt ausgeführten Arbeiten vorliegt. Wird der Gesamtbetrag der Aufwendungen für das Beschäftigungsverhältnis durch ein Pool-Mitglied überwiesen, gelten die Regelungen für Wohnungseigentümer und Mieter (vgl. Rdnrn. 26 und 27) entsprechend. 29

### 6. Erben

Gehört zum Haushalt des Steuerpflichtigen eine zu eigenen Wohnzwecken genutzte geerbte Wohnung (s. Rdnr. 1), kann er für Leistungen, die in dieser Wohnung durchgeführt wurden, bei Vorliegen der sonstigen Voraussetzungen die Steuerermäßigung nach § 35 a EStG in Anspruch nehmen. Das gilt auch, wenn die Leistungen für diese Wohnung noch vom Erblasser in Anspruch genommen und die Rechnungsbeträge vom Erben überwiesen worden sind. 30

**Beispiel 2:**

Ein Steuerpflichtiger erbt Anfang des Jahres 2015 eine Wohnung von seinem verstorbenen Vater (Erblasser). Er zieht umgehend in die Wohnung ein und nutzt sie zu eigenen Wohnzwecken. Der Vater hatte Ende 2014 das Bad von einem Handwerksbetrieb sanieren lassen und hierfür eine Rechnung erhalten. Der Steuerpflichtige begleicht die Rechnung in Höhe von 5000 € (darin enthaltene Arbeits- und Fahrtkosten in Höhe von 2000 €) im Jahr 2015 durch Banküberweisung. Der Steuerpflichtige kann für die begünstigten Handwerkerleistungen (Arbeits- und Fahrtkosten) die Steuerermäßigung nach § 35 a Abs. 3 EStG in Anspruch nehmen (20 % von 2000 € = 400 €).

## V. Begünstigte Aufwendungen

### 1. Ausschluss der Steuerermäßigung bei Betriebsausgaben oder Werbungskosten

31 Die Steuerermäßigung für Aufwendungen ist ausgeschlossen, soweit diese Betriebsausgaben oder Werbungskosten darstellen. Gemischte Aufwendungen (z. B. für eine Reinigungskraft, die auch das beruflich genutzte Arbeitszimmer reinigt) sind unter Berücksichtigung des zeitlichen Anteils der zu Betriebsausgaben oder Werbungskosten führenden Tätigkeiten an der Gesamtarbeitszeit sachgerecht aufzuteilen.

### 2. Ausschluss der Steuerermäßigung bei Berücksichtigung der Aufwendungen als Sonderausgaben oder außergewöhnliche Belastungen; Aufwendungen für Kinderbetreuung

#### Sonderausgaben, außergewöhnliche Belastungen

32 Eine Steuerermäßigung nach § 35 a EStG kommt nur in Betracht, soweit die Aufwendungen nicht vorrangig als Sonderausgaben (z. B. Erhaltungsmaßnahmen nach § 10 f EStG oder Kinderbetreuungskosten – vgl. Rdnr. 34) oder als außergewöhnliche Belastungen berücksichtigt worden sind. Für den Teil der Aufwendungen, der durch den Ansatz der zumutbaren Belastung nach § 33 Abs. 3 EStG oder wegen der Gegenrechnung von Pflegegeld oder Pflegetagegeld nicht als außergewöhnliche Belastung berücksichtigt wird, kann der Steuerpflichtige die Steuerermäßigung nach § 35 a EStG in Anspruch nehmen. Werden im Rahmen des § 33 EStG Aufwendungen geltend gemacht, die dem Grunde nach sowohl bei § 33 EStG als auch bei § 35 a EStG berücksichtigt werden können, ist davon auszugehen, dass die zumutbare Belastung vorrangig auf die nach § 35 a EStG begünstigten Aufwendungen entfällt.

#### Behinderten-Pauschbetrag

33 Nimmt die pflegebedürftige Person einen Behinderten-Pauschbetrag nach § 33 b Abs. 1 Satz 1 i. V. m. Abs. 3 Satz 2 oder 3 EStG in Anspruch, schließt dies eine Berücksichtigung dieser Pflegeaufwendungen nach § 35 a EStG bei ihr aus (BFH-Urteil vom 5. Juni 2014, BStBl. II S. 970). Das gilt nicht, wenn der einem Kind zustehende Behinderten-Pauschbetrag nach § 33 b Abs. 5 EStG auf den Steuerpflichtigen übertragen wird (BFH-Urteil vom 11. Februar 2010, BStBl. II S. 621) und dieser für Pflege- und Betreuungsaufwendungen des Kindes aufkommt (vgl. Rdnr. 13).

#### Kinderbetreuungskosten

34 Fallen Kinderbetreuungskosten dem Grunde nach unter die Regelung des § 10 Abs. 1 Nr. 5 EStG, kommt ein Abzug nach § 35 a EStG nicht in Betracht (§ 35 a Abs. 5 Satz 1 EStG). Dies gilt sowohl für den Betrag, der zwei Drittel der Aufwendungen für Dienstleistungen übersteigt, als auch für alle Aufwendungen, die den Höchstbetrag von 4000 Euro je Kind übersteigen.

#### Au-pair

35 Bei Aufnahme eines Au-pairs in eine Familie fallen in der Regel neben den Aufwendungen für die Betreuung der Kinder auch Aufwendungen für leichte Hausarbeiten an, die im Einzelnen in der Rechnung oder im Au-pair-Vertrag aufzuführen sind. Wird der Umfang der einzelnen Leistungen nicht nachgewiesen, kann ein Anteil von 50 % der Gesamtaufwendungen im Rahmen der Steuerermäßigung für haushaltsnahe Dienstleistungen nach § 35 a Abs. 2 Satz 1

EStG berücksichtigt werden, wenn die übrigen Voraussetzungen des § 35 a EStG (insbesondere die Zahlung auf ein Konto des Au-pairs) vorliegen (vgl. auch Rdnrn. 5, 7 des BMF-Schreibens vom 14. März 2012, BStBl. I S. 307).

### 3. Umfang der begünstigten Aufwendungen

#### Arbeitsentgelt

Zu den begünstigten Aufwendungen des Steuerpflichtigen nach § 35 a Abs. 1 und 2 Alternative 1 EStG gehört der Bruttoarbeitslohn oder das Arbeitsentgelt (bei Anwendung des Haushaltsscheckverfahrens und geringfügiger Beschäftigung i. S. d. § 8 a SGB IV) sowie die vom Steuerpflichtigen getragenen Sozialversicherungsbeiträge, die Lohnsteuer ggf. zuzüglich Solidaritätszuschlag und Kirchensteuer, die Umlagen nach dem Aufwendungsausgleichsgesetz (U 1 und U 2) und die Unfallversicherungsbeiträge, die an den Gemeindeunfallversicherungsverband abzuführen sind. 36

#### Nachweis des Arbeitsentgelts

Als Nachweis dient bei geringfügigen Beschäftigungsverhältnissen (s. Rdnr. 6), für die das Haushaltsscheckverfahren Anwendung findet, die dem Arbeitgeber von der Einzugsstelle (Minijob-Zentrale) zum Jahresende erteilte Bescheinigung nach § 28 h Abs. 4 SGB IV. Diese enthält den Zeitraum, für den Beiträge zur Rentenversicherung gezahlt wurden, die Höhe des Arbeitsentgelts sowie die vom Arbeitgeber getragenen Gesamtsozialversicherungsbeiträge und Umlagen. Zusätzlich wird in der Bescheinigung die Höhe der einbehaltenen Pauschsteuer beziffert. Die Leistung des Arbeitslohns ist mit sämtlichen Zahlungsmitteln möglich und für die Gewährung der Steuerermäßigung nach § 35 a Abs. 1 EStG nicht schädlich. 37

Bei sozialversicherungspflichtigen haushaltsnahen Beschäftigungsverhältnissen, für die das allgemeine Beitrags- und Meldeverfahren zur Sozialversicherung gilt und bei denen die Lohnsteuer pauschal oder nach Maßgabe der persönlichen Lohnsteuerabzugsmerkmale erhoben wird, sowie bei geringfügigen Beschäftigungsverhältnissen ohne Haushaltsscheckverfahren gelten für die Steuerermäßigung die allgemeinen Nachweisregeln (Rdnrn. 49 ff.). 38

#### Arbeitskosten, Materialkosten

Begünstigt sind generell nur die Arbeitskosten für Leistungen, die im Haushalt des Steuerpflichtigen erbracht worden sind (Rdnrn. 1 bis 4). Arbeitskosten sind die Aufwendungen für die Inanspruchnahme der haushaltsnahen Tätigkeit selbst, für Pflege- und Betreuungsleistungen bzw. für Handwerkerleistungen einschließlich der in Rechnung gestellten Maschinen- und Fahrtkosten. Arbeitskosten für Leistungen, die außerhalb des Haushalts des Steuerpflichtigen erbracht wurden, sind in der Rechnung entsprechend zu kennzeichnen. Materialkosten oder sonstige im Zusammenhang mit der Dienstleistung, den Pflege- und Betreuungsleistungen bzw. den Handwerkerleistungen gelieferte Waren bleiben mit Ausnahme von Verbrauchsmitteln außer Ansatz. 39

#### Aufteilung

Der Anteil der Arbeitskosten muss grundsätzlich anhand der Angaben in der Rechnung gesondert ermittelt werden können. Auch eine prozentuale Aufteilung des Rechnungsbetrages in Arbeitskosten und Materialkosten durch den Rechnungsaussteller ist zulässig. Eine Schätzung des Anteils der Arbeitskosten durch den Steuerpflichtigen ist nicht zulässig und kann auch nicht auf die Entscheidung des BFH vom 20. März 2014 (BStBl. II S. 882) gestützt werden. 40

Bei Wartungsverträgen ist es nicht zu beanstanden, wenn der Anteil der Arbeitskosten, der sich auch pauschal aus einer Mischkalkulation ergeben kann, aus einer Anlage zur Rechnung hervorgeht. Leistungen, die sowohl im als auch außerhalb des räumlichen Bereichs des Haushalts (Rdnr. 2) durchgeführt werden, sind entsprechend aufzuteilen. Zur Aufteilung der Aufwendungen bei Wohnungseigentümergemeinschaften genügt eine Jahresbescheinigung des Grundstücksverwalters. Entsprechendes gilt für die Nebenkostenabrechnung der Mieter. Abschlagszahlungen können nur dann berücksichtigt werden, wenn hierfür eine entsprechende Aufteilung vorgenommen worden ist und eine Rechnung vorliegt, welche die Voraussetzungen des § 35 a EStG erfüllt (vgl. Rdnr. 49). Ein gesonderter Ausweis der auf die Arbeitskosten entfallenden Mehrwertsteuer ist nicht erforderlich.

**Versicherungsleistungen**

**41** Aufwendungen für haushaltsnahe Dienstleistungen oder Handwerkerleistungen, die im Zusammenhang mit Versicherungsschadensfällen entstehen, können nur berücksichtigt werden, soweit sie nicht von der Versicherung erstattet werden. Dabei sind nicht nur erhaltene, sondern auch in späteren Veranlagungszeiträumen zu erwartende Versicherungsleistungen zu berücksichtigen. Das gilt auch für Versicherungsleistungen, die zur medizinischen Rehabilitation erbracht werden, wie z. B. für Haushaltshilfen nach § 10 Abs. 2 Satz 2, § 36 Abs. 1 Satz 2, § 37 Abs. 1 Satz 2, § 39 Abs. 1 Satz 2 des Gesetzes über die Alterssicherung der Landwirte, § 10 des Zweiten Gesetzes über die Krankenversicherung der Landwirte, § 38 Abs. 4 Satz 1 Alternative 2 SGB V, § 54 Abs. 2, § 55 SGB VII, § 54 SGB IX. In solchen Fällen ist nur die Selbstbeteiligung nach § 35 a EStG begünstigt.

**42** Empfangene Leistungen der Pflegeversicherung des Steuerpflichtigen sowie die Leistungen im Rahmen des Persönlichen Budgets i. S. d. § 17 SGB IX sind anzurechnen, soweit sie ausschließlich und zweckgebunden für Pflege- und Betreuungsleistungen sowie für haushaltsnahe Dienstleistungen i. S. d. § 35 a Abs. 2 i. V. m. Abs. 5 EStG, die keine Handwerkerleistungen i. S. d. § 35 a Abs. 3 EStG sind, gewährt werden. Danach sind Pflegesachleistungen nach § 36 SGB XI und der Kostenersatz für zusätzliche Betreuungsleistungen nach § 45 b SGB XI auf die entstandenen Aufwendungen anzurechnen. Leistungen der Pflegeversicherung i. S. d. § 37 SGB XI (sog. Pflegegeld) sind dagegen nicht anzurechnen, weil sie nicht zweckgebunden für professionelle Pflegedienste bestimmt sind, die die Voraussetzungen des § 35 a Abs. 5 EStG erfüllen (Ausstellung einer Rechnung, Überweisung auf ein Konto des Empfängers).

**Beispiel 3:**

Ein pflegebedürftiger Steuerpflichtiger der Pflegestufe II mit dauerhafter erheblicher Einschränkung seiner Alltagskompetenz erhält im Veranlagungszeitraum 2015 in seinem eigenen Haushalt Pflegesachleistungen in der Form einer häuslichen Pflegehilfe sowie zusätzliche Betreuung. Er nimmt dafür einen professionellen Pflegedienst in Anspruch. Die monatlichen Aufwendungen betragen 1500 €. Die Pflegeversicherung übernimmt die Aufwendungen in Höhe von monatlich 1144 € (§ 36 Abs. 3 Nr. 2 Buchst. d SGB XI). Darüber hinaus erhält der Steuerpflichtige einen zusätzlichen Kostenersatz nach § 45 b SGB XI in Höhe von monatlich 104 €.

Es handelt sich um die Inanspruchnahme von Pflege- und Betreuungsleistungen i. S. d. § 35 a Abs. 2 Satz 2 EStG, für die der Steuerpflichtige eine Steuerermäßigung in Anspruch nehmen kann. Die Beträge nach § 36 SGB XI sowie der Kostenersatz nach § 45 b SGB XI sind anzurechnen.

Die Steuerermäßigung für die Pflege- und Betreuungsleistungen wird für den Veranlagungszeitraum 2015 wie folgt berechnet:

| | |
|---|---|
| 1500 € × 12 Monate | 18 000 € |
| – (1144 € + 104 €) × 12 Monate | – 14 976 € |
| verbleibende Eigenleistung | 3024 € |

Davon 20 % = 604,80 €. Der Steuerpflichtige kann 605 € als Steuerermäßigung in Anspruch nehmen.

**Beispiel 4:**
Eine pflegebedürftige Steuerpflichtige der Pflegestufe I beantragt anstelle der häuslichen Pflegehilfe (§ 36 SGB XI) ein Pflegegeld nach § 37 SGB XI. Im Veranlagungszeitraum 2015 erhält sie monatlich 244 €. Die Steuerpflichtige nimmt zur Deckung ihres häuslichen Pflege- und Betreuungsbedarfs zusätzlich einzelne Pflegeeinsätze eines professionellen Pflegedienstes in Anspruch. Die Aufwendungen dafür betragen jährlich 2400 €.

Es handelt sich um die Inanspruchnahme von Pflege- und Betreuungsleistungen i. S. d. § 35 a Abs. 2 Satz 2 EStG, für die die Steuerpflichtige eine Steuerermäßigung in Anspruch nehmen kann. Das Pflegegeld ist nicht anzurechnen.

Die Steuerermäßigung für die Pflege- und Betreuungsleistungen wird für den Veranlagungszeitraum 2015 wie folgt berechnet:

20 % von 2400 € = 480 €. Die Steuerpflichtige kann 480 € als Steuerermäßigung in Anspruch nehmen.

**Beispiel 5:**
Ein pflegebedürftiger Steuerpflichtiger der Pflegestufe II nimmt im Veranlagungszeitraum 2015 die ihm nach § 36 Abs. 3 Nr. 2 Buchst. d SGB XI zustehende Sachleistung nur zur Hälfte in Anspruch (572 €/Monat). Er erhält daneben ein anteiliges Pflegegeld (§ 38 SGB XI i. V. m. § 37 SGB XI) in Höhe von monatlich 229 €. Die durch die Pflegeversicherung im Wege der Sachleistung zur Verfügung gestellten regelmäßigen professionellen Pflegeeinsätze werden durch den Steuerpflichtigen durch gelegentliche zusätzliche Beauftragungen eines Pflegedienstes ergänzt. Die Aufwendungen hierfür betragen jährlich 2400 €; hierfür werden keine Pflegesachleistungen gewährt. Die weiteren Pflege- und Betreuungsdienstleistungen erfolgen durch Freunde des Steuerpflichtigen, von denen eine Person im Rahmen einer geringfügigen Beschäftigung i. S. d. § 8 a SGB IV zu einem Monatslohn einschließlich der pauschalen Abgaben in Höhe von 420 € beschäftigt wird. Einen Teil des Pflegegeldes leitet der Steuerpflichtige an die anderen Hilfspersonen weiter.

Die Inanspruchnahme des Pflegedienstes ist nach § 35 a Abs. 2 Satz 2 EStG begünstigt. Das Pflegegeld nach § 37 SGB XI ist nicht anzurechnen. Das geringfügige Beschäftigungsverhältnis fällt unter § 35 a Abs. 1 EStG.

Die Steuerermäßigung für das geringfügige Beschäftigungsverhältnis wird für den Veranlagungszeitraum 2015 wie folgt berechnet:

| | |
|---|---|
| 420 € × 12 Monate | 5040 € |

Davon 20 % = 1008 €. Der Steuerpflichtige kann 510 € (= Höchstbetrag) als Steuerermäßigung in Anspruch nehmen.

Die Steuerermäßigung für die zusätzlich zu den Sachleistungen der Pflegeversicherung selbst finanzierten externen Pflegeeinsätze wird für den Veranlagungszeitraum 2015 wie folgt berechnet:

20 % von 2400 € = 480 €. Der Steuerpflichtige kann (510 € + 480 € =) 990 € als Steuerermäßigung in Anspruch nehmen.

Wird die Steuerermäßigung für Pflege- und Betreuungsaufwendungen von einem Angehörigen oder einer anderen Person geltend gemacht, ist Rdnr. 42 entsprechend anzuwenden, wenn das Pflegegeld an diese Person weitergeleitet wird. 43

**Beispiel 6:**
Eine pflegebedürftige Person der Pflegestufe II nimmt im Veranlagungszeitraum 2015 in ihrem eigenen Haushalt einen professionellen Pflegedienst in Anspruch. Die monatlichen Gesamtaufwendungen hierfür betragen 1300 €. Durch die Pflegeversicherung werden Pflegesachleistungen nach § 36 Abs. 3 Nr. 2 d SGB XI in Höhe von 1144 € monatlich übernommen. Die darüber hinausgehenden Aufwendungen trägt der Sohn in Höhe von monatlich 656 €.

Es handelt sich um die Inanspruchnahme von Pflege- und Betreuungsleistungen i. S. d. § 35 a Abs. 2 Satz 2 EStG, für die der Sohn eine Steuerermäßigung in Anspruch nehmen kann. Die Beträge nach § 36 SGB XI sind anzurechnen.

Die Steuerermäßigung für die Pflege- und Betreuungsleistungen wird für den Veranlagungszeitraum 2015 wie folgt berechnet:

Steuerpflichtiger:

| | |
|---|---|
| 1800 € × 12 Monate | 21 600 € |
| – 1144 € × 12 Monate | 13 728 € |
| Eigenleistung des Sohnes | 7872 € |

Davon 20 % = 1574,40 €. Der Sohn kann 1575 € als Steuermäßigung in Anspruch nehmen.

**Beispiel 7:**

Ein pflegebedürftiger Steuerpflichtiger der Pflegestufe II (Schwerbehindertenausweis mit Merkzeichen „H") beantragt anstelle der häuslichen Pflegehilfe (§ 36 SGB XI) ein Pflegegeld nach § 37 SGB XI. Im Veranlagungszeitraum 2015 erhält er monatlich 458 €. Der Steuerpflichtige wird grundsätzlich von seiner Tochter betreut und gepflegt. Er reicht das Pflegegeld an die Tochter weiter. Zu ihrer Unterstützung beauftragt die Tochter gelegentlich zusätzlich einen professionellen Pflegedienst. Die Aufwendungen hierfür haben 2015 insgesamt 2400 € betragen. Diese Kosten hat die Tochter getragen.

Bei der Beauftragung des Pflegedienstes handelt es sich um die Inanspruchnahme von Pflege- und Betreuungsleistungen i. S. d. § 35 a Abs. 2 Satz 2 EStG, für die die Tochter eine Steuerermäßigung in Anspruch nehmen kann. Die an sie weitergeleiteten Beträge nach § 37 SGB XI sind nicht anzurechnen.

Die Steuerermäßigung für die Pflege- und Betreuungsleistungen wird bei der Tochter für den Veranlagungszeitraum 2015 wie folgt berechnet:

20 % von 2400 € = 480 €. Die Tochter kann 480 € als Steuerermäßigungsbetrag in Anspruch nehmen.

Den Pflege-Pauschbetrag nach § 33 b Abs. 6 Satz 1 EStG kann die Tochter nicht in Anspruch nehmen, da sie, durch Weiterleitung des Pflegegeldes durch den Vater an sie, Einnahmen i. S. d. § 33 b Abs. 6 Satz 1 und 2 EStG erhält und sie das Pflegegeld nicht nur treuhänderisch für den Vater verwaltet, um daraus Aufwendungen des Pflegebedürftigen zu bestreiten (vgl. H 33 b „Pflege-Pauschbetrag" EStH).

**Beispiel 8:**

Ein pflegebedürftiges Ehepaar lebt mit seiner Tochter in einem Haushalt. Der Vater hat Pflegestufe II, die Mutter Pflegestufe I. Der Vater wird täglich durch einen professionellen Pflegedienst gepflegt und betreut. Die Aufwendungen wurden 2015 von der Pflegeversicherung als Pflegesachleistung in Höhe von monatlich 1144 € übernommen (§ 36 Abs. 3 Nr. 2 Buchst. d SGB XI). Die Mutter hat 2015 Pflegegeld nach § 37 SGB XI in Höhe von monatlich 244 € bezogen. Bei ihrer Pflege hilft die Tochter. Sie erhält als Anerkennung das Pflegegeld von der Mutter.

Die monatlichen Aufwendungen für den Pflegedienst des Vaters betragen nach Abzug der Leistungen der Pflegeversicherung 440 €. Zu ihrer Unterstützung beauftragt die Tochter gelegentlich zusätzlich einen Pflegedienst für die Mutter. Die Aufwendungen hierfür haben 2015 insgesamt 1800 € betragen. Diese Kosten hat die Tochter getragen.

Es handelt sich um die Inanspruchnahme von Pflege- und Betreuungsleistungen i. S. d. § 35 a Abs. 2 Satz 2 EStG, für die die Eltern und die Tochter eine Steuerermäßigung in Anspruch nehmen können. Die Beträge nach § 37 SGB XI sind nicht anzurechnen.

Die Steuerermäßigung für die Pflege- und Betreuungsleistungen wird für den Veranlagungszeitraum 2015 wie folgt berechnet:

Eltern: Eigenleistung 440 € × 12 Monate 5280 €

Davon 20 % = 1056 €. Die Eltern können 1056 € als Steuerermäßigungsbetrag in Anspruch nehmen.

Tochter: Eigenleistung 1800 €

Davon 20 % = 360 €. Die Tochter kann 360 € als Steuerermäßigung in Anspruch nehmen.

## Zahlungszeitpunkt

44 Für die Inanspruchnahme der Steuerermäßigung ist auf den Veranlagungszeitraum der Zahlung abzustellen (§ 11 Abs. 2 EStG). Bei regelmäßig wiederkehrenden Ausgaben (z. B. nachträgliche monatliche Zahlung oder monatliche Vorauszahlung einer Pflegeleistung), die innerhalb eines Zeitraums von bis zu zehn Tagen nach Beendigung bzw. vor Beginn eines Kalenderjahres fällig und

geleistet worden sind, werden die Ausgaben dem Kalenderjahr zugerechnet, zu dem sie wirtschaftlich gehören. Bei geringfügigen Beschäftigungsverhältnissen gehören die Abgaben für das in den Monaten Juli bis Dezember erzielte Arbeitsentgelt, die erst am 31. Januar des Folgejahres fällig werden, noch zu den begünstigten Aufwendungen des Vorjahres.

**Dienst- oder Werkswohnung**

Für vom Arbeitnehmer bewohnte Dienst- oder Werkswohnungen gilt Folgendes: Lässt der Arbeitgeber haushaltsnahe Dienstleistungen oder Handwerkerleistungen von einem (fremden) Dritten durchführen und trägt er hierfür die Aufwendungen, kann der Arbeitnehmer die Steuerermäßigung nach § 35 a EStG nur in Anspruch nehmen, wenn er die Aufwendungen – neben dem Mietwert der Wohnung – als Arbeitslohn (Sachbezug) versteuert und der Arbeitgeber eine Bescheinigung erteilt hat, aus der eine Aufteilung der Aufwendungen nach haushaltsnahen Dienstleistungen und Handwerkerleistungen, jeweils unterteilt nach Arbeitskosten und Materialkosten, hervorgeht. Zusätzlich muss aus der Bescheinigung hervorgehen, dass die Leistungen durch (fremde) Dritte ausgeführt worden sind und zu welchem Wert sie zusätzlich zum Mietwert der Wohnung als Arbeitslohn versteuert worden sind. Die Steuerermäßigung kann nicht in Anspruch genommen werden, wenn die haushaltsnahen Dienstleistungen oder Handwerkerleistungen durch eigenes Personal des Arbeitgebers durchgeführt worden sind. Auch pauschale Zahlungen des Mieters einer Dienstwohnung an den Vermieter für die Durchführung von Schönheitsreparaturen sind nicht begünstigt, wenn die Zahlungen unabhängig davon erfolgen, ob und ggf. in welcher Höhe der Vermieter tatsächlich Reparaturen an der Wohnung des Mieters in Auftrag gibt (BFH-Urteil vom 5. Juli 2012, BStBl. 2013 II S. 14). 45

**Altenteilerwohnung**

Für empfangene Sachleistungen, die ein Altenteiler als wiederkehrende Bezüge versteuert, kann er die Steuerermäßigung für Handwerkerleistungen im Haushalt in Anspruch nehmen, soweit sie auf seinen Haushalt entfallen und in der Person des die Sachleistungen erbringenden Altenteilsverpflichteten alle Voraussetzungen für die Gewährung der Steuerermäßigung vorliegen. 46

**Wohnungseigentümer und Mieter**

Bei Wohnungseigentümern und Mietern ist erforderlich, dass die auf den einzelnen Wohnungseigentümer und Mieter entfallenden Aufwendungen für haushaltsnahe Beschäftigungsverhältnisse und Dienstleistungen sowie für Handwerkerleistungen entweder in der Jahresabrechnung gesondert aufgeführt oder durch eine Bescheinigung des Verwalters oder Vermieters nachgewiesen sind. Aufwendungen für regelmäßig wiederkehrende Dienstleistungen (wie z. B. Reinigung des Treppenhauses, Gartenpflege, Hausmeister) werden grundsätzlich anhand der geleisteten Vorauszahlungen im Jahr der Vorauszahlungen berücksichtigt, einmalige Aufwendungen (wie z. B. Handwerkerrechnungen) dagegen erst im Jahr der Genehmigung der Jahresabrechnung. Soweit einmalige Aufwendungen durch eine Entnahme aus der Instandhaltungsrücklage finanziert werden, können die Aufwendungen erst im Jahr des Abflusses aus der Instandhaltungsrücklage oder im Jahr der Genehmigung der Jahresabrechnung, die den Abfluss aus der Instandhaltungsrücklage beinhaltet, berücksichtigt werden. Wird eine Jahresabrechnung von einer Verwaltungsgesellschaft mit abweichendem Wirtschaftsjahr erstellt, gilt nichts anderes. Es ist aber auch nicht zu 47 beanstanden, wenn Wohnungseigentümer die gesamten Aufwendungen erst in dem Jahr geltend machen, in dem die Jahresabrechnung im Rahmen der Eigentümerversammlung genehmigt worden ist. Für die zeitliche Berücksichtigung von Nebenkosten bei Mietern gelten die vorstehenden Ausführungen entsprechend.

48 Die Entscheidung, die Steuerermäßigung hinsichtlich der Aufwendungen für die regelmäßig wiederkehrenden Dienstleistungen im Jahr der Vorauszahlung und für die einmaligen Aufwendungen im Jahr der Beschlussfassung oder für die gesamten Aufwendungen die Steuerermäßigung erst im Jahr der Beschlussfassung in Anspruch zu nehmen, hat jeder einzelne Eigentümer bzw. Mieter im Rahmen seiner Einkommensteuererklärung zu treffen. Zur Bescheinigung des Datums über die Beschlussfassung s. Rdnr. 26 und Anlage 2[1]. Hat sich der Wohnungseigentümer bei einer Abrechnung mit einem abweichenden Wirtschaftsjahr dafür entschieden, die gesamten Aufwendungen erst in dem Jahr geltend zu machen, in dem die Jahresabrechnung im Rahmen der Eigentümerversammlung genehmigt worden ist, hat das zur Folge, dass hinsichtlich der regelmäßig wiederkehrenden Dienstleistungen die Aufwendungen des abweichenden Wirtschaftsjahres maßgebend sind. Eine davon abweichende andere zeitanteilige Aufteilung der Aufwendungen ist nicht möglich. Auch für den Fall, dass die Beschlussfassungen über die Jahresabrechnungen für zwei Kalenderjahre in einem Kalenderjahr getroffen werden, kann die Entscheidung für alle in einem Jahr genehmigten Abrechnungen, die Steuerermäßigung im Jahr der Vorauszahlung oder in dem der Beschlussfassung in Anspruch zu nehmen, nur einheitlich getroffen werden.

## 4. Nachweis

49 Die Steuerermäßigung ist davon abhängig, dass der Steuerpflichtige für die Aufwendungen eine Rechnung erhalten hat und die Zahlung auf das Konto des Erbringers der haushaltsnahen Dienstleistung, der Handwerkerleistung oder der Pflege- oder Betreuungsleistung erfolgt ist (§ 35 a Abs. 5 Satz 3 EStG). Dies gilt auch für Abschlagszahlungen (vgl. Rdnr. 40). Bei Wohnungseigentümern und Mietern müssen die sich aus Rdnr. 47 ergebenden Nachweise vorhanden sein. Es ist ausreichend, wenn der Steuerpflichtige die Nachweise auf Verlangen des Finanzamtes vorlegen kann.

### Zahlungsarten

50 Die Zahlung auf das Konto des Erbringers der Leistung erfolgt in der Regel durch Überweisung. Beträge, für deren Begleichung ein Dauerauftrag eingerichtet worden ist, die durch eine Einzugsermächtigung oder im SEPA-Lastschriftverfahren abgebucht oder im Wege des Online-Bankings überwiesen wurden, können i. V. m. dem Kontoauszug, der die Abbuchung ausweist, anerkannt werden. Das gilt auch bei Übergabe eines Verrechnungsschecks oder der Teilnahme am Electronic-Cash-Verfahren oder am elektronischen Lastschriftverfahren. Barzahlungen, Baranzahlungen oder Barteilzahlungen können nicht anerkannt werden (BFH-Urteil vom 20. November 2008, BStBl. 2009 II S. 307). Das gilt selbst dann, wenn die Barzahlung von dem Erbringer der haushaltsnahen Dienstleistung, der Pflege- und Betreuungsleistung oder der Handwerkerleistung tatsächlich ordnungsgemäß verbucht worden ist und der Steuerpflichtige einen Nachweis über die ordnungsgemäße Verbuchung erhal-

[1] Hier nicht abgedruckt.

ten hat oder wenn eine Barzahlung durch eine später veranlasste Zahlung auf das Konto des Erbringers der Leistung ersetzt wird.

**Konto eines Dritten**

Die Inanspruchnahme der Steuerermäßigung durch den Steuerpflichtigen ist **51** auch möglich, wenn die Aufwendungen für die haushaltsnahe Dienstleistung, Pflege- oder Betreuungsleistung oder die Handwerkerleistung, für die der Steuerpflichtige eine Rechnung erhalten hat, von dem Konto eines Dritten bezahlt worden sind.

**Vermittlung von Dienst- und Handwerkerleistungen (insbesondere Online-Portale)**

Dienst- und Handwerkerleistungen werden auch über Vermittlungsportale **52** angeboten. Diese treten dabei regelmäßig als Vermittler für die ausführenden Leistungskräfte, wie z. B. Reinigungskräfte oder Handwerker auf. Die Leistungskräfte stehen zu den Portalen nicht in einem abhängigen Arbeitsverhältnis. Die Leistungskräfte sind eigenverantwortlich, also gewerblich tätig. Es bestehen keine Bedenken, eine Rechnung, die das Portal im Auftrag der jeweiligen Leistungskraft erstellt, als Nachweis nach § 35 a Abs. 5 Satz 3 EStG anzuerkennen, wenn die nachfolgenden Voraussetzungen erfüllt sind. Aus der Rechnung müssen sich der Erbringer und der Empfänger der Leistung, ihre Art, der Zeitpunkt der Erbringung und der Inhalt der Leistung sowie die dafür vom Empfänger der Leistung jeweils geschuldeten Entgelte, ggf. aufgeteilt nach Arbeitszeit und Material, ergeben (BFH-Urteil vom 29. Januar 2009, BStBl. 2010 II S. 166). Der Erbringer oder die Erbringerin der Leistung ist mindestens mit Name, Anschrift und Steuernummer zu bezeichnen. Erfolgt die – unbare – Bezahlung der Rechnung nach Maßgabe der Rdnr. 50 an den Betreiber des Portals, steht dies einer Anerkennung der Zahlung gemäß § 35 a Abs. 5 Satz 3 EStG nicht entgegen.

## VI. Haushaltsbezogene Inanspruchnahme der Höchstbeträge

### 1. Ganzjährig ein gemeinsamer Haushalt

Die Höchstbeträge nach § 35 a EStG können nur haushaltsbezogen in An- **53** spruch genommen werden (§ 35 a Abs. 5 Satz 4 EStG). Leben z. B. zwei Alleinstehende im gesamten Veranlagungszeitraum in einem Haushalt, kann jeder seine tatsächlichen Aufwendungen grundsätzlich nur bis zur Höhe des hälftigen Abzugshöchstbetrages geltend machen. Das gilt auch, wenn beide Arbeitgeber im Rahmen eines haushaltsnahen Beschäftigungsverhältnisses oder Auftraggeber haushaltsnaher Dienstleistungen, von Pflege- und Betreuungsleistungen oder von Handwerkerleistungen sind. Eine andere Aufteilung des Höchstbetrages ist zulässig, wenn beide Steuerpflichtige einvernehmlich eine andere Aufteilung wählen und dies gegenüber dem Finanzamt anzeigen.

**Beispiel 9:**

Das Ehepaar A und B beschäftigt eine Haushaltshilfe im Rahmen einer geringfügigen Beschäftigung i. S. d. § 8 a SGB IV. Die Aufwendungen im Veranlagungszeitraum 2015 betragen einschließlich Abgaben 2800 €. Darüber hinaus sind Aufwendungen für die Inanspruchnahme von Handwerkerleistungen in Höhe von 4500 € (Arbeitskosten einschließlich Fahrtkosten) angefallen. Das Ehepaar wird zusammenveranlagt.

Die Steuerermäßigung nach § 35 a EStG wird für den Veranlagungszeitraum 2015 wie folgt berechnet:

| | |
|---|---|
| 20 % von 2800 € (§ 35 a Abs. 1 EStG) = 560 €, höchstens | 510 € |
| 20 % von 4500 € (§ 35 a Abs. 3 EStG) | 900 € |
| Steuerermäßigung 2015 | 1410 € |

Für die Steuerermäßigung ist es unerheblich, welcher Ehegatte die Aufwendungen bezahlt hat.

**Beispiel 10:**

C und D sind allein stehend und leben im gesamten Veranlagungszeitraum 2015 in einem gemeinsamen Haushalt. Sie beschäftigen eine Haushaltshilfe im Rahmen einer geringfügigen Beschäftigung i. S. d. § 8 a SGB IV. Dabei tritt D gegenüber der Minijob-Zentrale als Arbeitgeberin auf. Sie bezahlt den Lohn der Haushaltshilfe, und von ihrem Konto werden die Abgaben durch die Minijob-Zentrale abgebucht. Die Aufwendungen im Veranlagungszeitraum 2015 betragen einschließlich Abgaben 2500 €.

Darüber hinaus sind Aufwendungen für die Inanspruchnahme von Handwerkerleistungen wie folgt angefallen:

| | |
|---|---|
| Schornsteinfegerkosten | 180 € |
| Tapezieren und Streichen der Wohnräume (Arbeitskosten einschließlich Fahrtkosten) | 2400 € |
| Reparatur der Waschmaschine vor Ort (Arbeitskosten einschließlich Fahrtkosten) | 500 € |
| | 3080 € |

Das Tapezieren und Streichen der Wohnräume haben C und D je zur Hälfte bezahlt. Beide sind gegenüber dem Handwerksbetrieb als Auftraggeber aufgetreten.

Die Schornsteinfegerkosten hat C, die Waschmaschinenreparatur hat D bezahlt.

Die Steuerermäßigung nach § 35 a EStG wird für den Veranlagungszeitraum 2015 für die jeweilige Einzelveranlagung wie folgt berechnet:

| | | |
|---|---|---|
| **C:** | 20 % von (1/2 von 2400 € =) 1200 € (§ 35 a Abs. 3 EStG) | 240 € |
| | 20 % von 180 € (§ 35 a Abs. 3 EStG) | 36 € |
| | Steuerermäßigung 2015 für C | 276 € |
| **D:** | 20 % von 2500 € (§ 35 a Abs. 1 EStG) | 500 € |
| | 20 % von (1/2 von 2400 € =) 1200 € (§ 35 a Abs. 3 EStG) | 240 € |
| | 20 % von 500 € (§ 35 a Abs. 3 EStG) | 100 € |
| | Steuerermäßigung 2015 für D | 840 € |

C und D zeigen die abweichende Aufteilung gegenüber dem Finanzamt an.

**Beispiel 11:**

E und F sind allein stehend und leben im gesamten Veranlagungszeitraum 2015 in einem gemeinsamen Haushalt in einem Haus, das der F gehört. Von Juni bis September wird das Haus aufwendig renoviert. Für den Austausch der Fenster und Türen, das Tapezieren und Streichen der Wände, die Renovierung des Badezimmers und das Austauschen der Küche bezahlen sie an die Handwerker insgesamt 30 000 €. Auf Arbeitskosten einschließlich Fahrtkosten entfallen davon 10 000 €. E und F treten gegenüber den Handwerkern gemeinsam als Auftraggeber auf.

a) E und F teilen sich die Aufwendungen hälftig.

Die Steuerermäßigung nach § 35 a EStG wird für den Veranlagungszeitraum 2015 für die jeweilige Einzelveranlagung wie folgt berechnet:

| | | |
|---|---|---|
| **E:** | 20 % von (1/2 von 10 000 € =) 5000 € (§ 35 a Abs. 3 EStG) = 1000 €, höchstens 1/2 von 1200 € = | 600 € |
| **F:** | Die Steuerermäßigung für F wird ebenso berechnet | 600 € |

Damit beträgt der haushaltsbezogene in Anspruch genommene Höchstbetrag für die Steuerermäßigung für Handwerkerleistungen 1200 €.

b) E bezahlt 80 %, F bezahlt 20 % der Aufwendungen.

Die Steuerermäßigung nach § 35 a EStG wird für den Veranlagungszeitraum 2015 für die jeweilige Einzelveranlagung grundsätzlich wie folgt berechnet:

**E:** 20 % von (80 % von 10 000 € =) 8000 € (§ 35 a Abs. 3 EStG) = 1600 €, höchstens 1/2 von 1200 € = 600 €

**F:** 20 % von (20 % von 10 000 € =) 2000 € (§ 35 a Abs. 3 EStG) 400 €

E und F wählen eine andere Aufteilung des Höchstbetrages, und zwar nach dem Verhältnis, wie sie die Aufwendungen tatsächlich getragen haben. Sie zeigen dies auch gegenüber dem Finanzamt einvernehmlich an.

Die Steuerermäßigung nach § 35 a EStG wird für den Veranlagungszeitraum 2015 für die jeweilige Einzelveranlagung wie folgt berechnet:

**E:** 20 % von (80 % von 10 000 € =) 8000 € (§ 35 a Abs. 3 EStG) = 1600 €, höchstens 80 % von 1200 € = 960 €

**F:** 20 % von (20 % von 10 000 € =) 2000 € (§ 35 a Abs. 3 EStG) = 400 €, höchstens 20 % von 1200 € = 240 €

Damit beträgt der haushaltsbezogene in Anspruch genommene Höchstbetrag für die Steuerermäßigung für Handwerkerleistungen 1200 €.

c) F bezahlt als Hauseigentümerin die gesamten Aufwendungen.

Die Steuerermäßigung nach § 35 a EStG wird für den Veranlagungszeitraum 2015 für die Einzelveranlagung der F grundsätzlich wie folgt berechnet:

20 % von 10 000 € (§ 35 a Abs. 3 EStG) = 2000 €, höchstens 1/2 von 1200 € (= hälftiger Höchstbetrag) 600 €

E und F haben jedoch die Möglichkeit, eine andere Aufteilung des Höchstbetrags zu wählen, und zwar nach dem Verhältnis, wie sie die Aufwendungen tatsächlich getragen haben (also zu 100 % auf F und zu 0 % auf E). Sie zeigen dies auch gegenüber dem Finanzamt einvernehmlich an.

Die Steuerermäßigung nach § 35 a EStG wird für den Veranlagungszeitraum 2015 für die Einzelveranlagung der F nunmehr wie folgt berechnet:

20 % von 10 000 € (§ 35 a Abs. 3 EStG) = 2000 €, höchstens 1200 €

E hat keinen Anspruch auf die Steuerermäßigung, da er keine eigenen Aufwendungen getragen hat.

## 2. Unterjährige Begründung oder Beendigung eines gemeinsamen Haushalts

Begründen zwei bisher alleinstehende Steuerpflichtige mit eigenem Haushalt 54
im Laufe des Veranlagungszeitraums einen gemeinsamen Haushalt oder wird der gemeinsame Haushalt zweier Steuerpflichtiger während des Veranlagungszeitraums aufgelöst und es werden wieder zwei getrennte Haushalte begründet, kann bei Vorliegen der übrigen Voraussetzungen jeder Steuerpflichtige die vollen Höchstbeträge in diesem Veranlagungszeitraum in Anspruch nehmen. Das gilt unabhängig davon, ob im Veranlagungszeitraum der Begründung oder Auflösung des Haushalts auch die Eheschließung bzw. die Begründung der Lebenspartnerschaft, die Trennung oder die Ehescheidung bzw. die Auflösung der Lebenspartnerschaft erfolgt. Grundsätzlich kann jeder Steuerpflichtige seine tatsächlichen Aufwendungen im Rahmen des Höchstbetrags geltend machen. Darauf, in welchem der beiden Haushalte in diesem Veranlagungszeitraum die Aufwendungen angefallen sind, kommt es nicht an. Für die Inanspruchnahme des vollen Höchstbetrages pro Steuerpflichtigen ist maßgebend, dass von dem jeweiligen Steuerpflichtigen zumindest für einen Teil des Veranlagungszeitraums ein alleiniger Haushalt unterhalten worden ist.

**Beispiel 12:**

G und H begründen im Laufe des Veranlagungszeitraums 2016 einen gemeinsamen Haushalt. Vorher hatten beide jeweils einen eigenen Haushalt. Im Laufe des Jahres sind die folgenden Aufwendungen i. S. d. § 35 a EStG angefallen:

Einzelhaushalt des G: Aufwendungen für Renovierungsarbeiten der alten Wohnung im zeitlichen Zusammenhang mit dem Umzug (vgl. Rdnr. 3) in Höhe von 12 000 €. Davon entfallen auf Arbeitskosten einschließlich Fahrtkosten 6000 €.

Einzelhaushalt der H: Aufwendungen für Renovierungsarbeiten der alten Wohnung im zeitlichen Zusammenhang mit dem Umzug (vgl. Rdnr. 3) in Höhe von 2500 €. Davon entfallen auf Arbeitskosten einschließlich Fahrtkosten 1000 €.

Gemeinsamer Haushalt: Handwerkerkosten (Arbeitskosten) für die Montage der neuen Möbel 500 €, für das Verlegen von Elektroanschlüssen 200 €, für den Einbau der neuen Küche 400 €. Für Wohnungsreinigungsarbeiten haben sie ein Dienstleistungsunternehmen beauftragt. Die Aufwendungen betragen (ohne Materialkosten) bis Jahresende 800 €. G und H treten gegenüber den jeweiligen Firmen gemeinsam als Auftraggeber auf. Die Kosten teilen sie sich zu gleichen Teilen.

a) Die Steuerermäßigung nach § 35 a EStG wird für den Veranlagungszeitraum 2016 für die jeweilige Einzelveranlagung wie folgt berechnet:

| | | |
|---|---|---|
| **G:** | 20 % von 6000 € (§ 35 a Abs. 3 EStG) | 1200 € |
| **H:** | 20 % von (1/2 von 800 € =) 400 € (§ 35 a Abs. 2 EStG) | 80 € |
| | | 1280 € |

Durch die Handwerkerkosten für den Einzelhaushalt hat G seinen Höchstbetrag nach § 35 a Abs. 3 EStG ausgeschöpft. Die weiteren Handwerkerkosten in der neuen Wohnung bleiben bei ihm unberücksichtigt. Eine Übertragung des nicht ausgeschöpften Höchstbetrages von H ist nicht möglich.

| | | |
|---|---|---|
| **H:** | 20 % von 1000 € (§ 35 a Abs. 3 EStG) | 200 € |
| | 20 % von (1/2 von 1100 € =) 550 € (§ 35 a Abs. 3 EStG) | 110 € |
| | 20 % von (1/2 von 800 € =) 400 € (§ 35 a Abs. 2 EStG) | 80 € |
| | | 390 € |

H kann die durch G nicht nutzbare Steuerermäßigung nicht geltend machen, da sie insoweit nicht die Aufwendungen getragen hat.

b) G und H heiraten im November 2016. Sie beantragen die Zusammenveranlagung. Die Steuerermäßigung nach § 35 a EStG wird für 2016 wie folgt berechnet:

| | |
|---|---|
| 20 % von 800 € (§ 35 a Abs. 2 EStG) | 160 € |
| 20 % von 6000 € – Einzelhaushalt des G (§ 35 a Abs. 3 EStG) | 1200 € |
| 20 % von 1000 € – Einzelhaushalt der H (§ 35 a Abs. 3 EStG) | 200 € |
| 20 % von 1100 € – gemeinsamer Haushalt (Höchstbetrag für Handwerkerkosten ist bei H noch nicht ausgeschöpft; darauf, wer von beiden die Aufwendungen tatsächlich getragen hat, kommt es nicht an) | 220 € |
| | 1780 € |

**55** Wird unmittelbar nach Auflösung eines gemeinsamen Haushalts ein gemeinsamer Haushalt mit einer anderen Person begründet, kann derjenige Steuerpflichtige, der ganzjährig in gemeinsamen Haushalten gelebt hat, seine tatsächlichen Aufwendungen nur bis zur Höhe des hälftigen Abzugshöchstbetrages geltend machen. Hat für die andere Person für einen Teil des Veranlagungszeitraums ein alleiniger Haushalt bestanden, ist die Regelung der Rdnr. 54 sinngemäß anzuwenden mit der Folge, dass diese Person den vollen Höchstbetrag beanspruchen kann. Auch in diesen Fällen gilt, dass jeder Steuerpflichtige nur seine tatsächlichen Aufwendungen im Rahmen seines Höchstbetrages geltend machen kann. Etwas anderes gilt nur dann, wenn Steuerpflichtige, die zumindest für einen Teil des Veranlagungszeitraums zusammen einen Haushalt unterhalten haben, einvernehmlich eine andere Aufteilung des Höchstbetrages wählen und dies gegenüber dem Finanzamt anzeigen. Dabei kann für einen Steuerpflichtigen maximal der volle Höchstbetrag berücksichtigt werden.

**Beispiel 13:**

K und L leben seit Jahren zusammen, sind aber nicht verheiratet. Im Laufe des Veranlagungszeitraums 2016 zieht K aus der gemeinsamen Wohnung aus und zieht in den Haushalt von M ein. Für den Haushalt von K und L sind die folgenden Aufwendungen angefallen:

Haushaltsnahe Dienstleistungen nach § 35 a Abs. 2 EStG in Höhe von 800 €, Aufwendungen für Renovierung und Erhaltung des Haushalts in Höhe von 8000 €. Es handelt sich jeweils um Arbeitskosten. K und L waren beide Auftraggeber und haben sich die Kosten geteilt.

Für den Haushalt von L sind nach dem Auszug von K die folgenden Aufwendungen angefallen:

Haushaltsnahes Beschäftigungsverhältnis nach § 35 a Abs. 1 EStG in Höhe von 700 €, Aufwendungen für Renovierung (Arbeitskosten) 900 €.

Für den Haushalt von M sind bis zum Einzug von K die folgenden Aufwendungen angefallen:

Reparaturkosten der Spülmaschine (Arbeitskosten und Fahrtkostenpauschale) in Höhe von 100 €, Schornsteinfegerkosten (Schornstein-Kehrarbeiten einschließlich Reparatur- und Wartungsaufwand) in Höhe von 120 €.

Für den Haushalt von K und M sind die folgenden Aufwendungen angefallen:

Haushaltsnahe Dienstleistungen nach § 35 a Abs. 2 EStG in Höhe von 1000 € (Arbeitskosten). Die Aufwendungen trägt nur M.

Die Steuerermäßigung nach § 35 a EStG wird für den Veranlagungszeitraum 2016 für die jeweilige Einzelveranlagung wie folgt berechnet:

| | | |
|---|---|---|
| **K:** | 20 % von (1/2 von 800 € =) 400 € (§ 35 a Abs. 2 EStG) | 80 € |
| | 20 % von (1/2 von 8000 € =) 4000 € (§ 35 a Abs. 3 EStG) = 800 €, höchstens 1/2 von 1200 € | 600 € |
| | Steuerermäßigung 2016 für K | 680 € |
| | Durch die Handwerkerkosten für den Haushalt mit L hat K seinen Höchstbetrag nach § 35 a Abs. 3 EStG ausgeschöpft. | |
| **L:** | 20 % von (1/2 von 800 € =) 400 € (§ 35 a Abs. 2 EStG) | 80 € |
| | 20 % von (1/2 von 8000 € =) 4000 € (§ 35 a Abs. 3 EStG) | 800 € |
| | 20 % von 900 € (§ 35 a Abs. 3 EStG) | 180 € |
| | (Keine Begrenzung auf den hälftigen Höchstbetrag von 600 €, da L ab dem Auszug von K alleine einen eigenen Haushalt hat.) | |
| | 20 % von 700 € (§ 35 a Abs. 1 EStG) | 140 € |
| | Steuerermäßigung 2016 für L | 1200 € |
| | L kann die Aufwendungen in Höhe von 1000 € für Handwerkerleistungen, die sich bei K nicht als Steuerermäßigung ausgewirkt haben, auch mit dessen Zustimmung nicht geltend machen, da L insoweit die Aufwendungen nicht getragen hat. | |
| **M:** | 20 % von 220 € (§ 35 a Abs. 3 EStG) | 44 € |
| | 20 % von 1000 € (§ 35 a Abs. 2 EStG) | 200 € |
| | Steuerermäßigung 2016 für M | 244 € |

**Beispiel 14:**

N und O leben seit Jahren zusammen, sind aber nicht verheiratet. Im Laufe des Veranlagungszeitraums 2016 zieht N aus der gemeinsamen Wohnung aus und zieht in den Haushalt von P.

Für den Haushalt von N und O sind die folgenden Aufwendungen angefallen:

Aufwendungen für Renovierung und Erhaltung des Haushalts in Höhe von 5000 €. Es handelt sich jeweils um Arbeitskosten. N und O waren beide Auftraggeber. Die Kosten wurden zu 80 % von N getragen, 20 % von O.

Für den Haushalt von O sind nach dem Auszug von N die folgenden Aufwendungen angefallen: Aufwendungen für Renovierung (Arbeitskosten) 3000 €.

a) Die Steuerermäßigung nach § 35 a EStG wird für den Veranlagungszeitraum 2016 für die jeweilige Einzelveranlagung wie folgt berechnet:

| | | |
|---|---|---|
| **N:** | 20 % von (80 % von 5000 € =) 4000 € (§ 35 a Abs. 3 EStG) = 800 €, höchstens 1/2 von 1200 € | 600 € |
| | Durch die Handwerkerkosten hat N seinen Höchstbetrag nach § 35 a Abs. 3 EStG ausgeschöpft. | |
| **O:** | 20 % von (20 % von 5000 € =) 1000 € (§ 35 a Abs. 3 EStG) | 200 € |
| | 20 % von 3000 € (§ 35 a Abs. 3 EStG) | 600 € |
| | Steuerermäßigung 2016 für O | 800 € |

(Keine Begrenzung auf den hälftigen Höchstbetrag, da O ab dem Auszug von N einen eigenen Haushalt hat. Allerdings beträgt der Höchstbetrag nach § 35 a Abs. 3 EStG für O insgesamt 1200 €, dieser ist nicht überschritten.)

O kann die durch N nicht nutzbare Steuerermäßigung nicht geltend machen, da sie für ihren Aufwendungsteil die Steuerermäßigung ausgeschöpft hat und darüber hinaus die Aufwendungen nicht getragen hat.

b) N und O wählen eine andere Aufteilung des Höchstbetrages, und zwar nach dem Verhältnis, wie sie die Aufwendungen tatsächlich getragen haben. Sie zeigen dies auch gegenüber dem Finanzamt einvernehmlich an.
Die Steuerermäßigung nach § 35 a EStG wird für den Veranlagungszeitraum 2016 für die jeweilige Einzelveranlagung wie folgt berechnet:

| | | |
|---|---|---|
| **N:** | 20 % von (80 % von 5000 € =) 4000 €, höchstens von (80 % von 6000 € =) 4800 € (§ 35 a Abs. 3 EStG) | 800 € |
| | N kann seine vollen Aufwendungen nach § 35 a Abs. 3 EStG geltend machen. | |
| **O:** | 20 % von (20 % von 5000 € =) 1000 € (§ 35 a Abs. 3 EStG) | 200 € |
| | 20 % von 3000 € (§ 35 a Abs. 3 EStG) | 600 € |
| | | 800 € |

(Keine Begrenzung auf den hälftigen Höchstbetrag, da O ab dem Auszug von N einen eigenen Haushalt hat. Allerdings reduziert sich der Höchstbetrag nach § 35 a Abs. 3 EStG für O um den auf N übertragenen Anteil von (20 % von 1000 € =) 200 € auf (20 % von 5000 € =) 1000 €. Dieser ist nicht überschritten.)

## VII. Anrechnungsüberhang

**56** Entsteht bei einem Steuerpflichtigen infolge der Inanspruchnahme der Steuerermäßigung nach § 35 a EStG ein sog. Anrechnungsüberhang, kann der Steuerpflichtige weder die Festsetzung einer negativen Einkommensteuer in Höhe dieses Anrechnungsüberhangs noch die Feststellung einer rück- oder vortragsfähigen Steuerermäßigung beanspruchen (BFH-Urteil vom 29. Januar 2009, BStBl. II S. 411).

## VIII. Anwendungsregelung

**57** Dieses Schreiben ersetzt das BMF-Schreiben vom 10. Januar 2014 (BStBl. I S. 75) sowie das BMF-Schreiben vom 10. November 2015 (BStBl. I S. 876) und ist vorbehaltlich der Rdnr. 58 in allen noch offenen Fällen anzuwenden.

**58** Rdnrn. 14 bis 16 sind in allen noch offenen Fällen ab dem Veranlagungszeitraum 2009 anzuwenden. Rdnrn. 23 und 24 sind in allen noch offenen Fällen ab dem Veranlagungszeitraum 2011 anzuwenden.

**Anlage 1[1)]**

## Beispielhafte Aufzählung begünstigter und nicht begünstigter haushaltsnaher Dienstleistungen und Handwerkerleistungen (zu Rdnrn. 1, 2, 11, 19 bis 22)

| Maßnahme | begünstigt | nicht begünstigt | Haushaltsnahe Dienstleistung | Handwerkerleistung |
|---|---|---|---|---|
| Abfallmanagement („Vorsortierung“) | Kosten der Maßnahmen innerhalb des Haushalts | Kosten der Maßnahmen außerhalb des Haushalts | X | |
| Abflussrohrreinigung | X | | | X |
| Ablesedienste und Abrechnung bei Verbrauchszählern (Strom, Gas, Wasser, Heizung usw.) | | X | | |
| Abriss eines baufälligen Gebäudes mit anschließendem Neubau | | X | | |
| Abwasserentsorgung | Kosten der Maßnahmen (Wartung und Reinigung) innerhalb des Haushalts | Kosten der Maßnahmen außerhalb des Haushalts | | X |
| Arbeiten | | | | |
| 1. am Dach | X | | | X |
| 2. an Bodenbelägen | X | | | X |
| 3. an der Fassade | X | | | X |
| 4. an Garagen | X | | | X |
| 5. an Innen- und Außenwänden | X | | | X |
| 6. an Zu- und Ableitungen | X | | | X |

[1)] Anlage 1 geändert durch BMF v. 1.9.2021, BStBl. I S. 1494.

| Maßnahme | begünstigt | nicht begünstigt | Haushaltsnahe Dienstleistung | Handwerkerleistung |
|---|---|---|---|---|
| Architektenleistung | | X | | |
| Asbestsanierung | X | | | X |
| Aufstellen eines Baugerüstes | Arbeitskosten | Kosten der Miete und des Materials | | X |
| Aufzugnotruf | | X | | |
| Außenanlagen, Errichtung von Außenanlagen, wie z. B. Wege, Zäune | Arbeitskosten der Maßnahmen innerhalb des Haushalts | – Kosten der Maßnahmen außerhalb des Haushalts oder<br>– im Rahmen einer Neubaumaßnahme (Rdnr. 21) und<br>– Materialkosten | | X |
| Austausch oder Modernisierung<br>1. der Einbauküche<br>2. von Bodenbelägen (z. B. Teppichboden, Parkett, Fliesen)<br>3. von Fenstern, Treppen und Türen | <br>X, Rdnr. 39<br>X, Rdnr. 39<br>X, Rdnr. 39 | – Kosten der Maßnahmen außerhalb des Haushalts und<br>– Materialkosten | | <br>X<br>X<br>X |
| Beprobung des Trinkwassers | X | | | X |
| Bereitschaft der Erbringung einer ansonsten begünstigten Leistung im Bedarfsfall | als Nebenleistung einer ansonsten begünstigten Hauptleistung | nur Bereitschaft | Abgrenzung im Einzelfall | Abgrenzung im Einzelfall |

| Maßnahme | begünstigt | nicht begünstigt | Haushaltsnahe Dienstleistung | Handwerkerleistung |
|---|---|---|---|---|
| Brandschadensanierung | soweit nicht Versicherungsleistung | soweit Versicherungsleistung | | X |
| Carport, Terrassenüberdachung | Arbeitskosten | – Materialkosten sowie<br>– Kosten der Errichtung im Rahmen einer Neubaumaßnahme (Rdnr. 21) | | X |
| Chauffeur | | X | | |
| Dachgeschossausbau | Arbeitskosten | – Materialkosten sowie<br>– Kosten der Errichtung im Rahmen einer Neubaumaßnahme (Rdnr. 21) | | X |
| Dachrinnenreinigung | X | | | X |
| Datenverbindungen | s. Hausanschlüsse | s. Hausanschlüsse | | X |
| Deichabgaben | | X | | |
| Dichtheitsprüfung von Abwasseranlagen | X | | | X |
| Elektroanlagen | Kosten der Wartung und der Reparatur | | | X |
| Energiepass | | X, Rdnr. 20 | | |
| Entsorgungsleistung | als Nebenleistung (z. B. Bauschutt, Fliesenabfuhr bei Neuverfliesung eines Bades, Grünschnittabfuhr bei | als Hauptleistung | Abgrenzung im Einzelfall | Abgrenzung im Einzelfall |

| Maßnahme | begünstigt | nicht begünstigt | Haushaltsnahe Dienstleistung | Handwerkerleistung |
|---|---|---|---|---|
| | Gartenpflege) | | | |
| Erhaltungsmaßnahmen | Arbeitskosten der Maßnahmen innerhalb des Haushalts | – Kosten der Maßnahmen außerhalb des Haushalts sowie – Materialkosten | | X |
| Erstellung oder Hilfe bei der Erstellung der Steuererklärung | | X | | |
| „Essen auf Rädern" | | X | | |
| Fäkalienabfuhr | | X | | |
| Fahrstuhlkosten | Kosten der Wartung und der Reparatur | Betriebskosten | | X |
| Fertiggaragen | Arbeitskosten | – Kosten der Errichtung im Rahmen einer Neubaumaßnahme (Rdnr. 21) sowie – Materialkosten | | X |
| Feuerlöscher | Kosten der Wartung | | | X |
| Feuerstättenschau – s. auch Schornsteinfeger | X | | | X |
| Finanzierungsgutachten | | X, Rdnr. 20 | | |
| Fitnesstrainer | | X | | |
| Friseurleistungen | nur soweit sie zu den Pflege- und Betreuungsleistungen | alle anderen Friseurleistungen | X | |

| Maßnahme | begünstigt | nicht begünstigt | Haushaltsnahe Dienstleistung | Handwerkerleistung |
|---|---|---|---|---|
| | gehören, wenn sie im Leistungskatalog der Pflegeversicherung aufgeführt sind und der Behinderten-Pauschbetrag nicht geltend gemacht wird (Rdnrn. 12, 13, 32, 33) | | | |
| Fußbodenheizung | Kosten der Wartung, Spülung, Reparatur und des nachträglichen Einbaus | Materialkosten | | X |
| Gärtner | Kosten der Maßnahmen innerhalb des Haushalts | Kosten der Maßnahmen außerhalb des Haushalts | Abgrenzung im Einzelfall | Abgrenzung im Einzelfall |
| Gartengestaltung | Arbeitskosten | – Kosten der erstmaligen Anlage im Rahmen einer Neubaumaßnahme (Rdnr. 21) sowie<br>– Materialkosten | | X |
| Gartenpflegearbeiten (z. B. Rasen mähen, Hecken schneiden) | Kosten der Maßnahmen innerhalb des Haushalts einschließlich Grünschnittentsorgung als | Kosten der Maßnahmen außerhalb des Haushalts | X | |

| Maßnahme | begünstigt | nicht begünstigt | Haushaltsnahe Dienstleistung | Handwerkerleistung |
|---|---|---|---|---|
| | Nebenleistung | | | |
| Gemeinschaftsmaschinen bei Mietern (z. B. Waschmaschine, Trockner) | Kosten der Reparatur und der Wartung | Miete | | X |
| Gewerbeabfallentsorgung | | X | | |
| Grabpflege | | X | | |
| Graffitibeseitigung | X | | | X |
| Gutachtertätigkeiten | Abgrenzung im Einzelfall (Rdnr. 20) | Abgrenzung im Einzelfall (Rdnr. 20) | | X |
| Hand- und Fußpflege | nur soweit sie zu den Pflege- und Betreuungsleistungen gehören, wenn sie im Leistungskatalog der Pflegeversicherung aufgeführt sind und der Behinderten-Pauschbetrag nicht geltend gemacht wird (Rdnrn. 12, 13, 32, 33) | alle anderen Kosten | X | |
| Hausanschlüsse an Ver- und Entsorgungsnetze (Rdnr. 22) | z. B. Arbeitskosten für den Anschluss an das Trink- und Abwassernetz, der stromführenden Leitungen im Haus oder für das | – Kosten der erstmaligen Anschlüsse im Rahmen einer Neubaumaßnahme (Rdnr. 21) und<br>– die Kosten der Maßnah- | | X |

| Maßnahme | begünstigt | nicht begünstigt | Haushaltsnahe Dienstleistung | Handwerkerleistung |
|---|---|---|---|---|
| | Ermöglichen der Nutzung des Fernsehens und des Internets sowie die Kosten der Weiterführung der Anschlüsse, jeweils innerhalb des Haushalts | men außerhalb des Haushalts sowie – Materialkosten | | |
| Hausarbeiten, wie reinigen, Fenster putzen, bügeln usw. (Rdnr. 5) | X | | X | |
| Haushaltsauflösung | | X | | |
| Hauslehrer | | X | | |
| Hausmeister, Hauswart | X | | X | |
| Hausnotrufsystem | Kosten innerhalb des sog. „Betreuten Wohnens" im Rahmen einer Seniorenwohneinrichtung | Kosten für Hausnotrufsysteme außerhalb des sog. „Betreuten Wohnens" im Rahmen einer Seniorenwohneinrichtung | X | |
| Hausreinigung | X | | X | |
| Hausschwammbeseitigung | X | | | X |
| Hausverwalterkosten oder -gebühren | | X | | |
| Heizkosten:<br>1. Verbrauch<br>2. Gerätemiete für Zähler | | <br>X<br>X | | |

| Maßnahme | begünstigt | nicht begünstigt | Haushaltsnahe Dienstleistung | Handwerkerleistung |
|---|---|---|---|---|
| 3. Garantiewartungsgebühren | X | | | X |
| 4. Heizungswartung und Reparatur | X | | | X |
| 5. Austausch der Zähler nach dem Eichgesetz | X | | | X |
| 6. Schornsteinfeger | X | | | X |
| 7. Kosten des Ablesedienstes | | X | | |
| 8. Kosten der Abrechnung an sich | | X | | |
| Hilfe im Haushalt (Rdnrn. 14 –16) – s. Hausarbeiten | | | | |
| Insektenschutzgitter | Kosten der Montage und der Reparatur | Materialkosten | | X |
| Kamin-Einbau | Arbeitskosten | – Kosten der Errichtung im Rahmen einer Neubaumaßnahme (Rdnr. 21) sowie<br>– Materialkosten | | X |
| Kaminkehrer – s. Schornsteinfeger | | | | |
| Kellerausbau | Arbeitskosten | – Kosten der Errichtung im Rahmen einer Neubaumaßnah- | | X |

| Maßnahme | begünstigt | nicht begünstigt | Haushaltsnahe Dienstleistung | Handwerkerleistung |
|---|---|---|---|---|
| | | me (Rdnr. 21) sowie – Materialkosten | | |
| Kellerschachtabdeckungen | Kosten der Montage und der Reparatur | Materialkosten | | X |
| Kfz. – s. Reparatur | | X | | |
| Kinderbetreuungskosten | soweit sie nicht unter § 10 Abs. 1 Nr. 5 EStG fallen und für eine Leistung im Haushalt des Steuerpflichtigen anfallen | i. S. v. § 10 Abs. 1 Nr. 5 EStG (Rdnr. 34) | X | |
| Klavierstimmer | X | | | X |
| Kleidungs- und Wäschepflege und -reinigung | Kosten der Maßnahmen innerhalb des Haushalts | Kosten der Maßnahmen außerhalb des Haushalts (Rdnr. 39) | X | |
| Kontrollmaßnahmen des TÜV, z. B. für den Fahrstuhl oder den Treppenlift | X, Rdnr. 20 | | | X |
| Kosmetikleistungen | nur soweit sie zu den Pflege- und Betreuungsleistungen gehören, wenn sie im Leistungskatalog der Pflegeversicherung auf- | alle anderen | X | |

| Maßnahme | begünstigt | nicht begünstigt | Haushaltsnahe Dienstleistung | Handwerkerleistung |
|---|---|---|---|---|
| | geführt sind (und der Behinderten-Pauschbetrag nicht geltend gemacht wird; s. Rdnrn. 12, 13, 32, 33) | | | |
| Laubentfernung | Kosten der Maßnahmen innerhalb des Haushalts | Kosten der Maßnahmen außerhalb des Haushalts | X | |
| Legionellenprüfung | X, Rdnr. 20 | | | X |
| Leibwächter | | X | | |
| Makler | | X | | |
| Material und sonstige im Zusammenhang mit der Leistung gelieferte Waren einschließlich darauf entfallende Umsatzsteuer | | z. B. Farbe, Fliesen, Pflastersteine, Mörtel, Sand, Tapeten, Teppichboden und andere Fußbodenbeläge, Waren, Stützstrümpfe usw. (Rdnr. 39) | | |
| Mauerwerksanierung | X | | | X |
| Miete von Verbrauchszählern (Strom, Gas, Wasser, Heizung usw.) | | X | | |
| Modernisierungsmaßnahmen (z. B. Erneuerung des Badezimmers oder der Küche) | X, Rdnr. 39 | – Kosten der Maßnahmen außerhalb des Haushalts sowie<br>– Materialkosten | | X |
| Montageleistungen im | X | | | X |

| Maßnahme | begünstigt | nicht begünstigt | Haushaltsnahe Dienstleistung | Handwerkerleistung |
|---|---|---|---|---|
| Haushalt, z. B. beim Erwerb neuer Möbel | | | | |
| Müllabfuhr (Entsorgung steht im Vordergrund) | | X | | |
| Müllentsorgungsanlage (Müllschlucker) | Kosten der Wartung und der Reparatur | | | X |
| Müllschränke | Kosten der Anlieferung und der Aufstellung | Materialkosten | | X |
| Nebenpflichten der Haushaltshilfe, wie kleine Botengänge oder Begleitung von Kindern, kranken, alten oder pflegebedürftigen Personen bei Einkäufen oder zum Arztbesuch | X | | X | |
| Neubaumaßnahmen | | Rdnr. 21 | | |
| Notbereitschaft/Notfalldienste | soweit es sich um eine nicht gesondert berechnete Nebenleistung z. B. im Rahmen eines Wartungsvertrages handelt | alle anderen reinen Bereitschaftsdienste | X | |
| Öffentlich-rechtlicher Erschließungsbeitrag | | X | | |
| Öffentlich-rechtlicher Stra- | | X | | |

| Maßnahme | begünstigt | nicht begünstigt | Haushaltsnahe Dienstleistung | Handwerkerleistung |
|---|---|---|---|---|
| ßenausbaubeitrag/-rückbaubeitrag | | | | |
| Pflasterarbeiten | Kosten der Maßnahmen innerhalb des Haushalts | – Materialkosten sowie<br>– alle Maßnahmen außerhalb des Haushalts | | X |
| Pflegebett | | X | | |
| Pflege der Außenanlagen | innerhalb des Haushalts | Kosten der Maßnahmen außerhalb des Haushalts | X | |
| Pilzbekämpfung | X | | | X |
| Prüfdienste/Prüfleistung (z. B. bei Aufzügen) | X, Rdnr. 20 | | | X |
| Rechtsberatung | | X | | |
| Reinigung des Haushalts | X | | X | |
| Reparatur, Wartung und Pflege | | | | |
| 1. von Bodenbelägen (z. B. Teppichboden, Parkett, Fliesen) | X | | Pflege | Reparatur und Wartung |
| 2. von Fenstern und Türen (innen und außen) | X, Rdnr. 39 | | Pflege | Reparatur und Wartung |
| 3. von Gegenständen im Haushalt des Steuerpflichtigen (z. B. Waschmaschine, Geschirrspüler, Herd, Fern- | soweit es sich um Gegenstände handelt, die in der Hausratversicherung mitversichert werden können (Rdnr. 39) | Kosten der Maßnahmen außerhalb des Haushalts | Pflege im Haushalt | Reparatur und Wartung im Haushalt |

| Maßnahme | begünstigt | nicht begünstigt | Haushaltsnahe Dienstleistung | Handwerkerleistung |
|---|---|---|---|---|
| seher, Personalcomputer und andere) | | | | |
| 4. von Heizungsanlagen, Elektro-, Gas- und Wasserinstallationen | Kosten der Maßnahmen innerhalb des Haushalts | Kosten der Maßnahmen außerhalb des Haushalts | | X |
| 5. von Kraftfahrzeugen (einschließlich TÜV-Gebühren) | | X | | |
| 6. von Wandschränken | X | | | X |
| Schadensfeststellung, Ursachenfeststellung (z. B. bei Wasserschaden, Rohrbruch usw.) | X | | | X |
| Schadstoffsanierung | X | | | X |
| Schädlings- und Ungezieferbekämpfung | X | | Abgrenzung im Einzelfall | Abgrenzung im Einzelfall |
| Schornsteinfeger | X | | | X |
| Sekretär; hierunter fallen auch Dienstleistungen in Form von Büroarbeiten (z. B. Ablageorganisation, Erledigung von Behördengängen, Stellen von Anträgen bei Versicherungen | | X | | |

| Maßnahme | begünstigt | nicht begünstigt | Haushaltsnahe Dienstleistung | Handwerkerleistung |
|---|---|---|---|---|
| und Banken usw.) | | | | |
| Sperrmüllabfuhr | | X | | |
| Statiker | | X | | |
| Straßenreinigung | | | | |
| – Fahrbahn | | X | | |
| – Gehweg | X | | X | |
| Tagesmutter bei Betreuung im Haushalt des Steuerpflichtigen | soweit es sich bei den Aufwendungen nicht um Kinderbetreuungskosten (Rdnr. 34) handelt | Kinderbetreuungskosten (Rdnr. 34) | X | |
| Taubenabwehr | X | | Abgrenzung im Einzelfall | Abgrenzung im Einzelfall |
| Technische Prüfdienste (z. B. bei Aufzügen) | X, Rdnr. 20 | | | X |
| Terrassenüberdachung | Arbeitskosten | – Kosten der Errichtung im Rahmen einer Neubaumaßnahme (Rdnr. 21) sowie<br>– Materialkosten | | X |
| Tierbetreuungs- oder – pflegekosten | Kosten der Maßnahmen innerhalb des Haushalts (z. B. Fellpflege, Ausführen, Reinigungsarbeiten) | Kosten der Maßnahmen außerhalb des Haushalts, z. B. Tierpensionen | X | |

| Maßnahme | begünstigt | nicht begünstigt | Haushaltsnahe Dienstleistung | Handwerkerleistung |
|---|---|---|---|---|
| Trockeneisreinigung | X | | | X |
| Trockenlegung von Mauerwerk | Kosten der Maßnahmen innerhalb des Haushalts (Arbeiten mit Maschinen vor Ort) | Kosten, die durch die ausschließliche Maschinenanmietung entstehen | | X |
| Überprüfung von Anlagen (z. B. Gebühr für den Schornsteinfeger oder für die Kontrolle von Blitzschutzanlagen) | X, Rdnr. 20 | | | X |
| Umzäunung, Stützmauer o.ä. | Arbeitskosten für Maßnahmen innerhalb des Haushalts | – Kosten der Maßnahmen außerhalb des Haushalts oder<br>– Kosten der Errichtung im Rahmen einer Neubaumaßnahme (Rdnr. 21) sowie<br>– Materialkosten | | X |
| Umzugsdienstleistungen | für Privatpersonen (Rdnrn. 3, 31) | | Abgrenzung im Einzelfall | Abgrenzung im Einzelfall |
| Verarbeitung von Verbrauchsgütern im Haushalt des Steuerpflichtigen | X | | X | |
| Verbrauchsmittel, wie z. B. Schmier-, Reinigungs- oder | X | | als Nebenleistung (Rdnr. 39) – | als Nebenleistung (Rdnr. 39) – |

| Maßnahme | begünstigt | nicht begünstigt | Haushaltsnahe Dienstleistung | Handwerkerleistung |
|---|---|---|---|---|
| Spülmittel sowie Streugut | | | Abgrenzung im Einzelfall | Abgrenzung im Einzelfall |
| Verwaltergebühr | | X | | |
| Wachdienst | Kosten der Maßnahmen innerhalb des Haushalts | Kosten der Maßnahmen außerhalb des Haushalts | X | |
| Wärmedämmmaßnahmen | X | | | X |
| Wartung: | | | | |
| 1. Aufzug | X | | | X |
| 2. Heizung und Öltankanlagen (einschließlich Tankreinigung) | X | | | X |
| 3. Feuerlöscher | X | | | X |
| 4. $CO_2$-Warngeräte | X | | | X |
| 5. Pumpen | X | | | X |
| 6. Abwasser-Rückstau-Sicherungen | X | | | X |
| Wasserschadensanierung | X | soweit Versicherungsleistung | | X |
| Wasserversorgung | Kosten der Wartung und der Reparatur | | | X |
| Wertermittlung | | X, Rdnr. 20 | | |
| Winterdienst | | | | |
| – Fahrbahn | | X | | |
| – Gehweg | X | | X | |
| Zubereitung von Mahlzeiten im Haushalt des Steuerpflichtigen | X | | X | |

# I § 35 c/1. Schreiben betr. steuerliche Förderung energetischer Maßnahmen an zu eigenen Wohnzwecken genutzten Gebäuden; Einzelfragen zu § 35 c EStG

Vom 14. Januar 2021 (BStBl. I S. 103)

(BMF IV C 1 – S 2296-c/20/10004 :006; DOK 2021/0031094)

**1 Anlage**

Unter Bezugnahme auf das Ergebnis der Erörterungen mit den obersten Finanzbehörden der Länder gilt für die Anwendung von § 35 c EStG und der Verordnung zur Bestimmung von Mindestanforderungen für energetische Maßnahmen bei zu eigenen Wohnzwecken genutzten Gebäuden nach § 35 c des Einkommensteuergesetzes (Energetische Sanierungsmaßnahmen-Verordnung – ESanMV) Folgendes:

**Inhaltsverzeichnis**

## 1. Begünstigtes Objekt

1 Die Steuerermäßigung nach § 35 c EStG kann für energetische Maßnahmen an einem in der Europäischen Union oder dem Europäischen Wirtschaftsraum belegenen und zu eigenen Wohnzwecken (vgl. Rzn. 9 ff.) genutzten eigenen Gebäude beantragt werden. Begünstigt sind

- die Wohnung (vgl. Rz. 2) im eigenen Haus,
  (sowohl die eigene Wohnung i. S. d. Wohnungseigentumsgesetzes als auch die rechtlich nicht getrennte Wohnung eines im (Allein- oder Mit-)Eigentum stehenden Zwei- oder Mehrfamilienhauses (vgl. Rz. 30)),
- die Wohnung im (Allein- oder Mit-)Eigentum stehenden Ferienhaus oder die im (Allein- oder Mit-)Eigentum stehende Ferienwohnung sowie
- die im Rahmen einer doppelten Haushaltsführung genutzte im (Allein- oder Mit-)Eigentum stehende Wohnung,

wenn das Objekt ausschließlich zu eigenen Wohnzwecken genutzt und nicht – auch nicht kurzfristig – vermietet wird. Gefördert werden auch energetische Maßnahmen an Zubehörräumen eines begünstigten Objekts wie z. B. Kellerräume, Abstellräume, Bodenräume, Trockenräume, Heizungsräume und Garagen, wenn die energetische Maßnahme zusammen mit der energetischen Maßnahme des begünstigten Objekts erfolgt, z. B. Dämmung der Kellerdecke.

## 2. Begriff der Wohnung

2 Eine Wohnung i. S. d. Rz. 1 ist gemäß § 181 Abs. 9 BewG die Zusammenfassung einer Mehrheit von Räumen, die in ihrer Gesamtheit so beschaffen sein muss, dass die Führung eines selbständigen Haushalts möglich ist. Die Zusammenfassung einer Mehrheit von Räumen muss eine von anderen Wohnungen oder Räumen, insbesondere Wohnräumen, baulich getrennte, in sich abgeschlossene Wohneinheit bilden und einen selbständigen Zugang haben. Außerdem ist es erforderlich, dass die für die Führung eines selbständigen Haushalts notwendigen Nebenräume (Küche, Bad oder Dusche, Toilette) vorhanden sind. Außerhalb der Wohnung belegene Räume werden dabei nicht berücksichtigt. Auf die Art des Gebäudes, in dem sich die Wohnung befindet, kommt es nicht an.

## 3. Anspruchsberechtigte Person

3 Anspruchsberechtigt ist grundsätzlich der bürgerlich-rechtliche Eigentümer. Übt eine andere Person als der bürgerlich-rechtliche Eigentümer die tatsächliche Herrschaft über das begünstigte Objekt dergestalt aus, dass sie den bürgerlich-rechtlichen Eigentümer für die gewöhnliche Nutzungsdauer von der Einwirkung auf das begünstigte Objekt ausschließen kann (wirtschaftlicher Eigentümer, § 39 Abs. 2 Nr. 1 Satz 1 AO), so ist diese die anspruchsberechtigte Person. Anspruchsberechtigt ist auch, wer durch Übergang von Nutzen und Lasten wirtschaftlicher Eigentümer eines neu erworbenen begünstigten Objekts ist und lediglich mangels Grundbucheintragung noch nicht als bürgerlich-rechtlicher Eigentümer des begünstigten Objekts gilt (§ 873 i. V. m. § 925 BGB).

### a) Bürgerlich-rechtlicher Eigentümer

Bürgerlich-rechtlicher Eigentümer ist, wer als Eigentümer am Grundstück oder an der Wohnung (Sondereigentum) in Verbindung mit dem Miteigentumsanteil an dem gemeinschaftlichen Eigentum im Grundbuch eingetragen ist. 4

Bürgerlich-rechtliches Eigentum am Gebäude hat auch der Erbbauberechtigte und diejenige Person, die das Gebäude auf einem Grundstück hergestellt hat, an dem ihr ein Nutzungsrecht nach den §§ 287 oder 291 des Zivilgesetzbuches DDR vor dem Wirksamwerden des Beitritts verliehen worden ist. 5

### b) Wirtschaftlicher Eigentümer

Wirtschaftliches Eigentum wird durch dinglich (z. B. Nießbrauch) oder schuldrechtlich begründete Nutzungsrechte (z. B. Miete) in der Regel nicht vermittelt (BFH-Urteil vom 24. Juni 2004 III R 50/01, BStBl. 2005 II S. 80). Die dinglich oder schuldrechtlich nutzungsberechtigte Person kann weder wie ein Eigentümer mit der Sache nach Belieben verfahren noch den Eigentümer wirtschaftlich ausschließen. 6

Anspruchsberechtigt ist aber auch, wer auf einem fremden Grundstück mit Zustimmung des Eigentümers auf eigene Rechnung eine Wohnung errichtet hat (BFH-Urteil vom 5. Juli 2018 VI R 67/15, BStBl. II S. 798) und gemäß den im Voraus getroffenen und tatsächlich durchgeführten Vereinbarungen die wirtschaftliche Verfügungsmacht innehat, weil die Wohnung nach voraussichtlicher Dauer des Nutzungsverhältnisses bei normalem, der gewählten Gestaltung entsprechenden Verlauf wirtschaftlich verbraucht ist. Voraussetzung ist, dass die nutzungsberechtigte Person das uneingeschränkte Nutzungsrecht erlangt und frei darüber verfügen kann oder bei Beendigung einen Anspruch auf Entschädigung hat. Gleiches gilt, wenn der nutzungsberechtigten Person für den Fall der Nutzungsbeendigung gegenüber dem Grundstückseigentümer ein Anspruch auf Ersatz des vollen Verkehrswertes der Wohnung zusteht. Ein solcher Anspruch kann sich aus dem Vertrag oder Gesetz ergeben. 7

Der Dauerwohnberechtigte i. S. d. §§ 31 ff. Wohnungseigentumsgesetz ist nur dann als wirtschaftlicher Eigentümer der Wohnung anzusehen, wenn seine Rechte und Pflichten bei wirtschaftlicher Betrachtungsweise den Rechten und Pflichten eines Eigentümers der Wohnung entsprechen und wenn er aufgrund des Dauerwohnrechtsvertrags bei Beendigung des Dauerwohnrechts eine angemessene Entschädigung erhält (BFH-Urteile vom 11. September 1964 VI 56/63 U, BStBl. 1965 III S. 8, und vom 22. Oktober 1985 IX R 48/82, BStBl. 1986 II S. 258). 8

## 4. Nutzung zu eigenen Wohnzwecken

Eine Wohnung wird zu eigenen Wohnzwecken genutzt, wenn sie zumindest zeitweise vom Eigentümer tatsächlich genutzt wird. Ausreichend ist, wenn die Wohnung im Zusammenhang mit der energetischen Maßnahme nutzbar gemacht wird. Im Bereithalten einer tatsächlich leerstehenden Wohnung liegt grundsätzlich keine Nutzung zu eigenen Wohnzwecken. Ein Leerstand vor Beginn der Nutzung zu eigenen Wohnzwecken ist jedoch unschädlich, wenn er mit der beabsichtigten Nutzung des begünstigten Objekts zu eigenen Wohnzwecken zusammenhängt. Ein Zusammenhang ist regelmäßig 9 gegeben, wenn die energetischen Maßnahmen unmittelbar vor Beginn der Nutzung zu eigenen Wohnzwecken erfolgen (z. B. zwischen dem Erwerb und dem Einzug). Dies gilt auch für mehrjährige Sanierungsmaßnahmen, wenn der Leerstandszeitraum zwischen dem Beginn der energetischen Sanierungsmaßnahme und dem Einzug durch die Gesamtbaumaßnahme bedingt ist.

**10** Eine Wohnung wird zu eigenen Wohnzwecken durch die anspruchsberechtigte Person genutzt, wenn diese die Wohnung allein, mit ihren Familienangehörigen oder gemeinsam mit Dritten bewohnt. Eine Wohnung wird auch dann zu eigenen Wohnzwecken genutzt, wenn diese an ein einkommensteuerlich zu berücksichtigendes Kind i. S. d. § 32 Abs. 1 bis 5 EStG unentgeltlich überlassen wird, für das die anspruchsberechtigte Person einen Anspruch auf Kindergeld hat oder die Voraussetzungen für die Gewährung der Freibeträge für Kinder nach § 32 EStG erfüllt. Die unentgeltliche Überlassung der gesamten Wohnung an andere – auch unterhaltsberechtigte – Angehörige oder fremde Dritte stellt keine Nutzung zu eigenen Wohnzwecken dar.

**11** Die Steuerermäßigung nach § 35 c EStG kann auch in Anspruch genommen werden, wenn nur Teile einer im Übrigen zu eigenen Wohnzwecken genutzten Wohnung unentgeltlich zu Wohnzwecken überlassen werden (vgl. Rz. 16).

### a) Gemischte Nutzung einer Wohnung

**12** Werden Teile einer Wohnung nicht zu eigenen Wohnzwecken genutzt (z. B. ein häusliches Arbeitszimmer, das ausschließlich oder nahezu ausschließlich für betriebliche oder berufliche Zwecke genutzt wird, andere betrieblich/beruflich genutzte oder vermietete Räume), ist dies für die Gewährung der Steuerermäßigung nach § 35 c EStG dem Grunde nach unschädlich. Die Aufwendungen für die energetischen Maßnahmen sind jedoch um den Teil der Aufwendungen zu kürzen, der auf den nicht zu eigenen Wohnzwecken genutzten Teil der Wohnung entfällt. Für die Kürzung ist es unerheblich, ob die Aufwendungen für das häusliche Arbeitszimmer in voller Höhe oder gemäß § 4 Abs. 5 Satz 1 Nr. 6 b i. V. m. § 9 Abs. 5 EStG nur begrenzt auf den Höchstbetrag von 1250 Euro berücksichtigt werden.

**13** Aufwendungen, die eindeutig und klar abgrenzbar ausschließlich auf einen Teil der Wohnung entfallen, sind unmittelbar diesem Teil zuzuordnen. Im Übrigen sind die Aufwendungen für energetische Maßnahmen grundsätzlich nach dem Verhältnis der Nutzfläche der eigenen Wohnzwecken dienenden Räume zur gesamten Nutzfläche der Wohnung aufzuteilen. Der auf ein häusliches Arbeitszimmer entfallende Anteil der Aufwendungen bestimmt sich nach dem Verhältnis der Nutzfläche des häuslichen Arbeitszimmers zur gesamten Nutzfläche der Wohnung einschließlich des Arbeitszimmers. Das gilt auch für ein im Keller belegenes häusliches Arbeitszimmer (Rz. 6 a des BMF-Schreibens vom 6. Oktober 2017, BStBl. I S. 1320[1]). Der Höchstbetrag der Steuerermäßigung von 40 000 Euro (vgl. Rz. 25) mindert sich hierdurch nicht.

**Beispiel 1:**

A und B lassen die Dachflächen ihres zu eigenen Wohnzwecken genutzten Einfamilienhauses dämmen. Das Einfamilienhaus hat eine Gesamtfläche von 150 $m^2$. Im Haus befindet sich ein

[1] Nr. **1** § 4/9.

15 m² großes Arbeitszimmer, das von A und B beruflich für ihre nichtselbständige Tätigkeit genutzt wird. Die Voraussetzungen für den Vollabzug der Aufwendungen für das Arbeitszimmer nach § 9 Abs. 5 i. V. m. § 4 Abs. 5 Satz 1 Nr. 6 b EStG als Werbungskosten sind erfüllt. A und B werden zusammen zur Einkommensteuer veranlagt. Die Aufwendungen für die energetische Maßnahme der Dachdämmung sind um den auf das Arbeitszimmer entfallenden Teil (10 Prozent) zu kürzen (vgl. Rz. 12). Dieser Teil der Aufwendungen ist nach den allgemeinen Grundsätzen für den Werbungskostenabzug bei den Einkünften aus nichtselbständiger Arbeit gemäß § 19 i. V. m. § 9 EStG als Bestandteil der abziehbaren Aufwendungen für das häusliche Arbeitszimmer zu berücksichtigen. Für die übrigen 90 Prozent der Aufwendungen können A und B die Steuerermäßigung nach § 35 c EStG beantragen. Eine Kürzung des Höchstbetrages der Steuerermäßigung von 40 000 Euro erfolgt nicht.

Werden Teile einer im Übrigen zu eigenen Wohnzwecken genutzten Wohnung vorübergehend vermietet und übersteigen die Einnahmen hieraus nicht 520 Euro im Veranlagungszeitraum (VZ), bedarf es aus Vereinfachungsgründen keiner Aufteilung und Kürzung der Aufwendungen für die energetischen Maßnahmen, wenn nach R 21.2 Abs. 1 EStR 2012 im Einverständnis mit der steuerpflichtigen Person von der Besteuerung der Einkünfte abgesehen wird. 14

Wird auf dem Dach eines zu eigenen Wohnzwecken genutzten Wohngebäudes eine Photovoltaikanlage errichtet und werden mit dieser Anlage gewerbliche Einkünfte gemäß § 15 EStG erzielt, bleibt das Wohngebäude ein begünstigtes Objekt i. S. d. § 35 c EStG. Werden im Zuge einer solchen Installation Aufwendungen für eine als energetische Maßnahme geförderte (Dach-)Sanierung getätigt, handelt es sich regelmäßig um gemischt veranlasste Aufwendungen, für die eine Aufteilung mangels geeignetem Aufteilungsmaßstab nicht möglich ist. Die Aufwendungen für die (Dach-)Sanierung sind vollumfänglich nach § 35 c EStG begünstigt. Ein (anteiliger) Abzug der Aufwendungen für die (Dach-)Sanierung als Betriebsausgabe bei den gewerblichen Einkünften kommt nicht in Betracht. 15

### b) Unentgeltliche Überlassung von Teilen einer im Übrigen zu eigenen Wohnzwecken genutzten Wohnung

Die Aufwendungen für die energetischen Maßnahmen sind nicht zu kürzen, wenn Teile einer im Übrigen zu eigenen Wohnzwecken genutzten Wohnung durch die steuerpflichtige Person unentgeltlich zu Wohnzwecken überlassen werden. Eine unentgeltliche Überlassung zu Wohnzwecken liegt auch vor, wenn an einem Teil der im Übrigen zu eigenen Wohnzwecken genutzten Wohnung ein obligatorisches oder dingliches Zuwendungs- oder Vermächtniswohnrecht zugunsten einer dritten Person besteht. 16

Wird hingegen ein Teil der im Übrigen zu eigenen Wohnzwecken genutzten Wohnung aufgrund eines vorbehaltenen obligatorischen oder dinglichen Wohnrechts durch eine dritte Person genutzt, handelt es sich nicht um eine unentgeltliche Überlassung durch die steuerpflichtige Person. In diesem Fall sind die Aufwendungen für die energetische Maßnahme um die Aufwendungen zu kürzen, die auf den wohnrechtsbelasteten Teil der Wohnung entfallen. Eine Kürzung des Höchstbetrages der Steuerermäßigung von 40 000 Euro erfolgt nicht. 17

### c) Beginn der erstmaligen Nutzung zu eigenen Wohnzwecken

18 Die steuerpflichtige Person kann nur die Aufwendungen für energetische Maßnahmen geltend machen, die ab dem Tag der erstmaligen Nutzung zu eigenen Wohnzwecken (vgl. Rz. 10) entstanden sind. Der Begriff „Nutzung zu eigenen Wohnzwecken" ist nicht in jedem Fall mit „tatsächlichem Bewohnen" gleichzusetzen. Beginn der erstmaligen Nutzung zu eigenen Wohnzwecken ist grundsätzlich der Tag des Einzugs. Beabsichtigt die steuerpflichtige Person umzuziehen und hat sie für diesen Zweck eine Wohnung oder ein Haus erworben und sind in diesem Fall Aufwendungen für energetische Maßnahmen bereits vor dem Tag des Einzugs entstanden, so gilt der Beginn der energetischen Maßnahmen bereits als Tag der erstmaligen Nutzung zu eigenen Wohnzwecken, sofern das Haus/die Wohnung während der Durchführung der energetischen Maßnahmen nicht noch vermietet ist, sondern leer steht (vgl. Rz. 9).

War der Eigentümer bisher Mieter oder nutzungsberechtigte Person der Wohnung, ist Tag der erstmaligen Nutzung zu eigenen Wohnzwecken der Zeitpunkt, an dem das wirtschaftliche Eigentum auf ihn übergeht (vgl. Rz. 3).

**Beispiel 2:**

A erwirbt im August 2022 ein über 20 Jahre altes leerstehendes Einfamilienhaus und lässt dieses im Anschluss grundlegend renovieren. Zu den Renovierungskosten gehören auch nach § 35 c EStG begünstigte Aufwendungen. Die Renovierungsarbeiten werden am 15. Dezember 2022 (Tag der Rechnungsstellung) abgeschlossen und noch in 2022 per Banküberweisung bezahlt. A zieht am 2. Januar 2023 in das Einfamilienhaus ein und nutzt es auch in 2024 ausschließlich zu eigenen Wohnzwecken.

Für die im Dezember 2022 abgeschlossene energetische Maßnahme kann A die Steuerermäßigung nach § 35 c EStG beginnend ab dem VZ 2022 beanspruchen. Im Hinblick darauf, dass A unmittelbar nach Beendigung der Renovierungsarbeiten in das Einfamilienhaus eingezogen ist, ist der Renovierungszeitraum der erstmaligen Nutzung zu eigenen Wohnzwecken zuzurechnen.

### d) Beendigung der Nutzung zu eigenen Wohnzwecken

19 Die Anspruchsvoraussetzungen

- Nutzung zu eigenen Wohnzwecken (vgl. Rzn. 9 und 10) und
- Eigentum (vgl. Rz. 3 ff.) der steuerpflichtigen Person am begünstigten Objekt (vgl. Rz. 1) gemäß § 35 c Abs. 1 Satz 1 EStG

müssen in jedem VZ des Förderzeitraumes vorliegen. Gibt die steuerpflichtige Person die Nutzung des begünstigten Objekts zu eigenen Wohnzwecken auf, z. B. durch Auszug, Vermietung oder Veräußerung, kann sie letztmalig im VZ der Aufgabe der Nutzung zu eigenen Wohnzwecken die Steuerermäßigung nach § 35 c EStG geltend machen. Dies gilt auch, wenn das Objekt nach Beendigung der Nutzung zu eigenen Wohnzwecken leer steht.

### 5. Alter des Objekts

20 Das begünstigte Objekt muss gemäß § 35 c Abs. 1 Satz 2 EStG bei Durchführung der energetischen Maßnahme älter als zehn Jahre sein. Maßgebend für die Bestimmung des Zehn-Jahreszeitraumes sind der Beginn der Herstellung des Gebäudes (Rz. 21) und der Beginn der energetischen Maßnahme (Rz. 23). Die Frist ist taggenau zu berechnen.

21 Als Beginn der Herstellung gilt bei Objekten, für die eine Baugenehmigung erforderlich ist, der Tag, an dem der erstmalige Bauantrag gestellt wurde; bei

baugenehmigungsfreien Objekten, für die Bauunterlagen einzureichen sind, der Tag, an dem die Bauunterlagen eingereicht wurden. Das gilt auch, wenn eine Wohnung erst durch nachträgliche Baumaßnahmen in einem bereits bestehenden Gebäude hergestellt wird.

Ist bei vor 2010 errichteten Objekten der Tag der erstmaligen Bauantragstellung nicht bekannt, genügt es, wenn in der Einkommensteuer- oder Feststellungserklärung das Herstellungsjahr angegeben wird. In diesem Fall gilt als Tag der erstmaligen Bauantragstellung der erste Tag im Kalenderjahr des Herstellungsjahres. 22

**Beispiel 3:**

A bewohnt ein eigenes Einfamilienhaus, das mehrfach den Eigentümer gewechselt hat. Das Datum der erstmaligen Bauantragstellung ist A nicht bekannt. Aus dem Kaufvertrag weiß A, dass das Gebäude 1991 errichtet wurde. Da dem A das Datum der erstmaligen Bauantragstellung nicht bekannt ist, ist es ausreichend, wenn A in der Einkommensteuererklärung den Herstellungsbeginn mit 1991 angibt. Als Tag der erstmaligen Bauantragstellung gilt in diesem Fall der 1. Januar 1991.

Als Beginn der energetischen Maßnahme gilt bei Maßnahmen, für die eine Baugenehmigung erforderlich ist, der Tag, an dem der Bauantrag gestellt wurde. Bei baugenehmigungsfreien Maßnahmen, für die Bauunterlagen einzureichen sind, gilt der Tag, an dem die Bauunterlagen eingereicht wurden. 23

Für energetische Maßnahmen, für die weder eine Baugenehmigung noch eine Kenntnisgabe bei der zuständigen Behörde nach dem Bauordnungsrecht erforderlich ist, gilt als Beginn der energetischen Maßnahme der Zeitpunkt des Beginns der Bauausführung. Dies gilt auch dann, wenn eine Anzeige- und Genehmigungspflicht für die energetische Maßnahme nach anderen Vorschriften besteht.

Planungs- und Beratungsleistungen sowie der Abschluss von Liefer- und Leistungsverträgen gelten nicht als Beginn der energetischen Maßnahme.

**Beispiel 4:**

In einem seit 1997 zu eigenen Wohnwecken genutzten eigenen Einfamilienhaus lässt A die bestehende Ölheizung durch eine effiziente Erdwärmesondenanlage mit einer Nennleistung von 13,5 kW ersetzen. Die Planungsarbeiten durch das beauftragte Fachunternehmen erfolgten im Herbst 2019. Die für die Erdbohrung erforderlichen (landesspezifischen) Anzeigen und Genehmigungen nach den (landesspezifischen) Regelungen des Wasserrechts, Bergrechts oder Lagerstättenrechts wurden Ende 2019 getätigt/eingeholt. Die Bohrarbeiten, Entsorgung der alten und Installation der neuen Heizungsanlage wurden im März 2020 vorgenommen.
Es ist auf den Zeitpunkt des Beginns der Bauausführung abzustellen. Da die energetische Maßnahme „Erneuerung der Heizungsanlage" erst im März 2020 begonnen und durchgeführt wurde, handelt es sich um eine nach § 35 c EStG begünstigte Maßnahme. Unmaßgeblich ist, wann die (landesspezifischen) Anzeigen getätigt oder die für die (landesspezifischen) Genehmigungen erforderlichen Anträge gestellt wurden, die nicht das Baugesetzbuch und das Bauordnungsrecht betreffen.

## 6. Beschränkung des Höchstbetrages der Steuerermäßigung

Die Steuerermäßigung nach § 35 c EStG ist nur im VZ des Abschlusses der energetischen Maßnahmen (vgl. Rz. 43) und in den beiden folgenden VZ möglich. Übersteigt der für die energetische Maßnahme ermittelte Steuerermäßigungsbetrag die tarifliche Einkommensteuer (vermindert um die sonstigen Steuerermäßigungen) der steuerpflichtigen Person (sog. Anrechnungsüberhang), so kann dieser Anrechnungsüberhang weder in anderen VZ steuer- 24 mindernd berücksichtigt noch innerhalb des dreijährigen Förderzeitraumes auf einen der drei VZ vor- bzw. zurückgetragen werden. Der Anrechnungsüberhang mindert aber auch nicht den Höchstbetrag der Steuerermäßigung.

**Beispiel 5:**

A hat das 1973 errichtete und von ihm zu eigenen Wohnzwecken genutzte eigene Einfamilienhaus in der Stadt S in 2020 umfassend energetisch saniert. Einen Energieberater hat A nicht hinzugezogen. Für die Aufwendungen in Höhe von insgesamt 130 000 Euro nimmt A im VZ des Abschlusses der energetischen Maßnahme in 2020 und in den beiden folgenden VZ die steuerliche Förderung in Anspruch, wobei A die Steuerermäßigung von 7 Prozent (9100 Euro) im VZ 2020 nicht voll ausschöpfen kann. Denn die tarifliche Einkommensteuer, vermindert um die sonstigen Steuerermäßigungen (hier: 0 Euro), beträgt im VZ 2020 6000 Euro und in den VZ 2021 und 2022 jeweils 9500 Euro.

Den entstehenden Anrechnungsüberhang im VZ 2020 (3100 Euro) kann A weder in einem anderen VZ innerhalb des Förderzeitraumes noch in anderen VZ außerhalb des Förderzeitraumes steuermindernd berücksichtigen lassen.

## 7. Objektförderung

25 Die steuerliche Förderung ist personen- und objektbezogen. Der Höchstbetrag der Steuerermäßigung von 40 000 Euro kann von jeder steuerpflichtigen Person (unter Berücksichtigung der Rz. 28) für jedes begünstigte Objekt insgesamt nur einmal in Anspruch genommen werden. Objektidentität liegt vor, wenn an einer rechtlich nicht getrennten Wohnung das Wohnungseigentum begründet wird. Die bereits nach § 35 c EStG in Anspruch genommene Steuerermäßigung für die rechtlich nicht getrennte Wohnung mindert den Höchstbetrag der Steuerermäßigung für die Eigentumswohnung.

26 Wird das begünstigte Objekt entgeltlich oder unentgeltlich auf eine andere Person übertragen, kann die – die Immobilie ebenfalls zu eigenen Wohnzwecken nutzende – andere Person für ihre eigenen energetischen Aufwendungen die steuerliche Förderung gemäß § 35 c EStG ebenfalls bis zu einem Höchstbetrag von 40 000 Euro in Anspruch nehmen.

## 8. Steuerliche Förderung mehrerer Objekte

27 Der Höchstbetrag der Steuerermäßigung von 40 000 Euro je Objekt kann zeitgleich oder nacheinander für mehrere begünstigte Objekte in Anspruch genommen werden. Im Falle einer zeitgleichen Förderung von mehreren begünstigten Objekten muss zusätzlich die in Anspruch genommene Steuerermäßigung je Objekt ermittelt werden. Hat sich die Steuerermäßigung nach § 35 c EStG deshalb nicht in voller Höhe ausgewirkt, weil die tarifliche Einkommensteuer (vermindert um die sonstigen Steuerermäßigungen) der steuerpflichtigen Person niedriger war (sog. Anrechnungsüberhang vgl. Rz. 24), ist die den einzelnen begünstigten Objekten zuzurechnende Steuerermäßigung nach § 35 c EStG nach dem Verhältnis der förderfähigen Aufwendungen je Objekt zu der Summe der insgesamt förderfähigen Aufwendungen aller Objekte zu ermitteln.

**Beispiel 6:**

A bewohnt mit seiner Familie ein in 1980 errichtetes eigenes Einfamilienhaus in der Stadt S. An einigen Wochenenden nutzt die Familie ein ebenfalls A gehörendes 20 Jahre altes Ferienhaus außerhalb der Stadt ausschließlich zu eigenen Wohnzwecken. An beiden Objekten lässt A folgende energetische Maßnahmen im Jahr 2020 durchführen:

| | |
|---|---|
| Einfamilienhaus | |
| Dämmung der Dachflächen | 26 000 Euro |
| Dämmung der Außenwände | 58 000 Euro |
| Gesamt | 84 000 Euro |
| Ferienhaus | |
| Erneuerung der Fenster und Außentüren | 13 000 Euro |
| Dämmung der Geschossdecke | 7 000 Euro |
| Gesamt | 20 000 Euro |

Für beide Objekte kann A die steuerliche Förderung in Anspruch nehmen. Für beide Objekte steht ein eigener Höchstbetrag der Steuerermäßigung von 40 000 Euro zur Verfügung. Der Höchstbetrag der Steuerermäßigung für die energetischen Maßnahmen am Einfamilienhaus beträgt in 2020 7 Prozent von 84 000 Euro = 5880 Euro sowie 7 Prozent von 20 000 Euro = 1400 Euro für das Ferienhaus. Die Steuerbelastung (= tarifliche Einkommensteuer vermindert um die sonstigen Steuerermäßigungen) von A beläuft sich ohne die Berücksichtigung der energetischen Maßnahmen im VZ 2020 auf 6673 Euro. A kann die für den VZ 2020 ermittelten Beträge der Steuerermäßigung von 7280 Euro (5880 Euro + 1400 Euro) nur in Höhe von 6673 Euro ausschöpfen. Eine Übertragung des nicht ausgeschöpften Betrages in Höhe von 607 Euro auf andere VZ ist nicht möglich (vgl. Rz. 24).
Nach dem Verhältnis der Aufwendungen für das Ferienhaus zu den insgesamt förderfähigen Aufwendungen (20 000 Euro von 104 000 Euro) entfallen 19,23 Prozent der gewährten Steuerermäßigung nach § 35 c EStG = 1283 Euro auf das Ferienhaus und 80,77 Prozent der gewährten Steuerermäßigung nach § 35 c EStG = 5390 Euro auf das Einfamilienhaus.

## 9. Miteigentum an einem begünstigten Objekt

Steht das Eigentum an einem begünstigten Objekt mehreren Personen zu (Miteigentum), kann der Höchstbetrag der Steuerermäßigung von 40 000 Euro für das Objekt gemäß § 35 c Abs. 6 EStG insgesamt nur einmal in Anspruch genommen werden (vgl. Rz. 25). Die auf die energetische Maßnahme entfallenden Aufwendungen sowie der Höchstbetrag der Steuerermäßigung sind den Miteigentümern nach dem Verhältnis ihrer Miteigentumsanteile zuzurechnen. Bei Ehegatten oder Lebenspartnern, die zusammenveranlagt werden, ist eine Aufteilung der Aufwendungen sowie des Höchstbetrages der Steuerermäßigung nach dem Verhältnis ihrer Miteigentumsanteile nicht erforderlich. 28

Wird das begünstigte Objekt nicht von allen Miteigentümern zu eigenen Wohnzwecken genutzt, sind für die steuerliche Förderung nur die Aufwendungen zu berücksichtigen, die auf den/die Miteigentümer, der/die das Objekt zu eigenen Wohnzwecken nutzt/nutzen, nach dem Verhältnis seines Miteigentumsanteils/ihrer Miteigentumsanteile entfallen. 29

## 10. Miteigentum bei Zwei- oder Mehrfamilienhäusern (mehrere begünstigte Objekte)

Besteht ein im Miteigentum mehrerer Personen befindliches Gebäude aus mehreren, rechtlich nicht nach dem Wohnungseigentumsgesetz getrennten Wohnungen und nutzt jeder Miteigentümer eine Wohnung alleine zu eigenen Wohnzwecken, steht jedem Miteigentümer für die von ihm zu eigenen Wohnzwecken genutzte Wohnung jeweils ein eigener Höchstbetrag der Steuerermäßigung von 40 000 Euro nach § 35 c EStG zu, soweit der Wert des Miteigentumsanteils den Wert der zu eigenen Wohnzwecken genutzten 30

Wohnung nicht übersteigt. Der Wert einer Wohnung entspricht in der Regel dem Wert des Miteigentumsanteils, wenn der Nutzflächenanteil der Wohnung am Gesamtgebäude dem Miteigentumsanteil entspricht. Weicht der Anteil der Nutzfläche vom Miteigentumsanteil ab, spricht eine widerlegbare Vermutung dafür, dass der Wert der Wohnung dem Miteigentumsanteil entspricht, wenn keine Ausgleichszahlung vereinbart ist. Satz 1 gilt nicht, wenn die Miteigentümer die Wohnungen in gemeinschaftlicher Haushaltsführung nutzen.

**Beispiel 7:**

A ist gemeinsam mit B im VZ 2020 Miteigentümer eines 20 Jahre alten Zweifamilienhauses (Miteigentumsanteile je 50 Prozent) mit zwei gleich großen Wohnungen, von denen A und B jeweils eine Wohnung zu eigenen Wohnzwecken nutzen. Im Jahr 2020 lassen sie gemeinsam das Dach mit Dämmung neu decken, die Kosten von 50 000 Euro tragen A und B jeweils hälftig. A lässt zudem im Jahr 2020 in der von ihm genutzten Wohnung die Fenster austauschen (Kosten: 20 000 Euro).

Sowohl A als auch B haben Anspruch auf die Steuerermäßigung nach § 35 c EStG für die jeweils von ihnen getragenen Aufwendungen in Höhe von jeweils 25 000 Euro (1/2 von 50 000 Euro) für die energetische Maßnahme der Dachsanierung. A kann zudem die Steuerermäßigung nach § 35 c EStG für die Aufwendungen der Erneuerung der Fenster in Höhe von 20 000 Euro beanspruchen. Für beide Wohnungen kann der Höchstbetrag der Steuerermäßigung von 40 000 Euro beansprucht werden.

## 11. Vorweggenommene Erbfolge und Erbfall

31 Überträgt eine anspruchsberechtigte Person ihr Alleineigentum oder ihren Miteigentumsanteil an der bislang zu eigenen Wohnzwecken genutzten Wohnung innerhalb des dreijährigen Abzugszeitraums unentgeltlich auf eine andere Person, kann die andere Person die Steuerermäßigung gemäß § 35 c EStG nicht fortführen, da sie keine Aufwendungen i. S. d. § 35 c EStG getragen hat.

32 Bewohnen Miteigentümer gemeinsam eine Wohnung, für die sie die Steuerermäßigung nach § 35 c EStG beanspruchen, und wird im Falle des Todes eines Miteigentümers der überlebende Miteigentümer durch Gesamtrechtsnachfolge infolge des Erbfalls zum Alleineigentümer, kann der überlebende Miteigentümer die bisher auf den anderen Miteigentümer entfallende Steuerermäßigung innerhalb des dreijährigen Abzugszeitraums fortführen, wenn der überlebende Miteigentümer die Wohnung nunmehr im Alleineigentum zu eigenen Wohnzwecken (vgl. Rzn. 9 ff.) nutzt.

33 Entsprechendes gilt für den durch Gesamtrechtsnachfolge infolge Erbfalls erwerbenden (Allein-)Eigentümer einer Wohnung, für die der Erblasser eine Steuerermäßigung nach § 35 c EStG beansprucht hat, wenn der erwerbende (Allein-)Eigentümer die Wohnung zu eigenen Wohnzwecken (vgl. Rzn. 9 ff.) nutzt.

## 12. Unterschiedliche Nutzung einzelner Gebäudeteile

34 Die Steuerermäßigung kann auch für Gebäudeteile, die selbständige unbewegliche Wirtschaftsgüter sind, gewährt werden (§ 35 c Abs. 5 EStG). Wird ein Gebäude vom Eigentümer unterschiedlich genutzt, z. B. zu eigenen und zu fremden Wohnzwecken, kann für die zu eigenen Wohnzwecken genutzte Wohnung der volle Höchstbetrag der Steuerermäßigung von 40 000 Euro in Anspruch genommen werden. Es sind nur die Aufwendungen berücksichtigungsfähig, die entweder anteilig oder direkt der zu eigenen Wohnzwecken

genutzten Wohnung zugeordnet werden können. Zu den anteilig zu berücksichtigenden Aufwendungen gehören beispielsweise die Erneuerung der Heizung oder die energetische Sanierung der Außenfassade.

**Beispiel 8:**

A ist Eigentümer eines Gebäudes in F-Stadt. Die 80 m² große Wohnung im Obergeschoss bewohnt A selbst. Im Erdgeschoss betreibt A eine kleine Buchhandlung mit 85 m². Die Wohnung im Obergeschoss ist über eine kleine von außen angebaute Treppe erreichbar. Im Jahr 2020 lässt A sämtliche Fenster (8 Fenster) sowie die Haustür im Obergeschoss und im Erdgeschoss das Schaufenster sowie die Ladentür austauschen. Außerdem werden die Außenwände und die Dachflächen gedämmt.

Sämtliche energetische Maßnahmen wurden von einem Energieberater planerisch begleitet und beaufsichtigt. Für die energetischen Maßnahmen sind folgende Aufwendungen angefallen:

| | |
|---|---|
| Fenster und Haustür im Obergeschoss: | 17 400 Euro |
| Schaufenster und Ladentür | 12 400 Euro |
| Dämmung Außenwände und Dachflächen | 43 000 Euro |
| Kosten Energieberater | 2 500 Euro |

Die Aufwendungen für die Fenster im Obergeschoss und die Haustür (17 400 Euro) sind der von A zu eigenen Wohnzwecken genutzten Wohnung direkt zuzuordnen und können in vollem Umfang für die Steuerermäßigung nach § 35 c EStG berücksichtigt werden. Die übrigen Aufwendungen – mit Ausnahme der Aufwendungen für die Schaufenster und die Ladentür (12 400 Euro) – in Höhe von 45 500 Euro (43 000 Euro sowie 2500 Euro) sind auf die zu eigenen Wohnzwecken genutzte Wohnung und den gewerblich genutzten Teil des Gebäudes aufzuteilen. Das Gebäude hat eine gesamte Nutzfläche von 165 m² (Obergeschoss 80 m² und Erdgeschoss 85 m²). Im Verhältnis zur gesamten Nutzfläche des Gebäudes beträgt der Anteil der zu eigenen Wohnzwecken genutzten Wohnung 48,48 Prozent, so dass A für die Aufwendungen für die Außendämmung und für den Energieberater anteilig mit jeweils 48,48 Prozent (Außendämmung 20 846 Euro und Energieberater 1212 Euro) die Steuerermäßigung gemäß § 35 c EStG in Anspruch nehmen kann, wobei sich die Aufwendungen für den Energieberater in Höhe von 50 Prozent (606 Euro) steuerermäßigend auswirken (vgl. Rz. 50). Der Höchstbetrag der Steuerermäßigung von 40 000 Euro kann für die zu eigenen Wohnzwecken genutzte Wohnung in voller Höhe beansprucht werden (§ 35 c Abs. 5 EStG).

## 13. Wohnungseigentümergemeinschaft

Die Steuerermäßigung gemäß § 35 c EStG von bis zu 40 000 Euro kann 35
auch für energetische Maßnahmen an einer Eigentumswohnung gewährt werden (§ 35 c Abs. 5 EStG). Berücksichtigungsfähig sind Aufwendungen, die das Sondereigentum und das gemeinschaftliche Eigentum betreffen. Aufwendungen für energetische Maßnahmen, die das gemeinschaftliche Eigentum betreffen, sind entsprechend dem Miteigentumsanteil zu berücksichtigen. Der Anteil des jeweiligen Wohnungseigentümers an den begünstigten Aufwendungen kann auch durch eine Bescheinigung des Verwalters nachgewiesen werden.

## 14. Förderfähige Aufwendungen

Förderfähig sind die Aufwendungen, die der steuerpflichtigen Person un- 36
mittelbar durch die fachgerechte Durchführung der energetischen Maßnahme entstehen (vgl. Rzn. 44 ff.). Darunter fallen Aufwendungen für das Material sowie den fachgerechten Einbau bzw. die fachgerechte Installation, die Inbetriebnahme von Anlagen und die fachgerechte Verarbeitung durch das jeweilige Fachunternehmen einschließlich notwendiger Umfeldmaßnahmen (vgl.

Rz. 54) sowie die Kosten für die Beratungs-, Planungs- und Baubegleitungsleistungen durch den Energieberater. Berücksichtigt werden die Aufwendungen einschließlich Umsatzsteuer. Die Aufwendungen für die energetische Maßnahme sind auch dann gemäß § 35 c EStG förderfähig, wenn die Mindestanforderungen gemäß § 1 ESanMV bereits vor der energetischen Maßnahme vorlagen.

37 Sofern zeitgleich mit der energetischen Maßnahme weitere, nicht förderfähige Maßnahmen durchgeführt werden, sind die den Einzelleistungen nicht direkt zurechenbaren Kosten (Gemeinkosten), z. B. Rüstarbeiten, anhand eines nachvollziehbaren Schlüssels anteilig auf die förderfähigen und nicht förderfähigen Maßnahmen aufzuteilen. In Anspruch genommene Rabatte (auch Skonto) und gegebenenfalls vorgenommene Abzüge (z. B. wegen einer Minderung des Rechnungsbetrages) reduzieren entsprechend anteilig die förderfähigen Aufwendungen.

38 Erwirbt die steuerpflichtige Person das Material für die energetische Maßnahme separat, können die Aufwendungen dafür nur als förderfähige Aufwendungen berücksichtigt werden, wenn die energetische Maßnahme von einem Fachunternehmen durchgeführt wird und dieses die Einhaltung der in der ESanMV aufgeführten Mindestanforderungen bescheinigt (Bescheinigung des Fachunternehmens).

39 Aufwendungen für den Austausch einer Heizungsanlage sind auch dann förderfähig, wenn der Betrieb der Altanlage nicht mehr erlaubt ist (§ 10 Energieeinsparverordnung – EnEV, § 72 Gebäudeenergiegesetz – GEG). Bei Öl-Hybridheizungen ist der auf erneuerbare Energien basierende Anlagenteil förderfähig (z. B. eine Solarthermie-Anlage auf dem Dach, die als sog. „Beistellgerät" zum Ölkessel hinzugeschaltet wird), sofern die Aufwendungen für den auf erneuerbaren Energien basierenden Anlagenteilseparat ausgewiesen sind.

40 Die Aufwendungen für die energetische Maßnahme sind auch förderfähig, wenn die steuerpflichtige Person die energetische Maßnahme von ihrem eigenen Fachunternehmen, das in den in § 2 Abs. 1 ESanMV aufgeführten Gewerken tätig ist, durchführen lässt.

41 Eine **nicht abschließende** Liste förderfähiger Maßnahmen ist in diesem BMF-Schreiben als Anlage enthalten. Die als förderfähig aufgeführten Maßnahmen entsprechen den von der Kreditanstalt für Wiederaufbau (KfW) und vom Bundesamt für Wirtschaft und Ausfuhrkontrolle (BAFA) geförderten Maßnahmen.

### a) Begriff und Umfang einer energetischen Maßnahme

42 Die energetische Maßnahme kann eine oder mehrere energetische Einzelmaßnahmen i. S. d. § 35 c Abs. 1 Satz 3 Nr. 1 bis 8 EStG umfassen. Eine Einzelmaßnahme kann auch schrittweise durch mehrere – voneinander getrennt zu beurteilende – energetische Maßnahmen ausgeführt werden (z. B. im Jahr 2021 Austausch von Fenstern im Erdgeschoss und im Jahr 2022 Austausch von Fenstern im Obergeschoss). Keine voneinander getrennt zu beurteilenden energetischen Maßnahmen liegen vor, wenn die einzelnen Teilschritte für die Erfüllung der Mindestanforderungen gemäß ESanMV notwendig sind, z. B. der Einbau eines effizienten Gasbrennwertgerätes, das für die künftige Einbin-

dung erneuerbarer Energien vorbereitet ist („Renewable Ready“) und die gegebenenfalls später – innerhalb von zwei Jahren, gerechnet ab dem Datum der Installation des Gasbrennwertgerätes – erfolgte Einbindung des Anteils erneuerbarer Energien. In diesem Fall ist die energetische Maßnahme erst mit dem letzten Teilschritt abgeschlossen.

Die Steuerermäßigung ist erstmalig in dem VZ zu gewähren, in dem die energetische Maßnahme abgeschlossen wurde. Voraussetzung ist, dass mit der Durchführung der energetischen Maßnahme nach dem 31. Dezember 2019 begonnen wurde und diese vor dem 1. Januar 2030 abgeschlossen ist. Die energetische (Einzel-)Maßnahme ist dann abgeschlossen, wenn die Leistung tatsächlich erbracht (vollständig durchgeführt) ist, die steuerpflichtige Person eine Rechnung (Schlussrechnung) erhalten und den Rechnungsbetrag auf das Konto des Leistungserbringers eingezahlt hat. Die Erledigung unwesentlicher Restarbeiten, die für die tatsächliche Reduzierung von Emissionen nicht hinderlich sind, ist unschädlich. Auch soweit bei einer mehrteiligen Maßnahme für einzelne Teilleistungen Teilrechnungen erstellt und diese von der steuerpflichtigen Person beglichen wurden, wird die Steuerermäßigung abweichend vom Abflussprinzip gemäß § 11 Abs. 2 Satz 1 EStG erst ab dem VZ des Abschlusses der energetischen Maßnahme gewährt. 43

### b) Fachgerechte Durchführung

Von einer fachgerechten Durchführung ist auszugehen, wenn die energetische Maßnahme von einem Fachunternehmen gemäß § 2 Abs. 1 ESanMV vorgenommen wurde. Die fachgerechte Durchführung durch ein Fachunternehmen ist auch in den Fällen zu bejahen, in denen ein angestellter Meister im Fachunternehmen tätig ist und mit der Durchführung der energetischen Maßnahme betraut war. Der Annahme einer fachgerechten Durchführung steht zudem nicht entgegen, wenn das Fachunternehmen ein anderes Unternehmen, das nicht in den in § 2 Abs. 1 ESanMV aufgeführten Gewerken tätig ist, mit der Durchführung einzelner Arbeiten beauftragt hat, z. B. weil dieses Unternehmen über spezielle Fertigkeiten oder Kenntnisse in einem bestimmten Bereich verfügt. Das umfasst sowohl Unternehmen, die in einem anderen als dem in § 2 ESanMV aufgeführten zulassungspflichtigen Gewerk tätig sind, als auch Unternehmen, die in einem nach der Handwerksordnung nicht zulassungspflichtigen Bereich tätig sind (z. B. Einblasdämmung, Fenstermontage). Die Bescheinigung hat das von der steuerpflichtigen Person beauftragte Fachunternehmen auszustellen. Das bescheinigende Fachunternehmen bestätigt damit, dass für die Arbeiten des beauftragten Unternehmens die in der ESanMV aufgeführten Mindestanforderungen eingehalten sind. Werden von der steuerpflichtigen Person mehrere Fachunternehmen beauftragt, stellt jedes Fachunternehmen für die von ihm durchgeführte energetische Maßnahme eine Bescheinigung aus. 44

Unternehmen, welche lose Dämmstoffe maschinell verarbeiten (Einblasdämmstoffe) und vom Hersteller dieser Dämmstoffe zu deren Verarbeitung qualifiziert und zertifiziert werden, gelten als Fachunternehmen i. S. d. § 2 Abs. 1 Nr. 5 ESanMV („Wärme-, Kälte- und Schallisolierungsarbeiten“) und sind zur Ausstellung einer Bescheinigung i. S. d. § 35 c Abs. 1 Satz 7 EStG berechtigt. 45

46 Als Fachunternehmen i. S. d. § 35 c Abs. 1 Satz 7 EStG gelten zudem Unternehmen, die sich auf die Fenstermontage spezialisiert haben und in diesem Bereich gewerblich tätig sind.

**c) Energieberater**

47 Die Beauftragung eines Energieberaters mit der planerischen Begleitung oder Beaufsichtigung der energetischen Maßnahmen ist keine zwingende Voraussetzung für die Gewährung der Steuerermäßigung nach § 35 c EStG.

48 Die Kosten für einen Energieberater, der von der steuerpflichtigen Person oder mit deren Zustimmung vom Fachunternehmen mit der planerischen Begleitung oder Beaufsichtigung der energetischen Maßnahmen beauftragt wurde, sind im Rahmen des § 35 c EStG begünstigt. Hierzu zählen auch die Kosten der zur Bestandsaufnahme oder zur Qualitätssicherung durchgeführten Infrarot-Thermografie-Aufnahmen und Luftdichtheitsmessungen. Umfassen die Kosten für den Energieberater mehrere energetische Maßnahmen, ist eine Aufteilung der Kosten auf die einzelnen Maßnahmen nicht erforderlich. Jedoch können die Kosten nur einmal steuerermäßigend berücksichtigt werden.

49 Als Energieberater i. S. d. § 35 c Abs. 1 Satz 4 EStG gelten Personen,
– die vom BAFA als fachlich qualifiziert zum Förderprogramm „Energieberatung für Wohngebäude“ zugelassen oder
– die als Energieeffizienz-Experten für das KfW-Förderprogramm „Energieeffizient Bauen und Sanieren – Wohngebäude“ (KfW-Programme Nr. 151/152/153 und 430) gelistet sind.

Personen, die ausschließlich eine Ausstellungsberechtigung nach § 21 EnEV/§ 88 GEG besitzen, fallen nicht darunter.

50 Die Kosten für den Energieberater sind abweichend von § 35 c Abs. 1 Satz 1 EStG in Höhe von 50 Prozent der Aufwendungen im Jahr des Abschlusses der Maßnahme zu berücksichtigen und nicht auf drei Jahre zu verteilen. Die Kosten für den Energieberater als auch die Kosten für die Erteilung der Bescheinigung nach § 35 c Abs. 1 Satz 7 EStG sind jeweils – wie die Aufwendungen für die energetische Maßnahme selbst – vom Höchstbetrag der Steuerermäßigung von 40 000 Euro umfasst.

**Beispiel 9:**

| | | |
|---|---|---|
| Aufwendungen für energetische Maßnahmen in 2020: | 215 000 Euro | |
| Kosten für den Energieberater in 2020: | 3000 Euro | |
| | | |
| Steuerermäßigung im VZ 2020: | | |
| Kosten für den Energieberater: | 1500 Euro | (50 Prozent) |
| Energetische Maßnahme: | 15 050 Euro | (7 Prozent) |
| | maximal 14 000 Euro | (Höchstbetrag inklusive Energieberaterkosten) |
| | | |
| Steuerermäßigung im VZ 2021: | | |
| Energetische Maßnahme: | 15 050 Euro | (7 Prozent) |
| | maximal 14 000 Euro | (Höchstbetrag) |

| | | |
|---|---|---|
| Steuerermäßigung im VZ 2022: | | |
| Energetische Maßnahme: | 12 900 Euro | (6 Prozent) |
| | maximal 12 000 Euro | (Höchstbetrag) |
| Steuerermäßigung insgesamt: | 40 000 Euro | |

Zu beachten ist, dass die steuerpflichtige Person die Kosten für den Energieberater insgesamt nur einmal zur Förderung beantragen kann. Ist bereits ein KfW-Zuschuss für die Energieberaterkosten gewährt worden, scheidet eine weitere Förderung über § 35 c EStG aus. 51

Werden an einem nicht nur zu eigenen Wohnzwecken genutzten Gebäude energetische Maßnahmen durchgeführt (vgl. Rz. 34), die ein Energieberater begleitet hat, sind die Energieberaterkosten anteilig nach dem Verhältnis der Nutzfläche der zu eigenen Wohnzwecken dienenden Räume zur gesamten Nutzfläche des Gebäudes zu berücksichtigen, es sei denn, die Aufwendungen für die energetische Maßnahme und damit die Energieberaterkosten sind ausschließlich den zu eigenen Wohnzwecken dienenden Räumen zuzuordnen (z. B. Fensteraustausch ausschließlich in den zu eigenen Wohnzwecken genutzten Räumlichkeiten). 52

Eine Berücksichtigung der Kosten für den Energieberater ist nur möglich, wenn mindestens eine energetische Maßnahme i. S. d. steuerlich oder außersteuerlich geltenden Förderprogramme durchgeführt wurde. Unerheblich ist, ob für die energetische Maßnahme eine steuerliche Förderung oder eine andere öffentliche Förderung in Anspruch genommen wird. 53

**d) Umfeldmaßnahmen**

Unter Umfeldmaßnahmen sind Arbeiten und Investitionen zu verstehen, die unmittelbar zur Vorbereitung und Umsetzung einer förderfähigen Maßnahme notwendig sind und/oder deren Energieeffizienz erhöhen bzw. absichern. Als Umfeldmaßnahmen sind insbesondere anzusehen: 54

- Baustelleneinrichtung wie Bautafel, Schilder, Absperrung von Verkehrsflächen,
- Rüstarbeiten wie Gerüst, Schutzbahnen,
- Baustoffuntersuchungen bestehender Bauteile,
- bautechnische Voruntersuchungen beispielsweise zum Aufbau der Gebäudehülle,
- Verlegungs- und Wiederherstellungsarbeiten,
- Deinstallation und Entsorgung von Altanlagen.

Voraussetzung für die Gewährung der Steuerermäßigung nach § 35 c EStG auch für die von der steuerpflichtigen Person beauftragten Umfeldmaßnahmen ist, dass eine Rechnung vorliegt und der Rechnungsbetrag auf das Konto des Leistungserbringers gezahlt wurde.

Nicht berücksichtigungsfähig sind die Aufwendungen für die Beschaffung von Finanzierungsmitteln, Fremdfinanzierungsaufwendungen, Aufwendungen für Behörden- und Verwaltungsleistungen sowie Aufwendungen für einen Umzug oder ein Ausweichquartier während der Bauarbeiten. 55

### e) Nicht förderfähige Maßnahmen

56 Übernimmt ein Energielieferant im Rahmen eines Vertrages die Versorgung einer Liegenschaft mit der benötigten Energie (Kälte, Wärme, Strom, Druckluft oder andere Formen von Energie), spricht man von Energie-Contracting. Die aus dem Abschluss eines Energie-Contracting (z. B. Wärmeliefer-Contracting) entstehenden Kosten sind nicht förderfähig. Da der Contracting-Nehmer nicht selbst die energetische Maßnahme tätigt und nicht Eigentümer der eingebauten Anlagen wird, liegen die Voraussetzungen für die Inanspruchnahme des § 35 c EStG bereits dem Grunde nach nicht vor.

## 15. Ausschluss der Förderung

57 Die Steuerermäßigung nach § 35 c EStG ist ausgeschlossen, soweit die Aufwendungen für die energetische Maßnahme bereits als Betriebsausgaben, Werbungskosten, Sonderausgaben oder außergewöhnliche Belastung berücksichtigt worden sind.

**Beispiel 10:**
Die steuerpflichtige Person A macht Aufwendungen in Höhe von 23 000 Euro für die energetische Maßnahme einer ihr gehörenden Eigentumswohnung in ihrer Einkommensteuererklärung als Werbungskosten geltend. A nutzt diese Eigentumswohnung zu eigenen Wohnzwecken an ihrem Arbeitsort (Ort der ersten Tätigkeitsstätte) im Rahmen einer doppelten Haushaltsführung. Zudem stellt sie für dieselben Aufwendungen einen Antrag auf Steuerermäßigung nach § 35 c EStG.
Erklärungsgemäß werden die Aufwendungen für die energetische Maßnahme im Rahmen des monatlichen Höchstbetrages von 1000 Euro (12 000 Euro pro Jahr) als Werbungskosten bei der doppelten Haushaltsführung (§ 9 Abs. 1 Satz 3 Nr. 5 Satz 4 EStG) berücksichtigt, mit der Folge, dass die Aufwendungen für die energetische Maßnahme für eine Steuerermäßigung nach § 35 c EStG nur noch anteilig mit 11 000 Euro berücksichtigt werden können.

58 Die Steuerermäßigung nach § 35 c EStG ist vollständig ausgeschlossen, wenn für dieselbe energetische Maßnahme einschließlich der Kosten für den Energieberater
- eine Steuerbegünstigung nach § 10 f EStG für zu eigenen Wohnzwecken genutzte Baudenkmale und Gebäude in Sanierungsgebieten und städtebaulichen Entwicklungsbereichen oder
- eine Steuerermäßigung nach § 35 a EStG bei Aufwendungen für haushaltsnahe Beschäftigungsverhältnisse, haushaltsnahe Dienstleistungen und Handwerkerleistungen oder
- ein zinsverbilligtes Darlehen oder steuerfreie Zuschüsse

beansprucht werden. Dies gilt auch für sämtliche Umfeldmaßnahmen i. S. d. Rz. 54. Entscheidend ist, ob für die jeweilige energetische Maßnahme an sich (z. B. Erneuerung der Heizungsanlage, Wärmedämmung von Wandflächen, Wärmedämmung von Dachflächen) eine öffentliche Förderung, z. B. durch die KfW, erfolgt ist. Nicht entscheidend ist hierbei, ob sich alle Aufwendungen der jeweiligen energetischen Maßnahme auch tatsächlich im Rahmen der öffentlichen Förderung ausgewirkt haben. Unschädlich ist, wenn die steuerpflichtige Person ausschließlich für die Energieberatung Zuschüsse erhalten hat. In diesem Fall kann für die Kosten der Energieberatung keine Steuerermäßigung nach § 35 c EStG beansprucht werden. Wird auf Grund dieser Energieberatung eine energetische Maßnahme durchgeführt und eine andere öffentliche Förderung nicht in Anspruch genommen, kann hierfür die Steuerermäßigung nach § 35 c EStG beansprucht werden.

Der Ausschluss der Förderung nach § 35 c EStG betrifft den gesamten Begünstigungszeitraum. Das heißt, liegen für die energetische Maßnahme sowohl die Voraussetzungen nach § 10 f EStG, § 35 a EStG, § 35 c EStG als auch für die direkte Förderung (Darlehen/Zuschüsse) vor, ist die steuerpflichtige Person für die jeweilige energetische Maßnahme an die einmal getroffene Entscheidung für den gesamten Förderzeitraum gebunden. Ein Wechsel zwischen den Fördertatbeständen ist nicht möglich. 59

Die steuerpflichtige Person kann z. B. nicht für den Austausch von Fenstern in einem zu eigenen Wohnzwecken genutzten denkmalgeschützten Einfamilienhaus für den VZ 2020 den Abzug der Aufwendungen unter Vorlage der Bescheinigung der Denkmalschutzbehörde nach § 10 f EStG und für den VZ 2021 die Steuerermäßigung nach § 35 c EStG unter Vorlage der Bescheinigung des Fachunternehmens beanspruchen. Gleiches gilt entsprechend, wenn im VZ 2020 zunächst die Steuerermäßigung gemäß § 35 c EStG gewährt wird und im folgenden VZ 2021 anstelle der Steuerermäßigung gemäß § 35 c EStG die Steuerbegünstigung für zu eigenen Wohnwecken genutzte Baudenkmale und Gebäude in Sanierungsgebieten und städtebaulichen Entwicklungsbereichen gemäß § 10 f EStG für dieselbe Maßnahme beantragt wird.

Die Gewährung der Steuerermäßigung nach § 35 c EStG ist nicht ausgeschlossen, wenn für das Objekt gleichzeitig Baukindergeld gezahlt wird.

### 16. Nachweis der energetischen Maßnahme

Energetische Maßnahmen i. S. d. § 35 c Abs. 1 Satz 3 EStG sind durch eine vom Fachunternehmen (vgl. Rz. 44) nach amtlich vorgeschriebenem Muster erstellte Bescheinigung nachzuweisen. Die Bescheinigung kann auch von einer Person mit Ausstellungsberechtigung nach § 21 EnEV/§ 88 GEG erstellt werden. Einzelheiten hierzu sind durch BMF-Schreiben vom 31. März 2020 (BStBl. I S. 484) geregelt. 60

Die Steuerermäßigung ist davon abhängig, dass die steuerpflichtige Person für die Aufwendungen der energetischen Maßnahme eine Rechnung in deutscher Sprache erhalten hat und die Zahlung auf das Konto des – die energetische Maßnahme ausführenden – Fachunternehmens erfolgt ist (§ 35 c Abs. 4 Nr. 2 EStG). Bei Wohnungseigentümergemeinschaften müssen die sich aus der Rz. 35 ergebenden Nachweise vorhanden sein. Es ist ausreichend, wenn die steuerpflichtige Person die Rechnungen und den Zahlungsnachweis auf Verlangen des Finanzamtes vorlegen kann. Die Bescheinigung des Fachunternehmens oder einer Person mit Ausstellungsberechtigung nach § 21 EnEV/§ 88 GEG als notwendige Voraussetzung ist dem Finanzamt vorzulegen. 61

Die Zahlung auf das Konto des Fachunternehmens erfolgt in der Regel durch Überweisung. Beträge, die im Wege des Online-Bankings überwiesen wurden, können in Verbindung mit dem Kontoauszug, der die Abbuchung ausweist, anerkannt werden. Das gilt auch bei Übergabe eines Verrechnungsschecks oder der Teilnahme an Electronic-Cash-Verfahren oder am elektronischen Lastschriftverfahren. Barzahlungen, Baranzahlungen oder Barteilzahlungen können nicht anerkannt werden. Das gilt selbst dann, wenn die Barzahlung von dem Fachunternehmen ordnungsgemäß gebucht worden ist und die steuerpflichtige Person einen Nachweis über die ordnungsgemäße Buchung erhalten hat oder wenn eine Barzahlung durch eine später veranlasste Zahlung auf das Konto des Erbringers der Leistung ersetzt wird.

Einer Rechnung in deutscher Sprache gleichzustellen ist eine Rechnung in ausländischer Sprache, die von einem vereidigten Übersetzer übersetzt worden ist. Die Kosten für die Übersetzung sind nicht förderfähig.

Die vorgenannten Ausführungen gelten für die Aufwendungen der steuerpflichtigen Person für die Inanspruchnahme eines Energieberaters entsprechend.

### 17. Konto eines Dritten

**62** Die Inanspruchnahme der Steuerermäßigung durch die steuerpflichtige Person ist auch möglich, wenn die Aufwendungen für die energetischen Maßnahmen, für die die steuerpflichtige Person eine Rechnung erhalten hat, von dem Konto einer dritten Person bezahlt worden sind.

### 18. Verhältnis zu § 33 EStG

**63** Für den Teil der Aufwendungen, der durch den Ansatz der zumutbaren Belastung nach § 33 Abs. 3 EStG oder wegen der Gegenrechnung von Pflegegeld oder Pflegetagegeld nicht als außergewöhnliche Belastung berücksichtigt wird, kann die steuerpflichtige Person die Steuerermäßigung nach § 35 c EStG in Anspruch nehmen.

### 19. Verhältnis zu § 92 a EStG

**64** Steht eine energetische Maßnahme zugleich im Zusammenhang mit einem barrierereduzierenden Umbau einer zu eigenen Wohnzwecken genutzten Wohnung und wird dafür eine steuerliche Förderung nach § 92 a Abs. 1 Satz 1 Nr. 3 EStG beansprucht, ist eine Steuerermäßigung nach § 35 c EStG hierdurch nicht ausgeschlossen.

### 20. Antragstellung und Verfahren

**65** Der Antrag auf die Steuerermäßigung nach § 35 c EStG kann bis zur Unanfechtbarkeit des betreffenden Einkommensteuerbescheides gestellt werden bzw. solange eine Änderung nach den Vorschriften der AO (z. B. § 164 Abs. 2 AO) oder des EStG möglich ist.

**66** Um für die Aufwendungen die Steuerermäßigung für energetische Maßnahmen gemäß § 35 c EStG bereits im laufenden Kalenderjahr beim monatlichen Lohnsteuerabzug mit berücksichtigen zu können, kann beim zuständigen Finanzamt ein Freibetrag als Elektronisches Lohnsteuerabzugsmerkmal nach § 39 a Abs. 1 Satz 1 Nr. 5 Buchst. c EStG in Höhe des Vierfachen der jährlichen Ermäßigung beantragt werden.

**67** Voraussetzung für die Steuerermäßigung nach § 35 c EStG ist, dass die jeweilige energetische Maßnahme die Mindestanforderungen gemäß der jeweiligen Anlage zur ESanMV erfüllt. Davon ist auszugehen, wenn die steuerpflichtige Person eine Bescheinigung des von ihr beauftragten Fachunternehmens oder eine Bescheinigung einer Person mit Ausstellungsberechtigung nach § 21 EnEV/§ 88 GEG vorlegt, aus der sich ergibt, dass die energetische Maßnahme die Mindestanforderungen erfüllt.

68 Steht das Eigentum am begünstigten Objekt mehreren Personen zu, können die der Steuerermäßigung zugrundeliegenden Aufwendungen gemäß § 35 c Abs. 6 Satz 2 EStG gesondert und einheitlich festgestellt werden.

**Anlage**

Die Liste der nachfolgend aufgeführten förderfähigen Maßnahmen ist nicht abschließend.

**1. Förderfähige Maßnahmen bei Wärmedämmung von Wänden**

– Abbrucharbeiten (wie Abklopfen des alten Putzes, Abbruch von nicht thermisch getrennten Balkonen oder Treppenhäusern inklusive dann notwendiger Neuerrichtung) und Entsorgung (inklusive Schadstoffe und Sonderabfälle)
– Erdaushub bei Dämmung von erdberührten Außenflächen inklusive Sicherungsmaßnahmen
– notwendige Bauwerkstrockenlegung
– Erhöhung des Dachüberstandes
– Bohrungen für Kerndämmungen
– Ein- beziehungsweise Anbringen der Wärmedämmung, auch in Gebäudetrennfugen
– Einbringen von Kerndämmung und Einblasdämmung
– Maßnahmen zur Wärmebrückenreduktion wie thermische Ertüchtigung bestehender Balkone/Loggien inklusive nachträgliche Verglasung von unbeheizten Loggien, Dämmung von Heizkörpernischen und Sanierung kritischer Wärmebrücken im Raum
– Einbau neuer beziehungsweise Erneuerung der Fensterbänke
– sommerlicher Wärmeschutz: Einbau neuer beziehungsweise Erneuerung von Rollläden und außen liegenden Verschattungselementen
– Dämmung und Ertüchtigung von vorhandenen Rollladenkästen
– Maler- und Putzarbeiten inklusive Stuckateurarbeiten, Fassadenverkleidung, zum Beispiel Klinker
– Ersatz, Erneuerung und Erweiterung von Außenwänden
– Einbau von Dämmsteinen
– Erneuerung von Ausfachungen bei Fachwerkaußenwänden
– Maßnahmen zum Schlagregenschutz
– Maßnahmen zur Schalldämmung
– Austausch von Glasbausteinen durch Mauerwerk
– Erneuerung der Briefkasten- und Klingelanlage
– Erneuerung Windfang, Vordachkonstruktionen, Geländer und Eingangsstufen
– Verlegung der Regenrohre
– Wiederherstellung der Außenanlage/Rabatte
– hydraulischer Abgleich des Zentralheizungssystems inklusive Strangregulierung, Ventil und Pumpenerneuerung
– Erhalt von Nistplätzen für Gebäudebrüter, zum Beispiel durch Einbau von Nistkästen/Niststeinen in die Fassade oder in die Wärmedämmung sowie besondere Konstruktionen in Traufkästen; weitere Informationen unter www.bund-hannover.de „Artenschutz an Gebäuden“ und www.bund-dueren.de „Artenschutz“

**2. Förderfähige Maßnahmen bei Wärmedämmung von Dachflächen**

– Abbrucharbeiten wie alte Dämmung, Dacheindeckung, Dachpappe, Schweißbahnen oder Asbest und deren Entsorgung inklusive Schadstoffe und Sonderabfälle)
– Gutachten für Baustoffuntersuchungen bestehender Bauteile
– Erneuerung der Dachlattung
– Einbau von Unterspannbahn, Luftdichtheitsschicht und Dampfsperre
– Ein- beziehungsweise Aufbringen der Wärmedämmung
– Einbringen von Kerndämmung und Einblasdämmung
– Aufdopplung und Verstärkung der Sparren bei Zwischensparrendämmung
– Ersatz, Erneuerung und Erweiterung des Dachstuhls oder von Teilen eines Dachstuhls
– Dämmung/Erneuerung/Erstellung von Dachgauben

- Verkleidung der Dämmung (zum Beispiel Gipskartonplatten) sowie Maler- und Tapezierarbeiten bei ausgebautem Dachgeschoss
- Maßnahmen zur Wärmebrückenreduktion
- Maßnahmen zur Schalldämmung
- Austausch von Dachziegeln inklusive Versiegelung, Abdichtungsarbeiten am Dach inklusive Dachdurchgangsziegel (zum Beispiel Lüftungs- oder Antennenziegel) und Schneefanggitter
- Neueindeckung des Daches oder Dachabschlusses bei Flachdach mittels Dachpappe, Schweißbahn et cetera
- Dachbegrünungen
- Erneuerung/Einbau von Oberlichtern, Lichtkuppeln
- Einbau von Schornsteinfeger-Ausstiegsluken in unbeheizten Dachräumen
- Änderung des Dachüberstands
- Erneuerung der Dachrinnen, Fallrohre, Einlaufbleche
- notwendige Arbeiten an Antennen, Satellitenschüsseln, Elektrik, Blitzableiter
- Schornsteinkopf neu einfassen, zum Beispiel Kaminabdeckung, Kaminverkleidung
- hydraulischer Abgleich des Zentralheizungssystems inklusive Strangregulierung, Ventil und Pumpenerneuerung
- Erhalt von Nistplätzen für Gebäudebrüter, zum Beispiel durch Einbau von Nistkästen/Niststeinen in besondere Konstruktionen in Traufkästen, Dachschrägen oder im Giebelbereich; weitere Informationen unter www.bund-hannover.de „Artenschutz an Gebäuden" und www.bund-dueren.de „Artenschutz"

**3. Förderfähige Maßnahmen bei Wärmedämmung von Geschossdecken**

- notwendige Abbrucharbeiten und Entsorgung (inklusive Schadstoffe und Sonderabfälle)
- Bauwerkstrockenlegung
- Aufbringen der Wärmedämmung
- Einbringen von Kerndämmung und Einblasdämmung
- Maßnahmen zur Wärmebrückenreduktion
- notwendige Folgearbeiten an angrenzenden Bauteilen
- notwendige Maler- und Putzarbeiten
- Estrich, Trittschalldämmung, Bodenbelag (sofern Kellerdecke „von oben" gedämmt wird)
- Maßnahmen zur Schalldämmung
- Wiederherstellung der Begehbarkeit des neu gedämmten Bodens
- notwendige Arbeiten an den Versorgungsleitungen, zum Beispiel Verlegung von Elektroanschlüssen
- Erneuerung von energetisch relevanten Türen oder wärmedämmenden Bodentreppen, zum Beispiel zum Keller oder Dachboden, sowie von wärmedämmenden Bodenklappen zum unbeheizten Dachboden
- hydraulischer Abgleich des Zentralheizungssystems inklusive Strangregulierung, Ventil und Pumpenerneuerung

**4. Förderfähige Maßnahmen bei der Erneuerung der Fenster und Außentüren**

- Ausbau und Entsorgung (inklusive Schadstoffe und Sonderabfälle)
- Austausch, Ertüchtigung (Neuverglasung, Überarbeitung der Rahmen, Herstellung von Gang- und Schließbarkeit sowie Verbesserung der Fugendichtheit und der Schlagregendichtheit) und Einbau neuer Fenster, Fenstertüren und Außentüren beziehungsweise deren erstmaliger Einbau
- Einbau von Fensterlüftern und Außenwandluftdurchlässen (Außenwand-Luftdurchlass/-lässe)
- Austausch von Glasbausteinen durch neue Fenster
- Maßnahmen zur Wärmebrückenreduktion, auch Dämmung von Heizkörpernischen, Sanierung kritischer Wärmebrücken im Raum
- Maßnahmen zur Schalldämmung
- Abdichtung der Fugen
- Einbau neuer beziehungsweise Erneuerung der Fensterbänke
- sommerlicher Wärmeschutz: Einbau neuer beziehungsweise Erneuerung von Rollläden und außen liegenden Verschattungselementen nach DIN 4108-2

- Dämmung und Ertüchtigung von vorhandenen Rollladenkästen
- Fliegengitter, sofern diese fest eingebaut sind
- Erneuerung des Heizkörpers bei Einbau größerer Fenster und daraus geringerer Brüstungshöhen
- notwendige Putz- und Malerarbeiten im Fensterbereich (gegebenenfalls anteilig)
- Erneuerung Hauseingangstüren sowie anderer Außentüren innerhalb der thermischen Gebäudehülle. Bei Mehrfamilienhäusern zum Beispiel auch Erneuerung von Wohnungseingangstüren zum unbeheizten Treppenhaus, Türen zum unbeheizten Keller oder Dachboden, Bodenklappen zum unbeheizten Dachboden
- notwendige Elektroarbeiten für elektrisch betriebene Fenster und Türen, Anschlüsse an Einbruchsicherungen
- einbruchhemmende Haus- und Wohnungseingangstüren der Widerstandsklasse RC2 nach DIN EN 1627 oder besser (auch ohne Nachweis über die Berücksichtigung der Festigkeit und Ausführung der umgebenden Wände)
- einbruchhemmende Fenster, Fenstertüren und -rahmen sowie Außentüren der Widerstandsklasse RC2 nach DIN EN 1627 oder besser, auch ohne Einhaltung der sicherheitstechnischen Anforderungen an die umgebenden Wandbauteile
- Pilzkopfverriegelungen, drehgehemmter Fenstergriff, Sicherheitsverglasung, selbstverriegelnde Mehrfachverriegelung, Sicherheitsrosette, verdeckt liegender Profilzylinder oder Sicherheitsprofilzylinder, Bandseitensicherung et cetera
- Nachrüstsysteme wie Beschläge und Schlösser nach DIN 18104 Teil 1 oder 2, Mehrfachverriegelungssysteme mit Sperrbügelfunktion nach DIN 18251, Klasse 3 oder besser sowie Einsteckschlösser nach DIN 18251, Klasse 4 oder besser
- Gemäß Anlage 4 „Erneuerung der Fenster oder Außentüren" der ESanMV ist Bedingung für die Förderung von Fenstern und Fenstertüren, dass der U-Wert der Außenwand und/oder des Daches kleiner ist als der UW-Wert der neu eingebauten Fenster und Fenstertüren. Mit dieser Mindestanforderung soll das Risiko des Tauwasserausfalls im Bereich der Außenwände bzw. des Daches weitestgehend und pauschal ausgeschlossen werden. Sie darf nach der ESanMV gleichwertig erfüllt werden, indem durch weitere Maßnahmen Tauwasser- und Schimmelbildung weitestgehend ausgeschlossen werden.

  Als gleichwertige Maßnahmen gelten dabei:
  - Die feuchtetechnische Untersuchung und entsprechende Sanierung der Wärmebrücke am Fensteranschluss und
  - die Feststellung, ob lüftungstechnische Maßnahmen zur Gewährleistung eines ausreichenden Luftwechsels notwendig sind.

  Der Bauherr ist über das Ergebnis zu informieren. Die Umsetzung von ggf. erforderlichen lüftungstechnischen Maßnahmen verantwortet der Bauherr. Die Einhaltung der Mindestanforderung mit gleichwertigen Maßnahmen ist nachweislich zu dokumentieren.

  Die Mindestanforderung bei der Erneuerung von Fenstern gilt auch bei der Erneuerung von Hauseingangstüren. Als gleichwertig gilt dabei die feuchtetechnische Untersuchung und entsprechende Sanierung der Wärmebrücke am Türanschluss.

**5. Förderfähige Maßnahmen bei der Erneuerung oder dem Einbau einer Lüftungsanlage**

- Einbau der Lüftungsanlage, gegebenenfalls müssen Anforderungen an die Luftdichtheit der Gebäudehülle erfüllt werden
- Wand- und Durchbrucharbeiten
- Luftdurchlässe
- Maßnahmen für Außenluft- und Fortluftelement
- Elektroanschlüsse
- Verkleidungen
- notwendige Putz- und Malerarbeiten (gegebenenfalls anteilig)
- bauliche Maßnahmen am Raum für Lüftungszentrale
- Maßnahmen zur Schalldämmung
- Einbau/Errichtung eines Erdwärmetauschers
- Einbau von Solar-Luftkollektoren

- Errichtung eines separaten, schallgedämmten Raumes zur Aufnahme der zentralen Lüftungstechnik einschließlich Berücksichtigung der Erfordernisse für die regelmäßige Hygienewartung
- Luftdichtheitsmessung
- Inbetriebnahme, Einregulierung und Einweisung
- Einbau einer Luftheizung

**6. Förderfähige Maßnahmen bei der Erneuerung der Heizungsanlage**

- Anschaffungskosten Wärmeerzeuger
  - Gas-Brennwertkessel und Gas-Hybridheizungen inklusive Gasanschluss (nur im Gebäudebestand: Gasleitung, Hausanschluss, Armaturen (z. B. Gasströmungswächter, Gaszähler, etc.))
  - Biomasse-Anlagen inklusive sekundäre Bauteile zur Brennwertnutzung zur Partikelabscheidung (elektrostatische Abscheider, filternde Abscheider wie z. B. Gewebefilter und keramische Filter, Abscheider als Abgaswäscher)
  - Solarkollektor-Anlagen
  - Wärmepumpen-Anlagen
    - Gas-Wärmepumpen inklusive Gasanschluss (Gasleitung, Hausanschluss, Armaturen)
    - Wärmepumpen-Anlagen kombiniert mit Lüftungsgeräten inklusive Wärmerückgewinnung sofern förderfähige Wärmepumpen mit Lüftungsgeräten inklusive Wärmerückgewinnung kombiniert und diese Komponenten regelungstechnisch gemeinsam betrieben werden inklusive erforderlicher Lüftungsleitungen und Lüftungszubehör
- Montage und Installation inklusive der dafür erforderlichen fachtechnischen Arbeiten und Materialien, z. B. Transport, Baugerüst, Lastenkran, Aufständerung, Unterkonstruktion, Fundament, Einhausung, zum Anschluss des Wärmerzeugers erforderliche Leitungen und Komponenten bis hin zur Wärmeverteilung (Heizkreisverteiler), Einstellung der Heizkurve
- Inbetriebnahme, Einregulierung und Einweisung des Anlagenbetreibers
- Erschließung und Anschaffung der Wärmequelle einer Wärmepumpenanlage
  - Erdsondenbohrungen (auch Probebohrungen) inklusive verschuldensunabhängige Versicherung
  - Erdflächenkollektoren
  - Grabenkollektoren
  - Erdwärmekörbe
  - Energiepfähle
  - Brunnenbohrungen
  - Energiezäune, Massivabsorber
  - Luft-Sole-Wärmeübertrager
  - unterirdische Eis-, Erd- und Wasserspeicher
  - Solarthermie-Anlagen und der thermische Bestandteil von PVT-Anlagen (Photovoltaik-Solarthermie-Hybridanlagen)
  - PVT-Anlagen (vollständig), sofern der erzeugte Strom zur überwiegenden Eigenversorgung genutzt und keine Vergütung nach dem EEG in Anspruch genommen wird
  - Abwasserwärmetauscher
  - Abwärmenutzung der Abluft als alleinige oder zusätzliche Wärmequelle einer Wärmepumpe, sofern eine förderfähige Wärmepumpe mit einem Lüftungsgerät inklusive Wärmerückgewinnung kombiniert wird und diese Komponenten zum gemeinsamen Betrieb lüftungs- und regelungstechnisch verbunden sind inklusive erforderlicher Lüftungsleitungen und Lüftungszubehör
- Erstellung und Anbindung an Wärmepumpenanlage
- Brennstoffaustragung, -förderung und -zufuhr (Biomasseanlagen) inklusive Anschaffung Saugsysteme, Förderschneckensysteme, Federblattrührwerke, Schubbodenaustragungen sowie Montage und Installation
- Wärmespeicher
  - Anschaffung, Montage und Installation
    - alle Arten von Warmwasser-Speichern (Heizwasser-, Trinkwarmwasser, und Kombispeicher, etc.)
    - Dämmung bestehender Wärmespeicher

- Eisspeicher und sonstige Latentwärmespeicher, die den Phasen-Übergang eines Mediums nutzen
- Wärmespeicherung in Beton, Zeolith oder sonstigen anderen Medien
- Erdwärmespeicher
- Tiefen-Aquifer- oder Hohlraum-Wärmespeicher

– Errichtung, Sanierung oder Umgestaltung eines Heiz- bzw. Technikraums, sofern dies für den Betrieb des geförderten Wärmerzeugers erforderlich ist, inklusive der erforderlichen fachtechnischen Arbeiten und Materialien (z. B. Wand- und Deckendurchbrüche inklusive Dämmmaßnahmen, Maler-, Putzarbeiten)
– Anschaffungskosten Flüssiggastanks oder Silos
– Errichtung, Sanierung, Umgestaltung Bunker und Lagerräume für Biomassepellets bzw. -hackschnitzel
– Neuerrichtung, Erneuerung und/oder Anpassung bestehender Abgassysteme und Schornsteine (inklusive Verkleidung) in direktem Zusammenhang mit dem Wärmeerzeuger
– Montage und Installation inklusive der erforderlichen fachtechnischen Arbeiten und Materialien (auch Wand- und Deckendurchbrüche inklusive Dämmmaßnahmen, Maler-, Putzarbeiten)
– Anschaffung, Montage und Installation Wärmeverteilung und Wärmeübergabe
  - Flächenheizungen (Decken-, Fußboden- und Wandheizungen) inklusive Dämmung und Estrich, Bodenbelägen, Wandverkleidung, Putzarbeiten
  - Niedertemperatur-Heizkörper/Heizleisten in jeglicher Bauausführung (z. B. auch Gebläsekonvektoren), die eine Reduzierung der Vorlauftemperatur ermöglichen (Vorlauftemperatur ≤ 60 °C)
  - voreinstellbare Thermostatventile
  - Strangdifferenzdruckregler
  - hocheffiziente Umwälzpumpen (Pumpen müssen die zum Zeitpunkt des Einbaus geltenden Anforderungen der Ökodesign-Richtlinie an den Energieeffizienzindex einhalten)
  - in Einrohrsystemen: Maßnahmen zur Volumenstromregelung
  - Umbau von Einrohr- in Zweirohrsysteme
  - Wärmedämmung von Rohrleitungen und sonstigen wärmeverlustbehafteten technischen Komponenten
  - Komponenten zur Entgasung von Heizungswasser
  - Einbau oder Erneuerung des Luftleitungsnetzes einschließlich notwendiger Schalldämmmaßnahmen
  - Einbau oder Erneuerung von Mess-, Steuerungs- und Regelungstechnik, notwendige Elektroarbeiten
  - inklusive der erforderlichen fachtechnischen Arbeiten und Materialien wie z. B. die Durchführung eines hydraulischen Abgleichs
– Warmwasserbereitung
  - Umstellung von einer dezentralen Warmwasserbereitung auf eine zentrale, heizungsintegrierte Warmwasserbereitung (inklusive notwendiger Sanitärarbeiten wie Austausch der Armaturen, Einsatz wassersparender Maßnahmen, Abwasser-Wärmerückgewinnung, etc.)
  - Einbau hocheffizienter Warmwasser-Wärmepumpen
  - Frischwasser- und Wohnungsstationen
  - Kalkschutz- und Wasserenthärtungsanlagen
  - Anschaffung und Einbau hocheffizienter Zirkulationspumpen (Pumpen müssen die zum Zeitpunkt des Einbaus geltenden Anforderungen der Ökodesign-Richtlinie an den Energieeffizienzindex einhalten)
– Demontage
  - Entsorgung eines alten Öl- oder Gastanks und Wiederherstellung der Außenanlagen bei erdbedeckten Tanks
  - Ausbau Altheizung einschließlich Entsorgung (inklusive Schadstoffe und Sonderabfälle)
– Austausch Heizkessel, Pufferspeicher, Rohrnetz (inklusive Trinkwasserversorgung, zum Beispiel auch bei Bleirohren) und Heizflächen (Heizkörper oder Flächenheizung)
– erstmaliger Einbau einer zentralen Gas-Heizungsanlage, inklusive Einbau von Pufferspeicher, Rohrnetz und Heizflächen (Heizkörper oder Flächenheizung)

- Einbau voreinstellbarer oder Austausch von Thermostatventilen
- Einbau oder Austausch von Strangdifferenzdruckreglern
- Fußbodenheizung inklusive Estrich, Trittschalldämmung, Bodenbelag und Wandheizung inklusive Putzarbeiten, Heizleisten
- hydraulischer Abgleich des Zentralheizungssystems
- Dämmung des Rohrsystems
- Maßnahmen zur Schalldämmung
- Umstellung des Warmwassersystems, das heißt Integration in die Heizungsanlage, inklusive notwendiger Sanitärarbeiten wie Austausch der Armaturen
- elektronisch geregelte Durchlauferhitzer
- Wohnungsdisplays und Smart Metering-Systeme für Wärme, auch als Multi-Sparten-Systeme inklusive Strom, Gas und Wasser (keine Endgeräte und keine Unterhaltungstechnik)
- Anschluss an eine Breitbandverkabelung
- Leerrohre, Kabel (zum Beispiel Lichtwellenleiter, CAT 7) für Mess-, Steuerungs- und Regelungstechnik sowie für Smart Metering-Systeme
- Einbau von Mess-, Steuerungs- und Regelungstechnik, notwendige Elektroarbeiten
- Wärmemengenzähler
- Inbetriebnahme, Einregulierung und Einweisung
- Anschlusskosten Fernwärme
- Installationskosten inklusive einmaliger Anschlussgebühren bei Anschluss an Versorgungsnetz
- Systeme zur Wärmerückgewinnung aus Abwasser (zum Beispiel Duschwasser)
- Lieferung und Einbau der solarthermischen Anlage
- Anschluss solarthermische Anlage an das Warmwasser- und/oder Heizsystem, inklusive Solarspeicher, Steigleitungen
- Nebenarbeiten wie Austausch oder Anpassung von Fensterbänken und Fensternischen
- notwendige Maler-, Putz- und Wandverkleidungsarbeiten
- Herstellung und Verschließen notwendiger Wand- und Deckendurchbrüche inklusive Dämmmaßnahmen
- Einrichtung oder Neubau eines Heizraums beziehungsweise eines Bevorratungsbehälters für Biomasse
- notwendige bauliche Maßnahmen am Heiz- und Kesselraum
- Probebohrungen sowie die finale Erdwärmebohrung beim Einbau einer Erdwärmepumpe

**7. Förderfähige Maßnahmen beim Einbau digitaler Systeme zur energetischen Betriebs- und Verbrauchsoptimierung**

- Wohnungsdisplay zur Anzeige von aktuellen Daten der Heiz- und Elektroenergie, von Warm- und Kaltwasser
- Smart-Meter, Mess-, Steuerungs- und Regeltechnik für Heizungslüftungs-, Beleuchtungs-, Lüftungs- und Klimatechnik sowie Einbindung von Wetterdaten
- Systeme zur Erfassung und Auswertung von Energieflüssen, Energieverbräuchen, Teilverbräuchen der unterschiedlichen Sparten und Energiekosten
- elektronische Systeme zur Betriebsoptimierung, der Bereitstellung von Nutzerinformation bei nachlassender Systemeffizienz und der Anzeige von notwendigen Wartungsintervallen, zum Beispiel bei der Wärmeerzeugung, dem hydraulischen Abgleich der Heizungsanlage und den Emissionen aus der Wärmeerzeugung
- elektronische Systeme zur Unterstützung der Netzdienlichkeit von Energieverbräuchen (zum Beispiel für Heizung, Kühlung, Lüftung, Warmwasser, Beleuchtung, Ladeinfrastruktur für Elektromobilität, Verbrauch und Erzeugung von erneuerbaren Energien, Haushaltsgeräte)
- präsenzabhängige Zentralschaltung von Geräten, Steckdosen et cetera
- baugebundene Bedienungs- und Antriebssysteme für Türen, Innentüren, Jalousien, Rollläden, Fenster, Türkommunikation, Beleuchtung, Heizungs- und Klimatechnik
- Integration von Luftqualitätssensoren, Fensterkontakten, Präsenzsensoren, Beleuchtungsaktoren
- elektronische Heizkörperthermostate/Raumthermostate,
- intelligente Türsysteme mit personalisierten Zutrittsrechten
- Energiemanagementsystem inklusive Integration in wohnwirtschaftliche Software

– Systemtechnik für den Datenaustausch hausintern/-extern
– elektronische Heizkostenverteiler, Wasser- und Wärmemengenzähler zur Visualisierung und Analyse von Heizwärmeverbräuchen
– notwendige Verkabelung (zum Beispiel Ethernetkabel) oder kabellose funkbasierte Installationen (zum Beispiel Router) für Kommunikations-/Notrufsysteme und intelligente Assistenzsysteme, USB-Anschlussbuchsen
– Anschluss an eine Breitbandverkabelung. Leerrohre, Kabel (zum Beispiel Lichtwellenleiter, CAT 7) für Mess-, Steuerungs- und Regelungstechnik sowie für Smart Metering-Systeme.

**Nicht förderfähig** sind Endgeräte und Unterhaltungstechnik, wie zum Beispiel Handy, Tablet, Computer, Fernseher, Lautsprecher.

**8. Förderfähige Maßnahmen bei Optimierung bestehender Heizungsanlagen, sofern diese älter als zwei Jahre sind**

– Analyse des Ist-Zustandes, zum Beispiel nach DIN EN 15378
– Durchführung des hydraulischen Abgleichs
– Ersatz bestehender Pumpen durch Hocheffizienzpumpen. Pumpen müssen die zum Zeitpunkt des Einbaus geltenden Anforderungen der Ökodesign-Richtlinie an den Energieeffizienzindex einhalten.
– Einbau hocheffizienter Trinkwasserzirkulationspumpen
– Einbau voreinstellbarer Heizkörperthermostatventile und von Strangdifferenzdruckreglern
– in Einrohrsystemen Maßnahmen zur Volumenstromregelung
– Umbau von Ein- in Zweirohrsysteme
– Ersatz und erstmaliger Einbau von Pufferspeichern
– erstmaliger Einbau von Flächenheizsystemen und Heizleisten (System-Vorlauftemperaturen ≤ 35 °C) inklusive Anpassung oder Erneuerung von Rohrleitungen
– Austausch von „kritischen" Heizkörpern zur Systemtemperaturreduzierung
– Einbau von zusätzlichen Wärmetauscher(n) zur Aufrüstung eines Gas-Niedertemperaturkessels zu einem Gas-Brennwertkessel einschließlich notwendiger Schornsteinanpassungen
– nachträgliche Dämmung von ungedämmten Rohrleitungen
– Maßnahmen zur Schalldämmung
– Umstellung des Warmwassersystems, das heißt Integration in die Heizungsanlage, inklusive notwendiger Sanitärarbeiten wie Austausch der Armaturen
– elektronisch geregelte Durchlauferhitzer
– Einbau sowie Ersatz von zur Heizungsanlage zugehöriger Mess-, Steuer- und Regelungstechnik und Nutzerinterface
– Smart Metering-Systeme ohne Endgeräte und ohne Unterhaltungstechnik
– Wärmemengenzähler
– Anschluss an eine Breitbandverkabelung
– Leerrohre, Kabel (zum Beispiel Lichtwellenleiter, CAT 7) für Mess-, Steuerungs- und Regelungstechnik sowie für Smart Metering-Systeme
– Inbetriebnahme, Einregulierung und Einweisung

# I § 36 a/1. Schreiben betr. Anwendungsfragen zur Beschränkung der Anrechenbarkeit der Kapitalertragsteuer nach § 36 a EStG

Vom 3. April 2017 (BStBl. I S. 726)

(BMF IV C 1 – S 2299/16/10002; DOK 2017/0298180)

Geändert durch BMF v. 20. 2. 2018 (BStBl. I S. 308)

Unter Bezugnahme auf das Ergebnis der Erörterungen mit den obersten Finanzbehörden der Länder gilt für die Anwendung des § 36 a EStG Folgendes:

## I. Allgemeines

**Anrechnungsberechtigter**

Zur Anrechnung der Kapitalertragsteuer auf Kapitalerträge nach § 36 Abs. 2 Nr. 2 EStG ist der Anteilseigner berechtigt. Nach § 20 Abs. 5 Satz 1 und 2 EStG i. V. m. § 39 Abs. 1 AO ist Anteilseigner grundsätzlich derjenige, der im Zeitpunkt des Gewinnverteilungsbeschlusses Eigentümer der Anteile oder Genussscheine ist. Sofern eine andere Person die Voraussetzungen i. S. d. § 39 Abs. 2 Nr. 1 Satz 1 AO erfüllt, ist diese Person als wirtschaftlicher Eigentümer zur Anrechnung berechtigt. 1

## II. Erweiterte Anrechnungsvoraussetzungen des § 36 a EStG

### 1. Mindesthaltezeitraum, Mindesthaltedauer

Die Anrechnung setzt nach § 36 a Abs. 1 Satz 1 Nr. 1 i. V. m. Abs. 2 EStG voraus, dass der Steuerpflichtige innerhalb eines Zeitraums von 45 Tagen vor und 45 Tagen nach der Fälligkeit der Kapitalerträge (Mindesthaltezeitraum) an mindestens 45 Tagen ununterbrochen wirtschaftlicher Eigentümer der Anteile oder Genussscheine ist (Mindesthaltedauer). 2

### a) Fälligkeit der Kapitalerträge

Die Fälligkeit der Kapitalerträge bestimmt sich bei Aktien nach dem Gewinnverteilungsbeschluss der Hauptversammlung, bei Genussscheinen nach den Emissionsbedingungen. Beschließt die Hauptversammlung über die Höhe der Gewinnausschüttung, fehlt aber ein Beschluss über den Tag der Auszahlung, so gilt in entsprechender Anwendung von § 44 Abs. 2 Satz 2 EStG der Tag nach der Beschlussfassung als Tag der Fälligkeit, sofern sich keine abweichende Fälligkeit durch eine gesetzliche Regelung oder durch eine Satzungsregelung ergibt. Nach § 58 Abs. 4 Satz 2 AktG in der ab 2017 anzuwendenden Fassung ist der Dividendenanspruch am dritten auf den Hauptversammlungsbeschluss folgenden Geschäftstag (entspricht dem Bankarbeitstag, § 675 n Abs. 1 Satz 4 BGB) fällig. In dem Hauptversammlungsbeschluss oder in der Satzung kann eine spätere Fälligkeit festgelegt werden (§ 58 Abs. 4 Satz 3 AktG). 3

Der erste Geschäftstag nach der Hauptversammlung wird als „Ex-Tag" bezeichnet. Es wird nicht beanstandet, wenn der Steuerpflichtige für die Bestim- 4 mung des Mindesthaltezeitraums und der Mindesthaltedauer innerhalb des Mindesthaltezeitraums (Rz. 6) generell auf den Ex-Tag abstellt.

**b) Beginn und Ende der tatsächlichen Haltedauer**

5 Maßgebend für den Beginn der tatsächlichen Haltedauer ist der Tag, an dem der Steuerpflichtige das wirtschaftliche Eigentum erwirbt. Die Haltedauer endet an dem Tag, an dem der Steuerpflichtige das wirtschaftliche Eigentum verliert. Es wird jedoch nicht beanstandet, wenn für die Zwecke der Ermittlung der tatsächlichen Haltedauer bei Geschäften mit bis zu dreitägiger Lieferfrist generell auf den Tag abgestellt wird, an dem das Verpflichtungsgeschäft zum Erwerb und zur Veräußerung der Anteile oder Genussscheine abgeschlossen wird (Handelstag).

6 Wenn das wirtschaftliche Eigentum vor dem Mindesthaltezeitraum erworben wurde, beginnt die Mindesthaltedauer am 45. Tag vor dem Tag der Fälligkeit der Kapitalerträge.

**c) Berechnung der Haltedauer**

7 Für die Berechnung der Haltedauer sind nur diejenigen Tage einzubeziehen, an denen während des gesamten Kalendertages das wirtschaftliche Eigentum bestand. Daher sind der Tag, an dem der Steuerpflichtige das wirtschaftliche Eigentum erwirbt, und der Tag, an dem der Steuerpflichtige das wirtschaftliche Eigentum überträgt oder in sonstiger Weise verliert, nicht mitzurechnen.

8 Bei der Berechnung der Mindesthaltedauer ist § 108 Abs. 3 AO zu berücksichtigen.

**2. Mindestwertänderungsrisiko**

9 Der Steuerpflichtige muss nach § 36 a Abs. 1 Satz 1 Nr. 2 EStG während der Mindesthaltedauer ununterbrochen das in § 36 a Abs. 3 Satz 1 EStG definierte Mindestwertänderungsrisiko tragen. § 36 a Abs. 3 Satz 1 EStG setzt voraus, dass der Steuerpflichtige unter Berücksichtigung von gegenläufigen Ansprüchen und Ansprüchen nahe stehender Personen das Risiko aus einem sinkenden gemeinen Wert i. S. d. § 9 BewG der Anteile oder Genussscheine im Umfang von mindestens 70 % trägt.

**a) Generell fehlendes Wertänderungsrisiko**

10 Bei einem Wertpapierdarlehen i. S. d. § 607 BGB (im allgemeinen Sprachgebrauch als „Wertpapierleihe" bezeichnet) trägt der Darlehensnehmer kein Wertänderungsrisiko, da er bei Fälligkeit der Rückgabeverpflichtung lediglich Wertpapiere gleicher Art, Güte und Menge an den Darlehensgeber zurückzuübertragen hat, ohne dass eine zwischenzeitlich eingetretene Wertveränderung auszugleichen wäre.

11 Aufgrund eines im Vorhinein vereinbarten Rückkaufpreises trägt der Pensionsnehmer eines Wertpapierpensionsgeschäfts regelmäßig kein oder kein hinreichendes Wertänderungsrisiko. Dies gilt gleichermaßen für echte und unechte Wertpapierpensionsgeschäfte. Ein Wertpapierpensionsgeschäft liegt vor, wenn ein Pensionsgeber Wertpapiere auf Zeit gegen Entgelt auf einen Pensionsnehmer zivilrechtlich überträgt. Das Geschäft wird als echtes Wertpapierpensionsgeschäft bezeichnet, wenn der Pensionsnehmer die Wirtschaftsgüter

gegen Entrichtung des Rückkaufpreises zu einem bestimmten oder vom Pensionsgeber zu bestimmenden Zeitpunkt an den Pensionsgeber zurückzuübertragen hat (vgl. § 340 b Abs. 2 HGB). Ein unechtes Wertpapierpensionsgeschäft liegt vor, wenn der Pensionsnehmer lediglich das Recht zur Rückübertragung hat (vgl. § 340 b Abs. 3 HGB).

Soweit ein Emittent zur Absicherung von ausgegebenen Aktien-Zertifikaten oder Aktienindex-Zertifikaten die zugrunde liegenden Aktien erwirbt, trägt er kein Wertänderungsrisiko, da dieses auf die Zertifikate-Inhaber übertragen wurde. 12

Ebenfalls kein Wertänderungsrisiko liegt vor, soweit ein Steuerpflichtiger Aktien-Swapverträge abgeschlossen hat, bei denen der Vertragspartner eine Ausgleichszahlung bei Wertminderung der Aktie zugesagt hat. 13

## b) Gegenläufige Ansprüche

Gegenläufige Ansprüche sind Ansprüche aus Rechtsgeschäften, deren Wert sich beim Absinken des Werts der Anteile oder Genussscheine typischerweise erhöht oder umgekehrt beim Steigen des Werts der Anteile oder Genussscheine typischerweise sinkt. 14

Als gegenläufige Ansprüche kommen insbesondere in Betracht: 15[1)]

– Optionen,
– Optionsscheine,
– Futures,
– Forwards,
– Aktien-Swaps, die dem Steuerpflichtigen einen Anspruch auf Ausgleichszahlung bei Wertminderung der Aktie gewähren,
– Aktienindex-Swaps, die dem Steuerpflichtigen einen Anspruch auf Ausgleichszahlung bei Wertminderung des Aktienindizes gewähren,
– Leerverkaufspositionen (insbesondere auf Aktien, Genussscheine, Investmentanteile und Zertifikate),
– Investmentanteile, Zertifikate oder andere Derivate, die die Wertentwicklung einer Aktie oder mehrerer Aktien umgekehrt proportional abbilden, so dass deren Anleger bei fallenden Kursen profitieren, sowie
– Investmentanteile, Zertifikate oder andere Derivate auf Aktienindizes, die einen Aktienindex ganz oder teilweise umgekehrt proportional abbilden, so dass deren Anleger bei fallenden Kursen profitieren (z. B. ShortDAX).

Rechtspositionen aus Stillhaltergeschäften stellen ebenfalls gegenläufige Ansprüche dar. Durch die Ausgestaltung der Stillhalterprämie und des Ausübungspreises kann das formale Wahlrecht des Optionsinhabers bedeutungslos und faktisch ein Festgeschäft vereinbart sein. Mit dem Stillhaltergeschäft kann auch eine vollständige Absicherung eines Aktienerwerbs erreicht und die Rückübertragung sichergestellt werden. 16

**Beispiel 1:** 17

A verkauft an I eine X-AG Aktie zu dem aktuellen Kurs von 100 €. I räumt als Stillhalter dem A das Recht ein, in drei Wochen eine X-AG Aktie zu einem Ausübungspreis von 0,01 € von I zu kaufen (Verkauf einer Kaufoption = Short Call). I erhält dafür eine Stillhalterprämie von 99,99 €.

---

1) Rz. 15 neu gef. durch BMF v. 20. 2. 2018, BStBl. I S. 308.

18 **Beispiel 2:**

A verkauft an I eine X-AG Aktie zu dem aktuellen Kurs von 100 €. A räumt als Stillhalter dem I das Recht ein, in drei Wochen eine X-AG Aktie zu einem Ausübungspreis von 300 € an A zu verkaufen (Verkauf einer Verkaufsoption = Short Put). A erhält dafür eine Stillhalterprämie von 200 €.

19 Die angeführten Finanzinstrumente können nach der Zielsetzung des Steuerpflichtigen der Absicherung von bestimmten Grundgeschäften (insbesondere Vermögensgegenstände, Schulden, schwebende Geschäfte oder mit hoher Wahrscheinlichkeit vorgesehene Transaktionen) dienen und sind insoweit **Sicherungsgeschäfte** (Rzn. 50 ff.). Sie stellen aber auch dann gegenläufige Ansprüche dar, wenn der Steuerpflichtige mit ihnen ausschließlich oder zusätzlich andere Zwecke (z. B. Gewinnerzielung durch Spekulationen) verfolgt.

20 Gegenläufige Ansprüche können sich sowohl aus Derivategeschäften ergeben, die eine tatsächliche Lieferung („physical delivery") des zugrunde liegenden Basiswerts vorsehen, als auch aus Derivategeschäften, bei denen ein Barausgleich („cash settlement") vereinbart ist.

21 Keine gegenläufigen Ansprüche liegen vor bei Sicherungsgeschäften, die sich weder vollständig, noch teilweise auf den Gegenstand des Grundgeschäfts beziehen, sondern lediglich auf finanzmathematischen Zusammenhängen, auf Erfahrungswerten oder auf statistischen Korrelationen beruhen. Dies ist beispielsweise der Fall, wenn zur Sicherung von Aktien einer Fluggesellschaft Termingeschäfte auf Kerosin abgeschlossen werden, weil davon ausgegangen wird, dass bei einem Anstieg des Kerosinpreises die Aktienkurse von Fluggesellschaften fallen.

22 Werden etwaige andere Risiken als Kursänderungsrisiken (z. B. Währungs- oder Zinsrisiken) abgesichert, bleiben diese für die Zwecke des § 36 a EStG außer Betracht.

### c) Wertänderungsrisiko

#### aa) Berechnungsmethode

23 Die Quote, in welcher Höhe ein Wertänderungsrisiko getragen wird, bestimmt sich nach dem gemeinen Wert des Anteils oder Genussscheins zu dem Sicherungswert des gegenläufigen Anspruchs.

$$Wertänderungsrisiko = \left(1 - \frac{Derivatezahl \times Sicherungswert}{Anteilszahl \times gemeiner\ Wert\ des\ Anteils}\right) \times 100\ \%$$

**Sicherungswert**

24 Der Sicherungswert eines gegenläufigen Anspruchs bestimmt sich nach dem Basis- oder Ausübungspreis abzüglich der Anschaffungskosten (z. B. Optionsprämie). Bei einem Stillhaltergeschäft ist die erhaltene Optionsprämie in die Ermittlung des Sicherungswerts einzubeziehen (vgl. Rzn. 37 ff.). Im Rahmen von Makro- oder Portfolio-Hedges (Rzn. 58, 60) können grundsätzlich auch Geschäfte berücksichtigt werden, die das Wertänderungsrisiko des Steuerpflichtigen erhöhen (z. B. Terminkäufe, Kaufoptionen). Bei solchen risikoerhöhenden Geschäften ist ein negativer Sicherungswert anzusetzen (siehe Rzn. 32–34, 39, 40).

**Derivatezahl**

Die Derivatezahl bestimmt sich nach der Anzahl der erworbenen Derivate und deren Bezugsverhältnis. Wenn beispielsweise 10 Optionen erforderlich sind, um eine Aktie erwerben (Call) oder veräußern (Put) zu dürfen, dann liegt ein Bezugsverhältnis von 1:10 oder 0,1 vor. Erwirbt der Steuerpflichtige z. B. 50 Optionen mit einem Bezugsverhältnis von 1:10, dann beträgt die Derivatezahl 5. In den vorherigen und in allen folgenden Beispielen wird aus Vereinfachungsgründen unterstellt, dass das Bezugsverhältnis 1:1 ist, so dass die Zahl der erworbenen Derivate der Derivatezahl entspricht. Bei Aktien-Swaps bemisst sich die Ausgleichszahlung an der Wertentwicklung der zu Grunde liegenden Aktien, so dass die Derivatezahl „1" beträgt. 25

**Anteilszahl**

Mit Anteilszahl ist die Zahl der Anteile (insbesondere Aktien) oder Genussscheine gemeint, für die ein Wertänderungsrisiko zu ermitteln ist. Dies ist nicht immer die Gesamtzahl der Anteile oder Genussscheine im Bestand des Steuerpflichtigen. Die Anteile oder Genussscheine, für die ein Mikro-, Makro- oder Portfolio-Hedge (Rzn. 53, 58, 60) vorgenommen wurde, sind gesondert zu betrachten. Darüber hinaus sind auch Anteile und Genussscheine, die durch Wertpapierdarlehen oder durch Wertpapierpensionsgeschäfte erworben wurden oder die Zwecken eines Aktien-Swap-Geschäfts dienen oder bei denen ein sonstiger wirtschaftlicher Zusammenhang zu bestimmten gegenläufigen Ansprüchen besteht, gesondert zu betrachten. 26

**Zeitpunkt der Ermittlung des Wertänderungsrisikos**

Maßgebend sind nicht die historischen Anschaffungskosten, sondern der aktuelle gemeine Wert des Anteils oder Genussscheins in dem Zeitpunkt, in dem der Steuerpflichtige einen gegenläufigen Anspruch erwirbt oder ein gegenläufiger Anspruch durch Erlöschen oder in sonstiger Weise wegfällt. Entsprechend gilt dies bei weiteren Erwerben oder Veräußerungen von Anteilen oder Genussscheinen. Bei Ermittlung des Wertänderungsrisikos kann bei indexorientierten Produkten auf die letzte öffentlich zugängliche Indexgewichtung abgestellt werden. 27

**Beispiel 3:** 28

Steuerpflichtiger S erwirbt 10 X-AG Aktien am 1.2. zu einem Kurs von 110 €. Am 1. 4. erwirbt S 7 Verkaufsoptionen (Long Put; im Weiteren als Put-Option bezeichnet) auf X-AG Aktien mit einem Ausübungspreis von 90 € und zahlt dafür jeweils 3 € Optionsprämie. Am 1. 4. beträgt der gemeine Wert (Börsenkurs) der X-AG Aktie 100 €.
Maßgebend ist hier nicht der Anschaffungspreis der X-AG Aktien, sondern der gemeine Wert am 1. 4. (= Tag des Erwerbs des gegenläufigen Anspruchs).

$$Wertänderungsrisiko = \left(1 - \frac{7 \times (90\,€ - 3\,€)}{10 \times 100\,€}\right) \times 100\,\% = 39{,}1\,\%$$

Sofern kein Mikro-Hedge (Rz. 53) vorliegt, ist bei mehrmaligem Erwerb von gegenläufigen Ansprüchen auf den gemeinen Wert der Anteile oder Genussscheine zum Zeitpunkt des letzten Erwerbs abzustellen. Das Gleiche gilt für einen mehrmaligen Erwerb von Anteilen oder Genussscheinen. 29

30 **Beispiel 3.1:**

Am 5. 4. erwirbt S 2 weitere Put-Optionen mit einem Ausübungspreis von 95 € und zahlt dafür jeweils 4 €. Der Börsenkurs beträgt am 5. 4. 105 €.

$$Wert\ddot{a}nderungsrisiko = \left(1 - \frac{7 \times (90\,€ - 3\,€) + 2 \times (95\,€ - 4\,€)}{10 \times 105\,€}\right) \times 100\,\% = 24{,}67\,\%$$

31 **Beispiel 3.2:**

Am 10. 4. erwirbt S 10 weitere X-AG Aktien zu einem Kurs von 104 €.

$$Wert\ddot{a}nderungsrisiko = \left(1 - \frac{7 \times (90\,€ - 3\,€) + 2 \times (95\,€ - 4\,€)}{20 \times 104\,€}\right) \times 100\,\% = 61{,}97\,\%$$

32 **Beispiel 3.3:**

Am 15. 4. schließt S einen Forward ab, in dem er sich verpflichtet, 5 X-AG Aktien zu einem Basispreis von jeweils 110 € zu kaufen **(Long Forward).** Der Börsenkurs beträgt am 15. 4. 109 €.

Der Forward erhöht das Wertänderungsrisiko bzw. mindert die Risikoabsicherung und ist daher als negativer Wert anzusetzen:

$$Wert\ddot{a}nderungsrisiko = \left(1 - \frac{7 \times (90\,€ - 3\,€) + 2 \times (95\,€ - 4\,€) - 5 \times 110\,€}{20 \times 109\,€}\right) \times 100\,\% = 88{,}94\,\%$$

Ab dem 16.4. erfüllt S die Voraussetzungen des § 36 a Abs. 3 EStG.

33 Bei dem Erwerb einer Kaufoption (**Long Call;** im Weiteren als „Call-Option" bezeichnet) erhöht sich das getragene Wertänderungsrisiko bzw. mindert sich die Risikoabsicherung in Höhe der aufgewendeten Optionsprämie. Der Ausübungspreis bleibt unberücksichtigt, da aufgrund des Optionswahlrechts ungewiss ist, ob es tatsächlich zu einem Aktienerwerb kommt.

34 **Beispiel 3.4:**

Am 20. 4. erwirbt S 3 Call-Optionen auf X-AG Aktien mit einem Ausübungspreis von 100 €. S zahlt hierfür eine Optionsprämie in Höhe von jeweils 10 €. Der Börsenkurs beträgt am 20. 4. 109 €.

$$Wert\ddot{a}nderungsrisiko = \left(1 - \frac{7 \times (90\,€ - 3\,€) + 2 \times (95\,€ - 4\,€) - 5 \times 110\,€ - 3 \times 10\,€}{20 \times 109\,€}\right) \times 100\,\% = 90{,}32\,\%$$

35 Erlischt ein gegenläufiger Anspruch (z. B. am Laufzeitende oder durch Glattstellung), ist das Wertänderungsrisiko neu zu ermitteln. Dabei ist der gemeine Wert der Anteile zum Zeitpunkt des Erlöschens anzusetzen.

36 **Beispiel 3.5:**

Am 30. 4. stellt S die 2 Put-Optionen glatt, die er am 5. 4. erworben hat. Der Börsenkurs beträgt am 30. 4. 107 €.

$$Wert\ddot{a}nderungsrisiko = \left(1 - \frac{7 \times (90\,€ - 3\,€) - 5 \times 110\,€ - 3 \times 10\,€}{20 \times 107\,€}\right) \times 100\,\% = 98{,}64\,\%$$

Ein Stillhaltergeschäft, bei dem der Steuerpflichtige dem Erwerber eine Call-Option einräumt (Short Call), mindert das Wertänderungsrisiko bzw. erhöht die Risikoabsicherung. Die vereinnahmte Stillhalterprämie erhöht ebenfalls die Risikoabsicherung. 37

**Beispiel 3.6.:** 38

Am 10. 5. räumt S einer anderen Person das Recht ein, 10 X-AG Aktien zu einem Ausübungspreis von 60 € von S zu kaufen und erhält dafür eine Stillhalterprämie in Höhe von jeweils 41 €. Der Börsenkurs beträgt am 10. 5. 100 €.

$$\begin{aligned} &\mathit{Wert\ddot{a}nderungsrisiko} \\ &= \left(1 - \frac{7 \times (90\,€ - 3\,€) - 5 \times 110\,€ - 3 \times 10\,€ + 10 \times (60\,€ + 41\,€)}{20 \times 100\,€}\right) \times 100\,\% \\ &= 48{,}05\,\% \end{aligned}$$

Ein Stillhaltergeschäft, bei dem der Steuerpflichtige dem Erwerber eine Put-Option einräumt (Short Put), erhöht das Wertänderungsrisiko bzw. mindert die Risikoabsicherung. Vereinnahmte Stillhalterprämien erhöhen dagegen die Risikoabsicherung. 39

**Beispiel 3.7:** 40

Am 30. 5. laufen die 7 Put-Optionen aus, die S am 1.4. erworben hat. Außerdem stellt S den am 15. 4. abgeschlossenen Forward glatt. Darüber hinaus räumt S einer anderen Person das Recht ein, 8 X-AG Aktien zu einem Ausübungspreis von 150 € an S zu verkaufen. S erhält dafür eine Stillhalterprämie in Höhe von jeweils 55 €. Der Börsenkurs beträgt am 30. 5. 102 €.

$$\begin{aligned} &\mathit{Wert\ddot{a}nderungsrisiko} \\ &= \left(1 - \frac{-3 \times 10\,€ + 10 \times (60\,€ + 41\,€) - 8 \times (150\,€ - 55\,€)}{20 \times 102\,€}\right) \times 100\,\% = 89{,}22\,\% \end{aligned}$$

### bb) Alternative Berechnungsmethoden

Branchenübliche sowie aufsichtsrechtlich vorgegebene Methoden der Risikoberechnung können für die Zwecke des § 36 a EStG grundsätzlich anerkannt werden, wenn der Steuerpflichtige die Methode fortlaufend und für alle Geschäfte einheitlich anwendet. Ein Wechsel zwischen den Berechnungsmethoden im Sinne eines Meistbegünstigungsprinzips ist ausgeschlossen. 41

Bei Anwendung einer alternativen Berechnungsmethode bleibt die Verpflichtung unberührt, dass Mikro-, Makro- und Portfolio-Hedges gesondert zu betrachten sind (siehe Rzn. 50 ff.). 42

### Ermittlung des Wertänderungsrisikos bei Investmentfonds

Die von Investmentfonds angewendeten Methoden zur Ermittlung des Marktrisikos nach der Derivateverordnung (DerivateV) können grundsätzlich als alternative Berechnungsmethode zur Bestimmung des Wertänderungsrisikos anerkannt werden. Dabei ist das Wertänderungsrisiko wie folgt zu ermitteln: 43

$$\mathit{Wert\ddot{a}nderungsrisiko} = \frac{\mathit{ungesichertes\ Aktienverm\ddot{o}gen\ (Exposure)}}{\mathit{Aktienmarktwert}} \times 100\,\%$$

Das ungesicherte Aktienvermögen ermittelt sich aus dem Aktienmarktwert zuzüglich positiver oder negativer Anrechnungsbeträge i. S. d. § 16 DerivateV 44 aufgrund von Derivategeschäften. Derivategeschäfte, die das Marktrisiko erhöhen (z. B. Erwerb einer Call-Option), sind mit positiven Anrechnungsbeträgen anzusetzen. Derivategeschäfte wie z. B. der Erwerb von Put-Optionen, die das Marktrisiko reduzieren, sind mit negativen Anrechnungsbeträgen zu berücksichtigen.

45 Bei der Ermittlung der Anrechnungsbeträge ist das Delta i. S. d. § 18 DerivateV zu berücksichtigen. Das Delta drückt die Wertänderung des Derivats aus, wenn sich der Basiswert um eine Geldeinheit erhöht. Hat beispielsweise eine Put-Option ein Delta von –0,5, dann sinkt der Wert der Put-Option um 0,50 €, wenn sich der Wert der als Basiswert zugrunde liegenden Aktie um 1 € erhöht. Informationen über die Höhe des Deltas können bei Wirtschaftsdatendienstleistern, wie z. B. Bloomberg oder Reuters, abgefragt werden.

46 **Beispiel 4:**

Ein Portfolio enthält 50 X-AG Aktien (gemeiner Wert = aktueller Börsenkurs 80 €) und 100 Put-Optionen auf X-AG Aktien (Delta = –0,3).
Exposure = 50 × 80 € + 100 × (–0,3) × 80 € = 1600 €.

$$Wertänderungsrisiko = \frac{1600}{4000} \times 100\,\% = 40\,\%$$

47 Das Delta von Futures und Forwards beträgt generell 1.

48 **Beispiel 5:**

Ein Portfolio enthält 50 X-AG Aktien (gemeiner Wert = aktueller Börsenkurs 80 €), 30 Futures, die zum Verkaufen von X-AG Aktien verpflichten (Short Futures), und 20 Futures, die zum Kaufen von X-AG Aktien verpflichten (Long Futures).
Exposure = 50 × 80 € – 30 × 80 € + 20 × 80 € = 3200 €.

$$Wertänderungsrisiko = \frac{3200}{4000} \times 100\,\% = 80\,\%$$

49 **Beispiel 6:**

Ein Portfolio enthält 50 X-AG Aktien (gemeiner Wert = aktueller Börsenkurs 80 €), 30 Short Futures und 20 Call-Optionen (Delta = +0,6).
Exposure = 50 × 80 € – 30 × 80 € + 20 × 0,6 × 80 € = 2560 €.

$$Wertänderungsrisiko = \frac{2560}{4000} \times 100\,\% = 64\,\%$$

### d) Zusammenhang zwischen dem Erwerb oder dem Halten von Anteilen oder Genussscheinen und dem Erwerb von gegenläufigen Ansprüchen

50 Bei der Frage, welche gegenläufigen Ansprüche zu welchen Anteilen oder Genussscheinen ins Verhältnis zu setzen sind, ist zunächst auf einen wirtschaftlichen Zusammenhang zwischen dem gegenläufigen Anspruch und dem Grundgeschäft abzustellen.

51 Ob ein wirtschaftlicher Zusammenhang besteht, bestimmt sich nach dem Veranlassungsprinzip. Maßgebend sind die Gründe, aus denen der Steuerpflichtige den gegenläufigen Anspruch erworben hat. Ein Veranlassungszusammenhang besteht insbesondere, wenn der Steuerpflichtige den gegenläufigen Anspruch zu Sicherungszwecken erworben hat. Daher sind Geschäfte, die z. B. nach den Regelungen des § 254 HGB oder § 5 Abs. 1 a Satz 2 EStG als

Bewertungseinheit behandelt werden, auch für Zwecke der Berechnung des Wertänderungsrisikos zusammengefasst zu betrachten. Aber auch wenn der Steuerpflichtige keine Bewertungseinheit gebildet hat, kann sich aus den Umständen des Einzelfalls ergeben, dass der Steuerpflichtige Sicherungszwecke verfolgt hat, so dass die betreffenden Sicherungs- und Grundgeschäfte als gesonderte Einheit zu betrachten sind.

Kein Veranlassungszusammenhang besteht insbesondere, wenn der Steuerpflichtige mit dem Erwerb der gegenläufigen Ansprüche ausschließlich spekulative Gewinnerzielungsabsichten verfolgt, bei denen es unerheblich ist, ob die entsprechenden Basiswerte gehalten werden oder nicht. Es handelt sich auch in diesem Fall dennoch um gegenläufige Ansprüche. Setzt jedoch beispielsweise eine Leerverkaufsstrategie eine vorherige Eindeckung mit Aktien (z.B. durch Wertpapierdarlehen) voraus, dann ist von einem Veranlassungszusammenhang auszugehen. 52

## aa) Mikro-Hedge

Dienen die gegenläufigen Ansprüche der Absicherung eines einzelnen Grundgeschäfts (Mikro-Hedge), so sind auch diese zueinander ins Verhältnis zu setzen. Wurden beispielsweise aufgrund des Erwerbs von 1000 Aktien der X-AG Put-Optionen für 1000 Aktien der X-AG gekauft, dann bleiben für die Berechnung des Wertänderungsrisikos bereits bei dem Steuerpflichtigen vorhandene Aktien der X-AG oder zu einem späteren Zeitpunkt erworbene Aktien der X-AG unberücksichtigt. 53

**Beispiel 7:** 54

Am 1. 2. erwirbt Steuerpflichtiger S 50 X-AG Aktien zu einem Kurs von 70 €, am 15. 2. weitere 40 X-AG Aktien zu einem Kurs von 75 € und am 1. 3. nochmals 10 X-AG Aktien zu einem Kurs von 80 €. Am 15. 3. kauft S 30 X-AG Aktien zu einem Kurs von 90 € und gleichzeitig sichert er diese Aktien mit 30 Put-Optionen (Ausübungspreis 90 €, Optionsprämie 5 €). Am 1. 4., als der Kurs der X-AG Aktie auf 96 € gestiegen ist, erwirbt S 10 Put-Optionen zu einem Ausübungspreis von 90 € und zahlt pro Option 5 €. Am 15. 4. erwirbt S weitere 20 Put-Optionen (Ausübungspreis 98 €, Optionsprämie 4 €); die X-AG Aktie notiert zu diesem Zeitpunkt bei 100 €. Dividendenstichtag ist der 16. 4.

Bei den am 15. 3. erworbenen 30 X-AG Aktien und 30 Put-Optionen ist von einem wirtschaftlichen Zusammenhang in Form eines Mikro-Hedges auszugehen. Das Wertänderungsrisiko für diese 30 X-AG Aktien ist daher gesondert zu betrachten.

$$\textit{Wertänderungsrisiko} = \left(1 - \frac{30 \times (90\,€ - 5\,€)}{30 \times 90\,€}\right) \times 100\,\% = 5{,}56\,\%$$

Bei dem übrigen Bestand an 100 X-AG Aktien ist für die Ermittlung des Wertänderungsrisikos auf den gemeinen Wert der X-AG Aktie zum jeweiligen Zeitpunkt des Erwerbs eines gegenläufigen Anspruchs abzustellen.

$$\textit{Wertänderungsrisiko ab } 1.4. = \left(1 - \frac{10 \times (90\,€ - 5\,€)}{100 \times 96\,€}\right) \times 100\,\% = 91{,}15\,\%$$

$$\textit{Wertänderungsrisiko ab } 15.4. = \left(1 - \frac{10 \times (90\,€ - 5\,€) + 20 \times (98\,€ - 4\,€)}{100 \times 100\,€}\right) \times 100\,\% = 72{,}7\,\%$$

Für 30 X-AG Aktien des Mikro-Hedges ist damit die Anrechnungsbeschränkung anzuwenden. Bei den übrigen 100 X-AG Aktien kann in voller Höhe angerechnet werden.

55 Bei zeitlicher Nähe des Erwerbs von Anteilen oder Genussscheinen und des Erwerbs von gegenläufigen Ansprüchen in ähnlicher Größenordnung spricht eine tatsächliche Vermutung für das Vorliegen eines Mikro-Hedges.

56 Von einem Mikro-Hedge ist auch dann auszugehen, wenn der Steuerpflichtige im Rahmen eines Gesamtplans ein oder mehrere Sicherungsgeschäfte zu einem in mehrere Tranchen aufgeteilten und zeitlich gestreckten Erwerb von Aktien einer Aktiengattung einsetzt.

57 Werden aufgrund eines Gesamtplans Anteilserwerbe bei dem Steuerpflichtigen und Sicherungsgeschäfte bei einer nahe stehenden Person vorgenommen, so ist ebenfalls von einem Mikro-Hedge oder zumindest von einem wirtschaftlichen Zusammenhang auszugehen. Das Gleiche gilt für den umgekehrten Fall, in dem der Steuerpflichtige die Sicherungsgeschäfte tätigt und die nahe stehende Person die Anteile erwirbt.

### bb) Makro-Hedge

58 Für die Zwecke dieses Schreibens ist mit einem Makro-Hedge gemeint, dass Risiken aus mehreren gleichartigen Grundgeschäften (z. B. mehrmaliger Erwerb der X-AG Aktie, Stillhaltergeschäfte mit X-AG Aktien, Termingeschäfte mit X-AG Aktien, etc.) durch ein oder mehrere Sicherungsgeschäfte zusammengefasst abgedeckt werden. Zur Ermittlung des Wertänderungsrisikos sind alle Grund- und Sicherungsgeschäfte eines Makro-Hedges zusammengefasst zu betrachten.

59 **Beispiel 8:**

Der Steuerpflichtige S besitzt 200 Stück X-AG Aktien, 300 Zertifikate auf X-AG Aktien und erwirbt am 15. 2. weitere 500 X-AG Aktien. Am 1. 3. beschließt S, seinen Bestand teilweise abzusichern und erwirbt 200 Put-Optionen auf X-AG Aktien zu einem Ausübungspreis von 100 € und zahlt dafür 5 € pro Option. Der gemeine Wert der X-AG Aktie (Börsenkurs) beläuft sich am 1. 3. auf 100 €.

$$\textit{Wertänderungsrisiko ab } 1.3. = \left(1 - \frac{200 \times (100\,€ - 5\,€)}{1000 \times 100\,€}\right) \times 100\,\% = 81\,\%$$

### cc) Portfolio-Hedge

60 Bei Portfolio-Hedges (im Sinne dieses Schreibens) werden Gruppen von verschiedenartigen Grundgeschäften (z. B. Erwerb und Halten unterschiedlicher Aktiengattungen) gemeinsam durch ein oder mehrere Sicherungsgeschäfte abgesichert.

61 Bei einem Derivat, dessen Basiswert eine Gesamtheit von Wertpapieren darstellt (insbesondere Aktienindizes), liegt nur in dem Umfang ein gegenläufiger Anspruch vor, wie der Anteil oder das Genussrecht in der Gesamtheit enthalten ist. D. h. bei einem Derivat auf einen Aktienindex richtet sich die Höhe des rechnerischen gegenläufigen Anspruchs nach der Gewichtung der Aktie in dem Index.

62 **Beispiel 9:**

Steuerpflichtiger S besitzt 20 europäische Aktiengattungen. Darunter befinden sich drei deutsche Aktiengattungen: 50 A-AG Aktien, 25 B-AG Aktien und 30 X-AG Aktien. Zur Absicherung des Aktienbestands erwirbt S am 15. 2. 10 Put-Optionen auf den Aktienindex Euro Stoxx 50 zu einem Ausübungspreis von 2900 € und zahlt dafür 300 € pro Option. Der Stand des Euro Stoxx 50 beträgt am 15. 2. 3000 Punkte. Die A-AG Aktie ist mit 3 %, die B-AG Aktie mit 4 % und die X-AG Aktie mit 5 % im Euro Stoxx 50 gewichtet. Die drei deutschen Aktiengattungen haben am 15. 2. folgenden Börsenkurs: A-AG Aktie: 140 €, B-AG Aktie: 100 €, X-AG Aktie: 80 €.

$$\textit{Wertänderungsrisiko } \boldsymbol{A-AG\ Aktie} = \left(1 - \frac{10 \times ((2900\text{ €} - 300\text{ €}) \times 3\ \%)}{50 \times 140\text{ €}}\right) \times 100\ \% = 88{,}86\ \%$$

$$\textit{Wertänderungsrisiko } \boldsymbol{B-AG\ Aktie} = \left(1 - \frac{10 \times ((2900\text{ €} - 300\text{ €}) \times 4\ \%)}{25 \times 100\text{ €}}\right) \times 100\ \% = 58{,}4\ \%$$

$$\textit{Wertänderungsrisiko } \boldsymbol{X-AG\ Aktie} = \left(1 - \frac{10 \times ((2900\text{ €} - 300\text{ €}) \times 5\ \%)}{30 \times 80\text{ €}}\right) \times 100\ \% = 45{,}83\ \%$$

## dd) Fehlender Zusammenhang zwischen Grundgeschäft und gegenläufigem Anspruch

Fehlt es an einem wirtschaftlichen Zusammenhang zwischen den gegenläufigen Ansprüchen und den vom Steuerpflichtigen gehaltenen Anteilen oder Genussscheinen, so ist die absichernde Wirkung aller gegenläufigen Ansprüche in Bezug auf den gesamten Bestand einer Anteils- oder Genussscheingattung maßgebend. Wenn bei Teilen des Bestandes an Anteilen oder Genussscheinen ein wirtschaftlicher Zusammenhang zu bestimmten gegenläufigen Ansprüchen besteht (z. B. aufgrund einer Wertpapierleihe oder eines Mikro-Hedges), so sind diese Teile jeweils gesondert zu betrachten. Nur der verbleibende nicht zuordenbare Teil der Anteile oder Genussscheine und der gegenläufigen Ansprüchen ist insgesamt zu betrachten. 63

## e) Definition der nahe stehenden Person

Unter den Begriff der „nahe stehenden Person" fallen Personen i. S. d. § 1 Abs. 2 AStG. Auch Personen mit Wohnsitz, Sitz oder Geschäftsleitung im Ausland können nahe stehende Personen sein. 64

Maßgeblicher Zeitraum für die Qualifikation einer Person als nahe stehend ist die Mindesthaltedauer. Dabei ist jeder einzelne Tag während der Mindesthaltedauer gesondert zu betrachten. Wenn beispielsweise der Steuerpflichtige im Laufe des Mindesthaltezeitraums eine wesentliche Beteiligung an einer anderen Person erwirbt, sind erst ab dem Erwerbszeitpunkt gegenläufige Ansprüche der nahe stehenden Person bei dem Steuerpflichtigen zu berücksichtigen. Sinkt umgekehrt der Umfang der Beteiligung unter die Wesentlichkeitsgrenze oder fällt der beherrschende Einfluss i. S. d. § 1 Abs. 2 Nr. 1 und 2 AStG weg, so sind ab diesem Zeitpunkt die gegenläufigen Ansprüche der nahe stehenden Person nicht mehr anzusetzen. Auch bei den anderen Tatbeständen des § 1 Abs. 2 Nr. 3 AStG (z. B. Interessensidentität) ist jeder Tag während der Mindesthaltedauer gesondert zu betrachten. 65

### aa) Wesentliche Beteiligung

66 Eine Person ist als nahe stehend zu betrachten, wenn die Person an dem Steuerpflichtigen mindestens zu einem Viertel unmittelbar oder mittelbar beteiligt (wesentlich beteiligt) ist. Gegenstand einer wesentlichen Beteiligung können sowohl Körperschaften als auch Personengesellschaften sein. Mittelbare Beteiligungen können sich durch die Zwischenschaltung von Personen- und/oder Kapitalgesellschaften ergeben. Alle unmittelbaren Beteiligungen und alle mittelbaren Beteiligungen sind für die Bestimmung der Wesentlichkeitsgrenze zusammenzuzählen.

67 **Beispiel 10:**

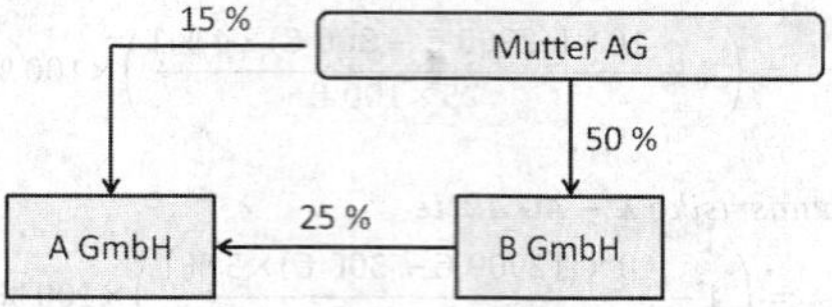


Die B GmbH ist eine der Mutter AG nahe stehende Person, da die Mutter AG unmittelbar zu 50 % an der B GmbH beteiligt ist.
Die Mutter AG hält mittelbar über die B GmbH 12,5 % und unmittelbar 15 % der Anteile an der A GmbH, also insgesamt 27,5 %, so dass auch die A GmbH eine nahe stehende Person der Mutter AG ist.

### bb) Beherrschungsverhältnis

68 Eine Person ist dem Steuerpflichtigen nahe stehend, wenn die Person auf den Steuerpflichtigen einen beherrschenden Einfluss ausüben kann oder umgekehrt der Steuerpflichtige auf diese Person einen beherrschenden Einfluss ausüben kann oder die Person oder der Steuerpflichtige imstande ist, bei der Vereinbarung der Bedingungen einer Geschäftsbeziehung auf den Steuerpflichtigen oder die nahe stehende Person einen außerhalb dieser Geschäftsbeziehung begründeten Einfluss auszuüben oder wenn einer von ihnen ein eigenes wirtschaftliches Interesse an der Erzielung der Einkünfte des anderen hat. Von einem solchen Beherrschungsverhältnis ist auszugehen, wenn der beherrschten Person auf Grund eines absoluten Abhängigkeitsverhältnisses im Wesentlichen kein eigener Entscheidungsspielraum verbleibt (BFH-Urteile vom 29. April 2014 VIII R 9/13, VIII R 35/13, VIII R 44/13, BStBl. II S. 986, 990, 992, und vom 14. Mai 2014 VIII R 31/11, BStBl. II S. 995). Das Abhängigkeitsverhältnis kann wirtschaftlicher oder persönlicher Natur sein (BFH-Urteil vom 28. Januar 2015 VIII R 8/14, BStBl. II S. 397).

### cc) Nahe stehen mittels einer dritten Person

69 Eine nahe stehende Person liegt auch dann vor, wenn eine dritte Person sowohl an der Person als auch an dem Steuerpflichtigen wesentlich beteiligt ist und/oder auf beide unmittelbar oder mittelbar einen beherrschenden Einfluss ausüben kann.

#### dd) Geschäftsfremde Einflussmöglichkeit zwischen nahe stehender Person und Steuerpflichtigem

Von einem Nahestehen ist weiterhin auszugehen, wenn die Person oder der Steuerpflichtige imstande ist, bei der Vereinbarung der Bedingungen einer Geschäftsbeziehung auf den Steuerpflichtigen oder die Person einen außerhalb dieser Geschäftsbeziehung begründeten Einfluss auszuüben. 70

#### ee) Interessensidentität

Darüber hinaus ist von einer nahe stehenden Person auszugehen, wenn eine Person oder der Steuerpflichtige ein eigenes Interesse an der Erzielung der Einkünfte des anderen hat. 71

Bei den nachfolgenden Personen ist grundsätzlich nicht von einer Interessensidentität und damit im Regelfall nicht von einer nahe stehenden Person auszugehen: 72

- Pensionsverpflichtetes Unternehmen und Pensionstreuhandeinrichtung (Contractual Trust Arrangements = CTA),
- Versicherungsunternehmen und Versicherungsnehmer und
- Versicherungsunternehmen und Publikums-Investmentfonds, soweit das Versicherungsunternehmen die Anteile an dem Publikums-Investmentfonds im Sicherungsvermögen aufgrund von fondsgebundenen Versicherungsverträgen hält.

#### ff) Organschaft

Bei Organgesellschaften und ihrem Organträger ist generell voneinander nahe stehenden Personen auszugehen. 73

#### gg) Investmentfonds und Spezial-Investmentfonds

Anleger, die unmittelbar oder mittelbar durch Zwischenschaltung von Personengesellschaften, Kapitalgesellschaften und/oder Dach-Investmentfonds mindestens 25% der an dem jeweiligen Tag ausgegebenen Investmentanteile eines Investmentfonds halten, sind als nahe stehende Personen des Investmentfonds zu betrachten. Das Gleiche gilt für unmittelbare oder mittelbare Beteiligungen an Spezial-Investmentfonds. 74

### f) Gegenläufige Ansprüche von nahe stehenden Personen

Der Steuerpflichtige kann den Nachweis, ob und in welcher Höhe gegenläufige Ansprüche einer nahe stehenden Person vorliegen, insbesondere durch eine formlose Erklärung der nahe stehenden Person führen. Die nahe stehende Person hat dabei anzugeben, ob und gegebenenfalls in welchem Umfang sie unmittelbar selbst oder mittelbar über ihr nahe stehende Personen (mittelbar nahe stehende Personen) gegenläufige Ansprüche besitzt. Als mittelbar nahe stehende Personen kommen insbesondere Kapitalgesellschaften oder Spezial-Investmentfonds in Betracht, an denen die nahe stehende Person unmittelbar oder mittelbar mindestens 25% der Anteile hält. Eine Zurechnung gegenläufiger Ansprüche kommt darüber hinaus in Betracht, wenn andere Tatbestände des § 1 Abs. 2 AStG (z. B. Interessensidentität) erfüllt sind. 75

Verwaltet eine Kapitalverwaltungsgesellschaft mehrere Spezial-Investmentfonds einer nahe stehenden Person, so sind diese zunächst getrennt zu betrachten und nur die gegenläufigen Ansprüche, die keinem Grundgeschäft 76 oder keinem Bestand an Aktien oder Genussscheinen zugeordnet werden können oder über deren Umfang hinausgehen (Übersicherung), sind als gegenläufige Ansprüche einer nahe stehenden Person zu berücksichtigen. Die Übersicherung ist nur im Umfang des Beteiligungsverhältnisses zuzurechnen.

### aa) Übersicherung bei einer unmittelbar nahe stehenden Person

77 **Beispiel 11:**

Eine **Mutter AG** erwirbt 100 X-AG Aktien am 1. 4. zu einem Kurs von 100 €. Sie besitzt keine gegenläufigen Ansprüche. Dividendenstichtag ist der 10. 5. Am 1. 6. veräußert die Mutter AG die 100 X-AG Aktien. Die Mutter AG hält 25 % der Anteile an der Tochter GmbH.

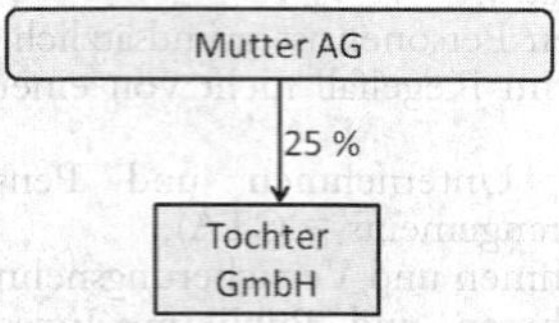


Die **Tochter GmbH** erwirbt 50 X-AG Aktien am 1. 4. zu dem Kurs von 100 €. Zudem erwirbt die Tochter GmbH am 1. 4. 150 Put-Optionen auf X-AG Aktien (Ausübungspreis 110 €, Optionsprämie 10 €).
Auf Ebene der **Tochter GmbH** liegt eine Übersicherung in folgender Höhe vor:

$$\textit{Übersicherung} = (150 \times 100\,€) - (50 \times (110\,€ - 10\,€)) = 10000\,€$$

Der **Mutter AG** sind davon nur 25 % = 2500 € zuzurechnen. Dadurch ergibt sich bei der Mutter AG folgendes Wertänderungsrisiko:

$$\textit{Wertänderungsrisiko} = \left(1 - \frac{2500\,€}{100 \times 100\,€}\right) \times 100\,\% = 75\,\%$$

78 Wenn eine Übersicherung bei einer Mutter-Gesellschaft vorliegt, ist die Übersicherung quotal auf die Tochter-Gesellschaften aufzuteilen. Aufteilungsmaßstab ist der Umfang des Anteilsbesitzes auf der Ebene der Tochter-Gesellschaften unter Berücksichtigung der Höhe der Beteiligung der Mutter-Gesellschaft an der Tochter-Gesellschaft.

79 **Beispiel 12:**

Eine **Mutter AG** erwirbt am 1. 4. 150 Put-Optionen auf X-AG Aktien (Ausübungspreis 110 €, Optionsprämie 10 €) sowie 50 X-AG Aktien zu einem Kurswert von jeweils 100 €. Die Beteiligungsquoten der Mutter AG an den Tochter-Gesellschaften und deren Besitz an X-AG Aktien stellt sich wie folgt dar:

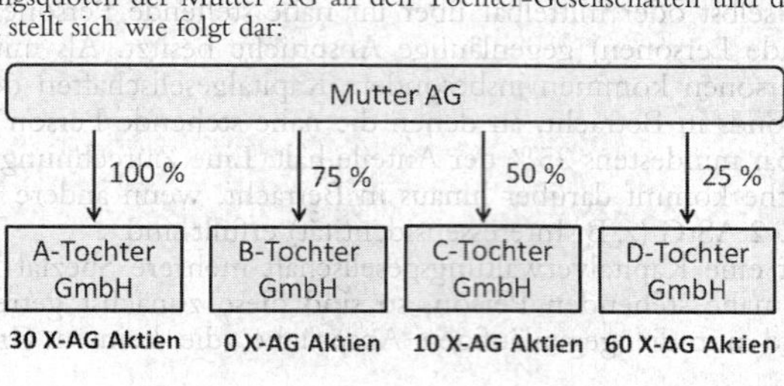

Auf Ebene der **Mutter AG** liegt eine Übersicherung in folgender Höhe vor:
Übersicherung = (150 × 100 €) – (50 × (110 € – 10 €)) = 10 000 €
Es ergibt sich folgender Aufteilungsmaßstab:

| | | | |
|---|---|---|---|
| A-Tochter GmbH 100 % × 30 Aktien | = | 30 | Aktien |
| B-Tochter GmbH 75 % × 0 Aktien | = | 0 | Aktien |
| C-Tochter GmbH 50 % × 10 Aktien | = | 5 | Aktien |
| D-Tochter GmbH 25 % × 60 Aktien | = | 15 | Aktien |
| Summe | | 50 | Aktien |

**A-Tochter GmbH**

$$Übersicherungsanteil = \frac{30}{50} \times 10\,000\,€ = 6000\,€$$

$$Wertänderungsrisiko = \left(1 - \frac{6000\,€}{30 \times 100\,€}\right) \times 100\,\% = -100\,\%$$

Der **B-Tochter GmbH** ist keine Übersicherung zuzurechnen.

**C-Tochter GmbH**

$$Übersicherungsanteil = \frac{5}{50} \times 10\,000\,€ = 1000\,€$$

$$Wertänderungsrisiko = \left(1 - \frac{1000\,€}{10 \times 100\,€}\right) \times 100\,\% = 0\,\%$$

**D-Tochter GmbH**

$$Übersicherungsanteil = \frac{15}{50} \times 10\,000\,€ = 3000\,€$$

$$Wertänderungsrisiko = \left(1 - \frac{3000\,€}{60 \times 100\,€}\right) \times 100\,\% = 50\,\%$$

## bb) Übersicherung bei einer mittelbar nahe stehenden Person

**Beispiel 13:** 80

Eine **Mutter AG** erwirbt 100 X-AG Aktien am 1. 4. zu einem Kurs von 100 €. Sie besitzt keine gegenläufigen Ansprüche. Dividendenstichtag ist der 10. 5. Am 1. 6. veräußert die Mutter AG die 100 X-AG Aktien. Die Mutter AG hält 50 % der Anteile an der Tochter GmbH. Die Tochter GmbH hält 25 % der Anteile an der Enkel GmbH.

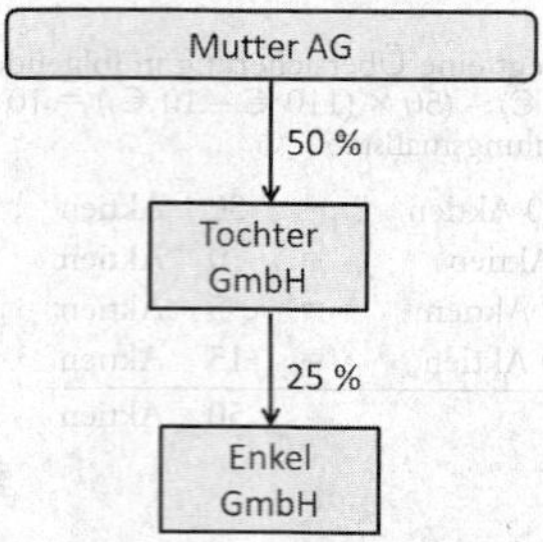


Die **Tochter GmbH** erwirbt 50 X-AG Aktien am 1. 4. zu dem Kurs von 100 €. Zudem erwirbt die Tochter GmbH am 1. 4. 50 Put-Optionen auf X-AG Aktien (Ausübungspreis 105 €, Optionsprämie 5 €).
Die **Enkel GmbH** erwirbt am 1. 4. 100 Put-Optionen auf X-AG Aktien (Ausübungspreis 105 €, Optionsprämie 5 €). Sie hält selbst keine X-AG Aktien.
Auf Ebene der **Enkel GmbH** besteht eine Übersicherung, die der Tochter GmbH zugerechnet wird. Da die Tochter GmbH bereits eine vollständige Absicherung vorgenommen hat und damit die Anrechnungsbeschränkung anzuwenden ist, hat die Zurechnung der Übersicherung keine Auswirkung auf Ebene der Tochter GmbH. Eine weitergehende Zurechnung der aus der Enkel GmbH stammenden Übersicherung an die Ebene der Mutter AG ist nicht vorzunehmen, da die Mutter AG mittelbar nur zu 12,5 % an der Enkel GmbH beteiligt ist.

81 Wenn die unmittelbaren und mittelbaren Beteiligungen die Wesentlichkeitsgrenze nicht erreichen, kann gleichwohl unter dem Gesichtspunkt der Interessensidentität eine nahe stehende Person vorliegen. Eine Interessensidentität und damit ein relevantes Näheverhältnis kann beispielsweise vorliegen, wenn mehrere Steuerpflichtige gemeinsam ein Modell zur Umgehung der Dividendenbesteuerung betreiben und für diese Zwecke jeweils Anteile an Tochter- und/oder Enkel-Gesellschaften unterhalb der Wesentlichkeitsgrenze halten.

Im Beispiel 13 sind hierfür jedoch keine Anhaltspunkte enthalten.

82 **Beispiel 14:**

Wie Beispiel 13, jedoch besitzt die **Mutter AG** zusätzlich unmittelbar 12,5 % der Anteile an der Enkel GmbH.

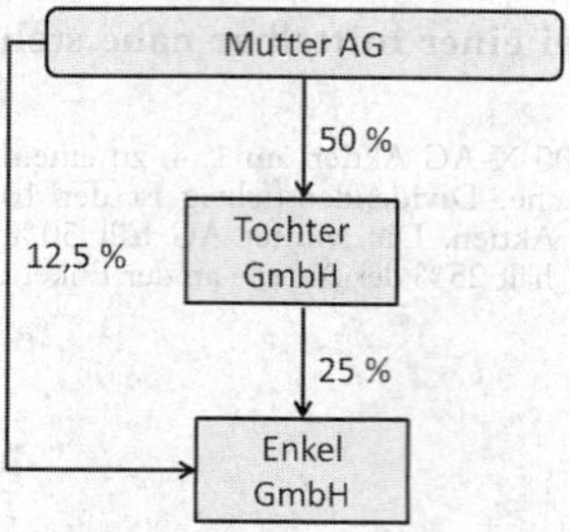

Die **Enkel GmbH** ist eine der Mutter AG nahe stehende Person, da die Mutter AG unter Berücksichtigung der mittelbaren und unmittelbaren Beteiligungen eine Beteiligungsquote von 25 % an der Enkel GmbH erreicht. Die Mutter AG hält selbst unmittelbar eine Beteiligung von 12,5 % und mittelbar über die Tochter GmbH eine Beteiligung von 12,5 % (50 % × 25 %) an der Enkel GmbH.
Der **Mutter AG** sind zunächst 12,5 % der Übersicherung auf Ebene der Enkel GmbH zuzurechnen:

$$\ddot{U}bersicherungsanteil\,(M) = 12{,}5\,\% \times (100 \times (105\,€ - 5\,€)) = 1250\,€$$

Der **Tochter GmbH** sind 25 % der Übersicherung auf Ebene der Enkel GmbH zuzurechnen:

$$\ddot{U}bersicherungsanteil\,(T) = 25\,\% \times (100 \times (105\,€ - 5\,€)) = 2500\,€$$

Auf Ebene der **Tochter GmbH** ergibt sich folgende Übersicherung:

$$\ddot{U}bersicherung = 50 \times 100 - 50 \times (105\,€ - 5\,€) + 2500\,€ = 2500\,€$$

Von der Übersicherung auf Ebene der Tochter GmbH sind 50 % der Mutter AG zurechenbar = 1250 €. Damit ergibt sich auf Ebene der **Mutter AG** folgendes Wertänderungsrisiko:

$$Wert\ddot{a}nderungsrisiko = \left(1 - \frac{1250\,€ + 1250\,€}{100 \times 100\,€}\right) \times 100\,\% = 75\,\%$$

## 3. Keine Verpflichtung zur Vergütung der Kapitalerträge gegenüber anderen Personen

Nach § 36 a Abs. 1 Satz 1 Nr. 3 EStG sind die Anrechnungsvoraussetzungen nicht erfüllt, wenn der Steuerpflichtige aufgrund von Rechtsgeschäften verpflichtet ist, die Kapitalerträge ganz oder überwiegend, unmittelbar oder mittelbar anderen Personen zu vergüten. Dies ist der Fall, wenn er die erhaltenen Kapitalerträge in voller Höhe oder zu mehr als 50 % direkt in Form von Ausgleichszahlungen (z. B. bei einem Aktien-Swap oder einem Wertpapierdarlehen) oder Leihgebühren weiterreicht. 83

In gleicher Weise erfasst ist auch die indirekte Weitergabe, wenn die Vergütung (z. B. im Rückkaufpreis oder in Derivaten) eingepreist oder in anderer Form weitergegeben wird.

Wenn eine gesetzliche Verpflichtung zur Weitergabe der Kapitalerträge besteht, ist der Tatbestand des § 36 a Abs. 1 Satz 1 Nr. 3 EStG nicht anwendbar. Eine Anrechnung ist daher nicht ausgeschlossen, wenn beispielsweise ein Versicherungsunternehmen die Versicherungsnehmer aufgrund von § 153 VVG an den Überschüssen beteiligt. Das Gleiche gilt für gesetzliche Verpflichtungen, die Altersvorsorgeeinrichtungen gegenüber den Pensionsberechtigten erfüllen müssen. 84

## 4. Betroffene Kapitalertragsarten

Unter die erweiterten Anrechnungsvoraussetzungen fallen Kapitalerträge i. S. d. § 43 Abs. 1 Satz 1 Nr. 1 a EStG, also inländische Dividenden und sonstige Gewinnausschüttungen (vgl. § 43 Abs. 3 Satz 1 EStG) aus im Inland sammelverwahrten Aktien und beteiligungsähnlichen Genussscheinen. Das Gleiche gilt für inländische Kapitalerträge aus Aktien und beteiligungsähnlichen 85

Genussscheinen, die im Ausland sammelverwahrt werden (§ 36 a Abs. 1 Satz 4 EStG).

86 Kapitalerträge i. S. d. § 43 Abs. 1 Satz 1 Nr. 1 a EStG sind auch Erträge aus Hinterlegungsscheinen z. B. aus American Depository Receipts (ADRs) auf inländische Aktien (vgl. BMF-Schreiben vom 24. Mai 2013, BStBl. I S. 718[1]).

87 Grundsätzlich nicht unter den Anwendungsbereich fallen Erträge aus Investmentfonds und Spezial-Investmentfonds. Ab 2018 sind jedoch die Ausnahmeregelungen in § 8 Abs. 4 Nr. 2, § 10 Abs. 1 Satz 2 und § 31 Abs. 3 InvStG 2018 zu beachten.

### 5. Fiktion der Personenidentität

88 Nach § 36 a Abs. 6 Satz 1 EStG gelten der Treuhänder und der Treugeber für die Zwecke des § 36 a Abs. 1 bis 5 EStG als eine Person, wenn die Kapitalerträge einem Treuhandvermögen zuzurechnen sind, welches ausschließlich der Erfüllung von Altersvorsorgeverpflichtungen dient und dem Zugriff übriger Gläubiger entzogen ist. Das Gleiche gilt für Versicherungsunternehmen und Versicherungsnehmer im Rahmen von fondsgebundenen Lebensversicherungen, wenn die Leistungen aus dem Vertrag an den Wert eines internen Fonds i. S. d. § 124 Abs. 2 Satz 2 Nr. 1 VAG gebunden sind.

### 6. Ausnahmetatbestände

89 Nach § 36 a Abs. 5 EStG sind die Regelungen des § 36 a Abs. 1 bis 4 EStG nicht anzuwenden, wenn

– die Kapitalerträge i. S. d. § 43 Abs. 1 Satz 1 Nr. 1 a EStG und des § 36 a Abs. 1 Satz 4 EStG im Veranlagungszeitraum nicht mehr als 20 000 € betragen oder
– der Steuerpflichtige bei Zufluss der Kapitalerträge i. S. d. § 43 Abs. 1 Satz 1 Nr. 1 a EStG und des § 36 a Abs. 1 Satz 4 EStG seit mindestens einem Jahr ununterbrochen wirtschaftlicher Eigentümer der Aktien oder Genussscheine ist.

#### a) Schwellenwert von 20 000 €

90 Maßgebend für die Ermittlung des Schwellenwertes in § 36 a Abs. 5 Nr. 1 EStG ist der Veranlagungszeitraum und mithin das Kalenderjahr. Die Finanzverwaltung wird es jedoch nicht beanstanden, wenn bilanzierende Steuerpflichtige stattdessen auf das Wirtschaftsjahr und Investmentfonds auf das Geschäftsjahr abstellen.

91 In die Ermittlung des Schwellenwertes sind auch Kapitalerträge i. S. d. § 43 Abs. 1 Satz 1 Nr. 1 a EStG und des § 36 a Abs. 1 Satz 4 EStG einzubeziehen, die im Rahmen einer mittelbaren Anlage über Personengesellschaften erzielt werden.

#### b) Mindestens einjährige Haltedauer

92 Für die Ermittlung, ob die Anteile oder Genussscheine bereits seit mindestens einem Jahr von dem Steuerpflichtigen ununterbrochen gehalten wurden (Alt-Anteile) und damit deren Erträge nicht unter die Anrechnungsbeschrän-

[1] Nr. 1 § 20/20.

kung nach § 36 a Abs. 1 Satz 2 EStG fallen, ist zu unterstellen, dass die zuerst angeschafften Anteile oder Genussscheine zuerst veräußert wurden (First In-First Out = FIFO-Methode; § 36 a Abs. 5 Nr. 2 Halbsatz 2 i. V. m. Abs. 2 Satz 2 EStG).

Zwischenzeitliche (temporäre) Übertragungen des wirtschaftlichen Eigentums (z. B. durch Wertpapierdarlehen oder Wertpapierpensionsvertrag) beenden die Haltedauer und führen zu einem Neubeginn der Jahresfrist nach § 36 a Abs. 5 Nr. 2 EStG. **93**

Die FIFO-Methode ist – abweichend von Rzn. 97–99 des Anwendungsschreibens zur Abgeltungsteuer vom 18. Januar 2016 (BStBl. I S. 85)[1] – im Grundsatz einheitlich auf alle von dem Steuerpflichtigen gehaltenen Anteile oder Genussscheine anzuwenden. Grundsätzlich erfolgt für die Zwecke des § 36 a EStG keine isolierte Betrachtung von Depots bei verschiedenen Kreditinstituten oder von Unterdepots eines Depots bei einem Kreditinstitut. **94**

**Beispiel 15:** **95**

Steuerpflichtiger S besitzt bei der Bank A ein Depot. Am 15. 3. 01 erwirbt S 1000 X-AG Aktien, die in das Depot bei der Bank A eingebucht werden. Am 1. 7. 02 erwirbt S weitere 500 X-AG Aktien, die in sein Depot bei der Bank B eingebucht werden. S veräußert am 1. 9. 02 200 X-AG Aktien aus dem Depot bei der Bank B. Für die Zwecke des § 36 a EStG gelten 200 der am 15. 3. 01 bei Bank A angeschafften X-AG Aktien als veräußert.

Dagegen sind Anteile und Genussscheine, die von verschiedenen Rechtsträgern gehalten werden, gesondert zu betrachten. Dies gilt insbesondere für (Spezial-)Investmentfonds und deren Anleger sowie für Personengesellschaften und deren Gesellschafter. **96**

Bei der Anwendung der FIFO-Methode sind auch Anteile oder Genussscheine, die handels- und/oder aufsichtsrechtlich verschiedenen Vermögensgruppen zugeordnet werden, gesondert zu betrachten. Dies betrifft insbesondere die Unterscheidung zwischen Anlagebestand, Handelsbestand und Liquiditätsreserve bei Kreditinstituten sowie zwischen Anlage- und Umlaufvermögen bei sonstigen Unternehmen. **97**

Auch bei Versicherungsunternehmen kann eine entsprechende Unterscheidung zwischen Anteilen und Genussscheinen, die dauernd dem Geschäftsbetrieb zu dienen bestimmt sind, und anderen Anteilen oder Genussscheinen anerkannt werden, wenn die Unterscheidung hinreichend dokumentiert wird. **98**

Schließlich können auch einzelne Depots, die ausschließlich besonderen Zwecken dienen und dies hinreichend dokumentiert wird, gesondert betrachtet werden. Ein besonderer Zweck liegt insbesondere vor, wenn ein Kreditinstitut in einem gesonderten Depot ausschließlich Aktien eines Unternehmens langfristig hält, die der Absicherung von Aktienoptionen oder anderen Mitarbeiterbeteiligungsmaßnahmen des Unternehmens dienen. **99**

## aa) Gesamtrechtsnachfolge

Bei einer Gesamtrechtsnachfolge (z. B. Erbschaft, Verschmelzung) führt der Rechtsnachfolger die Anschaffungszeitpunkte von Anteilen oder Genussscheinen fort. **100**

---

[1] Nr. **1** § 43/1.

### bb) Verhältnis der FIFO-Methode zum Mindestwertänderungsrisiko

101 Wenn der Steuerpflichtige sowohl Alt-Anteile (vgl. Rz. 92) als auch Anteile besitzt, die innerhalb der Jahresfrist erworben wurden (Jung-Anteile), gelten aufgrund der FIFO-Methode die Alt-Anteile als zuerst veräußert. Für die Alt-Anteile ist es dabei unerheblich, ob gegenläufige Ansprüche bestehen. Es kann aber sein, dass eine anteilige oder eine vollumfängliche Zuordnung von gegenläufigen Ansprüchen bei den Jung-Anteilen zu einer Anrechnungsbeschränkung führt.

102 **Beispiel 16:**

Der Steuerpflichtige S besitzt seit mehreren Jahren 800 X-AG Aktien. Am 1. 3. erwirbt S 210 Put-Optionen auf X-AG Aktien und am 2. 3. 200 X-AG Aktien. Die Put-Optionen haben eine Laufzeit von zwei Monaten. Dividendenstichtag ist der 1. 4. Am 5. 4. veräußert S 200 X-AG Aktien und stellt die Put-Optionen durch ein Gegengeschäft glatt.

Nach § 36 a Abs. 5 Nr. 2 Halbsatz 2 i. V. m. Abs. 2 Satz 2 EStG gilt unter Anwendung der FIFO-Methode eine Teilmenge von 200 Stück aus den 800 Stück bereits seit mehreren Jahren gehaltenen X-AG Aktien am 5. 4. als veräußert. Diese Teilmenge von 200 Stück und der verbleibende Dauerbestand an 600 X-AG Aktien fallen als Alt-Anteile nach § 36 a Abs. 5 Nr. 2 EStG nicht unter die Anrechnungsbeschränkung. Davon unberührt ist die Frage, ob bei den am 2. 3. erworbenen 200 X-AG Aktien (Jung-Anteile) eine Anrechnungsbeschränkung vorliegt. Dies hängt davon ab, ob bei dieser Teilmenge mindestens 45 Tage lang ein hinreichendes Wertänderungsrisiko getragen wurde; mithin also von der Frage, in welchem Sicherungszusammenhang die Put-Optionen stehen.

Aufgrund der zeitlichen Nähe der Anschaffung von 200 X-AG Aktien und von 210 Put-Optionen und der ähnlichen Größenordnungen des Grund- und des Sicherungsgeschäfts spricht eine tatsächliche Vermutung für einen wirtschaftlichen Zusammenhang zwischen beiden Geschäften und damit für einen Mikro-Hedge. Sofern S nicht substantiiert darlegt, dass ein solcher wirtschaftlicher Zusammenhang fehlt oder dass es sich um einen Makro-Hedge gehandelt hat, ist von einem Mikro-Hedge auszugehen. Wenn ein Mikro-Hedge vorliegt, fehlt es hinsichtlich der am 2. 3. erworbenen 200 X-AG Aktien an einem hinreichenden Wertänderungsrisiko. Die gegenläufigen Ansprüche (210 Put-Optionen) sind den am 2. 3. erworbenen 200 X-AG Aktien zuzuordnen, so dass kein Wertänderungsrisiko verbleibt (zur genauen Berechnung vgl. Beispiel 3 und 7). Die auf 200 X-AG Aktien entfallende Kapitalertragsteuer unterliegt mithin einer Anrechnungsbeschränkung nach § 36 a EStG.

Wenn man dagegen zu dem Ergebnis kommt, dass kein Mikro-Hedge vorliegt, sind die gegenläufigen Ansprüche auf den gesamten X-AG Aktien-Bestand von 1000 Stück zu verteilen, so dass sich eine Absicherungsquote von ca. 21 % bzw. ein Wertänderungsrisiko von ca. 79 % ergibt (zur genauen Berechnung vgl. Beispiel 3). Mithin käme es auch bei den Jung-Anteilen zu keiner Anrechnungsbeschränkung.

## 7. Feststellungslast

103 Der Steuerpflichtige hat in der Einkommen- oder Körperschaftsteuererklärung anzugeben, ob die erweiterten Voraussetzungen für eine Anrechnung der Kapitalertragsteuer nach § 36 a EStG vorliegen. Grundsätzlich kann die Richtigkeit der Eigenerklärung unterstellt werden. Lediglich in begründeten Einzelfällen oder bei Stichprobenprüfungen sollten weitergehende Nachweise (z. B. Auflistung von Anschaffungen und Veräußerungen inländischer Aktien sowie von Termingeschäften und sonstiger gegenläufiger Ansprüche, die sich auf inländische Aktien beziehen; Aufzeichnungen über Bewertungseinheiten oder über Sicherungsgeschäfte aufgrund des Risikomanagements; etc.) verlangt werden. Fehlt es an einem Nachweis, sind die unter III. erläuterten Rechtsfolgen anzuwenden.

## III. Rechtsfolgen bei Fehlen der erweiterten Anrechnungsvoraussetzungen

### 1. Nichtanrechenbarkeit in Höhe von drei Fünftel

Liegen die in § 36 a Abs. 1 bis 3 EStG geregelten Anrechnungsvoraussetzungen nicht vor, dann ist eine Anrechnung von drei Fünftel der erhobenen Kapitalertragsteuer ausgeschlossen. Bei einem Steuerabzug in Höhe von 25 % des Kapitalertrags sind damit 15 Prozentpunkte der Kapitalertragsteuer nicht anrechenbar; dagegen bleiben 10 Prozentpunkte der Kapitalertragsteuer weiterhin anrechenbar. Der auf die Kapitalertragsteuer in Höhe von 25 % erhobene Solidaritätszuschlag kann in voller Höhe angerechnet werden (§ 1 Abs. 2 SolZG). 104

### 2. Abziehbarkeit der nicht anrechenbaren Kapitalertragsteuer

Die nach § 36 a Abs. 1 Satz 1 und 2 EStG nicht anrechenbare Kapitalertragsteuer ist nach § 36 a Abs. 1 Satz 3 EStG auf Antrag bei der Ermittlung der Einkünfte abzuziehen. Wurde beispielsweise auf eine Brutto-Dividende von 100 Euro Kapitalertragsteuer in Höhe von 25 Euro erhoben und aufgrund des § 36 a Abs. 1 Satz 1 EStG ein Betrag von 15 Euro nicht angerechnet, dann hat der Steuerpflichtige auf seinen Antrag nur die nach Abzug der nicht anrechenbaren Kapitalertragsteuer verbleibenden Dividendeneinkünfte in Höhe von 85 Euro zu versteuern. Dies gilt auch für einkommen- oder körperschaftsteuerpflichtige Personen i. S. d. § 36 a Abs. 4 EStG (zu Investmentfonds siehe unter III.2.b). 105

#### a) Form der Antragstellung

Der Antrag ist nicht formgebunden, setzt jedoch eine schriftliche oder elektronische Erklärung voraus, die den Erklärenden und den Antragsteller erkennen lässt. Zudem muss die Antragstellung hinreichend klar und bestimmt erfolgen. 106

Es liegt keine hinreichend klare Antragstellung vor, wenn ein Investmentfonds im Rahmen der Feststellungserklärung nach § 13 Abs. 2 Satz 1 InvStG 2004 lediglich den Ausweis der ausgeschütteten und ausschüttungsgleichen Erträge sowie der Dividendenerträge um die nicht anrechenbare Kapitalertragsteuer kürzt. Der Investmentfonds hat durch ergänzende Angaben das Finanzamt darüber in Kenntnis zu setzen, in welcher Bruttohöhe Kapitalerträge angefallen sind, die von einer Anrechnungsbeschränkung betroffen sind, und in welcher Höhe eine Kürzung der Besteuerungsgrundlagen vorgenommen wurde. 107

#### b) Besonderheiten bei Investmentfonds und Spezial-Investmentfonds

Bei Spezial-Investmentfonds können die nach § 36 a Abs. 4 EStG geleisteten Steuerbeträge von den investmentsteuerrechtlichen Erträgen (ausschüttungsgleiche Erträge aus „Dividenden") abgezogen werden und damit in den Besteuerungsgrundlagen berücksichtigt werden. Für Investmentfonds gilt diese Regelung nur für Geschäftsjahre, die vor dem 1. Januar 2018 enden. 108

Soweit in den vor dem 1. Januar 2018 endenden Geschäftsjahren Dividenden zur Ermittlung des Aktiengewinns zu berücksichtigen sind, reduziert die 109 nicht angerechnete und nach § 36 a Abs. 1 Satz 3 EStG abziehbare Kapitalertragsteuer den Aktiengewinn.

110 Die von einem Investmentfonds nach § 36 a Abs. 4 EStG geleisteten Steuerbeträge sind nicht auf die Steuerschuld der Anleger anrechenbar.

### 3. Zahlungspflicht bei unterbliebenem Steuerabzug

111 Erfüllt ein Steuerpflichtiger, bei dem – insbesondere auf Grund einer Steuerbefreiung, aber auch in anderen Fällen (z. B. § 44 a Abs. 5 EStG) – vom Steuerabzug Abstand genommen oder dem ein Steuerabzug erstattet wurde, die Voraussetzungen für eine Anrechnung nach § 36 a Abs. 1 bis 3 EStG nicht, so hat er nach § 36 a Abs. 4 EStG das Fehlen der Voraussetzungen gegenüber dem zuständigen Finanzamt anzuzeigen und eine Zahlung in Höhe des unterbliebenen Steuerabzugs zu leisten. Die nach § 36 a Abs. 4 EStG zu zahlende Steuer ist nicht anrechenbar, sondern führt zu einer definitiven Steuerbelastung.

112 Eine etwaige Zahlungspflicht aus § 36 a Abs. 4 EStG ist bei der Erteilung von Nichtveranlagungs-Bescheinigungen nicht zu berücksichtigen. Bereits erteilte Nichtveranlagungs-Bescheinigungen bleiben auch bei einer eintretenden Zahlungspflicht aus § 36 a Abs. 4 EStG wirksam und sind nicht zu widerrufen. Umgekehrt entbindet eine Nichtveranlagungs-Bescheinigung nicht von der Zahlungspflicht aus § 36 a Abs. 4 EStG.

#### a) Anzeige

113 Die Anzeige ist nicht formgebunden. Sie setzt jedoch eine schriftliche oder elektronische Erklärung voraus, die den Erklärenden und den Antragsteller erkennen lässt. Zudem muss die Anzeige hinreichend klar und bestimmt erfolgen. Die bloße Abgabe einer Kapitalertragsteuer-Anmeldung stellt keine Anzeige dar, sondern es ist eine gesonderte schriftliche oder elektronische Mitteilung erforderlich. Die Anzeige hat für jede einkommen- oder körperschaftsteuerpflichtige Person und für jeden (Teilfonds eines) Investmentfonds gesondert zu erfolgen.

114[1] Eine Anzeige sollte insbesondere folgende Angaben enthalten:
- Steuernummer sowie (sofern vorhanden) steuerliche Identifikationsnummer,
- Name und Anschrift des Steuerpflichtigen,
- Bezeichnung der Wertpapiere einschließlich Wertpapierkennnummer der Wertpapiere, bei deren Erträgen die erweiterten Anrechnungsvoraussetzungen nach § 36 a EStG fehlen,
- Höhe der Bruttodividenden einer Wertpapiergattung, bei denen die erweiterten Anrechnungsvoraussetzungen nach § 36 a EStG fehlen, und Höhe der gesamten Bruttodividenden dieser Wertpapiergattung, die dem Steuerpflichtigen zufließen, und
- Höhe des unterbliebenen Steuerabzugs, soweit die erweiterten Anrechnungsvoraussetzungen nach § 36 a EStG fehlen.
- Bei Korrektur einer Anzeige nach § 36 a Absatz 4 EStG die Angabe „Korrekturmeldung".

[1] Rz. 114 neu gef. durch BMF v. 20. 2. 2018, BStBl. I S. 308.

Die Anzeige ist unverzüglich nach Ablauf des Kalenderjahres abzugeben. Bei bilanzierenden Steuerpflichtigen kann auf den Ablauf des Wirtschaftsjahres und bei Investmentfonds auf den Ablauf des Geschäftsjahres abgestellt werden. Es ist nicht zu beanstanden, wenn Anzeigen für das Kalenderjahr 2016 sowie für vor dem 30. Juni 2017 endende Wirtschafts- oder Geschäftsjahre bis zum 30. Juni 2017 abgegeben werden. **115**

Die Anzeige ist gegenüber dem für den Steuerpflichtigen zuständigen Finanzamt abzugeben. Dies ist bei Steuerpflichtigen, die betriebliche Einkünfte erzielen, das Wohnsitz- oder das Betriebsfinanzamt, bei Steuerpflichtigen, die private Kapitaleinkünfte erzielen, das Wohnsitz-Finanzamt und bei inländischen Investmentfonds das nach § 13 Abs. 5 InvStG zuständige Finanzamt. **116**

**b) Art und Weise der Abführung**

Für die Zwecke des § 36 a Abs. 4 EStG ist eine Kapitalertragsteuer-Anmeldung abzugeben. Investmentfonds und Spezial-Investmentfonds haben den speziellen Anmeldevordruck (InvSt 4 B) zu verwenden. In den ab 2017 anzuwendenden Vordrucken ist eine gesonderte Zeile für die Zwecke des § 36 a Abs. 4 EStG vorgesehen. **117**

Die Kapitalertragsteuer-Anmeldung ist grundsätzlich bei bilanzierenden Steuerpflichtigen nach Ablauf des Wirtschaftsjahres, bei Investmentfonds nach Ablauf des Geschäftsjahres und im Übrigen nach Ablauf des Kalenderjahres bis zum 10. Tag des Folgemonats abzugeben. Es ist nicht zu beanstanden, wenn die Kapitalertragsteuer-Anmeldung für das Kalenderjahr 2016 und für vor dem 30. Juni 2017 endende Wirtschafts- und Geschäftsjahre bis zum 30. Juni 2017 abgegeben wird. **118**

**c) Umfang der Abführungspflicht**

In den Fällen des § 36 a Abs. 4 EStG ist § 36 a Abs. 1 Satz 2 EStG analog anzuwenden, so dass nur drei Fünftel der Kapitalertragsteuer an das zuständige Finanzamt abzuführen sind. **119**

**d) Maßgebender Zeitraum für die Ermittlung des abzuführenden Betrags**

Für die Ermittlung des abzuführenden Betrags ist bei bilanzierenden Steuerpflichtigen das Wirtschaftsjahr, bei Investmentfonds das Geschäftsjahr und im Übrigen das Kalenderjahr maßgebend. **120**

## IV. Sonstiges

### 1. Anwendungsgrundsätze

§ 36 a EStG soll verhindern, dass die Besteuerung von Dividenden umgangen wird. Wenn eine Steuerumgehungsgestaltung ausgeschlossen ist oder unwahrscheinlich erscheint, so ist dieser Umstand bei der Anwendung des § 36 a EStG zu berücksichtigen. **121**

### 2. Keine Auswirkung auf das Steuerabzugsverfahren

§ 36 a EStG ist im Rahmen der Erhebung der Kapitalertragsteuer nach §§ 43 ff. EStG und bei der Bescheinigung der Kapitalertragsteuer nach § 45 a Abs. 2 bis 7 EStG nicht zu berücksichtigen. **122**

### 3. Anwendung auf Personengesellschaften

123 Bei einer Personengesellschaft ist nach §§ 179 Abs. 2 Satz 2, 180 Abs. 5 Nr. 2 AO die anrechenbare Kapitalertragsteuer gesondert und einheitlich festzustellen. Wenn die Personengesellschaft die Anrechnungsvoraussetzungen nach § 36 a Abs. 1 bis 3 EStG nicht erfüllt und der Ausnahmetatbestand des § 36 a Abs. 5 Nr. 2 EStG nicht gegeben ist, so wird im Rahmen der gesonderten und einheitlichen Feststellung festgestellt, dass die Anrechnungsvoraussetzungen nach § 36 a Abs. 1 bis 3 EStG nicht erfüllt sind und der Ausnahmetatbestand nach § 36 a Abs. 5 Nr. 2 EStG nicht greift. Die Kapitalertragsteuer ist daher betragsmäßig in anrechenbare und in nach § 36 a EStG nicht anrechenbare Kapitalertragsteuer aufzuteilen. Hiermit wird auf Ebene der Personengesellschaft für die Folgebescheide der Gesellschafter bindend entschieden, dass zum einen die Anrechnungsvoraussetzungen nach § 36 a Abs. 1 bis 3 EStG dem Grunde nach nicht vorliegen und zum anderen, in welcher Höhe voll und beschränkt anrechenbare Kapitalertragsteuer vorliegt.

124 Auf Ebene der Gesellschafter ist im Rahmen der Veranlagung dann zu entscheiden, ob die Anrechnung der Kapitalertragsteuer tatsächlich beschränkt ist. Dabei ist insbesondere zu ermitteln, ob der Schwellenwert von 20 000 € nach § 36 a Abs. 5 Nr. 1 EStG überschritten ist.

125 **Beispiel 17:**

Die AB-GbR besitzt X-AG Aktien, aus der sie eine Dividende i. H. v. 50 000 € erzielt. Die Mindesthaltedauer ist nicht erfüllt. A ist zu 70 % und B zu 30 % an der AB-GbR beteiligt, so dass A 35 000 € und B 15 000 € Kapitalerträge i. S. d. § 43 Abs. 1 Satz 1 Nr. 1 a EStG erzielt. Auf der Ebene der Personengesellschaft sind die Anrechnungsvoraussetzungen nach § 36 a Abs. 1 bis 3 EStG zwar nicht erfüllt, aber B überschreitet, wenn er persönlich keine weiteren Kapitalerträge dieser Art hat, den Schwellenwert von 20 000 € nicht, so dass dann im Rahmen seiner Veranlagung die anteilige Kapitalertragsteuer in voller Höhe anzurechnen ist.

126 Die Höhe der Einkünfte wird ohne Berücksichtigung der in § 36 a Abs. 1 Satz 3 EStG enthaltenen Kürzungsmöglichkeit gesondert und einheitlich festgestellt.

127 Der Gesellschafter kann erst im Veranlagungsverfahren einen Antrag auf Abzug der nicht anrechenbaren Kapitalertragsteuer bei der Ermittlung der Einkünfte nach § 36 a Abs. 1 Satz 3 EStG stellen. Jeder Gesellschafter ist unabhängig von den anderen Gesellschaftern antragsbefugt und der Antrag hat nur Auswirkung auf die Höhe der Einkünfte des Antragstellers.

128 Für die Zwecke der Ermittlung des der Gewerbesteuer unterliegenden Gewinns einer Personengesellschaft hat die Personengesellschaft ein eigenes Antragsrecht nach § 36 a Abs. 1 Satz 3 EStG und der Schwellenwert nach § 36 a Abs. 5 Nr. 1 EStG ist auf die Personengesellschaft selbst anzuwenden.

### 4. Anwendung auf ertragsteuerliche Organschaften

129 Ist die Organgesellschaft Anteilseigner, ist die anrechenbare Kapitalertragsteuer unter Berücksichtigung des § 36 a EStG auf Ebene der Organgesellschaft zu ermitteln. Dabei ist die Bagatellgrenze des § 36 a Abs. 5 Nr. 1 EStG von 20 000 € für jede Organgesellschaft und zusätzlich für den Organträger einzeln zu berücksichtigen. Besitzzeiten werden innerhalb des Organkreises nicht zusammengerechnet. Veräußert die Organgesellschaft Anteile an einer

Kapitalgesellschaft an eine andere Organgesellschaft oder an den Organträger, so beginnt eine neue Besitzzeit. Der Antrag auf Abzug von drei Fünftel der nicht anrechenbaren Kapitalertragsteuer bei der Ermittlung der Einkünfte muss von jedem Steuersubjekt innerhalb des Organkreises einzeln gestellt werden.

Die anrechenbare Kapitalertragsteuer ist gemäß § 19 Abs. 5 KStG auf die Körperschaftsteuer oder Einkommensteuer des Organträgers oder seiner Gesellschafter anzurechnen. Die anzurechnenden Beträge werden gemäß § 14 Abs. 5 Satz 3 KStG gesondert auf Ebene der Organgesellschaft festgestellt und sowohl der Organgesellschaft als auch dem Organträger bekannt gegeben. 130

### 5. Anwendung des § 36 a EStG bei im Privatvermögen erzielten Kapitaleinkünften

§ 36 a EStG ist bei Steuerpflichtigen, die natürliche Personen sind und die Kapitaleinkünfte im Privatvermögen erzielen, nur in Ausnahmefällen anwendbar, wenn 131
- im Rahmen der Veranlagung (Wahlveranlagung oder Günstigerprüfung) eine Anrechnung der Kapitalertragsteuer begehrt wird oder
- vom Steuerabzug Abstand genommen oder der Steuerabzug erstattet wurde.

Auch in diesen Ausnahmefällen ist regelmäßig von einer Anwendung des § 36 a EStG abzusehen, da die eingeschränkte Verrechenbarkeit von Aktienveräußerungsverlusten nach § 20 Abs. 6 Satz 4 EStG und der Ausschluss des Ansatzes der tatsächlichen Werbungskosten nach § 20 Abs. 9 Satz 1 Halbsatz 2 EStG eine Beteiligung an Gestaltungen zur Umgehung der Dividendenbesteuerung weitestgehend ausschließen.

## V. Anwendungsbeginn

§ 36 a EStG ist auf alle Kapitalerträge anzuwenden, die ab dem 1. Januar 2016 zufließen (§ 52 Abs. 35 a EStG). 132

# 1 § 43/1. Schreiben betr. Einzelfragen zur Abgeltungsteuer; Neuveröffentlichung des BMF-Schreibens

Vom 19. Mai 2022

BMF IV C 1 - S 2252/19/10003 :009; DOK 2022/0457871

(BStBl. I S. 742)

Geändert durch BMF v. 20.12.2022, BStBl. 2023 I S. 46

**2 Anlagen**

Nach Erörterungen mit den obersten Finanzbehörden der Länder wird das BMF-Schreiben vom 18. Januar 2016 (BStBl. I S. 85) wie folgt neu gefasst:

**Inhaltsverzeichnis**

## I. Kapitalvermögen (§ 20 EStG)

## 1. Laufende Erträge (§ 20 Abs. 1 EStG)

### a) Dividenden (§ 20 Abs. 1 Nr. 1 EStG)

### Nachzahlungen

Werden einem Steuerpflichtigen Nachzahlungsbeträge im Zusammenhang mit Anteilen an Kapitalgesellschaften zugewiesen und ist die Rechtsnatur der Zahlungen nicht eindeutig erkennbar, hat die auszahlende Stelle im Zweifelsfall die Erträge als Kapitalertrag i.S.d. § 20 Abs. 1 Nr. 1 EStG zu behandeln. 1

### Einkommensteuerrechtliche Behandlung der Erträge aus einer Limited Liability Company (LLC), Limited Partnership (LP) oder einer Master Limited Partnership (MLP)

Bestimmte Gesellschaften – beispielsweise in der Rechtsform einer LLC, LP oder einer MLP –, deren Anteile als depotfähige Wertpapiere an einer Börse gehandelt werden, können nach ausländischem Steuerrecht ein Wahlrecht zur Besteuerung als Kapital- oder Personengesellschaft haben. Erträge aus solchen Gesellschaften sind für das Steuerabzugsverfahren auch dann als Dividendenerträge i.S.d. § 20 Abs. 1 Nr. 1 EStG zu behandeln, wenn nach ausländischem Steuerrecht zur Besteuerung als Personengesellschaft optiert wurde. 2

Die Anrechnung der ausländischen Quellensteuer findet allein im Veranlagungsverfahren statt. Hinsichtlich der steuerlichen Einordnung beispielsweise einer LLC, LP oder einer MLP als Personengesellschaft oder Kapitalgesellschaft gelten die Grundsätze des BMF-Schreibens vom 19. März 2004 (BStBl. I S. 411) unter Berücksichtigung der Ausführungen in Textziffer 1.2 des BMF-Schreibens vom 26. September 2014 (BStBl. I S. 1258). 3

### b) Einnahmen aus der Beteiligung an einem Handelsgewerbe als stiller Gesellschafter (§ 20 Abs. 1 Nr. 4 EStG)

Zu den Einkünften aus Kapitalvermögen auf Grund einer Beteiligung an einem Handelsgewerbe als stiller Gesellschafter gehört der dem stillen Gesellschafter zugewiesene Gewinn oder der unter Berücksichtigung der §§ 15a, 15b EStG zuzurechnende Verlust. Wird dem stillen Gesellschafter im Rahmen der Auseinandersetzung sein Guthaben zugewiesen, werden bei der Ermittlung des Gewinns i.S.d. § 20 Abs. 4 EStG die als laufende Einkünfte berücksichtigten Gewinn- oder Verlustanteile, die das Auseinandersetzungsguthaben erhöht oder gemindert haben, vom Gewinn abgerechnet oder dem Gewinn hinzugerechnet. 4

**Beispiel:**
A beteiligt sich im Jahr 09 als typisch stiller Gesellschafter an dem Einzelunternehmen des B mit einer Einlage von 100 000 €. Auf den stillen Gesellschafter entfallen in den Jahren 10 und 11 jeweils Verluste i.H.v. 10 000 €. Die Verluste werden jeweils von der Einlage des stillen Gesellschafters abgebucht.

Im Jahr 12 erhält er sein Auseinandersetzungsguthaben i.H.v. 80 000 €.

**Lösung:**

Die laufenden Verlustanteile können unabhängig davon, ob der stille Gesellschafter eine nahestehende Person i.S.d. § 32d Abs. 2 Nr. 1 EStG ist, als Verlust i.S.d. § 20 Abs. 1 Nr. 4 EStG berücksichtigt werden.

Durch die Vereinnahmung des Auseinandersetzungsguthabens erzielt A Einkünfte i.S.d. § 20 Abs. 2 Satz 1 Nr. 4 i.V.m. Abs. 2 Satz 2 EStG. A erzielt einen Gewinn i.S.d. § 20 Abs. 4 Satz 1 EStG i.H.v. 0 € (Einlage 100 000 € abzüglich Auseinandersetzungsguthaben i.H.v. 80 000 € zuzüglich Verlust i.H.v. 20 000 €).

### c) Lebensversicherungen (§ 20 Abs. 1 Nr. 6 EStG)

5 Hinweis auf BMF-Schreiben vom 1. Oktober 2009 (BStBl. I S. 1172)[1], zuletzt geändert durch BMF-Schreiben vom 9. August 2019 (BStBl. I S. 829).

### d) Erträge aus sonstigen Kapitalforderungen (§ 20 Abs. 1 Nr. 7 EStG)

### Optionsanleihe

6 Bei einer Optionsanleihe besitzt der Inhaber neben dem Recht auf Rückzahlung des Nominalbetrags ein in einem Optionsschein verbrieftes Recht, innerhalb der Optionsfrist eine bestimmte Anzahl von Aktien des Emittenten oder einer anderen Gesellschaft, Anleihen, Fremdwährungen, Edelmetalle oder andere Basiswerte zu einem festgelegten Kaufpreis zu erwerben. Mit der Ausübung der Option erlischt der Anspruch auf Rückzahlung des Nominalbetrags der Anleihe nicht. Anleihe und Optionsschein können voneinander getrennt werden und sind sodann gesondert handelbar.

7 Dabei stellen Anleihe und Optionsschein jeweils selbständige Wirtschaftsgüter dar. Erträge aus der Anleihe sind nach § 20 Abs. 1 Nr. 7 und § 20 Abs. 2 Satz 1 Nr. 7 EStG als Einkünfte aus Kapitalvermögen zu behandeln. Unabhängig davon, ob der Optionsschein noch mit der Anleihe verbunden ist oder bereits von ihr getrennt wurde, gilt für seine einkommensteuerrechtliche Behandlung die Rn. 8, zu den Anschaffungskosten des Basiswerts im Falle der Ausübung der Option vgl. Rn. 86.

### In Optionsscheinen verbriefte Kapitalforderungen

8 Optionsscheine sind Kapitalforderungen i.S.d. § 20 Abs. 1 Nr. 7 EStG. Bei Optionsscheinen ist das Optionsrecht in einem Wertpapier verbrieft. Der Erwerber des Optionsscheins nimmt stets die Position des Berechtigten ein. Er erwirbt entweder eine Kaufoption oder eine Verkaufsoption, während der Emittent die Stillhalter-Position einnimmt. Optionsscheine sehen überwiegend einen Barausgleich vor. Das Optionsrecht kann nicht durch ein glattstellendes Gegengeschäft zum Erlöschen gebracht werden.

Optionsscheine können mit Zusatzvereinbarungen ausgestattet sein, die neben dem Optionsrecht z.B.

- eine Zusatzprämie beim Eintritt bestimmter Bedingungen gewähren,
- hinsichtlich des Barausgleichs mit einer Obergrenze („cap") ausgestattet sind,
- besondere Berechnungsmodalitäten für den Barausgleich vorsehen oder
- Zusatzvereinbarungen über Ausübung oder Verfall des Optionsrechts beinhalten.

Optionsscheine können mit einer Schuldverschreibung (Anleihe) verbunden sein (Optionsanleihe), vgl. Rn. 6 letzter Satz.

[1] Nr. **1** § 20/12.

Die Emissionsbedingungen eines als Optionsschein bezeichneten Wertpapiers können Regelungen enthalten, die dem Inhaber des Optionsscheins eine Rückzahlung des eingesetzten Kapitals oder ein Entgelt für die Kapitalüberlassung zusagen oder gewähren (z.B. sog. airbag-warrants). Auch durch eine Kombination von Optionsscheinen kann sich der Käufer eine Kapitalrückzahlung oder ein Entgelt für die Kapitalüberlassung sichern (z.B. sog. capped warrants). Bei Verlusten aus dem Verfall von Optionsscheinen ist die Verlustverrechnungsbeschränkung gemäß § 20 Abs. 6 Satz 6 EStG zu berücksichtigen (siehe auch Rn. 118).

**Laufende Erträge aus einem Zertifikat gehören zu den Kapitaleinkünften gemäß § 20 Abs. 1 Nr. 7 EStG**

Liegen bei einem Vollrisikozertifikat mehrere Zahlungszeitpunkte bis zur Endfälligkeit vor, sind die Erträge zu diesen Zeitpunkten Einkünfte i.S.d. § 20 Abs. 1 Nr. 7 EStG (BFH-Urteil vom 29. Oktober 2019 VIII R 16/16, BStBl. 2020 II S. 254); dies gilt nicht, wenn die Emissionsbedingungen von vornherein eindeutige Angaben zur Tilgung oder zur Teiltilgung während der Laufzeit vorsehen und die Vertragspartner entsprechend verfahren. Erfolgt bei diesen Zertifikaten zum Zeitpunkt der Endfälligkeit keine Zahlung mehr, liegt zum Zeitpunkt der Endfälligkeit eine Rückzahlung zu null und damit ein veräußerungsgleicher Vorgang i.S.d. § 20 Abs. 2 EStG vor. **8a**

Sind bei einem Zertifikat im Zeitpunkt der Endfälligkeit keine Zahlungen vorgesehen, weil der Basiswert eine nach den Emissionsbedingungen vorgesehene Bandbreite verlassen hat, oder kommt es durch das Verlassen der Bandbreite zu einer (vorzeitigen) Beendigung des Zertifikats (sogenanntes „Knock-out-Zertifikat") ohne weitere Kapitalrückzahlungen, liegt eine Einlösung zu null und damit ebenfalls ein veräußerungsgleicher Tatbestand i.S.d. § 20 Abs. 2 EStG vor (BFH-Urteil vom 20. November 2018 VIII R 37/15, BStBl. 2019 II S. 507). Die Anschaffungskosten des Zertifikates sind als Verlust zu berücksichtigen. Für die Verluste ist die Verlustverrechnungsbeschränkung gemäß § 20 Abs. 6 Satz 6 EStG zu berücksichtigen (siehe auch Rn. 118). Entsprechendes gilt für das Erreichen der Knock-out-Schwelle.

**Nutzungsersatz bei Rückabwicklung von Darlehensverträgen und auf rückerstattete Kreditbearbeitungsgebühren sowie gezahlte Prozess- und Verzugszinsen**

Zahlen Kreditinstitute einen Nutzungsersatz auf rückerstattete Kreditbearbeitungsgebühren oder erhält ein Kreditnehmer aus der Rückabwicklung eines Darlehensvertrages einen Nutzungsersatz für die von ihm an den Darlehensgeber erbrachten Leistungen, handelt es sich um einkommensteuerpflichtige Kapitalerträge i.S.d. § 20 Abs. 1 Nr. 7 EStG, bei denen nach § 43 Abs. 1 Satz 1 Nr. 7 Buchst. b EStG eine Verpflichtung zum Kapitalertragsteuerabzug besteht. Dies gilt entsprechend für Prozess- oder Verzugszinsen sowie geleisteten Nutzungsersatz in anderen Fällen (z.B. Zinsen auf erstattete Kontoführungsgebühren). **8b**

Wurde ein solcher Nutzungsersatz ohne Einbehalt von Kapitalertragsteuer ausgezahlt, haben die Kreditinstitute den Steuerabzug nach Maßgabe der Rn. 241 letzter Abs. zu korrigieren.

**Kapitalertragsteuerabzug bei Erstattung von Darlehenszinsen auf darlehensfinanzierte Kreditbearbeitungsgebühren**

8c Werden durch ein Kreditinstitut Darlehenszinsen auf eine in die Finanzierung eingeschlossene Kreditbearbeitungsgebühr erstattet, liegen keine Einkünfte nach § 20 Abs. 1 Nr. 7 EStG vor; für einen ggf. übersteigenden Betrag gilt Rn. 8b.

**2. Gewinne aus Veräußerung, Einlösung, Termingeschäften (§ 20 Abs. 2 EStG)**

**a) Termingeschäfte (§ 20 Abs. 2 Satz 1 Nr. 3 EStG) und Stillhaltergeschäfte (§ 20 Abs. 1 Nr. 11 EStG)**

**Begriff des Termingeschäfts**

9 Der Begriff des Termingeschäfts umfasst sämtliche als Options- oder Festgeschäft ausgestaltete Finanzinstrumente sowie Kombinationen zwischen Options- und Festgeschäften, die zeitlich verzögert zu erfüllen sind und deren Preis unmittelbar oder mittelbar abhängt von

– dem Börsen- oder Marktpreis von Wertpapieren,
– dem Börsen- oder Marktpreis von Geldmarktinstrumenten,
– dem Kurs von Devisen oder Rechnungseinheiten,
– Zinssätzen oder anderen Erträgen oder
– dem Börsen- oder Marktpreis von Waren oder Edelmetallen.

Zu den Termingeschäften gehören insbesondere Optionsgeschäfte, Swaps, Devisentermingeschäfte und Forwards oder Futures, vgl. Rn. 36 und 37, sowie Contracts for Difference (CFDs). CFDs sind Verträge zwischen zwei Parteien, die auf die Kursentwicklung eines bestimmten Basiswerts spekulieren. Basiswerte können beispielsweise Aktien, Indizes, Währungspaare oder Zinssätze sein. Zertifikate und Optionsscheine gehören nicht zu den Termingeschäften, vgl. Rn. 8 f.

10 Beim Optionsgeschäft hat der Käufer der Option das Recht, jedoch nicht die Verpflichtung, zu einem späteren Zeitpunkt ein Geschäft, z.B. den Kauf oder Verkauf eines Wertpapiers, zu vorab festgelegten Konditionen abzuschließen (bedingtes Termingeschäft). Im Gegensatz dazu gehen beim Festgeschäft beide Vertragsparteien bereits bei Abschluss des Geschäfts die feste Verpflichtung ein, zu einem späteren Zeitpunkt z.B. einen bestimmten Kaufgegenstand zum vereinbarten Preis zu erwerben oder zu liefern (unbedingtes Termingeschäft).

**Optionsgeschäfte**
**Inhalt des Optionsgeschäfts**

11 Beim Optionsgeschäft erwirbt der Käufer der Option (Optionsnehmer) vom Verkäufer der Option (Optionsgeber oder sogenannte Stillhalter) gegen Bezahlung einer Optionsprämie das Recht, eine bestimmte Anzahl Basiswerte (z.B. Aktien) am Ende der Laufzeit oder jederzeit innerhalb der Laufzeit der Option (so möglich bei EUREX-Optionen) zum vereinbarten Basispreis entweder vom Verkäufer der Option zu kaufen (Kaufoption oder „call") oder an ihn zu verkaufen (Verkaufsoption oder „put"). Diesem Recht des Optionskäufers steht die entsprechende Verpflichtung des Verkäufers der Option gegenüber, die Basiswerte zu liefern oder abzunehmen, wenn der Optionskäufer sein Optionsrecht ausübt.

Ist die effektive Abnahme oder Lieferung des Basiswertes auf Grund der Natur der Sache (z.B. bei Indizes) oder auf Grund von Handelsbedingungen (z.B. bei EUREX-Optionen auf Futures) ausgeschlossen, besteht die Verpflichtung des Optionsgebers bei Ausübung der Option durch den Optionskäufer in der Zahlung der Differenz zwischen vereinbartem Basispreis und Tageskurs des Basiswerts (Barausgleich oder „cash-settlement"). Ein Barausgleich kann bei jeder Option vereinbart werden, auch wenn der Basiswert lieferbar ist. 12

Die Option erlischt 13

– mit Ablauf der Optionsfrist durch Verfall,

– durch Ausübung der Option oder

– an der EUREX auch durch sogenannte Glattstellung.

Bei Glattstellung tätigt der Anleger ein Gegengeschäft, d.h. z.B. der Inhaber einer Kauf- oder Verkaufsoption verkauft eine Option derselben Serie, aus der er zuvor gekauft hat. Kennzeichnet er das Geschäft als Glattstellungs- oder closing-Geschäft, bringt er damit Rechte und Pflichten aus beiden Geschäften zum Erlöschen. Umgekehrt kann sich auch der Optionsverkäufer (Stillhalter) vor Ablauf der Optionsfrist durch Kauf einer Option derselben Serie aus seiner Verpflichtung lösen.

Anders als bei außerbörslichen Optionsgeschäften und bei Optionsscheinen ist es einem Anleger an der EUREX nur sehr eingeschränkt und nur innerhalb eines kurzen Zeitraums möglich, die erworbene Option auf einen Dritten zu übertragen. 14

Anleger können grundsätzlich vier Grundpositionen eingehen: 15

– Kauf einer Kaufoption („long call"),

– Kauf einer Verkaufsoption („long put"),

– Verkauf einer Kaufoption („short call"),

– Verkauf einer Verkaufsoption („short put").

Darüber hinaus ist an der EUREX auch der standardisierte Abschluss eines sogenannten Kombinationsgeschäfts, d.h. einer Kombination von jeweils zwei Grundgeschäften in einem Abschluss möglich. Zu unterscheiden sind: 16

– „spreads": Gleichzeitiger Kauf und Verkauf von Optionen der gleichen Serie, aber mit unterschiedlichem Basispreis und/oder Verfalldatum;

– „straddles": Gleichzeitiger Kauf einer Kauf- und einer Verkaufsoption mit gleichem Basiswert, Basispreis und Verfalldatum;

– „strangles": Gleichzeitiger Kauf einer Kauf- und einer Verkaufsoption mit gleichem Basiswert und Verfalldatum, aber unterschiedlichem Basispreis.

**Besonderheiten bei Optionsscheinen**

Nicht besetzt. 17

Nicht besetzt. 18

Nicht besetzt. 19

Nicht besetzt. 20

**Einkommensteuerrechtliche Behandlung eines Optionsgeschäfts**
**Kauf einer Kaufoption**

Die gezahlten Optionsprämien sind Anschaffungskosten des Käufers für das Wirtschaftsgut „Optionsrecht". Beim Erwerb der Option anfallende Bankspe- 21 sen, Provisionen und andere Transaktionskosten sind Teil der Anschaffungskosten.

**Ausübung einer Kaufoption**

22 Übt der Inhaber die Kaufoption aus und wird der Basiswert geliefert, gehören die Anschaffungs- und Anschaffungsnebenkosten des Optionsrechts zu den Anschaffungskosten des Basiswerts.

23 Erhält der Inhaber an Stelle des Basiswerts einen Barausgleich, liegen Kapitaleinkünfte i.S.d. § 20 Abs. 2 Satz 1 Nr. 3 Buchst. a EStG vor. Die Anschaffungs- und Anschaffungsnebenkosten des Optionsrechts sind bei der Ermittlung des Gewinns gemäß § 20 Abs. 4 Satz 5 EStG zu berücksichtigen.

Erzielt der Inhaber der Kaufoption aus diesem Geschäft einen Verlust, weil der Barausgleich die Anschaffungs- und Anschaffungsnebenkosten des Optionsrechts nicht deckt, so ist die Verlustverrechnungsbeschränkung gemäß § 20 Abs. 6 Satz 5 EStG zu berücksichtigen (siehe auch Rn. 118).

**Veräußerung und Glattstellung einer Kaufoption**

24 Veräußert der Inhaber die Kaufoption, erzielt er Kapitaleinkünfte i.S.d. § 20 Abs. 2 Satz 1 Nr. 3 Buchst. b EStG; Entsprechendes gilt bei einer Veräußerung mit closing-Vermerk, vgl. Rn. 13. Gewinn oder Verlust gemäß § 20 Abs. 4 Satz 1 EStG ist in diesem Fall der Unterschiedsbetrag zwischen den Anschaffungs- und Anschaffungsnebenkosten der Kaufoption und der aus dem glattstellenden Abschluss des Stillhaltergeschäfts erzielten Optionsprämie. Für einen Verlust aus der Veräußerung einer Kaufoption ist die Verlustverrechnungsbeschränkung gemäß § 20 Abs. 6 Satz 5 EStG zu berücksichtigen (siehe auch Rn. 118).

**Beispiel:**

Privatkunde K erwirbt am 1. März über seine Bank an der EUREX zehn Kaufoptionen über je 100 Aktien der S-AG zum Basispreis von 320 €, weil er für die nächsten Monate mit einem Kursanstieg der Aktie rechnet (Kurs der S-Aktie am 1. März 309,60 €). Verfallmonat der Kaufoption ist Juli. K entrichtet eine Optionsprämie von 1000 × 20,40 € = 20 400 € zuzüglich 250 € Spesen. Am 1. April ist der Kurs der S-Aktie auf 350 € gestiegen. Das Recht, die Aktien zu einem Basispreis von 320 € zu kaufen, ist jetzt 50 € wert (innerer Wert 30 €, angenommener Zeitwert 20 €).

K beschließt daher, seine Position durch ein Gegengeschäft glattzustellen, d.h., er verkauft über seine Bank zehn EUREX-Kaufoptionen über je 100 Aktien der S-AG zum Basispreis von 320 €, Verfallmonat Juli, mit closing-Vermerk. K erhält dafür am 2. April eine Optionsprämie von 1000 × 50 € = 50 000 € abzüglich 500 € Spesen.

**Lösung:**

K hat einen steuerpflichtigen Veräußerungsgewinn i.H.v. (50 000 € ./. 500 € ./. 20 400 € ./. 250 € =) 28 850 € erzielt.

**Einkommensteuerrechtliche Behandlung des Stillhalters bei einer Kaufoption**

25 Der Stillhalter erhält die Optionsprämie für seine Bindung und die Risiken, die er durch die Einräumung des Optionsrechts während der Optionsfrist eingeht. Die Optionsprämie stellt bei ihm ein Entgelt i.S.d. § 20 Abs. 1 Nr. 11 EStG dar.

Werden Stillhalterprämien vereinnahmt, unterliegen diese in diesem Zeitpunkt dem Kapitalertragsteuerabzug i.S.d. § 43 Abs. 1 Satz 1 Nr. 8 EStG. Schließt der Stillhalter ein Glattstellungsgeschäft ab, sind die gezahlten Prämien und die damit im Zusammenhang angefallenen Nebenkosten zum Zeitpunkt der Zahlung als negativer Kapitalertrag in den sogenannten Verlustverrechnungstopf i.S.d. § 43a Abs. 3 Satz 2 EStG einzustellen. Gleiches gilt, wenn die im Zusammenhang mit erhaltenen Prämien angefallenen Nebenkosten die vereinnahmten Stillhalterprämien mindern, da es insoweit unerheblich ist, ob die Nebenkosten im Zeitpunkt der Glattstellung oder der Vereinnahmung angefallen sind.

Übt der Inhaber die Kaufoption aus und liefert der Stillhalter den Basiswert, liegt beim Stillhalter ein Veräußerungsgeschäft nach § 20 Abs. 2 EStG hinsichtlich des Basiswerts vor, wenn der Basiswert ein Wirtschaftsgut i.S.d. § 20 Abs. 2 EStG (z.B. Aktie) ist. Die vereinnahmte Optionsprämie, die nach § 20 Abs. 1 Nr. 11 EStG zu versteuern ist, wird bei der Ermittlung des Veräußerungsgewinns nicht berücksichtigt. Hat der Stillhalter einen Barausgleich zu leisten, ist dieser als Verlust aus einem Termingeschäft nach § 20 Abs. 2 Satz 1 Nr. 3 Buchst. a EStG zu berücksichtigen (BFH-Urteil vom 20. Oktober 2016 VIII R 55/13, BStBl. 2017 II S. 264). Für einen Verlust aus einem geleisteten Barausgleich ist die Verlustverrechnungsbeschränkung gemäß § 20 Abs. 6 Satz 5 EStG zu berücksichtigen (siehe auch Rn. 118). 26

**Verfall einer Kaufoption**

Lässt der Inhaber der Kaufoption diese am Ende der Laufzeit verfallen, sind die für den Erwerb der Kaufoption entstandenen Aufwendungen bei der Ermittlung des Gewinns (oder Verlusts) i.S.d. § 20 Abs. 4 Satz 5 EStG zu berücksichtigen (BFH-Urteile vom 12. Januar 2016 IX R 48/14, IX R 49/14, IX R 50/14, BStBl. II S. 456, 459 und 462). Dies gilt auch, wenn die Kaufoption vorzeitig durch Erreichen eines Schwellenwerts verfällt (Kaufoption mit Knock-out-Charakter). Für einen Verlust aus dem wertlosen Verfall einer Kaufoption ist die Verlustverrechnungsbeschränkung gemäß § 20 Abs. 6 Satz 5 EStG zu berücksichtigen (siehe auch Rn. 118). 27

**Kauf einer Verkaufsoption**

Die gezahlten Optionsprämien sind Anschaffungskosten des Käufers für das Wirtschaftsgut „Optionsrecht". Beim Erwerb der Option anfallende Bankspesen, Provisionen und andere Transaktionskosten gehören zu den Anschaffungskosten. 28

**Ausübung einer Verkaufsoption**

Übt der Inhaber die Verkaufsoption aus und liefert er den Basiswert, liegt ein Veräußerungsgeschäft nach § 20 Abs. 2 EStG hinsichtlich des Basiswerts vor, wenn dieser ein Wirtschaftsgut i.S.d. § 20 Abs. 2 EStG (z.B. Aktien oder Anleihe) ist. Die Anschaffungs- und Anschaffungsnebenkosten des Optionsrechts sind gemäß § 20 Abs. 4 Satz 1 EStG zu berücksichtigen. 29

Erhält der Inhaber der Verkaufsoption einen Barausgleich, liegen Kapitaleinkünfte i.S.d. § 20 Abs. 2 Satz 1 Nr. 3 Buchst. a EStG vor. Die Anschaffungskosten des Optionsrechts sind gemäß § 20 Abs. 4 Satz 5 EStG zu berücksichtigen. 30

Erzielt der Inhaber der Verkaufsoption aus diesem Geschäft einen Verlust, weil der Barausgleich die Anschaffungs- und Anschaffungsnebenkosten des Optionsrechts nicht deckt, so ist die Verlustverrechnungsbeschränkung gemäß § 20 Abs. 6 Satz 5 EStG zu berücksichtigen (siehe auch Rn. 118).

**Veräußerung und Glattstellung einer Verkaufsoption**

Veräußert der Inhaber die Verkaufsoption, liegt ein Veräußerungsgeschäft i.S.d. 31
§ 20 Abs. 2 Satz 1 Nr. 3 Buchst. b EStG vor. Verkauft der Inhaber einer

Verkaufsoption eine Verkaufsoption derselben Serie mit closing-Vermerk, gilt Entsprechendes. Gewinn oder Verlust ist in diesem Fall der Unterschiedsbetrag zwischen den Anschaffungskosten der Verkaufsoption und der aus dem glattstellenden Abschluss des Stillhaltergeschäfts erzielten Optionsprämie. Für einen Verlust aus der Veräußerung oder Glattstellung einer Verkaufsoption ist die Verlustverrechnungsbeschränkung gemäß § 20 Abs. 6 Satz 5 EStG zu berücksichtigen (siehe auch Rn. 118).

**Verfall einer Verkaufsoption**

32 Lässt der Inhaber der Verkaufsoption diese am Ende der Laufzeit verfallen, sind die für den Erwerb der Verkaufsoption entstandenen Aufwendungen bei der Ermittlung des Gewinns (oder Verlusts) i.S.d. § 20 Abs. 4 Satz 5 EStG zu berücksichtigen (BFH-Urteile vom 12. Januar 2016 IX R 48/14, IX R 49/14, IX R 50/14, BStBl. II S. 456, 459 und 462). Dies gilt auch, wenn die Verkaufsoption vorzeitig durch Erreichen eines Schwellenwertes verfällt (Verkaufsoption mit Knock-out-Charakter). Für einen Verlust aus dem wertlosen Verfall einer Verkaufsoption ist die Verlustverrechnungsbeschränkung gemäß § 20 Abs. 6 Satz 5 EStG zu berücksichtigen (siehe auch Rn. 118).

**Einkommensteuerrechtliche Behandlung des Stillhalters bei einer Verkaufsoption**

33 Übt der Inhaber die Verkaufsoption aus und liefert er den Basiswert, liegt beim Stillhalter ein Anschaffungsgeschäft nach § 20 Abs. 2 EStG hinsichtlich des Basiswerts vor, wenn es sich dabei um ein Wirtschaftsgut i.S.d. § 20 Abs. 2 EStG handelt. Bei einer späteren Veräußerung wird die vereinnahmte Optionsprämie, die nach § 20 Abs. 1 Nr. 11 EStG zu versteuern ist, bei der Ermittlung des Veräußerungsgewinns nicht berücksichtigt. Schließt der Stillhalter ein Glattstellungsgeschäft ab, sind die gezahlten Prämien und die damit im Zusammenhang angefallenen Nebenkosten zum Zeitpunkt der Zahlung als negativer Kapitalertrag in den sogenannten Verlustverrechnungstopf i.S.d. § 43a Abs. 3 Satz 2 EStG einzustellen. Gleiches gilt, wenn die im Zusammenhang mit erhaltenen Prämien angefallenen Nebenkosten die vereinnahmten Stillhalterprämien mindern, da es insoweit unerheblich ist, ob die Nebenkosten im Zeitpunkt der Glattstellung oder der Vereinnahmung angefallen sind.

34 Hat der Stillhalter auf Grund des Optionsgeschäfts einen Barausgleich zu leisten, ist dieser als Verlust aus einem Termingeschäft nach § 20 Abs. 2 Satz 1 Nr. 3 Buchst. a EStG zu berücksichtigen (BFH-Urteil vom 20. Oktober 2016 VIII R 55/13, BStBl. 2017 II S. 264). Für Verluste aus Termingeschäften ist die Verlustverrechnungsbeschränkung gemäß § 20 Abs. 6 Satz 5 EStG zu berücksichtigen (siehe auch Rn. 118).

**Kombinationsgeschäfte, vgl. Rn. 16**

35 Da jedes sogenannte Kombinationsgeschäft aus mindestens zwei rechtlich selbständigen Grundgeschäften besteht, gelten für ihre einkommensteuerrechtliche Behandlung die Regelungen für Grundgeschäfte, vgl. Rn. 21 bis 34, entsprechend. Die gezahlte oder erhaltene Optionsprämie ist im Verhältnis der am Kauftag für die Grundgeschäfte zu zahlenden Optionsprämien aufzuteilen. Entsprechendes gilt, wenn zwei oder mehr gleichgerichtete Grundgeschäfte kombiniert werden.

**Beispiel:**

Der Kurs der B-Aktie liegt im Februar bei 41 €. Anleger A erwartet für Ende März ein Kurspotential von bis zu 44 €. Es lässt sich aber auch eine gegenläufige Entwicklung nicht ausschließen.

A kauft im Februar eine EUREX-Kaufoption über 100 B-Aktien mit Fälligkeit März und einem Basispreis von 42 €. Gleichzeitig verkauft A eine EUREX-Kaufoption über 100 B-Aktien mit Fälligkeit März und einem Basispreis von 44 €. Für diesen sogenannten „Spread" („Bull Call Spread") muss A insgesamt eine Prämie von 100 € zahlen. Diese ergibt sich als Differenz aus 195 € zu zahlender Optionsprämie für den Kauf der Kaufoption und 95 € erhaltener Optionsprämie für den Verkauf der Kaufoption. Im März beträgt der Kurs der B-Aktie 44 €. A stellt die gekaufte Kaufoption glatt und erhält eine Optionsprämie von 200 €.

**Lösung:**

Die vereinnahmte Optionsprämie von 95 € führt zu Einnahmen nach § 20 Abs. 1 Nr. 11 EStG. A erzielt des Weiteren mit der Glattstellung einen Veräußerungsgewinn nach § 20 Abs. 2 Satz 1 Nr. 3 Buchst. b EStG von 200 € ./. 195 € = 5 €. Die verkaufte Kaufoption verfällt, weil sich der Ausübungspreis mit dem Kurs der Aktie deckt.

## Als Festgeschäft ausgestaltete Termingeschäfte (Futures und Forwards)

Futures und Forwards stellen im Gegensatz zu Optionen für Käufer und Verkäufer die feste Verpflichtung dar, nach Ablauf einer Frist einen bestimmten Basiswert (z.B. Anleihen) zum vereinbarten Preis abzunehmen oder zu liefern. Mit dem Begriff Futures werden die an einer amtlichen Terminbörse (z.B. EUREX) gehandelten, standardisierten Festgeschäfte, mit dem Begriff Forwards die außerbörslich gehandelten, individuell gestalteten Festgeschäfte bezeichnet. Bei physisch nicht lieferbaren Basiswerten (z.B. Aktienindex) wandelt sich die Verpflichtung auf Lieferung oder Abnahme in einen Barausgleich in Höhe der Differenz zwischen Kaufpreis des Kontrakts und dem Wert des Basisobjekts bei Fälligkeit des Kontrakts. 36

Wird bei Fälligkeit eines Future-Kontrakts ein Differenzausgleich gezahlt, erzielt der Empfänger einen Gewinn und der Zahlende einen Verlust aus einem Veräußerungsgeschäft i.S.d. § 20 Abs. 2 Satz 1 Nr. 3 Buchst. a EStG.

Bei an der EUREX gehandelten Futures ist als Differenzausgleich die Summe oder die Differenz der während der Laufzeit eines Kontrakts geleisteten Zahlungen im Zeitpunkt der Fälligkeit des Kontrakts zu erfassen.

Bei der Glattstellung eines Future-Kontrakts liegt ein Termingeschäft i.S.d. § 20 Abs. 2 Satz 1 Nr. 3 Buchst. a EStG vor. Der Gewinn oder Verlust ergibt sich aus der Summe oder Differenz aller während der Laufzeit des Kontrakts geleisteten Zahlungen.

Wird der Basiswert geliefert, sind die auf den Future-Kontrakt geleisteten Zahlungen sowie die Nebenkosten des Future-Kontrakts beim Käufer Anschaffungskosten des Basiswerts. Veräußert der Käufer den Basiswert, liegt bei ihm ein Veräußerungsgeschäft i.S.d. § 20 Abs. 2 EStG vor, wenn dieser ein Wirtschaftsgut i.S.d. § 20 Abs. 2 EStG darstellt.

Auch bei den Kapitalmarkt-Futures kann es zur Lieferung kommen. Bei den an der EUREX z.B. auch gehandelten Kapitalmarkt-Futures kauft oder verkauft der Anleger z.B. fiktive Schuldverschreibungen mit verschiedener Laufzeit, die jeweils mit einer Verzinsung ausgestattet sind. Dabei sind die tatsächlich gelieferten mit den fiktiven Schuldverschreibungen des Future-Kontrakts als wirtschaftlich identisch anzusehen.

Wird durch Glattstellung oder Zahlung eines Differenzausgleichs durch einen der Beteiligten eines Future-Kontrakts ein Verlust erzielt, so ist die Verlustverrechnungsbeschränkung gemäß § 20 Abs. 6 Satz 5 EStG zu berücksichtigen (siehe auch Rn. 118).

**Einkommensteuerrechtliche Behandlung von Forwards**

37 Für die einkommensteuerrechtliche Behandlung von Forwards gilt die Rn. 36 entsprechend.

**Besonderheiten bei Devisentermingeschäften**

38 Devisentermingeschäfte können die Verpflichtung der Vertragsparteien zum Gegenstand haben, zwei vereinbarte Währungsbeträge zu einem zukünftigen Zeitpunkt zu einem vorher festgelegten Terminkurs auszutauschen. Devisentermingeschäfte können nach dem Willen der Vertragsparteien aber auch ausschließlich auf die Erzielung eines Differenzausgleichs nach § 20 Abs. 2 Satz 1 Nr. 3 Buchst. a EStG gerichtet sein, selbst wenn sie äußerlich in die Form eines Kaufvertrags gekleidet sind. Dies gilt auch bei Abschluss eines Eröffnungsgeschäftes mit nachfolgendem Gegengeschäft, wenn das Gegengeschäft auf einen Differenzausgleich in Bezug auf das Eröffnungsgeschäft gerichtet ist. Beide Geschäfte müssen derart miteinander verknüpft sein, dass der auf die Realisierung einer positiven oder negativen Differenz aus Eröffnungs- und Gegengeschäft gerichtete Wille der Vertragsbeteiligten erkennbar ist (vgl. BFH-Urteil vom 24. Oktober 2017 VIII R 35/15, BStBl. 2018 II S. 189). Davon ist auszugehen, wenn der Kunde eine Order mit Closingvermerk aufgibt. Demgegenüber genügt es nicht, dass dem Eröffnungsgeschäft tatsächlich ein Gegengeschäft lediglich nachfolgt, das dessen Erfüllung dient.

Ein auf Differenzausgleich gerichtetes Devisentermingeschäft liegt auch vor, wenn die Vertragsbeteiligten ausdrücklich oder stillschweigend vereinbaren, dass keine effektive Lieferung, sondern ein Differenzausgleich erfolgen soll.

Verluste aus Devisentermingeschäften, die auf einen Differenzausgleich gerichtet sind, unterliegen der Verlustverrechnungsbeschränkung gemäß § 20 Abs. 6 Satz 5 EStG (siehe auch Rn. 118).

39 Kommt es zur effektiven Lieferung des Fremdwährungsbetrags und tauscht der Käufer diesen innerhalb eines Jahres nach Abschluss des Devisentermingeschäfts in Euro oder eine andere Währung um, führt dies zu einem privaten Veräußerungsgeschäft i.S.d. § 23 Abs. 1 Satz 1 Nr. 2 EStG. Dasselbe gilt, wenn am Fälligkeitstag ein auf Euro lautendes Konto des Käufers mit dem Kaufpreis belastet und ihm gleichzeitig der Euro-Betrag gutgeschrieben wird, welcher der auf Termin gekauften Fremdwährung entspricht. In diesem Fall wird die mit dem Devisentermingeschäft erworbene Fremdwährung am Fälligkeitstag geliefert und unmittelbar danach in Euro zurückgetauscht.

**Zinsbegrenzungsvereinbarungen**

Bei Zinsbegrenzungsvereinbarungen sind der Optionsinhaber und der Stillhalter wie folgt zu behandeln:

**Kauf einer Zinsbegrenzungsvereinbarung (Rechtsstellung des Optionsinhabers)**

40 Zinsbegrenzungsvereinbarungen sind Verträge, in denen sich einer der Vertragspartner (der Verkäufer) verpflichtet, an einen anderen Vertragspartner (den Käufer) Ausgleichszahlungen zu leisten, wenn ein bestimmter Zinssatz eine gewisse Höhe über- oder unterschreitet. Ihre Grundformen sind Caps (Zinsoberbegrenzungen), Floors (Zinsunterbegrenzungen) und Collars (eine Kombination aus Caps und Floors).

Da die Ausgleichszahlungen in Abhängigkeit von der Entwicklung einer bestimmten Bezugsgröße, dem Referenzzinssatz, gezahlt werden, sind Zinsbegrenzungsvereinbarungen als Termingeschäfte i.S.d. § 20 Abs. 2 Satz 1 Nr. 3 Buchst. a EStG zu klassifizieren. Ihrem wirtschaftlichen Gehalt nach werden Zinsbegrenzungsvereinbarungen als eine Reihe von Zinsoptionen beurteilt.

Caps, Floors und Collars können dabei nach analogen Grundsätzen behandelt werden. Die Zahlung der Prämie zum Zeitpunkt des Erwerbs der Zinsbegrenzungsvereinbarung stellt die Anschaffung eines Optionsrechts bzw. mehrerer hintereinander gestaffelter Optionsrechte dar. Zinsbegrenzungsvereinbarungen stellen Dauerschuldverhältnisse dar, deren Leistungen sich zu bestimmten vertraglich vereinbarten Terminen konkretisieren. 41

Im Sinne einer cash-flow-Besteuerung ist an die während der Laufzeit des Kontrakts zu leistenden Ausgleichszahlungen anzuknüpfen. Die für den Erwerb der Zinsbegrenzungsvereinbarung getätigten Aufwendungen werden zum Zeitpunkt der ersten Ausgleichszahlung berücksichtigt (§ 20 Abs. 4 Satz 5 EStG), d.h., sie mindern den Ertrag oder erhöhen den nach § 20 Abs. 6 Satz 5 EStG zu berücksichtigenden Verlust. 42

Kommt es zu keiner Ausgleichszahlung über die gesamte Vertragslaufzeit, weil der Referenzzinssatz die Zinsobergrenze zu keinem Zeitpunkt überschreitet oder die Zinsuntergrenze zu keinem Zeitpunkt unterschreitet, sind die für den Verfall von Optionen geltenden Rechtsgrundsätze anzuwenden. Die Verlustverrechnungsbeschränkung gemäß § 20 Abs. 6 Satz 5 EStG ist zu berücksichtigen (siehe auch Rn. 118). 43

### Verkauf einer Zinsbegrenzungsvereinbarung (Stillhalterposition)

Die zu Vertragsbeginn vereinnahmte Prämie zählt zu den nach § 20 Abs. 1 Nr. 11 EStG abgeltungsteuerpflichtigen Kapitalerträgen. Die vom Stillhalter einer derartigen Vereinbarung zu leistenden Ausgleichszahlungen entsprechen der Entrichtung eines Differenzausgleiches und sind als Verlust aus einem Termingeschäft nach § 20 Abs. 2 Satz 1 Nr. 3 Buchst. a EStG zu berücksichtigen (BFH-Urteil vom 20. Oktober 2016 VIII R 55/13, BStBl. 2017 II S. 264). 44

### Aktienswaps

Aktienswaps werden in der Regel dazu eingesetzt, aus einer Aktienposition resultierende Chancen und Risiken auf einen Vertragspartner (Sicherungsgeber, in der Regel die Hausbank) zu übertragen. Der Sicherungsgeber übernimmt dabei für die Laufzeit des Geschäfts das Kurs- und Dividendenrisiko aus den Aktien. Er erhält Dividendenausgleichszahlungen und bei Fälligkeit einen Ausgleich von etwaigen Wertsteigerungen der Aktien. Im Gegenzug ersetzt der Sicherungsgeber dem Sicherungsnehmer dessen Finanzierungskosten (Berechnungsgrundlage der vertraglich vereinbarten „Zinszahlungen" ist der Marktwert der Aktienposition bei Vertragsabschluss) und leistet einen Ausgleich für etwaige Kursverluste. 45

Ein Kapitaltransfer in Höhe des Marktwertes der dem Swap-Geschäft zu Grunde liegenden Aktienpositionen findet regelmäßig nicht statt.

Die Anwendung der sachlich gebotenen Nettobetrachtung hat folgende steuerliche Konsequenzen: 46

(1) Vereinnahmung der Dividende:
Kapitalertrag i.S.d. § 20 Abs. 1 Nr. 1 EStG.

(2) Leistung einer Dividendenausgleichszahlung an die Hausbank (Sicherungsgeber):

Aufwendungen i.S.d. § 20 Abs. 4 Satz 5 EStG.

(3) Vergütung etwaiger Wertsteigerungen an die Hausbank (Sicherungsgeber): Aufwendungen i.S.d. § 20 Abs. 4 Satz 5 EStG.

(4) „Zinszahlungen" der Hausbank (Sicherungsgeber) an den Anleger: Geldbetrag i.S.d. § 20 Abs. 4 Satz 5 EStG.

(5) Ausgleich der Hausbank (Sicherungsgeber) für etwaige Kursverluste: Geldbetrag i.S.d. § 20 Abs. 4 Satz 5 EStG.

Die einzelnen Leistungen sind beim Steuerabzug zum Zeitpunkt des Zuflusses oder Abflusses zu berücksichtigen. Die Verlustverrechnungsbeschränkung gemäß § 20 Abs. 6 Satz 5 EStG ist zu berücksichtigen (siehe auch Rn. 118).

**Zinsswaps und andere Swapgeschäfte**

47 Bei einem Zinsswap vereinbaren die Parteien für eine vertraglich bestimmte Laufzeit den Austausch von Geldbeträgen, welche sich in Bezug auf die Zinsberechnungsbasis unterscheiden. Kapitalbeträge werden nicht ausgetauscht, sondern dienen lediglich als Berechnungsbasis für die Ermittlung der auszutauschenden Geldbeträge. Im einfachsten Fall werden jährlich (halbjährlich, quartalsweise, monatlich) zu zahlende Festzinsbeträge gegen jährlich (halbjährlich, quartalsweise, monatlich) zu zahlende variable Zinsbeträge getauscht, die sich nach einem Referenzzins wie beispielsweise dem EURIBOR richten.

Häufig werden laufende Zinszahlungen gegen einmalig am Anfang oder am Ende der Laufzeit zu zahlende Beträge getauscht („Up-Front-Zinsswap" oder „Balloon-Zinsswap").

Zu beachten ist, dass Swapgeschäfte, ähnlich wie Zinsbegrenzungsvereinbarungen, Dauerschuldverhältnisse sind und als Termingeschäfte i.S.d. § 20 Abs. 2 Satz 1 Nr. 3 Buchst. a EStG einzustufen sind.

Entsprechend den Regelungen zu Zinsbegrenzungsvereinbarungen ist an die während der Laufzeit jeweils erhaltenen und geleisteten Zinsbeträge anzuknüpfen. Up-Front oder Balloon-Payments sind zum jeweiligen Zahlungszeitpunkt zu berücksichtigen. Transaktionskosten sind als Aufwendungen i.S.d. § 20 Abs. 4 Satz 5 EStG zum Zeitpunkt ihrer Leistung zu berücksichtigen.

Für geleistete Ausgleichszahlungen, Up-Front und Balloon-Payments sowie Transaktionskosten ist die Verlustverrechnungsbeschränkung gemäß § 20 Abs. 6 Satz 5 EStG zu berücksichtigen (siehe auch Rn. 118).

**b) Veräußerung sonstiger Kapitalforderungen (§ 20 Abs. 2 Satz 1 Nr. 7 EStG)**

**Allgemeines**

48 Unter § 20 Abs. 2 Satz 1 Nr. 7 EStG fallen auch sonstige Kapitalforderungen, bei denen sowohl die Höhe des Entgelts als auch die Höhe der Rückzahlung von einem ungewissen Ereignis abhängen. Erfasst werden Kapitalforderungen, deren volle oder teilweise Rückzahlung weder rechtlich noch faktisch garantiert wird. Erträge, die bei Rückzahlung, Einlösung oder Veräußerung realisiert werden, unterliegen der Besteuerung nach § 20 Abs. 2 Satz 1 Nr. 7 EStG.

**Stückzinsen**

49 Werden Wertpapiere im Laufe eines Zinszahlungszeitraums mit dem laufenden Zinsschein veräußert, hat der Erwerber dem Veräußerer in der Regel den Zinsbetrag zu vergüten, der auf die Zeit seit dem Beginn des laufenden Zins-

zahlungszeitraums bis zur Veräußerung entfällt. Diese Zinsen heißen Stückzinsen. Sie werden in der Regel besonders berechnet und vergütet.

Der Veräußerer hat die besonders in Rechnung gestellten und vereinnahmten Stückzinsen als Einkünfte aus Kapitalvermögen i.S.d. § 20 Abs. 2 Satz 1 Nr. 7 EStG zu versteuern. Dies gilt auch bei Wertpapieren, die vor dem 1. Januar 2009 angeschafft wurden (vgl. § 52 Abs. 28 Satz 16 EStG, BFH-Urteile vom 7. Mai 2019 VIII R 22/15, BStBl. II S. 576, und VIII R 31/15, BStBl. II S. 577). 50

Beim Erwerber der Wertpapiere sind die von ihm entrichteten Stückzinsen im Veranlagungszeitraum des Abflusses negative Einnahmen aus Kapitalvermögen i.S.d. § 20 Abs. 1 Nr. 7 EStG und beim Privatanleger in den Verlustverrechnungstopf einzustellen. 51

**Bundesschatzbrief Typ B/Wertpapiere des Bundes und der Länder**

Werden bei Bundesschatzbriefen Typ B Stückzinsen gesondert in Rechnung gestellt, gelten die Ausführungen zu Rn. 49 bis 51 entsprechend. 52

Die Auszahlung der Geldbeträge bei Endfälligkeit, die entgeltliche Übertragung sowie die vorzeitige Rückgabe führen jeweils zu Einnahmen aus einer Veräußerung i.S.d. § 20 Abs. 2 Satz 1 Nr. 7 EStG. Gehören die Erträge aus Bundesschatzbriefen zu den Betriebseinnahmen, unterbleibt der Kapitalertragsteuereinbehalt bei entsprechender Freistellungserklärung gemäß § 43 Abs. 2 Satz 3 EStG durch den Anleger, vgl. Muster Anlage 1. Die Erträge sind bei der Einkommensteuerveranlagung (im Rahmen der betrieblichen Gewinnermittlung) zu berücksichtigen. 53

Die Zuordnung zu den Veräußerungsgewinnen bei einer entgeltlichen Übertragung und bei vorzeitiger Rückgabe ist nicht zu beanstanden, da sowohl der Veräußerungserlös als auch die Stückzinsen zu Einnahmen aus Veräußerung i.S.d. § 20 Abs. 4 EStG führen, die im Rahmen der Ermittlung des Veräußerungsgewinns den Veräußerungsaufwendungen und Anschaffungskosten gegenüberzustellen sind. 54

**Einnahmen aus der Einlösung von Zero-Bonds durch den Ersterwerber**

Die Einlösung von Zero-Bonds und anderen in § 20 Abs. 2 Satz 1 Nr. 4 Buchst. a EStG a.F. genannten Auf- und Abzinsungspapieren fällt auch beim (durchhaltenden) Ersterwerber unter § 20 Abs. 2 EStG, da auch die Einlösung und Rückzahlung als Veräußerung gilt, ohne zwischen Ersterwerber und Zweiterwerber zu unterscheiden. 55

**Nichtbeanstandungsregelung für Alt-Finanzinnovationen**

§ 20 Abs. 2 Satz 1 Nr. 7 EStG findet auch bei sogenannten Finanzinnovationen Anwendung, die vor dem 1. Januar 2009 erworben wurden (§ 52 Abs. 28 Satz 15 und 16 EStG). Bei diesen Kapitalanlagen ist es nicht zu beanstanden, wenn bei der Gewinnermittlung i.S.d. § 20 Abs. 4 EStG Anschaffungsnebenkosten nicht berücksichtigt werden, wenn dem inländischen Kreditinstitut hierfür keine Daten vorliegen. Erfolgte die Anschaffung dieser Wertpapiere in einer Fremdwährung, ist es nicht zu beanstanden, wenn bei der Veräußerung oder Einlösung der Unterschiedsbetrag weiterhin in der Fremdwährung ermittelt wird und der sich ergebene Gewinn mit dem Umrechnungskurs zum Zeitpunkt der Veräußerung oder Einlösung umgerechnet wird, sofern diese Erträge dem inländischen Steuerabzug unterliegen. 56

**Zertifikate**

57 Werden Inhaberschuldverschreibungen veräußert oder eingelöst, die einen Lieferanspruch auf Gold oder einen anderen Rohstoff verbriefen und durch Gold oder einen anderen Rohstoff in physischer Form nicht gedeckt sind, sind die Einnahmen Einkünfte i.S.d. § 20 Abs. 2 Satz 1 Nr. 7 EStG.

Sehen die Vertrags-/Emissionsbedingungen hingegen vor, dass der Emittent das zur Verfügung gestellte Kapital nahezu vollständig in Gold oder einen anderen Rohstoff zu investieren hat, und besteht ausschließlich ein Anspruch auf Auslieferung des hinterlegten Rohstoffs oder ein Anspruch auf Auszahlung des Erlöses aus der Veräußerung des Rohstoffs durch den Emittenten, liegt keine Kapitalforderung i.S.d. § 20 Abs. 1 Nr. 7 EStG, sondern ein Sachleistungsanspruch vor (BFH-Urteile vom 12. Mai 2015 VIII R 35/14, BStBl. II S. 834, und vom 16. Juni 2020 VIII R 7/17, BStBl. 2021 II S. 9); ggf. kommt eine Besteuerung als privates Veräußerungsgeschäft nach § 23 Abs. 1 Satz 1 Nr. 2 EStG in Betracht. Für vor dem 1. Januar 2009 angeschaffte Inhaberschuldverschreibungen findet § 52 Abs. 28 Satz 17 EStG Anwendung.

**Private Kapitalforderungen; Besserungsscheine**

58 Eine Forderung, die kein am Finanzmarkt angebotenes Produkt darstellt (z.B. eine private Darlehensforderung, Gesellschafterforderung), ist eine Kapitalforderung i.S.d. § 20 Abs. 2 Satz 1 Nr. 7 EStG. § 20 Abs. 2 Satz 1 Nr. 7 EStG findet auf diese Forderung erstmals Anwendung, wenn die Forderung nach dem 31. Dezember 2008 angeschafft oder begründet wurde.

**c) Veräußerungsbegriff (§ 20 Abs. 2 Satz 2 EStG)**

**Allgemeines**

59 § 20 Abs. 2 Satz 2 EStG stellt klar, dass als Veräußerung neben der entgeltlichen Übertragung des – zumindest wirtschaftlichen – Eigentums auch die Abtretung einer Forderung, die vorzeitige oder vertragsmäßige Rückzahlung einer Kapitalforderung oder die Endeinlösung einer Forderung oder eines Wertpapiers anzusehen ist. Entsprechendes gilt für die verdeckte Einlage von Wirtschaftsgütern i.S.d. § 20 Abs. 2 EStG in eine Kapitalgesellschaft. Die Sicherungsabtretung ist keine Veräußerung im Sinne dieser Vorschrift. Eine Veräußerung i.S.d. § 20 Abs. 2 Satz 1 Nr. 1 EStG ist weder von der Höhe der Gegenleistung noch von der Höhe der anfallenden Veräußerungskosten abhängig (BFH-Urteil vom 12. Juni 2018 VIII R 32/16, BStBl. 2019 II S. 221). Bei der Veräußerung von wertlosen Wirtschaftsgütern i.S.d. § 20 Abs. 1 EStG ist die Verlustverrechnungsbeschränkung nach § 20 Abs. 6 Satz 6 EStG zu berücksichtigen. Von einer Veräußerung eines wertlosen Wirtschaftsgutes ist regelmäßig auszugehen, wenn der Veräußerungserlös die tatsächlichen Transaktionskosten nicht übersteigt. Wird die Höhe der in Rechnung gestellten Transaktionskosten nach Vereinbarung mit dem depotführenden Institut dergestalt begrenzt, dass sich die Transaktionskosten aus dem Veräußerungserlös unter Berücksichtigung eines Abzugsbetrages errechnen, ist gleichfalls regelmäßig von der Veräußerung eines wertlosen Wirtschaftsgutes auszugehen.

Eine entgeltliche Übertragung liegt auch vor, wenn wertlose Anteile ohne Gegenleistung zwischen fremden Dritten übertragen werden (BFH-Urteile vom 17. November 2020 VIII R 20/18, BStBl. 2021 II S. 378, und vom 29. September 2020 VIII R 9/17, BStBl. 2021 II S. 385). Dementsprechend ist eine Veräußerung i.S.d. § 20 Abs. 2 EStG auch anzunehmen, wenn die wertlosen Wirtschaftsgüter ohne Zahlung eines Entgelts aus dem Depot des Steuerpflichtigen auf ein Depot des Kreditinstituts ausgebucht werden. Eine Ausbuchung aus dem Depot kommt insbesondere in Betracht, wenn die Wirtschaftsgüter nicht mehr handelbar sind oder weil der Anleger nicht über die kleinste handelbare Einheit verfügt. Die Verlustverrechnungsbeschränkung gemäß § 20 Abs. 6 Satz 6 EStG ist zu berücksichtigen (siehe auch Rn. 118).

## Ausfall nicht verbriefter Kapitalforderungen

Die ganze oder teilweise Uneinbringlichkeit einer Kapitalforderung i.S.d. § 20 Abs. 1 Nr. 7 EStG führt zu einem steuerlich anzuerkennenden Veräußerungsverlust gemäß § 20 Abs. 2 Satz 1 Nr. 7, Satz 2 und Abs. 4 EStG (BFH-Urteil vom 24. Oktober 2017 VIII R 13/15, BStBl. 2020 II S. 831), soweit keine Berücksichtigung als nachträgliche Anschaffungskosten bei den gewerblichen Einkünften in Betracht kommt (§ 17 Abs. 2a Satz 3 i.V.m. § 20 Abs. 8 EStG). Dies gilt grundsätzlich nur, wenn die Kapitalforderung nach dem 31. Dezember 2008 begründet worden ist und die Kapitalerträge nach dem 31. Dezember 2008 zugeflossen sind (vgl. § 52 Abs. 28 Satz 15 bis 17 EStG). 60

Die Uneinbringlichkeit einer Kapitalforderung liegt vor, wenn dem Gläubiger keine gesetzlich gebilligte Möglichkeit zur Durchsetzung des Anspruchs offensteht. Davon ist insbesondere dann auszugehen, wenn das Insolvenzverfahren mangels Masse abgelehnt wurde. Nicht ausreichend ist die bloße Eröffnung des Insolvenzverfahrens über das Vermögen des Schuldners, es sei denn, der Insolvenzverwalter hat gegenüber dem Insolvenzgericht die Masseunzulänglichkeit gemäß § 208 Abs. 1 Satz 1 InsO angezeigt (BFH-Urteil vom 1. Juli 2021 VIII R 28/18, BStBl. II S. 911). Der Veräußerungsverlust errechnet sich aus dem Unterschied zwischen den Einnahmen aus der Rückzahlung nach Abzug der Aufwendungen, die im unmittelbaren sachlichen Zusammenhang mit dem Ausfall der Kapitalforderung stehen, und den Anschaffungskosten der Kapitalforderung. Für die Verlustverrechnung gilt § 20 Abs. 6 Satz 6 EStG. Auf Rn. 118 wird verwiesen.

**Beispiel:**

K schloss mit der B im Jahr 01 einen Vertrag ab, auf Grund dessen K 20 000 € an B gezahlt hat. Die B täuschte K die Anlage dessen Kapitals in Anleihen vor. K sollte hierfür eine jährlich nachschüssig zu zahlende Rendite zwischen 7 % bis 9 % des Anlagebetrages erhalten. Im Jahr 02 wurde K für das Jahr 01 eine fällige und zur Auszahlung bereitstehende Scheinrendite i.H.v. 800 € in den Büchern der B gutgeschrieben. Zu diesem Zeitpunkt war die B noch leistungsfähig und leistungsbereit. Im Jahr 03 kam es zum Zusammenbruch des Schneeballsystems und es stand fest, dass mit einer Kapitalrückzahlung nicht zu rechnen ist, die Eröffnung des Insolvenzverfahrens war mangels Masse abgelehnt worden.

**Lösung:**

Im Jahr 02 erzielt K Kapitaleinkünfte i.H.v. 800 € (§ 20 Abs. 1 Nr. 7 EStG), die zu besteuern sind. Die Wiederanlage der Scheinrendite führt zu Anschaffungskosten einer Kapitalforderung. Im Jahr 03 kann ein Veräußerungsverlust i.H.v. 20 800 € steuerlich berücksichtigt werden (Kapitalauszahlung 0 € abzüglich Anschaffungskosten 20 800 €). Davon sind in 03 20 000 € zu berücksichtigen und 800 € nach § 20 Abs. 6 Satz 6 EStG gesondert festzustellen.

## Forderungsverzicht

Der Verzicht auf eine nicht werthaltige Forderung steht einem Forderungsausfall gleich und führt nach § 20 Abs. 2 Satz 1 Nr. 7 und Satz 2 sowie Abs. 4 EStG zu einem steuerlich anzuerkennenden Veräußerungsverlust (BFH-Urteil vom 6. August 2019 VIII R 18/16, BStBl. 2020 II S. 833), soweit keine Berücksichtigung als nachträgliche Anschaffungskosten bei den gewerblichen Einkünften in Betracht kommt (§ 17 Abs. 2a Satz 3 i.V.m. § 20 Abs. 8 EStG). Der Anerkennung des Verlusts steht die Freiwilligkeit des Verzichts nicht ent- 61 gegen. In Höhe des werthaltigen Teils der Forderung ist der Verzicht ertragsteuerrechtlich unbeachtlich (unentgeltliche Übertragung), soweit keine verdeckte Einlage vorliegt und es sich nicht um nachträgliche Anschaffungskosten i.S.d. § 17 Abs. 2a EStG handelt. Die Regelungen zum Erbschaft- und Schenkungsteuergesetz sind zu beachten.

Der werthaltige Teil der Forderung bestimmt sich nach dem gemeinen Wert der Forderung im Zeitpunkt des Verzichts. Bezogen auf den nicht werthaltigen Teil der Forderung ist die Verlustverrechnungsbeschränkung gemäß § 20 Abs. 6 Satz 6 EStG zu berücksichtigen (siehe auch Rn. 118).

**Restrukturierung von Anleihen bei Kombination von Teilverzicht, Nennwertreduktion und Teilrückzahlung**

**61a** Vereinbaren der Anleiheschuldner und die Gläubiger im Rahmen einer Restrukturierung eine Kombination von Einzelmaßnahmen dergestalt, dass auf einen Teilbetrag der Nominalforderung eine Rückzahlung zu erfolgen hat, auf einen Teilbetrag der Forderung verzichtet und für den Restbetrag eine Reduzierung des Nennwertes der Forderung vorgenommen wird, liegt in Höhe des Teilverzichts ein steuerlich anzuerkennender Veräußerungsverlust gemäß § 20 Abs. 2 Satz 1 Nr. 7 und Satz 2 sowie Abs. 4 EStG vor. Für die Verlustverrechnung gilt § 20 Abs. 6 Satz 6 EStG. Auf Rn. 118 wird verwiesen.

Die teilweise Rückzahlung der Kapitalforderung führt zu Einkünften i.S.d. § 20 Abs. 2 Satz 1 Nr. 7 und Satz 2 EStG. Steuerpflichtiger Gewinn/Verlust nach § 20 Abs. 4 EStG ist der Unterschiedsbetrag zwischen dem Rückzahlungsbetrag und den anteiligen Anschaffungskosten.

Die Nennwertreduktion führt nicht zu einer Veräußerung der Anleihe. Das Anschaffungsdatum und die anteiligen Anschaffungskosten der reduzierten Nominalforderung sind zu berücksichtigen.

**Beispiel:**

A erwirbt am 15. Januar für 100 € eine Forderung mit einem Nominalwert i.H.v. 100 €. Gemäß einer Restrukturierungsvereinbarung wird am 15. Februar der Nominalwert der Forderung auf 30 € reduziert, auf den ursprünglichen Nominalwert von 100 € werden 20 € zurückgezahlt und i.H.v. 50 € Nominalwert (nicht werthaltiger Teil der Forderung) wird ein Forderungsverzicht vereinbart.

**Lösung:**

Aufgrund Teilrückzahlung i.H.v. 20 % des Nominalwertes erzielt A einen Veräußerungsgewinn nach § 20 Abs. 2 Satz 1 Nr. 7 und Satz 2 EStG i.H.v. 0 € (Rückzahlungsbetrag von 20 € abzüglich anteiliger Anschaffungskosten von 20 €). In Höhe des Teilverzichts von 50 € erzielt A einen Veräußerungsverlust. Für die Verlustverrechnung gilt § 20 Abs. 6 Satz 6 EStG. Auf Rn. 118 wird verwiesen. Die anteiligen, auf den reduzierten Nominalwert von 30 € entfallenden Anschaffungskosten betragen 30 €.

Das Anschaffungsdatum ändert sich infolge der Nominalwertreduzierung nicht, die Anschaffungskosten der Anleihe (100 € abzüglich 20 €, abzüglich 50 €) werden mit 30 € fortgeführt.

**Abwandlung:**

A erwirbt die gleiche Forderung am 15. Januar für 10 € mit einem Nominalwert i.H.v. 100 €.

**Lösung:**

Aufgrund der Teilrückzahlung i.H.v. 20 % des Nominalwertes erzielt A einen Veräußerungsgewinn nach § 20 Abs. 2 Satz 1 Nr. 7 und Satz 2 EStG i.H.v. 18 € (Rückzahlungsbetrag von 20 € abzüglich anteiliger Anschaffungskosten von 2 €). Die anteiligen, auf den Teilverzicht entfallenden Anschaffungskosten von 5 € sind als Veräußerungsverlust zu berücksichtigen. Für die Verlustverrechnung gilt § 20 Abs. 6 Satz 6 EStG. Auf Rn. 118 wird verwiesen. Die anteiligen, auf den reduzierten Nominalwert von 30 € entfallenden Anschaffungskosten betragen 3 €. Das Anschaffungsdatum ändert sich infolge der Nominalwertreduzierung nicht, die Anschaffungskosten der Anleihe (10 € abzüglich 2 €, abzüglich 5 €) werden mit 3 € fortgeführt.

## Forderungsverzicht gegen Besserungsschein

Bei einem Forderungsverzicht gegen Besserungsschein verzichtet der Gläubiger 62
unter der Bedingung, dass die Forderung (ggf. rückwirkend auch Zinsen) wiederauflebt, wenn beim Schuldner die Besserung eintritt. Erst im Zeitpunkt des endgültigen Verzichts (d.h. Wegfall des Besserungsscheins ohne, dass die Besserung eingetreten ist) finden die für den Forderungsverzicht geltenden Grundsätze Anwendung (vgl. Rn. 61).

**Beispiel:**

GmbH-Gesellschafter A verzichtet am 1. Juli 10 auf eine am 2. Januar 09 begründete Gesellschafterforderung gegen Besserungsschein. Der Nominalwert der Forderung beträgt im Zeitpunkt des Verzichts 100 000 €, der Teilwert dagegen nur 10 000 €. Im Jahr 11 tritt der Besserungsfall ein und A erhält eine Darlehensrückzahlung von 100 000 €.

**Lösung:**

A erzielt durch den Forderungsverzicht zunächst Einnahmen i.S.d. § 20 Abs. 2 Satz 1 Nr. 7 EStG i.H.v. 10 000 €. Insoweit liegt eine verdeckte Einlage vor, die auch zu Anschaffungskosten der GmbH-Anteile führt. Da die Forderung zum Nominalwert angeschafft (hingegeben) wurde, die Anschaffungskosten dieses Teils der Forderung also 10 000 € betragen, beläuft sich der anteilige Gewinn i.S.d. § 20 Abs. 2 Satz 1 Nr. 7 EStG auf 0 €.

Das Wiederaufleben der Forderung und damit des schuldrechtlichen Veranlassungszusammenhangs nach Eintritt der Besserung mindert die Beteiligungsanschaffungskosten um 10 000 €. Die Tilgung der Kapitalforderung führt beim Gesellschafter A zu Einnahmen i.S.d. § 20 Abs. 2 Satz 1 Nr. 7 EStG i.H.v. 100 000 €. Da diesen Einnahmen nach Wiederaufleben des Veranlassungszusammenhangs die ursprünglichen Anschaffungskosten von 100 000 € gegenüberstehen, betragen die Einkünfte des A i.S.d. § 20 Abs. 2 Satz 1 Nr. 7 EStG 0 €. Sofern für das Jahr 10 die verdeckte Einlage bei der Einkommensteuerfestsetzung bereits berücksichtigt wurde, ist diese gemäß § 175 Abs. 1 Satz 1 Nr. 2 AO zu ändern.

**Abwandlung:**

GmbH-Gesellschafter A verzichtet am 1. Juli 10 auf eine am 2. Januar 09 begründete Gesellschafterforderung gegen Besserungsschein. Der Nominalwert der Forderung beträgt im Zeitpunkt des Verzichts 100 000 €, der Teilwert dagegen nur 10 000 €. Sodann veräußert A seine Beteiligung und seinen Besserungsanspruch für jeweils 1 € an B. Im Jahr 11 tritt der Besserungsfall ein und B erhält eine Darlehensrückzahlung von 100 000 €.

**Lösung:**

A erzielt zunächst durch den Forderungsverzicht Einnahmen i.S.d. § 20 Abs. 2 Satz 1 Nr. 7 EStG i.H.v. 10 000 €. Da die Forderung zum Nominalwert hingegeben (angeschafft) wurde, beläuft sich der anteilige Gewinn i.S.d. § 20 Abs. 2 Satz 1 Nr. 7 EStG auf 0 €. Die Tilgung der wieder entstandenen Kapitalforderung nach Eintritt der Besserung führt allerdings beim Gesellschafter B i.H.v. 100 000 € zu Einnahmen i.S.d. § 20 Abs. 2 Satz 1 Nr. 7 EStG. Da diesen Einnahmen Anschaffungskosten von nur 1 € gegenüberstehen, betragen die Einkünfte des B 99 999 €. Auf diese Einkünfte findet § 32d Abs. 2 Nr. 1 Buchst. b EStG Anwendung, sofern Gesellschafter B zu mindestens 10 % an der GmbH beteiligt ist.

## Ausbuchung wertloser Wertpapiere (Verfall)

Die Ausbuchung wertloser Wertpapiere führt gemäß § 20 Abs. 2 Satz 1 Nr. 1 63
und 7, Satz 2 und Abs. 4 EStG zu einem steuerlich anzuerkennenden Veräußerungsverlust. Ein Wertpapier ist wertlos, wenn es

– aufgrund der Insolvenz des Emittenten eingezogen,
– infolge der Herabsetzung des Kapitals ausgebucht (BFH-Urteil vom 3. Dezember 2019 VIII R 34/16, BStBl. 2020 II S. 836) oder
– infolge des Erreichens der Knock-out-Schwelle entschädigungslos ausgebucht oder
– ohne Gegenleistung aus dem Depot ausgebucht, vgl. Rn. 59,

wurde.

Sehen die Emissionsbedingungen hingegen vor, dass bei Erreichen der Knock-out-Schwelle eine Mindestrückzahlung erfolgt, die nicht lediglich einen symbolischen Wert in Höhe der voraussichtlichen Transaktionskosten hat, so tritt bei einem solchen Wertpapier mit Erreichen der Knock-out-Schwelle keine Wertlosigkeit ein.

Auch das Erlöschen der Mitgliedschaftsrechte eines Aktionärs durch Löschung der Gesellschaft im Register bei Vermögenslosigkeit führt zu einem steuerlich anzuerkennenden Veräußerungsverlust (BFH-Urteil vom 17. November 2020 VIII R 20/18, BStBl. 2021 II S. 378).

Dies gilt grundsätzlich nur für Wertpapiere, die nach dem 31. Dezember 2008 erworben wurden (vgl. § 52 Abs. 28 Satz 11, 16 und 17 EStG). Die Verlustverrechnungsbeschränkung gemäß § 20 Abs. 6 Satz 6 EStG ist zu berücksichtigen (siehe auch Rn. 118).

**Tausch von Wertpapieren**

64 Beim Tausch von Aktien eines Unternehmens gegen Aktien eines anderen Unternehmens werden die bisher gehaltenen Aktien veräußert und die erlangten Aktien erworben, soweit nicht die Voraussetzungen des § 20 Abs. 4a Satz 1 EStG, vgl. Rn. 100, vorliegen. Entsprechendes gilt für den Tausch von anderen Wertpapieren.

**Veräußerungserlös der hingegebenen Wertpapiere**

65 Als Veräußerungserlös für die hingegebenen Wertpapiere ist der Börsenkurs der erlangten Wertpapiere am Tag der Depoteinbuchung anzusetzen. Der Wert ist unter sinngemäßer Anwendung des § 43a Abs. 2 Satz 9 EStG zu ermitteln. Ist dieser Börsenkurs nicht zeitnah ermittelbar, wird nicht beanstandet, wenn stattdessen auf den Börsenkurs der hingegebenen Wertpapiere abgestellt wird.

**Anschaffungskosten der erlangten Wertpapiere**

66 Als Anschaffungskosten der erlangten Wertpapiere ist der Börsenkurs der hingegebenen Wertpapiere im Zeitpunkt der Depotausbuchung anzusetzen. Der Wert ist unter sinngemäßer Anwendung des § 43a Abs. 2 Satz 9 EStG zu ermitteln. Ist dieser Börsenkurs nicht zeitnah ermittelbar, wird nicht beanstandet, wenn stattdessen auf den Börsenkurs der erlangten Wertpapiere abgestellt wird.

66a Werden im Rahmen von Umschuldungsmaßnahmen auf Veranlassung des Schuldners/Emittenten die ursprünglich ausgegebenen Wertpapiere durch den Schuldner gegen neue Wertpapiere getauscht, ist als Veräußerungserlös der hingegebenen Wertpapiere und als Anschaffungskosten der erhaltenen Wertpapiere der Börsenkurs der erhaltenen Wertpapiere anzusetzen. Ist dieser Börsenkurs nicht zeitnah ermittelbar, wird es nicht beanstandet, wenn stattdessen auf den Börsenkurs der hingegebenen Wertpapiere abgestellt wird.

67 Beschließt eine Aktiengesellschaft die Umwandlung von Vorzugs- in Stammaktien, hat dies lediglich eine Modifikation der bestehenden Mitgliedschaftsrechte der Aktionäre zur Folge. Die Umwandlung ist für Zwecke des § 20 Abs. 2 EStG nicht als Tausch der Vorzugs- in Stammaktien anzusehen. Barzuzahlungen des Aktionärs führen hierbei zu nachträglichen Anschaffungskosten. Diese Regelungen gelten entsprechend für den Fall der Umwandlung von Inhaber- in Namensaktien und umgekehrt. Auch rein wertpapiertechnisch bedingte Umtauschvorgänge wie z.B. Umtausch wegen ISIN-Änderung oder Urkundentausch sind nicht als Tausch im steuerrechtlichen Sinne anzusehen.

**Steuerliche Behandlung des Umtauschs von Hinterlegungsscheinen in Aktien**

ADRs, GDRs, EDRs und IDRs (American, Global, European bzw. International Depositary Receipts) ermöglichen Anlegern, denen z.B. aus rechtlichen Gründen der unmittelbare Aktienbesitz verwehrt ist, eine Teilhabe an der Wertentwicklung einschließlich Dividendenausschüttung eines Unternehmens. Die Umbuchung von Depositary Receipts in die dahinterstehenden Aktien ist keine Veräußerung des Receipts bzw. Neuanschaffung der bezogenen Aktien. Soweit der Umtausch in 2009 als Veräußerung behandelt wurde, ist dies nicht zu beanstanden. 68

**Abfindung von Minderheits-Aktionären bei Übernahmevorgängen**

Es ist ohne Bedeutung, ob die Veräußerung freiwillig oder unter wirtschaftlichem Zwang erfolgt. Werden oder sind bei einer Gesellschaftsübernahme die verbliebenen Minderheitsgesellschafter rechtlich oder wirtschaftlich gezwungen, ihre Anteile an den Übernehmenden zu übertragen, liegt vorbehaltlich des § 20 Abs. 4a Satz 1 EStG eine Veräußerung der Anteile an den Übernehmenden vor. Wird die Gegenleistung nicht in Geld geleistet (z.B. Lieferung eigener Aktien des Übernehmenden), ist als Veräußerungspreis der gemeine Wert der erhaltenen Wirtschaftsgüter anzusetzen. 69

Rn. 69 gilt auch bei der Übernahme oder Einziehung von Beteiligungen i.S.d. §§ 327a ff. AktG (sogenannter squeeze-out). 70

**Einlagewert für Kapitalanlagen**

Die Einlage in eine Kapitalgesellschaft ist grundsätzlich keine Veräußerung i.S.d. § 20 Abs. 2 Satz 2 EStG, es sei denn, es handelt sich um eine verdeckte Einlage. Bei Einlagen bis zum 31. Dezember 2008 gelten die bisherigen Regelungen des § 6 Abs. 1 Nr. 5 EStG, d.h., Ansatz mit dem Teilwert oder mit den Anschaffungskosten bei Erwerb innerhalb der letzten 3 Jahre. Wirtschaftsgüter, die ab dem 1. Januar 2009 eingelegt werden, sind mit dem Teilwert, höchstens mit den (ursprünglichen) Anschaffungskosten, zu bewerten. Bei verdeckten Einlagen gilt § 20 Abs. 2 Satz 2 EStG (Veräußerungsfiktion). Er geht § 6 Abs. 1 Nr. 5 Satz 1 Buchst. c EStG vor. 71

**d) Abgeltungsteuer und Personengesellschaften, insbesondere Beteiligungen an vermögensverwaltenden Personengesellschaften (§ 20 Abs. 2 Satz 3 EStG)**

Erzielt eine Personengesellschaft Kapitalerträge i.S.d. § 20 EStG, sind diese Einkünfte gemäß § 179 Abs. 2, § 180 Abs. 1 Satz 1 Nr. 2 Buchst. a AO gesondert und einheitlich festzustellen, vgl. auch Rn. 286 bis 290. Der Feststellungsbescheid entfaltet hinsichtlich der Frage der Inanspruchnahme der Veranlagungsoption keine Bindungswirkung für den Steuerbescheid. Ob eine Veranlagung i.S.d. EStG durchzuführen ist, ist hierfür nicht von Bedeutung. Veräußerungsvorgänge einer vermögensverwaltenden Gesellschaft, die den Tatbestand des § 20 Abs. 2 Satz 1 Nr. 1 EStG erfüllen, sind zunächst als Gewinn/Verlust gesondert und einheitlich festzustellen, und zwar auch dann, wenn ein, mehrere oder alle Gesellschafter mit der Veräußerung den Tatbestand des § 17 EStG verwirklicht haben. Die (Um-)Qualifizierung als Vorgang nach § 17 EStG (§ 20 Abs. 8 EStG) erfolgt auf Ebene der Gesellschafter im Veranlagungsverfahren. Die Beteiligungsquoten der einzelnen Gesellschafter an der vermögensverwaltenden Personengesellschaft bzw. an der veräußerten Kapitalbeteiligung sind dem Wohnsitzfinanzamt nachrichtlich mitzuteilen. 72

73 Gemäß § 20 Abs. 2 Satz 3 EStG gilt die Anschaffung oder Veräußerung einer unmittelbaren oder mittelbaren Beteiligung an einer vermögensverwaltenden Personengesellschaft als Anschaffung oder Veräußerung der anteiligen Wirtschaftsgüter.

**Eintritt eines Gesellschafters**

74 Tritt ein Gesellschafter der Personengesellschaft bei, erwirbt er durch seine Einlage oder den Erwerb des Gesellschafteranteils eine Beteiligung an der Personengesellschaft. Der Erwerb der Beteiligung gilt zugleich als Anschaffung der von der Gesellschaft gehaltenen Wirtschaftsgüter anteilig nach der Beteiligungsquote. Als Anschaffungskosten der erworbenen Wirtschaftsgüter gilt der Anteil der Einlage oder des Kaufpreises, der nach dem Verhältnis der Verkehrswerte der erworbenen Wirtschaftsgüter zueinander auf das entsprechende Wirtschaftsgut entfällt.

75 Durch den Neueintritt eines Gesellschafters veräußern zugleich die Altgesellschafter einen Anteil der Wirtschaftsgüter an den neuen Gesellschafter. Als Gewinn aus der Veräußerung der einzelnen Wirtschaftsgüter ist der dem Altgesellschafter zuzurechnende Anteil der Einlage oder des Verkaufspreises, der nach dem Verhältnis der Verkehrswerte der veräußerten Wirtschaftsgüter zueinander auf das entsprechende Wirtschaftsgut entfällt, abzüglich des Anteils der Anschaffungskosten der an den Neugesellschafter veräußerten Wirtschaftsgüter, anzusetzen.

**Beispiel 1:**

An der vermögensverwaltenden X GbR sind A und B beteiligt. Mit ihrer Einlage von jeweils 5000 € hatten sie im Jahr 01 1200 Aktien der Y AG zu 5 € und 800 Aktien der Z AG zu 5 € erworben.

Im Jahr 03 beteiligt sich C, indem er an A und B jeweils 2500 € zahlt. Er ist zu 1/3 an den Aktien beteiligt. Die Aktien der Y AG haben zu diesem Zeitpunkt einen Verkehrswert von 8 € (× 1200 Stück = 9600 €), die der Z AG von 6,75 € (× 800 Stück = 5400 €).

**Lösung:**

Anschaffungskosten C:

C erhält jeweils 1/3 der Anteile der Y AG und der Z AG. Da sich die Anschaffungskosten nach dem Verhältnis der Verkehrswerte der Anteile zueinander bemessen, betragen die Anschaffungskosten hinsichtlich des Anteils an den Aktien der Y AG 3200 € sowie bezüglich des Anteils an den Aktien der Z AG 1800 €.

Veräußerungsgewinn A und B:

A und B haben jeweils 1/3 ihres Anteils an den Aktien der Y AG und der Z AG veräußert.

Veräußerungsgewinn Y AG (jeweils A und B):

| | |
|---|---|
| erhaltener anteiliger Veräußerungserlös (9600 €/15 000 € von 2500 €) | 1600 € |
| abzgl. Anschaffungskosten 1/2 × 1/3 von 1200 Aktien zu 5 €) | 1000 € |
| Summe | 600 € |

Veräußerungsgewinn Z AG (jeweils A und B):

| | |
|---|---|
| erhaltener anteiliger Veräußerungserlös (5400 €/15 000 € von 2500 €) | 900 € |
| abzgl. Anschaffungskosten (1/2 × 1/3 von 800 Aktien zu 5 €) | 666 € |
| Summe | 234 € |
| Insgesamt | 834 € |

Der Gewinn aus der Veräußerung ist nicht kapitalertragsteuerpflichtig. Er ist im Rahmen der gesonderten und einheitlichen Feststellung zu erklären und in der Einkommensteuererklärung des Gesellschafters anzugeben. Das Feststellungsfinanzamt teilt den Wohnsitzfinanzämtern der Altgesellschafter die Besteuerungsgrundlagen insoweit nachrichtlich mit.

**Beispiel 2:**

Wie Beispiel 1. Allerdings hat C keine Anteile von A und B erworben, sondern legt den Betrag i.H.v. 5000 € in das Gesellschaftsvermögen ein.

Wert des Gesellschaftsvermögens in 03 (vor Beitritt C) 15 000 €

– auf A und B entfallen je 1/2 = 7500 € (Aktienpaket Y AG = 9600 €; Aktienpaket Z AG = 5400 €)

**Lösung:**

Wert des Gesellschaftsvermögens in 03 (nach Beitritt C): 20 000 €

Die Beteiligungsverhältnisse stellen sich wie folgt dar:

– C 5000 € (= 1/4, entspricht 25 %)

– B 7500 € (= 3/8, entspricht 37,5 %)

– A 7500 € (= 3/8, entspricht 37,5 %)

Die Gesellschafter der X GbR sind entsprechend dieser Beteiligungsquoten an den vorhandenen Wirtschaftsgütern (Aktien der Y AG und der Z AG sowie Bareinlage/Kontobestand) beteiligt.

Anschaffungskosten C:

Die Anschaffungskosten des C betragen hinsichtlich des Anteils an den Aktien der Y AG 2400 €, des Anteils an der Z AG 1350 € sowie bezüglich des Kontobestandes 1250 €.

Veräußerungsgewinn A und B:

| | |
|---|---|
| Aktien der Y AG | |
| Erlös (anteilige Einlage des C; 1/4 von 9600 €) | 2400 € |
| abzgl. Anschaffungskosten (1/4 von 6000 €) | 1500 € |
| Veräußerungsgewinn | 900 € |

A und B erzielen einen Veräußerungsgewinn i.H.v. je 450 €.

| | |
|---|---|
| Aktien der Z AG | |
| Erlös (anteilige Einlage des C; 1/4 von 5400 €) | 1350 € |
| abzgl. Anschaffungskosten (1/4 von 4000 €) | 1000 € |
| Veräußerungsgewinn | 350 € |

A und B erzielen einen Veräußerungsgewinn i.H.v. je 175 €.

Insgesamt erzielen A und B einen Veräußerungsgewinn von 1250 €. Dieser ist A und B je zur Hälfte zuzurechnen.

Der Gewinn aus der Veräußerung ist nicht kapitalertragsteuerpflichtig. Er ist im Rahmen der gesonderten und einheitlichen Feststellung zu erklären und in der Einkommensteuererklärung des Gesellschafters anzugeben. Das Feststellungsfinanzamt teilt den Wohnsitzfinanzämtern der Altgesellschafter die Besteuerungsgrundlagen insoweit nachrichtlich mit.

Gehören zum Bestand einer Personengesellschaft Wertpapiere, die vor dem 1. Januar 2009 erworben wurden, findet § 20 Abs. 2 Satz 3 EStG bei der Veräußerung keine Anwendung, sofern ein Fall des Bestandsschutzes i.S.d. § 52 Abs. 28 Satz 11 EStG vorliegt. 76

**Beispiel:**

A und B haben die Aktien der Y AG im Jahr 2007 und die Aktien der Z AG im Jahr 2009 erworben. Im Jahr 2010 tritt C der GbR bei.

**Lösung:**

Der auf die Anteile der Y AG entfallende Gewinn ist nicht steuerbar.

Werden durch die Gesellschaft Wertpapiere veräußert, sind die auf den jeweiligen Gesellschafter entfallenden spezifischen Anschaffungskosten und -zeitpunkte zu berücksichtigen. 77

**Fortführung Beispiel:**

Die Gesellschaft veräußert im Jahr 2011 100 Aktien der Y AG und 100 Aktien der Z AG zu jeweils 9 € das Stück.

**Lösung zu Beispiel 1:**

Veräußerungsgewinn A und B (jeweils):

Aus den Aktien der Y AG:

Die Anteile wurden vor dem 1. Januar 2009 erworben. Der Veräußerungsgewinn ist nicht steuerbar.

Aus den Aktien der Z AG:

| | |
|---|---|
| Veräußerungserlös (100 × 9 € × 1/3) | 300,00 € |
| abzgl. Anschaffungskosten (100 × 5 € × 1/3) | 166,67 € |
| Gewinn | 133,33 € |

Veräußerungsgewinn C:

Aus den Aktien der Y AG:

| | |
|---|---|
| Veräußerungserlös (100 × 9 € × 1/3) | 300,00 € |
| abzgl. Anschaffungskosten (100 × 8 € × 1/3) | 266,67 € |
| Gewinn | 33,33 € |

Aus den Aktien der Z AG:

| | |
|---|---|
| Veräußerungserlös (100 × 9 € × 1/3) | 300,00 € |
| abzgl. Anschaffungskosten (100 × 6,75 € × 1/3) | 225,00 € |
| Gewinn | 75,00 € |

Der Gewinn aus der Veräußerung der Anteile an der Z AG ist kapitalertragsteuerpflichtig, da die Anteile nach dem 31. Dezember 2008 erworben wurden.

Die GbR hat eine Erklärung zur gesonderten und einheitlichen Feststellung abzugeben.

Da die Anteile der Y AG durch die GbR vor dem 1. Januar 2009 erworben wurden, behält die Bank bei der Veräußerung der Anteile im Jahr 2011 keine Kapitalertragsteuer ein. Die dem C zuzurechnenden Anteile sind von C nach dem 31. Dezember 2008 erworben worden, dieser spätere Anschaffungszeitpunkt auf Ebene des Gesellschafters wird beim Kapitalertragsteuerabzug nicht berücksichtigt. C hat seinen Veräußerungsgewinn im Rahmen der Veranlagung gemäß § 32d Abs. 3 EStG als Ertrag aus einer Beteiligung zu erklären. Die GbR hat den Veräußerungsgewinn des C im Rahmen der Erklärung zur gesonderten und einheitlichen Feststellung anzugeben.

Für die Anteile der Z AG hat die Bank Kapitalertragsteuer einzubehalten. Als Gewinn hat die Bank 400 € (Anschaffungskosten der Aktien durch die GbR 5 €, Veräußerungserlös 9 €) anzusetzen und 100 € Kapitalertragsteuer einzubehalten. Mit dem auf A und B entfallenden Steuerabzug i.H.v. je 33,33 € ist deren Einkommensteuer grundsätzlich abgegolten. Da bei C auf seinen Gewinn von 75,00 € tatsächlich nur 18,75 € Abgeltungsteuer entfallen und die Bank – bezogen auf seinen Anteil – 33,33 € Kapitalertragsteuer einbehalten hat, kann er gemäß § 32d Abs. 4 EStG eine Veranlagung beantragen, seine individuell höheren Anschaffungskosten von 6,75 € geltend machen und sich die zu viel gezahlte Kapitalertragsteuer erstatten lassen.

**Lösung zu Beispiel 2:**

Veräußerungsgewinn A und B (jeweils):

Aus den Aktien der Y AG:

Die Anteile wurden vor dem 1. Januar 2009 erworben. Der Veräußerungsgewinn ist wie im Beispiel 1 nicht steuerbar.

Aus den Aktien der Z AG:

| | |
|---|---|
| Veräußerungserlös (100 St × 9 € × 3/8) | 337,50 € |
| abzgl. Anschaffungskosten (100 × 5 € × 3/8) | 187,50 € |
| Gewinn | 150,00 € |

Veräußerungsgewinn C:

| | |
|---|---|
| Aus den Aktien der Y AG: | |
| Veräußerungserlös (100 St × 9 € × 1/4) | 225,00 € |
| abzgl. Anschaffungskosten (100 × 8 € × 1/4) | 200,00 € |
| Gewinn | 25,00 € |
| | |
| Aus den Aktien der Z AG: | |
| Veräußerungserlös (100 St × 9 € × 1/4) | 225,00 € |
| abzgl. Anschaffungskosten (100 × 6,75 € × 1/4) | 168,75 € |
| Gewinn | 56,25 € |

Der Gewinn aus der Veräußerung der Anteile an der Z AG ist kapitalertragsteuerpflichtig, da die Anteile nach dem 31. Dezember 2008 erworben wurden.

Die GbR hat eine Erklärung zur gesonderten und einheitlichen Feststellung abzugeben.

Da die Anteile der Y AG durch die GbR vor dem 1. Januar 2009 erworben wurden, behält die Bank bei der Veräußerung der Anteile im Jahr 2011 keine Kapitalertragsteuer ein. Die dem C zuzurechnenden Anteile sind von C nach dem 31. Dezember 2008 erworben worden, dieser spätere Anschaffungszeitpunkt auf Ebene des Gesellschafters wird beim Kapitalertragsteuerabzug nicht berücksichtigt. C hat seinen Veräußerungsgewinn im Rahmen der Veranlagung gemäß § 32d Abs. 3 EStG als Ertrag aus einer Beteiligung zu erklären. Die GbR hat den Veräußerungsgewinn des C im Rahmen der Erklärung zur gesonderten und einheitlichen Feststellung anzugeben.

Für die Anteile der Z AG hat die Bank Kapitalertragsteuer einzubehalten. Als Gewinn hat die Bank 400 € (Anschaffungskosten der Aktien durch die GbR 5 €, Veräußerungserlös 9 €) anzusetzen und 100 € Kapitalertragsteuer einzubehalten. Mit dem auf A und B entfallenden Steuerabzug i.H.v. je 37,50 € ist deren Einkommensteuer grundsätzlich abgegolten. Da bei C auf seinen Gewinn von 56,25 € tatsächlich nur 14,06 € Abgeltungsteuer entfallen und die Bank – bezogen auf seinen Anteil – 25 € Kapitalertragsteuer einbehalten hat, kann er gemäß § 32d Abs. 4 EStG eine Veranlagung beantragen, seine individuell höheren Anschaffungskosten von 6,75 € geltend machen und sich die zu viel gezahlte Kapitalertragsteuer erstatten lassen.

## Austritt eines Gesellschafters

Verlässt ein Gesellschafter die Personengesellschaft und lässt er sich den gegenwärtigen Wert der ihm anteilig zustehenden Wertpapiere auszahlen, liegt eine Veräußerung der Beteiligung an der Personengesellschaft vor. Die Veräußerung wird nach § 20 Abs. 2 Satz 3 EStG als Veräußerung der anteiligen Wertpapiere eingestuft. Gehören hierzu Wertpapiere i.S.d. § 23 EStG a.F., die vor dem 1. Januar 2009 erworben wurden, und war der Gesellschafter zu diesem Zeitpunkt bereits an der Gesellschaft beteiligt, findet § 20 Abs. 2 Satz 3 EStG keine Anwendung. 78

Ein Kapitalertragsteuerabzug ist hinsichtlich dieses Veräußerungsvorganges nicht durchzuführen. Der austretende Gesellschafter hat die Veräußerung in seiner Einkommensteuererklärung gemäß § 32d Abs. 3 EStG anzugeben. Ferner ist die Veräußerung im Rahmen der gesonderten und einheitlichen Feststellung zu erklären. Das Feststellungsfinanzamt teilt dem Wohnsitzfinanzamt des austretenden Gesellschafters die Besteuerungsgrundlagen insoweit nachrichtlich mit (BFH-Urteil vom 20. November 2018 VIII R 39/15, BStBl. 2019 II S. 239). 79

Als Gewinn ist der dem austretenden Gesellschafter zufließende Auszahlungsbetrag aus der Einlage abzüglich der ihm zugewiesenen Anschaffungskosten der Wirtschaftsgüter anzusetzen. 80

Als Anschaffungskosten der an die verbleibenden Gesellschafter übertragenen Anteile der Wirtschaftsgüter gilt der Anteil des Auszahlungsbetrags, der nach dem Verhältnis des Verkehrswerts auf das entsprechende Wirtschaftsgut entfällt. 81

**Fortführung der Beispiele zu Rn. 75 und 76:**
C ist im Jahr 2010 in die GbR eingetreten. Die Aktien der Y AG hatten A und B im Jahr 2007, die der Z AG im Jahr 2009 erworben. Im Jahre 2012 tritt A aus der GbR aus. Zu diesem Zeitpunkt haben die 1200 Aktien der Y AG und die 800 Aktien der Z AG jeweils einen Wert von 10 €.

**Lösung im Beispiel 1:**
Der Wert des Gesellschaftsvermögens beträgt 20 000 € (Y AG 12 000 € und Z AG 8000 €).

Der Abfindungsanspruch des A beträgt 6667 € (1/3 von 20 000 €). Der auf die Aktien der Y AG entfallende Veräußerungserlös i.H.v. 4000 € führt nicht zu einem steuerbaren Veräußerungsgewinn, da die Anteile vor dem 1. Januar 2009 erworben wurden.

Veräußerungsgewinn aus den Aktien der Z AG:

| | |
|---|---|
| Anteiliger Veräußerungserlös (8000 €/20 000 € von 6667 €) | 2667 € |
| abzgl. Anschaffungskosten (800 × 5 € × 1/3) | 1333 € |
| Gewinn | 1334 € |

B hält nunmehr neben seinem bisherigen Anteil von 1/3 der Aktien der Y AG und Z AG mit Anschaffungskosten von 5 € den von A erworbenen Anteil von 1/6 der Aktien der Y AG und Z AG mit Anschaffungskosten von 10 €. C hält neben seinem bisherigen Anteil von 1/3 der Aktien der Y AG mit Anschaffungskosten von 8 € den von A erworbenen Anteil von 1/6 der Aktien der Y AG mit Anschaffungskosten von 10 €. Außerdem hält C neben seinem bisherigen Anteil von 1/3 der Aktien der Z AG mit Anschaffungskosten von 6,75 € den von A erworbenen Anteil von 1/6 der Aktien der Z AG mit Anschaffungskosten von 10 €.

**Lösung im Beispiel 2:**

| | |
|---|---|
| Wert der Aktienpakete (Y AG 12 000 €; Z AG 8000 €) | 20 000 € |
| zzgl. Kontostand (nach Einlage C) | 5000 € |
| Gesellschaftsvermögen | 25 000 € |
| Anteil des A = 3/8 (Abfindungsanspruch) | 9375 € |

Der auf die Anteile an der Y AG entfallende Veräußerungserlös i.H.v. 4500 € (12 000 € × 3/8) führt nicht zu einem steuerbaren Veräußerungsgewinn, da die Anteile vor dem 1. Januar 2009 erworben wurden.

Veräußerungsgewinn aus den Aktien der Z AG:

| | |
|---|---|
| Veräußerungserlös (8000 € × 3/8) | 3000 € |
| abzgl. Anschaffungskosten (800 × 5 € × 3/8) | 1500 € |
| Gewinn | 1500 € |

B hält nunmehr neben seinem bisherigen Anteil von 3/8 der Aktien der Y AG und Z AG mit Anschaffungskosten von 5 € den von A erworbenen Anteil von 3/16 der Aktien der Y AG und Z AG mit Anschaffungskosten von 10 €. C hält neben seinem bisherigen Anteil von 1/4 der Aktien der Y AG mit Anschaffungskosten von 8 € den von A erworbenen Anteil von 3/16 der Aktien der Y AG mit Anschaffungskosten von 10 €. Außerdem hält C neben seinem bisherigen Anteil von 1/4 der Aktien der Z AG mit Anschaffungskosten von 6,75 € den von A erworbenen Anteil von 3/16 der Aktien der Z AG mit Anschaffungskosten von 10 €.

Die Rn. 78 bis 81 gelten sinngemäß für den Fall der Veräußerung des Anteils an der Personengesellschaft an einen Dritten.

82 Die Übertragung von Wertpapieren auf eine Personengesellschaft ohne Betriebsvermögen gegen Entgelt oder gegen Gewährung von Gesellschaftsrechten ist nicht als Veräußerung anzusehen, soweit der bisherige Eigentümer auch nach der Übertragung am Vermögen der Gesellschaft beteiligt ist.

**Beispiel:**
A und B gründen im Jahr 2010 mit einer Beteiligung zu 1/2 eine Personengesellschaft zum Zwecke der gemeinsamen Kapitalanlage. A zahlt eine Einlage i.H.v. 5000 €.

B überträgt als Einlage 1000 Aktien, die er im Jahr 2009 für 2500 € erworben hatte, und die nunmehr einen Verkehrswert von 5000 € haben.

**Lösung:**

Die Übertragung der Aktien ist zur Hälfte nicht als Veräußerung anzusehen, weil B in diesem Umfang an der GbR beteiligt ist.

| Berechnung des Veräußerungsgewinns | |
|---|---|
| 1/2 des Veräußerungserlöses von 5000 € | 2500 € |
| abzüglich 1/2 der Anschaffungskosten von 2500 € | 1250 € |
| Gewinn | 1250 € |

B hat einen Gewinn i.H.v. 1250 € erzielt. Ein Kapitalertragsteuerabzug ist hinsichtlich dieses Veräußerungsvorganges nicht durchzuführen. Die Veräußerung ist im Rahmen der gesonderten und einheitlichen Feststellung zu erklären. Weiterhin hat B die Veräußerung in seiner Einkommensteuererklärung gemäß § 32d Abs. 3 EStG anzugeben. Das Feststellungsfinanzamt teilt dem Wohnsitzfinanzamt des B die Besteuerungsgrundlagen insoweit nachrichtlich mit.

Entsprechendes gilt, wenn die Wertpapiere von der Personengesellschaft auf einen Gesellschafter übertragen werden.

### 3. Besondere Entgelte und Vorteile (§ 20 Abs. 3 EStG)

#### Schadenersatz oder Kulanzerstattungen

Erhalten Anleger Entschädigungszahlungen für Verluste, die auf Grund von Beratungsfehlern im Zusammenhang mit einer Kapitalanlage geleistet werden, sind diese Zahlungen besondere Entgelte und Vorteile i.S.d. § 20 Abs. 3 i.V.m. Abs. 1 oder 2 EStG, wenn ein unmittelbarer Zusammenhang zu einer konkreten einzelnen Transaktion besteht, bei der ein konkreter Verlust entstanden ist oder ein steuerpflichtiger Gewinn vermindert wird. Dies gilt auch dann, wenn die Zahlung ohne eine rechtliche Verpflichtung erfolgt, und im Übrigen auch bei Entschädigungszahlungen für künftig zu erwartende Schäden. Sofern die Zahlungen in Zusammenhang mit Aktien-, Misch- oder Immobilienfonds erfolgen, findet der zum Zeitpunkt der Zahlung geltende Teilfreistellungssatz Anwendung. 83

#### Behandlung von weitergegebenen Bestandsprovisionen

Kapitalverwaltungsgesellschaften zahlen Vermittlungsentgelte an Kreditinstitute oder Finanzdienstleistungsinstitute für den Vertrieb von Fondsanteilen in Form von sogenannten Kontinuitätsprovisionen (Bestandsprovisionen). Die Provisionen werden regelmäßig gezahlt und bemessen sich nach dem beim Kreditinstitut oder Finanzdienstleistungsinstitut verwahrten Bestand an Fondsanteilen. Erstatten Kreditinstitute oder Finanzdienstleistungsinstitute ihren Kunden diese Bestandsprovisionen ganz oder teilweise, stellt die Rückvergütung der Bestandsprovision wirtschaftlich betrachtet einen teilweisen Rückfluss früherer Aufwendungen dar. Es handelt sich daher um Kapitalerträge i.S.d. § 20 Abs. 3 i.V.m. § 20 Abs. 1 Nr. 3 EStG, bei denen die Kapitalertragsteuer unter Anwendung der im Rückvergütungszeitpunkt der Bestandsprovisionen gültigen Teilfreistellungssätze einbehalten wird. 84

### 4. Gewinn (§ 20 Abs. 4 EStG)

#### a) Grundregelung (§ 20 Abs. 4 Satz 1 EStG)

#### Regelung des maßgeblichen Zeitpunkts bei Veräußerungstatbeständen

Der Zeitpunkt, in dem das der Veräußerung/Einlösung zugrundeliegende obligatorische Rechtsgeschäft abgeschlossen wird, ist der maßgebliche Zeitpunkt 85 für die Währungsumrechnung und die Berechnung des steuerlichen Veräußerungs- bzw. Einlösungsgewinns oder -verlustes sowie für die Freistellungsauftragsverwaltung und die Verlustverrechnung.

**Vorschusszinsen als Veräußerungskosten**

**85a** Wird eine Spareinlage vorzeitig zurückgezahlt und werden dabei Vorschusszinsen in Rechnung gestellt, stellen diese Zinsen Aufwendungen im Zusammenhang mit der Veräußerung einer Kapitalforderung i.S.v. § 20 Abs. 4 Satz 1 EStG dar. Übersteigen die Vorschusszinsen im Jahr der Veräußerung die Habenzinsen, ist der negative Saldo durch das Kreditinstitut in den Verlustverrechnungstopf einzustellen.

**Anschaffungskosten bei Optionsanleihen**

**86** Übt der Inhaber des Optionsscheins das Optionsrecht aus, schafft er im Zeitpunkt der Ausübung den Basiswert an. Der Kaufpreis und die Anschaffungsnebenkosten des Optionsscheins gehören zu den Anschaffungskosten des Basiswerts. Wurde der Optionsschein zusammen mit der Anleihe erworben, sind die Anschaffungskosten der Optionsanleihe aufzuteilen in Anschaffungskosten der Anleihe und Anschaffungskosten des Optionsrechts. Die Aufteilung der Anschaffungskosten der Optionsanleihe richtet sich beim Ersterwerb nach den Angaben im Emissionsprospekt, soweit dort ein gesondertes Aufgeld für das Optionsrecht ausgewiesen und die Anleihe mit einer marktgerechten Verzinsung ausgestattet ist. In anderen Fällen kann der Steuerpflichtige die Anschaffungskosten der Anleihe zurechnen, wenn die Aufteilung der Anschaffungskosten der Optionsanleihe nicht nach den Angaben im Emissionsprospekt erfolgen kann. Dies gilt auch für vor dem 1. Januar 2009 erworbene Optionsanleihen.

**Anschaffung von Aktien durch Ausübung von Arbeitnehmer-Optionen („stock-options")**

**87** Übt ein Arbeitnehmer eine ihm vom Arbeitgeber eingeräumte Option zum Bezug von Aktien des Arbeitgebers oder einer anderen Gesellschaft („stock-option") aus, ist als Anschaffungskosten der Aktien bei späterem Verkauf neben der zu leistenden Zuzahlung der Wert anzusetzen, der als geldwerter Vorteil bei den Einkünften des Arbeitnehmers aus nichtselbständiger Arbeit angesetzt wird. Auch in den Fällen, in denen der geldwerte Vorteil – beispielsweise durch die Anwendung des Freibetrags i.S.v. § 8 Abs. 3 Satz 2 EStG – nicht der Besteuerung unterworfen wurde oder in denen eine Steuerbegünstigung gewährt wird, liegen Anschaffungskosten in Höhe dieses (steuerfreien oder besonders versteuerten) geldwerten Vorteils vor. Vergleiche auch das BMF-Schreiben vom 16. November 2021 (BStBl. I S. 2308)[1] zur lohnsteuerlichen Überlassung bzw. Übertragung von Vermögensbeteiligungen ab 2021 (§ 3 Nr. 39, § 19a EStG).

**Aktiensplit und Reverse-Split**

**88** Aktiensplit ist die Aufteilung einer Aktie in zwei oder mehr Aktien. Der Gesellschaftsanteil, den der einzelne Aktionär an dem Unternehmen hält, sowie das Grundkapital der Gesellschaft sind vor und nach dem Aktiensplit gleich.

**89** Die im Rahmen eines Aktiensplits zugeteilten Aktien werden durch diesen Vorgang nicht angeschafft und die gesplittete Aktie nicht veräußert. Als Tag der Anschaffung des Aktienbestands gilt weiterhin der Tag, an dem die jetzt

[1] Nr. **20** § 3/7.

gesplitteten Aktien angeschafft wurden. Die Anschaffungskosten der Aktien sind nach dem Split-Verhältnis auf die neue Anzahl an Aktien aufzuteilen.

Die Aussagen der Rn. 88 und 89 gelten auch für einen Reverse-Split. Ein Reverse-Split ist die Zusammenfassung mehrerer Aktien zu einem Wertpapier. **89a**

**Veräußerung und Ausübung von Teilrechten bei einer Kapitalerhöhung**

Erhöht eine Aktiengesellschaft ihr Grundkapital aus Gesellschaftsmitteln nach §§ 207 ff. AktG und werden damit neue Anteilsrechte (Gratis- oder Berichtigungsaktien und Teilrechte) zugeteilt, werden die Gratisaktien oder Teilrechte vom Aktionär nicht im Zeitpunkt ihrer Gewährung oder Ausgabe angeschafft. Als Zeitpunkt der Anschaffung der Gratisaktien oder Teilrechte gilt der Zeitpunkt der Anschaffung der Altaktien. **90**

Die Kapitalerhöhung aus Gesellschaftsmitteln führt zu einer Abspaltung der in den Altaktien verkörperten Substanz und dementsprechend zu einer Abspaltung eines Teils der ursprünglichen Anschaffungskosten. Die bisherigen Anschaffungskosten der Altaktien vermindern sich um den Teil, der durch die Abspaltung auf die Gratisaktien oder Teilrechte entfällt. Die Aufteilung der Anschaffungskosten erfolgt nach dem rechnerischen Bezugsverhältnis.

Die Geltendmachung der Teilrechte ist keine Veräußerung der Teilrechte und keine Anschaffung der bezogenen Aktien. Der Gewinn aus der Veräußerung von Teilrechten oder Gratisaktien ist unter Beachtung der Anwendungsregelung des § 52 Abs. 28 Satz 11 ff. EStG ein steuerpflichtiger Veräußerungsgewinn i.S.d. § 20 Abs. 4 EStG. § 20 Abs. 4a Satz 4 EStG findet keine Anwendung.

**Beispiel:**

Der Steuerpflichtige A hat am 10. Januar 30 Aktien der B AG zum Kurs von 150 € angeschafft. Die B AG beschließt am 30. April eine Kapitalerhöhung aus Gesellschaftsmitteln. Für je zwei Altaktien wird am 1. Juni eine neue Aktie ausgegeben. Am 30. April beträgt der Kurs 120 €. Durch die Abspaltung sinkt der Kurs der Altaktien am 2. Mai auf 80 €. A erwirbt zu den ihm zugeteilten 30 Teilrechten am 3. Mai 30 weitere Teilrechte zum Kurs von 40 € hinzu und erhält am 1. Juni eine Zuteilung von 30 Aktien (für je zwei Teilrechte eine neue Aktie). A veräußert am 10. August sämtliche Aktien der B AG zum Kurs von 100 €.

**Lösung:**

Der erzielte Veräußerungsgewinn ist steuerpflichtig. Die durch die zugeteilten Teilrechte erlangten Aktien gelten am 10. Januar, die durch die erworbenen Teilrechte erlangten Aktien gelten mit der Anschaffung der Teilrechte am 3. Mai als angeschafft. Die Anschaffungskosten der ursprünglich angeschafften 30 Aktien entfallen nach Ausübung der Teilrechte auf 45 Aktien.

Der Veräußerungsgewinn beträgt:

| | | | |
|---|---|---|---|
| Veräußerungserlös | 60 × 100 € | | 6000 € |
| Anschaffungskosten für 45 Aktien | 30 × 150 € | 4500 € | |
| Anschaffungskosten für 15 Aktien | 30 × 40 € | 1200 € | 5700 € |
| Veräußerungsgewinn | | | 300 € |

**Abwandlung:**

A veräußert am 3. Mai die ihm zugeteilten 30 Teilrechte zum Kurs von 40 €.

Die Anschaffungskosten einer Altaktie von 150 € entfallen zu 1/3 auf das zugeteilte Teilrecht. Dessen Anschaffungskosten betragen somit 50 €.

**Lösung:**

Der Veräußerungserlös beträgt:

| | | |
|---|---|---|
| Veräußerungserlös | 30 × 40 € | 1200 € |
| Anschaffungskosten | 30 × 50 € | 1500 € |
| Veräußerungsverlust | | 300 € |

91 Entspricht die Kapitalerhöhung bei inländischen Gesellschaften nicht den Vorschriften der §§ 207 ff. AktG, stellt die Zuteilung der Teilrechte oder Gratisaktien nach § 1 KapErhStG Einkünfte i.S.d. § 20 Abs. 1 Nr. 1 EStG dar. Die Höhe der Kapitalerträge bemisst sich nach dem niedrigsten am ersten Handelstag an einer Börse notierten Kurs der Teilrechte oder Gratisaktien. Dieser Wert gilt zugleich als Anschaffungskosten der Teilrechte oder der Gratisaktien. Bei ausländischen Gesellschaften findet in diesen Fällen § 20 Abs. 4a Satz 5 EStG Anwendung.

**Kapitalherabsetzung/Ausschüttung aus dem Einlagekonto**

92[1)] Die Herabsetzung des Nennkapitals einer Kapitalgesellschaft ist keine anteilige Veräußerung der Anteile an der Kapitalgesellschaft i.S.d. § 20 Abs. 2 EStG. Wird der Herabsetzungsbetrag nicht an die Anteilseigner ausgekehrt, ergibt sich keine Auswirkung auf die Anschaffungskosten der Anteile. Im Auskehrungsfall mindert der Auskehrungsbetrag die Anschaffungskosten der Anteile, soweit er nicht auf einen Sonderausweis nach § 28 Abs. 1 Satz 3 KStG entfällt. Zahlungen aus einer Kapitalherabsetzung oder Zahlungen aus dem steuerlichen Einlagekonto können je nach Einstandskurs auch zu negativen Anschaffungskosten führen (BFH-Urteil vom 20. April 1999 VIII R 44/96, BStBl. II S. 698). Soweit der Auskehrungsbetrag auf einen Sonderausweis nach § 28 Abs. 1 Satz 3 KStG entfällt, ist der Herabsetzungsbetrag als Einkünfte aus Kapitalvermögen nach § 20 Abs. 1 Nr. 2 Satz 2 EStG zu behandeln; eine Minderung der Anschaffungskosten für die Anteile an der Kapitalgesellschaft tritt insoweit nicht ein.

**Transaktionskostenanteil des Vermögensverwaltungsentgelts/all-in-fee bei Kreditinstituten**

93 Im Rahmen der Abgeltungsteuer sind Depot- und Vermögensverwaltungsgebühren nicht mehr als Werbungskosten abziehbar. Hingegen wirken sich Anschaffungsnebenkosten und Veräußerungskosten (Aufwendungen, die in unmittelbarem Zusammenhang mit dem Veräußerungsgeschäft stehen) steuermindernd aus. Auch der Transaktionskostenanteil der all-in-fee (= pauschales Entgelt bei den Kreditinstituten, das auch die Transaktionskosten mit abdeckt) ist abzugsfähig. Dies gilt jedenfalls dann, wenn im Vermögensverwaltungsvertrag festgehalten ist, wie hoch der Transaktionskostenanteil der all-in-fee ist.

Da die pauschale Jahresgebühr keinem Geschäft konkret zugeordnet werden kann, ist die in der all-in-fee enthaltene Transaktionskostenpauschale im Zeitpunkt der Verausgabung als abziehbarer Aufwand anzuerkennen. Sofern die Pauschale einen Betrag von 50 % der gesamten Gebühr nicht überschreitet, ist sie im Rahmen des Kapitalertragsteuerabzugs in den Verlustverrechnungstopf einzustellen. Voraussetzung hierfür ist jedoch, dass die in der all-in-fee enthaltene Transaktionskostenpauschale auf einer sachgerechten und nachprüfbaren Berechnung beruht. Bei Anwendung dieser Pauschale dürfen Einzelveräußerungskosten nicht zusätzlich berücksichtigt werden, es sei denn, es handelt sich um weiterberechnete Spesen von dritter Seite.

94 Dies gilt auch für ein Veranlagungsverfahren nach § 32d EStG.

---

[1)] Rn. 92 mWv 1.1.2023 neu gef. durch BMF v. 20.12.2022, BStBl. 2023 I S. 46. Bis 31.12.2022 ist Rn. 92 i.d.F der Rn. 324 anzuwenden.

Die Regelung ist auch bei Beratungsverträgen anwendbar. Beratungsverträge unterscheiden sich von Vermögensverwaltungsverträgen lediglich dadurch, dass die von Seiten des Kreditinstituts empfohlenen Wertpapiertransaktionen jeweils unter dem Vorbehalt der Zustimmung des Kunden stehen. 95

Die Regelung ist auch anwendbar, wenn ein Ausweis des Transaktionskostenanteils alternativ in der jeweiligen Abrechnung der all-in-fee erfolgt. 96

**Beispiel 1:**
Der Vermögensverwaltungsvertrag sieht eine pauschale Vergütung i.H.v. 2 % (inkl. Umsatzsteuer) des verwalteten Depotbestands, bewertet jeweils zum Stichtag 31. Dezember, vor. Die Pauschale deckt auch die Transaktionskosten (Veräußerungskosten) des Kunden ab. Der Kunde erhält von seinem Vermögensverwalter (Depotbank) folgende Abrechnung nach Ablauf eines Jahres:

| | |
|---|---|
| Verwaltetes Vermögen: | 250 000 € |
| all-in-fee (insgesamt): | |
| 2 % von 250 000 € = | 5000 € |

Nachrichtlich erfolgt die Information, dass sich die all-in-fee in folgende Positionen gliedert:

| | |
|---|---|
| Vermögensverwaltung: | 2600 € |
| Depotführung: | 500 € |
| Wertpapierumsatz: | 1900 € |
| Summe: | 5000 € |

**Lösung:**
Da der ausgewiesene Transaktionskostenanteil (Wertpapierumsatz) auf Grund des vorgegebenen festgelegten Kostenschlüssels die 50 %-Grenze bezogen auf die all-in-fee nicht übersteigt, kann der Betrag von 1900 € in den Verlustverrechnungstopf eingestellt werden.

**Beispiel 2:**
Der Vermögensverwaltungsvertrag sieht eine pauschale Vergütung i.H.v. 1,5 % (inkl. Umsatzsteuer) des verwalteten Depotbestandes, bewertet jeweils zum Stichtag 31. Dezember, vor. Die Pauschale deckt auch die Transaktionskosten (Veräußerungskosten) des Kunden ab. Der Kunde erhält von seinem Vermögensverwalter (Depotbank) folgende Abrechnung nach Ablauf eines Jahres:

| | | |
|---|---|---|
| Verwaltetes Vermögen: | 100 000 € × 1,5 % = | 1500 €. |

Nachrichtlich erfolgt die Information, dass der darin enthaltene Transaktionskostenanteil auf Grund des vorgegebenen festgelegten Kostenschlüssels 70 % der all-in-fee beträgt.

**Lösung:**
Der Transaktionskostenanteil kann begrenzt auf 50 % der all-in-fee, d.h. i.H.v. 750 €, in den Verlustverrechnungstopf eingestellt werden.

## b) Fifo-Methode (§ 20 Abs. 4 Satz 7 EStG)

Gemäß § 20 Abs. 4 Satz 7 EStG ist bei Wertpapieren bei der Veräußerung aus der Girosammelverwahrung (§§ 5 ff. DepotG) zu unterstellen, dass die zuerst angeschafften Wertpapiere zuerst veräußert werden (Fifo-Methode). Die Anwendung der Fifo-Methode i.S.d. § 20 Abs. 4 Satz 7 EStG ist auf das einzelne Depot bezogen anzuwenden. Konkrete Einzelweisungen des Kunden, welches Wertpapier veräußert werden soll, sind insoweit einkommensteuerrechtlich unbeachtlich. 97

Als Depot im Sinne dieser Regelung ist auch ein Unterdepot anzusehen. Bei einem Unterdepot handelt es sich um eine eigenständige Untergliederung eines Depots mit einer laufenden Unterdepot-Nummer. Der Kunde kann hierbei die Zuordnung der einzelnen Wertpapiere zum jeweiligen Depot bestimmen. 98

Die Fifo-Methode gilt auch bei der Streifbandverwahrung. 99

### 5. Kapitalmaßnahmen (§ 20 Abs. 4a EStG)

#### a) Anteilstausch (§ 20 Abs. 4a Satz 1 EStG)

**Anwendungsbereiche des Anteilstauschs**

100 § 20 Abs. 4a Satz 1 EStG umfasst Verschmelzungen, Aufspaltungen sowie Anteilstauschvorgänge, sofern diese auf eine gesellschaftsrechtlich veranlasste Maßnahme (z.B. freiwilliges Übernahmeangebot) zurückzuführen sind. In diesen Fällen, in denen der Anteilseigner eines Unternehmens für die Hingabe der Anteile einer Gesellschaft neue Anteile einer anderen Gesellschaft erhält, treten die erhaltenen Anteile an die Stelle der hingegebenen Anteile. Die Anschaffungskosten der hingegebenen Anteile werden in den neuen Anteilen fortgeführt. Der Anteilstausch stellt hierbei keine Veräußerung nach § 20 Abs. 2 EStG dar. Im Zusammenhang mit dem Anteilstausch anfallende Transaktionskosten bleiben steuerrechtlich unberücksichtigt und führen nicht zu einem Veräußerungsverlust. § 20 Abs. 4a Satz 1 EStG findet auch Anwendung auf Anteile, die vor dem 1. Januar 2009 erworben wurden. § 20 Abs. 4a Satz 1 EStG findet keine Anwendung bei der Verschmelzung von Investmentfonds; hier gelten die Regelungen des InvStG.

**Barausgleich beim Anteilstausch**

100a Wird anlässlich eines Anteilstausches für vor dem 1. Januar 2009 erworbene Anteile ein Barausgleich gezahlt, ist dieser nicht gemäß § 20 Abs. 4a Satz 2 EStG in eine einkommensteuerpflichtige Dividende umzuqualifizieren, wenn die Anteile wegen Ablaufs der einjährigen Haltefrist bereits steuerentstrickt waren (BFH-Urteil vom 20. Oktober 2016 VIII R 10/13, BStBl. 2017 II S. 262). § 20 Abs. 4a Satz 2 EStG findet auch dann keine Anwendung, wenn die Anteile von einem nicht unbeschränkt Steuerpflichtigen gehalten werden.

**Umtauschverhältnis**

101 Ergibt sich bei einer Spaltung die Notwendigkeit, die Anschaffungskosten der alten Anteile auf mehrere neue Anteile aufzuteilen, ist grundsätzlich auf das Umtauschverhältnis laut Spaltungs- oder Übernahmevertrag oder Spaltungsplan abzustellen. Wenn dieses Verhältnis, insbesondere bei ausländischen Maßnahmen, nicht bekannt ist, ist das rechnerische Umtauschverhältnis bzw. das Splittingverhältnis maßgebend.

**Prüfung der Voraussetzungen für die Steuerverstrickung (§ 20 Abs. 4a Satz 1 EStG)**

102 Gemäß § 20 Abs. 4a Satz 1 EStG ist Voraussetzung für die steuerneutrale Behandlung von Anteilstauschvorgängen, dass das Recht der Bundesrepublik Deutschland hinsichtlich der Besteuerung des Gewinns aus der Veräußerung der erlangten Anteile nicht ausgeschlossen oder beschränkt ist. Für die Zwecke des Kapitalertragsteuerabzugs ist davon auszugehen, dass das Besteuerungsrecht Deutschlands hinsichtlich der erlangten Anteile nicht beschränkt oder ausgeschlossen ist.

#### b) Sonstige Kapitalforderungen (§ 20 Abs. 4a Satz 3 EStG)

**Abgrenzung**

103 Zu den Kapitalforderungen i.S.d. § 20 Abs. 4a Satz 3 EStG gehören insbesondere sogenannte Wandelanleihen, Umtauschanleihen oder Hochzinsanleihen, nicht jedoch Optionsanleihen, vgl. Rn. 6.

Bei einer Wandelanleihe (Wandelschuldverschreibung i.S.d. § 221 AktG) besitzt der Inhaber das Recht, innerhalb einer bestimmten Frist die Anleihe in eine bestimmte Anzahl von Aktien des Emittenten umzutauschen. Mit dem Umtausch erlischt der Anspruch auf Rückzahlung des Nominalbetrags der Anleihe.

Bei einer Umtauschanleihe besitzt der Inhaber das Recht, bei Fälligkeit an Stelle der Rückzahlung des Nominalbetrags der Anleihe vom Emittenten die Lieferung einer vorher festgelegten Anzahl von Aktien zu verlangen. Mit der Ausübung der Option erlischt der Anspruch auf Rückzahlung des Nominalbetrags der Anleihe.

Bei einer Hochzins- oder Aktienanleihe besitzt der Emittent das Recht, bei Fälligkeit dem Inhaber an Stelle der Rückzahlung des Nominalbetrags der Anleihe eine vorher festgelegte Anzahl von Aktien anzudienen. Mit der Ausübung der Option erlischt die Verpflichtung zur Rückzahlung des Nominalbetrags der Anleihe.

Wird bei Fälligkeit einer sonstigen Kapitalforderung i.S.d. § 20 Abs. 1 Nr. 7 EStG anstelle der Rückzahlung des Nominalbetrags eine vorher festgelegte Anzahl von Wertpapieren geliefert, fingiert § 20 Abs. 4a Satz 3 EStG das Entgelt für den Erwerb der Kapitalforderung als Veräußerungspreis der Kapitalforderung. Zugleich ist das Entgelt für den Forderungserwerb als Anschaffungskosten der erhaltenen Wertpapiere anzusetzen. Für Andienungen, die nach dem 31. Dezember 2020 erfolgen, findet § 20 Abs. 4a Satz 3 EStG nur dann Anwendung, wenn Wertpapiere i.S.d. § 20 Abs. 1 Nr. 1 EStG (insbesondere Aktien) angedient werden (vgl. § 52 Abs. 28 Satz 19 EStG). 104

### Anwendbarkeit auf Vollrisikozertifikate mit Andienungsrecht

Die Regelung findet auch Anwendung auf Vollrisikozertifikate mit Andienungsrecht, sofern die Andienung nach dem 31. Dezember 2009 erfolgt und diese Zertifikate nach dem 14. März 2007 angeschafft wurden. 105

Sie findet keine Anwendung auf Vollrisikozertifikate mit Andienungsrecht, wenn die Andienung vor dem 1. Januar 2010 erfolgt.

Vollrisikozertifikate sind Schuldverschreibungen, bei denen die Wertentwicklung von der Entwicklung eines Basiswerts, z.B. eines Indexes oder eines Aktienkorbs, abhängig ist und bei denen sowohl die Rückzahlung des Kapitals als auch die Erzielung von Erträgen unsicher sind.

### Behandlung eines Barausgleichs von Bruchteilen

Werden bei der Tilgung von sonstigen Kapitalforderungen mittels Andienung von Wertpapieren i.S.d. § 20 Abs. 1 Nr. 1 EStG (insbesondere Aktien) Bruchteile nicht geliefert, sondern in Geld ausgeglichen, handelt es sich bei den Zahlungen um einen Kapitalertrag i.S.d. § 20 Abs. 1 Nr. 7 EStG, sofern die Voraussetzungen von Rn. 107 nicht vorliegen. 106

**Beispiel:**
Anleger K erwirbt 10 000 € Nominal einer Aktienanleihe mit einem Basispreis von 22 €. Da der Kurs des Basiswertes am Bewertungstag unter der maßgeblichen Schwelle liegt (z.B. 21 €), bekommt er pro 1000 € Nominal Aktienanleihe rechnerisch 45,4545 Aktien (1000 €/22 €) geliefert. Weil die Lieferung von Bruchstücken nicht möglich ist, bekommt der Anleger im Ergebnis 450 Aktien. Bruchstücke i.H.v. 4,545 „Aktien“ werden dem Anleger stattdessen zum Kurs – in Abhängigkeit der Emissionsbedingungen – am Tag der Fälligkeit der Anleihe ausgezahlt.

**Lösung:**
Die Anschaffungskosten der 450 Aktien betragen 10 000 €. Bei einem am Fälligkeitstag unterstellten Kurs von 20 € fließen dem Anleger 90,90 € (4,545 × 20 €) als Kapitalertrag i.S.d. § 20 Abs. 1 Nr. 7 EStG zu.

### Teilweise Tilgung der Kapitalforderung in bar

107 Sehen die Emissionsbedingungen von vornherein eine eindeutige Angabe zur Tilgung in bar oder in Stücken vor und wird entsprechend am Ende der Laufzeit verfahren, werden die Anschaffungskosten der Anleihe entsprechend den erhaltenen Stücken zugewiesen.

**Beispiel:**
Die Emissionsbedingungen einer verzinslichen Wandelanleihe mit einem Nennwert von 1000 € sehen bei einem Verfall eine Rückzahlung in bar i.H.v. 501,25 € sowie zusätzlich eine Andienung von 7,1454 Aktien vor. Die Bruchteile der Aktie werden basierend auf dem Wandelpreis in bar ausgezahlt.

**Lösung:**
Auf Grund des vom Emittenten vorgegebenen Aufteilungsverhältnisses zwischen Barrückzahlung und Andienung von Stücken besteht ein konkreter Aufteilungsmaßstab für die Anschaffungskosten. Da der Rückzahlungsbetrag i.H.v. 501,25 € einem Betrag von 50,125 % der Anschaffungskosten der Anleihe entspricht, können den erhaltenen Stücken somit 49,875 % der Aufwendungen für die Anleihe als Anschaffungskosten zugewiesen werden.
Der Barausgleich für die Abfindung der Bruchteile stellt Einnahmen aus Kapitalvermögen i.S.d. § 20 Abs. 4 Satz 1 EStG dar.

107a Sofern die Voraussetzungen eines steuerneutralen Vorgangs nach § 20 Abs. 4a Satz 3 EStG nicht vorliegen, weil andere Wertpapiere als solche nach § 20 Abs. 1 Nr. 1 EStG angedient werden, sind die Regelungen in den Rn. 64 bis 66 für den Tausch von Wertpapieren analog anzuwenden. Wenn es dabei zu einem Barausgleich von Bruchteilen kommt oder zusätzliche Barkomponenten gezahlt werden, so sind diese Barbeträge als Bestandteil des Veräußerungserlöses für die hingegebenen Wertpapiere anzusehen.

### c) Kapitalerhöhung gegen Einlage (§ 20 Abs. 4a Satz 4 EStG)

108 Erhält der Anteilsinhaber Bezugsrechte zugeteilt, werden diese gemäß § 20 Abs. 4a Satz 4 EStG mit Anschaffungskosten i.H.v. 0 € eingebucht, wenn die Altanteile vom Anteilseigner nach dem 31. Dezember 2008 angeschafft wurden.

109 Das Anschaffungsdatum der Altanteile geht im Falle der Veräußerung auf die Bezugsrechte über. Veräußert der Anleger später die Bezugsrechte, entsteht ein steuerpflichtiger Veräußerungsgewinn somit nur in den Fällen, in denen auch die zugrundeliegenden Altanteile steuerlich verstrickt sind. Wurden die Anteile vor dem 1. Januar 2009 erworben, unterliegt die Veräußerung der zugeteilten Bezugsrechte nicht der Abgeltungsteuer; sofern die Jahresfrist des § 23 Abs. 1 Satz 1 Nr. 2 EStG a.F. noch nicht abgelaufen ist, muss der Anleger ein privates Veräußerungsgeschäft in seiner Steuererklärung deklarieren.

110 Die Ausübung des Bezugsrechts ist nicht als Veräußerung des Bezugsrechts anzusehen. Übt der Steuerpflichtige das Bezugsrecht aus, wird die junge Aktie zu diesem Zeitpunkt angeschafft. Beruht das Bezugsrecht auf Anteilen, die nach dem 31. Dezember 2008 erworben wurden, ist im Falle der Ausübung der Wert des Bezugsrechts bei der Berechnung der Anschaffungskosten der jungen Aktien mit 0 € zu berücksichtigen. Bei vor dem 1. Januar 2009 angeschafften Anteilen ist im Falle der Ausübung der Kurswert, mit dem die Bezugsrechte in das Depot des Anteilseigners eingebucht wurden, bei den Anschaffungskosten der jungen Aktien zusätzlich zu dem Kaufpreis der Aktien

anzusetzen (BFH-Urteil vom 9. Mai 2017 VIII R 54/14, BStBl. 2018 II S. 262). Kann kein Kurswert für das Bezugsrecht ermittelt werden, ist der innere Wert des Bezugsrechts bei der Berechnung der Anschaffungskosten der jungen Aktien zu berücksichtigen. Der innere Wert des Bezugsrechts berechnet sich wie folgt:

$$\frac{\text{Kurs der Altaktie am Trenntag} - \text{Zuzahlungsbetrag}}{\text{Bezugsverhältnis} + 1} = \text{Wert des Bezugsrechts}$$

**Beispiel:**
A besitzt 100 Aktien, davon 40 Stücke mit Anschaffung vor dem 1. Januar 2009 und 60 Stücke mit Anschaffung nach dem 31. Dezember 2008. Das Trennverhältnis ist 1:1 (für je eine gehaltene Aktie wird ein Bezugsrecht eingebucht). Das Bezugsverhältnis ist 5:1 (für 5 Alt-Aktien erhält A das Recht, eine junge Aktie im Rahmen der Kapitalerhöhung zu beziehen). Der Zuzahlungsbetrag pro junger Aktie beträgt 3 €. Der Kurs der Alt-Aktien zum Trenntag beträgt 23 €.
Die Bewertung der Bezugsrechte für die Ermittlung der Anschaffungskosten der bezogenen Aktien sollte wie folgt erfolgen:
**Lösung:**
Pro bestandsgeschütztem Bezugsrecht:

$$\frac{23\,€ - 3\,€}{\frac{5}{1}+1} = 3{,}33\,€$$

Pro nicht bestandsgeschütztem Bezugsrecht: 0 € (hier greift weiterhin § 20 Abs. 4a Satz 4 EStG).
Ermittlung der Anschaffungskosten bei Bezug 20 neuer Aktien:
40 × 3,33 € + Zuzahlungsbetrag 8 × 3 € = 157,20 €
und
60 × 0 € + Zuzahlungsbetrag 12 × 3 € = 36 €
Kann für das Bezugsrecht kein innerer Wert ermittelt werden, ist das Bezugsrecht mit 0 € anzusetzen. Die Anschaffungskosten der jungen Aktien sind mit den unterschiedlichen Anschaffungskosten getrennt auszuweisen. Sie haben aber denselben Anschaffungszeitpunkt.

## d) Zuteilung von Anteilen ohne Gegenleistung (§ 20 Abs. 4a Satz 5 EStG)

### Bezug von Bonusanteilen

Werden Anteile i.S.d. § 20 Abs. 1 Nr. 1 EStG von einer ausländischen Körperschaft, Personenvereinigung oder Vermögensmasse an die Anteilseigner ausgegeben, ohne dass diese eine Gegenleistung zu erbringen haben, und liegen die Voraussetzungen des § 20 Abs. 4a Satz 3, 4 und 7 EStG nicht vor, sind gemäß § 20 Abs. 4a Satz 5 EStG der Ertrag und die Anschaffungskosten der erhaltenen Anteile mit 0 € anzusetzen. § 20 Abs. 4a Satz 5 EStG findet keine Anwendung, wenn 111

- dem Anteilseigner nach ausländischem Recht (z.B. Frankreich, Niederlande oder Spanien) ein Wahlrecht zwischen Dividende und Freianteilen zusteht,
- dem Anteilseigner mit ausländischer Quellensteuer belastete Anteile eingebucht wurden,
- es sich um Doppelmaßnahmen handelt (Ausschüttung und Reinvestition in neue Aktien),
- neben der Einbuchung von Aktien auch andere Wirtschaftsgüter gewährt werden (sog. gemischte Maßnahmen),
- Nachbesserungsrechte, die zu einem Bezug neuer Aktien führen können, gewährt werden.

112 Bei inländischen Sachverhalten findet § 20 Abs. 4a Satz 5 EStG ab 2021 keine Anwendung mehr. Als Anschaffungskosten der Bonusanteile oder Freianteile zur Ermittlung eines Veräußerungsgewinns bei späterem Verkauf ist der Wert anzusetzen, der bei ihrem Bezug als Einkünfte (einschließlich ggf. steuerfrei bleibender Teile) angesetzt wurde.

**Folgen einer Abspaltung und einer Anteilsübertragung auf Anteilseigner („spin-off", Abspaltung)**

113 Überträgt eine inländische Körperschaft in ihrem Besitz befindliche Anteile an einer weiteren Körperschaft ohne Kapitalherabsetzung und ohne zusätzliches Entgelt auf ihre Anteilseigner, ist diese Übertragung vorbehaltlich § 20 Abs. 4a Satz 7 EStG, vgl. Rn. 115, als Sachausschüttung an die Anteilseigner der übertragenden Körperschaft zu beurteilen. Die Sachausschüttung führt zu Einkünften aus Kapitalvermögen nach § 20 Abs. 1 Nr. 1 EStG, sofern keine Einlagenrückgewähr nach § 20 Abs. 1 Nr. 1 Satz 3 EStG vorliegt. Es ist davon auszugehen, dass die Erträge durch entsprechende Angaben des Emittenten zu ermitteln sein werden. Die übertragenen Anteile gelten im Zeitpunkt der Depoteinbuchung über die Übertragung zum gemeinen Wert gemäß § 43a Abs. 2 Satz 9 EStG als angeschafft. Bei ausländischen Sachverhalten findet vorbehaltlich § 20 Abs. 4a Satz 7 EStG (vgl. Rn. 115) § 20 Abs. 4a Satz 5 EStG Anwendung.

114 Nicht besetzt.

115 Erhält ein Anteilseigner Anteile an einer Körperschaft aufgrund einer Abspaltung i.S.d. § 123 Abs. 2 UmwG oder aufgrund eines vergleichbaren ausländischen Vorgangs, findet § 20 Abs. 4a Satz 7 EStG Anwendung. Ein vergleichbarer ausländischer Vorgang liegt vor, wenn die Strukturmerkmale einer Abspaltung nach Rn. 01.36 des BMF-Schreibens vom 11. November 2011 (BStBl. I S. 1314) mit der Maßgabe erfüllt werden, dass die Erfüllung des Merkmals „kraft Gesetzes" nicht erforderlich ist, wenn die Vermögensübertragung auf die übernehmende Gesellschaft einerseits und die Übertragung der Anteile an der übernehmenden Gesellschaft andererseits in zeitlichem und sachlichen Zusammenhang erfolgen (BFH-Urteile vom 1. Juli 2021 VIII R 9/19 und VIII R 15/20, BStBl. 2022 II S. 359 und 363). Die Rn. 100 ff. gelten entsprechend. Abgesehen von den Fällen einer Abspaltung zur Aufnahme ist bei ausländischen Vorgängen für die Anwendung des § 20 Abs. 4a Satz 7 EStG bereits dann von einer Abspaltung auszugehen, wenn folgende Kriterien erfüllt sind:

- Die ISIN der ursprünglichen Gattung (= Rumpfunternehmen) bleibt erhalten.
- Die ISIN der neu eingebuchten Gattung wurde neu vergeben und es handelt sich nicht um eine bereits börsennotierte Gesellschaft.
- Auf Grundlage der Emitteninformationen liegen die Strukturmerkmale einer Abspaltung im Sinne des Satzes 2 vor.
- Es ist ein Aufteilungsverhältnis angegeben.
- Es wird keine Quellensteuer einbehalten.
- Aus den Emitteninformationen ergeben sich keine Hinweise auf eine Gewinnverteilung.
- Der übertragende ausländische und der übernehmende in- oder ausländische Rechtsträger müssen einem vergleichbaren umwandlungsfähigen Rechtsträger inländischen Rechts entsprechen. Der Rechtstypenvergleich ausgewählter

ausländischer Rechtsformen erfolgt entsprechend Tabellen 1 und 2 zum BMF-Schreiben vom 24. Dezember 1999 (BStBl. I S. 1076).

– Es wurde keine Barzuzahlung durch den Anteilseigner geleistet.

§ 20 Abs. 4a Satz 7 EStG findet insoweit keine Anwendung, als die Beteiligungen in einem Betriebsvermögen gehalten werden, vgl. § 20 Abs. 8 Satz 2 EStG.

Für die Klassifikation als Abspaltung gemäß § 20 Abs. 4a Satz 7 EStG kommt es auf das Kriterium des Teilbetriebserfordernisses oder des Vorliegens einer Kapitalherabsetzung nicht an. **115a**

Nicht besetzt. **116**

**Reorganisation einer ausländischen Kapitalgesellschaft (B-Shares)**

Werden dem Anleger im Zuge einer Reorganisation sogenannte B-Aktien (B-Shares, redemptionshares) angedient, die ihm Wahlrechte zur sofortigen Bareinlösung oder einer späteren Einlösung einräumen, ist danach zu differenzieren, welches Wahlrecht der Anleger ausübt. **117**

**Beispiel:**

Im Jahr 01 führte eine Gesellschaft eine Reorganisation im Verhältnis 8:7 + 1 B-Share durch. Die zugeteilten B-Shares konnten entweder sofort oder innerhalb einer vom Emittenten gesetzten Frist in einen festgelegten Geldbetrag umgetauscht werden. Nach Ablauf der Frist erfolgte ein Umtausch durch die Gesellschaft aufgrund eines vorbehaltenen Kündigungsrechtes.

**Lösung:**

Erhält der Anleger sogleich das Geld, handelt es sich um eine Bardividende. Bezieht der Anleger B-Shares, gelten die Grundsätze zur Sachausschüttung.

## 6. Verluste (§ 20 Abs. 6 EStG)

### Verlustverrechnung

Der Verlustausgleich nach § 20 Abs. 6 Satz 5 und 6 EStG findet nur im Rahmen der Veranlagung statt (vgl. Rn. 229a, 233). **118**

Verluste aus Termingeschäften, insbesondere aus dem Verfall von Optionen und Glattstellungsgeschäften, können nur mit Gewinnen aus Termingeschäften und mit Einkünften aus Stillhalterprämien ausgeglichen werden, soweit die Verluste nach dem 31. Dezember 2020 entstanden sind. Die Verlustverrechnung ist beschränkt auf 20 000 €. Nicht verrechnete Verluste können auf Folgejahre vorgetragen werden und jeweils i.H.v. 20 000 € mit Gewinnen aus Termingeschäften oder mit Einkünften aus Stillhalterprämien verrechnet werden, wenn nach der unterjährigen Verlustverrechnung ein verrechenbarer Gewinn verbleibt.

Verluste aus der ganzen oder teilweisen Uneinbringlichkeit einer Kapitalforderung, aus der Ausbuchung wertloser Wirtschaftsgüter i.S.d. § 20 Abs. 1 EStG, aus der Übertragung wertloser Wirtschaftsgüter i.S.d. § 20 Abs. 1 EStG auf einen Dritten oder aus einem sonstigen Ausfall von Wirtschaftsgütern i.S.d. § 20 Abs. 1 EStG (im Folgenden: Verluste i.S.d. § 20 Abs. 6 Satz 6 EStG) können nur mit Einkünften aus Kapitalvermögen bis zur Höhe von 20 000 € ausgeglichen werden. Dies gilt auch für die Ausbuchung wertloser Aktien. § 20 Abs. 6 Satz 4 EStG findet insoweit keine Anwendung.

Nicht verrechnete Verluste können auf Folgejahre vorgetragen und jeweils i.H.v. 20 000 € mit Einkünften aus Kapitalvermögen verrechnet werden.

Für die Verlustverrechnung in den Verlustverrechnungskreisen ist in der Veranlagung nachfolgende Reihenfolge zu berücksichtigen:

1. Aktienveräußerungsgewinne/-verluste i.S.d. § 20 Abs. 6 Satz 4 EStG aus dem aktuellen Jahr;
   Aktienveräußerungsverluste i.S.d. § 20 Abs. 6 Satz 4 EStG aus dem aktuellen Jahr dürfen nur mit Aktienveräußerungsgewinnen verrechnet werden.
2. Gewinne/Verluste aus Termingeschäften aus dem aktuellen Jahr (die nach dem 31. Dezember 2020 entstanden sind);
   Verluste aus Termingeschäften i.S.d. § 20 Abs. 6 Satz 5 EStG aus dem aktuellen Jahr (die nach dem 31. Dezember 2020 entstanden sind) dürfen bis zur Höhe von 20 000 € und nur mit Gewinnen aus Termingeschäften und Einkünften aus Stillhalterprämien verrechnet werden.
3. Verluste i.S.d. § 20 Abs. 6 Satz 6 EStG aus dem aktuellen Jahr (die nach dem 31. Dezember 2019 entstanden sind) dürfen bis zur Höhe von 20 000 € mit Einkünften aus Kapitalvermögen verrechnet werden.
4. sonstige Kapitalerträge/Verluste aus dem aktuellen Jahr;
   sonstige negative Einkünfte aus dem aktuellen Jahr i.S.d. § 20 EStG dürfen mit positiven Einkünften i.S.d. § 20 EStG verrechnet werden.
5. Verlustvorträge i.S.d. § 20 Abs. 6 Satz 3 EStG aus Aktienveräußerungen i.S.d. § 20 Abs. 6 Satz 4 EStG dürfen nur mit nach Verrechnung gemäß Ziffer 1, 3 und 4 verbleibenden Aktienveräußerungsgewinnen verrechnet werden.
6. Verlustvorträge i.S.d. § 20 Abs. 6 Satz 3 EStG aus Termingeschäften i.S.d. § 20 Abs. 6 Satz 5 EStG (die nach dem 31. Dezember 2020 entstanden sind) dürfen nur mit nach Verrechnung gemäß Ziffer 2 bis 4 verbleibenden Gewinnen aus Termingeschäften und mit Einkünften aus Stillhalterprämien nur bis zur Höhe von 20 000 € verrechnet werden.
7. Verlustvorträge i.S.d. § 20 Abs. 6 Satz 3 EStG aus Verlusten i.S.d. § 20 Abs. 6 Satz 6 EStG (die nach dem 31. Dezember 2019 entstanden sind) dürfen nur mit nach Verrechnung gemäß Ziffer 1 bis 6 verbleibenden Einkünften aus Kapitalvermögen und nur bis zur Höhe von 20 000 € verrechnet werden.
8. sonstige Verlustvorträge i.S.d. § 20 Abs. 6 Satz 3 EStG dürfen mit positiven Einkünften nach Verrechnung gemäß Ziffer 1 bis 7 i.S.d. § 20 EStG verrechnet werden.

Die Verlustverrechnung kann nicht auf Teilbeträge beschränkt werden.

Nach § 43a Abs. 3 Satz 2 EStG hat die auszahlende Stelle unter Berücksichtigung des § 20 Abs. 6 Satz 4 EStG im Kalenderjahr negative Kapitalerträge einschließlich gezahlter Stückzinsen bis zur Höhe der positiven Kapitalerträge auszugleichen. Diese institutsbezogene unterjährige Verlustverrechnung, vgl. auch Rn. 212, ist nur zeitlich vorrangig. Auf Antrag des Steuerpflichtigen ist im Rahmen der Veranlagung gemäß § 32d Abs. 4 EStG eine institutsübergreifende Verlustverrechnung (zwischen mehreren Depots bei unterschiedlich auszahlenden Stellen) durchzuführen (BFH-Urteil vom 29. August 2017 VIII R 23/15, BStBl. 2019 II S. 54).

**Beispiel für die Verlustverrechnungsbeschränkung nach § 20 Abs. 6 Satz 6 EStG:**

Folgende Einkünfte des nicht verheirateten A liegen im Jahr 2022 vor:

| | |
|---|---|
| <u>Bank A</u> | |
| Verluste § 20 Abs. 6 Satz 6 EStG | ./. 12 000 € |
| <u>Bank B</u> | |
| Gewinne Termingeschäfte/Einkünfte Stillhalterprämien | 30 000 € |
| Sonstiger Verlust | ./. 5000 € |

Es wurde kein Freistellungsauftrag erteilt.

| | | |
|---|---|---|
| Verlustvortrag zum 31. Dezember 2021: | | |
| § 20 Abs. 6 Satz 3 und 6 EStG i.V.m. § 10d Abs. 4 EStG | 45 000 € | |
| <u>Ausweis Steuerbescheinigung (Bank A)</u> | | |
| Höhe der Kapitalerträge Zeile 7 Anlage KAP | 0 € | |
| Höhe des Verlustes i.S.d. § 20 Abs. 6 Satz 6 EStG | ./. 12 000 € | |
| Zeile 15 Anlage KAP | | |
| <u>Ausweis Steuerbescheinigung (Bank B)</u> | | |
| Höhe der Kapitalerträge Zeile 7 Anlage KAP | 25 000 € | |
| davon: Einkünfte aus Stillhalterprämien i.S.d. § 20 Abs. 1 Nr. 11 EStG und Gewinne aus Termingeschäften i.S.d. § 20 Abs. 2 Satz 1 Nr. 3 EStG | 25 000 € | |
| Zeile 9 Anlage KAP | | |
| nur nachrichtlich: | | |
| Einkünfte aus Stillhalterprämien i.S.d. § 20 Abs. 1 Nr. 11 EStG und Gewinne aus Termingeschäften i.S.d. § 20 Abs. 2 Satz 1 Nr. 3 EStG vor Verrechnung mit sonstigen Verlusten | 30 000 € | |
| Verlustverrechnung im Veranlagungsverfahren gemäß § 32d Abs. 4 EStG | | |
| Einkünfte § 20 EStG: | | |
| Kapitalerträge lt. Steuerbescheinigung Bank B | 25 000 € | |
| ./. Verluste § 20 Abs. 6 Satz 6 EStG lt. Steuerbescheinigung Bank A | | ./.12 000 € |
| ./. Verlustvortrag § 20 Abs. 6 Satz 3 und 6 EStG | | ./. 13 000 € |
| ./. Sparer-Pauschbetrag nach § 20 Abs. 9 EStG | | 0 € |
| = Einkünfte (§ 20 EStG) | | 0 € |
| Verlustvortrag § 20 Abs. 6 Satz 3 und 6 EStG zum 31. Dezember 2021 | | 45 000 € |
| ./. Verrechnung in 2022 | | ./. 13 000 € |
| + Verlustüberhang Bank A aus 2022 | | 0 € |
| Verlustvortrag § 20 Abs. 6 Satz 3 und 6 EStG zum 31. Dezember 2022 | | 32 000 € |

Um im Rahmen der Veranlagung eine institutsübergreifende Verrechnung von Aktienveräußerungsverlusten mit Aktienveräußerungsgewinnen zu erreichen, hat der Steuerpflichtige von dem jeweils depotführenden Kreditinstitut eine Steuerbescheinigung i.S.d. § 45a Abs. 2 EStG einzureichen, in der „davon: Gewinn aus Aktienveräußerungen i.S.d. § 20 Abs. 2 Satz 1 Nr. 1 EStG (Zeile 8 Anlage KAP)" und im nachrichtlichen Teil der „Gewinn aus Aktienveräußerungen i.S.d. § 20 Abs. 2 Satz 1 Nr. 1 EStG vor Verrechnung mit sonstigen Verlusten i.S.d. § 20 Abs. 2 EStG" aufgeführt werden. Für die Veranlagungszeiträume bis einschließlich 2018 bestehen keine Bedenken, wenn der Steuerpflichtige die Aktienveräußerungsgewinne und die bereits mit Verlusten verrechneten Aktienveräußerungsgewinne durch geeignete Unterlagen nachweist. 119

**Beispiel für die institutsübergreifende Verlustverrechnung:**
Folgende Einkünfte liegen im Jahr 2022 vor:

| | |
|---|---|
| <u>Bank A:</u> | |
| Aktienveräußerungsgewinne | 5000 € |
| Aktienveräußerungsverluste | 1000 € |
| Verluste Termingeschäfte | 20 000 € |
| <u>Bank B:</u> | |

| | |
|---|---|
| Gewinne Termingeschäfte | 10 000 € |
| Verluste Anleiheverkäufe | 2000 € |
| Aktienveräußerungsverluste | 4000 € |

Ein Antrag auf Verlustbescheinigung nach § 43a Abs. 3 Satz 4 EStG wird gestellt.

<u>Verlustverrechnung durch die Bank A:</u>

| | |
|---|---|
| Aktienveräußerungsgewinne | 5000 € |
| ./. Aktienveräußerungsverluste | 1000 € |
| = verbleibende Veräußerungsgewinne (§ 20 Abs. 2 EStG) | 4000 € |
| Verluste Termingeschäfte nach § 20 Abs. 6 Satz 5 EStG | 20 000 € |

<u>Ausweis Steuerbescheinigung (Bank A)</u>

| | |
|---|---|
| Höhe der Kapitalerträge Zeile 7 Anlage KAP | 4000 € |
| davon: Gewinne aus Aktienveräußerung Zeile 8 Anlage KAP | 4000 € |
| Höhe des Verlustes i.S.d. § 20 Abs. 6 Satz 5 EStG Zeile 14 Anlage KAP | 20 000 € |

nur nachrichtlich:

| | |
|---|---|
| „Gewinn aus Aktienveräußerungen i.S.d. § 20 Abs. 2 Satz 1 Nr. 1 EStG vor Verrechnung mit sonstigen Verlusten i.S.d. § 20 Abs. 2 EStG" | 4000 € |

<u>Verlustverrechnung durch die Bank B:</u>

| | |
|---|---|
| Gewinne Termingeschäfte | 10 000 € |
| ./. Verluste Anleiheverkäufe | 2000 € |
| = verbleibende Veräußerungsgewinne (§ 20 Abs. 2 EStG) | 8000 € |

<u>Ausweis Steuerbescheinigung (Bank B)</u>

| | |
|---|---|
| Höhe der Kapitalerträge Zeile 7 Anlage KAP | 8000 € |
| davon: Einkünfte aus Stillhalterprämien i.S.d. § 20 Abs. 1 Nr. 11 EStG und Gewinne aus Termingeschäften i.S.d. § 20 Abs. 2 Satz 1 Nr. 3 EStG Zeile 9 Anlage KAP | 8000 € |
| Nicht ausgeglichene Verluste aus der Veräußerung von Aktien Zeile 13 Anlage KAP | 4000 € |

nur nachrichtlich:

| | |
|---|---|
| Einkünfte aus Stillhalterprämien i.S.d. § 20 Abs. 1 Nr. 11 EStG und Gewinne aus Termingeschäften i.S.d. § 20 Abs. 2 Satz 1 Nr. 3 EStG vor Verrechnung mit sonstigen Verlusten | 10 000 € |

Verlustverrechnung im Veranlagungsverfahren gemäß § 32d Abs. 4 EStG

Einkünfte § 20 Abs. 2 EStG (Aktien):

| | |
|---|---|
| Aktienveräußerungsgewinne lt. Steuerbescheinigung Bank A | 4000 € |
| ./. Aktienveräußerungsverluste lt. Steuerbescheinigung Bank B | 4000 € |
| = Verbleibender Verlust aus Aktienveräußerungen | 0 € |

Einkünfte § 20 Abs. 2 Satz 1 Nr. 3 EStG:

| | |
|---|---|
| Gewinne § 20 Abs. 6 Satz 5 EStG (Bank B) | 10 000 € |
| Verluste § 20 Abs. 6 Satz 5 EStG (Bank A) | 20 000 € |
| = verbleibende Verluste nach § 20 Abs. 6 Satz 5 EStG | 10 000 € |

Einkünfte § 20 Abs. 2 Satz 1 Nr. 7 EStG:

| | |
|---|---|
| Verluste § 20 Abs. 2 EStG (Bank B Verluste Anleiheverkäufe) | 2000 € |

Nach § 20 Abs. 6 Satz 5 EStG sind 10 000 € und nach § 20 Abs. 6 Satz 3 EStG sind 2000 € gesondert festzustellen und in den folgenden Veranlagungszeiträumen verrechenbar.

**119a** Verluste aus Kapitaleinkünften, die nach § 32d Abs. 1 EStG dem besonderen Steuersatz unterliegen, dürfen nicht mit positiven Erträgen aus Kapitaleinkünften, die der tariflichen Steuer nach § 32d Abs. 2 EStG unterliegen, verrechnet werden. Dies gilt nicht, wenn ein Antrag nach § 32d Abs. 6 EStG gestellt wurde (Günstigerprüfung) und sämtliche Kapitalerträge der tariflichen Einkommensteuer zu unterwerfen sind (BFH-Urteile vom 30. November 2016 VIII R 11/14, BStBl. 2017 II S. 443, und vom 29. August 2017 VIII R 5/15, BStBl. 2018 II S. 66). Voraussetzung hierfür ist jedoch, dass sämtliche Einkünfte aus Kapitalvermögen erklärt werden.

**Vorrang der Verlustverrechnung vor der Gewährung des Sparer-Pauschbetrages**

Der Sparer-Pauschbetrag ist nur zu berücksichtigen, wenn nach Verrechnung sämtlicher positiver und negativer Einkünfte aus Kapitalvermögen positive Einkünfte verbleiben. **119b**

**Verlustverrechnung und Anrechnung ausländischer Quellensteuer sowie Anwendung des Freistellungsauftrags**

Die Grundsätze zur Verlustverrechnung und Anrechnung ausländischer Quellensteuer sowie Anwendung des Freistellungsauftrags, vgl. Rn. 201 ff. zu § 43a EStG, gelten im Rahmen der Veranlagung entsprechend. **120**

Die noch nicht angerechnete ausländische Quellensteuer kann dem neuen Kreditinstitut nach einem vollständigen Depotwechsel mitgeteilt werden. **121**

Verluste mindern die abgeltungsteuerpflichtigen Erträge unabhängig davon, ob diese aus in- oder ausländischen Quellen stammen. Die Summe der anrechenbaren ausländischen Quellensteuer ist auf die nach Verlustverrechnung verbleibende Abgeltungsteuerschuld anzurechnen. Die Anwendung des Freistellungsauftrags hat die gleiche Wirkung wie die Verlustverrechnung. **122[1)]**

**Beispiel:**

A erzielt im Februar aus der Veräußerung von festverzinslichen Wertpapieren einen Verlust i.H.v. 300 €. Im März erhält er ausländische Dividenden i.H.v. 100 €. Die anrechenbare ausländische Steuer beträgt 15 €. A hält die Wertpapiere im Depot der Bank X. Wegen der Verluste aus dem Februar behält die Bank keine Kapitalertragsteuer ein.

Weiterhin erhält A im Juni ausländische Dividenden i.H.v. 700 €. Die anrechenbare ausländische Steuer beträgt 70 €. A hält die Wertpapiere im Depot der Bank Y. Da er der Bank einen Freistellungsauftrag über 1000 € erteilt hat, erfolgt kein Kapitalertragsteuerabzug.

Im Dezember erhält A Zinseinkünfte bei der Bank Z i.H.v. 624 €. Die Bank behält 156 € Kapitalertragsteuer ein.

A erklärt im Rahmen der Veranlagung seine Einkünfte aus Kapitalvermögen gemäß § 32d Abs. 4 EStG. Die Verlust-Bescheinigung gemäß § 43a Abs. 3 Satz 4 EStG sowie die entsprechenden Steuerbescheinigungen nach § 45a Abs. 2 EStG legt er bei.

**Lösung:**

Im Rahmen der Veranlagung werden die Kapitaleinkünfte wie folgt berücksichtigt.

| | Erträge | Anrechenbare Steuer |
|---|---|---|
| Veräußerung Wertpapiere | ./. 300 € | |
| Erträge ausländische Dividende | 800 € | 85 € |
| Zinseinkünfte | 624 € | |

A erzielt insgesamt Einnahmen i.H.v. 1124 €. Unter Berücksichtigung des Sparer-Pauschbetrages verbleiben 124 €. Hierauf entfällt eine Abgeltungsteuer i.H.v. 31 €. Angerechnet werden somit ausländische Steuern i.H.v. maximal 31 €. Die bisher einbehaltene Kapitalertragsteuer i.H.v. 156 € wird erstattet.

[1)] Rn. 122 Beispiel neu gef. durch BMF v. 20.12.2022, BStBl. 2023 I S. 46.

**Behandlung von Verlusten aus der Veräußerung von ADRs (American Depositary Receipts)**

123 Erzielt der Steuerpflichtige Verluste aus der Veräußerung oder Einlösung von ADRs und GDRs, vgl. Rn. 68, fallen diese unter die eingeschränkte Verlustverrechnung i.S.d. § 20 Abs. 6 Satz 4 EStG.

**7. Subsidiarität (§ 20 Abs. 8 EStG)**

124 Termingeschäfte (z.B. Zinsbegrenzungsvereinbarungen oder Swaps), die zu den Einkünften aus Vermietung und Verpachtung gehören, fallen nicht unter die Einkünfte des § 20 EStG. Derartige Geschäfte werden von den Steuerpflichtigen – wie bei den betrieblichen Einkünften – meist zu Absicherungszwecken (Absicherung von Darlehen, die der Finanzierung vermieteter Immobilien dienen) abgeschlossen, vgl. aber BFH-Urteil vom 13. Januar 2015 IX R 13/14, BStBl. II S. 827.

**8. Einkunftserzielungsabsicht (§ 20 Abs. 9 EStG)**

**Grundsatz**

125 Bei den Einkünften aus Kapitalvermögen ist infolge des beschränkten und pauschalierten Werbungskostenabzugs regelmäßig von einer Einkunftserzielungsabsicht auszugehen (BFH-Urteil vom 14. März 2017 VIII R 38/15, BStBl. II S. 1040).

**Bausparverträge**

126 Werden Guthabenzinsen aus Bausparverträgen, die mit sogenannten Auffüllkrediten bzw. Vorfinanzierungsdarlehen aus Bausparverträgen gekoppelt sind, zur Finanzierung einer zu eigenen Wohnzwecken genutzten Immobilie eingesetzt, sind die Guthabenzinsen aus Billigkeitsgründen einkommensteuerrechtlich unbeachtlich, sofern die Finanzierungsverträge bis zum 30. Juni 2010 abgeschlossen worden sind.

127 In diesen Fällen ist dennoch ein Kapitalertragsteuerabzug vorzunehmen, da bei dem Abschluss der entsprechenden Verträge nicht von vornherein ausgeschlossen werden kann, dass eine Immobilie zur Fremdnutzung eingesetzt wird.

128 Die Steuerpflichtigen können sich die einbehaltene Kapitalertragsteuer auf Guthabenzinsen aus Bausparverträgen, die zur Finanzierung einer zu eigenen Wohnzwecken genutzten Immobilie eingesetzt werden, nach § 32d Abs. 4 EStG durch das Veranlagungsfinanzamt auf die festgesetzte Einkommensteuer anrechnen lassen.

*(Fortsetzung nächstes Blatt)*

**Sparer-Pauschbetrag**

Hat der Steuerpflichtige sowohl Kapitalerträge, für die § 32d Abs. 1 EStG gilt, als auch solche i.S.d. § 32d Abs. 2 Nr. 2 EStG erzielt, ist der Sparer-Pauschbetrag vorrangig von den Kapitalerträgen i.S.d. § 32d Abs. 2 Nr. 2 EStG abzuziehen. Die im Rahmen des Kapitalertragsteuerabzugs freigestellten Kapitalerträge sind im Rahmen der Einkommensteuerveranlagung dem gesonderten Steuertarif nach § 32d Abs. 1 EStG zu unterwerfen. 129

**Negative Einlagezinsen**

Behält ein Kreditinstitut negative Einlagezinsen für die Überlassung von Kapital ein, stellen diese negativen Einlagezinsen keine Zinsen i.S.d. § 20 Abs. 1 Nr. 7 EStG dar, da sie nicht vom Kapitalnehmer an den Kapitalgeber als Entgelt für die Überlassung von Kapital gezahlt werden. Wirtschaftlich gesehen handelt es sich vielmehr um eine Art Verwahr- und Einlagegebühr, die bei den Einkünften aus Kapitalvermögen als Werbungskosten vom Sparer-Pauschbetrag gemäß § 20 Abs. 9 Satz 1 EStG erfasst sind. 129a

Bei Anlageprodukten mit gestaffelten Zinskomponenten („Staffelzinsen") ist die Gesamtverzinsung im Zeitpunkt des Zuflusses zu betrachten. Ist die Gesamtverzinsung positiv, so handelt es sich insgesamt um Einnahmen i.S.d. § 20 Abs. 1 Nr. 7 EStG. Eine negative Gesamtverzinsung ist hingegen stets insgesamt als Verwahr- oder Einlagegebühr zu behandeln.

**Beispiel:**

Die Zinskonditionen für ein Anlageprodukt (Tagesgeld) sind wie folgt ausgestaltet:

– von 0,00 € bis 500 000,00 € positiver Zins (0,1 % p. a.)

– von 500 000,01 € bis 1 000 000,00 € keine Verzinsung

– ab 1 000 000,01 € negativer Zins (–0,05 % p.a.)

Es werden 1 500 000,00 € vom 1.1. bis 31.3. angelegt. Die Zinsgutschrift erfolgt am 31.3.

**Lösung:**

Auf den ersten Teilbetrag i.H.v. 500 000,00 € entfällt ein positiver Zins i.H.v. 125,00 € (500 000,00 € × 0,1 % × 3 Monate). Auf den zweiten Teilbetrag (500 000,01 € bis 1 000 000,00 €) entfällt kein Zins. Auf der dritten Teilbetrag (1 000 000,01 € bis 1 500 000,00 €) entfällt ein negativer Zins i.H.v. ./. 62 50 € (500 000,00 € × 0,05 % × 3 Monate). Der Besteuerung ist der positive Saldo aus den Zinsen der drei Guthabenbereiche i.H.v. 62,50 € zugrunde zu legen (125,00 € + 0,00 € ./. 62,50 €).

## II. Einkünfte aus sonstigen Leistungen (§ 22 Nr. 3 EStG)/Private Veräußerungsgeschäfte (§ 23 EStG)

Wird ein Wertpapierdepot auf ein anderes Kreditinstitut übertragen und zahlt das übernehmende Kreditinstitut dafür eine Geldprämie, so stellt diese Geldprämie Einkünfte aus sonstigen Leistungen i.S.d. § 22 Nr. 3 EStG dar, sofern sie nicht einer anderen Einkunftsart (§§ 13, 15, 18 oder 21 EStG) zugeordnet werden kann. Das übernehmende Kreditinstitut hat den Kunden bei Auszahlung der Geldprämie auf die Steuerpflicht hinzuweisen. 129b

Wird dagegen ein Kontoguthaben auf ein anderes Kreditinstitut übertragen oder erstmalig bei einem Kreditinstitut ein Depot eröffnet und wird dafür eine Geldprämie unter der Bedingung gezahlt, dass Wertpapiere beim übernehmenden/eröffnenden Kreditinstitut erworben werden, so mindert die für die Übertragung des Kontoguthabens gezahlte Geldprämie die Anschaffungskosten dieser Wertpapiere. Die Geldprämie ist mit den Anschaffungskosten der erworbenen Wertpapiere in der Reihenfolge deren Erwerbs zu verrechnen.

Nicht besetzt. 130

131 Bei der Anschaffung und Veräußerung von Fremdwährungsbeträgen kann es sich um ein privates Veräußerungsgeschäft i.S.d. § 23 Abs. 1 Satz 1 Nr. 2 EStG handeln (BFH-Urteil vom 2. Mai 2000 IX R 73/98, BStBl. II S. 614), sofern die Einkünfte nicht den Einkünften aus Kapitalvermögen zuzurechnen sind (§ 23 Abs. 2 EStG i.V.m. § 20 Abs. 2 Satz 1 Nr. 7, Abs. 2 Satz 2 und Abs. 4 Satz 1 EStG).

Währungsgewinne/-verluste aus der Veräußerung oder Rückzahlung einer verbrieften oder unverbrieften verzinslichen Kapitalforderung oder eines verzinslichen Fremdwährungsguthabens (verzinsliches Fremdwährungskonto) sind gemäß § 20 Abs. 2 Satz 1 Nr. 7 und Abs. 4 Satz 1 EStG zu berücksichtigen. Dabei stellt jede Einzahlung oder Zinsgutschrift auf ein verzinsliches Tages-, Festgeld- oder sonstiges Fremdwährungskonto einen Anschaffungsvorgang dar. Im Falle der späteren Rückzahlung liegt ein veräußerungsgleicher Vorgang i.S.v. § 20 Abs. 2 Satz 2 EStG vor, vgl. auch Rn. 59. Dabei kommt es nicht darauf an, ob eine etwaige Fremdwährungskapitalforderung zugleich in Euro oder eine dritte Währung umgewandelt wird. Das Gleiche gilt, wenn die Fremdwährungskapitalforderung nach Fälligkeit erneut verzinslich angelegt wird oder auf ein anderes verzinsliches Konto bei demselben oder einem anderen Kreditinstitut umgebucht wird. Diese Vorgänge stellen steuerlich eine Veräußerung der ursprünglichen Kapitalforderung und zugleich eine Anschaffung einer neuen Kapitalforderung dar. Die Prolongation täglich fälliger Kapitalforderungen (beispielsweise Tagesgeldanlagen) sowie die Änderung des Zinssatzes stellt für sich genommen keinen Anschaffungs- oder Veräußerungstatbestand dar, es sei denn, das Guthaben wird erstmalig verzinslich oder ein bisher verzinsliches Guthaben wird erstmalig unverzinslich angelegt. Bei der Anschaffung und Veräußerung mehrerer gleichartiger Fremdwährungsbeträge ist zu unterstellen, dass die zuerst angeschafften Beträge zuerst veräußert werden.

Bei Fremdwährungsguthaben auf Zahlungsverkehrskonten (z.B. Girokonten, Basiskonten, Girocard), Kreditkarten und digitalen Zahlungsmitteln kann unterstellt werden, dass diese ausschließlich als Zahlungsmittel eingesetzt werden und eine Einkunftserzielungsabsicht im Rahmen der Einkünfte aus Kapitalvermögen nicht vorhanden ist. Eine Erfassung von Währungsgewinnen/-verlusten gemäß § 20 Abs. 2 Satz 1 Nr. 7 und Abs. 4 Satz 1 EStG für Zahlungsmittel scheidet daher aus. Lediglich die mit diesen Fremdwährungsguthaben erzielten Zinsen unterliegen einer Besteuerung nach § 20 Abs. 1 Nr. 7 EStG.

Währungsgewinne/-verluste aus der Veräußerung oder Rückzahlung einer unverbrieften und unverzinslichen Kapitalforderung oder eines unverzinslichen Fremdwährungsguthabens sind gemäß § 23 Abs. 1 Satz 1 Nr. 2 EStG bei der Veräußerung des Fremdwährungsguthabens zu berücksichtigen.

Wird der Fremdwährungsbetrag innerhalb der Frist des § 23 Abs. 1 Satz 1 Nr. 2 EStG in Euro oder eine dritte Währung getauscht, so sind Währungsgewinne/-verluste, die bereits bei den Einkünften aus Kapitalvermögen erfasst wurden, nicht zusätzlich bei den Einkünften aus privaten Veräußerungsgeschäften zu erfassen (§ 23 Abs. 2 EStG).

## III. Gesonderter Steuertarif für Einkünfte aus Kapitalvermögen (§ 32d EStG)

### 1. Tarif (§ 32d Abs. 1 EStG)

### Abgeltungsteuer nach § 32d und § 35b EStG

132 Die Einkommensteuer für Einkünfte aus Kapitalvermögen i.S.d. § 32d Abs. 1 EStG ist keine tarifliche Steuer i.S.d. § 32a Abs. 1 EStG. Steuerermäßigungen,

die an die tarifliche Einkommensteuer anknüpfen (z.B. §§ 35a und 35b EStG), können infolgedessen die Einkommensteuer nach dem gesonderten Steuertarif für Einkünfte aus Kapitalvermögen i.S.d. § 32d Abs. 1 EStG nicht mindern.

**Höhe der Ermäßigung der Kapitalertragsteuer bei Zwölftelung der Kirchensteuer (§ 32d Abs. 1 Satz 3 bis 5 EStG)**

Stimmen der Zeitraum der Einkommensteuerpflicht und der Kirchensteuerpflicht nicht überein, wird die Kirchensteuer im Fall der Erhebung der Kirchensteuer auf die Kapitalertragsteuer durch das Finanzamt gezwölftelt. Bei der Ermäßigung der Kapitalertragsteuer ist der gezwölftelte Kirchensteuersatz anzuwenden. 133

**Beispiel:**
Endet die Kirchensteuerpflicht im Januar, ist in der Formel des § 32d Abs. 1 Satz 4 EStG für k bei einem angenommenen Kirchensteuersatz von 9 % nicht 9, sondern nur 9 × 1/12 = 0,75 anzusetzen.

## 2. Ausnahmen vom Abgeltungsteuersatz (§ 32d Abs. 2 EStG)

### a) Zwingende Ausnahme bei Kapitalüberlassung an nahestehende Personen oder von Anteilseignern (§ 32d Abs. 2 Nr. 1 EStG)

Die Regelung findet bei Einkünften i.S.d. § 20 Abs. 1 Nr. 7 und Abs. 2 Satz 1 Nr. 7 EStG nur Anwendung, wenn der Darlehensnehmer eine natürliche Person ist, die Einkünfte aus Land- und Forstwirtschaft, Gewerbebetrieb, selbständiger Arbeit und Vermietung und Verpachtung oder Einkünfte i.S.d. § 22 Nr. 1 Satz 3 Buchst. a Doppelbuchst. bb EStG (fremdfinanzierte Rentenversicherungen) und § 22 Nr. 3 EStG (z.B. Containerleasing) erzielt und sie die Darlehenszinsen als Betriebsausgaben oder Werbungskosten geltend machen kann oder der Darlehensnehmer eine Personengesellschaft ist, bei der hinsichtlich der Erträge aus der Darlehensgewährung § 15 Abs. 1 Satz 1 Nr. 2 Satz 1 EStG keine Anwendung findet. Entsprechendes gilt in den Fällen, in denen eine Stiftung Darlehensnehmer ist. 134

Werden Kapitalerträge von einer Kapitalgesellschaft oder Genossenschaft gezahlt, findet § 32d Abs. 2 Nr. 1 Buchst. b EStG Anwendung, wenn der Darlehensgeber zu mindestens 10 % an dem Darlehensnehmer beteiligt ist. Für Kapitalerträge aus Darlehen, die nach dem 31. Dezember 2020 begründet wurden, findet § 32d Abs. 2 Nr. 1 Buchst. b EStG nur dann Anwendung, wenn der Darlehensnehmer die den Kapitalerträgen entsprechenden Darlehenszinsen als Betriebsausgaben oder Werbungskosten im Zusammenhang mit Einkünften, die der inländischen Besteuerung unterliegen, abziehen kann. Der Abzug der Zinsen beim Darlehensnehmer darf nicht durch § 20 Abs. 9 Satz 1 zweiter Halbsatz EStG eingeschränkt sein. Gewinne und Verluste aus der Veräußerung oder dem Ausfall einer Darlehensforderung eines Gesellschafters oder Mitglieds, die nach dem 31. Dezember 2020 begründet wurden, unterliegen hingegen dem gesonderten Steuertarif nach § 32d Abs. 1 EStG, da den betreffenden Einkünften des Gesellschafters oder Mitglieds auf Seiten der Kapitalgesellschaft oder Genossenschaft keine Betriebsausgaben gegenüberstehen. Für Kapitalerträge aus Darlehen, die vor dem 1. Januar 2021 begründet wurden, gelten die vorstehenden Ausführungen erst ab dem Veranlagungszeitraum 2024 (vgl. § 52 Abs. 33b EStG). § 32d Abs. 2 Nr. 1 Buchst. a EStG ist nicht anzuwenden, auch wenn die Beteiligung unter 10 % liegt. 135

**Definition der nahestehenden Person (§ 32d Abs. 2 Nr. 1 Buchst. a und b EStG)**

136 Das Verhältnis von nahestehenden Personen liegt vor, wenn die Person auf den Steuerpflichtigen einen beherrschenden Einfluss ausüben kann oder umgekehrt der Steuerpflichtige auf diese Person einen beherrschenden Einfluss ausüben kann oder eine dritte Person auf beide einen beherrschenden Einfluss ausüben kann oder die Person oder der Steuerpflichtige imstande ist, bei der Vereinbarung der Bedingungen einer Geschäftsbeziehung auf den Steuerpflichtigen oder die nahestehende Person einen außerhalb dieser Geschäftsbeziehung begründeten Einfluss auszuüben oder wenn einer von ihnen ein eigenes wirtschaftliches Interesse an der Erzielung der Einkünfte des anderen hat.

Von einem solchen Beherrschungsverhältnis ist auszugehen, wenn der beherrschten Person auf Grund eines absoluten Abhängigkeitsverhältnisses im Wesentlichen kein eigener Entscheidungsspielraum verbleibt (BFH-Urteile vom 29. April 2014 VIII R 9/13, VIII R 35/13, VIII R 44/13, VIII R 31/11, BStBl. II S. 884[1], 990, 992 und 995). Das Abhängigkeitsverhältnis kann wirtschaftlicher oder persönlicher Natur sein (BFH-Urteil vom 28. Januar 2015 VIII R 8/14, BStBl. II S. 397).

**Beispiel:**

Ehegatte/Lebenspartner A gewährt dem Ehegatten/Lebenspartner B ein Darlehen zum Erwerb einer vermieteten Immobilie. Der darlehensnehmende Ehegatte/Lebenspartner B ist ansonsten mittellos. Ein fremder Dritter hätte den Erwerb der Immobilie durch B nicht zu 100 % finanziert.

**Lösung:**

B ist von A finanziell abhängig. Hinsichtlich der Finanzierung verbleibt B kein eigener Entscheidungsspielraum, so dass A bei der Darlehensgewährung einen beherrschenden Einfluss auf B ausüben kann. Die Anwendung des gesonderten Steuertarifs nach § 32d Abs. 1 EStG auf die vom darlehensgebenden Ehegatten/Lebenspartner A erzielten Kapitaleinkünfte ist nach § 32d Abs. 2 Nr. 1 Buchst. a EStG ausgeschlossen.

Für die Annahme eines eigenen wirtschaftlichen Interesses der Vertragsparteien an der Einkünfteerzielung des anderen reicht es nicht aus, dass der Darlehensgeber von der Besteuerung der Zinsen nach dem gesonderten Tarif gemäß § 32d Abs. 1 EStG profitiert und der Schuldner die gezahlten Vergütungen im tariflichen Bereich als Betriebsausgaben abziehen kann (BFH-Urteil vom 16. Juni 2020 VIII R 5/17, BStBl. II S. 807).

**Beteiligungsgrenze (§ 32d Abs. 2 Nr. 1 Buchst. b EStG)**

137 In die Berechnung der 10 %igen Beteiligungsgrenze sind ausschließlich die unmittelbaren Beteiligungen einzubeziehen (BFH-Urteile vom 20. Oktober 2016 VIII R 27/15, BStBl. 2017 II S. 441, und vom 9. Juli 2019 X R 9/17, BStBl. 2021 II S. 418). Eine mittelbare Beteiligung schließt die Anwendung des § 32d Abs. 2 Nr. 1 Buchst. b Satz 2 EStG nicht aus.

**b) Ausnahme auf Antrag bei bestimmter Beteiligungshöhe (§ 32d Abs. 2 Nr. 3 EStG)**

**Berufliche Tätigkeit**

138 Unter den Begriff der beruflichen Tätigkeit fallen sowohl selbständig als auch nichtselbständig ausgeübte Tätigkeiten. Ob es sich bei der beruflichen Tätigkeit um eine gewerbliche, freiberufliche oder um eine andere unter die Gewinneinkünfte fallende Tätigkeit handelt, ist unerheblich. Die erforderliche berufliche Tätigkeit für eine Kapitalgesellschaft setzt nicht voraus, dass der Gesell-

[1] **Red. Anm.:** Fälschlich im BStBl.: S. 986.

schafter unmittelbar für diejenige Kapitalgesellschaft tätig wird, für deren Kapitalerträge er den Antrag zur tariflichen Einkommensteuer stellt. Bei besonderen Umständen können auch Tätigkeiten auf Ebene einer anderen Kapitalgesellschaft als berufliche Tätigkeit für diejenige Kapitalgesellschaft zu qualifizieren sein, für deren Kapitalerträge der Antrag gestellt wird (BFH-Urteil vom 27. März 2018 VIII R 1/15, BStBl. 2019 II S. 56).

### Zeitraum der Beteiligung

139 Es ist ausreichend, dass die notwendige Beteiligungsquote zu irgendeinem Zeitpunkt in dem Veranlagungszeitraum, für den der Antrag erstmals gestellt wird, vorliegt. Wird die Beteiligungsquote in einem auf die erstmalige Antragstellung folgenden Jahr nicht mehr erreicht, entfaltet die vorher ausgeübte Option keine Wirkung mehr. § 32d Abs. 2 Nr. 3 Satz 4 EStG beinhaltet insoweit lediglich eine Nachweiserleichterung und ersetzt nicht die Tatbestandsvoraussetzungen.

### Hinzuerwerb von Anteilen

140 Erwirbt der Steuerpflichtige Anteile hinzu, findet die Regelung auf die gesamte Beteiligung Anwendung. Eine teilweise Anwendung der Vorschrift auf die hinzuerworbenen Anteile ist nicht möglich.

### Antragsfrist

141 Der Antrag ist spätestens zusammen mit der Abgabe der erstmaligen Einkommensteuererklärung (gleicher Eingangsstempel) für den jeweiligen Veranlagungszeitraum zu stellen. Hierbei handelt es sich um eine Ausschlussfrist, wobei es auf die erstmalige Abgabe der Steuererklärung für das jeweilige Jahr ankommt. Eine Nachholung ist nur unter den Voraussetzungen des § 110 AO möglich (BFH-Urteil vom 28. Juli 2015 VIII R 50/14, BStBl. II S. 894, und vom 29. August 2017 VIII R 33/15, BStBl. 2018 II S. 69). Ein Fall höherer Gewalt i.S.d. § 110 Abs. 3 AO liegt nicht vor, wenn der Steuerpflichtige deshalb keinen Antrag gestellt hat, weil er irrtümlich davon ausgegangen ist, keine Erträge aus der Beteiligung erzielt zu haben (BFH-Urteil vom 14. Mai 2019 VIII R 20/16, BStBl. II S. 586). Ein Widerruf des Antrags kann auch für das Erstjahr bis zur Bestandskraft erklärt werden. Nach Eintritt der Bestandskraft kommt ein wirksamer Widerruf allenfalls in Betracht, soweit die Steuerfestsetzung verfahrensrechtlich geändert werden kann.

### Verfahrensfragen

142 Ist der Steuerpflichtige mittelbar über eine vermögensverwaltende Personengesellschaft an einer Kapitalgesellschaft beteiligt, ist der Antrag im Rahmen der Einkommensteuerveranlagung des Steuerpflichtigen zu stellen. Insoweit liegen die Voraussetzungen des § 32d Abs. 2 Nr. 3 Satz 2 EStG zur Anwendung des Teileinkünfteverfahrens sowie zur Verlustverrechnung und Abziehbarkeit von Werbungskosten vor.

### Vorliegen von Kapitalerträgen

143 Das abstrakte Vorliegen von Kapitalerträgen i.S.d. § 20 Abs. 1 Nr. 1 oder 2 EStG ermöglicht dem Steuerpflichtigen die Ausübung der Option also auch dann, wenn in dem jeweiligen Veranlagungszeitraum Erträge tatsächlich nicht vorhanden sind und die Option nur dazu dient, die tatsächlich entstandenen Werbungskosten zu 60 % im Rahmen der Veranlagung zu berücksichtigen.

### 3. Erträge, die nicht dem Kapitalertragsteuerabzug bei einem inländischen Kreditinstitut unterlegen haben (§ 32d Abs. 3 EStG)

144 Steuerpflichtige Kapitalerträge, die aus rechtlichen oder tatsächlichen Gründen nicht dem Kapitalertragsteuerabzug unterlegen haben (z.B. Gewinne aus der Veräußerung von GmbH-Anteilen oder verdeckte Gewinnausschüttungen), hat der Steuerpflichtige nach § 32d Abs. 3 Satz 1 EStG in seiner Einkommensteuererklärung anzugeben, vgl. auch Rn. 183.

### 4. Veranlagungs-Wahlrecht (§ 32d Abs. 4 EStG)

### Allgemeines

145 Dem Steuerpflichtigen steht für Kapitaleinkünfte, die der Kapitalertragsteuer unterlegen haben, ein Wahlrecht zu, diese im Rahmen seiner Veranlagung geltend zu machen, um die gesetzlich geregelten Tatbestände, die beim Kapitalertragsteuerabzug nicht berücksichtigt werden können, wie z.B. ein Verlustvortrag nach § 20 Abs. 6 EStG, steuermindernd geltend zu machen. Ebenso besteht für den Steuerpflichtigen die Möglichkeit, den Steuereinbehalt des Kreditinstituts dem Grund und der Höhe nach überprüfen zu lassen. Der entsprechende Antrag kann bis zur Unanfechtbarkeit des Einkommensteuerbescheides gestellt werden bzw. solange eine Änderung nach den Vorschriften der AO (z.B. § 164 Abs. 2 AO) oder den Einzelsteuergesetzen möglich ist (BFH-Urteil vom 21. August 2019 X R 16/17, BStBl. 2020 II S. 99). §§ 177 und 351 Abs. 1 AO sind zu beachten.

So kann der Steuerpflichtige z.B. bei Veräußerungsfällen Anschaffungskosten, die sein depotführendes Institut nicht berücksichtigt hat, im Rahmen der Veranlagung anführen. Außerdem kann der Steuerpflichtige unter anderem in den Fällen, in denen beim Kapitalertragsteuerabzug der steuermindernde Effekt der Kirchensteuerzahlung noch nicht berücksichtigt wurde (z.B. bei Dividendenausschüttungen), diesen im Rahmen der Veranlagung nachholen, wenn der Kirchensteuerabzug durch sein depotführendes Institut nicht durchgeführt worden ist und die Festsetzung der Kirchensteuer in der Veranlagung zu erfolgen hat.

Erklärt er diese Einkünfte in der Veranlagung, erfolgt entsprechend der Regelung in § 32d Abs. 3 Satz 2 EStG eine Erhöhung der tariflichen Einkommensteuer um 25 % der – durch die entsprechenden Tatbestände geminderten – Einkünfte. Die vom Kreditinstitut bereits einbehaltene und bescheinigte Kapitalertragsteuer wird nach § 36 Abs. 2 Nr. 2 EStG im Rahmen der Veranlagung auf die für die Einkünfte aus Kapitalvermögen festgesetzte Einkommensteuer angerechnet. Dies kann zu einer Einkommensteuererstattung führen.

146 § 32d Abs. 4 EStG findet zur Verrechnung von positiven Einkünften aus Kapitalvermögen mit negativen Einkünften aus anderen Einkunftsarten keine Anwendung. In diesen Fällen ist § 32d Abs. 6 EStG anzuwenden.

147 Nicht besetzt.

### 5. Anrechnung ausländischer Steuern (§ 32d Abs. 5 EStG)

### Anrechnung ausländischer Steuern bei ausländischen Investmenterträgen

148 Nach § 32d Abs. 5 Satz 1 EStG sind höchstens 25 % ausländische Steuer auf den einzelnen Kapitalertrag anzurechnen. Bei ausländischen Investmenterträgen ist für die Berechnung des anrechenbaren Höchstbetrages der nach Berück-

sichtigung der Teilfreistellung nach § 20 InvStG verbleibende steuerpflichtige Investmentertrag maßgebend.

**Beispiel (ausländischer Auslands-Immobilienfonds):**
Ein inländischer Privatanleger bezieht eine Ausschüttung eines ausländischen Auslands-Immobilienfonds i.S.d. § 2 Abs. 9 Satz 2 InvStG i.H.v. 10 000 €. Nach Anwendung der Auslands-Immobilienteilfreistellung nach § 20 Abs. 3 Satz 2 InvStG i.H.v. 80 % sind nur 2000 € der Investmenterträge steuerpflichtig. Die Ausschüttung unterliegt im Sitzstaat des Investmentfonds einer Quellensteuer i.H.v. 30 %, also 3000 €. Das entsprechende DBA sieht einen Ermäßigungsanspruch auf 15 % (hier 1500 €) vor.

**Lösung:**
Höchstbetrag i.H.v. 500 € (2000 € × 25 %);
Anrechnung i.H.v. 500 €.

**Beispiel (ausländischer Aktienfonds):**
Ein inländischer Privatanleger bezieht eine Ausschüttung eines ausländischen Aktienfonds i.S.d. § 2 Abs. 6 Satz 1 InvStG i.H.v. 10 000 €. Nach Anwendung der Aktienteilfreistellung nach § 20 Abs. 1 Satz 1 InvStG i.H.v. 30 % sind nur 7000 € der Investmenterträge steuerpflichtig. Die Ausschüttung unterliegt im Sitzstaat des Investmentfonds einer Quellensteuer i.H.v. 30 %, also 3000 €. Das entsprechende DBA sieht einen Ermäßigungsanspruch auf 15 % (hier 1500 €) vor.

**Lösung:**
Höchstbetrag i.H.v. 1750 € (7000 € × 25 %);
Anrechnung i.H.v. 1500 € aufgrund der Begrenzung auf die nach dem DBA-Ermäßigungsanspruch verbleibende ausländische Steuer).

Wenn die auszahlende Stelle bei vor dem 1. Januar 2020 zugeflossenen Kapitalerträgen eine niedrigere ausländische Steuer angerechnet hat, als sich nach dieser Randnummer ergibt, ist es nicht zu beanstanden, wenn die auszahlende Stelle keine Korrektur vornimmt. Der Steuerpflichtige kann in diesen Fällen eine Korrektur nach § 32d Abs. 4 EStG im Veranlagungsverfahren beantragen. Für diesen Zweck hat die auszahlende Stelle zu bestätigen, dass sie keine Korrektur vorgenommen hat und vornehmen wird.

## 6. Günstigerprüfung (§ 32d Abs. 6 EStG)

## Allgemeines

§ 32d Abs. 6 EStG regelt die Wahlmöglichkeit des Steuerpflichtigen, seine Einkünfte aus Kapitalvermögen abweichend von § 32d Abs. 1 EStG den allgemeinen einkommensteuerrechtlichen Regelungen zur Ermittlung der tariflichen Einkommensteuer zu unterwerfen. Damit wird für Steuerpflichtige, deren Belastung mit der tariflichen Einkommensteuer auf Kapitaleinkünfte niedriger ist als der Abgeltungsteuersatz i.H.v. 25 %, die Möglichkeit geschaffen, dass ihre Einkünfte aus Kapitalvermögen diesem niedrigeren Steuersatz unterworfen werden. Der Steuerpflichtige hat diese Wahlmöglichkeit im Rahmen seiner Veranlagung geltend zu machen. Zusammenveranlagte Ehegatten/Lebenspartner können das Wahlrecht nur gemeinsam ausüben. Der Antrag auf Günstigerprüfung kann bis zur Unanfechtbarkeit des betreffenden Einkommensteuerbescheides gestellt werden bzw. solange eine Änderung nach den Vorschriften der AO (z.B. § 164 Abs. 2 AO) oder den Einzelsteuergesetzen möglich ist. Die Festsetzung der Steuer in einem Änderungsbescheid nach Eintritt der Bestandskraft, die aufgrund der im Änderungsbescheid berücksichtigten Besteuerungsgrundlagen erstmals eine erfolgreiche Antragstellung gemäß § 32d Abs. 6 EStG ermöglicht, ist ein rückwirkendes Ereignis i.S.d. § 175 Abs. 1 Satz 1 Nr. 2 AO, das einen korrekturbedürftigen Zustand auslöst (BFH-Urteil vom 14. Juli 2020 VIII R 6/17, BStBl 2021 II S. 92). §§ 177 und 351 Abs. 1 AO sind zu beachten (BFH-Urteil vom 12. Mai 2015 VIII R 14/13, BStBl. II S. 806). 149

150 Das Finanzamt prüft im Rahmen der Steuerfestsetzung von Amts wegen, ob die Anwendung der allgemeinen Regelungen (insbesondere unter Berücksichtigung des Grundfreibetrags und des Altersentlastungsbetrags) zu einer niedrigeren Steuerfestsetzung führt (Günstigerprüfung). Sollte dies nicht der Fall sein, gilt der Antrag als nicht gestellt.

Wird das Veranlagungswahlrecht nach § 32d Abs. 6 EStG ausgeübt, müssen alle Kapitalerträge erklärt werden. Hierzu sind sämtliche Steuerbescheinigungen vorzuhalten und auf Verlangen des Finanzamts einzureichen (§ 36 Abs. 2 Nr. 2 Satz 3 EStG). Nicht ausgeglichene Verluste i.S.d. § 43a Abs. 3 EStG sind nur zu berücksichtigen, wenn die Bescheinigung nach § 43a Abs. 3 Satz 4 EStG vorliegt. Der Abzug der tatsächlichen Werbungskosten ist auch im Rahmen der Günstigerprüfung ausgeschlossen (§ 20 Abs. 9 EStG und BFH-Urteil vom 28. Januar 2015 VIII R 13/13, BStBl. II S. 393).

Bei Ansatz der tariflichen Einkommensteuer ist die Kirchensteuer auf Kapitalerträge als Sonderausgabe abzugsfähig (§ 10 Abs. 1 Nr. 4 EStG).

**Beispiel:**

A (ledig) erzielt folgende Einkünfte:

| | |
|---|---|
| Verluste aus Gewerbebetrieb | 20 000 € |
| Einkünfte aus Kapitalvermögen bei seinem inländischen Kreditinstitut | 25 000 € |

**Lösung:**

Beantragt der Steuerpflichtige die Günstigerprüfung, beträgt die festzusetzende tarifliche Einkommensteuer 0 €. Die einbehaltene Kapitalertragsteuer (zzgl. Zuschlagsteuern) wird im Rahmen der Veranlagung erstattet.

Alternativ kann der Steuerpflichtige die Kapitaleinkünfte mit dem in § 32d EStG geregelten Steuersatz versteuern. In diesem Fall beträgt der negative Gesamtbetrag der Einkünfte 20 000 €, welcher nach den Regelungen des § 10d EStG zu berücksichtigen ist.

151 Die nach § 32d Abs. 5 EStG ermittelte ausländische Steuer wird auch im Falle der Günstigerprüfung angerechnet. Dabei ist die Anrechnung auf die tarifliche Einkommensteuer beschränkt, die auf die hinzugerechneten Kapitaleinkünfte entfällt (§ 32d Abs. 6 Satz 2 EStG).

Der Anrechnungshöchstbetrag ist wie folgt zu berechnen:

tarifliche Einkommensteuer bei Hinzurechnung der Kapitaleinkünfte
abzüglich tarifliche Einkommensteuer ohne Kapitaleinkünfte

= Anrechnungshöchstbetrag

## IV. Kapitalerträge mit Steuerabzug (§ 43 EStG)

151a Die Kreditinstitute haben als Organe der Steuererhebung die Rechtsauffassung der Finanzverwaltung hinsichtlich des Kapitalertragsteuereinbehalts anzuwenden (§ 44 Abs. 1 Satz 3 EStG).

### 1. Treuhanddepots

152 Treuhandkonten und -depots sind im Rahmen der Abgeltungsteuer nach den für die Einkünfte aus Kapitalvermögen geltenden Regeln, d.h. grundsätzlich wie Privatkonten und -depots, zu behandeln. Die Verlustverrechnung und die Anrechnung ausländischer Quellensteuer hat nach § 43a Abs. 3 EStG zu erfolgen. Für jedes Treuhandkonto ist ein gesonderter Verlustverrechnungstopf zu führen. Als Steuerbescheinigung ist das Muster I der Anlage des BMF-

Schreibens vom 23. Mai 2022 (BStBl. I S. 860)[1] zu verwenden. Eine Steuerbescheinigung nach Muster III der Anlage des o.g. BMF-Schreibens darf nicht ausgestellt werden.

Bei Treuhandkonten und -depots scheidet eine Abstandnahme vom Steuerabzug aufgrund eines Freistellungsauftrags oder einer NV-Bescheinigung aus, da nach § 44a Abs. 6 EStG Voraussetzung für die Abstandnahme ist, dass Kontoinhaber und Gläubiger der Kapitalerträge identisch sind, vgl. Rn. 301, 302. **153**

Eine Freistellung des Betriebsvermögens gemäß § 43 Abs. 2 Satz 3 EStG von den Kapitalertragsteuertatbeständen ist bei Treuhandkonten und -depots nicht möglich. **154**

**Verwaltung durch einen Insolvenzverwalter**

Betriebliche Konten und Depots, die durch einen Insolvenzverwalter verwaltet werden, fallen nicht unter die Regelungen der Rn. 152 und 154. Zum Nachweis, dass es sich um ein betriebliches Konto handelt, reicht eine Bestätigung des Insolvenzverwalters gegenüber dem Kreditinstitut aus. **155**

**Treuhänderische Vermögensauslagerung auf sogenannte Contractual Trust Arrangements (CTA)**

Die Rn. 152 bis 154 gelten nicht bei Contractual Trust Arrangements (CTAs). Dem konto- bzw. depotführenden Kreditinstitut sind sowohl bei seinen eigenen (konzerninternen) CTAs als auch bei den von dem Kreditinstitut verwalteten für Kunden zur Verfügung gestellten CTAs und Gruppen-CTAs sämtliche Details der Strukturen vollinhaltlich bekannt. Insbesondere ist das Treugeberunternehmen, dem die Kapitalerträge zuzurechnen sind, dem Kreditinstitut bekannt. In diesem Fall sind die Erträge dem Betriebsvermögen des Treugeberunternehmens zuzurechnen. Das Kreditinstitut hat infolge dessen von betrieblichen Einnahmen auszugehen, so dass keine Verlustverrechnung und keine Quellensteueranrechnung erfolgt (§ 43a Abs. 3 Satz 7 EStG). Für die Freistellung vom Steuerabzug nach § 43 Abs. 2 Satz 3 Nr. 1 oder 2 EStG ist auf das Treugeberunternehmen (als Gläubigerin der Kapitalerträge) abzustellen. Ist das Treugeberunternehmen ein Kredit- oder Finanzdienstleistungsinstitut, findet § 43 Abs. 2 Satz 2 EStG Anwendung. **156**

Für andere Treuhandkonten und -depots, die dem konto- bzw. depotführenden Kreditinstitut gegenüber als CTA-Konstruktion offen angezeigt sind, gilt Folgendes: **157**

Der Treuhänder legt dem Kreditinstitut ein Schreiben des Treugeberunternehmers vor, wonach die folgenden Voraussetzungen für die wirtschaftliche Zurechnung zum Treugeberunternehmen für das betreffende Treuhandvermögen erfüllt sind:

- der Treuhänder hat die überlassenen Barmittel oder anderen Vermögenswerte nach vom Treugeber aufgestellten Richtlinien anzulegen oder zu verwalten;
- das eigene Vermögen des Treuhänders und das Treuhandvermögen werden getrennt verwaltet, so dass eine Identifizierung der vom Treuhänder übertragenen Vermögenswerte jederzeit gewährleistet ist;
- Geschäfte mit dem Treugut werden im Namen des Treuhänders, aber nur für Rechnung des Treugebers getätigt;

[1] Nr. **1** § 45a/1.

– der Treugeber kann die Herausgabe des endgültig nicht mehr benötigten Treuhandvermögens verlangen;
– den Treugeber treffen die wirtschaftlichen Entwicklungen der Vermögensanlage einschließlich des Risikos einer Wertminderung sowie der nicht zweckgerichteten Verwendung endgültig.

Wird ein solches Schreiben vorgelegt, hat das konto- bzw. depotführende Kreditinstitut dann von Betriebsvermögen auszugehen und für die Freistellung vom Steuerabzug nach § 43 Abs. 2 Satz 3 Nr. 1 und 2 EStG auf die Merkmale des Treugeberunternehmens abzustellen. Ist eine Freistellung vom Steuerabzug nach § 43 Abs. 2 Satz 3 Nr. 1 und 2 EStG nicht möglich, wird unter den Voraussetzungen des Satzes 1 dieser Randnummer eine Abstandnahme vom Steuerabzug aufgrund einer NV-Bescheinigung nicht beanstandet.

**158** In Fällen der Rn. 156 und 157 sind im Zusammenhang mit einer Freistellung nach § 43 Abs. 2 Satz 3 Nr. 2 EStG i.V.m. § 43 Abs. 2 Satz 7 EStG die Kontendaten des Treuhänders zu übermitteln und dabei dem Treugeber zuzuordnen.

## 2. Kapitalerträge mit Steuerabzug (§ 43 Abs. 1 EStG)

### a) Nachzahlungen (§ 43 Abs. 1 Satz 1 Nr. 7 EStG)

**159** Erhält ein Anleger verzinsliche Nachzahlungen auf einen squeeze-out, vgl. Rn. 70, ist der Zinsertrag gemäß § 20 Abs. 1 Nr. 7 EStG zu erfassen. Kapitalertragsteuer ist nicht einzubehalten, es sei denn, das auszahlende Kreditinstitut ist Schuldner der Kapitalerträge.

### b) Weltbank-Papiere im Rahmen der Abgeltungsteuer (§ 43 Abs. 1 Satz 1 Nr. 7 Buchst. a EStG)

**160** Auf Zinsscheine zu DM- und Fremdwährungsanleihen der Afrikanischen Entwicklungsbank (African Development Bank – AfDB), der Asiatischen Entwicklungsbank (Asian Development Bank – AFB), der International Finance Corporation (IFC), der Weltbank (International Bank for Reconstruction and Development – IBRD) und zu Fremdwährungsanleihen der Interamerikanischen Entwicklungsbank (Inter-American Development Bank – IADB), die vor dem 24. September 1992 begeben worden sind, sowie auf Zinsscheine zu DM-Anleihen der Interamerikanischen Entwicklungsbank (IADB), die vor dem 4. November 1992 begeben worden sind, wird kein Steuerabzug vorgenommen, wenn die Zinsscheine im Tafelgeschäft bei Kreditinstituten eingelöst werden, die in den jeweiligen Emissionsbedingungen als Zahlstellen genannt sind. Dies gilt auch für die Einlösung der Anleihen. Die Festsetzung der Einkommensteuer ist gemäß § 32d Abs. 3 EStG im Rahmen der Einkommensteuerveranlagung durchzuführen.

### c) Namensschuldverschreibungen (§ 43 Abs. 1 Satz 1 Nr. 7 EStG)

**161** Eine Namensschuldverschreibung fällt grundsätzlich unter § 43 Abs. 1 Satz 1 Nr. 7 Buchst. b EStG, ist jedoch ausnahmsweise als Teilschuldverschreibung i.S.d. § 43 Abs. 1 Satz 1 Nr. 7 Buchst. a EStG einzuordnen, wenn folgende Voraussetzungen erfüllt sind:

– die Anleihe/Emission muss in einem einheitlichen Akt begeben worden sein,
– die über die einheitliche Anleihe ausgestellten, auf Teile des Gesamtnennbetrags lautenden Schuldverschreibungen müssen hinsichtlich der Konditionen (Ausstellungsdatum, Laufzeit, Tilgungsmodalitäten, Verzinsung) einheit-

lich ausgestaltet, also untereinander austauschbar und übertragbar (fungibel) sein und

– aus der Teilschuldverschreibung muss ersichtlich sein, dass sie einen Teil einer Gesamtemission verbrieft.

Findet die Verwahrung als Streifbandverwahrung oder als eingeschränkte Girosammelverwahrung statt und schafft der Emittent hierdurch die Möglichkeit, Namensschuldverschreibungen auf einfachem Weg auszutauschen und zu übertragen, reicht dies für die Annahme einer hinreichenden Fungibilität als Merkmal einer Teilschuldverschreibung aus.

### d) Depotübertrag mit Gläubigerwechsel (§ 43 Abs. 1 Satz 4 bis 6 EStG)

#### Veräußerungsfiktion bei Depotübertrag mit Gläubigerwechsel (§ 43 Abs. 1 Satz 4 EStG)

Für Zwecke des Kapitalertragsteuerabzugs gilt die Übertragung eines von einer auszahlenden Stelle verwahrten oder verwalteten Wirtschaftsguts i.S.v. § 20 Abs. 2 EStG auf einen anderen Gläubiger grundsätzlich als Veräußerung des Wirtschaftsguts. 162

Eine nach § 43 Abs. 1 Satz 4 EStG fingierte Veräußerung ist nur dann kapitalertragsteuerpflichtig, wenn sich nach der Übergangsregelung in § 52 Abs. 28 EStG eine materielle Steuerpflicht des Veräußerungsgewinns nach § 20 Abs. 2 EStG ergeben würde. 163

**Beispiel:**

A überträgt an B Aktien, die er im Jahr 2006 erworben hat.

**Lösung:**

Die Übertragung stellt keine steuerpflichtige Veräußerung i.S.d. § 43 Abs. 1 Satz 4 EStG dar.

Die auszahlende Stelle muss die anfallende Kapitalertragsteuer vom Kunden einfordern oder das Betriebsstättenfinanzamt informieren, soweit der Betrag nicht zur Verfügung gestellt wird (entsprechende Anwendung von § 44 Abs. 1 Satz 7 bis 11 EStG). 164

#### Übertragung von Depots aus Anlass von Erbfällen (§ 43 Abs. 1 Satz 5 EStG)/Übertragungen für Zwecke der Begründung eines Treuhandverhältnisses

Kommt es in Erbfällen zu einem Depotübertrag auf einen anderen Gläubiger, ist von einem unentgeltlichen Depotübertrag i.S.d. § 43 Abs. 1 Satz 5 EStG auszugehen. Da in diesen Fällen dem Grunde nach eine Verpflichtung zur Anzeige unmittelbar an das zuständige Erbschaftsteuerfinanzamt nach § 33 ErbStG besteht, ist eine Meldung nach § 43 Abs. 1 Satz 6 EStG nicht erforderlich. 165

In den Fällen, in denen sowohl der Treuhänder als auch der Treugeber bekannt sind (offene Treuhand) und eine Übertragung zwischen Treugeber und Treuhänder erfolgt, ist eine Meldung nicht erforderlich.

#### Unentgeltliche Depotüberträge (§ 43 Abs. 1 Satz 5 und 6 EStG)

Von einer Veräußerung ist nicht auszugehen, wenn der Steuerpflichtige unter Benennung der gesetzlich geforderten Daten der auszahlenden Stelle mitteilt, dass es sich um eine unentgeltliche Übertragung handelt. 166

Sofern bei einer Übertragung eines Depots die erforderlichen Daten, die den Übertragenden und den Depotempfänger betreffen, berechtigterweise nicht vollständig mitgeteilt werden können, steht dies einer Einordnung als unentgeltlicher Übertragung nicht entgegen. Dies gilt insbesondere bei Personengesellschaften, Körperschaften und anderen Unternehmen, die nicht über eine steuerliche Identifikationsnummer verfügen. Natürliche Personen (z.B. Anleger aus dem Ausland, Diplomaten) können sich für diesen Zweck eine steuerliche Identifikationsnummer beim Bundeszentralamt für Steuern erteilen lassen, wenn ihnen nicht aus anderen Gründen bereits eine solche erteilt wurde.

Sind mehrere Personen, entweder als Übertragende oder als Empfänger, Inhaber eines Gemeinschaftsdepots, so ist für diesen Depotübertrag nur eine Meldung vorzunehmen (inklusive der steuerlichen Identifikationsnummern und der sonstigen gesetzlich vorgeschriebenen Angaben).

Informiert das Kreditinstitut den Steuerpflichtigen z.B. bei Antragstellung oder bei Auftragserteilung für einen Depotübertrag mit dem jeweiligen Formular darüber, dass die abgefragten Daten an die Finanzbehörden übermittelt werden, so ist keine zusätzliche Information des Steuerpflichtigen i.S.d. § 93c Abs. 1 Nr. 3 AO mehr erforderlich.

Bei einem Übertrag der Wertpapiere von einem Treuhänder auf einen Dritten sind die steuerlichen Identifikationsnummern des Treugebers (soweit bekannt), des Treuhänders und des Empfängers zu melden.

**167** Die auszahlende Stelle kann zur Verfahrensvereinfachung die Übertragungen je Empfänger zusammenfassen. Die Übertragungen sind bis zum 31. Mai des Folgejahres dem Betriebsstättenfinanzamt zu übermitteln.

**168** Wird ein Wirtschaftsgut vom Einzeldepot eines Ehegatten/Lebenspartners auf ein Gemeinschaftsdepot der Ehegatten/Lebenspartner (oder umgekehrt) oder auf ein Einzeldepot des anderen Ehegatten/Lebenspartners übertragen, gilt dies für Zwecke des Kapitalertragsteuerabzugs als unentgeltliche Übertragung i.S.d. § 43 Abs. 1 Satz 5 und 6 EStG. Hiervon unabhängig bedarf es jedoch der Angabe der steuerlichen Identifikationsnummern der Ehegatten/Lebenspartner.

**169** Bei einem unentgeltlichen Depotübertrag muss keine Meldung an das Finanzamt erfolgen, soweit es sich um einen Übertrag von Altbeständen i.S.d. § 52 Abs. 28 EStG handelt, die nicht der Abgeltungsteuer unterliegen.

**Behandlung von Wertpapierleihe, Wertpapierpensions- und Repogeschäften**

**170** Werden Wertpapierleihe-, Wertpapierpensions- oder Repogeschäfte durchgeführt, liegt unabhängig von der zivilrechtlichen Abwicklung einkommensteuerrechtlich in allen Varianten ein Depotübertrag auf einen anderen Gläubiger (Depot des Verleihers auf Depot des Entleihers) vor, der nach § 43 Abs. 1 Satz 4 EStG als Veräußerung fingiert wird. Beim Entleiher erfolgt eine Einbuchung mit dem Ersatzwert für die Anschaffungskosten, § 43a Abs. 2 Satz 11 EStG. Bei entsprechender Mitteilung kann der Vorgang auch als unentgeltlicher Depotübertrag mit Meldung an das Finanzamt abgewickelt werden (§ 43 Abs. 1 Satz 5 und 6 EStG).

**171** Ist das depotführende Kreditinstitut in den Leihevorgang als Entleiher eingeschaltet, sind der Entleihvorgang und die Rückgabe steuerlich neutral zu behandeln. § 43 Abs. 1 Satz 4 bis 6 EStG findet keine Anwendung.

**172** Rn. 171 gilt entsprechend, wenn das Kreditinstitut der Verleiher der Wertpapiere ist. Werden die auf Grund der Wertpapierleihe eingebuchten Wertpapiere im Zeitraum des Leihgeschäfts zwischenzeitlich veräußert, ist hinsichtlich der Ermittlung des Veräußerungsgewinns die Ersatzbemessungsgrundlage nach § 43a Abs. 2 Satz 7 EStG anzuwenden. Deckt sich der Steuerpflichtige mit den Wertpapieren für Zwecke der Rückübertragung ein, hat das Kreditinstitut die hierfür angefallenen Anschaffungskosten nachträglich dem Veräußerungsgeschäft zuzuordnen. Im Rahmen der Kapitalertragsteuer-Anmeldung ist die Erhebung der Kapitalertragsteuer insoweit zu korrigieren, als anstelle des Ansatzes der Ersatzbemessungsgrundlage der tatsächliche Veräußerungsgewinn unter Berücksichtigung der tatsächlichen Anschaffungskosten anzusetzen ist.

Kann die Zuordnung des späteren Eindeckungsgeschäfts zu dem vorangehenden Veräußerungsgeschäft ausnahmsweise nicht durch das Kreditinstitut vorgenommen werden oder unterbleibt die Zuordnung, weil das Eindeckungsgeschäft in einem späteren Kalenderjahr als dem des Verkaufs erfolgt, wird das Erfüllungsgeschäft als entgeltlicher Depotübertrag (§ 43 Abs. 1 Satz 4 EStG) behandelt. Dabei wird als Ersatzwert für den Veräußerungserlös der Börsenkurs angesetzt. Die Zuordnung des Eindeckungsgeschäfts zu dem vorangehenden Veräußerungsgeschäft kann in diesem Fall vom Kunden in der Veranlagung vorgenommen werden (§ 32d Abs. 4 EStG).

Für den im Rahmen eines Wertpapierpensionsgeschäfts geleisteten Repozins **173**
findet § 22 Nr. 3 EStG Anwendung.

### 3. Ausnahmen vom Steuerabzug (§ 43 Abs. 2 EStG)

#### a) Interbankenprivileg (§ 43 Abs. 2 Satz 2 EStG)

§ 43 Abs. 2 Satz 2 EStG ist auch anzuwenden, wenn Gläubiger der Kapital- **174**
erträge die Deutsche Bundesbank oder eine ausländische Zweigstelle eines inländischen Kreditinstituts oder inländischen Finanzdienstleistungsinstituts ist.

§ 43 Abs. 2 Satz 2 EStG findet auch Anwendung bei zugunsten eines inländischen Kreditinstituts oder inländischen Finanzdienstleistungsinstituts verwahrten Investmentanteilen.

Gehören die Konten oder Depots einem unter Insolvenzverwaltung stehenden Kredit- oder Finanzdienstleistungsinstitut, findet § 43 Abs. 2 Satz 2 EStG gleichfalls Anwendung. Rn. 155 Satz 2 gilt entsprechend.

#### b) Ausnahmen für Unternehmen (§ 43 Abs. 2 Satz 3 bis 8 EStG)

#### Nach ausländischem Recht gegründete, unbeschränkt steuerpflichtige Körperschaften

Unter die Freistellung vom Steuerabzug gemäß § 43 Abs. 2 Satz 3 Nr. 1 EStG **175**
fallen auch unbeschränkt steuerpflichtige Körperschaften, die nach ausländischem Recht gegründet wurden. Körperschaften in diesem Sinne sind insbesondere die in Anlage 2 zum EStG (zu § 43b EStG) angeführten Gesellschaften.

#### Erklärung zur Freistellung vom Steuerabzug nach § 43 Abs. 2 Satz 3 Nr. 2 EStG

Bei Kapitalerträgen i.S.d. § 43 Abs. 1 Satz 1 Nr. 6 und 8 bis 12 sowie Satz 2 **176**
EStG ist kein Steuerabzug vorzunehmen, wenn die Kapitalerträge Betriebseinnahmen oder Erträge aus Options- und Termingeschäften im Rahmen der Einkünfte aus Vermietung und Verpachtung sind und der Gläubiger der Kapitalerträge dies gegenüber der auszahlenden Stelle nach amtlich vorgeschriebenem Muster erklärt. Ausgleichszahlungen aus der Auflösung von Zinsswapgeschäften gehören nicht zu den Einkünften aus Vermietung und Verpachtung (BFH-Urteil vom 13. Januar 2015 IX R 13/14, BStBl. II S. 827).

177 Optiert eine Personenhandels- oder Partnerschaftsgesellschaft nach § 1a KStG zur Körperschaftsbesteuerung und liegt der auszahlenden Stelle eine „Erklärung zur Freistellung vom Kapitalertragsteuerabzug gemäß § 43 Abs. 2 Satz 3 Nr. 2 EStG" vor, so gilt dies als Widerruf der Erklärung. Der Nachweis der Ausübung der Option zur Körperschaftsbesteuerung gegenüber der auszahlenden Stelle erfolgt durch Vorlage einer Kopie der Zuteilung einer Körperschaftsteuernummer durch das nach § 20 AO für die Körperschaftsbesteuerung der optierenden Gesellschaft zuständige Finanzamt. Die Beendigung der Option zur Körperschaftsbesteuerung hat die Personenhandels- oder Partnerschaftsgesellschaft der auszahlenden Stelle unverzüglich formlos anzuzeigen, ggf. ist ein erneuter Antrag mit der „Erklärung zur Freistellung vom Kapitalertragsteuerabzug gemäß § 43 Abs. 2 Satz 3 Nr. 2 EStG" zu stellen. Es wird nicht beanstandet, wenn die sich im Kapitalertragsteuerabzugsverfahren aufgrund der Option zur Körperschaftsbesteuerung ergebenden Änderungen erst im Folgejahr nach der Einreichung der Unterlagen beim Kreditinstitut angewendet werden. Dies gilt sowohl für den Nachweis der Ausübung der Option als auch für die Rückoption. Zum Muster vgl. Anlage 1.

178 Es ist nicht zu beanstanden, wenn Sachverhalte, die bei einer auszahlenden Stelle nicht vorkommen, im Freistellungserklärungsformular weggelassen werden (z.B. depotführende Kapitalanlagegesellschaften führen keine Termin- und Optionsgeschäfte für ihre Kunden aus, so dass die entsprechenden Ankreuzkästchen mit dazugehörigem Text in der Freistellungserklärung entfallen können).

179 Weiterhin wird nicht beanstandet, wenn – je nach Fallgestaltung – in der Freistellungserklärung nur die Depots benannt und die Konten weggelassen werden. Außerdem kann statt der Formulierung „aus den Konten und Depots mit der Stammnummer …" auch die Formulierung „aus den Konten und Depots mit der Kundennummer …" verwendet werden.

### 4. Einbehalt und Abführung der Kapitalertragsteuer durch inländische Niederlassungen von ausländischen Versicherungsunternehmen (§ 43 Abs. 3 EStG)

180 Bei inländischen Kapitalerträgen i.S.d. § 20 Abs. 1 Nr. 6 EStG ist Kapitalertragsteuer zu erheben (§ 43 Abs. 1 Satz 1 Nr. 4 EStG). Inländische Kapitalerträge liegen auch dann vor, wenn der Schuldner eine Niederlassung i.S.d. §§ 61, 65 oder 68 des Versicherungsaufsichtsgesetzes im Inland hat (§ 43 Abs. 3 Satz 1 Halbsatz 2 EStG). Maßgeblich ist der Zeitpunkt des Zuflusses der Kapitalerträge. Keine Bedeutung hat insoweit der Zeitpunkt des Vertragsabschlusses. Ein Steuerabzug hat gegenüber allen unbeschränkt steuerpflichtigen Personen unabhängig davon zu erfolgen, ob der Versicherungsvertrag über die inländische Niederlassung oder über eine ausländische Geschäftsstelle abgeschlossen oder verwaltet wurde. Handelt es sich bei dem Gläubiger der Kapitalerträge um eine nicht unbeschränkt steuerpflichtige Person, ist in den Fällen des § 43 Abs. 3 Satz 1 Halbsatz 2 EStG kein Steuerabzug vorzunehmen.

181 Die inländische Niederlassung gilt für Zwecke der Kapitalertragsteuer als Schuldner der Kapitalerträge. Bei mehreren inländischen Niederlassungen hat das Versicherungsunternehmen eine Niederlassung zu bestimmen, die die Rechte und Pflichten aus dem Steuerabzugsverfahren wahrnimmt; hierüber ist das örtlich zuständige Finanzamt der Niederlassung zu informieren. Die inländische Niederlassung hat insbesondere die einbehaltene Kapitalertragsteuer gegenüber ihrem örtlich zuständigen Finanzamt anzumelden und abzuführen,

auf Verlangen des Steuerpflichtigen eine Steuerbescheinigung zu erstellen und Freistellungsaufträge oder NV-Bescheinigungen anzunehmen.

### 5. Abgeltungswirkung bei von den Erträgen abweichender Bemessungsgrundlage (§ 43 Abs. 5 EStG)

Ist die beim Kapitalertragsteuerabzug angesetzte Bemessungsgrundlage größer als die tatsächlich erzielten Erträge, kann der Steuerpflichtige im Rahmen des Veranlagungswahlrechts nach § 32d Abs. 4 EStG den zutreffenden Ansatz geltend machen. **182**

Ist die beim Kapitalertragsteuerabzug angesetzte Bemessungsgrundlage kleiner als die tatsächlich erzielten Erträge, tritt die Abgeltungswirkung nach § 43 Abs. 5 EStG nur insoweit ein, als die Erträge der Höhe nach dem Steuerabzug unterliegen. Für den darüberhinausgehenden Betrag besteht eine Veranlagungspflicht nach § 32d Abs. 3 EStG. Aus Billigkeitsgründen kann hiervon abgesehen werden, wenn die Differenz je Veranlagungszeitraum nicht mehr als 500 € beträgt und keine weiteren Gründe für eine Veranlagung nach § 32d Abs. 3 EStG vorliegen. **183**

## V. Bemessung der Kapitalertragsteuer (§ 43a EStG)

### 1. Übernahme der Kapitalertragsteuer durch den Schuldner der Kapitalerträge

Übernimmt der Schuldner der Kapitalerträge für den Gläubiger die Kapitalertragsteuer, gilt dies auch für den Solidaritätszuschlag. Die Kirchensteuer ist ebenfalls zu berücksichtigen (vgl. § 51a Abs. 2c EStG). **183a**

**Beispiel 1:**

Berechnungsbeispiel (mit Kirchensteuer):

| | |
|---|---|
| verdeckte Gewinnausschüttung: | 100 000,00 € |
| vom Schuldner übernommene Kapitalertragsteuer: | 33 955,86 € |
| vom Schuldner übernommener Solidaritätszuschlag: | 1867,57 € |
| vom Schuldner übernommene Kirchensteuer: | 3056,03 € |
| Kapitalertrag i.S.d. § 43a Abs. 1 Satz 1 Nr. 1 EStG: | 138 879,46 € |

Die Berechnungsformel nach § 32d Abs. 1 Satz 3 EStG ist wie folgt anzupassen:

$$\text{Kapitalertrag} = \frac{\text{tatsächlich ausgezahlter Betrag} \times 4{,}09}{2{,}945}$$

Bei einem Kirchensteuer-Satz von 8 % ist im Zähler ein Wert von 4,08 zu verwenden.

**Beispiel 2:**

Berechnungsbeispiel (ohne Kirchensteuer):

| | |
|---|---|
| verdeckte Gewinnausschüttung: | 100 000,00 € |
| vom Schuldner übernommene Kapitalertragsteuer: | 33 955,86 € |
| vom Schuldner übernommener Solidaritätszuschlag: | 1867,57 € |
| Kapitalertrag i.S.d. § 43a Abs. 1 Satz 1 Nr. 1 EStG: | 135 823,43 € |

Berechnungsformel:

$$\text{Kapitalertrag} = \frac{\text{tatsächlich ausgezahlter Betrag} \times 4}{2{,}945}$$

## 2. Depotüberträge ohne und mit Gläubigerwechsel (§ 43a Abs. 2 EStG)

### a) Einzelfragen (§ 43a Abs. 2 Satz 3 ff. EStG)

**Wertansatz bei nicht börsennotierten Inhaber-Schuldverschreibungen**

184 Kommt es bei einer nicht börsennotierten Inhaber-Schuldverschreibung zu einem Depotwechsel, kann mangels Börsenkurs der von der emittierenden Stelle festgestellte Wert angesetzt werden. Da in der Praxis der Emittent bei diesen Papieren regelmäßig den Kurs feststellt, sind diese Daten anzusetzen.

**Übermittlung der Anschaffungsdaten bei Übertragung von Investmentanteilen von einem anderen inländischen Institut ohne Gläubigerwechsel sowie mit Gläubigerwechsel bei einem unentgeltlichen Erwerb i.S.d. § 43 Abs. 1 Satz 5 EStG**

184a Unter den Begriff der Anschaffungsdaten sind sämtliche bei Anschaffung der Investmentanteile vorliegenden Daten zu fassen. Im Einzelnen sind die folgenden Anschaffungsdaten zu übermitteln:

– der Anschaffungszeitpunkt,
– die Anschaffungskosten (Ausgabepreis oder bei einem Erwerb auf dem Sekundärmarkt der Kaufpreis einschließlich Anschaffungsnebenkosten) der zum jeweiligen Anschaffungszeitpunkt erworbenen Investmentanteile,
– die Anzahl der zum jeweiligen Anschaffungszeitpunkt erworbenen Investmentanteile (sofern zwischenzeitlich eine steuerneutrale Fondsverschmelzung vorgenommen wurde: die Anzahl der erworbenen Anteile unter Berücksichtigung des Umtauschverhältnisses der Fondsverschmelzung).

Darüber hinaus ist bei Depotüberträgen bis einschließlich dem 31. Dezember 2017 auch der bei Erwerb der Investmentanteile gezahlte Zwischengewinn i.S.d. § 1 Abs. 4 InvStG in der bis zum 31. Dezember 2017 geltenden Fassung mitzuteilen. Außerdem sollte der Immobiliengewinn zum Anschaffungszeitpunkt übermittelt werden. Es wird jedoch nicht beanstandet, wenn der Immobiliengewinn nicht übermittelt wird, sondern von dem aufnehmenden Kreditinstitut anhand des Anschaffungszeitpunkts bestimmt wird.

Für Investmentanteile, die im Rahmen einer steuerneutralen Verschmelzung gemäß §§ 14, 17a InvStG in der bis zum 31. Dezember 2017 geltenden Fassung erworben worden sind, gehören zu den Anschaffungsdaten auch die für die Veräußerungsgewinnermittlung nach § 8 Abs. 5 InvStG in der bis zum 31. Dezember 2017 geltenden Fassung erforderlichen Korrekturgrößen für den Zeitraum zwischen Anschaffung und Verschmelzung der Investmentanteile an dem übertragenden Investmentfonds. Die Korrekturgrößen können gesondert oder durch Anpassung i.S.d. § 8 Abs. 5 InvStG in der bis zum 31. Dezember 2017 geltenden Fassung des zu übermittelnden Ausgabe- bzw. Kaufpreises der Investmentanteile an dem übertragenden Investmentfonds mitgeteilt werden. Daneben sind die zum Zeitpunkt der Verschmelzung noch nicht dem Steuerabzug unterworfenen akkumulierten ausschüttungsgleichen Erträge sowie der Zeitpunkt der letzten steuerneutralen Verschmelzung mitzuteilen.

Bei Depotüberträgen ab dem 1. Januar 2018 sind folgende zusätzliche Angaben zu übermitteln:

– der Gewinn aus der fiktiven Veräußerung zum 31. Dezember 2017 i.S.d. § 56 Abs. 2 Satz 1 InvStG und die akkumulierten ausschüttungsgleichen Erträge nach § 7 Abs. 1 Satz 1 Nr. 3 InvStG in der bis zum 31. Dezember 2017 geltenden Fassung (§ 56 Abs. 4 Satz 1 und 3 InvStG),

– der Zwischengewinn nach § 56 Abs. 4 Satz 1 Nr. 2 InvStG i.V.m. § 7 Abs. 1 Satz 1 Nr. 4 InvStG in der bis zum 31. Dezember 2017 geltenden Fassung (§ 56 Abs. 4 Satz 3 InvStG),
– die Anschaffungskosten i.S.d. § 56 Abs. 2 Satz 2 oder 3 InvStG zum 1. Januar 2018 (die ursprünglichen Anschaffungskosten wurden im fiktiven Veräußerungsgewinn berücksichtigt und sind daher nicht zu übermitteln),
– der Gewinn aus der fiktiven Veräußerung i.S.d. § 22 Abs. 1 InvStG,
– die Anschaffungskosten i.S.d. § 22 Abs. 2 InvStG (dieser Wert tritt an die Stelle der ursprünglichen Anschaffungskosten zum Zeitpunkt des Erwerbs) und
– die Anschaffungskosten i.S.d. § 52 Abs. 3 Satz 2 InvStG.

Es wird nicht beanstandet, wenn für den Fall von mehreren vorangegangenen fiktiven Veräußerungen i.S.d. § 22 Abs. 1 InvStG Gewinne und Verluste, die aus einer originären Anschaffungsposition stammen, in einem Betrag übermittelt werden, vgl. Rn. 59 Abs. 3 des BMF-Schreibens vom 23. Mai 2022 (BStBl. I S. 860)[1].
Die übermittelten Anschaffungsdaten sind im Rahmen des Steuerabzugs für die Ermittlung des (späteren) Gewinns aus der Rückgabe oder Veräußerung der Investmentanteile für die übernehmende inländische auszahlende Stelle grundsätzlich bindend. Ändert der Investmentfonds die Angaben zum Zwischengewinn oder zum Immobiliengewinn, so hat das aufnehmende Kreditinstitut die korrigierten Werte zu berücksichtigen. Wenn das abgebende Kreditinstitut korrigierte Anschaffungsdaten übermittelt, dann sind diese korrigierten Werte dem Steuerabzug zu Grunde zu legen.

**Wertansatz bei Anteilen an Investmentfonds**

Soweit der Börsenkurs bei börsennotierten Wertpapieren zu Grunde zu legen ist, tritt an diese Stelle bei Anteilen an Investmentfonds der Rücknahmepreis. Wird bei Investmentanteilen ein Rücknahmepreis nicht festgesetzt, tritt an seine Stelle der Börsen- oder Marktpreis. **185**

**Depotübertrag aufgrund einer Versicherungsleistung in Form von Investmentfondsanteilen**

Bei fondsgebundenen Versicherungsverträgen i.S.d. § 20 Abs. 1 Nr. 6 EStG wird dem Versicherungsnehmer mitunter das Wahlrecht eingeräumt, anstatt einer Auszahlung der Versicherungsleistung in Geld eine Übertragung von Fondsanteilen zu verlangen. § 43a Abs. 2 Satz 3 EStG ist in diesen Fällen entsprechend anzuwenden. Die vom Versicherungsunternehmen mitgeteilten Anschaffungsdaten sind von dem übernehmenden inländischen Kreditinstitut zu verwenden. Als Anschaffungskosten gilt dabei der Rücknahmepreis, mit dem die Versicherungsleistung bei einer Geldzahlung berechnet worden wäre; vgl. Rn. 34 des BMF-Schreibens vom 1. Oktober 2009 (BStBl. I S. 1172)[2], zuletzt geändert durch BMF-Schreiben vom 9. August 2019 (BStBl. I S. 829). Als Anschaffungsdatum ist der Zeitpunkt der Fälligkeit der Versicherungsleistung vom Versicherungsunternehmen mitzuteilen. **186**

---

[1] Nr. **1** § 45a/1.
[2] Nr. **1** § 20/12.

**Behandlung von Depotüberträgen ohne Gläubigerwechsel, die vor 2009 vollzogen werden**

187 Für die Anwendung des § 43a Abs. 2 Satz 3 EStG (Überträge innerhalb Deutschlands) sowie des § 43a Abs. 2 Satz 5 EStG (EU-/EWR-Auslandsfälle) gelten die Vorschriften zur Abgeltungsteuer erstmals für nach dem 31. Dezember 2008 zufließende Kapitalerträge. § 43a Abs. 2 Satz 3 und 5 EStG gilt somit erst für Depotüberträge ab 2009.

188 Hat die inländische abgebende Stelle bei einem Depotübertrag, der vor 2009 vollzogen wurde, der übernehmenden auszahlenden Stelle die Daten übertragen oder überträgt sie diese Daten nach dem 31. Dezember 2008, obwohl sie hierzu nicht verpflichtet ist, sind diese Daten von der übernehmenden Stelle zu berücksichtigen; die Regelung zur Ersatzbemessungsgrundlage findet insoweit keine Anwendung. Werden die Daten von der abgebenden auszahlenden Stelle erst zeitlich nach einer bereits abgerechneten Veräußerung übertragen, ist diese Abrechnung von der übernehmenden auszahlenden Stelle nicht zu korrigieren.

**Behandlung von Depotübertragungen bei Wertpapieren, die vor dem 1. Januar 2009 angeschafft wurden**

189 § 43a Abs. 2 Satz 3 ff. EStG findet auch Anwendung bei Wertpapieren, die vor dem 1. Januar 2009 angeschafft wurden.

**Weitergabe von Anschaffungsdaten im Emissionsgeschäft**

190 Im Emissionsgeschäft begibt der Emittent bestimmte Wertpapiere (z.B. Inhaberschuldverschreibungen oder Genussscheine) und bietet diese im Rahmen eines öffentlichen Angebotes selbstständig, d.h. ohne Beteiligung der abwickelnden Bank, interessierten Anlegern an. Sodann beauftragt der Emittent ein Finanzdienstleistungs- oder Kreditinstitut mit der Verbriefung der zu begebenden Wertpapiere. Das insgesamt angebotene Emissionsvolumen wird daraufhin von dem Finanzdienstleistungs- oder Kreditinstitut „en bloc“ oder in Teilbeträgen verbrieft, bei einem Zentralverwahrer (z.B. Clearstream Banking) zugelassen und in ein Emissionsdepot des Emittenten eingebucht.

Aus dem Emissionsdepot heraus werden dann Übertragungsaufträge erteilt, mit denen die jeweils gezeichneten Wertpapiere zu den entsprechenden Anlegern transportiert werden sollen. Alle notwendigen Anschaffungsdaten teilt der Emittent der begleitenden Bank gemeinsam mit den Übertragungsaufträgen mit, so dass die begleitende Bank der Depotbank des Anlegers die effektiv zugrunde zu legenden Anschaffungsdaten mitteilen kann. Sowohl Anschaffungspreise als auch Anschaffungszeitpunkte können dabei auf Basis des Emissionsprospektes oder auch der Zeichnungsscheine festgestellt werden. Die eingeschränkte Möglichkeit des Nachweises der Anschaffungsdaten nach § 43a Abs. 2 Satz 3 EStG findet insoweit keine Anwendung, da die Richtigkeit der Anschaffungskosten auf Ebene der begleitenden Bank nachvollzogen werden kann.

**Depotüberträge aufgrund von Umstrukturierungen im Konzern und Geschäftsstellenveräußerungen – Übertragung von nicht ausgeglichenen Verlusten sowie nicht angerechneter ausländischer Quellensteuern**

191 Werden depotführende Unternehmensteile eines Kreditinstituts veräußert oder auf andere Konzerngesellschaften übertragen (Gesamt- oder Einzelrechtsnachfolge), hat in diesen Fällen der Konzernumstrukturierungen und Veräußerun-

gen einer Geschäftsstelle eines Kreditinstituts an ein anderes Kreditinstitut die Ermittlung der Bemessungsgrundlage für den Kapitalertragsteuerabzug weiterhin nach den historischen Anschaffungsdaten zu erfolgen. Die Ersatzbemessungsgrundlage ist nicht anzuwenden. Eventuell erteilte Freistellungsaufträge oder NV-Bescheinigungen gelten weiter, sofern die Geschäftsbeziehungen zum übertragenden Institut aufgegeben werden. Weiterhin sind die nicht ausgeglichenen Verluste sowie die nicht angerechneten anrechenbaren ausländischen Quellensteuern zu berücksichtigen.

Entsprechendes gilt, wenn an der Umstrukturierung depotführende Kapitalanlagegesellschaften beteiligt sind. 192

**Übermittlung der Anschaffungsdaten bei Depotübertrag ohne Gläubigerwechsel von einem ausländischen Institut**

Nach dem Wortlaut des § 43a Abs. 2 Satz 5 EStG kann der Steuerpflichtige den Nachweis der Anschaffungsdaten bei Depotüberträgen von einem ausländischen Institut mit Sitz innerhalb der EU, des EWR oder in den Staaten/Gebieten Luxemburg, Österreich, Schweizerische Eidgenossenschaft, Fürstentum Liechtenstein, Republik San Marino, Fürstentum Monaco, Fürstentum Andorra, Curacao und Sint Maarten nur mittels Bescheinigung des ausländischen Instituts führen. Es ist jedoch nicht zu beanstanden, wenn bei Depotüberträgen aus dem Ausland eine Übertragung der Anschaffungsdaten auf elektronischem Wege erfolgt. Die Anschaffungsdaten dürfen nur dann übernommen werden, wenn das abgebende ausländische Institut versichert, dass in den letzten 10 Jahren vor dem Depotübertrag ins Inland weder ein Erbfall noch ein sonstiger unentgeltlicher Erwerb (z.B. Stiftungsfall) mit Übernahme der Anschaffungsdaten stattgefunden hat. Bei Depotüberträgen von einem ausländischen Institut mit Sitz außerhalb der vorgenannten Staaten ist nach § 43a Abs. 2 Satz 6 EStG ein Nachweis der Anschaffungsdaten im Rahmen des Steuerabzugsverfahrens nicht zulässig und infolge dessen die Ersatzbemessungsgrundlage anzuwenden. Eine Berichtigungsmöglichkeit besteht ausschließlich im Veranlagungsverfahren auf Antrag nach § 32d Abs. 4 EStG. 193

Im Fall einer Umschreibung eines durch Erbfall erworbenen Depots auf den Erben im Ausland mit anschließender Übertragung ins Inland ist von einem Depotübertrag mit Gläubigerwechsel auszugehen, bei dem die Anschaffungsdaten auch bei einem Übertrag von einem ausländischen Institut mit Sitz innerhalb der in Satz 1 genannten Staaten und Gebiete nicht vom inländischen Institut übernommen werden dürfen, es sei denn, das ausländische Institut versichert, dass der Erbfall mehr als 10 Jahre vor der Depotübertragung ins Inland zurückliegt.

Bei einem unentgeltlichen Depotübertrag mit Gläubigerwechsel (z.B. Depotübertrag Stifter auf Stiftung) kommt eine unmittelbare oder analoge Anwendung des § 43a Abs. 2 Satz 5 EStG nicht in Betracht.

**b) Ersatzbemessungsgrundlage und Verluste (§ 43a Abs. 2 Satz 6 und 7 EStG)**

Die Korrektur des Kapitalertrags nach Anwendung einer Ersatzbemessungsgrundlage erfolgt grundsätzlich im Rahmen der Veranlagung nach § 32d Abs. 4 EStG, vgl. Rn. 145. Der Steuerpflichtige hat hierbei die entsprechenden Unterlagen vorzulegen, die zur Korrektur der steuerlichen Daten dieses Geschäftsvorfalls dienen. 194

**Beispiel 1:**
Der Steuerpflichtige weist die Anschaffungsdaten bei einem Geschäftsvorfall (Einlösung einer Anleihe), den das Kreditinstitut mit Ersatzbemessungsgrundlage (Gewinn 300 €) abgerechnet hat, in der Veranlagung nach (Gewinn 0 €).
**Lösung:**
Die einbehaltene Kapitalertragsteuer wird erstattet.
**Abwandlung:**
Der Steuerpflichtige hat aus der Veräußerung von Anleihen außerdem Verluste i.H.v. 500 € erzielt. Die Bank bescheinigt am Ende des Kalenderjahres Verluste i.H.v. 200 €. Der Steuerpflichtige weist die Anschaffungsdaten im Rahmen der Veranlagung nach, so dass er neben den von der Bank bescheinigten Verlusten i.H.v. 200 € weitere Verluste i.H.v. 300 € im Rahmen der Veranlagung mit Gewinnen aus Kapitaleinkünften verrechnen kann.
**Lösung:**
Erklärt der Steuerpflichtige keine weiteren Einkünfte aus Kapitalvermögen, wird zum Jahresende ein Verlust i.H.v. 500 € festgestellt (§ 20 Abs. 6 EStG). Kapitalertragsteuer wird nicht erstattet.
**Beispiel 2:**
Der Steuerpflichtige veräußert ein Wertpapier für 2 € und zahlt Transaktionskosten von 10 €. Die Anschaffungskosten (100 €) sind der auszahlenden Stelle aufgrund eines Depotübertrags aus dem Ausland nicht bekannt. Im Steuerabzugsverfahren wird die Ersatzbemessungsgrundlage angewendet (30 % des Veräußerungserlöses von 2 €) = 0,60 €.
**Lösung 2:**
Da die Transaktionskosten den Veräußerungserlös übersteigen, ist von der Veräußerung eines wertlosen Wertpapieres auszugehen, die der Verlustverrechnungsbeschränkung nach § 20 Abs. 6 Satz 6 EStG unterliegt, vgl. Rn. 59.
Ausweis in der Steuerbescheinigung:

| | |
|---|---|
| „Höhe der Kapitalerträge Zeile 7 der Anlage KAP“ | 0,60 € |
| „Ersatzbemessungsgrundlage i.S.d. § 43a Abs. 2 Satz 7, 10, 13 und 14 EStG Enthalten in den bescheinigten Kapitalerträgen Zeile 11 Anlage KAP“ | 0,60 € |

In der Veranlagung macht der Anleger geltend, dass die Anschaffungskosten 100 € und die Transaktionskosten 10 € betrugen. Der Veräußerungsverlust wird im Rahmen der Veranlagung ermittelt und kann i.H.v. 108 € nach § 20 Abs. 6 Satz 6 EStG berücksichtigt werden. Die Kapitalertragsteuer auf die bereits besteuerten 0,60 € wird erstattet.

Alternativ kann – je nach Verfahrensweise der auszahlenden Stelle – auf den Ansatz der Ersatzbemessungsgrundlage verzichtet werden. In diesem Fall ist in der Steuerbescheinigung die „Höhe des Verlustes i.S.d. § 20 Abs. 6 Satz 6 EStG, Zeile 5 der Anlage KAP“ i.H.v. 8 € (2 € minus 10 €) auszuweisen.

Bei einer wertlosen Ausbuchung von Wertpapieren (Rn. 59), für die der depotführenden Stelle die Anschaffungsdaten nicht vorliegen, ist der Kunde im Beleg über die Ausbuchung darauf hinzuweisen, dass er den Sachverhalt auch wegen der noch nicht berücksichtigten Anschaffungskosten in der Veranlagung klären kann.

195 Ist bei einem als entgeltlich zu behandelnden Depotübertrag (§ 43 Abs. 1 Satz 4 EStG) keine Ersatzbemessungsgrundlage ermittelbar, weil weder die Anschaffungskosten bekannt sind noch ein Veräußerungspreis ermittelbar ist, hat in diesem Fall eine Meldung an das zuständige Finanzamt entsprechend § 44 Abs. 1 Satz 7 ff. EStG zu erfolgen.

### Behandlung von Leerverkäufen

196 Verfügt der Kunde über keinen Bestand und erteilt er einen Verkaufsauftrag, gilt Folgendes:
Der Verkaufsauftrag muss sofort als Veräußerungsgeschäft abgewickelt werden. Da dem Veräußerungsgeschäft kein Depotbestand und somit auch keine An-

schaffungskosten gegenüberstehen, ist der Verkauf mit der Ersatzbemessungsgrundlage abzurechnen (§ 43a Abs. 2 Satz 7 EStG).

Deckt der Kunde sich anschließend mit entsprechenden Wertpapieren ein, hat das Kreditinstitut die hierfür angefallenen Anschaffungskosten nachträglich dem Veräußerungsgeschäft zuzuordnen. Im Rahmen der Kapitalertragsteuer-Anmeldung ist die Erhebung der Kapitalertragsteuer insoweit zu korrigieren, als anstelle des Ansatzes der Ersatzbemessungsgrundlage der tatsächliche Veräußerungsgewinn unter Berücksichtigung der tatsächlichen Anschaffungskosten anzusetzen ist. Das Erfüllungsgeschäft (Lieferung der Wertpapiere) ist steuerlich nicht relevant.

Kann die Zuordnung des späteren Eindeckungsgeschäfts zu dem vorangehenden Veräußerungsgeschäft ausnahmsweise nicht durch das Kreditinstitut vorgenommen werden oder unterbleibt die Zuordnung, weil das Eindeckungsgeschäft in einem späteren Kalenderjahr als dem des Leerverkaufs erfolgt, wird das Erfüllungsgeschäft als entgeltlicher Depotübertrag (§ 43 Abs. 1 Satz 4 EStG) behandelt. Dabei wird als Ersatzwert für den Veräußerungserlös der Börsenkurs angesetzt. Die Zuordnung des Eindeckungsgeschäfts zu dem vorangehenden Veräußerungsgeschäft kann in diesem Fall vom Kunden in der Veranlagung vorgenommen werden (§ 32d Abs. 4 EStG).

Nimmt das Kreditinstitut eine Zuordnung des Eindeckungsgeschäfts zu dem vorangegangenen Veräußerungsgeschäft im gleichen Kalenderjahr vor, ist im Rahmen der Kapitalertragsteuer-Anmeldung die Erhebung der Kapitalertragsteuer insoweit zu korrigieren, als dass anstelle der Ersatzbemessungsgrundlage der Gewinn aus der Differenz zwischen dem Veräußerungserlös und den tatsächlichen Anschaffungskosten anzusetzen ist.

Erfolgt zunächst der Wertpapierkauf und anschließend der Wertpapierverkauf **197** (so die Reihenfolge der Kaufverträge), wird aber die Kaufabrechnung nach der Verkaufsabrechnung verbucht (rein technisch bedingter Minusbestand), gilt Folgendes:

Der Verkauf wird zunächst unter Anwendung der Ersatzbemessungsgrundlage (wegen fehlender Anschaffungsdaten) abgewickelt. Bei späterer Einbuchung der Anschaffungskosten erfolgt dann jedoch eine Korrekturabrechnung durch die Depotbank.

### c) Übertragung nicht verbriefter Kapitalforderungen/Wertpapiere des Bundes und der Länder (§ 43a Abs. 2 Satz 8 EStG)

Werden nicht für einen marktmäßigen Handel bestimmte schuldbuchfähige **198** Wertpapiere des Bundes, bei denen die rechnerisch angefallenen Zinsen ausgewiesen werden, auf einen anderen Gläubiger übertragen, ist als Einnahme aus der Veräußerung nach § 43a Abs. 2 Satz 8 EStG der Börsenpreis zum Zeitpunkt der Übertragung anzusetzen. Als Börsenpreis gilt in allen Fällen der Übertragung der Wert der Kapitalforderung einschließlich der bis zum Übertragungszeitpunkt rechnerisch angefallenen und ausgewiesenen Zinsen. § 43a Abs. 2 Satz 15 EStG ist nicht anzuwenden.

Die entsprechende Kapitalertragsteuer ist nach § 44 Abs. 1 Satz 7 EStG bei **199** dem Steuerpflichtigen anzufordern. Nach § 44 Abs. 1 Satz 10 EStG hat die auszahlende Stelle bei Nichtzahlung eine Meldung bei ihrem Betriebsstättenfinanzamt vorzunehmen.

Wird bei den nicht für einen marktmäßigen Handel bestimmten schuldbuch- **200** fähigen Wertpapieren der Länder der rechnerisch angefallene Zins ebenfalls berechnet und ausgewiesen, gelten die Ausführungen zu den Wertpapieren des Bundes entsprechend. Andernfalls ist bei diesen Wertpapieren zwar bei ihrer Übertragung von der Veräußerungsfiktion des § 43 Abs. 1 Satz 4 EStG auszugehen, aber mangels einer vergleichbaren Bemessungsgrundlage kein Kapitalertragsteuerabzug vorzunehmen. Weiterhin ist beim Zessionar bei der Einlösung gemäß § 43a Abs. 2 Satz 15 EStG der Kapitalertragsteuerabzug nach dem vollen Kapitalertrag vorzunehmen. Die Ermittlung der tatsächlichen Bemessungsgrundlagen ist für den Zedenten und den Zessionar im Wege der Veranlagung vorzunehmen.

### 3. Anrechnung ausländischer Quellensteuer (§ 43a Abs. 3 Satz 1 EStG) Anwendungsbereich, Verfahrensweise

201 Gemäß § 43a Abs. 3 Satz 1 EStG sind ausländische Steuern auf Kapitalerträge auf Ebene der Kreditinstitute nach Maßgabe des § 32d Abs. 5 EStG zu berücksichtigen. Danach ist bei jedem einzelnen ausländischen Kapitalertrag die jeweilige ausländische Steuer auf die deutsche Abgeltungsteuer anzurechnen, wobei gegebenenfalls die Anrechnungsregelungen nach den jeweiligen DBA zu berücksichtigen sind. Die Anrechnung erfolgt unabhängig vom Beitrag in- oder ausländischer Kapitalerträge zum Abgeltungsteueraufkommen; sie ist begrenzt auf 25 %.

202 Die Anrechnung der ausländischen Steuer gemäß § 32d Abs. 5 EStG ist nur für diejenigen Kapitalerträge durchzuführen, die den Einkünften aus Kapitalvermögen zuzurechnen sind.

**Beispiel 1:**

| | |
|---|---|
| Ausländische Dividende | 100 |
| Steuerberechnung: | |
| Abgeltungsteuer (25 %) | 25 |
| ./. anrechenbare ausländische Steuer | –15 |
| zu zahlende Abgeltungsteuer | 10 |

**Beispiel 2:**

| | Geschäftsvorfall | Ertrag | Abgeltungsteuer | anrechenbare ausl. Steuer |
|---|---|---|---|---|
| (1) | Ausl. Div. Staat 1 | 100 | 10 | 15 |
| (2) | Ausl. Div. Staat 2 | 200 | 0 | 50 |
| (3) | Inl. Zinsertrag | 300 | 75 | 0 |
| | Summe | 600 | 85 | 65 |

| | |
|---|---|
| Steuerverprobung: | |
| Erträge insgesamt | 600 |
| Abgeltungsteuer (25 %) | 150 |
| ./. anrechenbare ausländische Steuer | –65 |
| zu zahlende Abgeltungsteuer | 85 |

Verluste mindern die abgeltungsteuerpflichtigen Erträge unabhängig davon, ob diese aus in- oder ausländischen Quellen stammen. Die Summe der anrechenbaren ausländischen Quellensteuerbeträge ist auf die nach Verlustverrechnung verbleibende Abgeltungsteuerschuld anzurechnen.

**Beispiel 3:**
Geschäftsvorfälle (1) bis (3) wie Beispiel 2, zusätzlich danach
(4) Verlust aus Anleiheveräußerung

| | Geschäftsvorfall | Ertrag | Verlusttopf | Abgeltungsteuer | anrechenbare ausl. Steuer |
|---|---|---|---|---|---|
| (1) | Ausl. Div. Staat 1 | 100 | | 10 | 15 |
| (2) | Ausl. Div. Staat 2 | 200 | | 0 | 50 |
| (3) | Inl. Zinsertrag | 300 | | 75 | 0 |
| (4) | Veräußerungsverlust | | –300 | | |
| | Summe brutto | 600 | –300 | 85 | 65 |
| | Verlustverrechnung | –300 | 300 | | |
| | Zwischensumme | 300 | 0 | 85 | 65 |
| | Steuererstattung | | | –75 | 0 |
| | Endsumme | 300 | | 10 | 65 |

| | |
|---|---|
| Steuerverprobung | |
| Erträge nach Verlustverrechnung | 300 |
| Abgeltungsteuer (25 %) | 75 |
| ./. anrechenbare ausländische Steuer | –65 |
| Verbleibende Abgeltungsteuerschuld | 10 |
| ./. bereits gezahlte Abgeltungsteuer | –85 |
| Erstattung | –75 |

Auf die Abrechnungsperiode bezogen ergibt sich hinsichtlich der Anrechnung ausländischer Steuern insgesamt kein Unterschied aus der Reihenfolge des Anfalls von Verlusten und Erträgen. 203

**Beispiel 4:**
Wie Beispiel 3, aber zuerst Verlust aus Anleiheveräußerung

| | Geschäftsvorfall | Ertrag | Verlusttopf | Abgeltungsteuer | anrechenbare ausl. Steuer |
|---|---|---|---|---|---|
| (0) | Veräußerungsverlust | | –300 | – | – |
| (1) | Ausl. Div. Staat 1 | 100 | (–100) | 0 | 15 |
| (2) | Ausl. Div. Staat 2 | 200 | (–200) | 0 | 50 |
| (3) | Inl. Zinsertrag | 300 | | 75 | 0 |
| | Summe brutto | 600 | –300 | 75 | 65 |
| | Verlustverrechnung | –300 | 300 | | |
| | Zwischensumme | 300 | 0 | 75 | 65 |
| | Steuererstattung | | | –65 | 0 |
| | Endsumme | 300 | 0 | 10 | 65 |

| | |
|---|---|
| Steuerverprobung: | |
| Erträge nach Verlustverrechung | 300 |
| Abgeltungsteuer (25 %) | 75 |
| ./. anrechenbare ausländische Steuer | –65 |
| Verbleibende Abgeltungsteuerschuld | 10 |
| ./. bereits gezahlte Abgeltungsteuer | –75 |
| Erstattung | –65 |

204 Eine dem Grunde nach anzurechnende ausländische Steuer muss der Höhe nach nicht dem gesonderten Steuersatz von 25 % entsprechen. Eine Anrechnung über 25 % ist nicht möglich, mit der Konsequenz, dass der Empfänger dieses ausländischen Kapitalertrags insoweit endgültig belastet bleibt. Die Verrechnung eines derartigen Anrechnungsüberhangs mit der auf anderen Kapitalerträgen lastenden Abgeltungsteuer durch die Zahlstelle ist ebenso wenig zulässig wie eine Erstattung ausländischer Quellensteuer.

205 Die Anwendung des Freistellungsauftrags hat die gleiche Wirkung wie die Verlustverrechnung. Die Bemessungsgrundlage für die Abgeltungsteuer wird unabhängig davon gemindert, ob es sich um in- oder ausländische Erträge handelt. Eine nach Staaten differenzierte Anwendung des Freistellungsauftrags und eine dahingehend eingeschränkte Anrechnung ausländischer Quellensteuer kommt – wie bei der Verlustverrechnung – nicht in Betracht.

206 Wenn nach Verlustverrechnung und Anwendung des Freistellungsauftrags die Abgeltungsteuer geringer ist als die anrechenbare ausländische Quellensteuer, so kann der Anrechnungsüberhang vom Kreditinstitut gesondert bescheinigt werden, damit der Kunde diesen gegebenenfalls mit anderweitig geschuldeter Abgeltungsteuer im Rahmen der Veranlagung verrechnen kann (Anwendungsfall des § 32d Abs. 4 EStG). Ist dies nicht möglich, verfällt die ausländische Steuer.

207 In der Veranlagung besteht nicht die Möglichkeit des Abzugs gemäß § 34c Abs. 2 EStG.

**Anrechnung ausländischer Steuer bei einem Erstattungsanspruch im ausländischen Staat**

207a Die auszahlende Stelle hat keine Anrechnung der ausländischen Quellensteuer vorzunehmen, wenn im betreffenden ausländischen Staat nach dem Recht dieses Staates ein Anspruch auf teilweise oder vollständige Erstattung der ausländischen Steuer besteht. Besteht lediglich der Anspruch auf eine teilweise Erstattung, kann der Steuerpflichtige die Anrechnung im Wege der Veranlagung gemäß § 32d Abs. 4 EStG beantragen. In diesen Fällen hat er dem zuständigen Finanzamt die Höhe der möglichen Erstattung im ausländischen Staat nachzuweisen (z.B. durch Vorlage des ausländischen Bescheides über die Erstattung der anteiligen Quellensteuer nach ausländischem Recht).

Hinsichtlich der Anrechnung norwegischer Quellensteuer vgl. BMF-Schreiben vom 15. November 2011 (BStBl. I S. 1113). Besteht ein Erstattungsanspruch im Quellenstaat, können entsprechende Erstattungsformulare über die Homepage des Bundeszentralamtes für Steuern online über folgenden Link abgerufen werden:

https://www.bzst.de/DE/Service/SteuerlichesInfocenter/Ausl_Formulare/auslaendische_formulare_node.html.

**Anrechnung ausländischer Steuern in Nicht-DBA-Fällen**

208 Da es vor allem in Nicht-DBA-Fällen fraglich ist, ob die abgezogene ausländische Quellensteuer eine der deutschen Einkommensteuer entsprechende Steuer darstellt, können die Kreditinstitute nicht von einer generellen Anrechenbarkeit von Quellensteuern (ausländischen Steuern) auf Kapitalerträge ausgehen. Die gesetzlichen Voraussetzungen, nach denen eine Anrechnung ausländischer Steuern vorgenommen werden kann, müssen im Einzelfall vorliegen. Für die Prüfung, ob eine ausländische Steuer der deutschen Einkommensteuer

entspricht, enthält Anhang 12 II des Einkommensteuer-Handbuchs eine Übersicht.

**Anrechnung ausländischer Quellensteuer in DBA-Fällen**

Das Bundeszentralamt für Steuern veröffentlicht auf seiner Internetseite unter Steuern international – Ausländische Quellensteuer eine Übersicht der Sätze der anrechenbaren ausländischen Quellensteuer, die jährlich zum Stand 1. Januar aktualisiert wird und die für die auszahlenden Stellen maßgebend ist. Es ist nicht zu beanstanden, wenn die sich aus der Übersicht ergebenden Änderungen erst ab dem 1. Juli des jeweiligen Kalenderjahres durch die auszahlenden Stellen berücksichtigt werden. **208a**

**Anrechnung fiktiver Quellensteuer im Steuerabzugsverfahren**

Die Anrechnung fiktiver Quellensteuern ist im Rahmen des Kapitalertragsteuerabzugs möglich, wenn die Anrechnung nach dem DBA nicht an besondere Voraussetzungen gebunden ist. Grundlage stellt hierzu die auf der Internetseite des Bundeszentralamts für Steuern veröffentlichte Übersicht der Sätze der anrechenbaren ausländischen Quellensteuern unter – Steuern international – Ausländische Quellensteuer – dar. Im Übrigen erfolgt die Anrechnung im Rahmen der Veranlagung durch das zuständige Finanzamt. **209**

**Anrechnung ausländischer Quellensteuern bei Treuhandkonten, Nießbrauch- und Nachlasskonten**

Da für die genannten Konten beim Steuerabzug grundsätzlich die für Einkünfte aus Kapitalvermögen geltenden Regelungen angewendet werden (mit konten- oder nachlassbezogenen eigenen Verlustverrechnungskreisen), ist auch die Anrechnung ausländischer Quellensteuern bei Treuhandkonten, Nießbrauch- und Nachlasskonten möglich (zu Treuhandkonten vgl. Rn. 152 bis 154). **210**

**Anrechnung ausländischer Quellensteuer bei Ausschüttungen kanadischer Income Trusts**

Für Zwecke des Kapitalertragsteuerverfahrens gelten die Ausschüttungen kanadischer Income Trusts als Einkünfte i.S.d. § 20 Abs. 1 Nr. 1 EStG. Eine Anrechnung der kanadischen Quellensteuer ist nicht vorzunehmen. Die tatsächliche Zurechnung der Erträge zu den einzelnen Einkunftsarten sowie die Anrechnung der Quellensteuer erfolgt im Rahmen einer Veranlagung zur Einkommensteuer. Entsprechendes gilt für vergleichbar konzipierte Trustgebilde anderer Staaten, bei denen eine eindeutige Zuordnung der Erträge zu einer Einkunftsart im Rahmen des Kapitalertragsteuerverfahrens schwierig ist. **211**

**4. Verlusttopf (§ 43a Abs. 3 Satz 2 bis 6 und 8 EStG)**

**Führung eines Steuerverrechnungskontos mit Erstattungsmöglichkeit und Auskunft über den Stand des Steuerverrechnungskontos**

Im Steuerabzugsverfahren hat das Kreditinstitut im Kalenderjahr negative Kapitalerträge einschließlich gezahlter Stückzinsen bis zur Höhe der positiven Kapitalerträge auszugleichen (§ 43a Abs. 3 Satz 2 EStG). Unterjährig kann das Kreditinstitut die Erträge allerdings nur in der Reihenfolge ihres Zuflusses abarbeiten. Dies kann zu einem unterschiedlichen Kapitalertragsteuerabzug führen, je nach Reihenfolge von positiven und negativen Erträgen. **212**

Um dem Erfordernis des Verlustausgleichs über das Kalenderjahr hinweg gerecht zu werden, kann das Kreditinstitut dem Steuerpflichtigen eine Steuergutschrift aus einer nachträglichen Verrechnung mit dem Verlusttopf erteilen.

Der Ausgleich kann technisch über ein vom Kreditinstitut intern für jeden Steuerpflichtigen geführtes Steuerverrechnungskonto vorgenommen werden.

Im Hinblick auf dieses Steuerverrechnungskonto und das skizzierte Ausgleichserfordernis wird es nicht beanstandet, wenn das Kreditinstitut nicht nur am Ende des Kalenderjahres, sondern auch unterjährig (zu bestimmten Stichtagen oder auch täglich bzw. mit jedem neuen Geschäftsvorfall) einen Abgleich vornimmt und dem Steuerpflichtigen einen etwaigen sich ergebenden positiven Steuersaldo erstattet, der im Rahmen der jeweils nächsten Kapitalertragsteuer-Anmeldung verrechnet wird.

**213** Soweit inländische Dividenden durch eine Verlustverrechnung vom Steuerabzug freizustellen sind, ist der zu erstattende Steuerbetrag im Rahmen der jeweils nächsten Kapitalertragsteuer-Anmeldung (also über das jeweilige Betriebsstättenfinanzamt) zu verrechnen. Entsprechendes gilt für die übrigen Kapitalerträge, bei denen die Abgeltungsteuer vom Emittenten der Wertpapiere einzubehalten ist.

**Verlustverrechnung nur für Konten und Depots des Privatvermögens**

**214** Die Verlustverrechnung ist bei natürlichen Personen nur für diejenigen Kapitalerträge durchzuführen, die den Einkünften aus Kapitalvermögen zuzuordnen sind.

**215** Bei betrieblichen und anderen nicht den Einkünften aus Kapitalvermögen zuzuordnenden privaten Konten und Depots kommt eine Verlustverrechnung nicht in Betracht. Negative Kapitalerträge, die anderen Einkunftsarten zuzuordnen sind, sind somit nicht verrechenbar mit positiven Kapitalerträgen des Privatvermögens und umgekehrt.

**216** Die Kreditinstitute dürfen hierbei auf die Angaben der Kunden vertrauen. Nur wenn dem Institut auf dieser Grundlage bekannt ist, dass es sich um ein betriebliches oder der Vermietung oder Verpachtung zugehörendes Konto oder Depot handelt, ist es in der Lage, die betreffenden Konten und Depots von der Verlustverrechnung auszuschließen.

**217** Nicht besetzt.

**218** Nicht besetzt.

**Verlustverrechnung bei Ehegatten/Lebenspartnern**

**219** Mit Wirkung ab dem Jahr 2010 haben die Kreditinstitute im Rahmen des Steuerabzugsverfahrens eine übergreifende Verlustverrechnung über alle beim Kreditinstitut geführten Konten und Depots der Ehegatten/Lebenspartner (Einzelkonten und -depots; Gemeinschaftskonten und -depots) vorzunehmen, wenn die Ehegatten/Lebenspartner einen gemeinsamen Freistellungsauftrag erteilt haben. Hinsichtlich der Erteilung und Änderung von Freistellungsaufträgen bei Ehegatten/Lebenspartnern wird auf die Rn. 261 ff. und hinsichtlich der übergreifenden Verlustverrechnung auf die Rn. 266 ff. verwiesen.

**Gemeinschaftskonten und -depots**

**220** Bei Gemeinschaftskonten und -depots natürlicher Personen wird der Verlusttopf für die jeweilige Gemeinschaft geführt (z.B. nichteheliche Lebensgemeinschaft). Dies gilt auch für andere Personengemeinschaften (z.B. private Investmentclubs, Sparclubs etc.).

**221** Die Verlustverrechnung ist unabhängig von einem Wechsel der Beteiligten (z.B. Ein- und Austritte bei Investmentclubs oder bei vermögensverwaltenden Personengesellschaften) fortzuführen. Eine Aufteilung der Erträge und der Verluste oder sogar Zuordnung von Verlusttöpfen ist weder unterjährig noch zum Jahresende vorzunehmen. Wird eine Verlustbescheinigung beantragt, wird diese für die (im Zeitpunkt der Erstellung aktuelle) Gemeinschaft ausgestellt. Sofern kein Antrag gestellt wird, hat das Institut einen Verlustüberhang auf das Folgejahr vorzutragen.

### Treuhandkonten und -depots, Wohnungseigentümergemeinschaften u. Ä.

Bei Treuhandkonten, Nießbrauchkonten, Notaranderkonten, Mietkautionskonten und bei Wohnungseigentümergemeinschaften ist eine getrennte Verlustverrechnung (je Konto oder Depot) vorzunehmen unabhängig davon, ob der Treugeber bekannt ist und weitere Konten und Depots beim Kreditinstitut führt oder ob er dem Institut nicht bekannt ist. 222

### Schließen des Verlusttopfs bei Tod eines Kunden

Sobald ein Kreditinstitut vom Tod eines Kunden Kenntnis erlangt, hat es den Verlusttopf zu schließen. Entsprechendes gilt bei Gemeinschaftskonten von Ehegatten/Lebenspartnern. Eine Abgrenzung der Erträge und Verluste zurück auf den Todestag ist nicht erforderlich. 223

Da die Verlustverrechnung bei anderen Gemeinschaftskonten oder Personengesellschaftskonten sowie -depots unabhängig vom Bestand der Gemeinschaft oder der Gesellschaft erfolgt, wird der Verlusttopf fortgeführt, wenn eine der beteiligten Personen stirbt und die Gemeinschaft oder Gesellschaft dann noch aus mindestens zwei Personen besteht. 224

Stirbt ein Ehegatte/Lebenspartner, wird der für ihn selbst geführte Verlusttopf geschlossen, der Verlusttopf für den anderen Ehegatten/Lebenspartner wird hingegen fortgeführt. 225

### Verlustverrechnung bei NV-Fällen

Verluste, die bis zum Widerruf einer NV-Bescheinigung aufgelaufen sind, können im Rahmen des Kapitalertragsteuerabzugs nicht berücksichtigt werden. Entsprechendes gilt für nicht angerechnete Quellensteuer. 226

Die Kreditinstitute haben im Hinblick auf die Veranlagung die aufgelaufenen Verluste zu berücksichtigen (z.B. in einem sogenannten fiktiven Verlusttopf oder durch anderweitige Verrechnung positiver und negativer Erträge während der NV-Phase). Die nicht angerechnete Quellensteuer ist dem Steuerpflichtigen jährlich zu bescheinigen. Nach Fristablauf der NV-Bescheinigung oder falls das Kreditinstitut vom Widerruf der NV-Bescheinigung Kenntnis erlangt, darf ein verbleibender Verlust- oder Quellensteuersaldo nicht mit später zufließenden steuerpflichtigen Erträgen verrechnet oder in das Folgejahr übertragen werden. Wird ein fiktiver Verlust- oder Quellensteuertopf geführt, ist dieser zu schließen. Ein während der NV-Phase entstandener Verlustüberhang ist zu bescheinigen. 227

### Verrechnung von Aktienverlusten (Aktientopf)

Da Verluste aus Aktienverkäufen nur mit Gewinnen aus Aktienverkäufen verrechnet werden dürfen (§ 43a Abs. 3 Satz 2 i.V.m. § 20 Abs. 6 Satz 4 EStG), muss ein zusätzlicher Verrechnungstopf eingerichtet werden. Verluste aus der Veräußerung von ADRs und GDRs sind in diesen Verlusttopf einzustellen (vgl. Rn. 68, 123). Verluste aus Veräußerungen von Teilrechten und von Bezugsrechten auf Aktien sind nicht in diesen Verlusttopf einzustellen und ohne 228

Einschränkung verrechenbar. Gewinne aus der Veräußerung von Teilrechten und Bezugsrechten können nicht mit Aktienverlusten verrechnet werden.

229 Gewinne aus der Veräußerung von Aktien, die nicht durch entsprechende Aktienveräußerungsverluste ausgeglichen werden, können mit dem Verlusttopf für sonstige Verluste verrechnet werden. Dies kann über das Steuerverrechnungskonto erfolgen (siehe Rn. 212 ff.). Falls nach Verrechnung eines Aktienveräußerungsgewinns mit dem Verlusttopf für sonstige Verluste im weiteren Verlauf des Jahres ein Aktienveräußerungsverlust realisiert wird, muss die Verlustverrechnung insoweit, um eine zeitnahe Verrechnung der Aktienverluste zu erreichen, wieder korrigiert und der Aktienverlust nachträglich mit dem Aktiengewinn verrechnet werden; der Verlusttopf für sonstige Verluste lebt also insoweit wieder auf.

**Verlustverrechnungsbeschränkung nach § 20 Abs. 6 Satz 5 und 6 EStG**

229a Verluste, auf die die Verlustverrechnungsbeschränkungen des § 20 Abs. 6 Satz 5 und 6 EStG Anwendung finden, dürfen nicht in den Verlusttopf für sonstige Verluste oder den besonderen Verlusttopf für Aktienverluste eingestellt werden. Der Verlustausgleich findet ausschließlich im Rahmen der Veranlagung statt (vgl. Rn. 118, 233).

**Berücksichtigung von Freistellungsaufträgen**

230[1)] Ein erteilter Freistellungsauftrag, vgl. Rn. 257 ff., ist erst auf den nach Verlustverrechnung verbleibenden abzugspflichtigen Ertrag anzuwenden. Ein Freistellungsauftrag wird somit erst nach Berücksichtigung des Verlustverrechnungstopfes angewendet („verbraucht“). Je nach Reihenfolge der Geschäfte kann diese Betrachtung dazu führen, dass ein ausgeführter Freistellungsauftrag bzw. der Freistellungsbetrag wieder auflebt, weil eine vorrangige Verrechnung von Verlusten die Ausführung des Freistellungsauftrages insoweit verhindert.

**Beispiel:**

| Geschäftsvorfall | Ertrag/ Verlust | Verlusttopf/ Aktienveräußerung | Verlusttopf sonstige | Zur Verfügung stehendes Freistellungsvolumen | Abgeltungsteuer |
|---|---|---|---|---|---|
| 1.2.2023 gezahlte Stückzinsen | –100 | | 100 | 1000 | 0 |
| 1.3.2023 Zinszahlung | +900 | | 0 | 200 | 0 |
| 1.4.2023 Verlust aus Anleiheverkauf | –500 | | 0 | 700 (aufgelebtes Freistellungsvolumen) | 0 |

Hierdurch wird sichergestellt, dass der Sparer-Pauschbetrag nicht höher ist als die nach Maßgabe des § 20 Abs. 6 EStG verrechneten Kapitalerträge. Nicht verrechenbare Aktienverluste bleiben dabei unberücksichtigt.

**Erstattung bereits einbehaltener Kapitalertragsteuer auf Grund der Erteilung eines gemeinsamen Freistellungsauftrages im Jahr der Eheschließung/Begründung der Lebenspartnerschaft**

231 Ehegatten/Lebenspartner, die unbeschränkt einkommensteuerpflichtig sind und nicht dauernd getrennt leben, können entweder einen gemeinsamen Frei-

1) Rn. 230 Beispiel neu gef. durch BMF v. 20.12.2022, BStBl. 2023 I S. 46.

stellungsauftrag oder Einzel-Freistellungsaufträge erteilen. Der gemeinsame Freistellungsauftrag gilt sowohl für Gemeinschaftskonten als auch für Konten oder Depots, die auf den Namen nur eines Ehegatten/Lebenspartners geführt werden.

Eine rückwirkende Erstattung bereits einbehaltener Kapitalertragsteuer ist auch im Jahr der Eheschließung/Begründung der Lebenspartnerschaft aufgrund eines gemeinsamen Freistellungsauftrages möglich. 232

**Verlustvortrag auf Folgejahr bzw. Ausstellung einer Verlustbescheinigung**

Etwaige am Jahresende sich ergebende Verlustüberhänge im Verlusttopf für sonstige Verluste und im Aktienverlusttopf sind getrennt auf das Folgejahr vorzutragen. Der Antrag auf die Erteilung der Verlustbescheinigung kann für beide Töpfe getrennt gestellt werden. In den Fällen der ehegatten-/lebenspartnerübergreifenden Verlustverrechnung umfasst die Bescheinigung die nach Maßgabe der Rn. 266 bis 277 ermittelten nicht ausgeglichenen Verluste. 233

Die Bescheinigung der Verluste i.S.d. § 20 Abs. 6 Satz 5 und 6 EStG wird ohne Antrag ausgestellt. Der Verlustausgleich nach § 20 Abs. 6 Satz 5 und 6 EStG findet nur im Rahmen der Veranlagung statt (vgl. Rn. 118, 229a).

Nach dem Gesetzeswortlaut muss der Gläubiger den Antrag stellen (§ 43a Abs. 3 Satz 4 EStG). Dies ist dahingehend auszulegen, dass der Konto- bzw. Depotinhaber (bei Gemeinschaftskonten/-depots der Bevollmächtigte) den Antrag stellen kann (muss nicht der Gläubiger im steuerlichen Sinne sein, z.B. bei Treuhandkonto). Geht der Antrag nicht bis zum 15. Dezember des laufenden Jahres bei der auszahlenden Stelle ein, kann keine Bescheinigung erstellt werden. Eine Berücksichtigung der Verluste im Rahmen der Einkommensteuerveranlagung ist nicht möglich; dies gilt nicht für Verluste i.S.d. § 20 Abs. 6 Satz 5 und 6 EStG. 234

Überträgt der Steuerpflichtige sein Depot vollständig auf ein anderes Institut, werden die Verluste nur auf Antrag übertragen. Voraussetzung ist, dass sämtliche von der auszahlenden Stelle verwahrten Wertpapiere übertragen werden. Auch eine getrennte Übertragung der Verluste aus Aktienveräußerungen sowie der Verluste aus anderen Veräußerungsgeschäften ist möglich. Ein Verlustübertrag ohne einen Übertrag von Wirtschaftsgütern ist nicht möglich. 235

**Vollständiger Depotübertrag auf mehrere Institute nach Beendigung der Kundenbeziehung**

Es ist zulässig, den Aktienverlusttopf und den Verlusttopf für sonstige Verluste jeweils auf unterschiedliche Institute zu übertragen. 236

**Verlustbescheinigung beim Tod eines Kunden (§ 43a Abs. 3 Satz 4 EStG)**

Sobald das Kreditinstitut vom Tod eines Kunden Kenntnis erlangt, werden die Verlustverrechnungstöpfe geschlossen. In diesen Fällen ist der an sich erforderliche Antrag auf Ausstellung einer Verlustbescheinigung gemäß § 43a Abs. 3 Satz 4 EStG als gestellt anzusehen. 237

**Verlustbescheinigung bei Beendigung der Kundenbeziehung und bei Steuerausländereigenschaft**

Bei Beendigung der Kundenbeziehung sind die in diesem Zeitpunkt noch vorhandenen Verlusttöpfe zu schließen und eine Verlustbescheinigung zum Jahresende zu erstellen, sofern kein Antrag auf Verlustmitteilung an das neue 238

Kreditinstitut (§ 43a Abs. 3 Satz 6 EStG) gestellt wird. Entsprechendes gilt, wenn der Kunde in den Status des Steuerausländers wechselt. Die Ausstellung der Bescheinigungen durch das Kreditinstitut erfolgt ohne Antrag.

**239** Lebensversicherungsunternehmen können die Verlustbescheinigung ohne Antrag erteilen, wenn auf Grund der Beziehungen zwischen dem Unternehmen und dem Steuerpflichtigen nicht damit zu rechnen ist, dass im nächsten Jahr positive Kapitalerträge von diesem Unternehmen für den Steuerpflichtigen anfallen. Ein derartiger Fall liegt insbesondere dann vor, wenn bei dem Versicherungsunternehmen nur ein Lebensversicherungsvertrag besteht, der durch Rückkauf beendet wird.

**Kein Verlusttopf bei Körperschaften (§ 43a Abs. 3 Satz 8 EStG)**

**240** Bei den Körperschaften ist – wie auch bei den Einkünften gemäß § 20 Abs. 8 EStG – kein Verlusttopf zu führen, da § 43a Abs. 3 EStG in diesen Fällen keine Anwendung findet. Die in § 43a Abs. 3 EStG enthaltenen Regelungen insbesondere zur Verlustverrechnung und zur – vereinfachten – Anrechnung ausländischer Steuern sind darauf ausgerichtet, durch eine zusammenfassende Betrachtung aller bei einem Kreditinstitut unterhaltenen Konten und Depots eines Steuerpflichtigen mit privaten Kapitalerträgen schon bei Erhebung der Kapitalertragsteuer die letztlich zutreffende Jahressteuer zu erheben, um den Abgeltungscharakter der Kapitalertragsteuer auf private Kapitalerträge in möglichst vielen Fällen sicherzustellen. Auch die Führung eines eingeschränkten Verlusttopfes – nur für gezahlte Stückzinsen und Zwischengewinne – ist nicht zulässig.

### 5. Korrekturen beim Kapitalertragsteuerabzug (§ 43a Abs. 3 Satz 7 EStG)

**241** Korrekturen beim Kapitalertragsteuerabzug sind gemäß § 43a Abs. 3 Satz 7 EStG nur mit Wirkung für die Zukunft, d.h. nach den Verhältnissen im Zeitpunkt des Bekanntwerdens des Fehlers vorzunehmen.

**Beispiel 1:**

A erhält eine Ausschüttung einer Kapitalgesellschaft über 100 € im Jahr 01, die in voller Höhe als Dividende behandelt wird. Im Jahr 02 erfolgt die Korrektur des Dividendenertrags auf 50 €. In Höhe von weiteren 50 € lag eine nicht steuerbare Kapitalrückzahlung vor. Insoweit ergibt sich eine Minderung der Anschaffungskosten für die Anteile. Die Aktien sind im Jahr 02 noch im Bestand des Kunden.

Das Kreditinstitut hat einen sonstigen Verlust i.H.v. 50 € im Jahr 02 einzubuchen. Außerdem sind die Anschaffungskosten um 50 € zu mindern.

**Abwandlung:**

Die Aktien wurden von A im Jahr 01 mit einem Verlust von 20 € veräußert.

Das Kreditinstitut hat einen sonstigen Verlust i.H.v. 50 € und einen Aktienveräußerungsgewinn von 50 € einzubuchen.

**Beispiel 2:**

A hat im Jahr 01 Aktien mit einem Gewinn von 2000 € veräußert. Im Jahr 02 führt die Neuberechnung des Veräußerungsergebnisses auf Grund einer Fehlerkorrektur zu einem Verlust von 500 €.

Die Bank hat im Jahr 02 einen sonstigen Verlust i.H.v. 2000 € und einen Aktienverlust i.H.v. 500 € einzubuchen.

**Beispiel 3:**

A veräußert im Jahr 01 Wertpapiere mit einem Verlust von 200 €. Die Bank behandelt die Verluste als Aktienveräußerungsverluste. Im Jahr 02 stellt sich heraus, dass es sich um Verluste aus der Veräußerung von Finanzinnovationen handelt. Der Verlusttopf ist noch nicht verbraucht.

Die Bank hat die steuerrechtliche Einstufung im Jahr 02 zu korrigieren.

**Beispiel 4[1]:**

Ehegatten/Lebenspartner A und B erteilen einen gemeinsamen Freistellungsauftrag gegenüber der Bank i.H.v. 2000 €. Bei der Bank werden jeweils Einzelkonten und gemeinschaftliche Konten geführt. A verstirbt im Jahr 01. Ehegatte/Lebenspartner B teilt dies der Bank erst im Jahr 04 mit.

Die Bank hat für die Einzelkonten von A und B sowie für die gemeinschaftlichen Konten eine Korrektur nach § 43a Abs. 3 Satz 7 EStG im Jahr 04 für die Jahre 02 und 03 durchzuführen. Eine Korrektur für das Todesjahr erfolgt nicht. Die Steuerbescheinigungen der Jahre 02 und 03 werden nicht korrigiert. B kann mit Wirkung zum 1. Januar 04 einen neuen Freistellungsauftrag erteilen.

**Beispiel 5[1]:**

Steuerpflichtiger A hat einen Freistellungsauftrag gegenüber der Bank i.H.v. 1000 € erteilt. A verstirbt am 1. Juni 01. Die Erben teilen dies der Bank erst im Jahr 02 mit.

Am 1. Oktober 01 werden 100 € Zinsen auf dem Konto des A gutgeschrieben.

Da die Geschäftsbeziehung zu A mit dessen Todestag endet, treten die Erben in die Geschäftsbeziehung zu der Bank ein. Für die zugeflossenen 100 € in 01 ist für die Erben eine Deltakorrektur nach § 43a Abs. 3 Satz 7 EStG im Jahr 02 für das Jahr 01 durchzuführen. Falls im Jahr 02 der Freistellungsauftrag weiterhin in Anspruch genommen wurde, ist von der Bank die Abrechnung für das Jahr 02 zu stornieren und neu für die Erben abzurechnen.

**Abwandlung:**

Der verstorbene A war Steuerausländer und hatte die Steuerausländereigenschaft nach Rn. 314 nachgewiesen. Die Erben des A sind alle unbeschränkt steuerpflichtig.

Da die Geschäftsbeziehung zu A mit dessen Todestag endet, treten die Erben in die Geschäftsbeziehung zu der Bank ein. Für die zugeflossen 100 € in 01 ist für die Erben eine Deltakorrektur nach § 43a Abs. 3 Satz 7 EStG im Jahr 02 für das Jahr 01 durchzuführen. Falls im Jahr 02 keine Umschlüsselung der Steuerausländereigenschaft erfolgte und weitere Zinsen zugeflossen sind, ist von der Bank die Abrechnung für das Jahr 02 zu stornieren und neu für die Erben abzurechnen.

Hiervon abweichend können die auszahlenden Stellen einheitlich für alle Anleger bis zum 31. Januar Korrekturen für das vorangegangene Kalenderjahr vornehmen.

Bei der Korrektur nach Satz 1 dieser Randnummer hat die auszahlende Stelle nicht auf die rechtliche Zuordnung zum Zeitpunkt des Steuerabzugs, sondern auf die rechtliche Zuordnung zum Zeitpunkt der Korrektur abzustellen.

**Beispiele:**

Zum Zeitpunkt des Steuereinbehalts im Jahr 01 befanden sich die Wertpapiere im Privatvermögen des A. Im Jahr 02 gehören die Wertpapiere zum Betriebsvermögen. Eine Korrektur im Jahr 02 ist nicht vorzunehmen.

A war zum Zeitpunkt des Steuereinbehalts im Jahr 01 unbeschränkt steuerpflichtig. Ende des Jahres 01 zieht er in das Ausland. Eine Korrektur ist im Jahr 02 nicht vorzunehmen.

Hat die auszahlende Stelle den Fehler offensichtlich selbst zu vertreten, kann sie abweichend von Satz 1 dieser Randnummer nach § 44b Abs. 5 Satz 1 EStG die Korrektur für die Vergangenheit durchführen. In diesen Fällen ist es zulässig, die Korrektur des Steuerabzugs erst im Rahmen der nächsten Steueranmeldung zu berücksichtigen; eine Änderung der ursprünglichen Anmeldung ist nicht erforderlich.

Korrekturen mit Wirkung für die Zukunft nach Maßgabe der Rn. 241 finden keine Anwendung bei 241a

- Anlegern, deren Kapitalerträge Betriebseinnahmen sind (§ 43a Abs. 3 Satz 8 EStG),
- Steuerausländern,
- der Korrektur der Ersatzbemessungsgrundlage, sofern nicht die Voraussetzungen der Rn. 196 vorliegen.

---

[1] Rn. 241 Beispiel 4 und 5 (ohne Abwandlung) geänd. durch BMF v. 20.12.2022, BStBl. 2023 I S. 46.

**Beispiel:**

Das Kreditinstitut hat im Jahr 01 einen Wertpapierverkauf wegen fehlender Kenntnis über die Anschaffungskosten mit der Ersatzbemessungsgrundlage abgerechnet. Als Veräußerungspreis wurde ein Börsenkurs von 100 € zu Grunde gelegt. Im Jahr 02 stellt sich heraus, dass der Börsenkurs tatsächlich 90 € betrug.

Eine Korrektur ist nicht vorzunehmen.

- Korrekturen bei Erträgen aus Anteilen an ausländischen Investmentfonds, soweit bei der Veräußerung oder Rückgabe von Anteilen an ausländischen thesaurierenden Investmentfonds § 7 Abs. 1 Satz 1 Nr. 3 InvStG angewendet wurde,
- Korrekturen bei der Anrechnung ausländischer Quellensteuer, wenn der Steuerpflichtige die Quellensteuer auf Grund einer Entscheidung des EuGH vom ausländischen Staat erstattet bekommt, sowie bei Änderung oder Wegfall der Bemessungsgrundlage auf Grund einer Entscheidung des EuGH, des Bundesverfassungsgerichts oder des Bundesfinanzhofs,
- wenn ein Steuerpflichtiger die Geschäftsbeziehung mit einer auszahlenden Stelle beendet, ohne seine Wertpapiere auf ein anderes Institut zu übertragen. Der Tod gilt als Beendigung der Geschäftsbeziehung.

Die zutreffende Festsetzung der Einkommensteuer erfolgt in diesen Fällen bei unbeschränkt Steuerpflichtigen im Rahmen der Veranlagung. Eine Veranlagung von beschränkt Steuerpflichtigen kommt nur in Ausnahmefällen in Betracht.

**241b** Weist der Steuerpflichtige durch eine Bescheinigung der auszahlenden Stelle nach, dass sie die Korrektur nicht vorgenommen hat und auch nicht vornehmen wird, kann er die Korrektur nach § 32d Abs. 4 oder 6 EStG geltend machen. In den Fällen der Rn. 241a bedarf es keiner Bescheinigung.

### Korrektur ausländischer Quellensteuer

**241c** Wird der Betrag der anrechenbaren ausländischen Quellensteuer zu Gunsten des Steuerpflichtigen korrigiert und wurde im Berichtigungsjahr bereits Kapitalertragsteuer einbehalten, kann diese um die Quellensteuer gemindert und erstattet werden. Wurde noch keine Kapitalertragsteuer einbehalten, ist der Betrag im Quellensteuertopf zu erfassen und beim nächsten Steuereinbehalt zu berücksichtigen.

Wird der Betrag der anrechenbaren ausländischen Quellensteuer zu Lasten des Steuerpflichtigen korrigiert, hat die auszahlende Stelle den Betrag gleichfalls im Quellensteuertopf als Negativbetrag einzustellen und beim nächsten Steuereinbehalt zu Lasten des Steuerpflichtigen zu berücksichtigen. Hiervon abweichend ist es nicht zu beanstanden, wenn an Stelle der Einstellung des Negativbetrags in den Quellensteuertopf die auszahlende Stelle zum Zeitpunkt der Korrektur die Kapitalertragsteuer einbehält.

Am Ende des Kalenderjahres wird der Quellensteuertopf geschlossen. Positive oder negative Beträge – die beim Steuerabzug nicht berücksichtigt werden konnten – sind in der Steuerbescheinigung im Hinblick auf eine Veranlagung gemäß § 32d Abs. 3 EStG im Falle eines negativen Quellensteuertopfes sowie gemäß § 32d Abs. 4 EStG im Falle eines positiven Quellensteuertopfes auszuweisen.

### Anzeige an das Betriebsstättenfinanzamt

**241d** Wenn der Schuldner der Kapitalertragsteuer seine Geschäftsbeziehung zu der Bank beendet hat und eine Korrektur gemäß § 43a Abs. 3 Satz 7 EStG nicht mehr möglich ist, ist die Regelung des § 44 Abs. 1 Satz 10 bis 11 EStG entsprechend anzuwenden.

## VI. Entrichtung der Kapitalertragsteuer (§ 44 EStG)

### 1. Zuflusszeitpunkt, auszahlende Stelle, Umfang des Steuerabzugs (§ 44 Abs. 1 EStG)

#### a) Zufluss von Zinsen (§ 44 Abs. 1 Satz 2 EStG)

Zinsen fließen als regelmäßig wiederkehrende Einnahmen dem Steuerpflichtigen nach § 11 Abs. 1 Satz 2 EStG in dem Jahr zu, zu dem sie wirtschaftlich gehören. Die wirtschaftliche Zugehörigkeit bestimmt sich nach dem Jahr, in dem sie zahlbar, d.h. fällig sind, unabhängig davon, für welchen Zeitraum die Zinsen gezahlt werden oder wann die Gutschrift tatsächlich vorgenommen wird. Auch bei auf- und abgezinsten Kapitalforderungen ist für den Zufluss nicht der Zeitraum maßgebend, für den die Zinsen gezahlt werden, sondern der Zeitpunkt der Fälligkeit. **242**

Bei Bundesschatzbriefen Typ B, bei denen der Zinslauf am 1. Januar beginnt, ist die Kapitalertragsteuer ebenfalls bei Fälligkeit, d.h. am 1. Januar, abzuziehen. **243**

#### b) Umfang des Steuerabzugs (§ 44 Abs. 1 Satz 2 EStG)

Nicht besetzt. **244**

Nicht besetzt. **245**

#### Kapitalertragsteuer bei Zinsen aus Kontokorrentkonten

Bei Zinsen aus Kontokorrentkonten ist die Kapitalertragsteuer nicht auf der Grundlage des Saldos am Ende des jeweiligen Abrechnungszeitraums, sondern von den einzelnen Habenzinsbeträgen vor der Saldierung zu erheben. **246**

#### Umrechnung von Währungsbeträgen

Bei in Fremdwährung bezogenen Kapitalerträgen, z.B. aus Fremdwährungsanleihen und Fremdwährungskonten, ist sowohl für die Gutschrift als auch für die Kapitalertragsteuer der Devisenbriefkurs der jeweiligen Fremdwährung zugrunde zu legen, der am Tag des Zuflusses der Kapitalerträge gilt (zur Billigkeitsregelung bei sogenannten „Alt-Finanzinnovationen" vgl. Rn. 56). **247**

#### c) Auszahlende Stelle (§ 44 Abs. 1 Satz 3 und 4 EStG)

#### Mehrstufige Verwahrung

Wertpapiere werden vielfach nicht unmittelbar von dem Kreditinstitut oder der anderen auszahlenden Stelle verwahrt, bei dem der Steuerpflichtige sein Depot unterhält, sondern auch – z.B. im Falle der Girosammelverwahrung – bei der Wertpapiersammelbank (Clearstream Banking AG) als Unterverwahrer. Auszahlende Stelle ist bei mehrstufiger Verwahrung die depotführende auszahlende Stelle, die als letzte auszahlende Stelle die Wertpapiere für den Steuerpflichtigen verwahrt und allein dessen individuelle Verhältnisse (z.B. Freistellungsauftrag, NV-Bescheinigung) berücksichtigen kann. **248**

#### Stillhalter- oder Termingeschäfte

Ist ein Kreditinstitut Partei eines Termingeschäfts, hat es in diesen Fällen hinsichtlich der Erträge, die aus diesem Geschäft ausgezahlt oder gutgeschrieben werden, Kapitalertragsteuer einzubehalten (vgl. § 44 Abs. 1 Satz 4 Nr. 1 Buchst. a Doppelbuchst. aa EStG). Dies gilt entsprechend bei Stillhaltergeschäften. **249**

**Wertpapierhandelsunternehmen und Wertpapierhandelsbank**

**250** Auszahlende Stelle i.S.d. § 44 Abs. 1 Satz 4 Nr. 1 EStG ist neben den inländischen Kreditinstituten und inländischen Finanzdienstleistungsinstituten das inländische Wertpapierinstitut. Zum Begriff des Wertpapierinstituts vgl. § 1 Abs. 3d KWG.

**251** Wertpapierinstitute sowie Finanzdienstleistungsunternehmen, die einen Eigenhandel i.S.d. § 1 Abs. 1a Satz 1 Nr. 4 KWG sowie Eigengeschäfte gemäß § 1 Abs. 1a Satz 2 KWG betreiben, führen insoweit keine Veräußerung i.S.d. § 44 Abs. 1 Satz 4 Nr. 1 EStG durch.

**d) Erhebung der Kapitalertragsteuer bei Sachwertleistung (§ 44 Abs. 1 Satz 7 bis 11 EStG)**

**251a** Werden Kapitalerträge in Sachwerten geleistet oder reicht der in Geld geleistete Ertrag zur Deckung der Kapitalertragsteuer nicht aus, kann der zum Steuerabzug Verpflichtete nach § 44 Abs. 1 Satz 8 und 9 EStG den Fehlbetrag von einem bei ihm geführten Giro-, Kontokorrent- oder Tagesgeldkonto des Gläubigers einziehen. Auf das zum Depot hinterlegte Verrechnungskonto kann auch zugegriffen werden, wenn Gläubiger der Kapitalerträge und Kontoinhaber nicht identisch sind. Ein Zugriff auf den Kontokorrentkredit ist ausgeschlossen, wenn der Gläubiger vor dem Zufluss der Kapitalerträge widerspricht. Bei mehreren Kontoberechtigten reicht es aus, wenn ein Kontoberechtigter widerspricht. Der Widerspruch gilt solange, bis er vom Gläubiger zurückgenommen wird.

**251b** Der zum Steuerabzug Verpflichtete kann den Gläubiger der Kapitalerträge auffordern, den Fehlbetrag zur Verfügung zu stellen. Kann nicht auf ein Giro-, Kontokorrent- oder Tagesgeldkonto des Gläubigers zugegriffen werden oder deckt das zur Verfügung stehende Guthaben einschließlich eines zur Verfügung stehenden Kontokorrentkredits den Fehlbetrag nicht oder nicht vollständig, hat der zum Steuerabzug Verpflichtete den vollen Kapitalertrag dem Betriebsstättenfinanzamt spätestens nach Ablauf des Kalenderjahres unter Beachtung der in § 93c Abs. 1 Nr. 1 1. Halbsatz AO genannten Frist anzuzeigen.

**251c** Sind depotführende Kreditinstitute, depotführende Stellen sowie Tochter- oder Schwestergesellschaften von Kapitalverwaltungsgesellschaften berechtigt, auf ein sogenanntes Referenzkonto des Kunden zuzugreifen, wird es nicht beanstandet, dort den Fehlbetrag einzuziehen.

**251d** Ist eine Meldung nach § 44 Abs. 1 Satz 10 EStG an das Betriebsstättenfinanzamt zu fertigen, hat diese folgende Angaben zu enthalten:

- die Identifikationsnummer, den Namen und die Anschrift des Gläubigers der Kapitalerträge,
- das Datum des fehlgeschlagenen Steuereinbehalts,
- das betroffene Wertpapier mit Name, ISIN und Anzahl, soweit vorhanden, ansonsten die Bezeichnung des betroffenen Kapitalertrags,
- die Höhe des Kapitalertrags, für den der Steuereinbehalt fehlgeschlagen ist.

## VII. Abstandnahme vom Steuerabzug (§ 44a EStG)

### 1. Freistellungsauftrag, NV-Bescheinigung (§ 44a Abs. 2 EStG)

#### a) Ausstellung, Widerruf und Verwendung einer NV-Bescheinigung

**252** Eine NV-Bescheinigung i.S.d. § 44a Abs. 2 Satz 1 Nr. 2 EStG ist auch in den Fällen des § 44a Abs. 1 Satz 4 EStG nicht zu erteilen, wenn der Steuerpflichtige voraussichtlich oder auf Antrag zur Einkommensteuer veranlagt wird. Daher ist eine NV-Bescheinigung in allen Fällen eines festgestellten verbleibenden Verlustabzugs nicht zu erteilen.

Nach § 44a Abs. 2 Satz 2 und 3 EStG ist die NV-Bescheinigung unter dem Vorbehalt des Widerrufs mit einer Geltungsdauer von höchstens drei Jahren auszustellen; sie muss am Schluss eines Kalenderjahres enden. **253**

Der Widerruf einer NV-Bescheinigung dürfte in der Regel mit Wirkung ab Beginn des folgenden Kalenderjahres ausgesprochen werden. Sollte die Geltungsdauer in Widerrufsfällen ausnahmsweise während des Jahres enden und der Steuerpflichtige im Anschluss daran einen Freistellungsauftrag erteilen, muss im Hinblick auf das noch zur Verfügung stehende Freistellungsvolumen berücksichtigt werden, in welcher Höhe zuvor während des Kalenderjahres der Kapitalertragsteuerabzug unterblieben ist und etwaige Anträge auf Erstattung von Kapitalertragsteuer gestellt worden sind oder noch gestellt werden. **254**

Wird dagegen neben einem Freistellungsauftrag oder nach dessen Widerruf eine NV-Bescheinigung vorgelegt, ist es unerheblich, in welchem Umfang zuvor eine Abstandnahme vom Kapitalertragsteuerabzug vorgenommen wurde und Anträge auf Erstattung gestellt worden sind. Nach Ablauf der Geltungsdauer oder Widerruf der NV-Bescheinigung lebt der erteilte Freistellungsauftrag wieder auf. **255**

Es bestehen keine Bedenken, neben dem Original der NV-Bescheinigung auch eine Kopie für steuerliche Zwecke anzuerkennen. Wird die NV-Bescheinigung vom Finanzamt zurückgefordert und hatte der zum Steuerabzug Verpflichtete das Original der NV-Bescheinigung zuvor eingescannt und anschließend vernichtet, ist es ausreichend, wenn die Löschung der Abstandnahme vom zum Steuerabzug Verpflichteten bestätigt wird. **256**

Ein Kreditinstitut hat eine NV-Bescheinigung nach § 44a Abs. 2 Satz 1 Nr. 2 EStG nur dann zu berücksichtigen, wenn diese mit Angabe der steuerlichen Identifikationsnummer (bei Ehegatten/Lebenspartnern von beiden) erteilt wurde. Bereits ohne Angabe der steuerlichen Identifikationsnummer erteilte NV-Bescheinigungen sind von der Meldestelle nur zu berücksichtigen, wenn die Identifikationsnummer der Meldestelle aus anderen Gründen vorliegt. **256a**

### b) Erteilung und Änderung von Freistellungsaufträgen

Jeder Freistellungsauftrag muss nach amtlich vorgeschriebenem Muster erteilt werden (vgl. Anlage 2). Das Muster sieht die Unterschrift des Kunden vor. Gegen eine Erteilung eines Freistellungsauftrages mit Kundenunterschrift auf einem sogenannten PenPad bestehen keine Bedenken. Eine Vertretung ist zulässig. Der Freistellungsauftrag kann auch per Fax oder als Datei per E-Mail übermittelt erteilt werden. Daneben ist die Erteilung im elektronischen Verfahren zulässig. In diesem Fall muss die Unterschrift durch eine elektronische Authentifizierung des Kunden z.B. in Form des banküblichen gesicherten PIN/TAN-Verfahrens ersetzt werden. Hierbei wird zur Identifikation die persönliche Identifikationsnummer (PIN) verwendet und die Unterschrift durch Eingabe der Transaktionsnummer (TAN) ersetzt. Die Erteilung eines Freistellungsauftrags ist nur für Konten und Depots von natürlichen Personen möglich. **257**[1)]

Wird der Sparer-Pauschbetrag gesetzlich erhöht oder vermindert und sind dadurch bereits erteilte Freistellungsaufträge prozentual anzupassen, kann eine

---

[1)] Rn. 257 neu gef. durch BMF v. 20.12.2022, BStBl. 2023 I S. 46.

Glättung auf den nächsthöheren Euro-Betrag oder durch kaufmännische Rundung vorgenommen werden. Dies kann zu einer Überschreitung des zulässigen Sparer-Pauschbetrages führen, die nicht beanstandet wird.

Ändert sich die Höhe des Sparer-Pauschbetrages zum 1. Januar eines Jahres, können Freistellungsaufträge noch innerhalb der ersten sechs Monate des Jahres auf dem am 31. Dezember des Vorjahres geltenden Muster erteilt werden.

**258** Wird im Laufe des Kalenderjahres ein dem jeweiligen Kreditinstitut bereits erteilter Freistellungsauftrag geändert, handelt es sich insgesamt nur um einen Freistellungsauftrag. Wird der freizustellende Betrag herabgesetzt, muss das Kreditinstitut prüfen, inwieweit das bisherige Freistellungsvolumen bereits durch Abstandnahme vom Steuerabzug ausgeschöpft ist. Ein Unterschreiten des bereits freigestellten und ausgeschöpften Betrages ist nicht zulässig. Eine Erhöhung des freizustellenden Betrages darf ebenso wie die erstmalige Erteilung eines Freistellungsauftrages nur mit Wirkung für das Kalenderjahr, in dem der Antrag gestellt wird, spätestens jedoch bis zum 31. Januar des Folgejahres für das abgelaufene und für spätere Kalenderjahre erfolgen.

**259** Freistellungsaufträge können nur mit Wirkung zum Kalenderjahresende befristet werden. Eine Herabsetzung bis zu dem im laufenden Kalenderjahr bereits genutzten Betrag ist jedoch zulässig. Sofern ein Freistellungsauftrag im laufenden Jahr noch nicht genutzt wurde, kann er auch zum 1. Januar des laufenden Jahres widerrufen werden. Eine Beschränkung des Freistellungsauftrages auf einzelne Konten oder Depots desselben Kreditinstituts ist nicht möglich.

**259a** Ab 1. Januar 2016 ist ein Freistellungsauftrag nur wirksam, wenn der Meldestelle i.S.d. § 45d Abs. 1 Satz 1 EStG die steuerliche Identifikationsnummer des Gläubigers der Kapitalerträge und bei gemeinsamen Freistellungsaufträgen auch die des Ehegatten/Lebenspartners vorliegt (§ 44a Abs. 2a Satz 2 EStG).

Stellt sich ab diesem Zeitpunkt im laufenden Kalenderjahr heraus, dass die mitgeteilte steuerliche Identifikationsnummer nicht korrekt ist, und lässt sich die richtige steuerliche Identifikationsnummer im laufenden Kalenderjahr ermitteln, ist der Freistellungsauftrag als wirksam zu behandeln. Kann die korrekte steuerliche Identifikationsnummer nicht ermittelt werden, ist der Freistellungsauftrag als unwirksam zu behandeln.

**260** Jede Änderung muss nach amtlich vorgeschriebenem Muster vorgenommen werden. Wird die Geschäftsbeziehung im laufenden Kalenderjahr vollständig beendet (z.B. Auszahlung eines Lebensversicherungsvertrages) und der vorliegende Freistellungsauftrag nicht zum Kalenderjahresende befristet, so kann aus Vereinfachungsgründen angenommen werden, dass der erteilte Freistellungsauftrag ab dem Folgejahr – auch ohne ausdrückliche Änderung nach vorgeschriebenem Muster – nicht mehr gültig sein soll.

Mit dem Tod des Kontoinhabers entfällt die Wirkung des erteilten Freistellungsauftrags. Zu den Besonderheiten beim Tod eines Ehegatten/Lebenspartners mit gemeinsam erteiltem Freistellungsauftrag vgl. Rn. 278 f.

### c) Freistellungsaufträge bei Ehegatten/Lebenspartnern

**261**[1)] Ehegatten/Lebenspartner, die unbeschränkt einkommensteuerpflichtig sind und nicht dauernd getrennt leben, haben ein gemeinsames Freistellungsvolumen (§ 20 Abs. 9 Satz 2 EStG) und können entweder einen gemeinsamen Freistellungsauftrag oder Einzel-Freistellungsaufträge erteilen. Der gemeinsame

---

[1)] Rn. 261 Beispiel neu gef. durch BMF v. 20.12.2022, BStBl. 2023 I S. 46.

Freistellungsauftrag gilt sowohl für Gemeinschaftskonten als auch für Konten oder Depots, die auf den Namen nur eines Ehegatten/Lebenspartners geführt werden.

**Beispiel:**

Die Ehegatten/Lebenspartner haben Einzel-Freistellungsaufträge über jeweils 1000 € gestellt.

| | | Ehemann/Lebenspartner A | Ehefrau/Lebenspartner B |
|---|---|---|---|
| 15.2. | Einnahme | 10 000 € | ./. 10 000 € |
| | Freistellungsauftrag | 1000 € | 1000 € |
| | Saldo | 9000 € | ./. 10 000 € |
| 31.12. | Verlustverrechnung | Entfällt | Entfällt |
| | Verbleiben | 9000 € | ./. 10 000 € |
| | **Verlustvortrag** | **0 €** | **./. 10 000 €** |

Der Freistellungsauftrag der Ehefrau/des Lebenspartners B hat sich nicht ausgewirkt, weil keine positiven Einkünfte erzielt wurden. Der insoweit nicht ausgeschöpfte Sparer-Pauschbetrag kann im Rahmen der Veranlagung bei den Kapitaleinkünften des Ehemanns/Lebenspartners A berücksichtigt werden. Der gesamte Verlust wird in den Verlusttopf der Ehefrau/des Lebenspartners B eingestellt und vom Kreditinstitut vorgetragen, sofern die Ehefrau/der Lebenspartner B keine Verlustbescheinigung beantragt.

Bei Erteilung und Änderung des Freistellungsauftrags im elektronischen Verfahren ist das amtlich vorgeschriebene Muster vom Kreditinstitut mit der Maßgabe anzuwenden, dass der erstgenannte Ehegatte/Lebenspartner als Auftraggeber gilt. Der Auftraggeber hat zu versichern, dass er für die Erteilung oder Änderung durch seinen Ehegatten/Lebenspartner bevollmächtigt wurde. Für die Versicherung hat das Kreditinstitut eine entsprechende Abfragemöglichkeit einzurichten. Nach der Dokumentation des Freistellungsauftrags beim Kreditinstitut erhält der vertretene Ehegatte/Lebenspartner sowohl eine gesonderte Benachrichtigung, mit der er über die Erteilung oder Änderung durch den Auftraggeber informiert wird, als auch eine Kopie des Freistellungsauftrags. 262

Die Kreditinstitute können bei Entgegennahme eines gemeinsamen Freistellungsauftrags von Ehegatten/Lebenspartnern auf die Richtigkeit der gemachten Angaben grundsätzlich vertrauen, sofern ihnen nichts Gegenteiliges bekannt ist; bei grob fahrlässiger Unkenntnis ergeben sich Haftungsfolgen. Die Kreditinstitute müssen jedoch darauf achten, dass der Freistellungsauftrag korrekt ausgefüllt ist; eine Vertretung ist zulässig. 263

Haben Ehegatten/Lebenspartner bereits vor dem Zeitpunkt ihrer Eheschließung/Begründung der Lebenspartnerschaft einzeln Freistellungsaufträge erteilt, kann der gemeinsame Freistellungsauftrag für den Veranlagungszeitraum der Eheschließung/Begründung der Lebenspartnerschaft erteilt werden. In diesem Fall ist der Freistellungsauftrag mindestens in Höhe der Summe der Kapitalerträge, die bereits aufgrund der von den Ehegatten/Lebenspartnern einzeln erteilten Freistellungsaufträge vom Kapitalertragsteuerabzug freigestellt worden sind, zu erteilen. Die Summe der Kapitalerträge, die bereits aufgrund der einzeln erteilten Freistellungsaufträge vom Kapitalertragsteuerabzug freigestellt worden sind, wird von der auszahlenden Stelle auf das Freistellungsvolumen des gemeinsamen Freistellungsauftrags angerechnet. Eine (rückwirkende) Erstattung bereits einbehaltener Kapitalertragsteuer aufgrund des gemeinsamen Freistellungsauftrags ist zulässig.

Ehegatten/Lebenspartner, die unbeschränkt einkommensteuerpflichtig sind und nicht dauernd getrennt gelebt haben, haben im Jahr der Trennung noch ein gemeinsames Freistellungsvolumen (§ 20 Abs. 9 Satz 2 EStG). Sie können 264 daher für das Kalenderjahr der Trennung auch für die Zeit nach der Trennung gemeinsame Freistellungsaufträge erteilen. Dies gilt sowohl für Gemeinschaftskonten als auch für nur auf den Namen eines der Ehegatten/Lebenspartner geführten Konten oder Depots.

**265** Für Kalenderjahre, die auf das Kalenderjahr der Trennung folgen, dürfen nur auf den einzelnen Ehegatten/Lebenspartner bezogene Freistellungsaufträge erteilt werden.

### d) Gemeinsamer Freistellungsauftrag als Voraussetzung für die Verlustverrechnung gemäß § 43a Abs. 3 Satz 2 Halbsatz 2 EStG

**266** Für die ehegatten-/lebenspartnerübergreifende Verlustverrechnung ist Voraussetzung, dass es sich um zusammen veranlagte Ehegatten/Lebenspartner handelt, die gegenüber dem Kreditinstitut einen gemeinsamen Freistellungsauftrag erteilt haben.

Zwar können Ehegatten/Lebenspartner zwischen Zusammenveranlagung und Einzelveranlagung wählen. In welcher Form die Ehegatten/Lebenspartner dieses Wahlrecht ausüben, ist für das Steuerabzugsverfahren unbeachtlich. Erteilen Ehegatten/Lebenspartner einen gemeinsamen Freistellungsauftrag – vgl. Anlage 2 –, haben die Kreditinstitute die übergreifende Verlustverrechnung durchzuführen. Die ehegatten-/lebenspartnerübergreifende Verlustverrechnung erfolgt unabhängig davon, ob die Ehegatten/Lebenspartner eine oder mehrere Verlustbescheinigungen i.S.d. § 43a Abs. 3 Satz 4 EStG beantragt haben, vgl. Rn. 233 ff. Verlustbescheinigungen umfassen somit die nach der übergreifenden Verrechnung noch nicht ausgeglichenen Verluste.

**267** Ehegatten/Lebenspartner können auch einen gemeinsamen Freistellungsauftrag über 0 € erteilen. Dies ist erforderlich, wenn Ehegatten/Lebenspartner eine übergreifende Verlustverrechnung vom Kreditinstitut durchführen lassen möchten, ihr gemeinsames Freistellungsvolumen aber schon bei einem anderen Institut ausgeschöpft haben.

**268** Haben Ehegatten/Lebenspartner vor 2010 einen gemeinsamen Freistellungsauftrag erteilt, hat dieser weiterhin Bestand und führt zu einer gemeinsamen Verlustverrechnung. Die Voraussetzungen der Rn. 259a sind zu beachten.

### Getrennte Verlusttöpfe mit übergreifender Verrechnung nur am Jahresende

**269** Die Kapitaleinkünfte sind unter Berücksichtigung des Freistellungsauftrags, vgl. Rn. 230 und 261, zunächst getrennt zu ermitteln, d.h. wie bisher gesondert für die Einzelkonten und -depots des Ehemannes/der Person A (Ehegatte A/Lebenspartner A), der Ehefrau/der Person B (Ehegatte B/Lebenspartner B) sowie für die Gemeinschaftskonten und -depots. Einmalig zum Jahresende erfolgt dann die Verrechnung bestehender Verlustüberhänge über einen Ausgleich der einzelnen Verlusttöpfe. Voraussetzung ist, dass am Jahresende ein gemeinschaftlich gestellter gültiger Freistellungsauftrag vorliegt.

**Beispiel 1:**
Die Ehegatten/Lebenspartner haben einen gemeinsamen Freistellungsauftrag von 0 € gestellt.
Verlustverrechnung am Jahresende:

| | | Ehemann/Lebenspartner A | Ehefrau/Lebenspartner B |
|---|---|---|---|
| 15.2. | Einnahme | 1000 € | |
| 20.3. | Verlust | | ./. 1000 € |
| 28.6. | Einnahme | | 500 € |
| | Summe | 1000 € | ./. 500 € |
| 31.12. | Verlustverrechnung | ./. 500 € | 500 € |
| | **Verbleiben** | **500 €** | **0 €** |

Eine fortlaufende Verlustverrechnung ist nicht zulässig. 270

**Beispiel 2:**

| | | Ehemann/Lebenspartner A | Ehefrau/Lebenspartner B |
|---|---|---|---|
| 15.2. | Einnahme | 1000 € | |
| 20.3. | Verlust | | ./. 1000 € |
| 20.3. | Verlustverrechnung | ./. 1000 € | 1000 € |
| | Zwischensumme | 0 € | 0 € |
| 28.6. | Einnahme | | 500 € |
| 31.12. | Kapitalerträge | 0 € | 500 € |
| | **Verbleiben** | **0 €** | **500 €** |

Die Beispiele zeigen, dass nur die Verlustverrechnung am Jahresende zu nachvollziehbaren und plausiblen Ergebnissen führt (siehe Beispiel 1). Bei fortlaufender Verlustverrechnung (Beispiel 2) fiele hingegen Kapitalertragsteuer auf die von der Ehefrau/dem Lebenspartner B am 28. Juni erzielte Einnahme an, obwohl die Ehefrau/der Lebenspartner B insgesamt in dem Jahr einen Verlust erzielt hat. Hier würden sich rein zufällig unterschiedlich hohe Kapitalerträge für die Ehegatten/Lebenspartner ergeben, je nachdem in welcher zeitlichen Reihenfolge positive und negative Erträge anfallen. Da die Kirchensteuer an die Kapitalertragsteuer anknüpft, würden sich zwangsläufig auch Zufallsergebnisse bei der Kirchensteuer ergeben, wenn z.B. nur ein Ehegatte/Lebenspartner Mitglied einer kirchensteuererhebenden Religionsgemeinschaft ist oder wenn die Ehegatten/Lebenspartner unterschiedlichen Religionsgemeinschaften angehören.

Beenden die Ehegatten/Lebenspartner die gesamte Geschäftsbeziehung im 271 Laufe des Kalenderjahres, können die Kreditinstitute eine ehegatten-/lebenspartnerübergreifende Verlustverrechnung nicht mehr durchführen. Eine Verlustverrechnung am Jahresende setzt voraus, dass noch mindestens ein Konto oder Depot der Kunden geführt wird, um den erforderlichen Geldausgleich für die Erstattung der Kapitalertragsteuer vorzunehmen.

Sofern am Jahresende keine Geschäftsbeziehung mehr besteht, werden die 272 Kreditinstitute die Verluste und/oder die gezahlte Kapitalertragsteuer in der jeweiligen Steuerbescheinigung für den Ehemann/die Person A (Ehegatte A/Lebenspartner A), die Ehefrau/die Person B (Ehegatte B/Lebenspartner B) sowie für die Gemeinschaftskonten und -depots ausweisen, ohne dass eine übergreifende Verlustverrechnung stattfindet (zur automatischen Erstellung einer Verlustbescheinigung zum Jahresende bei Beendigung der Kundenbeziehung vgl. Rn. 238).

### Verrechnung von Verlusten aus Aktienveräußerungen

Bei der übergreifenden Verlustverrechnung werden zunächst der Aktienverlust 273 und dann der sonstige Verlust verrechnet. Dabei werden ausschließlich die am

Jahresende vorhandenen „Verlustüberhänge" – wie in Rn. 269 dargestellt – verrechnet. Es erfolgt keine umfassende Verrechnung von Aktienverlusten zwischen den Ehegatten/Lebenspartnern mit der Folge, dass ggf. der Verlusttopf für sonstige Verluste wieder auflebt (anders als bei der zeitnahen Verlustverrechnung für die Einzelperson; vgl. Rn. 228).

**Beispiel:**

| | | Ehemann/Lebenspartner A | Ehefrau/Lebenspartner B |
|---|---|---|---|
| 15.2. | Aktiengewinn | | 100 € |
| 20.3. | Aktienverlust | ./. 100 € | |
| 27.5. | allgemeiner Verlust | ./. 100 € | |
| 30.9. | allgemeiner Verlust | | ./. 50 € |
| 31.12. | Saldo je Ehegatte/Lebenspartner | ./. 100 € (Aktienverlust)<br>./. 100 € (sonstiger Verlust) | 50 € |
| 31.12. | übergreifende Verlustverrechnung | 50 € | ./. 50 € |
| | **Verbleiben** | **./. 50 € (Aktienverlust)**<br>**./. 100 € (sonstiger Verlust)** | **0 €** |

Die übergreifende Verlustverrechnung am Jahresende führt nicht dazu, dass der Aktiengewinn der Ehefrau/des Lebenspartners B in vollem Umfang mit dem Aktienverlust des Ehemannes/Lebenspartners A verrechnet wird; die bereits erfolgte Verrechnung mit dem Verlusttopf für sonstige Verluste i.H.v. 50 € bleibt vielmehr bestehen. Verrechnet wird nur der am Jahresende noch nicht verrechnete Aktiengewinn (im Beispiel 50 €). Ein Wiederaufleben von Verlusttöpfen kommt nicht in Betracht.

### Berücksichtigung des gemeinsamen Freistellungsauftrags

274 Im Rahmen der Veranlagung wird der gemeinsame Sparer-Pauschbetrag auch dann gewährt, wenn nur ein Ehegatte/Lebenspartner positive Einkünfte aus Kapitalvermögen in dieser Höhe erzielt hat, die Ehegatten/Lebenspartner aber insgesamt einen Verlust aus Kapitalvermögen erzielt haben.

275[1)] Für das Steuerabzugsverfahren folgt daraus, dass zuerst die Einkünfte der Ehegatten/Lebenspartner unter Berücksichtigung des gemeinsamen Freistellungsauftrags zu ermitteln sind und dann – wie nachstehend dargestellt – die danach noch bestehenden Verluste am Jahresende ehegatten-/lebenspartnerübergreifend zu verrechnen sind.

**Beispiel 1:**
Die Ehegatten/Lebenspartner haben einen gemeinsamen Freistellungsauftrag i.H.v. 2000 € erteilt. Ehegatten-/lebenspartnerübergreifende Verlustverrechnung nach Berücksichtigung des Freistellungsauftrags:

| | Ehemann/Lebenspartner A | Ehefrau/Lebenspartner B |
|---|---|---|
| Einnahme | 10 000 € | ./. 15 000 € |
| Freistellungsauftrag | ./. 2000 € | |
| Saldo | 8000 € | ./. 15 000 € |
| Verlustverrechnung | ./. 8000 € | 8000 € |
| Verbleiben | 0 € | ./. 7000 € |
| **Verlustvortrag** | **0 €** | **./. 7000 €** |

Eine ehegatten-/lebenspartnerübergreifende Verlustverrechnung vor Berücksichtigung des Freistellungsauftrags erfolgt nicht.

1) Rn. 275 Beispiele neu gef. durch BMF v. 20.12.2022, BStBl. 2023 I S. 46.

**Beispiel 2:**

| | Ehemann/Lebenspartner A | Ehefrau/Lebenspartner B |
|---|---|---|
| Einnahme | 10 000 € | ./. 15 000 € |
| Verlustvortrag | ./. 10 000 € | 10 000 € |
| Verbleiben | 0 € | ./. 5000 € |
| Freistellungsauftrag | 0 € | 0 € |
| Verbleiben | 0 € | ./. 5000 € |
| **Verlustvortrag** | **0 €** | **./. 5000 €** |

Die Beispiele zeigen, dass eine ehegatten-/lebenspartnerübergreifende Verlustverrechnung vor Berücksichtigung von Freistellungsaufträgen (Beispiel 2) zu einer nicht zu rechtfertigenden Benachteiligung von Ehegatten/Lebenspartnern gegenüber Einzelpersonen führen würde. Denn in dem Beispiel würde der Ehemann/Lebenspartner A, obwohl er positive Einkünfte erzielt hatte, nicht in den Genuss des Sparer-Pauschbetrages kommen.

## Quellensteueranrechnung

Sofern ein gemeinsamer Freistellungsauftrag der Ehegatten/Lebenspartner vorliegt, hat die Quellensteueranrechnung gleichfalls ehegatten-/lebenspartnerübergreifend zu erfolgen, um Veranlagungsfälle zu vermeiden. 276

Hierzu werden getrennte Quellensteuertöpfe geführt. Die übergreifende Anrechnung erfolgt im Rahmen der übergreifenden Verlustverrechnung am Jahresende. Eine bereits erfolgte Quellensteueranrechnung wird wieder rückgängig gemacht, wenn nach der übergreifenden Verlustverrechnung keiner der Ehegatten/Lebenspartner mit Kapitalertragsteuer belastet wird.

**Beispiel 1:**

| | Ehemann/Lebenspartner A | Ehefrau/Lebenspartner B |
|---|---|---|
| Saldo Kapitalerträge (inkl. ausländischer Erträge) | ./. 1000 € | 5000 € |
| Verlustverrechnung | 1000 € | ./. 1000 € |
| Kapitalerträge nach Verlustverrechnung | 0 € | 4000 € |
| nicht angerechnete Quellensteuer (vor Verlustverrechnung) | 50 € | 0 € |
| Anrechnung Quellensteuer nach Verlustverrechnung | | 50 € |

Es wird die beim Ehemann/Lebenspartner A angefallene Quellensteuer auf die von der Ehefrau/dem Lebenspartner B gezahlte Kapitalertragsteuer angerechnet.

**Beispiel 2:**

| | Ehemann/Lebenspartner A | Ehefrau/Lebenspartner B |
|---|---|---|
| Saldo Kapitalerträge (inkl. ausländischer Erträge beim Ehemann/Lebenspartner A) | 0 € | 5000 € |
| Verlustverrechnung | – | – |
| Kapitalerträge nach Verlustverrechnung | 0 € | 5000 € |
| nicht angerechnete Quellensteuer | 50 € | 0 € |
| Anrechnung Quellensteuer | | 50 € |

Die beim Ehemann/Lebenspartner A angerechnete Quellensteuer wird auf die von der Ehefrau/dem Lebenspartner B gezahlte Kapitalertragsteuer angerechnet. Dies gilt auch, wenn eine ehegatten-/lebenspartnerübergreifende Verlustverrechnung nicht durchgeführt wird.

**Beispiel 3:**

| | Ehemann/Lebenspartner A | Ehefrau/Lebenspartner B |
|---|---|---|
| Saldo Kapitalerträge | 1000 € | ./. 1000 € |
| Verlustverrechnung | ./. 1000 € | 1000 € |
| Kapitalerträge nach Verlustverrechnung | 0 € | 0 € |
| angerechnete Quellensteuer vor Verlustverrechnung | 50 € | 0 € |
| Anrechnung Quellensteuer nach Verlustverrechnung | 0 € | 0 € |

Die bereits erfolgte Quellensteuer-Anrechnung wird wieder rückgängig gemacht, da nach der übergreifenden Verlustverrechnung keiner der Ehegatten/Lebenspartner mit Kapitalertragsteuer belastet ist.

### Kirchensteuer

277 Die bereits abgeführte Kirchensteuer der Ehegatten/Lebenspartner wird durch die übergreifende Verlust- und Quellensteuerverrechnung beeinflusst. Die Kirchensteuer des einen Ehegatten/Lebenspartners wird somit durch den Verlust des anderen Ehegatten/Lebenspartners gemindert.

### e) NV-Bescheinigungen und Freistellungsaufträge nach dem Tod eines Ehegatten/Lebenspartners

278 Mit dem Tod eines Ehegatten/Lebenspartners entfällt die Wirkung eines gemeinsam erteilten Freistellungsauftrags für Gemeinschaftskonten der Ehegatten/Lebenspartner sowie Konten und Depots, die auf den Namen des Verstorbenen lauten. Da dem verwitweten Steuerpflichtigen im Todesjahr noch der gemeinsame Sparer-Pauschbetrag zusteht, bleibt der gemeinsame Freistellungsauftrag allerdings bis zum Ende des laufenden Veranlagungszeitraums noch für solche Kapitalerträge wirksam, bei denen die alleinige Gläubigerstellung des Verwitweten feststeht, vgl. § 44a Abs. 6 EStG. Entsprechendes gilt für eine den Ehegatten/Lebenspartnern erteilte NV-Bescheinigung. Zur Korrektur des Kapitalertragsteuerabzugs in Fällen, in denen die Bank erst nach Ablauf des Kalenderjahres vom Tod eines Ehegatten/Lebenspartners Kenntnis erlangt, vgl. Rn. 241 (Beispiel 4).

279[1)] Es bestehen keine Bedenken dagegen, dass der verwitwete Steuerpflichtige Freistellungsaufträge, die er gemeinsam mit dem verstorbenen Ehegatten/Lebenspartner erteilt hat, im Todesjahr ändert oder neue Freistellungsaufträge erstmals erteilt. In diesen Fällen sind anstelle der Unterschrift des verstorbenen Ehegatten/Lebenspartners Vorname, Name und Todestag des Verstorbenen einzutragen. Wird ein ursprünglich gemeinsam erteilter Freistellungsauftrag geändert, muss das Kreditinstitut prüfen, inwieweit das bisherige Freistellungsvolumen bereits durch Abstandnahme vom Kapitalertragsteuerabzug ausgeschöpft ist. Durch die Änderung darf der bereits freigestellte und ausgeschöpfte Betrag nicht unterschritten werden.

Ein Widerruf ist nur zum Jahresende möglich, vgl. Rn. 258. Für das auf das Todesjahr folgende Jahr dürfen unabhängig von der Gewährung des Splitting-Tarifs nur Einzel-Freistellungsaufträge über den Sparer-Pauschbetrag des verwitweten Steuerpflichtigen, d.h. nur bis zur Höhe von insgesamt 1000 € erteilt werden.

[1)] Rn. 279 neu gef. durch BMF v. 20.12.2022, BStBl. 2023 I S. 46.

### f) NV-Bescheinigung und Freistellungsaufträge bei nicht steuerbefreiten Körperschaften

**Abstandnahme vom Steuerabzug**

Einer unbeschränkt steuerpflichtigen und nicht steuerbefreiten Körperschaft, Personenvereinigung und Vermögensmasse steht, wenn sie Einkünfte aus Kapitalvermögen erzielt, nach § 8 Abs. 1 KStG der Sparer-Pauschbetrag von 1000 € im Rahmen der Veranlagung zu (§ 20 Abs. 9 Satz 1 EStG). Um eine Abstandnahme vom Kapitalertragsteuerabzug zu erreichen, haben unbeschränkt steuerpflichtige und nicht steuerbefreite Körperschaften, Personenvereinigungen und Vermögensmassen, denen der Freibetrag nach § 24 KStG zusteht und deren Einkommen den Freibetrag von 5000 € nicht übersteigt, Anspruch auf Erteilung einer NV-Bescheinigung (Vordruck NV 3 B). Sie dürfen keinen Freistellungsauftrag erteilen. **280**[1)]

Gesellschaften des bürgerlichen Rechts können keinen Freistellungsauftrag und auch keinen Antrag auf Erteilung einer NV-Bescheinigung stellen. **281**

Nichtrechtsfähige Vereine dürfen keinen Freistellungsauftrag erteilen. Ein nichtrechtsfähiger Verein liegt vor, wenn die Personengruppe **282**

- einen gemeinsamen Zweck verfolgt,
- einen Gesamtnamen führt,
- unabhängig davon bestehen soll, ob neue Mitglieder aufgenommen werden oder bisherige Mitglieder ausscheiden,
- einen für die Gesamtheit der Mitglieder handelnden Vorstand hat.

Das Kreditinstitut hat sich anhand einer Satzung der Personengruppe zu vergewissern, ob die genannten Wesensmerkmale gegeben sind. **283**

Nicht besetzt. **284**

**Erstattung von Kapitalertragsteuer**

Im Anwendungsbereich des Teileinkünfteverfahrens können Gewinnausschüttungen auf der Ebene der empfangenden nicht steuerbefreiten Körperschaft nach Maßgabe des § 8b KStG bei der Ermittlung des Einkommens außer Ansatz bleiben. Eine Erstattung von Kapitalertragsteuer kann durch eine NV-Bescheinigung bewirkt werden. Eine NV-Bescheinigung kann nur für sogenannte kleine Körperschaften i.S.v. § 24 KStG (NV-Bescheinigung NV 3 B) und für sogenannte Überzahler i.S.v. § 44a Abs. 5 EStG (Bescheinigung NV 2 B) erteilt werden. **285**

### g) Nicht der Körperschaftsteuer unterliegende Zusammenschlüsse

**Grundsatz**

Ein nicht körperschaftsteuerpflichtiger Personenzusammenschluss (z.B. eine Gesellschaft bürgerlichen Rechts oder eine Personenvereinigung, die nicht die in Rn. 282 beschriebenen Wesensmerkmale erfüllt) darf einen Freistellungsauftrag nicht erteilen. Die ihm zufließenden Kapitalerträge unterliegen der Kapitalertragsteuer nach den allgemeinen Grundsätzen. **286**

Die Einnahmen aus Kapitalvermögen, die Gewinne und Verluste i.S.d. § 20 Abs. 4 EStG und die anzurechnende Kapitalertragsteuer sind grundsätzlich nach § 180 Abs. 1 Satz 1 Nr. 2 Buchst. a AO gesondert und einheitlich festzustellen. **287**

---

[1)] Rn. 280 neu gef. durch BMF v. 20.12.2022, BStBl. 2023 I S. 46.

288 Die Erklärung zur gesonderten und einheitlichen Feststellung ist vom Geschäftsführer oder vom Vermögensverwalter abzugeben. Soweit ein Geschäftsführer oder Vermögensverwalter nicht vorhanden ist, kann sich das Finanzamt an jedes Mitglied oder jeden Gesellschafter halten.

289 Die gesondert und einheitlich festgestellten Besteuerungsgrundlagen werden bei der Einkommensteuerveranlagung des einzelnen Mitglieds oder Gesellschafters berücksichtigt. Dabei wird auch der Sparer-Pauschbetrag angesetzt.

290 Von einer gesonderten und einheitlichen Feststellung der Besteuerungsgrundlagen kann gemäß § 180 Abs. 3 Satz 1 Nr. 2 AO abgesehen werden, wenn es sich um einen Fall von geringer Bedeutung handelt. In diesen Fällen reicht es aus, dass der Geschäftsführer oder Vermögensverwalter (Kontoinhaber) die anteiligen Einnahmen aus Kapitalvermögen auf die Mitglieder oder Gesellschafter aufteilt und sie den Beteiligten mitteilt. Die Anrechnung der Kapitalertragsteuer bei den einzelnen Beteiligten ist nur zulässig, wenn neben der Mitteilung des Geschäftsführers oder Vermögensverwalters über die Aufteilung der Einnahmen und der Kapitalertragsteuer eine Ablichtung der Steuerbescheinigung des Kreditinstituts vorgelegt wird.

**Vereinfachungsregel**

291 Aus Vereinfachungsgründen ist es nicht zu beanstanden, wenn bei losen Personenzusammenschlüssen (z.B. Sparclubs, Schulklassen, Sportgruppen), die aus mindestens sieben Mitgliedern bestehen, wie folgt verfahren wird:

Das Kreditinstitut kann vom Steuerabzug i.S.d. § 43 Abs. 1 EStG Abstand nehmen, wenn

- das Konto neben dem Namen des Kontoinhabers einen Zusatz enthält, der auf den Personenzusammenschluss hinweist (z.B. Sparclub XX, Klassenkonto der Realschule YY, Klasse 5 A),
- die Kapitalerträge bei den einzelnen Guthaben des Personenzusammenschlusses im Kalenderjahr den Betrag von 10 €, vervielfältigt mit der Anzahl der Mitglieder, höchstens 300 € im Kalenderjahr, nicht übersteigen und
- Änderungen der Anzahl der Mitglieder dem Kreditinstitut zu Beginn eines Kalenderjahres mitgeteilt werden.

292 Die Verpflichtung zur Erstellung einer Steuerbescheinigung i.S.d. § 45a Abs. 2 EStG ist hiervon unberührt.

293 Die Anwendung der Vereinfachungsregelung setzt grundsätzlich voraus, dass die insgesamt – d.h. auch bei Aufsplittung des Guthabens auf mehrere Konten und auch ggf. verteilt auf mehrere Kreditinstitute – zugeflossenen Kapitalerträge die genannten Grenzen im Kalenderjahr nicht übersteigen.

294 Ein „loser Personenzusammenschluss" im Sinne dieser Vereinfachungsregel ist z.B. nicht gegeben bei

- Grundstücksgemeinschaften,
- Erbengemeinschaften,
- Wohnungseigentümergemeinschaften,
- Mietern im Hinblick auf gemeinschaftliche Mietkautionskonten.

## 2. NV-Bescheinigung bei steuerbefreiten Körperschaften und inländischen juristischen Personen des öffentlichen Rechts (§ 44a Abs. 4, 7 und 8 EStG)

### a) Abstandnahme

Für die vollständige Abstandnahme vom Steuerabzug nach § 44a Abs. 4 und Abs. 7 Satz 1 Nr. 2 und 3 EStG und die teilweise Abstandnahme vom Steuerabzug nach § 44a Abs. 7 Satz 1 Nr. 1 EStG i.V.m. § 44a Abs. 10 Satz 1 Nr. 2 zweiter Halbsatz EStG und § 44a Abs. 8 EStG ist grundsätzlich die Vorlage einer NV-Bescheinigung (NV 2 B) erforderlich. Es wird jedoch nicht beanstandet, wenn dem Schuldner der Kapitalerträge oder der auszahlenden Stelle statt der NV-Bescheinigung eine Kopie des zuletzt erteilten Freistellungsbescheides überlassen wird, der für einen nicht älter als fünf Jahre zurückliegenden Veranlagungszeitraum vor dem Veranlagungszeitraum des Zuflusses der Kapitalerträge erteilt worden ist. Dies gilt auch für die Abstandnahme vom Kapitalertragsteuerabzug bei Personengesellschaften i.S.d. § 212 Abs. 1 SGB V (§ 44a Abs. 4a und 8a EStG). Die Vorlage eines Freistellungsbescheides führt – im Gegensatz zur NV-Bescheinigung – auch im Fall einer Körperschaft, Personenvereinigung oder Vermögensmasse nach § 44a Abs. 7 Satz 1 Nr. 1 EStG zur vollständigen Abstandnahme vom Steuerabzug. **295**

Gläubiger i.S.d. § 44a Abs. 7 Satz 1 EStG oder Gläubiger i.S.d. § 44a Abs. 8 Satz 1 EStG erfüllen stets auch die Voraussetzungen eines Gläubigers i.S.d. § 44a Abs. 4 Satz 1 EStG. Bei Vorlage einer NV-Bescheinigung nach § 44a Abs. 7 Satz 2 EStG (NV-Art 35–37) oder nach § 44a Abs. 8 Satz 2 EStG (NV-Art 04) ist daher auch nach § 44a Abs. 4 EStG vom Kapitalertragsteuerabzug Abstand zu nehmen. **295a**

Die Vorlage des Freistellungsbescheides ist unzulässig, wenn die Erträge in einem wirtschaftlichen Geschäftsbetrieb anfallen, für den die Befreiung von der Körperschaftsteuer ausgeschlossen ist, oder wenn sie in einem nicht von der Körperschaftsteuer befreiten Betrieb gewerblicher Art anfallen. **296**

Die Rn. 295 und 296 gelten entsprechend, wenn eine Kopie des Feststellungsbescheides nach § 60a AO der Finanzbehörde überlassen wird. In diesem Fall und bei Vorlage einer NV-Bescheinigung (NV 2 B) einer Körperschaft, Personenvereinigung oder Vermögensmasse nach § 44a Abs. 7 Satz 1 Nr. 1 EStG ist die Abstandnahme vom Steuerabzug auf Kapitalerträge i.S.d. § 43 Abs. 1 Satz 1 Nr. 1a EStG i.H.v. maximal 20 000 € jährlich begrenzt. Es wird nicht beanstandet, wenn für die vollständige Abstandnahme vom Steuerabzug die auszahlende Stelle darauf abstellt, dass der Steuerpflichtige die Anteile seit mindestens einem Jahr unverändert im Bestand hat. Nach § 44a Abs. 2 Satz 3 i.V.m. § 44a Abs. 4 und 7 EStG gilt die Erlaubnis zur Abstandnahme vom Steuerabzug höchstens für drei Jahre; die Frist endet immer am Schluss des Kalenderjahres. Nach § 44a Abs. 4 und 7 EStG ist für die Abstandnahme vom Steuerabzug Voraussetzung, dass eine steuerbefreite Körperschaft, Personenvereinigung oder Vermögensmasse gegeben ist. Bei nach § 5 Abs. 1 Nr. 9 KStG befreiten Körperschaften, Personenvereinigungen oder Vermögensmassen liegen diese Voraussetzungen dann vor, wenn die Befreiung von der Körperschaftsteuer für den gesamten Veranlagungszeitraum gewährt werden kann (§ 60 Abs. 2 AO). **297**

Unterhalten steuerbefreite Körperschaften einen wirtschaftlichen Geschäftsbetrieb, bei dem die Freibeträge und Freigrenzen überschritten sind, sind sie jährlich zur Körperschaftsteuer zu veranlagen. In diesen Fällen ist die Steuerbe- **298** freiung für den steuerbegünstigten Bereich in Form einer Anlage zum Körperschaftsteuerbescheid zu bescheinigen. Die Abstandnahme ist zulässig bis zum Ablauf des dritten Kalenderjahres, das auf das Kalenderjahr folgt, für das der Körperschaftsteuerbescheid erteilt wurde. Der Gläubiger der Kapitalerträge hat dem zum Steuerabzug Verpflichteten in Schriftform mitzuteilen, ob die Kapitalerträge im steuerfreien oder steuerpflichtigen Bereich angefallen sind. Die Vorlage der Anlage zum Körperschaftsteuerbescheid führt bei Körperschaften i.S.d. § 44a Abs. 7 Satz 1 EStG zu einer vollständigen Abstandnahme vom Steuerabzug.

**298a** Rn. 295 bis 298 finden bei Erstattungen i.S.d. § 44b Abs. 6 Satz 1 Nr. 3 und 4 EStG und bei der Abstandnahme vom Steuerabzug i.S.d. § 44a Abs. 4b Satz 1 Nr. 3 und 4 und Abs. 10 Satz 1 Nr. 2 und 3 EStG entsprechende Anwendung.

**b) Zinszahlungen/Dividendenausschüttungen an eine Personengesellschaft mit körperschaftsteuerbefreiten Gesellschaftern (§ 44a Abs. 4 Satz 1 EStG)**

**299** Ist für eine Personengesellschaft, an der zumindest ein Gesellschafter beteiligt ist, der von der Körperschaftsteuer befreit ist, Kapitalertragsteuer nach § 43 Abs. 1 Satz 1 Nr. 1, 3, 4, 6, 7 und 8 bis 12 sowie Satz 2 EStG einbehalten worden, kann die einbehaltene Kapitalertragsteuer vorbehaltlich einer Erstattung nach § 44b Abs. 7 EStG an die körperschaftsteuerbefreiten Gesellschafter auf deren Antrag von dem für sie zuständigen Finanzamt in der gesetzlich zulässigen Höhe erstattet werden.

**299a** Die Möglichkeit der Erstattung nach Rn. 299 besteht auch entsprechend für Kapitalertragsteuer, die nach § 43 Abs. 1 Satz 1 Nr. 1a EStG einbehalten wurde, wenn der Gesellschafter die Voraussetzungen nach § 36a Abs. 1 bis 3 EStG für eine Anrechenbarkeit der Kapitalertragsteuer erfüllt.

**c) Erstattung der Kapitalertragsteuer in besonderen Fällen**

**300** Ist die Kapitalertragsteuer bei Kapitalerträgen, die steuerbefreiten inländischen Körperschaften, Personenvereinigungen und Vermögensmassen oder inländischen juristischen Personen des öffentlichen Rechts zufließen, deswegen einbehalten worden, weil dem Schuldner der Kapitalerträge oder der auszahlenden Stelle die Bescheinigung nach § 44a Abs. 4 Satz 3 EStG nicht vorlag, und ist eine Änderung der Steueranmeldung nach § 44b Abs. 5 EStG durch den Schuldner der Kapitalerträge oder die auszahlende Stelle tatsächlich nicht erfolgt, gilt Folgendes:

Bei den genannten Einrichtungen ist die Körperschaftsteuer grundsätzlich durch den Steuerabzug vom Kapitalertrag abgegolten (§ 32 Abs. 1 KStG). Eine Veranlagung findet nicht statt. Zur Vermeidung von sachlichen Härten wird die Kapitalertragsteuer auf Antrag der betroffenen Organisation von dem für sie zuständigen Finanzamt erstattet.

**300a**[1] Ist in den Fällen des § 44a Abs. 7, 8 und 10 Satz 1 Nr. 2 und 3 EStG ein Steuerabzug vom Kapitalertrag deswegen vorgenommen worden, weil dem Schuldner der Kapitalerträge oder der auszahlenden Stelle die Bescheinigung i.S.d. § 44a Abs. 7 oder 8 EStG nicht vorlag, und hat der Schuldner der Kapitalerträge oder die auszahlende Stelle von der Möglichkeit der Änderung der Steueranmeldung nach § 44b Abs. 5 EStG keinen Gebrauch gemacht, wird zur Vermeidung von Härten zugelassen, dass die Kapitalertragsteuer auf Antrag

---

[1] Rn. 300a neu gef. durch BMF v. 20.12.2022, BStBl. 2023 I S. 46.

der betroffenen Körperschaft in der gesetzlich zulässigen Höhe von dem Finanzamt, an das die Kapitalertragsteuer abgeführt wurde, erstattet wird.

Ist in Fällen, in denen eine Institution i.S.d. § 44a Abs. 7 oder 8 EStG als Erbe eingesetzt worden ist, ein Steuerabzug vom Kapitalertrag vorgenommen worden, weil dem Schuldner der Kapitalerträge oder der auszahlenden Stelle die Bescheinigung i.S.d. § 44a Abs. 7 oder 8 EStG nicht oder erst verspätet vorgelegt werden konnte, und hat der Schuldner der Kapitalerträge oder die auszahlende Stelle von der Möglichkeit der Änderung der Steueranmeldung nach § 44b Abs. 5 EStG keinen Gebrauch gemacht, so erstattet auf Antrag der betroffenen Körperschaft das Finanzamt, an das die Kapitalertragsteuer abgeführt worden ist, die Kapitalertragsteuer unter den Voraussetzungen des § 44a Abs. 4, 7, 8 oder Abs. 10 Satz 1 Nr. 2 und 3 EStG in dem dort beschriebenen Umfang. Dem Antrag ist die Bescheinigung i.S.d. § 44a Abs. 7 oder 8 EStG, die Steuerbescheinigung im Original und ein Nachweis über die Rechtsnachfolge beizufügen. Das Finanzamt, an das die Kapitalertragsteuer abgeführt wurde, erstattet auch die Kapitalertragsteuer auf Kapitalerträge, die einer Institution i.S.d. § 44a Abs. 7 oder 8 EStG vor dem 1. Januar 2013 zugeflossen sind. 300b

### 3. Identität von Kontoinhaber und Gläubiger der Kapitalerträge (§ 44a Abs. 6 ff. EStG)

Voraussetzung für die Abstandnahme vom Steuerabzug ist u.a., dass Einlagen und Guthaben beim Zufluss von Einnahmen unter dem Namen des Gläubigers der Kapitalerträge bei der auszahlenden Stelle verwaltet werden. Die Abstand- 301

*(Fortsetzung nächstes Blatt)*

nahme setzt also Identität von Gläubiger und Kontoinhaber voraus. Auf die Verfügungsberechtigung kommt es nicht an; denn Gläubiger von Kapitalerträgen kann auch sein, wer nicht verfügungsberechtigt ist.

**Erstattung der Kapitalertragsteuer von Erträgen einer juristischen Person des öffentlichen Rechts aus Treuhandkonten und von Treuhandstiftungen**

Bei Kapitalerträgen, die inländischen juristischen Personen des öffentlichen Rechts über einen Treuhänder zufließen, sieht das geltende Recht für Kapitalerträge keine Abstandnahme vom Steuerabzug und keine Erstattung der einbehaltenen Kapitalertragsteuer vor. Eine Veranlagung zur Körperschaftsteuer findet nicht statt; die Körperschaftsteuer ist durch den Steuerabzug vom Kapitalertrag abgegolten (§ 32 KStG). 302

Zur Vermeidung von sachlichen Härten wird zugelassen, dass die Kapitalertragsteuer auf Antrag der betroffenen Körperschaft in der gesetzlich zulässigen Höhe von dem für sie zuständigen Finanzamt erstattet wird.

Entsprechendes gilt auch in den Fällen, in denen ein inländisches Kreditinstitut das Vermögen mehrerer nichtrechtsfähiger Stiftungen des privaten Rechts in einem gemeinsamen Treuhanddepot verwaltet, und die antragstellende Stiftung nachweist, dass bei ihr die Voraussetzungen für eine Körperschaftsteuerbefreiung vorliegen und ihr die jeweiligen Kapitalerträge zuzurechnen sind. Werden in einem Treuhandkonto lediglich die Kapitalanlagen einer Stiftung verwaltet, findet § 44a Abs. 6 Satz 3 EStG Anwendung.

**4. Ausstellung von Bescheinigungen und Verwendung von Kopien**

Der Gläubiger der Kapitalerträge hat einen Anspruch auf Ausstellung der von ihm benötigten Anzahl von NV-Bescheinigungen sowie auf die Beglaubigung von Kopien des zuletzt erteilten Freistellungsbescheides, des Feststellungsbescheides nach § 60a AO oder der Bescheinigung über die Steuerbefreiung für den steuerbefreiten Bereich. 303

Es bestehen keine Bedenken, neben dem Original der Bescheinigungen oder Bescheide auch eine Kopie für steuerliche Zwecke anzuerkennen. 304

**5. Gutschriften zugunsten von ausländischen Personengesellschaften**

Gläubiger der Kapitalerträge bei einem auf den Namen einer Personengesellschaft geführten Konto sind die Gesellschafter. Von der Erhebung der Kapitalertragsteuer kann deshalb nur dann abgesehen werden, wenn es sich bei allen Gesellschaftern um Steuerausländer handelt. 305

Wird dagegen im Inland ein Konto geführt, das auf den Namen einer Personenhandelsgesellschaft lautet, die weder Sitz, Geschäftsleitung noch Betriebsstätte im Inland hat, ist der Kapitalertragsteuereinbehalt wegen der Ausländereigenschaft nicht vorzunehmen. 306

## VIII. Erstattung der Kapitalertragsteuer in besonderen Fällen (§ 44b Abs. 1 und Abs. 5 EStG)

**Erstattung bei zu Unrecht einbehaltener Kapitalertragsteuer**

In den Fällen, in denen Kapitalertragsteuer ohne rechtliche Verpflichtung einbehalten und abgeführt worden ist (z.B. Nichtvorliegen einer beschränkten Steuerpflicht bei Zinseinkünften von Steuerausländern), geht das Erstattungsverfahren nach § 44b Abs. 5 EStG dem Verfahren nach § 37 Abs. 2 AO vor. Sofern eine Korrektur des Steuerabzugs nach § 44b Abs. 5 EStG durch den 307

Schuldner der Kapitalerträge oder die auszahlende Stelle tatsächlich nicht erfolgt ist, führt die ohne rechtlichen Grund einbehaltene Kapitalertragsteuer zu einem Steuererstattungsanspruch i.S.v. § 37 Abs. 2 AO. Der Antrag auf Erstattung der Kapitalertragsteuer ist an das Betriebsstättenfinanzamt zu richten, an das die Kapitalertragsteuer abgeführt worden ist. Im Kalenderjahr des Wechsels von der unbeschränkten zur beschränkten Steuerpflicht ist für die Anrechnung der Kapitalertragsteuer ausschließlich das Wohnsitzfinanzamt zuständig (§ 36 Abs. 2 Nr. 2 Satz 5 i.V.m. § 2 Abs. 7 Satz 3 EStG).

**Erstattung von Kapitalertragsteuer bei nachträglich bekannt gewordenen Steuerbefreiungstatbeständen**

307a Legt der Gläubiger der Kapitalerträge der auszahlenden Stelle

- eine Bescheinigung nach § 43 Abs. 2 Satz 4 EStG,
- einen Freistellungsauftrag nach § 44a Abs. 2 Satz 1 Nr. 1 EStG,
- eine NV-Bescheinigung nach § 44a Abs. 2 Satz 1 Nr. 2 EStG,
- eine Bescheinigung nach § 44a Abs. 4 Satz 3, Abs. 5 Satz 4 EStG oder
- eine Erklärung nach § 43 Abs. 2 Satz 3 Nr. 2 EStG

bis zum Zeitpunkt der technischen Erstellung der Steuerbescheinigung – spätestens bis zum 31. Januar des Folgejahres – für das betreffende Kalenderjahr vor, so hat diese einen bereits vorgenommenen Steuerabzug zu korrigieren.

Nach diesem Zeitpunkt kann der zum Steuerabzug Verpflichtete eine Korrektur des Steuerabzugs vornehmen. Es besteht jedoch keine Verpflichtung (§ 44b Abs. 5 Satz 1 EStG).

Bei bereits aufgelösten Konten und Depots ist es nicht zu beanstanden, wenn nachträglich eingereichte Bescheinigungen, NV-Bescheinigungen und Freistellungsaufträge nicht mehr berücksichtigt werden.

308 Die Erstattung der Kapitalertragsteuer an Steuerausländer ist jedoch ausgeschlossen, wenn es sich um sogenannte Tafelgeschäfte i.S.d. § 44 Abs. 1 Satz 4 Buchst. a Doppelbuchst. bb EStG handelt.

**Erstattung von Kapitalertragsteuer nach § 44b Abs. 1 EStG aufgrund einer Kapitalrückzahlung nach § 17 InvStG in der vom 1. Januar 2018 bis zum 31. Dezember 2019 anzuwendenden Fassung**

308a Nach § 44b Abs. 1 EStG ist die auf Ausschüttungen eines Investmentfonds in dessen Liquidationsphase erhobene Kapitalertragsteuer zu erstatten, soweit die Ausschüttungen Kapitalrückzahlungen darstellen. Die auszahlende Stelle i.S.d. § 44 Abs. 1 Satz 3 und 4 i.V.m. § 43 Abs. 1 Satz 1 Nr. 5 EStG (in der Regel das depotführende Kreditinstitut des Inhabers der Investmentanteile) hat die Erstattung vorzunehmen. Gemäß § 17 Abs. 1 InvStG in der vom 1. Januar 2018 bis zum 31. Dezember 2019 anzuwendenden Fassung ist nur der Mehrbetrag, um den die Summe aller Ausschüttungen und des Rücknahmepreises am Ende des Kalenderjahres den Rücknahmepreis am Anfang des Kalenderjahres übersteigt, steuerpflichtig.

**Beispiel:**
Am Anfang des Jahres 01 beträgt der Rücknahmepreis für einen Anteil an dem A-Investmentfonds 100 €. Der A-Investmentfonds schüttet 20 € pro Anteil während des Jahres 01 aus. Am Ende des Jahres 01 beträgt der Rücknahmepreis für einen Anteil 85 €.

**Lösung:**
Steuerpflichtig sind (20 € + 85 €) – 100 € = 5 €; steuerneutrale Kapitalrückzahlung sind 15 €.

Die auf die Ausschüttung i.H.v. 15 € erhobene Kapitalertragsteuer hat die zum Steuerabzug verpflichtete Stelle nach § 44b Abs. 1 EStG an den Anleger A nach Ablauf des Jahres 01 zu erstatten.
Nimmt ein Investmentfonds mehrere Ausschüttungen während eines Kalenderjahres vor, ist die Kapitalrückzahlung quotal aufzuteilen.

**Abwandlung:**
Der A-Investmentfonds schüttet erst 5 € und anschließend 15 € aus.

**Lösung:**
Von der ersten Ausschüttung sind 3,75 € (5 × 15/20) und von der zweiten Ausschüttung sind 11,25 € (15 × 15/20) der Kapitalrückzahlung zuzuordnen.

Wenn bei der Erhebung der Kapitalertragsteuer ausländische Quellensteuer angerechnet wurde, ist bei der Erstattung der auf die Kapitalrückzahlung entfallenden Kapitalertragsteuer eine Korrektur der anrechenbaren ausländischen Quellensteuer vorzunehmen. Die quellensteuerbelastete Ausschüttung stellt keinen einheitlichen Kapitalertrag i.S.d. § 32d Abs. 5 EStG dar, sondern es handelt sich nur zum Teil um einen Kapitalertrag und im Übrigen um eine Kapitalrückzahlung. Die ausländische Quellensteuer ist quotal auf die Kapitalrückzahlung und den verbleibenden Ertrag aufzuteilen.

**Abwandlung:**
Im Ausgangsbeispiel werden 4 € ausländische Quellensteuer angerechnet.

**Lösung:**
Es sind 3 € (4 × 15/20) der Kapitalrückzahlung und 1 € (4 × 5/20) dem verbleibenden Ertrag zuzuordnen.

Die vorstehenden Regelungen sind gleichermaßen in den Fällen eines unterjährigen Erwerbs oder einer unterjährigen Veräußerung des Investmentanteils anzuwenden. Berechnungsgrundlage für die Ermittlung der steuerneutralen Kapitalrückzahlung sind ebenfalls der Rücknahmepreis am Anfang und Ende des Jahres sowie die gesamten Ausschüttungen während des Jahres. Eine Erstattung ist allerdings nur insoweit vorzunehmen, wie dem Anleger eine steuerneutrale Kapitalrückzahlung zugeflossen ist.

**Abwandlung:**
Am Anfang des Jahres 01 beträgt der Rücknahmepreis für einen Anteil an dem A-Investmentfonds 100 €. Der A-Investmentfonds schüttet am 10. März 01 5 € pro Anteil aus. Am 1. April 01 erwirbt der Anleger A einen Investmentanteil zu einem Preis von 96 €. Am 30. Oktober 01 nimmt der A-Investmentfonds eine weitere Ausschüttung i.H.v. 15 € vor. Am Ende des Jahres 01 beträgt der Rücknahmepreis für einen Anteil 85 €. Anfang des Jahres 02 veräußert der Anleger A den Anteil zu einem Preis von 85 €.

**Lösung:**
Steuerpflichtig sind (20 € + 85 €) – 100 € = 5 €; steuerneutrale Kapitalrückzahlung sind 15 €. Von der Ausschüttung vom 10. März 01 sind 3,75 € (5 × 15/20) und der Ausschüttung vom 30. Oktober 01 sind 11,25 € (15 × 15/20) der Kapitalrückzahlung zuzuordnen. Die zum Steuerabzug nach § 44b Abs. 1 EStG verpflichtete Stelle hat nur im Hinblick auf die in der Ausschüttung vom 30. Oktober 01 enthaltene Kapitalrückzahlung von 11,25 € eine Erstattung vorzunehmen.
Der Anleger A hat damit im Jahr 01 3,75 € zu versteuern. Im Jahr 02 fällt ein steuerpflichtiger Veräußerungsgewinn i.H.v. 0,25 € an (85 € Veräußerungserlös – [96 € Anschaffungskosten – 11,25 € Kapitalrückzahlung] = 0,25 €). Über die gesamte Haltedauer hat der Anleger A 4 € zu versteuern.

### Erstattung von Kapitalertragsteuer nach § 44b Abs. 1 EStG aufgrund einer Kapitalrückzahlung nach § 17 InvStG in der ab dem 1. Januar 2020 anzuwendenden Fassung

Nach § 17 Abs. 1 Satz 1 InvStG in der ab dem 1. Januar 2020 anzuwendenden Fassung gelten Ausschüttungen eines Kalenderjahres nur insoweit als steuerfreie Kapitalrückzahlung, wie der letzte im Kalenderjahr festgesetzte Rücknahme- 308b preis die fortgeführten Anschaffungskosten unterschreitet. Beispiele hierzu finden sich unter Tz. 17.1a) des BMF-Schreibens vom 21. Mai 2019 (BStBl. I S. 527)[1], zuletzt geändert durch das BMF-Schreiben vom 18. August 2021 (BStBl. I S. 1516).

Die für eine Kapitalrückzahlung nach § 17 InvStG in der vom 1. Januar 2018 bis zum 31. Dezember 2019 anzuwendenden Fassung getroffenen Aussagen zur Erstattung nach § 44b Abs. 1 EStG durch den Entrichtungspflichtigen, zur quotalen Aufteilung der Kapitalrückzahlung im Fall von mehreren Ausschüttungen sowie zur Korrektur der anrechenbaren ausländischen Quellensteuer und deren quotaler Aufteilung gelten für Kapitalrückzahlungen nach § 17 InvStG in der ab dem 1. Januar 2020 anzuwendenden Fassung entsprechend.

**Beispiel:**

Der Anleger hat seinen Anteil an dem Investmentfonds am 20. Dezember 2019 für 100 € gekauft. Der Rücknahmepreis beträgt am 31. Dezember 2020 noch 95 €. Am 1. September 2020 fand eine Ausschüttung i.H.v. 8 € statt.

**Lösung:**

Der Rücknahmepreis zum Jahresende 2020 unterschreitet die fortgeführten Anschaffungskosten um 5 €. Die Ausschüttung i.H.v. 8 € ist in einen steuerpflichtigen Teil (8 € ./. 5 €) = 3 € und eine steuerfreie Kapitalrückzahlung i.H.v. 5 € aufzuteilen.

**Abwandlung:**

Es werden 4 € ausländische Quellensteuer angerechnet.

**Lösung:**

Es sind 1,50 € (4 × 3/8) dem Ertrag und 2,50 € (4 × 5/8) der Kapitalrückzahlung zuzuordnen.

Es wird nicht beanstandet, wenn die Aufteilung im Fall von mehreren Ausschüttungen sequenziell statt quotal vorgenommen wird.

**Beispiel:**

Der Anleger hält einen Anteil an dem Investmentfonds. Die fortgeführten Anschaffungskosten betragen 100 €. In 2021 finden mehrere Aufschüttungen statt.

1. Ausschüttung am 2. März 2021 = 5 €, angerechnete ausländische Quellensteuer (15 %) 0,75 €

2. Ausschüttung am 15. November 2021 = 20 €, angerechnete ausländische Quellensteuer (15 %) 3 €

Summe der Ausschüttungen: 25 €

Der Rücknahmepreis beträgt am 31. Dezember 2021 85 €.

Der letzte in 2021 festgesetzte Rücknahmepreis unterschreitet die fortgeführten Anschaffungskosten um 15 €. 15 € der in 2021 erfolgten Ausschüttungen von insgesamt 25 € sind somit als steuerfreie Kapitalrückzahlung zu berücksichtigen.

<u>Ausschüttung 1:</u>

Die Ausschüttung vom 2. März 2021 wird in vollem Umfang zur steuerfreien Kapitalrückzahlung reklassifiziert, d.h., die einbehalte Kapitalertragsteuer auf 5 € wird dem Anleger vollständig erstattet, die bisher angerechnete ausländische Quellensteuer i.H.v. 0,75 € darf in voller Höhe nicht angerechnet werden.

<u>Ausschüttung 2:</u>

Die Ausschüttung vom 15. November 2021 wird zum Teil ebenfalls reklassifiziert, von den ausgeschütteten 20 € werden 10 € als steuerfreie Kapitalrückzahlung berücksichtigt. Es erfolgt eine Steuererstattung auf 10 €. Die verbleibenden 10 € bleiben steuerpflichtig. Die bisher angerechnete ausländische Quellensteuer i.H.v. 3 € darf anteilig i.H.v. 1,50 € nicht angerechnet werden.

In Summe: Steuerfrei = 15 €, steuerpflichtig = 10 €

In Summe: Nicht anrechenbare ausländische Quellensteuer 2,25 € (5/5 × 0,75 € + 10/20 × 3 €), angerechnete ausländische Quellensteuer 1,50 € (0/5 × 0,75 € + 10/20 × 3 €)

[1] Nr. **120/1**.

**Erstattung in Treuhandfällen bei Steuerausländern**

Bei Kapitalerträgen, die auf einem Treuhandkonto erzielt werden, ist mangels Identität von Gläubiger und Kontoinhaber eine Abstandnahme vom Kapitalertragsteuerabzug nicht zulässig. Dies gilt auch, wenn der Gläubiger der Kapitalerträge ein Steuerausländer ist, der mit den Einkünften aus Kapitalvermögen nicht der beschränkten Steuerpflicht unterliegt. Da die Einkünfte mangels Steuerpflicht nicht in eine Veranlagung einbezogen werden können, kommt eine Anrechnung der einbehaltenen Kapitalertragsteuer im Rahmen einer Einkommensteuerveranlagung nicht in Betracht. Eine Erstattung nach § 50c Abs. 3 Satz 1 EStG (§ 50d Abs. 1 EStG a.F.) beim Bundeszentralamt für Steuern ist ebenfalls nicht zulässig, weil die Kapitalerträge nicht auf Grund des § 43b EStG oder eines DBA vom Steuerabzug freizustellen sind. Der Steuerausländer hat vielmehr einen Erstattungsanspruch nach § 37 Abs. 2 AO. 309

## IX. Anmeldung und Bescheinigung von Kapitalertragsteuer (§ 45a EStG)

Vgl. BMF-Schreiben vom 23. Mai 2022 (BStBl. I S. 860)[1]. 310

## X. Nicht besetzt

Nicht besetzt. 311

## XI. Kapitalertragsteuerabzug bei beschränkt steuerpflichtigen Einkünften aus Kapitalvermögen (§ 49 Abs. 1 Nr. 5 EStG)

Soweit die Einkünfte aus Kapitalvermögen der beschränkten Steuerpflicht unterliegen, können sie dem Kapitalertragsteuerabzug unterliegen. Der beschränkten Einkommensteuerpflicht unterliegen die in § 49 Abs. 1 Nr. 5 EStG aufgeführten Kapitaleinkünfte, die von natürlichen oder juristischen Personen ohne Sitz, Wohnsitz und gewöhnlichen Aufenthalt im Inland bezogen werden (§ 1 Abs. 4 EStG oder § 2 KStG). Vom Kapitalertragsteuerabzug sind insbesondere Dividendenzahlungen eines inländischen Schuldners (z.B. bestimmter Körperschaften) betroffen. 312

Soweit bei Kapitaleinkünften die Voraussetzungen für eine beschränkte Steuerpflicht nicht vorliegen, ist von der auszahlenden Stelle für diese Einkünfte kein Kapitalertragsteuereinbehalt vorzunehmen. Es ist nicht zu beanstanden, wenn bei Treuhand- und Nießbrauchsverhältnissen, bei denen sowohl Treuhänder/Nießbraucher als auch Treugeber/Inhaber der Forderung Steuerausländer sind, kein Kapitalertragsteuereinbehalt vorgenommen wird. 313

Die Ausländereigenschaft eines Kunden kann anhand der Merkmale festgestellt werden, die vom Kreditinstitut im Zusammenhang mit der Legitimationsprüfung nach § 154 AO oder der Identifizierung nach §§ 3, 4 des Geldwäschegesetzes (GwG) bei der Begründung der Geschäftsbeziehung oder der Kontoeröffnung erhoben werden. Ist im Einzelfall unklar, ob der Kunde Steuerausländer ist, kann das Institut auf die von einer ausländischen Finanzbehörde ausgestellte Wohnsitzbescheinigung vertrauen und für den Steuerabzug davon ausgehen, dass im Inland nur eine beschränkte Steuerpflicht besteht. 314

Teilt ein Kunde seinem Kreditinstitut den Umzug vom Inland in das Ausland mit, kann das Kreditinstitut nur dann nicht mehr von einer unbeschränkten Steuerpflicht ausgehen, wenn dem Kreditinstitut der Statuswechsel durch

[1] Nr. **1** § 45a/1.

schriftliche, beweiskräftige Unterlagen nachgewiesen wurde. Schriftliche beweiskräftige Unterlagen sind insbesondere die melderechtlichen Nachweise (Schreiben an Meldebehörde) des Wohnsitzwechsels oder die von einer ausländischen Finanzbehörde ausgestellte Wohnsitzbescheinigung. Kann der Statuswechsel nicht zweifelsfrei nachgewiesen werden, ist weiterhin davon auszugehen, dass im Inland eine unbeschränkte Steuerpflicht besteht. Die Voraussetzungen, dass keine unbeschränkte Steuerpflicht vorliegt, sind in einem zeitlich angemessenen Abstand vom Kreditinstitut entsprechend den Grundsätzen zu § 10 Abs. 3 Nr. 4, § 11 Abs. 3 GwG zu überprüfen.

**315** Besitzt ein Steuerausländer Anteile an einer Kapitalgesellschaft, die in einem inländischen Depot liegen, besteht im Falle der Veräußerung (§ 49 Abs. 1 Nr. 2 Buchst. e EStG) auch dann keine Verpflichtung zum Steuerabzug, wenn der Steuerausländer an der Kapitalgesellschaft zu mindestens 1 % beteiligt ist.

## XII. Anwendungsvorschriften zur Einführung einer Abgeltungsteuer (§ 52 EStG)

### 1. Einbehalt der Kapitalertragsteuer bei bestehenden, bisher nicht dem Steuerabzug unterliegenden Beitragsdepots und vergleichbaren Einrichtungen

**316** Auch bei Erträgen aus Beitragsdepots, Parkdepots, Ablaufdepots oder Kapitalisierungsgeschäften, die vor dem 1. Januar 2007 abgeschlossen wurden, besteht nach Einführung der Abgeltungsteuer bei Versicherungsunternehmen eine Pflicht zum Einbehalt der Kapitalertragsteuer, soweit die Kapitalanlagen mit dem Einlagengeschäft bei Kreditinstituten vergleichbar sind. Es ist jedoch nicht zu beanstanden, wenn bei Beitragsdepots, die vor dem 1. Januar 2007 abgeschlossen wurden, vom Steuerabzug Abstand genommen wird.

### 2. Zeitliche Anwendung von § 20 Abs. 2 Satz 1 Nr. 1 EStG und § 23 Abs. 1 Satz 1 Nr. 2 EStG a.F. (§ 52 Abs. 28 Satz 11, Abs. 31 Satz 2 EStG)

**317** § 23 Abs. 1 Satz 1 Nr. 2 EStG a.F. ist letztmals auf private Veräußerungsgeschäfte mit Wertpapieren anzuwenden, die vor dem 1. Januar 2009 erworben wurden. Der Begriff des Erwerbs beinhaltet den Tatbestand des „rechtswirksam abgeschlossenen obligatorischen Vertrags oder gleichstehenden Rechtsaktes".

**Anschaffungszeitpunkt angedienter Wertpapiere in der Übergangszeit 2008/2009**

**318** Nach Rechtslage vor Einführung der Abgeltungsteuer gelten bei Umtausch- oder Aktienanleihen die Aktien zu dem Zeitpunkt als angeschafft, in dem die entsprechenden Ausübungsrechte (Umtauschanleihe) ausgeübt werden oder nach den Emissionsbedingungen der Anleihe feststeht, dass es zur Lieferung kommt (Aktienanleihe).

Damit ist für die erhaltenen Aktien weiterhin § 23 EStG in der bis zum 31. Dezember 2008 geltenden Fassung anzuwenden, auch wenn die Aktien, die als noch in 2008 angeschafft gelten, dem Steuerpflichtigen erst in 2009 zugehen.

Der Steuerpflichtige erzielt aus der Anleihe – durch den Bezug der Aktien – Einkünfte i.S.d. § 20 Abs. 2 Satz 1 Nr. 7 EStG. In diesen Fällen findet § 20 Abs. 4a Satz 3 EStG keine Anwendung.

### 3. Übergangsregelung bei obligationsähnlichen Genussrechten und Gewinnobligationen (§ 52 Abs. 28 Satz 15 und 16 EStG)

Für die Veräußerung von obligationsähnlichen Genussrechten und Gewinnobligationen i.S.d. § 20 Abs. 2 Satz 1 Nr. 4 Satz 5 EStG in der bis 31. Dezember 2008 geltenden Fassung findet § 52 Abs. 28 Satz 16 EStG Anwendung (BFH-Urteil vom 12. Dezember 2012 I R 27/12, BStBl. 2013 II S. 682). **319**

Nicht besetzt. **320-323**

## XIII. Anwendungsregelung, Nichtbeanstandungsregelungen und Fundstellennachweis

Für die Abgeltungsteuer auf Kapitalerträge und Veräußerungsgewinne sind die Grundsätze dieses Schreibens auf alle offenen Fälle anzuwenden. Im Übrigen ist dieses Schreiben auf Kapitalerträge, die nach dem 31. Dezember 2008 zufließen, sowie erstmals für den Veranlagungszeitraum 2009 anzuwenden. **324**[1)]

Bei Sachverhalten, die unter die Regelung dieses Schreibens fallen, sind folgende BMF-Schreiben nicht mehr anzuwenden: vom 18. Januar 2016 (BStBl. I S. 85), 20. April 2016 (BStBl. I S. 475), 16. Juni 2016 (BStBl. I S. 527), 3. Mai 2017 (BStBl. I S. 739), 10. Mai 2017 (BStBl. I S. 774), 19. Dezember 2017 (BStBl. 2018 I S. 52), 12. April 2018 (BStBl. I S. 624), 17. Dezember 2018 (BStBl. I S. 1399), 17. Januar 2019 (BStBl. I S. 51), 10. Mai 2019 (BStBl. I S. 464), 16. September 2019 (BStBl. I S. 889), 19. Februar 2021 (BStBl. I S. 296) und vom 3. Juni 2021 (BStBl. I S. 723).

**Randnummer 92 in der Fassung des BMF-Schreibens vom 20. Dezember 2022 ist erst ab dem 1. Januar 2023 anzuwenden. Für Nennkapitalherabsetzungen und Rückzahlungen und für die Rückgewähr von Einlagen, die bis einschließlich 31. Dezember 2022 stattfinden, ist Randnummer 92 in folgender Fassung anzuwenden:**

**„Kapitalherabsetzung/Ausschüttung aus dem Einlagekonto**

Die Herabsetzung des Nennkapitals einer unbeschränkt steuerpflichtigen Kapitalgesellschaft ist keine anteilige Veräußerung der Anteile an der Kapitalgesellschaft i.S.d. § 20 Abs. 2 EStG. Wird der Herabsetzungsbetrag nicht an die Anteilseigner ausgekehrt, ergibt sich keine Auswirkung auf die Anschaffungskosten der Anteile. Im Auskehrungsfall mindert der Auskehrungsbetrag die Anschaffungskosten der Anteile, soweit er nicht auf einen Sonderausweis nach § 28 Abs. 1 Satz 3 KStG entfällt. Zahlungen aus einer Kapitalherabsetzung oder Zahlungen aus dem steuerlichen Einlagekonto können je nach Einstandskurs auch zu negativen Anschaffungskosten führen (BFH-Urteil vom 20. April 1999 VIII R 44/96, BStBl. II S. 698). Soweit der Auskehrungsbetrag auf einen Sonderausweis nach § 28 Abs. 1 Satz 3 KStG entfällt, ist der Herabsetzungsbetrag als Einkünfte aus Kapitalvermögen nach § 20 Abs. 1 Nr. 2 Satz 2 EStG zu behandeln; eine Minderung der Anschaffungskosten für die Anteile an der Kapitalgesellschaft tritt insoweit nicht ein. Diese Grundsätze gelten für Körperschaften und Personenvereinigungen, die in einem anderen Mitgliedstaat der Europäischen Union oder einem Staat, auf den das Abkommen über den Europäischen Wirtschaftsraum Anwendung findet, unbeschränkt steuerpflichtig sind, entsprechend.

---

1) Rn. 324 neu gef. durch BMF v. 20.12.2022, BStBl. 2023 I S. 46.

Auch bei einer Nennkapitalherabsetzung und -rückzahlung einer Drittstaaten-Kapitalgesellschaft handelt es sich nicht um eine anteilige Veräußerung der Anteile. Auf die Auskehrung des Herabsetzungsbetrags an die Anteilseigner ist § 28 KStG nicht anwendbar. Unter den Voraussetzungen des § 7 Abs. 2 KapErhStG sind die Auskehrungen als Einkünfte i.S.d. § 20 Abs. 1 Nr. 1 EStG steuerbar.

Nach Ablauf der 5-Jahres-Frist des § 7 Abs. 2 KapErhStG sind die Auskehrungen nicht steuerbar, mindern jedoch die Anschaffungskosten der Anteile.

Soweit innerhalb oder außerhalb der 5-Jahres-Frist die Rückzahlung den Betrag einer vorhergehenden Erhöhung des Kapitals nach § 7 Abs. 1 KapErhStG übersteigt, handelt es sich um eine echte, nicht steuerbare Nennkapital-Rückzahlung.

Bei Auskehrungen von Körperschaften und Personenvereinigungen aus einem Staat, auf den das Abkommen über den Europäischen Wirtschaftsraum Anwendung findet und der nicht zugleich ein Mitgliedsstaat der Europäischen Union ist (Island, Liechtenstein, Norwegen), sowie bei Auskehrungen von Drittstaaten-Kapitalgesellschaften können die damit zusammenhängenden Fragen nur im Rahmen der jeweiligen Veranlagungsverfahren der Gesellschafter geklärt werden, BMF-Schreiben vom 21. April 2022 (BStBl. I S. 647)."

**325** Für den Kapitalertragsteuerabzug wird es nicht beanstandet, wenn die Änderungen der Rn. 63, 111, 166 und 280 sowie die Rn. 193 hinsichtlich der Versicherung des ausländischen Instituts ab dem 1. Januar 2023 und die Änderung der Rn. 131 in der Fassung des BMF-Schreibens vom 19. Mai 2022 erst ab dem 1. Januar 2024 angewendet werden. Für die erstmalige Anwendung der Rn. 131 ist hierbei auf den Anschaffungszeitpunkt der Kapitalforderung abzustellen.

# **1** § 43/2. Schreiben betr. Berücksichtigung von Freistellungsaufträgen sowie Verrechnung von Verlusten im Zusammenhang mit dem Zufluss von Kapitalerträgen i. S. v. § 43 Absatz 1 Satz 1 Nummer 1 a EStG i. d. F. des OGAW-IV-Umsetzungsgesetzes durch die auszahlende Stelle

Vom 23. Juni 2011 (BStBl. I S. 625)

(BMF IV C 1 – S 2400/11/10002 :001; DOK 2011/0499774)

Wird der auszahlenden Stelle ein Freistellungsauftrag erteilt, der auch Dividenden i. S. d. § 43 Absatz 1 Satz 1 Nummer 1 a EStG erfasst, oder führt diese einen Verlustausgleich unter Einbeziehung dieser Dividenden durch, hat die auszahlende Stelle insoweit vom Steuerabzug Abstand zu nehmen (§ 44 a Absatz 10 Satz 2 EStG).

Nach der Gesetzesbegründung (vgl. BR-Drs. 850/10 S. 166) soll an dem Grundsatz festgehalten werden, dass die Kapitalertragsteuer bei Dividendenausschüttungen dem Land zusteht, in dem sich der Ort der Leitung der Gesellschaft befindet (Emittentenland). Nach bisheriger Rechtslage führte die Verrechnung von Verlusten und die Berücksichtigung von Freistellungsaufträgen nicht zu einer Minderung des Steueraufkommens aus Dividendenerträgen. Die Erstattungsbeträge waren bei den zerlegungsrelevanten Kapitalerträgen i. S. d. § 43 Absatz 1 Satz 1 Nummer 5, 7 und Nummer 8 bis 12 EStG zu berücksichtigen (vgl. § 44 b Absatz 6 Satz 4 EStG und *Rz. 213 des BMF-Schreibens vom 22. Dezember 2009, BStBl. 2010 I S. 94*[1]). Damit dieser Grundsatz weiterhin Anwendung findet, gilt unter Bezugnahme auf das Ergebnis der Erörterung mit den obersten Finanzbehörden der Länder Folgendes:

Fließen Kapitalerträge i. S. d. § 43 Absatz 1 Satz 1 Nummer 1 a EStG zu, sind die Erträge und die hierauf entfallende Kapitalertragsteuer unabhängig von einer etwaigen Verlustverrechnung oder noch nicht ausgeschöpften Freistellungsaufträgen in die hierfür vorgesehene Zeile der Kapitalertragsteuer-Anmeldung gesondert einzutragen.

Die gemäß § 44 a Absatz 10 Satz 2 EStG zu berücksichtigenden Verlustverrechnungs- und Freistellungsvolumina sind in der Kapitalertragsteuer-Anmeldung, wie bisher, bei den Kapitalerträgen i. S. d. § 43 Absatz 1 Satz 1 Nummer 6, 7 und Nummer 8 bis 12 EStG in Abzug zu bringen. Entsprechendes gilt für die Kürzung der Kapitalertragsteuer auf Grund der Kirchensteuer.

**Beispiel:**

| | | | |
|---|---|---|---|
| Verlustverrechnungs- oder Freistellungsvolumen | | | 1000 € |
| 5. März | Eingang Dividendenerträge | | 3000 € |
| | davon | Emittentenland A | 1200 € |
| | | Emittentenland B | 1800 € |
| 10. März | Eingang Zinsertrag | | 2000 € |

[1] Siehe nunmehr Rz. 213 des BMF-Schreibens v. 18. 1. 2016, BStBl. I S. 85 (Nr. **1** § 43/1).

Im Rahmen der Führung des Steuerverrechnungskontos (*Rz. 212 ff. des BMF-Schreibens vom 22. Dezember 2009, BStBl. 2010 I S. 94*[1]) hat die auszahlende Stelle das zum Zeitpunkt des Zuflusses der Dividendenerträge dem Steuerpflichtigen zustehende Verlustverrechnungs- oder Freistellungsvolumen in Höhe von 1000 € mit den Dividendenerträgen zu verrechnen und auf den verbleibenden Betrag von 2000 € Kapitalertragsteuer in Höhe von 500 € einzubehalten. Da zum Zeitpunkt des Zuflusses des Zinsertrags von 2000 € kein Verrechnungsvolumen mehr besteht, hat die auszahlende Stelle auf diesen Ertrag 500 € Kapitalertragsteuer einzubehalten.

Im Rahmen der Kapitalertragsteuer-Anmeldung hat die auszahlende Stelle die Dividendenerträge in Höhe von 3000 € und einen hierauf entfallenden Kapitalertragsteuerbetrag in Höhe von 750 € in die hierfür vorgesehene Zeile der Kapitalertragsteuer-Anmeldung gesondert einzutragen. Zusätzlich ist dieser Kapitalertragsteuerbetrag in Höhe von 750 € entsprechend dem Ort der Leitung des Schuldners der Kapitalerträge auf die Emittentenländer A (300 €) und B (450 €) aufzuteilen und in der Kapitalertragsteuer-Anmeldung auf Seite 2 einzutragen (§ 45 a Absatz 1 Satz 1 Halbsatz 2 EStG i. V. m. § 1 Absatz 3 a ZerlG).

Der Zinsertrag in Höhe von 2000 € sowie das berücksichtigte Verlustverrechnungs- oder Freistellungsvolumen in Höhe von 1000 € sind als Saldobetrag in Höhe von 1000 € in der vorgesehenen Zeile der Kapitalertragsteuer-Anmeldung zu § 43 Absatz 1 Satz 1 Nummer 6, 7 und Nummer 8 bis 12 EStG einzutragen. Entsprechendes gilt für die hierauf entfallende Kapitalertragsteuer in Höhe von 250 €. Dieser Kapitalertragsteuerbetrag ist – wie bisher – auf Seite 2 der Kapitalertragsteuer-Anmeldung dem Land, in dem sich der Wohnsitz oder Sitz des Gläubigers der Kapitalerträge befindet, zuzuordnen (§ 8 Absatz 1 Satz 3 ZerlG).

**Abwandlung:**

Werden im Beispielsfall im März keine Zinserträge vereinnahmt, mindert das zu berücksichtigende Verlustverrechnungs- oder Freistellungsvolumen in Höhe von 1000 € die Summe aller in der vorgesehenen Zeile der Kapitalertragsteuer-Anmeldung zu § 43 Absatz 1 Satz 1 Nummer 6, 7 und Nummer 8 bis 12 EStG einzutragenden Kapitalerträge. Entsprechend vermindert sich der darauf entfallende Kapitalertragsteuerbetrag.

Soweit eine Abstandnahme vom Steuerabzug nach § 44 a Absatz 10 Satz 1 EStG erfolgt, sind keine Eintragungen in der Kapitalertragsteuer-Anmeldung vorzunehmen. In den Fällen einer teilweisen Abstandnahme gemäß § 44 a Absatz 10 Satz 1 Nummer 4 EStG ist die Kapitalertragsteuer in Höhe von drei Fünfteln (d. h. mit 15 %) anzumelden und nach dem Land des Emittenten zu zerlegen.

[1] Siehe nunmehr Rz. 212 ff. des BMF-Schreibens v. 18. 1. 2016, BStBl. I S. 85 (Nr. **1** § 43/1).

# I § 43 b/1. Schreiben betr. Abstandnahme vom Steuerabzug gemäß § 50 d Abs. 2 Satz 1 EStG bei sog. „abgesetzten Beständen"

Vom 5. Juli 2013 (BStBl. I S. 847)

(BMF IV C 1 – S 2411/0 :001; DOK 2013/0629404)

Bei Schachtelbeteiligungen im Sinne des § 43 b EStG kann der Schuldner der Kapitalerträge vom Steuerabzug Abstand nehmen, wenn der Gläubiger der Kapitalerträge eine Freistellungsbescheinigung des Bundeszentralamts für Steuern (BZSt) vorlegt (§ 50 d Abs. 2 Satz 1 EStG).

Durch die Verlagerung des Steuerabzugs bei girosammelverwahrten inländischen Aktien auf die letzte inländische auszahlende Stelle durch das OGAW-IV-Umsetzungsgesetz vom 22. Juni 2011 (BGBl. I S. 1126) nimmt der Schuldner der Kapitalerträge den Steuerabzug allerdings nicht mehr vor. Vielmehr wird die Bruttodividende über die Hauptzahlstelle der ausschüttenden Aktiengesellschaft an Clearstream Banking (Clearstream) weitergeleitet. Clearstream nimmt auf Grundlage des belieferten Bestandes zum Dividendenstichtag die Verteilung der Dividende im Rahmen des Dividendenregulierungsprozesses vor. Clearstream behält entweder selbst Kapitalertragsteuer als letzte inländische auszahlende Stelle ein oder leitet die Bruttodividende über die Verwahrkette an die letzte inländische auszahlende Stelle weiter, die in diesem Fall den Steuerabzug vornimmt.

Eine inländische auszahlende Stelle kann allerdings nicht vom Steuerabzug nach § 50 d Abs. 2 EStG Abstand nehmen, da dies nach dem Wortlaut der Norm dem Schuldner der Kapitalerträge vorbehalten ist.

Um auch zukünftig die Abstandnahme vom Steuerabzug in den Fällen der Schachtelbeteiligung nach § 43 b EStG zu gewährleisten, haben Kunden von Clearstream jedoch die Möglichkeit, bei Clearstream verwahrte (Teil-)Bestände als sogenannte „abgesetzte Bestände" zu behandeln. Die „abgesetzten Bestände" werden auf einem besonderen Unterkonto verbucht. Der Kunde erhält über die Absetzung eine Anzeige.

Die Absetzung bewirkt, dass Clearstream für diese Bestände die Dividende nicht von der Hauptzahlstelle anfordert, weil diese Bestände nicht am Dividendenregulierungsprozess der Clearstream Banking teilnehmen. Die Auszahlung der Dividende erfolgt in diesem Fall durch die Hauptzahlstelle der ausschüttenden Aktiengesellschaft. Es wird in diesen Fällen nicht beanstandet, wenn die Hauptzahlstelle des Emittenten gegen Vorlage einer Freistellungsbescheinigung nach § 50 d Abs. 2 Satz 1 EStG und des Nachweises der Absetzung des Bestandes die Dividende ohne Steuerabzug an den Gläubiger der Kapitalerträge auszahlt.

(BMF IV C 1 – S 2411/07/10016; DOK 2013/0605404)

# 1 § 44a/1. Schreiben betr. Abstandnahme vom Kapitalertragsteuerabzug nach § 44 a Abs. 10 Satz 1 Nr. 3, § 44 a Abs. 7 EStG i. d. F. des Gesetzes zur Vermeidung von Umsatzsteuerausfällen beim Handel mit Waren im Internet und zur Änderung weiterer steuerlicher Vorschriften (UStAVermG)

Vom 17. Dezember 2018

BMF IV C 1 – S 2405/0 :008; DOK 2018/1011760

(BStBl. I S. 1399)

Im Einvernehmen mit den obersten Finanzbehörden der Länder wird es – im Zuge der Umsetzung der gesetzlichen Vorgaben gemäß § 44 a Abs. 10 Satz 1 Nr. 3 EStG, § 44 a Abs. 7 Satz 1 Nr. 1 EStG i. d. F. des UStAVermG – bis zum 31. Dezember 2019 nicht beanstandet, wenn bei Gläubigern nach § 44 a Abs. 7 Satz 1 Nr. 1 EStG mit Kapitalerträgen i. S. d. § 43 Abs. 1 Satz 1 Nr. 1 a EStG ein Steuerabzug von 15 Prozent auch dann vorgenommen wird, wenn die Kapitalerträge einen Betrag von 20 000 Euro nicht übersteigen. Auf das Erstattungsverfahren nach § 44 b Abs. 5 EStG wird verwiesen.

Es wird zudem nicht beanstandet, wenn für eine vollständige Abstandnahme vom Kapitalertragsteuerabzug für Kapitalerträge i. S. d. § 43 Abs. 1 Satz 1 Nr. 1 a EStG

– der auszahlenden Stelle statt einer Nichtveranlagungs-Bescheinigung eine amtlich beglaubigte Kopie des zuletzt erteilten Freistellungsbescheides überlassen wird, der für einen nicht länger als fünf Jahre zurückliegenden Veranlagungszeitraum vor dem Veranlagungszeitraum des Zuflusses der Kapitalerträge erteilt worden ist. Dies gilt unter den Voraussetzungen von Rz. 298 des *BMF-Schreiben vom 18. Januar 2016 (BStBl. I S. 85)*[1] entsprechend bei Vorlage der Anlage zum Körperschaftsteuerbescheid,

– noch gültige Nichtveranlagungs-Bescheinigungen der NV Art. 03, die bis zum 31. Dezember 2017 ausgestellt wurden, auch nach dem 31. Dezember 2018 berücksichtigt werden,

– die auszahlende Stelle im Falle des § 44 a Abs. 10 Satz 1 Nr. 3 EStG daran anknüpft, dass der Steuerpflichtige die Anteile bei Zufluss der Kapitalerträge seit mindestens einem Jahr ununterbrochen im Bestand hat.

**Zusatz der OFD Frankfurt v. 19.12.2018 S 2400 A-014-St54:**
Hinsichtlich der Besonderheiten bei der Erteilung von Nichtveranlagungsbescheinigungen nach § 44a Abs. 7 EStG verweise ich nochmals auf die Rundverfügung OFD Frankfurt vom 15.8.2018 S 2400A-14-St54, ofix HE EStG/44a/19, Tz. 2.6.

---

[1] Nunmehr BMF v. 19.5.2022, BStBl. I S. 742 (Nr. **1** § 43/1).

# I § 44 a/2. Schreiben betr. Anwendung der Sammel-Steuerbescheinigung nach § 44 a Abs. 10 Satz 4 EStG

Vom 16. September 2013 (BStBl. I S. 1168)
(BMF IV C 1 – S 2401/08/10001 :007; DOK 2013/0848438)

Gemäß § 44 a Abs. 10 Satz 4 EStG kann bei ausländischer Zwischenverwahrung von Aktien die letzte inländische auszahlende Stelle in der Wertpapierverwahrkette (inländische depotführende Stelle) bei der auszahlenden Stelle im Sinne des § 44 Abs. 1 Satz 4 Nr. 3 EStG über den vor der Zahlung in das Ausland vorgenommenen Steuerabzug eine Sammel-Steuerbescheinigung für die Summe der eigenen und der für Kunden verwahrten Aktien beantragen.

§ 44 a Abs. 10 Satz 4 EStG gilt für Erträge aus inländischen Investmentanteilen mit Ausnahme der Fälle des § 7 Abs. 1 InvStG entsprechend; die nachstehenden Ausführungen zur Beantragung, Ausstellung und Verwendung der Sammel-Steuerbescheinigung gelten daher entsprechend für Investmentanteile. Gleiches gilt für Erträge aus sammel- und streifbandverwahrten Gewinnobligationen, Wandelanleihen, aus Genussrechten mit Eigen- und Fremdkapitalcharakter sowie aus ADR und insbesondere den ADR vergleichbaren EDR, GDR, IDR inländischer Aktien.

Die Sammel-Steuerbescheinigung ist entsprechend des amtlichen Musters auszustellen.

Für die Beantragung, Ausstellung und Verwendung der Sammel-Steuerbescheinigung gilt Folgendes:

## 1. Beantragung der Sammel-Steuerbescheinigung

Der Antrag auf Erteilung einer Sammel-Steuerbescheinigung kann nur für Dividendenerträge aus Aktien gestellt werden, die mit Dividendenanspruch erworben und mit Dividendenanspruch geliefert wurden. Bei den Kapitalerträgen muss es sich um echte Dividenden mit Steuerabzug handeln. Dies ist der Fall, wenn

– dem depotführenden inländischen Institut der Nachweis vorliegt, dass die Papiere bei der ausländischen Lagerstelle für den Anleger bereits zum Dividendenstichtag cum beliefert waren,
– das depotführende inländische Institut nachweisen kann, dass bei der jeweiligen letzten ausländischen Lagerstelle in der Verwahrkette zum Dividendenstichtag keine offenen Positionen aus Käufen bestanden oder
– die Aktien sich bereits zum vorhergehenden Stichtag im Depot des Anlegers befanden und über den Dividendenstichtag weder verliehen noch in Pension gegeben worden sind.

Vom Antragsteller muss im Antrag nicht erklärt werden, dass die materiellen Voraussetzungen für die Ausstellung einer Sammel-Steuerbescheinigung vorliegen.

## 2. Ausstellung der Sammel-Steuerbescheinigung

Die letzte inländische auszahlende Stelle, die den Steuerabzug vor Überweisung der Kapitalerträge an eine ausländische Stelle vorgenommen hat, bescheinigt auf Antrag der inländischen depotführenden Stelle durch Ausstellung einer Sammel-Steuerbescheinigung entsprechend dem amtlichen Muster für den beantragten Aktienbestand die Höhe der abgerechneten Kapitalerträge sowie die darauf entfallende Kapitalertragsteuer und des Solidaritätszuschlags. Für die Sammel-Steuerbescheinigung gelten § 45 a Abs. 5 und 6 EStG entsprechend.

Die inländische depotführende Stelle leitet den Antrag auf Erteilung einer Sammel-Steuerbescheinigung über ihre ausländische Verwahrstelle, die den Bestand im Ausland für sie verwahrt. Wird der Bestand von der ausländischen Lagerstelle des depotführenden inländischen Institutes nicht direkt bei der letzten inländischen auszahlenden Stelle verwahrt und sind für den Gesamtbestand oder Teilbestände weitere ausländischen Verwahrstellen zwischengeschaltet, hat die letzte inländische auszahlende Stelle in einer oder mehreren Sammel-Steuerbescheinigungen anzugeben, an welche(n) ausländischen Zwischenverwahrer die Auszahlung der Kapitalerträge erfolgt ist.

**Beispiel:**

Die inländische depotführende Stelle hält einen Bestand von 100 Aktien bei der ausländischen Lagerstelle (L). Von diesem Bestand werden 60 Stück direkt bei der letzten inländischen auszahlenden Stelle (A) verwahrt. Über 40 Stück hat L einen weiteren Zwischenverwahrer (Z) eingeschaltet, der seinerseits 20 Stück über einen weiteren ausländischen Zwischenverwahrer (Z1) verwahren lässt. Die Bestände von Z und Z1 werden im Inland bei A verwahrt.
A hat für 100 Aktien den Steuerabzug vorgenommen und die Dividende für 60 Stück über L, 20 Stück über Z und weitere 20 Stück über Z1 abgerechnet. Dies hat A in einer oder mehreren Sammel-Steuerbescheinigungen entsprechend zu bescheinigen.

## 3. Verwendung der Sammel-Steuerbescheinigung

Die Sammel-Steuerbescheinigung ist keine Bescheinigung i. S d. § 45 a Abs. 2 EStG und berechtigt nicht zur unmittelbaren Anrechnung oder zur Beantragung einer Erstattung der darin ausgewiesenen Steuern. Die Sammel-Steuerbescheinigung hat alleine die Funktion, die inländische depotführende Stelle in der Wertpapierverwahrkette (den Endverwahrer), die gemäß BMF-Schreiben vom 26. Oktober 2011 IV C 1 – S 2400/11/10002 :003, Tz. 2 b[1], vom (zweiten) individuellen Steuerabzug Abstand nehmen kann, in die Lage zu versetzen, die Abwicklung von Kapitalerträgen aus von einer Sammel-Steuerbescheinigung erfassten Aktienbeständen für sich oder ihre Depotkunden so vorzunehmen, wie im Falle einer reinen Inlandsverwahrung der Depotbestände vorzugehen wäre. Die inländische depotführende Stelle hat nach Vorlage der Sammel-Steuerbescheinigung zu Gunsten der von der ausländischen Zwischenverwahrung betroffenen Kunden eine Erstattung der einbehaltenen Kapitalertragsteuer zzgl. Solidaritätszuschlag vorzunehmen, wenn die Voraussetzungen des § 44 b Abs. 6 EStG erfüllt sind, insbesondere bei Vorliegen einer Nichtveranlagungs-Bescheinigung, eines Freistellungsauftrages, anrechenbarer ausländischer Steuer oder bei Vorhandensein eines Verlustverrechnungstopfes.

[1] Nr. **1** § 43/3.

Soweit eine Steuerentlastung nicht möglich ist, bescheinigt das inländische depotführende Institut den durch die letzte inländische Stelle vor Zahlung in das Ausland vorgenommenen Steuerabzug. Gegebenenfalls ist noch Kirchensteuer nachzuerheben und zu bescheinigen. Für Kapitalerträge aus Aktien, die zu dem von einer Sammel-Steuerbescheinigung erfassten Bestand gehören, darf keine Steuerbescheinigung durch die letzte inländische auszahlende Stelle über den von ihr vor Zahlung in das Ausland vorgenommenen Steuerabzug erteilt werden. Steuerbescheinigungen können in diesem Fall nur durch das inländische depotführende Institut erteilt werden.

Geht die Sammel-Steuerbescheinigung erst im Jahr nach der Dividendenzahlung bei der inländischen depotführenden Stelle ein, ist es nicht zu beanstanden, wenn die Steuerberechnung und Bescheinigung mit Wirkung für das Folgejahr vorgenommen wird.

Hat das inländische depotführende Institut gemäß BMF-Schreiben vom 26. Oktober 2011, Tz. 2 a[1], den zweiten individuellen Steuerabzug vorgenommen, so führt dies nach Vorlage der Sammel-Steuerbescheinigung(en) zu einer nachträglichen Erstattung der hierin bescheinigten Kapitalertragsteuer bzw. des Solidaritätszuschlags auf Ebene des depotführenden Institutes.

## 4. Angaben in der Sammel-Steuerbescheinigung

Erträge aus Investmentanteilen sind entweder zusammengefasst als „Kapitalerträge i. S d. § 7 Abs. 3 a–4 InvStG" oder nach einzelnen Ertragsarten aufgeschlüsselt darzustellen. Sofern eine Aufschlüsselung vorgenommen wird, ist keine Eintragung in der zusammengefassten Angabe vorzunehmen.

## 5. Sammel-Steuerbescheinigung bei mehrfacher ausländischer Zwischenverwahrung

**5.1.** Im Falle der mehrfachen ausländischen Zwischenverwahrung stehen in der Verwahrkette zwischen der inländischen auszahlenden Stelle und der inländischen oder ausländischen depotführenden Stelle, die die Bestände für den Endkunden verwahrt, eine oder mehrere inländische Verwahrstellen als Zwischenverwahrer. Diese inländischen Zwischenverwahrer leiten die ihnen von einer ausländischen Verwahrstelle zugeflossenen Kapitalerträge wieder an eine ausländische Stelle weiter.

**5.2.** Für diese inländischen Zwischenverwahrer gilt:

**5.2.1.** Zahlt ein inländischer Zwischenverwahrer Kapitalerträge auf Wertpapierbestände im Sinne der Ziffer 1, die er bei einer ausländischen Lagerstelle verwahren lässt, seinerseits an eine ausländische Stelle aus, ist er berechtigt, von dem von ihm vor Zahlung in das Ausland gemäß § 44 Abs. 1 Satz 4 Nr. 3 EStG vorzunehmenden Steuerabzug Abstand zu nehmen, wenn der Nachweis vorliegt, dass es sich um Erträge auf Bestände im Sinne der Ziffer 1 dieses Schreibens handelt. Geht über die Verwahrkette die Anforderung auf Ausstellung einer Sammel-Steuerbescheinigung für den auf der vorherigen Stufe vorgenommenen Steuerabzug ein, wird der Antrag durch den Zwischenverwahrer über die Verwahrkette weitergeleitet.

---

[1] Nr. **1** § 43/3.

**5.2.2.** Der inländische Zwischenverwahrer ist befugt, bei der in der Verwahrkette vorgehenden inländischen auszahlenden Stelle für Bestände im Sinne der Ziffer 1 eine Sammel-Steuerbescheinigung in eigenem Namen zu beantragen. Der Antrag ist über die ausländische Verwahrstelle an die auszahlende Stelle zu richten. Nach Eingang der Sammel-Steuerbescheinigung führt der Zwischenverwahrer einen eigenen Steuerabzug durch und ist berechtigt, bis zur Höhe des eigenen Steuerabzugs die in der Sammel-Steuerbescheinigung ausgewiesene Steuer anzurechnen. Er ist in diesem Fall befugt, auf Antrag für den von ihm durchgeführten Steuerabzug in eigenem Namen Einzel- oder Sammel-Steuerbescheinigungen auszustellen.

**5.2.3.** Nimmt ein inländischer Zwischenverwahrer vor Auszahlung der Dividende an eine ausländische Stelle auf Wertpapierbestände im Sinne der Ziffer 1 einen Steuerabzug auf die Dividendenzahlung gem. § 44 Abs. 1 Satz 4 Nr. 3 EStG vor (eigener zweiter Steuerabzug des inländischen Zwischenverwahrers), ist er befugt, auf Antrag eine Einzel- oder Sammel-Steuerbescheinigung für den durch ihn erhobenen Steuerabzug auszustellen. Nimmt der inländische Zwischenverwahrer einen eigenen (zweiten) Steuerabzug vor, kann er bei der inländischen auszahlenden Stelle für den durch diese vorgenommenen (ersten) Steuerabzug eine Sammel-Steuerbescheinigung beantragen. Der Antrag ist über die ausländische Verwahrstelle an die auszahlende Stelle zu leiten. Hat der inländische Zwischenverwahrer auf seinen eigenen Antrag von der inländischen auszahlenden Stelle eine Sammel-Steuerbescheinigung erhalten, ist er berechtigt, die in dieser Sammel-Steuerbescheinigung ausgewiesene Steuer anzurechnen, wenn der der Anrechnung entsprechende Betrag auf die zwischenverwahrten Bestände gemäß Ziffer 5.2.3 Satz 1 zuvor an das Betriebstättenfinanzamt abgeführt wurde.

Das BMF-Schreiben vom 1. März 2012 IV C 1 – S 2401/08/10001 :007, DOK 2012/0190152, BStBl. I S. 236[1] (Anwendung der Sammel-Steuerbescheinigung nach § 44 a Abs. 10 Satz 4 EStG) wird aufgehoben.

[1] Nr. 1 § 43/3.

## Sammel-Steuerbescheinigung
nach § 44a Absatz 10 Satz 4 EStG

………………………….
………………………….
………………………….
(Bezeichnung der auszahlenden Stelle im Sinne des § 44 Absatz 1 Satz 4 Nummer 3 EStG)

Adressfeld (depotführende inländische auszahlende Stelle oder inländischer Zwischenverwahrer gem. Ziffer 5 des BMF Schreibens vom 16. September 2013)
……………………
……………………
……………………

Sie hatten mit Antrag vom…………………… *(Einsetzen: Datum des Antragsschreibens)* die Ausstellung einer Sammel-Steuerbescheinigung über ……………….*(Einsetzen: Anzahl der Wertpapiere sowie Kurzbezeichnung des Schuldners der Kapitalerträge und WKN/ISIN)* beantragt. Nach Ihrem Antrag handelt es sich um die Summe ihrer eigenen sowie der für Ihre Kunden verwahrten Aktien (*alt. Wandelanleihen, Gewinnobligationen, Genussrechte)*, die mit Dividendenanspruch (alt. *Anspruch auf die Kuponzahlung*) erworben und mit Dividendenanspruch (alt. *mit Kupon*) geliefert wurden. Für die abzugsrelevanten Erträge aus Anteilen an inländischen Investmentvermögen bestätigen Sie Entsprechendes.

*Bei ADR:*

*Sie hatten mit Antrag vom…………………… (Einsetzen: Datum des Antragsschreibens) die Ausstellung einer Sammel-Steuerbescheinigung über ……………….(*Einsetzen: Anzahl der Wertpapiere sowie Kurzbezeichnung des Schuldners der Kapitalerträge und WKN/ISIN) *beantragt. Der Antrag wurde für Bestände gestellt, die im Rahmen eines ADR* (alt. EDR, IDR, GDR*) Programms verwahrt werden. Nach Ihrem Antrag handelt es sich um Aktien, die anteilig der Summe der eigenen und für Kunden verwahrten ADR (*alt. EDR, IDR, GDR*) entsprechen und mit Dividendenanspruch erworben und mit Dividendenanspruch geliefert wurden.*

Ihren Antrag stellten Sie über die folgende ausländische Lagerstelle:

…………………………………………………………………………………………………
(Anschrift der ausländischen Lagerstelle, über die der Antrag gestellt wurde)

Hiermit bestätige ich, dass

an……………………………… ………………………………………………………………
(Adresse der ausländischen Stelle, über die abgerechnet wurde)

- 2 -

an……………………………………………………………………………………………………
(Adresse der weiteren ausländischen Stelle, über die abgerechnet wurde)

am ……………………….
(Zahlungstag)

Kapitalerträge im Sinne des § 43 Absatz 1 Satz 1 Nummer 1a EStG
in Höhe von …………..

Kapitalerträge im Sinne des § 43 Absatz 1 Satz 1 Nummer 2 Satz 4 EStG
i.V.m. 43 Absatz 1 Satz 1 Nummer 1a EStG
in Höhe von …………..

Kapitalerträge im Sinne des § 7 Absatz 3a - 4 InvStG
in Höhe von …………..

alternativ:

Kapitalerträge im Sinne des § 7 Absatz 3a Satz 1 InvStG
in Höhe von …………..

Kapitalerträge im Sinne des § 7 Absatz 3b Satz 1 InvStG
in Höhe von …………..

Kapitalerträge im Sinne des § 7 Absatz 3c Satz 1 InvStG
in Höhe von …………..

Kapitalerträge im Sinne des § 7 Absatz 3d Satz 1 InvStG
in Höhe von …………..

Kapitalerträge im Sinne des § 7 Absatz 4 Satz 1 InvStG
in Höhe von …………..

für…………….. *[Einsetzen: Anzahl der Aktien / Investmentanteile sowie Kurzbezeichnung des Schuldners der Kapitalerträge und WKN/ISIN]*
abgerechnet wurden.

Summe der darauf abgeführten Kapitalertragsteuer …………..

Summe des darauf abgeführten Solidaritätszuschlags …………..

# 1 § 45a/1. Schreiben betr. Kapitalertragsteuer; Ausstellung von Steuerbescheinigungen für Kapitalerträge nach § 45a Abs. 2 und 3 EStG

Vom 23. Mai 2022

BMF IV C 1 – S 2401/19/10001 :006; DOK 2022/0538617

(BStBl. I S. 860)

**3 Anlagen**[1)]

Nach Erörterung mit den obersten Finanzbehörden der Länder wird das BMF-Schreiben vom 15. Dezember 2017 (BStBl. 2018 I S. 13) wie folgt neu gefasst: Für Kapitalerträge, die nach § 43 Abs. 1 EStG dem Steuerabzug unterliegen, haben der Schuldner der Kapitalerträge, die die Kapitalerträge auszahlende Stelle oder die zur Abführung der Steuer verpflichtete Stelle dem Gläubiger der Kapitalerträge auf Verlangen eine Steuerbescheinigung nach amtlich vorgeschriebenem Muster auszustellen, die die nach § 32d EStG erforderlichen Angaben enthält; die Verpflichtung besteht unabhängig von der Vornahme eines Steuerabzugs. In den Fällen des § 56 Abs. 3 Satz 4 InvStG in der ab dem 1. Januar 2018 anzuwendenden Fassung – im Folgenden: InvStG – (Ansatz der Ersatzbemessungsgrundlage als Gewinn aus der fiktiven Veräußerung von Investmentanteilen) ist der Entrichtungspflichtige nach § 56 Abs. 3 Satz 5 InvStG zur Ausstellung einer Steuerbescheinigung verpflichtet. Zur Ausstellung von Steuerbescheinigungen gilt Folgendes:

**Inhaltsverzeichnis**



[1)] Hier nicht abgedruckt.

## I. Allgemeines

### 1. Muster der Steuerbescheinigung

1 Für die Bescheinigung der Angaben sind die anliegenden amtlich vorgeschriebenen Muster I bis Muster III zu verwenden. Nach Inhalt, Aufbau und Reihenfolge der Angaben darf von ihnen nicht abgewichen werden. Die Gestaltung der Felder für die Bezeichnung des Instituts und des Gläubigers ist nicht vorgeschrieben. Eine Ergänzung der Steuerbescheinigungen um ein zusätzliches Adressfeld ist zulässig. Bei Lebensversicherungsunternehmen ist zusätzlich die Versicherungsnummer anzugeben.

Die Ausstellung erfolgt grundsätzlich für den zivilrechtlichen Gläubiger, nicht für den Steuergläubiger. Bei sogenannten Contractual Trust Arrangements (CTA)-Modellen kann die Steuerbescheinigung direkt an den steuerpflichtigen Treugeber (Arbeitgeber) versendet werden, vgl. Rn. 156 des BMF-Schreibens vom 19. Mai 2022 (BStBl. I S. 742)[1]. Die Steuerbescheinigung für Erträge aus Versicherungsverträgen ist auf den Namen des Steuerpflichtigen auszustellen.

---

[1] Nr. **1** § 43/1.

Die Person des Steuerpflichtigen ist gemäß Rn. 50 bis 53 des BMF-Schreibens vom 1. Oktober 2009 (BStBl. I S. 1172)[1], zuletzt geändert durch das BMF-Schreiben vom 9. August 2019 (BStBl. I S. 829) zu ermitteln.

**2. Umfang der zu bescheinigenden Angaben**

Es ist nicht zu beanstanden, wenn in Fällen, in denen ein in dem amtlichen Muster enthaltener Sachverhalt nicht gegeben ist (z.B. bei Muster I: es wurden keine Veräußerungsgeschäfte mit Aktien getätigt und/oder keine ausländische Steuer entrichtet), die entsprechende(n) Zeile(n) oder ggf. Teile des Textes einer Zeile des amtlichen Musters, die nicht zutreffend sind, entfallen. Entsprechendes gilt für die mit Ankreuzfeldern versehenen Zeilen. Die Reihenfolge der ausgedruckten Zeilen ist jedoch entsprechend dem amtlichen Muster beizubehalten. Bei Muster III kann die Tabelle im Falle der zusammengefassten Steuerbescheinigung bezüglich der Kapitalerträge i.S.d. § 43 Abs. 1 Satz 1 Nr. 1, 1a und 2 EStG auch an das Ende des amtlichen Musters verschoben werden. Sofern das betreffende Wertpapier nicht stücknotiert ist, sondern nominal, kann auf die Angabe der Stückzahl in der Tabelle verzichtet werden. 2

**3. Ergänzende Angaben**

Der Steuerbescheinigung können weitere Erläuterungen beigefügt werden, sofern die Ergänzungen im Anschluss an das amtliche Muster erfolgen und hiervon optisch abgesetzt werden. 3

**4. Erstmalige Erteilung**

Der Anspruch auf Ausstellung einer Steuerbescheinigung entsteht frühestens für Kapitalerträge, die dem Gläubiger nach dem 31. Dezember 2008 zufließen. 4

**5. Elektronische Übermittlung**

Die nach amtlich vorgeschriebenem Muster ausgestellte Steuerbescheinigung kann dem Steuerpflichtigen in elektronischer Form übermittelt werden. Auf welchem Wege die elektronische Übermittlung erfolgt, lässt § 45a Abs. 2 Satz 2 EStG offen. Die Steuerbescheinigung kann insbesondere in eine elektronische PostBox eingestellt oder per E-Mail übermittelt werden. 5

Durch den elektronischen Versand wird das Recht auf Erteilung der Steuerbescheinigung in Papierform nicht ausgeschlossen. Der Steuerpflichtige kann die Steuerbescheinigung in Papierform innerhalb der gesetzlichen Aufbewahrungsfristen der der Steuerbescheinigung zugrundeliegenden Daten bei der auszahlenden Stelle/dem Schuldner/dem Entrichtungspflichtigen anfordern. Sollte dem Steuerpflichtigen die Steuerbescheinigung bereits in elektronischer Form zugeleitet worden sein und wünscht er eine Steuerbescheinigung in Papierform, ist ihm diese – als Ersatzbescheinigung gekennzeichnet – zu übermitteln, wenn der Kunde im Rahmen der Anforderung der Steuerbescheinigung in Papierform in Textform versichert, dass er die elektronischen Daten nicht weiterverwendet.

**6. Berichtigung**

Sind in der Steuerbescheinigung die Kapitalerträge und die anrechenbare Kapitalertragsteuer zu niedrig ausgewiesen, kann von einer Berichtigung der Steuerbescheinigung nach § 45a Abs. 6 EStG abgesehen werden, wenn eine ergänzende Steuerbescheinigung ausgestellt wird, in die neben den übrigen 6

[1] Nr. 1 § 20/12.

Angaben nur der Unterschied zwischen dem richtigen und dem ursprünglich bescheinigten Betrag aufgenommen wird. Die ergänzende Steuerbescheinigung ist als solche zu kennzeichnen. Die ursprünglich ausgestellte Steuerbescheinigung behält in diesen Fällen weiterhin Gültigkeit.

Ist eine Steuerbescheinigung nach § 45a Abs. 6 EStG zu berichtigen, hat der Aussteller das für ihn zuständige Betriebsstättenfinanzamt auf elektronischem Weg zu benachrichtigen. Das Betriebsstättenfinanzamt leitet die Meldung an das Wohnsitzfinanzamt des Gläubigers weiter. Handelt es sich bei dem Empfänger der Steuerbescheinigung um einen Steuerausländer, ist bei Dividendenzahlungen sowie bei weiteren Erträgen i.S.d. § 43 Abs. 1 Satz 1 Nr. 1, 1a und 2 EStG, bei denen eine Steuerbescheinigung nach Muster III ausgestellt wurde, das Bundeszentralamt für Steuern (BZSt) elektronisch zu benachrichtigen. Die mitteilungspflichtige Stelle hat den Steuerpflichtigen nach § 93c Abs. 1 Nr. 3 AO mit der berichtigen Steuerbescheinigung darüber zu informieren, welche für seine Besteuerung relevanten Daten sie an die Finanzbehörden übermittelt hat oder übermitteln wird. Dazu ist folgender Text in die Steuerbescheinigung aufzunehmen: „Nach § 45a Abs. 6 EStG wurde die Steuerbescheinigung berichtigt. Die in § 45a Abs. 6 Satz 3 EStG aufgeführten Daten (z.B. Anlass der Ausstellung usw.) wurden von der mitteilungspflichtigen Stelle an die Finanzverwaltung übermittelt.“

Abweichend davon setzt eine Erstattung von Kapitalertragsteuer gegenüber einem unbeschränkt körperschaftsteuerpflichtigen Investmentfonds voraus, dass der Investmentfonds eine erteilte Steuerbescheinigung im Original zurückgegeben hat (§ 7 Abs. 5 Satz 3 und 4 InvStG). Nach erfolgter Erstattung hat der Entrichtungspflichtige dem Investmentfonds eine neue Steuerbescheinigung auszustellen und hierin auf die Erstattung nach § 7 Abs. 5 Satz 1 und/oder Satz 2 InvStG unter Angabe der kumulierten Erstattungs- und Abstandnahmebeträge hinzuweisen. Wenn mangels eines entsprechenden Verlangens des Investmentfonds keine Steuerbescheinigung ausgestellt wurde, besteht auch nach einer Erstattung nur auf Verlangen des Investmentfonds eine Verpflichtung zur Ausstellung einer Steuerbescheinigung.

Es wird nicht beanstandet, wenn der Entrichtungspflichtige bei Erstattungen nach § 7 Abs. 5 Satz 1 und/oder Satz 2 InvStG von einer Rückforderung der Steuerbescheinigung und der Ausstellung einer neuen Steuerbescheinigung absieht. Dies setzt voraus, dass der Entrichtungspflichtige die Erstattungs- und Abstandnahmebeträge intern dokumentiert hat und der Finanzverwaltung auf Anforderung zur Verfügung stellt. Fordert der Investmentfonds für Zwecke des Erstattungsverfahrens nach § 11 InvStG vom Entrichtungspflichtigen eine Erklärung nach § 11 Abs. 1 Satz 1 InvStG, hat der Entrichtungspflichtige bei zwischenzeitlichen Erstattungen für unbeschränkt körperschaftsteuerpflichtige Investmentfonds nach § 7 Abs. 5 Satz 1 und/oder Satz 2 InvStG jedoch eine neue Steuerbescheinigung auszustellen und hierin eine kumulierte Summe aus den zwischenzeitlichen Erstattungsbeträgen und den Beträgen, in deren Höhe vom Steuerabzug Abstand genommen wurde (Abstandnahmebeträge), aufzuführen.

### 7. Allgemeine Angaben zum Gläubiger/Schuldner

7 Es bestehen keine Bedenken dagegen, dass die Einzelsteuerbescheinigung auf der für den Gläubiger der Kapitalerträge bestimmten Mitteilung über die Gutschrift der Dividenden, Zinsen usw. erteilt wird. Für die Angabe des Schuldners reicht die übliche Kurzbezeichnung des Schuldners i.V.m. der Angabe der

Wertpapierkennnummer oder der ISIN (International Securities Identification Number) aus.

**8. Keine Auswirkungen des § 36a EStG**

Eine Voraussetzung für die Anrechnung von Kapitalertragsteuer ist nach § 36 Abs. 2 Nr. 2 Satz 2 EStG (i.V.m. § 31 Abs. 1 KStG) die Vorlage der Steuerbescheinigung. Die Anrechnungsbeschränkung des § 36a EStG für Kapitalertragsteuer auf Kapitalerträge i.S.d. § 43 Abs. 1 Satz 1 Nr. 1a EStG sowie des § 36a Abs. 1 Satz 4 EStG wirkt unmittelbar auf der Ebene des Steuerpflichtigen. § 36a EStG berührt den Kapitalertragsteuerabzug nicht und ist daher bei der Erteilung einer Steuerbescheinigung unbeachtlich. 8

## II. Steuerbescheinigung für Privatkonten und/oder -depots sowie Verlustbescheinigung i.S.d. § 43a Abs. 3 Satz 4 EStG (Muster I)

### 1. Allgemeines

Grundsätzlich darf nur eine einzige Jahressteuerbescheinigung ausgestellt werden. Es wird jedoch nicht beanstandet, wenn auf Grund geänderter Besteuerungsmerkmale die auf das abgelaufene ganze Kalenderjahr bezogene Kapitalertragsteuer in zwei oder ggf. mehrere zeitraumbezogene Steuerbescheinigungen aufgeteilt wird. Die Steuerbescheinigungen sind in diesem Jahr laufend zu nummerieren. Weiterhin ist die Gesamtzahl der erstellten Steuerbescheinigungen anzuführen. 9

Dementsprechend ist das Muster I wie folgt zu ergänzen:

„Steuerbescheinigung

(„1 von 2", „2 von 2")

….

Für

.......................................................................................................

(Name und Anschrift der Gläubigerin/des Gläubigers/der Gläubiger der Kapitalerträge)

werden ☐ für das Kalenderjahr …/☐ für den Zeitraum … folgende Angaben bescheinigt:"

Bei der nur in bestimmten Fällen zulässigen Verwendung des Musters als Einzelsteuerbescheinigung ist die Kontenart (z.B. Treuhand-, Nießbrauch-, Notaranderkonto/Wohnungseigentümergemeinschaft/Tafelgeschäfte) zu bezeichnen. Eine Jahressteuerbescheinigung ergeht für alle Konten und Depots des Steuerpflichtigen.

Die inländischen Kredit-, Finanzdienstleistungs- oder Wertpapierinstitute einschließlich der Bundesrepublik Deutschland – Finanzagentur GmbH können dabei gleichzeitig als auszahlende Stelle und als Schuldner der Kapitalertragsteuer fungieren. Die Steuerbescheinigung ist auch von Lebensversicherungsunternehmen auszustellen, sofern außer den Erträgen aus Versicherungsverträgen sonstige Einnahmen (z.B. Zinsen aus Beitrags- oder Parkdepots) erzielt werden. Werden nur Versicherungserträge i.S.d. § 20 Abs. 1 Nr. 6 EStG erzielt, ist das Muster II zu verwenden. 10

**2. Gläubiger der Kapitalerträge und Hinterleger der Wertpapiere Gemeinschaftskonten**

11 Wird für Ehegatten/Lebenspartner ein gemeinschaftliches Konto oder Depot unterhalten, lautet die Steuerbescheinigung auf den Namen beider Ehegatten/Lebenspartner. Gleiches gilt für Gemeinschaftskonten/-depots von ehe- und lebenspartnerschaftsähnlichen Gemeinschaften. Bei Personengemeinschaften, bei denen über die steuerliche Zurechnung der Erträge und ggf. anzurechnender Steuerabzugsbeträge grundsätzlich im Rahmen der gesonderten und einheitlichen Feststellung der Einkünfte aus Kapitalvermögen oder von sonstigen Einkünften i.S.d. § 180 Abs. 1 Satz 1 Nr. 2 Buchst. a AO entschieden wird, ist die Steuerbescheinigung auf den Namen der entsprechenden Gemeinschaft auszustellen. Wird die Steuerbescheinigung den Ehegatten/Lebenspartnern in elektronischer Form übermittelt, ist sicherzustellen, dass sie von beiden Ehegatten/Lebenspartnern zur Kenntnis genommen werden kann. Dafür ist es beispielsweise ausreichend, dass die Steuerbescheinigung an die Kontaktdaten versandt wird, die für die elektronische Übermittlung von den Ehegatten/Lebenspartnern angegeben wurden.

**Besonderheiten bei Ausübung der Transparenzoption nach § 30 Abs. 1 InvStG durch einen Spezial-Investmentfonds und nach § 30 Abs. 4 Satz 1 InvStG durch einen Dach-Spezial-Investmentfonds**

12 Übt ein Spezial-Investmentfonds die Transparenzoption nach § 30 Abs. 1 InvStG aus, so gelten den Anlegern die inländischen Beteiligungseinnahmen i.S.d. § 6 Abs. 3 InvStG oder die dem Kapitalertragsteuerabzug unterliegenden sonstigen inländischen Einkünfte i.S.d. § 6 Abs. 5 InvStG als unmittelbar selbst zugeflossen. Der Steuerabzug ist gemäß § 31 Abs. 1 Satz 1 InvStG unter Berücksichtigung des Status des jeweiligen Anlegers vorzunehmen. Der Entrichtungspflichtige hat in der Steuerbescheinigung für den Spezial-Investmentfonds zusätzlich die Angaben nach § 31 Abs. 1 Satz 2 InvStG zu machen. Das heißt, es ist nur eine Steuerbescheinigung auszustellen, in der sämtliche Anleger des Spezial-Investmentfonds aufzuführen sind.

Die Steuerbescheinigung verbleibt beim Spezial-Investmentfonds. Der Spezial-Investmentfonds hat allen Anlegern jeweils eine Kopie der Steuerbescheinigung zur Verfügung zu stellen. Alternativ darf auch direkt der Entrichtungspflichtige Kopien der Steuerbescheinigung an die Anleger übermitteln. Schwärzungen hinsichtlich der jeweils anderen Anleger sind unzulässig. Die Kopien sind in der Veranlagung grundsätzlich auch ohne eine Bestätigung des Spezial-Investmentfonds hinsichtlich der Übereinstimmung der Kopie mit dem Original anzuerkennen.

Für jede inländische Beteiligungseinnahme ist eine Einzelsteuerbescheinigung zu erstellen. Auszahlende Stellen haben Muster III zu verwenden. Schuldner der Kapitalerträge (z.B. eine GmbH, die an einen Spezial-Investmentfonds Dividenden ausschüttet) haben das Muster II zu verwenden. Wenn an dem Spezial-Investmentfonds im Falle der Ausübung der Transparenzoption ausschließlich steuerbefreite Anleger beteiligt sind und vom Steuerabzug Abstand genommen wird, entfällt das Ausstellen einer Steuerbescheinigung.

Übt ein Spezial-Investmentfonds die Transparenzoption nach § 30 Abs. 1 InvStG aus und ist der Anleger des Spezial-Investmentfonds ein Dach-Spezial-Investmentfonds, der seinerseits die Transparenzoption nach § 30 Abs. 4 i.V.m. Abs. 1 InvStG ausübt, so gelten den Anlegern des Dach-Spezial-Investmentfonds die inländischen Beteiligungseinnahmen i.S.d. § 6 Abs. 3 InvStG oder die dem Kapitalertragsteuerabzug unterliegenden sonstigen inländischen Einkünfte i.S.d. § 6 Abs. 5 InvStG als unmittelbar selbst zugeflossen. Der Steuerabzug ist gemäß § 31 Abs. 1 Satz 1 InvStG unter Berücksichtigung des Status des jeweiligen Anlegers des Dach-Spezial-Investmentfonds vorzunehmen. Der Entrichtungspflichtige hat in der Steuerbescheinigung für den Spezial-Investmentfonds zusätzlich die Angaben nach § 31 Abs. 1 Satz 2 InvStG zu machen. Das heißt, es ist nur eine Steuerbescheinigung auszustellen, in der auch sämtliche Anleger des Dach-Spezial-Investmentfonds aufzuführen sind.

**3. Depotverwahrung**

Sind in dem Wertpapierdepot auch Aktien verzeichnet, für die die Dividende nicht durch das Kreditinstitut, sondern unmittelbar durch die leistende Körperschaft an den Anteilseigner ausgezahlt wird, sind diese Ausschüttungen in die Jahressteuerbescheinigung des Kreditinstituts nicht aufzunehmen. Für diese Ausschüttung hat die leistende Körperschaft eine gesonderte Steuerbescheinigung auszustellen (Muster II). 13

**4. Depotinhaber**

Das Kreditinstitut, bei dem ein Wertpapierdepot unterhalten wird, kann bei Fehlen gegenteiliger Anhaltspunkte davon ausgehen, dass der Depotinhaber der steuerliche Anteilseigner und Gläubiger der Kapitalerträge ist. Ist dem Kreditinstitut bekannt, dass der Depotinhaber nicht der steuerliche Anteilseigner ist, darf es eine Steuerbescheinigung auf den Namen des Depotinhabers nicht ausstellen. 14

**Nießbrauchsbestellung, Treuhandverhältnis oder Anderkonten**

Hat das Kreditinstitut von einer Nießbrauchsbestellung oder einem Treuhandverhältnis Kenntnis, ohne zu wissen, ob der Depotinhaber Anteilseigner ist, oder handelt es sich um ein Anderkonto von Rechtsanwälten, Notaren oder Angehörigen der wirtschaftsprüfenden oder steuerberatenden Berufe, bestehen keine Bedenken dagegen, dass die Steuerbescheinigung abweichend von Rn. 14 auf den Namen des Depotinhabers ausgestellt, jedoch durch den entsprechenden Hinweis „Nießbrauchsdepot", „Treuhanddepot" oder „Anderdepot" gekennzeichnet wird. In diesen Fällen muss das Finanzamt, bei dem die Anrechnung der Kapitalertragsteuer beantragt wird, nach Vorlage der Steuerbescheinigung prüfen, wem die Kapitalerträge steuerlich zuzurechnen sind. Zur Bescheinigung der von Zinsen aus Notaranderkonten einbehaltenen Kapitalertragsteuer, vgl. Rn. 23. 15

**5. Vorlage einer Nichtveranlagungs-Bescheinigung**

Die Vorlage einer Nichtveranlagungs-Bescheinigung entbindet nicht von der Verpflichtung zur Ausstellung einer Steuerbescheinigung. Die Steuerbescheinigung ist auf Verlangen des Steuerpflichtigen auszustellen. 16

## 6. Ausstellung einer Steuerbescheinigung für einbehaltene Kapitalertragsteuer in besonderen Fällen

### a) Bescheinigung der von Zinsen aus einem Mietkautionskonto, das auf den Namen des Vermieters lautet, einbehaltenen Kapitalertragsteuer

#### aa) Allgemeines

17 Mit der Vereinbarung im Mietvertrag, dem Vermieter für dessen etwaige nachvertragliche Ansprüche eine Geldsumme als Sicherheit zu leisten, trifft der Mieter eine Vorausverfügung über die Zinsen, die ihm nach § 551 Abs. 3 BGB zustehen und die Sicherheit erhöhen. Die Zinsen fließen dem Mieter deshalb in dem Zeitpunkt zu, in dem sie auf dem vom Vermieter für die Sicherheit eingerichteten Konto fällig werden, und sind vom Mieter zu versteuern.

#### bb) Bescheinigungsverfahren

18 Hat der Vermieter ein für das Kreditinstitut als Treuhandkonto erkennbares Sparkonto eröffnet, wie es seinen Verpflichtungen nach § 551 Abs. 3 BGB entspricht, und weiß das Kreditinstitut, wer der Treugeber ist, hat es die Steuerbescheinigung auf den Namen des Treugebers auszustellen. Der Vermieter hat dem Mieter die Steuerbescheinigung zur Verfügung zu stellen (§ 34 Abs. 1 und 3 AO).

19 Hat das Kreditinstitut von dem Treuhandverhältnis Kenntnis, ohne zu wissen, ob der Kontoinhaber Anspruch auf die Zinsen hat, ist die Steuerbescheinigung auf den Namen des Kontoinhabers auszustellen und mit dem Vermerk „Treuhandkonto" zu versehen. Auch in diesem Fall hat der Vermieter dem Mieter die Steuerbescheinigung zur Verfügung zu stellen.

20 Werden die Mietkautionen mehrerer Mieter auf demselben Konto angelegt, ist der Vermieter als Vermögensverwalter i.S.d. § 34 AO verpflichtet, gegenüber dem für ihn zuständigen Finanzamt eine Erklärung zur gesonderten und einheitlichen Feststellung der Einkünfte aus Kapitalvermögen der Mieter (§ 180 AO) abzugeben. Sieht das Finanzamt nach § 180 Abs. 3 Satz 1 Nr. 2 AO von einer gesonderten und einheitlichen Feststellung der Einkünfte ab, kann es dies gegenüber dem Vermieter durch negativen Feststellungsbescheid feststellen. In diesem Fall hat der Vermieter dem Mieter eine Ablichtung des Bescheides und der Steuerbescheinigung des Kreditinstituts zur Verfügung zu stellen sowie den anteiligen Kapitalertrag und die anteilige Kapitalertragsteuer mitzuteilen.

### b) Bescheinigung der von Zinsen aus der Anlage einer Instandhaltungsrücklage einer Wohnungseigentümergemeinschaft einbehaltenen Kapitalertragsteuer

#### aa) Bescheinigung des Vermögensverwalters

21 Im Regelfall ist nach § 180 Abs. 3 Satz 1 Nr. 2 AO von einer gesonderten und einheitlichen Feststellung der von der Wohnungseigentümergemeinschaft erzielten Zinsen aus der Anlage der Instandhaltungsrücklage abzusehen. Es reicht aus, dass der Verwalter die anteiligen Kapitalerträge nach dem Verhältnis der Miteigentumsanteile aufteilt und dem einzelnen Wohnungseigentümer mitteilt.

#### bb) Behandlung der Kapitalertragsteuer

22 Die Anrechnung der Kapitalertragsteuer bei dem einzelnen Beteiligten ist nur möglich, wenn neben der Mitteilung des Verwalters über die Aufteilung der Kapitalerträge und der Kapitalertragsteuer eine Ablichtung der Steuerbescheinigung des Kreditinstituts vorgelegt wird.

Bedeutet dieses Verfahren allerdings für die Wohnungseigentümer und den Verwalter keine beachtliche Erleichterung, so sind die Kapitalerträge nach § 180 Abs. 1 Satz 1 Nr. 2 Buchst. a AO gesondert und einheitlich festzustellen. Dabei hat das für die gesonderte und einheitliche Feststellung zuständige Finanzamt auch die entrichtete und anzurechnende Kapitalertragsteuer zu ermitteln und den Wohnsitzfinanzämtern die auf den einzelnen Wohnungseigentümer entfallenden Steuerbeträge mitzuteilen. In diesem Fall ist die Original-Steuerbescheinigung dem Feststellungsfinanzamt einzureichen; Ablichtungen der Steuerbescheinigung für die Wohnungseigentümer sind nicht erforderlich.

### c) Bescheinigung der von Zinsen aus einem Notaranderkonto einbehaltenen Kapitalertragsteuer

Zu der Frage, ob die Steuerbescheinigung über die Kapitalertragsteuer bei einem Notaranderkonto auf den Namen des formell berechtigten Notars oder auf den Namen des Berechtigten ausgestellt werden soll und wie bei mehreren Berechtigten zu verfahren ist, gilt Folgendes: 23

Der Notar leitet die Original-Steuerbescheinigung an den Berechtigten weiter. In den Fällen, in denen in der Steuerbescheinigung des Kreditinstituts der Hinweis „Anderkonto" fehlt, erteilt der Notar dem Berechtigten zusätzlich eine Bestätigung darüber, dass er für ihn treuhänderisch tätig war. Der Berechtigte hat im Fall der Veranlagung zur Einkommen- oder Körperschaftsteuer die Steuerbescheinigung und die Bestätigung dem für ihn zuständigen Finanzamt ggf. vorzulegen.

Wenn die auf dem Notaranderkonto erzielten kapitalertragsteuerpflichtigen Zinsen zeitanteilig auf Verkäufer und Käufer entfallen, stellt der Notar eine der Anzahl der Berechtigten entsprechende Anzahl beglaubigter Abschriften der Original-Steuerbescheinigung her und vermerkt auf der an den jeweiligen Berechtigten auszuhändigenden Abschrift, in welcher Höhe er diesem Zinsen gutgeschrieben hat. Die Berechtigten haben diese beglaubigte Abschrift der Steuerbescheinigung dem für sie zuständigen Finanzamt vorzulegen.

Wenn die auf einem Notaranderkonto erzielten kapitalertragsteuerpflichtigen Zinsen an mehrere Berechtigte auszukehren sind, die nicht zusammen veranlagt werden, gilt Folgendes:

- Sind dem Notar die Anteilsverhältnisse bekannt, teilt er die Kapitalerträge und die Kapitalertragsteuer auf die Berechtigten auf.
- Sind dem Notar die Anteilsverhältnisse nicht bekannt, sind die Kapitalerträge und die hierauf entfallende Kapitalertragsteuer gesondert und einheitlich nach § 180 Abs. 1 Satz 1 Nr. 2 Buchst. a AO festzustellen.

Die vorstehenden Regelungen sind auf Kapitalerträge aus Anderkonten von Rechtsanwälten, Steuerberatern, Steuerbevollmächtigten, Steuerberatungsgesellschaften, Wirtschaftsprüfern, vereidigten Buchprüfern, Wirtschaftsprüfungsgesellschaften und Buchführungsgesellschaften entsprechend anzuwenden. 24

### d) Bescheinigung der von Kapitalerträgen aus einem Gemeinschaftskonto bei einer ehe- oder lebenspartnerschaftsähnlichen Gemeinschaft einbehaltenen Kapitalertragsteuer

Partner einer ehe- oder lebenspartnerschaftsähnlichen Gemeinschaft dürfen für ein Gemeinschaftskonto – anders als Ehegatten oder Lebenspartner – keinen Freistellungsauftrag erteilen. Die Kapitalertragsteuer ist vom Kreditinstitut einzubehalten. Darüber ist eine Steuerbescheinigung auf den Namen beider Kon- 25 toinhaber auszustellen. Anstelle der gesonderten und einheitlichen Feststellung gemäß § 180 Abs. 1 Satz 1 Nr. 2 Buchst. a AO wird folgendes vereinfachte Verfahren zur Ermittlung des Anteils jedes Kontoinhabers am Kapitalertrag und an der einbehaltenen Kapitalertragsteuer zugelassen:

Wie die Kapitalerträge (und die darauf entfallende Kapitalertragsteuer) auf die Kontoinhaber zu verteilen sind, wird auf dem Original der Steuerbescheinigung vermerkt. Von der mit diesem Vermerk versehenen Steuerbescheinigung wird eine Ablichtung gefertigt.

Sowohl auf der Original-Steuerbescheinigung als auch auf der Ablichtung haben beide Kontoinhaber zu unterschreiben. Es bestehen keine Bedenken, in diesem Fall sowohl die Original-Steuerbescheinigung als auch deren Ablichtung anzuerkennen und den anteiligen Kapitalertrag und die darauf entfallende Kapitalertragsteuer im Fall der Veranlagung zur Einkommensteuer jedes Kontoinhabers zu berücksichtigen.

Sofern sich später Meinungsverschiedenheiten über die Aufteilung der Kapitalerträge ergeben, ist eine gesonderte und einheitliche Feststellung bis zum Ablauf der Festsetzungsfrist nachzuholen.

**7. Muster I im Einzelnen:**

26 Das Kreditinstitut hat die Höhe der Kapitalerträge nach Verlustverrechnung und vor Berücksichtigung des Sparer-Pauschbetrags (nur positiver Saldo) anzugeben. Der Ausweis setzt voraus, dass die betreffenden Erträge vor Berücksichtigung eines evtl. Sparer-Pauschbetrages/einer Nichtveranlagungs-Bescheinigung und der Anrechnung der ausländischen Quellensteuer grundsätzlich kapitalertragsteuerpflichtig waren. Bei unbaren Kapitalerträgen i.S.d. § 44 Abs. 1 Satz 7 EStG kommt ein Ausweis nicht in Betracht, wenn dem Kreditinstitut keine Beträge zur Abführung der Kapitalertragsteuer zur Verfügung gestellt werden.

Bei negativer Saldogröße erfolgt der Ausweis in den entsprechenden Zeilen für sonstige Verluste oder Aktienveräußerungsverluste, sofern ein Antrag für eine Verlustbescheinigung gestellt wird, vgl. Rn. 34. In den Fällen des § 20 Abs. 6 Satz 5 und 6 EStG sind die Verluste zwingend – also ohne einen Antrag des Steuerpflichtigen – in den dafür vorgesehenen Zeilen der Steuerbescheinigung auszuweisen, vgl. Rn. 34a.

Grundsätzlich sind alle Arten von Kapitalerträgen – außer z.B. Kapitalerträge aus einem anderen Staat, die auf Grund eines Doppelbesteuerungsabkommens mit diesem Staat in Deutschland steuerfrei sind – in einer Gesamtsumme enthalten. Es wird nicht nach der Quelle der Kapitalerträge unterschieden. Die Kapitalerträge sind in Zeile 7 der Anlage KAP einzutragen.

Ausschüttungen eines Investmentfonds, die nach § 17 Abs. 1 Satz 1 InvStG als steuerfreie Kapitalrückzahlung gelten, sind nicht in der Höhe der Kapitalerträge auszuweisen. Erfolgt nach § 44b Abs. 1 EStG eine Erstattung der auf steuerfreie Kapitalrückzahlungen entfallenden Kapitalertragsteuer erst nach Ausstellung der Steuerbescheinigung, so ist die Steuerbescheinigung zu korrigieren. Für den Fall, dass die ausgewiesene anrechenbare Kapitalertragsteuer beim Finanzamt im Rahmen der Einkommensteuer- oder Körperschaftsteuerveranlagung angerechnet oder erstattet wurde (§ 36 Abs. 2 Nr. 2 EStG, ggf. i.V.m. § 31 Abs. 1 KStG), hat der Steuerpflichtige dies dem zuständigen Finanzamt unter Beifügung der berichtigten Steuerbescheinigung anzuzeigen (§ 153 AO).

27 Nicht besetzt

Die akkumulierten ausschüttungsgleichen Erträge aus vor dem 1. Januar 2018 erworbenen Anteilen an ausländischen thesaurierenden Investmentfonds nach § 7 Abs. 1 Satz 1 Nr. 3 in der bis zum 31. Dezember 2017 geltenden Fassung des Investmentsteuergesetzes (InvStG 2004) unterliegen zum Zeitpunkt der tatsächlichen Veräußerung oder bei Rückgabe der Investmentanteile dem Steuerabzug (§ 56 Abs. 3 Satz 6 InvStG) und sind in der bescheinigten Höhe der Kapitalerträge enthalten. Diese akkumulierten ausschüttungsgleichen Erträge sind im Rahmen der Steuererklärung und des Veranlagungsverfahrens von der bescheinigten Höhe der Kapitalerträge abzuziehen (vgl. den nachrichtlichen Ausweis bei Veräußerung oder Rückgabe von vor dem 1. Januar 2018 erworbenen Anteilen an ausländischen Investmentfonds in den Mustern I und III). Denn es handelt sich nicht um Kapitalerträge im Veräußerungszeitpunkt, sondern um einen nachholenden Steuerabzug auf die während der Haltedauer der Investmentanteile zuzurechnenden ausschüttungsgleichen Erträge. Zu den Voraussetzungen der Anrechnung dieser Kapitalertragsteuer, vgl. das BMF-Schreiben vom 17. Dezember 2012 (BStBl. 2013 I S. 54). Aufgrund des Abzugs der akkumulierten ausschüttungsgleichen Erträge (Bemessungsgrundlage für den Kapitalertragsteuerabzug nach § 7 Abs. 1 Satz 1 Nr. 3 InvStG 2004) von den Kapitalerträgen können negative Kapitalerträge vorliegen. Ein negativer Betrag der Kapitalerträge ist in Zeile 12 der Anlage KAP zu erfassen. 28

Investmenterträge i.S.d. § 16 InvStG (Ausschüttungen, Vorabpauschalen und Gewinne aus der Veräußerung von Investmentanteilen) aus in- und ausländischen Investmentfonds sind grundsätzlich in der bescheinigten Höhe der Kapitalerträge enthalten. Insbesondere Vorabpauschalen sind auch dann auszuweisen, wenn aufgrund einer Verrechnung mit dem Sparer-Pauschbetrag, der Anwendung einer Nichtveranlagungs-Bescheinigung oder der Anrechnung einer ausländischen Quellensteuer kein Steuerabzug vorzunehmen war, vgl. Rn. 26. Unterliegen die Investmenterträge einer Teilfreistellung nach § 20 InvStG für Aktienfonds (§ 20 Abs. 1 Satz 1 InvStG), für Mischfonds (§ 20 Abs. 2 InvStG), für Immobilienfonds (§ 20 Abs. 3 Satz 1 InvStG) oder für Auslands-Immobilienfonds (§ 20 Abs. 3 Satz 2 InvStG), so beschränkt sich der Steuerabzug nach § 43a Abs. 2 Satz 1 Halbsatz 2 EStG auf die steuerpflichtigen Teile der Kapitalerträge, vgl. Ausführungen zu Rn. 59). Nur diese Teile sind in der Steuerbescheinigung in der Zeile „Höhe der Kapitalerträge Zeile 7 Anlage KAP" auszuweisen. 29

Werden Alt-Anteile i.S.d. § 56 Abs. 2 Satz 1 InvStG tatsächlich veräußert, ist auf den Gewinn aus der fiktiven Veräußerung zum 31. Dezember 2017 nach § 56 Abs. 3 Satz 3 und 4 InvStG und auf die Beträge nach § 56 Abs. 3 Satz 6 InvStG ein Steuerabzug vorzunehmen. Sofern der Steuerabzug auf die Ersatzbemessungsgrundlage nach § 56 Abs. 3 Satz 4 InvStG und der Steuerabzug auf die akkumulierten ausschüttungsgleichen Erträge nebeneinander anwendbar sind, wird nicht beanstandet, wenn nur ein Steuerabzug auf die höhere der beiden Bemessungsgrundlagen vorgenommen wird (vgl. auch Rz. 56.78 des BMF-Schreibens vom 21. Mai 2019 (BStBl. I S. 527)[1], zuletzt geändert durch das BMF-Schreiben vom 15. März 2022 (BStBl. I S. 336)).

Zu den Alt-Anteilen in diesem Sinne rechnen auch Anteile an Personengesellschaften, die als Investmentfonds i.S.d. § 1 Abs. 1b Satz 2 InvStG 2004 unter den Anwendungsbereich des InvStG 2004 fielen, jedoch nach § 1 Abs. 3 Satz 1

[1] Nr. **120**/1.

Nr. 2 InvStG ab dem 1. Januar 2018 keine Investmentfonds mehr darstellen (Personen-Investmentvermögen). Die Ausschüttungen und die Gewinne aus der Veräußerung von Anteilen an Personen-Investmentvermögen unterliegen seit dem 1. Januar 2018 keinem Steuerabzug. Bei einer Veräußerung eines Anteils an einem Personen-Investmentvermögen ist jedoch ein Steuerabzug nach § 56 Abs. 3 Satz 3 und 4 InvStG auf den Gewinn aus der fiktiven Veräußerung zum 31. Dezember 2017 sowie ein Steuerabzug nach § 56 Abs. 3 Satz 6 InvStG auf die Beträge nach § 7 Abs. 1 Satz 1 Nr. 3 InvStG 2004 vorzunehmen. Die Stelle, die Anteile an einem Personen-Investmentvermögen verwahrt oder verwaltet, hat das Vorhandensein derartiger Anteile und die Höhe von Ausschüttungen sowie von Veräußerungserlösen (nicht die Veräußerungsgewinne) im nachrichtlichen Teil der Steuerbescheinigung auszuweisen. Anteile an Personen-Investmentvermögen sind nicht als bestandsgeschützte Alt-Anteile auszuweisen. Soweit die Stelle, die die Anteile verwahrt oder verwaltet, nicht erkennt, ob es sich um ein Personen-Investmentvermögen handelt, hat sie für Zwecke des Steuerabzugs und der Steuerbescheinigung die für Investmentfonds geltenden Regelungen anzuwenden.

Zu Besonderheiten bei im Privatvermögen gehaltenen bestandsgeschützten Alt-Anteilen i.S.d. § 56 Abs. 6 Satz 1 InvStG vgl. Rn. 30.

**30** Realisierte Gewinne aus der Veräußerung von Investmentanteilen, die vor dem 1. Januar 2009 erworben wurden, seit der Anschaffung nicht im Betriebsvermögen gehalten wurden und keine Anteile i.S.d. § 56 Abs. 6 Satz 6 InvStG sind (bestandsgeschützte Alt-Anteile i.S.d. § 56 Abs. 6 Satz 1 InvStG), unterliegen mit den ab dem 1. Januar 2018 eingetretenen und durch Veräußerung realisierten Wertveränderungen nach § 43 Abs. 1 Satz 1 Nr. 9 EStG dem Kapitalertragsteuerabzug. Gewinne und Verluste aus der Veräußerung von bestandsgeschützten Alt-Anteilen sind nach § 43a Abs. 3 Satz 2 EStG mit anderen negativen oder positiven Kapitalerträgen verrechenbar. Die hiernach dem Kapitalertragsteuerabzug unterliegenden Gewinne sind in der Steuerbescheinigung in der Zeile „Höhe der Kapitalerträge Zeile 7 Anlage KAP" auszuweisen. Wenn es dem depotführenden Kreditinstitut nicht möglich ist, die Anteile i.S.d. § 56 Abs. 6 Satz 6 InvStG zu erkennen, wird es die Finanzverwaltung nicht beanstanden, dass auch diese Anteile im Steuerabzugsverfahren als bestandsgeschützte Alt-Anteile behandelt werden. Zweifelsfälle, bei denen die Anteile zwischen dem 10. November 2007 und dem 31. Dezember 2008 angeschafft wurden und die Anschaffungskosten einer Einzeltransaktion mindestens 100 000 € betragen, sind jedoch im nachrichtlichen Teil der Steuerbescheinigung gesondert auszuweisen. Hierbei ist sowohl der Gewinn oder Verlust aus der Veräußerung von bestandsgeschützten Alt-Anteilen nach § 56 Abs. 6 Satz 1 Nr. 2 InvStG als auch der Gewinn oder Verlust aus der fiktiven Veräußerung nach § 56 Abs. 3 Satz 1 InvStG gesondert auszuweisen. Sofern dem Kreditinstitut die Anschaffungskosten von als bestandsgeschützt behandelten Alt-Anteilen nicht vorliegen, ist es nicht zu beanstanden, wenn in der Spalte Gewinn/Verlust aus der fiktiven Veräußerung nach § 56 Abs. 3 Satz 1 InvStG „nicht ermittelbar" ausgewiesen wird.

Die Gewinne aus der Veräußerung von bestandsgeschützten Alt-Anteilen i.S.d. § 56 Abs. 6 Satz 1 Nr. 2 InvStG sind steuerfrei, soweit die insgesamt seit dem 1. Januar 2018 eingetretenen und durch Veräußerung realisierten Wertveränderungen den persönlichen Freibetrag von 100 000 € nicht übersteigen. Den persönlichen Freibetrag kann der Steuerpflichtige ausschließlich im Rahmen der Einkommensteuerveranlagung geltend machen. Hierfür sowie für Zwecke der gesonderten Feststellung nach § 56 Abs. 6 Satz 2 ff. InvStG ist die Summe der Gewinne im „davon"-Ausweis „Gewinne aus der Veräußerung bestandsgeschützter Alt-Anteile i.S d. § 56 Abs. 6 Satz 1 Nr. 2 InvStG (nach Teilfreistellung) Zeile 10 Anlage KAP" auszuweisen. Für diesen Ausweis ist keine Saldierung zwischen Gewinnen und Verlusten aus bestandsgeschützten Alt-Anteilen vorzunehmen. Dies gilt auch in den Fällen einer ehegatten- oder lebenspartnerübergreifenden Verlustverrechnung. Der „davon"-Ausweis „Gewinne aus der Veräußerung bestandsgeschützter Alt-Anteile i.S.d. § 56 Abs. 6 Satz 1 Nr. 2 InvStG (nach Teilfreistellung) Zeile 10 Anlage KAP" ist der Höhe nach nicht auf die Höhe der Kapitalerträge (Zeile 7 Anlage KAP) beschränkt.

Maßgebend für den Ausweis der Summe der Gewinne aus bestandsgeschützten Alt-Anteilen sind nur die seit dem 1. Januar 2018 eingetretenen Wertveränderungen. Gewinne oder Verluste, die auf Wertveränderungen der bestandsgeschützten Alt-Anteile bis zum 31. Dezember 2017 beruhen, sind beim Steuerpflichtigen steuerfrei (§ 56 Abs. 6 Satz 1 Nr. 1 InvStG).

**Beispiel (vereinfacht ohne Solidaritätszuschlag und Kirchensteuer):**

| | |
|---|---|
| Gewinn aus bestandsgeschützten Alt-Anteilen (realisierter Wertzuwachs ab 2018) | +11 000 € |
| Verlust aus sonstigen Kapitalerträgen (realisierter Wertverlust aus bestandsgeschützten Alt-Anteilen ab 2018) | –9000 € |
| Sonstige Kapitalerträge | +6000 € |
| Summe der Kapitalerträge | +8000 € |
| Kapitalertragsteuer | 2000 € |

**Lösung:**

In der Steuerbescheinigung ist im „davon"-Ausweis ein Gewinn aus der Veräußerung bestandsgeschützter Alt-Anteile in Höhe von 11 000 € auszuweisen.

**Abwandlung (vereinfacht ohne Solidaritätszuschlag und Kirchensteuer):**

| | |
|---|---|
| Gewinn aus bestandsgeschützten Alt-Anteilen (realisierter Wertzuwachs ab 2018) | +11 000 € |
| Verlust aus sonstigen Kapitalerträgen (realisierter Wertverlust aus bestandsgeschützten Alt-Anteilen ab 2018) | –15 000 € |
| Sonstige Kapitalerträge | +3000 € |
| Summe der Kapitalerträge (Verlust) | –1000 € |

**Lösung:**

Hat der Steuerpflichtige rechtzeitig eine Verlustbescheinigung beantragt, ist in dieser im „davon"-Ausweis ein Gewinn aus der Veräußerung bestandsgeschützter Alt-Anteile in Höhe von 11 000 € auszuweisen.

In der Zeile „Höhe der Kapitalerträge Zeile 7 Anlage KAP" sind bei Lebens- 31
versicherungsverträgen die steuerpflichtigen Kapitalerträge nach § 20 Abs. 1 Nr. 6 EStG in der jeweils für den Vertrag geltenden Fassung anzugeben. Für Altverträge – Vertragsabschluss vor dem 1. Januar 2005 – sind die rechnungsmäßigen und außerrechnungsmäßigen Zinsen aus den Sparanteilen maßgebend. Für Neuverträge – Vertragsabschluss nach dem 31. Dezember 2004 – ist der Ertrag nach § 20 Abs. 1 Nr. 6 EStG in der seit dem 1. Januar 2005 geltenden Fassung anzugeben. Ertrag ist bei diesen Verträgen der Unterschiedsbetrag zwischen der Versicherungsleistung (im Erlebensfall) und der Summe der auf sie entrichteten Beiträge. Sind in dem Ertrag auch Erträge aus fondsgebundenen Lebensversicherungen enthalten, so sind nur die Erträge auszuweisen, die sich nach der teilweisen Steuerfreistellung i.S.d. § 20 Abs. 1 Nr. 6 Satz 9

EStG ergeben. Erträge nach § 20 Abs. 1 Nr. 6 Satz 2 EStG sind nicht in den Ausweis der „Höhe der Kapitalerträge Zeile 7 Anlage KAP" einzubeziehen, vgl. Rn. 35.

Maßgeblich für den Kapitalertragsteuerabzug sind die Zinsen und/oder Erträge.

32 Der Gewinn aus Aktienveräußerungen i.S.d. § 20 Abs. 2 Satz 1 Nr. 1 EStG ist gesondert auszuweisen („davon"-Ausweis); berechnet wird der positive Unterschiedsbetrag zwischen Aktiengewinnen und -verlusten. Im nachrichtlichen Teil der Steuerbescheinigung ist zusätzlich der Gewinn aus Aktienveräußerungen i.S.d. § 20 Abs. 2 Satz 1 Nr. 1 EStG vor Verrechnung mit sonstigen Verlusten i.S.d. § 20 Abs. 2 EStG auszuweisen.

32a Der Gewinn aus Termingeschäften i.S.d. § 20 Abs. 2 Satz 1 Nr. 3 EStG und die Einkünfte aus Stillhalterprämien i.S.d. § 20 Abs. 1 Nr. 11 EStG sind gesondert auszuweisen („davon"-Ausweis). Ggf. vom Stillhalter getätigte Glattstellungsgeschäfte sowie mit der Prämienvereinnahmung verbundene Kosten sind dabei nicht vom „davon"-Ausweis und vom nachrichtlichen Ausweis abzuziehen, vgl. Rn. 25 und 34 des BMF-Schreibens vom 19. Mai 2022 (BStBl. I S. 742)[1]. Eine unterjährige Verrechnung von Gewinnen aus Termingeschäften i.S.d. § 20 Abs. 2 Satz 1 Nr. 3 EStG und Einkünften aus Stillhalterprämien i.S.d. § 20 Abs. 1 Nr. 11 EStG mit sonstigen Verlusten ist zwar zulässig. Im nachrichtlichen Teil der Steuerbescheinigung sind jedoch zusätzlich der Gewinn aus Termingeschäften i.S.d. § 20 Abs. 2 Satz 1 Nr. 3 EStG und die Einkünfte aus Stillhalterprämien i.S.d. § 20 Abs. 1 Nr. 11 EStG vor Verrechnung mit sonstigen Verlusten auszuweisen. Zur Verrechnung von Verlusten aus Termingeschäften i.S.d. § 20 Abs. 2 Satz 1 Nr. 3 EStG, vgl. Rn. 34a.

33 Der in der Zeile Ersatzbemessungsgrundlage i.S.d. § 43a Abs. 2 Satz 7, 10, 13 und 14 EStG nach Teilfreistellung und i.S.d. § 56 Abs. 3 Satz 4 InvStG anzusetzende Betrag ist als Bruttobetrag, das heißt vor Berücksichtigung von Verlusten und eines Freistellungsauftrags, anzugeben. Der Betrag wird unabhängig von einem Kapitalertragsteuerabzug ausgewiesen.

Als Ersatzbemessungsgrundlage nach § 43a Abs. 2 Satz 7, 10, 13 und 14 EStG sind 30 % der Einnahmen aus der Veräußerung oder Einlösung der Wirtschaftsgüter zu Grunde zu legen. Werden Kapitalanlagen auf fremde Depots übertragen, ohne dass der Depotinhaber eine Erklärung über die Unentgeltlichkeit abgibt, hat das Kreditinstitut von einer steuerpflichtigen Veräußerung auszugehen. Als Einnahme aus der Veräußerung gilt der Börsenpreis zum Zeitpunkt der Übertragung zuzüglich Stückzinsen. Falls ein Börsenpreis nicht vorliegt, sind 30 % der Anschaffungskosten als Ersatzbemessungsgrundlage heranzuziehen. Durch Erklärung gegenüber dem Finanzamt kann der Steuerpflichtige im Rahmen der Veranlagung die Sachverhalte mit Ansatz der Ersatzbemessungsgrundlage aufklären und eine zutreffende Besteuerung herbeiführen, vgl. Rn. 182 des BMF-Schreibens vom 19. Mai 2022 (BStBl. I S. 742)[1]. Ist die angesetzte Ersatzbemessungsgrundlage geringer als der tatsächlich erzielte Ertrag, hat der Steuerpflichtige die Ersatzbemessungsgrundlage gegenüber seinem Finanzamt zu korrigieren, vgl. Rn. 183 des vorgenannten BMF-Schreibens.

Bei der tatsächlichen Veräußerung von vor dem 1. Januar 2018 angeschafften Investmentanteilen (Alt-Anteile i.S.d. § 56 Abs. 2 Satz 1 InvStG) gilt der Gewinn aus der fiktiven Veräußerung zum 31. Dezember 2017 als zugeflossen,

[1] Nr. 1 § 43/1.

§ 56 Abs. 3 Satz 1 InvStG (im Ausweis der Höhe der Kapitalerträge zu Zeile 7 der Anlage KAP enthalten, soweit steuerpflichtig). Darüber hinaus ist der auf den Zeitraum ab dem 1. Januar 2018 bis zum Veräußerungszeitpunkt entfallende Veräußerungsgewinn zu ermitteln (enthalten im Ausweis der Höhe der Kapitalerträge zu Zeile 7 der Anlage KAP). Wenn für die Ermittlung des Gewinns aus der fiktiven Veräußerung keine Anschaffungskosten vorliegen, ist nach § 56 Abs. 3 Satz 4 InvStG eine Ersatzbemessungsgrundlage von 30 % des letzten im Kalenderjahr 2017 festgesetzten Rücknahmepreises dem Steuerabzug zu Grunde zu legen. Liegt kein Rücknahmepreis vor, ist der letzte im Kalenderjahr 2017 verfügbare Börsen- oder Marktpreis als Bemessungsgrundlage für den Steuerabzug anzusetzen. Nach dem 31. Dezember 2017 eintretende Kapitalmaßnahmen haben keine Auswirkungen auf die Bestimmung der Ersatzbemessungsgrundlage.

Kann der Entrichtungspflichtige weder den Rücknahmepreis noch den Börsen- oder Marktpreis ermitteln, so ist keine Ersatzbemessungsgrundlage für den Gewinn aus der fiktiven Veräußerung zum 31. Dezember 2017 anzusetzen. Dies gilt auch für die Fälle, in denen zwar Anschaffungskosten vorliegen, aber weder der Rücknahmepreis noch der Börsen- oder Marktpreis ermittelbar ist. Es ist keine Anzeige des Entrichtungspflichtigen gegenüber dem zuständigen Finanzamt hinsichtlich des fehlenden Ansatzes der Ersatzbemessungsgrundlage für den Gewinn aus der fiktiven Veräußerung zum 31. Dezember 2017 erforderlich. Im nachrichtlichen Teil der Steuerbescheinigung sind auch die Alt-Anteile gesondert auszuweisen, bei denen die Ersatzbemessungsgrundlage nicht ermittelt werden konnte. Es sind jedoch nach § 43a Abs. 2 Satz 7 EStG 30 % der Einnahmen aus der tatsächlichen Veräußerung als Ersatzbemessungsgrundlage für den ab dem 1. Januar 2018 entstandenen Gewinn anzusetzen.

Der Ansatz der Ersatzbemessungsgrundlage hinsichtlich des Gewinns aus der fiktiven Veräußerung zum 31. Dezember 2017 ist im nachrichtlichen Teil der Steuerbescheinigung kenntlich zu machen, § 56 Abs. 3 Satz 5 Halbsatz 2 InvStG. Hierbei sind die aktuellen Gattungsdaten im Zeitpunkt der Erhebung des Kapitalertragsteuerabzugs anzugeben.

Die Kapitalertragsteuer auf die Ersatzbemessungsgrundlage entfaltet keine Abgeltungswirkung. Der Steuerpflichtige ist zur Erklärung des Veräußerungsgewinns in der Steuererklärung verpflichtet, § 56 Abs. 3 Satz 5 Halbsatz 1 InvStG.

Für die Zwecke des Steuerabzugs ist auch bei einem Ansatz der Ersatzbemessungsgrundlage i.S.d. § 43a Abs. 2 Satz 7, 10, 13 und 14 EStG die Teilfreistellung nach § 20 InvStG zu berücksichtigen. In der Steuerbescheinigung ist bei der Höhe der Kapitalerträge der nach der Teilfreistellung verbleibende steuerpflichtige Betrag anzusetzen.

**Beispiel:**

Privatanleger A erwirbt am 1. Oktober 2010 einen Investmentanteil an einem Immobilienfonds zu einem Preis von 100 €, der die ab 2018 geltenden Voraussetzungen für eine Immobilienteilfreistellung von 60 % nach § 20 Abs. 3 Satz 1 InvStG erfüllt. Es ist kein letzter im Kalenderjahr 2017 festgesetzter Rücknahmepreis i.S.d. § 56 Abs. 2 Satz 2 InvStG und kein Börsen- oder Marktpreis i.S.d. § 56 Abs. 2 Satz 3 InvStG ermittelbar. Am 15. Januar 2018 veräußert A den Investmentanteil zu einem Preis von 200 €.

**Lösung:**

Für den Gewinn aus der fiktiven Veräußerung zum 31. Dezember 2017 ist aufgrund des nicht ermittelbaren Rücknahme-, Börsen- oder Marktpreises keine Ersatzbemessungsgrundlage anzusetzen. Als Ersatzbemessungsgrundlage für den ab dem 1. Januar 2018 entstandenen Gewinn sind

30 % des Veräußerungspreises von 200 € = 60 € anzusetzen. Dem Steuerabzug unterliegt aber nur die um die Teilfreistellung gekürzte Ersatzbemessungsgrundlage:
60 € – 36 € (60 € × 60 % steuerfrei) = 24 €.
Bei der Höhe der Kapitalerträge sind in der Steuerbescheinigung damit 24 € anzugeben. Außerdem sind die 24 € in der Zeile „Ersatzbemessungsgrundlage i.S.d. § 43a Abs. 2 Satz 7, 10, 13 und 14 EStG nach Teilfreistellung und i.S.d. § 56 Abs. 3 Satz 4 InvStG" einzutragen und der Investmentanteil im nachrichtlichen Teil der Steuerbescheinigung als Alt-Anteil i.S.d. § 56 Abs. 2 Satz 1 InvStG, der kein bestandsgeschützter Alt-Anteil i.S.d. § 56 Abs. 6 InvStG ist, unter Angabe der Ersatzbemessungsgrundlage als „nicht ermittelbar" auszuweisen.

**34** Verluste aus Kapitalvermögen dürfen nach § 20 Abs. 6 Satz 1 EStG nicht mit Einkünften aus anderen Einkunftsarten ausgeglichen werden. Für Zwecke der Verlustverrechnung ist zwischen Verlusten aus der Veräußerung von Aktien, Verlusten i.S.d. § 20 Abs. 6 Satz 5 EStG, Verlusten i.S.d. § 20 Abs. 6 Satz 6 EStG, vgl. Rn. 34a und sonstigen Verlusten zu unterscheiden.

Die Höhe der nicht ausgeglichenen Verluste aus der Veräußerung von Aktien und die Höhe der nicht ausgeglichenen sonstigen Verluste hat das Kreditinstitut auf Antrag des Steuerpflichtigen zu bescheinigen, um diesem im Rahmen der Veranlagung bei dessen Finanzamt eine Verrechnung mit anderen Kapitalerträgen (beispielsweise solchen, die bei einem anderen Kreditinstitut erzielt wurden) zu ermöglichen.

Die sonstigen Verluste können mit allen Arten von Kapitalerträgen, Verluste aus Aktienveräußerungen jedoch nur mit Gewinnen aus Aktienveräußerungen verrechnet werden. Beide Verlustverrechnungskreise sind im Gegensatz zu den Verlustverrechnungskreisen des § 20 Abs. 6 Satz 5 und 6 EStG betragsmäßig nicht beschränkt.

**34a** Nach § 20 Abs. 6 Satz 5 EStG können Verluste aus Termingeschäften i.S.d. § 20 Abs. 2 Satz 1 Nr. 3 EStG, insbesondere aus der Veräußerung, der Glattstellung und dem Verfall von Optionen, nur mit Gewinnen aus Termingeschäften i.S.d. § 20 Abs. 2 Satz 1 Nr. 3 EStG und mit Einkünften aus Stillhalterprämien i.S.d. § 20 Abs. 1 Nr. 11 EStG ausgeglichen werden. Die Verlustverrechnung ist beschränkt auf 20 000 €. Nicht verrechnete Verluste können auf Folgejahre vorgetragen und je Folgejahr in Höhe von 20 000 € mit Gewinnen aus Termingeschäften und mit Einkünften aus Stillhalterprämien verrechnet werden, wenn nach der unterjährigen Verlustverrechnung ein verrechenbarer Gewinn oder verrechenbare Einkünfte verbleiben. Ein Verlustausgleich nach § 20 Abs. 6 Satz 5 EStG findet nur im Rahmen der Veranlagung statt. Die Verluste können nicht mit anderen Kapitalerträgen verrechnet werden. Das Kreditinstitut hat die angefallenen Verluste aus Termingeschäften auch ohne Antrag des Steuerpflichtigen zu bescheinigen, um dem Steuerpflichtigen im Rahmen der Veranlagung diese Verrechnung (beispielsweise mit Gewinnen aus Termingeschäften und Einkünften aus Stillhalterprämien, die bei einem anderen Kreditinstitut erzielt wurden) zu ermöglichen. Verluste aus Stillhaltergeschäften i.S.d. § 20 Abs. 1 Nr. 11 EStG (z.B. durch entsprechende Glattstellungsgeschäfte) werden von § 20 Abs. 6 Satz 5 EStG nicht erfasst.

Nach § 20 Abs. 6 Satz 6 EStG können Verluste aus der ganzen oder teilweisen Uneinbringlichkeit einer Kapitalforderung, aus der Ausbuchung wertloser Wirtschaftsgüter i.S.d. § 20 Abs. 1 EStG, aus der Übertragung wertloser Wirtschaftsgüter i.S.d. § 20 Abs. 1 EStG auf einen Dritten oder aus einem sonstigen Ausfall von Wirtschaftsgütern i.S.d. § 20 Abs. 1 EStG nur mit Einkünften aus Kapitalvermögen bis zur Höhe von 20 000 € ausgeglichen werden. Nicht verrechnete Verluste können auf Folgejahre vorgetragen und je Folgejahr in

Höhe von 20 000 € mit Einkünften aus Kapitalvermögen verrechnet werden. Ein Verlustausgleich nach § 20 Abs. 6 Satz 6 EStG findet nur im Rahmen der Veranlagung statt. Das Kreditinstitut hat die angefallenen Verluste i.S.d. § 20 Abs. 6 Satz 6 EStG auch ohne Antrag des Steuerpflichtigen zu bescheinigen, um dem Steuerpflichtigen im Rahmen der Veranlagung diese Verrechnung (beispielsweise mit Einkünften aus Kapitalvermögen, die bei einem anderen Kreditinstitut erzielt wurden) zu ermöglichen. Handelt es sich bei den wertlosen oder ausgefallenen Wirtschaftsgütern um Investmentanteile, ist der Verlust aus der Ausbuchung, der Übertragung auf einen Dritten oder einem sonstigen Ausfall nach Teilfreistellung zu bescheinigen.

Ein negativer Unterschiedsbetrag bei Lebensversicherungen i.S.d. § 20 Abs. 1 **34b** Nr. 6 EStG ist – nach Berücksichtigung der teilweisen Steuerfreistellung i.S.d. § 20 Abs. 1 Nr. 6 Satz 9 EStG – in der Zeile „Höhe des nicht ausgeglichenen Verlustes ohne Verlust aus der Veräußerung von Aktien Zeile 12 Anlage KAP" in voller Höhe auszuweisen, vgl. auch Rn. 31 und 35. Zu Muster II vgl. Rn. 50.

In der Zeile „Höhe der Kapitalerträge aus Lebensversicherungen i.S.d. § 20 **35** Abs. 1 Nr. 6 Satz 2 EStG nach Berücksichtigung der teilweisen Steuerfreistellung i.S.d. § 20 Abs. 1 Nr. 6 Satz 9 EStG Zeile 30 Anlage KAP" sind die positiven und negativen Erträge des Lebensversicherungsvertrags – Vertragsabschluss ab dem 1. Januar 2005 – gesondert auszuweisen, die nur in Höhe des hälftigen Unterschiedsbetrags einkommensteuerpflichtig sind (Vertragslaufzeit zwölf Jahre, Vollendung des 60. Lebensjahres des Steuerpflichtigen, bei Vertragsabschlüssen nach dem 31. Dezember 2011 nach Vollendung des 62. Lebensjahres, vgl. § 52 Abs. 28 Satz 7 EStG). Es ist zu beachten, dass das Versicherungsunternehmen den Unterschiedsbetrag immer in voller Höhe zu bescheinigen hat. Enthalten die auszuweisenden Erträge aus Lebensversicherungen i.S.d. § 20 Abs. 1 Nr. 6 Satz 2 EStG außerdem Erträge aus fondsgebundenen Lebensversicherungen, so ist der Unterschiedsbetrag nur in der Höhe anzugeben, der sich nach der teilweisen Steuerfreistellung i.S.d. § 20 Abs. 1 Nr. 6 Satz 9 EStG ergibt.

Maßgeblich für den Kapitalertragsteuerabzug auf diese Erträge ist immer der volle Unterschiedsbetrag zwischen der Versicherungsleistung (im Erlebensfall) und der Summe der auf sie entrichteten Beiträge, ggf. nach Abzug der teilweisen Steuerfreistellung i.S.d. § 20 Abs. 1 Nr. 6 Satz 9 EStG. Erst im Rahmen der Veranlagung wird nur der hälftige Unterschiedsbetrag versteuert. Die einbehaltene Kapitalertragsteuer/der Solidaritätszuschlag/die Kirchensteuer ist ausschließlich im Ausweis zu den Zeilen 43 bis 45 anzugeben.

Leistet eine Bausparkasse im Rahmen einer gerichtlichen oder außergericht- **35a** lichen Vergleichsvereinbarung Zahlungen für entgangene Zinsen, sind diese als „Entschädigungen, die als Ersatz für entgangene oder entgehende Einnahmen gewährt wurden Zeile 35 oder 36 Anlage KAP" im nachrichtlichen Teil des Musters I und in der „Höhe der Kapitalerträge Zeile 7 Anlage KAP" zu erfassen.

Die Regelungen zur Aufteilung, Bescheinigung und Anrechnung der Kapital- **36** ertragsteuer sind für den auf die Kapitalertragsteuer erhobenen Solidaritätszuschlag entsprechend anzuwenden.

Bei einem Gemeinschaftskonto von Ehegatten/Lebenspartnern ist die einbehal- **37** tene Kirchensteuer anteilsmäßig gesondert auszuweisen. Bei Zugehörigkeit der Ehegatten/Lebenspartner zur gleichen Religionsgemeinschaft ist nur eine Summe in der Steuerbescheinigung auszuweisen. Bei konfessionsverschiedener Ehe/Lebenspartnerschaft hat zuerst die Angabe für den Ehemann/Person A (Ehegatte A/Lebenspartner A) zu erfolgen. Bei Lebenspartnerschaften ist der in der Zeile „Name und Anschrift der Gläubigerin/des Gläubigers/der Gläubiger der Kapitalerträge" zuerst genannte Lebenspartner auch in der Zeile „Kirchensteuer zur Kapitalertragsteuer" zuerst zu berücksichtigen.

Neben der einbehaltenen Kirchensteuer ist nach § 51a Abs. 2c Satz 6 EStG auch die steuererhebende Religionsgemeinschaft im Klartext (z.B. Bistum Essen, Evangelische Landeskirche in Baden) anzugeben. Klartexte, die 100 Zeichen überschreiten, können geeignet abgekürzt werden.

Wurde im laufenden Jahr wegen einer Änderung der Zugehörigkeit zur Religionsgemeinschaft ein Steuerabzug für unterschiedliche steuererhebende Religionsgemeinschaften durchgeführt, sind sämtliche steuererhebenden Religionsgemeinschaften anzugeben.

**38** Angaben zu den ausländischen Steuern werden einschließlich der fiktiven Steuern, soweit sie ohne Einschränkung angerechnet werden dürfen, ausgewiesen. In der Summe der anrechenbaren noch nicht angerechneten ausländischen Steuern dürfen die fiktiven Quellensteuern mit besonderen Anrechnungsvoraussetzungen nicht enthalten sein. Eine Übersicht über anrechenbare ausländische Quellensteuern ist auf der Internetseite des steuerlichen Info-Centers des BZSt veröffentlicht (https://www.bzst.de/DE/Privatpersonen/Kapitalertraege/AuslaendischeQuellensteuer/auslaendischequellensteuer_node). Die Voraussetzungen für die Anrechnung fiktiver Quellensteuern sind in den Doppelbesteuerungsabkommen (DBA) mit entsprechenden Vereinbarungen unterschiedlich geregelt. Eine Prüfung der Voraussetzungen für die Anrechnung kann nur im Einzelfall, das heißt im Rahmen der Veranlagung, durch die zuständigen Finanzämter erfolgen. Ein Verzeichnis ausländischer Steuern in Nicht-DBA-Staaten, die der deutschen Einkommensteuer entsprechen, ist in Anhang 12 II.1 des Einkommensteuer-Handbuchs veröffentlicht.

Ein negativer Quellensteuerbetrag, der zu einer Nachbelastung von Kapitalertragsteuer geführt hat, ist als negativer Betrag in der Zeile „Summe der angerechneten ausländischen Steuer Zeile 40 Anlage KAP" auszuweisen.

Im Falle eines negativen Quellensteuertopfes sind Beträge, die beim Steuerabzug nicht berücksichtigt werden konnten, als negative Beträge in der Zeile „Summe der anrechenbaren noch nicht angerechneten ausländischen Steuer Zeile 41 Anlage KAP" auszuweisen. Das Kreditinstitut hat in diesem Fall auf die Veranlagungspflicht nach § 32d Abs. 3 EStG in der Steuerbescheinigung hinzuweisen.

**39** Wurde für Ehegatten/Lebenspartner die ehegatten- oder lebenspartnerübergreifende Verlustverrechnung i.S.d. § 43a Abs. 3 Satz 2 Halbsatz 2 EStG durchgeführt, sind in der jeweiligen Steuerbescheinigung die Erträge und Quellensteuern auszuweisen, die nach der entsprechend den Rn. 266 bis 277 des BMF-Schreibens vom 19. Mai 2022 (BStBl. I S. 742)[1] durchgeführten übergreifenden Verlustverrechnung und Quellensteueranrechnung verbleiben.

**40** Nicht besetzt

**41** Nicht besetzt

**42** Nicht besetzt

[1] Nr. **1** § 43/1.

## III. Steuerbescheinigung einer leistenden Körperschaft, Personenvereinigung oder Vermögensmasse oder eines Personenunternehmens oder eines Spezial-Investmentfonds (Muster II)

### 1. Allgemeines

Die Steuerbescheinigung einer leistenden Körperschaft, Personenvereinigung oder Vermögensmasse oder eines Personenunternehmens oder eines Spezial-Investmentfonds soll im Unterschied zum Muster I von einem Aussteller erteilt werden, der kein Kredit-Finanzdienstleistungs- oder Wertpapierinstitut ist, z.B. Lebensversicherungsunternehmen, GmbH, Aktiengesellschaft (wenn die Aktien der Gesellschaft nicht im Depot gehalten werden) oder Spezial-Investmentfonds. Bei Investmentfonds haben die Kapitalverwaltungsgesellschaften, die selbst die Anteile der Anleger verwahren oder verwalten, eine Steuerbescheinigung als auszahlende Stelle i.S.d. § 44 Abs. 1 Satz 4 EStG nach Muster I oder Muster III zu erstellen. Die Steuerbescheinigung gilt unabhängig von einer Abgeltungswirkung des Steuerabzugs für alle Kapitalerträge, insbesondere auch für betriebliche Kapitalerträge. Rn. 26 Satz 1 gilt hinsichtlich der Berücksichtigung des Sparer-Pauschbetrages entsprechend. Grundsätzlich gelten die Ausführungen zu Muster I entsprechend, Besonderheiten werden nachfolgend gesondert aufgeführt. 43

### 2. Berechtigung zur Ausstellung

Die leistende Körperschaft, Personenvereinigung oder Vermögensmasse oder das Personenunternehmen oder der Spezial-Investmentfonds braucht bei der Ausstellung der Steuerbescheinigung nicht zu prüfen, ob der Anteilseigner zur (vollständigen) Anrechnung der Kapitalertragsteuer oder zur Erstattung nach § 50c EStG (bei Steuerausländern) berechtigt ist. Diese Prüfung obliegt dem für die Besteuerung des Anteilseigners zuständigen Finanzamt oder dem BZSt. Wegen der Ausstellung von Steuerbescheinigungen an Anteilseigner, deren Anteile sich im Wertpapierdepot eines ausländischen Kreditinstituts befinden, vgl. Rn. 70. 44

### 3. Abweichende Anschrift

Weicht die in der Steuerbescheinigung angegebene Anschrift des Anteilseigners von derjenigen ab, unter der er beim Finanzamt geführt wird, ist dies der Vereinfachung wegen nicht zu beanstanden, wenn kein Zweifel daran besteht, dass es sich um dieselbe Person handelt. Bestehen Zweifel an der Identität, muss das Finanzamt den Anteilseigner auffordern, den Sachverhalt aufzuklären. Soweit hierzu erforderlich, hat der Anteilseigner eine berichtigte Steuerbescheinigung vorzulegen (§ 45a Abs. 6 EStG). Ergeben sich die Zweifel daraus, dass die Steuerbescheinigung an eine von dem Anteilseigner der leistenden Körperschaft, Personenvereinigung oder Vermögensmasse oder des Personenunternehmens oder des Spezial-Investmentfonds mitgeteilte Versandanschrift geleitet worden ist, die sich nicht mit der Anschrift deckt, unter der er beim Finanzamt geführt wird, kann die Identität auch durch eine ergänzende Steuerbescheinigung der leistenden Körperschaft, Personenvereinigung oder Vermögensmasse oder des Personenunternehmens oder des Spezial-Investmentfonds nachgewiesen werden, aus der Straße, Hausnummer, Wohnort bzw. Sitz oder Geschäftsleitung des Anteilseigners hervorgehen. 45

**4. Muster der Steuerbescheinigung**

46 Für die Angabe des Schuldners reicht die übliche Kurzbezeichnung des Schuldners aus.

47 Da auch der Zahlungstag zu bescheinigen ist, darf die Steuerbescheinigung erst ausgestellt werden, nachdem die Leistung erbracht worden ist.

**5. Umfang der zu bescheinigenden Angaben**

48 Die Verpflichtung unbeschränkt steuerpflichtiger Körperschaften, ihren Anteilseignern auf Verlangen zur Anrechnung von Kapitalertragsteuer eine Steuerbescheinigung auszustellen, wird nicht nur durch Leistungen begründet, die bei den Anteilseignern Gewinnanteile darstellen. Die Verpflichtung entsteht auch, wenn den Anteilseignern der Körperschaft sonstige Bezüge i.S.d. § 20 Abs. 1 Nr. 1 Satz 2 und 3 EStG zufließen, sowie für Bezüge, die nach der Auflösung der Körperschaft anfallen und die nicht in der Rückzahlung von Nennkapital bestehen; § 20 Abs. 1 Nr. 1 Satz 3 EStG gilt entsprechend (§ 20 Abs. 1 Nr. 2 Satz 1 EStG). Das gleiche gilt, wenn die Anteilseigner auf Grund einer Kapitalherabsetzung oder nach der Auflösung der Körperschaft Bezüge erhalten, die als Gewinnausschüttung i.S.d. § 28 Abs. 2 Satz 2 KStG gelten (§ 20 Abs. 1 Nr. 2 Satz 2 EStG). Liegen die Voraussetzungen nicht vor, hat die Körperschaft gemäß § 27 Abs. 3 KStG die Leistungen zu bescheinigen und in der Steuerbescheinigung darauf hinzuweisen.

49 Die leistende Körperschaft muss die Steuerbescheinigung auch erteilen, wenn einem Anteilseigner Kapitalerträge i.S.d. § 20 Abs. 1 Nr. 1 oder 2 EStG aus dem früheren Rechtsverhältnis zufließen, vgl. § 24 Nr. 2 EStG. Ist die Körperschaft eine Organgesellschaft i.S.d. §§ 14, 17 KStG und werden Ausgleichszahlungen an außenstehende Anteilseigner geleistet, hat die Körperschaft die Steuerbescheinigung an diese Anteilseigner auch zu erteilen, wenn die Verpflichtung zum Ausgleich von dem Organträger erfüllt worden ist.

50 Ein negativer Unterschiedsbetrag bei Lebensversicherungen ist – nach Berücksichtigung der teilweisen Steuerfreistellung i.S.d. § 20 Abs. 1 Nr. 6 Satz 9 EStG – in Muster II in voller Höhe als Minusbetrag auszuweisen. Dabei sind die Beträge nach § 20 Abs. 1 Nr. 6 Satz 1 EStG in der Zeile „Kapitalerträge i.S.d. § 43 Abs. 1 Satz 1 Nr. 4 EStG“ und die Beträge nach § 20 Abs. 1 Nr. 6 Satz 2 EStG in der Zeile „Kapitalerträge aus Lebensversicherungen i.S.d. § 20 Abs. 1 Nr. 6 Satz 2 EStG“ zu erfassen. Eine gesonderte Verlustbescheinigung nach § 43a Abs. 3 Satz 4 EStG ist in diesen Fällen nicht zu erteilen, da das Versicherungsunternehmen nicht als auszahlende Stelle handelt. Zu Muster I vgl. Rn. 34.

51 Ein inländischer Spezial-Investmentfonds ist selbst zur Vornahme des Kapitalertragsteuerabzugs verpflichtet. Dem Steuerabzug unterliegen nach § 50 Abs. 1 Satz 2 InvStG sowohl ausgeschüttete und ausschüttungsgleiche Erträge als auch Gewinne aus der Veräußerung von Spezial-Investmentanteilen.

52 Nicht besetzt

53 Zuzurechnende steuerabzugspflichtige Erträge aus inländischen Spezial-Investmentfonds sind als „Kapitalerträge i.S.d. § 50 Abs. 1 Satz 2 InvStG“ auszuweisen. Handelt es sich um Veräußerungsgewinne i.S.d. § 50 Abs. 1 Satz 2 Nr. 2 InvStG, sind die Anzahl der veräußerten Spezial-Investmentanteile und der Handelstag zu benennen. Wird eine zusammengefasste Steuerbescheinigung für einen Zeitraum erteilt und sind in diesem Zeitraum Spezial-Investmentanteile in mehreren Tranchen veräußert worden, sind die einzelnen Veräußerungs-

daten (Handelstag und Anzahl der Spezial-Investmentanteile) separat auszuweisen.

Die Kapitalerträge i.S.d. § 50 Abs. 1 Satz 2 InvStG, bei denen nach § 43 Abs. 2 Satz 3 bis 8 EStG vom Steuerabzug Abstand genommen wurde, sind gesondert auszuweisen. Dies gilt sowohl für die ausgeschütteten und ausschüttungsgleichen Erträge als auch die Gewinne aus der Veräußerung von Spezial-Investmentanteilen. Es ist auch dann eine Steuerbescheinigung auf Verlangen des Steuerpflichtigen zu erstellen, die einen gesonderten Ausweis der nach § 43 Abs. 2 Satz 3 bis 8 EStG vom Steuerabzug frei gestellten Erträge und Gewinne enthält, wenn insgesamt keine Kapitalertragsteuer einbehalten wurde.

Bei beschränkt Steuerpflichtigen (Steuerausländern) unterliegen nur die inländischen Immobilienerträge nach § 33 Abs. 3 InvStG sowie die sonstigen inländischen Einkünfte nach § 33 Abs. 4 InvStG der beschränkten Steuerpflicht. Nur in Bezug auf diese Erträge darf eine Steuerbescheinigung für beschränkt Steuerpflichtige ausgestellt werden. Dies gilt entsprechend für ausländische Spezial-Investmentfonds, die freiwillig Kapitalertragsteuer nach § 50 InvStG auf Erträge i.S.d. § 33 Abs. 3 und/oder Abs. 4 InvStG an die für sie nach § 4 InvStG zuständige Finanzbehörde abführen. Der ausländische Spezial-Investmentfonds ist in diesem Fall zur Ausstellung einer Steuerbescheinigung berechtigt.

In den Fällen einer nach § 33 Abs. 2 Satz 3 InvStG ausgeübten Immobilien-Transparenzoption hat der Ziel-Spezial-Investmentfonds gegenüber dem Dach-Spezial-Investmentfonds eine Steuerbescheinigung zu erteilen, in der sämtliche Anleger des Dach-Spezial-Investmentfonds und die weiteren Angaben des § 31 Abs. 1 Satz 2 InvStG aufzuführen sind.

### 6. Anteilseigner

Die leistende Körperschaft darf die Steuerbescheinigung für Erträge nach § 20 **54**
Abs. 1 Satz 1 EStG nur an ihre Anteilseigner erteilen. Anteilseigner ist derjenige, dem nach § 39 AO die Anteile an dem Kapitalvermögen i.S.d. § 20 Abs. 1 Nr. 1 EStG, z.B. Aktien, Anteile an Gesellschaften mit beschränkter Haftung, an Erwerbs- und Wirtschaftsgenossenschaften oder an bergbaubetreibenden Vereinigungen, die die Rechte einer juristischen Person haben, im Zeitpunkt des Gewinnverteilungsbeschlusses zuzurechnen sind (§ 20 Abs. 5 Satz 2 EStG).

### 7. Anteile im Gesamthandsvermögen

Gehören die Anteile am Kapitalvermögen zum Gesamthandsvermögen einer **55**
Personengesellschaft, kann über die steuerliche Zurechnung der Kapitalerträge aus diesen Anteilen und der anzurechnenden Kapitalertragsteuer nur im Rahmen der gesonderten Feststellung des Gewinns der Personengesellschaft (§ 180 AO) entschieden werden. Die ausschüttende Körperschaft hat deshalb eine zusammenfassende Steuerbescheinigung auf den Namen der Personengesellschaft auszustellen. Für die Mitunternehmer ergibt sich in diesen Fällen der Betrag der anzurechnenden Kapitalertragsteuer aus der gesonderten Feststellung. Wird der Einkommensteuerbescheid oder der Körperschaftsteuerbescheid für die Mitunternehmer nach § 155 Abs. 2 AO vor Erlass des Bescheids über die gesonderte Feststellung erteilt, kann die anzurechnende Kapitalertragsteuer dabei vorläufig geschätzt werden. Entsprechendes gilt, wenn die Anteile an dem Kapitalvermögen einer anderen Gesamthandsgemeinschaft oder einer Bruchteilsgemeinschaft gehören. Ist die Steuerbescheinigung auf den Namen einer Gesamthands- oder Bruchteilsgemeinschaft ausgestellt worden, die an

einer ausschüttenden Körperschaft beteiligt ist, und unterbleibt nach § 180 Abs. 3 AO eine gesonderte Feststellung, ist die anzurechnende Kapitalertragsteuer den Steuerpflichtigen der Vereinfachung wegen in dem Verhältnis zuzurechnen, in dem ihnen die zugrundeliegenden Einnahmen i.S.d. § 20 Abs. 1 Nr. 1 und 2 EStG zugerechnet werden. Stehen die Anteile im Alleineigentum eines Gesellschafters, gehören sie aber zum Sonderbetriebsvermögen des Gesellschafters einer Personengesellschaft, ist die Steuerbescheinigung auf den Namen des Gesellschafters auszustellen. In diesen Fällen ist die Steuerbescheinigung in dem Verfahren der gesonderten Feststellung nach § 180 AO vorzulegen, weil die Leistung der ausschüttenden Körperschaft und die anzurechnende Kapitalertragsteuer in die gesonderte Feststellung einzubeziehen sind.

### 8. Inländisches Kreditinstitut

**56** In den Fällen, in denen die auszahlende Stelle nach § 44 Abs. 1 Satz 4 EStG gleichzeitig auch Kapitalerträge als Schuldner der Kapitalerträge zahlt, sind diese Kapitalerträge in eine etwaige Verlustverrechnung mit einzubeziehen und daher in Muster I zu bescheinigen. Entsprechendes gilt, wenn die Voraussetzungen für eine Einbeziehung in eine zeitraum- oder jahresbezogene Steuerbescheinigung nach Muster III gegeben sind.

## IV. Steuerbescheinigung der die Kapitalerträge auszahlenden Stelle für Konten und/oder Depots bei Einkünften i.S.d. §§ 13, 15, 18 und 21 EStG, bei Einkünften i.S.d. § 43 Abs. 1 Satz 1 Nr. 1, 1a, 2 EStG von beschränkt Steuerpflichtigen, bei Einkünften von Körperschaften, Vermögensmassen und Personenvereinigungen sowie bei Einkünften eines Investmentfonds oder eines Spezial-Investmentfonds (Muster III)

### 1. Allgemeines

**57** Die Steuerbescheinigung der die Kapitalerträge auszahlenden Stelle für Konten und/oder Depots bei Einkünften i.S.d. §§ 13, 15, 18 und 21 EStG gilt für Fälle, die nicht der Abgeltungsteuer unterliegen (Muster I), jedoch für Anrechnungszwecke ebenfalls einer Steuerbescheinigung bedürfen (z.B. Körperschaften). In diesen Fällen wird § 43a Abs. 3 EStG nicht angewendet, insbesondere findet keine Verlustverrechnung statt, vgl. § 43a Abs. 3 Satz 8 EStG. Sofern Erträge aus Versicherungen zu den betrieblichen Einkünften gehören und der Versicherungsnehmer daneben Erträge aus Beitragsdepots, Parkdepots, Ablaufdepots oder Kapitalisierungsgeschäften erzielt, ist in der Steuerbescheinigung die Bezeichnung der auszahlenden Stelle um die Bezeichnung des Schuldners der Kapitalerträge zu ergänzen. Grundsätzlich gelten die Ausführungen zu Muster I entsprechend, Besonderheiten werden nachfolgend gesondert aufgeführt.

Beschränkt steuerpflichtige Gläubiger von Kapitalerträgen i.S.d. § 43 Abs. 1 Satz 1 Nr. 1a EStG können gemäß § 50c Abs. 3 Satz 3 EStG eine Kapitalertragsteuererstattung nur gegen Vorlage einer Steuerbescheinigung i.S.d. § 45a Abs. 2 EStG (Muster III) beim BZSt beantragen.

**58** Die Ausführungen in Rn. 28 (Veräußerung/Rückgabe von Anteilen an ausländischen thesaurierenden Investmentfonds) und in Rn. 29 (Ansatz von Investmenterträgen i.S.d. § 16 InvStG) sind sinngemäß bei Muster III anzuwenden.

**59** Beim Kapitalertragsteuerabzug auf Investmenterträge aus Aktienfonds (§ 20 Abs. 1 InvStG) oder Mischfonds (§ 20 Abs. 2 InvStG) ist nach § 43a Abs. 2 Satz 1 Halbsatz 2 EStG ausschließlich die Teilfreistellung für im Privatvermögen gehaltene Investmentanteile zu berücksichtigen, vgl. Ausführungen zu Rn. 29. Ein darüberhinausgehender Teilfreistellungssatz für betriebliche oder dem KStG unterliegende Anleger kann erst im Rahmen der Veranlagung berücksichtigt werden.

Im nachrichtlichen Teil der Steuerbescheinigung sind die im Bescheinigungszeitraum erzielten Erträge aus in- und ausländischen Investmentanteilen zur Berücksichtigung des zutreffenden Teilfreistellungssatzes nach § 20 InvStG sowie des Ansatzes der im Bescheinigungszeitraum als zugeflossen geltenden Vorabpauschalen nach § 18 InvStG aufzugliedern. Hierin sind die Höhe der zuzurechnenden Investmenterträge (vor Anwendung der Teilfreistellung) untergliedert nach der Art der anzuwendenden Teilfreistellung (Aktienteilfreistellung, Mischfondsteilfreistellung, Immobilienteilfreistellung und Auslands-Immobilienteilfreistellung) auszuweisen. Die hierin enthaltenen Teilgrößen für im Bescheinigungszeitraum nach § 18 Abs. 3 InvStG als zugeflossen geltenden und dem Steuerabzug unterworfenen (vgl. Rn. 29). Vorabpauschalen i.S.d. § 18 InvStG sind ergänzend auszuweisen.

Wenn mehrere fiktive Veräußerungen nach § 22 Abs. 1 InvStG oder § 19 Abs. 2 Satz 1 InvStG eingetreten sind, ist es nicht zu beanstanden, dass der Entrichtungspflichtige auch bei betrieblichen Anlegern eine Verrechnung von positiven und negativen fiktiven Veräußerungsgewinnen vornimmt (abweichend von Rn. 215 des BMF-Schreibens vom 19. Mai 2022 (BStBl. I S. 742))[1]. Hinsichtlich des Ausweises von Veräußerungsgewinnen vor Anwendung der Teilfreistellung ist darauf zu achten, dass keine Verrechnung zwischen Gewinnen vorgenommen wird, auf die unterschiedliche Teilfreistellungssätze (als Aktien-, Misch-, Immobilien-, Auslands-Immobilienfonds oder sonstiger (nicht begünstigter) Investmentfonds) anwendbar sind.

Für betriebliche Kapitalerträge und Kapitalerträge bei Einkünften aus Vermietung und Verpachtung von Personengesellschaften und Einzelunternehmen ist entsprechend den Regelungen für Körperschaften im Rahmen der Abgeltungsteuer in bestimmten Fällen kein Steuerabzug vorzunehmen, falls der Steuerpflichtige eine entsprechende Option (§ 43 Abs. 2 Satz 3 Nr. 2 EStG) ausübt. In diesen sowie in den übrigen Fällen des § 43 Abs. 2 EStG sind die Erträge nicht in der Steuerbescheinigung auszuweisen. **60**

Die als zugeflossen geltenden, aber noch nicht dem Steuerabzug unterworfenen Erträge nach § 7 Abs. 1 Satz 1 Nr. 3 InvStG 2004 und der Zwischengewinn nach § 7 Abs. 1 Satz 1 Nr. 4 InvStG 2004, unterliegen zum Zeitpunkt der tatsächlichen Veräußerung des Alt-Anteils dem Steuerabzug nach § 43 Abs. 1 Satz 1 Nr. 5 EStG (§ 56 Abs. 3 Satz 6 InvStG). In der Steuerbescheinigung für betriebliche Anleger wird es nicht beanstandet, wenn diese in der Zeile „Kapitalerträge i.S.d. § 43 Abs. 1 Satz 1 Nr. 1, 1a EStG“ ausgewiesen werden. **61**

Investmenterträge i.S.d. § 20 Abs. 1 Nr. 3 EStG i.V.m. § 16 InvStG unterliegen nicht der beschränkten Steuerpflicht und sind daher bei beschränkt steuerpflichtigen Anlegern nicht im amtlichen Teil der Steuerbescheinigung auszuweisen. Der nachrichtliche Ausweis der Investmenterträge i.S.d. § 16 Abs. 1 Nr. 1 bis 3 InvStG hat unabhängig davon zu erfolgen, ob ein Steuerabzug durchgeführt wurde. Dieser nachrichtliche Ausweis ist insbesondere für die Fälle erforderlich, in denen sich in der Veranlagung herausstellt, dass die Voraussetzungen für eine Abstandnahme oder ein Absehen vom Steuerabzug nicht **62**

[1] Nr. **1** § 43/1.

vorlagen (z.B. liegt – anders als im Steuerabzugsverfahren angenommen – ein Status als Steuerinländer und nicht als Steuerausländer vor). Im Falle der Ausstellung von Einzelsteuerbescheinigungen kann der Steuerpflichtige auch bei fehlendem Steuerabzug eine Steuerbescheinigung mit dem nachrichtlichen Ausweis der Investmenterträge i.S.d. § 16 Abs. 1 Nr. 1 bis 3 InvStG verlangen.

**63** Erträge aus Limited Liability Companies (LLCs), aus Limited Partnerships (LPs) und aus Master Limited Partnerships (MLPs) werden im Steuerabzugsverfahren als Dividendenerträge nach § 20 Abs. 1 Nr. 1 EStG behandelt und sind in Muster III als Kapitalerträge i.S.d. § 43 Abs. 1 Satz 1 Nr. 6 EStG zu bescheinigen. Da erst im Veranlagungsverfahren geprüft werden kann, ob beim Dividendenempfänger die Voraussetzungen des § 3 Nr. 40 EStG vorliegen, ist die Zeile „>davon: Erträge, die dem Teileinkünfteverfahren unterliegen" vom Kreditinstitut nicht auszufüllen. Gleiches gilt für Veräußerungsgewinne als Kapitalerträge i.S.d. § 43 Abs. 1 Satz 1 Nr. 9 EStG.

### 2. Muster der Steuerbescheinigung

**64** Für die Angabe des Schuldners reicht die übliche Kurzbezeichnung des Schuldners i.V.m. der Angabe der Wertpapierkennnummer oder der ISIN aus. Die Angabe des Schuldners ist lediglich bei Ausstellung einer Einzelsteuerbescheinigung erforderlich.

## V. Besonderheiten Muster I und III

### 1. Zweigniederlassung

**65** Neben inländischen Kreditinstituten ist auch die im Inland befindliche Zweigniederlassung oder Zweigstelle eines ausländischen Unternehmens zur Ausstellung von Steuerbescheinigungen nach § 45a Abs. 3 EStG berechtigt. Voraussetzung ist, dass dem ausländischen Unternehmen die Erlaubnis zum Betrieb von Bankgeschäften erteilt und dass die in § 20 Abs. 1 und 2 EStG bezeichnete Leistung für Rechnung der ausschüttenden Körperschaft von der inländischen Zweigniederlassung oder Zweigstelle erbracht worden ist. Eine Abfragemöglichkeit über die Zweigniederlassungen gemäß §§ 53b und 53c KWG als auch die Zweigstellen gemäß § 53 KWG ist auf den Internetseite der Bundesanstalt für Finanzdienstleistungsaufsicht (www.bafin.de) unter dem Suchwort „Unternehmensdatenbank" gegeben. In dieser Unternehmensdatenbank sind nicht nur die ausländischen Unternehmen mit einer Erlaubnis zum Betrieb von Bankgeschäften mittels inländischer Zweigniederlassungen oder Zweigstellen, sondern auch diejenigen ausländischen Unternehmen enthalten, die die Erlaubnis haben, mittels inländischer Zweigniederlassungen oder Zweigstellen Finanzdienstleistungen zu erbringen.

### 2. Gutschrift für andere Kreditinstitute, Kennzeichnung der Steuerbescheinigung

#### a) Mitteilungsverpflichtung

**66** Führt ein Kreditinstitut ein Wertpapierdepot, das auf den Namen eines anderen Kreditinstituts lautet, darf das depotführende Kreditinstitut dem anderen Kreditinstitut eine Steuerbescheinigung über Kapitalerträge i.S.d. § 43 Abs. 1 Satz 1 Nr. 1 EStG nur erteilen, wenn das andere Kreditinstitut schriftlich mitgeteilt hat, dass es Eigentümer der Wertpapiere ist, vgl. § 4 Abs. 2 DepotG. Liegt eine solche Mitteilung nicht vor, hat stets das andere Kreditinstitut die Steuerbescheinigung zu erteilen, und zwar sowohl für die Dividenden, die es seinen

Kunden gutschreibt, als auch für diejenigen, die es selbst bezieht. In den Fällen des § 43 Abs. 1 Satz 1 Nr. 1a EStG hat stets das Kreditinstitut die Steuerbescheinigung zu erteilen, das zuvor den Kapitalertragsteuerabzug vorgenommen hat, vgl. Rn. 68.

**b) Ausstellung in Vertretung des Anteilseigners**

Bei Dividendengutschriften i.S.d. § 43 Abs. 1 Satz 1 Nr. 1 EStG für andere Kreditinstitute bestehen jedoch keine Bedenken dagegen, dass ein inländisches Kreditinstitut eine Steuerbescheinigung auf den Namen des Anteilseigners ausstellt, wenn ein anderes Kreditinstitut in Vertretung des Anteilseigners eine auf dessen Namen lautende Steuerbescheinigung beantragt hat. Die Steuerbescheinigung ist von dem ausstellenden Kreditinstitut nach § 45a Abs. 3 und § 44a Abs. 6 EStG entsprechend zu kennzeichnen; sie muss außerdem erkennen lassen, welches Kreditinstitut die Gutschrift erhalten hat. Das gilt auch, wenn die Ausstellung von einem ausländischen Kreditinstitut beantragt worden ist. **67**

**c) Kapitalerträge mit Zahlstellensteuerprinzip i.S.d. § 43 Abs. 1 Satz 1 Nr. 1a EStG**

Führt ein inländisches Kreditinstitut ein Wertpapierdepot, das auf den Namen eines ausländischen Kreditinstituts lautet, liegt für Erträge i.S.d. § 43 Abs. 1 Satz 1 Nr. 1a und Nr. 2 Satz 4 EStG regelmäßig ein Fall des § 44 Abs. 1 Satz 4 Nr. 3 EStG vor. Das depotführende inländische Kreditinstitut ist zum Einbehalt von Kapitalertragsteuer in seiner Funktion als auszahlende Stelle i.S.d. § 44 Abs. 1 Satz 3 EStG verpflichtet. **68**

Eine Steuerbescheinigung auf den Namen des ausländischen Kreditinstituts darf das depotführende inländische Kreditinstitut nur ausstellen, wenn das ausländische Kreditinstitut schriftlich mitgeteilt hat, dass es Eigentümer der Wertpapiere ist.

In den Fällen der ausländischen Zwischenverwahrung von Wertpapieren für inländische Endkunden kann nach Maßgabe des BMF-Schreibens vom 16. September 2013 (BStBl. I S. 1168)[1] von dem inländischen Kreditinstitut, das als letzte inländische Stelle gemäß § 44 Abs. 1 Satz 4 Nr. 3 EStG vor der Zahlung in das Ausland einen Steuerabzug vorgenommen hat, eine Sammel-Steuerbescheinigung über den vorgenommenen Kapitalertragsteuerabzug ausgestellt werden.

Bei im Inland endverwahrten Beständen, soweit keine Sammel-Steuerbescheinigung beantragt wurde, sowie bei im Ausland endverwahrten Beständen ist für die bei inländischen Kreditinstituten verwahrten Wertpapierbestände ausländischer Kreditinstitute bis zur Höhe der auf die Kapitalerträge abgeführten Kapitalertragsteuer auf Antrag des ausländischen Kreditinstitutes in Vertretung des Anteilseigners eine Einzelsteuerbescheinigung durch das inländische Kreditinstitut auszustellen.

Die Steuerbescheinigung ist von dem ausstellenden Kreditinstitut nach § 45a Abs. 2 und § 44a Abs. 6 EStG entsprechend zu kennzeichnen; sie muss außerdem erkennen lassen, welches Kreditinstitut die Gutschrift erhalten hat.

Das inländische Kreditinstitut hat dabei eine Einzelsteuerbescheinigung nach Muster I auszustellen, wenn das ausländische Institut mitteilt, dass die Steuerbescheinigung für einen unbeschränkt Steuerpflichtigen mit Einkünften nach

[1] Nr. 1 § 44a/2.

§ 20 EStG erteilt werden soll. Wird die Steuerbescheinigung für einen beschränkt Steuerpflichtigen beantragt, ist das Muster III als Einzelsteuerbescheinigung zu verwenden.

Liegen keine Angaben vor, ob es sich beim Anteilseigner um einen unbeschränkt oder beschränkt Steuerpflichtigen handelt, ist bei Ausstellung einer Steuerbescheinigung für natürliche Personen mit inländischer Anschrift als Empfänger im Adressfeld eine Einzelsteuerbescheinigung nach Muster I und im Übrigen nach Muster III auszustellen.

Soweit Muster III als zusammengefasste Bescheinigung ausgestellt werden kann, wird es nicht beanstandet, wenn für beschränkt Steuerpflichtige die Kapitalerträge entsprechend der in Muster III vorgegebenen Tabelle zusammengefasst dargestellt werden.

**d) Ausländische Wertpapiersammelbank**

69 Werden inländische Aktien von einer ausländischen Wertpapiersammelbank verwahrt, deren Globalurkunde bei einer inländischen Wertpapiersammelbank hinterlegt ist, ist zur Ausstellung der Steuerbescheinigung nur das inländische Kreditinstitut berechtigt, das der ausländischen Wertpapiersammelbank die Dividendengutschrift erteilt hat. Werden dagegen die inländischen Aktien von einer ausländischen Wertpapiersammelbank verwahrt, ist nur der Emittent als Schuldner der Kapitalerträge nach § 45a Abs. 2 Satz 1 Nr. 1 EStG zur Ausstellung der Steuerbescheinigung berechtigt. Eine inländische depotführende Stelle darf hingegen nach § 45a Abs. 3 Satz 1 Halbsatz 2 EStG keine Steuerbescheinigung ausstellen.

**e) Ausländisches Kreditinstitut**

70 Außer in den Fällen der Rn. 67 ff. darf ein inländisches Kreditinstitut eine Steuerbescheinigung an Anteilseigner, deren Aktien sich im Wertpapierdepot eines ausländischen Kreditinstituts befinden, nur ausstellen, wenn der Anteilseigner sich die Dividendenscheine von dem ausländischen Kreditinstitut aushändigen lässt und sie dem inländischen Kreditinstitut zur Einlösung vorlegt. Das inländische Kreditinstitut muss nach § 45a Abs. 3 und § 44a Abs. 6 EStG die Steuerbescheinigung durch einen entsprechenden Hinweis kennzeichnen. Legt der Anteilseigner die Dividendenscheine bei der ausschüttenden Körperschaft zur Einlösung vor oder beauftragt er das ausländische Kreditinstitut, die Dividendenscheine der ausschüttenden Körperschaft zur Ausschüttung vorzulegen, ist nur die ausschüttende Körperschaft verpflichtet und berechtigt, die Steuerbescheinigung auszustellen. Beantragt das ausländische Kreditinstitut in Vertretung des Anteilseigners bei der ausschüttenden Körperschaft, die Steuerbescheinigung auf den Namen des Anteilseigners auszustellen, muss die Steuerbescheinigung erkennen lassen, welches ausländische Kreditinstitut die Gutschrift erhalten hat.

## VI. Anwendungsregelung, Nichtbeanstandungsregelung und Fundstellennachweis

71 Für Kapitalerträge, die nach dem 31. Dezember 2021 zufließen, ersetzt dieses Schreiben die BMF-Schreiben vom 15. Dezember 2017 (BStBl. 2018 I S. 13), vom 27. Juni 2018 (BStBl. I S. 805), vom 11. November 2020 (BStBl. I S. 1134), vom 18. Februar 2021 (BStBl. I S. 295) und vom 13. April 2021 (BStBl. I S. 686).

Wurden bereits Steuerbescheinigungen für ein Kalenderjahr nach den bisherigen Mustern ausgestellt und ändern sich danach durch dieses Schreiben Ausweispflichten in den Mustern, behalten die bereits ausgestellten Steuerbescheinigungen ihre Gültigkeit. Es wird nicht beanstandet, wenn bis zum 31. Dezember 2022 Einzelsteuerbescheinigungen, in der mit BMF-Schreiben vom 15. Dezember 2017 (BStBl. 2018 I S. 13) veröffentlichten Form, erteilt werden. Zudem wird für das Jahr 2021 nicht beanstandet, wenn Institute die einzelnen „davon"-Ausweise – betreffend die Randnummern 32 und 32a – in Muster I auf die Höhe der Kapitalerträge gedeckelt haben.

Die Änderungen der Rn. 6 zur elektronischen Übermittlung einer berichtigten Steuerbescheinigung sind auf Kapitalerträge anzuwenden, die nach dem 31. Dezember 2022 zufließen. Es wird jedoch nicht beanstandet, wenn die Regelung wegen der technischen Umsetzung erst für Kapitalerträge, die nach dem 31. Dezember 2023 zufließen, angewendet wird.

Der nachrichtliche Ausweis in Muster II und III **72**

„Alt-Anteile i.S.d. § 56 Abs. 2 Satz 1 InvStG, die keine bestandsgeschützten Alt-Anteile i.S.d. § 56 Abs. 6 InvStG sind, wurden veräußert und ein Gewinn/Verlust nach § 56 Abs. 3 Satz 1 InvStG erzielt (ohne Fälle der Ersatzbemessungsgrundlage nach § 56 Abs. 3 Satz 4 InvStG):"

sowie der nachrichtliche Ausweis in Muster I bis III

„– Alt-Anteile i.S.d. § 56 Abs. 2 Satz 1 InvStG, die keine bestandsgeschützten Alt-Anteile i.S.d. § 56 Abs. 6 InvStG sind, wurden veräußert und für die Ermittlung des Gewinns nach § 56 Abs. 3 InvStG ist nach § 56 Abs. 3 Satz 4 InvStG folgende Ersatzbemessungsgrundlage[3] anwendbar:"

sind auch dann vorzunehmen, wenn vom Steuerabzug Abstand genommen wurde (z.B. bei betrieblichen Anlegern nach § 43 Abs. 2 Satz 3 Nr. 2 EStG oder bei Vorlage einer Nichtveranlagungs-Bescheinigung). Der nachrichtliche Ausweis der Veräußerung von Alt-Anteilen soll die Steuerpflichtigen und die Finanzämter darauf hinweisen, dass ein steuerpflichtiger Gewinn oder Verlust aus der fiktiven Veräußerung nach § 56 Abs. 3 Satz 1 InvStG angefallen ist, und es ermöglichen, die Richtigkeit des Steuerabzugs zu überprüfen. Darüber hinaus soll in den Fällen des Ansatzes der Ersatzbemessungsgrundlage deutlich gemacht werden, dass im Rahmen der Einkommensteuererklärung der zutreffende Gewinn aus der fiktiven Veräußerung nach § 56 Abs. 3 Satz 1 InvStG anzugeben und im Rahmen der Veranlagung zu überprüfen ist.

# 1 § 48/1. Schreiben betr. Steuerabzug von Vergütungen für im Inland erbrachte Bauleistungen (§§ 48 bis 48d EStG); Überarbeitung des BMF-Schreibens vom 27. Dezember 2002 (BStBl. I S. 1399)

Vom 19. Juli 2022

BMF IV C 8 – S 2272/19/10003 :002; DOK 2022/0652449

(BStBl. I S. 1229)

**1 Anlage**[1)]

Unter Bezugnahme auf das Ergebnis der Erörterung mit den obersten Finanzbehörden der Länder gilt für die Anwendung der §§ 48 bis 48d des Einkommensteuergesetzes (EStG) Folgendes:

Nach den §§ 48 bis 48d EStG müssen unternehmerisch tätige Auftraggeber von Bauleistungen (Leistungsempfänger) im Inland einen Steuerabzug von 15 % der Gegenleistung für Rechnung des die Bauleistung erbringenden Unternehmens (Leistender) vornehmen, wenn keine gültige, vom zuständigen Finanzamt des Leistenden ausgestellte Freistellungsbescheinigung vorliegt oder bestimmte Freigrenzen überschritten werden. **1**

Außerdem besteht für Unternehmen des Baugewerbes, die ihren Sitz oder ihre Geschäftsleitung im Ausland haben, jeweils eine zentrale örtliche Zuständigkeit von Finanzämtern im Bundesgebiet. Diese umfasst auch das Lohnsteuerabzugsverfahren sowie die Einkommensbesteuerung der von diesen Unternehmen im Inland beschäftigten Arbeitnehmer mit Wohnsitz im Ausland. **2**

## 1. Steuerabzugspflicht

Vergütungen für Bauleistungen, die im Inland gegenüber einem Unternehmer i.S.d. § 2 des Umsatzsteuergesetzes (UStG) oder gegenüber einer juristischen Person des öffentlichen Rechts erbracht werden, unterliegen dem Steuerabzug (§ 48 Abs. 1 Satz 1 EStG). Dies gilt auch für Vergütungen für Bauleistungen, die im Inland an ausländische juristische Personen des öffentlichen Rechts erbracht werden, es sei denn, es handelt sich um Einrichtungen ausländischer Staaten oder Institutionen mit einem vom Auswärtigen Amt anerkannten Sonderstatus (z.B. nach der Wiener Konvention). **3**

### 1.1. Begriff der Bauleistung

Unter einer Bauleistung sind alle Leistungen zu verstehen, die der Herstellung, Instandsetzung oder Instandhaltung, Änderung oder Beseitigung von Bauwerken dienen (§ 48 Abs. 1 Satz 3 EStG). Diese Definition entspricht der Regelung in § 101 Abs. 2 Satz 2 des Dritten Buches Sozialgesetzbuch (SGB III) i.V.m. der Baubetriebe-Verordnung (abgedruckt im Anhang), wobei zu den Bauleistungen i.S.d. Steuerabzugs nach § 48 EStG auch die Gewerke gehören, die von der Winterbauförderung gemäß § 2 Baubetriebe-Verordnung ausgeschlossen sind. **4**

1) Hier nicht abgedruckt.

Der Begriff des Bauwerks ist weit auszulegen (Urteil des Bundesarbeitsgerichts (BAG) vom 21. Januar 1976 4 AZR 71/75, Rn. 23; Urteil des Bundesfinanzhofs (BFH) vom 7. November 2019 I R 46/17, BStBl. 2020 II S. 552) und umfasst demzufolge nicht nur Gebäude, sondern darüber hinaus sämtliche irgendwie mit dem Erdboden verbundene oder infolge ihrer eigenen Schwere auf ihm ruhende, aus Baustoffen oder Bauteilen mit baulichem Gerät hergestellte Anlagen (z.B. Brücken, Straßen oder Tunnel, Versorgungsleitungen, Windkraftanlagen). Der Begriff des Bauwerks i.S.d. § 48 Abs. 1 Satz 3 EStG ist weder auf Gebäude noch allgemein auf unbewegliche Wirtschaftsgüter beschränkt. Vielmehr können darunter auch Scheinbestandteile i.S.d. § 95 des Bürgerlichen Gesetzbuchs (BGB) und Betriebsvorrichtungen i.S.d. § 68 Abs. 2 Satz 1 Nr. 2 des Bewertungsgesetzes (BewG) fallen. Technische Anlagen können daher ebenfalls ein Bauwerk i.S.d. § 48 Abs. 1 Satz 3 EStG darstellen, wenn es um die Frage geht, ob überhaupt ein Bauwerk vorliegt (BFH-Urteil vom 7. November 2019 I R 46/17, BStBl. 2020 II S. 552, Rn. 17 zu Freiland-Photovoltaikanlagen).

Zu den Bauleistungen gehören u.a. der Einbau von Fenstern und Türen sowie Bodenbelägen, Aufzügen, Rolltreppen und Heizungsanlagen, aber auch von Einrichtungsgegenständen, wenn sie mit einem Gebäude fest verbunden sind, wie z.B. Ladeneinbauten, Schaufensteranlagen, Gaststätteneinrichtungen. Ebenfalls zu den Bauleistungen zählen die Installation einer Lichtwerbeanlage, Dachbegrünung eines Bauwerks oder der Hausanschluss durch Energieversorgungsunternehmen (die Hausanschlusskosten umfassen regelmäßig Erdarbeiten, Mauerdurchbruch, Installation des Hausanschlusskastens und Verlegung des Hausanschlusskabels vom Netz des Elektrizitätsversorgungsunternehmens zum Hausanschlusskasten). Die Installation einer Photovoltaikanlage an oder auf einem Gebäude stellt eine Bauleistung i.S.d. § 48 EStG dar.

5 Die in der Baubetriebe-Verordnung aufgeführten Tätigkeiten sind nicht in allen Fällen dem Steuerabzug zu unterwerfen. Voraussetzung für den Steuerabzug ist immer, dass die in der Baubetriebe-Verordnung aufgeführten Tätigkeiten im Zusammenhang mit einem Bauwerk durchgeführt werden, also der Herstellung, Instandsetzung, Instandhaltung, Änderung oder Beseitigung von Bauwerken dienen. Die Annahme einer Bauleistung setzt voraus, dass sie sich unmittelbar auf die Substanz des Bauwerks auswirkt, d.h. eine Substanzveränderung im Sinne einer Substanzerweiterung, Substanzverbesserung oder Substanzbeseitigung bewirkt. Hierzu zählen auch Erhaltungsaufwendungen.

6 Ausschließlich planerische Leistungen (z.B. von Statikern, Architekten, Garten- und Innenarchitekten, Vermessungs-, Prüf- und Bauingenieuren), Labordienstleistungen (z.B. chemische Analyse von Baustoffen) oder reine Leistungen zur Bauüberwachung, zur Prüfung von Bauabrechnungen und zur Durchführung von Ausschreibungen und Vergaben sind keine Bauleistungen. Werden neben diesen Leistungen auch als Bauleistung zu qualifizierende Tätigkeiten ausgeführt, ist Rn. 12 zu beachten.

7 Künstlerische Leistungen an Bauwerken, die sich unmittelbar auf die Substanz auswirken, unterliegen grundsätzlich dem Steuerabzug. Dies gilt jedoch nicht, wenn der Künstler nicht die Ausführung des Werks als eigene Leistung schuldet, sondern lediglich Ideen oder Planungen zur Verfügung stellt oder die Ausführung des von einem Dritten geschuldeten Werks durch Bauunternehmer überwacht.

Die Arbeitnehmerüberlassung stellt keine Bauleistung dar, auch wenn die überlassenen Arbeitnehmer für den Entleiher Bauleistungen erbringen. 8

Die bloße Reinigung von Räumlichkeiten oder Flächen, z.B. Fenstern, stellt keine Bauleistung dar, es sei denn, es handelt sich um eine Nebenleistung zu weiteren als Bauleistung zu qualifizierenden Tätigkeiten. Ein Reinigungsvorgang, bei dem die zu reinigende Oberfläche verändert wird, stellt dagegen eine Bauleistung dar. Eine zum Steuerabzug führende Fassadenreinigung gemäß § 2 Nr. 3 der Baubetriebe-Verordnung liegt z.B. bei Vornahme einer Behandlung vor, bei der die Oberfläche abgeschliffen oder abgestrahlt wird. 9

Reine Wartungsarbeiten an Bauwerken oder Teilen von Bauwerken stellen keine Bauleistung dar, solange nicht Teile verändert, bearbeitet oder ausgetauscht werden. 10

Folgende Leistungen fallen für sich genommen nicht unter den Steuerabzug: 11

- Materiallieferungen (z.B. durch Baustoffhändler oder Baumärkte),
- Anliefern von Beton (demgegenüber stellt das Anliefern und das anschließende fachgerechte Verarbeiten des Betons durch den Anliefernden eine Bauleistung dar),
- Zurverfügungstellung von Betonpumpen,
- Zurverfügungstellung von anderen Baugeräten (es sei denn, es wird zugleich Bedienungspersonal für substanzverändernde Arbeiten zur Verfügung gestellt),
- Aufstellen von Material- und Bürocontainern, mobilen Toilettenhäusern,
- Entsorgung von Baumaterialien (Schuttabfuhr durch Abfuhrunternehmer),
- Aufstellen von Messeständen,
- Gerüstbau,
- Schiffbau,
- Anlegen von Bepflanzungen und deren Pflege (z.B. Bäume, Gehölze, Blumen, Rasen), außer bei Dachbegrünungen (siehe auch Rn. 4).

Werden diese Leistungen von demselben Leistenden zusammen mit Bauleistungen erbracht, ist Rn. 12 zu beachten.

Werden im Rahmen eines Vertragsverhältnisses mehrere Leistungen erbracht, bei denen es sich teilweise um Bauleistungen handelt, kommt es darauf an, welche Leistung im Vordergrund steht, also der vertraglichen Beziehung das Gepräge gibt. Eine Abzugsverpflichtung besteht vollumfänglich dann, wenn die Bauleistung als Hauptleistung anzusehen ist. Die Nebenleistung teilt jeweils das Schicksal der Hauptleistung. 12

**Beispiele:**

- Die von einem Gastwirt bestellte Theke ist von dem beauftragten Schreiner individuell nach den Wünschen des Auftraggebers geplant, gefertigt, geliefert und vor Ort montiert worden. Bei der Fertigung und Montage handelt es sich um Bauleistungen. Demgegenüber sind Planung und Transport durch den Schreiner nicht als Bauleistungen anzusehen. Sie teilen aber hier als Nebenleistungen das Schicksal der Hauptleistung, sodass von der Vergütung insgesamt ein Steuerabzug vorzunehmen ist.
- Einem Handwerksbetrieb wird eine Maschine geliefert. Der Lieferant nimmt die Maschine beim Auftraggeber in Betrieb. Zu diesem Zweck muss beim Auftraggeber eine Steckdose versetzt werden, was durch einen Arbeitnehmer des Lieferanten erfolgt. Ein Steuerabzug ist nicht vorzunehmen, denn die Lieferung der Maschine ist keine Bauleistung. Bei dem Versetzen der Steckdose handelt es sich zwar um eine Bauleistung, die jedoch als Nebenleistung hinter die Lieferung der Maschine zurücktritt.

13 Unerheblich ist demgegenüber die zivilrechtliche Einordnung des Vertragsverhältnisses. Die Abzugsverpflichtung ist nicht auf Werkverträge beschränkt, sondern greift z.B. auch in Fällen, in denen die Bauleistung im Rahmen eines „Werklieferungsvertrags" (§ 651 BGB) erbracht wird.

### 1.2. Abzugsverpflichteter

14 Abzugsverpflichtet ist der Leistungsempfänger (auch bei Erbringung der Gegenleistung durch einen Dritten, vgl. Rn. 70), wenn es sich hierbei um einen Unternehmer i.S.d. § 2 UStG oder um eine juristische Person des öffentlichen Rechts handelt.

Umsatzsteuerrechtlich ist Unternehmer, wer eine gewerbliche oder berufliche Tätigkeit selbstständig nachhaltig ausübt. Entscheidend ist hierbei, dass die Tätigkeit auf die Erzielung von Einnahmen gerichtet ist; auf die Absicht, mit der Tätigkeit Gewinn zu erzielen, kommt es nicht an. Daher werden auch Tätigkeiten erfasst, die einkommensteuerrechtlich eine Liebhaberei darstellen. Dabei umfasst das Unternehmen die gesamte gewerbliche oder berufliche Tätigkeit. Die Abzugsverpflichtung besteht demzufolge auch für Kleinunternehmer (§ 19 UStG), pauschalversteuernde Land- und Forstwirte (§ 24 UStG) und Unternehmer, die ausschließlich steuerfreie Umsätze tätigen. Dazu gehören auch die Vermietung und Verpachtung von Grundstücken, von Gebäuden und Gebäudeteilen. Im Falle des Nießbrauchs ist der Nießbrauchsberechtigte Unternehmer. Der Gebäudeeigentümer (Nießbrauchsverpflichteter) ist nur bei entgeltlich bestelltem Nießbrauch Unternehmer (nachhaltige Duldungsleistung). Bei unentgeltlich bestelltem Nießbrauch (z.B. Vorbehalts-, Zuwendungsnießbrauch) fehlt es zur Unternehmereigenschaft an der Einnahmeerzielungsabsicht. Die Abzugsverpflichtung betrifft nur den unternehmerischen Bereich des Auftraggebers. Wird eine Bauleistung ausschließlich für den nichtunternehmerischen Bereich eines Unternehmers erbracht, besteht keine Abzugsverpflichtung.

15 Wird die Bauleistung für ein Bauwerk erbracht, das nur teilweise unternehmerischen Zwecken dient, so kommt es abweichend von Abschn. 15.2c Abs. 2 des Umsatzsteuer-Anwendungserlasses (UStAE) darauf an, ob die Bauleistung dem unternehmerisch oder nichtunternehmerisch genutzten Teil des Bauwerks zugeordnet werden kann. Bauleistungen, die einem Teil des Bauwerks nicht eindeutig zugeordnet werden können, sind dem Zweck zuzuordnen, der überwiegt. Der überwiegende Zweck ist anhand des Wohn-/Nutzflächenverhältnisses oder anderer sachgerechter Maßstäbe festzustellen.

**Beispiele:**

- Ein Bäcker lässt im Verkaufsraum seiner Bäckerei eine neue Ladeneinrichtung installieren. Die Vergütung unterliegt dem Steuerabzug nach § 48 EStG.
- Ein freiberuflich tätiger Journalist lässt die Fliesen im Badezimmer seiner zu eigenen Wohnzwecken genutzten Eigentumswohnung erneuern. Die Vergütung unterliegt nicht dem Steuerabzug, obwohl es sich beim Leistungsempfänger um einen Unternehmer handelt, denn die Bauleistung wurde in dessen Privatwohnung vorgenommen.
- Ein Eigentümer lässt in einem Vierfamilienhaus, in dem er eine Wohnung selbst bewohnt und die übrigen Wohnungen vermietet, Verbundglasfenster einbauen. Da es sich bei dem Eigentümer hinsichtlich seiner Vermietungstätigkeit um einen Unternehmer handelt, unterliegt die Vergütung insoweit dem Steuerabzug, als sie sich auf den Einbau von Fenstern in den vermieteten Wohnungen bezieht. Fenster in Gemeinschaftsräumen (z.B. Flure, Treppenhäuser) sind der überwiegenden Nutzung zuzuordnen. Da in dem Beispiel die größere Zahl der Wohnungen vermietet ist, ist von der Gegenleistung für diese Fenster der Steuerabzug vorzunehmen.
- Ein Arbeitnehmer ist nebenberuflich als Bausparkassenvertreter tätig und lässt das Dach seines selbstgenutzten Eigenheims neu eindecken, in dem sich ein häusliches Arbeitszimmer, das er

auch für seine Arbeitnehmertätigkeit nutzt, befindet. Der Arbeitnehmer ist zwar hinsichtlich seiner Nebentätigkeit Unternehmer. Ein Steuerabzug unterbleibt jedoch, weil die Bauleistung dem unternehmerischen Zweck nicht unmittelbar zugeordnet werden kann und die Wohnnutzung überwiegt.

Leistungsempfänger und damit zum Steuerabzug verpflichtet ist auch ein Ge- **16**
neralunternehmer, der sich zur Erfüllung seiner Leistungspflicht Subunternehmern bedient. Der Generalunternehmer gilt im Verhältnis zum Auftraggeber auch dann als Leistender, wenn er selbst keine Bauleistungen erbringt, sondern lediglich über solche Leistungen abrechnet. Im Verhältnis zu den Subunternehmern handelt es sich indessen bei dem Generalunternehmer um einen Leistungsempfänger, der als Unternehmer zum Steuerabzug verpflichtet ist.

Leistungen von Bauträgern i.S.d. § 3 Makler- und Bauträgerverordnung unter- **17**
liegen nur dann dem Steuerabzug bei Bauleistungen, wenn der Abnehmer der von dem Bauträger erstellten oder zu erstellenden Bauwerke als Bauherr i.S.d. BMF-Schreibens vom 20. Oktober 2003, BStBl. I S. 546 (Anhang 30 I Amtliches Einkommensteuer-Handbuch 2021)[1], anzusehen ist.

Leistungsempfänger einer Bauleistung kann auch eine Gesellschaft bürgerlichen **18**
Rechts (z.B. eine Arbeitsgemeinschaft) sein. Entrichtungsschuldner des Steuerabzugsbetrags ist die Personengesellschaft. In diesen Fällen sind die geschäftsführenden Gesellschafter (§ 713 BGB) zum Steuerabzug verpflichtet.

Bei Wohnungseigentümergemeinschaften ist zwischen dem Sondereigentum **19**
und dem Gemeinschaftseigentum zu unterscheiden. Bei Bauleistungen für das Sondereigentum ist der jeweilige Sondereigentümer als Leistungsempfänger zum Steuerabzug verpflichtet, sofern er die Voraussetzungen des § 48 Abs. 1 EStG erfüllt. Bei Bauleistungen für das Gemeinschaftseigentum ist die Wohnungseigentümergemeinschaft als Leistungsempfängerin zur Durchführung des Steuerabzugs verpflichtet. Die Wohnungseigentümergemeinschaft ist Unternehmerin i.S.d. § 2 UStG, denn sie erbringt Leistungen gegenüber den Eigentümern. Dazu gehört auch die Instandhaltung des Bauwerks.

Bei einer umsatzsteuerrechtlichen Organschaft ist der Organträger Unterneh- **20**
mer. Werden Bauleistungen von Leistenden außerhalb des Organkreises an die Organgesellschaft erbracht, ist daher der Organträger Leistungsempfänger und zum Steuerabzug verpflichtet. Er haftet für das Unterlassen des Steuerabzugs. Es wird jedoch nicht beanstandet, wenn die Durchführung des Steuerabzugs durch die Organgesellschaft im Auftrag des Organträgers erfolgt.

Organgesellschaften einer umsatzsteuerrechtlichen Organschaft sind keine Unternehmer. Bei Innenumsätzen zwischen verschiedenen Organgesellschaften bzw. zwischen der Organgesellschaft und dem Organträger besteht daher keine Abzugsverpflichtung.

Bei juristischen Personen des öffentlichen Rechts kann der Steuerabzug auch **21**
durch einzelne Organisationseinheiten der juristischen Person des öffentlichen Rechts (z.B. Ressorts, Behörden, Ämter) vorgenommen werden.

Der Beginn und das Ende der Unternehmereigenschaft richten sich nach den **22**
Grundsätzen des Umsatzsteuergesetzes (vgl. Abschn. 2.6 UStAE).

### 1.3. Leistender

Der Steuerabzug ist vom Leistungsempfänger unabhängig davon durchzufüh- **23**
ren, ob der Leistende (Auftragnehmer) im Inland oder im Ausland ansässig ist

[1] Nr. 1 § 21/4.

(§§ 8 bis 11 Abgabenordnung [AO]). Unerheblich ist, ob die Einkünfte des Leistenden in Deutschland steuerpflichtig sind (BFH-Urteil vom 7. November 2019 I R 46/17, BStBl. 2020 II S. 552, Rn. 27). Es kommt auch nicht darauf an, ob es zum Unternehmenszweck des Leistenden gehört, Bauleistungen zu erbringen, oder ob er mit seinem Unternehmen überwiegend Bauleistungen erbringt. Auch wenn jemand nur ausnahmsweise gegenüber einem Unternehmer eine Bauleistung erbringt, unterliegt die Vergütung dem Steuerabzug. Die Vergütungen für Bauleistungen, die juristische Personen des öffentlichen Rechts im Rahmen ihrer hoheitlichen Tätigkeit erbringen, unterliegen nicht dem Steuerabzug. Sie haben bei der Ausführung der Bauleistungen bzw. der Abrechnung in geeigneter Weise auf ihren Status als juristische Person des öffentlichen Rechts und die Leistungserbringung im Rahmen ihrer hoheitlichen Tätigkeit hinzuweisen. Diese Grundsätze gelten auch, wenn eine juristische Person des öffentlichen Rechts eine Bauleistung bzw. eine Abrechnung (i.S.d. § 48 Abs. 1 Satz 4 EStG) gegenüber einer anderen juristischen Person des öffentlichen Rechts erbringt. Der Steuerabzug ist vorzunehmen, wenn die leistende juristische Person des öffentlichen Rechts in einem Betrieb gewerblicher Art tätig wird.

**24** Als Leistender gilt auch derjenige, der über eine Leistung abrechnet, ohne sie selbst erbracht zu haben. Daher ist der Steuerabzug auch von der Vergütung vorzunehmen, die ein Generalunternehmer erhält, der selbst nicht als Bauunternehmer tätig wird, aber mit dem Leistungsempfänger die Leistungen der beauftragten Subunternehmer abrechnet. Dagegen ist die Abrechnung einer Wohnungseigentümergemeinschaft mit den Eigentümern keine Abrechnung i.S.v. § 48 Abs. 1 Satz 4 EStG.

**25** Auch eine Personengesellschaft kann Leistender sein, ebenso eine Arbeitsgemeinschaft. Schließt eine Arbeitsgemeinschaft Verträge über Bauleistungen mit Leistungsempfängern ab, so ist die Arbeitsgemeinschaft der Leistende. Erbringt ein Partner der Arbeitsgemeinschaft aufgrund eines eigenen Vertrages Bauleistungen gegenüber der Arbeitsgemeinschaft, so ist insofern auch der Partner Leistender und die Arbeitsgemeinschaft Leistungsempfängerin.

**26** Erbringt eine Organgesellschaft Bauleistungen an Leistungsempfänger außerhalb des umsatzsteuerrechtlichen Organkreises, ist Leistender die Organgesellschaft.

### 1.4. Abstandnahme vom Steuerabzug

**27** Der Steuerabzug muss nicht vorgenommen werden, wenn die Gegenleistung im laufenden Kalenderjahr insgesamt die Freigrenze von 5000 € bzw. 15 000 € voraussichtlich nicht übersteigen wird (vgl. Rn. 47 ff.). Der Steuerabzug ist nicht vorzunehmen, wenn der Leistende (Auftragnehmer) dem Leistungsempfänger (Auftraggeber) eine im Zeitpunkt der Gegenleistung gültige Freistellungsbescheinigung vorlegt (§ 48 Abs. 2 Satz 1 EStG) oder der Leistungsempfänger nicht mehr als zwei Wohnungen vermietet (vgl. Rn. 53 ff.).

#### 1.4.1. Erteilung der Freistellungsbescheinigung

**28** Der Leistende kann bei dem für ihn zuständigen Finanzamt (vgl. Rn. 97) eine Freistellungsbescheinigung beantragen (§ 48b EStG). Die Freistellungsbescheinigung wird unter der Steuernummer ausgestellt, die an den jeweiligen Leistenden für Zwecke der Einkommen- bzw. Körperschaftsteuer vergeben wurde. Ist Leistender eine Personengesellschaft, z.B. eine Arbeitsgemeinschaft, ist der Antrag bei dem für die Personengesellschaft zuständigen Finanzamt zu stellen.

Die Ausstellung der Freistellungsbescheinigung erfolgt unter der Steuernummer der Personengesellschaft. Ist eine Personengesellschaft ertragsteuerlich nicht zu führen, ist auf die umsatzsteuerrechtliche Zuständigkeit abzustellen. Der Antrag bedarf keiner Form. Ggf. ermittelt das Finanzamt Angaben durch einen Fragebogen. Bei Leistenden, die ihren Wohnsitz, Sitz, Geschäftsleitung oder gewöhnlichen Aufenthalt nicht im Inland haben, ist eine Freistellungsbescheinigung zu erteilen, wenn ein inländischer Empfangsbevollmächtigter bestellt ist und der Steueranspruch nicht gefährdet erscheint, also sichergestellt ist, dass der Leistende seine steuerlichen Pflichten im Inland ordnungsgemäß erfüllt. Bei Leistenden mit Wohnsitz, Sitz, Geschäftsleitung oder gewöhnlichem Aufenthalt in einem Mitgliedstaat der Europäischen Union oder in einem Staat, auf den das Abkommen über den Europäischen Wirtschaftsraum anwendbar ist, ist die Bestellung eines inländischen Empfangsbevollmächtigten nicht Voraussetzung für die Erteilung einer Freistellungsbescheinigung.

Der Steueranspruch ist insbesondere dann gefährdet und die Versagung einer **29** Freistellungsbescheinigung gerechtfertigt, wenn

1. der Leistende seine Anzeigepflicht nach § 138 AO nicht erfüllt;
2. der Leistende seiner Mitwirkungspflicht nach § 90 AO nicht nachkommt. **30**
   Insbesondere bei Leistenden, die bislang noch nicht steuerlich erfasst sind, soll das Finanzamt die notwendigen Angaben zur Prüfung der Frage, ob durch einen Steuerabzug zu sichernde Steueransprüche bestehen können und die steuerliche Erfassung des Leistenden notwendig ist, mittels eines Fragebogens erheben. Werden diese Angaben nicht oder nicht vollständig erbracht, ist nach den Gesamtumständen des Einzelfalls abzuwägen, ob wegen einer Verletzung von Auskunfts- und Mitteilungspflichten die Freistellungsbescheinigung zu versagen ist.
3. der im Ausland ansässige Leistende den Nachweis der steuerlichen Ansässig- **31** keit nicht eine Bescheinigung der zuständigen ausländischen Steuerbehörde erbringt.
   Der dem Antragsteller auferlegte Nachweis der steuerlichen Ansässigkeit nach § 48b Abs. 1 Satz 2 Nr. 3 EStG wird grundsätzlich dadurch erbracht, dass die ausländische Steuerbehörde die steuerliche Erfassung im Ansässigkeitsstaat bestätigt. In Zweifelsfällen kann das Finanzamt nach § 90 Abs. 2 AO vom Antragsteller eine qualifizierte Ansässigkeitsbescheinigung verlangen, in der die ausländische Steuerbehörde bestätigt, dass sich auch der Ort der Geschäftsleitung (BFH-Urteil vom 16. Dezember 1998 I R 138/97, BStBl. 1999 II S. 437) im Ansässigkeitsstaat befindet und in welchem Umfang der Antragsteller im Ansässigkeitsstaat selbst wirtschaftliche Aktivitäten entfaltet.

Der Gefährdungskatalog in § 48b Abs. 1 Satz 2 EStG ist nicht abschließend. **32** Entscheidend ist, ob nach dem Gesamtbild der Verhältnisse die Befürchtung gerechtfertigt erscheint, dass die rechtzeitige und vollständige Erfüllung des durch das Abzugsverfahren gesicherten Steueranspruchs durch die Erteilung der Freistellungsbescheinigung gefährdet werden könnte (BFH-Beschluss vom 13. November 2002 I B 147/02, BStBl. 2003 II S. 716). Über die im Gesetz ausdrücklich erwähnten Versagungsgründe hinaus kann daher auch dann eine Gefährdung des zu sichernden Steueranspruchs vorliegen, wenn z.B. nachhaltig oder wiederholt Steuerrückstände bestehen oder drei Monate vor Antragstellung bestanden haben oder unzutreffende Angaben in Steueranmeldungen bzw.

Steuererklärungen festgestellt werden oder der Leistende diese wiederholt nicht oder nicht rechtzeitig abgibt. Ggf. kann in diesen Fällen eine Freistellungsbescheinigung mit einer kurzen Geltungsdauer oder auftragsbezogen erteilt werden.

Im Rahmen der Verfahren nach der Insolvenzordnung (InsO) über das Vermögen des Leistenden ist die Erteilung einer Freistellungsbescheinigung nicht grundsätzlich ausgeschlossen. So ist einem Insolvenzverwalter, bei dem davon auszugehen ist, dass er seine steuerlichen Pflichten erfüllt, grundsätzlich eine Freistellungsbescheinigung auszustellen. Dies gilt im Fall der Eigenverwaltung entsprechend für vom Unternehmer nach Eröffnung des Insolvenzverfahrens erbrachte Bauleistungen. Einem vorläufigen Insolvenzverwalter mit Verfügungsbefugnis (§ 22 Abs. 1 InsO), bei dem davon auszugehen ist, dass er seine steuerlichen Pflichten erfüllt, ist eine Bescheinigung auszustellen, wenn erkennbar ist, dass das Insolvenzverfahren auch tatsächlich eröffnet wird. Unternehmer bleibt der Inhaber der Vermögensmasse, für die der Amtsinhaber (z.B. Insolvenzverwalter), bei Eigenverwaltung der Unternehmer selbst, tätig wird (Abschn. 2.1 Abs. 7 Satz 1 UStAE).

Einer Arbeitsgemeinschaft, für die keine gesonderte Feststellung der Besteuerungsgrundlagen erfolgt (§ 180 Abs. 4 AO) und die nicht Arbeitgeber der eingesetzten Arbeitnehmer ist, kann eine Freistellungsbescheinigung in der Regel nur dann erteilt werden, wenn auch den an ihr beteiligten Gesellschaftern von dem für sie jeweils zuständigen Finanzamt jeweils eine Freistellungsbescheinigung erteilt wurde. Das für die Arbeitsgemeinschaft zuständige Finanzamt kann die Vorlage der den beteiligten Gesellschaftern erteilten Freistellungsbescheinigungen verlangen.

Bei einer umsatzsteuerrechtlichen Organschaft ist ausschließlich das steuerliche Verhalten der Organgesellschaft, die nach außen als Leistender auftritt, für die Erteilung der Freistellungsbescheinigung maßgebend. Ist die Organgesellschaft Leistender (vgl. Rn. 26), weicht die in der Freistellungsbescheinigung aufgeführte Steuernummer von der in der Rechnung ggf. bezeichneten Steuernummer ab, da die Organgesellschaft in ihren Rechnungen die ihr oder dem Organträger erteilte Umsatzsteuer-Identifikationsnummer oder die Steuernummer des Organträgers anzugeben hat (vgl. Abschn. 14.5 Abs. 7 UStAE).

**33** Nach § 48b Abs. 2 EStG soll eine Freistellungsbescheinigung erteilt werden, wenn mit großer Wahrscheinlichkeit kein zu sichernder Steueranspruch besteht. Dies kann insbesondere dann der Fall sein, wenn mit großer Wahrscheinlichkeit kein Gewinn erzielt wird, z.B. bei Existenzgründern (vgl. auch Rn. 35). Der Leistende muss die Voraussetzungen glaubhaft machen. Einem Leistenden, der darlegt und glaubhaft macht, dass wegen seines nur kurzzeitigen Tätigwerdens im Inland keine zu sichernden Steueransprüche bestehen (z.B. keine inländische Einkommen- oder Körperschaftsteuerpflicht des Leistenden), soll eine Freistellungsbescheinigung erteilt werden, wenn das Vorbringen schlüssig ist und nicht in Widerspruch zu anderweitigen Erkenntnissen des Finanzamts steht.

**34** Das Finanzamt kann eine Freistellungsbescheinigung für einen im Ausland ansässigen Leistenden vorbehaltlich der Rn. 35 bis 37 ablehnen, wenn nicht ausgeschlossen werden kann, dass das Besteuerungsrecht der Bundesrepublik Deutschland zusteht, und wenn sich die formelle Laufzeit der Werkverträge der aus dem einschlägigen Doppelbesteuerungsabkommen resultierenden Frist, deren Überschreitung zur Begründung einer inländischen Betriebsstätte (BMF-

Schreiben vom 24. Dezember 1999, BStBl. I S. 1076, Tz. 4.3)[1] führen würde, nähert. Eine Freistellungsbescheinigung kann außerdem versagt werden, wenn sich aufgrund der Auswertung von Verträgen und Unterlagen oder aufgrund anderweitiger Erkenntnisse Anhaltspunkte ergeben, dass

– eine Zusammenrechnung mehrerer Bauausführungen ein deutsches Besteuerungsrecht begründen kann,
– der Antragsteller im Inland eine Geschäftsstelle unterhält, durch einen abhängigen Vertreter handelt oder
– sich Anzeichen dafür ergeben, dass der Leistende der unbeschränkten Einkommen- oder Körperschaftsteuerpflicht unterliegt.

In diesen Fällen kann ggf. eine Freistellungsbescheinigung mit einer kurzen Dauer erteilt werden.

Liegen keine Versagungsgründe gegen die Erteilung einer Freistellungsbescheinigung vor, so erteilt das für den Leistenden zuständige Finanzamt die Freistellungsbescheinigung nach amtlich vorgeschriebenem Vordruck. Die Freistellungsbescheinigung kann dabei auf bestimmte Zeit, längstens jedoch für einen Zeitraum von drei Jahren, oder bezogen auf einen bestimmten Auftrag erteilt werden. Eine Freistellungsbescheinigung, die für einen bestimmten Auftrag erteilt wird, ist auf einen Gültigkeitszeitraum zu befristen. Insbesondere bei einem Leistenden, der der Finanzverwaltung erstmals bekannt wird, soll die Freistellungsbescheinigung in der Regel nur so lange gelten, bis das Abgabe- und Zahlungsverhalten erstmalig beurteilt werden kann. Dies wird grundsätzlich spätestes ein Jahr nach Antragstellung möglich sein, wenn die ersten Voranmeldungen oder Jahreserklärungen abzugeben sind. 35

In den ersten drei Jahren nach Neugründung eines Unternehmens soll vom Finanzamt vorrangig die Erteilung einer auftragsbezogenen Freistellungsbescheinigung geprüft werden, wenn

1. dem Finanzamt nur unzureichende Informationen über das Zahlungs- und Erklärungsverhalten des neugegründeten Unternehmens vorliegen, oder
2. Anhaltspunkte bestehen, dass es sich bei dem neugegründeten Unternehmen um ein Nachfolgeunternehmen eines Unternehmens handelt, das seinen Zahlungs- und Erklärungspflichten nicht ausreichend nachgekommen ist, oder
3. die Besteuerungsgrundlagen mangels eingereichter Steueranmeldungen- bzw. Steuererklärungen zumindest für eine Abgabeart im Wege einer Schätzung ermittelt wurden.

Anderenfalls soll bei neugegründeten Unternehmen, über deren steuerliches Verhalten keine Kenntnisse vorliegen, die Freistellungsbescheinigung in der Regel nur so lange gelten, bis das Abgabe- und Zahlungsverhalten erstmalig beurteilt werden kann. Dies wird grundsätzlich spätestens ein Jahr nach Antragstellung möglich sein, wenn die ersten Voranmeldungen oder gar schon Jahreserklärungen abzugeben sind.

Die Freistellungsbescheinigung gilt ab dem Tag der Ausstellung. Ist dem Leistenden eine Freistellungsbescheinigung auf eine bestimmte Zeit erteilt worden, werden ihm zusätzlich keine auftragsbezogenen Freistellungsbescheinigungen erteilt.

---

[1] Nr. **800** § 12/1.

36 Sechs Monate vor Ablauf einer Freistellungsbescheinigung nach § 48b EStG kann auf Antrag des Leistenden eine Freistellungsbescheinigung erteilt werden, deren Geltungsdauer an die Geltungsdauer der bereits erteilten Freistellungsbescheinigung anknüpft (Folgebescheinigung). Wird die Ausstellung einer Freistellungsbescheinigung mehr als sechs Monate vor Ablauf einer Freistellungsbescheinigung verlangt oder ist dem Antrag nicht zu entnehmen, dass eine Folgebescheinigung gewünscht wird, ist eine Freistellungsbescheinigung auszustellen, die ab dem Tag der Ausstellung gültig ist.

Für die Erteilung von Freistellungsbescheinigungen an Leistende mit Wohnsitz, Sitz, Geschäftsleitung oder gewöhnlichem Aufenthalt im Ausland gelten die für Inländer anzuwendenden Grundsätze.

37 Bei nur vorübergehender Tätigkeit im Inland, insbesondere, wenn nur die Ausführung eines Auftrags im Inland beabsichtigt ist, soll die Freistellungsbescheinigung auftragsbezogen erteilt werden. Das Finanzamt kann die Erteilung einer Freistellungsbescheinigung von der Vorlage des Werkvertrages abhängig machen, wenn sie auf einen bestimmten Auftrag bezogen erteilt werden soll. Eine Freistellungsbescheinigung, die für einen bestimmten Auftrag erteilt wird, ist auf einen Gültigkeitszeitraum zu befristen.

38 Wird dem Antrag auf Erteilung einer Freistellungsbescheinigung nicht entsprochen, so erlässt das Finanzamt unter Angabe der Gründe einen Ablehnungsbescheid. Hiergegen ist als Rechtsbehelf der Einspruch statthaft.

39 Bei Verlust der Freistellungsbescheinigung wird eine Ersatzbescheinigung gleichen Inhalts und mit gleicher Sicherheitsnummer erteilt oder auf Antrag bei Vorliegen der übrigen Voraussetzungen eine neue Freistellungsbescheinigung ausgefertigt.

40 Bei Änderung eines der in der Freistellungsbescheinigung eingetragenen persönlichen Identifikationsmerkmale (Steuernummer, Name oder Anschrift bzw. Firma) ist auf Antrag des Leistenden eine neue Freistellungsbescheinigung vom ggf. neu zuständigen Finanzamt zu erteilen.

Die neue Freistellungsbescheinigung kann eine von der bisherigen Freistellungsbescheinigung abweichende Befristung enthalten. Die bisherige Freistellungsbescheinigung bleibt daneben bestehen. Beim Bundeszentralamt für Steuern (BZSt) werden die Daten beider Bescheinigungen gespeichert und zur Abfrage bereitgehalten.

### 1.4.2. Handhabung der Freistellungsbescheinigung durch den Leistungsempfänger

41 In Fällen, in denen die Freistellungsbescheinigung auf einen bestimmten Auftrag beschränkt ist, wird sie dem Leistungsempfänger vom Leistenden ausgehändigt. In den übrigen Fällen genügt es, wenn dem Leistungsempfänger eine Kopie der Freistellungsbescheinigung ausgehändigt oder elektronisch übermittelt wird.

42 Wird die Gegenleistung in Teilbeträgen (z.B. Abschlagszahlungen nach Baufortschritt) erbracht, kann im Hinblick auf diese Teilzahlungen nur dann vom Steuerabzug abgesehen werden, wenn bereits vor Auszahlung des jeweiligen Teilbetrags dem Leistungsempfänger eine gültige Freistellungsbescheinigung vorliegt. Es reicht demgegenüber nicht aus, wenn der Leistende die Freistellungsbescheinigung dem Leistungsempfänger erst zusammen mit der Schlussrechnung vorlegt. Entsprechendes gilt, wenn der Leistungsempfänger mit einer Gegenforderung gegen den Anspruch des Leistenden (Hauptforderung) auf-

rechnet. Der maßgebliche Zeitpunkt, in dem bei der Aufrechnung eine Freistellungsbescheinigung vorliegen muss, ist der Zeitpunkt der Aufrechnungserklärung, wenn zu diesem Zeitpunkt die Gegenforderung vollwirksam und fällig sowie die Hauptforderung erfüllbar ist (§ 387 BGB).

Wurde der Anspruch auf die Gegenleistung vom Leistenden (Zedent) an einen Dritten (Zessionar) an Erfüllungs statt oder erfüllungshalber abgetreten (§ 398 BGB), kommt es auf die Zahlung an den Zessionar und nicht auf den Zeitpunkt der Abtretung an. Auch beim echten und unechten Factoring sowie beim Forderungskauf ist auf den Zeitpunkt der Zahlung an den Factor oder den Forderungskäufer abzustellen. Liegt bei Zahlung an den Dritten/Zessionar keine gültige Freistellungsbescheinigung des Leistenden vor, ist der Steuerabzug vorzunehmen, selbst wenn der Zahlungsempfänger hiervon keine Kenntnis hatte und die Gegenleistung in voller Höhe einfordert. 43

Die nach den §§ 48 ff. EStG bestehende öffentlich-rechtliche Verpflichtung zum Steuerabzug ist auch bei der zivilrechtlichen Zwangsvollstreckung zu berücksichtigen. Der Drittschuldner (Leistungsempfänger) kann, unabhängig davon, ob er im Zeitpunkt des Wirksamwerdens der Pfändung 15 % der Gegenleistung bereits für Rechnung des Leistenden an das Finanzamt gezahlt hat oder er noch verpflichtet ist, diesen Steuerabzug zu erbringen, geltend machen, dass die zu pfändende Forderung nur i.H.v. 85 % der Gegenleistung besteht. 44

Liegt die Freistellungsbescheinigung dem Leistungsempfänger nicht spätestens im Zeitpunkt der Erbringung der Gegenleistung vor, bleibt die Verpflichtung zur Durchführung des Steuerabzugs auch dann bestehen, wenn die Freistellungsbescheinigung dem Leistungsempfänger später vorgelegt wird. 45

Der Leistungsempfänger soll die ihm vom Leistenden übergebenen Unterlagen aufbewahren. Freistellungsbescheinigungen sind von Leistungsempfängern, die unter die Buchführungs- und Aufzeichnungspflichten der §§ 140 ff. AO fallen, nach § 147 Abs. 1 Nr. 5 AO sechs Jahre aufzubewahren (§ 147 Abs. 3 AO). 46

### 1.4.3. Bagatellregelung

Wird keine Freistellungsbescheinigung vorgelegt, soll vom Steuerabzug auch dann abgesehen werden, wenn die Gegenleistung im laufenden Kalenderjahr den Betrag von 5000 € voraussichtlich nicht übersteigen wird. Die Freigrenze von 5000 € erhöht sich auf 15 000 €, wenn der Leistungsempfänger allein deswegen als Unternehmer abzugspflichtig ist, weil er ausschließlich steuerfreie Umsätze nach § 4 Nr. 12 Satz 1 UStG (umsatzsteuerbefreite Vermietungsumsätze) ausführt. Die erhöhte Freigrenze von 15 000 € ist nicht anzuwenden, wenn der Unternehmer die nach § 4 Nr. 12 Satz 1 UStG steuerfreien Umsätze nach § 9 UStG als umsatzsteuerpflichtig behandelt (Option zur Umsatzsteuer). Erbringt der Leistungsempfänger neben steuerfreien Umsätzen nach § 4 Nr. 12 Satz 1 UStG weitere, ggf. nur geringfügige umsatzsteuerpflichtige Umsätze, gilt insgesamt die Freigrenze von 5000 €. 47

Nimmt in den Fällen der umsatzsteuerrechtlichen Organschaft die Organgesellschaft den Steuerabzug im Auftrag des Organträgers für Bauleistungen von Leistenden außerhalb des Organkreises vor (vgl. Rn. 20), sind die Freigrenzen nur zu beachten, wenn eine zentrale Überwachung der Freigrenzen im Organkreis erfolgt. 48

Wird der Steuerabzug bei juristischen Personen des öffentlichen Rechts von einzelnen Organisationseinheiten der juristischen Person des öffentlichen 49

Rechts vorgenommen (vgl. Rn. 21), sind die Freigrenzen nur zu beachten, wenn eine zentrale Überwachung der Freigrenzen für alle Organisationseinheiten der juristischen Person des öffentlichen Rechts erfolgt.

50 Wird die Gegenleistung für ein Bauwerk erbracht, das nur teilweise unternehmerisch genutzt wird, bezieht sich die Freigrenze nur auf Gegenleistungen für den unternehmerisch genutzten Teil des Bauwerkes (vgl. Rn. 15).

51 Für die Ermittlung des Betrags sind die für denselben Leistungsempfänger im Kalenderjahr erbrachten und voraussichtlich noch zu erbringenden Bauleistungen zusammenzurechnen. Daher ist eine Abstandnahme vom Steuerabzug im Hinblick auf diese Freigrenzen nur zulässig, wenn im laufenden Kalenderjahr nicht mit weiteren Zahlungen für Bauleistungen an denselben Auftragnehmer zu rechnen ist oder die Zahlungen insgesamt nicht die Freigrenze überschreiten werden. Geht der Leistungsempfänger zunächst davon aus, dass die Freigrenze nicht überschritten wird, und nimmt er bei Erfüllung der Gegenleistung den Steuerabzug nicht vor, so ist der unterlassene Steuerabzug nachzuholen, wenn es im Nachhinein zur Überschreitung der maßgeblichen Freigrenze im laufenden Kalenderjahr kommt. Auf ein Verschulden des Leistungsempfängers kommt es insoweit nicht an. Eine Gegenleistung für eine weitere Bauleistung an denselben Leistungsempfänger, für die jedoch eine Freistellungsbescheinigung vorgelegt wird, bleibt für die Berechnung der Freigrenze außer Ansatz.

**Beispiele:**

- Ein Steuerpflichtiger lässt an einem vermieteten Mehrfamilienhaus das Dach neu eindecken. Der beauftragte Dachdecker legt keine Freistellungsbescheinigung vor. Die Kosten der Dachreparatur werden insgesamt ca. 20 000 € betragen. Hiervon sind 10 000 € zunächst als Abschlagszahlung und der Rest nach Erteilung der Schlussrechnung noch im selben Kalenderjahr zu erbringen. Damit steht von vornherein fest, dass die Freigrenze von 15 000 € überschritten wird, sodass bereits von der Abschlagszahlung der Steuerabzug vorzunehmen ist.
- Ein Steuerpflichtiger lässt an seinem vermieteten Dreifamilienhaus das Dach reparieren. Der beauftragte Dachdecker legt keine Freistellungsbescheinigung vor. Nach dem Kostenvoranschlag soll die Dachreparatur 14 500 € kosten. Vereinbarungsgemäß zahlt der Leistungsempfänger nach Baufortschritt eine Abschlagszahlung in Höhe von 10 000 €. Durch Zusatzarbeiten verteuert sich der Auftrag, sodass in der Schlussrechnung noch 6000 € in Rechnung gestellt werden, die der Leistungsempfänger noch im selben Jahr zahlt. Damit wurde die Freigrenze von 15 000 € überschritten, sodass die gesamte Gegenleistung (16 000 €) dem Steuerabzug unterliegt. Sofern bei der Leistung der Abschlagszahlung der Steuerabzug unterblieben ist, muss er nun bei Erfüllung der Restzahlung nachgeholt werden, es sei denn, der Dachdecker legt vor Zahlung der Restsumme eine Freistellungsbescheinigung vor.

52 Reicht der Betrag der Gegenleistung, der im Laufe des Jahres nachträglich zum Überschreiten der Freigrenze führt, für die Erfüllung der Abzugsverpflichtung nicht aus, so entfällt die Abzugsverpflichtung in der Höhe, in der sie die Gegenleistung übersteigt.

**Beispiele:**

- Ein Steuerpflichtiger lässt zu Beginn des Jahres Reparaturarbeiten an Regenrinnen seines vermieteten Dreifamilienhauses ausführen. Die Gegenleistung beträgt 14 000 €. Ein Steuerabzug wird nicht vorgenommen. Im November lässt er durch denselben Dachdecker an dem Gebäude ein Dachflächenfenster reparieren. Diese Reparatur führt zu einer Gegenleistung i.H.v. 2000 €. Der Steuerabzugsbetrag i.H.v. insgesamt 2400 € kann aus der letzten Gegenleistung nicht erbracht werden. Es ist ein Steuerabzug in Höhe der Gegenleistung von 2000 € vorzunehmen.
- Danach wird noch eine weitere kleine Reparatur durch denselben Dachdecker vorgenommen. Die Gegenleistung beträgt 1000 €. Der Steuerabzugsbetrag beträgt nunmehr insgesamt 2550 €. Ein Abzug von 2000 € ist bereits vorgenommen worden. Der noch verbleibende Steuerabzug von 550 € ist von der Gegenleistung durchzuführen.

### 1.4.4. Absehen vom Steuerabzug bei Vermietung von nicht mehr als zwei Wohnungen. § 48 Abs. 1 Satz 2 EStG (Zweiwohnungsregelung)

Vermietet der Leistungsempfänger nicht mehr als zwei Wohnungen, ist der Steuerabzug auf Bauleistungen für diese Wohnungen nicht anzuwenden (Zweiwohnungsregelung). Ob eine Wohnung vorliegt, richtet sich nach § 181 Abs. 9 BewG. Danach ist eine Wohnung die Zusammenfassung einer Mehrheit von Räumen, die in ihrer Gesamtheit so beschaffen sein müssen, dass die Führung eines selbständigen Haushalts möglich ist. Die Zusammenfassung einer Mehrheit von Räumen muss eine von anderen Wohnungen oder Räumen, insbesondere Wohnräumen, baulich getrennte, in sich abgeschlossene Wohneinheit bilden und einen selbständigen Zugang haben. Außerdem ist erforderlich, dass die für die Führung eines selbständigen Haushalts notwendigen Nebenräume (Küche, Bad oder Dusche, Toilette) vorhanden sind. Die Wohnfläche muss mindestens 23 m² betragen. 53

Bei einzeln vermieteten Zimmern ist die Nutzung der gesamten Wohnung ausschlaggebend. Wird diese im Übrigen selbst genutzt oder unentgeltlich überlassen, so ist kein Steuerabzug vorzunehmen. Werden sämtliche Zimmer an mehrere Mieter vermietet, so zählt die Wohnung als ein Objekt für die Zweiwohnungsregelung. 54

Die Verpflichtung zum Steuerabzug besteht für alle Wohnungen, wenn von einem Vermieter mehr als zwei Wohnungen vermietet werden. Der Steuerabzug für Bauleistungen für andere unternehmerische Zwecke bleibt von der Zweiwohnungsgrenze unberührt. 55

**Beispiel:**
Sind eigenbetrieblich genutzte Gebäude und ein Zweifamilienhaus neben einem zu eigenen Wohnzwecken genutzten Einfamilienhaus vorhanden, ist der Steuerabzug nur auf die eigenbetrieblichen Gebäude anzuwenden. Hinsichtlich des Zweifamilienhauses gilt die Zweiwohnungsregelung. Bauleistungen an dem zu eigenen Wohnzwecken genutzten Einfamilienhaus unterliegen nicht dem Steuerabzug (vgl. Rn. 14). Unentgeltlich überlassene Wohnungen bleiben unberücksichtigt.

Vorübergehend leerstehende Wohnungen sind im Rahmen der Zweiwohnungsgrenze zu berücksichtigen, es sei denn, der Vermieter hat die Vermietungsabsicht aufgegeben. 56

Es ist unerheblich, zu welchem Zweck vermietet wird und ob sich die vermieteten Wohnungen im Privatvermögen oder Betriebsvermögen des Vermieters befinden. Gewerblich oder zu freiberuflichen Zwecken vermietete Wohnungen sind daher zu berücksichtigen. Werden z.B. zwei Wohnungen des Privatvermögens zu Wohnzwecken und eine Wohnung, die zum Betriebsvermögen des Unternehmers gehört, gewerblich vermietet, ist die Zweiwohnungsregelung nicht anzuwenden. 57

Vermietete Wohnungen im Ausland sind bei der Anwendung der Zweiwohnungsregelung zu berücksichtigen. 58

Die Zweiwohnungsregelung wird auf die jeweilige Grundstücksgesellschaft/-gemeinschaft angewendet, die umsatzsteuerrechtlich als eigenständiger Unternehmer qualifiziert wird. Demjenigen, der an mehreren Grundstücksgesellschaften/-gemeinschaften beteiligt ist, werden die einzelnen Beteiligungen nicht als Wohnungen zugerechnet. 59

**60** Jede Grundstücksgesellschaft/-gemeinschaft ist für sich zu beurteilen. Bei einer umsatzsteuerrechtlichen Unternehmereigenschaft können daher eine Vielzahl von Objektgesellschaften mit den gleichen Beteiligten bestehen.

**61** Bei Ehegatten ist die Zweiwohnungsgrenze für jeden Ehegatten getrennt zu ermitteln. Eine Ehegatten-Eigentümergemeinschaft ist ein eigener Leistungsempfänger.

**62** Garagen stellen nur dann einen Bestandteil einer Wohnung dar, wenn sie zusammen mit der Wohnung vermietet werden. Bauleistungen an einer nicht gemeinsam mit einer Wohnung vermieteten Garage unterliegen dem Steuerabzug.

### 2. Einbehaltung, Abführung und Anmeldung des Abzugsbetrags

**63** Die Verpflichtung zum Steuerabzug entsteht in dem Zeitpunkt, in dem die Gegenleistung erbracht wird, d.h. beim Leistungsempfänger selbst oder bei einem Dritten, der für den Leistungsempfänger zahlt, abfließt (§ 11 Abs. 2 Satz 1 EStG). Dies gilt auch in Fällen, in denen die Gegenleistung in Teilbeträgen (Vorschüsse, Abschlagszahlungen, Zahlung gestundeter Beträge) erbracht wird. Erlischt die Gegenleistung infolge einer Aufrechnung, tritt die wirksame Aufrechnungserklärung an die Stelle der Zahlung. In diesem Zeitpunkt hat der Leistungsempfänger (Auftraggeber und Schuldner der Gegenleistung) den Steuerabzug für Rechnung des Leistenden (Auftragnehmers) vorzunehmen (§ 48 Abs. 1 Satz 1 EStG). Dazu muss er den Steuerabzugsbetrag von der Gegenleistung einbehalten.

Die Verpflichtung des Leistungsempfängers zur Einbehaltung, Abführung und Anmeldung der Bauabzugsteuer hängt tatbestandlich nicht von der inländischen Steuerpflicht des Leistenden ab (BFH-Urteil vom 7. November 2019 I R 46/17, BStBl. 2020 II S. 552, Rn. 27).

**64** Der Leistungsempfänger hat den innerhalb eines Kalendermonats einbehaltenen Steuerabzugsbetrag unter Angabe des Verwendungszwecks jeweils bis zum 10. des Folgemonats an das für die Besteuerung des Einkommens des Leistenden zuständige Finanzamt (Kasse) abzuführen. Eine Stundung des Steuerabzugsbetrags ist nach § 222 AO ausgeschlossen.

**65** Darüber hinaus ist der Leistungsempfänger verpflichtet, über den einbehaltenen Steuerabzug ebenfalls bis zum 10. des Folgemonats eine Anmeldung nach amtlich vorgeschriebenem Vordruck bei dem für den Leistenden zuständigen Finanzamt (vgl. Rn. 97 ff.) abzugeben, in der er den Steuerabzug für den Anmeldezeitraum (Kalendermonat) selbst berechnet. Der Leistungsempfänger hat für jeden Leistenden eine eigene Anmeldung abzugeben, auch wenn mehrere Leistende bei einem Finanzamt geführt werden. Die Anmeldung muss vom Leistungsempfänger oder von einem zu seiner Vertretung Berechtigten unterschrieben sein. Sie steht einer Steueranmeldung (§§ 167, 168 AO) gleich. In der Anmeldung ist die zu Grunde liegende Bauleistung anzugeben (Art der Tätigkeit und Projekt); nur die Angabe einer Auftrags- oder Rechnungsnummer ist nicht ausreichend.

**66** Die benötigten Adressen und Bankverbindungen der zuständigen Finanzämter können regelmäßig beim Leistenden erfragt werden. Daneben können die Informationen auch im Internet unter www.finanzamt.de ermittelt werden. Ferner kann jedes Finanzamt entsprechende Informationen zur Verfügung stellen.

Das Finanzamt kann bei verspäteter Abgabe der Anmeldung einen Verspätungszuschlag festsetzen (höchstens 25 000 €). Nach § 152 AO in der Fassung des Gesetzes zur Steuermodernisierung (BGBl. 2016 I S. 1679) beträgt der Verspätungszuschlag für jeden angefangenen Monat der eingetretenen Verspätung 0,25 % der festgesetzten Steuer, mindestens jedoch 10 € für jeden angefangenen Monat der eingetretenen Verspätung (§ 152 Abs. 5 Satz 1 AO); insoweit besteht kein Ermessenspielraum des Finanzamtes. § 152 Abs. 8 AO gilt nicht, da Steueranmeldungen nach § 48a Abs. 1 EStG nicht periodisch, sondern nur anlassbezogen abzugeben sind (vgl. AEAO zu § 152 AO, Nr. 8). Bei verspäteter Zahlung entstehen Säumniszuschläge. 67

Bei einer nachträglichen Erhöhung der Gegenleistung ist nur der Differenzbetrag zu der vorherigen Anmeldung in dem Anmeldungszeitraum, in dem der erhöhte Betrag erbracht wurde, anzumelden (§ 48a Abs. 1 EStG). Bei einer Minderung der Gegenleistung ist keine Berichtigung vorzunehmen. 68

### 3. Abrechnung mit dem Leistenden

Der Leistungsempfänger ist verpflichtet, mit dem Leistenden über den einbehaltenen Steuerabzug abzurechnen (§ 48a Abs. 2 EStG). Dazu hat er dem Leistenden (Auftragnehmer) einen Abrechnungsbeleg zu erteilen, der folgende Angaben enthalten muss: 69

1. Name und Anschrift des Leistenden,
2. Rechnungsbetrag, Rechnungsdatum und Zahlungstag,
3. Höhe des Steuerabzugs,
4. Finanzamt, bei dem der Abzugsbetrag angemeldet worden ist.

### 4. Haftung

Ist der Steuerabzug nicht ordnungsgemäß durchgeführt worden, so haftet der Leistungsempfänger für den nicht oder zu niedrig abgeführten Abzugsbetrag (§ 48a Abs. 3 Satz 1 EStG). Bei Erbringung der Gegenleistung durch Dritte (z.B. durch ein Versicherungsunternehmen) haftet der Leistungsempfänger (z.B. der Geschädigte) für den Steuerabzug. Die Haftung ist grundsätzlich unabhängig von einem Verschulden des Leistungsempfängers, wenn dem Leistungsempfänger keine Freistellungsbescheinigung vorgelegen hat (BFH-Urteil vom 7. November 2019 I R 45/17, BStBl. 2020 II S. 552, Rn. 43). Unerheblich ist auch, ob für den Leistenden im Inland zu sichernde Steueransprüche bestehen. Insbesondere kann sich der Leistungsempfänger im Haftungsverfahren nicht darauf berufen, dass die Gegenleistung beim Leistenden im Inland nicht besteuert werden kann (vgl. BFH-Urteil vom 7. November 2019 I R 46/17, BStBl. 2020 II S. 552, Rn. 45, 46). Nach § 48d Abs. 1 Satz 1 und 6 EStG wird der Steuerabzug nicht durch ein Doppelbesteuerungsabkommen eingeschränkt. Eine Haftungsinanspruchnahme ist auch möglich, wenn die Person des Steuerschuldners nicht feststeht 70

Sofern die tatbestandlichen Voraussetzungen für die Haftung vorliegen, entscheidet das Finanzamt im Rahmen seines pflichtgemäßen Ermessens über die Inanspruchnahme des Leistungsempfängers als Haftungsschuldner. Dabei ist auch zu berücksichtigen, dass die Steuerschuld, für die gehaftet werden soll, entstanden sein und noch bestehen muss. Bei der Prüfung der Akzessorietät der Haftungsschuld zur zugrundeliegenden Steuerschuld (Primärschuld) ist die „zugrunde liegende Steuerschuld“ nicht die Einkommen- bzw. Körperschaft- 71 steuerschuld des Leistenden, sondern die vom Leistenden geschuldete Bauabzugsteuer (vgl. BFH-Urteil vom 7. November 2019 I R 46/17, BStBl. 2020 II S. 552, Rn. 41 ff.).

**72** Die Haftung des Leistungsempfängers ist jedoch ausgeschlossen, wenn ihm im Zeitpunkt der Gegenleistung eine Freistellungsbescheinigung vorgelegen hat, auf deren Rechtmäßigkeit er vertrauen durfte. Der Leistungsempfänger ist verpflichtet, die Freistellungsbescheinigung zu überprüfen; insbesondere soll er sich vergewissern, ob die Freistellungsbescheinigung mit einem Dienstsiegel versehen ist und eine Sicherheitsnummer trägt. Bei Vorlage einer Kopie müssen alle Angaben auf der Freistellungsbescheinigung lesbar sein. Eine Verpflichtung zu einer regelmäßigen Prüfung der Freistellungsbescheinigung besteht nicht.

Der Leistungsempfänger hat die Möglichkeit, sich durch eine Prüfung der Gültigkeit der Freistellungsbescheinigung über ein eventuelles Haftungsrisiko Gewissheit zu verschaffen. Er kann hierzu im Wege einer elektronischen Abfrage beim BZSt (https://eibe.bff-online.de/eibe) eine Bestätigung der Gültigkeit der Bescheinigung erlangen. Bestätigt das BZSt die Gültigkeit nicht oder kann der Leistungsempfänger die elektronische Abfrage nicht durchführen, kann sich der Leistungsempfänger auch durch eine Nachfrage bei dem auf der Freistellungsbescheinigung angegebenen Finanzamt Gewissheit verschaffen. Hat der Leistungsempfänger die Gültigkeit der Freistellungsbescheinigung im Zeitpunkt der Gegenleistung durch eine elektronische Abfrage beim BZSt oder durch eine Anfrage beim Finanzamt überprüft, liegt in der Regel keine grobe Fahrlässigkeit vor. Anfragen an die Finanzämter zur Bestätigung der Gültigkeit der Freistellungsbescheinigungen werden mündlich oder telefonisch beantwortet. Eine schriftliche Bestätigung erfolgt grundsätzlich nicht.

**73** Eine Inanspruchnahme des Leistungsempfängers soll auch dann unterbleiben, wenn ihm zum Zeitpunkt der Erbringung der Gegenleistung keine Freistellungsbescheinigung vorgelegen hat, er aber gleichwohl den Steuerabzug nicht vorgenommen hat und ihm im Nachhinein eine bereits im Zeitpunkt der Zahlung gültige Freistellungsbescheinigung nachgereicht wird.

**74** Schützenswertes Vertrauen liegt nicht vor, wenn die Freistellungsbescheinigung durch unlautere Mittel oder falsche Angaben erwirkt wurde und dem Leistungsempfänger dies bekannt oder infolge grober Fahrlässigkeit nicht bekannt war (§ 48a Abs. 3 Satz 3 EStG).

**75** Dies gilt auch, wenn dem Leistungsempfänger eine gefälschte Freistellungsbescheinigung vorgelegt wurde und der Leistungsempfänger dies erkannte oder hätte erkennen müssen.

**76** Sind die Voraussetzungen für eine Inanspruchnahme des Leistungsempfängers i.S.d. § 48a Abs. 3 EStG im Wege der Haftung gegeben, so kann er entweder durch einen Haftungsbescheid nach § 191 AO oder durch eine Steuerfestsetzung nach § 167 Abs. 1 AO (sog. Nacherhebungsbescheid) in Anspruch genommen werden. Die Wahl des Verfahrens muss nicht begründet werden. Die tatbestandlichen Erfordernisse der jeweiligen Haftungsnorm sind auch dann zu beachten, wenn kein Haftungsbescheid, sondern ein Nachforderungsbescheid erlassen wird (BFH-Urteil vom 7. November 2019 I R 46/17, BStBl. 2020 II S. 552, Rn. 37, 38). Den entsprechenden Bescheid erlässt das für den Leistenden zuständige Finanzamt nach Anhörung des Leistungsempfängers. Besondere Ermessenserwägungen sind für den Erlass eines Nachforderungsbescheides nicht erforderlich; dies gilt auch, wenn die Einkünfte des Leistenden nicht in Deutschland steuerpflichtig gewesen sein sollten (BFH-Urteil vom 7. November 2019 I R 46/17, BStBl. 2020 II S. 552, Rn. 45).

## 5. Widerruf und Rücknahme der Freistellungsbescheinigung

Wird eine rechtmäßige Freistellungsbescheinigung für die Zukunft widerrufen, 77
so ist sie für Gegenleistungen, die nach diesem Zeitpunkt erbracht werden, nicht mehr gültig. Entsprechendes gilt, wenn eine rechtswidrige Freistellungsbescheinigung mit Wirkung für die Vergangenheit zurückgenommen wird. In diesem Fall war die Abstandnahme vom Steuerabzug jedoch bereits in der Vergangenheit unzulässig. In den Fällen, in denen die Freistellungsbescheinigung für eine bestimmte Bauleistung erteilt worden war, unterrichtet das Finanzamt auch den Leistungsempfänger vom Widerruf bzw. der Rücknahme der Freistellungsbescheinigung. Dies hat zur Folge, dass der Leistungsempfänger von künftigen Gegenleistungen den Steuerabzug vorzunehmen hat und – bei der Rücknahme – auch den Steuerabzug für bereits erbrachte Gegenleistungen nachholen muss. Die Nachholung erfolgt grundsätzlich durch Einbehalt von künftigen Gegenleistungen. Ist dies nicht möglich oder reicht die künftige Gegenleistung hierfür nicht aus, so entfällt insoweit der Einbehalt.

Wird eine zeitlich befristete, jedoch nicht auf einen bestimmten Auftrag beschränkte Freistellungsbescheinigung widerrufen oder zurückgenommen, kommt eine Haftungsinanspruchnahme des Leistungsempfängers nur dann in Betracht, wenn ihm der Widerruf oder die Rücknahme bekannt oder infolge grober Fahrlässigkeit nicht bekannt waren.

Eine Freistellungsbescheinigung soll widerrufen werden, wenn der Steuer- 78
anspruch gefährdet erscheint (vgl. Rn. 32). Insbesondere in den Fällen, in denen noch Steuererklärungen ausstehen und das Finanzamt die Besteuerungsgrundlagen nach § 162 AO schätzt, ist die Möglichkeit eines Widerrufs einer erteilten Freistellungsbescheinigung zu prüfen. Eine Gefährdung des Steueranspruchs kann bereits vor Stellung eines Insolvenzantrages vorliegen. Ob und wann ein Widerruf vorgenommen wird, ist nach den Gegebenheiten im Einzelfall zu entscheiden. Eine Anfechtung des Widerrufs durch den Insolvenzverwalter oder Sachwalter nach den Vorschriften der InsO ist nur möglich, wenn das Insolvenzverfahren eröffnet wurde und die Voraussetzungen der §§ 130 und 131 InsO vorliegen.

## 6. Bemessungsgrundlage und Höhe des Steuerabzugs

Dem Steuerabzug unterliegt der volle Betrag der Gegenleistung. Zur Gegen- 79
leistung gehört das Entgelt für die Bauleistung zuzüglich der Umsatzsteuer. Das gilt auch im Falle des § 13b UStG, obwohl der Leistungsempfänger Schuldner der Umsatzsteuer ist. Der Steuerabzug beträgt 15 % der Gegenleistung. Ein Solidaritätszuschlag wird auf den Abzugsbetrag nicht erhoben. Zur nachträglichen Erhöhung oder Minderung der Gegenleistung siehe auch Rn. 68.

Auch die nachträgliche Auszahlung eines Sicherheitseinbehaltes (z.B. nach 80
Ablauf der Gewährleistungspflicht) stellt die Erbringung einer Gegenleistung dar. Der Steuerabzug ist hierauf vorzunehmen, sofern keine Freistellungsbescheinigung vorliegt und die Bagatellgrenze überschritten wird.

Der Steuerabzug nach §§ 48 ff. EStG hat keine Auswirkungen auf die umsatz- 81
steuerrechtliche Behandlung (siehe auch: Tz. VI „Merkblatt zur Umsatzbesteuerung in der Bauwirtschaft [USt M 2]).

Zum umsatzsteuerrechtlichen Entgelt gem. § 10 Abs. 1 Satz 2 UStG gehören auch Zahlungen des Leistungsempfängers an Dritte (vgl. Abschn. 10.1 Abs. 7 Satz 1 UStAE). Deshalb ist bei der Ermittlung des Entgelts auch der vom Leistungsempfänger einzubehaltende und an das für den leistenden Unternehmer zuständige Finanzamt abzuführende Umsatzsteuerbetrag zu berücksichtigen.

**Beispiel:**

Der Unternehmer erteilt dem Leistungsempfänger für erbrachte Bauleistungen folgende Rechnung:

| | |
|---|---|
| Auftragssumme netto: | 100 000 € |
| Umsatzsteuer 19 %: | 19 000 € |
| Bruttobetrag: | 119 000 € |

Der Leistungsempfänger überweist dem Unternehmer 101 150 € (119 000 € abzüglich 15 % Steuerabzug 17 850 €).

Das umsatzsteuerrechtliche Entgelt beträgt 100 000 €, die darauf entfallende Umsatzsteuer 19 000 €.

82 Versteuert der leistende Unternehmer seine Umsätze nach vereinnahmten Entgelten (§ 20 UStG), ist die Versteuerung in dem Voranmeldungszeitraum vorzunehmen, in dem das Entgelt bzw. Teilentgelt vereinnahmt wird. Hierbei ist es unerheblich, dass der Leistungsempfänger den Steuerabzug gemäß § 48a Abs. 1 EStG (15 %) erst am 10. des Folgemonats an das Finanzamt entrichtet.

**Beispiel:**

Der Unternehmer erteilt dem Leistungsempfänger für erbrachte Bauleistungen die im Beispiel zu Rn. 81 bezeichnete Rechnung. Der Leistungsempfänger überweist im März 2020 einen Betrag i.H.v. 50 575 € (59 500 € abzüglich 15 % Steuerabzug 8925 €) und nochmals 50 575 € im Mai 2020. Der leistende Unternehmer hat gemäß § 13 Abs. 1 Nr. 1 Buchst. b UStG mit Ablauf des März 2020 ein Teilentgelt von 50 000 € und mit Ablauf des Mai 2020 den Restbetrag von 50 000 € zu versteuern.

Versteuert hingegen der leistende Unternehmer seine Umsätze nach vereinbarten Entgelten (Sollversteuerung), ist die Versteuerung mit Ablauf des Voranmeldungszeitraums vorzunehmen, in dem die Bauleistung ausgeführt worden ist. Die vor Ausführung der Leistung vereinnahmten Vorauszahlungen, Abschlagszahlungen usw. führen nach § 13 Abs. 1 Nr. 1 Buchst. a Satz 4 UStG zu einer früheren Steuerentstehung (vgl. Abschn. 13.2 Abs. 2 Satz 1 UStAE).

**Beispiel:**

Der Unternehmer führt im April 2020 Bauleistungen aus. Das vereinbarte Entgelt entspricht der im Mai 2020 erteilten Rechnung (vgl. Rn. 81). Der Leistungsempfänger überweist im März 2020 einen Betrag i.H.v. 50 575 € (59 500 € abzüglich 15 % Steuerabzug 8925 €) als Vorauszahlung und nochmals 50 575 € im Mai 2020. Der leistende Unternehmer hat gemäß § 13 Abs. 1 Nr. 1 Buchst. a Satz 4 UStG im März 2020 ein Teilentgelt von 50 000 € und im April 2020 gemäß § 13 Abs. 1 Nr. 1 Buchst. a Satz 1 UStG den Restbetrag von 50 000 € zu versteuern.

83 Der Steuerabzug ist auch bei der Aufrechnung und beim Tausch vorzunehmen.

**Beispiel:**

Die fällige Forderung des Leistenden aus einem Bauauftrag beträgt 30 000 €. Hiergegen rechnet der Leistungsempfänger mit einer fälligen Gegenforderung von 17 000 € auf. Von der verbleibenden Verbindlichkeit von 13 000 € wird der Steuerabzug i.H.v. 4500 € vorgenommen und der Restbetrag von 8500 € an den Leistenden gezahlt.

84 Der Steuerabzug ist auch vorzunehmen, wenn sich im Rahmen der Aufrechnung Hauptforderung und Gegenforderung in gleicher oder annähernd gleicher Höhe gegenüberstehen.

## 7. Entlastung aufgrund von Doppelbesteuerungsabkommen

Auch in Fällen, in denen die Bauleistung von einem nicht unbeschränkt steuerpflichtigen Leistenden erbracht wird, unterliegt die Gegenleistung dem Steuerabzug. Dies gilt selbst dann, wenn die im Inland erzielten Einkünfte des Leistenden nach einem Doppelbesteuerungsabkommen in der Bundesrepublik Deutschland nicht besteuert werden dürfen (§ 48d Abs. 1 Satz 1 EStG). Das Gleiche gilt, wenn die Gegenleistung aufgrund eines Doppelbesteuerungsabkommens vom Steuerabzug freigestellt oder der Steuerabzug nach einem niedrigeren Steuersatz vorzunehmen ist. Unberührt bleibt jedoch der Anspruch des Leistenden auf völlige oder teilweise Erstattung des Abzugsbetrags; die Erstattung erfolgt auf Antrag durch das Finanzamt, das nach § 20a AO für die Besteuerung des nicht unbeschränkt steuerpflichtigen Leistenden zuständig ist. 85

## 8. Anrechnung des Steuerabzugsbetrags

Das Finanzamt rechnet den Abzugsbetrag auf die vom Leistenden zu entrichtenden Steuern an. Voraussetzung ist, dass der Abzugsbetrag einbehalten und angemeldet wurde (§ 48c Abs. 1 EStG). Zur Prüfung dieser Voraussetzung hat der Leistende auf Verlangen des Finanzamtes die vom Leistungsempfänger gemäß § 48a Abs. 2 EStG erteilten Abrechnungsbelege vorzulegen. 86

Steuerabzugsbeträge, die auf Bauleistungen beruhen, die vor Eröffnung des Insolvenzverfahrens ausgeführt wurden und vor der Insolvenzeröffnung durch den Leistungsempfänger an das Finanzamt gezahlt wurden, sind auf Steuern anzurechnen, die vor Eröffnung des Verfahrens begründet wurden (Insolvenzforderungen nach § 38 InsO). Bei der Anrechnung ist die Reihenfolge des § 48c Abs. 1 EStG zu beachten. Sofern sich danach keine Anrechnungsmöglichkeiten ergeben, sind die verbliebenen Beträge mit anderen Insolvenzforderungen aufzurechnen (§ 94 InsO).

Steuerabzugsbeträge, die auf Bauleistungen beruhen, die vor Eröffnung des Insolvenzverfahrens ausgeführt wurden und nach der Insolvenzeröffnung durch den Leistungsempfänger an das Finanzamt gezahlt wurden, sind an die Insolvenzmasse auszukehren (BFH-Beschluss vom 13. November 2002 I B 147/02, BStBl. 2003 II S. 716).

Für die Anrechnung ist zum Schutz des Leistenden grundsätzlich nicht Voraussetzung, dass der angemeldete Betrag auch abgeführt wurde. Im Hinblick auf § 48c Abs. 3 EStG hat das Finanzamt vor der Anrechnung jedoch festzustellen, ob der Leistungsempfänger den angemeldeten Abzugsbetrag abgeführt hat. Ist dies nicht der Fall, ist vom Finanzamt durch weitere Sachverhaltsermittlungen zu klären, ob Anhaltspunkte für einen Missbrauch des Abzugsverfahrens gegeben sind.

Ist ein Abzugsbetrag vom Leistungsempfänger einbehalten, aber nicht angemeldet und abgeführt worden, wird der Abzugsbetrag beim Leistenden angerechnet, wenn der Leistende seinem Finanzamt die entsprechende Abrechnung i.S.d. § 48a Abs. 2 EStG vorlegt und der Leistungsempfänger durch Haftungsbescheid oder eine Steuerfestsetzung nach § 167 Abs. 1 AO in Anspruch genommen worden ist. Bis dahin ist eine Stundung der dem Steuerabzugsverfahren unterliegenden fälligen Steuern des Leistenden nach § 222 AO nicht zulässig. Ggf. kommen die einstweilige Einstellung oder Beschränkung der Vollstreckung gemäß § 258 AO in Betracht.

Für die Anrechnung gilt folgende zwingende Reihenfolge:

1. auf die nach § 41a Abs. 1 EStG vom Leistenden einbehaltene und angemeldete Lohnsteuer,
2. auf die vom Leistenden zu entrichtenden Vorauszahlungen auf die Einkommen- oder Körperschaftsteuer,
3. auf die Einkommen- oder Körperschaftsteuer des Besteuerungs- oder Veranlagungszeitraums, in dem die Leistung erbracht worden ist, und
4. auf die vom Leistenden selbst nach dem Steuerabzugsverfahren bei Bauleistungen anzumeldenden und abzuführenden Abzugsbeträge.

Die Anrechnung nach § 48c Abs. 1 Satz 1 Nr. 2 EStG kann nur für Vorauszahlungszeiträume innerhalb des Besteuerungs- oder Veranlagungszeitraums erfolgen, in dem die Bauleistung erbracht worden ist. Außerdem darf die Anrechnung auf Vorauszahlungen nicht zu einer Erstattung führen. Anrechnungen nach § 48c Abs. 1 Satz 1 Nr. 1 und 4 EStG sind nur bis zur Veranlagung zur Einkommen- oder Körperschaftsteuer des Jahres, in dem die Bauleistung erbracht wurde, möglich.

Eine Anrechnung gemäß § 48c EStG ist auch im Fall der Inanspruchnahme des Leistungsempfängers durch Festsetzungsbescheid nach § 167 Abs. 1 Satz 1 AO oder durch Haftungsbescheid möglich. Der Leistungsempfänger zahlt in jedem Fall für Rechnung des Bauleistenden.

87 Soweit nach Anrechnung auf die Beträge nach § 48c Abs. 1 Satz 1 Nr. 1 EStG ein Guthaben verbleibt, kann dieses nur auf die Vorauszahlungen angerechnet werden, die für den Veranlagungszeitraum der Leistungserbringung festgesetzt wurden oder werden. Der übersteigende Betrag kann erst auf die veranlagte Einkommen- oder Körperschaftsteuer des Veranlagungszeitraumes angerechnet werden, in dem die Leistung erbracht wurde. Bis zum Abschluss der Veranlagung dieses Veranlagungszeitraumes kann eine Erstattung der Steuer nicht erfolgen. Das Erstattungsverfahren nach § 48c Abs. 2 EStG bleibt hiervon unberührt.

Leistung in diesem Sinne ist nicht die Gegenleistung i.S.v. § 48 Abs. 3 EStG, sondern die Bauleistung nach § 48 Abs. 1 Satz 3 EStG. Die Bauleistung ist in dem Zeitpunkt erbracht, in dem sie abgeschlossen und nach den Grundsätzen ordnungsgemäßer Buchführung die Ergebnisrealisierung eingetreten ist. Hiervon ist allgemein auszugehen, wenn das fertige Werk an den Leistungsempfänger übergeben und von diesem abgenommen wurde. Dass die Anrechnung des Abzugsbetrages erst im Veranlagungszeitraum der Gewinnrealisierung möglich ist, entspricht dem Sicherungscharakter des Steuerabzugsbetrages, der erst im Jahr der Gewinnrealisierung beim Leistenden zur Steueranrechnung zur Verfügung stehen soll. Eine Anrechnung auf Teilleistungen kann ausnahmsweise in vorhergehenden Veranlagungszeiträumen in Betracht kommen, wenn sich ein Großbauwerk über mehrere Jahre erstreckt und wenn der Leistende von seinem Wahlrecht Gebrauch gemacht hat, aufgrund von Teilabrechnungen und Teilabnahmen eine Teilgewinnrealisierung vorzunehmen.

Bei mehreren lohnsteuerlichen Betriebsstätten kann der Leistende die Reihenfolge der Anrechnung der Lohnsteuer entsprechend § 225 Abs. 1 AO bestimmen.

88 Sind Personengesellschaften Leistende, erfolgt die Anrechnung i.S.d. § 48c Abs. 1 Satz 1 Nr. 2 und 3 EStG bei der Einkommen- oder Körperschaftsteuer der Gesellschafter. Die Anrechnung auf Vorauszahlungen nach § 48c Abs. 1 Satz 1 Nr. 2 EStG erfolgt, wenn der zur Vertretung der Gesellschaft Berechtigte

(§ 34 Abs. 1 AO) dem Finanzamt mitteilt, in welchem Verhältnis die Anrechnung zu erfolgen hat. Die Mitteilung hat den Beteiligungsverhältnissen zu entsprechen. Ausnahmsweise können andere Kriterien berücksichtigt werden, wenn sie betrieblich begründet sind. Die Anrechnung auf die veranlagte Einkommen- oder Körperschaftsteuer des Besteuerungs- oder Veranlagungszeitraums nach § 48c Abs. 1 Satz 1 Nr. 3 EStG erfolgt bei den Gesellschaftern nach dem Gewinnverteilungsschlüssel der Gesellschaft. Bei Unstimmigkeiten zwischen den Gesellschaftern über die Höhe ihrer Anteile am Anrechnungsvolumen ist eine gesonderte und einheitliche Feststellung der Steuerabzugsbeträge nach § 180 Abs. 5 Nr. 2 AO durchzuführen; diese Feststellung kann mit der Gewinnfeststellung nach § 180 Abs. 1 Satz 1 Nr. 2 Buchst. a AO verbunden werden.

Die Ausführungen zu den Personengesellschaften gelten in gleicher Weise auch für Arbeitsgemeinschaften.

Ist eine Organgesellschaft einer umsatzsteuerrechtlichen Organschaft Leistender i.S.d. § 48 Abs. 1 EStG, wird der Steuerabzug nach § 48c Abs. 1 Satz 1 Nr. 2 und 3 EStG bei der Organgesellschaft angerechnet. Dies gilt auch im Fall einer körperschaftsteuerlichen Organschaft mit der Folge, dass der Steuerabzug ggf. nur nach § 48c Abs. 1 Satz 1 Nr. 1 EStG angerechnet werden kann. 89

### 9. Erstattungsverfahren

Verbleiben nach der Anrechnung gemäß § 48c Abs. 1 EStG Abzugsbeträge, die bis zum Abschluss der Veranlagung zur Einkommen- oder Körperschaftsteuer des Jahres, in dem die Bauleistung erbracht wurde, nicht angerechnet werden konnten und für die eine Aufrechnung nach § 226 AO nicht in Betracht kommt, werden sie dem Leistenden erstattet. 90

Auf Antrag des Leistenden erstattet das nach § 20a AO zuständige Finanzamt dem Leistenden mit Wohnsitz, Geschäftsleitung oder Sitz außerhalb des Geltungsbereiches des Gesetzes den Abzugsbetrag (§ 48c Abs. 2 EStG). Voraussetzung ist, dass der Leistende nicht zur Abgabe von Lohnsteueranmeldungen verpflichtet ist und eine Veranlagung zur Einkommen- oder Körperschaftsteuer beim Leistenden oder seinen Gesellschaftern nicht in Betracht kommt oder glaubhaft gemacht wird, dass im Veranlagungszeitraum keine zu sichernden Steueransprüche entstehen werden. Wird die Erstattung beantragt, weil nach dem Doppelbesteuerungsabkommen die Gegenleistung im Inland nicht zu besteuern ist, hat der Leistende durch eine Bestätigung der für ihn im Ausland zuständigen Steuerbehörde nachzuweisen, dass er dort ansässig ist (§ 48d Abs. 1 Satz 4 EStG). 91

Der Antrag auf Erstattung gemäß Rn. 91 ist nach amtlich vorgeschriebenem Muster zu stellen, und zwar bis spätestens zum Ablauf des zweiten Kalenderjahres, das auf das Jahr folgt, in dem der Abzugsbetrag angemeldet worden ist. Ist in einem Doppelbesteuerungsabkommen eine längere Frist eingeräumt, so ist diese Frist maßgebend. 92

Erfolgt der Steuerabzug unberechtigt (z.B. weil keine Bauleistung gegeben ist oder weil ein Steuerabzug trotz Vorlage einer gültigen Freistellungsbescheinigung vorgenommen wurde), ist der an das Finanzamt abgeführte Betrag gemäß § 37 Abs. 2 AO durch das für die Besteuerung des Leistenden zuständige Finanzamt an den anmeldenden Leistungsempfänger zu erstatten, nachdem dieser eine entsprechend berichtigte Anmeldung abgegeben hat (vgl. AEAO zu 93

§ 37, Nr. 2, 2. Absatz). Der Leistende kann alternativ zivilrechtlich gegen einen unberechtigten Steuerabzug vorgehen.

### 10. Sperrwirkung gegenüber § 160 AO, § 42d Abs. 6 und 8 sowie § 50a Abs. 7 EStG

**94** Ist der Leistungsempfänger seiner Verpflichtung zur Anmeldung und Abführung des Steuerabzugsbetrags nachgekommen oder hat ihm eine im Zeitpunkt der Gegenleistung gültige Freistellungsbescheinigung vorgelegen, sind § 160 Abs. 1 Satz 1 AO, § 42d Abs. 6 und 8 EStG sowie § 50a Abs. 7 EStG nicht anzuwenden. Es entfällt somit hinsichtlich der betroffenen Gegenleistung die Versagung des Betriebsausgaben- oder Werbungskostenabzugs.

**95** Hat ein Steuerpflichtiger einen Steuerabzugsbetrag angemeldet und abgeführt oder hat ihm eine Freistellungsbescheinigung vorgelegen, obwohl keine Bauleistung i.S.d. § 48 Abs. 1 EStG vorlag, ist § 48 Abs. 4 EStG bzw. § 48b Abs. 5 EStG nicht anzuwenden. Bei Arbeitnehmerüberlassung ist auch die Inanspruchnahme als Entleiher nach § 42d Abs. 6 und 8 EStG dann nicht ausgeschlossen.

**96** Das Steuerabzugsverfahren geht der Abzugsanordnung nach § 50a Abs. 7 EStG als Spezialregelung vor. Die Anordnung dieses Steuerabzugs ist daher bei Bauleistungen ausgeschlossen.

### 11. Zuständiges Finanzamt

**97** Für den Steuerabzug im Zusammenhang mit Bauleistungen ist das Finanzamt des Leistenden zuständig. Ist der Leistende eine natürliche Person, so ist dies das Wohnsitzfinanzamt (§ 19 AO). An die Stelle des Wohnsitzes tritt der inländische gewöhnliche Aufenthalt, wenn der leistende Unternehmer über keinen Wohnsitz verfügt (vgl. § 19 AO). Ist der Leistende eine Personengesellschaft mit Geschäftsleitung bzw. eine Körperschaft mit Sitz und Geschäftsleitung im Inland, ist das Finanzamt zuständig, in dessen Bezirk sich die Geschäftsleitung befindet (vgl. § 20 AO). Findet für eine Arbeitsgemeinschaft keine gesonderte Feststellung der Besteuerungsgrundlagen statt (§ 180 Abs. 4 AO), ist für den Steuerabzug das Finanzamt zuständig, das für die Umsatzsteuer zuständig ist.

**98** Hat der leistende Unternehmer seinen Wohnsitz im Ausland bzw. das leistende Unternehmen (Körperschaft oder Personenvereinigung) den Sitz oder die Geschäftsleitung im Ausland, besteht eine zentrale Zuständigkeit im Bundesgebiet (vgl. § 20a Abs. 1 Satz 1 AO i.V.m. § 21 Abs. 1 Satz 2 AO und der Umsatzsteuerzuständigkeitsverordnung [UStZustV]). Dies gilt auch, wenn eine natürliche Person zusätzlich im Inland einen weiteren Wohnsitz hat. Zuständigkeitsvereinbarungen sind unter den Voraussetzungen des § 27 AO zulässig. Dies gilt auch für die Verwaltung der Lohnsteuer. Demzufolge kann ein im Ausland ansässiges Bauunternehmen im Inland nur eine lohnsteuerliche Betriebsstätte haben.

Daher sind die in der UStZustV genannten Finanzämter für die Besteuerung der inländischen Umsätze und des im Inland steuerpflichtigen Einkommens des Leistenden, für die Verwaltung der Lohnsteuer der Arbeitnehmer des Leistenden, für die Anmeldung und Abführung des Steuerabzugs nach § 48 EStG, für die Erteilung oder Ablehnung von Freistellungsbescheinigungen und für die Anrechnung oder Erstattung des Steuerabzugs nach § 48c EStG zuständig.

Die zentrale Zuständigkeit gilt auch für die Einkommensbesteuerung der Arbeitnehmer ausländischer Bauunternehmen, die im Inland tätig werden und ihren Wohnsitz im Ausland haben, dabei ist für die zentrale Zuständigkeit der Wohnsitzstaat des jeweiligen Arbeitnehmers maßgeblich (vgl. § 1 Arbeitnehmer-Zuständigkeitsverordnung-Bau).

Bei Personengesellschaften ist das zentrale Finanzamt auch für die gesonderte und einheitliche Feststellung nach § 18 Abs. 1 Nr. 2 AO zuständig. Das zentrale Finanzamt ist ferner gemäß § 48a Abs. 3 Satz 4 EStG für den Erlass eines Haftungsbescheides nach § 42d Abs. 6 EStG zuständig.

Im Fall des Zuständigkeitswechsels haben die abgebenden Finanzämter die **99** aufnehmenden Finanzämter auf anhängige Rechtsbehelfsverfahren und Anträge nach § 361 AO, §§ 69 und 114 FGO aufmerksam zu machen und bei anhängigen Klage- und Revisionsverfahren und anhängigen Nichtzulassungsbeschwerden das Finanzgericht zu informieren.

Anhängige Einspruchs- und Klageverfahren sind vom nunmehr zuständigen Finanzamt fortzuführen. Auf die Grundsätze des BMF-Schreibens vom 10. Oktober 1995 (BStBl. I S. 664)[1] wird hingewiesen.

Einspruchs- und Klageverfahren wegen streitiger Entleiherhaftung sind von **100** dem Finanzamt fortzuführen, das nach § 20a Abs. 2 AO für den Verleiher zuständig ist (§ 42d Abs. 6 Satz 9 EStG). Sind die Leistungen von Verleihern unterschiedlicher Nationalität Gegenstand eines Haftungsverfahrens (Altfälle), so führt das Finanzamt das Rechtsbehelfsverfahren fort, das für den Verleiher mit dem in der Summe höchsten Haftungsbetrag zuständig ist.

Der Zuständigkeitswechsel betrifft auch die Zuständigkeit der Prüfungsdienste **101** (Amtsbetriebsprüfung, Großbetriebsprüfung, Umsatzsteuersonderprüfung, Lohnsteuer-Außenprüfung). Die örtlich zuständigen Finanzämter beauftragen das Finanzamt, in dem das zu prüfende Unternehmen überwiegend tätig wird oder seine Geschäftsleitung unterhält, mit der Außenprüfung (§ 195 Satz 2 AO).

## 12. Anwendung

Dieses Schreiben ersetzt die BMF-Schreiben vom 27. Dezember 2002, BStBl. I **102** S. 1399; vom 4. September 2003, BStBl. I S. 431, und vom 20. September 2004, BStBl. I S. 862.

[1] Nr. **800** § 367/1.

# I § 49/1. Schreiben betr. Einkünfte aus inländischen öffentlichen Kassen i. S. d. § 49 Abs. 1 Nr. 4 Buchst. b EStG; Anwendung von Doppelbesteuerungsabkommen; Urteil des BFH vom 28. März 2018 I R 42/16 (BStBl. 2019 II S. 671)

Vom 13. November 2019 (BStBl. I S. 1082)

(BMF IV C 5 – S 2300/19/10009 :003; DOK 2018/0806621)

1 § 49 Einkommensteuergesetz (EStG) führt die inländischen Einkünfte im Sinne der beschränkten Steuerpflicht (§ 1 Abs. 4 EStG) abschließend auf. Gemäß § 49 Abs. 1 Nr. 4 Buchst. b EStG gehören hierzu Einkünfte aus nichtselbständiger Arbeit, die aus inländischen öffentlichen Kassen einschließlich der Kassen des Bundeseisenbahnvermögens und der Deutschen Bundesbank mit Rücksicht auf ein gegenwärtiges oder früheres Dienstverhältnis gewährt werden, ohne dass ein Zahlungsanspruch gegenüber der inländischen öffentlichen Kasse bestehen muss.

2 Der Bundesfinanzhof (BFH) hat mit Urteil vom 28. März 2018 I R 42/16 (BStBl. 2019 II S. 671) entschieden, dass der erforderliche Inlandsbezug in diesen Fällen durch den Zahlungsvorgang zulasten der inländischen Volkswirtschaft gegeben ist. Die Grundlage hierfür bilde das sogenannte Kassenstaatsprinzip. Eine inländische öffentliche Kasse sei neben den Kassen der inländischen juristischen Personen des öffentlichen Rechts auch jede Kasse einer Institution, die der Dienstaufsicht und Prüfung ihres Finanzgebarens durch die öffentliche Hand unterliege. Eine Besteuerung komme in der Folge daher nicht in Betracht, soweit das Projekt und damit die Arbeitsvergütung – wie in dem zugrunde liegenden Urteilsfall – anteilig aus Mitteln der Europäischen Union finanziert werde.

Das Tatbestandsmerkmal „mit Rücksicht auf ein gegenwärtiges oder früheres Dienstverhältnis" werde nur dann erfüllt, wenn die öffentlichen Mittel wirtschaftlich für die dienstvertragliche Vergütung gezahlt werden. Hierfür sei ein „konkreter Bezug" erforderlich, d. h., die Zahlung müsse durch das Dienstverhältnis als auslösendes Moment veranlasst sein. Der BFH bejaht einen entsprechenden Zusammenhang (insbesondere) dann, „wenn die öffentliche Kasse die an den konkreten Arbeitnehmer gezahlte Vergütung nachträglich erstattet oder die entsprechenden Mittel im Vorhinein gewährt, um es dem Arbeitgeber zu ermöglichen, die Arbeitsvergütung zu bezahlen". Eine „betragsmäßige Übereinstimmung (i. S. einer Erstattung konkret angefallener Arbeitsvergütungen)" sei nicht erforderlich.

3 Der BFH bestätigte daneben seine Auslegung der sogenannten Entwicklungshilfeklauseln in den Doppelbesteuerungsabkommen (DBA) mit Entwicklungs- und Schwellenländern, die den Anwendungsbereich des Kassenstaatsprinzips modifizieren. Er vertritt – wie bereits zuvor im BFH-Urteil vom 7. Juli 2015 I R 42/13, BStBl. 2016 II S. 14, in Gestalt eines obiter dictum –

die Auffassung, dass sich der Begriff der „Ausschließlichkeit" auch auf Vergütungsteile beziehen kann. So sei dem Ausschließlichkeitsgebot auch dann Genüge getan, wenn bei Vorliegen mehrerer Projekte Vergütungsteile „vertikal" abspaltbar sind, die sich einem bestimmten Entwicklungshilfeprojekt zuordnen lassen und die – bezogen auf das einzelne Projekt – allein von dem finanzierenden Vertragsstaat herrühren. Anders sei die Sachlage jedoch bei Mischfinanzierung eines einheitlichen Projekts (im vorliegenden Fall aus Mitteln des Bundeshaushalts und aus Mitteln der EU). Eine „horizontale" Abspaltung von inländischen Finanzierungsanteilen innerhalb eines einheitlichen Projekts komme hier nicht in Betracht, da hierdurch das Ausschließlichkeitserfordernis außer Kraft gesetzt und die Grenze der zulässigen Wortlautauslegung überschritten werde.

Unter Bezugnahme auf das Ergebnis der Erörterungen mit den obersten Finanzbehörden der Länder sind die Grundsätze dieses Urteils

- bezogen auf die Anwendung der Entwicklungshilfeklausel der DBA (Rz. 18 bis 21 dieses Schreibens) in allen offenen Fällen,
- für den Steuerabzug vom Arbeitslohn erstmals auf den laufenden Arbeitslohn, der für einen nach dem 31. Dezember 2019 endenden Lohnzahlungszeitraum gezahlt wird, und auf sonstige Bezüge, die nach dem 31. Dezember 2019 zufließen, sowie
- im Übrigen ab dem Veranlagungszeitraum 2020 anzuwenden.

Davon abweichend ist eine Aufteilung des Arbeitslohns nach Randziffer 12 in allen offenen Fällen vorzunehmen, soweit sich dadurch eine Verminderung der nach § 49 Abs. 1 Nr. 4 Buchst. b EStG steuerpflichtigen Einkünfte ergibt.

Für die Anwendung des § 49 Abs. 1 Nr. 4 Buchst. b EStG, der Entwicklungshilfeklausel in DBA sowie des Auslandstätigkeitserlasses gilt danach Folgendes:

## I. § 49 Abs. 1 Nr. 4 Buchst. b EStG

### 1. Inländische öffentliche Kasse

4 Einkünfte nach § 49 Abs. 1 Nr. 4 Buchst. b EStG liegen nur vor, wenn diese aus einer inländischen öffentlichen Kasse gewährt werden. Die Auszahlung kann sowohl durch eine inländische als auch durch eine ausländische Zahlstelle dieser Kasse erfolgen.

Inländische öffentliche Kassen sind in jedem Fall die Kassen inländischer juristischer Personen des öffentlichen Rechts.

Die Kassen von inländischen juristischen Personen des Privatrechts und sonstigen inländischen öffentlich-rechtlichen oder privatrechtlichen Institutionen sind nur inländische öffentliche Kassen, wenn die juristische Person des Privatrechts oder die Institution überwiegend (d. h. zu mehr als 50 Prozent) aus inländischen (öffentlichen) Haushaltsmitteln finanziert wird. Weitere Voraussetzung ist, dass

- der Bund und/oder ein Land oder mehrere Länder (unmittelbar oder mittelbar) an der juristischen Person des Privatrechts oder der Institution – wie z. B. an der Deutschen Gesellschaft für Internationale Zusammenarbeit (GIZ) GmbH – mehrheitlich beteiligt sind i. S. d. § 91 Abs. 1 Nr. 4 Bun-

deshaushaltsordnung (BHO) oder vergleichbarer landesrechtlicher Vorschriften, oder
- bei mitgliedschaftlich organisierten Institutionen der Bund, die Länder oder andere inländische juristische Personen des öffentlichen Rechts satzungsgemäß als ordentliche Mitglieder maßgeblichen Einfluss auf die Institution ausüben (wie z. B. bei dem Deutschen Akademischen Austauschdienst e. V. [DAAD] oder dem Goethe-Institut e. V.).

Steht nicht zweifelsfrei fest, ob die vorstehend genannten Voraussetzungen erfüllt sind, kann die entsprechende Institution oder eine andere Person auf der Grundlage von § 93 Abgabenordnung (AO) zum Umfang ihrer Finanzierung durch die öffentliche Hand sowie zu ihrer Beteiligungs- bzw. Mitgliederstruktur zur Auskunft angehalten werden.

## 2. Unmittelbare und mittelbare Zahlungen aus öffentlichen Kassen

### Unmittelbare Zahlungen

Einkünfte werden aus inländischen öffentlichen Kassen gewährt, wenn eine inländische öffentliche Kasse unmittelbar den Arbeitslohn oder Teile des Arbeitslohns (z. B. Gehälter oder Zuschüsse) an den Arbeitnehmer leistet. Die Zahlungen müssen dabei mit Rücksicht auf ein gegenwärtiges oder früheres Dienstverhältnis gewährt werden. Das Dienstverhältnis muss nicht zu der inländischen öffentlichen Kasse oder dem Träger der öffentlichen Kasse bestehen. 5

**Beispiel 1:** 6

Das privatrechtlich organisierte, gemeinnützige und weltweit tätige Unternehmen A, dessen alleinige Gesellschafterin die Bundesrepublik Deutschland ist, wird zu 75 Prozent von der Bundesregierung finanziert. A entsendet seinen Arbeitnehmer B im Rahmen eines Entwicklungshilfeprojekts für drei Jahre in den Staat S. Der Arbeitnehmer B gibt seinen inländischen Wohnsitz/gewöhnlichen Aufenthalt auf und erhält sein Gehalt weiterhin von A.

**Folge:**

B ist mit seinen Einkünften aus nichtselbständiger Arbeit gemäß § 1 Abs. 4 i. V. m. § 49 Abs. 1 Nr. 4 Buchst. b EStG beschränkt einkommensteuerpflichtig:
Das Unternehmen A ist als bundeseigene, juristische Person des Privatrechts, welche überwiegend aus inländischen öffentlichen Haushaltsmitteln finanziert wird, eine inländische öffentliche Kasse. B erhält das Gehalt von A aufgrund seines mit diesem bestehenden Dienstverhältnisses. Damit liegt eine unmittelbare Zahlung einer inländischen öffentlichen Kasse vor.

**Abwandlung:** 7

B schließt einen Arbeitsvertrag mit dem in S ansässigen Arbeitgeber C und bezieht von diesem ein ortsübliches Gehalt. Das Unternehmen A gewährt B einen Gehaltszuschuss.

**Folge:**

B muss den von A gezahlten Zuschuss im Rahmen der beschränkten Steuerpflicht gemäß § 1 Abs. 4 i. V. m. § 49 Abs. 1 Nr. 4 Buchst. b EStG versteuern. Auch im Hinblick auf den von A gewährten Gehaltszuschuss liegt eine unmittelbare Zahlung einer inländischen öffentlichen Kasse vor. Das von C gezahlte Gehalt unterliegt hingegen nicht der beschränkten Steuerpflicht gemäß § 49 EStG.

### Mittelbare Zahlungen

Einkünfte aus inländischen öffentlichen Kassen können auch vorliegen, wenn die Zahlungen an den Arbeitnehmer von seinem inländischen oder ausländischen privaten Arbeitgeber vorgenommen werden, der keine inländische 8 öffentliche Kasse ist, die Leistungen des privaten Arbeitgebers aber durch eine inländische öffentliche Kasse finanziert werden (mittelbare Zahlungen). Voraussetzung ist insofern, dass die Finanzierung durch eine inländische öffentliche Kasse mit Rücksicht auf ein gegenwärtiges oder früheres Dienstverhältnis des Arbeitnehmers erfolgt. Ein Rechtsanspruch des Arbeitgebers oder des Arbeitnehmers auf die Auszahlung der öffentlichen Mittel ist nicht erforderlich.

9 Mittelbare Zahlungen, die zu Einkünften aus inländischen öffentlichen Kassen führen, liegen nur vor, wenn

- eine inländische öffentliche Kasse einem Arbeitgeber die von ihm an dessen Arbeitnehmer gezahlte Vergütung vorab oder im Nachhinein aus öffentlichen Mitteln unter namentlicher Nennung des Arbeitnehmers bei Zahlung oder in dem der Zahlung durch die öffentliche Kasse zugrunde liegenden Vertrag/Bescheid in voller Höhe erstattet, oder
- die erbrachte oder zu erbringende Arbeitsleistung des jeweiligen Arbeitnehmers bei der Kalkulation von Fördergeldern oder – im Rahmen der Erbringung einer Dienstleistung des Arbeitgebers – von Auftragsvolumina gegenüber der inländischen öffentlichen Kasse berücksichtigt wird. Eine betragsmäßige Übereinstimmung im Sinne einer Erstattung angefallener Arbeitsvergütungen in voller Höhe ist hierfür nicht erforderlich. Es muss allerdings ein konkreter Bezug zwischen den Zahlungen an den Arbeitgeber und dem Dienstverhältnis bestehen. Solch ein konkreter Bezug liegt vor, wenn der Arbeitnehmer in Projekt- oder Zuwendungsverträgen, Zuwendungsbescheiden oder Auftragsschreiben namentlich genannt wird oder – in Fällen ohne Namensnennung – die Mittelvergabe von der inländischen öffentliche Kasse erkennbar davon abhängig gemacht wird, dass ein bestimmter, ohne Weiteres individualisierbarer Arbeitnehmer eingesetzt wird.

Eine unverbindliche namentliche Nennung möglicher einzusetzender Arbeitnehmer in Projektanträgen und Angeboten sowie die namentliche Nennung in der Abrechnung führt nicht zu einer mittelbaren Zahlung, sofern es nicht auf den Einsatz der namentlich genannten Arbeitnehmer ankommt.

10 **Beispiel 2:**

Das Unternehmen A (inländische öffentliche Kasse) schließt für die Durchführung eines Entwicklungshilfeprojekts im Staat S einen Consulting-Vertrag mit der inländischen C-Partnerschaftsgesellschaft. C entsendet ihren Arbeitnehmer B im Rahmen dieses Projekts für drei Jahre in den Staat S und zahlt ihm für die Dauer seines Aufenthalts ein Gehalt. B gibt seinen inländischen Wohnsitz/gewöhnlichen Aufenthalt auf.

Für die Ermittlung der Honorarhöhe des Consulting-Vertrags zwischen A und C wurde ein kalkulatorischer Pauschalbetrag bezogen auf die Dauer des Einsatzes von B in S herangezogen und dem Vertrag unter namentlicher Nennung von B – neben weiteren Bezugsgrößen – zugrunde gelegt.

**Folge:**

Das Gehalt des B unterliegt der beschränkten Steuerpflicht. B hat sein Gehalt zwar nicht direkt von A erhalten, sondern von seinem Arbeitgeber C. Da die Mittel für das Projekt in S von A bereitgestellt wurden und die (konkrete) Arbeitsleistung des B in den zwischen A und C geschlossenen Vertrag eingeflossen ist, liegen Zahlungen aus einer inländischen öffentlichen Kasse vor, welche mit Rücksicht auf ein Dienstverhältnis gewährt werden (mittelbare Zahlung). Denn gemäß § 49 Abs. 1 Nr. 4 Buchst. b EStG ist es nicht erforderlich, dass ein Zahlungsanspruch gegenüber der inländischen öffentlichen Kasse besteht. Es ist auch unerheblich, dass die Arbeitsleistung des B mit einem kalkulatorischen Pauschalbetrag zugrunde gelegt wurde.

Die Voraussetzungen der Rz. 9 liegen bei Arbeitnehmern zwischen- oder überstaatlicher Organisationen (z. B. Vereinte Nationen), an deren Finanzierung sich die Bundesrepublik Deutschland durch die Zahlung von Pflichtbeiträgen, freiwilligen Beiträgen oder i. R. d. Projektförderung beteiligt, nicht vor. Zahlungen dieser Organisationen an ihre Arbeitnehmer führen nicht zu nach § 49 Abs. 1 Nr. 4 Buchst. b EStG steuerpflichtigen, mittelbaren Zahlungen aus inländischen öffentlichen Kassen. Nur soweit solche Arbeitnehmer (auch) unmittelbare Zahlungen aus inländischen öffentlichen Kassen erhalten, sind diese beschränkt steuerpflichtige inländische Einkünfte (vgl. Rz. 5). 11

**Bemessungsgrundlage/Mischfinanzierungen**

Zahlungen, die aus einer inländischen öffentlichen Kasse gewährt werden, werden der Besteuerung grundsätzlich in vollem Umfang zugrunde gelegt. Etwas anderes gilt nur, wenn die Tätigkeit im Rahmen eines durch andere Träger bzw. weitere Institutionen, die keine inländische öffentliche Kasse sind, kofinanzierten Projekts ausgeübt wird. In diesem Fall liegen in dem Umfang, in dem die Finanzierung aus anderen Mitteln, wie z. B. der Europäischen Union, erfolgt, keine inländischen Einkünfte i. S. d. § 49 Abs. 1 Nr. 4 Buchst. b EStG vor. Im Falle einer derartigen Mischfinanzierung sind die Zahlungen aufzuteilen. Das gilt bei unmittelbaren wie bei mittelbaren Zahlungen aus inländischen öffentlichen Kassen gleichermaßen. 12

**Beispiel 3:** 13

Das Unternehmen A (inländische öffentliche Kasse) entsendet seinen Arbeitnehmer B im Rahmen eines zu 75 Prozent mit Haushaltsmitteln des Bundes und zu 25 Prozent mit Mitteln der EU dotierten Entwicklungshilfeprojekts für drei Jahre in den Staat S. Der Arbeitnehmer B gibt seinen inländischen Wohnsitz/gewöhnlichen Aufenthalt auf und erhält sein Gehalt weiterhin von A.

**Folge:**

B ist mit seinen Einkünften aus nichtselbständiger Arbeit gemäß § 1 Abs. 4 i. V. m. § 49 Abs. 1 Nr. 4 Buchst. b EStG beschränkt einkommensteuerpflichtig, soweit das Projekt aus einer inländischen öffentlichen Kasse finanziert wird. Aufgrund der Mischfinanzierung des Projekts unterliegt das Gehalt des B nur zu 75 Prozent der beschränkten Steuerpflicht.

**3. Sonderfall: Lokal Beschäftigte**

Lokal Beschäftigte sind Arbeitnehmer, die auf dem lokalen Arbeitsmarkt vor Ort oder in der Region angeworben werden und mit Arbeitsverträgen nach lokalem oder regionalem ausländischen Recht ausgestattet sind. Als lokal Beschäftigte gelten auch diejenigen Arbeitnehmer, für die der „Tarifvertrag Beschäftigte Ausland" zur Anwendung kommt, weil das Arbeitsverhältnis vor dem 1. April 2000 begründet wurde. Lokal Beschäftigte haben häufig die Staatsangehörigkeit eines ausländischen Staates und haben im Tätigkeitsstaat bzw. in der Region einen dauerhaften Wohnsitz inne. Zu den lokal Beschäftigten gehören auch Personen, die ihren Wohnsitz z. B. in einem Nachbarstaat des Tätigkeitsstaats haben und diesen mit Blick auf das Dienstverhältnis in den Tätigkeitsstaat verlegen. 14

Die Besteuerung dieses Personenkreises ist vorrangig Aufgabe des jeweiligen Tätigkeits- oder Wohnsitzstaates. Lokal Beschäftigte unterliegen daher in der Regel in einem ausländischen Staat einer umfassenden Einkommensbe- 15 steuerung. Sofern Deutschland mit dem ausländischen Staat ein DBA abgeschlossen hat, sieht dieses dementsprechend i. d. R. kein ausschließliches Besteuerungsrecht Deutschlands aufgrund der Kassenstaatsklausel/Entwicklungshilfeklausel (siehe Ausführungen unter II.) vor. Eventuell eintretende Doppelbesteuerungen können mittels der Regelungen des DBA vermieden werden. Wenn hingegen kein DBA mit dem Tätigkeitsstaat abgeschlossen wurde und dieser die aus einer inländischen öffentlichen Kasse gewährten Einkünfte im Rahmen einer unbeschränkten Einkommensteuerpflicht des lokal Beschäftigten besteuert, kommt es zu einer Doppelbesteuerung, wenn der andere Staat die Doppelbesteuerung nicht einseitig vermeidet.

16 Die von den lokal Beschäftigten in einem Staat, mit dem kein DBA abgeschlossen wurde, erzielten Einkünfte sind daher keine inländischen Einkünfte i. S. d. § 49 Abs. 1 Nr. 4 Buchst. b EStG (vgl. Entwurf eines Gesetzes zur weiteren steuerlichen Förderung der Elektromobilität und zur Änderung weiterer steuerlicher Vorschriften, Bundesratsdrucksache 356/19), auch wenn sie nach den obigen Grundsätzen aus einer inländischen öffentlichen Kasse gewährt werden. Dies gilt jedoch nur, wenn das Dienstverhältnis im Tätigkeitsstaat oder einem anderen ausländischen Staat begründet wurde und der Arbeitnehmer aufgrund des Dienstverhältnisses oder eines vorangegangenen vergleichbaren Dienstverhältnisses keinen inländischen Wohnsitz oder gewöhnlichen Aufenthalt aufgegeben hat. Das bedeutet, dass entweder noch nie ein inländischer Wohnsitz/gewöhnlicher Aufenthalt bestand oder, sofern dies doch der Fall war, er nicht aufgrund des Dienstverhältnisses oder eines vorangegangenen vergleichbaren Dienstverhältnisses aufgegeben wurde. Dies gilt u. a. für lokal Beschäftigte von deutschen Auslandsvertretungen und für lokal Beschäftigte, die im Rahmen der Entwicklungszusammenarbeit tätig sind.

### 4. Erlass wegen sachlicher Unbilligkeit

17 Sind die nach § 49 Abs. 1 Nr. 4 Buchst. b EStG zu versteuernden Einkünfte auch in einem anderen Staat (Tätigkeitsstaat oder Wohnsitzstaat), mit dem Deutschland kein DBA abgeschlossen hat, tatsächlich der Einkommensteuer unterworfen worden, ohne dass dabei die deutsche Steuer steuermindernd berücksichtigt wurde, soll im Einzelfall auf Antrag insoweit ein Steuererlass gemäß § 227 AO gewährt werden, als sich durch die deutsche Besteuerung eine tatsächliche Doppelbesteuerung der Einkünfte ergibt. Der Steuererlass kann höchstens in dem Umfang der festgesetzten, gezahlten und um einen entstandenen Ermäßigungsanspruch gekürzten ausländischen Steuer erfolgen.

## II. Anwendung der DBA

18 Die meisten im Verhältnis zu Entwicklungs- und Schwellenländern abgeschlossenen DBA enthalten eine sogenannte Entwicklungshilfeklausel. Diese Klauseln modifizieren den Anwendungsbereich des Kassenstaatsprinzips und lauten bisher regelmäßig wie folgt:

„Absatz 1 [Kassenstaatsprinzip] gilt entsprechend für Vergütungen, die im Rahmen eines Programms der wirtschaftlichen Zusammenarbeit eines Vertragsstaats, eines seiner Länder oder einer ihrer Gebietskörperschaften aus Mitteln, die ausschließlich von diesem Staat, dem Land oder der Gebietskörperschaft bereitgestellt werden, an Fachkräfte oder freiwillige Helfer gezahlt werden, die in den anderen Vertragsstaat mit dessen Zustimmung entsandt worden sind."

Bei der Beurteilung des in den Entwicklungshilfeklauseln der DBA enthaltenen Kriteriums der „Ausschließlichkeit" ist eine projektbezogene Betrachtungsweise vorzunehmen. Sind bei Vorliegen mehrerer Projekte Vergütungsteile „vertikal" abspaltbar, die sich einem bestimmten Entwicklungshilfeprojekt zuordnen lassen und die – bezogen auf das einzelne Projekt – allein aus Deutschland als finanzierendem Vertragsstaat herrühren, so besteht für die Vergütungen ein deutsches Besteuerungsrecht. 19

Bei Mischfinanzierung eines (ggf. vertikal abgespaltenen) einheitlichen Projekts, z. B. aus deutschen öffentlichen Mitteln und EU-Mitteln, kommt dagegen eine „horizontale" Abspaltung von inländischen Finanzierungsanteilen innerhalb dieses einheitlichen Projekts nicht in Betracht. Für die im Rahmen dieses Projekts bezogenen Vergütungen ist insgesamt kein deutsches Besteuerungsrecht gegeben. 20

**Beispiel 4:** 21

Das bundeseigene, privatrechtlich organisierte, gemeinnützige und weltweit tätige Unternehmen A entsendet seinen Arbeitnehmer B für ein Jahr in den Staat S. Arbeitnehmer B wird im Staat S im Rahmen zweier Projekte tätig. Projekt 1 wird zu 100 Prozent aus Mitteln des Bundesministeriums für wirtschaftliche Zusammenarbeit und Entwicklung finanziert. Projekt 2 wird zu 51 Prozent aus Mitteln des Bundesministeriums für wirtschaftliche Zusammenarbeit und Entwicklung sowie zu 49 Prozent aus Mitteln der Europäischen Union finanziert. Die Bundesrepublik Deutschland hat mit S ein Abkommen zur Vermeidung der Doppelbesteuerung geschlossen, das die sog. Entwicklungshilfeklausel enthält.

**Folge:**

Hinsichtlich der Quelle der Vergütungen kann eine vertikale Abgrenzung zwischen den Projekten 1 und 2 vorgenommen werden.

Projekt 1 wird ausschließlich aus Mitteln finanziert, die von der Bundesrepublik Deutschland bereitgestellt werden. Für diesen Teil der Vergütung besteht nach der sog. Entwicklungshilfeklausel ein ausschließliches deutsches Besteuerungsrecht. Die auf Projekt 1 entfallende Vergütung des B darf daher nach Maßgabe des nationalen Rechts besteuert werden.

Innerhalb des Projekts 2 darf dagegen keine horizontale Abspaltung des aus Mitteln des Bundesministeriums für wirtschaftliche Zusammenarbeit und Entwicklung finanzierten Teils der Vergütung vorgenommen werden. Da die Vergütung für das Projekt 2 damit nicht ausschließlich aus Mitteln der Bundesrepublik Deutschland bereitgestellt wurde, besteht nach der sog. Entwicklungshilfeklausel insgesamt kein deutsches Besteuerungsrecht für die auf Projekt 2 entfallende Vergütung. Die auf Projekt 2 entfallende Vergütung des B darf daher nicht besteuert werden.

## III. Auslandstätigkeitserlass

Die o. g. Grundsätze gelten hinsichtlich des Begriffs der inländischen öffentlichen Kasse auch für den Auslandstätigkeitserlass (ATE) des BMF vom 31. Oktober 1983 (BStBl I S. 470)[1]. 22

## IV. § 50 d Abs. 7 EStG

Zu § 50 d Abs. 7 EStG ergeht ein gesondertes Schreiben. 23

[1] Nr. **20** § 34c/1.

# I § 49/3. Schreiben betr. Einkünfte aus Vermietung und Verpachtung gemäß § 49 Absatz 1 Nummer 2 Buchstabe f Doppelbuchstabe aa und § 49 Absatz 1 Nummer 6 EStG

Vom 16. Mai 2011 (BStBl. I S. 530)

(BMF IV C 3 – S 2300/08/10014; DOK 2011/0349521)

Unter Bezugnahme auf das Ergebnis der Erörterungen mit den obersten Finanzbehörden der Länder gilt für die Ermittlung der Einkünfte im Sinne des § 49 Absatz 1 Nummer 2 Buchst. f Doppelbuchst. aa EStG ab dem Veranlagungszeitraum 2009 Folgendes:

**Buchführungspflichten**

Beschränkt Steuerpflichtige, die im Rahmen einer gewerblichen Tätigkeit inländisches unbewegliches Vermögen, im Inland belegene, in ein inländisches öffentliches Buch oder Register eingetragene oder in einer inländischen Betriebsstätte oder einer anderen Einrichtung verwertete Sachinbegriffe oder Rechte vermieten, verpachten oder veräußern, erzielen mit diesen Tätigkeiten auch dann Einkünfte aus Gewerbebetrieb im Sinne von § 49 Absatz 1 Nummer 2 Buchst. f EStG, wenn sie im Inland weder eine Betriebsstätte unterhalten noch einen ständigen Vertreter für das Inland bestellt haben. Bei beschränkt steuerpflichtigen Körperschaften, die mit einer inländischen Kapitalgesellschaft oder sonstigen juristischen Person im Sinne des § 1 Absatz 1 Nummer 1 bis 3 KStG vergleichbar sind, wird das Vorliegen entsprechender gewerblicher Einkünfte nach § 49 Absatz 1 Nummer 2 Buchst. f Satz 2 EStG fingiert. Beschränkt steuerpflichtige natürliche Personen, die im Rahmen einer vermögensverwaltenden Tätigkeit inländisches unbewegliches Vermögen, im Inland belegene, in ein inländisches öffentliches Buch oder Register eingetragene oder in einer inländischen Betriebsstätte oder einer anderen Einrichtung verwertete Sachinbegriffe oder Rechte vermieten oder verpachten, erzielen Einkünfte im Sinne des § 49 Absatz 1 Nummer 6 EStG. 1

Der Erwerb eines die Steuerpflicht nach § 49 Absatz 1 Nummer 2 Buchst. f EStG begründenden Vermögensgegenstands ist der zuständigen Gemeinde gemäß § 138 Absatz 1 AO innerhalb eines Monats nach dem Erwerb (Übergang von Nutzen und Lasten) anzuzeigen. Wurde die Vermietungstätigkeit bereits vor dem Jahr 2009 ausgeübt, stellt die Umqualifikation der zuvor vermögensverwaltenden Einkünfte in gewerbliche Einkünfte ab 1. Januar 2009 keine willentlich unternehmerische Entscheidung dar. Daher besteht bei Fortführung der Vermietungs- und Verpachtungstätigkeit keine (nachträgliche) Anzeigepflicht gemäß § 138 Absatz 1 AO. 2

Die Verpflichtung zur Führung von Büchern richtet sich nach §§ 140, 141 AO. Nach § 140 AO sind für die Besteuerung Bücher zu führen, wenn diese bereits nach „anderen Gesetzen als den Steuergesetzen" zu führen sind, wobei 3 auch ausländische Rechtsnormen eine Buchführungspflicht nach § 140 AO begründen können.

Überschreitet der beschränkt Steuerpflichtige eine der in § 141 AO genannten Grenzen, hat die zuständige Finanzbehörde auf das Vorliegen der Buchführungspflicht nach § 141 AO hinzuweisen. Der Hinweis soll mindestens einen Monat vor Beginn des Wirtschaftsjahrs bekannt gegeben werden, von dessen Beginn ab die Buchführungspflicht zu erfüllen ist (AEAO Nummer 4 zu § 141). Er kann in einem Steuer- oder Feststellungsbescheid oder in einem gesonderten Verwaltungsakt erfolgen.

4 Zudem sind die Buchführungs- und Aufzeichnungspflichten nach §§ 145 ff. AO sowie nach § 22 UStG zu beachten. Die Mitwirkungspflichten richten sich nach den allgemeinen Regelungen des § 90 AO.

5 Die Bücher und sonstigen erforderlichen Aufzeichnungen sind im Inland zu führen und aufzubewahren (§ 146 Absatz 2 AO). Abweichend hiervon kann unter den Voraussetzungen des § 146 Absatz 2 a AO das Führen und Aufbewahren der elektronischen Bücher und der sonstigen erforderlichen elektronischen Aufzeichnungen in einem anderen Staat bewilligt werden. Zu den Vorlagepflichten von Büchern, Aufzeichnungen, Urkunden und sonstigen Geschäftspapieren vgl. §§ 97, 200 AO.

**Gewinnermittlung**

6 Besteht keine Buchführungspflicht und werden tatsächlich keine Bücher geführt, kann der Gewinn als Überschuss der Betriebseinnahmen über die Betriebsausgaben nach § 4 Absatz 3 EStG ermittelt werden.

7 In den übrigen Fällen wird der Gewinn nach § 4 Absatz 1 EStG einheitlich als Unterschiedsbetrag zwischen dem Wert des Betriebsvermögens am Schluss des Wirtschaftsjahrs und am Schluss des vorangegangenen Wirtschaftsjahrs, vermehrt um den Wert der Entnahmen und vermindert um den Wert der Einlagen, ermittelt. Das Wirtschaftsjahr entspricht dem Kalenderjahr; dies gilt auch dann, wenn der beschränkt Steuerpflichtige im Ausland ein abweichendes Wirtschaftsjahr hat.

8 Wird der Gewinn infolge der Rechtsänderung ab dem Veranlagungszeitraum 2009 erstmals nach den Grundsätzen der Rz. 7 ermittelt, ist eine Eröffnungsbilanz aufzustellen. Zu Ansatz und Bewertung vgl. Rz. 11. In der Eröffnungsbilanz sind auf der Aktivseite lediglich die in § 49 Absatz 1 Nummer 2 Buchst. f EStG genannten Wirtschaftsgüter und auf der Passivseite die mit diesen Wirtschaftsgütern zusammenhängenden Schulden zu erfassen. Einnahmen und Ausgaben, die wirtschaftlich Veranlagungszeiträumen vor 2009 zuzurechnen sind, sind im Zeitpunkt ihres Zu- oder Abflusses weiterhin als Einkünfte aus Vermietung und Verpachtung nach § 49 Absatz 1 Nummer 6 EStG anzusetzen, soweit es sich nicht um einen Fall des § 49 Absatz 1 Nummer 2 Buchst. f i. d. F. des EStG vor Inkrafttreten der Neuregelung (Veräußerung) handelt.

9 Eine Körperschaft im Sinne des § 2 Nummer 1 KStG, die mit einer Kapitalgesellschaft oder sonstigen juristischen Person im Sinne des § 1 Absatz 1 Nummer 1 bis 3 KStG vergleichbar ist, hat nur einen Betrieb im Sinne des § 4 h Absatz 1 EStG. Der Betrieb umfasst für Zwecke des Eigenkapitalvergleichs nach § 4 h Absatz 2 Satz 1 Buchst. c EStG dabei sowohl die inländi-

schen als auch die ausländischen Betriebsteile der Körperschaft. Bei der Ermittlung des maßgeblichen Einkommens (§ 8 a Absatz 1 KStG) ist der gesamte Bereich der Einkünfteerzielung im Sinne des § 49 Absatz 1 Nummer 1 bis 3 EStG zu berücksichtigen.

**Bemessung der Abschreibung, Bewertung des Vermögens**

Für die Bemessung der Abschreibung sowie für die Bewertung von Vermögen, durch das vor dem 1. Januar 2009 Einkünfte aus Vermietung und Verpachtung nach § 49 Absatz 1 Nummer 6 EStG und nach dem 31. Dezember 2008 Einkünfte nach § 49 Absatz 1 Nummer 2 Buchst. f Doppelbuchst. aa EStG erzielt werden, gilt das Nachfolgende: 10

Inländisches unbewegliches Vermögen, im Inland belegene, in ein inländisches öffentliches Buch oder Register eingetragene oder in einer inländischen Betriebsstätte oder einer anderen Einrichtung verwertete Sachinbegriffe oder Rechte, die nach dem 31. Dezember 1993 und vor dem 1. Januar 2009 angeschafft oder hergestellt wurden, sind zum 1. Januar 2009 unabhängig von der Gewinnermittlungsart nach § 6 Absatz 1 Nummer 1, 1 a und 2 EStG mit den Anschaffungs- oder Herstellungskosten vermindert um die im Rahmen von § 49 Absatz 1 Nummer 6 EStG tatsächlich geltend gemachten substanzbezogenen Absetzungen anzusetzen. Für Wirtschaftsgüter im Sinne des Satzes 1, die vor dem 1. Januar 1994 angeschafft oder hergestellt wurden, tritt an die Stelle der Anschaffungs- oder Herstellungskosten der Teilwert zum 1. Januar 1994, vermindert um die im Zeitraum vom 1. Januar 1994 bis zum 31. Dezember 2008 im Rahmen von § 49 Absatz 1 Nummer 6 EStG tatsächlich geltend gemachten substanzbezogenen Absetzungen. Auch nach dem 31. Dezember 2008 gelten als AfA-Bemessungsgrundlagen die ursprünglichen Anschaffungs- oder Herstellungskosten oder der Teilwert zum 1. Januar 1994; § 7 Absatz 1 Satz 5 EStG kommt mangels Einlage nicht zur Anwendung. § 6 b EStG ist mangels Bestehen einer inländischen Betriebsstätte (§ 6 b Absatz 4 EStG) nicht anzuwenden. Teilwertabschreibungen nach § 6 Absatz 1 Nummer 1 Satz 2 und Nummer 2 Satz 2 EStG sind bei Gewinnermittlung nach § 4 Absatz 1, § 5 EStG zulässig. 11

Ab dem Veranlagungszeitraum 2009 sind Absetzungen für Abnutzung für Gebäude in Höhe von 3 Prozent vorzunehmen (§ 7 Absatz 4 Satz 1 Nummer 1 EStG), soweit die übrigen Voraussetzungen des § 7 Absatz 4 Satz 1 Nummer 1 EStG erfüllt sind (z. B. keine Nutzung zu Wohnzwecken). 12

**Besteuerungsverfahren**

Zuständig für die Veranlagung (bzw. die Anordnung des Steuerabzugs nach § 50 a Absatz 7 EStG) ist das Finanzamt, in dessen Bezirk sich das Vermögen befindet. Treffen die Voraussetzungen nach Satz 1 für mehrere Finanzämter zu, ist das Finanzamt zuständig, in dessen Bezirk sich der wertvollste Teil des Vermögens befindet (§§ 19, 20 AO). 13

Besteht in Fällen des § 49 Absatz 1 Nummer 2 Buchst. f EStG und § 49 Absatz 1 Nummer 6 EStG hinsichtlich der Festsetzung der Umsatzsteuer nach § 21 Absatz 1 Satz 2 AO i. V. m. § 1 der Umsatzsteuerzuständigkeitsverordnung eine Zentralzuständigkeit für ein im Ausland ansässiges Unternehmen, ist zur Vermeidung einer abweichenden Zuständigkeit für die Umsatz- und Ertragsbesteuerung grundsätzlich eine Zuständigkeitsvereinbarung nach § 27 AO anzustreben, nach der das für die Ertragsbesteuerung zuständige Finanzamt auch für die Umsatzsteuer zuständig wird (vgl. AEAO zu §§ 21 und 27).

14 Das Finanzamt kann zur Sicherstellung der Besteuerung den Steuerabzug nach § 50 a Absatz 7 EStG anordnen, soweit dies bei vermuteter Gefährdung des Steueranspruchs anstelle der Festsetzung von Steuervorauszahlungen angebracht ist.

15 Das Vorliegen der Voraussetzungen des § 49 Absatz 1 Nummer 2 Buchst. f EStG führt für sich genommen nicht zur Annahme einer Betriebsstätte im Sinne des § 2 Absatz 1 Satz 3 GewStG. Eine Gewerbesteuerpflicht dieser Einkünfte besteht daher nicht.

# I § 50/1. Schreiben betr. Steuererlass für beschränkt Steuerpflichtige im Zusammenhang mit inländischen Spielen der europäischen Vereinswettbewerbe von Mannschaftssportarten

Vom 20. März 2008 (BStBl. I S. 538)

(BMF IV C 8 – S 2303/07/0009; DOK 2008/0148054)

Unter Bezugnahme auf das Ergebnis der Erörterungen mit den obersten Finanzbehörden der Länder gilt für die steuerliche Behandlung von Einkünften, die beschränkt Steuerpflichtige im Zusammenhang mit inländischen Spielen in europäischen Vereinswettbewerben von Mannschaftssportarten erzielen, Folgendes:

Die Einkommensteuer oder Körperschaftsteuer auf Einkünfte, die beschränkt steuerpflichtige Teilnehmer (ausländische Vereine und deren Spieler) an inländischen Spielen im Rahmen europäischer Vereinswettbewerbe in Mannschaftssportarten aus diesen Spielen erzielen, wird gemäß § 50 Abs. 7 EStG erlassen, wenn der jeweilige Ansässigkeitsstaat im Gegenzug auf die Besteuerung der Einkünfte von Teilnehmern, die in Deutschland ansässig sind, in Zusammenhang mit den auf seinem Hoheitsgebiet ausgetragenen Spielen ebenfalls verzichtet. Der Steuererlass gilt auch für Einkünfte von beschränkt steuerpflichtigen europäischen Dachverbänden, die in unmittelbarem Zusammenhang mit der Veranstaltung der inländischen Spiele in europäischen Vereinswettbewerben stehen. Die Einkünfte unterliegen nicht dem Steuerabzug nach § 50 a Abs. 4 EStG.

Der Steuererlass gilt für Einkünfte aus Spielen im Rahmen der europäischen Vereinswettbewerbe im Basketball, Eishockey, Fußball, Handball, Volleyball sowie in vergleichbaren Mannschaftssportarten.

Im Vorgriff auf die mit den jeweiligen Ansässigkeitsstaaten abzuschließenden Gegenseitigkeitsvereinbarungen sind die vorstehenden Grundsätze bereits auf alle Einkünfte im unmittelbaren Zusammenhang mit den o. g. Veranstaltungen anzuwenden, die beschränkt steuerpflichtigen Teilnehmern ab dem 1. Januar 2008 zufließen. Ist der Ansässigkeitsstaat zu einem Verzicht im entsprechenden Umfang nicht bereit, findet der Steuererlass auf Einkünfte von beschränkt steuerpflichtigen Teilnehmern, die in diesem Staat ansässig sind, nach dem Ende des Kalenderjahrs keine Anwendung mehr, in dem dieser Staat den Verzicht auf eine Quellenbesteuerung abgelehnt hat. Äußert sich die zuständige Behörde eines Staates trotz wiederholter deutscher Anfrage nicht, entscheidet das Bundesministerium der Finanzen unter Berücksichtigung der Besteuerungspraxis jenes Staates, ob gleichwohl von Gegenseitigkeit ausgegangen werden kann. Das Bundesministerium der Finanzen veröffentlicht eine

Liste der Staaten, für die keine Gegenseitigkeit hinsichtlich des Quellensteuerverzichts besteht.[1)]

[1)] Entspricht BMF v. 21. 1. 2010, BStBl. I S. 49. Aufgeh. für Steuertatbestände, die nach dem 31. Dezember 2012 verwirklicht werden, da nicht mehr in der Positivliste des BMF v. 9. 4. 2013, BStBl. I S. 522 enthalten.

# I § 50 a/1. Schreiben betr. steuerliche Behandlung ausländischer Kulturvereinigungen[1)]

Vom 20. Juli 1983 (BStBl. I S. 382)

(BMF IV B 4 – S 2303 – 34/83)

Geändert durch BMF-Schreiben vom 30. 5. 1995 (BStBl. I S. 336)

Auf Grund der Erörterungen mit den Vertretern der obersten Finanzbehörden der Länder wird zur steuerlichen Behandlung ausländischer Kulturvereinigungen folgende Auffassung vertreten:

**1.** Ausländische Kulturvereinigungen sind, soweit eine Freistellung im Inland nicht schon nach den Vorschriften eines Abkommens zur Vermeidung der Doppelbesteuerung zu erfolgen hat, von der inländischen Einkommensteuer nach *§ 50 Abs. 7 EStG*[2)] freizustellen, wenn ihr Auftritt im Inland wesentlich aus inländischen oder ausländischen öffentlichen Mitteln gefördert wird.

**1.1.** Als Kulturvereinigung ist ohne Rücksicht auf ihre Rechtsform jede Gruppierung zu verstehen, die eine künstlerische Gemeinschaftsleistung darbietet (z. B. Theater, Musik, Tanz), sofern es sich nicht um Solisten (vgl. Tz. 4) handelt.

**1.2.** Eine wesentliche Förderung aus inländischen oder ausländischen öffentlichen Mitteln ist dann anzunehmen, wenn sie ein Drittel der Kosten des Auftritts im Inland deckt. Der Umfang der Förderung aus öffentlichen Mitteln ist durch eine Bescheinigung nachzuweisen, die im Fall inländischer öffentlicher Mittel von der inländischen Förderungsbehörde (z. B. Auswärtiges Amt, Kultusbehörde) und im Fall ausländischer öffentlicher Mittel von der ausländischen Förderungsbehörde oder von der diplomatischen Vertretung des Herkunftslandes der Kulturvereinigung ausgestellt wird. Eine Bescheinigung ist von jeder Stelle auszustellen, die eine unmittelbare öffentliche Förderung gewährt hat. Als öffentliche Mittel sind alle Leistungen aus öffentlichen Kassen (Bar- und Sachleistungen) zu behandeln, die unmittelbar für einen Auftritt oder mehrere Auftritte einer ausländischen Kulturvereinigung im Inland gewährt werden. Keine öffentlichen Mittel sind dagegen Beiträge, die aus einem öffentlichen Haushalt z. B. an eine gemeinnützige Körperschaft geleistet werden, die diese ihrerseits an eine Kulturvereinigung weiterleitet.

Zu den Kosten des Auftritts gehören alle Aufwendungen, die in unmittelbarem wirtschaftlichem Zusammenhang mit der Gastspielreise stehen (z. B. Kosten für Reise, Werbung, Beschäftigung zusätzlichen Personals, Raummiete), nicht dagegen Löhne und Gehälter des Personals der Kulturvereinigung selbst.

---

1) Ergänzend siehe OFD Berlin v. 21. 7. 1998, DStR 1999 S. 26, FM Schleswig-Holstein v. 18. 3. 2003 VI 305 – S 2303 – 131, StEK EStG § 50 a Nr. 116, LfSt Bayern v. 24. 10. 2011 S 2303.1.1 – 5/2 St 32, DB S. 2575.

2) Jetzt § 50 Abs. 4 EStG.

Werden öffentliche Mittel nur für einen Teil der Auftritte im Inland gewährt, kommt eine Freistellung von der inländischen Einkommensteuer nach *§ 50 Abs. 7 EStG*[1] nur für diesen Teil der Auftritte in Betracht. Auch in derartigen Fällen ist durch entsprechende Bescheinigungen nachzuweisen, daß die öffentlichen Mittel mindestens ein Drittel der Kosten dieses Teils der Auftritte decken.

**1.3.**[2] Die Bescheinigung über die Freistellung vom Steuerabzug nach § 50 a EStG wird von dem Finanzamt ausgestellt, das für den ersten Vergütungsschuldner (ersten Veranstalter) gemäß § 50 a Abs. 5 EStG, § 73 e EStDV zuständig ist; soweit eine Freistellung auf Grund von Vorschriften eines Abkommens zur Vermeidung der Doppelbesteuerung vorzunehmen ist, wird die Bescheinigung vom Bundesamt für Finanzen ausgestellt. Dies gilt auch, wenn die Gastspielreise nur einen Auftritt beinhaltet.

Werden alle Auftritte im Rahmen einer Gastspielreise in dem nach Tz. 1.2 erforderlichen Umfang aus öffentlichen Mitteln gefördert, gilt die Bescheinigung nach Satz 1 für die gesamte Gastspielreise. Für Vergütungen für einzelne Auftritte, die nicht nach Tz. 1.2 gefördert werden, gelten die allgemeinen Grundsätze.

**2.** Bei angestellten Mitgliedern ausländischer Kulturvereinigungen (z. B. bei Personen, die im Rahmen eines ausländischen Symphonieorchesters angestellt und besoldet sind) ist bei Auftritten im Inland nach *§ 50 Abs. 7 EStG*[1] vom Steuerabzug nach § 50 a Abs. 4 EStG abzusehen. Der Steuerabzug ist vorzunehmen, soweit von einem inländischen Veranstalter Vergütungen unmittelbar an alle oder einzelne Mitglieder der Kulturvereinigung gezahlt werden.

**3.** Für Künstler, die im Inland als Angestellte einer in einem Niedrigsteuerland im Sinne des § 8 Außensteuergesetz ansässigen Basisgesellschaft auftreten, kommt eine Freistellung vom Steuerabzug nicht in Betracht.

**4.** Bei ausländischen Solisten kommt eine Freistellung vom Steuerabzug im Sinne des § 50 a Abs. 4 EStG nach *§ 50 Abs. 7 EStG*[1] selbst dann nicht in Betracht, wenn ihr Auftritt aus öffentlichen Mitteln gefördert wird. Solisten im Sinne dieser Regelung sind Künstler, die einzeln oder in solistisch besetzten Ensembles (z. B. Duo, Trio, Quartett) auftreten.

[1] Jetzt § 50 Abs. 4 EStG.

[2] Tz. 1.3 Satz 1 neu gef. durch BMF v. 30. 5. 1995, BStBl. I S. 336.

# I § 50 a/2. Schreiben betr. Steuerabzug gemäß § 50 a EStG bei Einkünften beschränkt Steuerpflichtiger aus künstlerischen, sportlichen, artistischen, unterhaltenden oder ähnlichen Darbietungen

Vom 25. November 2010 (BStBl. I S. 1350)

(BMF IV C 3 – S 2303/09/10002; DOK 2010/0861549)

Unter Bezugnahme auf das Ergebnis der Erörterungen mit den obersten Finanzbehörden der Länder gilt für Steuerabzug gemäß § 50 a EStG bei Einkünften beschränkt Steuerpflichtiger aus künstlerischen, sportlichen, artistischen, unterhaltenden oder ähnlichen Darbietungen Folgendes:

**Inhaltsübersicht**

## 1. Überblick

### 1.1. Steuerpflicht nach dem EStG oder KStG

1 Natürliche Personen, die im Inland weder einen Wohnsitz noch ihren gewöhnlichen Aufenthalt haben, unterliegen ebenso wie Körperschaften, Personenvereinigungen und Vermögensmassen, die im Inland weder ihre Geschäftsleitung noch ihren Sitz haben, mit ihren inländischen Einkünften i. S. d. § 49 EStG der beschränkten Steuerpflicht (§ 1 Abs. 4 EStG bzw. § 2 Nr. 1 KStG), wenn sie nicht nach § 1 Abs. 2 EStG unbeschränkt einkommensteuerpflichtig sind oder sie nicht nach § 1 Abs. 3 EStG als unbeschränkt einkommensteuerpflichtig zu behandeln sind.

2 Bei den in § 50 a Abs. 1 EStG aufgezählten Einkünften beschränkt Steuerpflichtiger (Vergütungsgläubiger) wird die Einkommen- oder Körperschaftsteuer im Wege des Steuerabzugs erhoben. Es handelt sich unter anderem um folgende Einkünfte:

1. Einkünfte, die durch im Inland ausgeübte künstlerische, sportliche, artistische, unterhaltende oder ähnliche Darbietungen erzielt werden, einschließlich der Einkünfte aus anderen mit diesen Leistungen zusammenhängenden Leistungen, unabhängig davon, wem die Einnahmen zufließen (§ 49 Abs. 1 Nr. 2 bis 4 und 9 EStG). Keine Einkünfte i. S. d. Nr. 1 sind Einkünfte aus nichtselbständiger Arbeit, die dem Steuerabzug vom Arbeitslohn nach § 38 Abs. 1 Satz 1 Nr. 1 EStG unterliegen.
2. Einkünfte aus der inländischen Verwertung von inländischen Darbietungen i. S. d. Nr. 1 (§ 49 Abs. 1 Nr. 2 bis 4 und 6 EStG).
3. Einkünfte, die aus Vergütungen für die Überlassung der Nutzung oder des Rechts auf Nutzung von Rechten, insbesondere von Urheberrechten und gewerblichen Schutzrechten, von gewerblichen, technischen, wissenschaftlichen und ähnlichen Erfahrungen, Kenntnissen und Fertigkeiten, z. B. Plänen, Mustern und Verfahren, herrühren (§ 49 Abs. 1 Nr. 2, 3, 6 und 9 EStG).

3 Der Steuerabzug nach § 50 a EStG ist auch dann vorzunehmen, wenn die Einnahmen im Rahmen einer inländischen Betriebsstätte des Vergütungsgläubigers anfallen oder dieser auf Antrag mit seinen inländischen Einkünften i. S. d. § 49 EStG als unbeschränkt steuerpflichtig behandelt wird (§ 1 Abs. 3 Satz 6 EStG).

Der Steuerabzug nach § 50 a EStG entfällt, soweit die zuständigen Finanzbehörden die im Rahmen der beschränkten Steuerpflicht anfallende Einkommensteuer erlassen (§ 50 Abs. 4 EStG). Im Einzelnen siehe Rz. 89 ff. Wird die Einkommensteuer nach § 50 Abs. 4 EStG in einem Pauschbetrag festgesetzt, ist der Steuerabzug in dieser Höhe vorzunehmen. 4

## 1.2. Steuerabzug

Dem Steuerabzug unterliegt grundsätzlich der volle Betrag der Einnahmen. 5
Vom Vergütungsschuldner (Abzugsverpflichteter) ersetzte oder übernommene Reisekosten des Vergütungsgläubigers (siehe R 9.4 bis 9.8 *LStR 2011*[1]) gehören nicht zu den Einnahmen, soweit sie die Summe der tatsächlichen Kosten für Fahrten und Übernachtungen zuzüglich der Pauschbeträge nach § 4 Abs. 5 Satz 1 Nr. 5 EStG für Verpflegungsmehraufwand nicht übersteigen. Ist der Vergütungsgläubiger Staatsangehöriger eines Mitgliedstaats der EU oder des EWR und hat er seinen Wohnsitz oder gewöhnlichen Aufenthalt innerhalb des Hoheitsgebietes eines dieser Staaten (Vergütungsgläubiger i. S. d. § 50 Abs. 2 Satz 7 EStG) oder ist er eine Körperschaft, Personenvereinigung oder Vermögensmasse i. S. d. § 2 Nr. 1 KStG, die eine nach den Rechtsvorschriften eines Mitgliedstaates der EU oder des EWR gegründete Gesellschaft i. S. d. Art. 54 AEUV (Vertrag über die Arbeitsweise der Europäischen Union) oder des Art. 34 des Abkommens über den Europäischen Wirtschaftsraum mit Sitz und Ort der Geschäftsleitung innerhalb des Hoheitsgebietes eines dieser Staaten ist (Vergütungsgläubiger i. S. d. § 32 Abs. 4 KStG), kann der Vergütungsschuldner in den Fällen des § 50 a Abs. 1 Nr. 1 und 2 EStG von den Einnahmen die mit diesen in unmittelbarem wirtschaftlichen Zusammenhang stehenden Betriebsausgaben oder Werbungskosten abziehen (§ 50 a Abs. 3 Satz 1 und 3 EStG). Im Einzelnen siehe Rz. 46 ff.

Der Vergütungsschuldner i. S. d. § 50 a Abs. 1 EStG hat den Steuerabzug für Rechnung des Vergütungsgläubigers vorzunehmen, die Steuer bei der für ihn zuständigen Finanzbehörde anzumelden und sie dorthin abzuführen (§ 50 a Abs. 5 EStG, § 73 e EStDV). Ist zweifelhaft, ob der Vergütungsgläubiger beschränkt oder unbeschränkt steuerpflichtig ist, darf der Vergütungsschuldner die Einbehaltung der Steuer nur unterlassen, wenn der Vergütungsgläubiger durch eine Bescheinigung des für die Besteuerung seines Einkommens zuständigen Finanzamts nachweist, dass er unbeschränkt steuerpflichtig ist (§ 73 e Satz 6 EStDV). 6

Zur Höhe des Steuersatzes siehe Rz. 52. 7

## 1.3. Abgeltungswirkung und Veranlagung

Der Steuerabzug nach § 50 a Abs. 1 EStG hat grundsätzlich abgeltende Wirkung (§ 50 Abs. 2 Satz 1 EStG, § 32 Abs. 1 KStG). Die Abgeltungswirkung tritt unabhängig davon ein, ob die Steuer nach § 50 a Abs. 1 EStG einbehalten und abgeführt oder über einen Haftungs- oder Nachforderungsbescheid erhoben wurde. 8

Die abgeltende Wirkung des Steuerabzugs gilt nicht in Fällen, in denen: 9

1. die Einkünfte Betriebseinnahmen eines inländischen Betriebs sind (§ 50 Abs. 2 Satz 2 Nr. 1 EStG, § 32 Abs. 1 Nr. 2 KStG);

[1] Jetzt: LStR 2015.

2. nachträglich festgestellt wird, dass die Voraussetzungen der unbeschränkten Einkommensteuerpflicht i. S. d. § 1 Abs. 2 oder 3 EStG oder des § 1 a EStG nicht vorgelegen haben; § 39 Abs. 5 a EStG ist sinngemäß anzuwenden (§ 50 Abs. 2 Satz 2 Nr. 2 EStG);

3. während eines Kalenderjahrs sowohl unbeschränkte als auch beschränkte Einkommen- oder Körperschaftsteuerpflicht besteht (§ 2 Abs. 7 Satz 3 EStG bzw. § 32 Abs. 2 Nr. 1 KStG);

4. Einkünfte i. S. d. § 50 a Abs. 1 Nr. 1 und 2 EStG vorliegen und die Veranlagung zur Einkommen- oder Körperschaftsteuer von einem Steuerpflichtigen i. S. d. Rz. 5 Satz 3 beantragt wird (§ 50 Abs. 2 Satz 2 Nr. 5 EStG, § 32 Abs. 2 Nr. 2 KStG);

5. der Körperschaftsteuerpflichtige wegen der Steuerabzugsbeträge in Anspruch genommen werden kann (§ 32 Abs. 2 Nr. 3 KStG);

6. § 38 Abs. 2 KStG anzuwenden ist (§ 32 Abs. 2 Nr. 4 KStG);

7. die erweiterte beschränkte Einkommensteuerpflicht besteht (§ 2 Abs. 5 Satz 2 AStG).

Die in diesen Fällen durchzuführende Veranlagung zur beschränkten oder unbeschränkten Einkommen- oder Körperschaftsteuer folgt allgemeinen Regelungen. Die einbehaltenen Steuerabzugsbeträge nach § 50 a EStG sind auf die Einkommen- bzw. Körperschaftsteuer anzurechnen (§ 36 Abs. 2 Nr. 2 EStG).

### 1.4. Zweifelsfragen beim Steuerabzug

10 Zur Vermeidung eines eigenen Haftungsrisikos hat der Vergütungsschuldner den Steuerabzug grundsätzlich in voller Höhe vorzunehmen, selbst wenn der Status des Vergütungsgläubigers als unbeschränkt oder beschränkt Steuerpflichtiger zweifelhaft ist oder Zweifel an der Steuerabzugsverpflichtung nach § 50 a EStG bestehen.

11 In Fällen, in denen der Vergütungsschuldner zur Vermeidung eines eigenen Haftungsrisikos bereits bei Zweifeln an der steuerrechtlichen Beurteilung des Sachverhalts berechtigterweise den Steuerabzug vornimmt, kann der Vergütungsgläubiger die Zweifelsfrage nur in einem Besteuerungsverfahren, das die Festsetzung einer Steuerschuld ihm gegenüber zum Gegenstand hat, klären lassen. Ein solches Verfahren kann, insbesondere in Fällen, in denen eine Veranlagung nicht vorgesehen ist, durch den Antrag auf Erlass eines Freistellungsbescheids (§ 155 Abs. 1 Satz 3 AO) eingeleitet werden. Ist dagegen ein Veranlagungsverfahren möglich, z. B. nach § 50 Abs. 2 Satz 2 Nr. 5 EStG, so geht dieses dem Antrag auf Erlass eines Freistellungsbescheids nach § 155 AO vor.

Daher ist der Vergütungsgläubiger, der seine beschränkte Steuerpflicht gem. § 1 Abs. 4, § 49 EStG bzw. § 2 Nr. 1 KStG, § 8 Abs. 1 KStG i. V. m. § 49 EStG oder eine Steuerabzugsverpflichtung gem. § 50 a Abs. 1 EStG bestreitet und für den eine Veranlagung nicht in Betracht kommt, darauf zu verweisen, den Antrag auf Erlass eines Freistellungsbescheids – als Grundlage für eine Erstattung der Steuerabzugsbeträge – an das für den Vergütungsschuldner zuständige Finanzamt zu richten (BFH vom 20. Juni 1984, BStBl. II S. 828).

*(Fortsetzung nächste Seite)*

Der Freistellungsbescheid (§ 155 Abs. 1 Satz 3 AO) hat zu ergehen, wenn der zu Lasten des Vergütungsgläubigers vorgenommene Steuerabzug ohne rechtlichen Grund (z. B. für steuerfreie Einkünfte) vorgenommen worden ist (BFH vom 19. Dezember 1984, BFHE 143, 416). Ein ablehnender Bescheid kann mit dem Einspruch und nach ganz oder teilweise erfolglosem Einspruchsverfahren mit der Klage vor dem Finanzgericht angegriffen werden.

Dieses Freistellungsverfahren ist vom Finanzamt nach Abschluss des Steuerabzugsverfahrens durchzuführen. Es kann nicht bereits im Vorhinein, zur Vermeidung eines Steuerabzugs, in Anspruch genommen werden.

### 1.5. Einschränkung des Besteuerungsrechts aufgrund von Doppelbesteuerungsabkommen (DBA)

Ist in einem DBA festgelegt, dass die abzugspflichtige Vergütung nicht oder nur nach einem vom EStG oder KStG abweichenden niedrigeren Steuersatz besteuert werden kann, darf der Vergütungsschuldner den Steuerabzug nur unterlassen oder nach dem niedrigeren Steuersatz vornehmen, wenn das Bundeszentralamt für Steuern (BZSt)[1] eine entsprechende Bescheinigung erteilt hat (Freistellung im Steuerabzugsverfahren, § 50 d Abs. 2 EStG). Wegen der Einzelheiten wird auf das BMF-Schreiben vom 7. Mai 2002 (BStBl. I S. 521), sowie die im Internet veröffentlichten Merkblätter des BZSt verwiesen. 12

(leer) 13

## 2. Steuerabzugspflichtige Einkünfte (§ 50 a Abs. 1 i. V. m. § 49 EStG)

Bei der Besteuerung nach einem der Tatbestände des § 49 Abs. 1 EStG sind die im Inland entfalteten Aktivitäten maßgebend. Im Ausland gegebene Besteuerungsmerkmale bleiben außer Betracht, soweit bei ihrer Berücksichtigung inländische Einkünfte i. S. d. § 49 Abs. 1 EStG nicht angenommen werden können (§ 49 Abs. 2 EStG). 14

Der Steuerabzug nach § 50 a EStG ist grundsätzlich unabhängig von einer Einkünfteerzielungsabsicht des Vergütungsgläubigers vorzunehmen. Die Prüfung der Einkünfteerzielungsabsicht ist dem Veranlagungsverfahren gem. § 50 Abs. 2 EStG bzw. dem Freistellungsverfahren nach § 155 Abs. 1 Satz 3 AO vorbehalten. Fehlt es an einer Einkünfteerzielungsabsicht des Vergütungsgläubigers, kann der Vergütungsschuldner ausnahmsweise vom Steuerabzug absehen, wenn ihm gegenüber die fehlende Einkünfteerzielungsabsicht durch den Vergütungsgläubiger nachgewiesen wurde; § 90 Abs. 2 AO ist anwendbar. Soweit der Nachweis nicht gelingt, ist der Steuerabzug vorzunehmen. Der Vergütungsgläubiger ist insoweit auf die Möglichkeit des Freistellungsverfahrens (siehe Rz. 10, 11) zu verweisen (BFH vom 7. November 2001, BStBl. 2002 II S. 861). Unterlässt der Vergütungsschuldner in diesen Fällen den Steuerabzug, kann er für die entgangene Steuer in Haftung genommen werden (§ 50 a Abs. 5 Satz 4 EStG). 15

Zu Kostenerstattungsfällen an Amateure (Amateurmannschaften, Amateurmusiker, Laienschauspieler) siehe Rz. 51.

---

[1] **[Amtl. Anm.:]** Bundeszentralamt für Steuern, Tel.: (02 28) 4 06-0, Internet: www.bzst.de.

## 2.1. Abzugstatbestände

### 2.1.1. Einkünfte aus Darbietungen (§ 50 a Abs. 1 Nr. 1 i. V. m. § 49 Abs. 1 Nr. 2 Buchstabe d, Nr. 3, 4 und 9 EStG)

16 Dem Steuerabzug unterliegen Einkünfte aus im Inland ausgeübten künstlerischen, sportlichen, artistischen, unterhaltenden und ähnlichen Darbietungen einschließlich der Einkünfte aus anderen mit diesen Leistungen zusammenhängenden Leistungen (§ 50 a Abs. 1 Nr. 1 EStG). Dazu gehören z. B. Entgelte aus Werbeeinnahmen, Ausrüstungsverträgen, Autogrammstunden, die im Zusammenhang mit der Darbietung stehen (siehe Rz. 30 ff.).

Unerheblich ist, welcher Einkunftsart die Darbietung zuzuordnen ist. Neben der gewerblichen Darbietung werden auch Darbietungen im Rahmen einer freiberuflichen oder nichtselbständigen Tätigkeit oder als sonstige Leistung i. S. d. § 22 Nr. 3 EStG erfasst. Dies gilt jedoch nicht, soweit die Einkünfte dem Steuerabzug vom Arbeitslohn oder dem Steuerabzug nach § 50 a Abs. 1 Nr. 2 oder 3 EStG unterliegen.

17 Eine Darbietung i. S. d. § 50 a Abs. 1 Nr. 1 EStG liegt vor, wenn etwas aufgeführt, gezeigt oder vorgeführt wird, z. B. Ausstellungen, Konzerte, Theateraufführungen, Shows, Turniere oder Wettkämpfe. Dabei kommt es weniger auf den Status des Vergütungsgläubigers als Künstler, Sportler oder Artist an, als vielmehr auf den unterhaltenden Charakter der Darbietung. Der Begriff Darbietung ist weit zu verstehen; auch nichtöffentliche Auftritte und Studioaufnahmen für Film, Funk, Fernsehen oder zur Herstellung von Bild- und Tonträgern fallen hierunter. Zu den unterhaltenden Darbietungen gehören z. B. Talkshows, Quizsendungen, besonders choreographisch gestaltete Modenschauen sowie Feuerwerke und Lasershows. Hingegen zählen wissenschaftliche Vorträge und Seminare nicht dazu.

18 Die Darbietung muss im Inland erfolgen. Das ist der Fall, wenn die Tätigkeit tatsächlich im Inland ausgeübt wird. Ort der Darbietung ist bei Filmaufnahmen der Ort der Dreharbeiten, bei Tonaufnahmen der tatsächliche Aufnahmeort. Wegen Live-Übertragungen siehe Rz. 26 ff.

### 2.1.2. Inländische Verwertung einer Darbietung im Inland (§ 50 a Abs. 1 Nr. 2 EStG)

19 Dem Steuerabzug unterliegen auch Einkünfte aus der inländischen Verwertung von inländischen Darbietungen i. S. d. § 50 a Abs. 1 Nr. 1 EStG (§ 49 Abs. 1 Nr. 2 bis 4 oder 6 EStG). Verwertung i. S. d. § 50 a Abs. 1 Nr. 2 EStG ist ein Vorgang, bei dem der Darbietende oder Dritte sich die Ergebnisse der Darbietung durch eine zusätzliche Handlung nutzbar macht. § 50 a Abs. 1 Nr. 2 EStG hat also gegenüber § 50 a Abs. 1 Nr. 1 EStG eine eigenständige Bedeutung nur, wenn im Zusammenhang mit einer inländischen Darbietung weitere mittelbare Einkünfte erzielt werden.

20 Verwerten kann auch ein Dritter, der die Leistung nicht selbst erbracht hat.

### 2.1.3. Einkünfte aus der Überlassung von Rechten (§ 50 a Abs. 1 Nr. 3 i. V. m. § 49 Abs. 1 Nr. 2, 3, 6 und 9 EStG)

21 Der Steuerabzug nach § 50 a Abs. 1 Nr. 3 EStG ist gegenüber dem Steuerabzug nach § 50 a Abs. 1 Nr. 2 EStG vorrangig. Daher ist beispielsweise ein Steuerabzug nach § 50 a Abs. 1 Nr. 3 EStG vorzunehmen, wenn die Überlas-

sung im Rahmen einer Betätigung i. S. d. § 49 Abs. 1 Nr. 2 Buchstabe a oder Nr. 3 EStG erfolgt. Ein Steuerabzug nach § 50 a Abs. 1 Nr. 2 EStG ist in diesen Fällen ausgeschlossen.

### 2.1.3.1. Rechte i. S. v. § 50 a Abs. 1 Nr. 3 i. V. m. § 49 Abs. 1 Nr. 2, 3, 6 und 9 EStG, § 73 a Abs. 2 und 3 EStDV

Unter den Begriff Rechte i. S. d. § 50 a EStG fallen insbesondere die nach Maßgabe des Urheberrechtsgesetzes – UrhG – (z. B. an Werken, Literatur, Computerprogrammen, Kunst, Filmwerken einschließlich der Werke, die ähnlich wie Filmwerke geschaffen werden; siehe § 2 UrhG) oder nach anderen gewerblichen Schutzgesetzen (z. B. Geschmacksmustergesetz, Patentgesetz, Markengesetz, Gebrauchsmustergesetz) geschützten Rechte. Hierzu können auch sonstige Rechte zählen, wenn sie dem Urheberrechtsgesetz oder den gewerblichen Schutzrechten vergleichbar sind, insbesondere wenn sie eine rechtliche Ausformung in einem Schutzgesetz erfahren haben. Dies ist z. B. bei der Überlassung von Persönlichkeitsrechten eines Künstlers oder Sportlers zu Werbezwecken der Fall (Recht an Namen, Wort, Bild, Ton usw.). Wegen der Aufteilung von Vergütungen an Fotomodelle siehe BMF-Schreiben vom 9. Januar 2009 (BStBl. I S. 362)[1]. 22

### 2.1.3.2. Abgrenzung zwischen Überlassung eines Rechts zur Nutzung und endgültiger Übertragung

Für die Vornahme eines Steuerabzugs nach § 50 a Abs. 1 Nr. 3 EStG ist zwischen der (zeitlich begrenzten) Überlassung eines Rechts zur Nutzung (z. B. als Verwertungsrecht oder als Lizenz) und der endgültigen Überlassung (Rechtekauf) zu unterscheiden. Ein Steuerabzug nach § 50 a Abs. 1 Nr. 3 EStG kommt nur bei der Überlassung eines Rechts zur Nutzung in Betracht, nicht hingegen bei einer endgültigen Rechteüberlassung (Rechtekauf)[2]. Eine zeitlich begrenzte Überlassung von Rechten liegt vor, wenn das Nutzungsrecht dem durch Vertrag Berechtigten nicht endgültig verbleibt, sein Rückfall kraft Gesetzes oder Vertrages nicht ausgeschlossen ist oder eine vollständige Übertragung, wie bei urheberrechtlich geschützten Rechten, nicht zulässig ist (§ 29 Abs. 1 UrhG). 23

Ein nicht dem Steuerabzug nach § 50 a Abs. 1 Nr. 3 EStG unterliegender Rechtekauf liegt wirtschaftlich auch dann vor, wenn mit einer Nutzungsüberlassung das wirtschaftliche Eigentum an dem Recht endgültig übergeht; z. B. das Recht verbraucht sich während der eingeräumten Nutzung vollständig – Bandenwerbung –, BFH vom 16. Mai 2001 (BStBl. 2003 II S. 641). Ebenso fällt hierunter z. B. das exklusive Recht zur Übertragung einer Uraufführung eines Theaterstücks. Sind hingegen eine Übertragung und ein „Verbrauch" des Rechts schon der Sache nach ausgeschlossen, kann regelmäßig von einer Nutzungsüberlassung ausgegangen werden (z. B. bei einem Verbreitungsrecht an dem Werk eines Dichters oder Komponisten). Dies gilt selbst dann, wenn die Vertragsparteien eine zeitlich unbefristete Nutzung des Rechts vereinbaren. 24

---

[1] Nr. **1** § 50 a/10.

[2] **[Amtl. Anm.:]** Der Rechtekauf unterlag nur für Vergütungen, die nach dem 31. Dezember 2006 und vor dem 1. Januar 2009 zugeflossen sind, dem Steuerabzug gem. § 50 a EStG, der Rechtekauf unterliegt jedoch weiterhin der beschränkten Steuerpflicht nach § 49 Abs. 1 Nr. 2 Buchstabe f Doppelbuchstabe bb EStG.

25 Bei der Überlassung von Persönlichkeitsrechten handelt es sich um eine zeitlich befristete und keine endgültige Rechteüberlassung. Diese Persönlichkeitsrechte bestehen beim Überlassenden fort, sodass die erforderlichen Voraussetzungen für eine Veräußerung – wie etwa der Verbrauch des Rechts oder dessen Aufgabe beim Überlassenden – nicht eintreten können.

### 2.1.4. Rundfunk- oder Fernsehübertragungen

26 Bei der Übertragung von Rundfunk- oder Fernsehsendungen können verschiedene Fallkonstellationen vorliegen, die zu unterschiedlichen Steuerabzugstatbeständen des § 50 a EStG führen. Bei der Einordnung dieser Steuerabzugstatbestände ist zum einen zwischen Live- und zeitversetzten Übertragungen zu differenzieren. Ferner ist bei Live-Übertragungen zu unterscheiden, ob die überlassenen Signale urheberrechtlich geschützt sind; im Regelfall ist vom Bestehen eines urheberrechtlichen Schutzes auszugehen.

27 Zeitversetzte Übertragungen der aufgenommenen Live-Signale fallen immer unter § 50 a Abs. 1 Nr. 3 EStG. Gleiches gilt für Live-Signale, wenn sie durch Bearbeitung einem urheberrechtlichen Schutz unterliegen (z. B. § 95 UrhG), und bei kulturellen Veranstaltungen auch ohne Bearbeitung der Signale, wenn ein eigenes Leistungsschutzrecht des Veranstalters nach § 81 UrhG gegeben ist.

28 Die verbleibenden Fälle der Übertragung von Live-Signalen fallen unter § 50 a Abs. 1 Nr. 1 oder 2 EStG. Die reine Gestattung der Herstellung von Signalen (z. B. Reportagen, Aufnahmen einer Sportveranstaltung) infolge einer Einwilligung des Veranstalters in den Eingriff in eigene Rechtspositionen (z. B. Hausrecht) etwa unterfällt § 50 a Abs. 1 Nr. 1 EStG. Werden die hierbei aufgenommenen Live-Signale zeitgleich, ohne dass es zu einer weiteren Bearbeitung (Kommentare, Zusammenschnitte verschiedener Kameraperspektiven etc.) kommt, an Dritte übertragen, liegt ein Fall des § 50 a Abs. 1 Nr. 2 EStG vor. In diesen Konstellationen ist ein Steuerabzug nur bei einer inländischen Darbietung sowie einer inländischen Verwertung derselben vorzunehmen.

29 Die vorgenannten Ausführungen gelten auch in Fällen, in denen der Berechtigte die Live-Signale selbst aufgenommen hat.

## 2.2. Leistungen im Zusammenhang mit einer dem Steuerabzug unterliegenden Vergütung

30 In den Fällen des § 50 a Abs. 1 Nr. 1 EStG ist der Steuerabzug auch auf Einkünfte aus mit der Darbietung zusammenhängenden Leistungen vorzunehmen. Eine Leistung hängt mit einer Darbietung zusammen, wenn sie im sachlichen oder zeitlichen Zusammenhang mit ihr erfolgt.

### 2.2.1. Ausrüstungsverträge, Werbeverträge und andere Leistungen

31 Einkünfte aus Ausrüstungsverträgen (Sponsoring), Werbeverträgen, Vergütungen für Autogrammstunden, Interviews usw. gehören zu den Einkünften aus den mit der Darbietung oder der Verwertung zusammenhängenden Leistungen, soweit sie in sachlichem Zusammenhang mit der jeweiligen Darbietung bzw. Verwertung stehen.

32 Bei einheitlichen Verträgen, die eine Gesamtvergütung vorsehen, sind die Einzelbestandteile des Vertrages in einen dem Steuerabzug und einen nicht

dem Steuerabzug unterliegenden Vergütungsbestandteil aufzuteilen. Ist die Vergütung für die Hauptleistung in einen dem Steuerabzug und einen nicht dem Steuerabzug unterliegenden Teil aufzuteilen, so ist der hierfür erforderliche Aufteilungsmaßstab auch auf die Vergütung für die Nebenleistung anzuwenden.

### 2.2.2. Nebenleistungen und Vertragsplitting

Zu den Leistungen, die mit den Darbietungen zusammenhängen, zählen auch technische Nebenleistungen wie Bühnenbild, Beleuchtung, Tontechnik, Kostüme usw. und Vermittlungsleistungen, soweit sie Teil der Gesamtleistung sind. Voraussetzung für die Einbeziehung dieser Nebenleistungen ist, dass sie auf Grund des bestehenden Vertragsverhältnisses Teil der von dem Vergütungsgläubiger erbrachten Gesamtleistung sind, für die eine Gesamtvergütung gezahlt wird. 33

Werden diese Nebenleistungen auf der Grundlage besonderer Verträge, die der inländische Veranstalter mit Dritten abgeschlossen hat, von einem anderen als dem Darbietenden oder dem die Darbietung Verwertenden erbracht, sind die dafür gezahlten Entgelte nicht in die Bemessungsgrundlage für die Abzugsteuer einzubeziehen. Dies gilt nicht, wenn der Darbietende unmittelbaren Einfluss auf die Wahl und den Umfang der Leistungen des Dritten ausüben kann. Der Steuerabzug nach § 50 a EStG ist in diesen Fällen auch gegenüber dem Dritten vorzunehmen. Die Nebenleistungen sind dem Darbietenden außerdem zuzurechnen, wenn er oder eine ihm nahe stehende Person i. S. d. § 1 Abs. 2 AStG an dem die Nebenleistungen erbringenden Unternehmen unmittelbar oder mittelbar zu mindestens einem Viertel beteiligt ist oder eine wirtschaftliche Abhängigkeit zwischen dem Darbietenden und dem Dritten besteht. 34

### 2.3. Steuerabzug bei hintereinander geschalteten beschränkt Steuerpflichtigen

Wenn eine Vergütung von einem Vergütungsgläubiger an einen anderen beschränkt Steuerpflichtigen (Vergütungsgläubiger der 2. Stufe) weitergereicht wird, ist der Steuerabzug nach § 50 a EStG grundsätzlich auf jeder Stufe vorzunehmen, auf der die Voraussetzungen für den Steuerabzug nach § 50 a EStG vorliegen. So ist z. B. ein Steuerabzug nach § 50 a EStG zum einen auf die Vergütung des Veranstalters an eine beschränkt steuerpflichtige Konzertagentur einzubehalten, aber ebenso von der Konzertagentur für die Vergütung an den bei ihr unter Vertrag stehenden beschränkt steuerpflichtigen Künstler. Dies folgt aus dem Umstand, dass die Einkommen- und Körperschaftsteuer subjektbezogen erhoben werden. Auch wenn z. B. die Konzertagentur selbst im Inland nicht dem Steuerabzug unterliegt, hat sie für die Künstler den Steuerabzug vorzunehmen. 35

Weitergereichte Vergütungen können in den Fällen des § 50 a Abs. 3 EStG regelmäßig als Betriebsausgaben oder Werbungskosten abgezogen werden. Das gilt auch, wenn die weitergereichte Vergütung ihrerseits nicht dem Steuerabzug nach § 50 a Abs. 1 EStG unterliegt. Erfolgt die Weiterleitung der Vergütung zu einem Zeitpunkt nach Vornahme des Steuerabzugs, kann eine korrigierte Steueranmeldung abgegeben werden. Zum Abzug von Betriebsausgaben und Werbungskosten siehe weitergehend Rz. 46 ff. 36

37 Der Vergütungsschuldner der 2. Stufe kann ausnahmsweise vom Steuerabzug absehen, wenn die an ihn gezahlte Vergütung bereits einmal dem Bruttosteuerabzug unterlegen hat (§ 50 a Abs. 4 Satz 1 EStG). Dies gilt nicht, wenn er als Vergütungsgläubiger der 1. Stufe Betriebsausgaben oder Werbungskosten nach § 50 a Abs. 3 EStG geltend macht (siehe Rz. 46), die Veranlagung nach § 50 Abs. 2 Satz 2 Nr. 5 EStG beantragt oder die Erstattung der Abzugsteuer begehrt (§ 50 a Abs. 4 Satz 2 EStG). Zur Zuständigkeit in diesen Fällen siehe Rz. 59 ff. Wird im Nachhinein die Abzugsteuer von der Finanzbehörde ganz oder teilweise erstattet, beantragt der Vergütungsgläubiger im Nachgang eine Veranlagung oder werden Betriebsausgaben oder Werbungskosten im Wege der korrigierten Steueranmeldung geltend gemacht, lebt die Verpflichtung zum Steuerabzug in der 2. Stufe wieder auf.

### 2.4. Verhältnis von Steuerabzug nach § 50 a EStG und Lohnsteuerabzug

38 Bezüge beschränkt einkommensteuerpflichtiger Berufssportler, darbietender Künstler (z. B. Musiker), werkschaffender Künstler (z. B. Schriftsteller, Bildberichterstatter), anderer unterhaltender oder Ähnliches Darbietender sowie Artisten, unterliegen grundsätzlich dem Lohnsteuerabzug nach § 39 d EStG, soweit sie zu den Einkünften aus nichtselbständiger Arbeit gehören und von einem inländischen Arbeitgeber i. S. d. § 38 Abs. 1 Satz 1 Nr. 1 EStG gezahlt werden. In diesen Fällen hat der Arbeitgeber den Lohnsteuerabzug nach den dafür geltenden Vorschriften durchzuführen. Ein Steuerabzug nach § 50 a Abs. 1 EStG findet insoweit nicht statt (§ 50 a Abs. 1 Nr. 1 zweiter Halbsatz EStG). Wegen der Abgrenzung von nichtselbständiger und selbständiger Arbeit siehe BMF-Schreiben vom 5. Oktober 1990 (BStBl. I S. 638)[1], das für den Bereich der beschränkten Einkommensteuerpflicht entsprechend anzuwenden ist. Zum Lohnsteuerabzug bei beschränkt steuerpflichtigen gastspielverpflichteten Künstlern wird auf das BMF-Schreiben vom 31. Juli 2002 (BStBl. I S. 707)[2] verwiesen.

Über Beschränkungen des Besteuerungsrechts auf Grund von DBA ist im Lohnsteuerabzugsverfahren zu entscheiden (siehe *R 39 d Abs. 2 LStR 2011*[3]).

Kann die Lohnsteuer nicht erhoben werden, weil kein inländischer Arbeitgeber vorhanden ist, hat der ausländische Arbeitgeber den Steuerabzug vorzunehmen (§ 50 a Abs. 1 Nr. 1 EStG).

39 Bis 31. Dezember 2010 kann bei beschränkt steuerpflichtigen Artisten, deren nichtselbständige Arbeit im Inland ausgeübt oder verwertet wird, die darauf entfallende Lohnsteuer noch mit einem Pauschsteuersatz von 20 Prozent erhoben werden, wenn der Artist die Lohnsteuer trägt; übernimmt der Arbeitgeber die Lohnsteuer, beträgt der Pauschsteuersatz 25 Prozent (R 39 d Abs. 4 LStR 2008).

[1] Nr. **20** § 19/1. Unter Berücksichtigung der Neufassung der Anlage durch BMF v. 9. 7. 2014, BStBl. I S. 1103.

[2] Nr. **20** § 39 d/1.

[3] Jetzt: R 39.4 Abs. 3 LStR 2015.

## 3. Steuerabzug

### 3.1. Abzugsverpflichteter (§ 50 a Abs. 5 Satz 2 EStG)

Der Vergütungsschuldner hat den Steuerabzug für Rechnung des Vergütungsgläubigers vorzunehmen. Vergütungsschuldner ist, wer zivilrechtlich die Vergütungen schuldet, die die Tatbestände der dem Steuerabzug unterliegenden beschränkten Einkommensteuerpflicht erfüllen. Die Abzugsverpflichtung kann nicht mit befreiender Wirkung vertraglich auf Dritte übertragen werden. 40

Regelmäßig ist der Veranstalter der Vergütungsschuldner. Veranstalter ist, wer in organisatorischer und finanzieller Hinsicht für die Veranstaltung verantwortlich ist, wer deren Vorbereitung und Durchführung übernimmt und dabei das unternehmerische Risiko trägt. Tritt als Veranstalter nach außen ein zivilrechtlich nicht rechtsfähiges Gebilde auf, so ist dieses steuerrechtlich als Abzugsverpflichteter i. S. d. § 50 a Abs. 5 EStG anzusehen; das BFH-Urteil vom 17. Februar 1995 (BStBl. II S. 390) ist entsprechend anzuwenden. 41

Organisiert ein beschränkt steuerpflichtiger Darbietender (Vergütungsgläubiger) im Inland eine Veranstaltung selbst (Eigenveranstalter), sind die Voraussetzungen für den Steuerabzug nach § 50 a EStG dem Grunde nach erfüllt. Vergütungsschuldner wären – bei öffentlichen Veranstaltungen – die Eintrittskartenkäufer. Aus tatsächlichen Gründen wird jedoch in diesen Fällen weder der Steuerabzug für die Eintrittsgelder einbehalten, noch kann der einzelne Eintrittskartenkäufer als Haftungsschuldner in Anspruch genommen werden. In diesen Fällen ist die Steuer durch Nachforderungsbescheid vom ausländischen Darbietenden als Vergütungsgläubiger zu erheben. Soweit der Vergütungsgläubiger Vergütungen an Künstler usw. weiterleitet, ist er seinerseits als Vergütungsschuldner zum Steuerabzug verpflichtet (siehe Rz. 35 ff.). 42

Die Abzugsverpflichtung besteht unabhängig davon, ob der Vergütungsschuldner im Inland seinen Wohnsitz, seinen gewöhnlichen Aufenthalt, seine Geschäftsleitung, seinen Sitz oder einen ständigen Vertreter hat. Eine Abzugsverpflichtung besteht z. B. schon bei einer ausländischen Künstlerverleih- oder Verwertungsgesellschaft die einen Künstler ins Inland verleiht, oder bei einer Veranstaltung im Inland mit ausländischem Veranstalter. Abzugsverpflichtet i. S. d. § 50 a EStG ist darüber hinaus ein ausländischer Arbeitgeber für im Inland eingesetzte, beschränkt steuerpflichtige Arbeitnehmer, z. B. ein ausländischer Sportverein, der angestellte Spieler bei einer Sportveranstaltung im Inland einsetzt oder ein ausländisches Orchester, welches angestellte Musiker im Inland für eine Darbietung einsetzt. Soweit ein ausländischer Veranstalter Vergütungen an den Vergütungsgläubiger der 2. Stufe weiterleitet, ist er seinerseits als Vergütungsschuldner zum Steuerabzug verpflichtet. Wegen Einzelheiten bei hintereinander geschalteten beschränkt Steuerpflichtigen siehe Rz. 35.

Bei Vergütungen an Beauftragte trifft in den Fällen des § 50 a Abs. 6 EStG den Vergütungsschuldner keine Verpflichtung zum Steuerabzug. Beauftragte im Sinne dieser Vorschrift sind z. B. die GEMA oder ähnliche inländische oder ausländische Rechtsträger. Der Beauftragte ist bei Leistungen an Vergütungsgläubiger der 2. Stufe seinerseits zum Steuerabzug verpflichtet. Bemessungsgrundlage für den Steuerabzug ist der nach dem Verteilungsplan zu leis- 43 tende Betrag. § 73 f EStDV regelt in diesen Fällen die weiteren Einzelheiten des Steuerabzuges.

### 3.2. Bemessungsgrundlage für den Steuerabzug (§ 50 a Abs. 2 und 3 EStG)

44 Dem Steuerabzug unterliegt der volle Betrag der Einnahmen, wobei vom Schuldner der Vergütung ersetzte oder übernommene Reisekosten des Vergütungsgläubigers nur insoweit zu den Einnahmen gehören, als die Fahrt- und Übernachtungsauslagen die tatsächlichen Kosten und die Vergütungen für Verpflegungsmehraufwand die Pauschbeträge nach § 4 Abs. 5 Satz 1 Nr. 5 EStG übersteigen. Übernommene Reisekosten Dritter mindern nicht die Bemessungsgrundlage nach § 50 a Abs. 2 EStG, können aber ggf. als Betriebsausgaben/Werbungskosten bei dem Steuerabzug nach § 50 a Abs. 3 EStG berücksichtigt werden (siehe Rz. 46).

45 Die Umsatzsteuer wird für Leistungen i. S. d. § 13 b UStG, die nach dem 31. Dezember 2001 erbracht werden, nicht mehr vom Erbringer der Leistung geschuldet (BMF-Schreiben vom 5. Dezember 2001, BStBl. I S. 1013). Die Umsatzsteuer gehört insoweit nicht zur Bemessungsgrundlage für die Abzugsteuer nach § 50 a EStG.

### 3.2.1. Abziehbarkeit von Betriebsausgaben oder Werbungskosten in EU- oder EWR-Fällen

46 Bei Vergütungsgläubigern i. S. d. Rz. 5 kann der Vergütungsschuldner von den Einnahmen in den Fällen des § 50 a Abs. 1 Nr. 1 und 2 EStG Betriebsausgaben oder Werbungskosten abziehen, wenn die Betriebsausgaben oder Werbungskosten

- in einem unmittelbaren wirtschaftlichen Zusammenhang mit den Einnahmen i. S. d. § 50 a Abs. 1 Nr. 1 und 2 EStG stehen und
- dem Vergütungsschuldner in einer für die zuständige Finanzbehörde nachprüfbaren Form – z. B. durch Rechnungskopien – nachgewiesen wurden oder von dem Vergütungsschuldner übernommen worden sind.

Ein darüber hinausgehender Abzug von Betriebsausgaben oder Werbungskosten ist nicht möglich. Soweit bei dem Vergütungsgläubiger andere als die in Rz. 44 genannten Aufwendungen angefallen sind, können diese ggf. als Betriebsausgaben oder Werbungskosten von den Einnahmen abgezogen werden.

47 Als Kosten, die wirtschaftlich in der Weise unmittelbar mit der im Inland ausgeübten Tätigkeit zusammenhängen, dass sie sich von dieser Tätigkeit nicht trennen lassen, sind nur solche Kosten zu verstehen, welche nach ihrer Entstehung oder Zweckbindung mit den betreffenden steuerpflichtigen Einnahmen in einem unlösbaren Zusammenhang stehen. Dies erfordert eine konkrete Zuordnung der Aufwendungen zu den inländischen Einkünften. Ein bloßer Veranlassungszusammenhang genügt für die in § 50 a Abs. 3 Satz 1 EStG geforderte Unmittelbarkeit nicht.[1] Ein unmittelbarer wirtschaftlicher Zusammenhang fehlt z. B. bei Gemeinkosten wie der Absetzung für Abnutzung, die sich von der in Rede stehenden konkreten Tätigkeit trennen lassen, weil sie

[1] **[Amtl. Anm.:]** Im Einzelnen kann insoweit jedenfalls im Ausgangspunkt auf die einschlägige Spruchpraxis des BFH zu § 3 c EStG (siehe dazu BFH vom 11. Februar 1993, BStBl. II S. 450, und BFH vom 29. Mai 1996, BStBl. 1997 II S. 60) zurückgegriffen werden.

dem Vergütungsgläubiger in jedem Fall entstehen würden. Dagegen ist der Abzug der Kosten nicht davon abhängig, ob die Kosten im In- oder im Ausland angefallen sind.

Betriebsausgaben oder Werbungskosten werden im Zeitpunkt der Vornahme des Steuerabzugs nur insoweit berücksichtigt, als es sich bei diesen um tatsächlich geleistete Aufwendungen handelt. Soweit die Betriebsausgaben oder Werbungskosten bereits entstanden oder veranlasst, aber noch nicht abgeflossen sind, mindern sie die für den Steuerabzug maßgeblichen Einkünfte nicht. Die insoweit noch nicht abziehbaren Betriebsausgaben oder Werbungskosten können durch Korrektur der Steueranmeldung bzw. im Wege der Veranlagung zur Einkommen- oder Körperschaftsteuer nachträglich berücksichtigt werden. **48**

Der Vergütungsschuldner hat die ihm nachgewiesenen Betriebsausgaben oder Werbungskosten zu dokumentieren, in der Regel durch Aufbewahrung der Rechnungskopien oder andere vom Vergütungsgläubiger vorgelegte Nachweise (§ 73 d Abs. 1 Satz 2 EStDV). Er hat Höhe und Art der Betriebsausgaben oder Werbungskosten aufzuzeichnen (§ 73 d Abs. 1 Nr. 3 EStDV) und dem Finanzamt bei Abgabe der Steueranmeldung zum Steuerabzug nach § 50 a EStG mitzuteilen (§ 73 e Satz 2 EStDV). **49**

Der Abzug von Betriebsausgaben bzw. Werbungskosten wird auch beschränkt steuerpflichtigen Körperschaften, Personenvereinigungen oder Vermögensmassen i. S. d. § 32 Abs. 4 KStG im hier beschriebenen Umfang gewährt. § 50 a Abs. 3 Satz 3 EStG geht insoweit § 8 Abs. 6 KStG vor. **50**

### 3.2.2. Steuerabzug in Kostenerstattungsfällen

Werden Amateuren (Amateurmannschaften, Amateurmusikern, Laienschauspielern) ausschließlich Kosten i. S. d. Rz. 46 erstattet bzw. vom Veranstalter übernommen, so ist kein Steuerabzug nach § 50 a Abs. 2 EStG vorzunehmen. Werden jedoch Preisgelder, Siegprämien oder ähnliche Vergütungen gezahlt, so ist grundsätzlich ein Steuerabzug vorzunehmen. **51**

## 3.3. Höhe des Steuersatzes (§ 50 a Abs. 2 und 3 EStG)

### 3.3.1. Allgemeiner Steuersatz

Der Steuersatz gem. § 50 a Abs. 2 EStG beträgt beim Bruttosteuerabzug 15 Prozent der Einnahmen. Beim Nettosteuerabzug (§ 50 a Abs. 3 EStG) beträgt der Steuersatz 30 Prozent von den nach Abzug der Betriebsausgaben oder Werbungskosten verbleibenden Einnahmen, wenn der Vergütungsgläubiger eine natürliche Person oder Personengesellschaft (z. B. eine Gesellschaft bürgerlichen Rechts) ist. Ist der Vergütungsgläubiger eine Körperschaft, Personenvereinigung oder Vermögensmasse, beträgt er 15 Prozent von den nach Abzug der Betriebsausgaben oder Werbungskosten verbleibenden Einnahmen. **52**

Zusätzlich zu dem Steuerabzug nach § 50 a EStG ist ein Solidaritätszuschlag nach § 3 Abs. 1 Nr. 6 SolZG zu erheben.

### 3.3.2. Milderungsregelung (§ 50 a Abs. 2 Satz 3 EStG)

Ein Steuerabzug wird bei Einkünften i. S. d. § 50 a Abs. 1 Nr. 1 EStG nicht erhoben, wenn die Einnahmen je Darbietung 250 Euro nicht übersteigen. Die Milderungsregelung ist nur auf die unmittelbaren Einnahmen aus inländischen **53**

Darbietungen anzuwenden. Einnahmen aus der Verwertung der Darbietungen nach § 50 a Abs. 1 Nr. 2 EStG fallen nicht unter die Milderungsregelung.

54 Sind mehrere Personen als Darbietende Gläubiger der Vergütung für eine Darbietung, ist die Milderungsregelung für jede Person auf die auf sie entfallende Vergütung anzuwenden. Dabei ist die Gesamtvergütung gleichmäßig nach Köpfen aufzuteilen, soweit die Empfänger keinen anderen Aufteilungsmaßstab darlegen. Dies gilt entsprechend für Personengesellschaften, soweit an der Personengesellschaft ausschließlich die auftretenden Personen beteiligt sind.

Ist eine beschränkt steuerpflichtige Körperschaft Gläubiger der Vergütung (z. B. Verein), erzielt diese als juristische Person die Einnahmen aus der Darbietung allein. Eine Aufteilung auf die an der Körperschaft beteiligten Personen ist nicht zulässig.

55 Unter dem Begriff der Darbietung in § 50 a Abs. 2 Satz 3 EStG ist für Zwecke der Anwendung der Milderungsregelung der einzelne Auftritt zu verstehen. Eine (vertragliche) Aufteilung der Vergütung in mehrere Teilbeträge hat insoweit keine Auswirkung. Werden an einem Tag mit einem oder mehreren Veranstaltern mehrere Auftritte durchgeführt, ist die Milderungsregelung je Auftritt anzuwenden. Proben sind keine Auftritte.

## 4. Haftung und Nachforderung

### 4.1. Haftung und Nachforderung gegenüber dem Vergütungsschuldner

56 Der Vergütungsschuldner haftet für die ordnungsgemäße Einbehaltung und Abführung der Steuer (§ 50 a Abs. 5 Satz 4 EStG, § 73 g EStDV). Eine Haftung kommt auch dann in Frage, wenn der Vergütungsschuldner beim Steuerabzug Betriebsausgaben oder Werbungskosten berücksichtigt hat, ohne dass hierfür die Voraussetzungen vorlagen (siehe Rz. 46 ff.) bzw. unzutreffenderweise keine Einkünfteerzielungsabsicht angenommen hat (siehe Rz. 15). Die Haftungsinanspruchnahme ist unabhängig von den Rechten des Vergütungsgläubigers aus einem DBA zulässig (§ 50 d Abs. 1 Satz 10 EStG).

57 Darüber hinaus kann gegenüber dem Vergütungsschuldner anstelle eines Haftungsbescheides ein Nachforderungsbescheid gem. § 167 Abs. 1 Satz 1 AO erlassen werden (BFH vom 13. September 2000, BStBl. 2001 II S. 67).

### 4.2. Nachforderung gegenüber dem Vergütungsgläubiger

58 Soweit die Haftung des Vergütungsschuldners reicht, sind der Vergütungsschuldner und der Vergütungsgläubiger Gesamtschuldner. Die Steuer- oder Haftungsschuld kann vom zuständigen Finanzamt nach pflichtgemäßem Ermessen gegenüber jedem der Gesamtschuldner geltend gemacht werden (§ 73 g EStDV). Der Vergütungsgläubiger kann unter den Voraussetzungen des § 50 a Abs. 5 Satz 5 EStG durch Nachforderungsbescheid in Anspruch genommen werden. Die Inanspruchnahme des Vergütungsgläubigers durch Nachforderungsbescheid ist nicht davon abhängig, ob ihm die nicht ordnungsgemäße Einbehaltung oder Abführung der Abzugsteuer bekannt war. Bei diesem Nachforderungsbescheid handelt es sich nicht um einen Bescheid i. S. d. § 167 Abs. 1 Satz 1 AO.

## 5. Zuständigkeit und Verfahren für den Quellensteuerabzug

### 5.1. Zuständigkeit

Die nach § 50 a EStG einbehaltene Steuer ist bei dem für den Vergütungsschuldner zuständigen Finanzamt anzumelden und an dieses abzuführen. Ist der Vergütungsschuldner keine Körperschaft und stimmen Betriebs- und Wohnsitzfinanzamt nicht überein, ist die einbehaltene Steuer an das Betriebsfinanzamt des Vergütungsschuldners abzuführen (§ 73 e EStDV). 59

Werden im Rahmen einer internationalen Tournee neben Verträgen mit einem Globalveranstalter zusätzlich separate Verträge mit weiteren, lokalen Veranstaltern für die Auftritte in Deutschland abgeschlossen und der Globalveranstalter insoweit von seinen Verpflichtungen dem Vergütungsgläubiger gegenüber freigestellt, ist die Steuer bei dem für den lokalen Veranstalter zuständigen Finanzamt anzumelden.

Sofern ein Steuerabzug nach § 50 a EStG auf mehreren Stufen vorzunehmen ist, ist für die Durchführung des Steuerabzuges auf der 2. bzw. weiteren Stufe das Finanzamt des Vergütungsschuldners der 1. Stufe zentral zuständig. 60

Ist für den Vergütungsschuldner kein Finanzamt nach § 73 e EStDV zuständig, ist die Steuer bei dem Finanzamt anzumelden und an das Finanzamt abzuführen, in dessen Bezirk der Anlass für die Amtshandlung hervortritt (§ 24 AO). Bei einer Tournee mit ausländischem Veranstalter ist daher das Finanzamt zuständig, in dessen Bezirk die Tournee beginnt. Bei mehrfacher örtlicher Zuständigkeit ist die Zuständigkeit nach § 25 AO zu bestimmen. 61

Für Haftungs- und Nachforderungsbescheide ist das Finanzamt zuständig, an das der Steuerabzug nach § 50 a EStG durch den Vergütungsschuldner hätte abgeführt werden müssen (BFH vom 18. Mai 1994, BStBl. II S. 697). 62

Entsprechendes gilt für Anträge nach § 50 Abs. 4 EStG. 63

In einzelnen Ländern können abweichende Zuständigkeitsbestimmungen auf Grund landesrechtlicher Vorschriften gelten. 64

Nach dem Begleitgesetz zur Zweiten Föderalismusreform vom 10. August 2009 (BGBl. I S. 2702) wird das Steuerabzugs- und Veranlagungsverfahren gem. § 50 Abs. 2 Satz 2 Nr. 5, § 50 a EStG für beschränkt Steuerpflichtige beim BZSt zentralisiert. Der Zeitpunkt für den Übergang des Steuerabzugs- und Veranlagungsverfahrens auf das BZSt wird durch Rechtsverordnung bestimmt (§ 52 Abs. 58 a Satz 2 EStG)[1]. Bis zu diesem Zeitpunkt bleibt es bei der zuvor dargestellten Zuständigkeit der Finanzämter. 65

### 5.2. Verfahren

Der Vergütungsschuldner hat die innerhalb eines Kalendervierteljahrs einbehaltene Steuer von Vergütungen i. S. d. § 50 a EStG bis zum 10. des dem Kalendervierteljahr folgenden Monats beim zuständigen Finanzamt anzumelden und an dieses abzuführen. Die Steueranmeldung muss neben den Angaben zum Gläubiger, der Höhe der Vergütungen i. S. d. § 50 a Abs. 1 EStG und der Höhe des Steuerabzugs auch die Höhe und Art der von der Bemessungsgrundlage des Steuerabzugs abgezogenen Betriebsausgaben oder Werbungskosten enthalten. 66

Die Steueranmeldung ist für nach dem 31. Dezember 2009 zufließende Vergütungen nach amtlich vorgeschriebenem Vordruck auf elektronischem Weg zu übermitteln (in der jeweils geltenden Fassung der Steuerdaten-Über- 67

[1] In der Fassung vor dem KroatienAnpG v. 25. 7. 2014, BGBl. I S. 1266.

mittlungsverordnung vom 28. Januar 2003 (BGBl. I S. 139), zuletzt geändert durch die Verordnung vom 8. Januar 2009 (BGBl. I S. 31)[1]. Auf Antrag kann das Finanzamt zur Vermeidung unbilliger Härten auf eine elektronische Übermittlung verzichten; in diesem Fall ist die Steueranmeldung vom Schuldner oder von einem zu seiner Vertretung Berechtigten zu unterschreiben (§ 73 e EStDV).

**68** Die Steueranmeldung steht – ggf. nach Zustimmung durch die Finanzbehörde – einer Steuerfestsetzung unter dem Vorbehalt der Nachprüfung gleich (§ 168 AO). Sie entfaltet Drittwirkung gegenüber dem Vergütungsgläubiger und kann sowohl vom Vergütungsschuldner als auch vom Vergütungsgläubiger mit dem Rechtsbehelf des Einspruchs (§ 347 AO) angefochten werden.

Auf Grund eines Rechtsbehelfs gegen die Steueranmeldung kann nur darüber entschieden werden, ob der Vergütungsschuldner berechtigt war, die Steuerabzugsbeträge einzubehalten, anzumelden und abzuführen (BFH vom 7. November 2007, BStBl. 2008 II S. 228). Insofern kann der Vergütungsgläubiger gegen die Steueranmeldung auch keine Rechtsbehelfe mit dem Ziel einlegen, Betriebsausgaben oder Werbungskosten nachträglich zu berücksichtigen. Wird die Vollziehung der Steueranmeldung aufgehoben, dürfen entrichtete Steuerabzugsbeträge nur an den anmeldenden Vergütungsschuldner, nicht aber an den Vergütungsgläubiger erstattet werden (BFH vom 13. August 1997, BStBl. II S. 700).

**69** Ein Anspruch auf Steuerbefreiung nach einem DBA kann nicht im Rahmen der Steueranmeldung, sondern nur in einem besonderen Erstattungsverfahren gem. § 50 d Abs. 1 Satz 2 EStG gegenüber dem BZSt geltend gemacht werden.

**70** Gegen einen Haftungs- oder Nachforderungsbescheid ist der Einspruch (§ 347 AO) gegeben.

**71** (leer)

## 6. Veranlagungsverfahren nach § 50 Abs. 2 Satz 2 Nr. 5 EStG

**72** Grundsätzlich gilt die Einkommen- oder Körperschaftsteuer des Vergütungsgläubigers für Einkünfte i. S. d. § 50 a Abs. 1 Nr. 1 und 2 EStG durch den Steuerabzug als abgegolten (§ 50 Abs. 2 Satz 1 EStG, § 32 Abs. 1 KStG). Vergütungsgläubiger i. S. d. Rz. 5 Satz 3 können die Abgeltungswirkung des Steuerabzuges jedoch durch einen Antrag auf Veranlagung (§ 50 Abs. 2 Satz 2 Nr. 5 EStG, § 32 Abs. 2 Nr. 2 KStG) durchbrechen. Bei dieser Antragsveranlagung gelten die für beschränkt Steuerpflichtige einschlägigen Regelungen des § 50 Abs. 1 EStG.

**73** Die Zuständigkeit richtet sich in den Fällen des § 50 a Abs. 1 Nr. 1 und 2 EStG nach den allgemeinen Regelungen des § 19 Abs. 2 AO. Bei mehreren Auftritten/Verwertungen oder Tourneen (mehrfacher örtlicher Zuständigkeit) ist das Finanzamt zuständig, in dessen Bezirk der erste Auftritt/die erste Verwertung stattfindet oder die Tournee beginnt, es sei denn, die zuständigen Finanzbehörden einigen sich auf eine andere zuständige Finanzbehörde (§ 25 AO).

---

[1] **[Amtl. Anm.:]** Einzelheiten zur elektronischen Übermittlung ergeben sich aus den Internetseiten unter www.elster.de.

## 7. Entlastung auf Grund von DBA

### 7.1. Verhältnis der DBA zum innerstaatlichen Recht

Der Steuerabzug nach § 50 a EStG ist ungeachtet eines DBA in voller Höhe vorzunehmen (§ 50 d Abs. 1 Satz 1 EStG). 74

Der Vergütungsschuldner kann den Steuerabzug nach § 50 a Abs. 1 EStG unterlassen oder nach einem niedrigeren Steuersatz vornehmen, wenn das BZSt auf Antrag bescheinigt hat, dass die Voraussetzungen dafür nach einem DBA vorliegen (Freistellung im Steuerabzugsverfahren nach § 50 d Abs. 2 Satz 1 EStG). Die Freistellung im Steuerabzugsverfahren ist in den Fällen des § 50 a Abs. 1 Nr. 3 EStG auch möglich, wenn das BZSt den Vergütungsschuldner auf Antrag hierzu allgemein ermächtigt hat (Kontrollmeldeverfahren nach § 50 d Abs. 5 EStG). Einzelheiten zum Kontrollmeldeverfahren enthält das BMF-Schreiben vom 18. Dezember 2002 (BStBl. I S. 1386)[1]. 75

Ist die Abzugsteuer nach § 50 a EStG bereits vom Vergütungsschuldner einbehalten und an das zuständige Finanzamt abgeführt worden, kann eine Entlastung auf Grund von DBA durch Erstattung der zuviel erhobenen Abzugsteuer nach § 50 d Abs. 1 Satz 2 EStG durch das BZSt erfolgen.

Auch Haftungsbescheide gem. § 50 a Abs. 5 Satz 4 EStG (siehe Rz. 56) sind zunächst ungeachtet eines DBA von den zuständigen Finanzbehörden zu erlassen. Trotzdem kann die Erstattung nach § 50 d Abs. 1 EStG vom Vergütungsgläubiger beantragt werden. Eine Freistellungsbescheinigung nach § 50 d Abs. 2 EStG kann im Falle eines Haftungsbescheides nicht mehr beantragt werden, da die Vergütung bereits zugeflossen ist. 76

Wurde der Steuerabzug nicht oder nicht ordnungsgemäß durchgeführt, kann die Steuer auch gegenüber dem Vergütungsgläubiger nachgefordert werden (siehe Rz. 58). Die Vorschriften des anzuwendenden DBA sind bei der Ermittlung der Höhe der Nachforderung unmittelbar zu beachten. Erforderlichenfalls wirkt das BZSt im Wege der Amtshilfe bei der Prüfung des Besteuerungsanspruchs nach dem einschlägigen DBA mit. 77

Die Regelungen der DBA gehen dem innerstaatlichen Steuerrecht als Sonderregelungen vor (§ 2 AO), soweit nicht ein Gesetz eine ausdrücklich vom DBA abweichende Regelung vorsieht. Besteht daher auf Grund des jeweils einschlägigen DBA (vorbehaltlich der die DBA-Anwendung modifizierenden Regelungen, z. B. in § 50 d EStG) bei Einkünften eines ausländischen Unternehmens – ohne inländische Betriebsstätte i. S. d. DBA – aus künstlerischen, sportlichen, artistischen, unterhaltenden oder ähnlichen Darbietungen nur ein deutsches Besteuerungsrecht, kann eine Freistellung oder Erstattung nach § 50 d Abs. 1 oder 2 EStG nicht erfolgen. 78

### 7.2. Begriff „Künstler" und „Sportler" i. S. d. DBA

Auf DBA-Ebene ist weder der Künstler- noch der Sportlerbegriff abschließend definiert. Der Ausdruck Künstler umfasst unter anderem Bühnen- und Filmschauspieler sowie Schauspieler, die in der Werbung auftreten. Der Begriff des Sportlers ist nicht auf die Teilnehmer an den klassischen Disziplinen beschränkt. So fällt z. B. Schach unter den Anwendungsbereich des Art. 17 OECD-MA. 79

---

[1] Nr. 1 § 50 d/1.

80 Die Tätigkeit als Künstler, Musiker oder Sportler i. S. d. dem Art. 17 Abs. 1 OECD-MA entsprechenden DBA-Vorschriften muss im Inland persönlich ausgeübt werden. Unter den Regelungsbereich fallen nur vortragende Künstler, nicht jedoch Tätigkeiten, die in der Herstellung eines Werkes bestehen (sog. werkschaffende Künstler, z. B. Maler, Bildhauer, Komponisten, Bühnenbildner, Choreographen, Drehbuchautoren und Regisseure; zu Letzteren BFH vom 18. Juli 2001, BStBl. 2002 II S. 410).

### 7.3. Einkünfte aus künstlerischer oder sportlicher Tätigkeit i. S. d. DBA

81 Zum Anwendungsbereich der dem Art. 17 OECD-MA entsprechenden DBA-Vorschriften zählen auch die Einkünfte von Künstlern oder Sportlern aus der Teilnahme an staatsbürgerlichen, sozialen, religiösen oder mildtätigen Tätigkeiten (z. B. anlässlich von Wohltätigkeitsveranstaltungen), soweit diese unterhaltenden Charakter haben.

82 Zu den Einkünften des individuellen Auftritts des Künstlers oder Sportlers gehören auch die Einkünfte aus Werbe-, Ausrüstungs- und ähnlichen Verträgen, soweit sie unmittelbar oder mittelbar mit dem Auftritt im Inland zusammenhängen. Insoweit ist eine Freistellung nach § 50 d EStG nicht möglich.

83 Unter Art. 17 Abs. 1 OECD-MA entsprechende DBA-Vorschriften fallen grundsätzlich nicht die Einkünfte aus Werbeverträgen von Sportlern/Künstlern, die zwar das Image und den Namen des Sportlers/Künstlers verwerten, aber nicht in unmittelbarem Zusammenhang mit einer sportlichen/künstlerischen Darbietung stehen und aus Vermittlungstätigkeiten. Dies gilt auch für ehemalige, nicht mehr aktive Sportler.[1]

84 Durch Art. 17 Abs. 2 OECD-MA entsprechende DBA-Vorschriften werden die Grundsätze des Absatzes 1 für den Vertragsstaat, in dem der Künstler oder Sportler seine Tätigkeit ausübt, auf die Fälle ausgedehnt, in denen die Einkünfte aus dieser Tätigkeit nicht dem Künstler oder Sportler, sondern einer dritten Person zufließen (BFH vom 4. März 2009, BStBl. II S. 625). Dies betrifft insbesondere Fälle, in denen das Entgelt für den Auftritt von Künstlern oder Sportlern an eine juristische Person, wie z. B. eine Management-Gesellschaft oder eine Künstlergesellschaft, gezahlt wird.

85 Enthält das jeweils einschlägige DBA eine dem Art. 17 Abs. 2 OECD-MA entsprechende Vorschrift, verbleibt es bei einer Besteuerung nach § 49 Abs. 1 Nr. 2 Buchstabe d, § 50 a Abs. 1 Nr. 1 und 2 EStG. Eine Freistellungsbescheinigung kann in diesen Fällen nicht erteilt werden. Dies gilt nicht für Einkünfte aus Nebenleistungen, die auf mit Dritten abgeschlossenen Verträgen beruhen.

Beim BZSt ist ein regelmäßig aktualisiertes Merkblatt mit einer Übersicht erhältlich, ob und ggf. inwieweit die verschiedenen deutschen DBA von Art. 17 Abs. 1 und 2 OECD-MA abweichen.[2]

[1] **[Amtl. Anm.:]** Eine Ausnahme besteht für das DBA Österreich, in dessen Art. 17 das allgemeine Persönlichkeitsrecht erfasst ist.

[2] **[Amtl. Anm.:]** Das Merkblatt und andere Vordrucke sowie die Abkommenstexte der DBA können im Internet unter http://www.bzst.de (Steuern International – Abzugsteuerentlastung – Freistellung/Erstattung – Merkblätter – Merkblätter nach Rechtslage ab dem 1. 1. 2012 – Vergütung an ausländische Künstler und Sportler) abgerufen werden.

### 7.4. Abgrenzung zwischen Tätigkeitsvergütungen und Lizenzgebühren

Art. 12 Abs. 2 OECD-MA definiert den Begriff „Lizenzgebühren" für Zwecke der Anwendung des Abkommens. Unter Art. 12 Abs. 2 des OECD-MA fallen insbesondere Einkünfte aus der Überlassung von Urheberrechten zur Nutzung, auch wenn sie nicht dem Steuerabzug nach § 50 a Abs. 1 Nr. 3, sondern dem nach Nr. 1 oder 2 EStG unterliegen (siehe Rz. 26 ff.). 86

Bei Entscheidung der Frage, ob und inwieweit Vergütungen, die an Künstler gezahlt werden, als Tätigkeitsvergütungen oder Lizenzgebühren i. S. d. DBA zu behandeln sind, ist Folgendes zu beachten: 87

a) Das Entgelt gilt als eine Lizenzgebühr, wenn es z. B. an Komponisten oder Liedtexter für die Überlassung von Verwertungsrechten gezahlt wird. Dies umfasst z. B. Vergütungen von Verwertungsgesellschaften dieses Personenkreises.

b) Der Begriff der Darbietung ist weit zu verstehen. Darbietungen sind auch nichtöffentliche Auftritte und Studioaufnahmen für Film, Funk, Fernsehen und zur Herstellung von Ton- und Bildträgern. Der Charakter einer Unterhaltungsdarbietung geht nicht dadurch verloren, dass im Augenblick der Darbietung kein Publikum anwesend ist. Auch die Darbietung von Studiomusikern zielt darauf ab, zur Unterhaltung des Publikums beizutragen.

c) Das Entgelt ist aufzuteilen, wenn es für einen öffentlichen Auftritt und für die Verwertung auf Bild- und Tonträgern gezahlt wird. Falls keine Anhaltspunkte für eine anderweitige Aufteilung vorliegen (z. B. Dienstleistungs- und Verwertungsvertrag wird mit verschiedenen Vertragspartnern abgeschlossen), können 80 Prozent der persönlich ausgeübten Tätigkeit und 20 Prozent deren Verwertung zugeordnet werden.

d) Bei werkschaffenden Künstlern (z. B. Bühnenbildner, Choreographen) können 40 Prozent der persönlich ausgeübten Tätigkeit und 60 Prozent deren Verwertung zugeordnet werden, falls keine Anhaltspunkte für eine anderweitige Aufteilung vorliegen.

e) Das Entgelt für eine Live-Übertragung gilt abkommensrechtlich nicht als Lizenzgebühr, sondern als Entgelt für persönlich ausgeübte Tätigkeit.

f) Vergütungen an Filmschauspieler werden für eine – in der Regel nichtselbständige – künstlerische Tätigkeit gezahlt (BMF-Schreiben vom 5. Oktober 1990, BStBl. I S. 638, Tz. 1.1.2[1]). Ein Verwertungsrecht an dem Film, in dem er mitgewirkt hat, steht dem Filmschauspieler regelmäßig nicht zu. Abweichende Regelungen in den DBA sind zu beachten; so kann in einem DBA geregelt sein, dass Art. 17 (Künstler) als Spezialnorm dem Art. 15 (unselbständige Arbeit) vorgeht.

Die DBA weisen das Besteuerungsrecht für Lizenzgebühren grundsätzlich dem Vertragsstaat zu, in dem der Lizenzgeber ansässig ist. In diesen Fällen kann eine Freistellung im Steuerabzugsverfahren erteilt werden. Allerdings gibt es auch DBA, die Deutschland als Quellenstaat ein der Höhe nach begrenztes Besteuerungsrecht einräumen. Eine Freistellung im Steuerabzugsverfahren kann nur für den Betrag erfolgen, der die nach dem jeweils einschlägigen DBA zulässige Quellensteuer übersteigt. 88

---

[1] Nr. **20** § 19/1.

Auf das auf der Internetseite des BZSt befindliche Merkblatt über das deutsche Besteuerungsrecht an Lizenzgebühren wird hingewiesen[1].

**8. Steuererlass in besonderen Fällen**

**89** Die obersten Finanzbehörden der Länder oder die von ihnen beauftragten Finanzbehörden können mit Zustimmung des Bundesministeriums der Finanzen die Einkommen- oder Körperschaftsteuer bei beschränkt Steuerpflichtigen ganz oder teilweise erlassen oder in einem Pauschbetrag festsetzen, wenn dies im besonderen öffentlichen Interesse liegt. Das besondere öffentliche Interesse wird anhand von Regelbeispielen (§ 50 Abs. 4 Nr. 1 und 2 EStG) erläutert.

Ein besonderes öffentliches Interesse besteht insbesondere

- an der inländischen Veranstaltung international bedeutsamer kultureller und sportlicher Ereignisse, um deren Ausrichtung ein internationaler Wettbewerb stattfindet, oder
- am inländischen Auftritt einer ausländischen Kulturvereinigung, wenn ihr Auftritt wesentlich aus öffentlichen Mitteln gefördert wird.

Bei der Beurteilung der Frage, ob ein besonderes öffentliches Interesse vorliegt, sind auch wettbewerbs-, kultur- und sportpolitische Aspekte zu berücksichtigen. Der Antrag nach § 50 Abs. 4 EStG ist vor Beginn des Ereignisses zu stellen.

**90** Zum Steuererlass für beschränkt Steuerpflichtige im Zusammenhang mit inländischen Spielen der europäischen Vereinswettbewerbe von Mannschaftssportarten siehe BMF-Schreiben vom 20. März 2008 (BStBl. I S. 538)[2] und BMF-Schreiben vom 21. Januar 2010 (BStBl. I S. 49)[3].

**9. Beispiele**

**91** Bei den nachfolgenden Beispielen ist zu beachten, dass sich die Entlastung auf Grund von DBA ausschließlich nach den Regelungen des jeweiligen DBA richtet, die vom OECD-MA abweichen können. Soweit im Folgenden die Begriffe inländisch oder ausländisch in Verbindung mit Personen verwendet werden, sind sie i. S. v. unbeschränkter oder beschränkter Einkommen- bzw. Körperschaftsteuerpflicht zu verstehen. Aus Vereinfachungsgründen bleibt in den Beispielen der Solidaritätszuschlag unberücksichtigt. Die Milderungsregelung (§ 50 a Abs. 2 Satz 3 EStG) ist entsprechend Rz. 53 gesondert zu prüfen. Der Steuerabzug nach § 50 a EStG ist ungeachtet der Bestimmungen eines DBA grundsätzlich in voller Höhe vorzunehmen (§ 50 d Abs. 1 Satz 1 EStG). Eine Ausnahme gilt z. B. nur in Fällen des Erlasses von Nachforderungsbescheiden an den Vergütungsgläubiger oder bei einem nachfolgenden Veranlagungsverfahren.

**92** **Beispiel 1: zu Rz. 16 ff.**

Ein inländischer Sportverein führt einen international besetzten Marathonlauf durch. Hierbei treten auch ausländische Läufer an, die ein Startgeld und die Erstattung von Reise- und Über-

*(Fortsetzung nächste Seite)*

---

[1] **[Amtl. Anm.:]** Das Merkblatt kann im Internet unter http://www.bzst.de (Steuern International – Abzugsteuerentlastung – Freistellung – Erstattung – Merkblätter/Merkblätter nach Rechtslage ab dem 1. 1. 2012 – Lizenzgebühren und ähnliche Vergütungen) abgerufen werden.

[2] Nr. **1** § 50/1.

[3] Nr. **1** § 50/2.

nachtungskosten erhalten. Einige der ausländischen Läufer erhalten als Siegprämien von einem inländischen Sponsor bereitgestellte Sachpreise.

a) Die Sachpreise werden vom Sponsor zunächst dem Veranstalter übereignet.

b) Die Sachpreise werden vom Sponsor unmittelbar dem ausländischen Sportler übereignet.

Nach den Statuten des internationalen Sport-Verbandes gelten die ausländischen Läufer als Amateur-Sportler.

a) Sportler, die bei Sportveranstaltungen Startgelder und Siegprämien erhalten, erzielen gem. § 15 Abs. 2 EStG Einkünfte aus Gewerbebetrieb. Die ausländischen Sportler sind mit ihren inländischen Einkünften gem. § 49 Abs. 1 Nr. 2 Buchstabe d EStG beschränkt steuerpflichtig. Gem. § 50 a Abs. 1 Nr. 1 EStG wird die Einkommensteuer im Wege des Steuerabzugs erhoben. Dem Steuerabzug unterliegt gem. § 50 a Abs. 2 EStG der volle Betrag der Einnahmen. Einnahmen sind alle Güter, die in Geld oder Geldeswert bestehen. Einnahmen, die nicht in Geld bestehen, sind mit den üblichen Endpreisen am Abgabeort anzusetzen. Zur Bemessungsgrundlage gehören erstattete Reise- und Übernachtungskosten, soweit die Erstattungen die tatsächlichen Übernachtungskosten und die Pauschbeträge nach § 4 Abs. 5 EStG für Verpflegungsmehraufwendungen übersteigen (§ 50 a Abs. 2 Satz 2 EStG), die Startgelder, sowie der Wert des Sachpreises.
Der Steuerabzug ist gem. § 50 a Abs. 5 Satz 1 und 2 EStG auch bei Amateursportlern vom inländischen Sportverein als Schuldner der Vergütung vorzunehmen und an das für ihn zuständige Finanzamt abzuführen. Der sog. Amateur-Status nach den Grundsätzen des internationalen Sport-Verbandes ist insoweit ohne Bedeutung (siehe aber Rz. 51).

b) Lobt ein Unternehmen einen Sachpreis für den Gewinner einer Sportveranstaltung aus, ohne den Sachpreis zunächst dem Veranstalter zu übereignen, ist das Unternehmen der Vergütungsschuldner. Es hat daher auch insoweit den Steuerabzug gem. § 50 a Abs. 1 Nr. 1 EStG vorzunehmen. Der Veranstalter hat nur für die von ihm unmittelbar gezahlten Vergütungen den entsprechenden Steuerabzug vorzunehmen.
Art. 17 OECD-MA weist Deutschland das Besteuerungsrecht zu, da hier die sportliche Tätigkeit ausgeübt wird. Eine Freistellung nach § 50 d Abs. 1 und 2 EStG ist – vorbehaltlich anderer Regelungen in den DBA – nicht möglich.

**Beispiel 2: zu Rz. 40 ff.** 93

Ein international besetztes, jährlich stattfindendes Sportfest wird von einer Gesellschaft bürgerlichen Rechts (GbR), deren Gesellschafter drei Leichtathletikvereine e. V. sind, durchgeführt. Die Gesellschaft verfügt über ein Organisationsbüro und tritt als Vertragspartner und Veranstalter auf. Sie ist auch Schuldnerin der Start- und Preisgelder.
Ob bei einer GbR die Abzugsverpflichtung gem. § 50 a EStG von der Gesellschaft oder dem einzelnen Gesellschafter zu erfüllen ist, hängt davon ab, wer nach außen als Vertragspartner auftritt. Dies ist hier die GbR selbst. Der Steuerabzug gem. § 50 a EStG ist von der GbR als Schuldnerin der Vergütung vorzunehmen und an das für sie zuständige Finanzamt abzuführen.

**Beispiel 3: zu Rz. 16 ff., Rz. 30 ff., Rz. 40 ff.** 94

Ein ausländischer Berufstennisspieler nimmt an einem Tennisturnier im Inland teil und erhält ein Preisgeld. Er hat einen langfristigen Ausrüstungsvertrag mit einem inländischen Sportartikelhersteller, der ihn verpflichtet, bei allen sportlichen Veranstaltungen dessen Ausrüstung zu tragen. Weiterhin hat er einen langfristigen Werbevertrag mit einem inländischen Bankhaus, der die Bank zur Verwendung von Namen und Bild des Sportlers unabhängig von diesem Tennisturnier berechtigt. Anlässlich des Turniers gibt der Sportler bezahlte Interviews für inländische und ausländische Zeitungen und Rundfunkanstalten. Eine Woche später tritt er im Inland in einer Fernseh-Talkshow auf.
Bei dem Preisgeld aus dem Tennisturnier handelt es sich um Einkünfte aus der Ausübung einer Tätigkeit als Berufssportler nach § 49 Abs. 1 Nr. 2 Buchstabe d i. V. m. § 50 a Abs. 1 Nr. 1 EStG.
Die Einkünfte aus dem Ausrüstungsvertrag stehen anteilig im Zusammenhang mit dem Tennisturnier; der Ausrüster hat als Vergütungsschuldner von der Gesamtvergütung einen auf die inländische Darbietung entfallenden Teilbetrag der Abzugsteuer nach § 49 Abs. 1 Nr. 2 Buchstabe d i. V. m. § 50 a Abs. 1 Nr. 1 EStG zu unterwerfen.
Die Vergütungen aus dem Werbevertrag stehen in keinem ausreichenden sachlichen Zusammenhang mit der sportlichen Darbietung. Hat der Sportler keine Betriebsstätte und auch kei-

nen ständigen Vertreter im Inland, kann – abhängig von der Gestaltung des Einzelfalls – eine Besteuerung nach § 49 Abs. 1 Nr. 2 Buchstabe f oder Nr. 6 i. V. m. § 21 Abs. 1 Satz 1 Nr. 3 EStG in Betracht kommen. Ein Steuerabzug kommt dann nach § 50 a Abs. 1 Nr. 3 EStG in Frage.

Die Vergütungen für die Interviews sind Einkünfte aus mit sportlichen Darbietungen zusammenhängenden Leistungen und unterliegen der Abzugsteuer nach § 49 Abs. 1 Nr. 2 Buchstabe d i. V. m. § 50 a Abs. 1 Nr. 1 EStG. Die Vergütungsschuldner (hier: in- und ausländische Zeitungen, Rundfunkanstalten) müssen für die Interviews im Inland die Abzugsteuer anmelden und abführen.

Die Vergütungen für den Auftritt in der Talkshow stehen zwar in keinem unmittelbaren zeitlichen Zusammenhang mit dem Turnier, sind jedoch sonstige Einkünfte, die der Abzugsteuer nach § 49 Abs. 1 Nr. 2 Buchstabe d i. V. m. § 50 a Abs. 1 Nr. 1 EStG unterliegen.

Art. 17 OECD-MA weist Deutschland das Besteuerungsrecht hinsichtlich des Preisgeldes, der Vergütungen aus dem Ausrüstungsvertrag und der Interviews zu, da hier die sportliche bzw. unterhaltende (Talkshow) Tätigkeit ausgeübt wird.

Die Einkünfte aus dem Werbevertrag fallen nicht unter Art. 17 OECD-MA, sondern unter Art. 7 OECD-MA (Unternehmensgewinne). Enthält das anzuwendende DBA noch einen Art. 14 (selbständige Arbeit), fallen diese Einkünfte unter diesen Artikel. Die Erteilung der Freistellung hängt vom Inhalt der Regelung des im Einzelfall anzuwendenden DBA ab.

95 **Beispiel 4: zu Rz. 16 ff., Rz. 20 und 35**

Wie Beispiel 3, der Berufstennisspieler hat jedoch alle Rechte im Rahmen eines Rechteüberlassungsvertrages entgeltlich einer nicht im Inland ansässigen Kapitalgesellschaft überlassen, die Vergütungsgläubigerin hinsichtlich aller Leistungen ist. Die ausländische Gesellschaft hat keine Betriebsstätte im Inland.

**Besteuerung der Gesellschaft:**

Die Gesellschaft erzielt Einkünfte aus § 2 Nr. 1, § 8 Abs. 1 KStG i. V. m. § 49 Abs. 1 Nr. 2 Buchstabe d, § 50 a Abs. 1 Nr. 2 EStG hinsichtlich des Preisgeldes und der Vergütungen aufgrund des Ausrüstungsvertrages und der Interviews. Sie erzielt Einkünfte aus § 49 Abs. 1 Nr. 2 Buchstabe f Satz 2, § 50 a Abs. 1 Nr. 3 EStG hinsichtlich der Vergütungen aus dem Werbevertrag.

Enthält das im Einzelfall einschlägige DBA keine dem Art. 17 Abs. 2 OECD-MA entsprechende Vorschrift, wonach dem Sportler die Einkünfte auch bei Zahlung an Dritte zuzurechnen sind, sind die Vergütungen als gewerbliche Einkünfte i. S. d. Art. 7 OECD-MA zu qualifizieren. Eine Freistellung kann – mangels inländischer Betriebsstätte – gem. § 50 d EStG erteilt werden. Voraussetzung hierfür ist, dass die Erfüllung der Verpflichtung nach § 50 a Abs. 5 EStG nachgewiesen wird, soweit die Vergütung an andere beschränkt Steuerpflichtige weitergeleitet wird (Besteuerung auf der 2. Ebene).

Die Einkünfte aus dem Werbevertrag fallen nicht unter Art. 17 OECD-MA, sondern unter Art. 7 OECD-MA (Unternehmensgewinne). Eine vollständige Entlastung kann – mangels inländischer Betriebsstätte – gem. § 50 d Abs. 1 und 2 EStG erteilt werden.

**Besteuerung des Tennisspielers:**

Hinsichtlich der Steuerpflicht der Einkünfte wie Beispiel 3. Allerdings ist die ausländische Gesellschaft Vergütungsschuldnerin i. S. d. § 50 a Abs. 5 EStG, da sie mit Inlandsbezug tätig wird. Ggf. ist gegen die ausländische Gesellschaft ein Haftungsbescheid und/oder gegen den Tennisspieler ein Nachforderungsbescheid zu erlassen.

Art. 17 OECD-MA weist Deutschland das Besteuerungsrecht zu, da hier die sportliche bzw. unterhaltende Tätigkeit ausgeübt wird. Eine vollständige Entlastung nach § 50 d Abs. 1 und 2 EStG ist nicht möglich.

96 **Beispiel 5: zu Rz. 16 ff., Rz. 40 ff.**

Ein ausländischer Berufssportler schließt mit inländischen Unternehmen Ausrüstungs-, Rechteüberlassungs- und Werbeverträge. Danach verpflichtet sich der Sportler, die Ausrüstungsgegenstände bei sportlichen Wettkämpfen und öffentlichen Auftritten im Inland und Ausland werbewirksam zu tragen und ins Bild zu setzen, für jeweils 3 bis 4 Promotionauftritte der Unternehmen zur Verfügung zu stehen und bei Produkttests mitzuwirken. Gleichzeitig sind die Unternehmen berechtigt, den Namen und das Bild des Sportlers zur Werbung zu nutzen. Bei der Überlassung des Rechtes am eigenen Bild und Namen handelt es sich um geschützte Persönlichkeitsrechte. Die Prämien bzw. Vergütungen bestehen aus einem Fixum und werden im Übrigen nach der Platzierung bei einzelnen Wettkämpfen berechnet.

Bei den genannten Verträgen handelt es sich um sog. gemischte Verträge, bei denen hinsichtlich der Leistungen im Inland zwischen den auftrittsbezogenen Vergütungen (Einkünfte aus einer sportlichen Darbietung i. S. d. § 49 Abs. 1 Nr. 2 Buchstabe d EStG), den Vergütungen aus der Überlassung von Persönlichkeitsrechten (Einkünfte i. S. d. § 49 Abs. 1 Nr. 2 Buchstabe f bzw. Nr. 6 EStG) und den gewerblichen Einnahmen aus Promotion und Produkttests zu unterscheiden ist. Die gewerblichen Einnahmen aus Promotion und Produkttests führen mangels einer inländischen Betriebsstätte nicht zu inländischen Einkünften nach § 49 Abs. 1 Nr. 2 Buchstabe a EStG. Die Tatsache, dass sich die Prämien nach einem Fixum und der Platzierung bei einzelnen Wettkämpfen berechnen, betrifft nur die Höhe der Vergütungen für die unterschiedlichen Leistungen des Sportlers.

Der Steuerabzug ist für die anteiligen Vergütungen im Zusammenhang mit einer sportlichen Darbietung nach § 50 a Abs. 1 Nr. 1 oder 2 EStG und für die Einnahmen aus der Überlassung von Persönlichkeitsrechten nach § 50 a Abs. 1 Nr. 3 EStG vorzunehmen. Soweit eine direkte Zuordnung der Vergütungen nicht möglich ist, sind die Gesamtvergütungen im Schätzungswege aufzuteilen.

Art. 17 OECD-MA weist Deutschland das Besteuerungsrecht hinsichtlich der Vergütungen aus den Ausrüstungsverträgen insoweit zu, als die sportliche Tätigkeit im Inland ausgeübt wird. Eine Freistellung nach § 50 d Abs. 1 und 2 EStG ist nicht möglich.

Die Einkünfte aus den Rechteüberlassungsverträgen fallen in der Regel nicht unter Art. 17 OECD-MA, sondern unter Art. 12 OECD-MA (Lizenzgebühren); die speziellen Regelungen in den DBA sind zu beachten. Wegen der Behandlung der Einkünfte aus den Werbeverträgen siehe Beispiel 4, Besteuerung der Gesellschaft, letzter Absatz.

**Beispiel 6: zu Rz. 40 ff.** 97

Eine inländische Musik-Veranstaltungs-GmbH (GmbH) engagiert für Konzerte in Deutschland ein aus im Ausland ansässigen Künstlern zusammengesetztes Quartett. Der Zusammenschluss der Künstler ist einer deutschen GbR vergleichbar. Die Konzerte werden örtlich von jeweils einem anderen „Konzert-Veranstalter" (K) organisiert, der im Auftrag der GmbH gegen eine prozentuale Beteiligung an den Einnahmen tätig wird. Dieser übernimmt aufgrund der mit der GmbH geschlossenen Vereinbarung die Auszahlung der Gage und die Erstattung der von den Musikern aufgewendeten Reisekosten. Gleichzeitig verpflichtet er sich zur Durchführung des Steuerabzugsverfahrens nach § 50 a EStG.

Die ausländischen Musiker sind mit ihren inländischen Einkünften gem. § 49 Abs. 1 Nr. 3 EStG beschränkt steuerpflichtig. Die Einkommensteuer wird im Wege des Steuerabzugs gem. § 50 a Abs. 1 Nr. 1 EStG erhoben. § 50 a Abs. 1 EStG erfasst auch gesamthänderisch erzielte Einkünfte.

Der Steuerabzug ist gem. § 50 a Abs. 5 Satz 2 und 3 EStG von der GmbH als Vergütungsschuldnerin vorzunehmen und an das zuständige Finanzamt abzuführen. Vergütungsschuldner ist, wer zivilrechtlich die Vergütungen schuldet. Der Anspruch auf Zahlung der Vergütung ergibt sich für die einzelnen Künstler aus den mit der GmbH geschlossenen vertraglichen Vereinbarungen. Da K gegenüber den ausländischen Künstlern keine selbständigen Vergütungsverpflichtungen übernommen hat, ist es für die Abzugsverpflichtung nach § 50 a Abs. 5 EStG ohne Belang, wer die Konzerte jeweils örtlich organisiert und z. B. in der Werbung als „Veranstalter" des Konzerts am betreffenden Ort auftritt. Durch eine zivilrechtliche Vereinbarung, wonach K den Steuerabzug für die GmbH vorzunehmen hat, kann die gesetzlich geregelte Steuerabzugsverpflichtung nicht auf ihn übertragen werden. Die an die ausländischen Künstler gezahlten Reisekosten gehören nach § 50 a Abs. 2 Satz 2 EStG grundsätzlich nicht zu den dem Steuerabzug unterliegenden Einnahmen.

Für den Fall, dass die GmbH ihrer Steuerabzugsverpflichtung nicht nachkommt, ist gegen sie gem. § 50 a Abs. 5 Satz 4 EStG ein Haftungsbescheid zu erlassen (siehe Rz. 56 sowie Beispiel 7).

Art. 17 OECD-MA weist Deutschland das Besteuerungsrecht zu, soweit die künstlerische Tätigkeit im Inland ausgeübt wird Eine Freistellung nach § 50 d Abs. 1 und 2 EStG ist nicht möglich.

98 **Beispiel 7: zu Rz. 16 ff., Rz. 35, Rz. 40 ff.**

Wie Beispiel 6, jedoch mit dem Unterschied, dass die inländische Musik-Veranstaltungs-GmbH (GmbH) das Quartett durch Vertrag mit einer ausländischen Künstlerverleihgesellschaft engagiert (die Verleihgesellschaft entspricht einer deutschen Kapitalgesellschaft). Zwischen dem Quartett und der inländischen Musikveranstaltungs-GmbH bestehen keine vertraglichen Beziehungen. Die ausländische Künstlerverleihgesellschaft verfügt nicht über eine inländische Betriebsstätte und hat keinen inländischen Vertreter. Das Quartett bezieht seine Vergütungen direkt von der Künstlerverleihgesellschaft und steht zu dieser nicht in einem Arbeitsverhältnis und ist an dieser nicht beteiligt.

**Besteuerung der Künstlerverleihgesellschaft (Besteuerung auf der 1. Ebene):**

Die Künstlerverleihgesellschaft ist mit inländischen Einkünften aus Gewerbebetrieb gem. § 2 Nr. 1, § 8 Abs. 1 KStG i. V. m. § 49 Abs. 1 Nr. 2 Buchstabe d EStG beschränkt körperschaftsteuerpflichtig. Die Körperschaftsteuer wird gem. § 50 a Abs. 1 Nr. 2 EStG im Wege des Steuerabzugs erhoben. Bemessungsgrundlage sind alle Einnahmen – soweit sie dem Steuerabzug des § 50 a EStG unterliegen –, die die Künstlerverleihgesellschaft für die künstlerische Darbietung des Quartetts erhält.

Der Steuerabzug ist gem. § 50 a Abs. 5 Satz 2 und 3 EStG von der Musik-Veranstaltungs-GmbH als Vergütungsschuldnerin der 1. Stufe vorzunehmen und an das zuständige Finanzamt abzuführen.

Enthält das im Einzelfall einschlägige DBA keine dem Art. 17 Abs. 2 OECD-MA entsprechende Vorschrift, wonach dem Künstler die Einkünfte auch bei Zahlung an Dritte zuzurechnen sind, sind die Vergütungen als Unternehmensgewinne i. S. d. Art. 7 OECD-MA zu qualifizieren. Eine Freistellung kann – mangels inländischer Betriebsstätte – gem. § 50 d EStG erteilt werden. Voraussetzung hierfür ist, dass die Erfüllung der Verpflichtung nach § 50 a Abs. 5 EStG nachgewiesen wird, soweit die Vergütung an andere beschränkt Steuerpflichtige weitergeleitet wird (Besteuerung auf der 2. Ebene).

**Besteuerung des Quartetts (Besteuerung auf der 2. Ebene):**

Die ausländischen Musiker sind mit ihren inländischen Einkünften gem. § 1 Abs. 4, § 49 Abs. 1 Nr. 3 EStG beschränkt einkommensteuerpflichtig. Die Einkommensteuer wird gem. § 50 a Abs. 1 Nr. 1 EStG im Wege des Steuerabzugs erhoben. Bemessungsgrundlage sind alle Einnahmen, die den ausländischen Musikern für die im Inland ausgeübte selbständige Tätigkeit zufließen.

Die Künstlerverleihgesellschaft ist als Vergütungsschuldnerin zum Steuerabzug verpflichtet, da sie mit Inlandsbezug tätig wird. Wird der Steuerabzug nicht ordnungsgemäß vorgenommen, haftet sie gem. § 50 a Abs. 5 Satz 4 EStG. Ferner können gegen jeden einzelnen ausländischen Musiker als Vergütungsgläubiger gem. § 50 a Abs. 5 Satz 5 EStG Nachforderungsbescheide erlassen werden. Die Einkommensteuer ist in Höhe des Steuerabzugsbetrages gegen die ausländischen Künstler festzusetzen. Hat der Gläubiger der Vergütung seinerseits Steuern für Rechnung eines anderen beschränkt steuerpflichtigen Gläubigers einzubehalten (2. Stufe), so kann er vom Steuerabzug absehen, wenn seine Einnahmen bereits dem Steuerabzug unterlegen haben (§ 50 a Abs. 4 Satz 1 EStG).

Art. 17 OECD-MA weist Deutschland das Besteuerungsrecht zu, da hier die künstlerische Tätigkeit ausgeübt worden ist. Eine Freistellung nach § 50 d Abs. 1 und 2 EStG ist nicht möglich.

99 **Beispiel 8: zu Rz. 16 ff.**

Wie Beispiel 6, das Quartett wird jedoch durch eine ausländische Künstleragentur vermittelt. Die Künstleragentur erhält von der inländischen Musikveranstaltungs-GmbH für ihre Vermittlungsleistung eine Vergütung.

Die Einkünfte der ausländischen Künstleragentur aus der Vermittlungstätigkeit sind Einkünfte aus Gewerbebetrieb. Gleichwohl wären die Voraussetzungen des § 49 Abs. 1 Nr. 2 Buchstabe a EStG nur erfüllt, wenn eine inländische Betriebsstätte oder ein ständiger Vertreter im Inland vorhanden wäre. Es handelt sich nicht um Einkünfte nach § 49 Abs. 1 Nr. 2 Buchstabe d EStG, da die Vermittlungsleistung keine künstlerische Darbietung oder Verwertung einer solchen Darbietung darstellt.

Zur Besteuerung des Quartetts wird auf Beispiel 6 verwiesen.

**Beispiel 9: zu Rz. 16 ff., Rz. 44 ff.** 100

Wie Beispiel 6, das Quartett wird von einer inländischen Künstleragentur (A) an die inländische Musikveranstaltungs-GmbH (GmbH) vermittelt, wobei A aufgrund eines mit dem Quartett abgeschlossenen Vertrages tätig wird. A vereinnahmt im Namen der ausländischen Künstler die Vergütung, Vergütungsgläubiger verbleiben jedoch die Künstler. Von der Vergütung behält sie ihre Provision ein und zahlt den verbleibenden Betrag an die Künstler aus.

Auch hier liegt die Abzugsverpflichtung aufgrund des im Namen und im Auftrag des Quartetts von A mit der GmbH geschlossenen Vertrages bei der GmbH. Die dem Steuerabzug unterliegende Vergütung umfasst aufgrund der in § 50 a Abs. 2 Satz 2 EStG enthaltenen Regelung mit Ausnahme der Reisekosten auch die von A einbehaltene Provision. Zur Besteuerung des Quartetts siehe Beispiel 6.

**Beispiel 10: zu Rz. 16 ff.** 101

Ein ausländisches Orchester mit ausländischen Musikern wird für ein Konzert im Inland von einem inländischen Unternehmen entgeltlich engagiert. Das Orchester ist nach deutschem Rechtsverständnis mit einem rechtsfähigen Verein vergleichbar.

**Besteuerung des Orchesters**

Das ausländische Orchester erzielt Einkünfte nach § 2 Nr. 1, § 8 Abs. 1 KStG i. V. m. § 49 Abs. 1 Nr. 3 EStG. Alle beschränkt Steuerpflichtigen können grundsätzlich Bezieher sämtlicher Einkünfte i. S. v. § 2 Abs. 1 EStG sein *(R 32 Abs. 2 KStR 2004*[1]*)*.

Die Einkünfte unterliegen dem Steuerabzug nach § 50 a Abs. 1 Nr. 1 EStG.

Enthält das im Einzelfall einschlägige DBA keine dem Art. 17 Abs. 2 OECD-MA entsprechende Vorschrift, wonach dem Künstler die Einkünfte auch bei Zahlung an Dritte zuzurechnen sind, sind die Vergütungen als Unternehmensgewinne i. S. d. Art. 7 OECD-MA zu qualifizieren. Eine Freistellung kann – mangels inländischer Betriebsstätte – gem. § 50 d EStG erteilt werden. Voraussetzung hierfür ist, dass die Erfüllung der Verpflichtung nach § 50 a Abs. 5 EStG nachgewiesen wird, soweit die Vergütung an andere beschränkt Steuerpflichtige weitergeleitet wird (Besteuerung auf der 2. Ebene).

**Besteuerung der Musiker**

Die einzelnen Musiker des Orchesters sind, soweit sie selbständig tätig sind, mit ihren Einkünften aus der Darbietung gem. § 49 Abs. 1 Nr. 3 i. V. m. § 50 a Abs. 1 Nr. 1 EStG im Wege des Steuerabzugs zu besteuern, da es sich um eine inländische künstlerische Darbietung handelt. Die Milderungsregelung gem. § 50 a Abs. 2 Satz 3 EStG ist zu beachten.

Sind die Musiker nichtselbständig tätig, hat der Lohnsteuerabzug nach § 39 d i. V. m. § 49 Abs. 1 Nr. 4 Buchstabe a EStG Vorrang, sofern das Orchester ein inländischer Arbeitgeber i. S. d. § 38 Abs. 1 Satz 1 Nr. 1 EStG ist. Da das ausländische Orchester die Anforderungen an einen inländischen Arbeitgeber i. S. d. § 38 Abs. 1 Satz 1 Nr. 1 EStG regelmäßig nicht erfüllt, ist für die Einkünfte der Musiker aus dieser Darbietung der Steuerabzug nach § 49 Abs. 1 Nr. 4 i. V. m. § 50 a Abs. 1 Nr. 1 EStG durchzuführen. Vom Steuerabzug kann abgesehen werden, wenn dieser bereits auf der 1. Stufe erfolgt ist (§ 50 a Abs. 4 Satz 1 EStG).

Das ausländische Orchester hat als Vergütungsschuldner den Steuerabzug durchzuführen. Wird der Steuerabzug nicht ordnungsgemäß durchgeführt, haftet der Vergütungsschuldner (und zwar unabhängig davon, ob der Verein selbst gem. Art. 17 Abs. 2 OECD-MA im Inland besteuert wird).

Gegenüber den einzelnen Musikern des Orchesters kann die Einkommensteuer durch einen Nachforderungsbescheid in Höhe des Steuerabzuges nach § 50 a Abs. 2 EStG festgesetzt werden.

Art. 17 OECD-MA weist Deutschland das Besteuerungsrecht zu, da im Inland die künstlerische Tätigkeit ausgeübt worden ist. Eine Freistellung nach § 50 d Abs. 1 und 2 EStG ist nicht möglich.

**Beispiel 11: zu Rz. 21 ff., Rz. 26 ff.** 102

Ein ausländischer Sänger gibt im Inland und im Ausland je ein öffentliches Konzert.

---

[1] Jetzt R 8.1 Abs. 2 KStR 2015.

a) Aufgrund eines gesonderten Vertrages mit einem inländischen Privatsender gestattet er die nicht urheberrechtlich geschützte Live-Übertragung der beiden Konzerte im Fernsehen.
b) Daneben schließt er mit einem inländischen Unternehmen der Musikbranche einen Vertrag, wonach dieses das zeitlich begrenzte Recht erhält, die Konzertmitschnitte für die Produktion von Bild- und Tonträgern zu nutzen.

Bei der Vergütung, die der ausländische Sänger für den Auftritt im Inland – d. h. für das Konzert und dessen inländische Live-Übertragung – erhält, handelt es sich um Einkünfte aus künstlerischer Darbietung nach § 49 Abs. 1 Nr. 3 EStG die nach § 50 a Abs. 1 Nr. 1 oder 2 EStG dem Steuerabzug unterliegen. Auch das für die Gestattung der Live-Übertragung gezahlte Entgelt wird für die künstlerische Tätigkeit und nicht für die Übertragung von etwaigen Rechten (§ 50 a Abs. 1 Nr. 3 EStG) gezahlt. Es unterliegt nur die Vergütung für den inländischen Auftritt sowie für die Übertragung des Konzertes im Inland dem Steuerabzug.
Die auftrittsbezogene Vergütung und das Entgelt für die Gestattung der Live-Übertragung unterliegen im Falle des ausländischen Konzerts mangels Inlandsbezuges nicht dem Steuerabzug des § 50 a Abs. 1 EStG.
Die Vergütungen, die der ausländische Sänger im Fall b) für die Verwertung seiner Leistungsschutzrechte i. S. d. §§ 73 ff. UrhG erzielt, fallen als Einkünfte unter § 49 Abs. 1 Nr. 3 EStG und unterliegen dem Steuerabzug nach § 50 a Abs. 1 Nr. 3 EStG.
Auf die Einkünfte aus dem Konzert im Inland und auf die Einkünfte aus der Gestattung der Live-Übertragung in Fall a) ist Art. 17 OECD-MA anzuwenden. Hinsichtlich der Einkünfte aus dem Auftritt im Inland steht Deutschland das Besteuerungsrecht zu. Dies gilt auch für die Einkünfte aus der Gestattung der Live-Übertragung im Inland, da diese unmittelbar mit der persönlich ausgeübten Tätigkeit im Inland zusammenhängen. Eine Freistellung nach § 50 d Abs. 1 und 2 EStG ist nicht möglich.
Die Einkünfte aus der Live-Übertragung des Konzerts im Ausland unterliegen Art. 17 OECD-MA. Ein inländisches Besteuerungsrecht besteht insoweit nicht. Eine Freistellung nach § 50 d Abs. 1 und 2 EStG ist möglich.
Im Fall b) findet Art. 12 OECD-MA Anwendung.

103 **Beispiel 12: zu Rz. 26 ff., Rz. 86 ff.**

Ein im Ausland ansässiger Fernsehmoderator moderiert für einen deutschen Privatsender eine Musiksendung. Er übt diese Tätigkeit selbständig aus. Die Sendung wird am Nachmittag
a) ohne Publikum
b) mit Publikum
aufgezeichnet und abends ausgestrahlt.
Bei der Vergütung, die der ausländische Fernsehmoderator für seine Moderation erhält, handelt es sich um Einkünfte aus unterhaltender Darbietung i. S. d. § 49 Abs. 1 Nr. 2 Buchstabe d EStG. Sie unterliegen dem Steuerabzug nach § 50 a Abs. 1 Nr. 1 EStG. Dies gilt auch dann, wenn ein Teil des Entgelts für die Überlassung des Rechtes zur späteren Ausstrahlung gezahlt wird, da auch bei Aufzeichnungen die Gage des Moderators üblicherweise nicht für die Übertragung von Leistungsschutzrechten, sondern für die unterhaltende Tätigkeit gezahlt wird.
Dies gilt auch, wenn – wie im Fall a) – ohne Publikum aufgezeichnet wird.
Im Fall a) ist hinsichtlich der gesamten Einkünfte des Moderators Art. 17 OECD-MA anzuwenden, da diese unmittelbar mit seiner persönlich ausgeübten Tätigkeit als Unterhaltungskünstler im Inland zusammenhängen. Er wird über das Medium Fernsehen vor Publikum (Fernsehzuschauer) persönlich und unterhaltend tätig. Diese Tätigkeit wird vom Publikum lediglich zeitversetzt wahrgenommen.
Auch im Fall b) erhält der Moderator seine Vergütung ausschließlich für den Fernsehauftritt. Die nachmittägliche Aufzeichnung vor Publikum dient allein der späteren Ausstrahlung im Fernsehen (im Gegensatz zu Beispiel 11, in dem das Konzert ohnehin stattfand und lediglich zusätzlich im Fernsehen ausgestrahlt wurde). Hinsichtlich der gesamten Vergütung findet daher ausschließlich Art. 17 OECD-MA Anwendung.

104 **Beispiel 13: zu Rz. 16 ff.**

Ein Galerist verkauft im Namen und Auftrag eines ausländischen Künstlers dessen im Ausland geschaffene Kunstwerke (Bilder, Skulpturen) anlässlich von Kunstausstellungen in Galerien im Inland sowie aufgrund inländischer öffentlicher Aufträge (Kunst am Bau). Die erzielten Erlöse gibt der Galerist – nach Abzug seiner Provision – an den ausländischen Künstler weiter.

Der Künstler erzielt mit den Einkünften aus dem Verkauf der Kunstwerke Einkünfte aus der Verwertung einer selbständigen Tätigkeit im Inland i. S. d. § 49 Abs. 1 Nr. 3 EStG. Der Galerist hat von den erzielten Brutto-Verkaufserlösen keinen Steuerabzug nach § 50 a Abs. 1 Nr. 1 EStG vorzunehmen, da Vergütungen für die Schaffung eines künstlerischen Werks vom Steuerabzug nicht erfasst werden.
Art. 17 OECD-MA ist nicht einschlägig, denn er findet nur Anwendung bei vortragenden, nicht dagegen bei werkschaffenden Künstlern.
Die Einkünfte fallen stattdessen unter Art. 7 OECD-MA. Im Falle eines inländischen Besteuerungsrechts (z. B. bei Staaten ohne DBA) ist eine Veranlagung zur Einkommensteuer zu prüfen.

**Beispiel 14: zu Rz. 23 und 26 ff.** 105

Eine im Ausland ansässige Produktionsgesellschaft fertigt im Ausland zusammen mit einem ausländischen Künstler eine Studioaufnahme auf einem Tonträger. Ein inländischer Musikverlag erwirbt den Tonträger von dem ausländischen Produzenten und die damit verbundenen Rechte zur
a) zeitlich begrenzten
b) zeitlich unbegrenzten
Verbreitung, Vervielfältigung und Wiedergabe der Aufnahme.
Die Produktionsgesellschaft hat keine Betriebsstätte im Inland.
Unabhängig davon, ob der ausländische Künstler selbst als Urheber der Studioaufnahme zu betrachten ist und dem Produzenten ein ausschließliches Nutzungsrecht eingeräumt hat (siehe § 31 UrhG) oder der Produzent selbst der Schöpfer des Werks wird, ist auf der Ebene Künstler – Produzent mangels Inlandsbezug kein Besteuerungstatbestand gegeben.
Auf der Ebene Produzent – inländischer Musikverlag erfolgt die Rechteüberlassung im Rahmen des Gewerbebetriebs des im Ausland ansässigen Produzenten.

**a) zeitlich begrenzte Überlassung**

Bei der befristeten Überlassung ist der Verwertungstatbestand des § 49 Abs. 1 Nr. 2 Buchstabe f oder Nr. 6 EStG erfüllt. Der Steuerabzug ist nach § 50 a Abs. 1 Nr. 3 EStG vorzunehmen.

**b) zeitlich unbegrenzte Überlassung**

Bei der dauerhaften Rechteüberlassung (Rechtekauf) können Einkünfte nach § 49 Abs. 1 Nr. 2 Buchstabe f EStG vorliegen. Die zeitlich unbegrenzte Überlassung im Sinne einer Rechteveräußerung unterliegt nicht dem Steuerabzug des § 50 a EStG. Eine Rechteveräußerung liegt aber nur dann vor, wenn das Recht
– beim Berechtigten durch Vertrag endgültig verbleibt,
– sein Rückfall kraft Gesetzes oder Vertrags ausgeschlossen ist oder
– sich während der Nutzungsüberlassung wirtschaftlich erschöpft.

Diese Fallgestaltung ist die Ausnahme, da bei Tonträgern, die gem. § 2 UrhG ein geschütztes Werk sind, das Urheberrecht erst 70 Jahre nach dem Tod des Urhebers erlischt und vorher nicht übertragbar ist. Gleiches gilt auch bei der Übertragung von Persönlichkeitsrechten, wobei diese nicht endgültig auf einen Dritten übertragbar sind. Für den Fall einer zeitlich unbegrenzten Überlassung kommt ggf. eine Veranlagung zur beschränkten Steuerpflicht in Betracht.
Im Falle a) fällt die zeitlich begrenzte Rechteübertragung unter Art. 12 OECD-MA (Lizenzgebühren). Die Erteilung der Freistellung hängt vom Inhalt der Lizenzgebührenregelung des jeweiligen DBA ab. Im Falle b) fällt die zeitlich unbegrenzte Rechteübertragung (Rechtekauf) unter Art. 7 oder Art. 13 Abs. 5 OECD-MA.

**Beispiel 15: zu Rz. 16 ff., Rz. 21 ff.** 106

Ein ausländischer Filmschauspieler wirkt für einen inländischen Produzenten im Ausland an Dreharbeiten an einem Film mit, der im Inland zur Aufführung kommt.
Der Filmschauspieler, der seine Tätigkeit regelmäßig im Rahmen eines Arbeitsverhältnisses erbringt, wird ausschließlich im Ausland tätig. Da er im Gegensatz z. B. zum Regisseur nach § 92 UrhG regelmäßig kein Urheberrecht an dem Filmwerk erwirbt und deshalb ein solches Recht nicht übertragen kann, erfolgt keine Rechteverwertung im Inland. Demnach liegen

keine Inlandseinkünfte nach § 49 Abs. 1 Nr. 4 EStG vor. Ein Steuerabzug nach § 50 a EStG oder ein Lohnsteuerabzug kommt nicht in Betracht.

107 **Beispiel 16: zu Rz. 16 ff., Rz. 21 ff., Rz. 26 ff.**

Ein inländischer privater Fernsehsender produziert im Ausland eine Unterhaltungssendung mit angestellten ausländischen Künstlern zur unmittelbaren Ausstrahlung nach Deutschland.
Die Künstler sind mit ihren Einkünften aus nichtselbständiger Arbeit regelmäßig nicht nach § 49 Abs. 1 Nr. 4 EStG beschränkt steuerpflichtig. Die Tätigkeit wird nicht im Inland verwertet, da bei Vergütungen für Auftritte in Live-Sendungen die künstlerische Tätigkeit im Vordergrund steht. Ein Steuerabzug nach § 50 a EStG oder ein Lohnsteuerabzug kommt nicht in Betracht.

108 **Beispiel 17: zu Rz. 16 ff., Rz. 21 ff., Rz. 26 ff.**

Wie Beispiel 16, es handelt sich jedoch um eine öffentlich-rechtliche Rundfunkanstalt. Der Produktionsort liegt nicht im Wohnsitzstaat der Künstler.
Die Künstler sind mit ihren Einkünften gem. § 49 Abs. 1 Nr. 4 Buchstabe b EStG beschränkt steuerpflichtig, weil sie Einkünfte aus einer inländischen öffentlichen Kasse beziehen. Die inländische öffentlich-rechtliche Rundfunkanstalt hat gem. § 39 d EStG Lohnsteuer einzubehalten.
Da die Voraussetzungen des Art. 17 Abs. 1 OECD-MA (Ausübung im Inland) nicht erfüllt sind und die Kassenstaatsklausel des Art. 19 Abs. 1 Buchstabe a OECD-MA nur für öffentliche Kassen des Vertragsstaates und seiner Gebietskörperschaften anzuwenden ist, kann eine Befreiung von der beschränkten Einkommensteuerpflicht gem. § 39 d Abs. 3 Satz 4 i. V. m. § 39 b Abs. 6 EStG in Betracht kommen. Ggf. kommt eine Einbeziehung der öffentlich-rechtlichen Rundfunkanstalten in die DBA durch die „große Kassenstaatsklausel" in Frage.

109 **Beispiel 18: zu Rz. 16 ff.**

Wie Beispiel 16, es handelt sich jedoch um selbständig tätige Künstler.
Die Künstler sind mit ihren Einkünften aus selbständiger Arbeit nicht nach § 49 Abs. 1 Nr. 3 EStG beschränkt steuerpflichtig. Die Tätigkeit wird nicht im Inland verwertet, da bei Vergütungen für Auftritte in Live-Sendungen die künstlerische Tätigkeit im Vordergrund steht. Für einen Steuerabzug nach § 50 a Abs. 1 Nr. 1 EStG fehlt es wiederum am Inlandsbezug.

110 **Beispiel 19: zu Rz. 26 ff., Rz. 33**

Ein inländischer Fernsehsender erwirbt von einem ausländischen Fußballverein die Live-Ausstrahlungsrechte für ein im Ausland stattfindendes Spiel. Ein ausländischer Fernsehsender überlässt dabei dem inländischen Sender gegen Entgelt das Bildsignal, das nicht dem urheberrechtlichen Schutz unterliegt.

**a) Vergütung an den ausländischen Fußballverein**

Es handelt sich bei dem Live-Ausstrahlungsrecht für das im Ausland stattfindende Spiel nicht um die Verwertung einer inländischen Darbietung. Die Vergütung, die der Fußballverein erhält, unterliegt nicht dem Steuerabzug nach § 50 a Abs. 1 Nr. 1 i. V. m. § 49 Abs. 1 Nr. 2 Buchstabe d EStG.

**b) Vergütung an den ausländischen Fernsehsender**

Das vom ausländischen Fernsehsender zur Verfügung gestellte Bildsignal ist eine Leistung und unterliegt der beschränkten Steuerpflicht nach § 49 Abs. 1 Nr. 2 Buchstabe d EStG. Da es sich nicht um die Verwertung einer inländischen Darbietung handelt, ist kein Steuerabzug nach § 50 a Abs. 1 Nr. 2 EStG vorzunehmen.
Ob es in diesen Fällen im Rahmen einer Veranlagung zu einer inländischen Besteuerung kommt, hängt von den einschlägigen abkommensrechtlichen Vorschriften ab (Art. 7, 17 OECD-MA).
Etwas anderes gilt, wenn das fertige, weiter aufbereitete Bildsignal dem § 95 UrhG unterliegt. Eine hierfür entrichtete Vergütung unterliegt dem Steuerabzug gem. § 50 a Abs. 1 Nr. 3 EStG.
Die Einkünfte fallen unter Art. 12 OECD-MA. Ein Besteuerungsrecht hängt vom Inhalt der Lizenzgebührenregelung des im Einzelfall anwendbaren DBA ab.

**Beispiel 20: zu Rz. 19, Rz. 28 ff.** 111

Entsprechend dem für alle Mitgliedsverbände verbindlichen Reglement eines europäischen Dach-Sportverbandes mit Sitz im Ausland findet eine Europameisterschaft im Inland statt. Der Dachverband betraut den deutschen Landesverband mit der Organisation der Endrunde im Inland. Als Einnahmen sind im Reglement die Erlöse
– aus Kartenverkauf,
– aus Werbung
– und aus dem Verkauf von Maskottchen und Fan-Artikeln (im Reglement als Merchandising bezeichnet)

aufgeführt. Der Landesverband hat die hieraus erzielten Erlöse abzüglich eines Selbstbehalts an den Dachverband abzuführen.

Nach Beendigung der Endrunde wird der Überschuss entsprechend dem Reglement auf die in der Endrunde verbliebenen ausländischen Landesverbände sowie auf den deutschen Landesverband verteilt.

Das Recht zur Vergabe der Fernsehrechte (kein urheberrechtlicher Schutz) steht nach dem Reglement dem Dachverband zu. Der Dachverband hat die Fernsehrechte durch langfristigen Vertrag endgültig an eine ausländische Verwertungsgesellschaft übertragen.

Als Veranstalter der Europameisterschaft kommt regelmäßig nur der nationale Landesverband in Frage, da dieser die organisatorische wie auch finanzielle Verantwortung für die Veranstaltung übernommen hat. Bei Einbeziehung des Dachverbandes in diese Risiken, kann jedoch auch dieser unter die Regelung des § 50 a EStG fallen.

### a) Einnahmen des Dachverbands aus Kartenverkauf, Werbung und Merchandising

Der Dachverband kann den sportrechtlichen Rahmen für die Durchführung der sportlichen Veranstaltung bereitstellen. Diese Leistung ist dann ein untrennbarer Bestandteil der Veranstaltung. Es spielt keine Rolle, wer durch die in dem Reglement vorgesehene Aufgaben- und Risikoverteilung zwischen Dach- und Landesverband als Veranstalter der Europameisterschaft zu betrachten ist. Die Einnahmen des Dachverbands aus Kartenverkauf, Werbung und Merchandising sind Einkünfte aus sportlichen Darbietungen gem. § 50 a Abs. 1 Nr. 1 i. V. m. § 49 Abs. 1 Nr. 2 Buchstabe d EStG, die dem Steuerabzug unterliegen. Im Bezug auf Zahlungen des Landesverbandes zum Dachverband ist die Regelung des § 50 a Abs. 4 Satz 1 EStG zu beachten.

Soweit der Landesverband im Verhältnis zum Dachverband als Vergütungsschuldner anzusehen ist, hat er die Steuer anzumelden und die einbehaltene Steuer abzuführen.

Soweit der Dachverband selbst die Leistungen (Eintrittskarten, Werberechte, Merchandising) an andere inländische Personen erbringt, sind diese zum Steuerabzug verpflichtet. Soweit er in unmittelbare Rechtsbeziehungen zum Publikum tritt und daher die Einbehaltung der Abzugsteuer faktisch unmöglich ist, ist die Steuer gegenüber dem Dachverband im Wege eines Nachforderungsbescheides zu erheben (siehe Rz. 42).

Enthält das im Einzelfall einschlägige DBA keine dem Art. 17 Abs. 2 OECD-MA entsprechende Vorschrift, wonach dem Sportler die Einkünfte auch bei Zahlung an Dritte zuzurechnen sind, sind die Vergütungen als Unternehmensgewinne i. S. d. Art. 7 OECD-MA zu qualifizieren. Eine Freistellung kann – mangels inländischer Betriebsstätte – gem. § 50 d EStG erteilt werden.

### b) Verteilung des Überschusses an teilnehmende Landesverbände

Der vom Dachverband ausgezahlte Überschuss aus der Endrunde an die teilnehmenden ausländischen Landesverbände stellt eine Vergütung für eine sportliche Darbietung im Inland i. S. d. § 49 Abs. 1 Nr. 2 Buchstabe d EStG dar, die dem Steuerabzug nach § 50 a Abs. 1 Nr. 1 oder 2 EStG unterliegt. Soweit der Dachverband als Vergütungsschuldner den Steuerabzug nicht ordnungsgemäß vornimmt, haftet er gem. § 50 a Abs. 5 Satz 4 EStG. Gegenüber den Vergütungsgläubigern kann ein Nachforderungsbescheid gem. § 50 a Abs. 5 Satz 5 EStG erlassen werden.

Enthält das im Einzelfall einschlägige DBA keine dem Art. 17 Abs. 2 OECD-MA entsprechende Vorschrift, wonach dem Sportler die Einkünfte auch bei Zahlung an Dritte zuzurechnen sind, sind die Vergütungen als Unternehmensgewinne i. S. d. Art. 7 OECD-MA zu qualifizieren. Eine Freistellungsbescheinigung kann – mangels inländischer Betriebsstätte – gem. § 50 d EStG erteilt werden.

**c) Fernsehrechte**

Originärer Inhaber der Fernsehübertragungsrechte an der Europameisterschaft ist der Dachverband (siehe Rz. 22 ff.). Falls der deutsche Landesverband nach dem Reglement als Allein- oder Mitveranstalter anzusehen ist, hat er seine Fernsehübertragungsrechte bzw. seinen Anteil hieran dem Dachverband zur Verfügung gestellt. Diese Leistung des Landesverbandes ist nur im Rahmen dessen unbeschränkter Steuerpflicht zu berücksichtigen. Für die Besteuerung der Einnahmen aus der Übertragung der Fernsehrechte ist entsprechend dem Reglement davon auszugehen, dass der Dachverband Alleininhaber der Fernsehrechte (geworden) ist. Bei den Fernsehrechten handelt es sich – unabhängig von der Person des Inhabers – nicht um Urheberrechte, sondern um eine Einwilligung in Eingriffe, die der Veranstalter aufgrund seiner Rechtsposition verbieten könnte (siehe Rz. 26 ff.).

Der Dachverband erzielt durch die Veräußerung der Fernsehrechte (Live-Ausstrahlungsrechte und Aufzeichnungsrechte) an die ausländische Verwertungsgesellschaft Verwertungseinkünfte i. S. v. § 49 Abs. 1 Nr. 2 Buchstabe d EStG und Einkünfte i. S. v. § 49 Abs. 1 Nr. 2 Buchstabe f EStG.

Das Gesamtentgelt ist daher aufzuteilen. Von der Gesamtvergütung unterliegt – bezogen auf die Live-Rechte – der auf die inländische Verwertung der inländischen Darbietung entfallende Teilbetrag der beschränkten Steuerpflicht und dem Steuerabzug nach § 50 a Abs. 1 Nr. 2 EStG. Der auf die ausländische Verwertung entfallende Teilbetrag unterliegt zwar der beschränkten Steuerpflicht, aber nicht dem Steuerabzug. Soweit die Gesamtvergütung auf die Überlassung der Aufzeichnungsrechte entfällt, unterliegt diese der beschränkten Steuerpflicht. Ein Steuerabzug nach § 50 a Abs. 1 Nr. 3 EStG ist jedoch nicht vorzunehmen, da keine zeitlich befristete Überlassung von Rechten, sondern ein Rechtekauf vorliegt.

Inwieweit es in den Fällen, in denen kein Steuerabzug vorzunehmen ist, im Rahmen einer Veranlagung zu einer inländischen Besteuerung kommt, hängt von den einschlägigen abkommensrechtlichen Vorschriften ab (Art. 7, 12, 17 OECD-MA).

112 **Beispiel 21: zu Rz. 46 ff.**

Ein inländischer Veranstalter verpflichtet eine ausländische, in der EU ansässige Kapitalgesellschaft für inländische künstlerische Darbietungen. Gegenüber dem Veranstalter weist die Gesellschaft folgende Betriebsausgaben zur Minderung des Steuerabzugs nach § 50 a EStG nach:

a) Künstlergage,
b) Aufwendungen für das inländische Bühnenbild,
c) Reisekosten für die Künstler,
d) Aufwendungen für allgemeine Proben im Ausland,
e) Kosten für die Geschäftsführung,
f) Abschreibung für Instrumente, Tontechnik, Fahrzeuge.

Für die Bemessungsgrundlage des Steuerabzugs können nur solche Betriebsausgaben berücksichtigt werden, die in einem unmittelbaren wirtschaftlichen Zusammenhang mit den inländischen Einnahmen i. S. d. § 50 a Abs. 1 Nr. 1 EStG stehen.

Dazu gehören Künstlergage, Aufwendungen für das inländische Bühnenbild, Reisekosten für die Künstler. Die erstatteten oder übernommenen Reisekosten gehören zu den Einnahmen (siehe Rz. 44). Nicht zu den im Rahmen des Steuerabzugs abziehbaren Aufwendungen gehören die Aufwendungen für die Geschäftsführung, Aufwendungen für allgemeine Proben im Ausland sowie die Abschreibung für Instrumente, Tontechnik, Fahrzeuge.

113 **Beispiel 22: zu Rz. 46 ff.**

Wie Beispiel 21, jedoch hat die Kapitalgesellschaft ihren Sitz in einem Staat außerhalb EU/EWR.

Die Gesellschaft unterliegt dem abgeltenden Bruttosteuerabzug gem. § 50 a Abs. 2 EStG. Sie kann keinen Betriebsausgabenabzug im Steuerabzugsverfahren geltend machen. Im Übrigen kann sie auch keine Veranlagung zur Körperschaftsteuer gem. § 8 Abs. 1, § 32 Abs. 2 Nr. 2 i. V. m. Abs. 4 KStG beantragen.

114 **Beispiel 23: zu Rz. 46 ff.**

Wie Beispiel 22, jedoch ist Vergütungsgläubiger eine natürliche Person mit Wohnsitz in einem Staat außerhalb EU/EWR.

Der Vergütungsgläubiger unterliegt ebenfalls dem abgeltenden Bruttosteuerabzug gem. § 50 a Abs. 2 EStG. Er kann somit keine Betriebsausgaben oder Werbungskosten im Steuerabzugsverfahren geltend machen. Eine Veranlagung zur Einkommensteuer ist ausgeschlossen (§ 50 Abs. 2 Satz 2 Nr. 5 EStG).
Die ihm entstandenen und vom Vergütungsschuldner ersetzten oder übernommenen Reisekosten gehören jedoch nicht zu seinen Einnahmen (§ 50 a Abs. 2 Satz 2 EStG).

**Beispiel 24: zu Rz. 53 ff.** 115

Eine aus vier Mitgliedern bestehende ausländische Künstler-GbR erhält für ihren inländischen Auftritt eine Gesamtvergütung von 1000 Euro.
Ein Steuerabzug nach § 50 a Abs. 1 Nr. 1 EStG wird nicht vorgenommen, da die Einnahmen je Mitglied 250 Euro nicht übersteigen (§ 50 a Abs. 2 Satz 3 EStG).

**Beispiel 25: zu Rz. 53 ff.** 116

Wie Beispiel 24, jedoch tritt die Künstler-GbR zweimal an einem Tag auf und erhält je Auftritt 1000 Euro.
Ein Steuerabzug nach § 50 a Abs. 1 Nr. 1 EStG wird nicht vorgenommen, da die Einnahmen je Mitglied pro Auftritt 250 Euro nicht übersteigen (§ 50 a Abs. 2 Satz 3 EStG).

**Beispiel 26: zu Rz. 53 ff.** 117

Wie Beispiel 24, jedoch handelt es sich nicht um eine GbR, sondern um eine GmbH.
Ein Steuerabzug nach § 50 a Abs. 1 Nr. 1 EStG wird vorgenommen, da die Vergütung für die GmbH mehr als 250 Euro beträgt. Ein Durchgriff auf die Künstler kommt bei der Vergütung an die GmbH nicht in Betracht.

## 10. Schlussregelung

Dieses Schreiben tritt an die Stelle der BMF-Schreiben vom 23. Januar 1996 (BStBl. I S. 89), 1. August 2002 (BStBl. I S. 709) und vom 11. Dezember 2002 (BStBl. I S. 1394), die hiermit aufgehoben werden. Es ist für alle Vergütungen nach § 50 a EStG anzuwenden, die nach dem 31. Dezember 2008 zufließen. 118

# I § 50 a/4. Schreiben betr. einkommensteuerrechtliche Behandlung der nicht im Inland ansässigen Korrespondenten inländischer Rundfunk- und Fernsehanstalten sowie inländischer Zeitungsunternehmen

Vom 13. März 1998 (BStBl. I S. 351)

(BMF IV B 4 – S 2303 – 28/98)

Im Einvernehmen mit den obersten Finanzbehörden der Länder gilt zur einkommensteuerrechtlichen Behandlung der nicht im Inland ansässigen Korrespondenten inländischer Rundfunk- und Fernsehanstalten sowie inländischer Zeitungsunternehmen folgendes:

## I. Allgemeines

### 1. Persönlicher Anwendungsbereich

Nicht im Inland ansässige Korrespondenten im Sinne der nachfolgenden Regelungen sind Journalisten, die im Inland weder einen Wohnsitz noch ihren gewöhnlichen Aufenthalt haben und die ihre journalistische Tätigkeit hauptberuflich ausüben, für Presseorgane mit Sitz im Inland tätig sind und überwiegend über ihr Gastland oder Drittländer berichten. Hauptberuflich als Journalist ist tätig, wer seine Einkünfte überwiegend aus journalistischer Tätigkeit erzielt. Als Presseorgane gelten inländische Rundfunk- und Fernsehanstalten sowie inländische Zeitungsunternehmen.

Wie Korrespondenten im Sinne dieser Begriffsbestimmung werden Personen mit Wohnsitz im Ausland behandelt, die zwar laufend oder gelegentlich inländischen Presseorganen Beiträge – gleich welcher Art – anbieten oder liefern, hauptberuflich aber eine andere als die journalistische Tätigkeit ausüben. Auf die Einkünfte dieser Personen aus Beiträgen für die genannten inländischen Presseorgane sind die Grundsätze der Nummern II und III ebenfalls anzuwenden.

### 2. Steuerpflicht

Der nicht im Inland ansässige Korrespondent ist in der Regel beschränkt steuerpflichtig, wenn nicht ein Fall der Nummer 3 vorliegt. Die Vergütungen, die von den genannten inländischen Presseorganen an ihn gezahlt werden, unterliegen in der Regel dem Steuerabzug nach § 50 a Abs. 4 EStG. Seit dem 1. Januar 1996 unterliegen beschränkt steuerpflichtige Korrespondenten, die als Arbeitnehmer tätig sind, grundsätzlich nicht mehr dem Steuerabzug nach § 50 a Abs. 4 EStG, sondern dem Lohnsteuerabzug nach § 39 d EStG, wenn ein inländischer Arbeitgeber im Sinne des § 38 Abs. 1 Nr. 1 EStG zum Steuerabzug verpflichtet ist. Kann die Lohnsteuer nicht erhoben werden, ist der Steuerabzug nach § 50 a Abs. 4 Satz 1 Nr. 2 EStG vorzunehmen.

Der Steuerabzug nach § 50 a Abs. 4 EStG beträgt 25%[1] der Einnahmen. Die Einnahmen dürfen nicht um Beträge im Sinne des § 3 Nrn. 13, 16 und 64 EStG gemindert werden.

[1] Siehe nunmehr die ab 1. 1. 2002 geltende Fassung des § 50 a Abs. 4 EStG.

Die maßgeblichen Berechnungssätze der Abzugssteuer nach § 50 a Abs. 4 EStG auch unter Berücksichtigung der Umsatzsteuer mit und ohne Übernahme der Abzugssteuern und des Solidaritätszuschlages durch den Schuldner der Vergütung können der nachfolgenden Tabelle entnommen werden und sind auf die jeweilige Netto-Vergütung anzuwenden. *Die Berechnungssätze gelten unverändert auch bei Anwendung der umsatzsteuerlichen Null-Regelung gem. § 52 Abs. 2 Umsatzsteuer-Durchführungsverordnung.*[1]

| Steuersätze in % | | | Berechnungssätze in % **ohne** Übernahme von Abzugssteuern und SolZ[2] | | | Berechnungssätze in % **und** Übernahme von Abzugssteuern und SolZ | | |
|---|---|---|---|---|---|---|---|---|
| § 50 a EStG | SolZ[2] | USt | § 50 a EStG | SolZ | USt | § 50 a EStG | SolZ | USt |
| 25 | 5,5 | – | 25 | 1,37 | – | 33,96 | 1,86 | – |
| 25 | 5,5 | 7 | 26,75 | 1,47 | 7 | 37,27 | 2,04 | 9,75 |
| 25 | 5,5 | 15 | 28,75 | 1,58 | 15 | 41,27 | 2,26 | 21,53 |
| | | | ab 1. April 1998 | | | | | |
| 25 | 5,5 | 16 | 29,00 | 1,59 | 16 | 41,78 | 2,29 | 23,05 |

**Beispiel:**

Die Netto-Vergütung, die Juni 1998 ausgezahlt wird, unterliegt dem Steuerabzug nach § 50 a Abs. 4 Satz 2 EStG i. H. v. 25%. Darüber hinaus wird Umsatzsteuer i. H. v. 16% geschuldet.

| | |
|---|---|
| Ausgezahlte Netto-Vergütung | 1 000,00 DM |
| 41,78% nach § 50 a Abs. 4 EStG | 417,80 DM |
| | 1 417,80 DM |
| 2,29% nach § 3 Abs. 1 SolZG | 22,90 DM |
| | 1 440,70 DM |
| 23,05% nach § 12 UStG | 230,50 DM |
| Brutto-Vergütung | 1 671,20 DM |

Danach ergeben sich als:

| | | |
|---|---|---|
| ESt/KSt nach § 50 a Abs. 4 EStG: | 25% von 1 671,20 DM = | 417,80 DM |
| SolZ nach § 3 Abs. 1 SolZG: | 5,5% von 417,80 DM = | 22,90 DM |
| USt nach § 12 UStG: | 16% von 1 440,70 DM = | 230,50 DM |

Von dem Steuerabzug wird abgesehen, wenn

a) zwischen der Bundesrepublik Deutschland und dem Wohnsitzstaat ein Abkommen zur Vermeidung der Doppelbesteuerung besteht, welches das Besteuerungsrecht dem anderen Staat zuweist,
oder

[1] Ab VZ 2002 überholt durch § 13 b UStG i. d. F. des StÄndG 2001.

[2] **[Amtl. Anm.:]** SolZ = Solidaritätszuschlag nach dem Solidaritätszuschlaggesetz 1995. Der Solidaritätszuschlag bemißt sich nach § 3 Abs. 1 Nr. 6 SolZG – soweit bei beschränkt Steuerpflichtigen ein Steuerabzug nach § 50 a EStG einzubehalten ist – nach dem ab 1. Januar 1998 zu erhebenden Steuerabzugsbetrag.

b) in anderen Fällen, wenn nachgewiesen wird, daß von diesen Einkünften in dem Staat, in dem die Tätigkeit ausgeübt worden ist, eine der deutschen Einkommensteuer entsprechende Steuer tatsächlich erhoben wird.

In diesen Fällen darf der Schuldner den Steuerabzug nach § 50 a Abs. 4 EStG nur unterlassen, wenn ihm eine Freistellungsbescheinigung des Bundesamtes für Finanzen (vgl. nachstehend Nummer II) bzw. des Finanzamtes (vgl. nachstehend Nummer III) vorliegt. Wegen der Freistellungsbescheinigung des Betriebsstättenfinanzamts für den Lohnsteuerabzug vgl. nachstehend Nr. II 5 bzw. Nr. III b.

### 3. Sonderfälle

Auf **Antrag** werden beschränkt steuerpflichtige Korrespondenten im Sinne der Nummer I.1. als **unbeschränkt einkommensteuerpflichtig** behandelt, soweit sie inländische Einkünfte im Sinne des § 49 EStG haben und ihre Einkünfte im Kalenderjahr mindestens zu 90% der deutschen Einkommensteuer unterliegen oder die nicht der deutschen Einkommensteuer unterliegenden Einkünfte nicht mehr als *12 000 DM*[1] im Kalenderjahr betragen; dieser Betrag ist zu kürzen, soweit es nach den Verhältnissen im Wohnsitzstaat des Korrespondenten notwendig und angemessen ist. Weitere Voraussetzung ist, daß die Höhe der nicht der deutschen Einkommensteuer unterliegenden Einkünfte durch eine Bescheinigung der ausländischen Steuerbehörde nachgewiesen wird (§ 1 Abs. 3 EStG 1996[2]). Bei einem beschränkt steuerpflichtigen Korrespondenten, der dem Steuerabzug nach § 50 a Abs. 4 EStG unterliegt, ist dieser Steuerabzug auch dann vorzunehmen, wenn er einen Antrag zur unbeschränkten Steuerpflicht stellt. Wird dem Antrag zur unbeschränkten Steuerpflicht stattgegeben, so wird der Korrespondent steuerlich wie ein im Inland ansässiger Alleinstehender behandelt. Etwaige Steuerabzugsbeträge werden auf die festgesetzte Einkommensteuer angerechnet.

Weitere Steuerentlastungen, die die unbeschränkte Steuerpflicht oder den inländischen Wohnsitz des Ehegatten oder des Kindes voraussetzen (Realsplitting, Zusammenveranlagung von Ehegatten nebst Verdoppelung von Höchst- und Freibeträgen, Haushaltsfreibetrag und Kinderbetreuungskosten) können **zusätzlich auf Antrag** gewährt werden, wenn der Korrespondent

a) die Staatsangehörigkeit eines Mitgliedstaates der Europäischen Union oder des Europäischen Wirtschaftsraumes (EU- oder EWR-Mitgliedstaat) besitzt und Ehegatte und/oder Kinder in einem EU- oder EWR-Mitgliedstaat ansässig sind (§ 1 a Abs. 1 EStG 1996); im Fall der Zusammenveranlagung verdoppelt sich die Einkunftsgrenze des § 1 Abs. 3 EStG von *12 000 DM*[1] auf *24 000 DM*[3];

b) zu einer inländischen Person des öffentlichen Rechts (hier: Rundfunk- oder Fernsehanstalt) in einem Dienstverhältnis steht und dafür Arbeitslohn aus einer inländischen öffentlichen Kasse bezieht, an einem ausländischen Dienstort tätig ist und grundsätzlich dort auch Ehegatte und/oder Kinder ansässig sind (§ 1 a Abs. 2 EStG 1996).

[1] Ab VZ 2002: 6136 €; ab VZ 2008 ist die Höhe des Grundfreibetrags nach § 32 a Abs. 1 Satz 2 EStG maßgebend.

[2] Siehe nunmehr § 1 Abs. 3 EStG bzw. § 1 a EStG.

[3] Ab VZ 2002: 12 272 €; ab VZ 2008 ist der Grundfreibetrag nach § 32 a Abs. 1 Satz 2 Nr. 1 EStG zu verdoppeln.

Der Antrag zur unbeschränkten Steuerpflicht nach § 1 Abs. 3 EStG ggf. in Verbindung mit § 1 a EStG kann bei beschränkt lohnsteuerpflichtigen Korrespondenten bereits im Rahmen des Lohnsteuer-Ermäßigungsverfahrens gestellt werden. In diesem Fall ist der Korrespondent nach § 46 Abs. 2 Satz 1 Nr. 7 Buchst. b EStG verpflichtet, nach Ablauf des Kalenderjahres eine Einkommensteuer-Erklärung abzugeben. Der Antrag zur unbeschränkten Steuerpflicht nach § 1 Abs. 3 EStG ggf. in Verbindung mit § 1 a EStG kann auch noch im Rahmen eines Antrages auf Veranlagung zur unbeschränkten Einkommensteuerpflicht gestellt werden.

Ein beschränkt lohnsteuerpflichtiger Korrespondent, der die Staatsangehörigkeit eines EU- oder EWR-Mitgliedstaates besitzt und im Hoheitsgebiet eines dieser Staaten seinen Wohnsitz oder gewöhnlichen Aufenthalt hat, kann nach *§ 50 Abs. 5 Satz 4 Nr. 2 EStG*[1] eine **Veranlagung zur beschränkten Einkommensteuerpflicht beantragen**, wenn er nicht schon die Voraussetzungen zur unbeschränkten Steuerpflicht nach § 1 Abs. 3 EStG erfüllt. Insoweit ist bei beschränkter Steuerpflicht die Abgeltungswirkung der Einkommensteuer durch den Lohnsteuerabzug aufgehoben. Soweit die Einkünfte des beschränkt steuerpflichtigen Korrespondenten dem Steuerabzug nach § 50 a Abs. 4 EStG unterliegen, bleibt die Abgeltung der Einkommensteuer durch den Steuerabzug nach § 50 a Abs. 4 EStG bestehen. Bei der Veranlagung zur beschränkten Einkommensteuerpflicht werden diese Einkünfte nur im Wege des Progressionsvorbehaltes berücksichtigt.

Beschränkt steuerpflichtige Auslandskorrespondenten, deren Einkünfte dem Steuerabzug nach § 50 a Abs. 4 Satz 1 Nr. 1 oder 2 EStG unterliegen, können seit dem 1. Januar 1997 zur Vermeidung von Überbesteuerungen höhere Aufwendungen als die vom Gesetzgeber pauschal unterstellten 50% ihrer Einnahmen steuermindernd geltend machen. Es handelt sich um ein **vereinfachtes Steuererstattungsverfahren,** das vom Bundesamt für Finanzen durchgeführt wird. In diesem Rahmen hat ein beschränkt Steuerpflichtiger auf Antrag einen Anspruch auf Erstattung der Einkommensteuer, soweit die Steuer 50% des Saldos aus Einnahmen und nachgewiesenen Aufwendungen übersteigt. Voraussetzung hierfür ist, daß die Aufwendungen in unmittelbarem wirtschaftlichen Zusammenhang mit den dem Steuerabzug nach § 50 a Abs. 4 Satz 1 Nr. 1 und 2 EStG unterliegenden Einnahmen stehen. Für den unmittelbaren wirtschaftlichen Zusammenhang der Aufwendungen mit den abzugspflichtigen Einnahmen gelten die gleichen Rechtsgrundsätze wie in § 3 c EStG. Danach müssen Ausgaben nach ihrer Entstehung und Zweckbestimmung so eng mit den steuerpflichtigen Einnahmen verbunden sein, daß sie ursächlich und unmittelbar auf Vorgänge zurückzuführen sind, die diese steuerpflichtigen Einnahmen betreffen.

**Beispiel:**

| | | |
|---|---|---|
| Einnahmen | DM | 10 000 |
| Abzugssteuer | DM | 2 500 |
| tatsächliche Kosten | DM | 7 000 |
| Gewinn | DM | 3 000 |
| darauf entfallende Steuer (50%) | DM | 1 500 |
| bereits abgezogen (s. o.) | DM | 2 500 |
| also zu erstatten | DM | 1 000 |

[1] Nunmehr „§ 50 Abs. 5 Satz 2 Nr. 2 EStG".

Der Antrag ist bis zum Ablauf des auf das Zuflußjahr folgenden Kalenderjahres nach amtlich vorgeschriebenem Muster beim Bundesamt für Finanzen zu stellen *(§ 50 Abs. 5 Satz 4 Nr. 3 Satz 4 EStG[1])*.

## II. Einkünfte aus Staaten, mit denen ein Abkommen zur Vermeidung der Doppelbesteuerung (DBA) besteht

Der aktuelle Stand der DBA und ihre Fundstellen sowie künftige Abkommen und laufende Verhandlungen werden zum 1. Januar des jeweiligen Jahres im Bundessteuerblatt veröffentlicht (z. B. Stand zum 1. Januar 1998, BMF-Schreiben vom 5. Januar 1998 IV C 5 – S 1300 – 207/97, BStBl. I S. 16). Die jeweiligen Fundstellen der im folgenden genannten DBA können dem BMF-Schreiben entnommen werden.

### 1. Einkünfte aus nichtselbständiger Arbeit

#### a) Grundsatz:

Für Vergütungen, die als Einkünfte aus nichtselbständiger Arbeit anzusehen sind, steht der Bundesrepublik Deutschland in der Regel ein Besteuerungsrecht nicht zu, wenn die Tätigkeit außerhalb des Geltungsbereiches des Einkommensteuergesetzes ausgeübt wird, und zwar unabhängig davon, ob die Vergütungen von einer ausländischen Betriebsstätte getragen werden. Werden die Einkünfte im Rahmen eines Aufenthaltes in der Bundesrepublik Deutschland erzielt, so steht insoweit der Bundesrepublik Deutschland stets das Besteuerungsrecht zu.

#### b) Ausnahmen:

Folgende Abkommen enthalten für Korrespondenten bei Tätigkeit im Ausland Ausnahmeregelungen

Werden die Vergütungen von einer juristischen Person des öffentlichen Rechts (hier: Rundfunk- oder Fernsehanstalt) geleistet, so behält die Bundesrepublik Deutschland nach dem gegenwärtigen Rechtsstand das Besteuerungsrecht für Zahlungen an Korrespondenten in folgenden Ländern:

| | | |
|---|---|---|
| aa) | Marokko | (Art. 18 DBA) |
| | Österreich | (Art. 10 DBA) |
| | Spanien | (Art. 18 DBA) |

ohne Rücksicht auf die Staatsangehörigkeit des Zahlungsempfängers;

| | | |
|---|---|---|
| bb) | Belgien | (Art. 19 DBA) |
| | Bolivien | (Art. 18 DBA) |
| | Dänemark | (Art. 19 DBA) |
| | Frankreich | (Art. 14 DBA) |
| | Luxemburg | (Art. 11 DBA) |
| | Niederlande | (Art. 11 DBA) |
| | Norwegen | (Art. 19 DBA) |
| | Schweden | (Art. 19 DBA) |
| | Schweiz | (Art. 19 DBA) |

wenn der Zahlungsempfänger nicht Staatsangehöriger des Wohnsitzstaates ist oder wenn er Staatsangehöriger des Wohnsitzstaates ist und zugleich die deutsche Staatsangehörigkeit besitzt.

[1] Nunmehr „§ 50 Abs. 5 Satz 2 Nr. 3 Satz 4 EStG".

**2. Einkünfte aus selbständiger Arbeit**

**a) Grundsatz:**

Für Vergütungen, die als Einkünfte aus selbständiger Tätigkeit anzusehen sind, steht der Bundesrepublik Deutschland in der Regel ein Besteuerungsrecht nur dann zu, wenn diese Einkünfte in einer hier gelegenen festen Einrichtung erzielt werden.

**b) Ausnahmen:**

Es gibt neuere Abkommen vornehmlich mit Entwicklungsländern, die der Bundesrepublik Deutschland auch dann ein Besteuerungsrecht einräumen, wenn die Einkünfte ohne hier gelegene feste Einrichtung erzielt werden.

aa) Besteuerungsrecht, wenn die Vergütung für die Tätigkeit durch eine inländische Betriebsstätte oder eine im Inland ansässige Gesellschaft getragen wird

Brasilien – Art. 14 Abs. 1

bb) Besteuerungsrecht bei Tätigkeiten für inländische Personen/Unternehmen – unabhängig von einer festen Einrichtung – auch bei kurzfristigen Inlandsaufenthalten:

Korea (Süd) – Art. 14 Abs. 1 + 2
Malaysia – Art. 14 Abs. 1 + 2
Singapour – Art. 14 Abs. 1 + 2
Thailand – Art. 14 Abs. 1 + 2

cc) Bei Tätigkeitsausübung im Inland innerhalb eines bestimmten Zeitraums (von 12 Monaten bzw. des betreffenden Kalenderjahres) an mehr als 29 bis 120 Tagen:

Ägypten 1987
– Art. 14 Abs. 1 Buchst. b (90 Tage)
Indien 1995
– Art. 14 Abs. 1 Buchst. b (120 Tage)
Indonesien 1990
– Art. 14 Abs. 1 (120 Tage)
Jamaika
– Art. 14 Abs. 1 (29 Tage)
– wenn die Vergütung durch inländische Personen/Unternehmen getragen wird –
Pakistan
– Art. 14 Abs. 1 Buchst. b (120 Tage während des betreffenden Steuerjahres)
Philippinen
– Art. 14 Abs. 1 Buchst. b (120 Tage)
Trinidad und Tobago
– Art. 14 Abs. 2 (30 Tage).

In den DBA mit Jamaika und Trinidad und Tobago begründet die feste Einrichtung im Gegensatz zu den DBA mit Ägypten, Indonesien und den Philippinen keinen selbständigen Besteuerungstatbestand.

dd) Besteuerungsrecht bei Tätigkeitsausübung im Inland von mehr als 180 bzw. 183 Tagen während des Kalender-/Steuerjahres:

| | |
|---|---|
| China | (Art. 14 Abs. 1 Buchst. b), |
| Ecuador | (Art. 14 Abs. 1), |
| Elfenbeinküste | (Art. 14 Abs. 1 Buchst. b), |
| Jugoslawien | (Art. 15 Abs. 1 Buchst. b), |
| Kenia | (Art. 14 Buchst. b), |
| Marokko | (Art. 14 Abs. 1 Nr. 2), |
| Mexiko | (Art. 14 Abs. 1 Buchst. b), |
| Mongolei | (Art. 14 Abs. 1), |
| Namibia | (Art. 14 Abs. 1), |
| Portugal | (Art. 14 Abs. 1 Buchst. b), |
| Sambia | (Art. 14 Abs. 1 Buchst. b), |
| Tunesien | (Art. 14 Abs. 1 Buchst. b), |
| Uruguay | (Art. 14 Abs. 1). |

In den vorstehenden DBA (Ausnahme: Ecuador und Uruguay) begründet neben dem Zeitkriterium auch die feste Einrichtung einen Besteuerungstatbestand.

### 3. Einkünfte aus der Überlassung von (Verwertungs-)Rechten

Die an einen nicht im Inland ansässigen Korrespondenten gezahlten Vergütungen können aber – insbesondere bei Fehlen einer festen Anstellung beim inländischen Presseorgan – auch Einkünfte aus der zeitlich begrenzten Überlassung von Rechten sein. In diesem Fall ist die Regelung über die Besteuerung von Lizenzgebühren im Quellenstaat nach dem jeweiligen DBA maßgebend, d. h. das deutsche Besteuerungsrecht für diese Vergütungen ist durch das Abkommen entweder ganz ausgeschlossen oder auf einen bestimmten Prozentsatz der gezahlten Bruttobeträge begrenzt.

### 4. Abkommensvorbehalte

Enthält das DBA eine sogenannte Remittance-Klausel (= Überweisungsklausel) oder ähnliche Klausel, so bleibt das innerstaatliche Besteuerungsrecht aufrechterhalten – s. Nummern I und III –, soweit wegen der Klauseln die Abkommensnormen, welche die Besteuerung der in Nummern 1 bis 3 genannten Einkünfte regeln, nicht zur Anwendung kommen. Folgende Abkommen enthalten derartige Klauseln:

Großbritannien, Irland, Israel, Jamaika, Kenia, Kuwait (keine Abkommensbegünstigung natürlicher Personen), Malaysia, Malta, Marokko (Nachweis marokkanischer Besteuerung), Sambia, Singapur, Südafrika (Besteuerungsvorbehalt bei selbständiger Arbeit), Trinidad und Tobago, Zypern.

### 5. Entlastungsverfahren

Nach *§ 50 d Abs. 3 EStG*[1] darf der Schuldner aufgrund eines Abkommens zur Vermeidung der Doppelbesteuerung den Steuerabzug nach § 50 a Abs. 4 EStG nur unterlassen oder nach einem niedrigeren Steuersatz vornehmen, wenn das Bundesamt für Finanzen entweder bescheinigt hat, daß die Voraus-

[1] Nunmehr „§ 50 d Abs. 2 und 5 EStG".

setzungen für die Nichterhebung der Abzugsteuer oder die Erhebung der Abzugsteuer nach einem niedrigeren Steuersatz vorliegen, oder den Schuldner unter bestimmten Auflagen allgemein ermächtigt hat, den Steuerabzug zu unterlassen oder nach dem niedrigeren Steuersatz vorzunehmen.

Einkünfte aus der Verwertung einer im Ausland ausgeübten nichtselbständigen Tätigkeit bleiben bei der Lohnbesteuerung außer Ansatz, wenn zwischen der Bundesrepublik Deutschland und dem Wohnsitzstaat ein Abkommen zur Vermeidung der Doppelbesteuerung besteht und nach *Abschnitt 123 Lohnsteuer-Richtlinien (LStR)*[1] der Lohnsteuerabzug unterbleiben darf *(Abschnitt 125 LStR)*[2].

## III. Einkünfte aus Staaten, mit denen kein Abkommen zur Vermeidung der Doppelbesteuerung besteht

**a) Grundsatz:**

Nichtselbständig oder selbständig tätige Korrespondenten im Sinne der Nummer I. 1. sind mit ihren Einkünften aus ihrer Korrespondententätigkeit im Inland beschränkt einkommensteuerpflichtig, wenn die Tätigkeit im Inland ausgeübt oder verwertet wird und es sich nicht um einen Fall der Nummer I. 3. handelt. Verwertung liegt vor, wenn das Ergebnis einer im Ausland ausgeübten Tätigkeit im Inland dem Arbeitgeber oder Auftraggeber zugeführt wird. Von der Vergütung wird die Einkommensteuer nicht nach Maßgabe des § 50 a Abs. 4 und 5 EStG, sondern nach § 39 d oder § 39 c Abs. 4 EStG im Rahmen des Lohnsteuerabzuges für beschränkt steuerpflichtige Arbeitnehmer erhoben, wenn die Korrespondenten ihre Tätigkeit im Rahmen eines Dienstverhältnisses (nichtselbständige Arbeit) ausüben. Auf die Besonderheiten zu einem Antrag zur unbeschränkten Steuerpflicht wird auf Nr. I.3. verwiesen.

**b) Ausnahme:**

Einkünfte aus Staaten, mit denen kein Abkommen zur Vermeidung der Doppelbesteuerung besteht, bleiben bei der Besteuerung außer Ansatz, wenn nachgewiesen wird, daß davon in dem Staat, in dem die Tätigkeit ausgeübt worden ist, eine der deutschen Einkommensteuer entsprechende Steuer tatsächlich erhoben wird. Der Nachweis über die Erhebung der Steuer ist durch Vorlage geeigneter Unterlagen, z. B. eines ausländischen Steuerbescheids, zu führen. Bleiben Einkünfte bei der Besteuerung außer Ansatz, ist § 50 d EStG für die Freistellung vom Steuerabzug nach § 50 a Abs. 4 EStG entsprechend anzuwenden. Zuständig ist das Betriebsstättenfinanzamt. Das Verfahren bestimmt sich nach § 73 e EStDV. Für die Freistellung vom Lohnsteuerabzug ist in entsprechender Anwendung von *Abschnitt 123 LStR*[1] eine Freistellungsbescheinigung des Betriebsstättenfinanzamts zu beantragen.

## IV. Anwendungsregelung

Die vorstehenden Regelungen sind, soweit in den Textziffern nichts anderes geregelt ist, auf Bezüge anzuwenden, die nach dem 31. Dezember 1997 zufließen. Sie ersetzen das BMF-Schreiben vom 23. Januar 1996 (BStBl. I S. 100).

---

[1] Jetzt „R 39 b.10 LStR".
[2] Jetzt „R 39 d LStR".

# I § 50 a/5. Schreiben betr. Steuerabzug bei beschränkt Steuerpflichtigen nach § 50 a Abs. 7 EStG

Vom 2. August 2002 (BStBl. I S. 710)

(BMF IV A 5 – S 2411 – 27/02)

Im Einvernehmen mit den obersten Finanzbehörden der Länder vertrete ich zum Steuerabzug nach § 50 a Abs. 7 EStG folgende Auffassung:

Zur Sicherstellung des Steueranspruchs aus beschränkt steuerpflichtigen Einkünften im Sinne des § 49 EStG, die nicht bereits dem Steuerabzug vom Arbeitslohn oder vom Kapitalertrag oder dem Steuerabzug nach § 50 a Abs. 1 bis 4 EStG unterliegen, kann das Finanzamt des Vergütungsgläubigers einen besonderen Steuerabzug anordnen (sog. Sicherungseinbehalt). Der Vergütungsschuldner hat den Steuerabzug für Rechnung des beschränkt steuerpflichtigen Vergütungsgläubigers (Steuerschuldner) vorzunehmen. Der Steuerabzug ist auf die veranlagte Einkommensteuer anzurechnen (§ 36 Abs. 2 Nr. 2 EStG).

Der Steuerabzug beträgt 25 v. H. der gesamten Einnahmen, wenn der beschränkt Steuerpflichtige dem Finanzamt nicht glaubhaft macht, dass die voraussichtlich geschuldete Steuer niedriger ist. In die Bemessungsgrundlage für den Steuerabzug ist auch die Umsatzsteuer einzubeziehen, wenn der Vergütungsgläubiger Schuldner der Umsatzsteuer ist. Abzüge von der Bemessungsgrundlage, z. B. für Betriebsausgaben, sind nicht zulässig.

Die Steuer entsteht in dem Zeitpunkt, in dem die Vergütungen, für die ein Steuerabzug nach § 50 a Abs. 7 EStG angeordnet ist, an den beschränkt Steuerpflichtigen gezahlt werden (§ 50 a Abs. 7 Satz 3 i. V. m. Abs. 5 Satz 1 EStG und § 73 c Nr. 1 EStDV). Sind Teilvergütungen bereits vor der Anordnung des Steuerabzugs nach § 50 a Abs. 7 EStG an den beschränkt steuerpflichtigen Gläubiger gezahlt worden, so kann der Sicherungseinbehalt, der sich nach der Gesamtvergütung bemisst, von den verbleibenden Teilvergütungen angeordnet werden.

Der Vergütungsschuldner hat die innerhalb eines Kalendervierteljahres im Zeitpunkt der Zahlung der Vergütung einbehaltene Steuer jeweils bis zum 10. des dem Kalendervierteljahr folgenden Monats an das Finanzamt abzuführen, das den Steuerabzug angeordnet hat (§ 50 a Abs. 7 Satz 3 EStG), und demselben Finanzamt auf amtlichem Vordruck eine Steueranmeldung zu übersenden (§ 149 Abs. 1 Satz 2 AO). Nach § 52 Abs. 58 b EStG i. d. F. des Steueränderungsgesetzes 2001 (BGBl. I S. 3794, BStBl. 2002 I S. 4) gilt dies erstmals für Vergütungen, für die der Steuerabzug nach dem 22. Dezember 2001 angeordnet worden ist.

Werden Vergütungen nach Anordnung des Steuerabzugs nach § 50 a Abs. 7 EStG ohne einen Sicherungseinbehalt an den beschränkt Steuerpflichtigen ausgezahlt, so haftet der Vergütungsschuldner für die Einbehaltung und Abführung der Steuer (§ 50 a Abs. 7 Satz 3 i. V. m. Abs. 5 Satz 5 EStG).

Dieses Schreiben ersetzt das BMF-Schreiben vom 13. Juli 1999 (BStBl. I S. 687).

## I § 50a/5. Schreiben betr. Steuerabzug bei beschränkt Steuerpflichtigen nach § 50a Abs. 7 EStG

Vom 2. August 2002 (BStBl. I S. 710)

(BMF IV A 5 – S 2411 – 7/02)

Im Einvernehmen mit den obersten Finanzbehörden der Länder vertrete ich zum Steuerabzug nach § 50a Abs. 7 EStG folgende Auffassung:

Zur Sicherstellung des Steueranspruchs aus beschränkt steuerpflichtigen Einkünften im Sinne des § 49 EStG, die nicht bereits dem Steuerabzug vom Arbeitslohn oder vom Kapitalertrag oder dem Steuerabzug nach § 50a Abs. 1 bis 4 EStG unterliegen, kann das Finanzamt des Vergütungsgläubigers einen besonderen Steuerabzug anordnen (sog. Sicherungseinbehalt). Der Vergütungsschuldner hat den Steuerabzug für Rechnung des beschränkt steuerpflichtigen Vergütungsgläubigers (Steuerschuldner) vorzunehmen. Der Steuerabzug ist auf die veranlagte Einkommensteuer anzurechnen (§ 36 Abs. 2 Nr. 2 EStG).

Der Steuerabzug beträgt 25 v. H. der gesamten Einnahmen, wenn der beschränkt Steuerpflichtige dem Finanzamt nicht glaubhaft macht, dass die voraussichtlich geschuldete Steuer niedriger ist. In die Bemessungsgrundlage für den Steuerabzug ist auch die Umsatzsteuer einzubeziehen, wenn der Vergütungsgläubiger Schuldner der Umsatzsteuer ist. Abzüge von der Bemessungsgrundlage, z. B. für Betriebsausgaben, sind nicht zulässig.

Die Steuer entsteht in dem Zeitpunkt, in dem die Vergütungen, auf die ein Steuerabzug nach § 50a Abs. 7 EStG angeordnet ist, an den beschränkt Steuerpflichtigen gezahlt werden (§ 50a Abs. 7 Satz 3 i. V. m. Abs. 5 Satz 1 EStG und § 73c Nr. 1 EStDV). Sind Teilvergütungen bereits vor der Anordnung des Steuerabzugs nach § 50a Abs. 7 EStG an den beschränkt steuerpflichtigen Gläubiger gezahlt worden, so kann der Sicherungseinbehalt, der sich nach der Gesamtvergütung bemisst, von den verbleibenden Teilvergütungen angeordnet werden.

Der Vergütungsschuldner hat die innerhalb eines Kalendervierteljahres im Zeitpunkt der Zahlung der Vergütung einbehaltene Steuer jeweils bis zum 10. des dem Kalendervierteljahr folgenden Monats an das Finanzamt abzuführen, das den Steuerabzug angeordnet hat (§ 50a Abs. 7 Satz 3 EStG), und demselben Finanzamt auf amtlichem Vordruck eine Steueranmeldung zu übersenden (§ 149 Abs. 1 Satz 2 AO). Nach § 52 Abs. 58b EStG i. d. F. des Steueränderungsgesetzes 2001 (BGBl. I S. 3794, BStBl. 2002 I S. 4) gilt dies erstmals für Vergütungen, für die der Steuerabzug nach dem 22. Dezember 2001 angeordnet worden ist.

Werden Vergütungen nach Anordnung des Steuerabzugs nach § 50a Abs. 7 EStG ohne einen Sicherungseinbehalt an den beschränkt Steuerpflichtigen ausgezahlt, so haftet der Vergütungsschuldner für die Einbehaltung und Abführung der Steuer (§ 50a Abs. 7 Satz 3 i. V. m. Abs. 5 Satz 5 EStG).

Dieses Schreiben ersetzt das BMF-Schreiben vom 13. Juli 1999 (BStBl. I S. 687).

# I § 50 a/7. Schreiben betr. Steuerabzug nach § 50 a Abs. 4 Nr. 3 EStG von Vergütungen, die ein beschränkt steuerpflichtiger Rechtsinhaber für die Überlassung ihm zustehender Rechte erhält; BFH-Urteil I R 73/02 vom 28. Januar 2004

Vom 2. August 2005 (BStBl. I S. 844)

(BMF IV C 8 – S 2411 – 8/05)

Unter Bezugnahme auf das Ergebnis der Erörterungen mit den obersten Finanzbehörden der Länder gilt für die Anwendung des BFH-Urteils I R 73/02 vom 28. Januar 2004 (BStBl. 2005 II S. 550) auf Vergütungen, die ein beschränkt steuerpflichtiger Rechtsinhaber für die zeitlich begrenzte Überlassung ihm zustehender Rechte erhält, Folgendes:

Die entgeltliche Überlassung eines Rechts führt beim beschränkt steuerpflichtigen Inhaber des Rechts zu inländischen Einkünften nach § 49 Abs. 1 Nr. 2 a oder Nr. 3 EStG, wenn die Rechteverwertung Teil einer gewerblichen oder selbständigen Tätigkeit im Inland ist. Liegen diese Voraussetzungen nicht vor, sind die Einkünfte nach § 49 Abs. 1 Nr. 6 EStG steuerpflichtig, wenn die zeitlich begrenzte, entgeltliche Überlassung eines Rechts zum Zwecke der Verwertung in einer inländischen Betriebsstätte oder anderen Einrichtung erfolgt.

Inländische Einkünfte im Sinne des § 49 Abs. 1 Nr. 6 EStG liegen auch dann vor, wenn die Einkünfte beim Rechtsinhaber zu den gewerblichen Einkünften i. S. d. § 15 EStG gehören, die mangels einer Betriebsstätte im Inland aber nicht zu inländischen Einkünften i. S. d. § 49 Abs. 1 Nr. 2 a EStG führen. Dies hat der BFH im o. g. Urteil für die Einkünfte einer ausländischen Kapitalgesellschaft aus der Überlassung erworbener Rechte bestätigt.

Entgegen der vom BFH in dem o. g. Urteil in einer nicht entscheidungserheblichen Bemerkung vertretenen Auffassung führt die Überlassung von Rechten zur Verwertung im Inland auch dann zu steuerpflichtigen inländischen Einkünften gemäß § 49 Abs. 1 Nr. 6 EStG, wenn sie vom originären beschränkt steuerpflichtigen Inhaber des Rechts selbst vorgenommen wird, wie z. B. bei der Überlassung der Persönlichkeitsrechte eines Sportlers durch diesen selbst im Rahmen einer Werbekampagne.

Eine unterschiedliche steuerliche Behandlung danach, ob die Überlassung eines eigenen oder eines erworbenen Rechts vorgenommen wird, ist weder § 49 Abs. 1 Nr. 6 EStG noch § 21 Abs. 1 Nr. 3 EStG zu entnehmen. Vergütungen, die der originäre Inhaber für die zeitlich begrenzte Überlassung der Nutzung oder des Rechts auf Nutzung von Rechten erhält, unterliegen daher dem Steuerabzug nach § 50 a Abs. 4 Nr. 3 EStG i. V. m. § 49 Abs. 1 Nr. 6 EStG.

Die vorstehenden Grundsätze sind in allen offenen Fällen anzuwenden.

# I § 50 a/10. Schreiben betr. Steuerabzug von Einkünften beschränkt steuerpflichtiger Fotomodelle; Aufteilung von Gesamtvergütungen

Vom 9. Januar 2009 (BStBl. I S. 362)

(BMF IV C 3 – S 2300/07/10002; DOK 2009/0007484)

Unter Bezugnahme auf das Ergebnis der Erörterungen mit den obersten Finanzbehörden der Länder gilt für die Aufteilung von Gesamtvergütungen beim Steuerabzug von Einkünften beschränkt steuerpflichtiger Fotomodelle Folgendes:

Vergütungen an Fotomodelle ohne Wohnsitz oder gewöhnlichen Aufenthalt im Inland unterliegen nach § 50 a Abs. 1 Nr. 3 EStG in Verbindung mit § 49 Abs. 1 Nr. 2 Buchstabe f EStG dem Steuerabzug, soweit sie für die Überlassung der Persönlichkeitsrechte der Modelle (Buy-out) zur Verwertung in einer inländischen Betriebsstätte gezahlt werden. Dagegen führen Vergütungen, die für die Mitwirkung an einem Fotoshooting gezahlt werden, regelmäßig nicht zu inländischen Einkünften nach § 49 Abs. 1 EStG, da diese Tätigkeit zumeist nicht als eine Darbietung im Sinne des § 49 Abs. 1 Nr. 2 Buchstabe d EStG angesehen werden kann.

Erhält ein Fotomodell für seine Teilnahme an einer Werbekampagne ein Tageshonorar (Gesamthonorar) wird damit in aller Regel sowohl die aktive Teilnahme an der Werbekampagne (Fotoshooting) als auch die Überlassung der Persönlichkeitsrechte abgegolten. Für Zwecke des Steuerabzugs nach § 50 a Abs. 1 Nr. 3 EStG ist deshalb die Vergütung regelmäßig aufzuteilen in einen dem Steuerabzug unterliegenden Anteil für die Überlassung der Persönlichkeitsrechte und einen nicht dem Steuerabzug unterliegenden Anteil für die aktive Tätigkeit des Modells. Der auf die Rechteüberlassung entfallende Anteil kann zumeist nur im Schätzungswege bestimmt werden.

Aus Vereinfachungsgründen kann bei Tageshonoraren bis 10 000 Euro angenommen werden, dass der Anteil der Rechteüberlassung am Tageshonorar
- für Honorare bzw. Honorarteile bis einschließlich 5000 Euro 20 % und
- für Honorarteile über 5000 Euro 45 % beträgt,

wenn nicht im Einzelfall eine andere Aufteilung aufgrund der konkreten Umstände angemessen ist.

Beträgt das Tageshonorar mehr als 10 000 Euro ist in jedem Einzelfall eine Aufteilung unter Berücksichtigung der konkreten Umstände vorzunehmen. In diesen Fällen ist jedoch regelmäßig von einem überdurchschnittlich hohen Bekanntheitsgrad des Modells auszugehen und deshalb ein höherer Anteil der Rechteüberlassung an der Gesamtvergütung anzusetzen.

Für die pauschale Aufteilung des Tageshonorars entsprechend dem obigen Aufteilungsmaßstab ist davon auszugehen, dass im Tageshonorar weder Flug- noch Taxi- oder Hotelkosten enthalten sind, da solche Kosten sowie ein eventueller Ersatz von Verpflegungsmehraufwand üblicherweise gesondert ausgewiesen werden.

Der pauschale Aufteilungsmaßstab ist nicht anzuwenden, wenn Film- und Fernsehaufnahmen von der Gesamtvergütung erfasst werden. In diesen Fällen wird in aller Regel eine gesonderte vertragliche Vereinbarung vorliegen. Anderenfalls kommt z. B. die Höhe der vereinbarten Honorare für Zusatzdrehtage als Grundlage für die Berechnung des nicht dem Steuerabzug unterliegenden Teils am Gesamthonorar in Betracht.

Der pauschale Aufteilungsmaßstab ist unabhängig von der vereinbarten Nutzungsdauer der Fotos. Werden halbe Tageshonorare für lange An- und Abreisen vereinbart, so kann – soweit sich aus den Umständen des Einzelfalls oder der Höhe dieses Teilhonorars nichts anderes ergibt – davon ausgegangen werden, dass sie als Ersatz für den entstehenden Zeitausfall gezahlt werden und keine Vergütung für die Überlassung von Persönlichkeitsrechten beinhalten.

## **I** § 50 a/11. Schreiben betr. Betriebsausgaben- und Werbungskostenabzug beim Steuerabzug nach § 50 a Abs. 4 Satz 1 Nr. 3 EStG 1990/1997 und § 50 a Abs. 1 Nr. 3 EStG; Entscheidung des Bundesfinanzhofs vom 27. Juli 2011 I R 32/10 (BStBl. 2014 II S. 513)

Vom 17. Juni 2014 (BStBl. I S. 887)
(BMF IV C 3 – S 2303/10/10002 :001; DOK 2014/0537910)

Der Bundesfinanzhof hat mit seinen Urteilen vom 27. Juli 2011 I R 32/10 (BStBl. 2014 II S. 513) und vom 25. April 2012 I R 76/10 zur Frage der Berücksichtigung von Betriebsausgaben und Werbungskosten beim Steuerabzug nach § 50 a Abs. 4 Satz 1 Nr. 3 EStG 1990/1997 (a. F.) Stellung genommen. Danach ist § 50 a Abs. 4 EStG a. F. wegen Unionsrecht in normerhaltender Weise zu reduzieren, soweit er ohne Einschränkung ausschließt, dass ein beschränkt Steuerpflichtiger Ausgaben, welche unmittelbar mit der betreffenden wirtschaftlichen Tätigkeit zusammenhängen, aus der die zu versteuernden Einkünfte erzielt worden sind, bereits im Rahmen des Abzugsverfahrens nach § 50 a EStG berücksichtigen kann.

Unter Bezugnahme auf das Ergebnis der Erörterungen mit den obersten Finanzbehörden der Länder gilt für Einkünfte von beschränkt Steuerpflichtigen, die dem Steuerabzug gemäß § 50 a Abs. 4 Satz 1 Nr. 3 EStG a. F. bzw. § 50 a Abs. 1 Nr. 3 EStG unterliegen, Folgendes:

**1.** Der Schuldner der Vergütung kann beim Steuerabzug nach § 50 a Abs. 4 Satz 1 Nr. 3 EStG a. F. bzw. § 50 a Abs. 1 Nr. 3 EStG von den Einnahmen grundsätzlich keine Betriebsausgaben oder Werbungskosten abziehen, die ihm ein beschränkt Steuerpflichtiger mitgeteilt hat oder die vom Schuldner der Vergütung übernommen worden sind. Betriebsausgaben oder Werbungskosten eines beschränkt Steuerpflichtigen können hiervon abweichend beim Steuerabzug nach § 50 a Abs. 1 Nr. 3 EStG bzw. § 50 a Abs. 4 Satz 1 Nr. 3 EStG a. F. berücksichtigt werden, soweit sie in unmittelbarem wirtschaftlichem Zusammenhang mit den inländischen beschränkt steuerpflichtigen Einnahmen stehen (sog. Nettoabzug).

**2.** Ein unmittelbarer Zusammenhang bei der Überlassung von Rechten im Sinne der Tz. 1 besteht nur, wenn die Betriebsausgaben oder Werbungskosten den Gläubiger der Vergütung erst in die Lage versetzten, die konkrete Überlassungsleistung zu erbringen und diese exklusiv für den Schuldner der Vergütung erfolgt. Aufwendungen, die keinen ausreichend engen und ausschließlichen Zusammenhang zur konkreten Tätigkeit aufweisen, können nicht berücksichtigt werden. An der Exklusivität fehlt es darüber hinaus ebenfalls, wenn die Aufwendungen den Gläubiger der Vergütung nicht nur zu einer ausschließlichen Rechteverwertung gegenüber dem Vergütungsschuldner berechtigen, sondern auch eine Rechteverwertung gegenüber weiteren Personen ermöglichen. Auf die tatsächliche mehrmalige Rechteverwertung kommt es nicht an.

**3.** Voraussetzung für die ausnahmsweise Berücksichtigung der unmittelbar mit den Einnahmen im Zusammenhang stehenden Aufwendungen ist, dass der beschränkt Steuerpflichtige (Vergütungsgläubiger) dem Vergütungsschuldner diese Aufwendungen im Abzugsverfahren mitgeteilt und in hinlänglicher und in einer für die zuständige Finanzbehörde nachvollziehbaren Weise nachgewiesen hat (z. B. durch Vorlage der jeweiligen Lizenzverträge und Zahlungsnachweise).

**4.** Ein Nettoabzug nach Tz. 1 und 2 kommt nur bei Vergütungsgläubigern in Betracht, die Staatsangehörige eines Mitgliedstaats der Europäischen Union oder eines anderen Staates sind, auf den das Abkommen über den Europäischen Wirtschaftsraum Anwendung findet, und im Hoheitsgebiet eines dieser Staaten ihren Wohnsitz oder gewöhnlichen Aufenthalt haben. Für Körperschaften im Sinne des § 32 Abs. 4 KStG gilt Entsprechendes.

**5.** Bemessungsgrundlage des Nettoabzugs ist der positive Unterschiedsbetrag zwischen den Einnahmen und den mit diesen in unmittelbarem wirtschaftlichen Zusammenhang stehenden Betriebsausgaben oder Werbungskosten im Sinne von Tz. 1 und 2. Auf diesen Betrag ist der Steuersatz anzuwenden, der sich aus der jeweils anzuwendenden Fassung des Einkommensteuergesetzes in Bezug auf die Einnahmen des beschränkt Steuerpflichtigen ergibt. Für Vergütungen, die nach dem 31. Dezember 2008 zugeflossen sind, beträgt der Steuersatz von den nach Abzug der Betriebsausgaben oder Werbungskosten verbleibenden Einnahmen (Nettoeinnahmen) 30 Prozent, wenn der Gläubiger der Vergütung eine natürliche Person ist. In allen übrigen Fällen beträgt der Steuersatz 15 Prozent.

**6.** Die vorstehenden Grundsätze sind in allen noch offenen Fällen von Steueranmeldungen gemäß § 73 e EStDV und Haftungsbescheiden/Nachforderungsbescheiden nach § 50 a Abs. 5 EStG anzuwenden.

**7.** Die angesprochenen Urteile des BFH betrafen ausschließlich Fälle vor Inkrafttreten des JStG 2009. Die Grundsätze dieser Urteile sind indessen auch auf Fälle des Steuerabzuges gemäß § 50 a Abs. 1 Nr. 3 EStG nach der Neuregelung durch das JStG 2009 zu übertragen. § 50 a Abs. 3 Satz 1 EStG ist im Sinne einer unionsrechtskonformen Auslegung über den Wortlaut der Vorschrift hinaus auch auf Sachverhalte der Rechteüberlassung (Fälle des § 50 a Abs. 1 Nr. 3 EStG) anzuwenden.

**8.** In den Fällen des sog. Nettoabzugs lebt der Steuerabzug auf der sog. 2. Stufe wieder auf, wenn die Vergütungen nach dem 31. Dezember 2008 zugeflossen sind (§ 50 a Abs. 4 EStG). Zu den Einzelheiten siehe Rz. 35 ff. des BMF-Schreibens vom 25. November 2010 (BStBl. I S. 1350)[1]. Ist die Vergütung vor dem 1. Januar 2009 zugeflossen, ist das für den Vergütungsschuldner der zweiten Stufe zuständige Finanzamt über die steuerabzugspflichtige Vergütung zu unterrichten. Dieses hat ggfs. einen Haftungs-/Nachforderungsbescheid zu erlassen.

[1] Nr. **1** § 50 a/2.

# I § 50d/1. Schreiben betr. Steuerabzug von Vergütungen im Sinne des § 50a Abs. 4 Satz 1 Nr. 2 und 3 EStG; Entlastung von Abzugsteuern aufgrund von Doppelbesteuerungsabkommen (DBA) nach einem vereinfachten Verfahren („Kontrollmeldeverfahren“)

Vom 18. Dezember 2002 (BStBl. I S. 1386)

(BMF IV B 4 – S 2293 – 54/02)

Unter Bezugnahme auf das Ergebnis der Erörterungen mit den obersten Finanzbehörden der Länder werden die Voraussetzungen für die Teilnahme am Kontrollmeldeverfahren (§ 50d Abs. 5 EStG) nachfolgend neu geregelt.

## I. Kontrollmeldeverfahren

**1.** Gemäß § 50d Abs. 5 EStG kann das Bundesamt für Finanzen auf Antrag den Schuldner von Vergütungen i. S. des § 50a Abs. 4 Satz 1 Nr. 2 und 3 EStG ermächtigen, in Fällen von geringer steuerrechtlicher Bedeutung ein vereinfachtes Verfahren (Kontrollmeldeverfahren) anzuwenden. Das Verfahren setzt voraus, dass die Vergütungen im Sinne des § 50a Abs. 4 Satz 1 Nr. 2 und 3 EStG nach einem DBA im Inland nicht oder nur zu einem niedrigeren Steuersatz besteuert werden können (vgl. Tz. 4). Die Ermächtigung kann mit Auflagen verbunden werden.

Im Kontrollmeldeverfahren unterlassen die Schuldner von sich aus bei Gläubigern, die in einem ausländischen Staat ansässig sind, mit dem ein entsprechendes DBA besteht, den Steuerabzug oder nehmen diesen nur nach dem gemäß dem DBA höchstens zulässigen Satz vor. Nach Ablauf des Kalenderjahres haben die Schuldner für jeden Gläubiger dem Bundesamt für Finanzen und dem für sie zuständigen Finanzamt jeweils eine „Jahreskontrollmeldung“ zu übersenden.

## II. Ermächtigung zur Anwendung des Kontrollmeldeverfahrens

**2.** Ein Schuldner von Vergütungen im Sinne des § 50a Abs. 4 Satz 1 Nr. 2 und 3 EStG kann das Kontrollmeldeverfahren nur anwenden, wenn er hierzu auf seinen Antrag vom Bundesamt für Finanzen ermächtigt worden ist. Der Antrag ist nach vorgeschriebenem Muster zu stellen. In dem Antrag hat sich der Schuldner zu verpflichten,

a) die Jahreskontrollmeldung (Tz. 10) bis zum Ablauf des Monats April jeden Jahres für das vorhergehende Kalenderjahr zu übersenden;
b) den Ermächtigungsbescheid (Tz. 3) und je einen Abdruck der Jahreskontrollmeldung (Tz. 10) als Belege zu seinen Unterlagen zu nehmen;
c) dem Gläubiger die in Tz. 8 bezeichnete Mitteilung zu machen.

Der Schuldner hat außerdem anzuerkennen, dass die Ermächtigung zum Kontrollmeldeverfahren die Haftung nach § 50a Abs. 5 EStG unberührt lässt.

**3.** Die Ermächtigung, das Kontrollmeldeverfahren anzuwenden, wird von dem Bundesamt für Finanzen durch Bescheid erteilt, und zwar im Allgemeinen unbefristet, jedoch unter dem Vorbehalt jederzeitigen Widerrufs; eine Abschrift des Ermächtigungsbescheides erhält das für den Schuldner der Vergütungen nach § 73e Satz 1 EStDV örtlich zuständige Finanzamt. In dem Ermächtigungsbescheid weist das Bundesamt für Finanzen auf die nach Tz. 2 zu übernehmenden Verpflichtungen hin. Die Ermächtigung zur Anwendung des Kontrollmeldeverfahrens kann mit Wirkung vom 1. Januar des Jahres erteilt werden, in dem die Teilnahme am Kontrollmeldeverfahren beantragt wurde.

## III. Anwendungsbereich des Kontrollmeldeverfahrens

**4.** Das Kontrollmeldeverfahren kann nur auf Vergütungen im Sinne des § 50a Abs. 4 Satz 1 Nr. 2 und 3 EStG angewendet werden. Das Bundesamt für Finanzen kann es auf Zahlungen aus einer bestimmten (z.B. im Inland lediglich verwerteten) Tätigkeit und auf bestimmte Personen oder Personengruppen beschränken sowie Abweichungen zulassen. Die Teilnahme am Kontrollmeldeverfahren ist ausgeschlossen für Zahlungen, die für die Ausübung einer Tätigkeit als Künstler oder Berufssportler im Inland geleistet werden, weil für diese Zahlungen nach den DBA regelmäßig der Staat, in dem die Tätigkeit ausgeübt wird, ein uneingeschränktes Besteuerungsrecht hat.

**5.** Das Kontrollmeldeverfahren kann nur bei Gläubigern zugelassen werden, bei denen die jeweilige Zahlung (Einzelzahlung) den Bruttobetrag von 5500 Euro und die während eines Kalenderjahres geleisteten gesamten Zahlungen den Bruttobetrag von 40000 Euro nicht übersteigen.

**6.** Hat der Schuldner Personen in das Kontrollmeldeverfahren einbezogen, bei denen diese Höchstbeträge überschritten werden, so ist für diese Personen zu dem Zeitpunkt eine Freistellungsbescheinigung zu beantragen, in dem eine Einzelzahlung von mehr als 5500 Euro geleistet wird oder die gesamten Zahlungen den Betrag von 40000 Euro überschreiten. Die Jahreskontrollmeldung (Tz. 10) hat jedoch alle an diese Personen geleisteten Zahlungen zu umfassen. Wird die Höchstgrenze im Laufe eines Jahres überschritten und weigert sich der Gläubiger, eine Freistellungsbescheinigung zu beantragen, so hat der Schuldner gemäß § 50a Abs. 5 EStG von der die Jahreshöchstgrenze überschreitenden Vergütung die gesetzliche Steuer einzubehalten und an das Finanzamt abzuführen.

**7.** In die vorgenannten Höchstbeträge sind Vorschüsse, Teil-, Abschlags- und Abschlusszahlungen sowie Kostenerstattungen (Fahrtkosten, Mehraufwand für Verpflegung, Übernachtung u.Ä.) einzubeziehen und sämtliche während eines Kalenderjahres geleisteten Zahlungen zusammenzurechnen, die sich auf dieselbe Tätigkeit oder Leistung des Gläubigers beziehen.

**8.** Ein Schuldner, der die Zahlungen an einen bestimmten Gläubiger in das Kontrollmeldeverfahren einbezieht und daher keine oder nur eine reduzierte Abzugsteuer einbehält, hat dies so früh wie möglich, spätestens bei der ersten in dieser Weise geleisteten Zahlung, dem Gläubiger mitzuteilen und ihn darauf hinzuweisen, dass die deutschen Finanzbehörden die Finanzbehörden seines Wohnsitzstaates über diese und alle künftigen Zahlungen informieren können.

**9.** Bei den einzelnen Gläubigern kann das Verfahren innerhalb desselben Kalendervierteljahres, für das die einzubehaltende Abzugsteuer abzuführen ist (§ 73e EStDV), auch rückwirkend angewendet werden. Die nach dem einschlägigen DBA zuviel einbehaltene, aber noch nicht an das zuständige Finanzamt abgeführte Abzugsteuer ist dann gesondert oder zusammen mit weiteren Zahlungen an den betreffenden Gläubiger auszuzahlen. Der Schuldner hat das in seinen Unterlagen zu vermerken. Soweit die Abzugsteuer bereits an das zuständige Finanzamt abgeführt worden ist, kann das Kontrollmeldeverfahren nicht rückwirkend angewendet werden.

## IV. Jahreskontrollmeldungen

**10.** Von den Schuldnern ist für jeden Gläubiger bis zum 30. April jeden Kalenderjahres für das vorhergehende Kalenderjahr jeweils eine Jahreskontrollmeldung beim Bundesamt für Finanzen und beim zuständigen Finanzamt einzureichen und als „Meldung über die im Jahr … gezahlten Lizenzgebühren und/oder Vergütungen für eine in der Bundesrepublik Deutschland ausgeübte persönliche Tätigkeit" zu bezeichnen. Sie muss mindestens folgende Angaben enthalten:

- Name, Vorname sowie Wohnort oder Geschäftsleitung des Schuldners;
- Name, Vorname sowie Staat und Ort des Wohnsitzes oder der Geschäftsleitung des Gläubigers (einschließlich Postleitzahl, Straße, Hausnummer). Die Angabe eines Postfaches oder einer c/o-Anschrift ist nicht ausreichend;
- bei Zahlungen an Empfänger mit Wohnsitz oder Sitz in den Vereinigten Staaten ist deren „Social Security Number", „Employer's Identification Number" oder „Taxpayer Identification Number" anzugeben;
- Bruttobetrag und Art der Vergütungen, ausgedrückt durch genaue Angabe der Vorschrift des § 50a Abs. 4 Satz 1 Nr. 2 oder 3 EStG;
- von den Vergütungen einbehaltener Steuerbetrag.

Das Bundesamt für Finanzen kann die Übersendung der Jahreskontrollmeldung auf Magnetband oder einem anderen Datenträger nach einem von ihm vorgegebenen Datensatz zulassen. Dem zuständigen Finanzamt ist die Jahreskontrollmeldung hingegen nur in Papierform zuzuleiten.

Die Einreichung der Jahreskontrollmeldung lässt die Meldeverpflichtung nach § 73e EStDV unberührt.

**11.** Unbeschadet der Zuständigkeit des Bundesamtes für Finanzen für das Entlastungsverfahren nach § 50d EStG, obliegt es dem für den Schuldner der Vergütungen zuständigen Finanzamt, die ordnungsmäßige Abwicklung des Verfahrens im Rahmen des § 73d Abs. 2 EStDV zu prüfen. Zu diesem Zweck erhält es von dem Vergütungsschuldner eine Ausfertigung der Jahreskontrollmeldung.

**12.** Das Bundesamt für Finanzen wird nach Weisung des BMF aufgrund der bestehenden Regelungen über den Austausch von Auskünften zur Durchführung der DBA Daten aus den Jahreskontrollmeldungen den zuständigen Finanzbehörden der in Betracht kommenden Staaten übermitteln. Mit dem Antrag auf Teilnahme am Kontrollmeldeverfahren gilt die Zustimmung des Gläubigers und des Schuldners zur Weiterleitung der Angaben des Schuldners an den Wohnsitz- oder Sitzstaat des Gläubigers als erteilt (§ 50d Abs. 5 Satz 5 EStG).

## V. Haftung

**13.** Die Ermächtigung zur Anwendung des Kontrollmeldeverfahrens lässt die Haftung im Sinne des § 50a Abs. 5 EStG unberührt. Hat der Schuldner der Vergütungen das Kontrollmeldeverfahren nicht ordnungsgemäß angewendet, so wird eine nicht oder zu wenig einbehaltene oder abgeführte Steuer durch Haftungsbescheid nach § 73g EStDV nacherhoben. Von der Geltendmachung der Haftung wird abgesehen, wenn die nicht ordnungsgemäße Anwendung des Kontrollmeldeverfahrens darauf beruht, dass der Schuldner der Vergütungen von dem Gläubiger hinsichtlich seiner Person oder seines Wohnsitzes getäuscht worden ist, sofern sich dem Schuldner der Vergütungen nicht nach den Umständen des Falles Zweifel an der Richtigkeit der Angaben des Gläubigers hätten aufdrängen müssen.

**14.** Der Haftungsbescheid wird von dem für den Schuldner der Vergütungen nach § 73e EStDV örtlich zuständigen Finanzamt erlassen; dieses wird aufgrund eigener Feststellungen (vgl. Tz. 11) oder auf Ersuchen des Bundesamtes für Finanzen tätig.

## VI. Erstmalige Anwendung

**15.** Dieses Schreiben ersetzt das Schreiben vom 21. Dezember 1993 – IV C 5 – S 1300 – 191/93 (BStBl. I 1994 S. 4) und gilt für Zahlungen, die von dem Schuldner ab dem 1. Januar 2002 geleistet werden.

# 1 § 50 d/3. Schreiben betr. Entlastungsberechtigung ausländischer Gesellschaften (§ 50 d Abs. 3 EStG)[1]

Vom 24. Januar 2012 (BStBl. I S. 171)

(BMF IV B 3 – S 2411/07/10016; DOK 2011/1032913)

Unter Bezugnahme auf das Ergebnis der Erörterungen mit den Vertretern der obersten Finanzbehörden der Länder gilt für die Anwendung des § 50 d Abs. 3 EStG[2] in der Fassung des Gesetzes zur Umsetzung der Beitreibungsrichtlinie sowie zur Änderung steuerlicher Vorschriften vom 7. Dezember 2011 (BGBl. I S. 2592)[3] Folgendes:

## 1. Allgemeines

Die Vorschrift des § 50 d Abs. 3 EStG schränkt den Anspruch einer ausländischen Gesellschaft nach §§ 43 b, 50 g EStG oder nach einem Abkommen zur Vermeidung der Doppelbesteuerung (DBA) auf Befreiung oder Ermäßigung von Kapitalertrag- oder Abzugssteuern nach § 50 a EStG ein,

– soweit Personen an der Gesellschaft beteiligt sind, denen die Steuerentlastung nicht zustände, wenn sie die Einkünfte unmittelbar erzielten **(persönliche Entlastungsberechtigung)**, und
– soweit die Funktionsvoraussetzungen des § 50 d Abs. 3 Satz 1 EStG **(sachliche Entlastungsberechtigung)** nicht vorliegen (schädliche Erträge).

Die **Funktionsvoraussetzungen** für unschädliche Erträge sind alternativ erfüllt,

– soweit die von der ausländischen Gesellschaft im betreffenden Wirtschaftsjahr erzielten Bruttoerträge aus eigener Wirtschaftstätigkeit stammen oder
– in Bezug auf die nicht eigenwirtschaftlichen Erträge für die Einschaltung der ausländischen Gesellschaft wirtschaftliche oder sonst beachtliche Gründe vorhanden sind und die ausländische Gesellschaft mit einem für ihren Geschäftszweck angemessen eingerichteten Geschäftsbetrieb am allgemeinen wirtschaftlichen Verkehr teilnimmt oder
– § 50 d Abs. 3 Satz 5 EStG Anwendung findet.

## 2. Anwendungsbereich

Unter den Voraussetzungen des § 50 d Abs. 3 EStG hat eine ausländische Gesellschaft keinen Anspruch auf völlige oder teilweise Entlastung von der Kapitalertragsteuer oder der Abzugssteuer nach § 50 a EStG. Ausgeschlossen werden hiernach Ansprüche auf völlige oder teilweise Erstattung einbehaltener Steuern (§ 50 d Abs. 1 EStG) sowie auf völlige oder teilweise Freistellung vom Steuerabzug (§ 50 d Abs. 2 EStG).

---

[1] In Fällen, in denen der Gläubiger der Kapitalerträge einen Anspruch auf Entlastung nach § 43 b EStG geltend macht, vgl. BMF v. 4. 4. 2018, BStBl. I S. 589 (Nr. **1** § 50 d/5).

[2] **[Amtl. Anm.:]** Dieses Schreiben gilt für die unmittelbare Anwendung des § 50 d Abs. 3 EStG. Soweit diese Vorschrift nur entsprechend anzuwenden ist, wie z. B. gem. § 44 a Abs. 9 Satz 2 EStG, sind die Ausführungen dieses Schreibens nur nach dem Sinn und Zweck der Verweisungsvorschrift zu berücksichtigen.

[3] **[Amtl. Anm.:]** BStBl. 2011 I S. 1171.

Erzielt die ausländische Gesellschaft der Quellensteuer unterliegende abzugssteuerpflichtige Einkünfte, ermäßigt sich die Quellensteuer vorbehaltlich einer zusätzlichen persönlichen Entlastungsberechtigung im Verhältnis der unschädlichen Bruttoerträge zu den im Wirtschaftsjahr insgesamt erzielten Bruttoerträgen der ausländischen Gesellschaft („Aufteilungsklausel").

Nicht in den Anwendungsbereich des § 50 d Abs. 3 EStG fallen eventuelle Entlastungsansprüche, die sich aus der Zuweisung des Besteuerungsrechtes nach einem DBA für andere Einkünfte ergeben, z. B. Gewinne aus der Veräußerung von Beteiligungen.

### 3. Ausländische Gesellschaft

Der Begriff der Gesellschaft ist entsprechend dem jeweiligen Antrag i. S. d. einschlägigen DBA oder der §§ 43 b Abs. 2 oder 50 g Abs. 3 Nr. 5 Buchst. a Doppelbuchst. aa EStG auszulegen. Nach Artikel 3 Abs. 1 Buchst. b OECD-Musterabkommen bedeutet der Ausdruck „Gesellschaft" juristische Personen oder Rechtsträger, die für die Besteuerung wie juristische Personen behandelt werden. Die Einordnung einer Gesellschaft durch die Vertragsstaaten kann unterschiedlich ausfallen. Für deutsche Besteuerungszwecke erfolgt die Einordnung ausschließlich nach deutschem Steuerrecht (Typenvergleich). Unabhängig davon ist Entlastung von deutschen Abzugssteuern zu gewähren, wenn die Einkünfte nach dem Recht des anderen Staates dort als Einkünfte einer ansässigen Person steuerpflichtig sind. Daher ist eine ausländische Personengesellschaft, die nach ausländischem Recht als Kapitalgesellschaft behandelt wird, Gesellschaft i. S. d. § 50 d Abs. 3 EStG[1].

Bei Anträgen nach §§ 43 b oder 50 g EStG ist darauf abzustellen, ob die Gesellschaft eine der in der Anlage 2 zu § 43 b EStG bzw. Anlage 3 a zu § 50 g EStG aufgeführten Rechtsformen aufweist und im Übrigen die jeweiligen weiteren Tatbestandsvoraussetzungen erfüllt sind.

Ausländisch ist eine Gesellschaft, wenn sie weder Sitz noch Geschäftsleitung im Inland hat oder bei sog. Doppelansässigkeit nach dem maßgeblichen DBA im anderen Vertragsstaat als ansässig gilt.

Die Ansässigkeit einer ausländischen Gesellschaft in einem anderen Vertragsstaat richtet sich nach Artikel 4 Abs. 1 und 3 OECD-Musterabkommen bzw. der einschlägigen Vorschrift des maßgeblichen DBA.

### 4. Persönliche Entlastungsberechtigung ausländischer Gesellschaften (§ 50 d Abs. 3 Satz 1 EStG)

#### 4.1. Gesellschafterbezogene Prüfung

Eine ausländische Gesellschaft ist persönlich entlastungsberechtigt, soweit den an ihr beteiligten Personen ein Entlastungsanspruch nach §§ 43 b, 50 g EStG oder nach einem DBA zustände, wenn sie die Einkünfte unmittelbar erzielten (Prüfung der mittelbaren Entlastungsberechtigung des Gesellschafters). Die Entlastungsberechtigung ist entsprechend dem Gesetzeswortlaut („so-

[1] **[Amtl. Anm.:]** Auf die Einordnung einer ausländischen Gesellschaft nach dem innerstaatlichen deutschen Steuerrecht (Typenvergleich) kommt es insoweit nicht an. Siehe OECD-Musterkommentar, Tz. 5 zu Art. 1.

weit“) für jeden Gesellschafter gesondert zu prüfen. Gesellschafter mit Wohnsitz, Sitz oder Geschäftsleitung im Inland sind nicht entlastungsberechtigt.

### 4.2. Mittelbare persönliche Entlastungsberechtigung des Gesellschafters

Handelt es sich bei dem Gesellschafter der ausländischen Gesellschaft um eine Gesellschaft, kommt es darauf an, ob diese nach einem DBA oder einer EU-Richtlinie **persönlich entlastungsberechtigt** ist (fiktiver Entlastungsanspruch). Soweit die mittelbar beteiligte Gesellschaft **sachlich nicht entlastungsberechtigt** ist, ist zu prüfen, ob eine an ihr beteiligte Gesellschaft, sofern diese selbst persönlich entlastungsberechtigt ist, die sachlichen Funktionsvoraussetzungen des § 50 d Abs. 3 Satz 1 EStG erfüllt. Im Hinblick auf Gesellschaften in einer Beteiligungskette muss stets für jede Gesellschaft in der Kette die persönliche Entlastungsberechtigung gegeben sein (vgl. BFH vom 20. März 2002 I R 38/00, BStBl. II S. 819). Dabei kommt es nicht darauf an, ob Gesellschaften in der Kette im gleichen Umfang entlastungsberechtigt sind. Allerdings begrenzen die fiktiven Entlastungsansprüche der in der Beteiligungskette voranstehenden Gesellschafter die Höhe des Entlastungsanspruchs nachfolgender Gesellschafter (siehe Tz. 12).

### 4.3. Ausschluss der mittelbaren Entlastungsberechtigung

Eine fehlende **persönliche Entlastungsberechtigung** schließt mögliche mittelbare Entlastungsberechtigungen nachfolgender Gesellschafter aus. Danach ist ein Gesellschafter dann nicht (mittelbar) persönlich entlastungsberechtigt, wenn er

- in einem Nicht-DBA-Staat ansässig ist,
- als außerhalb der EU ansässige Person nicht die Voraussetzungen der einschlägigen Richtlinien erfüllt,
- die Rechtsform einer Gesellschaft hat, diese sachlich nicht entlastungsberechtigt (siehe Tz. 1) ist und deren Gesellschafter ihrerseits in einem Nicht-DBA-Staat ansässig sind bzw. als außerhalb der EU ansässige Personen nicht die Voraussetzungen der einschlägigen EU-Richtlinien erfüllen oder
- zwar in einem DBA-Staat und/oder innerhalb der EU ansässig ist, aber nicht die Vergünstigungen eines DBA bzw. der einschlägigen EU-Richtlinien geltend machen kann (hierunter fallen für Zwecke der unmittelbaren Anwendung des § 50 d Abs. 3 EStG auch inländische Gesellschafter).

**Beispiel:**

An einer niederländischen B. V. ist u. a. auch eine Gesellschaft beteiligt, die ihren Sitz auf den Bermudas hat. An letzterer Gesellschaft sind u. a. natürliche Personen mit Wohnsitz in den USA beteiligt. Die fehlende persönliche Entlastungsberechtigung der Bermuda-Gesellschaft schließt einen möglichen Entlastungsanspruch eines Gesellschafters in den USA aus.

## 5. Eigene Wirtschaftstätigkeit der ausländischen Gesellschaft (§ 50 d Abs. 3 Satz 1 EStG)

Soweit die im betreffenden Wirtschaftsjahr der ausländischen Gesellschaft erzielten Bruttoerträge aus eigener Wirtschaftstätigkeit stammen, besteht ein Anspruch auf Entlastung. Dazu zählen auch die Bruttoerträge einer Gesellschaft, die mit der eigenen Wirtschaftstätigkeit derselben Gesellschaft in einem wirtschaftlich funktionalen Zusammenhang stehen (siehe Tz. 12), sowie Zinserträge einer Gesellschaft, die aus der verzinslichen Anlage entlastungsberechtigter Gewinne derselben Gesellschaft erzielt werden. Bruttoerträge sind die Bruttoerträge i. S. d. § 9 AStG (siehe Tz. 9.0.1 des BMF-Schreibens vom 14. Mai 2004 IV B 4 – S 1340 – 11/04, BStBl. I Sondernr. 1/2004 S. 3[1] – Anwendungsschreiben zum AStG). Dividenden und andere Erträge (z. B. Zinsen und Lizenzgebühren) von geleiteten Gesellschaften (siehe Tz. 5.3) zählen zu den Bruttoerträgen des Bereiches der eigenen Wirtschaftstätigkeit.

Im Erstattungsverfahren nach § 50 d Abs. 1 EStG gilt das Jahr des Ertragszuflusses als betreffendes Wirtschaftsjahr. Im Freistellungsverfahren nach § 50 d Abs. 2 EStG ist es das Jahr der Antragstellung. Die Bruttoerträge aus eigenwirtschaftlicher Tätigkeit sind anhand des Jahresabschlusses des betreffenden Wirtschaftsjahres nachzuweisen. Sollte dieser noch nicht vorliegen, ist auf die Verhältnisse des vorangegangenen Wirtschaftsjahres abzustellen; sofern es für den Steuerpflichtigen günstiger ist, kann er rückwirkend die Erträge des Wirtschaftsjahres zugrunde legen, in dem sie angefallen sind. Bei Neugründung sind die Verhältnisse des ersten Wirtschaftsjahres nach der Gründung maßgebend.

### 5.1. „Wirkliche wirtschaftliche Tätigkeit"

Eine eigene Wirtschaftstätigkeit setzt eine über den Rahmen der Vermögensverwaltung hinausgehende Teilnahme am allgemeinen wirtschaftlichen Verkehr voraus („wirkliche wirtschaftliche Tätigkeit"). Die Zwischenschaltung einer in einem anderen EU-Mitgliedstaat ansässigen Gesellschaft ist vor dem Hintergrund des Urteils des Europäischen Gerichtshofes in der Rechtssache Cadbury-Schweppes (EuGH vom 12. September 2006 Rs. C-196/04) nur dann gerechtfertigt, wenn die Gesellschaft am dortigen Marktgeschehen im Rahmen ihrer gewöhnlichen Geschäftstätigkeit aktiv, ständig und nachhaltig teilnimmt.

Eine Beteiligung am allgemeinen wirtschaftlichen Verkehr liegt auch vor, wenn Dienstleistungen gegenüber einer oder mehreren Konzerngesellschaften erbracht werden. Voraussetzung ist, dass die Leistungen gegen gesondertes Entgelt erbracht werden und wie gegenüber fremden Dritten abgerechnet werden.

An einer eigenen Wirtschaftstätigkeit fehlt es nach § 50 d Abs. 3 Satz 3 EStG, soweit die ausländische Gesellschaft ihre Bruttoerträge aus der Verwaltung von eigenen und/oder fremden Wirtschaftsgütern erzielt, z. B. bei bloßem Erwerb von Beteiligungen (BFH vom 5. März 1986 I R 201/82, BStBl. II S. 496) oder dem Halten von Stammkapital oder dem Halten und Verwalten von Vermögen (BFH vom 27. Juli 1976 VIII R 55/72, BStBl. 1977 II S. 266; BFH vom 29. Juli 1976 VIII R 142/73, BStBl. 1977 II S. 263).

### 5.2. Aktive Beteiligungsverwaltung

Hält die ausländische Gesellschaft in ihrem Betriebsvermögen Anteile an inländischen Gesellschaften, liegt eine eigene Wirtschaftstätigkeit nur dann vor, wenn Beteiligungen von einigem Gewicht erworben wurden, um gegenüber den Gesellschaften, an denen die Beteiligungen bestehen, geschäftsleitende Funktionen wahrzunehmen (aktive Beteiligungsverwaltung, siehe BFH vom

[1] Nr. 725.

9. Dezember 1980 VIII R 11/77, BStBl. 1981 II S. 339 [341]). Es reicht nicht aus, dass eine Gesellschaft ohne sonstige unternehmerische Betätigung geschäftsleitende Funktionen nur gegenüber einer Tochtergesellschaft ausübt oder lediglich Anteile an einer oder mehreren Tochtergesellschaften hält und sich dabei auf die Ausübung der Gesellschafterrechte beschränkt (passive Beteiligungsverwaltung). Ob eine Beteiligung von einigem Gewicht erworben wurde, hängt nicht von der Höhe der kapitalmäßigen Beteiligung ab. Es kommt darauf an, dass auf das Geschäft der Beteiligungsgesellschaft tatsächlich Einfluss genommen wird.

### 5.3. Geschäftsleitende Funktionen

Geschäftsleitende Funktionen werden durch Führungsentscheidungen ausgeübt. Führungsentscheidungen zeichnen sich durch ihre langfristige Natur, Grundsätzlichkeit und Bedeutung aus, die sie für den Bestand der Beteiligungsgesellschaft (geleitete Gesellschaft) haben. Sie unterscheiden sich von Entscheidungen, die kurzfristig und ausführungsbezogen sind. Die Durchführung nur einzelner Geschäftsfunktionen, wie z. B. Lizenzverwertung und/oder Kreditgewährung, reicht für die Qualifizierung als aktive Beteiligungsverwaltung nicht aus. Mündliche Führungsentscheidungen ohne hinreichende Dokumentation reichen zum Nachweis der geschäftsleitenden Funktion nicht aus.

### 5.4. Auslagerung wesentlicher Geschäftstätigkeiten

Eine eigene Wirtschaftstätigkeit liegt auch dann nicht vor, wenn die wesentlichen Geschäftstätigkeiten auf Dritte, z. B. Anwaltskanzleien oder Managementgesellschaften, übertragen werden (§ 50 d Abs. 3 Satz 3 EStG).

### 5.5. Gesellschafterbezogene Prüfung

Soweit keine eigene Wirtschaftstätigkeit ausgeübt wird, ist die sachliche Entlastungsberechtigung gesellschafterbezogen eingeschränkt.

## 6. Wirtschaftliche oder sonst beachtliche Gründe für die Einschaltung der ausländischen Gesellschaft (§ 50 d Abs. 3 Satz 1 Nr. 1 EStG)

Nimmt die ausländische Gesellschaft mit einem für ihren Geschäftszweck angemessen eingerichteten Geschäftsbetrieb am allgemeinen wirtschaftlichen Verkehr teil, besteht ein Anspruch auf Entlastung, soweit die nicht aus einer eigenwirtschaftlichen Tätigkeit stammenden Erträge aus einem Geschäftsbereich stammen, für den die Einschaltung der ausländischen Gesellschaft aus wirtschaftlichen oder sonst beachtlichen Gründen gerechtfertigt ist. Ein wirtschaftlicher Grund liegt insbesondere dann vor, wenn mit der ausländischen Gesellschaft die Aufnahme einer eigenwirtschaftlichen Tätigkeit i. S. d. Tz. 5 geplant ist und entsprechende Aktivitäten eindeutig nachgewiesen sind.

An einem wirtschaftlichen Grund fehlt es insbesondere dann, wenn die ausländische Gesellschaft überwiegend der Sicherung von Inlandsvermögen in Krisenzeiten dient, für eine künftige Erbregelung oder für den Aufbau der Alterssicherung der Gesellschafter eingesetzt werden soll, vgl. BFH vom 24. Februar 1976 VIII R 155/71 (BStBl. 1977 II S. 265).

Als sonst beachtliche Gründe können u. a. rechtliche, politische oder auch religiöse Gründe in Betracht kommen.

Umstände, die sich aus den Verhältnissen des Konzernverbunds ergeben, wie z. B. Gründe der Koordination, Organisation, Aufbau der Kundenbeziehung, Kosten, örtliche Präferenzen, gesamtunternehmerische Konzeption, stellen keine wirtschaftlichen oder sonst beachtlichen Gründe in diesem Sinne dar, vgl. auch Tz. 8.

**Beispiel:**

An einer ausländischen Gesellschaft sind zu 100 % nicht entlastungsberechtigte Gesellschafter beteiligt. Die Gesellschaft erzielt zu 80 % Erträge, die nicht aus eigener wirtschaftlicher Tätigkeit stammen, wobei für 60 % dieser Erträge die Einschaltung der Gesellschaft wirtschaftlich gerechtfertigt ist. Ein für den Geschäftszweck angemessen ausgestatteter Geschäftsbetrieb liegt vor. Die dem Quellensteuerabzug unterliegenden deutschen Zahlungen sind zu 68 % (= 20 % [eigenwirtschaftliche Erträge] und 60 % × 80 % [§ 50 d Abs. 3 Nr. 1 und 2 EStG]) entlastungsberechtigt.

## 7. Angemessen eingerichteter Geschäftsbetrieb (§ 50 d Abs. 3 Satz 1 Nr. 2 EStG)

Die ausländische Gesellschaft muss im Ansässigkeitsstaat über einen für ihren Geschäftszweck angemessen eingerichteten Geschäftsbetrieb verfügen (qualifiziertes Personal, Geschäftsräume und technische Kommunikationsmittel, BFH vom 20. März 2002 I R 38/00, BStBl. II S. 819 [822]), d. h. ein „greifbares Vorhandensein" muss nachweisbar sein (EuGH vom 12. September 2006 Rs. C-196/04). Indizien für ein solches „greifbares Vorhandensein" liegen vor, wenn

- die Gesellschaft dort für die Ausübung ihrer Tätigkeit ständig sowohl geschäftsleitendes als auch anderes Personal beschäftigt,
- das Personal der Gesellschaft über die Qualifikation verfügt, um die der Gesellschaft übertragenen Aufgaben eigenverantwortlich und selbstständig zu erfüllen,
- die Geschäfte zwischen nahe stehenden Personen i. S. d. § 1 Abs. 2 AStG einem Fremdvergleich (wie unter fremden Dritten) standhalten.

## 8. Konzernverhältnisse (§ 50 d Abs. 3 Satz 2 EStG)

Für die Prüfung der in Tz. 6 und 7 genannten Ausschlussgründe ist ausschließlich auf die Verhältnisse der ausländischen Gesellschaft und nicht auf den Konzernverbund abzustellen, deren Teil sie ist. Struktur und Strategiekonzepte des Konzerns führen deshalb nicht dazu, dass einer funktionslosen Konzerngesellschaft Steuerentlastungen gewährt werden können. Dies gilt u. a. auch in Fällen der Organschaft oder fiskalen Einheit. Eine wirtschaftliche Betrachtungsweise ist nicht anzuwenden.

## 9. Sonderfälle (§ 50 d Abs. 3 Satz 5 EStG)

Vom Anwendungsbereich des § 50 d Abs. 3 EStG sind nur die folgenden ausländischen Gesellschaften ausgenommen:

### 9.1. Gesellschaften mit börsengehandelten Aktien

Gesellschaften, für deren Hauptgattung der Aktien ein wesentlicher und regelmäßiger Handel an einer anerkannten Börse stattfindet, fallen nicht in den Anwendungsbereich von § 50 d Abs. 3 EStG. Der Begriff „anerkannte Börse" bedeutet organisierter Markt i. S. d. § 2 Abs. 5 Wertpapierhandelsgesetz und vergleichbare Märkte mit Sitz außerhalb der Europäischen Union und des Europäischen Wirtschaftsraumes.

**9.2. Investmentgesellschaften**

Ausgenommen sind nur ausländische Investmentvermögen des Kapitalgesellschaftstyps (d. h. mit einer Investmentaktiengesellschaft i. S. d. § 2 Abs. 5 Investmentgesetz vergleichbare Konstruktionen). Die Vorgabe zur Ermittlung der Erträge des Investmentvermögens nach den Regeln für Überschusseinkünfte (§ 3 Abs. 1 Investmentsteuergesetz) führt nicht zur Einstufung der Tätigkeit des Investmentvermögens als Vermögensverwaltung. Wegen der unterschiedlichen aufsichtsrechtlichen Vorgaben im Ausland gilt dies auch dann, wenn die Verwaltung des Investmentvermögens auf eine besondere Verwaltungsgesellschaft ausgelagert wird.

Handelt es sich bei der nach einem DBA oder einer EU-Richtlinie persönlich entlastungsberechtigten ausländischen Gesellschaft nicht um eine solche i. S. d. § 50 d Abs. 3 Satz 5 EStG (Tz. 9.1 und 9.2), ist darauf abzustellen, ob eine an ihr unmittelbar oder mittelbar beteiligte Gesellschaft einen der Tatbestände des § 50 d Abs. 3 Satz 5 EStG (Tz. 9.1 und 9.2) erfüllt, sofern diese ebenfalls persönlich entlastungsberechtigt ist. Auch bei einer mittelbar beteiligten Gesellschaft muss die persönliche Entlastungsberechtigung gegeben sein.

**10. Verhältnis von § 50 d Abs. 3 EStG zu Missbrauchsregelungen in den DBA**

Der abkommensrechtlich mögliche Entlastungsanspruch steht grundsätzlich unter dem Vorbehalt der tatbestandlichen Voraussetzungen von § 50 d Abs. 3 EStG (BFH vom 17. Mai 1995 I B 183/94, BStBl. II S. 781). Dies gilt nicht in Fällen, in denen das einschlägige DBA eine abschließende Regelung enthält (BFH-Urteil vom 19. Dezember 2007 I R 21/07, BStBl. 2008 II S. 619).

**11. Verhältnis von § 50 d Abs. 3 EStG zu § 42 AO**

§ 50 d Abs. 3 EStG ist im Verhältnis zu § 42 AO die speziellere Vorschrift und vorrangig anzuwenden. Liegen die Tatbestandsvoraussetzungen des § 50 d Abs. 3 EStG nicht vor, ist die allgemeine Missbrauchsvorschrift des § 42 AO zu prüfen, da dessen Anwendbarkeit nicht durch § 50 d Abs. 3 EStG oder eine andere gesetzliche Vorschrift ausgeschlossen ist (§ 42 Abs. 2 AO).

**12. Höhe des Anspruchs auf Steuerentlastung**

Die ausländische Gesellschaft hat insoweit einen Anspruch auf Steuerentlastung, als

a) an ihr unmittelbar oder mittelbar persönlich entlastungsberechtigte Personen (siehe Tz. 4) beteiligt sind oder

b) sie nachweist, dass für die abzugssteuerpflichtigen Einkünfte eine sachliche Entlastungsberechtigung vorliegt (unschädliche Erträge i. S. d. Tz. 1) oder

c) es sich um einen der in § 50 d Abs. 3 Satz 5 EStG genannten Sonderfälle (siehe Tz. 9) handelt.

Sind an der ausländischen Gesellschaft auch nicht entlastungsberechtigte Personen beteiligt (zur Prüfung der Entlastungsberechtigung, siehe Tz. 4) und erbringt sie den genannten Nachweis nicht, ist zur Feststellung der Höhe des Steuerentlastungsanspruchs für jeden Gesellschafter gesondert zu prüfen, wie hoch sein Entlastungsanspruch wäre, wenn er die Einkünfte unmittelbar erzielte (fiktiver Entlastungsanspruch). Der Steuerentlastungsanspruch der Gesellschaft ergibt sich aus der Summe der fiktiven Entlastungsansprüche der Gesellschafter, die unmittelbar oder mittelbar an der ausländischen Gesellschaft beteiligt sind.

**Beispiel:**

An einer nach DBA zu 100 % persönlich entlastungsberechtigten ausländischen Gesellschaft A sind zwei Gesellschaften B und C zu 40 % bzw. 60 % beteiligt. A erzielt zu 70 % schädliche Bruttoerträge. Wirtschaftliche oder sonst beachtliche Gründe liegen hinsichtlich dieser Erträge nicht vor. 30 % der Bruttoerträge stammen aus ihrem aktiven Geschäft als Produktions- und Vertriebsgesellschaft sowie der Lizenzzahlung einer deutschen Tochtergesellschaft, die für A den Vertrieb der Produkte auf dem deutschen Markt übernommen hat (funktional wirtschaftlicher Zusammenhang der Lizenzzahlung mit der Produktions- und Vertriebstätigkeit der A). Die Lizenzzahlung unterliegt einer deutschen Quellensteuer i. H. v. 15 %. Des Weiteren bezieht die A eine dem Kapitalertragsteuerabzug von 25 % unterliegende Dividende.
An der nach DBA persönlich entlastungsberechtigten Gesellschaft B, die ausschließlich schädliche Bruttoerträge erzielt, sind die persönlich nicht entlastungsberechtigte natürliche Person D und die entlastungsberechtigte börsennotierte AG zu je 50 % beteiligt.
An der Gesellschaft C, deren Erträge zu 20 % dem unschädlichen und zu 80 % dem schädlichen Bereich zugerechnet werden, sind die natürlichen Personen E und F zu je 50 % beteiligt, die nach DBA eine Ermäßigung der Quellensteuer auf 15 % beanspruchen könnten. Die Gesellschaft C selbst könnte nach DBA eine Ermäßigung der Quellensteuer auf 5 % beanspruchen.

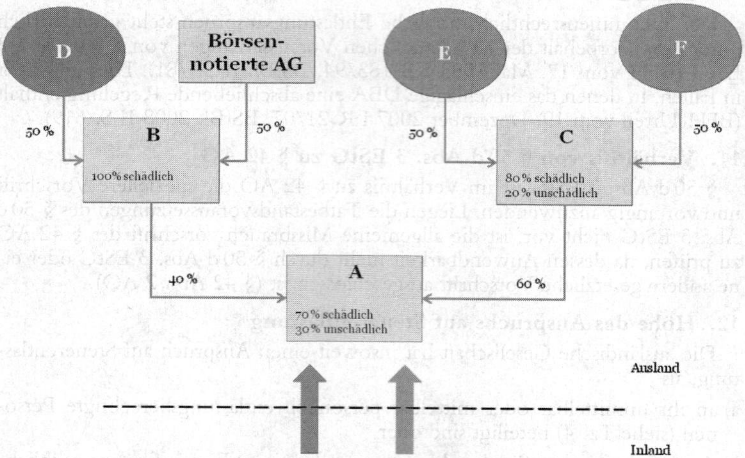


Eine Entlastungsberechtigung hinsichtlich der abzugsteuerpflichtigen Einkünfte **(Lizenz- und Dividendenzahlung)** ergibt sich wie folgt:

**1. Sachliche Entlastungsberechtigung aufgrund eigenwirtschaftlicher Bruttoerträge der A**

Die abzugssteuerpflichtigen Einkünfte sind zu 30% entlastungsberechtigt, da sich aus dem Verhältnis der im betreffenden Wirtschaftsjahr erzielten eigenwirtschaftlichen Bruttoerträge zu den Gesamtbruttoerträgen eine auf die abzugssteuerpflichtigen Einkünfte anzuwendende Quote von 30 (unschädliche Erträge) zu 70 (schädliche Erträge) ergibt.

**2. Persönliche Entlastungsberechtigung der Gesellschaft A**

70% der abzugssteuerpflichtigen Einkünfte sind insoweit entlastungsberechtigt, als entlastungsberechtigte Gesellschafter (siehe Tz. 4) vorhanden sind:

– **B** ist zwar persönlich entlastungsberechtigt, erzielt aber ausschließlich schädliche Erträge. Daher ist der fiktive Entlastungsanspruch der an B beteiligten Gesellschafter maßgeblich. Die mittelbar zu 50% beteiligte börsennotierte Aktiengesellschaft ist vollumfänglich entlastungsberechtigt (siehe Tz. 4.2); D ist jedoch persönlich nicht entlastungsberechtigt. A kann insoweit eine Entlastung von 14% (= 40% × 50% × 70%) gewährt werden. **C** ist zwar persönlich entlastungsberechtigt, aber erzielt zu 80% schädliche Erträge. Insoweit ist der fiktive Entlastungsanspruch der an C beteiligten Gesellschafter E und F maßgeblich. Da sowohl E als auch F persönlich entlastungsberechtigt sind, beträgt der Entlastungsanspruch 48% (= 80% × 60%), der aber wegen der Reduktion der Quellensteuer auf 15% für die inländische Dividendenzahlung um 15/25 (= 15% von 25% Abzugssteuer) sowie für die inländische Lizenzzahlung vollständig eingeschränkt ist. Von dem Entlastungsanspruch i. H. v. 48% werden deshalb nur 19,2% gewährt (= 10/25 × 48%). In Bezug auf den Anteil der schädlichen Erträge der A (70%) ergibt sich somit ein Entlastungsanspruch von 13,44% (= 19,2% × 70%)
– Hinsichtlich der unschädlichen übrigen 20% ist C persönlich entlastungsberechtigt und deshalb ein Rückgriff auf die an ihr beteiligten Gesellschafter nicht notwendig. Für A ergibt sich ein Entlastungsanspruch i. H. v. 12% (= 20% × 60%), der wegen der Reduktion der Quellensteuer auf 5% um 1/5 (= 5% von 25% Abzugssteuer) für die inländische Dividendenzahlung und 1/3 (= 5% von 15%) für die inländische Lizenzzahlung eingeschränkt ist. Von dem Entlastungsanspruch i. H. v. 12% werden deshalb für die inländische Dividendenzahlung nur 9,6% (= 4/5 × 12%) und für die inländische Lizenzzahlung 8% (= 2/3 × 70%) gewährt. In Bezug auf den Anteil der schädlichen Bruttoerträge der A (70%) ergibt sich somit ein Entlastungsanspruch von 6,72% (= 9,6% × 70%) der Quellensteuer für die Dividendenzahlung und von 5,6% (= 8% × 70%) für die Lizenzzahlung.

**3.** Insgesamt ergibt sich für die abzugssteuerpflichtige Dividendenzahlung eine Entlastungsberechtigung i. H. v. 64,16% (= 30% + 14% + 13,44% + 6,72%) sowie für die abzugssteuerpflichtige Lizenzzahlung eine Entlastungsberechtigung i. H. v. 49,6% (= 30% + 14% + 5,6%).

## 13. Feststellungslast

Die Feststellungslast hinsichtlich des Nichtvorliegens der Tatbestandsvoraussetzungen des § 50 d Abs. 3 Satz 1 Nr. 1 und 2 EStG liegt bei der ausländischen Gesellschaft. Aufgrund der bei Auslandssachverhalten gebotenen erhöhten Mitwirkungspflicht (§ 90 Abs. 2 AO) obliegt der ausländischen Gesellschaft die Feststellungslast für weitere Entlastungsmöglichkeiten (persönlich entlastungsberechtigte Gesellschafter oder Bruttoerträge aus eigener Wirtschaftstätigkeit).

## 14. Freistellungsbescheinigung

Freistellungsbescheinigungen nach § 50 d Abs. 2 EStG sind grundsätzlich unter dem Vorbehalt des Widerrufs zu erteilen. Die ausländische Gesellschaft ist in der Bescheinigung darauf hinzuweisen, dass sie den teilweisen oder vollständigen Wegfall der Voraussetzungen für die Freistellung dem Bundeszentralamt für Steuern (BZSt) unverzüglich mitzuteilen hat; § 50 d Abs. 2 Satz 4 letzter Halbsatz EStG ist entsprechend anzuwenden, im Übrigen siehe die de-minimis-Regelungen in Tz. 15. Ergänzend wird auf die sich aus der Abgabenordnung ergebenden allgemeinen Grundsätze zur Berichtigung von Erklärungen (vgl. § 153 AO) hingewiesen.

**15. De-minimis-Regelungen**

Die ausländische Gesellschaft hat den teilweisen oder vollständigen Wegfall der Entlastungsberechtigung i. S. d. § 50 d Abs. 3 EStG für die Freistellung dem BZSt unverzüglich mitzuteilen. Dies gilt nicht, wenn

– sich das bei Erteilung der Freistellungsbescheinigung zugrunde gelegte Verhältnis der Bruttoerträge aus eigenwirtschaftlicher Tätigkeit zu den gesamten Bruttoerträgen um weniger als 30 %-Punkte verringert oder
– sich ein Gesellschafteranteil (bei unmittelbarer oder mittelbarer Beteiligung) um weniger als 20 %-Punkte ändert.

Sofern die gesetzlich/abkommensrechtlich vorgeschriebenen Mindestbeteiligungshöhen unterschritten werden, ist dies dem BZSt ebenfalls unverzüglich mitzuteilen.

In den Fällen, in denen nach den de-minimis-Regelungen keine Mitteilungspflicht besteht, kann eine Neuberechnung des prozentualen Anteils der entlastungsberechtigten Erträge unterbleiben.

**16. Erstmalige Anwendung**

§ 50 d Abs. 3 EStG in der Fassung des Gesetzes vom 7. Dezember 2011 ist erstmals ab 1. Januar 2012 anzuwenden sowie für alle vorangegangenen Zeiträume, soweit Steuerbescheide oder Freistellungsbescheinigungen noch nicht bestandskräftig sind und diese Regelung zu einer günstigeren Entlastungsberechtigung führt.

Dieses Schreiben ersetzt die BMF-Schreiben vom 3. April 2007 IV B 1 – S 2411/07/0002 (BStBl. I S. 446), und vom 21. Juni 2010 IV B 5 – S 2411/07/10016: 005 (BStBl. I S. 596).

# 1 § 51a/1. Gleich lautende Erlasse betr. elektronisches Verfahren zum Kirchensteuerabzug bei Kapitalerträgen (§ 51a Absatz 2b bis 2e und 6 EStG in Verbindung mit den Kirchensteuergesetzen der Länder)

Vom 19. Juli 2021
Oberste Finanzbehörden der Länder
(BStBl. I S. 1014)

Zum Einbehalt von Kirchensteuer auf Kapitalerträge gilt Folgendes:

**Inhaltsübersicht**



## I. Allgemeines

Ist der Gläubiger der Kapitalerträge Mitglied einer steuererhebenden Religionsgemeinschaft, hat die zum Kapitalertragsteuerabzug verpflichtete Stelle (vgl. Rdnr. 14) auch die auf die Kapitalertragsteuer entfallende Kirchensteuer einzubehalten und abzuführen. Die Kirchensteuer ist anhand des elektronischen Kirchensteuerabzugsmerkmals (KiStAM) einzubehalten (§ 51a Abs. 2c EStG). Das KiStAM wird dem Kirchensteuerabzugsverpflichteten vom Bundeszentralamt für Steuern (BZSt) unentgeltlich als automatisiert abrufbares Merkmal bereitgestellt. 1

*frei* 2

Die Kirchensteuer ist gläubigerscharf abzuführen. Der Kirchensteuerabzugsverpflichtete hat die Kirchensteuer für diejenige Religionsgemeinschaft einzubehalten, der der Gläubiger der Kapitalerträge konkret angehört. Diese Zuordnung ist ausschließlich mit Hilfe des für den Kirchensteuerpflichtigen zutreffenden KiStAM möglich. 3

Der Kirchensteuerabzugsverpflichtete ist verpflichtet, für alle natürlichen Personen, für deren Rechnung er möglicherweise Kapitalertragsteuer einzubehalten hat, das KiStAM anzufordern (bei Kapitalerträgen aus Versicherungsverträgen vgl. Rdnr. 31). Im Fall der Regelabfrage ist einmal jährlich im Zeitraum 4 vom 1. September bis 31. Oktober abzufragen, ob eine Kirchensteuerpflicht zum Stichtag 31. August des Jahres besteht. Das Ergebnis dieser Abfrage hat der Kirchensteuerabzugsverpflichtete dem Kirchensteuerabzug des auf den Stichtag folgenden Kalenderjahres zu Grunde zu legen. Auf die konkreten individuellen kapitalertragsteuerlichen Verhältnisse zum Stichtag 31. August kommt es dabei nicht an. Das führt dazu, dass grundsätzlich in allen Fällen, in denen im Folgejahr auch nur potentiell Kapitalerträge zufließen können, im Vorfeld das KiStAM beim BZSt abzufragen ist (zu den Ausnahmen siehe Rdnr. 42 bis 46). Für nicht abgeführte Kirchensteuer haftet der Kirchensteuerabzugsverpflichtete nach § 51a Abs. 2c Satz 5 i.V.m. § 44 Abs. 5 EStG.

## II. Bildung des KiStAM

### 1. KiStAM

5 Das KiStAM bildet für Angehörige von Religionsgemeinschaften, die Kirchensteuer bei Kapitalerträgen im Wege der staatlichen Verwaltung erheben, die konkrete kirchensteuerrechtliche Religionszugehörigkeit und den Kirchensteuersatz der jeweiligen steuererhebenden Religionsgemeinschaft ab. Es besteht aus zwei Komponenten, dem Kirchensteuersatz und dem Religionsschlüssel der betreffenden Religionsgemeinschaft. Juristische Personen und Personenzusammenschlüsse/-vereinigungen (wie beispielsweise Personengesellschaften) sind nicht kirchensteuerpflichtig; für sie wird kein KiStAM gebildet.

### 2. Nullwert

6 Hat der Gläubiger der Kapitalerträge dem Abruf des KiStAM widersprochen (Sperrvermerk, vgl. Rdnr. 48) oder gehört er keiner steuererhebenden Religionsgemeinschaft an, wird statt des KiStAM ein Nullwert an den Abrufenden zurückgeliefert. Der Nullwert ist wertfrei, d.h. es ist weder ein Rückschluss auf eine Religionszugehörigkeit oder eine Nichtreligionszugehörigkeit noch ein Rückschluss auf einen vorliegenden oder einen nichtvorliegenden Sperrvermerk möglich.

### 3. Bildung und Änderung des KiStAM

7 Die Bildung und Änderung des KiStAM erfolgt durch das BZSt (§ 51a Abs. 2c Satz 1 Nr. 1 EStG).

8 Das KiStAM wird durch folgende Daten gebildet:

1. die nach § 139b Abgabenordnung (AO) für die Vergabe der steuerlichen Identifikationsnummer (IdNr) gespeicherten Daten (z.B. Name, Geburtsdatum, Meldeanschrift);
2. Daten, die nach § 39e EStG zur Bildung der Lohnsteuerabzugsmerkmale gespeichert sind (rechtliche Zugehörigkeit zu einer steuererhebenden Religionsgemeinschaft);
3. Daten zur territorialen Ausdehnung der steuererhebenden Religionsgemeinschaft und der jeweilige Kirchensteuersatz der Religionsgemeinschaft.

Bei einer Änderung der Meldeanschrift, der rechtlichen Zugehörigkeit zu einer steuererhebenden Religionsgemeinschaft oder der territorialen Erweiterung der steuererhebenden Religionsgemeinschaft sowie bei Änderungen des jeweiligen Kirchensteuersatzes der Religionsgemeinschaft kann es zu einer Änderung des KiStAM kommen. Die Änderung wirkt sich im Rahmen einer nachfolgenden Regel- oder Anlassabfrage aus.

Beruht ein fehlerhaftes KiStAM auf unzutreffenden Daten der Meldebehörde und erkennt der Gläubiger der Kapitalerträge die Unrichtigkeit der Meldedaten, kann er bei der Meldebehörde eine Berichtigung der Daten veranlassen (vgl. § 12 Bundesmeldegesetz). Die Meldebehörde teilt dem BZSt diese Korrektur unverzüglich mit. Das BZSt korrigiert dann automatisch das KiStAM in seiner Datenbank (KiStAM-Datenbank) und hält das geänderte KiStAM für die nächste Regel- oder Anlassabfrage bereit. 9

Die Finanzverwaltung ist grundsätzlich an die melderechtlichen Daten gebunden. In begründeten Ausnahmefällen (z.B. Unklarheit oder Streitigkeit über die Zugehörigkeit zu einer steuererhebenden Religionsgemeinschaft) haben das Finanzamt nach Beteiligung der Religionsgemeinschaft, zu deren eigenen Angelegenheiten gem. Art. 140 des Grundgesetzes i.V.m. Art. 137 der Weimarer Reichsverfassung die Regelung des Mitgliedschaftsrechts gehört, bzw. in Bayern das Kirchensteueramt nach Maßgabe des jeweiligen Kirchensteuergesetzes rechtliche Prüfungen zu melderechtlichen Merkmalen vorzunehmen und bei abweichenden Feststellungen selbst eine Entscheidung über die zutreffende Besteuerung zu treffen. Trifft das Finanzamt (in Bayern: das Kirchensteueramt) in diesen Einzelfällen eine von den gespeicherten melderechtlichen Daten abweichende Entscheidung für die Besteuerung, setzt es sich mit der Meldebehörde in Verbindung, damit die Meldebehörde das zutreffende Merkmal im Melderegister einträgt. 10

Nach dem Tod des Gläubigers der Kapitalerträge wird für diesen anstelle des KiStAM ein Nullwert gebildet (vgl. Rdnr. 6). 11

#### 4. KiStAM bei Ehegatten/Lebenspartnern

Das KiStAM wird für jeden Ehegatten/Lebenspartner getrennt gebildet. Auf den Familienstand kommt es nicht an. Auch eine Änderung des Familienstandes, wie Eheschließung, Scheidung, Begründung oder Auflösung einer Lebenspartnerschaft, führt daher nicht zu einer Änderung des KiStAM. 12

#### 5. Verfahrensrecht

Sowohl die Bildung des KiStAM als auch dessen spätere Änderung ist keine gesonderte Feststellung von Besteuerungsgrundlagen i.S.d. § 179 Abs. 1 AO. 13

## III. Durchführung des Kirchensteuerabzugs

### 1. Pflichten des Kirchensteuerabzugsverpflichteten

#### a) Kirchensteuerabzugsverpflichteter

Kirchensteuerabzugsverpflichteter ist jede Stelle, die verpflichtet ist, Kapitalertragsteuer für natürliche Personen einzubehalten und abzuführen. Dazu zählen insbesondere Banken, Kreditinstitute und Versicherungen sowie Kapitalgesellschaften, die Ausschüttungen an natürliche Personen als Gesellschafter leisten. 14

#### b) Informationspflicht über die Datenabfrage und das Widerspruchsrecht

Der Kirchensteuerabzugsverpflichtete hat den Gläubiger der Kapitalerträge bei Begründung der rechtlichen Verbindung auf die Datenabfrage und auf die Möglichkeit hinzuweisen, den erforderlichen Abruf des vom BZSt zum Abruf bereit gestellten KiStAM durch einen widerruflichen Sperrvermerk zu verhindern (§ 51a Abs. 2c Satz 1 Nr. 3 Satz 5 EStG). Der Hinweis hat in geeigneter Form (z.B. schriftlich) zu erfolgen. Es genügt, wenn der Hinweis in 15 den bei Begründung der rechtlichen Verbindung übermittelten allgemeinen Geschäftsbedingungen enthalten ist.

16 *frei*

**c) Registrierung**

17 Zum Abruf des KiStAM hat sich der Kirchensteuerabzugsverpflichtete beim BZSt zu registrieren. Der Kirchensteuerabzugsverpflichtete hat die für die Nutzung des elektronischen Verfahrens notwendige Zulassung entweder elektronisch (Vollzugang) oder in Papierform (eingeschränkter Verfahrenszugang) beim BZSt zu beantragen. Einzelheiten zur Nutzerregistrierung und -zulassung sowie für den Abruf der KiStAM sind im Internetauftritt des BZSt in der Rubrik „Kirchensteuer auf Abgeltungsteuer" veröffentlicht. Ein Kirchensteuerabzugsverpflichteter hat sich nur dann registrieren zu lassen und ein KiStAM abzurufen, wenn mindestens einer seiner Gläubiger der Kapitalerträge eine inländische natürliche Person ist (vgl. Rdnr. 42).

18 Jeder Kirchensteuerabzugsverpflichtete hat bei einer kapitalertragsteuerpflichtigen Auszahlung anhand des vom BZSt übermittelten KiStAM die Kirchensteuer einzubehalten. Die Abfrage des KiStAM erfolgt in der Regelabfrage (jeweils vom 1. September bis 31. Oktober zum Stichtag 31. August des Jahres) für das Folgejahr. Sofern bei einem Kirchensteuerabzugsverpflichteten eine Ausschüttung im Folgejahr unwahrscheinlich ist (vgl. Rdnr. 45 Satz 4), kann eine Registrierung bzw. Zulassung und Abfrage zunächst unterbleiben. Voraussetzung dafür ist aber, dass sich der Kirchensteuerabzugsverpflichtete in die Lage versetzt, im Fall einer steuerpflichtigen Ausschüttung die Abfrage – auch unterjährig – zeitnah nachzuholen. Will der Kirchensteuerabzugsverpflichtete daher aktuell keine Registrierung vornehmen, dann hat er bei allen potentiell kirchensteuerpflichtigen Gläubigern vorab das Einverständnis zu einer Anlassabfrage für den Fall einer Ausschüttung im Folgejahr einzuholen. Damit wird sichergestellt, dass die Prognose, dass eine Ausschüttung unterbleibt, im Folgejahr anlassbezogen korrigiert und der Kirchensteuerabzug vorgenommen werden kann. Für nicht abgeführte Kirchensteuer haftet der Kirchensteuerabzugsverpflichtete nach § 51a Abs. 2c Satz 5 i.V.m. § 44 Abs. 5 EStG.

**d) Beauftragung von Dritten**

19 Beauftragt der Kirchensteuerabzugsverpflichtete einen Dritten mit der Durchführung des Steuerabzugs vom Kapitalertrag, obliegt es dem Kirchensteuerabzugsverpflichteten, geeignete Regelungen mit seinem Dienstleister zu vereinbaren. Eine Abfrage von einem Dienstleister wird das BZSt jedoch nur dann beantworten, wenn der Kirchensteuerabzugsverpflichtete selbst zum Verfahren zugelassen ist.

**e) Anfrage der IdNr des Gläubigers der Kapitalerträge (§ 51a Abs. 2c Satz 1 Nr. 2 EStG)**

20 Die Kirchensteuerabzugsverpflichteten können das KiStAM des Gläubigers der Kapitalerträge nur unter Nutzung von dessen IdNr (§ 139b AO) erhalten. Sie dient der eindeutigen Identifizierung der angefragten Person im Besteuerungsverfahren.

21 Liegt dem Kirchensteuerabzugsverpflichteten die IdNr des Gläubigers der Kapitalerträge bereits vor (etwa, weil der Gläubiger der Kapitalerträge diese bereits mit dem Freistellungsauftrag mitgeteilt hat), so ist eine Anfrage der IdNr im automatisierten Verfahren nicht erforderlich. Nach § 51a Abs. 2c Satz 1 Nr. 2

Satz 1 erster Halbsatz EStG müssen die dem Kirchensteuerabzugsverpflichteten bekannten IdNrn genutzt werden.

Die IdNr hat der Kirchensteuerabzugsverpflichtete bereits bei der Begründung der rechtlichen Verbindung zu erfragen. Sofern die IdNr des Gläubigers der Kapitalerträge dem Kirchensteuerabzugsverpflichteten nicht bekannt ist oder die ihm vom Gläubiger der Kapitalerträge mitgeteilte IdNr unzutreffend ist, kann er sie beim BZSt elektronisch anfragen (§ 51a Abs. 2c Satz 1 Nr. 2 EStG). Der Kirchensteuerabzugsverpflichtete hat in seiner Anfrage die aktuelle Anschrift oder, sofern ihm die aktuelle Anschrift nicht bekannt ist, die letzte bekannte Anschrift zu verwenden. Alle notwendigen und zulässigen Inhalte sind der Datensatzbeschreibung für die Anfrage zu entnehmen. Der amtlich vorgeschriebene Datensatz ist im Internetauftritt des BZSt in der Rubrik „Kirchensteuer auf Abgeltungsteuer" veröffentlicht. Die vom BZSt mitgeteilte IdNr ist vom Kirchensteuerabzugsverpflichteten zwingend zu verwenden. 22

Wenn die Anfrage nach einer IdNr beim BZSt zu keinem Ergebnis führt, sollte der Kirchensteuerabzugsverpflichtete den Gläubiger der Kapitalerträge nach der IdNr befragen. In der Abfrage beim Gläubiger der Kapitalerträge kann der Kirchensteuerabzugsverpflichtete darauf hinweisen, dass die IdNr im Einkommensteuerbescheid, auf einer Lohnsteuerbescheinigung oder einem aktuellen „Ausdruck" des Finanzamts über die gespeicherten elektronischen Lohnsteuerabzugsmerkmale (ELStAM) zu finden ist. 23

Die Mitteilung der IdNr durch den Gläubiger der Kapitalerträge bedarf keiner besonderen Form. Der Kirchensteuerabzugsverpflichtete ist gesetzlich nicht verpflichtet, den Gläubiger der Kapitalerträge zu unterrichten, dass die von ihm mitgeteilte IdNr von der vom BZSt gemeldeten IdNr abweicht. Eine Information hierüber kann aber für den Gläubiger der Kapitalerträge hilfreich sein. 24

Wenn dem Kirchensteuerabzugsverpflichteten trotz automatisierter Anfrage der IdNr für Zwecke des Kirchensteuereinbehalts und eventueller Nachfrage beim Gläubiger der Kapitalerträge keine IdNr vorliegt, kann zunächst für diesen Gläubiger der Kapitalerträge keine auf die Kapitalertragsteuer entfallende Kirchensteuer einbehalten und abgeführt werden. Die Kirchensteuer ist bei Nichtermittelbarkeit der IdNr im Veranlagungsverfahren festzusetzen (§ 51a Abs. 2d EStG). Die IdNr kann dann erst ermittelt werden, wenn die vom Kirchensteuerabzugsverpflichteten an das BZSt übermittelte, möglicherweise veraltete Anschrift beim Kirchensteuerabzugsverpflichteten aktualisiert worden ist oder aber die Meldedaten korrigiert worden sind. Kirchensteuerabzugsverpflichtete müssen daher für diese Gläubiger im Vorfeld der nächsten Regel- oder Anlassabfrage erneut versuchen, die IdNr zu ermitteln. Kann die Id-Nr nicht ermittelt werden, sollte der Kirchensteuerabzugsverpflichtete dieses Ergebnis dokumentieren. 25

### f) Regelabfrage

Der Kirchensteuerabzugsverpflichtete hat einmal jährlich im Zeitraum vom 1. September bis zum 31. Oktober beim BZSt das KiStAM des Gläubigers der Kapitalerträge zum Stichtag 31. August des Jahres abzufragen (§ 51a Abs. 2c Satz 1 Nr. 3 Satz 1 EStG – Regelabfrage). Nur so kann sichergestellt werden, dass stets das zum Stichtag (31. August des Abfragejahres) gebildete KiStAM im Folgejahr zur Anwendung kommt. Die Information, die der Kirchensteuerabzugsverpflichtete über die Regelabfrage vom BZSt erhält, ist grundsätzlich für das gesamte Folgejahr zu verwenden. Beispielsweise müssen die KiStAM 26 aus der Regelabfrage im Zeitraum 1. September 2021 bis 31. Oktober 2021 zum Stichtag 31. August 2021 für Zwecke der Abführung der Kirchensteuer, die im Kalenderjahr 2022 entsteht, genutzt werden. Dies gilt sowohl für den Fall, dass ein KiStAM übermittelt wird, als auch für den Fall, dass ein Nullwert übermittelt wird.

**27** In die Regelabfrage sind grundsätzlich alle potentiellen Gläubiger von Kapitalerträgen mit einzubeziehen, mit denen der Kirchensteuerabzugsverpflichtete im Abfragezeitpunkt in einer rechtlichen Verbindung steht (zu Ausnahmen vgl. Rdnr. 42 bis 46).

**28** Für die (isolierte) Abfrage des KiStAM hat der Kirchensteuerabzugsverpflichtete folgende Daten des Gläubigers der Kapitalerträge dem BZSt mitzuteilen (§ 51a Abs. 2c Satz 1 Nr. 3 Satz 1 EStG):

1. IdNr,
2. Geburtsdatum.

Für die kombinierte Abfrage des KiStAM und der IdNr hat der Kirchensteuerabzugsverpflichtete dem BZSt die im „Kommunikationshandbuch (Teil 2)“ vorgegebenen Daten des Gläubigers der Kapitalerträge mitzuteilen (§ 51a Abs. 2c Satz 1 Nr. 3 Satz 1, Nr. 2 EStG i.V.m. § 139b Abs. 3 AO).

Das „Kommunikationshandbuch (Teil 2)“ ist im Internetauftritt des BZSt in der Rubrik „Kirchensteuer auf Abgeltungsteuer“ veröffentlicht.

**29** Ein KiStAM wird vom BZSt nur übermittelt, wenn der Gläubiger der Kapitalerträge einer steuererhebenden Religionsgemeinschaft angehört und wenn bis zum Zeitpunkt der Abfrage kein Sperrvermerk für den Gläubiger der Kapitalerträge vom BZSt gesetzt wurde. Ein Sperrvermerk (vgl. Rdnr. 6 und 48) bewirkt, dass ein Kirchensteuerabzugsverpflichteter auf seine Abfrage beim BZSt keine Information zur Religionszugehörigkeit der angefragten Person erhält (sog. Nullwert-Übermittlung). Dennoch sind die Kirchensteuerabzugsverpflichteten gesetzlich angehalten, das Merkmal abzufragen. Die Abfragepflicht betrifft grundsätzlich auch Kirchensteuerabzugsverpflichtete, deren einziger Anteilsinhaber zugleich deren alleinvertretungsberechtigtes Organ ist (Ausnahme siehe Rdnr. 46). Das BZSt zeichnet die Abfragen auf und gibt Name und Anschrift aller abfragenden Kirchensteuerabzugsverpflichteten an das für die Gläubiger der Kapitalerträge jeweils zuständige Finanzamt weiter, wenn die abgefragte Person kirchensteuerpflichtig ist und einen Sperrvermerk hat eintragen lassen (vgl. Rdnr. 48). Dazu gehören auch die Anschrift der „eigenen“ Kapitalgesellschaft und die IdNr des Gläubigers der Kapitalerträge.

**30** Das KiStAM ist grundsätzlich so lange zu speichern, wie es für die Durchführung des Kapitalertragsteuerabzugs benötigt wird. Anschließend ist es nicht mehr operativ zu verwenden, sondern als sonstige Unterlage i.S.d. § 147 Abs. 1 Nr. 5 AO bis zum Ablauf der Aufbewahrungsfrist von sechs Jahren (§ 147 Abs. 3 Satz 1 AO) zu archivieren. Wird das KiStAM durch ein aktuelleres KiStAM aus einer Regel- oder Anlassabfrage ersetzt, sind die bisherigen Daten zu dem angefragten Gläubiger der Kapitalerträge zur rechtlichen Zugehörigkeit zu einer steuererhebenden Religionsgemeinschaft nicht mehr operativ zu verwenden, sondern bis zum Ablauf der Aufbewahrungsfrist zu archivieren.

## g) Anlassabfrage

### Versicherungsverträge

Bei Kapitalerträgen aus Versicherungsverträgen (§ 43 Abs. 1 Satz 1 Nr. 4 EStG) ist keine Regelabfrage, sondern eine Anlassabfrage vorzunehmen (§ 51a Abs. 2c Satz 1 Nr. 3 Satz 2 EStG). Der Kirchensteuerabzugsverpflichtete hat das aufgrund einer Anlassabfrage erhaltene KiStAM so lange zu verwenden, bis das BZSt auf eine ggf. weitere Anlassabfrage antwortet. Der Kirchensteuerabzugsverpflichtete hat bei monatlich, vierteljährlich oder halbjährlich auszuzahlenden Kapitalerträgen grundsätzlich vor jeder Auszahlung abzufragen (§ 51a Abs. 2c Satz 1 Nr. 3 Satz 2 i.V.m. § 43 Abs. 1 Satz 1 Nr. 4 EStG). Aus Vereinfachungsgründen ist es in diesen Fällen nicht zu beanstanden, wenn das KiStAM einmal jährlich mit einer Anlassabfrage abgefragt und aktualisiert wird. Für die Verwendung und Aufbewahrung der bisherigen KiStAM gilt Rdnr. 30 entsprechend. 31

### Übrige Kapitalerträge

Der Kirchensteuerabzugsverpflichtete hat bei Begründung der rechtlichen Verbindung eine Anlassabfrage vorzunehmen (§ 51a Abs. 2c Satz 1 Nr. 3 Satz 1 EStG). Möglich ist auch eine kombinierte Abfrage des KiStAM und der IdNr (vgl. Rdnr. 22 und 28). Er kann im Übrigen eine Anlassabfrage vornehmen, wenn der Gläubiger der Kapitalerträge dies wünscht (§ 51a Abs. 2c Satz 1 Nr. 3 Satz 3 EStG – z.B. wenn sich Änderungen bei der Religionszugehörigkeit ergeben haben oder ein Sperrvermerk eingetragen wurde). Die Anlassabfrage kann aus Vereinfachungsgründen auch in gebündelter Form vorgenommen werden (z.B. als viertel- oder halbjährliche Sammelabfrage), wenn bis zum Zeitpunkt der Sammelabfrage nicht mit einem Zufluss von Kapitalerträgen zu rechnen ist. Ist mit einem Zufluss von Kapitalerträgen nicht vor dem auf die nächste Regelabfrage folgenden Kalenderjahr zu rechnen, kann auf die Anlassabfrage verzichtet werden. 32

Nimmt der Kirchensteuerabzugsverpflichtete Anlassabfragen beim BZSt vor, hängt der Zeitpunkt der Verwendung des erhaltenen KiStAM von den innerbetrieblichen Abläufen beim Kirchensteuerabzugsverpflichteten ab. Es kann frühestens ab dem Zeitpunkt, auf den die Anlassabfrage gerichtet war, und nicht für davorliegende Zeiträume wirken. Das auf die Anlassabfrage erhaltene KiStAM ist so lange zu verwenden, bis die Antwort des BZSt auf eine ggf. weitere Anlassabfrage in die innerbetrieblichen Abläufe des Kirchensteuerabzugsverpflichteten aufgenommen ist oder bis die Antwort des BZSt auf eine nachfolgende turnusmäßige Regelabfrage zu verwenden ist. Für die Verwendung und Aufbewahrung der bisherigen KiStAM gilt Rdnr. 30 entsprechend. 33

Wird vom BZSt ein Nullwert übermittelt, hat der Kirchensteuerabzugsverpflichtete sicherzustellen, dass eine ggf. bisher gespeicherte rechtliche Zugehörigkeit zu einer steuererhebenden Religionsgemeinschaft im Unternehmen nicht mehr operativ genutzt werden kann (§ 51a Abs. 2c Satz 1 Nr. 3 Satz 10 EStG). Der Nullwert ist also auch dann zu beachten, wenn lediglich Zuflüsse von Kapitalerträgen vorhergehender Jahre nach Maßgabe des § 43a Abs. 3 Satz 7 EStG korrigiert werden sollen. Die archivierten Daten müssen nicht bereinigt werden. Es ist jedoch sicherzustellen, dass die Nutzung dieser Daten der Vergangenheit ab dem oben genannten Zeitpunkt und in Zukunft ausgeschlossen ist. 34

**h) Gemeinschaftskonten**

35 Der Kirchensteuerabzugsverpflichtete hat Kirchensteuer auf Kapitalerträge für Gemeinschaftskonten nur dann einzubehalten und abzuführen, wenn ausschließlich Ehegatten oder Lebenspartner an den Kapitalerträgen beteiligt sind (§ 51a Abs. 2c Satz 7 und § 2 Abs. 8 EStG). Dass die Beteiligten Ehegatten oder Lebenspartner sind, kann dem Kirchensteuerabzugsverpflichteten z.B. durch einen gemeinsam erteilten Freistellungsauftrag oder einen vor 2015 gemeinsam erteilten Antrag auf Einbehalt der Kirchensteuer bekannt geworden sein. Es reicht jedoch aus, wenn die Beteiligten dem Kirchensteuerabzugsverpflichteten formlos mitteilen, dass sie Ehegatten oder Lebenspartner sind.

36 Bei Gemeinschaftskonten von Ehegatten oder Lebenspartnern sind die KiStAM beider Ehegatten/Lebenspartner abzufragen. Die Kapitalertragsteuer wird beiden Ehegatten/Lebenspartnern hälftig zugerechnet (§ 51a Abs. 2c Satz 7 und § 2 Abs. 8 EStG). Die Kirchensteuer auf Kapitalerträge ist dann nach den KiStAM der Ehegatten oder Lebenspartner einzubehalten und abzuführen.

37 Andere Personenmehrheiten werden von dem automatisierten Verfahren nicht erfasst. Die Kirchensteuer, die die kirchensteuerpflichtigen Mitglieder (als natürliche Personen) dieser Personenmehrheiten den jeweiligen steuererhebenden Religionsgemeinschaften schulden, ist im Rahmen der Veranlagung der Betroffenen zur Kirchensteuer festzusetzen (§ 51a Abs. 2d EStG).

**i) Tafelgeschäfte**

38 Bei Tafelgeschäften (z.B. einzelverbriefte Zinsscheine) hat ein Kirchensteuerabzug nur dann zu erfolgen, wenn die Kapitalerträge über ein inländisches Kreditinstitut ausgezahlt werden, mit dem der Gläubiger der Kapitalerträge bereits vor der Einreichung der Zinsscheine in einer laufenden rechtlichen Verbindung steht, und dem Kreditinstitut dessen KiStAM vorliegt. Andernfalls ist die Kirchensteuer im Veranlagungsverfahren festzusetzen (§ 51a Abs. 2d EStG).

**j) Im Ausland verwahrte Globalurkunden**

39 Werden Anteile oder Zinspapiere in einer Globalurkunde verbrieft und die Globalurkunde im Ausland verwahrt, ist kein Kirchensteuerabzug vorzunehmen, wenn der einzelne Gläubiger der Kapitalerträge dem Kirchensteuerabzugsverpflichteten nicht bekannt ist. Die Kirchensteuer ist in diesem Fall im Veranlagungsverfahren festzusetzen (§ 51a Abs. 2d EStG).

**k) Kapitalerträge, die zu anderen Einkünften gehören**

40 Die Kirchensteuerabzugspflicht gilt nicht für Kapitalerträge, die zu den Einkünften aus Land- und Forstwirtschaft, aus Gewerbebetrieb, aus selbständiger Arbeit oder aus Vermietung und Verpachtung gehören (§ 51a Abs. 2b Satz 2 EStG). Somit ist auch für Betriebskonten natürlicher Personen und für Kapitalanlagen, die zum Betriebsvermögen oder Sonderbetriebsvermögen natürlicher Personen gehören, kein Kirchensteuerabzug vorzunehmen. Die Kirchensteuer ist in diesen Fällen im Veranlagungsverfahren festzusetzen (§ 51a Abs. 2d EStG). Der Kirchensteuerabzugsverpflichtete muss nicht von sich aus ermitteln, ob die Kapitalerträge zu den Einkünften aus Land- und Forstwirtschaft, aus Gewerbebetrieb, aus selbständiger Arbeit oder aus Vermietung und Verpachtung gehören. Ist dem Kirchensteuerabzugsverpflichteten die Zugehörigkeit der Kapitalerträge zu den Einkünften aus Land- und Forstwirtschaft, aus Gewerbebetrieb, aus selbständiger Arbeit oder aus Vermietung und Verpachtung nicht bekannt,

unterliegen die Kapitalerträge dem elektronischen Verfahren zum Kirchensteuerabzug.

### l) Auszahlungen von Lebensversicherungen

Werden Lebensversicherungen abgetreten oder wird über Bezugsrechte im Erlebensfall verfügt, können der zivilrechtliche Gläubiger und derjenige, der die Erträge (steuerrechtlicher Gläubiger) erzielt, auseinanderfallen. Wenn dem Kirchensteuerabzugsverpflichteten der steuerrechtliche Gläubiger (= wirtschaftlich Berechtigter) bekannt ist, hat die Anfrage der IdNr oder die Abfrage des KiStAM mit den entsprechenden Daten dieser Person zu erfolgen. Wenn dem Kirchensteuerabzugsverpflichteten der steuerrechtliche Gläubiger nicht bekannt ist, hat er die für eine Anfrage der IdNr oder Abfrage des KiStAM des steuerrechtlichen Gläubigers mindestens erforderlichen Daten (Name, Anschrift/IdNr, Geburtsdatum) beim zivilrechtlichen Gläubiger zur Erfüllung seiner Abzugsverpflichtung schon deswegen zu erfragen, weil er den steuerrechtlichen Gläubiger bei Begründung der rechtlichen Verbindung über den Abruf des KiStAM und das Widerspruchsrecht zu informieren hat (§ 51a Abs. 2c Satz 1 Nr. 3 Satz 5 EStG). Diese Daten können auch im Zusammenhang mit der Information des Versicherungsnehmers über die Fälligkeit der Versicherungsleistung angefordert werden. Liegen dem Kirchensteuerabzugsverpflichteten dann keine für eine automatisierte Anfrage der IdNr des steuerrechtlichen Gläubigers für Zwecke des Kircheneinbehalts ausreichenden Informationen vor, kann für diesen Schuldner keine Kirchensteuer auf Kapitalertragsteuer abgeführt werden. Die Kirchensteuer für die Erträge aus der Lebensversicherung ist dann im Veranlagungsverfahren festzusetzen (§ 51a Abs. 2d EStG). **41**

### m) Absehen von einer Anfrage der IdNr und einer Abfrage des KiStAM

Für einen Gläubiger von Kapitalerträgen, der im Inland weder einen Wohnsitz noch seinen gewöhnlichen Aufenthalt hat (Steuerausländer), sind eine Anfrage der IdNr und eine Abfrage des KiStAM nicht erforderlich. Bei Aufgabe des inländischen Wohnsitzes ist der Statuswechsel vom Steuerinländer zum Steuerausländer dem Kirchensteuerabzugsverpflichteten durch schriftliche, beweiskräftige Unterlagen nachzuweisen (BMF-Schreiben vom 18. Januar 2016, BStBl. I S. 85, Rdnr. 314[1]). Kann der Status nicht zweifelsfrei nachgewiesen werden, ist weiterhin davon auszugehen, dass im Inland unbeschränkte Steuerpflicht besteht. **42**

Eine Anfrage der IdNr und eine Abfrage des KiStAM sind nicht erforderlich, wenn die rechtliche Verbindung ausschließlich zur Ausreichung eines Kredits besteht und sonst keinerlei kapitalertragsteuerlich relevante Aktivitäten für den Kreditnehmer unternommen werden. Ist ausnahmsweise Kapitalertragsteuer abzuführen, z.B. soweit ein Nutzungsersatz auf rückabgewickelte Kreditbearbeitungsgebühren an den Kreditnehmer gezahlt wird, der die auf die Gebühren gezahlten Kreditzinsen übersteigt, besteht eine Verpflichtung zum Kirchensteuerabzug nur, wenn auf Veranlassung des Kunden eine Anlassabfrage an das BZSt gerichtet wird und der Kirchensteuerabzugsverpflichtete das erhaltene KiStAM nach seinen innerbetrieblichen Abläufen nutzen kann (vgl. Rdnr. 33). **43**

---

[1] Nr. **1** § 43/1.

Andernfalls ist die Kirchensteuer im Rahmen der Veranlagung des Kreditnehmers zur Kirchensteuer festzusetzen (§ 51a Abs. 2d EStG).

44 Eine Regelabfrage des KiStAM ist nicht vorzunehmen, wenn zum Zeitpunkt der Regelabfrage eine für das Folgejahr gültige Nichtveranlagungsbescheinigung vorliegt. Liegt in den Fällen der Begründung einer rechtlichen Verbindung sowie für den Zeitpunkt des Zuflusses der Kapitalerträge aus Versicherungsverträgen i.S.d. § 43 Abs. 1 Satz 1 Nr. 4 EStG eine gültige Nichtveranlagungsbescheinigung vor, ist keine Anlassabfrage durchzuführen.

45 Sofern zum Zeitpunkt der Regelabfrage beim Kirchensteuerabzugsverpflichteten eine Ausschüttung im Folgejahr unwahrscheinlich ist, sind eine Anfrage der IdNr und eine Abfrage des KiStAM nicht erforderlich. Dies betrifft Fälle, in denen aufgrund des Gesellschaftsvertrages/Gesellschafterbeschlusses die Ausschüttung von Gewinnen ausgeschlossen ist (z.B. keine Ausschüttung in den ersten drei Geschäftsjahren). Außerdem sind Fälle betroffen, in denen eine GmbH Komplementärin einer GmbH & Co. KG ist und die GmbH keine Gewinne ausschüttet. Unwahrscheinlich ist eine Ausschüttung z.B. dann, wenn die aktuelle Ertragslage, Verlustvorträge oder das Auskehrungsverhalten der Vorjahre nach normalem Geschäftsverlauf eine Ausschüttung im Folgejahr nicht erwarten lassen (vgl. Rdnr. 18 Satz 3 ff.).

46 Bei Kapitalgesellschaften ist eine Anfrage der IdNr und eine Abfrage des KiStAM ebenfalls nicht erforderlich, wenn der Kirchensteuerabzugsverpflichtete bei seinem Alleingesellschafter-Geschäftsführer sicher ausschließen kann, dass Kirchensteuer abzuführen ist, weil er keiner steuererhebenden Religionsgemeinschaft angehört. Andernfalls haftet der Kirchensteuerabzugsverpflichtete nach § 51a Abs. 2c Satz 5 i.V.m. § 44 Abs. 5 EStG für die nicht einbehaltene Kirchensteuer.

## 2. Technische Übermittlungsmöglichkeiten des Kirchensteuerabzugsverpflichteten

47 Der Kirchensteuerabzugsverpflichtete kann seine Abfragedaten auf verschiedenen Wegen und in verschiedenen Formaten an das BZSt übermitteln. Nähere Informationen sind dem Internetauftritt des BZSt in der Rubrik „Kirchensteuer auf Abgeltungsteuer“ zu entnehmen.

## 3. Rechte des Gläubigers der Kapitalerträge

48 Der Gläubiger der Kapitalerträge kann beim BZSt beantragen, dass der automatisierte Datenabruf seiner rechtlichen Zugehörigkeit zu einer steuererhebenden Religionsgemeinschaft unterbleibt (§ 51a Abs. 2e Satz 1 EStG). Die Eintragung eines Sperrvermerks kann schriftlich oder elektronisch beantragt oder widerrufen werden. Der Antrag kann sowohl von einem kirchensteuerpflichtigen Gläubiger der Kapitalerträge als auch von einem nicht kirchensteuerpflichtigen Gläubiger der Kapitalerträge gestellt werden. Der Antrag auf einen Sperrvermerk oder ein späterer Widerruf wirkt jeweils für die nächste Regelabfrage, wenn er spätestens bis zum 30. Juni des Jahres der Regelabfrage beim BZSt eingegangen ist, und im Übrigen für alle folgenden Regelabfragen (§ 51a Abs. 2c Satz 1 Nr. 3 Satz 6 EStG). Der Antrag auf einen Sperrvermerk oder ein späterer Widerruf wirkt nach Eingang beim BZSt für alle folgenden Anlassabfragen, die nach Ablauf von zwei Monaten nach Eingang des Antrags auf den Sperrvermerk oder des Widerrufs beim BZSt eingehen (§ 51a Abs. 2c Satz 1 Nr. 3 Satz 7 EStG). Diese Frist gilt als bindende Verpflichtung für die Verwaltung, auf die sich der Kirchensteuerabzugsverpflichtete und der Kirchen-

steuergläubiger berufen dürfen. Im Fall des Sperrvermerks wird statt des KiStAM ein Nullwert (vgl. Rdnr. 6) zurückgeliefert.

Der Gläubiger der Kapitalerträge kann eine Erstattung zu Unrecht erhobener Kirchensteuer mittels eines Antrags auf Veranlagung nach § 51a Abs. 2d Satz 1 zweiter Halbsatz EStG erreichen. 49

### 4. Pflichten des Gläubigers der Kapitalerträge im Fall des Sperrvermerks

Kirchensteuerpflichtige Gläubiger von Kapitalerträgen, die einen Sperrvermerk haben eintragen lassen, sind verpflichtet, für jeden Veranlagungszeitraum, in dem Kapitalertragsteuer einbehalten worden ist, eine Steuererklärung zum Zweck der Veranlagung zur Kirchensteuer der infolge des Sperrvermerks nicht dem Kirchensteuerabzug unterlegenen Kapitalerträge abzugeben (§ 149 Abs. 1 Satz 1 AO i.V.m. § 51a Abs. 2e Satz 3 EStG). Falls der Kirchensteuerpflichtige seiner Erklärungspflicht betreffend der Kapitalerträge nicht nachkommt, kann er zur Abgabe einer Steuererklärung zur Festsetzung der Kirchensteuer auf Kapitalerträge nach § 149 Abs. 1 Satz 2 AO aufgefordert werden (§ 51a Abs. 2e Satz 5 EStG). Die Abgabe der Erklärung zur Festsetzung der Kirchensteuer auf Kapitalerträge ist nicht erforderlich, wenn der Kirchensteuerpflichtige die betreffenden Kapitalerträge bereits in seiner Einkommensteuererklärung zwecks Ermäßigung der Kapitalertragsteuer erklärt hat. 50

### 5. Schutzvorschriften für das KiStAM

Die betriebsinternen Systeme des Kirchensteuerabzugsverpflichteten müssen so ausgelegt sein, dass nur die für die Verarbeitung der Daten und den jeweiligen Kundenkontakt zwingend erforderlichen Berechtigten Zugriff auf das KiStAM haben (§ 51a Abs. 2c Satz 9 EStG). Das gilt auch für den jeweiligen Zugriff auf nur eine der beiden Komponenten Kirchensteuersatz und Religionsschlüssel der Religionsgemeinschaft. Für Zwecke außerhalb des Kirchensteuerabzugs dürfen der Kirchensteuerabzugsverpflichtete und die beteiligte Finanzbehörde das KiStAM nur verwenden, wenn der Gläubiger der Kapitalerträge zustimmt oder dies gesetzlich zugelassen ist (§ 51a Abs. 2c Satz 10 EStG). Eine gesetzlich zugelassene Nutzung ist die Verwendung des KiStAM zur Nacherhebung der Kirchensteuer im Wege der Veranlagung gemäß § 51a Abs. 2e Satz 4 und 5 EStG. 51

## IV. Härtefallregelung

Auf Antrag kann das BZSt zur Vermeidung unbilliger Härten auf eine elektronische Übermittlung der Daten nach § 51a Abs. 2c Satz 1 Nr. 3 EStG verzichten (§ 51a Abs. 2c Satz 4 EStG). Eine unbillige Härte liegt dann vor, wenn für den Kirchensteuerabzugsverpflichteten die technischen Möglichkeiten der Kommunikation über das Internet wirtschaftlich oder persönlich unzumutbar sind (§ 150 Abs. 8 AO ist entsprechend anzuwenden). In diesem Fall sind die Abfragen des Kirchensteuerabzugsverpflichteten schriftlich zu übermitteln und die Kirchensteuer abweichend von Rdnr. 1 anhand des vom BZSt schriftlich mitgeteilten KiStAM einzubehalten. 52

## V. Datenübermittlung durch das BZSt an das Wohnsitzfinanzamt bei vorliegendem Sperrvermerk

Das BZSt übermittelt grundsätzlich für jeden Veranlagungszeitraum, für den ein Sperrvermerk abgerufen worden ist, im darauffolgenden Jahr an das Wohn- 53 sitzfinanzamt Name und Anschrift des Kirchensteuerabzugsverpflichteten, an den ein Nullwert (vgl. Rdnr. 6) mitgeteilt worden ist, sowie die IdNr des Gläubigers der Kapitalerträge (§ 51a Abs. 2e Satz 4 EStG). War der Gläubiger der Kapitalerträge im gesamten Veranlagungszeitraum nicht kirchensteuerpflichtig, übermittelt das BZSt keine Daten an das Wohnsitzfinanzamt.

## VI. Sonstiges

### Bescheinigung über den Steuerabzug vom Kapitalertrag

**54** Der Gläubiger der Kapitalerträge erhält auf Verlangen eine Bescheinigung über die einbehaltene Kapitalertragsteuer (§ 51a Abs. 2d Satz 2 EStG). Alternativ kann er auch eine Bescheinigung nach § 45a Abs. 2 oder 3 EStG verlangen. Die Bescheinigung über den Steuerabzug vom Kapitalertrag ist nach dem amtlich vorgeschriebenen Muster gemäß § 45a Abs. 2 und 3 EStG zu erstellen. Neben dem Kirchensteuerbetrag ist nach § 51a Abs. 2c Satz 6 EStG die steuererhebende Religionsgemeinschaft im Klartext (z.B. Bistum Essen, Evangelische Landeskirche in Baden) anzugeben. Wurden im Laufe des Kalenderjahres Kirchensteuer für verschiedene steuererhebende Religionsgemeinschaften einbehalten, sind in einer Jahressteuerbescheinigung die Kirchensteuerbeträge getrennt nach den Steuergläubigern anzugeben.

### Bereitstellung von Vordrucken

**55** Die seitens des BZSt bereitgestellten Erklärungen und Vordrucke stehen im Internet in einer Formulardatenbank unter der Internetadresse www.formulare-bfinv.de und im Internetauftritt des BZSt in der Rubrik „Kirchensteuer auf Abgeltungsteuer" als ausfüllbare Formulare bereit.

### Anwendungsregelung

**56** Dieser Erlass findet Anwendung auf Kapitalerträge, die nach dem 31. Dezember 2021 zufließen und tritt an die Stelle des GLE vom 1. März 2017 (BStBl. I S. 464) und an die Stelle der mit GLE vom 19. November 2018 (BStBl. I S. 1229) geänderten Rdnr. 56. Die Regelungen der Rdnr. 40 gelten für Kapitalerträge, die nach dem 31.12.2022 zufließen.

**57** Für Kapitalerträge, die zu den Einkünften aus Land- und Forstwirtschaft, aus Gewerbebetrieb, aus selbständiger Arbeit oder aus Vermietung und Verpachtung gehören (§ 51a Abs. 2b EStG) und nach dem 31. Dezember 2021 und vor dem 1. Januar 2023 zufließen, wird es nicht beanstandet, wenn auf die Durchführung des Kirchensteuerabzugs verzichtet wird.

**58** Hat der Kirchensteuerabzugsverpflichtete den Gläubiger der Kapitalerträge nicht bereits zu Beginn der rechtlichen Verbindung, die vor dem 1. Januar 2022 begründet wurde, über die bevorstehende Datenabfrage und das Widerspruchsrecht informiert, hat die Information spätestens dann zu erfolgen, wenn eine Anlassabfrage bevorsteht. Die Information hat rechtzeitig zu erfolgen. Erfolgt eine Anlassabfrage auf Wunsch des Gläubigers der Kapitalerträge, hat dieser ein eigenes Interesse an der Übermittlung der Informationen. Ein Hinweis auf die Möglichkeit eines Sperrvermerks ist in diesem Fall nicht erforderlich.

**59** Wurde die rechtliche Verbindung vor dem 1. Juli 2022 begründet und hat der Kirchensteuerabzugsverpflichtete die IdNr des Gläubigers der Kapitalerträge bei der Begründung der rechtlichen Verbindung nicht erfragt, ist Rdnr. 22 Satz 1 nicht anzuwenden.

# 1 § 79/1. Schreiben betr. steuerliche Förderung der privaten Altersvorsorge

Vom 21. Dezember 2017

BMF IV C 3 - S 2015/17/10001 :005; DOK 2017/1067450

(BStBl. 2018 I S. 93)

Geändert durch BMF v. 17. 2. 2020 (BStBl. I S. 213) und BMF v. 11.2.2022 (BStBl. I S. 186)

**2 Anlagen**

Zur steuerlichen Förderung der privaten Altersvorsorge nehme ich im Einvernehmen mit den obersten Finanzbehörden der Länder wie folgt Stellung:

Für die Inanspruchnahme des Sonderausgabenabzugs nach § 10 a EStG wird, was die Prüfungskompetenz der Finanzämter betrifft, vorab auf § 10 a Abs. 5 Satz 5 EStG hingewiesen, wonach die vom Anbieter mitgeteilten übrigen Voraussetzungen für den Sonderausgabenabzug nach § 10 a Abs. 1 bis 3 EStG (z. B. die Zulageberechtigung oder die Art der Zulageberechtigung) grundsätzlich[1] im Wege des automatisierten Datenabgleichs nach § 91 EStG durch die zentrale Stelle (Zentrale Zulagenstelle für Altersvermögen – ZfA –) überprüft werden.

**Inhaltsübersicht**



[1] Wort hinzugef. durch BMF v. 11.2.2022, BStBl. I S. 186.

# A. Private Altersvorsorge

## I. Förderung durch Zulage und Sonderausgabenabzug

### 1. Begünstigter Personenkreis

#### a) Allgemeines

1 Die persönlichen Voraussetzungen müssen im jeweiligen Beitragsjahr (Veranlagungszeitraum) zumindest während eines Teils des Jahres vorgelegen haben.

#### b) Unmittelbar begünstigte Personen

#### aa) Pflichtversicherte in der inländischen gesetzlichen Rentenversicherung (§ 10 a Abs. 1 Satz 1 Halbsatz 1 EStG) und Pflichtversicherte nach dem Gesetz über die Alterssicherung der Landwirte (§ 10 a Abs. 1 Satz 3 EStG)

2 In der inländischen gesetzlichen Rentenversicherung pflichtversichert ist, wer nach §§ 1 bis 4, 229, 229 a und 230 SGB VI der Versicherungspflicht unterliegt. Hierzu gehört der in der Anlage 1 Abschn. A aufgeführte Personenkreis. Allein die Zahlung von Pflichtbeiträgen zur inländischen gesetzlichen Rentenversicherung ohne Vorliegen einer Versicherungspflicht, beispielsweise von dritter Seite aufgrund eines Forderungsüberganges (Regressierung) wegen eines Schadensersatzanspruchs (§ 119 SGB X), begründet nicht die Zugehörigkeit zu dem nach § 10 a Abs. 1 Satz 1 EStG begünstigten Personenkreis.

3 Pflichtversicherte nach dem Gesetz über die Alterssicherung der Landwirte gehören, soweit sie nicht als Pflichtversicherte der inländischen gesetzlichen Rentenversicherung ohnehin bereits anspruchsberechtigt sind, in dieser Eigenschaft ebenfalls zum begünstigten Personenkreis. Darunter fallen insbesondere die in Anlage 1 Abschn. B aufgeführten Personen.

#### bb) Empfänger von inländischer Besoldung und diesen gleichgestellte Personen (§ 10 a Abs. 1 Satz 1 Halbsatz 2 EStG)

4 Zum begünstigten Personenkreis nach § 10 a Abs. 1 Satz 1 Halbsatz 2 EStG gehören:

- Empfänger von inländischer Besoldung nach dem Bundesbesoldungsgesetz – BBesG – oder einem entsprechenden Landesbesoldungsgesetz (§ 10 a Abs. 1 Satz 1 Halbsatz 2 Nr. 1 EStG),
- Empfänger von Amtsbezügen aus einem inländischen Amtsverhältnis, deren Versorgungsrecht die entsprechende Anwendung des § 69 e Abs. 3 und 4 des Beamtenversorgungsgesetzes – BeamtVG – vorsieht (§ 10 a Abs. 1 Satz 1 Halbsatz 2 Nr. 2 EStG),
- die nach § 5 Abs. 1 Satz 1 Nr. 2 und 3 SGB VI versicherungsfrei Beschäftigten und die nach § 6 Abs. 1 Satz 1 Nr. 2 SGB VI oder nach § 230 Abs. 2 Satz 2 SGB VI von der Versicherungspflicht befreiten Beschäftigten, deren Versorgungsrecht die entsprechende Anwendung des § 69 e Abs. 3 und 4 BeamtVG vorsieht (§ 10 a Abs. 1 Satz 1 Halbsatz 2 Nr. 3 EStG),

– Beamte, Richter, Berufssoldaten und Soldaten auf Zeit, die ohne Besoldung beurlaubt sind, für die Zeit einer Beschäftigung, wenn während der Beurlaubung die Gewährleistung einer Versorgungsanwartschaft unter den Voraussetzungen des § 5 Abs. 1 Satz 1 SGB VI auf diese Beschäftigung erstreckt wird (§ 10 a Abs. 1 Satz 1 Halbsatz 2 Nr. 4 EStG) und
– Steuerpflichtige i. S. v. § 10 a Abs. 1 Satz 1 Nr. 1 bis 4 EStG, die beurlaubt sind und deshalb keine Besoldung, Amtsbezüge oder Entgelt erhalten, sofern sie eine Anrechnung von Kindererziehungszeiten nach § 56 SGB VI in Anspruch nehmen könnten, wenn die Versicherungsfreiheit in der inländischen gesetzlichen Rentenversicherung nicht bestehen würde (§ 10 a Abs. 1 Satz 1 Halbsatz 2 Nr. 5 EStG). Der formale Grund für die Beurlaubung ist insoweit ohne Bedeutung.

Einzelheiten ergeben sich aus der Anlage 2 zu diesem Schreiben.

Neben den vorstehend genannten Voraussetzungen ist für die steuerliche Förderung die schriftliche Einwilligung nach § 10 a Abs. 1 Satz 1 Halbsatz 2 EStG zur Weitergabe der für einen maschinellen Datenabgleich notwendigen Daten von der zuständigen Stelle (§ 81 a EStG) an die ZfA erforderlich. Die Einwilligung ist spätestens bis zum Ablauf des zweiten Kalenderjahres, das auf das Beitragsjahr folgt (ab Beitragsjahr 2019: bis zum Ablauf des Beitragsjahres) gegenüber der zuständigen Stelle zu erteilen. Im Falle einer verspätet oder nicht erteilten Einwilligung ist gleichwohl – bei Erfüllung der Voraussetzungen des § 79 Satz 2 EStG – eine mittelbare Zulageberechtigung möglich (vgl. auch BFH-Urteil vom 25. März 2015, BStBl. II S. 709). 5

Im Rahmen eines Festsetzungsverfahrens nach § 90 Abs. 4 EStG kann der Zulageberechtigte ab Beitragsjahr 2019 bis zum rechtskräftigen Abschluss des Festsetzungsverfahrens eine nicht fristgerecht abgegebene Einwilligung gegenüber der zuständigen Stelle nachholen. Über die Nachholung hat er die zentrale Stelle unter Angabe des Datums der Erteilung der Einwilligung unmittelbar zu informieren. Hat der Zulageberechtigte im Rahmen des Festsetzungsverfahrens eine wirksame Einwilligung gegenüber der zuständigen Stelle erteilt, wird er – für das Zulageverfahren und für die Inanspruchnahme des Sonderausgabenabzugs nach § 10 a EStG im Einkommensteuerfestsetzungsverfahren – so gestellt, als hätte er die Einwilligung innerhalb der Frist nach § 10 a Abs. 1 Satz 1 Halbsatz 2 EStG wirksam gestellt (§ 90 Abs. 5 EStG). Bei der Prüfung im Festsetzungsverfahren, ob eine wirksame Einwilligung vorliegt, sind auch Einwilligungen zu berücksichtigen, die nach Ablauf der Frist nach § 10 a Abs. 1 Satz 1 Halbsatz 2 EStG und vor Stellung des Festsetzungsantrags erteilt wurden. 6

Die zuständigen Stellen haben die Daten nach § 10 a Abs. 1 Satz 1 EStG bis zum 31. März des dem Beitragsjahr folgenden Kalenderjahres an die ZfA zu übermitteln (§ 91 Abs. 2 Satz 1 EStG). Liegt die Einwilligung erst nach dieser Übermittlungsfrist vor, hat die zuständige Stelle die Daten nach § 10 a Abs. 1 Satz 1 EStG zeitnah – spätestens bis zum Ende des folgenden Kalendervierteljahres – nach Vorlage der Einwilligung an die ZfA zu übermitteln (§ 91 Abs. 2 Satz 2 EStG). Wechselt die zuständige Stelle, muss gegenüber der neuen zuständigen Stelle eine Einwilligung abgegeben werden. 7

Auch der Gesamtrechtsnachfolger (z. B. Witwe, Witwer) kann die Einwilligung innerhalb der gesetzlichen Frist (Rz. 5) oder im Rahmen eines Festsetzungsverfahrens (Rz. 6) für den Erblasser/die Erblasserin nachholen. 8

9 Wenn ein Angehöriger des Personenkreises des § 10 a Abs. 1 Satz 1 Halbsatz 2 EStG keine Sozialversicherungsnummer hat, muss über die zuständige Stelle eine Zulagenummer bei der ZfA beantragt werden (§ 10 a Abs. 1 a EStG).

**cc) Pflichtversicherten gleichstehende Personen**

10 Nach § 10 a Abs. 1 Satz 3 EStG stehen den Pflichtversicherten der inländischen gesetzlichen Rentenversicherung Personen gleich, die eine Anrechnungszeit nach § 58 Abs. 1 Nr. 3 oder Nr. 6 SGB VI in der gesetzlichen Rentenversicherung erhalten und unmittelbar vor einer Anrechnungszeit nach § 58 Abs. 1 Nr. 3 oder Nr. 6 SGB VI zum begünstigten Personenkreis nach § 10 a Abs. 1 Satz 1, Satz 3 Halbsatz 1 oder Satz 4 EStG gehörten. Der unmittelbare zeitliche Zusammenhang ist gegeben, wenn im Veranlagungszeitraum vor dem Beginn der Anrechnungszeit eine Zugehörigkeit zum genannten begünstigten Personenkreis bestand. Anrechnungszeiten nach § 58 Abs. 1 Nr. 3 SGB VI erhalten Personen, die wegen Arbeitslosigkeit bei einer deutschen Agentur für Arbeit als Arbeitsuchende gemeldet waren und eine öffentlich-rechtliche Leistung bezogen oder nur wegen des zu berücksichtigenden Einkommens oder Vermögens nicht bezogen haben. Anrechnungszeiten nach § 58 Abs. 1 Nr. 6 SGB VI erhalten Personen, die nach dem 31. Dezember 2010 Arbeitslosengeld II bezogen haben; dies gilt nicht für Empfänger der Leistung,
– die Arbeitslosengeld II nur darlehensweise oder
– nur Leistungen nach § 24 Abs. 3 Satz 1 SGB II bezogen haben oder
– die aufgrund von § 2 Abs. 1 a des Bundesausbildungsförderungsgesetzes keinen Anspruch auf Ausbildungsförderung gehabt haben oder
– deren Bedarf sich nach § 12 Abs. 1 Nr. 1 des Bundesausbildungsförderungsgesetzes, nach § 62 Abs. 1 oder § 124 Abs. 1 Nr. 1 SGB III bemessen hat oder
– die versicherungspflichtig beschäftigt oder versicherungspflichtig selbständig tätig gewesen sind oder eine Leistung bezogen haben, wegen der sie nach § 3 Satz 1 Nr. 3 SGB VI versicherungspflichtig gewesen sind.

Wird eine Anrechnungszeit in der Rentenversicherung nicht gewährt, weil
– durch die Zeit der Arbeitslosigkeit keine versicherungspflichtige Beschäftigung oder selbständige Tätigkeit i. S. v. § 58 Abs. 2 SGB VI unterbrochen worden ist oder
– die Anwartschaftszeiten in der Arbeitslosenversicherung nicht erfüllt waren oder
– sich der Arbeitslose nicht bei einer Agentur für Arbeit als Arbeitssuchender gemeldet hat,

besteht keine Förderberechtigung nach § 10 a Abs. 1 Satz 3 EStG.

**dd) Entsendete Pflichtversicherte und Beamte, denen eine Tätigkeit im Ausland zugewiesen wurde**

11 Bei Pflichtversicherten in der inländischen gesetzlichen Rentenversicherung, die von ihrem Arbeitgeber entsendet werden, ergibt sich die Zugehörigkeit zum begünstigten Personenkreis unmittelbar aus § 10 a Abs. 1 Satz 1 Halbsatz 1 EStG.

Beamte, denen im dienstlichen oder öffentlichen Interesse vorübergehend eine Tätigkeit bei einer öffentlichen Einrichtung außerhalb der Bundesrepublik Deutschland zugewiesen wurde (§ 123 a BRRG) und die in ihrem bisherigen inländischen Alterssicherungssystem verbleiben, gehören unmittelbar zu der nach § 10 a Abs. 1 Satz 1 Nr. 1 EStG begünstigten Personengruppe. 12

**ee) Bezieher einer Rente wegen voller Erwerbsminderung oder Erwerbsunfähigkeit oder einer Versorgung wegen Dienstunfähigkeit**

Zum begünstigten Personenkreis nach § 10 a Abs. 1 Satz 4 EStG gehören Personen, die nicht nach § 10 a Abs. 1 Satz 1 oder 3 EStG begünstigt sind und eine Rente wegen voller Erwerbsminderung oder Erwerbsunfähigkeit oder eine Versorgung wegen Dienstunfähigkeit aus einem der in § 10 a Abs. 1 Satz 1 oder 3 EStG genannten inländischen Alterssicherungssysteme beziehen, wenn sie unmittelbar vor dem Bezug der Leistung einer in § 10 a Abs. 1 Satz 1 oder 3 EStG genannten Personengruppe angehörten. Eine vorangegangene Zugehörigkeit zu einer begünstigten Personengruppe ist auch anzunehmen, wenn eine Förderberechtigung nur wegen des Fehlens der Einwilligung (Rz. 5 f.) nicht bestand. Der Bezug einer Rente wegen teilweiser Erwerbsminderung oder einer Rente wegen Berufsunfähigkeit begründet keine Zugehörigkeit zum begünstigten Personenkreis nach § 10 a Abs. 1 Satz 4 EStG. Voraussetzung für die Inanspruchnahme der steuerlichen Förderung bei Beziehern einer Versorgung wegen Dienstunfähigkeit ist die Erteilung einer Einwilligungserklärung (Rz. 5 f.). Zum begünstigten Personenkreis gehören auch Bezieher einer Rente wegen voller Erwerbsminderung oder Erwerbsunfähigkeit oder einer Versorgung wegen Dienstunfähigkeit, deren Rente/Versorgung vor dem 1. Januar 2002 begonnen hat. 13

Ein tatsächlicher Bezug der Rente wegen voller Erwerbsminderung oder Erwerbsunfähigkeit oder Versorgung wegen Dienstunfähigkeit ist nicht erforderlich, wenn ein Anspruch dem Grunde nach besteht (einschließlich Antragstellung), aber die Rente oder Versorgung aufgrund von Anrechnungsvorschriften (z. B. § 93 Abs. 1 SGB VI, §§ 53 ff. BeamtVG) nicht geleistet wird. 14

Gehörte der Empfänger einer Versorgung wegen Dienstunfähigkeit vor Beginn der Versorgung zum begünstigten Personenkreis und wechselt die zuständige Stelle (§ 81 a EStG) wegen des Versorgungsbezugs, muss er gegenüber der die Versorgung anordnenden Stelle seine Einwilligung (vgl. Rz. 5) erklären. 15

Bei den Personen nach § 10 a Abs. 1 Satz 4 EStG ist der unmittelbare zeitliche Zusammenhang gegeben, wenn im Veranlagungszeitraum vor dem Eintritt der vollen Erwerbsminderung/Erwerbsunfähigkeit oder Dienstunfähigkeit eine Zugehörigkeit zur Personengruppe nach § 10 a Abs. 1 Satz 1 oder 3 EStG bestand. Dies gilt entsprechend für den in Rz. 21 genannten Personenkreis. 16

Die Begünstigung nach § 10 a Abs. 1 Satz 4 EStG endet, wenn die anspruchsbegründende Leistung wegfällt oder in eine Altersrente umgestellt wird, spätestens jedoch mit der Vollendung des 67. Lebensjahres des Steuerpflichtigen. Rz. 1 findet Anwendung. 17

**ff) Bestandsschutz ausländische Alterssicherungssysteme**

18 Aufgrund der Änderung durch das Gesetz zur Umsetzung steuerlicher EU-Vorgaben sowie zur Änderung steuerlicher Vorschriften (BGBl. 2010 I S. 386) gehören ab dem 1. Januar 2010 die in einem ausländischen Alterssicherungssystem Versicherten nicht mehr zum Kreis der nach § 10 a Abs. 1 EStG begünstigten Personen. Für Altfälle sieht das Gesetz eine Bestandsschutzregelung in § 10 a Abs. 6 EStG vor.

**(1) Pflichtversicherte in einer ausländischen gesetzlichen Rentenversicherung**

19 Zum begünstigten Personenkreis gehören nach § 10 a Abs. 6 Satz 1 EStG auch Pflichtmitglieder in einem ausländischen gesetzlichen Alterssicherungssystem, wenn diese Pflichtmitgliedschaft

– mit einer Pflichtmitgliedschaft in einem inländischen Alterssicherungssystem nach § 10 a Abs. 1 Satz 1 oder 3 EStG vergleichbar ist und
– vor dem 1. Januar 2010 begründet wurde,

sofern sie unbeschränkt einkommensteuerpflichtig sind oder für das Beitragsjahr nach § 1 Abs. 3 EStG als unbeschränkt einkommensteuerpflichtig behandelt werden. Das gilt ebenso für den Fall der Arbeitslosigkeit, wenn die Pflichtversicherung in der ausländischen gesetzlichen Rentenversicherung fortbesteht. Endet die Pflichtmitgliedschaft in diesem ausländischen gesetzlichen Alterssicherungssystem oder wird sie für länger als ein Beitragsjahr unterbrochen, endet der Bestandsschutz des § 10 a Abs. 6 EStG.

20 Der Bestandsschutz des § 10 a Abs. 6 EStG besteht nur, wenn die in Rz. 19 genannten Voraussetzungen vorliegen und der Anleger vor dem 1. Januar 2010 einen Vertrag abgeschlossen hat. Wird der vom Anleger vor dem 1. Januar 2010 abgeschlossene Vertrag gekündigt, ist dieser für die Prüfung der Voraussetzungen der Bestandsschutzregelung des § 10 a Abs. 6 EStG nicht zu berücksichtigen. Ein nach dem 31. Dezember 2009 abgeschlossener Vertrag ist für die Prüfung der Voraussetzungen der Bestandsschutzregelung des § 10 a Abs. 6 EStG nicht zu berücksichtigen, selbst wenn Altersvorsorgevermögen von einem vor dem 1. Januar 2010 abgeschlossenen Vertrag auf diesen übertragen wird. Für die Anwendung des § 10 a und Abschn. XI EStG im Rahmen der Bestandsschutzregelung werden nur Altersvorsorgebeiträge zugunsten eines vor dem 1. Januar 2010 abgeschlossenen Vertrags berücksichtigt (vgl. Rz. 45).

**(2) Bezieher einer Rente wegen voller Erwerbsminderung oder Erwerbsunfähigkeit oder einer Versorgung wegen Dienstunfähigkeit aus einem ausländischen Alterssicherungssystem**

21 Die Bestandsschutzregelung gilt auch für Personen,

– die aus einem vergleichbaren ausländischen gesetzlichen Alterssicherungssystem eine Leistung erhalten, die mit einer Rente wegen voller Erwerbsminderung oder Erwerbsunfähigkeit oder einer Versorgung wegen Dienstunfähigkeit aus einem der in § 10 a Abs. 1 Satz 1 oder 3 EStG genannten inländischen Alterssicherungssysteme vergleichbar ist,
– die unmittelbar vor dem Bezug dieser Leistung einer der in Rzn. 2 bis 12, 19, 22 oder 23 genannten Personengruppen angehörten,
– das 67. Lebensjahr noch nicht vollendet haben und

unbeschränkt einkommensteuerpflichtig sind oder für das Beitragsjahr nach § 1 Abs. 3 EStG als unbeschränkt einkommensteuerpflichtig behandelt werden (vgl. Rz. 45).

**(3) Beschäftigte internationaler Institutionen**

Für die Anwendung der Bestandsschutzregelung des § 10 a Abs. 6 EStG sind die Alterssicherungssysteme der folgenden internationalen Organisationen als ein einem begünstigten inländischen Alterssicherungssystem vergleichbares Alterssicherungssystem anzusehen: 22

- Bank für Internationalen Zahlungsausgleich (BIZ),
- Europäische Agentur für Flugsicherheit (EASA),
- Europäische Investitionsbank (EIB),
- Europäische Kommission (KOM),
- Europäische Organisation für astronomische Forschung in der südlichen Hemisphäre (ESO),
- Europäische Organisation für die Nutzung meteorologischer Satelliten (EUMETSAT),
- Europäische Organisation für Kernforschung (CERN),
- Europäische Organisation zur Sicherung der Luftfahrt (EUROCONTROL),
- Europäische Patentorganisation (EPO),
- Europäische Weltraumorganisation (ESA),
- Europäische Zentralbank (EZB),
- Europäischer Rechnungshof (EuRH),
- Europäisches Hochschulinstitut (EHI),
- Europäisches Laboratorium für Molekularbiologie (EMBL),
- Europäisches Patentamt (EPA),
- Europäisches Zentrum für mittelfristige Wettervorhersage (EZMV, engl. ECWMF),
- Europarat,
- Nordatlantikvertragsorganisation (NATO),
- Organisation für wirtschaftliche Zusammenarbeit und Entwicklung (OECD),
- Vereinte Nationen (VN) und
- Westeuropäische Union (WEU).

Das Alterssicherungssystem der Gemeinsamen Organisation der Rüstungskooperation (OCCAR) ist hingegen für die Anwendung der Bestandsschutzregelung des § 10 a Abs. 6 EStG nicht als ein einem begünstigten inländischen Alterssicherungssystem vergleichbares Alterssicherungssystem anzusehen.

Bedienstete der Europäischen Gemeinschaften (Beamte und sonstige Bedienstete) sind für die Beurteilung der Zugehörigkeit zum begünstigten Personenkreis so zu behandeln, als bestünde für sie eine Pflichtmitgliedschaft in einem ausländischen gesetzlichen Rentenversicherungssystem, die mit einer Pflichtmitgliedschaft in einem inländischen Alterssicherungssystem nach § 10 a Abs. 1 Satz 1 oder 3 EStG vergleichbar ist. 23

**c) Nicht unmittelbar begünstigte Personen**

Nicht unmittelbar begünstigt sind insbesondere die in Anlage 1 Abschn. C aufgeführten Personengruppen. 24

25 Ein Steuerpflichtiger ist nicht berechtigt, seine Altersvorsorgebeiträge als Sonderausgaben gem. § 10 a EStG abzuziehen, wenn er im gesamten Beitragsjahr nicht mehr „aktiv", sondern lediglich in früheren Jahren in der gesetzlichen Rentenversicherung pflichtversichert gewesen ist. Eine Berechtigung zum zusätzlichen Sonderausgabenabzug ergibt sich ebenfalls nicht aus einer bestehenden Pflichtmitgliedschaft in einem berufsständischen Versorgungswerk und ist auch nicht daraus abzuleiten, dass der Steuerpflichtige über seinen Ehegatten gem. § 79 EStG mittelbar einen Anspruch auf die Altersvorsorgezulage hat (vgl. BFH-Urteil vom 29. Juli 2015, BStBl. 2016 II S. 18).

### d) Mittelbar zulageberechtigte Personen

26 Bei Ehegatten oder Lebenspartnern einer Lebenspartnerschaft nach dem Lebenspartnerschaftsgesetz (BGBl. 2001 I S. 266) – LPartG – (nachfolgend: Lebenspartner), von denen nur ein Ehegatte/Lebenspartner unmittelbar zulageberechtigt ist, ist auch der andere Ehegatte/Lebenspartner (mittelbar) zulageberechtigt, wenn

– die Ehegatten/Lebenspartner nicht dauernd getrennt gelebt haben (§ 26 Abs. 1 EStG),
– beide Ehegatten/Lebenspartner jeweils einen auf ihren Namen lautenden, nach § 5 des Altersvorsorgeverträge-Zertifizierungsgesetzes (AltZertG) zertifizierten Vertrag (Altersvorsorgevertrag) abgeschlossen haben oder der unmittelbar zulageberechtigte Ehegatte/Lebenspartner über eine förderbare Versorgung i. S. d. § 82 Abs. 2 EStG bei einer Pensionskasse, einem Pensionsfonds oder über eine nach § 82 Abs. 2 EStG förderbare Direktversicherung verfügt und der andere Ehegatte/Lebenspartner einen auf seinen Namen lautenden, nach § 5 AltZertG zertifizierten Vertrag abgeschlossen hat,
– sie ihren Wohnsitz oder gewöhnlichen Aufenthalt in einem Mitgliedstaat der Europäischen Union oder einem Staat gehabt haben, auf den das Abkommen über den Europäischen Wirtschaftsraum anwendbar ist, (EU-/EWR-Staat),
– der nicht unmittelbar zulageberechtigte Ehegatte/Lebenspartner Altersvorsorgebeiträge i. H. v. mindestens 60 € auf seinen Altersvorsorgevertrag geleistet hat. Eine anteilige Zahlung ist nicht ausreichend; dies gilt auch, wenn dieser Ehegatte/Lebenspartner innerhalb des Beitragsjahres verstirbt und
– bei dem Altersvorsorgevertrag, für den die Zulage beansprucht wird, die Auszahlungsphase noch nicht begonnen hat.

Die Voraussetzungen für das Vorliegen einer mittelbaren Zulageberechtigung sind für jedes Beitragsjahr gesondert zu prüfen.

27 Es reicht nicht aus, wenn der nicht unmittelbar zulageberechtigte Ehegatte/Lebenspartner über eine förderbare Versorgung i. S. d. § 82 Abs. 2 EStG bei einer Pensionskasse, einem Pensionsfonds oder über eine nach § 82 Abs. 2 EStG förderbare Direktversicherung verfügt hat (BFH-Urteil vom 21. Juli 2009, BStBl. II S. 995). Zum Sonderausgabenabzug nach § 10 a EStG vgl. Rz. 100. Im Hinblick auf die Beantragung einer Zulagenummer wird auf § 89 Abs. 1 Satz 4 EStG verwiesen.

28 Die mittelbare Zulageberechtigung entfällt, wenn
– der mittelbar Zulageberechtigte unmittelbar zulageberechtigt wird,

– der unmittelbar zulageberechtigte Ehegatte/Lebenspartner für das Beitragsjahr nicht mehr zum zulageberechtigten Personenkreis gehört,
– die Ehegatten/Lebenspartner im gesamten Beitragsjahr dauernd getrennt gelebt haben,
– mindestens ein Ehegatte/Lebenspartner seinen Wohnsitz oder gewöhnlichen Aufenthalt im gesamten Beitragsjahr nicht mehr in einem EU-/EWR-Staat, gehabt hat.

Ein mittelbar zulageberechtigter Ehegatte/Lebenspartner verliert im Fall der Auflösung der Ehe bzw. der Aufhebung der Lebenspartnerschaft – auch wenn die Ehegatten/Lebenspartner nicht bereits während des ganzen Jahres getrennt gelebt haben – bereits für das Jahr der Auflösung der Ehe bzw. der Aufhebung der Lebenspartnerschaft seine Zulageberechtigung, wenn der unmittelbar Zulageberechtigte im selben Jahr wieder geheiratet hat bzw. eine neue Lebenspartnerschaft begründet hat und er und der neue Ehegatte/Lebenspartner nicht dauernd getrennt leben und ihren Wohnsitz oder gewöhnlichen Aufenthalt in einem EU-/EWR-Staat haben. 29

## 2. Altersvorsorgebeiträge (§ 82 EStG)

### a) Private Altersvorsorgebeiträge

Altersvorsorgebeiträge i. S. d. § 82 Abs. 1 EStG sind die zugunsten eines auf den Namen des Zulageberechtigten lautenden nach § 5 AltZertG zertifizierten Vertrags (Altersvorsorgevertrag) bis zum Beginn der Auszahlungsphase geleisteten Beiträge und Tilgungsleistungen. Die dem Vertrag gutgeschriebenen oder zur Tilgung eingesetzten Zulagen stellen – anders als im AltZertG – keine Altersvorsorgebeiträge dar und sind daher selbst nicht zulagefähig. Erträge des Altersvorsorgevermögens sind keine Altersvorsorgebeiträge. Es reicht daher für eine Förderung nicht aus, wenn lediglich Zinsen und Erträge des Vorsorgevermögens dem Vertrag gutgeschrieben werden (BFH-Urteil vom 8. Juli 2015, BStBl. 2016 II S. 525). Beiträge zugunsten von Verträgen, bei denen mehrere Personen Vertragspartner sind, sind nicht begünstigt. Dies gilt auch für Verträge, die von Ehegatten/Lebenspartnern gemeinsam abgeschlossen werden. Der Notwendigkeit zum Abschluss eigenständiger Verträge steht jedoch nicht entgegen, wenn eine dritte Person oder der Ehegatte/Lebenspartner für das im Rahmen eines zertifizierten Altersvorsorgevertrags aufgenommene Darlehen mithaftet. Sämtliche Beträge, die bei den in § 3 Nr. 55 bis 55 c EStG genannten Übertragungsvorgängen übertragen werden, sind nach § 82 Abs. 4 Nr. 5 EStG für die Berücksichtigung als Altersvorsorgebeiträge ausgeschlossen. Dem Zulageberechtigten bleibt es unbenommen, Zulageanträge innerhalb der Antragsfrist an den vorherigen Anbieter zu richten, an den die Altersvorsorgebeiträge gezahlt wurden. Ein abgebender Anbieter hat aufgrund seiner nachvertraglichen Pflichten diesen Antrag anzunehmen. Er kann den Zulageantrag ohne weitere Bearbeitung an den neuen Anbieter weiterreichen. Es wird jedoch nicht beanstandet, wenn der Zulageberechtigte für die im Jahr der Übertragung an den abgebenden Anbieter gezahlten Beiträge über den annehmenden Anbieter eine Zulage beantragt, sofern dem annehmenden Anbieter die Höhe der an den abgebenden Anbieter im laufenden Jahr gezahlten Beiträge bekannt ist. 30

**31** Altersvorsorgebeiträge nach § 82 Abs. 1 Satz 1 Nr. 2 EStG sind die zugunsten eines auf den Namen des Zulageberechtigten lautenden Altersvorsorgevertrags geleisteten Tilgungen für ein Darlehen, das der Zulageberechtigte ausschließlich für eine nach dem 31. Dezember 2007 vorgenommene wohnungswirtschaftliche Verwendung i. S. d. § 92 a Abs. 1 Satz 1 EStG eingesetzt hat, vgl. hierzu Rzn. 251 bis 275. Dies gilt auch, wenn das für eine wohnungswirtschaftliche Verwendung i. S. d. § 92 a Abs. 1 Satz 1 Nr. 1 oder 2 EStG aufgenommene Darlehen später auf einen zertifizierten Altersvorsorgevertrag in Form eines Darlehensvertrags umgeschuldet wird; auch mehrfache Umschuldungen sind in den Fällen der wohnungswirtschaftlichen Verwendung i. S. d. § 92 a Abs. 1 Satz 1 Nr. 1 oder 2 EStG möglich. Es kommt nicht darauf an, ob das abgelöste Darlehen im Rahmen eines zertifizierten Altersvorsorgevertrags gewährt worden ist und ob der Zulageberechtigte alleiniger oder gemeinschaftlicher Darlehensnehmer des abgelösten Darlehens war. Die für die Tilgungsleistungen gezahlten Zulagen sind unmittelbar für die Tilgung des jeweiligen Darlehens zu verwenden. Bei Beiträgen zugunsten mehrerer Altersvorsorgeverträge vgl. Rzn. 119, 120. Der Zulageberechtigte muss die vertragsgemäße Verwendung des Darlehens gegenüber seinem Anbieter nachweisen. Der Anbieter hat solange ganz oder teilweise von nicht ordnungsgemäß verwendeten Darlehensbeträgen auszugehen, bis die ordnungsgemäße Verwendung nachgewiesen ist.

**32** Setzt sich ein Altersvorsorgevertrag aus einer Vertragsgestaltung i. S. d. § 1 Abs. 1 AltZertG und einem Rechtsanspruch auf Gewährung eines Darlehens zusammen (§ 1 Abs. 1 a Satz 1 Nr. 2 AltZertG), handelt es sich bei den geleisteten Beiträgen für den Vertragsteil, der nach § 1 Abs. 1 AltZertG ausgestaltet ist, um Altersvorsorgebeiträge nach § 82 Abs. 1 Satz 1 Nr. 1 EStG und bei den zur Tilgung des Darlehens geleisteten Zahlungen um Altersvorsorgebeiträge nach § 82 Abs. 1 Satz 1 Nr. 2 EStG.

**33** Handelt es sich um Zahlungen zugunsten eines zertifizierten Altersvorsorgevertrags nach § 1 Abs. 1 a Satz 1 Nr. 3 AltZertG, ist zu differenzieren: Zahlungen, die unmittelbar für die Tilgung des Darlehens eingesetzt werden, sind Tilgungsleistungen nach § 82 Abs. 1 Satz 1 Nr. 2 EStG. Wird mit den vom Zulageberechtigten geleisteten Zahlungen jedoch zunächst Altersvorsorgevermögen gebildet, welches zu einem späteren Zeitpunkt zur Tilgung des Darlehens eingesetzt wird, und ist dies bereits bei Vertragsabschluss unwiderruflich vereinbart worden, dann gelten die geleisteten Zahlungen bereits im Zahlungszeitpunkt als Tilgungsleistungen nach § 82 Abs. 1 Satz 3 EStG.

**34** Der in der zu zahlenden Kreditrate enthaltene Zinsanteil sowie die anfallenden Kosten und Gebühren sind keine Altersvorsorgebeiträge und damit nicht nach § 10 a und Abschn. XI EStG begünstigt. Die Förderung bezieht sich nur auf den in der gezahlten Kreditrate enthaltenen Tilgungsanteil.

**35** Die während der Nichtnutzung aufgrund des beruflichen Umzugs geleisteten Tilgungsbeträge sind ab dem Jahr nach Aufgabe der Selbstnutzung bis zum Jahr vor der Wiederaufnahme der Selbstnutzung keine Altersvorsorgebeiträge und damit nicht nach § 10 a und Abschn. XI EStG begünstigt, auch wenn die weiteren steuerlichen Folgen (Besteuerung des Wohnförderkontos bzw. schädliche Verwendung i. S. d. § 93 EStG) wegen der Regelung des § 92 a Abs. 4 EStG nicht eintreten. Nach § 82 Abs. 1 Satz 5 EStG werden Tilgungsleistungen nur berücksichtigt, wenn das zugrunde liegende Darlehen für eine nach dem 31. Dezember 2007 vorgenommene wohnungswirtschaftliche Verwendung i. S. d. § 92 a Abs. 1 Satz 1 EStG eingesetzt wurde. Eine wohnungswirtschaftliche Verwendung i. S. d. § 92 a EStG liegt in der Zeit der berufsbedingten Nichtnutzung nicht vor, da die Wohnung in dieser Zeit weder die Hauptwohnung noch den Mittelpunkt der Lebensinteressen des Zulageberechtigten darstellt. Die ZfA hat den Anbieter durch Datensatz über eine Bescheiderteilung nach § 92 a Abs. 4 Satz 3 EStG, eine Wiederaufnahme der Selbstnutzung nach einem beruflichen Umzug sowie den Wegfall der Voraussetzungen nach § 92 a Abs. 4 EStG zu informieren.

Im Beitragsjahr der Aufgabe der Selbstnutzung gelten auch die nach der Aufgabe der Selbstnutzung geleisteten Beiträge oder Tilgungsleistungen als Altersvorsorgebeiträge. Im Beitragsjahr einer Reinvestition in eine weitere begünstigte Wohnung (§ 92 a Abs. 3 Satz 9 Nr. 1 EStG) oder des Wiedereinzugs in dieselbe Wohnung nach einem beruflich bedingten Umzug (§ 82 Abs. 1 Satz 8 Nr. 2 EStG) gelten auch die vor der Reinvestition bzw. die vor dem Wiedereinzug geleisteten Beiträge oder Tilgungsleistungen als Altersvorsorgebeiträge. 36

**Beispiel:** 37

Z gibt die Selbstnutzung am 1. Mai 2016 auf und teilt gleichzeitig seine Reinvestitionsabsicht mit. Er zahlt für die Beitragsjahre 2017, 2018 und 2019 weiterhin Beiträge in seinen Altersvorsorgevertrag ein. Am 1. Mai 2020 nimmt er die Selbstnutzung einer neuen Wohnung auf. Die gezahlten Beiträge für die Beitragsjahre 2016 und 2020 sind Altersvorsorgebeiträge.

Wird gefördertes Altersvorsorgevermögen von einem Altersvorsorgevertrag i. S. d. § 1 Abs. 1 oder Abs. 1 a Satz 1 Nr. 2 AltZertG in einen Altersvorsorgevertrag i. S. d. § 1 Abs. 1 a Satz 1 Nr. 3 AltZertG übertragen (§ 1 Abs. 1 Nr. 10 Buchst. b AltZertG), sind ab dem Zeitpunkt der Übertragung des gebildeten Kapitals, frühestens ab der Inanspruchnahme des Vorfinanzierungsdarlehens oder des Zwischenkredits, die damit übertragenen und bereits geförderten Beiträge nicht mehr Beiträge i. S. d. § 82 Abs. 1 Satz 1 Nr. 1 EStG, sondern bereits geförderte Tilgungsleistungen nach § 82 Abs. 1 Satz 3 EStG. Dies gilt auch, wenn ein Altersvorsorgevertrag i. S. d. § 1 Abs. 1 a Satz 1 Nr. 3 AltZertG für eine Umschuldung i. S. d. Rz. 31 genutzt wird. 38

Der Zulageberechtigte kann für abgelaufene Beitragsjahre bis einschließlich 2011 Altersvorsorgebeiträge auf einen auf seinen Namen lautenden Altersvorsorgevertrag nachzahlen (§ 82 Abs. 5 EStG), wenn er 39

- im jeweiligen für die Nachzahlung bestimmten Beitragsjahr bereits einen Altersvorsorgevertrag hatte,
- im fristgerechten Antrag auf Zulage für dieses Beitragsjahr eine mittelbare Zulageberechtigung angegeben hat und
- tatsächlich aber unmittelbar zulageberechtigt war.

Die Nachzahlungsmöglichkeit besteht längstens bis zum Beginn der Auszahlungsphase des Altersvorsorgevertrags. Die Zahlung dieser Beiträge muss bis zum Ablauf von zwei Jahren nach Erteilung der Bescheinigung nach § 92 EStG erfolgen, mit der zuletzt Ermittlungsergebnisse für das betreffende Beitragsjahr bescheinigt wurden. Die Nachzahlung muss nicht auf den Altersvorsorgevertrag geleistet werden, für den der Antrag auf Zulage für dieses Beitragsjahr gestellt wurde. Eine Nachzahlung auf eine betriebliche Altersversorgung i. S. d. § 82 Abs. 2 EStG ist nicht zulässig. Der Anbieter meldet die nachgezahlten Altersvorsorgebeiträge zusammen mit den korrigierten Daten des Zulageantrags oder des Änderungsantrags für das jeweilige Beitragsjahr, für das die Nachzahlung erfolgt ist. Erfolgt nach der bereits gemeldeten Nachzahlung für dieses Beitragsjahr eine weitere Nachzahlung, hat der Anbieter einen korrigierten Antragsdatensatz mit dem Gesamtnachzahlungsbetrag zu melden.

40 Eine Nachzahlungsmöglichkeit nach § 82 Abs. 5 EStG für die Erben oder den überlebenden Ehegatten/Lebenspartner besteht nicht, da nach dem Tod des Zulageberechtigten kein auf den Namen des Zulageberechtigten lautender Vertrag mehr besteht.

**b) Beiträge im Rahmen der betrieblichen Altersversorgung**

41 Auf die Ausführungen in den Rzn. 25 ff. und 67 ff. des BMF-Schreibens vom 6. Dezember 2017 IV C 5 – S 2333/17/10002, DOK 2017/0989084 (BStBl. 2018 I S. 147)[1] wird hingewiesen.

**c) Altersvorsorgebeiträge nach Beginn der Auszahlungsphase**

42 Beiträge zugunsten eines Vertrags, die nach Beginn der Auszahlungsphase geleistet wurden, sind keine Altersvorsorgebeiträge i. S. d. § 82 EStG. D. h., für diese Beiträge kommt eine steuerliche Förderung nach § 10 a und Abschn. XI EStG nicht in Betracht.

**d) Beiträge, die über den Mindesteigenbeitrag hinausgehen**

43 Auch Beiträge, die über den Mindesteigenbeitrag hinausgehen, sind Altersvorsorgebeiträge. Zum Begriff der Überzahlung wird auf Rz. 134 verwiesen.

44 Sieht der Altersvorsorgevertrag allerdings eine vertragliche Begrenzung auf einen festgelegten Höchstbetrag vor (z. B. den Betrag nach § 10 a EStG oder den nach § 86 EStG erforderlichen Mindesteigenbeitrag zuzüglich Zulageanspruch), handelt es sich bei Zahlungen, die darüber hinausgehen, um zivilrechtlich nicht geschuldete Beträge, hinsichtlich derer dem Anleger ein Rückerstattungsanspruch gegen den Anbieter zusteht. Diese Beträge stellen grundsätzlich keine Altersvorsorgebeiträge i. S. d. § 82 Abs. 1 EStG dar (Ausnahme vgl. Rz. 136). Der Anbieter darf diese Beträge daher nicht in den Datensatz nach § 10 a Abs. 5 Satz 1 EStG aufnehmen.

**e) Beiträge von Versicherten in einer ausländischen gesetzlichen Rentenversicherung**

45 Als Altersvorsorgebeiträge i. S. d. § 82 EStG sind bei den in Rzn. 19 bis 23 genannten Personengruppen nur diejenigen Beiträge zu berücksichtigen, die vom Zulageberechtigten zugunsten eines vor dem 1. Januar 2010 abgeschlossenen Vertrags geleistet wurden.

**3. Zulage**

**a) Grundzulage**

46 Jeder unmittelbar oder mittelbar Zulageberechtigte erhält auf Antrag für seine im abgelaufenen Beitragsjahr gezahlten Altersvorsorgebeiträge eine Grund-

[1] Nr. **20** § 3/8.

zulage. Für die Zulagengewährung bei mittelbar zulageberechtigten Ehegatten/Lebenspartnern sind die Rzn. 26 bis 29 zu beachten. Die Grundzulage beträgt ab dem Beitragsjahr 2018 jährlich 175 €.

Für unmittelbar Zulageberechtigte, die das 25. Lebensjahr noch nicht vollendet haben, erhöht sich die Grundzulage einmalig um einen Betrag von 200 € (sog. Berufseinsteiger-Bonus). Für die Erhöhung ist kein gesonderter Antrag erforderlich. Die erhöhte Grundzulage ist einmalig für das erste nach dem 31. Dezember 2007 beginnende Beitragsjahr zu zahlen, für das der Zulageberechtigte die Altersvorsorgezulage beantragt, wenn er zu Beginn des betreffenden Beitragsjahres das 25. Lebensjahr noch nicht vollendet hat. Das Datum des Vertragsabschlusses ist insoweit unerheblich. Für die Berechnung des Mindesteigenbeitrags ist in dem ersten Beitragsjahr, in dem die Voraussetzungen für die Gewährung des Erhöhungsbetrags vorliegen, die erhöhte Grundzulage zu berücksichtigen. Erbringt der Zulageberechtigte nicht den erforderlichen Mindesteigenbeitrag (§ 86 Abs. 1 EStG), erfolgt eine entsprechende Kürzung der Altersvorsorgezulage und damit auch des in der erhöhten Grundzulage enthaltenen einmalig zu gewährenden Erhöhungsbetrags (vgl. Rz. 90). Eine Nachholungsmöglichkeit des gekürzten Erhöhungsbetrags in späteren Beitragsjahren besteht nicht. 47

### b) Kinderzulage

#### aa) Allgemeines

Anspruch auf Kinderzulage besteht für jedes Kind, für das gegenüber dem Zulageberechtigten für mindestens einen Monat des Beitragsjahres Kindergeld festgesetzt worden ist. Die Kinderzulage beträgt ab dem Jahr 2008 für jedes vor dem 1. Januar 2008 geborene Kind 185 € und für jedes nach dem 31. Dezember 2007 geborene Kind 300 € jährlich. Auf den Zeitpunkt der Auszahlung des Kindergeldes kommt es nicht an. Anspruch auf Kinderzulage besteht für ein Beitragsjahr auch dann, wenn das Kindergeld für dieses Jahr erst in einem späteren Kalenderjahr rückwirkend festgesetzt wurde. Wird ein Kind z. B. am Ende des Beitragsjahres geboren, so besteht der Anspruch auf Kinderzulage für das gesamte Jahr, auch wenn das Kindergeld für Dezember regelmäßig erst im nachfolgenden Kalenderjahr festgesetzt wird. 48

Die Festsetzung ist gegenüber der Auszahlung des Kindergeldes vorrangig. 49

**Beispiel:** 50

Für den kindergeldberechtigten Vater wird Kindergeld festgesetzt. Wegen der Unterbringung des Kindes in einem Heim stellt das Jugendamt einen Antrag auf Abzweigung des Kindergelds, dem stattgegeben wird. Das Kindergeld wird nicht an den Vater, sondern an das Jugendamt ausgezahlt.
Anspruch auf Kinderzulage hat in diesem Fall der Vater.

Dem Kindergeld gleich stehen andere Leistungen für Kinder i. S. d. § 65 Abs. 1 Satz 1 EStG (§ 65 Abs. 1 Satz 2 EStG). Zu den mit dem Kindergeld vergleichbaren Leistungen i. S. d. § 65 Abs. 1 Satz 1 Nr. 2 EStG wird auf das Schreiben des Bundeszentralamts für Steuern vom 16. Januar 2017 (BStBl. I S. 151) verwiesen. 51

**bb) Kinderzulageberechtigung bei Eltern, die miteinander verheiratet sind oder eine Lebenspartnerschaft führen**

**52** Steht ein Kind zu beiden Ehegatten, die
– nicht dauernd getrennt leben (§ 26 Abs. 1 EStG) und
– ihren Wohnsitz oder gewöhnlichen Aufenthalt in einem EU-/EWR-Staat haben,

in einem Kindschaftsverhältnis (§ 32 Abs. 1 EStG), erhält grundsätzlich die Mutter die Kinderzulage. Die Eltern können gemeinsam für das jeweilige Beitragsjahr beantragen, dass der Vater die Zulage erhält. In beiden Fällen kommt es nicht darauf an, gegenüber welchem Elternteil das Kindergeld festgesetzt wurde. Die Übertragung der Kinderzulage muss auch in den Fällen beantragt werden, in denen die Mutter keinen Anspruch auf Altersvorsorgezulage hat, weil sie beispielsweise keinen Altersvorsorgevertrag abgeschlossen hat. Eine Übertragungsmöglichkeit besteht nicht, wenn das Kind nur zu einem der Ehegatten in einem Kindschaftsverhältnis steht (vgl. Rz. 57).

**53** Der Antrag kann
– für jedes einzelne Kind gestellt werden,
– nach Eingang beim Anbieter nicht mehr widerrufen werden.

**54** Hat der Vater seinem Anbieter eine Vollmacht (vgl. Rz. 287) zur formlosen Antragstellung erteilt, kann der Antrag auf Übertragung der Kinderzulage von der Mutter auf ihn auch für die Folgejahre bis auf Widerruf erteilt werden. Der Antrag kann vor Ende des Beitragsjahres, für das er erstmals nicht mehr gelten soll, gegenüber dem Anbieter des Vaters widerrufen werden.

**55** Bei Eltern, die miteinander eine Lebenspartnerschaft führen, nicht dauernd getrennt leben (§ 26 Abs. 1 EStG) und ihren Wohnsitz oder gewöhnlichen Aufenthalt in einem EU-/EWR-Staat haben, ist die Kinderzulage dem Lebenspartner zuzuordnen, gegenüber dem das Kindergeld festgesetzt wurde; auf Antrag beider Eltern dem anderen Lebenspartner. Eine Übertragungsmöglichkeit besteht nicht, wenn das Kind nur zu einem der Lebenspartner in einem Kindschaftsverhältnis steht (vgl. Rz. 57).

**cc) Kinderzulageberechtigung in anderen Fällen**

**56** Sind die Eltern nicht miteinander verheiratet und führen keine Lebenspartnerschaft, leben sie dauernd getrennt oder haben sie ihren Wohnsitz oder gewöhnlichen Aufenthalt nicht in einem EU-/EWR-Staat, erhält der Elternteil die Kinderzulage, gegenüber dem das Kindergeld für das Kind festgesetzt wurde (§ 85 Abs. 1 Satz 1 EStG). Eine Übertragung der Kinderzulage nach § 85 Abs. 2 EStG ist in diesen Fällen nicht möglich. Dies gilt auch, wenn derjenige Elternteil, gegenüber dem das Kindergeld festgesetzt wurde, keine Grundzulage erhält.

**57** Sind nicht beide Ehegatten Eltern des Kindes, ist eine Übertragung der Kinderzulage nach § 85 Abs. 2 EStG nicht zulässig. Wird beispielsweise gegenüber einem Zulageberechtigten Kindergeld für ein in seinen Haushalt aufgenommenes Kind seines Ehegatten (§ 63 Abs. 1 Satz 1 Nr. 2 EStG) festgesetzt, steht nur ihm die Kinderzulage nach § 85 Abs. 1 EStG zu.

**58** Wird gegenüber einem Großelternteil i. S. v. § 64 Abs. 2 EStG das Kindergeld festgesetzt, steht nur ihm die Kinderzulage zu.

### dd) Wechsel des Kindergeldberechtigten im Laufe des Beitragsjahres

Wurde während des Beitragsjahres gegenüber mehreren Zulageberechtigten für unterschiedliche Zeiträume Kindergeld festgesetzt, hat gem. § 85 Abs. 1 Satz 4 EStG grundsätzlich derjenige den Anspruch auf die Kinderzulage, dem gegenüber für den zeitlich frühesten Anspruchszeitraum im Beitragsjahr Kindergeld festgesetzt wurde. Dies gilt nicht bei einem Wechsel zwischen den in Rz. 52 genannten Elternteilen. 59

**Beispiel:** 60
Das Kind lebt mit den Großeltern und der unverheirateten Mutter in einem gemeinsamen Haushalt. Einem Großelternteil gegenüber wird das Kindergeld für die Monate Januar bis Mai 2018 festgesetzt. Ab Juni 2018 wird das Kindergeld gegenüber der Mutter festgesetzt.
Die Kinderzulage steht dem zulageberechtigten Großelternteil zu, da gegenüber diesem im Jahr 2018 zeitlich zuerst das Kindergeld festgesetzt wurde.

Hat der Kindergeldberechtigte keinen Kindergeldantrag gestellt, besteht nach § 85 Abs. 1 Satz 1 EStG selbst dann kein Anspruch auf die Kinderzulage, wenn vom Finanzamt der Kinderfreibetrag nach § 32 Abs. 6 Satz 1 EStG berücksichtigt wird. 61

### ee) Kindergeldrückforderung

Stellt sich zu einem späteren Zeitpunkt heraus, dass das gesamte Kindergeld im Beitragsjahr zu Unrecht festgesetzt und ausgezahlt wurde, und wird das Kindergeld dahingehend insgesamt zurückgefordert, entfällt der Anspruch auf die Zulage gem. § 85 Abs. 1 Satz 3 EStG. Darf dieses zu Unrecht festgesetzte und ausgezahlte Kindergeld aus verfahrensrechtlichen Gründen nicht zurückgefordert werden, bleibt der Anspruch auf die Zulage für das entsprechende Beitragsjahr bestehen. Wird Kindergeld teilweise zu Unrecht festgesetzt und ausgezahlt und später für diese Monate zurückgezahlt, bleibt der Anspruch auf Zulage für das entsprechende Beitragsjahr ebenfalls bestehen; allerdings ist in diesen Fällen Rz. 59 zu beachten. 62

## c) Mindesteigenbeitrag

### aa) Allgemeines

Die Altersvorsorgezulage wird nur dann in voller Höhe gewährt, wenn der Berechtigte einen bestimmten Mindesteigenbeitrag zugunsten der begünstigten – maximal zwei – Verträge erbracht hat (§§ 86, 87 EStG). Zinsen und Erträge sind keine Beiträge (vgl. Rz. 30). 63

Der jährliche Mindesteigenbeitrag ermittelt sich wie folgt: 4 % der maßgebenden Einnahmen, maximal 2100 €, abzüglich der Zulage. 64

Der Mindesteigenbeitrag gem. Rz. 64 ist – auch bei Beiträgen zugunsten von Verträgen, die vor dem 1. Januar 2005 abgeschlossen wurden – mit dem Sockelbetrag nach § 86 Abs. 1 Satz 4 EStG zu vergleichen. Dieser beträgt jährlich einheitlich 60 €. Die Altersvorsorgezulage wird nicht gekürzt, wenn der Berechtigte in dem maßgebenden Beitragsjahr den höheren der beiden Beträge als Eigenbeitrag zugunsten der begünstigten – maximal zwei – Verträge eingezahlt hat. Zu den Besonderheiten bei Ehegatten/Lebenspartnern vgl. Rzn. 85 ff. 65

66 Hat der Zulageberechtigte in dem dem Beitragsjahr vorangegangenen Kalenderjahr keine maßgebenden Einnahmen (vgl. Rz. 70) erzielt, ist als Mindesteigenbeitrag immer der Sockelbetrag zugrunde zu legen.

67 **Beispiel 1:**

Der ledige A ohne Kinder erzielt Einkünfte aus nichtselbständiger Arbeit und ist in der inländischen gesetzlichen Rentenversicherung pflichtversichert. Für ihn ist die Beitragsbemessungsgrenze West maßgeblich. Er zahlt zugunsten seines Altersvorsorgevertrags im Jahr 2018 eigene Beiträge von 1925 € ein. Im Jahr 2017 hatte er beitragspflichtige Einnahmen i. H. v. 53 000 €. Die beitragspflichtigen Einnahmen des A überschreiten nicht die Beitragsbemessungsgrenze in der allgemeinen Rentenversicherung (West) für das Kalenderjahr 2017.

| | | |
|---|---|---|
| Beitragspflichtige Einnahmen | 53 000 € | |
| 4% | 2120 € | |
| höchstens | 2100 € | |
| anzusetzen | | 2100 € |
| abzüglich Zulage | | 175 € |
| Mindesteigenbeitrag (§ 86 Abs. 1 Satz 2 EStG) | | 1925 € |
| Sockelbetrag (§ 86 Abs. 1 Satz 4 EStG) | | 60 € |
| maßgebend (§ 86 Abs. 1 Satz 5 EStG) | | 1925 € |

Da A den Mindesteigenbeitrag erbracht hat, wird die Zulage von 175 € nicht gekürzt.

68 **Abwandlung des Beispiels 1 in Rz. 67:**

A erhält zudem Kinderzulage für seine in den Jahren 2004 und 2005 geborenen Kinder.

| | | |
|---|---|---|
| Beitragspflichtige Einnahmen | 53 000 € | |
| 4% | 2120 € | |
| höchstens | 2100 € | |
| anzusetzen | | 2100 € |
| abzüglich Zulage (175 € + 2 × 185 €) | | 545 € |
| Mindesteigenbeitrag (§ 86 Abs. 1 Satz 2 EStG) | | 1555 € |
| Sockelbetrag (§ 86 Abs. 1 Satz 4 EStG) | | 60 € |
| maßgebend (§ 86 Abs. 1 Satz 5 EStG) | | 1555 € |

Die von A geleisteten Beiträge übersteigen den Mindesteigenbeitrag. Die Zulage wird nicht gekürzt.

69 **Beispiel 2:**

B werden in der gesetzlichen Rentenversicherung für das Jahr 2018 Kindererziehungszeiten (§ 56 SGB VI) angerechnet. Sie hat zwei Kinder, die in den Jahren 2006 und 2017 geboren worden sind, und zahlt zugunsten ihres Altersvorsorgevertrags im Jahr 2018 eigene Beiträge i. H. v. 30 € ein. Im Jahr 2018 hat sie keine beitragspflichtigen Einnahmen erzielt, 2017 erzielte sie aus einer rentenversicherungspflichtigen Beschäftigung beitragspflichtige Einnahmen i. H. v. insgesamt 4800 €. Außerdem erhielt sie im Jahr 2017 Elterngeld i. H. v. 300 € (keine beitragspflichtigen Einnahmen, vgl. Rz. 82).

| | | |
|---|---|---|
| Elterngeld (kein Ansatz) | 0 € | |
| Beitragspflichtige Einnahmen | 4800 € | |
| 4% | 192 € | |
| höchstens | 2100 € | |
| anzusetzen | | 192 € |
| abzüglich Zulage (175 € + 185 € + 300 €) | | 660 € |
| Mindesteigenbeitrag (§ 86 Abs. 1 Satz 2 EStG) | | 0 € |

| | |
|---|---|
| Sockelbetrag (§ 86 Abs. 1 Satz 4 EStG) | 60 € |
| maßgebend (§ 86 Abs. 1 Satz 5 EStG) | 60 € |
| geleisteter Eigenbeitrag | 30 € |
| Kürzungsfaktor (Eigenbeitrag/Mindesteigenbeitrag × 100) | 50% |

Da B den Mindesteigenbeitrag (in Höhe des Sockelbetrags) nur zu 50% geleistet hat, wird die Zulage von insgesamt 660 € um 50% gekürzt, so dass lediglich eine Zulage i. H. v. 330 € gewährt werden kann.

**bb) Berechnungsgrundlagen**

Maßgebend für den individuell zu ermittelnden Mindesteigenbeitrag (Rz. 58) ist die Summe der in dem dem Beitragsjahr vorangegangenen Kalenderjahr erzielten beitragspflichtigen Einnahmen im Sinne des SGB VI, der bezogenen Besoldung und Amtsbezüge, in den Fällen des § 10 a Abs. 1 Satz 1 Halbsatz 2 Nr. 3 und 4 EStG der erzielten Einnahmen, die beitragspflichtig gewesen wären, wenn die Versicherungsfreiheit in der gesetzlichen Rentenversicherung nicht bestanden hätte und der bezogenen Bruttorente wegen voller Erwerbsminderung oder Erwerbsunfähigkeit oder bezogenen Versorgungsbezüge wegen Dienstunfähigkeit (maßgebende Einnahmen). Die entsprechenden Beträge sind auf volle Euro abzurunden, dies gilt auch für die Ermittlung des Mindesteigenbeitrags. **70**

Zu Besonderheiten siehe Rzn. 83 ff.

**(1) Beitragspflichtige Einnahmen**

Als „beitragspflichtige Einnahmen" im Sinne des SGB VI ist nur der Teil des Arbeitsentgelts zu erfassen, der die jeweils gültige Beitragsbemessungsgrenze nicht übersteigt. Insoweit ist auf diejenigen Einnahmen abzustellen, die im Rahmen des sozialrechtlichen Meldeverfahrens den Trägern der gesetzlichen Rentenversicherung gemeldet werden. **71**

Die beitragspflichtigen Einnahmen ergeben sich **72**

– bei Arbeitnehmern und Beziehern von Vorruhestandsgeld aus der Durchschrift der „Meldung zur Sozialversicherung nach der DEÜV" (Arbeitsentgelte) und
– bei rentenversicherungspflichtigen Selbständigen aus der vom Rentenversicherungsträger erstellten Bescheinigung.

Ausländische Einkünfte sind grundsätzlich nicht bei den maßgebenden Einnahmen zu berücksichtigen. Eine Ausnahme besteht nur dann, wenn der Zulageberechtigte in dem dem Beitragsjahr vorangegangenen Kalenderjahr die Voraussetzungen für die Bestandsschutzregelung nach § 10 a Abs. 6 EStG erfüllt hat. Nach dieser Vorschrift gehören – unter bestimmten Voraussetzungen – auch Pflichtmitglieder in einem ausländischen gesetzlichen Alterssicherungssystem zum unmittelbar zulageberechtigten Personenkreis (vgl. Rzn. 19 bis 23). In diesem Fall sind als maßgebende Einnahmen auch die Einnahmen aus der Tätigkeit zu berücksichtigen, die zur Erfüllung der Voraussetzungen nach § 10 a Abs. 6 EStG führten. Freistellungen nach dem jeweiligen DBA sind bei der Bestimmung der beitragspflichtigen Einnahmen unbeachtlich. **73**

Bei der Ermittlung der nach § 86 EStG maßgebenden Einnahmen ist auf die in dem Beitragsjahr vorangegangenen Kalenderjahr erzielten beitragspflichtigen Einnahmen im Sinne des SGB VI abzustellen. Dabei handelt es **74** sich um diejenigen Einnahmen, die im Rahmen des sozialversicherungsrechtlichen Meldeverfahrens den Trägern der gesetzlichen Sozialversicherung gemeldet wurden. Für die Zuordnung der erzielten beitragspflichtigen Einnahmen zu den einzelnen Beitragsjahren ist auf die sozialversicherungsrechtlichen Wertungen abzustellen. Dies gilt auch, wenn der Steuerpflichtige in einem Beitragsjahr beitragspflichtige Einnahmen erzielt, die sozialversicherungsrechtlich einem von der tatsächlichen Zahlung abweichenden Jahr zuzurechnen sind.

**(2) Besoldung und Amtsbezüge**

75 Die Besoldung und die Amtsbezüge ergeben sich aus den Bezüge-/Besoldungsmitteilungen bzw. den Mitteilungen über die Amtsbezüge der die Besoldung bzw. die Amtsbezüge anordnenden Stelle. Für die Bestimmung der maßgeblichen Besoldung ist auf die in dem betreffenden Kalenderjahr zugeflossene Besoldung/zugeflossenen Amtsbezüge entsprechend der Besoldungsmitteilung/Mitteilung über die Amtsbezüge abzustellen.

76 Für die Mindesteigenbeitragsberechnung sind sämtliche Bestandteile der Besoldung oder Amtsbezüge außer der Auslandsbesoldung nach §§ 52 ff. BBesG oder entsprechenden Vorschriften der Länder zu berücksichtigen. Dabei ist es unerheblich, ob die Bestandteile

– beitragspflichtig wären, wenn die Versicherungsfreiheit in der gesetzlichen Rentenversicherung nicht bestünde,
– steuerfrei oder
– ruhegehaltfähig sind.

Besoldungsbestandteile sind u. a. das Grundgehalt, Leistungsbezüge an Hochschulen, der Familienzuschlag, Zulagen und Vergütungen, ferner Anwärterbezüge, vermögenswirksame Leistungen, jährliche Sonderzahlungen (Sonderzuwendung, Urlaubsgeld), der Altersteilzeitzuschlag und die Sachbezüge. Nicht zur Besoldung im Sinne der Vorschriften über den Mindesteigenbetrag gehören Fürsorgeleistungen (z. B. Beihilfe, Zuschuss zur privaten Krankenversicherung bei Elternzeit), die zwar zum Teil zusammen mit der Besoldung ausgezahlt werden, aber auf gesetzlichen Regelungen mit anderer Zielsetzung beruhen.

77 Die Höhe der Amtsbezüge richtet sich nach den jeweiligen bundes- oder landesrechtlichen Vorschriften.

**(3) Land- und Forstwirte**

78 Bei einem Land- und Forstwirt, der nach dem Gesetz über die Alterssicherung der Landwirte pflichtversichert ist, ist für die Berechnung des Mindesteigenbeitrags auf die Einkünfte i. S. d. § 13 EStG des zweiten dem Beitragsjahr vorangegangenen Veranlagungszeitraums abzustellen (§ 86 Abs. 3 EStG). Ist dieser Land- und Forstwirt neben seiner land- und forstwirtschaftlichen Tätigkeit auch als Arbeitnehmer tätig und in der gesetzlichen Rentenversicherung pflichtversichert, sind die beitragspflichtigen Einnahmen des Vorjahres und die positiven Einkünfte i. S. d. § 13 EStG des zweiten dem Beitragsjahr vorangegangenen Veranlagungszeitraums zusammenzurechnen. Eine Saldierung mit negativen Einkünften i. S. d. § 13 EStG erfolgt nicht.

### (4) Bezieher einer Rente wegen voller Erwerbsminderung oder Erwerbsunfähigkeit oder einer Versorgung wegen Dienstunfähigkeit

Der Bruttorentenbetrag ist der Jahresbetrag der Rente vor Abzug der einbehaltenen eigenen Beitragsanteile zur Kranken- und Pflegeversicherung. Nicht diesem Betrag hinzuzurechnen sind Zuschüsse zur Krankenversicherung. Leistungsbestandteile, wie z. B. der Auffüllbetrag nach § 315 a SGB VI oder der Rentenzuschlag nach § 319 a SGB VI sowie Steigerungsbeträge aus der Höherversicherung nach § 269 SGB VI zählen zum Bruttorentenbetrag. Es sind nur die Rentenzahlungen für die Mindesteigenbeitragsberechnung zu berücksichtigen, die zur unmittelbaren Zulageberechtigung führen. Private Renten oder Leistungen der betrieblichen Altersversorgung bleiben unberücksichtigt. 79

Hat der Bezieher einer Rente wegen voller Erwerbsminderung oder Erwerbsunfähigkeit oder einer Versorgung wegen Dienstunfähigkeit im maßgeblichen Bemessungszeitraum (auch) Einnahmen nach § 86 Abs. 1 Satz 2 Nr. 1 bis 3 EStG bezogen, sind diese Einnahmen bei der Mindesteigenbeitragsberechnung mit zu berücksichtigen. 80

**Beispiel:** 81

A erhält im April 2018 den Bescheid, mit dem ihm die Deutsche Rentenversicherung rückwirkend ab dem 1. Oktober 2017 eine Rente wegen voller Erwerbsminderung bewilligt. Das Krankengeld, das ihm bis zum Beginn der laufenden Rentenzahlung noch bis zum 31. Mai 2018 von seiner gesetzlichen Krankenkasse gezahlt wird, wird aufgrund deren Erstattungsanspruchs mit der Rentennachzahlung verrechnet.

In dem Beitragsjahr 2017, in das der Beginn der rückwirkend bewilligten Rente fällt, gehörte A noch aufgrund des Bezugs von Entgeltersatzleistungen zum begünstigten Personenkreis nach § 10 a Abs. 1 Satz 1 EStG. Als Bemessungsgrundlage für den für 2017 zu zahlenden Mindesteigenbeitrag wäre hier entweder die in 2016 berücksichtigten beitragspflichtigen Einnahmen oder das ggf. niedrigere tatsächlich bezogene Krankengeld heranzuziehen – vgl. Rz. 84.

Ab Beginn des Beitragsjahres 2018 liegt der Tatbestand des Leistungsbezuges vor, aus dem sich die Zugehörigkeit zum begünstigten Personenkreis nach § 10 a Abs. 1 Satz 4 EStG begründet. Die Bemessungsgrundlage für den im Kalenderjahr 2018 zu leistenden Mindesteigenbeitrag bildet damit die Rente, die am 1. Oktober 2017 begonnen hat, und das im Zeitraum vom 1. Januar bis zum 30. September 2017 bezogene Krankengeld.

### (5) Elterngeld

Das Elterngeld ist keine maßgebende Einnahme i. S. d. § 86 EStG. Eine Berücksichtigung in der Mindesteigenbeitragsberechnung scheidet daher aus. 82

### (6) Sonderfälle

In der gesetzlichen Rentenversicherung werden für bestimmte pflichtversicherte Personen abweichend vom tatsächlich erzielten Entgelt (§ 14 SGB IV) oder von der Entgeltersatzleistung andere Beträge als beitragspflichtige Einnahmen berücksichtigt. Beispielhaft sind folgende Personen zu nennen: 83

- zu ihrer Berufsausbildung Beschäftigte,
- behinderte Menschen, die in Einrichtungen der Jugendhilfe oder in anerkannten Werkstätten für behinderte Menschen beschäftigt werden,
- Personen, die für eine Erwerbstätigkeit befähigt werden sollen,
- Bezieher von Kurzarbeiter- oder Winterausfallgeld,
- Beschäftigte, die in einem Altersteilzeitarbeitsverhältnis stehen,

- Bezieher von Vorruhestandsgeld, Krankengeld, Arbeitslosengeld, Unterhaltsgeld, Übergangsgeld, Verletztengeld oder Versorgungskrankengeld,
- als wehr- oder zivildienstleistende Versicherte,
- Versicherte, die für Zeiten der Arbeitsunfähigkeit oder Rehabilitation ohne Anspruch auf Krankengeld versichert sind,
- Personen, die einen Pflegebedürftigen nicht erwerbsmäßig wenigstens 14 Stunden in der Woche in seiner häuslichen Umgebung pflegen.

84 Sind die rentenrechtlich berücksichtigten beitragspflichtigen Einnahmen in den genannten Fallgestaltungen höher als das tatsächlich erzielte Entgelt oder der Zahlbetrag der Entgeltersatzleistung (z. B. das Arbeitslosengeld oder Krankengeld), dann sind die tatsächlichen Einnahmen anstelle der rentenrechtlich berücksichtigten Einnahmen für die Berechnung des individuellen Mindesteigenbeitrags zugrunde zu legen. Bei Altersteilzeitarbeit ist das aufgrund der abgesenkten Arbeitszeit erzielte Arbeitsentgelt – ohne Aufstockungs- und Unterschiedsbetrag – maßgebend. Bei Personen, die einen Pflegebedürftigen nicht erwerbsmäßig pflegen, ist ein tatsächlich erzieltes Entgelt von 0 € zu berücksichtigen.

### cc) Besonderheiten bei Ehegatten/Lebenspartnern

85 Gehören beide Ehegatten/Lebenspartner zum unmittelbar begünstigten Personenkreis, ist für jeden Ehegatten/Lebenspartner anhand seiner jeweiligen maßgebenden Einnahmen (Rzn. 70 bis 84) ein eigener Mindesteigenbeitrag nach Maßgabe der Rzn. 64 und 66 zu berechnen.

86 Die Grundsätze zur Zuordnung der Kinderzulage (Rzn. 52 ff.) gelten auch für die Ermittlung des Mindesteigenbeitrags.

87 Ist nur ein Ehegatte/Lebenspartner unmittelbar und der andere mittelbar begünstigt, ist die Mindesteigenbeitragsberechnung nur für den unmittelbar begünstigten Ehegatten/Lebenspartner durchzuführen. Berechnungsgrundlage sind seine Einnahmen i. S. d. Rzn. 70 bis 84. Der sich ergebende Betrag (4 % der maßgebenden Einnahmen höchstens 2100 €) ist um die den Ehegatten/Lebenspartnern insgesamt zustehenden Zulagen zu vermindern.

88 Hat der unmittelbar begünstigte Ehegatte/Lebenspartner den erforderlichen geförderten Mindesteigenbeitrag zugunsten seines Altersvorsorgevertrags oder einer förderbaren Versorgung i. S. d. § 82 Abs. 2 EStG bei einer Pensionskasse, einem Pensionsfonds oder einer nach § 82 Abs. 2 EStG förderbaren Direktversicherung erbracht, erhält auch der Ehegatte/Lebenspartner mit dem mittelbaren Zulageanspruch (vgl. Rzn. 26 ff.) die Altersvorsorgezulage ungekürzt.

89 **Beispiel:**

A und B sind verheiratet und haben drei Kinder, die in den Jahren 2000, 2004, 2006 geboren wurden. A erzielt Einkünfte aus nichtselbständiger Arbeit und ist in der inländischen gesetzlichen Rentenversicherung pflichtversichert. Für ihn ist die Beitragsbemessungsgrenze West maßgeblich. Im Jahr 2017 betragen seine beitragspflichtigen Einnahmen 53 000 €.
B erzielt keine Einkünfte und hat für das Beitragsjahr auch keinen Anspruch auf Kindererziehungszeiten mehr. B ist nur mittelbar zulageberechtigt. Beide haben in 2008 einen eigenen Altersvorsorgevertrag abgeschlossen. A zahlt einen eigenen jährlichen Beitrag von 1195 € zugunsten seines Vertrags ein. B erbringt den Mindestbeitrag zur Erlangung der mittelbaren Zulageberechtigung i. H. v. 60 €. Daneben fließen die ihr zustehende Grundzulage und die Kinderzulagen für drei Kinder auf ihren Vertrag.

Mindesteigenbeitragsberechnung für A für 2018:

| | | |
|---|---|---|
| Beitragspflichtige Einnahmen | 53 000 € | |
| 4 % | 2120 € | |
| höchstens | 2100 € | |
| anzusetzen | | 2100 € |
| abzüglich Zulage (2 × 175 € + 3 × 185 €) | | 905 € |
| Mindesteigenbeitrag (§ 86 Abs. 1 Satz 2 EStG) | | 1195 € |
| Sockelbetrag (§ 86 Abs. 1 Satz 4 EStG) | | 60 € |
| maßgebend (§ 86 Abs. 1 Satz 5 EStG) | | 1195 € |

Beide Ehegatten haben Anspruch auf die volle Zulage, da B den Mindestbeitrag zur Erlangung der mittelbaren Zulageberechtigung i. H. v. 60 € und A seinen Mindesteigenbeitrag von 1195 € erbracht hat, der sich auch unter Berücksichtigung der B zustehenden Kinder- und Grundzulage errechnet.

### dd) Kürzung der Zulage

Erbringt der unmittelbar Begünstigte in einem Beitragsjahr nicht den erforderlichen Mindesteigenbeitrag, ist die für dieses Beitragsjahr zustehende Altersvorsorgezulage (Grundzulage und Kinderzulage) nach dem Verhältnis der geleisteten Altersvorsorgebeiträge zum erforderlichen Mindesteigenbeitrag zu kürzen. Der Kürzungsfaktor wird hierbei auf neun Nachkommastellen gerundet und einzeln auf jede maximale Teilzulage angewendet. Das Produkt wird auf zwei Nachkommastellen gerundet. Für den mittelbar zulageberechtigten Ehegatten/Lebenspartner gilt dieser Kürzungsmaßstab auch für seinen Zulageanspruch (§ 86 Abs. 2 Satz 1 EStG); der vom mittelbar zulageberechtigten Ehegatten/Lebenspartner zu leistende Mindestbeitrag wird nicht als Altersvorsorgebeitrag des unmittelbar berechtigten Ehegatten/Lebenspartners berücksichtigt. 90

**Beispiel:** 91

Wie Beispiel in Rz. 89, allerdings haben A und B im Beitragsjahr 2018 zugunsten ihrer Verträge jeweils folgende Beiträge geleistet:

A 1100 €

B 200 €

Mindesteigenbeitragsberechnung für A für 2018:

| | | |
|---|---|---|
| Beitragspflichtige Einnahmen | 53 000 € | |
| 4 % | 2120 € | |
| höchstens | 2100 € | |
| anzusetzen | | 2100 € |
| abzüglich Zulage (2 × 175 € + 3 × 185 €) | | 905 € |
| Mindesteigenbeitrag (§ 86 Abs. 1 Satz 2 EStG) | | 1195 € |
| Sockelbetrag (§ 86 Abs. 1 Satz 4 EStG) | | 60 € |
| maßgebend (§ 86 Abs. 1 Satz 5 EStG) | | 1195 € |
| tatsächlich geleisteter Eigenbeitrag | | 1100 € |

dies entspricht 92,050209205 % des Mindesteigenbeitrags (1100/1195 × 100)

Zulageanspruch A:

92,050209205 % von 175 € 161,09 €

Bei fehlender Einwilligung darf der Anbieter keine Bescheinigung nach dem mit BMF-Schreiben vom 18. August 2011 (BStBl. I S. 788) bekannt gegebenen Vordruckmuster erstellen.

96[1)] Die übrigen Tatbestandsvoraussetzungen für die Inanspruchnahme des Sonderausgabenabzugs nach § 10 a EStG – insbesondere die Zulageberechtigung – werden grundsätzlich im Wege des Datenabgleichs nach § 91 EStG durch die ZfA überprüft.

97 Hat das Finanzamt aufgrund einer Mitteilung der ZfA (z. B. wegen fehlender Zulageberechtigung) den Sonderausgabenabzug nach § 91 Abs. 1 Satz 4 EStG korrigiert, entfällt die Steuerermäßigung. Erfolgt danach eine schädliche Verwendung (z. B. wegen einer Vertragskündigung), kann es in Einzelfällen zusätzlich zu einer Rückforderung dieser Steuerermäßigung durch die ZfA kommen. In diesen Fällen verbleibt es bei der geänderten Steuerfestsetzung. Die ZfA wird über die Änderung der Steuerermäßigung im Rahmen des Datenaustauschs informiert und erstattet zu Unrecht zurückgezahlte Beträge.

98 Der für die Übersendung des Datensatzes nach § 10 a Abs. 5 EStG erforderliche amtlich vorgeschriebene Datensatz ist auf der Internetseite des Bundeszentralamtes für Steuern – BZSt – (www.bzst.bund.de) veröffentlicht (vgl. BMF-Schreiben vom 13. September 2007, BStBl. I S. 700). Die für die Datenübermittlung erforderliche Schnittstelle und die dazugehörige Dokumentation werden von der ZfA in einem geschützten Bereich des Internets unter www.zfa.deutsche-rentenversicherung-bund.de zur Verfügung gestellt.

### a) Umfang des Sonderausgabenabzugs bei Ehegatten/Lebenspartnern

99 Für Ehegatten/Lebenspartner, die beide unmittelbar begünstigt sind, ist die Begrenzung auf den Höchstbetrag nach § 10 a Abs. 1 EStG jeweils gesondert vorzunehmen. Ein nicht ausgeschöpfter Höchstbetrag eines Ehegatten/Lebenspartners kann dabei nicht auf den anderen Ehegatten/Lebenspartner übertragen werden.

100 Ist nur ein Ehegatte/Lebenspartner nach § 10 a Abs. 1 EStG unmittelbar begünstigt, kommt ein Sonderausgabenabzug bis zu der in § 10 a Abs. 1 EStG genannten Höhe grundsätzlich nur für seine Altersvorsorgebeiträge sowie die ihm und dem mittelbar zulageberechtigten Ehegatten/Lebenspartner zustehenden Zulagen in Betracht. Der Höchstbetrag erhöht sich um 60 €, wenn der andere Ehegatte/Lebenspartner die Voraussetzungen der mittelbaren Zulageberechtigung (§ 79 Satz 2 EStG) erfüllt. Die vom mittelbar zulageberechtigten Ehegatten/Lebenspartner zugunsten seines Altersvorsorgevertrags geleisteten Altersvorsorgebeiträge können beim Sonderausgabenabzug des unmittelbar zulageberechtigten Ehegatten/Lebenspartners berücksichtigt werden, wenn der Höchstbetrag durch die vom unmittelbar Zulageberechtigten geleisteten Altersvorsorgebeiträge sowie die zu berücksichtigenden Zulagen nicht ausgeschöpft wird. Dabei sind die vom unmittelbar zulageberechtigten Ehegatten/Lebenspartner geleisteten Altersvorsorgebeiträge vorrangig zu berücksichtigen, jedoch mindestens 60 € der vom mittelbar zulageberechtigten Ehegatten/Lebenspartner geleisteten Altersvorsorgebeiträge. Auf das Beispiel in Rz. 91 wird hingewiesen. Der mittelbar Begünstigte hat gegenüber seinem Anbieter in die Datenübermittlung nach § 10 a Abs. 2 a Satz 1 EStG einzuwilligen (§ 10 a

[1)] Rz. 96 Satz 2 gestrichen durch BMF v. 11.2.2022, BStBl. I S. 186.

Abs. 2 a Satz 3 EStG), sofern die Einwilligung nicht als erteilt gilt (§ 10 a Abs. 2 a Satz 4 EStG).

**b) Günstigerprüfung**

Ein Sonderausgabenabzug nach § 10 a Abs. 1 EStG wird nur gewährt, wenn er für den Steuerpflichtigen einkommensteuerlich günstiger ist als der Anspruch auf Zulage nach Abschn. XI EStG (§ 10 a Abs. 2 Satz 1 und 2 EStG). Bei der Veranlagung zur Einkommensteuer wird diese Prüfung von Amts wegen vorgenommen. Voraussetzung hierfür ist allerdings, dass der Steuerpflichtige gegenüber seinem Anbieter in die Datenübermittlung nach § 10 a Abs. 2 a Satz 1 EStG eingewilligt und die weiteren für den Sonderausgabenabzug erforderlichen Angaben in die Anlage AV zur Einkommensteuererklärung erklärt oder dies bis zum Eintritt der Bestandskraft des Steuerbescheids nachholt. Der Nachweis über die Höhe der geleisteten Beiträge erfolgt dann durch den entsprechenden Datensatz des Anbieters. Bei der Günstigerprüfung sind alle Riester-Verträge einzubeziehen, für welche der Steuerpflichtige der Datenübermittlung zugestimmt hat. 101

Bei der Günstigerprüfung wird stets auf den sich nach den erklärten Angaben ergebenden Zulageanspruch abgestellt. Daher ist es für die Höhe des beim Sonderausgabenabzug zu berücksichtigenden Zulageanspruchs unerheblich, ob ein Zulageantrag gestellt worden ist. Der Erhöhungsbetrag nach § 84 Satz 2 EStG bleibt bei der Ermittlung der dem Steuerpflichtigen zustehenden Zulage außer Betracht. 102

Ein Steuerbescheid ist für Veranlagungszeiträume ab 2017 nach § 175 b Abs. 1 AO aufzuheben oder zu ändern, soweit Daten i. S. d. § 93 c AO 103

– erstmals übermittelt oder
– zwecks Korrektur erneut übermittelt oder storniert

worden sind und diese Daten oder Stornierungen bei der bisherigen Steuerfestsetzung nicht berücksichtigt wurden. Dies gilt auch dann, wenn die Daten oder Stornierungen im zu ändernden Einkommensteuerbescheid bereits hätten berücksichtigt werden können. Auf die Kenntnis des Bearbeiters kommt es insoweit nicht an. Ein Steuerbescheid ist nach § 175 b Abs. 3 AO zu ändern, wenn das Finanzamt feststellt, dass der Steuerpflichtige die Einwilligung in die Datenübermittlung nach § 10 a Abs. 2 a Satz 1 EStG innerhalb der hierfür maßgeblichen Frist (§ 10 a Abs. 2 a Satz 2 i. V. m. § 10 Abs. 2 a Satz 1 EStG) nicht erteilt hat. Ohne diese Einwilligung sind die Voraussetzungen für den Sonderausgabenabzug nicht gegeben. Auf eine Verletzung der Mitwirkungspflichten seitens des Steuerpflichtigen oder der Ermittlungspflichten durch die Finanzbehörde kommt es in den Fällen des § 175 b AO nicht an.

Für Veranlagungszeiträume bis einschließlich 2016 gilt weiterhin die Regelung in § 10 Abs. 2 a Satz 8 EStG a. F. (z. B. bei der Auswertung einer korrigierten Mitteilung des VZ 2016 im Laufe des Jahres 2018).

**aa) Anrechnung des Zulageanspruchs**

Erfolgt aufgrund der Günstigerprüfung ein Sonderausgabenabzug, erhöht sich die unter Berücksichtigung des Sonderausgabenabzugs ermittelte tarifliche Einkommensteuer um den Anspruch auf Zulage (§ 10 a Abs. 2 EStG i. V. m. § 2 Abs. 6 Satz 2 EStG). Durch diese Hinzurechnung wird erreicht, dass dem 104

Steuerpflichtigen bei der Einkommensteuerveranlagung nur die über den Zulageanspruch hinausgehende Steuerermäßigung gewährt wird. Der Erhöhungsbetrag nach § 84 Satz 2 EStG bleibt bei der Ermittlung der dem Steuerpflichtigen zustehenden Zulage außer Betracht. Um die volle Förderung sicherzustellen, muss stets die Zulage beantragt werden. Über die zusätzliche Steuerermäßigung kann der Steuerpflichtige verfügen; sie wird nicht Bestandteil des Altersvorsorgevermögens. Die Zulage verbleibt auch dann auf dem Altersvorsorgevertrag, wenn die Günstigerprüfung ergibt, dass der Sonderausgabenabzug für den Steuerpflichtigen günstiger ist.

**bb) Ehegatten/Lebenspartner**

**105** Wird bei einer Zusammenveranlagung von Ehegatten/Lebenspartnern der Sonderausgabenabzug beantragt, gilt für die Günstigerprüfung Folgendes:

**106** Ist nur ein Ehegatten/Lebenspartner unmittelbar begünstigt und hat der andere Ehegatte/Lebenspartner keinen Altersvorsorgevertrag abgeschlossen, wird die Steuerermäßigung für die Aufwendungen nach § 10 a Abs. 1 EStG des berechtigten Ehegatten/Lebenspartners mit seinem Zulageanspruch verglichen.

**107** Ist nur ein Ehegatte/Lebenspartner unmittelbar begünstigt und hat der andere Ehegatte/Lebenspartner einen Anspruch auf Altersvorsorgezulage aufgrund seiner mittelbaren Zulageberechtigung nach § 79 Satz 2 EStG, wird die Steuerermäßigung für die im Rahmen des § 10 a Abs. 1 EStG berücksichtigten Aufwendungen beider Ehegatten/Lebenspartner einschließlich der hierfür zustehenden Zulagen mit dem den Ehegatten/Lebenspartnern insgesamt zustehenden Zulageanspruch verglichen (§ 10 a Abs. 3 Satz 2 bis 4 i. V. m. Abs. 2 EStG; vgl. auch das Beispiel in Rz. 111).

**108** Haben beide unmittelbar begünstigten Ehegatten/Lebenspartner Altersvorsorgebeiträge geleistet, wird die Steuerermäßigung für die Summe der für jeden Ehegatten/Lebenspartner nach § 10 a Abs. 1 EStG anzusetzenden Aufwendungen mit dem den Ehegatten/Lebenspartnern insgesamt zustehenden Zulageanspruch verglichen (§ 10 a Abs. 3 Satz 1 i. V. m. Abs. 2 EStG; vgl. auch das Beispiel in Rz. 110). Auch wenn nur für die von einem Ehegatten/Lebenspartner geleisteten Altersvorsorgebeiträge ein Sonderausgabenabzug nach § 10 a Abs. 1 EStG beantragt wird, wird bei der Ermittlung der über den Zulageanspruch hinausgehenden Steuerermäßigung die den beiden Ehegatten/Lebenspartnern zustehende Zulage berücksichtigt (§ 10 a Abs. 3 Satz 5 EStG).

**109** Im Fall der Einzelveranlagung von Ehegatten/Lebenspartnern nach § 26 a EStG (bis 31. Dezember 2012: getrennte Veranlagung nach § 26 a EStG oder besondere Veranlagung nach § 26 c EStG) ist Rz. 106 oder Rz. 107 entsprechend anzuwenden; sind beide Ehegatten/Lebenspartner unmittelbar begünstigt, erfolgt die Günstigerprüfung für jeden Ehegatten/Lebenspartner wie bei einer Einzelveranlagung. Es wird daher nur der den jeweiligen Ehegatten/Lebenspartnern zustehende Zulageanspruch angesetzt.

**110** **Beispiel:**

Ehegatten, die beide unmittelbar begünstigt sind, haben im Jahr 2018 ein zu versteuerndes Einkommen i. H. v. 150 000 € (ohne Sonderausgabenabzug nach § 10 a EStG). Darin sind Einkünfte aus unterschiedlichen Einkunftsarten enthalten. Sie haben mit den Beiträgen i. H. v. 2300 € (Ehemann)/900 € (Ehefrau) zugunsten ihrer Verträge mehr als die erforderlichen

Mindesteigenbeiträge gezahlt und daher für das Beitragsjahr 2018 jeweils einen Zulageanspruch von 175 €.

| **Ehemann** | | **Ehefrau** | |
|---|---|---|---|
| Eigenbeitrag | 2300 € | Eigenbeitrag | 900 € |
| davon gefördert | | davon gefördert | |
| höchstens (2100 € – 175 €) | 1925 € | höchstens (2100 € – 175 €) | 1925 € |
| gefördert somit | 1925 € | gefördert somit | 900 € |
| Abziehbare Sonderausgaben | | Abziehbare Sonderausgaben | |
| (1925 € + 175 € =) | 2100 € | (900 € + 175 € =) | 1075 € |

| | | |
|---|---|---|
| zu versteuerndes Einkommen (bisher) | | 150 000 € |
| abzüglich Sonderausgaben Ehemann | 2100 € | |
| abzüglich Sonderausgaben Ehefrau | 1075 € | |
| | | 3175 € |
| zu versteuerndes Einkommen (neu) | | 146 825 € |
| Einkommensteuer auf 150 000 € | | 54 378 € |
| Einkommensteuer auf 146 846 € | | 53 045 € |
| Differenz | | 1333 € |
| abzüglich Zulageansprüche insgesamt (2 × 175 €) | | 350 € |
| zusätzliche Steuerermäßigung insgesamt | | 983 € |

Der Sonderausgabenabzug nach § 10 a EStG ergibt für die Ehegatten eine zusätzliche Steuerermäßigung i. H. v. 983 €. Zur Zurechnung der auf den einzelnen Ehegatten entfallenden Steuerermäßigung vgl. Rz. 117.

**Beispiel:** 111

Ehegatten haben im Jahr 2018 ein zu versteuerndes Einkommen i. H. v. 150 000 € (ohne Sonderausgabenabzug nach § 10 a EStG). Darin sind Einkünfte aus unterschiedlichen Einkunftsarten enthalten. Nur der Ehemann ist unmittelbar begünstigt; er hat den erforderlichen Mindesteigenbeitrag erbracht. Seine Ehefrau hat einen eigenen Altersvorsorgevertrag abgeschlossen und den Mindestbeitrag von 60 € erbracht. Sie ist daher mittelbar zulageberechtigt. Sie haben Beiträge i. H. v. 1700 € (Ehemann) bzw. 250 € (Ehefrau) zugunsten ihrer Verträge gezahlt und – da der Ehemann den erforderlichen Mindesteigenbeitrag geleistet hat – für das Beitragsjahr 2018 jeweils einen Zulageanspruch von 175 €.

| **Ehemann** | | **Ehefrau** | |
|---|---|---|---|
| Eigenbeitrag | 1700 € | Eigenbeitrag | 250 € |
| davon gefördert | 1700 € | | |

durch den unmittelbar Zulageberechtigten ausgeschöpftes Abzugsvolumen:

| | | |
|---|---|---|
| Eigenbeitrag des Ehemanns | 1700 € | |
| Zulageanspruch Ehemann | 175 € | |
| Zulageanspruch Ehefrau | 175 € | |
| ausgeschöpft somit | 2050 € | |
| Abzugsvolumen | 2100 € | 60 € |
| noch nicht ausgeschöpft | 50 € | |
| von der Ehefrau noch nutzbares Abzugsvolumen | | 50 € |
| Abzugsvolumen Ehefrau | | 110 € |
| Eigenbeitrag Ehefrau | | 250 € |

| | | | |
|---|---|---|---|
| davon abziehbar | | | 110 € |
| förderbar (1700 € + 175 € + 175 € =) 2050 € | | förderbar | 110 € |
| Abziehbare Sonderausgaben der Ehegatten insgesamt: | | | |
| (1700 € + 110 € + 175 € + 175 € =) 2160 € | | | |

| | |
|---|---|
| zu versteuerndes Einkommen (bisher) | 150 000 € |
| abzüglich Sonderausgaben Ehemann/Ehefrau | 2160 € |
| zu versteuerndes Einkommen (neu) | 147 840 € |
| Einkommensteuer auf 150 000 € | 54 378 € |
| Einkommensteuer auf 147 840 € | 53 471 € |
| Differenz | 907 € |
| abzüglich Zulageansprüche insgesamt (2 × 175 €) | 350 € |
| zusätzliche Steuerermäßigung insgesamt | 557 € |

Der Sonderausgabenabzug nach § 10 a EStG ergibt für die Ehegatten eine zusätzliche Steuerermäßigung i. H. v. 557 €. Zur Zurechnung der auf den einzelnen Ehegatten entfallenden Steuerermäßigung vgl. Rz. 118.

### c) Gesonderte Feststellung der zusätzlichen Steuerermäßigung

112 Eine gesonderte Feststellung der zusätzlichen Steuerermäßigung nach § 10 a Abs. 4 Satz 1 EStG ist nur durchzuführen, wenn der Sonderausgabenabzug nach § 10 a Abs. 1 EStG günstiger ist als der Zulageanspruch nach Abschn. XI EStG. Das Wohnsitzfinanzamt stellt in diesen Fällen die über den Zulageanspruch hinausgehende Steuerermäßigung fest und teilt sie der ZfA mit. Wirkt sich eine Änderung der Einkommensteuerfestsetzung auf die Höhe der Steuerermäßigung aus, ist die Feststellung nach § 10 a Abs. 4 Satz 1 i. V. m. § 10 d Abs. 4 Satz 4 EStG ebenfalls zu ändern.

113 Ehegatten/Lebenspartner, bei denen die Voraussetzungen des § 26 Abs. 1 EStG vorliegen, ist die über den Zulageanspruch hinausgehende Steuerermäßigung – unabhängig von der gewählten Veranlagungsart – jeweils getrennt zuzurechnen (§ 10 a Abs. 4 Satz 3 EStG). Hierbei gilt Folgendes:

114 Gehören beide Ehegatten/Lebenspartner zu dem nach § 10 a Abs. 1 EStG begünstigten Personenkreis, ist die über den Zulageanspruch hinausgehende Steuerermäßigung jeweils getrennt zuzurechnen (§ 10 a Abs. 4 Satz 3 EStG). Die Zurechnung erfolgt im Verhältnis der als Sonderausgaben berücksichtigten Altersvorsorgebeiträge (geförderte Eigenbeiträge; § 10 a Abs. 4 Satz 3 Halbsatz 2 EStG).

115 Gehört nur ein Ehegatte/Lebenspartner zu dem nach § 10 a Abs. 1 EStG begünstigten Personenkreis und ist der andere Ehegatte/Lebenspartner nicht nach § 79 Satz 2 EStG zulageberechtigt, weil er keinen eigenen Altersvorsorgevertrag abgeschlossen oder weniger als 60 € im Beitragsjahr zugunsten seines Altersvorsorgevertrags geleistet hat, ist die Steuerermäßigung dem Ehegatten/Lebenspartner zuzurechnen, der zum unmittelbar begünstigten Personenkreis gehört.

116 Gehört nur ein Ehegatte/Lebenspartner zu dem nach § 10 a Abs. 1 EStG begünstigten Personenkreis und ist der andere Ehegatte/Lebenspartner nach § 79 Satz 2 EStG zulageberechtigt, ist die Steuerermäßigung den Ehegatten/

Lebenspartnern getrennt zuzurechnen. Die Zurechnung erfolgt im Verhältnis der als Sonderausgaben berücksichtigten Altersvorsorgebeiträge (geförderte Eigenbeiträge; § 10 a Abs. 4 Satz 3 und 4 EStG).

**Fortführung des Beispiels aus Rz. 110:** 117

Die zusätzliche Steuerermäßigung von 983 € ist den Ehegatten für die gesonderte Feststellung nach § 10 a Abs. 4 Satz 2 EStG getrennt zuzurechnen. Aufteilungsmaßstab hierfür sind die nach § 10 a Abs. 1 EStG berücksichtigten Eigenbeiträge.

| | | |
|---|---|---|
| Zusätzliche Steuerermäßigung insgesamt | | 983,00 € |
| davon Ehemann | (1925 €/2825 € × 100 = 68,14 %) | 669,82 € |
| davon Ehefrau | (900 €/2825 € × 100 = 31,86 %) | 313,18 € |

Diese Beträge und die Zuordnung zu den jeweiligen Verträgen sind nach § 10 a Abs. 4 EStG gesondert festzustellen und der ZfA als den jeweiligen Verträgen zugehörig mitzuteilen.

**Fortführung des Beispiels aus Rz. 111:** 118

Die zusätzliche Steuerermäßigung von 557 € ist den Ehegatten für die gesonderte Feststellung nach § 10 a Abs. 4 Satz 4 EStG getrennt zuzurechnen. Aufteilungsmaßstab hierfür ist das Verhältnis der Eigenbeiträge des unmittelbar zulageberechtigten Ehegatten zu den wegen der Nichtausschöpfung des Höchstbetrags berücksichtigten Eigenbeiträgen des mittelbar zulageberechtigten Ehegatten.

| | | |
|---|---|---|
| Zusätzliche Steuerermäßigung insgesamt | | 557,00 € |
| davon Ehemann | (1700 €/1810 € × 100 = 93,92 %) | 523,13 € |
| davon Ehefrau | (110 €/1810 € × 100 = 6,08 %) | 33,87 € |

Diese Beträge und die Zuordnung zu den jeweiligen Verträgen sind nach § 10 a Abs. 4 EStG gesondert festzustellen und der ZfA als den jeweiligen Verträgen zugehörig mitzuteilen.

## 5. Zusammentreffen mehrerer Verträge

### a) Altersvorsorgezulage

Die Altersvorsorgezulage wird bei einem unmittelbar Zulageberechtigten höchstens für zwei Verträge gewährt (§ 87 Abs. 1 Satz 1 EStG). Der Zulageberechtigte kann im Zulageantrag jährlich neu bestimmen, für welche Verträge die Zulage gewährt werden soll (§ 89 Abs. 1 Satz 2 EStG). Wurde nicht der gesamte nach § 86 EStG erforderliche Mindesteigenbeitrag zugunsten dieser Verträge geleistet, wird die Zulage entsprechend gekürzt (§ 86 Abs. 1 Satz 6 EStG). Die zu gewährende Zulage wird entsprechend dem Verhältnis der zugunsten dieser beiden Verträge geleisteten Altersvorsorgebeiträge verteilt. Es steht dem Zulageberechtigten allerdings frei, auch wenn er mehrere Verträge abgeschlossen hat, die Förderung nur für einen Vertrag in Anspruch zu nehmen. 119

Erfolgt bei mehreren Verträgen keine Bestimmung oder wird die Zulage für mehr als zwei Verträge beantragt, wird die Zulage nur für die zwei Verträge gewährt, für die im Beitragsjahr die höchsten Altersvorsorgebeiträge geleistet wurden (§ 89 Abs. 1 Satz 3 EStG). 120

**Beispiel:** 121

Der Zulageberechtigte zahlt im Jahr 2018 800 €, 800 € und 325 € zugunsten von drei verschiedenen Altersvorsorgeverträgen (ohne Zulage). Sein Mindesteigenbeitrag beträgt 1461 €. Der Zulageberechtigte beantragt die Zulage für die Verträge 1 und 2:

| | Vertrag 1 | Vertrag 2 | Vertrag 3 |
|---|---|---|---|
| Beiträge | 800 € | 800 € | 325 € |
| Zulage | 87,50 € (800 €/1600 € × 175 €) | 87,50 € (800 €/1600 € × 175 €) | – |

Er erhält die ungekürzte Zulage von 175 €, da zugunsten der Verträge 1 und 2 in der Summe der erforderliche Mindesteigenbeitrag geleistet worden ist.

122 **Abwandlung:**

Wie oben, der Zulageberechtigte zahlt die Beiträge (ohne Zulage) jedoch i. H. v. 650 €, 650 € und 325 € zugunsten von drei verschiedenen Altersvorsorgeverträgen.

Weil der Zulageberechtigte mit den Einzahlungen zugunsten der zwei Verträge, für die die Zulage beantragt wird, nicht den Mindesteigenbeitrag von 1461 € erreicht, wird die Zulage von 175 € im Verhältnis der Altersvorsorgebeiträge zum Mindesteigenbeitrag gekürzt (§ 86 Abs. 1 Satz 6 EStG). Die Zulage beträgt 175 € × 1300 €/1461 € = 155,72 €, sie wird den Verträgen 1 und 2 mit jeweils 77,86 € gutgeschrieben:

| | Vertrag 1 | Vertrag 2 | Vertrag 3 |
|---|---|---|---|
| Beiträge | 650 € | 650 € | 325 € |
| Zulage | 77,86 € (650 €/1300 € × 155,72 €) | 77,86 € (650 €/1300 € × 155,72 €) | – |

123 Der nach § 79 Satz 2 EStG mittelbar Zulageberechtigte kann die Zulage für das jeweilige Beitragsjahr nicht auf mehrere Verträge verteilen (§ 87 Abs. 2 EStG). Es ist nur der Vertrag begünstigt, für den zuerst die Zulage beantragt wird.

### b) Sonderausgabenabzug

124 Für den Sonderausgabenabzug nach § 10 a Abs. 1 EStG ist keine Begrenzung der Anzahl der zu berücksichtigenden Verträge vorgesehen. Der Steuerpflichtige kann im Rahmen des Höchstbetrags nach § 10 a Abs. 1 Satz 1 EStG auch Altersvorsorgebeiträge für Verträge geltend machen, für die keine Zulage beantragt wurde oder aufgrund des § 87 Abs. 1 EStG keine Zulage gewährt wird. In dem Umfang, in dem eine Berücksichtigung nach § 10 a EStG erfolgt, gelten die Beiträge als steuerlich gefördert. Die Zurechnung der über den Zulageanspruch nach Abschn. XI EStG hinausgehenden Steuerermäßigung erfolgt hierbei im Verhältnis der berücksichtigten Altersvorsorgebeiträge (§ 10 a Abs. 4 Satz 2 EStG).

125 **Beispiel:**

Der Steuerpflichtige zahlt im Jahr 2018 insgesamt 2400 € Beiträge (ohne Zulage von 175 €) auf vier verschiedene Altersvorsorgeverträge ein (800 €, 800 €, 400 €, 400 €). Sein Mindesteigenbeitrag beträgt 1461 €. Die Zulage wird für die beiden Verträge mit je 800 € Beitragsleistung beantragt. Die zusätzliche Steuerermäßigung für den Sonderausgabenabzug nach § 10 a Abs. 1 EStG beträgt 270 €.

Obwohl die Altersvorsorgebeiträge für die Verträge 3 und 4 sich nicht auf die Zulagegewährung auswirken (§ 87 Abs. 1 Satz 1 EStG), gehören die auf diese Beiträge entfallenden Leistungen aus diesen Verträgen in der Auszahlungsphase ebenfalls zu den sonstigen Einkünften nach § 22 Nr. 5 Satz 1 EStG, soweit sie als Sonderausgaben berücksichtigt wurden. In folgender Höhe sind die Beiträge steuerlich begünstigt worden:

| | Vertrag 1 | Vertrag 2 | Vertrag 3 | Vertrag 4 |
|---|---|---|---|---|
| Sonderausgabenhöchstbetrag abzüglich Zulage (2100 € – 175 € = 1925 €) im Verhältnis zu den geleisteten Beiträgen | 641,67 € (1925 €/ 2400 € × 800 €) | 641,67 € (1925 €/ 2400 € × 800 €) | 320,83 € (1925 €/ 2400 € × 400 €) | 320,83 € (1925 €/ 2400 € × 400 €) |
| Zulage | 87,50 € | 87,50 € | – | – |
| bei den einzelnen Verträgen sind somit die folgende Beträge steuerlich begünstigt (729,17 € + 729,17 € + 320,83 € + 320,83 € = 2100,00 €) | 729,17 € | 729,17 € | 320,83 € | 320,83 € |

Die Steuerermäßigung ist den vier Verträgen wie folgt zuzurechnen:

| | Vertrag 1 | Vertrag 2 | Vertrag 3 | Vertrag 4 |
|---|---|---|---|---|
| Beiträge | 800 € | 800 € | 400 € | 400 € |
| Zulage | 87,50 € | 87,50 € | – | – |
| Zusätzliche Steuerermäßigung | 90 € (641,67 €/ 1925 € × 270 €) | 90 € (641,67 €/ 1925 € × 270 €) | 45 € (320,83 €/ 1925 € × 270 €) | 45 € (320,83 €/ 1925 € × 270 €) |

## II. Nachgelagerte Besteuerung nach § 22 Nr. 5 EStG

### 1. Allgemeines

§ 22 Nr. 5 EStG ist anzuwenden auf Leistungen aus Altersvorsorgeverträgen i. S. d. § 82 Abs. 1 EStG sowie auf Leistungen aus Pensionsfonds, Pensionskassen und Direktversicherungen. Korrespondierend mit der Freistellung der Beiträge, Zahlungen, Erträge und Wertsteigerungen von steuerlichen Belastungen in der Ansparphase werden die Leistungen erst in der Auszahlungsphase besteuert (nachgelagerte Besteuerung; zu Ausnahmen vgl. Rzn. 195 ff.), und zwar auch dann, wenn zugunsten des Vertrags ausschließlich Beiträge geleistet wurden, die nicht nach § 10 a und Abschn. XI EStG gefördert worden sind. § 22 Nr. 5 EStG ist gegenüber anderen Vorschriften des EStG und des InvStG eine vorrangige Spezialvorschrift. Dies bedeutet auch, dass die ab dem 1. Januar 2009 geltende Abgeltungsteuer in diesen Fällen keine Anwendung findet. 126

Während der Ansparphase erfolgt bei zertifizierten Altersvorsorgeverträgen keine Besteuerung von Erträgen und Wertsteigerungen. Dies gilt unabhängig 127 davon, ob oder in welchem Umfang die Altersvorsorgebeiträge nach § 10 a und Abschn. XI EStG gefördert wurden.

128 Die Regelungen über die Erhebung der Kapitalertragsteuer sind nicht anzuwenden. In der Ansparphase fallen keine kapitalertragsteuerpflichtigen Kapitalerträge an; die Leistungen in der Auszahlungsphase unterliegen nach § 22 Nr. 5 EStG der Besteuerung im Rahmen der Einkommensteuerveranlagung, so dass auch in der Auszahlungsphase kein Kapitalertragsteuerabzug vorzunehmen ist. Da es sich um Einkünfte nach § 22 Nr. 5 EStG handelt, ist kein Sparer-Pauschbetrag nach § 20 Abs. 9 EStG anzusetzen. Der Pauschbetrag für Werbungskosten bestimmt sich nach § 9 a Satz 1 Nr. 3 EStG.

129 Der Umfang der Besteuerung der Leistungen in der Auszahlungsphase richtet sich danach, inwieweit die Beiträge in der Ansparphase steuerfrei gestellt (§ 3 Nr. 63, 63 a und 66 EStG), nach § 10 a und Abschn. XI EStG (Sonderausgabenabzug und Altersvorsorgezulage) gefördert worden sind, durch steuerfreie Zuwendungen nach § 3 Nr. 56 EStG oder durch die nach § 3 Nr. 55 b Satz 1 oder § 3 Nr. 55 c EStG steuerfreien Leistungen aus einem neu begründeten Anrecht erworben wurden. Dies gilt auch für Leistungen aus einer ergänzenden Absicherung der verminderten Erwerbsfähigkeit oder Dienstunfähigkeit und einer zusätzlichen Absicherung der Hinterbliebenen. Dabei ist von einer einheitlichen Behandlung der Beitragskomponenten für Alter und Zusatzrisiken auszugehen. An den Leistungsempfänger auszuzahlende Anteile an den Bewertungsreserven sind steuerlich so zu behandeln wie die zu Grunde liegende Hauptleistung. Negative Einkünfte nach § 22 Nr. 5 EStG können mit anderen Einkünften i. S. d. § 22 EStG und positiven Einkünften anderer Einkunftsarten verrechnet werden (horizontaler und vertikaler Verlustausgleich). Bei Leistungen in Form von Teil- bzw. Einmalkapitalauszahlungen handelt es sich nicht um außerordentliche Einkünfte i. S. d. § 34 Abs. 2 EStG (vgl. auch BFH-Urteil vom 20. September 2016, BStBl. 2017 II S. 347). Eine Anwendung der Fünftelungsregelung des § 34 EStG auf diese Zahlungen kommt daher nicht in Betracht, es sei denn, es handelt sich um eine Kleinbetragsrentenabfindung nach § 93 Abs. 3 EStG (vgl. Rzn. 200 ff.), auf die § 34 Abs. 1 EStG nach § 22 Nr. 5 Satz 13 EStG entsprechend anzuwenden ist. Die Abgrenzung von geförderten und nicht geförderten Beiträgen im Fall einer internen Teilung nach § 10 des Versorgungsausgleichsgesetzes – VersAusglG – (BGBl. 2009 I S. 700) ist bei der ausgleichsberechtigten Person genauso vorzunehmen, wie sie bei der ausgleichspflichtigen Person erfolgt wäre, wenn die interne Teilung nicht stattgefunden hätte.

130 Zu den Einzelheiten zur Besteuerung der Leistungen aus Pensionsfonds, Pensionskassen und Direktversicherungen vgl. Rzn. 148 ff. des BMF-Schreibens vom 6. Dezember 2017 IV C 5 – S 2333/17/10002, DOK 2017/0989084 (BStBl. 2018 I S. 147)[1].

## 2. Abgrenzung der geförderten und der nicht geförderten Beiträge

### a) Geförderte Beiträge

131 Zu den geförderten Beiträgen gehören die geleisteten Eigenbeiträge zuzüglich der für das Beitragsjahr zustehenden oder gezahlten Altersvorsorgezulage,

[1] Nr. **20** § 3/8.

soweit sie den Höchstbetrag nach § 10 a EStG nicht übersteigen, mindestens jedoch die gewährten Zulagen und die geleisteten Sockelbeträge i. S. d. § 86 Abs. 1 Satz 4 EStG. Bei mehreren Verträgen ist der Höchstbetrag für diese insgesamt nur einmal anzuwenden; die Aufteilung erfolgt entsprechend dem Verhältnis der zugunsten dieser Verträge geleisteten Altersvorsorgebeiträge (vgl. Rzn. 124 f.). Eine zu Unrecht gewährte Förderung, deren Rückforderung nicht mehr möglich ist, kann zu einer Steuerverstrickung über den Höchstbetrag hinaus führen. Zu den im Rahmen der betrieblichen Altersversorgung i. S. d. § 22 Nr. 5 EStG geförderten Beiträgen vgl. BMF-Schreiben vom 6. Dezember 2017 IV C 5 – S 2333/17/10002, DOK 2017/0989084 (BStBl. 2018 I S. 147)[1].

Soweit Altersvorsorgebeiträge zugunsten eines zertifizierten Altersvorsorgevertrags, für den keine Zulage beantragt wird oder der als weiterer Vertrag nicht mehr zulagebegünstigt ist (§ 87 Abs. 1 Satz 1 EStG), als Sonderausgaben i. S. d. § 10 a EStG berücksichtigt werden, gehören die Beiträge bis zum Höchstbetrag nach § 10 a EStG ebenfalls zu den geförderten Beiträgen. Rz. 131 gilt entsprechend. 132

Bei einem mittelbar zulageberechtigten Ehegatten/Lebenspartner gehören die im Rahmen des Sonderausgabenabzugs nach § 10 a Abs. 1 EStG berücksichtigten Altersvorsorgebeiträge (vgl. Rzn. 100, 111 und 116) und die für dieses Beitragsjahr zustehende Altersvorsorgezulage zu den geförderten Beiträgen. 133

### b) Nicht geförderte Beiträge

Zu den nicht geförderten Beiträgen gehören Beträge, 134

- die zugunsten eines zertifizierten Altersvorsorgevertrags in einem Beitragsjahr eingezahlt werden, in dem der Anleger nicht zum begünstigten Personenkreis gehört,
- für die er keine Altersvorsorgezulage und keinen steuerlichen Vorteil aus dem Sonderausgabenabzug nach § 10 a EStG erhalten hat oder
- die den Höchstbetrag nach § 10 a EStG abzüglich der individuell für das Beitragsjahr zustehenden Zulage übersteigen („Überzahlungen"), sofern es sich nicht um den Sockelbetrag handelt.

Erträge und Wertsteigerungen, die auf zu Unrecht gezahlte und dementsprechend später zurückgeforderte Zulagen entfallen, sind als ungefördertes Altersvorsorgevermögen zu behandeln. 135

Sieht der zertifizierte Altersvorsorgevertrag vertraglich die Begrenzung auf einen festgelegten Höchstbetrag (z. B. den Betrag nach § 10 a EStG, den Mindestbeitrag nach § 79 Satz 2 EStG oder den nach § 86 EStG erforderlichen Mindesteigenbeitrag zuzüglich Zulageanspruch) vor, handelt es sich bei Zahlungen, die darüber hinausgehen, um zivilrechtlich nicht geschuldete Beträge und damit nicht um Altersvorsorgebeiträge, für die eine Förderung beansprucht werden kann. Das Gleiche gilt für andere gezahlte Beträge, die zivilrechtlich nicht geschuldet waren. Der Anleger kann sie entweder nach den allgemeinen zivilrechtlichen Vorschriften vom Anbieter zurückfordern oder in 136

[1] Nr. **20** § 3/8.

Folgejahren mit geschuldeten Beiträgen verrechnen lassen. Diese Beträge sind erst für das Jahr der Verrechnung als Altersvorsorgebeiträge zu behandeln.

### 3. Leistungen, die ausschließlich auf geförderten Altersvorsorgebeiträgen beruhen (§ 22 Nr. 5 Satz 1 EStG)

137 Die Leistungen in der Auszahlungsphase unterliegen in vollem Umfang der Besteuerung nach § 22 Nr. 5 Satz 1 EStG, wenn

- die gesamten Altersvorsorgebeiträge in der Ansparphase nach § 10 a und Abschn. XI EStG gefördert worden sind,
- sie auf einem nach § 3 Nr. 55 b Satz 1 oder § 3 Nr. 55 c EStG vollständig steuerfrei begründeten Anrecht beruhen oder
- die gesamten Beiträge nach § 3 Nr. 63, § 3 Nr. 63 a oder Abschnitt XII EStG gefördert worden sind.

Dies gilt auch, soweit die Leistungen auf gutgeschriebenen Zulagen sowie den erzielten Erträgen und Wertsteigerungen beruhen.

138 **Beispiel:**

Der Steuerpflichtige hat über 25 Jahre einschließlich der Zulagen immer genau die förderbaren Höchstbeiträge zugunsten eines begünstigten Altersvorsorgevertrags eingezahlt. Er erhält ab Vollendung des 65. Lebensjahres eine monatliche Rente i. H. v. 500 €.
Die Rentenzahlung ist mit 12 × 500 € = 6000 € im Rahmen der Einkommensteuerveranlagung nach § 22 Nr. 5 Satz 1 EStG voll steuerpflichtig.

### 4. Leistungen, die zum Teil auf geförderten, zum Teil auf nicht geförderten Altersvorsorgebeiträgen beruhen (§ 22 Nr. 5 Satz 1 und 2 EStG)

139 Hat der Steuerpflichtige in der Ansparphase sowohl geförderte als auch nicht geförderte Beiträge zugunsten des Vertrags geleistet, sind die Leistungen in der Auszahlungsphase aufzuteilen.

140 Soweit Beiträge in der Ansparphase gefördert oder steuerfrei gestellt (z. B. Rzn. 150 ff.) worden sind, sind die Leistungen nach § 22 Nr. 5 Satz 1 EStG voll zu besteuern. Insoweit gilt Rz. 137 entsprechend.

141 Aufteilungsfälle liegen z. B. vor, wenn

- ein zertifizierter Altersvorsorgevertrag nicht in der gesamten Ansparphase gefördert worden ist, weil z. B. in einigen Jahren die persönlichen Fördervoraussetzungen nicht vorgelegen haben, aber weiterhin Beiträge eingezahlt worden sind,
- der Begünstigte höhere Beiträge eingezahlt hat, als im einzelnen Beitragsjahr nach § 10 a EStG begünstigt waren.

Für die Frage des Aufteilungsmaßstabs sind die Grundsätze des BMF-Schreibens vom 11. November 2004 (BStBl. I S. 1061) unter Berücksichtigung der Änderungen durch das BMF-Schreiben vom 14. März 2012 (BStBl. I S. 311) anzuwenden. Beiträge, die nach dem 31. Dezember 2001 zugunsten eines zertifizierten Altersvorsorgevertrags geleistet wurden, sind danach getrennt aufzuzeichnen und die sich daraus ergebenden Leistungen einschließlich zugeteilter Erträge getrennt zu ermitteln. Dabei scheidet die Anwendung eines beitragsproportionalen Verfahrens für einen längeren Zeitraum – mehr als zwei Beitragsjahre – zur Ermittlung der sich aus den entsprechenden Beiträgen ergebenden Leistungen und Erträge aus.

Wird vom Anbieter zur Erfüllung der Beitragserhaltungszusage (§ 1 Abs. 1 Satz 1 Nr. 3 AltZertG) zu Beginn der Auszahlungsphase ein Betrag auf den Altersvorsorgevertrag eingezahlt, ist dieser im gleichen Verhältnis in einen geförderten und einen ungeförderten Teil aufzuteilen, in dem das zu Beginn der Auszahlungsphase auf dem Altersvorsorgevertrag vorhandene geförderte Kapital zum ungeförderten Kapital ohne Berücksichtigung des vom Anbieter eingezahlten Betrags zur Erfüllung der Beitragserhaltungszusage steht. **142**

Die Besteuerung von Leistungen, die auf nicht geförderten Beiträgen beruhen, richtet sich nach der Art der Leistung. Es werden insoweit drei Gruppen unterschieden: **143**

– Leistungen in Form einer lebenslangen Rente oder einer Berufsunfähigkeits-, Erwerbsminderungs- und Hinterbliebenenrente, § 22 Nr. 5 Satz 2 Buchst. a EStG (Rz. 144)
– andere Leistungen aus Altersvorsorgeverträgen (zertifizierten Versicherungsverträgen), Pensionsfonds, Pensionskassen und Direktversicherungen, § 22 Nr. 5 Satz 2 Buchst. b EStG (Rz. 145)
– übrige Leistungen (z. B. aus zertifizierten Bank- oder Fondssparplänen oder aus zertifizierten Bausparverträgen), § 22 Nr. 5 Satz 2 Buchst. c EStG (Rz. 146).

Soweit es sich um eine lebenslange Rente oder eine Berufsunfähigkeits-, Erwerbsminderungs- und Hinterbliebenenrente handelt, die auf nicht geförderten Beiträgen beruht, erfolgt die Besteuerung in der Regel nach § 22 Nr. 5 Satz 2 Buchst. a i. V. m. § 22 Nr. 1 Satz 3 Buchst. a Doppelbuchst. bb EStG mit dem entsprechenden Ertragsanteil. Leistungen aus einem Pensionsfonds, einer Pensionskasse (inkl. Versorgungsausgleichskasse) oder aus einer Direktversicherung, die auf nicht gefördertem Kapital beruhen und für die die Voraussetzungen der Basis-Rente erfüllt sind (zertifiziert nach § 5 a AltZertG), werden hingegen nach § 22 Nr. 5 Satz 2 Buchst. a i. V. m. § 22 Nr. 1 Satz 3 Buchst. a Doppelbuchst. aa EStG mit dem Besteuerungsanteil besteuert. Werden neben einer Grundrente Überschussbeteiligungen in Form einer Bonusrente gezahlt, so ist der gesamte Auszahlungsbetrag mit einem einheitlichen Ertragsanteil der Besteuerung zu unterwerfen. R 22.4 Abs. 1 Satz 1 EStR ist in diesen Fällen nicht einschlägig, da mit der Überschussbeteiligung in Form einer Bonusrente kein neues Rentenrecht begründet wird. In der Mitteilung nach § 22 Nr. 5 EStG ist der Betrag von Grund- und Bonusrente in einer Summe auszuweisen. **144**

Wird auf nicht geförderten Beiträgen beruhendes Kapital aus einem zertifizierten Versicherungsvertrag ausgezahlt, ist nach § 22 Nr. 5 Satz 2 Buchst. b EStG die Regelung des § 20 Abs. 1 Nr. 6 EStG in der für den zugrunde liegenden Vertrag geltenden Fassung entsprechend anzuwenden. Erfolgt bei einem vor dem 1. Januar 2005 abgeschlossenen Versicherungsvertrag die Kapitalauszahlung erst nach Ablauf von zwölf Jahren seit Vertragsabschluss und erfüllt der Vertrag die weiteren Voraussetzungen des § 10 Abs. 1 Nr. 2 EStG in der am 31. Dezember 2004 geltenden Fassung, unterliegt die Kapitalauszahlung insgesamt nicht der Besteuerung (§ 52 Abs. 28 Satz 5 EStG). Liegen die genannten Voraussetzungen nicht vor, unterliegen die rechnungsmäßigen und außerrechnungsmäßigen Zinsen der Besteuerung (§ 52 Abs. 28 Satz 5 EStG). Bei einem nach dem 31. Dezember 2004 abgeschlossenen Versicherungsver- **145** trag, der die Voraussetzungen des § 20 Abs. 1 Nr. 6 EStG erfüllt, unterliegt bei Kapitalauszahlungen der Unterschiedsbetrag zwischen der Versicherungsleistung und der Summe der auf sie entrichteten Beiträge der Besteuerung. Erfolgt die Auszahlung erst nach Vollendung des 60. Lebensjahres des Steuerpflichtigen und hat der Vertrag im Zeitpunkt der Auszahlung mindestens zwölf Jahre bestanden, ist nur die Hälfte dieses Unterschiedsbetrags der Besteuerung zu Grunde zu legen. Für nach dem 31. Dezember 2011 abgeschlossene Verträge ist grundsätzlich auf die Vollendung des 62. Lebensjahres abzustellen.

146 Erhält der Steuerpflichtige in der Auszahlungsphase gleich bleibende oder steigende monatliche (Teil-)Raten, variable Teilraten oder eine Kapitalauszahlung, auf die § 22 Nr. 5 Satz 2 Buchst. b EStG nicht anzuwenden ist (z. B. Teilkapitalauszahlung aus einem Altersvorsorgevertrag in der Form eines zertifizierten Bank-/Fondssparplans oder Bausparvertrags), gilt § 22 Nr. 5 Satz 2 Buchst. c EStG. Zu versteuern ist der Unterschiedsbetrag zwischen der ausgezahlten Leistung und den auf sie entrichteten Beiträgen. Erfolgt die Auszahlung der Leistung nach Vollendung des 60. Lebensjahres des Leistungsempfängers und hatte der Vertrag eine Laufzeit von mehr als zwölf Jahren, ist nur die Hälfte des Unterschiedsbetrags zu versteuern. Für nach dem 31. Dezember 2011 abgeschlossene Verträge ist grundsätzlich auf die Vollendung des 62. Lebensjahres abzustellen. Für die Berechnung des Unterschiedsbetrags ist das BMF-Schreiben vom 1. Oktober 2009 (BStBl. I S. 1172)[1], ergänzt durch BMF-Schreiben vom 6. März 2012 (BStBl. I S. 238)[2], 11. November 2016 (BStBl. I S. 1238) und geändert durch BMF-Schreiben vom 18. Juni 2013 (BStBl. I S. 768)[3] entsprechend anzuwenden.

147 **Beispiel:**

A (geb. im Januar 1961) hat einen Altersvorsorgevertrag abgeschlossen und zugunsten dieses Vertrags ausschließlich geförderte Beiträge eingezahlt (§ 10 a EStG und Abschn. XI EStG). Der Vertrag sieht vor, dass 10 % der geleisteten Beiträge zur Absicherung der verminderten Erwerbsfähigkeit eingesetzt werden.

Im Januar 2020 wird A vermindert erwerbsfähig und erhält aus dem Altersvorsorgevertrag eine Erwerbsminderungsrente i. H. v. 100 € monatlich ausgezahlt. Die Zahlung der Erwerbsminderungsrente steht unter der auflösenden Bedingung des Wegfalls der Erwerbsminderung. Der Versicherer hat sich vorbehalten, die Voraussetzungen für die Rentengewährung alle zwei Jahre zu überprüfen. Diese Rente endet mit Ablauf des Jahres 2025. Ab dem Jahr 2026 erhält A aus dem Vertrag eine Altersrente i. H. v. monatlich 150 €.

Die Erwerbsminderungsrente ist im Jahr 2020 i. H. v. 1200 € (12 × 100 €) im Rahmen der Einkünfte aus § 22 Nr. 5 Satz 1 EStG zu erfassen. Dies gilt entsprechend für die Jahre 2021 bis 2025. Ab dem Jahr 2026 erfolgt eine Erfassung der Altersrente i. H. v. 1800 € (12 × 150 €) nach § 22 Nr. 5 Satz 1 EStG.

**Abwandlung:**

A leistet ab dem Jahr 2008 einen jährlichen Beitrag i. H. v. insgesamt 1000 €. Er ist in den Jahren 2008 bis 2017 (zehn Jahre) unmittelbar förderberechtigt. Die von ihm geleisteten Beiträge werden nach § 10 a EStG und Abschn. XI EStG gefördert. Im Jahr 2018 und 2019 ist er hingegen nicht förderberechtigt. Er zahlt in den Jahren jedoch – trotz der fehlenden Förderung – weiterhin einen jährlichen Beitrag i. H. v. 1000 €. Ende des Jahres 2019 beträgt das

[1] Nr. **1** § 20/12.
[2] Nr. **1** § 20/15.
[3] Nr. **1** § 20/19.

von A geförderte Altersvorsorgevermögen 15 000 €. Das Gesamtvermögen beläuft sich auf 18 000 €.
Die Erwerbsminderungsrente ist im Jahr 2020 i. H. v. 1000 € (1200 € × 15/18) im Rahmen der Einkünfte aus § 22 Nr. 5 Satz 1 EStG zu erfassen. Die verbleibenden 200 € sind nach § 22 Nr. 5 Satz 2 Buchst. a EStG i. V. m. § 22 Nr. 1 Satz 3 Buchst. a Doppelbuchst. bb Satz 5 EStG i. V. m. § 55 EStDV mit einem Ertragsanteil i. H. v. 7% (bemessen nach einer voraussichtlichen Laufzeit von sechs Jahren) steuerlich zu erfassen. Der Ertragsanteil bemisst sich grundsätzlich nach der Zeitspanne zwischen dem Eintritt des Versicherungsfalls (Begründung der Erwerbsminderung) und dem voraussichtlichen Leistungsende (hier: Erreichen der für die Hauptversicherung vereinbarten Altersgrenze). Steht der Anspruch auf Rentengewährung unter der auflösenden Bedingung des Wegfalls der Erwerbsminderung und lässt der Versicherer das Fortbestehen der Erwerbsminderung in mehr oder minder regelmäßigen Abständen prüfen, wird hierdurch die zu berücksichtigende voraussichtliche Laufzeit nicht berührt.
Ab dem Jahr 2026 erfolgt eine Erfassung der Altersrente i. H. v. 1500 € (1800 € × 15/18) nach § 22 Nr. 5 Satz 1 EStG. Der verbleibende Rentenbetrag i. H. v. 300 € wird mit dem vom Alter des Rentenberechtigten bei Beginn der Altersrente abhängigen Ertragsanteil nach § 22 Nr. 5 Satz 2 Buchst. a EStG i. V. m. § 22 Nr. 1 Satz 3 Buchst. a Doppelbuchst. bb EStG erfasst.

## 5. Leistungen, die ausschließlich auf nicht geförderten Altersvorsorgebeiträgen beruhen

Hat der Steuerpflichtige in der Ansparphase ausschließlich nicht geförderte Beiträge zugunsten eines zertifizierten Altersvorsorgevertrags eingezahlt, gelten für die gesamte Auszahlungsleistung die Ausführungen in Rzn. 143 bis 147. **148**

## 6. Vertragswechsel

Die Übertragung von Altersvorsorgevermögen auf einen anderen Altersvorsorgevertrag führt grundsätzlich zu einem steuerpflichtigen Zufluss, bei dem die Leistungen nach § 22 Nr. 5 EStG zu besteuern sind. **149**

Unter den nachfolgenden Voraussetzungen ist eine steuerfreie Übertragung möglich:

### a) Steuerfreiheit nach § 3 Nr. 55 c EStG

Nach § 3 Nr. 55 c EStG sind Übertragungen von Altersvorsorgevermögen auf einen anderen auf den Namen des Zulageberechtigten lautenden Altersvorsorgevertrag (§ 1 Abs. 1 Satz 1 Nr. 10 Buchst. b AltZertG) steuerfrei, soweit die Leistungen zu steuerpflichtigen Einkünften nach § 22 Nr. 5 EStG führen würden. **150**

Dies gilt entsprechend, wenn **151**

– Anwartschaften aus einer betrieblichen Altersversorgung, die über einen Pensionsfonds, eine Pensionskasse oder ein Unternehmen der Lebensversicherung (Direktversicherung) durchgeführt werden, lediglich auf einen anderen Träger einer betrieblichen Altersversorgung in Form eines Pensionsfonds, einer Pensionskasse oder eines Unternehmens der Lebensversicherung (Direktversicherung) übertragen werden, soweit keine Zahlungen unmittelbar an den Arbeitnehmer erfolgen (vgl. Rz. 63 des BMF-Schreibens vom 6. Dezember 2017 IV C 5 – S 2333/17/10002, DOK 2017/0989084, BStBl. 2018 I S. 147[1]) oder

[1] Nr. **20** § 3/8.

– Anwartschaften der betrieblichen Altersversorgung abgefunden werden, soweit das Altersvorsorgevermögen zugunsten eines auf den Namen des Zulageberechtigten lautenden Altersvorsorgevertrags geleistet wird oder
– im Fall des Todes des Zulageberechtigten das Altersvorsorgevermögen auf einen auf den Namen des Ehegatten/Lebenspartners lautenden Altersvorsorgevertrag übertragen wird, wenn die Ehegatten/Lebenspartner im Zeitpunkt des Todes des Zulageberechtigten nicht dauernd getrennt gelebt haben (§ 26 Abs. 1 EStG) und ihren Wohnsitz oder gewöhnlichen Aufenthalt in einem EU-/EWR-Staat hatten.

152 Soweit die Übertragung im Rahmen des Vertragswechsels nicht zu Einkünften im Sinne des EStG führt, bedarf es keiner Steuerfreistellung nach § 3 Nr. 55 c EStG.

### b) Besteuerung beim überlebenden Ehegatten/Lebenspartner

153 Für die Besteuerung der Leistungen bei dem überlebenden Ehegatten/Lebenspartner ist unerheblich, zu welchen Einkünften die Leistungen aus dem übertragenen Altersvorsorgevermögen bei dem verstorbenen Zulageberechtigten geführt hätten, da mit der Übertragung des Altersvorsorgevermögens ein neues Anrecht begründet wird. Bei dem überlebenden Ehegatten/Lebenspartner unterliegen die Leistungen aus dem Altersvorsorgevertrag, die auf dem nach § 3 Nr. 55 c EStG steuerfreien Betrag beruhen, insoweit in vollem Umfang der nachgelagerten Besteuerung nach § 22 Nr. 5 Satz 1 EStG.

154 **Beispiel:**

A hat am 1. Januar 2002 einen versicherungsförmigen Altersvorsorgevertrag abgeschlossen, auf den geförderte und ungeförderte Beiträge eingezahlt wurden. Im Jahr 2012 verstirbt A. Das Altersvorsorgevermögen wird auf den im Jahr 2012 abgeschlossenen Altersvorsorgevertrag (Fondssparplan) seiner überlebenden Ehefrau B übertragen.
Das übertragene geförderte Altersvorsorgevermögen wird nach § 3 Nr. 55 c EStG steuerfrei gestellt, da die Leistungen, die auf dem geförderten Altersvorsorgevermögen beruhen, im Zeitpunkt der Übertragung zu steuerpflichtigen Einkünften nach § 22 Nr. 5 EStG führen würden. Eine Steuerfreistellung des übertragenen ungeförderten Altersvorsorgevermögens erfolgt nicht, da die Leistungen bei einer unterstellten Auszahlung im Todesfall nach § 22 Nr. 5 Satz 2 Buchst. b EStG i. V. m. § 20 Abs. 1 Nr. 6 EStG in der am 31. Dezember 2004 geltenden Fassung nicht der Besteuerung unterlegen hätten (kein Erlebensfall oder Rückkauf).
Zwei Jahre nach der Übertragung des Altersvorsorgevermögens beginnt die Auszahlungsphase des Altersvorsorgevertrags von B. Das geförderte Kapital wird im Rahmen eines Auszahlungsplans mit einer Teilkapitalverrentung ab dem 85. Lebensjahr ausgezahlt. Das ungeförderte Kapital erhält B als Einmalauszahlung.

| | Gefördertes AV in € | Ungefördertes AV in € |
|---|---|---|
| Beiträge des A | 23 012 | 10 460 |
| Zulagen des A | 3388 | |
| Erträge des A | 8000 | 3000 |
| Altersvorsorgevermögen zum Zeitpunkt der Kapitalübertragung wegen Todes | 34 400 | 13 460 |
| Nach § 3 Nr. 55 c EStG gefördertes Altersvorsorgevermögen (bisher nach anderen Vorschriften gefördert) | 34 400 | |

| | Gefördertes AV in € | Ungefördertes AV in € |
|---|---|---|
| Bisher ungefördertes, jetzt gefördertes Altersvorsorgevermögen (§ 3 Nr. 55 c EStG) | – | – |
| Altersvorsorgevermögen nach dem Zeitpunkt der Kapitalübertragung | 34 400 | 13 460 |
| Erträge nach der Kapitalübertragung | 1400 | 550 |
| Tatsächliche Auszahlung | 35 800 | 14 010 |

Die Auszahlung des übertragenen geförderten Kapitals im Rahmen eines Auszahlungsplans mit einer Teilkapitalverrentung ab dem 85. Lebensjahr ist wegen der Steuerfreistellung nach § 3 Nr. 55 c EStG steuerpflichtig nach § 22 Nr. 5 Satz 1 EStG. Die Besteuerung der Einmalauszahlung aus dem übertragenen ungeförderten Kapital erfolgt nach § 22 Nr. 5 Satz 2 Buchst. c EStG. Danach ist der steuerpflichtige Unterschiedsbetrag zwischen der Leistung und der Summe der auf sie entrichteten Beiträge wie folgt zu ermitteln: 14 010 € – 13 460 € = 550 €. Die Anwendung des hälftigen Unterschiedsbetrags (§ 22 Nr. 5 Satz 2 Buchst. c EStG) kommt nicht in Betracht, da die Laufzeit des Vertrags von B nur zwei Jahre betragen hat.

### c) Übertragung von ungefördertem Altersvorsorgevermögen

Um beim Vertragswechsel die praktische Umsetzung zu gewährleisten, gilt im Hinblick auf die Übertragung von ungefördertem Altersvorsorgevermögen von einem zertifizierten Altersvorsorgevertrag auf einen anderen zertifizierten Altersvorsorgevertrag des Zulageberechtigten Folgendes: 155

#### aa) Ermittlung des nach § 3 Nr. 55 c EStG steuerfreien Betrags bei einem vor dem 1. Januar 2005 abgeschlossenen, versicherungsförmigen Altersvorsorgevertrag

Bei einer Übertragung eines vor dem 1. Januar 2005 abgeschlossenen, versicherungsförmigen Altersvorsorgevertrags i. S. d. Rz. 150 ist § 3 Nr. 55 c EStG anzuwenden, wenn die Leistungen bei einer unterstellten Auszahlung an den Zulageberechtigten im Zeitpunkt der Kapitalübertragung zu steuerpflichtigen Einkünften geführt hätten (§ 22 Nr. 5 Satz 2 Buchst. b i. V. m. § 20 Abs. 1 Nr. 6 EStG in der am 31. Dezember 2004 geltenden Fassung). Für die Ermittlung des insoweit steuerfrei zu stellenden Betrags ist aus Vereinfachungsgründen auf den Unterschiedsbetrag zwischen dem ungeförderten Teil des übertragenen Altersvorsorgevermögens und der Summe der auf ihn entrichteten Beiträge statt auf die rechnungsmäßigen und außerrechnungsmäßigen Zinsen i. S. d. § 20 Abs. 1 Nr. 6 EStG in der am 31. Dezember 2004 geltenden Fassung abzustellen. Dies gilt auch, wenn die Übertragung von einem vor dem 1. Januar 2005 abgeschlossenen versicherungsförmigen Altersvorsorgevertrag auf einen vor dem 1. Januar 2005 abgeschlossenen versicherungsförmigen Altersvorsorgevertrag erfolgt. Die Sätze 2 und 3 sind auch bei Übertragungen i. S. d. § 3 Nr. 55 a oder 55 b EStG von einem versicherungsförmigen Altersvorsorgevertrag anzuwenden. 156

#### bb) Besteuerung im Auszahlungszeitpunkt

Die auf den nach § 3 Nr. 55 c EStG steuerfrei gestellten Beträgen (einschließlich ihrer Erträge und Wertsteigerungen) beruhenden Leistungen werden bei der Auszahlung an den Zulageberechtigten nach § 22 Nr. 5 Satz 1 EStG besteuert. Sie sind vom aufnehmenden Anbieter entsprechend in die 157

Mitteilung nach § 22 Nr. 5 Satz 7 EStG aufzunehmen und mit der Rentenbezugsmitteilung nach § 22 a EStG zu melden (vgl. Rz. 193).

158 Hat der abgebende Anbieter dem aufnehmenden Anbieter einen nach § 3 Nr. 55 c EStG freizustellenden Betrag für den ungeförderten Teil des übertragenen Altersvorsorgevermögens i. H. v. 0 € gemeldet, weil z. B. bei einer unterstellten Auszahlung an den Zulageberechtigten im Zeitpunkt der Kapitalübertragung nach § 22 Nr. 5 Satz 2 i. V. m. § 20 Abs. 1 Nr. 6 EStG in der am 31. Dezember 2004 geltenden Fassung die Leistungen nicht der Besteuerung unterlegen hätten, dann wird dieser Teil des übertragenen Kapitals im Zeitpunkt der Auszahlung an den Zulageberechtigten nicht besteuert. Die sich aus dem übertragenen ungeförderten Kapital beim aufnehmenden Anbieter ergebenden Erträge und Wertsteigerungen werden nach § 22 Nr. 5 Satz 2 EStG steuerlich erfasst. Sie sind vom aufnehmenden Anbieter entsprechend in die Mitteilung nach § 22 Nr. 5 Satz 7 EStG aufzunehmen und mit der Rentenbezugsmitteilung nach § 22 a EStG zu melden (vgl. Rz. 193).

159 Eine Kapitalübertragung i. S. d. § 3 Nr. 55 c EStG löst grundsätzlich eine Vertragsänderung i. S. d. Rzn. 67 ff. des BMF-Schreibens vom 1. Oktober 2009 (BStBl. I S. 1172)[1], ergänzt durch BMF-Schreiben vom 6. März 2012 (BStBl. I S. 238)[2], 11. November 2016 (BStBl. I S. 1238) und geändert durch BMF-Schreiben vom 18. Juni 2013 (BStBl. I S. 768)[3] aus. Die vertraglichen Vereinbarungen des aufnehmenden Vertrags (z. B. zum frühestmöglichen Beginn der Auszahlungsphase) bleiben unberührt.

160 **Beispiel 1:**

A hat am 1. Januar 2008 einen versicherungsförmigen Altersvorsorgevertrag und einen Altersvorsorgevertrag in Form eines Fondssparplans abgeschlossen. Am 1. Januar 2011 erfolgt eine Kapitalübertragung des bisher auf dem versicherungsförmigen Altersvorsorgevertrag angesparten, ausschließlich ungeförderten Altersvorsorgevermögens i. H. v. 3000 € auf den bestehenden Altersvorsorgevertrag in Form eines Fondssparplans. Im Übertragungswert sind 2900 € an Beiträgen sowie Erträge enthalten. Mit der Vollendung seines 61. Lebensjahres am 1. April 2020 lässt sich A das auf seinem Altersvorsorgevertrag in Form eines Fondssparplans angesparte, ausschließlich ungeförderte Altersvorsorgevermögen i. H. v. insgesamt 30 000 € in einer Summe auszahlen. Darin enthalten sind 20 000 € Eigenbeiträge, 3000 € Übertragungswert sowie Erträge. Von den Erträgen sind 800 € für den Übertragungswert nach der Kapitalübertragung angefallen.

Betrag, auf den nach § 22 Nr. 5 Satz 2 Buchst. c i. V. m. § 20 Abs. 1 Nr. 6 EStG der hälftige Unterschiedsbetrag anzuwenden ist:

| | |
|---|---|
| Altersvorsorgevermögen | 30 000 € |
| abzügl. Übertragungswert | 3000 € |
| abzügl. für den Übertragungswert nach der Übertragung angefallene Erträge | 800 € |
| abzügl. Eigenbeiträge | 20 000 € |
| = | 6200 € |

Da der Altersvorsorgevertrag in Form eines Fondssparplans vor dem 1. Januar 2012 abgeschlossen wurde und die Auszahlung nach dem 60. Lebensjahr des Steuerpflichtigen und nach Ablauf von zwölf Jahren seit dem Vertragsabschluss erfolgte, ist die Hälfte von den 6200 €, also 3100 € zu versteuern.

[1] Nr. 1 § 20/12.
[2] Nr. 1 § 20 /15.
[3] Nr. 1 § 20/19.

Betrag, auf den nach § 22 Nr. 5 Satz 2 Buchst. c i. V. m. § 20 Abs. 1 Nr. 6 EStG der volle Unterschiedsbetrag anzuwenden ist:

| | |
|---|---|
| Übertragungswert | 3000 € |
| zuzügl. für den Übertragungswert nach der Übertragung angefallene Erträge | 800 € |
| abzügl. Eigenbeiträge im Übertragungswert | 2900 € |
| = | 900 € |

Da der Übertragungswert als Neuvertrag zu behandeln ist und die Auszahlung vor dem Ablauf von 12 Jahren seit dem Vertragsabschluss dieses Neuvertrags erfolgt, sind bezogen auf diesen Neuvertrag die 900 € voll zu versteuern.
Insgesamt sind somit 3100 € + 900 € = 4000 € zu versteuern.

**Beispiel 2:** 161

B hat am 1. Januar 2008 einen versicherungsförmigen Altersvorsorgevertrag und einen Altersvorsorgevertrag in Form eines Banksparplans abgeschlossen. Am 1. Januar 2013 erfolgt eine Kapitalübertragung des bisher auf dem versicherungsförmigen Altersvorsorgevertrag angesparten, ausschließlich geförderten Altersvorsorgevermögens i. H. v. 3250 € auf den bestehenden Altersvorsorgevertrag in Form eines Banksparplans. Im Übertragungswert sind 2919 € an Beiträgen, 231 € an Zulagen sowie Erträge enthalten. Mit der Vollendung seines 61. Lebensjahres am 1. April 2025 lässt sich B das auf seinem Altersvorsorgevertrag in Form eines Banksparplans angesparte, ausschließlich geförderte Altersvorsorgevermögen i. H. v. insgesamt 36 000 € in einer Summe auszahlen. Darin enthalten sind 26 800 € Eigenbeiträge, 1848 € Zulagen (ohne die Zulagen aus dem Übertragungswert), 3250 € Übertragungswert sowie Erträge. Von den Erträgen sind 800 € für den Übertragungswert nach der Kapitalübertragung angefallen. Für das geförderte Altersvorsorgevermögen hat er insgesamt einen Steuervorteil von 2200 € erhalten.
Zur Auszahlung gelangen:

| | |
|---|---|
| Altersvorsorgevermögen | 36 000 € |
| abzüglich Zulagen (einschließlich der Zulagen aus dem Übertragungswert) | 2079 € |
| abzüglich Steuervorteil | 2200 € |
| = | 31 721 € |

Betrag auf den nach § 22 Nr. 5 Satz 3 i. V. m. § 22 Nr. 5 Satz 2 Buchst. c i. V. m. § 20 Abs. 1 Nr. 6 EStG der hälftige Unterschiedsbetrag anzuwenden ist:
Altersvorsorgevermögen 36 000 €

| | |
|---|---|
| abzügl. Zulagen (ohne Zulagen aus dem Übertragungswert) | 1848 € |
| abzügl. Übertragungswert | 3250 € |
| abzügl. für den Übertragungswert nach der Übertragung angefallene Erträge | 800 € |
| abzügl. Eigenbeiträge | 26 800 € |
| = | 3302 € |

Da der Altersvorsorgevertrag in Form eines Banksparplans vor dem 1. Januar 2012 abgeschlossen wurde und die Auszahlung nach dem 60. Lebensjahr des Steuerpflichtigen und nach Ablauf von zwölf Jahren seit dem Vertragsabschluss erfolgte, ist die Hälfte von den 3302 €, also 1651 € zu versteuern.
Betrag auf den nach § 22 Nr. 5 Satz 3 i. V. m. § 22 Nr. 5 Satz 2 Buchst. c i. V. m. § 20 Abs. 1 Nr. 6 EStG der volle Unterschiedsbetrag anzuwenden ist:

| | |
|---|---|
| Übertragungswert | 3250 € |
| zuzügl. für den Übertragungswert nach der Übertragung angefallene Erträge | 800 € |
| abzügl. Zulagen im Übertragungswert | 231 € |
| abzügl. Eigenbeiträge im Übertragungswert | 2919 € |
| = | 900 € |

Da der Übertragungswert als Neuvertrag zu behandeln ist und dieser Neuvertrag nach dem 31. Dezember 2011 abgeschlossen wurde, sind bezogen auf diesen Neuvertrag die 900 € voll zu versteuern, weil die Auszahlung vor dem 62. Lebensjahr des Steuerpflichtigen erfolgte. Insgesamt sind somit 1651 € + 900 € = 2551 € zu versteuern.

162 Ergibt sich nach der Kapitalübertragung eine Änderung, die Auswirkung auf die Aufteilung des übertragenen Altersvorsorgevermögens in einen geförderten und einen ungeförderten Anteil hat, so hat der aufnehmende Anbieter eine neue Aufteilung des übertragenen Altersvorsorgevermögens vorzunehmen. Erfolgte die Kapitalübertragung vor dem 8. August 2012 und liegen dem aufnehmenden Anbieter keine jahresbezogenen Aufteilungen hinsichtlich des geförderten und ungeförderten übertragenen Altersvorsorgevermögens vor, wird es nicht beanstandet, wenn eine für diesen Zeitraum erforderliche neue Aufteilung nach einem beitragsproportionalen Verfahren vorgenommen wird. Bei der späteren Leistungsauszahlung hat der Anbieter den entsprechend angepassten nach § 3 Nr. 55 c Satz 1 EStG steuerfreien Betrag bei der Mitteilung nach § 22 Nr. 5 Satz 7 EStG und der Rentenbezugsmitteilung nach § 22 a EStG zu berücksichtigen (vgl. Rz. 193).

163 **Beispiel 1:**

A hat am 1. Januar 2002 einen versicherungsförmigen Altersvorsorgevertrag abgeschlossen. Im Jahr 2013 wird das Altersvorsorgevermögen auf seinen im Jahr 2013 abgeschlossenen Altersvorsorgevertrag in Form eines Fondssparplans übertragen.

Das übertragene geförderte Altersvorsorgevermögen wird nach § 3 Nr. 55 c EStG steuerfrei gestellt, da die Leistungen, die auf dem geförderten Altersvorsorgevermögen beruhen, im Zeitpunkt der Übertragung zu steuerpflichtigen Einkünften nach § 22 Nr. 5 EStG führen würden. Vom übertragenen ungeförderten Altersvorsorgevermögen wird der Unterschiedsbetrag zwischen der Leistung und der Summe der auf sie entrichteten Beiträge nach § 3 Nr. 55 c EStG steuerfrei gestellt (vgl. Rz. 156).

Zwei Jahre nach der Übertragung des Altersvorsorgevermögens beginnt die Auszahlungsphase des Altersvorsorgevertrags. Das geförderte Kapital wird im Rahmen eines Auszahlungsplans mit einer Teilkapitalverrentung ab dem 85. Lebensjahr ausgezahlt. Das ungeförderte Kapital erhält A als Einmalauszahlung.

| | Gefördertes AV in € | Ungeför-dertes AV in € |
|---|---|---|
| Beiträge 1. Vertrag | 23 012 | 10 460 |
| Zulagen 1. Vertrag | 3388 | |
| Erträge 1. Vertrag | 8000 | 3000 |
| Altersvorsorgevermögen zum Zeitpunkt der Kapitalübertragung | 34 400 | 13 460 |
| Nach § 3 Nr. 55 c EStG gefördertes Altersvorsorgevermögen (bisher nach anderen Vorschriften gefördert) | 34 400 | |
| Bisher ungefördertes, jetzt gefördertes Altersvorsorgevermögen (§ 3 Nr. 55 c EStG) | 3000 | – 3000 |
| Altersvorsorgevermögen nach dem Zeitpunkt der Kapitalübertragung | 37 400 | 10 460 |
| Erträge nach Kapitalübertragung | (1400 + 122 =) 1522 | 428 |
| Tatsächliche Auszahlung | 38 922 | 10 888 |

Die Auszahlung des übertragenen geförderten Kapitals im Rahmen eines Auszahlungsplans mit einer Teilkapitalverrentung ab dem 85. Lebensjahr ist wegen der Steuerfreistellung nach

§ 3 Nr. 55 c EStG steuerpflichtig nach § 22 Nr. 5 Satz 1 EStG. Die Besteuerung der Einmalauszahlung aus dem übertragenen ungeförderten Kapital erfolgt nach § 22 Nr. 5 Satz 2 Buchst. c EStG. Danach ist der steuerpflichtige Unterschiedsbetrag zwischen der Leistung und der Summe der auf sie entrichteten Beiträge wie folgt zu ermitteln: 10 888 € – 10 460 € = 428 €. Die Anwendung des hälftigen Unterschiedsbetrags (§ 22 Nr. 5 Satz 2 Buchst. c EStG) kommt nicht in Betracht, da die Laufzeit des zweiten Vertrags von A nur zwei Jahre betragen hat.

**Beispiel 2:** 164

A hat am 1. Januar 2002 einen Altersvorsorgevertrag in Form eines Fondssparplans abgeschlossen. Im Jahr 2013 wird das Altersvorsorgevermögen auf seinen im Jahr 2013 abgeschlossenen Altersvorsorgevertrag in Form eines Banksparplans übertragen.
Das übertragene geförderte Altersvorsorgevermögen wird nach § 3 Nr. 55 c EStG steuerfrei gestellt, da die Leistungen, die auf dem geförderten Altersvorsorgevermögen beruhen, im Zeitpunkt der Übertragung zu steuerpflichtigen Einkünften nach § 22 Nr. 5 EStG führen würden. Vom übertragenen ungeförderten Altersvorsorgevermögen wird der Unterschiedsbetrag zwischen der Leistung und der Summe der auf sie entrichteten Beiträge nach § 3 Nr. 55 c EStG steuerfrei gestellt. Da A einen Verlust erzielt hat, sind negative Erträge zu berücksichtigen.

| | Gefördertes AV in € | Ungefördertes AV in € |
|---|---|---|
| Beiträge 1. Vertrag | 23 012 | 10 460 |
| Zulagen 1. Vertrag | 3388 | |
| Erträge 1. Vertrag | –80 | –30 |
| Altersvorsorgevermögen zum Zeitpunkt der Kapitalübertragung | 26 320 | 10 430 |
| Nach § 3 Nr. 55 c EStG gefördertes Altersvorsorgevermögen (bisher nach anderen Vorschriften gefördert) | 26 320 | |
| Bisher ungefördertes, jetzt gefördertes Altersvorsorgevermögen (§ 3 Nr. 55 c EStG) | 0 | 0 |
| Verlustverrechnung | – 30 | 30 |
| Altersvorsorgevermögen nach dem Zeitpunkt der Kapitalübertragung | 26 290 | 10 460 |
| Erträge nach Kapitalübertragung | 1060 | 428 |
| Tatsächliche Auszahlung | 27 350 | 10 888 |

Die Auszahlung des übertragenen geförderten Kapitals im Rahmen eines Auszahlungsplans mit einer Teilkapitalverrentung ab dem 85. Lebensjahr ist wegen der Steuerfreistellung nach § 3 Nr. 55 c EStG steuerpflichtig nach § 22 Nr. 5 Satz 1 EStG. Die Besteuerung der Einmalauszahlung aus dem übertragenen ungeförderten Kapital erfolgt nach § 22 Nr. 5 Satz 2 Buchst. c EStG. Danach ist der steuerpflichtige Unterschiedsbetrag zwischen der Leistung und der Summe der auf sie entrichteten Beiträge wie folgt zu ermitteln: 10 888 € – 10 460 € = 428 €. Die Anwendung des hälftigen Unterschiedsbetrags (§ 22 Nr. 5 Satz 2 Buchst. c EStG) kommt nicht in Betracht, da die Laufzeit des zweiten Vertrags von A nur zwei Jahre betragen hat.

**Beispiel 3:** 165

Der 1957 geborene A hat am 1. Januar 2005 einen versicherungsförmigen Altersvorsorgevertrag abgeschlossen. Im Jahr 2018 wird das Altersvorsorgevermögen auf seinen im Jahr 2018 abgeschlossenen Altersvorsorgevertrag in Form eines Fondssparplans übertragen. Das übertragene geförderte Altersvorsorgevermögen wird nach § 3 Nr. 55 c EStG steuerfrei gestellt, da die Leistungen, die auf dem geförderten Altersvorsorgevermögen beruhen, im Zeitpunkt der Übertragung zu steuerpflichtigen Einkünften nach § 22 Nr. 5 EStG führen würden. Vom

übertragenen ungeförderten Altersvorsorgevermögen wird der hälftige Unterschiedsbetrag zwischen der Leistung und der Summe der auf sie entrichteten Beiträge nach § 3 Nr. 55c EStG steuerfrei gestellt, weil der ursprüngliche Altersvorsorgevertrag zum Zeitpunkt der Übertragung bereits eine Laufzeit von 12 Jahren erreicht und A sein 60. Lebensjahr bereits vollendet hatte.
Zwei Jahre nach der Übertragung des Altersvorsorgevermögens beginnt die Auszahlungsphase des Altersvorsorgevertrags. Das geförderte Kapital wird im Rahmen eines Auszahlungsplans mit einer Teilkapitalverrentung ab dem 85. Lebensjahr ausgezahlt. Das ungeförderte Kapital erhält A als Einmalauszahlung.

| | Gefördertes AV in € | Ungefördertes AV in € |
|---|---|---|
| Beiträge 1. Vertrag | 23 012 | 10 460 |
| Zulagen 1. Vertrag | 3388 | |
| Erträge 1. Vertrag | 8000 | 3000 |
| Altersvorsorgevermögen zum Zeitpunkt der Kapitalübertragung | 34 400 | 13 460 |
| Nach § 3 Nr. 55 c EStG gefördertes Altersvorsorgevermögen (bisher nach anderen Vorschriften gefördert) | 34 400 | |
| Bisher ungefördertes, jetzt gefördertes Altersvorsorgevermögen (§ 3 Nr. 55 c EStG) | 1500 | – 1500 |
| Altersvorsorgevermögen nach dem Zeitpunkt der Kapitalübertragung | 35 900 | 11 960 |
| Erträge nach Kapitalübertragung | (1400 + 61 =) 1461 | 489 |
| Tatsächliche Auszahlung | 37 361 | 12 449 |

Die Auszahlung des übertragenen geförderten Kapitals im Rahmen eines Auszahlungsplans mit einer Teilkapitalverrentung ab dem 85. Lebensjahr ist wegen der Steuerfreistellung nach § 3 Nr. 55 c EStG steuerpflichtig nach § 22 Nr. 5 Satz 1 EStG. Die Besteuerung der Einmalauszahlung aus dem übertragenen ungeförderten Kapital erfolgt nach § 22 Nr. 5 Satz 2 Buchst. c EStG. Danach ist der steuerpflichtige Unterschiedsbetrag zwischen der Leistung und der Summe der auf sie entrichteten Beiträge wie folgt zu ermitteln: 12 449 € – 11 960 € = 489 €. Die Anwendung des hälftigen Unterschiedsbetrags (§ 22 Nr. 5 Satz 2 Buchst. c EStG) kommt nicht in Betracht, da die Laufzeit des zweiten Vertrags von A nur zwei Jahre betragen hat.

**166** Die Regelungen der Rzn. 150 bis 165 können auch für vor dem 14. Dezember 2011 (Inkrafttreten des Beitreibungsrichtlinien-Umsetzungsgesetzes) durchgeführte Vertragswechsel angewendet werden.

## 7. Wohnförderkonto

**167** Das im Wohneigentum gebundene steuerlich geförderte Altersvorsorgekapital wird nach § 22 Nr. 5 EStG nachgelagert besteuert und zu diesem Zweck in einem vertragsbezogenen Wohnförderkonto erfasst (Altersvorsorgevertrag mit Wohnförderkonto). Das Wohnförderkonto wird unabhängig vom Zeitpunkt der Eröffnung durch die ZfA geführt. Im Wohnförderkonto hat die ZfA die geförderten Tilgungsbeiträge (vgl. Rzn. 31 bis 36 und 38), die hierfür gewährten Zulagen sowie den entnommenen Altersvorsorge-Eigenheimbetrag zu erfassen. Die ZfA teilt dem Anbieter eines Altersvorsorgevertrags, zu dem sie ein Wohnförderkonto führt, jährlich den Stand des Wohnförderkontos mit.

Die Tilgungsleistungen für ein zur wohnungswirtschaftlichen Verwendung in Anspruch genommenes Darlehen werden in das Wohnförderkonto eingestellt, wenn die ZfA die Steuerverstrickung dieser Tilgungsleistungen (§ 90 Abs. 2 Satz 6 EStG) dem Anbieter mitteilt. Die Zulagen für Tilgungsleistungen werden in das Wohnförderkonto eingestellt, wenn die ZfA die Auszahlung an den Anbieter zur Gutschrift auf den Altersvorsorgevertrag veranlasst. Zulagen für Tilgungsleistungen, die erst nach der vollständigen Tilgung des Darlehens ausgezahlt werden, müssen vom Anbieter unmittelbar an den Zulageberechtigten weitergereicht werden. Diese Zulagen werden im Wohnförderkonto erfasst. Zulagen für Tilgungsleistungen, die erst nach Beginn der Auszahlungsphase ausgezahlt werden, müssen vom Anbieter an den Anleger weitergereicht werden. In diesem Fall werden diese Zulagen nicht im Wohnförderkonto erfasst. Die dazugehörigen Tilgungsleistungen werden rückwirkend zum letzten Tag vor Beginn der Auszahlungsphase in das Wohnförderkonto eingestellt. 168

Beiträge, die nach § 82 Abs. 1 Satz 3 EStG als Tilgungsleistungen gelten (Rzn. 33 und 38), werden erst im Zeitpunkt der unmittelbaren Darlehenstilgung einschließlich der zur Tilgung eingesetzten Zulagen und Erträge in das Wohnförderkonto eingestellt (§ 92 a Abs. 2 Satz 2 EStG). Der Anbieter hat spätestens bis zum Ablauf des zweiten Monats, der auf den Monat der unmittelbaren Darlehenstilgung folgt, das zur Ablösung verwendete geförderte Altersvorsorgevermögen an die ZfA zu melden. Die zur Tilgung eingesetzten ungeförderten Beiträge einschließlich der darauf entfallenden Erträge fließen dem Zulageberechtigten im Zeitpunkt der Ablösung des Vorfinanzierungsdarlehens zu; die Erträge unterliegen der Besteuerung (Rzn. 134 ff.). 169

Wird vor dem Zeitpunkt der Darlehenstilgung die Selbstnutzung der geförderten Wohnung aufgegeben, sind die als Tilgungsleistungen behandelten Beiträge (§ 82 Abs. 1 Satz 3 EStG), die dafür gewährten Zulagen und die entsprechenden Erträge vom Anbieter an die ZfA zu melden und in das Wohnförderkonto aufzunehmen; anschließend sind die Regelungen des § 92 a Abs. 3 EStG (vgl. Rz. 279) anzuwenden (§ 92 a Abs. 3 Satz 8 EStG; vgl. Rz. 280). Der Anbieter hat im Zeitpunkt der unmittelbaren Darlehenstilgung die als Tilgungsleistung geltenden Beiträge an die ZfA zu melden. Hinsichtlich des ungeförderten Altersvorsorgevermögens ist Rz. 189 Satz 1 entsprechend anzuwenden. 170

Der sich aus dem Wohnförderkonto ergebende Gesamtbetrag ist in der Ansparphase jährlich um 2 % zu erhöhen. Diese Erhöhung erfolgt – unabhängig vom Zeitpunkt der Einstellung der entsprechenden Beträge ins Wohnförderkonto – nach Ablauf des jeweiligen Beitragsjahres; letztmals ist sie im Zeitpunkt des Beginns der Auszahlungsphase vorzunehmen. 171

**Beispiel:** 172

Der am 5. Februar 1970 geborene Zulageberechtigte hat in seinem zertifizierten Darlehensvertrag mit dem Anbieter vereinbart, dass die Auszahlungsphase am 1. Februar 2035 beginnt. Das Darlehen wurde im Jahr 2033 vollständig getilgt. Der Gesamtbetrag des Wohnförderkontos am 31. Dezember 2034 beträgt nach der Erhöhung um 2 % 30 000 €.

Das Wohnförderkonto wird letztmals zum 1. Februar 2035 für 2035 um 2 % auf 30 600 € erhöht. Im Fall der jährlichen Teilauflösung (Rz. 176) ist dieser Betrag in den Veranlagungszeiträumen 2035 bis 2055 i. H. v. 1/21 von 30 600 € = 1457,14 € zu versteuern. Wählt der Zulageberechtigte die Auflösung des Wohnförderkontos (Rz. 179), werden im Veranlagungszeitraum 2035 70 % von 30 600 € = 21 420 € versteuert.

**173** Das Wohnförderkonto wird vermindert um Zahlungen des Zulageberechtigten, die dieser – soweit Vertragsvereinbarungen nicht entgegenstehen – bis zum Beginn der Auszahlungsphase auf einen auf seinen Namen lautenden Altersvorsorgevertrag zur Minderung der in das Wohnförderkonto eingestellten Beträge leistet. Die zur Minderung des Wohnförderkontos geleisteten Beträge (Minderungsbeträge) sind keine Altersvorsorgebeiträge (§ 82 Abs. 4 Nr. 4 EStG); insoweit kann keine erneute Förderung beansprucht werden. Sie stellen jedoch gefördertes Altersvorsorgevermögen dar, welches im Fall einer schädlichen Verwendung bei der Berechnung des Rückzahlungsbetrags (§ 94 EStG) zu berücksichtigen ist.

Hierbei bestimmt sich der Rückzahlungsbetrag nach der Förderung, die für die in das Wohnförderkonto eingestellten und durch die Zahlung getilgten Beträge gewährt wurde. Für die Anwendung des § 22 Nr. 5 Satz 2 EStG ist auf die Art des Vertrags abzustellen, aus welchem die schädliche Verwendung des Altersvorsorgevermögens erfolgte.

**174** **Beispiel:**

Der Stand des Wohnförderkontos des Zulageberechtigten beträgt 10 000 €. Dieser Betrag setzt sich aus eingestellten Zulagen (4000 €), Tilgungsleistungen (5000 €) und dem Erhöhungsbetrag (1000 €) zusammen. Neben den Zulagen hat der Zulageberechtigte noch einen über die Zulage hinausgehenden Steuervorteil (§ 10 a EStG) i. H. v. 800 € erhalten. Der Zulageberechtigte entscheidet sich, Einzahlungen auf einen zertifizierten Altersvorsorgevertrag in Form eines Fondssparplans zur Minderung seines Wohnförderkontos i. H. v. 5000 € vorzunehmen. Auf dem Wohnförderkonto verbleiben somit 5000 €. Auf dem neu abgeschlossenen Altersvorsorgevertrag gehen in den nächsten zehn Jahren keine zusätzlichen Einzahlungen ein. Das angesparte Altersvorsorgevermögen einschließlich der Erträge beläuft sich nach zehn Jahren auf insgesamt 6100 €. Jetzt verwendet der Zulageberechtigte das geförderte Altersvorsorgevermögen schädlich.

Zur Auszahlung gelangen:

| | |
|---|---|
| Altersvorsorgevermögen | 6100 € |
| abzüglich Zulagen | 2000 € |
| abzüglich Steuervorteil | 400 € |
| = | 3700 € |

Betrag nach § 22 Nr. 5 Satz 3 EStG

| | |
|---|---|
| Altersvorsorgevermögen | 6100 € |
| abzüglich Zulagen | 2000 € |
| = | 4100 € |

Auf diesen Betrag ist § 22 Nr. 5 Satz 2 Buchst. c EStG anzuwenden.

| | |
|---|---|
| Maßgebender Betrag | 4100 € |
| abzüglich eingezahlte Beträge (Tilgungsleistungen) | 2500 € |
| = | 1600 € |

Nach § 22 Nr. 5 Satz 2 Buchst. c EStG sind 1600 € zu versteuern.
Das Wohnförderkonto bleibt von der schädlichen Verwendung unberührt.

Der Anbieter hat die Einzahlung von Minderungsbeträgen der ZfA mitzuteilen; die ZfA teilt dem Anbieter daraufhin den von ihr als Minderungsbetrag verwendeten Betrag mit. Der Zulageberechtigte kann die Einzahlung auch an einen anderen Anbieter leisten als an den, für dessen Altersvorsorgevertrag die ZfA das Wohnförderkonto führt. In diesem Fall hat der Zulageberechtigte dem Anbieter, an den die Einzahlung erfolgt, die Vertragsdaten des Altersvorsorgevertrags mit Wohnförderkonto mitzuteilen. Diese Daten hat der Anbieter im Rahmen seiner Datenübermittlung über die erfolgte Einzahlung der ZfA mitzuteilen. Die ZfA schließt das bisherige Wohnförderkonto und führt es ab dem Zeitpunkt der Einzahlung für den Altersvorsorgevertrag weiter, auf dem die Einzahlung erfolgt ist. Die Schließung des Wohnförderkontos teilt sie dem Anbieter des bisherigen Vertrags mit Wohnförderkonto mit. Dies gilt entsprechend für Zahlungen nach § 92 a Abs. 3 Satz 9 Nr. 2 EStG (Einzahlung der in das Wohnförderkonto eingestellten Beträge bei Aufgabe der Selbstnutzung). 175

Eine weitere Verminderung des Wohnförderkontos erfolgt durch den jährlichen Verminderungsbetrag (§ 92 a Abs. 2 Satz 5 EStG), der nachgelagert besteuert wird (§ 22 Nr. 5 Satz 4 EStG). Dieser Betrag stellt eine jährliche Teilauflösung des Wohnförderkontos dar. Er ergibt sich, indem zu Beginn der Auszahlungsphase der im Wohnförderkonto eingestellte Gesamtbetrag einschließlich des darin enthaltenen Erhöhungsbetrags zu gleichen Teilen auf die Jahre bis zur Vollendung des 85. Lebensjahres verteilt wird (vgl. auch Beispiel unter Rz. 172). 176

Der Beginn der Auszahlungsphase ergibt sich grundsätzlich aus den vertraglichen Vereinbarungen. Er muss zwischen der Vollendung des 60. und des 68. Lebensjahres des Zulageberechtigten liegen (§ 92 a Abs. 2 Satz 5 EStG). Der vereinbarte Zeitpunkt kann zwischen Anbieter und Zulageberechtigtem einvernehmlich bis zu Beginn der Auszahlungsphase geändert werden. Soweit der Vertrag keine anders lautende Vereinbarung enthält, gilt als Beginn der Auszahlungsphase die Vollendung des 67. Lebensjahres. Sieht der Altersvorsorgevertrag einen von § 92 a Abs. 2 Satz 5 EStG abweichenden Auszahlungsbeginn vor, dann handelt es sich bei einer entsprechenden Kapitalentnahme nicht um eine Verwendung i. S. d. § 92 a EStG, sondern um eine schädliche Verwendung i. S. d. § 93 EStG. Dies gilt ggf. auch rückwirkend, wenn nach der Entnahme der Beginn der Auszahlungsphase auf einen Zeitpunkt nach Vollendung des 68. Lebensjahres geändert wird. 177

Für neu zertifizierte Verträge ab 2018 gilt: Eine Verschiebung des Beginns der Auszahlungsphase über das 68. Lebensjahr des Zulageberechtigten hinaus ist unschädlich, sofern es sich um eine Verschiebung im Zusammenhang mit der Abfindung einer Kleinbetragsrente auf Grund der Regelung nach § 1 Abs. 1 Satz 1 Nr. 4 Buchst. a AltZertG handelt (§ 92 a Abs. 2 Satz 5 letzter Halbsatz EStG).

**Beispiel 1:**

Z entnimmt im Jahr 2017 einen Altersvorsorge-Eigenheimbetrag i. H. v. 20 000 € aus seinem geförderten Altersvorsorgevermögen. Der Beginn der Auszahlungsphase war auf die Vollen-

dung des 67. Lebensjahres festgelegt. Im Jahr 2019 entscheidet sich Z, den Beginn der Auszahlungsphase auf die Vollendung des 70. Lebensjahres zu verschieben.
Dies führt rückwirkend zu einer schädlichen Verwendung des entnommenen Betrags, da die Bedingungen des § 92 a Abs. 2 Satz 5 EStG nicht mehr eingehalten werden.

**Beispiel 2:**

Z entnimmt einen Altersvorsorge-Eigenheimbetrag i. H. v. 20 000 € aus seinem geförderten Altersvorsorgevermögen. Der Beginn der Auszahlungsphase war auf die Vollendung des 68. Lebensjahres festgelegt. Der Anbieter teilt Z kurz vor Beginn der Auszahlungsphase mit, dass das im Altersvorsorgevertrag verbliebene Altersvorsorgevermögen nur eine Kleinbetragsrente ergeben wird und deshalb der Anspruch durch eine Einmalzahlung abgefunden wird. Z entscheidet sich fristgemäß innerhalb von 4 Wochen dazu, sich die Einmalzahlung erst im darauffolgenden Jahr (1. Januar) auszahlen zu lassen. Dies führt dazu, dass der Beginn der Auszahlungsphase auf einen Zeitpunkt nach Vollendung des 68. Lebensjahres verschoben wird. Die Verschiebung ergibt sich aus der Ausübung seines Wahlrechts und ist hier unschädlich, da die Bedingungen des § 92 a Abs. 2 Satz 5 letzter Halbsatz EStG eingehalten werden.

**178** Gibt der Zulageberechtigte die Selbstnutzung der geförderten Wohnung nicht nur vorübergehend auf (Rz. 276), ist das Wohnförderkonto aufzulösen. Dies gilt auch für den Fall der Aufgabe der Reinvestitionsabsicht i. S. d. § 92 a Abs. 3 Satz 9 Nr. 1 und 2 i. V. m. Satz 10 EStG (vgl. Abschn. IV). Gleiches gilt, wenn der Zulageberechtigte in der Auszahlungsphase stirbt und das Wohnförderkonto noch nicht vollständig zurückgeführt worden ist. Der Auflösungsbetrag (§ 92 a Abs. 3 Satz 5 EStG) gilt im Zeitpunkt der Aufgabe der Selbstnutzung als Leistung i. S. d. § 22 Nr. 5 Satz 1 EStG (§ 22 Nr. 5 Satz 4 EStG). Im Fall des Todes des Zulageberechtigten ist der Auflösungsbetrag noch dem Erblasser zuzurechnen, so dass in dessen letzter Einkommensteuererklärung die nachgelagerte Besteuerung vorgenommen wird.

**179** Anstelle der sukzessiven Besteuerung durch Verminderung des Wohnförderkontos kann der Steuerpflichtige die einmalige Besteuerung wählen. Hierfür kann er schon vor Beginn der Auszahlungsphase für einen Zeitpunkt ab Beginn der Auszahlungsphase als auch jederzeit in der Auszahlungsphase verlangen, dass das Wohnförderkonto vollständig aufgelöst wird. Der Antrag ist bei der ZfA zu stellen. Im Fall eines wirksamen Antrags wird der Auflösungsbetrag (§ 92 a Abs. 2 Satz 6 EStG) als der im Wohnförderkonto eingestellte Gesamtbetrag einschließlich des darin enthaltenen Erhöhungsbetrags zu 70 % der Besteuerung unterworfen (§ 22 Nr. 5 Satz 5 EStG; vgl. auch Beispiel unter Rz. 172).

**180** Gibt der Zulageberechtigte die Selbstnutzung noch in dem Jahr auf, in dem er zuvor die vollständige Auflösung des Wohnförderkontos bei der ZfA beantragt hat, so ist der Auflösungsbetrag nicht zu 70 % der Besteuerung nach § 22 Nr. 5 Satz 5 EStG, sondern als Auflösungsbetrag nach § 92 a Abs. 3 Satz 5 zu 100 % als Leistung nach § 22 Nr. 5 Satz 1 EStG zu erfassen. Der Bescheid nach § 92 b Abs. 3 EStG ist zu korrigieren.

**181** Gibt der Zulageberechtigte die Selbstnutzung der geförderten Wohnung nach der Einmalbesteuerung innerhalb einer Frist von 20 Jahren nicht nur vorübergehend auf, ist der bisher noch nicht besteuerte Betrag gestaffelt nach der Haltedauer im Zeitpunkt der Aufgabe der Selbstnutzung eineinhalbfach (innerhalb eines Zeitraums von zehn Jahren ab Beginn der Auszahlungsphase) oder einfach (in den nachfolgenden zehn Jahren) mit dem individuellen Steuersatz der Besteuerung zu unterwerfen (§ 22 Nr. 5 Satz 6 EStG). Der Tod des

Zulageberechtigten führt hingegen nicht zu einer nachgelagerten Besteuerung des noch nicht erfassten Betrags.

**Beispiel:** 182

Der Zulageberechtigte bestimmt zum Beginn der Auszahlungsphase, die am 1. Juli 2034 beginnt, die Auflösung des Wohnförderkontos. Bei einer Aufgabe der Selbstnutzung in der Zeit vom 1. Januar 2035 bis einschließlich 30. Juni 2044 ist der bisher noch nicht besteuerte Betrag mit dem Eineinhalbfachen der Besteuerung zu unterwerfen, in der Zeit vom 1. Juli 2044 bis einschließlich 30. Juni 2054 mit dem Einfachen.

Geht im Rahmen der Regelung von Scheidungsfolgen bzw. der Aufhebung der Lebenspartnerschaft der Eigentumsanteil des Zulageberechtigten an der geförderten Wohnung ganz oder teilweise auf den anderen Ehegatten/Lebenspartner über, geht auch das Wohnförderkonto in Höhe des Anteils, der dem Verhältnis des übergegangenen Eigentumsanteils zum ursprünglichen Eigentumsanteil entspricht, mit allen Rechten und Pflichten auf den anderen Ehegatten/Lebenspartner über. 183

**Beispiel:** 184

Den Eheleuten A und B gehört die geförderte Wohnung (Einfamilienhaus) jeweils zu 50 %. Bei der Scheidung wird der Eigentumsanteil von A zur Hälfte auf B übertragen; A wohnt auch nach der Scheidung weiterhin neben B in dem Haus. A und B haben jeweils ein Wohnförderkonto mit einem Stand von je 50 000 € zum Zeitpunkt der Scheidung. Mit dem Übergang des Eigentumsanteils geht auch das hälftige Wohnförderkonto – 25 000 € – auf B über.

Der Beginn der Besteuerung des auf den anderen Ehegatten/Lebenspartner übergegangenen Wohnförderkontos richtet sich nach dessen Lebensalter bzw. nach dem Beginn der Auszahlungsphase seines Vertrags. Hat der andere Ehegatte/Lebenspartner das Lebensalter für den vertraglich vereinbarten Beginn der Auszahlungsphase oder, soweit kein Beginn der Auszahlungsphase vereinbart wurde, das 67. Lebensjahr im Zeitpunkt des Übergangs des Wohnförderkontos bereits überschritten, so gilt als Beginn der Auszahlungsphase der Zeitpunkt des Übergangs des Wohnförderkontos. 185

Die Rzn. 183 bis 185 gelten entsprechend für Ehegatten/Lebenspartner, die im Zeitpunkt des Todes des Zulageberechtigten 186

- nicht dauernd getrennt gelebt haben (§ 26 Abs. 1 EStG) und
- ihren Wohnsitz oder gewöhnlichen Aufenthalt in einem EU-/EWR-Staat hatten.

Die ZfA stellt zu Beginn der vertraglich vereinbarten Auszahlungsphase oder, soweit kein Beginn der Auszahlungsphase vereinbart wurde, mit Vollendung des 67. Lebensjahres den Stand des Wohnförderkontos sowie den Verminderungsbetrag oder den Auflösungsbetrag (vgl. Rz. 179) von Amts wegen gesondert fest. Hierzu hat ihr der Anbieter zu Beginn der Auszahlungsphase den vertraglich vereinbarten Auszahlungszeitpunkt mittels amtlich vorgeschriebenem Datensatz mitzuteilen. Der Anbieter muss die Mitteilung spätestens bis zum Ablauf des zweiten Monats, der auf den Monat der unmittelbaren Darlehenstilgung oder des Beginns der Auszahlungsphase folgt, übersenden. 187

## 8. Nachträgliche Änderung der Vertragsbedingungen

Erfüllt ein Altersvorsorgevertrag aufgrund nachträglicher Änderungen nicht mehr die Zertifizierungskriterien nach dem AltZertG, gilt im Zeitpunkt der Vertragsänderung das Altersvorsorgevermögen als zugeflossen. Wird bei einem Altersvorsorgevertrag nach § 1 Abs. 1 a AltZertG das Darlehen nicht wohnungswirtschaftlich i. S. d. § 92 a Abs. 1 Satz 1 EStG verwendet, erfolgt kein Zufluss, soweit das Altersvorsorgevermögen innerhalb eines Jahres nach Ablauf 188 des Veranlagungszeitraumes, in dem die Darlehensauszahlung erfolgt, auf einen weiteren auf den Namen des Zulageberechtigten lautenden zertifizierten Vertrag übertragen wird.

**189** Soweit ungefördertes Altersvorsorgevermögen zufließt, gelten die Ausführungen in Rzn. 128, 143 bis 147. Soweit gefördertes Altersvorsorgevermögen zufließt, finden die Regelungen der schädlichen Verwendung Anwendung (vgl. Rzn. 216 ff.).

### 9. Provisionserstattungen bei geförderten Altersvorsorgeverträgen

**190** Abschluss- und Vertriebskosten eines Altersvorsorgevertrags, die dem Steuerpflichtigen erstattet werden, unterliegen der Besteuerung nach § 22 Nr. 5 Satz 8 EStG unabhängig davon, ob der Erstattungsbetrag auf den Altersvorsorgevertrag eingezahlt oder an den Steuerpflichtigen ausgezahlt wird.

### 10. Bonusleistungen bei geförderten Altersvorsorgeverträgen

**191** Bonusleistungen, die im Zusammenhang mit einem Altersvorsorgevertrag stehen, z. B. Sonderauszahlungen oder Zins-Boni für die Nichtinanspruchnahme eines Bau-Darlehens, unterliegen ebenfalls der Besteuerung nach § 22 Nr. 5 EStG.

### 11. Vorweggenommene Werbungskosten

**192** Die aus den Altersvorsorgebeiträgen geleisteten Aufwendungen eines Altersvorsorgevertrags (z.B. Abschluss-, Verwaltungskosten, Depotgebühren) mindern das Altersvorsorgevermögen und können nicht zusätzlich als vorweggenommene Werbungskosten in Zusammenhang mit Einkünften nach § 22 Nr. 5 EStG geltend gemacht werden.

### 12. Bescheinigungs- und Mitteilungspflicht des Anbieters[1)]

**193** Nach § 22 Nr. 5 Satz 7 EStG hat der Anbieter beim erstmaligen Bezug von Leistungen sowie bei Änderung der im Kalenderjahr auszuzahlenden Leistungen dem Steuerpflichtigen nach amtlich vorgeschriebenem Vordruck den Betrag der im abgelaufenen Kalenderjahr zugeflossenen Leistungen nach § 22 Nr. 5 Satz 1 bis 3 EStG zu bescheinigen. In dieser Bescheinigung sind die Leistungen entsprechend den Grundsätzen in Rzn. 139 bis 191 gesondert auszuweisen. Zusätzlich hat der Anbieter bis zum Ablauf des zweiten Kalendermonats des Jahres, das auf das Jahr folgt, in dem eine Leistung nach § 22 Nr. 5 EStG einem Leistungsempfänger zugeflossen ist, unter Beachtung der im Bundessteuerblatt veröffentlichten Auslegungsvorschriften der Finanzverwaltung eine Rentenbezugsmitteilung nach § 22 a EStG zu übermitteln (hierzu ausführlich: BMF-Schreiben vom 19. August 2013, BStBl. I S. 1087[2)] und BMF-Schreiben vom 7. Dezember 2011, BStBl. I S. 1223[3)]).

**194** Wird bei einem Altersvorsorgevertrag nach Beginn der Auszahlungsphase noch eine Förderung gewährt oder eine gewährte Förderung zurückgefordert,

[1)] **Red. Anm.:** Zum amtlichen Muster ab 2020 vgl. BMF v. 9. 11. 2020, BStBl. I S. 1061 (Nr. **1** § 22/2).
[2)] Nr. **1** § 10 /9.
[3)] Nr. **1** § 22 a /1.

ist die Aufteilung der Leistung hinsichtlich des Beruhens auf geförderten/nicht geförderten Beiträgen neu vorzunehmen. Die Bescheinigung(en) nach § 22 Nr. 5 Satz 7 EStG sowie die Rentenbezugsmitteilung(en) nach § 22 a EStG sind ab Beginn der Auszahlungsphase zu korrigieren. Aus steuerrechtlicher Sicht bestehen keine Bedenken, wenn bei einer Rückforderung der Zulage nach Beginn der Auszahlungsphase im Einvernehmen zwischen dem Zulageberechtigten und dem Anbieter auf eine Neuberechnung der (Gesamt)Leistungshöhe verzichtet wird. In diesem Fall muss zwischen beiden Einigkeit bestehen, dass die vom Anbieter an die ZfA zurückgezahlte Zulage vom Zulageberechtigten beim Anbieter durch eine entsprechende Einzahlung oder durch eine Verrechnung mit auszuzahlenden Leistungen ausgeglichen wird.

## III. Schädliche Verwendung von Altersvorsorgevermögen

### 1. Allgemeines

Nach den Regelungen des AltZertG und des § 93 EStG darf gefördertes Altersvorsorgevermögen, auf das § 10 a oder Abschnitt XI des EStG angewandt wurde, nur wie folgt ausgezahlt werden: 195

frühestens

– mit Vollendung des 62. Lebensjahres (bei vor dem 1. Januar 2012 abgeschlossenen Verträgen grundsätzlich mit Vollendung des 60. Lebensjahres – § 14 Abs. 2 AltZertG)
  oder
– mit Beginn der Altersrente
  – aus der gesetzlichen Rentenversicherung
    oder
  – nach dem Gesetz über die Alterssicherung der Landwirte
  
  oder
– mit Beginn einer Versorgung nach beamten- oder soldatenversorgungsrechtlichen Regelungen wegen Erreichens der Altersgrenze

in monatlichen Leistungen in Form

– einer lebenslangen gleich bleibenden oder steigenden monatlichen Leibrente (§ 1 Abs. 1 Satz 1 Nr. 2 und 4 Buchst. a AltZertG)
  oder
– eines Auszahlungsplans mit gleich bleibenden oder steigenden Raten und unmittelbar anschließender lebenslanger Teilkapitalverrentung spätestens ab dem 85. Lebensjahr des Zulageberechtigten (§ 1 Abs. 1 Satz 1 Nr. 4 Buchst. a AltZertG)
  oder
– einer lebenslangen Verminderung des monatlichen Nutzungsentgelts für eine vom Zulageberechtigten selbst genutzte Genossenschaftswohnung (§ 1 Abs. 1 Satz 1 Nr. 4 Buchst. b AltZertG)
  oder
– einer zeitlich befristeten Verminderung des monatlichen Nutzungsentgelts für eine vom Zulageberechtigten selbst genutzte Genossenschaftswohnung mit einer anschließenden Teilkapitalverrentung ab spätestens dem 85. Lebensjahr des Zulageberechtigten (§ 1 Abs. 1 Satz 1 Nr. 4 Buchst. b AltZertG)

oder
- einer Hinterbliebenenrente (§ 1 Abs. 1 Satz 1 Nr. 2 AltZertG)
oder
- einer Rente wegen verminderter Erwerbsfähigkeit oder Dienstunfähigkeit (§ 1 Abs. 1 Satz 1 Nr. 2 AltZertG)
außerhalb der monatlichen Leistungen
- in Form eines zusammengefassten Auszahlungsbetrags i. H. v. bis zu 12 Monatsleistungen (§ 1 Abs. 1 Satz 1 Nr. 4 Buchst. a und b AltZertG; dies gilt auch bei einer Hinterbliebenen- oder Erwerbsminderungsrente)
oder
- die in der Auszahlungsphase anfallenden Zinsen und Erträge (§ 1 Abs. 1 Satz 1 Nr. 4 Buchst. a und b AltZertG); hierbei handelt es sich um die bereits erwirtschafteten Zinsen und Erträge
oder
- in Form einer Auszahlung zur Abfindung einer Kleinbetragsrente i. S. d. § 93 Abs. 3 EStG (§ 1 Abs. 1 Satz 1 Nr. 4 Buchst. a und b AltZertG; dies gilt auch bei einer Hinterbliebenen- oder Erwerbsminderungsrente); vgl. Rz. 200
oder
- in Form einer einmaligen Teilkapitalauszahlung von bis zu 30 % des zu Beginn der Auszahlungsphase zur Verfügung stehenden Kapitals (§ 1 Abs. 1 Satz 1 Nr. 4 Buchst. a und b AltZertG)
oder
- wenn der Vertrag im Verlauf der Ansparphase gekündigt und das gebildete geförderte Kapital auf einen anderen auf den Namen des Zulageberechtigten lautenden Altersvorsorgevertrag übertragen wird (§ 1 Abs. 1 Satz 1 Nr. 10 Buchst. b AltZertG)
oder
- wenn im Fall der Aufgabe der Selbstnutzung der Genossenschaftswohnung, des Ausschlusses, des Ausscheidens des Mitglieds aus der Genossenschaft oder der Auflösung der Genossenschaft mindestens die eingezahlten Eigenbeiträge, Zulagen und die gutgeschriebenen Erträge auf einen auf den Namen des Zulageberechtigten lautenden Altersvorsorgevertrag übertragen werden (§ 1 Abs. 1 Satz 1 Nr. 5 Buchst. a AltZertG)
oder
- wenn im Fall der Verminderung des monatlichen Nutzungsentgelts für eine vom Zulageberechtigten selbst genutzte Genossenschaftswohnung der Vertrag bei Aufgabe der Selbstnutzung der Genossenschaftswohnung in der Auszahlungsphase gekündigt wird und das noch nicht verbrauchte Kapital auf einen anderen auf den Namen des Zulageberechtigten lautenden Altersvorsorgevertrag desselben oder eines anderen Anbieters übertragen wird (§ 1 Abs. 1 Satz 1 Nr. 11 AltZertG)
oder
- wenn im Fall des Versorgungsausgleichs aufgrund einer internen oder externen Teilung nach den §§ 10 oder 14 VersAusglG gefördertes Altersvorsorgevermögen auf einen auf den Namen der ausgleichsberechtigten Person lautenden Altersvorsorgevertrag oder eine nach § 82 Abs. 2 EStG begünstigte betriebliche Altersversorgung (einschließlich der Versorgungsaus-

gleichskasse nach dem Gesetz über die Versorgungsausgleichskasse) übertragen wird (§ 93 Abs. 1 a Satz 1 EStG)
oder
– wenn im Fall des Todes des Zulageberechtigten das geförderte Altersvorsorgevermögen auf einen auf den Namen des Ehegatten/Lebenspartners lautenden Altersvorsorgevertrag übertragen wird, wenn die Ehegatten/Lebenspartner im Zeitpunkt des Todes des Zulageberechtigten nicht dauernd getrennt gelebt haben (§ 26 Abs. 1 EStG) und ihren Wohnsitz oder gewöhnlichen Aufenthalt in einem EU-/EWR-Staat hatten
oder
– im Verlauf der Ansparphase als Altersvorsorge-Eigenheimbetrag i. S. d. § 92 a EStG (§ 1 Abs. 1 Satz 1 Nr. 10 Buchst. c AltZertG).

Der gesetzliche Forderungs- und Vermögensübergang nach § 9 BetrAVG und die gesetzlich vorgesehenen schuldbefreienden Übertragungen nach § 8 Abs. 1 BetrAVG sind ebenfalls förderunschädlich (vgl. § 93 Abs. 2 Satz 4 EStG). 196

Bei einem Altersvorsorgevertrag, bei dem die Auszahlung in Form eines Auszahlungsplans mit anschließender Teilkapitalverrentung vorgesehen ist, ist die Höhe der über die gesamte Auszahlungsphase (Auszahlungsplan und Teilkapitalverrentung) mindestens auszuzahlenden monatlichen Leistung wie folgt zu bestimmen: 197

– Auszahlungsplan:

Das gesamte zu Beginn der Auszahlungsphase zur Verfügung stehende Kapital ist durch die Anzahl der Monate vom Beginn der Auszahlungsphase bis zum Beginn der Teilkapitalverrentung zu teilen. Das zu Beginn der Auszahlungsphase zur Verfügung stehende Kapital ist zu vermindern, um
  – das für die Teilkapitalverrentung spätestens ab dem 85. Lebensjahr eingesetzte Kapital,
  – den Betrag einer Einmalauszahlung von maximal 30 % sowie
  – den Betrag, der zur Entschuldung einer begünstigten Wohnung entnommen wurde.

Wird vom Anbieter eine Mindestverzinsung garantiert, ist der errechnete monatliche Betrag um diese Mindestverzinsung zu erhöhen.

– Teilkapitalverrentung:

Die monatliche Rente aus der Teilkapitalverrentung muss mindestens so hoch sein, wie die errechnete monatliche Leistung aus dem Auszahlungsplan.

Geringfügige Schwankungen in der Höhe der Altersleistungen sind unschädlich, sofern diese Schwankungen auf in einzelnen Jahren unterschiedlich hohen Überschussanteilen, Zinsen oder Erträgen beruhen. D. h., der auf Basis des zu Beginn der Auszahlungsphase garantierten Kapitals zzgl. der unwiderruflich zugeteilten Überschüsse bzw. zugesagten Zinsen oder Erträge zu errechnende Leistungsbetrag darf während der gesamten Auszahlungsphase nicht unterschritten werden. Aus Vereinfachungsgründen können darüber hinausgehende Leistungen auch außerhalb der monatlichen Leistungen ausgezahlt werden, unabhängig davon, ob es sich um Zinsen, Erträge, Überschussanteile, Wertsteigerungen oder Verkaufserlöse aus Fonds handelt. 198

**199** Soweit der Vertrag Leistungen für den Fall der Erwerbsminderung oder eine Hinterbliebenenrente i. S. d. § 1 Abs. 1 Satz 1 Nr. 2 AltZertG vorsieht, dürfen diese im Versicherungsfall schon vor Erreichen der Altersgrenze zur Auszahlung kommen.

**200** Nach § 93 Abs. 3 Satz 1 EStG sind Auszahlungen zur Abfindung einer Kleinbetragsrente keine schädliche Verwendung. Die steuerunschädliche Kleinbetragsrentenabfindung ist jedoch ausschließlich zulässig

- zum ursprünglich vereinbarten Beginn der Auszahlungsphase,
- (für ab 1. Januar 2018 zertifizierte Verträge) zum nach § 1 Abs. 1 Satz 1 Nr. 4 Buchst. a AltZertG verschobenen Beginn der Auszahlungsphase auf den 1. Januar des darauffolgenden Jahres oder
- wenn nach dem Beginn der Auszahlungsphase ein Versorgungsausgleich durchgeführt wird und sich dadurch die Rente verringert.

Hat die Auszahlungsphase bereits begonnen, ist im Übrigen keine steuerunschädliche Kleinbetragsrentenabfindung mehr zulässig, selbst wenn die sonstigen Voraussetzungen für eine Kleinbetragsrentenabfindung zu diesem späteren Zeitpunkt (noch) vorliegen.

Eine Kleinbetragsrente nach § 93 Abs. 3 EStG liegt vor, wenn bei gleichmäßiger Verteilung des zu Beginn der Auszahlungsphase zur Verfügung stehenden geförderten Kapitals – einschließlich einer eventuellen Teilkapitalauszahlung, jedoch ohne einen eventuellen Altersvorsorge-Eigenheimbetrag – über die gesamte Auszahlungsphase der Wert von 1 % der monatlichen Bezugsgröße (West) nach § 18 SGB IV nicht überschritten wird. Die monatliche Bezugsgröße zum 1. Januar 2018 beträgt 3045 €, so dass im Jahr 2018 eine Kleinbetragsrente bei einem monatlichen Rentenbetrag von nicht mehr als 30,45 € vorliegt. Das geförderte Altersvorsorgevermögen von sämtlichen Verträgen bei einem Anbieter ist für die Berechnung zusammenzufassen.

**201** Bestehen bei einem Anbieter mehrere Verträge, aus denen sich unterschiedliche Auszahlungstermine ergeben, liegt eine Kleinbetragsrente vor, wenn alle für die Altersversorgung zur Auszahlung kommenden Leistungen, die auf geförderten Altersvorsorgebeiträgen beruhen, den Wert von 1 % der monatlichen Bezugsgröße nach § 18 SGB IV nicht übersteigen. Stichtag für die Berechnung, ob die Voraussetzungen für das Vorliegen einer Kleinbetragsrente gegeben sind, ist der Tag des Beginns der Auszahlungsphase für den abzufindenden Vertrag. Bei Beginn der Auszahlung aus dem ersten Vertrag ist zu prognostizieren und festzuhalten, in welcher Höhe zukünftig Leistungen monatlich anfallen würden. Wird der Höchstwert nicht überschritten, liegen insgesamt Kleinbetragsrenten vor, die unschädlich abgefunden werden können. Wird der Höchstwert bei Auszahlung der weiteren Leistungen dennoch überschritten, z. B. wegen günstiger Konditionen am Kapitalmarkt, verbleibt es für die bereits abgefundenen Verträge bei der ursprünglichen Prognose; eine schädliche Verwendung tritt insoweit nicht ein. Für den bei Feststellung der Überschreitung des Höchstwerts zur Auszahlung anstehenden und alle weiteren Verträge mit späterem Auszahlungsbeginn kommt eine Abfindung nicht mehr in Betracht.

**202** Für die Zusammenfassung (§ 93 Abs. 3 Satz 3 EStG) ist auf die sich aus der entsprechenden Absicherung des jeweiligen biometrischen Risikos ergebende Leistung abzustellen, wenn für dieses Risiko ein eigenes Deckungskapital gebildet wurde. Für die Prüfung, ob eine Kleinbetragsrente vorliegt, erfolgt die Zusammenfassung getrennt nach dem jeweils abgesicherten Risiko und dem jeweiligen Deckungskapital. In die Prüfung, ob eine Kleinbetragsrente vorliegt, sind nur die Leistungen einzubeziehen, die für den entsprechenden Versicherungsfall zur Auszahlung kommen. Eine nachträgliche Verschiebung von Deckungskapital mit dem Ziel, das Vorliegen der Voraussetzungen für eine Kleinbetragsrente herbeizuführen, ist nicht zulässig.

Für die Abfindung einer Altersrente kann eine solche Betrachtung erst zu Beginn der Auszahlungsphase dieser Rente vorgenommen werden. Verschiebt der Zulageberechtigte den Beginn der Auszahlung der Kleinbetragsrentenabfindung nach der Regelung des § 1 Abs. 1 Satz 1 Nr. 4 Buchst. a AltZertG (für ab 1. Januar 2018 zertifizierte Verträge) auf den 1. Januar des Folgejahres, ist nicht erneut zu prüfen, ob die Voraussetzungen für eine Kleinbetragsrentenabfindung vorliegen (§ 93 Abs. 3 Satz 1 EStG). Dies gilt nicht, wenn zwischen dem ursprünglich vereinbarten und dem verschobenen Beginn der Auszahlungsphase eine Kapitalübertragung zugunsten des abzufindenden Vertrages stattfindet; in diesem Fall ist eine erneute Überprüfung des Vorliegens der Voraussetzungen für eine Kleinbetragsrentenabfindung auf den Stichtag des verschobenen Beginns der Auszahlungsphase vorzunehmen. Die Auszahlung der Abfindung einer Kleinbetragsrente aus der Altersrente bereits vor Beginn der Auszahlungsphase ist eine schädliche Verwendung i. S. d. § 93 EStG. Bei Leistungen für den Fall der Erwerbsminderung oder bei Hinterbliebenenrenten i. S. d. § 1 Abs. 1 Satz 1 Nr. 2 AltZertG ist für den Beginn der Auszahlungsphase Rz. 199 zu beachten. **203**[1)]

Geht nach der Auszahlung der Kleinbetragsrentenabfindung beim Anbieter eine Zulagezahlung für den Anleger ein, hat dies keinen Einfluss auf das Vorliegen einer Kleinbetragsrente. Diese Zulage gehörte im Zeitpunkt des Beginns der Auszahlungsphase noch nicht zum zur Verfügung stehenden Altersvorsorgevermögen und ist daher nicht in die Berechnung des Höchstbetrags für die Kleinbetragsrentenabfindung einzubeziehen. **204**

Die Zulage kann im Fall einer abgefundenen Altersrente vom Anbieter unmittelbar an den Zulageberechtigten weitergereicht werden. Sie ist in diesem Fall nicht in die Bescheinigung nach § 92 EStG als dem Vertrag gutgeschriebene Zulage aufzunehmen. Der Anbieter hat diese Zulage als Leistung nach § 22 Nr. 5 Satz 1 EStG zu behandeln und entsprechend nach § 22 a EStG zu melden (vgl. Rz. 193). Ist der Zulageberechtigte zwischenzeitlich verstorben, ist die nachlaufende Zulage – unter den Voraussetzungen des vorhergehenden Satzes – an die Erben auszuzahlen; dies führt nicht zu einer schädlichen Verwendung i. S. d. § 93 EStG. **205**

Zulagen, die nach der Auszahlung der Kleinbetragsrentenabfindung wegen Erwerbsminderung beim Anbieter eingehen, sind dem Altersvorsorgevertrag für die Alters- und ggf. Hinterbliebenenabsicherung gutzuschreiben und nicht unmittelbar an den Zulageberechtigten oder die Erben (bei Tod des Zulageberechtigten) weiterzureichen. **206**

Wird eine Hinterbliebenenrente aus einer zusätzlichen Hinterbliebenenrisikoabsicherung ohne Kapitalbildung gezahlt oder als Kleinbetragsrente abge- **207**

1) Rz. 203 neu gef. durch BMF v. 17. 2. 2020, BStBl. I S. 213.

funden, darf eine nach dem Beginn der Auszahlungsphase für diese Hinterbliebenenrisikorente ermittelte Zulage nicht mehr an den/die Hinterbliebenen ausgezahlt werden. Sie fällt dem bisherigen Altersvorsorgekapital zu.

208 Etwas anderes gilt für den Teil der Zulagen, der auf nach § 1 Abs. 1 Nr. 2 AltZertG angespartes gefördertes Altersvorsorgevermögen entfällt, das in Form einer Hinterbliebenenrente oder Abfindung einer Hinterbliebenenkleinbetragsrente an die in § 1 Abs. 1 Nr. 2 AltZertG genannten Hinterbliebenen ausgezahlt wird (d. h., für die Hinterbliebenenrente wird das bei Risikoeintritt vorhandene Kapital eingesetzt). Dieser Teil der Zulagen darf nach Beginn der Auszahlungsphase der Hinterbliebenenrente(n) an den/die Hinterbliebenen weitergereicht werden. Der Anbieter hat diesen Teil der Zulage als Leistung nach § 22 Nr. 5 Satz 1 EStG zu behandeln und entsprechend nach § 22 a EStG zu melden (vgl. Rz. 193).

209 Die Rzn. 200 bis 208 gelten in den Fällen des § 93 Abs. 3 Satz 4 EStG entsprechend mit der Maßgabe, dass an die Stelle des Beginns der Auszahlungsphase der Zeitpunkt der Durchführung des Versorgungsausgleichs tritt.

210 Die Entnahme des Teilkapitalbetrags von bis zu 30 % des zur Verfügung stehenden Kapitals aus dem Vertrag hat zu Beginn der Auszahlungsphase zu erfolgen. Eine Verteilung über mehrere Auszahlungszeitpunkte ist nicht möglich. Eine Kombination mit der Entnahme eines Altersvorsorge-Eigenheimbetrags zu Beginn der Auszahlungsphase ist zulässig, solange die Einschränkung der Entnahmemöglichkeit im Hinblick auf die Mindestentnahme- bzw. Restbeträge nach § 92 a Abs. 1 Satz 1 EStG beachtet wird.

211 **Beispiel:**
Der Altersvorsorgevertrag des A enthält zu Beginn der Auszahlungsphase ein Altersvorsorgevermögen von 10 000 €, davon sind 7000 € gefördert und 3000 € ungefördert. Lässt sich A die maximal steuerunschädlich zulässige Teilkapitalauszahlung von 3000 € (30 % von 10 000 €) auszahlen, kann er maximal 4000 € als Altersvorsorge-Eigenheimbetrag entnehmen, weil bei einer solchen Teilentnahme mindestens 3000 € im Altersvorsorgevertrag verbleiben müssen.

212 Soweit gefördertes Altersvorsorgevermögen, auf das § 10 a oder Abschn. XI des EStG angewandt wurde, nicht diesen gesetzlichen Regelungen entsprechend ausgezahlt wird, liegt eine schädliche Verwendung (§ 93 EStG) vor.

213 Erfolgt die Auszahlung des geförderten Altersvorsorgevermögens abweichend von den in Rz. 195 aufgeführten Möglichkeiten in Raten, z. B. als Rentenzahlung im Rahmen einer vereinbarten Rentengarantiezeit im Fall des Todes des Zulageberechtigten, so stellt jede Teilauszahlung eine anteilige schädliche Verwendung dar.

214 Wird nicht gefördertes Altersvorsorgevermögen (zur Abgrenzung von geförderten und nicht geförderten Beiträgen vgl. Rzn. 131 ff.) abweichend von den in Rz. 195 aufgeführten Möglichkeiten verwendet, liegt keine schädliche Verwendung vor (Rzn. 234 f.).

## 2. Auszahlung von gefördertem Altersvorsorgevermögen

### a) Möglichkeiten der schädlichen Verwendung

215 Eine schädliche Verwendung von gefördertem Altersvorsorgevermögen liegt beispielsweise in folgenden Fällen vor:

– (Teil-)Kapitalauszahlung aus einem geförderten Altersvorsorgevertrag an den Zulageberechtigten während der Ansparphase oder nach Beginn der Auszahlungsphase (§ 93 Abs. 1 Satz 1 und 2 EStG), soweit das Kapital nicht als Altersvorsorge-Eigenheimbetrag (§ 1 Abs. 1 Satz 1 Nr. 10 Buchst. c AltZertG i. V. m. § 93 Abs. 1 Satz 1 EStG), im Rahmen einer Rente, eines Auszahlungsplans oder einer Verminderung des monatlichen Nutzungsentgelts für eine vom Zulageberechtigten selbst genutzte Genossenschaftswohnung i. S. d. § 1 Abs. 1 Satz 1 Nr. 4 Buchst. a und b AltZertG oder als Abfindung einer Kleinbetragsrente ausgezahlt wird;
– (Teil-)Kapitalauszahlung aus gefördertem Altersvorsorgevermögen bei einer externen Teilung (§ 14 VersAusglG) im Rahmen des Versorgungsausgleichs, soweit das Kapital nicht unmittelbar zur Begründung eines Anrechts in einem Altersvorsorgevertrag oder in einer nach § 82 Abs. 2 EStG begünstigten betrieblichen Altersversorgung (einschließlich Versorgungsausgleichskasse) verwendet wird (vgl. Rz. 221);
– Weiterzahlung der Raten oder Renten aus gefördertem Altersvorsorgevermögen an die Erben im Fall des Todes des Zulageberechtigten nach Beginn der Auszahlungsphase (§ 93 Abs. 1 Satz 2 EStG), sofern es sich nicht um eine Hinterbliebenenversorgung i. S. d. § 1 Abs. 1 Satz 1 Nr. 2 AltZertG handelt (§ 93 Abs. 1 Satz 4 Buchst. a EStG); zu Heilungsmöglichkeiten für den überlebenden Ehegatten/-Lebenspartner vgl. Rzn. 230 ff.;
– (Teil-)Kapitalauszahlung aus gefördertem Altersvorsorgevermögen im Fall des Todes des Zulageberechtigten an die Erben (§ 93 Abs. 1 Satz 2 EStG; zu Heilungsmöglichkeiten für den überlebenden Ehegatten/Lebenspartner vgl. Rzn. 230 ff.).

### b) Folgen der schädlichen Verwendung

#### aa) Rückzahlung der Förderung

Liegt eine schädliche Verwendung von gefördertem Altersvorsorgevermögen vor, sind die darauf entfallenden während der Ansparphase gewährten Altersvorsorgezulagen und die nach § 10 a Abs. 4 EStG gesondert festgestellten Steuerermäßigungen zurückzuzahlen (Rückzahlungsbetrag § 94 Abs. 1 EStG; vgl. Beispiel in Rz. 226). Der Anbieter darf Kosten und Gebühren, die durch die schädliche Verwendung entstehen (z. B. Kosten für die Vertragsbeendigung), nicht mit diesem Rückzahlungsbetrag verrechnen. Abschluss- und Vertriebskosten i. S. d. § 1 Abs. 1 Satz 1 Nr. 8 AltZertG sowie bis zur schädlichen Verwendung angefallene Kosten i. S. d. § 7 Abs. 1 Satz 1 Nr. 1 und 2 und Beitragsanteile zur Absicherung der verminderten Erwerbsfähigkeit oder der Hinterbliebenenabsicherung i. S. d. § 1 Abs. 1 Satz 1 Nr. 3 AltZertG können dagegen vom Anbieter berücksichtigt werden, soweit sie auch angefallen wären, wenn die schädliche Verwendung nicht stattgefunden hätte. 216

Wurde für ein Beitragsjahr bereits eine Zulage zugunsten eines Vertrags ausgezahlt, dessen steuerlich gefördertes Altersvorsorgevermögen anschließend schädlich verwendet wird, und gehen während der Antragsfrist noch weitere Zulageanträge für zugunsten anderer Verträge geleistete Beiträge ein, so werden neben dem Antrag zu dem zwischenzeitlich schädlich verwendeten Vertrag alle für dieses Beitragsjahr eingehenden rechtswirksamen Zulageanträge in 217 die Zulageermittlung nach den Verteilungsvorschriften gem. § 87 Abs. 1 und § 89 Abs. 1 Satz 3 EStG einbezogen.

218 Eine Rückzahlungsverpflichtung besteht nicht für den Teil der Zulagen, der auf nach § 1 Abs. 1 Nr. 2 AltZertG angespartes gefördertes Altersvorsorgevermögen entfällt, wenn es in Form einer Hinterbliebenenrente an die dort genannten Hinterbliebenen ausgezahlt wird. Dies gilt auch für den entsprechenden Teil der Steuerermäßigung.

219 Im Fall der schädlichen Verwendung besteht ebenfalls keine Rückzahlungsverpflichtung für den Teil der Zulagen oder der Steuerermäßigung, der den Beitragsanteilen zuzuordnen ist, die für die Absicherung der verminderten Erwerbsfähigkeit und einer zusätzlichen Hinterbliebenenabsicherung ohne Kapitalbildung eingesetzt worden sind.

220 Für den Fall der schädlichen Verwendung sowie für die Beitragszusage nach § 1 Abs. 1 Nr. 3 AltZertG ist zu beachten, dass nach dem Beginn der Auszahlungsphase einer Rente wegen Erwerbsminderung oder einer Abfindung einer Kleinbetragsrente wegen Erwerbsminderung keine Beitragsanteile mehr der Absicherung der verminderten Erwerbsfähigkeit zuzuordnen sind.

221 Erfolgt aufgrund des § 6 VersAusglG eine Auszahlung aus gefördertem Altersvorsorgevermögen oder wird gefördertes Altersvorsorgevermögen aufgrund einer externen Teilung nach § 14 VersAusglG nicht im Rahmen des § 93 Abs. 1 a Satz 1 EStG übertragen, treten die Folgen der schädlichen Verwendung zu Lasten der ausgleichspflichtigen Person ein. Dies gilt selbst dann, wenn die ausgleichsberechtigte Person das an sie im Rahmen einer Vereinbarung nach § 6 VersAusglG ausgezahlte Kapital wieder auf einen Altersvorsorgevertrag oder in eine nach § 82 Abs. 2 EStG begünstigte betriebliche Altersversorgung (einschließlich Versorgungsausgleichskasse) einzahlt. Die auf das ausgezahlte geförderte Altersvorsorgevermögen entfallenden Zulagen und die nach § 10 a Abs. 4 EStG gesondert festgestellten Beträge sind zurückzuzahlen.

222 Werden dem Zulageberechtigten Raten im Rahmen eines Auszahlungsplans mit einer anschließenden Teilkapitalverrentung ab spätestens dem 85. Lebensjahr gezahlt und lässt er sich nach Beginn der Auszahlungsphase, aber vor Beginn der Teilkapitalverrentung, das gesamte für den Auszahlungsplan noch vorhandene Kapital auszahlen, handelt es sich um eine schädliche Verwendung des gesamten noch vorhandenen geförderten Altersvorsorgevermögens. Dies gilt selbst dann, wenn dem Anleger aus dem Teil des Kapitals, das als Einmalbetrag in eine Rentenversicherung eingezahlt wurde, ab spätestens dem 85. Lebensjahr eine Rente gezahlt wird. Deshalb sind auch die auf das gesamte zum Zeitpunkt der Teil-Kapitalentnahme noch vorhandene geförderte Altersvermögen entfallenden Zulagen und die nach § 10 a Abs. 4 EStG gesondert festgestellte Beträge zurückzuzahlen.

223 Die Rückforderung erfolgt sowohl für die Zulagen als auch für die gesondert festgestellten Steuerermäßigungen durch die ZfA (siehe auch Rz. 97). Die Rückforderung zieht keine Änderung von Einkommensteuer- oder Feststellungsbescheiden i. S. d. § 10 a Abs. 4 EStG nach sich.

224 Verstirbt der Zulageberechtigte und wird steuerlich gefördertes Altersvorsorgevermögen schädlich verwendet (Rz. 215), hat die Rückzahlung (Rz. 216) vor der Auszahlung des Altersvorsorgevermögens an die Erben oder Vermächtnisnehmer zu erfolgen.

### bb) Besteuerung nach § 22 Nr. 5 Satz 3 EStG

§ 22 Nr. 5 Satz 3 EStG regelt die Besteuerung in den Fällen, in denen das ausgezahlte geförderte Altersvorsorgevermögen steuerschädlich verwendet wird (§ 93 EStG). Der Umfang der steuerlichen Erfassung richtet sich insoweit nach der Art der ausgezahlten Leistung (§ 22 Nr. 5 Satz 2 EStG). Hierbei sind Rzn. 143 bis 166 zu beachten. Als ausgezahlte Leistung i. S. d. § 22 Nr. 5 Satz 2 EStG gilt das geförderte Altersvorsorgevermögen nach Abzug der Zulagen i. S. d. Abschn. XI EStG. Die insoweit nach § 10 a Abs. 4 EStG gesondert festgestellten, zurückgezahlten Beträge sind nicht in Abzug zu bringen. Ein negativer Unterschiedsbetrag stellt dabei negative Einkünfte i. S. d. § 22 EStG dar, welche sowohl mit anderen Einkünften i. S. d. § 22 EStG als auch mit Einkünften aus anderen Einkunftsarten verrechnet werden können (horizontaler und vertikaler Verlustausgleich). Der negative Leistungsbetrag ist in der Rentenbezugsmitteilung anzugeben (vgl. Rz. 38 des BMF-Schreibens vom 7. Dezember 2011, BStBl. I S. 1223[1)]). 225

**Beispiel 1:** 226

Der 50-jährige Steuerpflichtige hat zugunsten eines Altersvorsorgevertrags ausschließlich geförderte Beiträge (insgesamt 38 000 €) eingezahlt. Zum Zeitpunkt der schädlichen Verwendung (Kapitalauszahlung aus einem zertifizierten Banksparplan) beträgt das Altersvorsorgevermögen 55 000 €. Dem Altersvorsorgevertrag wurden Zulagen i. H. v. insgesamt 3500 € gutgeschrieben. Die Steuerermäßigungen nach § 10 a EStG wurden i. H. v. 5000 € festgestellt.

| | |
|---|---|
| Zur Auszahlung gelangen: | |
| Altersvorsorgevermögen | 55 000 € |
| abzüglich Zulagen | 3500 € |
| abzüglich Steuervorteil | 5000 € |
| = | 46 500 € |

| | |
|---|---|
| Betrag nach § 22 Nr. 5 Satz 3 EStG | |
| Altersvorsorgevermögen | 55 000 € |
| abzüglich Zulagen | 3500 € |
| = | 51 500 € |

Auf diesen Betrag ist § 22 Nr. 5 Satz 2 Buchst. c EStG anzuwenden.

| | |
|---|---|
| maßgebender Betrag | 51 500 € |
| abzüglich Eigenbeiträge | 38 000 € |
| | 13 500 € |

Nach § 22 Nr. 5 Satz 2 Buchst. c EStG sind 13 500 € zu versteuern.

**Beispiel 2:**

A hat zum 1. Januar 2018 einen Altersvorsorgevertrag (Fondssparplan) abgeschlossen und zugunsten dieses Vertrags jährliche Beiträge i. H. v. jeweils 1000 € eingezahlt, die nach § 10 a/ Abschnitt XI EStG gefördert wurden. Der Anbieter verteilt die Abschluss- und Vertriebskosten i. H. v. insgesamt 500 € auf fünf Jahre. Zum 31. Dezember 2020 wird der Vertrag von A gekündigt. Die von den Beiträgen abzüglich der anteiligen Abschluss- und Vertriebskosten erworbenen Fondsanteile sind auf einen Wert von 2500 € gesunken. Kosten für die Kündigung werden vom Anbieter nicht erhoben.

---

1) Nr. **1** § 22 a /1.

Die Besteuerung erfolgt nach § 22 Nr. 5 Satz 2 Buchst. c EStG mit dem Unterschiedsbetrag zwischen der Leistung und der Summe der auf sie entrichteten Beiträge:

| | |
|---|---|
| Leistung (nach Abzug der Zulagen) | 2500 € |
| abzüglich geleistete Beiträge | 3000 € |
| negativer Leistungsbetrag | –500 € |

Es liegen negative Einkünfte i. H. v. 500 € vor.

**227** Verstirbt der Zulageberechtigte und wird steuerlich gefördertes Altersvorsorgevermögen außerhalb einer zulässigen Hinterbliebenenabsicherung an die Erben ausgezahlt, sind die Erträge von den Erben zu versteuern.

**228** **Abwandlung des Beispiels 1 zu Rz. 226:**

Der 62-jährige Steuerpflichtige hat zugunsten eines seit 20 Jahren laufenden Altersvorsorgevertrags (zertifizierter Banksparplan) ausschließlich geförderte Beiträge (insgesamt 38 000 €) eingezahlt. Dem Altersvorsorgevertrag wurden Zulagen i. H. v. insgesamt 3500 € gutgeschrieben. Die Steuerermäßigungen nach § 10 a EStG wurden i. H. v. 5000 € festgestellt. Bevor die Auszahlung beginnt, verstirbt er. Im Zeitpunkt seines Todes beträgt das angesparte Altersvorsorgevermögen 55 000 €. Bis es im Wege der Einmalkapitalauszahlung zur Auszahlung des Altersvorsorgevermögens an die 42-jährige Tochter kommt, beträgt das Vermögen 55 500 €.

Zur Auszahlung gelangen:

| | |
|---|---|
| Altersvorsorgevermögen | 55 500 € |
| abzüglich Zulagen | 3500 € |
| abzüglich Steuervorteil | 5000 € |
| = | 47 000 € |

| | |
|---|---|
| Betrag nach § 22 Nr. 5 Satz 3 EStG | |
| Altersvorsorgevermögen | 55 500 € |
| abzüglich Zulagen | 3500 € |
| = | 52 000 € |

Auf diesen Betrag ist § 22 Nr. 5 Satz 2 Buchst. c EStG anzuwenden.

| | |
|---|---|
| Maßgebender Betrag | 52 000 € |
| abzüglich Eigenbeiträge | 38 000 € |
| Unterschiedsbetrag | 14 000 € |

Bei der Tochter unterliegen 14 000 € der Besteuerung nach § 22 Nr. 5 Satz 3 i. V. m. Satz 2 Buchst. c EStG.

**229** Die als Einkünfte nach § 22 Nr. 5 Satz 3 i. V. m. § 22 Nr. 5 Satz 2 EStG zu besteuernden Beträge muss der Anbieter gem. § 22 Nr. 5 Satz 7 EStG dem Zulageberechtigten bescheinigen und im Wege des Rentenbezugsmitteilungsverfahrens (§ 22 a EStG) mitteilen (vgl. Rz. 193). Ergeben sich insoweit steuerpflichtige Einkünfte nach § 22 Nr. 5 Satz 3 EStG für einen anderen Leistungsempfänger (z. B. Erben), ist für diesen eine entsprechende Rentenbezugsmitteilung der ZfA zu übermitteln.

### c) Übertragung begünstigten Altersvorsorgevermögens auf den überlebenden Ehegatten/Lebenspartner

**230** Haben die Ehegatten/Lebenspartner im Zeitpunkt des Todes des Zulageberechtigten nicht dauernd getrennt gelebt (§ 26 Abs. 1 EStG) und hatten sie im

Zeitpunkt des Todes ihren Wohnsitz oder gewöhnlichen Aufenthalt in einem EU-/EWR-Staat, treten die Folgen der schädlichen Verwendung nicht ein, wenn das geförderte Altersvorsorgevermögen des verstorbenen Ehegatten/Lebenspartners zugunsten eines auf den Namen des überlebenden Ehegatten/Lebenspartners lautenden zertifizierten Altersvorsorgevertrags übertragen wird (§ 93 Abs. 1 Satz 4 Buchst. c EStG). Eine solche Übertragung kann beispielsweise durch Abtretung eines Auszahlungsanspruchs erfolgen. Der Anbieter des verstorbenen Zulageberechtigten hat sich vor der Kapitalübertragung durch eine Erklärung des überlebenden Ehegatten/Lebenspartners bestätigen zu lassen, dass die Voraussetzungen für eine steuerunschädliche Übertragung (§ 26 Abs. 1 EStG und Wohnsitz EU/EWR) im Zeitpunkt des Todes vorgelegen haben. Es ist unerheblich, ob der Vertrag des überlebenden Ehegatten/-Lebenspartners bereits bestand oder im Zuge der Kapitalübertragung neu abgeschlossen wird und ob der überlebende Ehegatte/Lebenspartner selbst zum begünstigten Personenkreis gehört oder nicht. Die Auszahlung von Leistungen aus diesem Altersvorsorgevertrag richtet sich nach § 1 Abs. 1 AltZertG. Zur steuerlichen Behandlung der auf dem übertragenen Altersvorsorgevermögen beruhenden Leistungen an den überlebenden Ehegatten/Lebenspartner vgl. Rzn. 153 f.

Hat der verstorbene Ehegatte/Lebenspartner einen Altersvorsorgevertrag mit einer Rentengarantiezeit abgeschlossen, treten die Folgen einer schädlichen Verwendung auch dann nicht ein, wenn die jeweiligen Rentengarantieleistungen fortlaufend mit dem jeweiligen Auszahlungsanspruch und nicht kapitalisiert unmittelbar zugunsten eines zertifizierten Altersvorsorgevertrags des überlebenden Ehegatten/Lebenspartners übertragen werden. Im Fall der Kapitalisierung des Auszahlungsanspruchs gilt Rz. 230 entsprechend. 231

Steht das Altersvorsorgevermögen nicht dem überlebenden Ehegatten/Lebenspartner allein zu, sondern beispielsweise einer aus dem überlebenden Ehegatten/Lebenspartner und den Kindern bestehenden Erbengemeinschaft, treten ebenfalls die in Rz. 230 genannten Rechtsfolgen ein, wenn das gesamte geförderte Altersvorsorgevermögen zugunsten eines auf den Namen des überlebenden Ehegatten/Lebenspartners lautenden zertifizierten Altersvorsorgevertrags übertragen wird. Es ist unschädlich, wenn die übrigen Erben für den über die Erbquote des überlebenden Ehegatten/Lebenspartners hinausgehenden Kapitalanteil einen Ausgleich erhalten. Satz 1 und 2 gelten entsprechend, wenn Rentengarantieleistungen i. S. d. Rz. 231 der Erbengemeinschaft zustehen und diese unmittelbar mit dem jeweiligen Auszahlungsanspruch zugunsten eines zertifizierten Altersvorsorgevertrags des überlebenden Ehegatten/Lebenspartners übertragen werden. 232

Die Verwendung des geförderten geerbten Altersvorsorgevermögens zur Begleichung der durch den Erbfall entstehenden Erbschaftsteuer stellt auch beim überlebenden Ehegatten/-Lebenspartner eine schädliche Verwendung dar. 233

### 3. Auszahlung von nicht gefördertem Altersvorsorgevermögen

Die Auszahlung von Altersvorsorgevermögen, das aus nicht geförderten Beiträgen (vgl. Rzn. 134 ff.) stammt, stellt keine schädliche Verwendung i. S. v. § 93 EStG dar. Bei Teilauszahlungen aus einem zertifizierten Altersvorsorgevertrag gilt das nicht geförderte Kapital als zuerst ausgezahlt (Meistbegünstigung). Dies schließt jedoch nicht aus, dass sich der Zulageberechtigte aktiv dafür ent- 234 scheiden kann, dass das geförderte Kapital zuerst ausgezahlt werden soll (mit den entsprechenden Konsequenzen einer schädlichen Verwendung).

235 **Beispiel:**

A, ledig, hat ab 2018 über 20 Jahre jährlich (einschließlich der Grundzulage von 175 €) 2100 € geförderte Beiträge zugunsten eines Fondssparplans eingezahlt. Zusätzlich hat er jährlich 500 € nicht geförderte Beiträge geleistet. Zusätzlich zur Zulage von 3500 € hat A über die gesamte Ansparphase insgesamt einen – gesondert festgestellten – Steuervorteil i. H. v. 12 500 € erhalten (§ 10 a EStG). Am 31. Dezember 2037 beträgt das Kapital, das aus nicht geförderten Beiträgen besteht, 14 000 €. A entnimmt einen Betrag von 12 000 €.

Nach Rz. 234 ist davon auszugehen, dass A das nicht geförderte Altersvorsorgevermögen entnommen hat. Aus diesem Grund kommt es nicht zur Rückforderung der gewährten Zulagen und Steuerermäßigungen. Allerdings hat A nach § 22 Nr. 5 Satz 2 Buchst. c EStG den Unterschiedsbetrag zwischen der Leistung (Auszahlung) und der Summe der auf sie entrichteten Beiträge zu versteuern.

## 4. Sonderfälle der Rückzahlung

236 Endet die Zulageberechtigung oder hat die Auszahlungsphase des Altersvorsorgevertrags begonnen, treten grundsätzlich die Folgen der schädlichen Verwendung ein,

- wenn sich der Wohnsitz oder gewöhnliche Aufenthalt des Zulageberechtigten außerhalb der EU-/EWR-Staaten befindet oder
- wenn sich der Wohnsitz oder gewöhnliche Aufenthalt zwar in einem EU-/EWR-Staat befindet, der Zulageberechtigte aber nach einem DBA als außerhalb eines EU-/EWR-Staates ansässig gilt.

Dabei kommt es nicht darauf an, ob aus dem Altersvorsorgevertrag Auszahlungen erfolgen oder nicht.

237 Auf Antrag des Zulageberechtigten wird der Rückzahlungsbetrag (Zulagen und Steuerermäßigungen) bis zum Beginn der Auszahlungsphase gestundet, wenn keine vorzeitige Auszahlung von gefördertem Altersvorsorgevermögen erfolgt (§ 95 Abs. 2 EStG). Bei Beginn der Auszahlungsphase ist die Stundung auf Antrag des Zulageberechtigten zu verlängern bzw. erstmalig zu gewähren, wenn der Rückzahlungsbetrag mit mindestens 15 % der Leistungen aus dem Altersvorsorgevertrag getilgt wird. Für die Dauer der gewährten Stundung sind Stundungszinsen nach § 234 AO zu erheben. Die Stundung kann innerhalb eines Jahres nach Erteilung der Bescheinigung nach § 94 Abs. 1 Satz 4, § 95 Abs. 1 EStG beim Anbieter beantragt werden. Beantragt der Zulageberechtigte eine Stundung innerhalb der Jahresfrist, aber erst nach Zahlung des Rückzahlungsbetrags, ist ein Bescheid über die Stundung eines Rückzahlungsbetrages zu erlassen und der maschinell einbehaltene und abgeführte Rückzahlungsbetrag rückabzuwickeln.

238 **Beispiel:**

| | |
|---|---|
| Ende der Zulageberechtigung bei Wohnsitz außerhalb eines EU-/EWR-Staats am | 31. 12. 2010 |
| Beginn der Auszahlungsphase am | 1. 2. 2013 |

Das Altersvorsorgevermögen wird nicht vorzeitig ausgezahlt.

| | |
|---|---|
| Summe der zurückzuzahlenden Zulagen und Steuervorteile: | 1500 € |
| Monatliche Leistung aus dem Altersvorsorgevertrag ab 1. 2. 2013: | 100 € |

Der Rückzahlungsbetrag i. H. v. 1500 € ist bis zum 31. Januar 2013 zu stunden. Die Stundung ist zu verlängern, wenn der Rückzahlungsbetrag vom 1. Februar 2013 an mit 15 € pro Monat getilgt wird. Für die Dauer der gewährten Stundung sind Stundungszinsen nach § 234 AO zu erheben. Die Stundungszinsen werden mit Ablauf des Kalenderjahres, in dem die Stundung geendet hat, festgesetzt (§ 239 Abs. 1 Satz 2 Nr. 2 AO).

Wurde der Rückzahlungsbetrag gestundet und 239
- verlegt der ehemals Zulageberechtigte seinen ausschließlichen Wohnsitz oder gewöhnlichen Aufenthalt in einen EU-/EWR-Staat oder
- wird der ehemals Zulageberechtigte erneut zulageberechtigt,

sind der Rückzahlungsbetrag und die bereits entstandenen Stundungszinsen von der ZfA zu erlassen (§ 95 Abs. 3 EStG).

## IV. Altersvorsorge-Eigenheimbetrag und Tilgungsförderung für eine wohnungswirtschaftliche Verwendung

### 1. Allgemeines

Die Auszahlung eines Altersvorsorge-Eigenheimbetrags ist nur aus einem zertifizierten Altersvorsorgevertrag und die Tilgungsförderung nur bei Zahlung von Tilgungsleistungen auf einen zertifizierten Altersvorsorgevertrag möglich. Diese Möglichkeiten bestehen jedoch nur bis zum Beginn der Auszahlungsphase des Altersvorsorgevertrags. Der vereinbarte Beginn der Auszahlungsphase darf dabei nicht nach der Vollendung des 68. Lebensjahres des Zulageberechtigten liegen. Es kommt ggf. auch rückwirkend zu einer schädlichen Verwendung, wenn nach einer Entnahme des Altersvorsorge-Eigenheimbetrags die Vereinbarung zum Beginn der Auszahlungsphase auf einen Zeitpunkt nach der Vollendung des 68. Lebensjahres des Zulageberechtigten geändert wird (vgl. dazu auch Rz. 177). Für den Bereich der betrieblichen Altersversorgung sind diese Möglichkeiten gesetzlich nicht vorgesehen. Dies gilt auch, wenn das Altersvorsorgevermögen aus Beiträgen i. S. d. § 82 Abs. 2 EStG gebildet worden ist. 240

Das angesparte Kapital kann als Altersvorsorge-Eigenheimbetrag vollständig oder teilweise entnommen werden. Bei einer teilweisen Entnahme müssen mindestens 3000 € Restkapital im Vertrag verbleiben. Der im Rahmen der Entnahme zu beachtende Restbetrag nach § 92 a Abs. 1 Satz 1 EStG bezieht sich nur auf das nach § 10 a/Abschnitt XI EStG geförderte Altersvorsorgevermögen einschließlich der erwirtschafteten Erträge, Wertsteigerungen und Zulagen. Der Mindestentnahmebetrag nach § 92 a Abs. 1 Satz 1 EStG bezieht sich auf das gesamte geförderte und ungeförderte Altersvorsorgevermögen. Der Altersvorsorgevertrag darf vorsehen, dass nur eine vollständige Auszahlung des gebildeten Kapitals für eine Verwendung i. S. d. § 92 a EStG verlangt werden kann. Nicht gefördertes Kapital kann unbegrenzt ausgezahlt werden, wenn der Vertrag dies zulässt; insoweit sind die in der Auszahlung enthaltenen Erträge im Rahmen des § 22 Nr. 5 Satz 2 EStG zu besteuern. 241

### 2. Zulageberechtigter als Entnahmeberechtigter

Entnahmeberechtigt i. S. d. § 92 a Abs. 1 Satz 1 EStG sind Personen, denen das in einem Altersvorsorgevertrag gebildete Altersvorsorgevermögen, das nach § 10 a/Abschnitt XI EStG gefördert wurde, zugerechnet wird. Eine Zu- 242 lageberechtigung nach § 79 EStG muss im Zeitpunkt der Entnahme und der wohnungswirtschaftlichen Verwendung nicht bestehen.

**3. Entnehmbare Beträge**

**243** Der Altersvorsorge-Eigenheimbetrag oder die Summe der Altersvorsorge-Eigenheimbeträge darf die Herstellungs- oder Anschaffungskosten der Wohnung inklusive der Anschaffungsnebenkosten (z. B. Notargebühren, Grunderwerbsteuer) zuzüglich der Anschaffungskosten für den dazugehörenden Grund und Boden nicht überschreiten (vgl. Rz. 265).

**244** Für den barrierereduzierenden Umbau einer vom Zulageberechtigten selbst genutzten Wohnung darf der Altersvorsorge-Eigenheimbetrag die vom Zulageberechtigten getragenen Umbaukosten nicht übersteigen. Die Höhe des Miteigentumsanteils an der Wohnung ist hierbei unbeachtlich.

**245** Hat der Zulageberechtigte mehrere Altersvorsorgeverträge, kann er die Entnahmemöglichkeit für jeden dieser Verträge nutzen. Dabei muss der Zeitpunkt der Entnahme aus den einzelnen Verträgen nicht identisch sein. Es ist auch eine mehrmalige Entnahme aus demselben Vertrag zulässig. Jede Entnahme muss jedoch unmittelbar mit einer wohnungswirtschaftlichen Verwendung nach § 92 a Abs. 1 Satz 1 EStG zusammenhängen. Auch eine Entnahme in mehreren Teilbeträgen, beispielsweise in Abhängigkeit vom Baufortschritt, ist zulässig, solange die Einschränkung der Entnahmemöglichkeit im Hinblick auf die Mindestentnahme- bzw. Restbeträge nach § 92 a Abs. 1 Satz 1 EStG beachtet wird.

**246** Bei der Ermittlung des Restkapitals im Zuge der Auszahlung ist auf den Stand des geförderten Altersvorsorgevermögens zum Ablauf des Tages (Stichtag) abzustellen, an dem die ZfA den Bescheid über die Höhe der wohnungswirtschaftlichen Verwendung ausgestellt und den Anbieter darüber informiert hat (§ 92 b Abs. 1 Satz 3 EStG).

**247** Die Mindesthöhe für die Entnahme kann, soweit die Vertragsvereinbarungen dies nicht ausschließen, auch durch die Entnahme aus mehreren Verträgen erreicht werden. Der Mindestentnahmebetrag ist innerhalb von zwölf Monaten nach dem Zeitpunkt der erstmaligen Auszahlung zu entnehmen. Der Mindestbetrag ist auch bei einem Darlehen nach § 1 Abs. 1 a AltZertG zu beachten. Wird ein Darlehen nach § 1 Abs. 1 a AltZertG in Höhe des Mindestbetrags für eine wohnungswirtschaftliche Verwendung nach § 92 a EStG genutzt, dieses aber auch mit ungefördertem Vermögen getilgt (z. B. durch Tilgungsleistungen oberhalb der Förderhöchstgrenze des § 10 a EStG), ist dies unschädlich. Es ist ausreichend, wenn der Mindestbetrag für eine wohnungswirtschaftliche Verwendung insgesamt durch die Kombination aus Altersvorsorge-Eigenheimbeträgen und Darlehen nach § 1 Abs. 1 a AltZertG erreicht wird.

**248** **Beispiel:**

Der barrierereduzierende Umbau des selbst genutzten Hauses von R kostet insgesamt 20 000 €. R hat auf seinem Altersvorsorgevertrag bei Anbieter A bisher 15 000 € angespart. R beantragt im Januar 2014 unter Vorlage der notwendigen Nachweise die Entnahme der 15 000 € bei der ZfA. Gleichzeitig schließt er bei Anbieter B ein zertifiziertes Darlehen zur Finanzierung der Umbaumaßnahmen über 5000 € ab. Die ZfA bestätigt nach § 92 b Abs. 1 Satz 3 EStG eine wohnungswirtschaftliche Verwendung i. H. v. 20 000 €. Damit die Anbieter die Erfüllung der Voraussetzungen prüfen können, muss R Anbieter A Nachweise zum Darlehen bei Anbieter B und Anbieter B Nachweise zur Entnahme bei Anbieter A vorlegen.

Hat der Zulageberechtigte 100% des geförderten Altersvorsorgevermögens entnommen, gehören auch die Zulagen, die nach erfolgter Entnahme für die entnommenen Beiträge noch auf den Altersvorsorgevertrag ausgezahlt werden, zum entnehmbaren Betrag. Dies gilt auch dann, wenn die Auszahlung dieser Zulagen nicht mehr im unmittelbar zeitlichen Zusammenhang mit der wohnungswirtschaftlichen Verwendung steht. Ein gesonderter Entnahmeantrag ist hierfür nicht erforderlich. 249

Ändert sich nach Erteilung des Bescheides über die Höhe der wohnungswirtschaftlichen Verwendung rückwirkend der Umfang der steuerlichen Förderung, gilt das nicht geförderte Kapital als zuerst entnommen (vgl. Rz. 234), soweit es nicht vom Anbieter für die Rückforderung einer Zulage verwendet wurde. Das Wohnförderkonto ist entsprechend zu korrigieren. 250

### 4. Begünstigte Verwendung (§ 92 a Abs. 1 EStG)

Für den Altersvorsorge-Eigenheimbetrag sieht der Gesetzgeber drei verschiedene begünstigte Verwendungsarten vor: 251

1. bis zum Beginn der Auszahlungsphase unmittelbar für die Anschaffung oder Herstellung einer Wohnung oder zur Tilgung eines zu diesem Zweck aufgenommenen Darlehens, wenn das dafür entnommene Kapital mindestens 3000 € beträgt (§ 92 a Abs. 1 Satz 1 Nr. 1 EStG),
2. bis zum Beginn der Auszahlungsphase unmittelbar für den Erwerb von Pflicht-Geschäftsanteilen an einer eingetragenen Genossenschaft für die Selbstnutzung einer Genossenschaftswohnung oder zur Tilgung eines zu diesem Zweck aufgenommenen Darlehens, wenn das dafür entnommene Kapital mindestens 3000 € beträgt (§ 92 a Abs. 1 Satz 1 Nr. 2 EStG), oder
3. bis zum Beginn der Auszahlungsphase für die Finanzierung von Umbaumaßnahmen zur Reduzierung von Barrieren in oder an einer Wohnung; zu den weiteren Voraussetzungen wird auf die Rzn. 259 ff. verwiesen (§ 92 a Abs. 1 Satz 1 Nr. 3 EStG).

Andere begünstigte Verwendungsarten sieht das Gesetz nicht vor.

#### a) Unmittelbare Anschaffung oder Herstellung

Der Entnahmevorgang und die Anschaffung/Herstellung der Wohnung müssen in einem unmittelbaren zeitlichen Zusammenhang erfolgen. Davon ist auszugehen, wenn innerhalb von sechs Monaten vor Antragstellung bei der ZfA und bis zwölf Monate nach Auszahlung entsprechende Aufwendungen für die Anschaffung/Herstellung entstanden sind. Aufwendungen, für die der Zulageberechtigte bereits eine vertragsmäßige Verwendung i. S. d. WoPG erklärt hat, bleiben unberücksichtigt. 252

Wird die Wohnung nach dem Anschaffungszeitpunkt zunächst durch einen Dritten/Mieter genutzt, kann von einer wohnungswirtschaftlichen Verwendung ab Beginn der Selbstnutzung durch den Zulageberechtigten ausgegangen werden, wenn 253

– der Zulageberechtigte innerhalb eines Monats nach der Eintragung seiner Eigentümerstellung im Grundbuch der Wohnung die beabsichtigte Selbstnutzung durch eine schriftliche Kündigung des Mietverhältnisses zum nächstmöglichen Zeitpunkt nachweist und

– die Selbstnutzung des Zulageberechtigten innerhalb von sechs Monaten nach Auszug des Dritten/Mieters aufgenommen wird.

Andernfalls ist keine Unmittelbarkeit gegeben.

254 Der Antrag nach § 92 b Abs. 1 EStG ist unter Vorlage der notwendigen Nachweise vom Zulageberechtigten spätestens zehn Monate vor dem Beginn der Auszahlungsphase bei der ZfA zu stellen. Der Zulageberechtigte kann den Anbieter hierzu bevollmächtigen. Im Rahmen eines einheitlichen Vertrags nach § 1 Abs. 1 a AltZertG ist nicht zu beanstanden, wenn der Anbieter die für die Prüfung der Entnahmevoraussetzungen erforderlichen Daten an die ZfA übermittelt und das Vorliegen der den Daten zugrunde liegenden Nachweise bestätigt.

**b) Entschuldung**

255 Der Altersvorsorge-Eigenheimbetrag kann auch zur vollständigen oder teilweisen Ablösung eines für die Finanzierung der Anschaffungs-/Herstellungskosten der selbst genutzten Wohnung oder für den Erwerb von Pflicht-Geschäftsanteilen an einer eingetragenen Genossenschaft eingesetzten Darlehens (Entschuldung) verwendet werden. Diese Entschuldung ist eine wohnungswirtschaftliche Verwendung i. S. d. § 92 a Abs. 1 EStG. Auf den Anschaffungs-/Herstellungszeitpunkt der Wohnung kommt es insoweit nicht an. Von einer Finanzierung von Anschaffungs- und Herstellungskosten einer selbst genutzten Wohnung kann insoweit ausgegangen werden, als das ursprüngliche Darlehen im zeitlichen Kontext (Zeitraum von drei Jahren vor und nach der Anschaffung bzw. Herstellung) aufgenommen wurde. Eine Entschuldung i. S. d. § 92 a Abs. 1 EStG liegt auch dann vor, wenn das abzulösende Darlehen unmittelbar und ausschließlich zur Umschuldung des ursprünglichen Anschaffungs- oder Herstellungsdarlehens diente. Dies gilt auch bei mehrfacher Umschuldung des ursprünglichen Darlehens. Soweit das Darlehen zur Finanzierung von Modernisierungs- bzw. Renovierungsaufwendungen aufgenommen wurde, auch wenn es sich um Umbaumaßnahmen i. S. d. § 92 a Abs. 1 Satz 1 Nr. 3 EStG handelt, und keine anschaffungsnahen Herstellungskosten vorliegen, ist die Entnahme von gefördertem Kapital zur Entschuldung dieses Teils des Darlehens eine schädliche Verwendung. Im Zeitpunkt der Entschuldung muss eine Selbstnutzung vorliegen, eine vorangegangene Vermietung ist unerheblich. Rz. 254 Satz 1 und 2 gilt entsprechend.

**c) Genossenschaftsanteile**

256 Eine weitere begünstigte Verwendung für den Altersvorsorge-Eigenheimbetrag ist – bis zum Beginn der Auszahlungsphase – der Erwerb von Geschäftsanteilen (Pflichtanteilen) an einer eingetragenen Genossenschaft für die Selbstnutzung einer Genossenschaftswohnung (§ 92 a Abs. 1 Satz 1 Nr. 2 EStG). Der Pflichtanteil ist der Anteil, den der Zulageberechtigte erwerben muss, um eine Genossenschaftswohnung selbst beziehen zu können. Hiervon abzugrenzen ist der Erwerb von weiteren Geschäftsanteilen an einer eingetragenen Genossenschaft.

257 Die Wohnungsgenossenschaft muss in diesen Fällen nicht die im AltZertG genannten Voraussetzungen für das Anbieten von Altersvorsorgeverträgen erfüllen, da eine entsprechende Bezugnahme in § 92 a Abs. 1 Satz 1 Nr. 2 EStG

fehlt. Erforderlich ist lediglich, dass es sich um eine in das Genossenschaftsregister eingetragene Genossenschaft handelt.

Rz. 254 Satz 1 und 2 und Rz. 270 gelten entsprechend. 258

**d) Umbau einer Wohnung**

Der Altersvorsorge-Eigenheimbetrag kann auch für die Finanzierung eines barrierereduzierenden Umbaus einer selbst genutzten Wohnung verwendet werden (§ 92 a Abs. 1 Satz 1 Nr. 3 EStG). Das für diesen Umbau entnommene Kapital muss mindestens 6000 € betragen, wenn die Umbaumaßnahmen innerhalb eines Zeitraums von drei Jahren nach der Anschaffung oder Herstellung der Wohnung vorgenommen werden. Im Hinblick auf den Mindestentnahmebetrag ist es ausreichend, wenn die Maßnahmen innerhalb dieses Zeitraumes begonnen werden. Werden die begünstigten Maßnahmen nach diesem Zeitraum aufgenommen, muss das entnommene Kapital mindestens 20 000 € betragen. 259

Das für den Umbau entnommene Kapital muss mindestens zu 50 % für Maßnahmen verwendet werden, die den Vorgaben der DIN 18040 Teil 2, Ausgabe September 2011, entsprechen, soweit baustrukturell möglich. Der verbleibende Teil des entnommenen Kapitals ist für die Reduzierung von Barrieren in oder an der Wohnung zu verwenden. Die technischen Mindestanforderungen für die Reduzierung von Barrieren in oder an der Wohnung nach § 92 a Abs. 1 Satz 1 Nr. 3 Buchst. b EStG wurden im Bundesbaublatt veröffentlicht. 260

Der Zulageberechtigte hat die zweckgerechte Verwendung durch einen Sachverständigen bestätigen zu lassen. Als Sachverständige sind hierfür neben den nach Landesrecht Bauvorlageberechtigten (z. B. Architekten und Bauingenieure) auch nach § 91 Abs. 1 Nr. 8 der Handwerksordnung öffentlich bestellte und vereidigte Sachverständige zugelassen. Voraussetzung ist, dass die Sachverständigen für ein Sachgebiet bestellt sind, das die Barrierefreiheit und Barrierereduzierung in Wohngebäuden umfasst. Des Weiteren müssen sie eine besondere Sachkunde oder ergänzende Fortbildung auf diesem Gebiet nachweisen. Die Kosten für die Bestätigung des Sachverständigen gehören zu den förderunschädlich entnehmbaren Beträgen. 261

Der Zulageberechtigte hat schriftlich zu bestätigen, dass weder er selbst noch ein Mitnutzer der Wohnung für die Umbaukosten 262
– eine Förderung durch Zuschüsse oder
– eine Steuerermäßigung nach § 35 a EStG oder
– eine Berücksichtigung als außergewöhnliche Belastung nach § 33 EStG

beantragt hat oder beantragen wird. Diese Bestätigung ist bei der Antragstellung (vgl. Rz. 254) gegenüber der ZfA abzugeben. Wird zur Finanzierung des Umbaus ein Darlehen im Rahmen eines Altersvorsorgevertrags nach § 1 Abs. 1 a AltZertG aufgenommen, hat der Zulageberechtigte diese Bestätigung gegenüber seinem Anbieter abzugeben. Zu den jeweiligen Umbaukosten gehören neben den Materialkosten auch die anteiligen Lohnkosten für die entsprechende Maßnahme. Für darüber hinaus gehende Umbaukosten, für die keine Entnahme nach § 92 a Abs. 1 Satz 1 Nr. 3 EStG erfolgt und für die kein Darlehen nach § 1 Abs. 1 a AltZertG in Anspruch genommen wird, gelten keine Beschränkungen.

Rz. 254 sowie Rz. 270 gelten entsprechend. 263

### 5. Begünstigte Wohnung

264 Als begünstigte Wohnung zählt

– eine Wohnung in einem eigenen Haus (dies kann auch ein Mehrfamilienhaus sein),
– eine eigene Eigentumswohnung,
– eine Genossenschaftswohnung einer in das Genossenschaftsregister eingetragenen Genossenschaft oder
– ein eigentumsähnliches oder lebenslanges Dauerwohnrecht.

Die Wohnung muss in einem EU-/EWR-Staat liegen und mit Beginn der Selbstnutzung die Hauptwohnung oder den Mittelpunkt der Lebensinteressen des Zulageberechtigten darstellen. Nicht begünstigt sind somit Ferien- oder Wochenendwohnungen.

265 Der Zulageberechtigte muss wirtschaftlicher Eigentümer (§ 39 Abs. 2 Nr. 1 Satz 1 AO) der begünstigten Wohnung sein. Er muss nicht Alleineigentümer der Wohnung werden, ein Miteigentumsanteil ist grundsätzlich ausreichend. Die Höhe des Eigentumsanteils ist insoweit von nachrangiger Bedeutung. Der Entnahmebetrag darf jedoch die Anschaffungs-/Herstellungskosten des Miteigentumsanteils nicht übersteigen.

266 Im Fall der Entschuldung gilt Rz. 265 sinngemäß mit der Maßgabe, dass der Entnahmebetrag auf die Höhe der auf den Miteigentumsanteil entfallenden originären Anschaffungs-/Herstellungskosten beschränkt ist. Sind Ehegatten/Lebenspartner gesamtschuldnerische Darlehensnehmer, kann der Zulageberechtigte das Darlehen bis zur Höhe seiner anteiligen originären Anschaffungs-/Herstellungskosten ablösen. Wurden mit dem umzuschuldenden Darlehen sowohl Anschaffungs-/Herstellungskosten der begünstigten Wohnung als auch andere Kosten finanziert, kann der Zulageberechtigte das Darlehen bis zur Höhe seiner anteiligen originären Anschaffungs-/Herstellungskosten ablösen.

267 Der Erwerb eines eigentumsähnlichen (unbefristeten und vererbbaren) oder lebenslangen (befristeten und nicht vererbbaren) Dauerwohnrechts nach § 33 Wohneigentumsgesetz wird bei der Verwendung des Altersvorsorge-Eigenheimbetrags dem Wohneigentum gleichgestellt. Voraussetzung hierfür ist, dass Vereinbarungen i. S. d. § 39 Wohnungseigentumsgesetz getroffen werden, die den Fortbestand des Dauerwohnrechts auch im Fall einer Zwangsversteigerung sicherstellen.

268 Für den Begriff der Wohnung gelten die bewertungsrechtlichen Abgrenzungsmerkmale, die nach der Rechtsprechung des Bundesfinanzhofs, insbesondere zur Abgeschlossenheit und zum eigenen Zugang, maßgebend sind. Auf die Art des Gebäudes, in dem sich die Wohnung befindet, kommt es nicht an.

### 6. Anschaffung oder Herstellung

269 Es gelten die allgemeinen einkommensteuerlichen Grundsätze zur Anschaffung oder Herstellung.

### 7. Selbstnutzung (Nutzung zu eigenen Wohnzwecken)

270 Eine Wohnung wird nur zu Wohnzwecken genutzt, wenn sie tatsächlich bewohnt wird. Der Zulageberechtigte muss nicht Alleinnutzer der Wohnung

sein. Ein Ehegatte/Lebenspartner nutzt eine ihm gehörende Wohnung, die er zusammen mit dem anderen Ehegatten/Lebenspartner bewohnt, auch dann zu eigenen Wohnzwecken, wenn der andere Ehegatte/Lebenspartner ein Wohnrecht an der gesamten Wohnung hat. Eine Nutzung zu eigenen Wohnzwecken liegt regelmäßig auch vor, wenn die Wohnung in der Form des betreuten Wohnens genutzt wird.

Eine Wohnung im eigenen Haus oder eine Eigentumswohnung dient nicht eigenen Wohnzwecken, wenn sie in vollem Umfang betrieblich oder beruflich genutzt oder unentgeltlich überlassen oder vermietet wird. Die unentgeltliche Überlassung an Angehörige i. S. d. § 15 AO dient ebenfalls nicht den eigenen Wohnzwecken des Zulageberechtigten. Dient die Wohnung teilweise beruflichen oder betrieblichen Zwecken oder werden Teile der Wohnung unentgeltlich überlassen oder vermietet, liegt insoweit keine Nutzung zu eigenen Wohnzwecken vor. **271**

Sofern der Zulageberechtigte die Anschaffungs- oder Herstellungskosten einer Wohnung ganz oder teilweise unmittelbar durch ein Darlehen finanziert, liegt eine wohnungswirtschaftliche Verwendung ab dem Beginn der Darlehensauszahlung vor, **272**

– wenn die Selbstnutzung des Zulageberechtigten innerhalb von sechs Monaten nach dem Anschaffungs- oder Herstellungszeitpunkt aufgenommen wird und
– die Wohnung zwischenzeitlich nicht von einem Dritten/Mieter genutzt wird.

Nimmt der Zulageberechtigte, der das Darlehen eines Altersvorsorgevertrags nach § 1 Abs. 1 a AltZertG ausgezahlt bekommen hat, die Selbstnutzung nicht innerhalb der in Rz. 272 genannten Frist, aber innerhalb eines Jahres nach Ablauf des Veranlagungszeitraums, in dem die Darlehensauszahlung erfolgt ist, auf und wird die Wohnung zwischenzeitlich nicht von einem Dritten/Mieter genutzt, ist der Vertrag bis zur Aufnahme der Selbstnutzung jedoch längstens bis zum Ablauf der Jahresfrist wie ein zertifizierter Altersvorsorgevertrag zu behandeln. Die zugunsten des Vertrags bis zur Aufnahme der Selbstnutzung geleisteten Beträge sind nach § 82 Abs. 1 Satz 5 EStG) grundsätzlich keine förderbaren Altersvorsorgebeiträge. **273**

Nimmt der Zulageberechtigte die Selbstnutzung innerhalb der Jahresfrist auf, ist jedoch § 82 Abs. 1 Satz 7 EStG analog anzuwenden. D. h., im Beitragsjahr der Aufnahme der Selbstnutzung gelten auch die davor geleisteten Tilgungsleistungen als Altersvorsorgebeiträge nach § 82 Abs. 1 Satz 1 EStG. **274**

Nimmt der Zulageberechtigte die Selbstnutzung nicht innerhalb der Jahresfrist auf, ist der Vertrag rückwirkend wie ein nicht zertifizierter Vertrag zu behandeln. Ggf. auf Sparleistungen beruhende Erträge unterliegen (nachträglich) nach den allgemeinen Grundsätzen der Abgeltungsteuer. **275**

### 8. Aufgabe der Selbstnutzung der eigenen Wohnung

Die Auflösung des Wohnförderkontos und Besteuerung des Auflösungsbetrags erfolgt, wenn der Zulageberechtigte die Selbstnutzung der geförderten Wohnung nicht nur vorübergehend oder das Eigentum an der geförderten Wohnung vollständig aufgibt. Bei anteiliger Aufgabe des Eigentums erfolgt die Auflösung des Wohnförderkontos und die Besteuerung des Auflösungsbetrags, **276** soweit der Stand des Wohnförderkontos die auf den verbleibenden Miteigentumsanteil entfallenden originären Anschaffungs-/Herstellungskosten übersteigt. Von einer nur vorübergehenden Aufgabe der Selbstnutzung kann nach Würdigung des Einzelfalls bei einem Zeitraum von bis zu einem Jahr ausgegangen werden. Bei einer anteiligen Aufgabe der Selbstnutzung kommt es nur insoweit zu den Rechtsfolgen des § 92 a Abs. 3 EStG, als die Anschaffungs-/Herstellungskosten des verbleibenden selbstgenutzten Anteils geringer sind als der Stand des Wohnförderkontos.

277 In den Fällen, in denen der Zulageberechtigte sein Eigentum an der begünstigten Wohnung überträgt und im Gegenzug ein Dauerwohnrecht i. S. d. § 92 a Abs. 1 Satz 6 EStG an dieser Wohnung erhält, gilt Folgendes: Das Wohnförderkonto ist nur insoweit aufzulösen, als sein Stand zum Zeitpunkt der Eigentumsübertragung den Wert des eingetragenen Dauerwohnrechts übersteigt. Die Begründung lediglich eines Nießbrauchs- oder Wohnrechts löst eine Auflösung des Wohnförderkontos aus.

278 Sofern das Wohnförderkonto noch nicht vollständig zurückgeführt ist oder es bei einer Einmalbesteuerung des Wohnförderkontos zu einer Nachversteuerungspflicht nach § 22 Nr. 5 Satz 6 EStG kommt, hat der Zulageberechtigte dem Anbieter des Altersvorsorgevertrags mit Wohnförderkonto unverzüglich den Zeitpunkt der Aufgabe der Selbstnutzung oder des Eigentumsübergangs anzuzeigen. Der Anbieter hat dies der ZfA nach amtlich vorgeschriebenem Datensatz spätestens bis zum Ablauf des zweiten Monats, der auf den Monat der Anzeige des Zulageberechtigten folgt, mitzuteilen. Erfolgt die Aufgabe der Selbstnutzung in der Auszahlungsphase, so hat der Zulageberechtigte dies der ZfA anzuzeigen. Im Fall des Todes des Zulageberechtigten besteht diese Anzeigepflicht für den Rechtsnachfolger.

279 Eine Auflösung des Wohnförderkontos in den Fällen der Rz. 276 unterbleibt,

a) wenn der Zulageberechtigte einen Betrag in Höhe des Stands des Wohnförderkontos innerhalb von zwei Jahren vor dem Veranlagungszeitraum und von fünf Jahren nach Ablauf des Veranlagungszeitraums, in dem die Nutzung zu eigenen Wohnzwecken aufgegeben wurde, für eine weitere förderbare Wohnung verwendet (§ 92 a Abs. 3 Satz 9 Nr. 1 EStG). In diesem Fall hat der Zulageberechtigte dem Anbieter des Altersvorsorgevertrags mit Wohnförderkonto, in der Auszahlungsphase der ZfA, seine Absicht anzuzeigen, in eine weitere selbst genutzte Wohnung zu investieren. Übersteigt der Stand des Wohnförderkontos die auf den Eigentumsanteil des Zulageberechtigten entfallenden Anschaffungs- oder Herstellungskosten für die weitere Wohnung, erfolgt zum Zeitpunkt der Reinvestition die Teilauflösung und Besteuerung des den reinvestierten Betrag übersteigenden Anteils des Wohnförderkontos. Buchst. b gilt entsprechend. Gibt er die Reinvestitionsabsicht auf, hat er dies seinem Anbieter, in der Auszahlungsphase der ZfA, anzuzeigen. Zu diesem Zeitpunkt erfolgt die Auflösung des Wohnförderkontos und Besteuerung des Auflösungsbetrags;

b) wenn der Zulageberechtigte innerhalb eines Jahres nach Ablauf des Veranlagungszeitraums, in dem die Nutzung zu eigenen Wohnzwecken aufgegeben wurde, einen Betrag in Höhe des Stands des Wohnförderkontos auf einen auf seinen Namen lautenden Altersvorsorgevertrag zahlt (§ 92 a Abs. 3 Satz 9 Nr. 2 EStG). In diesem Fall hat der Zulageberechtigte dem Anbieter seine Absicht anzuzeigen, in einen Altersvorsorgevertrag zu investieren. In der Auszahlungsphase hat er dies der ZfA anzuzeigen. Erfolgt die Einzahlung nicht auf den Altersvorsorgevertrag mit Wohnförderkonto, hat der Zulageberechtigte dem Anbieter, bei dem die Einzahlung erfolgt, die Vertragsdaten des Altersvorsorgevertrags mit Wohnförderkonto mitzuteilen. Diese Daten hat der Anbieter im Rahmen seiner Datenübermittlung über die erfolgte Einzahlung der ZfA mitzuteilen. Ist der reinvestierte Betrag geringer als der Stand des Wohnförderkontos, erfolgt zum Zeitpunkt der Reinvestition die Teilauflösung und Besteuerung des den reinvestierten Betrag übersteigenden Anteils des Wohnförderkontos. Gibt der Zulageberechtigte die Reinvestitionsabsicht auf, hat er dies seinem Anbieter, in der Auszahlungsphase der ZfA, anzuzeigen. Zu diesem Zeitpunkt erfolgt die Auflösung des Wohnförderkontos und Besteuerung des Auflösungsbetrags;

c) solange die Ehewohnung aufgrund einer richterlichen Entscheidung nach § 1361 b BGB oder nach der Verordnung über die Behandlung der Ehewohnung und des Hausrats dem Ehegatten/Lebenspartner des Zulageberechtigten zugewiesen und von diesem selbst genutzt wird (§ 92 a Abs. 3 Satz 9 Nr. 3 EStG). Hierbei wird das Wohnförderkonto grundsätzlich für den Zulageberechtigten weitergeführt;

d) wenn der Zulageberechtigte krankheits- oder pflegebedingt die Wohnung nicht mehr bewohnt, sofern er Eigentümer dieser Wohnung bleibt, sie ihm weiterhin zur Selbstnutzung zur Verfügung steht und sie nicht von Dritten, mit Ausnahme seines Ehegatten/Lebenspartners, genutzt wird (§ 92 a Abs. 3 Satz 9 Nr. 4 EStG);

e) auf Antrag des Zulageberechtigten bei der ZfA, wenn er die eigene Wohnung aufgrund eines beruflich bedingten Umzugs für die Dauer der beruflich bedingten Abwesenheit nicht mehr selbst nutzt und beabsichtigt, die Selbstnutzung wieder aufzunehmen. Ein beruflich bedingter Umzug liegt auch dann vor, wenn die Ursache des Umzugs in den Berufsbereich des Ehegatten/Lebenspartners des Zulageberechtigten fällt; die Zulageberechtigung dieses Ehegatten/Lebenspartners ist unerheblich. Die Selbstnutzung muss bei Beendigung der beruflich bedingten Abwesenheit, spätestens mit der Vollendung des 67. Lebensjahres des Zulageberechtigten wieder aufgenommen werden. Wird während der beruflich bedingten Abwesenheit mit einer anderen Person ein Nutzungsrecht vereinbart, muss die Vereinbarung von vorneherein entsprechend befristet werden (§ 92 a Abs. 4 EStG). Gibt der Zulageberechtigte seine Absicht, die Selbstnutzung wieder aufzunehmen, auf oder hat er die Selbstnutzung bis zur Vollendung seines 67. Lebensjahres nicht wieder aufgenommen, erfolgt die Auflösung des Wohnförderkontos und Besteuerung des Auflösungsbetrags; es sei denn, es handelt sich um einen Fall der Buchstaben a bis d. Dies gilt auch für den Fall, dass die Selbstnutzung nach einem Wegfall der berufsbedingten Abwesenheitsgründe nicht wieder aufgenommen wird;

f) wenn der Zulageberechtigte innerhalb von fünf Jahren nach Ablauf des Veranlagungszeitraums, in dem er die Wohnung letztmals zu eigenen

Wohnzwecken genutzt hat, die Selbstnutzung dieser Wohnung wieder aufnimmt (§ 92 a Abs. 3 Satz 9 Nr. 5 EStG). In diesem Fall hat der Zulageberechtigte dem Anbieter, in der Auszahlungsphase der zentralen Stelle, die Absicht der fristgerechten Wiederaufnahme anzuzeigen.

In den Fällen des Buchstabens c und des § 92 a Abs. 2 a EStG tritt der andere, geschiedene, frühere oder überlebende Ehegatten/Lebenspartner für die Anwendung der Regelungen des § 92 a EStG an die Stelle des Zulageberechtigten.

Eine Teilreinvestition des Betrags des Wohnförderkontos in einen Altersvorsorgevertrag nach § 92 a Abs. 3 Satz 9 Nr. 2 EStG (vgl. Buchst. b) vor einer Reinvestition in eine selbst genutzte Wohnung nach § 92 a Abs. 3 Satz 9 Nr. 1 EStG (vgl. Buchst. a) ist zulässig.

280 Geförderte Beiträge,

– die nach § 82 Abs. 1 Satz 3 EStG wie Tilgungsleistungen behandelt wurden, weil sie zugunsten eines Altersvorsorgevertrags i. S. d. § 1 Abs. 1 a Satz 1 Nr. 3 AltZertG erbracht und zur Tilgung eines im Rahmen des Altersvorsorgevertrags abgeschlossenen Darlehens abgetreten worden sind,
– die aber noch nicht in das Wohnförderkonto eingestellt wurden, weil die unmittelbare Darlehenstilgung noch nicht erfolgt ist,

sind einschließlich der darauf entfallenden Zulagen und Erträge in ein Wohnförderkonto aufzunehmen, wenn der Zulageberechtigte die Selbstnutzung der geförderten Wohnung nicht nur vorübergehend oder das Eigentum an der Wohnung vollständig aufgibt. Rzn. 276 und 279 gelten entsprechend. Von einer Zahlung des Zulageberechtigten i. S. d. Rz. 279 Buchst. b ist in diesem Zusammenhang auszugehen, wenn der Zulageberechtigte und der Anbieter innerhalb eines Jahres nach Ablauf des Veranlagungszeitraums, in dem die Nutzung zu eigenen Wohnzwecken aufgegeben wurde, eine Trennung des Altersvorsorgevertrags nach § 1 Abs. 1 a Satz 1 Nr. 3 AltZertG in einen Altersvorsorgevertrag nach § 1 Abs. 1 a Satz 1 Nr. 2 AltZertG und ein nicht zertifiziertes Darlehen vereinbaren (Trennungsvereinbarung). Wurde für diese Beiträge noch keine Förderung gewährt, fließen sie einschließlich der darauf entfallenden Erträge dem Zulageberechtigten zu dem Zeitpunkt zu, zu dem die Tilgungsleistungen nach § 82 Abs. 1 Satz 3 EStG in das Wohnförderkonto eingestellt werden. Dies gilt auch im Fall des Todes des Zulageberechtigten. Der Anbieter hat dies der ZfA nach amtlich vorgeschriebenem Datensatz mitzuteilen, sobald er davon Kenntnis erlangt (vgl. Rz. 278).

281 Im Beitragsjahr der Aufgabe der Selbstnutzung gelten auch die nach der Aufgabe der Selbstnutzung geleisteten Beiträge oder Tilgungsleistungen als Altersvorsorgebeiträge. Im Beitragsjahr einer Reinvestition in eine weitere begünstigte Wohnung (§ 92 a Abs. 3 Satz 9 Nr. 1 EStG) gelten auch die vor der Reinvestition geleisteten Beiträge oder Tilgungsleistungen als Altersvorsorgebeiträge.

## V. Sonstiges

### 1. Pfändungsschutz (§ 97 EStG)

282 Gem. § 97 EStG sind das geförderte Altersvorsorgevermögen einschließlich der hierauf entfallenden Erträge und Wertzuwächse, die geförderten laufenden

Altersvorsorgebeiträge und der Anspruch auf Zulage nicht übertragbar. Dieses Vermögen ist daher unpfändbar; dies gilt auch für den Fall einer Verbraucherinsolvenz (§ 851 Abs. 1 Zivilprozessordnung – ZPO – sowie §§ 4 und 304 ff. InsO). Der Pfändungsschutz erstreckt sich nicht auf Kapital, das auf nicht geförderten Beiträgen (vgl. Rzn. 134 ff.) einschließlich der hierauf entfallenden Erträge und Wertzuwächse beruht, und auch nicht auf das in einer Wohnung gebundene geförderte Vermögen. Der Pfändung des steuerlich nicht geförderten Altersvorsorgevermögens steht ein vertragliches Abtretungs- und Übertragungsverbot nicht entgegen. Im Fall einer Pfändung tritt insoweit keine schädliche Verwendung i. S. d. § 93 EStG ein.

Der Einsatz des geförderten Altersvorsorgevermögens zur Tilgung des Darlehens, zur Verpfändung, zur Sicherungsabtretung und zur Aufrechnung bei Altersvorsorgeverträgen nach § 1 Abs. 1 a Satz 1 Nr. 3 AltZertG stellt keine Übertragung i. S. d. § 97 EStG dar. Das Übertragungsverbot des § 97 EStG findet auf gefördertes Altersvorsorgevermögen, das im Rahmen eines Altersvorsorgevertrags nach § 1 Abs. 1 a Satz 1 Nr. 3 AltZertG gebildet wurde, im Verhältnis der Vertragspartner untereinander keine Anwendung. Da es sich um einen einheitlichen Vertrag handeln muss, erfolgt lediglich eine Umbuchung innerhalb des Vertrags. 283

Die in der Auszahlungsphase an den Vertragsinhaber zu leistenden Beträge unterliegen nicht dem Pfändungsschutz nach § 97 EStG. Insoweit sind ausschließlich die zivilrechtlichen Regelungen (z. B. §§ 850 ff. ZPO) maßgeblich. 284

## 2. Verfahrensfragen

### a) Zulageantrag

Die Zulage wird nur auf Antrag gewährt. Ein rechtswirksamer Antrag setzt nach § 89 Abs. 1 EStG voraus, dass der Steuerpflichtige die Altersvorsorgezulage nach amtlich vorgeschriebenem Vordruck beantragt. Der Vordruck muss innerhalb der Antragsfrist des § 89 Abs. 1 Satz 1 EStG beim Anbieter eingehen und bis dahin vom Antragsteller eigenhändig unterschrieben sein. Zudem muss erkennbar sein, wer Antragsteller ist; dies setzt voraus, dass die üblichen Personaldaten angegeben werden. Dem Antrag muss ferner entnommen werden können, dass eine Grundzulage und ggf. auch eine Kinderzulage vom Steuerpflichtigen beantragt werden. Der Zulageantrag ersetzt nicht den Festsetzungsantrag nach § 90 Abs. 4 EStG. 285

Ist bei Tilgungsleistungen eines Zulageberechtigten aus Sicht des Anbieters die wohnungswirtschaftliche Verwendung nicht gegeben, hat er dennoch den Antrag auf Zulage an die ZfA weiterzuleiten und die Altersvorsorgebeiträge insoweit mit 0 € zu übermitteln. 286

Der Zulageberechtigte hat die Möglichkeit, dem jeweiligen Anbieter eine schriftliche Vollmacht zu erteilen, für ihn den Antrag – bis auf Widerruf – zu stellen (§ 89 Abs. 1 a EStG). Die Vollmacht kann im Rahmen des Zulageantrags oder formlos erteilt werden und ist auch für zurückliegende Beitragsjahre, für die noch kein Zulageantrag gestellt worden ist, möglich. Bestimmte Personengruppen (z. B. Grenzgänger und pflichtversicherte Landwirte), die am Dauerzulageverfahren teilnehmen, müssen zusätzlich jährlich dem Anbie- 287 ter die zur Berechnung des Mindesteigenbeitrags erforderlichen Einnahmen (ausländischer Arbeitslohn, Einkünfte aus Land- und Forstwirtschaft nach § 13 EStG) mitteilen.

288 Die Antragsfrist endet mit Ablauf des zweiten Kalenderjahres nach Ablauf des Beitragsjahres. Maßgebend ist der Zeitpunkt, in dem der Zulageantrag beim Anbieter eingeht (§ 89 Abs. 1 EStG). Hat der Zulageberechtigte dem Anbieter seines Vertrags eine schriftliche Vollmacht zur formlosen Antragstellung erteilt (§ 89 Abs. 1 a EStG), gilt als Antragseingang die Erstellung des Datensatzes durch den Anbieter.

289 Der Zulageberechtigte kann grundsätzlich auf Angaben zu den beitragspflichtigen Einnahmen und zur Höhe seiner Bruttorente im Zulageantrag verzichten. In diesen Fällen darf die ZfA die Angaben bei den Trägern der gesetzlichen Rentenversicherung erheben. Dies gilt nicht, wenn der Zulageberechtigte nicht der deutschen Rentenversicherung unterliegt oder wenn er Einkünfte aus Land- und Forstwirtschaft hat. Für die Bezieher einer Rente wegen voller Erwerbsminderung nach dem Gesetz über die Alterssicherung der Landwirte darf die ZfA bei fehlender Angabe im Zulageantrag die Höhe der Bruttorente beim Gesamtverband der landwirtschaftlichen Alterskassen erheben. An die Stelle des Gesamtverbands trat ab 1. Januar 2009 der Spitzenverband der landwirtschaftlichen Sozialversicherung. Zum 1. Januar 2013 wurde die Sozialversicherung für Landwirtschaft, Forsten und Gartenbau (SVLFG) gegründet und tritt nunmehr an die Stelle des Spitzenverbands. Sind die der gesetzlichen Rentenversicherung zugrunde liegenden beitragspflichtigen Einnahmen höher als das tatsächlich erzielte Entgelt oder ein Zahlbetrag von Entgeltersatzleistungen des Zulageberechtigten (siehe Rzn. 83 f.), sollte dies im Zulageantrag angegeben werden. Andernfalls werden die höheren – beim Rentenversicherungsträger erhobenen – beitragspflichtigen Einnahmen der Mindesteigenbeitragsberechnung zugrunde gelegt. Bei einem Begünstigten nach § 10 a Abs. 1 Satz 1 Halbsatz 2 EStG werden die erforderlichen Daten von den zuständigen Stellen an die ZfA übermittelt.

290 Zur Durchführung des Verfahrens ist es erforderlich, dass der Anleger dem Anbieter die Änderungen der folgenden Verhältnisse mitteilt:

1. Änderung der Art der Zulageberechtigung (mittelbar/unmittelbar),
2. Änderung des Familienstandes,
3. Änderung der Daten zur Ermittlung des Mindesteigenbeitrags, sofern diese im Antrag angegeben worden sind (z. B. tatsächliches Entgelt),
4. Wegfall des Kindergeldes für ein Kind, für das eine Kinderzulage beantragt wird,
5. Änderung der Zuordnung der Kinder.

In seinem eigenen Interesse sollte der Anleger darüber hinaus auch die Änderungen der folgenden Tatbestände anzeigen:

1. Änderung bei der Verteilung der Zulage auf mehrere Verträge,
2. Änderung des beruflichen Status (z. B. Beamter wird Angestellter oder umgekehrt),

3. Erhöhung der Anzahl der Kinder, für die eine Kinderzulage beantragt werden soll,
4. Änderungen der zuständigen Familienkasse und der Kindergeldnummer.

**b) Rückforderung von Zulagen**

Erkennt die ZfA, dass der Zulageanspruch ganz oder teilweise nicht besteht oder weggefallen ist, hat sie zu Unrecht gezahlte Zulagen mittels Datensatz vom Anbieter zurückzufordern. Ab Beitragsjahr 2019 hat die Überprüfung bis zum Ende des zweiten auf die Ermittlung der Zulage folgenden Jahres und die Rückforderung bis zum Ablauf eines Jahres nach Kenntnis des Rückforderungsgrundes zu erfolgen. Der Anbieter führt die ihm mitgeteilten Rückforderungsbeträge an die ZfA ab, indem er das Vertragskonto des Zulageberechtigten entsprechend belastet. Ist die Geschäftsbeziehung im Hinblick auf den Altersvorsorgevertrag zwischen dem Zulageberechtigten und dem Anbieter beendet, beispielsweise nach Abfindung einer Kleinbetragsrente, fordert die ZfA die Zulage vom Anleger zurück. 291

Erfolgt nach einem durchgeführten Versorgungsausgleich eine Rückforderung zu Unrecht gezahlter Zulagen, fordert die ZfA diese Zulagen vom Zulageberechtigten zurück, soweit 292

- das Guthaben auf dem Vertrag des Zulageberechtigten zur Zahlung des Rückforderungsbetrags nach § 90 Abs. 3 Satz 1 EStG nicht ausreicht und
- im Rückforderungsbetrag ein Zulagebetrag enthalten ist, der in der Ehe-/Lebenspartnerschaftszeit ausgezahlt wurde.

In diesen Fällen setzt die ZfA den Rückforderungsbetrag, ggf. unter Anrechnung bereits vom Anbieter einbehaltener und abgeführter Beträge, gegenüber dem Zulageberechtigten fest.

Dies gilt auch in den Fällen, in denen nach einer Inanspruchnahme eines Altersvorsorge-Eigenheimbetrags oder während einer Darlehenstilgung bei Altersvorsorgeverträgen nach § 1 Abs. 1 a AltZertG eine Rückforderung zu Unrecht gezahlter Zulagen erfolgt. In diesen Fällen setzt die ZfA den Rückforderungsbetrag, ggf. unter Anrechnung bereits vom Anbieter einbehaltener und abgeführter Beträge, gegenüber dem Zulageberechtigten fest, soweit das Guthaben auf dem Vertrag des Zulageberechtigten zur Zahlung des Rückforderungsbetrags nicht ausreicht. 293

**Beispiel:** 294

A hat im Jahr 2018 Altersvorsorgebeiträge i. H. v. 1925 € auf seinen Altersvorsorgevertrag eingezahlt. Für die Beiträge des Jahres 2018 werden dem Vertrag am 31. Dezember 2018 38 € an Erträgen gutgeschrieben. Anfang des Jahres 2019 erhält er für die Altersvorsorgebeiträge des Jahres 2018 175 € Zulage. Das Kapital in seinem Altersvorsorgevertrag beträgt mit den in den Vorjahren angesparten Beträgen insgesamt 12 154 €, davon sind 12 154 € gefördert und 0 € ungefördert. Weitere Beiträge zahlt er nicht ein.
Mitte des Jahres 2019 entnimmt er 100% des geförderten Vermögens als Altersvorsorge-Eigenheimbetrag. Es werden 12 154 € ins Wohnförderkonto eingestellt. Die Geschäftsbeziehung im Hinblick auf diesen Altersvorsorgevertrag zwischen dem Zulageberechtigten und dem Anbieter endet.
Im Herbst des Jahres 2019 stellt die ZfA fest, dass A für das Jahr 2018 keinen Zulageanspruch hatte. Sie teilt dem Anbieter das geänderte Ermittlungsergebnis mit und fordert die Zulage i. H. v. 175 € unmittelbar vom Anleger zurück.
Rückwirkend zum Zeitpunkt der Entnahme betrachtet, entfallen vom Altersvorsorge-Eigenheimbetrag (12 154 – 1925 – 175 – 38 =) 10 016 € auf gefördertes Altersvorsorgevermögen.

Das Wohnförderkonto wird von der ZfA nach der Übermittlung der geänderten Meldung zur Auszahlung des Altersvorsorge-Eigenheimbetrags auf 10 016 € korrigiert.
Zu beachten ist, dass die in dem nunmehr ungeförderten Vermögen enthaltenen Erträge nach § 22 Nr. 5 Satz 2 EStG zum Zeitpunkt der Entnahme zu versteuern sind. Hierzu gehören neben den für 2018 auf die Beiträge gutgeschriebenen Erträgen i. H. v. 38 € auch die auf die von der ZfA zurückgeforderte Zulage für den Zeitraum von Anfang 2019 bis zur Rückforderung der Zulage entfallenden Erträge.

### c) Festsetzungsfrist

295 Die reguläre Frist für die Berechnung bzw. Festsetzung der Altersvorsorgezulage beträgt vier Jahre (§ 169 Abs. 2 Satz 1 Nr. 2 AO) und beginnt mit Ablauf des Jahres, in dem sie entstanden ist, d. h. mit Ablauf des Beitragsjahres (§ 88 EStG i. V. m. § 170 Abs. 1 AO).

296 Die Festsetzungsfrist für die Rückforderung der Zulage nach § 90 Abs. 3 EStG sowie für die Aufhebung, Änderung oder Berichtigung der Zulagefestsetzung nach einer Festsetzung i. S. d. § 90 Abs. 4 EStG beginnt nach § 170 Abs. 3 AO nicht vor Ablauf des Jahres, in dem der Antrag nach § 89 EStG gestellt worden ist. Ab Beitragsjahr 2019 richtet sich die zulässige Rückforderungsfrist alleine nach § 90 Abs. 3 Satz 1 EStG n. F.

297 **Beispiel 1 (Rechtslage bis 2018):**

Der Zulageantrag für das Beitragsjahr 2014 geht im Jahr 2016 beim Anbieter ein und wird von diesem im Dezember 2016 per Datenübertragung an die ZfA übermittelt. Die ZfA ermittelt die Zulage und überweist sie im Jahr 2017 an den Anbieter. Im Rahmen des Datenabgleichs stellt die ZfA im Jahr 2018 fest, dass der Anleger nicht zum begünstigten Personenkreis gehört. Sie teilt dies dem Anbieter noch im gleichen Jahr mit und fordert gem. § 90 Abs. 3 EStG die gewährte Zulage zurück.
Nach § 170 Abs. 3 AO beginnt die Festsetzungsfrist für die Rückforderung nach § 90 Abs. 3 EStG mit Ablauf des Jahres 2016. Damit endet die vierjährige Festsetzungsfrist mit Ablauf des Jahres 2020. Die ZfA hat folglich den Rückforderungsanspruch vor Ablauf der Festsetzungsfrist geltend gemacht.

**Beispiel 2 (Rechtslage ab 2019):**

Der Zulageantrag für das Beitragsjahr 2019 geht im Jahr 2021 beim Anbieter ein und wird von diesem im Dezember 2021 per Datenübertragung an die ZfA übermittelt. Die ZfA ermittelt die Zulage und überweist sie im Jahr 2022 an den Anbieter. Die ZfA kann nach § 90 Abs. 3 Satz 1 EStG n. F. die Gewährung der Zulage nur bis zum Ablauf des Jahres 2024 überprüfen und muss innerhalb eines Jahres ab Kenntnis des Rückforderungsgrundes die Zulage zurückfordern.

298 Die Festsetzungsfrist für die Berechnung der Zulage (einschließlich der Rückforderung nach § 90 Abs. 3 EStG für Beitragsjahre bis einschließlich 2018) endet frühestens in dem Zeitpunkt, in dem über den Zulageantrag unanfechtbar entschieden worden ist (§ 171 Abs. 3 AO). Sofern der Zulageberechtigte innerhalb der Jahresfrist keinen Antrag auf Festsetzung nach § 90 Abs. 4 EStG gestellt hat, ist über den Zulageantrag mit Ablauf eines Jahres nach Erteilung der Bescheinigung nach § 92 EStG durch den Anbieter unanfechtbar entschieden.

299 **Abwandlung des Beispiels 1 zu Rz. 297 (Rechtslage bis 2018):**

Da zu dem in 2016 gestellten Antrag noch Klärungsbedarf bestand, wurde die Zulage von der ZfA erst im Dezember 2018 ermittelt und am 15. Februar 2019 zur Auszahlung angewiesen. Der Anbieter stellte am 3. Mai 2020 eine Bescheinigung nach § 92 EStG aus, mit der er den Anleger über die Zulagengewährung für das Beitragsjahr 2014 informierte.

Im Rahmen des Datenabgleichs stellt die ZfA Ende Dezember 2020 fest, dass der Anleger nicht zum begünstigten Personenkreis gehört. Sie teilt dies dem Anbieter umgehend mit und fordert gem. § 90 Abs. 3 EStG die gewährte Zulage zurück.

Nach § 170 Abs. 3 AO beginnt die Festsetzungsfrist für die Rückforderung mit Ablauf des Jahres 2016. Der Ablauf der Festsetzungsfrist ist gem. § 171 Abs. 3 AO mindestens bis zum Ablauf eines Jahres nach der Erteilung der Bescheinigung nach § 92 EStG gehemmt. Sie endet somit nicht mit Ablauf des Jahres 2020, sondern erst am 3. Mai 2021. Die ZfA hat folglich den Rückforderungsanspruch vor Ablauf der Festsetzungsfrist geltend gemacht.

Korrigiert die ZfA die Berechnung der Zulage nach § 90 Abs. 3 EStG, hat die erneute Bescheinigung nach § 92 EStG über das korrigierte Ergebnis keine Auswirkung auf die Festsetzungsfrist. 300

Beantragt der Zulageberechtigte die förmliche Festsetzung der Zulage nach § 90 Abs. 4 EStG, tritt insoweit eine weitere Ablaufhemmung nach § 171 Abs. 3 AO ein. 301

### d) Bescheinigungs- und Informationspflichten des Anbieters

Hat der Anleger im abgelaufenen Beitragsjahr Altersvorsorgebeiträge auf den Vertrag eingezahlt oder wurde der Anbieter von der ZfA über die Ermittlungsergebnisse im abgelaufenen Beitragsjahr oder über den Stand des Wohnförderkontos informiert oder hat sich im abgelaufenen Beitragsjahr der Stand des Altersvorsorgevermögens oder der Stand des Wohnförderkontos geändert, ist der Anbieter verpflichtet, dem Anleger bis zum Ablauf des auf das Beitragsjahr folgenden Jahres eine Bescheinigung nach § 92 EStG auszustellen. Dies gilt auch nach einer vollständigen schädlichen Verwendung (§ 93 Abs. 1 EStG), nach Eintritt der Voraussetzungen des § 95 Abs. 1 EStG, nach Abfindung einer Kleinbetragsrente nach § 93 Abs. 3 EStG, nach einer Übertragung von gefördertem Altersvorsorgevermögen nach § 93 Abs. 1 a EStG und in der Auszahlungsphase. Sofern sich allein der Stand des Altersvorsorgevermögens aufgrund von Auszahlungen im Rahmen eines Auszahlungsplans ändert, muss der Anbieter keine Bescheinigung nach § 92 EStG ausstellen. Die Übertragung nach § 93 Abs. 1 a EStG stellt bei der ausgleichsberechtigten Person keine zu bescheinigende Einzahlung von Altersvorsorgebeiträgen dar. Wie bei der ausgleichspflichtigen Person ist ein geänderter Stand des Altersvorsorgevermögens zu bescheinigen. 302

Bei der Ermittlung des Stands des Altersvorsorgevermögens ist auch der Wert des in eine aufschiebend bedingte bzw. sofort beginnende Rentenversicherung investierten Kapitals mit in die Bescheinigung aufzunehmen. Bezogen auf den Teil des Altersvorsorgevermögens, der in eine aufschiebende oder sofort beginnende Rentenversicherung investiert worden ist, ist das von der Versicherung jährlich neu errechnete Deckungskapital der Rentenversicherung mit einzubeziehen. 303

Soweit kein Fall des § 92 Satz 2 EStG vorliegt, besteht die jährliche Bescheinigungspflicht nach § 92 EStG (Rz. 302) für den Anbieter auch dann, wenn die Geschäftsbeziehung zwischen dem Anbieter und dem Zulageberechtigten im Hinblick auf den jeweiligen Altersvorsorgevertrag wegen vollständiger Kapitalentnahme oder nach vollständiger Darlehenstilgung beendet wurde. Soweit sich jedoch diese Bescheinigungspflicht allein aus der Mitteilung der ZfA zum Stand des Wohnförderkontos ergibt (vgl. Rz. 161), bedarf es keiner jährlichen Bescheinigung, wenn der Anbieter dem Zulageberechtigten in einer Bescheinigung nach § 92 EStG Folgendes mitgeteilt hat: „Das Wohnförderkonto erhöht sich bis zum Beginn der Auszahlungsphase jährlich um 304 zwei Prozent, solange Sie keine Zahlungen zur Minderung des Wohnförderkontos leisten."

305 Die jährliche Information nach dem AltZertG hat zu erfolgen, solange der Vertrag besteht, d. h. auch in der Auszahlungsphase. Auch wenn das gebildete Kapital oder ein Teil davon für eine sofort beginnende oder für eine aufgeschobene Rente (Teilkapitalverrentung ab dem vollendeten 85. Lebensjahr) an ein Versicherungsunternehmen übertragen worden ist, besteht die Informationspflicht des Anbieters wegen der Einheitlichkeit des Vertrags fort. Er muss sich in diesem Fall die Daten, die er für die Erfüllung seiner Informationspflichten benötigt, von dem Versicherungsunternehmen mitteilen lassen.

### 3. Datenabgleich

306[1)] Ergibt die Prüfung der ZfA nach § 91 Abs. 1 EStG eine Abweichung von dem in der Steuerfestsetzung berücksichtigten Sonderausgabenabzug nach § 10 a EStG, teilt die ZfA dies dem Finanzamt mit. Der Einkommensteuerbescheid oder die gesonderte Feststellung (§ 10 a Abs. 4 Satz 1 EStG) sind daraufhin insoweit nach § 91 Abs. 1 Satz 4 Halbsatz 2 EStG zu ändern, sofern diese Mitteilung materiell-rechtlich nicht fehlerhaft ist. Die Mitteilung stellt keinen Grundlagenbescheid dar (BFH-Urteil vom 8. September 2020, BStBl. 2022 II S. 157).

307 Stellt der Steuerpflichtige aufgrund der Versagung der Steuerermäßigung nach § 10 a EStG einen Antrag auf Festsetzung nach § 90 Abs. 4 EStG, erteilt die ZfA einen Festsetzungsbescheid, mit dem sie dem Steuerpflichtigen das Ergebnis mitteilt. Dieser Festsetzungsbescheid ist eine Mitteilung i. S. d. § 91 Abs. 1 Satz 4 EStG und führt ggf. zu einer Änderung des Einkommensteuerbescheids oder der gesonderten Feststellung (§ 10 a Abs. 4 Satz 1 EStG) nach § 91 Abs. 1 Satz 4 Halbsatz 2 EStG.

## B. Besonderheiten beim Versorgungsausgleich

## I. Allgemeines

### 1. Gesetzliche Neuregelung des Versorgungsausgleichs

308 Mit der am 1. September 2009 in Kraft getretenen Strukturreform des Versorgungsausgleichs wurden die Vorschriften zum Versorgungsausgleich grundlegend geändert. Seitdem gilt nach dem Versorgungsausgleichsgesetz (VersAusglG) für alle ausgleichsreifen Anrechte auf eine Versorgung wegen Alters oder Invalidität der Grundsatz der internen Teilung. Bis dahin wurden alle von den Ehegatten während der Ehe erworbenen Anrechte auf eine Versorgung wegen Alters und Invalidität bewertet und nach Saldierung im Wege eines Einmalausgleichs ausgeglichen, vorrangig über die gesetzliche Rentenversicherung.

309 Das VersAusglG sieht den Grundsatz der internen Teilung auch für alle Systeme der betrieblichen Altersversorgung und privaten Altersvorsorge vor. Mit Durchführung des Versorgungsausgleichs werden die von den Ehegatten in der Ehezeit in den unterschiedlichen Altersversorgungssystemen erworbenen Anrechte innerhalb des jeweiligen Systems geteilt und für den ausgleichsberechtigten Ehegatten eigenständige Versorgungsanrechte geschaffen, die unab-

[1)] Rz. 306 neu gef. durch BMF v. 11.2.2022, BStBl. I S. 186.

hängig von den Versorgungsanrechten des ausgleichspflichtigen Ehegatten im jeweiligen System gesondert weitergeführt werden.

310 Zu einem Ausgleich über ein anderes Versorgungssystem (externe Teilung) kommt es nur noch in den in den §§ 14 bis 17 VersAusglG geregelten Ausnahmefällen. Bei einer externen Teilung hat die ausgleichsberechtigte Person ein Wahlrecht bezüglich der Zielversorgung. Sie kann also wählen, in welches Versorgungssystem der Ausgleichswert transferiert werden soll (ggf. Aufstockung eines bestehenden Anrechts, ggf. Neubegründung eines Anrechts). Dabei darf die Zahlung des Kapitalbetrags an die gewählte Zielversorgung nicht zu nachteiligen steuerlichen Folgen bei der ausgleichspflichtigen Person führen, es sei denn, sie stimmt der Wahl der Zielversorgung zu.

311 Die gesetzliche Rentenversicherung ist Auffang-Zielversorgung, wenn die ausgleichsberechtigte Person ihr Wahlrecht nicht ausübt und es sich nicht um eine betriebliche Altersversorgung handelt. Bei einer betrieblichen Altersversorgung wird bei fehlender Ausübung des Wahlrechts ein Anspruch in der Versorgungsausgleichskasse begründet.

312 Verbunden ist die externe Teilung mit der Leistung eines Kapitalbetrags in Höhe des Ausgleichswerts, der vom Versorgungsträger der ausgleichspflichtigen Person an den Versorgungsträger der ausgleichsberechtigten Person gezahlt wird. (Ausnahme: Externe Teilung von Versorgungen aus einem öffentlich-rechtlichen Dienst- oder Amtsverhältnis nach § 16 VersAusglG, solange der Versorgungsträger – anders als bei der Bundesbeamtenversorgung – noch keine interne Teilung vorsieht: Hier findet wie nach dem bisherigen Quasi-Splitting zwischen der gesetzlichen Rentenversicherung und dem Träger der Beamtenversorgung ein Erstattungsverfahren im Leistungsfall statt.)

313 Ist ein Anrecht zum Zeitpunkt des Versorgungsausgleichs nicht ausgleichsreif (§ 19 VersAusglG), z. B. ein Anrecht bei einem ausländischen, zwischenstaatlichen oder überstaatlichen Versorgungsträger oder ein Anrecht i. S. d. BetrAVG, das noch verfallbar ist, findet insoweit ein Wertausgleich bei der Scheidung nichts statt. In diesem Fall bestehen aber Ausgleichsansprüche nach der Scheidung (§ 20 ff. VersAusglG). Zur steuerlichen Behandlung der Ausgleichsansprüche nach der Scheidung vgl. BMF-Schreiben vom 9. April 2010 (BStBl. I S. 323)[1].

314 Nach § 20 LPartG findet, wenn eine Lebenspartnerschaft aufgehoben wird, in entsprechender Anwendung des VersAusglG ein Ausgleich von im In- oder Ausland bestehenden Anrechten (§ 2 Abs. 1 VersAusglG) statt, soweit sie in der Lebenspartnerschaftszeit begründet oder aufrechterhalten worden sind. Schließen die Lebenspartner in einem Lebenspartnerschaftsvertrag (§ 7 LPartG) Vereinbarungen über den Versorgungsausgleich, so sind die §§ 6 bis 8 VersAusglG entsprechend anzuwenden. Die Ausführungen zum VersAusglG gelten dementsprechend auch in diesen Fällen. An die Stelle der Ehezeit nach § 3 Abs. 1 VersAusglG tritt insoweit die Lebenspartnerschaftszeit (§ 20 Abs. 2 LPartG). Ergibt sich nach dem durchgeführten Versorgungsausgleich ein Härtefall, können die Folgen des Versorgungsausgleichs unter bestimmten Voraussetzungen durch eine Anpassung nach Rechtskraft (§§ 32 bis 38 VersAusglG) abgemildert oder beseitigt werden.

[1] Nr. **1** § 10/7.

315 Von den nachfolgenden Ausführungen unberührt bleiben steuerliche Auswirkungen, die sich in Zusammenhang mit Pensionszusagen ergeben, die durch Körperschaften an ihre Gesellschafter erteilt wurden und die ganz oder teilweise gesellschaftsrechtlich veranlasst sind.

### 2. Besteuerungszeitpunkte

316 Bei der steuerlichen Beurteilung des Versorgungsausgleichs ist zwischen dem Zeitpunkt der Teilung eines Anrechts im Versorgungsausgleich durch gerichtliche Entscheidung und dem späteren Zufluss der Leistungen aus den unterschiedlichen Versorgungssystemen zu unterscheiden.

317 Bei der internen Teilung wird die Übertragung der Anrechte auf die ausgleichsberechtigte Person zum Zeitpunkt des Versorgungsausgleichs für beide Ehegatten nach § 3 Nr. 55 a EStG steuerfrei gestellt, weil auch bei den im Rahmen eines Versorgungsausgleichs übertragenen Anrechten auf eine Alters- und Invaliditätsversorgung das Prinzip der nachgelagerten Besteuerung eingehalten wird. Die Besteuerung erfolgt erst während der Auszahlungsphase. Die später zufließenden Leistungen gehören dabei bei beiden Ehegatten zur gleichen Einkunftsart, da die Versorgungsanrechte innerhalb des jeweiligen Systems geteilt wurden. Ein Wechsel des Versorgungssystems und ein damit möglicherweise verbundener Wechsel der Besteuerung weg von der nachgelagerten Besteuerung hat nicht stattgefunden. Lediglich die individuellen Merkmale für die Besteuerung sind bei jedem Ehegatten gesondert zu ermitteln.

318 Bei einer externen Teilung kann dagegen die Übertragung der Anrechte zu einer Besteuerung führen, da sie mit einem Wechsel des Versorgungsträgers und damit regelmäßig mit einem Wechsel des Versorgungssystems verbunden ist. § 3 Nr. 55 b Satz 1 EStG stellt deshalb die Leistung des Ausgleichswerts in den Fällen der externen Teilung für beide Ehegatten steuerfrei, soweit das Prinzip der nachgelagerten Besteuerung insgesamt eingehalten wird. Soweit die späteren Leistungen bei der ausgleichsberechtigten Person jedoch nicht der nachgelagerten Besteuerung unterliegen werden (z. B. Besteuerung nach § 20 Abs. 1 Nr. 6 EStG oder nach § 22 Nr. 1 Satz 3 Buchst. a Doppelbuchst. bb EStG mit dem Ertragsanteil), greift die Steuerbefreiung gem. § 3 Nr. 55 b Satz 2 EStG nicht, und die Leistung des Ausgleichswerts ist bereits im Zeitpunkt der Übertragung beim ausgleichspflichtigen Ehegatten zu besteuern. Die Besteuerung der später zufließenden Leistungen erfolgt bei jedem Ehegatten unabhängig davon, zu welchen Einkünften die Leistungen beim jeweils anderen Ehegatten führen, und richtet sich danach, aus welchem Versorgungssystem sie jeweils geleistet werden.

## II. Interne Teilung (§ 10 VersAusglG)

### 1. Steuerfreiheit nach § 3 Nr. 55 a EStG

319 § 3 Nr. 55 a EStG stellt klar, dass die aufgrund einer internen Teilung durchgeführte Übertragung von Anrechten steuerfrei ist; dies gilt sowohl für die ausgleichspflichtige als auch für die ausgleichsberechtigte Person.

## 2. Besteuerung

Die Leistungen aus den übertragenen Anrechten gehören bei der ausgleichsberechtigten Person zu den Einkünften, zu denen die Leistungen bei der ausgleichspflichtigen Person gehören würden, wenn die interne Teilung nicht stattgefunden hätte. Die (späteren) Versorgungsleistungen sind daher (weiterhin) Einkünfte aus nichtselbständiger Arbeit (§ 19 EStG), aus Kapitalvermögen (§ 20 EStG) oder sonstige Einkünfte (§ 22 EStG). Ausgleichspflichtige Person und ausgleichsberechtigte Person versteuern beide die ihnen jeweils zufließenden Leistungen. Liegen Einkünfte aus nichtselbständiger Arbeit vor, gilt Rz. 147 des BMF-Schreibens vom 6. Dezember 2017 (BStBl. 2018 I S. 147)[1] auch für die ausgleichberechtigte Person. 320

Für die Ermittlung des Versorgungsfreibetrags und des Zuschlags zum Versorgungsfreibetrag nach § 19 Abs. 2 EStG, des Besteuerungsanteils nach § 22 Nr. 1 Satz 3 Buchst. a Doppelbuchst. aa EStG sowie des Ertragsanteils nach § 22 Nr. 1 Satz 3 Buchst. a Doppelbuchst. bb EStG bei der ausgleichsberechtigten Person ist auf deren Versorgungsbeginn, deren Rentenbeginn bzw. deren Lebensalter abzustellen. Die Art einer Versorgungszusage (Alt-/Neuzusage) bei der ausgleichsberechtigten Person entspricht grundsätzlich der Art der Versorgungszusage der ausgleichspflichtigen Person. Dies gilt auch bei einer Änderung des Leistungsspektrums nach § 11 Abs. 1 Nr. 3 VersAusglG. Bei einer Hinterbliebenenversorgung zugunsten von Kindern ändert sich die bisher maßgebende Altersgrenze (Rz. 4 des BMF-Schreibens vom 6. Dezember 2017, BStBl. 2018 I S. 147[1]) nicht. Die Aufstockung eines zugesagten Sterbegeldes (vgl. Rz. 5 des BMF-Schreibens vom 6. Dezember 2017, BStBl. 2018 I S. 147[1]) ist möglich. Sofern die Leistungen bei der ausgleichsberechtigten Person nach § 22 Nr. 5 EStG zu besteuern sind, ist für die Besteuerung auf die der ausgleichspflichtigen Person gewährten Förderung abzustellen, soweit diese auf die übertragene Anwartschaft entfällt (vgl. Rz. 129). 321

Wird das Anrecht aus einem Altersvorsorgevertrag oder einem Direktversicherungsvertrag intern geteilt und somit ein eigenes Anrecht der ausgleichsberechtigten Person begründet, gilt der Altersvorsorge- oder Direktversicherungsvertrag der ausgleichsberechtigten Person insoweit zu dem gleichen Zeitpunkt als abgeschlossen wie derjenige der ausgleichspflichtigen Person (§ 52 Abs. 28 Satz 9 EStG). Dies gilt entsprechend, wenn die Leistungen bei der ausgleichsberechtigten Person nach § 22 Nr. 5 Satz 2 Buchst. c i. V. m. § 20 Abs. 1 Nr. 6 EStG zu besteuern sind. 322

### III. Externe Teilung (§ 14 VersAusglG)

## 1. Steuerfreiheit nach § 3 Nr. 55 b EStG

Nach § 3 Nr. 55 b Satz 1 EStG ist der aufgrund einer externen Teilung an den Träger der Zielversorgung geleistete Ausgleichswert grundsätzlich steuerfrei, soweit die späteren Leistungen aus den dort begründeten Anrechten zu steuerpflichtigen Einkünften bei der ausgleichsberechtigten Person führen würden. Soweit die Übertragung von Anrechten im Rahmen des Versorgungsausgleichs zu keinen Einkünften i. S. d. EStG führt, bedarf es keiner 323

[1] Nr. **20** § 3/8.

Steuerfreistellung nach § 3 Nr. 55 b EStG. Die Steuerfreiheit nach § 3 Nr. 55 b Satz 1 EStG greift gem. § 3 Nr. 55 b Satz 2 EStG nicht, soweit Leistungen, die auf dem begründeten Anrecht beruhen, bei der ausgleichsberechtigten Person zu Einkünften nach § 20 Abs. 1 Nr. 6 EStG oder § 22 Nr. 1 Satz 3 Buchst. a Doppelbuchst. bb EStG führen würden.

324 Wird bei der externen Teilung einer betrieblichen Altersversorgung für die ausgleichsberechtigte Person ein Anrecht in einer betrieblichen Altersversorgung begründet, richtet sich die Art der Versorgungszusage (Alt-/Neuzusage) bei der ausgleichsberechtigten Person grundsätzlich nach der Art der Versorgungszusage der ausgleichspflichtigen Person. Dies gilt auch bei einer Änderung des Leistungsspektrums nach § 11 Abs. 1 Satz 2 Nr. 3 VersAusglG. Bei einer Hinterbliebenenversorgung zugunsten von Kindern ändert sich die bisher maßgebende Altersgrenze (Rz. 4 des BMF-Schreibens vom 6. Dezember 2017, BStBl. 2018 I S. 147[1]) nicht. Die Aufstockung eines zugesagten Sterbegeldes (vgl. Rz. 5 des BMF-Schreibens vom 6. Dezember 2017, BStBl. 2018 I S. 147[1]) ist möglich. Wird im Rahmen der externen Teilung eine bestehende Versorgungszusage der ausgleichsberechtigten Person aufgestockt, richtet sich die Art der Versorgungszusage nach Rz. 85 des BMF-Schreibens vom 6. Dezember 2017 (BStBl. 2018 I S. 147)[1] i. V. m. Rz. 349 ff. des BMF-Schreibens vom 24. Juli 2013 (BStBl. I S. 1022), unter Berücksichtigung der Änderungen durch das BMF-Schreiben vom 13. Januar 2014 (BStBl. I S. 97) und das BMF-Schreiben vom 13. März 2014 (BStBl. I S. 554).

## 2. Besteuerung bei der ausgleichsberechtigten Person

325 Für die Besteuerung bei der ausgleichsberechtigten Person ist unerheblich, zu welchen Einkünften die Leistungen aus dem übertragenen Anrecht bei der ausgleichspflichtigen Person geführt hätten, da mit der externen Teilung ein neues Anrecht begründet wird. Bei der ausgleichsberechtigten Person unterliegen Leistungen aus Altersvorsorgeverträgen, Pensionsfonds, Pensionskassen oder Direktversicherungen, die auf dem nach § 3 Nr. 55 b Satz 1 EStG steuerfrei geleisteten Ausgleichswert beruhen, insoweit in vollem Umfang der nachgelagerten Besteuerung nach § 22 Nr. 5 Satz 1 EStG.

## 3. Beispiele

326 **Beispiel 1:**

Im Rahmen einer externen Teilung zahlt das Versicherungsunternehmen X, bei dem der Arbeitnehmerehegatte A eine betriebliche Altersversorgung über eine Direktversicherung (Kapitalversicherung mit Sparanteil) aufgebaut hat, den vom Familiengericht festgesetzten Ausgleichswert an das Versicherungsunternehmen Y zugunsten von Ehegatte B in einen zertifizierten Altersvorsorgevertrag in Form einer Rentenversicherung. Die Beiträge an das Versicherungsunternehmen X wurden in der Vergangenheit ausschließlich pauschal besteuert (§ 40 b Abs. 1 und 2 EStG in der am 31. Dezember 2004 geltenden Fassung i. V. m. § 52 Abs. 40 EStG).

Der Ausgleichswert führt nicht zu steuerbaren Einkünften, da kein Erlebensfall oder Rückkauf vorliegt (§ 22 Nr. 5 Satz 2 Buchst. b i. V. m. § 20 Abs. 1 Nr. 6 EStG). Der Steuerbefreiung nach § 3 Nr. 55 b EStG bedarf es daher nicht. Die spätere durch die externe Teilung gekürzte Kapitalleistung unterliegt bei A der Besteuerung nach § 22 Nr. 5 Satz 2 Buchst. b

[1] Nr. **20** § 3/8.

i. V. m. § 20 Abs. 1 Nr. 6 EStG (ggf. steuerfrei, wenn die Direktversicherung vor dem 1. Januar 2005 abgeschlossen wurde, § 52 Abs. 28 Satz 5 EStG i. V. m. § 20 Abs. 1 Nr. 6 Satz 2 EStG a. F.). Die Leistungen aus dem zertifizierten Altersvorsorgevertrag, die auf dem eingezahlten Ausgleichswert beruhen, unterliegen bei B der Besteuerung nach § 22 Nr. 5 Satz 2 EStG (vgl. Rzn. 143 bis 148).

**Beispiel 2:** 327

Im Rahmen einer externen Teilung zahlt ein Versicherungsunternehmen X, bei der der Arbeitnehmerehegatte A eine betriebliche Altersversorgung über eine Direktversicherung (Rentenversicherung) aufgebaut hat, einen Ausgleichswert an das Versicherungsunternehmen Y zugunsten von Ehegatte B in einen zertifizierten Altersvorsorgevertrag. Die Beiträge an das Versicherungsunternehmen X waren steuerfrei (§ 3 Nr. 63 EStG).
Der Ausgleichswert ist steuerfrei nach § 3 Nr. 55 b EStG. Die spätere geminderte Leistung unterliegt bei A der Besteuerung nach § 22 Nr. 5 Satz 1 EStG. Die Leistung bei B unterliegt – soweit diese auf dem eingezahlten Ausgleichswert beruht – ebenfalls der Besteuerung nach § 22 Nr. 5 Satz 1 EStG (vgl. Rzn. 137 ff.).

**Beispiel 3:** 328

Im Rahmen einer externen Teilung zahlt der Arbeitgeber des Arbeitnehmerehegatten A mit dessen Zustimmung (§§ 14 Abs. 4 i. V. m. 15 Abs. 3 VersAusglG) den hälftigen Kapitalwert aus einer Direktzusage in einen privaten Rentenversicherungsvertrag mit Kapitalwahlrecht des Ehegatten B ein.
Der Ausgleichswert ist steuerpflichtig, da die späteren Leistungen aus dem Rentenversicherungsvertrag zu lediglich mit dem Ertragsanteil steuerpflichtigen Einkünften beim Ehegatten B führen (§ 3 Nr. 55 b Satz 2 EStG). Beim Ausgleichswert handelt es sich um steuerpflichtigen – ggf. nach der Fünftelregelung ermäßigt zu besteuernden – Arbeitslohn des Arbeitnehmerehegatten A.

### 4. Verfahren

Der Versorgungsträger der ausgleichspflichtigen Person hat grundsätzlich 329
den Versorgungsträger der ausgleichsberechtigten Person über die für die Besteuerung der Leistungen erforderlichen Grundlagen zu informieren. Andere Mitteilungs-, Informations- und Aufzeichnungspflichten bleiben hiervon unberührt.

## IV. Steuerunschädliche Übertragung i. S. d. § 93 Abs. 1 a EStG

Eine steuerunschädliche Übertragung i. S. d. § 93 Abs. 1 a Satz 1 EStG liegt 330
vor, wenn aufgrund einer Entscheidung des Familiengerichts im Wege der internen Teilung nach § 10 VersAusglG oder externen Teilung nach § 14 VersAusglG während der Ehezeit (§ 3 Abs. 1 VersAusglG) gebildetes gefördertes Altersvorsorgevermögen auf einen zertifizierten Altersvorsorgevertrag oder in eine nach § 82 Abs. 2 EStG begünstigte betriebliche Altersversorgung (einschließlich der Versorgungsausgleichskasse) übertragen wird. Dies ist bei der internen Teilung immer der Fall. Es ist unerheblich, ob die ausgleichsberechtigte Person selbst zulageberechtigt ist. Werden die bei einer internen Teilung entstehenden Kosten mit dem Altersvorsorgevermögen verrechnet (§ 13 VersAusglG), liegt insoweit keine schädliche Verwendung vor. Im Fall der Verrechnung reduziert sich die Beitragszusage (§ 1 Abs. 1 Satz 1 Nr. 3 AltZertG) des Anbieters entsprechend dem Verhältnis von Verrechnungsbetrag zu dem unmittelbar vor der Verrechnung vorhandenen Altersvorsorgekapital.

Die Übertragung aufgrund einer internen Teilung nach § 10 VersAusglG 331
oder einer externen Teilung nach § 14 VersAusglG auf einen Altersvorsorge-

vertrag oder eine nach § 82 Abs. 2 EStG begünstigte betriebliche Altersversorgung (einschließlich Versorgungsausgleichskasse) der ausgleichsberechtigten Person führt nicht zu steuerpflichtigen Einnahmen.

**332** Beruht das auf die Ehezeit entfallende, aufzuteilende Altersvorsorgevermögen auf geförderten und ungeförderten Beiträgen, ist das zu übertragende Altersvorsorgevermögen entsprechend dem Verhältnis der hierin enthaltenen geförderten und ungeförderten Beiträge aufzuteilen und anteilig zu übertragen.

**333** Wird aufgrund einer internen Teilung nach § 10 VersAusglG oder einer externen Teilung nach § 14 VersAusglG ausschließlich ungefördertes Altersvorsorgevermögen übertragen, stellt dies eine mit einer Übertragung i. S. d. § 93 Abs. 1 a EStG vergleichbare Übertragung dar. Insoweit gelten die Rzn. 335 und 336 entsprechend. Die in § 93 Abs. 1 a EStG geregelten Rechtsfolgen und Mitteilungsgründe treten aber nicht ein.

**334** Erfolgt jedoch in dem Fall nachträglich eine steuerliche Förderung von Altersvorsorgebeiträgen für ein in der Ehezeit liegendes Beitragsjahr, liegt rückwirkend betrachtet eine Übertragung i. S. d. § 93 Abs. 1 a Satz 1 EStG vor, die auch die damit verbundenen weiteren Rechts- und Verfahrensfolgen auslöst. Hinsichtlich der Ermittlung und Auszahlung der nachträglich gewährten Zulage und der Zuordnung der Steuerverstrickung wird auf Rz. 342 verwiesen.

**335** Im Fall der Übertragung i. S. d. § 93 Abs. 1 a Satz 1 EStG erfolgt die Mitteilung über die Durchführung der Kapitalübertragung nach dem Verfahren gem. § 11 AltvDV. Bei der internen Teilung entfällt der Datenaustausch zwischen den Anbietern nach § 11 Abs. 1 bis 3 AltvDV. Der Anbieter der ausgleichspflichtigen Person teilt der ZfA in seiner Meldung zur Kapitalübertragung (§ 11 Abs. 4 AltvDV) neben dem Prozentsatz des geförderten Altersvorsorgekapitals, das übertragen wird, auch die vom Familiengericht angegebene Ehezeit i. S. d. § 3 Abs. 1 VersAusglG mit.

**336** Zu den Daten, die im Rahmen des Verfahrens gem. § 11 AltvDV der ZfA mitzuteilen sind, zählen auch die Daten, die von der ZfA benötigt werden, um die gemeldete ausgleichsberechtigte Person eindeutig zu identifizieren und ggf. für diese eine Zulagenummer zu vergeben bzw. ein Zulagekonto anlegen zu können. Aus dem Tatbestand, dass die ausgleichsberechtigte Person die Übertragung in eine förderbare Zielversorgung gewählt hat, für die die Verfahrensgrundsätze des Abschn. XI EStG gelten, leitet sich neben der Antragsfiktion für die Vergabe einer Zulagenummer auch die Berechtigung des Anbieters zur Erhebung der hierfür notwendigen Daten her.

**337** Erfolgt die interne Teilung und damit verbunden die Übertragung eines Anrechts im Bereich der betrieblichen Altersversorgung, erlangt die ausgleichsberechtigte Person die versorgungsrechtliche Stellung eines ausgeschiedenen Arbeitnehmers i. S. d. BetrAVG (§ 12 VersAusglG). Damit erlangt sie bei einem Pensionsfonds, einer Pensionskasse oder einer Direktversicherung auch das Recht zur Fortsetzung der betrieblichen Versorgung mit eigenen Beiträgen, die nach § 82 Abs. 2 Buchst. b EStG zu den Altersvorsorgebeiträgen gehören können, wenn ein Fortsetzungsrecht bei der ausgleichspflichtigen Person für die Versorgung bestanden hätte. Rzn. 71 ff. des BMF-Schreibens vom 6. Dezember 2017 (BStBl. 2018 I S. 147)[1] gelten entsprechend.

---

[1] Nr. **20** § 3/8.

Die ZfA teilt der ausgleichspflichtigen Person den Umfang der auf die Ehezeit entfallenden steuerlichen Förderung nach § 10a und Abschn. XI EStG mit. Diese Mitteilung beinhaltet die beitragsjahrbezogene Auflistung der ermittelten Zulagen sowie die nach § 10a Abs. 4 EStG gesondert festgestellten Beträge, soweit der ZfA diese bekannt sind, für die innerhalb der Ehezeit liegenden Beitragsjahre. Für die Beitragsjahre, in die der Beginn oder das Ende der Ehezeit fällt, wird die Förderung monatsweise zugeordnet, indem jeweils ein Zwölftel der für das betreffende Beitragsjahr gewährten Förderung den zu der Ehezeit zählenden Monaten zugerechnet wird. Die monatsweise Zuordnung erfolgt unabhängig davon, ob die für diese Beitragsjahre gezahlten Beiträge vor, nach oder während der Ehezeit auf den Altersvorsorgevertrag eingezahlt wurden. Die Mitteilung der Höhe der für den Vertrag insgesamt gewährten Förderung ist kein Verwaltungsakt. 338

Soweit das während der Ehezeit gebildete geförderte Altersvorsorgevermögen im Rahmen des § 93 Abs. 1a Satz 1 EStG übertragen wird, geht die steuerliche Förderung mit allen Rechten und Pflichten auf die ausgleichsberechtigte Person über. Dies hat zur Folge, dass im Fall einer schädlichen Verwendung des geförderten Altersvorsorgevermögens derjenige Ehegatte die Förderung zurückzahlen muss, der über das ihm zugerechnete geförderte Altersvorsorgevermögen schädlich verfügt. Leistungen aus dem geförderten Altersvorsorgevermögen sind beim Leistungsempfänger nachgelagert zu besteuern. Die Feststellung der geänderten Zuordnung der steuerlichen Förderung erfolgt beitragsjahrbezogen durch die ZfA. Sie erteilt sowohl der ausgleichspflichtigen als auch der ausgleichsberechtigten Person einen Feststellungsbescheid über die Zuordnung der nach § 10a Abs. 4 EStG gesondert festgestellten Beträge sowie der ermittelten Zulagen. Einwände gegen diese Bescheide können nur erhoben werden, soweit sie sich gegen die geänderte Zuordnung der steuerlichen Förderung richten. Nach Eintritt der Unanfechtbarkeit dieser Feststellungsbescheide werden auch die Anbieter durch einen Datensatz nach § 90 Abs. 2 Satz 6 EStG von der ZfA über die geänderte Zuordnung informiert. 339

Die ZfA kann die Mitteilung über den Umfang der auf die Ehezeit entfallenden steuerlichen Förderung (§ 93 Abs. 1a Satz 2 EStG, vgl. Rz. 338) und den Feststellungsbescheid über die geänderte Zuordnung der steuerlichen Förderung (§ 93 Abs. 1a Satz 5 EStG, vgl. Rz. 339) an die ausgleichspflichtige Person in einem Schreiben zusammenfassen, sofern deutlich wird, dass ein Einspruch nur zulässig ist, soweit er sich gegen die Zuordnung der steuerlichen Förderung richtet. 340

Bei der Übertragung i. S. d. § 93 Abs. 1a EStG ist das übertragene Altersvorsorgevermögen zunächst als Kapitalbetrag ohne steuerliche Zuordnung zu behandeln. Bei Eingang der Mitteilung der ZfA über die geänderte Zuordnung für die Ehezeit hat der Anbieter diese Zuordnung in die steuerliche Bestandsführung zu übernehmen. In der Zeit von der Übertragung des Altersvorsorgevermögens bis zur Mitteilung der ZfA über die steuerliche Neuzuordnung der Förderung sind Auszahlungen aus dem Vertrag nur insoweit zulässig, als für ggf. zurückzuzahlende Förderungen noch ausreichend Kapital zur Verfügung steht. 341

342 Stellt die ausgleichspflichtige Person nach der Übertragung i. S. d. § 93 Abs. 1 a Satz 1 EStG einen Antrag auf Altersvorsorgezulage für ein Beitragsjahr in der Ehezeit, sind bei der Ermittlung des Zulageanspruchs die gesamten von der ausgleichspflichtigen Person gezahlten Altersvorsorgebeiträge des Beitragsjahres – also auch der übertragene Teil der Altersvorsorgebeiträge – zugrunde zu legen. Die Zulage wird vollständig dem Vertrag der ausgleichspflichtigen Person gutgeschrieben. Die Zuordnung der Steuerverstrickung auf die ausgleichspflichtige und die ausgleichsberechtigte Person erfolgt, als wenn die Zulage bereits vor der Übertragung dem Vertrag gutgeschrieben worden wäre.

343 Werden nach Erteilung der Mitteilung über den Umfang der auf die Ehezeit entfallenden steuerlichen Förderung und der Feststellungsbescheide über die geänderte Zuordnung der steuerlichen Förderung für die Ehezeit Ermittlungsergebnisse getroffen, aufgehoben oder geändert, so hat die ZfA eine geänderte Mitteilung über den Umfang der auf die Ehezeit entfallenden steuerlichen Förderung zu erteilen und die Feststellungsbescheide über die geänderte Zuordnung der steuerlichen Förderung nach § 175 Abs. 1 Satz 1 Nr. 2 AO zu ändern. Dies gilt auch, wenn die ZfA nachträglich eine Mitteilung des Finanzamts über gesondert festgestellte Beträge nach § 10 a Abs. 4 EStG für Veranlagungszeiträume in der Ehezeit erhält. Nach Eintritt der Unanfechtbarkeit dieser geänderten Feststellungsbescheide werden auch die Anbieter durch einen Datensatz nach § 90 Abs. 2 Satz 6 EStG von der ZfA über die geänderte Zuordnung informiert.

## V. Leistungen an die ausgleichsberechtigte Person als Arbeitslohn

344 Nach § 19 Abs. 1 Satz 1 Nr. 2 EStG sind Leistungen, die die ausgleichsberechtigte Person aufgrund der internen oder externen Teilung später aus einer Direktzusage oder von einer Unterstützungskasse erhält, Einkünfte aus nichtselbständiger Arbeit; Rz. 147 des BMF-Schreibens vom 6. Dezember 2017 (BStBl. 2018 I S. 147)[1] gilt entsprechend. Sie unterliegen der Lohnsteuererhebung nach den allgemeinen Regelungen. Bei der ausgleichspflichtigen Person liegen Einkünfte aus nichtselbständiger Arbeit nur hinsichtlich der durch die Teilung gekürzten Leistungen vor.

345 Sowohl bei der ausgleichspflichtigen Person als auch bei der ausgleichsberechtigten Person werden der Arbeitnehmer-Pauschbetrag (§ 9 a Satz 1 Nr. 1 Buchst. a EStG) oder, soweit die Voraussetzungen dafür jeweils vorliegen, der Pauschbetrag für Werbungskosten (§ 9 a Satz 1 Nr. 1 Buchst. b EStG), der Versorgungsfreibetrag und der Zuschlag zum Versorgungsfreibetrag (§ 19 Abs. 2 EStG) berücksichtigt. Die steuerlichen Abzugsbeträge sind nicht auf die ausgleichspflichtige Person und die ausgleichsberechtigte Person aufzuteilen.

346 Zur Neuberechnung des Versorgungsfreibetrags und des Zuschlags zum Versorgungsfreibetrag vgl. Rz. 321.

[1] Nr. **20** § 3/8.

## C. Anwendungsregelung

Dieses Schreiben ist mit Wirkung ab 1. Januar 2018 anzuwenden. 347

Die Teile A, C und D des BMF-Schreibens vom 24. Juli 2013 (BStBl. I S. 1022) und das BMF-Schreiben vom 13. Januar 2014 (BStBl. I S. 97) werden zum 31. Dezember 2017 aufgehoben. 348

**Anlage 1**

## Pflichtversicherte in der inländischen gesetzlichen Rentenversicherung (§ 10 a Abs. 1 Satz 1 Halbsatz 1 EStG) und Pflichtversicherte nach dem Gesetz über die Alterssicherung der Landwirte (§ 10 a Abs. 1 Satz 3 EStG)/Nicht begünstigter Personenkreis

### A. Pflichtversicherte in der inländischen gesetzlichen Rentenversicherung (§ 10 a Abs. 1 Satz 1 Halbsatz 1 EStG)

**1.** Personen, die gegen Arbeitsentgelt oder zu ihrer Berufsausbildung beschäftigt sind (§ 1 Satz 1 Nr. 1 SGB VI).

Hierzu gehören auch geringfügig beschäftigte Personen i. S. d. § 8 Abs. 1 Nr. 1 oder § 8 a i. V. m. § 8 Abs. 1 Nr. 1 SGB IV, die nicht von der Versicherungspflicht nach § 6 Abs. 1 b SGB VI befreit sind.

Hierzu gehörten bis zum 31. Dezember 2012 ferner geringfügig beschäftigte Personen i. S. d. § 8 Abs. 1 Nr. 1 SGB IV, die auf die Versicherungsfreiheit nach § 5 Abs. 2 Satz 2 SGB VI (i. d. F. bis 31. Dezember 2012) verzichtet und den pauschalen Arbeitgeberbeitrag zur gesetzlichen Rentenversicherung auf den vollen Beitragssatz aufgestockt haben (zum Übergangsrecht siehe Nr. 35 und 42).

Auch während des Bezuges von Kurzarbeitergeld nach dem SGB III besteht die Versicherungspflicht fort.

Teilnehmer an dualen Studiengängen stehen den Beschäftigten zur Berufsausbildung i. S. v. § 1 Satz 1 Nr. 1 SGB VI gleich (§ 1 Satz 5 SGB VI).

**2.** Behinderte Menschen, die in anerkannten Werkstätten für behinderte Menschen oder in Blindenwerkstätten i. S. d. § 143 SGB IX oder für diese Einrichtungen in Heimarbeit tätig sind (§ 1 Satz 1 Nr. 2 Buchst. a SGB VI).

**3.** Behinderte Menschen, die in Anstalten, Heimen oder gleichartigen Einrichtungen in gewisser Regelmäßigkeit eine Leistung erbringen, die einem Fünftel der Leistung eines voll erwerbsfähigen Beschäftigten in gleichartiger Beschäftigung entspricht; hierzu zählen auch Dienstleistungen für den Träger der Einrichtung (§ 1 Satz 1 Nr. 2 Buchst. b SGB VI).

**4.** Personen, die in Einrichtungen der Jugendhilfe oder in Berufsbildungswerken oder ähnlichen Einrichtungen für behinderte Menschen für eine Erwerbstätigkeit befähigt werden sollen; dies gilt auch für Personen während der betrieblichen Qualifizierung im Rahmen der Unterstützten Beschäftigung nach § 38 a SGB IX (§ 1 Satz 1 Nr. 3 SGB VI).

**5.** Auszubildende, die in einer außerbetrieblichen Einrichtung im Rahmen eines Berufsausbildungsvertrags nach dem Berufsbildungsgesetz ausgebildet werden (§ 1 Satz 1 Nr. 3 a SGB VI).

**6.** Mitglieder geistlicher Genossenschaften, Diakonissen und Angehörige ähnlicher Gemeinschaften während ihres Dienstes für die Gemeinschaft und während der Zeit ihrer außerschulischen Ausbildung (§ 1 Satz 1 Nr. 4 SGB VI).

**7.** Schwestern vom Deutschen Roten Kreuz.

**8.** Helfer im freiwilligen sozialen Jahr nach dem Jugendfreiwilligendienstgesetz.

**9.** Helfer im freiwilligen ökologischen Jahr nach dem Jugendfreiwilligendienstgesetz.

**10.** Helfer im Bundesfreiwilligendienst.

**11.** Heimarbeiter.

**12.** Seeleute (Mitglieder der Schiffsbesatzung von Binnenschiffen oder deutschen Seeschiffen).

**13.** Bezieher von Ausgleichsgeld nach dem Gesetz zur Förderung der Einstellung der landwirtschaftlichen Erwerbstätigkeit.

**14.** Selbständig tätige Lehrer und Erzieher, die im Zusammenhang mit ihrer selbständigen Tätigkeit regelmäßig keinen versicherungspflichtigen Arbeitnehmer beschäftigen (§ 2 Satz 1 Nr. 1 SGB VI).

**15.** Pflegepersonen, die in der Kranken-, Wochen-, Säuglings- oder Kinderpflege tätig sind und im Zusammenhang mit ihrer selbständigen Tätigkeit regelmäßig keinen versicherungspflichtigen Arbeitnehmer beschäftigen (§ 2 Satz 1 Nr. 2 SGB VI).

**16.** Selbständig tätige Hebammen und Entbindungspfleger (§ 2 Satz 1 Nr. 3 SGB VI).

**17.** Selbständig tätige Seelotsen der Reviere im Sinne des Gesetzes über das Seelotswesen (§ 2 Satz 1 Nr. 4 SGB VI).

**18.** Selbständige Künstler und Publizisten (§ 2 Satz 1 Nr. 5 SGB VI), wenn sie die künstlerische oder publizistische Tätigkeit erwerbsmäßig und nicht nur vorübergehend ausüben und im Zusammenhang mit der künstlerischen oder publizistischen Tätigkeit nicht mehr als einen Arbeitnehmer beschäftigen, es sei denn, die Beschäftigung erfolgt zur Berufsausbildung oder ist geringfügig i. S. d. § 8 SGB IV.

**19.** Selbständig tätige Hausgewerbetreibende (§ 2 Satz 1 Nr. 6 SGB VI).

**20.** Selbständig tätige Küstenschiffer und Küstenfischer, die zur Besatzung ihres Fahrzeuges gehören oder als Küstenfischer ohne Fahrzeug fischen und regelmäßig nicht mehr als vier versicherungspflichtige Arbeitnehmer beschäftigen (§ 2 Satz 1 Nr. 7 SGB VI).

**21.** Gewerbetreibende, die in die Handwerksrolle eingetragen sind und in ihrer Person die für die Eintragung in die Handwerksrolle erforderlichen Voraussetzungen erfüllen, wobei Handwerksbetriebe i. S. d. §§ 2 und 3 der Handwerksordnung sowie Betriebsfortführungen aufgrund von § 4 der Handwerksordnung außer Betracht bleiben; ist eine Personengesellschaft in die Handwerksrolle eingetragen, gilt als Gewerbetreibender, wer als Gesellschafter in seiner Person die Voraussetzungen für die Eintragung in die Handwerksrolle erfüllt (§ 2 Satz 1 Nr. 8 SGB VI).

**22.** Personen, die im Zusammenhang mit ihrer selbständigen Tätigkeit regelmäßig keinen versicherungspflichtigen Arbeitnehmer beschäftigen und auf Dauer und im Wesentlichen nur für einen Auftraggeber tätig sind; bei Gesellschaftern gelten als Auftraggeber die Auftraggeber der Gesellschaft (§ 2 Satz 1 Nr. 9 SGB VI).

**23.** Personen, die eine Vollrente wegen Alters nach Erreichen der Regelaltersgrenze beziehen (§ 5 Abs. 4 Satz 1 Nr. 1 SGB VI), Personen, die nach beamtenrechtlichen Vorschriften oder Grundsätzen oder entsprechenden kirchenrechtlichen Regelungen oder einer berufsständischen Versorgungseinrichtung eine Versorgung nach Erreichen einer Altersgrenze beziehen oder die in der Gemeinschaft übliche Versorgung im Alter erhalten (§ 5 Abs. 4 Satz 1 Nr. 2 SGB VI) sowie Personen, die bis zum Erreichen der Regelaltersgrenze nicht in der gesetzlichen Rentenversicherung versichert waren oder nach Erreichen der Regelaltersgrenze eine Beitragserstattung aus ihrer Versicherung bei der inländischen gesetzlichen Rentenversicherung erhalten haben (§ 5 Abs. 4 Satz 1 Nr. 3 SGB VI) und in einer Beschäftigung oder selbständigen Tätigkeit auf die Versicherungsfreiheit nach § 5 Abs. 4 Sätze 2 bis 4 SGB VI verzichtet haben.

Versicherungspflichtig sind ferner Personen in der Zeit,

**24.** für die ihnen Kindererziehungszeiten anzurechnen sind (§ 3 Satz 1 Nr. 1 SGB VI).

Versicherungspflicht wegen Kindererziehung besteht für die ersten 36 Kalendermonate nach dem Geburtsmonat des Kindes (§ 56 Abs. 5 SGB VI). Werden innerhalb des 36-Kalendermonatszeitraumes mehrere Kinder erzogen (z. B. bei Mehrlingsgeburten), verlängert sich die Zeit der Versicherung um die Anzahl an Kalendermonaten, in denen gleichzeitig mehrere

Kinder erzogen werden. Dies gilt auch für Elternteile, die während der Erziehungszeit in einem anderen Alterssicherungssystem Anwartschaften auf Versorgung im Alter aufgrund der Erziehung erworben haben, die systembezogen nicht annähernd gleichwertig berücksichtigt wird wie die Kindererziehung nach dem SGB VI. Eine Versorgung nach beamtenrechtlichen Vorschriften oder Grundsätzen oder entsprechenden kirchenrechtlichen Regelungen gilt stets als annähernd gleichwertig und schließt die Anrechnung von Kindererziehungszeiten generell aus.

**25.** in der sie bis zum 31. Dezember 2016 einen Pflegebedürftigen i. S. d. § 14 SGB XI nicht erwerbsmäßig wenigstens 14 Stunden wöchentlich in seiner häuslichen Umgebung pflegen, wenn der Pflegebedürftige Anspruch auf Leistungen aus der sozialen oder einer privaten Pflegeversicherung hat; dies gilt ab 1 Januar 2013 auch, wenn die Mindeststundenzahl nur durch die Pflege mehrerer Pflegebedürftiger erreicht wird (nicht erwerbsmäßig tätige Pflegepersonen – § 3 Satz 1 Nr. 1 a SGB VI).

**26.** in der sie ab 1. Januar 2017 einen oder mehrere pflegebedürftige Personen mit mindestens Pflegegrad 2 wenigstens zehn Stunden wöchentlich, verteilt auf regelmäßig mindestens zwei Tage in der Woche, in ihrer häuslichen Umgebung nicht erwerbsmäßig pflegen, wenn der Pflegebedürftige Anspruch auf Leistungen aus der sozialen Pflegeversicherung oder einer privaten Pflege-Pflichtversicherung hat (§ 3 Satz 1 Nr. 1 a SGB VI).

**27.** in der sie aufgrund gesetzlicher Pflicht Wehrdienst oder Zivildienst (längstens bis 31. Dezember 2011) leisten (§ 3 Satz 1 Nr. 2 SGB VI. Der zum 1. Juli 2011 neu eingeführte freiwillige Wehrdienst (für Männer und Frauen) führt zur Versicherungspflicht nach dieser Vorschrift.

**28.** in der sie sich in einem Wehrdienstverhältnis besonderer Art befinden, wenn sich der Einsatzunfall während einer Zeit ereignet hat, in der Versicherungspflicht als Wehrdienstleistender bestand (§ 3 Satz 1 Nr. 2 a SGB VI); die Versicherungspflicht für Einsatzgeschädigte kann frühestens ab 18. Dezember 2007 eintreten.

**29.** für die sie von einem Leistungsträger Krankengeld (seit 1. August 2012 auch Krankengeld bei Spende von Organen oder Geweben sowie seit 23. Juli 2015 auch Krankengeld bei Spende von Blut zur Separation von Blutstammzellen oder anderen Blutbestandteilen), Verletztengeld, Versorgungskrankengeld, Übergangsgeld, Arbeitslosengeld oder seit dem 1. Januar 2015 von der sozialen oder einer privaten Pflegeversicherung Pflegeunterstützungsgeld beziehen, wenn sie im letzten Jahr vor Beginn der Leistung zuletzt versicherungspflichtig waren; der Zeitraum von einem Jahr verlängert sich um Anrechnungszeiten wegen des Bezugs von Arbeitslosengeld II (§ 3 Satz 1 Nr. 3 SGB VI).

**30.** für die sie ab 1. August 2012 von einem privaten Krankenversicherungsunternehmen, von einem Beihilfeträger des Bundes, von einem sonstigen öffentlich-rechtlichen Träger von Kosten in Krankheitsfällen auf Bundesebene, von dem Träger der Heilfürsorge im Bereich des Bundes, von dem Träger der truppenärztlichen Versorgung oder von einem öffentlich-rechtlichen Träger von Kosten in Krankheitsfällen auf Landesebene, soweit das Landesrecht dies vorsieht, Leistungen für den Ausfall von Arbeitseinkünften im Zusammenhang mit einer nach den §§ 8 und 8 a des Transplantationsgesetzes erfolgenden Spende von Organen oder Geweben oder seit 23. Juli 2015 im Zusammenhang mit einer i. S. v. § 9 des Transfusionsgesetzes erfolgenden Spende von Blut zur Separation von Blutstammzellen oder anderen Blutbestandteilen beziehen, wenn sie im letzten Jahr vor Beginn dieser Zahlung zuletzt versicherungspflichtig waren; der Zeitraum von einem Jahr verlängert sich um Anrechnungszeiten wegen des Bezugs von Arbeitslosengeld II (§ 3 Satz 1 Nr. 3 a SGB VI).

**31.** für die sie Vorruhestandsgeld beziehen, wenn sie unmittelbar vor Beginn der Leistung versicherungspflichtig waren (§ 3 Satz 1 Nr. 4 SGB VI).

Nach Übergangsrecht im SGB VI bleiben in dieser Beschäftigung oder Tätigkeit weiterhin versicherungspflichtig:

**32.** Mitglieder des Vorstands einer Aktiengesellschaft, die am 31. Dezember 1991 versicherungspflichtig waren (§ 229 Abs. 1 Satz 1 Nr. 1 SGB VI).

**33.** Selbständig tätige Lehrer, Erzieher oder Pflegepersonen, die am 31. Dezember 1991 im Zusammenhang mit ihrer selbständigen Tätigkeit keinen Angestellten, aber mindestens einen Arbeiter beschäftigt haben (§ 229 Abs. 1 Satz 1 Nr. 2 SGB VI).

**34.** Mitglieder des Vorstands einer Aktiengesellschaft, die am 6. November 2003 in einer weiteren Beschäftigung oder selbständigen Tätigkeit nicht versicherungspflichtig waren und die Versicherungspflicht bis zum 31. Dezember 2004 beantragt haben (§ 229 Abs. 1 a Satz 2 SGB VI).

**35.** Personen, die am 28. Juni 2011 aufgrund einer Beschäftigung im Ausland bei einer amtlichen Vertretung des Bundes oder der Länder oder bei deren Leitern, deutschen Mitgliedern oder Bediensteten versicherungspflichtig waren und keine Beendigung der Versicherungspflicht beantragt haben (§ 229 Abs. 1 b SGB VI).

**36.** Handwerker, die am 31. Dezember 2003 versicherungspflichtig waren und in dieser Tätigkeit weiterhin versicherungspflichtig sind (§ 229 Abs. 2 a SGB VI).

**37.** Personen, die am 31. Dezember 2012 als Beschäftigte nach § 5 Abs. 2 Satz 2 SGB VI i. d. F. bis 31. Dezember 2012 wegen Verzichts auf die Versicherungsfreiheit in einer geringfügigen Beschäftigung oder mehreren geringfügigen Beschäftigungen versicherungspflichtig waren (§ 229 Abs. 5 Satz 1 SGB VI) und den Arbeitgeberbeitrag i. H. v. 15 % zur Rentenversicherung durch eigene Beiträge aufstocken.

**38.** nach dem Recht ab 1. April 2003 geringfügig Beschäftigte oder selbständig Tätige, die nach dem bis 31. März 2003 geltenden Recht ohne Verzicht auf die Versicherungsfreiheit (§ 5 Abs. 2 Satz 2 SGB VI i. d. F. bis 31. Dezember 2012) versicherungspflichtig waren, wenn sie nicht die Befreiung von der Versicherungspflicht beantragt haben (§ 229 Abs. 6 SGB VI).

**39.** Selbständig Tätige, die am 31. Dezember 2012 versicherungspflichtig waren und deren Tätigkeit die Merkmale einer geringfügigen Tätigkeit in der ab dem 1. Januar 2013 geltenden Fassung erfüllt, bleiben in dieser selbständigen Tätigkeit bis zum 31. Dezember 2014 versicherungspflichtig (§ 229 Abs. 7 Satz 2 SGB VI).

**40.** Personen, die am 31. Dezember 1991 im Beitrittsgebiet als selbständige Tätige versicherungspflichtig waren, und nicht ab 1. Januar 1992 nach §§ 1 bis 3 SGB VI versicherungspflichtig geworden sind, blieben in dieser Tätigkeit versicherungspflichtig, wenn sie keine Beendigung der Versicherungspflicht beantragt haben (§ 229 a Abs. 1 SGB VI).

**41.** Selbständig tätige Landwirte im Beitrittsgebiet, die die Voraussetzungen des § 2 Abs. 1 Nr. 1 des Zweiten Gesetzes über die Krankenversicherung der Landwirte erfüllt haben, in der Krankenversicherung der Landwirte als Unternehmer versichert waren und am 1. Januar 1995 versicherungspflichtig waren, blieben in dieser Tätigkeit versicherungspflichtig (§ 229 a Abs. 2 SGB VI).

**42.** Personen, die am 31. Dezember 1991 als Beschäftigte von Körperschaften, Anstalten oder Stiftungen des öffentlichen Rechts oder ihrer Verbände versicherungspflichtig waren (§ 230 Abs. 2 Nr. 1 SGB VI).

**43.** Personen, die am 31. Dezember 1991 als satzungsgemäße Mitglieder geistlicher Genossenschaften, Diakonissen oder Angehörige ähnlicher Gemeinschaften versicherungspflichtig waren (§ 230 Abs. 2 Nr. 2 SGB VI).

**44.** Geringfügig beschäftigte Personen, die am 31. Dezember 2012 nach § 5 Abs. 2 Satz 1 Nr. 1 SGB VI i. d. F. bis zum 31. Dezember 2012 versicherungsfrei waren, nach dem 31. Dezember 2012 auf die Versicherungsfreiheit verzichtet haben (§ 230 Abs. 8 Satz 2 SGB VI) und den Arbeitsgeberbeitrag i. H. v. 15 % zur Rentenversicherung durch eigene Beiträge aufstocken.

**45.** Bezieher einer Vollrente wegen Alters vor Erreichen der Regelaltersgrenze, die am 31. Dezember 2016 in einer Beschäftigung oder selbständigen Tätigkeit versicherungsfrei waren und nach dem 31. Dezember 2016 in dieser Beschäftigung oder selbständigen Tätigkeit auf die Versicherungsfreiheit verzichtet haben (§ 230 Abs. 9 Sätze 2 bis 4 SGB VI).

Auf Antrag sind versicherungspflichtig:

**46.** Entwicklungshelfer, die Entwicklungsdienst oder Vorbereitungsdienst leisten (§ 4 Abs. 1 Satz 1 Nr. 1 SGB VI).

**47.** Staatsangehörige der EU, des EWR oder der Schweiz, die für eine begrenzte Zeit im Ausland beschäftigt sind (§ 4 Abs. 1 Satz 1 Nr. 2 SGB VI).

**48.** Staatsangehörige der EU, des EWR oder der Schweiz, die im Ausland bei einer amtlichen Vertretung des Bundes oder der Länder oder deren Leiter, Mitglied oder Bediensteten beschäftigt sind.

**49.** Personen, die nicht nur vorübergehend selbständig tätig sind, wenn sie die Versicherungspflicht innerhalb von fünf Jahren nach der Aufnahme der selbständigen Tätigkeit oder dem Ende der Versicherungspflicht aufgrund dieser Tätigkeit beantragen (§ 4 Abs. 2 SGB VI).

**50.** Personen, die Krankengeld, Verletztengeld, Versorgungskrankengeld, Übergangsgeld, Arbeitslosengeld oder Leistungen für den Ausfall von Arbeitseinkünften nach § 3 Satz 1 Nr. 3 a SGB VI oder seit dem 1. Januar 2015 von der sozialen oder einer privaten Pflegeversicherung Pflegeunterstützungsgeld beziehen, aber nicht nach § 3 Satz 1 Nr. 3 oder 3 a SGB VI versicherungspflichtig sind (§ 4 Abs. 3 Satz 1 Nr. 1 SGB VI).

**51.** Personen, die nur deshalb keinen Anspruch auf Krankengeld haben, weil sie nicht in der gesetzlichen Krankenversicherung versichert sind oder in der gesetzlichen Krankenversicherung ohne Anspruch auf Krankengeld versichert sind, u. a. für die Zeit der Arbeitsunfähigkeit, wenn sie im letzten Jahr vor Beginn der Arbeitsunfähigkeit zuletzt versicherungspflichtig waren, längstens jedoch für 18 Monate (§ 4 Abs. 3 Satz 1 Nr. 2 SGB VI).

## B. Pflichtversicherte nach dem Gesetz über die Alterssicherung der Landwirte (§ 10 a Abs. 1 Satz 3 EStG)

Hierzu gehören insbesondere

1. versicherungspflichtige Landwirte,
2. versicherungspflichtige Ehegatten/Lebenspartner von Landwirten,
3. versicherungspflichtige mitarbeitende Familienangehörige,
4. ehemalige Landwirte, die nach Übergangsrecht weiterhin unabhängig von einer Tätigkeit als Landwirt oder mitarbeitender Familienangehöriger versicherungspflichtig sind.

## C. Nicht begünstigter Personenkreis

Nicht zum Kreis der zulageberechtigten Personen gehören:

**1.** Freiwillig Versicherte in der gesetzlichen Rentenversicherung (vgl. §§ 7, 232 SGB VI).

**2.** Von der Versicherungspflicht in der gesetzlichen Rentenversicherung befreite Personen für die Zeit der Befreiung; das sind insbesondere

a) Angestellte und selbständig Tätige für die Beschäftigung oder selbständige Tätigkeit, wegen der sie aufgrund einer durch Gesetz angeordneten oder auf Gesetz beruhenden Verpflichtung Mitglied einer öffentlich-rechtlichen Versicherungseinrichtung oder Versorgungseinrichtung ihrer Berufsgruppe (berufsständische Versorgungseinrichtung für z. B. Ärzte, Architekten, Rechtsanwälte) und zugleich kraft gesetzlicher Verpflichtung Mitglied einer berufsständischen Kammer sind. Für die Befreiung sind weitere Voraussetzungen zu erfüllen (§ 6 Abs. 1 Satz 1 Nr. 1 SGB VI),

b) Lehrer oder Erzieher an nicht-öffentlichen Schulen, wenn ihnen nach beamtenrechtlichen Grundsätzen oder entsprechenden kirchenrechtlichen Regelungen Anwartschaft auf Versorgung bei verminderter Erwerbsfähigkeit und im Alter sowie auf Hinterbliebenenversorgung gewährleistet und die Erfüllung der Gewährleistung gesichert ist und wenn diese Personen die Voraussetzungen nach § 5 Abs. 1 Satz 2 Nr. 1 und 2 SGB VI erfüllen (§ 6 Abs. 1 Satz 1 Nr. 2, § 231 Abs. 7 und 8 SGB VI),

c) Gewerbetreibende im Handwerksbetrieb, wenn für sie mindestens 18 Jahre lang Pflichtbeiträge gezahlt worden sind (§ 6 Abs. 1 Satz 1 Nr. 4 SGB VI),

d) Selbständige mit einem Auftraggeber als sog. Existenzgründer (§ 6 Abs. 1 a SGB VI),

e) Personen, die eine geringfügige Beschäftigung i. S. d. § 8 Abs. 1 Nr. 1 oder § 8 a i. V. m. § 8 Abs. 1 Nr. 1 SGB VI ausüben und nach § 6 Abs. 1 b SGB VI von der Versicherungspflicht befreit sind,

f) Personen, die am 31. Dezember 1991 von der Versicherungspflicht befreit waren (§ 231 Abs. 1 SGB VI),

g) Selbständige mit einem Auftraggeber, die bereits am 31. Dezember 1998 diese Tätigkeit ausübten und weitere Voraussetzungen erfüllen (§ 231 Abs. 5 SGB VI),

h) Selbständige (z. B. Lehrer, Erzieher, Pflegepersonen), die bereits am 31. Dezember 1998 nach § 2 Satz 1 Nr. 1 bis 3, § 229 a Abs. 1 SGB VI versicherungspflichtig waren und weitere Voraussetzungen erfüllen (§ 231 Abs. 6 SGB VI),

i) unter bestimmten Voraussetzungen deutsche Seeleute, die auf einem Seeschiff beschäftigt sind, das nicht berechtigt ist, die Bundesflagge zu führen (§ 231 Abs. 7 SGB VI i. d. F. bis 31. Dezember 2008),

j) selbständig Tätige, die am 31. Dezember 1991 im Beitrittsgebiet aufgrund eines Versicherungsvertrages von der Versicherungspflicht befreit waren, es sei denn, sie haben bis zum 31. Dezember 1994 erklärt, dass die Befreiung von der Versicherungspflicht enden soll (§ 231 a SGB VI).

**3.** In der gesetzlichen Rentenversicherung versicherungsfreie Personen; das sind insbesondere

a) geringfügig Beschäftigte, die den Arbeitgeberbeitrag i. H. v. 15 % zur Rentenversicherung nicht durch eigene Beiträge aufstocken (§ 5 Abs. 2 Satz 1 Nr. 1 SGB VI i. V. m. §§ 8 Abs. 1, 8 a SGB IV [bis zum 31. Dezember 2012], § 230 Abs. 8 Satz 1 SGB VI [ab 1. Januar 2013]),

b) selbständig Tätige, die wegen der Geringfügigkeit der Tätigkeit versicherungsfrei sind (§ 5 Abs. 2 Satz 1 Nr. 2 SGB VI i. V. m. § 8 Abs. 3 SGB IV),

c) Personen, die eine geringfügige nicht erwerbsmäßige Pflegetätigkeit ausüben (§ 5 Abs. 2 Satz 1 Nr. 3 SGB VI; diese Regelung wurde mit Wirkung vom 1. Januar 2017 an aufgehoben),

d) Personen, die während der Dauer eines Studiums als ordentliche Studierende einer Fachschule oder Hochschule ein Praktikum ableisten, das in ihrer Studienordnung oder Prüfungsordnung vorgeschrieben ist (§ 5 Abs. 3 SGB VI),

e) Bezieher einer Vollrente wegen Alters nach Erreichen der Regelaltersgrenze (§ 5 Abs. 4 Nr. 1 SGB VI) ohne Verzicht auf diese Versicherungsfreiheit nach § 5 Abs. 4 Sätze 2 bis 4 SGB VI (bis zum 31. Dezember 2016 waren Bezieher einer Altersrente versicherungsfrei [§ 5 Abs. 4 Nr. 1 SGB VI i. d.F. bis 31. Dezember 2016]),

f) Personen, die nach beamtenrechtlichen Vorschriften oder Grundsätzen oder entsprechenden kirchenrechtlichen Regelungen oder einer berufsständischen Versorgungseinrichtung eine Versorgung nach Erreichen einer Altersgrenze beziehen oder die in der Gemeinschaft übliche Versorgung im Alter erhalten (§ 5 Abs. 4 Satz 1 Nr. 2 SGB VI) und nicht auf diese Versicherungsfreiheit nach § 5 Abs. 4 Sätze 2 bis 4 SGB VI verzichtet haben,

g) Personen, die bis zum Erreichen der Regelaltersgrenze nicht in der gesetzlichen Rentenversicherung versichert waren oder nach Erreichen der Regelaltersgrenze eine Beitragserstattung aus ihrer Versicherung bei der inländischen gesetzlichen Rentenversicherung erhalten haben (§ 5 Abs. 4 Nr. 3 SGB VI) und nicht auf diese Versicherungsfreiheit nach § 5 Abs. 4 Sätze 2 bis 4 SGB VI verzichtet haben,

h) Polizeivollzugsbeamte auf Widerruf, Handwerker, Mitglieder der Pensionskasse deutscher Eisenbahnen und Straßenbahnen sowie Versorgungsbezieher, die am 31. Dezember 1991 versicherungsfrei waren (§ 230 Abs. 1 SGB VI),

i) Personen, die am 31. Dezember 2016 wegen des Bezugs einer Vollrente wegen Alters vor Erreichen der Regelaltersgrenze in einer Beschäftigung oder selbständigen Tätigkeit versicherungsfrei waren und nicht auf die Versicherungsfreiheit in dieser Beschäftigung oder selbständigen Tätigkeit verzichtet haben (§ 230 Abs. 9 Satz 1 SGB VI).

**4.** Ohne Vorliegen von Versicherungspflicht in der gesetzlichen Rentenversicherung

a) nicht versicherungspflichtige selbständig Tätige,

b) selbständig tätige Handwerker, die am 31. Dezember 1991 in ihrer Tätigkeit nicht versicherungspflichtig waren (§ 229 Abs. 2 SGB VI),

c) selbständig Tätige, die am 31. Dezember 2012 nicht versicherungspflichtig waren, weil sie versicherungspflichtige Arbeitnehmer beschäftigt haben, bleiben in dieser Tätigkeit nicht versicherungspflichtig, wenn der beschäftigte Arbeitnehmer nicht geringfügig beschäftigt in der bis zum 31. Dezember 2012 geltenden Fassung ist (§ 229 Abs. 7 Satz 1 SGB VI),

d) Vorstandsmitglieder von Aktiengesellschaften in der Beschäftigung als Vorstand und weiteren Beschäftigungen in Konzernunternehmen (§ 1 Satz 3 [bis zum 28. Juni 2011 Satz 4] SGB VI). Bis zum 31. Dezember 2003 waren Vorstandsmitglieder von Aktiengesellschaften in allen Beschäftigungen, d. h. auch außerhalb des Konzerns, nicht versicherungspflichtig. Seit dem 1. Januar 2004 besteht in Nebenbeschäftigungen außerhalb des Konzerns nur dann keine Versicherungspflicht, wenn die Nebenbeschäftigung bereits am 6. November 2003 ausgeübt wurde (§ 229 Abs. 1 a Satz 1 SGB VI),

e) Mitglieder des Deutschen Bundestages, der Landtage sowie des Europäischen Parlaments.

**Anlage 2**

## Begünstigter Personenkreis nach § 10 a Abs. 1 Satz 1 Halbsatz 2 EStG/Nicht begünstigter Personenkreis nach § 10 a Abs. 1 Satz 1 Halbsatz 2 EStG

### A. Begünstigter Personenkreis nach § 10 a Abs. 1 Satz 1 Halbsatz 2 EStG

**1.** Empfänger von inländischer Besoldung nach dem Bundesbesoldungsgesetz oder einem entsprechenden Landesbesoldungsgesetz (§ 10 a Abs. 1 Satz 1 Halbsatz 2 Nr. 1 EStG), insbesondere:

a) Bundesbeamte, Beamte der Länder, der Gemeinden, der Gemeindeverbände sowie der sonstigen der Aufsicht eines Landes unterstehenden Körperschaften, Anstalten und Stiftungen des öffentlichen Rechts; hierzu gehören nicht die Ehrenbeamten,

b) Richter des Bundes und der Länder; hierzu gehören nicht die ehrenamtlichen Richter,

c) Berufssoldaten und Soldaten auf Zeit.

**2. Empfänger von Amtsbezügen aus einem inländischen Amtsverhältnis (§ 10 a Abs. 1 Satz 1 Halbsatz 2 Nr. 2 EStG)**

In einem öffentlich-rechtlichen Amtsverhältnis stehen z. B. die Mitglieder der Regierung des Bundes oder eines Landes (z. B. § 1 Bundesministergesetz) sowie die Parlamentarischen Staatssekretäre auf Bundes- und Landesebene (z. B. § 1 Abs. 3 des Gesetzes über die Rechtsverhältnisse der Parlamentarischen Staatssekretäre).

**3.** Sonstige Beschäftigte von Körperschaften, Anstalten oder Stiftungen des öffentlichen Rechts, deren Verbänden einschließlich der Spitzenverbände oder ihrer Arbeitsgemeinschaften (§ 10 a Abs. 1 Satz 1 Halbsatz 2 Nr. 3 EStG), wenn ihnen nach beamtenrechtlichen Vorschriften oder Grundsätzen oder entsprechenden kirchenrechtlichen Regelungen Anwartschaft auf Versorgung bei verminderter Erwerbsfähigkeit und im Alter sowie auf Hinterbliebenenversorgung gewährleistet und die Gewährleistung gesichert ist, u. a. rentenversicherungsfreie Kirchenbeamte und Geistliche in öffentlich-rechtlichen Dienstverhältnissen.

**4.** Satzungsmäßige Mitglieder geistlicher Genossenschaften, Diakonissen oder Angehörige ähnlicher Gemeinschaften (§ 10 a Abs. 1 Satz 1 Halbsatz 2 Nr. 3 EStG), wenn ihnen nach den Regeln der Gemeinschaft Anwartschaft auf die in der Gemeinschaft übliche Versorgung bei verminderter Erwerbsfähigkeit und im Alter gewährleistet und die Gewährleistung gesichert ist.

**5.** Lehrer oder Erzieher, die an nichtöffentlichen Schulen oder Anstalten beschäftigt sind (§ 10 a Abs. 1 Satz 1 Halbsatz 2 Nr. 3 EStG), wenn ihnen nach beamtenrechtlichen Vorschriften oder Grundsätzen oder entsprechenden kirchenrechtlichen Regelungen Anwartschaft auf Versorgung bei verminderter Erwerbsfähigkeit und im Alter sowie auf Hinterbliebenenversorgung gewährleistet und die Gewährleistung gesichert ist.

**6.** Beamte, Richter, Berufssoldaten und Soldaten auf Zeit, die ohne Besoldung beurlaubt sind, für die Zeit einer Beschäftigung, wenn während der Beurlaubung die Gewährleistung einer Versorgungsanwartschaft unter den Voraussetzungen des § 5 Abs. 1 Satz 1 SGB VI auf diese Beschäftigung erstreckt wird (§ 10 a Abs. 1 Satz 1 Halbsatz 2 Nr. 4 EStG).

**7.** Steuerpflichtige im Sinne der oben unter Ziffer 1. bis 6. aufgeführten, die beurlaubt sind und deshalb keine Besoldung, Amtsbezüge oder Entgelt erhalten, sofern sie eine Anrechnung von Kindererziehungszeiten nach § 56 SGB VI (d. h. im Sinne der inländischen gesetzlichen Rentenversicherung) in Anspruch nehmen könnten, wenn die Versicherungsfreiheit in der inländischen gesetzlichen Rentenversicherung nicht bestehen würde.

In den Fällen der Nrn. 2 bis 5 muss das Versorgungsrecht jedoch die Absenkung des Versorgungsniveaus in entsprechender Anwendung des § 69 e Abs. 3 Satz 1 und Abs. 4 des Beamtenversorgungsgesetzes vorsehen.

## B. Nicht begünstigter Personenkreis nach § 10 a Abs. 1 Satz 1 Halbsatz 2 EStG

**1.** Beamte, Richter und Berufssoldaten im einstweiligen Ruhestand, sofern sie keine inländische Besoldung mehr nach dem Bundesbesoldungsgesetz oder einem entsprechenden Landesbesoldungsgesetz empfangen.

# **20** § 3/1. Schreiben betr. betriebliche Altersversorgung; Lohnsteuerliche Folgerungen der Übernahme der Pensionszusage eines beherrschenden Gesellschafter-Geschäftsführers gegen eine Ablösungszahlung und Wechsel des Durchführungswegs

Vom 4. Juli 2017 (BStBl. I S. 883)

(BMF IV C 5 – S 2333/16/10002; DOK 2017/0581849)

**Bezug:** BFH-Urteil vom 18. August 2016 VI R 18/13 (BStBl. 2017 II S. 730)

Der Bundesfinanzhof (BFH) hat mit Urteil vom 18. August 2016 VI R 18/13 (BStBl. 2017 II S. 730) seine Rechtsprechung bestätigt, nach der im Fall eines beherrschenden Gesellschafter-Geschäftsführers die Ablösung einer vom Arbeitgeber erteilten Pensionszusage beim Arbeitnehmer dann zum Zufluss von Arbeitslohn führt, wenn der Ablösungsbetrag auf Verlangen des Arbeitnehmers zur Übernahme der Pensionsverpflichtung an einen Dritten gezahlt wird (BFH-Urteil vom 12. April 2007 VI R 6/02, BStBl. II S. 581). Hat der Arbeitnehmer kein Wahlrecht, den Ablösungsbetrag alternativ an sich auszahlen zu lassen, wird mit der Zahlung des Ablösungsbetrags an den die Pensionsverpflichtung übernehmenden Dritten der Anspruch des Arbeitnehmers auf die künftigen Pensionszahlungen (noch) nicht wirtschaftlich erfüllt. Zufluss von Arbeitslohn liegt in diesem Fall nicht vor.

Nach dem Ergebnis der Erörterung mit den obersten Finanzbehörden der Länder ist Folgendes zu beachten:

1. Das o. g. BFH-Urteil vom 18. August 2016 ist zum speziellen Fall der Ablösung einer vom Arbeitgeber erteilten Pensionszusage eines beherrschenden Gesellschafter-Geschäftsführers, der nicht unter das Betriebsrentengesetz fällt, ergangen. Es ist in gleichgelagerten Fällen anzuwenden. Führt danach die Zahlung des Ablösungsbetrags an den die Pensionsverpflichtung übernehmenden Dritten nicht zu einem Zufluss von Arbeitslohn beim Gesellschafter-Geschäftsführer, liegt Zufluss von Arbeitslohn im Zeitpunkt der Auszahlung der späteren (Versorgungs-)Leistungen vor (§ 24 Nr. 2, § 2 Abs. 1 Satz 1 Nr. 4 und § 19 Abs. 1 Satz 1 Nr. 2 EStG). Der übernehmende Dritte hat die Lohnsteuer dann einzubehalten und alle anderen lohnsteuerlichen Arbeitgeberpflichten zu erfüllen.

2. Anders als in dem mit o. g. BFH-Urteil vom 18. August 2016 entschiedenen Fall fließt einem Arbeitnehmer allerdings dann Arbeitslohn zu, wenn der Durchführungsweg nach dem Betriebsrentengesetzes von einer Pensions-/Direktzusage oder von einer Versorgungszusage über eine Unterstützungskasse auf einen Pensionfonds, eine Pensionskasse oder eine Direktversicherung gewechselt wird und der Arbeitgeber in diesem Zusammenhang einen Ablösungsbetrag zahlt (§ 19 EStG). Dies steht im Einklang mit der ständigen Rechtsprechung des BFH, wonach bei Zukunftssicherungsleis-

tungen dann von Arbeitslohn auszugehen ist, wenn die Leistung des Arbeitgebers an einen Dritten (Versicherer) erfolgt und sich der Vorgang – wirtschaftlich betrachtet – so darstellt, als ob der Arbeitgeber dem Arbeitnehmer die Mittel zur Verfügung gestellt und der Arbeitnehmer sie zum Zweck seiner Zukunftssicherung verwendet hat (u. a. BFH-Urteil vom 5. Juli 2012 VI R 11/11, BStBl. 2013 II S. 190). Der Ablösungsbetrag kann in diesem Fall nur unter den entsprechenden Voraussetzungen des § 3 Nr. 66 oder § 3 Nr. 63 EStG steuerfrei bleiben. Von einem steuerpflichtigen Ablösungsbetrag hat der Arbeitgeber Lohnsteuer einzubehalten (§ 38 EStG).

Dieses Schreiben ist in allen offenen Fällen anzuwenden.

# 20 § 3/3. Schreiben betr. Steuerbefreiung nach § 3 Nr. 15 EStG in der Fassung des Gesetzes zur Vermeidung von Umsatzsteuerausfällen beim Handel mit Waren im Internet und zur Änderung weiterer steuerlicher Vorschriften (UStAVermG)

Vom 15. August 2019
BMF IV C 5 -S 2342/19/10007 :001; DOK 2019/0678827
(BStBl. I S. 875)

Unter Bezugnahme auf das Ergebnis der Erörterungen mit den obersten Finanzbehörden der Länder gelten bei der Anwendung des § 3 Nr. 15 EStG die folgenden Grundsätze:

## Vorbemerkung

Mit dem Gesetz zur Vermeidung von Umsatzsteuerausfällen beim Handel mit Waren im Internet und zur Änderung weiterer steuerlicher Vorschriften (UStAVermG) vom 11. Dezember 2018 (BGBl. I S. 2338, BStBl. I S. 1377) wurde die neue Steuerbefreiung § 3 Nr. 15 EStG in das Einkommensteuergesetz aufgenommen, um Arbeitgeberleistungen für bestimmte Fahrten mit öffentlichen Verkehrsmitteln im Linienverkehr sowie im öffentlichen Personennahverkehr zu begünstigen. Ziel dieser Begünstigung ist es, die Arbeitnehmer verstärkt zur Nutzung öffentlicher Verkehrsmittel zu veranlassen, um die durch den motorisierten Individualverkehr entstehenden Umwelt- und Verkehrsbelastungen sowie den Energieverbrauch zu senken[1) 2)]. 1

## 1. Überblick über die einzelnen Steuerbefreiungstatbestände

Begünstigt sind 2

- Arbeitgeberleistungen für Fahrten des Arbeitnehmers mit öffentlichen Verkehrsmitteln im Linienverkehr (ohne Luftverkehr) – Personen**fern**verkehr – zwischen Wohnung und erster Tätigkeitsstätte und für Fahrten nach § 9 Abs. 1 Satz 3 Nr. 4 a Satz 3 EStG **(1. Alternative)** sowie
- Arbeitgeberleistungen für alle Fahrten des Arbeitnehmers im öffentlichen Personen**nah**verkehr **(2. Alternative)**.

Nicht in den Anwendungsbereich des § 3 Nr. 15 EStG fallende Verkehrsmittel sind insbesondere: 3

- für konkrete Anlässe speziell gemietete bzw. gecharterte Busse oder Bahnen,
- Taxen im Gelegenheitsverkehr, die nicht auf konzessionierten Linien oder Routen fahren,
- Luftverkehr.

---

1) **Red. Anm.:** Zum 9-Euro-Ticket siehe BMF v. 30.5.2022, BStBl. I S. 922.

2) **Anm. Amtl. LSt-Handbuch:** Die Erhöhung der Entfernungspauschale für die Jahre 2021 bis 2026 ab dem 21. Entfernungskilometer gem. § 9 Abs. 1 Satz 3 Nr. 4 Satz 8 EStG ist nicht berücksichtigt.

4 Die Steuerfreiheit des § 3 Nr. 15 1. Alternative EStG (Fahrberechtigungen für den Personen**fern**verkehr) kommt infolge der Begrenzung auf Fahrten zwischen Wohnung und erster Tätigkeitsstätte sowie für Fahrten nach § 9 Abs. 1 Satz 3 Nr. 4 a Satz 3 EStG nur in Betracht für Arbeitnehmer in einem aktiven Beschäftigungsverhältnis sowie für die beim Entleiher beschäftigten Leiharbeitnehmer.

Die Steuerfreiheit des § 3 Nr. 15 2. Alternative EStG (Fahrberechtigungen für den öffentlichen Personen**nah**verkehr) gilt hingegen für alle Arbeitnehmer oder Leiharbeitnehmer.

5 Unter die Steuerbefreiung fallen Arbeitgeberleistungen in Form von unentgeltlichen oder verbilligt überlassenen Fahrberechtigungen (Sachbezüge) sowie Zuschüsse (Barlohn) des Arbeitgebers zu den von den Arbeitnehmern selbst erworbenen Fahrberechtigungen. Begünstigt sind insbesondere Fahrberechtigungen in Form von Einzel-/Mehrfahrtenfahrscheinen, Zeitkarten (z. B. Monats-, Jahrestickets, Bahncard 100), allgemeine Freifahrberechtigungen, Freifahrberechtigungen für bestimmte Tage (z. B. bei Smogalarm) oder Ermäßigungskarten (z. B. Bahncard 25).

6 Umfasst die Fahrberechtigung die Mitnahme von anderen Personen oder ist die Fahrberechtigung auf andere Personen übertragbar, schließt dies die Steuerbefreiung nicht von vornherein aus.

### 2. Personenfernverkehr – öffentliche Verkehrsmittel im Linienverkehr (1. Alternative)

7 Zum **Personenfernverkehr** i. S. d. § 3 Nr. 15 EStG (öffentliche Verkehrsmittel im Linienverkehr) gehören:

- Fernzüge der Deutschen Bahn (ICE, IC, EC), Fernbusse auf festgelegten Linien oder Routen und mit festgelegten Haltepunkten,
- vergleichbare Hochgeschwindigkeitszüge und schnellfahrende Fernzüge anderer Anbieter (z. B. TGV, Thalys).

### 3. Personennahverkehr (2. Alternative)

8 Zum öffentlichen Personennahverkehr gehört die allgemein zugängliche Beförderung von Personen im Linienverkehr, die überwiegend dazu bestimmt ist, die Verkehrsnachfrage im Stadt-, Vorort- oder Regionalverkehr zu befriedigen. Als öffentlicher **Personennahverkehr** i. S. d. § 3 Nr. 15 EStG gelten aus Vereinfachungsgründen alle öffentlichen Verkehrsmittel, die nicht Personenfernverkehr i. S. d. Rz. 7 sind und nicht unter Rz. 3 fallen.

9 Soweit Taxen ausnahmsweise im Linienverkehr nach Maßgabe der genehmigten Nahverkehrspläne eingesetzt werden (z. B. zur Verdichtung, Ergänzung oder zum Ersatz anderer öffentlicher Verkehrsmittel) und von der Fahrberechtigung mitumfasst sind oder gegen einen geringen Aufpreis genutzt werden dürfen, gehören sie zum Personennahverkehr.

10 Die Nutzung des öffentlichen Personennahverkehrs ist unabhängig von der Art der Fahrten nach § 3 Nr. 15 EStG begünstigt, also auch bei Privatfahrten des Arbeitnehmers. Damit ist – anders als im Personenfernverkehr – bei Fahrberechtigungen, die nur eine Nutzung des Personennahverkehrs ermöglichen, keine weitere Prüfung zur Art der Nutzung vorzunehmen.

## 4. Gemischte Nutzung von Fahrberechtigungen für den Personenfernverkehr (Auswärtstätigkeit, Familienheimfahrten im Rahmen der doppelten Haushaltsführung, Fahrten zwischen Wohnung und erster Tätigkeitsstätte sowie Privatfahrten)

Arbeitgeberleistungen, die zur Nutzung des Personenfernverkehrs berechtigen, sind nach § 3 Nr. 15 EStG steuerfrei, soweit sie auf Fahrten zwischen Wohnung und erster Tätigkeitsstätte sowie zu einem Sammelpunkt oder einem weiträumigen Tätigkeitsgebiet (§ 9 Abs. 1 Satz 3 Nr. 4 a Satz 3 EStG) entfallen; Privatfahrten im Personenfernverkehr sind hingegen nicht begünstigt. 11

### a) Arbeitgeberleistung berechtigt zur Nutzung des Personenfernverkehrs für die Strecke zwischen Wohnung und erster Tätigkeitsstätte, zu einem Sammelpunkt oder einem weiträumigen Tätigkeitsgebiet (§ 9 Abs. 1 Satz 3 Nr. 4 a Satz 3 EStG)

Aus Vereinfachungsgründen ist davon auszugehen, dass eine Fahrberechtigung für den Personenfernverkehr nur auf Fahrten zwischen Wohnung und erster Tätigkeitsstätte, zu einem Sammelpunkt oder einem weiträumigen Tätigkeitsgebiet (§ 9 Abs. 1 Satz 3 Nr. 4 a Satz 3 EStG) entfällt und nach § 3 Nr. 15 EStG steuerbefreit ist, wenn sie lediglich zur Nutzung für die Strecke zwischen Wohnung und erster Tätigkeitsstätte sowie zu einem Sammelpunkt oder einem weiträumigen Tätigkeitsgebiet (§ 9 Abs. 1 Satz 3 Nr. 4 a Satz 3 EStG) berechtigt. Die tatsächliche Nutzung der Fahrberechtigung auch zu privaten Fahrten ist dann unbeachtlich. 12

Geht die Fahrberechtigung für den Personenfernverkehr über die Strecke zwischen Wohnung und erster Tätigkeitsstätte, zu einem Sammelpunkt oder einem weiträumigen Tätigkeitsgebiet (§ 9 Abs. 1 Satz 3 Nr. 4 a Satz 3 EStG) hinaus (Fahrberechtigung für ein bestimmtes Gebiet oder eine zusätzliche Strecke), ist aus Vereinfachungsgründen davon auszugehen, dass die Fahrberechtigung insoweit auf Fahrten zwischen Wohnung und erster Tätigkeitsstätte, zu einem Sammelpunkt oder zu einem weiträumigen Tätigkeitsgebiet (§ 9 Abs. 1 Satz 3 Nr. 4 a Satz 3 EStG) entfällt, als der anzusetzende Wert der Arbeitgeberleistung den regulären Verkaufspreis einer Fahrberechtigung nur für die Strecke zwischen Wohnung und erster Tätigkeitsstätte, zu einem Sammelpunkt oder einem weiträumigen Tätigkeitsgebiet (§ 9 Abs. 1 Satz 3 Nr. 4 a Satz 3 EStG) für den entsprechenden Gültigkeitszeitraum nicht überschreitet. 13

Wird eine Fahrberechtigung, die ganz oder teilweise die Voraussetzungen für die Steuerbefreiung nach § 3 Nr. 15 EStG erfüllt, auch für Fahrten im Rahmen von Auswärtstätigkeiten oder für eine Familienheimfahrt pro Woche im Rahmen der doppelten Haushaltsführung genutzt, ist die Arbeitgeberleistung, soweit sie auf diese Fahrten entfällt, nach § 3 Nr. 13 oder 16 EStG steuerfrei. Die Steuerfreistellung nach § 3 Nr. 13 oder 16 EStG hat Vorrang gegenüber der Steuerfreistellung nach § 3 Nr. 15 EStG. In diesem Fall kann der Arbeitgeber im Rahmen einer Prognoseberechnung prüfen, ob die Fahrberechtigung bereits bei Hingabe insgesamt steuerfrei belassen werden kann (siehe dazu Rz. 15 ff.). Nutzt er die Möglichkeit der Amortisationsprognose nicht, gilt Rz. 22. 14

**b) Amortisationsprognose bei Nutzung einer Fahrberechtigung des Personenfernverkehrs zu Fahrten im Rahmen einer Auswärtstätigkeit oder Familienheimfahrten im Rahmen der doppelten Haushaltsführung (§ 3 Nr. 13 und 16 EStG)**

**aa) Prognostizierte Vollamortisation allein durch Fahrten nach § 3 Nr. 13 und 16 EStG**

**15** Ergibt die Prognose zum Zeitpunkt der Hingabe der Fahrberechtigung, dass die Summe aus den ersparten Kosten für Einzelfahrscheine, die ohne Nutzung der Fahrberechtigung während deren Gültigkeitsdauer für die steuerlich begünstigten Fahrten nach § 3 Nr. 13 oder 16 EStG (Fahrten im Rahmen einer Auswärtstätigkeit oder eine Familienheimfahrt pro Woche im Rahmen der doppelten Haushaltsführung) anfallen würden, die Kosten der Fahrberechtigung erreichen oder übersteigen (prognostizierte Vollamortisation ohne § 3 Nr. 15 EStG), stellt die Überlassung der Fahrberechtigung an den Arbeitnehmer keinen steuerpflichtigen Arbeitslohn dar. Auf die darüber hinaus gehenden Nutzungsmöglichkeiten kommt es dann nicht mehr an.

Tritt die prognostizierte Vollamortisierung aus unvorhersehbaren Gründen (z. B. Krankheit oder Verschiebung von Dienstreisen) nicht ein, ist eine Nachversteuerung nicht vorzunehmen. Ändern sich die der Prognose zu Grunde liegenden Annahmen grundlegend (z. B. Wechsel vom Außendienst in den Innendienst), hat eine Korrektur und ggfs. Nachversteuerung unter Berücksichtigung der Rz. 16, 19 f. für den noch nicht abgelaufenen Gültigkeitszeitraum zu erfolgen.

**bb) Prognostizierte Vollamortisation unter Einbeziehung des § 3 Nr. 15 EStG**

**16** Ergibt die Prognose zum Zeitpunkt der Hingabe der Fahrberechtigung, dass die Summe

- aus den ersparten Kosten für Einzelfahrscheine, die ohne Nutzung der Fahrberechtigung während deren Gültigkeitsdauer für die steuerlich begünstigten Fahrten nach § 3 Nr. 13 oder 16 EStG (Fahrten im Rahmen einer Auswärtstätigkeit oder eine Familienheimfahrt pro Woche im Rahmen der doppelten Haushaltsführung) anfallen würden, und
- dem regulären Verkaufspreis einer Fahrberechtigung für die Strecke zwischen Wohnung und erster Tätigkeitsstätte, zu einem Sammelpunkt oder zu einem weiträumigen Tätigkeitsgebiet (§ 9 Abs. 1 Satz 3 Nr. 4 a Satz 3 EStG) für den entsprechenden Gültigkeitszeitraum

die Kosten der Fahrberechtigung erreicht oder übersteigt (prognostizierte Vollamortisation mit § 3 Nr. 15 EStG), ist die Arbeitgeberleistung insgesamt steuerfrei; sie ist dann vorrangig steuerfrei nach § 3 Nr. 13 oder 16 EStG in Höhe der prognostizierten ersparten Kosten für Einzelfahrscheine, die ohne Nutzung der Fahrberechtigung während deren Gültigkeitsdauer anfallen würden und im Übrigen nachrangig steuerfrei nach § 3 Nr. 15 EStG. Auf den Umfang der späteren tatsächlichen Nutzung und die darüber hinaus gehenden privaten Nutzungsmöglichkeiten kommt es nicht an. Tritt die prognostizierte Vollamortisierung aus unvorhersehbaren Gründen (z. B. Krankheit oder Verschiebung von Dienstreisen) nicht ein, ist eine Nachversteuerung nicht vorzunehmen. Ändern sich die der Prognose zu Grunde liegenden Annahmen grundlegend (z. B. Wechsel vom Außendienst in den Innendienst), hat eine

Korrektur und ggfs. Nachversteuerung entsprechend Rz. 19 ff. für den noch nicht abgelaufenen Gültigkeitszeitraum zu erfolgen.

**Beispiel 1:** 17

Der Arbeitgeber überlässt seinem Arbeitnehmer eine Bahncard 100, die er zum Preis von 4400 Euro erworben hat. Nach der Prognose des Arbeitgebers betragen die ersparten Kosten der Einzelfahrscheine für Dienstreisen im Gültigkeitszeitraum 3000 Euro. Der reguläre Preis der Jahresfahrkarte für die Strecke zwischen Wohnung und erster Tätigkeitsstätte des Arbeitnehmers hätte 1600 Euro betragen. Tatsächlich ergeben sich im Laufe der Gültigkeitsdauer für Dienstreisen des Arbeitnehmers aus unvorhersehbaren Gründen nur ersparte Kosten der Einzelfahrscheine i. H. v. 2500 Euro.

**Lösung:**

Nach der Prognose des Arbeitgebers zum Zeitpunkt der Hingabe der Fahrberechtigung übersteigen die ersparten Kosten für die Einzelfahrscheine, die ohne Nutzung der Bahncard 100 während deren Gültigkeitsdauer für die steuerlich begünstigten Fahrten nach § 3 Nr. 16 EStG anfallen würden (3000 Euro), zusammen mit dem regulären Verkaufspreis einer Fahrberechtigung für die Strecke zwischen Wohnung und erster Tätigkeitsstätte (1600 Euro) die Kosten der Bahncard 100. Die Bahncard 100 ist daher i. H. v. 3000 Euro steuerfreier Reisekostenersatz und der verbleibende Betrag von 1400 Euro (4400 Euro – 3000 Euro) ist eine steuerfreie Arbeitgeberleistung nach § 3 Nr. 15 EStG. Auf den Umfang der tatsächlichen Nutzung sowie die private Nutzungsmöglichkeit kommt es nicht an. Dass die prognostizierte Vollamortisation tatsächlich nicht eingetreten ist (2500 Euro + 1600 Euro = 4100 Euro), ist unerheblich und führt weder zu einer Nachversteuerung noch zu einer Änderung der nach § 3 Nr. 15 EStG steuerfreien Arbeitgeberleistungen; es bleibt somit bei der zu bescheinigenden steuerfreien Arbeitgeberleistung nach § 3 Nr. 15 EStG i. H. v. 1400 Euro.

**Beispiel 2:** 18

Wie Beispiel 1, allerdings ergeben sich im Laufe der Gültigkeitsdauer für Dienstreisen des Arbeitnehmers aus unvorhersehbaren Gründen ersparte Kosten der Einzelfahrscheine i. H. v. 4000 Euro.

**Lösung:**

Wie in Beispiel 1 ist die Bahncard 100 i. H. v. 3000 Euro steuerfreier Reisekostenersatz und der verbleibende Betrag von 1400 Euro (4400 Euro – 3000 Euro) ist eine steuerfreie Arbeitgeberleistung nach § 3 Nr. 15 EStG. Auf den Umfang der tatsächlichen Nutzung sowie die private Nutzungsmöglichkeit kommt es nicht an. Auch der nicht vorhersehbare tatsächlich höhere Einsatz der Bahncard 100 für Dienstreisen (4000 Euro statt 3000 Euro), führt zu keiner Änderung der Prognose, d. h., es bleibt somit auch bei den zu bescheinigenden Arbeitgeberleistungen nach § 3 Nr. 15 EStG i. H. v. 1400 Euro (und nicht 400 Euro). Etwas anderes gilt nur, wenn die der Prognose zu Grunde liegenden Annahmen sich grundlegend ändern.

### cc) Prognostizierte Teilamortisation bei Berücksichtigung von § 3 Nr. 13 und 16 sowie § 3 Nr. 15 EStG

Ergibt die Prognose zum Zeitpunkt der Hingabe der Fahrberechtigung, dass die Summe 19

– aus den ersparten Kosten für Einzelfahrscheine, die ohne Nutzung der Fahrberechtigung während deren Gültigkeitsdauer für die steuerlich begünstigten Fahrten nach § 3 Nr. 13 oder 16 EStG (Fahrten im Rahmen einer Auswärtstätigkeit oder eine Familienheimfahrt pro Woche im Rahmen der doppelten Haushaltsführung) anfallen würden, und

– dem regulären Verkaufspreis einer Fahrberechtigung für die Strecke zwischen Wohnung und erster Tätigkeitsstätte, zu einem Sammelpunkt oder einem weiträumigen Tätigkeitsgebiet (§ 9 Abs. 1 Satz 3 Nr. 4 a Satz 3 EStG) für den entsprechenden Gültigkeitszeitraum

die Kosten der Fahrberechtigung **nicht** erreicht (prognostizierte Teilamortisation), stellt die Überlassung der Fahrberechtigung zunächst in voller Höhe steuerpflichtigen Arbeitslohn dar. Die Arbeitgeberleistung kann allerdings insoweit steuerfrei belassen werden, als die Voraussetzungen für eine Steuerfreistellung nach § 3 Nr. 15 EStG vorliegen. Im Übrigen ist die Fahrberechtigung als geldwerter Vorteil dem Lohnsteuerabzug zu unterwerfen.

20 Die während der Gültigkeitsdauer der Fahrberechtigung durch deren tatsächliche Nutzung für Fahrten nach § 3 Nr. 13 oder 16 EStG ersparten Fahrtkosten können dann zusätzlich monatsweise oder auch am Ende des Gültigkeitszeitraumes als Korrekturbetrag den steuerpflichtigen Arbeitslohn mindern (mittels Verrechnung des dann feststehenden steuerfreien Reisekostenerstattungsanspruchs des Arbeitnehmers). Für die Höhe des Korrekturbetrags können aus Vereinfachungsgründen die ersparten Reisekosten für Einzelfahrscheine, die für die Fahrten nach § 3 Nr. 13 oder 16 EStG ohne Nutzung der Fahrberechtigung während deren Gültigkeitsdauer angefallen wären, begrenzt auf die Höhe der tatsächlichen Kosten der Fahrberechtigung, zugrunde gelegt werden. Die nach § 3 Nr. 15 EStG steuerfreien Leistungen ändern sich dadurch nicht.

21 **Beispiel 3:**

Der Arbeitgeber überlässt seinem Arbeitnehmer eine Bahncard 100, die er zum Preis von 4400 Euro erworben hat. Nach der Prognose des Arbeitgebers betragen die ersparten Kosten der Einzelfahrscheine für Dienstreisen im Gültigkeitszeitraum 2500 Euro. Der reguläre Preis der Jahresfahrkarte für die Strecke zwischen Wohnung und erster Tätigkeitsstätte des Arbeitnehmers hätte 1600 Euro betragen. Tatsächlich ergeben sich im Laufe der Gültigkeitsdauer für dienstliche Fahrten des Arbeitnehmers ersparte Kosten der Einzelfahrscheine i. H. v. 4000 Euro.

**Lösung:**

Nach der Prognose des Arbeitgebers zum Zeitpunkt der Hingabe der Fahrberechtigung erreichen die ersparten Kosten, die für Einzelfahrscheine für die steuerlich begünstigten dienstlichen Fahrten nach § 3 Nr. 16 EStG anfallen würden (2500 Euro), auch zusammen mit dem regulären Verkaufspreis einer Fahrberechtigung für die Strecke zwischen Wohnung und erster Tätigkeitsstätte (1600 Euro) nicht die Kosten der Bahncard 100 von 4400 Euro (prognostizierte Teilamortisation).

Die Hingabe der Bahncard kann daher zunächst nur insoweit steuerfrei belassen werden, als die Voraussetzungen für eine Steuerfreistellung nach § 3 Nr. 15 EStG vorliegen (1600 Euro).

Der Arbeitgeber kann aber den steuerpflichtigen Arbeitslohn in Höhe der durch die tatsächliche Nutzung der Bahncard 100 für Dienstreisen ersparten Kosten der Einzelfahrscheine monatsweise oder auch am Ende des Gültigkeitszeitraumes mindern (mittels Verrechnung mit dem dann feststehenden steuerfreien Reisekostenerstattungsanspruch des Arbeitnehmers). Danach ergibt sich noch eine steuerfreie Reisekostenerstattung i. H. v. 2800 Euro, neben den bereits steuerfrei belassenen Arbeitgeberleistungen nach § 3 Nr. 15 EStG i. H. v. 1600 Euro.

### dd) Verzicht auf Amortisationsprognose

22 Führt der Arbeitgeber keine Amortisationsprognose nach den Rz. 15 bis 21 durch, stellt die Überlassung der Fahrberechtigung zunächst in voller Höhe steuerpflichtigen Arbeitslohn dar. Die ersparten Kosten

- für Einzelfahrscheine, die ohne Nutzung der Fahrberechtigung während der Gültigkeitsdauer für die steuerlich begünstigten Fahrten nach § 3 Nr. 13 oder 16 EStG (Fahrten im Rahmen einer Auswärtstätigkeit oder eine Familienheimfahrt pro Woche im Rahmen einer doppelten Haushaltsführung) angefallen wären, und
- für den regulären Verkaufspreis einer Fahrberechtigung für die Strecke zwischen Wohnung und erster Tätigkeitsstätte, zu einem Sammelpunkt oder einem weiträumigen Tätigkeitsgebiet (§ 9 Abs. 1 Satz 3 Nr. 4 a Satz 3 EStG), die für den entsprechenden Gültigkeitszeitraum entstanden wären (Fahrten i. S. d. § 3 Nr. 15 EStG),

sind am Ende des Kalenderjahres der Gültigkeit der Fahrberechtigung als Korrekturbetrag beim steuerpflichtigen Arbeitslohn mindernd zu berücksichtigen. Bei einer Gültigkeit der Fahrberechtigung über den Jahreswechsel hinaus sowie bei einer mehrjährigen Gültigkeitsdauer ist der Korrekturbetrag zum

Ende eines jeden Kalenderjahres sowie zum Ende des Gültigkeitszeitraums anhand der in dem jeweiligen Zeitraum durchgeführten Fahrten nach § 3 Nr. 13 oder 16 EStG sowie anhand des zeitanteiligen regulären Verkaufspreises einer Fahrberechtigung für die Strecke zwischen Wohnung und erster Tätigkeitsstätte, zu einem Sammelpunkt oder einem weiträumigen Tätigkeitsgebiet (§ 9 Abs. 1 Satz 3 Nr. 4 a Satz 3 EStG) zu ermitteln. Dabei hat die Steuerfreistellung nach § 3 Nr. 13 oder 16 EStG Vorrang gegenüber der Steuerfreistellung nach § 3 Nr. 15 EStG. Die Summe der Korrekturbeträge kann insgesamt höchstens bis zum Betrag des steuerpflichtigen Arbeitslohns mindernd berücksichtigt werden. Eine Änderung der sich für abgelaufene Kalenderjahre nach § 3 Nr. 15 EStG ergebenden Korrekturbeträge ist nicht zulässig. Dies gilt auch dann, wenn sich in nachfolgenden Kalenderjahren in großem Umfang dienstliche Fahrten ergeben, die nach § 3 Nr. 13 oder 16 EStG begünstigt sind.

**Beispiel 4:** 23

Der Arbeitgeber überlässt seinem Arbeitnehmer eine Bahncard 100, die er zum Preis von 4400 Euro erworben hat. Die Fahrberechtigung ist vom 1. Oktober 01 bis 30. September 02 gültig. Eine Prognoseberechnung führt der Arbeitgeber nicht durch.

**Lösung:**

Kalenderjahr 01:

Zum Ende des Kalenderjahres 01 der Fahrberechtigung ergibt sich für den Zeitraum 1. Oktober 01 bis 31. Dezember 01, dass die ersparten Kosten der Einzelfahrscheine für Dienstreisen 500 Euro betragen. Der reguläre Preis der Jahresfahrkarte für die Strecke zwischen Wohnung und erster Tätigkeitsstätte des Arbeitnehmers beträgt für den Zeitraum 1. Oktober 01 bis 31. Dezember 01 anteilig 400 Euro (3/12 von 1600 Euro). Da der Arbeitgeber keine Prognoseberechnung vornimmt, führt die Überlassung der Bahncard durch den Arbeitgeber an den Arbeitnehmer im Jahr 01 i. H. v. 4400 Euro zu steuerpflichtigem Arbeitslohn.

Zum Ende des Kalenderjahres 01 kann der Arbeitgeber beim steuerpflichtigen Arbeitslohn des Arbeitnehmers für die ersparten Kosten der Einzelfahrscheine für Dienstreisen (§ 3 Nr. 13 EStG) einen Korrekturbetrag von 500 Euro und für den anteiligen regulären Preis der Jahresfahrkarte für die Strecke zwischen Wohnung und erster Tätigkeitsstätte (§ 3 Nr. 15 EStG) einen Korrekturbetrag von 400 Euro (= 3/12 von 1600 Euro) mindernd berücksichtigen. Der Arbeitgeber muss die nach § 3 Nr. 15 EStG steuerfreie Leistung i. H. v. 400 Euro nach § 41 b Abs. 1 Satz 2 Nr. 6 EStG in Zeile 17 der Lohnsteuerbescheinigung 01 angeben.

Kalenderjahr 02:

Zum Ende des Gültigkeitszeitraums (= 30. September 02) der Fahrberechtigung ergibt sich für den Zeitraum 1. Januar 02 bis 30. September 02, dass die ersparten Kosten der Einzelfahrscheine für Dienstreisen 1500 Euro betragen.

Zum Ende des Gültigkeitszeitraums (= 30. September 02) kann der Arbeitgeber beim steuerpflichtigen Arbeitslohn des Arbeitnehmers in Höhe der ersparten Kosten der Einzelfahrscheine für Dienstreisen (§ 3 Nr. 13 EStG) einen Korrekturbetrag von 1500 Euro und in Höhe des anteiligen regulären Preises der Jahresfahrkarte für die Strecke zwischen Wohnung und erster Tätigkeitsstätte (§ 3 Nr. 15 EStG) einen Korrekturbetrag von 1200 Euro (= 9/12 von 1600 Euro) mindernd berücksichtigen. Der Arbeitgeber muss die nach § 3 Nr. 15 EStG steuerfreie Leistung i. H. v. 1200 Euro nach § 41 b Abs. 1 Satz 2 Nr. 6 EStG in Zeile 17 der Lohnsteuerbescheinigung 02 angeben.

Die Summe der Korrekturbeträge beträgt 3600 Euro (Jahr 01 500 Euro + 400 Euro = 900 Euro; Jahr 02 1500 Euro + 1200 Euro = 2700 Euro) und übersteigt nicht die Höhe des steuerpflichtigen Arbeitslohns im Jahr 01 (= 4400 Euro).

### c) Zuschüsse des Arbeitgebers zu einer vom Arbeitnehmer selbst erworbenen Fahrberechtigung

Für Zuschüsse des Arbeitgebers zu einer vom Arbeitnehmer erworbenen Fahrberechtigung, die die Voraussetzungen des § 3 Nr. 15 EStG ganz oder teilweise erfüllt, gelten Rz. 11 bis 14 entsprechend; Rz. 19 ist entsprechend anzuwenden, sofern die Fahrberechtigung auch für steuerfreie Fahrten nach § 3 Nr. 13 oder 16 EStG (Fahrten im Rahmen einer Auswärtstätigkeit oder eine Familien- 24 heimfahrt pro Woche im Rahmen der doppelten Haushaltsführung) genutzt wird.

### 5. Steuerfreiheit nur für zusätzlich zum ohnehin geschuldeten Arbeitslohn erbrachte Arbeitgeberleistungen

25[1] Der Steuerbefreiung des § 3 Nr. 15 EStG unterliegen nur Arbeitgeberleistungen, die zusätzlich zum ohnehin geschuldeten Arbeitslohn erbracht werden. Dies ist der Fall, wenn die zweckbestimmte Leistung zu dem Arbeitslohn hinzukommt, den der Arbeitgeber arbeitsrechtlich schuldet (siehe R 3.33 Abs. 5 LStR; *BMF-Schreiben vom 22. Mai 2013, BStBl. I S. 728*[2]). Als zusätzlich gilt eine Leistung des Arbeitgebers auch dann, wenn der Arbeitnehmer aus den vom Arbeitgeber zusätzlich zum ohnehin geschuldeten Arbeitslohn zur Verfügung gestellten Mobilitätsalternativen wählen kann (z. B. Dienstwagen, E-Bike oder Fahrberechtigung für öffentliche Verkehrsmittel).

Wird eine zweckbestimmte Leistung unter Anrechnung auf den arbeitsrechtlich geschuldeten Arbeitslohn oder durch dessen Umwandlung gewährt (Gehaltsumwandlung), liegt keine zusätzliche Leistung vor *(BMF-Schreiben vom 14. Dezember 2016, BStBl. I S. 1446*[3]*)*. Eine mittels Gehaltsumwandlung oder Gehaltsverzicht erbrachte Arbeitgeberleistung fällt somit nicht unter die Steuerbefreiung des § 3 Nr. 15 EStG.

26 Steuerfrei sind auch von Dritten gewährte Preisvorteile, wenn sie nach den Grundsätzen des BMF-Schreibens vom 20. Januar 2015, BStBl. I S. 143[4], sowie H 8.1 „Jobticket" LStH als Arbeitslohn zu behandeln wären.

### 6. Minderung der Entfernungspauschale[5]

27 Die nach § 3 Nr. 15 EStG steuerfreien Arbeitgeberleistungen mindern den nach § 9 Abs. 1 Satz 3 Nr. 4 Satz 2 EStG als Entfernungspauschale abziehbaren Betrag (§ 3 Nr. 15 Satz 3 EStG). Bei Überlassung einer Fahrberechtigung oder Zuschüssen zu einer vom Arbeitnehmer selbst erworbenen Fahrberechtigung ist § 3 Nr. 13 und 16 EStG vorrangig zu berücksichtigen (siehe dazu Rz. 16 und 22).

28 Der Minderungsbetrag entspricht dem Wert der überlassenen Fahrberechtigung oder dem geleisteten Zuschuss, der ohne die Steuerbefreiung nach § 3 Nr. 15 EStG als Arbeitslohn zu besteuern gewesen wäre. Aus Vereinfachungsgründen bestehen keine Bedenken, als Wert der überlassenen Fahrberechtigung die Aufwendungen des Arbeitgebers einschließlich Umsatzsteuer anzusetzen.

29 Fahrberechtigungen mit einem Gültigkeitszeitraum, der sich über zwei oder mehr Kalenderjahre erstreckt, gelten in dem Kalenderjahr als zugeflossen, in dem die Arbeitgeberleistung erbracht wird. Für die Anrechnung auf die Entfernungspauschale ist der Wert der Fahrberechtigung (Rz. 28) anteilig auf den Gültigkeitszeitraum der Fahrberechtigung zu verteilen und entsprechend zu bescheinigen.

---

[1] **Red. Anm.:** Zur Zusätzlichkeitsvoraussetzung siehe § 8 Abs. 4 EStG.

[2] Siehe jetzt BMF v. 5.1.2022, BStBl. I S. 61 (Nr. **20** § 3/4).

[3] Siehe jetzt BMF v. 29.9.2020, BStBl. I S. 972 (Nr. **20** § 8/17).

[4] Nr. **20** § 8/6.

[5] **Red. Anm.:** Zur Möglichkeit der Pauschalbesteuerung mit 25% **ohne** Minderung der Entfernungspauschale siehe § 40 Abs. 2 Satz 2 Nr. 2 EStG. Bei Pauschalbesteuerung mit 15% siehe Bescheinigung in Zeile 17 zur LSt-Bescheinigung.

**Beispiel 5:** 30

Der Arbeitgeber überlässt seinem Arbeitnehmer am 1. Juli 01 ein Jahresticket (Gültigkeit bis zum 30. Juni 02) für den regionalen Verkehrsverbund B, das er zum Preis von 600 Euro erworben hat.

**Lösung:**

Das überlassene Jahresticket im Wert von 600 Euro ist als Fahrberechtigung des öffentlichen Personennahverkehrs vollständig steuerfrei nach § 3 Nr. 15 EStG.

Der Wert von 600 Euro ist für die Anrechnung auf die Entfernungspauschale aber anteilig auf den Gültigkeitszeitraum der Fahrberechtigung von 12 Monaten zu verteilen und entfällt somit mit 300 Euro auf das Jahr 01 und mit 300 Euro auf das Jahr 02.

Eine Minderung der Entfernungspauschale nach § 3 Nr. 15 Satz 3 EStG erfolgt 31 maximal bis auf 0 Euro und ist unabhängig von der tatsächlichen Nutzung der vom Arbeitgeber überlassenen oder bezuschussten Fahrberechtigung vorzunehmen; eine Kürzung der Entfernungspauschale erfolgt daher auch in den Fällen, in denen der Arbeitnehmer die nach § 3 Nr. 15 EStG steuerfreie Fahrberechtigung tatsächlich nicht oder ganz bzw. teilweise privat nutzt. Die Minderung unterbleibt hingegen, wenn der Arbeitnehmer wirksam auf die Fahrberechtigung verzichtet hat (vgl. Rz. 38).

Die Minderung erfolgt von der abziehbaren Entfernungspauschale, die nach 32 § 9 Abs. 1 Satz 3 Nr. 4 Satz 2 EStG ermittelt wurde, d. h. nach Beachtung der 4500-Euro-Grenze nach § 9 Abs. 1 Satz 3 Nr. 4 Satz 2 erster und zweiter Teilsatz EStG. Im Übrigen ist § 3 c Abs. 1 EStG zu beachten (siehe auch Rz. 37).

Der Arbeitgeber muss die nach § 3 Nr. 15 EStG steuerfreie Leistung grund- 33 sätzlich individuell für jeden Arbeitnehmer ermitteln und nach § 41 b Abs. 1 Satz 2 Nr. 6 EStG (in Zeile 17 der Lohnsteuerbescheinigung) bescheinigen. Bietet der Arbeitgeber gleichartige Fahrberechtigungen allen seinen Arbeitnehmern an und zahlt hierfür an den Verkehrsträger einen pauschalen Preis pro Arbeitnehmer, kann er zur Ermittlung des Minderungsbetrags für den einzelnen Arbeitnehmer seine Gesamtaufwendungen einschließlich Umsatzsteuer nach gleichen Anteilen auf die Anzahl aller Arbeitnehmer aufteilen, unabhängig davon, wie viele Arbeitnehmer die Fahrberechtigungen annehmen oder auf sie verzichten (vgl. Rz. 38).

**Beispiel 6:** 34

Ein Arbeitgeber schließt mit einem regionalen Verkehrsträger einen Vertrag, wonach alle 50 Arbeitnehmer des Arbeitgebers eine Fahrberechtigung für den gesamten Verkehrsbund erhalten sollen. Hierfür zahlt der Arbeitgeber einschließlich Umsatzsteuer 30 000 Euro an den Verkehrsträger (pro Arbeitnehmer pauschal 600 Euro im Kalenderjahr). Arbeitnehmer A nutzt die Jahreskarte an 220 Arbeitstagen für seine Fahrten zwischen Wohnung und erster Tätigkeitsstätte; die Fahrtstrecke beträgt bei A 50 km. Arbeitnehmer B nutzt die Jahreskarte nicht und fährt die 5 km zur Arbeit an allen 220 Tagen mit dem Auto. Arbeitnehmer C verzichtet wirksam auf die Fahrberechtigung.

**Lösung:**

Der Arbeitgeber teilt seine Aufwendungen einschließlich Umsatzsteuer von 30 000 Euro durch die Anzahl der Arbeitnehmer. Der Arbeitgeber weist danach 600 Euro (30 000 Euro/50 Arbeitnehmer) bei jedem Arbeitnehmer, der auf die Fahrberechtigung nicht wirksam verzichtet hat, in Zeile 17 der Lohnsteuerbescheinigung aus, unabhängig von der tatsächlichen Nutzung. Die Überlassung der Jahreskarten ist bei A und B steuerfrei nach § 3 Nr. 15 EStG, da es sich um eine Fahrberechtigung für den öffentlichen Personennahverkehr (Verkehrsverbund, vgl. Rz. 8) handelt. Die Entfernungspauschale ist bei A und B um 600 Euro zu kürzen (maximal bis auf 0 Euro).

Bei A ergibt sich eine Entfernungspauschale von 2700 Euro

(50 km × 220 Arbeitstage × 0,30 Cent = 3300 Euro – 600 Euro = 2700 Euro).

Bei B ergibt sich eine Entfernungspauschale von 0 Euro

(5 km × 220 Arbeitstage × 0 30 Cent = 330 Euro – 600 Euro = max. 0 Euro).

Da C auf die Jahreskarte verzichtet hat, erfolgt bei ihm kein Ausweis in Zeile 17 seiner Lohnsteuerbescheinigung und keine Kürzung der Entfernungspauschale.

35 **Beispiel 7:**

Arbeitnehmer A fährt an 220 Tagen von seiner Wohnung mit dem Auto 30 km zum Bahnhof und von dort 100 km mit der Bahn zur ersten Tätigkeitsstätte. Die kürzeste Straßenverbindung zwischen Wohnung und erster Tätigkeitsstätte beträgt 110 km. Der Arbeitgeber überlässt dem Arbeitnehmer eine Jahreskarte der Bahn ausschließlich für die Strecke Wohnung – erste Tätigkeitsstätte im Wert von 4600 Euro. Diesen Betrag weist der Arbeitgeber in der Zeile 17 der Lohnsteuerbescheinigung aus.

**Lösung:**

Die Überlassung der Jahreskarte ist steuerfrei nach § 3 Nr. 15 EStG.

Von der maßgeblichen Entfernung von 110 km entfällt eine Teilstrecke von 30 km auf Fahrten mit dem Auto und eine Teilstrecke von 80 km auf die Fahrten mit öffentlichen Verkehrsmitteln. Es ergibt sich folgende Entfernungspauschale:

| | |
|---|---|
| 220 Arbeitstage × 30 km × 0,30 Cent = | 1980 Euro, |
| 220 Arbeitstage × 80 km × 0,30 Cent = | 5280 Euro, |
| begrenzt auf Höchstbetrag von | 4500 Euro. |

Entfernungspauschale nach § 9 Abs. 1 Satz 3 Nr. 4 Satz 2 EStG somit insgesamt 6480 Euro (1980 Euro + 4500 Euro). Von diesem Gesamtbetrag sind die nach § 3 Nr. 15 EStG steuerfreien Aufwendungen für die Jahreskarte i. H. v. 4600 Euro abzuziehen. Damit verbleibt eine Entfernungspauschale von 1880 Euro (6480 Euro – 4600 Euro).

36 **Beispiel 8:**

Arbeitnehmer A fährt an 220 Tagen von seiner Wohnung mit dem Auto 40 km zum Bahnhof und von dort 40 km mit der Bahn zur ersten Tätigkeitsstätte. Die kürzeste Straßenverbindung zwischen Wohnung und erster Tätigkeitsstätte beträgt 65 km. Der Arbeitgeber überlässt dem Arbeitnehmer eine Jahreskarte der Bahn ausschließlich für die Strecke Wohnung – erste Tätigkeitsstätte im Wert von 4600 Euro. Diesen Betrag weist der Arbeitgeber in der Zeile 17 der Lohnsteuerbescheinigung aus.

**Lösung:**

Die Überlassung der Jahreskarte ist steuerfrei nach § 3 Nr. 15 EStG.

Von der maßgeblichen Entfernung von 65 km entfällt eine Teilstrecke von 40 km auf Fahrten mit dem Auto und eine Teilstrecke von 25 km auf die Fahrten mit öffentlichen Verkehrsmitteln. Es ergibt sich folgende Entfernungspauschale:

220 Arbeitstage × 40 km × 0,30 Cent = 2640 Euro,

220 Arbeitstage × 25 km × 0,30 Cent = 1650 Euro.

Entfernungspauschale nach § 9 Abs. 1 Satz 3 Nr. 4 Satz 2 EStG somit insgesamt 4290 Euro (2640 Euro + 1650 Euro). Von diesem Gesamtbetrag sind die nach § 3 Nr. 15 EStG steuerfreien Aufwendungen für die Jahreskarte von 4600 Euro abzuziehen. Damit verbleibt eine Entfernungspauschale von 0 Euro (4290 Euro – 4600 Euro = 0 Euro).

37 Macht der Steuerpflichtige nach § 9 Abs. 2 Satz 3 EStG die tatsächlichen Aufwendungen anstelle der Entfernungspauschale geltend, ist dafür in § 3 Nr. 15 Satz 3 EStG keine Anrechnung vorgesehen.

Sofern der Arbeitgeber aber steuerfreie Zuschüsse zu einer vom Arbeitnehmer selbst erworbenen Fahrberechtigung geleistet hat, ist § 3 c Abs. 1 EStG zu beachten.

Sofern der Arbeitgeber nach § 40 Abs. 2 Satz 2 EStG pauschalbesteuerte Zuschüsse, z. B. zu den tatsächlichen Aufwendungen für die PKW-Nutzung geleistet hat, ist § 40 Abs. 2 Satz 3 EStG zu beachten.

## 7. Nutzungsverzicht

38 Erklärt ein Arbeitnehmer gegenüber dem Arbeitgeber, auf die Fahrberechtigung gänzlich zu verzichten (Fahrberechtigung wird nicht angenommen oder zurückgegeben), ist von einer Kürzung der Entfernungspauschale abzusehen. Ein Nachweis des Nutzungsverzichts ist zum Lohnkonto aufzubewahren.

## 8. Aufzeichnungs- und Nachweispflichten

Der Arbeitgeber hat die steuerfreien Arbeitgeberleistungen nach § 4 Abs. 2 Nr. 4 LStDV im Lohnkonto aufzuzeichnen und nach § 41 b Abs. 1 Satz 2 Nr. 6 EStG in Zeile 17 der Lohnsteuerbescheinigung unter Beachtung der Rz. 29 zu bescheinigen. Zahlt der Arbeitgeber einen Zuschuss zu den vom Arbeitnehmer selbst erworbenen Fahrberechtigungen, hat er als Nachweis der zweckentsprechenden Verwendung die vom Arbeitnehmer erworbenen und genutzten Fahrausweise oder entsprechende Belege (z. B. Rechnungen über den Erwerb eines Fahrausweises oder eine Bestätigung des Verkehrsträgers über den Bezug eines Jobtickets) zum Lohnkonto aufzubewahren. Der Zuschuss darf dabei die Aufwendungen des Arbeitnehmers einschließlich Umsatzsteuer für die entsprechenden Fahrberechtigungen nicht übersteigen. **39**

Überlässt der Arbeitgeber seinem Arbeitnehmer eine Fahrberechtigung für den Personennahverkehr, hat er zum Nachweis für das Vorliegen der Voraussetzungen des § 3 Nr. 15 EStG den Beleg für die erworbenen Fahrberechtigungen zum Lohnkonto aufzubewahren. Dies gilt auch, wenn der Arbeitgeber dem Arbeitnehmer eine Fahrberechtigung für den Personenfernverkehr überlässt, die lediglich zur Nutzung für die Strecke zwischen Wohnung und erster Tätigkeitsstätte sowie zu einem Sammelpunkt oder einem weiträumigen Tätigkeitsgebiet (§ 9 Abs. 1 Satz 3 Nr. 4 a Satz 3 EStG) berechtigt (vgl. Rz. 12). **40**

Überlässt oder bezuschusst der Arbeitgeber eine Fahrberechtigung für den Personenfernverkehr, die über die Strecke zwischen Wohnung und erster Tätigkeitsstätte sowie zu einem Sammelpunkt oder einem weiträumigen Tätigkeitsgebiet (§ 9 Abs. 1 Satz 3 Nr. 4 a Satz 3 EStG) hinausgeht oder auch zu Fahrten i. S. d. § 3 Nr. 13 oder 16 EStG genutzt wird, hat er den Nachweis für das Vorliegen der Voraussetzungen des § 3 Nr. 15 EStG (vgl. Rz. 13) oder den entsprechenden Nachweis zu der von ihm durchgeführten Prognoseberechnung (prognostizierte Voll- bzw. Teilamortisierung, vgl. Rz. 15 ff.) neben dem Beleg für die erworbene Fahrberechtigung ebenfalls zum Lohnkonto des jeweiligen Arbeitnehmers aufzubewahren. Entsprechendes gilt in den Fällen der Rz. 22 f. (Verzicht auf Amortisationsprognose). **41**

## 9. Schlussvorschriften

Nach der bis zum 31. Dezember 2018 geltenden Rechtslage gehörten Arbeitgeberleistungen in Form von Zuschüssen und Sachbezügen für Fahrten des Arbeitnehmers zwischen Wohnung und erster Tätigkeitsstätte zum steuerpflichtigen Arbeitslohn. Lediglich im Rahmen des § 8 Abs. 2 Satz 11 EStG blieben die als Sachbezüge gewährten Arbeitgeberleistungen unter Einhaltung der monatlichen *44-Euro-Freigrenze*[1)] außer Ansatz. Eine Steuerbefreiung kam außerdem in Betracht, wenn ein Arbeitnehmer vom Arbeitgeber eine Fahrberechtigung erhalten hat und hierfür die Voraussetzungen des § 8 Abs. 3 EStG erfüllt waren (Rabattfreibetrag). Die neu eingeführte Steuerbefreiungsvorschrift des § 3 Nr. 15 EStG ist ab 1. Januar 2019 vorrangig vor § 8 Abs. 2 Satz 11 und Abs. 3 Satz 2 EStG zu berücksichtigen. **42**

Dieses Schreiben ist ab dem 1. Januar 2019 anzuwenden. Aus Vereinfachungsgründen wird es nicht beanstandet, wenn der Arbeitgeber für die bis zum 31. Dezember 2019 erbrachten Leistungen i. S. d. § 3 Nr. 15 EStG eine bisher **43**

[1)] **Anm. Amtl. LSt-Handbuch:** Ab 1.1.2022: 50 Euro-Freigrenze.

durchgeführte Pauschalierung der Lohnsteuer nach § 40 EStG oder Pauschalierung der Einkommensteuer nach § 37 b EStG fortführt.

**44** Hat der Arbeitnehmer eine Fahrberechtigung vor dem 1. Januar 2019 erworben, für die er auch nach dem 1. Januar 2019 noch Zahlungen erbringt, können die Zuschüsse des Arbeitgebers zu den Aufwendungen des Arbeitnehmers ab dem 1. Januar 2019 steuerfrei nach § 3 Nr. 15 EStG bleiben.

**45** Zuschüsse des Arbeitgebers zu der vom Arbeitnehmer vor dem 1. Januar 2019 erworbenen und bezahlten Fahrberechtigung fallen hingegen nicht unter die ab 1. Januar 2019 geltende Steuerfreiheit nach § 3 Nr. 15 EStG.

# 20 § 3/5. Schreiben betr. steuerfreie Einnahmen aus ehrenamtlicher Tätigkeit; Anwendungsschreiben zu § 3 Nr. 26 a und 26 b EStG

Vom 21. November 2014 (BStBl. I S. 1581)

(BMF IV C 4 – S 2121/07/0010 :032; DOK 2014/0847902)

**Bezug:** BMF-Schreiben vom 25. November 2008 (BStBl. I S. 985); BMF-Schreiben vom 14. Oktober 2009 (BStBl. I S. 1318)

Unter Bezugnahme auf das Ergebnis der Erörterung mit den obersten Finanzbehörden der Länder gilt zur Anwendung der § 3 Nr. 26 a und Nr. 26 b EStG in der Fassung des Gesetzes zur Stärkung des Ehrenamtes vom 21. März 2013 (BGBl. I S. 556) Folgendes:

## 1. Begünstigte Tätigkeiten i. S. d. § 3 Nr. 26 a EStG

§ 3 Nr. 26 a EStG sieht im Gegensatz zu § 3 Nr. 26 EStG keine Begrenzung auf bestimmte Tätigkeiten im gemeinnützigen Bereich vor. Begünstigt sind z. B. die Tätigkeiten der Mitglieder des Vorstands, des Kassierers, der Bürokräfte, des Reinigungspersonals, des Platzwartes, des Aufsichtspersonals oder des Schiedsrichters im Amateurbereich. Die Tätigkeit der Amateursportler ist nicht begünstigt. Eine Tätigkeit im Dienst oder Auftrag einer steuerbegünstigten Körperschaft muss für deren ideellen Bereich einschließlich ihrer Zweckbetriebe ausgeübt werden. Tätigkeiten in einem steuerpflichtigen wirtschaftlichen Geschäftsbetrieb und bei der Verwaltung des Vermögens sind nicht begünstigt.

## 2. Nebenberuflichkeit

Eine Tätigkeit wird nebenberuflich ausgeübt, wenn sie – bezogen auf das Kalenderjahr – nicht mehr als ein Drittel der Arbeitszeit eines vergleichbaren Vollzeiterwerbs in Anspruch nimmt[1]. Es können deshalb auch solche Personen nebenberuflich tätig sein, die im steuerrechtlichen Sinne keinen Hauptberuf ausüben, z. B. Hausfrauen, Vermieter, Studenten, Rentner oder Arbeitslose. Übt ein Steuerpflichtiger mehrere verschiedenartige Tätigkeiten i. S. d. § 3 Nr. 26 oder 26 a EStG aus, ist die Nebenberuflichkeit für jede Tätigkeit getrennt zu beurteilen. Mehrere gleichartige Tätigkeiten sind zusammenzufassen, wenn sie sich nach der Verkehrsanschauung als Ausübung eines einheitlichen Hauptberufs darstellen, z. B. Erledigung der Buchführung oder Aufzeichnungen von jeweils weniger als dem dritten Teil des Pensums einer Bürokraft für mehrere gemeinnützige Körperschaften. Eine Tätigkeit wird nicht nebenberuflich ausgeübt, wenn sie als Teil der Haupttätigkeit anzusehen ist. Dies ist auch bei formaler Trennung von haupt- und nebenberuflicher selbständiger oder nichtselbständiger Tätigkeit für denselben Arbeitgeber anzunehmen, wenn beide Tätigkeiten gleichartig sind und die Nebentätigkeit unter ähnlichen organisatorischen Bedingungen wie die Haupttätigkeit ausgeübt wird

[1] **Red. Anm.:** Siehe H 3.26 „Nebenberuflichkeit" LStH 2019.

oder der Steuerpflichtige mit der Nebentätigkeit eine ihm aus seinem Dienstverhältnis faktisch oder rechtlich obliegende Nebenpflicht erfüllt.

### 3. Auftraggeber/Arbeitgeber

Der Freibetrag wird nur gewährt, wenn die Tätigkeit im Dienst oder im Auftrag einer der in § 3 Nr. 26 a EStG genannten Personen erfolgt. Als juristische Personen des öffentlichen Rechts kommen beispielsweise in Betracht Bund, Länder, Gemeinden, Gemeindeverbände, Industrie- und Handelskammern, Handwerkskammern, Rechtsanwaltskammern, Steuerberaterkammern, Wirtschaftsprüferkammern, Ärztekammern, Universitäten oder die Träger der Sozialversicherung. Zu den Einrichtungen i. S. d. § 5 Abs. 1 Nr. 9 des Körperschaftsteuergesetzes (KStG) gehören Körperschaften, Personenvereinigungen, Stiftungen und Vermögensmassen, die nach der Satzung oder dem Stiftungsgeschäft und nach der tatsächlichen Geschäftsführung ausschließlich und unmittelbar gemeinnützige, mildtätige oder kirchliche Zwecke verfolgen. Nicht zu den begünstigten Einrichtungen gehören beispielsweise Berufsverbände (Arbeitgeberverband, Gewerkschaft) oder Parteien. Fehlt es an einem begünstigten Auftraggeber/Arbeitgeber, kann der Freibetrag nicht in Anspruch genommen werden.

### 4. Förderung gemeinnütziger, mildtätiger und kirchlicher Zwecke

Die Begriffe der gemeinnützigen, mildtätigen und kirchlichen Zwecke ergeben sich aus den §§ 52 bis 54 der Abgabenordnung (AO). Eine Tätigkeit dient auch dann der selbstlosen Förderung begünstigter Zwecke, wenn sie diesen Zwecken nur mittelbar zugutekommt.

Wird die Tätigkeit im Rahmen der Erfüllung der Satzungszwecke einer juristischen Person ausgeübt, die wegen Förderung gemeinnütziger, mildtätiger oder kirchlicher Zwecke steuerbegünstigt ist, ist im Allgemeinen davon auszugehen, dass die Tätigkeit ebenfalls der Förderung dieser steuerbegünstigten Zwecke dient. Dies gilt auch dann, wenn die nebenberufliche Tätigkeit in einem so genannten Zweckbetrieb i. S. d. §§ 65 bis 68 AO ausgeübt wird, z. B. als nebenberuflicher Kartenverkäufer in einem Museum, Theater oder Opernhaus nach § 68 Nr. 7 AO.

Der Förderung begünstigter Zwecke kann auch eine Tätigkeit für eine juristische Person des öffentlichen Rechts dienen, z. B. nebenberufliche Aufsichtstätigkeit in einem Schwimmbad, nebenberuflicher Kirchenvorstand. Dem steht nicht entgegen, dass die Tätigkeit in den Hoheitsbereich der juristischen Person des öffentlichen Rechts fallen kann.

### 5. Nach § 3 Nr. 12, 26 oder 26 b EStG begünstigte Tätigkeiten

Der Freibetrag nach § 3 Nr. 26 a EStG kann nicht in Anspruch genommen werden, wenn für die Einnahmen aus derselben Tätigkeit ganz oder teilweise eine Steuerbefreiung nach § 3 Nr. 12 EStG (Aufwandsentschädigungen aus öffentlichen Kassen) gewährt wird oder eine Steuerbefreiung nach § 3 Nr. 26 EStG (sog. Übungsleiterfreibetrag) gewährt wird oder gewährt werden könnte[1].

---

[1] **Anm. Amtl. LSt-Handbuch:** Erhält ein Stpfl. im Rahmen seiner ehrenamtlichen Tätigkeit als Versicherungsberater und Mitglied eines Widerspruchsausschusses Entschädigungen für Zeitaufwand gemäß § 41 Abs. 3 Satz 2 SGB IV, liegen die Voraussetzungen des § 3 Nr. 12 und 26 EStG nicht vor (s. BFH-Urteil vom 3. 7. 2018, BStBl. II S. 715).

Die Tätigkeit der Versichertenältesten fällt unter die schlichte Hoheitsverwaltung, so dass die Steuerbefreiungsvorschrift des § 3 Nr. 12 Satz 2 EStG anwendbar ist. Für eine andere Tätigkeit, die neben einer nach § 3 Nr. 12 oder 26 EStG begünstigten Tätigkeit bei einer anderen oder derselben Körperschaft ausgeübt wird, kann die Steuerbefreiung nach § 3 Nr. 26 a EStG nur dann in Anspruch genommen werden, wenn die Tätigkeit nebenberuflich ausgeübt wird (s. dazu 2.) und die Tätigkeiten voneinander trennbar sind, gesondert vergütet werden und die dazu getroffenen Vereinbarungen eindeutig sind und durchgeführt werden. Einsatz- und Bereitschaftsdienstzeiten der Rettungssanitäter und Ersthelfer sind als einheitliche Tätigkeit zu behandeln, die insgesamt nach § 3 Nr. 26 EStG begünstigt sein kann und für die deshalb auch nicht teilweise die Steuerbefreiung nach § 3 Nr. 26 a EStG gewährt wird.

Aufwandsentschädigungen nach § 1835 a BGB an ehrenamtlich tätige Betreuer (§ 1896 Abs. 1 Satz 1, § 1908 i Abs. 1 BGB), Vormünder (§ 1773 Abs. 1 Satz 1 BGB) und Pfleger (§§ 1909 ff., 1915 Abs. 1 Satz 1 BGB) fallen ab dem Veranlagungszeitraum 2011 ausschließlich unter die Steuerbefreiung nach § 3 Nr. 26 b EStG. Eine Anwendung des § 3 Nr. 26 a EStG ist ausgeschlossen (§ 3 Nr. 26 a Satz 2 EStG).

## 6. Verschiedenartige Tätigkeiten

Erzielt der Steuerpflichtige Einnahmen, die teils für eine Tätigkeit, die unter § 3 Nr. 26 a EStG fällt, und teils für eine andere Tätigkeit, die nicht unter § 3 Nr. 12, 26 oder 26 a EStG fällt, gezahlt werden, ist lediglich für den entsprechenden Anteil nach § 3 Nr. 26 a EStG der Freibetrag zu gewähren. Die Steuerfreiheit von Bezügen nach anderen Vorschriften, z. B. nach § 3 Nr. 13, 16 EStG, bleibt unberührt; wenn auf bestimmte Bezüge sowohl § 3 Nr. 26 a EStG als auch andere Steuerbefreiungsvorschriften anwendbar sind, sind die Vorschriften in der Reihenfolge anzuwenden, die für den Steuerpflichtigen am günstigsten ist.

## 7. Höchstbetrag

Der Freibetrag nach § 3 Nr. 26 a EStG ist ein Jahresbetrag. Dieser wird auch dann nur einmal gewährt, wenn mehrere begünstigte Tätigkeiten ausgeübt werden. Er ist nicht zeitanteilig aufzuteilen, wenn die begünstigte Tätigkeit lediglich wenige Monate ausgeübt wird.

Die Steuerbefreiung ist auch bei Ehegatten oder Lebenspartnern stets personenbezogen vorzunehmen. Auch bei der Zusammenveranlagung kann der Freibetrag demnach von jedem Ehegatten oder Lebenspartner bis zur Höhe der Einnahmen, höchstens 720 Euro, die er für eine eigene begünstigte Tätigkeit erhält, in Anspruch genommen werden. Eine Übertragung des nicht ausgeschöpften Teils des Freibetrags eines Ehegatten oder Lebenspartners auf höhere Einnahmen des anderen Ehegatten oder Lebenspartners aus der begünstigten nebenberuflichen Tätigkeit ist nicht zulässig.

## 8. Ehrenamtlicher Vorstand

Die Zahlung von pauschalen Vergütungen für Arbeits- oder Zeitaufwand (Tätigkeitsvergütungen) an den Vorstand ist nur dann zulässig, wenn dies durch bzw. aufgrund einer Satzungsregelung ausdrücklich zugelassen ist (vgl.

auch § 27 Abs. 3 Satz 2 BGB in der Fassung des Ehrenamtsstärkungsgesetzes). Ein Verein, der nicht ausdrücklich die Bezahlung des Vorstands regelt und der dennoch Tätigkeitsvergütungen an Mitglieder des Vorstands zahlt, verstößt gegen das Gebot der Selbstlosigkeit. Die regelmäßig in den Satzungen enthaltene Aussage: „Es darf keine Person … durch unverhältnismäßig hohe Vergütungen begünstigt werden" (vgl. Anlage 1 zu § 60 AO; dort § 4 der Mustersatzung) ist keine satzungsmäßige Zulassung von Tätigkeitsvergütungen an Vorstandsmitglieder. Eine Vergütung ist auch dann anzunehmen, wenn sie nach der Auszahlung an den Verein zurückgespendet oder durch Verzicht auf die Auszahlung eines entstandenen Vergütungsanspruchs an den Verein gespendet wird.

Der Ersatz tatsächlich entstandener Aufwendungen (z. B. Büromaterial, Telefon- und Fahrtkosten) ist auch ohne entsprechende Regelung in der Satzung zulässig. Der Einzelnachweis der Aufwendungen ist nicht erforderlich, wenn pauschale Zahlungen den tatsächlichen Aufwand offensichtlich nicht übersteigen; dies gilt nicht, wenn durch die pauschalen Zahlungen auch Arbeits- oder Zeitaufwand abgedeckt werden soll. Die Zahlungen dürfen nicht unangemessen hoch sein (§ 55 Abs. 1 Nr. 3 AO).

Falls ein gemeinnütziger Verein bis zum 31. Dezember 2010 ohne ausdrückliche Erlaubnis dafür in seiner Satzung bereits Tätigkeitsvergütungen gezahlt hat, sind daraus unter den folgenden Voraussetzungen keine für die Gemeinnützigkeit des Vereins schädlichen Folgerungen zu ziehen:

1. Die Zahlungen dürfen nicht unangemessen hoch gewesen sein (§ 55 Abs. 1 Nr. 3 AO).
2. Die Mitgliederversammlung hat bis zum 31. Dezember 2010 eine Satzungsänderung beschlossen, die Tätigkeitsvergütungen zulässt. An die Stelle einer Satzungsänderung kann ein Beschluss des Vorstands treten, künftig auf Tätigkeitsvergütungen zu verzichten.

### 9. Werbungskosten- oder Betriebsausgabenabzug

Ein Abzug von Werbungskosten bzw. Betriebsausgaben, die mit den steuerfreien Einnahmen nach § 3 Nr. 26 a EStG in einem unmittelbaren wirtschaftlichen Zusammenhang stehen, ist nur dann möglich, wenn die Einnahmen aus der Tätigkeit und gleichzeitig auch die jeweiligen Ausgaben den Freibetrag übersteigen[1]. In Arbeitnehmerfällen ist in jedem Falle der Arbeitnehmer-Pauschbetrag anzusetzen, soweit er nicht bei anderen Dienstverhältnissen verbraucht ist.

**Beispiel:**
Ein Student, der keine anderen Einnahmen aus nichtselbständiger Arbeit erzielt, arbeitet nebenberuflich im Dienst der Stadt als Tierpfleger bei deren als gemeinnützig anerkanntem Tierheim. Dafür erhält er insgesamt 1200 Euro im Jahr. Von den Einnahmen sind der Arbeitnehmer-Pauschbetrag von 1000 Euro (§ 9 a Satz 1 Nr. 1 Buchst. a EStG) und der Freibetrag

[1] **Anm. Amtl. LSt-Handbuch:** Aufwendungen für eine ehrenamtliche Tätigkeit sind auch insoweit abzugsfähig, als sie die unterhalb des maßgebenden Höchstbetrags steuerfreien Einnahmen übersteigen, wenn hinsichtlich der Tätigkeit eine Einkunftserziehungsabsicht vorliegt (siehe BFH-Urteile vom 20. 12. 2017, BStBl. 2019 II S. 469, und vom 20. 11. 2018, BStBl. 2019 II S. 422).

nach § 3 Nr. 26 a EStG bis zur Höhe der verbliebenen Einnahmen (200 Euro) abzuziehen. Die Einkünfte aus der nebenberuflichen Tätigkeit betragen 0 Euro.

## 10. Freigrenze des § 22 Nr. 3 EStG

Gehören die Einnahmen des Steuerpflichtigen aus seiner nebenberuflichen Tätigkeit zu den sonstigen Einkünften (§ 22 Nr. 3 EStG), sind diese nicht einkommensteuerpflichtig, wenn sie weniger als 256 Euro im Kalenderjahr betragen haben. Der Freibetrag nach § 3 Nr. 26 a EStG ist bei der Prüfung, ob diese Freigrenze überschritten ist, zu berücksichtigen.

**Beispiel:**

Ein nebenberuflicher ehrenamtlicher Schiedsrichter im Amateurbereich erhält insgesamt 900 Euro. Nach Abzug des Freibetrags nach § 3 Nr. 26 a EStG betragen die Einkünfte 180 Euro. Sie sind nicht einkommensteuerpflichtig, weil sie weniger als 256 Euro im Kalenderjahr betragen haben (§ 22 Nr. 3 Satz 2 EStG).

## 11. Lohnsteuerverfahren

Beim Lohnsteuerabzug ist eine zeitanteilige Aufteilung des Freibetrags nicht erforderlich. Dies gilt auch dann, wenn feststeht, dass das Dienstverhältnis nicht bis zum Ende des Kalenderjahres besteht. Der Arbeitnehmer hat dem Arbeitgeber jedoch schriftlich zu bestätigen, dass die Steuerbefreiung nach § 3 Nr. 26 a EStG nicht bereits in einem anderen Dienst- oder Auftragsverhältnis berücksichtigt worden ist oder berücksichtigt wird. Diese Erklärung ist zum Lohnkonto zu nehmen.

## 12. Rückspende

Die Rückspende einer steuerfrei ausgezahlten Aufwandsentschädigung oder Vergütung an die steuerbegünstigte Körperschaft ist grundsätzlich zulässig. Für den Spendenabzug sind die Grundsätze des *BMF-Schreibens vom 7. Juni 1999 (BStBl. I S. 591)*[1] zur Anerkennung sog. Aufwandsspenden an gemeinnützige Vereine zu beachten.

Dieses Schreiben tritt an die Stelle der Schreiben vom 25. November 2008 (BStBl. I S. 985), und vom 14. Oktober 2009 (BStBl. I S. 1318).

**Zusatz der OFD Frankfurt v. 23. 12. 2014 S 2121 A – 32 – St 213:**

(...)

Hinsichtlich der einkommensteuerlichen Behandlung von Aufwandsentschädigungen für ehrenamtliche rechtliche Betreuer nach § 1835 a BGB bitte ich ofix HE EStG/18/34[2] zu beachten. Die Befreiungsvorschrift des § 3 Nr. 26 a EStG ist demnach nicht einschlägig. Bis einschließlich Veranlagungszeitraum 2010 sind die Aufwandsentschädigungen nach § 3 Nr. 12 Satz 1 EStG steuerfrei, ab Veranlagungszeitraum 2011 nach dem durch das Jahressteuergesetz 2010 (BStBl. I S. 1394) eingefügten § 3 Nr. 26 b EStG, soweit sie zusammen mit den steuerfreien Einnahmen im Sinne von § 3 Nr. 26 EStG den Freibetrag gem. § 3 Nr. 26 Satz 1 i. H. v. 2.100 €/2.400 € nicht überschreiten.

Aus gegebenem Anlass weise ich darauf hin, dass mit der steuerfreien Ehrenamtspauschale Einnahmen einschließlich des Ersatzes für eigene Werbungskosten/Betriebsausgaben des Stpfl. steuerfrei gestellt werden.

(...)

Von den eigenen Werbungskosten/Betriebsausgaben des Stpfl. zu unterscheiden sind Aufwendungen, die der Stpfl. als Beauftragter des Vereins für diesen tätigt und die ihm vom Ver-

---

[1] Ab 1. 1. 2015 siehe BMF v. 25. 11. 2014, BStBl. I S. 1584 (Nr. **1** § 10 b/1).

[2] **Red. Anm.:** Vgl. OFD Niedersachsen v. 28. 1. 2015 S 2337 – 121 – St 213 .

ein nach § 670 BGB ersetzt werden. Dieser Auslagenersatz ist stets neben der steuerfreien Ehrenamtspauschale möglich, ohne dass insoweit eine Steuerpflicht entsteht.
Die Regelung der Tz. 9 zum Werbungskosten- bzw. Betriebsausgabenabzug ist umstritten. Die Länderfinanzverwaltungen legen die Vorschrift des § 3 c Absatz 1 EStG unterschiedlich aus, verschiedene Finanzgerichte haben zur vorliegenden Problematik gegensätzliche Entscheidungen getroffen. Ziel ist daher, ein höchstrichterliches Urteil zu erwirken. Aus diesem Grund bitte ich, die Tz. 9 konsequent umzusetzen und über anhängige Klageverfahren zeitnah zu berichten (ausschließlich per Mail an einkommensteuer@ofd.hessen.de).

# 20 § 3/6. Schreiben betr. Abmilderung der zusätzlichen Belastungen durch die Corona-Krise für Arbeitnehmer, Steuerbefreiung für Beihilfen und Unterstützungen; Neufassung des BMF-Schreibens vom 9. April 2020, BStBl. I S. 503

Vom 26. Oktober 2020

BMF IV C 5 - S 2342/20/10012 :003; DOK 2020/1086009

(BStBl. I S. 1227)

Im Einvernehmen mit den obersten Finanzbehörden der Länder wird das BMF-Schreiben vom 9. April 2020 (BStBl. I S. 503) nach Einfügung des § 3 Nr. 11 a in das Einkommensteuergesetz mit dem Corona-Steuerhilfegesetz vom 19. Juni 2020 (BGBl. I S. 1385, BStBl. I S. 550) wie folgt neu gefasst:

Arbeitgeber können ihren Arbeitnehmern in der Zeit vom 1. März bis zum *31. Dezember 2020*[1] aufgrund der Corona-Krise Beihilfen und Unterstützungen bis zu einem Betrag von 1500 Euro nach § 3 Nr. 11 a EStG steuerfrei in Form von Zuschüssen und Sachbezügen gewähren. Voraussetzung ist, dass die Beihilfen und Unterstützungen zur Abmilderung der zusätzlichen Belastungen durch die Corona-Krise und zusätzlich zum ohnehin geschuldeten Arbeitslohn geleistet werden.

Die steuerfreien Leistungen sind im Lohnkonto aufzuzeichnen.

§ 3 Nr. 11 a EStG ist gegenüber § 3 Nr. 11 EStG „lex-specialis" und hat damit Vorrang. Andere Steuerbefreiungen, Bewertungsvergünstigungen oder Pauschalbesteuerungsmöglichkeiten (wie z. B. §§ 3 Nr. 34 a, 8 Abs. 2 Satz 11, Abs. 3 Satz 2 EStG) bleiben hiervon unberührt und können neben der hier aufgeführten Steuerfreiheit nach § 3 Nr. 11 a EStG in Anspruch genommen werden.

Arbeitgeberseitig geleistete Zuschüsse zum Kurzarbeitergeld sind nach § 3 Nr. 28 a EStG in der Fassung des Corona-Steuerhilfegesetzes vom 19. Juni 2020 (BGBl. I S. 1385) unter Berücksichtigung der Beitragsbemessungsgrenze (in der Rentenversicherung – West oder Ost) begünstigt und fallen grundsätzlich nicht unter die Steuerbefreiung nach § 3 Nr. 11 a EStG. Zuschüsse, die der Arbeitgeber als Ausgleich zum Kurzarbeitergeld wegen Überschreitens der Beitragsbemessungsgrenze (in der Rentenversicherung – West oder Ost) leistet, fallen weder unter die Steuerbefreiungen des § 3 Nr. 11, Nr. 11 a EStG noch unter § 3 Nr. 2 Buchst. a EStG.

Dieses Schreiben ersetzt das BMF-Schreiben vom 9. April 2020, BStBl. I S. 503.

---

[1] **Amtl. Anm.: Red. Anm.:** Begünstigungszeitraum verlängert bis zum 30.6.2021 durch JStG v. 21.12.2020 (BGBl. I S. 3096).

# 20 § 3/7. Schreiben betr. lohnsteuerliche Behandlung der Überlassung bzw. Übertragung von Vermögensbeteiligungen ab 2021 (§ 3 Nr. 39, § 19a EStG)

Vom 16. November 2021

BMF IV C 5 - S 2347/21/10001 :006; DOK 2021/1192053

(BStBl. I S. 2308)

**Bezug:** BMF-Schreiben vom 8. Dezember 2009 (BStBl. I S. 1513); Fondsstandortgesetz vom 3. Juni 2021 (BGBl. I S. 1498, BStBl. I S. 803)

Vor dem Hintergrund insbesondere der Änderungen durch das Fondsstandortgesetz vom 3. Juni 2021 (BGBl. I S. 1498, BStBl. I S. 803) nehme ich unter Bezugnahme auf das Ergebnis der Erörterungen mit den obersten Finanzbehörden der Länder zur lohnsteuerlichen Behandlung der Überlassung bzw. Übertragung von Vermögensbeteiligungen ab 2021 wie folgt Stellung:

**Inhaltsübersicht**

## 1. Steuerfreiheit gemäß § 3 Nr. 39 EStG

### 1.1. Allgemeines (§ 3 Nr. 39 Satz 1 EStG)

#### 1.1.1. Begünstigter Personenkreis

1 Die Steuerfreiheit gemäß § 3 Nr. 39 des Einkommensteuergesetzes (EStG) gilt für unbeschränkt und beschränkt einkommensteuerpflichtige Arbeitnehmer (siehe § 1 EStG), die in einem gegenwärtigen Dienstverhältnis zum Unternehmen (siehe § 1 Abs. 1 und 2 der Lohnsteuer-Durchführungsverordnung – LStDV –) stehen. Bei dem Dienstverhältnis kann es sich sowohl um ein Hauptarbeitsverhältnis (erstes Dienstverhältnis) als auch um ein Nebenarbeitsverhältnis (weiteres Dienstverhältnis) handeln.

2 In einem gegenwärtigen Dienstverhältnis stehen auch Arbeitnehmer, deren Dienstverhältnis ruht (z.B. während des Mutterschutzes, der Elternzeit oder aufgrund einer vertraglichen Vereinbarung über eine befristete Tätigkeit im Ausland) oder die sich in der Freistellungsphase einer Altersteilzeit befinden.

3 Die Überlassung von Vermögensbeteiligungen an frühere Arbeitnehmer des Arbeitgebers ist nur steuerfrei, soweit die unentgeltliche oder verbilligte Vermögensbeteiligung bei einer Abwicklung des früheren Dienstverhältnisses als Arbeitslohn für die tatsächliche Arbeitsleistung überlassen wird. Personen, die ausschließlich Versorgungsbezüge beziehen, stehen nicht mehr in einem gegenwärtigen Dienstverhältnis.

#### 1.1.2. Begünstigte Vermögensbeteiligungen

4 Die Vermögensbeteiligungen, deren Überlassung nach § 3 Nr. 39 EStG steuerfrei ist, sind in § 3 Nr. 39 Satz 1 EStG i.V.m. § 2 Abs. 1 Nr. 1 Buchst. a, b, f bis l und Abs. 2 bis 5 5. VermBG abschließend aufgezählt. Weitere Informationen dazu finden sich im BMF-Schreiben vom 29. November 2017 (BStBl. I S. 1626)[1]. Sog. „virtuelle Beteiligungen“, also schlichte schuldrechtliche Bonusversprechen des Arbeitgebers, fallen nicht unter die Regelung für begünstige Vermögensbeteiligungen. Aktienoptionen sind keine Vermögensbeteiligungen i.S.d. Fünften Vermögensbildungsgesetzes. Jedoch kann sich z.B. nach Ausübung einer Aktienoption und dem darauffolgenden vergünstigten Bezug von Aktien ein steuerlich begünstigter Tatbestand ergeben („Vermögensbeteiligungen … verbilligt übertragen“).

5 Begünstigt sind nur Vermögensbeteiligungen „am Unternehmen des Arbeitgebers“ (§ 3 Nr. 39 Satz 1 EStG). Unternehmen, die demselben Konzern i.S.d. § 18 des Aktiengesetzes (AktG) angehören, sind dem Unternehmen des Arbeitgebers i.S.d. § 3 Nr. 39 Satz 1 EStG zuzurechnen (siehe § 3 Nr. 39 Satz 3 EStG). Der Begriff „Unternehmen des Arbeitgebers“ umfasst das gesamte Betätigungsfeld des Arbeitgebers im lohnsteuerlichen Sinn; zum Arbeitgeberbegriff in diesem Sinne siehe § 1 Abs. 2 Satz 2 LStDV, R 19.1 LStR sowie H 19.1 „Arbeitgeber“ LStH.

6 Die Steuerfreiheit umfasst nicht inländische und ausländische Investmentanteile nach § 2 Abs. 1 Nr. 1 Buchst. c 5. VermBG. Dies gilt auch dann, wenn das Sondervermögen oder der ausländische Investmentfonds Vermögenswerte des Arbeitgebers (insbesondere Aktien) beinhaltet.

7 Der Erwerb von Vermögensbeteiligungen durch eine Bruchteilsgemeinschaft (z.B. ein gemeinsames Depot der Arbeitnehmerschaft) sowie der mittelbare

[1] Nr. 25.

Erwerb durch eine vermögensverwaltende Personengesellschaft (z.B. eine GbR oder eine GmbH & Co. KG) schließt die Steuerfreiheit nicht aus. An der Personengesellschaft müssen nicht ausschließlich Arbeitnehmer beteiligt sein.

### 1.1.3. Überlassung der Vermögensbeteiligung durch einen Dritten

Der Arbeitgeber muss nicht Rechtsinhaber der zu überlassenden Vermögens- **8**
beteiligung sein, damit die Steuerfreiheit gewährt wird. Die Steuerfreiheit gilt deshalb auch für den geldwerten Vorteil, der bei Überlassung der Vermögensbeteiligung durch einen Dritten entsteht, sofern die Überlassung durch das gegenwärtige Dienstverhältnis veranlasst ist. Eine steuerfreie Überlassung von Vermögensbeteiligungen durch Dritte liegt z.B. vor, wenn der Arbeitnehmer die Vermögensbeteiligung unmittelbar erhält

1. von einem Beauftragten des Arbeitgebers (z.B. einem Kreditinstitut oder anderen Unternehmen) oder
2. von einem Unternehmen, das mit dem Unternehmen des Arbeitgebers in einem Konzern (§ 18 AktG) verbunden ist (z.B. Ausgabe von Aktien oder anderen Vermögensbeteiligungen durch eine Konzernobergesellschaft an Arbeitnehmer einer Konzernuntergesellschaft oder durch eine Konzerngesellschaft an Arbeitnehmer einer Schwestergesellschaft).

Bei der Überlassung der Vermögensbeteiligung durch einen Dritten kommt es **9**
nicht darauf an, ob der Arbeitgeber in die Überlassung eingeschaltet ist oder ob der Arbeitgeber dem Dritten den Preis der Vermögensbeteiligung oder die durch die Überlassung entstehenden Kosten ganz oder teilweise ersetzt.

### 1.1.4. Mehrfache Inanspruchnahme der Steuerfreiheit

§ 3 Nr. 39 EStG ist auf das einzelne Dienstverhältnis bezogen. Steht der **10**
Arbeitnehmer im Kalenderjahr in mehreren aufeinanderfolgenden Dienstverhältnissen oder gleichzeitig in mehreren Dienstverhältnissen, so kann die Steuerfreiheit für jedes dieser Dienstverhältnisse in Anspruch genommen werden.

### 1.1.5. Keine Steuerfreiheit von Geldleistungen

Die Steuerfreiheit gilt nur für den geldwerten Vorteil, den der Arbeitnehmer **11**
durch die unentgeltliche oder verbilligte Überlassung der Vermögensbeteiligung erhält. Deshalb sind nicht steuerfrei

- Geldleistungen des Arbeitgebers an den Arbeitnehmer zur Begründung oder zum Erwerb der Vermögensbeteiligung und
- mit dem Arbeitnehmer vereinbarte vermögenswirksame Leistungen i.S.d. Fünften Vermögensbildungsgesetzes, die zur Begründung oder zum Erwerb der Vermögensbeteiligung angelegt werden.

### 1.1.6. Nebenkosten und Depotgebühren

Kein Arbeitslohn sind die vom Arbeitgeber übernommenen Nebenkosten, die **12**
mit der Überlassung von Vermögensbeteiligungen verbundenen sind (z.B. Notariatsgebühren, Eintrittsgelder im Zusammenhang mit Geschäftsguthaben bei einer Genossenschaft oder Kosten für Registereintragungen). Ebenfalls kein Arbeitslohn sind vom Arbeitgeber übernommene Depotgebühren, die durch die Festlegung der Wertpapiere für die Dauer einer vertraglich vereinbarten Sperrfrist oder zur Minderung des administrativen Aufwands (z.B. für ein zentral verwaltetes Sammeldepot) entstehen. Auch die kostenlose Depotführung durch den Arbeitgeber führt nicht zu Arbeitslohn.

### 1.2. Einzubeziehende Arbeitnehmer (§ 3 Nr. 39 Satz 2 EStG)

13 Nach § 3 Nr. 39 Satz 2 EStG ist – unabhängig von der arbeitsrechtlichen Verpflichtung zur Gleichbehandlung – Voraussetzung für die Steuerfreiheit, dass die Vermögensbeteiligung mindestens all jenen Arbeitnehmern (§ 1 LStDV) offensteht, die bei Bekanntgabe des Angebots ein Jahr oder länger ununterbrochen in einem gegenwärtigen Dienstverhältnis zum Unternehmen des Arbeitgebers stehen. Einzubeziehen in das Beteiligungsangebot sind auch geringfügig Beschäftigte, Teilzeitkräfte, Auszubildende und weiterbeschäftigte Rentner. Arbeitnehmer, die weniger als ein Jahr in einem Dienstverhältnis zum Unternehmen des Arbeitgebers stehen, können einbezogen werden. Bei einem Konzernunternehmen müssen die Beschäftigten der übrigen Konzernunternehmen nicht einbezogen werden. Bei einem Entleiher sind Leiharbeitnehmer nicht einzubeziehen.

14 Aus Vereinfachungsgründen muss der Arbeitgeber das Beteiligungsangebot nicht an folgende Arbeitnehmer richten:

- in ein anderes Unternehmen entsandte Arbeitnehmer, deren Dienstverhältnis deshalb ruht und mit denen das aufnehmende Unternehmen einen eigenständigen Arbeitsvertrag abgeschlossen hat,
- Organe von Körperschaften,
- Mandatsträger,
- Arbeitnehmer mit einem gekündigten Dienstverhältnis und
- Arbeitnehmer, die zwischen dem Zeitpunkt des Angebots und dem Zeitpunkt der Überlassung der Vermögensbeteiligung aus sonstigen Gründen aus dem Unternehmen ausscheiden (z.B. Auslaufen des Arbeitsvertrages).

15 War ein Arbeitgeber begründet davon ausgegangen, dass ein bestimmter Arbeitnehmer oder eine bestimmte Gruppe von Arbeitnehmern nicht einbezogen werden muss, und stellt sich im Nachhinein etwas Anderes heraus, so bleibt die Steuerfreiheit des geldwerten Vorteils aus der unentgeltlichen oder verbilligten Überlassung der Vermögensbeteiligung bei den übrigen Arbeitnehmern aus Vereinfachungsgründen unberührt.

16 **Beispiel:**
Der Arbeitgeber ging davon aus, allen Arbeitnehmern ein Angebot zum verbilligten Erwerb einer Vermögensbeteiligung unterbreitet zu haben. Bei einer nicht einbezogenen Gruppe von Personen stellte sich jedoch bei einer Lohnsteuer-Außenprüfung heraus, dass es sich nicht um selbständig tätige Mitarbeiter, sondern um Arbeitnehmer handelt. Die Steuerfreiheit des geldwerten Vorteils aus der unentgeltlichen oder verbilligten Überlassung der Vermögensbeteiligung der übrigen Arbeitnehmer bleibt davon unberührt.

17 Die Konditionen, zu denen der Arbeitgeber den einzelnen Arbeitnehmern die Vermögensbeteiligungen überlässt, können differenzieren (z.B. bezüglich der Höhe einer Zuzahlung oder der Beteiligungswerte). Diese Differenzierung bedarf aus arbeitsrechtlicher Sicht eines sachlichen Grundes.

### 1.3. Bewertung der Vermögensbeteiligung (§ 3 Nr. 39 Satz 4 EStG)

18 Nach § 3 Nr. 39 Satz 4 EStG ist die Vermögensbeteiligung mit dem gemeinen Wert bei der Überlassung anzusetzen. Die Vermögensbeteiligung kann aber auch mit dem gemeinen Wert bei Abschluss des für beide Seiten verbindlichen Veräußerungsgeschäfts angesetzt werden (BFH-Urteil vom 7. Mai 2014 VI R 73/12, BStBl. II S. 904). Der Wert der Vermögensbeteiligung bestimmt sich nach dem Bewertungsgesetz (BewG) und nicht nach dem um übliche Preisnachlässe geminderten üblichen Endpreis am Abgabeort, wie er nach § 8 Abs. 2

Satz 1 EStG sonst für die nicht in Geld bestehenden Einnahmen im Regelfall maßgeblich ist. § 8 Abs. 2 Satz 11 EStG und R 8.1 Abs. 2 Satz 3 LStR sind daher nicht anzuwenden.

Für die Bewertung der Vermögensbeteiligungen, die in § 3 Nr. 39 EStG genannt sind, gilt § 3 Nr. 39 Satz 4 EStG als spezielle Bewertungsvorschrift, und zwar auch dann, wenn die Steuerfreiheit nach § 3 Nr. 39 EStG nicht greift. Der gemeine Wert wird nach § 9 Abs. 2 Satz 1 BewG im Allgemeinen durch den Preis bestimmt, der im gewöhnlichen Geschäftsverkehr nach der Beschaffenheit des Wirtschaftsgutes bei einer Veräußerung zu erzielen wäre. Für Wertpapiere und (Unternehmens-)Anteile kommt als lex specialis § 11 BewG zur Anwendung. Dieser regelt die Ermittlung des gemeinen Wertes in der folgenden Reihenfolge: **19**

- Ansatz des Börsenkurses zum Stichtag (§ 11 Abs. 1 BewG),
- Ableitung des gemeinen Wertes aus Verkäufen unter fremden Dritten, die weniger als ein Jahr zurückliegen (§ 11 Abs. 2 Satz 2 1. Alternative BewG),
- Wertermittlung unter Berücksichtigung der Ertragsaussichten (§ 11 Abs. 2 Satz 2 2. Alternative BewG) oder Wertermittlung nach einer anderen anerkannten, auch im gewöhnlichen Geschäftsverkehr für nichtsteuerliche Zwecke üblichen Methode (§ 11 Abs. 2 Satz 2 3. Alternative BewG; hierunter fallen Gutachten und Wertermittlungen, z.B. nach IDW S1, oder branchenübliche Bewertungsverfahren) oder Wertermittlung anhand des vereinfachten Ertragswertverfahrens (§ 11 Abs. 2 Satz 4 BewG i.V.m. §§ 199 ff. BewG).

Der Substanzwert als Mindestwert darf (außer bei Ansatz des Börsenkurses oder Ableitung aus Verkäufen unter fremden Dritten) nicht unterschritten werden (§ 11 Abs. 2 Satz 3 BewG).

Dieser Wertansatz ist grundsätzlich für die folgenden Vermögensbeteiligungen relevant:

- Aktien (§ 2 Abs. 1 Nr. 1 Buchst. a 5. VermBG),
- Wandelschuldverschreibungen, Gewinnschuldverschreibungen, Namensschuldverschreibungen (§ 2 Abs. 1 Nr. 1 Buchst. b 5. VermBG),
- Genussscheine (§ 2 Abs. 1 Nr. 1 Buchst. f5. VermBG),
- GmbH-Beteiligungen (§ 2 Abs. 1 Nr. 1 Buchst. h 5. VermBG).

Bei Genossenschaftsanteilen (§ 2 Abs. 1 Nr. 1 Buchst. g 5. VermBG), (typisch) stillen Beteiligungen (§ 2 Abs. 1 Nr. 1 Buchst. i 5. VermBG), Darlehensforderungen (§ 2 Abs. 1 Nr. 1 Buchst. k 5. VermBG) und Genussrechten (§ 2 Abs. 1 Nr. 1 Buchst. l 5. VermBG) entspricht der gemeine Wert hingegen regelmäßig dem Nennwert.

Veräußerungssperren mindern den Wert der Vermögensbeteiligung nicht (siehe BFH-Urteile vom 7. April 1989 VI R 47/88, BStBl. II S. 608, und vom 30. September 2008 VI R 67/05, BStBl. 2009 II S. 282). Entsprechendes gilt für sonstige Verfügungsbeschränkungen. **20**

Aus Vereinfachungsgründen kann die Ermittlung des Wertes der Vermögensbeteiligung des einzelnen Arbeitnehmers am Tag der Ausbuchung beim Überlassenden oder bei dessen Erfüllungsgehilfen erfolgen; es kann auch auf den Vortag der Ausbuchung abgestellt werden. Bei allen begünstigten Arbeitnehmern kann aber auch der durchschnittliche Wert der Vermögensbeteiligungen angesetzt werden, wenn das Zeitfenster der Überlassung nicht mehr als einen **21**

Monat beträgt. Dies gilt jeweils im Lohnsteuerabzugs- und Veranlagungsverfahren.

### 1.4. Ermittlung des steuerfreien geldwerten Vorteils

22 Der geldwerte Vorteil ergibt sich aus dem Unterschied zwischen dem Wert der Vermögensbeteiligung und dem Preis, zu dem die Vermögensbeteiligung dem Arbeitnehmer überlassen wird. Der Zeitpunkt der Beschlussfassung über die Überlassung und der Zeitpunkt des Angebots an die Arbeitnehmer sind nicht maßgeblich. Bei einer Verbilligung ist es unerheblich, ob der Arbeitgeber dem Arbeitnehmer einen prozentualen Abschlag auf den Wert der Vermögensbeteiligung oder einen Preisvorteil in Form eines Festbetrags gewährt.

23 Der bevorzugte Erwerb von Aktien zum Einstandskurs durch den Arbeitnehmer im Zusammenhang mit einem Börsengang des Unternehmens des Arbeitgebers führt zu keinem geldwerten Vorteil, wenn auch fremde dritte natürliche Personen die Möglichkeit haben, Aktien zum Einstandspreis zu erwerben.

### 1.5. Keine Pauschalbesteuerung nach § 37b EStG

24 Von der Anwendung der Pauschalbesteuerung nach § 37b EStG sind sämtliche Vermögensbeteiligungen ausgeschlossen (§ 37b Abs. 2 Satz 2 EStG). Steuerpflichtige geldwerte Vorteile aus der verbilligten oder unentgeltlichen Überlassung von Vermögensbeteiligungen (z.B. geldwerte Vorteile, die den steuerfreien Höchstbetrag nach § 3 Nr. 39 Satz 1 EStG übersteigen, sowie solche, bei denen die Steuerfreiheit des § 3 Nr. 39 EStG bereits dem Grunde nach nicht greift) sind danach grundsätzlich individuell zu besteuern.

### 1.6. Zufluss, kein negativer Arbeitslohn

25 Der Zuflusszeitpunkt richtet sich nach den allgemeinen lohnsteuerlichen Regelungen. Zeitpunkt des Zuflusses ist der Tag der Erfüllung des Anspruchs des Arbeitnehmers auf Verschaffung der wirtschaftlichen Verfügungsmacht über die Vermögensbeteiligung (BFH-Urteil vom 23. Juni 2005 VI R 10/03, BStBl. II S. 770). Bei Aktien ist dies der Zeitpunkt der Einbuchung der Aktien in das Depot des Arbeitnehmers (BFH-Urteil vom 20. November 2008 VI R 25/05, BStBl. 2009 II S. 382). Zu Vereinfachungsregelungen siehe aber Rn. 18 bis 21.

26 Ein Zufluss von Arbeitslohn liegt nicht vor, solange es dem Arbeitnehmer rechtlich unmöglich ist, über die Vermögensbeteiligung zu verfügen (BFH-Urteil vom 30. Juni 2011 VI R 37/09, BStBl. II S. 923 zu vinkulierten Namensaktien). Vertragliche Sperr- und Haltefristen hemmen den Zufluss hingegen nicht (BFH-Urteil vom 30. September 2008 VI R 67/05, BStBl. 2009 II S. 282).

27 Muss der Arbeitnehmer aufgrund seiner mit dem Arbeitgeber getroffenen Vereinbarung einen höheren Kaufpreis als z.B. den Kurswert der Vermögensbeteiligung zahlen, so führt dies nicht zu negativem Arbeitslohn. Entsprechendes gilt für Kursrückgänge nach dem Zuflusszeitpunkt.

### 1.7. Erstmalige Anwendung des § 3 Nr. 39 EStG in der Fassung des Fondsstandortgesetzes

28 Die Anhebung des steuerfreien Höchstbetrags für Vorteile aus der Überlassung von Vermögensbeteiligungen (§ 3 Nr. 39 EStG) von 360 Euro auf 1440 Euro ist am 1. Juli 2021 in Kraft getreten.

29 Der steuerfreie Höchstbetrag nach § 3 Nr. 39 EStG ist ein Jahresfreibetrag, der für den gesamten Veranlagungszeitraum 2021 anzuwenden ist. Hat der Arbeit-

geber dem Arbeitnehmer in der Zeit zwischen dem 1. Januar 2021 und dem 30. Juni 2021 Vermögensbeteiligungen i.S.d. § 3 Nr. 39 EStG verbilligt oder unentgeltlich überlassen, bei denen der geldwerte Vorteil den bisherigen Höchstbetrag von 360 Euro übersteigt, so greift § 41c Abs. 1 Satz 1 Nr. 2 EStG. Der Arbeitgeber kann den Lohnsteuerabzug bis zur Übermittlung oder Ausschreibung der Lohnsteuerbescheinigung ändern (§ 41c Abs. 3 EStG); er ist dazu verpflichtet, wenn ihm dies – was die Regel ist – wirtschaftlich zumutbar ist (§ 41c Abs. 1 Satz 2 EStG). Ändert der Arbeitgeber den Lohnsteuerabzug nicht, kann der Arbeitnehmer beim Betriebsstättenfinanzamt bis zur Übermittlung oder Ausschreibung der Lohnsteuerbescheinigung eine Änderung der Lohnsteuer-Anmeldung und somit eine Erstattung der Lohnsteuer beantragen (§ 41c Abs. 3 EStG, R 41c.1 Abs. 5 Satz 3 LStR) oder den höheren steuerfreien Höchstbetrag bei der Veranlagung zur Einkommensteuer geltend machen.

## 2. Aufgeschobene Besteuerung geldwerter Vorteile aus Vermögensbeteiligungen (§ 19a EStG)

### 2.1. Allgemeines

Die Besteuerung des geldwerten Vorteils aus Vermögensbeteiligungen bei **30**
Kleinstunternehmen sowie der kleinen und mittleren Unternehmen – KMU – (siehe Rn. 42) erfolgt nach § 19a Abs. 4 Satz 1 EStG erst zu einem späteren Zeitpunkt, i.d.R. bei Veräußerung oder unentgeltlicher Übertragung, spätestens jedoch nach zwölf Jahren oder bei der Beendigung des Dienstverhältnisses. Durch die Regelung wird vermieden, dass bereits zum Zeitpunkt der Übertragung einer Vermögensbeteiligung auf den Arbeitnehmer ein Vorteil (Sachbezug) zu versteuern ist, ohne dass dem Arbeitnehmer liquide Mittel zugeflossen sind.

Mit der Neuregelung in § 19a EStG wird kein Systemwechsel in Bezug auf die **31**
Einkunftsart vorgenommen. Es gelten insoweit die allgemeinen Grundsätze. Mit der Übertragung einer Vermögensbeteiligung auf den Arbeitnehmer geht diese – wie bisher – in dessen Privatvermögen über. Die Besteuerung von Ausschüttungen, Zinsen etc. sowie von Veräußerungsgewinnen bzw. -verlusten richtet sich nach § 20 EStG bzw. nach § 17 EStG.

#### 2.1.1. Begünstigter Personenkreis (§ 19a Abs. 1 Satz 1 EStG)

Die Rn. 1, 2 und 3 Satz 2 gelten entsprechend. **32**

#### 2.1.2. Begünstigte Vermögensbeteiligungen (§ 19a Abs. 1 Satz 1 und 2 EStG)

Die Rn. 4 bis 7 gelten grundsätzlich entsprechend. **33**

Eine sog. Konzernregelung enthält § 19a EStG – anders als § 3 Nr. 39 EStG **34**
(dort Satz 3) – nicht (siehe Rn. 5 Satz 2). Vermögenbeteiligungen an anderen Unternehmen desselben Konzerns i.S.d. § 18 AktG gelten damit nicht als Vermögensbeteiligungen an dem Unternehmen des Arbeitgebers (§ 19a Abs. 1 Satz 1 EStG). § 19a EStG ist daher auf entsprechende Vermögensbeteiligungen nicht anwendbar.

Vermögensbeteiligungen müssen zusätzlich zum ohnehin geschuldeten Arbeits- **35**
lohn gewährt werden. Die Übertragung im Zusammenhang mit Gehaltsumwandlungen und anderen in § 8 Abs. 4 EStG genannten Sachverhalten ist deshalb nicht begünstigt.

**2.1.3. Berücksichtigung des Freibetrags nach § 3 Nr. 39 EStG (§ 19a Abs. 1 Satz 3 EStG)**

**36** Bei der Ermittlung des Vorteils i.S.d. § 19a Abs. 1 Satz 1 EStG ist der Freibetrag nach § 3 Nr. 39 EStG abzuziehen, wenn die Voraussetzungen vorliegen. Die Rn. 1 bis 27 sind zu beachten.

**2.1.4. Vorsorgepauschale (§ 19a Abs. 1 Satz 4 und Abs. 4 Satz 3 EStG)**

**37** Steuerfreie bzw. nicht zu besteuernde Vorteile werden bei der Berechnung der Vorsorgepauschale (§ 39b Abs. 2 Satz 5 Nr. 3 EStG) grundsätzlich nicht berücksichtigt. Siehe u.a. Tz. 2 des BMF-Schreibens vom 26. November 2013 (BStBl. I S. 1532)[1].

**38** Nicht besteuerte Arbeitsentgelte aus der Übertragung einer Vermögensbeteiligung i.S.d. § 19a Abs. 1 Satz 1 EStG unterliegen der Sozialversicherungspflicht (siehe § 1 Abs. 1 Satz 1 Nr. 1 zweiter Halbsatz der Sozialversicherungsentgeltverordnung i.d.F. des Fondsstandortgesetzes). Nach § 19a Abs. 1 Satz 4 EStG sind diese nicht besteuerten Arbeitsentgelte daher bei der Berechnung der Vorsorgepauschale einzubeziehen.

**39** Bei der Besteuerung in einem späteren Zeitpunkt (Rn. 30) fallen dann keine Sozialversicherungsbeiträge mehr an. Der dann zu besteuernde Vorteil ist daher nicht bei der Berechnung der Vorsorgepauschale einzubeziehen (siehe § 19a Abs. 4 Satz 3 EStG).

**2.1.5. Bewertung der Vermögensbeteiligung (§ 19a Abs. 1 Satz 5 EStG)**

**40** Die Rn. 18 bis 21 gelten entsprechend.

**2.1.6. Zustimmungserfordernis des Arbeitnehmers (§ 19a Abs. 2 EStG)**

**41** Die vorläufige Nichtbesteuerung nach § 19a Abs. 1 EStG mit Zustimmung des Arbeitnehmers (§ 19a Abs. 2 EStG) ist bis zum Abschluss des Lohnsteuerabzugsverfahrens und damit bis zur Übermittlung oder Ausschreibung der Lohnsteuerbescheinigung zulässig (siehe § 41c Abs. 3 Satz 1 EStG). Eine Nachholung der vorläufigen Nichtbesteuerung im Rahmen der Veranlagung zur Einkommensteuer ist ausgeschlossen (§ 19a Abs. 2 Satz 2 EStG).

**2.2. Fördervoraussetzungen (§ 19a Abs. 3 EStG)**

**42** Die vorläufige Nichtbesteuerung nach § 19a Abs. 1 EStG ist nur dann anzuwenden, wenn das Unternehmen des Arbeitgebers bei der Übertragung der Vermögensbeteiligung auf den Arbeitnehmer (maßgeblich ist der Zeitpunkt der wirtschaftlichen Verfügungsmacht des Arbeitnehmers über die Vermögensbeteiligung, siehe Rn. 25) die Schwellenwerte, die in Art. 2 Abs. 1 des Anhangs der Empfehlung der Kommission vom 6. Mai 2003 betreffend die Definition der Kleinstunternehmen sowie der kleinen und mittleren Unternehmen – KMU – (ABl. L 124 vom 20.5.2003, S. 36) genannt werden, nicht überschreitet oder im vorangegangenen Kalenderjahr nicht überschritten hat, und die Gründung des Unternehmens nicht mehr als zwölf Jahre vor dem Zeitpunkt der Übertragung liegt. Zur Bestimmung der KMU-Schwellenwerte im Rahmen der Anwendung von § 19a EStG sind ergänzend die Art. 3 ff. des Anhangs der Empfehlung der Kommission vom 6. Mai 2003 zu berücksichtigen. Mithin berechnet sich die Mitarbeiterzahl nach der Zahl der Jahresarbeitseinheiten; bei den Schwellenwerten sind Partnerunternehmen und verbundene

[1] Nr. **20** § 39b/1.

Unternehmen zu berücksichtigen. Gemäß § 19a Abs. 3 EStG haben die Voraussetzungen für ein KMU im Übertragungszeitpunkt vorzuliegen. Hinsichtlich der Mitarbeiterzahl und der Schwellenwerte ist dabei gemäß Art. 4 Abs. 1 des Anhangs der Empfehlung der Kommission vom 6. Mai 2003 auf den Stichtag des letzten Rechnungsabschlusses abzustellen; der Status eines KMU geht (auch für Zwecke des § 19a EStG) erst verloren bzw. wird erworben, wenn es in zwei aufeinander folgenden Geschäftsjahren zu einer Über- oder Unterschreitung kommt. Hinsichtlich der KMU-Definition gelten entsprechend Art. 2 Abs. 1 des Anhangs der Empfehlung der Kommission vom 6. Mai 2003 derzeit folgende Schwellenwerte:

– weniger als 250 Mitarbeiter und
– Jahresumsatz höchstens 50 Mio. Euro oder Jahresbilanzsumme höchstens 43 Mio. Euro.

### 2.3. Nachgeholte Besteuerung (§ 19a Abs. 4 EStG)

#### 2.3.1. Allgemeines (§ 19a Abs. 4 Satz 1 EStG)

Vorteile, die im Kalenderjahr der Übertragung der Vermögensbeteiligung nicht besteuert wurden, werden erst in einem späteren Zeitpunkt aufgeschoben besteuert. § 19a Abs. 4 Satz 1 EStG regelt abschließend den Besteuerungszeitpunkt (siehe Rn. 30). Tritt einer der dort genannten Fälle ein, so unterliegen bisher nicht besteuerte Vorteile zu diesem Zeitpunkt der Besteuerung und dem Lohnsteuerabzug. Sind seit der Übertragung der Vermögensbeteiligung mindestens drei Jahre vergangen, sind die zu besteuernden Vorteile nach der sog. Fünftelungsregelung ermäßigt zu besteuern (§ 19a Abs. 4 Satz 2 i.V.m. § 34 Abs. 1 und § 39b Abs. 3 Satz 9 und 10 EStG). Die weiteren Voraussetzungen für die Tarifermäßigung (z.B. das Vorliegen einer Zusammenballung) sind nicht zu prüfen und als erfüllt anzusehen. 43

Aus der Beendigung der unbeschränkten Steuerpflicht oder einer Verlagerung der Ansässigkeit im Sinne eines Abkommens zur Vermeidung der Doppelbesteuerung ins Ausland folgt keine Besteuerung, soweit nicht zeitgleich einer der in § 19a Abs. 4 Satz 1 EStG genannten Tatbestände eintritt. Ebenso führt eine fiktive Veräußerung im Rahmen der Wegzugsbesteuerung nach § 6 des Außensteuergesetzes oder nach § 17 Abs. 5 EStG für sich allein nicht zu einer Besteuerung nach § 19a Abs. 4 EStG. 44

Werden Teile der Vermögensbeteiligungen veräußert oder unentgeltlich übertragen, so unterliegt der Besteuerung nur der Vorteil, der damit im Zusammenhang steht und bisher nicht besteuert worden ist. Vorbehaltlich eines anderen Nachweises wird davon ausgegangen, dass die zuerst übertragenen Vermögensbeteiligungen zuerst veräußert werden. 45

**Beispiel:** 46

Im März 2022 und März 2023 überlässt der Arbeitgeber seinem Arbeitnehmer unentgeltlich jeweils 100 Aktien. Für das Jahr 2022 beträgt der nicht besteuerte Vorteil 2000 Euro, für das Jahr 2023 2500 Euro. Der Arbeitnehmer stimmt der Besteuerung in einem späteren Zeitpunkt nach § 19a EStG zu. Im August 2026 veräußert der Arbeitnehmer 150 Aktien.

**Lösung:**

Durch die Veräußerung der 150 Aktien ist der Besteuerungstatbestand des § 19a Abs. 4 Satz 1 Nr. 1 EStG erfüllt. Im August 2026 unterliegen folgende Vorteile unter Anwendung der sog. Fünftelungsregelung als sonstiger Bezug dem Lohnsteuerabzug:

| | | |
|---|---|---|
| für 2022: | 100/100 Aktien × 2000 Euro | = 2000 Euro |
| für 2023: | 50/100 Aktien × 2500 Euro | = 1250 Euro |
| zusammen | | = 3250 Euro. |

Im März 2035 (zwölf Jahre nach Übertragung im Jahr 2023) unterliegen die Vorteile i.H.d. Restbetrags von 1250 Euro (2000 Euro nicht besteuert im März 2022 zuzüglich 2500 Euro nicht besteuert im März 2023 abzüglich der im August 2026 besteuerten Vorteile von 3250 Euro) unter Anwendung der sog. Fünftelungsregelung als sonstiger Bezug dem Lohnsteuerabzug. Daneben tritt die Besteuerung nach § 20 bzw. § 17 EStG. Zum Fall der Wertminderung siehe Rn. 49 ff.

### 2.3.2. Beendigung des Dienstverhältnisses (§ 19a Abs. 4 Satz 1 Nr. 3 EStG)

47 Ein durch den Betriebsübergang nach § 613a des Bürgerlichen Gesetzbuches bedingter Arbeitgeberwechsel führt zu keiner Beendigung, sondern zur Fortsetzung des bisherigen Dienstverhältnisses (BFH-Urteil vom 16. Juli 1997 XI R 85/96, BStBl. II S. 666).

48 Übernimmt der bisherige Arbeitgeber bei Beendigung des Dienstverhältnisses die Lohnsteuer, so ist der übernommene Abzugsbetrag nicht Teil des zu besteuernden Arbeitslohns (§ 19a Abs. 4 Satz 1 Nr. 3 Satz 2 EStG). Damit wird der Vorteil des Arbeitnehmers aus der Steuerübernahme steuerfrei gestellt. Die Lohnsteuer ist bei der Übernahme durch den Arbeitgeber nicht höher, als in dem Fall, in dem der Arbeitnehmer die Lohnsteuer trägt. Die Regelung gilt für die Annexsteuern (ggf. Solidaritätszuschlag und Kirchensteuer) entsprechend.

### 2.3.3. Wertminderungen der Vermögensbeteiligung (§ 19a Abs. 4 Satz 4 bis 6 EStG)

49 Ist in den in § 19a Abs. 4 Satz 1 EStG genannten Fällen der gemeine Wert der Vermögensbeteiligung abzüglich geleisteter Zuzahlungen des Arbeitnehmers niedriger als der nach § 19a Abs. 1 EStG nicht besteuerte Vorteil, so unterliegt nur der zu diesem Zeitpunkt anzusetzende gemeine Wert der Vermögensbeteiligung abzüglich geleisteter Zuzahlungen der Besteuerung (§ 19a Abs. 4 Satz 4 EStG). In diesen Fällen gilt neben den geleisteten Zuzahlungen nur der tatsächlich besteuerte Vorteil als Anschaffungskosten i.S.d. §§ 17 und 20 EStG (§ 19a Abs. 4 Satz 5 EStG).

50 Rn. 49 gilt nicht, soweit die Wertminderung der Vermögensbeteiligung nicht betrieblich veranlasst ist oder auf einer gesellschaftsrechtlichen Maßnahme, insbesondere einer Ausschüttung oder Einlagenrückgewähr, beruht (§ 19a Abs. 4 Satz 5 EStG). In diesen Fällen ist insoweit der nicht besteuerte Vorteil weiterhin Bemessungsgrundlage für die Besteuerung.

51 **Beispiele:**

| | A | B | C | D | E | F |
|---|---|---|---|---|---|---|
| gemeiner Wert bei Überlassung | 10 000 | 10 000 | 10 000 | 10 000 | 10 000 | 10 000 |
| Zuzahlung des Arbeitnehmers | 0 | 0 | 0 | 1500 | 1500 | 1500 |
| steuerfrei nach § 3 Nr. 39 EStG | 1440 | 1440 | 1440 | 1440 | 1440 | 1440 |
| nicht besteuerter Vorteil | 8560 | 8560 | 8560 | 7060 | 7060 | 7060 |
| Anschaffungskosten §§ 17, 20 EStG | 10 000 | 10 000 | 10 000 | 10 000 | 10 000 | 10 000 |
| Verkauf für … bzw. gem. Wert nach Ablauf von zwölf Jahren/bei Beendigung des Dienstverhältnisses von … | 12 000 | 9000 | 7000 | 9000 | 7000 | Totalverlust |
| nachgeholt zu besteuern | 8560 | 8560 | 7000 | 7060 | 5500 | 0 |

| | A | B | C | D | E | F |
|---|---|---|---|---|---|---|
| | (weil 12 000 ≥ 8560) | (weil 9000 ≥ 8560) | (weil 7000 < 8560) | (weil [9000 – 1500] ≥ 7060) | (weil [7000 – 1500] < 7060) | (weil [0 – 1500] < 0) |
| geänderte Anschaffungskosten | nein | nein | 7000 | nein | 7000 (1500 + 5500) | 1500 (1500 + 0) |
| zu besteuern nach §§ 17, 20 EStG | 2000 (12 000 – 10 000) | – 1000 (9000 – 10 000) | 0 (7000 – 7000) | –1000 (9000 – 10 000) | 0 (7000 – 7000) | –1500 (0 – 1500) |

## 2.4. Bestätigung der Höhe des nicht besteuerten Vorteils durch das Betriebsstättenfinanzamt (§ 19a Abs. 5 EStG)

Das Betriebsstättenfinanzamt hat nach der Übertragung einer Vermögensbeteiligung an einen Arbeitnehmer im Rahmen einer gebührenfreien Anrufungsauskunft (§ 42e EStG) den vom Arbeitgeber nicht besteuerten Vorteil zu bestätigen. Eine Bestätigung wird nur erteilt, wenn der vom Arbeitgeber gewählte Wertansatz den geltenden Bestimmungen entspricht. Zu möglichen Wertansätzen einer geplanten Überlassung wird keine Auskunft erteilt. Die Bestätigung der Höhe des nicht besteuerten Vorteils setzt voraus, dass – in der Regel durch den Arbeitgeber – sowohl der ermittelte Wert als auch Unterlagen zur Wertermittlung dem Betriebsstättenfinanzamt vorgelegt werden. Aufgabe des Betriebsstättenfinanzamts ist die Überprüfung, nicht jedoch die Ermittlung des zu bestätigenden Wertes. 52

Anspruch auf eine Anrufungsauskunft haben der Arbeitgeber und der Arbeitnehmer als Beteiligte, ggf. auch ein die Pflichten des Arbeitgebers erfüllender Dritter. 53

Dem Arbeitnehmer steht es im Jahr der nachzuholenden Besteuerung frei, im Veranlagungsverfahren oder im Einspruchsverfahren gegen den Einkommensteuerbescheid einen niedrigeren Wert des Vorteils nachzuweisen. Denn die Anrufungsauskunft entfaltet eine Bindungswirkung nur im Lohnsteuerabzugsverfahren, nicht jedoch im Veranlagungsverfahren. Zudem kann ein ggf. niedrigerer Wert auch bereits im Lohnsteuerabzugsverfahren im Besteuerungszeitpunkt anstelle des in der Anrufungsauskunft bestätigten Wertes angesetzt werden. Mangels fehlender Bindungswirkung im Veranlagungsverfahren kann es hier auch zu einem höheren Wertansatz kommen, sofern der Wert für den Nichtbesteuerungszeitpunkt materiell-rechtlich unzutreffend ermittelt wurde. Ein höherer Wertansatz im Veranlagungsverfahren aufgrund eines zwischen Nichtbesteuerungs- und Besteuerungszeitpunkts gestiegenen gemeinen Werts hingegen ist – anders als der Ansatz eines niedrigeren Werts gem. § 19a Abs. 4 Satz 4 EStG – nicht zulässig. 54

Unabhängig von der Anrufungsauskunft nach § 19a Abs. 5 EStG kann eine Anrufungsauskunft zu steuerrechtlichen Einschätzungen im Zusammenhang mit der Überlassung von Vermögensbeteiligungen gestellt werden (z.B. zu den einzubeziehenden Arbeitnehmern nach § 3 Nr. 39 EStG, zur nachzuholenden Besteuerung nach § 19a Abs. 4 EStG). 55

## 2.5. Aufzeichnungen im Lohnkonto (§ 19a Abs. 6 EStG)

Der nicht besteuerte Vorteil aus der unentgeltlichen oder verbilligten Übertragung der Vermögensbeteiligung und die übrigen Angaben der aufgeschobe- 56 nen Besteuerung sind vom Arbeitgeber im Lohnkonto aufzuzeichnen. Die im Lohnsteuerabzugsverfahren maßgebliche sechsjährige Aufbewahrungsfrist verlängert sich; sie endet hier nicht vor Ablauf von sechs Jahren nach der nachgeholten Besteuerung.

### 2.6. Erstmalige Anwendung der Neuregelungen

57 Die Neuregelungen des § 19a EStG sind erstmals anzuwenden auf Vermögensbeteiligungen, die nach dem 30. Juni 2021 übertragen werden (§ 52 Abs. 27 EStG).

## 3. Mitarbeiterbeteiligungsprogramm nach französischem Recht (FCPE)

58 Nach ständiger Rechtsprechung des BFH (siehe u.a. BFH-Urteil vom 23. Juni 2005 VI R 124/99, BStBl. II S. 766, zu den Wandelschuldverschreibungen) führt das Innehaben von Ansprüchen oder Rechten des Arbeitnehmers gegenüber dem Arbeitgeber im Regelfall noch nicht zum Lohnzufluss. Der Zufluss ist grundsätzlich erst mit der Erfüllung des Anspruchs (der Gewinnchance) gegeben. Ein Vorteil ist dem Arbeitnehmer erst dann zugeflossen, wenn die geschuldete Leistung tatsächlich erbracht worden ist, er also wirtschaftlich verfügt oder zumindest verfügen kann.

59 Unter Berücksichtigung dieser Grundsätze erfolgt bei Mitarbeiterbeteiligungsprogrammen mittels Einschaltung eines Fonds Commun de Placement d'Entreprise (FCPE) nach französischem Recht und in gleich gelagerten Fällen eine Besteuerung des geldwerten Vorteils erst bei der Auflösung des Programms und der Überweisung eines Geldbetrags an den Arbeitnehmer bzw. der Zuwendung anderer Vorteile (z.B. Tausch in Aktien). Dies gilt unabhängig von der Ausgestaltung im Einzelfall. Bis zur Auflösung des Programms fließen dem Arbeitnehmer auch keine Kapitaleinkünfte (Dividenden, Zinsen etc.) zu.

## 4. Anwendungsregelung

60 Dieses BMF-Schreiben ist vorbehaltlich Rn. 57 ab dem 1. Januar 2021 anzuwenden. Es ersetzt das BMF-Schreiben vom 8. Dezember 2009 (BStBl. I S. 1513), das bis zum 31. Dezember 2020 weiterhin anzuwenden ist.

# 20 § 3/8. Schreiben betr. steuerliche Förderung der betrieblichen Altersversorgung

Vom 12. August 2021

BMF IV C 5 - S 2333/19/10008 :017; DOK 2021/0770982

(BStBl. I S. 1050)

**Bezug:** BMF-Schreiben vom 6. Dezember 2017 (BStBl. 2018 I S. 147)

Geändert durch BMF v. 18.3.2022 (BStBl. I S. 333)

Vor dem Hintergrund insbesondere der Änderungen durch das Gesetz zur Vermeidung von Umsatzsteuerausfällen beim Handel mit Waren im Internet und zur Änderung weiterer steuerlicher Vorschriften vom 11. Dezember 2018 (BGBl. I S. 2338, BStBl. I S. 1377) sowie das Grundrentengesetz vom 12. August 2020 (BGBl. I S. 1879, BStBl. 2021 I S. 4) nehme ich unter Bezugnahme auf das Ergebnis der Erörterungen mit den obersten Finanzbehörden der Länder zur steuerlichen Förderung der betrieblichen Altersversorgung wie folgt Stellung:[1)]

## I. Allgemeines

Betriebliche Altersversorgung liegt vor, wenn dem Arbeitnehmer aus Anlass seines Arbeitsverhältnisses vom Arbeitgeber Leistungen oder Beiträge zur Absicherung mindestens eines biometrischen Risikos (Alter, Tod, Invalidität) zugesagt werden und Ansprüche auf diese Leistungen erst mit dem Eintritt des biologischen Ereignisses fällig werden (§ 1 des Betriebsrentengesetzes – BetrAVG –). Die Zusage des Arbeitgebers muss somit einem im Betriebsrentengesetz geregelten Versorgungszweck dienen, die Leistungspflicht nach dem Inhalt der Zusage durch ein im Gesetz genanntes biologisches Ereignis ausgelöst werden und durch die vorgesehene Leistung ein im Gesetz angesprochenes biometrisches Risiko teilweise übernommen werden (BAG-Urteil vom 16. März 2010 3 AZR 594/09, Rn. 23 ff.). Werden mehrere biometrische Risiken abgesichert, ist aus steuerrechtlicher Sicht die gesamte Vereinbarung/Zusage nur dann als betriebliche Altersversorgung anzuerkennen, wenn für alle Risiken die Vorgaben der Rn. 1 bis 7 beachtet werden. Keine betriebliche Altersversorgung in diesem Sinne liegt vor, wenn vereinbart ist, dass ohne Eintritt eines biometrischen Risikos die Auszahlung an beliebige Dritte (z.B. die Erben) erfolgt. Dies gilt für alle Auszahlungsformen (z.B. lebenslange Rente, Auszahlungsplan mit Restkapitalverrentung, Einmalkapitalauszahlung und ratenweise Auszahlung). Als Durchführungswege der betrieblichen Altersversorgung kommen die Direktzusage (§ 1 Abs. 1 Satz 2 BetrAVG), die Unterstützungskasse (§ 1b Abs. 4 BetrAVG), die Direktversicherung (§ 1b Abs. 2 BetrAVG), die Pensionskasse (§ 1b Abs. 3 BetrAVG, § 232 des Versicherungsaufsichtsgesetzes – VAG) oder der Pensionsfonds (§ 1b Abs. 3 BetrAVG, § 236 VAG) in Betracht. 1

Nicht um betriebliche Altersversorgung handelt es sich, wenn der Arbeitgeber oder eine Versorgungseinrichtung dem nicht bei ihm beschäftigten Ehegatten 2

[1)] **Amtl. Anm.:** Die Änderungen gegenüber dem BMF-Schreiben vom 6. Dezember 2017 (BStBl. 2018 I S. 147) sind durch Fettdruck hervorgehoben. (**Red. Anm.:** Hier nicht wiedergegeben.)

eines Arbeitnehmers eigene Versorgungsleistungen zur Absicherung seiner biometrischen Risiken (Alter, Tod, Invalidität) verspricht, da hier keine Versorgungszusage aus Anlass eines Arbeitsverhältnisses zwischen dem Arbeitgeber und dem Ehegatten vorliegt (§ 1 BetrAVG). Dies gilt entsprechend für Lebenspartner nach dem Lebenspartnerschaftsgesetz sowie für nichteheliche Lebensgefährtinnen und Lebensgefährten.

**3**[1] Das biologische Ereignis ist bei der Altersversorgung das altersbedingte Ausscheiden aus dem Erwerbsleben, bei der Hinterbliebenenversorgung der Tod des Arbeitnehmers und bei der Invaliditätsversorgung der Invaliditätseintritt, ohne dass es auf den Invaliditätsgrad ankommt. Als Untergrenze für betriebliche Altersversorgungsleistungen bei altersbedingtem Ausscheiden aus dem Erwerbsleben gilt im Regelfall das 60. Lebensjahr. In Ausnahmefällen können betriebliche Altersversorgungsleistungen auch schon vor dem 60. Lebensjahr gewährt werden, so z.B. bei Berufsgruppen wie Piloten, bei denen schon vor dem 60. Lebensjahr Versorgungsleistungen üblich sind. Ob solche Ausnahmefälle (berufsspezifische Besonderheiten) vorliegen, ergibt sich aus Gesetz, Tarifvertrag oder Betriebsvereinbarung. Erreicht der Arbeitnehmer im Zeitpunkt der Auszahlung das 60. Lebensjahr, hat aber seine berufliche Tätigkeit noch nicht beendet, so ist dies unschädlich. Zur bilanzsteuerrechtlichen Berücksichtigung von Versorgungsleistungen, die ohne die Voraussetzung des Ausscheidens aus dem Dienstverhältnis gewährt werden, siehe BMF-Schreiben vom 18. September 2017 (BStBl. I S. 1293)[2]. Für Versorgungszusagen, die nach dem 31. Dezember 2011 erteilt werden, tritt an die Stelle des 60. Lebensjahres regelmäßig das 62. Lebensjahr (siehe auch BT-Drucksache 16/3794 vom 12. Dezember 2006, S. 31, unter „IV. Zusätzliche Altersvorsorge“ zum RV-Altersgrenzenanpassungsgesetz vom 20. April 2007, BGBl. I S. 554). Bei der für die steuerrechtliche Beurteilung maßgeblichen Frage, zu welchem Zeitpunkt eine Versorgungszusage erteilt wurde, ist grundsätzlich die zu einem Rechtsanspruch führende arbeitsrechtliche bzw. betriebsrentenrechtliche Verpflichtungserklärung des Arbeitgebers maßgebend (z.B. Einzelvertrag, Betriebsvereinbarung oder Tarifvertrag). Entscheidend ist danach nicht, wann Mittel an die Versorgungseinrichtung fließen. Bei kollektiven, rein arbeitgeberfinanzierten Versorgungsregelungen ist die Zusage daher in der Regel mit Abschluss der Versorgungsregelung bzw. mit Beginn des Dienstverhältnisses des Arbeitnehmers erteilt. Ist die erste Dotierung durch den Arbeitgeber erst nach Ablauf einer von vornherein arbeitsrechtlich festgelegten Wartezeit vorgesehen, so wird der Zusagezeitpunkt dadurch nicht verändert. Im Fall der ganz oder teilweise durch Entgeltumwandlung finanzierten Zusage gilt diese regelmäßig mit Abschluss der erstmaligen Gehaltsänderungsvereinbarung (vgl. auch Rn. 9 ff.) als erteilt. Liegen zwischen der Gehaltsänderungsvereinbarung und der erstmaligen Herabsetzung des Arbeitslohns mehr als 12 Monate, gilt die Versorgungszusage erst im Zeitpunkt der erstmaligen Herabsetzung als erteilt.

**3a** Bei Eintritt einer Erwerbsminderung, Erwerbsunfähigkeit oder Berufsunfähigkeit wird das biometrische Risiko der Invalidität grundsätzlich erfüllt; die Versicherung dieser Risiken erfüllt die Voraussetzungen des Betriebsrentengesetzes. Dies gilt auch dann, wenn der Leistungsfall nicht zusätzlich daran geknüpft ist, dass der Arbeitnehmer tatsächlich durch den Eintritt des Invaliditätsgrades in

---

[1] Rdnr. 3 neu gef. durch BMF v. 18.3.2022, BStBl. I S. 333.
[2] Nr. **1** § 6a/7.

seiner Berufsausübung beeinträchtigt ist. Eine solche Einschränkung lässt sich § 1 Abs. 1 Satz 1 BetrAVG nicht entnehmen. Es steht dem Arbeitgeber aber frei, in seiner Versorgungszusage und entsprechend in den versicherungsvertraglichen Vereinbarungen den Leistungsfall in diesem Sinne einzuschränken.

Eine Grundfähigkeitenversicherung dient ebenfalls der Absicherung des biometrischen Risikos „Invalidität", da der Verlust einer Grundfähigkeit zum Eintritt eines Invaliditätsgrades führt. Auch eine Grundfähigkeitenversicherung erfüllt daher die Voraussetzungen des Betriebsrentengesetzes. **3b**

Demgegenüber stellt die Versicherung des Risikos einer Arbeitsunfähigkeit, auch wenn es sich um eine längerfristige handelt, keine Absicherung des biometrischen Risikos „Invalidität" dar und dient folglich nicht einer betrieblichen Altersversorgung. **3c**

Ist in den Durchführungswegen Direktversicherung, Pensionskasse und Pensionsfonds eine Beitragsfreistellung für bestimmte Zeiten – wie etwa Zeiten der Arbeitsunfähigkeit und Zeiten, in der ein Arbeitnehmer Krankengeld erhält – vereinbart, ist dies betriebsrentenrechtlich unbedenklich und steht der steuerlichen Anerkennung als betriebliche Altersversorgung somit nicht entgegen. **3d**

Eine Hinterbliebenenversorgung im steuerlichen Sinne darf nur Leistungen an die Witwe/den Witwer der Arbeitnehmerin/des Arbeitnehmers, die Kinder i.S.d. § 32 Abs. 3, 4 Satz 1 Nr. 1 bis 3 und Abs. 5 EStG, den früheren Ehegatten oder die Lebensgefährtin/den Lebensgefährten vorsehen. Der Arbeitgeber hat bei Erteilung oder Änderung der Versorgungszusage zu prüfen, ob die Versorgungsvereinbarung insoweit generell diese Voraussetzungen erfüllt; ob im Einzelfall Hinterbliebene in diesem Sinne vorhanden sind, ist letztlich vom Arbeitgeber/Versorgungsträger erst im Zeitpunkt der Auszahlung der Hinterbliebenenleistung zu prüfen. Als Kind kann auch ein im Haushalt des Arbeitnehmers auf Dauer aufgenommenes Kind begünstigt werden, welches in einem Obhuts- und Pflegeverhältnis zu ihm steht und nicht die Voraussetzungen des § 32 EStG zu ihm erfüllt (Pflegekind/Stiefkind und faktisches Stiefkind). Dabei ist es – anders als bei der Gewährung von staatlichen Leistungen – unerheblich, ob noch ein Obhuts- und Pflegeverhältnis zu einem leiblichen Elternteil des Kindes besteht, der ggf. ebenfalls im Haushalt des Arbeitnehmers lebt. Es muss jedoch spätestens zu Beginn der Auszahlungsphase der Hinterbliebenenleistung eine schriftliche Versicherung des Arbeitnehmers vorliegen, in der, neben der geforderten namentlichen Benennung des Pflegekindes/Stiefkindes und faktischen Stiefkindes, bestätigt wird, dass ein entsprechendes Kindschaftsverhältnis besteht. Entsprechendes gilt, wenn ein Enkelkind auf Dauer im Haushalt der Großeltern aufgenommen und versorgt wird. Bei Versorgungszusagen, die vor dem 1. Januar 2007 erteilt wurden, sind für das Vorliegen einer begünstigten Hinterbliebenenversorgung die Altersgrenzen des § 32 EStG in der bis zum 31. Dezember 2006 geltenden Fassung (27. Lebensjahr) maßgebend. Der Begriff des/der Lebensgefährten/in ist als Oberbegriff zu verstehen, der auch die gleichgeschlechtliche Lebenspartnerschaft mit erfasst. Ob eine gleichgeschlechtliche Lebenspartnerschaft eingetragen wurde oder nicht, ist dabei zunächst unerheblich. Für Partner einer eingetragenen Lebenspartnerschaft besteht allerdings die Besonderheit, dass sie einander nach § 5 Lebenspartnerschaftsgesetz zum Unterhalt verpflichtet sind. Insoweit liegt eine mit der zivilrechtlichen Ehe vergleichbare Partnerschaft vor. Handelt es sich dagegen um eine andere Form der nicht ehelichen Lebensgemeinschaft, muss anhand der **4** im BMF-Schreiben vom 25. Juli 2002 (BStBl. I S. 706)[1] genannten Voraussetzungen geprüft werden, ob diese als Hinterbliebenenversorgung anerkannt werden kann. Ausreichend ist dabei regelmäßig, dass spätestens zu Beginn der Auszahlungsphase der Hinterbliebenenleistung eine Versicherung des Arbeitnehmers in Textform vorliegt, in der neben der geforderten namentlichen Benennung des/der Lebensgefährten/in bestätigt wird, dass eine gemeinsame Haushaltsführung besteht.

5 Die Möglichkeit, andere als die in Rn. 4 genannten Personen als Begünstigte für den Fall des Todes des Arbeitnehmers zu benennen, führt steuerrechtlich dazu, dass es sich nicht mehr um eine Hinterbliebenenversorgung handelt, sondern von einer Vererblichkeit der Anwartschaften auszugehen ist. Gleiches gilt, wenn z.B. bei einer vereinbarten Rentengarantiezeit die Auszahlung auch an andere als die in Rn. 4 genannten Personen möglich ist. Ist die Auszahlung der garantierten Leistungen nach dem Tod des Berechtigten hingegen ausschließlich an Hinterbliebene im engeren Sinne (Rn. 4) möglich, ist eine vereinbarte Rentengarantiezeit ausnahmsweise unschädlich. Ein Wahlrecht des Arbeitnehmers zur Einmal- oder Teilkapitalauszahlung ist in diesem Fall nicht zulässig. Es handelt sich vielmehr nur dann um unschädliche Zahlungen nach dem Tod des Berechtigten, wenn die garantierte Rente in unveränderter Höhe (einschließlich Dynamisierungen) an die versorgungsberechtigten Hinterbliebenen im engeren Sinne weitergezahlt wird. Dabei ist zu beachten, dass die Zahlungen einerseits durch die garantierte Zeit und andererseits durch das Vorhandensein von entsprechenden Hinterbliebenen begrenzt werden. Die Zusammenfassung von bis zu zwölf Monatsleistungen in einer Auszahlung sowie die gesonderte Auszahlung der zukünftig in der Auszahlungsphase anfallenden Zinsen und Erträge sind dabei unschädlich. Im Fall der Witwe/des Witwers oder der Lebensgefährtin/des Lebensgefährten wird dabei nicht beanstandet, wenn anstelle der Zahlung der garantierten Rentenleistung in unveränderter Höhe das im Zeitpunkt des Todes des Berechtigten noch vorhandene „Restkapital" ausnahmsweise lebenslang verrentet wird. Die Möglichkeit, ein einmaliges angemessenes Sterbegeld an andere Personen als die in Rn. 4 genannten Hinterbliebenen auszuzahlen, führt nicht zur Versagung der Anerkennung als betriebliche Altersversorgung; bei Auszahlung ist das Sterbegeld gem. § 19 EStG oder § 22 Nr. 5 EStG zu besteuern (vgl. Rn. 145 ff.). Im Fall der Pauschalbesteuerung von Beiträgen für eine Direktversicherung nach § 40b EStG in der am 31. Dezember 2004 geltenden Fassung (§ 40b EStG a.F.) ist es ebenfalls unschädlich, wenn eine beliebige Person als Bezugsberechtigte für den Fall des Todes des Arbeitnehmers benannt wird. Zur bilanzsteuerrechtlichen Berücksichtigung von vererblichen Versorgungsanwartschaften und Versorgungsleistungen siehe Rn. 11 des BMF-Schreibens vom 18. September 2017 (BStBl. I S. 1293)[2].

6 Keine betriebliche Altersversorgung liegt vor, wenn zwischen Arbeitnehmer und Arbeitgeber die Vererblichkeit von Anwartschaften vereinbart ist. Auch Vereinbarungen, nach denen Arbeitslohn gutgeschrieben und ohne Abdeckung eines biometrischen Risikos zu einem späteren Zeitpunkt (z.B. bei Ausscheiden aus dem Dienstverhältnis) ggf. mit Wertsteigerung ausgezahlt wird, sind nicht dem Bereich der betrieblichen Altersversorgung zuzuordnen. Gleiches gilt,

---

[1] Nr. **1** § 6a/13.
[2] Nr. **1** § 6a/7.

wenn von vornherein eine Abfindung der Versorgungsanwartschaft, z.B. zu einem bestimmten Zeitpunkt oder bei Vorliegen bestimmter Voraussetzungen, vereinbart ist und dadurch nicht mehr von der Absicherung eines biometrischen Risikos ausgegangen werden kann. Demgegenüber führt allein die Möglichkeit einer Beitragserstattung einschließlich der gutgeschriebenen Erträge bzw. einer entsprechenden Abfindung für den Fall des Ausscheidens aus dem Dienstverhältnis vor Erreichen der gesetzlichen Unverfallbarkeit und/oder für den Fall des Todes vor Ablauf einer arbeitsrechtlich vereinbarten Wartezeit sowie der Abfindung einer Witwenrente/Witwerrente für den Fall der Wiederheirat noch nicht zur Versagung der Anerkennung als betriebliche Altersversorgung. Ebenfalls unschädlich für das Vorliegen von betrieblicher Altersversorgung ist die Abfindung vertraglich unverfallbarer Anwartschaften; dies gilt sowohl bei Beendigung als auch während des bestehenden Arbeitsverhältnisses. Zu den steuerlichen Folgen im Auszahlungsfall siehe Rn. 145 ff.

Bei Versorgungszusagen, die vor dem 1. Januar 2005 erteilt wurden, ist es nicht zu beanstanden, wenn in den Versorgungsordnungen in Abweichung von den Rn. 1 ff. die Möglichkeit einer Elternrente oder der Beitragserstattung einschließlich der gutgeschriebenen Erträge an die in Rn. 4 genannten Personen im Fall des Versterbens vor Erreichen der Altersgrenze und in Abweichung von Rn. 34 lediglich für die zugesagte Altersversorgung, nicht aber für die Hinterbliebenen- oder Invaliditätsversorgung die Auszahlung in Form einer Rente oder eines Auszahlungsplans vorgesehen ist. Dagegen sind Versorgungszusagen, die nach dem 31. Dezember 2004 aufgrund von Versorgungsordnungen erteilt werden, die die Voraussetzungen dieses Schreibens nicht erfüllen, aus steuerlicher Sicht nicht mehr als betriebliche Altersversorgung anzuerkennen; eine steuerliche Förderung ist hierfür nicht mehr möglich. Im Fall der nach § 40b EStG a.F. pauschal besteuerten (Alt-)Direktversicherungen gilt nach Rn. 5 weiterhin keine Begrenzung bezüglich des Kreises der Bezugsberechtigten. 7

## II. Lohnsteuerliche Behandlung von Zusagen auf Leistungen der betrieblichen Altersversorgung

### 1. Allgemeines

Der Zeitpunkt des Zuflusses von Arbeitslohn richtet sich bei einer durch Beiträge des Arbeitgebers (einschließlich Entgeltumwandlung oder anderer Finanzierungsanteile des Arbeitnehmers, vgl. Rn. 26) finanzierten betrieblichen Altersversorgung nach dem Durchführungsweg der betrieblichen Altersversorgung (vgl. auch R 40b.1 LStR zur Abgrenzung). Bei der Versorgung über eine Direktversicherung, eine Pensionskasse oder einen Pensionsfonds liegt Zufluss von Arbeitslohn im Zeitpunkt der Zahlung der Beiträge durch den Arbeitgeber an die entsprechende Versorgungseinrichtung vor. Erfolgt die Beitragszahlung durch den Arbeitgeber vor „Versicherungsbeginn", liegt ein Zufluss von Arbeitslohn jedoch erst im Zeitpunkt des „Versicherungsbeginns" vor. Die Einbehaltung der Lohnsteuer richtet sich nach § 38a Abs. 1 und 3 EStG (vgl. auch R 39b.2, 39b.5 und 39b.6 LStR). Bei der Versorgung über eine Direktzusage oder Unterstützungskasse fließt der Arbeitslohn erst im Zeitpunkt der Zahlung der Altersversorgungsleistungen an den Arbeitnehmer zu. 8

### 2. Entgeltumwandlung zugunsten betrieblicher Altersversorgung

Um durch Entgeltumwandlung finanzierte betriebliche Altersversorgung handelt es sich, wenn Arbeitgeber und Arbeitnehmer vereinbaren, künftige Arbeitslohnansprüche zugunsten einer betrieblichen Altersversorgung herabzuset- 9 zen (Umwandlung in eine wertgleiche Anwartschaft auf Versorgungsleistungen – Entgeltumwandlung –, § 1 Abs. 2 Nr. 3 BetrAVG).

10 Davon zu unterscheiden sind die eigenen Beiträge des Arbeitnehmers, zu deren Leistung er aufgrund einer eigenen vertraglichen Vereinbarung mit der Versorgungseinrichtung originär selbst verpflichtet ist. Diese eigenen Beiträge des Arbeitnehmers zur betrieblichen Altersversorgung werden aus dem bereits zugeflossenen und versteuerten Arbeitsentgelt geleistet (vgl. auch Rn. 26).

11 Eine Herabsetzung von Arbeitslohnansprüchen zugunsten betrieblicher Altersversorgung ist steuerlich als Entgeltumwandlung auch dann anzuerkennen, wenn die in § 1 Abs. 2 Nr. 3 BetrAVG geforderte Wertgleichheit außerhalb versicherungsmathematischer Grundsätze berechnet wird. Entscheidend ist allein, dass die Versorgungsleistung zur Absicherung mindestens eines biometrischen Risikos (Alter, Tod, Invalidität) zugesagt und erst bei Eintritt des biologischen Ereignisses fällig wird.

12 Die Herabsetzung von Arbeitslohn (laufender Arbeitslohn, Einmal- und Sonderzahlungen) zugunsten der betrieblichen Altersversorgung wird aus Vereinfachungsgründen grundsätzlich auch dann als Entgeltumwandlung steuerlich anerkannt, wenn die Gehaltsänderungsvereinbarung bereits erdiente, aber noch nicht fällig gewordene Anteile umfasst. Dies gilt auch, wenn eine Einmal- oder Sonderzahlung einen Zeitraum von mehr als einem Jahr betrifft.

13 Bei einer Herabsetzung laufenden Arbeitslohns zugunsten einer betrieblichen Altersversorgung hindert es die Annahme einer Entgeltumwandlung nicht, wenn der bisherige ungekürzte Arbeitslohn weiterhin Bemessungsgrundlage für künftige Erhöhungen des Arbeitslohns oder andere Arbeitgeberleistungen (wie z.B. Weihnachtsgeld, Tantieme, Jubiläumszuwendungen, betriebliche Altersversorgung) bleibt, die Gehaltsminderung zeitlich begrenzt oder vereinbart wird, dass der Arbeitnehmer oder der Arbeitgeber sie für künftigen Arbeitslohn einseitig ändern können.

### 3. Behandlung laufender Zuwendungen und Sonderzahlungen des Arbeitgebers an einen Pensionsfonds, eine Pensionskasse oder für eine Direktversicherung (§ 19 Abs. 1 Satz 1 Nr. 3 EStG)

#### a) Sonderzahlungen und Sanierungsgelder an umlagefinanzierte Pensionskassen

14 Laufende Zuwendungen sind regelmäßig fortlaufend geleistete Zahlungen des Arbeitgebers für eine betriebliche Altersversorgung an eine Pensionskasse, die nicht im Kapitaldeckungsverfahren, sondern im Umlageverfahren finanziert wird. Hierzu gehören insbesondere Umlagen an die Versorgungsanstalt des Bundes und der Länder – VBL – bzw. an eine kommunale Zusatzversorgungskasse.

15 Sonderzahlungen des Arbeitgebers sind insbesondere Zahlungen, die an die Stelle der bei regulärem Verlauf zu entrichtenden laufenden Zuwendungen treten oder neben laufenden Beiträgen oder Zuwendungen entrichtet werden und zur Finanzierung des nicht kapitalgedeckten Versorgungssystems dienen. Hierzu gehören beispielsweise Zahlungen, die der Arbeitgeber anlässlich seines Ausscheidens aus einem umlagefinanzierten Versorgungssystem, des Wechsels von einem umlagefinanzierten zu einem anderen umlagefinanzierten Versorgungssystem oder der Zusammenlegung zweier nicht kapitalgedeckter Versorgungssysteme zu leisten hat. Keine Sonderzahlungen des Arbeitgebers sind hingegen Zahlungen, die der Arbeitgeber wirtschaftlich nicht trägt, sondern

Die konkrete Höhe der nicht als Arbeitslohn zu besteuernden Sonderzahlungen des Arbeitgebers ist im jeweiligen Einzelfall unter Beachtung der versicherungsaufsichtsrechtlichen Vorgaben durch einen Aktuar festzustellen. **21**

Für die Anwendung des § 19 Abs. 1 Satz 1 Nr. 3 Satz 2 Halbsatz 1 Buchst. b EStG ist es unerheblich, ob es sich bei der Sonderzahlung des Arbeitgebers um eine einmalige Kapitalzahlung oder um eine regelmäßige Zahlung (z.B. einen satzungsmäßig vorgesehenen Sonderzuschlag) neben den laufenden Beiträgen und Zuwendungen handelt. **22**

Die Bildung eines Gründungsstocks i.S.d. § 178 Abs. 5 VAG stellt grundsätzlich keine Sonderzahlung i.S.d. § 19 Abs. 1 Satz 1 Nr. 3 Satz 2 EStG dar, weil es sich um Darlehensmittel handelt. Entfällt der Darlehenscharakter des Gründungsstocks im Nachhinein, z.B. weil auf die Rückzahlung verzichtet wird oder das Darlehen als uneinbringlich anzusehen ist, liegt zu diesem Zeitpunkt eine Sonderzahlung vor. Die Sonderzahlung gehört nicht zum Arbeitslohn, soweit nach den vertraglichen Vereinbarungen die Bereitstellung und der Abruf der Darlehensmittel den unter § 19 Abs. 1 Satz 1 Nr. 3 Satz 2 Halbsatz 1 EStG bezeichneten Zwecken diente. **22a**

## 4. Steuerfreiheit nach § 3 Nr. 63 EStG

### a) Steuerfreiheit nach § 3 Nr. 63 Satz 1 EStG

#### aa) Begünstigter Personenkreis

Zu dem durch § 3 Nr. 63 EStG begünstigten Personenkreis gehören alle Arbeitnehmer (§ 1 LStDV), unabhängig davon, ob sie in der gesetzlichen Rentenversicherung pflichtversichert sind oder nicht (z.B. beherrschende Gesellschafter-Geschäftsführer, geringfügig Beschäftigte, in einem berufsständischen Versorgungswerk Versicherte). **23**

Die Steuerfreiheit setzt lediglich ein bestehendes erstes Dienstverhältnis voraus. Diese Voraussetzung kann auch erfüllt sein, wenn es sich um ein weiterbestehendes Dienstverhältnis ohne Anspruch auf Arbeitslohn (z.B. während der Elternzeit, der Pflegezeit, des Bezugs von Kurzarbeiter- oder Krankengeld) oder ein geringfügiges Beschäftigungsverhältnis oder eine Aushilfstätigkeit handelt, bei der die Möglichkeit der Pauschalbesteuerung nach § 40a EStG in Anspruch genommen wird. In diesen Fällen ist, da die elektronischen Lohnsteuerabzugsmerkmale (ELStAM-Daten) nicht abgerufen werden, mittels Erklärung des Arbeitnehmers zu dokumentieren, dass es sich um ein erstes Dienstverhältnis handelt. Die Steuerfreiheit ist nicht bei Arbeitnehmern zulässig, bei denen der Arbeitgeber den Lohnsteuerabzug nach der Steuerklasse VI vornimmt. **24**

#### bb) Begünstigte Aufwendungen

Zu den nach § 3 Nr. 63 EStG begünstigten Aufwendungen gehören nur Beiträge an Pensionsfonds, Pensionskassen und Direktversicherungen, die zum Aufbau einer betrieblichen Altersversorgung (Rn. 1 ff.) im Kapitaldeckungsverfahren erhoben werden. Für Umlagen, die vom Arbeitgeber an eine Versorgungseinrichtung entrichtet werden, kommt die Steuerfreiheit nach § 3 Nr. 63 EStG dagegen nicht in Betracht (siehe aber § 3 Nr. 56 EStG, Rn. 76 ff.). Werden sowohl Umlagen als auch Beiträge im Kapitaldeckungsverfahren erhoben, gehören Letztere nur dann zu den begünstigten Aufwendungen, wenn eine getrennte Verwaltung und Abrechnung beider Vermögensmassen erfolgt (Trennungsprinzip). **25**

**26** Steuerfrei sind nur Beiträge des Arbeitgebers. Das sind diejenigen Beiträge, die vom Arbeitgeber als Versicherungsnehmer (bzw. im Fall des § 21 Abs. 4 BetrAVG von einer gemeinsamen Einrichtung nach § 4 des Tarifvertragsgesetzes) selbst geschuldet und an die Versorgungseinrichtung geleistet werden. Von Beiträgen des Arbeitgebers ist auch auszugehen, wenn der jeweilige Arbeitgeber nicht Versicherungsnehmer, sondern gegenüber der Versorgungseinrichtung lediglich Beitragsschuldner ist. Dazu gehören

- die Beiträge des Arbeitgebers, die zusätzlich zum ohnehin geschuldeten Arbeitslohn erbracht werden (rein arbeitgeberfinanzierte Beiträge), sowie
- alle im Gesamtversicherungsbeitrag des Arbeitgebers enthaltenen Finanzierungsanteile des Arbeitnehmers (BFH-Urteil vom 9. Dezember 2010 VI R 57/08, BStBl. 2011 II S. 978), wie z.B.
  - eine Eigenbeteiligung des Arbeitnehmers oder
  - die mittels Entgeltumwandlung finanzierten Beiträge (vgl. Rn. 9 ff.), einschließlich der Leistungen des Arbeitgebers i.S.d. § 1a Abs. 1a und § 23 Abs. 2 BetrAVG[1)], die er als Ausgleich für die ersparten Sozialversicherungsbeiträge in Folge einer Entgeltumwandlung erbringt. Im Fall der Finanzierung der Beiträge durch eine Entgeltumwandlung ist die Beachtung des Mindestbetrags gem. § 1a BetrAVG für die Inanspruchnahme der Steuerfreiheit nicht erforderlich.

Beiträge des Arbeitnehmers, zu deren Leistung er aufgrund einer eigenen vertraglichen Vereinbarung mit der Versorgungseinrichtung originär selbst verpflichtet ist (sog. eigene Beiträge des Arbeitnehmers), sind dagegen vom Anwendungsbereich des § 3 Nr. 63 EStG ausgeschlossen, auch wenn sie vom Arbeitgeber an die Versorgungseinrichtung abgeführt werden.

**26a** Macht ein Arbeitnehmer (z.B. aufgrund eines entsprechenden Tarifvertrags) von der Möglichkeit Gebrauch, zusätzliche vermögenwirksame Leistungen des Arbeitgebers für den Aufbau einer betrieblichen Altersversorgung über die Durchführungswege Pensionsfonds, Pensionskasse oder Direktversicherung im Rahmen einer Entgeltumwandlung zu verwenden, fallen diese Beiträge in den Anwendungsbereich des § 3 Nr. 63 EStG. Dies gilt auch für in diesem Zusammenhang gewährte Erhöhungsbeträge des Arbeitgebers (z.B. erhöhter Beitrag zur betrieblichen Altersversorgung i.H.v. 26 € statt vermögenswirksamer Leistungen i.H.v. 6,65 €) und für Erhöhungsbeträge des Arbeitgebers,

---

[1)] **Amtl. Anm.:** Das Bundesministerium für Arbeit und Soziales weist in diesem Zusammenhang auf Folgendes hin:

§ 1a Abs. 1a und § 23 Abs. 2 BetrAVG sehen ausdrücklich vor, dass der Arbeitgeberzuschuss nur zu leisten ist, „soweit der Arbeitgeber durch die Entgeltumwandlung Sozialversicherungsbeiträge einspart". Ist das nicht der Fall, etwa wenn Entgelt oberhalb einer Beitragsbemessungsgrenze umgewandelt wird, ist insoweit auch kein Arbeitgeberzuschuss fällig. Wird Entgelt bspw. im Bereich zwischen der Beitragsbemessungsgrenze in der gesetzlichen Krankenversicherung und der Beitragsbemessungsgrenze in der gesetzlichen Rentenversicherung umgewandelt, kann der Arbeitgeber „spitz" abrechnen, er kann aber auch 15 % des umgewandelten Beitrags an die Versorgungseinrichtung weiterleiten. Wie die Weiterleitung des Arbeitgeberzuschusses an die Versorgungseinrichtung technisch umgesetzt wird, obliegt den Beteiligten. So kann der Arbeitgeberzuschuss zusätzlich zu dem vereinbarten Entgeltumwandlungsbetrag an die Versorgungseinrichtung weitergeleitet werden. Sofern die Versorgungeinrichtung nicht bereit ist, den Vertrag entsprechend anzupassen, kommt der Neuabschluss eines Vertrages nur für den Arbeitgeberzuschuss in Betracht. Denkbar ist aber auch z.B. eine Vereinbarung zwischen Arbeitgeber und Arbeitnehmer, wonach der an die Versorgungseinrichtung abzuführende Betrag gleich bleibt und künftig neben einem entsprechend verminderten umgewandelten Entgelt den Arbeitgeberzuschuss enthält.

die von einer zusätzlichen Entgeltumwandlung abhängen (z.B. erhöhter Beitrag zur betrieblichen Altersversorgung i.H.v. 50 €, wenn der Arbeitnehmer 13 € seines Arbeitslohns umwandelt).

Die Steuerfreiheit nach § 3 Nr. 63 EStG kann nur dann in Anspruch genommen werden, wenn der vom Arbeitgeber zur Finanzierung der zugesagten Versorgungsleistung gezahlte Beitrag nach bestimmten individuellen Kriterien dem einzelnen Arbeitnehmer zugeordnet wird. Allein die Verteilung eines vom Arbeitgeber gezahlten Gesamtbeitrags nach der Anzahl der begünstigten Arbeitnehmer genügt hingegen für die Anwendung des § 3 Nr. 63 EStG nicht. Für die Anwendung des § 3 Nr. 63 EStG ist nicht Voraussetzung, dass sich die Höhe der zugesagten Versorgungsleistung an der Höhe des eingezahlten Beitrags des Arbeitgebers orientiert, da der Arbeitgeber nach § 1 BetrAVG nicht nur eine reine Beitragszusage, eine Beitragszusage mit Mindestleistung oder eine beitragsorientierte Leistungszusage, sondern auch eine Leistungszusage erteilen kann. **27**

Maßgeblich für die betragsmäßige Begrenzung der Steuerfreiheit auf 8 % der Beitragsbemessungsgrenze (BBG) in der allgemeinen Rentenversicherung ist auch bei einer Beschäftigung in den neuen Ländern oder Berlin (Ost) die in dem Kalenderjahr gültige Beitragsbemessungsgrenze (West)[1]. Bei dem Höchstbetrag des § 3 Nr. 63 Satz 1 EStG handelt es sich um einen Jahresbetrag. Eine zeitanteilige Kürzung des Höchstbetrags ist daher nicht vorzunehmen, wenn das Arbeitsverhältnis nicht während des ganzen Jahres besteht oder nicht für das ganze Jahr Beiträge gezahlt werden. Der Höchstbetrag kann erneut in Anspruch genommen werden, wenn der Arbeitnehmer ihn in einem vorangegangenen Dienstverhältnis bereits ausgeschöpft hat. Im Fall der Gesamtrechtsnachfolge und des Betriebsübergangs nach § 613a BGB kommt dies dagegen nicht in Betracht. **28**

Soweit die Beiträge den steuerfreien Höchstbetrag (8 % der Beitragsbemessungsgrenze in der allgemeinen Rentenversicherung [West][1] abzüglich der tatsächlich nach § 40b EStG a.F. pauschal besteuerten Beiträge; vgl. Rn. 85 ff.) übersteigen, sind sie individuell zu besteuern. Für die individuell besteuerten Beiträge kann eine Förderung durch Sonderausgabenabzug nach § 10a EStG und Zulage nach Abschn. XI EStG in Betracht kommen (vgl. Rn. 66 ff.). Zur Übergangsregelung des § 52 Abs. 4 Satz 16 f. EStG siehe Rn. 85 ff. **29**

Bei monatlicher Zahlung der Beiträge bestehen keine Bedenken, wenn der Höchstbetrag in gleichmäßige monatliche Teilbeträge aufgeteilt wird. Stellt der Arbeitgeber vor Ablauf des Kalenderjahres, z.B. bei Beendigung des Dienstverhältnisses fest, dass die Steuerfreiheit im Rahmen der monatlichen Teilbeträge nicht in vollem Umfang ausgeschöpft worden ist oder werden kann, muss eine ggf. vorgenommene Besteuerung der Beiträge rückgängig gemacht (spätester Zeitpunkt hierfür ist die Übermittlung oder Erteilung der Lohnsteuerbescheinigung) oder der monatliche Teilbetrag künftig so geändert werden, dass der Höchstbetrag ausgeschöpft wird. **30**

Rein arbeitgeberfinanzierte Beiträge sind steuerfrei, soweit sie den Höchstbetrag (8 % der Beitragsbemessungsgrenze in der allgemeinen Rentenversicherung [West][1] abzüglich der tatsächlich nach § 40b EStG a.F. pauschal besteuerten Beiträge; vgl. Rn. 85 ff.) nicht übersteigen. Der steuerfreie Höchstbetrag **31**

---

[1] **Red. Anm.:** Für **2021**: 8 % von 85 200 € = 6816 €; für **2022**: 8 % von 84 600 € = 6768 €; für **2023**: 8 % von 87 600 € = 7008 €.

wird zunächst durch diese Beiträge ausgefüllt. Soweit der steuerfreie Höchstbetrag dadurch nicht ausgeschöpft worden ist, sind die verbleibenden, auf den verschiedenen Finanzierungsanteilen des Arbeitnehmers beruhenden Beiträge des Arbeitgebers zu berücksichtigen (vgl. Rn. 26; Leistungen des Arbeitgebers i.S.d. § 1a Abs. 1a und § 23 Abs. 2 BetrAVG, die er als Ausgleich für die ersparten Sozialversicherungsbeiträge infolge einer Entgeltumwandlung erbringt, sind dabei Teil der Entgeltumwandlung).

32 **Beispiel:**

| | |
|---|---|
| Steuerfreier Höchstbetrag (8 % BBG in der allgemeinen Rentenversicherung [West], 85 200 € für 2021) | 6816 € |
| abzgl. tatsächlich pauschal besteuerte Beiträge (angenommen Höchstbetrag) | ./. 1752 € |
| verbleiben als steuerfreies Volumen | = 5064 € |
| abzüglich rein arbeitgeberfinanzierte Beiträge (angenommen) | ./. 3000 € |
| verbleiben als steuerfreies Volumen für Entgeltumwandlung | = 2064 € |

33 Die Anwendung der Pauschalbesteuerung nach § 40b EStG a.F. für Beiträge an Pensionskassen und für Direktversicherungen (siehe Rn. 85 ff.) ist nicht erst nach Übersteigen des steuerfreien Höchstbetrages von 8 % möglich, sondern mindert das maximal steuerfreie Volumen (§ 52 Abs. 4 Satz 16 EStG).

### cc) Begünstigte Auszahlungsformen

34 Voraussetzung für die Steuerfreiheit ist, dass die Auszahlung der zugesagten Alters-, Invaliditäts- oder Hinterbliebenenversorgungsleistungen entsprechend der in § 82 Abs. 2 Satz 2 EStG genannten Auszahlungsformen vorgesehen ist. Zu den begünstigten Auszahlungsformen siehe im Einzelnen die Ausführungen unter Rn. 68. Allein die Möglichkeit, anstelle dieser Auszahlungsformen eine Einmalkapitalauszahlung (100 % des zu Beginn der Auszahlungsphase zur Verfügung stehenden Kapitals) zu wählen, steht der Steuerfreiheit noch nicht entgegen; hieran wird ungeachtet des BFH-Urteils vom 20. September 2016 X R 23/15 (BStBl. 2017 II S. 347) festgehalten. Entscheidet sich der Arbeitnehmer zugunsten einer Einmalkapitalauszahlung, so sind von diesem Zeitpunkt an die Voraussetzungen des § 3 Nr. 63 EStG nicht mehr erfüllt und die Beitragsleistungen zu besteuern. Erfolgt die Ausübung des Wahlrechts innerhalb des letzten Jahres vor dem altersbedingten Ausscheiden aus dem Erwerbsleben, so ist es aus Vereinfachungsgründen nicht zu beanstanden, wenn die Beitragsleistungen weiterhin nach § 3 Nr. 63 EStG steuerfrei belassen werden. Für die Berechnung der Jahresfrist ist dabei auf das im Zeitpunkt der Ausübung des Wahlrechts vertraglich vorgesehene Ausscheiden aus dem Erwerbsleben (vertraglich vorgesehener Beginn der Altersversorgungsleistung) abzustellen. Bei Auszahlung oder anderweitiger wirtschaftlicher Verfügung ist der Einmalkapitalbetrag gem. § 22 Nr. 5 EStG zu besteuern (siehe dazu Rn. 148 ff.).

### dd) Sonstiges

35 Eine Steuerfreiheit der Beiträge kommt nicht in Betracht, soweit es sich hierbei nicht um Arbeitslohn im Rahmen eines Dienstverhältnisses, sondern um eine verdeckte Gewinnausschüttung i.S.d. § 8 Abs. 3 Satz 2 KStG handelt. Die allgemeinen Grundsätze zur Abgrenzung zwischen verdeckter Gewinnausschüttung und Arbeitslohn sind hierbei zu beachten.

36 Bei Beiträgen an ausländische betriebliche Altersversorgungssysteme ist zu entscheiden, ob das ausländische Altersversorgungssystem mit einem Durchführungsweg der betrieblichen Altersversorgung nach dem deutschen Betriebsrentengesetz vergleichbar ist bzw. einem der Durchführungswege als vergleich-

bar zugeordnet werden kann. Entsprechende Beiträge sind steuerfrei nach § 3 Nr. 63 EStG, wenn

- das ausländische betriebliche Altersversorgungssystem vergleichbar mit dem Pensionsfonds, der Pensionskasse oder der Direktversicherung ist und
- auch die weiteren wesentlichen Kriterien für die steuerliche Anerkennung einer betrieblichen Altersversorgung im Inland erfüllt werden (u.a. Absicherung mindestens eines biometrischen Risikos – vgl. Rn. 1 –, enger Hinterbliebenenbegriff – vgl. Rn. 4 –, keine Vererblichkeit – vgl. Rn. 6 –, begünstigte Auszahlungsformen – vgl. Rn. 34 i.V.m. Rn. 68) und
- die ausländische Versorgungseinrichtung in vergleichbarer Weise den für inländische Versorgungseinrichtungen maßgeblichen Aufbewahrungs-, Mitteilungs- und Bescheinigungspflichten nach dem Einkommensteuergesetz und der Altersvorsorge-Durchführungsverordnung zur Sicherstellung der Besteuerung der Versorgungsleistungen im Wesentlichen nachkommt.

Darüber hinaus kann sich die unmittelbare Anwendbarkeit des § 3 Nr. 63 EStG **37** aus einer völkerrechtlichen Vereinbarung ergeben (z.B. Nr. 16 des Protokolls zum Doppelbesteuerungsabkommen [DBA] USA).

In Entsendungsfällen hat für die Beiträge des Arbeitgebers zur kapitalgedeckten **38** betrieblichen Altersversorgung die Regelung des § 3 Nr. 63 EStG gegenüber den Regelungen eines DBA Vorrang.

Unter den Voraussetzungen der Rn. 23 bis 35 sind auch die vom Arbeitgeber **39** zusätzlich zum ohnehin geschuldeten Arbeitslohn erbrachten Beiträge an eine Zusatzversorgungskasse (wie z.B. zur Versorgungsanstalt der deutschen Bühnen – VddB –, zur Versorgungsanstalt der deutschen Kulturorchester – VddKO – oder zum Zusatzversorgungswerk für Arbeitnehmer in der Land- und Forstwirtschaft – ZLF –), die er nach der jeweiligen Satzung der Versorgungseinrichtung als Pflichtbeiträge für die Altersversorgung seiner Arbeitnehmer zusätzlich zu den nach § 3 Nr. 62 EStG steuerfreien Beiträgen zur gesetzlichen Rentenversicherung zu erbringen hat, ebenfalls im Rahmen des § 3 Nr. 63 EStG steuerfrei. Die Steuerfreiheit nach § 3 Nr. 62 Satz 1 EStG kommt für diese Beiträge nicht in Betracht. Die Steuerbefreiung des § 3 Nr. 63 (und auch Nr. 56) EStG ist nicht nur der Höhe, sondern dem Grunde nach vorrangig anzuwenden; die Steuerbefreiung nach § 3 Nr. 62 EStG ist bei Vorliegen von Zukunftssicherungsleistungen i.S.d. § 3 Nr. 63 (und auch Nr. 56) EStG daher auch dann ausgeschlossen, wenn die Höchstbeträge des § 3 Nr. 63 (und Nr. 56) EStG bereits voll ausgeschöpft werden.

### b) Ausschluss der Steuerfreiheit nach § 3 Nr. 63 Satz 2 EStG

#### aa) Personenkreis

Auf die Steuerfreiheit können grundsätzlich nur Arbeitnehmer verzichten, die **40** in der gesetzlichen Rentenversicherung pflichtversichert sind (§§ 1a, 17 Abs. 1 Satz 3 BetrAVG). Alle anderen Arbeitnehmer können von dieser Möglichkeit nur dann Gebrauch machen, wenn der Arbeitgeber zustimmt.

#### bb) Höhe und Zeitpunkt der Ausübung des Wahlrechts

Soweit der Arbeitnehmer einen Anspruch auf Entgeltumwandlung nach § 1a **41**[1)] BetrAVG hat oder andere Finanzierungsanteile (vgl. Rn. 26) zur betrieblichen Altersversorgung erbringt, ist eine individuelle Besteuerung dieser Beiträge auf

---

[1)] Rdnr. 41 neu gef. durch BMF v. 18.3.2022, BStBl. I S. 333.

Verlangen des Arbeitnehmers durchzuführen; die Beiträge sind dabei gleichrangig zu behandeln. In Höhe des Verzichts auf die Steuerfreiheit mindert sich das steuerfreie Dotierungsvolumen des § 3 Nr. 63 Satz 1 EStG. Wird kein Verzicht erklärt, kann das steuerfreie Dotierungsvolumen in vollem Umfang genutzt und für die darüber hinaus geleisteten, individuell zu besteuernden Beiträge die Förderung durch den Sonderausgabenabzug nach § 10a EStG und Zulage nach Abschnitt XI EStG (s. Rn. 66 ff.) beansprucht werden. Der Arbeitnehmer kann sein Verlangen nach individueller Besteuerung (Verzicht auf die Steuerfreiheit) betragsmäßig oder prozentual begrenzen.

41a **Beispiel:**

Der in der gesetzlichen Rentenversicherung pflichtversicherte Arbeitnehmer hat in 2021 eine Versorgungszusage im Durchführungsweg der Pensionskasse. Die Beiträge betragen 8 % der BBG in der allgemeinen Rentenversicherung (West). Die Beiträge werden vollständig durch Entgeltumwandlung finanziert. Der Arbeitnehmer verlangt vom Arbeitgeber, die Beiträge zur Pensionskasse individuell zu besteuern, um die Förderung durch Sonderausgabenabzug nach § 10a EStG und Zulagen nach Abschn. XI EStG (vgl. Rn. 66 ff.) zu erhalten; eine Begrenzung hinsichtlich der Höhe der individuell zu besteuernden Beiträge nimmt der Arbeitnehmer nicht vor.

Die Beiträge zur Pensionskasse sind i.H.v. 4 % der BBG (West) individuell zu besteuern und darüber hinaus nach § 3 Nr. 63 Satz 1 EStG steuerfrei zu behandeln. Der Arbeitnehmer kann eine individuelle Besteuerung nach § 3 Nr. 63 Satz 2 EStG i.V.m. § 1a Abs. 3 BetrAVG nur verlangen, soweit er einen Anspruch auf Entgeltumwandlung hat. Dieser Anspruch beträgt höchstens 4 % der BBG (West), § 1a Abs. 1 Satz 1 BetrAVG.

41b In allen anderen Fällen der Entgeltumwandlung (z.B. Entgeltumwandlungsvereinbarung aus dem Jahr 2001 oder früher) ist die individuelle Besteuerung der Beiträge hingegen nur aufgrund einvernehmlicher Vereinbarung zwischen Arbeitgeber und Arbeitnehmer möglich. Bei rein arbeitgeberfinanzierten Beiträgen kann auf die Steuerfreiheit nicht verzichtet werden (vgl. Rn. 31).

42 Die Ausübung des Wahlrechts nach § 3 Nr. 63 Satz 2 EStG muss bis zu dem Zeitpunkt erfolgen, zu dem die entsprechende Gehaltsänderungsvereinbarung steuerlich noch anzuerkennen ist (vgl. Rn. 12). Eine nachträgliche Änderung der steuerlichen Behandlung der im Wege der Entgeltumwandlung finanzierten Beiträge ist nicht zulässig.

### c) Vervielfältigungsregelung nach § 3 Nr. 63 Satz 3 EStG

43 Beiträge an einen Pensionsfonds, eine Pensionskasse oder für eine Direktversicherung, die der Arbeitgeber aus Anlass der Beendigung des Dienstverhältnisses leistet, können im Rahmen des § 3 Nr. 63 Satz 3 EStG – zusätzlich zu den Beiträgen nach § 3 Nr. 63 Satz 1 EStG – steuerfrei belassen werden. Ein Zusammenhang mit der Beendigung des Dienstverhältnisses ist insbesondere dann zu vermuten, wenn der Beitrag innerhalb von drei Monaten vor dem Beendigungs-/Auflösungszeitpunkt geleistet wird. Die Vervielfältigungsregelung kann auch nach Beendigung des Dienstverhältnisses angewendet werden, wenn die Beitragsleistung oder Entgeltumwandlung spätestens bis zum Zeitpunkt der Beendigung des Dienstverhältnisses vereinbart wird.

44 Die Höhe der Steuerfreiheit ist begrenzt auf den Betrag, der sich ergibt aus 4 % der Beitragsbemessungsgrenze in der allgemeinen Rentenversicherung (West) vervielfältigt mit der Anzahl der Kalenderjahre, in denen das Dienstverhältnis des Arbeitnehmers zu dem Arbeitgeber bestanden hat, höchstens zehn Kalenderjahre.

45 Die Vervielfältigungsregelung steht jedem Arbeitnehmer aus demselben Dienstverhältnis insgesamt nur einmal zu. Werden die Beiträge statt als Einmalbeitrag in Teilbeträgen geleistet, sind diese so lange steuerfrei, bis der für den Arbeit-

nehmer maßgebende Höchstbetrag ausgeschöpft ist. Eine Anwendung der Vervielfältigungsregelung des § 3 Nr. 63 Satz 3 EStG ist nicht möglich, soweit die Vervielfältigungsregelung des § 40b Abs. 2 Satz 3 und 4 EStG a.F. auf die Beiträge, die der Arbeitgeber aus Anlass der Beendigung des Dienstverhältnisses leistet, angewendet wird (vgl. Rn. 94 f.). Die hiernach pauschal besteuerten Beiträge und Zuwendungen sind folglich auf das steuerfreie Volumen anzurechnen.

### d) Nachholung der Steuerfreiheit nach § 3 Nr. 63 Satz 4 EStG

Beiträge i.S.d. § 3 Nr. 63 Satz 1 EStG, die für Kalenderjahre nachgezahlt 46
werden, in denen das erste Dienstverhältnis ruhte, vom Arbeitgeber im Inland kein steuerpflichtiger Arbeitslohn bezogen wurde und in diesen Zeiten keine Beiträge i.S.d. § 3 Nr. 63 Satz 1 EStG geleistet wurden, sind steuerfrei, soweit sie 8 % der Beitragsbemessungsgrenze in der allgemeinen Rentenversicherung (West), vervielfältigt mit der Anzahl dieser Kalenderjahre, höchstens jedoch zehn Kalenderjahre, nicht übersteigen. Eine Nachzahlung kommt beispielsweise in Betracht für Zeiten einer Entsendung ins Ausland, während der Elternzeit oder eines Sabbatjahres. Für die Berechnung des maximalen steuerfreien Volumens wird auf die Beitragsbemessungsgrenze des Jahres der Nachzahlung abgestellt und diese mit der Anzahl der zu berücksichtigenden Jahre multipliziert.

Im Zeitraum des Ruhens und im Zeitpunkt der Nachzahlung muss ein erstes 47
Dienstverhältnis vorliegen (§ 3 Nr. 63 Satz 4 EStG). Der Nachweis, dass ein erstes Dienstverhältnis vorliegt, ist vom Arbeitgeber zu führen. Dieser kann z.B. über die abgerufenen ELStAM-Daten, eine Bescheinigung für den Lohnsteuerabzug oder eine schriftliche Bestätigung des Arbeitnehmers erfolgen (siehe dazu auch Rn. 24).

Die Nachholungsregelung ist eine Jahres-Regelung, d.h., es sind nur solche 48
Kalenderjahre zu berücksichtigen, in denen vom 1. Januar bis zum 31. Dezember vom Arbeitgeber im Inland kein steuerpflichtiger Arbeitslohn bezogen wurde. Berücksichtigt werden dabei auch Kalenderjahre vor 2018, sofern die Nachzahlung ab dem 1. Januar 2018 erfolgt. Arbeitslöhne aus anderen Dienstverhältnissen (Steuerklasse VI oder pauschal besteuert) bleiben unberücksichtigt.

Die Nachholung muss im Zusammenhang mit dem Ruhen des Dienstverhält- 49
nisses stehen. Von einem solchen Zusammenhang kann ausgegangen werden, wenn die Beiträge spätestens bis zum Ende des Kalenderjahres, das auf das Ende der Ruhensphase folgt, nachgezahlt werden. Die Nachholung kann in einem Betrag oder in mehreren Teilbeträgen erfolgen. Bei Teilbeträgen gilt die Beitragsbemessungsgrenze des Jahres der ersten Teilzahlung. In dem Kalenderjahr, in dem die Ruhensphase endet und in dem darauffolgenden Jahr können die Steuerbefreiungen nach § 3 Nr. 63 Satz 1 und 4 EStG nebeneinander in Anspruch genommen werden.

Übersteigen die nachgezahlten Beiträge das steuerfreie Volumen nach § 3 Nr. 63 50
Satz 4 EStG, können die übersteigenden Beiträge nach § 3 Nr. 63 Satz 1 EStG steuerfrei belassen werden, soweit der Höchstbetrag nach § 3 Nr. 63 Satz 1 EStG durch die laufenden Beiträge für das entsprechende Kalenderjahr noch nicht verbraucht ist. Für Beiträge an eine Pensionskasse oder für eine Direktversicherung kommt ggf. auch die Pauschalbesteuerung nach § 40b Abs. 1 und

Abs. 2 Satz 1 und 2 EStG a.F. in Betracht, sofern die Voraussetzungen für die Anwendung des § 40b EStG a.F. vorliegen (vgl. Rn. 85 bis 99).

**5. Steuerfreiheit für Sicherungsbeiträge des Arbeitgebers nach § 3 Nr. 63a EStG**

51 § 3 Nr. 63a EStG gilt für Zusatzbeiträge des Arbeitgebers i.S.d. § 23 Abs. 1 BetrAVG, die den einzelnen Arbeitnehmern nicht unmittelbar gutgeschrieben oder zugerechnet, sondern zunächst zur Absicherung der reinen Beitragszusage genutzt werden. Diese Zusatzbeiträge bleiben im Zeitpunkt der Dotierung/ Leistung des Arbeitgebers an die Versorgungseinrichtung steuerfrei. Soweit aus den nach § 3 Nr. 63a EStG steuerfreien Beiträgen dem Arbeitnehmer später Versorgungsleistungen oder andere Vorteile zufließen, sind diese vollständig nach § 22 Nr. 5 Satz 1 EStG zu besteuern (vgl. Rn. 148 ff.).

52 Für Zusatzbeiträge des Arbeitgebers, die den einzelnen Arbeitnehmern direkt gutgeschrieben bzw. zugerechnet werden, gelten hingegen die gleichen steuerlichen Regelungen wie für die übrigen Beiträge des Arbeitgebers im Rahmen des Kapitaldeckungsverfahrens an einen Pensionsfonds, eine Pensionskasse oder für eine Direktversicherung zum Aufbau einer betrieblichen Altersversorgung (z.B. Steuerfreiheit nach § 3 Nr. 63 EStG, Förderung nach § 10a EStG/Abschn. XI EStG beim Arbeitnehmer).

**6. Steuerfreiheit nach § 3 Nr. 65 EStG**

53 Die sich aus § 3 Nr. 65 Satz 2 bis 4 EStG ergebenden Rechtsfolgen treten auch dann ein, wenn die Auszahlungen unmittelbar vom Träger der Insolvenzsicherung an den Versorgungsberechtigten oder seine Hinterbliebenen vorgenommen werden. In diesem Fall ist der Träger der Insolvenzsicherung Dritter i.S.d. § 3 Nr. 65 Satz 4 EStG und daher zum Lohnsteuereinbehalt verpflichtet.

54 Nach § 8 Abs. 2 BetrAVG[1)] hat der Arbeitnehmer im Insolvenzfall des Arbeitgebers das Recht, in eine für ihn abgeschlossene Rückdeckungsversicherung des Arbeitgebers oder der Unterstützungskasse als Versicherungsnehmer einzutreten und die Versicherung mit eigenen Beiträgen fortzusetzen. Macht der Arbeitnehmer von diesem Recht Gebrauch und tritt in die Versicherung ein, ist der Erwerb der Ansprüche aus der Rückdeckungsversicherung steuerfrei nach § 3 Nr. 65 Satz 1 Buchst. d EStG. Die späteren Versorgungsleistungen aus der Rückdeckungsversicherung, in die der Arbeitnehmer nach § 3 Nr. 65 Satz 1 Buchst. d EStG eingetreten ist, gehören insgesamt zu den sonstigen Einkünften nach § 22 Nr. 5 Satz 1 EStG (§ 3 Nr. 65 Satz 5 Halbsatz 1 EStG). Das Versicherungsunternehmen muss keinen Lohnsteuerabzug durchführen, sondern lediglich – wie sonst auch – die Rentenbezugsmitteilung an die zentrale Stelle übermitteln (§ 22a EStG). Dies gilt auch für beherrschende Gesellschafter-Geschäftsführer einer GmbH.

55 Führt der Arbeitnehmer die nach § 8 Abs. 2 BetrAVG[1)] übernommene Rückdeckungsversicherung mit eigenen Beiträgen fort, sind die auf diesen Beiträgen beruhenden Versorgungsleistungen nach § 22 Nr. 5 Satz 1 oder 2 EStG zu versteuern (§ 3 Nr. 65 Satz 5 Halbsatz 2 EStG). Die Leistungen, die auf geförderten Beiträgen beruhen, sind nach § 22 Nr. 5 Satz 1 EStG voll zu versteuern. Die Leistungen, die auf nicht geförderten Beiträgen beruhen, sind nach § 22 Nr. 5 Satz 2 Buchst. a EStG entweder mit dem Ertragsanteil (lebenslange Rentenleistungen sowie Berufsunfähigkeits-, Erwerbsminderungs- und

[1)] Zitat geänd. durch BMF v. 18.3.2022, BStBl. I S. 333.

Hinterbliebenenrenten) oder ggf. nach § 22 Nr. 5 Satz 2 Buchst. b i.V.m. § 20 Abs. 1 Nr. 6 EStG (Kapitalleistungen) zu versteuern.

## 7. Steuerfreiheit nach § 3 Nr. 66 EStG

Voraussetzung für die Steuerfreiheit nach § 3 Nr. 66 EStG ist, dass vom Arbeitgeber ein Antrag nach § 4d Abs. 3 oder § 4e Abs. 3 EStG gestellt worden ist. Die Steuerfreiheit nach § 3 Nr. 66 EStG gilt auch dann, wenn beim übertragenden Unternehmen keine Zuwendungen i.S.d. § 4d Abs. 3 EStG oder Leistungen i.S.d. § 4e Abs. 3 EStG im Zusammenhang mit der Übernahme einer Versorgungsverpflichtung durch einen Pensionsfonds anfallen. Bei einer entgeltlichen Übertragung von Versorgungsanwartschaften aktiver Beschäftigter kommt die Anwendung von § 3 Nr. 66 EStG nur für Zahlungen an den Pensionsfonds in Betracht die für die bis zum Zeitpunkt der Übertragung bereits erdienten Versorgungsanwartschaften geleistet werden (sog. „Past-Service“); Zahlungen an den Pensionsfonds für zukünftig noch zu erdienende Anwartschaften (sog. „Future-Service“) sind ausschließlich in dem begrenzten Rahmen des § 3 Nr. 63 EStG lohnsteuerfrei; zu weiteren Einzelheiten, insbesondere zur Abgrenzung von „Past-“ und „Future-Service“, siehe BMF-Schreiben vom 26. Oktober 2006 (BStBl. I S. 709)[1] und vom 10. Juli 2015 (BStBl. I S. 544)[2]. Erfolgt im Rahmen eines Gesamtplans zunächst eine nach § 3 Nr. 66 EStG begünstigte Übertragung der erdienten Anwartschaften auf einen Pensionsfonds und werden anschließend regelmäßig wiederkehrend (z.B. jährlich) die dann neu erdienten Anwartschaften auf den Pensionsfonds übertragen, sind die weiteren Übertragungen auf den Pensionsfonds nicht nach § 3 Nr. 66 EStG begünstigt, sondern nur im Rahmen des § 3 Nr. 63 EStG steuerfrei. Bei der Auslagerung des „Past-Services“ ohne Einbeziehung des „Future-Services“ und einer sich anschließenden zweiten Auslagerung der in der Zwischenzeit angesammelten Versorgungsanwartschaften bei Renteneintritt handelt es sich nicht um einen steuerschädlichen Gesamtplan. Hinsichtlich des durch die Steuerbefreiungsvorschrift begünstigten Personenkreises vgl. Rn. 23. **56**

## 8. Steuerfreiheit nach § 3 Nr. 55 EStG

Gem. § 4 Abs. 2 Nr. 2 BetrAVG kann nach Beendigung des Arbeitsverhältnisses im Einvernehmen des ehemaligen mit dem neuen Arbeitgeber sowie dem Arbeitnehmer der Wert der vom Arbeitnehmer erworbenen Altersversorgung (Übertragungswert nach § 4 Abs. 5 BetrAVG) auf den neuen Arbeitgeber übertragen werden, wenn dieser eine wertgleiche Zusage erteilt. § 4 Abs. 3 BetrAVG gibt dem Arbeitnehmer für Versorgungszusagen, die nach dem 31. Dezember 2004 erteilt werden, das Recht, innerhalb eines Jahres nach Beendigung des Arbeitsverhältnisses von seinem ehemaligen Arbeitgeber zu verlangen, dass der Übertragungswert auf den neuen Arbeitgeber übertragen wird, wenn die betriebliche Altersversorgung beim ehemaligen Arbeitgeber über einen Pensionsfonds, eine Pensionskasse oder eine Direktversicherung durchgeführt worden ist und der Übertragungswert die im Zeitpunkt der Übertragung maßgebliche Beitragsbemessungsgrenze in der allgemeinen Rentenversicherung (West) nicht übersteigt. **57**

---

[1] Nr. 1 § 4e/1.
[2] Nr. 1 § 4e/2.

**58** Die Anwendung der Steuerbefreiungsvorschrift des § 3 Nr. 55 EStG setzt aufgrund des Verweises auf die Vorschriften des Betriebsrentengesetzes die Beendigung des bisherigen Dienstverhältnisses und ein anderes Dienstverhältnis voraus. Die Übernahme der Versorgungszusage durch einen Arbeitgeber, bei dem der Arbeitnehmer bereits beschäftigt ist, ist betriebsrentenrechtlich unschädlich und steht daher der Anwendung der Steuerbefreiungsvorschrift nicht entgegen. § 3 Nr. 55 EStG und Rn. 57 gelten entsprechend für Arbeitnehmer, die nicht in der gesetzlichen Rentenversicherung pflichtversichert sind (z.B. beherrschende Gesellschafter-Geschäftsführer oder geringfügig Beschäftigte).

**59** Die Steuerfreiheit gilt sowohl für Versorgungszusagen, die gesetzlich unverfallbar sind, als auch für Versorgungszusagen, die aufgrund vertraglicher Vereinbarungen mit oder ohne Fristerfordernis unverfallbar sind (§ 3 Nr. 55 Satz 1 Halbsatz 2 EStG).

**60** Der geleistete Übertragungswert ist nach § 3 Nr. 55 Satz 1 EStG steuerfrei, wenn die betriebliche Altersversorgung sowohl beim ehemaligen Arbeitgeber als auch beim neuen Arbeitgeber über einen Pensionsfonds, eine Pensionskasse oder eine Direktversicherung durchgeführt wird. Es ist nicht Voraussetzung, dass beide Arbeitgeber auch den gleichen Durchführungsweg gewählt haben. Um eine Rückabwicklung der steuerlichen Behandlung der Beitragsleistungen an einen Pensionsfonds, eine Pensionskasse oder eine Direktversicherung vor der Übertragung (Steuerfreiheit nach § 3 Nr. 63, 66 EStG, individuelle Besteuerung, Besteuerung nach § 40b EStG) zu verhindern, bestimmt § 3 Nr. 55 Satz 3 EStG, dass die auf dem Übertragungsbetrag beruhenden Versorgungsleistungen weiterhin zu den Einkünften gehören, zu denen sie gehört hätten, wenn eine Übertragung nach § 4 BetrAVG nicht stattgefunden hätte. Der Übertragungswert ist gem. § 3 Nr. 55 Satz 2 EStG auch steuerfrei, wenn er vom ehemaligen Arbeitgeber oder von einer Unterstützungskasse an den neuen Arbeitgeber oder an eine andere Unterstützungskasse geleistet wird.

**61** Die Steuerfreiheit des § 3 Nr. 55 EStG kommt jedoch nicht in Betracht, wenn die betriebliche Altersversorgung beim ehemaligen Arbeitgeber als Direktzusage oder mittels einer Unterstützungskasse ausgestaltet war, während sie beim neuen Arbeitgeber über einen Pensionsfonds, eine Pensionskasse oder eine Direktversicherung abgewickelt wird. Dies gilt auch für den umgekehrten Fall. Ebenso kommt die Steuerfreiheit nach § 3 Nr. 55 EStG bei einem Betriebsübergang nach § 613a BGB nicht in Betracht, da in einem solchen Fall die Regelung des § 4 BetrAVG keine Anwendung findet.

**62** Wird die betriebliche Altersversorgung sowohl beim alten als auch beim neuen Arbeitgeber über einen Pensionsfonds, eine Pensionskasse oder eine Direktversicherung abgewickelt, liegt im Fall der Übernahme der Versorgungszusage nach § 4 Abs. 2 Nr. 1 BetrAVG lediglich ein Schuldnerwechsel und damit für den Arbeitnehmer kein lohnsteuerlich relevanter Vorgang vor. Entsprechendes gilt im Fall der Übernahme der Versorgungszusage nach § 4 Abs. 2 Nr. 1 BetrAVG, wenn die betriebliche Altersversorgung sowohl beim alten als auch beim neuen Arbeitgeber über eine Direktzusage oder Unterstützungskasse durchgeführt wird.

### 9. Steuerfreiheit nach § 3 Nr. 55c Satz 2 Buchst. a EStG

**63** Steuerfrei nach § 3 Nr. 55c Satz 2 Buchst. a EStG ist die bei einem fortbestehenden Dienstverhältnis vorgenommene Übertragung von Anwartschaften aus einer betrieblichen Altersversorgung, die über einen Pensionsfonds, eine Pensionskasse oder ein Unternehmen der Lebensversicherung (Direktversicherung) durchgeführt wird, wenn die Anwartschaft lediglich auf einen anderen Träger einer betrieblichen Altersversorgung in Form eines Pensionsfonds, einer Pensionskasse oder eines Unternehmens der Lebensversicherung (Direktversicherung) übertragen wird. Dies gilt nicht für Zahlungen, die unmittelbar an den Arbeitnehmer erfolgen. Kommt es im Zusammenhang mit der Übertragung aufgrund rechtlicher Vorgaben des aufnehmenden Versorgungsträgers (z.B. abweichendes Tarifwerk der aufnehmenden Pensionskasse, andere Rechnungsgrundlagen, anderer Rechnungszins) zwingend zu Änderungen der Rahmenbedingungen der zugesagten betrieblichen Altersversorgung (z.B. Beitragsanpassung, Ausschluss einer Hinterbliebenenabsicherung), steht dies der Anwendung von § 3 Nr. 55c Satz 2 Buchst. a EStG nicht entgegen. Soweit danach § 3 Nr. 55c Satz 2 Buchst. a EStG anwendbar ist, führen diese Änderungen nicht zu einem neuen Vertrag (§ 20 Abs. 1 Nr. 6 EStG).

### 10. Übernahme von Pensionsverpflichtungen gegen Entgelt durch Beitritt eines Dritten in eine Pensionsverpflichtung (Schuldbeitritt) oder Ausgliederung/Abspaltung von Pensionsverpflichtungen

Bei der Übernahme von Pensionsverpflichtungen gegen Entgelt durch Beitritt **64**
eines Dritten in eine Pensionsverpflichtung (Schuldbeitritt) oder durch Ausgliederung von Pensionsverpflichtungen – ohne inhaltliche Veränderung der Zusage – handelt es sich weiterhin um eine Direktzusage des Arbeitgebers. Aus lohnsteuerlicher Sicht bleibt es folglich bei den für eine Direktzusage geltenden steuerlichen Regelungen, d.h., es liegen erst bei Auszahlung der Versorgungsleistungen – durch den Dritten bzw. durch die Pensionsgesellschaft anstelle des Arbeitgebers – Einkünfte i.S.d. § 19 EStG vor. Der Lohnsteuerabzug kann in diesem Fall mit Zustimmung des Finanzamts anstelle vom Arbeitgeber auch von dem Dritten bzw. der Pensionsgesellschaft vorgenommen werden (§ 38 Abs. 3a Satz 2 EStG). Die vorstehenden Ausführungen gelten entsprechend, wenn es sich nach dem Umwandlungsgesetz nicht um eine Ausgliederung, sondern um eine Abspaltung handelt.

Zu den lohnsteuerlichen Folgerungen der Übernahme der Pensionszusage **65**
eines beherrschenden Gesellschafter-Geschäftsführers gegen eine Ablösungszahlung und zum Wechsel des Durchführungswegs siehe aber BMF-Schreiben vom 4. Juli 2017 (BStBl. I S. 883)[1].

### 11. Förderung durch Sonderausgabenabzug nach § 10a EStG und Zulage nach Abschn. XI EStG

Zahlungen des Arbeitgebers im Rahmen der betrieblichen Altersversorgung an **66**
einen Pensionsfonds, eine Pensionskasse oder eine Direktversicherung können als Altersvorsorgebeiträge durch Sonderausgabenabzug nach § 10a EStG und Zulage nach Abschn. XI EStG gefördert werden (§ 82 Abs. 2 EStG). Die zeitliche Zuordnung der Altersvorsorgebeiträge i.S.d. § 82 Abs. 2 EStG richtet sich grundsätzlich nach den für die Zuordnung des Arbeitslohns geltenden Vorschriften (§ 38a Abs. 3 EStG; R 39b.2, 39b.5 und 39b.6 LStR).

Um Beiträge im Rahmen der betrieblichen Altersversorgung handelt es sich **67**
nur, wenn die Beiträge für eine vom Arbeitgeber aus Anlass des Arbeitsverhältnisses zugesagte Versorgungsleistung erbracht werden (§ 1 BetrAVG). Dies gilt unabhängig davon, ob die Beiträge

[1] Nr. **20** § 3/1.

– ausschließlich vom Arbeitgeber finanziert werden,
– auf einer Entgeltumwandlung beruhen,
– andere im Gesamtversicherungsbeitrag des Arbeitgebers enthaltene Finanzierungsanteile des Arbeitnehmers sind (BFH-Urteil vom 9. Dezember 2010 VI R 57/08, BStBl. 2011 II S. 978) oder
– eigene Beiträge des Arbeitnehmers sind, die er aus seinem bereits zugeflossenen und versteuerten Arbeitsentgelt zur Finanzierung der betrieblichen Altersversorgung leistet.

Im Übrigen sind die Rn. 2 ff. zu beachten.

**68** Voraussetzung für die steuerliche Förderung ist neben der individuellen Besteuerung der Beiträge, dass gem. § 82 Abs. 2 Satz 2 Nr. 1 EStG
– eine Vereinbarung vorliegt, nach der die zugesagten Altersversorgungsleistungen als monatliche Leistungen in Form einer lebenslangen Leibrente oder als Ratenzahlungen im Rahmen eines Auszahlungsplans mit einer anschließenden Teilkapitalverrentung ab spätestens dem 85. Lebensjahr ausgezahlt werden und die Leistungen während der gesamten Auszahlungsphase gleich bleiben oder steigen; dabei können bis zu zwölf Monatsleistungen in einer Auszahlung zusammengefasst und bis zu 30 % des zu Beginn der Auszahlungsphase zur Verfügung stehenden Kapitals außerhalb der monatlichen Leistungen ausgezahlt werden, und
– ein vereinbartes Kapitalwahlrecht nicht oder nicht außerhalb des letzten Jahres vor dem vertraglich vorgesehenen Beginn der Altersversorgungsleistung ausgeübt wurde.

Bei einer reinen Beitragszusage (§ 1 Abs. 2 Nr. 2a BetrAVG) muss vereinbart sein, dass der Pensionsfonds, die Pensionskasse oder die Direktversicherung eine lebenslange Zahlung als Altersversorgungsleistung zu erbringen hat (§ 82 Abs. 2 Satz 2 Nr. 2 EStG). Im Hinblick auf die entfallende Versorgungsbedürftigkeit z.B. für den Fall der Vollendung des 25. Lebensjahres der Kinder (siehe auch Rn. 4; bei Versorgungszusagen, die vor dem 1. Januar 2007 erteilt wurden, ist grundsätzlich das 27. Lebensjahr maßgebend), der Wiederheirat der verwitweten Person, dem Ende der Erwerbsminderung durch Wegfall der Voraussetzungen für den Bezug (insbesondere bei Verbesserung der Gesundheitssituation oder Erreichen der Altersgrenze) ist es nicht zu beanstanden, wenn eine Rente oder ein Auszahlungsplan zeitlich befristet ist. Die zu Beginn der Auszahlungsphase zu treffende Entscheidung hinsichtlich einer Entnahme bis zu 30 % des zur Verfügung stehenden Kapitals erfolgt pro Vertrag (Rn. 210 des BMF-Schreibens vom 21. Dezember 2017, BStBl. 2018 I S. 93[1]), geändert durch das BMF-Schreiben vom 17. Februar 2020, BStBl. I S. 213). Die ausgezahlten Leistungen unterliegen – unabhängig von der Entscheidung bezüglich einer Teilkapitalentnahme – der Besteuerung nach § 22 Nr. 5 EStG. Allein die Möglichkeit, anstelle der o.g. Auszahlungsformen eine Einmalkapitalauszahlung (100 % des zu Beginn der Auszahlungsphase zur Verfügung stehenden Kapitals) zu wählen, steht der Förderung noch nicht entgegen. Die Möglichkeit, eine Einmalkapitalauszahlung anstelle einer Rente oder eines Auszahlungsplans zu wählen, gilt nicht nur für Altersversorgungsleistungen, sondern auch für Invaliditäts- oder Hinterbliebenenversorgungsleistungen. Entscheidet sich der Arbeitnehmer zugunsten einer Einmalkapitalauszahlung, so sind von diesem Zeit-

[1] Nr. **1** § 79/1.

punkt an die Voraussetzungen des § 10a EStG und Abschn. XI EStG nicht mehr erfüllt und die Beitragsleistungen können nicht mehr gefördert werden. Erfolgt die Ausübung des Wahlrechts innerhalb des letzten Jahres vor dem altersbedingten Ausscheiden aus dem Erwerbsleben, so ist es aus Vereinfachungsgründen nicht zu beanstanden, wenn die Beitragsleistungen weiterhin nach § 10a EStG/Abschn. XI EStG gefördert werden. Für die Berechnung der Jahresfrist ist dabei auf das im Zeitpunkt der Ausübung des Wahlrechts vertraglich vorgesehene Ausscheiden aus dem Erwerbsleben (vertraglich vorgesehener Beginn der Altersversorgungsleistung) abzustellen. Da die Auszahlungsphase bei der Hinterbliebenenleistung erst mit dem Zeitpunkt des Todes des ursprünglich Berechtigten beginnt, ist es in diesem Fall aus steuerlicher Sicht nicht zu beanstanden, wenn das Wahlrecht zu diesem Zeitpunkt ausgeübt wird. Bei Auszahlung des Einmalkapitalbetrags handelt es sich um eine schädliche Verwendung i.S.d. § 93 EStG (vgl. Rn. 167 f.), soweit sie auf steuerlich gefördertem Altersvorsorgevermögen beruht. Zur Anwendung des § 34 EStG (der sog. Fünftelungsregelung) auf diese Zahlungen siehe Rn. 149.

Die aus bereits zugeflossenem Arbeitslohn des Arbeitnehmers geleisteten Beiträge an einen Pensionsfonds, eine Pensionskasse oder eine Direktversicherung zum Aufbau einer kapitalgedeckten betrieblichen Altersversorgung, bei der eine Auszahlung der zugesagten Altersversorgungsleistung entsprechend § 82 Abs. 2 Satz 2 EStG vorgesehen ist, zählen auch dann zu den Altersvorsorgebeiträgen i.S.d. § 82 Abs. 2 EStG, wenn der Arbeitslohn aufgrund eines DBA nicht in Deutschland, sondern in einem anderen Land der inländischen individuellen Besteuerung vergleichbar versteuert wird. **69**

Beitragsleistungen, die aus nach § 40a EStG pauschal versteuertem Arbeitslohn erbracht werden, gehören nicht zu den Altersvorsorgebeiträgen nach § 82 Abs. 2 Satz 1 Buchst. a EStG. **70**

Altersvorsorgebeiträge i.S.d. § 82 Abs. 2 EStG sind auch die Beiträge des ehemaligen Arbeitnehmers, die dieser im Fall einer zunächst ganz oder teilweise durch Entgeltumwandlung finanzierten und nach § 3 Nr. 63 oder § 10a EStG/Abschn. XI EStG geförderten betrieblichen Altersversorgung nach der Beendigung des Arbeitsverhältnisses nach Maßgabe des § 1b Abs. 5 Satz 1 Nr. 2 BetrAVG selbst erbringt. Dies gilt entsprechend in den Fällen der Finanzierung durch eigene Beiträge des Arbeitnehmers (vgl. Rn. 26). **71**

Die vom Steuerpflichtigen nach Maßgabe des § 1b Abs. 5 Satz 1 Nr. 2 BetrAVG selbst zu erbringenden Beiträge müssen nicht aus individuell versteuertem Arbeitslohn stammen (z.B. Finanzierung aus steuerfreiem Arbeitslosengeld). Gleiches gilt, soweit der Arbeitnehmer trotz eines weiter bestehenden Arbeitsverhältnisses keinen Anspruch auf Arbeitslohn mehr hat und die Beiträge nun selbst erbringt (z.B. während der Schutzfristen des § 3 Abs. 2 und § 6 Abs. 1 des Mutterschutzgesetzes, der Elternzeit, des Bezugs von Kurzarbeiter- oder Krankengeld oder auch § 1a Abs. 4 BetrAVG) oder aufgrund einer gesetzlichen Verpflichtung Beiträge zur betrieblichen Altersversorgung entrichtet werden (z.B. nach §§ 14a und 14b des Arbeitsplatzschutzgesetzes). **72**

Voraussetzung für die Förderung durch Sonderausgabenabzug nach § 10a EStG und Zulage nach Abschn. XI EStG ist in den Fällen der Rn. 71 f., dass der Steuerpflichtige zum begünstigten Personenkreis gehört. Die zeitliche Zuordnung dieser Altersvorsorgebeiträge richtet sich grundsätzlich nach § 11 Abs. 2 EStG. **73**

**74** Zu den begünstigten Altersvorsorgebeiträgen gehören nur Beiträge, die zum Aufbau einer betrieblichen Altersversorgung im Kapitaldeckungsverfahren erhoben werden. Für Umlagen, die an eine Versorgungseinrichtung gezahlt werden, kommt die Förderung dagegen nicht in Betracht. Werden sowohl Umlagen als auch Beiträge im Kapitaldeckungsverfahren erhoben, gehören Letztere nur dann zu den begünstigten Aufwendungen, wenn eine getrennte Verwaltung und Abrechnung beider Vermögensmassen erfolgt (Trennungsprinzip).

**75** Die Versorgungseinrichtung hat dem Zulageberechtigten jährlich eine Bescheinigung zu erteilen (§ 92 EStG). Diese Bescheinigung muss u.a. den Stand des Altersvorsorgevermögens ausweisen (§ 92 Nr. 5 EStG). Altersvorsorgevermögen kann immer nur dann vorliegen, wenn sich der Steuerpflichtige bewusst für die Förderung nach § 10a EStG und Abschn. XI EStG entschieden hat. Dies ist dann der Fall, wenn der Steuerpflichtige seiner Versorgungseinrichtung in der Vergangenheit mitgeteilt hat oder mit Wirkung für die Zukunft mitteilt, dass er diese Förderung in Anspruch nehmen möchte und die Versorgungseinrichtung daraufhin ihre Pflichten als Anbieter nach § 80 EStG wahrnimmt. Als bewusste Entscheidung für die steuerliche Förderung wird auch angesehen, wenn Altersvorsorgebeiträge gem. § 82 Abs. 2 EStG geleistet wurden, (ausschließlich) eine Einwilligung zur Datenübermittlung nach § 10a Abs. 2a Satz 1 EStG in der Fassung vom 17. August 2017 vorliegt und diese vom Zulageberechtigten nicht wirksam widerrufen wurde. Ein Zulagenantrag muss nicht gestellt werden. Bei einer Leistungszusage (§ 1 Abs. 1 Satz 2 Halbsatz 2 BetrAVG) und einer beitragsorientierten Leistungszusage (§ 1 Abs. 2 Nr. 1 BetrAVG) kann stattdessen der Barwert der erdienten Anwartschaft bescheinigt werden.

### 12. Steuerfreiheit nach § 3 Nr. 56 EStG

#### a) Begünstigter Personenkreis

**76** Die Rn. 23 f. gelten entsprechend.

#### b) Begünstigte Aufwendungen

**77** Zu den nach § 3 Nr. 56 EStG begünstigten Aufwendungen gehören nur laufende Zuwendungen des Arbeitgebers für eine betriebliche Altersversorgung an eine Pensionskasse, die nicht im Kapitaldeckungsverfahren, sondern im Umlageverfahren finanziert wird (wie z.B. Umlagen an die Versorgungsanstalt des Bundes und der Länder – VBL – bzw. an eine kommunale oder kirchliche Zusatzversorgungskasse). Soweit diese Zuwendungen nicht nach § 3 Nr. 56 EStG steuerfrei bleiben, können sie individuell oder nach § 40b Abs. 1 und 2 EStG pauschal besteuert werden. Im Übrigen gelten die Rn. 27 f. und die Rn. 30 bis 34 entsprechend. Danach sind z.B. der Arbeitnehmereigenanteil an einer Umlage und die sog. eigenen Beiträge des Arbeitnehmers nicht steuerfrei nach § 3 Nr. 56 EStG.

**78** Werden von der Versorgungseinrichtung sowohl Zuwendungen/Umlagen als auch Beiträge im Kapitaldeckungsverfahren erhoben, ist § 3 Nr. 56 EStG auch auf die im Kapitaldeckungsverfahren erhobenen Beiträge anwendbar, wenn eine getrennte Verwaltung und Abrechnung beider Vermögensmassen (Trennungsprinzip, Rn. 25) nicht erfolgt.

**79** Erfolgt eine getrennte Verwaltung und Abrechnung beider Vermögensmassen, ist die Steuerfreiheit nach § 3 Nr. 63 EStG für die im Kapitaldeckungsverfahren erhobenen Beiträge vorrangig zu berücksichtigen. Dies gilt unabhängig davon, ob diese Beiträge rein arbeitgeberfinanziert sind, auf einer Entgeltumwandlung oder anderen im Gesamtversicherungsbeitrag des Arbeitgebers enthaltenen Finanzierungsanteilen des Arbeitnehmers beruhen. Die nach § 3 Nr. 63 EStG steuerfreien Beträge mindern den Höchstbetrag des § 3 Nr. 56 EStG (§ 3 Nr. 56 Satz 3 EStG). Zuwendungen nach § 3 Nr. 56 EStG sind daher nur steuerfrei, soweit die nach § 3 Nr. 63 EStG steuerfreien Beiträge den Höchstbetrag des § 3 Nr. 56 EStG unterschreiten. Eine Minderung nach § 3 Nr. 56 Satz 3 EStG ist immer nur in dem jeweiligen Dienstverhältnis vorzunehmen; die Steuerfreistellung nach § 3 Nr. 56 EStG bleibt somit unberührt, wenn z.B. erst in einem späteren ersten Dienstverhältnis Beiträge nach § 3 Nr. 63 EStG steuerfrei bleiben.

**Beispiel:** 80

Arbeitgeber A zahlt in 2021 an seine Zusatzversorgungskasse einen Betrag i.H.v.:

- 1200 € (12 × 100 €) zugunsten einer getrennt verwalteten und abgerechneten kapitalgedeckten betrieblichen Altersversorgung und
- 1680 € (12 × 140 €) zugunsten einer umlagefinanzierten betrieblichen Altersversorgung.

Der Beitrag i.H.v. 1200 € ist steuerfrei gem. § 3 Nr. 63 EStG, denn der entsprechende Höchstbetrag wird nicht überschritten.

Von der Umlage sind (bei einer BBG in der allgemeinen Rentenversicherung [West] für 2021 i.H.v. 85 200 €[1]) 1356 € steuerfrei gem. § 3 Nr. 56 Satz 1 und 3 EStG (grundsätzlich 1680 €, aber maximal 3 % der BBG in der allgemeinen Rentenversicherung [West] i.H.v. 2556 € abzüglich 1200 €). Die verbleibende Umlage i.H.v. 324 € (1680 € abzüglich 1356 €) ist individuell oder gem. § 40b Abs. 1 und 2 EStG pauschal zu besteuern.

Es bestehen keine Bedenken gegen eine auf das Kalenderjahr bezogene Betrachtung hinsichtlich der gem. § 3 Nr. 56 Satz 3 EStG vorzunehmenden Verrechnung, wenn sowohl nach § 3 Nr. 63 EStG steuerfreie Beiträge als auch nach § 3 Nr. 56 EStG steuerfreie Zuwendungen erbracht werden sollen. Stellt der Arbeitgeber vor Übermittlung der elektronischen Lohnsteuerbescheinigung fest (z.B. wegen einer erst im Laufe des Kalenderjahres vereinbarten nach § 3 Nr. 63 EStG steuerfreien Entgeltumwandlung aus einer Sonderzuwendung), dass die ursprüngliche Betrachtung nicht mehr zutreffend ist, hat er eine Korrektur vorzunehmen. 81

**Beispiel:** 82

Arbeitgeber A zahlt ab dem 1. Januar 2021 monatlich an eine Zusatzversorgungskasse 220 € zugunsten einer umlagefinanzierten betrieblichen Altersversorgung; nach § 3 Nr. 63 EStG steuerfreie Beiträge werden nicht entrichtet. Aus dem Dezembergehalt (Gehaltszahlung 15. Dezember 2021) wandelt der Arbeitnehmer einen Betrag i.H.v. 240 € zugunsten einer kapitalgedeckten betrieblichen Altersversorgung um (wobei die Mitteilung an den Arbeitgeber am 6. Dezember 2021 erfolgt).

Der Beitrag i.H.v. 240 € ist vorrangig steuerfrei nach § 3 Nr. 63 EStG.

Von der Umlage wurde bisher ein Betrag i.H.v. 2343 € (= 11 × 213 € [3 % der BBG für 2021 in der allgemeinen Rentenversicherung [West] i.H.v. 85 200 €[2] = 2556 €, verteilt auf 12 Monate]) nach § 3 Nr. 56 EStG steuerfrei belassen.

Im Monat Dezember ist die steuerliche Behandlung der Umlagezahlung zu korrigieren, denn nur ein Betrag i.H.v. 2316 € (2556 € abzüglich 240 €) kann maximal im Kalenderjahr steuerfrei nach § 3 Nr. 56 EStG gezahlt werden. Ein Betrag i.H.v. 27 € (2343 € abzüglich 2316 €) ist noch *individuell oder pauschal* zu besteuern. Der Arbeitgeber kann wahlweise den Lohnsteuerabzug der Monate Januar bis November 2021 korrigieren oder im Dezember 2021 den Betrag als sonstigen Bezug behandeln. Der Beitrag zugunsten der umlagefinanzierten betrieblichen Altersversorgung für den Monat Dezember 2021 i.H.v. 220 € ist vollständig individuell oder pauschal zu besteuern.

---

[1] **Red. Anm.:** Für **2022**: 84 600 €; Für **2023**: 87 600 €.

[2] **Red. Anm.:** Für **2022**: 84 600 €.

### 13. Anwendung des § 40b EStG in der geltenden Fassung

83 § 40b EStG erfasst nur noch Zuwendungen des Arbeitgebers für eine betriebliche Altersversorgung an eine Pensionskasse, die nicht im Kapitaldeckungsverfahren, sondern im Umlageverfahren finanziert wird (wie z.B. Umlagen an die Versorgungsanstalt des Bundes und der Länder – VBL – bzw. an eine kommunale oder kirchliche Zusatzversorgungskasse). Werden für den Arbeitnehmer solche Zuwendungen laufend geleistet, bleiben diese zunächst im Rahmen des § 3 Nr. 56 EStG steuerfrei. Die den Rahmen des § 3 Nr. 56 EStG übersteigenden Zuwendungen können dann nach § 40b Abs. 1 und 2 EStG pauschal besteuert werden (zur Anwendung der Pauschalbesteuerung nach § 40b EStG a.F. für den Bereich der kapitalgedeckten betrieblichen Altersversorgung vgl. Rn. 85 ff.). Werden von einer Versorgungseinrichtung sowohl Umlagen als auch Beiträge im Kapitaldeckungsverfahren erhoben, ist § 40b EStG auch auf die im Kapitaldeckungsverfahren erhobenen Beiträge anwendbar, wenn eine getrennte Verwaltung und Abrechnung beider Vermögensmassen (Trennungsprinzip, Rn. 25) nicht erfolgt.

84 Zuwendungen des Arbeitgebers i.S.d. § 19 Abs. 1 Satz 1 Nr. 3 Satz 2 EStG an eine Pensionskasse sind in voller Höhe pauschal nach § 40b Abs. 4 EStG mit 15 % zu besteuern. Dazu gehören z.B. Gegenwertzahlungen und Zahlungen im Erstattungsmodell nach § 23a und § 23c der Satzung der Versorgungsanstalt des Bundes und der Länder – VBL – oder nach § 15a und § 15b der AKA-Mustersatzung für die kommunalen und kirchlichen Zusatzversorgungskassen. Für die Anwendung des § 40b Abs. 4 EStG ist es unerheblich, wenn an die Versorgungseinrichtung keine weiteren laufenden Beiträge oder Zuwendungen geleistet werden.

### 14. Übergangsregelungen § 52 Abs. 4 Satz 16 f. und Abs. 40 EStG zur Anwendung des § 3 Nr. 63 EStG sowie des § 40b EStG a.F.

#### a) Mindestens eine pauschal besteuerte Beitragsleistung vor dem 1. Januar 2018

85[1] Für die weitere Anwendung von § 40b Abs. 1 und 2 EStG a.F. über § 52 Abs. 40 EStG ist als grundlegende personenbezogene Voraussetzung zunächst entscheidend, ob vor dem 1. Januar 2018 mindestens ein Beitrag des Arbeitgebers zum Aufbau einer kapitalgedeckten Altersversorgung an eine Pensionskasse oder Direktversicherung rechtmäßig nach § 40b Abs. 1 und 2 EStG a.F. pauschal besteuert wurde. Hierfür mussten die entsprechenden Beiträge aufgrund einer Versorgungszusage geleistet werden, die vor dem 1. Januar 2005 erteilt wurde. Für die Frage der zulässigen Anwendung der Pauschalbesteuerung **vor 2018** sind daher die Regelungen in den Rn. 349 ff. des BMF-Schreibens vom 24. Juli 2013 (BStBl. I S. 1022), unter Berücksichtigung der Änderungen durch das BMF-Schreiben vom 13. Januar 2014 (BStBl. I S. 97) und das BMF-Schreiben vom 13. März 2014 (BStBl. I S. 554) weiter von Bedeutung. Rz. 355 des BMF-Schreibens vom 24. Juli 2013 (a. a. O.) ist unbeachtlich, soweit die Regelungen dem BFH-Urteil vom 1. September 2021 VI R 21/19 (BStBl. 2022 II S. 233) zur Abgrenzung von Alt-und Neuzusagen widersprechen.

86 Wurde für einen Arbeitnehmer vor dem 1. Januar 2018 mindestens ein Beitrag rechtmäßig nach § 40b EStG a.F. pauschal besteuert, liegen für diesen Arbeit-

[1] Rdnr. 85 neu gef. durch BMF v. 18.3.2022, BStBl. I S. 333.

nehmer die persönlichen Voraussetzungen für die weitere Anwendung des § 40b EStG a.F. sein ganzes Leben lang vor. Vertragsänderungen (z.B. Beitragserhöhungen), Neuabschlüsse, Änderungen der Versorgungszusage, Arbeitgeberwechsel etc. sind unbeachtlich. Im Fall eines Arbeitgeberwechsels genügt es, wenn der Arbeitnehmer gegenüber dem neuen Arbeitgeber nachweist, dass vor dem 1. Januar 2018 mindestens ein Beitrag an eine Pensionskasse oder für eine Direktversicherung nach § 40b EStG a.F. pauschal besteuert wurde (beispielsweise durch eine Gehaltsabrechnung oder eine Bescheinigung eines Vorarbeitgebers bzw. des Versorgungsträgers). Der neue Arbeitgeber kann dann die in Betracht kommenden Beiträge zugunsten einer kapitalgedeckten Pensionskasse oder Direktversicherung i.S.d. R 40b.1 LStR ebenfalls weiterhin nach § 40b EStG a.F. pauschal besteuern. Übersteigen die Beiträge des Arbeitgebers den Pauschalierungshöchstbetrag von 1752 €, sind diese unter den Voraussetzungen des § 3 Nr. 63 Satz 1 EStG i.V.m. § 52 Abs. 4 Satz 16 EStG steuerfrei (vgl. Rn. 31). Die Anwendung der Pauschalbesteuerung nach § 40b EStG a.F. für Beiträge an Pensionskassen und für Direktversicherungen ist somit nicht erst nach Übersteigen des steuerfreien Höchstbetrages von 8 % möglich, sondern mindert das maximal steuerfreie Volumen (§ 52 Abs. 4 Satz 16 EStG).

**Beispiel 1:** 87

Dem Arbeitnehmer A wurde vom Arbeitgeber B im Jahr 2003 eine Versorgungszusage über eine Pensionskasse und im Jahr 2013 in Form einer Direktversicherung erteilt. Die Beiträge für die Pensionskasse wurden – soweit sie die Steuerfreiheit nach § 3 Nr. 63 EStG überstiegen – bis zur Beendigung des Dienstverhältnisses am 30. Juni 2020 nach § 40b EStG a.F. pauschal besteuert. Die Beiträge für die Direktversicherung wurden aus individuell versteuertem Arbeitslohn geleistet. Nach einer Zeit der Arbeitslosigkeit (1. Juli 2020 bis 31. März 2021) nimmt A zum 1. April 2021 ein neues Beschäftigungsverhältnis beim Arbeitgeber C auf. C erteilt A eine neue Versorgungszusage über einen Pensionsfonds und übernimmt die Direktversicherung. A weist dem C nach, dass die Beiträge für die Pensionskasse in 2017 (damit vor dem 1. Januar 2018) nach § 40b EStG a.F. pauschal besteuert wurden (Vorlage einer Gehaltsabrechnung).

Arbeitgeber C kann die Beiträge für die Direktversicherung bis zur Höhe von maximal 1752 € nach § 40b EStG a.F. pauschal besteuern. Der Zeitpunkt der Erteilung der Versorgungszusage für die Direktversicherung ist ohne Bedeutung. Die Beiträge an den Pensionsfonds sind nach Maßgabe des § 3 Nr. 63 EStG steuerfrei

**Beispiel 2:** 88

Dem Arbeitnehmer A wurde vom Arbeitgeber B im Jahr 2009 eine Versorgungszusage in Form einer Direktversicherung erteilt. Die Beiträge für die Direktversicherung waren bis zum 30. Juni 2020 steuerfrei nach § 3 Nr. 63 EStG. Nach einer Zeit der Arbeitslosigkeit (1. Juli 2020 bis 31. März 2021) nimmt A zum 1. April 2021 ein neues Beschäftigungsverhältnis beim Arbeitgeber C auf. C übernimmt die Direktversicherung und führt sie fort.

Arbeitgeber C kann die Beiträge für die Direktversicherung nicht nach § 40b EStG a.F. pauschal besteuern, da vor dem 1. Januar 2018 kein Beitrag nach § 40b Abs. 1 und 2 EStG a.F. pauschal besteuert wurde.

### b) Weiteranwendung des § 40b Abs. 1 und 2 EStG a.F.

Neben diesen Vorgaben (s. Rn. 85 f.) ist Folgendes zu beachten: 89

Im Fall der Durchschnittsberechnung nach § 40b Abs. 2 Satz 2 EStG a.F. sind 90
zur Ermittlung des verbleibenden steuerfreien Volumens nach § 3 Nr. 63 Satz 1 EStG grundsätzlich die auf den einzelnen Arbeitnehmer entfallenden Leistungen des Arbeitgebers mindernd anzurechnen. Hat der Arbeitgeber keine individuelle Zuordnung der auf den einzelnen Arbeitnehmer entfallenden Leistungen vorgenommen, bestehen keine Bedenken, wenn der Arbeitgeber aus Vereinfachungsgründen einheitlich für alle Arbeitnehmer den nach § 40b EStG a.F. pauschal besteuerten Durchschnittsbetrag berücksichtigt.

91 **Beispiel 1:**
Der Arbeitgeber zahlt in einen Gruppendirektversicherungsvertrag 600 € jährlich für den Arbeitnehmer A und 2000 € jährlich für den Arbeitnehmer B ein. Der Durchschnittsbetrag von 1300 € (600 € zuzüglich 2000 € : 2 Arbeitnehmer) wird mit 20 % pauschal besteuert.

Das steuerfreie Volumen von 8 % der BBG in der allgemeinen Rentenversicherung (West)[1] ist beim Arbeitnehmer A um 600 € und beim Arbeitnehmer B um 2000 € zu vermindern.

92–93 **Beispiel 2:**
Der Arbeitgeber zahlt an eine Pensionskasse 3 % seiner Bruttolohnsumme als Beitrag für alle Arbeitnehmer. Der mit 20 % pauschal besteuerte, auf jeden Arbeitnehmer entfallende Durchschnittsbetrag nach § 40b Abs. 2 Satz 2 EStG a.F. beträgt 1500 €.

Das steuerfreie Volumen von 8 % der BBG in der allgemeinen Rentenversicherung (West) wird bei allen Arbeitnehmern um 1500 € gemindert.

### c) Verhältnis von § 3 Nr. 63 Satz 3 EStG und § 40b Abs. 1, Abs. 2 Satz 3 und 4 EStG a.F.

94 Begünstigte Aufwendungen (Rn. 25 ff.), die der Arbeitgeber aus Anlass der Beendigung des Dienstverhältnisses leistet, können nach § 3 Nr. 63 Satz 3 EStG steuerfrei belassen oder nach § 40b Abs. 2 Satz 3 und 4 EStG a.F. pauschal besteuert werden.

95 Das steuerfreie Volumen von § 3 Nr. 63 Satz 3 EStG wird gemindert, soweit § 40b Abs. 1 und Abs. 2 Satz 3 und 4 EStG a.F. auf die Beiträge, die der Arbeitgeber aus Anlass der Beendigung des Dienstverhältnisses leistet, angewendet wird (§ 52 Abs. 4 Satz 17 EStG). Die Pauschalbesteuerung nach § 40b Abs. 2 Satz 1 und 2 EStG a.F. berührt hingegen das steuerfreie Volumen des § 3 Nr. 63 Satz 3 EStG nicht.

96–97 **Beispiel:**

| | |
|---|---|
| Steuerfreier Höchstbetrag (maximal 10 Jahre × 4 % BBG in der allgemeinen Rentenversicherung [West] für 2021: 85 200 €[2]) | 34 080 € |
| abzgl. nach § 40b Abs. 2 Satz 3 und 4 EStG a.F. tatsächlich pauschal besteuerte Beiträge, z.B. | ./. 26 280 € |
| verbleiben als steuerfreies Volumen nach § 3 Nr. 63 Satz 3 EStG | = 7800 € |

### d) Verhältnis von § 3 Nr. 63 Satz 4 EStG und § 40b Abs. 1 und 2 Satz 1 und 2 EStG a.F.

98 Begünstigte Aufwendungen (Rn. 46), die der Arbeitgeber für Kalenderjahre nachzahlt, in denen das erste Dienstverhältnis ruhte, können nach § 3 Nr. 63 Satz 4 EStG sowie ggf. nach § 3 Nr. 63 Satz 1 EStG steuerfrei belassen oder nach § 40b Abs. 2 Satz 1 und 2 EStG a.F. pauschal besteuert werden (Rn. 50).

### e) Verhältnis von § 3 Nr. 63 EStG und § 40b EStG a.F., wenn die betriebliche Altersversorgung nebeneinander bei verschiedenen Versorgungseinrichtungen durchgeführt wird

99 Leistet der Arbeitgeber nach § 3 Nr. 63 Satz 1 EStG begünstigte Beiträge an verschiedene Versorgungseinrichtungen, kann er § 40b EStG a.F. auf Beiträge an Pensionskassen und Direktversicherungen unabhängig von der zeitlichen Reihenfolge der Beitragszahlung anwenden, wenn die Voraussetzungen für die weitere Anwendung der Pauschalbesteuerung vorliegen.

---

[1] **Red. Anm.:** Für **2021**: 85200 €; für **2022**: 84 600 €.
[2] **Red. Anm.:** Für **2022**: 84 600 €.

## 15. BAV-Förderbetrag

### a) Allgemeines

Der in § 100 EStG geregelte BAV-Förderbetrag ist ein staatlicher Zuschuss zu einem vom Arbeitgeber zusätzlich zum ohnehin geschuldeten Arbeitslohn geleisteten Beitrag zur betrieblichen Altersversorgung von Arbeitnehmern mit geringem Einkommen (Bruttoarbeitslohn von monatlich nicht mehr als 2575 €). Gefördert werden Beiträge von mindestens 240 € bis höchstens 960 € im Kalenderjahr. Der staatliche Zuschuss beträgt 30 % des gesamten zusätzlichen Arbeitgeberbeitrags, also mindestens 72 € bis höchstens 288 € im Kalenderjahr. Er wird dem Arbeitgeber im Wege der Verrechnung mit der von ihm abzuführenden Lohnsteuer gewährt, grundsätzlich für den Lohnsteuer-Anmeldungszeitraum, dem der jeweilige Beitrag des Arbeitgebers zuzuordnen ist. **100**

### b) Grundlegende Voraussetzungen und Abwicklung (§ 100 Abs. 1 EStG)

Arbeitgeber i.S.d. § 38 Abs. 1 EStG dürfen für jeden begünstigten Arbeitnehmer (vgl. Rn. 106 ff.) mit einem ersten Dienstverhältnis vom Gesamtbetrag der einzubehaltenden Lohnsteuer einen Teilbetrag des Arbeitgeberbeitrags zur kapitalgedeckten betrieblichen Altersversorgung (BAV-Förderbetrag) entnehmen und bei der nächsten Lohnsteuer-Anmeldung gesondert absetzen. **101**

Ist keine Lohnsteuer einzubehalten (weil der Arbeitslohn nicht steuerbelastet ist oder lediglich die Pauschalsteuer an die Deutsche Rentenversicherung Knappschaft/Bahn/See zu entrichten ist) oder ist die vom Arbeitgeber einzubehaltende Lohnsteuer geringer als der BAV-Förderbetrag, kommt es mit der Lohnsteuer-Anmeldung zu einer Erstattung durch das Betriebsstättenfinanzamt. **102**

Die Förderung beanspruchen kann somit nur ein Arbeitgeber, der dem Grunde nach zum Lohnsteuerabzug verpflichtet ist. Das sind inländische Arbeitgeber (§ 38 Abs. 1 Satz 1 Nr. 1 EStG), ausländische Verleiher (§ 38 Abs. 1 Satz 1 Nr. 2 EStG) und in den Fällen der Arbeitnehmerentsendung das in Deutschland ansässige aufnehmende Unternehmen, das den Arbeitslohn für die geleistete Arbeit wirtschaftlich trägt oder nach dem Fremdvergleichsgrundsatz hätte tragen müssen (§ 38 Abs. 1 Satz 2 EStG). **103**

Der BAV-Förderbetrag setzt ein erstes Dienstverhältnis voraus (Steuerklassen I bis V oder die Bestimmung durch den Arbeitnehmer bei pauschal besteuertem Arbeitslohn; vgl. auch Rn. 24). Hierzu zählt auch ein weiterbestehendes Dienstverhältnis ohne Anspruch auf Arbeitslohn (z.B. während der Elternzeit, der Pflegezeit, des Bezugs von Kurzarbeiter- oder Krankengeld). Bei einem Arbeitgeberwechsel im Laufe des Jahres kann der BAV-Förderbetrag erneut bis zum Höchstbetrag in Anspruch genommen werden, auch wenn er in einem vorangegangenen Dienstverhältnis bereits ausgeschöpft wurde. Im Fall der Gesamtrechtsnachfolge und des Betriebsübergangs nach § 613a BGB kommt dies dagegen nicht in Betracht. **104**

Durch den BAV-Förderbetrag wird die kapitalgedeckte betriebliche Altersversorgung bezuschusst. Werden sowohl Umlagen als auch Beiträge im Kapitaldeckungsverfahren erhoben, gehören Letztere nur dann zu den begünstigten Aufwendungen, wenn eine getrennte Verwaltung und Abrechnung beider Vermögensmassen erfolgt (Trennungsprinzip); s. Rn. 25. **105**

### c) Begünstigte Personen, Einkommensgrenze (§ 100 Abs. 3 Nr. 3 EStG)

**106** Begünstigt sind alle Arbeitnehmer (§ 1 LStDV, also auch Auszubildende, Teilzeitbeschäftigte oder geringfügig Beschäftigte), deren laufender steuerpflichtiger Arbeitslohn im Zeitpunkt der Beitragsleistung innerhalb der von § 100 Abs. 3 Nr. 3 EStG festgelegten Einkommensgrenze (2575 € monatlich, 85,84 € täglich, 600,84 € wöchentlich und 30 900 € bei jährlicher Lohnzahlung) liegt. Maßgebend ist dabei der laufende Arbeitslohn des Arbeitnehmers im jeweiligen Lohnabrechnungszeitraum, der Berechnungsgrundlage für die Lohnsteuerberechnung gem. § 39b Abs. 2 Satz 1 EStG ist. Bei einem täglichen (z.B. untermonatiger Eintritt in das Dienstverhältnis), wöchentlichen oder monatlichen Lohnzahlungszeitraum ist der Lohn daher nicht auf einen voraussichtlichen Jahresarbeitslohn hochzurechnen. Ergibt sich z.B. aufgrund einer rechtlich fehlerhaften Lohnabrechnung oder einer Lohnsteuer-Außenprüfung nachträglich eine Korrektur des laufenden Arbeitslohns mit der Folge, dass die Voraussetzungen für die Gewährung des BAV-Förderbetrags im jeweiligen Lohnzahlungszeitraum nicht vorlagen, sind die entsprechenden Lohnsteuer-Anmeldungen zu ändern (vgl. Rn. 114 und 142).

**107** **Beispiel:**

Ein Arbeitnehmer ist seit 1. Januar beim Arbeitgeber A beschäftigt (Monatsarbeitslohn 5000 €). Ab 16. April ist er im Ausland tätig und bezieht seitdem nach DBA steuerfreien Arbeitslohn. Im April betragen der steuerpflichtige und der steuerfreie Arbeitslohn jeweils 2500 €.

Der Lohnzahlungszeitraum im April ist der Kalendermonat (R 39b.5 Abs. 2 Satz 3 LStR). Im April beträgt das maßgebliche Einkommen 2500 €. Die Einkommensgrenze des § 100 Abs. 3 Nr. 3 EStG wird nicht überschritten.

**108** Steuerfreie Lohnbestandteile (z.B. nach § 3 Nr. 63 EStG steuerfreie Beiträge zur betrieblichen Altersversorgung, steuerfreie Arbeitslohnteile nach DBA), sonstige Bezüge (§ 39b Abs. 3 EStG, auch R 39b.5 Abs. 4 Satz 2 LStR), unter die 44 €-Freigrenze – ab 2022: 50 €-Freigrenze – (§ 8 Abs. 2 Satz 11 EStG[1)]) oder den Rabattfreibetrag fallende Sachbezüge (§ 8 Abs. 3 EStG) oder nach den §§ 37a, 37b, 40, 40b EStG oder § 40b EStG a.F. pauschal besteuerter Arbeitslohn bleiben bei der Prüfung der Einkommensgrenze unberücksichtigt.

**109** Bei Teilzeitbeschäftigten und geringfügig Beschäftigten, bei denen die Lohnsteuer pauschal erhoben wird, gibt es keinen laufenden Arbeitslohn i.S.d. § 39b Abs. 2 Satz 1 und 2 EStG. Hier wird auf den pauschal besteuerten Arbeitslohn oder das pauschal besteuerte Arbeitsentgelt für den entsprechenden Lohnzahlungszeitraum abgestellt. Als sonstige Bezüge einzuordnende Arbeitsentgelt-/Arbeitslohnteile bleiben hier ebenfalls unberücksichtigt.

**110** Zu dem durch den BAV-Förderbetrag begünstigten Personenkreis gehören alle Arbeitnehmer (§ 1 LStDV), unabhängig davon, ob sie in der gesetzlichen Rentenversicherung pflichtversichert sind oder nicht (z.B. beherrschende Gesellschafter-Geschäftsführer, geringfügig Beschäftigte, in einem berufsständischen Versorgungswerk Versicherte).

---

[1)] **Amtl. Anm.:** In der Fassung des Jahressteuergesetzes 2020 vom 21. Dezember 2020, BGBl. I S. 3096, BStBl. 2021 I S. 6.

**d) Begünstigte Aufwendungen, zusätzlicher Arbeitgeberbeitrag (§ 100 Abs. 3 Nr. 2 EStG)**

Nach § 100 Abs. 3 Nr. 2 EStG kann der BAV-Förderbetrag nur für einen vom Arbeitgeber zusätzlich zum ohnehin geschuldeten Arbeitslohn erbrachten Beitrag zur betrieblichen Altersversorgung an einen Pensionsfonds, eine Pensionskasse oder für eine Direktversicherung beansprucht werden (§ 8 Abs. 4 EStG[2]). Die zusätzlichen Beiträge können z.B. tarifvertraglich, durch eine Betriebsvereinbarung oder auch einzelvertraglich festgelegt sein. Zusätzliche Beiträge des Arbeitgebers liegen auch dann noch vor, wenn bei sog. „Freiwilligen Matching-Modellen" die Höhe der arbeitgeberfinanzierten Beiträge (Erhöhungsbeträge) in Anknüpfung an die Höhe der durch originäre Entgeltumwandlung (arbeitnehmer-)finanzierten Beiträge bemessen wird. Im Gesamtversicherungsbeitrag des Arbeitgebers enthaltene Finanzierungsanteile des Arbeitnehmers sowie die mittels Entgeltumwandlung finanzierten Beiträge oder Eigenbeteiligungen des Arbeitnehmers sind – anders als bei § 3 Nr. 63 und § 10a EStG/Abschn. XI EStG (s. Rn. 26 und 67) – hingegen nicht begünstigt. **111**[1]

Auch die in Rn. 26a angesprochenen Beiträge zur betrieblichen Altersversorgung (für die betriebliche Altersversorgung verwendete vermögenswirksame Leistungen und Erhöhungsbeträge) erfüllen die Voraussetzungen für den BAV-Förderbetrag nicht, da es an der Voraussetzung „zusätzlich zum ohnehin geschuldeten Arbeitslohn" (§ 100 Abs. 3 Nr. 2 EStG) fehlt. Im Übrigen widerspricht es der Intention des Betriebsrentenstärkungsgesetzes, entsprechende Beiträge, die zu einer Zuschusspflicht nach § 1a Abs. 1a und § 23 Abs. 2 BetrAVG führen, zu fördern. **111a**

Nicht begünstigt sind auch die Leistungen des Arbeitgebers i.S.d. § 1a Abs. 1a und § 23 Abs. 2 BetrAVG, die er als Ausgleich für die ersparten Sozialversicherungsbeiträge infolge einer Entgeltumwandlung erbringt. Diese Beiträge werden steuerlich wie die zu Grunde liegende Entgeltumwandlung behandelt (s. a. Einzelbegründung zu § 1a Abs. 1a BetrAVG in der BT-Drs. 18/12612 und Einzelbegründung zu § 23 Abs. 2 BetrAVG in der BT-Drs. 18/11286). Nicht begünstigt sind ferner Leistungen des Arbeitgebers i.S.d. § 23 Abs. 1 BetrAVG, die dem einzelnen Arbeitnehmer unmittelbar gutgeschrieben oder zugerechnet werden. **112**

Die Förderung setzt des Weiteren voraus, dass der Arbeitgeber einen Mindestbetrag i.H.v. 240 € im Kalenderjahr geleistet hat. Bei der Ermittlung des Mindestbetrags sind nur Beiträge des Arbeitgebers an einen Pensionsfonds, eine Pensionskasse oder für eine Direktversicherung zu berücksichtigen, die die Voraussetzungen des § 100 Abs. 3 Nr. 4 und 5 EStG erfüllen und bei denen im Zeitpunkt der Beitragsleistung die Einkommensgrenzen nach § 100 Abs. 3 Nr. 3 EStG nicht überschritten werden. Wird der jährliche Mindestbetrag aus Gründen nicht erreicht, die zum Zeitpunkt der Inanspruchnahme des BAV-Förderbetrags nicht absehbar waren, beispielsweise weil der Arbeitgeber einen Monatsbetrag leistet und der Arbeitnehmer unerwartet aus dem Unternehmen ausscheidet, bevor der Mindestbetrag erreicht werden kann, ist der BAV-Förderbetrag nicht rückgängig zu machen (s. § 100 Abs. 4 Satz 1 EStG). Maximal **113**[3]

---

[1] Rdnr. 111 neu gef. durch BMF v. 18.3.2022, BStBl. I S. 333.

[2] **Amtl. Anm.:** In der Fassung des Jahressteuergesetzes 2020 vom 21. Dezember 2020, BGBl. I S. 3096, BStBl. 2021 I S. 6.

[3] Rdnr. 113 neu gef. durch BMF v. 18.3.2022, BStBl. I S. 333.

begünstigt ist ein zusätzlicher Beitrag des Arbeitgebers i.H.v. 960 € im Kalenderjahr.

**e) Verhältnisse im Zeitpunkt der Beitragsleistung**

114 Für die Prüfung der Voraussetzungen des BAV-Förderbetrags sind immer nur die Verhältnisse im Zeitpunkt der Beitragsleistung maßgeblich (§ 100 Abs. 4 Satz 1 EStG). Sich nachträglich ergebende, rückwirkende Änderungen der Verhältnisse sind unbeachtlich. Die Regelung betrifft insbesondere Fälle mit schwankendem oder steigendem Arbeitslohn, rückwirkende Erhöhungen des Arbeitslohns sowie Fälle, in denen der Mindestbetrag nach § 100 Abs. 3 Nr. 2 EStG unvorhergesehen nicht erreicht wird. Etwas anderes gilt, wenn z.B. aufgrund einer rechtlich fehlerhaften Lohnabrechnung oder im Rahmen einer Lohnsteuer-Außenprüfung nachträglich festgestellt wird, dass der für die Einkommensgrenze nach § 100 Abs. 3 Nr. 3 EStG maßgebliche laufende Arbeitslohn unzutreffend ermittelt wurde.

115 **Beispiel 1:**

Bei einem Arbeitnehmer beträgt im Januar der laufende Arbeitslohn 2500 €. Der Arbeitgeber zahlt monatlich zum 10. des Monats einen zusätzlichen Arbeitgeberbeitrag von 80 € und nimmt mit der Lohnsteuer-Anmeldung für Januar den BAV-Förderbetrag in Anspruch. Im August wird eine Gehaltserhöhung von 3,5 % vereinbart, und zwar rückwirkend ab Juni. Der laufende Arbeitslohn beträgt daher ab Juni 2587,50 €. Der Arbeitgeber zahlt weiterhin monatlich den zusätzlichen Arbeitgeberbeitrag.

Ab August kann der BAV-Förderbetrag nicht mehr in Anspruch genommen werden. Das Überschreiten der Einkommensgrenze ab August hat aber keinen Einfluss auf den bereits in den Monaten Januar bis Juli zulässigerweise in Anspruch genommenen BAV-Förderbetrag.

116 **Beispiel 2:**

Bei einem Arbeitnehmer beträgt der laufende Arbeitslohn 2500 €. Zusätzlich erhält der Arbeitnehmer steuerfreien Arbeitslohn von 200 €. Der Arbeitgeber zahlt monatlich zum 10. des Monats einen zusätzlichen Arbeitgeberbeitrag von 80 € und nimmt mit der Lohnsteuer-Anmeldung jeweils den BAV-Förderbetrag in Anspruch. Im Rahmen einer Lohnsteuer-Außenprüfung wird im folgenden Jahr festgestellt, dass die Voraussetzungen für die Steuerfreiheit im August nicht erfüllt sind.

Der BAV-Förderbetrag kann nicht in Anspruch genommen werden und ist zurückzuzahlen, weil der laufende Arbeitslohn unzutreffend ermittelt wurde. Die Lohnsteuer-Anmeldung für den Anmeldungszeitraum August des Vorjahres ist zu korrigieren.

117 **Beispiel 3:**

Der Arbeitgeber zahlt bei einem unbefristet beschäftigten Arbeitnehmer monatlich zum 10. des Monats einen zusätzlichen Arbeitgeberbeitrag i.H.v. 30 €. Der Arbeitgeber nimmt mit der Lohnsteuer-Anmeldung den BAV-Förderbetrag in Anspruch. Zum 1. Mai verlässt der Arbeitnehmer unerwartet das Unternehmen. Hierüber hat er den Arbeitgeber am 20. April informiert. Vom Arbeitgeber kann der zu zahlende Mindestbetrag von 240 € nicht mehr erreicht werden.

Das unerwartete Ausscheiden des Arbeitnehmers hat keinen Einfluss auf den bereits in den Monaten Januar bis April in Anspruch genommenen BAV-Förderbetrag (keine rückwirkende Korrektur).

118 **Beispiel 4:**

Der Arbeitgeber zahlt bei einem unbefristet beschäftigten Arbeitnehmer monatlich zum 10. des Monats einen zusätzlichen Arbeitgeberbeitrag i.H.v. 30 €. Der Arbeitgeber nimmt mit der Lohnsteuer-Anmeldung den BAV-Förderbetrag in Anspruch. Der Arbeitnehmer informiert seinen Arbeitgeber am 20. Januar über seine fristgemäße Kündigung zum 30. April des Jahres.

Das Ausscheiden des Arbeitnehmers hat keinen Einfluss auf den bereits im Monat Januar in Anspruch genommenen BAV-Förderbetrag (keine rückwirkende Korrektur). Ab Februar kann der BAV-Förderbetrag nicht mehr in Anspruch genommen werden, da der vom Arbeitgeber zu zahlende Mindestbetrag von 240 € (bei unveränderter Beitragszahlung) nicht mehr erreicht werden kann.

### f) Höhe des BAV-Förderbetrags (§ 100 Abs. 2 EStG)

#### aa) Neue Vereinbarungen ab 2018

Der BAV-Förderbetrag beträgt im Kalenderjahr 30 % des begünstigten Arbeitgeberbeitrags, also mindestens 72 € bis höchstens 288 € (§ 100 Abs. 2 Satz 1 EStG; bis einschließlich 2019: höchstens 144 €). Der BAV-Förderbetrag ist ein Jahresbetrag. Für die Gewährung des BAV-Förderbetrags spielt es grundsätzlich keine Rolle, ob der zusätzliche Arbeitgeberbeitrag als Jahresbetrag, halb-, vierteljährlich, monatlich oder unregelmäßig gezahlt wird. Bei laufender oder unregelmäßiger Zahlung der Beiträge kann der BAV-Förderbetrag in entsprechenden Teilbeträgen bei der jeweiligen Lohnsteuer-Anmeldung geltend gemacht werden. 119

**Beispiel:** 120

Der Arbeitgeber zahlt vierteljährlich jeweils am 15. Januar, 15. April, 15. Juli und 15. Oktober einen zusätzlichen Arbeitgeberbeitrag i.H.v. 300 €.

Am 15. Januar, 15. April und 15. Juli beträgt der BAV-Förderbetrag jeweils 90 € (30 % von 300 €). Am 15. Oktober beträgt der BAV-Förderbetrag nur noch 18 €, denn bis dahin wurde der Höchstbetrag von 288 € bereits mit 270 € ausgeschöpft.

Wird der BAV-Förderbetrag dabei ganz oder teilweise unberechtigterweise in Anspruch genommen, z.B. weil sich aufgrund eines nachträglich festgestellten Fehlers (Rn. 114 ff.) herausstellt, dass die Einkommensgrenze überschritten ist, sind die jeweiligen Lohnsteuer-Anmeldungen zu ändern. Um solche Änderungen infolge nachträglich festgestellter Fehler zu vermeiden, bestehen keine Bedenken, wenn der auf die laufend oder unregelmäßig gezahlten Beiträge entfallende, rechtmäßig zustehende BAV-Förderbetrag in einer Summe spätestens bei der letzten Lohnsteuer-Anmeldung für das entsprechende Kalenderjahr geltend gemacht wird. 121

**Beispiel 1:** 122

Der Arbeitgeber zahlt monatlich jeweils am 15. einen zusätzlichen Arbeitgeberbeitrag i.H.v. 80 €. Der laufende Arbeitslohn für Arbeitnehmer A beträgt 2500 €. Der Arbeitgeber macht den BAV-Förderbetrag von 24 € (30 % von 80 €) monatlich bei seiner Lohnsteuer-Anmeldung geltend. Im Oktober stellt er fest, dass der für August zu berücksichtigende laufende Arbeitslohn des A zutreffend 2600 € betragen hat.

Der BAV-Förderbetrag durfte für August nicht in Anspruch genommen werden. Die entsprechende Lohnsteuer-Anmeldung für August ist zu korrigieren und der BAV-Förderbetrag i.H.v. 24 € zurückzuzahlen, weil der laufende Arbeitslohn für August unzutreffend ermittelt wurde.

**Beispiel 2:** 123

Der Arbeitgeber zahlt monatlich jeweils am 15. einen zusätzlichen Arbeitgeberbeitrag i.H.v. 80 €. Der laufende Arbeitslohn für Arbeitnehmer A beträgt 2500 €. Er macht vorerst den BAV-Förderbetrag nicht geltend. Im Oktober stellt er fest, dass der für August zu berücksichtigende laufende Arbeitslohn des A zutreffend 2600 € beträgt und korrigiert die Lohnabrechnung. Für den Monat August liegen die Voraussetzungen für den BAV-Förderbetrag wegen Überschreitens der Einkommensgrenze somit nicht vor.

Der Arbeitgeber kann den ihm insgesamt zustehenden BAV-Förderbetrag i.H.v. 264 € (11 × 24 €) bei der Lohnsteuer-Anmeldung für Dezember in einer Summe geltend machen.

Wird der entsprechende Arbeitgeberbeitrag als Einmalbetrag im Kalenderjahr geleistet, müssen nur einmal (im Lohnzahlungszeitraum der Beitragsentrichtung) die Einkommensgrenze sowie die Erreichung des Mindestbetrags geprüft werden. 124

Stellt der Arbeitgeber vor Ablauf des Kalenderjahres fest, dass die Förderung nach § 100 EStG nicht vollständig beansprucht worden ist, muss eine anderweitige steuerliche Behandlung der Beiträge des Arbeitgebers zur betrieblichen Altersversorgung (z.B. § 3 Nr. 63 EStG oder § 40b EStG a.F.) rückgängig gemacht werden (spätester Zeitpunkt hierfür ist die Übermittlung oder Ertei- 125 lung der Lohnsteuerbescheinigung) oder der monatliche Teilbetrag künftig so geändert werden, dass der BAV-Förderbetrag voll ausgeschöpft wird.

**bb) Anwendung bei bereits bestehenden Vereinbarungen**

126 In Fällen, in denen der Arbeitgeber bereits im Jahr 2016 einen zusätzlichen Arbeitgeberbeitrag an einen Pensionsfonds, eine Pensionskasse oder für eine Direktversicherung geleistet hat, ist der jeweilige BAV-Förderbetrag auf den Betrag beschränkt, den der Arbeitgeber über den bisherigen Beitrag hinaus leistet (§ 100 Abs. 2 Satz 2 EStG).

127 **Beispiel 1:**

Der Arbeitgeber zahlt seit 2016 einen zusätzlichen Arbeitgeberbeitrag i.H.v. jährlich 200 €. Er erhöht den Arbeitgeberbeitrag ab dem Jahr 2021 auf 240 €.

Der BAV-Förderbetrag beträgt grundsätzlich 30 % von 240 € (= 72 €), wegen der Begrenzung nach § 100 Abs. 2 Satz 2 EStG jedoch nur 40 € (Erhöhung des Arbeitgeberbeitrags). Im Ergebnis wird trotz der Begrenzung also der Aufstockungsbetrag in vollem Umfang über den BAV-Förderbetrag finanziert. Der Beitrag des Arbeitgebers ist i.H.v. 240 € nach § 100 Abs. 6 EStG steuerfrei.

128 **Beispiel 2:**

Der Arbeitgeber zahlt seit 2016 einen zusätzlichen Arbeitgeberbeitrag i.H.v. jährlich 200 €. Er erhöht den Arbeitgeberbeitrag ab dem Jahr 2021 auf 300 €.

Der BAV-Förderbetrag beträgt 30 % von 300 € (= 90 €). Es erfolgt keine Begrenzung nach § 100 Abs. 2 Satz 2 EStG, da der Arbeitgeberbeitrag um 100 € (also um mehr als 90 €) erhöht wird. Der Beitrag des Arbeitgebers ist i.H.v. 300 € nach § 100 Abs. 6 EStG steuerfrei.

129 **Beispiel 3:**

Der Arbeitgeber zahlt seit 2016 einen zusätzlichen Arbeitgeberbeitrag i.H.v. jährlich 720 €. Er erhöht den Arbeitgeberbeitrag ab dem Jahr 2021 um 288 € auf 1008 €.

Der BAV-Förderbetrag beträgt 30 % von 960 € (= 288 €). Es erfolgt keine Begrenzung nach § 100 Abs. 2 Satz 2 EStG, da der Arbeitgeberbeitrag um 288 € erhöht wird. Im Ergebnis wird trotz der Begrenzung also der Aufstockungsbetrag in vollem Umfang über den BAV-Förderbetrag finanziert. Der Beitrag des Arbeitgebers ist i.H.v. 960 € nach § 100 Abs. 6 EStG steuerfrei. Für den den Höchstbetrag von 960 € übersteigenden Arbeitgeberbeitrag i.H.v. 48 € kommt die Steuerfreiheit nach § 3 Nr. 63 EStG in Betracht.

130 **Beispiel 4:**

Der Arbeitgeber zahlt seit 2016 einen zusätzlichen Arbeitgeberbeitrag i.H.v. jährlich 1200 €. Er erhöht den Arbeitgeberbeitrag ab dem Jahr 2021 um 288 € auf 1488 €.

Der BAV-Förderbetrag beträgt 30 % von 960 € (= 288 €). Es erfolgt keine Begrenzung nach § 100 Abs. 2 Satz 2 EStG, da der Arbeitgeberbeitrag um 288 € erhöht wird. Im Ergebnis wird trotz der Begrenzung also der Aufstockungsbetrag in vollem Umfang über den BAV-Förderbetrag finanziert. Der Beitrag des Arbeitgebers ist i.H.v. 960 € nach § 100 Abs. 6 EStG steuerfrei. Für den den Höchstbetrag von 960 € übersteigenden Arbeitgeberbeitrag i.H.v. 528 € kommt die Steuerfreiheit nach § 3 Nr. 63 EStG in Betracht.

131[1)] Für die Begrenzung des BAV-Förderbetrags bei bereits bestehenden Versorgungsvereinbarungen wird auf das Referenzjahr 2016 abgestellt. Dadurch greift bei einer erst ab 2017 bestehenden betrieblichen Altersversorgung (z.B. Neueinstellung in 2017) die Begrenzung des § 100 Abs. 2 Satz 2 EStG nicht. Dies gilt dann auch für alle Erhöhungen der zusätzlichen Arbeitgeberbeiträge in 2017 oder später. Die Begrenzung greift jedoch dann, wenn der Arbeitgeber im Jahr 2016 einen zusätzlichen Arbeitgeberbeitrag geleistet hat, das Arbeitsverhältnis in 2016 oder danach beendet wurde und zum selben Arbeitgeber später, d.h. in 2017 oder danach, neu begründet wurde oder wird.

132 **Beispiel 1:**

Der Arbeitgeber zahlt für den Arbeitnehmer A seit 2016 einen zusätzlichen Arbeitgeberbeitrag i.H.v. jährlich 180 €. Er erhöht den Arbeitgeberbeitrag ab dem Jahr 2021 auf 240 €. In 2021 stellt

[1)] Rdnr. 131 neu gef. durch BMF v. 18.3.2022, BStBl. I S. 333.

derbetrag anzuwenden. Das sind insbesondere die für Steuervergütungen geltenden Vorschriften und die Straf- und Bußgeldvorschriften der AO.

Wird bei einer Lohnsteuer-Außenprüfung festgestellt, dass bei einem Arbeitgeber die Voraussetzungen für den BAV-Förderbetrag und die Absetzung der an das Finanzamt abzuführenden Lohnsteuer nicht vorgelegen haben, werden die entsprechenden Lohnsteuer-Anmeldungen geändert (denn die Lohnsteuer-Anmeldungen stehen als Steueranmeldungen einer Steuerfestsetzung unter dem Vorbehalt der Nachprüfung gleich, § 169 i.V.m. § 164 AO). **142**

#### j) Steuerfreiheit des zusätzlich geleisteten Arbeitgeberbeitrags (§ 100 Abs. 6 EStG)

Liegen sämtliche Fördervoraussetzungen des § 100 EStG für den zusätzlichen Arbeitgeberbeitrag zur betrieblichen Altersversorgung vor, ist der Betrag maximal bis zum förderfähigen Höchstbetrag i.H.v. 960 € steuerfrei nach § 100 Abs. 6 EStG. Liegen die Fördervoraussetzungen des § 100 EStG nicht vor, greift auch die Steuerfreiheit nach § 100 Abs. 6 EStG nicht. **143**

Die Steuerfreiheit nach § 100 Abs. 6 EStG hat Vorrang gegenüber der Steuerfreiheit nach § 3 Nr. 63 EStG. Ein über den förderfähigen Höchstbetrag nach § 100 Abs. 6 EStG hinaus gezahlter zusätzlicher Arbeitgeberbeitrag ist somit in der Regel nach § 3 Nr. 63 EStG steuerfrei, sofern das entsprechende Volumen des § 3 Nr. 63 EStG noch nicht anderweitig ausgeschöpft wurde. **144**

## III. Steuerliche Behandlung der Versorgungsleistungen

### 1. Allgemeines

Die Leistungen aus einer Versorgungszusage des Arbeitgebers können Einkünfte aus nichtselbständiger Arbeit oder sonstige Einkünfte sein oder nicht der Besteuerung unterliegen. **145**

### 2. Direktzusage und Unterstützungskasse

Versorgungsleistungen des Arbeitgebers aufgrund einer Direktzusage und Versorgungsleistungen einer Unterstützungskasse führen zu Einkünften aus nichtselbständiger Arbeit (§ 19 EStG). **146**

Werden solche Versorgungsleistungen nicht fortlaufend, sondern in einer Summe gezahlt, handelt es sich um Vergütungen (Arbeitslohn) für mehrjährige Tätigkeiten i.S.d. § 34 Abs. 2 Nr. 4 EStG (vgl. BFH-Urteil vom 12. April 2007 VI R 6/02, BStBl. II S. 581), die bei Zusammenballung als außerordentliche Einkünfte nach § 34 Abs. 1 EStG zu besteuern sind. Die Gründe für eine Kapitalisierung der Versorgungsleistungen sind dabei unerheblich. Im Fall von Teilkapitalauszahlungen in mehreren Kalenderjahren ist dagegen der Tatbestand der Zusammenballung nicht erfüllt; eine Anwendung des § 34 EStG kommt daher für diese Zahlungen nicht in Betracht. Geringfügige Teilleistungen sind unschädlich; siehe Rz. 8 des BMF-Schreibens vom 1. November 2013 (BStBl. I S. 1326) in der Fassung des BMF-Schreibens vom 4. März 2016 (BStBl. I S. 277). **147**[1]

[1] Rdnr. 147 neu gef. durch BMF v. 18.3.2022, BStBl. I S. 333.

### 3. Direktversicherung, Pensionskasse und Pensionsfonds

#### a) Allgemeines

148 Die steuerliche Behandlung der Leistungen aus einer Direktversicherung, Pensionskasse und Pensionsfonds in der Auszahlungsphase erfolgt nach § 22 Nr. 5 EStG (lex specialis, vgl. Rn. 126 ff. des BMF-Schreibens vom 21. Dezember 2017, BStBl. 2018 I S. 93, geändert durch das BMF-Schreiben vom 17. Februar 2020, BStBl. I S. 213)[1]. Der Umfang der Besteuerung hängt davon ab, inwieweit die Beiträge in der Ansparphase durch die Steuerfreiheit nach § 3 Nr. 63 EStG (vgl. Rn. 23 ff.), nach § 3 Nr. 63a EStG (vgl. Rn. 51 f.), nach § 3 Nr. 66 EStG (vgl. Rn. 56), nach § 100 EStG (vgl. Rn. 100 ff.) oder durch Sonderausgabenabzug nach § 10a EStG und Zulage nach Abschn. XI EStG (vgl. Rn. 66 ff.) gefördert wurden oder die Leistungen auf steuerfreien Zuwendungen nach § 3 Nr. 56 EStG oder auf der nach § 3 Nr. 55b Satz 1 oder § 3 Nr. 55c EStG steuerfreien Leistung aus einem neu begründeten Anrecht basieren. Dies gilt auch für Leistungen aus einer ergänzenden Absicherung der Invalidität oder von Hinterbliebenen. Dabei ist grundsätzlich von einer einheitlichen Versorgungszusage und somit für den Aufteilungsmaßstab von einer einheitlichen Behandlung der Beitragskomponenten für Alter und Zusatzrisiken auszugehen. Ist nur die Absicherung von Zusatzrisiken Gegenstand einer Versorgungszusage, ist für den Aufteilungsmaßstab auf die gesamte Beitragsphase und nicht allein auf den letzten geleisteten Beitrag abzustellen. Zu den nicht geförderten Beiträgen gehören insbesondere die nach § 40b EStG a.F. pauschal besteuerten sowie die vor dem 1. Januar 2002 erbrachten Beiträge an eine Pensionskasse oder für eine Direktversicherung. Die Besteuerung erfolgt auch dann nach § 22 Nr. 5 EStG, wenn ein Direktversicherungsvertrag ganz oder teilweise privat fortgeführt wird.

148a Wird infolge von § 1a Abs. 1a, § 26a BetrAVG die gesetzlich angeordnete Beitragsaufstockung und dementsprechende Leistungserhöhung der zugesagten betrieblichen Altersversorgung in den Durchführungswegen Pensionsfonds, Pensionskasse oder Direktversicherung vorgenommen, gilt die Betragsaufstockung nicht als gesonderter neuer Vertrag (§ 20 Abs. 1 Nr. 6 EStG).

149 Im Fall von Teil- bzw. Einmalkapitalauszahlungen handelt es sich nicht um außerordentliche Einkünfte i.S.d. § 34 Abs. 2 EStG. Daher kommt eine Anwendung der Fünftelungsregelung des § 34 EStG auf diese Zahlungen nicht in Betracht.

#### b) Leistungen, die ausschließlich auf nicht geförderten Beiträgen beruhen

150 Leistungen, die ausschließlich auf nicht geförderten Beiträgen beruhen, sind, wenn es sich um eine lebenslange Rente, eine Berufsunfähigkeits-, Erwerbsminderungs- oder um eine Hinterbliebenenrente handelt, als sonstige Einkünfte gem. § 22 Nr. 5 Satz 2 Buchst. a i.V.m. § 22 Nr. 1 Satz 3 Buchst. a Doppelbuchst. bb EStG mit dem Ertragsanteil zu besteuern.

151 Handelt es sich um Renten i.S.d. Rn. 150, die die Voraussetzungen des § 10 Abs. 1 Nr. 2 Satz 1 Buchst. b EStG erfüllen, sind diese als sonstige Einkünfte gem. § 22 Nr. 5 Satz 2 Buchst. a i.V.m. § 22 Nr. 1 Satz 3 Buchst. a Doppelbuchst. aa EStG mit dem Besteuerungsanteil zu besteuern. Liegen die Voraussetzungen des § 10 Abs. 1 Nr. 2 Satz 1 Buchst. b EStG nicht vor, erfolgt die

---

[1] Nr. **1** § 79/1.

Besteuerung gem. § 22 Nr. 5 Satz 2 Buchst. a i.V.m. § 22 Nr. 1 Satz 3 Buchst. a Doppelbuchst. bb EStG mit dem Ertragsanteil.

Auf andere als die in den Rn. 150 f. genannten Leistungen (z.B. Kapitalauszahlungen, Teilraten aus Auszahlungsplänen, Abfindungen) sind die Regelungen in Rn. 145 des BMF-Schreibens vom 21. Dezember 2017 (BStBl. 2018 I S. 93)[1], geändert durch das BMF-Schreiben vom 17. Februar 2020 (BStBl. I S. 213), entsprechend anzuwenden. Wird bei einem vor dem 1. Januar 2012 abgeschlossenen Vertrag die Untergrenze für betriebliche Altersversorgungsleistungen bis auf das 62. Lebensjahr oder der Zeitpunkt des erstmaligen Bezugs von Altersversorgungsleistungen bei altersbedingtem Ausscheiden aus dem Erwerbsleben auf das 67. Lebensjahr erhöht (vgl. Rn. 3) und dadurch die Laufzeit des Vertrages verlängert, führt dies allein zu keiner nachträglichen Vertragsänderung, wenn die Verlängerung einen Zeitraum von höchstens zwei Jahren umfasst. Eine entsprechende Verlängerung der Beitragszahlungsdauer ist zulässig. Eine Verlängerung der Laufzeit bzw. der Beitragszahlungsdauer infolge der Anhebung der Altersgrenze kann nur einmalig vorgenommen werden. **152**

Zu Leistungen aus einer reinen Risikoversicherung vgl. insoweit Rn. 7 des BMF-Schreibens vom 1. Oktober 2009 (BStBl. I S. 1172)[2], geändert durch die BMF-Schreiben vom 6. März 2012 (BStBl. I S. 238), vom 29. September 2017 (BStBl. I S. 1314) und vom 9. August 2019 (BStBl. I S. 829). **153**

**c) Leistungen, die ausschließlich auf geförderten Beiträgen beruhen**

Leistungen, die ausschließlich auf geförderten Beiträgen beruhen, unterliegen als sonstige Einkünfte nach § 22 Nr. 5 Satz 1 EStG in vollem Umfang der Besteuerung (vgl. auch Rn. 137 f. des BMF-Schreibens vom 21. Dezember 2017, BStBl. 2018 I S. 93, geändert durch das BMF-Schreiben vom 17. Februar 2020, BStBl. I S. 213). **154**

**d) Leistungen, die auf geförderten und nicht geförderten Beiträgen beruhen**

Beruhen die Leistungen sowohl auf geförderten als auch auf nicht geförderten Beiträgen, müssen die Leistungen in der Auszahlungsphase aufgeteilt werden (vgl. Rn. 139 ff. des BMF-Schreibens vom 21. Dezember 2017, BStBl. 2018 I S. 93[1], geändert durch das BMF-Schreiben vom 17. Februar 2020, BStBl. I S. 213). Für die Frage des Aufteilungsmaßstabs ist das BMF-Schreiben vom 11. November 2004 (BStBl. I S. 1061) unter Berücksichtigung der Änderungen durch das BMF-Schreiben vom 14. März 2012 (BStBl. I S. 311) anzuwenden. **155**

Soweit die Leistungen auf geförderten Beiträgen beruhen, unterliegen sie als sonstige Einkünfte nach § 22 Nr. 5 Satz 1 EStG in vollem Umfang der Besteuerung. Dies gilt unabhängig davon, ob sie in Form der Rente oder als Kapitalauszahlung geleistet werden. **156**

Soweit die Leistungen auf nicht geförderten Beiträgen beruhen, gelten die Regelungen in den Rn. 150 bis 153 entsprechend. **157**

**e) Sonderzahlungen des Arbeitgebers nach § 19 Abs. 1 Satz 1 Nr. 3 EStG**

Sonderzahlungen des Arbeitgebers i.S.d. § 19 Abs. 1 Satz 1 Nr. 3 Satz 2 EStG einschließlich der Zahlungen des Arbeitgebers zur erstmaligen Bereitstellung **158**

[1] Nr. **1** § 79/1.
[2] Nr. **1** § 20/1.

der Kapitalausstattung zur Erfüllung der Solvabilitätsvorschriften nach den §§ 89, 213, 234g oder 238 VAG, zur Wiederherstellung einer angemessenen Kapitalausstattung nach unvorhersehbaren Verlusten oder zur Finanzierung der Verstärkung der Rechnungsgrundlagen aufgrund einer unvorhersehbaren und nicht nur vorübergehenden Änderung der Verhältnisse, der Zahlungen des Arbeitgebers in der Rentenbezugszeit nach § 236 Abs. 2 VAG und der Sanierungsgelder sind bei der Ermittlung des Aufteilungsmaßstabs nicht zu berücksichtigen. Siehe im Übrigen Rn. 14 ff.

**f) Bescheinigungspflicht**

**159** Nach § 22 Nr. 5 Satz 7 EStG hat der Anbieter beim erstmaligen Bezug von Leistungen sowie bei Änderung der im Kalenderjahr auszuzahlenden Leistungen dem Steuerpflichtigen nach amtlich vorgeschriebenem Muster den Betrag der im abgelaufenen Kalenderjahr zugeflossenen Leistungen zu bescheinigen. In dieser Bescheinigung sind die Leistungen entsprechend den Grundsätzen in den Rn. 137 ff. des BMF-Schreibens vom 21. Dezember 2017 (BStBl. 2018 I S. 93[1]), geändert durch das BMF-Schreiben vom 17. Februar 2020, BStBl. I S. 213) gesondert auszuweisen.

**g) Sonderregelungen**

**aa) Leistungen aus einem Pensionsfonds aufgrund der Übergangsregelung nach § 22 Nr. 5 Satz 11 EStG**

**160** Haben Arbeitnehmer schon von ihrem Arbeitgeber aufgrund einer Direktzusage oder von einer Unterstützungskasse laufende Versorgungsleistungen erhalten und ist diese Versorgungsverpflichtung nach § 3 Nr. 66 EStG auf einen Pensionsfonds übertragen worden, werden bei den Leistungsempfängern nach § 22 Nr. 5 Satz 11 EStG weiterhin der Arbeitnehmer-Pauschbetrag i.H.v. 1000 € (§ 9a Satz 1 Nr. 1 Buchst. a EStG) bzw. der Pauschbetrag für Werbungskosten i.H.v. 102 € nach § 9a Satz 1 Nr. 1 Buchst. b EStG und der Versorgungsfreibetrag sowie der Zuschlag zum Versorgungsfreibetrag (§ 19 Abs. 2 EStG) berücksichtigt. Dies gilt auch, wenn der Zeitpunkt des erstmaligen Leistungsbezugs und der Zeitpunkt der Übertragung der Versorgungsverpflichtung auf den Pensionsfonds in denselben Monat fallen. Die Leistungen unterliegen unabhängig davon als sonstige Einkünfte nach § 22 Nr. 5 Satz 1 EStG der Besteuerung. Die vorstehenden Ausführungen zur Berücksichtigung des Versorgungsfreibetrags und des Zuschlags zum Versorgungsfreibetrag gelten entsprechend für einen Hinterbliebenenbezug, der auf den Versorgungsbezug folgt.

**161** Handelt es sich bereits beim erstmaligen Bezug der Versorgungsleistungen um Versorgungsbezüge i.S.d. § 19 Abs. 2 EStG, wird der Pauschbetrag nach § 9a Satz 1 Nr. 1 Buchst. b EStG abgezogen; zusätzlich werden der Versorgungsfreibetrag und der Zuschlag zum Versorgungsfreibetrag mit dem für das Jahr des Versorgungsbeginns maßgebenden Prozentsatz und Beträgen berücksichtigt. Handelt es sich beim erstmaligen Bezug der Versorgungsleistungen nicht um Versorgungsbezüge i.S.d. § 19 Abs. 2 EStG, weil z.B. keine der Altersgrenzen in § 19 Abs. 2 EStG erreicht sind, ist lediglich der Arbeitnehmer-Pauschbetrag (§ 9a Satz 1 Nr. 1 Buchst. a EStG) abzuziehen. Wird eine der Altersgrenzen in § 19 Abs. 2 EStG erst zu einem späteren Zeitpunkt erreicht, sind ab diesem Zeitpunkt der für dieses Jahr maßgebende Versorgungsfreibetrag und der Zu-

[1] Nr. **1** § 79/1.

schlag zum Versorgungsfreibetrag abzuziehen sowie anstelle des Arbeitnehmer-Pauschbetrags der Pauschbetrag nach § 9a Satz 1 Nr. 1 Buchst. b EStG. Ein Abzug des Versorgungsfreibetrags nach § 19 Abs. 2 EStG in der bis zum 31. Dezember 2004 geltenden Fassung kommt nach dem 31. Dezember 2004 nicht mehr in Betracht. Dies gilt unabhängig vom Zeitpunkt der Übertragung der Versorgungsverpflichtung auf den Pensionsfonds. Folgt ein Hinterbliebenenbezug einem Versorgungsbezug, sind die Rn. 180 ff. des BMF-Schreibens vom 19. August 2013 (BStBl. I S. 1087)[1] in der jeweils aktuell gültigen Fassung entsprechend anzuwenden

### bb) Arbeitgeberzahlungen infolge der Anpassungsprüfungspflicht nach § 16 BetrAVG

Leistungen des Arbeitgebers aufgrund der Anpassungsprüfungspflicht nach § 16 Abs. 1 BetrAVG, mit der die Leistungen einer Versorgungseinrichtung ergänzt werden, gehören zu den Einkünften nach § 19 Abs. 1 Satz 1 Nr. 2 EStG. Rn. 161 gilt entsprechend. Als Versorgungsbeginn i.S.d. § 19 Abs. 2 EStG ist der Beginn der Zahlung durch den Arbeitgeber anzusehen. **162**

Erhöhen sich die Zahlungen des Arbeitgebers infolge der Anpassungsprüfungspflicht nach § 16 BetrAVG, liegt eine regelmäßige Anpassung vor, die nicht zu einer Neuberechnung des Versorgungsfreibetrags und des Zuschlags zum Versorgungsfreibetrag führen. **163**

Ändert sich die Höhe der Arbeitgeberzahlung unabhängig von der Anpassungsprüfungspflicht, gilt Folgendes: **164**

Übernimmt die Versorgungseinrichtung die Arbeitgeberzahlung nur zum Teil, ist dies als Anrechnungs-/Ruhensregelung i.S.d. § 19 Abs. 2 Satz 10 EStG anzusehen und führt zu einer Neuberechnung. Gleiches gilt für den Fall, dass die Versorgungseinrichtung die Zahlungen nicht mehr erbringen kann und sich die Arbeitgeberzahlung wieder erhöht.

Kann die Versorgungseinrichtung die Arbeitgeberzahlungen zunächst vollständig übernehmen und stellt diese später (z.B. wegen Liquiditätsproblemen) wieder ein, so dass der Arbeitgeber die Zahlungsverpflichtung wieder vollständig erfüllen muss, lebt der Anspruch wieder auf. Dies führt nicht zu einem neuen Versorgungsbeginn, so dass für die (Neu-)Berechnung des Versorgungsfreibetrags und des Zuschlags zum Versorgungsfreibetrag die „alte" Kohorte maßgebend ist. **165**

### cc) Beendigung einer betrieblichen Altersversorgung

Bei Beendigung einer nach § 3 Nr. 63 oder § 100 EStG geförderten betrieblichen Altersversorgung gilt Folgendes: **166**

Liegt eine betriebliche Altersversorgung i.S.d. BetrAVG vor und wird diese lediglich mit Wirkung für die Zukunft beendet, z.B. durch eine Abfindung (ggf. auch in Form der Beitragsrückerstattung), dann handelt es sich bei der Zahlung der Versorgungseinrichtung an den Arbeitnehmer um sonstige Einkünfte i.S.d. § 22 Nr. 5 EStG und nicht um Einkünfte nach § 19 EStG.

Im Fall einer kompletten Rückabwicklung des Vertragsverhältnisses mit Wirkung für die Vergangenheit handelt es sich bei der Zahlung der Versorgungseinrichtung an den Arbeitnehmer um eine Arbeitslohnzahlung i.S.d. § 19

[1] Nr. **1** § 10/9.

Abs. 1 EStG, die im Zeitpunkt des Zuflusses nach den allgemeinen lohnsteuerlichen Grundsätzen behandelt wird.

Kündigt der Arbeitgeber vorzeitig einen nach § 40b EStG a.F. begünstigten Direktversicherungsvertrag und wird der Rückkaufswert im Hinblick auf ein unwiderrufliches bzw. unverfallbares Bezugsrecht an den Arbeitnehmer ausgezahlt, ergeben sich aus diesem Vorgang keine lohnsteuerlichen Konsequenzen.

Im Gegensatz zur rückwirkenden Aufhebung einer Vereinbarung mit der Rechtsfolge, dass der Anspruch auf betriebliche Altersversorgung gänzlich untergeht, bewirkt die Abfindung des Anspruchs lediglich einen Rechtsverlust ab dem Zeitpunkt des Wirksamwerdens der Vereinbarung. Der Pauschalierung nach § 40b EStG a.F. steht die vorzeitige Kündigung durch den Arbeitnehmer entgegen. Eine Kündigung durch den Arbeitgeber ist dagegen unschädlich. Von einer Kündigung durch den Arbeitgeber ist auszugehen, wenn betriebliche Gründe (z.B. Liquiditätsschwierigkeiten) maßgebend waren oder die Kündigung durch den Arbeitgeber auf Wunsch des Arbeitnehmers erfolgt ist. Die Kündigung hat keine Auswirkung auf eine bis zu diesem Zeitpunkt erfolgte Pauschalierung nach § 40b EStG a.F.

### IV. Schädliche Auszahlung von gefördertem Altersvorsorgevermögen

#### 1. Allgemeines

**167** Wird das nach § 10a EStG/Abschn. XI EStG steuerlich geförderte Altersvorsorgevermögen an den Arbeitnehmer nicht als Rente oder im Rahmen eines Auszahlungsplans ausgezahlt, handelt es sich grundsätzlich um eine schädliche Verwendung (§ 93 Abs. 1 EStG; Rn. 195 ff. des BMF-Schreibens vom 21. Dezember 2017, BStBl. 2018 I S. 93[1]), geändert durch das BMF-Schreiben vom 17. Februar 2020, BStBl. I S. 213). Im Bereich der betrieblichen Altersversorgung kann eine solche schädliche Verwendung dann gegeben sein, wenn Versorgungsanwartschaften abgefunden oder übertragen werden. Entsprechendes gilt, wenn der Arbeitnehmer im Versorgungsfall ein bestehendes Wahlrecht auf Einmalkapitalauszahlung ausübt (vgl. Rn. 68).

**168** Liegt eine schädliche Verwendung von gefördertem Altersvorsorgevermögen vor, gelten die Rn. 202 ff. sowie 216 bis 239 des BMF-Schreibens vom 21. Dezember 2017 (BStBl. 2018 I S. 93)[1], geändert durch das BMF-Schreiben vom 17. Februar 2020 (BStBl. I S. 213).

#### 2. Abfindungen von Anwartschaften, die auf nach § 10a EStG/Abschn. XI EStG geförderten Beiträgen beruhen

**169** Im Fall der Abfindung von Anwartschaften der betrieblichen Altersversorgung gem. § 3 BetrAVG handelt es sich gem. § 93 Abs. 2 Satz 3 EStG um keine schädliche Verwendung, soweit das nach § 10a EStG/Abschn. XI EStG geförderte Altersvorsorgevermögen zugunsten eines auf den Namen des Zulageberechtigten lautenden zertifizierten privaten Altersvorsorgevertrags geleistet wird. Der Begriff der Abfindung umfasst außerdem auch Abfindungen, die in arbeitsrechtlich zulässiger Weise außerhalb des Regelungsbereiches des § 3 BetrAVG erfolgen, wie z.B. den Fall der Abfindung ohne Ausscheiden aus dem Arbeitsverhältnis. Liegen die übrigen Voraussetzungen des § 93 Abs. 2 Satz 3 EStG vor, kann somit auch in anderen Abfindungsfällen als denen des § 3

[1] Nr. **1** § 79/1.

BetrAVG gefördertes Altersvorsorgevermögen aus der betrieblichen Altersversorgung auf einen zertifizierten privaten Altersvorsorgevertrag übertragen werden, ohne dass eine schädliche Verwendung vorliegt.

### 3. Abfindungen von Anwartschaften, die auf steuerfreien oder nicht geförderten Beiträgen beruhen

Wird eine Anwartschaft der betrieblichen Altersversorgung abgefunden, die ganz oder teilweise auf nach § 3 Nr. 63, 63a, 66 oder § 100 EStG steuerfreien oder nicht geförderten Beiträgen beruht und zugunsten eines auf den Namen des Steuerpflichtigen lautenden zertifizierten Altersvorsorgevertrags geleistet wird, unterliegt der Abfindungsbetrag im Zeitpunkt der Abfindung nicht der Besteuerung (§ 3 Nr. 55c Satz 2 Buchst. b EStG; Rn. 150 f. des BMF-Schreibens vom 21. Dezember 2017, BStBl. 2018 I S. 93[1)], geändert durch das BMF-Schreiben vom 17. Februar 2020, BStBl. I S. 213). Die Rn. 152 ff. des BMF-Schreibens vom 21. Dezember 2017 (BStBl. 2018 I S. 93), geändert durch das BMF-Schreiben vom 17. Februar 2020 (BStBl. I S. 213), gelten entsprechend. **170**

Wird der Abfindungsbetrag nicht entsprechend der Rn. 170 verwendet, erfolgt eine Besteuerung des Abfindungsbetrags im Zeitpunkt der Abfindung entsprechend den Grundsätzen der Rn. 150 bis 157. **171**

### 4. Portabilität

Bei einem Wechsel des Arbeitgebers kann der Arbeitnehmer für Versorgungszusagen, die nach dem 31. Dezember 2004 erteilt werden, gem. § 4 Abs. 3 BetrAVG verlangen, dass der bisherige Arbeitgeber den Übertragungswert (§ 4 Abs. 5 BetrAVG) auf eine Versorgungseinrichtung des neuen Arbeitgebers überträgt. Die Übertragung ist gem. § 93 Abs. 2 Satz 2 Halbsatz 1 EStG dann keine schädliche Verwendung, wenn auch nach der Übertragung eine lebenslange Altersversorgung entsprechend § 82 Abs. 2 Satz 2 EStG vorgesehen ist. Zu den begünstigten Auszahlungsformen siehe im Einzelnen die Ausführungen unter Rn. 68. Dies gilt auch, wenn der alte und neue Arbeitgeber sowie der Arbeitnehmer sich gem. § 4 Abs. 2 Nr. 2 BetrAVG freiwillig auf eine Übertragung der Versorgungsanwartschaften mittels Übertragungswert von einer Versorgungseinrichtung i.S.d. § 82 Abs. 2 EStG auf eine andere Versorgungseinrichtung i.S.d. § 82 Abs. 2 EStG verständigen. **172**

Auch die Fälle des § 3 Nr. 55c Satz 2 Buchst. a EStG (Übertragung auf einen anderen Träger der betrieblichen Altersversorgung; s. Rn. 63) führen zu keiner schädlichen Verwendung (§ 93 Abs. 2 Satz 2 Halbsatz 2 EStG). **172a**

Erfüllt die Versorgungseinrichtung des neuen Arbeitgebers nicht die Voraussetzungen des § 82 Abs. 2 Satz 2 EStG, gelten die Rn. 150 bis 157 entsprechend. **173**

### 5. Entschädigungsloser Widerruf eines noch verfallbaren Bezugsrechts

Hat der Arbeitnehmer für arbeitgeberfinanzierte Beiträge an eine Direktversicherung, eine Pensionskasse oder einen Pensionsfonds die Förderung durch Sonderausgabenabzug nach § 10a EStG und Zulage nach Abschn. XI EStG erhalten und verliert er vor Eintritt der Unverfallbarkeit sein Bezugsrecht durch einen entschädigungslosen Widerruf des Arbeitgebers, handelt es sich um eine schädliche Verwendung i.S.d. § 93 Abs. 1 EStG. Das Versicherungsunterneh- **174**

---

[1)] Nr. **1** § 79/1.

men, die Pensionskasse oder der Pensionsfonds hat der zentralen Stelle i.S.d. § 81 EStG (Zentrale Zulagenstelle für Altersvermögen – ZfA – bei der Deutschen Rentenversicherung Bund) die schädliche Verwendung nach § 94 Abs. 1 EStG anzuzeigen. Die gutgeschriebenen Zulagen sind vom Anbieter einzubehalten. Darüber hinaus hat die ZfA den steuerlichen Vorteil aus dem Sonderausgabenabzug nach § 10a EStG beim Arbeitnehmer nach § 94 Abs. 2 EStG zurückzufordern. Der maßgebliche Zeitpunkt für die Rückforderung der Zulagen und des steuerlichen Vorteils ist der Zeitpunkt, in dem die den Verlust des Bezugsrechts begründenden Willenserklärungen (z.B. Kündigung oder Widerruf) wirksam geworden sind. Im Übrigen gilt R 40b.1 Abs. 13 ff. LStR.

**175** Zahlungen, die das Versicherungsunternehmen, die Pensionskasse oder der Pensionsfonds an den Arbeitgeber leistet, weil der Arbeitnehmer für eine arbeitgeberfinanzierte betriebliche Altersversorgung vor Eintritt der Unverfallbarkeit sein Bezugsrecht verloren hat (z.B. bei vorzeitigem Ausscheiden aus dem Dienstverhältnis), stellen Betriebseinnahmen dar. Die §§ 43 ff. EStG sind in diesem Fall zu beachten.

## V. Anwendungsregelungen

**176** Dieses BMF-Schreiben ersetzt die BMF-Schreiben vom 6. Dezember 2017 (BStBl. 2018 I S. 147) und vom 8. August 2019 (BStBl. I S. 834). Es ist in allen offenen Fällen anzuwenden. In den Beispielen und bei den Zahlenangaben wurden die 2021 geltenden gesetzlichen Beträge berücksichtigt. Die besonderen gesetzlichen Inkrafttretensregelungen (z.B. Anhebung der Einkommensgrenzen beim BAV-Förderbetrag ab 2020) sind bei der Anwendung in offenen Fällen vor 2021 zu beachten.

**177**[1)] Die Regelungen des durch das BMF-Schreiben vom 6. Dezember 2017 (BStBl. 2018 I S. 147) aufgehobenen BMF-Schreibens vom 24. Juli 2013 (BStBl. I S. 1022), geändert durch das BMF-Schreiben vom 13. Januar 2014 (BStBl. I S. 97) und das BMF-Schreiben vom 13. März 2014 (BStBl. I S. 554), sind vorbehaltlich besonderer Regelungen in den einzelnen Randnummern dieses Schreibens weiter zu beachten, wenn sie auch für Zeiträume ab dem 1. Januar 2018 Bedeutung haben.

---

[1)] Rdnr. 177 neu gef. durch BMF v. 18.3.2022, BStBl. I S. 333.

# **20** § 3/9. Schreiben betr. Zuschüsse an einen Arbeitnehmer für dessen Versicherung in einer ausländischen gesetzlichen Krankenversicherung innerhalb der Europäischen Union und des Europäischen Wirtschaftsraums sowie im Verhältnis zur Schweiz (§ 3 Nr. 62 EStG)

Vom 30. Januar 2014 (BStBl. I S. 210)

(BMF IV C 5 – S 2333/13/10004; DOK 2014/0079071)

Der BFH hat mit Urteil vom 12. Januar 2011 I R 49/10 (BStBl. II S. 446) im Anschluss an seine bisherige Rechtsprechung (BFH-Urteile vom 18. Mai 2004 VI R 11/01, BStBl. II S. 1014, und vom 28. Mai 2009 VI R 27/06, BStBl. II S. 857) entschieden, dass Zuschüsse zu einer Krankenversicherung, die ein inländischer Arbeitgeber an einen Arbeitnehmer für dessen Versicherung in der französischen gesetzlichen Krankenversicherung leistet, nicht nach § 3 Nr. 62 EStG steuerfrei sind. Nach Auffassung des BFH greift die Steuerfreiheit nicht, weil eine gesetzliche Verpflichtung des Arbeitgebers zu Zahlungen des Zuschusses fehle. Der BFH hat sich in seinem Urteil der sozialversicherungsrechtlichen Beurteilung der Vorinstanz angeschlossen (Urteil des FG München vom 21. Mai 2010 8 K 3773/07, EFG S. 2096).

Das Bundesministerium für Gesundheit hat in Abstimmung mit dem Bundesministerium für Arbeit und Soziales nunmehr hierzu mitgeteilt, dass entgegen der Auffassung der Finanzgerichtsbarkeit gleichwohl eine sozialrechtliche Zuschusspflicht des Arbeitgebers nach § 257 Abs. 1 des Fünften Buches Sozialgesetzbuch (SGB V) besteht, denn die Begründung einer freiwilligen Mitgliedschaft in einer ausländischen gesetzlichen Krankenversicherung ist zumindest innerhalb der Europäischen Union und des Europäischen Wirtschaftsraums sowie im Verhältnis zur Schweiz nach Art. 5 Buchst. b der Verordnung (EG) Nummer 883/2004 des Europäischen Parlaments und des Rates vom 29. April 2004 so zu behandeln, als ob eine (freiwillige) Mitgliedschaft bei einer inländischen gesetzlichen Krankenkasse begründet worden wäre.

Vor diesem Hintergrund gilt unter Bezugnahme auf das Ergebnis der Erörterung mit den obersten Finanzbehörden der Länder Folgendes:

Zuschüsse eines inländischen Arbeitgebers an einen Arbeitnehmer für dessen Versicherung in einer ausländischen gesetzlichen Krankenversicherung *zumindest inner*halb der Europäischen Union und des Europäischen Wirtschaftsraums sowie im Verhältnis zur Schweiz fallen unter den Anwendungsbereich des § 3 Nr. 62 EStG, weil auf Grund von Art. 5 Buchst. b der Verordnung (EG) Nummer 883/2004 des Europäischen Parlaments und des Rates vom 29. April 2004 eine gesetzliche Zuschusspflicht nach § 257 Abs. 1 SGB V besteht. Das BFH-Urteil vom 12. Januar 2011 I R 49/10 (BStBl. II S. 446) ist daher nicht mehr allgemein anzuwenden, soweit der BFH von anderen Rechtsgrundsätzen ausgegangen ist. Dies gilt in allen offenen Fällen.

# 20 § 3/10. Schreiben betr. Umsetzungshilfe zur steuerlichen Anerkennung von Arbeitgeberleistungen nach § 3 Nr. 34 EStG

Vom 20. April 2021
BMF IV C 5 – S 2342/20/10003 :003; DOK 2021/0400744
(BStBl. I S. 700)

Unter Bezugnahme auf das Ergebnis der Erörterungen mit den obersten Finanzbehörden der Länder gilt zur Anwendung der Steuerfreiheit des § 3 Nr. 34 EStG Folgendes:

## 1. Gesetzliche Grundlagen

### 1.1. Steuerbefreiung des § 3 Nr. 34 EStG

Rechtsgrundlage der Steuerfreiheit für arbeitgebergeförderte Präventions- und betriebliche Gesundheitsförderungsleistungen (§ 3 Nr. 34 EStG): 1
„Steuerfrei sind …
34. zusätzlich zum ohnehin geschuldeten Arbeitslohn[1] erbrachte Leistungen des Arbeitgebers zur Verhinderung und Verminderung von Krankheitsrisiken und zur Förderung der Gesundheit in Betrieben, die hinsichtlich Qualität, Zweckbindung, Zielgerichtetheit und Zertifizierung den Anforderungen der §§ 20 und 20 b des Fünften Buches Sozialgesetzbuch (SGB V) genügen, soweit sie 600 Euro je Kalenderjahr und Arbeitnehmer nicht übersteigen."

Nach der Gesetzesbegründung fallen unter die Steuerbefreiung des § 3 Nr. 34 EStG: 2
Maßnahmen zur individuellen verhaltensbezogenen Prävention, die nach § 20 Abs. 2 Satz 2 SGB V zertifiziert sind, sowie gesundheitsförderliche Maßnahmen in Betrieben (betriebliche Gesundheitsförderung), die den vom Spitzenverband Bund der Krankenkassen (GKV-Spitzenverband) nach § 20 Abs. 2 Satz 1 und § 20 b Abs. 1 SGB V festgelegten Kriterien entsprechen.

### 1.2. Verweis in § 3 Nr. 34 EStG auf die Vorschriften der §§ 20, 20 b SGB V

§ 20 Abs. 1 Satz 3 SGB V verlangt, dass Leistungen zur individuellen verhaltens- 3
bezogenen Prävention (Präventionskurse), die von Krankenkassen bezuschusst werden, den vom GKV-Spitzenverband definierten Handlungsfeldern und Kriterien (GKV-Leitfaden Prävention) genügen und von den Krankenkassen oder einer von ihnen beauftragten Stelle zertifiziert sein müssen (§ 20 Abs. 5 Satz 1 SGB V).

§ 20 b Abs. 1 SGB V beschreibt die Anforderungen an Leistungen zur Gesund- 4
heitsförderung in Betrieben (betriebliche Gesundheitsförderung), die von Krankenkassen erbracht werden können. Diese Maßnahmen sind an den spezifischen betrieblichen Bedarfen ausgerichtet und werden gemäß den Handlungsfeldern und Kriterien des GKV-Leitfadens Prävention zwischen dem Betrieb und der leistenden Krankenkasse individuell vereinbart. Für Leistungen zur betrieblichen Gesundheitsförderung nach § 20 b SGB V ist eine Zertifizierung grundsätzlich nicht vorgesehen. Für Leistungen zur individuellen verhaltensbezogenen Prävention nach § 20 SGB V sind die Voraussetzungen nach Tz. 2.1 und 2.2 zu beachten,

---

[1] **Red. Anm.:** Zum Tatbestandsmerkmal „ohnehin geschuldeter Arbeitslohn" siehe § 8 Abs. 4 EStG.

auch wenn sie im Rahmen der betrieblichen Gesundheitsförderung erbracht werden.

**2. Nach § 3 Nr. 34 EStG steuerfreie Leistungen des Arbeitgebers**

5 Die Steuerfreiheit nach § 3 Nr. 34 EStG erfasst zertifizierte Leistungen zur individuellen verhaltensbezogenen Prävention (siehe Tz. 2.1).

Nicht zertifizierte Leistungen zur individuellen verhaltensbezogenen Prävention können unter bestimmten Voraussetzungen nach § 3 Nr. 34 EStG steuerfrei sein (siehe Tz. 2.2).

**2.1. Individuelle verhaltensbezogene Prävention (zertifizierte Präventionskurse)**

6 Leistungen zur individuellen verhaltensbezogenen Prävention werden grundsätzlich in Form von Präventionskursen erbracht und sollen den Einzelnen motivieren und befähigen, Möglichkeiten einer gesunden, Störungen und Erkrankungen vorbeugenden Lebensführung auszuschöpfen. Die Zertifizierung von Leistungen zur individuellen verhaltensbezogenen Prävention, soweit sie von der Krankenkasse gefördert oder erbracht werden, erfolgt durch eine Krankenkasse oder in ihrem Namen durch einen mit der Wahrnehmung dieser Aufgabe beauftragten Dritten. Die Kurse können auch in die betriebliche Gesundheitsförderung integriert werden.

**2.1.1. Zertifizierte Präventionskurse der Krankenkassen**

7 Die meisten Krankenkassen lassen ihre Leistungen zur individuellen verhaltensbezogenen Prävention nach § 20 Abs. 4 Nr. 1 SGB V im Rahmen einer Kooperationsgemeinschaft über die „Zentrale Prüfstelle Prävention“ des Dienstleistungsunternehmens „Team Gesundheit GmbH“ prüfen und zertifizieren.

8 Die zertifizierten Präventionskurse der Krankenkassen finden in der Regel außerhalb des Betriebsgeländes statt und werden durch den Arbeitgeber bezuschusst. Leistet der Arbeitgeber einen Zuschuss an die Krankenkasse, ist der auf den teilnehmenden Arbeitnehmer entfallende Zuschuss nach Maßgabe des § 3 Nr. 34 EStG steuerfrei.

9 Die Teilnahme ist vom Arbeitnehmer mit einer vom Kursleiter unterschriebenen Teilnahmebescheinigung nachzuweisen, aus der der Titel des Kurses einschließlich der Kurs-Identifikationsnummer der jeweiligen Prüfstelle und die Teilnahme des Arbeitnehmers hervorgehen.

10 Sofern der Arbeitnehmer selbst in finanzielle Vorleistung getreten ist, kann er bei seinem Arbeitgeber unter Vorlage der Teilnahmebescheinigung eine Arbeitgeberförderung beantragen. Zur Vermeidung von Doppelförderungen ist in dem Antrag vom Arbeitnehmer eine Erklärung abzugeben, ob bereits die Krankenkasse einen Zuschuss gezahlt hat oder ein solcher beantragt wurde. In diesem Fall kann der Arbeitgeberzuschuss höchstens bis zu der beim Arbeitnehmer nach Abzug des Krankenkassenzuschusses verbliebenen Vorleistung nach § 3 Nr. 34 EStG steuerfrei sein.

11 Das Zertifikat, die Teilnahmebescheinigung und gegebenenfalls der Antrag auf Arbeitgeberförderung sind vom Arbeitgeber als Belege zum Lohnkonto zu nehmen.

**2.1.2. Zertifizierte Präventionskurse auf Veranlassung des Arbeitgebers**

12 Für Leistungen, die der Arbeitgeber zur individuellen verhaltensbezogenen Prävention gewährt, kommt die Steuerbefreiung nach § 3 Nr. 34 EStG in Betracht,

wenn die Leistungen durch eine Krankenkasse oder in ihrem Namen durch einen mit der Wahrnehmung dieser Aufgabe beauftragten Dritten zertifiziert sind.

Dabei macht es keinen Unterschied, ob die Leistung auf Veranlassung des Arbeitgebers zertifiziert wurden oder ob der Arbeitgeber eine bereits zertifizierte Leistung einkauft und seinen Arbeitnehmern anbietet. Erforderlich ist bei eingekauften Leistungen, dass **13**

– der beim Arbeitgeber durchgeführte Kurs mit dem zertifizierten Kurs inhaltlich identisch ist,
– das Zertifikat auf den Kursleiter ausgestellt ist, der den Kurs beim Arbeitgeber durchführt, und
– das Zertifikat bei Kursbeginn noch gültig ist.

Das Zertifikat und die Teilnahmebescheinigung sind vom Arbeitgeber als Belege zum Lohnkonto zu nehmen. Bei Barleistungen des Arbeitgebers sind als Nachweis der zweckentsprechenden Verwendung die Teilnahmebescheinigung, der Zahlungsbeleg des Arbeitnehmers und eine Kopie des Zertifikats als Belege zum Lohnkonto zu nehmen. **14**

### 2.2. Nicht zertifizierte Präventionskurse des Arbeitgebers

Für im Auftrag des Arbeitgebers allein für dessen Beschäftigte erbrachte Präventionskurse besteht mangels Beteiligung der gesetzlichen Krankenkassen keine Zertifizierungsmöglichkeit. Eine Zertifizierung von Präventionskursen durch die Krankenkassen oder einer von ihr beauftragten dritten Stelle sieht das SGB V nur für die Fälle vor, in denen es sich um Kurse handelt, die die Krankenkassen für ihre Versicherten als Leistungen zur primären Prävention nach § 20 Abs. 4 Nr. 1, Abs. 5 Satz 1 SGB V erbringen. Nicht zertifizierte Leistungen des Arbeitgebers zur individuellen verhaltensbezogenen Prävention können somit nach § 3 Nr. 34 EStG unter folgenden Voraussetzungen steuerfrei sein. Erforderlich hierfür ist, dass **15**

– die Leistungen Bestandteil eines betrieblichen Gesundheitsförderungsprozesses sind, der nach § 20 b SGB V bezuschusst wurde beziehungsweise wird, oder
– die nicht zertifizierten Präventionskurse hinsichtlich Qualität, Zweckbindung und Zielgerichtetheit den Anforderungen des § 20 SGB V genügen und sie im Auftrag eines Arbeitgebers allein für dessen Beschäftigte durchgeführt sowie vom Leistungsanbieter nicht mit demselben Konzept auch für Versicherte der gesetzlichen Krankenversicherung angeboten werden.

Der vom Arbeitgeber allein für dessen Beschäftigte erbrachte Präventionskurs genügt jedenfalls dann den Anforderungen der §§ 20 und 20 b SGB V, wenn er inhaltlich mit einem bereits zertifizierten und geprüften Kurskonzept eines Fachverbands oder einer anderen Organisation (zum Beispiel Kursinhalt „Rücken-Fit") identisch ist. Der Kursleiter hat das von ihm genutzte zertifizierte Kurskonzept zu benennen und schriftlich zu bestätigen, dass der angebotene Präventionskurs entsprechend den vorgegebenen Stundenverlaufsplänen durchgeführt wird. **16**

Zum Nachweis der Qualifikation hat der Kursleiter schriftlich zu versichern, dass seine Qualifikation den Kriterien des GKV-Spitzenverbandes zur Zertifizierung von Kursangeboten in der individuellen verhaltensbezogenen Prävention entspricht. **17**

18 Die Erklärung des Kursleiters zum verwendeten Kurskonzept und zu seiner Qualifikation sind als Belege zum Lohnkonto zu nehmen.

**2.3. Leistungen betrieblicher Gesundheitsförderung im Handlungsfeld „gesundheitsförderlicher Arbeits- und Lebensstil"**

19 Leistungen zur betrieblichen Gesundheitsförderung des Arbeitgebers werden von der Steuerbefreiung des § 3 Nr. 34 EStG erfasst, wenn die Leistungen Bestandteil eines betrieblichen Gesundheitsförderungsprozesses sind und im Handlungsfeld „gesundheitsförderlicher Arbeits- und Lebensstil" erbracht werden. Für Präventionskurse nach § 20 SGB V sind die Voraussetzungen nach Tz. 2.1 und 2.2 zu beachten, auch wenn sie im Rahmen der betrieblichen Gesundheitsförderung erbracht werden.

20 Die Leistungen müssen im Rahmen eines strukturierten innerbetrieblichen Prozesses (zum Beispiel gesteuert durch ein internes betriebliches Gremium) mit Analyse des Bedarfs (zum Beispiel durch Befragung der Mitarbeiterinnen und Mitarbeiter, Analyse des Krankenstandes, partizipative Methoden wie Gesundheitszirkel oder Zukunftswerkstätten) und unter Einbindung der Beschäftigten beziehungsweise ihrer Vertretungen sowie – sofern vorhanden – der für Sicherheit und Gesundheit verantwortlichen Fachkräfte im Betrieb (zum Beispiel Fachkräfte für Arbeitssicherheit und Betriebsärzte) erbracht werden. Sie werden insbesondere in Form von Kursen beziehungsweise Vorträgen in Gruppen durchgeführt.

21 Die Steuerfreiheit gilt für die im GKV-Leitfaden Prävention beschriebenen und dem Arbeitnehmer persönlich zuordenbaren Leistungen im Handlungsfeld „Gesundheitsförderlicher Arbeits- und Lebensstil" mit den Präventionsprinzipien „Stressbewältigung und Ressourcenstärkung", „Bewegungsförderliches Arbeiten und körperlich aktive Beschäftigte", „Gesundheitsgerechte Ernährung im Arbeitsalltag" sowie „Verhaltensbezogene Suchtprävention im Betrieb". In der nachfolgenden Aufstellung sind den Präventionsprinzipien beispielhaft mögliche Inhalte zugeordnet:

22 Stressbewältigung und Ressourcenstärkung:

- Sensibilisierung und Information zu durch Stress bedingten Gesundheitsproblemen und ihrer Verhütung,
- Vermittlung und praktische Einübung von Selbstmanagement-Kompetenzen in Bereichen wie systematisches Problemlösen, Zeitmanagement und persönliche Arbeitsorganisation,
- Vermittlung von Methoden zur Ressourcenstärkung, insbesondere kognitive Umstrukturierung zur Einstellungsänderung, positive Selbstinstruktion, Stärkung der Achtsamkeit, Resilienz, Balance von Berufs- und Privatleben sowie deren praktische Einübung,
- Vermittlung und praktische Einübung von Entspannungsverfahren (zum Beispiel Autogenes Training und Progressive Relaxation, Hatha Yoga, Tai Chi und Qigong),
- Vermittlung von Selbstbehauptungs- und sozialkommunikativen Kompetenzen,
- Anleitungen für Übungen außerhalb der Trainingssitzungen.

23 Bewegungsförderliches Arbeiten und körperlich aktive Beschäftigte:

- Sensibilisierung und Information zu durch Bewegungsmangel und körperliche Fehlbelastungen bedingten Gesundheitsproblemen und ihrer Verhütung,

– angeleitete Gesundheitssportangebote zur Reduzierung von Bewegungsmangel:
Vermittlung von Wissen und Aufbau von Handlungskompetenzen zur Vorbeugung von bewegungsmangelbedingten und durch Fehlbeanspruchungen induzierten Beschwerden und Erkrankungen (zum Beispiel Pausengymnastik, Ausgleichsgymnastik, Krafttraining mit bis zu 50 % Geräteeinsatz, Ausdauertraining auch im Wasser),
– Anleitung zur Bewältigung von Schmerzen und Beschwerden im Bereich des Muskel- und Skelettsystems (zum Beispiel Rückenschule, Muskelaufbautraining auch mit bis zu 50 % Geräteeinsatz).

Gesundheitsgerechte Ernährung im Arbeitsalltag: **24**

– Sensibilisierung und Information für einen gesundheitsgerechten Ernährungsstil, auch durch Erstellung individueller Gesundheitsprofile (zum Beispiel Übergewicht, Bluthochdruck, Diabetes mellitus, Fettstoffwechselstörungen, Metabolisches Syndrom),
– Gruppen- und Einzelberatungen zur Vermeidung/Reduzierung von Übergewicht sowie von Mangel- und Fehlernährung,
– Gruppenangebote zur gesunden Ernährung mit Beratung und Anleitung (zum Beispiel Informationen zu Inhaltsstoffen, praktischen Übungen, Kochen).

Verhaltensbezogene Suchtprävention im Betrieb: **25**

– Sensibilisierung und Information zu Suchtgefahren und ihrer Verhütung,
– Beratungen/Kurse zur Tabakentwöhnung, zum gesundheitsgerechten Alkoholkonsum sowie zu weiteren Suchtformen.

Die Leistungen nach Tz. 2.3 können auf dem Betriebsgelände oder in einer geeigneten Einrichtung (zum Beispiel Fitness-Studio, Sportverein, Praxisräume freiberuflicher Fachkräfte) außerhalb des Betriebsgeländes erbracht werden. **26**

Der Arbeitgeber hat die Teilnahmebescheinigung und eine Erklärung als Beleg zum Lohnkonto zu nehmen, wonach die Maßnahme im Rahmen eines strukturierten innerbetrieblichen Prozesses mit einer Bedarfsanalyse und unter Einbindung der für Sicherheit und Gesundheit verantwortlichen Stellen und der Beschäftigten beispielsweise ihrer gesetzlichen Vertretung umgesetzt wurde. In diesen Fällen ist eine Zertifizierung der Leistung für Zwecke der Steuerbefreiung grundsätzlich nicht erforderlich (siehe Tz. 2.2). **27**

Wenn der Arbeitgeber bei der betrieblichen Gesundheitsförderung von einer gesetzlichen Krankenkasse unterstützt wird und die Leistung des Arbeitgebers Bestandteil dieser betrieblichen Gesundheitsförderung ist, kann anstelle der Erklärung des Arbeitgebers auch eine Bescheinigung der Krankenkasse über die erfolgte Unterstützung als Beleg zum Lohnkonto genommen werden. **28**

Abweichend von Rz. 27 und 28 genügt bei Vorträgen zum Handlungsfeld „*gesundheitlicher* Arbeits- und Lebensstil" eine vom Arbeitgeber zu führende Anwesenheitsliste, aus der sich zudem der wesentliche Inhalt des Vortrags ergibt. **29**

Sofern Leistungen für Gesundheitsmaßnahmen, Unterbringungs-, Verpflegungs- und Reisekosten mit einem pauschalen Gesamtbetrag in Rechnung gestellt werden, ist eine Aufteilung des Gesamtrechnungsbetrages im Wege der Schätzung zur Ermittlung der nach § 3 Nr. 34 EStG steuerfreien Leistungen nicht zulässig. Die zusätzlich zum ohnehin geschuldeten Arbeitslohn erbrachten Leistungen des Arbeitgebers müssen dem Grunde und der Höhe nach feststehen. **30**

### 3. Bewertung der Leistungen und Zufluss

31 Die Leistungen des Arbeitgebers sind grundsätzlich mit den um übliche Preisnachlässe geminderten Endpreisen am Abgabeort anzusetzen (§ 8 Abs. 2 Satz 1 EStG). Zuzahlungen des Arbeitnehmers sind auf den Endpreis anzurechnen.

32 Es bestehen grundsätzlich keine Bedenken, wenn die Leistungen des Arbeitgebers aus Vereinfachungsgründen mit den tatsächlichen Aufwendungen des Arbeitgebers bewertet werden. Die Aufwendungen sind zu gleichen Teilen auf alle am Präventionskurs teilnehmenden oder beim Vortrag anwesenden Arbeitnehmer aufzuteilen und jeweils im Lohnkonto des Arbeitnehmers entsprechend zu dokumentieren.

33 Die Leistungen des Arbeitgebers fließen dem Arbeitnehmer mit Beginn des Präventionskurses oder Vortrags zu.

### 4. Leistungen, die nicht nach § 3 Nr. 34 EStG steuerfrei sind

34 Nicht unter die Steuerbefreiung des § 3 Nr. 34 EStG fallen insbesondere

- Mitgliedsbeiträge in Sportvereinen, Fitness-Studios und ähnlichen Einrichtungen,
- Maßnahmen ausschließlich zum Erlernen einer Sportart,
- Trainingsprogramme mit einseitigen körperlichen Belastungen (zum Beispiel Spinning als Training nur der unteren Extremitäten),
- physiotherapeutische Behandlungen,
- Massagen,
- Screenings (Gesundheitsuntersuchungen, Vorsorgeuntersuchungen) ohne Verknüpfung mit Interventionen aus den Handlungsfeldern der betrieblichen Gesundheitsförderung der Krankenkassen,
- Maßnahmen von Anbietern, die ein wirtschaftliches Interesse am Verkauf von Begleitprodukten (zum Beispiel Diäten, Nahrungsergänzungsmitteln) haben,
- Maßnahmen, bei denen der Einsatz von Medikamenten zur Gewichtsabnahme, Formula-Diäten (Nahrungsersatz- oder -ergänzungsmittel) sowie extrem kalorienreduzierter Kost propagiert wird,
- Aufwendungen für Arbeitsmittel, Sport- und Übungsgeräte, Einrichtungsgegenstände und bauliche Maßnahmen (vergleiche aber Rz. 37),
- Zuschüsse zur Kantinenverpflegung,
- mit den Präventionsleistungen im Zusammenhang stehende Neben- oder Zusatzleistungen (zum Beispiel Verpflegungs-, Reise- und Unterkunftskosten),
- Eintrittsgelder in Schwimmbäder, Saunen, Teilnahme an Tanzschulen,
- Gestellung/Bezuschussung von Bildschirmarbeitsplatzbrillen bei Nichtvorliegen der Voraussetzungen der R 19.3 Abs. 2 Nr. 2 Lohnsteuer-Richtlinien,
- Leistungen des Arbeitgebers für nicht zertifizierte Präventionskurse mit Ausnahme der in Tz. 2.2 genannten Fälle.

### 5. Im ganz überwiegend eigenbetrieblichen Interesse liegende Arbeitgeber-Leistungen zur betrieblichen Gesundheitsförderung

35 Losgelöst von der Regelung des § 3 Nr. 34 EStG sind Leistungen des Arbeitgebers zur betrieblichen Gesundheitsförderung kein Arbeitslohn, wenn sie im ganz überwiegend eigenbetrieblichen Interesse erbracht werden.

36 Vorteile sind dann nicht als Arbeitslohn anzusehen, wenn sie sich bei objektiver Würdigung aller Umstände nicht als Entlohnung, sondern lediglich als notwen-

dige Begleiterscheinung betriebsfunktionaler Zielsetzungen erweisen. Vorteile besitzen danach keinen Arbeitslohncharakter, wenn sie im ganz überwiegend eigenbetrieblichen Interesse des Arbeitgebers gewährt werden. Das ist der Fall, wenn sich aus den Begleitumständen wie Anlass, Art und Höhe des Vorteils, Auswahl der Begünstigten, freie oder nur gebundene Verfügbarkeit, Freiwilligkeit oder Zwang zur Annahme des Vorteils und seiner besonderen Geeignetheit für den jeweils verfolgten betrieblichen Zweck ergibt, dass diese Zielsetzung ganz im Vordergrund steht und ein damit einhergehendes eigenes Interesse des Arbeitnehmers, den betreffenden Vorteil zu erlangen, vernachlässigt werden kann (vergleiche BFH-Urteil vom 9. 5. 2019 VI R 28/17, BStBl. II S. 785).

Leistungen im ganz überwiegend eigenbetrieblichem Interesse sind danach zum Beispiel: **37**

- Leistungen zur Verbesserung von Arbeitsbedingungen (zum Beispiel Bereitstellung von Aufenthalts- und Erholungsräumen, Duschanlagen),
- Aufwendungen für Sport- und Übungsgeräte, Einrichtungsgegenstände und bauliche Maßnahmen (zum Beispiel im betriebseigenen Fitnessraum),
- Leistungen zur Förderung von Mannschaftssportarten durch Zuschüsse, auch an Betriebssportgemeinschaften, oder Bereitstellung einer Sporthalle/eines Sportplatzes ohne Individualsportarten (zum Beispiel Tennis, Squash und Golf),
- Maßnahmen zur Vorbeugung spezifisch berufsbedingter Beeinträchtigungen der Gesundheit (durch medizinische Gutachten belegt),
- Arbeitsplatzausstattung (zum Beispiel höhenverstellbarer Schreibtisch),
- Qualifizierung/Fortbildung von Beschäftigten zu innerbetrieblichen Multiplikatoren in Fragen betrieblicher Gesundheitsförderung,
- Analyseleistungen (zum Beispiel Arbeitsunfähigkeits-, Arbeitssituations- und Altersstrukturanalysen, Befragungen von Mitarbeitern, Workshops zur Bedarfsfeststellung),
- Beratung von betrieblichen Verantwortlichen zur gesundheitsförderlichen Gestaltung von Arbeitstätigkeiten und -bedingungen, zum gesundheitsgerechten Führungsverhalten sowie zur gesundheitsförderlichen Gestaltung betrieblicher Rahmenbedingungen in Abstimmung mit den Vertretern des Arbeitsschutzes,
- Beratung der betrieblich Verantwortlichen zur Ziel- und Konzeptentwicklung sowie zu allen Themen der Beschäftigtengesundheit einschließlich Unterstützungsmöglichkeiten zur Vereinbarkeit von Beruf und Privatleben und Umgang mit Diversität,
- Beratung einzelner Beschäftigter oder Gruppen bei individuellen Problemen mit Bezug zum Arbeitsplatz oder Auswirkungen auf die individuelle Leistung am Arbeitsplatz (zum Beispiel Mediation, psychologische Beratung durch Fachpersonal),
- Maßnahmen des Betrieblichen Eingliederungsmanagements,
- Aufbau eines Projektmanagements,
- Moderation von Arbeitsgruppen,
- interne Kommunikation und Öffentlichkeitsarbeit (zum Beispiel Veranstaltungen zur Gesundheitsförderung, Arbeitsplatz- und Arbeitsablaufgestaltung),
- Dokumentation, Evaluation und Qualitätssicherung,
- Bildschirmarbeitsplatzbrille auf ärztliche Verordnung, um eine ausreichende Sehfähigkeit in den Entfernungsbereichen des Bildschirmarbeitsplatzes zu ge-

währleisten; liegt eine ärztliche Verordnung nicht vor, findet § 3 Nr. 34 EStG keine Anwendung,

- Schutzimpfungen entsprechend den Empfehlungen der Ständigen Impfkommission (STIKO),
- Aufwendungen für Gesundheits-Check-Ups und Vorsorgeuntersuchungen, höchstens bis zu dem Betrag, den die gesetzlichen Krankenkassen für diese Leistungen erstatten würden.

**38** Ob Maßnahmen des Arbeitgebers aufgrund von Gesetzen mit Bezug zu Sicherheit und Gesundheit bei der Arbeit (zum Beispiel Arbeitsschutzgesetz) im ganz überwiegend eigenbetrieblichen Interesse gewährt werden, ist ebenfalls anhand der Grundsätze in Rz. 36 zu entscheiden.

### 6. Unterstützungsmöglichkeiten durch Krankenkassen

**39** Die Krankenkassen bieten interessierten Betrieben auf der Grundlage von § 20 b SGB V in der betrieblichen Gesundheitsförderung Unterstützung an. Die Kontaktaufnahme durch den Betrieb kann bei jeder Krankenkasse, bei der ein Teil der Beschäftigten versichert ist, oder über die gemeinsame BGF-Koordinierungsstelle der Krankenkassen (www.bgf-koordinierungsstelle.de) im jeweiligen Land erfolgen.

**40** Die möglichen Leistungen von Krankenkassen in der betrieblichen Gesundheitsförderung werden im GKV-Leitfaden Prävention des GKV-Spitzenverbandes beschrieben (www.gkv-Spitzenverband.de → Krankenversicherung → Prävention, Selbsthilfe, Beratung → Prävention und betriebliche Gesundheitsförderung → Leitfaden Prävention).

**41** Betriebliche Gesundheitsförderung bildet hiernach einen Prozess mit den Schritten „Vorbereitung", „Nutzung/Aufbau von Strukturen", „Analyse", „Maßnahmenplanung", „Umsetzung" und „Evaluation" unter Einbindung der Beschäftigten und der Verantwortlichen für den Betrieb einschließlich der Betriebsärzte und der Fachkräfte für Arbeitssicherheit.

**42** Leistungen von Krankenkassen in der betrieblichen Gesundheitsförderung nach § 20 b SGB V werden gemäß GKV-Leitfaden Prävention nicht individuumsbezogen abgerechnet. Sie stehen bedarfsbezogen allen Beschäftigten eines Betriebes offen.

**43** Krankenkassen beraten und unterstützen Betriebe in der betrieblichen Gesundheitsförderung zeitlich befristet im Sinne einer Hilfe zur Selbsthilfe und streben eine Verzahnung der von ihnen selbst erbrachten Maßnahmen mit den von Arbeitgebern geförderten Maßnahmen in der Prävention und Gesundheitsförderung gemäß § 3 Nr. 34 EStG an.

# 20 § 8/2. Schreiben betr. lohnsteuerliche Behandlung der Überlassung eines betrieblichen Kraftfahrzeugs an Arbeitnehmer

Vom 3. März 2022

BMF IV C 5 - S 2334/21/10004 :001; DOK 2022/0200755

Die lohnsteuerliche Behandlung der Überlassung eines betrieblichen Kraftfahrzeugs an Arbeitnehmer ist in § 8 Abs. 2 Satz 2 bis 5 EStG sowie R 8.1 Abs. 9 und 10 LStR geregelt.

Unter Bezugnahme auf das Ergebnis der Erörterungen mit den obersten Finanzbehörden der Länder wird ergänzend wie folgt Stellung genommen (Änderungen gegenüber dem BMF-Schreiben vom 4. April 2018, BStBl. I S. 592, sind durch **Fettschrift** hervorgehoben):

**Inhaltsverzeichnis**



## 1. Allgemeines

Bei Überlassung eines betrieblichen Kraftfahrzeugs an Arbeitnehmer gelten die 1
Regelungen zu Fahrten zwischen Wohnung und erster Tätigkeitsstätte, für Fahrten von der Wohnung zu einem Sammelpunkt oder zu einem weiträu-

migen Tätigkeitsgebiet i.S.d. § 9 Abs. 1 Satz 3 Nr. 4a Satz 3 EStG entsprechend (§ 8 Abs. 2 Satz 3 und 4 EStG, **BMF-Schreiben vom 18. November 2021, BStBl. I S. 2315**[1]).

2 Zur pauschalen Besteuerung des Nutzungswerts nach § 40 Abs. 2 Satz 2 **Nr. 1 Buchst. a** EStG für Fahrten zwischen Wohnung und erster Tätigkeitsstätte **sowie zu einem Sammelpunkt oder zu einem weiträumigen Tätigkeitsgebiet i.S.d. § 9 Abs. 1 Satz 3 Nr. 4a Satz 3 EStG** vgl. **Rz. 42** des BMF-Schreibens vom **18. November 2021 (BStBl. I S. 2315**[1]).

3 **Kraftfahrzeuge i.S.d. § 8 Abs. 2 Satz 2 bis 5 EStG sind auch:**

- **Campingfahrzeuge (vgl. BFH-Urteil vom 6. November 2001, BStBl. 2002 II S. 370),**
- **Kombinationskraftwagen, z.B. Geländewagen (vgl. BFH-Urteil vom 13. Februar 2003, BStBl. II S. 472),**
- **Taxen (vgl. BFH-Urteil vom 8. November 2018, BStBl. 2019 II S. 229),**
- **Elektrokleinstfahrzeuge i.S.d. § 1 Abs. 1 Satz 1 Elektrokleinstfahrzeuge-Verordnung vom 6. Juni 2019 (BGBl. I S. 756; Kraftfahrzeuge mit elektrischem Antrieb und einer bauartbedingten Höchstgeschwindigkeit von nicht weniger als 6 km/h und nicht mehr als 20 km/h), z.B. E-Scooter, Elektro-Tretroller,**
- **Elektrofahrräder, die verkehrsrechtlich als Kraftfahrzeug einzuordnen sind (vgl. Gleich lautende Ländererlasse vom 9. Januar 2020, BStBl. I S. 174**[2]**; Elektrofahrräder, deren Motor auch Geschwindigkeiten über 25 km/h unterstützt).**

4 **Kraftfahrzeuge i.S.d. § 8 Abs. 2 Satz 2 bis 5 EStG sind nicht:**

- **Elektrofahrräder, die verkehrsrechtlich als Fahrrad einzuordnen sind (vgl. Gleich lautende Ländererlasse vom 9. Januar 2020, BStBl. I S. 174**[2]**; u.a. keine Kennzeichen- und Versicherungspflicht).**

5 **Die Überlassung eines Einsatzfahrzeugs (Kommandowagen) an den Leiter der Freiwilligen Feuerwehr während seiner – ggf. auch „ständigen" – Bereitschaftszeiten führt nicht zu Arbeitslohn (vgl. BFH-Beschluss vom 19. April 2021, BStBl. II S. 605).**

6 **Ein geldwerter Vorteil ist für Fahrten zwischen Wohnung und erster Tätigkeitsstätte nicht zu erfassen, wenn dem Arbeitnehmer ein betriebliches Kraftfahrzeug ausschließlich an den Tagen für seine Fahrten zwischen Wohnung und erster Tätigkeitsstätte überlassen wird, an denen es erforderlich werden kann, dass er dienstliche Fahrten von der Wohnung aus antritt oder an der Wohnung beendet, z.B. beim Bereitschaftsdienst in Versorgungsunternehmen.**

### 2. Pauschale Nutzungswertmethode

7 Die Anwendung der pauschalen Nutzungswertmethode (1 %-Regelung, 0,03 %-Regelung, 0,002 %-Regelung) ist in § 8 Abs. 2 Satz 2, 3 und 5 EStG sowie R 8.1 Abs. 9 Nr. 1 LStR geregelt. Zu Familienheimfahrten vgl. Rn. 47, 48.

---

[1] Nr. 20 § 9/5.
[2] Nr. 20 § 8/16.

### 2.1. Begrenzung des pauschalen Nutzungswerts

Der pauschale Nutzungswert kann die dem Arbeitgeber für das betriebliche Kraftfahrzeug insgesamt entstandenen Kosten übersteigen. Wird dies im Einzelfall nachgewiesen, ist der pauschale Nutzungswert höchstens mit dem Betrag der Gesamtkosten des betrieblichen Kraftfahrzeugs anzusetzen (Kostendeckelung). 8

### 2.2. Fahrten zwischen Wohnung und erster Tätigkeitsstätte

Dem pauschalen Nutzungswert ist die einfache Entfernung zwischen Wohnung und erster Tätigkeitsstätte zugrunde zu legen; diese ist auf den nächsten vollen Kilometer abzurunden. Maßgebend ist die kürzeste benutzbare Straßenverbindung. Der pauschale Nutzungswert ist nicht zu erhöhen, wenn der Arbeitnehmer das betriebliche Kraftfahrzeug an einem Arbeitstag mehrmals für Fahrten zwischen Wohnung und erster Tätigkeitsstätte benutzt. 9

Fährt der Arbeitnehmer abwechselnd von der ersten Tätigkeitsstätte zu verschiedenen Wohnungen, ist bei Anwendung der 0,03 %-Regelung der pauschale Monatswert unter Zugrundelegung der Entfernung zur näher gelegenen Wohnung anzusetzen. Für jede Fahrt von und zu der weiter entfernt liegenden Wohnung ist zusätzlich ein pauschaler Nutzungswert von 0,002 % des inländischen Listenpreises des betrieblichen Kraftfahrzeugs für jeden Kilometer der Entfernung zwischen Wohnung und erster Tätigkeitsstätte dem Arbeitslohn zuzurechnen, soweit sie die Entfernung zur näher gelegenen Wohnung übersteigt. 10

Die 0,03 %-Regelung ist unabhängig von der 1 %-Regelung selbständig anzuwenden, wenn das betriebliche Kraftfahrzeug ausschließlich für Fahrten zwischen Wohnung und erster Tätigkeitsstätte überlassen wird (vgl. BFH-Urteil vom 22. September 2010 VI R 54/09, BStBl. 2011 II S. 354). Die bestehenden Verwaltungsregelungen zum Nutzungsverbot (vgl. Rn. 19), zum Nutzungsverzicht (vgl. Rn. 20) und zur unbefugten Privatnutzung (vgl. Rn. 21) sind zu beachten. 11

Grundsätzlich ist die Ermittlung des Zuschlags kalendermonatlich mit 0,03 % des Listenpreises für jeden Kilometer der Entfernung zwischen Wohnung und erster Tätigkeitsstätte vorzunehmen (§ 8 Abs. 2 Satz 3 EStG). **Wird dem Arbeitnehmer ein betriebliches Kraftfahrzeug dauerhaft zur Nutzung für Fahrten zwischen Wohnung und erster Tätigkeitsstätte überlassen, so findet die 0,03 %-Regelung auch Anwendung für volle Kalendermonate, in denen das Fahrzeug tatsächlich nicht für Fahrten zwischen Wohnung und erster Tätigkeitsstätte genutzt wird. Der pauschale Nutzungswert ist auch dann anzusetzen, wenn aufgrund arbeitsvertraglicher Vereinbarung oder anderer Umstände Fahrten zur ersten Tätigkeitsstätte nicht arbeitstäglich anfallen (z.B. aufgrund Teilzeitvereinbarung, Homeoffice, Dienstreisen, Kurzarbeit, Auslandsaufenthalt).** Ein durch Urlaub oder Krankheit bedingter Nutzungsausfall ist im **pauschalen** Nutzungswert **ebenfalls** berücksichtigt. Zur Möglichkeit der ganzjährigen Einzelbewertung vgl. Rn. 13. 12

Unter folgenden Voraussetzungen ist eine auf das Kalenderjahr bezogene Einzelbewertung der tatsächlichen Fahrten zwischen Wohnung und erster Tätigkeitsstätte mit 0,002 % des Listenpreises je Entfernungskilometer für höchstens 180 Tage entsprechend den BFH-Urteilen vom 22. September 2010 VI R 54/ 13

09 (BStBl. 2011 II S. 354), VI R 55/09 (BStBl. 2011 II S. 358) und VI R 57/09 (BStBl. 2011 II S. 359) zulässig:

a) Der Arbeitnehmer hat gegenüber dem Arbeitgeber kalendermonatlich fahrzeugbezogen schriftlich zu erklären, an welchen Tagen (mit Datumsangabe) er das betriebliche Kraftfahrzeug tatsächlich für Fahrten zwischen Wohnung und erster Tätigkeitsstätte genutzt hat; die bloße Angabe der Anzahl der Tage reicht nicht aus. Es sind keine Angaben erforderlich, wie der Arbeitnehmer an den anderen Arbeitstagen zur ersten Tätigkeitsstätte gelangt ist. Arbeitstage, an denen der Arbeitnehmer das betriebliche Kraftfahrzeug für Fahrten zwischen Wohnung und erster Tätigkeitsstätte mehrmals benutzt, sind für Zwecke der Einzelbewertung nur einmal zu erfassen. Diese Erklärungen des Arbeitnehmers hat der Arbeitgeber als Belege zum Lohnkonto aufzubewahren. Es ist aus Vereinfachungsgründen nicht zu beanstanden, wenn für den Lohnsteuerabzug jeweils die Erklärung des Vormonats zugrunde gelegt wird.

b) Der Arbeitgeber hat aufgrund der Erklärungen des Arbeitnehmers den Lohnsteuerabzug durchzuführen, sofern der Arbeitnehmer nicht erkennbar unrichtige Angaben macht. Ermittlungspflichten des Arbeitgebers ergeben sich hierdurch nicht.

c) Wird im Lohnsteuerabzugsverfahren eine Einzelbewertung der tatsächlichen Fahrten zwischen Wohnung und erster Tätigkeitsstätte vorgenommen, so hat der Arbeitgeber für alle dem Arbeitnehmer überlassenen betrieblichen Kraftfahrzeuge eine jahresbezogene Begrenzung auf insgesamt 180 Fahrten vorzunehmen. Eine monatliche Begrenzung auf 15 Fahrten ist ausgeschlossen.

**Beispiel 1:**

Arbeitnehmer A kann ein vom Arbeitgeber B überlassenes betriebliches Kraftfahrzeug (Mittelklasse) auch für Fahrten zwischen Wohnung und erster Tätigkeitsstätte nutzen. B liegen datumsgenaue Erklärungen des A über Fahrten zwischen Wohnung und erster Tätigkeitsstätte für die Monate Januar bis Juni an jeweils 14 Tagen, für die Monate Juli bis November an jeweils 19 Tagen vor. Für den Monat Dezember liegt B eine datumsgenaue Erklärung des A über Fahrten zwischen Wohnung und erster Tätigkeitsstätte an 4 Tagen vor.

In den Monaten Januar bis Juni hat B für Zwecke der Einzelbewertung jeweils 14 Tage zugrunde zu legen, in den Monaten Juli bis November jeweils 19 Tage. Wegen der jahresbezogenen Begrenzung auf 180 Fahrten ist für Zwecke der Einzelbewertung im Dezember nur 1 Tag anzusetzen (Anzahl der Fahrten von Januar bis November = 179). Damit ergeben sich für die Einzelbewertung der tatsächlichen Fahrten des A zwischen Wohnung und erster Tätigkeitsstätte je Kalendermonat folgende Prozentsätze:

– Januar bis Juni: 0,028 % (14 Fahrten × 0,002 %)
– Juli bis November: 0,038 % (19 Fahrten × 0,002 %)
– Dezember: 0,002 % (1 Fahrt × 0,002 %).

**Beispiel 2:**

Wie Beispiel 1. Ab Dezember steht dem Arbeitnehmer A ein anderes betriebliches Kraftfahrzeug (Oberklasse) zur Nutzung zur Verfügung.

Für die Einzelbewertung der tatsächlichen Fahrten des A zwischen Wohnung und erster Tätigkeitsstätte ergeben sich entsprechend der zeitlichen Reihenfolge dieser Fahrten je Kalendermonat folgende Prozentsätze:

– Januar bis Juni: 0,028 % (14 Fahrten × 0,002 %)
– Juli bis November: 0,038 % (19 Fahrten × 0,002 %)
jeweils vom Listenpreis des betrieblichen Kraftfahrzeugs der Mittelklasse,
– Dezember: 0,002 % (1 Fahrt × 0,002 %)
vom Listenpreis des betrieblichen Kraftfahrzeugs der Oberklasse.

d) Im Falle der Einzelbewertung der tatsächlichen Fahrten zwischen Wohnung und erster Tätigkeitsstätte ist die Lohnsteuerpauschalierung nach § 40 Abs. 2 Satz 2 **Nr. 1 Buchst. a** EStG anhand der vom Arbeitnehmer erklärten Anzahl der Tage vorzunehmen. Die Vereinfachungsregelung in **Rz. 36, 37 und 39** des BMF-Schreibens vom **18. November 2021 (BStBl. I S. 2315**[1]**)**, dass nur an 15 Arbeitstagen von Fahrten zwischen Wohnung und erster Tätigkeitsstätte ausgegangen werden kann, ist hier nicht anzuwenden (**Rz. 40** des BMF-Schreibens vom **18. November 2021, BStBl. I S. 2315**[1]).

e) Im Lohnsteuerabzugsverfahren ist der Arbeitgeber auf Verlangen des Arbeitnehmers zur Einzelbewertung der tatsächlichen Fahrten zwischen Wohnung und erster Tätigkeitsstätte verpflichtet, wenn sich aus der arbeitsvertraglichen oder einer anderen arbeits- oder dienstrechtlichen Rechtsgrundlage nichts anderes ergibt. Allerdings sind dann die Angaben des Arbeitnehmers zu den tatsächlichen Fahrten zusätzliche Voraussetzung (vgl. Buchst. a).

f) Der Arbeitgeber muss die Anwendung der 0,03 %-Regelung oder der Einzelbewertung für jedes Kalenderjahr einheitlich für alle dem Arbeitnehmer überlassenen betrieblichen Kraftfahrzeuge festlegen. Die Methode darf während des Kalenderjahres nicht gewechselt werden. **Eine rückwirkende Änderung des Lohnsteuerabzugs (Wechsel von der 0,03 %-Regelung zur Einzelbewertung oder umgekehrt für das gesamte Kalenderjahr) ist im laufenden Kalenderjahr und vor Übermittlung oder Ausschreibung der Lohnsteuerbescheinigung jedoch grundsätzlich im Rahmen des § 41c EStG möglich.**

g) Im Rahmen seiner Einkommensteuerveranlagung ist der Arbeitnehmer nicht an die im Lohnsteuerabzugsverfahren angewandte 0,03 %-Regelung gebunden und kann einheitlich für alle ihm überlassenen betrieblichen Kraftfahrzeuge für das gesamte Kalenderjahr zur Einzelbewertung wechseln. Hierzu muss der Arbeitnehmer fahrzeugbezogen darlegen, an welchen Tagen (mit Datumsangabe) er das betriebliche Kraftfahrzeug tatsächlich für Fahrten zwischen Wohnung und erster Tätigkeitsstätte genutzt hat. Zudem hat er durch geeignete Belege glaubhaft zu machen, dass und in welcher Höhe der Arbeitgeber den Zuschlag mit 0,03 % des Listenpreises für jeden Kilometer der Entfernung zwischen Wohnung und erster Tätigkeitsstätte ermittelt und versteuert hat (z.B. Gehaltsabrechnung, die die Besteuerung des Zuschlags erkennen lässt; Bescheinigung des Arbeitgebers).

### 2.3. Fahrzeugpool

Stehen Nutzungsberechtigten in einem Fahrzeugpool mehrere betriebliche **14**
Kraftfahrzeuge zur Verfügung, so ist der pauschale Nutzungswert für Privatfahrten mit 1 % der Listenpreise aller betrieblichen Kraftfahrzeuge zu ermitteln und die Summe entsprechend der Zahl der Nutzungsberechtigten aufzuteilen. Der pauschale Nutzungswert für Fahrten zwischen Wohnung und erster Tätigkeitsstätte ist grundsätzlich mit 0,03 % der Listenpreise aller betrieblichen Kraftfahrzeuge zu ermitteln und die Summe durch die Zahl der Nutzungsberechtigten zu teilen. Dieser Wert ist beim einzelnen Arbeitnehmer mit der Zahl seiner Entfernungskilometer zu multiplizieren (vgl. BFH-Urteil vom 15. Mai 2002, BStBl. 2003 II S. 311). Dem einzelnen Nutzungsberechtigten bleibt es unbe-

[1] Nr. **20** § 9/5.

nommen, im Rahmen seiner Einkommensteuerveranlagung zur Einzelbewertung seiner tatsächlichen Fahrten zwischen Wohnung und erster Tätigkeitsstätte überzugehen (vgl. Rn. 13).

**2.4. Fahrzeugwechsel**

15 Bei einem Fahrzeugwechsel im Laufe eines Kalendermonats ist der Listenpreis des überwiegend zur Verfügung gestellten Kraftfahrzeugs zugrunde zu legen.

**2.5. Gelegentliche Überlassung**

16 Der pauschale Nutzungswert für Privatfahrten und der pauschale Nutzungswert für Fahrten zwischen Wohnung und erster Tätigkeitsstätte sind auch dann anzusetzen, wenn dem Arbeitnehmer das betriebliche Kraftfahrzeug tatsächlich nur gelegentlich überlassen wird; Rn. 13 bleibt unberührt. Die Monatsbeträge brauchen nicht angesetzt zu werden

- für volle Kalendermonate, in denen dem Arbeitnehmer kein betriebliches Kraftfahrzeug zur Verfügung steht oder
- wenn dem Arbeitnehmer das betriebliche Kraftfahrzeug aus besonderem Anlass oder zu einem besonderen Zweck nur gelegentlich (von Fall zu Fall) für nicht mehr als fünf Kalendertage im Kalendermonat überlassen wird. In diesem Fall sind der pauschale Nutzungswert für Privatfahrten und der pauschale Nutzungswert für Fahrten zwischen Wohnung und erster Tätigkeitsstätte je Fahrtkilometer mit 0,001 % des inländischen Listenpreises des betrieblichen Kraftfahrzeugs zu bewerten (Einzelbewertung). Zum Nachweis der Fahrstrecke müssen die Kilometerstände festgehalten werden.

**2.6. Listenpreis**

17 Eine in die Bemessungsgrundlage des § 6 Abs. 1 Nr. 4 Satz 2 EStG einzubeziehende Sonderausstattung liegt nur vor, wenn das betriebliche Kraftfahrzeug bereits werkseitig im Zeitpunkt der Erstzulassung damit ausgestattet ist (z.B. ein werkseitig eingebautes Satellitennavigationsgerät, vgl. BFH-Urteil vom 16. Februar 2005, BStBl. II S. 563). Nachträglich eingebaute unselbständige Ausstattungsmerkmale sind durch den pauschalen Nutzungswert abgegolten und können nicht getrennt bewertet werden (vgl. BFH-Urteil vom 13. Oktober 2010, BStBl. 2011 II S. 361).

18 Für den pauschalen Nutzungswert ist auch bei reimportierten Kraftfahrzeugen der inländische Listenpreis des Kraftfahrzeugs im Zeitpunkt seiner Erstzulassung maßgebend. Soweit das reimportierte Kraftfahrzeug mit zusätzlichen Sonderausstattungen versehen ist, die sich im inländischen Listenpreis nicht niedergeschlagen haben, ist der Wert der Sonderausstattung zusätzlich zu berücksichtigen. Soweit das reimportierte Kraftfahrzeug geringer wertig ausgestattet ist, lässt sich der Wert der „Minderausstattung“ durch einen Vergleich mit einem adäquaten inländischen Kraftfahrzeug angemessen berücksichtigen. **Der Listenpreis für ein Importfahrzeug, für das kein inländischer Listenpreis ermittelbar ist, kann auf der Grundlage verschiedener inländischer Endverkaufspreise freier Importeure geschätzt werden (vgl. BFH-Urteil vom 9. November 2017, BStBl. 2018 II S. 278).**

**2.7. Nutzungsverbot**

19 Wird dem Arbeitnehmer ein betriebliches Kraftfahrzeug mit der Maßgabe zur Verfügung gestellt, es künftig für Privatfahrten, Fahrten zwischen Wohnung und erster Tätigkeitsstätte oder mehr als eine Familienheimfahrt wöchentlich

(vgl. Rn. 48) nicht zu nutzen, ist von dem Ansatz des jeweils in Betracht kommenden pauschalen Nutzungswertes abzusehen, wenn das Nutzungsverbot durch entsprechende Unterlagen (z.B. eine arbeitsvertragliche oder andere arbeits- oder dienstrechtliche Rechtsgrundlage) nachgewiesen wird (vgl. BFH-Urteile vom 21. März 2013 VI R 42/12, BStBl. II S. 918, und VI R 46/11, BStBl. II S. 1044, sowie vom 18. April 2013 VI R 23/12, BStBl. II S. 920). Diese sind als Belege zum Lohnkonto aufzubewahren.

Dem Nutzungsverbot des Arbeitgebers steht ein ausdrücklich mit Wirkung für **20** die Zukunft erklärter schriftlicher Verzicht des Arbeitnehmers auf die Nutzung für Privatfahrten, Fahrten zwischen Wohnung und erster Tätigkeitsstätte oder mehr als eine Familienheimfahrt wöchentlich (vgl. Rn. 48) gleich, wenn aus außersteuerlichen Gründen ein Nutzungsverbot des Arbeitgebers nicht in Betracht kommt und der Nutzungsverzicht dokumentiert wird. Die Nutzungsverzichtserklärung ist als Beleg zum Lohnkonto aufzubewahren.

Die unbefugte Privatnutzung eines betrieblichen Kraftfahrzeugs hat keinen **21** Lohncharakter (vgl. BFH-Urteile vom 21. März 2013 VI R 42/12, a.a.O., und VI R 46/11, a.a.O., sowie vom 18. April 2013 VI R 23/12, a.a.O.). Ein Zufluss von Arbeitslohn liegt in diesen Fällen erst in dem Zeitpunkt vor, in dem der Arbeitgeber zu erkennen gibt, dass er die ihm zustehende Schadenersatzforderung gegenüber dem Arbeitnehmer nicht geltend machen wird (vgl. BFH-Urteil vom 27. März 1992, BStBl. II S. 837). Zur Abgrenzung zwischen Arbeitslohn und einer verdeckten Gewinnausschüttung bei unbefugter Kraftfahrzeugnutzung durch den Gesellschafter-Geschäftsführer einer Kapitalgesellschaft vgl. BMF-Schreiben vom 3. April 2012 (BStBl. I S. 478[1]).

### 2.8. Park and ride

Setzt der Arbeitnehmer ein ihm überlassenes betriebliches Kraftfahrzeug bei **22** den Fahrten zwischen Wohnung und erster Tätigkeitsstätte oder bei Familienheimfahrten (vgl. Rn. 47, 48) nur für eine Teilstrecke ein, weil er regelmäßig die andere Teilstrecke mit öffentlichen Verkehrsmitteln zurücklegt, so ist für die Ermittlung des pauschalen Nutzungswerts dennoch die gesamte Entfernung zugrunde zu legen.

Es ist jedoch nicht zu beanstanden, den jeweils in Betracht kommenden **23** pauschalen Nutzungswert auf der Grundlage der Teilstrecke zu ermitteln, die mit dem betrieblichen Kraftfahrzeug tatsächlich zurückgelegt wird, wenn

- der Arbeitgeber das betriebliche Kraftfahrzeug nur für diese Teilstrecke zur Verfügung stellt (vgl. Rn. 19 und Rn. 20) oder
- der Arbeitnehmer für die restliche Teilstrecke einen Nachweis über die Benutzung eines anderen Verkehrsmittels erbringt, z.B. eine auf ihn ausgestellte Jahres-Bahnfahrkarte vorlegt (vgl. BFH-Urteil vom 4. April 2008, BStBl. II S. 890).

### 2.9. Überlassung an mehrere Arbeitnehmer

Wird ein betriebliches Kraftfahrzeug mehreren Arbeitnehmern überlassen, so **24** ist der pauschale Nutzungswert für Privatfahrten von 1 % des Listenpreises entsprechend der Zahl der Nutzungsberechtigten aufzuteilen. Der pauschale Nutzungswert für Fahrten zwischen Wohnung und erster Tätigkeitsstätte ist bei jedem Arbeitnehmer mit 0,03 % des Listenpreises je Entfernungskilometer zu

[1] Nr. **100** § 8/14.

ermitteln und durch die Zahl der Nutzungsberechtigten zu teilen (vgl. BFH vom 15. Mai 2002, BStBl. 2003 II S. 311). Dem einzelnen Nutzungsberechtigten bleibt es unbenommen, im Rahmen seiner Einkommensteuerveranlagung zur Einzelbewertung seiner tatsächlichen Fahrten zwischen Wohnung und erster Tätigkeitsstätte überzugehen (vgl. Rn. 13).

**2.10. Überlassung mehrerer betrieblicher Kraftfahrzeuge**

25 Stehen einem Arbeitnehmer gleichzeitig mehrere betriebliche Kraftfahrzeuge zur Verfügung, so ist für jedes betriebliche Kraftfahrzeug der pauschale Nutzungswert für Privatfahrten mit monatlich 1 % des Listenpreises anzusetzen. Dies gilt auch beim Einsatz eines Wechselkennzeichens. Dem pauschalen Nutzungswert für Privatfahrten kann der Listenpreis des überwiegend genutzten betrieblichen Kraftfahrzeugs zugrunde gelegt werden, wenn die Nutzung der betrieblichen Kraftfahrzeuge durch andere zur Privatsphäre des Arbeitnehmers gehörende Personen so gut wie ausgeschlossen ist.
Bei Anwendung der 0,03 %-Regelung ist dem pauschalen Nutzungswert für Fahrten zwischen Wohnung und erster Tätigkeitsstätte stets der Listenpreis des überwiegend für diese Fahrten genutzten betrieblichen Kraftfahrzeugs zugrunde zu legen. Die Regelungen in Satz 3 und 4 bleiben von dem BFH-Urteil vom 13. Juni 2013 (BStBl. 2014 II S. 340) unberührt. Bei Anwendung der Einzelbewertung ist der pauschale Nutzungswert entsprechend den Angaben des Arbeitnehmers fahrzeugbezogen zu ermitteln (vgl. Rn. 13).

**3. Individuelle Nutzungswertmethode**

26 Die individuelle Nutzungswertmethode (Fahrtenbuchmethode) ist in § 8 Abs. 2 Satz 4 EStG sowie R 8.1 Abs. 9 Nr. 2 LStR geregelt.

**3.1. Einheitliches Verfahren der individuellen Nutzungswertermittlung**

27 Wird das betriebliche Kraftfahrzeug sowohl für Privatfahrten als auch für Fahrten zwischen Wohnung und erster Tätigkeitsstätte überlassen, kann die individuelle Nutzungswertermittlung weder auf Privatfahrten noch auf Fahrten zwischen Wohnung und erster Tätigkeitsstätte beschränkt werden.

**3.2. Elektronisches Fahrtenbuch**

28 Ein elektronisches Fahrtenbuch ist anzuerkennen, wenn sich daraus dieselben Erkenntnisse wie aus einem manuell geführten Fahrtenbuch gewinnen lassen. Beim Ausdrucken von elektronischen Aufzeichnungen müssen nachträgliche Veränderungen der aufgezeichneten Angaben technisch ausgeschlossen, zumindest aber dokumentiert werden (vgl. BFH-Urteil vom 16. November 2005, BStBl. 2006 II S. 410). **Die Grundsätze zur ordnungsmäßigen Führung und Aufbewahrung von Büchern, Aufzeichnungen und Unterlagen in elektronischer Form sowie zum Datenzugriff (GoBD) sind zu beachten (BMF-Schreiben vom 28. November 2019, BStBl. I S. 1269)[1].**

29 Es bestehen keine Bedenken, ein elektronisches Fahrtenbuch, in dem alle Fahrten automatisch bei Beendigung jeder Fahrt mit Datum, Kilometerstand und Fahrtziel erfasst werden, jedenfalls dann als zeitnah geführt anzusehen, wenn der Fahrer den dienstlichen Fahrtanlass (Reisezweck und aufgesuchte Geschäftspartner) innerhalb eines Zeitraums von bis zu sieben Kalendertagen

---

[1] Nr. **800** § 146/1.

nach Abschluss der jeweiligen Fahrt in einem Webportal einträgt und die übrigen Fahrten dem privaten Bereich zugeordnet werden.

### 3.3. Erleichterungen bei der Führung eines Fahrtenbuchs

Ein Fahrtenbuch soll die Zuordnung von Fahrten zur betrieblichen und beruflichen Sphäre darstellen und ermöglichen. Es muss laufend geführt werden und die berufliche Veranlassung plausibel erscheinen lassen und ggf. eine stichprobenartige Nachprüfung ermöglichen. 30

Auf einzelne in R 8.1 Abs. 9 Nr. 2 LStR geforderte Angaben kann verzichtet werden, soweit wegen der besonderen Umstände im Einzelfall die erforderliche Aussagekraft und Überprüfungsmöglichkeit nicht beeinträchtigt wird. Bei Automatenlieferanten, Kurierdienstfahrern, Handelsvertretern, Kundendienstmonteuren und Pflegedienstmitarbeitern mit täglich wechselnden Auswärtstätigkeiten reicht es z.B. aus, wenn sie angeben, welche Kunden sie an welchem Ort aufsuchen. Angaben über die Reiseroute und zu den Entfernungen zwischen den Stationen einer Auswärtstätigkeit sind nur bei größerer Differenz zwischen direkter Entfernung und tatsächlicher Fahrtstrecke erforderlich. Bei Fahrten eines Taxifahrers im sog. Pflichtfahrgebiet ist es in Bezug auf Reisezweck, Reiseziel und aufgesuchte Geschäftspartner ausreichend, täglich zu Beginn und Ende der Gesamtheit dieser Fahrten den Kilometerstand anzugeben mit der Angabe „Taxifahrten im Pflichtfahrgebiet" (o.ä.). Wurden Fahrten durchgeführt, die über dieses Gebiet hinausgehen, kann auf die genaue Angabe des Reiseziels nicht verzichtet werden. Für Fahrlehrer ist es ausreichend in Bezug auf Reisezweck, Reiseziel und aufgesuchte Geschäftspartner „Lehrfahrten", „Fahrschulfahrten" o. ä. anzugeben (vgl. BMF-Schreiben vom 18. November 2009, BStBl. I S. 1326[1]). Bei sicherheitsgefährdeten Personen, deren Fahrtroute häufig von sicherheitsmäßigen Gesichtspunkten bestimmt wird, kann auf die Angabe der Reiseroute auch bei größeren Differenzen zwischen der direkten Entfernung und der tatsächlichen Fahrtstrecke verzichtet werden.

### 3.4. Ermittlung des vorläufigen Nutzungswerts

Soweit die genaue Erfassung des individuellen Nutzungswerts monatlich nicht möglich ist, kann der Erhebung der Lohnsteuer monatlich ein Zwölftel des Vorjahresbetrags zugrunde gelegt werden (vgl. R 8.1 Abs. 9 Nr. 3 Satz 2 LStR). Es bestehen keine Bedenken, stattdessen bei der Ermittlung des individuellen Nutzungswerts je Fahrtkilometer vorläufig 0,001 % des inländischen Listenpreises für das betriebliche Kraftfahrzeug anzusetzen. Nach Ablauf des Kalenderjahres oder nach Beendigung des Dienstverhältnisses ist der tatsächlich zu versteuernde individuelle Nutzungswert zu ermitteln und eine etwaige Lohnsteuerdifferenz nach Maßgabe der §§ 41c, 42b EStG auszugleichen (vgl. R 8.1 Abs. 9 Nr. 3 Satz 3 LStR). 31

### 3.5. Gesamtkosten

Zu den Gesamtkosten i.S.v. R 8.1 Abs. 9 Nr. 2 Satz 9 LStR gehören z.B. 32
Absetzung für Abnutzung (AfA), Leasing- und Leasingsonderzahlungen (anstelle der AfA), Treibstoffkosten, Wartungs- und Reparaturkosten, Kraftfahrzeugsteuer, Beiträge für Halterhaftpflicht- und Fahrzeugversicherungen, Garagen-/Stellplatzmiete, Aufwendungen für Anwohnerparkberechtigungen, Aufwendungen für die Wagenpflege/-wäsche sowie der nicht nach § 3 Nr. 46 EStG

[1] Nr. 1 § 6/23.

steuerfreie Ladestrom (vgl. BMF-Schreiben vom **29. September 2020, BStBl. I S. 972)**[1].

33 Nicht zu den Gesamtkosten gehören neben den in R 8.1 Abs. 9 Nr. 2 Satz 11 LStR genannten Kosten z.B. Fährkosten, Straßen- oder Tunnelbenutzungsgebühren (Vignetten, Mautgebühren), Parkgebühren, Aufwendungen für Insassen- und Unfallversicherungen, Verwarnungs-, Ordnungs- und Bußgelder, Kosten einer Ladevorrichtung bei Elektrofahrzeugen sowie der nach § 3 Nr. 46 EStG steuerfreie Ladestrom (vgl. BMF-Schreiben vom **29. September 2020, BStBl. I S. 972)**[1].

34 Bei der Ermittlung der Gesamtkosten ist bei einem Pkw von einer AfA von 12,5 % der Anschaffungskosten entsprechend einer achtjährigen (Gesamt-)Nutzungsdauer auszugehen (vgl. BFH-Beschluss vom 29. März 2005, BStBl. 2006 II S. 368).

35 Die Gesamtkosten sind jedenfalls dann periodengerecht anzusetzen, wenn der Arbeitgeber die Kosten (z.B. Leasingsonderzahlung) des von ihm überlassenen betrieblichen Kraftfahrzeugs in seiner Gewinnermittlung periodengerecht erfassen muss (vgl. BFH-Urteil vom 3. September 2015, BStBl. 2016 II S. 174).

36 Es ist nicht zu beanstanden, wenn auch die vom Arbeitnehmer unmittelbar getragenen oder vom Arbeitgeber weiterbelasteten Kosten den Gesamtkosten zugerechnet werden.

### 3.6. Leerfahrten

37 Bei der Feststellung der privat und der dienstlich zurückgelegten Fahrtstrecken sind sog. Leerfahrten, die bei der Überlassung eines betrieblichen Kraftfahrzeugs mit Fahrer durch die An- und Abfahrten des Fahrers auftreten können, den dienstlichen Fahrten zuzurechnen.

### 3.7. Sicherheitsgeschützte Kraftfahrzeuge

38 Wird der Nutzungswert für ein aus Sicherheitsgründen gepanzertes Kraftfahrzeug individuell ermittelt, so kann die AfA nach den Anschaffungskosten des leistungsschwächeren Kraftfahrzeugs oder – im Falle des Leasings – die entsprechende Leasingrate des leistungsschwächeren Kraftfahrzeugs zugrunde gelegt werden, das dem Arbeitnehmer zur Verfügung gestellt würde, wenn seine Sicherheit nicht gefährdet wäre. Im Hinblick auf die durch die Panzerung verursachten höheren laufenden Betriebskosten bestehen keine Bedenken, wenn der Nutzungswertermittlung 70 % der tatsächlich festgestellten laufenden Kosten (ohne AfA) zugrunde gelegt werden.

### 3.8. Überlassung mehrerer betrieblicher Kraftfahrzeuge

39 Für jedes betriebliche Kraftfahrzeug sind die insgesamt entstehenden Aufwendungen und das Verhältnis der privaten zu den übrigen Fahrten gesondert nachzuweisen. Stehen einem Arbeitnehmer gleichzeitig mehrere betriebliche Kraftfahrzeuge zur Verfügung und führt er nur für einzelne betriebliche Kraftfahrzeuge ein ordnungsgemäßes Fahrtenbuch, kann er für diese den Nutzungswert individuell ermitteln, während der Nutzungswert für die anderen mit monatlich 1 % des Listenpreises anzusetzen ist (vgl. BFH-Urteil vom 3. August 2000, BStBl. 2001 II S. 332).

[1] Nr. **20** § 8/17.

### 3.9. Umwegstrecken wegen Sicherheitsgefährdung

Bei Arbeitnehmern, die konkret gefährdet sind und durch die zuständigen Sicherheitsbehörden der Gefährdungsstufe 1, 2 oder 3 zugeordnet sind (vgl. BMF-Schreiben vom 30. Juni 1997, BStBl. I S. 696)[1], kann bei der Ermittlung des Nutzungswerts für Fahrten zwischen Wohnung und erster Tätigkeitsstätte die kürzeste benutzbare Straßenverbindung angesetzt werden, wenn wegen der Gefährdung des Arbeitnehmers aus Sicherheitsgründen eine andere und damit längere Fahrtstrecke gewählt wird. Diese Billigkeitsregelung steht unter dem Vorbehalt, dass bei der Ermittlung der als Werbungskosten abziehbaren Aufwendungen des Arbeitnehmers für Fahrten zwischen Wohnung und erster Tätigkeitsstätte ebenfalls nur die kürzeste benutzbare Straßenverbindung zugrunde gelegt wird. 40

### 4. Wechsel der Bewertungsmethode

Ein unterjähriger Wechsel zwischen der 1 %-Regelung und der Fahrtenbuchmethode für dasselbe Kraftfahrzeug ist nicht zulässig (vgl. R 8.1 Abs. 9 Nr. 3 LStR, BFH-Urteil vom 20. März 2014, BStBl. II S. 643). **Eine rückwirkende Änderung des Lohnsteuerabzugs (Wechsel von der pauschalen Nutzungswertmethode zur Fahrtenbuchmethode oder umgekehrt für das gesamte Kalenderjahr) ist vor Übermittlung oder Ausschreibung der Lohnsteuerbescheinigung jedoch grundsätzlich im Rahmen des § 41c EStG möglich; zum Wechsel von der 0,03 %-Regelung zur Einzelbewertung oder umgekehrt für das gesamte Kalenderjahr vgl. Rn. 13 Buchst. f.** 41

### 5. Fahrergestellung

Wird das betriebliche Kraftfahrzeug mit Fahrer zur Verfügung gestellt, ist dieser geldwerte Vorteil zusätzlich nach § 8 Abs. 2 Satz 1 EStG mit dem üblichen Endpreis am Abgabeort zu bewerten. Maßstab zur Bewertung dieses Vorteils ist der Wert einer von einem fremden Dritten bezogenen vergleichbaren Dienstleistung. 42

Aus Vereinfachungsgründen kann der geldwerte Vorteil auch nach R 8.1 Abs. 10 Satz 3 LStR ermittelt werden. Der Nutzungswert für andere Privatfahrten ist auch dann um 25 % nach R 8.1 Abs. 10 Satz 3 Nr. 2 Buchst. c LStR zu erhöhen, wenn dem Arbeitnehmer ein Fahrer zur Verfügung steht, der Arbeitnehmer das betriebliche Kraftfahrzeug tatsächlich aber ausschließlich selbst gesteuert hat. 43

Neben der Bewertungsmöglichkeit i.S.v. R 8.1 Abs. 10 Satz 3 LStR bestehen keine Bedenken, insgesamt einheitlich für das Kalenderjahr für Privatfahrten, für Fahrten zwischen Wohnung und erster Tätigkeitsstätte sowie für Familienheimfahrten (vgl. Rn. 47, 48) als Endpreis i.S.d. § 8 Abs. 2 Satz 1 EStG den Anteil an den tatsächlichen Lohn- und Lohnnebenkosten des Fahrers (d.h. insbesondere: Bruttoarbeitslohn, Arbeitgeberbeiträge zur Sozialversicherung, Verpflegungszuschüsse sowie Kosten beruflicher Fort- und Weiterbildung für den Fahrer) anzusetzen, welcher der Einsatzdauer des Fahrers im Verhältnis zu dessen Gesamtarbeitszeit entspricht (vgl. BFH-Urteil vom 15. Mai 2013, BStBl. 2014 II S. 589). Zur Einsatzdauer des Fahrers gehören auch die Stand- und Wartezeiten des Fahrers, nicht aber die bei der Überlassung eines betrieb- 44

---

[1] Nr. **20** § 19/4.

lichen Kraftfahrzeugs mit Fahrer durch die An- und Abfahrten des Fahrers durchgeführten Leerfahrten und die anfallenden Rüstzeiten; diese sind den dienstlichen Fahrten zuzurechnen.

**45** Der Arbeitgeber hat die Grundlagen für die Berechnung des geldwerten Vorteils aus der Fahrergestellung zu dokumentieren, als Belege zum Lohnkonto aufzubewahren und dem Arbeitnehmer auf Verlangen formlos mitzuteilen.

**46** Der Arbeitnehmer kann den geldwerten Vorteil aus der Fahrergestellung im Rahmen seiner Einkommensteuerveranlagung abweichend von dem Ansatz des Arbeitgebers bewerten und gegenüber dem Finanzamt nachweisen. Diese Wahl kann er im Kalenderjahr für Privatfahrten, für Fahrten zwischen Wohnung und erster Tätigkeitsstätte sowie für Familienheimfahrten (vgl. Rn. 47, 48) insgesamt nur einheitlich ausüben. Eine abweichende Bewertung setzt voraus, dass der im Lohnsteuerabzugsverfahren angesetzte geldwerte Vorteil sowie die Grundlagen für die Berechnung des geldwerten Vorteils nachgewiesen werden (z.B. durch eine formlose Mitteilung des Arbeitgebers).

### 6. Familienheimfahrten

**47** Überlässt der Arbeitgeber oder auf Grund des Dienstverhältnisses ein Dritter dem Arbeitnehmer ein betriebliches Kraftfahrzeug zu einer Familienheimfahrt wöchentlich im Rahmen einer beruflich veranlassten doppelten Haushaltsführung, so ist insoweit der Nutzungswert steuerlich nicht zu erfassen (§ 8 Abs. 2 Satz 5 EStG).

**48** Wird das betriebliche Kraftfahrzeug zu mehr als einer Familienheimfahrt wöchentlich genutzt, ist für jede weitere Familienheimfahrt ein pauschaler Nutzungswert i.H.v. 0,002 % des inländischen Listenpreises des betrieblichen Kraftfahrzeugs für jeden Kilometer der Entfernung zwischen dem Beschäftigungsort und dem Ort des eigenen Hausstands anzusetzen und dem Arbeitslohn zuzurechnen. Anstelle des pauschalen Nutzungswerts kann der Arbeitgeber den Nutzungswert mit den Aufwendungen für das betriebliche Kraftfahrzeug ansetzen, die auf die zu erfassenden Fahrten entfallen, wenn die für das betriebliche Kraftfahrzeug insgesamt entstehenden Aufwendungen durch Belege und das Verhältnis der privaten zu den übrigen Fahrten durch ein ordnungsgemäßes Fahrtenbuch nachgewiesen werden.

### 7. Leasing

**49** Least der Arbeitgeber ein Kraftfahrzeug und überlässt es dem Arbeitnehmer auch zur privaten Nutzung, liegt jedenfalls dann keine vom Arbeitsvertrag unabhängige Sonderrechtsbeziehung i.S.d. BFH-Urteils vom 18. Dezember 2014 (BStBl. 2015 II S. 670) zum sog. „Behördenleasing" vor und ist die Nutzungsüberlassung nach § 8 Abs. 2 Satz 2 bis 5 EStG zu bewerten, wenn folgende Voraussetzungen vorliegen:

Der Anspruch auf die Kraftfahrzeugüberlassung resultiert aus dem Arbeitsvertrag oder aus einer anderen arbeitsrechtlichen Rechtsgrundlage, weil

– er im Rahmen einer steuerlich anzuerkennenden Gehaltsumwandlung mit Wirkung für die Zukunft vereinbart ist. Voraussetzung ist, dass der Arbeitnehmer unter Änderung des Arbeitsvertrags auf einen Teil seines Barlohns verzichtet und ihm der Arbeitgeber stattdessen Sachlohn in Form eines Nutzungsrechts an einem betrieblichen Kraftfahrzeug des Arbeitgebers gewährt (vgl. BFH-Urteil vom 6. März 2008, BStBl. II S. 530) oder

– er arbeitsvertraglicher Vergütungsbestandteil ist. Davon ist insbesondere auszugehen, wenn von vornherein bei Abschluss eines Arbeitsvertrags eine solche Vereinbarung getroffen wird oder wenn die Beförderung in eine höhere Gehaltsklasse mit der Überlassung eines betrieblichen Kraftfahrzeugs des Arbeitgebers verbunden ist.

In Leasingfällen setzt das Vorliegen eines betrieblichen Kraftfahrzeugs des Arbeitgebers i.S.d. § 8 Abs. 2 Satz 2 bis 5 EStG zudem voraus, dass der Arbeitgeber und nicht der Arbeitnehmer gegenüber der Leasinggesellschaft zivilrechtlich Leasingnehmer ist. 50

Liegt nach diesen Grundsätzen eine nach § 8 Abs. 2 Satz 2 bis 5 EStG zu bewertende Nutzungsüberlassung vor, darf der Arbeitgeber die pauschalen Kilometersätze im Rahmen einer Auswärtstätigkeit mit diesem Kraftfahrzeug nicht – auch nicht teilweise – steuerfrei erstatten (vgl. R 9.5 Abs. 2 Satz 3 LStR). 51

**8. Nutzungsentgelt**

Zahlt der Arbeitnehmer an den Arbeitgeber oder auf dessen Weisung an einen Dritten zur Erfüllung einer Verpflichtung des Arbeitgebers (abgekürzter Zahlungsweg) für die außerdienstliche Nutzung eines betrieblichen Kraftfahrzeugs, insbesondere für die Nutzung zu 52

– privaten Fahrten,
– Fahrten zwischen Wohnung und erster Tätigkeitsstätte
  und
– Familienheimfahrten (vgl. Rn. 47, 48),

ein Nutzungsentgelt, mindert dies den Nutzungswert, vgl. R 8.1 Abs. 9 Nr. 4 Satz 1 LStR, BFH-Urteile vom 30. November 2016 VI R 49/14 (BStBl. 2017 II S. 1011) und VI R 2/15 (BStBl. 2017 II S. 1014).

Nutzungsentgelt i.S.v. R 8.1 Abs. 9 Nr. 4 LStR ist bei der pauschalen und der individuellen Nutzungswertmethode: 53

a) ein arbeitsvertraglich oder aufgrund einer anderen arbeits- oder dienstrechtlichen Rechtsgrundlage vereinbarter nutzungsunabhängiger pauschaler Betrag (z.B. Monatspauschale, **zeitraumbezogene (Einmal-)Zahlungen, vgl. Rn. 57**),
b) ein arbeitsvertraglich oder aufgrund einer anderen arbeits- oder dienstrechtlichen Rechtsgrundlage vereinbarter an den gefahrenen Kilometern ausgerichteter Betrag (z.B. Kilometerpauschale),
c) die arbeitsvertraglich oder aufgrund einer anderen arbeits- oder dienstrechtlichen Rechtsgrundlage vom Arbeitnehmer übernommenen Leasingraten,

und bei der pauschalen Nutzungswertmethode (zur Nichtbeanstandungsregelung bei der individuellen Nutzungswertmethode s. Rn. 59):

d) die arbeitsvertraglich oder aufgrund einer anderen arbeits- oder dienstrechtlichen Rechtsgrundlage vereinbarte vollständige oder teilweise Übernahme einzelner Kraftfahrzeugkosten durch den Arbeitnehmer (vgl. BFH-Urteil vom 30. November 2016 VI R 2/15, BStBl. 2017 II S. 1011).
   Dies gilt auch für einzelne Kraftfahrzeugkosten, die zunächst vom Arbeitgeber verauslagt und anschließend dem Arbeitnehmer weiterbelastet werden oder, wenn der Arbeitnehmer zunächst pauschale Abschlagszahlungen leistet,

die zu einem späteren Zeitpunkt nach den tatsächlich entstandenen Kraftfahrzeugkosten abgerechnet werden.

54 Vom Arbeitnehmer selbst getragene einzelne Kraftfahrzeugkosten i.S.d. Rn. 53 Buchst. d sind Kosten, die zu den Gesamtkosten des Kraftfahrzeugs i.S.d. § 8 Abs. 2 Satz 4 EStG gehören (vgl. Rn. 32). Unberücksichtigt bleiben Kosten, die nicht zu den Gesamtkosten des Kraftfahrzeugs gehören (vgl. Rn. 33).

55 Kein Nutzungsentgelt i.S.v. R 8.1 Abs. 9 Nr. 4 LStR ist insbesondere der Barlohnverzicht des Arbeitnehmers im Rahmen einer Gehaltsumwandlung.

56 In Höhe des Nutzungsentgelts i.S.v. Rn. 53 ist der Arbeitnehmer nicht bereichert und die gesetzlichen Voraussetzungen des § 8 Abs. 1 EStG i.V.m. § 19 Abs. 1 EStG sind nicht erfüllt. Übersteigt das Nutzungsentgelt den Nutzungswert, führt der übersteigende Betrag weder zu negativem Arbeitslohn noch zu Werbungskosten, vgl. BFH-Urteile vom 30. November 2016 VI R 49/14 (BStBl. 2017 II S. 1011) und VI R 2/15 (BStBl. 2017 II S. 1014).

57 **Zeitraumbezogene (Einmal-)Zahlungen des Arbeitnehmers für die außerdienstliche Nutzung (vgl. Rn. 52) eines betrieblichen Kraftfahrzeugs sind bei der Bemessung des geldwerten Vorteils auf den Zeitraum, für den sie geleistet werden, gleichmäßig zu verteilen und vorteilsmindernd zu berücksichtigen (vgl. BFH-Beschluss vom 16. Dezember 2020, BStBl. 2021 II S. 761; zu zeitraumbezogenen (Einmal-) Zahlungen des Arbeitnehmers zu den Anschaffungskosten vgl. Rn. 66).**

58 Bei der individuellen Nutzungswertmethode (Fahrtenbuchmethode) fließen vom Arbeitnehmer selbst getragene individuelle Kraftfahrzeugkosten nicht in die Gesamtkosten ein und erhöhen damit nicht den individuellen Nutzungswert (R 8.1 Abs. 9 Nr. 2 Satz 8 zweiter Halbsatz LStR). Zahlt der Arbeitnehmer ein pauschales Nutzungsentgelt i.S.d. Rn. 53 Buchst. a bis c, ist der individuelle Nutzungswert um diesen Betrag zu kürzen.

59 Es wird nicht beanstandet, wenn bei der Fahrtenbuchmethode vom Arbeitnehmer selbst getragene Kosten abweichend von R 8.1 Abs. 9 Nr. 2 Satz 8 zweiter Halbsatz LStR in die Gesamtkosten i.S.v. § 8 Abs. 2 Satz 4 EStG einbezogen und wie bei der pauschalen Nutzungswertmethode als Nutzungsentgelt (vgl. Rn. 53 Buchst. d) behandelt werden.

60 **Beispiele zur pauschalen Nutzungswertmethode**

Der Arbeitgeber hat seinem Arbeitnehmer ein betriebliches Kraftfahrzeug auch zur Privatnutzung überlassen und den geldwerten Vorteil aus der Kraftfahrzeuggestellung nach der 1%- Regelung bewertet.

**Beispiel 1:**

In der Nutzungsüberlassungsvereinbarung ist geregelt, dass der Arbeitnehmer ein Nutzungsentgelt i.H.v. 0,20 € je privat gefahrenen Kilometer zu zahlen hat.

Es handelt sich um ein Nutzungsentgelt i.S.d. Rn. 53 Buchst. b.

**Beispiel 2:**

In der Nutzungsüberlassungsvereinbarung ist geregelt, dass der Arbeitnehmer die gesamten Treibstoffkosten zu zahlen hat.

Die Kostenübernahme durch den Arbeitnehmer ist ein Nutzungsentgelt i.S.d. Rn. 53 Buchst. d.

61 **Beispiele zur individuellen Nutzungswertmethode**

Der Arbeitgeber hat seinem Arbeitnehmer ein betriebliches Kraftfahrzeug auch zur Privatnutzung überlassen und den geldwerten Vorteil aus der Kraftfahrzeuggestellung nach der Fahrtenbuchmethode bewertet.

**Beispiel 3:**

In der Nutzungsüberlassungsvereinbarung ist geregelt, dass der Arbeitnehmer ein Nutzungsentgelt i.H.v. 0,20 € je privat gefahrenen Kilometer zu zahlen hat.

Es handelt sich um ein Nutzungsentgelt i.S.d. Rn. 53 Buchst. b.

**Beispiel 4:**

In der Nutzungsüberlassungsvereinbarung ist geregelt, dass der Arbeitnehmer die gesamten Treibstoffkosten zu zahlen hat. Diese betragen 3000 €. Die übrigen vom Arbeitgeber getragenen Kraftfahrzeugkosten betragen 7000 €. Auf die Privatnutzung entfällt ein Anteil von 10 %. Der individuelle Nutzungswert ist wie folgt zu ermitteln:

a) Bei Anwendung der Regelung in R 8.1 Abs. 9 Nr. 2 Satz 8 zweiter Halbsatz LStR (vgl. Rn. 58) fließen die vom Arbeitnehmer selbst getragenen Treibstoffkosten nicht in die Gesamtkosten des Kraftfahrzeugs ein. Es handelt sich auch nicht um ein Nutzungsentgelt im Sinne Rn. 53. Anhand der (niedrigeren) Gesamtkosten ist der individuelle Nutzungswert zu ermitteln (10 % von 7000 € = 700 €).
Ein Werbungskostenabzug i.H.v. 2700 € (90 % von 3000 €) ist nicht zulässig.
oder

b) Bei Anwendung der Nichtbeanstandungsregelung (vgl. Rn. 59) fließen die vom Arbeitnehmer selbst getragenen Treibstoffkosten in die Gesamtkosten des Kraftfahrzeugs ein. Es handelt sich um ein Nutzungsentgelt i.S.d. Rn. 53 Buchst. d i.H.v. 3000 €. Anhand der Gesamtkosten ist der individuelle Nutzungswert zu ermitteln (10 % von 10 000 € = 1000 €). Dieser Nutzungswert ist um das Nutzungsentgelt bis auf 0 € zu mindern. Der den Nutzungswert übersteigende Betrag i.H.v. 2000 € führt nicht zu Werbungskosten (vgl. Rn. 56).

Im Lohnsteuerabzugsverfahren ist der Arbeitgeber zur Anrechnung der indivi- 62
duellen Kraftfahrzeugkosten des Arbeitnehmers bei der Nutzungswertermittlung verpflichtet, wenn sich aus der arbeitsvertraglichen oder einer anderen arbeits- oder dienstrechtlichen Rechtsgrundlage nichts anderes ergibt. Hierzu hat der Arbeitnehmer gegenüber dem Arbeitgeber jährlich fahrzeugbezogen schriftlich die Höhe der individuellen Kraftfahrzeugkosten und die Gesamtfahrleistung des Kraftfahrzeugs zu erklären und im Einzelnen umfassend darzulegen und belastbar nachzuweisen. Der Arbeitgeber hat aufgrund dieser Erklärungen und Belege des Arbeitnehmers den Lohnsteuerabzug durchzuführen, sofern der Arbeitnehmer nicht erkennbar unrichtige Angaben macht. Ermittlungspflichten des Arbeitgebers ergeben sich hierdurch nicht. Die Erklärungen und Belege des Arbeitnehmers hat der Arbeitgeber im Original zum Lohnkonto zu nehmen.

Es ist aus Vereinfachungsgründen nicht zu beanstanden, wenn für den Lohn- 63
steuerabzug zunächst vorläufig fahrzeugbezogen die Erklärung des Vorjahres zugrunde gelegt wird. R 8.1 Abs. 9 Nr. 3 Satz 2 und 3 LStR ist sinngemäß anzuwenden.

Macht der Arbeitnehmer im Rahmen seiner Einkommensteuerveranlagung 64
individuelle Kraftfahrzeugkosten vorteilsmindernd geltend, muss er die Nutzungsvereinbarung vorlegen und fahrzeugbezogen darlegen, wie der Arbeitgeber den Nutzungswert ermittelt und versteuert hat (z.B. Gehaltsabrechnung, die die Ermittlung und Besteuerung des Nutzungswerts erkennen lässt; Bescheinigung des Arbeitgebers) sowie schriftlich die Höhe der von ihm selbst getragenen individuellen Kraftfahrzeugkosten und die Gesamtfahrleistung des Kraftfahrzeugs im Kalenderjahr umfassend darlegen und belastbar nachweisen.

## 9. Zuzahlungen des Arbeitnehmers zu den Anschaffungskosten oder Leasingsonderkosten

**Bestehen keine arbeitsvertraglichen Vereinbarungen hinsichtlich des** 65
**Zuzahlungszeitraums, wird es nicht beanstandet, wenn (Einmal-)**Zahlungen des Arbeitnehmers zu den Anschaffungskosten eines ihm auch zur privaten Nutzung überlassenen betrieblichen Kraftfahrzeugs nicht nur im Zahlungsjahr, sondern auch in den darauf folgenden Kalenderjahren auf den privaten Nutzungswert für das jeweilige Kraftfahrzeug bis auf 0 € angerechnet

werden (vgl. R 8.1 Abs. 9 Nr. 4 Satz 2 und 3 LStR). Bei **(Einmal-)**Zahlungen des Arbeitnehmers zu Leasingsonderzahlungen ist entsprechend zu verfahren. **Es liegen weder negativer Arbeitslohn noch Werbungskosten vor. Eine Übertragung verbleibender Zuzahlungen auf ein anderes überlassenes betriebliches Kraftfahrzeug ist nicht zulässig.**

66 **Bestehen arbeitsvertragliche Vereinbarungen hinsichtlich des Zuzahlungszeitraums, sind zeitraumbezogene (Einmal-)Zahlungen des Arbeitnehmers zu den Anschaffungskosten eines ihm auch zur privaten Nutzung überlassenen betrieblichen Kraftfahrzeugs bei der Bemessung des geldwerten Vorteils auf den Zeitraum, für den sie geleistet werden, gleichmäßig zu verteilen und vorteilsmindernd zu berücksichtigen (vgl. BFH-Beschluss vom 16. Dezember 2020, BStBl. 2021 II S. 761; zu zeitraumbezogenen (Einmal-)Zahlungen des Arbeitnehmers für die außerdienstliche Nutzung vgl. Rn. 57). Maßgeblich ist der vereinbarte Zuzahlungszeitraum, nicht dagegen die tatsächliche Nutzungsdauer (z.B. im Falle der vorzeitigen Rückgabe, der Veräußerung, des Tauschs oder eines Totalschadens des betrieblichen Kraftfahrzeugs). Es liegen weder negativer Arbeitslohn noch Werbungskosten vor. Eine Übertragung verbleibender Zuzahlungen auf ein anderes überlassenes betriebliches Kraftfahrzeug ist nicht zulässig.**

67 **Beispiele zu Rn. 65 und 66**

**Beispiel 1 (vereinbarter Zuzahlungszeitraum):**
**Der Arbeitnehmer hat im Januar 01 zu den Anschaffungskosten eines betrieblichen Kraftfahrzeugs eine Zuzahlung i.H.v. 10 000 € für eine vereinbarte voraussichtliche Nutzungsdauer von 5 Jahren geleistet. Sollte das Fahrzeug vorzeitig zurückgegeben, veräußert oder getauscht werden, hat er vereinbarungsgemäß einen Anspruch auf zeitanteilige Rückerstattung der Zuzahlung. Der geldwerte Vorteil beträgt jährlich 4000 €. Ab Januar 03 wird ihm aufgrund eines Totalschadens ein anderes betriebliches Kraftfahrzeug überlassen. Zu diesem Zeitpunkt erhält er vereinbarungsgemäß eine Rückerstattung der Zuzahlung für die Jahre 03 bis 05 i.H.v. 6000 €.**

**Der geldwerte Vorteil i.H.v. 4000 € wird in den Jahren 01 und 02 um jeweils 2000 € (10 000 €, gemäß BFH-Beschluss vom 16. Dezember 2020, BStBl. 2021 II S. 761, gleichmäßig verteilt auf die vereinbarte Nutzungsdauer = Zuzahlungszeitraum von 5 Jahren) gemindert. Es liegen weder negativer Arbeitslohn noch Werbungskosten vor. Die Rückerstattung der Zuzahlung ist kein Arbeitslohn, da sie den privaten Nutzungswert insoweit nicht gemindert hat (R 8.1 Abs. 9 Nr. 4 Satz 4 LStR).**

**Beispiel 2 (keine Vereinbarung über einen Zuzahlungszeitraum):**
**Der Arbeitnehmer hat im Januar 01 zu den Anschaffungskosten eines betrieblichen Kraftfahrzeugs eine Zuzahlung i.H.v. 10 000 € geleistet. Es wurde keine Vereinbarung getroffen, für welchen Zeitraum die Zuzahlung geleistet wird. Der geldwerte Vorteil beträgt jährlich 4000 €. Ab Januar 03 wird ihm aufgrund eines Totalschadens ein anderes betriebliches Kraftfahrzeug überlassen. Ein Anspruch des Arbeitnehmers auf Rückerstattung der Zuzahlung wurde arbeitsvertraglich ausgeschlossen.**

**Der geldwerte Vorteil i.H.v. 4000 € wird in den Jahren 01 und 02 um jeweils 4000 € (gemäß R 8.1 Abs. 9 Nr. 4 Satz 2 und 3 LStR) gemindert. Der verbleibende Zuzahlungsbetrag von 2000 € kann nicht auf den geldwerten Vorteil des ab Januar 03 neu überlassenen betrieblichen Kraftfahrzeugs angerechnet werden, da die Zuzahlung für die Überlassung eines anderen betrieblichen Kraftfahrzeugs (Totalschaden) geleistet wurde. Es liegen zudem weder negativer Arbeitslohn noch Werbungskosten vor.**

**Beispiel 3 (Leasingfall, keine Vereinbarung über einen Zuzahlungszeitraum):**
**Der Arbeitnehmer hat im Jahr 01 zur Leasingsonderzahlung für ein betriebliches Kraftfahrzeug eine Zuzahlung i.H.v. 10 000 € geleistet. Es wurde zwar vereinbart, dass der Arbeitnehmer das Kraftfahrzeug für die gesamte Leasingvertragsdauer (48 Monate) nutzen kann; es wurde aber keine Vereinbarung getroffen, für welchen Zeitraum die Zuzahlung geleistet wird. Der geldwerte Vorteil beträgt jährlich 4000 €.**

**Der geldwerte Vorteil i.H.v. 4000 € wird in den Jahren 01 und 02 um jeweils 4000 € und in 03 um 2000 € (gemäß R 8.1 Abs. 9 Nr. 4 Satz 2 und 3 LStR) gemindert. Es liegen zudem weder negativer Arbeitslohn noch Werbungskosten vor.**

## 10. Elektromobilität

Zur einkommen- und lohnsteuerlichen Behandlung der Überlassung eines betrieblichen Elektro- und Hybridelektrofahrzeugs an Arbeitnehmer wird ergänzend auf folgende BMF-Schreiben hingewiesen: **68**

– BMF-Schreiben vom 5. November 2021 (BStBl. I S. 2205)[1)],

– BMF-Schreiben vom 29. September 2020 (BStBl. I S. 972)[2)].

## 11. Anwendungsregelungen

Dieses Schreiben ist in allen offenen Fällen anzuwenden. Dieses Schreiben ersetzt das BMF-Schreiben vom 4. April 2018 (BStBl. I S. 592) und wird im Bundessteuerblatt Teil I veröffentlicht. **69**

[1)] Nr. **1** § 6/33.
[2)] Nr. **20** § 8/17.

# 20 § 8/3. Schreiben betr. Dreizehnte Verordnung zur Änderung der Sozialversicherungsentgeltverordnung vom 16. Dezember 2022 (BGBl. I S. 2431); Lohnsteuerliche Behandlung von unentgeltlichen oder verbilligten Mahlzeiten der Arbeitnehmer ab dem Kalenderjahr 2023

Vom 23. Dezember 2022

BMF IV C 5 - S 2334/19/10010 :004; DOK 2022/1255571

(BStBl. 2023 I S. 71)

**Bezug:** BMF-Schreiben vom 20. Dezember 2021 IV C 5 – S 2334/19/10010 :003; DOK 2021/1286105 (BStBl. 2022 I S. 60)

Mahlzeiten, die arbeitstäglich unentgeltlich oder verbilligt an die Arbeitnehmer abgegeben werden, sind mit dem anteiligen amtlichen Sachbezugswert nach der Verordnung über die sozialversicherungsrechtliche Beurteilung von Zuwendungen des Arbeitgebers als Arbeitsentgelt (Sozialversicherungsentgeltverordnung – SvEV) zu bewerten. Dies gilt ab 1. Januar 2014 gemäß § 8 Abs. 2 Satz 8 EStG auch für Mahlzeiten, die dem Arbeitnehmer während einer beruflich veranlassten Auswärtstätigkeit oder im Rahmen einer doppelten Haushaltsführung vom Arbeitgeber oder auf dessen Veranlassung von einem Dritten zur Verfügung gestellt werden, wenn der Preis der Mahlzeit 60 Euro nicht übersteigt. Die Sachbezugswerte ab dem Kalenderjahr 2023 sind durch die Dreizehnte Verordnung zur Änderung der Sozialversicherungsentgeltverordnung vom 16. Dezember 2022 (BGBl. I S. 2431)[1] festgesetzt worden. Demzufolge beträgt der Wert für Mahlzeiten, die ab Kalenderjahr 2023 gewährt werden,

a) für ein Mittag- oder Abendessen 3,80 Euro[2],

b) für ein Frühstück 2,00 Euro[3].

Bei Vollverpflegung (Frühstück, Mittag- und Abendessen) sind die Mahlzeiten mit dem Wert von 9,60 Euro anzusetzen.

Im Übrigen wird auf R 8.1 Abs. 7 und 8 LStR 2023 sowie auf das BMF-Schreiben zur Reform des steuerlichen Reisekostenrechts vom 25. November 2020 (BStBl. I S. 1228)[4] hingewiesen.

---

[1] **Amtl. Anm.:** BStBl. 2023 I S. 70.

[2] **Red. Anm.:** Wert 2018: 3,23 Euro; Wert 2019: 3,30 Euro; Wert 2020: 3,40 Euro; Wert 2021: 3,47 Euro; Wert 2022: 3,57 Euro.

[3] **Red. Anm.:** Wert 2018: 1,73 Euro; Wert 2019: 1,77 Euro; Wert 2020: 1,80 Euro; Wert 2021: 1,83 Euro; Wert 2022: 1,87 Euro.

[4] Nr. **20** § 9/10.

# 20 § 8/4. Schreiben betr. Sachbezugswert für arbeitstägliche Zuschüsse zu Mahlzeiten

Vom 18. Januar 2019
BMF IV C 5 - S 2334/08/10006-01; DOK 2019/0040075
(BStBl. I S. 66)

Zur Anwendung der Regelungen von R 8.1 Abs. 7 Nr. 4 der Lohnsteuer-Richtlinien (LStR) zu Kantinenmahlzeiten und Papier-Essenmarken (Essensgutscheine, Restaurantschecks) bei arbeitstäglichen Zuschüssen zu Mahlzeiten gilt im Einvernehmen mit den obersten Finanzbehörden der Länder Folgendes:

## 1. Ansatz des maßgebenden amtlichen Sachbezugswerts

Bestehen die Leistungen des Arbeitgebers in einem arbeitsvertraglich oder aufgrund einer anderen arbeitsrechtlichen Rechtsgrundlage vereinbarten Anspruch des Arbeitnehmers auf arbeitstägliche Zuschüsse zu Mahlzeiten, ist als Arbeitslohn nicht der Zuschuss, sondern die Mahlzeit des Arbeitnehmers mit dem maßgebenden amtlichen Sachbezugswert nach der Sozialversicherungsentgeltverordnung (SvEV) anzusetzen, wenn sichergestellt ist, dass

a) tatsächlich arbeitstäglich eine Mahlzeit (Frühstück, Mittag- oder Abendessen) durch den Arbeitnehmer erworben wird. Lebensmittel sind nur dann als Mahlzeit anzuerkennen, wenn sie zum unmittelbaren Verzehr geeignet oder zum Verbrauch während der Essenpausen bestimmt sind,
b) für jede Mahlzeit lediglich ein Zuschuss arbeitstäglich (ohne Krankheitstage, Urlaubsage und – vorbehaltlich Buchst. e – Arbeitstage, an denen der Arbeitnehmer eine Auswärtstätigkeit ausübt) beansprucht werden kann,
c) der Zuschuss den amtlichen Sachbezugswert der Mahlzeit um nicht mehr als 3,10 Euro übersteigt,
d) der Zuschuss den tatsächlichen Preis der Mahlzeit nicht übersteigt und
e) der Zuschuss nicht von Arbeitnehmern beansprucht werden kann, die eine Auswärtstätigkeit ausüben, bei der die ersten drei Monate (§ 9 Abs. 4 a Satz 6 und 7 EStG) noch nicht abgelaufen sind *(BMF-Schreiben vom 5. Januar 2015, BStBl. I S. 119[1])*.

Dies gilt auch dann, wenn keine vertraglichen Beziehungen zwischen Arbeitgeber und dem Unternehmen (Gaststätte oder vergleichbarer Einrichtung), das die bezuschusste Mahlzeit abgibt, bestehen. Die Regelungen von R 8.1 Abs. 7 Nr. 4 Buchst. a Satz 3 und 4 (sog. 15er-Regelung) sowie Buchst. b und c LStR sind entsprechend anzuwenden. Die 15er-Regelung gilt für maximal 15 Zuschüsse zu Mahlzeiten (insgesamt für Frühstück, Mittag- und Abendessen) im Kalendermonat.

Der Arbeitgeber hat die vorstehenden Voraussetzungen nachzuweisen; der Nachweis der Verwendung des Zuschusses ausschließlich zum Erwerb einer Mahlzeit im Sinne des Buchstaben a kann dabei auch durch Vorlage entsprechender vertraglicher Vereinbarungen zwischen dem Unternehmen, das die bezuschusste Mahlzeit abgibt, und dem Arbeitgeber oder dem mit der Verwaltung der Zuschüsse beauftragten Unternehmen geführt werden.

[1] Vgl. nunmehr BMF v. 25.11.2020, BStBl. I S. 1228, Rz. 76 (Nr. **20** § 9/10).

Dem Arbeitgeber bleibt es unbenommen, entweder die ihm vom Arbeitnehmer vorgelegten Einzelbelegnachweise manuell zu überprüfen oder sich entsprechender elektronischer Verfahren zu bedienen (z. B. wenn ein Anbieter die Belege vollautomatisch digitalisiert, prüft und eine monatliche Abrechnung an den Arbeitgeber übermittelt, aus der sich dieselben Erkenntnisse wie aus Einzelbelegnachweisen gewinnen lassen). Der Arbeitgeber hat die Belege oder die Abrechnung zum Lohnkonto aufzubewahren.

**2. Pauschalierung der Lohnsteuer**

Es bestehen bei Vorliegen der Voraussetzungen der Tz. 1 keine Bedenken, wenn der Arbeitgeber die Lohnsteuer entsprechend § 40 Abs. 2 Satz 1 Nr. 1 EStG pauschal erhebt, auch wenn keine vertraglichen Beziehungen zu dem Unternehmen bestehen, das die bezuschusste Mahlzeit abgibt.

**3. Arbeitstägliche Zuschüsse zu Mahlzeiten für Home Office-Mitarbeiter und für Teilzeitkräfte**

Arbeitstägliche Zuschüsse zu Mahlzeiten sind bei Vorliegen der Voraussetzungen der Tz. 1 auch dann mit dem maßgebenden amtlichen Sachbezugswert anzusetzen, wenn sie an Arbeitnehmer geleistet werden, die ihre Tätigkeit in einem Home Office verrichten oder nicht mehr als sechs Stunden täglich arbeiten, auch wenn die betriebliche Arbeitszeitregelung keine entsprechenden Ruhepausen vorsieht.

**4. Einzelkauf von Bestandteilen einer Mahlzeit**

Arbeitstägliche Zuschüsse zu Mahlzeiten sind bei Vorliegen der Voraussetzungen der Tz. 1 auch dann mit dem maßgebenden amtlichen Sachbezugswert anzusetzen, wenn der Arbeitnehmer einzelne Bestandteile seiner Mahlzeit bei verschiedenen Akzeptanzstellen erwirbt.

**5. Erwerb auf Vorrat**

Je Arbeitstag und je bezuschusster Mahlzeit (Frühstück, Mittag- oder Abendessen) kann nur ein Zuschuss mit dem amtlichen Sachbezugswert angesetzt werden. Erwirbt der Arbeitnehmer am selben Tag weitere Mahlzeiten für andere Tage auf Vorrat, sind hierfür gewährte Zuschüsse als Barlohn zu erfassen. Gleiches gilt für den Einzelkauf von Bestandteilen einer Mahlzeit auf Vorrat.

Dieses Schreiben ersetzt das BMF-Schreiben vom 24. Februar 2016 (BStBl. I S. 238) und ist in allen offenen Fällen anzuwenden.

# **20** § 8/6. Schreiben betr. steuerliche Behandlung der Rabatte, die Arbeitnehmern von dritter Seite eingeräumt werden

Vom 20. Januar 2015 (BStBl. I S. 143)

(BMF IV C 5 – S 2360/12/10002; DOK 2014/1134901)

**Bezug:** BMF-Schreiben vom 27. September 1993 (BStBl. I S. 814)

Der BFH hat mit Urteilen vom 18. Oktober 2012 VI R 64/11 (BStBl. 2015 II S. 184) und vom 10. April 2014 VI R 62/11 (BStBl. 2015 II S. 191) seine Rechtsprechung zur steuerlichen Behandlung der Rabatte, die Arbeitnehmern von dritter Seite eingeräumt werden, weiterentwickelt und konkretisiert.

Im Einvernehmen mit den obersten Finanzbehörden der Länder sind die Urteile unter Beachtung folgender Grundsätze über die entschiedenen Einzelfälle hinaus anzuwenden:

Preisvorteile, die Arbeitnehmern von dritter Seite eingeräumt werden, sind Arbeitslohn, wenn sie sich für den Arbeitnehmer als Frucht seiner Arbeit für den Arbeitgeber darstellen und wenn sie im Zusammenhang mit dem Dienstverhältnis stehen. Ein überwiegend eigenwirtschaftliches Interesse des Dritten schließt die Annahme von Arbeitslohn dagegen in der Regel aus. Arbeitslohn liegt auch dann nicht vor, wenn und soweit der Preisvorteil auch fremden Dritten üblicherweise im normalen Geschäftsverkehr eingeräumt wird (z. B. Mengenrabatte). **1**

Es spricht dafür, dass Preisvorteile zum Arbeitslohn gehören, wenn der Arbeitgeber an der Verschaffung dieser Preisvorteile aktiv mitgewirkt hat. Eine aktive Mitwirkung des Arbeitgebers in diesem Sinne liegt vor, wenn **2**

a) aus dem Handeln des Arbeitgebers ein Anspruch des Arbeitnehmers auf den Preisvorteil entstanden ist oder

b) der Arbeitgeber für den Dritten Verpflichtungen übernommen hat, z. B. Inkassotätigkeit oder Haftung.

Einer aktiven Mitwirkung des Arbeitgebers in diesem Sinne steht gleich, wenn **3**

a) zwischen dem Arbeitgeber und dem Dritten eine enge wirtschaftliche oder tatsächliche Verflechtung oder enge Beziehung sonstiger Art besteht, z. B. Organschaftsverhältnis, oder

b) dem Arbeitnehmer Preisvorteile von einem Unternehmen eingeräumt werden, dessen Arbeitnehmer ihrerseits Preisvorteile vom Arbeitgeber erhalten.

Eine aktive Mitwirkung des Arbeitgebers an der Verschaffung von Preisvorteilen ist nicht anzunehmen, wenn sich seine Beteiligung darauf beschränkt: **4**

a) Angebote Dritter in seinem Betrieb z. B. am „schwarzen Brett“, im betriebseigenen Intranet oder in einem Personalhandbuch bekannt zu machen oder

b) Angebote Dritter an die Arbeitnehmer seines Betriebs und eventuell damit verbundene Störungen des Betriebsablaufs zu dulden oder

c) die Betriebszugehörigkeit der Arbeitnehmer zu bescheinigen oder

d) Räumlichkeiten für Treffen der Arbeitnehmer mit Ansprechpartnern des Dritten zur Verfügung zu stellen.

**5** An einer Mitwirkung des Arbeitgebers fehlt es auch dann, wenn bei der Verschaffung von Preisvorteilen allein eine vom Arbeitgeber unabhängige Selbsthilfeeinrichtung der Arbeitnehmer mitwirkt.

**6** Die Mitwirkung des Betriebsrats oder Personalrats an der Verschaffung von Preisvorteilen durch Dritte ist für die steuerliche Beurteilung dieser Vorteile dem Arbeitgeber nicht zuzurechnen und führt allein nicht zur Annahme von Arbeitslohn. In den Fällen der Randziffern 2 und 3 wird die Zurechnung von Preisvorteilen zum Arbeitslohn jedoch nicht dadurch ausgeschlossen, dass der Betriebsrat oder Personalrat ebenfalls mitgewirkt hat.

**7** Dieses Schreiben ist in allen offenen Fällen anzuwenden und ersetzt das BMF-Schreiben vom 27. September 1993 (BStBl. I S. 814), welches hiermit aufgehoben wird.

# 20 § 8/7. Gleich lautende Erlasse betr. steuerliche Behandlung der von Luftfahrtunternehmen gewährten unentgeltlichen oder verbilligten Flüge[1)]

Vom 12. Mai 2021

Oberste Finanzbehörden der Länder

(BStBl. I S. 774)

Für die Bewertung der zum Arbeitslohn gehörenden Vorteile aus unentgeltlich oder verbilligt gewährten Flügen gilt Folgendes:

**1.**

Gewähren Luftfahrtunternehmen ihren Arbeitnehmern unentgeltlich oder verbilligt Flüge, die auch betriebsfremden Fluggästen angeboten werden, so kann der Wert der Flüge nach § 8 Abs. 2 oder Abs. 3 EStG ermittelt werden. Dies gilt auch bei Beschränkungen im Reservierungsstatus, wenn das Luftfahrtunternehmen Flüge mit entsprechenden Beschränkungen betriebsfremden Fluggästen nicht anbietet (vgl. BFH-Urteil vom 26. September 2019, BStBl. 2020 II S. 162).

**2.**

Eine Bewertung nach § 8 Abs. 3 EStG kommt nicht in Betracht, wenn

a) die Lohnsteuer nach § 40 EStG pauschal erhoben wird oder

b) Luftfahrtunternehmen Arbeitnehmern anderer Arbeitgeber unentgeltlich oder verbilligt Flüge gewähren.

In diesen Fällen sind die Flüge nach § 8 Abs. 2 EStG mit dem um übliche Preisnachlässe geminderten üblichen Endpreis am Abgabeort zu bewerten.

**3.**

In den Fällen der Bewertung nach § 8 Abs. 2 EStG können die Flüge mit Durchschnittswerten angesetzt werden. Für die Jahre 2022 bis 2024 werden die folgenden Durchschnittswerte (ohne Einbeziehung von Nebenkosten) nach § 8 Abs. 2 Satz 10 EStG für jeden Flugkilometer festgesetzt.

a) Wenn keine Beschränkungen im Reservierungsstatus bestehen, ist der Wert des Fluges wie folgt zu berechnen:

| bei einem Flug von | Durchschnittswerte in Euro je Flugkilometer (FKM) |
|---|---|
| 1 – 4.000 km | 0,04 |
| 4.001 – 12.000 km | $0{,}04 - \frac{0{,}01 \times (\text{FKM} - 4.000)}{8.000}$ |
| mehr als 12.000 km | 0,03 |

Jeder Flug ist gesondert zu bewerten. Die Zahl der Flugkilometer ist mit dem Wert anzusetzen, der der im Flugschein angegebenen Streckenführung entspricht. Nimmt der Arbeitgeber einen nicht vollständig ausgeflogenen

---

[1)] **Red. Anm.:** Gilt für die Jahre 2022–2024.

Flugschein zurück, so ist die tatsächlich ausgeflogene Strecke zugrunde zu legen. Bei der Berechnung des Flugkilometerwerts sind die Beträge nur bis zur fünften Dezimalstelle anzusetzen.
Die nach dem IATA-Tarif zulässigen Kinderermäßigungen sind entsprechend anzuwenden.

b) Bei Beschränkungen im Reservierungsstatus mit dem Vermerk „space available – SA –" auf dem Flugschein beträgt der Wert je Flugkilometer 60 Prozent des nach Buchst. a ermittelten Werts.

c) Bei Beschränkungen im Reservierungsstatus ohne Vermerk „space available – SA –" auf dem Flugschein beträgt der Wert je Flugkilometer 80 Prozent des nach Buchst. a ermittelten Werts.

Der nach den Durchschnittswerten ermittelte Wert des Fluges ist um 10 Prozent zu erhöhen.

**Beispiel:**
Der Arbeitnehmer erhält einen Freiflug Frankfurt–Palma de Mallorca und zurück. Der Flugschein trägt den Vermerk „SA". Die Flugstrecke beträgt insgesamt 2507 km.
Der Wert des Fluges für diesen Flug beträgt 60 Prozent von (0,04 × 2.507) = 60,17 Euro, zu erhöhen um 10 Prozent (= 6,02 Euro) = 66,19 Euro.

**4.**

Mit den Durchschnittswerten nach Nr. 3 können auch Flüge bewertet werden, die der Arbeitnehmer von seinem Arbeitgeber erhalten hat, der kein Luftfahrtunternehmer ist, wenn

a) der Arbeitgeber diesen Flug von einem Luftfahrtunternehmen erhalten hat und

b) dieser Flug den unter Nr. 3 Buchst. b oder c genannten Beschränkungen im Reservierungsstatus unterliegt.

**5.**

Von dem Wert nach der Nr. 2 sind die von den Arbeitnehmern jeweils gezahlten Entgelte abzuziehen. Von den Werten nach den Nrn. 3 und 4 sind die von den Arbeitnehmern jeweils gezahlten Entgelte mit Ausnahme der Nebenkosten (z.B. Steuern, Flughafengebühren, Luftsicherheitsgebühren, sonstige Gebühren, sonstige Zuschläge, Luftverkehrssteuer) abzuziehen. Der Rabattfreibetrag nach § 8 Abs. 3 EStG ist nicht abzuziehen.

**6.**

Luftfahrtunternehmen im Sinne der vorstehenden Regelungen sind Unternehmen, denen die Betriebsgenehmigung zur Beförderung von Fluggästen im gewerblichen Luftverkehr nach der Verordnung (EWG) Nr. 2407/92 des Rates vom 23. Juli 1992 (ABl. EG Nr. L 240/1) oder nach entsprechenden Vorschriften anderer Staaten erteilt worden ist.
Dieser Erlass ergeht mit Zustimmung des Bundesministeriums der Finanzen und im Einvernehmen mit den obersten Finanzbehörden der anderen Länder. Er ersetzt den GLE vom 16. Oktober 2018 (BStBl. I S. 1088) für die Jahre 2022 bis 2024.

# **20** § 8/10. Schreiben betr. steuerliche Behandlung unentgeltlicher oder verbilligter Reisen bei Mitarbeitern von Reisebüros und Reiseveranstaltern

Vom 14. September 1994 (BStBl. I S. 755)

(BMF IV B 6 – S 2334 – 115/94)

Nach dem Ergebnis der Besprechung mit den obersten Finanzbehörden der Länder gilt für die lohnsteuerrechtliche Behandlung unentgeltlicher oder verbilligter Reisen der Mitarbeiter von Reisebüros und Reiseveranstaltern folgendes:

**1.** Die einem Arbeitnehmer vom Arbeitgeber unentgeltlich oder verbilligt verschaffte Reise gehört nicht zum Arbeitslohn, wenn die Reise im ganz überwiegenden betrieblichen Interesse des Arbeitgebers durchgeführt wird. Ein ganz überwiegendes betriebliches Interesse muß über das normale Interesse des Arbeitgebers, das ihn zur Lohnzahlung veranlaßt, deutlich hinausgehen. Dieses Interesse muß so stark sein, daß das Interesse des Arbeitnehmers an der Leistung vernachlässigt werden kann. Für die Teilnahme des Arbeitnehmers an der Reise müssen nachweisbare betriebsfunktionale Gründe bestehen.

**2.** Als Reisen im ganz überwiegenden betrieblichen Interesse des Arbeitgebers kommen in Betracht

a) Reisen, denen ein unmittelbarer betrieblicher Anlaß zugrunde liegt, z. B. Verhandlungen mit einem Geschäftspartner des Arbeitgebers oder Durchführung eines bestimmten Auftrags wie die Vorbereitung von Reiseveranstaltungen oder von Objektbeschreibungen in Katalogen des Arbeitgebers (Dienstreisen),

b) Reisen zur beruflichen Fortbildung des Arbeitnehmers (Fachstudienreisen).

**3.** Bei Reisen im Sinne der Nummer 2 Buchstabe a kann ein ganz überwiegendes betriebliches Interesse des Arbeitgebers nur dann angenommen werden, wenn die folgenden Voraussetzungen nebeneinander erfüllt sind:

a) Die Reise wird auf Anordnung des Arbeitgebers durchgeführt.

b) Die Reise ist für den Arbeitnehmer unentgeltlich.

c) Die Reisetage sind grundsätzlich wie normale Arbeitstage mit beruflicher Tätigkeit ausgefüllt (BFH-Urteil vom 12. April 1979, BStBl. II S. 513).

d) Die Reisetage werden auf den Urlaub des Arbeitnehmers nicht angerechnet.

**4.** Bei Reisen im Sinne der Nummer 2 Buchstabe b kann ein ganz überwiegendes betriebliches Interesse des Arbeitgebers *(Abschnitt 74 LStR)*[1] nur dann

[1] Jetzt R 19.7 LStR 2015.

angenommen werden, wenn die folgenden Voraussetzungen nebeneinander erfüllt sind:

a) Der an der Reise teilnehmende Arbeitnehmer ist im Reisevertrieb oder mit der Reiseprogrammbeschreibung, -gestaltung oder -abwicklung beschäftigt.

b) Der Arbeitgeber wertet die Teilnahme an der Reise als Arbeitszeit und rechnet jeden vollen Reisetag, der auf einen regelmäßigen Arbeitstag des teilnehmenden Arbeitnehmers entfällt, mit mindestens 6 Stunden auf die vereinbarte regelmäßige Arbeitszeit an.

c) Der Reise liegt eine feste Programmgestaltung zugrunde, wobei das Programm auf die konkreten beruflichen Qualifikations- und Informationsbedürfnisse der in Buchstabe a genannten Arbeitnehmer zugeschnitten ist. Das Programm muß Fachveranstaltungen mit einer Gesamtdauer von mindestens 6 Stunden arbeitstäglich enthalten. Berufliche Programmpunkte können sein:
   – Kennenlernen der Leistungsträger der gesamten Organisation vor Ort,
   – Vorstellung verschiedener Unterkünfte und Unterkunftsbesichtigungen,
   – länderkundliche Referate, Zielgebietsschulung,
   – ortskundige Führungen,
   – Vorträge von Verkehrsämtern und Ausflugsveranstaltern,
   – eigene Recherchen nach Aufgabenstellung (Fallstudien, Gruppenarbeit),
   – regelmäßige Programmbesprechungen.

d) Der Arbeitnehmer nimmt grundsätzlich an allen vorgesehenen fachlichen Programmpunkten teil und erstellt ein Protokoll über den Reiseverlauf.

e) Der Arbeitnehmer nimmt keine Begleitperson mit, es sei denn, daß die Mitnahme einer Begleitperson aus zwingenden betrieblichen Gründen erforderlich ist.

**5.** Zum Nachweis seines ganz überwiegenden betrieblichen Interesses hat der Arbeitgeber folgende Unterlagen aufzubewahren und auf Verlangen vorzulegen:

a) In den Fällen der Nummer 2 Buchstabe a Unterlagen, aus denen sich der Anlaß und der Arbeitsauftrag ergeben.

b) In den Fällen der Nummer 2 Buchstabe b
   – die Einladung zur Fachstudienreise,
   – Programmunterlagen,
   – Bestätigungen über die Teilnahme des Arbeitnehmers an den fachlichen Programmpunkten,
   – Protokoll des Arbeitnehmers über den Reiseverlauf,
   – Teilnehmerliste.

**6.** Leistungen Dritter sind kein Arbeitslohn, wenn sie dem Arbeitnehmer im ganz überwiegenden betrieblichen Interesse des Arbeitgebers zugute kommen, d. h. wenn die in Nummern 2 bis 5 genannten Voraussetzungen erfüllt sind. Andernfalls ist die Frage, ob die Leistung des Dritten Arbeitslohn darstellt und dem Lohnsteuerabzug unterliegt, nach den Grundsätzen des *BMF-Schreibens vom 27. September 1993 (BStBl. I S. 814)*[1] zu beurteilen.

**7.** Schließt sich an eine Reise, die im ganz überwiegenden betrieblichen Interesse des Arbeitgebers liegt, ein privater Reiseaufenthalt an, so gehören die Leistungen für den Anschlußaufenthalt zum Arbeitslohn. Leistungen für die Hin- und Rückfahrt gehören nur in den Fällen der Nummer 2 Buchstabe b und nur dann zum Arbeitslohn, wenn der Anschlußaufenthalt mehr als 10 v. H. der gesamten Reisezeit in Anspruch nimmt. Das gleiche gilt, wenn der im ganz überwiegenden betrieblichen Interesse liegenden Reise ein privater Reiseaufenthalt vorgeschaltet ist.

---

[1] Nunmehr BMF v. 20. 1. 2015, BStBl. I S. 143 (Nr. **20** § 8/6).

# 20 § 8/12. Schreiben betr. Ermittlung des geldwerten Vorteils beim Erwerb von Kraftfahrzeugen vom Arbeitgeber in der Automobilbranche (§ 8 Abs. 3 EStG)[1]

Vom 18. Dezember 2009
BMF IV C 5-S 2334/09/10006; DOK 2009/0830813
(BStBl. 2010 I S. 20)

Im Einvernehmen mit den obersten Finanzbehörden der Länder gilt bei der Ermittlung des geldwerten Vorteils beim Erwerb von Kraftfahrzeugen vom Arbeitgeber in der Automobilbranche Folgendes:

Personalrabatte, die Automobilhersteller oder Automobilhändler ihren Arbeitnehmern beim Erwerb von Kraftfahrzeugen gewähren, gehören grundsätzlich als geldwerte Vorteile zum steuerpflichtigen Arbeitslohn. Der steuerlichen Bewertung der Kraftfahrzeuge sind unter den Voraussetzungen des § 8 Abs. 3 EStG (vgl. R 8.2 Abs. 1 *LStR 2008*[2]) die Endpreise zugrunde zu legen, zu denen der Arbeitgeber die Kraftfahrzeuge anderen Letztverbrauchern im allgemeinen Geschäftsverkehr anbietet. Bietet der Arbeitgeber die Kraftfahrzeuge anderen Letztverbrauchern nicht an, so sind die Endpreise des nächstgelegenen Händlers maßgebend (R 8.2 Abs. 2 Satz 1 bis 6 *LStR 2008*[2]).

Endpreis ist nicht der Preis, der mit dem Käufer unter Berücksichtigung individueller Preiszugeständnisse tatsächlich vereinbart wird. Regelmäßig ist vielmehr der Preis maßgebend, der nach der Preisangabenverordnung anzugeben und auszuweisen ist. Dies ist z. B. der sog. Hauspreis, mit dem Kraftfahrzeuge ausgezeichnet werden, die im Verkaufsraum eines Automobilhändlers ausgestellt werden[3]. Wenn kein anderes Preisangebot vorliegt, ist dem Endpreis grundsätzlich die unverbindliche Preisempfehlung (UPE) des Herstellers zugrunde zu legen.

Nach den Gepflogenheiten in der Automobilbranche werden Kraftfahrzeuge im allgemeinen Geschäftsverkehr fremden Letztverbrauchern tatsächlich häufig zu einem Preis angeboten, der unter der UPE des Herstellers liegt. Deshalb kann der tatsächliche Angebotspreis anstelle des empfohlenen Preises angesetzt werden (vgl. BFH-Urteil vom 4. Juni 1993, BStBl. II S. 687; BFH-Urteil vom 17. Juni 2009 VI R 18/07, BStBl. 2010 II S. 67).

Im Hinblick auf die Schwierigkeiten bei der Ermittlung des tatsächlichen Angebotspreises ist es nicht zu beanstanden, wenn als Endpreis im Sinne des § 8 Abs. 3 EStG der Preis angenommen wird, der sich ergibt, wenn *80 Prozent*[4] des Preisnachlasses, der durchschnittlich beim Verkauf an fremde Letztverbraucher im allgemeinen Geschäftsverkehr tatsächlich gewährt wird, von dem

---

[1] **Anm. Amtl. LSt-Handbuch:** Zum Wahlrecht zwischen den Bewertungsmethoden nach § 8 Abs. 2 und 3 EStG siehe BMF v. 16. 5. 2013, BStBl. I S. 729, Rn. 10 (Nr. **20** § 8/19).

[2] **Red. Anm.:** Jetzt LStR 2015.

[3] **Anm. Amtl. LSt-Handbuch:** Überführungskosten sind nicht bei der Ermittlung des durchschnittlichen Preisnachlasses für das Kfz, sondern ggf. als ein gesondert zu bewertender geldwerter Vorteil zu berücksichtigen; siehe BFH v. 16.1.2020, BStBl. II S. 591.

[4] **Red. Anm.:** Die Beschränkung auf 80 % ist nicht mehr anzuwenden; vgl. BMF v. 16. 5. 2013, BStBl. I S. 729, Rz. 8 (Nr. **20** § 8/19).

empfohlenen Preis abgezogen wird. Dabei ist der durchschnittliche Preisnachlass modellbezogen nach den tatsächlichen Verkaufserlösen in den vorangegangenen drei Kalendermonaten zu ermitteln und jeweils der Endpreisfeststellung im Zeitpunkt der Bestellung (Bestellbestätigung) zugrunde zu legen.

Bei der Ermittlung des durchschnittlichen Preisnachlasses sind auch Fahrzeugverkäufe, deren Endpreise inklusive Transport- und Überführungskosten[1] im Einzelfall über der UPE liegen, sowie Fahrzeugverkäufe, die mit überhöhter Inzahlungnahme von Gebrauchtfahrzeugen, Sachzugaben oder anderen indirekten Rabatten einhergehen, einzubeziehen. Neben Barrabatten ist der Wert indirekter Rabatte bei der Ermittlung des durchschnittlichen Preisnachlasses zu berücksichtigen, soweit diese in den Verkaufsunterlagen des Automobilherstellers oder Automobilhändlers nachvollziehbar dokumentiert sind. Fahrzeugverkäufe mit Marktzins unterschreitenden Finanzierungen bleiben bei der Ermittlung des durchschnittlichen Preisnachlasses unberücksichtigt.

Es wird nicht beanstandet, wenn bei neu eingeführten Modellen in den ersten drei Kalendermonaten ein pauschaler Abschlag von 6 Prozent der UPE als durchschnittlicher Preisnachlass angenommen wird. Als neues Modell ist ein neuer Fahrzeugtyp oder eine neue Fahrzeuggeneration anzusehen, nicht dagegen eine sog. Modellpflegemaßnahme („Facelift"). Es bestehen keine Bedenken, in Zweifelsfällen hierzu auf die ersten Ziffern des im Fahrzeugschein oder in der Zulassungsbescheinigung Teil I verzeichneten Typenschlüssels des Herstellers abzustellen. Wurde ein Modell in den der Bestellung vorangegangenen drei Kalendermonaten nicht verkauft, ist auf den durchschnittlichen Preisnachlass des letzten Dreimonatszeitraums abzustellen, in dem Verkaufsfälle vorliegen.

Der Arbeitgeber hat die Grundlagen für den ermittelten geldwerten Vorteil als Beleg zum Lohnkonto aufzubewahren.

Dieses Schreiben ersetzt das BMF-Schreiben vom 30. Januar 1996 (BStBl. I S. 114) und ist ab dem 1. Januar 2009 anzuwenden.

[1] **Anm. Amtl. LSt-Handbuch:** Die Nichtbeanstandungsregelung bleibt vom BFH-Urteil v. 16.1.2020 (BStBl. II S. 591) unberührt.

# 20 § 8/14. Schreiben betr. steuerliche Behandlung von Arbeitgeberdarlehen[1)]

Vom 19. Mai 2015 (BStBl. I S. 484)

(BMF IV C 5 – S 2334/07/0009; DOK 2015/0316822)

Im Einvernehmen mit den obersten Finanzbehörden der Länder gilt zur steuerlichen Behandlung von Arbeitgeberdarlehen Folgendes:

## 1. Anwendungsbereich

Ein Arbeitgeberdarlehen liegt vor, wenn durch den Arbeitgeber oder aufgrund des Dienstverhältnisses durch einen Dritten an den Arbeitnehmer Geld überlassen wird und diese Geldüberlassung auf einem Darlehensvertrag beruht. Erhält der Arbeitnehmer durch solch ein Arbeitgeberdarlehen Zinsvorteile, sind sie zu versteuern. Der zur Anwendung des Lohnsteuerabzugsverfahrens verpflichtete Arbeitgeber hat die Lohnsteuer nach Maßgabe von § 38 Abs. 1 i. V. m. Abs. 4 Satz 3 EStG einzubehalten und abzuführen, sofern er sie nicht nach § 40 Abs. 1 EStG pauschal erhebt oder die Einkommensteuer nicht nach § 37 b EStG pauschal erhoben wird. 1

Gehaltsvorschüsse im öffentlichen Dienst, die nach den Vorschussrichtlinien des Bundes oder der entsprechenden Richtlinien der Länder gewährt werden, sind Arbeitgeberdarlehen. Keine Arbeitgeberdarlehen sind dagegen insbesondere Reisekostenvorschüsse, vorschüssig gezahlter Auslagenersatz, Lohnabschläge und Lohnvorschüsse, wenn es sich hierbei um eine abweichende Vereinbarung über die Bedingungen der Zahlung des Arbeitslohns handelt. 2

## 2. Ermittlung des Zinsvorteils

Bei Überlassung eines zinslosen oder zinsverbilligten Arbeitgeberdarlehens ist der geldwerte Vorteil (Zinsvorteil) zu ermitteln, der vom Arbeitnehmer als Arbeitslohn zu versteuern ist. Für die Ermittlung des Zinsvorteils ist zwischen einer Bewertung nach § 8 Abs. 2 EStG (z. B. der Arbeitnehmer eines Einzelhändlers erhält ein zinsverbilligtes Arbeitgeberdarlehen) und einer Bewertung nach § 8 Abs. 3 Satz 1 EStG (z. B. der Bankangestellte erhält von seinem Arbeitgeber ein zinsverbilligtes Arbeitgeberdarlehen mit Ansatz des Rabatt-Freibetrags) zu unterscheiden. Der Arbeitnehmer erlangt keinen steuerpflichtigen Zinsvorteil, wenn der Arbeitgeber ihm ein Darlehen zu einem marktüblichen Zinssatz (Maßstabszinssatz) gewährt (BFH-Urteil vom 4. Mai 2006 VI R 28/05, BStBl. II S. 781). 3

Zinsvorteile, die der Arbeitnehmer durch Arbeitgeberdarlehen erhält, sind Sachbezüge. Sie sind als solche zu versteuern, wenn die Summe der noch nicht getilgten Darlehen am Ende des Lohnzahlungszeitraums 2600 € übersteigt. 4

**Beispiel:**

Ein Arbeitgeber gewährt seinem Arbeitnehmer ein zinsloses Darlehen in Form eines Gehaltsvorschusses in Höhe von 2000 €. Die daraus resultierenden Zinsvorteile sind nicht als Ar-

---

[1)] **Red. Anm.:** Zur Berücksichtigung von Darlehenskonditionen nach Vermittlung durch Internet-Vermittlungsportale und -Vergleichsportale siehe LfSt Bayern v. 7. 7. 2015, DStR S. 2025.

beitslohn zu versteuern, da der Darlehensbetrag am Ende des Lohnzahlungszeitraums die Freigrenze von 2600 € nicht übersteigt.

## 2.1. Bewertung nach § 8 Abs. 2 EStG

### 2.1.1. Allgemeine Grundsätze

5 Sachbezüge sind mit den um übliche Preisnachlässe geminderten üblichen Endpreisen am Abgabeort anzusetzen (§ 8 Abs. 2 Satz 1 EStG). Von einem üblichen Endpreis ist bei einem Darlehen auszugehen, wenn sein Zinssatz mit dem Maßstabszinssatz (Rdnr. 3 Satz 3) vergleichbar ist; der pauschale Abschlag i. H. v. 4 % nach R 8.1 Abs. 2 Satz 3 LStR ist vorzunehmen. Solch ein üblicher Endpreis kann sich aus dem Angebot eines Kreditinstituts am Abgabeort ergeben.

Als üblicher Endpreis gilt auch der günstigste Preis für ein vergleichbares Darlehen mit nachgewiesener günstigster Marktkondition, zu der das Darlehen unter Einbeziehung allgemein zugänglicher Internetangebote (z. B. Internetangebote von Direktbanken) an Endverbraucher angeboten wird, ohne dass individuelle Preisverhandlungen im Zeitpunkt des Vertragsabschlusses berücksichtigt werden. Bei dieser Ermittlung kommt der pauschale Abschlag i. H. v. 4 % nach R 8.1 Abs. 2 Satz 3 LStR nicht zur Anwendung.

6 Hat der Arbeitgeber den Zinsvorteil nach dem üblichen Endpreis am Abgabeort bewertet (Rdnr. 5 Satz 2), kann der Arbeitnehmer dennoch die Zinsvorteile im Rahmen seiner Einkommensteuerveranlagung mit dem niedrigeren günstigsten Preis am Markt i. S. d. Rdnr. 5 Satz 4 bewerten und dem Finanzamt nachweisen (z. B. durch Ausdruck des in einem Internet-Vergleichsportal ausgewiesenen individualisierten günstigeren inländischen Kreditangebots zum Zeitpunkt des Vertragsabschlusses). Ein solcher Nachweis ist auch dann zulässig, wenn der Arbeitgeber bereits den aus seiner Sicht günstigsten Preis am Markt i. S. d. Rdnr. 5 Satz 4 angesetzt hat und der Arbeitnehmer einen noch niedrigeren günstigsten Preis am Markt berücksichtigt haben möchte. Das günstigere inländische Angebot muss in einem zeitlichen Zusammenhang mit der Gewährung des Arbeitgeberdarlehens stehen. Aus Vereinfachungsgründen ist es nicht zu beanstanden, wenn dieses Angebot bis zu 10 Tage vor der Kreditanfrage beim Arbeitgeber und bis zu 10 Tage nach dem Vertragsabschluss des Arbeitgeberdarlehens eingeholt wird.

7 Der Arbeitgeber hat die Unterlagen für den ermittelten und der Lohnversteuerung zu Grunde gelegten Endpreis sowie die Berechnung der Zinsvorteile zu dokumentieren, als Belege zum Lohnkonto aufzubewahren und dem Arbeitnehmer auf Verlangen formlos mitzuteilen.

### 2.1.2. Ermittlung des Zinsvorteils

8 Bei nach § 8 Abs. 2 Satz 1 EStG zu bewertenden Zinsvorteilen im Zusammenhang mit Arbeitgeberdarlehen bemisst sich der geldwerte Vorteil nach dem Unterschiedsbetrag zwischen dem Maßstabszinssatz für vergleichbare Darlehen am Abgabeort (Rdnr. 5 Satz 2) oder dem günstigsten Preis für ein vergleichbares Darlehen am Markt (Rdnr. 5 Satz 4) und dem Zinssatz, der im konkreten Einzelfall vereinbart ist. Vergleichbar in diesem Sinne ist ein Darlehen, das dem Arbeitgeberdarlehen insbesondere hinsichtlich der Kreditart (z. B. Wohnungsbaukredit, Konsumentenkredit/Ratenkredit, Überziehungs-

kredit), der Laufzeit des Darlehens, der Dauer der Zinsfestlegung, der zu beachtenden Beleihungsgrenze und des Zeitpunktes der Tilgungsverrechnung im Wesentlichen entspricht. Die Einordnung des jeweiligen Darlehens (Kreditart) richtet sich allein nach dem tatsächlichen Verwendungszweck.

Bei Arbeitgeberdarlehen mit Zinsfestlegung ist grundsätzlich für die gesamte Vertragslaufzeit der Maßstabszinssatz für vergleichbare Darlehen am Abgabeort (Rdnr. 5 Satz 2) oder der günstigste Preis für ein vergleichbares Darlehen am Markt (Rdnr. 5 Satz 4) bei Vertragsabschluss maßgeblich. Werden nach Ablauf der Zinsfestlegung die Zinskonditionen desselben Darlehens neu vereinbart (Prolongation), ist der Zinsvorteil neu zu ermitteln. Dabei ist der neu vereinbarte Zinssatz mit dem Maßstabszinssatz für vergleichbare Darlehen am Abgabeort (Rdnr. 5 Satz 2) oder dem günstigsten Preis für ein vergleichbares Darlehen am Markt (Rdnr. 5 Satz 4) im Zeitpunkt der Prolongationsvereinbarung zu vergleichen. Bei Arbeitgeberdarlehen mit variablem Zinssatz ist für die Ermittlung des Zinsvorteils im Zeitpunkt der vertraglichen Zinssatzanpassung der neu vereinbarte Zinssatz mit dem jeweils aktuellen Maßstabszinssatz für vergleichbare Darlehen am Abgabeort (Rdnr. 5 Satz 2) oder dem jeweils günstigsten Preis für ein vergleichbares Darlehen am Markt (Rdnr. 5 Satz 4) zu vergleichen. **9**

Bei der Prüfung, ob die für Sachbezüge anzuwendende *44 €-Freigrenze*[1] (§ 8 Abs. 2 Satz 11 EStG) überschritten wird, sind Zinsvorteile aus der Überlassung eines zinslosen oder zinsverbilligten Arbeitgeberdarlehens vorbehaltlich der Rdnr. 4 einzubeziehen. **10**

Ein nach Beachtung der Rdnr. 4 und der Rdnr. 10 ermittelter steuerpflichtiger Zinsvorteil aus der Überlassung eines zinslosen oder zinsverbilligten Arbeitgeberdarlehens i. S. d. § 8 Abs. 2 EStG kann nach § 37 b EStG pauschal besteuert werden (vgl. hierzu BMF-Schreiben vom 19. Mai 2015, BStBl. I S. 468[2]). Der Arbeitgeber kann die Entscheidung, § 37 b Abs. 2 EStG innerhalb eines Kalenderjahres anzuwenden, nicht zurücknehmen. **11**

Aus Vereinfachungsgründen wird es nicht beanstandet, wenn bei einer Bewertung nach Rdnr. 5 Satz 2 für die Feststellung des Maßstabszinssatzes die bei Vertragsabschluss von der Deutschen Bundesbank zuletzt veröffentlichten Effektivzinssätze – also die gewichteten Durchschnittszinssätze – herangezogen werden, die unter *http://www.bundesbank.de/Redaktion/DE/Downloads/Statistiken/Geld_Und_Kapitalmaerkte/Zinssaetze_Renditen/S11 BATGV.pdf?__blob =publicationFile*[3] veröffentlicht sind. Von dem sich danach ergebenden Effektivzinssatz kann nach R 8.1 Abs. 2 Satz 3 LStR ein pauschaler Abschlag von 4 % vorgenommen werden. Aus der Differenz zwischen diesem Maßstabszinssatz und dem Zinssatz, der im konkreten Einzelfall vereinbart ist, sind die Zinsverbilligung und der Zinsvorteil zu ermitteln, wobei die Zahlungsweise der Zinsen (z. B. monatlich, jährlich) unmaßgeblich ist. Zwischen den einzelnen Arten von Krediten (z. B. Wohnungsbaukredit, Konsumentenkredit/Ratenkredit) ist zu unterscheiden. **12**

**Beispiel:** **13**

Ein Arbeitnehmer erhält im März 2015 ein Arbeitgeberdarlehen von 30 000 € zu einem Effektivzinssatz von 2 % jährlich (Laufzeit 4 Jahre mit monatlicher Tilgungsverrechnung und

---

[1] **Anm. Amtl. LSt-Handbuch:** Ab 1.1.2022: 50 €-Freigrenze.
[2] Nr. **20** § 37 b/2.
[3] **Anm. Amtl. LSt-Handbuch:** Jetzt: https://www.bundesbank.de; Suchbegriff: „Geldwerter Vorteil für Arbeitgeberdarlehen".

monatlicher Fälligkeit der Zinsen). Der bei Vertragsabschluss im März 2015 von der Deutschen Bundesbank für Konsumentenkredite mit anfänglicher Zinsbindung von über einem Jahr bis zu fünf Jahren veröffentlichte Effektivzinssatz (Erhebungszeitraum Januar 2015) beträgt 4,71 %.

Nach Abzug des pauschalen Abschlags von 4 % ergibt sich ein Maßstabszinssatz von 4,52 % (Ansatz von zwei Dezimalstellen – ohne Rundung). Die Zinsverbilligung beträgt somit 2,52 % (4,52 % abzüglich 2 %). Danach ergibt sich im März 2015 ein Zinsvorteil von 63 € (2,52 % von 30 000 € × 1/12). Dieser Vorteil ist – da die *44 €-Freigrenze*[1] überschritten ist – lohnsteuerpflichtig. Der Zinsvorteil ist jeweils bei Tilgung des Arbeitgeberdarlehens für die Restschuld neu zu ermitteln.

### 2.1.3. Einzelanfragen zur Ermittlung des Maßstabszinssatzes

14 Einzelanfragen zur Ermittlung des Maßstabszinssatzes für vergleichbare Darlehen am Abgabeort sind bei der Deutschen Bundesbank unter https://www.bundesbank.de/Navigation/DE/Service/Kontakt/kontakt_node.html?contact_id=16148[2] möglich.

### 2.2. Bewertung nach § 8 Abs. 3 EStG

### 2.2.1. Allgemeine Grundsätze

15 Der Zinsvorteil aus der Überlassung eines zinslosen oder zinsverbilligten Darlehens kann nach § 8 Abs. 3 EStG ermittelt werden, wenn der Arbeitgeber Darlehen gleicher Art und – mit Ausnahme des Zinssatzes – zu gleichen Konditionen (insbesondere Laufzeit des Darlehens, Dauer der Zinsfestlegung, Zeitpunkt der Tilgungsverrechnung) überwiegend an betriebsfremde Dritte vergibt und der Zinsvorteil nicht nach § 40 EStG pauschal besteuert wird.

16 Endpreis i. S. d. § 8 Abs. 3 EStG für die von einem Kreditinstitut gegenüber seinen Mitarbeitern erbrachten Dienstleistungen ist grundsätzlich der Preis, der für diese Leistungen im Preisaushang des Kreditinstituts oder der kontoführenden Zweigstelle angegeben ist. Dieser Preisaushang ist für die steuerliche Bewertung auch der Dienstleistungen maßgebend, die vom Umfang her den Rahmen des standardisierten Privatkundengeschäfts übersteigen, es sei denn, dass für derartige Dienstleistungen in den Geschäftsräumen offen zugängliche besondere Preisverzeichnisse ausgelegt werden. Es ist zur Ermittlung des Zinsvorteils nach § 8 Abs. 3 EStG zulässig, von dem im Preisaushang dargestellten Preis abzuweichen. Rdnr. 7 und 8 des BMF-Schreibens vom 16. Mai 2013 (BStBl. I S. 729)[3], wonach am Ende von Verkaufsverhandlungen durchschnittlich gewährte Preisnachlässe zu berücksichtigen sind, gilt auch für die Ermittlung des Zinsvorteils nach § 8 Abs. 3 EStG für die von einem Kreditinstitut gegenüber seinen Mitarbeitern erbrachten Dienstleistungen. Der Abschlag von 4 % nach § 8 Abs. 3 Satz 1 EStG ist stets vorzunehmen.

### 2.2.2. Ermittlung des Zinsvorteils

17 Wird der Zinsvorteil nach § 8 Abs. 3 EStG bewertet, bemisst sich der Zinsvorteil nach dem Unterschiedsbetrag zwischen dem nach Rdnr. 16 ermittelten und um 4 % geminderten Effektivzinssatz, den der Arbeitgeber fremden

---

[1] **Anm. Amtl. LSt-Handbuch:** Ab 1.1.2022: 50 €-Freigrenze.
[2] **Anm. Amtl. LSt-Handbuch:** Jetzt: www.bundesbank.de: Kontaktformular.
[3] Nr. **20** § 8/19.

Letztverbrauchern im allgemeinen Geschäftsverkehr für Darlehen vergleichbarer Kreditart (z. B. Wohnungsbaukredit, Konsumentenkredit) anbietet (Maßstabszinssatz), und dem Zinssatz, der im konkreten Einzelfall vereinbart ist. Bei Arbeitgeberdarlehen mit Zinsfestlegung ist grundsätzlich der Maßstabszinssatz bei Vertragsabschluss für die gesamte Vertragslaufzeit maßgeblich. Im Falle der Prolongation ist der neu vereinbarte Zinssatz mit dem Maßstabszinssatz im Zeitpunkt der Prolongationsvereinbarung zu vergleichen. Bei Arbeitgeberdarlehen mit variablem Zinssatz ist für die Ermittlung des Zinsvorteils im Zeitpunkt der vertraglichen Zinssatzanpassung der neu vereinbarte Zinssatz mit dem jeweils aktuellen Maßstabszinssatz zu vergleichen.

Der Arbeitgeber hat die Unterlagen für den ermittelten und der Lohnversteuerung zu Grunde gelegten Endpreis sowie die Berechnung des Zinsvorteils zu dokumentieren, als Belege zum Lohnkonto aufzubewahren und dem Arbeitnehmer auf Verlangen formlos mitzuteilen. 18

Wird der Zinsvorteil aus der Überlassung eines zinslosen oder zinsverbilligten Darlehens nach § 40 Abs. 1 EStG pauschal versteuert, so ist der Zinsvorteil nach § 8 Abs. 2 Satz 1 EStG zu bewerten (vgl. Tz. 2.1, Rdnr. 5 bis 13). Dies gilt auch, wenn der Arbeitgeber Darlehen überwiegend betriebsfremden Dritten überlässt. Sind die Voraussetzungen für die Lohnsteuerpauschalierung erfüllt, insbesondere weil ein Pauschalierungsantrag gestellt worden ist, kann diese Bewertungsmethode auch dann gewählt werden, wenn keine pauschale Lohnsteuer anfällt. In den Fällen des § 8 Abs. 3 EStG ist es auch dann nicht zulässig, die Steuer nach § 37 b Abs. 2 EStG zu pauschalieren, wenn der Arbeitgeber nach R 8.2 Abs. 1 Satz 1 Nr. 4 LStR die Bewertung des geldwerten Vorteils nach § 8 Abs. 2 EStG wählt und der Zinsvorteil nicht nach § 40 Abs. 1 EStG pauschal versteuert worden ist. 19

Zinsvorteile sind als sonstige Bezüge i. S. d. § 40 Abs. 1 Satz 1 Nr. 1 EStG anzusehen, wenn der maßgebende Zinszahlungszeitraum den jeweiligen Lohnzahlungszeitraum überschreitet. 20

Wird der Zinsvorteil nur zum Teil pauschal versteuert, weil die Pauschalierungsgrenze des § 40 Abs. 1 Satz 3 EStG überschritten ist, so ist bei der Bewertung des individuell zu versteuernden Zinsvorteils der Teilbetrag des Darlehens außer Ansatz zu lassen, für den die Zinsvorteile unter Anwendung der Tz. 2.1. (Rdnr. 5 bis 13) pauschal versteuert werden. 21

**Beispiel:** 22

Ein Kreditinstitut überlässt seinem Arbeitnehmer am 1. Januar 2015 ein Arbeitgeberdarlehen von 150 000 € zum Effektivzinssatz von 2% jährlich (Laufzeit 4 Jahre mit jährlicher Tilgungsverrechnung und vierteljährlicher Fälligkeit der Zinsen). Darlehen gleicher Art bietet das Kreditinstitut fremden Kunden im allgemeinen Geschäftsverkehr zu einem Effektivzinssatz von 4,5% an. Der nachgewiesene günstigste Zinssatz für vergleichbare Darlehen am Markt (i. S. d. Rdnr. 5 Satz 4) wurde im Internet bei einer Direktbank mit 4% ermittelt.

Das Kreditinstitut beantragt die Besteuerung nach § 40 Abs. 1 Satz 1 Nr. 1 EStG. Der Zinsvorteil ist insoweit nach § 8 Abs. 2 Satz 1 EStG zu ermitteln. Die nach Tz. 2.1.2 ermittelte Zinsverbilligung beträgt 2% (marktüblicher Zinssatz 4%, abzüglich Zinslast des Arbeitnehmers von 2%). Der pauschale Abschlag i. H. v. 4% nach R 8.1 Abs. 2 Satz 3 LStR kommt nicht in Betracht.

Der Zinsvorteil im Kalenderjahr 2015 beträgt 3000 € (2% von 150 000 €). Mangels anderer pauschal besteuerter Leistungen kann der Zinsvorteil des Arbeitnehmers bis zum Höchstbetrag von 1000 € pauschal besteuert werden (Pauschalierungsgrenze). Ein Zinsvorteil von 1000 € ergibt sich unter Berücksichtigung der nach Tz. 2.1.2 ermittelten Zinsverbilligung von 2%

für ein Darlehen von 50 000 € (2% von 50 000 € = 1000 €). Mithin wird durch die Pauschalbesteuerung nur der Zinsvorteil aus einem Darlehensteilbetrag von 50 000 € abgedeckt. Der Zinsvorteil aus dem restlichen Darlehensteilbetrag von 100 000 € ist individuell zu versteuern. Der zu versteuernde Betrag ist wie folgt zu ermitteln:
Nach Abzug eines Abschlags von 4% (§ 8 Abs. 3 Satz 1 EStG) vom Angebotspreis des Arbeitgebers von 4,5% ergibt sich ein Maßstabszinssatz von 4,32%.

| | |
|---|---|
| 100 000 € Darlehen × Maßstabszinssatz 4,32% | 4320 € |
| ./. Zinslast des Arbeitnehmers 100 000 € × 2% | 2000 € |
| Zinsvorteil | 2320 € |
| ./. Rabattfreibetrag (§ 8 Abs. 3 Satz 2 EStG) | 1080 € |
| zu versteuernder Zinsvorteil (Jahresbetrag) | 1240 € |
| vierteljährlich als sonstiger Bezug der Lohnsteuer zu unterwerfen | 310 € |

Der Zinsvorteil ist jeweils bei Tilgung des Arbeitgeberdarlehens für die Restschuld neu zu ermitteln.

### 2.3. Wahlrechte zwischen den Bewertungsmethoden nach § 8 Abs. 2 und Abs. 3 EStG

23 Hinsichtlich der Wahlmöglichkeit des Arbeitnehmers für die Ermittlung des Zinsvorteils nach § 8 Abs. 2 Satz 1 oder Abs. 3 EStG gilt das BMF-Schreiben vom 16. Mai 2013 (BStBl. I S. 729)[1] entsprechend.

24 Der Arbeitnehmer kann den Zinsvorteil im Rahmen seiner Einkommensteuerveranlagung nach § 8 Abs. 2 Satz 1 EStG (vgl. Rdnr. 5 bis 13) bewerten. In diesen Fällen hat der Arbeitnehmer den Endpreis nachzuweisen, den der Arbeitgeber im Lohnsteuerabzugsverfahren zu Grunde gelegt hat (z. B. durch eine formlose Mitteilung des Arbeitgebers).

25 Dem Arbeitgeber bleibt es unbenommen, im Lohnsteuerabzugsverfahren den Zinsvorteil nach § 8 Abs. 3 Satz 1 EStG (vgl. Rdnr. 15 bis 18) zu bewerten. Er ist dann nicht verpflichtet, den Zinsvorteil nach § 8 Abs. 2 Satz 1 EStG (vgl. Rdnr. 5 bis 13) zu bewerten. Ermittelt der Arbeitgeber den Vorteil nach § 8 Abs. 2 Satz 1 EStG, kann er einen um übliche Preisnachlässe geminderten üblichen Endpreis am Abgabeort i. S. d. Rdnr. 5 Satz 2 ansetzen. Er ist dann nicht verpflichtet, den günstigsten Preis am Markt i. S. d. Rdnr. 5 Satz 4 zu ermitteln.

## 3. Zufluss von Arbeitslohn

26 Als Zuflusszeitpunkt ist der Fälligkeitstermin der Zinsen als Nutzungsentgelt für die Überlassung eines zinsverbilligten Darlehens anzusehen (vgl. Beispiel unter Tz. 2.2.2, Rdnr. 22). Bei der Überlassung eines zinslosen Darlehens ist der Zufluss in dem Zeitpunkt anzunehmen, in dem das Entgelt üblicherweise fällig wäre. Es kann davon ausgegangen werden, dass das Entgelt üblicherweise zusammen mit der Tilgungsrate fällig wäre. Wird ein Arbeitgeberdarlehen ohne Tilgungsleistung (endfälliges Darlehen) gewährt, kann für die Entscheidung, ob der Zinsvorteil am Ende der Laufzeit oder monatlich, vierteljährlich oder jährlich zufließt, grundsätzlich dem der Vereinbarung zugrundeliegenden Willen der Beteiligten gefolgt werden.

[1] Nr. **20** § 8/19.

## 4. Versteuerung in Sonderfällen

### 4.1. Versteuerung bei fehlender Zahlung von Arbeitslohn

Erhält der Arbeitnehmer keinen anderen laufenden Arbeitslohn (z. B. bei Beurlaubung, Elternzeit), ist der im Kalenderjahr erhaltene Zinsvorteil bei Wiederaufnahme der Arbeitslohnzahlung zu versteuern oder andernfalls spätestens nach Ablauf des Kalenderjahres nach § 41 c EStG zu behandeln. 27

### 4.2. Versteuerung bei Ausscheiden aus dem Dienstverhältnis

Scheidet der Arbeitnehmer aus dem Dienstverhältnis aus und besteht das vergünstigte Arbeitgeberdarlehen weiter, so hat der Arbeitgeber dies dem Betriebsstättenfinanzamt anzuzeigen, wenn er aufgrund des beendeten Dienstverhältnisses die Lohnsteuer für die Zinsvorteile nicht einbehalten kann (§ 41 c Abs. 4 Satz 1 Nr. 1 EStG). 28

## 5. Sicherheitenbestellung

Setzt der Zinssatz des vergleichbaren Darlehens eine Sicherheitenbestellung (z. B. eine Grundschuldbestellung) voraus, ist der Verzicht des Arbeitgebers auf eine solche Bestellung ein steuerpflichtiger geldwerter Vorteil. In die Bewertung des geldwerten Vorteils einbezogen werden insbesondere die üblichen Kosten und Gebühren des Grundbuchamts und des Notars für eine dingliche Sicherung des Arbeitgeberdarlehens. Diese Beträge können regelmäßig mit den im Internet bereitgestellten Notar-/Grundbuchkostenrechnern ermittelt werden. Ein Abschlag ist nicht vorzunehmen. Als Zuflusszeitpunkt ist das Auszahlungsdatum des Arbeitgeberdarlehens anzusetzen. Ein geldwerter Vorteil für die ersparte Löschung einer Sicherheitenbestellung ist aus Vereinfachungsgründen nicht anzusetzen. 29

## 6. Aufzeichnungserleichterungen für Kreditinstitute

Das Betriebsstättenfinanzamt kann auf Antrag eines Kreditinstituts Ausnahmen von der Aufzeichnung der geldwerten Vorteile zulassen, die sich aus der unentgeltlichen oder verbilligten 30
- Kontenführung, Nutzung von Geldautomaten sowie der Ausgabe von Kreditkarten,
- Depotführung bis zu einem Depotnennwert von 60 000 € (maßgebend ist der Depotnennwert, nach dem die Depotgebühren berechnet werden),
- Überlassung von Schließfächern und Banksafes und
- Beschaffung und Rücknahme von Devisen durch Barumtausch

ergeben.

Voraussetzung hierfür ist, dass 31

a) der durchschnittliche Betrag des Vorteils aus den von der Aufzeichnung befreiten Dienstleistungen unter Berücksichtigung des Preisabschlags nach § 8 Abs. 3 EStG von 4 % je Arbeitnehmer ermittelt wird (Durchschnittsbetrag). Der Durchschnittsbetrag ist jeweils im letzten Lohnzahlungszeitraum eines Kalenderjahres aus der summarischen Erfassung sämtlicher aufzeichnungsbefreiter Vorteile der vorangegangenen 12 Monate für die Arbeitnehmer eines Kreditinstituts (einschließlich sämtlicher inländischer Zweigstellen) zu ermitteln. Dabei sind auch die Vorteile einzubeziehen, die der Arbeitgeber Personen einräumt, die mit den Arbeitnehmern verbunden sind. Falls erfor-

derlich, können für alleinstehende und verheiratete Arbeitnehmer unterschiedliche Durchschnittsbeträge festgesetzt werden.
Hat ein Kreditinstitut mehrere lohnsteuerliche Betriebsstätten, so ist der Aufzeichnungsverzicht und ggf. die Festsetzung des Durchschnittsbetrags mit den anderen Betriebsstättenfinanzämtern abzustimmen.

b) der Arbeitgeber im letzten Lohnzahlungszeitraum des Kalenderjahres den Betrag pauschal nach § 40 Abs. 1 EStG versteuert, um den die Summe der Vorteile aus den nicht aufzeichnungsbefreiten Dienstleistungen und dem Durchschnittsbetrag bei den einzelnen Arbeitnehmern den Rabattfreibetrag von 1080 € übersteigt. Dabei ist der übersteigende Betrag wenigstens bis zur Höhe des Durchschnittsbetrags pauschal zu versteuern. Soweit die Vorteile pauschal versteuert werden, sind sie nach § 8 Abs. 2 EStG zu bewerten.

### 7. Anrufungsauskunft

32 Für Sachverhalte zur steuerlichen Behandlung von Arbeitgeberdarlehen kann eine Anrufungsauskunft i. S. d. § 42 e EStG eingeholt werden.

### 8. Zeitliche Anwendung

33 Dieses Schreiben ersetzt die BMF-Schreiben vom 15. April 1993, BStBl. I S 339 sowie vom 1. Oktober 2008, BStBl. I S. 892, und ist in allen offenen Fällen anzuwenden.

# 20 § 8/16. Gleich lautende Erlasse betr. steuerliche Behandlung der Überlassung von (Elektro-)Fahrrädern

Vom 9. Januar 2020 (BStBl. I S. 174)

(Oberste Finanzbehörden der Länder)

Überlässt der Arbeitgeber oder auf Grund des Dienstverhältnisses ein Dritter dem Arbeitnehmer ein betriebliches Fahrrad zur privaten Nutzung, gilt vorbehaltlich der Regelung des § 3 Nr. 37 EStG für die Bewertung dieses zum Arbeitslohn gehörenden geldwerten Vorteils Folgendes:

Nach § 8 Abs. 2 Satz 10 EStG wird hiermit als monatlicher Durchschnittswert der privaten Nutzung (einschließlich Privatfahrten, Fahrten zwischen Wohnung und erster Tätigkeitsstätte sowie Fahrten nach § 9 Abs. 1 Satz 3 Nr. 4 a Satz 3 EStG und Familienheimfahrten im Rahmen einer doppelten Haushaltsführung) 1 % der auf volle 100 Euro abgerundeten unverbindlichen Preisempfehlung des Herstellers, Importeurs oder Großhändlers im Zeitpunkt der Inbetriebnahme des Fahrrads einschließlich der Umsatzsteuer festgesetzt. 1

Überlässt der Arbeitgeber dem Arbeitnehmer das betriebliche Fahrrad erstmals nach dem 31. Dezember 2018 und vor dem 1. Januar 2031, wird als monatlicher Durchschnittswert der privaten Nutzung (einschließlich Privatfahrten, Fahrten zwischen Wohnung und erster Tätigkeitsstätte sowie Fahrten nach § 9 Abs. 1 Satz 3 Nr. 4 a Satz 3 EStG und Familienheimfahrten im Rahmen einer doppelten Haushaltsführung) für das Kalenderjahr 2019 1 % der auf volle 100 Euro abgerundeten halbierten und ab 1. Januar 2020 1 % eines auf volle 100 Euro abgerundeten Viertels der unverbindlichen Preisempfehlung des Herstellers, Importeurs oder Großhändlers im Zeitpunkt der Inbetriebnahme des Fahrrads einschließlich der Umsatzsteuer festgesetzt. In diesen Fällen kommt es nicht auf den Zeitpunkt an, zu dem der Arbeitgeber dieses Fahrrad angeschafft, hergestellt oder geleast hat. Wurde das betriebliche Fahrrad vor dem 1. Januar 2019 vom Arbeitgeber bereits einem Arbeitnehmer zur privaten Nutzung überlassen, bleibt es bei einem Wechsel des Nutzungsberechtigten nach dem 31. Dezember 2018 für dieses Fahrrad bei den Regelungen der Rdnr. 1 und die Regelungen dieser Randnummer sind nicht anzuwenden. 2

Die Freigrenze für Sachbezüge nach § 8 Abs. 2 Satz 11 EStG ist weder bei Anwendung der Rdnr. 1 noch bei Anwendung der Rdnr. 2 anzuwenden. 3

Gehört die Nutzungsüberlassung von Fahrrädern zur Angebotspalette des Arbeitgebers an fremde Dritte (z. B. Fahrradverleihfirmen), kann der geldwerte Vorteil auch nach § 8 Abs. 3 EStG ermittelt und der Rabattfreibetrag in Höhe von 1080 Euro berücksichtigt werden, wenn die Lohnsteuer nicht nach § 40 EStG pauschal erhoben wird. 4

Die vorstehenden Regelungen gelten auch für Elektrofahrräder, wenn diese verkehrsrechtlich als Fahrrad einzuordnen (u. a. keine Kennzeichen- und Versicherungspflicht) sind. 5

Ist ein Elektrofahrrad verkehrsrechtlich als Kraftfahrzeug einzuordnen (z. B. gelten Elektrofahrräder, deren Motor auch Geschwindigkeiten über 25 Kilo- 6 meter pro Stunde unterstützt, als Kraftfahrzeuge), ist für die Bewertung des geldwerten Vorteils § 8 Abs. 2 Satz 2 bis 5 i. V. m. § 6 Abs. 1 Nr. 4 Satz 2 EStG anzuwenden.

7 Dieser Erlass ergeht mit Zustimmung des Bundesministeriums der Finanzen und im Einvernehmen mit den obersten Finanzbehörden der anderen Länder. Er ersetzt den GLE vom 13. März 2019 (BStBl. I S. 216) und ist erstmals für das Kalenderjahr 2019 anzuwenden.

# 20 § 8/17. Schreiben betr. Gesetz zur steuerlichen Förderung von Elektromobilität im Straßenverkehr und Gesetz zur weiteren steuerlichen Förderung der Elektromobilität und zur Änderung weiterer steuerlicher Vorschriften; Steuerbefreiung nach § 3 Nr. 46 EStG und Pauschalierung der Lohnsteuer nach § 40 Abs. 2 Satz 1 Nr. 6 EStG

Vom 29. September 2020
BMF IV C 5 - S 2334/19/10009 :004; DOK 2020/0965439
(BStBl. I S. 972)

Unter Bezugnahme auf das Ergebnis der Erörterungen mit den obersten Finanzbehörden der Länder gelten für die Anwendung der einkommensteuerlichen und lohnsteuerlichen Vorschriften des Gesetzes zur steuerlichen Förderung von Elektromobilität im Straßenverkehr vom 7. November 2016 (BGBl. I S. 2498, BStBl. I S. 1211) und des Gesetzes zur weiteren steuerlichen Förderung der Elektromobilität und zur Änderung weiterer steuerlicher Vorschriften vom 12. Dezember 2019 (BGBl. I S. 2451, BStBl. 2020 I S. 17) die folgenden Grundsätze:

## 1. Überblick über die Regelungen

Mit dem Gesetz zur steuerlichen Förderung von Elektromobilität im Straßenverkehr vom 7. November 2016 (a. a. O.) wurden vom Arbeitgeber gewährte Vorteile für das elektrische Aufladen eines Elektrofahrzeugs oder Hybridelektrofahrzeugs im Betrieb des Arbeitgebers oder eines verbundenen Unternehmens und für die zeitweise zur privaten Nutzung überlassene betriebliche Ladevorrichtung von der Einkommensteuer befreit (§ 3 Nr. 46 EStG). **1**

Der Arbeitgeber hat auch die Möglichkeit, die Lohnsteuer für geldwerte Vorteile aus der Übereignung einer Ladevorrichtung sowie für Zuschüsse zu den Aufwendungen des Arbeitnehmers für den Erwerb und für die Nutzung einer Ladevorrichtung pauschal mit 25 Prozent zu erheben (§ 40 Abs. 2 Satz 1 Nr. 6 EStG). **2**

Voraussetzung ist jeweils, dass die geldwerten Vorteile und Leistungen sowie die Zuschüsse zusätzlich zum ohnehin geschuldeten Arbeitslohn[1] erbracht werden, vgl. Rdnr. 34. **3**

Die Regelungen gelten seit dem 1. Januar 2017 und ihr Anwendungszeitraum wurde mit dem Gesetz zur weiteren steuerlichen Förderung der Elektromobilität und zur Änderung weiterer steuerlicher Vorschriften vom 12. Dezember 2019 (a. a. O.) bis zum 31. Dezember 2030 (§ 52 Abs. 4 Satz 14 und Abs. 37 c EStG) verlängert, vgl. Rdnr. 37. **4**

## 2. Steuerbefreiung nach § 3 Nr. 46 EStG

Die Steuerbefreiung nach § 3 Nr. 46 EStG gilt für zusätzlich zum ohnehin geschuldeten Arbeitslohn[1] vom Arbeitgeber gewährte Vorteile für das elektri- **5**

[1] **Red. Anm.:** Zum Tatbestandsmerkmal „ohnehin geschuldeter Arbeitslohn" siehe § 8 Abs. 4 EStG.

sche Aufladen eines Elektrofahrzeugs oder Hybridelektrofahrzeugs i. S. d. § 6 Abs. 1 Nr. 4 Satz 2 zweiter Halbsatz EStG an einer ortsfesten betrieblichen Einrichtung des Arbeitgebers oder eines verbundenen Unternehmens (§ 15 des Aktiengesetzes) und für die dem Arbeitnehmer zur privaten Nutzung überlassene betriebliche Ladevorrichtung.

**2.1. Steuerbefreiung des vom Arbeitgeber unentgeltlich oder verbilligt gestellten Ladestroms**

**a) Elektrofahrzeug oder Hybridelektrofahrzeug i. S. d. § 6 Abs. 1 Nr. 4 Satz 2 zweiter Halbsatz EStG**

6 Elektrofahrzeug ist ein Kraftfahrzeug, das ausschließlich durch einen Elektromotor angetrieben wird, der ganz oder überwiegend aus mechanischen oder elektrochemischen Energiespeichern (z. B. Schwungrad mit Generator oder Batterie) oder aus emissionsfrei betriebenen Energiewandlern (z. B. wasserstoffbetriebene Brennstoffzelle) gespeist wird.

7 Nach dem Verzeichnis des Kraftfahrtbundesamtes zur Systematisierung von Kraftfahrzeugen und ihren Anhängern (Stand: März 2020) weisen danach folgende Codierungen im Feld 10 der Zulassungsbescheinigung ein Elektrofahrzeug in diesem Sinne aus: 0004 und 0015.

8 Hybridelektrofahrzeug ist ein Hybridfahrzeug, das zum Zwecke des mechanischen Antriebs aus folgenden Quellen im Fahrzeug gespeicherte Energie/Leistung bezieht:

– einem Betriebskraftstoff,

– einer Speichereinrichtung für elektrische Energie/Leistung (z. B. Batterie, Kondensator, Schwungrad mit Generator).

Hybridelektrofahrzeuge i. S. d. § 6 Abs. 1 Nr. 4 Satz 2 zweiter Halbsatz EStG müssen zudem extern aufladbar sein.

9 Nach dem Verzeichnis des Kraftfahrtbundesamtes zur Systematisierung von Kraftfahrzeugen und ihren Anhängern (Stand: März 2020) weisen danach folgende Codierungen im Feld 10 der Zulassungsbescheinigung ein Hybridelektrofahrzeug in diesem Sinne aus: 0016 bis 0019 und 0025 bis 0031.

10 Zu den begünstigten Fahrzeugen rechnen auch Elektrofahrräder, wenn diese verkehrsrechtlich als Kraftfahrzeug einzuordnen sind (z. B. gelten Elektrofahrräder, deren Motor auch Geschwindigkeiten über 25 Kilometer pro Stunde unterstützt, als Kraftfahrzeuge), sowie Elektrokleinstfahrzeuge i. S. d. § 1 Abs. 1 Satz 1 Elektrokleinstfahrzeuge-Verordnung vom 6. Juni 2019 (BGBl. I S. 756); das sind insbesondere Kraftfahrzeuge mit elektrischem Antrieb und einer bauartbedingten Höchstgeschwindigkeit von nicht weniger als 6 km/h und nicht mehr als 20 km/h. Aus Billigkeitsgründen rechnen vom Arbeitgeber gewährte Vorteile für das elektrische Aufladen von Elektrofahrrädern, die verkehrsrechtlich nicht als Kraftfahrzeug einzuordnen sind (u. a. keine Kennzeichen- und Versicherungspflicht), im Betrieb des Arbeitgebers oder eines verbundenen Unternehmens (§ 15 des Aktiengesetzes) nicht zum Arbeitslohn; Rdnr. 37 ist hier nicht anzuwenden.

Begünstigt ist das Aufladen sowohl privater Elektrofahrzeuge oder Hybridelektrofahrzeuge des Arbeitnehmers als auch betrieblicher Elektrofahrzeuge oder Hybridelektrofahrzeuge des Arbeitgebers, die dem Arbeitnehmer auch zur privaten Nutzung überlassen werden (sog. Dienstwagen). 11

Wird der geldwerte Vorteil aus der privaten Nutzung eines Dienstwagens zu privaten Fahrten typisierend nach der pauschalen Nutzungswertermittlung i. S. d. § 8 Abs. 2 Satz 2 EStG (1 %-Regelung) ermittelt, ist der geldwerte Vorteil für den vom Arbeitgeber verbilligt oder unentgeltlich gestellten Ladestrom bereits abgegolten. Die Steuerbefreiung nach § 3 Nr. 46 EStG wirkt sich nicht aus. 12

Bei Anwendung der individuellen Nutzungswertermittlung i. S. d. § 8 Abs. 2 Satz 4 EStG (Fahrtenbuchmethode) bleiben unter entsprechender Anwendung von R 8.1 Abs. 9 Nr. 2 Satz 8 zweiter Halbsatz LStR 2015 Kosten für den vom Arbeitgeber verbilligt oder unentgeltlich gestellten, nach § 3 Nr. 46 EStG steuerfreien Ladestrom bei der Ermittlung der insgesamt durch das Kraftfahrzeug entstehenden Aufwendungen i. S. d. § 8 Abs. 2 Satz 4 EStG (Gesamtkosten) außer Ansatz. 13

Die Steuerbefreiung ist weder auf einen Höchstbetrag, noch nach der Anzahl der begünstigten Kraftfahrzeuge begrenzt. 14

### b) Aufladeort

Begünstigt ist das Aufladen an jeder ortsfesten betrieblichen Einrichtung des Arbeitgebers oder eines mit dem Arbeitgeber verbundenen Unternehmens i. S. d. § 15 des Aktiengesetzes. Nicht begünstigt ist das Aufladen bei einem Dritten oder an einer von einem fremden Dritten betriebenen Ladevorrichtung im Sinne der Rdnr. 20 sowie das Aufladen beim Arbeitnehmer (vgl. Rdnr. 19 und 29). 15

### c) Anwendungsbereich

Die Steuerbefreiung gilt insbesondere für Ladestrom, 16

- den die Arbeitnehmer an einer ortsfesten betrieblichen Einrichtung ihres Arbeitgebers beziehen,
- den die Arbeitnehmer an einer ortsfesten betrieblichen Einrichtung eines mit ihrem Arbeitgeber verbundenen Unternehmens i. S. d. § 15 des Aktiengesetzes beziehen,
- den Leiharbeitnehmer im Betrieb des Entleihers beziehen.

Die Steuerbefreiung gilt insbesondere nicht für Ladestrom an: 17

- Geschäftsfreunde des Arbeitgebers und deren Arbeitnehmer,
- Kunden des Arbeitgebers.

## 2.2. Steuerbefreiung der zeitweisen unentgeltlichen oder verbilligten Überlassung einer betrieblichen Ladevorrichtung an den Arbeitnehmer

Steuerbefreit sind vom Arbeitgeber gewährte Vorteile für die zur privaten Nutzung zeitweise überlassene betriebliche Ladevorrichtung für Elektrofahrzeuge oder Hybridelektrofahrzeuge, nicht jedoch deren Übereignung (vgl. Rdnr. 27). 18

Der von dieser betrieblichen Ladevorrichtung für Elektrofahrzeuge oder Hybridelektrofahrzeuge bezogene Ladestrom fällt nicht unter die Steuerbefrei- 19 ung. Dies gilt unabhängig davon, ob es sich um einen Stromanschluss des Arbeitgebers handelt oder ob der Arbeitgeber die Stromkosten des Arbeitnehmers bezuschusst.

20 Ladevorrichtung für ein Elektrofahrzeug oder ein Hybridelektrofahrzeug i. S. d. § 6 Abs. 1 Nr. 4 Satz 2 zweiter Halbsatz EStG ist die gesamte Ladeinfrastruktur einschließlich Zubehör sowie die in diesem Zusammenhang erbrachten Dienstleistungen. Dazu gehören z. B. der Aufbau, die Installation und die Inbetriebnahme der Ladevorrichtung, deren Wartung und Betrieb sowie die für die Inbetriebnahme notwendigen Vorarbeiten wie das Verlegen eines Starkstromkabels.

21 Private Nutzung in diesem Sinne ist jede Nutzung der Ladevorrichtung durch den Arbeitnehmer außerhalb der betrieblichen Nutzung für den Arbeitgeber. Steuerfrei ist daher auch die Nutzung der zeitweise überlassenen betrieblichen Ladevorrichtung im Rahmen anderer Einkunftsarten des Arbeitnehmers (z. B. der Arbeitnehmer lädt dort sein privates Elektrofahrzeug auf und fährt zu seinem Vermietungsobjekt).

### 3. Steuerliche Behandlung der vom Arbeitnehmer selbst getragenen Stromkosten

22 Bei privaten Elektrofahrzeugen oder Hybridelektrofahrzeugen des Arbeitnehmers stellt die Erstattung der vom Arbeitnehmer selbst getragenen Stromkosten steuerpflichtigen Arbeitslohn dar (vgl. Rdnr. 19). Bei betrieblichen Elektrofahrzeugen oder Hybridelektrofahrzeugen des Arbeitgebers, die dem Arbeitnehmer auch zur privaten Nutzung überlassen werden (sog. Dienstwagen), stellt die Erstattung der vom Arbeitnehmer selbst getragenen Stromkosten einen steuerfreien Auslagenersatz nach § 3 Nr. 50 EStG dar.

23 Es bestehen keine Bedenken, für den Zeitraum vom 1. Januar 2017 bis 31. Dezember 2020 zur Vereinfachung des Auslagenersatzes für das elektrische Aufladen eines Dienstwagens (nur Pkw) nach § 3 Nr. 50 EStG und zur Anrechnung von selbst getragenen individuellen Kosten des Arbeitnehmers für Ladestrom auf den Nutzungswert folgende monatliche Pauschalen typisierend zugrunde zu legen:

a) **mit zusätzlicher Lademöglichkeit beim Arbeitgeber**
20 Euro für Elektrofahrzeuge im Sinne der Rdnr. 6 und
10 Euro für Hybridelektrofahrzeuge im Sinne der Rdnr. 8

b) **ohne Lademöglichkeit beim Arbeitgeber**
50 Euro für Elektrofahrzeuge im Sinne der Rdnr. 6 und
25 Euro für Hybridelektrofahrzeuge im Sinne der Rdnr. 8.

24 Es bestehen keine Bedenken, für den Zeitraum vom 1. Januar 2021 bis 31. Dezember 2030 zur Vereinfachung des Auslagenersatzes für das elektrische Aufladen eines Dienstwagens (nur Pkw) nach § 3 Nr. 50 EStG und zur Anrechnung von selbst getragenen individuellen Kosten des Arbeitnehmers für Ladestrom auf den Nutzungswert folgende monatliche Pauschalen typisierend zugrunde zu legen:

a) **mit zusätzlicher Lademöglichkeit beim Arbeitgeber**
30 Euro für Elektrofahrzeuge im Sinne der Rdnr. 6 und
15 Euro für Hybridelektrofahrzeuge im Sinne der Rdnr. 8

b) **ohne Lademöglichkeit beim Arbeitgeber**
70 Euro für Elektrofahrzeuge im Sinne der Rdnr. 6 und
35 Euro für Hybridelektrofahrzeuge im Sinne der Rdnr. 8.

Als zusätzliche Lademöglichkeit beim Arbeitgeber im Sinne der Rdnrn. 23 Buchst. a und 24 Buchst. a gilt jeder zum unentgeltlichen oder verbilligten Aufladen des Dienstwagens geeignete Stromanschluss an einer ortsfesten betrieblichen Einrichtung des lohnsteuerlichen Arbeitgebers (nicht eines mit dem Arbeitgeber verbundenen Unternehmens). 25

Dem gleichgestellt ist eine dem Arbeitnehmer vom Arbeitgeber unentgeltlich oder verbilligt zur Verfügung gestellte Stromtankkarte zum Aufladen des Dienstwagens bei einem Dritten. Ist keine zusätzliche Lademöglichkeit beim Arbeitgeber in diesem Sinne gegeben, sind die Pauschalen nach den Rdnrn. 23 Buchst. b und 24 Buchst. b anwendbar.

Durch den pauschalen Auslagenersatz sind sämtliche Kosten des Arbeitnehmers für den Ladestrom abgegolten. Ein zusätzlicher Auslagenersatz der nachgewiesenen tatsächlichen Kosten für den von einem Dritten bezogenen Ladestrom ist nicht zulässig. Übersteigen die vom Arbeitnehmer in einem Kalendermonat getragenen Kosten für den von einem Dritten bezogenen Ladestrom die maßgebende Pauschale, kann der Arbeitgeber dem Arbeitnehmer anstelle der maßgebenden Pauschale auch die anhand von Belegen nachgewiesenen tatsächlichen Kosten als steuerfreien Auslagenersatz nach § 3 Nr. 50 EStG erstatten. Dies gilt entsprechend für die Anrechnung von selbst getragenen individuellen Kosten des Arbeitnehmers für Ladestrom auf den Nutzungswert. 26

## 4. Pauschalierung der Lohnsteuer nach § 40 Abs. 2 Satz 1 Nr. 6 EStG

### 4.1. Unentgeltliche oder verbilligte Übereignung der Ladevorrichtung

Der Arbeitgeber kann die Lohnsteuer nach § 40 Abs. 2 Satz 1 Nr. 6 EStG mit einem Pauschsteuersatz von 25 Prozent erheben, soweit er dem Arbeitnehmer zusätzlich zum ohnehin geschuldeten Arbeitslohn unentgeltlich oder verbilligt eine Ladevorrichtung für Elektrofahrzeuge oder Hybridelektrofahrzeuge i. S. d. § 6 Abs. 1 Nr. 4 Satz 2 zweiter Halbsatz EStG übereignet. Somit kommt eine Pauschalierung nicht in Betracht, wenn der Arbeitgeber die Ladevorrichtung zeitweise unentgeltlich oder verbilligt überlässt (vgl. Rdnr. 18). Zum Begriff der Ladevorrichtung vgl. Rdnr. 20. 27

Es ist aus Vereinfachungsgründen nicht zu beanstanden, wenn als Bemessungsgrundlage der pauschalen Lohnsteuer für die Übereignung der Ladevorrichtung die Aufwendungen des Arbeitgebers für den Erwerb der Ladevorrichtung im Sinne der Rdnr. 20 (einschließlich Umsatzsteuer) zugrunde gelegt werden. 28

### 4.2. Pauschalierung der Lohnsteuer für Zuschüsse des Arbeitgebers

Trägt der Arbeitnehmer die Aufwendungen für den Erwerb und die Nutzung (z. B. für die Wartung und den Betrieb, die Miete für den Starkstromzähler, nicht jedoch für den Ladestrom) einer privaten Ladevorrichtung selbst, kann der Arbeitgeber diese Aufwendungen bezuschussen oder vollständig 29 übernehmen und die Lohnsteuer nach § 40 Abs. 2 Satz 1 Nr. 6 EStG pauschal mit 25 Prozent erheben. Die Pauschalierung der Lohnsteuer ist auch zulässig, wenn der Arbeitgeber die Ladevorrichtung übereignet (vgl. Rdnr. 27) und die Aufwendungen des Arbeitnehmers für die Nutzung der (nunmehr privaten) Ladevorrichtung bezuschusst.

30 Die Pauschalierung der Lohnsteuer ist begrenzt auf die Aufwendungen des Arbeitnehmers für den Erwerb und die Nutzung der Ladevorrichtung i. S. d. Rdnr. 20.

31 Pauschale Zuschüsse des Arbeitgebers für die Nutzung einer privaten Ladevorrichtung des Arbeitnehmers können pauschal besteuert werden, wenn die Aufwendungen für die Nutzung regelmäßig wiederkehren und soweit der Arbeitnehmer die entstandenen Aufwendungen für einen repräsentativen Zeitraum von drei Monaten im Einzelnen nachweist.

Die Pauschalierung der Lohnsteuer auf Grundlage des durchschnittlichen nachgewiesenen Betrags ist grundsätzlich so lange zulässig, bis sich die Verhältnisse wesentlich ändern.

## 5. Reisekosten

32 Nutzt der Arbeitnehmer sein privates Elektrofahrzeug oder Hybridelektrofahrzeug für Dienstfahrten, kann er anstelle der tatsächlichen Kosten die gesetzlich festgelegten pauschalen Kilometersätze (§ 9 Abs. 1 Satz 3 Nr. 4 a Satz 2 EStG) aus Vereinfachungsgründen auch dann ansetzen, wenn der Arbeitnehmer nach § 3 Nr. 46 EStG steuerfreie Vorteile oder nach § 40 Abs. 2 Satz 1 Nr. 6 EStG pauschal besteuerte Leistungen und Zuschüsse vom Arbeitgeber für dieses Elektrofahrzeug oder Hybridelektrofahrzeug erhält.

33 Beim Ansatz der tatsächlichen Fahrtkosten (§ 9 Abs. 1 Satz 3 Nr. 4 a Satz 1 EStG) sind diese steuerfreien Vorteile oder pauschal besteuerten Leistungen und Zuschüsse nicht in die Gesamtaufwendungen des Arbeitnehmers einzubeziehen.

## 6. Zusätzlichkeitsvoraussetzung

34 Voraussetzung ist, dass die geldwerten Vorteile und Leistungen sowie die Zuschüsse zusätzlich zum ohnehin geschuldeten Arbeitslohn erbracht werden. Der steuerliche Vorteil ist damit insbesondere im Rahmen von Gehaltsverzicht oder -umwandlungen ausgeschlossen, vgl. BMF-Schreiben vom 5. Februar 2020 (BStBl. I S. 222)[1].

## 7. Aufzeichnungen im Lohnkonto

35 Der Arbeitgeber ist nicht verpflichtet, die steuerfreien Vorteile i. S. d. § 3 Nr. 46 EStG im Lohnkonto des Arbeitnehmers aufzuzeichnen, vgl. auch § 4 Abs. 2 Nr. 4 Satz 1 LStDV in der Fassung der Fünften Verordnung zur Änderung steuerlicher Verordnungen vom 25. Juni 2020 (BGBl. I S. 1495, BStBl. I S. 555). Dies gilt aus Vereinfachungsgründen auch für Vorteile i. S. d. § 3 Nr. 46 EStG, die vor dem 30. Juni 2020 gewährt wurden.

36 Erhebt der Arbeitgeber die Lohnsteuer pauschal nach § 40 Abs. 2 Satz 1 Nr. 6 EStG, sind die Aufwendungen des Arbeitgebers für den Erwerb der Ladevorrichtung, die Zuschüsse des Arbeitgebers und die bezuschussten Auf-

[1] Nr. **20** § 3/4.

wendungen des Arbeitnehmers für den Erwerb und die Nutzung der Ladevorrichtung i. S. d. Rdnr. 20 nachzuweisen. Der Arbeitgeber hat diese Unterlagen als Belege zum Lohnkonto aufzubewahren.

**8. Anwendungszeitraum**

Dieses Schreiben ersetzt die BMF-Schreiben vom 14. Dezember 2016 **37**
(BStBl. I S. 1446) und vom 26. Oktober 2017 (BStBl. I S. 1439) und ist vorbehaltlich der Rdnrn. 23 und 24 für den Zeitraum vom 1. Januar 2017 bis 31. Dezember 2030 (§ 52 Abs. 4 Satz 14 und Abs. 37 c EStG) anzuwenden.

# 20 § 8/18. Schreiben betr. Abgrenzung zwischen Geldleistung und Sachbezug; Anwendung der Regelungen des § 8 Abs. 1 Satz 2 und 3 und Abs. 2 Satz 11 zweiter Halbsatz EStG

Vom 15. März 2022

BMF IV C 5 – S 2334/19/10007 :007; DOK 2022/0274667

(BStBl. I S. 242)

Unter Bezugnahme auf das Ergebnis der Erörterungen mit den obersten Finanzbehörden der Länder gelten für die Anwendung der Regelungen des § 8 Abs. 1 Satz 2 und 3 und Abs. 2 Satz 11 zweiter Halbsatz EStG in der Fassung des Gesetzes zur weiteren steuerlichen Förderung der Elektromobilität und zur Änderung weiterer steuerlicher Vorschriften (BGBl. I S. 2451)[1] unter Berücksichtigung der Bundestags-Drucksache 19/25160, S. 138, sowie für die Anwendung der Urteile des BFH vom 7. Juni 2018 VI R 13/16 (BStBl. 2019 II S. 371) und vom 4. Juli 2018 VI R 16/17 (BStBl. 2019 II S. 373) zur Abgrenzung zwischen Geldleistung und Sachbezug die folgenden Grundsätze (Änderungen gegenüber dem BMF-Schreiben vom 13. April 2021, BStBl. I S. 624, sind durch **Fettschrift** hervorgehoben):

## 1. Überblick über die Regelungen

In § 8 Abs. 1 Satz 2 EStG ist durch die neue Definition „Zu den Einnahmen in Geld gehören" nun gesetzlich festgeschrieben, dass zweckgebundene Geldleistungen, nachträgliche Kostenerstattungen, Geldsurrogate und andere Vorteile, die auf einen Geldbetrag lauten, grundsätzlich keine Sachbezüge, sondern Geldleistungen sind. 1

Die BFH-Urteile vom 11. November 2010 (BStBl. 2011 II S. 383, 386 und 389) sowie vom 7. Juni 2018 (BStBl. 2019 II S. 371) und vom 4. Juli 2018 (BStBl. 2019 II S. 373) sind insoweit durch die gesetzlichen Regelungen überholt. 2

In § 8 Abs. 1 Satz 3 EStG werden bestimmte zweckgebundene Gutscheine (einschließlich entsprechender Gutscheinkarten, digitaler Gutscheine, Gutscheincodes oder Gutscheinapplikationen/-Apps) oder entsprechende Geldkarten (einschließlich Wertguthabenkarten in Form von Prepaid-Karten) hingegen als Sachbezug gesetzlich definiert. Voraussetzung ist, dass die Gutscheine oder Geldkarten ausschließlich zum Bezug von Waren oder Dienstleistungen bei dem Arbeitgeber oder bei einem Dritten berechtigen (zur Abgrenzung vgl. Rn. 24) und zudem ab dem 1. Januar 2022 die Kriterien des § 2 Abs. 1 Nr. 10 Zahlungsdiensteaufsichtsgesetz (ZAG) erfüllen (vgl. Rn. 30). Von einer solchen Berechtigung zum ausschließlichen Bezug von Waren oder Dienstleistungen ist insbesondere nicht auszugehen, wenn der Arbeitnehmer (z.B. aufgrund eines vom Arbeitgeber selbst ausgestellten Gutscheins) zunächst in Vorleistung tritt und der Arbeitgeber ihm die Kosten im Nachhinein erstattet. In diesen Fällen handelt es sich um eine Geldleistung in Form einer nachträglichen Kostenerstattung (vgl. Rn. 20 und 21). 3

[1] **Amtl. Anm.:** BStBl. 2020 I S. 17.

Bei den vom Arbeitgeber getragenen Gebühren für die Bereitstellung (z.B. Setup-Gebühr) und Aufladung von Gutscheinen und Geldkarten handelt es sich nicht um einen zusätzlichen geldwerten Vorteil, sondern um eine notwendige Begleiterscheinung betriebsfunktionaler Zielsetzungen des Arbeitgebers und damit nicht um Arbeitslohn des Arbeitnehmers.

4 Die **50 €-Freigrenze (bis 31. Dezember 2021 44 €-Freigrenze)** ist bei Gutscheinen und Geldkarten im Sinne der Rn. 3 nur dann anwendbar, wenn sie zusätzlich zum ohnehin geschuldeten Arbeitslohn gewährt werden (§ 8 Abs. 2 Satz 11 zweiter Halbsatz i.V.m. § 8 Abs. 4 EStG). Der steuerliche Vorteil ist damit insbesondere im Rahmen von Gehaltsverzicht oder -umwandlungen ausgeschlossen.

## 2. Sachbezug i.S.d. § 8 Abs. 2 Satz 1 EStG i.V.m. § 8 Abs. 1 Satz 3 EStG

5 Sachbezüge i.S.d. § 8 Abs. 2 Satz 1 EStG sind alle nicht in Geld bestehenden Einnahmen. Ein Sachbezug i.S.d. § 8 Abs. 2 Satz 1 EStG liegt nicht vor, wenn der Arbeitnehmer anstelle des Sachbezugs auch eine Geldleistung verlangen kann, selbst wenn der Arbeitgeber die Sache zuwendet (BFH-Urteil vom 4. Juli 2018, BStBl. 2019 II S. 373, Rn. 16).

Unter diesen Voraussetzungen ist Sachbezug i.S.d. § 8 Abs. 2 Satz 1 EStG i.V.m. § 8 Abs. 1 Satz 3 EStG u. a.:

6 – die Gewährung von Kranken-, Krankentagegeld- oder Pflegeversicherungsschutz bei Abschluss einer Kranken-, Krankentagegeld- oder Pflegeversicherung und Beitragszahlung durch den Arbeitgeber (BFH-Urteil vom 7. Juni 2018, BStBl. 2019 II S. 371),

7 – die Gewährung von Unfallversicherungsschutz, soweit bei Abschluss einer freiwilligen Unfallversicherung durch den Arbeitgeber der Arbeitnehmer den Versicherungsanspruch unmittelbar gegenüber dem Versicherungsunternehmen geltend machen kann, sofern die Beiträge nicht nach § 40b Abs. 3 EStG pauschal besteuert werden. Tz. 2.2.1 des BMF-Schreibens vom 28. Oktober 2009 (BStBl. I S. 1275)[1] ist insoweit überholt (siehe auch Rn. 29, letzter Satz). § 37b Abs. 2 EStG ist anwendbar,

8 – die Gewährung von Papier-Essenmarken (Essensgutscheine, Restaurantschecks) und arbeitstäglichen Zuschüssen zu Mahlzeiten (sog. digitale Essenmarken); die Richtlinienregelung des R 8.1 Abs. 7 Nr. 4 LStR und die Regelungen des BMF-Schreibens vom 18. Januar 2019 (BStBl. I S. 66)[2] bleiben unberührt (§ 8 Abs. 2 Satz 10 EStG), vgl. auch Rn. 16,

9 – die Gewährung von Gutscheinen oder Geldkarten, die ausschließlich zum Bezug von Waren oder Dienstleistungen bei dem Arbeitgeber oder bei einem Dritten berechtigen (zur Abgrenzung vgl. Rn. 24) und zudem ab dem 1. Januar 2022 (vgl. Rn. 30) unter lohn- und einkommensteuerlicher Auslegung die Kriterien des § 2 Abs. 1 Nr. 10 Buchst. a ZAG erfüllen:

a) Gutscheine oder Geldkarten, unabhängig von einer Betragsangabe, die berechtigen, ausschließlich Waren oder Dienstleistungen vom Aussteller des Gutscheins aus seiner eigenen Produktpalette zu beziehen (BFH-Urteil

---

[1] Nr. **20** § 40b/3.
[2] Nr. **20** § 8/4.

vom 4. Juli 2018, BStBl. 2019 II S. 373, Rn. 30); der Sitz des Ausstellers sowie dessen Produktpalette sind insoweit nicht auf das Inland beschränkt, oder

b) Gutscheine oder Geldkarten, unabhängig von einer Betragsangabe, die berechtigen, ausschließlich Waren oder Dienstleistungen aufgrund von Akzeptanzverträgen zwischen Aussteller/Emittent und Akzeptanzstellen bei einem begrenzten Kreis von Akzeptanzstellen im Inland zu beziehen (zur Abgrenzung siehe Rn. 23).

Ein begrenzter Kreis von Akzeptanzstellen im Sinne der Rn. 9 Buchst. b gilt für lohn- und einkommensteuerliche Zwecke als erfüllt: **10**

a) bei städtischen Einkaufs- und Dienstleistungsverbünden im Inland **oder im Internetshop der jeweiligen Akzeptanzstelle**,

b) bei Einkaufs- und Dienstleistungsverbünden, die sich auf eine bestimmte inländische Region (z.B. mehrere benachbarte Städte und Gemeinden im ländlichen Raum) erstrecken, **oder im Internetshop der jeweiligen Akzeptanzstelle**,

c) **wenn Einkaufs- und Dienstleistungsverbünde im Sinne der Buchst. a oder b auf die – auch bundeslandübergreifend – unmittelbar räumlich angrenzenden zweistelligen Postleitzahlen(PLZ)-Bezirke begrenzt werden (dabei werden Städte und Gemeinden, die jeweils in zwei PLZ-Bezirke fallen, als ein PLZ-Bezirk betrachtet); es bestehen keine Bedenken, wenn die Auswahl dieser PLZ-Bezirke durch den Arbeitnehmer erfolgt,** oder

d) aus Vereinfachungsgründen bei Gutscheinen oder Guthabenkarten zum Bezug von Waren oder Dienstleistungen von einer bestimmten Ladenkette (einem bestimmten Aussteller) in den einzelnen Geschäften im Inland oder im Internetshop dieser Ladenkette mit einheitlichem Marktauftritt (z.B. ein Symbol, eine Marke, ein Logo); die Art des Betriebs (z.B. eigene Geschäfte, im Genossenschafts- oder Konzernverbund, über Agenturen oder Franchisenehmer) ist unerheblich. **Entsprechendes gilt, wenn sich der Arbeitnehmer vor Hingabe des Gutscheins oder vor Aufladung des Guthabens auf die Geldkarte aus verschiedenen Ladenketten je eine auswählen kann (zum Zeitpunkt des Zuflusses vgl. Rn. 26),**

**Beispiele zu Rn. 9 und 10** **11**

– wiederaufladbare Geschenkkarten für den Einzelhandel,
– shop-in-shop-Lösungen mit Hauskarte,
– Tankgutscheine oder -karten eines einzelnen Tankstellenbetreibers zum Bezug von Waren oder Dienstleistungen in seiner Tankstelle,
– von einer bestimmten Tankstellenkette (einem bestimmten Aussteller) ausgegebene Tankgutscheine oder -karten zum Bezug von Waren oder Dienstleistungen in den einzelnen Tankstellen mit einheitlichem Marktauftritt (z.B. ein Symbol, eine Marke, ein Logo); die Art des Betriebs (z.B. eigene Geschäfte, im Genossenschafts- oder Konzernverbund, über Agenturen oder Franchisenehmer) ist unerheblich,
– ein vom Arbeitgeber selbst ausgestellter Gutschein (z.B. Tankgutschein, hierzu zählt auch eine Berechtigung zum Tanken), wenn die Akzeptanzstellen (z.B. Tankstelle oder Tankstellenkette) aufgrund des Akzeptanzvertrags (z.B. Rahmenvertrag) unmittelbar mit dem Arbeitgeber abrechnen,
– Karten eines Online-Händlers, die nur zum Bezug von Waren oder Dienstleistungen aus seiner eigenen Produktpalette (Verkauf und Versand durch den Online-Händler) berechtigen, nicht jedoch, wenn sie auch für Produkte von Fremdanbietern (z.B. Marketplace) einlösbar sind,
– Centergutscheine oder Kundenkarten von Shopping-Centern, Malls und Outlet-Villages,

– „City-Cards“, Stadtgutscheine

12 – die Gewährung von Gutscheinen oder Geldkarten, die ausschließlich zum Bezug von Waren oder Dienstleistungen bei dem Arbeitgeber oder bei einem Dritten berechtigen (zur Abgrenzung vgl. Rn. 24) und zudem ab dem 1. Januar 2022 (vgl. Rn. 30) unter lohn- und einkommensteuerlicher Auslegung die Kriterien des § 2 Abs. 1 Nr. 10 Buchst. b ZAG erfüllen: Gutscheine oder Geldkarten, unabhängig von einer Betragsangabe, die nur berechtigen, Waren oder Dienstleistungen ausschließlich aus einer sehr begrenzten Waren- oder Dienstleistungspalette zu beziehen; auf die Anzahl der Akzeptanzstellen und den Bezug im Inland kommt es deshalb hier nicht an. **Nicht ausreichend ist hierfür die alleinige Bezugnahme auf eine Händlerkategorie (z.B. sog. Merchant Category Code, MCC). Sofern zu einer begrenzten Waren- oder Dienstleistungspalette – wenn auch in geringem Maße – Waren oder Dienstleistungen einer anderen Palette angeboten werden, sind Rn. 9 bis 11 zu § 2 Abs. 1 Nr. 10 Buchst. a ZAG zu beachten.**

13 **Beispiele zu Rn. 12**

Gutscheine oder Geldkarten begrenzt auf

– den Personennah- und Fernverkehr (z.B. für Fahrberechtigungen, Zugrestaurant, Park&Ride-Parkgelegenheiten) einschließlich bestimmter Mobilitätsdienstleistungen (z.B. die Nutzung von (Elektro-)Fahrrädern, Car-Sharing, E-Scootern),
– Kraftstoff, Ladestrom etc. („Alles, was das Auto bewegt“),
– Fitnessleistungen (z.B. für den Besuch der Trainingsstätten und zum Bezug der dort angebotenen Waren oder Dienstleistungen),
– Streamingdienste für Film und Musik,
– Zeitungen und Zeitschriften, einschließlich Downloads,
– Bücher, auch als Hörbücher oder Dateien, einschließlich Downloads,
– die Behandlung der Person in Form von Hautpflege, Makeup, Frisur und dergleichen (sog. Beautykarten),
– Bekleidung inkl. Schuhe nebst Accessoires wie z.B. Taschen, Schmuck, Kosmetika, Düfte (sog. Waren, die der Erscheinung einer Person dienen)

14 – die Gewährung von Gutscheinen oder Geldkarten, die ausschließlich zum Bezug von Waren oder Dienstleistungen bei dem Arbeitgeber oder bei einem Dritten berechtigen (zur Abgrenzung vgl. Rn. 24) und zudem ab dem 1. Januar 2022 (vgl. Rn. 30) unter lohn- und einkommensteuerlicher Auslegung die Kriterien des § 2 Abs. 1 Nr. 10 Buchst. c ZAG erfüllen: Gutscheine oder Geldkarten, unabhängig von einer Betragsangabe, die nur berechtigen, aufgrund von Akzeptanzverträgen zwischen Aussteller/Emittent und Akzeptanzstellen Waren oder Dienstleistungen ausschließlich für bestimmte soziale oder steuerliche Zwecke im Inland zu beziehen (Zweckkarte); auf die Anzahl der Akzeptanzstellen kommt es nicht an.

15 Nicht um eine Zweckkarte i.S.d. § 2 Abs. 1 Nr. 10 Buchst. c ZAG handelt es sich bei Gutscheinen oder Geldkarten, wenn deren Einsatzbereich für sich genommen nicht mehr hinreichend bestimmt eingegrenzt ist. Ein „begünstigter“ sozialer oder steuerlicher Zweck in diesem Sinne ist daher insbesondere nicht die Inanspruchnahme der **50 €-Freigrenze (bis 31. Dezember 2021 44 €-Freigrenze)**, der Richtlinienregelung des R 19.6 LStR (Aufmerksamkeiten) oder der Pauschalversteuerung nach § 37b EStG an sich.

**Beispiele zu Rn. 14** 16

– Verzehrkarten in einer sozialen Einrichtung, Papier-Essenmarken (Essensgutscheine, Restaurantschecks) und arbeitstägliche Zuschüsse zu Mahlzeiten (sog. digitale Essenmarken),

– Behandlungskarten für ärztliche Leistungen oder Reha-Maßnahmen,

– Karten für betriebliche Gesundheitsmaßnahmen (einschließlich betrieblicher Gesundheitsleistungen des Arbeitgebers i.S.d. § 3 Nr. 34 EStG)

Ein Abschlag von 4 % nach R 8.1 Abs. 2 Satz 3 LStR ist nicht vorzunehmen, wenn ein Gutschein oder eine Geldkarte über einen in Euro lautenden Höchstbetrag hingegeben wird (R 8.1 Abs. 2 Satz 4 LStR). 17

## 3. Geldleistung i.S.d. § 8 Abs. 1 Satz 1 und 2 EStG

Kein Sachbezug, sondern Geldleistung i.S.d. § 8 Abs. 1 Satz 1 und 2 EStG ist u.a.:

– eine Zahlung des Arbeitgebers an den Arbeitnehmer bei Abschluss einer Kranken-, Krankentagegeld- oder Pflegeversicherung und Beitragszahlung durch den Arbeitnehmer, wenn die Zahlung des Arbeitgebers mit der Auflage verbunden ist, dass der Arbeitnehmer mit einem vom Arbeitgeber benannten Unternehmen einen Versicherungsvertrag schließt (BFH-Urteil vom 4. Juli 2018, BStBl. 2019 II S. 373), 18

– ein im Inland gültiges gesetzliches Zahlungsmittel oder Zahlungen in einer gängigen, frei konvertiblen und im Inland handelbaren ausländischen Währung; dies gilt nicht für Zahlungsmittel (z.B. Sonderprägungen), wenn der übliche Endpreis am Abgabeort i.S.d. § 8 Abs. 2 Satz 1 EStG vom Nennwert abweicht, 19

– eine Zahlung des Arbeitgebers an den Arbeitnehmer anstelle der geschuldeten Ware oder Dienstleistung (zweckgebundene Geldleistungen und nachträgliche Kostenerstattungen); R 8.2 Abs. 1 Satz 4 LStR bleibt unberührt. 20

Die Steuerbefreiung des § 3 Nr. 50 EStG für Beträge, die der Arbeitnehmer vom Arbeitgeber erhält, um sie für ihn auszugeben (durchlaufende Gelder) und für Beträge, durch die Auslagen des Arbeitnehmers für den Arbeitgeber ersetzt werden (Auslagenersatz), bleibt hiervon unberührt. Besteht ein eigenes Interesse des Arbeitnehmers an den bezogenen Waren oder Dienstleistungen, liegen kein steuerfreier Auslagenersatz und auch keine durchlaufenden Gelder i.S.d. § 3 Nr. 50 EStG vor (R 3.50 Abs. 1 Satz 3 LStR); von einem eigenen Interesse des Arbeitnehmers an den bezogenen Waren oder Dienstleistungen ist auszugehen, wenn die Waren oder Dienstleistungen für den privaten Gebrauch des Arbeitnehmers bestimmt sind. 21

**Beispiele zu Rn. 20** 22

Arbeitnehmer A hat gegenüber seinem Arbeitgeber zusätzlich zum ohnehin geschuldeten Arbeitslohn einen Anspruch auf Übereignung eines Fahrrads im Wert von 800 €.

a) A erhält von seinem Arbeitgeber anstelle des geschuldeten Fahrrads einen Betrag von 800 € für den entsprechenden Erwerb.
Die arbeitsvertragliche Zweckbestimmung führt nicht zur Annahme eines Sachbezugs. Es handelt sich um eine zweckgebundene Geldleistung. § 37b EStG ist nicht anwendbar.

b) A erwirbt das Fahrrad und erhält von seinem Arbeitgeber nach Vorlage seines Kaufbelegs den Betrag von 800 € erstattet.
Die arbeitsvertragliche Zweckbestimmung führt nicht zur Annahme eines Sachbezugs. Es handelt sich um eine nachträgliche Kostenerstattung. § 37b EStG ist nicht anwendbar.

**Beispiel zu Rn. 21**

**Als Rahmenprogramm zu einer Fortbildung wird für die teilnehmenden Arbeitnehmer eine Bowling-Veranstaltung durchgeführt. Teilnehmer A bezahlt die Kosten für die Bowling-Bahn sowie sämtliche dort verzehrten Speisen und Getränke. Er lässt sich diese Kosten anschließend über den vom Arbeitgeber vorgesehenen Auslagenerstattungsprozess erstatten.**

**Bei der Erstattung der Kosten durch den Arbeitgeber an A handelt es sich – auch hinsichtlich der Erstattung für dessen eigene Teilnahme – um Auslagenersatz i.S.d. § 3 Nr. 50 EStG, da er die Ausgaben für Rechnung des Arbeitgebers geleistet hat. Bei den für Rechnung des Arbeitgebers gewährten Leistungen handelt es sich bei allen teilnehmenden Arbeitnehmern – einschließlich A – um Sachbezüge.**

23 – ab dem 1. Januar 2022 (vgl. Rn. 30) die Gewährung von Gutscheinen oder Geldkarten, die unter lohn- und einkommensteuerlicher Auslegung die Kriterien des § 2 Abs. 1 Nr. 10 ZAG (vgl. Rn. 9 bis 16) nicht erfüllen: Geldsurrogate, wie insbesondere die Gewährung von Geldkarten oder Wertguthabenkarten in Form von Prepaid-Kreditkarten mit überregionaler Akzeptanz ohne Einschränkungen hinsichtlich der Produktpalette, die im Rahmen unabhängiger Systeme des unbaren Zahlungsverkehrs eingesetzt werden können (BFH-Urteil vom 4. Juli 2018, BStBl. 2019 II S. 373, Rn. 31). Allein die Begrenzung der Anwendbarkeit von Gutscheinen oder Geldkarten auf das Inland ist für die Annahme eines Sachbezugs nicht ausreichend.

24 – die Gewährung von Gutscheinen oder Geldkarten, die nicht ausschließlich zum Bezug von Waren oder Dienstleistungen bei dem Arbeitgeber oder bei einem Dritten berechtigen. Stets als Geldleistung zu behandeln sind daher insbesondere Gutscheine oder Geldkarten, die

a) über eine Barauszahlungsfunktion verfügen. Es ist nicht zu beanstanden, wenn verbleibende Restguthaben bis zu einem Euro ausgezahlt **oder auf einen anderen Gutschein oder eine andere Geldkarte übertragen** werden können**; dies gilt auch bei einem monatlichen Wechsel z.B. der Ladenkette im Rahmen einer weiteren Aufladung eines Guthabens auf derselben Geldkarte**,

b) über eine eigene Internationale BankkontoNr. (IBAN) verfügen,

c) für Überweisungen (z.B. PayPal) verwendet werden können,

d) für den Erwerb von Devisen (z.B. Britisches Pfund, US-Dollar, Schweizer Franken) **oder Kryptowährungen (z.B. Bitcoin, Ethereum)** verwendet werden können,

e) als generelles Zahlungsinstrument hinterlegt werden können oder

f) **ausschließlich berechtigen, sie gegen andere Gutscheine oder Geldkarten einzulösen (z.B. Gutscheinportale), da der alleinige Bezug eines weiteren Gutscheins oder einer weiteren Geldkarte kein Bezug von Waren oder Dienstleistungen i.S.d. § 8 Abs. 1 Satz 3 EStG ist (vgl. Rn. 3). Dies gilt nicht, wenn durch technische Vorkehrungen und in den zur Verwendung kommenden Vertragsvereinbarungen sichergestellt ist, dass**

**aa) die Einlösung nur gegen andere Gutscheine oder Geldkarten erfolgen kann, die ausschließlich zum Bezug von Waren oder Dienstleistungen bei dem Arbeitgeber oder bei einem Dritten berechtigen und die ab dem 1. Januar 2022 die Kriterien des § 2 Abs. 1 Nr. 10 ZAG erfüllen (vgl. Rn. 30) und**

**bb) dem Arbeitnehmer das Guthaben erst nach Auswahl des anderen Gutscheins oder der anderen Geldkarte zur Verfügung steht**

**(z.B. Auswahl vor Freischaltung eines Gutscheincodes oder vor Aufladung des Guthabens auf die Geldkarte).**

**Beispiele zu Rn. 23** 25

Arbeitnehmer A erhält im Januar 2022 von seinem Arbeitgeber zusätzlich zum ohnehin geschuldeten Arbeitslohn eine Prepaid-Kreditkarte, die monatlich mit 50 € aufgeladen wird und mit der er bei über 30 Mio. Akzeptanzstellen weltweit Waren einkaufen kann. Auf Grundlage der arbeitsvertraglichen Vereinbarungen ist A aber nur der Erwerb von Kraftstoff für seinen Privatwagen erlaubt.

Die Voraussetzungen der Rn. 9 bis 16 sind nicht erfüllt. Bei der Prepaid-Kreditkarte handelt es sich um ein Geldsurrogat i.S.d. § 8 Abs. 1 Satz 2 EStG. Die arbeitsvertragliche Zweckbestimmung führt nicht zur Annahme eines Sachbezugs. Es handelt sich um eine Geldleistung. Die 50 €-Freigrenze ist nicht anwendbar.

**Abwandlung**

Auf Grundlage der arbeitsvertraglichen Vereinbarungen ist A nur der Erwerb von Kraftstoff für seinen Dienstwagen erlaubt.

Es handelt sich nicht um einen Sachbezug, sondern um eine zweckgebundene Geldleistung, die nach § 3 Nr. 50 EStG steuerfrei ist.

## 4. Allgemeine lohn- und einkommensteuerliche Regelungen zu Gutscheinen oder Geldkarten

Der Zufluss des Sachbezugs erfolgt bei einem Gutschein oder einer Geldkarte, die bei einem Dritten einzulösen sind, im Zeitpunkt der Hingabe und bei Geldkarten frühestens im Zeitpunkt der Aufladung des Guthabens, weil der Arbeitnehmer zu diesem Zeitpunkt einen Rechtsanspruch gegenüber dem Dritten erhält (§ 38 Abs. 2 Satz 2 EStG, R 38.2 Abs. 3 Satz 1 LStR). Der Zufluss des Sachbezugs erfolgt bei einem Gutschein oder einer Geldkarte, die beim Arbeitgeber einzulösen sind, im Zeitpunkt der Einlösung (§ 38 Abs. 2 Satz 2 EStG, R 38.2 Abs. 3 Satz 2 LStR). Die funktionale Begrenzung der Gutscheine und Geldkarten ist in geeigneter Weise durch technische Vorkehrungen und in den zur Verwendung kommenden Vertragsvereinbarungen sicherzustellen. 26

Die konkrete aufsichtsrechtliche Einordnung einer Geldkarte als Zahlungsdienst oder eine Bescheinigung über die aufsichtsrechtliche Erfüllung der Kriterien des § 2 Abs. 1 Nr. 10 ZAG durch die Bundesanstalt für Finanzdienstleistungsaufsicht (BAFin) ist für die Finanzverwaltung nicht bindend (Gesetz zur weiteren Förderung der Elektromobilität und zur Änderung weiterer steuerlicher Vorschriften – Bericht des Finanzausschusses des Deutschen Bundestages, Bundestags-Drucksache 19/14909 S. 10). 27

Die Regelungen dieses BMF-Schreibens gelten nur für die lohn- und einkommensteuerliche Auslegung der Kriterien des § 2 Abs. 1 Nr. 10 ZAG. Die diesbezüglichen aufsichtsrechtlichen Regelungen bleiben hiervon unberührt. 28

## 5. Anwendung der 50 €-Freigrenze i.S.d. § 8 Abs. 2 Satz 11 EStG bei Unfallversicherungen und betrieblicher Altersversorgung

Bei pauschalierungsfähigen Beiträgen für eine Unfallversicherung der Arbeitnehmer i.S.d. § 40b Abs. 3 EStG scheidet die Anwendung der **50 €-Freigrenze (bis 31. Dezember 2021 44 €-Freigrenze)** aus (BFH-Urteil vom 26. November 2002, BStBl. 2003 II S. 492). Im Rahmen der betrieblichen Altersversorgung führen laufende Beiträge und Zuwendungen des Arbeitgebers aus einem bestehenden Dienstverhältnis an einen Pensionsfonds, eine Pensionskasse oder für eine Direktversicherung zu Einkünften aus nichtselbständiger Arbeit (§ 19 Abs. 1 Satz 1 Nr. 3 EStG). Diese spezialgesetzliche Regelung 29 schließt eine Bewertung der entsprechenden Beiträge und Zuwendungen nach § 8 Abs. 2 Satz 1 EStG aus (vgl. auch BFH-Urteil vom 7. Juni 2018, BStBl. 2019 II S. 371, Rn. 23). Die **50 €-Freigrenze (bis 31. Dezember 2021 44 €-Freigrenze)** ist daher nicht anwendbar.

## 6. Anwendungszeitraum

30 Die Grundsätze dieses Schreibens sind ab 1. Januar 2020 anzuwenden.

Es ist jedoch – abweichend von § 8 Abs. 1 Satz 3 EStG – nicht zu beanstanden, wenn Gutscheine und Geldkarten, die ausschließlich zum Bezug von Waren oder Dienstleistungen berechtigen (zur Abgrenzung vgl. Rn. 24), jedoch die Kriterien des § 2 Abs. 1 Nr. 10 ZAG (vgl. Rn. 9 bis 16) nicht erfüllen, noch bis zum 31. Dezember 2021 als Sachbezug anerkannt werden.

Dieses Schreiben ersetzt das BMF-Schreiben vom 13. April 2021 (BStBl. I S. 624).

# 20 § 8/19. Schreiben betr. Verhältnis von § 8 Abs. 2 und Abs. 3 EStG bei der Bewertung von Sachbezügen; Anwendung der Urteile des BFH vom 26. Juli 2012 VI R 30/09 (BStBl. 2013 II S. 400) und VI R 27/11 (BStBl. 2013 II S. 402)

Vom 16. Mai 2013
BMF IV C 5 – S 2334/07/0011; DOK 2013/0356883
(BStBl. I S. 729)
Geändert durch BMF v. 11. 2. 2021 (BStBl. I S. 311)

Zu den Urteilen des Bundesfinanzhofs (BFH) vom 26. Juli 2012 VI R 30/09 (BStBl. 2013 II S. 400) und VI R 27/11 (BStBl. 2013 II S. 402) gilt im Einvernehmen mit den obersten Finanzbehörden der Länder Folgendes:

Die Urteile sind über den jeweils entschiedenen Einzelfall hinaus entsprechend den nachfolgenden Regelungen anzuwenden. Das BMF-Schreiben vom 28. März 2007 (BStBl. I S. 464) wird aufgehoben.

## 1. Grundsätze der BFH-Rechtsprechung

Der BFH bestätigt in seinen Urteilen vom 26. Juli 2012 VI R 30/09 und VI R 27/11 die in seiner Entscheidung vom 5. September 2006 VI R 41/02 (BStBl. 2007 II S. 309) vertretene Rechtsauffassung, dass der Arbeitnehmer im Rahmen seiner Einkommensteuerveranlagung den geldwerten Vorteil wahlweise nach § 8 Abs. 2 EStG ohne Bewertungsabschlag und ohne Rabattfreibetrag oder mit diesen Abschlägen auf der Grundlage des Endpreises des Arbeitgebers nach § 8 Abs. 3 EStG bewerten lassen kann. 1

Nach Auffassung des BFH ist bei Anwendung des § 8 Abs. 2 EStG Vergleichspreis grundsätzlich der „günstigste Preis am Markt". Endpreis i. S. d. § 8 Abs. 3 EStG ist nach Auffassung des BFH der am Ende von Verkaufsverhandlungen als letztes Angebot stehende Preis und umfasst deshalb auch Rabatte (Änderung der Rechtsprechung). 2

## 2. Zeitliche Anwendung der BFH-Rechtsprechung

Die BFH-Rechtsprechung ist sowohl im Lohnsteuerabzugsverfahren als auch im Veranlagungsverfahren in allen offenen Fällen anwendbar (vgl. aber Rdnr. 5 und Rdnr. 11). 3

## 3. Materielle Anwendung der BFH-Rechtsprechung

### 3.1. Endpreis i. S. d. § 8 Abs. 2 Satz 1 EStG

Einnahmen, die nicht in Geld bestehen (Wohnung, Kost, Waren, Dienstleistungen und sonstige Sachbezüge), sind mit den um übliche Preisnachlässe geminderten üblichen Endpreisen am Abgabeort anzusetzen (§ 8 Abs. 2 Satz 1 EStG); *R 8.1 Abs. 2 Satz 9 LStR 2011*[1] ist anzuwenden. Endpreis in diesem Sinne ist auch der nachgewiesene günstigste Preis einschließlich sämtlicher Nebenkosten, zu dem die konkrete Ware oder Dienstleistung mit vergleich- 4

[1] Jetzt: LStR 8.1 Abs. 2 Satz 3.

baren Bedingungen an Endverbraucher ohne individuelle Preisverhandlungen im Zeitpunkt des Zuflusses am Markt angeboten wird; *R 8.1 Abs. 2 Satz 9 LStR 2011*[1] ist nicht anzuwenden. *Fallen Bestell- und Liefertag auseinander, sind die Verhältnisse am Bestelltag für die Preisfeststellung maßgebend (vgl. R 8.1 Abs. 2 Satz 8 LStR 2011)*[2]. Markt in diesem Sinne sind alle gewerblichen Anbieter, von denen der Steuerpflichtige die konkrete Ware oder Dienstleistung im Inland unter Einbeziehung allgemein zugänglicher Internetangebote oder auf sonstige Weise gewöhnlich beziehen kann. *§ 8 Abs. 2 Sätze 2 bis 9 EStG*[3] bleiben unberührt.

**4a**[4] Wird die konkrete Ware oder Dienstleistung nicht zu vergleichbaren Bedingungen an Endverbraucher am Markt angeboten, kann der Sachbezug in Höhe der entsprechenden Aufwendungen des Arbeitgebers einschließlich Umsatzsteuer und sämtlicher Nebenkosten angesetzt werden (BFH-Urteil vom 7. Juli 2020 VI R 14/18, BStBl. 2021 II S. 232). R 8.1 Abs. 2 Satz 3 LStR ist nicht anzuwenden.

**5** Dem Arbeitgeber bleibt es unbenommen, im Lohnsteuerabzugsverfahren einen um übliche Preisnachlässe geminderten üblichen Endpreis am Abgabeort i. S. d. Rdnr. 4 Satz 1 anzusetzen. Er ist nicht verpflichtet, den günstigsten Preis am Markt i. S. d. Rdnr. 4 Satz 2 zu ermitteln. Der Arbeitnehmer kann im Rahmen seiner Einkommensteuerveranlagung den geldwerten Vorteil mit dem günstigsten Preis am Markt i. S. d. Rdnr. 4 Satz 2 bewerten (vgl. Rdnr. 10).

**6** Der Arbeitgeber hat die Grundlagen für den ermittelten und der Lohnversteuerung zu Grunde gelegten Endpreis als Belege zum Lohnkonto aufzubewahren, zu dokumentieren und dem Arbeitnehmer auf Verlangen formlos mitzuteilen.

### 3.2. Endpreis i. S. d. § 8 Abs. 3 Satz 1 EStG

**7** Endpreis i. S. d. § 8 Abs. 3 Satz 1 EStG ist der Preis, zu dem der Arbeitgeber oder der dem Abgabeort nächstansässige Abnehmer die konkrete Ware oder Dienstleistung fremden Letztverbrauchern im allgemeinen Geschäftsverkehr am Ende von Verkaufsverhandlungen durchschnittlich anbietet. Auf diesen Angebotspreis sind der gesetzliche Bewertungsabschlag von 4 Prozent und der gesetzliche Rabattfreibetrag von 1080 Euro zu berücksichtigen (§ 8 Abs. 3 Satz 2 EStG).

**8** Bei der Ermittlung des tatsächlichen Angebotspreises ist es nicht zu beanstanden, wenn als Endpreis i. S. d. § 8 Abs. 3 EStG der Preis angenommen wird, der sich ergibt, wenn der Preisnachlass, der durchschnittlich beim Verkauf an fremde Letztverbraucher im allgemeinen Geschäftsverkehr tatsächlich gewährt wird, von dem empfohlenen Preis abgezogen wird.

Das BMF-Schreiben vom 18. Dezember 2009 (BStBl. 2010 I S. 20)[5] zur Ermittlung des geldwerten Vorteils beim Erwerb von Kraftfahrzeugen vom Arbeitgeber in der Automobilbranche ist hinsichtlich des bisher zu berücksichtigenden Preisnachlasses in Höhe von 80 Prozent nicht mehr anzuwenden. Es gilt ansonsten unverändert fort.

---

[1] Jetzt: LStR 8.1 Abs. 2 Satz 3.
[2] Ab 2015 entfallen.
[3] Jetzt: § 8 Abs. 2 Sätze 2 bis 11 EStG.
[4] Rn. 4 a eingef. durch BMF v. 11. 2. 2021, BStBl. I S. 311.
[5] Nr. **20** § 8/12.

Der Arbeitgeber hat die Grundlagen für den ermittelten und der Lohnversteuerung zu Grunde gelegten Endpreis als Belege zum Lohnkonto aufzubewahren, zu dokumentieren und dem Arbeitnehmer auf Verlangen formlos mitzuteilen. 9

### 3.3. Wahlrecht zwischen den Bewertungsmethoden nach § 8 Abs. 2 und Abs. 3 EStG

Der Arbeitnehmer kann den geldwerten Vorteil im Rahmen seiner Einkommensteuerveranlagung nach § 8 Abs. 2 Satz 1 EStG (vgl. Rdnr. 4) bewerten. Der Arbeitnehmer hat den im Lohnsteuerabzugsverfahren der Besteuerung zu Grunde gelegten Endpreis i. S. d. § 8 Abs. 3 Satz 1 EStG und den Endpreis i. S. d. § 8 Abs. 2 Satz 1 EStG nachzuweisen (z. B. formlose Mitteilung des Arbeitgebers, Ausdruck eines günstigeren inländischen Angebots im Zeitpunkt des Zuflusses). 10

Dem Arbeitgeber bleibt es unbenommen, im Lohnsteuerabzugsverfahren den geldwerten Vorteil nach § 8 Abs. 3 Satz 1 EStG (vgl. Rdnr. 7) zu bewerten. Er ist nicht verpflichtet, den geldwerten Vorteil nach § 8 Abs. 2 Satz 1 EStG (vgl. Rdnr. 4) zu bewerten. 11

12

**Beispiel:**
Ein Möbelhandelsunternehmen übereignet seinem Arbeitnehmer im Januar 2013 eine Schrankwand und im Februar 2013 eine Couch zu einem Preis von je 3000 Euro. Bestell- und Liefertag fallen nicht auseinander. Der durch Preisauszeichnung angegebene Endpreis beträgt jeweils 5000 Euro. Das Möbelhandelsunternehmen gewährt auf diese Möbelstücke durchschnittlich 10 Prozent Rabatt. Ein anderes inländisches Möbelhandelsunternehmen bietet diese Couch im Februar 2013 auf seiner Internetseite für 4000 Euro an. Der Arbeitgeber hat die geldwerten Vorteile nach § 8 Abs. 3 Satz 1 EStG bewertet. Der Arbeitnehmer beantragt im Rahmen seiner Einkommensteuerveranlagung die Bewertung des geldwerten Vorteils für die Couch nach § 8 Abs. 2 Satz 1 EStG und legt einen Ausdruck des günstigeren Angebots vor.

**Steuerliche Behandlung im Lohnsteuerabzugsverfahren:**
Endpreis i. S. d. § 8 Abs. 3 Satz 1 EStG ist der am Ende von Verkaufsverhandlungen durchschnittlich angebotene Preis des Arbeitgebers in Höhe von jeweils 4500 Euro (= 5000 Euro abzgl. durchschnittlichem Rabatt von 10 Prozent). Zur Ermittlung des geldwerten Vorteils aus der Übereignung der Schrankwand ist der Endpreis um 180 Euro (= 4 Prozent) zu kürzen, so dass sich nach Anrechnung des vom Arbeitnehmer gezahlten Entgelts von 3000 Euro ein Arbeitslohn von 1320 Euro ergibt. Dieser Arbeitslohn überschreitet den Rabatt-Freibetrag von 1080 Euro um 240 Euro, so dass dieser Betrag für Januar 2013 zu versteuern ist. Zur Ermittlung des geldwerten Vorteils aus der Übereignung der Couch ist der Endpreis von 4500 Euro um 180 Euro (= 4 Prozent) zu kürzen, so dass sich nach Anrechnung des vom Arbeitnehmer gezahlten Entgelts von 3000 Euro ein Arbeitslohn von 1320 Euro ergibt. Der Rabatt-Freibetrag kommt nicht mehr in Betracht, da er bereits bei der Ermittlung des geldwerten Vorteils aus der Übereignung der Schrankwand berücksichtigt wurde. Daher ist ein Arbeitslohn von 1320 Euro für Februar 2013 zu versteuern.

**Steuerliche Behandlung im Veranlagungsverfahren:**
Endpreis i. S. d. § 8 Abs. 2 Satz 1 EStG ist die nachgewiesene günstigste Marktkondition in Höhe von 4000 Euro. Zur Ermittlung des geldwerten Vorteils aus der Übereignung der Couch ist der Endpreis nicht zu kürzen, so dass sich nach Anrechnung des vom Arbeitnehmer gezahlten Entgelts ein Arbeitslohn von 1000 Euro (statt bisher 1320 Euro) ergibt. Die Freigrenze für Sachbezüge nach *§ 8 Abs. 2 Satz 9 EStG*[1] ist überschritten, so dass ein Arbeitslohn von 1000 Euro zu versteuern ist. Der bisher versteuerte Arbeitslohn (vgl. Zeile 3 des Ausdrucks der elektronischen Lohnsteuerbescheinigung für 2013) ist durch das Finanzamt um 320 Euro zu mindern.

[1] Jetzt: § 8 Abs. 2 Satz 11 EStG.



An- und Abreisetag sowie an den Zwischentagen (Tage mit 24 Stunden Abwesenheit) im Hinblick auf § 9 Abs. 4a Satz 5 2. Halbsatz EStG insbesondere Folgendes:

- Bei der Anreise vom Inland in das Ausland oder vom Ausland in das Inland jeweils ohne Tätigwerden ist der entsprechende Pauschbetrag des Ortes maßgebend, der vor 24 Uhr Ortszeit erreicht wird.
- Bei der Abreise vom Ausland in das Inland oder vom Inland in das Ausland ist der entsprechende Pauschbetrag des letzten Tätigkeitsortes maßgebend.
- Für die Zwischentage ist in der Regel der entsprechende Pauschbetrag des Ortes maßgebend, den der Arbeitnehmer vor 24 Uhr Ortszeit erreicht.

Siehe dazu auch Rz. 52 des BMF-Schreibens zur steuerlichen Behandlung der Reisekosten von Arbeitnehmern vom 25. November 2020 (BStBl. I S. 1228)[1].

Schließt sich an den Tag der Rückreise von einer mehrtägigen Auswärtstätigkeit zur Wohnung oder ersten Tätigkeitsstätte eine weitere ein- oder mehrtägige Auswärtstätigkeit an, ist für diesen Tag nur die höhere Verpflegungspauschale zu berücksichtigen. Im Übrigen, insbesondere bei Flug- und Schiffsreisen, ist R 9.6 Abs. 3 LStR zu beachten.

Zur Kürzung der Verpflegungspauschale gilt Folgendes:

Bei der Gestellung von Mahlzeiten durch den Arbeitgeber oder auf dessen Veranlassung durch einen Dritten ist die Kürzung der Verpflegungspauschale i.S.d. § 9 Abs. 4a Satz 8 ff. EStG tagesbezogen vorzunehmen, d.h. von der für den jeweiligen Reisetag maßgebenden Verpflegungspauschale (s.o.) für eine

[1] Nr. **20** § 9/10.

**Hinweis der OFD Frankfurt v. 4. 6. 2013 S 2334 A – 25 – St 211:**

Die Wiederaufnahme bisher ruhender Rechtsbehelfsverfahren ist unter Beachtung der o. g. Grundsätze durchzuführen. Der Nachweis der günstigsten Marktkonditionen hat durch die Einspruchsführer in geeigneter Form zu erfolgen.



24-stündige Abwesenheit (§ 9 Abs. 4a Satz 5 EStG), unabhängig davon, in welchem Land die jeweilige Mahlzeit zur Verfügung gestellt wurde.

**Beispiel:**

Der Ingenieur I kehrt am Dienstag von einer mehrtägigen Auswärtstätigkeit in Straßburg (Frankreich) zu seiner Wohnung zurück. Nachdem er Unterlagen und neue Kleidung eingepackt hat, reist er zu einer weiteren mehrtägigen Auswärtstätigkeit nach Kopenhagen (Dänemark) weiter. I erreicht Kopenhagen um 23 Uhr. Die Übernachtungen – jeweils mit Frühstück – wurden vom Arbeitgeber im Voraus gebucht und bezahlt.

Für Dienstag ist nur die höhere Verpflegungspauschale von **50 €** (Rückreisetag von Straßburg: **36 €**, Anreisetag nach Kopenhagen **50 €**) anzusetzen. Aufgrund der Gestellung des Frühstücks im Rahmen der Übernachtung in Straßburg ist die Verpflegungspauschale um **15 €** (20 % der Verpflegungspauschale Kopenhagen für einen vollen Kalendertag – **75 €**) auf **35 €** zu kürzen.

Die festgesetzten Beträge für die Philippinen gelten auch für Mikronesien, die Beträge für Trinidad und Tobago gelten auch für die zu dessen Amtsbezirk gehörenden Staaten Antigua und Barbuda, Dominica, Grenada, Guyana, St. Kitts und Nevis St. Lucia, St. Vincent und Grenadinen sowie Suriname.

Für die in der Bekanntmachung nicht erfassten Länder ist der für Luxemburg geltende Pauschbetrag maßgebend, für nicht erfasste Übersee- und Außengebiete eines Landes ist der für das Mutterland geltende Pauschbetrag maßgebend.

Die Pauschbeträge für Übernachtungskosten sind ausschließlich in den Fällen der Arbeitgebererstattung anwendbar (R 9.7 Abs. 3 LStR und Rz. 128 des BMF-Schreibens zur steuerlichen Behandlung der Reisekosten von Arbeitnehmern vom 25. November 2020, BStBl. I S. 1228). Für den Werbungskostenabzug sind nur die tatsächlichen Übernachtungskosten maßgebend (R 9.7 Abs. 2 LStR und Rz. 117 des BMF-Schreibens zur steuerlichen Behandlung der Reisekosten von Arbeitnehmern vom 25. November 2020, BStBl. I S. 1228); dies gilt entsprechend für den Betriebsausgabenabzug (R 4.12 Abs. 2 und 3 EStR).

Dieses Schreiben gilt entsprechend für doppelte Haushaltsführungen im Ausland (R 9.11 Abs. 10 Satz 1, Satz 7 Nr. 3 LStR und Rz. 112 ff. des BMF-Schreibens zur steuerlichen Behandlung der Reisekosten von Arbeitnehmern vom 25. November 2020, BStBl. I S. 1228)[1].

[1] Nr. **20** § 9/10.

## Übersicht über die ab 1. Januar 2023 geltenden Pauschbeträge für Verpflegungsmehraufwendungen und Übernachtungskosten im Ausland

(Änderungen gegenüber 1. Januar 2021 – BStBl. 2020 I S. 1256 – im Fettdruck)

| Land | Pauschbeträge für Verpflegungsmehraufwendungen | | Pauschbetrag für Übernachtungskosten |
|---|---|---|---|
| | bei einer Abwesenheitsdauer von mindestens 24 Stunden je Kalendertag | für den An- und Abreisetag sowie bei einer Abwesenheitsdauer von mehr als 8 Stunden je Kalendertag | |
| | € | € | € |
| Afghanistan | 30 | 20 | 95 |
| Ägypten | **50** | **33** | **112** |
| Äthiopien | 39 | 26 | 130 |
| Äquatorialguinea | 36 | 24 | 166 |
| Albanien | 27 | 18 | 112 |
| Algerien | **47** | **32** | **120** |
| Andorra | 41 | 28 | 91 |
| Angola | 52 | 35 | 299 |
| Argentinien | 35 | 24 | 113 |
| Armenien | 24 | 16 | 59 |
| Aserbaidschan | **44** | **29** | **88** |
| Australien | | | |
| – Canberra | 51 | 34 | 158 |
| – Sydney | 68 | 45 | 184 |
| – im Übrigen | 51 | 34 | 158 |
| Bahrain | **48** | **32** | **153** |
| Bangladesch | 50 | 33 | 165 |
| Barbados | 52 | 35 | 165 |
| Belgien | **59** | **40** | **141** |
| Benin | 52 | 35 | 115 |
| Bolivien | **46** | **31** | **108** |
| Bosnien und Herzegowina | 23 | 16 | 75 |
| Botsuana | 46 | 31 | 176 |
| Brasilien | | | |
| – Brasilia | 57 | 38 | 127 |
| – Rio de Janeiro | 57 | 38 | 145 |
| – Sao Paulo | 53 | 36 | 132 |

| Land | Pauschbeträge für Verpflegungsmehraufwendungen: bei einer Abwesenheitsdauer von mindestens 24 Stunden je Kalendertag € | Pauschbeträge für Verpflegungsmehraufwendungen: für den An- und Abreisetag sowie bei einer Abwesenheitsdauer von mehr als 8 Stunden je Kalendertag € | Pauschbetrag für Übernachtungskosten € |
|---|---|---|---|
| – im Übrigen | 51 | 34 | 84 |
| Brunei | 52 | 35 | 106 |
| Bulgarien | 22 | 15 | 115 |
| Burkina Faso | 38 | 25 | 174 |
| Burundi | 36 | 24 | 138 |
| Chile | 44 | 29 | 154 |
| China | | | |
| – Chengdu | 41 | 28 | 131 |
| – Hongkong | 74 | 49 | 145 |
| – Kanton | 36 | 24 | 150 |
| – Peking | 30 | 20 | 185 |
| – Shanghai | 58 | 39 | 217 |
| – im Übrigen | 48 | 32 | 112 |
| Costa Rica | 47 | 32 | 93 |
| Côte d'Ivoire | 59 | 40 | 166 |
| Dänemark | **75** | **50** | **183** |
| Dominikanische Republik | 45 | 30 | 147 |
| Dschibuti | 65 | 44 | 305 |
| Ecuador | **27** | **18** | **103** |
| El Salvador | **65** | **44** | **161** |
| Eritrea | 50 | 33 | 91 |
| Estland | 29 | 20 | 85 |
| Fidschi | 34 | 23 | 69 |
| Finnland | 50 | 33 | 136 |
| Frankreich | | | |
| – Paris sowie die Departments 77, 78, 91 bis 95 | 58 | 39 | **159** |
| – im Übrigen | **53** | **36** | **105** |
| Gabun | 52 | 35 | 183 |
| Gambia | 40 | 27 | 161 |
| Georgien | 35 | 24 | 88 |
| Ghana | 46 | 31 | 148 |

| Land | Pauschbeträge für Verpflegungsmehraufwendungen | | Pauschbetrag für Übernachtungskosten |
|---|---|---|---|
| | bei einer Abwesenheitsdauer von mindestens 24 Stunden je Kalendertag | für den An- und Abreisetag sowie bei einer Abwesenheitsdauer von mehr als 8 Stunden je Kalendertag | |
| | € | € | € |
| Griechenland | | | |
| – Athen | **40** | **27** | **139** |
| – im Übrigen | 36 | 24 | **150** |
| Guatemala | 34 | 23 | 90 |
| Guinea | 46 | 31 | 118 |
| Guinea-Bissau | **32** | **21** | **113** |
| Haiti | 58 | 39 | 130 |
| Honduras | **57** | **38** | **198** |
| Indien | | | |
| – Bangalore | 42 | 28 | 155 |
| – Chennai | 32 | 21 | 85 |
| – Kalkutta | 35 | 24 | 145 |
| – Mumbai | 50 | 33 | 146 |
| – Neu Delhi | 38 | 25 | 185 |
| – im Übrigen | 32 | 21 | 85 |
| Indonesien | 36 | 24 | 134 |
| Iran | 33 | 22 | 196 |
| Irland | 58 | 39 | 129 |
| Island | **62** | **41** | **187** |
| Israel | 66 | 44 | 190 |
| Italien | | | |
| – Mailand | 45 | 30 | 158 |
| – Rom | 40 | 27 | 135 |
| – im Übrigen | 40 | 27 | 135 |
| Jamaika | 57 | 38 | 138 |
| Japan | | | |
| – Tokio | 66 | 44 | 233 |
| – im Übrigen | 52 | 35 | 190 |
| Jemen | 24 | 16 | 95 |
| Jordanien | **57** | **38** | **134** |
| Kambodscha | 38 | 25 | 94 |
| Kamerun | 50 | 33 | 180 |

| Land | Pauschbeträge für Verpflegungsmehraufwendungen | | Pauschbetrag für Übernachtungskosten |
|---|---|---|---|
| | bei einer Abwesenheitsdauer von mindestens 24 Stunden je Kalendertag<br>€ | für den An- und Abreisetag sowie bei einer Abwesenheitsdauer von mehr als 8 Stunden je Kalendertag<br>€ | €|
| Kanada | | | |
| – Ottawa | 47 | 32 | 142 |
| – Toronto | 51 | 34 | 161 |
| – Vancouver | 50 | 33 | 140 |
| – im Übrigen | 47 | 32 | 134 |
| Kap Verde | 30 | 20 | 105 |
| Kasachstan | 45 | 30 | 111 |
| Katar | 56 | 37 | 149 |
| Kenia | 51 | 34 | 219 |
| Kirgisistan | 27 | 18 | 74 |
| Kolumbien | 46 | 31 | 115 |
| Kongo, Republik | 62 | 41 | 215 |
| Kongo, Demokratische Republik | 70 | 47 | 190 |
| Korea, Demokratische Volksrepublik | 28 | 19 | 92 |
| Korea, Republik | 48 | 32 | 108 |
| Kosovo | **24** | 16 | **71** |
| Kroatien | 35 | 24 | 107 |
| Kuba | 46 | 31 | 228 |
| Kuwait | 56 | 37 | 241 |
| Laos | 33 | 22 | 96 |
| Lesotho | **28** | **19** | **104** |
| Lettland | 35 | 24 | 76 |
| Libanon | 59 | 40 | 123 |
| Libyen | 63 | 42 | 135 |
| Liechtenstein | 56 | 37 | 190 |
| Litauen | 26 | 17 | 109 |
| Luxemburg | **63** | **42** | **139** |
| Madagaskar | 34 | 23 | 87 |
| Malawi | **41** | **28** | **109** |
| Malaysia | **36** | **24** | **86** |
| Malediven | 52 | 35 | 170 |

| Land | Pauschbeträge für Verpflegungsmehraufwendungen | | Pauschbetrag für Übernachtungskosten |
|---|---|---|---|
| | bei einer Abwesenheitsdauer von mindestens 24 Stunden je Kalendertag | für den An- und Abreisetag sowie bei einer Abwesenheitsdauer von mehr als 8 Stunden je Kalendertag | |
| | € | € | € |
| Mali | 38 | 25 | 120 |
| Malta | 46 | 31 | 114 |
| Marokko | 42 | 28 | 129 |
| Marshall Inseln | 63 | 42 | 102 |
| Mauretanien | **35** | **24** | **86** |
| Mauritius | 54 | 36 | 220 |
| Mexiko | 48 | 32 | 177 |
| Moldau, Republik | **26** | **17** | **73** |
| Monaco | **52** | **35** | **187** |
| Mongolei | 27 | 18 | 92 |
| Montenegro | **32** | **21** | **85** |
| Mosambik | 38 | 25 | 146 |
| Myanmar | 35 | 24 | 155 |
| Namibia | 30 | 20 | 112 |
| Nepal | 36 | 24 | 126 |
| Neuseeland | 56 | 37 | 153 |
| Nicaragua | **46** | **31** | **105** |
| Niederlande | 47 | 32 | 122 |
| Niger | 42 | 28 | 131 |
| Nigeria | 46 | 31 | 182 |
| **Nordmazedonien** | **27** | **18** | **89** |
| Norwegen | 80 | 53 | 182 |
| Österreich | 40 | 27 | 108 |
| Oman | **64** | **43** | **141** |
| Pakistan | | | |
| – Islamabad | 23 | 16 | 238 |
| – im Übrigen | 34 | 23 | 122 |
| Palau | 51 | 34 | 179 |
| Panama | **41** | **28** | **82** |
| Papua-Neuguinea | **59** | 40 | **159** |
| Paraguay | 38 | 25 | 108 |

| Land | Pauschbeträge für Verpflegungsmehraufwendungen: bei einer Abwesenheitsdauer von mindestens 24 Stunden je Kalendertag € | Pauschbeträge für Verpflegungsmehraufwendungen: für den An- und Abreisetag sowie bei einer Abwesenheitsdauer von mehr als 8 Stunden je Kalendertag € | Pauschbetrag für Übernachtungskosten € |
|---|---|---|---|
| Peru | 34 | 23 | 143 |
| Philippinen | 33 | 22 | 116 |
| Polen | | | |
| – Breslau | 33 | 22 | 117 |
| – Danzig | 30 | 20 | 84 |
| – Krakau | 27 | 18 | 86 |
| – Warschau | 29 | 20 | 109 |
| – im Übrigen | 29 | 20 | 60 |
| Portugal | **32** | **21** | **111** |
| Ruanda | **44** | **29** | **117** |
| Rumänien | | | |
| – Bukarest | 32 | 21 | 92 |
| – im Übrigen | 27 | 18 | 89 |
| Russische Föderation | | | |
| – Jekaterinburg | 28 | 19 | 84 |
| – Moskau | 30 | 20 | 110 |
| – St. Petersburg | 26 | 17 | 114 |
| – im Übrigen | 24 | 16 | 58 |
| Sambia | **38** | **25** | **105** |
| Samoa | **39** | **26** | **105** |
| San Marino | 34 | 23 | **79** |
| São Tomé – Príncipe | 47 | 32 | 80 |
| Saudi-Arabien | | | |
| – Djidda | **57** | **38** | **181** |
| – Riad | **56** | **37** | **186** |
| – im Übrigen | **56** | **37** | **181** |
| Schweden | **66** | **44** | **140** |
| Schweiz | | | |
| – Genf | 66 | 44 | 186 |
| – im Übrigen | 64 | 43 | 180 |
| Senegal | 42 | 28 | 190 |
| Serbien | **27** | **18** | **97** |

| Land | Pauschbeträge für Verpflegungsmehraufwendungen | | Pauschbetrag für Übernachtungskosten |
|---|---|---|---|
| | bei einer Abwesenheitsdauer von mindestens 24 Stunden je Kalendertag | für den An- und Abreisetag sowie bei einer Abwesenheitsdauer von mehr als 8 Stunden je Kalendertag | |
| | € | € | € |
| Sierra Leone | 48 | 32 | 161 |
| Simbabwe | 45 | 30 | 140 |
| Singapur | 54 | 36 | 197 |
| Slowakische Republik | **33** | **22** | **121** |
| Slowenien | **38** | **25** | **126** |
| Spanien | | | |
| – Barcelona | 34 | 23 | 118 |
| – Kanarische Inseln | 40 | 27 | 115 |
| – Madrid | 40 | 27 | 118 |
| – Palma de Mallorca | 35 | 24 | 121 |
| – im Übrigen | 34 | 23 | 115 |
| Sri Lanka | 42 | 28 | 100 |
| Sudan | 33 | 22 | 195 |
| Südafrika | | | |
| – Kapstadt | **33** | **22** | **130** |
| – Johannesburg | **36** | **24** | **129** |
| – im Übrigen | **29** | **20** | **109** |
| Südsudan | 34 | 23 | 150 |
| Syrien | 38 | 25 | 140 |
| Tadschikistan | 27 | 18 | 118 |
| Taiwan | 46 | 31 | 143 |
| Tansania | **44** | **29** | **97** |
| Thailand | 38 | 25 | 110 |
| Togo | 39 | 26 | 118 |
| Tonga | 39 | 26 | 94 |
| Trinidad und Tobago | 45 | 30 | 177 |
| Tschad | 64 | 43 | 163 |
| Tschechische Republik | **32** | **21** | **77** |
| Türkei | | | |
| – Istanbul | 26 | 17 | 120 |
| – Izmir | 29 | 20 | 55 |
| – im Übrigen | 17 | 12 | 95 |

| Land | Pauschbeträge für Verpflegungsmehraufwendungen: bei einer Abwesenheitsdauer von mindestens 24 Stunden je Kalendertag € | Pauschbeträge für Verpflegungsmehraufwendungen: für den An- und Abreisetag sowie bei einer Abwesenheitsdauer von mehr als 8 Stunden je Kalendertag € | Pauschbetrag für Übernachtungskosten € |
|---|---|---|---|
| Tunesien | 40 | 27 | 115 |
| Turkmenistan | 33 | 22 | 108 |
| Uganda | 41 | 28 | 143 |
| Ukraine | 26 | 17 | 98 |
| Ungarn | **32** | **21** | **85** |
| Uruguay | 48 | 32 | 90 |
| Usbekistan | 34 | 23 | 104 |
| Vatikanstaat | 52 | 35 | 160 |
| Venezuela | 45 | 30 | 127 |
| Vereinigte Arabische Emirate | 65 | 44 | 156 |
| Vereinigte Staaten von Amerika (USA) | | | |
| – Atlanta | **77** | **52** | **182** |
| – Boston | **63** | **42** | **333** |
| – Chicago | **65** | **44** | **233** |
| – Houston | **62** | **41** | **204** |
| – Los Angeles | **64** | **43** | **262** |
| – Miami | **65** | **44** | **256** |
| – New York City | **66** | **44** | **308** |
| – San Francisco | **59** | **40** | **327** |
| – Washington, D.C. | **66** | **44** | **203** |
| – im Übrigen | **59** | **40** | **182** |
| Vereinigtes Königreich von Großbritannien und Nordirland | | | |
| – London | **66** | **44** | **163** |
| – im Übrigen | **52** | **35** | **99** |
| Vietnam | 41 | 28 | 86 |
| Weißrussland | 20 | 13 | 98 |
| Zentralafrikanische Republik | 46 | 31 | 74 |
| Zypern | **42** | **28** | **125** |

# 20 § 9/3. Schreiben betr. steuerliche Anerkennung von Umzugskosten nach R 9.9 Absatz 2 Lohnsteuer-Richtlinien (LStR); Änderung der maßgebenden Beträge für umzugsbedingte Unterrichtskosten und sonstige Umzugsauslagen ab 1. April 2021 sowie 1. April 2022[1)]

Vom 21. Juli 2021

BMF IV C 5 - S 2353/20/10004 :002; DOK 2021/0281734

(BStBl. I S. 1021)

Im Einvernehmen mit den obersten Finanzbehörden der Länder gilt zur Anwendung der §§ 6 bis 10 des Bundesumzugskostengesetzes (BUKG) für Umzüge ab 1. April 2021 bzw. 1. April 2022 Folgendes:

Maßgeblich für die Ermittlung der Pauschalen ist der Tag vor dem Einladen des Umzugsguts.

1. Der Höchstbetrag nach § 9 Abs. 2 BUKG, der für die Anerkennung von Auslagen für den durch den Umzug bedingten zusätzlichen Unterricht für ein Kind des Berechtigten (nach § 6 Abs. 3 Satz 2 BUKG) maßgebend ist, beträgt ab
   – 1. April 2021 1160 €
   – 1. April 2022 1181 €.
2. Der Pauschbetrag für sonstige Umzugsauslagen beträgt:
   a) Für Berechtigte (§ 10 Abs. 1 Satz 2 Nr. 1 BUKG)
      – ab 1. April 2021 870 €
      – ab 1. April 2022 886 €.
   b) Für jede andere Person (Ehegatte, der Lebenspartner sowie die ledigen Kinder, Stief- und Pflegekinder, die auch nach dem Umzug mit dem Berechtigten in häuslicher Gemeinschaft leben (§ 10 Abs. 1 Satz 2 Nr. 2 BUKG))
      – ab 1. April 2021 580 €
      – ab 1. April 2022 590 €.
3. Für Berechtigte, die am Tage vor dem Einladen des Umzugsgutes keine Wohnung hatten oder nach dem Umzug keine eigene Wohnung eingerichtet haben, beträgt die Pauschvergütung nach § 10 Abs. 2 BUKG:
   – ab 1. April 2021 174 €
   – ab 1. April 2022 177 €.

Das BMF-Schreiben vom 20. Mai 2020 (BStBl. I S. 544) ist auf Umzüge nicht mehr anzuwenden, bei denen der Tag vor dem Einladen des Umzugsguts nach dem 31. März 2021 liegt.

---

[1)] **Red. Anm.:** Für die Werte für 2020 siehe BMF v. 20.05.2020, BStBl. I S. 544 (Nr. **20** § 9/3).

# 20 § 9/4. Schreiben betr. steuerliche Anerkennung von Umzugskosten nach R 9.9 Abs. 2 Lohnsteuer-Richtlinien (LStR); Änderung der maßgebenden Beträge für umzugsbedingte Unterrichtskosten und sonstige Umzugsauslagen ab 1. Juni 2020[1)]

Vom 20. Mai 2020

BMF IV C 5 - S 2353/20/10004 :001; DOK 2020/0504692

(BStBl. I S. 544)

Durch Art. 7 des Besoldungsstrukturenmodernisierungsgesetzes vom 9. Dezember 2019 (BGBl. I S. 2053) haben sich mit Wirkung ab 1. Juni 2020 Änderungen des Bundesumzugskostengesetzes (BUKG) ergeben. Dabei haben sich in Teilen sowohl die Bemessungsgrundlage als auch die Prozentsätze der maßgeblichen Umzugskostenpauschalen geändert. Im Einvernehmen mit den obersten Finanzbehörden der Länder gilt zur Anwendung der §§ 6 bis 10 des BUKG für Umzüge ab 1. Juni 2020 Folgendes:

Maßgeblich für die Ermittlung der Pauschalen ist der Tag vor dem Einladen des Umzugsguts.

1. Der Höchstbetrag nach § 9 Abs. 2 BUKG, der für die Anerkennung von Auslagen für den durch den Umzug bedingten zusätzlichen Unterricht für ein Kind des Berechtigten (§ 6 Abs. 3 Satz 2 BUKG) maßgebend ist, beträgt ab
– 1. Juni 2020 1146 €.

2. Der Pauschbetrag für sonstige Umzugsauslagen beträgt:

a) Für Berechtigte (§ 10 Abs. 1 Satz 2 Nr. 1 BUKG)
– ab 1. Juni 2020 860 €.

b) Für jede andere Person (Ehegatte, der Lebenspartner sowie die ledigen Kinder, Stief- und Pflegekinder), die auch nach dem Umzug mit dem Berechtigten in häuslicher Gemeinschaft leben (§ 10 Abs. 1 Satz 2 Nr. 2 BUKG)
– ab 1. Juni 2020 573 €.

3. Für Berechtigte, die am Tage vor dem Einladen des Umzugsgutes keine Wohnung hatten oder nach dem Umzug keine eigene Wohnung eingerichtet haben, beträgt die Pauschvergütung nach § 10 Abs. 2 BUKG:
– ab 1. Juni 2020 172 €.

Das BMF-Schreiben vom 21. September 2018 (BStBl. I S. 1027) ist auf Umzüge nicht mehr anzuwenden, bei denen der Tag vor dem Einladen des Umzugsguts nach dem 31. Mai 2020 liegt.

---

[1)] Ersetzt ab 1. 4. 2021 durch BMF v. 21. 7. 2021, BStBl. I S. 1021 (Nr. **20** § 9/3).

# 20 § 9/5. Schreiben betr. Entfernungspauschalen; Gesetz zur Umsetzung des Klimaschutzprogramms 2030 im Steuerrecht vom 21. Dezember 2019 (BGBl. I S. 2886) sowie Gesetz zur weiteren steuerlichen Förderung der Elektromobilität und zur Änderung weiterer steuerlicher Vorschriften vom 12. Dezember 2019 (BGBl. I S. 2451)

Vom 18. November 2021

BMF IV C 5 - S 2351/20/10001 :002; DOK 2021/1203982
(BStBl. I S. 2315)

Mit dem Gesetz zur Umsetzung des Klimaschutzprogramms 2030 im Steuerrecht vom 21. Dezember 2019 (BGBl. I S. 2886)[1] sowie dem Gesetz zur weiteren steuerlichen Förderung der Elektromobilität und zur Änderung weiterer steuerlicher Vorschriften vom 12. Dezember 2019 (BGBl. I S. 2451)[2] haben sich Änderungen zu den Entfernungspauschalen und zur Pauschalbesteuerung nach § 40 Abs. 2 EStG ergeben. Diese Änderungen gegenüber dem BMF-Schreiben zu den Entfernungspauschalen vom 31. Oktober 2013 (BStBl I S. 1376) sind in Fettdruck dargestellt[3].

**[Vorbemerkung]**

Unter Bezugnahme auf das Ergebnis der Erörterungen mit den obersten Finanzbehörden der Länder gilt zur Ermittlung der Entfernungspauschalen sowie zur Pauschalbesteuerung nach § 40 Abs. 2 EStG Folgendes:

## 1. Entfernungspauschale für die Wege zwischen Wohnung und erster Tätigkeitsstätte (§ 9 Abs. 1 Satz 3 Nr. 4 und Abs. 2 EStG) oder für Fahrten nach § 9 Abs. 1 Satz 3 Nr. 4a Satz 3 EStG

Durch das Gesetz zur Umsetzung des Klimaschutzprogramms 2030 im Steuerrecht vom 21. Dezember 2019 (BGBl. I S. 2886) wurde die Entfernungspauschale ab dem Jahr 2021 um 5 Cent auf 0,35 € und ab dem Jahr 2024[4] um weitere 3 Cent auf 0,38 € angehoben. Die Anhebung gilt erst ab dem 21. Entfernungskilometer und ist bis zum Jahr 2026 befristet.

### 1.1. Allgemeines

Die Entfernungspauschale ist grundsätzlich unabhängig vom Verkehrsmittel zu gewähren. Ihrem Wesen als Pauschale entsprechend kommt es grundsätzlich nicht auf die Höhe der tatsächlichen Aufwendungen an. Unfallkosten können als außergewöhnliche Aufwendungen (§ 9 Abs. 1 Satz 1 EStG) jedoch neben der Entfernungspauschale berücksichtigt werden (vgl. Rz. 30). 1

Auch bei Benutzung öffentlicher Verkehrsmittel wird die Entfernungspauschale angesetzt. Übersteigen die Aufwendungen für die Benutzung öffentlicher Ver- 2

[1] **Amtl. Anm.:** BStBl. 2020 I S. 138.
[2] **Amtl. Anm.:** BStBl. 2020 I S. 17.
[3] **Red. Anm.:** Hier nicht dargestellt.
[4] **[Amtl. LSt-Handbuch:]** Mit dem Steuerentlastungsgesetz 2022 vom 23.5.2022 (BGBl. I S. 749) wurde die Anhebung auf 0,38 € auf das Jahr 2022 vorgezogen.

kehrsmittel den im Kalenderjahr insgesamt als Entfernungspauschale anzusetzenden Betrag, können diese übersteigenden Aufwendungen zusätzlich angesetzt werden (§ 9 Abs. 2 Satz 2 EStG; vgl. auch unter Rz. 20 ff.).

**Beispiel 1:**

Ein Arbeitnehmer benutzt im Jahr 2021 an 220 Arbeitstagen für die Fahrten von der Wohnung zur ersten Tätigkeitsstätte den Bus und die Bahn. Die kürzeste benutzbare Straßenverbindung beträgt 20 km. Die Monatskarte für den Bus kostet 50 € und für die Bahn 65 € (= 115 €).

Für das gesamte Kalenderjahr ergibt sich eine Entfernungspauschale von 220 Tagen × 20 km × 0,30 € = 1320 €. Die für die Nutzung von Bus und Bahn im Kalenderjahr angefallenen Aufwendungen betragen 1380 € (12 × 115 €). Da die tatsächlich angefallenen Kosten für die Benutzung der öffentlichen Verkehrsmittel die insgesamt im Kalenderjahr anzusetzende Entfernungspauschale übersteigen, kann der übersteigende Betrag zusätzlich angesetzt werden; insgesamt somit 1380 €.

3 Ausgenommen von der Entfernungspauschale sind Flugstrecken und Strecken mit steuerfreier Sammelbeförderung.

4 Für Flugstrecken sind die tatsächlichen Aufwendungen anzusetzen (BFH vom 26. März 2009 VI R 42/07, BStBl. II S. 724). Die Entfernungspauschale gilt bei der Nutzung von Flugzeugen nur für die An- und Abfahrten zu und von Flughäfen. Bei verbilligter Sammelbeförderung durch den Arbeitgeber nach § 3 Nr. 32 EStG sind die vom Arbeitnehmer getragenen Aufwendungen ebenso als Werbungskosten anzusetzen.

5 Für Fahrten zwischen Wohnung und einem sog. „Sammelpunkt" oder Wohnung und dem nächstgelegenen Zugang eines „weiträumigen Tätigkeitsgebiets" gelten die Regelungen der Entfernungspauschale entsprechend. Zu den Voraussetzungen und der Anwendung des § 9 Abs. 1 Satz 3 Nr. 4a Satz 3 EStG im Einzelnen sind die Rz. 38 bis 46 des BMF-Schreibens zur Reform des steuerlichen Reisekostenrechts vom 25. November 2020 (BStBl. I S. 1228) zu beachten.

### 1.2. Höhe der Entfernungspauschale[1)]

6 Die Entfernungspauschale beträgt 0,30 € für jeden vollen Entfernungskilometer zwischen Wohnung und erster Tätigkeitsstätte.

7 Für die Jahre 2021 bis 2026 gilt ab dem 21. Entfernungskilometer eine erhöhte Entfernungspauschale von 0,35 € und ab 2024[2)] von 0,38 €. Für die Entfernungen bis zu 20 km ist unverändert ein Entfernungspauschale von 0,30 € zu berücksichtigen.

8 Für die Jahre 2021 bis 2023[2)] ist die anzusetzende Entfernungspauschale in Fällen, in denen die Entfernung mindestens 21 Kilometer beträgt, somit wie folgt zu berechnen:
Zahl der Arbeitstage × 20 Entfernungskilometer × 0,30 € zuzüglich
Zahl der Arbeitstage × restliche Entfernungskilometer × 0,35 €.

9 Für die Jahre 2024 bis 2026 ist in diesen Fällen die anzusetzende Entfernungspauschale somit wie folgt zu berechnen:
Zahl der Arbeitstage × 20 Entfernungskilometer × 0,30 € zuzüglich
Zahl der Arbeitstage × restliche Entfernungskilometer × 0,38 €.

---

[1)] **Red. Anm.:** Nach dem StEntlG 2022 (BGBl. I S. 749) gilt die Anhebung der Entfernungspauschale auf 0,38 Euro ab dem 21. Entfernungskilometer bereits ab dem VZ 2022.

[2)] **[Amtl. LSt-Handbuch:]** Mit dem Steuerentlastungsgesetz 2022 vom 23.5.2022 (BGBl. I S. 749) wurde die Anhebung auf 0,38 € auf das Jahr 2022 vorgezogen.

**Beispiel 2:**

Ein Arbeitnehmer benutzt von Januar bis September 2021 (an 165 Arbeitstagen) für die Wege von seiner Wohnung zur 80 km entfernten ersten Tätigkeitsstätte und zurück den eigenen Kraftwagen. Dann verlegt er seinen Wohnsitz. Von der neuen Wohnung aus gelangt er ab Oktober (an 55 Arbeitstagen) zur nunmehr nur noch 5 km entfernten ersten Tätigkeitsstätte mit dem Bus. Hierfür entstehen ihm tatsächliche Kosten i.H.v. (3 × 70 € =) 210 €.

Für die Strecken mit dem eigenen Kraftwagen ergibt sich eine Entfernungspauschale von 165 Arbeitstagen × 20 km × 0,30 € = 990 € zuzüglich 165 Arbeitstage × 60 km × 0,35 € = 3465 €; in der Summe 4455 €. Für die Strecke mit dem Bus errechnet sich eine Entfernungspauschale von 55 Arbeitstagen × 5 km × 0,30 € = 83 €. Die insgesamt im Kalenderjahr anzusetzende Entfernungspauschale beträgt 4538 € (4455 € + 83 €), da die tatsächlich angefallenen Aufwendungen für die Nutzung der öffentlichen Verkehrsmittel (210 €) diese nicht übersteigen.

## 1.3. Höchstbetrag von 4500 €

Die anzusetzende Entfernungspauschale ist grundsätzlich auf einen Höchstbetrag von 4500 € im Kalenderjahr begrenzt. 10

Die Beschränkung auf 4500 € gilt insbesondere,

- wenn der Weg zwischen Wohnung und erster Tätigkeitsstätte mit einem Motorrad, Motorroller, Moped, Fahrrad oder zu Fuß zurückgelegt wird,
- bei Benutzung eines Kraftwagens für die Teilnehmer an einer Fahrgemeinschaft und zwar für die Tage, an denen der Arbeitnehmer seinen eigenen oder zur Nutzung überlassenen Kraftwagen nicht einsetzt (vgl. auch Rz. 18, Beispiel 5),
- wenn der Weg zwischen Wohnung und erster Tätigkeitsstätte mit öffentlichen Verkehrsmitteln zurückgelegt wird, soweit im Kalenderjahr insgesamt keine höheren Aufwendungen glaubhaft gemacht oder nachgewiesen werden (§ 9 Abs. 2 Satz 2 EStG).

Bei Benutzung eines eigenen oder zur Nutzung überlassenen Kraftwagens greift die Begrenzung auf 4500 € nicht. Der Arbeitnehmer muss lediglich nachweisen oder glaubhaft machen, dass er die Fahrten zwischen Wohnung und erster Tätigkeitsstätte mit dem eigenen oder ihm zur Nutzung überlassenen Kraftwagen zurückgelegt hat. Ein Nachweis der tatsächlichen Aufwendungen für den Kraftwagen ist für den Ansatz eines höheren Betrages als 4500 € nicht erforderlich. 11

## 1.4. Maßgebende Entfernung zwischen Wohnung und erster Tätigkeitsstätte

Für die Bestimmung der Entfernung zwischen Wohnung und erster Tätigkeitsstätte ist die kürzeste Straßenverbindung zwischen Wohnung und erster Tätigkeitsstätte maßgebend. Dabei sind nur volle Kilometer der Entfernung anzusetzen, ein angefangener Kilometer bleibt unberücksichtigt. Die Entfernungsbestimmung richtet sich nach der Straßenverbindung; sie ist unabhängig von dem Verkehrsmittel, das tatsächlich für den Weg zwischen Wohnung und erster Tätigkeitsstätte benutzt wird. Eine andere als die kürzeste Straßenverbindung kann dann zugrunde gelegt werden, wenn diese offensichtlich verkehrsgünstiger ist und vom Arbeitnehmer regelmäßig für die Wege zwischen Wohnung und erster Tätigkeitsstätte benutzt wird. Eine mögliche, aber vom Steuerpflichtigen nicht tatsächlich benutzte Straßenverbindung kann der Berechnung der Entfernungspauschale nicht zugrunde gelegt werden. Diese Grundsätze gelten auch, wenn der Arbeitnehmer ein öffentliches Verkehrsmittel benutzt, dessen Linienführung direkt über die verkehrsgünstigere Straßenverbindung erfolgt (z.B. Bus). Eine von der kürzesten Straßenverbindung abweichende Strecke ist 12 verkehrsgünstiger, wenn der Arbeitnehmer die erste Tätigkeitsstätte – trotz gelegentlicher Verkehrsstörungen – in der Regel schneller und pünktlicher erreicht (BFH vom 10. Oktober 1975 VI R 33/74, BStBl. II S. 852, sowie BFH vom 16. November 2011 VI R 46/10, BStBl. 2012 II S. 470, und VI R 19/11, BStBl. 2012 II S. 520). Teilstrecken mit steuerfreier Sammelbeförderung sind nicht in die Entfernungsermittlung einzubeziehen.

**13** Eine Fährverbindung ist sowohl bei der Ermittlung der kürzesten Straßenverbindung als auch bei der Ermittlung der verkehrsgünstigsten Straßenverbindung einzubeziehen, soweit ihre Nutzung zumutbar erscheint und wirtschaftlich sinnvoll ist. Die Fahrtstrecke der Fähre selbst ist dann jedoch nicht Teil der maßgebenden Entfernung. An ihrer Stelle können die tatsächlichen Fährkosten berücksichtigt werden.

**14** Die kürzeste Straßenverbindung ist auch dann maßgeblich, wenn diese mautpflichtig ist oder mit dem vom Arbeitnehmer tatsächlich verwendeten Verkehrsmittel straßenverkehrsrechtlich nicht benutzt werden darf (vgl. BFH vom 24. September 2013 VI R 20/13, BStBl. 2014 II S. 259). Gebühren für die Benutzung eines Straßentunnels oder einer mautpflichtigen Straße dürfen dagegen nicht neben der Entfernungspauschale berücksichtigt werden, weil sie nicht für die Benutzung eines Verkehrsmittels entstehen.

**15** Fallen die Hin- und Rückfahrt zur ersten Tätigkeitsstätte auf verschiedene Arbeitstage, ist nur die Hälfte der Entfernungspauschale je Entfernungskilometer und Arbeitstag als Werbungskosten zu berücksichtigen (vgl. H 9.10 „Fahrtkosten – bei einfacher Fahrt" LStH 2021[1]).

**Beispiel 3:**

Ein Arbeitnehmer fährt mit der U-Bahn zur ersten Tätigkeitsstätte. Einschließlich der Fußwege beträgt die zurückgelegte Entfernung 15 km. Die kürzeste Straßenverbindung beträgt 10,6 km.

Für die Ermittlung der Entfernungspauschale ist eine Entfernung von 10 km anzusetzen.

**Beispiel 4:**

Ein Arbeitnehmer wohnt an einem Fluss und hat seine erste Tätigkeitsstätte auf der anderen Flussseite. Die Entfernung zwischen Wohnung und erster Tätigkeitsstätte beträgt über die nächstgelegene Brücke 60 km und bei Benutzung einer Autofähre 19 km zuzüglich einer Fährstrecke von 1,6 km. Die Fährkosten betragen 650 € jährlich.

Für die Entfernungspauschale ist eine Entfernung von 19 km anzusetzen. Daneben können die Fährkosten berücksichtigt werden (vgl. auch Rz. 22 Beispiel 9).

### 1.5. Fahrgemeinschaften

**16** Unabhängig von der Art der Fahrgemeinschaft ist bei jedem Teilnehmer der Fahrgemeinschaft die Entfernungspauschale entsprechend der für ihn maßgebenden Entfernungsstrecke anzusetzen. Umwegstrecken, insbesondere zum Abholen von Mitfahrern, sind jedoch nicht in die Entfernungsermittlung einzubeziehen.

**17** Der Höchstbetrag für die Entfernungspauschale von 4500 € greift auch bei einer wechselseitigen Fahrgemeinschaft, und zwar für die Mitfahrer der Fahrgemeinschaft an den Arbeitstagen, an denen sie ihren eigenen oder zur Nutzung überlassenen Kraftwagen nicht einsetzen.

**18** Bei wechselseitigen Fahrgemeinschaften kann der Höchstbetrag von 4500 € zunächst durch die Wege an den Arbeitstagen ausgeschöpft werden, an denen der Arbeitnehmer mitgenommen wurde. Deshalb ist zunächst die (auf 4500 € begrenzte) anzusetzende Entfernungspauschale für diese Tage zu berechnen.

[1] **[Amtl. LSt-Handbuch:]** Jetzt LStH 2023.

Anschließend ist die anzusetzende (unbegrenzte) Entfernungspauschale für die Tage zu ermitteln, an denen der Arbeitnehmer seinen eigenen Kraftwagen benutzt hat. Beide Beträge zusammen ergeben die insgesamt anzusetzende Entfernungspauschale.

**Beispiel 5:**

Bei einer aus drei Arbeitnehmern bestehenden wechselseitigen Fahrgemeinschaft beträgt die Entfernung zwischen Wohnung und erster Tätigkeitsstätte für jeden Arbeitnehmer im Kalenderjahr 2021 90 km. Bei tatsächlichen 210 Arbeitstagen benutzt jeder Arbeitnehmer seinen eigenen Kraftwagen an 70 Tagen für die Fahrten zwischen Wohnung und erster Tätigkeitsstätte.

Die Entfernungspauschale ist für jeden Teilnehmer der Fahrgemeinschaft wie folgt zu ermitteln:

Zunächst ist die Entfernungspauschale für die Fahrten und Tage zu ermitteln, an denen der Arbeitnehmer mitgenommen wurde:

| | |
|---|---|
| 140 Arbeitstage × 20 km × 0,30 € | = 840 € |
| 140 Arbeitstage × 70 km × 0,35 € | = 3430 € |
| (Höchstbetrag von 4500 € ist nicht überschritten) | 4270 € |

Anschließend ist die Entfernungspauschale für die Fahrten und Tage zu ermitteln, an denen der Arbeitnehmer seinen eigenen Kraftwagen benutzt hat:

| | | |
|---|---|---|
| 70 Arbeitstage × 20 km × 0,30 € | = 420 € | |
| 70 Arbeitstage × 70 km × 0,35 € | = 1715 € | |
| abziehbar (unbegrenzt) | | 2135 € |
| anzusetzende Entfernungspauschale | | = 6405 € |

Setzt bei einer Fahrgemeinschaft nur ein Teilnehmer seinen Kraftwagen ein, kann er die Entfernungspauschale ohne Begrenzung auf den Höchstbetrag von 4500 € für seine Entfernung zwischen Wohnung und erster Tätigkeitsstätte geltend machen; eine Umwegstrecke zum Abholen der Mitfahrer ist nicht in die Entfernungsermittlung einzubeziehen. Bei den Mitfahrern wird gleichfalls die Entfernungspauschale angesetzt, allerdings bei ihnen begrenzt auf den Höchstbetrag von 4500 €. 19

### 1.6. Benutzung verschiedener Verkehrsmittel

Arbeitnehmer legen die Wege zwischen Wohnung und erster Tätigkeitsstätte oftmals auf unterschiedliche Weise zurück, d.h. für eine Teilstrecke werden der Kraftwagen und für die weitere Teilstrecke öffentliche Verkehrsmittel benutzt (Park & Ride) oder es werden für einen Teil des Jahres der eigene Kraftwagen und für den anderen Teil öffentliche Verkehrsmittel benutzt. In derartigen Mischfällen ist zunächst die maßgebende Entfernung anhand der kürzesten Straßenverbindung der Gesamtstrecke von der Wohnung zur ersten Tätigkeitsstätte zu ermitteln (Rz. 12 bis 15). Diese ist im nächsten Schritt in die Teilstrecken der jeweiligen Verkehrsmittel aufzuteilen. 20

Die Teilstrecke, die mit dem eigenen Kraftwagen zurückgelegt wird, ist in voller Höhe anzusetzen; für diese Teilstrecke kann Rz. 12 zur verkehrsgünstigeren Strecke angewandt werden. Der verbleibende Teil der maßgebenden Entfernung ist die Teilstrecke, die auf öffentliche Verkehrsmittel entfällt. Die anzusetzende Entfernungspauschale ist sodann für die Teilstrecke und Arbeitstage zu ermitteln, an denen der Arbeitnehmer seinen eigenen oder ihm zur Nutzung überlassenen Kraftwagen eingesetzt hat. Anschließend ist die anzusetzende Entfernungspauschale für die Teilstrecke und Arbeitstage zu ermitteln, an denen der Arbeitnehmer öffentliche Verkehrsmittel benutzt. Beide Beträge ergeben die insgesamt anzusetzende Entfernungspauschale, so dass auch in Mischfällen ein höherer Betrag als 4500 € angesetzt werden kann. 21

22 In den Kalenderjahren 2021 bis 2026 ist zu berücksichtigen

- die erhöhte Entfernungspauschale ab dem 21. Entfernungskilometer vorrangig bei der Teilstrecke, die mit einem eigenen oder zur Nutzung überlassenen Kraftwagen zurückgelegt wird, da für diese der Höchstbetrag von 4500 € nicht gilt und
- die Entfernungspauschale von 0,30 € für die ersten 20 km vorrangig bei der Teilstrecke der öffentlichen Verkehrsmittel.

**Beispiel 6:**
Ein Arbeitnehmer fährt an 220 Arbeitstagen im Jahr 2021 mit dem eigenen Kraftwagen 30 km zur nächsten Bahnstation und von dort 100 km mit der Bahn zur ersten Tätigkeitsstätte. Die kürzeste maßgebende Entfernung (Straßenverbindung) beträgt 100 km. Die Aufwendungen für die Bahnfahrten betragen 2160 € (monatlich 180 € × 12) im Jahr.

Von der maßgebenden Entfernung von 100 km entfällt eine Teilstrecke von 30 km auf Fahrten mit dem eigenen Kraftwagen und eine Teilstrecke von 70 km auf Fahrten mit der Bahn.

Für die Teilstrecke mit der Bahn (100 km – 30 km) errechnet sich eine Entfernungspauschale von 220 Arbeitstagen × 20 km × 0,30 € = 1320 € zuzüglich 220 Arbeitstage × 50 km × 0,35 € = 3850 €; in der Summe 5170 €.

Hierfür ist der Höchstbetrag von 4500 € anzusetzen.

Für die Teilstrecke mit dem Kraftwagen errechnet sich eine Entfernungspauschale von 220 Arbeitstagen × 30 km × 0,35 € = 2310 €, so dass sich eine insgesamt anzusetzende Entfernungspauschale von 6810 € (4500 € + 2310 €) ergibt.

Die tatsächlichen Aufwendungen für die Bahnfahrten i.H.v. 2160 € bleiben unberücksichtigt, weil sie unterhalb der für das Kalenderjahr insgesamt anzusetzenden Entfernungspauschale liegen.

**Beispiel 7:**
Ein Arbeitnehmer fährt an 220 Arbeitstagen im Jahr 2021 mit dem eigenen Kraftwagen 3 km zu einer verkehrsgünstig gelegenen Bahnstation und von dort noch 30 km mit der Bahn zur ersten Tätigkeitsstätte. Die kürzeste maßgebende Straßenverbindung beträgt 25 km. Die Jahreskarte für die Bahn kostet 1746 €.

Von der maßgebenden Entfernung von 25 km entfällt eine Teilstrecke von 3 km auf Fahrten mit dem eigenen Kraftwagen und eine Teilstrecke von 22 km auf Fahrten mit der Bahn.

Für die Teilstrecke mit der Bahn (25 km – 3 km) errechnet sich eine Entfernungspauschale von 220 Arbeitstagen × 20 km × 0,30 € = 1320 € zuzüglich 220 Arbeitstage × 2 km × 0,35 € = 154 €; in der Summe 1474 €.

Für die Teilstrecke mit dem Kraftwagen errechnet sich eine Entfernungspauschale von 220 Arbeitstagen × 3 km × 0,35 € = 231 €, so dass sich eine insgesamt anzusetzende Entfernungspauschale von 1705 € (1474 € + 231 €) ergibt.

Da die tatsächlichen Aufwendungen für die Bahnfahrten i.H.v. 1746 € höher sind als die für das Kalenderjahr insgesamt anzusetzende Entfernungspauschale, kann zusätzlich der die Entfernungspauschale übersteigende Betrag angesetzt werden; insgesamt also 1746 €.

**Beispiel 8:**
Ein Arbeitnehmer fährt im Kalenderjahr 2021 die ersten drei Monate mit dem eigenen Kraftwagen und die letzten neun Monate mit öffentlichen Verkehrsmitteln zur 120 km entfernten ersten Tätigkeitsstätte. Die entsprechende Monatskarte kostet 190 €.

Die Entfernungspauschale ist für die beiden Zeiträume jeweils gesondert zu ermitteln, da bei Benutzung des eigenen Kraftwagens die Begrenzung auf den Höchstbetrag von 4500 € nicht greift. Die anzusetzende Entfernungspauschale ist bei Zugrundelegung von insgesamt 220 Arbeitstagen wie folgt zu ermitteln:

| | |
|---|---|
| 165 Arbeitstage × 20 km × 0,30 € | = 990 € |
| 165 Arbeitstage × 100 km × 0,35 € | = 5775 € |
| | 6765 € |

| | |
|---|---|
| Begrenzt auf den Höchstbetrag von | 4500 € |
| zuzüglich | |
| 55 Arbeitstage × 20 km × 0,30 € = 330 € | |
| 55 Arbeitstage × 100 km × 0,35 € = 1925 € | |
| 2255 € | 2255 € |
| anzusetzende Entfernungspauschale insgesamt | 6755 € |

Die tatsächlichen Kosten für die Benutzung der öffentlichen Verkehrsmittel (9 × 190 € = 1710 €) sind niedriger; anzusetzen ist also die Entfernungspauschale i.H.v. 6755 €.

**Beispiel 9:**

Ein Arbeitnehmer wohnt in Konstanz und hat seine erste Tätigkeitsstätte auf der anderen Seite des Bodensees. Für die Fahrt zur ersten Tätigkeitsstätte benutzt er im Jahr 2021 seinen Kraftwagen und die Fähre von Konstanz nach Meersburg. Die Fahrtstrecke einschließlich der Fährstrecke von 4,2 km beträgt insgesamt 15 km. Die Monatskarte für die Fähre kostet 122,50 €. Bei 220 Arbeitstagen im Jahr ergibt sich eine Entfernungspauschale von:

| | |
|---|---|
| 220 Arbeitstage × 10 km × 0,30 € = | 660 € |
| zuzüglich | |
| Fährkosten (12 × 122,50 €) = | 1470 € |
| Insgesamt zu berücksichtigen | 2130 € |

## 1.7. Mehrere Wege an einem Arbeitstag

Die Entfernungspauschale kann für die Wege zu derselben ersten Tätigkeitsstätte für jeden Arbeitstag nur einmal angesetzt werden. 23

## 1.8. Mehrere Dienstverhältnisse

Bei Arbeitnehmern, die in mehreren Dienstverhältnissen stehen und denen Aufwendungen für die Wege zu mehreren auseinanderliegenden ersten Tätigkeitsstätten entstehen, ist die Entfernungspauschale für jeden Weg zur ersten Tätigkeitsstätte anzusetzen, wenn der Arbeitnehmer am Tag zwischenzeitlich in die Wohnung zurückkehrt. Die erhöhte Entfernungspauschale (0,35 € bzw. 0,38 €) ist für jeden Weg zur ersten Tätigkeitsstätte erst ab dem 21. Entfernungskilometer zu berücksichtigen. Die Einschränkung, dass täglich nur eine Fahrt zu berücksichtigen ist, gilt nur für den Fall einer, nicht aber für den Fall mehrerer erster Tätigkeitsstätten. Werden täglich mehrere erste Tätigkeitsstätten ohne Rückkehr zur Wohnung nacheinander angefahren, so ist für die Entfernungsermittlung der Weg zur zuerst aufgesuchten ersten Tätigkeitsstätte als Umwegstrecke zur nächsten ersten Tätigkeitsstätte zu berücksichtigen; die für die Ermittlung der Entfernungspauschale anzusetzende Entfernung darf höchstens die Hälfte der Gesamtstrecke betragen. 24

**Beispiel 10:**

Ein Arbeitnehmer fährt im Jahr 2021 mit öffentlichen Verkehrsmitteln an 220 Arbeitstagen vormittags von seiner Wohnung A zur ersten Tätigkeitsstätte B, mittags zur Wohnung A, nachmittags zu einer anderen ersten Tätigkeitsstätte C und abends zur Wohnung A zurück. Die Entfernungen betragen zwischen A und B 30 km und zwischen A und C 40 km. Die Monatskarte für die öffentlichen Verkehrsmittel kostet 300 € monatlich.

Da die erhöhte Entfernungspauschale (0,35 € bzw. 0,38 €) für jeden Weg zur ersten Tätigkeitsstätte erst ab dem 21. Entfernungskilometer zu berücksichtigen ist, betragen die Entfernungspauschalen

a) für die Fahrten zur ersten Tätigkeitsstätte in B

| | |
|---|---|
| 220 Tage × 20 km × 0,30 € = | 1320 € |
| 220 Tage × 10 km × 0,35 € = | 770 € |
| insgesamt = | 2090 € |

b) für die Fahrten zur ersten Tätigkeitsstätte in C

| | |
|---|---|
| 220 Tage × 20 km × 0,30 € = | 1320 € |
| 220 Tage × 20 km × 0,35 € = | 1540 € |
| insgesamt = | 2860 € |

Die Summe der Entfernungspauschalen beträgt 4950 € (2090 € + 2860 €), begrenzt auf den Höchstbetrag von 4500 €.

**Beispiel 11:**

Ein Arbeitnehmer fährt im Jahr 2021 an 220 Tagen vormittags von seiner Wohnung A zur ersten Tätigkeitsstätte B, nachmittags weiter zur ersten Tätigkeitsstätte C und abends zur Wohnung in A zurück. Die Entfernungen betragen zwischen A und B 30 km, zwischen B und C 40 km und zwischen C und A 50 km.

Die Gesamtstrecke beträgt 30 km + 40 km + 50 km = 120 km, die Entfernung zwischen der Wohnung und den beiden ersten Tätigkeitsstätten 30 km + 50 km = 80 km. Da dies mehr als die Hälfte der Gesamtstrecke ist, sind (120 km: 2) = 60 km für die Ermittlung der Entfernungspauschale anzusetzen.

Da die erhöhte Entfernungspauschale (0,35 € bzw. 0,38 €) für jeden Weg zur ersten Tätigkeitsstätte erst ab dem 21. Entfernungskilometer zu berücksichtigen ist, beträgt die Entfernungspauschale für die Fahrten zur ersten Tätigkeitsstätte in B und C

| | |
|---|---|
| 220 Tage × 20 km × 0,30 € = | 1320 € |
| 220 Tage × 20 km × 0,30 € = | 1320 € |
| 220 Tage × 20 km × 0,35 € = | 1540 € |
| insgesamt = | 4180 € |

### 1.9. Anrechnung von Arbeitgeberleistungen auf die Entfernungspauschale

25 Jeder Arbeitnehmer erhält die Entfernungspauschale unabhängig von der Höhe seiner Aufwendungen für die Wege zwischen Wohnung und erster Tätigkeitsstätte. Nach § 9 Abs. 1 Satz 3 Nr. 4 EStG gilt dies auch dann, wenn der Arbeitgeber dem Arbeitnehmer einen Kraftwagen oder ein anderes Fahrzeug für die Wege zwischen Wohnung und erster Tätigkeitsstätte überlässt und diese Arbeitgeberleistung nach § 8 Abs. 3 EStG (Rabattfreibetrag) steuerfrei ist, z.B. wenn ein Mietwagenunternehmen dem Arbeitnehmer einen Mietwagen für die Fahrten zwischen Wohnung und erster Tätigkeitsstätte überlässt. Steuerfreie Sachbezüge nach § 3 Nr. 37 EStG mindern die Entfernungspauschale nicht (§ 9 Abs. 1 Satz 3 Nr. 4 Satz 7 EStG). Entsprechendes gilt für pauschal besteuerte Arbeitgeberleistungen nach § 40 Abs. 2 Satz 2 Nr. 2 EStG.

26 Die folgenden steuerfreien bzw. pauschal besteuerten Arbeitgeberleistungen sind jedoch auf die anzusetzende und ggf. auf 4500 € begrenzte Entfernungspauschale anzurechnen:

– nach § 3 Nr. 15 EStG steuerfreie Arbeitgeberleistungen (vgl. Rz. 27 ff. des BMF-Schreibens vom 15. August 2019, BStBl I S. 875)[1],
– nach § 8 Abs. 2 Satz 11 EStG (50 €-Freigrenze; bis 31. Dezember 2021 = 44 €-Freigrenze) steuerfreie Sachbezüge für die Wege zwischen Wohnung und erster Tätigkeitsstätte,
– nach § 8 Abs. 3 EStG steuerfreie Sachbezüge für Fahrten zwischen Wohnung und erster Tätigkeitsstätte bis höchstens 1080 € (Rabattfreibetrag),

[1] Nr. **20** § 3/3.

– die nach § 40 Abs. 2 Satz 2 Nr. 1 EStG pauschal besteuerten Arbeitgeberleistungen bis zur Höhe der abziehbaren Entfernungspauschale (vgl. Rz. 31 ff.).

Die vorgenannten steuerfreien oder pauschal besteuerten Arbeitgeberleistungen sind vom Arbeitgeber zu bescheinigen (§ 41b Abs. 1 Satz 2 Nr. 6 und 7 EStG). **27**

### 2. Entfernungspauschale für Familienheimfahrten bei doppelter Haushaltsführung (§ 9 Abs. 1 Satz 3 Nr. 5 EStG)

Auf die Entfernungspauschale für Familienheimfahrten bei doppelter Haushaltsführung (§ 9 Abs. 1 Satz 3 Nr. 5 Satz 5 bis 9 EStG) sind die Rz. 1 bis 5 und Rz. 12 ff. entsprechend anzuwenden. Die Begrenzung auf den Höchstbetrag von 4500 € gilt bei Familienheimfahrten nicht. Für Flugstrecken und bei verbilligter Sammelbeförderung durch den Arbeitgeber nach § 3 Nr. 32 EStG sind die tatsächlichen Aufwendungen des Arbeitnehmers anzusetzen. Arbeitgeberleistungen für Familienheimfahrten, die nach § 3 Nr. 13 oder 16 EStG steuerfrei sind, sind nach § 3c Abs. 1 EStG auf die für die Familienheimfahrten anzusetzende Entfernungspauschale anzurechnen. **28**

### 3. Menschen mit Behinderungen

Nach § 9 Abs. 2 Satz 3 EStG können Menschen mit Behinderungen für die Wege zwischen Wohnung und erster Tätigkeitsstätte an Stelle der Entfernungspauschale die tatsächlichen Aufwendungen ansetzen. Bei Benutzung eines privaten Fahrzeugs können die Fahrtkosten aus Vereinfachungsgründen auch mit den pauschalen Kilometersätzen gemäß § 9 Abs. 1 Satz 3 Nr. 4a EStG angesetzt werden, die für das jeweils benutzte Beförderungsmittel als höchste Wegstreckenentschädigung nach dem Bundesreisekostengesetz festgesetzt sind (vgl. auch Rz. 37 des BMF-Schreibens zur Reform des steuerlichen Reisekostenrechts vom 25. November 2020, BStBl. I S. 1228)[1]. Bei Benutzung eines eigenen oder zur Nutzung überlassenen Kraftwagens kann danach ohne Einzelnachweis der Kilometersatz von 0,30 € je gefahrenen Kilometer angesetzt werden. Unfallkosten, die auf einer Fahrt zwischen Wohnung und erster Tätigkeitsstätte entstanden sind, können neben dem pauschalen Kilometersatz nach § 9 Abs. 1 Satz 1 EStG berücksichtigt werden (vgl. Rz. 30). Werden die Wege zwischen Wohnung und erster Tätigkeitsstätte mit verschiedenen Verkehrsmitteln zurückgelegt, kann das Wahlrecht – Entfernungspauschale oder tatsächliche Kosten – für beide zurückgelegten Teilstrecken – nur einheitlich ausgeübt werden (BFH vom 5. Mai 2009 VI R 77/06, BStBl. II S. 729). **29**

**Beispiel 12:**

Ein Arbeitnehmer A (Grad der Behinderung von 90) fährt an 220 Arbeitstagen im Jahr 2021 mit dem eigenen Kraftwagen 17 km zu einem behindertengerechten Bahnhof und von dort 82 km mit der Bahn zur ersten Tätigkeitsstätte. Die tatsächlichen Bahnkosten betragen 240 € im Monat.

A wählt das günstigste Ergebnis, das sich aufgrund der Höchstgrenze von 4500 € der Entfernungspauschale für die Teilstrecke mit der Bahn ergibt. Dies erreicht er mit dem Ansatz der Entfernungspauschale für 162 Tage (4500 € Höchstbetrag : tägliche Entfernungspauschale für 82 km von 27,70 € [20 km × 0,30 € = 6 € zuzüglich 62 km × 0,35 € = 21,70 €] = 162 Tage) und dem Ansatz der tatsächlichen Kosten für 58 Tage.

a) Ermittlung der Entfernungspauschale 162 Tage (erhöhte Entfernungspauschale vorrangig auf die Teilstrecke mit dem eigenen Kraftwagen, vgl. Rz. 22)

Für die Teilstrecke mit dem eigenen Kraftwagen errechnet sich eine Entfernungspauschale von 162 Arbeitstagen × 17 km × 0,35 € = 963,90 €. Für die Teilstrecke mit der Bahn beträgt die

[1] Nr. **20** § 9/10.

Entfernungspauschale 162 Arbeitstage × 20 km × 0,30 € = 972 € zuzüglich 162 Arbeitstage × 62 km × 0,35 € = 3515,40 €, insgesamt 4487,40 €, so dass sich eine insgesamt anzusetzende Entfernungspauschale von 5451,30 € (963,90 € + 4487,40 €) ergibt.

b) Ermittlung der tatsächlichen Kosten für 58 Tage
Für die Teilstrecke mit dem eigenen Kraftwagen sind nunmehr 58 Arbeitstage × 17 km × 2 × 0,30 € = 591,60 € anzusetzen (= tatsächliche Aufwendungen mit pauschalem Kilometersatz je Fahrtkilometer).
Für die verbleibende Teilstrecke mit der Bahn sind die anteiligen tatsächlichen Kosten von 759,27 € (240 € × 12 Monate = 2880 € : 220 Tage × 58 Tage) anzusetzen, so dass sich insgesamt ein Betrag von 1350,87 € (591,60 € + 759,27 €) ergibt.

Insgesamt kann somit ein Betrag von 6803 € (5451,30 € + 1350,87 €) abgezogen werden.

**Beispiel 13:**

Ein Arbeitnehmer A fährt an 220 Arbeitstagen im Jahr mit dem eigenen Kraftwagen 17 km zum Bahnhof und von dort 82 km mit der Bahn zur ersten Tätigkeitsstätte. Die tatsächlichen Bahnkosten betragen 240 € im Monat. Mitte des Jahres 2021 (110 Arbeitstage) tritt eine Behinderung ein (Grad der Behinderung von 90).

A wählt wieder das günstigste Ergebnis (für 162 Tage die Entfernungspauschale und für 58 Tage während des Zeitraums der Behinderung den Ansatz der tatsächlichen Kosten).

a) Ermittlung der Entfernungspauschale
Für die Teilstrecke mit dem eigenen Kraftwagen errechnet sich eine Entfernungspauschale von 162 Arbeitstagen × 17 km × 0,35 € = 963,90 €.
Für die Teilstrecke mit der Bahn errechnet sich eine Entfernungspauschale von 162 Arbeitstagen × 20 km × 0,30 € = 972 € zuzüglich 162 Arbeitstage × 62 km × 0,35 € = 3515,40 €, insgesamt 4487,40 €, so dass sich eine insgesamt anzusetzende Entfernungspauschale von 5451,30 € (963,90 € + 4487,40 €) ergibt.

b) Ermittlung der tatsächlichen Kosten
Für die Teilstrecke mit dem eigenen Kraftwagen sind nunmehr 58 Arbeitstage × 17 km × 2 × 0,30 € = 591,60 € anzusetzen (= tatsächliche Aufwendungen mit pauschalem Kilometersatz).
Für die verbleibende Teilstrecke mit der Bahn sind die anteiligen tatsächlichen Kosten von 759,27 € (240 € × 12 Monate = 2880 € : 220 Tage × 58 Tage) anzusetzen, so dass sich insgesamt ein Betrag von 1350,87 € (591,60 € + 759,27 €) ergibt.

Insgesamt kann auch in diesem Fall ein Betrag von 6803 € (162 Tage Entfernungspauschale und 58 Tage tatsächliche Kosten) abgezogen werden.

## 4. Abgeltungswirkung der Entfernungspauschalen

30 Nach § 9 Abs. 2 Satz 1 EStG sind durch die Entfernungspauschale sämtliche Aufwendungen abgegolten, die durch die Wege zwischen Wohnung und erster Tätigkeitsstätte und Familienheimfahrten entstehen. Dies gilt z.B. auch für Parkgebühren für das Abstellen des Kraftwagens während der Arbeitszeit, für Finanzierungskosten (vgl. auch BFH vom 15. April 2010 VI R 20/08, BStBl. II S. 805), Beiträge für Kraftfahrerverbände, Versicherungsbeiträge für einen Insassenunfallschutz, Aufwendungen infolge Diebstahls sowie für die Kosten eines Austauschmotors anlässlich eines Motorschadens auf einer Fahrt zwischen Wohnung und erster Tätigkeitsstätte oder einer Familienheimfahrt. Unfallkosten, die auf einer Fahrt zwischen Wohnung und erster Tätigkeitsstätte oder auf einer zu berücksichtigenden Familienheimfahrt entstehen, sind als außergewöhnliche Aufwendungen im Rahmen der allgemeinen Werbungskosten nach § 9 Abs. 1 Satz 1 EStG weiterhin neben der Entfernungspauschale zu berücksichtigen (vgl. Bundestags-Drucksache 16/12099, S. 6). Zu den neben der Entfernungspauschale berücksichtigungsfähigen Unfallkosten gehören sowohl fahrzeug- und wegstreckenbezogene Aufwendungen (entgegen BFH vom 19. Dezember 2019 VI R 8/18, BStBl. 2020 II S. 291) als auch Aufwendungen im Zusammenhang mit der Beseitigung oder Linderung von Körperschäden, die durch einen Unfall auf einer beruflich veranlassten Fahrt zwischen Wohnung und erster Tätigkeitsstätte eingetreten sind.

## 5. Pauschalbesteuerung nach § 40 Abs. 2 EStG in der ab 1. Januar 2021 geltenden Fassung

### 5.1. Allgemeines

Mit dem Gesetz zur weiteren steuerlichen Förderung der Elektromobilität und zur Änderung weiterer steuerlicher Vorschriften (BGBl. 2019 I S. 2451) wurde § 40 Abs. 2 Satz 2 und 3 EStG an die Steuerbefreiung des § 3 Nr. 15 EStG angepasst. Zur Anwendung des § 3 Nr. 15 EStG wird auf das BMF Schreiben vom 15. August 2019 (BStBl. I S. 875)[1] verwiesen. Darüber hinaus gilt Folgendes: **31**

Der Arbeitgeber kann die Lohnsteuer für Sachbezüge in Form der unentgeltlichen oder verbilligten Beförderung eines Arbeitnehmers zwischen Wohnung und erster Tätigkeitsstätte oder Fahrten nach § 9 Abs. 1 Satz 3 Nr. 4a Satz 3 EStG sowie für zusätzlich zum ohnehin geschuldeten Arbeitslohn gezahlte Zuschüsse zu den Aufwendungen des Arbeitnehmers für Fahrten zwischen Wohnung und erster Tätigkeitsstätte sowie Fahrten nach § 9 Abs. 1 Satz 3 Nr. 4a Satz 3 EStG pauschal mit 15 % erheben, soweit diese den Betrag nicht übersteigen, den der Arbeitnehmer nach § 9 Abs. 1 Satz 3 Nr. 4 und Abs. 2 EStG als Werbungskosten geltend machen kann. Ausschlaggebend für die Höhe des pauschal besteuerbaren Betrags ist demnach der Betrag, den der Arbeitnehmer für die Fahrten zwischen Wohnung und erster Tätigkeitsstätte oder Fahrten nach § 9 Abs. 1 Satz 3 Nr. 4a Satz 3 EStG als Werbungskosten geltend machen kann. **32**

Die Pauschalbesteuerung durch den Arbeitgeber entfaltet keine Bindungswirkung für das Veranlagungsverfahren, soweit die pauschal besteuerten Beträge den Betrag übersteigen, den der Arbeitnehmer nach § 9 Abs. 1 Satz 3 Nr. 4 und Abs. 2 EStG als Werbungskosten geltend machen kann; dies gilt für alle noch nicht bestandskräftigen Fälle. **33**

Für die Ermittlung der Höhe der pauschal besteuerbaren Sachbezüge oder Zuschüsse nach § 40 Abs. 2 Satz 2 Nr. 1 EStG sind für die Jahre 2021 bis 2026 die jeweils gültigen Entfernungspauschalen nach § 9 Abs. 1 Satz 3 Nr. 4 Satz 8 EStG anzuwenden. Das bedeutet, dass bei Entfernungen ab 21 Kilometern zwischen Wohnung und erster Tätigkeitsstätte die Kilometer aufzuteilen und ab dem 21. Kilometer die erhöhte Entfernungspauschale zu berücksichtigen ist. **34**

Durch die Entfernungspauschale für die Wege zwischen Wohnung und erster Tätigkeitsstätte werden arbeitstäglich zwei Wege (ein Hin- und ein Rückweg) abgegolten. Legt der Arbeitnehmer an dem jeweiligen Arbeitstag nur einen Weg zwischen Wohnung und erster Tätigkeitsstätte zurück, darf auch für die Höhe der nach § 40 Abs. 2 Satz 2 Nr. 1 EStG pauschal besteuerbaren Sachbezüge oder Zuschüsse nur die Hälfte der Entfernungspauschale je Entfernungskilometer und Arbeitstag berücksichtigt werden. **35**

### 5.2. Höhe der pauschal besteuerbaren Sachbezüge und Zuschüsse Nutzung eines Kraftwagens

Bei ausschließlicher Benutzung eines eigenen oder zur Nutzung überlassenen Kraftwagens ist die Höhe der pauschal besteuerbaren Sachbezüge und Zuschüsse des Arbeitgebers auf die Höhe der nach § 9 Abs. 1 Satz 3 Nr. 4 EStG als Werbungskosten abziehbaren Entfernungspauschale beschränkt, ohne Begrenzung auf den Höchstbetrag von 4500 €. Aus Vereinfachungsgründen kann im **36**

---

[1] Nr. **20** § 3/3.

Lohnsteuerabzugsverfahren davon ausgegangen werden, dass monatlich an 15 Arbeitstagen Fahrten zwischen Wohnung und erster Tätigkeitsstätte oder Fahrten nach § 9 Abs. 1 Satz 3 Nr. 4a Satz 3 EStG erfolgen.

**Nutzung anderer motorisierter Fahrzeuge**

37 Bei ausschließlicher Benutzung anderer motorisierter Fahrzeuge (wie z.B. eines Motorrads, Motorrollers, Mopeds, Mofas, Pedelecs, E-Bikes) sind die pauschal besteuerbaren Sachbezüge und Zuschüsse des Arbeitgebers auf die Höhe der nach § 9 Abs. 1 Satz 3 Nr. 4 EStG als Werbungskosten abziehbaren Entfernungspauschale, begrenzt auf den Höchstbetrag von 4500 €, beschränkt. Aus Vereinfachungsgründen kann im Lohnsteuerabzugsverfahren hier ebenfalls davon ausgegangen werden, dass monatlich an 15 Arbeitstagen Fahrten zwischen Wohnung und erster Tätigkeitsstätte oder Fahrten nach § 9 Abs. 1 Satz 3 Nr. 4a Satz 3 EStG erfolgen.

**Nutzung öffentlicher Verkehrsmittel und Sammelbeförderung**

38 Bei ausschließlicher Benutzung öffentlicher Verkehrsmittel, bei verbilligter Sammelbeförderung nach § 3 Nr. 32 EStG, für Flugstrecken sowie bei Menschen mit Behinderungen ist eine Pauschalbesteuerung der Sachbezüge und Zuschüsse in Höhe der tatsächlichen Aufwendungen des Arbeitnehmers (§ 9 Abs. 1 Satz 3 Nr. 4 und Abs. 2 EStG) für die Fahrten zwischen Wohnung und erster Tätigkeitsstätte oder Fahrten nach § 9 Abs. 1 Satz 3 Nr. 4a Satz 3 EStG zulässig.

**Nutzung verschiedener Verkehrsmittel (sog. Park & Ride)**

39 Bei der Benutzung verschiedener Verkehrsmittel (insbesondere sog. Park & Ride-Fälle) ist die Höhe der pauschal besteuerbaren Sachbezüge und Zuschüsse des Arbeitgebers auf die Höhe der nach § 9 Abs. 1 Satz 3 Nr. 4 und Abs. 2 EStG als Werbungskosten abziehbaren Entfernungspauschale beschränkt. Eine Pauschalbesteuerung in Höhe der tatsächlichen Aufwendungen des Arbeitnehmers für die Nutzung öffentlicher Verkehrsmittel kommt erst dann in Betracht, wenn diese die insgesamt im Kalenderjahr anzusetzende Entfernungspauschale, ggf. begrenzt auf den Höchstbetrag von 4500 €, übersteigen. Aus Vereinfachungsgründen kann im Lohnsteuerabzugsverfahren auch in diesen Fällen davon ausgegangen werden, dass monatlich an 15 Arbeitstagen Fahrten zwischen Wohnung und erster Tätigkeitsstätte oder Fahrten nach § 9 Abs. 1 Satz 3 Nr. 4a Satz 3 EStG erfolgen.

**Ausnahmen von der Vereinfachungsregelung in Rz. 36, 37 und 39**

40 Die Vereinfachungsregelung (15-Tage-Regel) in Rz. 36 ist nicht anzuwenden, wenn der Arbeitgeber bei der Überlassung eines Kraftwagens bei der Ermittlung des Sachbezugs die tatsächliche Anzahl der Fahrten zwischen Wohnung und erster Tätigkeitsstätte zugrunde gelegt hat.

41 Bei Anwendung der Vereinfachungsregelung (15-Tage-Regelung) in Rz. 36, 37 und 39 wird davon ausgegangen, dass bei einer 5-Tage-Woche monatlich an 15 Arbeitstagen Fahrten zwischen Wohnung und erster Tätigkeitsstätte oder Fahrten nach § 9 Abs. 1 Satz 3 Nr. 4a Satz 3 EStG erfolgen. Die Anzahl dieser Fahrten mindert sich daher verhältnismäßig, wenn der Arbeitnehmer bei einer in die Zukunft gerichteten Prognose an der ersten Tätigkeitsstätte typischerweise an weniger als 5 Arbeitstagen in der Kalenderwoche nach den dienst- oder arbeitsrechtlichen Festlegungen beruflich tätig werden soll (z.B. bei Teilzeitmodellen, Homeoffice, Telearbeit, mobilem Arbeiten). So kann z.B. bei

einer 3-Tage-Woche aus Vereinfachungsgründen davon ausgegangen werden, dass monatlich an 9 Arbeitstagen (3/5 von 15 Tagen) Fahrten zwischen Wohnung und erster Tätigkeitsstätte oder Fahrten nach § 9 Abs. 1 Satz 3 Nr. 4a Satz 3 EStG erfolgen.

### 5.2.1. Pauschale Besteuerung von Sachbezügen in Form einer unentgeltlichen oder verbilligten Beförderung zwischen Wohnung und erster Tätigkeitsstätte (§ 40 Abs. 2 Satz 2 Nr. 1 Buchst. a EStG)

Der Arbeitgeber kann die Lohnsteuer für Sachbezüge in Form einer unentgeltlichen oder verbilligten Beförderung zwischen Wohnung und erster Tätigkeitsstätte oder für die Fahrten nach § 9 Abs. 1 Satz 3 Nr. 4a Satz 3 EStG pauschal mit 15 % erheben, soweit die Bezüge den Betrag nicht übersteigen, den der Arbeitnehmer als Werbungskosten geltend machen könnte. Die nach § 40 Abs. 2 Satz 2 Nr. 1 Buchst. a EStG pauschal besteuerten Bezüge mindern die nach § 9 Abs. 1 Satz 3 Nr. 4 Satz 2 und 8 und Abs. 2 EStG abziehbaren Werbungskosten. 42

**Beispiel 14:**

A nutzt für die Fahrten zwischen Wohnung und erster Tätigkeitsstätte einen vom Arbeitgeber unentgeltlich überlassenen Firmenwagen (kein E-Auto, Bruttolistenpreis im Zeitpunkt der Erstzulassung 40 000 €). Die einfache Entfernung beträgt 25 km.

Der monatlich zu versteuernde geldwerte Vorteil für die Fahrten zwischen Wohnung und erster Tätigkeitsstätte beträgt 300 € (25 km × 0,03 % × 40 000 €). Die Entfernungspauschale beträgt 116,25 € (0,30 € × 20 km × 15 Tage zuzüglich 0,35 € × 5 km × 15 Tage).

Der Arbeitgeber kann den geldwerten Vorteil aus der unentgeltlichen Beförderung für die Fahrten zwischen Wohnung und erster Tätigkeitsstätte i.H.v. 116,25 € mit 15 % pauschal besteuern. Insoweit werden die abziehbaren Werbungskosten gekürzt. Der Differenzbetrag i.H.v. 183,75 € (300 € abzüglich 116,25 €) ist dem (mit dem individuellen Steuersatz zu versteuernden) Bruttoarbeitslohn hinzuzurechnen.

Die pauschal besteuerten Bezüge sind nach Maßgabe des § 4 Abs. 1 Nr. 8 LStDV im Lohnkonto aufzuzeichnen und nach § 41b Abs. 1 Satz 2 Nr. 7 EStG in der Zeile 18 der Lohnsteuerbescheinigung auszuweisen.

**Beispiel 15:**

A pendelt werktags regelmäßig mit dem ICE von Stuttgart zur ersten Tätigkeitsstätte nach Karlsruhe. Der Arbeitgeber stellt A zusätzlich zum ohnehin geschuldeten Arbeitslohn eine Bahncard 100 zur Verfügung, die A auch privat uneingeschränkt nutzen darf. Die Bahncard 100 kostet 4400 €. Der reguläre Preis einer Jahresfahrkarte auf dieser Strecke beträgt 3000 €. Dienstreisen unternimmt A nicht; eine Pauschalbesteuerung nach § 40 Abs. 2 Satz 2 Nr. 2 EStG erfolgt nicht.

Nach § 3 Nr. 15 EStG sind 3000 € steuerfrei (Preis einer Jahresfahrkarte für die Strecke zwischen Wohnung und erster Tätigkeitsstätte, vgl. Rz. 13 des BMF-Schreibens vom 15. August 2019, BStBl. I S. 875)[1]. Der übersteigende Betrag i.H.v. 1400 € ist steuerpflichtig; er kann nicht nach § 40 Abs. 2 Satz 2 Nr. 1 Buchst. a EStG pauschal besteuert werden, da es sich insoweit nicht um einen Sachbezug für die Wege zwischen Wohnung und erster Tätigkeitsstätte handelt. Bleiben im Lohnsteuerabzugsverfahren die 3000 € nach § 3 Nr. 15 EStG steuerfrei, vermindert sich insoweit die Entfernungspauschale des Arbeitnehmers im Veranlagungsverfahren. Wird im Lohnsteuerabzugsverfahren auf die Steuerbefreiung des § 3 Nr. 15 EStG verzichtet und der Arbeitgeber besteuert freiwillig pauschal den Betrag von 3000 € nach § 40 Abs. 2 Satz 2 Nr. 2 EStG mit 25 %, ist eine Kürzung der abziehbaren Entfernungspauschale im Veranlagungsverfahren sowie ein individueller Ausweis auf der Lohnsteuerbescheinigung des Arbeitnehmers nicht vorzunehmen, vgl. hierzu Rz. 44.

[1] Nr. **20** § 3/3.

### 5.2.2. Pauschale Besteuerung von Zuschüssen zu Fahrten zwischen Wohnung und erster Tätigkeitsstätte (§ 40 Abs. 2 Satz 2 Nr. 1 Buchst. b EStG)

43 Der Arbeitgeber kann die Lohnsteuer für zusätzlich zum ohnehin geschuldeten Arbeitslohn gezahlte Zuschüsse zu den Aufwendungen des Arbeitnehmers für Fahrten zwischen Wohnung und erster Tätigkeitsstätte sowie Fahrten nach § 9 Abs. 1 Satz 3 Nr. 4a Satz 3 EStG, die nicht nach § 3 Nr. 15 EStG steuerbefreit sind, pauschal mit 15 % erheben, soweit die Zuschüsse den Betrag nicht übersteigen, den der Arbeitnehmer als Werbungskosten geltend machen könnte. Die pauschal besteuerten Zuschüsse mindern die nach § 9 Abs. 1 Satz 3 Nr. 4 Satz 2 und Abs. 2 EStG abziehbaren Werbungskosten.

**Beispiel 16:**

A fährt arbeitstäglich mit seinem privaten Kraftwagen die einfache Entfernung von 30 km zur ersten Tätigkeitsstätte. Der Arbeitgeber leistet für diese Fahrten zusätzlich zum ohnehin geschuldeten Arbeitslohn einen Zuschuss von 150 € pro Monat.

Zuschüsse zu Fahrtkosten mit dem eigenen Pkw fallen nicht unter § 3 Nr. 15 EStG. Der Arbeitgeber kann im Lohnsteuerabzugsverfahren aus Vereinfachungsgründen (vgl. Rz. 36) davon ausgehen, dass die abziehbare Entfernungspauschale pro Monat 142,50 € beträgt (20 km × 0,30 € × 15 Tage zuzüglich 10 km × 0,35 € × 15 Tage). Der Arbeitgeber kann den Zuschuss folglich i.H.v. 142,50 € nach § 40 Abs. 2 Satz 2 Nr. 1 Buchst. b EStG pauschal besteuern. Der übersteigende Betrag des Zuschusses von 7,50 € pro Monat erhöht den (mit dem individuellen Steuersatz zu versteuernden) Bruttoarbeitslohn.

Die pauschal besteuerten Bezüge sind nach Maßgabe des § 4 Abs. 1 Nr. 8 LStDV im Lohnkonto aufzuzeichnen und nach § 41b Abs. 1 Satz 2 Nr. 7 EStG in der Zeile 18 der Lohnsteuerbescheinigung auszuweisen.

**Beispiel 17:**

A soll laut seinem Arbeitsvertrag an 3 Tagen pro Woche im Homeoffice und einen Tag pro Woche an der ersten Tätigkeitsstätte beruflich tätig werden. Die einfache Entfernung von 30 km zur ersten Tätigkeitsstätte legt A mit seinem privaten Kraftwagen zurück. Der Arbeitgeber leistet für diese Fahrten zusätzlich zum ohnehin geschuldeten Arbeitslohn einen Zuschuss von 150 € pro Monat.

Der Arbeitgeber kann bei einem Tag pro Woche beruflicher Tätigkeit an der ersten Tätigkeitsstätte im Lohnsteuerabzugsverfahren aus Vereinfachungsgründen (vgl. Rz. 36 und 41) davon ausgehen, dass an 1/5 von 15 Tagen (= 3 Tage/Monat) Fahrten zwischen Wohnung und erster Tätigkeitsstätte oder Fahrten nach § 9 Abs. 1 Satz 3 Nr. 4a Satz 3 EStG erfolgen und die abziehbare Entfernungspauschale pro Monat somit 28,50 € beträgt (20 km × 0,30 € × 3 Tage zuzüglich 10 km × 0,35 € × 3 Tage). Der Arbeitgeber kann den Zuschuss folglich i.H.v. 28,50 € nach § 40 Abs. 2 Satz 2 Nr. 1 Buchst. b EStG mit 15 % pauschal besteuern. Der übersteigende Betrag des Zuschusses von 121,50 € pro Monat erhöht den (mit dem individuellen Steuersatz zu versteuernden) Bruttoarbeitslohn.

Die pauschal besteuerten Bezüge sind nach Maßgabe des § 4 Abs. 1 Nr. 8 LStDV im Lohnkonto aufzuzeichnen und nach § 41b Abs. 1 Satz 2 Nr. 7 EStG in der Zeile 18 der Lohnsteuerbescheinigung auszuweisen.

### 5.2.3. Pauschale Besteuerung von Sachbezügen und Zuschüssen i.S.d. § 3 Nr. 15 EStG (§ 40 Abs. 2 Satz 2 Nr. 2 EStG)

44 Anstelle der Steuerbefreiung nach § 3 Nr. 15 EStG kann der Arbeitgeber die Lohnsteuer für alle dort genannten Bezüge eines Kalenderjahres mit einem Pauschsteuersatz von 25 % erheben. Der Arbeitgeber kann auch dann die Pauschalbesteuerung wählen, wenn die Bezüge dem Arbeitnehmer nicht zusätzlich zum ohnehin geschuldeten Arbeitslohn gewährt werden. Mit Ausnahme der Zusätzlichkeitsvoraussetzung müssen die übrigen Voraussetzungen des § 3 Nr. 15 EStG erfüllt sein. Bemessungsgrundlage sind die Aufwendungen des Arbeitgebers einschließlich Umsatzsteuer (§ 40 Abs. 2 Satz 4 EStG).

Bezüge, die nach § 40 Abs. 2 Satz 2 Nr. 2 EStG besteuert wurden, mindern die abziehbaren Werbungskosten nicht.

# **20** § 9/9. Schreiben betr. keine Übernachtungspauschalen bei LKW-Fahrern, die in der Schlafkabine ihres LKW übernachten[1]; vereinfachter Nachweis von Reisenebenkosten; BFH-Urteil vom 28. März 2012 VI R 48/11

Vom 4. Dezember 2012 (BStBl. I S. 1249)

(BMF IV C 5 – S 2353/12/10009; DOK 2012/1074468)

Der BFH hat in seinem Urteil vom 28. März 2012 VI R 48/11 entschieden, dass ein Kraftfahrer, der in der Schlafkabine seines LKW übernachtet, die Pauschalen für Übernachtungen bei Auslandsdienstreisen nicht anwenden darf. Liegen Einzelnachweise über die Kosten nicht vor, seien die tatsächlichen Aufwendungen zu schätzen. Im Hinblick auf dieses Urteil ist nach der Erörterung mit den obersten Finanzbehörden der Länder Folgendes zu beachten:

Einem Kraftfahrer, der anlässlich seiner auswärtigen beruflichen Tätigkeit (Fahrtätigkeit) in der Schlafkabine seines LKW übernachtet, entstehen Aufwendungen, die bei anderen Arbeitnehmern mit Übernachtung anlässlich einer beruflichen Auswärtstätigkeit typischerweise in den Übernachtungskosten enthalten sind. Derartige Aufwendungen können als Reisenebenkosten in vereinfachter Weise ermittelt und glaubhaft gemacht werden. Als Reisenebenkosten in diesem Sinne kommen z. B. in Betracht:

- Gebühren für die Benutzung der sanitären Einrichtungen (Toiletten sowie Dusch- oder Waschgelegenheiten) auf Raststätten,
- Aufwendungen für die Reinigung der eigenen Schlafkabine.

Aus Gründen der Vereinfachung ist es ausreichend, wenn der Arbeitnehmer die ihm tatsächlich entstandenen und regelmäßig wiederkehrenden Reisenebenkosten für einen repräsentativen Zeitraum von drei Monaten im Einzelnen durch entsprechende Aufzeichnungen glaubhaft macht. Dabei ist zu beachten, dass bei der Benutzung der sanitären Einrichtungen auf Raststätten nur die tatsächlichen Benutzungsgebühren aufzuzeichnen sind, nicht jedoch die als Wertbons ausgegebenen Beträge.

Hat der Arbeitnehmer diesen Nachweis erbracht, kann der tägliche Durchschnittsbetrag, der sich aus den Rechnungsbeträgen für den repräsentativen Zeitraum ergibt, für den Ansatz von Werbungskosten oder auch für die steuerfreie Erstattung durch den Arbeitgeber (nach Maßgabe der §§ 3 Nr. 13 und 16 EStG) so lange zu Grunde gelegt werden, bis sich die Verhältnisse wesentlich ändern.

**Beispiel:**

Nachweis durch Belege des Arbeitnehmers:
- Monat Oktober 2012: Aufwendungen gesamt 60 Euro (20 Tage Auswärtstätigkeit)

---

[1] **Red. Anm.:** Durch das JStG 2019 v. 12. 12. 2019 (BGBl. I S. 2451) wurde ein neuer alternativer Pauschbetrag für Berufskraftfahrer eingeführt (§ 9 Abs. 1 Satz 3 Nr. 5 b EStG).

– Monat November 2012: Aufwendungen gesamt 80 Euro (25 Tage Auswärtstätigkeit)
– Monat Dezember 2012: Aufwendungen gesamt 40 Euro (15 Tage Auswärtstätigkeit)
Summe der Aufwendungen: 180 Euro: 60 Tage Auswärtstätigkeit = 3 Euro täglicher Durchschnittswert.

Der so ermittelte Wert kann bei LKW-Fahrern, die in ihrer Schlafkabine übernachten, für jeden Tag der Auswärtstätigkeit als Werbungskosten geltend gemacht oder steuerfrei durch den Arbeitgeber erstattet werden.

# 20 § 9/10. Schreiben betr. steuerliche Behandlung der Reisekosten von Arbeitnehmern

Vom 25. November 2020 (BStBl. I S. 1228)

(BMF IV C 5 – S 2353/19/10011 :006; DOK 2020/1229128)

Inhalt

## I. Vorbemerkung

1 Unter Bezugnahme auf das Ergebnis der Erörterungen mit den obersten Finanzbehörden der Länder gelten zur steuerlichen Beurteilung von Reisekosten der Arbeitnehmer die folgenden Grundsätze zur Anwendung des Einkommensteuergesetzes (EStG):

## II. Anwendung der Regelungen bei den Einkünften aus nichtselbständiger Arbeit

### 1. Erste Tätigkeitsstätte, auswärtige Tätigkeit, weiträumiges Tätigkeitsgebiet

#### a) Erste Tätigkeitsstätte, § 9 Abs. 4 EStG

2 Der Arbeitnehmer kann je Dienstverhältnis höchstens eine erste Tätigkeitsstätte, ggf. aber auch keine erste, sondern nur auswärtige Tätigkeitsstätten haben (§ 9 Abs. 4 Satz 5 EStG). Die Bestimmung der ersten Tätigkeitsstätte erfolgt vorrangig anhand der dienst- oder arbeitsrechtlichen Festlegungen durch den Arbeitgeber (Rz. 6 ff.). Sind solche nicht vorhanden oder sind die getroffenen Festlegungen nicht eindeutig, werden hilfsweise quantitative Kriterien (Rz. 26 ff.) herangezogen. Voraussetzung ist zudem, dass der Arbeitnehmer in einer der in § 9 Abs. 4 Satz 1 EStG genannten ortsfesten Einrichtungen (Rz. 3 ff.) dauerhaft (Rz. 14 ff.) tätig werden soll. Ein Arbeitnehmer ohne erste Tätigkeitsstätte ist außerhalb seiner Wohnung immer auswärts tätig.

**aa) Tätigkeitsstätte**

3 Tätigkeitsstätte ist eine von der Wohnung getrennte, ortsfeste betriebliche Einrichtung, die räumlich zusammengefasste Sachmittel umfasst, die der Tätigkeit des Arbeitgebers, eines verbundenen Unternehmens oder eines vom Arbeitgeber bestimmten Dritten dienen und mit dem Erdboden verbunden oder dazu bestimmt sind, überwiegend standortgebunden genutzt zu werden (BFH-Urteil vom 11. April 2019 VI R 12/17, BStBl. II S. 551). So stellen auch Baucontainer, die z. B. auf einer Großbaustelle längerfristig fest mit dem Erdreich verbunden sind und in denen sich z. B. Baubüros, Aufenthaltsräume oder Sanitäreinrichtungen befinden, „ortsfeste" betriebliche Einrichtungen dar. Eine (großräumige) erste Tätigkeitsstätte liegt auch vor, wenn eine Vielzahl solcher Mittel, die für sich betrachtet selbständige betriebliche Einrichtungen darstellen können, räumlich abgrenzbar in einem organisatorischen, technischen oder wirtschaftlichen Zusammenhang mit der betrieblichen Tätigkeit des Arbeitgebers, eines verbundenen Unternehmens oder eines vom Arbeitgeber bestimmten Dritten stehen. Demgemäß kommt als eine solche erste Tätigkeitsstätte auch ein großflächiges und entsprechend infrastrukturell erschlossenes Gebiet (z. B. Werksanlage, Betriebsgelände, Zechengelände, Bahnhof oder Flughafen) in Betracht (BFH-Urteile vom 11. April 2019 VI R 40/16, BStBl. II S. 546, und vom 11. April 2019 VI R 12/17, BStBl. II S. 551). Fahrzeuge, Flugzeuge, Schiffe oder Tätigkeitsgebiete ohne ortsfeste betriebliche Einrichtungen sind keine Tätigkeitsstätten i. S. d. § 9 Abs. 4 Satz 1 EStG.

**bb) Häusliches Arbeitszimmer**

4 Das häusliche Arbeitszimmer des Arbeitnehmers ist keine betriebliche Einrichtung des Arbeitgebers oder eines Dritten und kann daher keine erste Tätigkeitsstätte sein. Dies gilt auch, wenn der Arbeitgeber vom Arbeitnehmer einen oder mehrere Arbeitsräume anmietet, die der Wohnung des Arbeitnehmers zuzurechnen sind. Auch in diesem Fall handelt es sich bei einem häuslichen Arbeitszimmer um einen Teil der Wohnung des Arbeitnehmers. Zur Abgrenzung, welche Räume der Wohnung des Arbeitnehmers zuzurechnen sind, ist auf das Gesamtbild der Verhältnisse im Einzelfall abzustellen (z. B. unmittelbare Nähe zu den privaten Wohnräumen).

**cc) Tätigkeitsstätte des Arbeitgebers bei einem verbundenen Unternehmen oder bei einem Dritten**

5 Die Annahme einer Tätigkeitsstätte erfordert nicht, dass es sich um eine ortsfeste betriebliche Einrichtung des lohnsteuerlichen Arbeitgebers handelt. Erfasst werden auch Sachverhalte, in denen der Arbeitnehmer statt beim eigenen Arbeitgeber in einer ortsfesten betrieblichen Einrichtung eines der in § 15 AktG genannten Unternehmen oder eines Dritten (z. B. eines Kunden) tätig werden soll. Von einem solchen Tätigwerden kann dann nicht ausgegangen werden, wenn der Arbeitnehmer bei dem Dritten oder verbundenen Unternehmen z. B. nur eine Dienstleistung des Dritten in Anspruch nimmt oder einen Einkauf tätigt.

**dd) Zuordnung mittels dienst- oder arbeitsrechtlicher Festlegung durch den Arbeitgeber**

6 Eine erste Tätigkeitsstätte liegt vor, wenn der Arbeitnehmer einer solchen Tätigkeitsstätte (§ 9 Abs. 4 Satz 1 EStG) dauerhaft zugeordnet ist. Ist der Arbeitnehmer nur vorübergehend einer Tätigkeitsstätte zugeordnet, begrün-

det er dort keine erste Tätigkeitsstätte (zur Abgrenzung der Merkmale „dauerhaft" und „vorübergehend" vgl. Rz. 14). Die dauerhafte Zuordnung des Arbeitnehmers wird durch die dienst- oder arbeitsrechtlichen Festlegungen sowie die diese ausfüllenden Absprachen oder Weisungen bestimmt (§ 9 Abs. 4 Satz 2 EStG). Das gilt für einzelne Arbeitnehmer oder Arbeitnehmergruppen, unabhängig davon, ob diese schriftlich oder mündlich erteilt worden sind. Die Zuordnung muss sich auf die Tätigkeit des Arbeitnehmers beziehen; dies ergibt sich aus § 9 Abs. 4 Satz 3 EStG, der mit der beispielhaften Aufzählung darüber hinaus das Kriterium der Dauerhaftigkeit beschreibt.

**7**[1] Die Zuordnung eines Arbeitnehmers zu einer betrieblichen Einrichtung allein aus tarifrechtlichen, mitbestimmungsrechtlichen oder organisatorischen Gründen (z. B. Personalaktenführung), ohne dass der Arbeitnehmer in dieser Einrichtung tätig werden soll, ist keine Zuordnung i. S. d. § 9 Abs. 4 EStG. Soll der Arbeitnehmer in einer vom Arbeitgeber festgelegten Tätigkeitsstätte zumindest in ganz geringem Umfang tätig werden, z. B. Hilfs- und Nebentätigkeiten (Auftragsbestätigungen, Stundenzettel abgeben etc.), kann der Arbeitgeber den Arbeitnehmer dieser Tätigkeitsstätte zuordnen. Dies gilt selbst dann, wenn für die Zuordnung tarifrechtliche, mitbestimmungsrechtliche oder organisatorische Gründe ausschlaggebend sind. Auf die Qualität des Tätigwerdens kommt es, anders als bei der Bestimmung anhand der quantitativen Zuordnungskriterien (vgl. dazu Rz. 27), nicht an. Vielmehr können, wie z. B. bei Festlegung einer Dienststelle/Dienststätte, auch Tätigkeiten von untergeordneter Bedeutung ausreichend sein (Vorrang des Dienst- oder Arbeitsrechts, BFH-Urteil vom 4. April 2019 VI R 27/17, BStBl. II S. 536).

**8** Soll der Arbeitnehmer an mehreren Tätigkeitsstätten tätig werden und ist er einer bestimmten Tätigkeitsstätte dienst- oder arbeitsrechtlich dauerhaft zugeordnet, ist es unerheblich, in welchem Umfang er seine berufliche Tätigkeit an dieser oder an den anderen Tätigkeitsstätten ausüben soll. Auch auf die Regelmäßigkeit des Aufsuchens dieser Tätigkeitsstätten kommt es dann nicht mehr an.

**9** Nicht entscheidend ist, ob an der vom Arbeitgeber nach § 9 Abs. 4 Satz 1 EStG festgelegten Tätigkeitsstätte der qualitative Schwerpunkt der Tätigkeit liegt oder liegen soll. Für die Zuordnung ist lediglich entscheidend, ob der Arbeitnehmer bei einer in die Zukunft gerichteten Prognose nach den dienst- oder arbeitsrechtlichen Festlegungen an einer ortsfesten betrieblichen Einrichtung des Arbeitgebers, eines verbundenen Unternehmens oder eines vom Arbeitgeber bestimmten Dritten tätig werden soll. Erforderlich, aber ausreichend ist, dass der Arbeitnehmer am Ort der ersten Tätigkeitsstätte zumindest in geringem Umfang Tätigkeiten zu erbringen hat, die er arbeitsvertraglich oder dienstrechtlich schuldet und die zu dem von ihm ausgeübten Berufsbild

---

[1] **Anm. Amtl. LSt-Handbuch:** Der Zustellpunkt (Zustellzentrum), dem ein Postzusteller zugeordnet ist und an dem er arbeitsrechtlich vor- und nachbereitende Tätigkeiten (zB Sortiertätigkeiten, Abschreibpost, Abrechnungen) ausübt, ist erste Tätigkeitsstätte (BFH v. 30.9.2020, BStBl. II S. 306). Entsprechendes gilt für die Rettungswache, der ein Rettungsassistent zugeordnet ist, wenn er dort arbeitstäglich vor dem Einsatz auf dem Einsatz auf dem Rettungsfahrzeug vorbereitende Tätigkeiten vornimmt (BFH v. 30.9.2020, BStBl. II S. 308). Erste Tätigkeitsstätte eines Gerichtsvollziehers ist sein Amtssitz, bestehend aus den Dienstgebäuden des Amtsgerichts, dem er zugeordnet ist, und dem Geschäftszimmer, welches er am Sitz des Amtsgerichts auf eigene Kosten vorzuhalten hat (BFH v. 16.12.2020, BStBl. II S. 525).

gehören (BFH-Urteil vom 4. April 2019 VI R 27/17, BStBl. II S. 536, und BFH-Urteil vom 11. April 2019 VI R 40/16, BStBl. II S. 546).

**Beispiel 1:**
Der Vertriebsmitarbeiter V für die Region A soll einmal wöchentlich an den Firmensitz nach B fahren, dem er zugeordnet ist. Dort soll er die anfallenden Bürotätigkeiten erledigen und an Dienstbesprechungen teilnehmen. B ist erste Tätigkeitsstätte auf Grund der arbeitsrechtlichen Zuordnung. Dabei ist unerheblich, dass V überwiegend in der Region A und nicht in B tätig werden soll.

**Abwandlung:**
Ordnet der Arbeitgeber den V dem Firmensitz in B nicht oder nicht eindeutig zu, erfolgt die Prüfung, ob eine erste Tätigkeitsstätte vorliegt, anhand der quantitativen Kriterien des § 9 Abs. 4 Satz 4 EStG (Rz. 26 ff.). In diesem Fall liegt in B keine erste Tätigkeitsstätte vor.

§ 42 AO ist zu beachten. Insbesondere bei Gesellschafter-Geschäftsführern, **10** Arbeitnehmer-Ehegatten/Lebenspartnern und sonstigen, mitarbeitenden Familienangehörigen ist entscheidend, ob die getroffenen Vereinbarungen einem Fremdvergleich standhalten.

Die vorrangige maßgebliche dienst- oder arbeitsrechtliche Zuordnung durch **11** den Arbeitgeber kann außerhalb des Dienst- oder Arbeitsvertrags erfolgen (auch mündlich oder konkludent) und ist unabhängig davon, ob sich der Arbeitgeber der steuerlichen Folgen bewusst ist. Die Zuordnungsentscheidung muss nicht dokumentiert werden. Die Zuordnungsentscheidung des Arbeitgebers kann sich vielmehr auch ergeben aus: Regelungen im Arbeitsvertrag, Tarifvertrag, Protokollnotizen, dienstrechtlichen Verfügungen (u. a. Regelungen zum abweichenden Dienstsitz), Einsatzplänen, Reiserichtlinien, Reisekostenabrechnungen, dem Ansatz eines geldwerten Vorteils für die Nutzung eines Dienstwagens für die Fahrten zwischen Wohnung und erster Tätigkeitsstätte oder vom Arbeitgeber als Nachweis seiner Zuordnungsentscheidung vorgelegten Organigrammen (BFH-Urteile vom 11. April 2019 VI R 40/16, BStBl. II S. 546, und vom 4. April 2019 VI R 27/17, BStBl. II S. 536). Fehlt eine Zuordnung, gilt § 9 Abs. 4 Satz 4 EStG.

Ein Organigramm kann gegen den Willen des Arbeitgebers nicht als Nach- **12** weis zur Bestimmung einer ersten Tätigkeitsstätte herangezogen werden, wenn der Arbeitgeber tatsächlich keine Zuordnung seines Arbeitnehmers zu einer Tätigkeitsstätte getroffen hat und kein anderer Nachweis über die Zuordnung erbracht wird. In diesen Fällen ist anhand der quantitativen Kriterien nach § 9 Abs. 4 Satz 4 EStG zu prüfen, ob der Arbeitnehmer eine erste Tätigkeitsstätte hat. Indiz für eine dienst- oder arbeitsrechtliche Zuordnungsentscheidung des Arbeitgebers kann auch sein, dass z. B. nach der Reiserichtlinie gerade für Tätigkeiten an dieser Tätigkeitsstätte keine Reisekosten gezahlt werden bzw. die Besteuerung eines geldwerten Vorteils für die Fahrten Wohnung – erste Tätigkeitsstätte bei Dienstwagengestellung erfolgt.

§ 9 Abs. 4 Satz 1 bis 3 EStG sieht die Möglichkeit einer Zuordnungsent- **13** scheidung des Arbeitgebers zu einer bestimmten Tätigkeitsstätte vor. Der Arbeitgeber kann dienst- oder arbeitsrechtlich daher nicht festlegen, dass der Arbeitnehmer keine erste Tätigkeitsstätte hat (Negativfestlegung). Er kann allerdings (ggf. auch ausdrücklich) darauf verzichten, eine erste Tätigkeitsstätte dienst- oder arbeitsrechtlich festzulegen, oder ausdrücklich erklären, dass organisatorische Zuordnungen keine erste Tätigkeitsstätte begründen sollen. In diesen Fällen erfolgt die Prüfung, ob eine erste Tätigkeitsstätte gegeben ist, anhand der quantitativen Zuordnungskriterien nach § 9 Abs. 4 Satz 4 EStG (Rz. 26 ff.). Der Arbeitgeber kann zudem festlegen, dass sich die Bestimmung der ersten Tätigkeitsstätte nach den quantitativen Zuordnungskriterien des § 9 Abs. 4 Satz 4 EStG richtet. Im Ergebnis ist eine Zuordnungsentscheidung des Arbeitgebers mittels dienst- oder arbeitsrechtlicher Festlegung (Rz. 6 ff.) somit lediglich erforderlich, wenn er die erste Tätigkeitsstätte abweichend von den quantitativen Zuordnungskriterien festlegen will.

**Beispiel 2:**

In Einstellungsbögen bzw. in Arbeitsverträgen ist aufgrund des Nachweisgesetzes und tariflicher Regelungen ein Einstellungs-, Anstellungs- oder Arbeitsort des Arbeitnehmers bestimmt. Hierbei handelt es sich nicht um eine Zuordnung i. S. d. § 9 Abs. 4 EStG, wenn der Arbeitgeber schriftlich auch gegenüber dem Arbeitnehmer bzw. in der Reiserichtlinie des Unternehmens erklärt, dass dadurch keine arbeitsrechtliche Zuordnung zu einer ersten Tätigkeitsstätte erfolgen soll.

### ee) Dauerhafte Zuordnung

**14** Die Zuordnung durch den Arbeitgeber zu einer Tätigkeitsstätte muss auf Dauer angelegt sein (Prognose). Typische Fälle einer dauerhaften Zuordnung sind die unbefristete Zuordnung des Arbeitnehmers zu einer bestimmten betrieblichen Einrichtung, die Zuordnung für die gesamte Dauer des – befristeten oder unbefristeten – Dienstverhältnisses oder die Zuordnung über einen Zeitraum von 48 Monaten hinaus (§ 9 Abs. 4 Satz 3 EStG). Die Zuordnung „bis auf Weiteres" ist eine Zuordnung ohne Befristung und damit dauerhaft. Eine Zuordnung ist unbefristet, wenn die Dauer der Zuordnung zu einer Tätigkeitsstätte nicht kalendermäßig bestimmt ist und sich auch nicht aus Art, Zweck oder Beschaffenheit der Arbeitsleistung ergibt. Auch der Umstand, dass der Arbeitnehmer jederzeit einer anderen Tätigkeitsstätte zugeordnet werden könnte, führt nicht zur Annahme einer befristeten Zuordnung (BFH-Urteil vom 4. April 2019 VI R 27/17, BStBl. II S. 536). Entscheidend sind allein die Festlegungen des Arbeitgebers und die dienstlich erteilten Weisungen.

**Beispiel 3:**

Der Arbeitnehmer A ist von der Firma Z als technischer Zeichner ausschließlich für ein Projekt befristet eingestellt worden. Das Arbeitsverhältnis von A soll vertragsgemäß nach Ablauf der Befristung enden.

A hat ab dem ersten Tag der Tätigkeit bei Z auf Grund der arbeitsrechtlichen Zuordnung des Arbeitgebers seine erste Tätigkeitsstätte.

**15** Für die Beurteilung, ob eine dauerhafte Zuordnung vorliegt, ist die auf die Zukunft gerichtete prognostische Betrachtung (Ex-ante-Betrachtung) maßgebend. Die Änderung einer Zuordnung durch den Arbeitgeber ist mit Wirkung für die Zukunft zu berücksichtigen.

**Beispiel 4:**

Der in H wohnende Arbeitnehmer A ist bis auf Weiteres an drei Tagen in der Woche in einer Filiale seines Arbeitgebers in H und an zwei Tagen in der Woche in einer Filiale seines Arbeitgebers in S tätig. Der Arbeitgeber hatte zunächst die Filiale in S als erste Tätigkeitsstätte festgelegt. Ab 1. Juli 01 legt er H als erste Tätigkeitsstätte fest.

Bis 30. Juni 01 hat der Arbeitnehmer in S seine erste Tätigkeitsstätte. Ab 1. Juli 01 ist die erste Tätigkeitsstätte in H.

**Beispiel 5:**

Der Arbeitnehmer A ist unbefristet beschäftigt. Für einen Zeitraum von 36 Monaten soll er überwiegend in der Filiale X arbeiten. In der Filiale Y soll er nur an Teambesprechungen, Mitarbeiterschulungen und sonstigen Firmenveranstaltungen teilnehmen. Diese finden voraussichtlich einmal pro Monat statt. Der Arbeitgeber hat A der Filiale Y arbeitsrechtlich dauerhaft zugeordnet.

Erste Tätigkeitsstätte ist die Filiale Y, da A dort arbeitsrechtlich dauerhaft zugeordnet ist.

**Abwandlung:**

Ordnet der Arbeitgeber nicht zu, liegt keine erste Tätigkeitsstätte vor; in der Filiale X soll A nicht dauerhaft tätig werden und in der Filiale Y nicht in dem nach § 9 Abs. 4 Satz 4 EStG (Rz. 26 ff.) erforderlichen quantitativen Umfang.

Eine Änderung der Zuordnung kann auch vorliegen, wenn sich das Berufsbild des Arbeitnehmers aufgrund der Vorgaben des Arbeitgebers dauerhaft ändert, so z. B. wenn ein Außendienstmitarbeiter auf Dauer in den Innendienst wechselt. 16

**Beispiel 6:**

Der Arbeitnehmer A ist von seinem Arbeitgeber unbefristet eingestellt worden, um dauerhaft in der Filiale Y zu arbeiten. In den ersten 36 Monaten seiner Beschäftigung soll A aber zunächst ausschließlich die Filiale X führen. In der Filiale Y soll er während dieser Zeit nicht, auch nicht in ganz geringem Umfang tätig werden.

Die Filiale X ist keine erste Tätigkeitsstätte, da A dort lediglich für 36 Monate und damit nicht dauerhaft tätig werden soll (unabhängig vom quantitativen Umfang der Tätigkeit). Die Filiale Y wird erst nach Ablauf von 36 Monaten erste Tätigkeitsstätte.

Weichen die tatsächlichen Verhältnisse durch unvorhersehbare Ereignisse, wie etwa Krankheit, politische Unruhen am Tätigkeitsort, Insolvenz des Kunden o. ä. von der ursprünglichen Festlegung (Prognose) der dauerhaften Zuordnung ab, bleibt die zuvor getroffene Prognoseentscheidung für die Vergangenheit bezüglich des Vorliegens der ersten Tätigkeitsstätte maßgebend. 17

**Beispiel 7:**

Der Kundendienstmonteur K soll an der betrieblichen Einrichtung seines Arbeitgebers in A lediglich in unregelmäßigen Abständen seine Aufträge abholen und abrechnen und gelegentlich an Besprechungen teilnehmen (vgl. Rz. 27). K ist der betrieblichen Einrichtung in A nicht arbeitsrechtlich zugeordnet. Seine eigentliche berufliche Tätigkeit soll K ausschließlich bei verschiedenen Kunden ausüben. Auf Grund ungeplanter betrieblicher Abläufe ergibt es sich, dass K über einen Zeitraum von 12 Monaten nun die betriebliche Einrichtung in A arbeitstäglich aufsuchen soll und auch aufsucht, um dort seine Berichte zu verfassen (= Teil seiner eigentlichen beruflichen Tätigkeit).

Auch wenn K für einen Zeitraum von 12 Monaten arbeitstäglich einen Teil seiner beruflichen Tätigkeit in der betrieblichen Einrichtung in A ausüben soll, führt dies mangels Dauerhaftigkeit noch nicht zu einer ersten Tätigkeitsstätte. Die ursprüngliche Prognose sah dies nicht vor und nach der neuen Prognose sollen diese Arbeiten am Betriebssitz in A nur vorübergehend ausgeübt werden.

Wird eine auf höchstens 48 Monate geplante Auswärtstätigkeit des Arbeitnehmers verlängert, kommt es darauf an, ob dieser vom Zeitpunkt der Verlängerungsentscheidung an noch mehr als 48 Monate an der Tätigkeitsstätte eingesetzt werden soll. 18

**Beispiel 8:**

Der unbefristet beschäftigte Arbeitnehmer A wird für eine Projektdauer von voraussichtlich 18 Monaten der betrieblichen Einrichtung in M zugeordnet. Nach 18 Monaten wird die Zuordnung um 36 Monate verlängert.

Obwohl A insgesamt 54 Monate in M tätig wird, hat er dort keine erste Tätigkeitsstätte. Die vom Gesetz vorgegebene Prognose-Betrachtung bedeutet, dass A weder im Zeitpunkt der erstmaligen Zuordnung noch im Zeitpunkt der Verlängerungsentscheidung für mehr als 48 Monate in M eingesetzt werden sollte.

**Abwandlung:**

Die Zuordnung von A wird bereits nach drei Monaten um 36 Monate auf insgesamt 54 Monate verlängert.

Ab dem Zeitpunkt der Verlängerungsentscheidung hat A seine erste Tätigkeitsstätte in M, da er ab diesem Zeitpunkt noch 51 Monate und somit dauerhaft in M tätig werden soll. Das gilt auch, wenn A für diese Tätigkeit neu eingestellt und eine Probezeit vereinbart wurde oder das Projekt planwidrig bereits nach 12 Monaten beendet wird. Die steuerliche Beurteilung der ersten drei Monate als beruflich veranlasste Auswärtstätigkeit bleibt von der Verlängerungsentscheidung unberührt.

19 Bei einer sog. Kettenabordnung ist keine dauerhafte Zuordnung zu einer Tätigkeitsstätte gegeben, wenn die einzelne Abordnung jeweils einen Zeitraum von höchstens 48 Monaten umfasst.

20 Wird ein befristetes Beschäftigungsverhältnis vor Ablauf der Befristung schriftlich durch bloßes Hinausschieben des Beendigungszeitpunkts bei ansonsten unverändertem Vertragsinhalt verlängert, liegt ein einheitliches Beschäftigungsverhältnis vor. Für die Frage, ob eine Zuordnung für die Dauer des Beschäftigungsverhältnisses erfolgt, ist daher ab dem Zeitpunkt der Verlängerung auf das einheitliche Beschäftigungsverhältnis und nicht lediglich auf den Zeitraum der Verlängerung abzustellen (BFH-Urteil vom 10. April 2019 VI R 6/17, BStBl. II S. 539).

21 Eine dauerhafte Zuordnung ist gegeben, wenn das Dienstverhältnis auf einen anderen Arbeitgeber ausgelagert wird und der Arbeitnehmer für die gesamte Dauer des neuen Beschäftigungsverhältnisses oder länger als 48 Monate weiterhin an seiner früheren Tätigkeitsstätte des bisherigen Arbeitgebers tätig werden soll (sog. Outsourcing). Entsprechendes gilt, wenn ein Leiharbeitnehmer ausnahmsweise dauerhaft (nach § 9 Abs. 4 Satz 3 EStG, „bis auf Weiteres" also unbefristet, für die gesamte Dauer des Leiharbeitsverhältnisses oder länger als 48 Monate) in einer ortsfesten betrieblichen Einrichtung des Entleihers tätig werden soll. Die Regelungen des § 1 Abs. 1 Satz 4 i. V. m. Abs. 1 b Arbeitnehmerüberlassungsgesetz entfalten für das Steuerrecht keine Wirkung.

**Beispiel 9:**

Der Arbeitnehmer A ist von der Zeitarbeitsfirma Z als technischer Zeichner ausschließlich für die Überlassung an die Projektentwicklungsfirma P eingestellt worden. Das Arbeitsverhältnis von A endet vertragsgemäß nach Abschluss des aktuellen Projekts bei P.

A hat ab dem ersten Tag der Tätigkeit bei der Projektentwicklungsfirma P seine erste Tätigkeitsstätte, da er seine Tätigkeit bei P für die gesamte Dauer seines Dienstverhältnisses bei Z und damit dort dauerhaft ausüben soll.

**Abwandlung:**

Der Arbeitnehmer A ist von der Zeitarbeitsfirma Z unbefristet als technischer Zeichner eingestellt worden und wird bis auf Weiteres an die Projektentwicklungsfirma P überlassen.

A hat ab dem ersten Tag der Tätigkeit bei der Projektentwicklungsfirma P seine erste Tätigkeitsstätte, da er seine Tätigkeit bei P ohne Befristung und damit dort dauerhaft ausüben soll.

22 Dienststelle/Dienststätte i. S. d. öffentlichen Reisekosten-, Umzugskosten- und Trennungsgeldrechts ist die Stelle, bei der der Arbeitnehmer eingestellt oder zu der er versetzt, abgeordnet, zugeteilt, zugewiesen oder kommandiert worden ist. Jede dieser dienstlichen Maßnahmen führt dazu, dass diese Stelle zur neuen dienstrechtlichen Dienststelle/Dienststätte wird, unabhängig davon, ob die Maßnahme dauerhaft oder nur vorübergehend ist. Für die steuerrechtliche Beurteilung der dauerhaften Zuordnung zu einer bestimmten Tätigkeitsstätte gilt insbesondere Folgendes:

– Versetzung ohne zeitliche Befristung – dauerhafte Zuordnung, es wird eine neue „erste Tätigkeitsstätte" begründet.
– Abordnung ohne zeitliche Befristung – dauerhafte Zuordnung, es wird eine neue „erste Tätigkeitsstätte" begründet.
– Versetzung mit einer zeitlichen Befristung bis zu 48 Monaten – keine dauerhafte Zuordnung, damit keine neue „erste Tätigkeitsstätte".
– Abordnung mit einer zeitlichen Befristung bis zu 48 Monaten, ggf. auch verbunden mit dem Ziel der Versetzung – keine dauerhafte Zuordnung, damit keine neue „erste Tätigkeitsstätte".

- Entsprechendes gilt für abordnungs- oder versetzungsgleiche Maßnahmen (z. B. Kommandierung, Zuteilung, Zuweisung).
- Der Umstand, dass ein Beamter unter Beachtung der dienstrechtlichen Vorschriften (jederzeit) auch einer anderen Dienststelle zugeordnet werden könnte, führt nicht zur Annahme einer befristeten Zuordnung (BFH-Urteil vom 4. April 2019 VI R 27/17, BStBl. II S. 536).

Bei grenzüberschreitender Arbeitnehmerentsendung zwischen verbundenen Unternehmen liegt beim aufnehmenden Unternehmen eine erste Tätigkeitsstätte dann vor, wenn der Arbeitnehmer im Rahmen eines eigenständigen Arbeitsvertrags mit dem aufnehmenden Unternehmen einer ortsfesten betrieblichen Einrichtung dieses Unternehmens unbefristet zugeordnet ist, die Zuordnung die Dauer des gesamten – befristeten oder unbefristeten – Dienstverhältnisses umfasst oder die Zuordnung über einen Zeitraum von 48 Monaten hinaus reicht (vgl. § 9 Abs. 4 Satz 3 EStG). **23**[1]

**Beispiel 10:**

Der Arbeitnehmer A ist von der ausländischen Muttergesellschaft M für zwei Jahre an die inländische Tochtergesellschaft T entsandt worden. A hat mit T einen eigenständigen Arbeitsvertrag über zwei Jahre abgeschlossen, in dem er der inländischen Hauptniederlassung von T zugeordnet wurde.

A hat bei T seine erste Tätigkeitsstätte.

Wird ein Arbeitnehmer bei grenzüberschreitender Arbeitnehmerentsendung zwischen verbundenen Unternehmen ohne Abschluss eines eigenständigen Arbeitsvertrags mit dem aufnehmenden Unternehmen in einer ortsfesten betrieblichen Einrichtung dieses Unternehmens tätig, liegt beim aufnehmenden Unternehmen eine erste Tätigkeitsstätte nur dann vor, wenn der Arbeitnehmer vom entsendenden Unternehmen einer ortsfesten Einrichtung des aufnehmenden Unternehmens unbefristet zugeordnet ist, die Zuordnung die Dauer des gesamten – befristeten oder unbefristeten – Dienstverhältnisses umfasst oder die Zuordnung über einen Zeitraum von 48 Monaten hinaus reicht (vgl. § 9 Abs. 4 Satz 3 EStG). **24**

**Beispiel 11:**

Der Arbeitnehmer A ist von der ausländischen Muttergesellschaft M im Rahmen eines unbefristeten Arbeitsvertrags für zwei Jahre an die inländische Tochtergesellschaft T entsandt und für diesen Zeitraum der inländischen Hauptniederlassung von T zugeordnet worden. A hat mit T keinen eigenständigen Arbeitsvertrag abgeschlossen.

A hat bei T keine erste Tätigkeitsstätte, da er der inländischen Hauptniederlassung von T nicht dauerhaft i. S. v. § 9 Abs. 4 Satz 1 i. V. m. Satz 3 EStG zugeordnet worden ist. Er übt für die Dauer seiner zweijährigen Tätigkeit bei T eine beruflich veranlasste Auswärtstätigkeit aus.

Fehlt es bei grenzüberschreitender Arbeitnehmerentsendung zwischen verbundenen Unternehmen an einer dauerhaften Zuordnung des Arbeitnehmers zu einer betrieblichen Einrichtung des aufnehmenden Unternehmens durch dienst- oder arbeitsrechtliche Festlegung oder ist die getroffene Festlegung nicht eindeutig, gelten die quantitativen Zuordnungskriterien des § 9 Abs. 4 Satz 4 EStG (vgl. hierzu die Ausführungen zur Dauerhaftigkeit unter Rz. 14 ff. und zu den quantitativen Kriterien unter Rz. 26 ff.). **25**

## ff) Quantitative Zuordnungskriterien

Fehlt es an einer dauerhaften Zuordnung des Arbeitnehmers zu einer betrieblichen Einrichtung durch dienst- oder arbeitsrechtliche Festlegung nach den vorstehenden Kriterien (z. B. weil der Arbeitgeber ausdrücklich auf eine **26**

[1] **Amtl. Anm.:** Bestätigt durch BFH v. 17.12.2020, BStBl. II S. 506.

Zuordnung verzichtet hat oder ausdrücklich erklärt, dass organisatorische Zuordnungen keine steuerliche Wirkung entfalten sollen) oder ist die getroffene Festlegung nicht eindeutig, ist nach § 9 Abs. 4 Satz 4 EStG von einer ersten Tätigkeitsstätte an der betrieblichen Einrichtung auszugehen, an der der Arbeitnehmer

– typischerweise arbeitstäglich oder
– je Arbeitswoche zwei volle Arbeitstage oder mindestens ein Drittel seiner vereinbarten regelmäßigen Arbeitszeit

dauerhaft (vgl. Rz. 14 ff.) tätig werden soll.

**Beispiel 12:**

Der Arbeitnehmer A ist von seinem Arbeitgeber unbefristet eingestellt worden, um dauerhaft in der Filiale Y zu arbeiten. In den ersten 36 Monaten seiner Tätigkeit arbeitet er an drei Tagen wöchentlich in der Filiale X und zwei volle Tage wöchentlich in der Filiale Y. Der Arbeitgeber hat A für die ersten 36 Monate Filiale X zugeordnet.

In diesen 36 Monaten seiner Tätigkeit hat A in der Filiale X keine erste Tätigkeitsstätte, da er dort nicht dauerhaft zugeordnet ist. Erste Tätigkeitsstätte ist jedoch – auch ohne Zuordnung i. S. d. § 9 Abs. 4 Satz 1 EStG – Filiale Y, da A dort dauerhaft typischerweise an zwei vollen Tagen i. S. d. § 9 Abs. 4 Satz 4 EStG tätig werden soll.

**Beispiel 13:**

Der Arbeitnehmer A soll in den ersten 36 Monaten seiner Tätigkeit an vier Tagen wöchentlich in der Filiale X und einen vollen Tag wöchentlich in der Filiale Y tätig werden.

In diesen 36 Monaten seiner Tätigkeit hat A in der Filiale X keine erste Tätigkeitsstätte, da er dort nicht dauerhaft tätig werden soll. Erste Tätigkeitsstätte ist auch nicht die Filiale Y, da A dort die quantitativen Kriterien nach § 9 Abs. 4 Satz 4 EStG nicht erfüllt.

27 Bei der quantitativen Zuordnung muss der Arbeitnehmer an der betrieblichen Einrichtung seine eigentliche berufliche Tätigkeit ausüben. Allein ein regelmäßiges Aufsuchen der betrieblichen Einrichtung, z. B. für kurze Rüstzeiten, zur Berichtsfertigung, zur Vorbereitung der Zustellroute, zur Wartung und Pflege des Fahrzeugs, zur Abholung oder Abgabe von Kundendienstfahrzeugen oder LKWs einschließlich deren Be- und Entladung, zur Abgabe von Auftragsbestätigungen und Stundenzetteln, Krankmeldungen und Urlaubsanträgen führt hier noch nicht zu einer Qualifizierung der betrieblichen Einrichtung als erste Tätigkeitsstätte.

**Beispiel 14:**

Der Kundendienstmonteur K, der von seinem Arbeitgeber keiner betrieblichen Einrichtung dauerhaft zugeordnet ist, sucht den Betrieb seines Arbeitgebers regelmäßig auf, um den Firmenwagen samt Material zu übernehmen, die Auftragsbestätigungen in Empfang zu nehmen und die Stundenzettel vom Vortag abzugeben.

Der K hat keine erste Tätigkeitsstätte. Der Betrieb seines Arbeitgebers wird auch durch das regelmäßige Aufsuchen nicht zur ersten Tätigkeitsstätte, da er seine eigentliche berufliche Tätigkeit an diesem Ort nicht ausübt.

**Beispiel 15:**

Die Fahrer im ÖPV sollen ihr Fahrzeug immer an wechselnden Stellen im Stadtgebiet aufnehmen und in der Regel mindestens einmal wöchentlich die Kassen abrechnen. Die Kassenabrechnung sollen sie in der Geschäftsstelle oder in einem Betriebshof durchführen. Dort werden auch die Personalakten geführt oder sind Krank- und Urlaubsmeldungen abzugeben.

Bei der quantitativen Zuordnung ist allein das bloße Abrechnen der Kassen, die Führung der Personalakten sowie die Verpflichtung zur Abgabe der Krank- und Urlaubsmeldungen nicht ausreichend, um zu einer ersten Tätigkeitsstätte am Betriebshof oder in der Geschäftsstelle zu kommen. Ordnet der Arbeitgeber die Arbeitnehmer hingegen dem Betriebshof oder der Geschäftsstelle arbeitsrechtlich zu, so genügen auch diese Hilfs- und Nebentätigkeiten, um dort eine erste Tätigkeitsstätte zu begründen (Rz. 7).

**Beispiel 16:**
Der LKW-Fahrer L soll typischerweise arbeitstäglich den Betriebssitz des Arbeitgebers aufsuchen, um dort das Fahrzeug abzuholen sowie dessen Wartung und Pflege durchzuführen. Allein das Abholen sowie die Wartung und Pflege des Fahrzeugs, als Hilfs- und Nebentätigkeiten, führen im Rahmen der quantitativen Zuordnung nicht zu einer ersten Tätigkeitsstätte am Betriebssitz des Arbeitgebers; allerdings handelt es sich in diesem Fall bei dem Betriebssitz um einen sog. Sammelpunkt (Rz. 38). Etwas anderes gilt nur, wenn der Arbeitgeber den Arbeitnehmer dem Betriebssitz arbeitsrechtlich als erste Tätigkeitsstätte zuordnet (Rz. 13).

Auch die in § 9 Abs. 4 Satz 4 EStG aufgeführten zeitlichen (= quantitativen) 28
Kriterien sind anhand einer in die Zukunft gerichteten Prognose zu beurteilen. Weichen die tatsächlichen Verhältnisse durch unvorhersehbare Ereignisse (wie z. B. Krankheit) hiervon ab, bleibt es bei der zuvor getroffenen Prognoseentscheidung bezüglich der ersten Tätigkeitsstätte. Die Prognoseentscheidung ist zu Beginn des Dienstverhältnisses zu treffen. Die auf Grundlage dieser Prognose getroffene Beurteilung bleibt solange bestehen, bis sich die Verhältnisse maßgeblich ändern. Davon ist insbesondere auszugehen, wenn sich das Berufsbild des Arbeitnehmers (Außendienstmitarbeiter wechselt z. B. in den Innendienst) oder die quantitativen Zuordnungskriterien (Arbeitnehmer soll z. B. statt zwei nun drei Filialen betreuen) dauerhaft ändern oder der Arbeitgeber erstmalig eine dienst- oder arbeitsrechtliche Zuordnungsentscheidung trifft.

**Beispiel 17:**
Der Arbeitnehmer A soll seine berufliche Tätigkeit an drei Tagen wöchentlich in einem häuslichen Arbeitszimmer ausüben und an zwei vollen Tagen wöchentlich in der betrieblichen Einrichtung seines Arbeitgebers in D tätig werden.
Das häusliche Arbeitszimmer ist nie erste Tätigkeitsstätte. Erste Tätigkeitsstätte ist hier vielmehr die betriebliche Einrichtung des Arbeitgebers in D, da der Arbeitnehmer dort an zwei vollen Tagen wöchentlich beruflich tätig werden soll.

**Beispiel 18:**
Der Arbeitnehmer A soll seine berufliche Tätigkeit im häuslichen Arbeitszimmer ausüben und zusätzlich jeden Arbeitstag für eine Stunde in der betrieblichen Einrichtung seines Arbeitgebers in D tätig werden.
Das häusliche Arbeitszimmer ist nie erste Tätigkeitsstätte. Erste Tätigkeitsstätte ist hier vielmehr die betriebliche Einrichtung des Arbeitgebers in D, da der Arbeitnehmer dort typischerweise arbeitstäglich tätig werden soll. In diesem Fall ist es unerheblich, dass dort weniger als 1/3 der gesamten regelmäßigen Arbeitszeit erbracht werden soll.

**Beispiel 19:**
Der Arbeitnehmer A soll seine berufliche Tätigkeit im häuslichen Arbeitszimmer ausüben und zusätzlich jeden Tag in einer anderen betrieblichen Einrichtung seines Arbeitgebers tätig werden. Die Arbeitszeit in den verschiedenen Tätigkeitsstätten beträgt jeweils weniger als 1/3 der gesamten Arbeitszeit des Arbeitnehmers.
Das häusliche Arbeitszimmer ist nie erste Tätigkeitsstätte. Auch an den anderen Tätigkeitsstätten des Arbeitgebers hat der Arbeitnehmer keine erste Tätigkeitsstätte, da er diese Tätigkeitsstätten nicht arbeitstäglich aufsucht und dort jeweils weniger als 1/3 seiner gesamten Arbeitszeit tätig wird.

**Beispiel 20:**
Der Arbeitnehmer A übt seine Tätigkeit nur bei wechselnden Kunden und im häuslichen Arbeitszimmer aus. Er hat keine erste Tätigkeitsstätte.

**Zusammenfassung:** 29

Bei der quantitativen Prüfung kommt es somit allein auf den Umfang der an der Tätigkeitsstätte zu leistenden arbeitsvertraglichen Arbeitszeit (mindestens 1/3 der vereinbarten regelmäßigen Arbeitszeit oder zwei volle Arbeitstage wöchentlich oder arbeitstäglich) an. Dies bedeutet:

- Soll der Arbeitnehmer an einer Tätigkeitsstätte zwei volle Arbeitstage je Arbeitswoche oder mindestens 1/3 der vereinbarten regelmäßigen Arbeitszeit tätig werden, dann ist dies die erste Tätigkeitsstätte.
- Entsprechendes gilt, wenn der Arbeitnehmer an einer Tätigkeitsstätte arbeitstäglich und mindestens 1/3 der vereinbarten regelmäßigen Arbeitszeit tätig werden soll.
- Soll der Arbeitnehmer an einer Tätigkeitsstätte arbeitstäglich, aber weniger als 1/3 der vereinbarten regelmäßigen Arbeitszeit tätig werden, dann führt dies nur zu einer ersten Tätigkeitsstätte, wenn der Arbeitnehmer dort typischerweise arbeitstäglich seine eigentliche berufliche Tätigkeit und nicht nur Vorbereitungs-, Hilfs- oder Nebentätigkeiten (Rüstzeiten, Abholung oder Abgabe von Kundendienstfahrzeugen oder LKWs einschließlich deren Be- und Entladung, die Abgabe von Auftragsbestätigungen, Stundenzetteln, Krankmeldungen, Urlaubsanträgen oder Ähnlichem) durchführen soll.
- Erfüllen danach mehrere Tätigkeitsstätten die quantitativen Voraussetzungen für eine erste Tätigkeitsstätte, kann der Arbeitgeber bestimmen, welche dieser Tätigkeitsstätten die erste Tätigkeitsstätte ist.
- Fehlt eine solche Bestimmung des Arbeitgebers, wird zugunsten des Arbeitnehmers die Tätigkeitsstätte zugrunde gelegt, die der Wohnung des Arbeitnehmers am nächsten liegt.

**gg) Mehrere Tätigkeitsstätten**

30 Der Arbeitnehmer kann je Dienstverhältnis höchstens eine erste Tätigkeitsstätte haben (§ 9 Abs. 4 Satz 5 EStG). Hingegen kann ein Arbeitnehmer mit mehreren Dienstverhältnissen auch mehrere erste Tätigkeitsstätten haben (je Dienstverhältnis jedoch höchstens eine).

31 Erfüllen mehrere Tätigkeitsstätten in einem Dienstverhältnis die quantitativen Kriterien für die Annahme einer ersten Tätigkeitsstätte, kann der Arbeitgeber die erste Tätigkeitsstätte bestimmen (§ 9 Abs. 4 Satz 6 EStG). Dabei muss es sich nicht um die Tätigkeitsstätte handeln, an der der Arbeitnehmer den zeitlich überwiegenden oder qualitativ bedeutsameren Teil seiner beruflichen Tätigkeit ausüben soll.

**Beispiel 21:**

Der in H wohnende Filialleiter A ist an drei Tagen in der Woche in einer Filiale seines Arbeitgebers in H und an zwei Tagen in der Woche in einer Filiale seines Arbeitgebers in S tätig. Der Arbeitgeber bestimmt die Filiale in S zur ersten Tätigkeitsstätte.

Durch die Bestimmung seines Arbeitgebers hat der Filialleiter A in der betrieblichen Einrichtung in S seine erste Tätigkeitsstätte. Unerheblich ist, dass er dort lediglich zwei Tage und damit nicht zeitlich überwiegend beruflich tätig ist.

32 Macht der Arbeitgeber von seinem Bestimmungsrecht nach § 9 Abs. 4 Satz 6 EStG keinen Gebrauch oder ist die Bestimmung nicht eindeutig, ist die der Wohnung des Arbeitnehmers örtlich am nächsten liegende Tätigkeitsstätte die erste Tätigkeitsstätte (§ 9 Abs. 4 Satz 7 EStG). Die Fahrten zu weiter entfernt liegenden Tätigkeitsstätten werden in diesem Fall als Auswärtstätigkeit qualifiziert.

**Beispiel 22:**

Der in H wohnende Filialleiter A soll typischerweise arbeitstäglich in drei Filialen (X, Y und Z) seines Arbeitgebers tätig werden. Er fährt morgens mit seinem eigenen PKW regelmäßig zur Filiale X, dann zur Filiale Y, von dort zur Filiale Z und von dieser zur Wohnung. Die Filiale in Y liegt der Wohnung am nächsten. Der Arbeitgeber ordnet A arbeitsrechtlich keine Filiale (als erste Tätigkeitsstätte) zu.

Erste Tätigkeitsstätte ist die Filiale Y, da diese der Wohnung des A am nächsten liegt. Die Tätigkeit in X und Z sind beruflich veranlasste Auswärtstätigkeiten. Da A von seiner Wohnung zu einer auswärtigen Tätigkeitsstätte, von dort zur ersten Tätigkeitsstätte und von dort wieder zu einer anderen auswärtigen Tätigkeitsstätte fährt, liegen keine Fahrten zwischen Wohnung und erster Tätigkeitsstätte vor, sondern Fahrten, für die ein steuerfreier Arbeitgeberersatz bzw. Werbungskostenabzug nach Reisekostengrundsätzen in Betracht kommt.

**Abwandlung:**

Wie Beispiel 22, allerdings nutzt der Filialleiter A für die arbeitstäglichen Fahrten einen ihm vom Arbeitgeber überlassenen Dienstwagen; A führt kein Fahrtenbuch, sondern ermittelt den geldwerten Vorteil nach der pauschalen Nutzungswertmethode.

Grundsätzlich ist ein geldwerter Vorteil für die Möglichkeit, den Dienstwagen für Fahrten zwischen Wohnung und erster Tätigkeitsstätte zu nutzen, in Höhe von 0,03 % des Listenpreises je Entfernungskilometer anzusetzen. Weist A mittels Einzelaufzeichnungen die Zahl der tatsächlichen Fahrten zwischen Wohnung und erster Tätigkeitsstätte nach, ist stattdessen für jede Fahrt ein geldwerter Vorteil von 0,002 % des Listenpreises je Entfernungskilometer anzusetzen. Im vorliegenden Fall hat A keine unmittelbaren Fahrten zwischen Wohnung und erster Tätigkeitsstätte; daher ist – bei Nachweis der tatsächlichen Fahrten – insoweit kein geldwerter Vorteil anzusetzen.

**Beispiel 23:**

Die Pflegedienstkraft P hat täglich vier Personen zu betreuen. Alle vier Pflegepersonen sollen von P nach Absprache mit der Pflegedienststelle (Arbeitgeber) bis auf Weiteres arbeitstäglich regelmäßig betreut werden. Der Arbeitgeber hat keine dieser Pflegestellen als erste Tätigkeitsstätte bestimmt.

Erste Tätigkeitsstätte der P ist die ihrer Wohnung am nächsten liegende Pflegestelle.

**Abwandlung:**

Die vier Pflegepersonen sollen von P nach Absprache mit der Pflegedienststelle (Arbeitgeber) zunächst für die Dauer von zwei Jahren arbeitstäglich regelmäßig betreut werden.

Die Pflegedienstkraft hat keine erste Tätigkeitsstätte, da sie an keiner der Pflegestellen dauerhaft tätig werden soll.

### hh) Erste Tätigkeitsstätte bei Vollzeitstudium oder vollzeitigen Bildungsmaßnahmen

Erste Tätigkeitsstätte ist auch eine Bildungseinrichtung, die außerhalb eines Dienstverhältnisses zum Zwecke eines Vollzeitstudiums oder einer vollzeitigen Bildungsmaßnahme aufgesucht wird (§ 9 Abs. 4 Satz 8 EStG). **33**[1]

Die Dauer einer vollzeitigen Bildungsmaßnahme ist für die Einordnung einer Bildungseinrichtung als erste Tätigkeitsstätte dabei unerheblich. Eine zeitliche Mindestdauer der Bildungsmaßnahme ist nicht erforderlich. Eine Bildungseinrichtung gilt daher auch dann als erste Tätigkeitsstätte, wenn sie vom Steuerpflichtigen im Rahmen einer nur kurzzeitigen Bildungsmaßnahme aufgesucht wird. Davon ist auszugehen, wenn der Steuerpflichtige die Bildungseinrichtung anlässlich der regelmäßig zeitlich befristeten Bildungsmaßnahme nicht nur gelegentlich, sondern mit einer gewissen Nachhaltigkeit, d. h. fortdauernd und immer wieder (dauerhaft) aufsucht (BFH-Urteil vom 14. Mai 2020 VI R 24/18, BStBl. II S. 770).

Ein Studium oder eine Bildungsmaßnahme findet insbesondere dann außerhalb eines Dienstverhältnisses statt, wenn

- diese nicht Gegenstand des Dienstverhältnisses sind, auch wenn sie seitens des Arbeitgebers durch Hingabe von Mitteln, wie z. B. eines Stipendiums, gefördert werden oder

[1] **Amtl. Anm.:** Sieht die Studienordnung einer Universität vor, dass Studierende einen Teil des Studiums an einer anderen (weiteren) Hochschule (hier Auslandssemester) absolvieren können bzw. müssen, wird an der anderen Hochschule keine weitere erste Tätigkeitsstätte iSd § 9 Abs. 4 S. 8 EStG begründet, BGH v. 14.5.2020, BStBl. II S. 302.

– diese ohne arbeitsvertragliche Verpflichtung absolviert werden und die Beschäftigung lediglich das Studium oder die Bildungsmaßnahme ermöglicht.

Zur Abgrenzung gegenüber einem Studium oder einer Bildungsmaßnahme innerhalb eines Dienstverhältnisses vgl. auch R 9.2 sowie 19.7 LStR 2015.

34 Ein Vollzeitstudium oder eine vollzeitige Bildungsmaßnahme liegt insbesondere vor, wenn der Steuerpflichtige im Studium oder in der Bildungsmaßnahme für einen Beruf ausgebildet wird und daneben entweder

– keiner Erwerbstätigkeit nachgeht oder
– während der gesamten Dauer des Studiums oder der Bildungsmaßnahme eine Erwerbstätigkeit mit durchschnittlich bis zu 20 Stunden regelmäßiger wöchentlicher Arbeitszeit oder in Form eines geringfügigen Beschäftigungsverhältnisses i. S. d. §§ 8 und 8 a SGB IV ausübt.

35 Dies gilt auch für den Sonderausgabenabzug nach § 10 Abs. 1 Nr. 7 EStG.

**b) Fahrtkosten bei auswärtiger Tätigkeit, Sammelpunkt, weiträumiges Tätigkeitsgebiet, § 9 Abs. 1 Satz 3 Nr. 4 a EStG**

**aa) Tatsächliche Fahrtkosten und pauschaler Kilometersatz bei auswärtiger Tätigkeit**

36 Ist ein Arbeitnehmer außerhalb seiner Wohnung und ersten Tätigkeitsstätte beruflich tätig (auswärtige berufliche Tätigkeit), gilt für die steuerliche Berücksichtigung der tatsächlichen Fahrtkosten im Zusammenhang mit dieser beruflichen Tätigkeit Folgendes:

37[1] Statt der tatsächlichen Aufwendungen kann aus Vereinfachungsgründen typisierend je nach Art des benutzten Verkehrsmittels (z. B. PKW, Motorrad) auch ein pauschaler Kilometersatz (höchste Wegstreckenentschädigung nach dem Bundesreisekostengesetz für das jeweils benutzte Beförderungsmittel: Benutzung eines Kraftwagens, z. B. PKW 0,30 €, für jedes andere motorbetriebene Fahrzeug 0,20 €) für jeden gefahrenen Kilometer angesetzt werden (§ 9 Abs. 1 Satz 3 Nr. 4 a Satz 2 EStG). Eine Prüfung der tatsächlichen Kilometerkosten ist demnach nicht mehr erforderlich, wenn der Arbeitnehmer von dieser gesetzlichen Typisierung Gebrauch macht.

**bb) „Sammelpunkt"**

38 Liegt keine erste Tätigkeitsstätte (nach Rz. 6 ff. oder Rz. 26 ff.) vor und bestimmt der Arbeitgeber durch dienst- oder arbeitsrechtliche Festlegung, dass der Arbeitnehmer sich dauerhaft (Rz. 14 ff.) typischerweise arbeitstäglich[2] an einem festgelegten Ort, der die Kriterien für eine erste Tätigkeitsstätte nicht erfüllt (z. B. Treffpunkt für einen betrieblichen Sammeltransport, das Busdepot, der Fährhafen), einfinden soll, um von dort seine unterschiedlichen eigentlichen Einsatzorte aufzusuchen oder von dort seine berufliche Tätigkeit aufzunehmen, werden die Fahrten des Arbeitnehmers von der Wohnung zu diesem Ort wie Fahrten zu einer ersten Tätigkeitsstätte behandelt. Fahrtkosten für diese Fahrten dürfen nur durch den Ansatz der Ent-

---

[1] **Amtl. Anm.:** Der Ansatz der pauschalen Kilometersätze kommt nicht in Betracht, wenn der Arbeitnehmer ein regelmäßig verkehrendes Beförderungsmittel iSd § 4 Abs. 1 BRKG benutzt, BFH v. 11.2.2021, BStBl. II S. 440.

[2] **Amtl. Anm.:** Begriff „typischerweise arbeitstäglich" konkretisiert durch BFH v. 19.4.2021, BStBl. II S. 727.

fernungspauschale (§ 9 Abs. 1 Satz 3 Nr. 4 und Abs. 2 EStG) steuerlich berücksichtigt werden.

**Beispiel 24:**

Bus- oder LKW-Fahrer haben regelmäßig keine erste Tätigkeitsstätte. Lediglich, wenn dauerhaft und typischerweise arbeitstäglich ein vom Arbeitgeber festgelegter Ort aufgesucht werden soll, werden die Fahrten von der Wohnung zu diesem Ort/Sammelpunkt gleich behandelt mit den Fahrten von der Wohnung zu einer ersten Tätigkeitsstätte.

**Beispiel 25:**

Kundendienstmonteure haben ebenfalls in der Regel keine erste Tätigkeitsstätte. Nur dann, wenn dauerhaft und typischerweise arbeitstäglich ein vom Arbeitgeber festgelegter Ort aufgesucht werden soll, werden die Fahrten von der Wohnung zu diesem Ort/Sammelpunkt ebenso behandelt wie die Fahrten von der Wohnung zu einer ersten Tätigkeitsstätte.

**Beispiel 26:**

Seeleute, die auf einem Schiff tätig werden sollen, haben in der Regel keine erste Tätigkeitsstätte, da das Schiff keine ortsfeste betriebliche Einrichtung des Arbeitgebers ist. Soll der Dienstantritt, die Ein- und Ausschiffung aber typischerweise arbeitstäglich von dem gleichen Anleger (wie z. B. einem Fähranleger, Liegeplatz des Seenotrettungskreuzers, Anleger des Fahrgastschiffes) erfolgen, werden die Fahrten zu diesem Ort/Sammelpunkt ebenso behandelt wie die Fahrten von der Wohnung zu einer ersten Tätigkeitsstätte.

**Beispiel 27:**

Angestellte Lotsen haben üblicherweise keine erste Tätigkeitsstätte, wenn sie ihre Tätigkeit typischerweise auf verschiedenen Schiffen ausüben sollen. Fahrten von der Wohnung zu einer vom Arbeitgeber festgelegten Lotsenstation oder Lotsenwechselstation, um von dort zum Einsatz auf ein Schiff verbracht zu werden, werden ebenso behandelt wie die Fahrten von der Wohnung zu einer ersten Tätigkeitsstätte.

Treffen sich mehrere Arbeitnehmer typischerweise arbeitstäglich an einem bestimmten Ort, um von dort aus gemeinsam zu ihren Tätigkeitsstätten zu fahren (privat organisierte Fahrgemeinschaft), liegt kein „Sammelpunkt" nach § 9 Abs. 1 Satz 3 Nr. 4 a Satz 3 EStG vor. Es fehlt insoweit an einer dienst- oder arbeitsrechtlichen Festlegung des Arbeitgebers. 39

Auf die Berücksichtigung von Verpflegungspauschalen oder Übernachtungskosten als Werbungskosten oder den steuerfreien Arbeitgeberersatz hierfür hat die Festlegung als Sammelpunkt keinen Einfluss, da der Arbeitnehmer weiterhin außerhalb einer ersten Tätigkeitsstätte und somit auswärts beruflich tätig wird. Es wird keine erste Tätigkeitsstätte fingiert, sondern nur die Anwendung der Entfernungspauschale für die Fahrtkosten von der Wohnung zu diesem Ort sowie die Besteuerung eines geldwerten Vorteils bei Dienstwagengestellung durch den Arbeitgeber nach § 8 Abs. 2 Satz 3 und 4 EStG festgelegt und der steuerfreie Arbeitgeberersatz für diese Fahrten nach § 3 Nr. 13 oder Nr. 16 EStG ausgeschlossen. 40

### cc) Weiträumiges Tätigkeitsgebiet

Soll der Arbeitnehmer auf Grund der Weisungen des Arbeitgebers seine berufliche Tätigkeit typischerweise arbeitstäglich in einem weiträumigen Tätigkeitsgebiet ausüben, findet für die Fahrten von der Wohnung zu diesem Tätigkeitsgebiet ebenfalls die Entfernungspauschale Anwendung. 41

Ein weiträumiges Tätigkeitsgebiet liegt in Abgrenzung zur ersten Tätigkeitsstätte vor, wenn die vertraglich vereinbarte Arbeitsleistung auf einer festgelegten Fläche und nicht innerhalb einer ortsfesten betrieblichen Einrichtung des Arbeitgebers, eines verbundenen Unternehmens (§ 15 AktG) oder bei einem vom Arbeitgeber bestimmten Dritten ausgeübt werden soll. In einem weiträumigen Tätigkeitsgebiet werden in der Regel z. B. Zusteller oder Forstarbeiter tätig. 42

Hingegen sind z. B. Bezirksleiter und Vertriebsmitarbeiter, die verschiedene Niederlassungen betreuen oder mobile Pflegekräfte, die verschiedene Personen in deren Wohnungen in einem festgelegten Gebiet betreuen sowie Schornsteinfeger von dieser Regelung nicht betroffen.

**43** Wird das weiträumige Tätigkeitsgebiet immer von verschiedenen Zugängen aus betreten oder befahren, ist die Entfernungspauschale aus Vereinfachungsgründen bei diesen Fahrten nur für die kürzeste Entfernung von der Wohnung zum nächstgelegenen Zugang anzuwenden.

**44** Für alle Fahrten innerhalb des weiträumigen Tätigkeitsgebietes sowie für die zusätzlichen Kilometer bei den Fahrten von der Wohnung zu einem weiter entfernten Zugang können weiterhin die tatsächlichen Aufwendungen oder der sich am Bundesreisekostengesetz orientierende maßgebliche pauschale Kilometersatz angesetzt werden.

**Beispiel 28:**

Der Forstarbeiter A fährt an 150 Tagen mit dem PKW von seiner Wohnung zu dem 15 km entfernten, nächstgelegenen Zugang des von ihm täglich zu betreuenden Waldgebietes (weiträumiges Tätigkeitsgebiet). An 70 Tagen fährt A von seiner Wohnung über einen weiter entfernt gelegenen Zugang (20 km) in das Waldgebiet.

Die Fahrten von der Wohnung zu dem weiträumigen Tätigkeitsgebiet werden behandelt wie die Fahrten von der Wohnung zu einer ersten Tätigkeitsstätte. A kann somit für diese Fahrten lediglich die Entfernungspauschale in Höhe von 0,30 € je Entfernungskilometer (= 15 km × 0,30 €) als Werbungskosten ansetzen. Die Fahrten innerhalb des Waldgebietes können mit den tatsächlichen Kosten oder aus Vereinfachungsgründen mit dem pauschalen Kilometersatz in Höhe von 0,30 € je tatsächlich gefahrenem Kilometer berücksichtigt werden.

Bei den Fahrten zu dem weiter entfernt gelegenen Zugang werden ebenfalls nur 15 Kilometer mit der Entfernungspauschale (15 km × 0,30 €) berücksichtigt. Die jeweils zusätzlichen fünf Kilometer für den tatsächlich längeren Hin- und Rückweg, werden ebenso wie die Fahrten innerhalb des weiträumigen Tätigkeitsgebietes mit den tatsächlichen Kosten oder aus Vereinfachungsgründen mit dem pauschalen Kilometersatz in Höhe von 0,30 € je gefahrenem Kilometer berücksichtigt.

*(Fortsetzung nächstes Blatt)*

Somit sind für 220 Tage jeweils 15 km mit der Entfernungspauschale und die restlichen tatsächlich gefahrenen Kilometer mit den tatsächlichen Kosten oder aus Vereinfachungsgründen mit dem pauschalen Kilometersatz in Höhe von 0,30 € anzusetzen.

Auf die Berücksichtigung von Verpflegungspauschalen oder Übernachtungskosten als Werbungskosten sowie den steuerfreien Arbeitgeberersatz hat diese Festlegung „tätig werden in einem weiträumigen Tätigkeitsgebiet" keinen Einfluss, da der Arbeitnehmer weiterhin außerhalb einer ersten Tätigkeitsstätte – und damit auswärts – beruflich tätig wird. Es wird nur die Anwendung der Entfernungspauschale für die Fahrtkosten von der Wohnung zum nächstgelegenen Zugang zu dem weiträumigen Tätigkeitsgebiet sowie die Besteuerung eines geldwerten Vorteils bei Dienstwagengestellung durch den Arbeitgeber nach § 8 Abs. 2 Satz 3 und 4 EStG festgelegt und der steuerfreie Arbeitgeberersatz für diese Fahrten nach § 3 Nr. 13 oder Nr. 16 EStG ausgeschlossen. 45

Soll der Arbeitnehmer in mehreren ortsfesten Einrichtungen seines Arbeitgebers, eines verbundenen Unternehmens oder eines Dritten, die innerhalb eines bestimmten Bezirks gelegen sind, beruflich tätig werden, wird er nicht in einem weiträumigen Tätigkeitsgebiet, sondern an verschiedenen, ggf. sogar ständig wechselnden Tätigkeitsstätten tätig. 46

## 2. Verpflegungsmehraufwendungen

### a) Vereinfachung bei der Ermittlung der Pauschalen, § 9 Abs. 4 a Satz 2 bis 5 EStG

#### aa) Eintägige Auswärtstätigkeiten im Inland

Für eintägige auswärtige Tätigkeiten ohne Übernachtung kann ab einer Abwesenheit von mehr als acht Stunden von der Wohnung und der ersten Tätigkeitsstätte eine Pauschale für Verpflegungsmehraufwendungen von 14 € berücksichtigt werden. Dies gilt auch, wenn der Arbeitnehmer seine auswärtige berufliche Tätigkeit über Nacht (also an zwei Kalendertagen) ausübt – somit nicht übernachtet – und dadurch ebenfalls insgesamt mehr als acht Stunden von der Wohnung und der ersten Tätigkeitsstätte abwesend ist. Ist der Arbeitnehmer an einem Kalendertag mehrfach oder über Nacht (an zwei Kalendertagen ohne Übernachtung) auswärts tätig, können die Abwesenheitszeiten dieser Tätigkeiten zusammengerechnet und im Fall der Tätigkeit über Nacht für den Kalendertag berücksichtigt werden, an dem der Arbeitnehmer den überwiegenden Teil der insgesamt mehr als 8 Stunden abwesend ist (§ 9 Abs. 4 a Satz 3 Nr. 3 2. Halbsatz EStG). 47

**Beispiel 29:**

Der Vertriebsleiter V verlässt um 8.00 Uhr seine Wohnung in B und besucht zuerst bis 12.00 Uhr einen Kunden. Von 12.30 Uhr bis 14.30 Uhr ist er in seinem Büro (erste Tätigkeitsstätte) tätig. Anschließend fährt er von dort zu einer Tagung in C und kehrt um 19.00 Uhr noch einmal für eine Stunde in sein Büro in B zurück.

Es zählen die Zeiten vom Verlassen der Wohnung bis zur Ankunft an der ersten Tätigkeitsstätte (Büro) mittags sowie vom Verlassen der ersten Tätigkeitsstätte (Büro) bis zur Rückkehr dorthin. V war zweimal beruflich auswärts tätig und dabei insgesamt mehr als acht Stunden von seiner Wohnung und seiner ersten Tätigkeitsstätte abwesend. Er erfüllt daher die Voraussetzungen der Verpflegungspauschale für eine eintägige Auswärtstätigkeit (14 €).

**Beispiel 30:**
Der Kurierfahrer K ist typischerweise von 20.00 Uhr bis 5.30 Uhr des Folgetags beruflich unterwegs. In dieser Zeit legt er regelmäßig auch eine Lenkpause von 45 Minuten ein. Seine Wohnung verlässt K um 19.30 Uhr und kehrt um 6.00 Uhr dorthin zurück. Eine erste Tätigkeitsstätte liegt nicht vor.
K ist im Rahmen seiner beruflichen Auswärtstätigkeit (Fahrtätigkeit) über Nacht von seiner Wohnung abwesend. Bei der Lenkpause handelt es sich nicht um eine Übernachtung. Die Abwesenheitszeiten über Nacht können aber zusammengerechnet werden. Sie werden für den zweiten Kalendertag berücksichtigt, an dem A den überwiegenden Teil der Zeit abwesend ist. A erfüllt die Voraussetzungen der Verpflegungspauschale für eine eintägige Auswärtstätigkeit (14 €).

**Abwandlung 1:**
Die berufliche Fahrtätigkeit des K verteilt sich wie folgt auf die Tage (in Stunden):

| Montag | Dienstag | Mittwoch | Donnerstag | Freitag | Samstag |
|---|---|---|---|---|---|
| 5 | 4 5 | 4 5 | 4 4,5 | 5 5 | 4 |

Wählt K die Zusammenrechnung der Abwesenheitszeiten über Nacht, kann K eine Verpflegungspauschale für eine eintägige Auswärtstätigkeit in Höhe von 14 € für folgende Tage beanspruchen: Montag, Dienstag, Mittwoch und Freitag.
Rechnet K stattdessen die an dem jeweiligen Tag geleisteten einzelnen Abwesenheitszeiten zusammen, dann kann K für Dienstag, Mittwoch, Donnerstag und Freitag eine Verpflegungspauschale von jeweils 14 € beanspruchen.

**Abwandlung 2:**
Die berufliche Fahrtätigkeit des K verteilt sich wie folgt auf die Tage (in Stunden):

| Montag | Dienstag | Mittwoch | Donnerstag | Freitag | Samstag |
|---|---|---|---|---|---|
| 5 | 4 5 | 4 5 | 4 4,5 | 4 4 | 5 |

Wählt K die Zusammenrechnung der Abwesenheitszeiten über Nacht, kann K eine Verpflegungspauschale für eine eintägige Auswärtstätigkeit in Höhe von 14 € für folgende Tage beanspruchen: Montag, Dienstag, Mittwoch, Donnerstag und Samstag.
Rechnet K die an dem jeweiligen Tag geleisteten einzelnen Abwesenheitszeiten zusammen, kann K nur für Dienstag, Mittwoch und Donnerstag eine Verpflegungspauschale von jeweils 14 € beanspruchen.
Maßgeblich hierfür ist die gesetzliche Regelung des § 9 Abs. 4 a Satz 3 Nr. 3 2. Halbsatz EStG, die anstelle der auf den Kalendertag bezogenen Betrachtung bei auswärtigen beruflichen Tätigkeiten über Nacht ohne Übernachtung ausnahmsweise die Zusammenrechnung dieser Zeiten ermöglicht.

**Beispiel 31:**
Der Arbeitnehmer A unternimmt, ohne zu übernachten, eine Dienstreise, die am 5. Mai um 17.00 Uhr beginnt und am 6. Mai um 7.30 Uhr beendet wird. Am 6. Mai unternimmt A nachmittags eine weitere Dienstreise (von 14.00 Uhr bis 23.30 Uhr).
A hat hier die Möglichkeit die Abwesenheitszeiten der ersten Dienstreise über Nacht zusammenzurechnen (= 14 Stunden und 30 Minuten). Bedingt durch die überwiegende Abwesenheit am 6. Mai ist die dafür zu berücksichtigende Verpflegungspauschale dann dem 6. Mai zuzurechnen.
Alternativ können auch alle ausschließlich am 6. Mai geleisteten Abwesenheitszeiten (7 Stunden 30 Minuten zuzüglich 9 Stunden 30 Minuten = 17 Stunden) zusammengerechnet werden. In diesem Fall bleiben die während der ersten Dienstreise angefallenen Abwesenheitszeiten unberücksichtigt.
Unabhängig davon, für welche Berechnungsmethode A sich entscheidet, steht ihm lediglich eine Verpflegungspauschale von 14 € für den 6. Mai zu.
Eine Verpflegungspauschale von 28 € kommt nur in Betracht, wenn entweder die gesamte Tätigkeit über Nacht oder die Tätigkeit an dem jeweiligen Kalendertag 24 Stunden erreicht.

**Beispiel 32:**

Der Arbeitnehmer A arbeitet von 8.30 Uhr bis 17.00 Uhr in seinem Büro in B (erste Tätigkeitsstätte), anschließend fährt er zu einem Geschäftstermin in C. Der Termin erstreckt sich bis 0.30 Uhr des Folgetags. A kehrt um 1.30 Uhr in seine Wohnung zurück.
A war wegen beruflicher Tätigkeit mehr als acht Stunden auswärts tätig. Dass sich die Abwesenheit über zwei Kalendertage ohne Übernachtung erstreckt, ist unschädlich. Die Abwesenheiten werden zusammengerechnet und dem ersten Kalendertag zugeordnet, weil an diesem Tag der überwiegende Teil der Abwesenheit stattgefunden hat. A erfüllt die Voraussetzungen der Verpflegungspauschale für eine eintägige Auswärtstätigkeit (14 €).

## bb) Mehrtägige Auswärtstätigkeiten im Inland

Für jeden Kalendertag, an dem der Arbeitnehmer aufgrund einer auswärtigen beruflichen Tätigkeit (Rz. 36) 24 Stunden von seiner Wohnung abwesend ist (Zwischentag), kann eine Pauschale für Verpflegungsmehraufwendungen von 28 € als Werbungskosten geltend gemacht bzw. vom Arbeitgeber steuerfrei ersetzt werden. 48

Für den An- und Abreisetag einer mehrtägigen auswärtigen Tätigkeit mit Übernachtung außerhalb der Wohnung kann ohne Prüfung einer Mindestabwesenheitszeit eine Pauschale von jeweils 14 € als Werbungskosten berücksichtigt bzw. vom Arbeitgeber steuerfrei ersetzt werden. Dabei ist es unerheblich, ob der Arbeitnehmer die Reise von der Wohnung, der ersten oder einer anderen Tätigkeitsstätte aus antritt. Eine mehrtägige auswärtige Tätigkeit mit Übernachtung liegt auch dann vor, wenn die berufliche Auswärtstätigkeit über Nacht ausgeübt wird und sich daran eine Übernachtung am Tage sowie eine weitere Tätigkeit über Nacht anschließt. Unerheblich ist auch, ob für die Übernachtung tatsächlich Übernachtungskosten anfallen (so z. B. bei Schlafen im Bus, LKW oder Lok). 49

**Beispiel 33:**

Der Ingenieur I aus B ist von Montagabend bis Dienstag in M auswärts tätig. An diese Tätigkeit schließt sich am Dienstag gleich die Weiterreise nach H zu einer neuen auswärtigen Tätigkeit an. I fährt von M direkt nach H und kehrt am Mittwochmittag zu seiner Wohnung zurück.
I kann folgende Verpflegungspauschalen beanspruchen: für Montag als Anreisetag und für Mittwoch als Rückreisetag stehen ihm jeweils 14 € zu. Da I am Dienstag infolge der Abreise aus M und direkten Anreise nach H 24 Stunden von seiner Wohnung und ersten Tätigkeitsstätte abwesend ist, kann er für diesen Tag eine Pauschale von 28 € beanspruchen.

**Abwandlung:**

I sucht am Dienstag kurz seine Wohnung in B auf, um Unterlagen und Kleidung einzupacken und fährt nach einer Stunde weiter nach H.
In diesem Fall kann I auch für Dienstag als An- und gleichzeitig als Abreisetag nur 14 € Verpflegungspauschale beanspruchen. Eine Verpflegungspauschale von 28 € kann nur dann beansprucht werden, wenn I infolge seiner beruflichen Auswärtstätigkeit 24 Stunden von seiner Wohnung und ersten Tätigkeitsstätte abwesend ist.

**Beispiel 34:**

Monteur M aus D ist von Montag bis Mittwoch in S auswärts tätig. Eine erste Tätigkeitsstätte besteht nicht. M verlässt am Montag um 10.30 Uhr seine Wohnung in D. M verlässt S am Mittwochabend und erreicht seine Wohnung in D am Donnerstag um 1.45 Uhr.
M steht für Montag (Anreisetag) eine Verpflegungspauschale von 14 € zu. Für Dienstag und Mittwoch kann M eine Pauschale von 28 € beanspruchen, da er an diesen Tagen 24 Stunden von seiner Wohnung abwesend ist. Für Donnerstag steht ihm eine Pauschale von 14 € zu (Abreisetag).

50 Als Wohnung im vorstehenden Sinn gilt (§ 9 Abs. 4a Satz 4, 2. Halbsatz EStG)
- der Hausstand, der den Mittelpunkt der Lebensinteressen des Arbeitnehmers bildet und nicht nur gelegentlich aufgesucht wird oder
- die Zweitwohnung am Ort einer steuerlich anzuerkennenden doppelten Haushaltsführung (insbesondere zu berücksichtigen, wenn der Arbeitnehmer mehrere Wohnungen hat).

**Beispiel 35:**

Wohnung in diesem Sinne kann somit z. B. bei Auszubildenden auch die elterliche Wohnung sein, wenn sich dort noch der Lebensmittelpunkt des Auszubildenden befindet.

**Beispiel 36:**

Übernachtet der Arbeitnehmer aus beruflichem Anlass z. B. im Rahmen einer Auswärtstätigkeit in seinem eigenen Ferienappartement, welches er nur gelegentlich aufsucht, handelt es sich um eine mehrtägige auswärtige Tätigkeit mit Übernachtung, auch wenn für die Übernachtung selbst keine Kosten entstehen.

### cc) Auswärtstätigkeiten im Ausland

51 Unter den gleichen Voraussetzungen wie bei inländischen Auswärtstätigkeiten werden bei Auswärtstätigkeiten im Ausland Pauschalen für Verpflegungsmehraufwendungen gewährt. Diese betragen bei einer Abwesenheit von 24 Stunden 120 % und für den An- sowie Abreisetag oder eine Abwesenheit von mehr als 8 Stunden 80 % der Auslandstagegelder nach dem Bundesreisekostengesetz. Die jeweiligen Beträge werden regelmäßig durch BMF-Schreiben bekannt gemacht. Im Hinblick auf die bei auswärtigen beruflichen Tätigkeiten im Ausland oftmals über Nacht oder mehrere Tage andauernden An- und Abreisen genügt es für die Qualifizierung als An- und Abreisetag, wenn der Arbeitnehmer unmittelbar nach der Anreise oder vor der Abreise auswärtig übernachtet. Die übrigen Regelungen zu den Besonderheiten bei Auswärtstätigkeiten im Ausland gelten weiter (so z. B. R 9.6 Abs. 3 LStR 2015).

52 Bei Auswärtstätigkeiten in verschiedenen ausländischen Staaten gilt für die Ermittlung der Verpflegungspauschalen am An- und Abreisetag Folgendes:
- Bei einer Anreise vom Inland ins Ausland oder vom Ausland ins Inland jeweils ohne Tätigwerden ist die Verpflegungspauschale des Ortes maßgebend, der vor 24.00 Uhr erreicht wird.
- Bei einer Abreise vom Ausland ins Inland oder vom Inland ins Ausland ist die Verpflegungspauschale des letzten Tätigkeitsortes maßgebend.

**Beispiel 37:**

Der Arbeitnehmer A reist am Montag um 20.00 Uhr zu einer beruflichen Auswärtstätigkeit von seiner Wohnung in Berlin nach Brüssel. Er erreicht Belgien um 2.00 Uhr. Dienstag ist er den ganzen Tag in Brüssel tätig. Am Mittwoch reist er zu einem weiteren Geschäftstermin um 8.00 Uhr nach Amsterdam. Er erreicht Amsterdam um 14.00 Uhr. Dort ist er bis Donnerstag um 13.00 Uhr tätig und reist anschließend zurück nach Berlin. Er erreicht seine Wohnung am Donnerstag um 22.30 Uhr.
Für Montag ist die inländische Verpflegungspauschale für den Anreisetag maßgebend, da A sich um 24.00 Uhr noch im Inland befindet. Für Dienstag ist die Verpflegungspauschale für Belgien anzuwenden. Für Mittwoch ist die Verpflegungspauschale für die Niederlande zu Grunde zu legen, da sich der Ort, den A vor 24.00 Uhr Ortszeit zuletzt erreicht hat, in den Niederlanden befindet (§ 9 Abs. 4a Satz 5 EStG). Für Donnerstag ist die Verpflegungspauschale der Niederlande für den Abreisetag maßgeblich, da A noch bis 13.00 Uhr in Amsterdam beruflich tätig war.

**Beispiel 38:**

Der Arbeitnehmer A reist für ein berufliches Projekt am Sonntag um 21.00 Uhr von Paris nach Mannheim. Am Sonntag um 24.00 Uhr befindet sich A noch in Frankreich. A ist in Mannheim von Montag bis Freitag beruflich tätig und verlässt Mannheim am Freitag um 11.00 Uhr. Er erreicht Paris am Freitag um 21.00 Uhr.
Für Sonntag (Anreisetag) ist die Verpflegungspauschale für Frankreich maßgebend. Für Montag bis Freitag ist die jeweils maßgebliche inländische Verpflegungspauschale anzuwenden.

### b) Dreimonatsfrist, § 9 Abs. 4 a Satz 6 EStG

Der Abzug der Verpflegungsmehraufwendungen ist auf die ersten drei Monate einer längerfristigen auswärtigen beruflichen Tätigkeit an derselben Tätigkeitsstätte beschränkt (vgl. Rz. 55). Werden während einer beruflichen Tätigkeit mehrere ortsfeste betriebliche Einrichtungen innerhalb eines Werks- oder Betriebsgeländes aufgesucht, handelt es sich um die Tätigkeit an einer (großräumigen) Tätigkeitsstätte (BFH-Urteile vom 11. April 2019 VI R 40/16, BStBl. II S. 546 und vom 11. April 2019 VI R 12/17, BStBl. II S. 551). Handelt es sich um einzelne ortsfeste betriebliche Einrichtungen verschiedener Auftraggeber oder Kunden, liegen mehrere Tätigkeitsstätten vor. Dies gilt auch dann, wenn sich die Tätigkeitsstätten in unmittelbarer räumlicher Nähe zueinander befinden. **53**

Um die Berechnung der Dreimonatsfrist zu vereinfachen, ist eine rein zeitliche Bemessung der Unterbrechungsregelung vorzunehmen. Eine Unterbrechung der beruflichen Tätigkeit an derselben Tätigkeitsstätte führt zu einem Neubeginn der Dreimonatsfrist, wenn sie mindestens vier Wochen dauert (§ 9 Abs. 4 a Satz 7 EStG). Der Grund der Unterbrechung ist unerheblich; es zählt nur die Unterbrechungsdauer. **54**

Von einer längerfristigen beruflichen Tätigkeit an derselben Tätigkeitsstätte ist erst dann auszugehen, sobald der Arbeitnehmer an dieser mindestens an drei Tagen in der Woche tätig wird. Die Dreimonatsfrist beginnt daher nicht, solange die auswärtige Tätigkeitsstätte an nicht mehr als zwei Tagen in der Woche aufgesucht wird. Die Prüfung des Unterbrechungszeitraums und des Ablaufs der Dreimonatsfrist erfolgt stets im Nachhinein mit Blick auf die zurückliegende Zeit (Ex-post-Betrachtung). **55**

**Beispiel 39:**

Der Bauarbeiter A soll ab März 01 arbeitstäglich an der Baustelle in H für 5 Monate tätig werden. Am 1. April 01 nimmt er dort seine Tätigkeit auf. Ab 20. Mai 01 wird er nicht nur in H, sondern für einen Tag wöchentlich auch an der Baustelle in B tätig, da dort ein Kollege ausgefallen ist.
Für die Tätigkeit an der Baustelle in H beginnt die Dreimonatsfrist am 1. April 01 und endet am 30. Juni 01. Eine vierwöchige Unterbrechung liegt nicht vor (immer nur eintägige Unterbrechung).
Für die Tätigkeit an der Baustelle in B greift die Dreimonatsfrist hingegen nicht, da A dort lediglich einen Tag wöchentlich tätig wird.

**Beispiel 40:**

Wie Beispiel 39, allerdings wird A ab 1. April 01 zwei Tage wöchentlich in H und drei Tage wöchentlich in B tätig. Ab 15. April 01 muss er für zwei Wochen nach M. Ab 1. Mai 01 ist er dann bis auf Weiteres drei Tage wöchentlich in H und zwei Tage in B tätig.
Für die Tätigkeit an der Baustelle in B beginnt die Dreimonatsfrist am 1. April 01 und endet am 30. Juni 01. Eine vierwöchige Unterbrechung liegt nicht vor (lediglich zwei Wochen und dann immer nur dreitägige Unterbrechung).

Für die Tätigkeit an der Baustelle in H beginnt die Dreimonatsfrist hingegen erst am 1. Mai 01, da A dort erst ab diesem Tag an drei Tagen wöchentlich tätig wird.

**Beispiel 41:**

Der Außendienstmitarbeiter A wohnt in K und hat am Betriebssitz seines Arbeitgebers in S seine erste Tätigkeitsstätte (arbeitsrechtliche Zuordnung durch den Arbeitgeber). A sucht arbeitstäglich die Filiale in K gegen 8.00 Uhr auf und bereitet sich dort üblicherweise für ein bis zwei Stunden auf seinen Außendienst vor. Von ca. 10.00 Uhr bis 16.30 Uhr sucht er dann verschiedene Kunden im Großraum K auf. Anschließend fährt er nochmals in die Filiale in K, um Nacharbeiten zu erledigen.

Bei dem arbeitstäglichen Vor- und Nachbereiten der Außendiensttätigkeit in der Filiale in K handelt es sich um eine längerfristige berufliche Auswärtstätigkeit an derselben Tätigkeitsstätte; für die berufliche Tätigkeit an dieser Tätigkeitsstätte können nach Ablauf von drei Monaten daher keine Verpflegungspauschalen mehr beansprucht werden. Für die restliche eintägige berufliche Auswärtstätigkeit bei den verschiedenen Kunden im Großraum K gilt dies nicht. Die Tätigkeitszeit in der Filiale in K kann für die Ermittlung der erforderlichen Mindestabwesenheitszeit von mehr als 8 Stunden nach Ablauf von 3 Monaten nicht mehr berücksichtigt werden, sondern ist abzuziehen. Ab dem vierten Monat kommt es für die Ermittlung der Abwesenheitszeiten der eintägigen Auswärtstätigkeit daher jeweils auf die Dauer der Abwesenheit von der Wohnung, abzüglich der Tätigkeitszeit(en) in der Filiale in K an.

56 Bei beruflichen Tätigkeiten auf mobilen, nicht ortsfesten betrieblichen Einrichtungen wie z. B. Fahrzeugen, Flugzeugen, Schiffen findet die Dreimonatsfrist keine Anwendung. Entsprechendes gilt für eine Tätigkeit in einem weiträumigen Tätigkeitsgebiet.

57 Die Regelungen zu den Verpflegungspauschalen sowie die Dreimonatsfrist gelten auch bei einer doppelten Haushaltsführung (§ 9 Abs. 4 a Satz 12 EStG).

### c) Pauschalbesteuerung, § 40 Abs. 2 Satz 1 Nr. 4 EStG

58 Der Arbeitgeber kann die Lohnsteuer mit einem Pauschsteuersatz von 25 % erheben, wenn dem Arbeitnehmer anlässlich einer Auswärtstätigkeit i. S. v. § 9 Abs. 4 a Satz 3, 5 und 6 EStG Vergütungen für Verpflegungsmehraufwendungen gezahlt werden, soweit diese die dem Arbeitnehmer zustehenden Verpflegungspauschalen ohne Anwendung der Kürzungsregelung nach § 9 Abs. 4 a Satz 8 bis 10 EStG um nicht mehr als 100 % übersteigen.

59 Soweit nach Ablauf der Dreimonatsfrist eine steuerfreie Erstattung von Verpflegungsmehraufwendungen nicht mehr möglich ist, kommt eine Pauschalbesteuerung nach § 40 Abs. 2 Satz 1 Nr. 4 EStG nicht in Betracht.

**Beispiel 42:**

Der Arbeitnehmer A erhält während einer ununterbrochenen viermonatigen Auswärtstätigkeit von seinem Arbeitgeber Vergütungen für Verpflegungsmehraufwendungen in Höhe von 56 € für jeden vollen Kalendertag. Für An- und Abreisetage reduziert sich diese Vergütung auf 28 € pro Tag. Während seiner Auswärtstätigkeit wird dem Arbeitnehmer kostenlos eine Unterkunft vom Arbeitgeber zur Verfügung gestellt.

In den ersten drei Monaten ist die Verpflegungspauschale für die vollen Kalendertage in Höhe von 28 € und für die An- und Abreisetage jeweils in Höhe von 14 € steuerfrei. Der Mehrbetrag von 28 € bzw. 14 € kann mit 25 % pauschal versteuert werden. Ab dem vierten Monat sind die vom Arbeitgeber gezahlten Verpflegungsvergütungen von täglich 56 € bzw. 28 € wegen des Ablaufs der Dreimonatsfrist in voller Höhe als Arbeitslohn individuell zu versteuern.

60 Für Verpflegungszuschüsse, die während einer doppelten Haushaltsführung gezahlt werden (§ 9 Abs. 4 a Satz 12 EStG), ist die Pauschalbesteuerung nach § 40 Abs. 2 Satz 1 Nr. 4 EStG nicht zulässig.

## 3. Vereinfachung der steuerlichen Erfassung der vom Arbeitgeber zur Verfügung gestellten Mahlzeiten während einer auswärtigen Tätigkeit

### a) Bewertung und Besteuerungsverzicht bei üblichen Mahlzeiten, § 8 Abs. 2 Satz 8 und 9 EStG

Eine vom Arbeitgeber während einer beruflich veranlassten Auswärtstätigkeit zur Verfügung gestellte „übliche" Mahlzeit wird mit dem amtlichen Sachbezugswert nach § 2 der Sozialversicherungsentgeltverordnung bewertet. Entsprechendes gilt für die bei einer beruflich veranlassten doppelten Haushaltsführung vom Arbeitgeber zur Verfügung gestellten „üblichen" Mahlzeiten. Als „üblich" gilt eine Mahlzeit, deren Preis 60 € nicht übersteigt (§ 8 Abs. 2 Satz 8 EStG). Hierbei sind auch die zur Mahlzeit eingenommenen Getränke einzubeziehen. Die Preisgrenze von 60 € gilt unabhängig davon, ob die Mahlzeit im Inland oder im Ausland zur Verfügung gestellt wird. 61

Mahlzeiten mit einem Preis von über 60 € dürfen nicht mit dem amtlichen Sachbezugswert bewertet werden. Bei einer solchen Mahlzeit wird typisierend unterstellt, dass es sich um ein „Belohnungsessen" (R 8.1 Abs. 8 Nr. 2 LStR 2015) handelt. Belohnungsessen sind mit dem tatsächlichen Preis als Arbeitslohn (§ 8 Abs. 2 Satz 1 EStG) anzusetzen. 62

Für die Prüfung der 60 €-Grenze kommt es auf den Preis der Mahlzeit (einschließlich Umsatzsteuer) an, den der Dritte dem Arbeitgeber in Rechnung stellt. Zuzahlungen des Arbeitnehmers sind bei der Prüfung der 60 €-Grenze nicht zu berücksichtigen. Ist der Preis der Mahlzeit in einem Gesamtpreis, z. B. einer Fortbildungsveranstaltung, enthalten und in der Rechnung eines Dritten nicht beziffert, ist nach dem Gesamtbild der Verhältnisse im Einzelfall zu beurteilen, ob es sich um eine „übliche" Beköstigung i. S. d. § 8 Abs. 2 Satz 8 EStG gehandelt hat oder ob ein höherer Wert der Mahlzeit als 60 € anzunehmen ist. 63

Die für eine unmittelbar vom Arbeitgeber abgegebene Mahlzeit maßgeblichen Grundsätze gelten auch, wenn eine Mahlzeit auf Veranlassung des Arbeitgebers von einem Dritten an den Arbeitnehmer abgegeben wird. Die Gestellung einer Mahlzeit ist vom Arbeitgeber veranlasst, wenn er Tag und Ort der Mahlzeitengestellung bestimmt. Das ist insbesondere dann der Fall, wenn 64

- er die Verpflegungskosten im Hinblick auf die beruflich veranlasste Auswärtstätigkeit des Arbeitnehmers dienst- oder arbeitsrechtlich erstattet und
- die Rechnung auf den Arbeitgeber ausgestellt ist oder es sich um eine Kleinbetragsrechnung i. S. d. § 14 UStG i. V. m. § 33 UStDV handelt, die als Beleg zur Buchführung des Arbeitgebers vorliegt oder vorgelegen hat und gesichert wurde.

Zu den vom Arbeitgeber zur Verfügung gestellten Mahlzeiten (Rz. 73 ff.) gehören auch die z. B. im Flugzeug, im Zug oder auf einem Schiff im Zusammenhang mit der Beförderung unentgeltlich angebotenen Mahlzeiten, sofern die Rechnung für das Beförderungsticket auf den Arbeitgeber ausgestellt ist und von diesem dienst- oder arbeitsrechtlich erstattet wird. Die Verpflegung muss dabei nicht offen auf der Rechnung ausgewiesen werden. Lediglich dann, wenn z. B. anhand des gewählten Beförderungstarifs feststeht, dass es 65 sich um eine reine Beförderungsleistung handelt, bei der keine Mahlzeiten unentgeltlich angeboten werden, liegt keine Mahlzeitengestellung vor.

66 Die steuerliche Erfassung einer solchen üblichen Mahlzeit als Arbeitslohn ist ausgeschlossen, wenn der Arbeitnehmer für die betreffende Auswärtstätigkeit dem Grunde nach eine Verpflegungspauschale i. S. d. § 9 Abs. 4 a EStG als Werbungskosten geltend machen könnte. Auf die Höhe der tatsächlich als Werbungskosten anzusetzenden Verpflegungspauschale kommt es nicht an. Ebenso ist eine mögliche Kürzung des Werbungskostenabzugs nach § 9 Abs. 4 a Satz 8 ff. EStG wegen der Gestellung einer Mahlzeit unerheblich.

67 Im Ergebnis unterbleibt die Erfassung der mit dem Sachbezugswert bewerteten Mahlzeit bereits immer dann, wenn der Arbeitnehmer anlässlich einer beruflich veranlassten Auswärtstätigkeit eine Verpflegungspauschale beanspruchen kann, weil er innerhalb der Dreimonatsfrist nach § 9 Abs. 4 a Satz 6 EStG nachweislich mehr als acht Stunden von seiner Wohnung und der ersten Tätigkeitsstätte abwesend ist oder eine mehrtägige Auswärtstätigkeit mit Übernachtung vorliegt. Nach Ablauf der Dreimonatsfrist ist die Gestellung einer Mahlzeit grundsätzlich als Arbeitslohn zu erfassen.

**Beispiel 43:**

Der Arbeitnehmer A nimmt auf Veranlassung seines Arbeitgebers an einem zweitägigen Seminar mit Übernachtung teil. Die Hotelrechnung ist auf den Arbeitgeber ausgestellt. Der Arbeitgeber erstattet die vom Arbeitnehmer verauslagten Übernachtungskosten von 100 € incl. 20 € für ein Frühstück mit der Reisekostenabrechnung des Arbeitnehmers. Die auf den Arbeitgeber ausgestellte Rechnung des Seminarveranstalters hat der Arbeitgeber unmittelbar bezahlt. Darin enthalten ist für beide Seminartage jeweils ein für derartige Veranstaltungen typisches Mittagessen, dessen Preis in der Rechnung nicht gesondert ausgewiesen ist.

Der Arbeitnehmer A erhält sowohl das Frühstück als auch die beiden Mittagessen auf Veranlassung seines Arbeitgebers. Für den An- und den Abreisetag steht ihm grundsätzlich jeweils eine Verpflegungspauschale i. H. v. 14 € zu.

Obgleich der Preis der Mittagessen in der Rechnung des Seminarveranstalters nicht beziffert ist, kann aufgrund der Art und Durchführung der Seminarveranstaltung von einer üblichen Beköstigung ausgegangen werden, deren Preis 60 € nicht übersteigt. Die Mahlzeiten sind daher nicht als Arbeitslohn zu erfassen und die Verpflegungspauschale des Arbeitnehmers im Hinblick auf die zur Verfügung gestellten Mahlzeiten nach § 9 Abs. 4 a Satz 8 EStG zu kürzen (vgl. Rz. 73 ff.).

68 Eine vom Arbeitgeber oder auf dessen Veranlassung von einem Dritten abgegebene Mahlzeit mit einem höheren Preis als 60 € ist stets als Arbeitslohn zu erfassen. Das gilt auch dann, wenn der Preis der Mahlzeit zwar nicht offen in Rechnung gestellt, nach dem Gesamtbild der Umstände aber als unüblich i. S. d. § 8 Abs. 2 Satz 8 EStG anzusehen ist und ein Wert der Mahlzeit von mehr als 60 € unterstellt werden kann. Im Zweifel ist der Wert der Mahlzeit zu schätzen. Eine unübliche Mahlzeit ist als Arbeitslohn zu erfassen, unabhängig davon, ob der Arbeitnehmer für die betreffende Auswärtstätigkeit eine Verpflegungspauschale als Werbungskosten geltend machen kann.

**Beispiel 44:**

Der Arbeitnehmer A nimmt im Auftrag seines Arbeitgebers an einer eintägigen Podiumsdiskussion mit anschließender Abendveranstaltung teil. Die auf den Arbeitgeber ausgestellte Rechnung des Veranstalters hat der Arbeitgeber unmittelbar bezahlt. Darin enthalten sind die Kosten für ein Galadinner, das mit 80 € separat ausgewiesen ist. Der Arbeitnehmer ist mehr als acht Stunden von seiner Wohnung und seiner ersten Tätigkeitsstätte abwesend. Der Arbeitnehmer erhält das Galadinner vom Veranstalter der Podiumsdiskussion auf Veranlassung seines Arbeitgebers. Angesichts der Kosten von mehr als 60 € ist von einem Belohnungsessen auszugehen (unübliche Beköstigung gemäß § 8 Abs. 2 Satz 8 EStG), so dass die dafür berechneten 80 € als Arbeitslohn anzusetzen sind. Der Arbeitnehmer kann als Werbungskosten eine ungekürzte Verpflegungspauschale i. H. v. 14 € geltend machen.

Der Ansatz einer nach § 8 Abs. 2 Satz 8 EStG mit dem amtlichen Sachbezugswert bewerteten Mahlzeit als Arbeitslohn setzt voraus, dass es sich um eine übliche Mahlzeit handelt und der Arbeitnehmer keine Verpflegungspauschale beanspruchen kann; dies liegt regelmäßig vor, wenn er nicht mehr als acht Stunden außerhalb seiner Wohnung und seiner ersten Tätigkeitsstätte beruflich tätig ist oder die Dreimonatsfrist nach § 9 Abs. 4 a Satz 6 EStG überschritten ist. **69**

Zahlt der Arbeitnehmer in diesen Fällen ein Entgelt für die erhaltene Mahlzeit, mindert dieses Entgelt den steuerpflichtigen geldwerten Vorteil. Es ist nicht zu beanstanden, wenn der Arbeitgeber ein vereinbartes Entgelt für die Mahlzeit im Rahmen der Lohnabrechnung unmittelbar aus dem Nettoentgelt des Arbeitnehmers entnimmt. Übersteigt das vom Arbeitnehmer gezahlte Entgelt den maßgebenden Sachbezugswert oder entspricht es dem Sachbezugswert, verbleibt kein steuerpflichtiger geldwerter Vorteil. Der den Sachbezugswert übersteigende Betrag darf nicht als Werbungskosten abgezogen werden. **70**

Gleiches gilt, wenn der Arbeitnehmer bei der Gestellung einer Mahlzeit auf Veranlassung des Arbeitgebers ein zuvor vereinbartes Entgelt unmittelbar an den Dritten entrichtet. Es muss sich hierbei aber um ein Entgelt des Arbeitnehmers handeln. Wird das vom Dritten in Rechnung gestellte Entgelt zunächst vom Arbeitnehmer verauslagt und diesem anschließend vom Arbeitgeber erstattet, handelt es sich nicht um ein Entgelt des Arbeitnehmers. Das gilt insbesondere für den auf den Arbeitgeber ausgestellten Rechnungsbetrag. **71**

**Beispiel 45:**

Der Arbeitnehmer A nimmt auf Veranlassung seines Arbeitgebers an einem zweitägigen Seminar mit Übernachtung teil. Die auf den Arbeitgeber ausgestellte Hotelrechnung von 100 € incl. 20 € für ein Frühstück wird zunächst vom Arbeitnehmer bezahlt. Der Arbeitgeber erstattet dem Arbeitnehmer die Übernachtungskosten incl. Frühstück mit der Reisekostenabrechnung.

Im Hinblick auf die Rechnungsstellung und spätere Erstattung der Auslagen durch den Arbeitgeber handelt es sich bei dem in der Hotelrechnung für das Frühstück enthaltenen Kostenanteil nicht um ein Entgelt des Arbeitnehmers. Da es sich bei den zur Verfügung gestellten Mahlzeiten um übliche Mahlzeiten handelt, sind diese nicht als Arbeitslohn zu erfassen; beim Werbungskostenabzug des Arbeitnehmers sind die Verpflegungspauschalen entsprechend zu kürzen (für den zweiten Tag zustehende Verpflegungspauschale um 5,60 €).

**Beispiel 46:**

Der Arbeitnehmer A wird für sechs Monate von seinem Arbeitgeber an einen Tochterbetrieb im Inland entsandt. Für die Zeit der Entsendung übernachtet der Arbeitnehmer während der Woche in einem Hotel in der Nähe des Tochterbetriebs. Das Hotel stellt dem Arbeitgeber pro Übernachtung 70 € zuzüglich 10 € für ein Frühstück in Rechnung, das der Arbeitnehmer zunächst verauslagt und dann im Rahmen der Reisekostenabrechnung von seinem Arbeitgeber erstattet erhält. Es liegt eine beruflich veranlasste Auswärtstätigkeit vor. Der Arbeitnehmer erhält das Frühstück jeweils auf Veranlassung seines Arbeitgebers.

Für die ersten drei Monate der Auswärtstätigkeit stehen dem Arbeitnehmer arbeitstäglich Verpflegungspauschalen zu. Da es sich bei den zur Verfügung gestellten Mahlzeiten um übliche Mahlzeiten handelt, sind diese nicht als Arbeitslohn zu erfassen und beim Werbungskostenabzug des Arbeitnehmers die Verpflegungspauschalen entsprechend zu kürzen.

Ab dem vierten Monat der Auswärtstätigkeit stehen dem Arbeitnehmer keine Verpflegungspauschalen mehr zu. Das Frühstück ist jeweils mit dem amtlichen Sachbezugswert als Arbeitslohn zu erfassen, der nach § 40 Abs. 2 Satz 1 Nr. 1 a EStG pauschal besteuert (vgl. dazu Rz. 94 ff.) werden kann.

**Abwandlung:**

Sachverhalt wie voriges Beispiel. Allerdings zahlt der Arbeitnehmer A für das Frühstück jeweils 3 €.

Das vom Arbeitnehmer A für das Frühstück gezahlte Entgelt ist ab dem vierten Monat auf den Sachbezugswert anzurechnen. Da das Entgelt höher ist als der Sachbezugswert, unterbleibt eine Besteuerung als Arbeitslohn. Der den Sachbezugswert übersteigende Betrag darf nicht als Werbungskosten abgezogen werden.

72 Die Vorteile aus der Teilnahme des Arbeitnehmers an einer geschäftlich veranlassten Bewirtung i. S. d. § 4 Abs. 5 Satz 1 Nr. 2 EStG gehören nicht zum Arbeitslohn (R 8.1 Abs. 8 Nr. 1 LStR 2015). Entsprechendes gilt für die im ganz überwiegend eigenbetrieblichen Interesse des Arbeitgebers abgegebenen Mahlzeiten. Hierzu gehören insbesondere die Teilnahme an einem Arbeitsessen (R 19.6 Abs. 2 Satz 2 LStR 2015) sowie die bei einer üblichen Betriebsveranstaltung (§ 19 Abs. 1 Satz 1 Nr. 1 a EStG) abgegebenen Mahlzeiten.

**b) Kürzung der Verpflegungspauschalen, § 9 Abs. 4 a Satz 8 bis 10 EStG**

**aa) Kürzung bei Mahlzeitengestellung**

73 Der Arbeitnehmer kann für ihm tatsächlich entstandene Mehraufwendungen für Verpflegung auf Grund einer beruflich veranlassten Auswärtstätigkeit Verpflegungspauschalen als Werbungskosten ansetzen oder in entsprechender Höhe einen steuerfreien Arbeitgeberersatz erhalten. Die Höhe der Verpflegungspauschalen ist nach der Abwesenheitszeit des Arbeitnehmers von seiner Wohnung und seiner ersten Tätigkeitsstätte gestaffelt. Das Merkmal „tatsächlich entstandene" Mehraufwendungen bringt dabei zum Ausdruck, dass die Verpflegungspauschalen nicht mehr zum Ansatz kommen, soweit der Arbeitnehmer während seiner beruflichen Auswärtstätigkeit durch den Arbeitgeber „verpflegt" wird.[1] Eine Prüfungspflicht hinsichtlich der Höhe der tatsächlich entstandenen Aufwendungen besteht nicht. Wird dem Arbeitnehmer von seinem Arbeitgeber oder auf dessen Veranlassung von einem Dritten eine Mahlzeit zur Verfügung gestellt, wird der Werbungskostenabzug tageweise gekürzt, und zwar

– um 20 % für ein Frühstück und

– um jeweils 40 % für ein Mittag- und Abendessen

der für die 24-stündige Abwesenheit geltenden höchsten Verpflegungspauschale. Das entspricht für Auswärtstätigkeiten im Inland einer Kürzung der jeweils zustehenden Verpflegungspauschale um 5,60 € für ein Frühstück und jeweils 11,20 € für ein Mittag- und Abendessen. Diese typisierende, pauschale Kürzung der Verpflegungspauschale ist tagesbezogen und maximal bis auf 0 € vorzunehmen.

74 Eine Mahlzeit, die zur Kürzung der Verpflegungspauschale führt, kann auch ein vom Arbeitgeber zur Verfügung gestellter Imbiss z. B. belegte Brötchen, Kuchen und Obst sein. Die z. B. auf Flügen gereichten kleinen Tüten mit Chips, Salzgebäck, Schokowaffeln, Müsliriegel oder bei anderen Anlässen zur Verfügung gestellte vergleichbare Knabbereien und unbelegte Backwaren

---

[1] **Amtl. Anm.:** § 9 Abs. 4a S. 8 EStG gilt auch, wenn der Arbeitnehmer nicht über eine erste Tätigkeitsstätte verfügt, siehe BFH v. 12.7.2021, BStBl. I S. 642.

(BFH-Urteil vom 3. Juli 2019 VI R 36/17, BStBl. 2020 II S. 783) erfüllen nicht die Kriterien für eine Mahlzeit. Sie führen zu keiner Kürzung der Pauschalen. Eine feste zeitliche Grenze für die Frage, ob ein Frühstück, Mittag- oder Abendessen zur Verfügung gestellt wird, gibt es nicht. Maßstab für die Einordnung ist vielmehr, ob die zur Verfügung gestellte Verpflegung an die Stelle einer der genannten Mahlzeiten tritt, welche üblicherweise zu der entsprechenden Zeit eingenommen wird.

Ob die vom Arbeitgeber zur Verfügung gestellte Mahlzeit vom Arbeitnehmer tatsächlich eingenommen wird oder die Aufwendungen für die vom Arbeitgeber gestellte Mahlzeit niedriger sind als der jeweilige pauschale Kürzungsbetrag, ist für die Kürzung der Verpflegungspauschalen unbeachtlich. Das Zurverfügungstellen einer Mahlzeit durch den Arbeitgeber (oder auf dessen Veranlassung durch einen Dritten) i. S. v. § 9 Abs. 4 a Satz 8 EStG erfordert nicht, dass der Arbeitnehmer die Mahlzeit auch tatsächlich einnimmt. Aus welchen Gründen der Arbeitnehmer eine ihm von seinem Arbeitgeber zur Verfügung gestellte Mahlzeit nicht einnimmt, ist insoweit ebenfalls unerheblich (BFH-Urteil vom 7. Juli 2020 VI R 16/18, BStBl. II S. 788). Die gesetzlich vorgeschriebene pauschale Kürzung unterbleibt nur, wenn der Arbeitgeber keine Mahlzeit zur Verfügung stellt, z. B. weil er die entsprechende Mahlzeit abbestellt oder der Arbeitnehmer die Mahlzeit selbst veranlasst und bezahlt. 75

**Beispiel 47:**

Der Arbeitnehmer A ist von 9.00 Uhr bis 18.00 Uhr auswärts bei verschiedenen Kunden beruflich tätig. In der Mittagspause kauft er sich eine Pizza und ein Wasser für 8 €.

Da A anlässlich einer eintägigen beruflichen Auswärtstätigkeit mehr als acht Stunden von seiner Wohnung abwesend ist, könnte er eine Verpflegungspauschale von 14 € beanspruchen. Würde A die Rechnung für die mittags verzehrte Pizza und das Wasser seinem Arbeitgeber vorlegen und von diesem erstattet bekommen, könnte A neben 8 € Erstattungsbetrag nur noch eine gekürzte Verpflegungspauschale von 2,80 € (14 € – 11,20 €) beanspruchen.

Bei der Hingabe von Essenmarken durch den Arbeitgeber im Rahmen einer beruflichen Auswärtstätigkeit des Arbeitnehmers handelt es sich innerhalb der Dreimonatsfrist nicht um eine vom Arbeitgeber gestellte Mahlzeit, sondern lediglich um eine Verbilligung der vom Arbeitnehmer selbst veranlassten und bezahlten Mahlzeit. Nach Ablauf der Dreimonatsfrist sind die an diese Arbeitnehmer ausgegebenen Essenmarken (Essensgutscheine, Restaurantschecks) abweichend von R 8.1 Abs. 7 Nr. 4 Buchst. a Satz 1 Doppelbuchst. dd LStR 2015 mit dem maßgebenden Sachbezugswert zu bewerten. Der Ansatz des Sachbezugswerts setzt voraus, dass die übrigen Voraussetzungen der R 8.1 Abs. 7 Nr. 4 Buchst. a LStR 2015 vorliegen. 76

**Beispiel 48:**

Der Arbeitnehmer A ist auf einer dreitägigen Auswärtstätigkeit. Der Arbeitgeber hat für den Arbeitnehmer in einem Hotel zwei Übernachtungen jeweils mit Frühstück sowie am Zwischentag ein Mittag- und ein Abendessen gebucht und bezahlt. Der Arbeitnehmer A erhält vom Arbeitgeber keine weiteren Reisekostenerstattungen.

Der Arbeitgeber hat keinen geldwerten Vorteil für die Mahlzeiten zu versteuern. Der Arbeitnehmer kann für die Auswärtstätigkeit folgende Verpflegungspauschalen als Werbungskosten geltend machen:

| | | |
|---|---|---|
| Anreisetag: | | 14,00 € |
| Zwischentag: | 28,00 € | |
| Kürzung: Frühstück | –5,60 € | |
| Mittagessen | –11,20 € | |
| Abendessen | –11,20 € | |
| verbleiben für Zwischentag | | 0,00 € |
| Abreisetag: | 14,00 € | |
| Kürzung: Frühstück | –5,60 € | |
| verbleiben für den Abreisetag | | 8,40 € |
| Insgesamt abziehbar | | 22,40 € |

**Beispiel 49:**

Der Werbegrafiker W arbeitet von 10.00 Uhr bis 20.00 Uhr in seinem Büro in B (erste Tätigkeitsstätte), anschließend fährt er noch zu einem Geschäftstermin in C. Der Termin erstreckt sich bis 3.00 Uhr des Folgetags. W kehrt um 4.30 Uhr in seine Wohnung zurück. Zu Beginn des Geschäftstermins nimmt W an einem Abendessen teil, welches vom Arbeitgeber des W bestellt und bezahlt wird.

W ist bei seiner beruflichen Tätigkeit mehr als acht Stunden auswärts tätig. Dass sich diese Abwesenheit über zwei Kalendertage ohne Übernachtung erstreckt, ist unschädlich. Die Abwesenheitszeiten werden zusammengerechnet und dem zweiten Kalendertag zugeordnet, da an diesem Tag der überwiegende Teil der Abwesenheit stattgefunden hat. Die Verpflegungspauschale von 14 € für die berufliche Abwesenheit von mehr als acht Stunden über Nacht ist allerdings um 11,20 € zu kürzen; dass die Mahlzeit am ersten Tag vom Arbeitgeber gestellt wird und die Verpflegungspauschale dem Folgetag (Tag an dem die Auswärtstätigkeit endet) zuzuordnen ist, ist dabei unbeachtlich; dem Arbeitnehmer wird im Zusammenhang mit der beruflichen Auswärtstätigkeit, für die er die Verpflegungspauschale beanspruchen kann, eine Mahlzeit vom Arbeitgeber gestellt.

### bb) Kürzung bei teilweiser Kostenerstattung

77 Eine Kürzung der Verpflegungspauschalen ist auch dann vorzunehmen, wenn der Arbeitgeber die dem Arbeitnehmer zustehende Reisekostenvergütung lediglich gekürzt ausbezahlt. Nur ein für die Gestellung der Mahlzeit vereinbartes und vom Arbeitnehmer tatsächlich gezahltes Entgelt mindert den Kürzungsbetrag. Es ist hierbei nicht zu beanstanden, wenn der Arbeitgeber das für die Mahlzeit vereinbarte Entgelt unmittelbar aus dem Nettolohn des Arbeitnehmers entnimmt. Gleiches gilt, wenn der Arbeitgeber das Entgelt mit der dem Arbeitnehmer dienst- oder arbeitsrechtlich zustehenden Reisekostenerstattung verrechnet.

**Beispiel 50:**

Der Arbeitnehmer A ist auf einer dreitägigen Auswärtstätigkeit. Der Arbeitgeber hat für den Arbeitnehmer A in einem Hotel zwei Übernachtungen jeweils mit Frühstück sowie am Zwischentag ein Mittag- und ein Abendessen gebucht und bezahlt. Zusätzlich möchte der Arbeitgeber eine steuerfreie Reisekostenerstattung zahlen. Für die vom Arbeitgeber veranlassten und bezahlten Mahlzeiten soll jeweils der geltende Sachbezugswert (2020: Frühstück jeweils 1,80 € und Mittag-/Abendessen jeweils 3,40 €) einbehalten werden.

Der Arbeitgeber hat keinen geldwerten Vorteil für die Mahlzeiten zu versteuern. Der Arbeitgeber kann für die Auswärtstätigkeit höchstens noch folgende Beträge zusätzlich für die Verpflegung steuerfrei auszahlen:

| | | |
|---|---|---|
| Anreisetag: | | 14,00 € |
| Zwischentag: | 28,00 € | |
| Kürzung: Frühstück | –5,60 € | |
| Mittagessen | –11,20 € | |
| Abendessen | –11,20 € | |

| | | | |
|---|---|---|---|
| verbleiben für Zwischentag | | | 0,00 € |
| Abreisetag: | | 14,00 € | |
| Kürzung: | Frühstück | –5,60 € | |
| verbleiben für den Abreisetag | | | 8,40 € |
| Insgesamt steuerfrei auszahlbar | | | 22,40 € |

Zahlt der Arbeitgeber angesichts der Mahlzeitengestellung nur eine (z. B. um die amtlichen Sachbezugswerte für zwei Frühstücke je 1,80 €, ein Mittagessen je 3,40 € und ein Abendessen je 3,40 € zusammen also um 10,40 €) gekürzte steuerfreie Reisekostenerstattung von 12,00 € an seinen Arbeitnehmer, kann der Arbeitnehmer die Differenz von 10,40 € als Werbungskosten geltend machen. In diesem Fall hat der Arbeitnehmer einen arbeitsrechtlichen Anspruch (nur) auf eine gekürzte Reisekostenerstattung.

| | | | |
|---|---|---|---|
| Anreisetag: | | | 14,00 € |
| Zwischentag: | | 28,00 € | |
| Kürzung: | Frühstück | –5,60 € | |
| | Mittagessen | –11,20 € | |
| | Abendessen | –11,20 € | |
| verbleiben für Zwischentag | | | 0,00 € |
| Abreisetag: | | 14,00 € | |
| Kürzung: | Frühstück | –5,60 € | |
| verbleiben für den Abreisetag | | | 8,40 € |
| Insgesamt Verpflegungspauschalen | | | 22,40 € |
| abzüglich steuerfreie Reisekostenerstattung | | | –12,00 € |
| verbleiben als Werbungskosten | | | 10,40 € |

Behält der Arbeitgeber die Sachbezugswerte (1,80 € + 3,40 € + 3,40 € + 1,80 € = 10,40 €) z. B. von den ungekürzten Verpflegungspauschalen (14,00 € + 28,00 € + 14,00 € = 56 €) ein und zahlt nur eine gekürzte Reisekostenerstattung von 45,60 € (56,00 € – 10,40 €) an den Arbeitnehmer, können ebenfalls höchstens 22,40 € steuerfrei erstattet werden. Der darüber hinausgehende, vom Arbeitgeber ausgezahlte Betrag von 23,20 € (= 45,60 € – 22,40 €) ist pauschal (nach § 40 Abs. 2 Satz 1 Nr. 4 EStG höchstens bis zu 56,00 €) oder individuell zu besteuern.

Zahlt der Arbeitgeber eine ungekürzte steuerfreie Reisekostenerstattung von 22,40 €, zieht hiervon aber im Wege der Verrechnung ein Entgelt für die gestellten Mahlzeiten in Höhe der amtlichen Sachbezugswerte (1,80 € + 3,40 € + 3,40 € + 1,80 € = 10,40 €) ab, ist die Kürzung der steuerlichen Verpflegungspauschalen um die verrechneten Entgelte zu kürzen, im Gegenzug aber die steuerfreie Reisekostenerstattung von 22,40 € von den steuerlichen Pauschalen abzuziehen. Zwar erhält der Arbeitnehmer nur 12,00 € vom Arbeitgeber ausgezahlt, dies ist aber wirtschaftlich die Differenz aus 22,40 € steuerfreie Reisekostenerstattung und 10,40 € Entgelt für die gestellten Mahlzeiten. In diesem Fall hat der Arbeitnehmer einen arbeitsrechtlichen Anspruch auf eine ungekürzte steuerfreie Reisekostenerstattung, die der Arbeitgeber aber im Rahmen der Erfüllung dieses Erstattungsanspruchs mit seinem Anspruch auf das für die Mahlzeiten vereinbarte Entgelt aufrechnet. Die arbeitgeberinterne Verrechnung ändert nicht den wirtschaftlichen Charakter oder die Anspruchsgrundlage der Reisekostenerstattung.

| | | | | |
|---|---|---|---|---|
| Anreisetag: | | | | 14,00 € |
| Zwischentag: | | 28,00 € | | |
| Kürzung: | Frühstück | –3,80 € | (5,60 € – 1,80 €) | |
| | Mittagessen | –7,80 € | (11,20 € – 3,40 €) | |
| | Abendessen | –7,80 € | (11,20 € – 3,40 €) | |
| verbleiben für den Zwischentag | | | | 8,60 € |

| | | | | |
|---|---|---|---|---|
| Abreisetag: | | 14,00 € | | |
| Kürzung: | Frühstück | –3,80 € | (5,60 € – 1,80 €) | |
| verbleiben für den Abreisetag | | | | 10,20 € |
| Insgesamt Verpflegungspauschalen | | | | 32,80 € |
| abzüglich steuerfreie Reisekostenerstattung | | | | –22,40 € |
| verbleiben als Werbungskosten | | | | 10,40 € |

Zahlt der Arbeitgeber eine ungekürzte Reisekostenerstattung von 56 € und zieht hiervon das für die Mahlzeiten vereinbarte Entgelt in Höhe der Sachbezugswerte im Wege der Verrechnung ab (56,00 € – 10,40 € = 45,60 €), ändert dies nichts an der Berechnung der dem Arbeitnehmer steuerlich zustehenden Verpflegungspauschalen. In diesem Fall können ebenfalls 32,80 € steuerfrei erstattet werden. Der darüber hinausgehende, dem Arbeitnehmer arbeitsrechtlich zustehende Erstattungsbetrag von 23,20 € (= 56,00 € – 32,80 €) ist pauschal (nach § 40 Abs. 2 Satz 1 Nr. 4 EStG höchstens bis zu 56,00 €) oder individuell zu besteuern.

**Abwandlung 1:**
Wie Beispiel 50 Ausgangsfall, allerdings zahlt der Arbeitnehmer A für das Frühstück je 6 € und für das Mittag- und das Abendessen je 7 €.

| | | | | |
|---|---|---|---|---|
| Anreisetag: | | | | 14,00 € |
| Zwischentag: | | 28,00 € | | |
| Kürzung: | Frühstück | –0,00 € | (5,60 € – 6,00 €) | |
| | Mittagessen | –4,20 € | (11,20 € – 7,00 €) | |
| | Abendessen | –4,20 € | (11,20 € – 7,00 €) | |
| verbleiben für den Zwischentag | | | | 19,60 € |
| Abreisetag: | | 14,00 € | | |
| Kürzung: | Frühstück | –0,00 € | (5,60 € – 6,00 €) | |
| verbleiben für den Abreisetag | | | | 14,00 € |
| Insgesamt steuerfrei auszahlbar | | | | 47,60 € |

**Abwandlung 2:**
Sachverhalt wie Beispiel 50 Ausgangsfall, allerdings zahlt der Arbeitnehmer für die volle Verpflegung am Zwischentag pauschal 19,00 €.

| | | |
|---|---|---|
| Anreisetag: | | 14,00 € |
| Zwischentag: | 28,00 € | |
| Kürzung: Tagesverpflegung (28 € – 19 €) | –9,00 € | |
| verbleiben für den Zwischentag | | 19,00 € |
| Abreisetag: | 14,00 € | |
| Kürzung: Frühstück | –5,60 € | |
| verbleiben für den Abreisetag | | 8,40 € |
| Insgesamt steuerfrei auszahlbar | | 41,40 € |

**Beispiel 51:**
Der Arbeitnehmer ist während einer eintägigen Auswärtstätigkeit von 5.00 Uhr bis 2.00 Uhr abwesend. Der Arbeitgeber stellt am Reisetag zwei Mahlzeiten (Mittag- und Abendessen) zur Verfügung. Für eintägige Auswärtstätigkeiten erstattet der Arbeitgeber dem Arbeitnehmer einen Verpflegungsmehraufwand von 30,00 €.
Aufgrund der Kürzung der Verpflegungspauschale verbleibt kein steuerfreier Reisekostenersatz für Verpflegungsmehraufwendungen.

| | | | |
|---|---|---|---|
| Verpflegungspauschale: | | | 14,00 € |
| Kürzung: | Mittagessen | –11,20 € | |
| | Abendessen | –11,20 € | |
| verbleibt Verpflegungspauschale: | | | 0,00 € |

Die Erstattung des Verpflegungsmehraufwands durch den Arbeitgeber ist in Höhe von 30,00 € grundsätzlich steuerpflichtiger Arbeitslohn. Nach § 40 Abs. 2 Satz 1 Nr. 4 EStG kann der Arbeitgeber einen Betrag von 14,00 € (100% des in § 9 Abs. 4a Satz 3 Nr. 2 EStG genannten Betrags) pauschal mit 25% besteuern. Die verbleibenden 16,00 € (30,00 € abzüglich 14,00 €) sind nach den persönlichen Besteuerungsmerkmalen des Arbeitnehmers individuell zu besteuern.

Zuzahlungen des Arbeitnehmers sind jeweils vom Kürzungsbetrag derjenigen Mahlzeit abzuziehen, für die der Arbeitnehmer das Entgelt zahlt. Übersteigt das vom Arbeitnehmer für die Mahlzeit gezahlte Entgelt den Kürzungsbetrag, entfällt für diese Mahlzeit die Kürzung des Werbungskostenabzugs. Eine Verrechnung etwaiger Überzahlungen des Arbeitnehmers mit Kürzungsbeträgen für andere Mahlzeiten ist nicht zulässig. 78

**Beispiel 52:**

Der Arbeitnehmer A ist auf einer dreitägigen Auswärtstätigkeit. Der Arbeitgeber hat für den Arbeitnehmer in einem Hotel zwei Übernachtungen jeweils mit Frühstück sowie am Zwischentag ein Mittag- und ein Abendessen gebucht und bezahlt. Der Arbeitnehmer A zahlt für das Mittag- und Abendessen je 12 €

| | | | | |
|---|---|---|---|---|
| Anreisetag: | | | | 14,00 € |
| Zwischentag: | | 28,00 € | | |
| Kürzung: | Frühstück | –5,60 € | | |
| | Mittagessen | –0,00 € | (11,20 € – 12,00 €) | |
| | Abendessen | –0,00 € | (11,20 € – 12,00 €) | |
| verbleiben für den Zwischentag | | | | 22,40 € |
| Abreisetag: | | 14,00 € | | |
| Kürzung: | Frühstück | –5,60 € | | |
| verbleiben für den Abreisetag | | | | 8,40 € |
| Insgesamt Verpflegungspauschalen | | | | 44,80 € |

Die Kürzung der Verpflegungspauschale ist auch dann vorzunehmen, wenn der Arbeitgeber den amtlichen Sachbezugswert der Mahlzeit pauschal besteuert hat. 79

**Beispiel 53:**

Der Arbeitnehmer A nimmt an einer eintägigen Fortbildungsveranstaltung teil. Der Arbeitgeber hat für den Arbeitnehmer A auf dieser Fortbildungsveranstaltung ein Mittagessen gebucht und bezahlt. Der Arbeitgeber besteuert das Mittagessen nach § 40 Abs. 2 Satz 1 Nr. 1a EStG pauschal, da er keine Aufzeichnungen über die Abwesenheit des Arbeitnehmers führt. Der Arbeitnehmer A erhält vom Arbeitgeber keine weiteren Reisekostenerstattungen.
Der A kann anhand seiner Bahntickets gegenüber dem Finanzamt nachweisen, dass er für die Fortbildung insgesamt zehn Stunden von seiner Wohnung und seiner ersten Tätigkeitsstätte abwesend war. Er kann für die Fortbildung folgende Verpflegungspauschalen als Werbungskosten abziehen:

| | |
|---|---|
| eintägige Auswärtstätigkeit: | 14,00 € |
| Kürzung: 1 × Mittagessen | –11,20 € |
| verbleiben als Verpflegungspauschale: | 2,80 € |

Erhält der Arbeitnehmer steuerfreie Erstattungen für Verpflegung vom Arbeitgeber, ist ein Werbungskostenabzug insoweit ausgeschlossen. 80

**Beispiel 54:**

Der Arbeitnehmer A ist auf einer dreitägigen Auswärtstätigkeit. Der Arbeitgeber hat für den Arbeitnehmer in einem Hotel zwei Übernachtungen jeweils mit Frühstück sowie am Zwi-

schentag ein Mittag- und ein Abendessen gebucht und bezahlt. Der Arbeitnehmer A erhält von seinem Arbeitgeber zusätzlich zu den zur Verfügung gestellten Mahlzeiten noch eine steuerfreie Reisekostenerstattung für Verpflegungsmehraufwendungen von 22,40 €.
Der Arbeitgeber muss keinen geldwerten Vorteil für die Mahlzeiten versteuern. Der A kann für die Auswärtstätigkeit keine Verpflegungspauschalen als Werbungskosten geltend machen:

| | | | |
|---|---|---|---|
| Anreisetag: | | | 14,00 € |
| Zwischentag: | | 28,00 € | |
| Kürzung: | Frühstück | –5,60 € | |
| | Mittagessen | –11,20 € | |
| | Abendessen | –11,20 € | |
| verbleiben für Zwischentag | | | 0,00 € |
| Abreisetag: | | 14,00 € | |
| Kürzung: | Frühstück | –5,60 € | |
| verbleiben für den Abreisetag | | | 8,40 € |
| Insgesamt Verpflegungspauschalen | | | 22,40 € |
| abzüglich steuerfreie Reisekostenerstattung: | | | –22,40 € |
| verbleiben als Werbungskosten: | | | 0,00 € |

81 Verpflegungspauschalen sind immer zu kürzen, wenn dem Arbeitnehmer eine Mahlzeit von seinem Arbeitgeber oder auf dessen Veranlassung von einem Dritten zur Verfügung gestellt wird (§ 9 Abs. 4 a Satz 8 EStG).

82 Die Verpflegungspauschale ist daher auch zu kürzen, wenn der Arbeitnehmer an einer geschäftlich veranlassten Bewirtung i. S. d. § 4 Abs. 5 Satz 1 Nr. 2 EStG oder an einem außerhalb der ersten Tätigkeitsstätte gewährten Arbeitsessen (R 19.6 Abs. 2 Satz 2 LStR 2015) teilnimmt und der Arbeitgeber oder auf dessen Veranlassung ein Dritter die Mahlzeit zur Verfügung stellt. Es kommt nicht darauf an, ob Vorteile aus der Gestellung derartiger Mahlzeiten zum Arbeitslohn zählen.

**Beispiel 55:**

Unternehmer U trifft sich am Samstagabend mit einigen Vertretern der Zulieferfirma Z in einem Restaurant zum Essen, um mit diesen eine geschäftliche Kooperation zu erörtern. An dem Essen nehmen auch der Vertriebsleiter und der Leiter der Konstruktionsabteilung des U teil. Jeder Teilnehmer erhält ein Menü zum Preis von 55 € einschließlich Getränke. Die Mahlzeit am Samstagabend erhalten die Arbeitnehmer des U im Rahmen einer geschäftlich veranlassten Bewirtung; sie gehört nicht zum Arbeitslohn. Sofern bei den Arbeitnehmern des U die Voraussetzungen für eine Verpflegungspauschale erfüllt wären (z. B. weil sie mehr als acht Stunden abwesend waren oder weil sie nach dem Restaurantbesuch auswärtig übernachtet haben), wäre diese um 11,20 € zu kürzen.
Für die Arbeitnehmer der Zulieferfirma Z handelt es sich ebenfalls um die Teilnahme an einer geschäftlich veranlassten Bewirtung, die auch für die Arbeitnehmer des Z keinen Arbeitslohn darstellt. Sofern die Arbeitnehmer des Z die Voraussetzungen für eine Verpflegungspauschale erfüllen, ist bei diesen keine Kürzung wegen der gestellten Mahlzeit vorzunehmen. Z selbst hat seinen Arbeitnehmern keine Mahlzeit gestellt. Da U das Essen gestellt hat, um Geschäftsbeziehungen zu Z zu knüpfen, ist das Merkmal: „ein Dritter auf Veranlassung des Arbeitgebers" nicht gegeben.

83 Nimmt der Arbeitnehmer hingegen an der geschäftlich veranlassten Bewirtung durch einen Dritten oder einem Arbeitsessen eines Dritten teil, fehlt es in aller Regel an einer durch den Arbeitgeber zur Verfügung gestellten Mahlzeit; in diesem Fall sind die Verpflegungspauschalen nicht zu kürzen.

**Beispiel 56:**

Der Mitarbeiter einer deutschen Gesellschaft nimmt an einer Vertriebsveranstaltung im Betriebssitz der italienischen Tochtergesellschaft teil (separate Firmierung). Die italienische Gesellschaft trägt sämtliche Kosten der Vertriebsveranstaltung (so z. B. Hotel, Essen, etc.). Die Verpflegungspauschalen des Arbeitnehmers der deutschen Gesellschaft sind nicht zu kürzen, weil ihm die Mahlzeiten nicht auf Veranlassung seines Arbeitgebers, sondern eines Dritten (der italienischen Tochtergesellschaft) zur Verfügung gestellt werden.

**Abwandlung:**

Die italienische Tochtergesellschaft belastet der deutschen Gesellschaft die Kosten für den Arbeitnehmer weiter.
In diesem Fall ist davon auszugehen, dass die dem Arbeitnehmer gestellten Mahlzeiten auf Veranlassung des Arbeitgebers erfolgen, was zur gesetzlich vorgeschriebenen Kürzung der Verpflegungspauschalen führt.

Da die während einer herkömmlichen Betriebsveranstaltung (§ 19 Abs. 1 Satz 1 Nr. 1 a EStG) abgegebenen Mahlzeiten in aller Regel durch den Arbeitgeber veranlasst sind, gelten die in Rz. 90 dargestellten Grundsätze entsprechend, wenn die Betriebsveranstaltung mit einer beruflichen Auswärtstätigkeit verknüpft ist. **84**

Die durch eine zusätzlich zur Betriebsveranstaltung veranlasste berufliche Auswärtstätigkeit entstehenden Fahrt- und Übernachtungskosten sowie Verpflegungsmehraufwendungen sind Reisekosten und können als Werbungskosten berücksichtigt oder in entsprechender Höhe als steuerfreier Arbeitgebererersatz erstattet werden. **85**

Die dem Arbeitgeber unmittelbar durch die Betriebsveranstaltung entstehenden Fahrt- und Übernachtungskosten sowie Verpflegungsaufwendungen sind nach den für die Betriebsveranstaltung geltenden allgemeinen Grundsätzen steuerlich zu beurteilen.

Die Kürzung der Verpflegungspauschalen unterbleibt insoweit, als Mahlzeiten vom Arbeitgeber zur Verfügung gestellt werden, deren Preis 60 € übersteigt und die daher individuell zu versteuern sind. **86**

### cc) Minderung des Kürzungsbetrags, § 9 Abs. 4 a Satz 10 EStG

Hat der Arbeitnehmer für die Mahlzeit ein Entgelt entrichtet, wird dieses Entgelt auf den Kürzungsbetrag angerechnet. Es kommt insoweit auf das tatsächlich entrichtete Entgelt an, nicht aber darauf, ob das Entgelt dem tatsächlichen Wert der Mahlzeit entsprochen oder der Arbeitnehmer die Mahlzeit verbilligt erhalten hat. **87**

Nimmt der Arbeitnehmer eine ihm vom Arbeitgeber zur Verfügung gestellte Mahlzeit nicht ein, kann ihm der Arbeitgeber eine weitere gleichartige Mahlzeit nach den Grundsätzen der Rz. 63 und 70 zur Verfügung stellen (arbeitsrechtliche Erstattung und Belegvorlage beim Arbeitgeber). Für die Betrachtung der 60 €-Grenze (Rz. 61 ff) sind die Kosten beider Mahlzeiten zusammenzurechnen. Sofern der Arbeitnehmer für eine solche weitere vom Arbeitgeber gestellte Mahlzeit eine Zuzahlung zu leisten hat, kommt eine Minderung des Kürzungsbetrags nach den Grundsätzen der Rz. 73 ff in Betracht. **88**

Ein Werbungskostenabzug des Arbeitnehmers bei seiner Einkommensteuerveranlagung durch die Vorlage von Belegen für eine auf eigene Veranlassung eingenommene Verpflegung anstelle der vom Arbeitgeber zur Verfügung **89** gestellten Mahlzeit ist ausgeschlossen. Hier bleibt es bei der typisierenden Kürzung der steuerlichen Verpflegungspauschalen (§ 9 Abs. 4 a Satz 8 EStG).

**Beispiel 57:**

Arbeitnehmer A verschläft auf dem vom Arbeitgeber gebuchten Flug das Frühstück. Nach seiner Ankunft nimmt er ein Frühstück zum Preis von 16 € im Flughafenrestaurant ein. Er reicht die Frühstücksrechnung beim Arbeitgeber ein und erhält die Kosten in voller Höhe erstattet. Damit wird auch das zweite Frühstück vom Arbeitgeber gestellt.
Die Verpflegungspauschale ist wie folgt zu berechnen:

| | |
|---|---|
| Anreisetag | 14,00 € |
| Kürzung für gestelltes Frühstück insgesamt | –5,60 € |
| verbleibende steuerfreie Verpflegungspauschale | 8,40 € |

**Abwandlung 1:**

A reicht die Frühstücksrechnung beim Arbeitgeber ein, der verlangt nun allerdings für das zweite Frühstück von A ein Entgelt in Höhe von 6 €. Der Arbeitgeber verrechnet die Kostenerstattung für das zweite Frühstück mit dem geforderten Entgelt und erstattet den übersteigenden Betrag von 10 €.

| | | |
|---|---|---|
| Anreisetag | | 14,00 € |
| Kürzung für gestelltes Frühstück | (5,60 € – 6,00 €) – 0,00 € | |
| verbleibende steuerfreie Verpflegungspauschale | | 14,00 € |

**Abwandlung 2:**

A reicht die Frühstücksrechnung beim Arbeitgeber ein, der verlangt nun für das zweite Frühstück von A ein Entgelt in Höhe von 16 €. Der Arbeitgeber verrechnet die Kostenerstattung für das zweite Frühstück mit dem geforderten Entgelt in gleicher Höhe.

| | | |
|---|---|---|
| Anreisetag | | 14,00 € |
| Kürzung für gestelltes Frühstück | (5,60 € – 16,00 €) – 0,00 € | |
| verbleibende steuerfreie Verpflegungspauschale | | 14,00 € |

**Beispiel 58:**

Der Arbeitnehmer A nimmt an einer von seinem Arbeitgeber gebuchten eintägigen Fortbildungsveranstaltung von mehr als 8 Stunden Dauer teil. In der Tagungsgebühr ist ein Mittagessen zum Preis von 30 € enthalten. Der Arbeitnehmer A verzichtet auf die Einnahme dieses Essens und nimmt stattdessen in der Mittagspause in einem nahegelegenen Restaurant eine Mahlzeit zum Preis von 25 € ein, die ihm von seinem Arbeitgeber gegen Einreichung der Rechnung vollständig erstattet wird.

| | |
|---|---|
| Verpflegungspauschale | 14,00 € |
| Kürzung für gestelltes Mittagessen (zum Preis von insgesamt 55 €) | 11,20 € |
| verbleibende steuerfreie Verpflegungspauschale | 2,80 € |

**Abwandlung:**

Der Preis der im Restaurant eingenommenen Mahlzeit beträgt 35 €, die der Arbeitgeber in voller Höhe gegen Einreichung der Rechnung übernimmt.

| | |
|---|---|
| Verpflegungspauschale | 14,00 € |

Eine Kürzung der Verpflegungspauschale unterbleibt, da der Preis für die gestellten Mittagessen (30 € + 35 €) insgesamt 60 € übersteigt. Die steuerfreie Verpflegungspauschale beträgt unverändert 14,00 €. Die vom Arbeitgeber getragenen Aufwendungen für die gestellten Mittagessen von 65 € sind steuerpflichtiger Arbeitslohn, der mit einem Teilbetrag von 14 € nach § 40 Abs. 2 Satz 1 Nr. 4 EStG pauschal besteuert werden kann.

### dd) Ermittlung der Pauschalen bei gemischt veranlassten Veranstaltungen mit Mahlzeitengestellung

Bei gemischt veranlassten Reisen sind die entstehenden Kosten grundsätzlich in einen beruflich veranlassten Anteil und einen den Kosten der Lebensführung zuzurechnenden Anteil aufzuteilen (vgl. BFH-Urteil vom 18. August 2005 VI R 32/03, BStBl. 2006 II S. 30). Dies gilt auch für die entstehenden Verpflegungsmehraufwendungen. Stellt der Arbeitgeber während einer gemischt veranlassten Reise Mahlzeiten zur Verfügung, ist die gesetzlich vorgeschriebene Kürzung der Verpflegungspauschalen erst nach der Ermittlung des beruflich veranlassten Teils der Verpflegungspauschalen vorzunehmen. 90

**Beispiel 59:**

Der Arbeitnehmer A nimmt an einer einwöchigen vom Arbeitgeber organisierten und finanzierten Reise im Inland teil. Das Programm sieht morgens eine Fortbildungsmaßnahme vor, der Nachmittag steht für touristische Aktivitäten zur Verfügung. Frühstück und Abendessen sind inklusive (Halbpension).

Folgende Auswirkungen ergeben sich durch die gemischte Veranlassung der Reise (bei einer angenommenen Quote von 50 %) auf die steuerliche Berücksichtigung des Verpflegungsmehraufwands:

Die Verpflegungsmehraufwendungen sind – wie die übrigen Reisekosten – nur zu 50 % beruflich veranlasst.

| | | |
|---|---|---|
| Anreisetag: 14,00 € × 50 % = | 7,00 € | |
| Kürzung: | –11,20 € | |
| verbleibt Verpflegungspauschale | | 0,00 € |
| 5 Zwischentage je 28,00 € × 50 % = | je 14,00 € | |
| Kürzung je 5,60 € und je 11,20 € = | je –16,80 € | |
| verbleibt Verpflegungspauschale | 5 × 0,00 € = | 0,00 € |
| Abreisetag: 14,00 € × 50 % = | 7,00 € | |
| Kürzung: | –5,60 € | |
| verbleibt Verpflegungspauschale | | 1,40 € |

### c) Doppelte Haushaltsführung, § 9 Abs. 4 a Satz 12 EStG

Die Verpflegungspauschalen gelten grundsätzlich auch für eine Übergangszeit von drei Monaten nachdem eine steuerlich anzuerkennende doppelte Haushaltsführung begründet wurde (§ 9 Abs. 4 a Satz 12 EStG). Für den Fall der Gestellung von Mahlzeiten durch den Arbeitgeber oder auf dessen Veranlassung von einem Dritten bei der doppelten Haushaltsführung gelten die vorstehenden Ausführungen unter Rz. 61 bis 89 entsprechend. 91

**Beispiel 60:**

Der Arbeitnehmer A wird vom Stammsitz seines Arbeitgebers, wo er mit seiner Familie wohnt, an einen 250 km entfernten Tochterbetrieb im Inland ohne zeitliche Begrenzung umgesetzt. A behält seinen Familienwohnsitz bei und übernachtet während der Woche in einem Hotel in der Nähe des Tochterbetriebs. Das Hotel stellt dem Arbeitgeber pro Übernachtung 50 € zuzüglich 10 € für ein Frühstück in Rechnung, welche der Arbeitnehmer zunächst verauslagt und dann von seinem Arbeitgeber erstattet erhält.

Es liegt eine doppelte Haushaltsführung vor, da der Tochterbetrieb mit der zeitlich unbegrenzten Zuordnung zur ersten Tätigkeitsstätte des Arbeitnehmers wird. Für die ersten drei Monate der doppelten Haushaltsführung gelten die Regelungen zur Gestellung von Mahlzei-

ten bei Auswärtstätigkeit entsprechend. Nach Ablauf der Dreimonatsfrist sind dann die Regeln der Gestellung von Mahlzeiten am Ort der ersten Tätigkeitsstätte anzuwenden.
In den ersten drei Monaten der doppelten Haushaltsführung unterbleibt folglich die Erfassung des arbeitstäglichen Frühstücks mit dem amtlichen Sachbezugswert als Arbeitslohn bei gleichzeitiger Kürzung der täglichen Verpflegungspauschalen um jeweils 5,60 €.
Nach Ablauf der ersten drei Monate ist für das Frühstück ein geldwerter Vorteil in Höhe des Sachbezugswertes anzusetzen (§ 8 Abs. 2 Satz 8 EStG).

### d) Bescheinigungspflicht „M", § 41 b Abs. 1 Satz 2 Nr. 8 EStG

92 Hat der Arbeitgeber oder auf dessen Veranlassung ein Dritter dem Arbeitnehmer während seiner beruflichen Tätigkeit außerhalb seiner Wohnung und seiner ersten Tätigkeitsstätte oder im Rahmen einer doppelten Haushaltsführung eine mit dem amtlichen Sachbezugswert zu bewertende Mahlzeit zur Verfügung gestellt, muss im Lohnkonto der Großbuchstabe „M" aufgezeichnet und in der elektronischen Lohnsteuerbescheinigung bescheinigt werden. Zur Erläuterung der mit dem Großbuchstaben „M" bescheinigten Mahlzeitengestellungen sind neben den Reisekostenabrechnungen regelmäßig keine weiteren detaillierten Arbeitgeberbescheinigungen auszustellen.

93 Diese Aufzeichnungs- und Bescheinigungspflicht gilt unabhängig von der Anzahl der Mahlzeitengestellungen an den Arbeitnehmer im Kalenderjahr. Es kommt nicht darauf an, ob eine Besteuerung der Mahlzeiten ausgeschlossen ist (§ 8 Abs. 2 Satz 9 EStG) oder die Mahlzeit pauschal nach § 40 Abs. 2 Satz 1 Nr. 1 a EStG oder individuell besteuert wurde. Im Fall der Gewährung von Mahlzeiten, die keinen Arbeitslohn darstellen oder deren Preis 60 € übersteigt und die daher nicht mit dem amtlichen Sachbezugswert zu bewerten sind, besteht keine Pflicht, im Lohnkonto den Großbuchstaben „M" aufzuzeichnen und zu bescheinigen.

### e) Pauschalbesteuerungsmöglichkeit üblicher Mahlzeiten, § 40 Abs. 2 Satz 1 Nr. 1 a EStG

94 Nach § 40 Abs. 2 Satz 1 Nr. 1 a EStG besteht bei Mahlzeiten die Möglichkeit der pauschalen Besteuerung mit 25 %, wenn
- diese dem Arbeitnehmer von seinem Arbeitgeber oder auf dessen Veranlassung von einem Dritten während einer auswärtigen Tätigkeit unentgeltlich oder verbilligt zur Verfügung gestellt werden und
- deren Besteuerung nicht nach § 8 Abs. 2 Satz 9 EStG unterbleibt.

95 Die Pauschalbesteuerung kommt demnach in Betracht, wenn
- der Arbeitnehmer ohne Übernachtung nicht mehr als acht Stunden auswärts tätig ist,
- der Arbeitgeber die Abwesenheitszeit nicht überwacht, nicht kennt oder
- die Dreimonatsfrist nach § 9 Abs. 4 a Satz 6 EStG abgelaufen ist.

**Beispiel 61:**
Der Arbeitnehmer A nimmt an einer halbtägigen auswärtigen Seminarveranstaltung teil. Der Arbeitgeber hat für die teilnehmenden Arbeitnehmer neben dem Seminar auch ein Mittagessen gebucht und bezahlt. Der Arbeitgeber besteuert das Mittagessen nach § 40 Abs. 2 Satz 1 Nr. 1 a EStG pauschal mit 25 %, weil er keine Aufzeichnungen über die Abwesenheitszeiten der Arbeitnehmer führt.

96 Voraussetzung ist, dass es sich um übliche Mahlzeiten handelt, die nach § 8 Abs. 2 Satz 8 EStG mit dem Sachbezugswert anzusetzen sind.

Nicht nach § 40 Abs. 2 Satz 1 Nr. 1 a EStG pauschal besteuerbar sind somit sog. Belohnungsessen mit einem Preis von mehr als 60 €. 97

Im überwiegend eigenbetrieblichen Interesse des Arbeitgebers abgegebene Mahlzeiten (z. B. sog. Arbeitsessen oder bei Beteiligung von Arbeitnehmern an einer geschäftlich veranlassten Bewirtung) können nicht pauschal besteuert werden, da insoweit kein steuerpflichtiger Arbeitslohn vorliegt. 98

Die Pauschalierungsmöglichkeit nach § 40 Abs. 2 Satz 1 Nr. 1 a EStG gilt zudem nicht für die Gestellung von Mahlzeiten am Ort der ersten Tätigkeitsstätte im Rahmen einer doppelten Haushaltsführung; hier kommt allerdings eine Pauschalierung nach § 40 Abs. 2 Satz 1 Nr. 1 EStG in Betracht. 99

## 4. Unterkunftskosten

### a) Unterkunftskosten bei einer doppelten Haushaltsführung, § 9 Abs. 1 Satz 3 Nr. 5 EStG

#### aa) Vorliegen einer doppelten Haushaltsführung

Eine doppelte Haushaltsführung liegt nur vor, wenn der Arbeitnehmer außerhalb des Ortes seiner ersten Tätigkeitsstätte einen eigenen Haushalt unterhält (Hauptwohnung) und auch am Ort der ersten Tätigkeitsstätte wohnt (Zweitwohnung). Die Anzahl der Übernachtungen ist unerheblich. 100

Das Vorliegen eines eigenen Hausstandes setzt neben dem Innehaben einer Wohnung aus eigenem Recht als Eigentümer oder Mieter bzw. aus gemeinsamen oder abgeleitetem Recht als Ehegatte, Lebenspartner oder Lebensgefährte sowie Mitbewohner auch eine finanzielle Beteiligung an den Kosten der Lebensführung (laufende Kosten der Lebensführung) voraus (§ 9 Abs. 1 Satz 3 Nr. 5 Satz 3 EStG). Es genügt nicht, wenn der Arbeitnehmer z. B. im Haushalt der Eltern lediglich ein oder mehrere Zimmer unentgeltlich bewohnt oder wenn dem Arbeitnehmer eine Wohnung im Haus der Eltern unentgeltlich zur Nutzung überlassen wird. Die finanzielle Beteiligung an den Kosten der Lebensführung ist darzulegen und kann auch bei volljährigen Kindern, die bei ihren Eltern oder einem Elternteil wohnen, nicht generell unterstellt werden. Eine finanzielle Beteiligung an den Kosten der Lebensführung mit Bagatellbeträgen ist nicht ausreichend. Betragen die Barleistungen des Arbeitnehmers mehr als 10% der monatlich regelmäßig anfallenden laufenden Kosten der Lebensführung (z. B. Miete, Mietnebenkosten, Kosten für Lebensmittel und andere Dinge des täglichen Bedarfs), ist von einer finanziellen Beteiligung oberhalb der Bagatellgrenze auszugehen. Liegen die Barleistungen darunter, kann der Arbeitnehmer eine hinreichende finanzielle Beteiligung auch auf andere Art und Weise darlegen. Bei Ehegatten oder Lebenspartnern mit den Steuerklassen III, IV oder V kann eine finanzielle Beteiligung an den Kosten der Lebensführung ohne entsprechenden Nachweis unterstellt werden (vgl. auch Rz. 113). 101

Eine Hauptwohnung i. S. d. § 9 Abs. 1 Satz 3 Nr. 5 Satz 2 EStG ist am Ort der ersten Tätigkeitsstätte belegen, wenn der Steuerpflichtige von dieser Wohnung seine erste Tätigkeitsstätte in zumutbarer Weise täglich erreichen kann. Eine Fahrzeit von bis zu einer Stunde je Wegstrecke unter Zugrundelegung individueller Verkehrsverbindungen und Wegezeiten kann in der Regel als zumutbar angesehen werden (vgl. BFH-Urteil vom 16. November 2017 102

VI R 31/16, BStBl. 2018 II S. 404). Aus Vereinfachungsgründen kann für die Frage, ob die Hauptwohnung am Ort der ersten Tätigkeitsstätte belegen ist oder nicht, z. B. wenn sie innerhalb derselben politischen Gemeinde, Stadt oder in deren unmittelbaren Umkreis liegen, die Entfernung der kürzesten Straßenverbindung (§ 9 Abs. 1 Satz 3 Nr. 4 Satz 4 EStG) zwischen Hauptwohnung und erster Tätigkeitsstätte herangezogen werden. Beträgt die Entfernung zwischen Hauptwohnung und erster Tätigkeitsstätte mehr als 50 km, ist davon auszugehen, dass sich die Hauptwohnung außerhalb des Ortes der ersten Tätigkeitsstätte befindet.

**103** Eine Zweitwohnung oder -unterkunft in der Nähe des Ortes der ersten Tätigkeitsstätte steht einer Zweitwohnung am Ort der ersten Tätigkeitsstätte gleich. Aus Vereinfachungsgründen kann davon ausgegangen werden, dass die Zweitwohnung noch am Ort der ersten Tätigkeitstätte belegen ist, wenn die Entfernung der kürzesten Straßenverbindung (§ 9 Abs. 1 Satz 3 Nr. 4 Satz 4 EStG) zwischen Zweitwohnung oder -unterkunft und erster Tätigkeitsstätte nicht mehr als 50 km beträgt. Liegt die Zweitwohnung mehr als 50 km von dem Ort der ersten Tätigkeitsstätte entfernt, ist zu prüfen, ob die erste Tätigkeitsstätte von der Zweitwohnung oder -unterkunft noch in zumutbarer Weise täglich erreicht werden kann. Eine Fahrzeit von bis zu einer Stunde je Wegstrecke unter Zugrundelegung individueller Verkehrsverbindungen und Wegezeiten ist dabei als zumutbar anzusehen (BFH-Urteil vom 19. April 2012 VI R 59/11, BStBl. II S. 833).

### bb) Berufliche Veranlassung

**104** Das Beziehen der Zweitwohnung oder -unterkunft muss aus beruflichen Gründen erforderlich sein. Das ist insbesondere der Fall, wenn dadurch die Fahrtstrecke oder Fahrzeit zur ersten Tätigkeitsstätte wesentlich verkürzt wird. Aus Vereinfachungsgründen kann von einer beruflichen Veranlassung des Beziehens der Zweitwohnung oder -unterkunft ausgegangen werden, wenn die kürzeste Straßenverbindung von der Zweitwohnung oder -unterkunft zur ersten Tätigkeitsstätte weniger als die Hälfte der kürzesten Straßenverbindung zwischen der Hauptwohnung (Mittelpunkt der Lebensinteressen) und der ersten Tätigkeitsstätte beträgt oder die Fahrzeit zur ersten Tätigkeitsstätte für eine Wegstrecke halbiert wird. Sind die Voraussetzungen dieser Vereinfachungsregelung nicht erfüllt, ist das Vorliegen einer beruflich veranlassten doppelten Haushaltsführung auf andere Weise anhand der konkreten Umstände des Einzelfalles darzulegen.

**Beispiel 62:**

Der Arbeitnehmer A hat seine Hauptwohnung in B und in C seine erste Tätigkeitsstätte. Die Entfernung von B (Hauptwohnung) nach C beträgt 100 km und die Fahrzeit mit dem ICE 50 Minuten. Der Arbeitnehmer nimmt sich in Z eine Zweitwohnung. Die Entfernung von dieser Zweitwohnung in Z nach C (erste Tätigkeitsstätte) beträgt 30 km.

Auf Grund der Entfernung von mehr als 50 km zwischen Hauptwohnung und erster Tätigkeitsstätte liegt die Hauptwohnung nicht am Ort der ersten Tätigkeitsstätte (vgl. Rz. 102). Eine Prüfung der Fahrzeit zwischen Hauptwohnung und erster Tätigkeitsstätte ist nicht erforderlich. Die Zweitwohnung in Z liegt 30 km entfernt und damit noch am Ort der ersten Tätigkeitsstätte. Es liegt daher eine doppelte Haushaltsführung vor. Da die kürzeste Straßenverbindung von der Zweitwohnung zur ersten Tätigkeitsstätte (30 km) auch weniger als die Hälfte der Straßenverbindung zwischen Hauptwohnung in B und erster Tätigkeitsstätte beträgt (1/2 von 100 km = 50 km), kann auch von einer beruflichen Veranlassung der doppelten Haushaltsführung ausgegangen werden.

**Abwandlung 1:**

Die Entfernung von B (Hauptwohnung) zur ersten Tätigkeitsstätte beträgt 56 km und die Fahrzeit 65 Minuten. Die Zweitwohnung in Z ist 30 km von der ersten Tätigkeitsstätte entfernt und die tägliche Fahrzeit beträgt 25 Minuten.

Auf Grund der Entfernung von mehr als 50 km zwischen Hauptwohnung und erster Tätigkeitsstätte liegt die Hauptwohnung nicht am Ort der ersten Tätigkeitsstätte (vgl. Rz. 102). Eine weitergehende Prüfung der Fahrzeit zwischen Hauptwohnung und erster Tätigkeitsstätte ist nicht erforderlich. Die Zweitwohnung in Z liegt 30 km entfernt und damit noch am Ort der ersten Tätigkeitsstätte. Es liegt daher eine doppelte Haushaltsführung vor. Zwar beträgt die kürzeste Straßenverbindung von der Zweitwohnung zur ersten Tätigkeitsstätte (30 km) mehr als die Hälfte der kürzesten Straßenverbindung zwischen Hauptwohnung und erster Tätigkeitsstätte (28 km). Allerdings kann A darlegen, dass sich die Fahrzeit zur ersten Tätigkeitsstätte von der Zweitwohnung um mehr als die Hälfte und damit wesentlich verkürzt (Fahrzeit 25 Minuten); daher kann gleichwohl von einer beruflichen Veranlassung der doppelten Haushaltsführung ausgegangen werden.

**Abwandlung 2:**

Die Entfernung von B (Hauptwohnung) nach C beträgt 250 km. Die Zweitwohnung in Z ist 60 km von der ersten Tätigkeitsstätte entfernt. A legt den Weg mit einer günstigen Zugverbindung täglich in jeweils 40 Minuten zurück.

Die Hauptwohnung liegt mehr als 50 km von der ersten Tätigkeitsstätte entfernt und damit außerhalb des Orts der ersten Tätigkeitsstätte. Die Zweitwohnung dient, auch wenn sie mehr als 50 km von der ersten Tätigkeitsstätte entfernt liegt, noch dem Wohnen am Ort der ersten Tätigkeitsstätte, weil A von der Zweitwohnung aus seine erste Tätigkeitsstätte mit dem von ihm genutzten Verkehrsmittel in zumutbarer Weise täglich erreichen kann, da die Fahrzeit weniger als eine Stunde beträgt. Es liegt daher eine doppelte Haushaltsführung vor. Die doppelte Haushaltsführung ist auch beruflich veranlasst, da die kürzeste Straßenverbindung zwischen der Zweitwohnung und der ersten Tätigkeitsstätte weniger als die Hälfte der kürzesten Straßenverbindung zwischen der Hauptwohnung und der ersten Tätigkeitsstätte beträgt.

**Abwandlung 3:**

Die Entfernung von B (Hauptwohnung) nach C beträgt 150 km und die Fahrzeit mit dem ICE 90 Minuten. Die Zweitwohnung in Z ist 74 km von der ersten Tätigkeitsstätte entfernt und die Fahrzeit beträgt 65 Minuten je Wegstrecke.

Auf Grund der Entfernung von mehr als 50 km zwischen Hauptwohnung und erster Tätigkeitsstätte liegt die Hauptwohnung nicht am Ort der ersten Tätigkeitsstätte (vgl. Rz. 102). Da die Entfernung von der Zweitwohnung in Z zur ersten Tätigkeitstätte in C mehr als 50 km beträgt und die erste Tätigkeitsstätte in C auch nicht innerhalb einer Fahrzeit von einer Stunde erreicht werden kann, liegt keine doppelte Haushaltsführung vor.

## cc) Ehegatten/Lebenspartner

105 Für Ehegatten/Lebenspartner müssen die Voraussetzungen der Rz. 100–104 jeweils gesondert erfüllt sein, um für jeden von ihnen die beruflich veranlasste doppelte Haushaltsführung anerkennen zu können.

## dd) Höhe der Unterkunftskosten

106 Als Unterkunftskosten für eine doppelte Haushaltsführung im Inland werden die dem Arbeitnehmer tatsächlich entstandenen Aufwendungen für die Nutzung der Wohnung oder Unterkunft höchstens bis zu einem nachgewiesenen Betrag von 1000 € im Monat (Höchstbetrag) anerkannt. Die Prüfung der Notwendigkeit und Angemessenheit entfällt; auch auf die Zahl der Wohnungsbenutzer (Angehörige) kommt es nicht an.

107 Steht die Zweitwohnung oder -unterkunft im Eigentum des Arbeitnehmers, sind die tatsächlichen Aufwendungen (z. B. AfA, Schuldzinsen, Repara-

turkosten, Nebenkosten) bis zum Höchstbetrag von 1000 € monatlich zu berücksichtigen. Insoweit gelten die Grundsätze der BFH-Rechtsprechung (vgl. BFH-Urteil vom 3. Dezember 1982 VI R 228/80, BStBl. 1983 II S. 467) weiter.

**108** Der Höchstbetrag umfasst sämtliche entstehenden Aufwendungen wie Miete, Betriebskosten, Kosten der laufenden Reinigung und Pflege der Zweitwohnung oder -unterkunft, Zweitwohnungsteuer, Rundfunkbeitrag, Miet- oder Pachtgebühren für Kfz-Stellplätze, Aufwendungen für Sondernutzung (wie Garten), die vom Arbeitnehmer selbst getragen werden, nicht jedoch Aufwendungen für Hausrat, Einrichtungsgegenstände oder Arbeitsmittel, mit denen die Zweitwohnung ausgestattet ist. Aufwendungen für die erforderliche Einrichtung und Ausstattung der Zweitwohnung, soweit sie nicht überhöht sind, können als sonstige notwendige Mehraufwendungen der doppelten Haushaltsführung berücksichtigt werden (BFH-Urteil vom 4. April 2019 VI R 18/17, BStBl. II S. 449). Übersteigen die Anschaffungskosten des Arbeitnehmers für Einrichtung und Ausstattung der Zweitwohnung (ohne Arbeitsmittel) insgesamt nicht den Betrag von 5000 € einschließlich Umsatzsteuer, ist aus Vereinfachungsgründen davon auszugehen, dass es sich um notwendige Mehraufwendungen der doppelten Haushaltsführung handelt. Wird die Zweitwohnung oder -unterkunft möbliert angemietet, überschreitet die Miete den Höchstbetrag und enthält der Mietvertrag keine Aufteilung der Miete für die Überlassung der Wohnung und der Einrichtung und Ausstattung, ist die Miete im Schätzwege aufzuteilen (BFH-Urteil vom 4. April 2019 VI R 18/17, BStBl. II S. 449). Aufwendungen für einen separat angemieteten Garagenstellplatz sind in den Höchstbetrag einzubeziehen und können nicht als „sonstige" notwendige Mehraufwendungen zusätzlich berücksichtigt werden. Maklerkosten, die für die Anmietung einer Zweitwohnung oder -unterkunft entstehen, sind als Umzugskosten zusätzlich als Werbungskosten abziehbar (R 9.9 Abs. 2 LStR 2015) oder vom Arbeitgeber steuerfrei erstattbar. Sie sind nicht in die Höchstbetragsberechnung mit einzubeziehen.

**109** Bei Beendigung der doppelten Haushaltsführung ist eine Vorfälligkeitsentschädigung wegen vorzeitiger Ablösung einer Grundschuld aufgrund der Veräußerung der Zweitwohnung nicht als Werbungskosten zu berücksichtigen (vgl. BFH-Urteil vom 3. April 2019 VI R 15/17, BStBl. II S. 446).

**110** Bei der Anwendung des Höchstbetrags ist grundsätzlich § 11 EStG zu beachten. Soweit der monatliche Höchstbetrag von 1000 € nicht ausgeschöpft wird, ist eine Übertragung des nicht ausgeschöpften Volumens in andere Monate des Bestehens der doppelten Haushaltsführung im selben Kalenderjahr möglich. Erhält der Arbeitnehmer Erstattungen z. B. für Nebenkosten, mindern diese Erstattungen im Zeitpunkt des Zuflusses die Unterkunftskosten der doppelten Haushaltsführung.

Ein häusliches Arbeitszimmer in der Zweitwohnung am Ort der ersten Tätigkeitsstätte ist bei der Ermittlung der anzuerkennenden Unterkunftskosten nicht einzubeziehen; der Abzug der hierauf entfallenden Aufwendungen richtet sich nach § 4 Abs. 5 Satz 1 Nr. 6 b EStG (vgl. BFH-Urteil vom 9. August 2007 VI R 23/05, BStBl. 2009 II S. 722).

**111** Der Höchstbetrag nach § 9 Abs. 1 Satz 3 Nr. 5 Satz 4 EStG in Höhe von 1000 € ist ein Monatsbetrag, der nicht auf einen Kalendertag umzurechnen ist und grundsätzlich für jede doppelte Haushaltsführung des Arbeitnehmers gesondert gilt. Beziehen mehrere berufstätige Arbeitnehmer (z. B. beiderseits berufstätige Ehegatten, Lebenspartner, Lebensgefährten, Mitglieder einer Wohngemeinschaft) am gemeinsamen Beschäftigungsort eine gemeinsame Zweitwohnung, handelt es sich jeweils um eine doppelte Haushaltsführung, so dass jeder Arbeitnehmer den Höchstbetrag für die tatsächlich von ihm getragenen Aufwendungen jeweils für sich beanspruchen kann.

**Beispiel 63:**
Die beiderseits berufstätigen Ehegatten bewohnen an ihrem Beschäftigungsort in M (jeweils Ort der ersten Tätigkeitsstätte) gemeinsam eine möblierte Unterkunft. Ihren Hausstand sowie ihren Lebensmittelpunkt haben die Eheleute nachweislich im eigenen Einfamilienhaus in B. Die Aufwendungen für die Nutzung der Unterkunft am Beschäftigungsort betragen inklusive sämtlicher Nebenkosten 1100 € im Monat. Diese werden auf Grund gemeinsamer Verpflichtung von beiden Ehegatten zu gleichen Anteilen gezahlt.
Die tatsächlichen Aufwendungen für die Nutzung der Unterkunft können bei jedem Ehegatten jeweils in Höhe von 550 € angesetzt werden.

**Beispiel 64:**
Der Arbeitnehmer A bewohnt am Ort seiner ersten Tätigkeitsstätte in M eine Zweitwohnung. Die Aufwendungen für die Nutzung dieser Unterkunft (Miete, inklusive sämtlicher berücksichtigungsfähiger Nebenkosten) betragen bis zum 30. Juni monatlich 990 €. Ab 1. Juli wird die Miete um 30 € erhöht, so dass ab diesem Zeitpunkt die monatlichen Aufwendungen für die Nutzung der Unterkunft 1020 € betragen.
In den Monaten Januar bis Juni können die Aufwendungen für die Nutzung der Unterkunft in voller Höhe vom Arbeitgeber steuerfrei erstattet bzw. von A als Werbungskosten geltend gemacht werden.
Ab Juli ist grundsätzlich die Beschränkung auf den Höchstbetrag von 1000 € zu beachten. Die den Höchstbetrag übersteigenden Aufwendungen von monatlich 20 € können allerdings mit dem noch nicht aufgebrauchten Höchstbetragsvolumen der Monate Januar – Juni (6 × 10 € = 60 €) verrechnet und insoweit steuerfrei erstattet oder als Werbungskosten geltend gemacht werden.

Bei doppelter Haushaltsführung im Ausland sind die Aufwendungen in tatsächlicher Höhe notwendig, soweit sie die ortsübliche Miete für eine nach Lage und Ausstattung durchschnittliche Wohnung am Ort der ersten Tätigkeitsstätte mit einer Wohnfläche bis zu 60 qm nicht überschreiten. 112

### ee) Steuerfreie Erstattung durch den Arbeitgeber und Werbungskostenabzug

Für den steuerfreien Arbeitgeberersatz kann der Arbeitgeber bei Arbeitnehmern mit den Steuerklassen III, IV oder V ohne Weiteres unterstellen, dass sie einen eigenen Hausstand haben, an dem sie sich auch finanziell beteiligen. Bei anderen Arbeitnehmern darf der Arbeitgeber einen eigenen Hausstand nur dann anerkennen, wenn sie schriftlich erklären, dass sie neben einer Zweitwohnung oder -unterkunft am Beschäftigungsort außerhalb des Beschäftigungsortes einen eigenen Hausstand unterhalten, an dem sie sich auch finanziell beteiligen. Die Kosten der Zweitwohnung oder -unterkunft am Ort der ersten Tätigkeitsstätte im Inland können weiterhin vom Arbeitgeber pauschal steuerfrei erstattet werden (R 9.11 Abs. 10 Satz 7 Nr. 3 LStR 2015). 113

Der Arbeitnehmer hat das Vorliegen einer doppelten Haushaltsführung und die finanzielle Beteiligung an der Haushaltsführung am Ort des eigenen Hausstands grundsätzlich in seiner Einkommensteuererklärung darzulegen. Bei Arbeitnehmern, die mit ihrem Ehegatten oder Lebenspartner einen gemeinsa- 114 men Haushalt führen, kann eine finanzielle Beteiligung an den Kosten der Lebensführung ohne entsprechenden Nachweis unterstellt werden (vgl. auch Rz. 101). Kosten der Zweitwohnung oder -unterkunft sind für die Berücksichtigung als Werbungskosten grundsätzlich im Einzelnen nachzuweisen; sie können geschätzt werden, wenn sie dem Grunde nach zweifelsfrei entstanden sind (vgl. BFH-Urteil vom 12. September 2001 VI R 72/97, BStBl. II S. 775).

### b) Unterkunftskosten bei einer Auswärtstätigkeit, § 9 Abs. 1 Satz 3 Nr. 5 a EStG

115 Als Werbungskosten abzugsfähig sind Unterkunftskosten bei einer Auswärtstätigkeit. Hierbei muss es sich um notwendige Mehraufwendungen eines Arbeitnehmers für beruflich veranlasste Übernachtungen an einer Tätigkeitsstätte handeln, die nicht erste Tätigkeitsstätte ist.

#### aa) Berufliche Veranlassung

116 Die berufliche Veranlassung ist gegeben, wenn der Arbeitnehmer auf Weisung des Arbeitgebers so gut wie ausschließlich betrieblich bzw. dienstlich unterwegs ist. Dies ist zum Beispiel der Fall, wenn der Arbeitnehmer einen Kunden besucht. Erledigt der Arbeitnehmer im Zusammenhang mit der beruflich veranlassten Auswärtstätigkeit auch in einem mehr als geringfügigen Umfang private Angelegenheiten, sind die beruflich veranlassten von den privat veranlassten Aufwendungen zu trennen (vgl. BFH-Beschluss vom 21. September 2009 GrS 1/06, BStBl. 2010 II S. 672). Ist das nicht – auch nicht durch Schätzung – möglich, gehören die gesamten Aufwendungen zu den nach § 12 EStG nicht abziehbaren Aufwendungen für die Lebensführung.

#### bb) Unterkunftskosten

117 Unterkunfts- bzw. Übernachtungskosten sind die tatsächlichen Aufwendungen für die persönliche Inanspruchnahme einer Unterkunft zur Übernachtung. Hierzu zählen zum Beispiel Kosten für die Nutzung eines Hotelzimmers, Mietaufwendungen für die Nutzung eines (ggf. möblierten) Zimmers oder einer Wohnung sowie Nebenleistungen (z. B. Kultur- und Tourismusförderabgabe, Kurtaxe/Fremdenverkehrsabgabe, bei Auslandsübernachtungen die besondere Kreditkartengebühr bei Zahlungen in Fremdwährungen). Als Werbungskosten können lediglich die tatsächlich entstandenen Übernachtungskosten und keine Pauschalen abgezogen werden.

118 Kosten für Mahlzeiten gehören zu den Aufwendungen des Arbeitnehmers für die Verpflegung und sind nur nach Maßgabe des § 9 Abs. 4 a EStG abziehbar. Wird durch Zahlungsbelege nur ein Gesamtpreis für Unterkunft und Verpflegung nachgewiesen und lässt sich der Preis für die Verpflegung nicht feststellen (z. B. Tagungspauschale), so ist dieser Gesamtpreis zur Ermittlung der Übernachtungskosten zu kürzen. Als Kürzungsbeträge sind dabei
- für Frühstück 20 %,
- für Mittag- und Abendessen jeweils 40 %

der für den Unterkunftsort maßgebenden Verpflegungspauschale bei einer Auswärtstätigkeit mit einer Abwesenheitsdauer von mindestens 24 Stunden anzusetzen.

**Beispiel 65:**
Der Arbeitnehmer A übernachtet während einer zweitägigen inländischen Auswärtstätigkeit im Hotel. Die Rechnung des Hotels ist auf den Namen des Arbeitgebers ausgestellt. Das Hotel rechnet eine Übernachtung mit Frühstück wie folgt ab:

| | |
|---|---|
| Pauschalarrangement | 70 € |

Der Arbeitgeber hat folgende Möglichkeiten:
Zur Ermittlung der Übernachtungskosten kann der Gesamtpreis um 5,60 € (20 % von 28 € für die auf das Frühstück entfallenden anteiligen Kosten) gekürzt werden. Der verbleibende Betrag von 64,40 € kann vom Arbeitgeber dann als Übernachtungskosten steuerfrei erstattet werden. Für den An- und Abreisetag stehen dem Arbeitnehmer Verpflegungspauschalen von insgesamt 28 € (je 14 € für den An- und Abreisetag) zu. Die Verpflegungspauschale für den Abreisetag ist nicht zu kürzen (um 5,60 € für das Frühstück), wenn der Arbeitgeber dem Arbeitnehmer lediglich die 64,40 € als Übernachtungskosten erstattet. Insgesamt kann der Arbeitgeber somit 92,40 € steuerfrei erstatten (64,40 € Unterkunft plus 28 € Verpflegung).
Erstattet der Arbeitgeber dem Arbeitnehmer hingegen den Gesamtpreis von 70 € (also einschließlich Frühstück) sind die Verpflegungspauschalen zu kürzen auf einen Betrag von 22,40 € für Verpflegung (28 € Verpflegungspauschalen – 5,60 € Kürzung für ein Frühstück). Insgesamt kann der Arbeitgeber somit 92,40 € steuerfrei erstatten (70 € Unterkunft und Frühstück plus 22,40 € Verpflegung).
Die Berechnungen führen somit zum gleichen Ergebnis, egal von welchem Betrag der pauschale Einbehalt bzw. die pauschale Kürzung erfolgt.

**Abwandlung:**
Die Rechnung des Hotels ist auf den Namen des Arbeitnehmers ausgestellt.
Auch in diesem Fall kann der Arbeitgeber insgesamt höchstens 92,40 € steuerfrei erstatten (64,40 € Unterkunft plus 28 € Verpflegung).

**Beispiel 66:**
Der Arbeitnehmer A übernachtet während einer zweitägigen Auswärtstätigkeit im Hotel. Die Rechnung ist auf den Namen des Arbeitgebers ausgestellt. Das Hotel rechnet eine Übernachtung mit Frühstück wie folgt ab:

| | |
|---|---|
| Übernachtung | 60 € |
| Frühstück | 10 € |

Die ausgewiesenen Übernachtungskosten von 60 € können vom Arbeitgeber steuerfrei erstattet werden. Für den An- und Abreisetag stünden dem Arbeitnehmer zusätzlich auch noch Verpflegungspauschalen von 28 € (je 14 € für den An- und Abreisetag) zu. Die Verpflegungspauschale für den Abreisetag ist nicht zu kürzen, wenn der Arbeitgeber dem Arbeitnehmer lediglich die 60 € Übernachtungskosten erstattet.
Erstattet der Arbeitgeber hingegen auch den Betrag von 10 € für das Frühstück, ist die Verpflegungspauschale für den Abreisetag um 5,60 € wegen des vom Arbeitgeber zur Verfügung gestellten Frühstücks zu kürzen. Der Arbeitgeber kann dann zusätzlich einen Betrag von 22,40 € für Verpflegung steuerfrei erstatten.

**Abwandlung:**
Die Rechnung des Hotels ist auf den Namen des Arbeitnehmers ausgestellt.
In diesem Fall kann der Arbeitgeber insgesamt höchstens 88 € steuerfrei erstatten (60 € Unterkunft plus 28 € Verpflegung).
Werden keine steuerfreien Erstattungen seitens des Arbeitgebers gezahlt, ist der Betrag von 88 € als Werbungskosten berücksichtigungsfähig.

### cc) Notwendige Mehraufwendungen

Es ist lediglich die berufliche Veranlassung zu prüfen, nicht aber die Ange- 119
messenheit der Unterkunft (bestimmte Hotelkategorie oder Größe der Unterkunft). Die Anerkennung von Unterkunftskosten bei einer auswärtigen beruf-

lichen Tätigkeit erfordert, dass noch eine andere Wohnung besteht, für die dem Arbeitnehmer Aufwendungen entstehen, weil er dort

– seinen Lebensmittelpunkt hat, ohne dass dort jedoch ein eigener Hausstand vorliegen muss, oder
– seinen Lebensmittelpunkt wieder aufnehmen will.

Für die Berücksichtigung von Unterkunftskosten anlässlich einer Auswärtstätigkeit wird somit – anders als bei der doppelten Haushaltsführung – nicht vorausgesetzt, dass der Arbeitnehmer eine Wohnung aus eigenem Recht oder als Mieter innehat und eine finanzielle Beteiligung an den Kosten der Lebensführung leistet. Es genügt, wenn der Arbeitnehmer z. B. im Haushalt der Eltern ein Zimmer bewohnt.

**120** Ist die Unterkunft am auswärtigen Tätigkeitsort die einzige Wohnung/Unterkunft des Arbeitnehmers, liegt kein beruflich veranlasster Mehraufwand vor.

**121** Soweit höhere Übernachtungskosten anfallen, weil der Arbeitnehmer eine Unterkunft gemeinsam mit Personen nutzt, die in keinem Dienstverhältnis zum selben Arbeitgeber stehen, sind nur diejenigen Aufwendungen anzusetzen, die bei alleiniger Nutzung durch den Arbeitnehmer angefallen wären. Nicht abziehbar sind somit Mehrkosten, die aufgrund der Mitnutzung der Übernachtungsmöglichkeit durch eine Begleitperson entstehen, insbesondere wenn die Begleitung privat und nicht beruflich veranlasst ist. Bei Mitnutzung eines Mehrbettzimmers (z. B. Doppelzimmer) können die Aufwendungen angesetzt werden, die bei Inanspruchnahme eines Einzelzimmers im selben Haus entstanden wären.

**122** Bei Nutzung einer Wohnung am auswärtigen Tätigkeitsort zur Übernachtung während einer beruflich veranlassten Auswärtstätigkeit kann im Inland aus Vereinfachungsgründen – entsprechend der Regelungen für Unterkunftskosten bei einer längerfristigen Auswärtstätigkeit von mehr als 48 Monaten – bei Aufwendungen bis zu einem Betrag von 1000 € monatlich von einer ausschließlichen beruflichen Veranlassung ausgegangen werden. Betragen die Aufwendungen im Inland mehr als 1000 € monatlich oder handelt es sich um eine Wohnung im Ausland, können nur die Aufwendungen berücksichtigt werden, die durch die beruflich veranlasste, alleinige Nutzung des Arbeitnehmers verursacht werden; dazu kann z. B. die ortsübliche Miete für eine nach Lage und Ausstattung durchschnittliche Wohnung am Ort der auswärtigen Tätigkeitsstätte mit einer Wohnfläche bis zu 60 qm als Vergleichsmaßstab herangezogen werden.

**Beispiel 67:**

Der Arbeitnehmer A wird aus persönlichen Gründen auf einer Auswärtstätigkeit von seiner Ehefrau begleitet. Für die Übernachtung im Doppelzimmer entstehen Kosten von 150 €. Ein Einzelzimmer hätte 90 € gekostet.
Als Werbungskosten abziehbar oder vom Arbeitgeber steuerfrei erstattungsfähig sind 90 €.

**Abwandlung:**

Auf einer Auswärtstätigkeit teilt sich der Arbeitnehmer A das Doppelzimmer mit seinem Kollegen B, der ihn aus betrieblichen Gründen begleitet.
Für jeden Arbeitnehmer können (150 €: 2 =) 75 € als Werbungskosten berücksichtigt oder vom Arbeitgeber steuerfrei erstattet werden.

### dd) Begrenzte Berücksichtigung von Unterkunftskosten bei einer längerfristigen Auswärtstätigkeit an derselben Tätigkeitsstätte im Inland

Bei einer längerfristigen beruflichen Tätigkeit an derselben Tätigkeitsstätte im Inland, die nicht erste Tätigkeitsstätte ist, können nach Ablauf von 48 Monaten die tatsächlich entstehenden Unterkunftskosten höchstens noch bis zur Höhe von 1000 € im Monat als Werbungskosten abgezogen oder vom Arbeitgeber steuerfrei erstattet werden. Das gilt auch für Hotelübernachtungen. 123

Bei Übernachtungen im Ausland im Rahmen einer längerfristigen Auswärtstätigkeit gelten die Grundsätze zur beruflichen Veranlassung und Notwendigkeit der entstandenen Aufwendungen unverändert weiter. Die Höchstgrenze von 1000 € gilt hier nicht. 124

Von einer längerfristigen beruflichen Tätigkeit an derselben Tätigkeitsstätte ist erst dann auszugehen, sobald der Arbeitnehmer an dieser mindestens an drei Tagen in der Woche tätig wird. Die 48-Monatsfrist beginnt daher nicht, solange die auswärtige Tätigkeitsstätte nur an zwei Tagen in der Woche aufgesucht wird. Eine Unterbrechung von weniger als sechs Monaten, z. B. wegen Urlaub, Krankheit, beruflicher Tätigkeit an einer anderen Tätigkeitsstätte führt nicht zu einem Neubeginn der 48-Monatsfrist. Die Prüfung des Unterbrechungszeitraums und des Ablaufs der 48-Monatsfrist erfolgt stets im Nachhinein mit Blick auf die zurückliegende Zeit. 125

**Beispiel 68:**

Der Arbeitnehmer A ist seit 1. April 01 an der sich an seinem Wohnort befindlichen ersten Tätigkeitsstätte in H an zwei Tagen in der Woche tätig. An den anderen drei Tagen betreut er aufgrund arbeitsrechtlicher Festlegungen eine 200 km entfernte Filiale in B. Dort übernachtet er regelmäßig zweimal wöchentlich.

Da der Arbeitnehmer A längerfristig infolge seiner beruflichen Tätigkeit an drei Tagen in der Woche an derselben Tätigkeitsstätte in B, die nicht erste Tätigkeitsstätte ist, tätig wird und dort übernachtet, können die ihm tatsächlich entstehenden Übernachtungskosten nach Ablauf von 48 Monaten nur noch bis zur Höhe von 1000 € monatlich als Werbungskosten geltend gemacht oder steuerfrei erstattet werden.

**Abwandlung:**

Wie Beispiel 68, allerdings muss A ab 15. Juli 01 für vier Monate nach M. Ab 16. November 01 ist er dann drei Tage wöchentlich in H und zwei Tage in B.

Für die längerfristige berufliche Auswärtstätigkeit in B beginnt die 48-Monatsfrist am 1. April 01 und endet voraussichtlich am 31. März 05. Eine sechsmonatige Unterbrechung liegt noch nicht vor (lediglich vier Monate und dann immer nur dreitägige Unterbrechung).

Für die Prüfung der 48-Monatsfrist wird auf den tatsächlich verwirklichten Sachverhalt abgestellt. Erst nach Ablauf von 48 Monaten greift die Begrenzung der Höhe nach auf den Betrag von 1000 € im Monat. Die unbegrenzte Berücksichtigung der entstandenen Aufwendungen in den ersten 48 Monaten bleibt davon unberührt. 126

### ee) Anwendung der 48-Monatsfrist zur begrenzten Berücksichtigung der Unterkunftskosten bei einer längerfristigen Auswärtstätigkeit im Inland

Maßgeblich für den Beginn der 48-Monatsfrist ist der jeweilige Beginn der längerfristigen beruflichen Tätigkeit an derselben Tätigkeitsstätte im Inland. Aus Vereinfachungsgründen ist es allerdings nicht zu beanstanden, wenn die abziehbaren Übernachtungskosten erst ab dem ersten vollen Kalendermonat, der auf den Monat folgt, in dem die 48-Monatsfrist endet, auf 1000 € begrenzt werden. 127

**ff) Steuerfreie Erstattung durch den Arbeitgeber**

**128** Für jede Übernachtung im Inland darf der Arbeitgeber die nachgewiesenen Übernachtungskosten nach Rz. 117 bis Rz. 126 oder ohne Einzelnachweis einen Pauschbetrag von 20 € steuerfrei erstatten. Bei Übernachtungen während einer auswärtigen beruflichen Tätigkeit im Ausland können die nachgewiesenen Übernachtungskosten oder ohne Einzelnachweis die mit BMF-Schreiben bekannt gemachten Pauschbeträge[1] steuerfrei erstattet werden (R 9.7 Abs. 3 Satz 2 ff LStR 2015).

**5. Reisenebenkosten**

**129** Zu den Reisenebenkosten gehören die tatsächlichen Aufwendungen z. B. für:

1. Beförderung und Aufbewahrung von Gepäck;
2. Telekommunikation und Schriftverkehr beruflichen Inhalts mit dem Arbeitgeber oder Geschäftspartnern;
3. Straßen- und Parkplatzbenutzung sowie Schadensbeseitigung infolge von Verkehrsunfällen, wenn die jeweils damit verbundenen Fahrtkosten als Reisekosten anzusetzen sind;
4. Verlust von auf der Reise abhanden gekommener oder beschädigter Gegenstände, die der Arbeitnehmer auf der Reise verwenden musste, wenn der Verlust aufgrund einer reisespezifischen Gefährdung eingetreten ist. Berücksichtigt wird der Verlust bis zur Höhe des Wertes, der dem Gegenstand zum Zeitpunkt des Verlustes beigemessen wird.
5. Private Telefongespräche, soweit sie der beruflichen Sphäre zugeordnet werden können (vgl. BFH-Urteil vom 5. Juli 2012 VI R 50/10, BStBl. 2013 II S. 282).

**130** Die Reisenebenkosten sind durch geeignete Unterlagen nachzuweisen bzw. glaubhaft zu machen. Regelmäßig wiederkehrende Reisenebenkosten können zur Vereinfachung über einen repräsentativen Zeitraum von drei Monaten im Einzelnen nachgewiesen werden und dann in der Folgezeit mit dem täglichen Durchschnittsbetrag angesetzt werden.

**131** Zur Abgeltung der notwendigen Mehraufwendungen, die einem Arbeitnehmer während seiner auswärtigen beruflichen Tätigkeit auf einem Kraftfahrzeug des Arbeitgebers oder eines vom Arbeitgeber beauftragten Dritten im Zusammenhang mit einer Übernachtung in dem Kraftfahrzeug entstehen, kann ab 1. Januar 2020 einheitlich im Kalenderjahr eine Pauschale von 8 € für jeden Kalendertag berücksichtigt werden, an dem der Arbeitnehmer eine Verpflegungspauschale nach § 9 Abs. 4 a Satz 3 Nr. 1 und 2 sowie Satz 5 zur Nr. 1 und 2 EStG beanspruchen könnte. Die Pauschale kann auch von mitfahrenden Arbeitnehmern beansprucht werden, die ebenfalls im Fahrzeug übernachten, wenn der Arbeitgeber keine weiteren Erstattungen für Übernachtungskosten leistet oder der Arbeitnehmer keine weiteren Übernach-

*(Fortsetzung nächstes Blatt)*

[1] **Red. Anm.:** Für **2021 und 2022:** BMF v. 3.12.2020, BStBl. I S. 1256 (Nr. **20** § 9/1).

tungskosten als Werbungskosten geltend macht. Die übrigen Voraussetzungen des § 9 Abs. 1 Satz 3 Nr. 5 b EStG müssen erfüllt sein.

Zur Berücksichtigung von höheren Mehraufwendungen ab 1. Januar 2020 vgl. BMF-Schreiben vom 4. Dezember 2012, BStBl. I S. 1249[1]).

Nicht zu den Reisenebenkosten gehören z. B.: **132**

1. Kosten für die persönliche Lebensführung wie Tageszeitungen, private Telefongespräche mit Ausnahme der Gespräche i. S. d. Rz. 129 Nr. 5, Massagen, Minibar oder Pay-TV,
2. Ordnungs-, Verwarnungs- und Bußgelder, die auf einer Auswärtstätigkeit verhängt werden,
3. Verlust von Geld oder Schmuck,
4. Anschaffungskosten für Bekleidung, Koffer oder andere Reiseausrüstungsgegenstände, weil sie nur mittelbar mit einer Auswärtstätigkeit zusammenhängen,
5. Essensgutscheine, z. B. in Form von Raststätten- oder Autohof-Wertbons.

Gutscheine i. S. d. Rz. 132 Nr. 5 gehören nicht zu den Reisenebenkosten, **133** da zur Abgeltung der tatsächlich entstandenen, beruflich veranlassten Mehraufwendungen für Verpflegung eine Verpflegungspauschale (§ 9 Abs. 4 a EStG) angesetzt werden kann.

**Beispiel 69:**

Der LKW-Fahrer L ist im Inland eintägig mehr als acht Stunden beruflich auswärts tätig. Er nimmt ein Mittagessen im Wert von 8,50 € in einer Autobahnraststätte ein und bezahlt an der Kasse 6 € in bar und den Rest in Wertbons, die er im Zusammenhang mit der vom Arbeitgeber erstawtteten Parkplatzgebühr erhalten hat.
Dem LKW-Fahrer L steht eine ungekürzte Verpflegungspauschale von 14 € zu.

## 6. Sonstiges

Zur Ermittlung der steuerfreien Leistungen für Reisekosten dürfen die ein- **134** zelnen Aufwendungsarten zusammengefasst werden; die Leistungen sind steuerfrei, soweit sie die Summe der zulässigen steuerfreien Leistungen nicht übersteigen. Hierbei können mehrere Reisen zusammengefasst abgerechnet werden. Dies gilt sinngemäß für Umzugskosten und für Mehraufwendungen bei einer doppelten Haushaltsführung (R 3.16 Satz 1 bis 3 LStR 2015 ggf. i. V. m. R 3.13 Abs. 1 Satz 3 LStR 2015).

**Beispiel 70:**

Bei einer längerfristigen beruflichen Auswärtstätigkeit wird ein Monteur für die Dauer von sechs Monaten (110 Arbeitstage) an derselben Tätigkeitsstätte tätig. Die arbeitstägliche Abwesenheit von seiner Wohnung und der ersten Tätigkeitsstätte beträgt jeweils mehr als 8 Stunden. Während der sechs Monate seiner Tätigkeit steht dem Monteur nach der Reiserichtlinie des Arbeitgebers ein Tagegeld in Höhe von insgesamt 770 € zu (110 Arbeitstage × 7 €/Arbeitstag).
Erfolgt eine monatliche Reisekostenabrechnung können die Tagegelder der ersten drei Monate steuerfrei geleistet werden:

| | |
|---|---|
| Steuerfreie Verpflegungspauschalen: | 55 Arbeitstage × 14 €/Arbeitstag = 770 € |
| Gezahltes Tagegeld: | 55 Arbeitstage × 7 €/Arbeitstag = 385 € |

[1]) Nr. **20** § 9/9.

Der Arbeitnehmer könnte somit zusätzlich für die ersten drei Monate noch 385 € als Werbungskosten geltend machen.
Die Tagegelder der folgenden drei Monate sind steuerpflichtig und der Arbeitnehmer kann keine Werbungskosten mehr geltend machen:

| | |
|---|---|
| Steuerfreie Verpflegungspauschalen: | = 0 € |
| Gezahltes Tagegeld: | 55 Arbeitstage × 7 €/Arbeitstag = 385 € |

Wird die längerfristige berufliche Auswärtstätigkeit zusammengefasst abgerechnet, können die Tagegelder der gesamten sechs Monate steuerfrei gezahlt werden. Der Arbeitnehmer kann dann keinen Werbungskostenabzug mehr geltend machen:

| | |
|---|---|
| Steuerfreie Verpflegungspauschalen: | 55 Arbeitstage × 14 €/Arbeitstag = 770 € |
| Gezahltes Tagegeld: | 110 Arbeitstage × 7 €/Arbeitstag = 770 € |

135 In den Fällen, in denen keine steuerfreie Verpflegungspauschale gezahlt werden darf, ist es nicht zu beanstanden, wenn der Arbeitgeber bei einer von ihm zur Verfügung gestellten Mahlzeit eine Verrechnung des anzusetzenden Sachbezugswertes mit steuerfrei zu erstattenden Fahrt-, Unterkunfts- oder Reisenebenkosten vornimmt.

**Beispiel 71:**

Der Arbeitnehmer A nimmt an einem halbtägigen auswärtigen Seminar mit Mittagessen teil und ist 6 Stunden von seiner Wohnung und der ersten Tätigkeitsstätte abwesend. Für die Fahrt zum Seminar nutzt A seinen privaten PKW und könnte für die entstandenen Fahrtkosten eine steuerfreie Erstattung in Höhe von 30 € von seinem Arbeitgeber beanspruchen.
Der Arbeitgeber kann die von ihm im Rahmen des Seminars gestellte Mahlzeit mit dem Sachbezugswert individuell oder pauschal mit 25 % versteuern oder von den zu erstattenden 30 € abziehen.

## III. Zeitliche Anwendungsregelung

136 Dieses Schreiben ersetzt das BMF-Schreiben vom 24. Oktober 2014 (BStBl. I S. 1412) und ist in allen noch offenen Fällen anzuwenden. Änderungen sind durch Fettdruck dargestellt[1]. In den jeweiligen Beispielen wurden die ab 1. Januar 2020 geltenden gesetzlichen Beträge für Verpflegungsmehraufwendungen und Sachbezugswerte berücksichtigt.

[1] **Red. Anm.:** Hier nicht dargestellt.

# **20** § 19/1. Schreiben betr. Steuerabzug vom Arbeitslohn bei unbeschränkt einkommensteuer-(lohnsteuer-)pflichtigen Künstlern und verwandten Berufen[1)]

Vom 5. Oktober 1990 (BStBl. I S. 638)

(BMF IV B 6 – S 2332 – 73/90)

Geändert durch BMF v. 9. 7. 2014 (BStBl. I S. 1103)

Unter Bezugnahme auf das Ergebnis der Erörterung mit den obersten Finanzbehörden der Länder gilt bei Künstlern und verwandten Berufen, soweit sie eine unmittelbare Vertragsbeziehung zum Arbeitgeber/Auftraggeber begründen, zur Abgrenzung zwischen selbständiger Tätigkeit und nichtselbständiger Arbeit sowie für den Steuerabzug bei Annahme einer nichtselbständigen Arbeit folgendes:

## 1. Abgrenzung zwischen selbständiger Tätigkeit und nichtselbständiger Arbeit

Für die Annahme einer nichtselbständigen Arbeit sind die in § 1 LStDV aufgestellten Merkmale maßgebend. Danach liegt eine nichtselbständige Arbeit vor, wenn die tätige Person in der Betätigung ihres geschäftlichen Willens unter der Leitung eines Arbeitgebers steht oder in den geschäftlichen Organismus des Arbeitgebers eingegliedert und dessen Weisungen zu folgen verpflichtet ist. Dagegen ist nicht Arbeitnehmer, wer Lieferungen und sonstige Leistungen innerhalb der von ihm selbständig ausgeübten gewerblichen und beruflichen Tätigkeit im Inland gegen Entgelt ausführt, soweit es sich um die Entgelte für diese Lieferungen und sonstigen Leistungen handelt. Im übrigen kommt es bei der Abgrenzung zwischen selbständiger Tätigkeit und nichtselbständiger Arbeit nicht so sehr auf die formelle vertragliche Gestaltung, z. B. auf die Bezeichnung als freies Mitarbeiterverhältnis, als vielmehr auf die Durchführung der getroffenen Vereinbarung an (BFH-Urteil vom 29. September 1967, BStBl. 1968 II S. 84). Dies führt bei künstlerischen und verwandten Berufen im allgemeinen zu folgenden Ergebnissen:

### 1.1. Tätigkeit bei Theaterunternehmen

#### 1.1.1. Spielzeitverpflichtete Künstler

Künstler und Angehörige von verwandten Berufen, die auf Spielzeit- oder Teilspielzeitvertrag angestellt sind, sind in den Theaterbetrieb eingegliedert und damit nichtselbständig. Dabei spielt es keine Rolle, ob der Künstler gleichzeitig eine Gastspielverpflichtung bei einem anderen Unternehmen eingegangen ist.

---

1) Zu beschränkt einkommensteuerpflichtigen Künstlern vgl. BMF v. 31. 7. 2002, BStBl. I S. 707 (Nr. **20** § 39 a/1).

#### 1.1.2. Gastspielverpflichtete Künstler

Bei gastspielverpflichteten Künstlern und Angehörigen von verwandten Berufen erstreckt sich der Vertrag in der Regel auf eine bestimmte Anzahl von Aufführungen.

Für die Annahme einer nichtselbständigen Tätigkeit kommt es darauf an, ob das Gastspieltheater während der Dauer des Vertrages im wesentlichen über die Arbeitskraft des Gastkünstlers verfügt (BFH-Urteil vom 24. Mai 1973, BStBl. II S. 636). Dies hängt von dem Maß der Einbindung in den Theaterbetrieb (nicht in das Ensemble) ab. Ob ein Künstler allein (Solokünstler) oder in einer Gruppe (z. B. Chor) auftritt und welchen künstlerischen Rang er hat, spielt für die Abgrenzung keine entscheidende Rolle. Auch kommt es nicht darauf an, wie das für die Veranlagung des Künstlers zuständige Finanzamt eine vergleichbare Tätigkeit des Künstlers bei Hörfunk und Fernsehen bewertet und ob es hierfür eine entsprechende Bescheinigung erteilt hat. Im einzelnen gilt deshalb:

Gastspielverpflichtete Regisseure, Choreographen, Bühnenbildner und Kostümbildner sind selbständig. Gastspielverpflichtete Dirigenten üben dagegen eine nichtselbständige Tätigkeit aus; sie sind ausnahmsweise selbständig, wenn sie nur für kurze Zeit einspringen.

Gastspielverpflichtete Schauspieler, Sänger, Tänzer und andere Künstler sind in den Theaterbetrieb eingegliedert und deshalb nicht selbständig, wenn sie eine Rolle in einer Aufführung übernehmen und gleichzeitig eine Probenverpflichtung zur Einarbeitung in die Rolle oder eine künstlerische Konzeption eingehen. Stell- oder Verständigungsproben reichen nicht aus. Voraussetzung ist außerdem, daß die Probenverpflichtung tatsächlich erfüllt wird.[1] Die Zahl der Aufführungen ist nicht entscheidend.

Aushilfen für Chor und Orchester sind selbständig, wenn sie nur für kurze Zeit einspringen.

Gastspielverpflichtete Künstler einschließlich der Instrumentalsolisten sind selbständig, wenn sie an einer konzertanten Opernaufführung, einem Oratorium, Liederabend oder dergleichen mitwirken.

### 1.2. Tätigkeit bei Kulturorchestern

Sämtliche gastspielverpflichteten (vgl. Tz. 1.1.2 Abs. 1) Künstler, z. B. Dirigenten, Vokal- und Instrumentalsolisten, sind stets und ohne Rücksicht auf die Art und Anzahl der Aufführungen selbständig. Orchesteraushilfen sind ebenfalls selbständig, wenn sie nur für kurze Zeit einspringen.

### 1.3. Tätigkeit bei Hörfunk und Fernsehen

Für die neben dem ständigen Personal beschäftigten Künstler und Angehörigen von verwandten Berufen, die in der Regel auf Grund von Honorarverträgen tätig werden und im allgemeinen als freie Mitarbeiter bezeichnet werden, gilt vorbehaltlich der Tz. 1.4 folgendes:

**1.3.1.** Die freien Mitarbeiter sind grundsätzlich nichtselbständig.

[1] Der Probenverpflichtung und ihrer Erfüllung kommt besondere Bedeutung zu; vgl. FM Sachsen v. 5. 3. 1997, DStR S. 539.

**1.3.2.** Im allgemeinen sind nur die folgenden Gruppen von freien Mitarbeitern selbständig, soweit sie nur für einzelne Produktionen (z. B. ein Fernsehspiel, eine Unterhaltungssendung oder einen aktuellen Beitrag) tätig werden („Negativkatalog"):

Architekten
Arrangeure
Artisten[1]
Autoren
Berichterstatter
Bildhauer
Bühnenbildner
Choreographen
Chorleiter[2]
Darsteller[3]
Dirigenten[2]
Diskussionsleiter
Dolmetscher
Fachberater
Fotografen
Gesprächsteilnehmer
Grafiker
Interviewpartner
Journalisten
Kommentatoren
Komponisten
Korrespondenten
Kostümbildner
Kunstmaler
Lektoren
Moderatoren[4]
musikalische Leiter[2]
Quizmaster
Realisatoren[4]
Regisseure
Solisten (Gesang, Musik, Tanz)[1]
Schriftsteller
Übersetzer

**1.3.3.** Eine von vornherein auf Dauer angelegte Tätigkeit eines freien Mitarbeiters ist nichtselbständig, auch wenn für sie mehrere Honorarverträge abgeschlossen werden.

---

[1] **[Amtl. Anm.:]** Die als Gast außerhalb eines Ensembles oder einer Gruppe eine Sololeistung erbringen.

[2] **[Amtl. Anm.:]** Soweit sie als Gast mitwirken oder Träger des Chores/Klangkörpers oder Arbeitgeber der Mitglieder des Chores/Klangkörpers sind.

[3] **[Amtl. Anm.:]** Die als Gast in einer Sendung mit Live-Charakter mitwirken.

[4] **[Amtl. Anm.:]** Wenn der eigenschöpferische Teil der Leistung überwiegt.

**Beispiele:**

a) Ein Journalist reist in das Land X, um in mehreren Beiträgen über kulturelle Ereignisse zu berichten. Eine Rundfunkanstalt verpflichtet sich vor Reiseantritt, diese Beiträge abzunehmen.
Die Tätigkeit ist nichtselbständig, weil sie von vornherein auf Dauer angelegt ist und die Berichte auf Grund einer vorher eingegangenen Gesamtverpflichtung geliefert werden. Dies gilt auch, wenn diese Beiträge einzeln abgerechnet werden.

b) Ein Journalist wird von einer Rundfunkanstalt für kulturpolitische Sendungen um Beiträge gebeten. Die Beiträge liefert er auf Grund von jeweils einzeln abgeschlossenen Vereinbarungen.
Die Tätigkeit ist selbständig, weil sie nicht von vornherein auf Dauer angelegt ist.

**1.3.4.** Wird der freie Mitarbeiter für denselben Auftraggeber in mehreren zusammenhängenden Leistungsbereichen tätig, von denen der eine als selbständig und der andere als nichtselbständig zu beurteilen ist, ist die gesamte Tätigkeit einheitlich als selbständige oder als nichtselbständige Tätigkeit zu behandeln. Die Einordnung dieser Mischtätigkeit richtet sich nach der überwiegenden Tätigkeit, die sich aus dem Gesamterscheinungsbild ergibt. Für die Frage des Überwiegens kann auch auf die Höhe des aufgeteilten Honorars abgestellt werden.

**1.3.5.** Übernimmt ein nichtselbständiger Mitarbeiter für seinen Arbeitgeber zusätzliche Aufgaben, die nicht zu den Nebenpflichten aus seiner Haupttätigkeit gehören, so ist nach den allgemeinen Abgrenzungskriterien zu prüfen, ob die Nebentätigkeit selbständig oder nichtselbständig ausgeübt wird (siehe *Abschn. 68 LStR*[1]) und BFH-Urteil vom 25. November 1971, BStBl. 1972 II S. 212).

**1.3.6.** Gehört ein freier Mitarbeiter nicht zu einer der im Negativkatalog (Tz. 1.3.2) genannten Berufsgruppen, so kann auf Grund besonderer Verhältnisse des Einzelfalls die Tätigkeit gleichwohl selbständig sein. Das Wohnsitzfinanzamt erteilt dem Steuerpflichtigen nach eingehender Prüfung ggf. eine Bescheinigung nach beiliegendem Muster. Die Bescheinigung bezieht sich auf die Tätigkeit des freien Mitarbeiters für einen bestimmten Auftraggeber. Das Finanzamt hat seine Entscheidung grundsätzlich mit dem Betriebsstättenfinanzamt des Auftraggebers abzustimmen.

**1.3.7.** Gehört ein freier Mitarbeiter zu einer der in Tz. 1.3.2 genannten Berufsgruppen, so kann er auf Grund besonderer Verhältnisse des Einzelfalls gleichwohl nichtselbständig sein.

**1.3.8.** Aushilfen für Chor und Orchester sind selbständig, wenn sie nur für kurze Zeit einspringen.

### 1.4. Tätigkeit bei Film- und Fernsehfilmproduzenten (Eigen- und Auftragsproduktion) einschl. Synchronisierung

Filmautoren, Filmkomponisten und Fachberater sind im allgemeinen nicht in den Organismus des Unternehmens eingegliedert, so daß ihre Tätigkeit in der Regel selbständig ist. Schauspieler, Regisseure, Kameraleute, Regieassistenten und sonstige Mitarbeiter in der Film- und Fernsehfilmproduktion sind dagegen im allgemeinen nichtselbständig (BFH-Urteil vom 6. Oktober 1971, BStBl. 1972 II S. 88). Das gilt auch für Mitarbeiter bei der Herstellung von Werbefilmen.

---

[1]) Jetzt H 19.2 LStH 2019.

Synchronsprecher sind in der Regel selbständig (BFH-Urteil vom 12. Oktober 1978, BStBl. 1981 II S. 706). Das gilt nicht nur für Lippensynchronsprecher, sondern auch für Synchronsprecher für besondere Filme (z. B. Kultur-, Lehr- und Werbefilme), bei denen der in eine andere Sprache zu übertragende Begleittext zu sprechen ist. Diese Grundsätze gelten für Synchronregisseure entsprechend.

**1.5. Wiederholungshonorare**

Wiederholungshonorare sind der Einkunftsart zuzuordnen, zu welcher das Ersthonorar gehört hat. Dies gilt auch dann, wenn das Wiederholungshonorar nicht vom Schuldner des Ersthonorars gezahlt wird. Ist das Ersthonorar im Rahmen der Einkünfte aus nichtselbständiger Arbeit zugeflossen und wird das Wiederholungshonorar durch einen Dritten gezahlt, so ist ein Lohnsteuerabzug nicht vorzunehmen.

**2. Steuerabzug vom Arbeitslohn**

**2.1.** Bei Annahme einer nichtselbständigen Tätigkeit ist der Arbeitgeber zur Einbehaltung und Abführung der Lohnsteuer verpflichtet. Die Höhe der einzubehaltenden Lohnsteuer richtet sich dabei nach der für den jeweiligen Lohnzahlungszeitraum maßgebenden Lohnsteuertabelle.

**2.2.** Bei täglicher Zahlung des Honorars ist grundsätzlich die Lohnsteuertabelle für tägliche Lohnzahlungen anzuwenden. Stellt sich die tägliche Lohnzahlung lediglich als Abschlagszahlung auf ein für einen längeren Lohnabrechnungszeitraum vereinbartes Honorar dar, so ist der Lohnabrechnungszeitraum als Lohnzahlungszeitraum zu betrachten (§ 39b Abs. 5 EStG). Können die Honorare nicht als Abschlagszahlungen angesehen werden, bestehen keine Bedenken, wenn eines der folgenden Verfahren angewendet wird:

**2.2.1. Erweiterter Lohnzahlungszeitraum**

Der Lohnzahlungszeitraum wird auf die vor der tatsächlichen Beschäftigung liegende Zeit ausgedehnt, soweit dieser Zeitraum nach der auf der Lohnsteuerkarte vermerkten Lohnsteuerbescheinigung nicht schon belegt ist. Dabei gilt jedoch die Einschränkung, daß für je zwei Tage der tatsächlichen Beschäftigung nur eine Woche, insgesamt jedoch höchstens ein Monat bescheinigt werden kann.

**Beispiel:**

a) Beschäftigung vom 26. bis 31. März (6 Tage). Letzte Eintragung auf der Lohnsteuerkarte 2. bis 5. März. Für 6 Tage Beschäftigung Eintragung von 3 Wochen = 21 Tage. Es kommt demnach ein erweiterter Lohnzahlungszeitraum für die Zeit vom 11. bis 31. März (21 Tage) in Betracht.
Würde sich im vorstehenden Beispiel die letzte Eintragung auf der Lohnsteuerkarte statt auf die Zeit vom 2. bis 5. März auf die Zeit vom 15. bis 18. März erstrecken, dann käme als erweiterter Lohnzahlungszeitraum nur die Zeit vom 19. bis 31. März in Betracht.
b) Beschäftigung vom 10. bis 19. März (10 Tage). Letzte Eintragung auf der Lohnsteuerkarte vom 2. bis 7. Februar. Für 10 Tage Beschäftigung Eintragung von 5 Wochen, höchstens jedoch ein Monat. Es kommt demnach ein erweiterter Lohnzahlungszeitraum für die Zeit vom 20. Februar bis 19. März in Betracht.
Würde im vorstehenden Beispiel die Beschäftigung statt vom 10. bis 19. März vom 10. März bis 15. April, also mindestens einen Monat dauern, so kommt die Anwendung des erweiterten Lohnzahlungszeitraums nicht in Betracht.

Ist die Zahl der tatsächlichen Beschäftigungstage nicht durch zwei teilbar und verbleibt demnach ein Rest von einem Tag oder beträgt die tatsächliche Beschäftigungsdauer nur einen Tag, so kann hierfür – im Rahmen des Höchstzeitraums von einem Monat – ebenfalls eine Woche bescheinigt werden.

**Beispiel:**

Beschäftigung vom 10. bis 12. März (3 Tage). Letzte Eintragung auf der Lohnsteuerkarte 2. bis 7. Februar. Für 3 Tage Beschäftigung Eintragung von 2 Wochen = 14 Tage. Es kommt demnach ein erweiterter Lohnzahlungszeitraum für die Zeit vom 27. Februar bis 12. März (14 Tage) in Betracht.
Würde im vorstehenden Beispiel die Beschäftigung statt vom 10. bis 12. März vom 10. bis 18. März dauern, so würden nach dieser Berechnung zwar 5 Wochen in Betracht kommen. Es kann aber nur höchstens ein Monat als Lohnzahlungszeitraum angesetzt werden, also die Zeit vom 19. Februar bis 18. März.

Bei Eintragung voller Wochen ist die Wochentabelle auf jeweils das auf die Anzahl der Wochen aufgeteilte Honorar, bei Eintragung eines Monats die Monatstabelle anzuwenden.

**Beispiel:**

Das Honorar für eine Beschäftigung von 5 Tagen beträgt 900 DM. Bei einem erweiterten Lohnzahlungszeitraum von 3 Wochen ist die Wochentabelle jeweils auf ein Drittel des Honorars = 300 DM anzuwenden.

Der Arbeitgeber hat in der Lohnsteuerbescheinigung in die zu bescheinigende Dauer des Dienstverhältnisses auch die Tage einzubeziehen, um die nach vorstehenden Verfahren Lohnzahlungszeiträume erweitert worden sind. Im Lohnkonto hat der Arbeitgeber neben den sonstigen Angaben, zu denen er verpflichtet ist, den Zeitraum der tatsächlichen Beschäftigung, den nach vorstehendem Verfahren erweiterten Lohnzahlungszeitraum sowie den auf der Lohnsteuerkarte vermerkten vorangegangenen Beschäftigungszeitraum sowie Name und Anschrift des früheren Arbeitgebers einzutragen.

Händigt der Arbeitgeber dem Arbeitnehmer die Lohnsteuerkarte vorübergehend aus (§ 39 b Abs. 1 Satz 3 EStG), so hat er zuvor auf der Rückseite der Lohnsteuerkarte bereits die für eine spätere Lohnsteuerbescheinigung vorgesehene letzte Spalte (Anschrift- und Steuer-Nr. des Arbeitgebers, ggf. Firmenstempel, mit Unterschrift) auszufüllen. Ein anderer Arbeitgeber, dem eine derart gekennzeichnete Lohnsteuerkarte vorgelegt wird, darf diese nicht seiner Lohnsteuerberechnung zugrunde legen; er hat vielmehr der Berechnung der Lohnsteuerbeträge die tatsächliche Zahl der Arbeitstage nach *§ 39 b Abs. 4 EStG*[1] zugrunde zu legen und die Lohnsteuer nach § 39 c Abs. 1 EStG zu errechnen.

### 2.2.2. Verlängerung des Lohnzahlungszeitraums auf einen Monat

Der Arbeitgeber vereinbart mit dem Arbeitnehmer, daß für das in einem Monat anfallende Honorar der Monat als Lohnzahlungszeitraum angesehen wird und die Zahlungen zunächst als Abschlag behandelt werden. Die in dem Monat gezahlten Abschläge werden innerhalb von drei Wochen nach Ablauf des Monats als Monatshonorare abgerechnet. Die Lohnsteuer wird dem Lohnzahlungszeitraum entsprechend nach der Monatstabelle einbehalten. Auf den

[1] § 39 b Abs. 4 EStG weggefallen.

Zeitpunkt der Leistung des Arbeitnehmers und die Dauer seiner Beschäftigung wird dabei nicht besonders abgestellt.

Dem Lohnsteuerabzug wird die dem Arbeitgeber vorgelegte Lohnsteuerkarte zugrunde gelegt. Voraussetzung für die Anwendung dieses Verfahrens ist, daß die für den Lohnsteuerabzug maßgebende Lohnsteuerkarte für den betreffenden Monat noch keine Eintragung enthält und mindestens für den Monat, in dem das Honorar anfällt, beim Arbeitgeber verbleibt.

Vor der Aushändigung der Lohnsteuerkarte wird die Lohnsteuerbescheinigung (§ 41 b Abs. 1 EStG) eingetragen. Diese ist dem Lohnabrechnungszeitraum entsprechend jeweils für abgeschlossene Kalendermonate zu erteilen. Als Dauer des Dienstverhältnisses wird der Zeitraum eingetragen, in dem die Lohnsteuerkarte dem Arbeitgeber vorgelegen hat.

Verlangt ein Arbeitnehmer schon im Laufe des Kalenderjahrs die Aushändigung der Lohnsteuerkarte, weil er nicht mehr für den Arbeitgeber tätig ist oder einen Steuerkartenwechsel (z. B. wegen Verlagerung seiner Haupteinnahmequelle zu einem anderen Arbeitgeber; vgl. *Abschn. 114 Abs. 3 Satz 1 LStR*[1]*)* vornehmen will, wird diese Lohnsteuerkarte noch bis zum Ende des laufenden Lohnabrechnungszeitraums dem Steuerabzug zugrunde gelegt. Kann die Lohnsteuerkarte nach Ablauf des Lohnabrechnungszeitraums infolge einer maschinellen Lohnabrechnung nicht sofort ausgehändigt werden, erhält der neue Arbeitgeber unmittelbar oder über den Arbeitnehmer eine vorläufige Bescheinigung – Zwischenbescheinigung – *(§ 41 b Abs. 1 Satz 6 EStG*[2]*)*, so daß er ab Beginn des neuen Lohnabrechnungszeitraums (z. B. Monat) die sich daraus ergebende Steuerklasse anwenden kann.

Auf die bei Abschluß des Lohnsteuerabzugs nach § 41 b Abs. 1 EStG auszuschreibende Bescheinigung wird besonders hingewiesen.

Enthält die Lohnsteuerkarte für einen Teil des Monats bereits eine Eintragung oder händigt der Arbeitgeber dem Arbeitnehmer die Lohnsteuerkarte vor Ablauf des Monats aus, in dem das Honorar anfällt, so ist der Steuerabzug vom Arbeitslohn für diesen Monat nach den allgemeinen Vorschriften oder nach dem in der nachfolgenden Tz. 2.2.3 zugelassenen Verfahren vorzunehmen. Bei Aushändigung der Lohnsteuerkarte im Laufe des Monats, in dem das Honorar anfällt, ist § 41 c EStG zu beachten.

Sofern dem Arbeitgeber eine Lohnsteuerkarte nicht vorliegt, wird nach § 39 c Abs. 1 und 2 EStG verfahren.

### 2.2.3. Permanente Monatsabrechnung

Liegen die Voraussetzungen der Tz. 2.2.2 vor, so kann der Steuerabzug vom Arbeitslohn für die während eines Monats anfallenden Lohnzahlungen nach der Monatstabelle auch in der Weise vorgenommen werden, daß die früheren Lohnzahlungen desselben Monats mit in die Steuerberechnung für den betreffenden Monat einbezogen werden. Dieses Verfahren kann grundsätzlich unabhängig von der auf der Lohnsteuerkarte eingetragenen Steuerklasse angewendet werden. Es gilt also auch bei Vorlage einer Lohnsteuerkarte mit der Steuerklasse VI, nicht hingegen, wenn wegen fehlender Lohnsteuerkarte der Steuerabzug nach der Steuerklasse VI vorzunehmen ist. Die mehrmalige Anwendung

---

[1] **Red. Anm.:** Jetzt R 39b.1 Abs. 2 S. 1 LStR.
[2] **Red. Anm.:** § 41b Abs. 1 S. 6 weggefallen.

der Monatstabelle innerhalb eines Monats ohne Einbeziehung früherer Zahlungen desselben Monats ist auf keinen Fall zulässig.

**Beispiel:**

Ein Arbeitnehmer, der dem Arbeitgeber eine Lohnsteuerkarte mit der Steuerklasse I vorgelegt hat, erhält am 8. August 1990 für eine eintägige Beschäftigung 400 DM. Die Lohnsteuer hierauf beträgt nach der Monatstabelle 0, – DM.

(Wenn der Arbeitnehmer eine Lohnsteuerkarte mit der Steuerklasse VI vorgelegt hat, beträgt die Lohnsteuer nach der Monatstabelle 75,16 DM.) Erhält der Arbeitnehmer im August 1990 von diesem Arbeitgeber keine weiteren Lohnzahlungen, so beträgt die Lohnsteuer für die am 8. August 1990 gezahlte Vergütung in Höhe von 400 DM nach Steuerklasse I 0,– DM. Erhält der Arbeitnehmer am 13. August 1990 und am 27. August 1990 vom selben Arbeitgeber nochmals jeweils 500 DM, so berechnet der Arbeitgeber die Lohnsteuer für diese Lohnzahlungen wie folgt (in der 2. Spalte ist vergleichsweise die Steuerberechnung bei Vorlage einer Lohnsteuerkarte mit der Steuerklasse VI aufgeführt):

| **a) Lohnzahlung am 13. August 1990:** | | **Steuerklasse I** | **Steuerklasse VI** |
|---|---|---|---|
| Bis 13. August 1990 bereits gezahlter Arbeitslohn | 400 DM | | |
| zuzüglich für den 13. August 1990 zu zahlender Arbeitslohn | 500 DM | | |
| insgesamt | 900 DM | | |
| Lohnsteuer hierauf nach der Monatstabelle | | 17,08 DM | 177,33 DM |
| abzüglich:Lohnsteuer, die vom bereits gezahlten Arbeitslohn einbehalten wurde | | 0,00 DM | 75,16 DM |
| Für die Lohnzahlung am 13. August 1990 einzubehaltende Lohnsteuer | | 17,08 DM | 102,17 DM |

| **a) Lohnzahlung am 27. August 1990:** | | **Steuerklasse I** | **Steuerklasse VI** |
|---|---|---|---|
| Bis 27. August 1990 bereits bezahlter Arbeitslohn | 900 DM | | |
| zuzüglich für den 27. August 1990 zu zahlender Arbeitslohn | 500 DM | | |
| insgesamt | 1400 DM | | |
| Lohnsteuer hierauf nach der Monatstabelle | | 97,33 DM | 303,00 DM |
| abzüglich:Lohnsteuer, die vom bereits gezahlten Arbeitslohn einbehalten wurde | | 17,08 DM | 177,33 DM |
| Für die Lohnzahlung am 27. August 1990 einzubehaltende Lohnsteuer | | 80,25 DM | 125,67 DM |

Hat der Arbeitnehmer dem Arbeitgeber keine Lohnsteuerkarte vorgelegt, so ist für die am 8., 13. und 27. August gezahlten Beträge die Lohnsteuer jeweils nach der Tagestabelle zu ermitteln.

## 2.2.4. Permanenter Lohnsteuer-Jahresausgleich

Der Steuerabzug vom Arbeitslohn kann unter den in *§ 39 b Abs. 2 Satz 7 EStG*[1] bzw. in *Abschn. 121 Abs. 2 LStR*[2] genannten Voraussetzungen auch nach dem voraussichtlichen Jahresarbeitslohn unter Anwendung der Jahreslohnsteuertabelle unabhängig davon vorgenommen werden, welche Steuerklasse auf der Lohnsteuerkarte des Arbeitnehmers eingetragen ist.

Dieses Schreiben tritt an die Stelle der BMF-Schreiben vom 27. Juni 1975 IV B 6 – S 2365 – 8/75 (BStBl. I S. 923), vom 20. Juli 1976 IV B 6 – S 2367 – 22/

[1] **Red. Anm.:** Jetzt § 39b Abs. 2 S. 12 EStG.
[2] **Red. Anm.:** Jetzt R 39b.8 LStR.

76, vom 22. Juni 1977 IV B 6 – S 2367 – 10/77 und vom 23. September 1981 IV B 6 – S 2367 – 13/81.

**Anlage**[1)]

Finanzamt ....................

Steuernummer .................

**Bescheinigung**

Herrn/Frau ................. geb am ..............

wohnhaft ...........................................

wird bescheinigt, dass er/sie hier unter der Steuernummer ...................... zur Einkommensteuer veranlagt wird.

Aufgrund des/der vorgelegten Vertrages/Verträge,

Prod.-Nr. ......................................... vom ...........

der zwischen ihm/ihr und .......................................

über die Tätigkeit als .........................................

geschlossen wurde, werden die Honorareinnahmen unter dem Vorbehalt des jederzeitigen Widerrufs als

– Einkünfte aus selbständiger Arbeit i. S. des § 18 EStG[2)]

– Einkünfte aus Gewerbebetrieb i. S. d. § 15 EStG[2)]

behandelt.

Im Auftrag

---

[1)] Anlage neu gef. durch BMF v. 9. 7. 2014, BStBl. I S. 1103.

[2)] **Amtl. Anm.:** Nichtzutreffendes bitte streichen.

# 20 § 19/2. Schreiben betr. lohnsteuerliche Behandlung der Übernahme von Studiengebühren für ein berufsbegleitendes Studium durch den Arbeitgeber

Vom 13. April 2012
BMF IV C 5 - S 2332/07/0001; DOK 2012/0322945
(BStBl. I S. 531)

Im Einvernehmen mit den obersten Finanzbehörden der Länder gilt zur lohnsteuerlichen Behandlung der Übernahme von Studiengebühren für ein berufsbegleitendes Studium durch den Arbeitgeber Folgendes:

Grundsätzlich gehören nach § 19 Abs. 1 Satz 1 Nr. 1 i. V. m. mit § 8 Abs. 1 EStG alle Einnahmen in Geld oder Geldeswert, die durch ein individuelles Dienstverhältnis veranlasst sind, zu den Einkünften aus nichtselbständiger Arbeit. Dies gilt – vorbehaltlich der weiteren Ausführungen – auch für vom Arbeitgeber übernommene Studiengebühren für ein berufsbegleitendes Studium des Arbeitnehmers.

## 1. Ausbildungsdienstverhältnis

Ein berufsbegleitendes Studium findet im Rahmen eines Ausbildungsdienstverhältnisses statt, wenn die Ausbildungsmaßnahme Gegenstand des Dienstverhältnisses ist (vgl. R 9.2 *LStR 2011*[1]) und H 9.2 „Ausbildungsdienstverhältnis" *LStH 2012*[2]) sowie die dort angeführte Rechtsprechung des BFH). Voraussetzung ist, dass die Teilnahme an dem berufsbegleitenden Studium zu den Pflichten des Arbeitnehmers aus dem Dienstverhältnis gehört.

Ein berufsbegleitendes Studium findet insbesondere nicht im Rahmen eines Ausbildungsdienstverhältnisses statt, wenn

a) das Studium nicht Gegenstand des Dienstverhältnisses ist, auch wenn das Studium seitens des Arbeitgebers durch Hingabe von Mitteln, z. B. eines Stipendiums, gefördert wird oder

b) Teilzeitbeschäftigte ohne arbeitsvertragliche Verpflichtung ein berufsbegleitendes Studium absolvieren und das Teilzeitarbeitsverhältnis lediglich das Studium ermöglicht.

### 1.1. Arbeitgeber ist Schuldner der Studiengebühren

Ist der Arbeitgeber im Rahmen eines Ausbildungsdienstverhältnisses Schuldner der Studiengebühren, wird ein ganz überwiegend eigenbetriebliches Interesse des Arbeitgebers unterstellt und steuerrechtlich kein Vorteil mit Arbeitslohncharakter angenommen. So sind auch Studiengebühren kein Arbeitslohn, die der Arbeitgeber bei einer im dualen System durchgeführten Ausbildung aufgrund einer Vereinbarung mit der Bildungseinrichtung als unmittelbarer Schuldner trägt.

---

[1]) **Red. Anm.:** Jetzt: LStR 2023.
[2]) **Red. Anm.:** Jetzt: LStH 2023.

### 1.2. Arbeitnehmer ist Schuldner der Studiengebühren

Ist der Arbeitnehmer im Rahmen eines Ausbildungsdienstverhältnisses Schuldner der Studiengebühren und übernimmt der Arbeitgeber die Studiengebühren, wird ein ganz überwiegend eigenbetriebliches Interesse des Arbeitgebers unterstellt und steuerrechtlich kein Vorteil mit Arbeitslohncharakter angenommen, wenn

a) sich der Arbeitgeber arbeitsvertraglich zur Übernahme der Studiengebühren verpflichtet und

b) der Arbeitgeber die übernommenen Studiengebühren vom Arbeitnehmer arbeitsvertraglich oder aufgrund einer anderen arbeitsrechtlichen Rechtsgrundlage zurückfordern kann, sofern der Arbeitnehmer das ausbildende Unternehmen auf eigenen Wunsch innerhalb von zwei Jahren nach dem Studienabschluss verlässt.
Ein ganz überwiegend eigenbetriebliches Interesse des Arbeitgebers kann auch dann angenommen werden, wenn der Arbeitgeber die übernommenen Studiengebühren nach arbeitsrechtlichen Grundsätzen nur zeitanteilig zurückfordern kann. Scheidet der Arbeitnehmer zwar auf eigenen Wunsch aus dem Unternehmen aus, fällt der Grund für das Ausscheiden aus dem Arbeitsverhältnis aber allein in die Verantwortungs- oder Risikosphäre des Arbeitgebers (Beispiele: Der vertraglich zugesagte Arbeitsort entfällt, weil der Arbeitgeber den Standort schließt. Der Arbeitnehmer nimmt das Angebot eines Ausweicharbeitsplatzes nicht an und kündigt.), kann eine vereinbarte Rückzahlungsverpflichtung nach arbeitsrechtlichen Grundsätzen hinfällig sein. In diesen Fällen genügt die Vereinbarung der Rückzahlungsverpflichtung für die Annahme eines überwiegenden eigenbetrieblichen Interesses an der Übernahme der Studiengebühren.

Der Arbeitgeber hat auf der ihm vom Arbeitnehmer zur Kostenübernahme vorgelegten Originalrechnung die Kostenübernahme sowie deren Höhe anzugeben. Eine Ablichtung der insoweit ergänzten Originalrechnung ist als Beleg zum Lohnkonto aufzubewahren.

### 2. Berufliche Fort- und Weiterbildungsleistung

Ein berufsbegleitendes Studium kann als berufliche Fort- und Weiterbildungsleistung des Arbeitgebers im Sinne der Richtlinie R 19.7 *LStR 2011*[1)] anzusehen sein, wenn es die Einsatzfähigkeit des Arbeitnehmers im Betrieb erhöhen soll. Ist dies der Fall, führt die Übernahme von Studiengebühren für dieses Studium durch den Arbeitgeber nicht zu Arbeitslohn, denn sie wird im ganz überwiegend eigenbetrieblichen Interesse des Arbeitgebers durchgeführt. Die lohnsteuerliche Beurteilung, ob das berufsbegleitende Studium als berufliche Fort- und Weiterbildungsleistung des Arbeitgebers im Sinne der Richtlinie R 19.7 *LStR 2011*[1)] anzusehen ist, ist nach den konkreten Umständen des Einzelfalls vorzunehmen. Hierbei ist Folgendes zu beachten:

### 2.1. Schuldner der Studiengebühren

Es kommt für die Annahme eines ganz überwiegend eigenbetrieblichen Interesses des Arbeitgebers nicht darauf an, ob der Arbeitgeber oder der Arbeitnehmer Schuldner der Studiengebühren ist. Ist der Arbeitnehmer Schuldner der Studiengebühren, ist nur insoweit die Annahme eines ganz überwiegend eigen-

[1)] **Red. Anm.:** Jetzt: LStR 2023.

betrieblichen Interesses des Arbeitgebers möglich, wie der Arbeitgeber vorab die Übernahme der zukünftig entstehenden Studiengebühren schriftlich zugesagt hat (R 19.7 Abs. 1 Satz 3 und 4 *LStR 2011*[1]). Der Arbeitgeber hat auf der ihm vom Arbeitnehmer zur Kostenübernahme vorgelegten Originalrechnung die Kostenübernahme sowie deren Höhe anzugeben. Eine Ablichtung der insoweit ergänzten Originalrechnung ist als Beleg zum Lohnkonto aufzubewahren.

### 2.2. Rückforderungsmöglichkeit des Arbeitgebers

Für die Annahme eines ganz überwiegend eigenbetrieblichen Interesses des Arbeitgebers ist es nicht erforderlich, dass der Arbeitgeber die übernommenen Studiengebühren vom Arbeitnehmer arbeitsvertraglich oder aufgrund einer anderen arbeitsrechtlichen Rechtsgrundlage zurückfordern kann.

### 2.3. Übernahme von Studienkosten durch den Arbeitgeber im Darlehenswege

Bei einer Übernahme von Studienkosten durch den Arbeitgeber im Darlehenswege, bei der marktübliche Vereinbarungen über Verzinsung, Kündigung und Rückzahlung getroffen werden, führt weder die Hingabe noch die Rückzahlung der Mittel zu lohnsteuerlichen Folgerungen.

Ist das Arbeitgeberdarlehen nach den getroffenen Vereinbarungen nur dann tatsächlich zurückzuzahlen, wenn der Arbeitnehmer aus Gründen, die in seiner Person liegen, vor Ablauf des vertraglich festgelegten Zeitraums (in der Regel zwei bis fünf Jahre) aus dem Arbeitsverhältnis ausscheidet, oder ist der marktübliche Zinssatz unterschritten, ist zu prüfen, ob im Zeitpunkt der Einräumung des Arbeitgeberdarlehens die Voraussetzungen des R 19.7 *LStR 2011*[1] vorliegen. Wird dies bejaht, ist der Verzicht auf die Darlehensrückzahlung oder der Zinsvorteil eine Leistung des Arbeitgebers im ganz überwiegend eigenbetrieblichen Interesse.

Liegen die Voraussetzungen des R 19.7 *LStR 2011*[1] nicht vor, stellt der (Teil-)Erlass des Darlehens einen Vorteil mit Arbeitslohncharakter für den Arbeitnehmer dar. Gleiches gilt für einen Zinsvorteil nach Maßgabe des BMF-Schreibens vom 1. Oktober 2008 (BStBl. I S. 892)[2]. Der Arbeitslohn fließt dem Arbeitnehmer bei einem Darlehens(teil-)erlass in dem Zeitpunkt zu, in dem der Arbeitgeber zu erkennen gibt, dass er auf die (Teil-)Rückzahlung des Darlehens verzichtet (BFH-Urteil vom 27. März 1992, BStBl. II S. 837).

### 2.4. Prüfschema

Es ist nicht zu beanstanden, wenn die lohnsteuerliche Beurteilung nach folgendem Prüfschema vorgenommen wird:

1. Liegt eine erstmalige Berufsausbildung oder ein Erststudium als Erstausbildung außerhalb eines Ausbildungsdienstverhältnisses im Sinne von § 9 Abs. 6 und *§ 12 Nr. 5 EStG* vor?[3] [4]
   Wenn ja:
   → Es liegen weder Werbungskosten des Arbeitnehmers noch ein ganz überwiegend eigenbetriebliches Interesse des Arbeitgebers vor. Die

[1] **Red. Anm.:** Jetzt: LStR 2023.
[2] Nr. **20** § 8/14.
[3] **Amtl. LSt-Handbuch:** Vgl. auch BMF vom 22. 9. 2010, BStBl. I S. 721 (Nr. **1** § 10/10).
[4] **Ab 1. 1. 2015:** § 9 Abs. 6 EStG und § 12 Nr. 5 EStG.

Übernahme von Studiengebühren durch den Arbeitgeber führt zu Arbeitslohn.

Wenn nein:

2. Ist eine berufliche Veranlassung gegeben?
Wenn nein:

→ Es liegen weder Werbungskosten des Arbeitnehmers noch ein ganz überwiegend eigenbetriebliches Interesse des Arbeitgebers vor. Die Übernahme von Studiengebühren durch den Arbeitgeber führt zu Arbeitslohn.

Wenn ja:

3. Sind die Voraussetzungen der Richtlinie R 19.7 *LStR 2011*[5] (vgl. auch Tz. 2.1. bis 2.3.) erfüllt?
Wenn nein:

→ Es liegen Werbungskosten des Arbeitnehmers, aber kein ganz überwiegend eigenbetriebliches Interesse des Arbeitgebers vor. Die Übernahme von Studiengebühren durch den Arbeitgeber führt zu Arbeitslohn.

Wenn ja:

→ Es liegt eine Leistung des Arbeitgebers im ganz überwiegend eigenbetrieblichen Interesse vor. Die Übernahme von Studiengebühren durch den Arbeitgeber führt nicht zu Arbeitslohn. Zur Übernahme von weiteren durch die Teilnahme des Arbeitnehmers an dem berufsbegleitenden Studium veranlassten Kosten durch den Arbeitgeber vgl. R 19.7 Abs. 3 *LStR 2011*[5].

**Zusatz OFD Frankfurt v. 4. 1. 2016 S 2332 A – 63 – St 211:**

**3. Besonderheit Arbeitgeberwechsel**

Die obersten Finanzbehörden des Bundes und der Länder haben entschieden, dass steuerpflichtiger Arbeitslohn vorliegt, wenn im Falle des Arbeitgeberwechsels der neue Arbeitgeber die Verpflichtung des Arbeitnehmers übernimmt, die Studiengebühren an den bisherigen Arbeitgeber zurückzuzahlen. In diesen Fällen ist kein überwiegend eigenbetriebliches Interesse des neuen Arbeitgebers anzunehmen. Dies gilt sowohl bei sofortiger Übernahme des gesamten Rückzahlungsbetrags als auch bei Übernahme des Rückzahlungsbetrags durch den neuen Arbeitgeber im Darlehenswege (entsprechend Tz. 2.3. des BMF-Schreibens).

[5] **Red. Anm.:** Jetzt: LStR 2023.

## 20 § 19/4. Schreiben betr. lohnsteuerliche Behandlung der Aufwendungen des Arbeitgebers für sicherheitsgefährdete Arbeitnehmer; Sicherheitsmaßnahmen

Vom 30. Juni 1997 (BStBl. I S. 696)

(BMF IV B 6 – S 2334 – 148/97)

Es ist gefragt worden, wie die vom Arbeitgeber getragenen oder ersetzten Aufwendungen für Sicherheitsmaßnahmen bei Arbeitnehmern, die aufgrund ihrer beruflichen Position den Angriffen gewaltbereiter politisch motivierter Personen ausgesetzt sind **(Positionsgefährdung),** lohnsteuerlich zu behandeln sind. Nach dem Ergebnis der Erörterungen mit den obersten Finanzbehörden der Länder gilt folgendes:

**1.** Aufwendungen des Arbeitgebers für das ausschließlich mit dem Personenschutz befaßte Personal führen nicht zu steuerpflichtigem Arbeitslohn der zu schützenden Person, weil diese Aufwendungen im ganz überwiegenden eigenbetrieblichen Interesse des Arbeitgebers liegen und der Arbeitnehmer durch diese „aufgedrängten" Leistungen nicht bereichert wird.

**2.** Bei den Aufwendungen des Arbeitgebers für den Einbau von Sicherheitseinrichtungen (Grund- und Spezialschutz) in eine Mietwohnung oder in ein selbstgenutztes Wohneigentum zu Schutze **positionsgefährdeter Arbeitnehmer,** beurteilt sich die Frage, ob diese Aufwendungen steuerpflichtiger Arbeitslohn sind oder im ganz überwiegenden eigenbetrieblichen Interesse des Arbeitgebers liegen, nach dem Maß der Gefährdung des einzelnen Arbeitnehmers. Für die steuerliche Behandlung ist es unerheblich, ob die Sicherheitseinrichtungen in das Eigentum des Arbeitnehmers übergehen oder nicht.

**a)** Bei Arbeitnehmern, die durch eine für die Gefährdungsanalyse zuständige Behörde (Sicherheitsbehörde) in die Gefährdungsstufen 1 bis 3 eingeordnet sind, ist davon auszugehen, daß eine Positionsgefährdung vorliegt **(konkrete Positionsgefährdung).** Für diese Arbeitnehmer ergibt sich durch den Einbau der Sicherheitseinrichtungen grundsätzlich kein steuerpflichtiger Arbeitslohn, weil der Einbau im ganz überwiegenden eigenbetrieblichen Interesse des Arbeitgebers liegt. Bei Arbeitnehmern der Gefährdungsstufe 3 gilt dies allerdings grundsätzlich nur bis zu dem Betrag je Objekt, der vergleichbaren Bundesbediensteten als Höchstbetrag zur Verfügung gestellt wird; dieser beträgt zur Zeit 30 000 DM.[1] Bei höheren Aufwendungen ist von einem ganz überwiegenden eigenbetrieblichen Interesse des Arbeitgebers auszugehen, soweit sie Einrichtungen betreffen, die von der Sicherheitsbehörde empfohlen worden sind.

---

[1] Solange die Finanzverwaltung keinen Euro-Betrag festlegt, ist dieser Betrag ab dem Kj. 2002 nach dem offiziellen Umrechnungskurs auf Euro umzurechnen.

**b)** Bei Arbeitnehmern, für die die Sicherheitsbehörden keine Gefährdungsanalyse erstellen und keine Sicherheitseinrichtungen empfehlen, handelt es sich bei den Aufwendungen grundsätzlich um steuerpflichtigen Arbeitslohn, es sei denn, eine Positionsgefährdung der Arbeitnehmer ist durch eine oberste Bundes- oder Landesbehörde anerkannt worden oder kann anderweitig nach gewiesen oder glaubhaft gemacht werden **(abstrakte Positionsgefährdung).** In diesem Fall ist bei einem Einbau von Sicherheitseinrichtungen bis zu einem Betrag von 15 000 DM[1] je Objekt von einem ganz überwiegenden eigenbetrieblichen Interesse des Arbeitgebers auszugehen.

Die in Buchstabe a und b bezeichneten Höchstbeträge gelten auch, wenn die Aufwendungen je Objekt auf verschiedene Veranlagungszeiträume verteilt werden. Die steuerpflichtigen Vorteile fließen dem Arbeitnehmer beim Einbau sofort als Arbeitslohn zu. Eine spätere Änderung der Gefährdungsstufe löst keine steuerlichen Konsequenzen aus (z. B. Erfassung eines Vorteils nach Herabsetzung, kein negativer Arbeitslohn bei Heraufsetzung der Gefährdungsstufe), es sei denn, sie erfolgt noch innerhalb des Jahres, in dem die Sicherheitseinrichtungen eingebaut worden sind. Die dem Arbeitgeber entstehenden Betriebs- und Wartungskosten teilen steuerlich das Schicksal der Einbaukosten. Sie sind gegebenenfalls nur anteilig nach dem Verhältnis des steuerpflichtigen Anteils an den Gesamtkosten steuerpflichtig.

**3.** Ersetzt der Arbeitgeber dem Arbeitnehmer Aufwendungen für Sicherheitseinrichtungen oder mit diesen Einrichtungen verbundene laufende Betriebs- oder Wartungskosten, ist der Ersatz unter den Voraussetzungen der Nummer 2 ebenfalls kein steuerpflichtiger Arbeitslohn, gegebenenfalls nur anteilig nach dem Verhältnis des nicht steuerpflichtigen Anteils an den Gesamteinbaukosten. Dies gilt allerdings nur dann, wenn die Aufwendungen in zeitlichem Zusammenhang mit dem Einbau bzw. der Zahlung durch den Arbeitnehmer ersetzt werden; andernfalls ist der Aufwendungsersatz steuerpflichtiger Arbeitslohn.

**4.** Nicht vom Arbeitgeber ersetzte Aufwendungen des Arbeitnehmers für Sicherheitseinrichtungen gehören zu den Kosten der Lebensführung und dürfen aufgrund des Aufteilungs- und Abzugsverbots des § 12 Nr. 1 Satz 2 EStG nicht als Werbungskosten bei den Einkünften aus nichtselbständiger Arbeit abgezogen werden. Werden Aufwendungen teilweise durch den Arbeitgeber ersetzt, gilt das Abzugsverbot auch für die nicht ersetzten Aufwendungen.

**5.** Diese Regelung gilt allgemein ab dem 1. Januar 1997. Sie kann zugunsten des Arbeitnehmers in offenen Fällen auch rückwirkend angewandt werden. Abweichende Regelungen sind nicht mehr anzuwenden.

---

[1] Solange die Finanzverwaltung keinen Euro-Betrag festlegt, ist dieser Betrag ab dem Kj. 2002 nach dem offiziellen Umrechnungskurs auf Euro umzurechnen.

# **20** § 19/5. Schreiben betr. verdeckte Einlage in eine Kapitalgesellschaft und Zufluss von Gehaltsbestandsteilen bei einem Gesellschafter-Geschäftsführer einer Kapitalgesellschaft; Urteile des Bundesfinanzhofs vom 3. Februar 2011 VI R 4/10 (BStBl. 2014 II S. 493) und VI R 66/09 (BStBl. 2014 II S. 491) sowie vom 15. Mai 2013 VI R 24/12 (BStBl. 2014 II S. 495)

Vom 12. Mai 2014 (BStBl. I S. 860)

(BMF IV C 2 – S 2743/12/10001; DOK 2014/0074863)

Der Bundesfinanzhof hat in den Urteilen vom 3. Februar 2011 VI R 4/10 (BStBl. 2014 II S. 493) und VI R 66/09 (BStBl. 2014 II S. 491) sowie vom 15. Mai 2013 VI R 24/12 (BStBl. 2014 II S. 495) zur lohnsteuerlichen Behandlung bestimmter Gehaltsbestandteile eines Gesellschafter-Geschäftsführers einer Kapitalgesellschaft Stellung genommen, die im Anstellungsvertrag vereinbart, tatsächlich aber nicht ausgezahlt wurden.

Nach dem Ergebnis der Erörterungen mit den obersten Finanzbehörden der Länder sind die Entscheidungen vom 3. Februar 2011 (a. a. O.) unter Berücksichtigung der Entscheidung vom 15. Mai 2013 (a. a. O.) auszulegen.

Dem beherrschenden Gesellschafter fließt eine eindeutige und unbestrittene Forderung gegen „seine" Kapitalgesellschaft bereits mit deren Fälligkeit zu (BFH-Urteil vom 3. Februar 2011 VI R 66/09 m. w. N.). Ob sich der Vorgang in der Bilanz der Kapitalgesellschaft tatsächlich gewinnmindernd ausgewirkt hat, etwa durch die Bildung einer Verbindlichkeit, ist für die Anwendung dieser sog. Zuflussfiktion unerheblich, sofern eine solche Verbindlichkeit nach den Grundsätzen ordnungsmäßiger Buchführung hätte gebildet werden müssen.

Für den Zufluss beim Gesellschafter-Geschäftsführer durch eine verdeckte Einlage in die Kapitalgesellschaft kommt es darauf an, ob der Gesellschafter-Geschäftsführer vor oder nach Entstehen seines Anspruches darauf verzichtet hat (H 40 KStH 2008). Maßgeblich dafür ist, inwieweit Passivposten in eine Bilanz der Gesellschaft hätten eingestellt werden müssen, die zum Zeitpunkt des Verzichts erstellt worden wäre (BFH-Urteile vom 15. Mai 2013 VI R 24/12, BStBl. 2014 II S. 495, und vom 24. Mai 1984 I R 166/78, BStBl. 1984 II S. 747). Auf die tatsächliche Buchung in der Bilanz der Gesellschaft kommt es für die Frage des Zuflusses aufgrund einer verdeckten Einlage nicht an.

# 20 § 19/6. Schreiben betr. lohn- und umsatzsteuerliche Behandlung von Betriebsveranstaltungen; Rechtslage nach dem „Gesetz zur Anpassung der Abgabenordnung an den Zollkodex der Union und zur Änderung weiterer steuerlicher Vorschriften“

Vom 14. Oktober 2015 (BStBl. I S. 832)

(BMF IV C 5 – S 2332/15/10001; III C 2 – S 7109/15/10001; DOK 2015/0581477)

– Auszug –

Mit dem Gesetz zur Anpassung der Abgabenordnung an den Zollkodex der Union und zur Änderung weiterer steuerlicher Vorschriften vom 22. Dezember 2014 (BGBl. I S. 2417, EStBl. 2015 I S. 58) wurde die Besteuerung von Zuwendungen an Arbeitnehmer im Rahmen von Betriebsveranstaltungen gesetzlich geregelt. Unter Bezugnahme auf das Ergebnis der Erörterungen mit den obersten Finanzbehörden der Länder gelten bei der Anwendung des am 1. Januar 2015 in Kraft getretenen § 19 Abs. 1 Satz 1 Nr. 1 a EStG die folgenden Grundsätze:

## 1. Begriff der Betriebsveranstaltung

Betriebsveranstaltungen sind Veranstaltungen auf betrieblicher Ebene mit gesellschaftlichem Charakter, z. B. Betriebsausflüge, Weihnachtsfeiern, Jubiläumsfeiern. Ob die Veranstaltung vom Arbeitgeber, Betriebsrat oder Personalrat durchgeführt wird, ist unerheblich. Eine Betriebsveranstaltung liegt nur vor, wenn der Teilnehmerkreis sich überwiegend aus Betriebsangehörigen, deren Begleitpersonen und gegebenenfalls Leiharbeitnehmern oder Arbeitnehmern anderer Unternehmen im Konzernverbund zusammensetzt.

Die Ehrung eines einzelnen Jubilars oder eines einzelnen Arbeitnehmers z. B. bei dessen Ausscheiden aus dem Betrieb, auch unter Beteiligung weiterer Arbeitnehmer, ist keine Betriebsveranstaltung; zu Sachzuwendungen aus solchem Anlass vgl. R 19.3 Abs. 2 Nr. 3 und 4 LStR. Auch ein so genanntes Arbeitsessen (R 19.6 Abs. 2 LStR) ist keine Betriebsveranstaltung.

Erfüllt eine Veranstaltung des Arbeitgebers nicht den Begriff der Betriebsveranstaltung, ist nach allgemeinen Grundsätzen zu prüfen, ob es sich bei geldwerten Vorteilen, die der Arbeitgeber seinen Arbeitnehmern im Rahmen dieser Veranstaltung gewährt, um Arbeitslohn nach § 19 EStG handelt.

## 2. Begriff der Zuwendung

Zuwendungen anlässlich einer Betriebsveranstaltung sind alle Aufwendungen des Arbeitgebers einschließlich Umsatzsteuer unabhängig davon, ob sie einzelnen Arbeitnehmern individuell zurechenbar sind oder ob es sich um einen rechnerischen Anteil an den Kosten der Betriebsveranstaltung handelt, die der Arbeitgeber gegenüber Dritten für den äußeren Rahmen der Betriebsveranstaltung aufwendet.

Zuwendungen anlässlich einer Betriebsveranstaltung sind insbesondere:

a) Speisen, Getränke, Tabakwaren und Süßigkeiten,

b) die Übernahme von Übernachtungs- und Fahrtkosten (siehe auch Tz. 6),

c) Musik, künstlerische Darbietungen sowie Eintrittskarten für kulturelle und sportliche Veranstaltungen, wenn sich die Veranstaltung nicht im Besuch der kulturellen oder sportlichen Veranstaltung erschöpft,

d) Geschenke[1]. Dies gilt auch für die nachträgliche Überreichung der Geschenke an solche Arbeitnehmer, die aus betrieblichen oder persönlichen Gründen nicht an der Betriebsveranstaltung teilnehmen konnten, nicht aber für eine deswegen gewährte Barzuwendung,

e) Zuwendungen an Begleitpersonen des Arbeitnehmers,

f) Barzuwendungen, die statt der in a) bis c) genannten Sachzuwendungen gewährt werden, wenn ihre zweckentsprechende Verwendung sichergestellt ist,

g) Aufwendungen für den äußeren Rahmen, z. B. für Räume, Beleuchtung oder Eventmanager.

Als Aufwendungen für den äußeren Rahmen sind auch die Kosten zu erfassen, die nur zu einer abstrakten Bereicherung des Arbeitnehmers führen, wie z. B. Kosten für anwesende Sanitäter, für die Erfüllung behördlicher Auflagen, Stornokosten oder Trinkgelder. Keine Aufwendungen für den äußeren Rahmen nach Tz. 2 Buchst. g) sind die rechnerischen Selbstkosten des Arbeitgebers, wie z. B. die anteiligen Kosten der Lohnbuchhaltung für die Erfassung des geldwerten Vorteils der Betriebsveranstaltung oder die anteilige AfA sowie Kosten für Energie- und Wasserverbrauch bei einer Betriebsveranstaltung in den Räumlichkeiten des Arbeitgebers.

Die gesetzliche Regelung stellt nicht darauf ab, ob es sich um übliche Zuwendungen handelt. Auch unübliche Zuwendungen, wie z. B. Geschenke, deren Wert je Arbeitnehmer 60 Euro übersteigt, oder Zuwendungen an einzelne Arbeitnehmer aus Anlass – nicht nur bei Gelegenheit – einer Betriebsveranstaltung unterfallen daher § 19 Abs. 1 Satz 1 Nr. 1 a EStG.

### 3. Arbeitnehmer

§ 19 Abs. 1 Satz 1 Nr. 1 a EStG erfasst Zuwendungen des Arbeitgebers an seine aktiven Arbeitnehmer, seine ehemaligen Arbeitnehmer, Praktikanten, Referendare, ähnliche Personen sowie Begleitpersonen.

Aus Vereinfachungsgründen wird es nicht beanstandet, wenn auch Leiharbeitnehmer bei Betriebsveranstaltungen des Entleihers sowie Arbeitnehmer anderer konzernangehöriger Unternehmen einbezogen werden[2].

---

[1] Bei Geschenken im Wert von nicht über 60 Euro findet keine gesonderte Prüfung der Anlässlichkeit statt; vgl. BMF v. 7. 12. 2016 IV C 5 – S 2332/15/10001; DOK 2016/1104637.

[2] Aufwendungen, die auf diese Personen (und deren Begleitpersonen) entfallen, unterliegen den Beschränkungen des § 4 Abs. 5 Satz 1 Nrn. 1 und 2 EStG; vgl. BMF v. 7. 12. 2016 IV C 5 – S 2332/15/10001; DOK 2016/1104637.

Die Anwendbarkeit der Regelung auf Leiharbeitnehmer und Arbeitnehmer anderer konzernangehöriger Unternehmen setzt voraus, dass hinsichtlich dieser Personengruppen die weiteren Voraussetzungen (Offenstehen der Betriebsveranstaltung für alle Angehörigen dieser Personengruppe) des § 19 Abs. 1 Satz 1 Nr. 1 a EStG erfüllt sind.

## 4. Freibetrag

Soweit die unter Tz. 2 aufgeführten Zuwendungen den Betrag von 110 Euro je Betriebsveranstaltung und teilnehmendem Arbeitnehmer nicht übersteigen, gehören sie nicht zu den Einkünften aus nichtselbständiger Arbeit, wenn die Teilnahme an der Betriebsveranstaltung allen Angehörigen des Betriebs oder eines Betriebsteils offensteht. Dies gilt für bis zu zwei Betriebsveranstaltungen jährlich.

### a) Berechnung des Freibetrags

Die Höhe der dem einzelnen Arbeitnehmer gewährten Zuwendungen berechnet sich wie folgt:

Alle nach der Tz. 2. zu berücksichtigenden Aufwendungen sind zu gleichen Teilen auf alle bei der Betriebsveranstaltung anwesenden Teilnehmer aufzuteilen. Sodann ist der auf eine Begleitperson entfallende Anteil der Aufwendungen dem jeweiligen Arbeitnehmer zuzurechnen. Für die Begleitperson ist kein zusätzlicher Freibetrag von 110 Euro anzusetzen.

**Beispiel:**

Die Aufwendungen für eine Betriebsveranstaltung betragen 10 000 Euro. Der Teilnehmerkreis setzt sich aus 75 Arbeitnehmern zusammen, von denen 25 von je einer Person begleitet werden.

Die Aufwendungen sind auf 100 Personen zu verteilen, so dass auf jede Person ein geldwerter Vorteil von 100 Euro entfällt. Sodann ist der auf die Begleitperson entfallende geldwerte Vorteil dem jeweiligen Arbeitnehmer zuzurechnen. 50 Arbeitnehmer haben somit einen geldwerten Vorteil von 100 Euro, der den Freibetrag von 110 Euro nicht übersteigt und daher nicht steuerpflichtig ist. Bei 25 Arbeitnehmern beträgt der geldwerte Vorteil 200 Euro; nach Abzug des Freibetrags von 110 Euro ergibt sich für diese Arbeitnehmer ein steuerpflichtiger geldwerter Vorteil von jeweils 90 Euro.

Die *44-Euro-Freigrenze*[1] des § 8 Abs. 2 Satz 11 EStG ist für Zuwendungen anlässlich von Betriebsveranstaltungen nicht anwendbar.

### b) Offenstehen der Betriebsveranstaltung für alle Arbeitnehmer

Voraussetzung für die Gewährung des Freibetrags ist, dass die Betriebsveranstaltung allen Angehörigen des Betriebs oder eines Betriebsteils offensteht. Veranstaltungen, die nur für einen beschränkten Kreis der Arbeitnehmer von Interesse sind, sind nach § 19 Abs. 1 Satz 1 Nr. 1 a Satz 3 EStG begünstigte Betriebsveranstaltungen, wenn sich die Begrenzung des Teilnehmerkreises nicht als eine Bevorzugung bestimmter Arbeitnehmergruppen darstellt. Als begünstigte Betriebsveranstaltungen sind deshalb auch solche Veranstaltungen anzuerkennen, die z. B.

- jeweils nur für eine Organisationseinheit des Betriebs, z. B. Abteilung, durchgeführt werden, wenn alle Arbeitnehmer dieser Organisationseinheit an der Veranstaltung teilnehmen können,
- nur für alle im Ruhestand befindlichen früheren Arbeitnehmer des Unternehmens veranstaltet werden (Pensionärstreffen),

[1] **Amtl. LSt-Handbuch: Ab 1.1.2022:** 50-Euro-Freigrenze.

– nur für solche Arbeitnehmer durchgeführt werden, die bereits im Unternehmen ein rundes (10-, 20-, 25-, 30-, 40-, 50-, 60-jähriges) Arbeitnehmerjubiläum gefeiert haben oder i. V. m. der Betriebsveranstaltung feiern (Jubilarfeiern). Dabei ist es unschädlich, wenn neben den Jubilaren auch ein begrenzter Kreis anderer Arbeitnehmer, wie z. B. die engeren Mitarbeiter und Abteilungsleiter des Jubilars, Betriebsrats-/Personalratsvertreter oder auch die Familienangehörigen des Jubilars eingeladen werden. Der Annahme eines 40-, 50- oder 60-jährigen Arbeitnehmerjubiläums steht nicht entgegen, wenn die Jubilarfeier zu einem Zeitpunkt stattfindet, der höchstens fünf Jahre vor den bezeichneten Jubiläumsdienstzeiten liegt.

**c) Freibetrag für maximal zwei Betriebsveranstaltungen jährlich**

Der Freibetrag gilt für bis zu zwei Betriebsveranstaltungen[1)] jährlich. Nimmt der Arbeitnehmer an mehr als zwei Betriebsveranstaltungen teil, können die beiden Veranstaltungen, für die der Freibetrag gelten soll, ausgewählt werden. Dient die Teilnahme eines Arbeitnehmers an einer Betriebsveranstaltung der Erfüllung beruflicher Aufgaben, z. B. wenn der Personalchef oder Betriebsrats-/Personalratsmitglieder die Veranstaltungen mehrerer Abteilungen besuchen, ist der auf diesen Arbeitnehmer entfallende Anteil an den Gesamtaufwendungen kein Arbeitslohn.

**5. Besteuerung der Zuwendungen**

Für die Erhebung der Lohnsteuer gelten die allgemeinen Vorschriften; § 40 Abs. 2 EStG ist anwendbar. Das gilt für alle steuerpflichtigen Zuwendungen an Arbeitnehmer aus Anlass – nicht nur bei Gelegenheit – einer Betriebsveranstaltung.

Arbeitslohn aus Anlass von Betriebsveranstaltungen i. S. der Tz. 4 Buchst. b kann mit 25 % pauschal besteuert werden (§ 40 Abs. 2 Satz 1 Nr. 2 EStG). Eine solche Pauschalierung der Lohnsteuer kommt von vornherein nicht in Betracht, wenn es sich bei der Veranstaltung nicht um eine Betriebsveranstaltung im Sinne der Tz. 1 handelt.

R 40.2 Abs. 1 Nr. 2 LStR ist ab dem Jahr 2015 insoweit überholt, als dort eine gesonderte Pauschalierung der Lohnsteuer bei nicht üblichen Zuwendungen vorgesehen ist. Auch nicht übliche Zuwendungen gehören zu den maßgebenden Gesamtkosten einer Betriebsveranstaltung.

Zuwendungen aus Anlass von Betriebsveranstaltungen an Arbeitnehmer von anderen Unternehmen im Konzernverbund sowie an Leiharbeitnehmer durch den Entleiher können wahlweise vom Zuwendenden oder vom Arbeitgeber versteuert werden. § 40 Abs. 2 Satz 1 Nr. 2 EStG ist auch insoweit anwendbar. Wendet der Zuwendende die Freibetragsregelung an, hat sich der Zuwendende beim Arbeitgeber zu vergewissern, dass für den Arbeitnehmer die unter Tz. 4 Buchst. c) dieses Schreibens dargestellten Voraussetzungen erfüllt sind.

*(Fortsetzung nächstes Blatt)*

---

1) Jubilarfeiern werden hierbei ebenfalls berücksichtigt, außer wenn die Veranstaltung nur einen einzelnen Jubilar ehrt; vgl. BMF v. 7. 12. 2016 IV C 5 – S 2332/15/10001; DOK 2016/1104637.

**6. Reisekosten**[1)]

Reisekosten liegen ausnahmsweise vor, wenn die Betriebsveranstaltung außerhalb der ersten Tätigkeitsstätte des Arbeitnehmers stattfindet, die Anreise der Teilnahme an der Veranstaltung dient und die Organisation dem Arbeitnehmer obliegt. Steuerfreie Erstattungen durch den Arbeitgeber sind nach den Grundsätzen des § 3 Nr. 13 oder 16 EStG zulässig.

**Beispiel 1:**

Arbeitgeber A veranstaltet einen Betriebsausflug. Mitarbeiter, die an einem anderen Standort tätig sind, reisen für den Betriebsausflug zunächst zur Unternehmenszentrale an. Diese Fahrtkosten – sowie ggf. im Zusammenhang mit der An- und Abreise entstehende Verpflegungspauschalen und Übernachtungskosten – gehören nicht zu den Zuwendungen anlässlich der Betriebsveranstaltung, sondern können als Reisekosten vom Arbeitgeber steuerfrei erstattet werden.

**Beispiel 2:**

Arbeitgeber A veranstaltet einen Betriebsausflug. Für die Fahrt vom Unternehmen zum Ausflugsziel organisiert er eine gemeinsame Busfahrt. Die Kosten hierfür zählen zu den Zuwendungen anlässlich der Betriebsveranstaltung.

**Beispiel 3:**

Der Betriebsausflug beginnt mit einer ganztägigen Fahrt auf einem Fahrgastschiff. Am nächsten Tag wird die Betriebsveranstaltung am Zielort fortgesetzt. Sowohl die übernommenen Fahrtkosten als auch die Übernachtungskosten gehören zu den Zuwendungen anlässlich der Betriebsveranstaltung.

**7. Auswirkungen der gesetzlichen Änderung auf die Umsatzsteuer**

Die gesetzlichen Änderungen, insbesondere die Ersetzung der bisherigen lohnsteuerlichen Freigrenze durch einen Freibetrag, haben grundsätzlich keine Auswirkungen auf die umsatzsteuerrechtlichen Regelungen.

Ob eine Betriebsveranstaltung vorliegt und wie die Kosten, die auf den einzelnen Arbeitnehmer entfallen, zu berechnen sind, bestimmt sich nach den o. g. lohnsteuerrechtlichen Grundsätzen.

Von einer überwiegend durch das unternehmerische Interesse des Arbeitgebers veranlassten, üblichen Zuwendung ist umsatzsteuerrechtlich im Regelfall auszugehen, wenn der Betrag je Arbeitnehmer und Betriebsveranstaltung 110 € einschließlich Umsatzsteuer nicht überschreitet. Übersteigt dagegen der Betrag, der auf den einzelnen Arbeitnehmer entfällt, pro Veranstaltung die Grenze von 110 € einschließlich Umsatzsteuer, ist von einer überwiegend durch den privaten Bedarf des Arbeitnehmers veranlassten unentgeltlichen Zuwendung auszugehen.

(…) (Änderung in Abschn. 1.8 Abs. 3 Satz 2, Abs. 4 Satz 3 Nr. 6 Satz 4, Abschn. 15.15 Abs. 2 UStAE)

**8. Zeitliche Anwendung**

Dieses Schreiben gilt im Hinblick auf die lohn- und einkommensteuerlichen Regelungen für alle nach dem 31. Dezember 2014 endenden Lohnzahlungszeiträume sowie für nach dem 31. Dezember 2014 beginnende Veranla-

[1)] Wird die Anreise vom Arbeitgeber mittels betriebsinterner Reisemanagementsysteme organisiert, liegen keine Reisekosten, sondern Zuwendungen anlässlich der Betriebsveranstaltung vor; vgl. BMF v. 7. 12. 2016 IV C 5 – S 2332/15/10001; DOK 2016/1104637.

gungszeiträume. R 19.5 LStR 2015 ist für diese Zeiträume nicht mehr anzuwenden.

Die Grundsätze dieses Schreibens gelten für die Umsatzbesteuerung von Sachzuwendungen und Betriebsveranstaltungen, die nach dem 31. Dezember 2014 ausgeführt wurden. Aus Vereinfachungsgründen ist es nicht zu beanstanden, wenn die Grundsätze dieses Schreibens erst auf die Umsatzbesteuerung von Sachzuwendungen und Betriebsveranstaltungen angewendet werden, die ab dem Tag nach der Veröffentlichung des Schreibens im Bundessteuerblatt Teil I ausgeführt werden.[1)]

[1)] Veröffentlichung des BStBl. I Nr. 16 am 9. November 2015.

# **20** § 34/1. Schreiben betr. Zweifelsfragen im Zusammenhang mit der ertragsteuerlichen Behandlung von Entlassungsentschädigungen (§ 34 EStG)

Vom 1. November 2013 (BStBl. I S. 1326)

(BMF IV C 4 – S 2290/13/10002; DOK 2013/0929313)

**Bezug:** BMF vom 24. Mai 2004 (BStBl. I S. 505, ber. BStBl. I S. 633) und vom 17. Januar 2011 (BStBl. I S. 39)

Geändert durch BMF v. 4. 3. 2016 (BStBl. I S. 277)

Unter Bezugnahme auf das Ergebnis der Erörterungen mit den obersten Finanzbehörden der Länder nehme ich zu Fragen im Zusammenhang mit der ertragsteuerlichen Behandlung von Entlassungsentschädigungen wie folgt Stellung:

**Inhaltsverzeichnis**

## I. Allgemeines

1 [1]Scheidet ein Arbeitnehmer auf Veranlassung des Arbeitgebers vorzeitig aus einem Dienstverhältnis aus, so können ihm folgende Leistungen des Arbeitgebers zufließen, die wegen ihrer unterschiedlichen steuerlichen Auswirkung gegeneinander abzugrenzen sind:
- normal zu besteuernder Arbeitslohn nach § 19 EStG, ggf. i. V. m. § 24 Nr. 2 EStG,
- steuerbegünstigte Entschädigungen nach § 24 Nr. 1 EStG i. V. m. § 34 Abs. 1 und 2 EStG (Rz. 2 bis 3),
- steuerbegünstigte Leistungen für eine mehrjährige Tätigkeit i. S. d. § 34 Abs. 2 Nr. 4 EStG.

[2]Auch die Modifizierung betrieblicher Renten kann Gegenstand von Auflösungsvereinbarungen sein (Rz. 4 bis 7).

2 [1]Eine steuerbegünstigte Entschädigung setzt voraus, dass an Stelle der bisher geschuldeten Leistung eine andere tritt. [2]Diese andere Leistung muss auf einem anderen, eigenständigen Rechtsgrund beruhen. [3]Ein solcher Rechtsgrund wird regelmäßig Bestandteil der Auflösungsvereinbarung sein; er kann aber auch bereits bei Abschluss des Dienstvertrags oder im Verlauf des Dienstverhältnisses für den Fall des vorzeitigen Ausscheidens vereinbart werden. [4]Eine Leistung in Erfüllung eines bereits vor dem Ausscheiden begründeten Anspruchs des Empfängers ist keine Entschädigung, auch wenn dieser Anspruch in einer der geänderten Situation angepassten Weise erfüllt wird (Modifizierung; siehe z. B. Rz. 4 bis 7). [5]Der Entschädigungsanspruch darf – auch wenn er bereits früher vereinbart worden ist – erst als Folge einer vorzeitigen Beendigung des Dienstverhältnisses entstehen. [6]Eine Entschädigung i. S. d. § 24 Nr. 1 Buchstabe a EStG kann auch vorliegen, wenn der Arbeitgeber seinem Arbeitnehmer eine (Teil-)Abfindung zahlt, weil dieser seine Wochenarbeitszeit aufgrund eines Vertrags zur Änderung des Arbeitsvertrags unbefristet reduziert (BFH vom 25. 8. 2009, BStBl. 2010 II S. 1030).

3 [1]Eine Entschädigung i. S. d. § 24 Nr. 1 Buchstabe a EStG, die aus Anlass einer Entlassung aus dem Dienstverhältnis vereinbart wird (Entlassungsentschädigung), setzt den Verlust von Einnahmen voraus, mit denen der Arbeitnehmer rechnen konnte. [2]Eine Zahlung des Arbeitgebers, die bereits erdiente Ansprüche abgilt, wie z. B. rückständiger Arbeitslohn, anteiliges Urlaubsgeld, Urlaubsabgeltung, Weihnachtsgeld, Gratifikationen, Tantiemen oder bei rückwirkender Beendigung des Dienstverhältnisses bis zum steuerlich anzuerkennenden Zeitpunkt der Auflösung noch zustehende Gehaltsansprüche, ist keine Entschädigung i. S. d. § 24 Nr. 1 Buchst. a EStG. [3]Das gilt auch für freiwillige Leistungen, wenn sie in gleicher Weise den verbleibenden Arbeitnehmern tatsächlich zugewendet werden.

## II. Lebenslängliche betriebliche Versorgungszusagen

4 [1]Lebenslängliche Bar- oder Sachleistungen sind als Einkünfte i. S. d. § 24 Nr. 2 EStG zu behandeln (BFH vom 28. 9. 1967, BStBl. 1968 II S. 76). [2]Sie sind keine außerordentlichen Einkünfte i. S. d. § 34 Abs. 2 EStG und damit für eine begünstigte Besteuerung der im Übrigen gezahlten Entlassungsentschädigung i. S. d. § 24 Nr. 1 Buchstabe a EStG unschädlich (siehe die haupt-

sächlichen Anwendungsfälle in Rz. 5 bis 7). [3]Deshalb kommt die begünstigte Besteuerung auch dann in Betracht, wenn dem Arbeitnehmer im Rahmen der Ausscheidensvereinbarung erstmals lebenslang laufende Versorgungsbezüge zugesagt werden. [4]Auch eine zu diesem Zeitpunkt erstmals eingeräumte lebenslängliche Sachleistung, wie z. B. ein verbilligtes oder unentgeltliches Wohnrecht, ist für die ermäßigte Besteuerung unschädlich.

### 1. Steuerliche Behandlung von Entlassungsentschädigungen bei Verzicht des Arbeitgebers auf die Kürzung einer lebenslänglichen Betriebsrente

Wird bei Beginn der Rente aus der gesetzlichen Rentenversicherung die 5
lebenslängliche Betriebsrente ungekürzt gezahlt, so schließt dies die ermäßigte Besteuerung der Entlassungsentschädigung, die in einem Einmalbetrag gezahlt wird, nicht aus.

### 2. Steuerliche Behandlung von Entlassungsentschädigungen bei vorgezogener lebenslänglicher Betriebsrente

[1]Wird im Zusammenhang mit der Auflösung des Dienstverhältnisses neben 6
einer Einmalzahlung eine (vorgezogene) lebenslängliche Betriebsrente bereits vor Beginn der Rente aus der gesetzlichen Rentenversicherung gezahlt, so schließt auch dies die ermäßigte Besteuerung der Entlassungsentschädigung nicht aus. [2]Dabei ist es unerheblich, ob die vorgezogene Betriebsrente gekürzt, ungekürzt oder erhöht geleistet wird. [3]In diesen Fällen ist die vorgezogene Betriebsrente nach § 24 Nr. 2 EStG zu erfassen.

### 3. Steuerliche Behandlung von Entlassungsentschädigungen bei Umwandlung eines (noch) verfallbaren Anspruchs auf lebenslängliche Betriebsrente in einen unverfallbaren Anspruch

Wird ein (noch) verfallbarer Anspruch auf lebenslängliche Betriebsrente im 7
Zusammenhang mit der Auflösung eines Dienstverhältnisses in einen unverfallbaren Anspruch umgewandelt, so ist die Umwandlung des Anspruchs für die Anwendung des § 34 Abs. 1 EStG auf die Einmalzahlung unschädlich.

## III. Zusammenballung von Einkünften i. S. d. § 34 EStG

### 1. Zusammenballung von Einkünften in einem VZ (1. Prüfung)

[1]Nach ständiger Rechtsprechung (BFH vom 14. 8. 2001, BStBl. 2002 II S. 180 8[1])
m. w. N.) setzt die Anwendung der begünstigten Besteuerung nach § 34 Abs. 1 und 2 EStG u. a. voraus, dass die Entschädigungsleistungen zusammengeballt in einem VZ zufließen. [2]Der Zufluss mehrerer Teilbeträge in unterschiedlichen VZ ist deshalb grundsätzlich schädlich (BFH vom 3. 7. 2002, BStBl. 2004 II S. 447, 1. Prüfung). [3]Dies gilt nicht, soweit es sich um eine im Verhältnis zur Hauptleistung stehende geringfügige Zahlung handelt, die in einem anderen VZ zufließt (BFH vom 25. 8. 2009, BStBl. 2011 II S. 27). [4]Aus Vereinfachungsgründen wird es nicht beanstandet, eine geringfügige Zahlung anzunehmen, wenn diese nicht mehr als 10 % der Hauptleistung beträgt. [5]Darüber hinaus kann eine Zahlung unter Berücksichtigung der konkreten individuellen Steuerbelastung als ge-

[1]) Rz. 8 neu gef. durch BMF v. 4. 3. 2016, BStBl. I S. 277.

ringfügig anzusehen sein, wenn sie niedriger ist als die tarifliche Steuerbegünstigung der Hauptleistung (BFH vom 13. Oktober 2015, BStBl. 2016 II S. 214). [6]Ferner können jedoch auch ergänzende Zusatzleistungen, die Teil der einheitlichen Entschädigung sind und in späteren VZ aus Gründen der sozialen Fürsorge für eine gewisse Übergangszeit gewährt werden, für die Beurteilung der Hauptleistung als einer zusammengeballten Entschädigung unschädlich sein (Rz. 13). [7]Pauschalbesteuerte Arbeitgeberleistungen sind bei der Beurteilung des Zuflusses in einem VZ nicht zu berücksichtigen. [8]Bestimmen Arbeitgeber und Arbeitnehmer, dass die fällige Entschädigung erst im Folgejahr zufließen soll, ist dies für die Anwendung von § 34 Abs. 1 und 2 EStG unschädlich. [9]Dabei gelten die Grundsätze von Rz. 8 bis 15 entsprechend (BFH vom 11. 11. 2009, BStBl. 2010 II S. *46*[1)]). [10]Ein auf zwei Jahre verteilter Zufluss der Entschädigung ist ausnahmsweise unschädlich, wenn die Zahlung der Entschädigung von vornherein in einer Summe vorgesehen war und nur wegen ihrer ungewöhnlichen Höhe und der besonderen Verhältnisse des Zahlungspflichtigen auf zwei Jahre verteilt wurde oder wenn der Entschädigungsempfänger – bar aller Existenzmittel – dringend auf den baldigen Bezug einer Vorauszahlung angewiesen war (BFH vom 2. 9. 1992, BStBl. 1993 II S. 831).

### 2. Zusammenballung von Einkünften unter Berücksichtigung der wegfallenden Einnahmen (2. Prüfung)

#### 2.1. Zusammenballung i. S. d. § 34 EStG, wenn durch die Entschädigung die bis zum Jahresende wegfallenden Einnahmen überschritten werden

9 Übersteigt die anlässlich der Beendigung eines Arbeitsverhältnisses gezahlte Entschädigung die bis zum Ende des VZ entgehenden Einnahmen, die der Arbeitnehmer bei Fortsetzung des Arbeitsverhältnisses bezogen hätte, so ist das Merkmal der Zusammenballung von Einkünften stets erfüllt.

#### 2.2. Zusammenballung i. S. d. § 34 EStG, wenn durch die Entschädigung nur ein Betrag bis zur Höhe der bis zum Jahresende wegfallenden Einnahmen abgegolten wird

10 Übersteigt die anlässlich der Beendigung eines Dienstverhältnisses gezahlte Entschädigung die bis zum Ende des (Zufluss-) VZ entgehenden Einnahmen nicht, ist das Merkmal der Zusammenballung von Einkünften nur erfüllt, wenn der Steuerpflichtige weitere Einnahmen bezieht, die er bei Fortsetzung des Dienstverhältnisses nicht bezogen hätte (BFH vom 4. 3. 1998, BStBl. II S. 787, 2. Prüfung).

#### a) Ermittlung der zu berücksichtigenden Einkünfte (mit Beispielen)

11 [1]Für die Beurteilung der Zusammenballung ist es ohne Bedeutung, ob die Entschädigung für den Einnahmeverlust mehrerer Jahre gewährt werden soll. [2]Entscheidend ist vielmehr, ob es unter Einschluss der Entschädigung infolge der Beendigung des Dienstverhältnisses in dem jeweiligen VZ insgesamt zu einer über die normalen Verhältnisse hinausgehenden Zusammenballung von Einkünften kommt (BFH vom 4. 3. 1998, BStBl. II S. 787). [3]Dagegen kommt es auf eine konkrete Progressionserhöhung nicht an (BFH vom

[1)] **Red. Anm.:** Muss wohl lauten: BFH vom 11. 11. 2009, BStBl. 2010 II S. 746.

17. 12. 1982, BStBl. 1983 II S. 221, vom 21. 3. 1996, BStBl. II S. 416 und vom 4. 3. 1998, BStBl. II S. 787). [4]Auch die Zusammenballung mit anderen laufenden Einkünften des Steuerpflichtigen ist keine weitere Voraussetzung für die Anwendung des § 34 Abs. 1 EStG (BFH vom 13. 11. 1953, BStBl. 1954 III S. 13); dies gilt insbesondere in Fällen, in denen die Entschädigung die bis zum Jahresende entgehenden Einnahmen nur geringfügig übersteigt (Rz. 9). [5]Andererseits kommt § 34 Abs. 1 EStG unter dem Gesichtspunkt der Zusammenballung auch dann in Betracht, wenn im Jahr des Zuflusses der Entschädigung weitere Einkünfte erzielt werden, die der Steuerpflichtige nicht bezogen hätte, wenn das Dienstverhältnis ungestört fortgesetzt worden wäre und er dadurch mehr erhält, als er bei normalem Ablauf der Dinge erhalten hätte (BFH vom 4. 3. 1998, BStBl. II S. 787). [6]Bei der Berechnung der Einkünfte, die der Steuerpflichtige beim Fortbestand des Vertragsverhältnisses im VZ bezogen hätte, ist grundsätzlich auf die Einkünfte des Vorjahres abzustellen (BFH vom 4. 3. 1998, BStBl. II S. 787), es sei denn, die Einnahmesituation ist in diesem Jahr durch außergewöhnliche Ereignisse geprägt (BFH vom 27. 1. 2010, BStBl. 2011 II S. 28). [7]Die erforderliche Vergleichsrechnung ist grundsätzlich anhand der jeweiligen Einkünfte des Steuerpflichtigen laut Steuerbescheid/Steuererklärung vorzunehmen (Beispiele 1 und 2). [8]Da die außerordentlichen Einkünfte innerhalb einer Einkunftsart bzw. der Summe der Einkünfte eine „besondere Abteilung“ bilden (BFH vom 29. 10. 1998, BStBl. 1999 II S. 588), sind in die Vergleichsrechnung nur Einkünfte einzubeziehen, die in einem Veranlassungszusammenhang mit dem (früheren) Arbeitsverhältnis oder dessen Beendigung bzw. in einem inneren Zusammenhang mit der früheren Tätigkeit stehen, d. h., die dazu bestimmt sind, die Einkünfte aus der früheren Tätigkeit zu ersetzen. [9]Negative Einkünfte aus einer neu aufgenommenen Tätigkeit i. S. d. §§ 13, 15, 18 sowie § 19 EStG (ohne Versorgungsbezüge) sind nie zu berücksichtigen. [10]Dabei ist der Arbeitnehmer-Pauschbetrag vorrangig von den laufenden Einkünften i. S. d. § 19 EStG abzuziehen (BFH vom 29. 10. 1998, BStBl. 1999 II S. 588). [11]Dem Progressionsvorbehalt unterliegende positive Lohnersatzleistungen und dem § 32 b EStG unterliegender Arbeitslohn sind in die Vergleichsrechnung einzubeziehen. [12]Liegen ausschließlich Einkünfte i. S. d. § 19 EStG vor, ist es nicht zu beanstanden, wenn die erforderliche Vergleichsrechnung stattdessen anhand der betreffenden Einnahmen aus nichtselbständiger Arbeit durchgeführt wird. [13]Unbeschadet der Regelungen in Rz. 8 (Zusammenballung von Einkünften in einem VZ) sind bei einer solchen Vergleichsrechnung nach Maßgabe der Einnahmen neben den positiven Lohnersatzleistungen und dem Arbeitslohn, die dem Progressionsvorbehalt nach § 32 b EStG unterliegen, auch pauschalbesteuerte Arbeitgeberleistungen einzubeziehen (Beispiel 3).

**Beispiel 1:**

Auflösung des Dienstverhältnisses im Jahr 02. Die Entschädigung im Jahr 02 beträgt 15 000 EUR. Vergleich:

– Jahr 01

| | |
|---|---|
| Einkünfte i. S. d. § 19 EStG (50 000 EUR ./. 1000 EUR) | 49 000 EUR |
| Einkünfte aus den übrigen Einkunftsarten | 0 EUR |
| Summe | 49 000 EUR |

| | | |
|---|---|---|
| – Jahr 02 | | |
| Einnahmen i. S. d. § 19 EStG aus bisherigem Dienstverhältnis | 25 000 EUR | |
| Einnahmen i. S. d. § 19 EStG aus neuem Dienstverhältnis | 25 000 EUR | |
| abzgl. AN-Pauschbetrag | 1000 EUR | 49 000 EUR |
| Entschädigung | | 15 000 EUR |
| Summe | | 64 000 EUR |

Die Entschädigung (15 000 EUR) übersteigt nicht den Betrag der entgehenden Einnahmen (25 000 EUR). Der Steuerpflichtige hat aber aus dem alten und neuen Dienstverhältnis so hohe Einkünfte, dass es unter Einbeziehung der Entschädigung zu einer die bisherigen Einkünfte übersteigenden Zusammenballung von Einkünften und somit zur Anwendung des § 34 EStG kommt.

**Beispiel 2:**
Auflösung des Dienstverhältnisses im Jahr 02. Die Entschädigung im Jahr 02 beträgt 20 000 EUR.
Vergleich:

| | |
|---|---|
| – Jahr 01 | |
| Einkünfte i. S. d. § 19 EStG (50 000 EUR ./. *1000 EUR*[1])) | 49 000 EUR |
| Einkünfte aus den übrigen Einkunftsarten | 0 EUR |
| Summe | 49 000 EUR |
| – Jahr 02 | |
| Einnahmen i. S. d. § 19 EStG aus bisherigem Dienstverhältnis (20 000 EUR) abzgl. AN-Pauschbetrag (*1000 EUR*[1])) | 19 000 EUR |
| Entschädigung | 20 000 EUR |
| tatsächlich bezogenes Arbeitslosengeld | 4800 EUR |
| Summe | 43 800 EUR |

Die Entschädigung von 20 000 EUR übersteigt nicht den Betrag der entgehenden Einnahmen (30 000 EUR). Der auf der Basis der Einkünfte vorgenommene Vergleich der aus dem bisherigen Dienstverhältnis im Jahr 02 bezogenen Einkünfte einschließlich der Entschädigung (19 000 EUR + 20 000 EUR + 4800 EUR = 43 800 EUR) übersteigt nicht die bisherigen Einkünfte des Jahres 01 (49 000 EUR).

Auch bei einem Vergleich nach Maßgabe der Einnahmen aus nichtselbständiger Arbeit übersteigen die im Jahr 02 bezogenen Einnahmen einschließlich der Entschädigung (20 000 EUR + 20 000 EUR + 4800 EUR = 44 800 EUR) nicht die Einnahmen des Jahres 01 (50 000 EUR). Eine Zusammenballung der Einkünfte liegt daher nicht vor. Für die Entschädigung kommt eine ermäßigte Besteuerung nach § 34 Abs. 1 und 2 EStG deshalb nicht in Betracht.

**Beispiel 3:**
Auflösung des Dienstverhältnisses im Jahr 02. Die Entschädigung im Jahr 02 beträgt 25 000 EUR.
Vergleich auf der Basis der Einnahmen:

| | |
|---|---|
| – Jahr 01 | |
| Einnahmen i. S. d. § 19 EStG | 50 000 EUR |
| – Jahr 02 | |
| Einnahmen i. S. d. § 19 EStG aus bisherigem Dienstverhältnis | 20 000 EUR |
| Entschädigung | 25 000 EUR |

[1]) **Red. Anm.:** AN-Pauschbetrag ab VZ 2022: 1200 EUR.

| | |
|---|---|
| pauschal besteuerte Zukunftssicherungsleistungen ab dem Ausscheiden | 994 EUR |
| tatsächlich bezogenes Arbeitslosengeld | 4800 EUR |
| Summe | 50 794 EUR |

Die Entschädigung 25 000 EUR übersteigt nicht den Betrag der entgehenden Einnahmen (30 000 EUR).

Der Vergleich nach Maßgabe der Einnahmen aus nichtselbständiger Arbeit ergibt, dass die Einnahmen im Jahr 02 einschließlich der Entschädigung, den pauschal besteuerten Zukunftssicherungsleistungen ab dem Ausscheiden und dem tatsächlich bezogenen Arbeitslosengeld (50 794 EUR) die Einnahmen des Jahres 01 (50 000 EUR) übersteigen. Aufgrund der vorliegenden Zusammenballung kann die Entschädigung nach § 34 Abs. 1 und 2 EStG ermäßigt besteuert werden.

**Beispiel 4:**
Auflösung des Dienstverhältnisses im März 02 – Einnahmen i. S. d. § 19 EStG bis dahin 17 000 EUR, die Entschädigung beträgt 46 000 EUR. Anschließend Bezug von Arbeitslosengeld (April 02 bis Oktober 02) 9000 EUR. Gründung eines Gewerbebetriebs im November 02 (Einkünfte: ./. 15 000 EUR).

Vergleich:

– Jahr 01

| | |
|---|---|
| Einkünfte i. S. d. § 19 EStG (65 000 EUR ./. *1000 EUR*[1]) | 64 000 EUR |
| Einkünfte aus den übrigen Einkunftsarten | 0 EUR |
| Summe | 64 000 EUR |

– Jahr 02

| | |
|---|---|
| Einkünfte i. S. d. § 19 EStG aus bisherigem Dienstverhältnis (17 000 EUR ./. *1000 EUR*[1]) | 16 000 EUR |
| Entschädigung | 46 000 EUR |
| tatsächlich bezogenes Arbeitslosengeld | 9000 EUR |
| Summe | 71 000 EUR |

Die Entschädigung (46 000 EUR) übersteigt nicht den Betrag der entgehenden Einnahmen (65 000 EUR ./. 17 000 EUR) in Höhe von 48 000 EUR.

Nach dem Vergleich der Einkünfte aus dem früheren Dienstverhältnis des Jahres 01 (64 000 EUR) mit den Einkünften des Jahres 02, die in Zusammenhang mit dem früheren Arbeitsverhältnis (Arbeitslohn und Entschädigung) und dessen Auflösung (Arbeitslosengeld) stehen (71 000 EUR), liegt jedoch eine Zusammenballung von Einkünften im Jahr 02 vor.

Die negativen Einkünfte aus dem neu aufgenommenen Gewerbebetrieb sind nicht zu berücksichtigen.

## b) Anwendung im Lohnsteuerabzugsverfahren

[1]Im Lohnsteuerabzugsverfahren richtet sich die Anwendung des § 34 EStG nach § 39 b Abs. 3 Satz 9 EStG. [2]Dabei ist die Regelung nach Rz. 8 und 11 ebenfalls anzuwenden, wobei der Arbeitgeber auch solche Einnahmen (Einkünfte) berücksichtigen darf, die der Arbeitnehmer nach Beendigung des bestehenden Dienstverhältnisses erzielt. [3]Der Arbeitnehmer ist in diesem Fall zur Abgabe einer Einkommensteuererklärung verpflichtet (Pflichtveranlagung nach § 46 Abs. 2 Nr. 5 EStG). [4]Kann der Arbeitgeber die erforderlichen Feststellungen nicht treffen, ist im Lohnsteuerabzugsverfahren die Besteuerung ohne Anwendung des § 39 b Abs. 3 Satz 9 EStG durchzuführen. [5]Die begüns- 12

[1] **Red. Anm.:** AN-Pauschbetrag ab VZ 2022: 1200 EUR.

tigte Besteuerung erfolgt dann ggf. erst im Veranlagungsverfahren (Antragsveranlagung nach § 46 Abs. 2 Nr. 8 EStG). [6]Die ermäßigte Besteuerung ist im Lohnsteuerabzugsverfahren nicht anzuwenden, wenn sie zu einer höheren Steuer führt als die Besteuerung als nicht begünstigter sonstiger Bezug (BMF-Schreiben vom 10. 1. 2000, BStBl. I S. 138).

### 3. Zusammenballung von Einkünften bei zusätzlichen Entschädigungsleistungen des Arbeitgebers

#### a) Zusätzliche Entschädigungsleistungen des Arbeitgebers

13 [1]Sehen Entlassungsvereinbarungen zusätzliche Leistungen des früheren Arbeitgebers vor, z. B. unentgeltliche Nutzung des Dienstwagens, ohne dass der ausgeschiedene Mitarbeiter noch zu einer Dienstleistung verpflichtet wäre, so kann es sich um eine Entschädigung handeln (Rz. 2, 3). [2]Eine Entschädigung liegt in diesen Fällen u. a. nicht vor, wenn derartige zusätzliche Leistungen nicht nur bei vorzeitigem Ausscheiden, sondern auch in anderen Fällen, insbesondere bei altersbedingtem Ausscheiden, erbracht werden, z. B. Fortführung von Mietverhältnissen, von Arbeitgeberdarlehen, von Deputatlieferungen und von Sondertarifen, sowie Weitergewährung von Rabatten. [3]Lebenslänglich zugesagte Geld- oder Sachleistungen sind stets nach § 24 Nr. 2 EStG zu behandeln.

#### b) Zusammenballung von Einkünften bei zusätzlichen Entschädigungsleistungen des Arbeitgebers aus Gründen der sozialen Fürsorge in späteren VZ

14 [1]Fließt die Gesamtentschädigung (Einmalbetrag zuzüglich zusätzlicher Entschädigungsleistungen) nicht in einem VZ zu, so ist dies für die Anwendung des § 34 EStG grundsätzlich schädlich (Rz. 8). [2]Werden aber zusätzliche Entschädigungsleistungen, die Teil einer einheitlichen Entschädigung sind, aus Gründen der sozialen Fürsorge für eine gewisse Übergangszeit in späteren VZ gewährt, sind diese für die Beurteilung der Hauptleistung als einer zusammengeballten Entschädigung unschädlich, wenn sie weniger als 50 % der Hauptleistung betragen.

[3]Die Vergleichsrechnung ist hier durch Einnahmenvergleich vorzunehmen.

[4]Zusatzleistungen aus Gründen der sozialen Fürsorge sind beispielsweise solche Leistungen, die der (frühere) Arbeitgeber seinem (früheren) Arbeitnehmer zur Erleichterung des Arbeitsplatz- oder Berufswechsels oder als Anpassung an eine dauerhafte Berufsaufgabe und Arbeitslosigkeit erbringt. [5]Sie setzen keine Bedürftigkeit des entlassenen Arbeitnehmers voraus. [6]Soziale Fürsorge ist allgemein im Sinne der Fürsorge des Arbeitgebers für seinen früheren Arbeitnehmer zu verstehen. [7]Ob der Arbeitgeber zu der Fürsorge arbeitsrechtlich verpflichtet ist, ist unerheblich.

[8]Derartige ergänzende Zusatzleistungen können beispielsweise die Übernahme von Kosten für eine Outplacement-Beratung (BFH vom 14. 8. 2001, BStBl. 2002 II S. 180), die befristete Weiterbenutzung des Dienstwagens (BFH vom 3. 7. 2002, BStBl. 2004 II S. 447), die befristete Übernahme von Versicherungsbeiträgen, die befristete Zahlung von Zuschüssen zum Arbeitslosengeld (BFH vom 24. 1. 2002, BStBl. 2004 II S. 442), die Zahlung einer Jubiläumszuwendung nach dem Ausscheiden, die der Arbeitnehmer bei Fortsetzung des Arbeitsverhältnisses erhalten hätte (BFH vom 14. 5. 2003, BStBl. 2004 II S. 451), und Zahlungen zur Verwendung für die Altersversorgung (BFH vom 15. 10. 2003, BStBl. 2004 II S. 264) sein.

[9]Die aus sozialer Fürsorge erbrachten ergänzenden Zusatzleistungen, die außerhalb des zusammengeballten Zuflusses in späteren VZ erfolgen, fallen nicht unter die Tarifbegünstigung des § 34 Abs. 1 EStG.

**Beispiel:**

Auflösung des Dienstverhältnisses im Jahr 02. Der Arbeitgeber zahlt im Jahr 02 insgesamt 150 000 EUR Entschädigung und gewährt von Juli 02 bis Juni 03 zur Überbrückung der Arbeitslosigkeit einen Zuschuss zum Arbeitslosengeld von monatlich 2500 EUR. Im Jahr 03 fließen keine weiteren Einkünfte zu.

| | |
|---|---|
| – Jahr 02 | |
| Einnahmen i. S. d. § 19 EStG | 50 000 EUR |
| Entschädigung | 150 000 EUR |
| monatlicher Zuschuss (6 × 2500 EUR) | 15 000 EUR |
| Entschädigung insgesamt (Hauptleistung) | 165 000 EUR |
| – Jahr 03 | |
| monatlicher Zuschuss (6 × 2500 EUR) | 15 000 EUR |

Die im Jahr 03 enthaltenen Zahlungen sind zusätzliche Entschädigungsleistungen, die aus sozialer Fürsorge für eine gewisse Übergangszeit gewährt wurden. Sie betragen 15 000 EUR = 9,09 % von 165 000 EUR (Entschädigungshauptleistung) und sind damit unschädlich für die Beurteilung der Hauptleistung als einer zusammengeballten Entschädigung. Die im Jahr 02 erhaltenen Entschädigungsleistungen sind daher nach § 34 EStG ermäßigt zu besteuern. Die im Jahr 03 erhaltenen Zusatzleistungen fallen nicht unter die Tarifbegünstigung des § 34 EStG. Wegen des vorzunehmenden Vergleichs der Einnahmen bleibt der Arbeitnehmer-Pauschbetrag außer Betracht.

### c) Weitere Nutzung der verbilligten Wohnung

15 Ist die weitere Nutzung einer Wohnung Bestandteil der Entschädigungsvereinbarung, so ist die Mietverbilligung nur dann für die Zusammenballung von Einkünften schädlich, wenn sie mietrechtlich frei vereinbar und dem Grunde nach geldwerter Vorteil aus dem früheren Dienstverhältnis ist und nicht auf die Lebenszeit des oder der Berechtigten abgeschlossen ist.

## IV. Planwidriger Zufluss in mehreren VZ/Rückzahlung bereits empfangener Entschädigungen

16 [1]Die Anwendung der begünstigten Besteuerung nach § 34 Abs. 1 und 2 EStG setzt u. a. voraus, dass die Entschädigungsleistungen zusammengeballt, d. h. in einem VZ zufließen (Rz. 9). [2]Das Interesse der Vertragsparteien ist daher regelmäßig auf den planmäßigen Zufluss in einem VZ gerichtet. [3]Findet in den Fällen der nachstehenden Rz. 19 und 20 ein planwidriger Zufluss in mehreren VZ statt, obwohl die Vereinbarungen eindeutig auf einen einmaligen Zufluss gerichtet waren, ist der Korrekturbetrag eines nachfolgenden VZ (VZ 02) auf Antrag des Steuerpflichtigen in den VZ (VZ 01) zurückzubeziehen, in dem die – grundsätzlich begünstigte – Hauptentschädigung zugeflossen ist. [4]Stimmt das Finanzamt diesem Antrag zu (§ 163 AO), ist der Steuerbescheid (VZ 01) nach § 175 Abs. 1 Satz 1 Nr. 2 AO zu ändern, wobei die begünstigte Besteuerung auf die gesamte Entschädigungsleistung (Hauptentschädigung zzgl. Korrekturbetrag) anzuwenden ist. [5]Wird der Antrag nicht gestellt und ist die Steuerfestsetzung für diesen VZ (VZ 02) bereits bestandskräftig, so ist der Bescheid (VZ 01) nach § 175 Abs. 1 Satz 1 Nr. 2 AO zu ändern und

die begünstigte Steuerberechnung wegen fehlender Zusammenballung zu versagen.

17 [1]Hat der Steuerpflichtige in einem nachfolgenden VZ einen Teil der Entschädigung zurückzuzahlen, so ist die Rückzahlung als Korrektur auch dann im Jahr des Abflusses zu berücksichtigen, wenn die Abfindung im Zuflussjahr begünstigt besteuert worden ist. [2]Eine Lohnrückzahlung ist regelmäßig kein rückwirkendes Ereignis i. S. d. § 175 Abs. 1 Satz 1 Nr. 2 AO, das zur Änderung des Einkommensteuerbescheides des Zuflussjahres berechtigt (BFH vom 4. 5. 2006, BStBl. II S. 911).

### 1. Versehentlich zu niedrige Auszahlung der Entschädigung

18 [1]Es kommt vor, dass eine Entschädigung an den ausscheidenden Arbeitnehmer versehentlich – z. B. auf Grund eines Rechenfehlers, nicht jedoch bei unzutreffender rechtlicher Würdigung – im Jahr des Ausscheidens zu niedrig ausgezahlt wird. [2]Der Fehler wird im Laufe eines späteren VZ erkannt und der Differenzbetrag ausgezahlt.

### 2. Nachzahlung nach Rechtsstreit

19 [1]Streiten sich Arbeitgeber und Arbeitnehmer vor Gericht über die Höhe der Entschädigung, zahlt der Arbeitgeber üblicherweise an den Arbeitnehmer im Jahr des Ausscheidens nur den von ihm (Arbeitgeber) für zutreffend gehaltenen Entschädigungsbetrag und leistet ggf. erst Jahre später auf Grund einer gerichtlichen Entscheidung oder eines Vergleichs eine weitere Zahlung. [2]Voraussetzung für die Anwendung der Billigkeitsregelung nach Rz. 16 ist in diesen Fällen, dass der ausgeschiedene Arbeitnehmer keinen Ersatzanspruch hinsichtlich einer aus der Nachzahlung resultierenden eventuellen ertragsteuerlichen Mehrbelastung gegenüber dem früheren Arbeitgeber hat.

## V. Vom Arbeitgeber freiwillig übernommene Rentenversicherungsbeiträge i. S. d. § 187 a SGB VI

20 Die Hälfte der vom Arbeitgeber freiwillig übernommenen Rentenversicherungsbeiträge i. S. d. § 187 a SGB VI, durch die Rentenminderungen bei vorzeitiger Inanspruchnahme der Altersrente gemildert oder vermieden werden können, ist steuerfrei nach § 3 Nr. 28 EStG.

21 [1]Die vom Arbeitgeber zusätzlich geleisteten Rentenversicherungsbeiträge nach § 187 a SGB VI einschließlich darauf entfallender, ggf. vom Arbeitgeber getragener Steuerabzugsbeträge sind als Teil der Entschädigung i. S. d. § 24 Nr. 1 EStG, die im Zusammenhang mit der Auflösung eines Dienstverhältnisses geleistet wird, zu behandeln. [2]Leistet der Arbeitgeber diese Beiträge in Teilbeträgen, ist dies für die Frage der Zusammenballung unbeachtlich. [3]Die dem Arbeitnehmer darüber hinaus zugeflossene Entschädigung (Einmalbetrag) kann daher aus Billigkeitsgründen auf Antrag unter den übrigen Voraussetzungen begünstigt besteuert werden.

## VI. Anwendung

22 [1]Die vorstehenden Grundsätze sind in allen noch offenen Fällen anzuwenden. [2]Dieses Schreiben ersetzt die im Bezug genannten BMF-Schreiben.

# 20 § 34c/1. Schreiben betr. steuerliche Behandlung von Arbeitnehmereinkünften bei Auslandstätigkeiten (Auslandstätigkeitserlass)

Vom 10. Juni 2022
BMF IV C 5 - S 2293/19/10012 :001; DOK 2022/0079983
(BStBl. I S. 997)

**Bezug:** Neufassung des BMF-Schreibens vom 31. Oktober 1983 (BStBl. I S. 470)

Für die steuerliche Behandlung von Arbeitnehmereinkünften bei Auslandstätigkeiten gilt nach Erörterung mit den obersten Finanzbehörden der Länder aufgrund des § 34c Abs. 5 Einkommensteuergesetz (EStG) Folgendes:

Bei einem Arbeitnehmer eines Arbeitgebers mit Sitz, Geschäftsleitung, Be- 1
triebsstätte oder einem ständigen Vertreter in einem Mitgliedstaat der Europäischen Union (EU) oder einem Staat, auf den das Abkommen über den Europäischen Wirtschaftsraum (EWR) Anwendung findet (EU-/EWR-Arbeitgeber), wird von der Besteuerung des Arbeitslohns, den der Arbeitnehmer aufgrund eines gegenwärtigen Dienstverhältnisses für eine begünstigte Tätigkeit im Ausland erhält, abgesehen.

## I. Begünstigte/Nicht begünstigte Tätigkeit

Begünstigt ist die Auslandstätigkeit für einen EU-/EWR-Arbeitgeber im Zu- 2
sammenhang mit

1. der Planung, Errichtung, Einrichtung, Inbetriebnahme, Erweiterung, Instandsetzung, Modernisierung, Überwachung oder Wartung von Fabriken, Bauwerken, ortsgebundenen großen Maschinen oder ähnlichen Anlagen; außerdem ist das Betreiben der Anlagen bis zur Übergabe an den Auftraggeber begünstigt; nicht begünstigt sind insbesondere Sanierungs-, Restaurierungs-, Reinigungs- und Sicherungsarbeiten an Bauwerken ohne industrielle bzw. technische Nutzung,
2. dem Einbau, der Aufstellung, der Instandsetzung oder Wartung sonstiger Wirtschaftsgüter; diese Wirtschaftsgüter müssen ausschließlich von EU-/EWR-Arbeitgebern hergestellt oder instandgesetzt bzw. gewartet werden; zu den sonstigen Wirtschaftsgütern zählen auch Militärflugzeuge und -fahrzeuge,
3. dem Aufsuchen oder der Gewinnung von Bodenschätzen,
4. der Beratung ausländischer Auftraggeber oder Organisationen im Hinblick auf Vorhaben im Sinne der Nrn. 1, 2 oder 3 oder
5. der deutschen öffentlichen Entwicklungshilfe im Rahmen der Technischen oder Finanziellen Zusammenarbeit, wenn eine Projektförderung unmittelbar oder mittelbar aus inländischen öffentlichen Mitteln zu mindestens 75 % vorliegt.

Nicht begünstigt sind insbesondere 3

- die Tätigkeit des Bordpersonals auf Seeschiffen,
- die Produktion von Schiffen im Ausland,
- die finanzielle Beratung mit Ausnahme der Nr. 5 (siehe Randnummer [Rn.] 2),

– das Einholen von Aufträgen (Akquisition), ausgenommen die Beteiligung an Ausschreibungen sowie
– die Tätigkeit im Bereich der humanitären Hilfe.

## II. Dauer der begünstigten Tätigkeit

4 Die Auslandstätigkeit muss mindestens drei Monate ununterbrochen in Staaten ausgeübt werden, mit denen kein Abkommen zur Vermeidung der Doppelbesteuerung (DBA) besteht, in das Einkünfte aus nichtselbständiger Arbeit einbezogen sind.

5 Sie beginnt mit Antritt der Reise ins Ausland und endet mit der endgültigen Rückkehr ins Inland. Eine vorübergehende Rückkehr ins Inland oder ein kurzer Aufenthalt in einem Staat, mit dem ein DBA besteht, in das Einkünfte aus nichtselbständiger Arbeit einbezogen sind, gelten bis zu einer Gesamtaufenthaltsdauer von zehn vollen Kalendertagen innerhalb der Mindestfrist nicht als Unterbrechung der Auslandstätigkeit, wenn sie zur weiteren Durchführung oder Vorbereitung eines begünstigten Vorhabens notwendig sind. Dies gilt bei längeren Auslandstätigkeiten entsprechend für die jeweils letzten drei Monate.

6 Eine Unterbrechung der Tätigkeit im Falle eines Urlaubs oder einer Krankheit ist unschädlich, unabhängig davon, wo sich der Arbeitnehmer während der Unterbrechung aufhält. Zeiten der unschädlichen Unterbrechung sind bei der Dreimonatsfrist nicht mitzurechnen. Als unschädliche Unterbrechung gelten auch Freizeitblöcke (inklusive eingeschlossener arbeitsfreier Wochenenden und Feiertage) während einer begünstigten Auslandstätigkeit, wenn die Auslandstätigkeit insgesamt mindestens drei Monate in Staaten ausgeübt wird, mit denen kein DBA besteht, in das Einkünfte aus nichtselbständiger Arbeit einbezogen sind.

## III. Begünstigter Arbeitslohn

7 Zum begünstigten Arbeitslohn gehören auch folgende steuerpflichtige Einnahmen, soweit sie für eine begünstigte Auslandstätigkeit gezahlt werden:

1. Zulagen, Prämien oder Zuschüsse des Arbeitgebers für Aufwendungen des Arbeitnehmers, die durch eine begünstigte Auslandstätigkeit veranlasst sind, oder die entsprechende unentgeltliche Ausstattung oder Bereitstellung durch den Arbeitgeber,
2. Weihnachtszuwendungen, Erfolgsprämien oder Tantiemen,
3. Arbeitslohn, der auf den Urlaub – einschließlich eines angemessenen Sonderurlaubs aufgrund einer begünstigten Tätigkeit – entfällt, Urlaubsgeld oder Zahlungen als Urlaubsabgeltung,
4. Lohnfortzahlungen aufgrund einer Erkrankung während einer begünstigten Auslandstätigkeit bis zur Wiederaufnahme dieser oder einer anderen begünstigten Tätigkeit oder bis zur endgültigen Rückkehr ins Inland.

8 Werden solche Zuwendungen nicht gesondert für die begünstigte Tätigkeit geleistet, so sind sie entsprechend dem BMF-Schreiben vom 14. März 2017 (BStBl. I S. 473) aufzuteilen.

9 Für Aufwendungen, die mit dem begünstigten Arbeitslohn in unmittelbarem wirtschaftlichen Zusammenhang stehen, gelten die Abzugsverbote nach § 3c Abs. 1 EStG und § 10 Abs. 2 Satz 1 Nr. 1 1. Halbsatz EStG.

## IV. Progressionsvorbehalt

Auf das nach § 32a Abs. 1 EStG zu versteuernde Einkommen ist der Steuersatz anzuwenden, der sich unter Einbeziehung der nach diesem Schreiben begünstigten Einkünfte aus nichtselbständiger Arbeit ergibt. § 32b Abs. 2 EStG ist entsprechend anzuwenden. 10

## V. Nichtanwendung

Diese Regelung gilt nicht, soweit 11

1. der Arbeitslohn unmittelbar oder mittelbar aus inländischen öffentlichen Kassen – einschließlich der Kassen des Bundeseisenbahnvermögens und der Deutschen Bundesbank – gezahlt wird; für das Merkmal der Zahlung aus einer inländischen öffentlichen Kasse gelten die Grundsätze von Abschn. I i.V.m. Abschn. III des BMF-Schreibens vom 13. November 2019 (BStBl. I S. 1082)[1], oder
2. die Tätigkeit in einem Staat ausgeübt wird, mit dem ein DBA besteht, in das Einkünfte aus nichtselbständiger Arbeit einbezogen sind; ist ein Abkommen für die Zeit vor seinem Inkrafttreten anzuwenden, so verbleibt es bis zum Zeitpunkt des Inkrafttretens bei den vorstehenden Regelungen, soweit sie für den Arbeitnehmer günstiger sind, oder
3. der Steuerpflichtige nicht nachweist, dass die Einkünfte aus nichtselbständiger Arbeit (Arbeitslohn abzüglich der damit in unmittelbarem wirtschaftlichen Zusammenhang stehenden Werbungskosten) in dem Staat, in dem die Tätigkeit ausgeübt wird, einer der deutschen Einkommensteuer entsprechenden Steuer in einer durchschnittlichen Höhe von mindestens 10 % unterliegen, und dass die auf die Einkünfte festgesetzte Steuer entrichtet wurde; zur Ermittlung der durchschnittlichen Steuerbelastung sind die Einkünfte aus nichtselbständiger Arbeit im Tätigkeitsstaat nach deutschem Steuerrecht zu ermitteln.

Aufgrund der Begünstigung ausschließlich von Tätigkeiten im Ausland nach Abschn. I (Rn. 2) sowie aufgrund der Nichtanwendung des Auslandstätigkeitserlasses auf Fälle des Bezugs von Arbeitslohn aus inländischen öffentlichen Kassen hat der Auslandstätigkeitserlass für Fälle der beschränkten Steuerpflicht keinen Anwendungsbereich. 12

Auf Zahlungen, die aus einer inländischen öffentlichen Kasse gewährt werden, ist der Auslandstätigkeitserlass grundsätzlich nicht anwendbar (vgl. Nr. 1, Rn. 11). Etwas Anderes gilt nur, wenn die Tätigkeit im Rahmen eines durch andere Träger bzw. weitere Institutionen, die keine inländische öffentliche Kasse sind (z.B. Institutionen der EU), kofinanzierten Projekts ausgeübt wird. Im Falle einer derartigen Mischfinanzierung sind die Zahlungen aufzuteilen. Das gilt bei unmittelbaren wie bei mittelbaren Zahlungen aus inländischen öffentlichen Kassen gleichermaßen (vgl. BMF-Schreiben vom 13. November 2019, BStBl. I S. 1082, Rz. 12 ff.)[1]. 13

**Beispiel zur Kofinanzierung:** 14

Das Unternehmen A (inländische öffentliche Kasse) entsendet seinen Arbeitnehmer B im Rahmen eines zu 75 % mit Haushaltsmitteln des Bundes und zu 25 % mit Mitteln der EU dotierten Entwicklungshilfeprojekts für drei Jahre in den Staat S (kein DBA mit Deutschland). B behält seinen Wohnsitz in Deutschland bei und bezieht sein Gehalt weiterhin ausschließlich von A.

---

[1] Nr. 1 § 49/1.

Im Rahmen der unbeschränkten Einkommensteuerpflicht (§ 1 Abs. 1 EStG) unterliegt der Arbeitslohn des B der Besteuerung. Der Auslandstätigkeitserlass findet grundsätzlich Anwendung, da eine Projektförderung aus inländischen öffentlichen Mitteln zu mindestens 75 % vorliegt (vgl. Abschn. I Nr. 5, Rn. 2). Soweit das Projekt aus einer inländischen öffentlichen Kasse finanziert wird, ist die Anwendung aber nach Abschn. V Nr. 1 (Rn. 11) ausgeschlossen. Soweit das Projekt aus Mitteln der EU finanziert wird, liegt hingegen kein Arbeitslohn aus inländischen öffentlichen Kassen vor. Somit sind 25 % des Gehalts des B steuerfrei und unterliegen dem Progressionsvorbehalt (vgl. Abschn. IV, Rn. 10).

15 **Beispiel zur Mindestbesteuerung:**
Der Angestellte eines international tätigen Unternehmens im Bereich des Anlagenbaus erhält für seinen zehnmonatigen Einsatz zur Inbetriebnahme einer Fabrik im Staat S (kein DBA mit Deutschland) ein Gehalt i.H.v. 110 000 €. Die nach dem EStG ermittelten Werbungskosten, die mit dieser begünstigten Tätigkeit in Zusammenhang stehen, betragen 10 000 €. Seinen Wohnsitz in Deutschland behält er bei. Auf das Gehalt zahlt er in S ausweislich des von ihm vorgelegten Steuerbescheides eine der deutschen Einkommensteuer entsprechende Steuer i.H.v. umgerechnet 9000 €. Bezogen auf die Einkünfte von 100 000 € ergibt sich ein durchschnittlicher Steuersatz von 9 %. Da dieser unter 10 % liegt, findet die Steuerbefreiung hier keine Anwendung. Die im Ausland gezahlte Steuer kann unter den Voraussetzungen des § 34c EStG auf die deutsche Einkommensteuer angerechnet oder bei der Ermittlung der Einkünfte abgezogen werden.

## VI. Verfahrensvorschriften

16 Der Verzicht auf die Besteuerung im Steuerabzugsverfahren ist vom Arbeitgeber oder Arbeitnehmer beim Betriebsstättenfinanzamt zu beantragen (Freistellungsbescheinigung). Dabei ist glaubhaft zu machen, dass die nach deutschem Recht ermittelten Einkünfte im Tätigkeitsstaat voraussichtlich einer der deutschen Einkommensteuer entsprechenden Steuer unterliegen; der Nachweis über die Höhe der Besteuerung (vgl. Abschn. V Nr. 3, Rn. 11) ist erst im Veranlagungsverfahren erforderlich.

17 Wurde glaubhaft gemacht, dass die Voraussetzungen der Steuerbefreiung vorliegen, so kann die Freistellungsbescheinigung erteilt werden, solange dem Arbeitgeber eine Änderung des Lohnsteuerabzugs möglich ist (§ 41c EStG). Außerdem muss sich der Arbeitgeber verpflichten, das folgende Verfahren einzuhalten:

1. Der begünstigte Arbeitslohn ist im Lohnkonto gesondert aufzuzeichnen und in der elektronischen Lohnsteuerbescheinigung, ggf. der besonderen Lohnsteuerbescheinigung, sowie der Gehaltsbescheinigung, dem Entgeltnachweis etc. jeweils getrennt vom übrigen Arbeitslohn anzugeben.
2. Die Freistellungsbescheinigung ist als Beleg zum Lohnkonto des Arbeitnehmers zu nehmen.
3. Für Arbeitnehmer, die während des Kalenderjahrs begünstigten Arbeitslohn bezogen haben, darf der Arbeitgeber weder die Lohnsteuer nach dem voraussichtlichen Jahresarbeitslohn ermitteln (§ 39b Abs. 2 Satz 12 EStG, sog. permanenter Jahresausgleich) noch einen Lohnsteuer-Jahresausgleich nach § 42b EStG durchführen.

18 Die Berechtigung oder Verpflichtung zur Änderung des Lohnsteuerabzugs und eine verpflichtende Anzeige gegenüber dem Betriebsstättenfinanzamt richten sich nach § 41c EStG und R 41c.1 LStR. § 42d EStG bleibt unberührt (siehe auch R 42d.1 LStR und H 42d.1 LStH).

19 Die abschließende Prüfung der Steuerfreistellung des Arbeitslohns erfolgt im Rahmen der Veranlagung zur Einkommensteuer. Soweit aufgrund der Freistellungsbescheinigung bereits im Rahmen des Steuerabzugsverfahrens auf die Besteuerung verzichtet wurde, sind insbesondere die Nachweise nach Abschn.

V Nr. 3 (Rn. 11) im Rahmen der Veranlagung zu erbringen. Soweit nicht bereits vom Steuerabzug abgesehen worden ist, hat der Arbeitnehmer den Verzicht auf die Besteuerung bei seinem Wohnsitzfinanzamt im Rahmen der Veranlagung zu beantragen. Der Antrag auf Anwendung des Auslandstätigkeitserlasses ist spätestens bis zum Eintritt der Bestandskraft des Steuerbescheids zu stellen.

## VII. Anwendungsregelung

Dieses Schreiben ersetzt das BMF-Schreiben vom 31. Oktober 1983 (BStBl. I S. 470) mit Wirkung ab dem Veranlagungszeitraum 2023. Im Lohnsteuerabzugsverfahren ist dieses Schreiben erstmals auf den laufenden Arbeitslohn anzuwenden, der für einen nach dem 31. Dezember 2022 endenden Lohnzahlungszeitraum gezahlt wird, und auf sonstige Bezüge, die nach dem 31. Dezember 2022 zufließen. 20

# 20 § 37b/2. Schreiben betr. Pauschalierung der Einkommensteuer bei Sachzuwendungen nach § 37 b EStG

Vom 19. Mai 2015

BMF IV C 6 - S 2297-b/14/10001; DOK 2015/0331056

(BStBl. I S. 468)

**Bezug:** Schreiben des BMF vom 29. April 2008 (BStBl. I S. 566); Entscheidungen des BFH vom 16. Oktober VI R 52/11, VI R 57/11, VI R 78/12 (BStBl. 2015 II S. 455, 457 und 495) und 12. Dezember 2013 VI R 47/12 (BStBl. 2015 II S. 490)

Geändert durch BMF v. 28. 6. 2018 (BStBl. I S. 814)

Mit dem Jahressteuergesetz 2007 vom 13. Dezember 2006 (BGBl. I S. 2878, BStBl. 2007 I S. 28) wurde mit § 37 b EStG eine Regelung in das Einkommensteuergesetz eingefügt, die es dem zuwendenden Steuerpflichtigen ermöglicht, die Einkommensteuer auf Sachzuwendungen an Arbeitnehmer oder Nichtarbeitnehmer mit einem Steuersatz von 30 Prozent pauschal zu übernehmen und abzuführen. Mit Urteilen vom 16. Oktober und 12. Dezember 2013 hat der BFH in vier Entscheidungen – VI R 52/11, VI R 57/11, VI R 78/12 und VI R 47/12 – den Anwendungsbereich des § 37 b EStG eingegrenzt und entschieden, die Pauschalierung der Einkommensteuer nach § 37 b EStG setze die Steuerpflicht der Sachzuwendungen voraus. Das BMF-Schreiben vom 29. April 2008 (BStBl. I S. 566) wird im Einvernehmen mit den obersten Finanzbehörden der Länder unter Berücksichtigung der Grundsätze der BFH-Entscheidungen sowie weiterer inzwischen geklärter Zweifelsfragen wie folgt neu gefasst:

## I. Anwendungsbereich des § 37 b EStG

Zuwendender i. S. d. § 37 b EStG kann jede natürliche und juristische Person oder Personenvereinigung sein, die aus betrieblichem Anlass nicht in Geld bestehende 1

- Geschenke oder
- Zuwendungen zusätzlich
  - zur ohnehin vereinbarten Leistung oder Gegenleistung oder
  - zum ohnehin geschuldeten Arbeitslohn

erbringt. Juristische Personen des öffentlichen Rechts sind sowohl mit ihrem hoheitlichen Bereich und dem Bereich der Vermögensverwaltung als auch mit ihren einzelnen Betrieben gewerblicher Art jeweils Zuwendender i. S. d. § 37 b EStG. Die Wahlmöglichkeit kann für die verschiedenen Bereiche unabhängig voneinander ausgeübt werden. Macht der Zuwendende von der Wahlmöglichkeit des § 37 b EStG Gebrauch, ist er Steuerpflichtiger i. S. d. § 33 AO. Ausländische Zuwendende und nicht steuerpflichtige juristische Personen des öffentlichen Rechts werden spätestens mit der Anwendung des § 37 b EStG zu Steuerpflichtigen i. S. dieser Vorschrift.

Zuwendungsempfänger können eigene Arbeitnehmer des Zuwendenden sowie Dritte unabhängig von ihrer Rechtsform (z. B. AG, GmbH, Aufsichtsräte, Verwaltungsratsmitglieder, sonstige Organmitglieder von Vereinen und Verbänden, Geschäftspartner, deren Familienangehörige, Arbeitnehmer Dritter) sein. 2

3 Von § 37 b EStG werden nur solche Zuwendungen erfasst, die betrieblich veranlasst sind (BFH vom 12. Dezember 2013 VI R 47/12, BStBl. 2015 II S. 490) und die beim Empfänger dem Grunde nach zu steuerbaren und steuerpflichtigen Einkünften führen (BFH vom 16. Oktober 2013 VI R 57/11, BStBl. 2015 II S. 457). § 37 b EStG begründet keine eigenständige Einkunftsart und erweitert nicht den einkommensteuerrechtlichen Lohnbegriff, sondern stellt lediglich eine besondere pauschalierende Erhebungsform der Einkommensteuer zur Wahl (BFH vom 16. Oktober 2013 VI R 57/11 und VI R 78/12, BStBl. 2015 II S. 457 und 495). Zusätzlich zum ohnehin geschuldeten Arbeitslohn gewährte Zuwendungen an eigene Arbeitnehmer sind Sachbezüge i. S. d. § 8 Abs. 2 Satz 1 EStG, für die keine gesetzliche Bewertungsmöglichkeit nach § 8 Abs. 2 Satz 2 bis 10 und Abs. 3 EStG sowie keine Pauschalierungsmöglichkeit nach § 40 Abs. 2 EStG besteht. In den Fällen des § 8 Abs. 3 EStG ist es auch dann nicht zulässig, die Steuer nach § 37 b Abs. 2 EStG zu pauschalieren, wenn der Steuerpflichtige nach R 8.2 Abs. 1 Satz 1 Nr. 4 LStR 2015 die Bewertung des geldwerten Vorteils nach § 8 Abs. 2 EStG wählt. Für sonstige Sachbezüge, die nach § 40 Abs. 1 EStG pauschaliert besteuert werden können, kann der Steuerpflichtige auch die Pauschalierung nach § 37 b EStG wählen. Die Zuwendung von Vermögensbeteiligungen an eigene Arbeitnehmer ist von der Pauschalierung nach § 37 b EStG ausgeschlossen.

## II. Wahlrecht zur Anwendung des § 37 b EStG

### 1. Einheitlichkeit der Wahlrechtsausübung

4 Das Wahlrecht zur Anwendung der Pauschalierung der Einkommensteuer ist nach § 37 b Abs. 1 Satz 1 EStG einheitlich für alle innerhalb eines Wirtschaftsjahres gewährten Zuwendungen, mit Ausnahme der die Höchstbeträge nach § 37 b Abs. 1 Satz 3 EStG übersteigenden Zuwendungen, auszuüben. Dabei ist es zulässig, für Zuwendungen an Dritte (Abs. 1) und an eigene Arbeitnehmer (Abs. 2) § 37 b EStG jeweils gesondert anzuwenden. Auch bei einem vom Kalenderjahr abweichenden Wirtschaftsjahr ist für den Personenkreis der eigenen Arbeitnehmer immer die kalenderjahrbezogene Betrachtungsweise für das Wahlrecht maßgeblich. Das Wahlrecht kann für alle inländischen lohnsteuerlichen Betriebsstätten nach § 41 Abs. 2 EStG nur einheitlich ausgeübt werden. *Die Entscheidung zur Anwendung des § 37 b EStG kann nicht zurückgenommen werden*[1].

5 Werden Zuwendungen an Arbeitnehmer verbundener Unternehmen i. S. d. §§ 15 ff. AktG oder § 271 HGB vergeben, fallen diese Zuwendungen in den Anwendungsbereich des § 37 b Abs. 1 EStG und sind nach § 37 b Abs. 1 Satz 2 EStG mindestens mit dem sich aus § 8 Abs. 3 Satz 1 EStG ergebenden Wert zu bemessen (Rabattgewährung an Konzernmitarbeiter). Es wird nicht beanstandet, wenn diese Zuwendungen an Arbeitnehmer verbundener Unternehmen individuell besteuert werden, auch wenn der Zuwendende für die übrigen Zuwendungen § 37 b Abs. 1 EStG anwendet. Für die übrigen Zuwendungen ist das Wahlrecht einheitlich auszuüben.

---

[1] **LSt-Handbuch:** Überholt durch BFH v. 15. 6. 2016 VI R 54/15, BStBl. II S. 1010; das Wahlrecht kann nur durch Abgabe einer geänderten LSt-Anmeldung widerrufen werden. Der Widerruf ist nur wirksam, wenn der Zuwendende den Zuwendungsempfänger hiervon unterrichtet; der Widerruf stellt beim Zuwendungsempfänger ein rückwirkendes Ereignis i.S.d. § 175 Abs. 1 Satz 1 Nr. 2 AO dar.

Übt ein ausländischer Zuwendender das Wahlrecht zur Anwendung des § 37 b EStG aus, sind die Zuwendungen, die unbeschränkt oder beschränkt Einkommen- oder Körperschaftsteuerpflichtigen im Inland gewährt werden, einheitlich zu pauschalieren. **6**

## 2. Zeitpunkt der Wahlrechtsausübung

Die Entscheidung zur Anwendung der Pauschalierung kann für den Anwendungsbereich des § 37 b Abs. 1 EStG auch im laufenden Wirtschaftsjahr, spätestens in der letzten Lohnsteuer-Anmeldung des Wirtschaftsjahres der Zuwendung getroffen werden. Eine Berichtigung der vorangegangenen einzelnen Lohnsteuer-Anmeldungen zur zeitgerechten Erfassung ist nicht erforderlich. **7**

Für den Anwendungsbereich des § 37 b Abs. 2 EStG soll die Entscheidung zur Anwendung der Pauschalierung spätestens bis zu der für die Übermittlung der elektronischen Lohnsteuerbescheinigung geltenden Frist (§ 41 b Abs. 1 Satz 2 EStG, 28. Februar des Folgejahres) getroffen werden. Dieser Endtermin gilt auch, wenn ein Arbeitnehmer während des laufenden Kalenderjahres ausscheidet. Ist eine Änderung des Lohnsteuerabzugs gemäß § 41 c EStG zum Zeitpunkt der Ausübung des Wahlrechts nicht mehr möglich, so hat der Arbeitgeber dem Arbeitnehmer eine Bescheinigung über die Pauschalierung nach § 37 b Abs. 2 EStG auszustellen. Die Korrektur des bereits individuell besteuerten Arbeitslohns kann der Arbeitnehmer dann nur noch im Veranlagungsverfahren zur Einkommensteuer begehren. **8**

Das Wahlrecht kann auch durch Änderung einer noch nicht materiell bestandskräftigen Lohnsteuer-Anmeldung ausgeübt werden. Eine erstmalige Wahlrechtsausübung im Rahmen einer Außenprüfung ist somit zulässig. Wurden Sachzuwendungen an eigene Arbeitnehmer (§ 37 b Abs. 2) vorbehaltlich der Pauschalierung nach § 40 Abs. 1 Satz 1 EStG (Rdnr. 22) weder nach anderen Vorschriften pauschal noch individuell besteuert, kann das Wahlrecht (erstmalig) auch noch nach der in den Rdnrn. 7 und 8 genannten Frist im Rahmen einer Änderung einer noch nicht materiell bestandskräftigen Lohnsteuer-Anmeldung ausgeübt werden. Wurden Sachzuwendungen an eigene Arbeitnehmer dagegen bisher individuell besteuert, weil eine Pauschalierung zum maßgeblichen Wahlrechtszeitpunkt nicht vorgenommen worden ist, ist eine Pauschalierung nach § 37 b Abs. 2 EStG nicht mehr möglich. Wurden Zuwendungen an eigene Arbeitnehmer nach § 37 b EStG bisher pauschal besteuert, ist die bisherige Ausübung des Wahlrechts für den Zuwendenden bindend. *Eine nachträgliche individuelle Besteuerung der Sachzuwendungen ist nicht zulässig*[1]. **8 a**

## III. Bemessungsgrundlage[2]

### 1. Begriffsbestimmung

Besteuerungsgegenstand sind betrieblich veranlasste Sachzuwendungen, die zusätzlich zur ohnehin vereinbarten Leistung oder zum ohnehin geschuldeten **9**

---

[1] **LSt-Handbuch:** Überholt durch BFH v. 15. 6. 2016 VI R 54/15, BStBl. II S. 1010; das Wahlrecht kann nur durch Abgabe einer geänderten LSt-Anmeldung widerrufen werden. Der Widerruf ist nur wirksam, wenn der Zuwendende den Zuwendungsempfänger hiervon unterrichtet; der Widerruf stellt beim Zuwendungsempfänger ein rückwirkendes Ereignis i.S.d. § 175 Abs. 1 Satz 1 Nr. 2 AO dar.

[2] **Red. Anm.:** Zur Ermittlung der Bemessungsgrundlage für § 37b EStG bei Veranstaltungen für Geschäftspartner und Arbeitnehmer vgl. OFD Nordrhein-Westfalen v. 7. 9. 2017, DStR 2018 S. 79.

Arbeitslohn erbracht werden, und Geschenke, die nicht in Geld bestehen. Gesellschaftsrechtlich veranlasste Zuwendungen, wie z. B. verdeckte Gewinnausschüttungen (§ 8 Abs. 3 Satz 2 KStG, *R 36 KStR*[1]) sind von der Pauschalierung nach § 37 b EStG ausgenommen (BFH vom 12. Dezember 2013 VI R 47/12, BStBl. 2015 II S. 490).

**9 a** Die „Zusätzlichkeitsvoraussetzung" für betrieblich veranlasste Zuwendungen nach § 37 b Abs. 1 Satz 1 Nr. 1 EStG erfordert, dass die Zuwendungen in sachlichem und zeitlichem Zusammenhang mit einem zwischen den Vertragsparteien abgeschlossenen Vertragsverhältnis (sog. Grundgeschäft) stehen und zur ohnehin geschuldeten Leistung als zusätzliche Leistung hinzukommen. Zuwendungen, die nicht zu einem Leistungsaustausch hinzutreten, etwa zur Anbahnung eines Vertragsverhältnisses, fallen nicht in den Anwendungsbereich des § 37 b Abs. 1 Nr. 1 EStG (BFH vom 12. Dezember 2013 VI R 47/12, BStBl. 2015 II S. 490). Unbeachtlich ist, ob der Empfänger einen Rechtsanspruch auf die Zuwendungen hat oder die Zuwendungen vom Zuwendenden freiwillig erbracht werden.

**9 b**[2] Die „Zusätzlichkeitsvoraussetzung" für zusätzlich zum ohnehin geschuldeten Arbeitslohn erbrachte betrieblich veranlasste Zuwendungen nach § 37 b Abs. 2 Satz 1 EStG erfordert, dass die Zuwendung zu dem Arbeitslohn hinzukommt, den der Arbeitgeber arbeitsrechtlich schuldet; eine Gehaltsumwandlung erfüllt diese Voraussetzung nicht. Kommt die zweckbestimmte Leistung zu dem Arbeitslohn hinzu, den der Arbeitgeber schuldet, ist das Tatbestandsmerkmal auch dann erfüllt, wenn der Arbeitnehmer arbeitsvertraglich oder aufgrund einer anderen arbeits- oder dienstrechtlichen Rechtsgrundlage einen Anspruch auf die zweckestimmte Leistung hat (vgl. R 3.33 Abs. 5 LStR und *BMF-Schreiben vom 22. Mai 2013, BStBl. I S. 728*[3]).

**9 c**[4] Bei Zuwendungen an Dritte handelt es sich regelmäßig um Geschenke i. S. d. § 4 Abs. 5 Satz 1 Nr. 1 Satz 1 EStG und R 4.10 Abs. 4 Satz 1 bis 5 EStR oder Incentives (z. B. Reise oder Sachpreise aufgrund eines ausgeschriebenen Verkaufs- oder Außendienstwettbewerbs). Geschenke in diesem Sinne sind auch Nutzungsüberlassungen. Zuzahlungen des Zuwendungsempfängers ändern nicht den Charakter als Zuwendung; sie mindern lediglich die Bemessungsgrundlage. Zuzahlungen Dritter (z. B. Beteiligung eines anderen Unternehmers an der Durchführung einer Incentive-Reise) mindern die Bemessungsgrundlage hingegen nicht. Aufmerksamkeiten i. S. d. R 19.6 Abs. 1 LStR, die dem Empfänger aus Anlass eines besonderen persönlichen Ereignisses zugewendet werden, führen nicht zu steuerbaren und steuerpflichtigen Einnahmen und gehören daher nicht zur Bemessungsgrundlage.

**9 d** Bei der Teilnahme eines Kunden an einem Bonusprogramm wird die Ausgabe der Bonuspunkte zum Bestandteil der Gegenleistung des leistenden Unternehmens. Damit liegt weder in der Gutschrift der Punkte noch in der Hingabe der Prämie eine zusätzliche Leistung vor, so dass eine Pauschalierung nach § 37 b EStG in derartigen Fällen ausgeschlossen ist. Die Einkommensteuer kann in diesen Fällen bei Vorliegen der weiteren Voraussetzungen nach § 37 a EStG pauschaliert werden.

---

[1] **Amtl. LSt-Handbuch:** Jetzt R 8.5 KStR 2015 v. 6.4.2016 (BStBl. I Sondernr. S. 2).
[2] **Amtl. LSt-Handbuch:** Zur Zusätzlichkeitsvoraussetzung siehe § 8 Abs. 4 EStG.
[3] **Red. Anm.:** Jetzt BMF v. 5. 1. 2022, BStBl. I S. 61 (Nr. **20** § 3/4).
[4] Rz. 9 c neu gef. durch BMF v. 28. 6. 2018, BStBl. I S. 814.

Gewinne aus Verlosungen, Preisausschreiben und sonstigen Gewinnspielen sowie Prämien aus (Neu-)Kundenwerbungsprogrammen und Vertragsneuabschlüssen führen beim Empfänger regelmäßig nicht zu steuerbaren und steuerpflichtigen Einnahmen und fallen dann nicht in den Anwendungsbereich des § 37 b Abs. 1 EStG. **9 e**[1]

Sachzuwendungen, deren Anschaffungs- oder Herstellungskosten 10 Euro nicht übersteigen, sind bei der Anwendung des § 37 b EStG als Streuwerbeartikel anzusehen und brauchen daher nicht in den Anwendungsbereich der Vorschrift einbezogen zu werden.[2] § 9 b Abs. 1 EStG ist zu beachten. Die Teilnahme an einer geschäftlich veranlassten Bewirtung i. S. d. § 4 Abs. 5 Satz 1 Nr. 2 EStG ist nicht in den Anwendungsbereich des § 37 b EStG einzubeziehen (R 4.7 Abs. 3 EStR, R 8.1 Abs. 8 Nr. 1 LStR); es sei denn, sie ist Teil einer Gesamtleistung, die insgesamt als Zuwendung nach § 37 b EStG besteuert wird (z. B. Bewirtung im Rahmen einer Incentive-Reise, vgl. BMF-Schreiben vom 14. Oktober 1996, BStBl. I S. 1192[3]) oder die Bewirtung findet im Rahmen von Repräsentationsveranstaltungen i. S. d. § 4 Abs. 5 Satz 1 Nr. 4 EStG statt (z. B. Einladung zu einem Golfturnier, zu einem Segeltörn oder zu einer Jagdgesellschaft). Eine Incentive-Reise liegt in Abgrenzung zu einer Incentive-Maßnahme, bei der ggf. ein Bewirtungsanteil gemäß Rdnr. 15 herausgerechnet werden kann, vor, wenn die Veranstaltung mindestens eine Übernachtung umfasst. **10**

Zuwendungen, die ein Arbeitnehmer von einem Dritten erhalten hat, können nicht vom Arbeitgeber, der nach § 38 Abs. 1 Satz 3 EStG zum Lohnsteuerabzug verpflichtet ist, nach § 37 b EStG pauschal besteuert werden. Die Pauschalierung nach § 37 b EStG kann nur der Zuwendende selbst vornehmen. Für Zuwendungen an Mitarbeiter verbundener Unternehmen i. S. d. §§ 15 ff. AktG oder § 271 HGB (vgl. Rdnr. 23) wird es nicht beanstandet, wenn anstelle des Zuwendenden der Arbeitgeber des Zuwendungsempfängers die Pauschalierung gemäß § 37 b Abs. 1 EStG vornimmt. Die erforderliche „Zusätzlichkeitsvoraussetzung" ist nur dann erfüllt, wenn die Zuwendungen auf vertraglichen Beziehungen zwischen dem Dritten und dem Arbeitnehmer beruhen. Zuwendungen, die auf vertraglichen Beziehungen zwischen dem Zuwendenden und dem Arbeitgeber des Arbeitnehmers beruhen (sog. Rahmenvertrag), können vom Zuwendenden daher nach § 37 b EStG pauschal besteuert werden, wenn dem Grunde nach Arbeitslohn vorliegt (vgl. BMF-Schreiben vom 20. Januar 2015, BStBl. I S. 143[4]). **11**

Gibt ein Steuerpflichtiger eine Zuwendung unmittelbar weiter, die dieser selbst unter Anwendung des § 37 b EStG erhalten hat, entfällt eine erneute pauschale Besteuerung nach § 37 b EStG, wenn der Steuerpflichtige hierfür keinen Betriebsausgabenabzug vornimmt. **12**

In die Bemessungsgrundlage nach § 37 b Abs. 1 und 2 EStG sind alle Zuwendungen einzubeziehen, die beim Empfänger dem Grunde nach zu steuerbaren und steuerpflichtigen Einkünften führen. Demzufolge sind Zuwendungen an beschränkt und unbeschränkt steuerpflichtige Empfänger auszuscheiden, die **13**

---

[1] Rz. 9 e neu gef. durch BMF v. 28. 6. 2018, BStBl. I S. 814.

[2] **Amtl. Anm.:** Diese Regelung ist trotz entgegenstehender Auffassung des BFH im Urteil vom 16. Oktober 2013 VI R 57/11 (BStBl. 2015 II S. 455) weiter anzuwenden.

[3] Nr. **1** § 4/7.

[4] Nr. **20** § 8/6.

nach den Bestimmungen eines Doppelbesteuerungsabkommens oder des Auslandstätigkeitserlasses nicht der inländischen Besteuerung unterliegen oder die dem Empfänger nicht im Rahmen einer Einkunftsart zufließen. Für Zuwendungen, die nicht in die Bemessungsgrundlage des § 37 b EStG einzubeziehen sind, hat der Zuwendende neben den für den Betriebsausgabenabzug bestehenden Aufzeichnungspflichten zusätzlich durch geeignete Aufzeichnungen darzulegen, dass diese Zuwendungen beim Empfänger nicht steuerbar und steuerpflichtig sind. Die Empfänger der Zuwendungen müssen auf Verlangen der Finanzbehörde genau benannt werden können (§ 160 AO).

**13 a** Zur Vereinfachung der Ermittlung der Bemessungsgrundlage für die Anwendung des § 37 b Abs. 1 EStG kann der Steuerpflichtige der Besteuerung nach § 37 b EStG einen bestimmten Prozentsatz aller gewährten Zuwendungen an Dritte unterwerfen. Der Prozentsatz orientiert sich an den unternehmensspezifischen Gegebenheiten und ist vom Steuerpflichtigen anhand geeigneter Unterlagen oder Aufzeichnungen glaubhaft zu machen. In diesem Fall kann er auf weitergehende Aufzeichnungen zur Steuerpflicht beim Empfänger verzichten. Für die Glaubhaftmachung kann auch auf die Aufzeichnungen, die über einen repräsentativen Zeitraum (mindestens drei Monate) geführt werden, zurückgegriffen und aus diesen der anzuwendende Prozentsatz ermittelt werden. Dieser kann so lange angewandt werden, wie sich die Verhältnisse nicht wesentlich ändern. Für die Ermittlung der Bemessungsgrundlage der Zuwendungen nach § 37 b Abs. 2 EStG vgl. Tz. III.3. Wirkungen auf andere Regelungen (Rdnrn. 17 bis 19).

## 2. Bewertung der Zuwendungen

**14** Nach § 37 b Abs. 1 Satz 2 EStG sind die Zuwendungen mit den Aufwendungen des Steuerpflichtigen einschließlich Umsatzsteuer zu bewerten. Der Bruttobetrag kann aus Vereinfachungsgründen mit dem Faktor 1,19 aus dem Nettobetrag hochgerechnet werden. In die Bemessungsgrundlage sind alle tatsächlich angefallenen Aufwendungen einzubeziehen, die der jeweiligen Zuwendung direkt zugeordnet werden können[1]. Soweit diese nicht direkt ermittelt werden können, weil sie Teil einer Gesamtleistung sind, ist der auf die jeweilige Zuwendung entfallende Anteil an den Gesamtaufwendungen anzusetzen, der ggf. im Wege der Schätzung zu ermitteln ist. Zu den Aufwendungen im Rahmen von Veranstaltungen gehören z. B. Aufwendungen für Musik, künstlerische und artistische Darbietungen und Aufwendungen für den äußeren Rahmen (z. B. Raummiete, Eventmanager). Wird ein Wirtschaftsgut zugewandt, das der Steuerpflichtige selbst hergestellt hat, sind als Aufwendungen grundsätzlich die Herstellungskosten des Wirtschaftsguts (zuzüglich der Umsatzsteuer) anzusetzen (z. B. Eintrittskarten für eine selbst ausgerichtete Veranstaltung). Der Zuwendende kann stattdessen den gemeinen Wert (z. B. den Kartenpreis) ansetzen, wenn dieser ohne weiteres ermittelt werden kann.

**15** Die bestehenden Vereinfachungsregelungen, die zur Aufteilung der Gesamtaufwendungen für VIP-Logen in Sportstätten und in ähnlichen Sachverhalten ergangen sind, gelten unverändert (Rdnr. 14 und 19 des BMF-Schreibens vom 22. August 2005, BStBl. I S. 845[2], und vom 11. Juli 2006, BStBl. I S. 447[3]).

---

[1] **Amtl. LSt-Handbuch:** Bestätigt durch BFH v. 13.5.2020 (BStBl. 2021 II S. 395) betr. Aufwendungen für einen Eventmanager.

[2] Nr. **1** § 4/21.

[3] Nr. **1** § 4/23.

Der danach ermittelte, auf Geschenke entfallende pauschale Anteil stellt die Aufwendungen dar, die in die Bemessungsgrundlage nach § 37 b EStG einzubeziehen sind. Die Vereinfachungsregelungen zur Übernahme der Besteuerung (Rdnrn. 16 und 18 des BMF-Schreibens vom 22. August 2005, BStBl. I S. 845[1]) und entsprechende Verweise im BMF-Schreiben vom 11. Juli 2006, BStBl. I S. 447[2]) sind ab dem 1. Januar 2007 nicht mehr anzuwenden.

Besteht die Zuwendung in der Hingabe eines Wirtschaftsgutes des Betriebs- 16
vermögens oder in der unentgeltlichen Nutzungsüberlassung und sind dem Zuwendenden keine oder nur unverhältnismäßig geringe Aufwendungen entstanden (z. B. zinslose Darlehensgewährung), ist als Bemessungsgrundlage für eine Besteuerung nach § 37 b EStG der gemeine Wert anzusetzen.

### 3. Wirkungen auf andere Regelungen

Sachbezüge, die im ganz überwiegenden eigenbetrieblichen Interesse des Arbeitgebers gewährt werden (vgl. hierzu BFH vom 16. Oktober 2013 VI R 78/12, BStBl. 2015 II S. 495) sowie steuerfreie Sachbezüge, z. B. auch nach § 19 Abs. 1 Satz 1 Nr. 1 a EStG, werden von § 37 b Abs. 2 EStG nicht erfasst. Im Übrigen gilt Folgendes:

#### a) Sachbezugsfreigrenze

Wird die Freigrenze des § 8 Abs. 2 Satz 11 EStG i. H. v. 44 Euro[3]) nicht 17
überschritten, liegt kein steuerpflichtiger Sachbezug vor[4]). Bei der Prüfung der Freigrenze bleiben die nach § 8 Abs. 2 Satz 1 EStG zu bewertenden Vorteile, die nach §§ 37 b und 40 EStG pauschal versteuert werden, außer Ansatz.

#### b) Mahlzeiten aus besonderem Anlass

Mahlzeiten aus besonderem Anlass, die vom oder auf Veranlassung des Steuer- 18
pflichtigen anlässlich von Auswärtstätigkeiten an seine Arbeitnehmer abgegeben werden, können nach § 37 b EStG pauschal besteuert werden, wenn der Wert der Mahlzeit 60 Euro (bis 31. Dezember 2013: 40 Euro) übersteigt.

#### c) Aufmerksamkeiten

Zuwendungen des Steuerpflichtigen an seine Arbeitnehmer, die als bloße 19
Aufmerksamkeiten (R 19.6 LStR) anzusehen sind und deren jeweiliger Wert 60 Euro (bis 31. Dezember 2014: 40 Euro) nicht übersteigt, gehören nicht zum Arbeitslohn und sind daher nicht in die Pauschalierung nach § 37 b EStG einzubeziehen. Bei Überschreitung des Betrags von 60 Euro (bis 31. Dezember 2014: 40 Euro) ist die Anwendung des § 37 b EStG möglich.

### 4. Zeitpunkt der Zuwendung

Die Zuwendung ist im Zeitpunkt der Erlangung der wirtschaftlichen Ver- 20
fügungsmacht zu erfassen. Das ist bei Geschenken der Zeitpunkt der Hingabe (z. B. Eintrittskarte) und bei Nutzungen der Zeitpunkt der Inanspruchnahme (z. B. bei der Einladung zu einer Veranstaltung der Zeitpunkt der Teilnahme). Es ist aber nicht zu beanstanden, wenn die Pauschalierung nach § 37 b EStG bereits in dem Wirtschaftsjahr vorgenommen wird, in dem der Aufwand zu berücksichtigen ist. Auf einen hiervon abweichenden Zeitpunkt der Bezahlung

---

[1]) Nr. **1** § 4/21.
[2]) Nr. **1** § 4/23.
[3]) **Amtl. LSt-Handbuch:** Ab 1.1.2022 50 Euro.
[4]) **Amtl. LSt-Handbuch:** Bestätigt durch BFH v. 7.7.2020 (BStBl. 2021 II S. 232).

der Rechnung durch den Zuwendenden kann hingegen nicht abgestellt werden.

**5. Beträge nach § 37 b Abs. 1 Satz 3 EStG**

21 Die Beträge des § 37 b Abs. 1 Satz 3 EStG i. H. v. 10 000 Euro sind auf die Bruttoaufwendungen anzuwenden. Bei dem Betrag nach § 37 b Abs. 1 Satz 3 Nr. 1 EStG handelt es sich um einen Höchstbetrag (z. B. drei Zuwendungen im Wert von jeweils 4000 Euro, § 37 b EStG ist nicht nur für die ersten beiden Zuwendungen anwendbar, sondern auch die Hälfte der Aufwendungen für die dritte Zuwendung muss in die Pauschalbesteuerung einbezogen werden); bei dem Betrag nach § 37 b Abs. 1 Satz 3 Nr. 2 EStG handelt es sich um eine Höchstgrenze (z. B. Zuwendung im Wert von 15 000 Euro, § 37 b EStG ist auf diese Zuwendung nicht anwendbar). Wird die Höchstgrenze für eine Zuwendung überschritten, ist eine Pauschalierung für andere Zuwendungen an diesen Zuwendungsempfänger im Rahmen des § 37 b Abs. 1 Satz 3 Nr. 1 EStG zulässig (z. B. drei Zuwendungen im Wert von 3000 Euro, 5000 Euro und 12 000 Euro, die Aufwendungen für die Einzelzuwendung i. H. v. 12 000 Euro können nicht nach § 37 b EStG pauschal besteuert werden, in die Pauschalbesteuerung sind indes die Aufwendungen für die beiden anderen Einzelzuwendungen von insgesamt 8000 Euro einzubeziehen). Bei Zuzahlungen durch den Zuwendungsempfänger mindert sich der Wert der Zuwendung, auf den der Höchstbetrag/die Höchstgrenze anzuwenden ist. Für die Prüfung des Höchstbetrags ist bei betrieblich veranlassten Sachzuwendungen an nahestehende Personen eines Geschäftsfreunds oder eines Arbeitnehmers Zuwendungsempfänger der Geschäftsfreund oder der Arbeitnehmer selbst.

## IV. Verhältnis zu anderen Pauschalierungsvorschriften

### 1. Lohnsteuerpauschalierung mit Nettosteuersatz

22 Zum Zeitpunkt der Ausübung des Wahlrechts nach § 37 b Abs. 2 EStG bereits nach § 40 Abs. 1 Satz 1 EStG durchgeführte Pauschalierungen müssen nicht rückgängig gemacht werden. Eine Änderung ist aber in den Grenzen der allgemeinen Regelungen zulässig; § 37 b Abs. 2 EStG kann danach angewandt werden. Die Rückabwicklung eines nach § 40 Abs. 1 Satz 1 EStG pauschalierten Zuwendungsfalls muss für alle Arbeitnehmer einheitlich vorgenommen werden, die diese Zuwendung erhalten haben. Nach der Entscheidung zur Anwendung des § 37 b EStG ist eine Pauschalierung nach § 40 Abs. 1 Satz 1 EStG für alle Zuwendungen, auf die § 37 b EStG anwendbar ist, nicht mehr möglich.

### 2. Arbeitnehmer verbundener Unternehmen

23 Die Pauschalierung ist für Sachzuwendungen an Arbeitnehmer verbundener Unternehmen i. S. d. §§ 15 ff. AktG oder § 271 HGB zulässig, wenn die Voraussetzungen des § 37 b Abs. 1 EStG erfüllt sind.

## V. Steuerliche Behandlung beim Zuwendenden

### 1. Zuwendung

24 Die Aufwendungen für die Zuwendung sind nach allgemeinen steuerlichen Grundsätzen zu beurteilen; sie sind entweder in voller Höhe als Betriebsausgaben abziehbar (Geschenke an eigene Arbeitnehmer und Zuwendungen, die keine Geschenke sind) oder unter der Maßgabe des § 4 Abs. 5 Satz 1 Nr. 1 EStG beschränkt abziehbar. Die übrigen Abzugsbeschränkungen des § 4 Abs. 5

EStG, insbesondere des § 4 Abs. 5 Satz 1 Nr. 4 oder Nr. 10 EStG sind ebenfalls zu beachten.

Bei der Prüfung der Freigrenze des § 4 Abs. 5 Satz 1 Nr. 1 Satz 2 EStG ist aus Vereinfachungsgründen allein auf den Betrag der Zuwendung abzustellen. Die übernommene Steuer ist nicht mit einzubeziehen. 25[1]

### 2. Pauschalsteuer

Die Abziehbarkeit der Pauschalsteuer als Betriebsausgabe richtet sich danach, ob die Aufwendungen für die Zuwendung als Betriebsausgabe abziehbar sind. 26

## VI. Steuerliche Behandlung beim Empfänger

Nach § 37 b Abs. 3 Satz 1 EStG bleibt eine pauschal besteuerte Sachzuwendung bei der Ermittlung der Einkünfte des Empfängers außer Ansatz. 27

Besteht die Zuwendung in der Hingabe eines einzelnen Wirtschaftsgutes, das beim Empfänger Betriebsvermögen wird, gilt sein gemeiner Wert als Anschaffungskosten (§ 6 Abs. 4 EStG). Rdnr. 12 ist zu beachten. 28

## VII. Verfahren zur Pauschalierung der Einkommensteuer

### 1. Entstehung der Steuer

Für den Zeitpunkt der Entstehung der Steuer ist grundsätzlich der Zeitpunkt der Zuwendung (vgl. Rdnr. 20) maßgeblich. Dabei ist nicht auf den Entstehungszeitpunkt der Einkommen- und Körperschaftsteuer beim Zuwendungsempfänger abzustellen. 29

### 2. Unterrichtung des Empfängers der Zuwendung

Nach § 37 b Abs. 3 Satz 3 EStG hat der Zuwendende den Empfänger der Zuwendung über die Anwendung der Pauschalierung zu unterrichten. Eine besondere Form ist nicht vorgeschrieben. 30

Arbeitnehmer sind nach § 38 Abs. 4 Satz 3 EStG verpflichtet, ihrem Arbeitgeber die ihnen von Dritten gewährten Bezüge am Ende des Lohnzahlungszeitraumes anzuzeigen. Erhält der Arbeitnehmer erst im Nachhinein eine Mitteilung vom Zuwendenden über die Anwendung des § 37 b EStG, kann bei bereits durchgeführter individueller Besteuerung eine Korrektur des Lohnsteuerabzugs vorgenommen werden, wenn die Änderung des Lohnsteuerabzugs beim Arbeitnehmer noch zulässig ist. 31

### 3. Aufzeichnungspflichten

Die bestehenden Aufzeichnungspflichten für Geschenke nach § 4 Abs. 5 Satz 1 Nr. 1 EStG bleiben unberührt (§ 4 Abs. 7 EStG, R 4.11 EStR). Besondere Aufzeichnungspflichten für die Ermittlung der Zuwendungen, für die § 37 b EStG angewandt wird, bestehen nicht. Aus der Buchführung oder den Aufzeichnungen muss sich ablesen lassen, dass bei Wahlrechtsausübung alle Zuwendungen erfasst wurden und dass die Höchstbeträge nicht überschritten wurden. Nach § 37 b EStG pauschal versteuerte Zuwendungen müssen nicht zum Lohnkonto genommen werden (§ 4 Abs. 2 Nr. 8 LStDV i. V. m. § 41 Abs. 1 EStG). 32

---

[1] **Anm. Amtl. LSt-Handbuch:** An der Regelung der Rdnr. 25 wird auch nach der Entscheidung des BFH v. 30. 3. 2017 (BStBl. II S. 892) festgehalten.

**33** Aus Vereinfachungsgründen kann bei Zuwendungen bis zu einem Wert von jeweils 60 Euro (bis 31. Dezember 2014 = 40 Euro) davon ausgegangen werden, dass der Höchstbetrag nach § 37 b Abs. 1 Satz 3 Nr. 1 EStG auch beim Zusammenfallen mit weiteren Zuwendungen im Wirtschaftsjahr nicht überschritten wird. Eine Aufzeichnung der Empfänger kann insoweit unterbleiben.

**34** § 37 b EStG kann auch angewendet werden, wenn die Aufwendungen beim Zuwendenden ganz oder teilweise unter das Abzugsverbot des § 160 AO fallen. Fallen mehrere Zuwendungen zusammen, bei denen § 160 AO zum Abzugsverbot der Aufwendungen führt, ist die Summe dieser Aufwendungen den Höchstbeträgen gegenüberzustellen.

### 4. Örtliche Zuständigkeit

**35** Für ausländische Zuwendende ergeben sich die für die Verwaltung der Lohnsteuer zuständigen Finanzämter aus analoger Anwendung des H 41.3 LStH (wie ausländische Bauunternehmer).

### 5. Kirchensteuer

**36** Für die Ermittlung der Kirchensteuer bei Anwendung des § 37 b EStG ist *in Rheinland-Pfalz nach dem Erlass des FM Rheinland-Pfalz vom 29. Oktober 2008 (BStBl. I 2009 S. 332) und in den übrigen Ländern nach den gleichlautenden Erlassen der obersten Finanzbehörden dieser Länder vom 28. Dezember 2006 (BStBl. I 2007 S. 76)*[1] zu verfahren.

### 6. Anrufungsauskunft

**37** Für Sachverhalte zur Pauschalierung der Einkommensteuer bei Sachzuwendungen nach § 37 b EStG kann eine Anrufungsauskunft i. S. d. § 42 e EStG eingeholt werden.

## VIII. Anwendungszeitpunkt

**38**[2] Dieses Schreiben ersetzt das BMF-Schreiben vom 29. April 2008 (BStBl. I S. 566). Die Grundsätze dieses Schreibens sind in allen noch offenen Fällen anzuwenden. Soweit die Änderungen von Rdnr. 9 e durch das BMF-Schreiben vom 28. Juni 2018 (BStBl. I S. 814) dazu führen, dass auch Sachzuwendungen pauschal nach § 37 b EStG besteuert werden können, die zuvor nach Rdnr. 9 e des BMF-Schreibens vom 19. Mai 2015 nicht in die Bemessungsgrundlage einzubeziehen gewesen wären, kann der Steuerpflichtige entscheiden, ob er die geänderte Fassung auch für vor dem 1. Juli 2018 verwirklichte Sachverhalte anwenden will.

---

[1] **Red. Anm.:** Siehe nunmehr GLE v. 8. 8. 2016, BStBl. I S. 773 (Nr. **20** § 40/1).
[2] Rz. 38 neu gef. durch BMF v. 28. 6. 2018, BStBl. I S. 814.

# 20 § 38/4. Schreiben betr. lohn-/einkommensteuerliche Behandlung sowie Voraussetzungen für die steuerliche Anerkennung von Zeitwertkonten-Modellen

Vom 17. Juni 2009 (BStBl. I S. 1286)

(BMF IV C 5 – S 2332/07/0004; DOK 2009/0406609)

Geändert durch BMF v. 8. 8. 2019 (DStR S. 1750)

Zur lohn-/einkommensteuerlichen Behandlung von Zeitwertkonten-Modellen sowie den Voraussetzungen für die steuerliche Anerkennung nehme ich im Einvernehmen mit den obersten Finanzbehörden der Länder wie folgt Stellung:

## A. Allgemeines zu Zeitwertkonten

### I. Steuerlicher Begriff des Zeitwertkontos

Bei Zeitwertkonten vereinbaren Arbeitgeber und Arbeitnehmer, dass der Arbeitnehmer künftig fällig werdenden Arbeitslohn nicht sofort ausbezahlt erhält, sondern dieser Arbeitslohn beim Arbeitgeber nur betragsmäßig erfasst wird, um ihn im Zusammenhang mit einer vollen oder teilweisen Freistellung von der Arbeitsleistung während des noch fortbestehenden Dienstverhältnisses auszuzahlen. In der Zeit der Arbeitsfreistellung ist dabei das angesammelte Guthaben um den Vergütungsanspruch zu vermindern, der dem Arbeitnehmer in der Freistellungsphase gewährt wird. Der steuerliche Begriff des Zeitwertkontos entspricht insoweit dem Begriff der Wertguthabenvereinbarungen i. S. v. § 7 b SGB IV (sog. Lebensarbeitszeit- bzw. Arbeitszeitkonto).

Keine Zeitwertkonten in diesem Sinne sind dagegen Vereinbarungen, die das Ziel der flexiblen Gestaltung der werktäglichen oder wöchentlichen Arbeitszeit oder den Ausgleich betrieblicher Produktions- und Arbeitszeitzyklen verfolgen (sog. Flexi- oder Gleitzeitkonten). Diese dienen lediglich zur Ansammlung von Mehr- oder Minderarbeitszeit, die zu einem späteren Zeitpunkt ausgeglichen wird. Bei Flexi- oder Gleitzeitkonten ist der Arbeitslohn mit Auszahlung bzw. anderweitiger Erlangung der wirtschaftlichen Verfügungsmacht des Arbeitnehmers zugeflossen und zu versteuern.

### II. Besteuerungszeitpunkt

Weder die Vereinbarung eines Zeitwertkontos noch die Wertgutschrift auf diesem Konto führen zum Zufluss von Arbeitslohn, sofern die getroffene Vereinbarung den nachfolgenden Voraussetzungen entspricht. Erst die Auszahlung des Guthabens während der Freistellung löst Zufluss von Arbeitslohn und damit eine Besteuerung aus.

Die Gutschrift von Arbeitslohn (laufender Arbeitslohn, Einmal- und Sonderzahlungen) zugunsten eines Zeitwertkontos wird aus Vereinfachungsgründen auch dann steuerlich anerkannt, wenn die Gehaltsänderungsvereinbarung bereits erdiente, aber noch nicht fällig gewordene Arbeitslohnteile umfasst.

Dies gilt auch, wenn eine Einmal- oder Sonderzahlung einen Zeitraum von mehr als einem Jahr betrifft.

## III. Verwendung des Guthabens zugunsten betrieblicher Altersversorgung

Wird das Guthaben des Zeitwertkontos aufgrund einer Vereinbarung zwischen Arbeitgeber und Arbeitnehmer vor Fälligkeit (planmäßige Auszahlung während der Freistellung) ganz oder teilweise zugunsten der betrieblichen Altersversorgung herabgesetzt, ist dies steuerlich als eine Entgeltumwandlung zugunsten der betrieblichen Altersversorgung anzuerkennen. Der Zeitpunkt des Zuflusses dieser zugunsten der betrieblichen Altersversorgung umgewandelten Beträge richtet sich nach dem Durchführungsweg der zugesagten betrieblichen Altersversorgung (vgl. *BMF-Schreiben vom 20. Januar 2009, BStBl. I S. 273, Rz. 189*[1]).

Bei einem Altersteilzeitarbeitsverhältnis im sog. Blockmodell gilt dies in der Arbeitsphase und der Freistellungsphase entsprechend. Folglich ist auch in der Freistellungsphase steuerlich von einer Entgeltumwandlung auszugehen, wenn vor Fälligkeit (planmäßige Auszahlung) vereinbart wird, das Guthaben des Zeitwertkontos oder den während der Freistellung auszuzahlenden Arbeitslohn zugunsten der betrieblichen Altersversorgung herabzusetzen.

## IV. Begünstigter Personenkreis

### 1. Grundsatz: Arbeitnehmer in einem gegenwärtigen Dienstverhältnis

Ein Zeitwertkonto kann für alle Arbeitnehmer (§ 1 LStDV) im Rahmen eines gegenwärtigen Dienstverhältnisses eingerichtet werden. Dazu gehören auch Arbeitnehmer mit einer geringfügig entlohnten Beschäftigung i. S. d. § 8 bzw. § 8 a SGB IV. Besonderheiten gelten bei befristeten Dienstverhältnissen und bei Arbeitnehmern, die gleichzeitig Organ einer Körperschaft sind.

### 2. Besonderheiten:

#### a) Befristete Dienstverhältnisse

Bei befristeten Dienstverhältnissen werden Zeitwertkonten steuerlich nur dann anerkannt, wenn die sich während der Beschäftigung ergebenden Guthaben bei normalem Ablauf während der Dauer des befristeten Dienstverhältnisses, d. h. innerhalb der vertraglich vereinbarten Befristung, durch Freistellung ausgeglichen werden.

#### b) Organe von Körperschaften[2]

Vereinbarungen über die Einrichtung von Zeitwertkonten bei Arbeitnehmern, die zugleich als Organ einer Körperschaft bestellt sind – z. B. bei Mitgliedern des Vorstands einer Aktiengesellschaft oder Geschäftsführern einer GmbH –, sind lohn/einkommensteuerlich grundsätzlich anzuerkennen, wenn der Arbeitnehmer nicht an der Körperschaft beteiligt ist (z. B. Fremd-Geschäftsführer); siehe BFH-Urteil vom 22. Februar 2018 VI R 17/16.

Ist der Arbeitnehmer an der Körperschaft beteiligt, beherrscht diese aber nicht (z. B. Minderheits-Gesellschafter-Geschäftsführer), ist nach den allgemei-

---

[1] Jetzt BMF v. 6. 12. 2017, BStBl. 2018 I S. 147, Rz. 8 (Nr. **20** § 3/8).
[2] Abschn. A.IV.2.b) neu gef. durch BMF v. 8. 8. 2019, DStR S. 1750.

nen Grundsätzen zu prüfen, ob eine verdeckte Gewinnausschüttung vorliegt. Liegt danach keine verdeckte Gewinnausschüttung vor, sind Vereinbarungen über die Einrichtung von Zeitwertkonten lohn-/einkommensteuerlich grundsätzlich anzuerkennen.

Ist der Arbeitnehmer an der Körperschaft beteiligt und beherrscht diese, liegt eine verdeckte Gewinnausschüttung vor; siehe BFH-Urteil vom 11. November 2015 I R 26/15 (BStBl 2016 II S. 489). Vereinbarungen über die Einrichtung von Zeitwertkonten sind lohn-/einkommensteuerlich nicht anzuerkennen.

Der Erwerb einer Organstellung hat keinen Einfluss auf das bis zu diesem Zeitpunkt aufgebaute Guthaben eines Zeitwertkontos. Nach Erwerb der Organstellung ist hinsichtlich der weiteren Zuführungen zu dem Konto eine verdeckte Gewinnausschüttung zu prüfen (s. oben). Nach Beendigung der Organstellung und Fortbestehen des Dienstverhältnisses kann der Arbeitnehmer das Guthaben entsprechend der unter A. I. dargestellten Grundsätze weiter aufbauen oder das aufgebaute Guthaben für Zwecke der Freistellung verwenden.

**c) Als Arbeitnehmer beschäftigte beherrschende Anteilseigner**

Buchstabe b) gilt entsprechend für Arbeitnehmer, die von der Körperschaft beschäftigt werden, die sie beherrschen.

## B. Modellinhalte

### I. Aufbau des Zeitwertkontos

In ein Zeitwertkonto können keine weiteren Gutschriften mehr unversteuert eingestellt werden, sobald feststeht, dass die dem Konto zugeführten Beträge nicht mehr durch Freistellung vollständig aufgebraucht werden können.

Bei Zeitwertkontenvereinbarungen, die die Anforderungen des § 7 Absatz 1 a Satz 1 Nummer 2 SGB IV hinsichtlich der Angemessenheit der Höhe des während der Freistellung fälligen Arbeitsentgeltes berücksichtigen, wird davon ausgegangen, dass die dem Konto zugeführten Beträge durch Freistellung vollständig aufgebraucht werden können und somit eine solche Prognoseentscheidung regelmäßig entbehrlich ist. Für Zeitwertkonten, die diese Anforderungen nicht berücksichtigen und eine Freistellung für Zeiten, die unmittelbar vor dem Zeitpunkt liegen, zu dem der Beschäftigte eine Rente wegen Alters nach dem SGB VI bezieht oder beziehen könnte, vorsehen, ist hierfür einmal jährlich eine Prognoseentscheidung zu treffen. Für diese Prognoseentscheidung ist zum einen der ungeminderte Arbeitslohnanspruch (ohne Berücksichtigung der Gehaltsänderungsvereinbarung) und zum anderen der voraussichtliche Zeitraum der maximal noch zu beanspruchenden Freistellung maßgeblich. Der voraussichtliche Zeitraum der Freistellung bestimmt sich dabei grundsätzlich nach der vertraglichen Vereinbarung. Das Ende des voraussichtlichen Freistellungszeitraums kann allerdings nicht über den Zeitpunkt hinausgehen, zu dem der Arbeitnehmer eine Rente wegen Alters nach dem SGB VI spätestens beanspruchen kann (Regelaltersgrenze). Jede weitere Gutschrift auf dem Zeitwertkonto ist dann Einkommensverwendung und damit steuerpflichtiger Zufluss von Arbeitslohn.

**Beispiel zur Begrenzung der Zuführung:**

Zwischen dem 55-jährigen Arbeitnehmer B und seinem Arbeitgeber wird vereinbart, dass künftig die Hälfte des Arbeitslohns in ein Zeitwertkonto eingestellt wird, das dem Arbeitnehmer während der Freistellungsphase ratierlich ausgezahlt werden soll. Das Arbeitsverhältnis soll planmäßig mit Vollendung des 67. Lebensjahrs (Jahr 12) beendet werden. Der aktuelle Jahresarbeitslohn beträgt 100 000 €. Nach sieben Jahren beträgt das Guthaben 370 000 € (einschließlich Wertzuwächsen). Der Jahresarbeitslohn im Jahr 08 beläuft sich auf 120 000 €. Kann hiervon wieder die Hälfte dem Zeitwertkonto zugeführt werden?

Nach Ablauf des achten Jahres verbleiben für die Freistellungsphase noch vier Jahre. Eine Auffüllung des Zeitwertkonto ist bis zum Betrag von 480 000 € (= ungekürzter Arbeitslohn des laufenden Jahres × Dauer der Freistellungsphase in Jahren) steuerlich unschädlich. Daher können im Jahr 08 weitere 60 000 € dem Zeitwertkonto zugeführt werden (370 000 € + 60 000 € = 430 000 € Stand Guthaben 31. Dezember 08). Sollte im Jahr 09 die Freistellungsphase noch nicht begonnen haben, können keine weiteren Beträge mehr unversteuert in das Zeitwertkonto eingestellt werden (Prognoserechnung: bei einem Jahresarbeitslohn von 120 000 € für die Freistellungsphase von drei Freistellungsjahren = 360 000 €).

Bei erfolgsabhängiger Vergütung ist dabei neben dem Fixum auch der erfolgsabhängige Vergütungsbestandteil zu berücksichtigen. Es bestehen keine Bedenken insoweit den Durchschnittsbetrag der letzten fünf Jahre zu Grunde zu legen. Wird die erfolgsabhängige Vergütung noch keine fünf Jahre gewährt oder besteht das Dienstverhältnis noch keine fünf Jahre, ist der Durchschnittsbetrag dieses Zeitraumes zu Grunde zu legen.

**Beispiel zu erfolgsabhängigen Vergütungen:**

Zwischen dem 55-jährigen Arbeitnehmer C und seinem Arbeitgeber wird Anfang 01 vereinbart, dass künftig die Hälfte des Arbeitslohns in ein Zeitwertkonto eingestellt wird, das dem Arbeitnehmer während der Freistellungsphase ratierlich ausgezahlt werden soll. Das Arbeitsverhältnis soll planmäßig mit Vollendung des 67. Lebensjahrs (Jahr 12) beendet werden. C bezieht im Jahr 01 ein Festgehalt von 100 000 €. Daneben erhält er erfolgsabhängige Vergütungsbestandteile, die ebenfalls hälftig dem Zeitwertkonto zugeführt werden sollen. Nach sieben Jahren beträgt das Guthaben des Zeitwertkontos 520 000 €. Die Fixvergütung beläuft sich im Jahr 08 auf 120 000 €. Die variablen Vergütungsbestandteile im Jahr 08 betragen 80 000 €; in den letzten fünf Jahren standen ihm variable Vergütungen in Höhe von insgesamt 300 000 € zu.

Dem Zeitwertkonto können im achten Jahr (Jahr 08) 100 000 € unversteuert zugeführt werden. Damit beläuft sich das Guthaben des Zeitwertkontos am Ende des Jahres 08 auf 620 000 € und ist – bezogen auf eine mögliche Freistellungsphase von noch vier Jahren – weiterhin geringer als das Vierfache des aktuellen jährlichen Fixgehalts (120 000 €) zuzüglich der durchschnittlichen jährlichen variablen Vergütungen von 60 000 € (300 000 € : 5), die sich somit für einen Freistellungszeitraum von vier Jahren auf 720 000 € belaufen (= 180 000 € × 4 Jahre).

## II. Verzinsung der Zeitwertkontenguthaben

Im Rahmen von Zeitwertkonten kann dem Arbeitnehmer auch eine Verzinsung des Guthabens zugesagt sein. Diese kann beispielsweise bestehen in einem festen jährlichen Prozentsatz des angesammelten Guthabens, wobei sich der Prozentsatz auch nach dem Umfang der jährlichen Gehaltsentwicklung richten kann, oder in einem Betrag in Abhängigkeit von der Entwicklung bestimmter am Kapitalmarkt angelegter Vermögenswerte.

Die Zinsen erhöhen das Guthaben des Zeitwertkontos, sind jedoch erst bei tatsächlicher Auszahlung an den Arbeitnehmer als Arbeitslohn zu erfassen.

## III. Zuführung von steuerfreiem Arbeitslohn zu Zeitwertkonten

Wird vor der Leistung von steuerlich begünstigtem Arbeitslohn bestimmt, dass ein steuerfreier Zuschlag auf dem Zeitwertkonto eingestellt und getrennt ausgewiesen wird, bleibt die Steuerfreiheit bei Auszahlung in der Freistellungsphase erhalten (R 3b Absatz 8 *LStR 2008*[1]). Dies gilt jedoch nur für den

[1] Jetzt: LStR 2015.

Zuschlag als solchen, nicht hingegen für eine darauf beruhende etwaige Verzinsung oder Wertsteigerung.

## IV. Kein Rechtsanspruch gegenüber einem Dritten

Wird das Guthaben eines Zeitwertkontos auf Grund der Vereinbarung zwischen Arbeitgeber und Arbeitnehmer z. B. als Depotkonto bei einem Kreditinstitut oder Fonds geführt, darf der Arbeitnehmer zur Vermeidung eines Lohnzuflusses keinen unmittelbaren Rechtsanspruch gegenüber dem Dritten haben.

Beauftragt der Arbeitgeber ein externes Vermögensverwaltungsunternehmen mit der Anlage der Guthabenbeträge, findet die Minderung wie auch die Erhöhung des Depots z. B. durch Zinsen und Wertsteigerungen infolge von Kursgewinnen zunächst in der Sphäre des Arbeitgebers statt. Beim Arbeitnehmer sind die durch die Anlage des Guthabens erzielten Vermögensminderungen/-mehrungen – unter Berücksichtigung der Regelung zur Zeitwertkontengarantie unter B.V. – erst bei Auszahlung der Beträge in der Freistellungsphase lohnsteuerlich zu erfassen. Ein Kapitalanlagewahlrecht des Arbeitnehmers ist dann unschädlich.

Beim Erwerb von Ansprüchen des Arbeitnehmers gegenüber einem Dritten im Fall der Eröffnung des Insolvenzverfahrens ist § 3 Nummer 65 Buchstabe c 2. Halbsatz EStG zu beachten.

## V. Zeitwertkontengarantie

### 1. Inhalt der Zeitwertkontengarantie

Zeitwertkonten werden im Hinblick auf die in §§ 7 d und 7 e SGB IV getroffenen Regelungen steuerlich nur dann anerkannt, wenn die zwischen Arbeitgeber und Arbeitnehmer getroffene Vereinbarung vorsieht, dass zum Zeitpunkt der planmäßigen Inanspruchnahme des Guthabens mindestens ein Rückfluss der dem Zeitwertkonto zugeführten Arbeitslohn-Beträge (Bruttoarbeitslohn im steuerlichen Sinne ohne den Arbeitgeberanteil am Gesamtsozialversicherungsbeitrag) gewährleistet ist (Zeitwertkontengarantie). Im Fall der arbeitsrechtlichen Garantie des Arbeitgebers für die in das Zeitwertkonto für den Arbeitnehmer eingestellten Beträge, bestehen keine Bedenken von der Erfüllung der Zeitwertkontengarantie auszugehen, wenn der Arbeitgeber für diese Verpflichtung insbesondere die Voraussetzungen des Insolvenzschutzes nach § 7 e SGB IV entsprechend erfüllt. Dies gilt nicht nur zu Beginn, sondern während der gesamten Auszahlungsphase, unter Abzug der bereits geleisteten Auszahlungen.

Wertschwankungen sowie die Minderung des Zeitwertkontos (z. B. durch die Abbuchung von Verwaltungskosten und Depotgebühren) in der Zuführungsphase sind lohnsteuerlich unbeachtlich.

**Beispiel zur Zeitwertkontengarantie und Wertschwankungen:**

Im Rahmen eines vereinbarten Zeitwertkontos ergibt sich zum Ende des dritten Jahres innerhalb der zehnjährigen Ansparphase ein Guthaben von 10 000 €. Bei jährlichen Zuführungen von 4000 € ergab sich durch Wertschwankungen sowie die Belastung von Provisionszahlungen und Verwaltungskosten ein geringerer Wert als die Summe der zugeführten Arbeitslohnbeträge.

Die Minderung des Guthabens des Zeitwertkontos ist unschädlich, wenn bis zum Beginn der Auszahlungsphase die Wertminderung durch Wertsteigerungen der Anlage oder durch Erträge aus der Anlage wieder ausgeglichen wird.

**Beispiel 1 zur Zeitwertkontengarantie und Verwaltungskosten:**

Der Bestand des Zeitwertkontos beträgt zu Beginn der Freistellungsphase 60 000 €, die aus jährlichen Gutschriften von jeweils 5000 € innerhalb der achtjährigen Aufbauphase sowie Erträgen aus der Anlage und Wertsteigerungen herrühren. Während der Freistellungsphase fallen jährlich Verwaltungskosten in Höhe von 120 € an, die dem Zeitwertkonto belastet werden sollen.

Die Belastung des Zeitwertkontos mit Verwaltungskosten und sonstigen Gebühren ist unschädlich, denn die Summe der bis zu Beginn der Freistellungsphase zugeführten Beträge (= 40 000 €) wird hierdurch nicht unterschritten.

**Beispiel 2 zur Zeitwertkontengarantie und Verwaltungskosten:**

Der Bestand des Zeitwertkontos beträgt zu Beginn der Auszahlungsphase 40 200 €, die aus jährlichen Zuführungen von jeweils 5000 € innerhalb der achtjährigen Aufbauphase sowie Erträgen aus der Anlage herrühren, aber auch durch Wertschwankungen in der Vergangenheit beeinflusst wurden. Im Hinblick auf die ertragsschwache Anlage wird eine Beratung in Anspruch genommen, die Kosten von 500 € verursacht. Ferner fallen weitere Verwaltungskosten in Höhe von 180 € an.

Die Belastung des Zeitwertkontos ist nur bis zu einem Betrag von 200 € unschädlich (Summe der zugeführten Arbeitslohnbeträge zu Beginn der Freistellungsphase und als steuerpflichtiger Arbeitslohn während der Freistellung mindestens auszuzahlen 40 000 €). Die restlichen Aufwendungen in Höhe von 480 € (= 500 € + 180 € – 200 €) muss der Arbeitgeber, der für den Erhalt des Zeitwertkontos einzustehen hat, tragen.

### 2. Zeitwertkontengarantie des Anlageinstituts

Wird das Guthaben eines Zeitwertkontos auf Grund der Vereinbarung zwischen Arbeitgeber und Arbeitnehmer bei einem externen Anlageinstitut (z.B. Kreditinstitut oder Fonds) geführt und liegt keine Zeitwertkontengarantie nach Ziffer 1 vor, muss eine vergleichbare Garantie durch das Anlageinstitut vorliegen.

## C. Planwidrige Verwendung der Zeitwertkontenguthaben

### I. Auszahlung bei existenzbedrohender Notlage

Die Vereinbarungen zur Bildung von Guthaben auf einem Zeitwertkonto werden steuerlich auch dann noch anerkannt, sofern die Möglichkeit der Auszahlung des Guthabens bei fortbestehendem Beschäftigungsverhältnis neben der Freistellung von der Arbeitsleistung auf Fälle einer existenzbedrohenden Notlage des Arbeitnehmers begrenzt wird.

Wenn entgegen der Vereinbarung ohne existenzbedrohende Notlage des Arbeitnehmers das Guthaben dennoch ganz oder teilweise ausgezahlt wird, ist bei dem einzelnen Arbeitnehmer das gesamte Guthaben – also neben dem ausgezahlten Betrag auch der verbleibende Guthabenbetrag – im Zeitpunkt der planwidrigen Verwendung zu besteuern.

### II. Beendigung des Dienstverhältnisses vor oder während der Freistellungsphase

Eine planwidrige Verwendung liegt im Übrigen vor, wenn das Dienstverhältnis vor Beginn oder während der Freistellungsphase beendet wird (z. B. durch Erreichen der Altersgrenze, Tod des Arbeitnehmers, Eintritt der Invalidität, Kündigung) und der Wert des Guthabens an den Arbeitnehmer oder seine Erben ausgezahlt wird. Lohnsteuerlich gelten dann die allgemeinen Grundsätze, d. h. der Einmalbetrag ist in der Regel als sonstiger Bezug zu besteuern. Wurde das Guthaben über einen Zeitraum von mehr als 12 Monate hinweg angespart, ist eine tarifermäßigte Besteuerung im Rahmen des § 34 EStG vorzunehmen (Arbeitslohn für mehrjährige Tätigkeit).

### III. Planwidrige Weiterbeschäftigung

Der Nichteintritt oder die Verkürzung der Freistellung durch planwidrige Weiterbeschäftigung ist ebenfalls eine planwidrige Verwendung. Eine lohnsteuerliche Erfassung erfolgt in diesen Fällen im Zeitpunkt der Auszahlung des Guthabens.

## D. Übertragung des Zeitwertkontenguthabens bei Beendigung der Beschäftigung

Bei Beendigung einer Beschäftigung besteht die Möglichkeit, ein in diesem Beschäftigungsverhältnis aufgebautes Zeitwertkonto zu erhalten und nicht auflösen zu müssen.

Bei der Übertragung des Guthabens an den neuen Arbeitgeber (§ 7 f Absatz 1 Satz 1 Nummer 1 SGB IV) tritt der neue Arbeitgeber an die Stelle des alten Arbeitgebers und übernimmt im Wege der Schuldübernahme die Verpflichtungen aus der Zeitwertkontenvereinbarung. Die Leistungen aus dem Zeitwertkonto durch den neuen Arbeitgeber sind Arbeitslohn, von dem er bei Auszahlung Lohnsteuer einzubehalten hat.

Im Fall der Übertragung des Guthabens auf die Deutsche Rentenversicherung Bund (§ 7 f Absatz 1 Satz 1 Nr. 2 SGB IV) wird die Übertragung durch § 3 Nummer 53 EStG steuerfrei gestellt. Ein tatsächlich noch bestehendes Beschäftigungsverhältnis ist hierfür nicht erforderlich. Bei der Auszahlung des Guthabens durch die Deutsche Rentenversicherung Bund handelt es sich um Arbeitslohn, für den die Deutsche Rentenversicherung Bund Lohnsteuer einzubehalten hat (§ 38 Absatz 3 Satz 3 EStG).

## E. Bilanzielle Behandlung der Zeitwertkonten

Zur bilanziellen Berücksichtigung von Arbeitszeit-, Zeitwert- und Lebensarbeitszeitkonten wird in einem gesonderten BMF-Schreiben Stellung genommen.

## F. Anwendungsregelung

Dieses Schreiben ist mit Wirkung ab 1. Januar 2009 anzuwenden.

### I. Übergangsregelung für vor dem 1. Januar 2009 eingerichtete Zeitwertkonten

Bei Zeitwertkonten-Modellen, die vor dem 1. Januar 2009 eingerichtet wurden und ohne die Regelungen zur Zeitwertkontengarantie nach Abschnitt B.V. steuerlich anzuerkennen gewesen wären, sind aus Vertrauensschutzgründen der am 31. Dezember 2008 vorhandene Wertbestand des Zeitwertkontos sowie die Zuführungen vom 1. Januar bis zum 31. Dezember 2009 erst bei Auszahlung zu besteuern. Zuführungen ab dem 1. Januar 2010 führen steuerlich zum Zufluss von Arbeitslohn.

Wird spätestens bis zum 31. Dezember 2009 eine Zeitwertkontengarantie nach Abschnitt B.V. für den am 31. Dezember 2008 vorhandenen Wertbestand des Zeitwertkontos sowie die Zuführungen vom 1. Januar bis zum 31. Dezember 2009 nachträglich vorgesehen, können diese Modelle steuerlich weiter als Zeitwertkonten anerkannt werden, so dass auch die Zuführungen nach dem 31. Dezember 2009 erst bei Auszahlung zu besteuern sind. Abschnitt C. bleibt unberührt.

### II. Übergangsregelung für Zeitwertkonten zugunsten von Organen von Körperschaften (Geschäftsführer und Vorstände) und als Arbeitnehmer beschäftigte beherrschende Anteilseigner

Bei Zeitwertkonten-Modellen für Organe von Körperschaften sowie als Arbeitnehmer beschäftigte beherrschende Anteilseigner, die bis zum 31. Januar 2009 eingerichtet wurden und aus Vertrauensschutzgründen steuerlich anzuerkennen gewesen wären, sind alle Zuführungen bis zum 31. Januar 2009 erst bei Auszahlung zu besteuern. Die Übergangsregelung gilt nicht für verdeckte Gewinnausschüttungen. Abschnitt C. bleibt unberührt.

### III. Besondere Aufzeichnungen

Als Arbeitslohn zu besteuernde Zuführungen nach F. I. und F. II. sind im Zeitwertkonto gesondert aufzuzeichnen. Eine etwaige Verzinsung (vgl. Abschnitt B. II) ist entsprechend aufzuteilen; die auf zu besteuernde Zuführungen nach dem Stichtag entfallenden Zinsen fließen dem Arbeitnehmer als Einkünfte aus Kapitalvermögen zu.

# 20 § 39/3. Schreiben betr. elektronische Lohnsteuerabzugsmerkmale (ELStAM); Lohnsteuerabzug im Verfahren der elektronischen Lohnsteuerabzugsmerkmale

Vom 8. November 2018
BMF IV C 5 - S 2363/13/10003-02; DOK 2018/0877385
(BStBl. I S. 1137)
Geändert durch BMF v. 7. 11. 2019 (BStBl. I S. 1087)

Im Einvernehmen mit den obersten Finanzbehörden der Länder gilt für den Lohnsteuerabzug im Verfahren der elektronischen Lohnsteuerabzugsmerkmale Folgendes:

## I. Verfahren der elektronischen Lohnsteuerabzugsmerkmale

Im Verfahren der elektronischen Lohnsteuerabzugsmerkmale (ELStAM-Verfahren) 1
ist die Finanzverwaltung für die Bildung und Änderung der Lohnsteuerabzugsmerkmale und deren Bereitstellung für den Abruf durch den Arbeitgeber zuständig. Die steuerlichen Rechte und Pflichten der Arbeitgeber und Arbeitnehmer ergeben sich aus den §§ 38 bis 39 f EStG. Es ist nicht erforderlich, dass der Arbeitnehmer die Aufnahme einer Beschäftigung bzw. den Beginn eines Dienstverhältnisses beim Finanzamt anzeigt oder einen Antrag zur Bildung der ELStAM (Elektronische Lohnsteuerabzugsmerkmale) stellt. Zur Vereinfachung und besseren Lesbarkeit des BMF-Schreibens wird – entsprechend den Regelungen in § 2 Abs. 8 EStG – auf eine sprachliche Unterscheidung zwischen Ehegatte/n und Lebenspartner/n sowie zwischen Scheidung und Aufhebung der Lebenspartnerschaft verzichtet.

Der Arbeitgeber ist verpflichtet, den Arbeitnehmer bei Aufnahme des Dienstver- 2
hältnisses bei der Finanzverwaltung anzumelden und zugleich die ELStAM anzufordern. Diese Verpflichtung besteht auch, wenn das Finanzamt einen Härtefallantrag auf Nichtteilnahme am ELStAM-Verfahren (vgl. Rz. 122 bis 126, § 39 e Abs. 7 EStG) abgelehnt hat. Stimmt das Finanzamt hingegen dem Antrag des Arbeitgebers auf Anwendung der Härtefallregelung zu, hat der Arbeitgeber dem Finanzamt die für den Abruf der ELStAM bestimmten Daten (vgl. Rz. 45) in Papierform mitzuteilen. Die Anforderung von ELStAM ist nur für im Betrieb des Arbeitgebers beschäftigte Arbeitnehmer zulässig.

Nach dem Abruf sind die ELStAM in das Lohnkonto des Arbeitnehmers zu über- 3
nehmen und entsprechend deren Gültigkeit für die Dauer des Dienstverhältnisses für den Lohnsteuerabzug anzuwenden. Etwaige Änderungen stellt die Finanzverwaltung dem Arbeitgeber monatlich spätestens bis zum fünften Werktag des Folgemonats zum Abruf bereit. Wird das Dienstverhältnis beendet, ist der Arbeitgeber verpflichtet, den Arbeitnehmer unter Angabe des Beschäftigungsendes (Datum) im ELStAM-Verfahren abzumelden.

## II. Bildung und Inhalt der ELStAM

### 1. Allgemeines

Soweit ein Arbeitgeber für die Durchführung des Lohnsteuerabzugs Lohnsteuer- 4
abzugsmerkmale benötigt, werden sie auf Veranlassung des Arbeitnehmers gebildet (§ 39 Abs. 1 Satz 1 EStG). Die Bildung der ELStAM erfolgt grundsätzlich auto-

matisiert durch das Bundeszentralamt für Steuern (§ 39 e Abs. 1 Satz 1 EStG) aufgrund der gespeicherten Daten (ELStAM-Datenbank). Dabei werden je Arbeitnehmer grundsätzlich die Steuerklasse und die Kinderfreibeträge für die in den Steuerklassen I bis IV zu berücksichtigenden Kinder gebildet (§ 39 Abs. 4 Satz 1 Nr. 1 und 2 i. V. m. § 38 b Abs. 1 und 2 EStG). Soweit das Finanzamt auf Antrag des Arbeitnehmers Lohnsteuerabzugsmerkmale nach § 39 Abs. 1 und 2 EStG bildet (z. B. Freibeträge nach § 39 a EStG oder Steuerklassen nach antragsgebundenem Steuerklassenwechsel), teilt es diese dem Bundeszentralamt für Steuern zum Zweck der Bereitstellung für den automatisierten Abruf durch den Arbeitgeber mit.

**2. Lohnsteuerabzugsmerkmale**

5 Als Lohnsteuerabzugsmerkmale kommen in Betracht (§ 39 Abs. 4 EStG):

1. Steuerklasse (§ 38 b Abs. 1 EStG) und Faktor (§ 39 f EStG),
2. Zahl der Kinderfreibeträge bei den Steuerklassen I bis IV (§ 38 b Abs. 2 EStG),
3. auf Antrag des Arbeitnehmers ein Freibetrag und ein Hinzurechnungsbetrag (§ 39 a EStG); diese Beträge können längstens für zwei Jahre berücksichtigt werden (§ 39 a Abs. 1 Satz 3 bis 5 EStG),
4. auf Antrag des Arbeitnehmers die Höhe der Beiträge für eine private Krankenversicherung und für eine private Pflege-Pflichtversicherung (§ 39 b Abs. 2 Satz 5 Nr. 3 Buchst. d EStG) für die Dauer von zwölf Monaten[1],
5. auf Antrag des Arbeitnehmers oder Arbeitgebers die Mitteilung, dass der von einem Arbeitgeber gezahlte Arbeitslohn nach einem Abkommen zur Vermeidung der Doppelbesteuerung von der Lohnsteuer freizustellen ist[2],
6. die für den Kirchensteuerabzug erforderlichen Merkmale (§ 39 e Abs. 3 Satz 1 EStG).

6 Die unter Nr. 4 und 5 aufgeführten Lohnsteuerabzugsmerkmale sollen erst in einer weiteren programmtechnischen Ausbaustufe des Verfahrens als ELStAM berücksichtigt werden (§ 52 Abs. 36 EStG). Übergangsweise können die unter Nr. 4 aufgeführten Beiträge für eine private Krankenversicherung und für eine private Pflege-Pflichtversicherung beim Lohnsteuerabzug berücksichtigt werden, wenn der Arbeitnehmer dem Arbeitgeber eine entsprechende Beitragsbescheinigung des Versicherungsunternehmens vorlegt (vgl. BMF-Schreiben vom 26. November 2013, BStBl. I S. 1532, Tz. 6.1[3]). Die Freistellung von Arbeitslohn i. S. d. Nr. 5 kann mit dem Vordruck „Antrag für unbeschränkt einkommensteuerpflichtige Arbeitnehmer auf Erteilung einer Bescheinigung über die Freistellung des Arbeitslohns vom Steuerabzug auf Grund eines Abkommens zur Vermeidung der Doppelbesteuerung" beim

---

[1] **Amtl. LSt-Handbuch:** Durch Art. 4 des JStG 2020 wird ein elektronischer Datenaustausch zwischen den Unternehmen der privaten Krankenversicherung, der Finanzverwaltung und den Arbeitgebern für die Bemessung des steuerfreien Arbeitgeberzuschusses zur Kranken- und Pflegeversicherung und zur Vorsorgepauschale für diese Beiträge eingeführt (§§ 39 Abs. 4a EStG). Dieser Datenaustausch ersetzt die im Lohnsteuerabzugsverfahren bestehendenVerfahren mittels Papierbescheinigungen vollständig. Im Rahmen eines Pilotprojekts können die Regelungen bereits ab dem 1.1.2023 angewendet werden. Der Regelbetrieb startet ab dem 1.1.2024 (siehe § 52 Abs. 36 EStG).

[2] **Amtl. LSt-Handbuch:** Das BMF kann im Einvernehmen mit den obersten Finanzbehörden der Länder in einem Schreiben mitteilen, wann das in Abs. 4 Nr. 5 genannte Lohnsteuerabzugsmerkmal erstmals abgerufen werden kann (§ 39e Abs. 3 Satz 1 EStG). Dieses Schreiben ist im BStBl. zu veröffentlichen (siehe § 52 Abs. 36 EStG).

[3] Nr. **20** § 39 b/1.

Betriebsstättenfinanzamt des Arbeitgebers (§ 41 a Abs. 1 Satz 1 Nr. 1 EStG) beantragt werden.

### 3. Bildung und Änderung der (elektronischen) Lohnsteuerabzugsmerkmale

Für die (erstmalige) Bildung der (elektronischen) Lohnsteuerabzugsmerkmale stehen zwei Möglichkeiten zur Verfügung: 7

1. Im Regelfall erfolgt die erstmalige Bildung der ELStAM zu Beginn eines Dienstverhältnisses aufgrund der Anmeldung des Arbeitnehmers durch seinen Arbeitgeber bei der Finanzverwaltung mit dem Ziel, die ELStAM des Arbeitnehmers abzurufen (§ 39 e Abs. 4 Satz 2 EStG).
2. Soweit Lohnsteuerabzugsmerkmale nicht automatisiert gebildet werden oder davon abweichend zu bilden sind (z. B. Freibeträge nach § 39 a EStG oder Steuerklassen nach antragsgebundenem Steuerklassenwechsel), erfolgt die Bildung der Lohnsteuerabzugsmerkmale auf Antrag des Arbeitnehmers durch das Finanzamt (§ 39 Abs. 1 und 2 EStG).

Wird der Arbeitslohn nach § 40 a EStG pauschal besteuert, darf der Arbeitgeber keine ELStAM abrufen Dem Arbeitgeber bleibt es unbenommen, geringfügig Beschäftigte im ELStAM-Verfahren anzumelden und den Lohnsteuerabzug nach den individuellen Lohnsteuerabzugsmerkmalen (z. B. der Steuerklasse) durchzuführen. 8

Lohnsteuerabzugsmerkmale werden sowohl für ein erstes als auch für jedes weitere Dienstverhältnis gebildet (§ 39 Abs. 1 Satz 1 EStG). Auf Antrag des Arbeitnehmers teilt ihm das Finanzamt – auch im Hinblick auf ein zukünftiges Dienstverhältnis – seine (elektronischen) Lohnsteuerabzugsmerkmale mit (§ 39 e Abs. 6 Satz 4 EStG). Daneben hat der Arbeitnehmer die Möglichkeit, seine aktuellen ELStAM auf der Internetseite www.elster.de jederzeit einzusehen (vgl. Rz. 86). 9

Grundlage für die Bildung der Lohnsteuerabzugsmerkmale sind die von den Meldebehörden mitgeteilten melderechtlichen Daten (§ 39 e Abs. 2 Satz 1 und 2 EStG), wobei die Finanzverwaltung grundsätzlich an diese melderechtlichen Daten gebunden ist (§ 39 Abs. 1 Satz 3 EStG). Änderungen der melderechtlichen Daten sind von den Meldebehörden dem Bundeszentralamt für Steuern tagesaktuell mitzuteilen und in der ELStAM-Datenbank zu speichern. Dies ermöglicht der Finanzverwaltung, z. B. die Steuerklassen bei Änderung des Familienstands automatisch zu bilden und zu ändern. Auslöser hierfür sind jeweils die Mitteilungen der Meldebehörden. Bei der automatischen Änderung kann es eventuell zu zeitlichen Verzögerungen kommen, die das Finanzamt nicht beeinflussen kann. 10

In begründeten Ausnahmefällen hat das Finanzamt rechtliche Prüfungen zu melderechtlichen Merkmalen vorzunehmen und bei abweichenden Feststellungen selbst eine Entscheidung über die zutreffende Besteuerung zu treffen. Trifft das Finanzamt in diesen Einzelfällen eine von den gespeicherten melderechtlichen Daten abweichende Entscheidung für die Besteuerung, werden die Lohnsteuerabzugsmerkmale nicht auf Basis der ELStAM-Datenbank gebildet. Das Finanzamt stellt in diesen Fällen eine jahresbezogene Bescheinigung für den Lohnsteuerabzug aus, anhand derer der Arbeitgeber den Lohnsteuerabzug durchzuführen hat (§ 39 Abs. 1 Satz 2 EStG). Der Abruf der ELStAM wird zugleich für den Gültigkeitszeitraum der Bescheinigung allgemein ge- 11 sperrt; vgl. im Übrigen Rz. 33 bis 37. Für Änderungen der melderechtlichen Daten im Melderegister sind allein die Meldebehörden zuständig.

**4. Zuständigkeit**

12 Die Zuständigkeit für die Bildung der Lohnsteuerabzugsmerkmale für nach § 1 Abs. 1 EStG unbeschränkt einkommensteuerpflichtige Arbeitnehmer richtet sich nach den Vorschriften der AO. Zuständiges Finanzamt ist in der Regel das Wohnsitzfinanzamt. Abweichend hiervon kann dies nach Zuständigkeitsverordnungen der Länder auch das für die Veranlagung zur Einkommensteuer zuständige Finanzamt sein (z. B. durch Zentralisierungsmaßnahmen in Großstädten).

**5. Steuerklassenbildung bei Ehegatten**

13 Ändert sich der Familienstand eines Arbeitnehmers, z. B. durch Eheschließung, Tod des Ehegatten oder Scheidung, übermitteln die nach Landesrecht für das Meldewesen zuständigen Behörden (Meldebehörden) die melderechtlichen Änderungen des Familienstands automatisch an die Finanzverwaltung.

***Eheschließung***

14 Heiraten Arbeitnehmer, teilen die zuständigen Meldebehörden der Finanzverwaltung den Familienstand „verheiratet", das Datum der Eheschließung und die Identifikationsnummer des Ehegatten mit. Dadurch werden beide Ehegatten programmgesteuert in die Steuerklasse IV eingereiht, wenn sie unbeschränkt einkommensteuerpflichtig sind und nicht dauernd getrennt leben (§ 39 e Abs. 3 Satz 3 EStG). Dies gilt auch dann, wenn einer der Ehegatten keinen Arbeitslohn bezieht (§ 39 e Abs. 3 Satz 3 i. V. m. § 38 b Abs. 1 Satz 2 Nr. 4 EStG). Die Steuerklasse IV wird mit Wirkung ab Beginn des Monats der Eheschließung vergeben.

15 Soll die bei Heirat automatisch gebildete Steuerklassenkombination IV/IV nicht zur Anwendung kommen, können die Ehegatten gemeinsam die Steuerklassenkombination IV/IV mit Faktor (für einen Zeitraum von längstens zwei Jahren, § 39 f Abs. 1 Satz 9 bis 11 i. V. m. § 52 Abs. 37 a EStG) oder die Steuerklassenkombination III/V beim zuständigen Finanzamt mit Wirkung ab Beginn des Monats der Eheschließung beantragen. Steuerklassenwechsel sind stets mit dem Vordruck „Antrag auf Steuerklassenwechsel bei Ehegatten/Lebenspartnern" zu beantragen.

16 Im Übrigen ist ein Wechsel der Steuerklassenkombination *grundsätzlich nur einmal jährlich zulässig*[1] (§ 39 Abs. 6 Satz 3 und 4 EStG). Für eine Berücksichtigung der Änderung im laufenden Kalenderjahr ist der Antrag spätestens bis zum 30. November zu stellen (§ 39 Abs. 6 Satz 6 EStG). Die beantragten Steuerklassen werden mit Wirkung vom Beginn des Kalendermonats, der auf die Antragstellung folgt, gewährt (§ 39 Abs. 6 Satz 5 EStG).

17 Zusätzlich ist der Wechsel der Steuerklassenkombination zulässig,

1. wenn ein Ehegatte keinen steuerpflichtigen Arbeitslohn mehr bezieht oder verstorben ist,

2. wenn sich die Ehegatten auf Dauer getrennt haben,

---

[1] **Red. Anm.:** Die Beschränkung auf „einmalig" wurde durch das 3. BüroEntlG v. 22. 11. 2019 (BGBl. I S. 1746) aufgehoben.

3. bei Wiederaufnahme der ehelichen Gemeinschaft,
4. wenn ein Dienstverhältnis wieder aufgenommen wird, z. B. nach einer Arbeitslosigkeit oder einer Elternzeit.

Ein Wechsel der Steuerklassenkombination III/V in IV/IV ist darüber hinaus auch auf Antrag nur eines Ehegatten möglich (§ 38 b Abs. 3 Satz 2 EStG). Dies hat zur Folge, dass beide Ehegatten in die Steuerklasse IV eingereiht werden. Die Steuerklassenkombination III/V kommt also nur zur Anwendung, wenn und solange beide Ehegatten dies wünschen. Die einseitige Antragsmöglichkeit besteht unabhängig von der jährlichen Möglichkeit zur Änderung der Steuerklassen nach § 39 Abs. 6 Satz 3 EStG. **18**

***Scheidung***

Wird die Ehe durch Scheidung aufgelöst, übermittelt die Meldebehörde den geänderten melderechtlichen Familienstand sowie das Datum der Scheidung der Ehe an die Finanzverwaltung. Zu Beginn des darauf folgenden Kalenderjahres wird für diese Arbeitnehmer automatisiert die Steuerklasse I gebildet. Auf Antrag kann bei Alleinstehenden, denen ein Kinderfreibetrag nach § 32 Abs. 6 EStG oder Kindergeld zusteht, ab Beginn des Folgejahres die Steuerklasse II vom Finanzamt gewährt werden (Vordruck „Antrag auf Lohnsteuer-Ermäßigung", Hauptvordruck und Anlage Kinder). Davon unberührt bleibt die Anzeigepflicht des Arbeitnehmers bei Beginn eines dauernden Getrenntlebens (vgl. Rz. 23). Entsprechendes gilt bei der Aufhebung einer Ehe. **19**

***Tod***

Verstirbt ein Ehegatte, wird die Steuerklasse des überlebenden Ehegatten ab dem ersten des auf den Todestag folgenden Monats automatisch in Steuerklasse III geändert (§ 38 b Abs. 1 Satz 1 Nr. 3 Buchst. b EStG; sog. Verwitwetensplitting nach § 32 a Abs. 6 Satz 1 Nr. 1 EStG). Ab Beginn des zweiten Kalenderjahres nach dem Tod des Ehegatten wird programmgesteuert die Steuerklasse I gebildet. Etwas anderes gilt nur, sofern die Voraussetzungen für die Anwendung der Steuerklasse III im Zeitpunkt des Todes nicht vorgelegen haben (z. B. bei dauerndem Getrenntleben). **20**

***Auslandssachverhalte***

Gibt ein Ehegatte den inländischen Wohnsitz bzw. gewöhnlichen Aufenthalt auf, wird der Abruf der ELStAM des ins Ausland verzogenen Ehegatten gesperrt. In der Folge erhält der im Inland verbleibende Ehegatte ab dem Beginn des Folgejahres automatisiert die Steuerklasse I zugeteilt. Erfüllt der im Inland verbleibende unbeschränkt einkommensteuerpflichtige Ehegatte die Voraussetzungen des § 1 a Abs. 1 Nr. 2 EStG, kann dieser auf Antrag in die Steuerklasse III eingereiht werden (Vordruck „Anträge zu den elektronischen Lohnsteuerabzugsmerkmalen – ELStAM –", vgl. Rz. 91 bis 93 und 95). Zu den Pflichten des Arbeitnehmers beim Wechsel der Steuerpflicht vgl. Rz. 77. **21**

Die erneute Begründung eines inländischen Wohnsitzes bzw. gewöhnlichen Aufenthalts nach einem Auslandsaufenthalt führt bei beiden Ehegatten ab Beginn dieses Monats automatisch zur Einreihung in die Steuerklasse IV. **22**

***Dauerndes Getrenntleben***

Leben Ehegatten dauernd getrennt, haben sie dies dem zuständigen Wohnsitzfinanzamt (vgl. Rz. 12) unverzüglich anzuzeigen (Vordruck „Erklärung zum dauernden Getrenntleben"). Dadurch wird – ungeachtet eines etwaigen **23**

Steuerklassenwechsels im Trennungsjahr – ab Beginn des darauf folgenden Jahres automatisch die Steuerklasse I gebildet.

### 6. Steuerklassenbildung bei Lebenspartnern

24 Nach § 2 Abs. 8 EStG sind die Regelungen des EStG zu Ehegatten und Ehen auch auf Lebenspartner und Lebenspartnerschaften anzuwenden. Der Familienstand „verheiratet" und der Familienstand „Lebenspartnerschaft" werden demnach im ELStAM-Verfahren identisch behandelt. Im Rahmen des Lohnsteuerabzugsverfahrens betrifft dies u. a. die Regelungen zur Bildung der familiengerechten Steuerklasse III/V bzw. IV/IV, ggf. mit Faktor (§ 38 b Abs. 1 EStG).

25 Zum 1. Oktober 2017 ist das Gesetz zur Einführung des Rechts auf Eheschließung für Personen gleichen Geschlechts vom 20. Juli 2017 (BGBl. 2017 I S. 2787) in Kraft getreten. Danach können gleichgeschlechtliche Partner seit dem 1. Oktober 2017 nur noch eine Ehe schließen (§ 1353 Abs. 1 Satz 1 BGB). Eine bestehende Lebenspartnerschaft wird in eine Ehe umgewandelt, wenn beide Lebenspartner beim Standesamt persönlich erklären, miteinander eine Ehe auf Lebenszeit führen zu wollen (§ 20 a Lebenspartnerschaftsgesetz). Lebenspartnerschaften können seit dem 1. Oktober 2017 nicht mehr begründet werden. Das Lebenspartnerschaftsgesetz gilt seit dem 1. Oktober 2017 nur noch für die Lebenspartnerschaften, die ihre Partnerschaft nicht in eine Ehe umwandeln lassen.

26 Im ELStAM-Verfahren führt die Mitteilung über die Heirat zur automatisierten Bildung der Steuerklasse IV. Insoweit ergeben sich für gleichgeschlechtliche Ehegatten im ELStAM-Verfahren keine Besonderheiten. Auch die Möglichkeit, beim Finanzamt eine ungünstigere Steuerklasse zu beantragen, bleibt bestehen (vgl. Rz. 87 f.). Die Umwandlung einer Lebenspartnerschaft in eine Ehe hat für den Lohnsteuerabzug keine Folgen, weil die Steuerklassen, die während der Lebenspartnerschaft gewählt worden sind, nach der Umwandlung in eine Ehe gültig bleiben.

### 7. Berücksichtigung von Kindern

***Lohnsteuerabzugsmerkmal***

27 Die Berücksichtigung von Kindern erfolgt im laufenden Kalenderjahr bei Arbeitnehmern über das Kindergeld. Die Kinderfreibeträge als Lohnsteuerabzugsmerkmal wirken sich nur auf die Zuschlagsteuern (Solidaritätszuschlag und Kirchensteuer) aus. Im Lohnsteuerabzugsverfahren wird für Zwecke der Zuschlagsteuern der Kinderfreibetragszähler ab dem Monat der Geburt des Kindes gebildet und bis zum Ablauf des Jahres, in dem die Voraussetzungen für die Berücksichtigung des Kindes nach § 32 Abs. 1, 2, 4 und 5 EStG entfallen, zum Abruf bereitgestellt. Im Veranlagungsverfahren zur Einkommensteuer wird bei den Zuschlagsteuern ein Kinderfreibetrag ab Beginn des Jahres der Geburt des Kindes bis zum Ablauf des Jahres, in dem die Voraussetzungen für die Berücksichtigung des Kindes nach § 32 Abs. 1, 2, 4 und 5 EStG entfallen, berücksichtigt (Jahresprinzip).

28 Bei minderjährigen Kindern i. S. d. § 32 Abs. 1 Nr. 1 EStG werden in den Steuerklassen I bis IV die Kinderfreibetragszähler bei beiden Elternteilen ent-

sprechend der Regelungen in § 38 b Abs. 2 EStG automatisch berücksichtigt, sofern Eltern und Kind in derselben Gemeinde wohnen.

Bei minderjährigen Kindern, die nicht in der Wohnung des Arbeitnehmers gemeldet sind, setzt die Bildung der Kinderfreibetragszähler einen einmaligen Antrag voraus (Vordruck „Antrag auf Lohnsteuer-Ermäßigung“, Hauptvordruck und Anlage Kinder). Dabei ist der Nachweis beim Finanzamt durch Vorlage einer Geburtsurkunde des Kindes zu führen. 29

Kommt ein Elternteil seinen Unterhaltsverpflichtungen im Wesentlichen nicht nach oder ist er mangels Leistungsfähigkeit nicht unterhaltspflichtig (sog. Mangelunterhaltsfälle), ist eine Übertragung des Kinderfreibetrags auf den anderen Elternteil im Lohnsteuerabzugsverfahren nur möglich, wenn der Antragsteller keinen Unterhaltsvorschuss erhalten hat. Ein Antrag auf Übertragung kann auch erst im Rahmen einer Veranlagung zur Einkommensteuer gestellt werden. 30

***Mehrjährige Berücksichtigung in den Antragsfällen nach § 38 b Abs. 2 Satz 2 EStG***

Auch in den Antragsfällen nach § 38 b Abs. 2 Satz 2 EStG ist die mehrjährige Berücksichtigung von Kindern im Lohnsteuerabzugsverfahren möglich, wenn nach den tatsächlichen Verhältnissen zu erwarten ist, dass die Voraussetzungen bestehen bleiben (§ 38 b Abs. 2 Satz 3 EStG). Eine mehrjährige Berücksichtigung kommt z. B. in den folgenden Fällen in Betracht: 31

1. Pflegekinder in den Fällen des § 32 Abs. 1 Nr. 2 EStG,
2. Kinder unter 18 Jahren, wenn der Wohnsitz/gewöhnliche Aufenthalt des anderen Elternteils nicht ermittelbar oder der Vater des Kindes amtlich nicht feststellbar ist,
3. Kinder nach Vollendung des 18. Lebensjahres, die die Voraussetzungen des § 32 Abs. 4 EStG erfüllen. Bei Kindern, die sich in Berufsausbildung i. S. d. § 32 Abs. 4 Nr. 2 Buchst. a EStG befinden, kann sich die mehrjährige Berücksichtigung bei einem Ausbildungsdienstverhältnis, z. B. aus dem Ausbildungsvertrag, ergeben; bei einem Erststudium kann für die mehrjährige Berücksichtigung grundsätzlich die Regelstudienzeit i. S. d. §§ 11, 19 HRG zugrunde gelegt werden.

Der Antrag nach § 38 b Abs. 2 Satz 2 EStG kann nur nach amtlich vorgeschriebenem Vordruck gestellt werden (§ 38 b Abs. 2 Satz 5 EStG); hierfür steht der Vordruck „Antrag auf Lohnsteuer-Ermäßigung“, Hauptvordruck und Anlage Kinder zur Verfügung. 32

## III. Durchführung des Lohnsteuerabzugs

### 1. Elektronisches Verfahren

*Regelverfahren*

Der Lohnsteuerabzug ist grundsätzlich nach den amtlich gebildeten ELStAM durchzuführen (Regelverfahren). Dazu stellt die Finanzverwaltung dem Arbeitgeber die Lohnsteuerabzugsmerkmale unentgeltlich zum elektronischen Abruf bereit (§ 39 e Abs. 3 Satz 1 EStG). Die Finanzverwaltung bildet für Arbeitnehmer als Grundlage für den Lohnsteuerabzug die Steuerklasse, die Zahl der Kinderfreibetragszähler für die Steuerklassen I bis IV sowie die Merkmale für den Kirchensteuerabzug automatisch als ELStAM. Auf Antrag des Arbeitnehmers werden auch Freibeträge und Hinzurechnungsbeträge nach § 39 a EStG oder ein Faktor nach § 39 f EStG berücksichtigt. 33

***Verfahren bei unzutreffenden ELStAM***

34 Stellt die Finanzverwaltung dem Arbeitgeber unzutreffende ELStAM bereit, kann der Arbeitnehmer deren Berichtigung beim Finanzamt beantragen (§ 39 Abs. 1 Satz 2 und Abs. 2 EStG, vgl. Rz. 7 und 10 bis 12). In Betracht kommen neben unzutreffenden melderechtlichen Merkmalen insbesondere ELStAM, die aus technischen Gründen nicht zeitnah berichtigt werden können. Neben der Möglichkeit des Arbeitnehmers, eine Bescheinigung für den Lohnsteuerabzug zu beantragen (vgl. Rz. 35), besteht für den Arbeitgeber die Möglichkeit, für die Dauer von bis zu drei Monaten den Lohnsteuerabzug mit den bisherigen ELStAM durchzuführen (vgl. Rz. 97 ff.).

35 Um bei unzutreffenden ELStAM den zutreffenden Lohnsteuerabzug vornehmen zu können, stellt das Finanzamt auf Antrag des Arbeitnehmers eine Bescheinigung für den Lohnsteuerabzug (§ 39 Abs. 1 Satz 2 EStG) für die Dauer eines Kalenderjahres aus und sperrt in der Regel gleichzeitig den Arbeitgeberabruf (Vollsperrung). Durch diese Sperrung erhält der Arbeitgeber für den Arbeitnehmer keine sog. Änderungslisten mehr. Legt der Arbeitnehmer dem Arbeitgeber die Bescheinigung für den Lohnsteuerabzug vor, sind die darauf eingetragenen Lohnsteuerabzugsmerkmale maßgebend. Folglich hat sie der Arbeitgeber in das Lohnkonto des Arbeitnehmers zu übernehmen, dem Lohnsteuerabzug zugrunde zu legen und die Regelung in § 39 e Abs. 6 Satz 8 EStG (Lohnsteuerabzug nach Steuerklasse VI) nicht anzuwenden.

36 Hebt das Finanzamt die Sperre nach einer Korrektur der (fehlerhaften) Daten auf, werden dem Arbeitgeber die zutreffenden ELStAM in einer sog. Änderungsliste zum Abruf bereitgestellt. Mit dem erneuten Abruf der ELStAM durch den Arbeitgeber verliert die Bescheinigung für den Lohnsteuerabzug ihre Gültigkeit; sie ist nicht an das Finanzamt zurückzugeben. Der Arbeitgeber darf sie nach Ablauf des Kalenderjahres vernichten.

37 Ist eine Korrektur unzutreffender ELStAM durch das Finanzamt für zurückliegende Lohnzahlungszeiträume erforderlich, stellt das Finanzamt auf Antrag des Arbeitnehmers eine befristete Bescheinigung für den Lohnsteuerabzug aus (§ 39 Abs. 1 Satz 2 EStG). Dies gilt insbesondere für Änderungen von ELStAM im Einspruchsverfahren oder bei verzögert übermittelten bzw. weiterverarbeiteten Daten der Meldebehörden. In der befristeten Bescheinigung werden die anzuwendenden Lohnsteuerabzugsmerkmale für im Kalenderjahr zurückliegende Monate ausgewiesen (befristet bis zum Monatsende vor Bereitstellung der zutreffenden ELStAM). Weil diese Lohnsteuerabzugsmerkmale nur für die Vergangenheit anzuwenden sind, wird der Arbeitgeberabruf für die ELStAM nicht gesperrt.

**2. Arbeitgeberpflichten**

***Registrierung zur Abrufberechtigung unter „Mein ELSTER“***

38 Die Lohnsteuerabzugsmerkmale werden aus der ELStAM-Datenbank grundsätzlich elektronisch bereitgestellt. Für die Teilnahme am ELStAM-

*(Fortsetzung nächstes Blatt)*

Verfahren muss sich ein Arbeitgeber zunächst einmalig auf der Internetseite www.elster.de unter „Mein ELSTER" mit dem Organisationszertifikat registrieren (sog. ELSTER-Authentifizierung). Dies ermöglicht der Finanzverwaltung nachzuverfolgen, wer zu welchem Zeitpunkt als Arbeitgeber oder Datenübermittler welche Daten aus der Datenbank angefordert hat.

Nach erfolgreicher Authentifizierung erhält der Arbeitgeber ein elektronisches Zertifikat. Für die Teilnahme am ELStAM-Verfahren wird die Auswahl des Organisationszertifikats empfohlen. Die Registrierung hat mit der Steuernummer des Unternehmens zu erfolgen. Dieses Zertifikat wird dem Unternehmen zugewiesen. Technisch ist es möglich, zu einer Steuernummer bis zu 100 gleichwertige Organisationszertifikate zu erzeugen. **39**

Die Registrierung für ein Zertifikat erfolgt mit der aktuellen Steuernummer des Arbeitgebers im Internet unter „ELSTER – Ihr Online-Finanzamt" – (nach Registrierung dann im geschützten Bereich „Mein ELSTER") direkt von der Startseite aus. Alternativ kann sie über den Bereich der Benutzergruppe „Arbeitgeber" vorgenommen werden. **40**

Arbeitgeber, die ihre Lohnabrechnungen durch einen Dritten erstellen lassen, z. B. durch einen Steuerberater, benötigen keine eigene Registrierung. In diesen Fällen übernimmt der Dritte als „Datenübermittler" die Aufgaben des Arbeitgebers. Dieser benötigt hierfür nur sein eigenes und kein zusätzliches Zertifikat für den betroffenen Arbeitgeber. Weitere Informationen für Arbeitgeber stehen im Internet unter www.elster.de zur Verfügung. **41**

Ist ein Dritter mit der Datenübermittlung beauftragt, ist eine zusammengefasste Übermittlung von Daten zur Anmeldung und Abmeldung sowie für den Abruf der ELStAM von Arbeitnehmern mehrerer Arbeitgeber zulässig. **42**

***Mitteilung der Steuernummer an den Arbeitnehmer***

Möchte der Arbeitnehmer eine Negativ- oder Positivliste (vgl. Rz. 79 bis 83) beim Finanzamt einrichten, hat der Arbeitgeber dem Arbeitnehmer die Steuernummer der Betriebsstätte oder des Teilbetriebs, in dem der für die Durchführung des Lohnsteuerabzugs maßgebende Arbeitslohn ermittelt wird, mitzuteilen (§ 39 e Abs. 6 Satz 6 Nr. 1 Satz 2 und Abs. 9 EStG). Der Arbeitnehmer hat für die Verwendung dieser Steuernummer die Schutzvorschriften für die ELStAM entsprechend zu beachten (§ 39 e Abs. 6 Satz 6 Nr. 1 Satz 3 EStG, vgl. Rz. 116 f.). **43**

***Abruf der ELStAM[1)]***

Die Teilnahme am ELStAM-Verfahren setzt voraus, dass der Arbeitgeber den neu eingestellten Arbeitnehmer bei der Finanzverwaltung per Datenfernübertragung einmalig anmeldet und dadurch dessen ELStAM anfordert. Mit der Anmeldebestätigung werden dem Arbeitgeber die ELStAM des Arbeitnehmers zur Verfügung gestellt. Diese ELStAM sind für die Lohnabrechnung abzurufen, in das Lohnkonto zu übernehmen und gemäß der zeitlichen Gültigkeitsangabe anzuwenden § 39 e Abs. 4 Satz 2 EStG). **44**

Für die Anforderung von ELStAM hat der Arbeitgeber folgende Daten des Arbeitnehmers mitzuteilen (§ 39 e Abs. 4 Satz 3 EStG): **45**

1. Identifikationsnummer,

2. Tag der Geburt,

---

[1)] **Red. Anm.:** Zur Einbeziehung von gem. § 1 Abs. 4 EStG beschränkt einkommenstpfl. Arbeitnehmern in das ELStAM-Verfahren vgl. BMF v. 7. 11. 2019, BStBl. I S. 1087(Nr. **20** § 39/4).

3. Tag des Beginns des Dienstverhältnisses,
4. ob es sich um das erste Dienstverhältnis (Hauptarbeitsverhältnis mit Steuerklasse I bis V) oder um ein weiteres Dienstverhältnis (Nebenarbeitsverhältnis mit Steuerklasse VI) handelt (§ 38 b Abs. 1 Satz 2 Nr. 6 EStG),
5. etwaige Angaben, ob und in welcher Höhe ein nach § 39 a Abs. 1 Satz 1 Nr. 7 EStG festgestellter Freibetrag und Hinzurechnungsbetrag abgerufen werden soll.

**46** Die Anmeldung eines ersten Dienstverhältnisses ist nur bei Vorliegen einer entsprechenden Mitteilung des Arbeitnehmers zulässig. Teilt der Arbeitnehmer dem Arbeitgeber auch auf Nachfrage nicht mit, ob es sich um das erste oder ein weiteres Dienstverhältnis handelt, muss der Arbeitgeber ein weiteres Dienstverhältnis anmelden (§ 39 c Abs. 1 Satz 1 EStG). Macht der Arbeitgeber zu 4. keine Angaben, ist eine Anmeldung des Arbeitnehmers im ELStAM-Verfahren nicht möglich. Die Angabe zur Art des Dienstverhältnisses ist zwingend erforderlich (sog. Pflichtfeld).

**47** Neben dem „Beschäftigungsbeginn" hat der Arbeitgeber in der Anmeldung des Arbeitnehmers zusätzlich das Referenzdatum anzugeben. Das Referenzdatum ist das Datum, ab dem ELStAM bereitgestellt werden sollen („gültig ab"), und ist bei neu eingestellten Arbeitnehmern in der Regel identisch mit dem Datum des Beschäftigungsbeginns. Das Referenzdatum darf weder in der Zukunft noch vor dem Beschäftigungsbeginn liegen.

**48** Das Referenzdatum kann von dem Datum des Beschäftigungsbeginns abweichen.

**Beispiel:**

Ab 1. Mai Beschäftigungsbeginn i. R. eines geringfügigen Beschäftigungsverhältnisses mit pauschaler Lohnsteuererhebung und ab 1. Oktober Umwandlung in ein sozialversicherungspflichtiges Beschäftigungsverhältnis mit der Besteuerung des Arbeitslohns im Regelverfahren nach den ELStAM des Arbeitnehmers.

Als Beschäftigungsbeginn ist der 1. Mai und als Referenzdatum der 1. Oktober anzugeben.

**49** Darüber hinaus darf bei einer Anmeldung des Arbeitnehmers vor dem 1. März des aktuellen Jahres das Referenzdatum nicht vor dem 1. Januar des Vorjahres liegen. Bei einer Anmeldung nach dem 28. bzw. 29. Februar darf das Referenzdatum nicht vor dem 1. Januar des aktuellen Jahres liegen.

***(Falsch-)Anmeldung als Haupt- oder Nebenarbeitgeber***

**50** Meldet sich ein zweiter oder weiterer Arbeitgeber (Nebenarbeitgeber, Steuerklasse VI) als erster Arbeitgeber (Hauptarbeitgeber) in der ELStAM-Datenbank an, wird der bisherige Hauptarbeitgeber (Steuerklasse I–V) automatisch zum Nebenarbeitgeber und erhält mit der nächsten Änderungsliste die Steuerklasse VI zum Abruf bereitgestellt.

**51** Ist die Anmeldung als Hauptarbeitgeber zu Unrecht erfolgt, kann der tatsächliche Hauptarbeitgeber die Hauptarbeitgebereigenschaft wie folgt zurück erlangen:

1. In einem ersten Schritt muss er den Arbeitnehmer unter Berücksichtigung des neu mitgeteilten Referenzdatums (aus der sog. Änderungsliste) zunächst rückwirkend als Nebenarbeitgeber aus der ELStAM-Datenbank abmelden.
2. Im zweiten Schritt (frühestens ein Tag nach dem ersten Schritt) ist eine erneute Anmeldung als Hauptarbeitgeber vorzunehmen. Als Referenzdatum ist dabei das Datum anzugeben, ab dem die Hauptarbeitgebereigenschaft zu Unrecht entfallen war.

Diese Vorgehensweise ist innerhalb der programmtechnisch vorgegebenen „Sechs-Wochen-Frist" unabhängig davon möglich, ob sich der irrtümlich unzutreffend angemeldete Hauptarbeitgeber bereits wieder abgemeldet hat oder nicht. Durch die erneute Anmeldung des tatsächlichen Hauptarbeitgebers wird der tatsächliche Nebenarbeitgeber automatisch zutreffend als solcher eingestuft, so dass dieser (der Verursacher der Falschanmeldung) innerhalb der „Sechs-Wochen-Frist" nicht tätig werden muss. **52**

Erfolgt die Korrektur der Falschanmeldung nach Ablauf der „Sechs-Wochen-Frist", ist der aktuelle Nebenarbeitgeber, der sich unzutreffend als Hauptarbeitgeber angemeldet hat, zunächst in einem ersten Schritt verpflichtet, den Arbeitnehmer mit dem Datum der ursprünglichen Anmeldung (= Referenzdatum, für das ELStAM als Hauptarbeitgeber abgerufen werden sollten) abzumelden. In einem zweiten Schritt (frühestens ein Tag nach dem ersten Schritt) ist die erneute Anmeldung als Nebenarbeitgeber durchzuführen. Als Referenzdatum ist dabei das Datum der ursprünglichen Anmeldung anzugeben. Erst durch die erfolgte Abmeldung der irrtümlichen Hauptarbeitgebereigenschaft ist eine Neuanmeldung des tatsächlichen Hauptarbeitgebers mit Rückwirkung möglich. **53**

***Laufendes Abrufverfahren***

Der Arbeitgeber ist grundsätzlich verpflichtet, die ELStAM monatlich anzufragen und abzurufen (§ 39 e Abs. 5 Satz 3 EStG). Da sich die Lohnsteuerabzugsmerkmale der Arbeitnehmer in einer Vielzahl von Fällen nicht in jedem Monat ändern, hat die Finanzverwaltung einen Mitteilungsservice eingerichtet. Zur Nutzung dieses Mitteilungsverfahrens kann der Arbeitgeber auf der Internetseite www.elster.de unter „Mein ELSTER" auswählen, per E-Mail über die Bereitstellung von Änderungen informiert zu werden. Es wird nicht beanstandet, wenn der Arbeitgeber nur in den Fällen ELStAM anfragt und abruft, in denen er durch den E-Mail-Mitteilungsservice erfährt, dass sich für den Lohnzahlungszeitraum Änderungen bei den ELStAM seiner Arbeitnehmer ergeben haben (§ 39 e Abs. 5 Satz 1 Nr. 1 EStG). **54**

Legt der Arbeitnehmer eine Bescheinigung des Finanzamts zur Korrektur des Lohnsteuerabzugs zurückliegender Lohnzahlungszeiträume vor (vgl. Rz. 35 und 37), ist eine Änderung des Lohnsteuerabzugs nach Maßgabe des § 41 c Abs. 1 Satz 1 Nr. 1 EStG möglich. **55**

***Gültigkeit der ELStAM, Beendigung des Dienstverhältnisses***

Nach § 39 e Abs. 5 Satz 1 EStG sind die abgerufenen ELStAM gemäß der zeitlichen Gültigkeitsangabe vom Arbeitgeber für die Durchführung des Lohnsteuerabzugs des Arbeitnehmers anzuwenden, bis **56**

1. ihm die Finanzverwaltung geänderte ELStAM zum Abruf bereitstellt oder
2. der Arbeitgeber der Finanzverwaltung die Beendigung des Dienstverhältnisses mitteilt.

Der Arbeitgeber hat der Finanzverwaltung die Beendigung des Dienstverhältnisses unverzüglich mitzuteilen (§ 39 e Abs. 4 Satz 5 EStG). Hierzu übermittelt der Arbeitgeber oder der von ihm beauftragte Dritte die Daten des abzumeldenden Arbeitnehmers (Identifikationsnummer, Geburtsdatum, Datum der Beendigung des Dienstverhältnisses und das Referenzdatum) auf elektronischem Weg nach amtlich vorgeschriebenem Datensatz (Abmeldung). Vgl. im Übrigen Rz. 64. **57**

***Besonderheiten im Sterbemonat des Arbeitnehmers***

**58** Mit der Übermittlung des Sterbedatums durch die Meldebehörde an die ELStAM-Datenbank ist der Datensatz für die ELStAM und die Abrufberechtigung für jeden Arbeitgeber gesperrt. Der Arbeitgeber eines verstorbenen Arbeitnehmers erhält mit den nächsten Änderungsmitteilungen den Hinweis, dass keine Abrufberechtigung mehr vorliegt. Die Nachricht, dass der Arbeitnehmer verstorben ist, darf aus Datenschutzgründen nicht mitgeteilt werden.

**59** Für ausstehende Arbeitslohnzahlungen sind grundsätzlich die ELStAM des Erben anzuwenden. Abweichend davon kann die Zahlung von laufendem Arbeitslohn für den gesamten Monat, in dem der Arbeitnehmer verstorben ist, nach den ELStAM des Verstorbenen abgerechnet werden (R 19.9 Abs. 1 LStR). Wird für die folgenden Monate laufender Arbeitslohn gezahlt, sind die ELStAM des Erben anzuwenden. Der verstorbene Arbeitnehmer ist dazu zum Ende des Sterbemonats abzumelden und der Erbe zum 1. des folgenden Monats anzumelden. Soweit die Arbeitgebersperre durch die Übermittlung des Sterbedatums bereits gesetzt ist, muss im Sterbemonat die Lohnabrechnung nach den ELStAM des Verstorbenen ggf. manuell vorgenommen werden.

***Lohnzahlungen nach Beendigung des Dienstverhältnisses***

**60** Zahlt der Arbeitgeber nach Beendigung des Dienstverhältnisses laufenden Arbeitslohn (R 39 b.2 Abs. 1 LStR), sind der Besteuerung die ELStAM zum Ende des Lohnzahlungszeitraums zugrunde zu legen, für den die Nachzahlung erfolgt (R 39 b.5 Abs. 1 Satz 3 LStR). Eine erneute Anmeldung des Arbeitnehmers bei der Finanzverwaltung ist insoweit nicht erforderlich.

**61** Handelt es sich dagegen um sonstige Bezüge (R 39 b.2 Abs. 2 LStR), sind für die Besteuerung die ELStAM zum Ende des Kalendermonats des Zuflusses des sonstigen Bezugs maßgebend (R 39 b.6 Abs. 3 Satz 1 LStR). Der Arbeitgeber muss daher den Arbeitnehmer erneut bei der Finanzverwaltung anmelden. Dazu sollte er sich mit dem Arbeitnehmer abstimmen, ob die Anmeldung für die Arbeitslohnnachzahlung als Hauptarbeitsverhältnis (für Steuerklasse I bis V) oder als Nebenarbeitsverhältnis (für Steuerklasse VI) vorgenommen werden soll. Unterlässt der Arbeitgeber in diesem Fall die Anmeldung, obwohl ihm die hierzu erforderlichen Angaben des Arbeitnehmers vorliegen und der Anmeldung keine technischen Hinderungsgründe gemäß § 39 c Abs. 1 Satz 2 EStG entgegenstehen, ist der Steuerabzug nach der Steuerklasse VI vorzunehmen.

**62** **Beispiel zur Arbeitslohnnachzahlung nach Arbeitgeberwechsel:**
Ein Arbeitnehmer beendet seine Beschäftigung beim ersten Arbeitgeber A (dort bis dahin Steuerklasse I) zum 31. Oktober 01 und beginnt ein neues Hauptbeschäftigungsverhältnis beim Arbeitgeber B zum 1. November 01 (dort Steuerklasse I). Arbeitgeber A zahlt am 15. November 01 noch Arbeitslohn aus dem früheren Beschäftigungsverhältnis an den Arbeitnehmer (Nachzahlung für Oktober 01). Nach welcher Steuerklasse muss die Besteuerung erfolgen?

***Laufender Arbeitslohn***

Nachzahlungen von Arbeitslohn, die sich ausschließlich auf Lohnzahlungszeiträume beziehen, die im Kalenderjahr der Zahlung enden (hier Auszahlung am 15. November 01 für Oktober 01), stellen begrifflich laufenden Arbeitslohn dar (R 39 b.2 Abs. 1 Nr. 6 LStR). Folglich ist diese Nachzahlung für die Berechnung der Lohnsteuer dem Lohnzahlungszeitraum zuzurechnen, für den sie geleistet wurde (R 39 b.5 Abs. 4 Satz 1 LStR).

Der Arbeitgeber A hat daher die Arbeitslohnnachzahlung für Oktober 01 dem Lohnzahlungszeitraum Oktober 01 zuzurechnen und folglich nach der Steuerklasse I zu versteuern (R 39 b.5 Abs. 1 Satz 3 LStR). Hierfür ist eine erneute Anmeldung des Arbeitnehmers im ELStAM-Verfahren nicht erforderlich.

***Sonstiger Bezug***

Allerdings steht dem Arbeitgeber A insoweit ein Wahlrecht zu. Er hat auch die Möglichkeit, diese Nachzahlung als sonstigen Bezug zu behandeln, wenn der Arbeitnehmer von ihm nicht ausdrücklich die zuvor erläuterte Besteuerung als laufenden Arbeitslohn verlangt hat (R 39 b.5 Abs. 4 Satz 2 LStR). Von einem sonstigen Bezug ist die Lohnsteuer stets in dem Zeitpunkt einzubehalten, in dem er zufließt. In diesem Fall sind die Lohnsteuerabzugsmerkmale (insbesondere die Steuerklasse) zugrunde zu legen, die zum Ende des Kalendermonats des Zuflusses gelten (R 39 b.6 Abs. 1 LStR). Weil der Arbeitnehmer ab November 01 ein erstes Beschäftigungsverhältnis (Steuerklasse I) beim neuen Arbeitgeber B aufgenommen hat, wäre die vom Arbeitgeber A geleistete Nachzahlung nach der Steuerklasse VI zu besteuern. Dafür müsste A den Arbeitnehmer erneut im ELStAM-Verfahren anmelden. Evtl. zu viel einbehaltene Lohnsteuer könnte dem Arbeitnehmer dann im Rahmen der Veranlagung zur Einkommensteuer für das Kalenderjahr 01 erstattet werden.

**Abwandlung zum vorherigen Beispiel:**

Die Arbeitslohnnachzahlung erfolgt nicht am 15. November 01, sondern erst in 02.

Weil die Nachzahlung erst im Kalenderjahr 02 geleistet wird, liegt regelmäßig ein sonstiger Bezug vor, der nach der Steuerklasse VI zu besteuern ist (R 39 b.6 Abs. 1 LStR). Nur wenn der Arbeitslohn dem Arbeitnehmer innerhalb der ersten drei Wochen des nachfolgenden Kalenderjahres zufließt, liegt laufender Arbeitslohn des Lohnzahlungszeitraums Oktober 01 vor, der nach Steuerklasse I zu versteuern ist (R 39 b.2 Abs. 1 Nr. 7 und R 39 b.5 Abs. 4 Satz 1 LStR).

## 3. Arbeitgeberwechsel

In Fällen des Arbeitgeberwechsels ist der bisherige Hauptarbeitgeber verpflichtet, die Beendigung des Dienstverhältnisses der Finanzverwaltung unverzüglich durch Datenfernübertragung mitzuteilen und den Arbeitnehmer bei der Finanzverwaltung zeitnah elektronisch abzumelden (§ 39 e Abs. 4 Satz 5 EStG, vgl. Rz. 57). Der neue Hauptarbeitgeber hat sich bei der Finanzverwaltung als Hauptarbeitgeber anzumelden und die ELStAM des Arbeitnehmers abzurufen (vgl. Rz. 44 bis 49). 63

Bei der Abmeldung ist zu berücksichtigen, dass die aktuellen ELStAM des Arbeitnehmers dem Arbeitgeber ab dem ersten bis zum fünften Werktag des Folgemonats zum Abruf bereitgestellt werden. Erfolgt die Abmeldung des Arbeitnehmers vor dem fünften Werktag des Folgemonats, kann der bisherige Hauptarbeitgeber die aktuellen ELStAM des Arbeitnehmers für den Monat der Beendigung des Dienstverhältnisses ggf. nicht abrufen. 64

Erfolgt nach einem Arbeitgeberwechsel die Anmeldung des Arbeitnehmers durch den neuen (aktuellen) Hauptarbeitgeber, bevor der vorherige Hauptarbeitgeber die Abmeldung vorgenommen hat, gilt Folgendes: 65

1. Der aktuelle Hauptarbeitgeber erhält die für das erste Dienstverhältnis gültigen ELStAM rückwirkend ab dem Beginn des Dienstverhältnisses. Der bisherige Hauptarbeitgeber erhält mit Gültigkeit ab diesem Tag die ELStAM für Steuerklasse VI.
2. Erfolgt die Anmeldung des Arbeitnehmers zu einem Zeitpunkt, der mehr als sechs Wochen nach Beginn des Dienstverhältnisses liegt, erhält der aktuelle Hauptarbeitgeber die für das erste Dienstverhältnis gültigen ELStAM ab dem Tag der Anmeldung. Der bisherige Hauptarbeitgeber erhält mit Gültigkeit ab diesem Tag die ELStAM für Steuerklasse VI.

**Beispiel 1 (Anmeldung innerhalb der 6-Wochen-Frist):** 66

Arbeitnehmer A ist mit Steuerklasse III bei Arbeitgeber ALT beschäftigt. A wechselt zum 20. Juni 01 zum Arbeitgeber NEU. Während Arbeitgeber NEU das Beschäftigungsverhältnis am 10. Juli 01 als Hauptarbeitgeber mit Beschäftigungsbeginn 20. Juni 01 anmeldet, unterbleibt eine Abmeldung durch den bisherigen Arbeitgeber ALT.

Arbeitgeber NEU

NEU erhält in der Anmeldebestätigungsliste zur Anmeldung vom 10. Juli 01 die ELStAM rückwirkend auf den Tag des Beginns der Beschäftigung (Gültigkeit ab 20. Juni 01) mit der Steuerklasse III.

Arbeitgeber ALT

ALT erhält mit dem nächsten Abruf (Anfang August 01) ELStAM mit der Steuerklasse VI mit Gültigkeit ab Beginn der Beschäftigung bei Arbeitgeber NEU (20. Juni 01). In der Zeit ab dem 20. Juni 01 gezahlter Restlohn ist nach Steuerklasse VI zu besteuern.

**Hinweis:**

Hätte Arbeitgeber ALT den Arbeitnehmer bis Ende des Monats Juli 01 abgemeldet, wären ihm für A keine ELStAM mehr zum Abruf bereitgestellt worden.

67 **Beispiel 2 (Anmeldung außerhalb der 6-Wochen-Frist):**

Arbeitnehmer B ist mit Steuerklasse III beim Arbeitgeber ALT beschäftigt. B wechselt zum 20. Juni 01 zum Arbeitgeber NEU. NEU meldet das Beschäftigungsverhältnis am 20. August 01 als Hauptarbeitgeber mit Beschäftigungsbeginn 20. Juni 01 an, eine Abmeldung durch den bisherigen Arbeitgeber ALT unterbleibt.

Arbeitgeber NEU

NEU erhält für B erstmalig ELStAM mit der Steuerklasse III mit Gültigkeit ab dem Tag der Anmeldung (20. August 01). Zuvor gezahlter Lohn ist mit Steuerklasse VI zu besteuern.

Arbeitgeber ALT

ALT erhält mit dem nächsten Abruf (Anfang September 01) ELStAM mit der Steuerklasse VI mit Gültigkeit ab dem 20. August 01.

**Hinweis:**

Hätte Arbeitgeber ALT den Arbeitnehmer bis Ende des Monats August 01 abgemeldet, wären ihm für B keine ELStAM mehr zum Abruf bereitgestellt worden.

## 4. Weiteres Dienstverhältnis

### *Beginn eines weiteren Dienstverhältnisses*

68 Beginnt der Arbeitnehmer ein neues Dienstverhältnis und bezieht er nebeneinander von mehreren Arbeitgebern Arbeitslohn, hat er zu entscheiden, welches das erste und welches das weitere Dienstverhältnis ist. Soll der Arbeitslohn des neuen Dienstverhältnisses nach der Steuerklasse VI besteuert werden, hat der Arbeitnehmer dem Arbeitgeber neben der Identifikationsnummer und dem Tag der Geburt mitzuteilen, dass es sich um ein weiteres Dienstverhältnis handelt (vgl. Rz. 72 f.). Zur Berücksichtigung eines nach § 39 a Abs. 1 Satz 1 Nr. 7 EStG festgestellten Freibetrags vgl. Rz. 137. Soll der Arbeitslohn des neuen Dienstverhältnisses nach den Merkmalen des ersten Dienstverhältnisses besteuert werden, hat der Arbeitnehmer dem Arbeitgeber mitzuteilen, dass es sich um das erste Dienstverhältnis handelt (vgl. Rz. 46).

69 Nachdem der Arbeitgeber des neuen Dienstverhältnisses den Arbeitnehmer bei der Finanzverwaltung angemeldet hat, bildet die Finanzverwaltung die zutreffenden Steuerklassen automatisch und stellt sie dem jeweiligen Arbeitgeber zum Abruf bereit. Dem Nebenarbeitgeber werden als ELStAM die Steuerklasse VI und ggf. die rechtliche Zugehörigkeit zu einer steuererhebenden Religionsgemeinschaft sowie ein Freibetrag nach § 39 a Abs. 1 Satz 1 Nr. 7 EStG zum Abruf bereitgestellt. Wird das neue Dienstverhältnis als erstes Dienstverhältnis angemeldet, stellt die Finanzverwaltung diesem Arbeitgeber die ELStAM nach Rz. 4, 7 und 9 und dem anderen Arbeitgeber die Steuerklasse VI zum Abruf bereit.

70 Die für das neue Dienstverhältnis gültigen ELStAM werden grundsätzlich rückwirkend ab dem Beginn des Dienstverhältnisses (vgl. Rz. 63, 65 bis 67) gebildet.

### *Wechsel des ersten Dienstverhältnisses*

71 Bezieht der Arbeitnehmer nebeneinander von mehreren Arbeitgebern Arbeitslohn, kann er auch während des Kalenderjahres einen neuen ersten Arbeitgeber

bestimmen. Hierfür ist dem neuen Hauptarbeitgeber mitzuteilen, dass es sich nun um das erste Dienstverhältnis handelt. Dem weiteren Arbeitgeber ist mitzuteilen, dass es sich nun um das weitere Dienstverhältnis handelt und ggf. ob und in welcher Höhe ein nach § 39 a Abs. 1 Satz 1 Nr. 7 EStG festgestellter Freibetrag (vgl. Rz. 137) abgerufen werden soll. Ein solcher Wechsel darf frühestens mit Wirkung vom Beginn des Kalendermonats an erfolgen, in dem der Arbeitnehmer das erste Dienstverhältnis neu bestimmt.

### 5. Pflichten des Arbeitnehmers

***Gegenüber dem Arbeitgeber***

Zum Zweck des Abrufs der ELStAM hat der Arbeitnehmer jedem Arbeitgeber bei Eintritt in das Dienstverhältnis Folgendes mitzuteilen (§ 39 e Abs. 4 Satz 1 EStG): **72**

1. die Identifikationsnummer sowie den Tag der Geburt,
2. ob es sich um das erste oder ein weiteres Dienstverhältnis handelt (vgl. Rz. 68),
3. ggf. ob und in welcher Höhe ein nach § 39 a Abs. 1 Satz 1 Nr. 7 EStG festgestellter Freibetrag abgerufen werden soll (vgl. Rz. 137).

Soll in einem zweiten oder weiteren Dienstverhältnis ein Freibetrag nach § 39 a Abs. 1 Satz 1 Nr. 1 bis 6 EStG abgerufen werden, wird auf die Erläuterung unter Rz. 133 und 135 verwiesen. **73**

***Gegenüber der Finanzverwaltung***

Die Steuerklasse und die Zahl der Kinderfreibeträge für minderjährige Kinder werden in der Regel automatisch geändert. Auslöser hierfür sind Mitteilungen der Meldebehörden über den geänderten Familienstand bzw. die Geburt oder den Tod eines Kindes. In diesen Fällen ist der Arbeitnehmer nicht zu einer Mitteilung an das Finanzamt verpflichtet (§ 39 Abs. 5 Satz 3 EStG i. V. m. § 39 e Abs. 2 Satz 2 EStG). **74**

Ändern sich die persönlichen Verhältnisse des Arbeitnehmers und treten die Voraussetzungen zur Einreihung in eine für ihn ungünstigere Steuerklasse oder für eine geringere Zahl der Kinderfreibeträge ein, ist er in den Fällen, in denen die Änderungen nicht durch geänderte Meldedaten automatisch angestoßen werden, verpflichtet, dies dem Finanzamt mitzuteilen und die Steuerklasse sowie die Zahl der Kinderfreibeträge umgehend ändern zu lassen (§ 39 Abs. 5 Satz 1 EStG). Dies gilt insbesondere bei dauernder Trennung der Ehegatten bzw. Lebenspartner oder wenn die Voraussetzungen für die Berücksichtigung des Entlastungsbetrags für Alleinerziehende und somit für die Anwendung der Steuerklasse II entfallen. **75**

Ferner besteht eine Mitteilungspflicht des Arbeitnehmers gegenüber dem Finanzamt, wenn ihm bekannt wird, dass die ELStAM zu seinen Gunsten von den nach § 39 EStG zu bildenden Lohnsteuerabzugsmerkmalen abweichen (§ 39 e Abs. 6 Satz 5 EStG), z. B. wenn der Arbeitgeber abgerufene ELStAM irrtümlich nicht dem zutreffenden Arbeitnehmer zugeordnet hat. **76**

Wird ein unbeschränkt einkommensteuerpflichtiger Arbeitnehmer beschränkt einkommensteuerpflichtig, z. B. weil er ins grenznahe Ausland verzieht und seinen Arbeitsplatz im Inland beibehält, hat er dies seinem Wohnsitzfinanzamt (vgl. Rz. 12) ebenfalls unverzüglich mitzuteilen (§ 39 Abs. 7 Satz 1 EStG). Als Folge hat das Finanzamt die Lohnsteuerabzugsmerkmale vom Zeitpunkt des Eintritts der beschränkten Einkommensteuerpflicht an zu ändern (Sperrung des Abrufs der ELStAM). Auf Antrag wird das Betriebsstättenfinanzamt des Arbeit- **77** gebers für den Arbeitnehmer eine Bescheinigung für den Lohnsteuerabzug ausstellen (vgl. Rz. 89 bis 91) und ihn ggf. in die Steuerklasse I einreihen.

**78** Zu den Folgerungen aufgrund fehlender oder unzutreffender Angaben vgl. Rz. 96 bis 98 und 105 bis 108.

### 6. Rechte des Arbeitnehmers

***Abrufsperren und Abrufberechtigungen***

**79** Der Arbeitnehmer kann einen oder mehrere zum Abruf von ELStAM berechtigte(n) Arbeitgeber benennen (Abrufberechtigung, „Positivliste") oder bestimmte Arbeitgeber von der Abrufberechtigung im ELStAM-Verfahren ausschließen (Abrufsperre, „Negativliste"; § 39 e Abs. 6 Satz 6 Nr. 1 EStG). Zudem gibt es die Möglichkeit, sämtliche Arbeitgeber vom Abruf auszuschließen („Vollsperrung"; § 39 e Abs. 6 Satz 6 Nr. 2 EStG). Eine Abrufberechtigung oder eine Sperrung ist dem Finanzamt mit dem Vordruck „Anträge zu den elektronischen Lohnsteuerabzugsmerkmalen – ELStAM –" mitzuteilen. Eine Verpflichtung zur Erteilung einer Abrufberechtigung der ELStAM oder deren Sperrung besteht nicht.

**80** Abrufberechtigungen und Abrufsperren gelten lediglich mit Wirkung für die Zukunft, eine rückwirkende Berücksichtigung ist nicht möglich. Sie gelten, bis der Arbeitnehmer erklärt, die Abrufberechtigung zu widerrufen oder die Sperrung aufzuheben.

**81** Die Erteilung einer Abrufberechtigung oder Sperrung eines Arbeitgebers zum Abruf der ELStAM setzt die Angabe der Steuernummer der Betriebsstätte oder des Teilbetriebs des Arbeitgebers, in dem der für die Durchführung des Lohnsteuerabzugs maßgebende Arbeitslohn ermittelt wird, voraus. Zu den sich hieraus ergebenden Arbeitgeberpflichten vgl. Rz. 43. Für die Verwendung der Steuernummer des Arbeitgebers gelten die Regelungen zu den Schutzvorschriften für die ELStAM entsprechend (vgl. Rz. 116 f.).

***Positivliste***

**82** Hat der Arbeitnehmer bei seinem Wohnsitzfinanzamt (vgl. Rz. 12) eine Positivliste eingereicht, werden darin nicht genannte Arbeitgeber für den Abruf von ELStAM des Antragstellers gesperrt. Wird im Falle eines Arbeitgeberwechsels der neue Arbeitgeber nicht in eine bereits vorhandene Positivliste aufgenommen, ist ein Abruf der ELStAM durch den neuen Arbeitgeber nicht möglich. Bei fehlender Abrufberechtigung ist der Arbeitgeber zur Anwendung der Steuerklasse VI verpflichtet (§ 39 e Abs. 6 Satz 8 EStG). Die Aufnahme von Arbeitgebern in die Positivliste setzt kein bestehendes Arbeitsverhältnis voraus.

***Negativliste***

**83** Hat der Arbeitnehmer bei seinem Wohnsitzfinanzamt (vgl. Rz. 12) eine Negativliste eingereicht, können die darin genannten Arbeitgeber die ELStAM des Antragstellers nicht abrufen. Kommt es gleichwohl zu einem Dienstverhältnis und einer Arbeitslohnzahlung eines dieser Arbeitgeber, hat er aufgrund der fehlenden Abrufberechtigung die Steuerklasse VI anzuwenden (§ 39 e Abs. 6 Satz 8 EStG).

***Vollsperrung***

**84** Hat der Arbeitnehmer bei seinem Wohnsitzfinanzamt (vgl. Rz. 12) beantragt, die Bildung oder Bereitstellung der ELStAM allgemein sperren zu lassen, ist ein Abruf nicht möglich. Aufgrund der fehlenden Abrufberechtigung hat der Arbeitgeber die Steuerklasse VI anzuwenden (§ 39 e Abs. 6 Satz 8 EStG). Die

Sperrung bleibt so lange bestehen, bis der Arbeitnehmer die Bildung oder Bereitstellung der ELStAM allgemein freischalten lässt.

***Auskunft über die eigenen ELStAM***

Der Arbeitnehmer kann beim zuständigen Wohnsitzfinanzamt (vgl. Rz. 12) auf Antrag Auskunft über die für ihn gebildeten ELStAM erhalten. Darüber hinaus erhält der Arbeitnehmer auf Antrag Auskunft über die durch den Arbeitgeber *in den letzten 24 Monaten*[1] erfolgten Abrufe der ELStAM (§ 39 e Abs. 6 Satz 4 EStG; vgl. Vordruck „Anträge zu den elektronischen Lohnsteuerabzugsmerkmalen – ELStAM –“). Ein Ausdruck der aktuellen ELStAM kann auch im Rahmen eines Antrags auf Lohnsteuer-Ermäßigung beantragt werden (s. Vordruck „Antrag auf Lohnsteuer-Ermäßigung“, Ankreuzfeld Hauptvordruck auf Seite 1). Benötigen Alleinerziehende für den Bezug von Elterngeld einen amtlichen Nachweis der Eigenschaft „alleinerziehend“, kann den für die Festsetzung und Auszahlung von Elterngeld zuständigen Behörden im Einzelfall der aktuelle ELStAM-Ausdruck mit der Steuerklasse II vorgelegt werden, wenn die Alleinerziehenden bereits in die Steuerklasse II eingereiht sind. Ferner kann der Ausdruck der ELStAM auch zum Nachweis der bei der Berechnung des Arbeitslosengeldes zu berücksichtigenden Lohnsteuerabzugsmerkmale verwendet werden. Eine Änderung der Steuerklasse ausschließlich für den Nachweis gegenüber anderen Behörden kommt hingegen nicht in Betracht. **85**

Dem Arbeitnehmer ist es darüber hinaus möglich, seine ELStAM auf der Internetseite www.elster.de unter der Rubrik „Auskunft zur elektronischen Lohnsteuerkarte (ELStAM)“ jederzeit selbst einzusehen. Dazu ist in „Mein ELSTER“ eine einmalige kostenfreie Registrierung unter Verwendung der Identifikationsnummer notwendig. **86**

***Ungünstigere Lohnsteuerabzugsmerkmale***

Nach § 38 b Abs. 3 Satz 1 EStG haben unbeschränkt einkommensteuerpflichtige Arbeitnehmer die Möglichkeit, beim Wohnsitzfinanzamt (vgl. Rz. 12) die Berücksichtigung ungünstigerer Lohnsteuerabzugsmerkmale zu beantragen (eine ungünstigere Steuerklasse, eine geringere Anzahl von Kindern, s. Vordruck „Anträge zu den elektronischen Lohnsteuerabzugsmerkmalen – ELStAM –“; die Rücknahme eines Antrags auf Berücksichtigung des Pauschbetrags für behinderte Menschen ist formlos möglich). Von ungünstigeren Besteuerungsmerkmalen ist stets auszugehen, wenn die vom Arbeitnehmer gewählten Lohnsteuerabzugsmerkmale zu einem höheren Lohnsteuerabzug (inkl. Solidaritätszuschlag und ggf. Kirchensteuer) führen. Die Einreihung in die Steuerklasse I statt III, IV oder V ist möglich. **87**

Ein solcher Antrag ist z. B. bei Arbeitnehmern denkbar, die dem Arbeitgeber ihren aktuellen Familienstand nicht mitteilen möchten. Um zu vermeiden, dass dem Arbeitgeber z. B. nach einer Eheschließung die nunmehr für verheiratete Arbeitnehmer in Betracht kommende Steuerklasse III, IV oder V mitgeteilt wird, kann der Arbeitnehmer beantragen, stattdessen die Steuerklasse I beizubehalten. Der Antrag auf eine ungünstigere Steuerklasse kann bereits vor dem Ereignis (hier Eheschließung) gestellt werden. Änderungen der Meldedaten, die zu einer günstigeren Steuerklasse führen würden, werden in diesem Fall nicht berücksichtigt. Beantragt der Arbeitnehmer die Einreihung in der Steuerklasse I statt der bisherigen Steuerklasse V, geht dies **88**

[1] **Amtl. LSt-Handbuch:** Jetzt: in den letzten 60 Monaten.

zeitgleich mit einem Wechsel der Steuerklassenkombination von III/V zu IV/IV einher (vgl. Rz. 16), der andere Ehegatte wird daher in die Steuerklasse IV eingereiht.

## 7. Im Inland nicht meldepflichtige Arbeitnehmer

**89**[1)] *Für im Inland nicht meldepflichtige Personen (nach § 1 Abs. 1 EStG unbeschränkt einkommensteuerpflichtige Arbeitnehmer, die keinen Wohnsitz, aber einen gewöhnlichen Aufenthalt im Inland haben, nach § 1 Abs. 2 EStG erweitert unbeschränkt einkommensteuerpflichtige Arbeitnehmer, nach § 1 Abs. 3 EStG auf Antrag wie unbeschränkt einkommensteuerpflichtig zu behandelnde Arbeitnehmer, nach § 1 Abs. 4 EStG beschränkt einkommensteuerpflichtige Arbeitnehmer), wird die steuerliche Identifikationsnummer nicht auf Grund von Mitteilungen der Meldebehörden zugeteilt. Für diese Arbeitnehmer und für im Inland meldepflichtige Arbeitnehmer, die beschränkt Steuerpflichtige sind, ist eine Teilnahme am ELStAM-Verfahren erst in einer späteren programmtechnischen Ausbaustufe vorgesehen. Dies gilt auch dann, wenn für diesen Arbeitnehmerkreis auf Anforderung des Finanzamts oder aus anderen Gründen (z. B. früherer Wohnsitz im Inland) steuerliche Identifikationsnummern vorliegen.*

**90**[1)] *In diesen Fällen hat das Betriebsstättenfinanzamt des Arbeitgebers derzeit noch auf Antrag Papierbescheinigungen für den Lohnsteuerabzug auszustellen (Vordrucke „Antrag auf Erteilung einer Bescheinigung für den Lohnsteuerabzug 201_ bei erweiterter unbeschränkter Einkommensteuerpflicht und für übrige Bezieher von Arbeitslohn aus inländischen öffentlichen Kassen“, „Antrag auf Behandlung als unbeschränkt einkommensteuerpflichtiger Arbeitnehmer nach § 1 Abs. 3, § 1 a EStG für 201_“, „Antrag auf Erteilung einer Bescheinigung für den Lohnsteuerabzug 20__ für beschränkt einkommensteuerpflichtige Arbeitnehmer“). Eine Bescheinigung für den Lohnsteuerabzug für einen nach § 1 Abs. 1 EStG unbeschränkt einkommensteuerpflichtigen Arbeitnehmer ohne Wohnsitz im Inland stellt dagegen das Wohnsitzfinanzamt aus (§ 39 e Abs. 8 Satz 1 EStG; Vordruck „Antrag auf Ausstellung einer Bescheinigung für den Lohnsteuerabzug 201_“; vgl. Rz. 105). Legt ein Arbeitnehmer eine dieser Bescheinigungen für den Lohnsteuerabzug vor, entfällt die Verpflichtung und Berechtigung des Arbeitgebers zum Abruf der ELStAM nach § 39 e Abs. 4 Satz 2 und Abs. 5 Satz 3 EStG.*

**91**[1)] *Der Antrag nach § 39 Abs. 3 Satz 1 EStG ist grundsätzlich vom Arbeitnehmer zu stellen. Die Bescheinigung der Steuerklasse I kann auch der Arbeitgeber beantragen (§ 39 Abs. 3 Satz 3 EStG), wenn er den Antrag im Namen des Arbeitnehmers stellt. Weitere Lohnsteuerabzugsmerkmale, etwa die Zahl der Kinderfreibeträge oder ein Freibetrag nach § 39 a EStG, können nur auf Antrag des Arbeitnehmers gebildet werden (§ 39 Abs. 3 Satz 1 EStG).*

**92**[1)] *Der Arbeitgeber hat die in der jahresbezogenen Bescheinigung für den Lohnsteuerabzug ausgewiesenen Lohnsteuerabzugsmerkmale in das Lohnkonto des Arbeitnehmers zu übernehmen, diese Bescheinigung als Beleg zum Lohnkonto zu nehmen und während des Dienstverhältnisses, längstens bis zum Ablauf des jeweiligen Kalenderjahres, aufzubewahren (§ 39 Abs. 3 Satz 4 EStG). Bei Beendigung des Arbeitsverhältnisses vor Ablauf des Kalenderjahres hat er dem Arbeitnehmer diese Bescheinigung für den Lohnsteuerabzug auszuhändigen.*

---

[1)] **Red. Anm.:** Rz. 89–94 sind für gem. § 1 Abs. 4 EStG beschränkt einkommensteuerpflichtige Arbeitnehmer ab 1. 1. 2020 im ELStAM-Verfahren überholt; BMF v. 7. 11. 2019, BStBl. I S. 1087 (Nr. **20** § 39/4).

*Ist die Ausstellung einer solchen Bescheinigung nicht beantragt oder legt der Arbeitnehmer sie nicht innerhalb von sechs Wochen nach Beginn des Dienstverhältnisses vor, hat der Arbeitgeber die Lohnsteuer nach der Steuerklasse VI zu ermitteln (§ 39 c Abs. 2 Satz 2 EStG).* **93**[1)]

*In den Lohnsteuerbescheinigungen dieser Arbeitnehmer ist anstelle der Identifikationsnummer das lohnsteuerliche Ordnungsmerkmal (§ 41 b Abs. 2 Satz 1 und 2 EStG, sog. eTIN = elektronische Transfer-Identifikations-Nummer) auszuweisen.* **94**[1)]

Hinsichtlich der Schutzvorschriften für die Lohnsteuerabzugsmerkmale gelten die Regelungen zu den ELStAM unter Rz. 116 f. entsprechend. **95**

## 8. Durchführung des Lohnsteuerabzugs ohne ELStAM

***Fehlende Lohnsteuerabzugsmerkmale***

Bei fehlenden Lohnsteuerabzugsmerkmalen hat der Arbeitgeber die Lohnsteuererhebung nach der Steuerklasse VI durchzuführen. Dies kommt insbesondere dann in Betracht, wenn der Arbeitnehmer **96**

1. bei Beginn des Dienstverhältnisses seinem Arbeitgeber die zum Abruf der ELStAM erforderliche steuerliche Identifikationsnummer und das Geburtsdatum schuldhaft nicht mitteilt (§ 39 e Abs. 4 Satz 1 EStG),
2. eine Übermittlung der ELStAM an den Arbeitgeber gesperrt hat (§ 39 e Abs. 6 Satz 6 Nr. 1 EStG) oder
3. beim Wohnsitzfinanzamt (vgl. Rz. 12) die Bildung oder Bereitstellung der ELStAM allgemein sperren lassen hat (§ 39 e Abs. 6 Satz 6 Nr. 2 EStG).

Abweichend hiervon hat der Arbeitgeber in den folgenden Fällen für die Lohnsteuerberechnung – längstens für die Dauer von drei Kalendermonaten – die voraussichtlichen Lohnsteuerabzugsmerkmale i. S. d. § 38 b EStG zu Grunde zu legen (§ 39 c Abs. 1 Satz 2 EStG), wenn **97**

1. ein Abruf der ELStAM wegen technischer Störungen nicht möglich ist oder
2. der Arbeitnehmer die fehlende Mitteilung über die ihm zuzuteilende Identifikationsnummer nicht zu vertreten hat.

Als Störungen in diesem Sinne kommen technische Schwierigkeiten bei Anforderung und Abruf, Bereitstellung oder Übermittlung der ELStAM in Betracht oder eine verzögerte Ausstellung der Bescheinigung für den Lohnsteuerabzug durch das Finanzamt. **98**

***Fehlerhafte Lohnsteuerabzugsmerkmale***

Fehlerhafte Lohnsteuerabzugsmerkmale können z. B. durch folgende Ereignisse gebildet werden: **99**

1. aufgrund einer unvollständigen Datenlieferung der Gemeinden entfällt die Ehegattenverknüpfung, weshalb die Finanzverwaltung dem Arbeitgeber rückwirkend eine fehlerhafte Steuerklasse mitteilt (z. B. Steuerklasse I statt der bisherigen Steuerklasse III), oder
2. ein weiterer Arbeitgeber des Arbeitnehmers meldet sich bei der Finanzverwaltung unzutreffenderweise als Hauptarbeitgeber an, worauf dem Ar-

[1)] **Red. Anm.:** Rz. 89–94 sind für gem. § 1 Abs. 4 EStG beschränkt einkommensteuerpflichtige Arbeitnehmer ab 1. 1. 2020 im ELStAM-Verfahren überholt; BMF v. 7. 11. 2019, BStBl. I S. 1087 (Nr. **20** § 39/4).

beitgeber des ersten Dienstverhältnisses zu Unrecht die Steuerklasse VI mitgeteilt wird (vgl. Rz. 50 bis 53).

**100** Auch in diesen Fällen darf der Arbeitgeber für die Dauer von längstens drei Monaten die voraussichtlichen Lohnsteuerabzugsmerkmale des Arbeitnehmers (hier also regelmäßig die bisherigen ELStAM) anwenden, wenn ohne Änderung der persönlichen Verhältnisse des Arbeitnehmers und ohne dessen Zutun dem Arbeitgeber unzutreffende elektronische Lohnsteuerabzugsmerkmale bereitgestellt werden, die zu einem unzutreffenden Lohnsteuerabzug führen.

**101** Die Finanzverwaltung legt die zuvor beschriebene Regelung des § 39 c Abs. 1 Satz 2 EStG praxisorientiert und weitgehend aus. Auch wenn in den Fällen der Bereitstellung unzutreffender elektronischer Lohnsteuerabzugsmerkmale keine „technische Störung" im engeren Sinne vorliegt, muss der Arbeitnehmer in diesen Fällen seinem Arbeitgeber nicht zwingend eine vom Finanzamt ausgestellte „Papierbescheinigung" für den Lohnsteuerabzug vorlegen (vgl. Rz. 34 und 35). Es genügt, dass sich der Arbeitnehmer gegenüber seinem Arbeitgeber schriftlich erklärt; diese Erklärung ist zum Lohnkonto zu nehmen.

**102** Zur raschen und unkomplizierten Abwicklung der bezeichneten Fälle kann der Arbeitnehmer den Vordruck „Antrag auf Korrektur von unzutreffenden elektronischen Lohnsteuerabzugsmerkmalen (ELStAM)" verwenden und ihn seinem Finanzamt zusenden.

**103** Aufgrund dieser Ausnahmeregelungen kann der Arbeitgeber den Lohnsteuerabzug für die Dauer von längstens drei Monaten nach den ihm bekannten persönlichen Besteuerungsmerkmalen des Arbeitnehmers durchführen (Steuerklasse, Kinderzähler und Religionszugehörigkeit). Erhält der Arbeitgeber die (elektronischen) Lohnsteuerabzugsmerkmale vor Ablauf der drei Monate, hat er in den Fällen des § 39 c Abs. 1 Satz 2 EStG die Lohnsteuerermittlungen für die vorangegangenen Kalendermonate zu überprüfen und erforderlichenfalls zu ändern (§ 39 c Abs. 1 Satz 4 EStG).

**104** Hat der Arbeitnehmer nach Ablauf der drei Monate die Identifikationsnummer sowie den Tag seiner Geburt nicht mitgeteilt und ersatzweise die Bescheinigung für den Lohnsteuerabzug nicht vorgelegt, so ist rückwirkend die Besteuerung nach der Steuerklasse VI durchzuführen und die Lohnsteuerermittlungen für die vorhergehenden drei Monate zu korrigieren. Erhält der Arbeitgeber in diesen Fällen die ELStAM oder ersatzweise die Bescheinigung für den Lohnsteuerabzug nach Ablauf der 3-Monatsfrist, ist eine Änderung des Lohnsteuerabzugs nur nach Maßgabe des § 41 c Abs. 1 Satz 1 Nr. 1 EStG möglich.

***Unbeschränkt einkommensteuerpflichtige Arbeitnehmer ohne steuerliche Identifikationsnummer***

**105** Ist einem nach § 1 Abs. 1 EStG unbeschränkt einkommensteuerpflichtigen und im Inland meldepflichtigen Arbeitnehmer (noch) keine Identifikationsnummer (§§ 139 a, 139 b AO) zugeteilt worden, können ELStAM weder automatisiert gebildet noch vom Arbeitgeber abgerufen werden. In diesen Fällen ersetzt eine dem Arbeitgeber vorzulegende Bescheinigung für den Lohnsteuerabzug mit den anzuwendenden Lohnsteuerabzugsmerkmalen die ELStAM. Der Arbeitnehmer hat eine solche Bescheinigung für den Lohnsteuerabzug beim Wohnsitzfinanzamt (vgl. Rz. 12) formlos oder mit dem

„Antrag auf Ausstellung einer Bescheinigung für den Lohnsteuerabzug 201_" zu beantragen und dem Arbeitgeber vorzulegen (§ 39 e Abs. 8 Satz 1 und 4 EStG)[1].

Das Wohnsitzfinanzamt (vgl. Rz. 12) hat diese Bescheinigung für die Dauer eines Kalenderjahres auszustellen. Legt der Arbeitnehmer eine entsprechende Bescheinigung für den Lohnsteuerabzug vor, entfällt die Verpflichtung und Berechtigung des Arbeitgebers zum Abruf der ELStAM *(§ 39 e Abs. 8 Satz 2 EStG[2])*. **106**

Der Arbeitgeber hat diese jahresbezogene Bescheinigung für den Lohnsteuerabzug als Beleg zum Lohnkonto zu nehmen und während des Dienstverhält- **107**

*(Fortsetzung nächstes Blatt)*

[1] **Amtl. LSt-Handbuch:** Die Bescheinigung kann auch der Arbeitgeber beantragen, wenn ihn der Arbeitnehmer dazu nach § 80 Abs. 1 AO bevollmächtigt hat (siehe § 39e Abs. 8 Satz 2 EStG).

[2] **Amtl. LSt-Handbuch:** Jetzt § 39e Abs. 8 Satz 3 EStG.

nisses, längstens bis zum Ablauf des jeweiligen Kalenderjahres, aufzubewahren. Bei Beendigung des Arbeitsverhältnisses vor Ablauf des Kalenderjahres hat er dem Arbeitnehmer diese Bescheinigung auszuhändigen.

Hat der Arbeitnehmer die Ausstellung einer solchen Bescheinigung für den Lohnsteuerabzug nicht beantragt oder legt er sie nicht innerhalb von sechs Wochen nach Beginn des Dienstverhältnisses vor, hat der Arbeitgeber die Lohnsteuer nach der Steuerklasse VI zu ermitteln. 108

Erhält der Arbeitnehmer seine Identifikationsnummer zugeteilt, hat er sie dem Arbeitgeber mitzuteilen (§ 39 e Abs. 4 Satz 1 EStG). Mit dieser Angabe und dem (bereits vorliegenden) Geburtsdatum ist der Arbeitgeber berechtigt, die ELStAM des Arbeitnehmers abzurufen. Die vorliegende Bescheinigung für den Lohnsteuerabzug hindert den Arbeitgeber nicht, im laufenden Kalenderjahr zum elektronischen Verfahren zu wechseln, um so die ELStAM des Arbeitnehmers abrufen zu können. Die Bescheinigung für den Lohnsteuerabzug ist weder an das ausstellende Finanzamt noch an den Arbeitnehmer herauszugeben. 109

Hinsichtlich der Pflichten des Arbeitgebers zur Übertragung der Lohnsteuerabzugsmerkmale in das Lohnkonto, Aufbewahrung und Herausgabe der Bescheinigung für den Lohnsteuerabzug, Verwendung des lohnsteuerlichen Ordnungsmerkmals nach § 41 b Abs. 2 Satz 1 und 2 EStG sowie der Schutzvorschriften für die Lohnsteuerabzugsmerkmale gelten die Regelungen unter Rz. 92, 94 und 116 f. entsprechend. 110

## 9. ELStAM bei verschiedenen Lohnarten

Lohnsteuerlich gilt der Grundsatz des einheitlichen Dienstverhältnisses mit der Folge, dass die Lohnsteuer für sämtliche vom Arbeitgeber an den Arbeitnehmer gezahlten Bezüge einheitlich und nach denselben Lohnsteuerabzugsmerkmalen zu erheben ist. Daher kann der Arbeitgeber im ELStAM-Verfahren für einen Arbeitnehmer nur ein Dienstverhältnis anmelden und als Lohnsteuerabzugsmerkmal nur eine Steuerklasse anfordern bzw. abrufen. 111

**Beispiel:** 112

Arbeitnehmer A ist ledig, seit 2 Jahren Rentner und bezieht eine Altersrente aus der gesetzlichen Rentenversicherung. Daneben erhält A von seinem früheren Arbeitgeber B noch eine Rente aus einer Werkspension (= Arbeitslohn aus einem früheren Dienstverhältnis). A übt im Betrieb des B noch eine aktive Beschäftigung als Pförtner aus.

Auch wenn A von seinem Arbeitgeber B nebeneinander Arbeitslohn aus einem aktiven Dienstverhältnis und Versorgungsbezüge aus seiner früheren Beschäftigung dort erhält, liegt insgesamt nur ein einheitliches Dienstverhältnis vor. B müsste A folglich im ELStAM-Verfahren anmelden. In der ELStAM würde als Lohnsteuerabzugsmerkmal die Steuerklasse I ausgewiesen und die gesamten Bezüge (aus dem früheren und dem aktiven Dienstverhältnis) müssten nach der Steuerklasse I besteuert werden.

Gemäß der Sonderregelung in § 39 e Abs. 5 a EStG darf der Arbeitgeber oder ein von ihm beauftragter Dritter bei Zahlung verschiedenartiger Lohnbezüge die Lohnsteuer für den zweiten und jeden weiteren Bezug ohne Abruf weiterer Lohnsteuerabzugsmerkmale nach der Steuerklasse VI einbehalten. 113

Verschiedenartige Bezüge liegen vor (abschließende Aufzählung), wenn der Arbeitnehmer vom Arbeitgeber 114

1. neben dem Arbeitslohn für ein aktives Dienstverhältnis auch Versorgungsbezüge erhält,
2. neben Versorgungsbezügen aus seinem früheren Dienstverhältnis auch andere Versorgungsbezüge (z. B. Hinterbliebenenbezüge) bezieht oder

3. neben Arbeitslohn während der Elternzeit oder vergleichbaren Unterbrechungszeiten des aktiven Dienstverhältnisses auch Arbeitslohn für ein weiteres befristetes aktives Dienstverhältnis (z. B. Arbeitslohn für eine Teilzeitbeschäftigung während der Elternzeit) erhält.

**115** Eine Zusammenfassung der Bezüge bei Beendigung des Dienstverhältnisses oder am Ende des Kalenderjahres ist nicht durchzuführen. Entsprechend ist für jeden der abgerechneten Bezüge eine Lohnsteuerbescheinigung zu erstellen und an die Finanzverwaltung zu übermitteln. Zur Überprüfung der einbehaltenen Lohnsteuer hat der Arbeitnehmer die Veranlagungspflicht zur Einkommensteuer zu beachten (§ 39 e Abs. 5 a Satz 3 EStG). Danach ist die Regelung des § 46 Abs. 2 Nr. 2 EStG (Veranlagung zur Einkommensteuer, wenn der Arbeitnehmer nebeneinander von mehreren Arbeitgebern Arbeitslohn bezieht) entsprechend anzuwenden.

### 10. Schutzvorschriften für die (elektronischen) Lohnsteuerabzugsmerkmale

**116** Nur die Personen, denen der Arbeitnehmer die Berechtigung erteilt hat (vgl. Rz. 72, Arbeitgeber oder beauftragte Dritte), sind befugt, ELStAM abzurufen und zu verarbeiten (§ 39 e Abs. 4 Satz 2 und 6 EStG). ELStAM sind nur für den Lohnsteuerabzug bestimmt (§ 39 e Abs. 4 Satz 7 und Abs. 5 Satz 1 EStG). Folglich dürfen grundsätzlich weder der Arbeitgeber, noch der mit der Durchführung des Lohnsteuerabzugs beauftragte Dritte abgerufene ELStAM bzw. Lohnsteuerabzugsmerkmale offenbaren. Dies gilt nicht, soweit eine Weitergabe von (elektronischen) Lohnsteuerabzugsmerkmalen gesetzlich zugelassen ist oder der Arbeitnehmer einer anderen Verarbeitung zustimmt (§ 39 Abs. 8 Satz 2 EStG).

**117** Vorsätzliche oder leichtfertige Zuwiderhandlungen können mit einer Geldbuße nach den Bußgeldbestimmungen des Artikels 83 der Verordnung (EU) 2016/679 des Europäischen Parlaments und des Rates vom 27. April 2016 zum Schutz natürlicher Personen bei der Verarbeitung personenbezogener Daten, zum freien Datenverkehr und zur Aufhebung der Richtlinie 95/46/EG (Datenschutz-Grundverordnung) (ABl. L 119 vom 4. 5. 2016, S. 1; L 314 vom 22. 11. 2016, S. 72; L 127 vom 23. 5. 2018, S. 2) in ihrer jeweils geltenden Fassung geahndet werden (§ 39 Abs. 9 i. V. m. § 39 e Abs. 4 Satz 7 EStG).

## IV. Verfahrensrecht

**118** Sowohl die erstmalige Bildung der (elektronischen) Lohnsteuerabzugsmerkmale als auch deren späteren Änderungen sind eine gesonderte Feststellung von Besteuerungsgrundlagen i. S. v. § 179 Abs. 1 AO, die unter dem Vorbehalt der Nachprüfung steht (§ 39 Abs. 1 Satz 4 EStG). Eine solche Feststellung ist ein anfechtbarer Verwaltungsakt, dessen Vollziehung gemäß § 361 AO ausgesetzt werden kann. Da die Bildung der ELStAM unter dem Vorbehalt der Nachprüfung steht, hat der Arbeitnehmer daneben auch die Möglichkeit, eine Änderung nach § 164 Abs. 2 Satz 2 AO zu beantragen.

**119** Um als Verwaltungsakt erkennbar und anfechtbar zu sein, müssen die Bildung der (elektronischen) Lohnsteuerabzugsmerkmale und deren Änderungen dem Arbeitnehmer bekannt gegeben werden (§ 39 Abs. 1 Satz 5 EStG). Gemäß § 119 Abs. 2 AO kann dies schriftlich, elektronisch, mündlich oder in anderer Weise erfolgen. Üblicherweise hat der Arbeitgeber die ELStAM als Grundlage für die Lohnsteuerermittlung in der Lohn- und Gehaltsabrechnung auszuweisen (§ 39 e Abs. 5 Satz 2 und Abs. 6 EStG). In diesen Fällen werden sie mit Aushändigung der Lohnabrechnung an den Arbeitnehmer bekannt gegeben (§ 39 e Abs. 6 Satz 3 EStG) Wird die Lohnabrechnung elektronisch bereitgestellt, ist das Bereitstellungsdatum maßgebend.

Diesen Formen der Bekanntgabe ist keine Rechtsbehelfsbelehrung beizufügen (§ 39 e Abs. 6 Satz 2 EStG). Dies führt dazu, dass ein Einspruch gegen die gebildeten ELStAM innerhalb eines Jahres ab Bekanntgabe des Verwaltungsaktes eingelegt werden kann (§ 356 Abs. 2 AO). 120

Erteilt das Finanzamt auf Antrag des Arbeitnehmers einen Bescheid über die Berücksichtigung von Lohnsteuerabzugsmerkmalen (§ 39 Abs. 1 Satz 8 EStG), ist diesem eine Rechtsbehelfsbelehrung beizufügen. Das Finanzamt ist zudem zur schriftlichen Erteilung eines Bescheids mit einer Belehrung über den zulässigen Rechtsbehelf verpflichtet, wenn dem Antrag des Arbeitnehmers auf Bildung oder Änderung der Lohnsteuerabzugsmerkmale (regelmäßig im Rahmen eines Antrags auf Lohnsteuer-Ermäßigung) nicht oder nicht in vollem Umfang entsprochen wird. 121

## V. Härtefallregelung

***Allgemeines***

Bei Nichtteilnahme am ELStAM-Verfahren gelten die allgemeinen Regelungen des Zwangsgeldverfahrens nach §§ 328 ff. AO. Sind Arbeitgeber allerdings nicht in der Lage und ist es ihnen nicht zumutbar, die ELStAM der Arbeitnehmer elektronisch abzurufen, wird ein Ersatzverfahren angeboten (§ 39 e Abs. 7 EStG). Auf Antrag des Arbeitgebers kann das Betriebsstättenfinanzamt zur Vermeidung unbilliger Härten die Nichtteilnahme am ELStAM-Verfahren zulassen (§ 39 e Abs. 7 Satz 1 EStG). Die Teilnahme am Härtefallverfahren ist kalenderjährlich unter Darlegung der Gründe neu zu beantragen (§ 39 e Abs. 7 Satz 4 EStG), ggf. rückwirkend bis zum Beginn des Kalenderjahres der Antragstellung. 122

Eine unbillige Härte liegt insbesondere bei einem Arbeitgeber vor, für den die Kommunikation über das Internet mangels technischer Möglichkeiten und Voraussetzungen wirtschaftlich oder persönlich unzumutbar ist (§ 150 Abs. 8 AO ist entsprechend anzuwenden). 123

Dem Antrag ist stets stattzugeben, wenn der Arbeitgeber ohne maschinelle Lohnabrechnung ausschließlich Arbeitnehmer im Rahmen einer geringfügigen Beschäftigung in seinem Privathaushalt i. S. d. § 8 a Viertes Buch Sozialgesetzbuch bzw. § 276 a Sechstes Buch Sozialgesetzbuch beschäftigt und wenn er die Lohnsteuer vom Arbeitslohn/-entgelt nicht pauschal erhebt (§ 39 e Abs. 7 Satz 2 EStG). 124

Auch nach einer Genehmigung zur Nichtteilnahme am ELStAM-Verfahren kann der Arbeitgeber jederzeit ohne gesonderte Mitteilung zum elektronischen Abrufverfahren wechseln. 125

***Antragstellung***

Der Antrag ist nach amtlich vorgeschriebenem Vordruck zu stellen (Vordruck „Antrag des Arbeitgebers auf Nichtteilnahme am Abrufverfahren der elektronischen Lohnsteuerabzugsmerkmale (ELStAM) für 201_“) und muss folgende Angaben beinhalten: 126

1. Steuernummer der lohnsteuerlichen Betriebsstätte,
2. Verzeichnis der beschäftigten Arbeitnehmer,

3. Identifikationsnummer und Geburtsdatum der einzelnen Beschäftigten,
4. Angaben darüber, ob es sich um ein erstes (Hauptarbeitgeber) oder weiteres Dienstverhältnis (Steuerklasse VI) handelt und
5. bei einem weiteren Dienstverhältnis ggf. den nach § 39 a Abs. 1 Satz 1 Nr. 7 EStG zu berücksichtigenden Betrag.

***Verfahren/Bescheinigung der Lohnsteuerabzugsmerkmale***

**127** Gibt das Betriebsstättenfinanzamt dem Antrag statt, wird dem Arbeitgeber eine arbeitgeberbezogene Bescheinigung zur Durchführung des Lohnsteuerabzugs erteilt, welche die für das jeweilige Kalenderjahr gültigen Lohnsteuerabzugsmerkmale der einzelnen Arbeitnehmer enthält. Im Fall der Änderung von Lohnsteuerabzugsmerkmalen wird dem Arbeitgeber automatisch eine Bescheinigung mit den geänderten Lohnsteuerabzugsmerkmalen übersandt. Diese Bescheinigungen sind nur für den beantragenden Arbeitgeber bestimmt und dürfen von einem weiteren Arbeitgeber nicht als Grundlage für den Lohnsteuerabzug herangezogen werden.

***Pflichten des Arbeitgebers***

**128** Für die Lohnsteuererhebung gelten in diesen Fällen die Regelungen des Abrufverfahrens für die ELStAM entsprechend. Insbesondere haben auch die wegen der Inanspruchnahme der Härtefallregelung nicht am elektronischen Verfahren teilnehmenden Arbeitgeber die Lohnsteuerabzugsmerkmale der Arbeitnehmer in deren Lohnabrechnung auszuweisen. Auch hier gelten die Lohnsteuerabzugsmerkmale gegenüber dem Arbeitnehmer als bekannt gegeben, sobald der Arbeitgeber dem Arbeitnehmer die Lohnabrechnung mit den ausgewiesenen Lohnsteuerabzugsmerkmalen aushändigt. Im Übrigen sind für die in der Bescheinigung ausgewiesenen Lohnsteuerabzugsmerkmale die Schutzvorschriften für die ELStAM entsprechend zu beachten (vgl. Rz. 116 f.).

**129** Der Arbeitgeber hat die Bescheinigung zur Durchführung des Lohnsteuerabzugs sowie evtl. Änderungsmitteilungen als Beleg zum Lohnkonto zu nehmen und sie während der Beschäftigung, längstens bis zum Ablauf des maßgebenden Kalenderjahres, aufzubewahren. Zur Erteilung der Lohnsteuerbescheinigung (§ 41 b EStG) hat der Arbeitgeber die Besondere Lohnsteuerbescheinigung zu verwenden.

**130** Beginnt ein Arbeitnehmer im laufenden Kalenderjahr ein Dienstverhältnis, ist der Arbeitgeber zur Mitteilung an das Betriebsstättenfinanzamt verpflichtet (vgl. Rz. 2). Für die Ausstellung und Entgegennahme der Bescheinigung zur Durchführung des Lohnsteuerabzugs gelten Rz. 126 bis 129 entsprechend.

**131** Beim Ausscheiden eines Arbeitnehmers aus dem Dienstverhältnis ist dem Betriebsstättenfinanzamt unverzüglich das Datum der Beendigung schriftlich anzuzeigen (§ 39 e Abs. 7 Satz 8 EStG).

## VI. Betrieblicher Lohnsteuer-Jahresausgleich (§ 42 b EStG)

**132** Nach einem Arbeitgeberwechsel im laufenden Kalenderjahr sind dem neuen Arbeitgeber regelmäßig nur die ELStAM des aktuellen Dienstverhältnisses bekannt. Deshalb hat der Arbeitgeber als weitere Voraussetzung für die Durchführung eines Lohnsteuer-Jahresausgleichs zu beachten, dass der Arbeitnehmer durchgängig das gesamte Kalenderjahr bei ihm beschäftigt war. Im Rahmen des Lohnsteuer-Jahresausgleichs ist die Jahreslohnsteuer nach der Steuerklasse zu ermitteln, die für den letzten Lohnzahlungszeitraum des Ausgleichsjahres als

ELStAM abgerufen oder in einer Bescheinigung für den Lohnsteuerabzug ausgewiesen worden ist.

## VII. Lohnsteuer-Ermäßigungsverfahren

***Allgemeines***

Im Rahmen des Lohnsteuer-Ermäßigungsverfahrens nach § 39 a Abs. 2 EStG **133**
hat der Arbeitnehmer die Möglichkeit, die Berücksichtigung von Freibeträgen zu beantragen. Diese werden als Lohnsteuerabzugsmerkmale berücksichtigt und dem Arbeitgeber elektronisch zum Abruf bereitgestellt. Ein solcher Freibetrag kann auf Antrag des Arbeitnehmers für zwei Jahre berücksichtigt werden (§ 39 a Abs. 1 Satz 3 bis 5 EStG; BMF-Schreiben vom 21. Mai 2015, BStBl. I S. 488).

***Start- und Endtermin für das Lohnsteuer-Ermäßigungsverfahren***

Die Frist für die Stellung eines Antrags auf Lohnsteuer-Ermäßigung beginnt **134**
am 1. Oktober des Vorjahres, für das der Freibetrag gelten soll. Sie endet am 30. November des Kalenderjahres, in dem der Freibetrag gilt (§ 39 a Abs. 2 Satz 3 EStG). Werden Anträge auf Lohnsteuer-Ermäßigung entgegen der gesetzlichen Vorgabe bereits vor dem 1. Oktober des Vorjahres gestellt, hat das Finanzamt diese Anträge nicht aus formalen Gründen abzulehnen. Diese Anträge sind mit Start des Lohnsteuer-Ermäßigungsverfahrens zu bearbeiten.

Soll ein Freibetrag nach § 39 a Abs. 1 Satz 1 Nr. 1 bis 6 EStG auf mehrere **135**
Dienstverhältnisse aufgeteilt werden, ist ein Antrag des Arbeitnehmers beim Finanzamt erforderlich. In diesen Fällen ordnet das Finanzamt die Freibeträge den einzelnen Dienstverhältnissen für den Abruf als ELStAM zu. Der Arbeitnehmer hat dem Arbeitgeber weder Angaben zur Anwendung des Freibetrags noch dessen Höhe mitzuteilen.

Die Aufteilung von Freibeträgen auf mehrere Dienstverhältnisse ist nur dann **136**
möglich, wenn die jeweiligen Arbeitgeber den Arbeitnehmer im Zeitpunkt der Antragstellung bei der Finanzverwaltung angemeldet haben. Meldet ein Arbeitgeber den Arbeitnehmer verspätet an, ist für die Aufteilung des Freibetrags ein erneuter Antrag des Arbeitnehmers erforderlich. Der Freibetrag muss nicht stets dem ersten Dienstverhältnis zugewiesen werden. Es ist zulässig, ihn ganz oder teilweise auf ein oder mehrere weitere Dienstverhältnisse aufzuteilen.

***Aufteilung Hinzurechnungsbetrag/Freibetrag***

Im ELStAM-Verfahren kann der Arbeitnehmer entscheiden, ob bzw. in wel- **137**
cher Höhe der Arbeitgeber einen nach § 39 a Abs. 1 Satz 1 Nr. 7 EStG beantragten und vom Finanzamt ermittelten Freibetrag sowie den im Gegenzug korrespondierenden Hinzurechnungsbetrag abrufen soll. Allein für eine solche Verteilung auf die einzelnen Dienstverhältnisse ist ein Antrag beim Finanzamt nicht erforderlich. Diese Wahlmöglichkeit ist für zweite und weitere Dienstverhältnisse insbesondere für Fälle eines Arbeitgeberwechsels, nach Beendigung eines Dienstverhältnisses sowie bei in größeren Zeiträumen schwankenden Arbeitslöhnen gedacht. Soll der zum ersten Dienstverhältnis erfasste Hinzurechnungsbetrag auf ein oder mehrere weitere Dienstverhältnisse als Freibetrag aufgeteilt werden, hat der Arbeitnehmer dem jeweiligen Arbeitgeber den zu berücksichtigenden Freibetrag mitzuteilen.

Der Arbeitgeber hat den vom Arbeitnehmer genannten Betrag im Rahmen **138**
einer Anmeldung des Arbeitnehmers an die Finanzverwaltung zu übermitteln. Handelt es sich um ein bereits angemeldetes Dienstverhältnis, muss der Arbeit-

geber den Arbeitnehmer zum letzten Tag vor der Gültigkeit des Freibetrags nach § 39 a Abs. 1 Satz 1 Nr. 7 EStG abmelden und ab dem Gültigkeitstag des Freibetrags erneut anmelden, um den Freibetrag abrufen zu können.

**139** Nach Prüfung des übermittelten Betrags stellt die Finanzverwaltung dem Arbeitgeber den tatsächlich zu berücksichtigenden Freibetrag als ELStAM zum Abruf bereit. Nur dieser Freibetrag ist für den Arbeitgeber maßgebend und für den Lohnsteuerabzug anzuwenden sowie in der üblichen Lohn- und Gehaltsabrechnung des Arbeitnehmers als ELStAM auszuweisen.

## VIII. Sonstiges

### *Aufzeichnung im Lohnkonto*

**140** Der Arbeitgeber hat die im elektronischen Verfahren abgerufenen ELStAM in das Lohnkonto zu übernehmen (§ 41 Abs. 1 Satz 2 EStG). Gleiches gilt für die im Rahmen der Härtefallregelung (vgl. Rz. 127 und 129) in der vom Finanzamt ausgestellten Bescheinigung ausgewiesenen (Lohnsteuerabzugs-)Merkmale und für die in der nach § 39 e Abs. 8 EStG ausgestellten Bescheinigungen für den Lohnsteuerabzug ausgewiesenen (Lohnsteuerabzugs-)Merkmale.

### *Korrektur des Lohnsteuerabzugs*

**141** Nach § 41 c Abs. 1 Satz 1 Nr. 1 EStG ist der Arbeitgeber berechtigt, bei der jeweils nächsten Lohnzahlung bisher erhobene Lohnsteuer zu erstatten bzw. noch nicht erhobene Lohnsteuer nachträglich einzubehalten. Das gilt auch dann, wenn ihm ELStAM zum Abruf zur Verfügung gestellt werden oder ihm der Arbeitnehmer eine Bescheinigung für den Lohnsteuerabzug mit Eintragungen vorlegt, die auf einen Zeitpunkt vor Abruf der Lohnsteuerabzugsmerkmale oder vor Vorlage der Bescheinigung für den Lohnsteuerabzug zurückwirken.

### *Bereitstellung von Steuererklärungen und Vordrucken*

**142** Die im ELStAM-Verfahren erforderlichen bundeseinheitlich abgestimmten Erklärungen und Vordrucke werden von den Finanzbehörden des Bundes und der Länder zur Verfügung gestellt. Die seitens des Bundesministeriums der Finanzen bereitgestellten Erklärungen und Vordrucke stehen im Internet in einer Formulardatenbank unter der Internetadresse https://www.formulare-bfinv.de in der Rubrik Formularcenter/Formularkatalog/Steuerformulare/Lohnsteuer als ausfüllbare Formulare bereit.

### *Verlust der ELStAM-Daten*

**143** Sind die ELStAM-Daten für sämtliche seiner Arbeitnehmer verloren gegangen oder physikalisch zerstört worden (unvorhergesehener Datenverlust), besteht für den Arbeitgeber die Möglichkeit, die aktuellen ELStAM-Daten bei der Finanzverwaltung anzufordern (sog. Bruttoliste). Diese Option ist ausschließlich für den Sonderfall vorgesehen, dass bei einem Arbeitgeber aufgrund technischer Probleme die abgerufenen und gespeicherten ELStAM dauerhaft nicht mehr elektronisch verfügbar und nicht wiederherstellbar sind. Die Bruttoliste wird dem Arbeitgeber auf formlosen Antrag elektronisch von seinem Betriebsstättenfinanzamt zur Verfügung gestellt.

### *Anwendungszeitraum*

**144** Dieses Schreiben ist ab dem Kalenderjahr 2019 anzuwenden. Es ersetzt das BMF-Schreiben vom 7. August 2013, BStBl. I S. 951.

# **20** § 39/4. Schreiben betr. elektronische Lohnsteuerabzugsmerkmale (ELStAM); Abruf der Lohnsteuerabzugsmerkmale im ELStAM-Verfahren für gemäß § 1 Abs. 4 EStG beschränkt einkommensteuerpflichtige Arbeitnehmer ab dem 1. Januar 2020

Vom 7. November 2019 (BStBl. I S. 1087)

(BMF IV C 5 – S 2363/19/10007 :001; DOK 2019/0972167)

**Bezug:** BMF-Schreiben vom 8. November 2018 (BStBl. I S. 1137)[1)]

Im Einvernehmen mit den obersten Finanzbehörden der Länder gilt in Bezug auf den Abruf der Lohnsteuerabzugsmerkmale im ELStAM-Verfahren für gemäß § 1 Abs. 4 EStG beschränkt einkommensteuerpflichtige Arbeitnehmer Folgendes:

## 1. Start des Arbeitgeberabrufs zum 1. Januar 2020

Der elektronische Abruf der Lohnsteuerabzugsmerkmale im ELStAM-Verfahren für gemäß § 1 Abs. 4 EStG beschränkt einkommensteuerpflichtige Arbeitnehmer wird zum 1. Januar 2020 freigeschaltet. Arbeitgeber haben ab diesem Zeitpunkt die Lohnsteuerabzugsmerkmale für beschränkt einkommensteuerpflichtige Arbeitnehmer entsprechend den Rz. 44 ff. des BMF-Schreibens vom 8. November 2018 (BStBl. I S. 1137) im ELStAM-Verfahren abzurufen. Die anderslautenden Regelungen in den Rz. 89 bis 94 des BMF-Schreibens sind insoweit überholt.

## 2. Voraussetzung zum Arbeitgeberabruf

Voraussetzung für die Teilnahme von Arbeitnehmern am ELStAM-Verfahren ist die Zuteilung einer Identifikationsnummer. Diese ist nach § 39 Abs. 3 Satz 1 EStG[2)] beim Betriebsstättenfinanzamt des Arbeitgebers (§ 41 a Abs. 1 Satz 1 Nr. 1 EStG) zu beantragen. Die Zuteilung einer Identifikationsnummer kann auch der Arbeitgeber beantragen, wenn ihn der Arbeitnehmer dazu nach § 80 Abs. 1 AO bevollmächtigt hat. Wurde dem beschränkt einkommensteuerpflichtigen Arbeitnehmer bereits eine Identifikationsnummer zugeteilt, teilt das Betriebsstättenfinanzamt diese auf Anfrage des Arbeitnehmers mit. Der Arbeitgeber ist auch berechtigt, eine Anfrage im Namen des Arbeitnehmers zu stellen.

Zur Beantragung der Identifikationsnummer wird ein bundeseinheitlicher Vordruck zur Verfügung gestellt. Der Vordruck wird vor dem Start des Arbeitgeberabrufes auf dem Formularserver des Bundes (http://www.formulare-bfinv.de) zum Abruf bereitgestellt.

---

[1)] Nr. **20** § 39/3.

[2)] **[Amtl. Anm.:]** In der durch den Entwurf eines Gesetzes zur weiteren steuerlichen Förderung der Elektromobilität und zur Änderung weiterer steuerlicher Vorschriften vorgesehenen Fassung (BR-Drs. 356/19).

**3. Ausnahmen vom ELStAM-Verfahren für beschränkt steuerpflichtige Arbeitnehmer mit Freibetrag i. S. d. § 39 a EStG**

Die Teilnahme am ELStAM-Verfahren gilt noch nicht für Fälle, in denen für beschränkt steuerpflichtige Arbeitnehmer ein Freibetrag i. S. d. § 39 a EStG berücksichtigt wird. Entsprechendes gilt, wenn deren Arbeitslohn nach den Regelungen in Doppelbesteuerungsabkommen auf Antrag von der Besteuerung freigestellt oder, wenn der Steuerabzug nach den Regelungen in Doppelbesteuerungsabkommen auf Antrag gemindert oder begrenzt wird. In diesen Fällen und auch für Arbeitnehmer, die nach § 1 Abs. 2 EStG erweitert unbeschränkt einkommensteuerpflichtig sind oder nach § 1 Abs. 3 EStG auf Antrag wie unbeschränkt einkommensteuerpflichtig zu behandeln sind, hat das Betriebsstättenfinanzamt des Arbeitgebers (§ 41 a Abs. 1 Satz 1 Nr. 1 EStG) wie bisher auf Antrag eine Papierbescheinigung für den Lohnsteuerabzug auszustellen und den Arbeitgeberabruf zu sperren. Dies gilt auch dann, wenn für diesen Arbeitnehmerkreis auf Anforderung des Finanzamts oder aus anderen Gründen (z. B. früherer Wohnsitz im Inland) steuerliche Identifikationsnummern vorliegen. Der beschränkt einkommensteuerpflichtige Arbeitnehmer hat dem Arbeitgeber die Papierbescheinigung unverzüglich vorzulegen.

Der Arbeitgeber eines beschränkt einkommensteuerpflichtigen Arbeitnehmers ist zum Abruf der ELStAM berechtigt und verpflichtet, wenn dem beschränkt einkommensteuerpflichtigen Arbeitnehmer eine Identifikationsnummer zugeteilt und diese dem Arbeitgeber mitgeteilt wurde und der Arbeitnehmer keine Papierbescheinigung vorgelegt hat.

Wurde dem Arbeitgeber vom beschränkt einkommensteuerpflichtigen Arbeitnehmer eine Papierbescheinigung vorgelegt, tritt diese für den vermerkten Gültigkeitszeitraum an die Stelle der bereits abgerufenen ELStAM. Der Arbeitgeber hat in diesem Fall den Lohnsteuerabzug anhand der Papierbescheinigung vorzunehmen.

**4. Übergangsregelung für vereinfachte Antragsverfahren**

Haben das Betriebsstättenfinanzamt und der Arbeitgeber aufgrund einer Vielzahl gleichgelagerter Einzelfälle (z. B. beschränkt steuerpflichtige Betriebsrentner), in denen Papierbescheinigungen für den Lohnsteuerabzug auszustellen waren, bislang ein vereinfachtes Antrags- oder Listenverfahren praktiziert, bestehen keine Bedenken, für die in den Listen aufgeführten Arbeitnehmer auch nach dem 31. Dezember 2019 hieran festzuhalten.

Unabhängig davon, dass in diesen Fällen der Lohnsteuerabzug weiterhin auf der Grundlage von Papierbescheinigungen durchgeführt werden darf, kann für diese Arbeitnehmer die Vergabe der Identifikationsnummer listenmäßig beantragt werden, wenn die Bestimmungen zum Datenschutz, wie sie der bundeseinheitliche Vordruck vorsieht, entsprechend eingehalten werden. Die Übergangsregelung ist längstens bis zum Abschluss der programmtechnischen Einbindung von im Inland nicht meldepflichtigen Arbeitnehmern in das ELStAM-Verfahren anzuwenden.

**5. Anwendungszeitpunkt**

Dieses Schreiben ist ab dem 1. Januar 2020 anzuwenden.

# **20** § 39 a/1. Schreiben betr. Besteuerung der Einkünfte aus nichtselbständiger Arbeit bei beschränkt einkommensteuerpflichtigen Künstlern[1]

Vom 31. Juli 2002 (BStBl. I S. 707)

(BMF IV C 5 – S 2369 – 5/02)

Geändert durch BMF v. 28. 3. 2013 (BStBl. I S. 443)

Unter Bezugnahme auf das Ergebnis der Erörterung mit den obersten Finanzbehörden der Länder gilt für die Besteuerung der Einkünfte aus nichtselbständiger Arbeit bei beschränkt einkommensteuerpflichtigen Künstlern Folgendes:

## 1. Abgrenzung der nichtselbständigen Arbeit

Für die Abgrenzung zwischen selbständiger Tätigkeit und nichtselbständiger Tätigkeit bei beschränkter Einkommensteuerpflicht sind die Regelungen maßgebend, die für unbeschränkt einkommensteuerpflichtige Künstler in Tz. 1, insbesondere in Tz. 1.1.2, des BMF-Schreibens vom 5. Oktober 1990 (BStBl. I S. 638)[2] getroffen worden sind.

## 2. Steuerabzug vom Arbeitslohn

### 2.1. Verpflichtung zum Lohnsteuerabzug

Die Einkünfte der beschränkt einkommensteuerpflichtigen Künstler aus nichtselbständiger Arbeit unterliegen ab 1996 nicht mehr der Abzugssteuer nach § 50 a Abs. 4 EStG, sondern der Lohnsteuer, wenn der Arbeitgeber ein inländischer Arbeitgeber im Sinne des § 38 Abs. 1 Satz 1 Nr. 1 EStG ist, der den Lohnsteuerabzug durchzuführen hat.

### 2.2. Freistellung vom Lohnsteuerabzug

Der Lohnsteuerabzug darf nur dann unterbleiben, wenn der Arbeitslohn nach den Vorschriften eines Doppelbesteuerungsabkommens von der deutschen Lohnsteuer freizustellen ist. Dies ist vielfach für künstlerische Tätigkeiten im Rahmen eines Kulturaustausches vorgesehen. Das Betriebsstättenfinanzamt hat auf Antrag des Arbeitnehmers oder des Arbeitgebers (im Namen des Arbeitnehmers) eine entsprechende Freistellungsbescheinigung nach *R 123 LStR*[3] zu erteilen *(§ 39 b Abs. 6 i. V. m. § 39 d Abs. 3 Satz 4 EStG*[4]*)*.

## 3. Erhebung der Lohnsteuer nach den Regelvorschriften

### 3.1. Bescheinigung des Betriebsstättenfinanzamts

Zur Durchführung des Lohnsteuerabzugs hat das Betriebsstättenfinanzamt auf Antrag des Arbeitnehmers oder des Arbeitgebers (im Namen des Arbeit-

---

[1] **Anm. Amtl. LSt-Handbuch 2017:** Die nachfolgenden Regelungen gelten grundsätzlich auch im ELStAM-Verfahren.

[2] Nr. **20** § 19/1.

[3] Jetzt R 39 b.10 LStR 2015.

[4] Siehe jetzt R 39 b.10 i. V. m. R 39.4 Abs. 3 LStR 2015.

nehmers) eine Bescheinigung über die maßgebende Steuerklasse und den vom Arbeitslohn ggf. abzuziehenden Freibetrag zu erteilen *(§ 39 d Abs. 1 Satz 3 und Abs. 2 EStG)*[1]. Dabei kommt ein Freibetrag nur in Betracht, soweit die Werbungskosten, die im wirtschaftlichen Zusammenhang mit der im Inland ausgeübten künstlerischen Tätigkeit stehen, den zeitanteiligen Arbeitnehmer-Pauschbetrag (§ 9 a Satz 1 Nr. 1 EStG) und die abziehbaren Ausgaben für steuerbegünstigte Zwecke im Sinne des § 10 b EStG den zeitanteiligen Sonderausgaben-Pauschbetrag (§ 10 c Abs. 1 EStG) übersteigen *(§ 50 Abs. 1 Satz 6 EStG)*[2].

Der Zeitanteil des Arbeitnehmer-Pauschbetrags und des Sonderausgaben-Pauschbetrags bestimmt sich nach der (voraussichtlichen) Dauer des jeweiligen Dienstverhältnisses. Dabei ist der Beginn des Dienstverhältnisses besonders anzugeben. Auf Antrag kann der Beginn des Dienstverhältnisses zurückdatiert werden, soweit glaubhaft gemacht ist, dass der Künstler in der Zwischenzeit nicht bereits für einen anderen inländischen Arbeitgeber als Arbeitnehmer beschäftigt war. Dabei gilt jedoch die Einschränkung, dass für je zwei Tage der tatsächlichen Beschäftigungsdauer nur eine Zurückdatierung um eine Woche, insgesamt jedoch höchstens um einen Monat, zulässig ist. Tz. 2.2.1 des BMF-Schreibens vom 5. Oktober 1990 (BStBl. I S. 638)[3] ist sinngemäß anzuwenden.

Der ermittelte Freibetrag ist durch Aufteilung in Monatsbeträge, erforderlichenfalls auch in Wochen- und Tagesbeträge, ebenfalls auf die (voraussichtliche) Dauer des Dienstverhältnisses zu verteilen; auf Antrag des Künstlers kann nach *R 125 Abs. 8 LStR*[4] auch die restliche Dauer des Dienstverhältnisses zu Grunde gelegt werden.

Die Bescheinigung ist vom Arbeitgeber als Beleg zum Lohnkonto aufzubewahren *(§ 39 d Abs. 3 Satz 2 EStG)*[5]. Für Künstler, die bei mehreren inländischen Arbeitgebern beschäftigt werden, sind entsprechend viele Bescheinigungen zu erteilen; *R 125 Abs. 7 Satz 2 LStR*[6] ist zu beachten.

### 3.2. Ermittlung der Lohnsteuer

Der Arbeitgeber hat die Lohnsteuer nach Maßgabe des *§ 39 b Abs. 2 bis 6 und § 39 c Abs. 1 und 2 i. V. m. § 39 d Abs. 3 Satz 4 EStG*[7] zu ermitteln. Der Ermittlung ist der steuerpflichtige Arbeitslohn und die Vorsorgepauschale nach *§ 10 c Abs. 2 EStG*[8] zu Grunde zu legen. Zum steuerpflichtigen Arbeitslohn gehören nicht die steuerfreien Bezüge im Sinne des § 3 EStG, insbesondere die steuerfreien Reisekostenvergütungen nach § 3 Nr. 13 und 16 EStG.

Bei täglicher Lohnzahlung ist nach den Regelungen des § 39 b Abs. 2 Sätze 5 bis 12 EStG zu verfahren. Stellt sich die tägliche Lohnzahlung lediglich als Abschlagszahlung dar, kann der Lohnabrechnungszeitraum als Lohnzahlungszeitraum behandelt werden (§ 39 b Abs. 5 in Verbindung mit *§ 39 d Abs. 3*

[1] Jetzt § 39 Abs. 2 Satz 2 i. V. m. § 39 Abs. 3 EStG.
[2] Jetzt § 50 Abs. 1 Satz 5 EStG.
[3] Nr. **20** § 19/1.
[4] Jetzt R 39.4 Abs. 1 LStR 2015.
[5] Jetzt § 39 Abs. 3 Satz 4 EStG.
[6] Jetzt R 39.3 LStR 2015.
[7] Jetzt § 39 b Abs. 1 bis 6 EStG und (ab VZ 2004) § 39 c Abs. 1, 2 und 5 EStG. § 39 d EStG aufgeh. mW ab 1. 1. 2012 durch G v. 7. 12. 2011 (BGBl. I S. 2592).
[8] Jetzt § 39 b Abs. 2 Satz 5 Nr. 3 und Abs. 4 EStG.

*Satz 4 EStG*[1]). Auf Lohnzahlungen, die nicht als Abschlagszahlungen angesehen werden können, kann der Arbeitgeber eines der Verfahren im Sinne der Tz. 2.2.1 bis 2.2.3 des BMF-Schreibens vom 5. Oktober 1990 (BStBl. I S. 638)[2] anwenden. Dabei tritt anstelle des Zeitraumes, der nach der Lohnsteuerbescheinigung nicht belegt ist, der Zeitraum, um den der Beginn des Dienstverhältnisses vom Betriebsstättenfinanzamt nach Tz. 3.1 dieses Schreibens zurückdatiert worden ist.

### 3.3. Lohnsteuerbescheinigung

Eine Lohnsteuerbescheinigung ist vom Arbeitgeber nur auf besonderen Antrag des Künstlers zu erteilen *(§ 39 d Abs. 3 Satz 5 EStG)*[3]. Sie ist erforderlich, wenn der Künstler Staatsangehöriger eines Mitgliedstaates der Europäischen Union oder von Island, Liechtenstein oder Norwegen ist, in einem dieser Staaten ansässig ist und eine Veranlagung zur Einkommensteuer beantragen will (vgl. *§ 50 Abs. 5 Satz 2 Nr. 2 EStG*[4]).

## 4. Pauschale Erhebung der Lohnsteuer

### 4.1. Vereinfachungsmaßnahme

Wegen der besonderen Schwierigkeiten, die mit der Anwendung der Regelvorschriften nach Tz. 3.1 und 3.2 zur steuerlichen Erfassung der Einkünfte bei nur kurzfristig beschäftigten Künstlern verbunden sind, wird zugelassen, dass die Lohnsteuer nach Maßgabe folgender Regelungen pauschal erhoben wird. Der Arbeitgeber hat jedoch die Regelvorschriften anzuwenden, wenn der Arbeitnehmer dies verlangt.

### 4.2. Pauschal zu besteuernder Personenkreis

Der inländische Arbeitgeber kann die Lohnsteuer pauschal erheben bei beschränkt einkommensteuerpflichtigen Künstlern, die
- als gastspielverpflichtete Künstler bei Theaterbetrieben,
- als freie Mitarbeiter für den Hör- oder Fernsehfunk oder
- als Mitarbeiter in der Film- und Fernsehproduktion

nach Tz. 1.1.2, Tz. 1.3.1 (Tz. 1.3.7) bzw. Tz. 1.4 des BMF-Schreibens vom 5. Oktober 1990 (BStBl. I S 638)[2] nichtselbständig tätig sind und von dem Arbeitgeber nur kurzfristig, höchstens für sechs zusammenhängende Monate, beschäftigt werden.

### 4.3. Höhe der pauschalen Lohnsteuer[5]

Die pauschale Lohnsteuer bemisst sich nach den gesamten Einnahmen des Künstlers einschließlich der Beträge im Sinne des § 3 Nr. 13 und 16 EStG. Abzüge, z. B. für Werbungskosten, Sonderausgaben und Steuern, sind nicht zulässig. Die pauschale Lohnsteuer beträgt 20 % der Einnahmen, wenn der Künstler die Lohnsteuer trägt. Übernimmt der Arbeitgeber die Lohnsteuer und den Solidaritätszuschlag von 5,5 % der Lohnsteuer, so beträgt die Lohnsteuer 25,35 % der Einnahmen; sie beträgt 20,22 % der Einnahmen, wenn der

---

[1] § 39 d EStG aufgeh. mW ab 1. 1. 2012 durch G v. 7. 12. 2011 (BGBl. I S. 2592).
[2] Nr. **20** § 19/1.
[3] Jetzt § 41 b Abs. 1 Satz 4 und 5 EStG.
[4] Jetzt § 50 Abs. 2 EStG.
[5] Tz. 4.3 neu gef. mWv. 1. 7. 2013 durch BMF v. 28. 3. 2013, BStBl. I S. 443.

Arbeitgeber nur den Solidaritätszuschlag übernimmt. Der Solidaritätszuschlag beträgt zusätzlich jeweils 5,5 % der Lohnsteuer.

**4.4. Lohnsteuerbescheinigung**

Die Verpflichtung des Arbeitgebers, auf Verlangen des Künstlers eine Lohnsteuerbescheinigung zu erteilen *(§ 39 d Abs. 3 Satz 5 EStG)*[1], wird durch die pauschale Lohnsteuererhebung nicht berührt. Dasselbe gilt für das Veranlagungswahlrecht bestimmter Staatsangehöriger nach *§ 50 Abs. 5 Satz 2 Nr. 2 EStG*[2]. In die Lohnsteuerbescheinigung sind aber die Einnahmen im Sinne des § 3 Nr. 13 und 16 EStG nicht einzubeziehen. Die pauschale Lohnsteuer ist nach *§ 36 Abs. 2 Satz 2 Nr. 2 EStG*[3] auf die veranlagte Einkommensteuer anzurechnen.

Dieses Schreiben tritt an die Stelle der BMF-Schreiben vom 15. Januar 1996 (BStBl. I S. 55) und vom 3. März 1998 (BStBl. I S. 261).

[1] Siehe jetzt § 41 b Abs. 1 Satz 4 bis 6 EStG.
[2] Jetzt § 50 Abs. 2 EStG.
[3] Jetzt § 36 Abs. 2 Nr. 2 EStG.

# 20 § 39a/1. Schreiben betr. Besteuerung der Einkünfte aus nichtselbständiger Arbeit bei beschränkt einkommensteuerpflichtigen Künstlern[1)]

Vom 31. Juli 2002
BMF IV C 5-S 2369-5/02
(BStBl. I S. 707)
Geändert durch BMF v. 28. 3. 2013 (BStBl. I S. 443)

Unter Bezugnahme auf das Ergebnis der Erörterung mit den obersten Finanzbehörden der Länder gilt für die Besteuerung der Einkünfte aus nichtselbständiger Arbeit bei beschränkt einkommensteuerpflichtigen Künstlern Folgendes:

## 1. Abgrenzung der nichtselbständigen Arbeit

Für die Abgrenzung zwischen selbständiger Tätigkeit und nichtselbständiger Tätigkeit bei beschränkter Einkommensteuerpflicht sind die Regelungen maßgebend, die für unbeschränkt einkommensteuerpflichtige Künstler in Tz. 1, insbesondere in Tz. 1.1.2, des BMF-Schreibens vom 5. Oktober 1990 (BStBl. I S. 638)[2)] getroffen worden sind.

## 2. Steuerabzug vom Arbeitslohn

### 2.1. Verpflichtung zum Lohnsteuerabzug

Die Einkünfte der beschränkt einkommensteuerpflichtigen Künstler aus nichtselbständiger Arbeit unterliegen ab 1996 nicht mehr der Abzugssteuer nach § 50 a Abs. 4 EStG, sondern der Lohnsteuer, wenn der Arbeitgeber ein inländischer Arbeitgeber im Sinne des § 38 Abs. 1 Satz 1 Nr. 1 EStG ist, der den Lohnsteuerabzug durchzuführen hat.

### 2.2. Freistellung vom Lohnsteuerabzug

Der Lohnsteuerabzug darf nur dann unterbleiben, wenn der Arbeitslohn nach den Vorschriften eines Doppelbesteuerungsabkommens von der deutschen Lohnsteuer freizustellen ist. Dies ist vielfach für künstlerische Tätigkeiten im Rahmen eines Kulturaustausches vorgesehen. Das Betriebsstättenfinanzamt hat auf Antrag des Arbeitnehmers oder des Arbeitgebers (im Namen des Arbeitnehmers) eine entsprechende Freistellungsbescheinigung nach *R 123 LStR*[3)] zu erteilen *(§ 39 b Abs. 6 i. V. m. § 39 d Abs. 3 Satz 4 EStG*[4)]).

## 3. Erhebung der Lohnsteuer nach den Regelvorschriften

### 3.1. Bescheinigung des Betriebsstättenfinanzamts

Zur Durchführung des Lohnsteuerabzugs hat das Betriebsstättenfinanzamt auf Antrag des Arbeitnehmers oder des Arbeitgebers (im Namen des Arbeitnehmers) eine Bescheinigung über die maßgebende Steuerklasse und den vom

---

[1)] **Amtl. LSt-Handbuch 2017:** Die nachfolgenden Regelungen gelten grundsätzlich auch im ELStAM-Verfahren.

[2)] Nr. **20** § 19/1.

[3)] **Red. Anm.:** Jetzt R 39 b.10 LStR.

[4)] **Red. Anm.:** Siehe jetzt R 39 b.10 i. V. m. R 39.4 Abs. 3 LStR.

Arbeitslohn ggf. abzuziehenden Freibetrag zu erteilen *(§ 39 d Abs. 1 Satz 3 und Abs. 2 EStG*[1]*)*. Dabei kommt ein Freibetrag nur in Betracht, soweit die Werbungskosten, die im wirtschaftlichen Zusammenhang mit der im Inland ausgeübten künstlerischen Tätigkeit stehen, den zeitanteiligen Arbeitnehmer-Pauschbetrag (§ 9 a Satz 1 Nr. 1 EStG) und die abziehbaren Ausgaben für steuerbegünstigte Zwecke im Sinne des § 10 b EStG den zeitanteiligen Sonderausgaben-Pauschbetrag (§ 10 c Abs. 1 EStG) übersteigen *(§ 50 Abs. 1 Satz 6 EStG*[2]*)*.

Der Zeitanteil des Arbeitnehmer-Pauschbetrags und des Sonderausgaben-Pauschbetrags bestimmt sich nach der (voraussichtlichen) Dauer des jeweiligen Dienstverhältnisses. Dabei ist der Beginn des Dienstverhältnisses besonders anzugeben. Auf Antrag kann der Beginn des Dienstverhältnisses zurückdatiert werden, soweit glaubhaft gemacht ist, dass der Künstler in der Zwischenzeit nicht bereits für einen anderen inländischen Arbeitgeber als Arbeitnehmer beschäftigt war. Dabei gilt jedoch die Einschränkung, dass für je zwei Tage der tatsächlichen Beschäftigungsdauer nur eine Zurückdatierung um eine Woche, insgesamt jedoch höchstens um einen Monat, zulässig ist. Tz. 2.2.1 des BMF-Schreibens vom 5. Oktober 1990 (BStBl. I S. 638)[3] ist sinngemäß anzuwenden.

Der ermittelte Freibetrag ist durch Aufteilung in Monatsbeträge, erforderlichenfalls auch in Wochen- und Tagesbeträge, ebenfalls auf die (voraussichtliche) Dauer des Dienstverhältnisses zu verteilen; auf Antrag des Künstlers kann nach *R 125 Abs. 8 LStR*[4] auch die restliche Dauer des Dienstverhältnisses zu Grunde gelegt werden.

Die Bescheinigung ist vom Arbeitgeber als Beleg zum Lohnkonto aufzubewahren *(§ 39 d Abs. 3 Satz 2 EStG)*[5]. Für Künstler, die bei mehreren inländischen Arbeitgebern beschäftigt werden, sind entsprechend viele Bescheinigungen zu erteilen; *R 125 Abs. 7 Satz 2 LStR*[6] ist zu beachten.

## 3.2. Ermittlung der Lohnsteuer

Der Arbeitgeber hat die Lohnsteuer nach Maßgabe des *§ 39 b Abs. 2 bis 6 und § 39 c Abs. 1 und 2 i. V. m. § 39 d Abs. 3 Satz 4 EStG*[7] zu ermitteln. Der Ermittlung ist der steuerpflichtige Arbeitslohn und die Vorsorgepauschale nach *§ 10 c Abs. 2 EStG*[8] zu Grunde zu legen. Zum steuerpflichtigen Arbeitslohn gehören nicht die steuerfreien Bezüge im Sinne des § 3 EStG, insbesondere die steuerfreien Reisekostenvergütungen nach § 3 Nr. 13 und 16 EStG.

Bei täglicher Lohnzahlung ist nach den Regelungen des § 39 b Abs. 2 Sätze 5 bis 12 EStG zu verfahren. Stellt sich die tägliche Lohnzahlung lediglich als Abschlagszahlung dar, kann der Lohnabrechnungszeitraum als Lohnzahlungszeitraum behandelt werden (§ 39 b Abs. 5 i.V.m. *§ 39 d Abs. 3 Satz 4 EStG*[9]). Auf Lohnzahlungen, die nicht als Abschlagszahlungen angesehen werden können, kann der Arbeitgeber eines der Verfahren im Sinne der Tz. 2.2.1 bis 2.2.3

[1] **Red. Anm.:** Jetzt § 39 Abs. 2 Satz 2 i. V. m. § 39 Abs. 3 EStG.
[2] **Red. Anm.:** Jetzt § 50 Abs. 1 Satz 5 EStG.
[3] Nr. **20** § 19/1.
[4] **Red. Anm.:** Jetzt R 39.4 Abs. 1 LStR.
[5] **Red. Anm.:** Jetzt § 39 Abs. 3 Satz 4 EStG.
[6] **Red. Anm.:** Jetzt R 39.3 LStR.
[7] **Red. Anm.:** Jetzt § 39 b Abs. 1 bis 6 EStG und (ab VZ 2004) § 39 c Abs. 1, 2 und 5 EStG.
[8] **Red. Anm.:** Jetzt § 39 b Abs. 2 Satz 5 Nr. 3 und Abs. 4 EStG.
[9] **Red. Anm.:** § 39d EStG aufgeh. mW ab 1. 1. 2012 durch G v. 7. 12. 2011 (BGBl. I S. 2592).

des BMF-Schreibens vom 5. Oktober 1990 (BStBl. I S. 638)[1] anwenden. Dabei tritt anstelle des Zeitraumes, der nach der Lohnsteuerbescheinigung nicht belegt ist, der Zeitraum, um den der Beginn des Dienstverhältnisses vom Betriebsstättenfinanzamt nach Tz. 3.1 dieses Schreibens zurückdatiert worden ist.

### 3.3. Lohnsteuerbescheinigung

Eine Lohnsteuerbescheinigung ist vom Arbeitgeber nur auf besonderen Antrag des Künstlers zu erteilen (*§ 39 d Abs. 3 Satz 5 EStG*[2]). Sie ist erforderlich, wenn der Künstler Staatsangehöriger eines Mitgliedstaates der Europäischen Union oder von Island, Liechtenstein oder Norwegen ist, in einem dieser Staaten ansässig ist und eine Veranlagung zur Einkommensteuer beantragen will (vgl. *§ 50 Abs. 5 Satz 2 Nr. 2 EStG*[3]).

## 4. Pauschale Erhebung der Lohnsteuer

### 4.1. Vereinfachungsmaßnahme

Wegen der besonderen Schwierigkeiten, die mit der Anwendung der Regelvorschriften nach Tz. 3.1 und 3.2 zur steuerlichen Erfassung der Einkünfte bei nur kurzfristig beschäftigten Künstlern verbunden sind, wird zugelassen, dass die Lohnsteuer nach Maßgabe folgender Regelungen pauschal erhoben wird. Der Arbeitgeber hat jedoch die Regelvorschriften anzuwenden, wenn der Arbeitnehmer dies verlangt.

### 4.2. Pauschal zu besteuernder Personenkreis

Der inländische Arbeitgeber kann die Lohnsteuer pauschal erheben bei beschränkt einkommensteuerpflichtigen Künstlern, die

– als gastspielverpflichtete Künstler bei Theaterbetrieben,

– als freie Mitarbeiter für den Hör- oder Fernsehfunk oder

– als Mitarbeiter in der Film- und Fernsehproduktion

nach Tz. 1.1.2, Tz. 1.3.1 (Tz. 1.3.7) bzw. Tz. 1.4 des BMF-Schreibens vom 5. Oktober 1990 (BStBl. I S. 638)[1] nichtselbständig tätig sind und von dem Arbeitgeber nur kurzfristig, höchstens für sechs zusammenhängende Monate, beschäftigt werden.

### 4.3. Höhe der pauschalen Lohnsteuer[4]

Die pauschale Lohnsteuer bemisst sich nach den gesamten Einnahmen des Künstlers einschließlich der Beträge im Sinne des § 3 Nr. 13 und 16 EStG. Abzüge, z. B. für Werbungskosten, Sonderausgaben und Steuern, sind nicht zulässig. Die pauschale Lohnsteuer beträgt 20 % der Einnahmen, wenn der Künstler die Lohnsteuer trägt. Übernimmt der Arbeitgeber die Lohnsteuer und den Solidaritätszuschlag von 5,5 % der Lohnsteuer, so beträgt die Lohnsteuer 25,35 % der Einnahmen; sie beträgt 20,22 % der Einnahmen, wenn der Arbeitgeber nur den Solidaritätszuschlag übernimmt. Der Solidaritätszuschlag beträgt zusätzlich jeweils 5,5 % der Lohnsteuer.

---

[1] Nr. **20** § 19/1.
[2] **Red. Anm.:** Jetzt § 41 b Abs. 1 Satz 4 bis 6 EStG.
[3] **Red. Anm.:** Jetzt § 50 Abs. 2 EStG.
[4] Tz. 4.3 neu gef. mWv. 1. 7. 2013 durch BMF v. 28. 3. 2013, BStBl. I S. 443.

### 4.4. Lohnsteuerbescheinigung

Die Verpflichtung des Arbeitgebers, auf Verlangen des Künstlers eine Lohnsteuerbescheinigung zu erteilen *(§ 39 d Abs. 3 Satz 5 EStG*[1]*)*, wird durch die pauschale Lohnsteuererhebung nicht berührt. Dasselbe gilt für das Veranlagungswahlrecht bestimmter Staatsangehöriger nach *§ 50 Abs. 5 Satz 2 Nr. 2 EStG*[2]. In die Lohnsteuerbescheinigung sind aber die Einnahmen im Sinne des § 3 Nr. 13 und 16 EStG nicht einzubeziehen. Die pauschale Lohnsteuer ist nach *§ 36 Abs. 2 Satz 2 Nr. 2 EStG*[3] auf die veranlagte Einkommensteuer anzurechnen.

Dieses Schreiben tritt an die Stelle der BMF-Schreiben vom 15. Januar 1996 (BStBl. I S. 55) und vom 3. März 1998 (BStBl. I S. 261).

[1] **Red. Anm.:** Siehe jetzt § 41 b Abs. 1 Satz 3.
[2] **Red. Anm.:** Jetzt § 50 Abs. 2 EStG.
[3] **Red. Anm.:** Jetzt § 36 Abs. 2 Nr. 2 EStG.

„PKV“ der Wert „1“ einzugeben. Zum Ansatz der Mindestvorsorgepauschale vergleiche Tz. 7.

**5. Teilbetrag für die soziale Pflegeversicherung (§ 39 b Abs. 2 Satz 5 Nr. 3 Buchst. c EStG)**

Der Teilbetrag für die soziale Pflegeversicherung wird bei Arbeitnehmern angesetzt, die in der inländischen sozialen Pflegeversicherung versichert sind. Der Teilbetrag ist unter Berücksichtigung des Grundsatzes „Pflegeversicherung folgt Krankenversicherung“ auch dann anzusetzen, wenn der Arbeitnehmer gesetzlich krankenversichert, jedoch privat pflegeversichert ist. Besteht Sozialversicherungspflicht im Inland und parallel im Ausland, bleiben im Lohnsteuerabzugsverfahren die Beiträge an den ausländischen Sozialversicherungsträger unberücksichtigt.

Länderspezifische Besonderheiten bei den Beitragssätzen sind zu berücksichtigen (höherer Arbeitnehmeranteil in Sachsen [zzt. *1,525 % statt 1,025 %*[1)]]).

Der Beitragszuschlag für Arbeitnehmer ohne Kinder ist ebenfalls zu berücksichtigen (§ 55 Abs. 3 SGB XI [zzt. *0,25 %*[2)]]).

**6. Teilbetrag für die private Basiskranken- und Pflege-Pflichtversicherung (§ 39 b Abs. 2 Satz 5 Nr. 3 Buchst. d EStG)**

Der Teilbetrag für die private Basiskranken- und Pflege-Pflichtversicherung wird bei Arbeitnehmern angesetzt, die nicht in der gesetzlichen Krankenversicherung und sozialen Pflegeversicherung versichert sind (z. B. privat versicherte Beamte, beherrschende Gesellschafter-Geschäftsführer und höher verdienende Arbeitnehmer).

In den Steuerklassen I bis V können die dem Arbeitgeber mitgeteilten privaten Basiskranken- und Pflege-Pflichtversicherungsbeiträge berücksichtigt werden (Tz. 6.1 und 6.2). Hiervon ist ein – unabhängig vom tatsächlich zu zahlenden Zuschuss – typisierend berechneter Arbeitgeberzuschuss abzuziehen, wenn der Arbeitgeber nach § 3 Nr. 62 EStG steuerfreie Zuschüsse zu einer privaten Kranken- und Pflegeversicherung des Arbeitnehmers zu leisten hat[3)]. Die Beitragsbemessungsgrenze und landesspezifische Besonderheiten bei der Verteilung des Beitragssatzes für die Pflegeversicherung auf Arbeitgeber und Arbeitnehmer (niedrigerer Arbeitgeberanteil in Sachsen [zzt. *0,525 % statt 1,025 %*[4)]]) sind zu beachten.

**6.1. Mitteilung der privaten Basiskranken- und Pflege-Pflichtversicherungsbeiträge durch den Arbeitnehmer**

Es ist die Mindestvorsorgepauschale (Tz. 7) zu berücksichtigen, wenn der Arbeitnehmer dem Arbeitgeber die abziehbaren privaten Basiskranken- und

---

*(Fortsetzung der Anm. von voriger Seite)*
BStBl. I S. 2051; **ab 1.6.2022:** BMF v. 20.5.2022, BStBl. I S. 682; für **2023:** BMF v. 18.11.2022, BStBl. I S. 1531.

[1)] **Red. Anm.:** Ab **2015**: 1,675 % statt 1,175 %; ab **2017**: 1,775 % statt 1,275 %; ab **2019**: 2,025 % statt 1,525 %.

[2)] **Amtl. LSt-Handbuch:** Ab **2022**: 0,35 %.

[3)] **Amtl. LSt-Handbuch:** Bei der Berechnung des Arbeitgeberzuschusses ist ab 2019 auch der auf den Arbeitgeber entfallende Zusatzbeitrag auf Basis des durchschnittlichen Zusatzbeitragssatzes gegenzurechnen (siehe GKV-Versichertenentlastungsgesetz).

[4)] **Red. Anm.:** Ab **2015**: 0,675 % statt 1,175 %; ab **2017**: 0,775 % statt 1,275 %; ab **2019**: 1,025 % statt 1,525 %.

Pflege-Pflichtversicherungsbeiträge nicht mitteilt (Beitragsbescheinigung des Versicherungsunternehmens). Die mitgeteilten Beiträge sind maßgebend, wenn sie höher sind als die Mindestvorsorgepauschale. Beitragsbescheinigungen ausländischer Versicherungsunternehmen darf der Arbeitgeber nicht berücksichtigen. Gesetzlich versicherte Arbeitnehmer können im Lohnsteuerabzugsverfahren keine Beiträge für eine private Basiskranken- und Pflege-Pflichtversicherung nachweisen; dies gilt auch hinsichtlich der Beiträge eines privat versicherten Ehegatten oder Lebenspartners des Arbeitnehmers (siehe unten).

Die mitgeteilten Beiträge privat versicherter Arbeitnehmer hat der Arbeitgeber im Rahmen des Lohnsteuerabzugs zu berücksichtigen. Einbezogen werden können Beiträge für die eigene private Basiskranken- und Pflege-Pflichtversicherung des Arbeitnehmers einschließlich der entsprechenden Beiträge für den mitversicherten, nicht dauernd getrennt lebenden, unbeschränkt einkommensteuerpflichtigen Ehegatten oder Lebenspartner und für mitversicherte Kinder, für die der Arbeitnehmer einen Anspruch auf einen Freibetrag für Kinder (§ 32 Abs. 6 EStG) oder auf Kindergeld hat. Über diesen Weg sind auch private Versicherungsbeiträge eines selbst versicherten, nicht dauernd getrennt lebenden, unbeschränkt einkommensteuerpflichtigen Ehegatten oder Lebenspartners des Arbeitnehmers zu berücksichtigen, sofern dieser keine Einkünfte i. S. d. § 2 Abs. 1 Nr. 1 bis 4 EStG (Einkünfte aus Land- und Forstwirtschaft, Gewerbebetrieb, selbständiger Arbeit und nichtselbständiger Arbeit) erzielt. Der Arbeitgeber hat nicht zu prüfen, ob die Voraussetzungen für die Berücksichtigung der Versicherungsbeiträge des selbst versicherten Ehegatten oder Lebenspartners bei der Vorsorgepauschale des Arbeitnehmers erfüllt sind. Eine ggf. erforderliche Korrektur bleibt einer Pflichtveranlagung (§ 46 Abs. 2 Nr. 3 EStG, Tz. 9) vorbehalten. Versicherungsbeiträge selbstversicherter Kinder sind nicht zu berücksichtigen.

Der Arbeitgeber kann die Beitragsbescheinigung oder die geänderte Beitragsbescheinigung entsprechend ihrer zeitlichen Gültigkeit beim Lohnsteuerabzug – auch rückwirkend – berücksichtigen. Bereits abgerechnete Lohnabrechnungszeiträume müssen nicht nachträglich geändert werden. Dies gilt nicht nur, wenn die Beiträge einer geänderten Beitragsbescheinigung rückwirkend höher sind, sondern auch im Falle niedrigerer Beiträge. Im Hinblick auf die Bescheinigungspflicht des Arbeitgebers nach § 41 b Abs. 1 Satz 2 Nr. 15 EStG und die ggf. bestehende Veranlagungspflicht nach § 46 Abs. 2 Nr. 3 EStG (Tz. 9) ist keine Anzeige i. S. d. § 41 c Abs. 4 EStG erforderlich.

Der Arbeitgeber hat folgende Beitragsbescheinigungen des Versicherungsunternehmens im Rahmen des Lohnsteuerabzugs zu berücksichtigen:

- eine bis zum 31. März des Kalenderjahres vorgelegte Beitragsbescheinigung über die voraussichtlichen privaten Basiskranken- und Pflege-Pflichtversicherungsbeiträge des Vorjahres,
- eine Beitragsbescheinigung über die voraussichtlichen privaten Basiskranken- und Pflege-Pflichtversicherungsbeiträge des laufenden Kalenderjahres oder
- eine Beitragsbescheinigung über die nach § 10 Abs. 2 a Satz 4 Nr. 2 EStG übermittelten Daten für das Vorjahr.

Eine dem Arbeitgeber vorliegende Beitragsbescheinigung ist auch im Rahmen des Lohnsteuerabzugs der Folgejahre (weiter) zu berücksichtigen, wenn keine neue Beitragsbescheinigung vorgelegt wird.

Sind die als Sonderausgaben abziehbaren privaten Kranken- und Pflege-Pflichtversicherungsbeiträge höher als die im Lohnsteuerabzugsverfahren berücksichtigten Beiträge, kann der Arbeitnehmer die tatsächlich gezahlten Beiträge bei der Veranlagung zur Einkommensteuer geltend machen. Sind die Beiträge niedriger, kommt eine Pflichtveranlagung in Betracht, wenn die entsprechenden Arbeitslohngrenzen überschritten werden (§ 46 Abs. 2 Nr. 3 EStG, Tz. 9).

### 6.2. Mitteilung der privaten Basiskranken- und Pflege-Pflichtversicherungsbeiträge mittels ELStAM (§ 39 Abs. 4 Nr. 4 i. V. m. *§ 52 Abs. 50 g EStG*[1])

Im Rahmen des ELStAM-Verfahrens (Elektronische LohnSteuerAbzugsMerkmale) wird das Mitteilungsverfahren (Tz. 6.1) abgelöst durch eine elektronische Bereitstellung der privaten Basiskranken- und Pflege-Pflichtversicherungsbeiträge (§ 39 Abs. 4 Nr. 4 EStG). Der Verfahrenseinsatz wird durch BMF-Schreiben mitgeteilt (*§ 52 Abs. 50 g EStG*[1]).

### 6.3. Bescheinigung der Beiträge des Arbeitnehmers zur gesetzlichen Krankenversicherung und zur sozialen Pflegeversicherung (§ 41 b Abs. 1 Satz 2 Nr. 13 EStG)

Unter Nr. 25 und 26 der Lohnsteuerbescheinigung (siehe z. B. BMF-Schreiben vom 28. August 2013, BStBl. I S. 1132[2]) sind Beiträge des Arbeitnehmers zur inländischen gesetzlichen Krankenversicherung und zur inländischen sozialen Pflegeversicherung zu bescheinigen. Beiträge an ausländische Sozialversicherungsträger sind nicht zu bescheinigen.

### 7. Mindestvorsorgepauschale für Kranken- und Pflegeversicherungsbeiträge (§ 39 b Abs. 2 Satz 5 Nr. 3 dritter Teilsatz EStG)

Die Mindestvorsorgepauschale (§ 39 b Abs. 2 Satz 5 Nr. 3 dritter Teilsatz EStG) in Höhe von 12 % des Arbeitslohns mit einem Höchstbetrag von jährlich 1900 Euro (in Steuerklasse III 3000 Euro) ist anzusetzen, wenn sie höher ist als die Summe der Teilbeträge für die gesetzliche Krankenversicherung (Tz. 4) und die soziale Pflegeversicherung (Tz. 5) oder die private Basiskranken- und Pflege-Pflichtversicherung (Tz. 6). Die Mindestvorsorgepauschale ist auch dann anzusetzen, wenn für den entsprechenden Arbeitslohn kein Arbeitnehmeranteil zur inländischen gesetzlichen Kranken- und sozialen Pflegeversicherung zu entrichten ist (z. B. bei geringfügig beschäftigten Arbeitnehmern, deren Arbeitslohn nicht nach § 40 a EStG pauschaliert wird, und bei Arbeitnehmern, die Beiträge zu einer ausländischen Kranken- und Pflegeversicherung leisten). Die Mindestvorsorgepauschale ist in allen Steuerklassen zu berücksichtigen.

Neben der Mindestvorsorgepauschale wird der Teilbetrag der Vorsorgepauschale für die Rentenversicherung berücksichtigt, wenn eine Pflichtversicherung in der gesetzlichen Rentenversicherung oder wegen der Versicherung in einer berufsständischen Versorgungseinrichtung eine Befreiung von der gesetzlichen Rentenversicherungspflicht vorliegt (Tz. 3).

---

[1] **Red. Anm.:** Jetzt § 52 Abs. 36 EStG

[2] **Red. Anm.:** Für Kj. ab **2018** siehe BMF v. 27. 9. 2017, BStBl. I S. 1339 ; für Kj. ab **2020** siehe BMF v. 9. 9. 2019, BStBl. I S. 911 (Nr. **20** § 41 b/1).

**8. Lohnsteuer-Jahresausgleich durch den Arbeitgeber (§ 42 b Abs. 1 Satz 3 Nr. 5 und § 39 b Abs. 2 Satz 12 EStG)**

Über die in § 42 b Abs. 1 Satz 3 Nr. 5 EStG genannten Ausschlusstatbestände hinaus ist ein Lohnsteuer-Jahresausgleich durch den Arbeitgeber auch dann ausgeschlossen, wenn – bezogen auf den Teilbetrag der Vorsorgepauschale für die Rentenversicherung – der Arbeitnehmer innerhalb des Kalenderjahres nicht durchgängig zum Anwendungsbereich nur einer Beitragsbemessungsgrenze (West oder Ost) gehörte oder wenn – bezogen auf den Teilbetrag der Vorsorgepauschale für die Rentenversicherung oder die gesetzliche Kranken- und soziale Pflegeversicherung – innerhalb des Kalenderjahres nicht durchgängig ein Beitragssatz[1] anzuwenden war. Für den permanenten Lohnsteuer-Jahresausgleich (§ 39 b Abs. 2 Satz 12 EStG) gilt dies entsprechend.

**9. Pflichtveranlagungstatbestand (§ 46 Abs. 2 Nr. 3 EStG)**

Es besteht eine Pflicht zur Veranlagung zur Einkommensteuer, wenn bei einem Steuerpflichtigen die Summe der beim Lohnsteuerabzug berücksichtigten Teilbeträge der Vorsorgepauschale für die gesetzliche und private Kranken- und Pflegeversicherung höher ist als die bei der Veranlagung als Sonderausgaben abziehbaren Vorsorgeaufwendungen nach § 10 Abs. 1 Nr. 3 und 3 a i.V.m. Abs. 4 EStG und die entsprechenden Arbeitslohngrenzen überschritten werden.

Dies gilt auch, wenn die beim Lohnsteuerabzug berücksichtigte Mindestvorsorgepauschale (Tz. 7) höher ist als die bei der Veranlagung zur Einkommensteuer als Sonderausgaben abziehbaren Vorsorgeaufwendungen.

**10. Lohnsteuertabellen zur manuellen Berechnung der Lohnsteuer (§ 51 Abs. 4 Nr. 1 a EStG)**

Aus Vereinfachungsgründen wird bei der Erstellung der Lohnsteuertabellen – bezogen auf die Berücksichtigung der Vorsorgepauschale – der Beitragszuschlag für Kinderlose (§ 55 Abs. 3 SGB XI) nicht berücksichtigt (siehe z. B. Bekanntmachung des BMF vom 20. Februar 2013, betreffend den geänderten Programmablaufplan für die Erstellung von Lohnsteuertabellen für 2013, BStBl. I S. 221[2]). Die länderspezifische Besonderheit bei der sozialen Pflegeversicherung (Tz. 5, höherer Arbeitnehmeranteil in Sachsen [zzt. *1,525 % statt 1,025 %*[3]]) ist jedoch bei der Erstellung von Lohnsteuertabellen zu beachten. Es bestehen keine Bedenken, wenn die Lohnsteuer mittels einer Lohnsteuertabelle berechnet wird, die die Besonderheit nicht berücksichtigt, wenn der Arbeitnehmer einer entsprechenden Lohnsteuerberechnung nicht widerspricht.

Bei geringfügig beschäftigten Arbeitnehmern (geringfügig entlohnte Beschäftigung sowie kurzfristige Beschäftigung), bei denen die Lohnsteuer nach den individuellen Lohnsteuerabzugsmerkmalen erhoben wird und der Arbeitnehmer keinen eigenen Beitrag zur Rentenversicherung und Kranken-/Pflegever-

---

[1] **Red. Anm.:** Siehe jetzt auch § 42b Abs. 1 Satz 3 Nr. 5 EStG.

[2] **Red. Anm.:** Für **2017**: BMF v. 11. 11. 2016, BStBl. I S. 1253; für **2018**: BMF v. 23. 11. 2017, BStBl. I S. 1548; für **2019**: BMF v. 12. 11. 2018, BStBl. I S. 1152; für **2020**: BMF v. 11. 11. 2019, BStBl. I S. 1089; für **2021**: BMF v. 9. 11. 2020, BStBl. I S. 1068; für **2022**: BMF v. 5. 11. 2021, BStBl. I S. 2051; **ab 1.6.2022:** BMF v. 20.5.2022, BStBl. I S. 682; für **2023:** BMF v. 18.11.2022, BStBl. I S. 1531.

[3] **Red. Anm.:** Ab 2015: 1,675 % statt 1,175 %; ab 2017: 1,775 % statt 1,275 %; ab 2019: 2,025 % statt 1,525 %.

sicherung zahlt, ist die Lohnsteuer mit der „Besonderen Lohnsteuertabelle“ zu berechnen (siehe z. B. Bekanntmachung des BMF vom 20. Februar 2013, BStBl. I S. 221[1]).

## 11. Pauschalierung der Lohnsteuer in besonderen Fällen (§ 40 Abs. 1 EStG)

Bei der Berechnung des durchschnittlichen Steuersatzes kann aus Vereinfachungsgründen davon ausgegangen werden, dass die betroffenen Arbeitnehmer in allen Zweigen der Sozialversicherung versichert sind und keinen Beitragszuschlag für Kinderlose (§ 55 Abs. 3 SGB XI) leisten. Die individuellen Verhältnisse aufgrund des Faktorverfahrens nach § 39 f EStG bleiben unberücksichtigt.

## 12. Anwendungsregelung

Die Regelungen dieses Schreibens sind spätestens ab Veröffentlichung im Bundessteuerblatt Teil I zu beachten[2].

Das BMF-Schreiben vom 22. Oktober 2010 IV C 5 – S 2367/09/10002, DOK 2010/0801807 (BStBl. I S. 1254) wird hiermit aufgehoben.

---

[1] **Red. Anm.:** Für **2017** siehe BMF v. 11. 11. 2016, BStBl. I S. 1253; für **2018** siehe BMF v. 23. 11. 2017, BStBl. I S. 1548; für **2019** siehe BMF v. 12. 11. 2018, BStBl. I S. 1152; für **2020** siehe BMF v. 11. 11. 2019, BStBl. I S. 1089; für **2021** siehe BMF v. 9. 11. 2020, BStBl. I S. 1068; für **2022** siehe BMF v. 5. 11. 2021, BStBl. I S. 2051.

[2] **Red. Anm.:** Veröffentlicht am 16. 12. 2013 im BStBl. 2013 I Nr. 22.

# 20 § 40/1. Gleich lautende Erlasse betr. Kirchensteuer bei Pauschalierung der Lohn- und Einkommensteuer

Vom 8. August 2016 (BStBl. I S. 773)

(Oberste Finanzbehörden der Länder)

**1 Anlage**

Bei der Erhebung der Kirchensteuer kann in den Fällen der Pauschalierung
- der Lohnsteuer nach Maßgabe der § 40, § 40 a Abs. 1, 2 a und 3 und § 40 b EStG der Arbeitgeber,
- der Einkommensteuer nach Maßgabe des § 37 a EStG das Unternehmen, das Sachprämien i. S. d. § 3 Nr. 38 EStG gewährt,
- der Einkommensteuer nach Maßgabe des § 37 b EStG der Steuerpflichtige, der Sachzuwendungen gewährt,

jeweils zwischen einem vereinfachten Verfahren und einem Nachweisverfahren wählen. Die Wahl zwischen diesen Verfahren kann der Pauschalierende sowohl für jeden Lohnsteuer-Anmeldungszeitraum als auch für die jeweils angewandte Pauschalierungsvorschrift und darüber hinaus für die in den einzelnen Rechtsvorschriften aufgeführten Pauschalierungstatbestände unterschiedlich treffen. Im Einzelnen gilt Folgendes:

**1. Vereinfachtes Verfahren**

Entscheidet sich der Pauschalierende für das vereinfachte Verfahren, hat er in allen Fällen der Pauschalierung für sämtliche Arbeitnehmer, für sämtliche Empfänger von Sachprämien oder für sämtliche Empfänger von Sachzuwendungen (nachf.: Empfänger) Kirchensteuer zu entrichten. Dabei ist ein ermäßigter Steuersatz anzuwenden, der in pauschaler Weise dem Umstand Rechnung trägt, dass nicht alle Empfänger Angehörige einer steuererhebenden Religionsgemeinschaft sind.

Die im vereinfachten Verfahren ermittelten Kirchensteuern sind in der Lohnsteuer-Anmeldung unter der Kirchensteuer-Kennzahl 47 anzugeben. Die Aufteilung auf die steuererhebenden Religionsgemeinschaften wird von der Finanzverwaltung übernommen.

**2. Nachweisverfahren**

a) Macht der Pauschalierende keinen Gebrauch vom vereinfachten Verfahren, hat er grundsätzlich für alle Empfänger die Zugehörigkeit zu einer steuererhebenden Religionsgemeinschaft festzustellen (Nachweisverfahren). Für Empfänger, die keiner steuererhebenden Religionsgemeinschaft angehören, ist keine Kirchensteuer auf die pauschale Steuer zu entrichten; für die übrigen Empfänger gilt der allgemeine Kirchensteuersatz.

b) Als Beleg für die Zugehörigkeit oder Nichtzugehörigkeit zu einer steuererhebenden Religionsgemeinschaft dienen in den Fällen der §§ 40 und 40 b

EStG grundsätzlich die vom Arbeitgeber beim Bundeszentralamt für Steuern abgerufenen elektronischen Lohnsteuerabzugsmerkmale (ELStAM) oder ein Vermerk des Arbeitgebers, dass der Arbeitnehmer seine Zugehörigkeit oder Nichtzugehörigkeit zu einer steuererhebenden Religionsgemeinschaft mit der vom Finanzamt ersatzweise ausgestellten Bescheinigung für den Lohnsteuerabzug nachgewiesen hat. Liegen dem Arbeitgeber diese amtlichen Nachweise nicht vor, bedarf es einer schriftlichen Erklärung des Arbeitnehmers nach beigefügtem Muster; insbesondere in den Fällen des § 40 a Abs. 1, 2 a und 3 EStG genügt als Nachweis eine Erklärung nach beigefügtem Muster. Die Erklärung des Arbeitnehmers muss als Beleg zum Lohnkonto aufbewahrt werden.

c) Als Beleg für die Zugehörigkeit oder Nichtzugehörigkeit zu einer steuererhebenden Religionsgemeinschaft genügt in den Fällen der §§ 37 a und 37 b EStG eine Erklärung nach beigefügtem Muster. Die Erklärung des Empfängers von Sachprämien oder Sachzuwendungen muss vom Pauschalierenden aufbewahrt werden. Bei Arbeitnehmern des Pauschalierenden ist zur Ermittlung der Zugehörigkeit zu einer steuererhebenden Religionsgemeinschaft Buchst. b entsprechend anzuwenden.

d) Die auf die jeweiligen Empfänger entfallende pauschale Steuer hat der Pauschalierende entsprechend deren Zugehörigkeit oder Nichtzugehörigkeit zu einer steuererhebenden Religionsgemeinschaft zuzuordnen; führt der Arbeitgeber ein Sammelkonto (§ 4 Abs. 2 Nr. 8 Satz 2 LStDV) oder in den Fällen des § 40 a EStG entsprechende Aufzeichnungen, hat er dort die Zugehörigkeit oder Nichtzugehörigkeit zu einer steuererhebenden Religionsgemeinschaft der jeweiligen Arbeitnehmer anzugeben.

Kann der Pauschalierende die auf den einzelnen Empfänger entfallende pauschale Steuer nicht ermitteln, ist aus Vereinfachungsgründen die gesamte pauschale Steuer im Verhältnis der kirchensteuerpflichtigen zu den nicht kirchensteuerpflichtigen Empfängern aufzuteilen; der auf die kirchensteuerpflichtigen Empfänger entfallende Anteil ist Bemessungsgrundlage für die Anwendung des allgemeinen Kirchensteuersatzes. Die so ermittelte Kirchensteuer ist auf die Empfänger gleichmäßig zu verteilen und entsprechend deren Zugehörigkeit zu einer steuererhebenden Religionsgemeinschaft zuzuordnen.

Die im Nachweisverfahren ermittelten Kirchensteuern sind in der Lohnsteuer-Anmeldung in der Regel unter der jeweiligen Kirchensteuer-Kennzahl (z. B. 61, 62) anzugeben.

Kann der Pauschalierende bei einzelnen Empfängern die Zugehörigkeit zu einer steuererhebenden Religionsgemeinschaft nicht ermitteln und deshalb eine Zuordnung zur jeweiligen steuererhebenden Religionsgemeinschaft nicht vornehmen, gilt ebenfalls der allgemeine Kirchensteuersatz. Die auf diese Empfänger entfallende pauschale Steuer ist Bemessungsgrundlage für die Anwendung des allgemeinen Kirchensteuersatzes. Die so ermittelte Kirchensteuer ist vereinfachungshalber in der Lohnsteuer-Anmeldung unter der Kirchensteuer-Kennzahl 47 anzugeben. Die Aufteilung auf die steuererhebenden Religionsgemeinschaften wird von der Finanzverwaltung übernommen.

**3. Kirchensteuersätze**

Die Höhe der Kirchensteuersätze ergibt sich sowohl bei Anwendung des vereinfachten Verfahrens (Nr. 1) als auch des Nachweisverfahrens (Nr. 2) aus den Kirchensteuerbeschlüssen der steuererhebenden Religionsgemeinschaften. Die in den jeweiligen Ländern geltenden Regelungen werden im Bundessteuerblatt Teil I veröffentlicht.

**4. Anwendungsregelung**

Die Regelungen unter Nr. 1 bis 3 sind erstmals anzuwenden bei

- laufendem Arbeitslohn, der für einen nach dem 31. Dezember 2016 endenden Lohnzahlungszeitraum gezahlt wird,
- sonstigen Bezügen, die nach dem 31. Dezember 2016 zufließen, und
- Sachprämien und Sachzuwendungen, die nach dem 31. Dezember 2016 zufließen.

Dieser Erlass ersetzt die Erlasse vom 28. Dezember 2006 (BStBl. 2007 I S. 76)[1] und vom 23. Oktober 2012 (BStBl. I S. 1083).

[1] **[Amtl. Anm.:]** Für Rheinland-Pfalz: Erlass vom 29. Oktober 2008 (BStBl. 2009 I S. 332).

## Anlage

### Muster

**Erklärung gegenüber dem Betriebsstättenfinanzamt zur Religionszugehörigkeit für die Erhebung der pauschalen Lohnsteuer nach §§ 40, 40 a Abs. 1, 2 a und 3 und § 40 b EStG und der pauschalen Einkommensteuer nach §§ 37 a und 37 b EStG**

**Finanzamt** ........................................................................................

**Arbeitgeber/Unternehmen/Steuerpflichtiger:**
Name der Firma ....................................
Anschrift: ....................................
**Arbeitnehmer/Empfänger der Sachprämien oder Sachzuwendungen:**
Name, Vorname ....................................
Anschrift: ....................................

Ich, der vorbezeichnete Arbeitnehmer/Empfänger der Sachprämien oder Sachzuwendungen, erkläre, dass ich

☐ keiner Religionsgemeinschaft angehöre, die Kirchensteuer erhebt, und zwar

a) ☐ seit Beginn meines Beschäftigungsverhältnisses mit dem oben genannten Arbeitgeber.

b) ☐ im Zeitpunkt der Gewährung (bitte Datum oder Zeitraum angeben: ....................................) der Sachprämie oder Sachzuwendung.

c) ☐ seit dem ................................ (bei Änderungen nach dem unter Buchst. a bzw. b genannten Zeitpunkt).

☐ einer Religionsgemeinschaft angehöre, die Kirchensteuer erhebt

☐ evangelisch ☐ römisch-katholisch

☐ alt-katholisch ☐ jüdisch/israelitisch ☐ freireligiös

und zwar seit dem ........................................................[1)]

Ich versichere, die Angaben in dieser Erklärung wahrheitsgemäß nach bestem Wissen und Gewissen gemacht zu haben. Mir ist bekannt, dass die Erklärung als Grundlage für das Besteuerungsverfahren dient.

............................ ....................................

Ort, Datum

Unterschrift des Arbeitnehmers/Empfängers der Sachprämien oder Sachzuwendungen

Diese Erklärung ist vom Arbeitgeber/Unternehmen/Steuerpflichtigen aufzubewahren.

---

[1)] **[Amtl. Anm.:]** Datumsangabe nur erforderlich, wenn Sie gegenüber dem o. g. Arbeitgeber/Unternehmen/Steuerpflichtigen früher erklärt haben, dass Sie keiner Religionsgemeinschaft angehören, die Kirchensteuer erhebt, und zwischenzeitlich in eine solche Religionsgemeinschaft eingetreten sind oder Sie zu einer anderen Kirchensteuer erhebenden Religionsgemeinschaft gewechselt sind.

# 20 § 40b/3. Schreiben betr. einkommen-(lohn-) steuerliche Behandlung von freiwilligen Unfallversicherungen

Vom 28. Oktober 2009

BMF IV C 5-S 2332/09/10004; DOK 2009/0690175

(BStBl. I S. 1275)

Im Einvernehmen mit den obersten Finanzbehörden der Länder gilt für die einkommen-(lohn-)steuerrechtliche Behandlung von freiwilligen Unfallversicherungen Folgendes:

## 1. Versicherungen des Arbeitnehmers

### 1.1. Versicherung gegen Berufsunfälle

Aufwendungen des Arbeitnehmers für eine Versicherung ausschließlich gegen Unfälle, die mit der beruflichen Tätigkeit in unmittelbarem Zusammenhang stehen (einschließlich der Unfälle auf dem Weg von und zur *regelmäßigen Arbeitsstätte*[1]), sind Werbungskosten (§ 9 Abs. 1 Satz 1 EStG).

### 1.2. Versicherung gegen außerberufliche Unfälle

Aufwendungen des Arbeitnehmers für eine Versicherung gegen außerberufliche Unfälle sind Sonderausgaben (§ 10 Abs. 1 Nr. 3 Buchst. a i. V. m. § 10 Abs. 4 und 4 a EStG und ab dem Veranlagungszeitraum 2010 § 10 Abs. 1 Nr. 3 a i. V. m. Abs. 4 und 4 a EStG).

### 1.3. Versicherung gegen alle Unfälle

Aufwendungen des Arbeitnehmers für eine Unfallversicherung, die das Unfallrisiko sowohl im beruflichen als auch im außerberuflichen Bereich abdeckt, sind zum einen Teil Werbungskosten und zum anderen Teil Sonderausgaben. Der Gesamtbeitrag einschließlich Versicherungsteuer für beide Risiken ist entsprechend aufzuteilen (vgl. BFH-Urteil vom 22. Juni 1990 VI R 2/87, BStBl II S. 901). Für die Aufteilung sind die Angaben des Versicherungsunternehmens darüber maßgebend, welcher Anteil des Gesamtbeitrags das berufliche Unfallrisiko abdeckt. Fehlen derartige Angaben, ist der Gesamtbeitrag durch Schätzung aufzuteilen. Es bestehen keine Bedenken, wenn die Anteile auf jeweils 50 % des Gesamtbeitrags geschätzt werden.

### 1.4. Übernahme der Beiträge durch den Arbeitgeber

Vom Arbeitgeber übernommene Beiträge des Arbeitnehmers sind steuerpflichtiger Arbeitslohn. Das gilt nicht, soweit Beiträge zu Versicherungen gegen berufliche Unfälle und Beiträge zu Versicherungen gegen alle Unfälle (Tz. 1.1. und 1.3.) auch das Unfallrisiko bei Auswärtstätigkeiten (*R 9.4 Abs. 2 LStR 2008*)[2] abdecken. Beiträge zu Unfallversicherungen sind als Reisenebenkosten steuerfrei, soweit sie Unfälle bei einer Auswärtstätigkeit abdecken (§ 3 Nr. 13 und 16 EStG). Es bestehen keine Bedenken, wenn aus Vereinfachungsgründen bei der Aufteilung des auf den beruflichen Bereich entfallenden Beitrags/

---

[1] **Red. Anm.:** Jetzt: erste Tätigkeitsstätte.

[2] **Amtl. LSt-Handbuch:** Jetzt R 9.4 LStR 2015.

Beitragsanteils in steuerfreie Reisekostenerstattungen und steuerpflichtigen Werbungskostenersatz (z. B. Unfälle auf Fahrten zwischen Wohnung und *regelmäßiger Arbeitsstätte*[1]) der auf steuerfreie Reisekostenerstattungen entfallende Anteil auf 40 % geschätzt wird. Der Beitragsanteil, der als Werbungskostenersatz dem Lohnsteuerabzug zu unterwerfen ist, gehört zu den Werbungskosten des Arbeitnehmers.

## 2. Versicherungen des Arbeitgebers

### 2.1. Ausübung der Rechte steht ausschließlich dem Arbeitgeber zu

#### 2.1.1. Kein Arbeitslohn zum Zeitpunkt der Beitragszahlung

Handelt es sich bei vom Arbeitgeber abgeschlossenen Unfallversicherungen seiner Arbeitnehmer um Versicherungen für fremde Rechnung (§ 179 Abs. 1 Satz 2 i. V. m. §§ 43 bis 48 VVG), bei denen die Ausübung der Rechte ausschließlich dem Arbeitgeber zusteht, so stellen die Beiträge im Zeitpunkt der Zahlung durch den Arbeitgeber keinen Arbeitslohn dar (BFH-Urteile vom 16. April 1999 VI R 60/96, BStBl. 2000 II S. 406, sowie VI R 66/97, BStBl. 2000 II S. 408).

#### 2.1.2. Arbeitslohn zum Zeitpunkt der Leistungsgewährung

Erhält ein Arbeitnehmer Leistungen aus einem entsprechenden Vertrag, führen die bis dahin entrichteten, auf den Versicherungsschutz des Arbeitnehmers entfallenden Beiträge im Zeitpunkt der Auszahlung oder Weiterleitung der Leistung an den Arbeitnehmer zu Arbeitslohn in Form von Barlohn, begrenzt auf die dem Arbeitnehmer ausgezahlte Versicherungsleistung (BFH-Urteil vom 11. Dezember 2008 VI R 9/05, BStBl. 2009 II S. 385); das gilt unabhängig davon, ob der Unfall im beruflichen oder außerberuflichen Bereich eingetreten ist und ob es sich um eine Einzelunfallversicherung oder eine Gruppenunfallversicherung handelt. Bei einer Gruppenunfallversicherung ist der auf den einzelnen Arbeitnehmer entfallende Teil der Beiträge ggf. zu schätzen (BFH-Urteil vom 11. Dezember 2008 VI R 19/06, BFH/NV 2009 S. 905). Bei den im Zuflusszeitpunkt zu besteuernden Beiträgen kann es sich um eine Vergütung für eine mehrjährige Tätigkeit i. S. d. § 34 Abs. 1 i. V. m. Abs. 2 Nr. 4 EStG handeln.

Da sich der Vorteil der Beitragsgewährung nicht auf den konkreten Versicherungsfall, sondern allgemein auf das Bestehen von Versicherungsschutz des Arbeitnehmers bezieht, sind zur Ermittlung des Arbeitslohns alle seit Begründung des Dienstverhältnisses entrichteten Beiträge zu berücksichtigen, unabhängig davon, ob es sich um einen oder mehrere Versicherungsverträge handelt. Das gilt auch dann, wenn die Versicherungsverträge zeitlich befristet abgeschlossen wurden, das Versicherungsunternehmen gewechselt wurde oder der Versicherungsschutz für einen bestimmten Zeitraum des Dienstverhältnisses nicht bestanden hat (zeitliche Unterbrechung des Versicherungsschutzes). Bei einem Wechsel des Arbeitgebers sind ausschließlich die seit Begründung des neuen Dienstverhältnisses entrichteten Beiträge zu berücksichtigen, auch wenn der bisherige Versicherungsvertrag vom neuen Arbeitgeber fortgeführt wird. Das gilt auch, wenn ein Wechsel des Arbeitnehmers innerhalb eines Konzernverbundes zwischen Konzernunternehmen mit einem Arbeitgeberwechsel ver-

[1] **Red. Anm.:** Jetzt: erste Tätigkeitsstätte.

bunden ist. Bei einem Betriebsübergang nach § 613 a BGB liegt kein neues Dienstverhältnis vor.

Beiträge, die individuell oder pauschal besteuert wurden, sind im Übrigen nicht einzubeziehen.

Aus Vereinfachungsgründen können die auf den Versicherungsschutz des Arbeitnehmers entfallenden Beiträge unter Berücksichtigung der Beschäftigungsdauer auf Basis des zuletzt vor Eintritt des Versicherungsfalls geleisteten Versicherungsbeitrags hochgerechnet werden.

Die bei einer früheren Versicherungsleistung als Arbeitslohn berücksichtigten Beiträge sind bei einer späteren Versicherungsleistung nicht erneut als Arbeitslohn zu erfassen. Bei einer späteren Versicherungsleistung sind zumindest die seit der vorangegangenen Auszahlung einer Versicherungsleistung entrichteten Beiträge zu berücksichtigen (BFH-Urteil vom 11. Dezember 2008 VI R 3/08, BFH/NV 2009 S. 907), allerdings auch in diesem Fall begrenzt auf die ausgezahlte Versicherungsleistung.

Erhält ein Arbeitnehmer die Versicherungsleistungen in mehreren Teilbeträgen oder ratierlich, so fließt dem Arbeitnehmer solange Arbeitslohn in Form von Barlohn zu, bis die Versicherungsleistungen die Summe der auf den Versicherungsschutz des Arbeitnehmers entfallenden Beiträge erreicht haben. Erhält ein Arbeitnehmer die Versicherungsleistungen als Leibrente, so fließt dem Arbeitnehmer solange Arbeitslohn in Form von Barlohn zu, bis der Teil der Versicherungsleistungen, der nicht Ertragsanteil ist (§ 22 Nr. 1 Satz 3 Buchst. a Doppelbuchst. bb EStG ggf. i. V. m. § 55 EStDV; siehe auch Tz. 2.1.6.), die Summe der auf den Versicherungsschutz des Arbeitnehmers entfallenden Beiträge erreicht hat. Beiträge, die vom Arbeitgeber nach der ersten Auszahlung oder Weiterleitung von Versicherungsleistungen an den Arbeitnehmer gezahlt werden, sind hier aus Vereinfachungsgründen jeweils nicht einzubeziehen; diese Beiträge sind dann bei einem ggf. später eintretenden Versicherungsfall zu berücksichtigen.

**Beispiel:**

Nach einem Unfall wird ab dem Jahr 01 eine Versicherungsleistung als Leibrente i. H. v. jährlich 1000 € ausgezahlt. Der Ertragsanteil beträgt 25 %. An Beiträgen wurden für den Arbeitnehmer in der Vergangenheit insgesamt 2500 € gezahlt.

Ab dem Jahr 01 sind 250 € (1000 € × 25 % Ertragsanteil) steuerpflichtig nach § 22 Nr. 1 Satz 3 Buchst. a Doppelbuchst. bb EStG.

Darüber hinaus sind in den Jahren 01 bis 03 jeweils ein Betrag von 750 € und im Jahr 04 ein Betrag von 250 € (2500 € – [3 Jahre × 750 €]) steuerpflichtig nach § 19 EStG. Ab dem Jahr 05 fließt kein steuerpflichtiger Arbeitslohn mehr zu; steuerpflichtig ist dann nur noch die Leibrente mit dem Ertragsanteil von 25 %.

Dem Arbeitnehmer steht bei mehreren Versicherungsleistungen innerhalb verschiedener Veranlagungszeiträume (mehr als ein Versicherungsfall oder bei einem Versicherungsfall, Auszahlung in mehreren Veranlagungszeiträumen) kein Wahlrecht zu, inwieweit die vom Arbeitgeber erbrachten Beiträge jeweils als Arbeitslohn erfasst werden sollen. In diesen Fällen ist für den Arbeitslohn im jeweiligen Veranlagungszeitraum gesondert zu prüfen, ob es sich um eine Vergütung für eine mehrjährige Tätigkeit i. S. d. § 34 Abs. 1 i. V. m. Abs. 2 Nr. 4 EStG handelt.

### 2.1.3. Steuerfreier Reisekostenersatz und lohnsteuerpflichtiger Werbungskostenersatz

Der auf das Risiko beruflicher Unfälle entfallende Anteil der Beiträge ist zum Zeitpunkt der Leistungsgewährung steuerfreier Reisekostenersatz oder steuerpflichtiger Werbungskostenersatz des Arbeitgebers (dem bei der Veranlagung zur Einkommensteuer Werbungskosten in gleicher Höhe gegenüberstehen). Für die Aufteilung und Zuordnung gelten die Regelungen in Tz. 1.1. bis 1.4.

### 2.1.4. Schadensersatzleistungen

Bei einem im beruflichen Bereich eingetretenen Unfall gehört die Auskehrung des Arbeitgebers nicht zum Arbeitslohn, soweit der Arbeitgeber gesetzlich zur Schadensersatzleistung verpflichtet ist oder soweit der Arbeitgeber einen zivilrechtlichen Schadensersatzanspruch des Arbeitnehmers wegen schuldhafter Verletzung arbeitsvertraglicher Fürsorgepflichten erfüllt (BFH-Urteil vom 20. September 1996 VI R 57/95, BStBl. 1997 II S. 144). Der gesetzliche Schadensersatzanspruch des Arbeitnehmers aus unfallbedingten Personenschäden im beruflichen Bereich wird regelmäßig durch Leistungen aus der gesetzlichen Unfallversicherung erfüllt; diese Leistungen sind nach § 3 Nr. 1 Buchst. a EStG steuerfrei.

Schmerzensgeldrenten nach § 253 Abs. 2 BGB (bis 31. Juli 2002: § 847 BGB), Schadensersatzrenten zum Ausgleich vermehrter Bedürfnisse (§ 843 Abs. 1 2. Alternative BGB), Unterhaltsrenten nach § 844 Abs. 2 BGB sowie Ersatzansprüche wegen entgangener Dienste nach § 845 BGB sind ebenfalls nicht steuerbar (vgl. BMF-Schreiben vom 15. Juli 2009 IV C 3 – S 2255/08/10012, BStBl. I S. 836)[1].

### 2.1.5. Entschädigungen für entgangene oder entgehende Einnahmen

Sind die Versicherungsleistungen ausnahmsweise Entschädigungen für entgangene oder entgehende Einnahmen i. S. d. § 24 Nr. 1 Buchst. a EStG (z. B. Leistungen wegen einer Körperverletzung, soweit sie den Verdienstausfall ersetzen; siehe H 24.1 *EStH 2008*[2]), liegen insoweit zusätzliche steuerpflichtige Einkünfte aus nichtselbständiger Arbeit (steuerpflichtiger Arbeitslohn) vor. Wickelt das Versicherungsunternehmen die Auszahlung der Versicherungsleistung unmittelbar mit dem Arbeitnehmer ab, hat der Arbeitgeber Lohnsteuer nur einzubehalten, wenn er weiß oder erkennen kann, dass derartige Zahlungen erbracht wurden (§ 38 Abs. 1 Satz 3 EStG).

Der nach Tz. 2.1.2. zu besteuernde Betrag ist in diesen Fällen anteilig zu mindern.

**Beispiel:**

Nach einem Unfall wird eine Versicherungsleistung i. H. v. 10 000 € ausgezahlt. Hiervon sind 8000 € die Entschädigung für entgangene oder entgehende Einnahmen. An Beiträgen wurden in der Vergangenheit 2500 € gezahlt.

Die steuerpflichtigen Leistungen i. S. d. § 24 Nr. 1 Buchst. a EStG betragen 8000 €. Zusätzlich sind 500 € (= 2500 € – [2500 € × 8000 € : 10 000 €]) entsprechend der Regelungen in Tz. 2.1.2. und 2.1.3. zu besteuern.

### 2.1.6. Sonstige Einkünfte nach § 22 Nr. 1 EStG

Wiederkehrende Leistungen aus der entsprechenden Unfallversicherung können Leibrenten nach § 22 Nr. 1 Satz 3 Buchst. a Doppelbuchst. bb EStG sein. Siehe auch Tz. 2.1.2. letzter Abs.

---

[1] Nr. **1** § 22/4.

[2] **Red. Anm.:** Jetzt H 24.1 EStH 2021.

### 2.2. Ausübung der Rechte steht unmittelbar dem Arbeitnehmer zu

#### 2.2.1. Arbeitslohn zum Zeitpunkt der Beitragszahlung

Kann der Arbeitnehmer den Versicherungsanspruch bei einer vom Arbeitgeber abgeschlossenen Unfallversicherung unmittelbar gegenüber dem Versicherungsunternehmen geltend machen, sind die Beiträge bereits im Zeitpunkt der Zahlung durch den Arbeitgeber als Zukunftssicherungsleistungen Arbeitslohn in Form von Barlohn[1)] (§ 19 Abs. 1 Satz 1 Nr. 1 EStG, § 2 Abs. 2 Nr. 3 Satz 1 LStDV). Davon ist auch dann auszugehen, wenn zwar der Anspruch durch den Versicherungsnehmer (Arbeitgeber) geltend gemacht werden kann, vertraglich nach den Unfallversicherungsbedingungen jedoch vorgesehen ist, dass der Versicherer die Versicherungsleistung in jedem Fall an die versicherte Person (Arbeitnehmer) auszahlt. Die Ausübung der Rechte steht dagegen nicht unmittelbar dem Arbeitnehmer zu, wenn die Versicherungsleistung mit befreiender Wirkung auch an den Arbeitgeber gezahlt werden kann; in diesem Fall kann der Arbeitnehmer die Auskehrung der Versicherungsleistung letztlich nur im Innenverhältnis vom Arbeitgeber verlangen.

Das gilt unabhängig davon, ob es sich um eine Einzelunfallversicherung oder eine Gruppenunfallversicherung handelt; Beiträge zu Gruppenunfallversicherungen sind ggf. nach der Zahl der versicherten Arbeitnehmer auf diese aufzuteilen (§ 2 Abs. 2 Nr. 3 Satz 3 LStDV). Steuerfrei sind Beiträge oder Beitragsteile, die bei Auswärtstätigkeiten (*R 9.4 Abs. 2 LStR 2008*)[2)] das Unfallrisiko abdecken und deshalb zu den steuerfreien Reisekostenerstattungen gehören. Für die Aufteilung eines auf den beruflichen Bereich entfallenden Gesamtbeitrags in steuerfreie Reisekostenerstattungen und steuerpflichtigen Werbungskostenersatz ist die Vereinfachungsregelung in Tz. 1.4. anzuwenden.

#### 2.2.2. Arbeitslohn zum Zeitpunkt der Leistungsgewährung

Leistungen aus einer entsprechenden Unfallversicherung gehören zu den Einkünften aus nichtselbständiger Arbeit (steuerpflichtiger Arbeitslohn), soweit sie Entschädigungen für entgangene oder entgehende Einnahmen i. S. d. § 24 Nr. 1 Buchst. a EStG darstellen, der Unfall im beruflichen Bereich eingetreten ist und die Beiträge ganz oder teilweise Werbungskosten bzw. steuerfreie Reisenebenkostenerstattungen waren.

Der Arbeitgeber hat Lohnsteuer nur einzubehalten, wenn er weiß oder erkennen kann, dass derartige Zahlungen erbracht wurden (§ 38 Abs. 1 Satz 3 EStG). Andernfalls ist der als Entschädigung i. S. d. § 24 Nr. 1 Buchst. a EStG steuerpflichtige Teil des Arbeitslohns, der ggf. durch Schätzung zu ermitteln ist, im Rahmen der Veranlagung des Arbeitnehmers zur Einkommensteuer zu erfassen.

#### 2.2.3. Sonstige Einkünfte nach § 22 Nr. 1 Satz 1 EStG

Tz. 2.1.6. gilt entsprechend.

### 3. Arbeitgeber als Versicherer

Gewährt ein Arbeitgeber als Versicherer Versicherungsschutz, handelt es sich um Sachleistungen. Tz. 2 gilt entsprechend. § 8 Abs. 3 EStG ist zu beachten.

---

[1)] **Amtl. LSt-Handbuch:** Teilweise überholt durch BMF v. 13.4.2021, BStBl. I S. 624. **Red. Anm.:** Nunmehr BMF v. 15.3.2022, BStBl. I S. 242 (Nr. **20** § 8/18).

[2)] **Amtl. LSt-Handbuch:** Jetzt R 9.4 LStR 2015.

### 4. Werbungskosten- oder Sonderausgabenabzug

Der Arbeitnehmer kann die dem Lohnsteuerabzug unterworfenen Versicherungsbeiträge als Werbungskosten oder als Sonderausgaben geltend machen. Für die Aufteilung und Zuordnung gelten die Regelungen in Tz. 1.1. bis 1.3.

### 5. Lohnsteuerabzug von Beitragsleistungen

Soweit die vom Arbeitgeber übernommenen Beiträge (Tz. 1.4.) oder die Beiträge zu Versicherungen des Arbeitgebers (Tz. 2.) steuerpflichtiger Arbeitslohn sind, sind sie im Zeitpunkt ihres Zuflusses dem Lohnsteuerabzug nach den allgemeinen Regelungen zu unterwerfen, wenn nicht eine Pauschalbesteuerung nach § 40 b Abs. 3 EStG erfolgt. Zu den Voraussetzungen der Lohnsteuerpauschalierung siehe auch R 40 b. 2 *LStR 2008*[1]).

### 6. Betriebliche Altersversorgung

Die lohnsteuerliche Behandlung von Zusagen auf Leistungen der betrieblichen Altersversorgung nach dem Betriebsrentengesetz bleibt durch dieses Schreiben unberührt. Zu den Einzelheiten vgl. *BMF-Schreiben vom 20. Januar 2009 IV C 3 – S 2496/08/10011; IV C 5 – S 2333/07/0003 (BStBl. I S. 273)*[2]).

### 7. Anwendungsregelung

Dieses Schreiben ist in allen noch nicht formell bestandskräftigen Fällen anzuwenden. Das BMF-Schreiben vom 17. Juli 2000 IV C 5 – S 2332 – 67/00 (BStBl. I S. 1204) wird hiermit aufgehoben.

---

[1]) **Amtl. LSt-Handbuch:** Jetzt LStR 2021.
[2]) Vgl. nunmehr BMF v. 12.8.2021, BStBl. I S. 1050 (Nr. **20** § 3/8).

# 20 § 41a/1. Schreiben betr. Bekanntmachung des Musters für die Lohnsteuer-Anmeldung 2022

Vom 18. Juli 2022

BMF IV C 5 - S 2533/19/10026 :002; DOK 2022/0720080

(BStBl. I S. 1205)

**1 Anlage**

Das Vordruckmuster der Lohnsteuer-Anmeldung für Lohnsteuer-Anmeldungszeiträume ab August 2022 ist gemäß § 51 Abs. 4 Nr. 1 Buchst. d des Einkommensteuergesetzes bestimmt worden und wird hiermit bekannt gemacht.

Die Ausführungen zur Gestaltung der Vordrucke in der Bekanntmachung des BMF vom 11. August 2021 (BStBl. I S. 1075) gelten weiter.

Aufgrund des Steuerentlastungsgesetzes 2022 vom 23. Mai 2022 (BGBl. I S. 749) wird eine neue Kennzahl 35 für die Energiepreispauschale aufgenommen. Hierbei ist zu beachten, dass diese Kennzahl nur in den Lohnsteuer-Anmeldungszeiträumen August 2022, 3. Quartal 2022 und in der Jahresanmeldung 2022 gilt. Der Wert in der Kennzahl 35 ist immer ohne Minuszeichen anzugeben.

Bei einer nachträglichen Änderung der Energiepreispauschale ist die entsprechende Lohnsteuer-Anmeldung (August 2022, 3. Quartal 2022 oder in der Jahresanmeldung 2022) zu korrigieren.

## Anlage

- Bitte weiße Felder ausfüllen oder ☒ ankreuzen und Hinweise auf der Rückseite beachten -

Zeile

1 Fallart | Steuernummer | Unterfallart

2 11 | | 62

**2022**

3 30 Eingangsstempel oder -datum

4 **Lohnsteuer-Anmeldung 2022**

5 Finanzamt

**Anmeldungszeitraum**

bei **monatlicher** Abgabe bitte ankreuzen — bei **vierteljährlicher** Abgabe bitte ankreuzen

| | | | | | |
|---|---|---|---|---|---|
| 22 01 | Jan. | 22 07 | Juli | 22 41 | I. Kalender-vierteljahr |
| 22 02 | Feb. | 22 08 | Aug. | 22 42 | II. Kalender-vierteljahr |
| 22 03 | März | 22 09 | Sept. | 22 43 | III. Kalender-vierteljahr |
| 22 04 | April | 22 10 | Okt. | 22 44 | IV. Kalender-vierteljahr |
| 22 05 | Mai | 22 11 | Nov. | | **bei jährlicher Abgabe bitte ankreuzen** |
| 22 06 | Juni | 22 12 | Dez. | 22 19 | Kalender-jahr |

12 Arbeitgeber - Anschrift der Betriebsstätte - Telefonnummer - E-Mail

14 **Berichtigte Anmeldung** (falls ja, bitte eine „1" eintragen) ........ 10

15 **Zahl der Arbeitnehmer** (einschl. Aushilfs- und Teilzeitkräfte) .............. 86

16 **zu Zeile 22: Zahl der Arbeitnehmer mit BAV-Förderbetrag** .............. 90

| Zeile | | Kz. | EUR | Ct |
|---|---|---|---|---|
| 17 | | | | |
| 18 | Summe der einzubehaltenden Lohnsteuer [1) 2)] | 42 | | |
| 19 | Summe der pauschalen Lohnsteuer - ohne § 37b EStG - [1)] | 41 | | |
| 20 | Summe der pauschalen Lohnsteuer nach § 37b EStG [1)] | 44 | | |
| 21 | abzüglich Kürzungsbetrag für Besatzungsmitglieder von Handelsschiffen | 33 | | |
| 22 | abzüglich Förderbetrag zur betrieblichen Altersversorgung nach § 100 EStG (BAV-Förderbetrag) [1)] | 45 | | |
| 22a | abzüglich Energiepreispauschale | 35 | | |
| 23 | Verbleiben [1)] | 48 | | |
| 24 | Solidaritätszuschlag [1) 2)] | 49 | | |
| 25 | pauschale Kirchensteuer im vereinfachten Verfahren | 47 | | |
| 26 | Evangelische Kirchensteuer - ev [1) 2)] | 61 | | |
| 27 | Römisch-Katholische Kirchensteuer - rk [1) 2)] | 62 | | |
| 28 | | | | |
| 29 | | | | |
| 30 | | | | |
| 31 | | | | |
| 32 | | | | |
| 33 | **Gesamtbetrag** [1)] | 83 | | |

1) Negativen Beträgen ist ein **Minuszeichen** voranzustellen
2) Nach Abzug der im Lohnsteuer-Jahresausgleich erstatteten Beträge

34 Ein Erstattungsbetrag wird auf das dem Finanzamt benannte Konto überwiesen, soweit der Betrag nicht mit Steuerschulden verrechnet wird.

35 **Verrechnung des Erstattungsbetrags erwünscht / Erstattungsbetrag ist abgetreten** (falls ja, bitte eine „1" eintragen) .............. 29
Geben Sie bitte die Verrechnungswünsche auf einem besonderen Blatt oder auf dem beim Finanzamt erhältlichen Vordruck „Verrechnungsantrag" an.

36 Das **SEPA-Lastschriftmandat** wird ausnahmsweise (z.B. wegen Verrechnungswünschen) für diesen Anmeldungszeitraum **widerrufen** (falls ja, bitte eine „1" eintragen) .............. 26
Ein ggf. verbleibender Restbetrag ist gesondert zu entrichten.

37 Über die Angaben in der Steueranmeldung hinaus sind weitere oder abweichende Angaben oder Sachverhalte zu berücksichtigen (falls ja, bitte eine „1" eintragen) .............. 23
Diese ergeben sich aus der beigefügten Anlage, welche mit der Überschrift „Ergänzende Angaben zur Steueranmeldung" gekennzeichnet ist.

38 Datum, Unterschrift

**Datenschutzhinweis:**
Die mit der Steueranmeldung angeforderten Daten werden auf Grund der §§ 149, 150 der Abgabenordnung und des § 41a des Einkommensteuergesetzes erhoben. Die Angabe der Telefonnummer und der E-Mail-Adresse ist freiwillig.
Informationen über die Verarbeitung personenbezogener Daten in der Steuerverwaltung und über Ihre Rechte nach der Datenschutz-Grundverordnung sowie über Ihre Ansprechpartner in Datenschutzfragen entnehmen Sie bitte dem allgemeinen Informationsschreiben der Finanzverwaltung. Dieses Informationsschreiben finden Sie unter www.finanzamt.de (unter der Rubrik „Datenschutz") oder erhalten Sie bei Ihrem Finanzamt.

6.22 - **LStA** - Lohnsteuer-Anmeldung 2022 -

## Hinweise für den Arbeitgeber

### Datenübermittlung oder Steueranmeldung auf Papier?

1. Bitte beachten Sie, dass die Lohnsteuer-Anmeldung nach amtlich vorgeschriebenem Datensatz durch Datenfernübertragung authentifiziert zu übermitteln ist. Für die elektronische authentifizierte Übermittlung, die gesetzlich vorgeschrieben ist, benötigen Sie ein Zertifikat. Dieses erhalten Sie nach kostenloser Registrierung auf der Internetseite www.elster.de. Bitte beachten Sie, dass die Registrierung bis zu zwei Wochen dauern kann. Unter www.elster.de/elsterweb/softwareprodukt finden Sie Programme zur elektronischen Übermittlung. Auf Antrag kann das Finanzamt zur Vermeidung von unbilligen Härten auf eine elektronische Übermittlung verzichten; in diesem Fall haben Sie oder eine zu Ihrer Vertretung berechtigte Person die Lohnsteuer-Anmeldung nach amtlich vorgeschriebenem Vordruck abzugeben und zu unterschreiben.

### Abführung der Steuerabzugsbeträge

2. Tragen Sie bitte die Summe der einzubehaltenden Steuerabzugsbeträge (§§ 39b und 39c EStG) in Zeile 18 ein. Die Summe der mit festen oder besonderen Pauschsteuersätzen erhobenen Lohnsteuer nach den §§ 37a, 40 bis 40b EStG tragen Sie bitte in Zeile 19 ein. Nicht einzubeziehen ist die an die Deutsche Rentenversicherung Knappschaft-Bahn-See abzuführende 2 %-ige Pauschsteuer für geringfügig Beschäftigte i. S. d. § 8 Abs. 1 Nr. 1 und § 8a SGB IV. In Zeile 20 tragen Sie bitte gesondert die pauschale Lohnsteuer nach § 37b EStG ein. Vergessen Sie bitte nicht, auf dem Zahlungsabschnitt die Steuernummer, den Zeitraum, in dem die Beträge einbehalten worden sind, und je gesondert den Gesamtbetrag der Lohnsteuer, des Solidaritätszuschlags zur Lohnsteuer und der Kirchensteuer anzugeben oder durch Ihre Bank oder Sparkasse angeben zu lassen.

   Sollten Sie mehr Lohnsteuer erstatten, als Sie einzubehalten haben (z. B. wegen einer Neuberechnung der Lohnsteuer für bereits abgelaufene Lohnzahlungszeiträume desselben Kalenderjahres), kennzeichnen Sie bitte den Betrag mit einem deutlichen Minuszeichen. Der Erstattungsantrag ist durch Übermittlung oder Abgabe der Anmeldung gestellt.

   Reichen die Ihnen zur Verfügung stehenden Mittel zur Zahlung des vollen vereinbarten Arbeitslohns nicht aus, so ist die Lohnsteuer von dem tatsächlich zur Auszahlung gelangenden niedrigeren Betrag zu berechnen und einzubehalten.

3. Arbeitgeber, die eigene oder gecharterte Handelsschiffe betreiben, dürfen die gesamte anzumeldende und abzuführende Lohnsteuer, die auf den Arbeitslohn entfällt, der an die Besatzungsmitglieder für die Beschäftigungszeiten auf diesen Schiffen gezahlt wird, abziehen und einbehalten. Dieser Betrag ist in Zeile 21 einzutragen.

4. Arbeitgeber dürfen vom Gesamtbetrag der einzubehaltenden Lohnsteuer für jeden Arbeitnehmer mit einem ersten Dienstverhältnis einen Teilbetrag des Arbeitgeberbeitrags zur kapitalgedeckten betrieblichen Altersversorgung (BAV-Förderbetrag) entnehmen und gesondert absetzen (§ 100 EStG). Dieser Betrag ist in Zeile 22 einzutragen. Zusätzlich ist die Zahl der Arbeitnehmer mit BAV-Förderbetrag in Zeile 16 einzutragen. Werden die Beiträge zur betrieblichen Altersversorgung an den Arbeitgeber zurückgezahlt, ist der auf den Rückzahlungsbetrag entfallende BAV-Förderbetrag zurückzuzahlen. Ist der zurückzuzahlende BAV-Förderbetrag höher als der im Lohnzahlungszeitraum der Rückzahlung von der Lohnsteuer abzusetzende BAV-Förderbetrag, ist der „negative BAV-Förderbetrag" durch ein vorangestelltes Minuszeichen zu kennzeichnen.

5. Haben Sie in den Fällen der Einkommensteuer-und Lohnsteuerpauschalierung nach den §§ 37a, 37b, 40 bis 40b EStG die Kirchensteuer im vereinfachten Verfahren mit einem ermäßigten Steuersatz ermittelt, tragen Sie bitte diese (pauschale) Kirchensteuer in einer Summe in Zeile 25 ein. Die Aufteilung der pauschalen Kirchensteuer auf die steuererhebenden Religionsgemeinschaften wird von der Finanzverwaltung übernommen.

6. Abführungszeitpunkt ist
   a) spätestens der zehnte Tag nach Ablauf eines jeden Kalendermonats, wenn die abzuführende Lohnsteuer für das vorangegangene Kalenderjahr mehr als 5.000 € betragen hat,
   b) spätestens der zehnte Tag nach Ablauf eines jeden Kalendervierteljahres, wenn die abzuführende Lohnsteuer für das vorangegangene Kalenderjahr mehr als 1.080 €, aber nicht mehr als 5.000 € betragen hat,
   c) spätestens der zehnte Tag nach Ablauf eines jeden Kalenderjahres, wenn die abzuführende Lohnsteuer für das vorangegangene Kalenderjahr nicht mehr als 1.080 € betragen hat.

   Hat Ihr Betrieb nicht während des ganzen vorangegangenen Kalenderjahres bestanden, so ist die für das vorangegangene Kalenderjahr abzuführende Lohnsteuer für die Feststellung des Lohnsteuer-Anmeldungszeitraums auf einen Jahresbetrag umzurechnen.

   Hat Ihr Betrieb im vorangegangenen Kalenderjahr noch nicht bestanden, so ist die auf einen Jahresbetrag umgerechnete, für den ersten vollen Kalendermonat nach der Eröffnung des Betriebs abzuführende Lohnsteuer maßgebend.

7. Im Falle nicht rechtzeitiger Abführung der Steuerabzugsbeträge ist ein Säumniszuschlag zu entrichten. Der Säumniszuschlag beträgt 1 % des auf 50 € abgerundeten rückständigen Steuerbetrages (ohne Kirchensteuer) für jeden angefangenen Monat der Säumnis.

8. Verbleibende Beträge von insgesamt weniger als 1 € werden weder erhoben noch erstattet, weil dadurch unverhältnismäßige Kosten entstehen.

### Anmeldung der Steuerabzugsbeträge

9. Übermitteln oder übersenden Sie bitte unabhängig davon, ob Sie Lohnsteuer einzubehalten hatten oder ob die einbehaltenen Steuerabzugsbeträge an das Finanzamt abgeführt worden sind, dem Finanzamt der Betriebsstätte spätestens bis zum Abführungszeitpunkt (siehe oben Nummer 6) eine Lohnsteuer-Anmeldung nach amtlich vorgeschriebenem Datensatz oder Vordruck.

   Sie sind aber künftig von der Verpflichtung zur Übermittlung oder Abgabe weiterer Lohnsteuer-Anmeldungen befreit, wenn Sie Ihrem Betriebsstättenfinanzamt mitteilen, dass Sie keine Lohnsteuer einzubehalten oder zu übernehmen haben. Gleiches gilt, wenn Sie nur Arbeitnehmer beschäftigen, für die Sie lediglich die 2 %-ige Pauschsteuer an die Deutsche Rentenversicherung Knappschaft-Bahn-See abzuführen haben.

10. Trifft die Anmeldung nicht rechtzeitig ein, so kann das Finanzamt zu der Lohnsteuer einen **Verspätungszuschlag** festsetzen.

11. Um Rückfragen des Finanzamts zu vermeiden, geben Sie bitte in Zeile 15 stets die Zahl der Arbeitnehmer – einschließlich Aushilfs- und Teilzeitkräfte, zu denen auch die an die Deutsche Rentenversicherung Knappschaft-Bahn-See gemeldeten geringfügig Beschäftigten i. S. d. § 8 Abs. 1 Nr. 1 und § 8a SGB IV gehören – an.

12. Wenn über die Angaben in der Steueranmeldung hinaus weitere oder abweichende Angaben oder Sachverhalte berücksichtigt werden sollen, tragen Sie bitte in Zeile 37 eine "1" ein. Gleiches gilt, wenn bei den in der Steueranmeldung erfassten Angaben bewusst eine von der Verwaltungsauffassung abweichende Rechtsauffassung zugrunde gelegt wurde. Diese Angaben sind in einer von Ihnen zu erstellenden gesonderten Anlage zu machen, welche mit der Überschrift „Ergänzende Angaben zur Steueranmeldung" zu kennzeichnen ist. Angaben zu Änderungen der persönlichen Daten (z. B. Bankverbindung) sind nicht hier einzutragen, sondern dem Finanzamt gesondert mitzuteilen.

### Berichtigung von Lohnsteuer-Anmeldungen

13. Wenn Sie feststellen, dass eine bereits eingereichte Lohnsteuer-Anmeldung fehlerhaft oder unvollständig ist, so ist für den betreffenden Anmeldungszeitraum eine berichtigte Lohnsteuer-Anmeldung zu übermitteln oder einzureichen. Dabei sind Eintragungen auch in den Zeilen vorzunehmen, in denen sich keine Änderungen ergeben haben. Es ist nicht zulässig, nur Einzel- oder Differenzbeträge nachzumelden. Für die Berichtigung mehrerer Anmeldungszeiträume sind jeweils gesonderte berichtigte Lohnsteuer-Anmeldungen einzureichen. Den Berichtigungsgrund teilen Sie bitte Ihrem Finanzamt gesondert mit.

# 20 § 41b/1. Schreiben betr. Ausstellung von elektronischen Lohnsteuerbescheinigungen für Kalenderjahre ab 2020; Ausstellung von Besonderen Lohnsteuerbescheinigungen durch den Arbeitgeber ohne maschinelle Lohnabrechnung für Kalenderjahre ab 2020[1)]

Vom 9. September 2019
BMF IV C 5 - S 2378/19/10002 :001; DOK 2019/0202264
(BStBl. I S. 911)

**Bezug:** BMF-Schreiben vom 27. September 2017 (BStBl. I S. 1339) unter Berücksichtigung der Änderungen durch das BMF-Schreiben vom 31. August 2018 (BStBl. I S. 1009)

Im Einvernehmen mit den obersten Finanzbehörden der Länder wird auf Folgendes hingewiesen:

Auf Grund der Aufzeichnungen im Lohnkonto hat der Arbeitgeber nach Abschluss des Lohnkontos für jeden Arbeitnehmer der zuständigen Finanzbehörde nach Maßgabe des § 93 c der Abgabenordnung – AO – bis zum letzten Tag des Monats Februar des folgenden Jahres eine elektronische Lohnsteuerbescheinigung zu übermitteln (§ 41 b Abs. 1 Satz 2 des Einkommensteuergesetzes – EStG – i. V. m. § 93 c Abs. 1 Nr. 1 AO). Die Datenübermittlung ist nach amtlich vorgeschriebenem Datensatz durch Datenfernübertragung über die amtlich bestimmte Schnittstelle (§ 93 c Abs. 1 Nr. 1 AO) authentifiziert vorzunehmen. Das für die Authentifizierung erforderliche Zertifikat muss vom Datenübermittler einmalig auf der Internetseite www.elster.de beantragt werden. Ohne Authentifizierung ist eine elektronische Übermittlung der Lohnsteuerbescheinigung nicht möglich.

Für jede elektronische Lohnsteuerbescheinigung ist eine eindeutige, durch den Datenlieferanten zu vergebende ID (KmId) zu erstellen, deren Zusammensetzung in der technischen Schnittstellenbeschreibung zur elektronischen Lohnsteuerbescheinigung dokumentiert ist. Einzelheiten zum amtlich vorgeschriebenen Datensatz sind unter www.elster.de abrufbar.

Davon abweichend können insbesondere Arbeitgeber ohne maschinelle Lohnabrechnung, die ausschließlich Arbeitnehmer im Rahmen einer geringfügigen Beschäftigung in ihren Privathaushalten i. S. d. § 8 a SGB IV beschäftigen, anstelle der elektronischen Lohnsteuerbescheinigung eine entsprechende manuelle Lohnsteuerbescheinigung (Besondere Lohnsteuerbescheinigung) erteilen.

Für die elektronische Lohnsteuerbescheinigung und die Ausschreibung von Besonderen Lohnsteuerbescheinigungen sind § 41 b EStG sowie die Anordnungen in R 41 b der Lohnsteuer-Richtlinien (LStR) maßgebend. Lohnsteuerbescheinigungen sind hiernach sowohl für unbeschränkt als auch für beschränkt einkommensteuerpflichtige Arbeitnehmer zu erstellen.

---

[1)] **Amtl. Anm.:** Die Änderungen gegenüber dem BMF-Schreiben vom 27. September 2017 (BStBl. I S. 1339) sind durch Fett- und Kursivdruck hervorgehoben (**Red. Anm.:** Hier nicht dargestellt).

Das Muster des Ausdrucks der elektronischen Lohnsteuerbescheinigung wird jährlich im Bundessteuerblatt Teil I gesondert bekannt gemacht.

Für Arbeitnehmer, für die der Arbeitgeber die Lohnsteuer ausschließlich nach den §§ 40 bis 40 b EStG pauschal erhoben hat, ist keine Lohnsteuerbescheinigung zu erstellen.

## I. Ausstellung von elektronischen Lohnsteuerbescheinigungen

Dem Arbeitnehmer ist ein nach amtlich vorgeschriebenem Muster gefertigter Ausdruck der elektronischen Lohnsteuerbescheinigung mit Angabe der Identifikationsnummer (IdNr.) auszuhändigen oder elektronisch bereitzustellen (§ 41 b Abs. 1 Satz 3 EStG). Sofern für den Arbeitnehmer keine IdNr. vergeben wurde oder der Arbeitnehmer diese dem Arbeitgeber nicht mitgeteilt hat, ist weiter die elektronische Übermittlung der Lohnsteuerbescheinigung mit der eTIN (= elektronische Transfer-Identifikations-Nummer) zulässig.

Es sind die abgerufenen elektronischen Lohnsteuerabzugsmerkmale (ELStAM) oder die auf der entsprechenden Bescheinigung für den Lohnsteuerabzug eingetragenen Lohnsteuerabzugsmerkmale vollständig zu übermitteln. Dabei ist im elektronischen Datensatz neben den ELStAM auch das Datum „gültig ab" zu übermitteln. Hiervon abweichend sind im Muster des Ausdrucks der elektronischen Lohnsteuerbescheinigung aus Vereinfachungsgründen nur die im letzten Lohnzahlungszeitraum zugrunde gelegten Lohnsteuerabzugsmerkmale – ohne „gültig ab" – zu bescheinigen.

Außerdem gilt Folgendes:

**1.**

Unter **Nr. 1** des Ausdrucks ist die Dauer des Dienstverhältnisses während des Kalenderjahres oder der Monat der Auszahlung bei sonstigen Bezügen, die nach Beendigung des Dienstverhältnisses gezahlt werden, zu bescheinigen.

**2.**

Unter **Nr. 2** des Ausdrucks ist in dem Feld Anzahl „U" die Anzahl der Unterbrechungszeiträume zu bescheinigen, in denen an mindestens 5 aufeinander folgenden Arbeitstagen der Anspruch auf Arbeitslohn im Wesentlichen weggefallen ist (z. B. wegen Krankheit). Nicht zu bescheinigen sind Zeiträume, in denen der Arbeitnehmer Lohnersatzleistungen i. S. d. § 41 Abs. 1 Satz 4 EStG erhalten hat (z. B. Kurzarbeitergeld, Schlechtwettergeld). Weiterhin sind in dem dafür vorgesehenen Feld die nachfolgenden Großbuchstaben zu bescheinigen:

„S" ist einzutragen, wenn die Lohnsteuer von einem sonstigen Bezug im ersten Dienstverhältnis berechnet wurde und dabei der Arbeitslohn aus früheren Dienstverhältnissen des Kalenderjahres außer Betracht geblieben ist.

„M" ist einzutragen, wenn dem Arbeitnehmer anlässlich oder während einer beruflichen Auswärtstätigkeit oder im Rahmen einer beruflichen doppelten Haushaltsführung vom Arbeitgeber oder auf dessen Veranlassung von einem Dritten eine nach § 8 Abs. 2 Satz 8 EStG mit dem amtlichen Sachbezugswert zu bewertende Mahlzeit zur Verfügung gestellt wurde. Die Eintragung hat unabhängig davon zu erfolgen, ob die Besteuerung der Mahlzeit nach § 8 Abs. 2 Satz 9 EStG unterbleibt, der Arbeitgeber die Mahlzeit individuell oder nach § 40 Abs. 2 Satz 1 Nr. 1 a EStG pauschal besteuert hat.

Im Übrigen sind für die Bescheinigung des Großbuchstabens „M“ auch die Ausführungen der *Rz. 90 ff. im ergänzten BMF-Schreiben zur Reform des steuerlichen Reisekostenrechts ab 1. Januar 2014 vom 24. Oktober 2014 (BStBl. I S. 1412)*[1] zu beachten.

„F“ ist einzutragen, wenn eine steuerfreie Sammelbeförderung eines Arbeitnehmers zwischen Wohnung und erster Tätigkeitsstätte sowie bei Fahrten nach § 9 Abs. 1 Satz 3 Nr. 4 a Satz 3 EStG nach § 3 Nr. 32 EStG erfolgte.

„FR“ ist einzutragen bei französischen Grenzgängern, bei denen aufgrund einer Bescheinigung nach § 39 Abs. 4 Nr. 5 i. V. m. § 52 Abs. 36 EStG vom Lohnsteuerabzug abzusehen ist. Der Großbuchstabe „FR“ ist um das Land zu ergänzen, in dem der Grenzgänger im Bescheinigungszeitraum zuletzt tätig war.

Für Baden-Württemberg ist der Großbuchstabe „FR“ ohne Leerzeichen um die Ziffer 1 („FR1“), für Rheinland-Pfalz um die Ziffer 2 („FR2“) und für das Saarland um die Ziffer 3 („FR3“) zu ergänzen. Für die Bescheinigung des Großbuchstabens „FR“ gelten die Ausführungen im BMF-Schreiben zur Durchführung des Grenzgängerfiskalausgleichs vom 30. März 2017 (BStBl I S. 753).

**3.**

Unter **Nr. 3** des Ausdrucks ist der Gesamtbetrag des steuerpflichtigen Bruttoarbeitslohns – einschließlich des Werts der Sachbezüge – zu bescheinigen, den der Arbeitnehmer aus dem Dienstverhältnis im Kalenderjahr bezogen hat. Bruttoarbeitslohn ist die Summe aus dem laufenden Arbeitslohn, der für Lohnzahlungszeiträume gezahlt worden ist, die im Kalenderjahr geendet haben, und den sonstigen Bezügen, die dem Arbeitnehmer im Kalenderjahr zugeflossen sind. Netto gezahlter Arbeitslohn ist mit dem hochgerechneten Bruttobetrag anzusetzen. Zum Bruttoarbeitslohn rechnen auch die laufend und einmalig gezahlten Versorgungsbezüge einschließlich Sterbegelder und Abfindungen/Kapitalauszahlungen solcher Ansprüche (Nr. 8 und Nr. 32 des Ausdrucks). Versorgungsbezüge für mehrere Jahre, die ermäßigt besteuert wurden, sind ausschließlich in **Nr. 9** zu bescheinigen. Der Bruttoarbeitslohn darf nicht um die Freibeträge für Versorgungsbezüge (§ 19 Abs. 2 EStG) und den Altersentlastungsbetrag (§ 24 a EStG) gekürzt werden. Andere Freibeträge sind gleichfalls nicht abzuziehen und Hinzurechnungsbeträge nicht hinzuzurechnen. Arbeitslöhne i. S. d. § 8 Abs. 3 EStG sind um den Rabatt-Freibetrag nach § 8 Abs. 3 Satz 2 EStG zu kürzen.

Hat der Arbeitgeber steuerpflichtigen Arbeitslohn zurückgefordert, ist unter Nr. 3 bei fortbestehendem Dienstverhältnis nur der gekürzte steuerpflichtige Bruttoarbeitslohn zu bescheinigen. Dies gilt auch für zurückgeforderten Arbeitslohn, der im Zuflussjahr ermäßigt besteuert worden ist. Ergibt die Verrechnung von ausgezahltem und zurückgefordertem Arbeitslohn einen negativen Betrag, so ist dieser Betrag mit einem Minuszeichen zu versehen.

---

[1] Jetzt BMF v. 25. 11. 2020, BStBl. I S. 1228, Rz. 92 (Nr. **20** § 9/10).

Nicht zum steuerpflichtigen Bruttoarbeitslohn gehören steuerfreie Bezüge, z. B. steuerfreie Zuschläge für Sonntags-, Feiertags- oder Nachtarbeit, steuerfreie Umzugskostenvergütungen, steuerfreier Reisekostenersatz, steuerfreier Auslagenersatz, die nach § 3 Nr. 56 und 63 sowie § 100 Abs. 6 EStG steuerfreien Beiträge des Arbeitgebers an einen Pensionsfonds, eine Pensionskasse oder für eine Direktversicherung sowie Bezüge, für die die Lohnsteuer nach §§ 37 b, 40 bis 40 b EStG pauschal erhoben wurde.

Nicht unter Nr. 3, sondern gesondert zu bescheinigen sind insbesondere ermäßigt besteuerte Entschädigungen, ermäßigt besteuerter Arbeitslohn für mehrere Kalenderjahre sowie die auf Grund eines Doppelbesteuerungsabkommens oder des Auslandstätigkeitserlasses von der Lohnsteuer freigestellten Bezüge.

**4.**

Unter **Nr. 4 bis 6** des Ausdrucks sind die Lohnsteuer, der Solidaritätszuschlag und die Kirchensteuer zu bescheinigen, die der Arbeitgeber vom bescheinigten Bruttoarbeitslohn einbehalten hat. Wurden Lohnsteuer, Solidaritätszuschlag oder Kirchensteuer nicht einbehalten, ist das jeweilige Eintragungsfeld durch einen waagerechten Strich auszufüllen.

**5.**

Bei konfessionsverschiedenen Ehen/konfessionsverschiedenen Lebenspartnerschaften (z. B. ein Ehegatte/Lebenspartner ev, der andere rk) ist sowohl bei Haupt- als auch bei Nebenarbeitsverhältnissen der auf den Ehegatten/Lebenspartner entfallende Teil der Kirchensteuer unter **Nr. 7 oder 14** des Ausdrucks anzugeben (Halbteilung der Kirchensteuer nach den Kirchensteuergesetzen der Länder). Diese Halbteilung der Kirchensteuer kommt in Bayern, Bremen und Niedersachsen nicht in Betracht. Deshalb ist in diesen Ländern die einbehaltene Kirchensteuer immer nur unter Nr. 6 oder 13 einzutragen.

**6.**

Unter **Nr. 8** des Ausdrucks sind die in Nr. 3 enthaltenen Versorgungsbezüge nach § 19 Abs. 2 EStG (z. B. auch regelmäßige Anpassungen von Versorgungsbezügen nach § 19 Abs. 2 Satz 9 EStG) einzutragen.

Werden einem Versorgungsempfänger zusätzlich zum laufenden Versorgungsbezug weitere Zuwendungen und geldwerte Vorteile (z. B. steuerpflichtige Fahrtkostenzuschüsse, Freifahrtberechtigungen, Kontoführungsgebühren) gewährt, zählen diese ebenfalls zu den unter Nr. 8 zu bescheinigenden Versorgungsbezügen.

**7.**

Im Lohnsteuerabzugsverfahren ermäßigt besteuerte Entschädigungen (z. B. Abfindungen) und ermäßigt besteuerter Arbeitslohn für mehrere Kalenderjahre (z. B. Jubiläumszuwendungen) sind in einer Summe unter **Nr. 10** des Ausdrucks gesondert zu bescheinigen.

Entschädigungen und Arbeitslohn für mehrere Kalenderjahre, die nicht ermäßigt besteuert wurden, können unter **Nr. 19** eingetragen werden; diese Beträge müssen in dem unter Nr. 3 bescheinigten Bruttoarbeitslohn enthalten sein.

Gesondert zu bescheinigen sind unter **Nr. 11 bis 14** des Ausdrucks die Lohnsteuer, der Solidaritätszuschlag und die Kirchensteuer, die der Arbeitgeber von ermäßigt besteuerten Versorgungsbezügen für mehrere Kalenderjahre, Entschädigungen und Vergütungen für eine mehrjährige Tätigkeit i. S. d. § 34 EStG einbehalten hat.

**8.**

Das Kurzarbeitergeld einschließlich Saison-Kurzarbeitergeld, der Zuschuss zum Mutterschaftsgeld, der Zuschuss bei Beschäftigungsverbot für die Zeit vor oder nach einer Entbindung sowie für den Entbindungstag während der Elternzeit nach beamtenrechtlichen Vorschriften, die Verdienstausfallentschädigung nach dem Infektionsschutzgesetz, Aufstockungsbeträge und Altersteilzeitzuschläge sind in einer Summe unter **Nr. 15** des Ausdrucks zu bescheinigen[1]. Hat der Arbeitgeber Kurzarbeitergeld zurückgefordert, sind nur die so gekürzten Beträge zu bescheinigen. Ergibt die Verrechnung von ausgezahlten und zurückgeforderten Beträgen einen negativen Betrag, so ist dieser Betrag mit einem Minuszeichen zu bescheinigen. Wurde vom Arbeitgeber in Fällen des § 47 b Abs. 4 SGB V Krankengeld in Höhe des Kurzarbeitergeldes gezahlt, ist dieses nicht unter Nr. 15 des Ausdrucks anzugeben.

**9.**

Unter **Nr. 16 a)** des Ausdrucks ist der nach Doppelbesteuerungsabkommen und unter **Nr. 16 b)** der nach dem Auslandstätigkeitserlass steuerfreie Arbeitslohn auszuweisen.

**10.**

Unter **Nr. 17** des Ausdrucks sind die folgenden auf die Entfernungspauschale anzurechnenden steuerfreien Zuschüsse und Sachbezüge betragsmäßig zu bescheinigen:

- Zuschüsse des Arbeitgebers, die zusätzlich zum ohnehin geschuldeten Arbeitslohn zu den Aufwendungen des Arbeitnehmers für Fahrten mit öffentlichen Verkehrsmitteln im Linienverkehr (ohne Luftverkehr) zwischen Wohnung und erster Tätigkeitsstätte und nach § 9 Abs. 1 Satz 3 Nr. 4 a Satz 3 EStG sowie für Fahrten im öffentlichen Personennahverkehr gezahlt werden (§ 3 Nr. 15 Satz 1 EStG),
- Sachbezüge für die unentgeltliche oder verbilligte Nutzung öffentlicher Verkehrsmittel im Linienverkehr (ohne Luftverkehr) für Fahrten zwischen Wohnung und erster Tätigkeitsstätte und nach § 9 Abs. 1 Satz 3 Nr. 4 a Satz 3 EStG sowie für Fahrten im öffentlichen Personennahverkehr, die der Arbeitnehmer aufgrund seines Dienstverhältnisses zusätzlich zum ohnehin geschuldeten Arbeitslohn erhält (§ 3 Nr. 15 Satz 2 EStG),
- Sachbezüge, die im Rahmen des § 8 Abs. 2 Satz 11 EStG – Job-Ticket – oder § 8 Abs. 3 EStG – Verkehrsträger – steuerfrei bleiben.

**11.**

Unter **Nr. 18** des Ausdrucks sind nur die auf die Entfernungspauschale nach § 40 Abs. 2 Satz 2 Nr. 1 zweiter Halbsatz EStG[2] anzurechnenden pauschal

---

[1] **Red. Anm.:** Unter Nr. 15 sind auch die nach § 3 Nr. 28a EStG idF der Bek. v. 8.10.2009 (BGBl. I S. 3366, ber. S. 3862), zuletzt geänd. durch G v. 20.8.2021 (BGBl. I S. 3932) steuerfreien Zuschüsse des Arbeitgebers zum Kurzarbeitsgeld einschl. Saison-Kurzarbeitsgeld zu bescheinigen.

[2] **Amtl. Anm.:** § 40 Abs. 2 Satz 2 Nr. 1 zweiter Halbsatz EStG nach dem Entwurf eines Gesetzes zur weiteren steuerlichen Förderung der Elektromobilität und zur Änderung weiterer steuerlicher Vorschriften.

besteuerten Arbeitgeberleistungen für Fahrten zwischen Wohnung und erster Tätigkeitsstätte sowie für Fahrten nach § 9 Abs. 1 Satz 3 Nr. 4 a Satz 3 EStG zu bescheinigen.

**12.**

Unter **Nr. 20** des Ausdrucks sind die nach § 3 Nr. 13 oder 16 EStG steuerfrei gezahlten Vergütungen für Verpflegung bei beruflich veranlassten Auswärtstätigkeiten zu bescheinigen.

Steuerfreie Vergütungen bei doppelter Haushaltsführung sind unter **Nr. 21** des Ausdrucks zu bescheinigen.

Sofern das Betriebsstättenfinanzamt nach § 4 Abs. 2 Nr. 4 Satz 2 der Lohnsteuer-Durchführungsverordnung – LStDV – hierfür eine andere Aufzeichnung als im Lohnkonto zugelassen hat, ist eine Bescheinigung dieser Beträge nicht zwingend erforderlich.

**13.**

Bei der Bescheinigung von Zukunftssicherungsleistungen ist Folgendes zu beachten:

**a) Beiträge und Zuschüsse zur Alterssicherung**

Der Arbeitgeberanteil der Beiträge zu den gesetzlichen Rentenversicherungen und der Arbeitgeberzuschuss an berufsständische Versorgungseinrichtungen, die den gesetzlichen Rentenversicherungen vergleichbare Leistungen erbringen (vgl. BMF-Schreiben vom 8. Juli 2014, BStBl. I S. 1098), ist getrennt unter **Nr. 22 a) und b)** des Ausdrucks auszuweisen, der entsprechende Arbeitnehmeranteil unter **Nr. 23 a) und b)**. Gleiches gilt für Beiträge zur Alterssicherung, wenn darin zumindest teilweise ein Arbeitnehmeranteil enthalten ist, die auf Grund einer nach ausländischen Gesetzen bestehenden Verpflichtung an ausländische Sozialversicherungsträger, die den inländischen Sozialversicherungsträgern vergleichbar sind, geleistet werden. Beiträge zur Alterssicherung an ausländische Versicherungsunternehmen sind nicht zu bescheinigen.

Werden von ausländischen Sozialversicherungsträgern Globalbeiträge erhoben, ist eine Aufteilung vorzunehmen. In diesen Fällen ist unter Nr. 22 a) und Nr. 23 a) der auf die Rentenversicherung entfallende Teilbetrag zu bescheinigen. Die für die Aufteilung maßgebenden staatenbezogenen Prozentsätze werden für jeden Veranlagungszeitraum durch ein gesondertes BMF-Schreiben bekannt gegeben[1)].

In Fällen, in denen der Arbeitgeber die Beiträge unmittelbar an eine berufsständische Versorgungseinrichtung abführt (sog. Firmenzahler), ist der Arbeitgeberzuschuss unter Nr. 22 b) und der Arbeitnehmeranteil unter Nr. 23 b) zu bescheinigen. Führt der Arbeitnehmer den gesamten Beitrag selbst an die berufsständische Versorgungseinrichtung ab (sog. Selbstzahler) und zahlt der Arbeitgeber dem Arbeitnehmer hierfür einen zweckgebundenen Zuschuss, ist unter Nr. 22 b) der Zuschuss zu bescheinigen. Eine Eintragung unter Nr. 23 b) ist in diesen Fällen nicht vorzunehmen.

Unter Nr. 22 a) und Nr. 23 a) sind auch Beiträge zur umlagefinanzierten Hüttenknappschaftlichen Zusatzversicherung im Saarland zu bescheinigen. Das Gleiche gilt für Rentenversicherungsbeiträge bei geringfügiger Beschäftigung,

---

[1)] **Red. Anm.:** Für **2021:** BMF v. 13. 1. 2020, BStBl. I S. 1215; für **2022:** BMF v. 19. 11. 2021, BStBl. I S. 2275.

wenn die Lohnsteuer nicht pauschal erhoben wurde (der Arbeitgeberbeitrag in Höhe von 15 % oder 5 % und der Arbeitnehmerbeitrag). Dies gilt für den Arbeitgeberbeitrag auch dann, wenn kein Arbeitnehmeranteil zur Rentenversicherung gezahlt wurde.

Arbeitgeberbeiträge zur gesetzlichen Rentenversicherung für Beschäftigte nach § 172 Abs. 1 SGB VI (z. B. bei weiterbeschäftigten Rentnern) gehören nicht zum steuerpflichtigen Arbeitslohn; sie sind nicht als steuerfreie Arbeitgeberanteile i. S. d. § 3 Nr. 62 EStG unter Nr. 22 a) zu bescheinigen. Dies gilt auch, wenn dieser Arbeitnehmerkreis geringfügig beschäftigt ist (§ 172 Abs. 3 und 3 a SGB VI). Hat der Beschäftigte jedoch auf die Versicherungsfreiheit verzichtet (§ 5 Abs. 4 Satz 2 SGB VI), sind die Arbeitgeberanteile/-zuschüsse und Arbeitnehmeranteile nach den allgemeinen Regelungen zu bescheinigen.

Arbeitgeberbeiträge zur Rentenversicherung und an berufsständische Versorgungseinrichtungen, die im Zusammenhang mit nach § 3 Nr. 2 EStG steuerfreiem Kurzarbeitergeld stehen, sind nicht zu bescheinigen.

Zahlt der Arbeitgeber steuerfreie Beiträge zur gesetzlichen Rentenversicherung i. S. d. § 3 Nr. 28 EStG (bei Altersteilzeit), können diese nicht als Sonderausgaben berücksichtigt werden und sind daher nicht in der Bescheinigung anzugeben. Werden darüber hinaus steuerpflichtige Beiträge zum Ausschluss einer Minderung der Altersrente gezahlt, sind diese an die gesetzliche Rentenversicherung abgeführten Beiträge als Sonderausgaben abziehbar und deshalb unter Nr. 23 a) zu bescheinigen.

### b) Zuschüsse zur Kranken- und Pflegeversicherung

Steuerfreie Zuschüsse des Arbeitgebers zur gesetzlichen Krankenversicherung bei freiwillig in der gesetzlichen Krankenversicherung versicherten Arbeitnehmern, soweit der Arbeitgeber zur Zuschussleistung gesetzlich verpflichtet ist, sind unter **Nr. 24 a)** des Ausdrucks einzutragen. Entsprechende Zuschüsse zu privaten Krankenversicherungen sind unter **Nr. 24 b)** zu bescheinigen.

Unter **Nr. 24 c)** sind steuerfreie Zuschüsse des Arbeitgebers zu gesetzlichen Pflegeversicherungen (soziale Pflegeversicherung und private Pflege-Pflichtversicherung) einzutragen. Bei freiwillig in der gesetzlichen Krankenversicherung versicherten oder privat versicherten Arbeitnehmern, die Kurzarbeitergeld beziehen, sind unter Nr. 24 a) bis c) die gesamten vom Arbeitgeber gewährten Zuschüsse zu bescheinigen.

Zu bescheinigen sind auch Zuschüsse des Arbeitgebers zur Kranken- und Pflegeversicherung bei ausländischen Versicherungsunternehmen und bei ausländischen Sozialversicherungsträgern. Nicht einzutragen ist der Arbeitgeberanteil zur gesetzlichen Kranken- und sozialen Pflegeversicherung bei pflichtversicherten Arbeitnehmern.

### c) Beiträge zur gesetzlichen Kranken- und sozialen Pflegeversicherung

Der Arbeitnehmerbeitrag zur inländischen gesetzlichen Krankenversicherung einschließlich des einkommensabhängigen Zusatzbeitrags nach § 242 SGB V ist bei pflichtversicherten Arbeitnehmern unter **Nr. 25** einzutragen. Es sind die an die Krankenkasse abgeführten Beiträge zu bescheinigen, d. h. ggf. mit Beitragsanteilen für Krankengeld.

Die Beiträge des Arbeitnehmers zur inländischen sozialen Pflegeversicherung sind unter **Nr. 26** des Ausdrucks zu bescheinigen.

Bei freiwillig in der gesetzlichen Krankenversicherung versicherten Arbeitnehmern ist unter Nr. 25 und 26 der gesamte Beitrag einschließlich des einkommensabhängigen Zusatzbeitrags nach § 242 SGB V zu bescheinigen, wenn der Arbeitgeber die Beiträge an die Krankenkasse abführt (sog. Firmenzahler). Dies gilt auch in den Fällen des Bezugs von Kurzarbeitergeld. Arbeitgeberzuschüsse sind nicht von den Arbeitnehmerbeiträgen abzuziehen, sondern gesondert unter Nr. 24 zu bescheinigen.

In Fällen, in denen der freiwillig in der gesetzlichen Krankenversicherung versicherte Arbeitnehmer und nicht der Arbeitgeber die Beiträge an die Krankenkasse abführt (sog. Selbstzahler), sind unter Nr. 25 und 26 keine Eintragungen vorzunehmen. Dies gilt auch in den Fällen des Bezugs von Kurzarbeitergeld. Arbeitgeberzuschüsse sind unabhängig davon ungekürzt unter Nr. 24 zu bescheinigen.

Die vom Arbeitnehmer allein zu tragenden Beiträge aus Versorgungsbezügen an die gesetzliche Kranken- und soziale Pflegeversicherung sind ebenfalls unter Nr. 25 und 26 zu bescheinigen. Dies gilt für pflichtversicherte Arbeitnehmer und für freiwillig in der gesetzlichen Krankenversicherung versicherte Arbeitnehmer, wenn der Arbeitgeber die Beiträge an die Krankenkasse abführt (sog. Firmenzahler).

Beiträge zur Kranken- und Pflegeversicherung an ausländische Sozialversicherungsträger sind nicht zu bescheinigen.

**d) Beiträge zur Arbeitslosenversicherung**

Arbeitnehmerbeiträge zur Arbeitslosenversicherung sind unter **Nr. 27** des Ausdrucks zu bescheinigen; dies gilt auch bei Beitragszahlungen an ausländische Sozialversicherungsträger.

**e) Bescheinigung bei steuerfreiem oder pauschal besteuertem Arbeitslohn**

Unter Nr. 22 bis 27 des Ausdrucks dürfen keine Beträge bescheinigt werden, die mit steuerfreiem Arbeitslohn (z. B. nach dem Auslandstätigkeitserlass oder auf Grund eines Doppelbesteuerungsabkommens) in unmittelbarem wirtschaftlichen Zusammenhang stehen. Danach sind z. B. nicht zu bescheinigen:

- bei pflichtversicherten Arbeitnehmern die gesetzlichen Arbeitgeber- und Arbeitnehmeranteile, die auf steuerfreien Arbeitslohn entfallen (zur Aufteilung siehe unten),
- Beiträge, die auf den nach § 3 Nr. 63 sowie nach § 100 Abs. 6 EStG steuerfreien Arbeitslohn oder auf den im Zusammenhang mit nach § 3 Nr. 56 EStG steuerfreiem Arbeitslohn stehenden Hinzurechnungsbetrag nach § 1 Abs. 1 Satz 3 und 4 der Sozialversicherungs-Entgeltverordnung – SvEV – entfallen und nicht als Sonderausgaben abziehbar sind,
- Beiträge oder Zuschüsse des Arbeitgebers, die nicht nach § 3 Nr. 62 EStG, sondern nach einer anderen Vorschrift steuerfrei sind.

Hingegen sind z. B. zu bescheinigen:

- in voller Höhe auf steuerfreien Arbeitslohn entfallende Zuschüsse und Beiträge für freiwillig in der gesetzlichen Kranken-/sozialen Pflegeversicherung Versicherte und privat Kranken-/Pflegeversicherte (Nr. 24 bis 26),
- die Beiträge im Fall der beitragspflichtigen Umwandlung von Arbeitslohn zugunsten einer Direktzusage oberhalb von 4 % der Beitragsbemessungsgren-

ze[1] in der allgemeinen Rentenversicherung (Nr. 22 bis 27; § 14 Abs. 1 Satz 2 SGB IV),

- Beiträge von pauschal besteuertem Arbeitslohn (z. B. nach § 37 b Abs. 2, § 40 b EStG ggf. i. V. m. § 1 Abs. 1 Satz 3 und 4 SvEV), die bei einem sozialversicherungspflichtigen Arbeitnehmer erhoben werden (Nr. 22 bis 27; zur Aufteilung siehe unten).

Bei steuerfreien und steuerpflichtigen Arbeitslohnteilen im Bescheinigungszeitraum ist nur der Anteil der Sozialversicherungsbeiträge zu bescheinigen, der sich nach dem Verhältnis des steuerpflichtigen Arbeitslohns zum gesamten Arbeitslohn des Bescheinigungszeitraums ergibt. Hierbei sind Arbeitslohnanteile, die unabhängig von der Beitragsbemessungsgrenze nicht der Sozialversicherungspflicht unterliegen (z. B. Entlassungsabfindungen), nicht in die Verhältnisrechnung einzubeziehen. Die Verhältnisrechnung ist auch durchzuführen, wenn der steuerpflichtige Arbeitslohn im Bescheinigungszeitraum die für die Beitragsberechnung maßgebende Beitragsbemessungsgrenze übersteigt.

Auf den Hinzurechnungsbetrag nach § 1 Abs. 1 Satz 3 und 4 SvEV entfallende Vorsorgeaufwendungen sind nur insoweit zu bescheinigen, als sie auf den Teil des Hinzurechnungsbetrags entfallen, der dem Anteil der pauschal besteuerten Umlagen an der Summe aus pauschal besteuerten und steuerfreien Umlagen entspricht (quotale Aufteilung nach dem Verhältnis der Beiträge im Bescheinigungszeitraum).

Werden Sozialversicherungsbeiträge erstattet, sind unter Nr. 22 bis 27 nur die gekürzten Beiträge zu bescheinigen.

**f) Teilbeträge der Vorsorgepauschale für die private Basis-Kranken- und private Pflege-Pflichtversicherung**

Unter **Nr. 28** des Ausdrucks ist der tatsächlich im Lohnsteuerabzugsverfahren berücksichtigte Teilbetrag der Vorsorgepauschale nach § 39 b Abs. 2 Satz 5 Nr. 3 Buchst. d EStG (Beiträge zur privaten Basis-Krankenversicherung und privaten Pflege-Pflichtversicherung) zu bescheinigen (z. B. bei Arbeitnehmern ohne Arbeitgeberzuschuss mit einem nachgewiesenen Monatsbeitrag von 500 €, Beschäftigungsdauer drei Monate, Bescheinigung 1500 €). Wurde beim Lohnsteuerabzug die Mindestvorsorgepauschale berücksichtigt (ggf. auch nur in einzelnen Lohnzahlungszeiträumen), ist auch diese zu bescheinigen (z. B. Ansatz der Mindestvorsorgepauschale für zwei Monate, Bescheinigung von 2/12 der Mindestvorsorgepauschale).

Bei geringfügig Beschäftigten, bei denen die Lohnsteuer nach den Lohnsteuerabzugsmerkmalen des Arbeitnehmers erhoben wird und kein Arbeitnehmeranteil für die Krankenversicherung zu entrichten ist, ist an Stelle des Teilbetrags für die gesetzliche Krankenversicherung die Mindestvorsorgepauschale anzusetzen und unter Nr. 28 des Ausdrucks zu bescheinigen. Entsprechendes gilt für andere Arbeitnehmer, z. B. Praktikanten, Schüler, Studenten. Siehe auch Programmablaufplan für den Lohnsteuerabzug zu „VKVLZZ" und „VKVSONST". Ist der berechnete Betrag negativ, ist der Wert mit einem deutlichen Minuszeichen zu versehen.

Beiträge zur Kranken- und Pflegeversicherung an ausländische Versicherungsunternehmen sind nicht zu bescheinigen.

---

[1] **Red. Anm.:** Beitragsbemessungsgrenze 2021: 85 200 € (West) und 80 400 € (Ost).

Werden vom Arbeitnehmer Beiträge zur privaten Krankenversicherung und Pflege-Pflichtversicherung nachgewiesen, wird jedoch kein Arbeitslohn gezahlt, ist keine Lohnsteuerbescheinigung auszustellen.

**14.**

Für die Ermittlung des bei Versorgungsbezügen nach § 19 Abs. 2 EStG zu berücksichtigenden Versorgungsfreibetrags sowie des Zuschlags zum Versorgungsfreibetrag (Freibeträge für Versorgungsbezüge) sind die Bemessungsgrundlage des Versorgungsfreibetrags, das Jahr des Versorgungsbeginns und bei unterjähriger Zahlung von Versorgungsbezügen der erste und letzte Monat, für den Versorgungsbezüge gezahlt werden, maßgebend.
Folgt ein Hinterbliebenenbezug einem Versorgungsbezug, bestimmen sich der Prozentsatz, der Höchstbetrag des Versorgungsfreibetrags und der Zuschlag zum Versorgungsfreibetrag für den Hinterbliebenenbezug nach dem Jahr des Beginns des Versorgungsbezugs des Verstorbenen (§ 19 Abs. 2 Satz 7 EStG). Unabhängig davon ist bei erstmaliger Zahlung dieses Hinterbliebenenbezugs im laufenden Kalenderjahr unter Nr. 31 des Ausdrucks eine unterjährige Zahlung zu bescheinigen.
Sterbegelder und Kapitalauszahlungen/Abfindungen von Versorgungsbezügen sowie Nachzahlungen von Versorgungsbezügen, die sich ganz oder teilweise auf vorangegangene Kalenderjahre beziehen, sind als eigenständige zusätzliche Versorgungsbezüge zu behandeln. Für diese Bezüge sind die Höhe des gezahlten Bruttobetrags im Kalenderjahr und das maßgebende Kalenderjahr des Versorgungsbeginns anzugeben. In diesen Fällen sind die maßgebenden Freibeträge für Versorgungsbezüge in voller Höhe und nicht zeitanteilig zu berücksichtigen (Rz. 184 bis 187 des BMF-Schreibens vom 19. August 2013, BStBl. I S. 1087[1]), geändert durch die BMF-Schreiben vom 10. Januar 2014, BStBl. I S. 70, 10. April 2015, BStBl. I S. 256, 1. Juni 2015, BStBl. I S. 475, 4. Juli 2016, BStBl. I S. 645, 6. Dezember 2016, BStBl. I S. 1426, 19. Dezember 2016, BStBl. I S. 1433, und vom 24. Mai 2017, BStBl. I S. 820).
Der Arbeitgeber ist verpflichtet, die für die Berechnung der Freibeträge für Versorgungsbezüge erforderlichen Angaben für jeden Versorgungsbezug gesondert im Lohnkonto aufzuzeichnen (§ 4 Abs. 1 Nr. 4 LStDV i. V. m. Rz. 189 des BMF-Schreibens vom 19. August 2013 in der aktuellen Fassung[1]). Die hiernach im Lohnkonto aufgezeichneten Angaben zu Versorgungsbezügen sind in den Ausdruck wie folgt zu übernehmen (§ 41 b Abs. 1 Satz 2 EStG):

**a) Versorgungsbezug, der laufenden Arbeitslohn darstellt**

Unter Nr. 29 des Ausdrucks ist die nach § 19 Abs. 2 Satz 4 bis 11 EStG ermittelte Bemessungsgrundlage für den Versorgungsfreibetrag (das Zwölffache des Versorgungsbezugs für den ersten vollen Monat zuzüglich voraussichtlicher Sonderzahlungen) einzutragen. In die Bemessungsgrundlage sind auch zusätzlich zu den laufenden Versorgungsbezügen gewährte weitere Zuwendungen und geldwerte Vorteile (z. B. steuerpflichtige Fahrtkostenzuschüsse, Freifahrtberechtigungen, Kontoführungsgebühren) einzubeziehen.
Unter Nr. 30 ist das maßgebende Kalenderjahr des Versorgungsbeginns (vierstellig) zu bescheinigen.

[1] Nr. **1** § 10/9.

Unter Nr. 31 ist nur bei unterjähriger Zahlung eines laufenden Versorgungsbezugs der erste und letzte Monat (zweistellig mit Bindestrich, z. B. „02 – 12" oder „01 – 08"), für den Versorgungsbezüge gezahlt wurden, einzutragen. Dies gilt auch bei unterjährigem Wechsel des Versorgungsträgers.

**b) Versorgungsbezug, der einen sonstigen Bezug darstellt**

Sterbegelder, Kapitalauszahlungen/Abfindungen von Versorgungsbezügen und die als sonstige Bezüge zu behandelnden Nachzahlungen von Versorgungsbezügen, die in Nr. 3 und 8 des Ausdrucks enthalten sind, sind unter Nr. 32 gesondert zu bescheinigen.

Nach § 34 EStG ermäßigt zu besteuernde Versorgungsbezüge für mehrere Kalenderjahre sind dagegen nur unter Nr. 9 des Ausdrucks zu bescheinigen. Zusätzlich ist zu den in Nr. 9 oder 32 bescheinigten Versorgungsbezügen jeweils unter Nr. 30 des Ausdrucks das Kalenderjahr des Versorgungsbeginns anzugeben.

**c) Mehrere Versorgungsbezüge**

Fällt der maßgebende Beginn mehrerer laufender Versorgungsbezüge in dasselbe Kalenderjahr (Nr. 30 des Ausdrucks), kann der Arbeitgeber unter Nr. 29 des Ausdrucks die zusammengerechneten Bemessungsgrundlagen dieser Versorgungsbezüge in einem Betrag bescheinigen (Rz. 177 des BMF-Schreibens vom 19. August 2013 in der aktuellen Fassung[1)]). In diesem Fall sind auch die unter Nr. 8 zu bescheinigenden Versorgungsbezüge zusammenzufassen.

Bei mehreren als sonstige Bezüge gezahlten Versorgungsbezügen mit maßgebendem Versorgungsbeginn in demselben Kalenderjahr können die Nr. 8 und/oder Nr. 9 sowie Nr. 30 und 32 zusammengefasst werden. Gleiches gilt, wenn der Versorgungsbeginn laufender Versorgungsbezüge und als sonstige Bezüge gezahlter Versorgungsbezüge in dasselbe Kalenderjahr fällt.

Bei mehreren laufenden Versorgungsbezügen und als sonstige Bezüge gezahlten Versorgungsbezügen mit unterschiedlichen Versorgungsbeginnen nach § 19 Abs. 2 Satz 3 EStG sind die Angaben zu Nr. 8 und/oder Nr. 9 sowie Nr. 29 bis 32 jeweils getrennt zu bescheinigen (Rz. 177 des BMF-Schreibens vom 19. August 2013 in der aktuellen Fassung[1)]).

**15.**

Unter Nr. 33 des Ausdrucks ist die Summe des vom Arbeitgeber an Angehörige des öffentlichen Dienstes im Kalenderjahr ausgezahlten Kindergeldes zu bescheinigen, wenn es zusammen mit den Bezügen oder dem Arbeitsentgelt ausgezahlt wird (§ 72 Abs. 7 Satz 1 EStG).

**16.**

Unter Nr. 34 des Ausdrucks ist der beim Lohnsteuerabzug verbrauchte Betrag nach Art. 18 Abs. 2 des Abkommens zwischen der Bundesrepublik Deutschland und der Republik Türkei zur Vermeidung der Doppelbesteuerung und der Steuerverkürzung auf dem Gebiet der Steuern vom Einkommen zu bescheinigen (Rz. 17 des BMF-Schreibens vom 11. Dezember 2014, BStBl. 2015 I S. 92). Hierfür ist ein entsprechender Programmablaufplan mit einem entsprechenden Ausgangsparameter bekannt gemacht.

---

[1)] Nr. **1** § 10/9.

**17.**

In der letzten Zeile des Ausdrucks ist stets das Finanzamt, an das die Lohnsteuer abgeführt wurde, und dessen vierstellige Nummer einzutragen. Bei Finanzamtsaußenstellen mit eigener Nummer ist diese Nummer einzutragen.

In den nicht amtlich belegten Zeilen des Ausdrucks sind freiwillig vom Arbeitgeber übermittelte Daten zu bescheinigen, z. B.

– „Arbeitnehmerbeitrag zur Winterbeschäftigungs-Umlage",
– bei Arbeitgeberbeiträgen zur Zusatzversorgung, die nach den Lohnsteuerabzugsmerkmalen versteuert wurden: „Steuerpflichtiger Arbeitgeberbeitrag zur Zusatzversorgung",
– „Arbeitnehmerbeitrag/-anteil zur Zusatzversorgung",
– bei Fahrten zwischen Wohnung und erster Tätigkeitsstätte: „Anzahl der Arbeitstage",
– bei steuerfreiem Fahrtkostenersatz für beruflich veranlasste Auswärtstätigkeiten: „Steuerfreie Fahrtkosten bei beruflich veranlasster Auswärtstätigkeit",
– „Versorgungsbezüge für mehrere Kalenderjahre, die nicht ermäßigt besteuert wurden – in 3. und 8. enthalten".

Außerdem sind weitere, nicht der Finanzverwaltung übermittelte Angaben zulässig (betriebsinterne, für den Arbeitnehmer bestimmte Informationen); dies ist entsprechend zu kennzeichnen.

Die Anschrift des Arbeitnehmers kann im Ausdruck – abweichend von der im Datensatz elektronisch übermittelten Adresse – so gestaltet sein, dass sie den Gegebenheiten des Unternehmens entspricht (z. B. Übermittlung durch Hauspost, Auslandszustellung). Es ist darauf zu achten, dass die IdNr./eTIN bei Benutzung von Fensterbriefumschlägen im Adressfeld nicht sichtbar ist.

Neben der Anschrift des Arbeitgebers ist die Steuernummer seiner lohnsteuerlichen Betriebsstätte anzugeben. Hat ein Dritter für den Arbeitgeber die lohnsteuerlichen Pflichten übernommen (§ 38 Abs. 3 a EStG), ist die Anschrift und Steuernummer des Dritten anzugeben.

Damit gewährleistet ist, dass die Daten der elektronischen Lohnsteuerbescheinigung(en) der Finanzverwaltung vollständig zur Verfügung stehen, muss nach der elektronischen Übermittlung das Verarbeitungsprotokoll abgerufen werden. Im Ausdruck der elektronischen Lohnsteuerbescheinigung ist das elektronisch vergebene Transferticket der Datenübermittlung anzugeben.

## II. Korrektur- und Stornierungsverfahren

Stellt der Arbeitgeber bis zum Ablauf des siebten auf den Besteuerungszeitraum folgenden Kalenderjahres fest, dass die übermittelten Daten unzutreffend waren, so hat er die Lohnsteuerbescheinigung vorbehaltlich der Regelungen des § 41 c Abs. 3 und 4 EStG durch Übermittlung eines weiteren Datensatzes zu korrigieren oder zu stornieren (§ 93 c Abs. 3 Satz 1 AO).

Gemäß § 41 c Abs. 3 Satz 1 EStG ist eine Änderung des Lohnsteuerabzugs grundsätzlich nur bis zur Übermittlung der elektronischen Lohnsteuerbescheinigung zulässig. Lediglich in dem Sonderfall des § 41 c Abs. 3 Satz 4 EStG ist eine Minderung der einzubehaltenden und zu übernehmenden Lohnsteuer zulässig. In diesem Fall ist der Arbeitgeber verpflichtet, eine bereits an die Finanzverwaltung übermittelte oder ausgestellte Lohnsteuerbescheinigung zu berichtigen (§ 41 c Abs. 3 Satz 5 EStG). Im Übrigen können Erstattungsansprüche wegen zu Unrecht einbehaltener Lohnsteuer nach Ablauf des Kalenderjahres und nach Übermittlung der Lohnsteuerbescheinigung lediglich im Rahmen einer Veranlagung zur Einkommensteuer geltend gemacht werden (H 41 c.1 „Erstattungsantrag" LStH).

Wird eine Zahlung des Arbeitgebers zu Unrecht dem Lohnsteuerabzug unterworfen, weil die Besteuerung abkommensrechtlich dem Wohnsitzstaat des Arbeitnehmers zugewiesen ist, besteht daneben die Möglichkeit, einen Erstattungsantrag in analoger Anwendung des § 50 d Abs. 1 Satz 2 EStG zu stellen, soweit die entsprechenden Einkünfte aus nichtselbständiger Arbeit nicht bereits im Rahmen einer Veranlagung nach § 50 Abs. 2 Satz 2 Nr. 4 Buchst. b i. V. m. Satz 7 EStG erfasst wurden (H 41 c.1 „Erstattungsantrag" LStH).

Wurde der Lohnsteuerabzug in zu geringer Höhe vorgenommen, hat der Arbeitgeber dies dem Betriebsstättenfinanzamt anzuzeigen (§ 41 c Abs. 4 EStG).

Eine Korrektur oder Stornierung nach § 93 c Abs. 3 Satz 1 AO kommt in Betracht, wenn es sich um eine bloße Berichtigung eines zunächst unrichtig übermittelten Datensatzes handelt (R 41 c.1 Abs. 7 LStR). Eine solche Korrektur oder Stornierung unzutreffend bescheinigter Angaben bzw. Lohnsteuerdaten (z. B. einbehaltene Lohnsteuer oder einbehaltener Solidaritätszuschlag) ist der Finanzverwaltung durch Übermittlung einer berichtigten Lohnsteuerbescheinigung mitzuteilen, soweit sie nicht im Widerspruch zur maßgebenden bereits bestandskräftigen Lohnsteuer-Anmeldung steht. Korrigierte Lohnsteuerbescheinigungen sind mit dem Merker „Korrektur" zu versehen.

Eine Stornierung von bereits übermittelten Lohnsteuerbescheinigungen kommt insbesondere in Betracht, wenn

- ein falsches Kalenderjahr angegeben wurde,
- kennzeichnende Daten zu einer Person (IdNr., eTIN, Name, Vorname und Geburtsdatum) falsch übermittelt wurden oder
- mehrere Einzelbescheinigungen zu einem Arbeitsverhältnis durch eine zusammenfassende Bescheinigung ersetzt werden.

Eine Stornierungsmitteilung storniert über die eindeutige verfahrensweite Kennzeichnung genau eine Lohnsteuerbescheinigung.

Eine detaillierte Beschreibung der technischen Umsetzung des Korrektur- und Stornierungsverfahrens ist in der technischen Schnittstellenbeschreibung zur elektronischen Lohnsteuerbescheinigung dokumentiert.

Wird eine Lohnsteuerbescheinigung korrigiert oder storniert, ist der Arbeitnehmer hierüber zu informieren (§ 93 c Abs. 3 Satz 2 i. V. m. § 93 c Abs. 1 Nr. 3 AO).

### III. Nachzahlungen

Stellen Nachzahlungen laufenden Arbeitslohn dar, sind diese für die Berechnung der Lohnsteuer den Lohnzahlungszeiträumen zuzurechnen, für die sie geleistet werden (R 39 b.5 Abs. 4 Satz 1 LStR). Wird eine solche Nachzahlung nach Beendigung des Dienstverhältnisses im selben Kalenderjahr für Lohnzahlungszeiträume bis zur Beendigung des Dienstverhältnisses geleistet, ist die bereits erteilte und übermittelte Lohnsteuerbescheinigung zu korrigieren. Die berichtigte Lohnsteuerbescheinigung ist mit dem Merker „Korrektur" zu versehen. Sonstige Bezüge, die nach Beendigung des Dienstverhältnisses oder in folgenden Kalenderjahren gezahlt werden, sind gesondert zu bescheinigen; als

Dauer des Dienstverhältnisses ist in diesen Fällen der Monat der Zahlung anzugeben.

**IV. Ausstellung von Besonderen Lohnsteuerbescheinigungen durch den Arbeitgeber ohne maschinelle Lohnabrechnung**

Die unter I. Nr. 1 bis 17 aufgeführten Regelungen für den Ausdruck der elektronischen Lohnsteuerbescheinigung gelten für die Ausschreibung von Besonderen Lohnsteuerbescheinigungen entsprechend. In den Fällen des § 39 c Abs. 3 EStG ist eine Besondere Lohnsteuerbescheinigung auszustellen (R 39 c Satz 5 LStR). Eine Besondere Lohnsteuerbescheinigung kann von Arbeitgebern ausgestellt werden, für die das Betriebsstättenfinanzamt zugelassen hat, dass diese nicht am elektronischen Abrufverfahren teilnehmen (§§ 39 e Abs. 7, 41 b Abs. 1 Satz 4 bis 6 EStG). Dies gilt insbesondere für Arbeitgeber ohne maschinelle Lohnabrechnung, die ausschließlich Arbeitnehmer im Rahmen einer geringfügigen Beschäftigung nach § 8 a SGB IV im Privathaushalt beschäftigen und die Lohnsteuerbescheinigung nicht elektronisch an die Finanzverwaltung übermitteln.

Der Vordruck wird dem Arbeitgeber auf Anforderung kostenlos vom Finanzamt zur Verfügung gestellt.

# 20 § 41c/1. Schreiben betr. lohnsteuerliche Abrechnung behördlicher Erstattungsbeträge für Verdienstausfallentschädigungen nach § 56 des Infektionsschutzgesetzes (IfSG); Nichtbeanstandung

Vom 25. Januar 2023

BMF IV C 5 - S 2342/20/10008 :003; DOK 2023/0067104

(BStBl. I S. 207)

**Bezug:** Anzeigepflicht des Arbeitgebers nach § 41c Abs. 4 des Einkommensteuergesetzes (EStG) bei nachträglicher Abweichung von bereits an den Arbeitnehmer gezahlten Beträgen

## Anwendungsregelung

Die Grundsätze dieses Schreibens sind im Hinblick auf die lohnsteuerliche Abrechnung behördlicher Erstattungsbeträge für Verdienstausfallentschädigungen nach § 56 IfSG anzuwenden, wenn eine für die Kalenderjahre 2020 bis 2023 vorzunehmende Änderung des Lohnsteuerabzugs nicht mehr zulässig ist (§ 41c Abs. 3 EStG).

Nach Erörterung mit den obersten Finanzbehörden der Länder gilt bei Abweichungen zwischen der vom Arbeitgeber an den Arbeitnehmer gezahlten Verdienstausfallentschädigung und dem behördlichen Erstattungsbetrag nach § 56 IfSG hinsichtlich der Anzeigepflicht des Arbeitgebers nach § 41c Abs. 4 EStG Folgendes:

## I. Allgemeines

Arbeitnehmer, die sich – ohne krank zu sein – auf Anordnung des Gesundheitsamts als Krankheits- oder Ansteckungsverdächtige in Quarantäne begeben müssen oder einem Tätigkeitsverbot unterliegen, erhalten im Falle des Verdienstausfalls im Regelfall eine Entschädigung nach § 56 Abs. 1 IfSG. Auch Arbeitnehmer, die aufgrund der vorübergehenden Schließung von Einrichtungen zur Betreuung von Kindern, Schulen oder Einrichtungen für Menschen mit Behinderungen ihre Kinder oder behinderte Menschen selbst beaufsichtigen, erhalten im Falle des Verdienstausfalls unter den Voraussetzungen des § 56 Abs. 1a IfSG eine Entschädigung. Die Verdienstausfallentschädigung ist für die Dauer des Arbeitsverhältnisses, längstens für sechs Wochen, zu zahlen. 1

Die Zahlung der Verdienstausfallentschädigung leistet der Arbeitgeber für die Entschädigungsbehörde. 2

Die gezahlte Verdienstausfallentschädigung wird dem Arbeitgeber auf Antrag von der Entschädigungsbehörde erstattet. 3

Die Verdienstausfallentschädigung ist für den Arbeitnehmer steuerfrei (§ 3 Nr. 25 EStG) und unterliegt dem Progressionsvorbehalt (§ 32b Abs. 1 Satz 1 Nr. 1 Buchst. e EStG). Sie ist vom Arbeitgeber im Lohnkonto aufzuzeichnen und unter Nr. 15 der elektronischen Lohnsteuerbescheinigung (eLStB) bzw. der Besonderen Lohnsteuerbescheinigung (bes. LStB) zu bescheinigen. Ob und in welcher Höhe eine Verdienstausfallentschädigung i.S.d. § 3 Nr. 25 EStG vorliegt, wird durch die zuständige Entschädigungsbehörde bestimmt. 4

## II. Änderung des Lohnsteuerabzugs

5 Oftmals kommt die Entschädigungsbehörde bei der Berechnung des Erstattungsbetrags zu einem anderen Ergebnis als der Arbeitgeber. Stellt der Arbeitgeber im Nachhinein fest, dass seine ursprüngliche Behandlung der Lohnzahlung/Verdienstausfallentschädigung (Lohnversteuerung bzw. Steuerfreistellung) unzutreffend war, ist er verpflichtet, zu viel erhobene Lohnsteuer bei der nächsten Lohnzahlung zu erstatten bzw. noch nicht erhobene Lohnsteuer bei der nächsten Lohnzahlung einzubehalten (§ 41c Abs. 1 EStG).

6 Eine Änderung des Lohnsteuerabzugs ist nur bis zur Übermittlung bzw. bis zum Ausstellen der Lohnsteuerbescheinigung zulässig (§ 41c Abs. 3 EStG).

7 Hat der Arbeitgeber die Lohnsteuerbescheinigung bereits übermittelt bzw. ausgestellt, scheidet eine Änderung des Lohnsteuerabzugs aus (R 41c.1 Abs. 7 LStR). Da die eLStB bzw. die bes. LStB bis zum letzten Tag des Monats Februar des Folgejahres zu übermitteln (§ 41b Abs. 1 Satz 2 EStG i.V.m. § 93c Abs. 1 Nr. 1 der Abgabenordnung) bzw. zu übersenden ist (§ 41b Abs. 1 Satz 4 bzw. Abs. 3 Satz 1 EStG), ist die Änderung des Lohnsteuerabzugs spätestens ab dem 1. März des Folgejahres ausgeschlossen. Nach der Übermittlung bzw. Ausstellung der Lohnsteuerbescheinigung bekanntgewordene Abweichungen der Entschädigungsbehörde von der ursprünglichen Berechnung des Arbeitgebers rechtfertigen für sich genommen keine Änderung der Lohnsteuerbescheinigung. Denn insoweit handelt es sich nicht um die (zulässige) bloße Korrektur eines zunächst unrichtig übermittelten Datensatzes (R 41c.1 Abs. 7 Satz 2 LStR).

## III. Abweichungen zwischen Antrags- und Erstattungsvolumen

8 Weichen Antrags- und Erstattungsvolumen voneinander ab und scheidet eine Änderung des Lohnsteuerabzugs aus (Rn. 5 bis 7), so ist zu unterscheiden, ob es sich um einen Fall der unzutreffenden Lohnversteuerung oder der unzutreffenden Steuerfreistellung handelt:

### 1. Unzutreffende Lohnversteuerung

9 Zahlt der Arbeitgeber seinem Arbeitnehmer Arbeitslohn, der zunächst versteuert wird, und erhält der Arbeitgeber später auf seinen Antrag hin von der Entschädigungsbehörde eine Erstattung nach § 56 IfSG, so liegt insoweit eine unzutreffende Lohnversteuerung zuungunsten des Arbeitnehmers vor. Denn die Zahlung einer Verdienstausfallentschädigung nach dem Infektionsschutzgesetz ist nach § 3 Nr. 25 EStG steuerfrei (Rn. 4).

10 Im Falle der unzutreffenden Lohnversteuerung unterliegt der Arbeitgeber in der Regel keiner lohnsteuerlichen Mitteilungspflicht gegenüber dem Betriebsstättenfinanzamt. Insbesondere liegt kein Fall der sogenannten haftungsbefreienden Anzeige des Arbeitgebers nach § 41c Abs. 4 EStG vor (Rn. 13), da zu viel und nicht zu wenig Lohnsteuer einbehalten wurde. Der Arbeitnehmer kann seinen Anspruch auf Erstattung der vom Arbeitgeber zu Unrecht einbehaltenen Lohnsteuer daher nur im Rahmen seiner Einkommensteuerveranlagung geltend machen (H 41c.1 „Erstattungsantrag“ LStH).

### 2. Unzutreffende Steuerfreistellung

11 Geht der Arbeitgeber zunächst davon aus, dass eine Zahlung an den Arbeitnehmer als Verdienstausfallentschädigung nach dem IfSG steuerfrei ist (§ 3 Nr. 25 EStG), und wird der Erstattungsantrag des Arbeitgebers später von der Ent-

schädigungsbehörde abgelehnt oder ein niedrigerer Betrag als beantragt erstattet, beschränkt sich der Umfang der Steuerfreiheit nach § 3 Nr. 25 EStG der Höhe nach auf den von der Entschädigungsbehörde erstatteten Betrag (Rn. 4). Der Arbeitgeber hat in der Folge die Lohnsteuer nicht vorschriftsmäßig einbehalten. Denn die Zahlung des Arbeitgebers stellt steuerpflichtigen Arbeitslohn dar, soweit dieser unzulässigerweise als steuerfrei behandelt wurde.

Fordert der Arbeitgeber eine zu viel gezahlte Verdienstausfallentschädigung vom Arbeitnehmer zurück, mindert der Rückforderungsbetrag im Jahr der Rückzahlung die für das Kalenderjahr unter Nr. 15 der Lohnsteuerbescheinigung zu bescheinigenden Leistungen. Übersteigt der Rückforderungsbetrag im Jahr der Rückzahlung die dort für das Kalenderjahr zu bescheinigenden Leistungen, so ist der übersteigende Betrag mit einem Minuszeichen unter Nr. 15 der Lohnsteuerbescheinigung zu bescheinigen (vgl. I. Nr. 8 des BMF-Schreibens vom 9. September 2019, BStBl. I S. 911)[1]. **12**

Verzichtet der Arbeitgeber auf die Rückforderung einer an den Arbeitnehmer zu viel gezahlten Verdienstausfallentschädigung, weil er beispielsweise aus tariflichen oder anderen innerbetrieblichen Gründen (wie Erhaltung des Betriebsfriedens) daran gehindert ist, und kommt alternativ eine Steuerbefreiung der überzahlten Verdienstausfallentschädigung nach § 3 Nr. 11a, Nr. 11b oder Nr. 11c EStG nicht zur Anwendung, so hat der Arbeitgeber dem Betriebsstättenfinanzamt die Fälle nach § 41c Abs. 4 EStG in der Regel unter Angabe der persönlichen Daten des betreffenden Arbeitnehmers sowie der zutreffenden Werte unverzüglich schriftlich anzuzeigen (R 41c.2 LStR). Hierfür kann der im Formular-Management-System (FMS) der Bundesfinanzverwaltung (http://www.formulare-bfinv.de) eingestellte Vordruck „Anzeige über nicht durchgeführten Lohnsteuerabzug" genutzt werden. Eine Richtigstellung erfolgt im Rahmen der Einkommensteuerveranlagung oder über eine Lohnsteuer-Nachforderung gegenüber dem Arbeitnehmer (R 41c.2 Abs. 3 LStR). **13**

## IV. Befreiung des Arbeitgebers von der Anzeigepflicht nach § 41c Abs. 4 EStG (Nichtbeanstandung)

In den Fällen unzutreffender Steuerfreistellung (Rn. 11 bis 13) wird es nicht beanstandet, wenn der Arbeitgeber von seiner Anzeigepflicht nach § 41c Abs. 4 EStG absieht, sofern die Differenz zwischen der dem Arbeitnehmer gezahlten Verdienstausfallentschädigung und der dem Arbeitgeber bewilligten Erstattung 200 Euro pro Quarantänefall nicht übersteigt. Insoweit haftet der Arbeitgeber auch nicht für die nicht vorschriftsmäßig einbehaltene Lohnsteuer (analoge Anwendung des § 42d Abs. 2 EStG). Von einer Nachforderung der zu wenig erhobenen Lohnsteuer beim Arbeitnehmer wird abgesehen. In diesen Fällen unterbleibt auch eine Korrektur der unzutreffenden Steuerfreistellung im Rahmen der Einkommensteuerveranlagung des Arbeitnehmers. **14**

[1] Nr. **20** § 41b/1.

# 20 § 41b/2. Schreiben betr. Bekanntmachung des geänderten Musters für den Ausdruck der elektronischen Lohnsteuerbescheinigung 2022

Vom 15. Juli 2022

BMF IV C 5 - S 2533/19/10030 :003

(BStBl. I S. 1203)

**1 Anlage**

Gemäß § 51 Abs. 4 Nr. 1 EStG ist das Bundesministerium der Finanzen ermächtigt, das Muster für den Ausdruck der elektronischen Lohnsteuerbescheinigung zu bestimmen. Im Einvernehmen mit den obersten Finanzbehörden der Länder wird hiermit das geänderte Muster für den Ausdruck der elektronischen Lohnsteuerbescheinigung für das Kalenderjahr 2022 bekannt gemacht (siehe Anlage).

Die Bekanntmachung vom 18. August 2021 IV C 5 – S 2533/19/10030 :003; DOK 2021/0895307 (BStBl. I S. 1079) wird gleichzeitig aufgehoben.

Entsprechend dem geänderten Muster ist eine vom Arbeitgeber ausgezahlte Energiepreispauschale im Ausdruck der elektronischen Lohnsteuerbescheinigung 2022 mit dem Großbuchstaben „E" anzugeben (§ 117 Abs. 4 EStG in der Fassung des Steuerentlastungsgesetzes). Weitere Änderungen haben sich nicht ergeben.

Der Ausdruck hat das Format DIN A 4.

Der Ausdruck der elektronischen Lohnsteuerbescheinigung kann vom amtlichen Muster abweichen, wenn er sämtliche Angaben in gleicher Reihenfolge enthält und in Format und Aufbau dem bekannt gemachten Muster entspricht.

Bei der Ausstellung des Ausdrucks der elektronischen Lohnsteuerbescheinigung sind die Vorgaben im BMF-Schreiben vom 9. September 2019 (BStBl. I S. 911) zu beachten.

## Anlage

### Ausdruck der elektronischen Lohnsteuerbescheinigung für 2022

Nachstehende Daten wurden maschinell an die Finanzverwaltung übertragen.

Korrektur/Stornierung
Datum:
eTIN:
Identifikationsnummer:
Personalnummer:
Geburtsdatum:
Transferticket:

Dem Lohnsteuerabzug wurden im letzten Lohnzahlungszeitraum zugrunde gelegt:

Steuerklasse/Faktor

Zahl der Kinderfreibeträge

Steuerfreier Jahresbetrag

Jahreshinzurechnungsbetrag

Kirchensteuermerkmale

**Anschrift und Steuernummer des Arbeitgebers:**

| | | | |
|---|---|---|---|
| 1. Bescheinigungszeitraum | | vom - bis | |
| 2. Zeiträume ohne Anspruch auf Arbeitslohn | | Anzahl „U" | |
| Großbuchstaben (E, S, M, F, FR) | | | |
| | | EUR | Ct |
| 3. Bruttoarbeitslohn einschl. Sachbezüge ohne 9. und 10. | | | |
| 4. Einbehaltene Lohnsteuer von 3. | | | |
| 5. Einbehaltener Solidaritätszuschlag von 3. | | | |
| 6. Einbehaltene Kirchensteuer des Arbeitnehmers von 3. | | | |
| 7. Einbehaltene Kirchensteuer des Ehegatten/Lebenspartners von 3. (nur bei Konfessionsverschiedenheit) | | | |
| 8. In 3. enthaltene Versorgungsbezüge | | | |
| 9. Ermäßigt besteuerte Versorgungsbezüge für mehrere Kalenderjahre | | | |
| 10. Ermäßigt besteuerter Arbeitslohn für mehrere Kalenderjahre (ohne 9.) und ermäßigt besteuerte Entschädigungen | | | |
| 11. Einbehaltene Lohnsteuer von 9. und 10. | | | |
| 12. Einbehaltener Solidaritätszuschlag von 9. und 10. | | | |
| 13. Einbehaltene Kirchensteuer des Arbeitnehmers von 9. und 10. | | | |
| 14. Einbehaltene Kirchensteuer des Ehegatten/Lebenspartners von 9. und 10. (nur bei Konfessionsverschiedenheit) | | | |
| 15. (Saison-)Kurzarbeitergeld, Zuschuss zum Mutterschaftsgeld, Verdienstausfallentschädigung (Infektionsschutzgesetz), Aufstockungsbetrag und Altersteilzeitzuschlag | | | |
| 16. Steuerfreier Arbeitslohn nach | a) Doppelbesteuerungsabkommen (DBA) | | |
| | b) Auslandstätigkeitserlass | | |
| 17. Steuerfreie Arbeitgeberleistungen, die auf die Entfernungspauschale anzurechnen sind | | | |
| 18. Pauschal mit 15 % besteuerte Arbeitgeberleistungen für Fahrten zwischen Wohnung und erster Tätigkeitsstätte | | | |
| 19. Steuerpflichtige Entschädigungen und Arbeitslohn für mehrere Kalenderjahre, die nicht ermäßigt besteuert wurden - in 3. enthalten | | | |
| 20. Steuerfreie Verpflegungszuschüsse bei Auswärtstätigkeit | | | |
| 21. Steuerfreie Arbeitgeberleistungen bei doppelter Haushaltsführung | | | |
| 22. Arbeitgeber-anteil/-zuschuss | a) zur gesetzlichen Rentenversicherung | | |
| | b) an berufsständische Versorgungseinrichtungen | | |
| 23. Arbeitnehmeranteil | a) zur gesetzlichen Rentenversicherung | | |
| | b) an berufsständische Versorgungseinrichtungen | | |
| 24. Steuerfreie Arbeitgeberzuschüsse | a) zur gesetzlichen Krankenversicherung | | |
| | b) zur privaten Krankenversicherung | | |
| | c) zur gesetzlichen Pflegeversicherung | | |
| 25. Arbeitnehmerbeiträge zur gesetzlichen Krankenversicherung | | | |
| 26. Arbeitnehmerbeiträge zur sozialen Pflegeversicherung | | | |
| 27. Arbeitnehmerbeiträge zur Arbeitslosenversicherung | | | |
| 28. Beiträge zur privaten Kranken- und Pflege-Pflichtversicherung oder Mindestvorsorgepauschale | | | |
| 29. Bemessungsgrundlage für den Versorgungsfreibetrag zu 8. | | | |
| 30. Maßgebendes Kalenderjahr des Versorgungsbeginns zu 8. und/oder 9. | | | |
| 31. Zu 8. bei unterjähriger Zahlung: Erster und letzter Monat, für den Versorgungsbezüge gezahlt wurden | | | |
| 32. Sterbegeld; Kapitalauszahlungen/Abfindungen und Nachzahlungen von Versorgungsbezügen - in 3. und 8. enthalten | | | |
| 33. Ausgezahltes Kindergeld | | | — |
| 34. Freibetrag DBA Türkei | | | |
| Finanzamt, an das die Lohnsteuer abgeführt wurde (Name und vierstellige Nr.) | | | |

6.22

# **20** § 42e/1. Schreiben betr. Anrufungsauskunft nach § 42 e EStG

Vom 12. Dezember 2017 (BStBl. I S. 1656)

(BMF IV C 5 – S 2388/14/10001; DOK 2017/0888392)

Im Einvernehmen mit den obersten Finanzbehörden der Länder gilt zur Anrufungsauskunft Folgendes

## 1. Berechtigte Personen

Mögliche Antragsteller einer Anrufungsauskunft (Beteiligte i. S. v. § 42 e Satz 1 Einkommensteuergesetz – EStG) sind der Arbeitgeber, der die Pflichten des Arbeitgebers erfüllende Dritte i. S. v. § 38 Abs. 3 a EStG und der Arbeitnehmer. Eine Anrufungsauskunft können auch Personen beantragen, die nach Vorschriften außerhalb des EStG für Lohnsteuer haften, z. B. gesetzliche Vertreter, Vermögensverwalter und Verfügungsberechtigte i. S. d. §§ 34 und 35 Abgabenordnung (AO). Die Anrufungsauskunft ist stets gebührenfrei. Im Auskunftsantrag sind konkrete Rechtsfragen darzulegen, die für den Einzelfall von Bedeutung sind. 1

## 2. Zuständigkeit

Das Betriebsstättenfinanzamt (§ 41 Abs. 2 EStG) ist für die Erteilung der Anrufungsauskunft zuständig. 2

Hat ein Arbeitgeber mehrere Betriebsstätten, so hat das zuständige Finanzamt seine Auskunft mit den anderen Betriebsstättenfinanzämtern abzustimmen, soweit es sich um einen Fall von einigem Gewicht handelt und die Auskunft auch für die anderen Betriebsstätten von Bedeutung ist. Bei Anrufungsauskünften grundsätzlicher Art informiert das zuständige Finanzamt die übrigen betroffenen Finanzämter. 3

Sind mehrere Arbeitgeber unter einer einheitlichen Leitung zusammengefasst (Konzernunternehmen), bleiben für den einzelnen Arbeitgeber entsprechend der Regelung des § 42 e Sätze 1 und 2 EStG das Betriebsstättenfinanzamt bzw. das Finanzamt der Geschäftsleitung für die Erteilung der Anrufungsauskunft zuständig. Sofern es sich bei einer Anrufungsauskunft um einen Fall von einigem Gewicht handelt und erkennbar ist, dass die Auskunft auch für andere Arbeitgeber des Konzerns von Bedeutung ist oder bereits Entscheidungen anderer Finanzämter vorliegen, ist insbesondere auf Antrag des Auskunftsersuchenden die zu erteilende Auskunft mit den übrigen betroffenen Finanzämtern abzustimmen. Dazu informiert das für die Auskunftserteilung zuständige Finanzamt das Finanzamt der Konzernzentrale. Dieses koordiniert daraufhin die Abstimmung mit den Finanzämtern der anderen Arbeitgeber des Konzerns, die von der zu erteilenden Auskunft betroffen sind. Befindet sich die Konzernzentrale im Ausland, koordiniert das Finanzamt die Abstimmung, dass als erstes mit der Angelegenheit betraut war. 4

5 In Fällen der Lohnzahlung durch Dritte, in denen der Dritte die Pflichten des Arbeitgebers trägt, ist die Anrufungsauskunft bei dem Betriebsstättenfinanzamt des Dritten zu stellen. Fasst dieser die dem Arbeitnehmer in demselben Lohnzahlungszeitraum aus mehreren Dienstverhältnissen zufließenden Arbeitslöhne zusammen, ist die Anrufungsauskunft bei dem Betriebsstättenfinanzamt des Dritten zu stellen. Dabei hat das Betriebsstättenfinanzamt seine Auskunft in Fällen von einigem Gewicht mit den anderen Betriebsstättenfinanzämtern abzustimmen.

6 Ist eine öffentliche Kasse einer juristischen Person des öffentlichen Rechts berechtigt eine Anrufungsauskunft zu beantragen, hat das Betriebsstättenfinanzamt eine Auskunft zu erteilen, in dessen Bezirk die lohnsteuerliche Betriebsstätte des Arbeitgebers liegt. Die Zuständigkeit richtet sich sinngemäß nach § 42 e Sätze 2 bis 4 EStG.

### 3. Form

7 Für den Antrag nach § 42 e EStG ist eine bestimmte Form nicht vorgeschrieben.

8 Das Betriebsstättenfinanzamt soll die Anrufungsauskunft unter ausdrücklichem Hinweis auf § 42 e EStG schriftlich erteilen. Dies gilt auch, wenn der Beteiligte die Auskunft nur formlos erbeten hat. Wird eine Anrufungsauskunft abgelehnt oder abweichend vom Antrag erteilt, hat die Auskunft oder die Ablehnung der Erteilung schriftlich zu erfolgen.

9 Das Betriebsstättenfinanzamt kann die Auskunft befristen.

### 4. Anwendbare Rechtsvorschriften

10 Für die Anrufungsauskunft nach § 42 e EStG gelten die Regelungen in §§ 118 ff. AO unmittelbar, und zwar insbesondere:
- die Anforderungen an Bestimmtheit und Form gemäß § 119 AO,
- die Regelungen über mögliche Nebenbestimmungen gemäß § 120 AO,
- die Regelungen über die Bekanntgabe gemäß § 122 AO,
- die Regelungen über die Berichtigung offenbarer Unrichtigkeiten gemäß § 129 AO.

11 Die Anrufungsauskunft kann mit Wirkung für die Zukunft aufgehoben oder geändert werden; § 207 Abs. 2 AO ist sinngemäß anzuwenden. Hierbei handelt es sich um eine Ermessensentscheidung, die zu begründen ist (vgl. BFH vom 2. September 2010, BStBl. 2011 II S. 233).

12 Im Falle einer zeitlichen Befristung der Anrufungsauskunft endet die Wirksamkeit des Verwaltungsaktes durch Zeitablauf (§ 124 Abs. 2 AO).

13 Außerdem tritt eine Anrufungsauskunft außer Kraft, wenn die Rechtsvorschriften, auf denen die Entscheidung beruht, geändert werden (analoge Anwendung des § 207 Abs. 1 AO). Die Anweisungen im Anwendungserlass zu § 207 AO sind sinngemäß anzuwenden.

14 Die Regelungen über das außergerichtliche Rechtsbehelfsverfahren (§§ 347 ff. AO) sind anzuwenden. Im Falle der Ablehnung, Aufhebung (Rücknahme, Widerruf) oder Änderung einer Anrufungsauskunft nach § 42 e EStG kommt eine Aussetzung der Vollziehung allerdings nicht in Betracht, da es sich nicht um einen vollziehbaren Verwaltungsakt handelt (BFH vom 15. Januar 2015, BStBl. II S. 447).

## 5. Bindungswirkung und gerichtliche Überprüfung

Die Erteilung und die Aufhebung (Rücknahme und Widerruf) einer Anrufungsauskunft stellt nicht nur eine Wissenserklärung (unverbindliche Rechtsauskunft) des Betriebsstättenfinanzamts dar, sondern ist ein feststellender, aber nicht vollziehbarer Verwaltungsakt i. S. d. § 118 Satz 1 AO, mit dem sich das Finanzamt selbst bindet. Der Arbeitgeber hat ein Recht auf förmliche Bescheidung seines Antrags und kann eine ihm erteilte Anrufungsauskunft im Rechtsbehelfsverfahren inhaltlich überprüfen lassen (BFH vom 30. April 2009, BStBl. 2010 II S. 996, und vom 2. September 2010, BStBl. 2011 II S. 233). **15**

Die Anrufungsauskunft trifft eine Regelung dahin, wie die Finanzbehörde den vom Antragsteller dargestellten Sachverhalt gegenwärtig beurteilt (BFH vom 30. April 2009, BStBl. 2010 II S. 996, und vom 27. Februar 2014, BStBl. II S. 894). **16**

Das Finanzgericht überprüft die Auskunft sachlich nur daraufhin, ob der von dem Antragsteller dargestellte Sachverhalt zutreffend erfasst und die rechtliche Beurteilung nicht evident fehlerhaft ist (BFH vom 27. Februar 2014, BStBl. II S. 894). **17**

Erteilt das Betriebsstättenfinanzamt eine Anrufungsauskunft, sind die Finanzbehörden im Rahmen des Lohnsteuerabzugsverfahrens an diese gegenüber allen Beteiligten gebunden (BFH vom 17. Oktober 2013, BStBl. 2014 II S. 892). Das Betriebsstättenfinanzamt kann daher die vom Arbeitgeber aufgrund einer (unrichtigen) Anrufungsauskunft nicht einbehaltene und abgeführte Lohnsteuer vom Arbeitnehmer nicht nach § 42 d Abs. 3 Satz 4 Nr. 1 EStG nachfordern. **18**

Hat der Arbeitgeber eine Anrufungsauskunft eingeholt und ist er danach verfahren, ist eine Nacherhebung der Lohnsteuer auch dann nicht zulässig, wenn der Arbeitgeber nach einer Lohnsteuer-Außenprüfung einer Pauschalierung nach § 40 Abs. 1 Satz 1 Nr. 2 EStG zugestimmt hat (BFH vom 16. November 2005, BStBl. 2006 II S. 210). **19**

Die Bindungswirkung einer Anrufungsauskunft erstreckt sich – unabhängig davon, ob sie dem Arbeitgeber oder dem Arbeitnehmer erteilt wurde – nicht auf das Veranlagungsverfahren. Das Wohnsitzfinanzamt kann daher bei der Einkommensteuerveranlagung des Arbeitnehmers einen anderen Rechtsstandpunkt als das Betriebsstättenfinanzamt einnehmen (BFH vom 17. Oktober 2013, BStBl. 2014 II S. 892). **20**

## 6. Zeitliche Anwendung

Dieses Schreiben ersetzt das BMF-Schreiben vom 18. Februar 2011, BStBl. I S. 213. **21**

# **20** § 42 g/1. Schreiben betr. Lohnsteuer-Nachschau

Vom 16. Oktober 2014 (BStBl. I S. 1408)

(BMF IV C 5 – S 2386/09/10002 :001; DOK 2014/0890135)

Mit § 42 g EStG ist durch das Amtshilferichtlinie-Umsetzungsgesetz vom 26. Juni 2013 (BGBl. I S. 1809)[1] eine Regelung zur Lohnsteuer-Nachschau neu in das EStG eingefügt worden. Die Vorschrift ist zum 30. Juni 2013 in Kraft getreten. Im Einvernehmen mit den obersten Finanzbehörden der Länder gilt zur Anwendung der Vorschrift Folgendes: 1

## 1. Allgemeines

Die Lohnsteuer-Nachschau ist ein besonderes Verfahren zur zeitnahen Aufklärung möglicher steuererheblicher Sachverhalte. Steuererheblich sind Sachverhalte, die eine Lohnsteuerpflicht begründen oder zu einer Änderung der Höhe der Lohnsteuer oder der Zuschlagsteuern führen können. Das für die Lohnsteuer-Nachschau zuständige Finanzamt kann das Finanzamt, in dessen Bezirk der steuererhebliche Sachverhalt verwirklicht wird, mit der Nachschau beauftragen. Die Lohnsteuer-Nachschau ist keine Außenprüfung i. S. d. §§ 193 ff. AO. Die Vorschriften für eine Außenprüfung sind nicht anwendbar, insbesondere gelten die §§ 146 Abs. 2 b, 147 Abs. 6, 201, 202 AO und § 42 d Abs. 4 Satz 1 Nr. 2 EStG nicht. Es bedarf weder einer Prüfungsanordnung i. S. d. § 196 AO noch einer Schlussbesprechung oder eines Prüfungsberichts. Im Anschluss an eine Lohnsteuer-Nachschau ist ein Antrag auf verbindliche Zusage (§ 204 AO) nicht zulässig. 2

## 2. Zweck der Lohnsteuer-Nachschau

Die Lohnsteuer-Nachschau dient der Sicherstellung einer ordnungsgemäßen Einbehaltung und Abführung der Lohnsteuer, des Solidaritätszuschlags, der Kirchenlohnsteuer oder von Pflichtbeiträgen zu einer Arbeits- oder Arbeitnehmerkammer. Ziel der Lohnsteuer-Nachschau ist es, einen Eindruck von den räumlichen Verhältnissen, dem tatsächlich eingesetzten Personal und dem üblichen Geschäftsbetrieb zu gewinnen. 3

Eine Lohnsteuer-Nachschau kommt insbesondere in Betracht: 4

- bei Beteiligung an Einsätzen der Finanzkontrolle Schwarzarbeit,
- zur Feststellung der Arbeitgeber- oder Arbeitnehmereigenschaft,
- zur Feststellung der Anzahl der insgesamt beschäftigten Arbeitnehmer,
- bei Aufnahme eines neuen Betriebs,
- zur Feststellung, ob der Arbeitgeber eine lohnsteuerliche Betriebsstätte unterhält,
- zur Feststellung, ob eine Person selbständig oder als Arbeitnehmer tätig ist,
- zur Prüfung der steuerlichen Behandlung von sog. Minijobs (vgl. § 8 Abs. 1 und 2 SGB IV), ausgenommen Beschäftigungen in Privathaushalten,
- zur Prüfung des Abrufs und der Anwendung der elektronischen Lohnsteuerabzugsmerkmale (ELStAM) und

[1] **[Amtl. Anm.:]** BStBl. I S. 802.

– zur Prüfung der Anwendung von Pauschalierungsvorschriften, z. B. § 37 b Abs. 2 EStG.

5 Nicht Gegenstand der Lohnsteuer-Nachschau sind:
– Ermittlungen der individuellen steuerlichen Verhältnisse der Arbeitnehmer, soweit sie für den Lohnsteuer-Abzug nicht von Bedeutung sind,
– die Erfüllung der Pflichten des Arbeitgebers nach dem Fünften Vermögensbildungsgesetz und
– Beschäftigungen in Privathaushalten.

### 3. Durchführung der Lohnsteuer-Nachschau

6 Die Lohnsteuer-Nachschau muss nicht angekündigt werden (§ 42 g Abs. 2 Satz 2 EStG). Die Anordnung der Nachschau erfolgt in der Regel mündlich und zu Beginn der Lohnsteuer-Nachschau. Dem Arbeitgeber soll zu Beginn der Lohnsteuer-Nachschau der Vordruck „Durchführung einer Lohnsteuer-Nachschau"[1] übergeben werden. Der mit der Lohnsteuer-Nachschau beauftragte Amtsträger hat sich auszuweisen.

7 Zum Zweck der Lohnsteuer-Nachschau können die mit der Lohnsteuer-Nachschau beauftragten Amtsträger Grundstücke und Räume von Personen, die eine gewerbliche oder berufliche Tätigkeit ausüben, betreten (§ 42 g Abs. 2 Satz 2 EStG). Die Grundstücke und Räume müssen nicht im Eigentum der gewerblich oder beruflich tätigen Person stehen. Die Lohnsteuer-Nachschau kann sich auch auf gemietete oder gepachtete Grundstücke und Räume sowie auf andere Orte, an denen steuererhebliche Sachverhalte verwirklicht werden (z. B. Baustellen), erstrecken.

8 Wohnräume dürfen gegen den Willen des Inhabers nur zur Verhütung dringender Gefahren für die öffentliche Sicherheit und Ordnung betreten werden (§ 42 g Abs. 2 Satz 3 EStG).

9 Häusliche Arbeitszimmer oder Büros, die innerhalb einer ansonsten privat genutzten Wohnung belegen sind, dürfen auch dann betreten bzw. besichtigt werden, wenn sie nur durch die ausschließlich privat genutzten Wohnräume erreichbar sind.

10 Ein Betreten der Grundstücke und Räume ist während der üblichen Geschäfts- und Arbeitszeiten zulässig. Die Nachschau kann auch außerhalb der Geschäftszeiten vorgenommen werden, wenn dort Arbeitnehmer anzutreffen sind.

11 Das Betreten muss dazu dienen, Sachverhalte festzustellen oder zu überprüfen, die für den Steuerabzug vom Arbeitslohn erheblich sein können. Ein Durchsuchungsrecht gewährt die Lohnsteuer-Nachschau nicht. Das bloße Betreten oder Besichtigen von Geschäftsräumen, Betriebsräumen oder Grundstücken ist noch kein Durchsuchen.

### 4. Mitwirkungspflicht

12 Der Arbeitgeber hat dem mit der Lohnsteuer-Nachschau beauftragten Amtsträger auf Verlangen Lohn- und Gehaltsunterlagen, Aufzeichnungen, Bücher, Geschäftspapiere und andere Urkunden vorzulegen und Auskünfte zu erteilen, soweit dies zur Feststellung steuerlich erheblicher Sachverhalte zweckdienlich ist (§ 42 g Abs. 3 Satz 1 EStG).

---

[1] **[Amtl. Anm.:]** Bundeseinheitlicher Vordruck.

Darüber hinaus haben die Arbeitnehmer dem mit der Lohnsteuer-Nachschau beauftragten Amtsträger jede gewünschte Auskunft über Art und Höhe ihrer Einnahmen zu geben und auf Verlangen in ihrem Besitz befindliche Bescheinigungen über den Lohnsteuerabzug sowie Belege über bereits entrichtete Lohnsteuer vorzulegen (§ 42 g Abs. 3 Satz 2 i. V. m. § 42 f Abs. 2 Satz 2 EStG). Diese Pflichten gelten auch für Personen, bei denen es streitig ist, ob sie Arbeitnehmer sind oder waren. Die Auskunftspflicht erstreckt sich auf alle Fragen, die für die Beurteilung von Bedeutung sind, ob und in welcher Höhe eine Pflicht zum Abzug von Lohnsteuer und Zuschlagsteuern besteht. 13

## 5. Recht auf Datenzugriff

Der mit der Lohnsteuer-Nachschau beauftragte Amtsträger darf nur dann auf elektronische Daten des Arbeitgebers zugreifen, wenn der Arbeitgeber zustimmt. Stimmt der Arbeitgeber dem Datenzugriff nicht zu, kann der mit der Lohnsteuer-Nachschau beauftragte Amtsträger verlangen, dass ihm die erforderlichen Unterlagen in Papierform vorgelegt werden. Sollten diese nur in elektronischer Form existieren, kann er verlangen, dass diese unverzüglich ausgedruckt werden (vgl. § 147 Abs. 5 zweiter Halbsatz AO). 14

## 6. Übergang zu einer Lohnsteuer-Außenprüfung

Geben die bei der Lohnsteuer-Nachschau getroffenen Feststellungen hierzu Anlass, kann ohne vorherige Prüfungsanordnung (§ 196 AO) zu einer Lohnsteuer-Außenprüfung nach § 42 f EStG übergegangen werden (§ 42 g Abs. 4 Satz 1 EStG). Auf den Übergang zur Außenprüfung ist schriftlich hinzuweisen (§ 42 g Abs. 4 Satz 2 EStG). Die allgemeinen Grundsätze über den notwendigen Inhalt von Prüfungsanordnungen gelten entsprechend. Insbesondere sind der Prüfungszeitraum und der Prüfungsumfang festzulegen. Der Beginn einer Lohnsteuer-Außenprüfung nach erfolgter Lohnsteuer-Nachschau ist unter Angabe von Datum und Uhrzeit aktenkundig zu machen. Für die Durchführung der nachfolgenden Lohnsteuer-Außenprüfung gelten die §§ 199 ff. AO. Die Entscheidung zum Übergang zu einer Lohnsteuer-Außenprüfung ist eine Ermessensentscheidung der Finanzbehörde (§ 5 AO). 15

Der Übergang zu einer Lohnsteuer-Außenprüfung nach § 42 f EStG kann insbesondere angezeigt sein: 16

– wenn bei der Lohnsteuer-Nachschau erhebliche Fehler beim Steuerabzug vom Arbeitslohn festgestellt wurden,
– wenn der für die Besteuerung maßgebliche Sachverhalt im Rahmen der Lohnsteuer-Nachschau nicht abschließend geprüft werden kann und weitere Ermittlungen erforderlich sind,
– wenn der Arbeitgeber seinen Mitwirkungspflichten im Rahmen der Lohnsteuer-Nachschau nicht nachkommt oder
– wenn die Ermittlung von Sachverhalten aufgrund des fehlenden Datenzugriffs nicht oder nur erschwert möglich ist.

## 7. Auswertungsmöglichkeiten

Der Arbeitgeber kann aufgrund der im Rahmen der Lohnsteuer-Nachschau gewonnenen Erkenntnisse durch Lohnsteuer-Nachforderungsbescheid oder 17

Lohnsteuer-Haftungsbescheid in Anspruch genommen werden. Die Lohnsteuer-Nachschau kann auch zu einer nachträglichen oder geänderten Lohnsteuer-Anmeldung führen. Soll auf Grund der Lohnsteuer-Nachschau der Arbeitgeber in Haftung genommen oder bei ihm Lohnsteuer nachgefordert werden, ist ihm rechtliches Gehör zu gewähren (§ 91 AO).

**18** Ebenso kann der jeweilige Arbeitnehmer im Rahmen der allgemeinen gesetzlichen Regelungen in Anspruch genommen werden (§ 42 d Abs. 3 EStG). Erkenntnisse der Lohnsteuer-Nachschau können auch im Veranlagungsverfahren des Arbeitnehmers berücksichtigt werden.

**19** Feststellungen, die während einer Lohnsteuer-Nachschau getroffen werden und die für die Festsetzung und Erhebung anderer Steuern des Betroffenen oder anderer Personen erheblich sein können, können ausgewertet werden (§ 42 g Abs. 5 EStG). Zu diesem Zweck können Kontrollmitteilungen erstellt werden.

### 8. Rechtsfolgen

**20** Der Beginn der Lohnsteuer-Nachschau hemmt nicht den Ablauf der Festsetzungsfrist nach § 171 Abs. 4 AO. Die Änderungssperre des § 173 Abs. 2 AO findet keine Anwendung. Soweit eine Steuer gemäß § 164 AO unter dem Vorbehalt der Nachprüfung festgesetzt worden ist, muss dieser nach Durchführung der Lohnsteuer-Nachschau nicht aufgehoben werden.

### 9. Zwangsmittel

**21** Im Rahmen einer Lohnsteuer-Nachschau erlassene Verwaltungsakte sind grundsätzlich mit Zwangsmitteln (§§ 328 ff. AO) durchsetzbar. Ein Verwaltungsakt liegt dann vor, wenn der mit der Lohnsteuer-Nachschau beauftragte Amtsträger Maßnahmen ergreift, die den Steuerpflichtigen zu einem bestimmten Tun, Dulden oder Unterlassen verpflichten sollen. Ein Verwaltungsakt liegt insbesondere vor, wenn der Amtsträger den Steuerpflichtigen auffordert,

– das Betreten der nicht öffentlich zugänglichen Geschäftsräume zu dulden,
– Aufzeichnungen, Bücher, Geschäftspapiere und andere lohnsteuerlich relevante Urkunden vorzulegen oder
– Auskunft zu erteilen.

### 10. Rechtsbehelf

**22** Gegen schlichtes Verwaltungshandeln (z. B. Betreten von Grundstücken und Räumen zur Durchführung einer Lohnsteuer-Nachschau) ist kein Einspruch gegeben. Im Rahmen der Lohnsteuer-Nachschau ergangene Verwaltungsakte (vgl. Rz. 21) können gemäß § 347 AO mit Einspruch angefochten werden. Der Amtsträger ist berechtigt und verpflichtet, den Einspruch entgegenzunehmen. Der Einspruch hat keine aufschiebende Wirkung und hindert daher nicht die Durchführung der Lohnsteuer-Nachschau, es sei denn, die Vollziehung des angefochtenen Verwaltungsakts wurde ausgesetzt (§ 361 AO, § 69 FGO). Mit Beendigung der Lohnsteuer-Nachschau sind oder werden Einspruch und Anfechtungsklage gegen die Anordnung der Lohnsteuer-Nachschau unzulässig; insoweit kommt lediglich eine Fortsetzungs-Feststellungsklage (§ 100 Abs. 1 Satz 4 FGO) in Betracht. Wurden die Ergebnisse der Lohnsteuer-Nachschau in einem Steuer- oder Haftungsbescheid berücksichtigt, muss auch dieser Bescheid angefochten werden, um ein steuerliches Verwertungsverbot zu erlangen.

Für die Anfechtung der Mitteilung des Übergangs zur Außenprüfung (§ 42 g Abs. 4 EStG) gelten die Grundsätze für die Anfechtung einer Prüfungsanordnung entsprechend (vgl. AEAO zu § 196). **23**

# 25. Schreiben betr. Anwendung des Fünften Vermögensbildungsgesetzes (5. VermBG)[1)]

Vom 29. November 2017 (BStBl. I S. 1626)

(BMF IV C 5 – S 2430/17/10001; DOK 2017/0985139)

**Bezug:** BMF-Schreiben vom 23. Juli 2014 (BStBl. I S. 1175)

**Inhaltsverzeichnis**



---

1) Siehe Loseblattsammlung **Steuergesetze** Nr. 24.

Unter Bezugnahme auf das Ergebnis der Erörterungen mit den obersten Finanzbehörden der Länder und mit dem Bundesministerium für Wirtschaft und Energie wird zur Anwendung des Fünften Vermögensbildungsgesetzes in der Fassung der Bekanntmachung vom 4. März 1994 (BGBl. I S. 406, BStBl. I S. 237) – 5. VermBG – unter Berücksichtigung der jüngeren gesetzlichen Änderungen durch

- das Gesetz zur Umsetzung der Amtshilferichtlinie sowie zur Änderung steuerlicher Vorschriften (Amtshilferichtlinie-Umsetzungsgesetz – AmtshilfeRLUmsG) vom 26. Juni 2013 (BGBl. I S. 1809, BStBl. I S. 802),
- das Gesetz zur Anpassung des Investmentsteuergesetzes und anderer Gesetze an das AIFM-Umsetzungsgesetz (AIFM-Steuer-Anpassungsgesetz – AIFM-StAnpG) vom 18. Dezember 2013 (BGBl. I S. 4318, BStBl. 2014 I S. 2) und
- das Gesetz zur Modernisierung des Besteuerungsverfahrens vom 18. Juli 2016 (BGBl. I S. 1679, BStBl. I S. 694)

i. V. m. der Verordnung zur Durchführung des Fünften Vermögensbildungsgesetzes (Fünftes Vermögensbildungsgesetz-Durchführungsverordnung – VermBDV) vom 20. Dezember 1994 (BGBl. I S. 3904, BStBl. 1995 I S. 67) unter Berücksichtigung der jüngeren Änderungen durch

- das Gesetz zur Umsetzung der Amtshilferichtlinie sowie zur Änderung steuerlicher Vorschriften (Amtshilferichtlinie-Umsetzungsgesetz – AmtshilfeRLUmsG) vom 26. Juni 2013 (BGBl. I S. 1809, BStBl. I S. 802),
- das Gesetz zur Anpassung des Investmentsteuergesetzes und anderer Gesetze an das AIFM-Umsetzungsgesetz (AIFM-Steuer-Anpassungsgesetz – AIFM-StAnpG) vom 18. Dezember 2013 (BGBl. I S. 4318, BStBl. 2014 I S. 2),
- das Gesetz zur Anpassung steuerlicher Regelungen an die Rechtsprechung des Bundesverfassungsgerichts vom 18. Juli 2014 (BGBl. I S. 1042, BStBl. I S. 1062),
- die Verordnung vom 22. Dezember 2014 (BGBl. I S. 2392, BStBl. 2015 I S. 72) und
- die Vierte Verordnung zur Änderung steuerlicher Vorschriften vom 12. Juli 2017 (BGBl. I S. 2360, BStBl. I S. 892)

wie folgt Stellung genommen:

### 1. Persönlicher Geltungsbereich (§ 1 des 5. VermBG)

(1) Das 5. VermBG gilt für unbeschränkt und beschränkt einkommensteuerpflichtige Arbeitnehmer im arbeitsrechtlichen Sinne (Angestellte, Arbeiter) und Auszubildende, deren Arbeitsverhältnis oder Ausbildungsverhältnis deutschem Arbeitsrecht unterliegt (§ 1 Abs. 1, Abs. 2 Satz 1 des 5. VermBG). Das 5. VermBG gilt auch für in Heimarbeit Beschäftigte (§ 1 Abs. 2 Satz 2 des 5. VermBG) und für Beamte, Richter, Berufssoldaten und Soldaten auf Zeit (§ 1 Abs. 4 des 5. VermBG). Soldaten auf Zeit, für die das 5. VermBG gilt, sind auch Bezieher von Ausbildungsgeld, das nach § 30 Abs. 2 des Soldatengesetzes während des Studiums gezahlt wird.

(2) Das 5. VermBG gilt für die in Abs. 1 Satz 1 bezeichneten Arbeitnehmer, z. B. auch dann, wenn sie

1. ihren Wohnsitz im Ausland haben und als entsandte Kräfte oder deutsche Ortskräfte an Auslandsvertretungen der Bundesrepublik beschäftigt sind,

2. ausländische Arbeitnehmer sind und als Grenzgänger in der Bundesrepublik arbeiten,
3. Kommanditisten oder stille Gesellschafter eines Unternehmens sind und mit der Kommanditgesellschaft oder dem Unternehmen einen Arbeitsvertrag abgeschlossen haben, der sie in eine abhängige Stellung zu der Gesellschaft oder dem Unternehmen bringt und sie deren Weisungsrecht unterstellt,
4. freiwillig Wehrdienstleistende sind und in einem ruhenden Arbeitsverhältnis stehen (§ 1 Abs. 1 des Arbeitsplatzschutzgesetzes), aus dem sie noch Bestandteile des Arbeitslohns (zum Beispiel vermögenswirksame Leistungen) erhalten,
5. behinderte Menschen im Arbeitsbereich anerkannter Werkstätten für behinderte Menschen sind und zu den Werkstätten in einem arbeitnehmerähnlichen Rechtsverhältnis stehen (§ 221 Abs. 1 des Neunten Buches Sozialgesetzbuch – SGB IX),
6. kurzfristig Beschäftigte, Aushilfskräfte in der Land- und Forstwirtschaft und geringfügig entlohnte Beschäftigte sind, deren Arbeitslohn nach § 40 a des Einkommensteuergesetzes (EStG) pauschal versteuert wird.

(3) Im Zweifel gilt eine Person als Arbeitnehmer, wenn sie Arbeitslohn im steuerlichen Sinne aus einem gegenwärtigen Dienstverhältnis bezieht. Gleiches gilt für einen Gesellschafter, wenn für ihn Sozialversicherungspflicht besteht.

(4) Das 5. VermBG wird darüber hinaus angewendet auf

1. Arbeitnehmer, die als Grenzgänger im benachbarten Ausland nach ausländischem Arbeitsrecht beschäftigt sind, aber ihren ständigen Wohnsitz und den Mittelpunkt ihrer Lebensinteressen im Inland haben (vgl. auch Abschn. 2 Abs. 3),
2. Personen, die aus dem Arbeitsverhältnis ausgeschieden sind, aber im Rahmen seiner Abwicklung noch Entgelt für geleistete Arbeit erhalten.

(5) Das 5. VermBG gilt vorbehaltlich der Sätze 3 und 4 nicht für Mitglieder des zur gesetzlichen Vertretung berufenen Organs einer juristischen Person und durch Gesetz, Satzung oder Gesellschaftsvertrag zur Vertretung einer Personengesamtheit berufene Personen (§ 1 Abs. 3 des 5. VermBG), weil sie in dieser Eigenschaft nicht Arbeitnehmer im arbeitsrechtlichen Sinne sind. Zu diesen Organmitgliedern oder Vertretern einer Personengesamtheit gehören insbesondere Vorstandsmitglieder von Aktiengesellschaften, rechtsfähigen oder nichtrechtsfähigen Vereinen, Stiftungen, Versicherungsvereinen auf Gegenseitigkeit und Genossenschaften sowie Geschäftsführer von Gesellschaften mit beschränkter Haftung und von Orts- und Innungskrankenkassen (vgl. BFH-Urteil vom 15. Oktober 1976, BStBl. 1977 II S. 53). Für die bezeichneten Organmitglieder einer juristischen Person und Vertreter einer Personengesamtheit gilt das 5. VermBG jedoch dann, wenn sie mit einem Dritten einen Arbeitsvertrag abgeschlossen haben und deshalb Arbeitnehmer i. S. d. Abs. 1 Satz 1 sind, oder wenn sie zu den in § 1 Abs. 4 des 5. VermBG bezeichneten Personen gehören (Abs. 1 Satz 2, Abs. 8). Für Vorstandsmitglieder einer Genossenschaft gilt das 5. VermBG darüber hinaus dann, wenn sie mit der Genossenschaft selbst einen Arbeitsvertrag abgeschlossen haben und wenn die Stellung und Tätigkeit auf Grund des Arbeitsverhältnisses von der Stellung

und Tätigkeit als Vorstandsmitglied klar abgrenzbar ist und das Arbeitsverhältnis unabhängig von der Vorstandstätigkeit begründet wurde. Eine solche unterscheidbare und trennbare Doppelstellung als Vorstandsmitglied und Arbeitnehmer der Genossenschaft liegt z. B. dann vor, wenn eine vor der Berufung in den Vorstand ausgeübte Tätigkeit als Arbeitnehmer der Genossenschaft danach unverändert fortgesetzt wird, wenn diese Tätigkeit wie bisher bezahlt, die hinzugekommene Vorstandstätigkeit dagegen unentgeltlich geleistet wird, und wenn beide Tätigkeiten sich deutlich voneinander unterscheiden.

(6) Das 5. VermBG gilt darüber hinaus z. B. auch nicht für folgende Personen:

1. freiwillig Wehrdienstleistende, wenn sie in keinem ruhenden Arbeitsverhältnis stehen (vgl. auch Abs. 2 Nr. 4),
2. Bezieher von Renten aus den gesetzlichen Rentenversicherungen und Empfänger von arbeitsrechtlichen Versorgungsbezügen einschließlich Vorruhestandsbezügen, wenn sie nicht weiter in einem Arbeitsverhältnis stehen,
3. Personen, die ein freiwilliges soziales Jahr oder ein freiwilliges ökologisches Jahr i. S. d. Jugendfreiwilligendienstegesetzes oder einen Freiwilligendienst i. S. d. Verordnung (EU) Nr. 1288/2013 des Europäischen Parlaments und des Rates vom 11. Dezember 2013 zur Einrichtung von „Erasmus+“, dem Programm der Union für allgemeine und berufliche Bildung, Jugend und Sport (ABl. EU Nummer L 347 S. 50) oder einen anderen Dienst im Ausland i. S. v. § 5 des Bundesfreiwilligendienstegesetzes oder einen entwicklungspolitischen Freiwilligendienst „weltwärts“ i. S. d. Richtlinie des Bundesministeriums für wirtschaftliche Zusammenarbeit und Entwicklung vom 1. August 2007 (BAnz. 2008 S. 1297) oder einen Freiwilligendienst aller Generationen i. S. d. § 2 Abs. 1 a des Siebten Buches Sozialgesetzbuch oder einen Internationalen Jugendfreiwilligendienst i. S. d. Richtlinie des Bundesministeriums für Familie, Senioren, Frauen und Jugend vom 20. Dezember 2010 (GMBl. S. 1778) oder den Bundesfreiwilligendienst i. S. d. Bundesfreiwilligendienstgesetzes leisten,
4. Entwicklungshelfer i. S. d. Entwicklungshelfer-Gesetzes.

Das 5. VermBG gilt auch nicht für Bedienstete internationaler Organisationen, deren Arbeitsverhältnis nicht deutschem Arbeitsrecht unterliegt.

(7) In Heimarbeit Beschäftigte, für die das 5. VermBG gilt (Abs. 1 Satz 2), sind Heimarbeiter und Hausgewerbetreibende (§ 1 Abs. 1 Heimarbeitsgesetz – HAG). Heimarbeiter sind Personen, die in selbst gewählter Arbeitsstätte (eigener Wohnung oder selbst gewählter Betriebsstätte) allein oder mit Familienangehörigen im Auftrag von Gewerbetreibenden oder Zwischenmeistern erwerbsmäßig arbeiten, jedoch die Verwertung der Arbeitsergebnisse den unmittelbar oder mittelbar auftraggebenden Gewerbetreibenden überlassen (§ 2 Abs. 1 HAG). Hausgewerbetreibende sind Personen, die in eigener Arbeitsstätte (eigener Wohnung oder Betriebsstätte) mit nicht mehr als zwei fremden Hilfskräften oder Heimarbeitern im Auftrag von Gewerbetreibenden oder Zwischenmeistern Waren herstellen, bearbeiten oder verpacken, wobei sie selbst wesentlich am Stück mitarbeiten, jedoch die Verwertung der Arbeitsergebnisse dem unmittelbar oder mittelbar auftraggebenden Gewerbetreibenden

überlassen; unschädlich ist es, wenn Hausgewerbetreibende vorübergehend, d. h. in nur unbedeutendem Umfang, unmittelbar für den Absatzmarkt arbeiten (§ 2 Abs. 2 HAG). Das 5. VermBG gilt nicht für die den in Heimarbeit Beschäftigten gemäß § 1 Abs. 2 HAG Gleichgestellten.

(8) Das 5. VermBG gilt nicht für

1. sog. Ehrenbeamte (z. B. ehrenamtliche Bürgermeister), weil sie keine beamtenrechtliche Besoldung beziehen,
2. Empfänger beamtenrechtlicher Versorgungsbezüge,
3. entpflichtete Hochschullehrer, wenn sie nach Landesrecht nicht weiter Beamte im beamtenrechtlichen Sinne sind.

### 2. Begriff der vermögenswirksamen Leistungen, Überweisung (§ 2, § 3 Abs. 2 und 3 des 5. VermBG)

(1) Vermögenswirksame Leistungen sind Geldleistungen, die der Arbeitgeber für den Arbeitnehmer in einer der in § 2 Abs. 1 des 5. VermBG genannten Anlageformen anlegt; der Arbeitgeber hat für den Arbeitnehmer grundsätzlich unmittelbar an das Unternehmen, das Institut oder den Gläubiger zu leisten, bei dem nach Wahl des Arbeitnehmers (Abschn. 12 Abs. 6) die vermögenswirksame Anlage erfolgen soll. Ausnahmen bestehen nach Abs. 3 dieses Abschnitts und in folgenden Fällen:

1. Bei einer Anlage nach § 2 Abs. 1 Nr. 2 und 3 des 5. VermBG in Beteiligungen auf Grund von Verträgen mit dem Arbeitgeber werden die vermögenswirksamen Leistungen verrechnet (Abschn. 6 Abs. 1 und 2, Abschn. 7 Abs. 2).
2. Bei einer Anlage nach § 2 Abs. 1 Nr. 5 des 5. VermBG für den Wohnungsbau (Abschn. 10) können die vermögenswirksamen Leistungen auch unmittelbar an den Arbeitnehmer zur Weiterleitung an den Gläubiger gezahlt werden.

Im Übrigen kann nur Arbeitslohn vermögenswirksam angelegt werden, der dem Arbeitnehmer noch nicht zugeflossen ist; die nachträgliche Umwandlung von zugeflossenem Arbeitslohn in vermögenswirksame Leistungen nach § 11 des 5. VermBG (Abschn. 12 Abs. 2 und 3) ist nur im Fall des Abs. 3 möglich. Geldwerte Vorteile aus der verbilligten Überlassung von Vermögensbeteiligungen sind keine vermögenswirksamen Leistungen.

(2) Vermögenswirksame Leistungen liegen auch insoweit vor, als Anspruch auf Arbeitnehmer-Sparzulage nicht besteht, weil z. B.

1. auf Grund eines Sparvertrags oder Kapitalversicherungsvertrags (§ 2 Abs. 1 Nr. 6 und 7, § 13 Abs. 2 des 5. VermBG) angelegt wird,
2. die zulagebegünstigten Höchstbeträge von 400 Euro bzw. 470 Euro überschritten sind (§ 13 Abs. 2 des 5. VermBG) oder
3. die Einkommensgrenze überschritten ist (§ 13 Abs. 1 des 5. VermBG).

(3) Für den Grenzgänger (Abschn. 1 Abs. 4 Nr. 1) kann der ausländische Arbeitgeber vermögenswirksame Leistungen auch dadurch anlegen, dass er eine andere Person mit der Überweisung oder Einzahlung in seinem Namen und für seine Rechnung beauftragt. Geht dies aus dem Überweisungsauftrag

oder dem Einzahlungsbeleg eindeutig hervor, bestehen keine Bedenken, wenn es sich bei der beauftragten Person um den Begünstigten selbst handelt. Lehnt es der ausländische Arbeitgeber ab, mit dem bei ihm beschäftigten Grenzgänger einen Vertrag nach § 11 Abs. 1 des 5. VermBG abzuschließen, so kann statt des Arbeitgebers ein inländisches Kreditinstitut oder eine Kapitalverwaltungsgesellschaft mit dem Arbeitnehmer die vermögenswirksame Anlage von Lohnteilen vereinbaren. Voraussetzung ist, dass der ausländische Arbeitgeber den Arbeitslohn auf ein Konto des Arbeitnehmers bei dem Kreditinstitut überweist und dieses sodann die vermögenswirksam anzulegenden Beträge zu Lasten dieses Kontos unmittelbar an das Unternehmen, das Institut oder den Gläubiger leistet; wird der Vertrag mit der Kapitalverwaltungsgesellschaft abgeschlossen, gilt dies sinngemäß. Diese Regelungen gelten auch für Arbeitnehmer, die bei diplomatischen und konsularischen Vertretungen ausländischer Staaten im Inland beschäftigt sind, wenn das Arbeitsverhältnis deutschem Arbeitsrecht unterliegt.

(4) Der Anspruch des Arbeitnehmers auf vermögenswirksame Leistungen ist bis zum Betrag von 870 Euro im Kalenderjahr unabhängig von der Anlageart nicht übertragbar und damit auch nicht pfändbar und nicht verpfändbar (§ 2 Abs. 7 Satz 2 des 5. VermBG, § 851 Abs. 1 der Zivilprozessordnung – ZPO, § 1274 Abs. 2 des Bürgerlichen Gesetzbuches – BGB). Dies gilt auch, soweit der Arbeitgeber die vermögenswirksamen Leistungen aus dem Arbeitslohn anzulegen hat (§ 11 des 5. VermBG) und unabhängig davon, ob und wieweit die vermögenswirksamen Leistungen zulagebegünstigt sind.

(5) Aufwendungen, die vermögenswirksame Leistungen darstellen, zählen nicht zu den Altersvorsorgebeiträgen (§ 82 Abs. 4 Nr. 1 EStG). Auf eine Förderung mittels einer Arbeitnehmer-Sparzulage kommt es nicht an.

### 3. Zeitliche Zuordnung der vermögenswirksamen Leistungen (§ 2 Abs. 6 des 5. VermBG)

(1) Vermögenswirksame Leistungen sind Arbeitslohn (§ 2 Abs. 6 des 5. VermBG). Die zeitliche Zuordnung vermögenswirksamer Leistungen richtet sich nach den für die Zuordnung des Arbeitslohns geltenden Vorschriften (vgl. § 38 a Abs. 1 Satz 2 und 3 EStG, R 39 b.5 und 39 b.6 der Lohnsteuer-Richtlinien – LStR). Für die Zurechnung vermögenswirksamer Leistungen zum abgelaufenen Kalenderjahr kommt es auf den Zeitpunkt des Eingangs beim Anlageinstitut nicht an (vgl. Abschn. 13 Abs. 1).

(2) Die zeitliche Zuordnung vermögenswirksamer Leistungen ist auf den Beginn der Sperrfrist ohne Einfluss. Die Sperrfrist für auf Sparverträge über Wertpapiere oder andere Vermögensbeteiligungen (§ 4 des 5. VermBG) angelegte vermögenswirksame Leistungen beginnt stets am 1. Januar des Kalenderjahrs, in dem die einmalige oder die erste laufende vermögenswirksame Leistung beim Kreditinstitut oder bei der Kapitalverwaltungsgesellschaft eingeht.

### 4. Vermögensbeteiligungen (§ 2 Abs. 1 Nr. 1 des 5. VermBG)

(1) Die Vermögensbeteiligungen, deren Begründung oder Erwerb nach dem 5. VermBG mit der Arbeitnehmer-Sparzulage begünstigt ist, sind in § 2 Abs. 1 Nr. 1 i. V. m. Abs. 2 bis 4 des 5. VermBG abschließend aufgezählt. Danach können sowohl Vermögensbeteiligungen am Unternehmen des Ar-

beitgebers (betriebliche Beteiligungen) als auch Vermögensbeteiligungen an anderen Unternehmen (außerbetriebliche Beteiligungen) begründet oder erworben werden. Eine Vermögensbeteiligung kann jedoch nur begründet oder erworben werden, wenn ihre Laufzeit nicht vor der für die gewählte Anlage geltenden Sperrfrist endet.

(2) Aktien und Wandelschuldverschreibungen sind Vermögensbeteiligungen, wenn sie

1. vom inländischen oder ausländischen Arbeitgeber oder von einem Unternehmen, das als herrschendes Unternehmen mit dem Unternehmen des Arbeitgebers verbunden ist (§ 18 Abs. 1 des Aktiengesetzes – AktG) ausgegeben werden oder
2. an einer deutschen Börse zum regulierten Markt zugelassen oder in den Freiverkehr einbezogen sind.

(3) Eine Gewinnschuldverschreibung ist ein Wertpapier, das auf Inhaber, Namen oder an Order lautet und in dem die Leistung einer bestimmten Geldsumme – im Regelfall die Einlösung zum Nennwert – versprochen wird. Ob die Einlösung nach Fristablauf, Kündigung oder Rückgabe vorgesehen ist, ist dabei ohne Bedeutung. Unerheblich ist ebenfalls, ob neben Geldsummenansprüchen Geldwertansprüche verbrieft sind; so liegt z. B. eine Gewinnschuldverschreibung auch vor, wenn die Einlösung zum Kurs einer entsprechenden Aktie, mindestens jedoch zu einer bestimmten Geldsumme vereinbart ist. Voraussetzung ist in allen Fällen, dass neben einer bestimmten Geldsumme eine Verzinsung zugesagt ist, die mit dem Gewinn zusammenhängt. Auf die Bezeichnung als Zins kommt es dabei nicht an. Neben dem gewinnabhängigen Zins kann ein fester Zins zugesagt bzw. ein gewinnunabhängiger Mindestzins vereinbart sein. Gewinnschuldverschreibungen sind Vermögensbeteiligungen, wenn sie vom inländischen oder ausländischen Arbeitgeber oder von einem Unternehmen ausgegeben werden, das als herrschendes Unternehmen mit dem Unternehmen des Arbeitgebers verbunden ist (§ 18 Abs. 1 AktG). Sofern in solchen Gewinnschuldverschreibungen eine gewinnunabhängige Mindestverzinsung zugesagt ist, muss eine der in § 2 Abs. 3 des 5. VermBG geforderten Voraussetzungen erfüllt sein; die Mindestverzinsung i. S. d. § 2 Abs. 3 Nr. 2 des 5. VermBG bestimmt sich nach dem Ausgabepreis, nicht nach dem Nennwert oder Tageskurs der Gewinnschuldverschreibung.

(4) Wandel- und Gewinnschuldverschreibungen, die Namensschuldverschreibungen des Arbeitgebers sind, sind Vermögensbeteiligungen, wenn die Ansprüche des Arbeitnehmers aus der Schuldverschreibung auf Kosten des Arbeitgebers durch ein inländisches Kreditinstitut verbürgt oder durch ein inländisches Versicherungsunternehmen privatrechtlich gesichert sind; ein Wechsel des Bürgen oder des Versicherungsunternehmens während der für die gewählte Anlage geltenden Sperrfrist ist zulässig, wenn der neue Bürge oder das neue Versicherungsunternehmen die bisher entstandenen Verpflichtungen übernimmt. Durch den Eintritt des Sicherungsfalls wird die für die gewählte Anlage geltende Sperrfrist nicht berührt. Die Sicherung ist nicht erforderlich, wenn der Arbeitgeber ein inländisches Kreditinstitut ist.

(5) Anteile an OGAW-Sondervermögen sowie an als Sondervermögen aufgelegten offenen Publikums-AIF nach den §§ 218 und 219 des Kapitalanlage-

gesetzbuchs sowie Anteile an offenen EU-Investmentvermögen und offenen ausländischen AIF, die nach dem Kapitalanlagegesetzbuch vertrieben werden dürfen (§ 2 Abs. 1 Nr. 1 Buchst. c des 5. VermBG), bleiben Vermögensbeteiligungen bei Änderung der im maßgebenden Jahresbericht oder im ersten Jahres- oder Halbjahresbericht nach Auflegung des Investmentvermögens festgestellten Zusammensetzung des Investmentvermögens, die während der Laufzeit eines Vertrags nach § 4 des 5. VermBG über den Erwerb von entsprechenden Anteilen mit laufenden vermögenswirksamen Leistungen eintreten kann.

(6) Ein Genussschein ist ein Wertpapier, wenn er ein Genussrecht verbrieft und auf Inhaber, Namen oder an Order lautet. Ein Genussschein kann grundsätzlich von Unternehmen jeder Rechtsform ausgegeben werden. Genussrechte können alle Vermögensrechte sein, wie sie typischerweise Aktionären zustehen. Sie unterscheiden sich von Mitgliedschaftsrechten durch das Fehlen der Kontroll- und Verwaltungsrechte. Genussscheine sind Vermögensbeteiligungen, wenn sie

1. vom inländischen oder ausländischen Arbeitgeber oder von einem Unternehmen, das als herrschendes Unternehmen mit dem Unternehmen des Arbeitgebers verbunden ist (§ 18 Abs. 1 AktG), ausgegeben werden oder
2. von einem inländischen Unternehmen, das kein Kreditinstitut ist, ausgegeben werden und an einer deutschen Börse zum regulierten Markt zugelassen oder in den Freiverkehr einbezogen sind.

Voraussetzung ist stets, dass mit dem Genussrecht das Recht am Gewinn des Unternehmens verbunden ist. Die Zusage eines gewinnunabhängigen Mindest- bzw. Festzinses steht damit grundsätzlich nicht im Einklang. Ein gewinnunabhängiger Mindest- oder Festzins ist z. B. dann nicht zugesagt, wenn die Zinszahlung ausdrücklich von einem ausreichenden Gewinn abhängig gemacht ist oder das Genussrechtskapital am Verlust teilnimmt (vgl. § 10 Abs. 5 Gesetz über das Kreditwesen). Sofern eine gewinnunabhängige Mindestverzinsung zugesagt ist, muss eine der in § 2 Abs. 4 i. V. m. Abs. 3 des 5. VermBG geforderten Voraussetzungen erfüllt sein. Die Mindestverzinsung i. S. d. § 2 Abs. 3 Nr. 2 des 5. VermBG bestimmt sich nach dem Ausgabepreis, nicht nach dem Nennwert oder Tageskurs des Genussscheins. Sind neben dem Recht am Gewinn eines Unternehmens andere Rechte vereinbart, die ebenfalls typische Vermögensrechte eines Aktionärs sein können (z. B. Bezugsrechte), steht das der Annahme eines Genussrechts nicht entgegen. Voraussetzung ist außerdem, dass Rückzahlung zum Nennwert nicht zugesagt ist. Diese Voraussetzung ist z. B. in folgenden Fällen erfüllt:

1. Ausschluss der Rückzahlbarkeit (Unkündbarkeit, keine Rücknahme des Genussscheins);
2. Rückzahlbarkeit bei Kündigung, bei Rückgabe oder nach Fristablauf, wenn sich der Rückzahlungsanspruch nach der Wertentwicklung eines Unternehmens richtet (z. B. unmittelbar auf einen Anteil am Liquidationserlös gerichtet ist oder sich nach dem Börsenkurs einer entsprechenden Aktie des Unternehmens richtet);
3. Rückzahlbarkeit bei Kündigung, bei Rückgabe oder nach Fristablauf, wenn eine Beteiligung am Verlust vereinbart ist (das ist auch dann der Fall, wenn im Verlustfalle weniger als der Nennwert zurückgezahlt wird);

4. Rückzahlbarkeit bei Kündigung, bei Rückgabe oder nach Fristablauf, wenn eine Rückzahlung nur aus dem Gewinn erfolgen darf.

Ist Rückzahlung zum Nennwert zugesagt, kann es sich um eine Gewinnschuldverschreibung handeln (Abs. 3).

(7) Beteiligungen an einer Genossenschaft durch Begründung oder Erwerb eines Geschäftsguthabens sind Vermögensbeteiligungen, wenn die Genossenschaft

1. der inländische Arbeitgeber oder ein inländisches Unternehmen ist, das als herrschendes Unternehmen mit dem inländischen Unternehmen des Arbeitgebers verbunden ist (§ 18 Abs. 1 AktG), oder
2. ein inländisches Kreditinstitut oder ein Post-, Spar- oder Darlehensverein ist oder
3. eine Bau- oder Wohnungsgenossenschaft i. S. d. § 2 Abs. 1 Satz 1 Nr. 2 des Wohnungsbau-Prämiengesetzes (WoPG) ist, welche die in § 2 Abs. 1 Nr. 1 Buchst. g des 5. VermBG geforderten Voraussetzungen erfüllt.

Die Begründung oder der Erwerb eines Geschäftsguthabens bei einer Genossenschaft setzt voraus, dass der Arbeitnehmer bereits Mitglied der Genossenschaft ist oder vereinbart ist, dass er von der Genossenschaft als Mitglied aufgenommen wird. Zur Begründung von Geschäftsguthaben bei einer Genossenschaft werden auch die vermögenswirksamen Leistungen angelegt, die als Anzahlungen oder als Einzahlungen auf den Geschäftsanteil des Arbeitnehmers geleistet werden, nachdem das Geschäftsguthaben durch Verlust gemindert oder der Geschäftsanteil durch Beschluss der Generalversammlung erhöht worden ist. Ist die Sperrfrist nicht eingehalten, gehören Aufwendungen für den ersten Erwerb von Anteilen an Bau- und Wohnungsgenossenschaften (§ 2 Abs. 1 Satz 1 Nr. 2 WoPG) zu den Anlagen nach § 2 Abs. 1 Nr. 4 des 5. VermBG (Abschn. 9 Abs. 3).

(8) Beteiligungen an einer Gesellschaft mit beschränkter Haftung (GmbH) durch Übernahme einer Stammeinlage oder Erwerb eines Geschäftsanteils sind Vermögensbeteiligungen, wenn die GmbH der inländische Arbeitgeber oder ein inländisches Unternehmen ist, das als herrschendes Unternehmen mit dem inländischen Unternehmen des Arbeitgebers verbunden ist (§ 18 Abs. 1 AktG). Zur Übernahme einer Stammeinlage bei einer GmbH durch den Arbeitnehmer können vermögenswirksame Leistungen

1. bei Errichtung der GmbH auf Grund des mit dem Arbeitnehmer abgeschlossenen Gesellschaftsvertrags oder
2. bei Erhöhung des Stammkapitals der GmbH auf Grund einer Übernahmeerklärung des Arbeitnehmers (§ 55 Abs. 1 des Gesetzes betreffend die Gesellschaften mit beschränkter Haftung – GmbHG)

nach den Vorschriften des § 6 des 5. VermBG über den Beteiligungsvertrag angelegt werden. Zum Erwerb eines Geschäftsanteils an einer GmbH durch den Arbeitnehmer können vermögenswirksame Leistungen auf Grund eines Abtretungsvertrags des Arbeitnehmers mit der arbeitgebenden GmbH oder dem genannten verbundenen Unternehmen, nach den Vorschriften des § 7 des 5. VermBG über den Beteiligungs-Kaufvertrag (Abschn. 7) angelegt werden. Nach den Vorschriften des § 4 des 5. VermBG angelegte vermögenswirksame Leistungen können zur Übernahme einer Stammeinlage auf Grund eines Gesellschaftsvertrags oder einer Übernahmeerklärung des Arbeitnehmers und zum Erwerb eines Geschäftsanteils auf Grund eines Abtretungsvertrags verwendet werden (§ 4 Abs. 2 Satz 1 Nr. 1 des 5. VermBG). Zur Übernahme einer Stammeinlage können vermögenswirksame Leistungen bereits dann angelegt oder verwendet werden, wenn der Gesellschaftsvertrag abgeschlossen oder die Übernahme der Stammeinlage erklärt, aber die Gesellschaft oder die Erhöhung des Stammkapitals noch nicht in das Handelsregister eingetragen worden ist. Unterbleibt die Eintragung, so sind Abschn. 18 Abs. 1 Nr. 3 und § 8 Abs. 1 Nr. 4 der Verordnung zur Durchführung des Fünften Vermögensbildungsgesetzes (Fünftes Vermögensbildungsgesetz-Durchführungsverordnung – VermBDV) zu beachten.

(9) Stille Beteiligungen an einem Unternehmen sind Vermögensbeteiligungen, wenn dieses

1. der inländische Arbeitgeber oder ein inländisches Unternehmen ist, das als herrschendes Unternehmen mit dem inländischen Unternehmen des Arbeitgebers verbunden ist (§ 18 Abs. 1 AktG), oder
2. ein inländisches Unternehmen ist, das auf Grund eines Vertrags mit dem Arbeitgeber an dessen inländischem Unternehmen gesellschaftsrechtlich beteiligt ist (indirekte betriebliche stille Beteiligung über eine so genannte Mitarbeiterbeteiligungsgesellschaft).

Als Vermögensbeteiligungen sind auch stille Beteiligungen an einem inländischen Unternehmen anzusehen, das auf Grund eines Vertrags mit einem anderen inländischen Unternehmen an diesem gesellschaftsrechtlich beteiligt ist, wenn dieses als herrschendes Unternehmen mit dem inländischen Unternehmen des Arbeitgebers verbunden ist (§ 18 Abs. 1 AktG). Die stille Beteiligung muss die im Handelsgesetzbuch für sie vorgeschriebenen Voraussetzungen erfüllen. Die stille Beteiligung an einem Unternehmen ist danach unabhängig von dessen Rechtsform möglich, wenn das Unternehmen ein Handelsgewerbe betreibt, oder wenn das Unternehmen z. B. wegen seiner Rechtsform oder wegen seiner Eintragung im Handelsregister als Unternehmen gilt, das ein Handelsgewerbe betreibt. An einer Gesellschaft, die kein Handelsgewerbe betreibt, aber – zu Unrecht – als Kommanditgesellschaft im Handelsregister eingetragen ist, kann eine stille Beteiligung begründet werden, wenn die eingetragene Gesellschaft ein Gewerbe betreibt. Ob diese Voraussetzung erfüllt ist, ist jeweils unter Berücksichtigung der Umstände des Einzelfalls ausschließlich nach handelsrechtlichen Grundsätzen festzustellen. Für die Abgrenzung einer stillen Beteiligung von einem partiarischen Darlehen kommt es darauf an, ob die Vertragspartner einen gemeinsamen Zweck verfolgen (vgl. BFH-Urteil vom 21. Juni 1983, BStBl. II S. 563). Indiz für die Verfolgung eines gemeinsamen Zwecks kann die ausdrückliche Vereinbarung von Kontrollrechten des Arbeitnehmers sein. Fehlt es an einem gemeinsamen Zweck der Vertragspartner, liegt ein partiarisches Darlehen vor (Abs. 10).

(10) Darlehensforderungen sind Vermögensbeteiligungen, wenn

1. sie Forderungen gegen den Arbeitgeber oder gegen ein inländisches Unternehmen sind, das als herrschendes Unternehmen mit dem Unternehmen des Arbeitgebers verbunden ist (§ 18 Abs. 1 AktG) und

2. die Ansprüche des Arbeitnehmers aus dem Darlehensvertrag gesichert sind.

Abs. 4 gilt entsprechend.

(11) Genussrechte an einem Unternehmen, über die keine Genussscheine mit Wertpapiercharakter ausgegeben werden, sind Vermögensbeteiligungen, wenn

1. das Unternehmen der inländische Arbeitgeber oder ein inländisches Unternehmen ist, das als herrschendes Unternehmen mit dem inländischen Unternehmen des Arbeitgebers verbunden ist (§ 18 Abs. 1 AktG), und
2. die Voraussetzungen des Absatzes 6 erfüllt sind.

Ist Rückzahlung zum Nennwert vereinbart, kann es sich um ein partiarisches Darlehen handeln (Abs. 10).

(12) Mit vermögenswirksamen Leistungen können auch Nebenkosten der Begründung oder des Erwerbs einer Vermögensbeteiligung beglichen werden. Nebenkosten sind z. B. Provisionen, Notariatsgebühren, Eintrittsgelder im Zusammenhang mit Geschäftsguthaben bei einer Genossenschaft, Aufgelder im Zusammenhang mit Stammeinlagen bei einer GmbH und Kosten für Registereintragungen. Keine Nebenkosten in diesem Sinne sind z. B. Stückzinsen und Verwaltungskosten wie z. B. Depot- oder Kontoführungsgebühren.

### 5. Anlagen auf Grund von Sparverträgen über Wertpapiere oder andere Vermögensbeteiligungen (§ 2 Abs. 1 Nr. 1, § 4 des 5. VermBG)

(1) Sparverträge über Wertpapiere oder andere Vermögensbeteiligungen (Abschn. 4) können mit inländischen Kreditinstituten, Kapitalverwaltungsgesellschaften und Kreditinstituten oder Verwaltungsgesellschaften i. S. d. Richtlinie 2009/65/EG in anderen EU-Mitgliedstaaten abgeschlossen werden. Die Verträge brauchen die Voraussetzungen des § 21 Abs. 4 der Kreditinstituts-Rechnungslegungsverordnung nicht zu erfüllen, d. h., es können auch ohne Ausfertigung eines Sparbuchs mit jeder Einzahlung unmittelbar wertpapiermäßig verbriefte Vermögensbeteiligungen erworben werden. Die Verträge können auf den Erwerb oder die Begründung bestimmter Vermögensbeteiligungen beschränkt sein (z. B. auf den Erwerb von Aktien eines bezeichneten Unternehmens). Die Beschränkung kann geändert oder aufgehoben werden.

(2) Ein Vertrag über eine einmalige Einzahlung ist ein Vertrag über eine einzige, der Höhe nach bestimmte Einzahlung. Ein Vertrag über laufende Einzahlungen liegt vor, wenn auf diesen Vertrag für die Dauer von sechs Jahren seit Vertragsabschluss mindestens einmal in jedem Kalenderjahr Beträge eingezahlt werden sollen. die einzuzahlenden Beträge brauchen der Höhe nach nicht bestimmt zu sein. Als Zeitpunkt des Vertragsabschlusses gilt der Tag, an dem die vermögenswirksame Leistung, bei Verträgen über laufende Einzahlungen die erste vermögenswirksame Leistung, beim Kreditinstitut oder bei der Kapitalverwaltungsgesellschaft eingeht. Aus Vereinfachungsgründen bestehen keine Bedenken dagegen, Einzahlungen auf einen Sparvertrag über laufende Einzahlungen noch bis zum letzten Tag des Kalendermonats zuzulassen, in dem die Frist von sechs Jahren endet.

(3) Die siebenjährige Sperrfrist gilt einheitlich für Verträge über die einmalige oder laufende Anlage vermögenswirksamer Leistungen. Sie beginnt am

1. Januar des Kalenderjahrs, in dem die vermögenswirksame Leistung, bei Verträgen über laufende Einzahlungen die erste vermögenswirksame Leistung beim Kreditinstitut oder bei der Kapitalverwaltungsgesellschaft eingeht. Die Einzahlung anderer Beträge hat auf den Beginn der Sperrfrist keinen Einfluss.

**Beispiel:**

Der Arbeitnehmer unterschreibt den Sparvertrag über laufende Einzahlungen am 30. Juli 2018. Die erste vermögenswirksame Leistung geht am 20. August 2018 bei der Kapitalverwaltungsgesellschaft ein. Der Sparvertrag gilt am 20. August 2018 als abgeschlossen, so dass die sechsjährige Einzahlungsfrist am 19. August 2024 endet. Auf Grund der Vereinfachungsregelung ist die letzte Einzahlung aber auch noch am 31. August 2024 möglich. Die siebenjährige Sperrfrist endet am 31. Dezember 2024.

(4) Der Vertrag über die laufende Anlage vermögenswirksamer Leistungen ist unterbrochen, wenn in einem Kalenderjahr, das dem Kalenderjahr des Vertragsabschlusses folgt, weder vermögenswirksame Leistungen noch andere Beträge eingezahlt werden; dabei liegt z. B. eine Einzahlung anderer Beträge auch dann vor, wenn Zinsen für eingezahlte Beträge gutgeschrieben bleiben.

**Beispiele:**

A. Der Arbeitnehmer unterschreibt den Sparvertrag über laufende Einzahlungen am 28. September 2018. Die erste vermögenswirksame Leistung geht am 2. November 2018, weitere vermögenswirksame Leistungen gehen bis einschließlich März 2019 bei der Kapitalverwaltungsgesellschaft ein. Ab 1. April 2019 werden keine Beträge mehr eingezahlt, weil der Arbeitnehmer arbeitslos geworden ist. Die gutgeschriebenen Zinsen und die gutgeschriebenen Erträge aus Vermögensbeteiligungen hat sich der Arbeitnehmer auszahlen lassen. Am 2. November 2020 werden erneut vermögenswirksame Leistungen eingezahlt. Der Vertrag ist nicht unterbrochen, weil in den Kalenderjahren 2019 und 2020 vermögenswirksame Leistungen angelegt worden sind.

B. Der Arbeitnehmer unterschreibt den Sparvertrag über laufende Einzahlungen am 28. September 2018. Die erste vermögenswirksame Leistung geht am 2. November 2018 bei der Kapitalverwaltungsgesellschaft ein. Ab 1. Januar 2019 werden keine Beträge mehr eingezahlt, weil der Arbeitnehmer arbeitslos geworden ist. Die gutgeschriebenen Zinsen und die gutgeschriebenen Erträge aus Vermögensbeteiligungen hat sich der Arbeitnehmer auszahlen lassen. Ab 1. Februar 2020 werden erneut vermögenswirksame Leistungen eingezahlt. Der Vertrag ist unterbrochen, weil im Kalenderjahr 2019 keine Einzahlungen vorliegen.

(5) Nach einer Unterbrechung können auf den Sparvertrag keine vermögenswirksamen Leistungen mehr angelegt werden.

(6) Endet für vermögenswirksame Leistungen die Verwendungsfrist (§ 4 Abs. 2 Nr. 1 des 5. VermBG) mit oder nach Ablauf der Sperrfrist, so werden sie auch dann gefördert, wenn keine Vermögensbeteiligungen erworben werden.

(7) Die Festlegung erworbener Wertpapiere und die Aufzeichnungspflichten bei ihrer Verwahrung durch den Arbeitgeber sind in § 4 Abs. 1 und 2 VermBDV geregelt. Die Mitteilungspflichten des Kreditinstituts oder der Kapitalverwaltungsgesellschaft und des Arbeitgebers bei Verwahrung der erworbenen Wertpapiere durch den Arbeitgeber sind in § 2 Abs. 3 VermBDV geregelt.

(8) Die erworbenen Wertpapiere können vor Ablauf der Sperrfrist zulagenunschädlich gegen andere verbriefte Vermögensbeteiligungen ausgetauscht werden (§ 4 Abs. 4 Nr. 6 des 5. VermBG). Dieser Austausch ist nur möglich, wenn die Wertpapiere bei einem Kreditinstitut oder bei einer Kapitalverwaltungsgesellschaft verwahrt werden. Der Erlös aus der Veräußerung einschließ-

lich etwaiger Kursgewinne ist bis zum Ablauf des folgenden Kalendermonats zum Erwerb der für den Rest der Sperrfrist festzulegenden anderen Wertpapiere zu verwenden. Dabei übrig bleibende vermögenswirksame Leistungen bleiben gefördert, wenn sie 150 Euro nicht übersteigen; aus mehreren Veräußerungsvorgängen übrig bleibende vermögenswirksame Leistungen sind zusammenzurechnen. Wird die 150-Euro-Grenze überschritten, wird die Förderung der nicht wieder verwendeten vermögenswirksamen Leistungen rückgängig gemacht, weil in dieser Höhe eine schädliche Verfügung vorliegt. Sind zum Erwerb von Wertpapieren neben vermögenswirksamen Leistungen auch andere Beträge verwendet worden, so gelten beim Austausch von Wertpapieren zuerst die anderen Beträge als übrig bleibend; diese Beträge bleiben bei der Ermittlung der 150-Euro-Grenze außer Ansatz.

## 6. Anlagen auf Grund von Wertpapier-Kaufverträgen (§ 2 Abs. 1 Nr. 2, § 5 des 5. VermBG)

(1) Auf Grund eines Wertpapier-Kaufvertrags mit dem inländischen Arbeitgeber werden vermögenswirksame Leistungen durch Verrechnung mit dem Kaufpreis zum Erwerb von Wertpapieren (§ 2 Abs. 1 Nr. 1 Buchst. a bis c und f des 5. VermBG) angelegt. Der Kaufpreis kann mit vermögenswirksamen Leistungen entrichtet werden durch

- einmalige Verrechnung als Vorauszahlung oder nachträgliche Zahlung,
- laufende Verrechnung als Anzahlungen oder Abzahlungen.

(2) Ist der Kaufpreis durch einmalige Verrechnung vorausgezahlt oder durch laufende Verrechnung angezahlt worden, so hat der Arbeitgeber ein Anzahlungskonto zu führen.

(3) Die Festlegung erworbener Wertpapiere und die Aufzeichnungspflichten bei ihrer Verwahrung sind in § 4 Abs. 3 VermBDV geregelt. Die Mitteilungspflichten des Arbeitgebers und des Kreditinstituts oder der Kapitalverwaltungsgesellschaft bei Verwahrung der erworbenen Wertpapiere durch ein vom Arbeitnehmer benanntes Kreditinstitut oder eine vom Arbeitnehmer benannte Kapitalverwaltungsgesellschaft sind in § 2 Abs. 4 VermBDV geregelt. Der sparzulagenunschädliche Austausch von Wertpapieren (Abschn. 5 Abs. 8) ist nicht möglich, wenn diese auf Grund eines Wertpapier-Kaufvertrags erworben worden sind.

## 7. Anlagen auf Grund von Beteiligungs-Verträgen und Beteiligungs-Kaufverträgen (§ 2 Abs. 1 Nr. 3, §§ 6 und 7 des 5. VermBG)

(1) Beteiligungs-Verträge (§ 6 des 5. VermBG) unterscheiden sich von Beteiligungs-Kaufverträgen (§ 7 des 5. VermBG) hauptsächlich dadurch, dass Beteiligungs-Verträge nicht verbriefte Vermögensbeteiligungen erstmals begründen, während auf Grund von Beteiligungs-Kaufverträgen bereits bestehende nicht verbriefte Vermögensbeteiligungen erworben werden.

(2) Auf Grund eines Beteiligungs-Vertrags nach § 6 Abs. 1 des 5. VermBG und auf Grund eines Beteiligungs-Kaufvertrags nach § 7 Abs. 1 des 5. VermBG zwischen dem Arbeitnehmer und dem inländischen Arbeitgeber können vermögenswirksame Leistungen in nicht verbrieften betrieblichen Vermögensbeteiligungen angelegt werden. Auf Grund eines Beteiligungs-Kaufvertrags nach § 7 Abs. 1 des 5. VermBG können außerdem insbesondere

außerbetriebliche Vermögensbeteiligungen in Form von Geschäftsguthaben bei inländischen Kredit-, Bau- oder Wohnungsbaugenossenschaften sowie stille Beteiligungen an sog. Mitarbeiterbeteiligungsgesellschaften (Abschn. 4 Abs. 9) erworben werden. Die vermögenswirksamen Leistungen sind zu verrechnen (Abschn. 6 Abs. 1 und 2).

(3) Ein Beteiligungs-Vertrag nach § 6 Abs. 2 des 5. VermBG kann vom Arbeitnehmer mit einem Unternehmen, das mit dem Unternehmen des Arbeitgebers verbunden ist, mit einer sog. Mitarbeiterbeteiligungsgesellschaft oder mit einer Kredit-, Bau- oder Wohnungsgenossenschaft zur Begründung nicht verbriefter Vermögensbeteiligungen an dem vertragschließenden Unternehmen abgeschlossen werden. Ein Beteiligungs-Kaufvertrag nach § 7 Abs. 2 des 5. VermBG kann vom Arbeitnehmer mit der GmbH, die mit dem Unternehmen des Arbeitgebers verbunden ist, zum Erwerb von Geschäftsanteilen an der vertragschließenden GmbH abgeschlossen werden. Die vermögenswirksamen Leistungen sind vom Arbeitgeber zu überweisen; die einmalige Überweisung als Voraus- oder nachträgliche Zahlung sowie laufende Überweisungen als An- oder Abzahlungen sind zulässig. So kann in einem Beteiligungs-Vertrag nach § 6 Abs. 2 des 5. VermBG vereinbart sein, dass der Arbeitnehmer an eine Genossenschaft vermögenswirksame Leistungen laufend als Anzahlungen zum Zwecke der Begründung von Geschäftsguthaben vom Arbeitgeber überweisen lässt, damit die Genossenschaft für den Arbeitnehmer die Einzahlungen erbringt, die zu leisten sind, sobald er der Genossenschaft beigetreten ist und die Geschäftsanteile übernommen hat.

(4) Ist die für die Begründung der Vermögensbeteiligung geschuldete Geldsumme (§ 6 Abs. 1 und 2 des 5. VermBG) oder der Kaufpreis (§ 7 Abs. 1 und 2 des 5. VermBG) durch einmalige vermögenswirksame Leistung vorausgezahlt oder durch laufende vermögenswirksame Leistungen angezahlt worden, so hat der Arbeitgeber oder das Unternehmen ein Anzahlungskonto zu führen.

(5) Die Aufzeichnungspflichten während der Dauer der Sperrfrist (§ 6 Abs. 3 Nr. 2, § 7 Abs. 3 des 5. VermBG) sind in § 3 VermBDV geregelt.

## 8. Insolvenzschutz (§ 2 Abs. 5 a des 5. VermBG)

(1) Der Arbeitgeber hat vor der Anlage vermögenswirksamer Leistungen im eigenen Unternehmen in Zusammenarbeit mit dem Arbeitnehmer Vorkehrungen zu treffen, die der Absicherung der angelegten vermögenswirksamen Leistungen bei einer während der Dauer der Sperrfrist eintretenden Zahlungsunfähigkeit des Arbeitgebers dienen (§ 2 Abs. 5 a Satz 1 des 5. VermBG). Diese Vorkehrungen des Arbeitgebers gegen Insolvenz sind nicht Voraussetzung für den Anspruch des Arbeitnehmers auf die Arbeitnehmer-Sparzulage. Die Regelung betrifft alle im Fünften Vermögensbildungsgesetz zugelassenen Formen von Kapitalbeteiligungen der Arbeitnehmer am arbeitgebenden Unternehmen mit Ausnahme von Darlehen (§ 2 Abs. 1 Nr. 1 Buchst. k des 5. VermBG) und Namensschuldverschreibungen (§ 2 Abs. 1 Nr. 1 Buchst. b des 5. VermBG), für die bereits die Absicherung durch eine Versicherung oder Bankbürgschaft als Voraussetzung für die Anlage vermögenswirksamer Leistungen und damit für einen möglichen Anspruch auf Arbeitnehmer-Sparzulage vorgeschrieben ist.

(2) Zum Bericht des Bundesministeriums für Arbeit und Sozialordnung über die Vorkehrungen zur Insolvenzsicherung vermögenswirksamer Leistungen beim Erwerb von Mitarbeiter-Kapitalbeteiligungen (§ 2 Abs. 5 a Satz 2 des 5. VermBG) siehe Bundestags-Drucksache 14/9731 vom 28. Juni 2002.

**9. Anlagen nach dem Wohnungsbau-Prämiengesetz (§ 2 Abs. 1 Nr. 4 des 5. VermBG)**

(1) Als Aufwendungen des Arbeitnehmers nach dem WoPG können vermögenswirksame Leistungen auf Grund von Verträgen angelegt werden, die nach den Vorschriften des WoPG abgeschlossen worden sind. Bei der Anlage vermögenswirksamer Leistungen nach § 2 Abs. 1 Satz 1 Nr. 2 WoPG als Aufwendungen für den ersten Erwerb von Anteilen an Bau- und Wohnungsgenossenschaften müssen jedoch die Voraussetzungen des § 2 Abs. 1 Nr. 1 Buchst. g zweiter Halbsatz des 5. VermBG erfüllt sein. Eine Anlage nach dem WoPG liegt auch dann vor, wenn der Arbeitnehmer unbeschränkt einkommensteuerpflichtig nach § 1 Abs. 3 EStG ist und die Voraussetzungen des § 1 Abs. 2 Satz 1 Nr. 1 und 2 EStG nicht erfüllt oder beschränkt einkommensteuerpflichtig ist (§ 1 Abs. 4 EStG) oder wenn das Einkommen des Arbeitnehmers die Einkommensgrenze (§ 2 a WoPG) überschritten hat.

(2) Beiträge an Bausparkassen zur Erlangung von Baudarlehen setzen den Abschluss eines Bausparvertrags mit einer Bausparkasse voraus (§ 2 Abs. 1 Satz 1 Nr. 1 WoPG). Bausparkassen sind Kreditinstitute i. S. d. § 1 Abs. 1 des Gesetzes über Bausparkassen.

(3) Vermögenswirksame Leistungen können als Aufwendungen für den ersten Erwerb von Anteilen an Bau- und Wohnungsgenossenschaften erbracht werden (§ 2 Abs. 1 Satz 1 Nr. 2 WoPG). Wegen der Zuordnung zu einer Anlage nach § 2 Abs. 1 Nr. 1 Buchst. g des 5. VermBG und dem Wegfall dieser Zulagenbegünstigung vgl. Abschn. 4 Abs. 7 und Abschn. 18 Abs. 1 Nr. 3.

(4) Wohnbau-Sparverträge i. S. d. WoPG sind Sparverträge mit einem Kreditinstitut oder einem am 31. Dezember 1989 als gemeinnützig anerkannten Wohnungsunternehmen oder einem am 31. Dezember 1989 als Organ der staatlichen Wohnungspolitik anerkannten Unternehmen, wenn diese Unternehmen eigene Spareinrichtungen unterhalten, auf die die Vorschriften des Gesetzes über das Kreditwesen anzuwenden sind. Die eingezahlten Sparbeiträge und die Prämien müssen zum Bau oder Erwerb selbst genutzten Wohneigentums oder zum Erwerb eines eigentumsähnlichen Dauerwohnrechts verwendet werden; die Wohnbau-Sparverträge müssen auf die Dauer von drei bis sechs Jahren als allgemeine Sparverträge oder als Sparverträge mit festgelegten Sparraten abgeschlossen werden (§ 2 Abs. 1 Satz 1 Nr. 3 WoPG).

(5) Baufinanzierungsverträge i. S. d. WoPG sind Verträge mit einem Wohnungs- und Siedlungsunternehmen oder einem am 31. Dezember 1989 anerkannten Organ der staatlichen Wohnungspolitik, die nach der Art von Sparverträgen mit festgelegten Sparraten auf die Dauer von drei bis acht Jahren mit dem Zweck einer Kapitalansammlung abgeschlossen werden; Voraussetzung ist, dass die eingezahlten Beiträge und die Prämien zum Bau oder Erwerb selbst genutzten Wohneigentums oder zum Erwerb eines eigentumsähnlichen Dauerwohnrechts verwendet werden (§ 2 Abs. 1 Satz 1 Nr. 4 WoPG). Die

zum Wohnungsbau verwendeten Beträge dürfen nicht im Ausland eingesetzt werden (§ 2 Abs. 2 Satz 10 WoPG). Baufinanzierungsverträge unterscheiden sich von den Wohnbau-Sparverträgen mit festgelegten Sparraten (Abs. 4) dadurch, dass außer den Verpflichtungen des Arbeitnehmers auch die Verpflichtungen des Unternehmens zur Erbringung der vertraglichen Leistungen von vornherein festgelegt sein müssen (vgl. BFH-Urteil vom 17. März 1972, BStBl. II S. 601).

**10. Anlagen für den Bau, den Erwerb, den Ausbau, die Erweiterung oder die Entschuldung eines Wohngebäudes usw. (§ 2 Abs. 1 Nr. 5 des 5. VermBG)**

Bei einer Anlage unmittelbar für den Bau, den Erwerb, den Ausbau, die Erweiterung oder die Entschuldung eines im Inland belegenen Wohngebäudes usw. gilt Folgendes:

1. Wohngebäude sind Gebäude, soweit sie Wohnzwecken dienen.
2. Für die Anlage ist Voraussetzung, dass der Arbeitnehmer entweder Alleineigentümer oder Miteigentümer des Wohngebäudes usw. ist; mindestens muss jedoch eine Auflassungsvormerkung zu seinen Gunsten im Grundbuch eingetragen sein. Keine Anlage in diesem Sinne liegt vor, sofern der Anlage ein von einem Dritten vorgefertigtes Konzept zu Grunde liegt, bei dem der Arbeitnehmer vermögenswirksame Leistungen zusammen mit mehr als 15 anderen Arbeitnehmern anlegen kann (§ 2 Abs. 1 Nr. 5 des 5. VermBG).
3. Eine Anlage liegt u. a. vor, wenn es sich bei den Aufwendungen um Anschaffungskosten, Herstellungskosten und Erhaltungsaufwendungen bei Instandsetzung und Modernisierung handelt (vgl. BMF-Schreiben vom 18. Juli 2003, BStBl. I S. 386)[1].
4. Als Aufwendungen für den Bau, den Erwerb, den Ausbau, die Erweiterung oder die Entschuldung eines Wohngebäudes usw. können die vermögenswirksamen Leistungen nur erbracht werden, soweit im Zeitpunkt ihres Zuflusses die Schuld des Arbeitnehmers, für den die Leistungen erbracht werden, nicht bereits getilgt ist.
5. Sparleistungen an Treuhand- und Immobiliensparggesellschaften sind keine Aufwendungen für den Bau, den Erwerb, den Ausbau, die Erweiterung oder die Entschuldung eines Wohngebäudes usw.

**11. Anlagen auf Grund von Verträgen des Ehegatten oder Lebenspartners, der Kinder oder der Eltern (§ 3 Abs. 1 des 5. VermBG)**

(1) Der Arbeitnehmer kann vermögenswirksame Leistungen auch auf Grund von Sparverträgen über Wertpapiere oder andere Vermögensbeteiligungen (Abschn. 5), auf Grund von Verträgen nach den Vorschriften des WoPG (Abschn. 9), auf Grund von Sparverträgen (§ 8 des 5. VermBG) und auf Grund von Kapitalversicherungsverträgen (§ 9 des 5. VermBG) anlegen lassen, die von seinem Ehegatten oder Lebenspartner (s. auch Gesetz zur Einführung des Rechts auf Eheschließung für Personen gleichen Geschlechts vom 20. Juli 2017, BGBl. I S. 2787) abgeschlossen worden sind, mit dem der Ar-

[1] Nr. 1 § 21/8.

beitnehmer die Zusammenveranlagung zur Einkommensteuer wählen kann (§ 26 Abs. 1 Satz 1 EStG). Das gilt auch, wenn die genannten Verträge von Kindern des Arbeitnehmers (§ 32 Abs. 1 EStG) abgeschlossen worden sind, solange die Kinder zu Beginn des Kalenderjahrs der vermögenswirksamen Leistung das 17. Lebensjahr noch nicht vollendet haben. Hat der Arbeitnehmer zu Beginn des Kalenderjahrs der vermögenswirksamen Leistungen das 17. Lebensjahr noch nicht vollendet, so können vermögenswirksame Leistungen auch auf die genannten Verträge angelegt werden, die von seinen Eltern oder einem Elternteil abgeschlossen worden sind. Die vom Arbeitnehmer zugunsten des Ehegatten oder Lebenspartners, der Kinder oder der Eltern auf deren Sparverträge über Wertpapiere oder andere Vermögensbeteiligungen angelegten vermögenswirksamen Leistungen sind vom Vertragsinhaber vertragsgemäß zu verwenden; der Vertragsinhaber kann mit diesen Leistungen auch betriebliche Vermögensbeteiligungen erwerben (z. B. Gewinnschuldverschreibungen oder Genussscheine seines Arbeitgebers). Eine Abtretung der Ansprüche aus den genannten Verträgen an den Arbeitnehmer steht der Anlage seiner vermögenswirksamen Leistungen auf diese Verträge nicht entgegen.

(2) Abs. 1 gilt entsprechend bei Anlagen für den Bau, den Erwerb, den Ausbau, die Erweiterung oder die Entschuldung eines Wohngebäudes usw. (Abschn. 10), wenn die in Abs. 1 genannten Personen Alleineigentümer oder Miteigentümer des Wohngebäudes usw. sind oder zu ihren Gunsten eine Auflassungsvormerkung im Grundbuch eingetragen ist (Abschn. 10 Nr. 2).

(3) Die Absätze 1 und 2 gelten auch bei steuerlich anerkannten Dienstverhältnissen zwischen Ehegatten oder Lebenspartnern (vgl. R 4.8 Abs. 1 EStR, H 4.8 – Arbeitsverhältnisse zwischen Ehegatten – EStH).

(4) Vermögenswirksame Leistungen können auch auf Gemeinschaftskonten/-depots angelegt werden. Abschn. 14 Abs. 3 und Abschn. 19 Abs. 1 Satz 3 sind zu beachten.

## 12. Vereinbarung der vermögenswirksamen Leistungen, freie Wahl der Anlage (§§ 10, 11, 12 des 5. VermBG)

(1) Vermögenswirksame Leistungen, die zusätzlich zum sonstigen Arbeitslohn zu erbringen sind, können in Verträgen mit Arbeitnehmern, in Betriebsvereinbarungen, in Tarifverträgen sowie in bindenden Festsetzungen nach dem Heimarbeitsgesetz vereinbart werden (§ 10 des 5. VermBG); für Beamte, Richter, Berufssoldaten und Soldaten auf Zeit werden zusätzliche vermögenswirksame Leistungen auf Grund eines Gesetzes erbracht.

(2) Die vermögenswirksame Anlage von Teilen des Arbeitslohns (Abs. 3) wird in einem Vertrag vereinbart, den der Arbeitgeber auf schriftlichen Antrag des Arbeitnehmers mit diesem abschließen muss (§ 11 Abs. 1 des 5. VermBG; bezüglich der Grenzgänger vgl. Abschn. 2 Abs. 3). Macht ein Tarifvertrag den Anspruch auf zusätzliche vermögenswirksame Leistungen davon abhängig, dass der Arbeitnehmer als Eigenleistung auch Teile des Arbeitslohns vermögenswirksam anlegt, so ist für die vermögenswirksame Anlage ein schriftlicher Antrag des Arbeitnehmers nicht erforderlich. Der Arbeitgeber muss auf Verlangen des Arbeitnehmers die vermögenswirksame Anlage von Lohnteilen auch dann vereinbaren, wenn der Arbeitnehmer für diese Anlage eine der nicht zulagebegünstigten Anlageformen (Abschn. 2 Abs. 2 Nr. 1) wählt. Der

Arbeitgeber muss dem Verlangen des Arbeitnehmers aber insoweit nicht folgen, als die anzulegenden Lohnteile für sich oder zusammen mit anderen vermögenswirksamen Leistungen den Betrag von 870 Euro im Kalenderjahr übersteigen. Soweit der Arbeitgeber zur Anlage von Lohnteilen nicht verpflichtet ist, kann er sich freiwillig bereit erklären, die vom Arbeitnehmer verlangte Anlage von Lohnteilen zu vereinbaren.

(3) Vermögenswirksam angelegt werden können nur Teile des Arbeitslohns, der zu den Einkünften aus nichtselbständiger Arbeit nach § 19 EStG gehört (Arbeitslohn im steuerlichen Sinne) und der dem Arbeitnehmer noch nicht zugeflossen ist; die nachträgliche Umwandlung von zugeflossenem Arbeitslohn in vermögenswirksame Leistungen ist nur im Fall der Grenzgänger (Abschn. 2 Abs. 3) möglich. Auch pauschal besteuerter oder steuerfreier Arbeitslohn kann vermögenswirksam angelegt werden, also z. B. Teile

1. des pauschal besteuerten Arbeitslohns von kurzfristig Beschäftigten, Aushilfskräften in der Land- und Forstwirtschaft und geringfügig entlohnten Beschäftigten (§ 40 a EStG),
2. der pauschal besteuerten sonstigen Bezüge (§ 40 Abs. 1 EStG),
3. des steuerfreien Zuschusses zum Mutterschaftsgeld (§ 3 Nr. 1 Buchst. d EStG).

Kein Arbeitslohn in diesem Sinne sind z. B. die steuerfreien Lohnersatzleistungen (wie Wintergeld – Mehraufwands-Wintergeld, Zuschuss-Wintergeld –, Insolvenzgeld, Mutterschaftsgeld), der Ersatz von Aufwendungen des Arbeitnehmers, die Arbeitnehmer-Sparzulage und die Vergütungen, die ein Kommanditist für seine Tätigkeit im Dienst der Kommanditgesellschaft erhält; diese Bezüge können deshalb nicht vermögenswirksam angelegt werden.

(4) Bei einem minderjährigen Arbeitnehmer, den sein gesetzlicher Vertreter zum Abschluss des Arbeitsvertrags ermächtigt hat, ist im Allgemeinen davon auszugehen, dass er ohne ausdrückliche Zustimmung des Vertreters Verträge mit dem Arbeitgeber über vermögenswirksame Leistungen abschließen kann; denn ein solcher Arbeitnehmer ist für alle das Arbeitsverhältnis der gestatteten Art betreffenden Rechtsgeschäfte unbeschränkt geschäftsfähig, wenn die Ermächtigung keine Einschränkungen enthält.

(5) Der Arbeitnehmer hat dem Arbeitgeber mitzuteilen, in welcher Anlageform und bei welchem Unternehmen, Institut oder Gläubiger vermögenswirksame Leistungen nach seiner Wahl (Abs. 6) angelegt werden sollen; er hat dabei anzugeben, wann und in welcher Höhe er die Anlage verlangt, und den Anlagevertrag – z. B. durch dessen Konto- oder Vertragsnummer – näher zu bezeichnen.

(6) Die Zulagebegünstigung vermögenswirksamer Leistungen (§ 13 des 5. VermBG) setzt voraus, dass der Arbeitnehmer frei wählen kann, in welcher der Anlageformen und bei welchem Unternehmen, Institut oder Gläubiger (§ 3 Abs. 3 Satz 1 des 5. VermBG) der Arbeitgeber die vermögenswirksamen Leistungen anlegen soll (§ 12 Satz 1 des 5. VermBG); einer Förderung steht jedoch nicht entgegen, dass durch Tarifvertrag die Anlage auf die Formen des § 2 Abs. 1 Nr. 1 bis 5, Abs. 2 bis 4 beschränkt wird (§ 12 Satz 2 des 5. VermBG). Der Arbeitnehmer kann aber eine Vermögensbeteiligung am Unternehmen des Arbeitgebers in einer der in § 2 Abs. 1 Nr. 1 Buchst. g bis l

und Abs. 4 des 5. VermBG bezeichneten Formen (Abschn. 4) nur dann begründen oder erwerben, wenn der Arbeitgeber zustimmt (§ 12 Satz 3 des 5. VermBG). Deshalb verstößt es nicht gegen § 12 des 5. VermBG, wenn ein Arbeitgeber nur bestimmten Arbeitnehmern oder Arbeitnehmergruppen die Möglichkeit einräumt, mit ihren vermögenswirksamen Leistungen Vermögensbeteiligungen am Unternehmen des Arbeitgebers i. S. d. § 2 Abs. 1 Nr. 1 Buchst. g bis l und Abs. 4 des 5. VermBG – z. B. Darlehensforderungen oder stille Beteiligungen – zu begründen.

(7) Der Arbeitnehmer kann verlangen, dass die für ihn zu erbringenden vermögenswirksamen Leistungen auf verschiedene Anlageformen verteilt werden, oder dass die Anlageform gewechselt wird, wenn er daran ein berechtigtes Interesse hat, das gegenüber dem Interesse des Arbeitgebers an möglichst geringem Verwaltungsaufwand überwiegt. An der Verteilung auf verschiedene Anlageformen oder am Wechsel der Anlageform kann der Arbeitnehmer z. B. dann ein berechtigtes Interesse haben, wenn er dadurch die Förderung voll ausschöpfen möchte. Für den Wechsel der Anlageform bei vermögenswirksamer Anlage von Lohnteilen (Abs. 2) ist § 11 Abs. 5 des 5. VermBG zu beachten.

### 13. Kennzeichnungs- und Mitteilungspflichten (§ 3 Abs. 2 des 5. VermBG, § 2 Abs. 1 VermBDV)

(1) Bei Überweisung der vermögenswirksam anzulegenden Beträge an das Unternehmen, Institut oder den Gläubiger (Abschn. 2 Abs. 1) hat der Arbeitgeber die Beträge als vermögenswirksame Leistung besonders kenntlich zu machen und den Namen des Arbeitnehmers sowie dessen Konto- oder Vertragsnummer anzugeben. Zusätzlich ist bei Überweisungen im Dezember und Januar anzugeben, welchem Kalenderjahr die überwiesenen Beträge zuzuordnen sind (vgl. Abschn. 3 Abs. 1).

(2) Geht bei dem Unternehmen, dem Institut oder dem Gläubiger ein vom Arbeitgeber als vermögenswirksame Leistung gekennzeichneter Betrag ein und kann dieser nicht nach den Vorschriften des 5. VermBG angelegt werden (z. B. weil ein Anlagevertrag i. S. d. 5. VermBG nicht besteht oder bereits erfüllt ist oder weil bei einem Bausparvertrag die Bausparsumme ausgezahlt worden ist), so ist das Unternehmen, das Institut oder der Gläubiger verpflichtet, dies dem Arbeitgeber unverzüglich schriftlich mitzuteilen; nach Eingang einer solchen Mitteilung darf der Arbeitgeber für den Arbeitnehmer keine vermögenswirksame Leistungen mehr überweisen.

### 14. Elektronische Vermögensbildungsbescheinigung (§ 15 Abs. 1 und 1 a des 5. VermBG, § 5 VermBDV)

(1) Das Verfahren der elektronischen Vermögensbildungsbescheinigung ist anzuwenden für nach dem 31. Dezember 2016 angelegte vermögenswirksame Leistungen (s. BMF-Schreiben vom 16. Dezember 2016, BStBl. I S. 1435). Die Anzeigen zur vorzeitigen Verfügung (vgl. Abschn. 21) sind weiterhin nach dem bisherigen Verfahren vorzunehmen. Im Einzelnen ist neben § 15 Abs. 1 und 1 a des 5. VermBG und § 5 VermBDV Folgendes zu beachten:

(2) Das Kreditinstitut, die Kapitalverwaltungsgesellschaft, die Bausparkasse, das Unternehmen, der Arbeitgeber oder der Gläubiger, mit dem der Arbeitnehmer den Anlagevertrag abgeschlossen hat (mitteilungspflichtige Stelle), hat

die im Kalenderjahr angelegten vermögenswirksamen Leistungen bis zum letzten Tag des Monats Februar des folgenden Jahres nach amtlich vorgeschriebenem Datensatz durch Datenfernübertragung über die amtlich bestimmte Schnittstelle zu übermitteln. Für vermögenswirksame Leistungen, die auf nicht zulagebegünstigte Anlagearten angelegt worden sind, ist eine Übermittlung nicht zulässig. Außerdem darf keine Übermittlung durchgeführt werden, wenn über sämtliche vermögenswirksame Leistungen schädlich verfügt worden ist, die nach § 2 Abs. 1 Nr. 1 oder 4 des 5. VermBG (Abschn. 5 und 9) angelegt worden sind (§ 5 Abs. 4 VermBDV).

(3) Der Datensatz muss für den Arbeitnehmer übermittelt werden, für den der Arbeitgeber die vermögenswirksamen Leistungen erbracht hat, und dessen Namen und Identifikationsnummer enthalten. Das gilt auch dann, wenn die vermögenswirksamen Leistungen zugunsten des Ehegatten oder Lebenspartners, der Kinder, der Eltern oder eines Elternteils angelegt worden sind (§ 3 Abs. 1 des 5. VermBG), wenn mehrere Personen Vertragsinhaber sind (Gemeinschaftsvertrag) oder die vermögenswirksamen Leistungen auf Gemeinschaftskonten/-depots angelegt wurden (vgl. Abschn. 11 Abs. 4).

(4) Der Datensatz muss bestimmte Angaben enthalten. Im Einzelnen gilt Folgendes:

1. Der „Institutsschlüssel für die Arbeitnehmer-Sparzulage" wird von der Zentralstelle für Arbeitnehmer-Sparzulage und Wohnungsbauprämie beim Technischen Finanzamt Berlin – ZPS ZANS –, Klosterstraße 59, 10179 Berlin vergeben (§ 5 Abs. 2 Satz 2 und 3 VermBDV). Er ist bei sämtlichen Anlagearten zwingend anzugeben.
2. Die Vertragsnummer darf höchstens 14-stellig sein und keine Sonderzeichen enthalten. Es ist nicht zulässig, für mehrere Arbeitnehmer dieselbe Vertragsnummer zu verwenden. Werden vermögenswirksame Leistungen auf von Dritten abgeschlossene Verträge oder auf Gemeinschaftsverträge angelegt (Abs. 2), so sind die vermögenswirksamen Leistungen jedes Arbeitnehmers unter einer eigenen Vertragsnummer zu übermitteln; eine gemeinsame Vertragsnummer ist nur bei Ehegatten oder Lebenspartnern zulässig.
3. Der „Institutsschlüssel für die Arbeitnehmer-Sparzulage", die Vertragsnummer und die Sperrfrist (vgl. Nr. 4) bilden den Ordnungsbegriff für das automatisierte Festsetzungs- und Auszahlungsverfahren der Arbeitnehmer-Sparzulage. Das automatisierte Verfahren setzt voraus, dass Inhalt und Darstellung der Vertragsnummer bei der Bescheinigung vermögenswirksamer Leistungen sowie bei der Anzeige über eine vorzeitige Verfügung (durch Datensatz oder Vordruck, vgl. Abschn. 21 Abs. 1) übereinstimmen. Der Ordnungsbegriff ist für die gesamte Laufzeit des begünstigten Vertrages unabänderbar. Dies gilt auch, wenn der Vertrag einem anderen Anlageinstitut übertragen wird.
4. Das Ende der für die vermögenswirksamen Leistungen geltenden Sperrfrist (vgl. Nr. 1) ist stets anzugeben. Bei der Bescheinigung vermögenswirksamer Leistungen, die auf Verträge nach §§ 5 bis 7 des 5. VermBG angelegt und noch nicht für Vermögensbeteiligungen verwendet worden sind, ist als Ende der Sperrfrist der 31. Dezember des sechsten Kalenderjahrs nach dem Kalenderjahr der vermögenswirksamen Anlage anzugeben (§ 5 Abs. 3

VermBDV). Auf die Angabe der Sperrfrist kann im Datensatz verzichtet werden, wenn im Zeitpunkt der Übermittlung die für die Anlageart gelten de Sperrfrist bereits abgelaufen ist.

(5) Sind vermögenswirksame Leistungen für die Anlage zum Wohnungsbau an den Arbeitnehmer ausgezahlt worden (Abschn. 2 Abs. 1 Nr. 2), hat der Gläubiger die Datenübermittlung durchzuführen, wenn der Arbeitnehmer schriftlich erklärt, in welcher Höhe vermögenswirksame Leistungen zum Wohnungsbau verwendet worden sind.

(6) Die Datenübermittlung ist grundsätzlich erst nach Ablauf des Kalenderjahrs vorzunehmen, in dem die vermögenswirksamen Leistungen angelegt worden sind. Davon abweichend können die vermögenswirksamen Leistungen bereits im laufenden Kalenderjahr übermittelt werden, wenn

1. bei Anlageverträgen nach § 2 Abs. 1 Nr. 1 des 5. VermBG die Einzahlungsfrist abgelaufen ist (Abschn. 5 Abs. 2),
2. auf Anlageverträge nach §§ 5, 6 und 7 des 5. VermBG keine vermögenswirksamen Leistungen mehr angelegt werden können,
3. Anlageverträge nach § 2 Abs. 1 Nr. 1 oder 4 des 5. VermBG mit Kreditinstituten, Kapitalverwaltungsgesellschaften, Bausparkassen oder Versicherungsunternehmen im Falle einer unschädlichen vorzeitigen Verfügung aufgehoben werden.

(7) Die angelegten vermögenwirksamen Leistungen sind für die Datenübermittlung auf den nächsten vollen Euro aufzurunden.

(7 a) Der Arbeitnehmer ist von der mitteilungspflichtigen Stelle über den Inhalt der Datenübermittlung zu unterrichten (§ 93 c Abs. 1 Nr. 3 der Abgabenordnung – AO). Die Unterrichtung kann z. B. in einem ohnehin erstellten Jahreskontoauszug, einer entsprechenden Jahresbescheinigung etc. geschehen.

(7 b)[1] Die mitteilungspflichtige Stelle kann beim zuständigen Betriebsstättenfinanzamt einen Antrag stellen, sie bis zu einem Zeitraum von drei Jahren von der Übermittlung der elektronischen Vermögensbildungsbescheinigung zu befreien. Dem Antrag ist statt zugeben bei kleinen Arbeitgebern, bei denen die vermögenswirksamen Leistungen im Unternehmen angelegt werden. Im Übrigen ist bei der Entscheidung über den Antrag ein strenger Maßstab anzulegen; dies gilt insbesondere für Anträge, die mit technischen Schwierigkeiten begründet werden. Nach einer positiven Entscheidung des zuständigen Finanzamts hat die mitteilungspflichtige Stelle der Zentralstelle für Arbeitnehmer-Sparzulage und Wohnungsbauprämie beim Technischen Finanzamt Berlin – ZPS ZANS –, Klosterstraße 59, 10179 Berlin, für alle betroffenen Arbeitnehmer alle Daten, die in den elektronischen Vermögensbildungsbescheinigungen enthalten sein müssten, schriftlich mitzuteilen.

(7 c) Weitere Einzelheiten zur elektronischen Vermögensbildungsbescheinigung (insbesondere die amtlich vorgeschriebene Datensatzbeschreibung etc.) finden sich auf der Internetseite http://www.esteuer.de.

(7 d) Haben Arbeitnehmer Nachfragen hinsichtlich der Datenübermittlung der Vermögensbildungsbescheinigung, sind diese an die zuständige Stelle in den Ländern und nicht an die ZPS ZANS zu richten. Die Arbeitnehmer können die zuständige Stelle bei ihrem Wohnsitzfinanzamt erfragen.

---

[1] Ergänzend siehe BMF v. 17. 4. 2018, BStBl. I S. 630, Nr. 2 „Härtefallregelung".

## 15. Festsetzung der Arbeitnehmer-Sparzulage (§§ 13, 14 des 5. VermBG, § 6 Abs. 1 VermBDV)

(1) Der Antrag auf Festsetzung der Arbeitnehmer-Sparzulage ist regelmäßig mit der Einkommensteuererklärung zu stellen. Für den Antrag auf Festsetzung der Arbeitnehmer-Sparzulage ist auch dann der Vordruck für die Einkommensteuererklärung zu verwenden, wenn der Arbeitnehmer keinen Antrag auf Veranlagung zur Einkommensteuer stellt und auch nicht zur Einkommensteuer zu veranlagen ist, z. B. weil er nur pauschal besteuerten Arbeitslohn bezogen hat.

(2) Die Arbeitnehmer-Sparzulage kann auch dann erst nach Ablauf des Kalenderjahrs, in dem die vermögenswirksamen Leistungen angelegt worden sind (§ 13 Abs. 4 des 5. VermBG), festgesetzt werden, wenn der Antrag schon vorher gestellt ist.

(3) Zuständig ist das Finanzamt, in dessen Bezirk der Arbeitnehmer im Zeitpunkt der Antragstellung seinen Wohnsitz oder gewöhnlichen Aufenthalt hat. Bei Wegfall der unbeschränkten Einkommensteuerpflicht im Laufe eines Kalenderjahrs ist das Finanzamt zuständig, in dessen Bezirk der Arbeitnehmer seinen Wohnsitz oder gewöhnlichen Aufenthalt hatte. Hat der Arbeitnehmer im Inland weder einen Wohnsitz noch seinen gewöhnlichen Aufenthalt, so tritt an die Stelle des Wohnsitzfinanzamts das Betriebsstättenfinanzamt des Arbeitgebers.

(3 a) Eine Arbeitnehmer-Sparzulage wird nur festgesetzt, wenn der Arbeitnehmer einwilligt, dass die erforderlichen Daten vom Unternehmen, dem Institut oder dem in § 3 Abs. 3 des 5. VermBG genannten Gläubiger mittels elektronischer Vermögensbildungsbescheinigung (Abschn. 14) übermittelt werden, und hierfür seine Identifikationsnummer (§ 139 b AO) mitteilt.

(3 b) Werden die erforderlichen Daten trotz der vorliegenden Einwilligung nicht mittels elektronischer Vermögensbildungsbescheinigung übermittelt, kann der Arbeitnehmer den Nachweis der vermögenswirksam angelegten Leistungen in anderer Weise erbringen[1]. Dies ist z. B. der Fall, wenn die elektronische Datenübermittlung aus technischen Gründen ausgeblieben ist. Aus dem Nachweis müssen alle Daten hervorgehen, die Inhalt des amtlich vorgeschriebenen Datensatzes sind. Außerdem muss aus dem Nachweis hervorgehen, dass der Arbeitnehmer in die Datenübermittlung eingewilligt und dem zur Datenübermittlung Verpflichteten seine Identifikationsnummer mitgeteilt hat. Erfolgt trotz einer grundsätzlichen Einwilligung keine Datenübermittlung, weil der Arbeitnehmer seine Identifikationsnummer nicht mitgeteilt hat, ist ein Nachweis der vermögenswirksam angelegten Leistungen in anderer Weise nicht möglich. Zum Verzicht auf die Datenübermittlung bei unbilliger Härte und die zentrale Erfassung bei der ZPS ZANS siehe Abschn. 14 Abs. 7 b.

(4) Bei der Festsetzung der Arbeitnehmer-Sparzulage werden alle übermittelten vermögenswirksamen Leistungen berücksichtigt. Übersteigen die für den Arbeitnehmer erbrachten vermögenswirksamen Leistungen die geförderten Höchstbeträge und sind die Leistungen auf mehrere Anlagearten aufgeteilt worden, kann der Arbeitnehmer durch die Einwilligung bzw. den Widerruf der Einwilligung in die Datenübermittlung gegenüber der mitteilungspflichti-

[1] Siehe hierzu auch BMF v. 17. 4. 2018, BStBl. I S. 630 (Nr. **25** § 15/1).

gen Stelle bestimmen, für welche vermögenswirksamen Leistungen eine Datenübermittlung und somit eine Begünstigung mittels Arbeitnehmer-Sparzulage erfolgen soll. Trifft der Arbeitnehmer keine Bestimmung, begünstigt das Finanzamt die vermögenswirksamen Leistungen in einer Reihenfolge, die im Regelfall für den Arbeitnehmer günstig ist.

(5) Für die Anwendung der Einkommensgrenze von 35 800/40 000 Euro für Ehegatten oder Lebenspartner ist allein maßgeblich, ob tatsächlich eine Zusammenveranlagung durchgeführt wird. Aus diesem Grunde ist die 35 800/40 000-Euro-Grenze auch bei der Zusammenveranlagung des überlebenden Ehegatten oder Lebenspartners mit dem verstorbenen Ehegatten oder Lebenspartner im Todesjahr des Ehegatten oder Lebenspartners anzuwenden. Von dem auf das Todesjahr folgenden Kalenderjahr an gilt die 17 900/20 000-Euro-Grenze (BFH-Urteil vom 14. Mai 1976, BStBl. II S. 546). Haben Ehegatten oder Lebenspartner die Einzelveranlagung gewählt, ist für jeden Ehegatten oder Lebenspartner gesondert zu prüfen, ob das von ihm zu versteuernde Einkommen die Einkommensgrenze von 17 900/20 000 Euro über schreitet. Bei der Ermittlung des zu versteuernden Einkommens sind auch in den Fällen, in denen es auf Grund der Vorschriften zum Familienleistungsausgleich (§ 31 EStG) beim auszuzahlenden Kindergeld verbleibt, stets die in Betracht kommenden Freibeträge für Kinder (§ 32 EStG) abzuziehen (§ 2 Abs. 5 Satz 2 EStG); dabei sind stets die Freibeträge für das gesamte Sparjahr zugrunde zu legen.

(6) Die Einkommensgrenzen des § 13 Abs. 1 des 5. VermBG gelten nicht für beschränkt einkommensteuerpflichtige Arbeitnehmer, die nicht zur Einkommensteuer veranlagt werden, da bei diesem Personenkreis ein zu versteuerndes Einkommen i. S. d. § 2 Abs. 5 EStG nicht festgestellt wird; diesen Arbeitnehmern steht deshalb die Arbeitnehmer-Sparzulage ohne Rücksicht auf die Höhe ihres Einkommens zu.

(7) Anträge auf Festsetzung einer Arbeitnehmer-Sparzulage können bis zum Ablauf der – grundsätzlich vierjährigen – Festsetzungsfrist nach § 169 AO wirksam gestellt werden. Fällt das Ende der Festsetzungsfrist auf einen Sonntag, einen gesetzlichen Feiertag oder einen Sonnabend, endet sie erst mit dem Ablauf des nächstfolgenden Werktags – 2. Januar des Folgejahres – (vgl. BFH-Urteil vom 20. Januar 2016, BStBl. II S. 380). Die Festsetzung der Arbeitnehmer-Sparzulage kann jedoch nur erfolgen, wenn die Einwilligung in die Datenübermittlung spätestens bis zum Ablauf des zweiten Kalenderjahres, das auf das Kalenderjahr der Anlage der vermögenswirksamen Leistungen folgt, erteilt wurde (vgl. § 15 Abs. 1 Satz 2 des 5. VermBG).

(8) Ein Bescheid über die Ablehnung der Festsetzung einer Arbeitnehmer-Sparzulage wegen Überschreitens der Einkommensgrenze ist aufzuheben, wenn der Einkommensteuerbescheid nach Ergehen des Ablehnungsbescheids zur Arbeitnehmer-Sparzulage geändert und dadurch erstmals festgestellt wird, dass die Einkommensgrenze unterschritten ist (§ 14 Abs. 5 Satz 1 des 5. VermBG). Die Arbeitnehmer-Sparzulage wird dann vom Finanzamt nachträglich fest gesetzt. Die Frist für die Festsetzung der Arbeitnehmer-Sparzulage endet in diesem Fall nicht vor Ablauf eines Jahres nach Bekanntgabe des geänderten Steuerbescheids (§ 14 Abs. 5 Satz 2 des 5. VermBG). Die Nachholung der Festsetzung der Arbeitnehmer-Sparzulage wird von Amts wegen (grund-

sätzlich verbunden mit der Änderung der Einkommensteuerfestsetzung) vorgenommen. Ein erneuter Antrag des Arbeitnehmers auf Festsetzung der Arbeitnehmer-Sparzulage ist daher nicht erforderlich.

**Beispiel:**

Der Arbeitgeber überweist für den ledigen Arbeitnehmer in 2018 vermögenswirksame Leistungen in Höhe von 400 Euro auf einen VL-Investmentsparplan. Der Arbeitnehmer stellt in 2019 mit seiner Einkommensteuererklärung einen Antrag auf Festsetzung der Arbeitnehmer-Sparzulage und fügt die entsprechende Anlage VL bei. Das vom Finanzamt in 2019 für den Veranlagungszeitraum 2018 berechnete zu versteuernde Einkommen beträgt 20 500 Euro. Das Finanzamt lehnt die Festsetzung der beantragten Arbeitnehmer-Sparzulage ab, da das zu versteuernde Einkommen die maßgebliche Einkommensgrenze von 20 000 Euro überschreitet.

Nach einem Einspruch gegen die Festsetzung der Einkommensteuer und einem anschließenden Verfahren vor dem Finanzgericht berücksichtigt das Finanzamt Ende Februar 2023 für den Veranlagungszeitraum 2018 in einem Abhilfebescheid weitere Werbungskosten. Das zu versteuernde Einkommen des Veranlagungszeitraums 2018 mindert sich auf 19 700 Euro.

Nunmehr erfolgt ohne weiteres Zutun des Arbeitnehmers durch das Finanzamt in 2023 eine erstmalige Festsetzung der Arbeitnehmer-Sparzulage für 2018 in Höhe von 80 Euro (400 Euro × 20 %), denn die maßgebliche Einkommensgrenze von 20 000 Euro wird nicht mehr überschritten. Diese Festsetzung ist bis Ende Februar 2024 möglich, da der Ablauf der Festsetzungsfrist für die Arbeitnehmer-Sparzulage 2018 bis dahin gehemmt ist.

Ist der geänderten Einkommensteuerfestsetzung kein Bescheid über die Ablehnung der Festsetzung einer Arbeitnehmer-Sparzulage vorangegangen, weil der Arbeitnehmer wegen der Überschreitung der Einkommensgrenze keine Arbeitnehmer-Sparzulage beantragt hat, kann bis zum Ablauf der entsprechend verlängerten Festsetzungsfrist nachträglich die Arbeitnehmer-Sparzulage beantragt und festgesetzt werden; eine Nachholung der Festsetzung der Arbeitnehmer-Sparzulage von Amts wegen ist in diesen Fällen nicht möglich. Stand jedoch schon vor Ergehen des geänderten Einkommensteuerbescheids fest, dass die Einkommensgrenzen nicht überschritten wurden, verlängert sich die Festsetzungsfrist nicht; in diesen Fällen kann nur innerhalb der regulären Festsetzungsfrist von vier Jahren ein Antrag auf Festsetzung der Arbeitnehmer-Sparzulage gestellt werden.

(9) In Fällen, in denen für vermögenswirksame Leistungen ein Anspruch auf Arbeitnehmer-Sparzulage besteht, aber der Arbeitnehmer dennoch eine Wohnungsbauprämie beantragt hat, endet die Frist für die Festsetzung der Arbeitnehmer-Sparzulage nicht vor Ablauf eines Jahres nach Bekanntgabe der Mitteilung über die Änderung des Prämienanspruchs (§ 14 Abs. 6 des 5. VermBG).

(10) Die Arbeitnehmer-Sparzulage ist für jeden Anlagevertrag auf volle Euro aufzurunden. Das Finanzamt soll die Entscheidung über die Arbeitnehmer-Sparzulage mit dem Einkommensteuerbescheid verbinden.

## 16. Höhe der Arbeitnehmer-Sparzulage (§ 13 Abs. 2 des 5. VermBG)

(1) Die Arbeitnehmer-Sparzulage beträgt 20 % für vermögenswirksame Leistungen von höchstens 400 Euro, die in Vermögensbeteiligungen (Abschn. 4) angelegt werden, d. h. auf

1. Sparverträge über Wertpapiere oder andere Vermögensbeteiligungen (§ 4 des 5. VermBG; Abschn. 5),
2. Wertpapier-Kaufverträge (§ 5 des 5. VermBG; Abschn. 6),

3. Beteiligungs-Verträge (§ 6 des 5. VermBG; Abschn. 7) und
4. Beteiligungs-Kaufverträge (§ 7 des 5. VermBG; Abschn. 7).

(2) Die Arbeitnehmer-Sparzulage beträgt 9 % für vermögenswirksame Leistungen von höchstens 470 Euro, die angelegt werden

1. nach dem Wohnungsbau-Prämiengesetz (§ 2 Abs. 1 Nr. 4 des 5. VermBG; Abschn. 9) und
2. für den Bau, den Erwerb, den Ausbau, die Erweiterung oder die Entschuldung eines Wohngebäudes usw. (§ 2 Abs. 1 Nr. 5 des 5. VermBG; Abschn. 10).

(3) Die beiden Zulagen (Abs. 1 und 2) können nebeneinander in Anspruch genommen werden. Insgesamt werden also vermögenswirksame Leistungen bis 870 Euro jährlich mit der Arbeitnehmer-Sparzulage begünstigt. Die Förderung gilt im Übrigen auch für Verträge, die vor 1999 abgeschlossen worden sind.

(4) Die höchstmögliche Arbeitnehmer-Sparzulage kann nur erhalten, wer sowohl in Vermögensbeteiligungen als auch in Bausparen bzw. in Anlagen für den Wohnungsbau anlegt. Dies bedingt zwei Anlageverträge. Da nur Zahlungen durch den Arbeitgeber mit Zulage begünstigt sind (Abschn. 2), muss dieser zwei Verträge bedienen.

(5) Werden beide Anlageformen bedient (Abs. 1 und 2), beträgt die Arbeitnehmer-Sparzulage bei zwei Anlageverträgen höchstens

| | |
|---|---|
| 400 Euro × 20 % | 80 Euro |
| 470 Euro × 9 % (aufgerundet) | +43 Euro |
| | 123 Euro |

## 17. Auszahlung der Arbeitnehmer-Sparzulage (§ 14 Abs. 4 und 7 des 5. VermBG, § 7 VermBDV)

(1) Die festgesetzten Arbeitnehmer-Sparzulagen werden regelmäßig erst mit Ablauf der für die vermögenswirksamen Leistungen geltenden Sperrfrist an das Kreditinstitut, die Kapitalverwaltungsgesellschaft, die Bausparkasse, das Unternehmen oder den Arbeitgeber über wiesen, mit denen der Anlagevertrag abgeschlossen worden ist (§ 7 Abs. 2 VermBDV). Die ZPS ZANS erstellt über jeden auszuzahlenden (= je Kalenderjahr festgesetzten) Betrag einen Datensatz, der der zuständigen Landesfinanzbehörde zugeleitet wird, die die Auszahlung veranlasst. Der Verwendungszweck der Überweisung an das Anlageinstitut enthält für die Zuordnung zum begünstigten Vertrag den Institutsschlüssel des Anlageinstituts und die Vertragsnummer des begünstigten Vertrages.

(2) Die Anlageinstitute haben die überwiesenen Arbeitnehmer-Sparzulagen an die Arbeitnehmer auszuzahlen. Im Innenverhältnis zwischen Anlageinstitut und Arbeitnehmer kann vereinbart werden, dass die an das Anlageinstitut überwiesenen Arbeitnehmer-Sparzulagen in einer der in § 2 Abs. 1 des 5. VermBG genannten Anlageformen angelegt werden. Ist dem Anlageinstitut in Einzelfällen die Auszahlung der Arbeitnehmer-Sparzulage an den Arbeitnehmer nicht möglich, z. B. weil der Wohnort nicht ermittelt werden konnte, hat das Anlageinstitut diese Arbeitnehmer-Sparzulage der Finanzbehörde zu über-

weisen, von der sie die Arbeitnehmer-Sparzulage erhalten hat; dabei sind die im Verwendungszweck des Auszahlungsdatensatzes für den Begünstigten enthaltenen Angaben vollständig mitzuteilen.

(3) Die festgesetzten Arbeitnehmer-Sparzulagen werden in folgenden Fällen vom Finanzamt unmittelbar an den Arbeitnehmer ausgezahlt (§ 7 Abs. 1 VermBDV):

1. bei Anlagen zum Wohnungsbau (Abschn. 10) und bei Anlagen für den ersten Erwerb von Anteilen an Bau- und Wohnungsgenossenschaften gemäß § 2 Abs. 1 Nr. 4 des 5. VermBG (Abschn. 9 Abs. 3),
2. wenn die für die vermögenswirksamen Leistungen geltende Sperrfrist im Zeitpunkt der Bekanntgabe des Bescheids über die Festsetzung der Arbeitnehmer-Sparzulage abgelaufen ist,
3. wenn über die angelegten vermögenswirksamen Leistungen unschädlich vorzeitig verfügt oder der Bausparvertrag zugeteilt worden ist (Abschn. 14 Abs. 4 Nr. 4).

(4) Wenn Arbeitnehmer-Sparzulagen für vermögenswirksame Leistungen, über die unschädlich vorzeitig verfügt worden ist, bei der ZPS ZANS aufgezeichnet sind, wird die Arbeitnehmer-Sparzulage an die Anlageinstitute ausgezahlt (Abs. 1). Abweichend davon ist die Arbeitnehmer-Sparzulage für vermögenswirksame Leistungen, die auf Anlageverträge nach §§ 5 bis 7 des 5. VermBG angelegt worden sind, vom Finanzamt unmittelbar an den Arbeitnehmer auszuzahlen.

(5) Ist über angelegte vermögenswirksame Leistungen unschädlich vorzeitig verfügt worden, so endet für diesen Anlagevertrag die Sperrfrist im Zeitpunkt dieser Verfügung (Abschn. 14 Abs. 3 Nr. 4). Deshalb sind Arbeitnehmer-Sparzulagen für vermögenswirksame Leistungen, die weiter auf diesen Anlagevertrag angelegt werden, vom Finanzamt unmittelbar an den Arbeitnehmer auszuzahlen.

(6) Ergeben sich Nachfragen hinsichtlich der Auszahlung der Arbeitnehmer-Sparzulage, sind diese nicht an die ZPS ZANS, sondern an die zuständigen Stellen in den Ländern zu richten. Arbeitnehmer können die zuständige Stelle bei ihrem Wohnsitzfinanzamt erfragen.

## 18. Wegfall der Zulagebegünstigung (§ 13 Abs. 5 Satz 1 des 5. VermBG)

(1) Die Zulagebegünstigung für vermögenswirksame Leistungen entfällt vorbehaltlich des Abs. 2 und des Abschn. 19 rückwirkend,

1. soweit bei Anlagen auf Grund von Sparverträgen über Wertpapiere oder andere Vermögensbeteiligungen (Abschn. 5) vor Ablauf der siebenjährigen Sperrfrist zulagebegünstigte vermögenswirksame Leistungen zurückgezahlt werden, die Festlegung unter blieben ist oder aufgehoben wird oder über die Vermögensbeteiligungen verfügt wird. Die Zulagebegünstigung entfällt auch für Spitzenbeträge, wenn diese 150 Euro übersteigen (§ 4 Abs. 3 des 5. VermBG). Die Förderung entfällt ebenfalls für Beträge, die beim zulageunschädlichen Austausch von Wertpapieren übrig bleiben, wenn die 150 Euro-Grenze überschritten wird (Abschn. 5 Abs. 8),

2. wenn bei Anlagen auf Grund von Wertpapier-Kaufverträgen (Abschn. 6) die Wertpapiere, mit deren Kaufpreis die vermögenswirksamen Leistungen eines Kalenderjahrs verrechnet worden sind, nicht spätestens bis zum Ablauf des folgenden Kalenderjahrs erworben werden oder wenn die Festlegung unterblieben ist oder soweit vor Ablauf der sechsjährigen Sperrfrist die Festlegung aufgehoben wird oder über die Wertpapiere verfügt wird,
3. wenn bei Anlagen auf Grund von Beteiligungs-Verträgen oder Beteiligungs-Kaufverträgen (Abschn. 7) der Arbeitnehmer die nicht verbrieften Vermögensbeteiligungen, für deren Begründung oder Erwerb die vermögenswirksamen Leistungen eines Kalenderjahrs verrechnet oder überwiesen worden sind, nicht spätestens bis zum Ablauf des folgenden Kalenderjahrs erhält oder soweit vor Ablauf der sechsjährigen Sperrfrist über die Rechte verfügt wird. Handelt es sich um Aufwendungen für den ersten Erwerb von Anteilen an Bau- und Wohnungsgenossenschaften, so verringert sich bei Verletzung der Sperrfrist die Zulagebegünstigung von 20 % auf 9 % entsprechend § 2 Abs. 1 Nr. 4 i. V. m. § 13 Abs. 2 des 5. VermBG und Abschn. 16 Abs. 2 Nr. 1 (vgl. Abschn. 22 Abs. 1 Nr. 1),
4. soweit bei Anlagen nach dem WoPG (Abschn. 9)
   a) Bausparkassenbeiträge vor Ablauf von sieben Jahren seit Vertragsabschluss zurück gezahlt, die Bausparsumme ausgezahlt oder Ansprüche aus dem Bausparvertrag abgetreten oder beliehen werden; dies gilt unabhängig von den Regelungen im WoPG für vor dem 1. Januar 2009 und nach dem 31. Dezember 2008 abgeschlossene Bausparverträge,
   b) Beiträge auf Grund von Wohnbau-Sparverträgen vor Ablauf der jeweiligen Festlegungsfrist zurückgezahlt (§ 9 WoPDV) oder nach Ablauf der jeweiligen Festlegungsfrist nicht zweckentsprechend verwendet werden (§ 10 WoPDV),
   c) Beiträge auf Grund von Baufinanzierungsverträgen zurückgezahlt (§ 15 Abs. 4 WoPDV) oder nicht fristgerecht zweckentsprechend verwendet werden (§ 16 WoPDV).

Im Übrigen liegt in der Kündigung eines Vertrags noch keine sparzulageschädliche Verfügung, sondern erst in der Rückzahlung von Beträgen; deshalb bleibt eine Rücknahme der Kündigung vor Rückzahlung von Beträgen ohne Auswirkung auf festgesetzte Arbeitnehmer-Sparzulage (vgl. BFH-Urteil vom 13. Dezember 1989, BStBl. 1990 II S. 220). Im Gegensatz dazu stellt eine Abtretung auch dann eine sparzulageschädliche Verfügung dar, wenn sie später zurückgenommen wird.

(2) Abweichend von Abs. 1 bleibt die Zulagebegünstigung für vermögenswirksame Leistungen bei Verletzung der Sperrfrist in den Fällen des § 13 Abs. 5 Satz 3 des 5. VermBG erhalten. Nach § 13 Abs. 5 Satz 3 Nr. 1 des 5. VermBG ist nicht Voraussetzung, dass ggf. die neuen Wertpapiere oder die erhaltenen Beträge für den Rest der Sperrfrist festgelegt werden. Wertlosigkeit i. S. d. § 13 Abs. 5 Satz 3 Nr. 2 des 5. VermBG ist anzunehmen, wenn der Arbeitnehmer höchstens 33 % der angelegten vermögenswirksamen Leistungen zurückerhält. Übersteigen die zurückgezahlten Beträge die 33 %-Grenze, so bleibt die Zulagebegünstigung der vermögenswirksamen Leistungen nur

dann erhalten, wenn der Arbeitnehmer die erhaltenen Beträge oder damit erworbene andere Vermögensbeteiligungen i. S. d. § 2 Abs. 1 Nr. 1 des 5. VermBG bei einem Kreditinstitut oder bei einer Kapitalverwaltungsgesellschaft für den Rest der Sperrfrist fest legt.

(3) Sind mit vermögenswirksamen Leistungen, die auf Grund von Sparverträgen über Wertpapiere oder andere Vermögensbeteiligungen angelegt worden sind, Anteile an neu aufgelegten OGAW-Sondervermögen sowie an als Sondervermögen aufgelegten offenen Publikums-AIF nach den §§ 218 und 219 des Kapitalanlagegesetzbuchs sowie Anteile an offenen EU-Investmentvermögen und offenen ausländischen AIF, die nach dem Kapitalanlagegesetzbuch vertrieben werden dürfen (§ 2 Abs. 1 Nr. 1 Buchst. c des 5. VermBG), erworben worden (Abschn. 4 Abs. 5) und ergibt sich aus dem ersten Jahres- oder Halbjahresbericht, dass die angenommenen Verhältnisse nicht vorgelegen haben, so entfällt für die vermögenswirksamen Leistungen die Zulagebegünstigung.

**19. Zulageunschädliche Verfügungen (§ 4 Abs. 4 des 5. VermBG)**

(1) Bei Anlagen zulagebegünstigter vermögenswirksamer Leistungen auf Grund von
– Sparverträgen über Wertpapiere oder andere Vermögensbeteiligungen (Abschn. 5),
– Wertpapier-Kaufverträgen (Abschn. 6),
– Beteiligungs-Verträgen oder Beteiligungs-Kaufverträgen (Abschn. 7)
ist Arbeitnehmer-Sparzulage trotz Verletzung der Sperrfristen oder der in Abschn. 5 Abs. 6, Abschn. 18 Abs. 1 Nr. 2 und 3 bezeichneten Fristen in den Fällen des § 4 Abs. 4 des 5. VermBG nicht zurückzufordern. Dabei gilt Folgendes:

1. Völlige Erwerbsunfähigkeit i. S. d. § 4 Abs. 4 Nr. 1 des 5. VermBG liegt vor bei einem Grad der Behinderung von mindestens 95.

2. Arbeitslos i. S. d. § 4 Abs. 4 Nr. 3 des 5. VermBG sind Personen, die Arbeitslosengeld (§ 136 des Dritten Buches Sozialgesetzbuch – SGB III), Arbeitslosengeld II (§ 19 des Zweiten Buches Sozialgesetzbuch – SGB II) oder Arbeitslosenbeihilfe für ehemalige Soldaten auf Zeit (§ 86 a Soldatenversorgungsgesetz) beziehen oder ohne Bezug dieser Leistungen arbeitslos gemeldet sind. Als arbeitslos anzusehen sind auch

   a) Personen, die als Arbeitslose i. S. d. Satzes 1 erkranken oder eine Kur antreten, für die Dauer der Erkrankung oder der Kur,

   b) Frauen, die zu Beginn der Schutzfristen nach § 3 Abs. 2, § 6 Abs. 1 des Mutterschutzgesetzes arbeitslos i. S. d. Satzes 1 waren oder als arbeitslos i. S. d. Buchstaben a anzusehen waren, für die Dauer dieser Schutzfristen und der folgenden Monate, für die bei Bestehen eines Arbeitsverhältnisses Elternzeit nach dem Bundeselterngeld- und Elternzeitgesetz hätte beansprucht werden können,

   c) Personen, die an einer nach §§ 81 bis 87 SGB III geförderten beruflichen Weiterbildung oder die an einer z. B. nach §§ 112 bis 129 SGB III geförderten beruflichen Weiterbildung im Rahmen der Förderung der

Teilhabe behinderter Menschen am Arbeitsleben teilnehmen, wenn sie ohne die Teilnahme an der Maßnahme arbeitslos wären.

d) Personen, die nach Auslaufen der Zahlung von Krankengeld durch die Krankenkasse wegen Zeitablaufs (sog. Aussteuerung) Arbeitslosengeld beziehen. Die Jahresfrist in § 4 Abs. 4 Nr. 3 des 5. VermBG für die andauernde Arbeitslosigkeit beginnt jedoch erst, wenn die Zahlung von Krankengeld vor Bezug von Arbeitslosengeld ausgelaufen ist, d. h. die Zeit des Krankengeldbezugs zählt nicht mit.

Sind die vermögenswirksamen Leistungen auf Grund eines Vertrags, dessen Inhaber oder Mitinhaber ein Kind, die Eltern oder ein Elternteil des Arbeitnehmers ist (§ 3 Abs. 1 Nr. 2 und 3 des 5. VermBG), oder auf Gemeinschaftskonten/-depots (Abschn. 11 Abs. 4) angelegt worden, so muss die zulageunschädliche Verfügungsmöglichkeit in der Person des Arbeitnehmers gegeben sein; die zulageunschädliche Verfügungsmöglichkeit ist ohne zeitliche Befristung auf die Leistung des Arbeitnehmers beschränkt. Ist der Ehegatte oder Lebenspartner des Arbeitnehmers Inhaber oder Mitinhaber des Anlagevertrags (§ 3 Abs. 1 Nr. 1 des 5. VermBG), wirkt die zulageunschädliche Verfügung für beide Ehegatten oder Lebenspartner.

(2) Werden bei Anlagen nach dem WoPG (Abschn. 9) Sperrfristen verletzt, so ist in den Fällen des § 4 Abs. 4 Nr. 1 und 3 des 5. VermBG (vgl. Abs. 1 Nr. 1 und 2) Arbeitnehmer-Sparzulage nicht zurückzufordern; dies gilt in den Fällen des § 4 Abs. 4 Nr. 4 des 5. VermBG entsprechend, wenn der Arbeitnehmer über nach dem WoPG angelegte vermögenswirksame Leistungen in Höhe von mindestens 30 Euro verfügt. Außerdem ist bei der Anlage vermögenswirksamer Leistungen auf Grund von Bausparverträgen Arbeitnehmer-Sparzulage nicht zurückzufordern,

1. wenn bei vorzeitiger Auszahlung der Bausparsumme oder bei vorzeitiger Beleihung von Ansprüchen aus dem Bausparvertrag der Arbeitnehmer die empfangenen Beträge unverzüglich und unmittelbar zu wohnwirtschaftlichen Zwecken (vgl. Abschn. 10) verwendet oder
2. wenn bei vorzeitiger Abtretung der Erwerber die Bausparsumme oder die auf Grund einer Beleihung empfangenen Beträge unverzüglich und unmittelbar zu wohnwirtschaftlichen Zwecken für den Arbeitnehmer oder dessen Angehörige (§ 15 AO) verwendet,
3. wenn ein Bausparvertrag vor Ablauf der Festlegungsfrist gekündigt oder aufgelöst wird, der nach Verrechnung geleisteter Bausparbeiträge mit der Abschlussgebühr kein Guthaben ausweist; bei Bausparverträgen, die ein Guthaben ausweisen, entfällt die Zulagebegünstigung nur für die tatsächlich zurückgezahlten Bausparbeiträge.

Außerdem ist zulageunschädlich, wenn bei Anlagen auf Grund von Wohnbau-Sparverträgen und Baufinanzierungsverträgen die Vertragsinhalte und die Vertragspartner des Arbeitnehmers gegeneinander ausgetauscht werden (§§ 12, 18 WoPDV). Im Übrigen muss die zulageunschädliche Verfügungsmöglichkeit stets in der Person des Vertragsinhabers gegeben sein; sind Angehörige des Arbeitnehmers Inhaber oder Mitinhaber des Vertrags, gilt Abs. 1 Satz 3 und 4 entsprechend.

**20. Nachweis einer zulageunschädlichen Verfügung (§ 4 Abs. 4 des 5. VermBG, § 8 VermBDV)**

Die zulageunschädliche Verfügung (Abschn. 19) ist dem Kreditinstitut, der Kapitalverwaltungsgesellschaft oder dem Versicherungsunternehmen (§ 8 Abs. 2 VermBDV) oder dem Finanzamt (nur bei einer Anlage i. S. d. § 8 Abs. 1 Nr. 4 bis 6 VermBDV) vom Arbeitnehmer (im Todesfall von seinen Erben) wie folgt nachzuweisen:

1. Im Fall der Eheschließung durch Vorlage der Eheurkunde,
2. (unbesetzt)
3. im Fall des Todes durch Vorlage der Sterbeurkunde oder des Erbscheins,
4. im Fall der völligen Erwerbsunfähigkeit (d. h. eines Grades der Behinderung von mindestens 95) durch Vorlage eines Ausweises nach § 69 Abs. 5 SGB IX oder eines Feststellungsbescheids nach § 69 Abs. 1 SGB IX oder eines vergleichbaren Bescheids nach § 69 Abs. 2 SGB IX; die Vorlage des Rentenbescheids eines Trägers der gesetzlichen Rentenversicherung der Angestellten und Arbeiter genügt nicht (vgl. BFH-Urteil vom 25. April 1968, BStBl. II S. 606),
5. im Fall der Arbeitslosigkeit des Arbeitnehmers durch Vorlage von Unterlagen über folgende Zahlungen:
   a) Arbeitslosengeld (§ 136 SGB III) oder
   b) Arbeitslosengeld II (§ 19 SGB II) oder
   c) Arbeitslosenbeihilfe für ehemalige Soldaten auf Zeit i. S. d. Soldatenversorgungsgesetzes oder
   d) Krankengeld, Verletztengeld oder Übergangsgeld nach § 47 b des Fünften Buches Sozialgesetzbuch (SGB V), § 47 des Siebten Buches Sozialgesetzbuch (SGB VII), Versorgungskrankengeld und Übergangsgeld nach §§ 16, 26 Bundesversorgungsgesetz oder nach dem Sozialgesetzbuch oder
   e) Elterngeld oder
   f) Übergangsgeld nach § 119 SGB III im Falle der Weiterbildung im Rahmen der beruflichen Rehabilitation.

   Werden solche Zahlungen nicht geleistet, so sind
   – Zeiten der Arbeitslosigkeit durch eine entsprechende Bescheinigung der zuständigen Agentur für Arbeit oder des zuständigen Jobcenters nachzuweisen,
   – Zeiten der Erkrankung oder der Kur, die als Zeiten der Arbeitslosigkeit anzusehen sind, durch eine Bescheinigung des Kostenträgers oder der Anstalt, in der die Unterbringung erfolgt, oder durch eine ärztliche Bescheinigung nachzuweisen,
   – die Zeit der Schutzfristen, die als Zeit der Arbeitslosigkeit anzusehen ist, durch das Zeugnis eines Arztes oder einer Hebamme nachzuweisen und die als Zeit der Arbeitslosigkeit anzusehende Zeit, für die bei Bestehen eines Arbeitsverhältnisses Elternzeit hätte beansprucht werden können, glaubhaft zu machen,

6. im Fall der Aufnahme einer selbständigen Erwerbstätigkeit durch Vorlage von Unter lagen über die Auflösung des Arbeitsverhältnisses und die Mitteilung an die Gemeinde nach § 138 Abs. 1 AO,
7. im Fall der Weiterbildung durch Vorlage einer von einer Beratungsstelle i. S. d. Richtlinie zur Förderung von Prämiengutscheinen und Beratungsleistungen im Rahmen des Bundesprogramms „Bildungsprämie" (BAnz. AT 22. 5. 2014 B2) ausgestellten und von einem Weiterbildungsanbieter ergänzten Bescheinigung (Informationen unter www.bildungspraemie.info).

**21. Anzeigepflichten (§ 8 VermBDV)**

(1) Wird über vermögenswirksame Leistungen vorzeitig verfügt, ist dies der ZPS ZANS anzuzeigen. Für die Anzeige ist der amtlich vorgeschriebene Datensatz zu verwenden. Für eine geringe Anzahl von Mitteilungen ist die Datenübermittlung über das Online-Portal „Mein ELSTER" mit einem Organisationszertifikat zulässig. Die Bekanntgabe der Datensatzbeschreibung erfolgte letztmals am 16. August 2011 im Bundessteuerblatt Teil I S. 801. Die Anzeigen von Kreditinstituten, Kapitalverwaltungsgesellschaften, Bausparkassen und Versicherungsunternehmen sind als unschädliche, vollständig schädliche oder teilweise schädliche Verfügungen zu kennzeichnen (§ 8 Abs. 1 bis 3 VermBDV).

(2) Sind auf den Anlagevertrag auch andere Beträge gutgeschrieben, die keine vermögenswirksamen Leistungen sind (z. B. Zinsen, eigene Einzahlungen des Arbeitnehmers), so ist in der Anzeige über eine teilweise schädliche vorzeitige Verfügung als vermögenswirksame Leistung nur der Betrag anzugeben, der die anderen Beträge übersteigt (§ 6 Abs. 3 Nr. 1 und Abs. 4 Nr. 1 VermBDV).

**22. Änderung der Festsetzung, Rückforderung von Arbeitnehmer-Sparzulagen (§ 13 Abs. 5 des 5. VermBG, § 6 Abs. 2 und 3, § 8 Abs. 4, § 9 VermBDV)**

(1) Der Bescheid über die Festsetzung der Arbeitnehmer-Sparzulage ist zu ändern, wenn

1. bei Anlage vermögenswirksamer Leistungen auf Verträge nach §§ 5 bis 7 des 5. VermBG angezeigt worden ist, dass Sperr-, Verwendungs- oder Vorlagefristen verletzt worden sind (§ 8 Abs. 1 Nr. 4 bis 6 VermBDV) oder sich die Förderung in den Fällen des Abschn. 18 Abs. 1 Nr. 3 Satz 2 verringert,
2. bei Anlage vermögenswirksamer Leistungen nach § 2 Abs. 1 Nr. 1 und 4 des 5. VermBG eine teilweise schädliche Verfügung angezeigt worden ist (§ 8 Abs. 1 Nr. 1 bis 3 und Abs. 2 VermBDV) und das Finanzamt die Verfügung über vermögenswirksame Leistungen festgestellt hat, für die Arbeitnehmer-Sparzulagen festgesetzt worden sind (§ 6 Abs. 3 und 4 VermBDV),
3. die Einkommensgrenze des § 13 Abs. 1 des 5. VermBG durch nachträgliche Änderung des zu versteuernden Einkommens über- oder unterschritten wird,
4. das Finanzamt davon Kenntnis erhält, z. B. durch eine Außenprüfung, dass eine vermögenswirksame Anlage nicht vorlag.

(2) Das Finanzamt hat zu Unrecht bereits ausgezahlte Arbeitnehmer-Sparzulagen vom Arbeitnehmer zurückzufordern. Das gilt auch für Arbeitnehmer-Sparzulagen, die das Finanzamt wegen Ablaufs der Sperrfrist an den Arbeitnehmer ausgezahlt hat und dem Finanzamt erst nachträglich eine schädliche Verfügung über die vermögenswirksamen Leistungen bekannt wird.

**22 a. Anrufungsauskunft (§ 15 Abs. 4 des 5. VermBG)**

Die Auskunft nach § 15 Abs. 4 des 5. VermBG ist ein Verwaltungsakt i. S. v. § 118 Satz 1 AO (vgl. BFH-Urteil vom 5. Juni 2014, BStBl. 2015 II S. 48). Diese Auskunft trifft eine Regelung dahin, wie die Finanzbehörde den vom Antragsteller dargestellten Sachverhalt gegenwärtig beurteilt. Die Anrufungsauskunft trifft hingegen keine Entscheidung über den materiellen Anspruch auf die Arbeitnehmer-Sparzulage nach § 13 Abs. 1 und 2 des 5. VermBG.

**23. Außenprüfung (§ 15 Abs. 5 des 5. VermBG)**

Nach § 15 Abs. 5 des 5. VermBG ist eine Außenprüfung bei dem Unternehmen oder Institut zulässig, bei dem die vermögenswirksamen Leistungen angelegt sind. Die Außenprüfung kann sich auf die Einhaltung sämtlicher Pflichten erstrecken, die sich aus dem 5. VermBG, der AO und der VermBDV ergeben, z. B. die Erfüllung von Anzeigepflichten.

**24. Anwendungsregelungen**

Dieses BMF-Schreiben ersetzt ab dem 1. Januar 2018 das BMF-Schreiben vom 23. Juli 2014 (BStBl. I S. 1175), das hiermit zum 31. Dezember 2017 aufgehoben wird.

# **25** § 15/1. Schreiben betr. Fünftes Vermögensbildungsgesetz (5. VermBG); Elektronische Vermögensbildungsbescheinigung (Frist für die Übermittlung und Härtefallregelung)

Vom 17. April 2018 (BStBl. I S. 630)

(BMF IV C 5 – S 2439/12/10001; DOK 2018/0303138)

**Bezug:** BMF-Schreiben vom 16. Dezember 2016 (BStBl. I S. 1435) und vom 29. November 2017 (BStBl. I S. 1626)[1)]

Mit BMF-Schreiben vom 16. Dezember 2016 (BStBl. I S. 1435) wurde das Verfahren der elektronischen Vermögensbildungsbescheinigung (§ 15 des 5. VermBG) gestartet. Die erstmalige Datenübermittlung hatte danach für die in 2017 angelegten vermögenwirksamen Leistungen spätestens bis zum 28. Februar 2018 zu erfolgen. Das BMF-Schreiben vom 29. November 2017 (BStBl. I S. 1626)[1)] zur Anwendung des Fünften Vermögensbildungsgesetzes enthält weitere Regelungen (u. a. Härtefallregelung in Abschn. 14 Abs. 7 b).

Wie mitgeteilt wurde, haben es Arbeitgeber teilweise versäumt, die technischen Voraussetzungen für eine elektronische Datenübermittlung zu schaffen. Betroffen sind Fälle, in denen die vermögenswirksamen Leistungen beim Arbeitgeber selbst angelegt werden (§§ 5, 6 und 7 des 5. VermBG, Anlagearten 2 und 3) und damit der Arbeitgeber die mitteilungspflichtige Stelle ist.

Unter Bezugnahme auf das Ergebnis der Erörterungen mit den obersten Finanzbehörden der Länder gilt hierzu Folgendes:

## 1. Frist für die Übermittlung der elektronischen Vermögensbildungsbescheinigung (§ 15 des 5. VermBG i. V. m. § 93 c AO)

Vor dem Hintergrund der aufgetretenen Umsetzungsprobleme wird die Frist für die elektronische Übermittlung der elektronischen Vermögensbildungsbescheinigung einmalig für das Anlagejahr 2017 um sechs Monate verlängert. Die elektronischen Vermögensbildungsbescheinigungen für die in 2017 angelegten vermögenwirksamen Leistungen sind danach spätestens bis zum 31. August 2018 zu übermitteln. Dies gilt für alle mitteilungspflichtigen Stellen.

## 2. Härtefallregelung (Abschn. 14 Abs. 7 b des BMF-Schreibens vom 29. November 2017, BStBl. I S. 1626)

Die Tatsache, dass die Übermittlung der elektronischen Vermögensbildungsbescheinigung mit zusätzlichen Kosten und einem Umsetzungsaufwand für die mitteilungspflichtige Stelle verbunden ist, stellt, für sich gesehen, keinen Befreiungsgrund dar. Im Übrigen sind Anträge mit mehr als 100 zu übermittelnden Datensätzen grundsätzlich nicht als Härtefall genehmigungsfähig.

---

1) Nr. **25**.

Werden die Daten der elektronischen Vermögensbildungsbescheinigung nicht elektronisch übermittelt oder erfolgt – nach einem positiv beschiedenen Härtefallantrag – keine schriftliche Mitteilung an die Zentralstelle für Arbeitnehmer-Sparzulage und Wohnungsbauprämie, kann das Betriebsstättenfinanzamt die Mitteilung mit Zwangsmitteln (§§ 328 ff. AO) durchsetzen.

Der „Nachweis der vermögenswirksam angelegten Leistungen in anderer Weise" (s. Abschn. 15 Abs. 3b des BMF-Schreibens vom 29. November 2017, BStBl. I S. 1626[1)]) ist im Übrigen nur zulässig bei technischen Problemen im Zusammenhang mit einem eingerichteten System der Datenübermittlung.

---

[1)] Nr. **25**.

# 100 § 1a/1. Schreiben betr. Option zur Körperschaftsbesteuerung (§ 1a KStG)

Vom 10. November 2021
BMF IV C 2 - S 2707/21/10001 :004; DOK 2021/1162290
(BStBl. I S. 2212)

Durch das Gesetz zur Modernisierung des Körperschaftsteuerrechts vom 25. Juni 2021 (BGBl. I S. 2050, BStBl. I S. 889) wurde u.a. § 1a KStG eingeführt, der Personenhandelsgesellschaften und Partnerschaftsgesellschaften die Möglichkeit einräumt, zur Körperschaftsbesteuerung zu optieren. Unter Bezugnahme auf das Ergebnis der Erörterung mit den obersten Finanzbehörden der Länder gilt für die Option zur Körperschaftsbesteuerung (im Folgenden: Option) Folgendes:

## I. Zeitliche Anwendung

Die Option kann erstmals für Wirtschaftsjahre ausgeübt werden, die nach dem 31. Dezember 2021 beginnen (§ 34 Abs. 1a KStG). 1

## II. Persönlicher Anwendungsbereich

Antragsberechtigt sind Personenhandelsgesellschaften (offene Handelsgesellschaften und Kommanditgesellschaften i.S.d. §§ 105 und 161 HGB einschließlich der Europäischen wirtschaftlichen Interessenvereinigung, vgl. § 1 EWIVAG) sowie Partnerschaftsgesellschaften i.S.d. Partnerschaftsgesellschaftsgesetzes (PartGG). Dies gilt auch, wenn die antragsberechtigte Gesellschaft nur eine vermögensverwaltende Tätigkeit ausübt (vgl. Rn. 30). Eine GmbH & Co. KG ist auch dann antragsberechtigt, wenn deren Komplementärgesellschaft vermögensmäßig nicht beteiligt ist. Einzelunternehmen, Gesellschaften des bürgerlichen Rechts, Erbengemeinschaften und reine Innengesellschaften (wie die atypisch stille Gesellschaft) fallen dagegen nicht in den Anwendungsbereich des § 1a KStG. 2

Die Option ist auch Gesellschaften ausländischer Rechtsform eröffnet, die den in § 1a Abs. 1 Satz 1 KStG genannten Gesellschaftsformen vergleichbar sind. Die Vergleichbarkeit mit einer Personenhandelsgesellschaft ist in der Regel gegeben, wenn die ausländische Gesellschaft, die nach dem Rechtstypenvergleich als Personengesellschaft einzustufen ist (vgl. hierzu Randnr. 01.27 des BMF-Schreibens vom 11. November 2011, BStBl. I S. 1314 – im Folgenden: UmwStE –)[1], bei Zugrundelegung deutscher Maßstäbe ein Handelsgewerbe i.S.d. § 1 HGB betreibt. 3

Zur Körperschaftsbesteuerung optieren können auch Gesellschaften ohne Sitz und Geschäftsleitung im Inland. Diese unterliegen nach Ausübung der Option der beschränkten Körperschaftsteuerpflicht nach § 2 Nr. 1 KStG, soweit sie inländische Einkünfte i.S.d. § 49 EStG (i.V.m. § 8 Abs. 1 KStG) erzielen. Die Option ist auch möglich, wenn die Gesellschaft keine inländischen Einkünfte erzielt. 4

Nach § 1a Abs. 1 Satz 6 KStG ist die Option ausgeschlossen für Investmentfonds i.S.d. InvStG sowie für Gesellschaften mit Geschäftsleitung im Ausland, 5

[1] Nr. **130**.

die nach Ausübung der Option (steuerlicher Übertragungsstichtag) in dem Staat, in dem sich ihre Geschäftsleitung befindet, keiner der deutschen unbeschränkten Körperschaftsteuerpflicht vergleichbaren Steuerpflicht unterliegen. Zur steuerlichen Behandlung ausgewählter ausländischer Gesellschaftsformen im Gründungsstaat vgl. u.a. die Anlage des BMF-Schreibens vom 26. September 2014, BStBl. I S. 1258[1)], zur Anwendung der Doppelbesteuerungsabkommen (DBA) auf Personengesellschaften. Randnr. 01.26 und 01.27 UmwStE sind zu beachten.

**Beispiel:**
An der französischen Société en nom collectif (SNC – Personenhandelsgesellschaft nach französischem Recht) sind der in Deutschland ansässige A sowie die in Frankreich ansässigen B und C beteiligt. Sitz und Geschäftsleitung befinden sich in Frankreich. Die SNC hat eine Betriebsstätte in Deutschland.

**Lösung:**
Die SNC kann zur Körperschaftsbesteuerung nach § 1a KStG optieren, wenn sie einen entsprechenden Antrag nach französischem Recht auch in Frankreich stellt oder bereits der französischen Körperschaftsteuerpflicht unterliegt (vgl. BMF-Schreiben vom 26. September 2014, BStBl. I S. 1258, Anlage zu Frankreich). Liegen diese Voraussetzungen nicht vor, so ist auch die Ausübung der Option nicht möglich (§ 1a Abs. 1 Satz 6 Nr. 2 KStG).

**6** Das Vorliegen der persönlichen Voraussetzungen für die Option während des gesamten Besteuerungszeitraums ist auf Anforderung für jedes Jahr von der optierenden Gesellschaft nachzuweisen. Wird der Nachweis nicht erbracht, so ist davon auszugehen, dass die persönlichen Voraussetzungen für die Option in dem betreffenden Wirtschaftsjahr nicht vorgelegen haben. Wird der Nachweis bereits für das erste Wirtschaftsjahr nicht erbracht, so ist u.a. anhand der mit dem Antrag nach § 1a Abs. 1 Satz 1 KStG vorgelegten Unterlagen zu prüfen, ob die Option überhaupt erstmals wirksam ausgeübt wurde. Im Übrigen vgl. Rn. 91 ff. (Beendigung der Option kraft Gesetzes). Für ausländische Gesellschaften gelten hierbei die erhöhten Mitwirkungspflichten nach § 90 Abs. 2 AO. Änderungen der persönlichen Voraussetzungen sind der Finanzbehörde mitzuteilen.

**7** Hat die Gesellschaft keine Körperschaftsteuererklärung abzugeben, weil sie nur einem abgeltenden Steuerabzug unterliegende inländische Einkünfte erzielt, so ist der Nachweis mit dem Stellen eines Antrags auf Entlastung vom Steuerabzug zu erbringen. Wirkt sich die Option auf die Durchführung des Steuerabzugs aus, so sind der Vergütungsschuldner und die zuständige Finanzbehörde unverzüglich über Änderungen der Verhältnisse zu informieren, die sich auf die Voraussetzung für die Option auswirken. Hat die Gesellschaft keine Körperschaftsteuererklärung abzugeben, weil sie keine inländischen Einkünfte erzielt, ist der Nachweis durch die Gesellschaft bei dem für die Besteuerung des Gesellschafters zuständigen Finanzamt zu erbringen.

**8** Der Begriff „Gesellschafter" i.S.d. § 1a KStG erfasst auch Partner einer optierenden Partnerschaftsgesellschaft.

## III. Antrag

### 1. Form des Antrags

**9** Der Antrag auf Option ist nach amtlich vorgeschriebenem Datensatz durch Datenfernübertragung zu stellen. Die Übermittlung dieses Datensatzes ist nach

[1)] Nr. **1** § 6/18.

Maßgabe des § 87a Abs. 6 AO und nach § 87b AO über die amtlich bestimmte Schnittstelle vorzunehmen.

Auf Antrag kann zur Vermeidung unbilliger Härten auf die elektronische Übermittlung des Antrags verzichtet werden. In diesem Fall ist der Antrag nach amtlich vorgeschriebenem und von einer zur Vertretung befugten Person eigenhändig unterschriebenem Vordruck zu stellen (§ 1a Abs. 1 Satz 2 i.V.m. § 31 Abs. 1a Satz 2 KStG). Besteht die unbillige Härte darin, dass der Antragstellerin die Antragstellung nach amtlich vorgeschriebenem Datensatz durch Datenfernübertragung wirtschaftlich oder persönlich nicht zumutbar ist, hat die Finanzbehörde dem Antrag zu entsprechen (§ 150 Abs. 8 AO). **10**

Befindet sich der Ort der Geschäftsleitung im Ausland, so ist zudem anhand geeigneter Unterlagen darzulegen, dass die Gesellschaft im Optionszeitraum im anderen Staat einer der deutschen unbeschränkten Körperschaftsteuerpflicht vergleichbaren Steuerpflicht dem Grunde nach unterliegen wird (z.B. aktueller Körperschaftsteuerbescheid bzw. Bestätigung des ausländischen Staates). Zudem ist eine Ansässigkeitsbescheinigung der zuständigen ausländischen Steuerbehörde vorzulegen. **11**

## 2. Zustimmung der Gesellschafter

Für die Option ist grundsätzlich die Zustimmung aller Gesellschafter erforderlich (§ 1a Abs. 1 Satz 1 zweiter Halbsatz KStG i.V.m. § 217 Abs. 1 Satz 1 UmwG). Diese muss im Zeitpunkt der Antragstellung vorliegen. Sieht der Gesellschaftsvertrag für einen echten Formwechsel i.S.d. § 25 UmwStG oder für die Option eine Mehrheitsentscheidung der Gesellschafter vor, so ist diese nur anzuerkennen, wenn die Mehrheit mindestens drei Viertel der abgegebenen Stimmen beträgt (§ 1a Abs. 1 Satz 1 zweiter Halbsatz KStG i.V.m. § 217 Abs. 1 Satz 2 und 3 UmwG). Eine notarielle Beurkundung der Beschlussfassung ist nicht erforderlich. Sieht bei ausländischen Gesellschaften das Gesellschaftsrecht ein höheres Form- oder Zustimmungserfordernis vor, so gilt dieses. Mit dem Antrag auf Option ist nachzuweisen, dass die erforderliche Anzahl der Gesellschafter der Ausübung der Option zugestimmt hat. **12**

## 3. Adressat des Antrags

Der Antrag ist grundsätzlich bei dem Finanzamt zu stellen, das für die gesonderte und einheitliche Feststellung der Einkünfte der Personenhandels- oder Partnerschaftsgesellschaft (§ 180 Abs. 1 Satz 1 Nr. 2 Buchst. a oder Abs. 5 i.V.m. § 179 Abs. 2 Satz 2 AO) örtlich zuständig ist. Diese Zuständigkeit bestimmt sich grundsätzlich nach § 18 AO. Erfolgt keine gesonderte und einheitliche Feststellung der Einkünfte und hat die Gesellschaft ihren Sitz im Inland, so ist der Antrag bei dem Finanzamt zu stellen, in dessen Bezirk sich der Sitz der Gesellschaft befindet (§ 1a Abs. 1 Satz 5 KStG). **13**

Bei Gesellschaften mit Sitz im Ausland, für die bislang keine gesonderte und einheitliche Feststellung der Einkünfte nach § 180 Abs. 1 Satz 1 Nr. 2 Buchst. a oder Abs. 5 AO vorgenommen wird, ist wie folgt zu differenzieren: **14**

a) Unterbleibt eine gesonderte und einheitliche Feststellung nach § 180 Abs. 3 Satz 1 Nr. 1 AO, weil nur eine der an den Einkünften beteiligten Personen mit ihren Einkünften in Deutschland einkommen- oder körperschaftsteuerpflichtig ist, ist der Antrag bei dem für die Einkommen- oder Körperschaftsteuer des Gesellschafters zuständigen Finanzamt zu stellen (§ 1a Abs. 1 Satz 3 KStG).

b) Erzielt die Gesellschaft ausschließlich Einkünfte, die dem Steuerabzug vom Kapitalertrag oder dem Steuerabzug auf Grund des § 50a EStG unterliegen und gilt infolgedessen die Einkommensteuer nach § 50 Abs. 2 Satz 1 EStG oder die Körperschaftsteuer nach § 32 Abs. 1 KStG als abgegolten, ist der Antrag beim Bundeszentralamt für Steuern (BZSt) zu stellen (§ 1a Abs. 1 Satz 4 KStG).

c) In allen anderen Fällen ist das Finanzamt zuständig, das für die gesonderte und einheitliche Feststellung zuständig ist (§ 1a Abs. 1 Satz 2 KStG).

15 Maßgeblich sind jeweils die Verhältnisse im Zeitpunkt der Antragstellung. Eine spätere Änderung der Verhältnisse hinsichtlich der sachlichen oder örtlichen Zuständigkeit (insbesondere eine abweichende Zuständigkeit für die künftige Besteuerung der optierenden Gesellschaft nach dem KStG) führt nicht zur Unwirksamkeit des Antrags. Im Falle eines Zuständigkeitswechsels ist der Antrag von der nach § 1a Abs. 1 Satz 2 bis 5 KStG zuständigen Finanzbehörde an die neu zuständig gewordene Finanzbehörde zur Entscheidung abzugeben, es sei denn, es soll insoweit zulässigerweise nach § 26 Satz 2 AO verfahren werden.

### 4. Antragsfrist

16 Der Antrag muss (auch bei neu gegründeten Gesellschaften oder übernehmenden Rechtsträgern einer Umwandlung) spätestens einen Monat vor Beginn des Wirtschaftsjahres, ab dem die Option gelten soll, bei der jeweils zuständigen Finanzbehörde eingegangen sein. Im Fall eines kalenderjahrgleichen Wirtschaftsjahres ist der Antrag somit spätestens am 30. November des vorangehenden Jahres zu stellen, sofern sich nicht aus § 108 Abs. 3 AO etwas anderes ergibt.

17 Die Umstellung des Wirtschaftsjahres auf einen vom Kalenderjahr abweichenden Zeitraum im Zusammenhang mit dem Optionsantrag ist bei nach Ausübung der Option unbeschränkt oder beschränkt steuerpflichtigen Gesellschaften nach § 4a Abs. 1 Satz 2 Nr. 2 EStG nur im Einvernehmen mit der nach Rn. 13 ff. zuständigen Finanzbehörde wirksam.

18 Da der Antrag von der Personenhandels- oder Partnerschaftsgesellschaft zu stellen ist (§ 1a Abs. 1 Satz 2 KStG), kann er nicht vor Gründung der Gesellschaft gestellt werden. Eine Option für das erste (Rumpf-)Wirtschaftsjahr ist damit ausgeschlossen. Eine Partnerschaftsgesellschaft muss zum Zeitpunkt der Antragstellung bereits in das Partnerschaftsregister eingetragen sein (§ 7 Abs. 1 PartGG), eine Personenhandelsgesellschaft muss zum Zeitpunkt der Antragstellung entweder in das Handelsregister eingetragen sein (§ 105 Abs. 2 HGB) oder ein Handelsgewerbe i.S.d. § 1 Abs. 2 HGB betreiben. Dies gilt auch für den Fall der Verschmelzung oder Spaltung auf eine neu gegründete Personengesellschaft sowie für den Formwechsel einer Kapitalgesellschaft in eine Personengesellschaft.

19 Ein verspäteter Antrag ist unwirksam und gilt nicht automatisch als Antrag für das nächste Wirtschaftsjahr. Vielmehr ist für eine wirksame Ausübung der Option für ein Wirtschaftsjahr, dessen Beginn von dem im unwirksamen Antrag bezeichneten Datum abweicht, ein neuer Antrag zu stellen.

### 5. Entscheidung über den Antrag

20 Die nach § 1a Abs. 1 Satz 2 bis 5 KStG (ggf. i.V.m. § 26 Satz 2 AO) zuständige Finanzbehörde prüft summarisch, ob die gesetzlichen Voraussetzungen für den

Antrag vorliegen. Im Falle eines Zuständigkeitswechsels (vgl. Rn. 15) ist der Antrag abweichend von Satz 1 dieser Rn. von der neu zuständigen Finanzbehörde zu prüfen, es sei denn, es soll insoweit zulässigerweise nach § 26 Satz 2 AO verfahren werden.

Eine gesonderte Mitteilung, dass die Finanzbehörde von einem wirksamen Antrag ausgeht, erfolgt grundsätzlich nicht. Die Mitteilung über die Erteilung einer Körperschaftsteuernummer durch das nach § 20 AO für die Körperschaftsbesteuerung der optierenden Gesellschaft zuständige Finanzamt beinhaltet jedoch konkludent die Information, dass das Finanzamt von einem wirksamen Antrag ausgeht. Diese Mitteilung ist kein (anfechtbarer) Verwaltungsakt. Stellt sich nachträglich heraus, dass die Voraussetzungen für einen Antrag nach § 1a Abs. 1 KStG nicht vorgelegen haben, sind Verwaltungsakte (z.B. Steuerbescheide), die von der Wirksamkeit des Antrags ausgehen, rechtswidrig und im Rahmen der verfahrensrechtlichen Möglichkeiten aufzuheben oder zu ändern. 21

Die ablehnende Entscheidung über den Antrag ist ein Verwaltungsakt. Dieser ist schriftlich oder elektronisch zu erlassen und mit einer Rechtsbehelfsbelehrung zu versehen. Die Bekanntgabe richtet sich nach den §§ 122 und 122a AO sowie nach den Regelungen im Anwendungserlass zu Abgabenordnung (AEAO) zu den §§ 122 und 122a. 22

**6. Unwiderruflichkeit des Antrags**

Der Antrag auf Option ist unwiderruflich (§ 1a Abs. 1 Satz 1 KStG). Eines erneuten Antrags für die folgenden Wirtschaftsjahre bedarf es nicht, wenn die Voraussetzungen für die Option ununterbrochen vorliegen. Zur Beendigung der Option vgl. Rn. 90 ff. 23

**IV. Übergang zur Körperschaftsbesteuerung**

Nach § 1a Abs. 2 Satz 1 KStG gilt der Übergang zur Körperschaftsbesteuerung als Formwechsel i.S.d. § 1 Abs. 3 Nr. 3 UmwStG. Damit wird als Folge der Option ertragsteuerlich ein Anschaffungs- und Veräußerungsvorgang fingiert (Randnr. 00.02 UmwStE). Da § 4 Abs. 3 EStG bei einer optierenden Gesellschaft nach § 1a Abs. 3 Satz 6 KStG nicht anwendbar ist, ist von Einnahmenüberschussrechnern im Rahmen des Übergangs zur Körperschaftsbesteuerung zwingend zum steuerlichen Übertragungsstichtag zur Gewinnermittlung durch Betriebsvermögensvergleich zu wechseln. Ein in diesen Fällen entstehender Übergangsgewinn ist als laufender Gewinn des Wirtschaftsjahres, das dem Wirtschaftsjahr der erstmaligen Ausübung der Option vorangeht, zu versteuern. 24

Die nach Randnr. 25.01 UmwStE für den Formwechsel einer Personengesellschaft in eine Kapitalgesellschaft entsprechend anzuwendenden Randnr. 20.01 bis 23.21 UmwStE sind – mit Ausnahme der Ausführungen zur steuerlichen Rückwirkung – auch auf den fiktiven Formwechsel nach § 1a Abs. 2 Satz 1 KStG entsprechend anzuwenden. 25

**1. Persönlicher Anwendungsbereich des Umwandlungssteuergesetzes**

Die §§ 1 und 25 UmwStG sind entsprechend anzuwenden (§ 1a Abs. 2 Satz 2 KStG). Infolgedessen ist der Anwendungsbereich des Sechsten bis Achten Teils des UmwStG (§§ 20 ff. UmwStG) nur insoweit eröffnet, als zum einen die optierende Gesellschaft die Voraussetzungen des § 1 Abs. 4 Satz 1 Nr. 1 UmwStG und zum anderen die an der optierenden Gesellschaft beteiligten 26

Gesellschafter die Voraussetzungen des § 1 Abs. 4 Satz 1 Nr. 2 Buchst. a UmwStG spätestens am steuerlichen Übertragungsstichtag erfüllen (Randnr. 01.52 UmwStE) oder das Recht der Bundesrepublik Deutschland hinsichtlich der Besteuerung des Gewinns aus der Veräußerung der Anteile an der optierenden Gesellschaft nicht ausgeschlossen oder beschränkt ist (§ 1 Abs. 4 Satz 1 Nr. 2 Buchst. b UmwStG). Sind diese Voraussetzungen bei einzelnen Gesellschaftern nicht erfüllt, so sind die stillen Reserven im Betriebsvermögen der optierenden Personengesellschaft insoweit zwingend durch Ansatz des gemeinen Wertes aufzudecken (vgl. hierzu auch Rn. 29 ff.).

**27** Die Feststellungslast dafür, dass die Voraussetzungen für den fiktiven Formwechsel nach § 1a Abs. 2 Satz 1 KStG vorliegen, trägt die antragstellende Gesellschaft.

## 2. Einbringungsgegenstand und Bewertungswahlrecht

**28** Einbringungsgegenstand sind entsprechend dem echten Formwechsel die Anteile der jeweiligen Gesellschafter an der optierenden Gesellschaft.

**29** Die entsprechende Anwendung des § 20 UmwStG und auch das hierin enthaltene Bewertungswahlrecht nach § 20 Abs. 2 UmwStG setzen die Einbringung von Anteilen an einer Mitunternehmerschaft voraus. Dazu gehören neben den Anteilen an einer Mitunternehmerschaft i.S.d. § 15 Abs. 1 Satz 1 Nr. 2 EStG auch die Beteiligung an einer Gesellschaft, die Einkünfte i.S.d. §§ 13 und 18 EStG erzielt, sowie an einer gewerblich geprägten oder infizierten Gesellschaft i.S.d. § 15 Abs. 3 EStG.

**30** Handelt es sich bei der optierenden Gesellschaft nicht um eine Mitunternehmerschaft (sondern z.B. um eine vermögensverwaltende Personenhandelsgesellschaft), so kommt § 20 UmwStG nicht zur Anwendung mit der Folge, dass der Ansatz eines Buch- oder Zwischenwertes ausgeschlossen ist (vgl. Rn. 40); im Fall einer Beteiligung an einer Kapitalgesellschaft oder Genossenschaft ist § 21 Abs. 1 Satz 2 UmwStG zu prüfen.

**31** Der Ansatz des Buch- oder Zwischenwerts für die Anteile an der optierenden Gesellschaft setzt – neben dem Optionsantrag – einen Antrag innerhalb der Ausschlussfrist des § 20 Abs. 2 Satz 3 UmwStG bei dem nach § 20 AO zuständigen Finanzamt voraus.

**32** Das Bewertungswahlrecht nach § 20 Abs. 2 Satz 2 UmwStG kann für jeden Mitunternehmeranteil gesondert ausgeübt werden. Randnr. 20.21 und 20.22 UmwStE gelten entsprechend. Gehören zum Sonderbetriebsvermögen eines Gesellschafters funktional wesentliche Betriebsgrundlagen, die nicht bis zum fiktiven Einbringungszeitpunkt (vgl. Rn. 41) auf die Mitunternehmerschaft übertragen wurden, so ist hinsichtlich seines Mitunternehmeranteils der Ansatz zum Buch- oder Zwischenwert ausgeschlossen (Randnr. 20.10 i.V.m. 20.06 UmwStE). In diesen Fällen kommt es grundsätzlich zur Aufgabe des jeweiligen Mitunternehmeranteils (§ 16 Abs. 3 i.V.m. Abs. 1 Satz 1 Nr. 2, § 34 EStG) mit der Folge der vollständigen Aufdeckung der stillen Reserven (vgl. aber Rn. 34 und 35). Der Ansatz des Buch- oder Zwischenwerts ist auch dann ausgeschlossen, wenn die Beteiligung eines Mitunternehmers an einer Komplementärgesellschaft einer optierenden Kommanditgesellschaft, nicht eingebracht wird, sofern die Beteiligung eine funktional wesentliche Betriebsgrundlage darstellt. In den Fällen, in denen funktional wesentliche Betriebsgrundlagen im Rahmen des fiktiven Formwechsels i.S.d. § 25 UmwStG nicht mit übertragen werden, ist in Bezug auf Beteiligungen an Kapitalgesellschaften oder Genossenschaften im Betriebsvermögen der optierenden Gesellschaft § 21 UmwStG zu prüfen.

Werden Wirtschaftsgüter, die keine funktional wesentliche Betriebsgrundlage sind, zurückbehalten oder in zeitlichem und wirtschaftlichem Zusammenhang mit der Option veräußert, entnommen oder in ein anderes Betriebsvermögen übertragen, so schließt dies den Ansatz des eingebrachten Vermögens zum Buch- oder Zwischenwert nicht aus. **33**

Werden die einem Sonderbetriebsvermögen zugehörigen funktional wesentlichen Betriebsgrundlagen gesondert auf die optierende Personengesellschaft in zeitlichem und wirtschaftlichem Zusammenhang mit der Ausübung der Option übertragen, so liegt ein einheitlicher Vorgang vor, der insgesamt unter § 20 UmwStG fallen kann. Ein Anwendungsfall des § 6 Abs. 5 Satz 3 EStG wird dadurch nicht begründet. **34**

Bei einer Übertragung oder Überführung von funktional wesentlichen Betriebsgrundlagen in ein anderes Betriebsvermögen in zeitlichem und wirtschaftlichem Zusammenhang mit der Option ist zu prüfen, ob infolge der Gesamtplanrechtsprechung die Voraussetzungen für die Anwendung des § 20 UmwStG nicht vorliegen (Randnr. 20.07 UmwStE). Die Grundsätze zu Rn. 10 des BMF-Schreibens vom 20. November 2019 (BStBl. I S. 1291) sind nicht anzuwenden. **35**

Zurückbehaltene Wirtschaftsgüter gelten als entnommen, sofern sie nicht zum Beginn des Wirtschaftsjahres der Option zu einem anderweitigen Betriebsvermögen gehören (Randnr. 20.08 UmwStE). Wird durch die Option eine Betriebsaufspaltung aufgrund der Zurückbehaltung von Wirtschaftsgütern des Sonderbetriebsvermögens begründet, so sind nach Maßgabe des § 6 Abs. 5 Satz 2 EStG insoweit die Buchwerte fortzuführen. Im Übrigen gilt Rn. 32 Satz 3. **36**

Bei ausländischen Gesellschaften erfolgt die Bewertung und der Ansatz der Wirtschaftsgüter in der steuerlichen Schlussbilanz i.S.d. § 20 UmwStG unter Zugrundelegung der Vorschriften des deutschen Steuerrechts (zum Buchwert vgl. § 1 Abs. 5 Nr. 4 UmwStG). **37**

Gemäß § 20 Abs. 2 Satz 2 Nr. 3 UmwStG ist ein Ansatz zum Buch- oder Zwischenwert auch ausgeschlossen, soweit das Recht der Bundesrepublik Deutschland hinsichtlich der Besteuerung des Gewinns aus der Veräußerung des eingebrachten Betriebsvermögens bei der optierenden Gesellschaft ausgeschlossen oder beschränkt wird. **38**

Die Buchwerte der durch die Option eingebrachten Wirtschaftsgüter des Gesamthandsvermögens sind unter Berücksichtigung von Ergänzungsbilanzen zu bestimmen. **39**

Auf Ebene der Gesellschafter gelten auch hinsichtlich der Rechtsfolgen des fiktiven Formwechsels die für den echten Formwechsel einer Personengesellschaft in eine Kapitalgesellschaft maßgeblichen Regelungen entsprechend (insbesondere Besteuerung eines Veräußerungsgewinns und Bemessung der Anschaffungskosten der Anteile an der optierenden Gesellschaft – vgl. § 20 Abs. 3 und § 21 Abs. 2 UmwStG). **40**

**Beispiel:**

An der optierenden AB-OHG, die neben anderen Wirtschaftsgütern auch Beteiligungen an mehreren Kapitalgesellschaften hält, sind A und B als Mitunternehmer beteiligt.

**Lösung:**

Der Wert, mit dem die optierende Gesellschaft ihr Betriebsvermögen ansetzt, gilt für die Gesellschafter als Veräußerungspreis und als Anschaffungskosten der Gesellschaftsanteile (§ 20 Abs. 3 bzw. § 21 Abs. 2 UmwStG).

**Abwandlung:**

An der optierenden, vermögensverwaltenden Zebragesellschaft CD-KG, Inhaberin diverser festverzinslicher Schuldverschreibungen, sind die natürlichen Personen C als Komplementär (Beteiligung im Betriebsvermögen) und D als Kommanditist (Beteiligung im Privatvermögen) beteiligt.

**Lösung:**

Auf die CD-KG finden die §§ 20 ff. UmwStG keine Anwendung (vgl. Rn. 30). Bei C findet § 6 Abs. 6 Satz 1 EStG Anwendung. Bei D findet § 20 Abs. 2 Satz 1 Nr. 7 EStG sowie im Fall der späteren Veräußerung der Anteile an der optierenden Gesellschaft abhängig von der Beteiligungshöhe § 17 Abs. 2a oder § 20 Abs. 2 Satz 1 Nr. 1 i.V.m. Abs. 4 EStG Anwendung.

### 3. Einbringungszeitpunkt und Feststellung des steuerlichen Einlagekontos

41 Als Einbringungszeitpunkt gilt das Ende des Wirtschaftsjahres, das dem Wirtschaftsjahr der erstmaligen Ausübung der Option unmittelbar vorangeht (§ 1a Abs. 2 Satz 3 KStG). Infolgedessen ist für die optierende Gesellschaft (wie für den übernehmenden Rechtsträger im Rahmen eines echten Formwechsels) bereits für die letzte juristische Sekunde des Vorjahres neben einer Eröffnungsbilanz auch eine steuerliche Schlussbilanz unter Zugrundelegung der ggf. aufgestockten Werte (vgl. Rn. 29 ff.) aufzustellen und eine Körperschaftsteuererklärung sowie ggf. eine Gewerbesteuererklärung abzugeben. Von inländischen Gesellschaften ist ferner eine Erklärung zur gesonderten Feststellung des steuerlichen Einlagekontos abzugeben.

42 Da die Gesellschaft zivilrechtlich als Personenhandels- oder Partnerschaftsgesellschaft fortbesteht, verfügt sie anders als eine Kapitalgesellschaft nicht über Nennkapital i.S.d. § 27 Abs. 1 Satz 1 KStG. Nach § 1a Abs. 2 Satz 4 KStG wird daher das in der steuerlichen Schlussbilanz auszuweisende Eigenkapital (einschließlich des Eigenkapitals in Ergänzungsbilanzen) insgesamt auf dem steuerlichen Einlagekonto erfasst. Der Umfang des maßgeblichen Eigenkapitals bestimmt sich nach Tz. I. 2. des BMF-Schreibens vom 11. Juli 2011 (BStBl. I S. 713)[1)] i.V.m. dem BMF-Schreiben vom 30. Mai 1997 (BStBl. I S. 627)[2)] und dem BMF-Schreiben vom 26. Juli 2016 (BStBl. I S. 684)[3)].

### 4. Keine steuerliche Rückbeziehung

43 Eine steuerliche Rückbeziehung des Einbringungszeitpunkts ist ausgeschlossen (§ 1a Abs. 2 Satz 3 zweiter Halbsatz KStG).

### 5. Ergänzungs- und Sonderbilanzen

44 Ergänzungs- und Sonderbilanzen sind infolge der Option nicht fortzuführen. Zur Berücksichtigung von Ergänzungsbilanzen bei der Bewertung der eingebrachten Mitunternehmeranteile vgl. Rn. 39 und zu den Auswirkungen auf das steuerliche Einlagekonto vgl. Rn. 42.

### 6. Sperrfristen

45 Auch ein fiktiver Formwechsel nach § 1a Abs. 2 KStG kann dazu führen, dass Sperrfristverletzungen ausgelöst werden (vgl. z.B. Rn. 29 des BMF-Schreibens vom 20. November 2019, BStBl. I S. 1291[4)], zu § 6 Abs. 3 Satz 2 EStG und

---

[1)] Nr. **1** § 4/15.
[2)] Nr. **1** § 15a/1.
[3)] Nr. **1** § 6/16.
[4)] Nr. **1** § 6/18.

Rdnr. 33, 34 des BMF-Schreibens vom 8. Dezember 2011, BStBl. I S. 1279[1]), zu § 6 Abs. 5 Satz 4 und 6 EStG sowie § 16 Abs. 3 Satz 3 EStG, § 15 Abs. 2 Satz 4, § 18 Abs. 3 Satz 2, § 22 Abs. 1 Satz 6 Nr. 2 und § 24 Abs. 5 UmwStG).

**Beispiel:**

A und sein Sohn B sind zu je 50 % an der originär gewerblich tätigen AB-KG beteiligt. A hat in 2018 ein Grundstück (stille Reserven 200 000 €), das bisher zu seinem Sonderbetriebsvermögen gehörte, nach § 6 Abs. 5 Satz 3 Nr. 2 EStG in das Gesamthandsvermögen der KG übertragen. A und B beschließen im Jahr 2022 von der Option Gebrauch zu machen.

**Lösung:**

Die AB-KG erfüllt die Tatbestandsmerkmale für die Wahlrechtsausübung. Der Übergang zur Körperschaftsbesteuerung gilt als Formwechsel i.S.d. § 1 Abs. 3 Nr. 3 UmwStG. Unter den Voraussetzungen des § 20 Abs. 2 Satz 2 UmwStG ist auf Antrag der Ansatz zu Buchwerten möglich. Allerdings stellt die Option eine Sperrfristverletzung nach § 6 Abs. 5 Satz 6 EStG dar, da innerhalb von sieben Jahren der Anteil einer Körperschaft an dem Grundstück begründet wird. Im Jahr 2018 ist damit rückwirkend der Teilwert des Grundstücks anzusetzen (Versteuerung der stillen Reserven von 200 000 €).

Sämtliche Anteile an der optierenden Gesellschaft werden infolge der Option sperrfristverhaftet und unterliegen der Nachweispflicht nach § 22 Abs. 3 UmwStG, sofern der fiktive Formwechsel zu Buch- oder Zwischenwerten erfolgt. **46**

### 7. Verluste

Ein vortragsfähiger Gewerbeverlust (Fehlbetrag nach § 10a GewStG) der optierenden Personengesellschaft geht infolge der Option unter und lebt auch im Fall der Beendigung der Option nicht wieder auf. Dies gilt auch für den Zinsvortrag und einen EBITDA-Vortrag (§ 20 Abs. 9 UmwStG) sowie für Verluste nach § 15a und § 15b EStG. **47**

### 8. Nachversteuerungspflichtige Beträge nach § 34a Abs. 3 EStG

Nachversteuerungspflichtige Beträge i.S.d. § 34a Abs. 3 EStG unterliegen infolge der Ausübung der Option der Nachversteuerung nach § 34a Abs. 6 Satz 1 Nr. 2 EStG. Unter den Voraussetzungen des § 34a Abs. 6 Satz 2 EStG kann die nach § 34a Abs. 4 EStG geschuldete Einkommensteuer in regelmäßigen Teilbeträgen für einen Zeitraum von höchstens zehn Jahren zinslos gestundet werden. **48**

## V. Zeitraum der Körperschaftsbesteuerung

### 1. Besteuerung der optierenden Gesellschaft

#### a) Ertragsteuerliche Behandlung wie eine Kapitalgesellschaft

Da die optierende Gesellschaft ihr Rechtsstatut zivilrechtlich und somit gesellschaftsrechtlich nicht ändert, gelten für sie die gesellschafts- und handelsrechtlichen Vorgaben auch nach Ausübung der Option fort. **49**

Ertragsteuerlich wird die optierende Gesellschaft jedoch wie eine Kapitalgesellschaft behandelt (§ 1a Abs. 1 Satz 1 KStG, § 2 Abs. 8 GewStG). Daher finden grundsätzlich alle Regelungen insbesondere des KStG, EStG, GewStG, SolZG, AStG und des UmwStG, die für alle Kapitalgesellschaften unabhängig von ihrer spezifischen Rechtsform gelten, auch auf die optierende Gesellschaft Anwendung. Die örtliche Zuständigkeit für die Körperschaftsbesteuerung der optierenden Gesellschaft bestimmt sich grundsätzlich nach § 20 AO. **50**

---

[1]) Nr. **1** § 6/15.

**51** Auf die optierende Gesellschaft anwendbar sind auch Regelungen, die nicht ausdrücklich nur für Kapitalgesellschaften, sondern z.B. für juristische Personen, Körperschaften oder Personenvereinigungen gelten, sofern davon jeweils auch allgemein Kapitalgesellschaften erfasst werden. Nicht auf die optierende Gesellschaft anwendbar sind dagegen diejenigen Regelungen, die einen spezifischen Rechtsformbezug enthalten und nicht für alle Kapitalgesellschaften gleichermaßen gelten, wie z.B. § 9 Nr. 1 KStG (KGaA) oder § 10 Abs. 1a Nr. 2 Buchst. c EStG (GmbH).

**52** Die optierende Gesellschaft ist keine Gesellschaft i.S.d. Anlage 2 Nr. 3 (zu § 43b EStG) oder der Anlage 3 Nr. 1 (zu § 50g EStG) zum EStG. Infolge der Wahlmöglichkeit findet auch § 8b Abs. 9 KStG auf Bezüge einer optierenden Gesellschaft bzw. aus der Beteiligung an einer solchen keine Anwendung (vgl. Art. 2 Buchst.a (iii) der Mutter-Tochter-Richtlinie).

**53** Die Einkommensermittlung der optierenden Gesellschaft ergibt sich aus R 7.1 Abs. 1 Satz 2 KStR 2015. Eine Überleitungsrechnung der Handelsbilanz nach § 60 Abs. 2 EStDV ist nicht möglich (vgl. Rn. 101). Die optierende Gesellschaft hat keine außerbetriebliche Sphäre. § 4 Abs. 4a EStG findet bei der optierenden Gesellschaft keine Anwendung. Auf einen Gesellschafterwechsel nach Ausübung der Option finden die §§ 8c, 8d KStG und § 10a GewStG Anwendung.

**54** Die optierende Gesellschaft ist für Zwecke der Anwendung eines DBA „ein Rechtsträger, der für die Besteuerung wie eine juristische Person behandelt wird" und erfüllt damit die abkommensrechtlichen Voraussetzungen einer „Gesellschaft" entsprechend Art. 3 Abs. 1 Buchst. b des OECD-Musterabkommens (OECD-MA) 2017. Weiterhin ist die optierende Gesellschaft, die ihren Ort der Geschäftsleitung im Inland hat, in Deutschland unbeschränkt steuerpflichtig, sodass sie entsprechend Art. 4 Abs. 1 OECD-MA 2017 in Deutschland ansässig und damit auch abkommensberechtigt ist. Um in einem anderen Vertragsstaat ansässig zu sein, müssen dort die abkommensrechtlichen Voraussetzungen entsprechend Art. 4 Abs. 1 OECD-MA 2017 (grundsätzlich unbeschränkte Steuerpflicht) und – bei Doppelansässigkeit – entsprechend Abs. 3 OECD-MA 2014 bzw. 2017 erfüllt sein.

**b) Ertragsteuerliche Organschaft**

**55** Eine optierende Gesellschaft kann unabhängig von der Art ihrer Tätigkeit Organträgerin i.S.v. § 14 Abs. 1 Satz 1 Nr. 2 Satz 1 KStG sein (vgl. Rn. 4 des BMF-Schreibens vom 26. August 2003, BStBl. I S. 437). Eine bereits bestehende Organschaft wird fortgeführt. Die Ausübung der Option führt nicht zu einem Neubeginn der fünfjährigen Mindestlaufzeit i.S.d. § 14 Abs. 1 Satz 1 Nr. 3 Satz 1 KStG. Eine bislang bestehende finanzielle Eingliederung besteht insofern fort. Der fiktive Formwechsel ist kein wichtiger Grund für die Beendigung des Gewinnabführungsvertrages.

**56** Die Anerkennung der optierenden Gesellschaft als Organgesellschaft scheidet dagegen aus. Insbesondere müssen die Regelungen des Gewinnabführungsvertrages in eintragungspflichtiger Form vereinbart werden und organisationsrechtlichen Charakter haben. Nach deutschem Gesellschaftsrecht besteht weder eine Eintragungspflicht für Unternehmensverträge mit Personenhandels- oder Partnerschaftsgesellschaften noch führen sie dazu, dass das Gesellschaftsstatut unternehmensvertraglich überlagert wird (vgl. OLG München, Beschluss vom 8. Februar 2011 31 Wx 2/11, ZIP 2011 S. 526). Eine Eintragungspflicht ins

Handelsregister für diese Gesellschaften kann weder auf eine ausdrückliche gesetzliche Bestimmung gestützt noch aus einer entsprechenden Anwendung der für eine Satzungsänderung geltenden Vorschriften hergeleitet werden. Zudem gehören Gesellschaftsverträge bzw. entsprechende Vertragsänderungen nicht zu den eintragungspflichtigen Tatsachen i.S.v. §§ 106, 162 HGB oder § 4 PartGG.

### c) Sonderregelungen bei der Forschungszulage und der Grunderwerbsteuer

Für Zwecke der Forschungszulage sind optierende Gesellschaften als Steuer- 57
pflichtige i.S.d. KStG anspruchsberechtigt (§ 1 Abs. 2 Satz 2 FZulG).

Zu grunderwerbsteuerlichen Sonderregelungen vgl. § 5 Abs. 1 Satz 2, Abs. 2 58
Satz 2 und Abs. 3 Satz 3 sowie § 6 Abs. 3 Satz 4 GrEStG. Die Grunderwerbsteuerstelle, in deren Zuständigkeitsbereich sich die Geschäftsleitung der nach § 1a KStG optierenden Gesellschaft befindet, ist von dem für die optierende Gesellschaft zuständigen Veranlagungsbezirk über die Ausübung und den Zeitpunkt der Wirksamkeit der Option nach § 1a KStG zu unterrichten, wenn sich im Vermögen der Gesellschaft ein inländisches Grundstück befindet.

### d) Investmentbesteuerung

Investmentfonds können nicht selbst zur Körperschaftsbesteuerung optieren 59
(§ 1a Abs. 1 Satz 6 Nr. 1 KStG) und optierende Gesellschaften können kein Investmentfonds sein (§ 1 Abs. 3 Satz 3 InvStG). Wenn eine optierende Gesellschaft in einen Investmentfonds oder einen Spezial-Investmentfonds investiert, sind die investmentsteuerrechtlichen Regelungen für Anleger nach § 2 Abs. 10 InvStG anzuwenden. Für Investmenterträge, die eine optierende Gesellschaft aus einem Investmentfonds erzielt, ist nach § 20 Abs. 3a Satz 2 InvStG derjenige Teilfreistellungssatz anzuwenden, der für Anleger gilt, die dem KStG unterliegen (insbesondere § 20 Abs. 1 Satz 3 InvStG). Investiert ein Investmentfonds in eine optierende Gesellschaft, so stellt diese Beteiligung nach § 2 Abs. 8 Satz 5 Nr. 1 InvStG keine Kapitalbeteiligung dar. Bei Spezial-Investmentfonds gilt nach § 2 Abs. 16 InvStG die Beteiligung an einer optierenden Gesellschaft für die Zwecke der §§ 26, 28 und 48 InvStG nicht als Beteiligung an einer Kapitalgesellschaft.

### e) Gewinnermittlung

Die Einnahmenüberschussrechnung (§ 4 Abs. 3 EStG) als Gewinnermittlungs- 60
art ist für die optierende Gesellschaft nicht zulässig (§ 1a Abs. 3 Satz 6 KStG). Besteht für die zivilrechtlich fortbestehende Personengesellschaft eine Buchführungspflicht nach dem HGB oder einer ausländischen Rechtsnorm, so gilt diese auch für die optierende Gesellschaft. Besteht eine solche Buchführungspflicht nicht, so ist der Gewinn der optierenden Gesellschaft nach § 4 Abs. 1 EStG zu ermitteln. In beiden Fällen hat die optierende Gesellschaft für steuerliche Zwecke eine Gewinnermittlung unter Beachtung der für Kapitalgesellschaften geltenden Vorschriften zu erstellen (vgl. Rn. 53 und zur E-Bilanz Rn. 101).

## 2. Beteiligung an der optierenden Gesellschaft

Die Beteiligung an einer optierenden Gesellschaft gilt für Zwecke der Besteue- 61
rung nach dem Einkommen – und nach § 2 Abs. 8 GewStG auch für Zwecke der Gewerbesteuer – als Beteiligung eines nicht persönlich haftenden Gesellschafters an einer Kapitalgesellschaft (§ 1a Abs. 3 Satz 1 KStG). Die Beteiligung

an einer optierenden Gesellschaft ist ein eigenständiges Wirtschaftsgut. Ist für die Besteuerung die Beteiligungshöhe an der optierenden Gesellschaft maßgeblich (z.B. in §§ 8b und 8c KStG sowie § 9 Nr. 2a und Nr. 7 GewStG), so ist diese nach den festen Kapitalkonten (sogenannte Kapitalkonten I) zu ermitteln, sofern der Gesellschaftsvertrag entsprechende Regelungen umfasst und diese über die maßgebenden Vermögensrechte entscheiden (insbesondere das Gewinnbezugsrecht, aber auch Entnahme- und Auseinandersetzungsrechte). Anderenfalls ist das Verhältnis der Kapitalanteile i.S.d. Handelsrechts maßgeblich.

**62** Die Veräußerung eines Anteils oder eines Teils eines Anteils an einer optierenden Gesellschaft oder dessen verdeckte Einlage in eine Kapitalgesellschaft führt je nach Beteiligungshöhe und Zeitpunkt des Erwerbs der Beteiligung zu Einkünften nach § 20 Abs. 2 Satz 1 Nr. 1 oder § 17 Abs. 1 EStG (ggf. i.V.m. § 17 Abs. 6 EStG) i.V.m. § 3 Nr. 40 Satz 1 Buchst. c EStG. Werden die Anteile im Betriebsvermögen einer natürlichen Person gehalten, so finden § 3 Nr. 40 Satz 1 Buchst. a und § 3c Abs. 2 EStG Anwendung. Als Veräußerung gelten auch die gesetzlich einer Veräußerung gleichgestellten Vorgänge wie insbesondere solche i.S.d. § 17 Abs. 1 Satz 2 und Abs. 4, § 20 Abs. 2 Satz 2 EStG oder § 6 AStG.

**63** Gewinne aus der Veräußerung von Anteilen an einer optierenden Gesellschaft i.S.d. § 17 oder § 20 Abs. 2 EStG unterliegen ungeachtet der Bestimmungen eines DBA der inländischen Besteuerung, wenn sie im anderen Staat aufgrund einer vom deutschen Recht abweichenden steuerlichen Behandlung der optierenden Gesellschaft nicht der Besteuerung unterliegen (§ 50d Abs. 14 Satz 2 EStG). Dies gilt auch, wenn die Anteile an der optierenden Gesellschaft in einem Betriebsvermögen gehalten werden und bzw. oder es sich um einen einer Veräußerung gleichgestellten Vorgang handelt.

**64** Der veräußernde Gesellschafter hat nach § 90 Abs. 2 AO nachzuweisen, dass die optierende Gesellschaft im anderen Staat entsprechend dem deutschen Recht behandelt wurde und die Gewinne aus der Veräußerung von Anteilen dort besteuert wurden.

**65** Im Fall der Veräußerung der Beteiligung an der optierenden Gesellschaft oder eines der Veräußerung gleichgestellten Vorgangs innerhalb von sieben Jahren nach dem Einbringungszeitpunkt findet § 22 UmwStG Anwendung, soweit der fiktive Formwechsel zu Buch- oder Zwischenwerten erfolgt ist (vgl. zur Sperrfristverhaftung durch die Optionsausübung Rn. 46 und zur möglichen Verletzung anderer, älterer Sperrfristen auch nach dem UmwStG durch das Wirksamwerden der Option vgl. Rn. 45).

**66** Bei Aufnahme eines neuen Gesellschafters gegen Einlage oder bei Erhöhung eines Anteils eines Gesellschafters findet die Mitverstrickungsregelung nach § 22 Abs. 7 UmwStG sinngemäß Anwendung, soweit stille Reserven auf andere Anteile verlagert werden. Weil die optierende Gesellschaft nicht über Nennkapital verfügt, führt die Einlage zu einer Erhöhung des steuerlichen Einlagekontos (vgl. Rn. 41 f.).

### 3. Rechtsverhältnisse zwischen der optierenden Gesellschaft und ihren Gesellschaftern

**67** Für die ertragsteuerliche Beurteilung von Leistungsbeziehungen zwischen der optierenden Gesellschaft und ihren Gesellschaftern sind die für Kapitalgesellschaften geltenden Grundsätze maßgeblich.

Auch vermögensmäßig nicht beteiligte Gesellschafter gelten als Anteilseigner der optierenden Gesellschaft. 68

### a) Durch das Gesellschaftsverhältnis veranlasste Vermögensminderungen und Vermögensmehrungen

#### aa) Optierende Gesellschaft

Durch das Gesellschaftsverhältnis veranlasste Vermögensminderungen oder verhinderte Vermögensmehrungen mindern das Einkommen der optierenden Gesellschaft nicht. Die Grundsätze der verdeckten Gewinnausschüttung und der verdeckten Einlage (§ 8 Abs. 3 Satz 2 und 3 KStG, R 8.5 bis R 8.9 KStR 2015 und H 8.5 bis H 8.9 KStH 2015) gelten für eine optierende Gesellschaft entsprechend. Zur Frage der Beherrschung gelten die vorstehenden Grundsätze unter Beachtung des BMF-Schreibens vom 7. Oktober 2002 (BStBl. I S. 1028)[1] und H 15.7 (6) „Faktische Beherrschung“ und „Mehrheit der Stimmrechte“ EStH 2020. Löst eine verdeckte Gewinnausschüttung Umsatzsteuer aus, so ist diese nicht abziehbar (§ 10 Nr. 2 KStG). R 8.6 KStR 2015 gilt entsprechend. 69

Die Verwendung des steuerlichen Einlagekontos ist gemäß § 27 Abs. 1 KStG im Wirtschaftsjahr der erstmaligen Ausübung der Option möglich. 70

Optierende Gesellschaften, die in einem anderen Mitgliedstaat der EU oder des EWR der unbeschränkten Steuerpflicht unterliegen, können die Feststellung einer Leistung als Einlagenrückgewähr nach § 27 Abs. 8 KStG beantragen. Bei einem solchen Antrag ist die Berechnung der Einlagenrückgewähr darzulegen und durch geeignete Unterlagen nachzuweisen (§ 27 Abs. 8 Satz 7 KStG). Aus den Unterlagen muss sich zweifelsfrei ergeben, in welcher Höhe Einlagen in die Gesellschaft geleistet worden sind und in welcher Höhe diese Einlagen zum Schluss des der Leistung vorangegangenen Wirtschaftsjahres noch vorhanden waren. Die Qualifikation der Einlagen bestimmt sich nach den Grundsätzen des deutschen Steuerrechts. Bei Drittstaatengesellschaften ist die Berücksichtigung von Beträgen als Einlagenrückgewähr im Rahmen der jeweiligen Festsetzungsverfahren der Gesellschafter zu klären. 71

#### bb) Gesellschafter

Beim Gesellschafter führen durch das Gesellschaftsverhältnis veranlasste Einnahmen zu Einkünften aus Kapitalvermögen i.S.d. § 20 Abs. 1 Nr. 1 EStG, es sei denn, die Einnahmen sind einer anderen Einkunftsart zuzurechnen (§ 1a Abs. 3 Satz 4 KStG, § 20 Abs. 8 Satz 1 EStG). Dies wäre beispielsweise dann der Fall, wenn die Beteiligung an der optierenden Gesellschaft in einem Betriebsvermögen gehalten wird. 72

Die für Gesellschafter einer Kapitalgesellschaft maßgeblichen Regelungen finden Anwendung (z.B. § 8b KStG, § 3 Nr. 40 Satz 1 Buchst. d und § 3c Abs. 2 EStG). § 43b EStG und § 8b Abs. 9 KStG finden auf Bezüge aus Anteilen an einer optierenden Gesellschaft keine Anwendung (vgl. Rn. 52). 73

Gewinnanteile gelten erst dann als ausgeschüttet, wenn sie entnommen werden oder ihre Auszahlung verlangt werden kann (§ 1a Abs. 3 Satz 5 KStG). Daher gelten Gewinnanteile, deren Auszahlung der Gesellschafter mit Feststellung des Jahresabschlusses von der Gesellschaft verlangen kann, in diesem Zeitpunkt als ausgeschüttet. Auf die tatsächliche Entnahme oder Auszahlung kommt es hierbei nicht an. Bedarf es z B. für die Auszahlung oder Entnahme noch eines 74

[1] Nr. **1** § 15/10.

gesonderten Beschlusses, liegt regelmäßig noch keine fiktive Ausschüttung vor. Zu den Gewinnanteilen im Sinne dieser Rn. zählen insbesondere die Gewinnanteile von Gesellschaftern einer offenen Handelsgesellschaft und Komplementären einer Kommanditgesellschaft (vgl. § 122 Abs. 1 zweite Alternative, § 161 Abs. 2 HGB), von Kommanditisten, soweit deren Kapitalkonten nicht durch Verluste unterhalb ihrer Einlage gemindert wurden (vgl. § 169 Abs. 1 Satz 2 HGB), und Gesellschaftern einer Partnerschaftsgesellschaft (vgl. § 1 Abs. 4 PartGG, §§ 721, 722 BGB). Unerheblich für die Ausschüttungsfiktion ist, ob der Gesellschafter die Auszahlung seines Gewinnanteils tatsächlich verlangt.

**75** Gesellschaftsvertraglich vereinbarte Vorauszahlungen auf den Gewinn gelten unabhängig von der Feststellung des Jahresabschlusses als ausgeschüttet, wenn sie entnommen werden oder ihre Auszahlung verlangt werden kann.

**76** Die – ggf. fiktive – Ausschüttung unterliegt im Ausschüttungszeitpunkt dem Steuerabzug vom Kapitalertrag (§ 43 Abs. 1 Satz 1 Nr. 1 EStG). Die optierende Gesellschaft hat die im Ausschüttungszeitpunkt entstandene Kapitalertragsteuer beim zuständigen Finanzamt anzumelden und zu entrichten (§ 45a Abs. 1 Satz 1 und § 44 Abs. 1 Satz 2 und 3 sowie Satz 5 Halbsatz 2 EStG). Die für den Steuerabzug auf Gewinnausschüttungen einer GmbH maßgeblichen Regelungen der §§ 43 ff. EStG gelten entsprechend.

**77** Die Ausschüttungsfiktion infolge der Möglichkeit, die Auszahlung verlangen zu können, gilt nicht für den Teil des Entnahmebetrags nach § 122 Abs. 1 erste Alternative HGB, der den Betrag nach § 122 Abs. 1 zweite Alternative HGB übersteigt, oder für sonstige gesellschaftsvertraglich vereinbarte gewinnunabhängige Entnahmerechte. Allein die gesetzliche Möglichkeit, einen den Gewinnanteil übersteigenden Betrag entnehmen oder dessen Auszahlung von der Gesellschaft verlangen zu können, löst daher insoweit noch keine Ausschüttungsfiktion und keine Kapitalertragsteuer aus.

**Beispiel:**
Für den Gesellschafter A der AB-OHG wurde für das Vorjahr 01 ein Kapitalanteil in Höhe von 10 000 € ermittelt. Gemäß § 122 Abs. 1 erste Alternative HGB ist er berechtigt, in Jahr 02 bis zu vier Prozent von 10 000 €, mithin 400 € zu entnehmen. Der für A festgestellte Gewinn für das Vorjahr 01 beträgt 300 €.

**Lösung:**
Wenn im Gesellschaftsvertrag nichts Abweichendes geregelt wurde, gelten die 300 €, deren Auszahlung A mit Feststellung des Jahresabschlusses nach § 122 Abs. 1 zweite Alternative HGB verlangen kann, in diesem Zeitpunkt als ausgeschüttet gemäß § 1a Abs. 3 Satz 5 KStG und unterliegen der Kapitalertragsteuer. Die weiteren 100 € (400 € – 300 €), die A auch ohne Gesellschafterbeschluss und über seinen Gewinnanteil des Jahres 01 hinaus zu entnehmen berechtigt wäre, gelten nicht automatisch als ausgeschüttet gemäß § 1a Abs. 3 Satz 5 KStG. Erst bei tatsächlicher Entnahme gilt der Betrag als ausgeschüttet und unterliegt der Kapitalertragsteuer.

**78** Sind aufgrund gesetzlicher oder gesellschaftsrechtlicher Regelungen die als ausgeschüttet geltenden Beträge auf einem Fremdkapitalkonto des jeweiligen Gesellschafters zu verbuchen, so bleibt die spätere Erfüllung der Verbindlichkeit steuerneutral. Soweit Beträge, deren Auszahlung verlangt werden kann, auf einem Eigenkapitalkonto verbucht werden, gilt der fiktiv ausgeschüttete Betrag unmittelbar nach der fiktiven Ausschüttung als eingelegt mit der Folge, dass sich die Anschaffungskosten der Beteiligung des Gesellschafters und das steuerliche Einlagekonto der Gesellschaft entsprechend erhöhen. Bei einer späteren Ausschüttung der als eingelegt geltenden Beträge gilt nach der Verwendungsreihenfolge in § 27 KStG vorrangig der ausschüttbare Gewinn als verwendet. Erst nach dessen Verbrauch ist eine Verwendung des steuerlichen Einlagekontos möglich (§ 27 Abs. 1 Satz 3 KStG).

Dem Gläubiger der Kapitalerträge aus Anteilen an einer inländischen optierenden Gesellschaft steht ungeachtet der Bestimmungen eines DBA kein Anspruch auf Entlastung von der Kapitalertragsteuer zu, wenn die Kapitalerträge im Ausland aufgrund einer vom deutschen Recht abweichenden steuerlichen Behandlung der optierenden Gesellschaft nicht der Besteuerung unterliegen (§ 50d Abs. 14 Satz 1 EStG). Der Entlastungsanspruch nach § 44a Abs. 9 EStG wird durch § 50d Abs. 14 Satz 1 EStG nicht eingeschränkt. **79**

**b) Sonstige Vermögensminderungen und Vermögensmehrungen**

**aa) Allgemeines**

Nicht durch das Gesellschaftsverhältnis veranlasste Vermögensmehrungen stellen bei der optierenden Gesellschaft grundsätzlich das Einkommen erhöhende Betriebseinnahmen, Vermögensminderungen grundsätzlich abziehbare Betriebsausgaben dar. Insbesondere die allgemeinen Abzugsbeschränkungen (u.a. § 4 Abs. 5, §§ 4h, 4j, 4k EStG, §§ 8a, 9 Satz 1 Nr. 2 und § 10 KStG) sind zu beachten. **80**

**bb) Einnahmen aus einer Tätigkeit im Dienst der Gesellschaft**

Einnahmen, die der Gesellschafter von der Gesellschaft für seine Tätigkeit im Dienst der Gesellschaft bezieht, führen zu Einkünften i.S.d. § 19 EStG (§ 1a Abs. 3 Satz 2 Nr. 2 KStG). Dies gilt auch dann, wenn der Gesellschafter die Einnahmen von einem Dritten bezieht. Eine Tätigkeit „im Dienst" der Gesellschaft i.S.d. § 1a Abs. 3 Satz 2 Nr. 2 KStG liegt vor, wenn eine entsprechende Tätigkeit eines Gesellschafters einer Kapitalgesellschaft zu Einkünften aus § 19 EStG führen würde. Erforderlich ist insoweit, dass ein Dienstverhältnis i.S.d. § 1 LStDV vorliegt, welches (z.B. durch einen förmlichen Arbeitsvertrag) bestätigt ist, und die Leistungen der Gesellschaft an den Gesellschafter aufgrund dieses Dienstverhältnisses erbracht werden. Für die Qualifizierung der Einkünfte als solche aus § 19 EStG ist entscheidend, dass die Einnahmen bei wertender Betrachtung als durch das Dienstverhältnis veranlasst anzusehen sind (vgl. H 19.0 „Gesellschafter-Geschäftsführer" LStH 2021). Fehlt es an einem Dienstverhältnis, scheidet § 19 EStG aus. Sieht die gesellschaftsrechtliche Regelung für den Gesellschafter anstelle einer Tätigkeitsvergütung einen Vorabgewinn vor, liegt insoweit keine Leistung aufgrund eines Dienstverhältnisses, sondern eine Gewinnausschüttung vor. **81**

Soweit die Einnahmen, die der Gesellschafter von der Gesellschaft für seine Tätigkeit im Dienst der Gesellschaft bezieht, nicht angemessen sind, liegt in Höhe des den angemessenen Teil übersteigenden Teils eine verdeckte Gewinnausschüttung vor. Im Verhältnis zwischen Gesellschaft und beherrschendem Gesellschafter ist zudem eine Veranlassung durch das Gesellschaftsverhältnis in der Regel auch dann anzunehmen, wenn es an einer zivilrechtlich wirksamen, klaren, eindeutigen und im Voraus abgeschlossenen Vereinbarung darüber fehlt, ob und in welcher Höhe ein Entgelt für eine Leistung des Gesellschafters zu zahlen ist, oder wenn nicht einer klaren Vereinbarung entsprechend verfahren wird. Die beherrschende Stellung des Gesellschafters muss im Zeitpunkt der Vereinbarung oder des Vollzugs der Vermögensminderung oder verhinderten Vermögensmehrung vorliegen (R 8.5 Abs. 2 KStR 2015). Zur Angemessenheit der Gesamtbezüge eines Gesellschafter-Geschäftsführers vgl. BMF-Schreiben vom 14. Oktober 2002 (BStBl. I S. 972)[1]. **82**

[1] Nr. **100** § 8/12.

83 Führen die Einnahmen, die der Gesellschafter für seine Tätigkeit im Dienst der Gesellschaft bezieht, zu Einkünften i.S.d. § 19 EStG, gelten die optierende Gesellschaft als lohnsteuerlicher Arbeitgeber und der Gesellschafter als Arbeitnehmer (§ 1a Abs. 3 Satz 7 KStG). In diesen Fällen sind sämtliche Regelungen zur Erhebung der Lohnsteuer in den §§ 38 ff. EStG anzuwenden. Die optierende Gesellschaft hat insbesondere für den Gesellschafter ein Lohnkonto zu führen, den Lohnsteuerabzug auf die Vergütungen vorzunehmen, für jeden Lohnsteuer-Anmeldungszeitraum insgesamt eine Lohnsteuer-Anmeldung unter Berücksichtigung des jeweiligen Lohnsteuerabzugs für ihre weiteren Arbeitnehmer einzureichen und die elektronischen Lohnsteuerbescheinigungen an die Finanzverwaltung zu übermitteln. Auch der Arbeitnehmer-Pauschbetrag, die für Arbeitnehmer geltenden Steuerbefreiungsvorschriften (Rn. 82 bleibt unberührt) und die sonstigen, nur für Arbeitnehmer geltenden steuerlichen (Sonder-)Regelungen sind zu berücksichtigen.

#### c) Betriebsaufspaltung

84 Im Falle einer Betriebsaufspaltung zwischen der optierenden Gesellschaft und einem oder mehreren Gesellschaftern kommen die allgemeinen Grundsätze der Betriebsaufspaltung vollumfänglich zur Anwendung.

### 4. Steuerermäßigung bei Einkünften aus Gewerbebetrieb (§ 35 EStG)

85 § 35 EStG ist bei den Gesellschaftern der optierenden Gesellschaft nicht anzuwenden (§ 1a Abs. 3 Satz 3 KStG). Auf gewerbliche Einkünfte, die den Gesellschaftern für Zeiträume vor dem Übergang zur Körperschaftsbesteuerung im Rahmen der transparenten Besteuerung zugerechnet werden, findet § 35 EStG hingegen Anwendung.

### 5. Sonstige Folgen der Option

#### a) Bekanntgabe von Verwaltungsakten an die optierende Gesellschaft und deren Vollstreckung

86 Die optierende Gesellschaft bleibt zivilrechtlich und damit auch steuerverfahrensrechtlich eine Personengesellschaft. Diese ist Schuldnerin der Körperschaftsteuer, des Solidaritätszuschlags, der Gewerbesteuer sowie der steuerlichen Nebenleistungen nach § 3 AO und zum Einbehalt und zur Entrichtung der Kapitalertragsteuer verpflichtet. Die entsprechenden Steuerbescheide sind an sie unter Angabe ihrer Firma bzw. ihres geschäftsüblichen Namens zu richten (vgl. Nr. 2.4.1 des AEAO zu § 122). Ist keine Firma oder kein geschäftsüblicher Name vorhanden, sind die Bescheide an alle Gesellschafter der optierenden Gesellschaft zu richten (vgl. Nr. 2.4.1.3 des AEAO zu § 122).

87 Die optierende Gesellschaft kann (durch die zur Vertretung befugten Personen) eine Vollmacht zur Vertretung in Steuersachen (§ 80 Abs. 1 AO) für die Körperschaftsteuer erteilen. Bis zur Ausübung der Option erteilte Generalvollmachten bleiben wirksam; der Vertretungsumfang erstreckt sich in diesen Fällen auch auf die Körperschaftsteuer. Auf einzelne Steuerarten begrenzte Vollmachten gelten auch weiterhin nur für diesen begrenzten Umfang; eine Erweiterung der Bevollmächtigung auf die Körperschaftsteuer bedarf dann einer neuen Vollmacht mit angepasstem Umfang.

88 Die Gesellschaft ist Vollstreckungsschuldnerin der Steuern, für die sie selbst Steuerschuldnerin oder Entrichtungsschuldnerin ist (§§ 253, 267 AO).

#### b) Haftung für Steuerschulden der optierenden Gesellschaft

89 Die Gesellschafter der optierenden Gesellschaft haften für von der Gesellschaft selbst geschuldete Steuern, also auch für Körperschaftsteuer, Solidaritätszuschlag und Gewerbesteuer entsprechend den allgemeinen handelsrechtlichen Grundsätzen (vgl. hierzu auch § 191 Abs. 1 AO). Eine Haftung nach steuerrechtlichen Vorschriften (z.B. nach § 69 Satz 1 i.V.m. § 34, § 71 oder § 74 AO) bleibt unberührt.

## VI. Beendigung der Option

### 1. Rückoption (§ 1a Abs. 4 Satz 1 bis 3 KStG)

90 Auf Antrag ist eine Rückkehr zur transparenten Besteuerung möglich (§ 1a Abs. 4 Satz 1 bis 3 KStG). Der Antrag ist spätestens einen Monat vor Beginn desjenigen Wirtschaftsjahres zu stellen, in dem die optierende Gesellschaft erstmals nicht mehr wie eine Kapitalgesellschaft besteuert werden soll. Die Rn. 9 bis 11 und 13 bis 22 gelten insoweit entsprechend.

### 2. Beendigung der Option kraft Gesetzes (§ 1a Abs. 4 Satz 4 bis 7 KStG)

#### a) Rückkehr zur transparenten Besteuerung nach § 1a Abs. 4 Satz 4 KStG

91 Die Rückkehr zur transparenten Besteuerung kraft Gesetzes nach § 1a Abs. 4 Satz 4 KStG kommt in Betracht, wenn die optierende Gesellschaft zwar fortbesteht, aber die persönlichen Voraussetzungen für die Option nicht mehr erfüllt. Dies ist insbesondere der Fall, wenn die optierende Gesellschaft keine Personenhandels- oder Partnerschaftsgesellschaft mehr ist (z.B. aufgrund eines homogenen Formwechsels in eine Gesellschaft bürgerlichen Rechts i.S.d. §§ 705 ff. BGB oder auf Grund eines vergleichbaren Vorgangs nach ausländischem Recht) oder im Staat ihrer Geschäftsleitung keiner Körperschaftsteuer mehr unterliegt. In diesem Fall gilt die Rückkehr zur transparenten Besteuerung kraft Gesetzes als Formwechsel einer Kapitalgesellschaft in eine Personengesellschaft (§ 1a Abs. 4 Satz 2 KStG i.V.m. § 1 Abs. 1 Satz 1 Nr. 2 UmwStG). Auf den Zeitpunkt des Wegfalls der Voraussetzungen für die Option ist eine unterjährige Übertragungsbilanz aufzustellen.

#### b) Beendigung der Option nach § 1a Abs. 4 Satz 7 KStG

92 Eine Beendigung der Option nach § 1a Abs. 4 Satz 7 KStG liegt vor, wenn die optierende Gesellschaft die Voraussetzungen des § 1a Abs. 1 Satz 1 KStG deshalb nicht mehr erfüllt, weil sie in eine Körperschaft umgewandelt wird. In diesem Fall richten sich die weiteren Rechtsfolgen nach der Art der zivilrechtlichen Umwandlung. Wird die optierende Gesellschaft z.B. mit steuerlicher Wirkung auf einen Stichtag nach dem Wirksamwerden der Option auf eine (bestehende oder neu gegründete) Körperschaft verschmolzen, so finden die §§ 11 ff. UmwStG Anwendung. Im Fall des Formwechsels der optierenden Gesellschaft in eine Kapitalgesellschaft handelt es sich ertragsteuerlich um einen homogenen und daher steuerlich grundsätzlich neutralen Formwechsel eines Körperschaftsteuersubjekts.

#### c) Beendigung der Option nach § 1a Abs. 4 Satz 5 oder 6 KStG

93 Eine Beendigung der Option kraft Gesetzes liegt auch vor, wenn die optierende Gesellschaft infolge des Ausscheidens des vorletzten Gesellschafters als aufgelöst gilt. Maßgeblicher Zeitpunkt ist die zivilrechtliche Wirksamkeit der Anwach-

sung des Vermögens auf den verbleibenden Gesellschafter. Die weiteren Rechtsfolgen richten sich danach, ob der verbleibende Gesellschafter die persönlichen Voraussetzungen eines übernehmenden Rechtsträgers einer Umwandlung einer Kapitalgesellschaft i.S.d. § 1 Abs. 1 Satz 1 Nr. 1 (Verschmelzung) oder Nr. 4 (Vermögensübertragung) UmwStG erfüllt.

Ist dies (ggf. aufgrund entsprechender bundes- oder landesrechtlicher Regelung, § 1 Abs. 1 Satz 1 Nr. 3 UmwStG) der Fall, gilt die optierende Gesellschaft im Fall des § 1 Abs. 1 Satz 1 Nr. 1 UmwStG als auf den verbleibenden Gesellschafter verschmolzen bzw. gilt im Fall des § 1 Abs. 1 Satz 1 Nr. 4 UmwStG das Vermögen der optierenden Gesellschaft als auf den verbleibenden Gesellschafter übertragen. Im Fall des unterjährigen Ausscheidens des vorletzten Gesellschafters ist auf diesen Zeitpunkt eine steuerliche Schlussbilanz aufzustellen.

**94** In allen anderen Fällen gilt die optierende Gesellschaft als aufgelöst und ihr Vermögen als an die Gesellschafter ausgeschüttet; § 11 KStG ist entsprechend mit der Maßgabe anzuwenden, dass an die Stelle des zur Verteilung kommenden Vermögens der gemeine Wert des vorhandenen Vermögens tritt (§ 1a Abs. 4 Satz 6 KStG).

### 3. Auswirkungen der Beendigung der Option

**95** Die Beendigung der Option stellt – mit Ausnahme der Fälle der fiktiven Auflösung ohne Umwandlung (§ 1a Abs. 4 Satz 6 KStG) – einen Veräußerungs- und Erwerbsvorgang dar (vgl. Randnr. 00.02 und 22.07 UmwStE). Im Fall der Rückoption (§ 1a Abs. 4 Satz 1 KStG) oder des Wegfalls der persönlichen Voraussetzungen der Option unter Fortbestand als Personengesellschaft (§ 1a Abs. 4 Satz 4 KStG) finden die für einen Formwechsel einer Kapitalgesellschaft in eine Personengesellschaft geltenden Regelungen des Ersten, Zweiten und Fünften Teils des UmwStG entsprechend Anwendung.

**96** Im Fall des Ausscheidens des vorletzten Gesellschafters gilt die optierende Gesellschaft als aufgelöst. Sofern nicht durch § 1a Abs. 4 Satz 5 KStG die Anwendung der für die Verschmelzung maßgeblichen Regelungen des Zweiten bzw. Vierten Teils des UmwStG angeordnet ist, findet beim verbleibenden Gesellschafter § 20 Abs. 1 Nr. 2 EStG (ggf. i.V.m. § 8 Abs. 1 KStG) Anwendung, sofern die Anteile an der fiktiven Kapitalgesellschaft keinem Betriebsvermögen zuzurechnen waren (§ 20 Abs. 8 EStG).

**97** Eine steuerliche Rückwirkung ist in allen Fällen der Beendigung der Option ausgeschlossen (§ 1a Abs. 4 Satz 2 i.V.m. § 9 Satz 3 UmwStG).

### 4. Beendigung der Option innerhalb von sieben Jahren

**98** Eine Rückoption oder sonstige Beendigung der Option innerhalb von sieben Jahren führt zu einer Sperrfristverletzung i.S.d. § 22 Abs. 1 bzw. 2 UmwStG. § 23 Abs. 2 UmwStG ist zu beachten. Die Beendigung der Option kraft Gesetzes nach § 1a Abs. 4 Satz 7 KStG durch Formwechsel in eine Körperschaft führt zu keiner Sperrfristverletzung i.S.d. § 22 Abs. 1 und 2 UmwStG. Im Fall der Beendigung der Option kraft Gesetzes nach § 1a Abs. 4 Satz 7 KStG durch Verschmelzung vgl. Randnr. 22.23 UmwStE.

### 5. Mitteilungspflicht

**99** Der Steuerpflichtige hat der zuständigen Finanzbehörde nach Eintritt eines Ereignisses i.S.d. § 1a Abs. 4 Satz 4 bis 7 KStG mitzuteilen, dass die Voraussetzungen für die Option entfallen sind.

## VII. Sonderfälle

### 1. Umwandlungen während der Option

Auch für Zwecke des UmwStG ist die optierende Gesellschaft wie eine Kapitalgesellschaft zu behandeln (vgl. Rn. 50). Für die Anwendung des UmwStG folgt daraus insbesondere: 100

a) Die Verschmelzung einer optierenden Gesellschaft auf eine Körperschaft oder umgekehrt ist nach den §§ 11 bis 13 UmwStG zu beurteilen.

b) Entsprechende Spaltungsvorgänge fallen unter § 15 UmwStG.

c) Die Einbringung von Anteilen an der optierenden Gesellschaft in eine Kapitalgesellschaft oder Genossenschaft zum Buch- oder Zwischenwert ist nur nach Maßgabe der §§ 20 und 21 UmwStG möglich. Zur Mehrheit der Stimmrechte siehe Randnr. 21.09 UmwStE und H 15.7 (6) „Mehrheit der Stimmrechte" EStH.

d) Auf den Ein- und Austritt von Gesellschaftern findet § 24 UmwStG keine Anwendung.

e) Die Einbringung eines Betriebs, Teilbetriebs oder Mitunternehmeranteils in die optierende Gesellschaft ist ein Vorgang nach § 20 UmwStG (zur Gewährung von Gesellschaftsrechten als Gegenleistung vgl. Randnr. 24.07 UmwStE).

f) Die 100 %ige Beteiligung des Kommanditisten an einer GmbH & Co. KG (Beteiligung Komplementärgesellschaft 0 %) gilt als fiktiver Teilbetrieb (§ 15 Abs. 1 Satz 3 UmwStG und ggf. Randnr. 24.02 UmwStE).

g) Die Beendigung der Option ist mit Ausnahme des homogenen Formwechsels eine Veräußerung i.S.d. § 15 Abs. 2 Satz 2 bis 4 und des § 22 Abs. 1 Satz 1 und Abs. 2 Satz 1 UmwStG von (erhaltenen oder eingebrachten) Anteilen.

h) Bei der optierenden Gesellschaft sind weder Realteilungsgrundsätze (§ 16 Abs. 3 Satz 2 ff. EStG) noch sonstige ertragsteuerliche Regelungen anzuwenden, die sich auf eine Mitunternehmerschaft oder eine sonstige nicht der Körperschaftsteuer unterliegende Personengesellschaft beziehen.

i) Für die Beispiele in Randnr. 22.23 UmwStE stellt die optierende Gesellschaft eine Kapitalgesellschaft dar.

### 2. E-Bilanz

Die optierende Gesellschaft hat für Wirtschaftsjahre, in denen sie wie eine Kapitalgesellschaft besteuert wird, eine Steuerbilanz nebst entsprechender Gewinn- und Verlustrechnung für eine Körperschaft nach § 5b Abs. 1 Satz 1 und Satz 3 EStG zu übermitteln. 101

### 3. Zerlegung

Die optierende Gesellschaft ist für Zwecke der Besteuerung nach dem Einkommen und damit auch bei der Zerlegung nach dem ZerlG wie eine Kapitalgesellschaft zu behandeln. 102

# 100 § 4/1. Schreiben betr. Anwendungsfragen zu den Regelungen im Jahressteuergesetz 2009 zur Besteuerung von Betrieben gewerblicher Art und Eigengesellschaften von juristischen Personen des öffentlichen Rechts

Vom 12. November 2009

BMF IV C 7-S 2706/08/10004; DOK 2009/0742398

(BStBl. I S. 1303)

Geändert durch BMF v. 6.7.2021 (BStBl. I S. 914) und BMF v. 15.12.2021 (BStBl. I S. 2483)

Zu Anwendungsfragen zu den Regelungen zur Besteuerung der Betriebe gewerblicher Art (BgA) und Eigengesellschaften der juristischen Personen des öffentlichen Rechts (jPöR) durch das Jahressteuergesetz 2009 nehme ich nach dem Ergebnis der Erörterung mit den obersten Finanzbehörden des Bundes und der Länder wie folgt Stellung:

**Inhaltsverzeichnis**

## A. Zusammenfassung von BgA

## I. Allgemeines

1 Durch § 4 Abs. 6 KStG werden die bisherigen Verwaltungsgrundsätze für die Zusammenfassung von BgA gesetzlich festgeschrieben. Die Grundsätze des R 7 Abs. 1 *EStR*[1] und des *H 7 KStH*[2] sind weiter anzuwenden, soweit im Folgenden nichts Abweichendes gesagt wird. Eine Zusammenfassung nach anderen Grundsätzen ist steuerlich nicht anzuerkennen. Die jPöR hat jeweils ein Wahlrecht, ob und in welchem Umfang sie bestehende BgA im Einzelfall nach diesen Grundsätzen steuerlich zusammenfasst oder eine Zusammenfassung beibehält (wegen der Zusammenfassung in einer Eigengesellschaft vgl. Rdnr. 68). Eine steuerliche Zusammenfassung nach § 4 Abs. 6 Satz 1 KStG setzt keine organisatorische Zusammenfassung der BgA durch die jPöR voraus.

2 **Beispiel:**

Die Stadt unterhält die zwei getrennt voneinander organisierten Bäder-Ämter A und B. Im Amt A werden die Bäder Süd und Ost und im Amt B die Bäder Nord und West verwaltet.

Die Ämter A und B bilden jeweils Einrichtungen i. S. d. § 4 Abs. 1 KStG, die jeweils einen BgA darstellen. Die Stadt kann die beiden BgA in Folge ihrer Gleichartigkeit steuerlich zu einem BgA zusammenfassen.

3 Für den zusammengefassten BgA muss steuerlich eine eigenständige Gewinnermittlung vorgenommen werden.

4 Die einzelnen in § 4 Abs. 6 Satz 1 KStG aufgeführten Zusammenfassungstatbestände sind jeweils getrennt zu prüfen. Dabei sind Versorgungs- und Verkehrsbetriebe nicht bereits schon deshalb als gleichartig anzusehen, weil sie

---

[1] **Red. Anm.:** Jetzt: EStR 2012.
[2] **Red. Anm.:** Siehe nunmehr R 4.2 KStR 2015.

in § 4 Abs. 3 KStG genannt sind. Dagegen sind die in § 4 Abs. 3 KStG aufgeführten Versorgungsbetriebe gleichartig.

Sind BgA nach einem Tatbestand zusammengefasst worden, so kann für diesen zusammengefassten BgA gesondert geprüft werden, ob er mit einem anderen, ggf. auch zusammengefassten BgA weiter zusammengefasst werden kann. Für die Zusammenfassung eines BgA mit einem anderen zusammengefassten BgA oder einer Einrichtung, die mehrere Betriebe umfasst, reicht es aus, wenn die Zusammenfassungsvoraussetzungen nur zwischen diesem BgA und einem der „BgA" des zusammengefassten BgA oder einem der Betriebe der Einrichtung vorliegen. In den Fällen des § 4 Abs. 6 Satz 1 Nr. 2 KStG muss die Voraussetzung „von einigem Gewicht" jedoch im Verhältnis zum zusammengefassten BgA vorliegen. 5

Soll ein nach § 4 Abs. 6 Satz 1 Nr. 2 KStG zusammengefasster BgA nach § 4 Abs. 6 Satz 1 Nr. 3 KStG mit einem anderen BgA weiter zusammengefasst werden, setzt dies voraus, dass beide BgA als Verkehrs- oder Versorgungs-BgA anzusehen sind, d. h. von dem jeweiligen Tätigkeitsbereich geprägt sind. Soll ein nach § 4 Abs. 6 Satz 1 Nr. 2 oder 3 KStG zusammengefasster BgA nach § 4 Abs. 6 Satz 1 Nr. 1 KStG mit einem anderen BgA weiter zusammengefasst werden, setzt dies voraus, dass beide BgA als gleichartig anzusehen sind. 6

**Beispiel 1:** 7

Die Stadt unterhält die Bäder Ost, West und Nord als jeweils eigenständige BgA. Am Bad Ost haben die Stadtwerke ein Blockheizkraftwerk errichtet. Zwischen diesem Bad und den Stadtwerken besteht hiernach eine enge wechselseitige technisch-wirtschaftliche Verflechtung von einigem Gewicht.

Die Stadtwerke (mit dem Blockheizkraftwerk) sind ein Versorgungs-BgA. Die Bäder bilden jeweils eigenständige BgA, die, weil gleichartig, zu einem Gesamt-Bad-BgA zusammengefasst werden können. Eine enge wechselseitige technisch-wirtschaftliche Verflechtung von einigem Gewicht besteht nur zum Bad Ost. Eine Zusammenfassung des Versorgungs-BgA mit dem Gesamt-Bad-BgA nach § 4 Abs. 6 Satz 1 Nr. 2 KStG ist möglich, da zumindest mit dem Bad Ost eine technisch-wirtschaftliche Verflechtung besteht, diese muss zusätzlich aber zum zusammengefassten Gesamt-Bad-BgA nach der Gesamtschau von einigem Gewicht sein. Wegen Gleichartigkeit könnten aber auch nur die BgA Bad West und Nord zu einem Doppelbad-BgA zusammengefasst und daneben könnten die Stadtwerke mit dem BgA Ost nach § 4 Abs. 6 Satz 1 Nr. 2 KStG zu einem gesonderten Versorgungs-Bad-BgA zusammengefasst werden.

**Beispiel 2:** 8

Die Stadt verwaltet die Bäder Ost, West und Nord in einem Bäder-Amt (eine Einrichtung i. S. d. § 4 Abs. 1 Satz 1 KStG). Am Bad Ost (ein großes Bad) ist ein kleines Blockheizkraftwerk errichtet. Zwischen diesem Großbad und dem Blockheizkraftwerk besteht hiernach eine enge wechselseitige technisch-wirtschaftliche Verflechtung von einigem Gewicht, bei dem wegen der unterschiedlichen Dimension der zusammengefassten Betriebe der Badbetrieb das Gepräge gibt. Daneben unterhält die Stadt einen Verkehrsbetrieb.

Der Verkehrsbetrieb ist ein Verkehrs-BgA. Das Blockheizkraftwerk ist isoliert betrachtet ein Versorgungs-BgA. Beide BgA können nach § 4 Abs. 6 Satz 1 Nr. 3 KStG zusammengefasst werden. Die in dem Bäder-Amt verwalteten Bäder bilden als Einrichtung einen BgA. Zu diesem Bäder-BgA besteht keine enge wechselseitige technisch-wirtschaftliche Verflechtung von einigem Gewicht. Diese besteht nur zum Großbad Ost und dem eigenständigen Versorgungs-BgA. Eine Zusammenfassung dieses Versorgungs-BgA nach § 4 Abs. 6 Satz 1 Nr. 2 KStG mit dem Großbad Ost wäre nur möglich, wenn es verwaltungsmäßig aus dem Bäder-Amt herausgelöst und zu einem eigenständigen BgA verselbständigt würde. In diesem Fall würde der zusammengefasste Großbad Ost-Blockheizkraftwerk-BgA nicht als Versorgungsbetrieb gelten, weil ihm der Bäderbereich das Gepräge gibt; eine Zusammenfassung mit dem Verkehrs-BgA nach § 4 Abs. 6 Satz 1 Nr. 3 KStG scheidet aus.

## II. Versorgungsbetriebe

### 1. Allgemeines

**9** Versorgungsbetriebe i. S. d. § 4 Abs. 3 KStG sind nur Einrichtungen im Bereich der Wasser-, Gas-, Elektrizitäts- oder Wärmeversorgung. Ihre Tätigkeit muss der Versorgung der Bevölkerung dienen. Erfasst werden sämtliche Wertschöpfungsstufen (Erzeugung, Transport und Handel bzw. Vertrieb). Für die Einordnung als Versorgungsbetrieb ist es ausreichend, dass die Einrichtung nur eine oder einige der Wertschöpfungsstufen umfasst.

**10** § 4 Abs. 3 KStG erfasst nur Tätigkeiten, die bis zur Übergabe an den Endkunden anfallen. Tätigkeiten, die in Folge der Verwendung des Wassers, der Energie oder der Wärme beim Endkunden anfallen, sind von § 4 Abs. 3 KStG nicht erfasst. Hierunter fallen insbesondere Dienstleistungen im Bereich der Wartung von Kundenanlagen oder der Betrieb einer Anlage beim Kunden (sog. Contracting) sowie der Energieberatung. Diese Tätigkeiten führen grundsätzlich zu einem gesonderten BgA, der ggf. nach den übrigen Voraussetzungen des § 4 Abs. 6 KStG mit dem Versorgungs-BgA oder anderen BgA zusammengefasst werden kann.

### 2. Selbständiger Netzbetrieb

**11** Die bloße Überlassung eines gesamten Leitungsnetzes (z. B. Strom-, Gas- oder Wasserleitungen) durch die jPöR an einen rechtlich selbständigen Versorger, bei der der Versorger auch für den Unterhalt der Leitungen verantwortlich ist, stellt grundsätzlich eine vermögensverwaltende Tätigkeit dar, die aber regelmäßig die Tatbestände des Verpachtungs-BgA i. S. d. § 4 Abs. 4 KStG erfüllt. Werden nur Teile eines Leitungsnetzes überlassen, liegen aber die personellen und sachlichen Voraussetzungen für eine Betriebsaufspaltung (vgl. *R 15.7 Abs. 4 EStR*[1]) vor, ist dieser Netzbetrieb (Besitzbetrieb) ein BgA i. S. d. § 4 Abs. 1 KStG.

**12** Ein Netzbetrieb ist ein Versorgungsbetrieb i. S. d. § 4 Abs. 3 KStG. Entsprechendes gilt für Netzverpachtungs-BgA und Netzbesitz-BgA.

### 3. Telekommunikationsbetrieb

**13** Das Unterhalten eines öffentlichen Telekommunikationsbetriebs durch die jPöR führt zwar zu einem BgA, stellt aber keinen Versorgungsbetrieb i. S. d. § 4 Abs. 3 KStG dar.

### 4. Photovoltaikanlage

**14** Der Betrieb einer Photovoltaikanlage begründet einen Versorgungsbetrieb i. S. d. § 4 Abs. 3 KStG.

## III. Verpachtungs-BgA

**15** Ein Verpachtungs-BgA i. S. d. Fiktion des § 4 Abs. 4 KStG liegt nur vor, wenn die überlassenen Wirtschaftsgüter die wesentlichen Grundlagen des Betriebs ausmachen, mit denen der Pächter sogleich ohne größere Vorkehrungen einen Gewerbebetrieb ausüben kann (vgl. BFH-Urteil vom 11. Juli 1990, BStBl. II S. 1100).

**15a**[2] Es liegt keine entgeltliche Verpachtung und damit kein Verpachtungs-BgA vor, wenn bei wirtschaftlicher Betrachtung nicht der Pächter, sondern der Ver-

---

[1] **Red. Anm.:** Siehe nunmehr H 15.7 Abs. 4 EStH 2017.
[2] Rn. 15a eingef. durch BMF v. 15.12.2021, BStBl. I S. 2483.

pächter die wirtschaftliche Last des vereinbarten Pachtzinses zu tragen hat. Das ist z.B. der Fall, wenn der Pächter einen Zuschuss mindestens in Höhe der Pacht erhält.

Für die Frage, ob ein Verpachtungs-BgA mit einem anderen Verpachtungs-BgA oder einem BgA i. S. d. § 4 Abs. 1 KStG zusammengefasst werden kann, ist nicht auf die Verpachtungstätigkeit, sondern auf die Tätigkeit des Pächters abzustellen. **16**

Werden dagegen nicht alle wesentlichen Betriebsgrundlagen an den Pächter überlassen, liegt kein Verpachtungs-BgA, sondern grundsätzlich eine Vermögensverwaltung vor. Erfüllt eine derartige Verpachtung aber die persönlichen und sachlichen Voraussetzungen für eine Betriebsaufspaltung (vgl. H 15.7 Abs. 4 EStH „Allgemeines“), stellt sie eine gewerbliche Tätigkeit dar, die zu einem BgA i. S. d. § 4 Abs. 1 KStG führt. Dies gilt auch dann, wenn auf Seiten des Verpächters lediglich eine Einnahmeerzielungsabsicht vorliegt; eine Gewinnerzielungsabsicht ist insoweit nicht erforderlich (§ 4 Abs. 1 KStG). Zur Frage des Vorliegens einer Entgeltlichkeit gelten die Grundsätze der Rdnr. 15a. Hierbei sind in einer Gesamtbetrachtung neben der Pacht auch erwartbare Dividenden und Wertzuwächse zu berücksichtigen. **17**[1]

Eine Zusammenfassung dieser BgA kann nicht nach den für Verpachtungs-BgA geltenden Grundsätzen (vgl. Rdnr. 16) vorgenommen werden. Es ist zu prüfen, ob der Besitz-BgA mit der Verpachtung des oder der Wirtschaftgüter im Einzelfall die Zusammenfassungsvoraussetzungen des § 4 Abs. 6 KStG erfüllt. **18**

### IV. Fortgelten bisheriger verbindlicher Auskünfte oder Zusagen

Die gesetzliche Festschreibung der bisherigen Verwaltungsgrundsätze für die Zusammenfassung von BgA hat keine Rechtsänderung im Sinne des AEAO zu § 89 AO, Nr. 3.6.4 zur Folge. Sind auf der Grundlage der bisherigen Verwaltungsauffassung im Einzelfall verbindliche Auskünfte erteilt worden, verlieren diese allein durch das Inkrafttreten des § 4 Abs. 6 KStG nicht ihre Bindungswirkung. **19**

Sind verbindliche Auskünfte im Einzelfall für die Zukunft aufzuheben, sind bisher festgestellte Verlustvorträge sachgerecht den nicht mehr zusammenfassbaren BgA zuzuordnen. **20**

## B. Allgemeine Grundsätze der Einkommensermittlung eines BgA

Die jPöR ist mit ihrem BgA nach § 1 Abs. 1 Nr. 6 i. V. m. § 4 KStG bereits dann subjektiv unbeschränkt körperschaftsteuerpflichtig, wenn der BgA nur mit Einnahmeerzielungsabsicht betrieben wird, ein Totalgewinn aber nicht zu erwarten ist. § 8 Abs. 1 Satz 2 KStG stellt klar, dass auch in einem solchen Fall grundsätzlich ein Einkommen zu ermitteln ist. Hierbei gelten die Einkommensermittlungsvorschriften des EStG bzw. des KStG einschließlich § 8 Abs. 3 Satz 2 KStG, von dessen Anwendung nur unter den Voraussetzungen des § 8 Abs. 7 KStG abgesehen werden kann. **21**

---

[1] Rn. 17 neu gef. durch BMF v. 15.12.2021, BStBl. I S. 2483.

## C. Sonderregelung zum Ausschluss einer verdeckten Gewinnausschüttung (§ 8 Abs. 7 KStG)

### I. Begünstigte Betriebe

#### 1. BgA

**22**[1] Die Sonderregelung des § 8 Abs. 7 Satz 1 Nr. 1 KStG erfasst den einzelnen BgA i. S. d. § 4 KStG, der ein Dauerverlustgeschäft unterhält. Dies gilt auch, wenn er Organträger ist und das Dauerverlustgeschäft von der Organgesellschaft unterhalten wird (§ 15 Satz 1 Nr. 4 Satz 2 KStG). Handelt es sich um einen BgA, der in Folge einer Zusammenfassung i. S. d. § 4 Abs. 6 KStG entstanden ist, muss dieser BgA ein Dauerverlustgeschäft unterhalten.

**23** Werden auf Grund der Sonderregelung die Rechtsfolgen einer verdeckten Gewinnausschüttung nicht gezogen, ist insoweit auch § 20 Abs. 1 Nr. 10 EStG nicht anzuwenden.

#### 2. Eigengesellschaften

##### a) Allgemeines

**24** Von der Sonderregelung des § 8 Abs. 7 Satz 1 Nr. 2 KStG erfasst wird eine Kapitalgesellschaft, die ein Dauerverlustgeschäft unterhält. Dies gilt auch, wenn sie Organträger ist und das Dauerverlustgeschäft von der Organgesellschaft unterhalten wird (§ 15 Satz 1 Nr. 4 Satz 2 KStG).

**25** Werden auf Grund der Sonderregelung die Rechtsfolgen einer verdeckten Gewinnausschüttung nicht gezogen, ist insoweit auch § 20 Abs. 1 Nr. 1 Satz 2 EStG nicht anzuwenden.

##### b) Stimmrechtsverhältnisse

**26** Die Mehrheit der Stimmrechte muss unmittelbar oder mittelbar auf jPöR entfallen. Stimmrechtsvereinbarungen sind zu beachten. Es ist nicht notwendig, dass die Stimmrechte nur bei einer jPöR liegen. Die jeweilige jPöR kann auch in einem Mitgliedstaat der EU oder der EWR ansässig sein.

**27** Bei mittelbarer Beteiligung muss auf jeder Stufe der Beteiligungskette die Mehrheit der Stimmrechte vermittelt werden.

##### c) Verlusttragung

**28**[2] Die gesamten Verluste aus den einzelnen Dauerverlustgeschäften, die sich handelsrechtlich vor Verlustübernahme oder einer anderweitigen Verlustkompensation ergeben, müssen nachweislich von der jPöR als Gesellschafter getragen werden. Dies gilt auch, wenn sich bei der Gesellschaft selbst handelsrechtlich in der Summe kein Verlust ergibt. Für die Tragung der Verluste ist es nicht notwendig, dass die Verluste jährlich seitens der jPöR mittels Einlagen ausgeglichen werden. Es reicht aus, dass sie von der jPöR wirtschaftlich im Ergebnis getragen werden. Maßgebend sind die Verhältnisse des Einzelfalls. Sind mehrere jPöR Gesellschafter, so müssen die gesamten Verluste nachweislich von diesen beteiligten jPöR getragen werden. Die jeweilige Verlusttragungspflicht kann sich hierbei sowohl nach Maßgabe der Beteiligungsquote als auch nach anderen, nachprüfbar vernünftigen Aufteilungsmaßstäben richten.

---

[1] Rn. 22 neu gef. durch BMF v. 15.12.2021, BStBl. I S. 2483.
[2] Rn. 28 neu gef. durch BMF v. 6.7.2021, BStBl. I S. 914.

**Beispiel:** 28a[1)]

Die Gemeinden A und B sind jeweils zur Hälfte Gesellschafter einer GmbH, die in A und B jeweils ein Bad betreibt. Beide Bäder erzielen Dauerverluste. Die beiden Gemeinden haben eine von der Beteiligungsquote abweichende Verlusttragung vereinbart. Diese legt fest, dass die (Teil)Verluste nach Maßgabe der im jeweiligen Gemeindegebiet entstehenden Bäderverluste zu tragen sind.

Die vorliegende Verlusttragungsvereinbarung ist anzuerkennen. Damit ist die GmbH eine Eigengesellschaft im Sinne des § 8 Abs. 7 Satz 1 Nr. 2 KStG.

Unterhält die Kapitalgesellschaft neben einem Dauerverlustgeschäft auch eine gewinnbringende Tätigkeit, werden die Ergebnisse regelmäßig gesellschaftsintern verrechnet. Die jPöR als Mitgesellschafterin trägt die Verluste aus der Verlusttätigkeit nur in Höhe des auf sie entsprechend ihrer Beteiligungsquote entfallenden Anteils am Ergebnis aus der Gewinntätigkeit. Den gesamten sich aus der Verlusttätigkeit ergebenden Verlust trägt sie nur, wenn sie auch den darüber hinausgehenden Verlust aus der Verlusttätigkeit nach den Grundsätzen der Rdnr. 28 trägt. Entsprechendes gilt, wenn die Tätigkeiten in verschiedenen Eigengesellschaften ausgeübt werden, die z. B. in einer Holdingstruktur gesellschaftsrechtlich verbunden sind. 29

**Beispiel:** 30

An einer GmbH ist die Gemeinde G zu 51 % und der Private P zu 49 % beteiligt. Die GmbH betreibt ÖPNV mit Jahresverlusten von 100 und die Stromversorgung mit Jahresgewinnen von 100.

Damit bei der GmbH § 8 Abs. 7 KStG angewendet werden kann, muss sich G verpflichten, den jährlich rechnerisch auf P entfallenden Verlustanteil aus dem Dauerverlustgeschäft ÖPNV in Höhe von 49 zu tragen, z. B. durch Einlagen. Leistet sie diese Einlagen, dürfen diese im Falle einer Liquidation nicht an G, sondern nur an P ausgekehrt werden.

Ist ein BgA Organträger einer Kapitalgesellschaft, trägt der BgA auf Grund des Ergebnisabführungsvertrags die Verluste jährlich voll; der Tatbestand des § 8 Abs. 7 Satz 1 Nr. 2 Satz 2 KStG ist damit erfüllt. 31

Die auf Grund § 8 Abs. 7 Satz 1 Nr. 2 Satz 2 KStG getroffenen Verlusttragungsvereinbarungen lassen die Grundsätze des *BMF-Schreibens vom 7. Dezember 2000 (BStBl. 2001 I S. 47)*[2)] unberührt. Danach ist bei einer disquotalen Verlusttragung der jPöR für die Anerkennung einer disquotalen Gewinnverteilung eine „besondere Leistung" des privaten Gesellschafters erforderlich. 32

## II. Begünstigte Dauerverlustgeschäfte

### 1. Allgemeines

Für die Frage, ob die Sonderregelung zur Anwendung kommt, ist zunächst erforderlich, dass beim BgA bzw. der Eigengesellschaft eine Vermögensminderung bzw. verhinderte Vermögensmehrung vorliegt, die den Tatbestand der verdeckten Gewinnausschüttung i. S. d. § 8 Abs. 3 Satz 2 KStG erfüllt. Die Sonderregelung erfasst nur Vermögensminderungen bzw. verhinderte Vermögensmehrungen, soweit sie auf dem Unterhalten eines Dauerverlustgeschäfts aus den in § 8 Abs. 7 Satz 2 KStG genannten Gründen beruhen. Hierbei handelt es sich um „wirtschaftliche" Dauerverlustgeschäfte (vgl. Rdnrn. 36 bis 49) und „hoheitliche" Dauerverlustgeschäfte (vgl. Rdnrn. 50 bis 51). Für Vermögensminderungen bzw. verhinderte Vermögensmehrungen aus anderen Gründen gelten die allgemeinen Grundsätze des § 8 Abs. 3 Satz 2 KStG. 33

[1)] Rn. 28a eingef. durch BMF v. 6.7.2021, BStBl. I S. 914.
[2)] Siehe nunmehr BMF v. 17. 12 2013, BStBl. 2014 I S. 63 (Nr. **100** § 27/1).

34 **Beispiel:**

Der Verkehrsbetrieb, der einen Betriebsverlust von 100 000 € erzielt, überlässt seiner Trägerkommune ein Grundstück, für das eine Marktmiete von jährlich 1000 € zu erzielen wäre, für 100 €.

In Höhe von 900 € liegt eine Vermögensminderung vor, die nach § 8 Abs. 3 Satz 2 KStG zu einer verdeckten Gewinnausschüttung führt. Durch die Einkommenshinzurechnung der verdeckten Gewinnausschüttung ergibt sich nur ein negatives Einkommen von 99 100 €. Dieses unterfällt der Sonderregelung des § 8 Abs. 7 KStG.

35 Liegt eine verdeckte Gewinnausschüttung vor, trifft die Feststellungslast für die Anwendung der Sonderregelung den Steuerpflichtigen.

**2. Voraussetzung für ein „wirtschaftliches" Dauerverlustgeschäft**

36 Ein Dauerverlustgeschäft i. S. d. § 8 Abs. 7 Satz 2 erster Halbsatz KStG setzt zum einen voraus, dass eine wirtschaftliche Betätigung aus den aufgeführten politischen Gründen ohne kostendeckende Entgelte unterhalten wird, und zum anderen der dabei entstehende Verlust ein Dauerverlust ist. Entsprechendes gilt, wenn die Entgelte nur zu einem ausgeglichenen Ergebnis führen. Ein Dauerverlust liegt vor, wenn auf Grund einer Prognose nach den Verhältnissen des jeweiligen Veranlagungszeitraums nicht mit einem positiven oder ausgeglichenen Ergebnis oder nicht mit einem steuerlichen Totalgewinn zu rechnen ist. Dabei sind Betriebsvermögensmehrungen, die nicht der Besteuerung unterliegen (z. B. zu erwartende Investitionszulagen oder Dividenden, die unter § 8 b KStG fallen), gewinnerhöhend und Aufwendungen, die den steuerlichen Gewinn nicht mindern dürfen, gewinnmindernd zu berücksichtigen (vgl. BFH-Urteil vom 30. November 1989, BStBl. 1990 II S. 452, 454). Maßgebend ist ausschließlich das Ergebnis aus der Geschäftstätigkeit selbst, d. h. unter Berücksichtigung allein des hierfür notwendigen Betriebsvermögens.

37 Mögliche Aufgabe- und Veräußerungsgewinne sind bei der Beurteilung als Dauerverlustgeschäft nicht zu berücksichtigen.

38 Gewinne in einzelnen Veranlagungszeiträumen stehen der Annahme eines Dauerverlustgeschäfts nicht entgegen.

39 § 8 Abs. 7 KStG ist ab dem Zeitpunkt nicht mehr anzuwenden, ab dem ein Dauerverlustgeschäft i. S. d. Rdnr. 36 nicht mehr vorliegt. Die Frage, ob die Rechtsfolgen einer vGA zu ziehen sind, richtet sich ab diesem Zeitpunkt allein nach allgemeinen Grundsätzen.

**3. Einzelne begünstigte „wirtschaftliche" Dauerverlustgeschäfte**

40 § 8 Abs. 7 Satz 2 KStG enthält eine abschließende Aufzählung der Gründe, aus denen ein kostendeckendes Entgelt nicht erhoben wird. Die begünstigten wirtschaftlichen Geschäfte müssen den folgenden Bereichen zuzurechnen sein, denen die genannten Betätigungen beispielhaft zuzuordnen sind:

**a) Verkehrsbereich**

41 ÖPNV, Flughafenbetriebe, Parkraumbewirtschaftung, Hafen- und Fährbetriebe.

**b) Umweltbereich**

42 Gewerbemüllentsorgung (soweit im Einzelfall nicht hoheitlich).

**c) Sozialbereich**

43 Kindergärten, Tageseinrichtungen für Kinder, Einrichtungen der Jugend- und Erwachsenenhilfe, Senioreneinrichtungen; Wirtschaftsförderung ist keine sozialpolitische Tätigkeit; sie zählt nicht zu den in § 8 Abs. 7 Satz 2 KStG aufgeführten Bereichen.

**d) Kulturbereich**

Bibliotheken, Zoologische Gärten, Museen, kulturelle Ausstellungen, Kinos, Opern, Theater, Bühnen, Orchester. 44

**e) Bildungsbereich**

Schulen und Kurstätigkeit von Kammern (soweit nicht hoheitlich)[1] oder Volkshochschulen. 45

**f) Gesundheitsbereich**

Krankenhäuser, Bäder, Kuranlagen, Sportanlagen; Beherbergungsbetriebe zählen nicht zum Gesundheitsbereich. 46

Die Begünstigung setzt voraus, dass der BgA oder die Kapitalgesellschaft die Geschäfte selbst tätigen. Überlässt der BgA oder die Kapitalgesellschaft nur Wirtschaftsgüter an Dritte, damit diese vergleichbare Geschäfte tätigen können, liegt grundsätzlich bei dem BgA oder der Kapitalgesellschaft kein begünstigtes Geschäft vor (z. B. die Überlassung einer Multifunktionshalle an verschiedene Veranstalter). Führt die Überlassung durch die jPöR zur Fiktion des (dauerdefizitären) Verpachtungs-BgA (§ 4 Abs. 4 KStG) und übt in diesen Fällen nur der Pächter die in § 8 Abs. 7 Satz 2 KStG aufgeführten Tätigkeiten aus, ist § 8 Abs. 7 KStG auf den Verpachtungs-BgA nicht anzuwenden, da dieser das Geschäft nicht selbst tätigt. Erfolgt die Überlassung durch die jPöR hingegen im Rahmen einer Betriebsaufspaltung, die bei der überlassenden jPöR zu einem Besitz-BgA i.S.d. § 4 Abs. 1 KStG führt und werden in diesen Fällen die in § 8 Abs. 7 Satz 2 KStG aufgeführten Tätigkeiten ausschließlich von der Betriebsgesellschaft ausgeübt, ist § 8 Abs. 7 KStG auf den Besitz-BgA anzuwenden. 47[2]

**Beispiel 1:**

Stadt B ist zu 100% an der ÖPNV-GmbH beteiligt, die ihrerseits den (dauerdefizitären) ÖPNV im Stadtgebiet B unterhält. B überlässt die in ihrem Eigentum befindlichen Gleisanlagen entgeltlich an die ÖPNV-GmbH und erhebt aus verkehrspolitischen Gründen keine kostendeckende Pacht. 48[2]

Die Überlassung erfüllt die Voraussetzungen einer Betriebsaufspaltung und führt zu einem dauerdefizitären Besitz-BgA. Dieser umfasst die überlassenen Gleisanlagen sowie dei Beteilung an der ÖPNV-GmbH. Auf den dauerdefizitären Besitz-BgA ist § 8 Abs. 7 KStG anzuwenden.

**Beispiel 2:**

JPöR unterhält mit einer Multifunktionshalle, die mit Erbringung erheblicher zusätzlicher Leistungen (z. B. Bühnen- und Tribünenauf- und -abbau, Reinigung, Sicherheitsdienst etc.) an unterschiedliche Nutzer zu deren Zwecken (z. B. Theateraufführung, Kongressveranstaltung oder Parteitag) überlassen wird, einen BgA; kostendeckende Erlöse werden nicht erhoben. 49

Das Unterhalten der Halle ist ein BgA i. S. d. § 4 Abs. 1 KStG, der kein in § 8 Abs. 7 Satz 2 KStG aufgeführtes Dauerverlustgeschäft betreibt.

## 4. „Hoheitliche" Dauerverlustgeschäfte einer Kapitalgesellschaft

Hoheitliche Tätigkeiten führen bei der jPöR nicht zu einem BgA (vgl. § 4 Abs. 5 Satz 1 KStG); Verluste im Rahmen dieser Tätigkeit, sind für die jPöR steuerlich irrelevant. Derartige Verlustgeschäfte sind allerdings nach den Grundsätzen des BFH-Urteils vom 22. August 2007 (BStBl. II S. 961) im Rahmen der Einkommensermittlung zu berücksichtigen, wenn sie von einer Kapitalgesellschaft getätigt werden. Handelt es sich bei der Verlusttätigkeit um Dauer- 50

[1] **Red. Anm.:** Zur Abgrenzung der von Handwerkskammern, Kreishandwerkerschaften und Innungen durchgeführten Bildungsmaßnahmen siehe LfSt Bayern v. 7.1.2010 S 2706.2.1-29/2 St31, DB 2010 S. 307.

[2] Rdnr. 47 und 48 neu gef. durch BMF v. 15.12.2021, BStBl. I S. 2483.

verlustgeschäfte (vgl. Rdnr. 33), ist bei der Kapitalgesellschaft nach § 8 Abs. 7 Satz 2 letzter Halbsatz KStG die Rechtsfolge der verdeckten Gewinnausschüttung nicht zu ziehen. Das gilt z. B. für das Schulschwimmen in einem von der Kapitalgesellschaft betriebenen öffentlichen Bad.

**51** Von der Sonderregelung erfasst sind nur „hoheitliche" Tätigkeiten, die die Kapitalgesellschaft selbst ausübt. Verpachtet die Gesellschaft z. B. einen Bauhof oder ein Rathaus an die Trägerkörperschaft gegen ein nicht kostendeckendes Entgelt, ist § 8 Abs. 7 Satz 2 letzter Halbsatz KStG nicht einschlägig; es ist nach allgemeinen Grundsätzen zu prüfen, ob das nicht kostendeckende Entgelt den Tatbestand der verdeckten Gewinnausschüttung erfüllt.

### III. Höhe der verdeckten Gewinnausschüttung bei nicht begünstigten Dauerverlustgeschäften

**52** Liegt kein begünstigtes Dauerverlustgeschäft i. S. d. § 8 Abs. 7 Satz 2 KStG vor, gelten die allgemeinen Grundsätze zur verdeckten Gewinnausschüttung des § 8 Abs. 3 Satz 2 KStG. Nach den Grundsätzen des BFH-Urteils vom 22. August 2007 (BStBl. II S. 961) wird das Dauerverlustgeschäft ohne Verlustausgleich im Interesse des Gesellschafters der Eigengesellschaft unterhalten. In Höhe des Verlustes kommt es zu einer verdeckten Gewinnausschüttung. Für BgA und dessen Verhältnis zur Trägerkörperschaft gilt Entsprechendes. Maßgebend für die Bemessung der verdeckten Gewinnausschüttung ist grundsätzlich der steuerliche Verlust aus dem Geschäft. Fallen im Zuge des Geschäfts allerdings Vermögensmehrungen an, die nicht der Besteuerung unterliegen (z. B. vereinnahmte Investitionszulagen oder Dividenden, die unter § 8 b KStG fallen), so mindern diese Beträge die Bemessungsgrundlage der verdeckten Gewinnausschüttung.

**53** In Fällen, in denen nach den Grundsätzen des BMF-Schreibens vom 7. Dezember 2007 (BStBl. I S. 905) in Veranlagungszeiträumen vor 2009 eine verdeckte Gewinnausschüttung anzusetzen ist, gelten vorstehende Grundsätze entsprechend.

### IV. Anwendungsregelungen

**54** § 8 Abs. 7 KStG ist auch für Veranlagungszeiträume vor 2009 anzuwenden (vgl. § 34 Abs. 6 Satz 4 KStG). Ist im Einzelfall vor dem 18. Juni 2008 (Tag der Kabinettbefassung zum Entwurf eines Jahressteuergesetzes 2009) zu Gunsten der Steuerpflichtigen nach anderen als den in § 8 Abs. 7 KStG enthaltenen Grundsätzen verfahren worden, sind diese Grundsätze grundsätzlich bis einschl. Veranlagungszeitraum 2011 weiter anzuwenden (vgl. § 34 Abs. 6 Satz 5 KStG). § 34 Abs. 6 Satz 5 KStG kommt allerdings nur zur Anwendung, wenn diese Grundsätze den bisherigen Verwaltungsgrundsätzen bzw. der bisherigen Rechtslage nicht entgegenstanden.

**55** Die Übergangsregelung kommt hiernach zur Anwendung, wenn im Einzelfall vor dem 18. Juni 2008 die Rechtsfolgen der verdeckten Gewinnausschüttung nicht gezogen worden sind,

**56** – bei anderen als in § 8 Abs. 7 Satz 2 KStG aufgeführten Dauerverlustgeschäften. Die insoweit bis Veranlagungszeitraum 2011 festgestellten Verlustvorträge sind auch – vorbehaltlich § 8 Abs. 8 und 9 KStG – in den folgenden Veranlagungszeiträumen nach Maßgabe des § 10 d EStG bzw. § 8 c KStG nutzbar,

– bei einer Kapitalgesellschaft, bei der die Stimmrechtsverhältnisse und/oder die Verlusttragungsregelungen nicht den Vorgaben des § 8 Abs. 7 Satz 1 Nr. 2 Satz 2 KStG entsprechen. 57

Entsprechen bei der Kapitalgesellschaft die Stimmrechtsverhältnisse und die Verlusttragungsregelungen vor dem 18. Juni 2008 den Vorgaben des § 8 Abs. 7 Satz 1 Nr. 2 Satz 2 KStG und trifft dies bei mindestens einer der Maßgaben zu einem Zeitpunkt nach dem 18. Juni 2008 nicht mehr zu, so kann die Kapitalgesellschaft ab dem Veranlagungszeitraum der Veränderung die Übergangsregelung des § 34 Abs. 6 Satz 5 KStG nicht in Anspruch nehmen (§ 34 Abs. 6 Satz 6 KStG). 58

## V. Anwendung der Grundsätze des § 8 Abs. 7 KStG auf Personengesellschaften mit Dauerverlustgeschäften

### 1. Juristische Person des öffentlichen Rechts ist Gesellschafterin der Personengesellschaft

#### a) Allgemeines

Nach *R 6 Abs. 2 Satz 2 KStR*[1] ist die Beteiligung der jPöR an einer Mitunternehmerschaft ein eigenständiger BgA. Diese Regelung ist nach den Grundsätzen des *R 7 Abs. 2 KStR*[2] auf jede von der Personengesellschaft ausgeübte Tätigkeit gesondert anzuwenden. Eine Zusammenfassung der sich hiernach ergebenden BgA beurteilt sich nach § 4 Abs. 6 KStG. 59

#### b) Personengesellschaft unterhält ausschließlich ein Dauerverlustgeschäft

Eine Mitunternehmerschaft liegt nach dem BFH-Urteil vom 25. Juni 1996 (BStBl. 1997 II S. 202) nur vor, wenn die Personengesellschaft insgesamt mit Gewinnerzielungsabsicht tätig ist. Eine Personengesellschaft, deren Geschäftstätigkeit sich auf ein Dauerverlustgeschäft beschränkt, ist keine Mitunternehmerschaft; *R 6 Abs. 2 Satz 2 KStR*[1] ist insoweit nicht einschlägig. 60

Die der jPöR aus einer Beteiligung an einer derartigen Personengesellschaft zuzurechnende anteilige Tätigkeit der Gesellschaft stellt bei der jPöR aber nach den allgemeinen Grundsätzen des § 4 KStG einen BgA dar. Auf diesen BgA sind § 4 Abs. 6 und § 8 Abs. 7 KStG anzuwenden. 61

#### c) Personengesellschaft unterhält neben einem Dauerverlustgeschäft auch andere Geschäftsbereiche

Das jeweilige Dauerverlustgeschäft bildet nach allgemeinen Grundsätzen einen gesonderten BgA. Für die jeweiligen Gewinntätigkeiten gilt (auch unter Berücksichtigung von *R 6 Abs. 2 Satz 2 KStR*[1]) Entsprechendes. Auf die BgA sind § 4 Abs. 6 und § 8 Abs. 7 KStG anzuwenden. 62

### 2. Kapitalgesellschaft ist Gesellschafterin der Personengesellschaft

Nach den Grundsätzen des BFH-Urteils vom 25. Juni 1996 (BStBl. 1997 II S. 202) sind die aus den einzelnen Tätigkeiten der Gesellschaft dem Gesellschafter zuzurechnenden Einkünfte bei ihm nur steuerrelevant, soweit die Tätigkeiten mit Gewinnerzielungsabsicht unternommen werden. Verlustgeschäfte, auch soweit sie Dauerverlustgeschäfte i. S. d. § 8 Abs. 7 Satz 2 KStG sind, sind bei der Einkommensermittlung der Kapitalgesellschaft nicht zu 63

[1] **Red. Anm.:** Siehe nunmehr H 4.1 „Beteiligungen von jPöR an Personengesellschaften" KStH.
[2] **Red. Anm.:** Siehe nunmehr R 4.2 KStR 2015.

berücksichtigen. Damit stellt sich die Frage, ob eine Zurechnung der anteiligen Verluste eine verdeckte Gewinnausschüttung zur Folge hat, nicht. Dies gilt auch bei einer gewerblich geprägten Personengesellschaft (vgl. BFH-Urteil vom 25. September 2008, BStBl. 2009 II S. 266).

### D. Verlustnutzungen bei zusammengefassten BgA (§ 8 Abs. 8 KStG)

64 Die Vorschriften des Verlustabzugs sind auf den jeweiligen BgA anzuwenden. Aus der zulässigen Zusammenfassung von BgA, die nicht gleichartig sind, entsteht ein neuer BgA, der Verlustvorträge, die im Einzelfall bei den bisherigen BgA vor Zusammenfassung festgestellt worden sind, nicht übernehmen kann (§ 8 Abs. 8 Satz 2 KStG). Diese Verlustvorträge sind erst wieder „nutzbar", wenn die jPöR einen BgA, wie er bis zur Zusammenfassung bestand, künftig wieder unterhält. Entsprechendes gilt, wenn ein BgA, in dem nicht gleichartige Tätigkeiten zulässigerweise zusammengefasst worden sind, getrennt wird. Wird einem BgA, in dem mehrere nicht gleichartige Tätigkeiten zusammengefasst sind (z. B. ÖPNV und Hafenbetrieb) ein weiterer Tätigkeitsbereich (z. B. Wasserversorgung) zugeführt, liegt ein neuer BgA vor, der über keinen Verlustvortrag verfügt. Veränderungen innerhalb eines Tätigkeitsbereichs (z. B. Erweiterung des Verkehrsbetriebs von Bussen um Straßenbahnen) sind dagegen unschädlich.

65 **Beispiel:**

Die jPöR unterhält den BgA „Bad Ost und West" und den BgA „ÖPNV". Zum 31. Dezember 2008 sind beim Bäder-BgA 100 000 € Verlustvortrag und beim Verkehrs-BgA 300 000 € Verlustvortrag festgestellt. In 2009 als auch in 2010 erzielt der BgA „Bad Ost und West" jeweils einen Jahresverlust von 10 000 € und der Verkehrsbetrieb in 2009 als auch in 2010 jeweils einen Jahresverlust von 20 000 €. In 2010 eröffnet die jPöR zusätzlich das Bad „Süd", das einen Gewinn von 1000 € erzielt. In 2010 betreibt die jPöR auch noch die Stromversorgung mit einem Gewinn von 11 000 €.

Für den BgA Bad „Ost und West" wird zum 31. Dezember 2009 ein Verlustvortrag von 110 000 € festgestellt. Durch die Eröffnung des Bad „Süd" kann die jPöR, da eine gleichartige Tätigkeit vorliegt, den BgA zum BgA „Bad Ost, West und Süd" erweitern, dessen Verlustvortrag zum 31. Dezember 2010 auf 110 000 + 10 000 ./. 1000 = 119 000 € festzustellen ist.

Für den BgA „ÖPNV" wird zum 31. Dezember 2009 ein Verlustvortrag von 320 000 € festgestellt. Fasst die jPöR in 2010 diesen BgA mit dem neuen BgA „Stromversorgung" zusammen, entsteht ein neuer BgA „ÖPNV-Stromversorgung", der zum 31. Dezember 2010 einen festzustellenden Verlustvortrag von 0 + 20 000 ./. 11 000 = 9000 € hat. Der bisherige Verlustvortrag von 320 000 € aus dem BgA „ÖPNV" wird so lange „eingefroren" bis die jPöR in der Zukunft die Stromversorgung wieder aufgeben sollte und den ÖPNV „alleine" weiter betreibt. In diesem Fall würde der wieder entstandene BgA „ÖPNV" mit einem Verlustvortrag von 320 000 € „starten" und der Verlustvortrag von 9000 € des BgA „ÖPNV-Stromversorgung" festgeschrieben bleiben.

### E. Spartentrennung bei Eigengesellschaften (§ 8 Abs. 9 KStG)

#### I. Allgemeines

66 § 8 Abs. 9 KStG ist anzuwenden, wenn für eine Kapitalgesellschaft § 8 Abs. 7 Satz 1 Nr. 2 KStG zur Anwendung kommt und diese

– mehr als eine Tätigkeit ausübt, die bei einer jPöR jeweils zu einem BgA führen würde, die ggf. aber nach § 4 Abs. 6 KStG zusammengefasst werden könnten,
– neben mindestens einer wirtschaftlichen Tätigkeit auch eine Tätigkeit im Sinne des § 8 Abs. 7 Satz 2 letzter Halbsatz KStG ausübt oder
– mehrere Tätigkeiten im Sinne des § 8 Abs. 7 Satz 2 letzter Halbsatz KStG ausübt.

In Fällen der Organschaft vgl. unter F. 67

## II. Sparteneinteilung

### 1. Einzelne Sparten

Mit der Ausübung mehrerer verschiedener Tätigkeiten in einer Kapitalgesellschaft kommt es zur Zusammenfassung dieser Tätigkeiten bei einem Steuerpflichtigen. Diese Zusammenfassung ist unter Beachtung der Grundsätze des § 4 Abs. 6 KStG bei der Spartenbildung zwingend zu berücksichtigen (wegen der Zusammenfassung bei BgA vgl. Rdnr. 1). 68

Für die Spartenzuordnung sind

– zunächst Dauerverlustgeschäfte im Sinne des § 8 Abs. 7 Satz 2 letzter Halbsatz KStG jeweils einer gesonderten Sparte zuzuordnen (Sparten i. S. d. § 8 Abs. 9 Satz 1 Nr. 1 KStG = Sparten mit „hoheitlichen" Dauerverlustgeschäften). Eine Zusammenfassung dieser „hoheitlichen" Tätigkeiten scheidet aus; 69

– danach Tätigkeiten, die entweder nach § 4 Abs. 6 Satz 1 KStG zusammenfassbar sind, unabhängig davon, ob es sich um Dauerverlustgeschäfte oder Gewinngeschäfte handelt, oder aus übrigen nicht zusammenfassbaren Dauerverlustgeschäften stammen, nach Maßgabe des § 4 Abs. 6 Satz 1 EStG jeweils einer gesonderten Sparte zuzuordnen (Sparten i. S. d. § 8 Abs. 9 Satz 1 Nr. 2 KStG); 70

– die danach verbleibenden Tätigkeiten einer gesonderten Sparte zuzuordnen (Sparte i. S. d. § 8 Abs. 9 Satz 1 Nr. 3 KStG; „übrige Sparte"). In diese Sparte sind auch Geschäfte einzuordnen, die – ohne Dauerverlustgeschäfte zu sein – in einzelnen Wirtschaftsjahren Verluste bzw. Anlaufverluste erzielen. 71

Jede Änderung in der Tätigkeitsstruktur der Kapitalgesellschaft ist auf ihre Auswirkung auf die Spartenzuordnung zu überprüfen; eine Änderung in der Tätigkeitsstruktur kann auch über Umwandlungsvorgänge bewirkt werden: 72

– Wird zu einer bestehenden Sparte eine gleichartige Tätigkeit aufgenommen oder fällt eine solche weg, wird die nämliche Sparte in ihrer veränderten Form fortgeführt. 73

– Veränderungen in der „übrigen Sparte" (§ 8 Abs. 9 Satz 1 Nr. 3 KStG) führen zu Änderungen in dieser Sparte und der Fortführung dieser Sparte in der veränderten Form. 74

– Übrige Veränderungen in Form der Aufnahme neuer Tätigkeiten oder dem Wegfall bisheriger Tätigkeiten führen zu neuen Sparten unter Berücksichtigung der aktuellen Tätigkeitsstruktur. Wenn hiervon bisherige Sparten betroffen sind, fallen diese Sparten weg: Ein in einer dieser Sparten festgestellter Verlustvortrag ist festzuschreiben; kommt es künftig wieder zu einer Tätigkeitsstruktur, die dieser Sparte entspricht, ist dieser festgeschriebene Betrag als Anfangsbestand der neuen Sparte maßgebend. 75

Hilfsgeschäfte zu einer Haupttätigkeit der Kapitalgesellschaft teilen das Schicksal der Haupttätigkeit. Ob ein Hilfsgeschäft vorliegt, beurteilt sich nach den Gegebenheiten des Einzelfalls. Die Veräußerung des Betriebsvermögens in Folge der Aufgabe der operativen Tätigkeit ist beispielsweise ein Hilfsgeschäft in der Sparte, der das Betriebsvermögen bisher zugeordnet war. Für Nebengeschäfte von untergeordneter Bedeutung gilt Entsprechendes. 76

Die Spartenbildung ist losgelöst von der Frage vorzunehmen, ob die einzelnen Sparten einen Teilbetrieb bilden oder nicht. 77

78 **Beispiel 1:**

Im Veranlagungszeitraum 01 betreibt die Kapitalgesellschaft ein Theater mit einem Verlust von 30, in den Stadtteilen A und B jeweils ein Bad mit Verlusten von 30 bzw. 40, ein Blockheizkraftwerk, das aus der Stromgewinnung einen Überschuss von 120 erzielt, den ÖPNV mit einem Verlust von 160, ein reines Schulschwimmbad mit einem Verlust von 40, die Hausmüllentsorgung mit einem Gewinn von 10, die Grundstücksverwertung mit einem Gewinn von 30 und erstmals eine EDV-Servicetätigkeit mit einem Anlaufverlust von 5.

Die Tätigkeiten der Eigengesellschaft sind zwingend folgenden Sparten zuzuordnen:

– Sparte „Schulschwimmbad" (Verlust 40) als „hoheitliches" Dauerverlustgeschäft.
– Sparte „Theater" (Verlust 30) als Dauerverlustgeschäft.
– Sparte „Bäder A und B" (Verlust 70) als gleichartig zusammengefasste Tätigkeiten.
– Sparte „Stromversorgung/Verkehrsbetrieb" (Verlust 40) als auf Grund § 4 Abs. 3 KStG zusammengefasste Tätigkeiten.
– Sparte „übrige Tätigkeiten" bestehend aus der mit Gewinnerzielungsabsicht betriebenen Tätigkeit der Hausmüllentsorgung, der Grundstücksverwertung und der EDV-Servicetätigkeit (Gewinn 35).

Die Verluste der vier Verlustsparten sind gesondert festzustellen. Der Gewinn aus der Sparte „übrige Tätigkeiten" ist bei der Einkommensermittlung der Gesellschaft für den Veranlagungszeitraum 01 zu berücksichtigen.

79 **Beispiel 2:**

Im Veranlagungszeitraum 02 betreibt die Kapitalgesellschaft zum einen dieselben Tätigkeiten wie 01 und erzielt hierbei auch die entsprechenden Ergebnisse. Zusätzlich betreibt sie ab Beginn des Jahres noch ein zweites Theater mit einem Gewinn von 70 und die Wasserversorgung mit einem Gewinn von 50.

Die Tätigkeiten der Eigengesellschaft sind nunmehr zwingend folgenden Sparten zuzuordnen:

– Sparte „Schulschwimmbad" (Verlust 40) als „hoheitliches" Dauerverlustgeschäft. Ingesamt festgestellter Verlust 80.
– Sparte „Theater" bestehend aus dem Dauerverlustgeschäft des bisherigen Theaters und dem neu hinzu gekommenen Theater, das kein Dauerverlustgeschäft ist. Das laufende Ergebnis von 70 ./. 30 = 40 vermindert sich um den Verlustvortrag dieser Sparte von 30, so dass sich für 02 ein Gesamtbetrag der Einkünfte von 10 ergibt.
– Sparte „Bäder A und B" (Verlust 70) als gleichartig zusammengefasste Tätigkeiten. Insgesamt festgestellter Verlust 140.
– Neue Sparte „Stromversorgung/Verkehrsbetrieb/Wasserversorgung" (Gewinn (50 ./. 40 =) 10) als auf Grund von § 4 Abs. 3 KStG zusammengefasste Tätigkeiten. Dieser Gewinn kann nicht um den Verlustvortrag der bisherigen Sparte „Stromversorgung/Verkehrsbetrieb" aus 01 gemindert werden, da zwar die Stromversorgung und die Wasserversorgung für sich als gleichartig anzusehen wären, in Folge der schon bestehenden Zusammenfassung der Stromversorgung mit dem Verkehrsbetrieb aber kein Versorgungsbetrieb vorliegt, der mit der Wasserversorgung wegen Gleichartigkeit zusammengefasst werden könnte. (Dies wäre nur der Fall, wenn bei der Zusammenfassung der Stromversorgung mit dem Verkehrsbetrieb die Stromversorgung diesem zusammengefassten BgA das Gepräge geben würde.)
– Sparte „Übrige Tätigkeiten" bestehend aus der mit Gewinnerzielungsabsieht betriebenen Tätigkeit der Hausmüllentsorgung und der Grundstücksverwertung und der EDV-Servicetätigkeit (Gewinn 35).

Die Verluste der zwei Verlustssparten sind gesondert festzustellen. Die Gewinne aus den Sparten „Theater", „Stromversorgung/Verkehrsbetrieb/Wasserversorgung" und „Übrige Tätigkeiten" sind bei der Einkommensermittlung der Gesellschaft für den Veranlagungszeitraum 02 zu berücksichtigen.

## 2. Ergebnisermittlung der Sparten

80 Die Bildung der Sparten lässt die Steuerpflicht der Kapitalgesellschaft selbst unberührt. Für die Ermittlung der Spartenergebnisse sind die Wirtschaftsgüter bzw. die Geschäftsvorfälle der Kapitalgesellschaft aus der für sie bestehenden Rechnungslegung den einzelnen Sparten in sachgerechter Weise rechnerisch zuzuordnen; dies gilt insbesondere für Beteiligungen oder Finanzanlagen. Dabei ist für die Tätigkeit notwendiges Betriebsvermögen zwingend entsprechend

der Tätigkeit dieser Sparte zuzuordnen. Die Änderung der spartenmäßigen Zuordnung eines Wirtschaftsguts führt nicht zur Realisierung stiller Reserven.

**Beispiel 1:** 81

Die Kapitalgesellschaft betreibt den dauerdefizitären Nahverkehr und die Abwasserentsorgung. Sie hält Anteile an einer Reisebürogesellschaft und einer Recyclinggesellschaft. Schließlich hat sie ein Festgeldkonto, auf dem liquide Finanzmittel angelegt sind.

Die Kapitalgesellschaft ist in die Sparten „Nahverkehr" und „Abwasserentsorgung" aufzuteilen. Die Beteiligung an dem Reisebüro ist der Sparte „Nahverkehr" und die an der Recyclinggesellschaft der Sparte „Abwasserentsorgung" zuzuordnen. Die Finanzmittel sind beiden Sparten z. B. umsatzabhängig zuzuordnen. Eine ausschließliche Zuordnung zur Sparte „Nahverkehr" wäre z. B. nur möglich, wenn nachweisbar im Bereich Abwasserentsorgung keine liquiden Finanzmittel anfallen oder benötigt würden.

**Beispiel 2:** 82

Die Kapitalgesellschaft betreibt den Nahverkehr, bei dem sich dauerhaft ein Betriebsverlust ergibt, der aber regelmäßig durch Ausschüttungen auf eine dem Nahverkehr als gewillkürtes Betriebsvermögen zugeordnete nicht 100 %ige Beteiligung überkompensiert wird, die Stromversorgung und die Abwasserentsorgung.

Die Kapitalgesellschaft ist in die Sparten „Nahverkehr/Stromversorgung" und „Abwasserentsorgung" aufzuteilen. Im Zuge der Ermittlung des Gesamtbetrags der Einkünfte in der Sparte „Nahverkehr/Stromversorgung" kommt es in Folge § 8 b KStG zu einer Verrechnung der Betriebsverluste aus dem Nahverkehr mit einem Gewinn aus der Stromversorgung.

### 3. Behandlung allgemeiner Verwaltungs- und Servicekosten

Die allgemeinen ex- und internen Verwaltungs- und Servicekosten (z. B. Kosten für Buchführung oder Beratung) oder vergleichbare Kosten der Kapitalgesellschaft sind den einzelnen Sparten sachgerecht zuzuordnen. Weicht der Steuerpflichtige von seinen bisherigen Zuordnungsgrundsätzen ab, kann dies nur anerkannt werden, wenn die Abweichung nachvollziehbar begründet wird. 83

Werden derartige Leistungen von einer Konzerngesellschaft für die einzelnen Unternehmen des Konzerns erbracht, stellt diese Tätigkeit bei der Konzerngesellschaft eine sonstige Tätigkeit dar, die der Sparte „übrige Tätigkeiten" zuzuordnen ist. Die den Konzerngesellschaften in Rechnung gestellten Beträge stellen bei diesen externe Verwaltungs- und Servicekosten dar. 84

### 4. Zinsschranke

Kommt es bei der Kapitalgesellschaft nach den Grundsätzen der Rdnrn. 91 bis 93 des BMF-Schreibens vom 4. Juli 2008 (BStBl. I S. 718)[1] zur Anwendung des § 4 h EStG bzw. § 8 a KStG, so ist der nichtabziehbare Betrag bzw. der Zinsvortrag sachgerecht den einzelnen Sparten zuzuordnen. 85

### 5. Ermittlung des Einkommens der Kapitalgesellschaft

Für jede Sparte ist nach Maßgabe des *R 29 Abs. 1 Satz 2 KStR*[2] ein eigenständiger Gesamtbetrag der Einkünfte zu ermitteln (§ 8 Abs. 9 Satz 2 KStG). Hierbei sind insbesondere § 8 Abs. 3 Satz 2 KStG bzw. § 8 Abs. 7 KStG in der jeweiligen Sparte anzuwenden. 86

Nur Sparten, deren Gesamtbetrag der Einkünfte nicht negativ ist, sind bei der anschließenden Ermittlung des Einkommens der Eigengesellschaft zu berücksichtigen. 87

---

[1] Nr. **1** § 4 h /1.

[2] **Red. Anm.:** Siehe nunmehr R 7.1 Abs. 1 Satz 2 KStR 2015.

### 6. Verlustabzug bei der Kapitalgesellschaft

**88** Nach § 8 Abs. 9 Satz 5 KStG mindert ein Verlust in einer Sparte nach Maßgabe des § 10 d EStG den positiven Gesamtbetrag der Einkünfte, der sich in dem unmittelbar vorangegangenen und in den folgenden Veranlagungszeiträumen für diese Sparte ergibt. Dies hat zur Folge, dass sich der Verlustrücktrag von bis zu 511 500 € bzw. der Sockelbetrag beim Verlustvortrag von 1 Mio. € pro Sparte ermittelt.

**89** Der sich hiernach pro Sparte ergebende verbleibende Verlustvortrag ist nach Maßgabe des § 10 d Abs. 4 EStG gesondert festzustellen.

## F. Sonderregelungen bei Organschaftsgestaltungen

### I. Allgemeines

**90** In Fällen einer Organschaft kommt es auf Ebene des Organträgers zu einer Zusammenfassung der Tätigkeiten, die im Organkreis ausgeübt werden.

**91** Auf Ebene der Organgesellschaft sind im Wege der Einkommensermittlung weder Sparten i. S. d. § 8 Abs. 9 KStG zu bilden noch bei Dauerverlustgeschäften die Rechtsfolgen des § 8 Abs. 3 Satz 2 und Abs. 7 KStG zu ziehen (§ 15 Satz 1 Nr. 4 Satz 1 und Nr. 5 Satz 1 KStG). Das dem Organträger zugerechte Einkommen ist auf Ebene des Organträgers nach Maßgabe der Ausführungen unter E den beim Organträger zu bildenden Sparten zuzuordnen (§ 15 Satz 1 Nr. 5 Satz 2 KStG). Innerhalb dieser Sparten ist dann § 8 Abs. 3 Satz 2 und Abs. 7 KStG anzuwenden (§ 15 Satz 1 Nr. 4 Satz 2 KStG).

### II. Organträger ist ein BgA

**92** Nach § 15 Satz 1 Nr. 5 Satz 2 KStG ist in Fällen, in denen die Organgesellschaft Dauerverlustgeschäfte im Sinne des § 8 Abs. 7 Satz 2 KStG ausübt, bei der Ermittlung des Einkommens des Organträgers § 8 Abs. 9 KStG anzuwenden. Dies gilt auch, wenn der Organträger keine Kapitalgesellschaft i. S. d. § 8 Abs. 9 KStG, sondern ein BgA ist.

**93** **Beispiel:**

JPöR unterhält einen gewinnträchtigen BgA „Grundstücksverwertung“, der mit einer GmbH, die laufende Verluste aus Bädern erzielt und die die Voraussetzungen des § 8 Abs. 7 Satz 1 Nr. 2 KStG erfüllt, ein Organschaftsverhältnis begründet hat.

Auf Ebene der GmbH ist § 8 Abs. 7 KStG nicht anzuwenden (§ 15 Satz 1 Nr. 4 Satz 1 KStG). Die Anwendung der Grundsätze des § 8 Abs. 9 KStG auf Ebene des Organträgers (§ 15 Satz 1 Nr. 5 Satz 2 KStG) führt zu einer Spartenbildung: Sparte „Grundstücksverwertung“ und Sparte „Bäder“. In der Sparte „Bäder“ ist keine vGA anzusetzen (§ 15 Satz 1 Nr. 4 Satz 2 i. V. m. § 8 Abs. 7 KStG).

**94** Ein Dauerverlust-BgA kann kein Organträger sein (vgl. Rdnr. 5 des BMF-Schreibens vom 26. August 2003, BStBl. I S. 437[1])).

## G. Gewerbesteuerliche Regelungen

### I. Ermittlung des Gewerbeertrags bei Betrieben der öffentlichen Hand und Eigengesellschaften

**95** § 8 Abs. 1 Satz 2 KStG ist für die Ermittlung des Gewerbeertrags eines Betriebs der öffentlichen Hand ohne Bedeutung. Ein solcher liegt im Gegensatz zum BgA nur vor, wenn er die Tatbestände des stehenden Gewerbebetriebs erfüllt, zu denen u. a. die Gewinnerzielungsabsicht zählt.

---

[1]) Nr. **100** § 14 /5.

Die Zuordnung der Wirtschaftsgüter bzw. der Geschäftsvorfälle der Kapitalgesellschaft auf die einzelnen Sparten (vgl. E.) ist für die Hinzurechnung bzw. Kürzung nach §§ 8 und 9 GewStG maßgebend. Der Freibetrag des § 8 Nr. 1 GewStG ist nur für die Eigengesellschaft zu gewähren. Er ist auf die einzelnen Sparten entsprechend dem Verhältnis aufzuteilen, wie die Hinzurechnungsbeträge (vor Freibetrag) auf die Sparten entfallen. Entsprechend den Grundsätzen zu Rdnr. 88 ist der Betrag von 1 Mio. € nach § 10 a Satz 2 GewStG pro Sparte zu ermitteln. **96**

In Fällen einer Organschaft sind die Grundsätze des *Abschn. 41 GewStR*[1] anzuwenden. **97**

## II. Gewerbesteuerliche Zusammenfassung von Betrieben der öffentlichen Hand

§ 2 Abs. 1 Satz 1 GewStDV stellt klar, dass für die Frage, ob ein Betrieb der öffentlichen Hand als stehender Gewerbebetrieb anzusehen ist, die Zusammenfassungsgrundsätze des § 4 Abs. 6 Satz 1 KStG maßgebend sind. Maßgebend ist danach, ob das nach diesen Grundsätzen zusammengefasste Unternehmen mit Gewinnerzielungsabsicht betrieben wird. **98**

[1] **Red. Anm.:** Jetzt R 7.1 Abs. 5 GewStR 2009.

# **100** § 4/2. Schreiben betr. Kriterien zur Abgrenzung hoheitlicher von wirtschaftlicher Tätigkeit einer juristischen Person des öffentlichen Rechts

Vom 11. Dezember 2009 (BStBl. I S. 1597)

(BMF IV C 7 – S 2706/07/10006)

Der BFH hat im Urteil vom 29. Oktober 2008 I R 51/07, BStBl. 2009 II S. 1022, zum Betrieb eines Krematoriums zur Frage Stellung genommen, unter welchen Voraussetzungen eine Betätigung der juristischen Person des öffentlichen Rechts (jPöR) als hoheitliche Tätigkeit angesehen werden kann.

Nach dem Ergebnis der Erörterung mit den obersten Finanzbehörden der Länder sind die Grundsätze dieser Entscheidung unter Berücksichtigung der nachfolgenden Ausführungen über den entschiedenen Einzelfall hinaus bei der Beurteilung von Tätigkeiten der jPöR (einschließlich des Betriebs eines Krematoriums) in Ergänzung der Ausführungen in *R 9 und H 9 KStH*[1] allgemein anzuwenden.

## I. Abgrenzung hoheitlicher von wirtschaftlicher Tätigkeit

Eine Tätigkeit der jPöR ist, sofern es sich nicht um eine Tätigkeit eines Betriebs i. S. des § 4 Absatz 3 KStG handelt, nur wirtschaftlich (und damit unter den übrigen Voraussetzungen als BgA) einzustufen, wenn sie der jPöR nicht eigentümlich und vorbehalten ist. Bei der Prüfung, ob eine der jPöR vorbehaltene Tätigkeit vorliegt, gilt Folgendes:

### 1. Aufgabenzuweisung an die jPöR

### a) Grundsatz

Eine Tätigkeit ist der jPöR vorbehalten, soweit die jPöR (z. B. Kommune) sie in Erfüllung einer ihr gesetzlich (z. B. durch Bundesrecht, Landesrecht oder Landesrecht auf der Grundlage von Bundesrecht) zugewiesenen Aufgabe ausübt. Entsprechendes gilt, soweit eine derart zugewiesene Aufgabe von der jPöR auf eine andere jPöR (Zweckverband oder Anstalt öffentlichen Rechts) übertragen wird.

Ist eine Tätigkeit hiernach in einem Bundesland der jPöR vorbehalten und besteht hier ein öffentlich-rechtlicher Benutzungszwang, bleibt die Tätigkeit ihr vorbehalten, auch wenn die Tätigkeit in einem anderen Bundesland der jPöR nicht vorbehalten ist.

Eine vorbehaltene Tätigkeit liegt nicht vor, wenn die jPöR die Aufgaben auf private Dritte übertragen kann (vgl. unter 2.). Eine Übertragung einer Aufgabe auf einen Dritten liegt nicht vor, wenn sich die jPöR bei ihrer Durchführung privater Dritter lediglich als Erfüllungsgehilfen bedient.

[1] Vgl. jetzt R 4.4 KStR 2015 und H 4.4 KStH 2015.

**Beispiel:**

Auf der Grundlage des bis Februar 2010 geltenden § 18 a Absatz 2 a des Wasserhaushaltgesetzes bzw. des ab März 2010 geltenden § 56 des Wasserhaushaltsgesetzes bestimmt Artikel 41 b Absatz 1 Satz 1 des Bayerischen Wassergesetzes, dass die Aufgabe der Abwasserbeseitigung der Kommune zugewiesen ist, in der die Abwässer anfallen. Der Abwassererzeuger ist zur Überlassung seiner Abwässer an die Kommune verpflichtet (öffentlich-rechtlicher Benutzungszwang).

Die Aufgabe der Entsorgung dieser Abwässer ist der Kommune – auch wenn sie sich bei der Durchführung der Aufgabe eines privaten Dritten bedient (z. B. einem privaten Kläranlagenbetreiber) – vorbehalten. Es liegt unter Berücksichtigung der übrigen Kriterien des § 4 KStG eine hoheitliche Tätigkeit vor.

### b) Ausnahme

Trotz einer Aufgabenzuweisung an die jPöR liegt keine vorbehaltene Tätigkeit vor, wenn kein öffentlich-rechtlicher Benutzungszwang besteht, so dass die Leistung auch bei einem Dritten nachgefragt werden kann, der keine in- oder ausländische jPöR ist.

**Beispiel:**

§ 13 Absatz 1 des Hamburger Bestattungsgesetzes weist den Betrieb von Feuerbestattungsanlagen in der Hansestadt einer jPöR zu; ein öffentlich-rechtlicher Benutzungszwang dieser Anlagen besteht nicht; d. h., auch andernorts ansässige Unternehmen, die derartige Tätigkeiten anbieten, können von Hamburgern in Anspruch genommen werden.

Mangels bestehendem öffentlich-rechtlichem Benutzungszwang liegt keine der jPöR vorbehaltene Aufgabe vor. Die der jPöR zugewiesene Aufgabe führt bei dieser zu einem BgA.

### c) Rückausnahme

Dies gilt ausnahmsweise nicht, wenn der Markt für die von der jPöR ausgeübte Tätigkeit örtlich so eingeschränkt ist, dass eine Wettbewerbsbeeinträchtigung steuerpflichtiger Unternehmen im In- und Ausland ausgeschlossen werden kann.

## 2. Aufgabenübertragung auf private Dritte

### a) Grundsatz

Kann die der jPöR zugewiesene Aufgabe auf einen privaten Dritten übertragen werden, handelt es sich mangels einer der jPöR vorbehaltenen Aufgabe um eine wirtschaftliche Tätigkeit, die – soweit auch die übrigen Voraussetzungen erfüllt sind – zu einem BgA der jPöR führt.

**Beispiel:**

Nach § 39 Absatz 2 des Hessischen Wassergesetzes (und vergleichbarer Regelungen in den anderen Bundesländern) kann die den Gemeinden zugewiesene Aufgabe der ausreichenden Versorgung der Bevölkerung mit Trinkwasser von diesen auf private Dritte übertragen werden.

Die Trinkwasserversorgung begründet bei einer jPöR damit einen BgA.

### b) Ausnahme

Trotz der Möglichkeit, die der jPöR zugewiesene Aufgabe auf einen privaten Dritten zu übertragen, ist die Tätigkeit der jPöR allerdings vorbehalten, wenn

- die Übertragung auf den privaten Dritten nur im Wege der Beleihung möglich ist und
- ein öffentlich-rechtlicher Benutzungszwang besteht, so dass die Leistung nur von jPöR oder von Beliehenen erbracht werden kann. Besteht in ei-

nem Bundesland ein öffentlich-rechtlicher Benutzungszwang, ist die Tätigkeit der jPöR in diesem Land der jPöR vorbehalten und damit unter Berücksichtigung der übrigen Voraussetzungen des § 4 KStG hoheitlich, auch wenn dieses Vorbehalten in einem anderen Bundesland nicht vorliegt.

Eine Beleihung in diesem Sinne setzt voraus, dass der private Dritte seine ihm übertragene Aufgabe nach Maßgabe öffentlich-rechtlicher Handlungsformen zu erfüllen hat.

**Beispiel:**

Nach § 2 Absatz 2 Satz 1 des Vermessungs- und Katastergesetzes NRW wird die Aufgabe des amtlichen Vermessungswesens, das nach § 2 Absatz 1 des Vermessungs- und Katastergesetzes NRW den Kreisen und kreisfreien Städten übertragen ist, auch von einem in NRW zugelassenen öffentlich bestellten Vermessungsingenieur erbracht, der diese Aufgabe in den Handlungsformen des öffentlichen Rechts auszuüben hat.

Die genannte Vermessungstätigkeit der Katasterbehörden in NRW ist hoheitlich, da privaten Dritten diese Aufgabe nur im Wege der Beleihung übertragen werden kann und nicht beliehene private Dritte die Leistung nicht erbringen können. Für Zwecke der Umsatzsteuer ist *§ 2 Absatz 3 Satz 2 Nummer 4 UStG*[1] zu beachten.

## II. Übergangsregelung

Soweit zu vorstehenden Grundsätzen in einzelnen Bundesländern bisher abweichende Regelungen galten, sind diese Grundsätze erstmals für den Veranlagungszeitraum 2010 anzuwenden.

[1] § 2 Abs. 3 UStG aufgeh. mWv 31. 12. 2015 durch G v. 2. 11. 2015, BGBl. I S. 1834; zur weiteren Anwendung siehe § 27 Abs. 22 UStG.

# 100 § 5/1. Schreiben betr. Unterbringung von Kriegsflüchtlingen aus der Ukraine durch Vermietungsgenossenschaften und Vermietungsvereine i.S.d. § 5 Abs. 1 Nr. 10 KStG

Vom 31. März 2022

BMF IV C 2 - S 1900/22/10045 :001; DOK 2022/0355628

(BStBl. I S. 345)

Geändert durch BMF v. 11.11.2022 (BStBl. I S. 1529)

Nach Erörterung mit den obersten Finanzbehörden der Länder nehme ich zur steuerlichen Behandlung von Einnahmen aus der Unterbringung von Kriegsflüchtlingen aus der Ukraine durch Vermietungsgenossenschaften und Vermietungsvereine i.S.d. § 5 Abs. 1 Nr. 10 KStG wie folgt Stellung:

Bei Vermietungsgenossenschaften und Vermietungsvereinen bleiben aus Billigkeitsgründen bis zum *31. Dezember 2022*[1)] Einnahmen aus der Wohnraumüberlassung an Kriegsflüchtlinge aus der Ukraine, die keine Mitglieder der Vermietungsgenossenschaft bzw. des Vermietungsvereins sind, bei der Berechnung der 10-Prozent-Grenze i.S.d. § 5 Abs. 1 Nr. 10 Satz 2 KStG unberücksichtigt. Diese Einnahmen sind dabei weder bei der Bestimmung der gesamten Einnahmen der Vermietungsgenossenschaft bzw. des Vermietungsvereins noch der Ermittlung der Einnahmen aus nicht in § 5 Abs. 1 Nr. 10 Satz 1 KStG bezeichneten Tätigkeiten zu berücksichtigen.

[1)] Verlängert bis zum 31. Dezember 2023 durch BMF v. 11.11.2022, BStBl. I S. 1529.

# 100 § 8/1. Verfügung betr. ertragsteuerliche Beurteilung von Darlehensverbindlichkeiten im Abwicklungsendvermögen einer Tochtergesellschaft; Vermeidung der steuerlichen Konsequenzen aus der Anwendung des Beschlusses des Großen Senats vom 9.6. 1997 GrS 1/94, BStBl. 1998 II S. 307

Vom 26. Juli 2021

OFD Frankfurt S 2743 A-12-St 523

## 1. Ertragsteuerliche Beurteilung von Darlehensverbindlichkeiten im Abwicklungsendvermögen einer Tochtergesellschaft

Auf Bund-Länder-Ebene wurde erörtert, welche ertragsteuerlichen Konsequenzen sich aus der Auflösung und Liquidation einer Tochtergesellschaft ergeben, in deren Abwicklungsendvermögen sich eine Darlehensverbindlichkeit gegenüber ihrer Muttergesellschaft befindet.

### 1.1. Sachverhalt

Mutter- und Tochtergesellschaft (beides Kapitalgesellschaften) haben eine Darlehensvereinbarung getroffen. Die Muttergesellschaft beschließt nunmehr die Auflösung und Liquidation der Tochtergesellschaft bzw. stimmt dieser zu, hat aber ausdrücklich keinen Forderungsverzicht hinsichtlich ihrer Darlehensforderung erklärt.

Fraglich ist in diesem Zusammenhang, ob die Beantragung der Liquidation oder die Zustimmung zu dieser als konkludenter Forderungsverzicht der Muttergesellschaft anzusehen ist und ob bei der Tochtergesellschaft aufgrund eines eventuellen Wegfalls der wirtschaftlichen Belastung durch die Darlehensverbindlichkeit ein steuerpflichtiger Ertrag entsteht.

### 1.2. Beschluss

Nach Auffassung der obersten Finanzbehörden des Bundes und der Länder gilt in solchen Fällen Folgendes:

Allein in der Beantragung oder Zustimmung des Gläubigers zur Liquidation einer Tochterkapitalgesellschaft ist kein konkludenter Forderungsverzicht zu sehen. Es ist unverändert von einer wirtschaftlichen Belastung durch die Verbindlichkeit beim Schuldner auszugehen. Diese entfällt erst, wenn bei objektiver Würdigung der Verhältnisse angenommen werden kann, dass der Gläubiger seine Forderung nicht mehr geltend machen wird.

### 1.3. Ergänzende Hinweise

#### 1.3.1. Allgemeines

Allgemein gilt, dass die Vermögenslosigkeit des Schuldners keinen Einfluss auf die Pflicht zur Passivierung einer Verbindlichkeit in Handels- und Steuerbilanz hat (vgl. BFH vom 10.8.2016 I R 25/15, BStBl. 2017 II S. 670, Rz. 15; BFH vom 15.4.2015 I R 44/14, BStBl. II S. 769, Rz. 9). Zudem liegt hierin grundsätzlich kein besonderer Umstand, der einen unterhalb des Nennwerts liegenden geringeren Wert der Verbindlichkeit begründet. Es ist erst dann von keiner wirtschaftlichen Belastung des Schuldners auszugehen, wenn bei objektiver Würdigung der Verhältnisse angenommen werden kann, dass der Gläubiger seine Forderung nicht mehr geltend machen wird (BFH vom 26.2.2003 II R 19/01, BStBl. II S. 561, Rz. 21).

Besteht die Verbindlichkeit bis zum Abschluss der Liquidation zivilrechtlich fort, ist im Einzelfall zu prüfen, wie die Verbindlichkeit in der Abwicklungsschlussbilanz (§ 11 KStG) der sich in Liquidation befindenden Kapitalgesellschaft zu bewerten ist. Grundsätzlich beeinflussen weder die Vermögenslosigkeit des Schuldners noch deren bevorstehende Existenzbeendigung den Wertansatz im Rahmen der Liquidationsbesteuerung. Verbindlichkeiten bleiben zivilrechtlich über die Liquidation hinaus bestehen und können bei später festgestelltem Vermögen im Rahmen von Nachtragsliquidationen befriedigt werden.

Hieraus ergeben sich keine von dem o.g. Beschluss abweichenden Regelungen. Im Rahmen der Würdigung sind besondere Umstände des Einzelfalls zu berücksichtigen.

### 1.4. Rangrücktrittsvereinbarungen

In Fällen, in denen die Muttergesellschaft für die Forderung einen qualifizierten Rangrücktritt erklärt hat, wonach die Forderung gegen die Tochtergesellschaft hinter sämtlichen Forderungen derzeitiger und zukünftiger Gläubiger zurücktritt, ist Folgendes zu beachten:

Der vereinbarte Rangrücktritt ist dann für die Rechtsfrage unmaßgeblich, wenn die Vereinbarung die Tilgung aus sonstigem freien Vermögen vorsieht. Bei Fehlen einer solchen Möglichkeit ist die Verpflichtung unabhängig von dem vorgenannten Beschluss bereits aus diesem Grund gem. § 5 Abs. 2a EStG nicht mehr zu passivieren, da es ansonsten an einer für die Passivierung maßgeblichen wirtschaftlichen Belastung mangelt (vgl. BMF-Schreiben vom 8.9. 2006, BStBl. I S. 497, Rz. 6 (abrufbar unter ofix HE EStG/5/31); ofix HE EStG/5/67).

In Fällen, in denen die Muttergesellschaft den qualifizierten Rangrücktritt zur Vermeidung einer insolvenzrechtlichen Überschuldung der Tochtergesellschaft erklärt hat, gelten keine von dem Beschluss abweichenden Regelungen. Nach der neueren Rechtsprechung des BGH ist Voraussetzung für die insolvenzvermeidende Wirkung des Rangrücktritts (und somit die Suspendierung der Passivierungsverpflichtung im Überschuldungsstatus), dass das vereinbarte Zahlungsverbot dann eingreift, wenn durch eine gedachte Zahlung Überschuldung oder Zahlungsunfähigkeit zumindest einzutreten droht (BGH vom 5.3.2015 IX ZR 133/14, Rz. 22). Dieser insolvenzrechtliche Anspruch hat jedoch keine Auswirkung auf die handels- und steuerbilanzielle Behandlung. Die Feststellung des Überschuldungsstatus dient lediglich der Entscheidung darüber, ob ein Insolvenzverfahren zu beantragen ist.

#### 1.4.1. Insolvenz

Auch in Fällen, in denen sich die Tochtergesellschaft im Insolvenzverfahren befindet bzw. auch nach Aufhebung der Insolvenz ist weiterhin grundsätzlich von einer wirtschaftlichen Belastung und somit von einer Passivierungsverpflichtung auszugehen (so auch Kurzinformation Nr. 46/2014 der OFD Nordrhein-Westfalen v. 21.11.2014, DStR 2015 S. 699).

## 2. Vermeidung der steuerlichen Konsequenzen aus der Anwendung des Beschlusses des Großen Senats vom 09.06.1997 GrS 1/94, BStBl. 1998 II S. 307

### 2.1. Allgemeines

Von den o.a. Grundsätzen sind Modelle zur Vermeidung der steuerlichen Konsequenzen aus der Anwendung des Beschlusses des Großen Senats vom 09.06.1997 GrS 1/94, BStBl. 1998 II S. 307, d.h. die Versteuerung von Erträgen resultierend aus Forderungsverzichten im Wege der verdeckten Einlage und deren Ansatz mit dem niedrigeren Teilwert, abzugrenzen. Insbesondere die nachfolgend geschilderte Fallvariante der „befreienden Schuldübernahme" bitte ich vor der Entscheidung (insb. bei Anträgen auf Erteilung einer verbindlichen Auskunft) zu berichten und mit mir abzustimmen.

### 2.2. Befreiende Schuldübernahme

Durch die Systematik der befreienden Schuldübernahme nach §§ 414, 415 BGB soll eine einkommensneutrale Entschuldung einer überschuldeten Kapitalgesellschaft ermöglicht werden.

Zunächst vereinbaren die Kapitalgesellschaft als Schuldner und der Übernehmer der Schuld (regelmäßig der Gesellschafter der Kapitalgesellschaft bzw. eine konzernzugehörige Gesellschaft) eine unbedingt und unter Ausschluss jeglicher Rückgriffsansprüche zu erfolgende Schuldübernahme und teilen dies dem Gläubiger mit. In der Folge entstünde – unter Bezugnahme auf den BFH-Beschluss vom 20. Dezember 2001 I B 74/01 – beim bisherigen Schuldner ein nach § 415 Abs. 3 BGB voll werthaltiger Anspruch auf Freistellung gegen den Übernehmer der Schuld. Im Zeitpunkt der Zustimmung des Gläubigers und der damit einhergehenden Schuldbefreiung des ursprünglichen Schuldners müsste die Schuld dann mit dem aktivierten Freistellungsanspruch aufgerechnet und damit insgesamt ertragsneutral ausgebucht werden.

Bezogen auf den Gegenstand der Schuldübernahme lassen sich die Fälle in zwei Untervarianten einteilen:

1. die Befreiung der Gesellschaft von Verbindlichkeiten gegenüber Kreditinstituten (entspricht dem dem vorstehenden BFH-Beschluss zugrunde liegenden Sachverhalt) sowie
2. die Befreiung von Verbindlichkeiten gegenüber verbundenen Unternehmen.

### 2.3. Ablösung von Gesellschafterdarlehen oder -sicherheiten durch Gesellschaftereinlagen

Zur steuerlichen Behandlung auf Gesellschafterebene verweise ich auf die allgemeinen Grundsätze in der ofix HE EStG/17/27[1]. Soweit sich die steuerliche Behandlung nicht auf Gesellschaftsebene übertragen lässt, bitte ich insbesondere in missbräuchlichen Gestaltungsvarianten zu berichten.

---

[1] OFD Frankfurt v. 10.4.2019 S 2244 A – 61 – St 215 .

# **100** § 8/5. Schreiben betr. Rückstellungen für Pensionszusagen an nicht beherrschende Gesellschafter-Geschäftsführer von Kapitalgesellschaften – Erdienungszeitraum[1]

Vom 7. März 1997 (BStBl. I S. 637)

(BMF IV B7 – S 2742 – 20/97)

Nach dem BFH-Urteil vom 24. Januar 1996 I R 41/95 (BStBl. 1997 II S. 440) ist die Zusage einer Pension an einen nicht beherrschenden Gesellschafter-Geschäftsführer eine vGA,
- wenn der Zeitraum zwischen dem Zeitpunkt der Zusage der Pension und dem vorgesehenen Zeitpunkt des Eintritts in den Ruhestand weniger als zehn Jahre beträgt
- oder wenn dieser Zeitraum zwar mindestens drei Jahre beträgt, der Gesellschafter-Geschäftsführer dem Betrieb aber weniger als zwölf Jahre angehört (Anschluß an BFH-Urteil vom 21. Dezember 1994, BStBl. 1995 II S. 419, zum beherrschenden Gesellschafter-Geschäftsführer).

Unter Bezugnahme auf das Ergebnis der Erörterung mit den obersten Finanzbehörden der Länder gilt für die Anwendung der Grundsätze des BFH-Urteils folgendes:

## 1. Erdienungszeitraum

Der BFH stellt für die Beurteilung, wie lange der Zeitraum sein muß, in dem eine Pensionszusage jedenfalls dem Grund nach durch eine aktive Tätigkeit erdient ist, auf § 1 Abs. 1 des Gesetzes zur Verbesserung der betrieblichen Altersversorgung (BetrAVG) vom 19. 12. 1974 (BGBl. I S. 3610)[2] und die hierin für die Bestimmung der Unverfallbarkeit maßgeblichen Zeitvorstellungen ab. Anders als der beherrschende Gesellschafter unterliegt der nicht beherrschende Gesellschafter nicht dem sog. Nachzahlungsverbot. Für die steuerliche Anerkennung von Pensionsrückstellungen kann daher bei ihm auf die Dauer der Betriebszugehörigkeit (§ 1 Abs. 1 2. Spiegelstrich BetrAVG) abgestellt werden. In dem entschiedenen Einzelfall ist der BFH davon ausgegangen, daß eine Pension erdient ist, wenn der nicht beherrschende Gesellschafter im Zeitpunkt der Pensionszusage seit mehr als zwölf Jahren im Betrieb tätig gewesen ist und wenn sichergestellt ist, daß im Betrieb eine aktive Tätigkeit von mindestens drei weiteren Jahren verbleibt. Der BFH geht insoweit von einem maßgeblichen Zeitraum von insgesamt 15 Jahren der Betriebszugehörigkeit aus. Es wird darauf hingewiesen, daß je nach Lage des Einzelfalls auch eine zwölfjährige Betriebszugehörigkeit ausreichen kann. So wird eine einem Arbeitnehmer beispielsweise nach sechsjähriger Betriebszugehörigkeit erteilte

[1] Vgl. nunmehr auch R 8.7 KStR 2015 sowie BMF v. 9. 12. 2002, BStBl. I S. 1393 (Nr. **100** § 8/6).

[2] Loseblattsammlung **Steuergesetze** Nr. **70**.

Versorgungszusage nach § 1 Abs. 1 2. Spiegelstrich BetrAVG unverfallbar, wenn dieser den Betrieb weitere sechs Jahre angehört hat.

**2. Übergangsregelung**

Die Grundsätze des BFH-Urteils vom 24. Januar 1996 (BStBl. 1997 II S. 440) zum Erdienungszeitraum bei einem nicht beherrschenden Gesellschafter-Geschäftsführer sind nur auf Pensionszusagen anzuwenden, die nach der Veröffentlichung des Urteils im Bundessteuerblatt Teil II vom 10. Juli 1997 zivilrechtlich wirksam vereinbart worden sind. Die vor diesem Stichtag getroffenen Vereinbarungen (Altfälle) sind nach der bisherigen Verwaltungspraxis in den einzelnen Ländern zu entscheiden.

**3. Wechsel der Beherrschungsverhältnisse**

Wird einem bisher beherrschenden Gesellschafter-Geschäftsführer eine Pensionszusage erteilt, nachdem sich sein Beteiligungsbesitz auf eine nicht beherrschende Beteiligung verringert hat, ist die Pensionszusage steuerlich nach den für nicht beherrschende Gesellschafter-Geschäftsführer geltenden Grundsätzen zu beurteilen.[1] Wird die Stellung als beherrschender Gesellschafter nach der Pensionszusage wiederhergestellt, ist allerdings zu prüfen, ob ein Gestaltungsmißbrauch nach § 42 AO vorliegt.

---

[1] Siehe hierzu auch BFH v. 24. 4. 2002, BStBl. 2003 II S. 416, sowie BMF v. 13. 5. 2003, BStBl. I S. 300.

# **100** § 8/6. Schreiben betr. Pensionszusagen an Gesellschafter-Geschäftsführer; Vereinbarung einer sofortigen ratierlichen Unverfallbarkeit – Länge des Erdienungszeitraums

Vom 9. Dezember 2002 (BStBl. I S. 1393)

(BMF IV A 2 – S 2742 – 68/02)

Im Einvernehmen mit den obersten Finanzbehörden der Länder gilt zur steuerlichen Behandlung einer Pensionszusage an einen Gesellschafter-Geschäftsführer Folgendes:

## 1. Unverfallbarkeit

Vereinbarungen über eine Unverfallbarkeit in Zusagen auf Leistungen der betrieblichen Altersversorgung an Gesellschafter-Geschäftsführer einer Kapitalgesellschaft sehen häufig abweichend von den Regelungen im Gesetz zur Verbesserung der betrieblichen Altersversorgung (BetrAVG) vor, dass dem Berechtigten eine sofortige Unverfallbarkeit der zugesagten Ansprüche eingeräumt wird. Eine derartige Vereinbarung ist grundsätzlich für sich genommen nur dann nicht als durch das Gesellschaftsverhältnis veranlasst anzusehen, wenn es sich um eine sofortige ratierliche Unverfallbarkeit handelt. Bei einem Anspruch auf betriebliche Altersversorgung durch Entgeltsumwandlung ist nicht zu beanstanden, wenn sich die Unverfallbarkeit nach § 2 Abs. 5 a BetrAVG richtet.

Ist die Zusage danach als durch das Gesellschaftsverhältnis veranlasst anzusehen, liegt bei einem vorzeitigen Ausscheiden des Berechtigten auf der Ebene der Gesellschaft eine verdeckte Gewinnausschüttung insoweit vor, als der Rückstellungsausweis für die Verpflichtung nach § 6 a EStG den Betrag übersteigt, der sich bei einer sofortigen ratierlichen Unverfallbarkeit ergeben würde. Bei Zusagen an beherrschende Gesellschafter-Geschäftsführer ist zur Ermittlung des Betrags, der sich bei einer sofortigen ratierlichen Unverfallbarkeit ergeben würde, nicht der Beginn der Betriebszugehörigkeit, sondern der Zeitpunkt der Zusage maßgebend. Auf die verdeckte Gewinnausschüttung sind die Grundsätze des BMF-Schreibens vom 28. Mai 2002 (BStBl. I S. 603)[1] anzuwenden.

## 2. Erdienungszeitraum

Nach den BMF-Schreiben vom 1. August 1996 (BStBl. I S. 1138)[2] bzw. vom 7. März 1997 (BStBl. I S. 637)[3] lehnen sich die Zeiträume, in denen sich der Gesellschafter-Geschäftsführer seine Ansprüche aus einer Zusage auf Leistungen der betrieblichen Altersversorgung erdienen muss, an die Unver-

[1] Nr. **100** § 8/13.
[2] Nr. **100** § 8/4.
[3] Nr. **100** § 8/5.

fallbarkeitsfristen des BetrAVG in dessen damaliger Fassung an. Diese Fristen sind durch das Altersvermögensgesetz vom 26. Juni 2001 verkürzt worden.

Die in den BMF-Schreiben vom 1. August 1996 (BStBl. I S. 1138)[1] bzw. vom 7. März 1997 (BStBl. I S. 637)[2] genannten Fristen sind weiterhin zu beachten. Ein Unterschreiten ist als Indiz dafür anzusehen, dass die Zusage ihre Ursache im Gesellschaftsverhältnis hat.

[1] Nr. **100** § 8/4.
[2] Nr. **100** § 8/5.

# 100 § 8/7. Schreiben betr. Grundsätze bei der Anerkennung von Tantiemezusagen an Gesellschafter-Geschäftsführer; Rechtsfolgen aus dem BFH-Urteil vom 27. März 2001 (BStBl. 2002 II S. 111)[1]

Vom 1. Februar 2002 (BStBl. I S. 219)

(BMF IV A 2 – S 2742 – 4/02)

Mit Urteil vom 27. März 2001 (a. a. O.) hat der BFH zu Grundsätzen bei der körperschaftsteuerlichen Anerkennung von Tantiemezusagen (insbesondere von Nur-Tantiemezusagen) an den Gesellschafter-Geschäftsführer Stellung genommen. Nach dem Ergebnis einer Erörterung mit den obersten Finanzbehörden der Länder sind künftig ergänzend zu *Abschn. 33 KStR*[2] nachfolgende Grundsätze bei der Anerkennung von Tantiemezusagen an Gesellschafter-Geschäftsführer anzuwenden:

## 1. Verhältnis der Tantieme zum verbleibenden Jahresüberschuss

Nach *Abschn. 33 Abs. 2 Satz 1 KStR*[2] können Tantiemezusagen an mehrere Gesellschafter-Geschäftsführer, die insgesamt die Grenze von 50% des Jahresüberschusses übersteigen, zu einer verdeckten Gewinnausschüttung führen. Diese Grenze ist auch bei Tantiemezusagen an einen Gesellschafter-Geschäftsführer maßgebend. Bemessungsgrundlage für die 50%-Grenze ist der handelsrechtliche Jahresüberschuss vor Abzug der Gewinntantieme und der ertragsabhängigen Steuern.

## 2. Verhältnis der Tantieme zu sonstigen Bestandteilen der Gesamtbezüge

Nach *Abschn. 33 Abs. 2 Satz 4 KStR*[2] ist bei Tantiemezusagen an den Gesellschafter-Geschäftsführer zu beachten, dass die Bezüge im Allgemeinen wenigstens zu 75% aus einem festen und höchstens zu 25% aus erfolgsabhängigen Bestandteilen (Tantieme) bestehen. Bei der Ermittlung des der Höhe nach angemessenen Teils der Tantieme ist von der angemessenen Gesamtausstattung des Gesellschafter-Geschäftsführers auszugehen.

**Beispiel:**

Ein Gesellschafter-Geschäftsführer soll eine angemessene Gesamtausstattung von 400 000 € erhalten, die sich wie folgt zusammensetzt:

| | |
|---|---|
| Festgehalt | 150 000 € |
| Tantieme | 250 000 € |

Der durchschnittlich erzielbare Jahresüberschuss vor Abzug der Tantieme und der ertragsabhängigen Steuern wird mit 1,6 Mio. € angenommen.
Die angemessene Tantieme beträgt 25% von 400 000 € = 100 000 €. Es ergibt sich eine verdeckte Gewinnausschüttung in Höhe von 150 000 € (250 000 € abzüglich 100 000 €).

---

[1] Vgl. hierzu OFD Düsseldorf v. 17. 6. 2004, DStR S. 1386.
[2] Jetzt: H 8.8 KStH 2015.

Der sich aus der Aufteilung ergebende absolute Betrag der angemessenen Tantieme ist in eine Beziehung zu dem durchschnittlich erzielbaren Jahresüberschuss vor Abzug der Tantieme und der ertragsabhängigen Steuern (im Beispielsfall 1,6 Mio. €) zu setzen. Aus diesem Vergleich ergibt sich der angemessene Tantiemesatz durch folgende Rechnung:
100 000 × 100/1,6 Mio. = 6,25%
Dieser angemessene Tantiemesatz ist bis zum nächsten Zeitpunkt der Überprüfung der Angemessenheit der gezahlten Tantieme (vgl. hierzu *Abschn. 33 Abs. 2 Satz 7 KStR*[1]) maßgebend.

### 3. Vereinbarung einer Nur-Tantieme

Die Vereinbarung einer Nur-Tantieme ist grundsätzlich nicht anzuerkennen (BFH-Urteil vom 27. März 2001; a. a. O.). Als Ausnahmefälle kommen insbesondere die Gründungsphase der Gesellschaft, Phasen vorübergehender wirtschaftlicher Schwierigkeiten oder Tätigkeiten in stark risikobehafteten Geschäftszweigen in Betracht. In derartigen Ausnahmefällen ist es unter Berücksichtigung der Grundsätze des *Abschn. 33 Abs. 2 Satz 5 KStR*[1] auch zulässig, bei der 75-/25-%-Grenze zugunsten des Tantiemeanteils abzuweichen. Liegt ein Ausnahmefall vor, ist die Tantieme dem Grunde nach allerdings nur anzuerkennen, wenn die Vereinbarung die Grundsätze der Textziffer 1 beachtet und ausdrücklich zeitlich begrenzt ist und bei Wegfall der Ausnahmesituation zwingend durch eine Vereinbarung einschließlich fester Vergütungsbestandteile bzw. mit angemessenem Verhältnis dieser Bestandteile zueinander ersetzt wird. Ein Ausnahmefall liegt dagegen nicht vor, wenn der Gesellschafter-Geschäftsführer bei zwei Schwestergesellschaften tätig ist und mit der einen eine Nur-Tantieme und mit der anderen ein Festgehalt vereinbart hat.

### 4. Nur-Rohgewinntantieme

Die vorstehenden Ausführungen gelten für eine Nur-Rohgewinntantieme entsprechend.

### 5. Wegfall bisheriger BMF-Schreiben und Anwendung

Dieses Schreiben tritt an die Stelle der BMF-Schreiben vom 3. Januar 1996 (BStBl. I S. 53), vom 13. Oktober 1997 (BStBl. I S. 900) und vom 5. Januar 1998 (BStBl. I S. 90); Übergangsregelungen in diesen Schreiben bleiben hiervon unberührt. Soweit dieses Schreiben bezogen auf den BFH-Beschluss vom 26. Januar 1999 (BStBl. II S. 241) von in der Vergangenheit im Einzelfall vertretenen Grundsätzen zur Nur-Tantieme abweicht, ist es erstmals für den Veranlagungszeitraum 2003 anzuwenden; im Übrigen sind die Grundsätze dieses Schreibens in allen noch offenen Fällen anzuwenden.

[1] Jetzt: H 8.8 KStH 2015.

# 100 § 8/12. Schreiben betr. Angemessenheit der Gesamtbezüge eines Gesellschafter-Geschäftsführers[1)]

Vom 14. Oktober 2002 (BStBl. I S. 972)

(BMF IV A 2 – S 2742 – 62/02)

Nach dem Ergebnis einer Erörterung mit den obersten Finanzbehörden der Länder nehme ich zu den Grundsätzen, nach denen die Frage nach der Angemessenheit der Gesamtausstattung des Gesellschafter-Geschäftsführers zu beurteilen ist, wie folgt Stellung:

## A. Allgemeines

Das Zivilrecht behandelt die Kapitalgesellschaft und ihren Gesellschafter jeweils als eigenständige Rechts- und Vermögenssubjekte. Das Steuerrecht folgt den Wertungen des Zivilrechts. Die Kapitalgesellschaft und der dahinterstehende Gesellschafter sind jeweils selbständige Steuersubjekte. Daher sind schuldrechtliche Leistungsbeziehungen (hier: Arbeits- oder Dienstverträge) zwischen der Kapitalgesellschaft und dem Gesellschafter grundsätzlich steuerlich anzuerkennen. Sie führen auf der Ebene der Kapitalgesellschaft zu Betriebsausgaben, die den Unterschiedsbetrag im Sinne des § 4 Abs. 1 Satz 1 EStG mindern. 1

Steuerlich ist zu prüfen, ob die Vereinbarung ganz oder teilweise durch das Gesellschaftsverhältnis veranlasst ist. Die Gewinnminderung, die auf dem durch das Gesellschaftsverhältnis veranlassten Teil der Vereinbarung beruht, ist außerhalb der Steuerbilanz dem Steuerbilanzgewinn im Rahmen der Ermittlung des Einkommens hinzuzurechnen (§ 8 Abs. 3 Satz 2 KStG). 2

## B. Einzelne Vergütungsbestandteile

Die Vergütung des Gesellschafter-Geschäftsführers setzt sich regelmäßig aus mehreren Bestandteilen zusammen. Es finden sich Vereinbarungen über Festgehälter (einschl. Überstundenvergütung), zusätzliche feste jährliche Einmalzahlungen (z. B. Urlaubsgeld, Weihnachtsgeld), variable Gehaltsbestandteile (z. B. Tantieme, Gratifikationen), Zusagen über Leistungen der betrieblichen Altersversorgung (z. B. Pensionszusagen) und Sachbezüge (z. B. Fahrzeugüberlassung, private Telefonnutzung). 3

## C. Steuerliche Beurteilung der Vergütungsbestandteile

### I. Allgemeines

Die Beurteilung der gesellschaftlichen Veranlassung der Vergütungsvereinbarung bezieht sich zuerst auf die Vereinbarung des jeweils einzelnen Vergütungsbestandteils und danach auf die Angemessenheit der steuerlich anzuerkennenden Gesamtvergütung. 4

---

1) Vgl. hierzu OFD Düsseldorf v. 17. 6. 2004, DStR S. 1386.

## II. Prüfungsschema

5 In einem ersten Schritt sind alle vereinbarten Vergütungsbestandteile einzeln danach zu beurteilen, ob sie dem Grunde nach als durch das Gesellschaftsverhältnis veranlasst anzusehen sind. Ist dies der Fall, führt die Vermögensminderung, die sich durch die Vereinbarung ergibt, in vollem Umfang zu einer verdeckten Gewinnausschüttung. So ist beispielsweise die Vereinbarung von Überstundenvergütungen nicht mit dem Aufgabenbild eines Geschäftsführers vereinbar (vgl. BFH-Urteile vom 19. März 1997, BStBl. II S. 577, und vom 27. März 2001, BStBl. II S. 655). Auch Pensionszusagen, die gegen die Grundsätze der Wartezeit *(vgl. BMF-Schreiben vom 14. Mai 1999, BStBl. I S. 512, unter 1.*[1]*)* verstoßen, oder zeitlich unbefristete Nur-Tantiemezusagen (vgl. Grundsätze des BMF-Schreibens vom 1. Februar 2002, BStBl. I S. 219[2]) führen in vollem Umfang zu verdeckten Gewinnausschüttungen.

6 In einem zweiten Schritt sind die verbleibenden Vergütungsbestandteile danach zu beurteilen, ob sie der Höhe nach als durch das Gesellschaftsverhältnis veranlasst anzusehen sind (vgl. z. B. zum Verhältnis der Tantieme zum Festgehalt die Grundsätze des BMF-Schreibens vom 1. Februar 2002, a. a. O.)[2]. Soweit die gesellschaftliche Veranlassung reicht, führt dies zu verdeckten Gewinnausschüttungen.

7 Im dritten Schritt ist bezogen auf die verbliebene nicht durch das Gesellschaftsverhältnis veranlasste Vergütung zu prüfen, ob sie in der Summe als angemessen angesehen werden kann. Soweit die Vergütung die Grenze der Angemessenheit übersteigt, führt dies zu einer verdeckten Gewinnausschüttung.

8 Sind die einzelnen Vergütungsbestandteile nicht zeitgleich vereinbart worden und übersteigt die Vergütung die Angemessenheitsgrenze, ist der unangemessene Betrag in der Regel dem bzw. den zuletzt vereinbarten Bestandteilen zuzuordnen. Sind die einzelnen Vergütungsbestandteile zeitgleich vereinbart worden, ist der die Angemessenheitsgrenze übersteigende Betrag nach sachgerechten Kriterien (z. B. quotal) auf die einzelnen Vergütungsbestandteile zu verteilen.

9 **Beispiel**

Die GmbH vereinbart ab dem Geschäftsjahr 02 mit ihrem Gesellschafter-Geschäftsführer ein Festgehalt von 350 000 €. Ab dem Geschäftsjahr 03 soll er zusätzlich eine Tantieme von 250 000 € erhalten. Die angemessene Gesamtausstattung beträgt a) 600 000 € und b) 400 000 €.

zu a)
Zweite Stufe:
Anzuerkennende Tantieme:
25 % des vereinbarten Gesamtgehalts von 600 000 € = 150 000 €
> verdeckte Gewinnausschüttung aus zweiter Stufe: 100 000 €
Dritte Stufe:
Anzuerkennende Vergütung nach der zweiten Stufe: 350 000 € (F) + 150 000 € (T) = 500 000 €
angemessene Gesamtausstattung: 600 000 €
> Folge: keine (weitere) verdeckte Gewinnausschüttung aus dritter Stufe
verdeckte Gewinnausschüttung insgesamt: 100 000 €

---

[1] Siehe nunmehr BMF v. 14. 12. 2012, BStBl. 2013 I S. 58 (Nr. **100** § 8/16).
[2] Nr. **100** § 8/7.

zu b)
Zweite Stufe:
Anzuerkennende Tantieme:
25% des **vereinbarten** Gesamtgehalts von 600 000 € = 150 000 €
> verdeckte Gewinnausschüttung aus zweiter Stufe: 100 000 €
Dritte Stufe:
Anzuerkennende Vergütung nach der zweiten Stufe: 350 000 € (F) + 150 000 € (T) = 500 000 €
angemessene Gesamtausstattung: 400 000 €
> verdeckte Gewinnausschüttung aus dritter Stufe: 100 000 €
verdeckte Gewinnausschüttung insgesamt: 200 000 €

## D. Festlegung der Angemessenheitsgrenze

Beurteilungskriterien für die Angemessenheit sind Art und Umfang der Tätigkeit, die künftigen Ertragsaussichten des Unternehmens, das Verhältnis des Geschäftsführergehaltes zum Gesamtgewinn und zur verbleibenden Eigenkapitalverzinsung sowie Art und Höhe der Vergütungen, die im selben Betrieb gezahlt werden oder in gleichartigen Betrieben an Geschäftsführer für entsprechende Leistungen gewährt werden (BFH-Urteil vom 5. Oktober 1994, BStBl. 1995 II S. 549). 10

### 1. Art und Umfang der Tätigkeit

Art und Umfang der Tätigkeit werden vorrangig durch die Größe des Unternehmens bestimmt. Je größer ein Unternehmen ist, desto höher kann das angemessene Gehalt des Geschäftsführers liegen, da mit der Größe eines Unternehmens auch Arbeitseinsatz, Anforderung und Verantwortung steigen. Die Unternehmensgröße ist vorrangig anhand der Umsatzhöhe und der Beschäftigtenzahl zu bestimmen. 11

Übt der Gesellschafter außerhalb seiner Geschäftsführerfunktion anderweitige unternehmerische Tätigkeiten aus (z. B. als Einzelunternehmer, in einer Personengesellschaft oder einer anderen Kapitalgesellschaft), so deckt sich die Angemessenheitsgrenze bei der betreffenden Gesellschaft mit dem Umfang, in dem er jeweils für die konkrete Gesellschaft tätig ist. Er kann in diesem Fall nicht seine gesamte Arbeitskraft der Kapitalgesellschaft zur Verfügung stellen. 12

Entsprechendes gilt in den Fällen, in denen zwei oder mehrere Geschäftsführer sich die Verantwortung für die Kapitalgesellschaft teilen. Vor allem bei kleineren Gesellschaften ist, auch wenn sie ertragsstark sind, in diesen Fällen ein Abschlag gerechtfertigt. Hier kann unterstellt werden, dass Anforderungen und Arbeitseinsatz des einzelnen Geschäftsführers geringer sind als bei einem Alleingeschäftsführer und dass von dem einzelnen Geschäftsführer im Regelfall deshalb auch solche Aufgaben wahrgenommen werden, die bei vergleichbaren Gesellschaften von Nichtgeschäftsführern erledigt werden (BFH-Urteil vom 11. Dezember 1991, BStBl. 1992 II S. 690). 13

### 2. Ertragsaussichten der Gesellschaft/Verhältnis zur Eigenkapitalverzinsung

Neben der Unternehmensgröße stellt die Ertragssituation das entscheidende Kriterium für die Angemessenheitsprüfung dar. Maßgebend ist hierbei vor allem das Verhältnis der Gesamtausstattung des Geschäftsführergehalts zum Gesamtgewinn der Gesellschaft und zur verbleibenden Eigenkapitalverzinsung. 14

Ein ordentlicher und gewissenhafter Geschäftsleiter würde bei der Festlegung der Gesamtbezüge des Geschäftsführers sicherstellen, dass der Gesellschaft auch nach Zahlung der Bezüge mindestens eine angemessene Eigenkapitalverzinsung verbleibt.

15 Die angemessene Verzinsung des Eigenkapitals ist dabei aus dem gesamten von der Gesellschaft eingesetzten Eigenkapital zu ermitteln. Wird nahezu der gesamte Gewinn einer Kapitalgesellschaft durch die Gesamtvergütung „abgesaugt", stellt dies ein wesentliches Indiz für die Annahme einer unangemessenen Gesamtvergütung dar.

16 Die Mindestverzinsung des eingesetzten Eigenkapitals rechtfertigt es allerdings nicht, darüber hinausgehende Beträge in vollem Umfang als Geschäftsführergehalt auszukehren. Es ist Aufgabe der Kapitalgesellschaft, Gewinne zu erzielen und die Gewinne nach Möglichkeit zu steigern, und ein ordentlicher und gewissenhafter Geschäftsleiter wird auf jeden Fall dafür sorgen, dass der Kapitalgesellschaft ein entsprechender Gewinn verbleibt (BFH-Urteil vom 28. Juni 1989, BStBl. II S. 854). Im Regelfall kann daher von der Angemessenheit der Gesamtausstattung der Geschäftsführerbezüge ausgegangen werden, wenn der Gesellschaft nach Abzug der Geschäftsführervergütungen noch ein Jahresüberschuss vor Ertragsteuern in mindestens gleicher Höhe wie die Geschäftsführervergütungen verbleibt. Bei mehreren Gesellschafter-Geschäftsführern ist hierbei auf die Gesamtsumme der diesen gewährten Vergütungen abzustellen.

17 Der dargestellte Grundsatz rechtfertigt es allerdings auch bei sehr ertragsstarken Gesellschaften nicht, die Vergütungen unbegrenzt zu steigern. Die jeweilige Obergrenze muss nach den Umständen des Einzelfalles bestimmt werden. Hierbei ist vor allem auf die Unternehmensgröße abzustellen. Orientierungshilfen für die Bemessung des zu ermittelnden Höchstbetrags können die in den Gehaltsstrukturuntersuchungen für die jeweilige Branche und Größenklasse genannten Höchstwerte bieten. Diese tragen auch dem Umstand hinreichend Rechnung, dass der Unternehmenserfolg maßgeblich von der Leistung des Geschäftsführers und von dessen hohem Arbeitseinsatz abhängt sowie dass sich das Unternehmen in einem Ballungsgebiet mit hohem Gehaltsniveau befindet; eines speziellen Gehaltszuschlags bedarf es hierdurch nicht.

18 Bei ertragsschwachen Gesellschaften ist hingegen davon auszugehen, dass auch ein Fremdgeschäftsführer selbst in Verlustjahren nicht auf ein angemessenes Gehalt verzichten würde. Das Unterschreiten einer Mindestverzinsung des eingesetzten Kapitals führt daher nicht zwangsläufig zu einer verdeckten Gewinnausschüttung. Vielmehr kann von einer angemessenen Ausstattung der Gesamtbezüge des Gesellschafter-Geschäftsführers dann ausgegangen werden, wenn er Gesamtbezüge erhält, die sich am unteren Ende des entsprechenden Vergleichsmaßstabes befinden.

### 3. Fremdvergleichmaßstab

19 Für die Ermittlung der Angemessenheitsgrenze ist der Fremdvergleich (vgl. BFH-Urteil vom 17. Mai 1995, BStBl. 1996 II S. 204) maßgebend.

#### a) Interner Betriebsvergleich

20 Wird in der Gesellschaft neben dem Gesellschafter-Geschäftsführer ein Fremdgeschäftsführer beschäftigt, stellt dessen Vergütungshöhe ein wesentliches Indiz bei der Festlegung der Angemessenheitsgrenze der Vergütung des Gesellschafter-Geschäftsführers dar.

**b) Externer Betriebsvergleich**

Ein externer Betriebsvergleich lässt sich i. d. R. nur unter Heranziehung von nach den Regeln der wissenschaftlichen Statistik erstellten neutralen Gehaltsuntersuchungen führen. Nach dem BFH-Urteil vom 14. Juli 1999, BFH/NV 1999 S. 1645, bestehen gegen die Heranziehung von Gehaltsstrukturuntersuchungen im Rahmen eines externen Betriebsvergleichs keine rechtlichen Bedenken. Daneben besteht die Möglichkeit, branchenspezifische Erfahrungswerte zu verwenden, die aber nur in seltenen Fällen vorliegen werden. 21

**c) Durchführung der Angemessenheitsprüfung**

Die Prüfung der Angemessenheit der Gesamtbezüge von Gesellschafter-Geschäftsführern ist im Einzelfall nach den o. a. Kriterien vorzunehmen. Die Prüfung darf auch nicht aus Vereinfachungsgründen unterbleiben, d. h. betragsmäßige Unter- oder Obergrenzen finden keine Anwendung. 22

Im Übrigen ist zu berücksichtigen, dass nach der Rechtsprechung des BFH bei einer nur geringfügigen Überschreitung der Angemessenheitsgrenze noch keine verdeckte Gewinnausschüttung vorliegt. Eine verdeckte Gewinnausschüttung ist danach jedenfalls dann anzunehmen, wenn die tatsächliche Vergütung die Angemessenheitsgrenze um mehr als 20 % überschreitet (BFH-Urteil vom 28. Juni 1989, BStBl. II S. 854); eine Freigrenze ist hiermit nicht verbunden. 23

## E. Anwendung vorstehender Grundsätze

Die vorstehenden Grundsätze sind in allen offenen Fällen anzuwenden. Soweit in der Vergangenheit hiervon abweichende allgemeine Grundsätze bestanden haben, sind diese ab dem Wirtschaftsjahr, das im Veranlagungszeitraum 2003 beginnt, nicht mehr anzuwenden. 24

# **100** § 8/13. Schreiben betr. Korrektur einer verdeckten Gewinnausschüttung innerhalb oder außerhalb der Steuerbilanz[1]

Vom 28. Mai 2002 (BStBl. I S. 603)

(BMF IV A 2 – S 2742 – 32/02)

Die Körperschaftsteuer bemisst sich bei Körperschaftsteuerpflichtigen grundsätzlich nach dem zu versteuernden Einkommen (§ 7 Abs. 1 KStG). Maßgebend für die Ermittlung des zu versteuernden Einkommens ist das Einkommen im Sinne des § 8 Abs. 1 KStG. Dies ermittelt sich nach den Vorschriften des Einkommensteuergesetzes und des Körperschaftsteuergesetzes. § 8 Abs. 3 Satz 2 KStG schreibt allgemein vor, dass verdeckte Gewinnausschüttungen das Einkommen nicht mindern. Das Körperschaftsteuergesetz enthält keine Aussage dazu, auf welcher Stufe der Einkommensermittlung die verdeckte Gewinnausschüttung korrigiert wird. 1

Nach dem BFH-Urteil vom 29. Juni 1994 (BStBl. 2002 II S. 366) erschöpft sich bei einem Körperschaftsteuerpflichtigen, der Einkünfte aus Gewerbebetrieb erzielt, die Rechtsfolge des § 8 Abs. 3 Satz 2 KStG in einer Gewinnkorrektur und setzt außerhalb der Steuerbilanz an. Die Gewinnerhöhung auf Grund einer verdeckten Gewinnausschüttung im Sinne des § 8 Abs. 3 Satz 2 KStG ist dem Steuerbilanzgewinn außerhalb der Steuerbilanz hinzuzurechnen. 2

Nach dem Ergebnis der Erörterung mit den obersten Finanzbehörden der Länder gilt bei der Anwendung der Grundsätze dieses Urteils über den entschiedenen Einzelfall hinaus Folgendes:

## I. Grundsatz

### 1. Allgemeines

Voraussetzung für die Annahme einer verdeckten Gewinnausschüttung im Sinne des § 8 Abs. 3 Satz 2 KStG ist u. a. eine Vermögensminderung oder verhinderte Vermögensmehrung, die sich auf die Höhe des Einkommens ausgewirkt hat (vgl. *Abschn. 31 Abs. 3 Satz 1 KStR 1995*[2]). Soweit eine verdeckte Gewinnausschüttung im Sinne des § 8 Abs. 3 Satz 2 KStG vorliegt, ist sie außerhalb der Steuerbilanz dem Steuerbilanzgewinn im Rahmen der Ermittlung des Einkommens der Körperschaft hinzuzurechnen. 3

Ist die verdeckte Gewinnausschüttung bei der erstmaligen Veranlagung des Wirtschaftsjahrs, in dem es zu der Vermögensminderung bzw. zu der verhinderten Vermögensmehrung gekommen ist, nicht hinzugerechnet worden und kann diese Veranlagung nach den Vorschriften der Abgabenordnung nicht 4

[1] Bestätigt durch BFH v. 21. 3. 2007 I R 74/06, BStBl. 2008 II S. 277.
[2] Jetzt R 8.5 KStR 2015.

mehr berichtigt oder geändert werden, so unterbleibt die Hinzurechnung nach § 8 Abs. 3 Satz 2 KStG endgültig.

5 Zu einer anderen Ausschüttung im Sinne des § 27 Abs. 3 Satz 2 KStG in der Fassung vor Änderung durch das Steuersenkungsgesetz bzw. einer Leistung der Kapitalgesellschaft im Sinne des KStG in der Fassung des Steuersenkungsgesetzes kommt es unabhängig von der bilanziellen bzw. einkommensmäßigen Behandlung der verdeckten Gewinnausschüttung erst im Zeitpunkt ihres tatsächlichen Abflusses (vgl. *Abschn. 77 Abs. 6 KStR 1995*[1]).

6 Beim Gesellschafter ist die verdeckte Gewinnausschüttung nach den für ihn geltenden steuerlichen Grundsätzen unabhängig davon zu erfassen, ob sie auf der Ebene der Gesellschaft dem Einkommen hinzugerechnet wurde[2].

### 2. Verdeckte Gewinnausschüttung bei Passivierung von Verpflichtungen

7 Ist eine Vereinbarung mit dem Gesellschafter, die in der Steuerbilanz zu einer Passivierung geführt hat (Verbindlichkeit oder Rückstellung), ganz oder teilweise als verdeckte Gewinnausschüttung zu beurteilen, hat dies auf die Passivierung der Verpflichtung keinerlei Einfluss. Das Betriebsvermögen ist in der Steuerbilanz zutreffend ausgewiesen; der gebildete Passivposten ist im Hinblick auf die verdeckte Gewinnausschüttung nicht zu korrigieren.

8 Für den betreffenden Passivposten in der Steuerbilanz ist zum Zwecke der weiteren steuerlichen Behandlung der verdeckten Gewinnausschüttung eine Nebenrechnung durchzuführen. In Höhe der verdeckten Gewinnausschüttung ist ein Teilbetrag I zu bilden. Die Höhe des Teilbetrags I ist nicht davon abhängig, dass ein entsprechender Betrag im Rahmen der Einkommensermittlung der Gesellschaft hinzugerechnet worden ist. Ergänzend ist festzuhalten, in welchem Umfang der Teilbetrag I bei der Einkommensermittlung dem Steuerbilanzgewinn hinzugerechnet worden ist (Teilbetrag II). Die Nebenrechnung als Folge einer verdeckten Gewinnausschüttung ist für jeden betroffenen Passivposten gesondert vorzunehmen.

9 Die beiden Teilbeträge sind entsprechend der Entwicklung des Passivpostens in der Steuerbilanz fortzuschreiben. Sie sind aufzulösen, soweit die Verpflichtung (vgl. Rdnr. 7) in der Steuerbilanz gewinnerhöhend aufzulösen ist. Die Gewinnerhöhung, die sich durch die Auflösung der Verpflichtung in der Steuerbilanz ergibt, ist, soweit sie anteilig auf den durch das Gesellschaftsverhältnis veranlassten Teil der Verpflichtung entfällt, bis zur Höhe des aufzulösenden Teilbetrags II außerhalb der Steuerbilanz vom Steuerbilanzgewinn zur Vermeidung einer doppelten Erfassung abzuziehen.

## II. Auswirkungen der Grundsätze im Einzelnen

### 1. Verdeckte Gewinnausschüttung bei laufenden Betriebsausgaben

10 Maßgebend für die Hinzurechnung ist der Betrag, der im laufenden Wirtschaftsjahr den Steuerbilanzgewinn und damit das Einkommen gemindert hat.

---

[1] Siehe nunmehr H 27 KStH 2015.

[2] Vgl. aber § 8 b Abs. 1 Satz 2 i. d. F. des JStG 2007.

**Beispiel 1:**

Die Kapitalgesellschaft erzielt im Wirtschaftsjahr 01 einen Steuerbilanzgewinn von 200 000 €. Dabei hat sie ihrem Gesellschafter-Geschäftsführer gemäß Anstellungsvertrag 9000 € als laufendes Monatsgehalt gezahlt, obwohl nach dem Fremdvergleich nur 6000 € angemessen wären.

Zur Ermittlung des Einkommens ist dem Steuerbilanzgewinn der Kapitalgesellschaft im Beispielsfall der Betrag von 36 000 € hinzuzurechnen. In Höhe des Hinzurechnungsbetrags liegen im Wirtschaftsjahr 01 eine Ausschüttung der Kapitalgesellschaft und beim Gesellschafter Einnahmen aus Kapitalvermögen vor. 11

## 2. Verdeckte Gewinnausschüttung bei Passivierung von Verpflichtungen

### a) Abfluss der verdeckten Gewinnausschüttung im Jahr nach Passivierung der Verpflichtung

**Beispiel 2:**

In der Steuerbilanz für das Wirtschaftsjahr 01 ist für eine Tantiemezusage an den Gesellschafter-Geschäftsführer eine Tantiemerückstellung von 70 000 € gebildet worden; die Tantieme ist zum 30. Juni 02 fällig und wird zu diesem Zeitpunkt ausgezahlt. Die durch die gebildete Rückstellung eingetretene Vermögensminderung ist (unstreitig) in Höhe von 20 000 € eine verdeckte Gewinnausschüttung. Im Zuge der Veranlagung für das Wirtschaftsjahr 01 wird

a) die verdeckte Gewinnausschüttung hinzugerechnet

b) die verdeckte Gewinnausschüttung nicht hinzugerechnet; eine Änderungsmöglichkeit nach den Vorschriften der AO besteht nicht.

In der Steuerbilanz der Gesellschaft ist im Unterfall a) und b) für das Wirtschaftsjahr 01 gewinnmindernd eine Tantiemerückstellung in Höhe von 70 000 € zu bilden. 12

Im Unterfall a) kommt es im Zuge der Einkommensermittlung für 01 zur Hinzurechnung der verdeckten Gewinnausschüttung von 20 000 €. Der Teilbetrag I und der Teilbetrag II belaufen sich am Schluss des Wirtschaftsjahrs 01 jeweils auf 20 000 €. 13

In Folge der Auszahlung in 02 kommt es zur Auflösung der Rückstellung; Auszahlung und Auflösung wirken sich nicht auf den Steuerbilanzgewinn aus. Die Teilbeträge I und II sind ebenfalls aufzulösen; die Auflösung hat keinen Einfluss auf die Einkommensermittlung der Gesellschaft.

Im Unterfall b) unterbleibt im Zuge der Einkommensermittlung für 01 eine Hinzurechnung von 20 000 €. Der Teilbetrag I beläuft sich am Schluss des Wirtschaftsjahrs 01 auf 20 000 € der Teilbetrag II auf 0 €. In Folge der Auszahlung in 02 kommt es zur Auflösung der Rückstellung; Auszahlung und Auflösung wirken sich nicht auf den Steuerbilanzgewinn aus. Der Teilbetrag I ist aufzulösen; die Auflösung hat keinen Einfluss auf die Einkommensermittlung der Gesellschaft. 14

Auf der Ebene des Gesellschafters führt der Zufluss der 70 000 € in den beiden Unterfällen in Höhe des Teilbetrags I (= 20 000 €) zu Einnahmen aus Kapitalvermögen und in Höhe des Restbetrags zu Einnahmen aus nichtselbständiger Arbeit. 15

### b) Abfluss der verdeckten Gewinnausschüttung erst nach Ablauf einer Zeitspanne von mehr als 12 Monaten

**Beispiel 3:**

Dem Gesellschafter-Geschäftsführer ist für das Wirtschaftsjahr 01 eine Tantieme von 20 000 € zugesagt worden, die (zulässigerweise) am 31. Januar 03 fällig gestellt und ausbezahlt wird. Die durch die Rückstellung eintretende Vermögensminderung stellt zu 50% eine verdeckte Gewinnausschüttung dar. In der Steuerbilanz für das Wirtschaftsjahr 01 ist eine Tantiemerückstellung von 18 960 € gebildet und für das Wirtschaftsjahr 02 auf 20 000 € aufgestockt worden (§ 6 Abs. 1 Nr. 3 a Buchstabe e EStG [Aufzinsungsbetrag]). Im Zuge der Veranlagung für das Wirtschaftsjahr 01 wird

a) die verdeckte Gewinnausschüttung hinzugerechnet

b) die verdeckte Gewinnausschüttung nicht hinzugerechnet; eine Änderungsmöglichkeit nach den Vorschriften der AO besteht nicht.

Die Veranlagung für das Wirtschaftsjahr 02 ist noch offen.

16 In der Steuerbilanz der Gesellschaft ist im Unterfall a) und b) am Schluss des Wirtschaftsjahrs 01 eine Tantiemerückstellung in Höhe von 18 960 € und am Schluss des Wirtschaftsjahrs 02 von 20 000 € auszuweisen.

17 Im Unterfall a) kommt es im Zuge der Einkommensermittlung für 01 zur Hinzurechnung von 9480 € und für 02 von 520 € (50% des Aufstockungsbetrags von 1040 €). Der Teilbetrag I und der Teilbetrag II belaufen sich am Schluss des Wirtschaftsjahrs 01 jeweils auf 9480 € und erhöhen sich am Schluss des Wirtschaftsjahrs 02 um jeweils 520 € auf jeweils 10 000 €. In Folge der Auszahlung in 03 kommt es zur Auflösung der Rückstellung; Auszahlung und Auflösung wirken sich nicht auf den Steuerbilanzgewinn aus. Die Teilbeträge I und II sind aufzulösen; die Auflösung hat keinen Einfluss auf die Einkommensermittlung der Gesellschaft.

18 Im Unterfall b) unterbleibt im Zuge der Einkommensermittlung für 01 eine Hinzurechnung von 9480 €. Der Teilbetrag I beläuft sich am Schluss des Wirtschaftsjahrs 01 auf 9480 €, der Teilbetrag II auf 0 €. Im Zuge der Einkommensermittlung für 02 kommt es zu einer Hinzurechnung von 520 €. Der Teilbetrag I erhöht sich am Schluss des Wirtschaftsjahrs 02 auf 10 000 €, der Teilbetrag II beläuft sich zu diesem Stichtag auf 520 €. In Folge der Auszahlung in 03 kommt es zur Auflösung der Rückstellung; Auszahlung und Auflösung wirken sich nicht auf den Steuerbilanzgewinn aus. Die Teilbeträge I und II sind aufzulösen; die Auflösung hat keinen Einfluss auf die Einkommensermittlung der Gesellschaft.

19 Auf der Ebene des Gesellschafters führt der Zufluss der 20 000 € in Höhe des Teilbetrags I (= 10 000 €) im Jahr 03 zu Einnahmen aus Kapitalvermögen und in Höhe des Restbetrags zu Einnahmen aus nichtselbständiger Arbeit.

### c) Durch das Gesellschaftsverhältnis veranlasster Verzicht auf einen voll werthaltigen Anspruch, der zu einer verdeckten Gewinnausschüttung geführt hat

**Beispiel 4:**

Wie Beispiel 3; der Gesellschafter-Geschäftsführer verzichtet aber am 15. Januar 03 aus durch das Gesellschaftsverhältnis veranlassten Gründen auf die Auszahlung der Tantieme.

20 Es gelten die Grundsätze des BFH-Beschlusses vom 9. Juni 1997, BStBl. 1998 II S. 307. Die gewinnwirksame Auflösung der Tantiemerückstellung in der Steuerbilanz des Wirtschaftsjahres 03 wird in gleicher Höhe durch eine Einlage des Gesellschafters neutralisiert. Die Teilbeträge I und II sind aufzulösen; die Auflösung hat im Unterfall a) und b) keinen Einfluss auf die Einkommensermittlung der Gesellschaft.

21 Auf der Ebene des Gesellschafters führt der Verzicht auf die Tantieme in Höhe des Teilbetrags I (= 10 000 €) zu Einnahmen aus Kapitalvermögen und der Differenzbetrag von Tantiemerückstellung und Teilbetrag I (= 10 000 €) zu Einnahmen aus nichtselbständiger Arbeit. In Höhe der Einlage (von 20 000 €) erhöhen sich die steuerlichen Anschaffungskosten der Beteiligung.

### d) Durch das Gesellschäftsverhältnis veranlasster Verzicht auf einen nicht voll werthaltigen Anspruch, der zu einer verdeckten Gewinnausschüttung geführt hat

**Beispiel 5:**

Wie Beispiel 3; der Gesellschafter-Geschäftsführer verzichtet aber am 15. 1. 03 aus durch das Gesellschaftsverhältnis veranlassten Gründen auf die Auszahlung der Tantieme von 20 000 € (Anspruch war nur noch zu 40% werthaltig).

22 War der Anspruch im Zeitpunkt des Verzichts nicht mehr voll werthaltig, beschränkt sich die Einlage nach den Grundsätzen des BFH-Beschlusses vom 9. Juni 1997 (a. a. O.) betragsmäßig auf den werthaltigen Teil der Tantiemeverpflichtung lt. Steuerbilanz. Die in der Steuerbilanz des Wirtschaftsjahres 03 auszubuchende Verpflichtung wirkt sich damit im Ergebnis im Unterfall a) und b) in Höhe des nicht werthaltigen Teils gewinnwirksam aus (60% von 20 000 € = 12 000 €).

Dieser Betrag von 12 000 € entfällt im Verhältnis des Teilbetrags I (10 000 €) zum Rückstellungsbetrag (20 000 €) auf die vormalige verdeckte Gewinnausschüttung (50% von 12 000 € = 6000 €). Sie ist daher außerhalb der Steuerbilanz im Rahmen der Einkommensermittlung 03 bis zur Höhe des Teilbetrags II zu mindern. Im Unterfall a) sind dies 6000 €; der Restbetrag des Teilbetrags II ist ebenso wie der Teilbetrag I ohne Auswirkung auf die Einkommensermittlung aufzulösen. Im Unterfall b) kommt es zur Minderung um 520 €; der Restbetrag des Teilbetrags I ist ohne Auswirkung auf die Einkommensermittlung aufzulösen. 23

Auf der Ebene des Gesellschafters kommt es auf Grund des Verzichts auf die Tantieme in Höhe des werthaltigen Teils des Anspruchs (= 8000 €) zum Zufluss. Dieser führt im Verhältnis des Teilbetrags I (10 000 €) zur Rückstellung (20 000 €), d. h. zu 50% zu Einnahmen aus Kapitalvermögen und in Höhe des Restbetrags zu Einnahmen aus nichtselbständiger Arbeit. In Höhe der Einlage (= 8000 €) erhöhen sich die steuerlichen Anschaffungskosten der Beteiligung. 24

## e) Verdeckte Gewinnausschüttung bei Pensionsrückstellungen in der Anwartschaftsphase

**Beispiel 6:**

Dem Gesellschafter-Geschäftsführer ist im Wirtschaftsjahr 01 (zulässigerweise ohne Berücksichtigung einer Probezeit) eine endgehaltsabhängige Pensionszusage (Invaliditäts- und Altersversorgung) erteilt worden. Im Wirtschaftsjahr 01 war eine Pensionsrückstellung von 10 000 € zu bilden. Im Wirtschaftsjahr 02 waren 12 000 € zuzuführen. In Folge einer Gehaltsabsenkung im Wirtschaftsjahr 03 war die Rückstellung um 2000 € auf 20 000 € aufzulösen. Im Wirtschaftsjahr 04 kommt es zur Zuführung von 10 000 € auf 30 000 €. Die Zusage ist in Höhe von 40% als verdeckte Gewinnausschüttung einzustufen. Im Zuge der Veranlagung für das Wirtschaftsjahr 01 wird

a) die verdeckte Gewinnausschüttung hinzugerechnet
b) die verdeckte Gewinnausschüttung nicht hinzugerechnet; eine Änderungsmöglichkeit nach den Vorschriften der AO besteht nicht.

Die Veranlagungen für die Wirtschaftsjahre 02 bis 04 sind noch offen.

In der Steuerbilanz der Gesellschaft ist im Unterfall a) und b) eine Pensionsrückstellung auszuweisen. Am Schluss des Wirtschaftsjahrs 01 beträgt diese 10 000 €, am Schluss des Wirtschaftsjahrs 02 beträgt sie 22 000 €, am Schluss des Wirtschaftsjahrs 03 beträgt sie 20 000 € und am Schluss des Wirtschaftsjahrs 04 beträgt sie 30 000 €. Die jeweiligen Zuführungen bzw. die Auflösung wirken sich in der Steuerbilanz gewinnmindernd bzw. gewinnerhöhend aus. 25

Im Unterfall a) kommt es im Rahmen der Einkommensermittlung des Veranlagungszeitraums für das Wirtschaftsjahr 01 zur Hinzurechnung von 40% von 10 000 € = 4000 € und für das Wirtschaftsjahr 02 zur Hinzurechnung von 40% von 12 000 € = 4800 €. Die Teilbeträge I und II betragen am Schluss des Wirtschaftsjahrs 01 jeweils 4000 € und am Schluss des Wirtschaftsjahrs 02 jeweils 8800 €. 26

Im Unterfall b) kommt es im Rahmen der Einkommensermittlung des Veranlagungszeitraums für das Wirtschaftsjahr 01 nicht zur Hinzurechnung von 40% von 10 000 € = 4000 €. Am Schluss des Wirtschaftsjahrs 01 beträgt der Teilbetrag I 4000 € und der Teilbetrag II 0 €. Im Rahmen der Einkommensermittlung des Veranlagungszeitraums für das Wirtschaftsjahr 02 kommt es zur Hinzurechnung von 40% von 12 000 € = 4800 €. Am Schluss des Wirtschaftsjahrs 02 beträgt der Teilbetrag I 8800 € und der Teilbetrag II 4800 €. 27

Im Wirtschaftsjahr 03 kommt es in der Steuerbilanz in Folge der Rückstellungsauflösung zu einer Gewinnerhöhung von 2000 €. Diese Gewinnerhöhung ist im Verhältnis des Teilbetrags I zum Schluss des vorangegangenen Wirtschaftsjahrs (8800 €) zum Rückstellungsbetrag zu diesem Zeitpunkt (22 000 €) durch das Gesellschaftsverhältnis veranlasst (40% von 2000 € = 800 €). Die Gewinnerhöhung von 2000 € in der Steuerbilanz 03 ist außerhalb der Steuerbilanz im Rahmen der Einkommensermittlung des Veranlagungszeitraums für das Wirtschaftsjahr 03 bis zur Höhe des Teilbetrags II zu mindern. Die Minderung beträgt in Unterfall a) und b) jeweils 800 €. Der Teilbetrag I in Höhe von 8800 € ist in beiden Unterfällen ebenfalls um 800 € aufzulösen und in Höhe des Restbetrags von 8000 € fortzuführen. Der Restbetrag des Teilbetrags II beträgt nach Abzug von 800 € im Unterfall a) 8000 € und in Unterfall b) 4000 €. 28

29 Im Rahmen der Einkommensermittlung des Veranlagungszeitraums für das Wirtschaftsjahr 04 kommt es im Unterfall a) und b) zur Hinzurechnung von 40% von 10 000 € = 4000 €. Im Unterfall a) betragen der Teilbetrag I und der Teilbetrag II jeweils 12 000 €. Im Unterfall b) beträgt am Schluss des Wirtschaftsjahrs 04 der Teilbetrag I 12 000 € und der Teilbetrag II 8000 €.

### f) Verdeckte Gewinnausschüttung bei Pensionsrückstellungen in der Leistungsphase

30 Die fällige Pensionsverpflichtung führt nach den Grundsätzen von *R 41 Abs. 23 Satz 1 EStR*[1] zu einer gewinnerhöhenden Auflösung der Pensionsrückstellung in der Steuerbilanz; die laufenden Pensionszahlungen führen zu Betriebsausgaben. Im Ergebnis kommt es im Rahmen der Einkommensermittlung auf der Ebene der Gesellschaft nur in Höhe des Saldos beider Größen zu einer Vermögensminderung und damit zu einer verdeckten Gewinnausschüttung. Beide Vorgänge sind für die Ausschüttung auf der Ebene der Gesellschaft und auf der Ebene des Gesellschafters aber getrennt zu betrachten.

#### aa) Gleich bleibender Anteil der durch das Gesellschaftsverhältnis veranlassten Zusage in der Leistungsphase

**Beispiel 7:**

Dem Gesellschafter-Geschäftsführer ist im Wirtschaftsjahr 01 eine Pensionszusage (Invaliditäts- und Altersversorgung) erteilt worden, für die am Schluss des Wirtschaftsjahrs 15 eine Pensionsrückstellung von 100 000 € zu bilden ist. Die Zusage ist in Höhe von 40% als verdeckte Gewinnausschüttung einzustufen. Am Schluss des Wirtschaftsjahrs 15 beläuft sich der Teilbetrag I auf 40 000 €. Der Teilbetrag II beläuft sich zu diesem Zeitpunkt
a) auf 40 000 €
b) auf 2000 €.

Am 1. Januar 16 tritt planmäßig der Versorgungsfall ein; als Pensionsleistungen werden jährlich 7500 € (625 € im Monat) ausbezahlt, die Pensionsrückstellung am Schluss des Wirtschaftsjahrs 16 beläuft sich auf 93 000 €.

31 Im Wirtschaftsjahr 16 kommt es in der Steuerbilanz in Folge der Rückstellungsauflösung zu einer Gewinnerhöhung um 7000 €. Diese Gewinnerhöhung ist im Verhältnis des Teilbetrags I zum Schluss des vorangegangenen Wirtschaftsjahrs (40 000 €) zum Rückstellungsbetrag zu diesem Zeitpunkt (100 000 €) durch das Gesellschaftsverhältnis veranlasst (40% von 7000 € = 2800 €). Die Gewinnerhöhung in der Steuerbilanz des Wirtschaftsjahrs 16 ist im Rahmen der Einkommensermittlung für den Veranlagungszeitraum 16 außerhalb der Steuerbilanz bis zur Höhe des Teilbetrags II zu mindern.

32 Im Unterfall a) mindert sich der Teilbetrag II um 2800 € auf 37 200 €, so dass sich isoliert betrachtet eine Einkommenserhöhung von 4200 € (7000 € ./. 2800 €) ergibt. Der Restbetrag des Teilbetrags II von 37 200 € ist fortzuführen.

33 Im Unterfall b) mindert sich der Teilbetrag II um 2000 € auf 0 €, so dass sich isoliert betrachtet eine Einkommenserhöhung von 5000 € (7000 € ./. 2000 €) ergibt. Eine Fortführung des Teilbetrags II entfällt.

34 Die **Pensionszahlungen** führen im Wirtschaftsjahr 16 zu laufenden Betriebsausgaben in Höhe von 7500 €. Diese sind in Höhe von 3000 € (= 40% von 7500 €) durch das Gesellschaftsverhältnis veranlasst. Dieser Betrag ist dem Steuerbilanzgewinn insoweit hinzuzurechnen, wie er die Differenz aus aufzulösendem Teilbetrag I und aufzulösendem Teilbetrag II übersteigt. Im Unterfall a) beträgt die Hinzurechnung 3000 € ./. (2800 € ./. 2800 €) = 3000 €. Im Unterfall b) beträgt sie 3000 € ./. (2800 € ./. 2000 €) = 2200 €. Im Ergebnis

*(Fortsetzung nächstes Blatt)*

[1] Jetzt R 6 a (21–23) Abs. 22 Satz 1 EStR 2012.

kommt es daher im Unterfall a) und im Unterfall b) zu einer effektiven Hinzurechnung von 200 € (= 40% von 500 € Mehraufwand gegenüber der Rückstellungsauflösung).

Auf der Ebene des Gesellschafters führen die zufließenden Pensionszahlungen im Veranlagungszeitraum 16 in Höhe des Verhältnisses des Teilbetrags I zum Schluss des vorangegangenen Wirtschaftsjahrs (40 000 €) zur Pensionsrückstellung zu diesem Zeitpunkt (100 000 €) zu Einnahmen aus Kapitalvermögen von 3000 € (= 40% von 7500 €) und in Höhe des Restbetrags von 4500 € zu Einnahmen aus nichtselbständiger Arbeit. 35

### bb) Wechselnder Anteil der durch das Gesellschaftsverhältnis veranlassten Zusage in der Leistungsphase

Durch die durch das Gesellschaftsverhältnis veranlasste Erhöhung der Pensionszahlungen ist der Anteil der durch das Gesellschaftsverhältnis veranlassten Pensionsleistung für die Wirtschaftsjahre ab der Änderung der Zusage in geeigneter Weise neu zu ermitteln. Im Wirtschaftsjahr der Änderung der Pensionszusage ist bis zum Zeitpunkt der Änderung der bisherige und danach der korrigierte Aufteilungsmaßstab anzuwenden; die Teilbeträge I und II sind entsprechend fortzuführen. Es gelten die Grundsätze der Rdnr. 31–35 entsprechend. 36

## g) Vollständiger Wegfall der Pensionsverpflichtung durch Tod

**Beispiel 8:**

Dem Gesellschafter-Geschäftsführer ist im Wirtschaftsjahr 01 eine Pensionszusage (Invaliditäts- und Altersversorgung) erteilt worden, für die zum Schluss des Wirtschaftsjahrs 15 eine Pensionsrückstellung von 100 000 € zu bilden ist. Die Zusage ist (unstreitig) in Höhe von 40% als verdeckte Gewinnausschüttung einzustufen. Am Schluss des Wirtschaftsjahrs 15 beläuft sich der Teilbetrag I auf 40 000 €. Der Teilbetrag II beläuft sich zu diesem Zeitpunkt

a) auf 40 000 €

b) auf 30 000 €.

Am 1. 1. 16 stirbt der Gesellschafter-Geschäftsführer.

Die auszubuchende Verpflichtung erhöht den Steuerbilanzgewinn des Wirtschaftsjahrs 16 um 100 000 €. 37

Diese Gewinnerhöhung in der Steuerbilanz ist im Verhältnis des Teilbetrags I von 40 000 € zum Rückstellungsbetrag von 100 000 € (= zu 40% = 40 000 €) außerhalb der Steuerbilanz im Rahmen der Einkommensermittlung der Veranlagung des Wirtschaftsjahrs 16 bis zur Höhe des Teilbetrags II zu mindern. Im Unterfall a) kommt es zur Minderung um 40 000 €. Im Unterfall b) kommt es zur Minderung um 30 000 €. Der Teilbetrag I ist im Unterfall a) und b) ohne Auswirkung auf die Einkommensermittlung aufzulösen. 38

## h) Aktiventod und Fälligwerden der Hinterbliebenenversorgung

**Beispiel 9:**

Dem Gesellschafter-Geschäftsführer ist im Wirtschaftsjahr 01 eine Pensionszusage (Alters- und Hinterbliebenenversorgung) erteilt worden, für die zum Schluss des Wirtschaftsjahrs 15 eine Pensionsrückstellung von 100 000 € zu bilden ist. Die Zusage ist in Höhe von 40% als verdeckte Gewinnausschüttung einzustufen. Am Schluss des Wirtschaftsjahrs 15 beläuft sich der Teilbetrag I auf 40 000 €. Der Teilbetrag II beläuft sich zu diesem Zeitpunkt

a) auf 40 000 €

b) auf 30 000 €.

Am 31. Dezember 16 stirbt der Gesellschafter-Geschäftsführer. Die Witwenversorgung (60% der Altersversorgung) führt zu einer Pensionsrückstellung von anfangs 190 000 €.

In der Steuerbilanz des Wirtschaftsjahrs 16 kommt es in Folge der Rückstellungsaufstockung zu einer Gewinnminderung von 90 000 €. 39

Diese Gewinnminderung ist im Verhältnis des Teilbetrags I zum Schluss des vorangegangenen Wirtschaftsjahrs (40 000 €) zum Rückstellungsbetrag zu diesem Zeitpunkt (100 000 €) durch das Gesellschaftsverhältnis veranlasst (40% von 90 000 € = 36 000 €). Dem Steuerbilanz- 40 gewinn des Wirtschaftsjahrs 16 ist im Rahmen der Einkommensermittlung außerhalb der Steuerbilanz ein Betrag von 36 000 € hinzuzurechnen. Der Teilbetrag I erhöht sich im Unterfall a) und b) um jeweils 36 000 € auf 76 000 €. Im Unterfall a) erhöht sich der Teilbetrag II am Schluss des Wirtschaftsjahrs 16 auf 76 000 € und im Unterfall b) erhöht sich der Teilbetrag II zu diesem Zeitpunkt auf 66 000 €.

41 Für die nachfolgenden Jahre der Auszahlung gelten die Grundsätze unter Rdnr. 31–36 entsprechend.

### 3. Verdeckte Gewinnausschüttung bei Posten der Aktivseite

**Beispiel 10:**

Die Kapitalgesellschaft erwirbt von ihrem Gesellschafter eine Maschine (betriebsgewöhnliche Nutzungsdauer von 5 Jahren) im Wert von 100 000 € zum Preis von 120 000 €. Der Mehrpreis von 20 000 € ist durch das Gesellschaftsverhältnis veranlasst.

42 Die Maschine ist mit den unter fremden Dritten üblichen Anschaffungskosten zu aktivieren (vgl. BFH-Urteil vom 13. März 1985, BFH/NV 1986 S. 116). In Höhe der Differenz zum tatsächlich gezahlten Betrag kommt es zu einem durch das Gesellschaftsverhältnis veranlassten Aufwand, der als verdeckte Gewinnausschüttung gilt. Ein Zufluss beim Gesellschafter liegt in dem Zeitpunkt vor, in dem er den Anspruch nach den für ihn geltenden allgemeinen Gewinn- bzw. Einkommensermittlungsvorschriften zu erfassen hat.

43 Kann die Veranlagung für das Wirtschaftsjahr der Anschaffung nach den Vorschriften der AO nicht mehr berichtigt oder geändert werden, ist das Wirtschaftsgut im Wirtschaftsjahr des ersten offenen Veranlagungszeitraums mit dem Wert zu bewerten, der sich unter Berücksichtigung der Abschreibungen bezogen auf die unter Fremden üblichen Anschaffungskosten ergibt. Die sich hierbei ergebende Vermögensminderung stellt eine verdeckte Gewinnausschüttung dar.

## III. Anwendung

44 Die Grundsätze dieses Schreibens sind in allen noch offenen Fällen anzuwenden. Steht die verdeckte Gewinnausschüttung im Zusammenhang mit einer passivierten Verpflichtung, so ist die Verpflichtung in der Schlussbilanz des ersten offenen Wirtschaftsjahrs nach den vorstehenden Grundsätzen in der Steuerbilanz auszuweisen. Soweit die sich danach ergebende Minderung des Steuerbilanzgewinns wirtschaftlich auf das laufende Wirtschaftsjahr entfällt, ist eine dieses Wirtschaftsjahr betreffende verdeckte Gewinnausschüttung entsprechend den Grundsätzen dieses Schreibens zu behandeln. Bis zur Höhe des Betrags, zu dem die Minderung des Bilanzgewinns wirtschaftlich nicht auf das laufende Wirtschaftsjahr entfällt, sind Beträge, die in den Vorjahren als verdeckte Gewinnausschüttungen erfasst worden sind, im Rahmen der Einkommensermittlung dem Steuerbilanzgewinn hinzuzurechnen. Die in den Vorjahren und dem laufenden Jahr tatsächlich als verdeckte Gewinnausschüttung erfassten Beträge sind die ersten Zugänge zum Teilbetrag II. Der Teilbetrag I ergibt sich zum Schluss des laufenden Wirtschaftsjahrs in Höhe des Betrags, zu dem die Verpflichtung als durch das Gesellschaftsverhältnis veranlasst anzusehen ist.

**Beispiel 11:**

In 1990 wurde eine Pensionszusage erteilt, die (vereinfacht) jährlich zu Zuführungen zur Pensionsrückstellung von 10 000 € führt. Die Zusage ist zu 60% durch das Gesellschaftsverhältnis veranlasst. Bis zum Jahre 01 beträgt die Pensionsrückstellung rechnerisch 120 000 €. Davon sind 72 000 € als verdeckte Gewinnausschüttung behandelt worden.

a) In der Steuerbilanz ist zum 31. Dezember 01 eine Pensionsrückstellung von 48 000 € ausgewiesen.

b) Wie a), daneben ist eine Ausschüttungsverpflichtung von 72 000 € ausgewiesen.

In 02 wird auf die vorstehenden Grundsätze umgestellt, zum 31. 12. 2002 beträgt die Pensionsrückstellung 130 000 €.

**Unterfall a)**

Durch die Rückstellungserhöhung auf 130 000 € ergibt sich in der Steuerbilanz eine Gewinnminderung von 82 000 €. Diese entfällt wirtschaftlich in Höhe von 10 000 € auf das laufende Wirtschaftsjahr. Von diesen 10 000 € werden 6000 € als verdeckte Gewinnausschüttung behandelt und dem Bilanzgewinn hinzugerechnet. Der Restbetrag von 72 000 € entfällt wirtschaftlich auf die Vorjahre; er wird bis zur Höhe der in der Vergangenheit tatsächlich als verdeckte Gewinnausschüttung behandelten Beträge, d. h. um 72 000 € dem Bilanzgewinn hinzugerechnet.
Zum 31. Dezember 02 beträgt der Teilbetrag II 78 000 €; der Teilbetrag I beträgt ebenfalls 78 000 €.

**Unterfall b)**

Durch die „Umbuchung" von Ausschüttungsverbindlichkeit auf Rückstellung und die „normale" Jahreszuführung 02 ergibt sich eine Minderung des Bilanzgewinns von 10 000 €. Diese entfällt wirtschaftlich voll auf das Jahr 02. Von dem Minderungsbetrag sind 6000 € als verdeckte Gewinnausschüttung zu behandeln. Eine weitere Korrektur eines wirtschaftlich auf die Vorjahre entfallenden Minderungsbetrags entfällt.
Zum 31. Dezember 02 beträgt der Teilbetrag II 78 000 €; der Teilbetrag I beträgt ebenfalls 78 000 €.

**Beispiel 12:**

In 1990 wurde eine Pensionszusage erteilt, die (vereinfacht) jährlich zu Zuführungen zur Pensionsrückstellung von 10 000 € führt. Die Zusage ist zu 60% durch das Gesellschaftsverhältnis veranlasst. Bis zum Jahre 00 beträgt die Pensionsrückstellung (rechnerisch) 110 000 €; eine Korrektur als verdeckte Gewinnausschüttung ist bisher unterblieben. In 01 werden erstmals 6000 € als verdeckte Gewinnausschüttung behandelt.

a) In der Steuerbilanz ist zum 31. Dezember 01 eine Pensionsrückstellung von 114 000 € ausgewiesen.

b) Wie a), daneben ist eine Ausschüttungsverpflichtung von 6000 € ausgewiesen.

In 02 wird auf vorstehende Grundsätze umgestellt, zum 31. Dezember 02 beträgt die Rückstellung 130 000 €.

**Unterfall a)**

Durch die Rückstellungserhöhung ergibt sich eine Gewinnminderung von 16 000 €. Diese entfällt wirtschaftlich in Höhe von 10 000 € auf das laufende Wirtschaftsjahr. Von den 10 000 € werden 6000 € als verdeckte Gewinnausschüttung behandelt und dem Bilanzgewinn hinzugerechnet. Der Restbetrag von 6000 € entfällt wirtschaftlich auf die Vorjahre; er wird bis zur Höhe der in der Vergangenheit tatsächlich als verdeckte Gewinnausschüttung behandelten Beträge, d. h. um 6000 € dem Bilanzgewinn hinzugerechnet.
Zum 31. Dezember 02 beträgt der Teilbetrag II 12 000 €; der Teilbetrag I beträgt 78 000 €.

**Unterfall b)**

Durch die „Umbuchung" von Ausschüttungsverbindlichkeit auf Rückstellung und die „normale" Jahreszuführung 02 ergibt sich eine Minderung des Bilanzgewinns von 10 000 €. Diese entfällt wirtschaftlich voll auf das Jahr 2002. Von dem Minderungsbetrag sind 6000 € als verdeckte Gewinnausschüttung zu behandeln. Eine weitere Korrektur eines wirtschaftlich auf die Vorjahre entfallenden Minderungsbetrags entfällt.
Zum 31. Dezember 02 beträgt der Teilbetrag II 12 000 €; der Teilbetrag I beträgt 78 000 €.

# 100 § 8/14. Schreiben betr. private Kfz-Nutzung durch den Gesellschafter-Geschäftsführer einer Kapitalgesellschaft; Urteile des Bundesfinanzhofs vom 23. Januar 2008 I R 8/06 (BStBl. 2012 II S. 260), vom 23. April 2009 VI R 81/06 (BStBl. 2012 II S. 262), und vom 11. Februar 2010 VI R 43/09 (BStBl. 2012 II S. 266)

Vom 3. April 2012

BMF IV C 2 - S 2742/08/10001; DOK 2012/0274530

(BStBl. I S. 478)

Nach dem Ergebnis der Erörterungen mit den obersten Finanzbehörden der Länder gilt zur Anwendung der Urteile des Bundesfinanzhofs vom 23. Januar 2008 I R 8/06 (BStBl. 2012 II S. 260), vom 23. April 2009 VI R 81/06 (BStBl. 2012 II S. 262) und vom 11. Februar 2010 VI R 43/09 (BStBl. 2012 II S. 266) im Hinblick auf die Frage der privaten Nutzung eines betrieblichen Kraftfahrzeugs (Kfz) durch den Gesellschafter-Geschäftsführer einer Kapitalgesellschaft Folgendes:

## I. Vorliegen einer verdeckten Gewinnausschüttung (§ 8 Abs. 3 Satz 2 KStG)

Nach den BFH-Entscheidungen vom 23. Januar 2008 I R 8/06 (BStBl. 2012 II S. 260) und vom 17. Juli 2008 I R 83/07 (BFH/NV 2009 S. 417) ist nur diejenige Nutzung eines betrieblichen Kfz durch einen Gesellschafter-Geschäftsführer betrieblich veranlasst, welche durch eine fremdübliche Überlassungs- oder Nutzungsvereinbarung abgedeckt wird. Die ohne eine solche Vereinbarung erfolgende oder darüber hinausgehende oder einem ausdrücklichen Verbot widersprechende Nutzung ist hingegen durch das Gesellschaftsverhältnis zumindest mitveranlasst. Sie führt sowohl bei einem beherrschenden als auch bei einem nicht beherrschenden Gesellschafter-Geschäftsführer zu einer verdeckten Gewinnausschüttung (§ 8 Abs. 3 Satz 2 KStG). 1

Eine Überlassungs- oder Nutzungsvereinbarung kann auch durch eine – ggf. vom schriftlichen Anstellungsvertrag abweichende – mündliche oder konkludente Vereinbarung zwischen der Kapitalgesellschaft und dem Gesellschafter-Geschäftsführer erfolgen, wenn entsprechend dieser Vereinbarung tatsächlich verfahren wird (BFH-Urteil vom 24. Januar 1990 I R 157/86, BStBl. II S. 645). Für einen außenstehenden Dritten muss dabei zweifelsfrei zu erkennen sein, dass das Kfz durch die Kapitalgesellschaft auf Grund einer entgeltlichen Vereinbarung mit dem Gesellschafter überlassen wird. 2

Erfolgt die Überlassung im Rahmen eines Arbeitsverhältnisses, muss die tatsächliche Durchführung der Vereinbarung – insbesondere durch zeitnahe Verbuchung des Lohnaufwands und Abführung der Lohnsteuer (und ggf. der Sozialversicherungsbeiträge) – durch die Kapitalgesellschaft nachgewiesen sein. Erfolgt die Überlassung nicht im Rahmen des Arbeitsverhältnisses, sondern im Rahmen eines entgeltlichen Überlassungsvertrags, muss auch hier die Durchführung der Vereinbarung – etwa durch die zeitnahe Belastung des Verrechnungskontos des Gesellschafter-Geschäftsführers – dokumentiert sein. 3

## II. Bewertung der verdeckten Gewinnausschüttung

4 Auf der Ebene der Kapitalgesellschaft ist für die Bemessung der verdeckten Gewinnausschüttung im Zusammenhang mit der privaten Kfz-Nutzung von der erzielbaren Vergütung auszugehen *(H 37 KStH 2008 Stichwort „Nutzungsüberlassungen"* [1]*)*. Dies steht in Einklang mit den BFH-Urteilen vom 23. Februar 2005 I R 70/04 (BStBl. II S. 882) und vom 23. Januar 2008 I R 8/06 (BStBl. 2012 II S. 260), wonach die verdeckte Gewinnausschüttung mit dem gemeinen Wert der Nutzungsüberlassung zu bemessen ist und damit einen angemessenen Gewinnaufschlag einbezieht. Aus Vereinfachungsgründen kann es die Finanzbehörde im Einzelfall zulassen, dass die verdeckte Gewinnausschüttung für die private Nutzung eines betrieblichen Kfz entsprechend § 6 Abs. 1 Nr. 4 Satz 2 EStG mit 1 Prozent des inländischen Listenpreises im Zeitpunkt der Erstzulassung zuzüglich der Kosten für Sonderausstattung einschließlich Umsatzsteuer für jeden Kalendermonat bewertet wird; bei Nutzung des Kfz durch den Gesellschafter-Geschäftsführer auch für *Fahrten zwischen Wohnung und Arbeitsstätte*[2] erhöht sich dieser Wert um die in § 8 Abs. 2 Satz 3 EStG und für Familienheimfahrten im Rahmen einer doppelten Haushaltsführung um die in § 8 Abs. 2 Satz 5 EStG genannten Beträge.

5 Auf der Ebene des Gesellschafters ist die verdeckte Gewinnausschüttung auch nach Inkrafttreten des § 32 a KStG durch das Jahressteuergesetz 2007 vom 13. Dezember 2006 (BStBl. 2007 I S. 28) nach § 8 Abs. 2 Satz 2, 3 und 5 EStG zu bewerten.

## III. Anwendung

6 Dieses Schreiben ist in allen offenen Fällen anzuwenden.

[1] **Red. Anm.:** Jetzt H 8.6 „Nutzungsüberlassungen" KStH 2015.

[2] **Red. Anm.:** Jetzt „Fahrten zwischen Wohnung und erster Tätigkeitsstätte sowie Fahrten nach § 9 Abs. 1 Satz 3 Nr. 4 a Satz 3 EStG" (siehe § 8 Abs. 2 Satz 3 EStG).

# **100** § 8/15. Schreiben betr. Verzicht des Gesellschafter-Geschäftsführers einer Kapitalgesellschaft auf eine Pensionsanwartschaft als verdeckte Einlage (§ 8 Abs. 3 Satz 3 KStG); Verzicht auf künftig noch zu erdienende Pensionsanwartschaften (sog. Future Service)

Vom 14. August 2012 (BStBl. I S. 874)

(BMF IV C 2 – S 2743/10/10001 :001; DOK 2012/0652306)

Unter Bezugnahme auf die Erörterung mit den obersten Finanzbehörden der Länder gilt zur ertragsteuerlichen Behandlung des Verzichts eines Gesellschafter-Geschäftsführers auf eine Pensionsanwartschaft gegenüber seiner Kapitalgesellschaft Folgendes:

Nach dem BFH-Beschluss vom 9. Juni 1997 GrS 1/94, BStBl. 1998 II S. 307, führt der durch das Gesellschaftsverhältnis veranlasste Verzicht eines Gesellschafter-Geschäftsführers auf eine werthaltige Forderung gegenüber seiner Kapitalgesellschaft zu einer verdeckten Einlage nach § 8 Abs. 3 Satz 3 KStG in die Kapitalgesellschaft und zu einem Zufluss von Einnahmen beim Gesellschafter-Geschäftsführer. Diese Grundsätze gelten auch bei einem Verzicht des Gesellschafter-Geschäftsführers auf eine Pensionsanwartschaft. Für die Bewertung der verdeckten Einlage ist dabei nach dem BFH-Urteil vom 15. Oktober 1997 I R 58/93, BStBl. 1998 II S. 305) auf den Teilwert der Pensionsanwartschaft des Gesellschafter-Geschäftsführers abzustellen und nicht auf den gemäß § 6 a EStG ermittelten Teilwert der Pensionsverbindlichkeit der Kapitalgesellschaft. Der Teilwert ist dabei unter Beachtung der allgemeinen Teilwertermittlungsgrundsätze im Zweifel nach den Wiederbeschaffungskosten zu ermitteln. Demnach kommt es darauf an, welchen Betrag der Versorgungsberechtigte zu dem Zeitpunkt des Verzichtes hätte aufwenden müssen, um eine gleich hohe Pensionsanwartschaft gegen einen vergleichbaren Schuldner zu erwerben. Dabei kann die Bonität des Forderungsschuldners berücksichtigt werden. Außerdem kann von Bedeutung sein, ob die Pension unverfallbar ist oder ob sie voraussetzt, dass der Berechtigte bis zum Pensionsfall für den Verpflichteten nichtselbständig tätig ist (BFH-Urteil vom 15. Oktober 1997 I R 58/93, BStBl. 1998 II S. 305). 1

Im Falle des vollständigen Verzichts auf eine Pensionsanwartschaft vor Eintritt des Versorgungsfalls liegt eine verdeckte Einlage in Höhe des bis zum Verzichtszeitpunkt bereits erdienten Anteils des Versorgungsanspruches vor. Bei einem teilweisen Verzicht ist eine verdeckte Einlage insoweit anzunehmen, als der Barwert der bis zu dem Verzichtszeitpunkt bereits erdienten Versorgungsleistungen des Gesellschafter-Geschäftsführers den Barwert der nach dem Teilverzicht noch verbleibenden Versorgungsleistungen übersteigt. Dies gilt unabhängig davon, ob sich die Verzichtsvereinbarung der Bezeichnung nach nur auf künftig noch zu erdienende Anwartschaften (sog. Future Service) bezieht oder ob es sich dabei um eine durch das Gesellschaftsverhältnis veran- 2 lasste Änderung einer Pensionszusage handelt, die mit einer Reduzierung der bisher zugesagten Versorgungsleistungen verbunden ist.

3 Es wird nicht beanstandet, wenn als erdienter Teil der Versorgungsleistungen bei einer Leistungszusage an einen beherrschenden Gesellschafter-Geschäftsführer der Teilanspruch aus den bisher zugesagten Versorgungsleistungen angesetzt wird, der dem Verhältnis der ab Erteilung der Pensionszusage bis zum Verzichtszeitpunkt abgeleisteten Dienstzeit (s) einerseits und der ab Erteilung der Pensionszusage bis zu der in der Pensionszusage vorgesehenen festen Altersgrenze (t) andererseits entspricht (zeitanteilig erdienter Anwartschaftsbarwert ab Pensionszusage – s/t). Bei einem nicht beherrschenden Gesellschafter-Geschäftsführer ist insoweit nicht auf den Zeitpunkt der (erstmaligen) Erteilung einer Pensionszusage, sondern auf den Beginn des Dienstverhältnisses abzustellen (sog. m/n-Anwartschaftsbarwert).

**Beispiel:**

- Beherrschender Gesellschafter-Geschäftsführer einer GmbH, geb. 1. Januar 1960
- Diensteintritt in die GmbH am 1. Januar 1986
- Zusage am 1. Januar 1996 einer Alters- und Invalidenrente über 3000 €/monatlich
- Pensionseintritt mit Vollendung des 66. Lebensjahres
- Herabsetzung der Versorgungsanwartschaft am 1. Januar 2011 auf 1500 €/monatlich

**Lösung:**

Ermittlung des erdienten Anteils der Versorgungsleistungen zum Zeitpunkt der Herabsetzung:
Quotient nach Rz. 3: tatsächlich geleistete Dienstjahre ab Zusageerteilung (da beherrschend)/ maximal mögliche Dienstjahre ab Zusageerteilung = 15/30 = 0,5
Erdienter Anteil zum 1. Januar 2011: 1500 €/monatlich

**Ergebnis:**

Da die nach Herabsetzung noch verbleibenden Versorgungsleistungen genau dem bereits erdienten Anteil entsprechen, beträgt der Wert der verdeckten Einlage nach § 8 Abs. 3 Satz 3 KStG 0 €.

4 Bei der Berechnung des Barwerts der bis zum Verzichtszeitpunkt erdienten sowie des Barwerts der danach herabgesetzten Pensionsanwartschaft sind die gleichen, im Verzichtszeitpunkt anerkannten Rechnungsgrundlagen und anerkannten Regeln der Versicherungsmathematik anzuwenden. Es wird dabei für den Barwertvergleich nicht beanstandet, wenn die Rechnungsgrundlagen verwendet werden, die am vorangegangenen Bilanzstichtag der steuerlichen Bewertung der Pensionsverpflichtung zugrunde lagen.

# **100** § 8/16. Schreiben betr. Probezeit vor Zusage einer Pension an den Gesellschafter-Geschäftsführer einer Kapitalgesellschaft (§ 8 Abs. 3 Satz 2 KStG)

Vom 14. Dezember 2012 (BStBl. 2013 I S. 58)

(BMF IV C 2 – S 2742/10/10001; DOK 2012/0807278)

**Bezug:** BMF vom 14. Mai 1999 IV C 6 – S 2742 – 9/99 (BStBl. I S. 512); BFH-Urteil vom 28. April 2010 I R 78/08 (BStBl. 2013 II S. 41)

Nach dem Ergebnis der Erörterungen mit den obersten Finanzbehörden der Länder bitte ich zur Frage der Probezeit bei Pensionszusagen an Gesellschafter-Geschäftsführer von Kapitalgesellschaften folgende Auffassung zu vertreten:

Als Probezeit ist der Zeitraum zwischen Dienstbeginn und der erstmaligen Vereinbarung einer schriftlichen Pensionszusage (zusagefreie Zeit) zu verstehen. Der Zeitraum zwischen der Erteilung einer Pensionszusage und der erstmaligen Anspruchsberechtigung (versorgungsfreie Zeit) zählt nicht zur Probezeit.

## 1. Dauer der Probezeit

Für die steuerliche Beurteilung einer Pensionszusage ist regelmäßig eine Probezeit von zwei bis drei Jahren als ausreichend anzusehen. Die Erteilung der Pensionszusage an den Gesellschafter-Geschäftsführer unmittelbar nach der Anstellung und ohne die unter Fremden übliche Erprobung ist in der Regel nicht betrieblich, sondern durch das Gesellschaftsverhältnis veranlasst (BFH-Urteile vom 15. Oktober 1997 I R 42/97, BStBl. 1999 II S. 316, vom 29. Oktober 1997 I R 52/97, BStBl. 1999 II S. 318, vom 24. April 2002 I R 18/01, BStBl. II S. 670, vom 23. Februar 2005 I R 70/04, BStBl. II S. 882 und vom 28. April 2010 I R 78/08, BStBl. 2013 II S. 41).

Ein ordentlicher und gewissenhafter Geschäftsleiter einer neu gegründeten Kapitalgesellschaft wird einem gesellschaftsfremden Geschäftsführer erst dann eine Pension zusagen, wenn er die künftige wirtschaftliche Entwicklung und damit die künftige wirtschaftliche Leistungsfähigkeit der Kapitalgesellschaft zuverlässig abschätzen kann (ständige Rechtsprechung des BFH, a. a. O.). Hierzu bedarf es in der Regel eines Zeitraums von wenigstens fünf Jahren.

Eine Probezeit ist bei solchen Unternehmen verzichtbar, die aus eigener Erfahrung Kenntnisse über die Befähigung des Geschäftsleiters haben und die die Ertragserwartungen aufgrund ihrer bisherigen unternehmerischen Tätigkeit hinreichend deutlich abschätzen können. Diese Kriterien sind bei einem Unternehmen erfüllt, das seit Jahren tätig war und lediglich sein Rechtskleid ändert, wie beispielsweise bei Begründung einer Betriebsaufspaltung oder einer Umwandlung (BFH-Urteile vom 29. Oktober 1997 I R 52/97, BStBl. 1999 II S. 318 und vom 23. Februar 2005 I R 70/04, BStBl. II S. 882) und der bisherige, bereits erprobte Geschäftsleiter das Unternehmen fortführt. Wird ein Unternehmen durch seine bisherigen leitenden Angestellten „aufgekauft" und führen diese Angestellten den Betrieb in Gestalt einer neu gegründeten Kapitalgesellschaft als Geschäftsführer fort (sog. Management-Buy-Out), so kann es ausreichen, wenn bis zur Erteilung der Zusagen nur rund ein Jahr abgewartet wird (BFH-Urteil vom 24. April 2002 I R 18/01, BStBl. II S. 670).

**2. Verstoß gegen die angemessene Probezeit**

Eine unter Verstoß gegen eine angemessene Probezeit erteilte Pensionszusage ist durch das Gesellschaftsverhältnis veranlasst und führt nach den Grundsätzen des BMF-Schreibens vom 28. Mai 2002 (BStBl. I S. 603) zu verdeckten Gewinnausschüttungen im Sinne des § 8 Abs. 3 Satz 2 KStG. Ausschlaggebend ist die Situation im Zeitpunkt der Zusage, so dass die Anwartschaft auch nach Ablauf der angemessenen Probezeit nicht zu einer fremdvergleichsgerechten Pensionszusage wird (BFH-Urteil vom 28. April 2010 I R 78/08, BStBl. 2013 II S. 41). Das gilt auch dann, wenn die Pensionszusage in der Folgezeit geändert, also z. B. erhöht wird.

Die Möglichkeit einer Aufhebung der ursprünglichen und des Abschlusses einer neuen Pensionszusage nach Ablauf der angemessenen Probezeit bleibt hiervon unberührt.

Dieses Schreiben ersetzt das BMF-Schreiben vom 14. Mai 1999 (BStBl. I S. 512). Tz. 2 gilt für Pensionsvereinbarungen, die nach dem 29. Juli 2010 (Datum der Veröffentlichung des Urteils vom 28. April 2010 I R 78/08, BStBl. 2013 II S. 41, auf den Internetseiten des Bundesfinanzhofs) abgeschlossen worden sind.

# 100 § 8b/3. Schreiben betr. Anwendung des § 8b KStG 2002[1)] und Auswirkungen auf die Gewerbesteuer

Vom 28. April 2003 (BStBl. I S. 292)

(BMF IV A2 – S 2750 a – 7/03)

**Inhaltsübersicht**



1) **[Amtl. Anm.:]** KStG 2002 = KStG n. F.; KStG 1999 = KStG a. F

Unter Bezugnahme auf das Ergebnis der Erörterungen mit den obersten Finanzbehörden der Länder gilt zur Anwendung der durch das Steuersenkungsgesetz – StSenkG – vom 23. Oktober 2000 (BGBl. I S. 1433, BStBl. I S. 1428) neu gefassten und durch das Unternehmenssteuerfortentwicklungsgesetz – UntStFG – vom 20. Dezember 2001 (BGBl. I S. 3858, BStBl. I 2002 S. 35) geänderten Vorschriften des § 8b Abs. 1 bis 6 KStG Folgendes:

## A. Einführung

1 Durch das Steuersenkungsgesetz wurde das Vollanrechnungsverfahren durch das so genannte Halbeinkünfteverfahren ersetzt. Im Halbeinkünfteverfahren werden die Gewinne der Körperschaft unabhängig davon, ob sie ausgeschüttet oder einbehalten werden, in Höhe des jeweiligen Körperschaftsteuersatzes (mit 25 v.H. bzw. 26,5 v.H.) besteuert. Ausgeschüttete Gewinne werden beim Anteilseigner nur zur Hälfte in die Bemessungsgrundlage seiner Einkommensteuer einbezogen. Bei Gewinnausschüttungen einer Körperschaft an eine andere Körperschaft gilt beim Empfänger grundsätzlich eine allgemeine Beteiligungsertragsbefreiung; dadurch bleibt es in Beteiligungsketten bei einer einmaligen Körperschaftsteuerbelastung in Höhe des jeweiligen Körperschaftsteuersatzes, bis der Gewinn die Ebene der Körperschaften verlässt und an eine natürliche Person ausgeschüttet wird.

2 Der Gewinn aus der Veräußerung einer Beteiligung an einer inländischen oder ausländischen Körperschaft wird durch § 8b Abs. 2 KStG ebenfalls grundsätzlich steuerfrei gestellt. Die Freistellung berücksichtigt, dass der Veräußerungsgewinn auf offenen und stillen Reserven in der Beteiligungsgesellschaft beruht, welche dort entweder bereits versteuert worden sind oder auch nach der Veräußerung steuerverhaftet bleiben.

3 Gewinnminderungen, die im Zusammenhang mit steuerfreien Erträgen nach § 8b KStG stehen, sind nur eingeschränkt zu berücksichtigen. Zu Einzelfragen der Abzugsbeschränkung ergeht ein gesondertes BMF-Schreiben.

## B. Beteiligungsertragsbefreiung (§ 8 b Abs. 1 KStG)

### I. Allgemeines

§ 8 b Abs. 1 KStG gilt sachlich für Beteiligungserträge aus dem In- und Ausland und persönlich für alle Körperschaften, Personenvereinigungen und Vermögensmassen i. S. der §§ 1 und 2 KStG als Empfänger. Die Anwendung des § 8 b Abs. 1 KStG setzt keine Mindestbeteiligungsquote oder Mindestbehaltefrist voraus. 4

### II. Sachlicher Anwendungsbereich

§ 8 b Abs. 1 KStG enthält eine abschließende Aufzählung der Tatbestände, die unter die Beteiligungsertragsbefreiung fallen. Dies sind insbesondere Bezüge aus offenen und verdeckten Gewinnausschüttungen (§ 20 Abs. 1 Nr. 1 EStG). 5

Zu den Bezügen i. S. des § 20 Abs. 1 Nr. 1 EStG gehören nicht solche Ausschüttungen, die als Zahlung aus dem steuerlichen Einlagekonto i. S. des § 27 KStG gelten. Diese Einlagenrückgewähr unterliegt der Steuerbefreiung nach § 8 b Abs. 2 KStG, soweit sie den Buchwert der Beteiligung übersteigt. 6

Liquidationsraten, die nicht in der Rückzahlung von Nennkapital mit Ausnahme des Nennkapitals i. S. des § 28 Abs. 2 Satz 2 KStG bestehen und nicht aus dem Bestand des steuerlichen Einlagekontos i. S. des § 27 KStG stammen, gehören gem. § 20 Abs. 1 Nr. 2 EStG zu den Einkünften aus Kapitalvermögen und fallen daher unter die Beteiligungsertragsbefreiung. 7

**Beispiel**

Die A-GmbH (Nennkapital 50 000 €) wird zum 30. 6. 2003 aufgelöst. Der Abwicklungszeitraum endet am 31. 8. 2004. Zum 31. 8. 2004 betragen die sonstigen Rücklagen lt. Steuerbilanz 200 000 €. Ein KSt-Guthaben oder ein Bestand an Alt-EK 02 ist nicht vorhanden. Am 31. 12. 2003 betrug das steuerliche Einlagekonto 20 000 €. Alleingesellschafterin der A-GmbH ist die X-GmbH.

Das verteilte Vermögen beträgt 250 000 € (sonstige Rücklagen und Nennkapital). Der ausschüttbare Gewinn gem. §§ 27 Abs. 1 Satz 4 KStG vor der Schlussverteilung beträgt 180 000 €. Von dem verteilten Vermögen entfallen 50 000 € auf die Rückzahlung des Nennkapitals; 20 000 € gelten als Zahlung aus dem steuerlichen Einlagekonto und unterliegen damit bei der X-GmbH der Steuerbefreiung des § 8 b Abs. 2 KStG. Die Auskehrung des restlichen Betrages von 180 000 € führt bei der X-GmbH zu Einnahmen i. S. des § 20 Abs. 1 Nr. 2 EStG und fallen damit unter die Beteiligungsertragsbefreiung nach § 8 b Abs. 1 KStG.

Zur steuerlichen Behandlung der Auflösung von Körperschaften ergeht ein gesondertes BMF-Schreiben.

Die Beteiligungsertragsbefreiung erstreckt sich auch auf Einnahmen aus der Veräußerung von Dividendenansprüchen (§ 8 b Abs. 1 Satz 2 KStG). 8

Einnahmen aus Wertpapierleihgeschäften (Leihgebühr, Kompensationszahlungen des Entleihers) fallen nicht unter die Beteiligungsertragsbefreiung. 9

Von § 8 b Abs. 1 KStG werden ebenfalls Einnahmen aus Leistungen einer Körperschaft, Personenvereinigung oder Vermögensmasse i. S. des § 1 Abs. 1 Nr. 3 bis 6 KStG erfasst, die Gewinnausschüttungen i. S. des § 20 Abs. 1 10

Nr. 1 EStG vergleichbar sind (Leistungen i. S. des § 20 Abs. 1 Nr. 9 und 10 Buchst. a EStG).

### III. Einbehaltung und Anrechnung von Kapitalertragsteuer

11 Der Kapitalertragsteuerabzug wird durch § 8 b Abs. 1 KStG nicht ausgeschlossen (§ 43 Abs. 1 Satz 3 EStG). Die auf Erträge i. S. des § 8 b Abs. 1 KStG einbehaltene Kapitalertragsteuer kann im Rahmen der Körperschaftsteuerveranlagung in voller Höhe angerechnet werden (§ 8 Abs. 1 KStG i. V. m. § 36 Abs. 2 Satz 2 Nr. 2 EStG). Bei beschränkt Steuerpflichtigen ohne inländisches Betriebsvermögen hat der Kapitalertragsteuereinbehalt abgeltende Wirkung (§ 32 Abs. 1 Nr. 2 KStG).

### IV. Steuerpflicht nach anderen Vorschriften

12 Die Beteiligungsertragsbefreiung nach § 8 b Abs. 1 KStG schließt eine Steuerpflicht nach anderen Vorschriften (z. B. § 37 Abs. 3 KStG) nicht aus.

## C. Veräußerungsgewinnbefreiung (§ 8 b Abs. 2 KStG)

### I. Allgemeines

13 § 8 b Abs. 2 KStG gilt persönlich für alle Körperschaften (z. B. beschränkt steuerpflichtige Körperschaft ohne inländisches Betriebsvermögen, steuerpflichtiger Verein). Durch § 8 b Abs. 2 KStG wird sachlich der Gewinn aus der Veräußerung einer Beteiligung an einer anderen Körperschaft steuerfrei gestellt. Das gilt sowohl für Beteiligungen an inländischen als auch an ausländischen Körperschaften, unabhängig von der Beteiligungshöhe.

14 Ausdrücklich geregelt ist außerdem die Steuerfreiheit von Gewinnen aus der Veräußerung eines Anteils an einer Organgesellschaft, aus der Auflösung, der Kapitalherabsetzung oder Wertaufholung, aus der Anwendung des § 21 Abs. 2 UmwStG und aus der verdeckten Einlage.

### II. Gesetzlich geregelte Anwendungsfälle des § 8 b Abs. 2 KStG

15 Das Gesetz unterscheidet nicht zwischen Anteilen an anderen Körperschaften und eigenen Anteilen. Deshalb fällt auch der Verkauf von zur Weiterveräußerung erworbenen eigenen Anteilen unter § 8 b Abs. 2 KStG.

16 Die Veräußerungsgewinnbefreiung nach § 8 b Abs. 2 KStG gilt auch, wenn ein Organträger, auf den § 8 b KStG Anwendung findet, die Beteiligungen an einer Organgesellschaft verkauft.

Einzubeziehen ist dabei auch der Gewinn aus der Auflösung eines passiven Ausgleichspostens, der gebildet worden ist, weil der an den Organträger abgeführte Gewinn der Organgesellschaft von dem Steuerbilanzgewinn abweicht. Gewinnminderungen aus der Auflösung entsprechender aktiver Ausgleichsposten fallen unter das Abzugsverbot des § 8 b Abs. 3 KStG (vgl. Rdnr. 26).

**Beispiel**

Die A-GmbH veräußert die Beteiligung an ihrer 100%igen Organgesellschaft (OG) (Veräußerungspreis 500, Buchwert 200). Aufgrund handelsrechtlicher Mehrabführungen der OG hatte die A-GmbH in ihrer Steuerbilanz einen passiven Ausgleichsposten i. H. von 50 gebildet. Aus der Veräußerung erzielt die A-GmbH einen Gewinn von 300 (500–200). Dieser Gewinn erhöht sich durch die Auflösung des passiven Ausgleichspostens um weitere 50. Der Gesamtbetrag von 350 fällt unter die Veräußerungsgewinnbefreiung des § 8 b Abs. 2 KStG.

Zur Anwendung des § 8 b Abs. 2 KStG im Fall der Liquidation vgl. Rdnr. 7. **17**

Unter die Veräußerungsgewinnbefreiung fallen ferner Gewinne aus Wertaufholungen i. S. des § 6 Abs. 1 Nr. 2 Satz 3 EStG, denen eine nach § 8 b Abs. 3 KStG steuerlich nicht zu berücksichtigende Teilwertabschreibung vorausgegangen ist. **18**

**Beispiel**

Die A-GmbH bringt im Jahr 01 einen Teilbetrieb zu einem unter dem Teilwert liegenden Buchwert in die B-GmbH ein. Sie erhält Anteile im Nennwert von 400. Im Jahr 04 schreibt sie die Beteiligung auf 200 ab. Im Jahr 08 wird eine Wertaufholung von 100 erforderlich.
Die Teilwertabschreibung von 200 ist nach § 8 b Abs. 3 KStG steuerlich nicht zu berücksichtigen. Das Einkommen des Jahres 04 ist daher um 200 zu erhöhen. Die Wertaufholung führt zu einer Gewinnerhöhung von 100, die nach § 8 b Abs. 2 KStG steuerfrei ist.

**Abwandlung**

Die Wertaufholung erfolgt im Jahr 06.
Die Wertaufholung führt zu einer Gewinnerhöhung von 100, die nicht durch § 8 b Abs. 2 KStG begünstigt ist, weil sie innerhalb des 7-Jahreszeitraums (vgl. Rdnr. 40 ff.) erfolgt ist. Der Gewinn ist jedoch um die zuvor steuerlich nicht gewinnmindernd berücksichtigte Teilwertabschreibung zu korrigieren, so dass kein steuerpflichtiger Gewinn verbleibt.

§ 8 b Abs. 2 KStG erfasst ebenfalls die Fälle, in denen bei einbringungsgeborenen Anteilen nach § 21 Abs. 2 UmwStG eine Gewinnrealisierung ohne Veräußerung eintritt. Wegen einer möglichen Steuerpflicht des Veräußerungsgewinns nach § 8 b Abs. 4 KStG vgl. Rdnr. 28 ff. **19**

**Beispiel**

Die A-GmbH bringt im Jahr 01 einen Teilbetrieb (Buchwert 200, Teilwert 400) gem. § 20 Abs. 1 Satz 1 UmwStG zu Buchwerten in die B-GmbH ein. Im Jahr 09 stellt die A-GmbH einen Antrag nach § 21 Abs. 2 Satz 1 Nr. 1 UmwStG. Der Wert der Anteile beträgt zu diesem Zeitpunkt 500. Der Gewinn i. H. von 300 (500 – 200) ist steuerfrei nach § 8 b Abs. 2 KStG.

Gewinne aus der Übertragung von Anteilen im Rahmen einer verdeckten Einlage werden nach § 8 b Abs. 2 Satz 3 KStG den Gewinnen aus Veräußerungen gleichgestellt. **20**

## III. Anwendung des § 8 b Abs. 2 KStG auf weitere Realisationsvorgänge

Einkommenserhöhungen durch verdeckte Gewinnausschüttungen im Zusammenhang mit der Übertragung von Anteilen fallen unter die Steuerbe- **21** freiung. Die Ermittlung der verdeckten Gewinnausschüttung geht der Anwendung des § 8b KStG vor.

**Beispiel 1**

Die M-AG veräußert Anteile an der T-GmbH für 200 an ihren Anteilseigner. Die Anteile an der T-GmbH haben Anschaffungskosten von 500, einen Buchwert von 500 und einen Teilwert (gemeinen Wert) von 1000.

| | | |
|---|---|---|
| Steuerpflichtiger Veräußerungsgewinn der M-AG: | | |
| Veräußerungserlös | | 200 |
| Buchwert | | – 500 |
| | | – 300 |
| verdeckte Gewinnausschüttung (§ 8 Abs. 3 Satz 2 KStG): | | |
| Wert der Anteile | 1000 | |
| Gegenleistung | – 200 | |
| | | + 800 |
| Gewinn | | + 500 |
| Anwendung § 8b Abs. 2 KStG: | | – 500 |
| steuerpflichtiger Veräußerungsgewinn | | 0 |
| Bemessungsgrundlage der Kapitalertragsteuer (§ 43a Abs. 1 Nr. 1 EStG) | | 800 |
| Bezüge des Anteilseigners (§ 20 Abs. 1 Nr. 1 EStG) | | 800 |

**Beispiel 2**

Die M-AG veräußert Anteile an der T-GmbH für 200 an ihren Anteilseigner. Die Anteile an der T-GmbH haben Anschaffungskosten von 500, einen Buchwert von 300 (steuerwirksam abgeschrieben) und einen Teilwert (gemeinen Wert) von 1000.

| | | |
|---|---|---|
| Steuerpflichtiger Veräußerungsgewinn der M-AG: | | |
| Veräußerungserlös | | 200 |
| Buchwert | | – 300 |
| | | – 100 |
| verdeckte Gewinnausschüttung (§ 8 Abs. 3 Satz 2 KStG): | | |
| Wert der Anteile | 1000 | |
| Gegenleistung | – 200 | |
| | | + 800 |
| Gewinn | | 700 |
| Anwendung § 8b Abs. 2 KStG: | | |
| Steuerbefreiung | 700 | |
| Teilwertabschreibung (§ 8b Abs. 2 Satz 2 KStG) | – 200 | |
| | | – 500 |
| steuerpflichtiger Veräußerungsgewinn | | 200 |
| Bemessungsgrundlage der Kapitalertragsteuer (§ 43a Abs. 1 Nr. 1 EStG) | | 800 |
| Bezüge des Anteilseigners (§ 20 Abs. 1 Nr. 1 EStG) | | 800 |

22 Gibt eine Kapitalgesellschaft Anteile an einer Kapitalgesellschaft an ihre Anteilseigner weiter (Sachdividende), fallen die Gewinne aus der Aufdeckung stiller Reserven unter die Veräußerungsgewinnbefreiung nach § 8b Abs. 2 KStG. Die als Sachdividende abgegebenen Anteile werden bei der Ermittlung des Einkommens mit dem gemeinen Wert angesetzt.

23 Die Steuerbefreiung gilt auch für Übertragungsgewinne i. S. der §§ 11, 15 UmwStG, soweit diese auf Beteiligungen i. S. des § 8b Abs. 2 KStG entfallen.

24 Unter die Veräußerungsgewinnbefreiung fallen auch Genussrechte i. S. des § 8 Abs. 3 Satz 2 KStG; nicht aber andere Genussrechte, Wandelschuldverschreibungen, Optionsanleihen und sonstige Bezugsrechte.

## D. Nicht zu berücksichtigende Gewinnminderungen (§ 8 b Abs. 3 KStG)

Nach § 8 b Abs. 3 KStG sind Gewinnminderungen, die im Zusammenhang mit dem in Absatz 2 genannten Anteil entstehen, bei der Gewinnermittlung nicht zu berücksichtigen. 25

Dabei handelt es sich insbesondere um Gewinnminderungen 26
- durch Ansatz des niedrigeren Teilwerts
- durch Veräußerung des Anteils (Veräußerungsverlust)
- bei Auflösung der Gesellschaft
- bei Herabsetzung des Nennkapitals der Kapitalgesellschaft
- bei Anwendung des § 21 Abs. 2 UmwStG
- aus der Auflösung eines aktiven Ausgleichspostens aufgrund handelsrechtlicher Minderabführungen bei Organschaft (vgl. Rdnr. 16)
- im Zusammenhang mit der verdeckten Ausschüttung eines Anteils
- bei Sachdividenden.

**Beispiel**

Die M-AG veräußert Anteile an der T-GmbH für 200 an ihren Anteilseigner. Die Anteile an der T-GmbH haben Anschaffungskosten von 500, einen Buchwert von 500 und einen Teilwert (gemeinen Wert) von 300.

| | | |
|---|---|---|
| Steuerpflichtiger Veräußerungsgewinn der M-AG: | | |
| Veräußerungserlös | | 200 |
| Buchwert | | −500 |
| | | −300 |
| verdeckte Gewinnausschüttung (§ 8 Abs. 3 Satz 2 KStG): | | |
| Wert der Anteile | 300 | |
| Gegenleistung | −200 | |
| | | +100 |
| Verlust | | −200 |
| Anwendung § 8 b Abs. 2 KStG: | | +200 |
| steuerpflichtiger Veräußerungsgewinn | | 0 |
| Bemessungsgrundlage der Kapitalertragsteuer (§ 43 a Abs. 1 Nr. 1 EStG) | | 100 |
| Bezüge des Anteilseigners (§ 20 Abs. 1 Nr. 1 EStG) | | 100 |

Das Abzugsverbot greift auch dann, wenn ein Gewinn nach § 8 b Abs. 4 KStG steuerpflichtig wäre. 27

**Beispiel**

Im Jahr 1997 hatte die X-GmbH einen Teilbetrieb zu einem unter dem Teilwert liegenden Buchwert von 500 gegen Gewährung von Gesellschaftsrechten in die Y-GmbH eingebracht. Wegen schlechter Geschäftsentwicklung veräußert die X-GmbH im Jahr 2002 ihren Anteil an der Y-GmbH für 300.

Der Verlust von 200 ist nach § 8 b Abs. 3 KStG nicht abzugsfähig. Das Abzugsverbot gilt unabhängig davon, dass ein Gewinn aus der Veräußerung dieses Anteils innerhalb der 7-Jahresfrist steuerpflichtig gewesen wäre.

Zu Einzelfragen der Abzugsbeschränkung ergeht ein gesondertes BMF-Schreiben.

## E. Einbringungsklausel (*§ 8 b Abs. 4 KStG*[1])

### I. Allgemeines

28 Die Ausnahmeregelungen des *§ 8 b Abs. 4 KStG*[1] sollen Gestaltungen unter Nutzung der Möglichkeiten der steuerneutralen Einbringung nach § 20 UmwStG verhindern. Dies betrifft die Einbringung von Betrieben, Teilbetrieben oder Mitunternehmeranteilen in eine Kapitalgesellschaft und die anschließende steuerfreie Veräußerung des Anteils an der Kapitalgesellschaft (sachliche Sperre, *§ 8 b Abs. 4 Satz 1 Nr. 1 KStG*[1]). Die Veräußerung des eingebrachten Betriebsvermögens durch die einbringende Kapitalgesellschaft selbst könnte nicht steuerfrei erfolgen.

29 Die Einbringungsklausel soll auch verhindern, dass die Steuerbefreiung des § 8 b Abs. 2 KStG von natürlichen Personen in Anspruch genommen wird, die nicht unter den begünstigten Personenkreis fallen (persönliche Sperre, *§ 8 b Abs. 4 Satz 1 Nr. 2 KStG*[1]). Über die steuerneutrale Einbringung einer Kapitalbeteiligung in eine Kapitalgesellschaft und die anschließende Weiterveräußerung des Anteils durch die Kapitalgesellschaft wäre es ohne die Regelung möglich, die Versteuerung eines Veräußerungsgewinns aus dem Verkauf einer Kapitalbeteiligung im Halbeinkünfteverfahren zu umgehen.

30 Es verbleibt hingegen bei der Steuerbefreiung, wenn der Vorgang i. S. des § 8 b Abs. 2 KStG später als sieben Jahre nach dem Zeitpunkt des Erwerbs der betreffenden Anteile stattfindet (zeitliche Rückausnahme – 7-Jahresfrist). Nach einer Behaltefrist von sieben Jahren kann davon ausgegangen werden, dass der Sachverhalt auf eine längerfristige Umstrukturierung ausgerichtet war.

31 Innerhalb der Sperrfrist ist die Veräußerung steuerfrei, wenn ein Anteil betroffen ist, der aufgrund eines Einbringungsvorgangs im Sinne des § 20 Abs. 1 Satz 2 UmwStG oder § 23 Abs. 4 UmwStG (Erwerb einer mehrheitsvermittelnden Beteiligung durch Anteilstausch) erworben worden war (sachliche Rückausnahme).

32 Die Rückausnahme gilt nicht, wenn die im Rahmen des Einbringungsvorgangs hingegebenen Anteile ihrerseits aus einer Einbringung i. S. des § 20 Abs. 1 Satz 1 UmwStG unter dem Teilwert entstanden sind (Ausnahme der Rückausnahme). In diesem Fall handelt es sich mittelbar wieder um die Veräußerung eines Betriebs, Teilbetriebs oder Mitunternehmeranteils und es greift daher die sachliche Sperre des *§ 8 b Abs. 4 Satz 1 Nr. 1 KStG*[1]. Die Rückausnahme gilt ebenfalls nicht, wenn die Anteile von einem nicht durch § 8 b Abs. 2 KStG begünstigten Steuerpflichtigen unter dem Teilwert erworben worden sind.

33 Entsteht innerhalb der Sperrfrist ein Veräußerungsverlust, ist dieser nach § 8 b Abs. 3 KStG steuerlich nicht abziehbar (vgl. Rdnrn. 26 und 27).

### II. Sachliche Sperre (*§ 8 b Abs. 4 Satz 1 Nr. 1 KStG*[1])

34 *Die Steuerbefreiung gilt nicht für einbringungsgeborene Anteile i. S. des § 21 UmwStG.*[2]

---

[1] § 8 b Abs. 4 aufgeh. mWv VZ 2006; zur weiteren Anwendung siehe § 34 Abs. 7 a KStG.

[2] Bei der Gewerbeertragsermittlung einer Personengesellschaft als Organträgerin finden die Grundsätze des § 7 Satz 4 GewStG Anwendung; für VZ vor 2004 siehe BMF v. 21. 3. 2007, BStBl. I S. 302.

Die Anteile fallen nicht mehr unter die Ausnahmeregelung, wenn eine Versteuerung der stillen Reserven nach § 21 Abs. 2 Satz 1 Nr. 1 UmwStG auf Antrag oder nach § 21 Abs. 2 Satz 1 Nr. 2 UmwStG wegen des Wegfalls des deutschen Besteuerungsrechts erfolgt ist. 35

**Beispiel**

Die X-GmbH hält 100 % der Anteile an der Y-GmbH, die sie im Jahr 1998 im Wege der Einbringung eines Teilbetriebs zu einem unter dem Teilwert liegenden Buchwert erworben hat. Der Buchwert betrug 500, der Teilwert 1.000. Im Jahr 2002 stellt die X-GmbH einen Antrag auf Versteuerung der stillen Reserven nach § 21 Abs. 2 Satz 1 Nr. 1 UmwStG. Der Teilwert der Y-Anteile beträgt zu diesem Zeitpunkt 1.200.

Der Gewinn i.H. von 700 (Teilwert im Zeitpunkt der Antragsbesteuerung 1.200 minus Buchwert 500) ist steuerpflichtig. Die Steuerbefreiung des § 8 b Abs. 2 KStG gilt gem. § 8 b Abs. 4 Satz 1 Nr. 1 KStG nicht, weil die Y-Anteile einbringungsgeboren sind. Durch die Antragsversteuerung verlieren die Anteile im Jahr 2002 aber den Charakter als einbringungsgeborene Anteile (vgl. Rdnr. 21.07 des BMF-Schreibens vom 25. März 1998, BStBl I S. 268) und können nachfolgend – auch vor Ablauf der 7-Jahresfrist – steuerfrei veräußert werden.

Wegen der Anwendung des § 8 b Abs. 2 und 3 KStG auf Gewinne und Verluste i. S. des § 21 Abs. 2 Satz 1 Nr. 1 und 2 UmwStG vgl. Rdnr. 19 und 25 f. 36

## III. Persönliche Sperre (*§ 8 b Abs. 4 Satz 1 Nr. 2 KStG*[1]))

Sind Gegenstand des Vorgangs i. S. des § 8 b Abs. 2 KStG Anteile, die die veräußernde Kapitalgesellschaft, Personenvereinigung oder Vermögensmasse von einem nicht durch § 8 b Abs. 2 KStG begünstigten Einbringenden zu einem Wert unter dem Teilwert erworben hat, ist die Steuerbefreiung nur unter den Voraussetzungen des *§ 8 b Abs. 4 Satz 2 KStG*[1]) zu gewähren. 37

Dies gilt für Anteile, die von einem nicht durch § 8 b Abs. 2 KStG begünstigten Einbringenden (i. d. R. eine natürliche Person) unmittelbar oder mittelbar erworben worden sind, und wegen § 8 b Abs. 6 KStG für Anteile, die über eine Mitunternehmerschaft mittelbar erworben worden sind. 38

**Beispiel 1 (unmittelbarer Erwerb)**

Einzelunternehmer U hält eine Beteiligung an der X-GmbH, deren Veräußerung für ihn steuerpflichtig wäre. U bringt die Beteiligung an der X-GmbH zum unter dem Teilwert liegenden Buchwert in die Y-GmbH ein. Die Y-GmbH veräußert die Anteile an Dritte weiter.

**Beispiel 2 (mittelbarer Erwerb)**

Einzelunternehmer U hält eine Beteiligung an der X-GmbH, deren Veräußerung für ihn steuerpflichtig wäre. U bringt die Beteiligung an der X-GmbH zum unter dem Teilwert liegenden Buchwert in die Y-GmbH ein. Die Y-GmbH bringt ihrerseits die Beteiligung an der X-GmbH zum unter dem Teilwert liegenden Buchwert in die Z-AG ein. Die Z-AG veräußert die Anteile an der X-GmbH an Dritte weiter.

**Beispiel 3 (mittelbarer Erwerb über eine Mitunternehmerschaft)**

Einzelunternehmer U hält eine 100%ige Beteiligung an der X-GmbH, deren Veräußerung für ihn steuerpflichtig wäre. U bringt die Beteiligung gem. § 24 Abs. 1 UmwStG zum unter dem Teilwert liegenden Buchwert in die U-KG ein, deren Mitunternehmerin die Y-GmbH ist. Die U-KG veräußert die Anteile an Dritte weiter.

Für den Veräußerungsgewinn, der auf die Y-GmbH entfällt, gilt die persönliche Sperre des *§ 8 b Abs. 4 Satz 1 Nr. 2 KStG*[1]).

Die unentgeltliche Übertragung von Anteilen ist regelmäßig eine verdeckte Einlage, die in der Regel zur Gewinnrealisierung führt. Sie ist über § 8 b 39

[1]) § 8 b Abs. 4 aufgeh. mWv VZ 2006; zur weiteren Anwendung siehe § 34 Abs. 7 a KStG.

Abs. 2 Satz 3 KStG der Veräußerung gleichgestellt. Nur in den seltenen Ausnahmefällen, in denen dies nicht zutrifft (Bewertung der verdeckten Einlage mit den Anschaffungskosten gem. § 6 Abs. 1 Nr. 5 Satz 1 Buchst. a EStG) liegt ein Anwendungsfall des *§ 8 b Abs. 4 Satz 1 Nr. 2 KStG*[1)] vor und es ist eine Besitzzeitanrechnung beim unentgeltlichen Erwerber vorzunehmen.

## IV. Rückausnahmen (Steuerfreiheit)

### 1. 7-Jahresfrist (*§ 8 b Abs. 4 Satz 2 Nr. 1 KStG*[1)])

**40** Auch wenn die Tatbestände des *§ 8 b Abs. 4 Satz 1 Nrn. 1 und 2 KStG*[1)] vorliegen, ist der Veräußerungsgewinn steuerfrei, wenn der in § 8 b Abs. 2 KStG bezeichnete Vorgang später als sieben Jahre nach der Einbringung stattfindet. Diese Frist gilt sowohl für die unter *§ 8 b Abs. 4 Satz 1 Nr. 1 KStG*[1)] (einbringungsgeborene Anteile) als auch für die unter *§ 8 b Abs. 4 Satz 1 Nr. 2 KStG*[1)] (Erwerb von Anteilen von einem nicht von § 8 b Abs. 2 KStG begünstigten Einbringenden unter dem Teilwert) fallenden Anteile.

#### a) Beginn und Ende der 7-Jahresfrist

**41** Die 7-Jahresfrist beginnt mit Ablauf des steuerlichen Übertragungsstichtags i. S. des UmwStG. Im Falle der Ketteneinbringung ist die Einbringung eines Betriebs, Teilbetriebs oder Mitunternehmeranteils zu einem unter dem Teilwert liegenden Wert für den Fristbeginn maßgebend; eine neue 7-Jahresfrist beginnt im Falle des Erwerbs einer Beteiligung von einem nicht durch § 8 b Abs. 2 KStG begünstigten Steuerpflichtigen unter dem Teilwert.

**42** Der Beginn der 7-Jahresfrist kann auch vor dem Inkrafttreten des StSenkG liegen.

**43** Die Frist beträgt sieben Zeitjahre. Eine steuerfreie Veräußerung ist erst nach Ablauf von sieben Jahren nach der schädlichen Einbringung bzw. dem schädlichen Erwerb von einem nicht nach § 8 b Abs. 2 KStG Begünstigten möglich.

**44** Unter Umständen sind auch Gewinne aus der Veräußerung von Anteilen steuerpflichtig, die vor mehr als sieben Jahren erworben wurden, wenn diese Anteile nachträglich verstrickt worden sind. Zur nachträglichen Verstrickung vgl. im Übrigen Rdnr. 51 f.

#### b) Spaltung oder Verschmelzung innerhalb der 7-Jahresfrist

**45** Sind bei einer ganz oder teilweise steuerneutralen Verschmelzung oder Spaltung in dem übertragenen Vermögen Anteile i. S. des *§ 8 b Abs. 4 KStG*[1)] enthalten, tritt die übernehmende Körperschaft gemäß § 4 Abs. 2 Satz 1 bzw. § 12 Abs. 3 Satz 1 UmwStG in die steuerliche Rechtsstellung des übertragenden Rechtsträgers ein; die übertragenen Anteile verlieren nicht ihre Eigenschaft als einbringungsgeborene Anteile. Es beginnt keine neue 7-Jahresfrist.

### 2. Steuerlich nicht berücksichtigte Teilwertabschreibungen

**46** Nach § 8 b Abs. 3 KStG sind Gewinnminderungen, die durch Ansatz des niedrigeren Teilwerts entstehen, steuerlich nicht zu berücksichtigen. Wird die Beteiligung veräußert, erhöht sich der Veräußerungsgewinn um die steuerlich nicht berücksichtigte Teilwertabschreibung, da sie den Buchwert der Betei-

---

[1)] § 8 b Abs. 4 aufgeh. mWv VZ 2006; zur weiteren Anwendung siehe § 34 Abs. 7 a KStG.

ligung gemindert hat. Bei Veräußerung einer Beteiligung innerhalb der 7-Jahresfrist ist der (steuerpflichtige) Veräußerungsgewinn um die steuerlich nicht berücksichtigte Teilwertabschreibung zu mindern. Entsprechendes gilt für Wertaufholungen i. S. des § 6 Abs. 1 Nr. 2 Satz 3 EStG (vgl. Beispiel in Rdnr. 18).

### 3. Rückausnahme nach *§ 8 b Abs. 4 Satz 2 Nr. 2 KStG*[1)] (Steuerfreiheit)

Der Ausschluss von der Steuerbefreiung tritt grundsätzlich nicht ein, wenn die Anteile aufgrund eines Einbringungsvorgangs (Anteilstausch) i. S. des § 20 Abs. 1 Satz 2 UmwStG oder § 23 Abs. 4 UmwStG von einem von § 8 b Abs. 2 KStG begünstigten Steuerpflichtigen erworben worden sind. In diesen Fällen hätte die Steuerbefreiung dem Einbringenden auch zugestanden, wenn er die Anteile unmittelbar veräußert hätte. 47

**Beispiel**

Die X-GmbH bringt Anteile an der C-GmbH, die nicht einbringungsgeboren sind, nach § 20 Abs. 1 Satz 2 UmwStG in die Y-AG ein. Anschließend verkauft die X-GmbH die Anteile an der Y-AG.

### 4. Ausnahme von der Rückausnahme (Steuerpflicht)

Ist der Einbringung i. S. des § 20 Abs. 1 Satz 2 UmwStG oder i. S. des § 23 Abs. 4 UmwStG innerhalb von sieben Jahren vor der Veräußerung die Einbringung eines Betriebs, Teilbetriebs oder Mitunternehmeranteils gem. § 20 Abs. 1 Satz 1 UmwStG oder § 23 Abs. 1 bis 3 UmwStG zu einem unter dem Teilwert liegenden Wert vorausgegangen, dessen Veräußerung bei der Körperschaft nicht begünstigt gewesen wäre, so tritt die Rückausnahme des *§ 8 b Abs. 4 Satz 2 Nr. 2 KStG*[1)] nicht ein. Die Veräußerung der nach § 20 Abs. 1 Satz 2 UmwStG erworbenen Anteile ist steuerpflichtig, da sie mittelbar auf einer Einbringung nach § 20 Abs. 1 Satz 1 UmwStG beruhen und die Veräußerung innerhalb von sieben Jahren seit dieser Einbringung liegt. 48

**Beispiel**

Die X-GmbH hatte im Jahr 1998 einen Teilbetrieb zu einem unter dem Teilwert liegenden Buchwert von 400 in die Y-GmbH eingebracht. Im Jahr 2000 übertrug sie die Anteile an der Y-GmbH zu Buchwerten im Wege der Sachgründung auf die Z-GmbH. Im Jahr 2003 veräußert die X-GmbH die Anteile an der Z-GmbH für 750.

Der Veräußerungsgewinn von 350 fällt nicht unter die Rückausnahme des *§ 8 b Abs. 4 Satz 2 Nr. 2 KStG*[1)]. Die Anteile an der Z-GmbH beruhen zwar auf einem Einbringungsvorgang i. S. des § 20 Abs. 1 Satz 2 UmwStG, sind aber mittelbar durch eine (schädliche) Einbringung eines Teilbetriebs gem. § 20 Abs. 1 Satz 1 UmwStG entstanden, die noch nicht länger als sieben Jahre zurückliegt.

Zur Steuerpflicht führt es auch, wenn Gegenstand der Veräußerung Anteile i. S. von § 20 Abs. 1 Satz 2 UmwStG (sog. mehrheitsvermittelnde Anteile) sind, die von einer nicht durch § 8 b Abs. 2 KStG begünstigten Person direkt oder unter Zwischenschaltung weiterer Steuerpflichtiger in die veräußernde Körperschaft eingebracht worden sind. 49

**Beispiel**

Einzelunternehmer U hält eine 60%ige Beteiligung an der X-GmbH, deren Veräußerung für ihn steuerpflichtig wäre. U bringt die Beteiligung an der X-GmbH zum unter dem Teilwert liegenden Buchwert in die Y-GmbH ein. Die Y-GmbH bringt ihrerseits die Beteiligung der

---

1) § 8 b Abs. 4 aufgeh. mWv VZ 2006; zur weiteren Anwendung siehe § 34 Abs. 7 a KStG.

X-GmbH ebenfalls zum unter dem Teilwert liegenden Buchwerten in die zu diesem Zweck neu gegründete Z-GmbH ein.
Die Y-GmbH veräußert die Anteile an der Z-GmbH.
Eine Veräußerung innerhalb der 7-Jahresfrist ist steuerpflichtig, weil die Anteile auf einer Einbringung durch eine nicht durch § 8 b Abs. 2 KStG begünstigte Person beruhen.

50 Die Einschränkung der Rückausnahme durch § 8 b Abs. 4 Satz 2 Nr. 2 KStG i. d. F. des UntStFG ist gem. § 34 Abs. 7 KStG erstmals auf Veräußerungen anzuwenden, bei denen die Übertragung des wirtschaftlichen Eigentums nach dem 15. August 2001 (Tag des Kabinettbeschlusses) erfolgt.

### 5. Nachträglich eintretende Steuerverstrickung

51 Zur nachträglichen Verstrickung von Anteilen wird auf das Beispiel in Rdnr. 21.14 des BMF-Schreibens vom 25. März 1998 (a. a. O.) hingewiesen. In diesem Fall, in dem stille Reserven aus allen Wirtschaftsgütern auf einen neuen Geschäftsanteil verlagert werden, kommt stets ausschließlich eine quotale Verteilung in Betracht.

52 Rdnr. 51 gilt entsprechend, wenn stille Reserven von neuen Geschäftsanteilen auf Altanteile verlagert werden, die entweder nicht steuerverstrickt sind oder bei denen eine anfangs bestehende Steuerverstrickung durch Ablauf der 7-Jahresfrist nach *§ 8 b Abs. 4 Satz 2 Nr. 1 KStG*[1] weggefallen ist.

**Beispiel**

Die X-GmbH hat im Jahr 01 im Rahmen einer Sachgründung durch Einbringung eines Teilbetriebs zu Buchwerten 100 % der Anteile (Nennkapital 500) an der Y-GmbH erworben. Im Jahr 04 bringt die X-GmbH einen weiteren Teilbetrieb mit einem Buchwert von 500 und Verkehrswert von 1000 in die Y-GmbH ein und erhält dafür neue Anteile aus einer Kapitalerhöhung von nominal 500. Der Verkehrswert der Anteile an der Y-GmbH beträgt ohne Berücksichtigung der weiteren Teilbetriebseinbringung zum Zeitpunkt der Kapitalerhöhung 800 (stille Reserven: 300). Nach der Kapitalerhöhung im Jahr 04 hält die X-GmbH Anteile an der Y-GmbH mit einem Nennwert von 1.000. Davon entfallen jeweils 500 (50 %) auf die Anteile durch Sachgründung (Altanteile) und die Anteile durch Kapitalerhöhung. Die Verkehrswerte der Anteile stehen sich im Verhältnis 800/1000 gegenüber.
Im Jahr 09 möchte die X-GmbH 50 % ihrer Anteile (Nennwert 500) an der Y-GmbH verkaufen.
Eine nach § 8 b Abs. 2 KStG steuerfreie Veräußerung der Y-Anteile, die aus der Sachgründung resultieren, ist nicht möglich, obwohl für diese Anteile im Jahr 09 die 7-Jahresfrist bereits abgelaufen ist. Die Einbringung des zweiten Teilbetriebs erfolgte nicht verhältniswahrend, so dass stille Reserven aus der zweiten Teilbetriebseinbringung auf die Altanteile überspringen. Da diese stillen Reserven nicht einzelnen Anteilen zugeordnet werden können, ist jeder Altanteil teilweise steuerverhaftet, die Veräußerung ist entsprechend teilweise steuerpflichtig.

## F. Pauschaliertes Betriebsausgaben-Abzugsverbot bei ausländischen Dividenden (§ 8 b Abs. 5 KStG)

53 Zur Abzugsbeschränkung im Zusammenhang mit steuerfreien ausländischen Dividenden wird in einem gesonderten BMF-Schreiben Stellung genommen (vgl. Hinweise in Rdnr. 3 und 26 f.).

[1] § 8 b Abs. 4 aufgeh. mWv VZ 2006; zur weiteren Anwendung siehe § 34 Abs. 7 a KStG.

## G. Anwendung des § 8 b Absätze 1 bis 5 KStG bei Beteiligung über eine Personengesellschaft (§ 8 b Abs. 6 KStG)

### I. Allgemeines

Die Steuerbefreiungen und die Abzugsbeschränkungen des § 8 b KStG gelten auch, wenn die Körperschaften, Personenvereinigungen und Vermögensmassen die Bezüge, Gewinne bzw. Gewinnminderungen nicht unmittelbar, sondern nur mittelbar über eine Mitunternehmerschaft erzielen. Dies gilt auch bei mehrstufigen Mitunternehmerschaften. 54

Die Regelung erfasst auch Gewinne bzw. Gewinnminderungen aus der Veräußerung von Mitunternehmeranteilen, soweit zu dem Betriebsvermögen der Mitunternehmerschaft eine Beteiligung an einer Kapitalgesellschaft, Personenvereinigung oder Vermögensmasse gehört. 55

### II. Beteiligung über eine vermögensverwaltende Personengesellschaft

§ 8 b Abs. 1 bis 5 KStG ist auch bei mittelbarer Beteiligung über eine vermögensverwaltende Personengesellschaft anzuwenden. Der Durchgriff durch die vermögensverwaltende Personengesellschaft folgt aus der so genannten Bruchteilsbetrachtung (§ 39 AO). 56

### III. Auswirkungen auf die Gewerbesteuer

*§ 8 b Absätze 1 bis 5 KStG sowie § 3 Nr. 40 EStG sind bei der Ermittlung des Gewerbeertrags (§ 7 GewStG) einer Mitunternehmerschaft nicht anzuwenden.* 57[1]

Auch der Gewinn i. S. des § 7 Satz 2 GewStG aus der Veräußerung eines Mitunternehmeranteils durch eine Kapitalgesellschaft entsteht auf der Ebene der Mitunternehmerschaft. Die Grundsätze der Rdnr. 57 gelten daher auch für diese Gewinnanteile. 58

## H. Keine Anwendung des § 8 b Absätze 1 bis 6 KStG auf den kurzfristigen Eigenhandel bei Banken und Finanzdienstleistern (§ 8 b Abs. 7 KStG)

Zur Anwendung des § 8 b Abs. 7 KStG wird auf das BMF-Schreiben vom 25. Juli 2002 (BStBl I S. 712)[2] hingewiesen. 59

## I. Zeitliche Anwendung (§ 34 Abs. 7 KStG)

### I. Erstmalige Anwendung der Beteiligungsertragsbefreiung des § 8 b Abs. 1 KStG bei Inlandsbeteiligungen

Die steuerliche Behandlung einer Ausschüttung bei der ausschüttenden Körperschaft und die steuerliche Behandlung beim Empfänger des Betei- 60

[1] Tz. 57 mWv 1. 1. 2004 überholt durch Änderung des § 7 Satz 4 GewStG. Zur Anwendung des § 8 b Abs. 1–5 KStG sowie § 3 Nr. 40 EStG für Erhebungszeiträume vor 2004 vgl. BMF v. 21. 3. 2007 IV B 7 – G 1421/0, BStBl. I S. 302.

[2] Nr. **100** § 8 b/2.

ligungsertrags müssen korrespondieren. Gilt für eine Ausschüttung auf der Seite der ausschüttenden Körperschaft noch das Anrechnungsverfahren, kommt eine Beteiligungsertragsbefreiung beim Empfänger nicht in Betracht. Die Anwendungsregelung für § 8b Abs. 1 KStG nimmt deshalb auf die letztmalige Abwicklung von Ausschüttungen nach dem Anrechnungsverfahren Bezug (§ 34 Abs. 12 KStG).

61 Bei offenen Gewinnausschüttungen für abgelaufene Wirtschaftsjahre gilt § 8b Abs. 1 KStG erst für Ausschüttungen, die bei der ausschüttenden Körperschaft nicht mehr nach dem Anrechnungsverfahren (Vierter Teil des KStG a. F.) behandelt werden; dies ist i. d. R. bei Körperschaften mit kalenderjahrgleichem Wirtschaftsjahr erstmals bei Abfließen der Ausschüttung im Jahr 2002 oder später (bei abweichendem Wirtschaftsjahr: 2002/2003 oder später) der Fall.

62 Für andere Gewinnausschüttungen (insbesondere verdeckte Gewinnausschüttungen und Vorabausschüttungen) und sonstige Leistungen gilt § 8b Abs. 1 KStG bei Körperschaften mit kalenderjahrgleichem Wirtschaftsjahr bereits i. d. R. erstmals bei Abfließen der Leistung im Jahr 2001 (bei abweichendem Wirtschaftsjahr 2001/2002).

63 § 8b Abs. 1 KStG n. F. ist nach § 34 Abs. 7 KStG bei der empfangenden Körperschaft auch dann anzuwenden, wenn bei ihr das KStG n. F. im Übrigen noch nicht gilt.

## II. Erstmalige Anwendung der Veräußerungsgewinnbefreiung des § 8b Abs. 2 KStG und des Abzugsverbots des § 8b Abs. 3 KStG bei Inlandsbeteiligungen

### 1. Kalenderjahrgleiches Wirtschaftsjahr der Gesellschaft, deren Anteile übertragen werden

64 § 8b Abs. 2 und 3 KStG gilt vorbehaltlich der § 8b Abs. 4 und § 34 Abs. 7 Satz 2 KStG für Gewinne und Gewinnminderungen aus Vorgängen, die im Jahr 2002 oder später erfolgen.

### 2. Vom Kalenderjahr abweichendes Wirtschaftsjahr der Gesellschaft, deren Anteile übertragen werden

65 § 8b Abs. 2 und 3 KStG gilt vorbehaltlich der § 8b Abs. 4 und § 34 Abs. 7 Satz 2 KStG für Gewinne und Gewinnminderungen aus Vorgängen, die im Wirtschaftsjahr 2002/2003 oder später erfolgen.

### 3. Anwendung bei der veräußernden Körperschaft

66 Für die Anwendung des § 8b Abs. 2 KStG n. F. bei der veräußernden Körperschaft gelten die Ausführungen in Rdnr. 63 entsprechend.

## III. Anwendung des § 8b Abs. 2 KStG bei Umstellung auf ein vom Kalenderjahr abweichendes Wirtschaftsjahr in 2001 (§ 34 Abs. 7 Satz 1 Nr. 2 KStG)

67 Eine Umstellung des kalenderjahrgleichen Wirtschaftsjahrs auf ein vom Kalenderjahr abweichendes Wirtschaftsjahr in 2001 (Beispiel: Rumpfwirtschafts-

jahr 01. 01. 01 bis 31. 03. 01 und dann abweichendes Wirtschaftsjahr 01. 04. 01 bis 31. 03. 02) ist unter Darlegung sachlicher Gründe möglich (§ 7 Abs. 4 Satz 3 KStG). Die Veräußerungsgewinnbefreiung ist dann bereits ab dem Wirtschaftsjahr 2001/2002 der Beteiligungsgesellschaft anzuwenden, denn der Veräußerungsgewinn entsteht bei Veräußerung im Wirtschaftsjahr 2001/2002 nach Ablauf des ersten Wirtschaftsjahres, das dem letzten Wirtschaftsjahr folgt, das in dem Veranlagungszeitraum endet, in dem das KStG a. F. letztmals anzuwenden ist (§ 34 Abs. 7 Satz 1 Nr. 2 KStG).

## IV. Anwendung der Beteiligungsertragsbefreiung des § 8 b Abs. 1 KStG und der Veräußerungsgewinnbefreiung des § 8 b Abs. 2 KStG bei Auslandsbeteiligungen

Gewinnausschüttungen und Gewinne aus der Veräußerung von Beteiligungen an ausländischen Gesellschaften durch inländische Kapitalgesellschaften sind nach der allgemeinen Anwendungsvorschrift des § 34 Abs. 1 bzw. Abs. 2 KStG erstmals im Veranlagungszeitraum 2001 oder bei vom Kalenderjahr abweichendem Wirtschaftsjahr im Veranlagungszeitraum 2002 steuerfrei. Veräußerungsverluste und Teilwertabschreibungen können nach § 8 b Abs. 3 KStG von diesem Zeitpunkt an nicht mehr steuerlich berücksichtigt werden. Maßgebend ist die Anwendung des KStG n. F. bei der veräußernden Körperschaft. Die besondere Anwendungsvorschrift des § 34 Abs. 7 KStG greift nicht, da eine ausländische Körperschaft nie dem Anrechnungsverfahren (Vierter Teil des KStG a.F) unterlegen hat. **68**

# **100** § 8 b/6. Schreiben betr. Veräußerungsgewinnbefreiung nach § 8 b Abs. 2 KStG; Behandlung von Veräußerungskosten und nachträglichen Kaufpreisänderungen

Vom 24. Juli 2015 (BStBl. I S. 612)

(BMF IV C 2 – S 2750 – a/07/10002 :002; DOK 2015/0606474)

Im Einvernehmen mit den obersten Finanzbehörden der Länder nehme ich zur Behandlung von nachträglichen Kaufpreisveränderungen und Veräußerungskosten, die vor oder nach dem Wirtschaftsjahr der Anteilsveräußerung entstanden sind, unter Berücksichtigung der Urteile des BFH vom 22. Dezember 2010 I R 58/10 (BStBl. 2015 II S. 668) und vom 12. März 2014 I R 55/13 (BStBl. 2015 II S. 658), wie folgt Stellung:

Die in einem anderen Wirtschaftsjahr entstandenen Veräußerungskosten oder Veränderungen des Kaufpreises sind bei der Ermittlung des Veräußerungsgewinns oder Veräußerungsverlusts nach den Grundsätzen des § 8 b Abs. 2 Satz 2 KStG im Veranlagungszeitraum, in dem das Wirtschaftsjahr der Veräußerung der Beteiligung endet, zu berücksichtigen. Der danach ermittelte Veräußerungsgewinn oder -verlust unterliegt den allgemeinen Regelungen des § 8 b KStG. In einem anderen Wirtschaftsjahr entstandene Veräußerungskosten oder nachträgliche Veränderungen des Kaufpreises für die Beteiligung erhöhen oder mindern danach die nach § 8 b Abs. 2 und 3 KStG außerbilanziell vorzunehmende Einkommenskorrektur im Veranlagungszeitraum, in dem das Wirtschaftsjahr der Veräußerung endet. Soweit die Veränderung des Kaufpreises oder die Veräußerungskosten bilanziell in anderen Wirtschaftsjahren berücksichtigt wurden, ist der steuerbilanzielle Gewinn dieser Wirtschaftsjahre und der steuerbilanzielle Gewinn des Jahres, in dem die Veräußerung erfolgt ist, außerbilanziell entsprechend zu korrigieren.

Danach sind sowohl die Veranlagung für den Veranlagungszeitraum, in dem das Wirtschaftsjahr der Veräußerung endet, als auch die Veranlagungen für die Veranlagungszeiträume, in denen sich die nachträglichen Veräußerungskosten oder die Kaufpreisveränderungen steuerbilanziell ausgewirkt haben, entsprechend anzupassen.

Vor dem Wirtschaftsjahr der Anteilsveräußerung entstandene Veräußerungskosten sind bei der Veranlagung für den Veranlagungszeitraum, in dem das Wirtschaftsjahr endet, in dem sie angefallen sind, zu berücksichtigen. Die außerbilanzielle Korrektur der vor dem Wirtschaftsjahr der Anteilsveräußerung angefallenen Veräußerungskosten ist erst mit Wirksamkeit der Veräußerung vorzunehmen.

Die Änderungen der entsprechenden Veranlagungen sind nach Maßgabe der Korrekturvorschriften vorzunehmen. Eine Korrektur der entsprechenden Steuerbescheide nach § 175 Abs. 1 Satz 1 Nr. 2 AO kommt nur in Betracht, wenn das rückwirkende Ereignis nach Erlass des (ggf. zuletzt geänderten) Steuerbescheids eingetreten ist. Dabei stellt die Anteilsveräußerung das rückwirkende Ereignis für die Korrektur (außerbilanzielle Hinzurechnung) des Steuerbescheides dar, in dem die vor dem Wirtschaftsjahr der Anteilsveräußerung angefallenen Veräußerungskosten berücksichtigt wurden. Nachträgliche Veräußerungskosten und nachträgliche Kaufpreisveränderungen wirken nach § 175 Abs. 1 Satz 1 Nr. 2 AO auf die Veranlagung für den Veranlagungszeitraum, in dem das Wirtschaftsjahr der Anteilsveräußerung endet, zurück. In Fällen, in denen das Ereignis zwar schon vor Erlass des Steuerbescheids eingetreten, dem Finanzamt aber erst nachträglich bekannt geworden ist, kann die Änderung des Steuerbescheids nach § 173 Abs. 1 AO in Betracht kommen (vgl. AEAO zu § 175, Nr. 2.3).

Auf einen Aufwand oder Ertrag aus einer Auf- oder Abzinsung der Kaufpreisforderungen ist § 8 b KStG nicht anzuwenden.

Bei der gesonderten und einheitlichen Gewinnfeststellung für Personengesellschaften müssen die Veräußerungskosten für die Ermittlung des Veräußerungsgewinns oder -verlusts in dem Veranlagungszeitraum, in dem sie entstanden sind, gesondert ausgewiesen werden.

Zu den Veräußerungskosten können auch die Verluste aus gegenläufigen Sicherungsgeschäften gehören (vgl. BFH-Urteil vom 9. April 2014 I R 52/12, BStBl. II S. 861).

**Beispiel:**

Eine GmbH (Wj = Kj) veräußert im Jahr 02 die Beteiligung an einer Tochtergesellschaft (Buchwert – BW – 100 TEUR) zum Preis von 500 TEUR. Im Jahr 01 sind Veräußerungskosten – VK – (Beratungskosten) i. H. von 20 TEUR angefallen. Der Kaufpreis – KP – wurde gestundet. Im Jahr 04 fällt die Kaufpreisforderung aus. (Die Abzinsung der Kaufpreisforderung ist in dem Beispiel aus Vereinfachungsgründen nicht berücksichtigt).

– Im Jahr 01 mindern die Veräußerungskosten zunächst das Einkommen.
– Im Jahr 02 werden die Veräußerungskosten in die Berechnung des nach § 8 b Abs. 2 Satz 2 KStG steuerfreien Veräußerungsgewinns und die Bemessungsgrundlage für die nicht abzugsfähigen Betriebsausgaben einbezogen. Sie sind zudem im Jahr 02 außerbilanziell (gewinnmindernd) zu erfassen. Korrespondierend sind die Veräußerungskosten rückwirkend im Jahr 01 ebenfalls außerbilanziell (gewinnerhöhend) auszugleichen.
– Der Ausfall der Kaufpreisforderung im Jahr 04 wirkt sich auf die Berechnung des § 8 b Abs. 2 Satz 2 KStG aus und führt zur nachträglichen Änderung der Veranlagung für das Jahr 02. Die Gewinnauswirkung des Forderungsausfalls ist im Jahr 04 und im Jahr 02 außerbilanziell zu korrigieren.

| **Auswirkungen des Veräußerungsvorgangs auf Jahresüberschuss und Einkommen der Jahre 01–04** | | | | | |
|---|---|---|---|---|---|
| (alle Beträge in TEUR) | | **Gesamt 01–04** | **Jahr 01** | **Jahr 02** | **Jahr 04** |
| Veräußerungskosten 01 | | – 20 | – 20 | | |
| Veräußerung in 02 | | | | | |
| Ertrag aus KP-Forderung | | 500 | | 500 | |
| Ausbuchung der Beteiligung (BW) | | – 100 | | – 100 | |
| | | | | | |
| Nach § 8 b KStG zu berücksichtigen: | | | | | |
| KP | 500 | | | | |
| BW | – 100 | | | | |
| VK | – 20 | | | | |
| Veräußerungsgewinn | 380 | | | | |

| Auswirkungen des Veräußerungsvorgangs auf Jahresüberschuss und Einkommen der Jahre 01–04 | | | | |
|---|---|---|---|---|
| (alle Beträge in TEUR) | **Gesamt 01–04** | **Jahr 01** | **Jahr 02** | **Jahr 04** |
| steuerfrei gem. § 8 b Abs. 2 KStG | – 380 | | – 380 | |
| § 8 b Abs. 3 Satz 1 KStG (5 %) | + 19 | | + 19 | |
| rückwirkende außerbilanzielle Korrektur | 0 | + 20 | – 20 | |
| Einkommen vor Kaufpreisänderung | 19 | 0 | 19 | |
| Aufwand aus dem Ausfall der KP-Forderung in 04 | – 500 | | | – 500 |
| Außerbilanzielle Korrektur | + 500 | | | +500 |
| Änderung in 02 | | | | |
| bisher nach § 8 b KStG berücksichtigte Beträge sind zu neutralisieren | + 380 | | + 380 | |
| | – 19 | | – 19 | |
| Nach § 8 b KStG sind neu zu berücksichtigen: | | | | |
| KP 0 | | | | |
| BW – 100 | | | | |
| VK 20 | | | | |
| Veräußerungsverlust – 120 (§ 8 b Abs. 3 KStG) | + 120 | | + 120 | |
| rückwirkende außerbilanzielle Korrektur | – 500 | | – 500 | |
| Einkommen nach Änderung | 0 | 0 | 0 | 0 |

Das BMF-Schreiben vom 13. März 2008 (BStBl. I S. 506) wird durch dieses Schreiben ersetzt.

# 100 § 8b/7. Schreiben betr. Zuordnung von Betriebsausgaben zu steuerfreien *Schachteldividenden*[1) 2)]

Vom 20. Januar 1997 (BStBl. I S. 99)

(BMF IV C 5 – S 1300 – 176/96)

Unter Bezugnahme auf das Ergebnis der Erörterungen mit den obersten Finanzbehörden der Länder gilt für die Zuordnung von Betriebsausgaben zu steuerfreien *Schachteldividenden*[2)] folgendes:

## 1. Betriebsausgabenzuordnung bei nach einem DBA steuerfreien *Schachteldividenden*[2)]

### 1.1. Allgemeines

Sind *Schachteldividenden*[2)] nach einem DBA von der Bemessungsgrundlage der deutschen Steuer auszunehmen, so dürfen nach den §§ 8 Abs. 1 KStG, 3 c EStG Ausgaben nicht als Betriebsausgaben abgezogen werden, soweit sie mit den Dividenden in unmittelbarem wirtschaftlichen Zusammenhang stehen (BFH-Urteile vom 29. Mai 1996, BStBl. 1997 II S. 57, 60, 63). Dies gilt auch in den Fällen des § 8 b Abs. 5 KStG (bis VZ 1993 § 26 Abs. 7 KStG), bei denen die Befreiung ungeachtet der im DBA vereinbarten Mindestbeteiligung gilt, wenn die Beteiligung mindestens ein Zehntel beträgt (Abschn. 41 Abs. 17 KStR 1995).

### 1.2. Unmittelbarer wirtschaftlicher Zusammenhang

Ein unmittelbarer wirtschaftlicher Zusammenhang ist gegeben, wenn die Erträge und Ausgaben in der Wirtschaftsführung des Unternehmens nach Entstehung und Zweckbestimmung verbunden sind (Veranlassungszusammenhang). Es sind daher nur solche Ausgaben nicht abziehbar, die den außer Ansatz zu lassenden *Schachteldividenden*[2)] zugeordnet werden können (vgl. auch BFH-Urteil vom 9. November 1976, BStBl. 1977 II S. 207). Ein unmittelbarer wirtschaftlicher Zusammenhang in diesem Sinne kann auch gegeben sein, wenn die Betriebsausgaben auch mit anderen Einkunftsquellen zusammenhängen; in diesem Fall ist eine anteilige Zuordnung zu den *Schachteldividenden*[2)] geboten. Die Betriebsausgaben sind erforderlichenfalls im Wege der Schätzung zuzuordnen.

### 1.3. Zuordnung der Betriebsausgaben bis zur Höhe der Einnahmen

Die Zuordnung von Betriebsausgaben zu den *Schachteldividenden*[2)] nach § 3 c EStG ist nur insoweit zulässig, als solche in dem betreffenden Wirtschaftsjahr vereinnahmt werden (BFH-Urteile vom 29. Mai 1996, BStBl. 1997 II S. 57, 60, 63). Werden in einem Wirtschaftsjahr keine Dividenden ausgeschüttet, bleiben die Betriebsausgaben voll abziehbar. Übersteigen die Betriebsausgaben die Dividenden, so ist der Überhang abziehbar. Bei

[1)] Aufgeh. durch BMF v. 10. 1. 2000, BStBl. I S. 71; wieder in Kraft gesetzt durch BMF v. 30. 9. 2008, BStBl. I S. 940.

[2)] Jetzt alle steuerfreien Dividenden; vgl. BMF v. 30. 9. 2008, BStBl. I S. 940.

mehreren Beteiligungen ist auf die einzelne Beteiligung abzustellen. Ist nur ein Teil der Anteile dividendenberechtigt, z. B. beim Hinzuerwerb neuer Anteile, ist dem bei der Zuordnung der Betriebsausgaben Rechnung zu tragen (vgl. BFH-Urteil vom 5. Dezember 1984, BStBl. 1985 II S. 311). Bestehen Anhaltspunkte für eine mißbräuchliche Gestaltung, z. B. bei Verzicht von Dividendenausschüttungen und gleichzeitiger Darlehensgewährung an die Muttergesellschaft, ist § 42 AO zu prüfen.

### 1.4. Einzelne Betriebsausgaben

#### 1.4.1. Finanzierungskosten

Ein unmittelbarer wirtschaftlicher Zusammenhang zwischen Darlehenszinsen und Dividenden ist anzunehmen, wenn das Darlehen, das die Zinsen auslöst, zur Finanzierung des Erwerbs der Beteiligung verwendet wurde, durch die die steuerfreie Dividende veranlaßt ist (BFH-Urteil vom 29. Mai 1996, BStBl. 1997 II S. 57). Der Veranlassungszusammenhang bestimmt sich allein nach der tatsächlichen Darlehensverwendung (s. das vorgenannte BFH-Urteil). Zinsen für Darlehen und sonstige Finanzierungskosten für den Erwerb der Beteiligung oder deren Erhöhung sind auch dann den steuerfreien *Schachteldividenden*[1] zuzuordnen, wenn über die Dividendenerwartung hinaus auch andere Motive für den Erwerb der Beteiligung maßgebend waren (BFH-Urteil vom 25. Oktober 1966, BStBl. 1967 III S. 92). Hängt der Kredit auch mit der Finanzierung anderer Aufwendungen zusammen, sind die Zinsen und sonstigen Finanzierungskosten nach dem Verhältnis der mit dem Kredit finanzierten Aufwendungen aufzuteilen.

#### 1.4.2. Verwaltungskosten

Kosten der Verwaltung der Beteiligung, z. B. Regie- oder Kontrollkosten, Reisekosten der Konzernspitze, sind den *Schachteldividenden*[1], ggf. anteilig, zuzuordnen (vgl. auch Abschnitt 76 Abs. 15 KStR). Wegen der Verrechnung von Dienstleistungen gegenüber der Beteiligungsgesellschaft vgl. die Verwaltungsgrundsätze vom 23. Februar 1983, BStBl. I S. 218 Tz. 6.

#### 1.4.3. Teilwertabschreibung

Eine Teilwertabschreibung ist den *Schachteldividenden*[1] nicht zuzuordnen, da sie die Beteiligung selbst betrifft (BFH-Urteil vom 2. Februar 1972, BStBl. II S. 397). Die Zuordnung der Teilwertabschreibung nach § 3 c EStG zu einem etwaigen künftigen steuerfreien Gewinn aus der Veräußerung der Beteiligung ist ebenfalls ausgeschlossen. Unberührt bleibt die Nichtberücksichtigung einer ausschüttungsbedingten Teilwertabschreibung nach § 8 b Abs. 6 KStG (bis VZ 1993 § 26 Abs. 8 KStG).

### 2. Betriebsausgabenzuordnung im Rahmen sonstiger Vorschriften

Vorstehende Grundsätze gelten bei der Zuordnung von Betriebsausgaben zu ausländischen *Schachteldividenden*[1] im Rahmen der §§ 26 KStG, 9 Nr. 7 GewStG entsprechend. Sie sind auch der Gliederung des aus den *Schachteldividenden*[1] entstehenden verwendbaren Eigenkapitals im Sinne des § 30 Abs. 2 Nr. 1 KStG zugrunde zu legen.

---

[1] Jetzt alle steuerfreien Dividenden; vgl. BMF v. 30. 9. 2008, BStBl. I S. 940.

# 100 § 8 c/1. Schreiben betr. Verlustabzugsbeschränkung für Körperschaften (§ 8 c KStG)[1)]

Vom 28. November 2017 (BStBl. I S. 1645)

(BMF IV C 2 – S 2745 – a/09/10002 :004; DOK 2017/0789973)

**Bezug:** BMF-Schreiben vom 4. Juli 2008 (BStBl. I S. 736)



Im Einvernehmen mit den obersten Finanzbehörden der Länder wird zur Anwendung der allgemeinen Verlustabzugsbeschränkung für Körperschaften gem. § 8 c KStG unter Berücksichtigung der Änderungen durch das Wachstumsbeschleunigungsgesetz vom 22. Dezember 2009 (BGBl. I S. 3950)[2)] – Einführung der Konzernklausel und der Stille-Reserven-Klausel –, durch das

---

[1)] Die in diesem Schreiben enthaltenen Grundsätze sind auch in der Gewerbesteuer uneingeschränkt anzuwenden; vgl. BMF v. 29. 11. 2017, BStBl. I S. 1643 (Nr. **450** § 10 a/1).

[2)] **[Amtl. Anm.:]** BStBl. 2010 I S. 2.

Jahressteuergesetz 2010 (JStG 2010) vom 8. Dezember 2010 (BGBl. I S. 1768)[1] – Anpassung der Stille-Reserven-Klausel – und durch das Steueränderungsgesetz 2015 (StÄndG 2015) vom 2. November 2015 (BGBl. I S. 1834)[2] – Anpassung der Konzernklausel – wie folgt Stellung genommen. Das BMF-Schreiben vom 4. Juli 2008 (BStBl. I S. 736) wird durch dieses Schreiben ersetzt.

## I. Anwendungsbereich

1 § 8 c KStG ist auf unbeschränkt und beschränkt steuerpflichtige Körperschaften, Personenvereinigungen und Vermögensmassen i. S. d. § 1 Abs. 1 KStG anzuwenden. Auch Anstalten oder Stiftungen fallen in den Anwendungsbereich des § 8 c KStG.

2 Die Abzugsbeschränkung gem. § 8 c KStG ist auf alle nicht ausgeglichenen und nicht abgezogenen negativen Einkünfte (nicht genutzte Verluste) anwendbar und umfasst insbesondere die Verluste nach § 2 a, § 10 d (Verlustvor- und -rücktrag, einschließlich der Verlustvorträge einer Organgesellschaft aus vororganschaftlicher Zeit), § 15 Abs. 4, § 15 a und § 15 b EStG sowie festgestellte verbleibende Verlustvorträge i. S. d. § 10 Abs. 3 Satz 5 AStG. § 8 c KStG gilt für den Zinsvortrag nach § 4 h Abs. 1 Satz 5 EStG entsprechend (§ 8 a Abs. 1 Satz 3 KStG).

## II. Schädlicher Beteiligungserwerb

3 § 8 c KStG setzt einen schädlichen Beteiligungserwerb innerhalb eines Zeitraums von fünf Jahren durch Personen eines Erwerberkreises voraus. Den Erwerberkreis bildet der Erwerber gemeinsam mit ihm nahestehenden Personen und Personen, die mit ihm oder den nahestehenden Personen gleichgerichtete Interessen haben.

4 Der Erwerb der Beteiligung kann entgeltlich oder unentgeltlich erfolgen, z. B. im Wege der Schenkung. Ein Erwerb seitens einer natürlichen Person durch Erbfall einschließlich der unentgeltlichen Erbauseinandersetzung und der unentgeltlichen vorweggenommenen Erbfolge zwischen Angehörigen i. S. d. § 15 AO wird von § 8 c KStG nicht erfasst; dies gilt nicht, wenn der Erwerb in auch nur geringem Umfang entgeltlich erfolgt.

### 1. Anteilsübertragung und vergleichbare Sachverhalte

5 § 8 c KStG erfasst neben dem Erwerb von Kapitalanteilen auch den Erwerb von Mitgliedschaftsrechten und Beteiligungsrechten (jeweils auch ohne Stimmrechte) sowie von Stimmrechten und vergleichbaren Sachverhalten. Werden zugleich mehrere Anteile und Rechte übertragen, ist diejenige Übertragung maßgebend, die die weitestgehende Anwendung des § 8 c KStG erlaubt.

6 Soweit es für den Erwerb auf den Übergang einer Eigentumsposition ankommt, ist auf den Übergang des wirtschaftlichen Eigentums abzustellen.

---

[1] **[Amtl. Anm.:]** BStBl. 2010 I S. 1394.
[2] **[Amtl. Anm.:]** BStBl. 2010 I S. 846.

Ein Zwischenerwerb durch eine Emissionsbank im Rahmen eines Börsengangs i. S. d. § 1 Abs. 1 Satz 2 Nr. 10 KWG bleibt unbeachtlich.

Vergleichbare Sachverhalte können insbesondere sein: 7

– der Erwerb von Genussscheinen i. S. d. § 8 Abs. 3 Satz 2 KStG;
– Stimmrechtsvereinbarungen, Stimmrechtsbindungen, Stimmrechtsverzicht;
– die Umwandlung auf eine Verlustgesellschaft, wenn durch die Umwandlung ein Beteiligungserwerb durch einen Erwerberkreis stattfindet;
– die Einbringung eines Betriebs, Teilbetriebs oder Mitunternehmeranteils, wenn durch die Einbringung ein Beteiligungserwerb am übernehmenden Rechtsträger durch einen Erwerberkreis stattfindet;
– die Fusion von Anstalten des öffentlichen Rechts, wenn hierdurch bei der aufnehmenden Anstalt des öffentlichen Rechts mit nicht genutzten Verlusten ein Träger Beteiligungsrechte an der Anstalt (hinzu) erwirbt;
– der Erwerb eigener Anteile, wenn sich hierdurch die Beteiligungsquoten ändern;
– die Kapitalherabsetzung, mit der eine Änderung der Beteiligungsquoten einhergeht.

Auch die Kombination verschiedener Sachverhalte kann insgesamt zu einem schädlichen Beteiligungserwerb führen (BFH-Urteil vom 22. Oktober 2003 I R 18/02, BStBl. 2004 II S. 468).

Werden neben Stammaktien auch stimmrechtslose Vorzugsaktien erworben, ist bei der Ermittlung der Quote der übertragenen Anteile für die Stammaktien im Regelfall nur auf das stimmberechtigte Kapital und für die Vorzugsaktien auf das gesamte Stammkapital abzustellen. Verschiedene Quoten werden nicht addiert. 8

**Beispiel 1:**

Die Anteile an einer Gesellschaft entfallen zu 70 % auf Stammaktien und zu 30 % auf Vorzugsaktien. Erworben werden

a) 30 %-Punkte der Vorzugsaktien (= 30 % des Nennkapitals);
b) 21 %-Punkte der Stammaktien (= 30 % der Stimmrechte);
c) 10 %-Punkte der Vorzugsaktien (= 10 % des Nennkapitals) und 14 %-Punkte der Stammaktien (= 20 % der Stimmrechte).

**Lösung:**

B1 In den Fallvarianten a) und b) wird die schädliche Beteiligungsgrenze überschritten:

a) 30/100 = 30 %;
b) 21/70 = 30 %.

In der Fallvariante c) wird die schädliche Beteiligungsgrenze nicht überschritten, denn es werden 24 % gezeichnetes Kapital und 20 % Stimmrechte übertragen.

## 2. Kapitalerhöhung

Einem Beteiligungserwerb von mehr als 25 % ist eine Kapitalerhöhung bzw. die Erhöhung anderer Beteiligungsrechte i. S. d. Rn. 5 gleichzusetzen, bei der der neu hinzutretende Erwerberkreis nach der Kapitalerhöhung bzw. der Erhöhung anderer Beteiligungsrechte i. S. d. Rn. 5 zu mehr als 25 % des Kapitals i. S. d. Rn. 5 beteiligt ist oder sich eine bestehende Beteiligung um mehr als 25 % erhöht (§ 8 c Abs. 1 Satz 4 KStG). Die Quote ist auf das Kapital nach der Kapitalerhöhung bzw. der Erhöhung anderer Beteiligungsrechte i. S. d. Rn. 5 zu beziehen. 9

10 Die Kapitalerhöhung bei einer Gesellschaft, die ihrerseits unmittelbar oder mittelbar an einer Verlustgesellschaft beteiligt ist, löst unter den genannten Voraussetzungen die Rechtsfolgen des § 8 c KStG aus, wenn sich dadurch die mittelbare Beteiligungsquote eines Erwerberkreises an der Verlustgesellschaft in schädlichem Umfang ändert.

## 3. Unmittelbarer und mittelbarer Erwerb

11 Der Erwerb einer Beteiligung kann unmittelbar oder mittelbar erfolgen. Der unmittelbare Erwerb ist auch schädlich, wenn er mittelbar zu keiner Änderung der Beteiligungsquote führt. Zu Ausnahmen im Rahmen der Konzernklausel des § 8 c Abs. 1 Satz 5 KStG vgl. Rn. 39 ff. Auch die Übernahme von mehr als 25 % der Anteile an einer Körperschaft durch eine Mitunternehmerschaft, an der die bisherigen Gesellschafter der Körperschaft beteiligt sind, führt zur Anwendung des § 8 c KStG.

**Beispiel 2:**
Die Gesellschafterin der Verlustgesellschaft V-GmbH ist die E-GmbH, deren Gesellschafterin ist die T-GmbH, und deren Gesellschafter sind die M1-KG und die M2-KG.

**Lösung:**

B2 Eine schädliche konzerninterne Umstrukturierung liegt u. a. vor, wenn:
– die M1-KG auf die M2-KG verschmolzen wird oder umgekehrt;
– die Anteile an der T-GmbH aus dem Gesamthandsvermögen der M1 in das Sonderbetriebsvermögen eines ihrer Gesellschafter übertragen werden oder umgekehrt.

Ein Formwechsel des Anteilseigners i. S. d. § 190 Abs. 1 UmwG oder ein vergleichbarer ausländischer Vorgang bewirkt keine mittelbare Übertragung der Anteile an einer nachgeordneten Körperschaft.

12 Im Falle eines mittelbaren Beteiligungserwerbs ist die auf die Verlustgesellschaft durchgerechnete Beteiligungsquote oder Stimmrechtsquote maßgeblich.

## 4. Zeitpunkt des Erwerbs

13 Der Zeitpunkt des Beteiligungserwerbs oder des vergleichbaren Sachverhalts bestimmt sich nach dem Übergang des wirtschaftlichen Eigentums.

14 Kapitalerhöhungen werden mit ihrer Eintragung ins Handelsregister wirksam (BFH-Urteil vom 14. März 2006 VIII R 49/04, BStBl. II S. 746). Zu diesem Zeitpunkt entstehen die neuen Mitgliedschaftsrechte.

15 Bei der Umwandlung des Anteilseigners einer Verlustgesellschaft ist für den Erwerb der Beteiligung an der Verlustgesellschaft durch den übernehmenden Rechtsträger der Übergang des wirtschaftlichen Eigentums maßgebend. Ein steuerlicher Rückbezug des Beteiligungserwerbs nach § 2 UmwStG 2006 scheidet aus.

## 5. Fünf-Jahres-Zeitraum

16 Zur Ermittlung des schädlichen Beteiligungserwerbs nach § 8 c Abs. 1 Satz 1 KStG werden alle Erwerbe durch den Erwerberkreis innerhalb eines Fünf-Jahres-Zeitraums zusammengefasst.

17 Ein Fünf-Jahres-Zeitraum beginnt mit dem ersten unmittelbaren oder mittelbaren Beteiligungserwerb an der Verlustgesellschaft durch einen Erwerber-

kreis. Zu diesem Zeitpunkt muss noch kein Verlustvortrag der späteren Verlustgesellschaft vorhanden sein.

Wird die 25 %-Grenze durch einen Beteiligungserwerb eines Erwerberkreises überschritten, beginnt vorbehaltlich der Ausführungen zu Rn. 48 – unabhängig davon, ob zu diesem Zeitpunkt ein nicht genutzter Verlust vorhanden ist – mit dem nächsten Beteiligungserwerb ein neuer Fünf-Jahres-Zeitraum i. S. d. § 8 c Abs. 1 Satz 1 KStG für diesen Erwerberkreis. **18**

Eine Mehrzahl von Erwerben durch einen Erwerberkreis gilt als ein Erwerb, wenn ihnen ein Gesamtplan zugrunde liegt. Ein schädlicher Gesamtplan in diesem Sinne wird widerlegbar vermutet, wenn die Erwerbe innerhalb eines Jahres erfolgen. **19**

Der Verlustabzugsbeschränkung des § 8 c Abs. 1 Satz 2 KStG ist ein eigener Fünf-Jahres-Zeitraum zugrunde zu legen. Eine quotale Kürzung des nicht genutzten Verlustes nach § 8 c Abs. 1 Satz 1 KStG löst deshalb keinen neuen Fünf-Jahres-Zeitraum für Zwecke des § 8 c Abs. 1 Satz 2 KStG aus. **20**

Im Rahmen des § 8 c Abs. 1 Satz 1 KStG berücksichtigte Erwerbsvorgänge, die eine quotale Kürzung des nicht genutzten Verlustes ausgelöst haben, sind im Rahmen des § 8 c Abs. 1 Satz 2 KStG nochmals zu berücksichtigen.

Wird die 50 %-Grenze überschritten, beginnt – unabhängig davon, ob zu diesem Zeitpunkt ein nicht genutzter Verlust vorhanden ist – ein neuer Fünf-Jahres-Zeitraum i. S. d. § 8 c Abs. 1 Satz 2 KStG mit dem nächsten Beteiligungserwerb.

Wird innerhalb eines Fünf-Jahres-Zeitraums die 50 %-Grenze überschritten, ist der zu diesem Zeitpunkt bestehende Verlustabzug vollständig zu versagen. **21**

Die mehrfache Übertragung der nämlichen Anteile ist schädlich, soweit sie je Erwerberkreis die Beteiligungsgrenzen des § 8 c KStG übersteigt. Wird mit einer unmittelbaren Übertragung einer Verlustgesellschaft gleichzeitig im Erwerberkreis auch eine mittelbare Übertragung verwirklicht, wird bei der Ermittlung der übertragenen Quote nur die unmittelbare Übertragung berücksichtigt. **22**

**Beispiel 3:**

Im Veranlagungszeitraum (VZ) 01 erwirbt die E-GmbH 30 % der Anteile an der Verlust-GmbH vom bisherigen Alleingesellschafter A. Von der E-GmbH erwirbt die M-AG, die an der E-GmbH zu 80 % beteiligt ist, im VZ 03 dieselben 30 %. Weitere 21 % erwirbt die M-AG in 04 direkt von A.

**Lösung:**

B3 VZ 01: Quotaler Verlustuntergang nach § 8 c Abs. 1 Satz 1 KStG wegen des Beteiligungserwerbs durch die E-GmbH von 30 %.

B4 VZ 03: Quotaler Verlustuntergang nach § 8 c Abs. 1 Satz 1 KStG wegen des Beteiligungserwerbs durch die M-AG von 30 %. Dem steht nicht entgegen, dass die E-GmbH und die M-AG einen Erwerberkreis bilden.

B5 VZ 04: Der nochmalige Beteiligungserwerb durch die M-AG von 21 % führt zum Überschreiten der 50 %-Quote nach § 8 c Abs. 1 Satz 2 KStG und damit zum vollständigen Verlustuntergang.

Die Übertragung von Anteilen auf eine Person stellt in dem Umfang, in dem diese Person bereits zu einem früheren Zeitpunkt (ggf. auch im ursprünglichen Verlustentstehungsjahr) an der Verlustgesellschaft beteiligt gewesen ist, eine mehrfache Übertragung nämlicher Anteile i. S. d. Rn. 22 dar. **23**

24 Nicht erforderlich ist, dass der schädliche Erwerb oder die zu addierenden Einzelerwerbe zu einer Zeit erfolgen, zu der die Körperschaft nicht genutzte Verluste aufweist.

**Beispiel 4:**

A hält 100 % der Anteile an einer GmbH. B erwirbt per 31. 12. 01 25 % und per 31. 12. 02 weitere 25 % der Anteile. Die GmbH erzielt in 01 einen Gewinn von 20 000 € und in 02 einen Verlust von 200 000 €.

**Lösung:**

B6 Es kommt zu einem quotalen Untergang (zu 50 %) des nicht genutzten Verlusts der GmbH per 31. 12. 02 i. H. v. 100 000 €. Der Anteilserwerb per 31. 12. 01 ist ebenfalls zu berücksichtigen, obwohl er in einer Gewinnphase der GmbH erfolgte und zum Erwerbszeitpunkt noch keine nicht genutzten Verluste der GmbH vorhanden waren.

## III. Erwerber

25 Erwerber kann jede natürliche Person, juristische Person oder Mitunternehmerschaft sein. Für vermögensverwaltende Personengesellschaften gilt eine anteilige Zurechnung nach § 39 Abs. 2 Nr. 2 AO.

### 1. Übertragung auf nahestehende Personen

26 Zur Begründung des „Nahestehens" reicht jede rechtliche oder tatsächliche Beziehung zu einer anderen Person aus (H 8.5 Nahestehende Person – Kreis der nahestehenden Personen KStH 2015), die bereits vor oder unabhängig von dem Anteilserwerb besteht.

### 2. Übertragung auf Erwerber mit gleichgerichteten Interessen

27 Personen mit gleichgerichteten Interessen gehören zum Erwerberkreis (vgl. Rn. 3).

28 Von einer Erwerbergruppe mit gleichgerichteten Interessen ist regelmäßig auszugehen, wenn eine Abstimmung zwischen den Erwerbern stattfindet, wobei kein Vertrag vorliegen muss. Die Abstimmung darf jedoch nicht nur auf Absprachen beschränkt sein, die sich auf den Erwerb als solchen beziehen – z. B. mit Blick auf die Preisfindung oder das Bewahren eines bisher vorliegenden Verhältnisses im Anteilsbesitz (BFH-Urteil vom 22. November 2016 I R 30/15, BStBl. 2017 II S. 921). Die Verfolgung eines gemeinsamen Zwecks i. S. d. § 705 BGB reicht zur Begründung gleichgerichteter Interessen aus, ist aber nicht Voraussetzung. Die gleichgerichteten Interessen müssen sich nicht auf den Erhalt des Verlustvortrags der Körperschaft richten. Gleichgerichtete Interessen liegen z. B. vor, wenn mehrere Erwerber einer Körperschaft zur einheitlichen Willensbildung zusammenwirken. Indiz gleichgerichteter Interessen ist auch die gemeinsame Beherrschung der Körperschaft; vgl. H 8.5 Beherrschender Gesellschafter – Gleichgerichtete Interessen KStH 2015.

## IV. Rechtsfolgen

### 1. Zeitpunkt und Umfang des Verlustuntergangs

29 Werden innerhalb von fünf Jahren unmittelbar oder mittelbar mehr als 25 % der Anteile durch einen Erwerberkreis erworben, geht der Verlust gem. § 8 c

Abs. 1 Satz 1 KStG quotal entsprechend der Höhe der schädlichen Beteiligungserwerbe unter.

Bei einem schädlichen Beteiligungserwerb von über 50 % innerhalb eines Zeitraums von fünf Jahren geht der nicht genutzte Verlust gem. § 8 c Abs. 1 Satz 2 KStG vollständig unter. 30

Die Rechtsfolge tritt in dem Wirtschaftsjahr ein, in dem die 25 %-Grenze bzw. die 50 %-Grenze überschritten wird. Verluste, die bis zum Zeitpunkt des schädlichen Beteiligungserwerbs entstanden sind, dürfen mit danach entstandenen Gewinnen weder ausgeglichen noch von ihnen abgezogen werden. Sie dürfen auch nicht in vorangegangene VZ zurückgetragen werden. 31

**Beispiel 5:**

| | Jahr 01 € | Jahr 02 € | Jahr 03 € | Jahr 04 € | Jahr 05 € |
|---|---|---|---|---|---|
| Gezeichnetes Kapital | 1 000 000 | 1 000 000 | 1 000 000 | 1 000 000 | 1 000 000 |
| **Beteiligungsverhältnisse** | | | | | |
| Gesellschafter A | 700 000 | 400 000 | 400 000 | 400 000 | 400 000 |
| Gesellschafter B | 300 000 | 300 000 | 200 000 | 150 000 | 50 000 |
| Gesellschafter C | | 300 000 | 400 000 | 450 000 | 550 000 |
| Übertragene Anteile im Fünf-Jahres-Zeitraum | | 300 000 (30 %) | 400 000 (40 %) | 450 000 (45 %) | 550 000 (55 %) |
| **Schädlicher Beteiligungserwerb** | | **ja** | **nein** | **nein** | **ja** |
| Ergebnis des laufenden VZ | | –2 000 000 | –600 000 | 3 500 000 | 470 000 |
| davon Verlust/**Gewinn** bis zum schädlichen Beteiligungserwerb | | –1 200 000 | –300 000 | 0 | **235 000** |
| Verbleibender Verlustabzug zum Ende des vorangegangenen VZ | | 20 000 000 | 15 640 000 | 16 240 000 | 13 740 000 |
| Verlust**abzugs**verbot § 8 c Abs. 1 Satz 1 KStG | | 6 000 000 (30 %) | 0 | 0 | 0 |
| Verlustabzugsverbot § 8 c Abs. 1 Satz 2 KStG | | 0 | 0 | 0 | **13 505 000** (100 %) |
| Verlust**ausgleichs**verbot § 8 c Abs. 1 Satz 1 KStG | | 360 000 | 0 | 0 | 0 |
| Verlustabzug | | | | 2 500 000 | **235 000** |
| **Verbleibender Verlustabzug zum Ende des VZ** | | **15 640 000** | **16 240 000** | **13 740 000** | **0** |

32 In den Fällen eines unmittelbaren und mittelbaren oder eines mittelbaren schädlichen Beteiligungserwerbs am Organträger bzw. an der Organgesellschaft zum Ende des Wirtschaftsjahres des Organträgers bzw. der Organgesellschaft ist die Verlustkürzung nach § 8 c KStG nur beim Organträger nach Zurechnung des Einkommens der Organgesellschaft vorzunehmen.

## 2. Unterjähriger Beteiligungserwerb

### a) Allgemein

33 Bei einem unterjährigen schädlichen Beteiligungserwerb unterliegt auch ein bis zu diesem Zeitpunkt erzielter Verlust der Verlustabzugsbeschränkung nach § 8 c KStG. Ein bis zum schädlichen Beteiligungserwerb erzielter Gewinn kann nach den Grundsätzen der Rn. 34 mit noch nicht genutzten Verlusten verrechnet werden (BFH-Urteil vom 30. November 2011 I R 14/11, BStBl. 2012 II S. 360). Maßgebend ist dabei der bis zum schädlichen Beteiligungserwerb erwirtschaftete Gesamtbetrag der Einkünfte (G. d. E.). Ein unterjähriger Beteiligungserwerb liegt nicht vor, wenn die Übertragung zum Ende des Kalender- oder Wirtschaftsjahres erfolgt.

34 Der zum Ende des dem schädlichen Beteiligungserwerb vorangegangenen VZ gesondert festgestellte verbleibende Verlustvortrag bleibt abweichend von § 8 c Abs. 1 Satz 1 und 2 KStG abziehbar, soweit bis zum schädlichen Beteiligungserwerb ein positiver G. d. E. erzielt wurde. Dies gilt auch, wenn im VZ, in dem der schädliche Beteiligungserwerb erfolgt, insgesamt ein niedrigerer G. d. E. als in der Zeit bis zum schädlichen Beteiligungserwerb erzielt wird. Die Regelungen der Mindestgewinnbesteuerung sind für die Ermittlung der Höhe des verbleibenden Verlustvortrags unbeachtlich. Ein danach verbleibender Verlustvortrag kann im VZ, in dem der schädliche Beteiligungserwerb erfolgt, unter Beachtung der Mindestgewinnbesteuerung abgezogen und ggf. weiter vorgetragen werden.

**Beispiel 6:**

Die V-GmbH hat zum 31. 12. 01 einen verbleibenden Verlustvortrag i. H. v. 10 Mio. €. Das Wirtschaftsjahr der V-GmbH entspricht dem Kalenderjahr. Am 30. 6. 02 werden 100 % der Anteile der V-GmbH auf einen Erwerber übertragen (schädlicher Beteiligungserwerb). Der G. d. E. des VZ 02 beträgt 4 Mio. €. Davon entfallen 1,5 Mio. € auf den Zeitraum bis zum schädlichen Beteiligungserwerb (Abwandlung: der G. d. E. bis zum schädlichen Beteiligungserwerb beträgt 6 Mio. €).

**Lösung:**

B7 Nach dem vorstehenden Absatz bleibt ein Teilbetrag von 1,5 Mio. € des zum 31. 12. 01 verbleibenden Verlustvortrags abziehbar. I. H. v. 8,5 Mio. € geht der Verlustvortrag nach § 8 c Abs. 1 Satz 2 KStG unter.

B8 Der nach Anwendung des § 8 c Abs. 1 Satz 2 KStG verbleibende Verlustvortrag i. H. v. 1,5 Mio. € kann unter Beachtung der Mindestgewinnbesteuerung mit dem positiven G. d. E. des VZ 02 verrechnet werden. Das Einkommen des VZ 02 beträgt danach 2,5 Mio. € (= 4 Mio. € – 1,5 Mio. €).

B9 Im Fall der Abwandlung bleibt ein Teilbetrag von 6 Mio. € des zum 31. 12. 01 verbleibenden Verlustvortrags abziehbar. I. H. v. 4 Mio. € geht der Verlustvortrag nach § 8 c Abs. 1 Satz 2 KStG unter.

B10 Der nach Anwendung des § 8 c Abs. 1 Satz 2 KStG verbleibende Verlustvortrag i. H. v. 6 Mio. € kann unter Beachtung der Mindestgewinnbesteuerung mit dem positiven G. d. E. des VZ 02 verrechnet werden. Das Einkommen des VZ 02 beträgt danach

1,2 Mio. € (= 4 Mio. € – 1 Mio. € – 1,8 Mio. € [= 60 % von 3 Mio. €]). Zum 31. 12. 02 ist ein verbleibender Verlustvortrag i. H. v. 3,2 Mio. € gesondert festzustellen.

Das Ergebnis des gesamten Wirtschaftsjahres ist nach wirtschaftlichen Kriterien aufzuteilen. Dies kann durch einen nach den Regeln eines Jahresabschlusses erstellten Zwischenabschluss auf den Stichtag des schädlichen Beteiligungserwerbs und getrennte Einkommensermittlungen für die Zeit vor und nach dem schädlichen Beteiligungserwerb erfolgen. Sofern ein Zwischenabschluss nicht erstellt wird, ist die Aufteilung des Ergebnisses sachlich und wirtschaftlich begründet zu schätzen (z. B. betriebswirtschaftliche Auswertung oder zeitanteilige Aufteilung). 35

Die Rn. 33 bis 35 gelten bei einem vom Kalenderjahr abweichenden Wirtschaftsjahr entsprechend. Der Verlust eines vom Kalenderjahr abweichenden Wirtschaftsjahres und der zum Schluss des vorangegangenen VZ festgestellte verbleibende Verlustvortrag sind auch dann nach § 8 c KStG zu kürzen, wenn der schädliche Beteiligungserwerb in dem betreffenden VZ nach Ablauf des Wirtschaftsjahres, also im folgenden Wirtschaftsjahr erfolgt. Auf den Schluss des VZ ist daher kein bzw. ein gekürzter verbleibender Verlust festzustellen. Dies gilt nicht, soweit im folgenden Wirtschaftsjahr auf den Zeitraum bis zum schädlichen Beteiligungserwerb ein positiver G. d. E. entfällt. In dieser Höhe bleiben nicht genutzte Verluste aus dem vorangegangenen Wirtschaftsjahr nach den Grundsätzen der Rn. 33 bis 35 abziehbar. Insoweit ist auf den Schluss des VZ des schädlichen Beteiligungserwerbs ein verbleibender Verlust festzustellen und eine ggf. anderslautende Verlustfeststellung zu ändern. Ist das Ergebnis des folgenden Wirtschaftsjahres, in dem der schädliche Beteiligungserwerb erfolgt ist, noch nicht bekannt, ist der zum Ablauf des VZ verbleibende Verlust nach § 165 Abs. 1 Satz 1 AO vorläufig festzustellen. 36

**Beispiel 7:**

Die V-GmbH hat ein vom Kalenderjahr abweichendes Wirtschaftsjahr vom 1. 4. bis 31. 3. Im Wirtschaftsjahr 01/02 erzielt sie einen negativen G. d. E. von – 10 000 €, im Wirtschaftsjahr 02/03 einen Gewinn (= G. d. E.) von 20 000 €. Zum 30. 6. 02 werden 100 % der Anteile auf einen Erwerber übertragen (schädlicher Beteiligungserwerb). Vom G. d. E. des Wirtschaftsjahres 02/03 entfällt auf den Zeitraum vom 1. 4. 02 bis 30. 6. 02 ein Anteil von + 5000 € (Abwandlung: ein Anteil von – 5000 €). Entsprechend der Rn. 36 ist die Verlustfeststellung zum 31. 12. 02 nach § 165 Abs. 1 Satz 1 AO vorläufig erfolgt.

**Lösung:**

B11 Bei ausschließlicher Berücksichtigung der Informationen für das Jahr 02 ist zum 31. 12. 02 kein verbleibender Verlust festzustellen, da der Verlust des Wirtschaftsjahres 01/02 aufgrund des schädlichen Beteiligungserwerbs zum 30. 6. 02 nach § 8 c KStG vollständig zu kürzen ist.

B12 Im Rahmen der KSt-Veranlagung für den Zeitraum 03 ist zu berücksichtigen, dass in Höhe des bis zum schädlichen Beteiligungserwerb entstandenen Gewinns von 5000 € Verluste, die vor dem schädlichen Beteiligungserwerb entstanden sind (–10 000 €), abziehbar bleiben (vgl. Rn. 34). Die Verlustfeststellung zum 31. 12. 02 ist entsprechend zu ändern.

B13 Der verbleibende Verlustvortrag zum 31. 12. 02 i. H. v. 5000 € kann mit dem positiven G. d. E. des Wirtschaftsjahres 02/03 verrechnet werden. Für den VZ 03 beträgt das Einkommen danach 15 000 €.

B14 Im Fall der Abwandlung ist auch der bis zum 30. 6. 02 entstandene Verlust nach § 8 c KStG zu kürzen. Für den VZ 03 beträgt das Einkommen 25 000 €.

### b) Bei Organschaft

37 Bei einer steuerlichen Organschaft ist die Verlustabzugsbeschränkung des § 8 c KStG auf Ebene des Organträgers und auf Ebene der Organgesellschaft getrennt anzuwenden. Im Fall eines schädlichen Beteiligungserwerbs bei einem Organträger unterliegt daher regelmäßig auch das noch nicht zugerechnete negative Organeinkommen der Verlustabzugsbeschränkung des § 8 c KStG, soweit es aufgrund eines schädlichen Beteiligungserwerbs an einem Organträger zu einem mittelbaren schädlichen Erwerb an der Organgesellschaft kommt. Die negativen Einkommen der Organgesellschaft und des Organträgers sind bei einem unterjährigen Beteiligungserwerb jeweils vor der Einkommenszurechnung auf Ebene der Organgesellschaft bzw. des Organträgers entsprechend der Ergebnisaufteilung i. S. d. Rn. 35 zu kürzen. Das gilt auch für ein negatives Einkommen einer Organgesellschaft aus einem laufenden vom Kalenderjahr abweichenden Wirtschaftsjahr, das die Organgesellschaft in der Zeit vom Beginn des Wirtschaftsjahres bis zum schädlichen Beteiligungserwerb erzielt hat. Für das negative Einkommen eines vom Kalenderjahr abweichenden Wirtschaftsjahres der Organgesellschaft, das vor dem schädlichen Beteiligungserwerb abgeschlossen war, gilt Rn. 32.

38 Rn. 33 Satz 2 ist bei Organgesellschaften nicht anzuwenden. Aufgrund der Zurechnung des Einkommens der Organgesellschaft beim Organträger kann es bei der Organgesellschaft keine nicht genutzten Verluste aus Vorjahren geben, die für eine Verrechnung mit bis zum Zeitpunkt des schädlichen Beteiligungserwerbs entstandenen Gewinnen zur Verfügung stehen könnten. Eine Verrechnung von innerhalb der Organschaft entstandenen Gewinnen mit ggf. bestehenden vororganschaftlichen Verlusten ist nicht zulässig (§ 15 Satz 1 Nr. 1 KStG).

## V. Konzernklausel (§ 8 c Abs. 1 Satz 5 KStG)

39 Ein schädlicher Beteiligungserwerb liegt nicht vor, wenn

1. an dem übertragenden Rechtsträger der Erwerber zu 100 % mittelbar oder unmittelbar beteiligt ist und der Erwerber eine natürliche oder juristische Person oder eine Personenhandelsgesellschaft (KG oder OHG) ist,
2. an dem übernehmenden Rechtsträger der Veräußerer zu 100 % mittelbar oder unmittelbar beteiligt ist und der Veräußerer eine natürliche oder juristische Person oder eine Personenhandelsgesellschaft (KG oder OHG) ist oder
3. an dem übertragenden und an dem übernehmenden Rechtsträger dieselbe natürliche oder juristische Person oder dieselbe Personenhandelsgesellschaft (KG oder OHG) zu jeweils 100 % mittelbar oder unmittelbar beteiligt ist.

40 § 8 c Abs. 1 Satz 5 KStG ist auf sämtliche Rechtsvorgänge anwendbar, die zu einem schädlichen Beteiligungserwerb i. S. d. § 8 c Abs. 1 KStG führen können, unabhängig davon, auf welchem Rechtsgrund (z. B. Kauf-, Schenkungsvertrag, Einbringung, verdeckte Einlage, Umwandlung usw.) diese beruhen. Aus den in § 8 c Abs. 1 Satz 5 KStG verwendeten Begriffen „Veräuße-

rer" und „Erwerber" folgt keine Einschränkung der Anwendbarkeit der Konzernklausel auf schädliche Beteiligungserwerbe durch Veräußerungsgeschäfte.

„Übertragender Rechtsträger" bzw. „Veräußerer" i. S. d. § 8 c Abs. 1 Satz 5 KStG ist der Rechtsträger, der die Anteile an der Verlustgesellschaft vor der Anteilsübertragung unmittelbar oder mittelbar hält. „Übernehmender Rechtsträger" bzw. „Erwerber" i. S. d. § 8 c Abs. 1 Satz 5 KStG ist der Rechtsträger, der die Anteile nach der Anteilsübertragung unmittelbar oder mittelbar hält. Die Begriffe „übertragender Rechtsträger" und „übernehmender Rechtsträger" werden in der Konzernklausel normspezifisch verwendet und sind nicht im umwandlungssteuerrechtlichen Sinn zu verstehen. **41**

**Beispiel 8:**

Die A-AG hält 100 % der Anteile an der T-GmbH, die wiederum zu 100 % an der Verlustgesellschaft V-GmbH beteiligt ist. Die T-GmbH wird abwärts auf die V-GmbH verschmolzen.

**Lösung:**

B15 Übertragender Rechtsträger der Anteile an der V-GmbH i. S. d. § 8 c KStG ist hier die T-GmbH, übernehmender Rechtsträger ist die A-AG, denn sie hält anschließend die Anteile an der V-GmbH. Demgegenüber ist umwandlungssteuerlich hier die V-GmbH übernehmender Rechtsträger, denn sie übernimmt das Vermögen der T-GmbH aus der Verschmelzung.

Der Begriff Personenhandelsgesellschaft stellt auf die handelsrechtliche Beurteilung ab und erfasst auch ausländische Personenhandelsgesellschaften (vgl. auch BT-Drs. 18/4902 S. 47). **42**

§ 8 c Abs. 1 Satz 5 Nr. 1 und 2 KStG betrifft die Verkürzung bzw. die Verlängerung von Beteiligungsketten innerhalb eines Konzerns bei jeweils 100 %iger Beteiligung. **43**

§ 8 c Abs. 1 Satz 5 Nr. 3 KStG erfasst weitere Übertragungen, z. B. auf Schwestergesellschaften. Die Anwendung setzt drei Ebenen voraus: **44**

Die erste Ebene (Zurechnungsebene) betrifft die natürliche oder juristische Person oder die Personenhandelsgesellschaft, die unmittelbar oder mittelbar zu 100 % am übertragenden und am übernehmenden Rechtsträger beteiligt ist. Dabei werden unmittelbare und mittelbare Beteiligungen zusammengerechnet.

Die zweite Ebene (Handlungsebene) betrifft den schädlichen Beteiligungserwerb zwischen dem übertragenden und dem übernehmenden Rechtsträger.

Die dritte Ebene betrifft die Verlustgesellschaft (Ebene der Verlustgesellschaft), deren Anteile erworben wurden und für deren Verluste die Anwendung des § 8 c KStG zu prüfen ist.

Die Voraussetzungen aller Ebenen müssen erfüllt sein, damit die dritte Alternative der Konzernklausel Anwendung findet.

Die Voraussetzungen der Konzernklausel sind auch dann erfüllt, wenn dieselbe Person zu 100 % am übertragenden und am übernehmenden Rechtsträger beteiligt ist, sie selbst zur Verlustgesellschaft jedoch keine 100 %ige mittelbare Beteiligung besitzt, sondern zusätzlich ein fremder Dritter an der Verlustgesellschaft beteiligt ist. **45**

**Beispiel 9:**

Die natürliche Person A ist jeweils zu 100 % an der X-GmbH und an der Y-GmbH beteiligt. Die X-GmbH veräußert ihre Anteile i. H. v. 50 % an der Verlustgesellschaft V an die Y-GmbH. Ferner ist an der Verlustgesellschaft V ein fremder Dritter D zu 50 % beteiligt.

**Lösung:**

B16 A ist sowohl am übertragenden Rechtsträger X-GmbH als auch am übernehmenden Rechtsträger Y-GmbH jeweils zu 100 % beteiligt. Es liegt somit kein schädlicher Beteiligungserwerb vor. Für die Anwendung der dritten Alternative der Konzernklausel ist nicht Voraussetzung, dass A zusätzlich auch zu 100 % an der Verlustgesellschaft V (mittelbar) beteiligt sein muss.

46 Die Konzernklausel findet hingegen keine Anwendung, wenn mehr als ein Beteiligter am übertragenden oder übernehmenden Rechtsträger vorhanden ist und durch die Zusammenrechnung von unmittelbaren und mittelbaren Beteiligungen keine 100 %ige Beteiligung am übertragenden und/oder übernehmenden Rechtsträger erreicht wird. Das ist z. B. der Fall, wenn übertragender oder übernehmender Rechtsträger eine Kapitalgesellschaft mit mehreren Anteilseignern (z. B. börsennotierte Gesellschaften) oder eine Personengesellschaft ist, an der nur natürliche Personen beteiligt sind.

**Beispiel 10:**

Die natürlichen Personen A und B sind zu jeweils 50 % an der AB-GmbH beteiligt. Diese wiederum hält eine Beteiligung an der Verlust-GmbH. Die AB-GmbH überträgt nun die Anteile an der Verlust-GmbH auf A. Der übernehmende Rechtsträger bzw. Erwerber ist A selbst (Handlungsebene).

**Lösung:**

B17 A ist nicht zu 100 % an dem übertragenden Rechtsträger (AB-GmbH) beteiligt. Die Voraussetzungen des § 8 c Abs. 1 Satz 5 Nr. 1 KStG liegen damit nicht vor. Gleichfalls greift § 8 c Abs. 1 Satz 5 Nr. 3 KStG nicht, da die Voraussetzung einer 100 %igen Beteiligung am übernehmenden Rechtsträger nicht erfüllt ist (keine Zurechnungsebene vorhanden).

### Prüfung der Konzernklausel im Zusammenhang mit der Ermittlung der schädlichen Erwerbsquote von 25 %/50 %

47 Ob für einen Anteilserwerb die Voraussetzungen für die Anwendung der Konzernklausel vorliegen, wird regelmäßig geprüft, wenn die schädliche Grenze von 25 % bzw. 50 % innerhalb von fünf Jahren erstmals überschritten wird. Führen erst mehrere Erwerbe zu einem Überschreiten der Grenze von 25 % bzw. 50 %, sind die Voraussetzungen der Konzernklausel für jeden der Erwerbe getrennt voneinander zu prüfen.

48 Einzelne Beteiligungserwerbe, die die Voraussetzungen der Konzernklausel erfüllen, sind weder bei der Ermittlung der schädlichen Grenze von 25 % bzw. 50 % noch bei der Berechnung des Fünf-Jahres-Zeitraums zu berücksichtigen. Einem solchen Beteiligungserwerb folgende und vorangegangene Erwerbe, die die Voraussetzungen der Konzernklausel nicht erfüllen, sind weiterhin in die Ermittlung der schädlichen Grenze und des Fünf-Jahres-Zeitraums einzubeziehen.

**Beispiel 11:**

Es werden zum 1. 1. des jeweiligen Jahres folgende Anteile einer Verlustgesellschaft durch einen Erwerber erworben:

| | | |
|---|---|---|
| 01: | 15 % | Voraussetzungen der Konzernklausel sind nicht erfüllt |
| 02: | 20 % | Voraussetzungen der Konzernklausel sind erfüllt |
| 03: | 32,5 % | Voraussetzungen der Konzernklausel sind nicht erfüllt |
| 04/05: | keine weiteren Erwerbe | |
| 06: | 18 % | Voraussetzungen der Konzernklausel sind nicht erfüllt |

**Lösung:**

B18 Für die Erwerbe im ersten und zweiten Jahr (insg. 35 %) erfolgt keine Verlustkürzung, da für den Erwerb im zweiten Jahr (20 %) die Konzernklausel anzuwenden ist. Im dritten Jahr wird der Verlust um 47,5 % nach § 8 c Abs. 1 Satz 1 KStG gekürzt. Das entspricht der Höhe der schädlichen Beteiligungserwerbe in den Jahren 01 und 3. Damit endet der Fünf-Jahres-Zeitraum nach § 8 c Abs. 1 Satz 1 KStG vorzeitig; der Fünf-Jahres-Zeitraum nach § 8 c Abs. 1 Satz 2 KStG läuft weiter. Aufgrund des weiteren Erwerbs im sechsten Jahr erfolgt eine vollständige Verlustkürzung nach § 8 c Abs. 1 Satz 2 KStG.

## VI. Stille-Reserven-Klausel (§ 8 c Abs. 1 Satz 6 bis 9 KStG)

### 1. Verhältnis der Konzernklausel zur Stille-Reserven-Klausel

Die Stille-Reserven-Klausel gem. § 8 c Abs. 1 Satz 6 bis 9 KStG i. d. F. des Jahressteuergesetzes 2010 setzt nach Anwendung der Konzernklausel zunächst einen schädlichen Beteiligungserwerb voraus, der die 25 %- bzw. 50 %-Grenze überschreitet und der ohne die Stille-Reserven-Klausel zu einer Verlustkürzung führen würde. **49**

### 2. Ermittlung der stillen Reserven

#### a) Allgemein

Der gemeine Wert der Anteile entspricht in den Fällen eines entgeltlichen Erwerbs grundsätzlich dem Entgelt. Wurde aufgrund gesellschaftsrechtlicher Veranlassung ein unangemessenes Entgelt für den Erwerb der Anteile gezahlt oder lässt sich der Wert der Anteile aus anderen Gründen nicht aus einem Entgelt ableiten, ist der Wert durch eine Unternehmensbewertung zu ermitteln (vgl. BMF-Schreiben vom 22. September 2011, BStBl. I S. 859). **50**

Die Bestimmung der im Inland steuerpflichtigen stillen Reserven setzt regelmäßig nicht die Ermittlung der gesamten stillen Reserven einschließlich der ausländischen stillen Reserven der Körperschaft voraus. Inländische und ausländische stille Reserven sind sachgerecht zuzuordnen. **51**

Stille Reserven aus Beteiligungen an Kapitalgesellschaften, die von der Verlustgesellschaft gehalten werden, bleiben vorbehaltlich der Rn. 53 bei der Ermittlung des Einkommens unberücksichtigt (§ 8 b Abs. 2 KStG) und sind nicht in die Berechnung der stillen Reserven einzubeziehen. Stille Reserven aus Beteiligungen sind auch nicht in Höhe des pauschalen Abzugsverbots von Betriebsausgaben i. H. v. 5 % des Veräußerungsgewinns nach § 8 b Abs. 3 Satz 1 KStG zu berücksichtigen. Sind in dem Betriebsvermögen sperrfristbehaftete Anteile i. S. d. § 20 UmwStG 2006 enthalten, ist ein zum Zeitpunkt des schädlichen Beteiligungserwerbs gem. § 22 Abs. 1 UmwStG 2006 latent steuerverhafteter Einbringungsgewinn I ebenfalls nicht in die Berechnung der stillen Reserven einzubeziehen. **52**

Stille Reserven, die auf Anteile, auf die § 8 b Abs. 7 oder 8 KStG anzuwenden ist, und auf einbringungsgeborene Anteile, auf die § 8 b Abs. 4 KStG a. F. anzuwenden ist, entfallen, sind abweichend von Rn. 52 bei der Anwendung der Stille-Reserven-Klausel zu berücksichtigen. **53**

Die Rn. 51 ff. gelten entsprechend für Wirtschaftsgüter, die aufgrund einer Beteiligung an einer Personengesellschaft für Zwecke der Körperschaftsteuer anteilig zu berücksichtigen sind. **54**

55 Sind für Kapitalgesellschaften i. S. d. § 8 Abs. 7 Satz 1 Nr. 2 KStG die einzelnen Tätigkeiten der Gesellschaft gem. § 8 Abs. 9 KStG verschiedenen Sparten zuzuordnen und ist der verbleibende negative G. d. E. der jeweiligen Sparte gesondert festzustellen, sind auch die Voraussetzungen für die Inanspruchnahme der Stille-Reserven-Klausel getrennt für jede Sparte zu überprüfen. Die ermittelten stillen Reserven sind sachgerecht aufzuteilen.

### b) Bei negativem Eigenkapital (§ 8 c Abs. 1 Satz 8 KStG)

56 Verfügt die Verlustgesellschaft über ein negatives Eigenkapital, ist für die Ermittlung der maßgeblichen stillen Reserven das dem Anteil an der Verlustgesellschaft entsprechende negative Eigenkapital dem entsprechenden gemeinen Wert des Betriebsvermögens der Verlustgesellschaft gegenüberzustellen. Der maßgebliche gemeine Wert kann in diesen Fällen nicht aus einem für die Anteile gezahlten Entgelt abgeleitet werden. Die Ermittlung des gemeinen Werts des Betriebsvermögens i. S. d. § 8 c Abs. 1 Satz 8 KStG setzt vielmehr eine Unternehmensbewertung voraus (siehe BMF-Schreiben vom 22. September 2011, BStBl. I S. 859).

### c) Bei unterjährigem Beteiligungserwerb

57 Bei unterjährigem Beteiligungserwerb ist für die Ermittlung der stillen Reserven das steuerbilanzielle Eigenkapital zum Zeitpunkt des schädlichen Beteiligungserwerbs maßgebend. Sofern auf diesen Zeitpunkt kein Zwischenabschluss erstellt worden ist, ist das auf den letzten vor diesem Zeitpunkt liegenden Abschlusszeitpunkt ermittelte Eigenkapital weiterzuentwickeln. Aus Vereinfachungsgründen kann das steuerbilanzielle Eigenkapital zum Zeitpunkt des schädlichen Beteiligungserwerbs wie folgt ermittelt werden:

| | |
|---|---|
| | steuerbilanzielles Eigenkapital zum Abschlusszeitpunkt, der vor dem Zeitpunkt des schädlichen Beteiligungserwerbs liegt |
| +/– | anteiliges Ergebnis nach Rn. 35 |
| +/– | bis zum Zeitpunkt des schädlichen Beteiligungserwerbs nach den Grundsätzen ordnungsgemäßer Buchführung tatsächlich zu berücksichtigende Zugänge/Auskehrungen |
| = | steuerbilanzielles Eigenkapital zum Zeitpunkt des schädlichen Beteiligungserwerbs. |

Wurde die Aufteilung des Ergebnisses des Wirtschaftsjahres geschätzt (vgl. Rn. 35 Satz 3), ist dieser Schlüssel auch für die Ermittlung des maßgeblichen Eigenkapitals anzuwenden.

### d) Mehrstufiger Beteiligungserwerb

58 Bei mehrstufigen Beteiligungen können unmittelbare schädliche Beteiligungserwerbe zugleich mittelbare schädliche Beteiligungserwerbe auf einer anderen Ebene zur Folge haben. Die Tatbestandsvoraussetzungen der Stille-Reserven-Klausel sind grundsätzlich für jede Verlustgesellschaft gesondert zu prüfen. Dabei sind allein die in der Verlustgesellschaft vorhandenen im Inland steuerpflichtigen stillen Reserven zu berücksichtigen (vgl. Rn. 50 ff.). Für die Ermittlung der Höhe der in der Verlustgesellschaft enthaltenen stillen Reserven ist grundsätzlich das für die Obergesellschaft gezahlte Entgelt zugrunde zu

legen. Abweichend davon kann der Steuerpflichtige die in der Verlustgesellschaft vorhandenen stillen Reserven z. B. durch Vorlage einer Unternehmensbewertung nachweisen.

### e) Bei Organschaften

Der Grundsatz, dass für jede Verlustgesellschaft gesondert zu prüfen ist, in welcher Höhe stille Reserven vorhanden sind (Rn. 58), ist auch dann anzuwenden, wenn zum Betriebsvermögen einer Verlustgesellschaft die Beteiligung an einer oder mehreren Organgesellschaften gehört. Stille Reserven im Betriebsvermögen der Organgesellschaft sind beim Organträger nicht zu berücksichtigen. 59

Ist die Organgesellschaft selbst eine Verlustgesellschaft, kann die Anwendung der Stille-Reserven-Klausel über die Verluste des laufenden Wirtschaftsjahres hinaus nur vororganschaftliche Verluste betreffen. 60

## 3. Verwendung der stillen Reserven zum Erhalt eines nicht abziehbaren nicht genutzten Verlustes

In Höhe der stillen Reserven der Verlustgesellschaft können im Zeitpunkt des schädlichen Beteiligungserwerbs vorhandene nicht genutzte körperschaftsteuerliche Verluste abgezogen werden. Eine doppelte Nutzung von stillen Reserven insbesondere in Fällen mit steuerlicher Rückwirkung ist ausgeschlossen. 61

Die im Betriebsvermögen enthaltenen stillen Reserven sind zunächst für die Erhaltung des laufenden Verlustes und anschließend für die Erhaltung des Verlustvortrages zu nutzen. 62

Für die Verrechnung der stillen Reserven mit den nicht genutzten Verlusten (Rn. 2) gilt die gleiche Reihenfolge, in der im Fall der Realisierung der stillen Reserven die Verluste aufgebraucht werden würden. 63

**Beispiel 12:**

Die V-GmbH ist als alleinige Kommanditistin an der X-GmbH & Co. KG (KG) beteiligt. Die Komplementärin (X-GmbH) ist nicht vermögensmäßig an der KG beteiligt.
Bei der KG wurde im Rahmen der gesonderten und einheitlichen Feststellung für den VZ 01 ein nur nach § 15 Abs. 4 EStG verrechenbarer Verlust i. H. v. 100 000 € ermittelt und festgestellt sowie ausschließlich der Kommanditistin V-GmbH zugeordnet.
Für die V-GmbH wurde ferner zum 31. 12. 01 ein nach § 15 a EStG nur verrechenbarer Verlust i. H. v. 20 000 € festgestellt.
Unabhängig davon wurde bei der V-GmbH zum 31. 12. 01 ein verbleibender Verlustvortrag nach § 10 d Abs. 4 EStG i. H. v. 200 000 € festgestellt.
Zum 31. 12. 01 bestehen folgende stille Reserven:

| | | |
|---|---|---|
| V-GmbH: | 30 000 € | (ohne Betriebsvermögen der KG) |
| KG: | 110 000 € | (davon 40 000 € in dem von § 15 Abs. 4 EStG betroffenen Bereich) |

Am 1. 1. 02 werden 100 % der Anteile an der V-GmbH auf einen Erwerber übertragen.

**Lösung:**

B19 Der Beteiligungserwerb zum 1. 1. 02 führt nach § 8 c Abs. 1 Satz 2 KStG grundsätzlich zum vollständigen Untergang der nicht genutzten Verluste (Stand: 31. 12. 01). Die Stille-Reserven-Klausel des § 8 c Abs. 1 Satz 6 bis 9 KStG ist hier in folgender Reihenfolge anzuwenden:

1. Stille Reserven in dem Betriebsvermögen der KG, soweit dies den Einkünften i. S. d. § 15 Abs. 4 EStG zuzuordnen ist, und vorrangige Verrechnung mit dem nur nach § 15 Abs. 4 EStG verrechenbaren Verlust; verbleibende stille Reserven sind in die folgende Ermittlung zu 2. mit einzubeziehen:

| | | |
|---|---|---|
| Nur nach § 15 Abs. 4 EStG verrechenbarer Verlust zum 31. 12. 01 | | 100 000 € |
| Stille Reserven in diesem Betriebsvermögen | 40 000 € | |
| (Fiktive) Verrechnung (max. verrechenbarer Verlust) | –40 000 € | –40 000 € |
| Verbleibende stille Reserven | 0 € | |
| Verbleibender verrechenbarer Verlust, der nach § 8 c Abs. 1 KStG verfällt | | 60 000 € |

2. Restliche stille Reserven im Betriebsvermögen der KG und vorrangige Verrechnung mit dem nur nach § 15 a EStG verrechenbaren Verlust; verbleibende stille Reserven sind in die folgende Ermittlung zu 3. mit einzubeziehen:

| | | |
|---|---|---|
| Nur nach § 15 a EStG verrechenbarer Verlust zum 31. 12. 01 | | 20 000 € |
| Stille Reserven (110 000 € ./. 40 000 € =) | 70 000 € | |
| (Fiktive) Verrechnung (max. verrechenbarer Verlust) | –20 000 € | –20 000 € |
| Verbleibende stille Reserven (siehe unten) | 50 000 € | |
| Verbleibender verrechenbarer Verlust, der nach § 8 c Abs. 1 KStG verfällt | | 0 € |

3. Stille Reserven im Betriebsvermögen der V-GmbH:

| | | |
|---|---|---|
| Verbleibender Verlustvortrag nach § 10 d Abs. 4 EStG zum 31. 12. 01 | | 200 000 € |
| Verbleibende stille Reserven im Betriebsvermögen der KG (siehe oben) – zu 100 % | | |
| V-GmbH | 50 000 € | |
| Stille Reserven der V-GmbH | 30 000 € | |
| Summe der stillen Reserven | 80 000 € | |
| (Fiktive) Verrechnung (max. verrechenbarer Verlust) | –80 000 € | –80 000 € |
| Verbleibender Verlustvortrag, der nach § 8 c Abs. 1 KStG verfällt | | 120 000 € |

**Abwandlung:**

Wie oben, allerdings bestehen folgende stille Reserven:

V-GmbH: 30 000 €

KG: 110 000 € (davon 0 € in dem von § 15 Abs. 4 EStG betroffenen Bereich)

**Lösung:**

B20 Der Beteiligungserwerb zum 1. 1. 02 führt nach § 8 c Abs. 1 Satz 2 KStG grundsätzlich zum vollständigen Untergang der nicht genutzten Verluste (Stand: 31. 12. 01). Die Stille-Reserven-Klausel des § 8 c Abs. 1 Satz 6 bis 9 KStG ist hier in folgender Reihenfolge anzuwenden:

1. Stille Reserven in dem Betriebsvermögen der KG, soweit dies den Einkünften i. S. d. § 15 Abs. 4 EStG zuzuordnen ist, und vorrangige Verrechnung mit dem nur nach § 15 Abs. 4 EStG verrechenbaren Verlust; verbleibende stille Reserven sind in die folgende Ermittlung zu 2. mit einzubeziehen:

| | | |
|---|---|---|
| Nur nach § 15 Abs. 4 EStG verrechenbarer Verlust zum 31. 12. 01 | | 100 000 € |
| Stille Reserven in diesem Betriebsvermögen | 0 € | |
| (Fiktive) Verrechnung (max. verrechenbarer Verlust) | –0 € | –0 € |
| Verbleibende stille Reserven | 0 € | |
| Verbleibender verrechenbarer Verlust, der nach § 8 c Abs. 1 KStG verfällt | | 100 000 € |

2. Restliche stille Reserven im Betriebsvermögen der KG und vorrangige Verrechnung mit dem nur nach § 15 a EStG verrechenbaren Verlust; verbleibende stille Reserven sind in die folgende Ermittlung zu 3. mit einzubeziehen:

| | | |
|---|---|---|
| Nur nach § 15 a EStG verrechenbarer Verlust zum 31. 12. 01 | | 20 000 € |
| Stille Reserven | 110 000 € | |
| (Fiktive) Verrechnung (max. verrechenbarer Verlust) | –20 000 € | –20 000 € |
| Verbleibende stille Reserven (siehe unten) | 90 000 € | |
| Verbleibender verrechenbarer Verlust, der nach § 8 c Abs. 1 KStG verfällt | | 0 € |

3. Stille Reserven im Betriebsvermögen der V-GmbH:

| | | |
|---|---|---|
| Verbleibender Verlustvortrag nach § 10 d Abs. 4 EStG zum 31. 12. 01 | | 200 000 € |
| Verbleibende stille Reserven im Betriebsvermögen der KG (siehe oben) – zu 100 % V-GmbH | 90 000 € | |
| Stille Reserven der V-GmbH | 30 000 € | |
| Summe der stillen Reserven | 120 000 € | |
| (Fiktive) Verrechnung (max. verrechenbarer Verlust) | –120 000 € | –120 000 € |
| Verbleibender Verlustvortrag, der nach § 8 c Abs. 1 KStG verfällt | | 80 000 € |

## VII. Anwendungsvorschriften

### 1. Erstmalige Anwendung des § 8 c KStG

64 § 8 c KStG findet gem. § 34 Abs. 7 b KStG i. d. F. des Unternehmensteuerreformgesetzes 2008 vom 14. August 2007 (BGBl. I S. 1912)[1] erstmals für den VZ 2008 und auf Beteiligungserwerbe Anwendung, bei denen das wirtschaftliche Eigentum nach dem 31. Dezember 2007 übergeht. Die zeitlichen Voraussetzungen müssen kumulativ vorliegen.

**Beispiel 13:**

Eine GmbH mit einem vom Kalenderjahr abweichenden Wirtschaftsjahr 1. 7./30. 6. erzielt im Wirtschaftsjahr 2006/2007 einen Verlust von 200 000 €. Am 30. 9. 2007 werden 51 % der Anteile auf einen Erwerber übertragen.

**Lösung:**

B21 Auf den 31. 12. 2007 wird ein verbleibender Verlust von 200 000 € festgestellt. Der Beteiligungserwerb am 30. 9. 2007 ist zwar dem Wirtschaftsjahr 1. 7. 2007 – 30. 6. 2008 und damit dem VZ 2008 zuzurechnen, hat aber vor dem 1. 1. 2008 stattgefunden und löst somit nicht die Rechtsfolgen des § 8 c Abs. 1 Satz 2 KStG aus.

65 § 8 c Abs. 1 KStG ist gem. § 34 Abs. 7 b Satz 2 KStG i. d. F. des Wachstumsbeschleunigungsgesetzes vom 22. Dezember 2009 – BGBl. I S. 3950 – (Einführung der Konzern- und der Stille-Reserven-Klausel) erstmals auf schädliche Beteiligungserwerbe nach dem 31. Dezember 2009 anzuwenden. Gleichermaßen ist § 8 c Abs. 1 Satz 5 KStG in der am 1. Januar 2016 geltenden Fassung gem. § 34 Abs. 6 Satz 5 KStG i. d. F. des StÄndG 2015 vom 2. November 2015 – BGBl. I S. 1834 – (Änderung der Konzernklausel) erstmals auf schädliche Beteiligungserwerbe nach dem 31. Dezember 2009 anzuwenden.

[1] **[Amtl. Anm.:]** BStBl. I S. 630

66 Im Hinblick auf den Beschluss des Bundesverfassungsgerichts vom 29. März 2017 2 BvL 6/11 ist § 8 c Satz 1 bzw. Abs. 1 Satz 1 KStG für unmittelbare Beteiligungserwerbe von Anteilen an Kapitalgesellschaften vor dem 1. Januar 2016 bis zu einer gesetzlichen Neuregelung vorerst nicht anzuwenden.

**2. Anwendung des § 8 Abs. 4 KStG a. F. neben § 8 c KStG**

67 § 8 Abs. 4 KStG a. F. ist neben § 8 c KStG letztmals anzuwenden, wenn mehr als die Hälfte der Anteile an einer Kapitalgesellschaft innerhalb eines Fünf-Jahres-Zeitraums übertragen werden, der vor dem 1. Januar 2008 beginnt, und der Verlust der wirtschaftlichen Identität vor dem 1. Januar 2013 eintritt. Gleiches gilt für den Verlust der wirtschaftlichen Identität einer Körperschaft nach § 8 Abs. 4 Satz 1 KStG a. F.

68 Die für die Sanierungsklausel des § 8 Abs. 4 Satz 3 KStG a. F. erforderliche fünfjährige Fortführung des den Verlust verursachenden Betriebs ist ggf. bis längstens Ende 2017 zu überwachen.

69 Die Grundsätze des BMF-Schreibens vom 2. August 2007 (BStBl. I S. 624) finden Anwendung.

**Beispiel 14:**

Im Jahr 2007 werden 40 % und am 30. 6. 2011 26 % der Anteile an der Verlustgesellschaft V von A an B veräußert. Zum Veräußerungszeitpunkt in 2011 besitzt V ein Aktivvermögen von 100 000 €. Im Anschluss daran kommt es zu Betriebsvermögenszuführungen von 50 000 € im Jahr 2011 und 60 000 € im Jahr 2012, die nicht allein der Sanierung des Geschäftsbetriebs i. S. d. § 8 Abs. 4 Satz 3 KStG a. F. dienen.

**Lösung:**

B22 § 8 Abs. 4 KStG a. F. ist anwendbar, da innerhalb eines Zeitraums von 5 Jahren (beginnend vor dem 1. 1. 2008) mehr als 50 % der Anteile übertragen wurden, nach dem schädlichen Anteilseignerwechsel in 2011 innerhalb von 2 Jahren überwiegend neues Betriebsvermögen zugeführt wurde und die wirtschaftliche Identität somit noch vor dem 1. 1. 2013 verloren ging. Der Verlust geht zum 30. 6. 2011 vollständig unter. Würde der Betrag von 60 000 € nach dem 31. 12. 2012 zugeführt, wäre § 8 Abs. 4 KStG a. F. nicht mehr anwendbar.

B23 Daneben ist auch § 8 c Abs. 1 Satz 1 KStG in 2011 anwendbar und würde zwar für sich zu einem quotalen Verlustuntergang von 26 % führen. Dieser bleibt aber ohne Auswirkung, da der Verlust infolge der Anwendung des § 8 Abs. 4 KStG a. F. rückwirkend zum 30. 6. 2011 vollständig untergeht.

# 100 § 8d/1. Schreiben betr. fortführungsgebundener Verlustvortrag nach § 8 d KStG[1)]

Vom 18. März 2021

BMF IV C 2 - S 2745-b/19/10002 :002; DOK 2021/0303080

(BStBl. I S. 363)

**Inhaltsverzeichnis**



[1)] Nach GLE v. 19.3.2021, BStBl. I S. 359 sind die Grundsätze dieses Schreibens auch bei der Gewerbesteuer entsprechend anzuwenden.

Nach Abstimmung mit den obersten Finanzbehörden der Länder nehme ich zur Anwendung des § 8 d KStG i. d. F. des Gesetzes zur Vermeidung von Umsatzsteuerausfällen beim Handel mit Waren im Internet und zur Änderung weiterer steuerlicher Vorschriften vom 11. Dezember 2018 (BGBl. I S. 2338)[1] wie folgt Stellung:

## I. Anwendungsbereich

**1** Der persönliche Anwendungsbereich des § 8 d KStG entspricht demjenigen des § 8 c KStG (vgl. Rn. 1 des BMF-Schreibens vom 28. November 2017, BStBl. I S. 1645)[2], da ein schädlicher Beteiligungserwerb i. S. d. § 8 c KStG Voraussetzung für eine Anwendung von § 8 d KStG ist. Demnach ist § 8 d KStG auf unbeschränkt und beschränkt steuerpflichtige Körperschaften, Personenvereinigungen und Vermögensmassen i. S. d. § 1 Abs. 1 KStG anzuwenden.

**2** § 8 d KStG ist auf alle nicht genutzten Verluste i. S. d. § 8 c KStG anwendbar (vgl. Rn. 2 des BMF-Schreibens vom 28. November 2017, BStBl. I S. 1645)[2]. Das gilt insbesondere für Verluste i. S. d. §§ 2 a, 15 Abs. 4, 15 a, 15 b EStG sowie § 8 d KStG (vgl. Rn. 72) oder ähnliche ausgleichs- oder verrechnungsbeschränkte Verluste.

**3** Gemäß § 8 a Abs. 1 Satz 3 KStG gilt § 8 d KStG für einen vorhandenen Zinsvortrag entsprechend.

## II. Antragserfordernis

**4** Ein Antrag nach § 8 d Abs. 1 Satz 1 KStG kann für einen Veranlagungszeitraum nur einheitlich für alle schädlichen Beteiligungserwerbe, welche die Rechtsfolgen des § 8 c KStG auslösen, gestellt werden.

**5** Ein schädlicher Beteiligungserwerb liegt nicht vor, wenn die Konzernklausel nach § 8 c Abs. 1 Satz 4 KStG oder die Sanierungsklausel nach § 8 c Abs. 1 a KStG Anwendung findet. Dasselbe gilt, wenn ein Erwerb durch Erbfall einschließlich der unentgeltlichen Erbauseinandersetzung und der unentgeltlichen vorweggenommenen Erbfolge nach Rn. 4 des BMF-Schreibens vom 28. November 2017 (BStBl. I S. 1645)[2] von § 8 c KStG nicht erfasst wird. In Ermangelung eines schädlichen Beteiligungserwerbs ist § 8 d KStG in diesen Fällen nicht anwendbar.

**6** Die Stille-Reserven-Klausel nach § 8 c Abs. 1 Satz 5 ff. KStG schließt einen schädlichen Beteiligungserwerb nicht aus. Sie suspendiert ganz oder teilweise den Verlustuntergang nach § 8 c Abs. 1 Satz 1 KStG. Nach § 8 d Abs. 1 KStG ist § 8 c KStG insgesamt und damit auch die Stille-Reserven-Klausel (§ 8 c Abs. 1 Satz 5 ff. KStG) nicht anzuwenden. Reichen die stillen Reserven i. S. d. § 8 c Abs. 1 Satz 5 ff. KStG nicht aus, um die vorhandenen Verlustvorträge vollständig zu erhalten, können die verbleibenden und vom Abzugsverbot bedrohten Verluste nicht zusätzlich durch einen Antrag i. S. d. § 8 d KStG

---

[1] **Amtl. Anm.:** BStBl. 2018 I S. 1377.
[2] Nr. **100** § 8c/1.

fortgeführt werden. Der Steuerpflichtige hat ein Wahlrecht zwischen der Anwendung der Stille-Reserven-Klausel nach § 8 c Abs. 1 Satz 5 ff. KStG oder einem Antrag nach § 8 d KStG.

**Beispiel 1:**

Für die V-GmbH wurde zum 31. 12. 2018 ein Verlustvortrag i. H. v. 300 000 € festgestellt. Zum 1. 1. 2019 veräußert der bisherige Alleingesellschafter V sämtliche Anteile an den Z. Die V-GmbH verfügt zu diesem Zeitpunkt über stille Reserven i. H. v. 200 000 €, die im Inland steuerpflichtig sind. Außerdem liegen die Voraussetzungen für eine Anwendung des § 8 d KStG vor. Im Veranlagungszeitraum 2019 erzielt die V-GmbH einen weiteren laufenden Verlust i. H. v. 50 000 €. Es wird kein Antrag nach § 8 d KStG gestellt.

**Variante:** Für den Veranlagungszeitraum 2019 wird ein Antrag nach § 8 d KStG gestellt.

**Lösung:**

Die Anteilsübertragung stellt einen schädlichen Beteiligungserwerb i. S. d. § 8 c Abs. 1 KStG dar. Da kein Antrag nach § 8 d KStG gestellt wird, greift die Stille-Reserven-Klausel des § 8 c Abs. 1 Satz 5 ff. KStG i. H. v. 200 000 €, so dass die nicht genutzten Verluste lediglich i. H. v. 100 000 € untergehen. Zum 31. 12. 2019 wird dann ein Verlustvortrag nach § 10 d EStG i. H. v. 250 000 € (= 200 000 € zzgl. 50 000 € laufender Verlust 2019 nach dem schädlichen Beteiligungserwerb) festgestellt.

**Lösung zur Variante:**

Da die V-GmbH einen Antrag nach § 8 d KStG stellt, werden zum 31. 12. 2019 die bisher nicht genutzten Verluste zum 31. 12. 2018 i. H. v. 300 000 € zuzüglich des laufenden Verlusts 2019 i. H. v. 50 000 € als fortführungsgebundener Verlustvortrag i. H. v. 350 000 € festgestellt.

## 1. Zeitpunkt

Der Antrag ist nach § 8 d Abs. 1 Satz 5 KStG in der Steuererklärung für die Veranlagung des Veranlagungszeitraums zu stellen, in den der schädliche Beteiligungserwerb fällt. Der Antrag kann grundsätzlich bis zur Unanfechtbarkeit der Steuerfestsetzung oder bis zur Unanfechtbarkeit der Feststellung über den Verlustvortrag nachgeholt werden. 7

Wird in einem Änderungsbescheid erstmals ein schädlicher Beteiligungserwerb i. S. d. § 8 c KStG berücksichtigt, kann der Antrag nach § 8 d Abs. 1 KStG bis zur Unanfechtbarkeit des Änderungsbescheides gestellt werden (vgl. AEAO Nr. 8.5 ff. vor §§ 172 bis 177). Im Übrigen kann ein erst nach Eintritt der Unanfechtbarkeit der Steuerfestsetzung oder der Feststellung des Verlustvortrags gestellter Antrag nach § 8 d Abs. 1 Satz 5 KStG nur berücksichtigt werden, wenn die Steuerfestsetzung oder die Feststellung des Verlustvortrags nach §§ 129, 164, 165 oder 172 ff. AO oder nach entsprechenden Regelungen in den Einzelsteuergesetzen insoweit korrigiert werden kann. 8

Bei einem vom Kalenderjahr abweichenden Wirtschaftsjahr ist ein Antrag nach § 8 d Abs. 1 Satz 5 KStG in der Steuererklärung für den Veranlagungszeitraum zu stellen, in dem das Wirtschaftsjahr endet, in das der schädliche Beteiligungserwerb fällt. Nach den Grundsätzen der Rn. 36 des BMF-Schreibens vom 28. November 2017 (BStBl. I S. 1645)[1] ist der zum Ablauf des vorangegangenen Veranlagungszeitraums verbleibende Verlust nach § 165 Abs. 1 Satz 1 AO vorläufig festzustellen. 9

**Beispiel 2:**

Die V-GmbH ermittelt ihren Gewinn für das vom Kalenderjahr abweichende Wirtschaftsjahr vom 1. 7. bis 30. 6. Zum 31. 12. 2017 weist die gesonderte Feststellung des verbleibenden Verlustvortrags i. S. d. § 10 d EStG einen Betrag i. H. v. 300 000 € aus. Im Wirtschaftsjahr 2017/2018 erzielt sie einen weiteren Verlust von 200 000 €. Am 1. 10. 2018 werden 100 % der Anteile an der V-GmbH an einen Erwerber i. S. d. § 8 c KStG veräußert. Vom 1. 7. 2018 bis zu dem schädlichen

[1] Nr. **100** § 8c/1.

Beteiligungserwerb hat die V-GmbH einen Verlust von 100 000 € erwirtschaftet. Darüber hinaus erzielt die V-GmbH im Wirtschaftsjahr 2018/2019 einen Verlust von 50 000 €.

**Variante:** Die V-GmbH stellt vor Veranlagung des Veranlagungszeitraums 2018 in der Steuererklärung für den Veranlagungszeitraum 2019 einen Antrag nach § 8 d KStG.

**Lösung:**

Im Rahmen der Veranlagung des Veranlagungszeitraums 2018 ist der verbleibende Verlustvortrag zum 31. 12. 2018 i. H. v. 500 000 € vollständig zu kürzen. Die Feststellung ist zwingend vorläufig nach § 165 Abs. 1 Satz 1 AO vorzunehmen.

Der Antrag nach § 8 d KStG ist in der Steuererklärung für den Veranlagungszeitraum 2019 zu stellen. Der Verlustvortrag zum 31. 12. 2018 ist nach § 165 Abs. 2 AO zu ändern (fortführungsgebundener Verlustvortrag i. H. v. 500 000 €). Zum 31. 12. 2019 ist ein fortführungsgebundener Verlustvortrag i. H. v. 650 000 € festzustellen (vgl. Rn. 54).

**Lösung zur Variante:**

Liegt bei der Veranlagung des Veranlagungszeitraums 2018 bereits die Information über eine wirksame Antragstellung in der Steuererklärung für den Veranlagungszeitraum 2019 vor, kann eine Kürzung des Verlustvortrags zum 31. 12. 2018 unterbleiben. Die Feststellung des verbleibenden Verlustvortrags zum 31. 12. 2018 ist vorläufig nach § 165 Abs. 1 Satz 1 AO vorzunehmen.

### 2. Form

10 Für den Antrag nach § 8 d KStG gelten die gleichen Formvorschriften wie für die Steuererklärung. Ein Antrag nach § 8 d KStG ist in der Körperschaftsteuererklärung zu stellen. Er gilt einheitlich für alle nicht genutzten Verluste, die von § 8 c KStG erfasst werden (vgl. Rn. 2). Die Nachholung eines Antrags nach § 8 d KStG (vgl. Rn. 7, 8) erfordert die formgerechte Abgabe einer berichtigten Körperschaftsteuererklärung.

### 3. Rücknahme des Antrags

11 Der Antrag kann bis zum Eintritt der Unanfechtbarkeit der Steuerfestsetzung oder der Feststellung des Verlustvortrags des Veranlagungs- bzw. Feststellungszeitraums, in den der (jeweilige) schädliche Beteiligungserwerb i. S. d. § 8 c KStG fällt, zurückgenommen werden. Für die Rücknahme des Antrags gelten die gleichen Formvorschriften wie für die Antragstellung (vgl. Rn. 10). Die Rücknahme eines Antrags nach § 8 d KStG erfordert daher die formgerechte Abgabe einer berichtigten Körperschaftsteuererklärung.

12 Nach Eintritt der Unanfechtbarkeit der Steuerfestsetzung oder der Feststellung des Verlustvortrags kann der Antrag nach § 8 d Abs. 1 Satz 5 KStG nur zurückgenommen werden, soweit die Steuerfestsetzung oder die gesonderte Verlustfeststellung nach §§ 129, 164, 165 oder 172 ff. AO oder nach entsprechenden Regelungen in den Einzelsteuergesetzen korrigiert werden kann (vgl. AEAO Nr. 8.5 ff. vor §§ 172 bis 177).

## III. Materielle Voraussetzungen

### 1. Allgemein (§ 8 d Abs. 1 Satz 1 und 2 KStG)

13 Die Anwendung des § 8 d KStG erfordert kumulativ, dass

– die Körperschaft seit einem der beiden folgenden Zeitpunkte bis zum schädlichen Beteiligungserwerb (= Beobachtungszeitraum A) ausschließlich denselben Geschäftsbetrieb unterhält (vgl. Rn. 16 ff.):

a) entweder seit ihrer Gründung oder

b) seit dem Beginn des dritten Veranlagungszeitraums, der dem Veranlagungszeitraum des schädlichen Beteiligungserwerbs vorausgeht, wenn die Gründung der Körperschaft bereits länger zurückliegt,

und

– von dem zuvor genannten Zeitpunkt bis zum Schluss des Veranlagungszeitraums des schädlichen Beteiligungserwerbs (= Beobachtungszeitraum B) kein Ereignis i. S. d. § 8 d Abs. 2 KStG stattgefunden hat (Rn. 25 ff.) und
– kein Ausschluss des Anwendungsbereichs nach § 8 d Abs. 1 Satz 2 KStG vorliegt (Rn. 46 ff.).

Als Gründungszeitpunkt der Körperschaft gilt der Zeitpunkt des formgültigen Abschlusses des notariellen Gesellschaftsvertrags (Beginn der Körperschaftsteuerpflicht der sogenannten Vorgesellschaft, vgl. H 1.1 „Beginn der Steuerpflicht" KStH 2015). Auf den Zeitpunkt der Eintragung in das Handelsregister kommt es nicht an. 14

*Abbildung 1:*

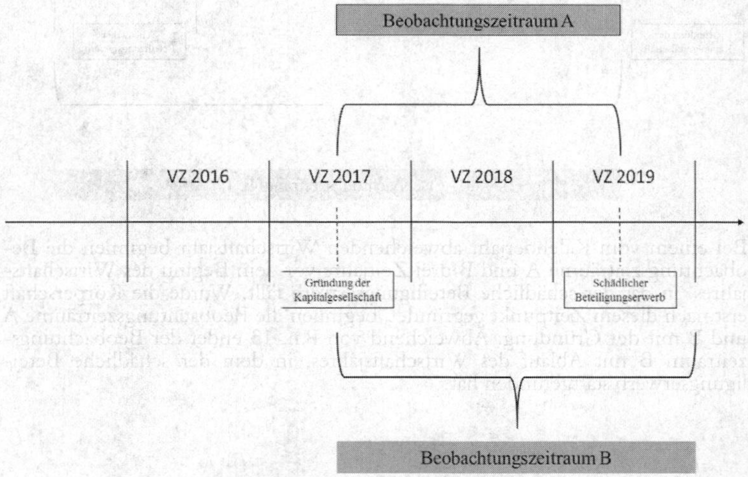

*Abbildung 2:*

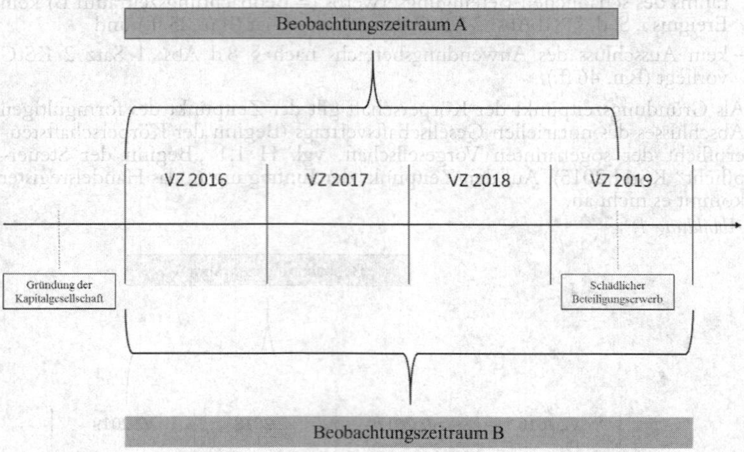


15 Bei einem vom Kalenderjahr abweichenden Wirtschaftsjahr beginnen die Beobachtungszeiträume A und B drei Zeitjahre vor dem Beginn des Wirtschaftsjahres, in das der schädliche Beteiligungserwerb fällt. Wurde die Körperschaft erst nach diesem Zeitpunkt gegründet, beginnen die Beobachtungszeiträume A und B mit der Gründung. Abweichend von Rn. 13 endet der Beobachtungszeitraum B mit Ablauf des Wirtschaftsjahres, in dem der schädliche Beteiligungserwerb stattgefunden hat.

*Abbildung 3:*

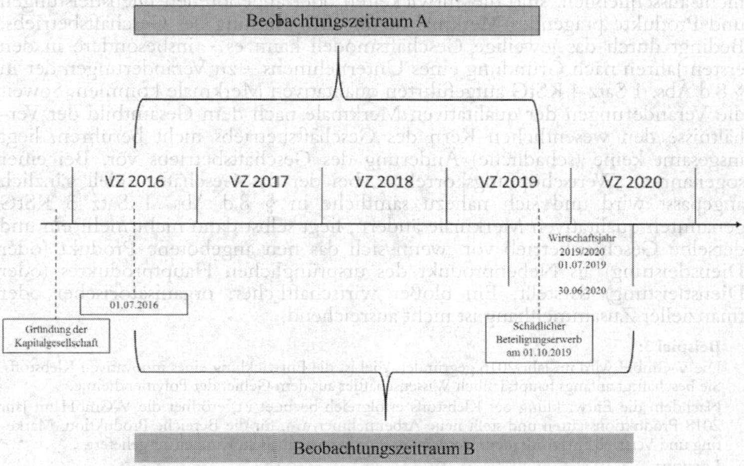


## 2. Begriff des Geschäftsbetriebs (§ 8 d Abs. 1 Satz 3 und 4 KStG)

### a) Allgemein

Ein Geschäftsbetrieb umfasst die von einer einheitlichen Gewinnerzielungsabsicht getragenen, nachhaltigen, sich gegenseitig ergänzenden und fördernden Betätigungen der Körperschaft (§ 8 d Abs. 1 Satz 3 Halbsatz 1 KStG). **16**

Der Geschäftsbetrieb einer Körperschaft ist nach § 8 d Abs. 1 Satz 3 Halbsatz 2 KStG anhand qualitativer Merkmale in einer Gesamtbetrachtung zu bestimmen. Beispielhaft aufgezählte Merkmale sind die angebotenen Dienstleistungen oder Produkte, der Kunden- und Lieferantenkreis, die bedienten Märkte und die Qualifikation der Arbeitnehmer (§ 8 d Abs. 1 Satz 4 KStG). Diese Aufzählung ist nicht abschließend. Zudem müssen nicht zwangsläufig alle der genannten Merkmale vorliegen oder gleich stark ausgeprägt sein. Je nach Einzelfall können die qualitativen Merkmale unterschiedlich zu gewichten sein. Maßgebend ist das Gesamtbild der Verhältnisse. **17**

Der Begriff des Geschäftsbetriebs nach § 8 d Abs. 1 Satz 3 und Satz 4 KStG greift die Grundsätze der BFH-Rechtsprechung zum gewerbesteuerlichen Begriff des Gewerbebetriebs und zur Unternehmensidentität als Voraussetzung für den gewerbesteuerlichen Verlustvortrag (vgl. BFH-Urteil vom 1. Dezember 1960 IV 353/60 U, BStBl. III 1961 S. 65; BFH-Urteil vom 28. April 1977 IV R 165/76, BStBl. II S. 666; BFH-Urteil vom 12. Januar 1978 IV R 26/73, BStBl. II S. 348; BFH-Urteil vom 12. Januar 1983 IV R 177/80, BStBl. II S. 425) sowie zur Segmentierung bei der Ermittlung der Gewinnerzielungsabsicht auf (vgl. BFH-Urteil vom 25. Juni 1996 VIII R 28/94, BStBl. 1997 II S. 202). Art und Umfang des Aktivvermögens haben allenfalls indizielle Bedeutung (vgl. auch BFH-Urteil vom 12. Januar 1978 IV R 26/73, a. a. O.). **18**

19 Maßgeblich ist dabei der wesentliche Kern der Betätigung. Regelmäßig, aber nicht ausschließlich, sind die entwickelten oder angebotenen Dienstleistungen und Produkte prägendes Merkmal für die Bestimmung des Geschäftsbetriebs. Bedingt durch das jeweilige Geschäftsmodell kann es – insbesondere in den ersten Jahren nach Gründung eines Unternehmens – zu Veränderungen der in § 8 d Abs. 1 Satz 4 KStG aufgeführten qualitativen Merkmale kommen. Soweit die Veränderungen der qualitativen Merkmale nach dem Gesamtbild der Verhältnisse den wesentlichen Kern des Geschäftsbetriebs nicht berühren, liegt insgesamt keine (schädliche) Änderung des Geschäftsbetriebs vor. Bei einer sogenannten Wertschöpfungskorrektur, bei der das Geschäftsmodell gänzlich angepasst wird und sich nahezu sämtliche in § 8 d Abs. 1 Satz 3 KStG genannten qualitativen Merkmale ändern, liegt selbst dann nicht mehr ein und derselbe Geschäftsbetrieb vor, wenn sich das neu angebotene Produkt (oder Dienstleistung) als Nebenprodukt des ursprünglichen Hauptproduktes (oder Dienstleistung) darstellt. Ein bloßer wirtschaftlicher, organisatorischer oder finanzieller Zusammenhang ist nicht ausreichend.

**Beispiel 3:**

Die V-GmbH wird im Jahr 2016 gegründet. Ziel ist die Entwicklung eines innovativen Klebstoffs. Sie beschäftigt anfangs hauptsächlich Wissenschaftler aus dem Gebiet der Polymerchemie.

Nachdem die Entwicklung des Klebstoffs erfolgreich beendet ist, eröffnet die V-GmbH im Jahr 2018 Produktionsstätten und stellt neue Arbeitnehmer u. a. für die Bereiche Produktion, Marketing und Vertrieb ein. Außerdem werden die Produkte erstmals an Kunden ausgeliefert.

**Lösung:**

Im Jahr 2018 liegt derselbe Geschäftsbetrieb i. S. d. § 8 d KStG wie im Jahr 2016 vor. Im Rahmen einer dynamischen Entwicklung des Unternehmens kommt es zwar zu erheblichen Veränderungen der in § 8 d Abs. 1 Satz 4 KStG aufgeführten qualitativen Merkmale (z. B. verändert sich die Qualifikation der Arbeitnehmer [technische Produktion, Marketing, Vertrieb]). Außerdem gibt es erstmalig einen Kundenkreis und es kommt ggf. zur Ausweitung des Lieferantenkreises. Die entwickelten Klebstoffprodukte, die nunmehr vertrieben werden, geben dem Unternehmen weiterhin das ursprüngliche Gepräge, sodass nach allgemeiner Verkehrsanschauung keine Änderung des Geschäftsbetriebs vorliegt.

## b) Mehrere Geschäftsbetriebe

20 Der Begriff des Geschäftsbetriebs ist tätigkeitsbezogen zu verstehen. Eine Körperschaft hat – vorbehaltlich der Rn. 21 bis 24 – mehrere Geschäftsbetriebe, wenn sie mehreren selbständigen Betätigungen nachgeht. Ob mehrere selbständige Betätigungen vorliegen, richtet sich danach, ob sich die jeweiligen Betätigungen unter Berücksichtigung der qualitativen Merkmale des § 8 d Abs. 1 Satz 4 KStG voneinander abheben. Eine selbständige Betätigung muss nicht die Voraussetzungen eines Teilbetriebs erfüllen.

Liegen mehrere Geschäftsbetriebe vor, ist der Anwendungsbereich des § 8 d KStG nicht eröffnet.

**Beispiel 4:**

Die V-GmbH stellt Waschmaschinen sowie Schuhe her.

**Lösung:**

Für Zwecke des § 8 d KStG liegen zwei selbständige Betätigungen in Form einer Waschmaschinenproduktion und einer Schuhproduktion vor, da sich die angebotenen Produkte, der Kunden- und Lieferantenkreis, die Qualifikation der Arbeitnehmer und die bedienten Märkte voneinander unterscheiden. Zufällige Überschneidungen im Kundenkreis führen nicht dazu, dass von einem einheitlichen Kundenkreis auszugehen ist. Die V-GmbH hat damit mehrere Geschäftsbetriebe, was die Anwendung des § 8 d KStG ausschließt.

### c) Betätigungen als einheitlicher Geschäftsbetrieb

Mehrere selbständige Betätigungen können als einheitlicher Geschäftsbetrieb zu qualifizieren sein, wenn zwischen ihnen ein gegenseitiger Förder- und Sachzusammenhang gegeben ist. Ein solcher liegt nicht allein deshalb vor, weil die selbständigen Betätigungen der Verlustkörperschaft gleichartig sind. Vielmehr muss auch bei gleichartigen Betätigungen eine inhaltliche Verknüpfung vorliegen. Ein gegenseitiger Förder- und Sachzusammenhang liegt regelmäßig dann vor, wenn sich die selbständigen Betätigungen gegenseitig bedingen oder sich als Haupt- und Nebentätigkeit gegenseitig fördern (vgl. z. B. BFH-Urteil vom 25. Juni 1996 VIII R 28/94, BStBl. 1997 II S. 202; BFH-Urteil vom 13. Dezember 1990 IV R 1/89, BStBl. 1991 II S. 452; BFH-Urteil vom 18. Mai 1995 IV R 31/94, BStBl. II S. 718; BFH-Urteil vom 1. Februar 1990 IV R 45/89, BStBl. 1991 II S. 625). Es kommt darauf an, ob das gleichzeitige Betreiben der jeweils selbständigen Betätigungen zu wesentlichen Synergieeffekten führt (zu organischem Wachstum vgl. Rn. 33). 21

**Beispiel 5:**

Die V-GmbH führt ein Autohaus. Zusätzlich betreibt sie in einem Nebengebäude eine Kfz-Werkstatt. Neben Kfz-Reparaturen, die nach entsprechenden Kundenaufträgen durchgeführt werden, dient die Werkstatt dem Autohaus u. a. dazu, angekaufte Fahrzeuge für den Verkauf vorzubereiten sowie Gewährleistungsverpflichtungen nachzukommen. Das Autohaus und die Werkstatt treten nach außen unter einem einheitlichen Markennamen („Automobile V Kfz-Handel und -Reparaturen") auf.

**Lösung:**

Für Zwecke des § 8 d KStG liegen zwei selbständige Betätigungen vor, da sie sich unter Berücksichtigung der qualitativen Merkmale des § 8 d Abs. 1 Satz 4 KStG voneinander abheben: Die angebotenen Dienstleistungen und Produkte, der Lieferantenkreis und die Qualifikation der Arbeitnehmer unterscheiden sich teils erheblich voneinander. Der Kundenkreis überschneidet sich. Die beiden unterschiedlichen Tätigkeiten fördern und ergänzen sich gegenseitig: Die Kfz-Werkstatt erbringt wesentliche Vorbereitungs-, Service- und Ergänzungsdienstleistungen für den Autohandel während umgekehrt durch den Verkauf von Kfz die Käufer als (langfristige) Kunden der angeschlossenen Werkstatt gewonnen werden.

Aufgrund dieser engen sachlichen Verknüpfung und des Förderungs- und Ergänzungszusammenhangs bilden die beiden an sich selbständigen Betätigungen nach dem Gesamtbild der Verhältnisse einen einheitlichen Geschäftsbetrieb i. S. d. § 8 d KStG.

**Beispiel 6:**

Die V-GmbH betreibt einen Kfz-Handel unter der Firmierung „Autohaus Vogel" und davon unabhängig in zwei weiteren Stadtteilen einen Wohnmobilverleih „Camper-Center" sowie eine Autowaschstraße „V's Car Wash". Für jede der Betätigungen besteht ein eigenes Marketing-Konzept mit jeweils eigenem Markenlogo.

**Lösung:**

Für Zwecke des § 8 d KStG liegen drei selbständige Betätigungen in Form eines Kfz-Handels, eines Wohnmobilverleihs und einer Autowaschstraße vor, da sich die angebotenen Produkte, der Kunden- und Lieferantenkreis, die Qualifikation der Arbeitnehmer und die bedienten Märkte voneinander unterscheiden. Zufällige Überschneidungen im Kundenkreis führen nicht dazu, dass von einem einheitlichen Kundenkreis auszugehen ist. Ein unmittelbar greifbarer Förder- und Sachzusammenhang ist nicht gegeben.

Folglich hat die V-GmbH drei Geschäftsbetriebe, die der Inanspruchnahme des § 8 d KStG entgegenstehen.

Ein bloßer mittelbarer Zusammenhang ist für die Annahme eines gegenseitigen Förder- und Sachzusammenhangs nicht ausreichend. Ein einheitlicher Geschäftsbetrieb liegt danach z B. nicht vor, wenn eine Körperschaft mehreren nicht gleichartigen, selbständigen Betätigungen nachgeht, für die sie lediglich eine gemeinsame Verwaltung und eine einheitliche Buchführung eingerichtet hat, aber im Übrigen keine sachlichen Verbindungen zwischen den unterschiedlichen Betätigungen bestehen. 22

23 Werden selbständige Betätigungen räumlich getrennt voneinander betrieben, spricht eine widerlegbare Vermutung dafür, dass durch die räumliche Trennung kein unmittelbar greifbarer Förder- und Sachzusammenhang gegeben ist.

**Beispiel 7:**
Die V-GmbH betreibt in zwei unterschiedlichen Städten zwei Restaurants unter unterschiedlichen Namen und mit unterschiedlichem Personal. Der Einkauf für beide Restaurants erfolgt getrennt.

**Lösung:**
Unter Berücksichtigung der qualitativen Merkmale in einer Gesamtbetrachtung des Einzelfalls liegen bei der V-GmbH zwei selbständige Betätigungen vor, die jeweils einen Geschäftsbetrieb begründen. Es fehlt an einem gegenseitigen Förder- und Sachzusammenhang. Das Vorliegen mehrerer Geschäftsbetriebe steht der Anwendung des § 8 d KStG entgegen.

**Beispiel 8:**
Die V-GmbH betreibt in zwei unterschiedlichen Städten zwei Restaurants. Die Restaurants werden unter einem einheitlichen Markennamen und einem nahezu identischen Speise- und Getränkeangebot betrieben. Weiterhin gelten auch einheitliche Qualitäts- und Servicestandards.

**Lösung:**
Die beiden Restaurants stellen nach dem Gesamtbild der Verhältnisse einen einheitlichen Geschäftsbetrieb i. S. d. § 8 d KStG dar.

Die angebotenen Dienstleistungen und Produkte geben dem Geschäftsbetrieb in diesem Fall das Gepräge. Einheitliche Qualitäts- und Servicestandards sorgen zudem für einen hohen Wiedererkennungswert bei den Kunden. Die beiden Restaurants stehen daher trotz der räumlichen Trennung in einem gegenseitigen Förder- und Sachzusammenhang. Bei Vorliegen der übrigen Voraussetzungen ist § 8 d KStG anzuwenden.

### d) Wirtschaftlich geringfügige Betätigungen

24 Eine zusätzlich ausgeübte weitere Betätigung steht einem einheitlichen Geschäftsbetrieb nicht entgegen, wenn sie wirtschaftlich nicht ins Gewicht fällt und ihr damit nicht die Qualität eines selbständigen weiteren Geschäftsbetriebs zukommt. Zur Vereinfachung können hierbei die Grundsätze der BFH-Urteile vom 27. August 2014 VIII R 16/11, BStBl. 2015 II S. 996, VIII R 41/11, BStBl. 2015 II S. 999, und VIII R 6/12, BStBl. 2015 II S. 1002, entsprechend angewendet werden. Danach fällt eine Betätigung wirtschaftlich nicht ins Gewicht, wenn die Nettoumsatzerlöse aus dieser Betätigung 3 % der Gesamtnettoumsatzerlöse der Verlustkörperschaft und den Betrag von 24 500 € im Veranlagungszeitraum nicht übersteigen.

**Beispiel 9:**
Die V-GmbH führt einen Einzelhandelsbetrieb. Zudem betreibt sie eine Photovoltaikanlage. Der erzeugte Strom wird von der V-GmbH nicht für Zwecke des Einzelhandelsbetriebs eingesetzt, sondern gegen Entgelt an den örtlichen Energieversorger geliefert. Der Erlös aus der Stromerzeugung beträgt 15 000 €. Die Gesamtnettoumsatzerlöse der V-GmbH betragen 750 000 €.

**Variante:** Die Gesamtnettoumsatzerlöse betragen 300 000 €.

**Lösung:**
Nach Rn. 20 stellt der Betrieb der Photovoltaikanlage eine neben dem Einzelhandelsbetrieb stehende selbständige Betätigung dar, weil er sich vom Einzelhandelsbetrieb abhebt. Gleichwohl ist von demselben Geschäftsbetrieb auszugehen, da der Betrieb der Photovoltaikanlage wirtschaftlich nicht ins Gewicht fällt. Der Erlös beträgt lediglich 2 % (= 15 000 € × 100/750 000 €) und nicht mehr als 24 500 €. Bei Vorliegen der übrigen Voraussetzungen ist § 8 d KStG anzuwenden.

**Lösung zur Variante:**
In der Variante fällt der Betrieb der Photovoltaikanlage wirtschaftlich ins Gewicht, da er mehr als 3 % der Erlöse ausmacht (5 % = 15 000 € × 100/300 000 €). Es liegen zwei selbständige Betätigungen und damit zwei nebeneinanderstehende Geschäftsbetriebe vor, die die Anwendung des § 8 d KStG ausschließen.

### 3. Kein Ereignis i. S. d. § 8 d Abs. 2 KStG im Beobachtungszeitraum B

Innerhalb des Beobachtungszeitraums B (vgl. Rn. 13) darf kein Ereignis i. S. d. § 8 d Abs. 2 KStG vorgelegen haben. Schädlich ist es danach, wenn in diesem Zeitraum 25

- der Geschäftsbetrieb ruhend gestellt wird (vgl. Rn. 26 ff.),
- der Geschäftsbetrieb einer andersartigen Zweckbestimmung zugeführt wird (vgl. Rn. 31 f.),
- die Körperschaft einen zusätzlichen Geschäftsbetrieb aufnimmt (vgl. Rn. 33 ff.),
- die Körperschaft sich an einer Mitunternehmerschaft beteiligt (vgl. Rn. 37 ff.),
- die Körperschaft die Stellung eines Organträgers i. S. d. § 14 Abs. 1 KStG einnimmt (vgl. Rn. 41 f.) oder
- auf die Körperschaft Wirtschaftsgüter übertragen werden, die sie zu einem geringeren als dem gemeinen Wert ansetzt (vgl. Rn. 43 ff.).

#### a) Ruhendstellung des Geschäftsbetriebs (§ 8 d Abs. 2 Satz 2 Nr. 1 KStG)

Eine Ruhendstellung des Geschäftsbetriebs liegt vor, wenn die unternehmerische Entscheidung getroffen wurde, den Geschäftsbetrieb trotz fortbestehender Möglichkeit der Fortführung nicht weiterzuführen. Unschädlich sind daher z. B. vorübergehende Betriebsschließungen aufgrund behördlicher Anordnung bzw. als Maßnahme des Gesundheitsschutzes sowie temporäre Unterbrechungen aufgrund einer schweren Erkrankung bei personenabhängigen Tätigkeiten. 26

**Beispiel 10:**

Die V-GmbH betreibt eine Cocktailbar. Während der Corona-Pandemie wird die Bar für mehrere Wochen vorübergehend geschlossen, da die Infektionsschutzverordnung der zuständigen Gebietskörperschaft für diesen Zeitraum die Öffnung für den Publikumsverkehr untersagt.

**Lösung:**

Es liegt keine Ruhendstellung des Geschäftsbetriebs i. S. d. § 8 d Abs. 2 Satz 2 Nr. 1 KStG vor, da die Bar aufgrund der geltenden Infektionsschutzverordnung und nicht aufgrund einer freien unternehmerischen Entscheidung vorübergehend geschlossen wird. Die V-GmbH hat während der Geltungsdauer der Infektionsschutzverordnung nicht die Möglichkeit, den Betrieb in seiner bestehenden Form weiterzuführen.

Der Geschäftsbetrieb muss durch die Körperschaft selbst ausgeübt werden. Abweichend von den Grundsätzen der Betriebsaufgabe steht eine Verpachtung des Geschäftsbetriebs daher einer Ruhendstellung i. S. d. § 8 d Abs. 2 Nr. 1 KStG gleich. 27

Auch das nur zeitweise Ruhendstellen des Geschäftsbetriebs ist schädlich. Eine Ruhendstellung des Geschäftsbetriebs liegt jedoch nicht vor, wenn es sich nur um eine unwesentliche, kurze Betriebsunterbrechung handelt (z. B. vierwöchige Betriebsferien, Schließung eines Ladenlokals für sechs Wochen wegen umfassender Renovierungsarbeiten). 28

Bei der Beurteilung, ob der Geschäftsbetrieb ruhend gestellt wurde, sind branchenspezifische Besonderheiten zu berücksichtigen (z. B. Saisonbetriebe). 29

**Beispiel 11:**

Die V-GmbH betreibt einen Eissalon, der jährlich von März bis Oktober geöffnet ist. In den Wintermonaten (November bis Februar) bleibt das Ladenlokal jeweils geschlossen.

**Variante:** Statt die vorhandenen Räumlichkeiten in den Wintermonaten (November bis Februar) ungenutzt zu lassen, vermietet die V-GmbH den Laden mit Ausnahme der Küchenflächen zeitweise an einen Unternehmer, der dort Lebkuchen verkauft.

**Lösung:**

Es liegt keine Ruhendstellung des Geschäftsbetriebs i. S. d. § 8 d Abs. 2 Satz 2 Nr. 1 KStG vor, da es branchenüblich ist, dass Eissalons nicht ganzjährig durchgehend geöffnet sind, sondern während der Wintermonate (mit typischerweise fehlender Nachfrage nach Speiseeis) pausieren.

**Lösung zur Variante:**

Es liegt weder eine Ruhendstellung des Geschäftsbetriebs i. S. d. § 8 d Abs. 2 Satz 2 Nr. 1 KStG noch eine Aufnahme eines zusätzlichen Geschäftsbetriebs i. S. d. § 8 d Abs. 2 Satz 2 Nr. 3 KStG vor. Die kurzzeitige Untervermietung der Betriebsräume hat nach allgemeiner Verkehrsanschauung keine prägende Bedeutung für den Geschäftsbetrieb der V-GmbH. Es liegt eine unschädliche Hilfstätigkeit zur Haupttätigkeit (Betrieb eines Eissalons) vor.

30 Stellt die Verlustkörperschaft, deren einheitlicher Geschäftsbetrieb mehrere eigenständige Betätigungen umfasst (Rn. 21), eine Betätigung ruhend und verbleibt noch mindestens eine Betätigung, gilt Rn. 65 entsprechend.

### b) Zuführung zu einer andersartigen Zweckbestimmung (§ 8 d Abs. 2 Satz 2 Nr. 2 KStG)

31 Die Körperschaft darf die Zweckbestimmung ihres Geschäftsbetriebs und damit ihre Branche nicht wesentlich verändern. Ein schädlicher Branchenwechsel liegt bei einer wesentlichen Änderung der wirtschaftlichen Betätigung bzw. des tatsächlichen Gegenstands des Unternehmens vor. Die allgemeine Verkehrsanschauung ist zu berücksichtigen. Eine Änderung des satzungsmäßigen Unternehmensgegenstands stellt regelmäßig ein Indiz für einen Branchenwechsel dar, es sei denn, es handelt sich lediglich um rein redaktionelle Anpassungen.

32 Anpassungen der Betätigung bzw. des Geschäftsmodells an dauerhaft veränderte wirtschaftliche oder gesellschaftliche Rahmenbedingungen (Strukturwandel) sind nicht als schädlicher Branchenwechsel einzustufen, wenn ein Sach- und Förderzusammenhang zu der bisherigen Betätigung besteht.

**Beispiel 12:**

Die V-GmbH betreibt seit 2014 ein Geschäft für Damenoberbekleidung mit Ladenlokal, in dem drei Angestellte als Verkäuferinnen tätig sind. Ab dem Jahr 2018 bietet die V-GmbH ihr Produktsortiment zusätzlich in einem Online-Shop an, der unter der gleichen Bezeichnung betrieben wird. Fortan erfolgt eine einheitliche Werbung bzw. ein gemeinsames Marketing.

Für die Betreuung des Online-Shops wird ein neuer Mitarbeiter (IT-Systemkaufmann) eingestellt.

**Variante 1:** Aufgrund der guten Entwicklung der Umsätze im Onlinegeschäft und gleichzeitigem Umsatzrückgang im Ladenlokal kündigt die V-GmbH ab dem Jahr 2020 den Pachtvertrag für das Ladenlokal und konzentriert sich fortan ausschließlich auf den Verkauf ihrer Produkte im Online-Shop.

**Variante 2:** Die V-GmbH schließt im Jahr 2018 ihr Ladenlokal und bietet fortan Outdoor-Produkte (Wanderbekleidung, Campingzubehör, Angelbedarf etc.) in einem Online-Shop unter einem neuen Geschäftsnamen an. Die bisherigen Lieferantenbeziehungen werden endgültig beendet und das bisherige Personal wird nicht weiter eingesetzt.

**Lösung:**

Durch die Eröffnung des Online-Shops erweitert sich zwar der Kundenkreis und auch die Qualifikation der Arbeitnehmer ändert sich teilweise. Nach dem Gesamtbild der Verhältnisse wird der Geschäftsbetrieb aber keiner andersartigen Zweckbestimmung zugeführt. Die angebotenen Produkte (Damenoberbekleidung) geben dem Geschäftsbetrieb in diesem Fall sein Gepräge. Daran ändert auch der zusätzliche Vertriebsweg (Online-Shop) nichts, da ein gegenseitiger Förder- und Sachzusammenhang besteht.

**Lösung zur Variante 1:**

Nach dem Gesamtbild der Verhältnisse wird der Geschäftsbetrieb durch die Konzentration auf das Online-Geschäft keiner andersartigen Zweckbestimmung zugeführt. Die angebotenen Produkte (Damenoberbekleidung) geben dem Geschäftsbetrieb in diesem Fall weiter sein Gepräge. Es besteht ein Sach- und Förderzusammenhang zu der bisherigen Betätigung.

**Lösung zur Variante 2:**

Nach dem Gesamtbild der Verhältnisse liegt mit der grundlegenden Umstellung des Produktsortiments nicht mehr derselbe Geschäftsbetrieb vor. Sowohl der Geschäftsname sowie die angebotenen Produkte als auch der Kundenkreis ändern sich. Zusätzlich ergibt sich durch die Umstellung auf den Online-Handel auch eine geänderte Qualifikation der Arbeitnehmer. Nach der Änderung des Produktsortiments entspricht das Geschäftsbild (Handel mit Outdoor-Produkten) im Kern nicht mehr dem ursprünglichen Geschäftsbild (Handel mit Damenoberbekleidung). Es fehlt an einem Förder- und Sachzusammenhang zu der früheren wirtschaftlichen Betätigung.

**Beispiel 13:**

Die V-GmbH produziert als Zulieferer für große Automobilhersteller seit dem Jahr 2010 diverse Kunststoffteile. Während der Corona-Pandemie im Jahr 2020 fällt ein Großteil der Aufträge aus der Automobilindustrie weg. Die V-GmbH stellt nun für die Dauer der Pandemie zusätzlich Plexiglas-Schutzscheiben her, um ihre Produktionskapazität besser ausschöpfen zu können. Dabei nutzt die V-GmbH die vorhandene Technologie und die Maschinen aus der Produktion der Kunststoffteile.

**Lösung:**

Durch die zusätzliche Produktion der Plexiglas-Schutzscheiben erweitert sich zwar (temporär) der Kundenkreis sowie das angebotene Produktsortiment. Die Qualifikation der Arbeitnehmer bleibt davon aber grundsätzlich unberührt. Die kurzfristige Erweiterung des Produktsortiments, die auf der Nutzung derselben Basistechnologie und Maschinen beruht, stellt eine Anpassung an die veränderten Rahmenbedingungen dar und steht weiterhin in einem Förder- und Sachzusammenhang mit der ursprünglichen Betätigung.

**Beispiel 14:**

Die V-GmbH produziert seit dem Jahr 2015 Hi-Fi-Lautsprecher, die per Online-Direktvertrieb zum Kunden gelangen. Sie stellt im Laufe des Jahres 2020 fest, dass sich der Verkauf der Lautsprecher über den Onlineshop nicht wie erhofft entwickelt. Neben dem Online-Direktvertrieb setzt die V-GmbH daher auf weitere Vertriebsintermediäre und lässt die Produkte auch in Fachmärkten für Unterhaltungselektronik listen.

**Lösung:**

Durch den zusätzlichen Absatzweg ändert sich weder die grundsätzliche Betätigung der Körperschaft noch die Zweckbestimmung, auch wenn dadurch weitere Märkte erschlossen und zusätzliche Kunden erreicht werden können.

### c) Aufnahme eines zusätzlichen Geschäftsbetriebs (§ 8 d Abs. 2 Satz 2 Nr. 3 KStG)

Ob eine schädliche Aufnahme eines zusätzlichen Geschäftsbetriebs i. S. d. § 8 d Abs. 2 Satz 2 Nr. 3 KStG vorliegt, bestimmt sich nach den Grundsätzen der Rn. 16 ff. Danach liegt keine schädliche Aufnahme eines zusätzlichen Geschäftsbetriebs vor, wenn die zusätzliche Betätigung entweder in einem Förder- und Sachzusammenhang mit dem vorhandenen Geschäftsbetrieb steht oder wirtschaftlich nicht ins Gewicht fällt. Organische Veränderungen eines wachsenden Unternehmens stellen keine schädliche Aufnahme eines zusätzlichen Geschäftsbetriebs dar. 33

**Beispiel 15:**

Die V-GmbH betreibt ein Restaurant in einer deutschen Großstadt. Nach kurzer Zeit eröffnet sie ein weiteres Restaurant in einer anderen deutschen Großstadt. Die Restaurants werden unter einem einheitlichen Markennamen mit gleichem Speise- und Getränkeangebot betrieben. Weiterhin gelten auch einheitliche Qualitäts- und Servicestandards. Der Einkauf erfolgt für beide Restaurants zentral.

**Lösung:**

Die Eröffnung des zweiten Restaurants stellt keine schädliche Aufnahme eines zusätzlichen Geschäftsbetriebs dar. Die angebotenen Dienstleistungen und Produkte geben dem Geschäftsbetrieb in diesem Fall das Gepräge. Einheitliche Qualitäts- und Servicestandards sollen zudem für einen hohen Wiedererkennungswert bei den Kunden sorgen. Die beiden Restaurants stehen daher in einem gegenseitigen Förder- und Sachzusammenhang.

**Beispiel 16:**

Die V-GmbH produziert und vertreibt seit dem Jahr 2000 konventionelle Fahrräder. Aufgrund der steigenden Nachfrage nach E-Bikes stellt die V-GmbH ab dem Jahr 2019 zusätzlich auch E-Bikes unter demselben Markennamen her. Für die Entwicklung eigener Batterien und Elektromotoren wird eine neue Fabrikhalle an einem neuen Standort errichtet und es werden entsprechend qualifizierte Mitarbeiter eingestellt. Im Übrigen wird bei der Produktion der E-Bikes auf das Know-how der bisherigen Fahrrad-Produktion zurückgegriffen.

**Lösung:**

Die E-Bikes stellen zwar ein neues Produkt dar. Insgesamt kommt es dadurch aber nicht zu einer signifikanten Änderung der qualitativen Merkmale des § 8 d Abs. 1 Satz 4 KStG. Zudem stehen die Produkte nach allgemeiner Verkehrsanschauung in einem klaren Förder- und Sachzusammenhang. Mit der Produkterweiterung liegt keine schädliche Aufnahme eines zusätzlichen Geschäftsbetriebs vor.

**34** Eine schädliche Aufnahme eines zusätzlichen Geschäftsbetriebs i. S. d. § 8 d Abs. 2 Satz 2 Nr. 3 KStG ist aber dann gegeben, wenn eine weitere, vom vorhandenen Geschäftsbetrieb unabhängige Betätigung, die nach Rn. 24 zunächst nicht wirtschaftlich ins Gewicht gefallen ist, später derart ausgeweitet wird oder sich dahingehend entwickelt, dass sie ab diesem Zeitpunkt wirtschaftlich nicht mehr nur unwesentlich ist.

**35** Die Übertragung eines Betriebs oder Teilbetriebs im Rahmen eines Umwandlungsvorgangs mit Ansatz zum gemeinen Wert kann eine schädliche Aufnahme eines zusätzlichen Geschäftsbetriebs nach § 8 d Abs. 2 Satz 2 Nr. 3 KStG beim übernehmenden Rechtsträger darstellen, wenn es sich aus der Sicht des übernehmenden Rechtsträgers bei dem Betrieb oder Teilbetrieb nach den Grundsätzen der Rn. 16 ff. um einen selbstständigen Geschäftsbetrieb handelt. Werden die übernommenen Wirtschaftsgüter dagegen mit dem Buch- oder Zwischenwert angesetzt, liegt bereits ein schädliches Ereignis i. S. d. § 8 d Abs. 2 Satz 2 Nr. 6 KStG vor. Auf die Beurteilung, ob ein selbständiger Geschäftsbetrieb vorliegt, kommt es in diesen Fällen nicht an (vgl. Rn. 43).

**36** § 8 d Abs. 2 Satz 2 Nr. 3 KStG knüpft typisierend an die Aufnahme eines zusätzlichen Geschäftsbetriebs an. Es kommt daher nicht darauf an, ob mit dem zusätzlichen Geschäftsbetrieb im konkreten Fall tatsächlich eine Verlustverrechnung möglich wäre (z. B. Aufnahme eines zusätzlichen Geschäftsbetriebs im Ausland, dessen Einkünfte nach einem Doppelbesteuerungsabkommen im Inland freigestellt sind).

### d) Beteiligung an einer Mitunternehmerschaft (§ 8 d Abs. 2 Satz 2 Nr. 4 KStG)

**37** Mitunternehmerschaften in diesem Sinne sind sowohl Mitunternehmerschaften i. S. d. § 15 Abs. 1 Satz 1 Nr. 2 EStG (einschließlich atypisch stiller Beteiligungen) als auch gewerblich infizierte sowie gewerblich geprägte Personengesellschaften i. S. d. § 15 Abs. 3 Nr. 1 und 2 EStG. Dies gilt ebenfalls, wenn die Mitunternehmerschaft durch Ausgliederung oder Einbringung einer eigenständigen Betätigung der Verlustkörperschaft entsteht.

**38** Die Beteiligung an einer Mitunternehmerschaft stellt unabhängig von ihrer Höhe oder ihrer wirtschaftlichen Bedeutung ein schädliches Ereignis dar (z. B. Beteiligung als Komplementär-GmbH ohne vermögensmäßige Beteiligung).

**39** Vermögensverwaltende Personengesellschaften und typisch stille Beteiligungen stellen keine Mitunternehmerschaften dar und werden dementsprechend von § 8 d Abs. 2 Satz 2 Nr. 4 KStG nicht erfasst. Die Grundsätze zur Abgrenzung des Gewerbebetriebs von der Vermögensverwaltung nach R 15.7 EStR 2019 sind zu beachten.

**40** Eine Beteiligung an einer vermögensverwaltenden Personengesellschaft stellt allerdings ein schädliches Ereignis i. S. d. § 8 d Abs. 2 Satz 2 Nr. 3 KStG dar, wenn das Halten von Beteiligungen an vermögensverwaltenden Personengesellschaften eine solche Bedeutung bei der beteiligten Verlustkörperschaft einnimmt, dass darin ein weiterer selbstständiger Geschäftsbetrieb zu sehen ist (vgl. Rn. 33 ff.).

### e) Begründung einer Organträgerschaft (§ 8 d Abs. 2 Satz 2 Nr. 5 KStG)

Nach § 8 d Abs. 2 Satz 2 Nr. 5 KStG stellt das Einnehmen der Stellung eines Organträgers i. S. d. § 14 Abs. 1 KStG ein schädliches Ereignis dar. Dies gilt auch für den Fall, dass der betreffende Organträger im Rahmen einer sogenannten Organschaftskette daneben auch die Stellung einer Organgesellschaft (im Verhältnis zu einem anderen Organträger) einnimmt. Die Stellung einer Organgesellschaft i. S. d. § 14 Abs. 1 oder § 17 Abs. 1 KStG ist für Zwecke des § 8 d KStG unschädlich. 41

Wird die Organschaft steuerlich rückwirkend nicht mehr anerkannt, ist der Anwendungsbereich des § 8 d KStG bei Vorliegen eines Antrags nachträglich unter Beachtung der Grundsätze der Rn. 7 ff. eröffnet. 42

### f) Übertragung von Wirtschaftsgütern unterhalb des gemeinen Werts (§ 8 d Abs. 2 Satz 2 Nr. 6 KStG)

Die Übertragung von Wirtschaftsgütern im Rahmen eines Umwandlungsvorgangs stellt ein schädliches Ereignis dar, wenn die Wirtschaftsgüter mit einem geringeren als dem gemeinen Wert, also mit einem Buch- oder Zwischenwert angesetzt werden. 43

**Beispiel 17:**

Die V-GmbH betreibt ein Transportunternehmen. Zum 1. 4. 2017 (steuerlicher Übertragungsstichtag) bringt der Neu-Gesellschafter E den Betrieb seines Einzelunternehmens in die V-GmbH ein und erhält dafür GmbH-Anteile i. H. v. 70 % (schädlicher Beteiligungserwerb nach § 8 c Abs. 1 KStG). Die V-GmbH setzt die eingebrachten Wirtschaftsgüter mit den Buchwerten an. Ist auf Antrag § 8 d KStG anwendbar?

**Lösung:**

Da die von E eingebrachten Wirtschaftsgüter bei der V-GmbH mit den Buchwerten angesetzt werden, liegt ein schädliches Ereignis i. S. d. § 8 d Abs. 2 Satz 2 Nr. 6 KStG vor, das die Anwendung des § 8 d KStG ausschließt.

Eine Übertragung zu einem geringeren als dem gemeinen Wert liegt nicht vor, wenn es aufgrund eines Sperrfristverstoßes nach § 22 Abs. 1 oder 2 UmwStG innerhalb des ersten Zeitjahres nach dem steuerlichen Übertragungsstichtag zu einem rückwirkenden Ansatz des gemeinen Werts kommt (Einbringungsgewinn I oder II). 44

**Beispiel 18:**

Die V-GmbH, an der die Gesellschafter E und X zu je 50 % beteiligt sind, betreibt ein Transportunternehmen. Daneben betreibt E ein Einzelunternehmen mit gleichem Tätigkeitsfeld. Zum 1. 4. 2017 (steuerlicher Übertragungsstichtag) bringt der E den Betrieb seines Einzelunternehmens in die V-GmbH ein und erhält dafür neue GmbH-Anteile, sodass sich sein Beteiligungsanteil auf 75 % erhöht. Die V-GmbH setzt die eingebrachten Wirtschaftsgüter mit den Buchwerten an.

Mit steuerlicher Wirkung zum 1. 2. 2018 veräußert E seine Anteile an der V-GmbH an F (schädlicher Beteiligungserwerb nach § 8 c Abs. 1 KStG). Ist auf Antrag § 8 d KStG anwendbar?

**Lösung:**

Die Wirtschaftsgüter des Betriebs von E werden zunächst mit dem Buchwert bei der V-GmbH angesetzt. Daher liegt dem Grunde nach ein schädliches Ereignis i. S. d. § 8 d Abs. 2 Satz 2 Nr. 6 KStG vor. Durch die Veräußerung der Anteile an der V-GmbH kommt es zu einem Sperrfristverstoß nach § 22 Abs. 1 UmwStG. Da der Verstoß innerhalb des ersten Zeitjahres nach dem steuerlichen Übertragungsstichtag eingetreten ist, wird die Einbringung des Betriebs zum 1. 4. 2017 so behandelt, als sei sie zum gemeinen Wert erfolgt. Im Ergebnis liegt keine Übertragung von Wirtschaftsgütern unterhalb des gemeinen Werts vor.

Ein schädliches Ereignis i. S. d. § 8 d Abs. 2 Satz 2 Nr. 6 KStG, das der Anwendung des § 8 d KStG entgegenstehen würde, liegt daher nicht vor.

45 Im Falle der verdeckten Einlage führt der Ansatz des Wirtschaftsguts mit dem Teilwert nicht zu einem schädlichen Ereignis i. S. d. § 8 d Abs. 2 Satz 2 Nr. 6 KStG. Es ist ohne weitere Prüfung anzunehmen, dass der Teilwert dem gemeinen Wert entspricht. Schädlich ist jedoch die Bewertung der verdeckten Einlage nach R 8.9 Abs. 4 Satz 4 KStR 2015 i. V. m. § 6 Abs. 1 Nr. 5 Satz 1 Buchst. a EStG mit den (fortgeführten) Anschaffungs- oder Herstellungskosten des Gesellschafters.

**Beispiel 19:**

Die V-GmbH erwirbt von ihrem Gesellschafter ein Wirtschaftsgut unterhalb des gemeinen Werts. Die übrigen Voraussetzungen für die Annahme einer verdeckten Einlage liegen vor. Die V-GmbH setzt als Anschaffungskosten des Wirtschaftsguts den gezahlten (zu niedrigen) Kaufpreis an (**Variante:** Ansatz mit dem Teilwert).

**Lösung:**

Im Grundfall wurde das Wirtschaftsgut zu einem geringeren als dem gemeinen Wert angesetzt. Darin ist ein schädliches Ereignis nach § 8 d Abs. 2 Satz 2 Nr. 6 KStG zu sehen, sofern der Bilanzansatz des Wirtschaftsguts nicht rückwirkend auf den gemeinen Wert bzw. Teilwert korrigiert wird.

**Lösung zur Variante:**

In der Variante hat die V-GmbH aufgrund der verdeckten Einlage das Wirtschaftsgut zutreffend mit dem Teilwert angesetzt. Damit führt dieser Vorgang nicht zu einem schädlichen Ereignis nach § 8 d Abs. 2 Satz 2 Nr. 6 KStG.

## 4. Ausschluss des Anwendungsbereichs (§ 8 d Abs. 1 Satz 2 KStG)

### a) Verluste aus der Zeit vor Einstellung oder Ruhendstellung des Geschäftsbetriebs (§ 8 d Abs. 1 Satz 2 Nr. 1 KStG)

46 § 8 d KStG findet nur auf Verluste Anwendung, die auf der ununterbrochenen Ausübung des maßgeblichen Geschäftsbetriebs beruhen. Von der Anwendung des § 8 d KStG sind daher Verluste ausgeschlossen, die auf die Zeit vor einer Einstellung oder Ruhendstellung des Geschäftsbetriebs entfallen.

**Beispiel 20:**

Die V-GmbH hat zu Beginn des Veranlagungszeitraums 2016 ihren Geschäftsbetrieb ruhend gestellt. Vor der Ruhendstellung bestand ein Verlustvortrag zum 31. 12. 2015 i. H. v. 200 000 €. Zum 1. 1. 2017 nimmt die V-GmbH denselben Geschäftsbetrieb wieder auf.

Im Veranlagungszeitraum 2020 werden 100 % der Anteile an der V-GmbH auf einen Erwerber übertragen, der den Geschäftsbetrieb unverändert fortführt. Der Verlustvortrag zum Ende des Veranlagungszeitraums 2020 beträgt ohne Anwendung des § 8 c KStG 300 000 €. Die V-GmbH stellt für den Veranlagungszeitraum 2020 einen Antrag nach § 8 d KStG. Es sind keine stillen Reserven vorhanden.

**Lösung:**

Die Anwendung des § 8 d KStG ist auf Antrag möglich, da die Voraussetzungen des § 8 d Abs. 1 Satz 1 KStG erfüllt sind, denn im Beobachtungszeitraum A wird ausschließlich derselbe Geschäftsbetrieb unterhalten. Nach § 8 d Abs. 1 Satz 2 Nr. 1 KStG ist die Anwendung des § 8 d KStG für den Verlust ausgeschlossen, der auf die Zeit vor der Ruhendstellung des Geschäftsbetriebs entfällt (200 000 €); dieser ist nach § 8 c KStG zu kürzen. Auf den nach der Kürzung verbleibenden Verlust i. H. v. 100 000 € ist § 8 d KStG antragsgemäß anzuwenden.

### b) Organträgerstellung oder Beteiligung an einer Mitunternehmerschaft (§ 8 d Abs. 1 Satz 2 Nr. 2 KStG)

47 Die Beteiligung an einer Mitunternehmerschaft oder die Stellung als Organträger i. S. d. § 14 Abs. 1 KStG zu Beginn des dritten Veranlagungszeitraums, der dem Veranlagungszeitraum vorausgeht, in den der schädliche Beteiligungserwerb fällt, steht einer Anwendung des § 8 d Abs. 1 Satz 1 KStG entgegen. Die Rn. 37 bis 42 gelten entsprechend.

48 Ist eine der Antragstellung nach § 8 d Abs. 1 KStG entgegenstehende Organschaft rückwirkend nicht anzuerkennen, kann ein Antrag nach § 8 d Abs. 1

Satz 5 KStG in der Steuererklärung für die Veranlagung des Veranlagungszeitraums gestellt werden, in den der schädliche Beteiligungserwerb fällt (vgl. Rn. 7 ff.). Entsprechendes gilt für die Einbringung von Mitunternehmeranteilen in eine Kapitalgesellschaft oder den Formwechsel einer Personengesellschaft in eine Kapitalgesellschaft, wenn diese mit steuerlicher Rückwirkung erfolgen.

## IV. Rechtsfolgen

### 1. Umfang der Verlusterhaltung

Nach § 8 d Abs. 1 Satz 1 KStG ist auf Antrag die Verlustkürzung nach § 8 c KStG bei einem schädlichen Beteiligungserwerb nicht anzuwenden. Dies schließt die Nichtanwendung der Stille-Reserven-Klausel (§ 8 c Abs. 1 Satz 5 ff. KStG) ein (vgl. Rn. 6). Verluste aus der Zeit vor Einstellung oder Ruhendstellung des Geschäftsbetriebs sind auch bei einem wirksamen Antrag nach § 8 d KStG weiterhin nach § 8 c KStG zu kürzen (vgl. Rn. 46). 49

Verluste eines vorherigen Geschäftsbetriebs, der nicht dem für die Anwendung des § 8 d KStG maßgeblichen Geschäftsbetrieb entspricht und der vor Beginn des Beobachtungszeitraums A eingestellt wurde, sind ebenfalls nach § 8 c KStG zu kürzen. 50

**Beispiel 21:**

Die V-GmbH führt seit ihrer Gründung im Jahr 2011 ein Einzelhandelsgeschäft. Der Verlustvortrag zum 31. 12. 2015 beträgt 200 000 €. Anfang des Jahres 2016 stellt sie ihr Einzelhandelsgeschäft ein und betreibt stattdessen eine Transportvermittlung. In den Jahren 2017 bis 2019 erleidet die V-GmbH weitere Verluste von insgesamt 100 000 €. Im Jahr 2020 werden 100 % der Anteile an der V-GmbH auf einen Erwerber übertragen. Stille Reserven existieren nicht. Die V-GmbH stellt für den Veranlagungszeitraum 2020 einen Antrag nach § 8 d KStG.

**Lösung:**

Maßgeblich für die Anwendung des § 8 d KStG ist ausschließlich der Geschäftsbetrieb „Transportvermittlung". Nach § 8 d Abs. 1 Satz 2 Nr. 1 KStG ist ein Antrag für den Verlust ausgeschlossen, der auf den eingestellten Geschäftsbetrieb „Einzelhandelsgeschäft" entfällt (200 000 €), so dass diese Altverluste aufgrund des schädlichen Beteiligungserwerbs untergehen. Auf den Verlust i. H. v. 100 000 €, der durch die Tätigkeit „Transportvermittlung" verursacht wurde, ist § 8 d KStG antragsgemäß anzuwenden.

Ist der Verlust in einer Zeit entstanden, in der die Verlustkörperschaft mehr als einen Geschäftsbetrieb unterhalten hat, und wird seit dem Beginn des Beobachtungszeitraums A nur noch einer dieser Geschäftsbetriebe als maßgeblicher Geschäftsbetrieb nach § 8 d KStG ausgeübt, ist der Verlust für Zwecke des § 8 d Abs. 1 Satz 2 Nr. 1 KStG jeweils den einzelnen Geschäftsbetrieben sachgerecht zuzuordnen. Zwischenzeitliche Verrechnungen mit Gewinnen sind entsprechend zu berücksichtigen. Den Nachweis über eine konkrete Zuordnung hat die antragstellende Körperschaft zu führen. Kann ein solcher Nachweis nicht erbracht werden, ist im Zweifel davon auszugehen, dass der gesamte Verlust auf den eingestellten Geschäftsbetrieb entfällt. 51

**Beispiel 22:**

Die V-GmbH führt seit ihrer Gründung im Jahr 2011 ein Einzelhandelsgeschäft und betreibt eine Transportvermittlung. Der Verlustvortrag zum 31. 12. 2015 beträgt 200 000 €, der nachweislich zu 40 % auf das Einzelhandelsgeschäft entfällt. Anfang des Jahres 2016 stellt die V-GmbH ihr Einzelhandelsgeschäft ein. In den Jahren 2017 bis 2019 erleidet die V-GmbH einen weiteren Verlust von 100 000 €. Im Jahr 2020 werden 100 % der Anteile an der V-GmbH auf einen Erwerber übertragen. Stille Reserven existieren nicht. Die V-GmbH stellt für den Veranlagungszeitraum 2020 einen Antrag nach § 8 d KStG.

**Lösung:**

Nach § 8 d Abs. 1 Satz 2 Nr. 1 KStG ist die Anwendung des § 8 d KStG für den Verlust ausgeschlossen, der auf den eingestellten Geschäftsbetrieb „Einzelhandelsgeschäft" entfällt

(80 000 €). Dieser Altverlust geht aufgrund des schädlichen Beteiligungserwerbs unter. Auf den Verlust i. H. v. 220 000 €, der durch die „Transportvermittlung" verursacht wurde, ist § 8 d KStG antragsgemäß anzuwenden.

**52** In den Fällen der Rn. 50 und 51 spricht eine widerlegbare Vermutung dafür, dass etwaige vorhandene stille Reserven in voller Höhe auf den nach § 8 d KStG maßgeblichen fortgeführten Geschäftsbetrieb entfallen.

**53** Wenn § 8 d KStG Anwendung findet, sind für die nicht ausgeglichenen negativen Einkünfte des Veranlagungszeitraums, in den der schädliche Beteiligungserwerb fällt, zunächst die Regelungen zum Verlustrücktrag (§ 10 d Abs. 1 EStG) anzuwenden.

**Beispiel 23:**

Die V-GmbH erzielt im Jahr 2019 einen Verlust i. H. v. 25 000 €. Zum 30. 6. 2019 werden 100 % der Anteile an der V-GmbH an einen Erwerber veräußert. Auf die Zeit bis zum schädlichen Beteiligungserwerb entfällt ein Verlust i. H. v. 10 000 €.

Der Gesamtbetrag der Einkünfte der V-GmbH im Veranlagungszeitraum 2018 beträgt 20 000 €. Die V-GmbH stellt für den Veranlagungszeitraum 2019 keinen Antrag nach § 8 d KStG.

**Variante:** Die V-GmbH stellt für den Veranlagungszeitraum 2019 einen Antrag nach § 8 d KStG.

**Lösung:**

Der bis zum 30. 6. 2019 erwirtschaftete Verlust geht nach § 8 c KStG grundsätzlich vollständig unter. Ein Verlustrücktrag scheidet i. H. v. 10 000 € entsprechend der Rn. 31 des BMF-Schreibens vom 28. November 2017 (BStBl. I S. 1645)[1] aus. Der auf die Zeit nach dem schädlichen Beteiligungserwerb entfallende Verlust (15 000 €) kann nach § 10 d Abs. 1 EStG in das Vorjahr zurückgetragen werden.

**Lösung zur Variante:**

Aufgrund des Antrags der V-GmbH findet § 8 c KStG keine Anwendung. Somit kann der im Jahr 2019 erwirtschaftete Verlust i. H. v. 20 000 € nach § 10 d Abs. 1 EStG in das Vorjahr zurückgetragen werden. Zum 31. 12. 2019 wird ein fortführungsgebundener Verlustvortrag i. H. v. 5000 € gesondert festgestellt.

**54** Der verbleibende nicht genutzte Verlustvortrag wird zum Schluss des Veranlagungszeitraums, in den der schädliche Beteiligungserwerb fällt, insgesamt zum fortführungsgebundenen Verlustvortrag (§ 8 d Abs. 1 Satz 6 KStG). Bei einem vom Kalenderjahr abweichenden Wirtschaftsjahr wird der nicht genutzte Verlustvortrag zum Schluss des Veranlagungszeitraums, in dem das Wirtschaftsjahr des schädlichen Beteiligungserwerbs endet, zum fortführungsgebundenen Verlustvortrag.

**Beispiel 24:**

Die V-GmbH ermittelt ihren Gewinn für das vom Kalenderjahr abweichende Wirtschaftsjahr vom 1. 7. bis 30. 6. Sie erzielt im Wirtschaftsjahr 2018/2019 einen Verlust i. H. v. 100 000 €. Zum 1. 2. 2019 werden 100 % der Anteile an der V-GmbH an einen Erwerber veräußert. Zum 31. 12. 2018 wurde ein vortragsfähiger Verlust i. S. d. § 10 d EStG i. H. v. 200 000 € festgestellt.

Die V-GmbH stellt für den Veranlagungszeitraum 2019 einen Antrag nach § 8 d KStG.

**Lösung:**

Die bis zum 1. 2. 2019 nicht genutzten Verluste (Verlustvortrag zum 31. 12. 2018 zzgl. anteiliger Verlust des Wirtschaftsjahres 2018/2019) würden nach § 8 c KStG vollständig untergehen. Aufgrund des Antrags der V-GmbH findet § 8 c KStG jedoch keine Anwendung. Der zum 31. 12. 2019 festzustellende fortführungsgebundene Verlustvortrag beträgt 300 000 € (= Verlustvortrag zum 31. 12. 2018 i. H. v. 200 000 € zzgl. laufender Verlust des Wirtschaftsjahres 2018/2019 i. H. v. 100 000 €).

**55** Soweit zum Ende des Veranlagungszeitraums, in den der schädliche Beteiligungserwerb fällt, Verluste nach §§ 2 a, 15 Abs. 4, 15 a, 15 b EStG sowie § 8 d KStG (vgl. Rn. 2) oder ähnliche ausgleichs- oder verrechnungsbeschränkte Verluste bestehen, sind diese im Rahmen der jeweiligen gesonderten Verlust-

---

[1] Nr. **100** § 8c/1.

feststellung ebenfalls als fortführungsgebundene Verluste gesondert auszuweisen und festzustellen.

## 2. Verrechnung des fortführungsgebundenen Verlustvortrags

Der fortführungsgebundene Verlustvortrag ist als Teil des verbleibenden Verlustvortrags zum Ende des jeweiligen Veranlagungszeitraums gesondert auszuweisen (§ 8 d Abs. 1 Satz 7 KStG). Der fortführungsgebundene Verlustvortrag ist kein eigenständiger, neben dem Verlustvortrag i. S. d. § 10 d Abs. 4 EStG stehender Verlustvortrag. Die Vorschriften über den Verlustrücktrag und den Verlustvortrag nach § 10 d EStG, §§ 4 Abs. 2, 12 Abs. 3 und 15 Abs. 3 UmwStG sowie die Grundsätze der Mindestgewinnbesteuerung nach § 10 d Abs. 2 EStG sind zu beachten. 56

**Beispiel 25:**
Bei der V-GmbH besteht zum 31. 12. 2017 ausschließlich ein fortführungsgebundener Verlustvortrag i. S. d. § 8 d KStG i. H. v. 3 Mio. €. Im Veranlagungszeitraum 2018 erzielt die V-GmbH einen positiven Gesamtbetrag der Einkünfte i. H. v. 2 Mio. €.
**Lösung:**
Nach § 10 d Abs. 2 EStG findet eine Verrechnung des fortführungsgebundenen Verlustvortrags i. H. v. 1 Mio. € uneingeschränkt statt. Darüber hinaus können 60 % des 1 Mio. € übersteigenden positiven Gesamtbetrags der Einkünfte (= 600 000 €) mit dem verbleibenden fortführungsgebundenen Verlustvortrag verrechnet werden. Zum 31. 12. 2018 ist ein verbleibender fortführungsgebundener Verlustvortrag i. H. v 1,4 Mio. € gesondert festzustellen.

Nach § 8 d Abs. 1 Satz 8 KStG ist der gesondert ausgewiesene und festgestellte fortführungsgebundene Verlustvortrag vor dem nach § 10 d Abs. 4 EStG gesondert festgestellten Verlustvortrag vorrangig abzuziehen. 57

**Beispiel 26:**
Bei der V-GmbH besteht zum 31. 12. 2017 ein fortführungsgebundener Verlustvortrag i. S. d. § 8 d KStG i. H. v. 100 000 € sowie ein übriger Verlustvortrag i. S. d. § 10 d EStG i. H. v. 50 000 €. Im Veranlagungszeitraum 2018 erzielt die V-GmbH einen positiven Gesamtbetrag der Einkünfte i. H. v. 120 000 €.
**Lösung:**
Nach § 8 d Abs. 1 Satz 8 KStG wird vorrangig der fortführungsgebundene Verlustvortrag (100 000 €) mit dem positiven Gesamtbetrag der Einkünfte verrechnet. Der danach verbleibende positive Gesamtbetrag der Einkünfte (= 20 000 €) wird mit dem verbleibenden Verlustvortrag i. S. d. § 10 d EStG verrechnet. Zum 31. 12. 2018 ist ein verbleibender Verlustvortrag i. S. d. § 10 d EStG i. H. v. 30 000 € (= 50 000 € – 20 000 €) gesondert festzustellen. Der fortführungsgebundene Verlustvortrag ist vollständig aufgebraucht.

Eine quotale Aufteilung des Sockelbetrags des § 10 d Abs. 2 EStG ist dabei nicht vorzunehmen. 58

**Beispiel 27:**
Bei der V-GmbH besteht zum 31. 12. 2017 ein fortführungsgebundener Verlustvortrag i. S. d. § 8 d KStG i. H. v. 800 000 € (**Variante 1**: 1,2 Mio. €; **Variante 2**: 1,8 Mio. €) sowie ein übriger Verlustvortrag i. S. d. § 10 d EStG i. H. v. 1,2 Mio. €. Im Veranlagungszeitraum 2018 erzielt die V-GmbH einen positiven Gesamtbetrag der Einkünfte i. H. v. 2 Mio. €.
**Lösung:**
Nach § 10 d Abs. 2 EStG i. V. m. § 8 d Abs. 1 Satz 8 KStG erfolgt im Grundfall eine Verrechnung des gesamten fortführungsgebundenen Verlustvortrags (800 000 €) sowie des übrigen verbleibenden Verlustvortrags i. H. v. 200 000 € uneingeschränkt. Darüber hinaus können 60 % des 1 Mio. € übersteigenden positiven Gesamtbetrags der Einkünfte (= 600 000 €) des übrigen verbleibenden Verlustvortrags verrechnet werden. Zum 31. 12. 2018 ist ein verbleibender Verlustvortrag i. H. v. 400 000 € gesondert festzustellen. Der fortführungsgebundene Verlustvortrag ist vollständig aufgebraucht.
**Lösung zur Variante 1:**
In der Variante 1 wird der fortführungsgebundene Verlustvortrag i. H. v. 1 Mio. € uneingeschränkt verrechnet. Darüber hinaus kann ein Verlustvolumen von 600 000 € mit dem positiven Gesamt-

betrag der Einkünfte verrechnet werden. Dies setzt sich aus den verbleibenden 200 000 € des fortführungsgebundenen Verlustvortrags sowie i. H. v. 400 000 € des übrigen verbleibenden Verlustvortrags zusammen. Zum 31. 12. 2018 ist ein verbleibender Verlustvortrag i. S. d. § 10 d EStG i. H. v. 800 000 € gesondert festzustellen. Der fortführungsgebundene Verlustvortrag i. S. d. § 8 d KStG ist vollständig aufgebraucht.

**Lösung zur Variante 2:**

In der Variante 2 wird der fortführungsgebundene Verlustvortrag i. H. v. 1 Mio. € uneingeschränkt verrechnet. Darüber hinaus kann ein Verlustvolumen von 600 000 € mit dem positiven Gesamtbetrag der Einkünfte verrechnet werden. Dies setzt sich vollständig aus dem fortführungsgebundenen Verlustvortrag zusammen. Zum 31. 12. 2018 sind ein verbleibender fortführungsgebundener Verlustvortrag i. S. d. § 8 d KStG i. H. v. 200 000 € und ein übriger Verlustvortrag i. S. d. § 10 d EStG i. H. v. 1,2 Mio. € gesondert festzustellen.

### 3. Organschaft

**59** Eine Anwendung des § 8 d KStG auf Ebene des Organträgers ist ausdrücklich ausgeschlossen (§ 8 d Abs. 1 Satz 2 Nr. 2 KStG bzw. § 8 d Abs. 1 Satz 1 KStG i. V. m. Abs. 2 Nr. 5 KStG, vgl. Rn. 41). Auf Ebene der Organgesellschaft ist die Anwendung des § 8 d KStG dem Grunde nach möglich. Antragsberechtigt ist die Organgesellschaft.

**60** Sind die Voraussetzungen des § 8 d KStG erfüllt, ist ein „vororganschaftlicher" Verlustvortrag nach § 15 Satz 1 Nr. 1 KStG als „vororganschaftlicher" fortführungsgebundener Verlustvortrag gesondert auszuweisen und festzustellen. Eine Verrechnung des „vororganschaftlichen" fortführungsgebundenen Verlustvortrags ist erst nach Beendigung der Organschaft und nur unter der Voraussetzung möglich, dass zwischenzeitlich kein schädliches Ereignis i. S. d. § 8 d Abs. 2 KStG bei der Organgesellschaft eingetreten ist.

**61** Für den Verlust der Organgesellschaft, der während des Bestehens der Organschaft im Veranlagungszeitraum des schädlichen Beteiligungserwerbs entsteht, ist § 8 d KStG vor der Zurechnung ihres Einkommens an den Organträger anzuwenden (vgl. Rn. 37 ff. des BMF-Schreibens vom 28. November 2017, BStBl. I S. 1645[1]). Die Anwendung des § 8 d KStG auf der Ebene der Organgesellschaft führt zur vollständigen Suspendierung der Regelung des § 8 c Abs. 1 KStG. Ein laufender Verlust der Organgesellschaft geht in Folge des (mittelbaren) schädlichen Beteiligungserwerbs nicht unter. Dieser Verlust der Organgesellschaft wird nach den allgemeinen organschaftlichen Regelungen dem Organträger ungekürzt zugerechnet. Ein etwaiger verbleibender Verlustvortrag des Organträgers, der aus dem zugerechneten Verlust der Organgesellschaft resultiert, ist nicht fortführungsgebunden.

## V. Untergang des fortführungsgebundenen Verlustvortrags durch schädliche Ereignisse

**62** Bei Einstellung des Geschäftsbetriebs oder bei Eintritt eines anderen schädlichen Ereignisses i. S. d. § 8 d Abs. 2 Satz 2 KStG geht der auf den Schluss des vorhergehenden Veranlagungszeitraums festgestellte fortführungsgebundene Verlustvortrag – vorbehaltlich der Berücksichtigung etwaiger stiller Reserven (vgl. Rn. 68 ff.) – unter.

### 1. Einstellung des Geschäftsbetriebs (§ 8 d Abs. 2 Satz 1 KStG)

**63** Ein Geschäftsbetrieb wird eingestellt, wenn er nach den Grundsätzen der Betriebsaufgabe beendet wird. Erforderlich ist eine Willensentscheidung oder Handlung, die darauf gerichtet ist, dass der Betrieb als selbständiger Organismus

[1] Nr. **100** § 8c/1.

nicht mehr in seiner bisherigen Form bestehen bleiben soll. Der maßgebliche Geschäftsbetrieb muss wirtschaftlich aufgehört haben, werbend tätig zu sein. Eine Einstellung des Geschäftsbetriebs liegt bereits dann vor, wenn die verbleibende im Vergleich zur bisherigen Tätigkeit nur noch unwesentlich ist. Davon kann grundsätzlich ausgegangen werden, wenn sich der Umsatz im Vergleich zur bisherigen Tätigkeit um mehr als 90 % reduziert. Nur wenn die verbleibende Tätigkeit weiterhin bedeutsam ist und die Gesellschaft insoweit wirtschaftlich aktiv bleibt, kann der Geschäftsbetrieb als (noch) nicht eingestellt angesehen werden.

Ist in den Fällen der Rn. 24 von einem einheitlichen Geschäftsbetrieb auszugehen, weil ein weiterer Geschäftsbetrieb wirtschaftlich nicht ins Gewicht fällt, liegt eine Einstellung des gesamten Geschäftsbetriebs auch dann vor, wenn nur der wirtschaftlich ins Gewicht fallende Geschäftsbetrieb eingestellt wird. 64

Stellt die Verlustkörperschaft, deren einheitlicher Geschäftsbetrieb mehrere selbständige Betätigungen umfasst (Rn. 21), eine Betätigung ein und verbleibt noch mindestens eine Betätigung, führt diese Einstellung nicht – auch nicht quotal – zu einem Untergang des zuletzt festgestellten fortführungsgebundenen Verlustvortrags nach § 8 d Abs. 2 KStG. Der Geschäftsbetrieb mit seiner verbleibenden Betätigung ist dann der maßgebliche Geschäftsbetrieb der Verlustkörperschaft für Zwecke des § 8 d KStG. Entsprechendes gilt für die Ausgliederung. 65

**Beispiel 28:**

Die V-GmbH betreibt seit dem Jahr 2017 einen Einzelhandel für selbstproduzierte Fahrräder und führt unter demselben Firmennamen auch Fahrradreparaturen in einem Nebengebäude des Verkaufsgeschäfts durch. Aufgrund steigender Absatzzahlen für die selbstproduzierten Fahrräder und im Verhältnis nur noch geringer Umsätze aus der Fahrradreparatur konzentriert sich die V-GmbH ab dem Jahr 2019 ausschließlich auf die Produktion und den Vertrieb der Fahrräder.

**Lösung:**

Der Fahrradeinzelhandel sowie die Reparaturwerkstatt stellen zwei sich gegenseitig fördernde und ergänzende Betätigungen und damit einen einheitlichen Geschäftsbetrieb dar. Die Einstellung der Dienstleistung „Fahrradreparatur" führt nicht zu einer andersartigen Zweckbestimmung des Betriebs. Der Geschäftsbetrieb mit seiner verbleibenden Betätigung ist fortan der maßgebliche Geschäftsbetrieb der Verlustkörperschaft für Zwecke des § 8 d KStG.

## 2. Eintritt eines anderen schädlichen Ereignisses (§ 8 d Abs. 2 Satz 2 Nr. 1 bis 6 KStG)

Ein anderes schädliches Ereignis liegt vor, wenn 66

- der Geschäftsbetrieb ruhend gestellt wird (vgl. Rn. 26 ff.),
- der Geschäftsbetrieb einer andersartigen Zweckbestimmung zugeführt wird (vgl. Rn. 31 f.),
- die Körperschaft einen zusätzlichen Geschäftsbetrieb aufnimmt (vgl. Rn. 33 ff.),
- die Körperschaft sich an einer Mitunternehmerschaft beteiligt (vgl. Rn. 37 ff.),
- die Körperschaft die Stellung eines Organträgers i. S. d. § 14 Abs. 1 KStG einnimmt (vgl. Rn. 41 f.) oder
- auf die Körperschaft Wirtschaftsgüter übertragen werden, die sie zu einem geringeren als dem gemeinen Wert ansetzt (vgl. Rn. 43 ff.).

Bei unterjährigem Eintritt eines schädlichen Ereignisses wird der zum Schluss des vorangehenden Veranlagungszeitraums festgestellte fortführungsgebundene Verlustvortrag gekürzt. Eine Kürzung laufender Verluste, die bis zum Eintritt 67 des jeweiligen schädlichen Ereignisses entstanden sind, oder eine Verrechnung von bis zum Eintritt des jeweiligen schädlichen Ereignisses entstandenen positiven Ergebnissen mit dem zuletzt festgestellten fortführungsgebundenen Verlustvortrag erfolgt nicht.

## VI. Stille-Reserven-Klausel des § 8 d KStG (§ 8 d Abs. 2 Satz 1 Halbsatz 2 KStG)

### 1. Allgemein

**68** Eine Kürzung des fortführungsgebundenen Verlustvortrags unterbleibt nach § 8 d Abs. 2 Satz 1 Halbsatz 2 KStG i. V. m. § 8 c Abs. 1 Satz 5 bis 8 KStG, soweit im Inland steuerpflichtige stille Reserven vorhanden sind. Der danach verbleibende Verlustvortrag ist nicht mehr als fortführungsgebundener Verlustvortrag gesondert auszuweisen und festzustellen.

**69** Bei der entsprechenden Anwendung der Stille-Reserven-Klausel des § 8 c Abs. 1 Satz 5 bis 8 KStG sind die zum Schluss des dem schädlichen Ereignis vorangegangenen Veranlagungszeitraums vorhandenen stillen Reserven zu Grunde zu legen.

**70** Maßgebend sind die gesamten vorhandenen stillen Reserven. Für die Ermittlung der stillen Reserven gelten die Rn. 49 ff. des BMF-Schreibens vom 28. November 2017 (BStBl. I S. 1645)[1] entsprechend.

**Beispiel 29:**

Bei der V-GmbH besteht zum 31. 12. 2018 ein fortführungsgebundener Verlustvortrag i. H. v. 500 000 €. Zum 31. 12. 2018 betragen die stillen Reserven 200 000 €.

Im Jahr 2019 beteiligt sich die V-GmbH an einer Mitunternehmerschaft.

**Lösung:**

Die Beteiligung an einer Mitunternehmerschaft durch die V-GmbH im Jahr 2019 stellt ein schädliches Ereignis nach § 8 d Abs. 2 Satz 2 Nr. 4 KStG dar. Dadurch steht der zuletzt festgestellte fortführungsgebundene Verlustvortrag (auf den 31. 12. 2018: 500 000 €) grundsätzlich nicht mehr für eine künftige Verrechnung mit Gewinnen zur Verfügung. Da zum 31. 12. 2018 stille Reserven i. H. v. 200 000 € bestehen, werden Verluste in nämlicher Höhe von einer Kürzung nach § 8 d Abs. 2 KStG verschont. Sofern im Veranlagungszeitraum 2019 keine weitere Verrechnung mit einem positiven Gesamtbetrag der Einkünfte stattfindet, ist zum 31. 12. 2019 ein verbleibender Verlustvortrag i. S. d. § 10 d EStG i. H. v. 200 000 € gesondert festzustellen (kein fortführungsgebundener Verlustvortrag; vgl. Rn. 68). Der übrige nicht genutzte fortführungsgebundene Verlustvortrag i. H. v. 300 000 € geht gemäß § 8 d Abs. 2 Satz 2 Nr. 4 KStG unter.

### 2. Zusammentreffen von fortführungsgebundenem Verlustvortrag und einem übrigen Verlustvortrag i. S. d. § 10 d EStG

**71** Besteht bei Eintritt eines schädlichen Ereignisses nach § 8 d Abs. 2 KStG sowohl ein fortführungsgebundener Verlustvortrag als auch ein Verlustvortrag nach § 10 d EStG, sind die gesamten stillen Reserven für die Anwendung des § 8 d Abs. 2 Satz 1 KStG zu berücksichtigen.

**Variante zu Beispiel 29:**

Neben dem fortführungsgebundenen Verlustvortrag i. H. v. 500 000 € zum 31. 12. 2018 besteht ein übriger Verlustvortrag nach § 10 d Abs. 4 EStG i. H. v. 400 000 €. Der „Gesamtverlustvortrag" beträgt somit 900 000 €. Im Veranlagungszeitraum 2019 wurde weder ein Gewinn noch ein Verlust erzielt.

**Lösung:**

Die stillen Reserven i. H. v. 200 000 € sind nicht nach dem Verhältnis des fortführungsgebundenen Verlustvortrags zum gesamten Verlustvortrag aufzuteilen, sondern vollständig dem fortführungsgebundenen Verlustvortrag zuzuordnen. Zum 31. 12. 2019 ist ein verbleibender Verlustvortrag

---

[1] Nr. **100** § 8c/1.

i. H. v. 600 000 € (= 400 000 € Verlustvortrag zzgl. 200 000 €, die aufgrund der Stille-Reserven-Klausel des § 8 d KStG erhalten bleiben) gesondert festzustellen (kein fortführungsgebundener Verlustvortrag, vgl. Rn. 68).

## VII. Anwendung des § 8 c KStG auf einen fortführungsgebundenen Verlustvortrag nach § 8 d KStG

### 1. Allgemein

Der fortführungsgebundene Verlustvortrag ist ein nicht genutzter Verlust i. S. d. § 8 c KStG, der durch einen weiteren schädlichen Beteiligungserwerb i. S. d. § 8 c Abs. 1 KStG grundsätzlich untergeht. Es kann aber ein erneuter Antrag nach § 8 d KStG gestellt werden. In diesem Fall werden die gesamten nicht genutzten Verluste einschließlich des bisher festgestellten fortführungsgebundenen Verlustvortrags zum neu festzustellenden fortführungsgebundenen Verlustvortrag. 72

**Beispiel 30:**

Bei der V-GmbH besteht zum 31 12. 2017 ein vortragsfähiger Verlust i. S. d. § 10 d EStG i. H. v. 500 000 €. Alleingesellschafter der V-GmbH ist die natürliche Person A. A veräußert zum 30. 6. 2018 100 % seiner Anteile an die natürliche Person B. Dies stellt einen schädlichen Beteiligungserwerb nach § 8 c Abs. 1 Satz 1 KStG dar, der grundsätzlich zur vollständigen Kürzung der nicht genutzten Verluste führen würde. Die V-GmbH stellt einen Antrag nach § 8 d KStG. Da sie im Veranlagungszeitraum 2018 einen weiteren Verlust i. H. v. 200 000 € erzielt, wird zum 31. 12. 2018 ein fortführungsgebundener Verlustvortrag i. S. d. § 8 d KStG i. H. v. 700 000 € gesondert festgestellt.

Am 1. 3. 2019 veräußert B 100 % seiner Anteile an C (schädlicher Beteiligungserwerb nach § 8 c Abs. 1 Satz 1 KStG). Im Veranlagungszeitraum 2019 erzielt die V-GmbH einen Verlust i. H. v. 300 000 €. Davon entfallen 200 000 € auf den Zeitraum bis zum schädlichen Beteiligungserwerb. Die V-GmbH stellt einen Antrag nach § 8 d KStG.

**Variante:** Die V-GmbH stellt keinen Antrag nach § 8 d KStG.

**Lösung:**

Durch den erneuten Antrag nach § 8 d KStG im Veranlagungszeitraum 2019 wird § 8 c KStG suspendiert und damit der Untergang des zum 31. 12. 2018 festgestellten fortführungsgebundenen Verlustvortrags sowie des bis zum schädlichen Beteiligungserwerb erwirtschafteten laufenden Verlusts verhindert. Der zum 31. 12. 2019 festzustellende fortführungsgebundene Verlustvortrag beträgt 1 Mio. € (fortführungsgebundener Verlustvortrag zum 31. 12. 2018 i. H. v. 700 000 € zzgl. laufender Verlust des Veranlagungszeitraums 2019 i. H. v. 300 000 €).

**Lösung zur Variante:**

Der schädliche Beteiligungserwerb führt nach § 8 c Abs. 1 KStG zum vollständigen Untergang des auf den 31. 12. 2018 gesondert festgestellten fortführungsgebundenen Verlustvortrags i. S. d. § 8 d KStG i. H. v. 700 000 € sowie des bis zum schädlichen Beteiligungserwerb entstandenen laufenden Verlusts i. H. v. 200 000 €.

Der nach dem schädlichen Beteiligungserwerb entstandene laufende Verlust i. H. v. 100 000 € ist nach § 10 d EStG gesondert festzustellen.

Bei einem unterjährigen schädlichen Beteiligungserwerb sind auf einen am Schluss des Vorjahres vorhandenen fortführungsgebundenen Verlustvortrag die Grundsätze der Rn. 33 ff. des BMF-Schreibens vom 28. November 2017 (BStBl. I S. 1645)[1] anzuwenden, es sei denn, § 8 d KStG findet aufgrund eines erneuten Antrags Anwendung. Der zum Schluss des Vorjahres vorhandene fortführungsgebundene Verlustvortrag bleibt in Höhe eines bis zum schädlichen Beteiligungserwerb erzielten positiven Gesamtbetrags der Einkünfte als Verlustvortrag (ohne Fortführungsgebundenheit) erhalten. 73

**Beispiel 31:**

[1] Nr. **100** § 8c/1.

Bei der V-GmbH besteht zum 31. 12. 2017 ein fortführungsgebundener Verlustvortrag i. S. d. § 8 d KStG i. H. v. 500 000 €. Zum 30. 6. 2018 werden 100 % der Anteile an der V-GmbH an einen Erwerber veräußert. Im Veranlagungszeitraum 2018 erzielt die V-GmbH einen positiven Gesamtbetrag der Einkünfte i. H. v. 200 000 €. Dieser entfällt vollständig auf den Zeitraum bis zum 30. 6. 2018. Die V-GmbH stellt keinen Antrag nach § 8 d KStG.

**Variante:** Die V-GmbH stellt einen Antrag nach § 8 d KStG.

**Lösung:**

Der verbleibende fortführungsgebundene Verlustvortrag i. S. d. § 8 d KStG kann mit dem positiven Gesamtbetrag der Einkünfte i. H. v. 200 000 €, der auf den Zeitraum bis zum schädlichen Beteiligungserwerb am 30. 6. 2018 entfällt, verrechnet werden (vgl. Rn. 56). Der verbleibende Teil der nicht genutzten Verluste i. H. v. 300 000 € geht nach § 8 c Abs. 1 KStG unter.

**Lösung zur Variante:**

Aufgrund des Antrags der V-GmbH findet § 8 c KStG keine Anwendung. Somit kann der auf den 31. 12. 2017 festgestellte fortführungsgebundene Verlust i. S. d. § 8 d KStG i. H. v. 500 000 € mit dem positiven Gesamtbetrag der Einkünfte verrechnet werden. Danach verbleibt zum 31. 12. 2018 ein fortführungsgebundener Verlustvortrag i. S. d. § 8 d KStG i. H. v. 300 000 €.

## 2. Anwendung der Stille-Reserven-Klausel nach § 8 c Abs. 1 Satz 5 bis 8 KStG

74 Wird für den Veranlagungszeitraum, in den der schädliche Beteiligungserwerb fällt, erneut ein Antrag nach § 8 d KStG gestellt, findet die Stille-Reserven-Klausel nach § 8 c Abs. 1 Satz 5 ff. KStG keine Anwendung (vgl. Rn. 6).

75 Wird nach dem schädlichen Beteiligungserwerb kein neuer Antrag nach § 8 d KStG gestellt, werden die im Zeitpunkt des schädlichen Beteiligungserwerbs vorhandenen stillen Reserven nach Rn. 62 des BMF-Schreibens vom 28. November 2017 (BStBl. I S. 1645)[1] zunächst zum Erhalt des laufenden Verlusts genutzt. Soweit die vorhandenen stillen Reserven die laufenden Verluste übersteigen, sind sie zum Erhalt des Verlustvortrags nach § 10 d Abs. 4 EStG (inkl. des fortführungsgebundenen Verlustvortrags) zu verwenden. Der danach verbleibende Verlustvortrag ist kein fortführungsgebundener Verlustvortrag mehr.

**Beispiel 32:**

Bei der V-GmbH besteht zum 31. 12. 2018 ein fortführungsgebundener Verlustvortrag i. H. v. 200 000 € und ein übriger Verlustvortrag i. S. d. § 10 d EStG i. H. v. 300 000 €. Gesellschafter der V-GmbH sind die natürlichen Personen A zu 60 % und B zu 40 %. Am 30. 6. 2019 überträgt A seine gesamten Anteile auf die natürliche Person C. Im Veranlagungszeitraum 2019 erwirtschaftet die V-GmbH einen Verlust i. H. v. 300 000 €. Davon entfällt auf den Zeitraum 1. 1. bis 30. 6. 2019 ein Verlust i. H. v. 100 000 €. Zum 30. 6. 2019 betragen die stillen Reserven 150 000 €.

Für den Veranlagungszeitraum 2019 stellt die V-GmbH einen Antrag nach § 8 d KStG.

**Variante:** Für den Veranlagungszeitraum 2019 stellt die V-GmbH keinen Antrag nach § 8 d KStG.

**Lösung:**

Aufgrund des Antrags nach § 8 d KStG der V-GmbH findet § 8 c KStG keine Anwendung. In diesem Fall werden die gesamten nicht genutzten Verluste einschließlich des bisher festgestellten fortführungsgebundenen Verlustvortrags zum neu festzustellenden fortführungsgebundenen Verlustvortrag. Zum 31. 12. 2019 ist daher ein fortführungsgebundener Verlustvortrag i. H. v. 800 000 € festzustellen.

**Lösung zur Variante:**

Der zum 31. 12. 2018 festgestellte Verlustvortrag (inkl. des fortführungsgebundenen Verlustvortrags) i. H. v. 500 000 € und der bis zum Zeitpunkt des schädlichen Beteiligungserwerbs erzielte laufende Verlust i. H. v. 100 000 € stellen nicht genutzte Verluste i. S. d. § 8 c KStG dar und gehen daher grundsätzlich unter. Durch die vorhandenen stillen Reserven i. H. v. 150 000 € kann der bis zum Zeitpunkt des schädlichen Beteiligungserwerbs erzielte laufende Verlust in voller Höhe (100 000 €) erhalten werden. Der übersteigende Teil der stillen Reserven (50 000 €) führt zum teilweisen Erhalt des zum 31. 12. 2018 festgestellten Verlustvortrag (inkl. des fortführungsgebundenen Verlustvortrags).

---

[1] Nr. **100** § 8c/1.

Nach § 8 c Abs. 1 KStG gehen somit 450 000 € des Verlustvortrags zum 31. 12. 2018 unter. Zum 31. 12. 2019 ist ein verbleibender Verlustvortrag i. H. v. 350 000 € (laufender Verlust i. H. v. 300 000 € zzgl. „geretteter“ Verlustvortrag zum 31. 12. des Vorjahres i. H. v. 50 000 €) festzustellen (kein fortführungsgebundener Verlustvortrag).

### 3. Schädlicher Beteiligungserwerb nach § 8 c Abs. 1 Satz 1 KStG stellt gleichzeitig ein schädliches Ereignis nach § 8 d Abs. 2 KStG dar

Ist ein schädlicher Beteiligungserwerb i. S. d. § 8 c Abs. 1 KStG zugleich ein schädliches Ereignis i. S. d. § 8 d Abs. 2 KStG, hat § 8 c KStG Vorrang vor § 8 d Abs. 2 KStG. 76

**Beispiel 33:**
Bei der V-GmbH ist zum 31. 12. 2018 ein fortführungsgebundener Verlustvortrag i. H. v. 200 000 € sowie ein übriger Verlustvortrag nach § 10 d EStG i. H. v. 500 000 € festgestellt worden. Gesellschafter der V-GmbH sind die natürlichen Personen A zu 60 % und B zu 40 %. Am 30. 6. 2019 wird eine (Sach-)Kapitalerhöhung bei der V-GmbH beschlossen. Nach der Kapitalerhöhung sind B zu 95 % und A zu 5 % beteiligt B bringt im Rahmen der Kapitalerhöhung einen Betrieb ein. Die V-GmbH setzt das übernommene Betriebsvermögen in ihrer Steuerbilanz mit dem gemeinen Wert an. Der Betrieb stellt einen zusätzlichen Geschäftsbetrieb i. S. d. § 8 d Abs. 2 Satz 2 Nr. 3 KStG dar. Bis zum 30. 6. 2019 erzielt die V-GmbH einen negativen Gesamtbetrag der Einkünfte i. H. v. 100 000 €. Zum 31. 12. 2018 und 30. 6. 2019 bestehen stille Reserven i. H. v. 200 000 €.

**Lösung:**
Die Kapitalerhöhung stellt einen schädlichen Beteiligungserwerb dar, da sie zu einer Veränderung der Beteiligung von mehr als 50 % führt (§ 8 c Abs. 1 Satz 3 KStG). In einem ersten Schritt wären sowohl der vortragsfähige Verlust i H. v. 500 000 €, der laufende Verlust i. H. v. 100 000 € als auch der fortführungsgebundene Verlustvortrag i. H. v. 200 000 € nach § 8 c Abs. 1 Satz 1 KStG vollständig zu kürzen. Der Anwendungsbereich des § 8 d KStG ist nicht eröffnet, da mit der Übernahme des Betriebs des B durch die V-GmbH ein schädliches Ereignis i. S. d. § 8 d Abs. 2 Satz 2 Nr. 3 KStG bis zum Ende des Veranlagungszeitraums des schädlichen Beteiligungserwerbs eingetreten ist. Da jedoch stille Reserven i. H. v. 200 000 € im Zeitpunkt des schädlichen Beteiligungserwerbs vorhanden sind, bleiben nach § 8 c Abs. 1 Satz 5 ff. KStG der laufende Verlust i. H. v. 100 000 € als auch 100 000 € des Verlustvortrags zum 31. 12. 2018 (inkl. des fortführungsgebundenen Verlustvortrags) von der Kürzung nach § 8 c KStG verschont; gleichzeitig entfällt die Fortführungsgebundenheit.

### 4. Schädlicher Beteiligungserwerb nach § 8 c Abs. 1 Satz 1 KStG folgt auf ein schädliches Ereignis nach § 8 d Abs. 2 KStG im selben Veranlagungszeitraum

Findet in einem Veranlagungszeitraum ein schädliches Ereignis i. S. d. § 8 d Abs. 2 KStG statt und folgt danach ein schädlicher Beteiligungserwerb, hat § 8 c KStG Vorrang vor § 8 d Abs. 2 KStG. 77

**Beispiel 34:**
Bei der V-GmbH besteht zum 31. 12. 2017 ein fortführungsgebundener Verlustvortrag i. H. v. 200 000 € sowie ein übriger Verlustvortrag nach § 10 d EStG i. H. v. 300 000 €. Alleingesellschafter der V-GmbH ist die natürliche Person A. Die V-GmbH beteiligt sich zum 1. 3. 2018 an einer Mitunternehmerschaft. A veräußert zum 30. 6. 2018 100 % seiner Anteile an die natürliche Person B. Die stillen Reserven betragen zum 31. 12. 2017 und zum 30. 6. 2018 jeweils 200 000 €.

**Lösung:**
Der schädliche Beteiligungserwerb führt grundsätzlich zur vollständigen Kürzung des Verlustvortrags (inkl. des fortführungsgebundenen Verlusts, vgl. Rn. 72). Ein Antrag nach § 8 d KStG ist nicht zulässig, da im Veranlagungszeitraum des schädlichen Beteiligungserwerbs mit der Beteiligung an der Mitunternehmerschaft ein schädliches Ereignis nach § 8 d Abs. 2 Satz 2 Nr. 4 KStG eingetreten ist (vgl. Rn. 37 ff.). Da jedoch zum Zeitpunkt des schädlichen Beteiligungserwerbs stille Reserven i. H. v. 200 000 € vorhanden sind, geht der Verlustvortrag (inkl. des fortführungsgebundenen Verlusts) nur in Höhe der restlichen 300 000 € unter (vgl. Rn. 75). Für den verbleibenden Verlustvortrag zum 31. 12. 2018 entfällt die Fortführungsgebundenheit.

## VIII. Erstmalige Anwendung des § 8 d KStG

78 § 8 d KStG ist erstmals auf schädliche Beteiligungserwerbe i. S. d. § 8 c KStG anzuwenden, die nach dem 31. Dezember 2015 erfolgen (§ 34 Abs. 6 a Satz 1 KStG). Voraussetzung dafür ist, dass der Geschäftsbetrieb der Körperschaft vor dem 1. Januar 2016 weder eingestellt noch ruhend gestellt war. Unerheblich ist dabei, ob zu diesem Zeitpunkt nicht genutzte Verluste existierten.

79 Abweichend davon kann § 8 d KStG trotz einer früheren Einstellung oder Ruhendstellung für Verluste in Anspruch genommen werden, die nach dem 31. Dezember 2015 entstanden sind.

80 Bei vom Kalenderjahr abweichenden Wirtschaftsjahren, die im Veranlagungszeitraum 2016 endeten, kommt es für die erstmalige Anwendung des § 8 d KStG darauf an, ob der schädliche Beteiligungserwerb nach dem 31. Dezember 2015 erfolgte.

# **100** § 11/1. Schreiben betr. körperschaftsteuerliche Behandlung der Auflösung und Abwicklung von Körperschaften und Personenvereinigungen nach den Änderungen durch das Gesetz zur Fortentwicklung des Unternehmenssteuerrechts (UntStFG)

Vom 26. August 2003 (BStBl. I S. 434)

(BMF IV A 2 – S 2760 – 4/03)

Nach dem Ergebnis der Erörterung mit den obersten Finanzbehörden der Länder gilt für die steuerliche Behandlung der Auflösung und Abwicklung einer Körperschaft und Personenvereinigung nach Inkrafttreten des Gesetzes zur Fortentwicklung des Unternehmenssteuerrechts vom 20. Dezember 2001 (BGBl. I S. 3858 – UntStFG –) Folgendes:

## A. Bedeutung des Besteuerungszeitraums

Im Abwicklungszeitraum gibt es keine Wirtschaftsjahre im steuerrechtlichen Sinne. Für Zwecke der §§ 27, 37 und 38 KStG n. F.[1] tritt an die Stelle des Wirtschaftsjahrs der Besteuerungszeitraum. 1

Auf den Schluss jedes Besteuerungszeitraums ist eine Steuerbilanz aufzustellen. 2

Umfasst der Abwicklungszeitraum mehrere Besteuerungszeiträume, ist auf den Schluss eines jeden Besteuerungszeitraums, für den neues Recht gilt (siehe Rdnr. 4 ff.), das Körperschaftsteuerguthaben (§ 37 KStG n. F.), der Teilbetrag EK 02 (§ 38 KStG n. F.) und das steuerliche Einlagekonto (§ 27 KStG n. F.) gesondert festzustellen. Die abschließenden gesonderten Feststellungen für den letzten Besteuerungszeitraum sind auf den Zeitpunkt vor der Schlussverteilung des Vermögens vorzunehmen. 3

## B. Systemübergreifende Liquidation

### I. Grundsatz

Endet bei der Liquidation einer unbeschränkt steuerpflichtigen Körperschaft der Besteuerungszeitraum nach dem 31. Dezember 2000, richtet sich die Besteuerung für diesen Zeitraum nach den Vorschriften des KStG n. F. (§ 34 Abs. 14 Satz 1 KStG n. F.). 4

Auch für den auf die Zeit vor dem 1. Januar 2001 entfallenden Teil des Besteuerungszeitraums ist das KStG n. F. anzuwenden. Ob das verteilte Vermögen bei der Körperschaft zu einer Minderung oder Erhöhung der Körperschaftsteuer führt, richtet sich nach § 40 Abs. 4 i. V. m. den §§ 37 und 38 KStG n. F. Bereits unter Zugrundelegung der früheren Rechtslage ausgestellte 5

1) **[Amtl. Anm.:]** KStG n. F. = KStG 2002; KStG a. F. = KStG 1999.

Steuerbescheinigungen sind zurückzufordern und auf der Grundlage des EStG bzw. KStG n. F. neu zu erteilen.

6 Der Feststellung der Endbestände nach § 36 Abs. 7 KStG n. F. sind die Bestände zum Schluss des letzten vor Liquidationsbeginn endenden Wirtschaftsjahrs bzw. zum Schluss des letzten Besteuerungszeitraums, für das noch das KStG a. F. gilt, zugrunde zu legen.

### II. Antrag im Sinne des § 34 Abs. 14 KStG n. F.

7 Hat die in Liquidation befindliche Körperschaft, deren Besteuerungszeitraum vor dem 1. Januar 2001 beginnt und nach dem 31. Dezember 2000 endet, gemäß § 34 Abs. 14 Satz 2 KStG n. F. bis zum 30. Juni 2002 (Ausschlussfrist) den Antrag gestellt, auf die Zeit bis zum 31. Dezember 2000 das KStG a. F. anzuwenden, so endet auf den 31. Dezember 2000 ein Besteuerungszeitraum, für den ein steuerlicher Zwischenabschluss zu fertigen ist (§ 34 Abs. 14 Satz 3 KStG n. F.).

8 In den in Rdnr. 7 genannten Fällen unterliegt das Einkommen des am 31. Dezember 2000 endenden Besteuerungszeitraums noch dem KStG a. F. Für Liquidationsraten, andere Ausschüttungen und sonstige Leistungen, die in diesem Besteuerungszeitraum erfolgen, ist noch die Körperschaftsteuer-Ausschüttungsbelastung nach dem Vierten Teil des KStG a. F. herzustellen (§ 34 Abs. 14 Satz 5 KStG n. F.). Diese Auskehrungen verringern gemäß § 36 Abs. 2 KStG n. F. die Endbestände der auf den 31. Dezember 2000 festzustellenden Teilbeträge des verwendbaren Eigenkapitals.

9 Die Feststellung der Endbestände nach § 36 Abs. 7 KStG n. F. erfolgt auf den 31. Dezember 2000.

## C. Gewinnausschüttungen für vor dem Abwicklungszeitraum endende Wirtschaftsjahre

10 Eine Ausschüttung kann auch dann auf einem den gesellschaftsrechtlichen Vorschriften entsprechenden Gewinnverteilungsbeschluss für ein abgelaufenes Wirtschaftsjahr beruhen, wenn die Körperschaft nach Beginn der Liquidation beschließt, Gewinne für vor dem Abwicklungszeitraum endende Wirtschaftsjahre auszuschütten (BFH-Urteile vom 12. September 1973, BStBl. 1974 II S. 14, vom 17. Juli 1974, BStBl. II S. 692 und vom 22. Oktober 1998, I R 15/98, BFH/NV 1999 S. 829).

11 Erfolgt eine solche Gewinnausschüttung in Besteuerungszeiträumen, die bereits unter das KStG n. F. fallen, ist § 34 Abs. 12 Satz 1 Nr. 1 KStG n. F. nicht anzuwenden, da es während des Abwicklungszeitraums keine Wirtschaftsjahre gibt (vgl. Rdnr. 1). Für diese Ausschüttungen gilt der Vierte Teil des KStG a. F. daher nicht mehr.

## D. Auswirkungen der Liquidation auf das steuerliche Einlagekonto und den Sonderausweis

12 Bei der Vermögensverteilung gilt das übrige Eigenkapital als vor dem Nennkapital ausgezahlt.

Die Vermögensverteilung ist, soweit sie nicht als Nennkapitalrückzahlung zu beurteilen ist, eine Leistung im Sinne des § 27 Abs. 1 Satz 3 KStG. Bei Abschlagszahlungen auf den Liquidationserlös ist auf den ausschüttbaren Gewinn zum Schluss des der Leistung vorangegangenen Besteuerungszeitraums bzw. Wirtschaftsjahrs abzustellen. Bei der Schlussauskehrung ist der ausschüttbare Gewinn maßgeblich, der sich auf den Zeitpunkt vor dieser Auskehrung ergibt. Das ist grundsätzlich der Zeitpunkt, auf den die Liquidationsschlussbilanz erstellt wird. 13

Soweit die Vermögensverteilung als Nennkapitalrückzahlung zu behandeln ist, wird in Höhe dieses Betrags zunächst der Sonderausweis verringert (§ 28 Abs. 2 Satz 1 KStG n. F.). Wegen des Zeitpunktes, auf den der maßgebliche Bestand des Sonderausweises zu ermitteln ist, gilt Rdnr. 13 entsprechend. Insoweit gilt die Rückzahlung des Nennkapitals als Gewinnausschüttung, die bei den Anteilseignern zu kapitalertragsteuerpflichtigen Bezügen im Sinne des § 20 Abs. 1 Nr. 2 EStG führt (§ 28 Abs. 2 Satz 2 KStG n. F.). 14

Soweit die Nennkapitalrückzahlung einen Sonderausweis übersteigt bzw. wenn ein Sonderausweis nicht besteht, führt der Rückzahlungsbetrag zu einer betragsmäßig identischen Erhöhung und Verringerung des steuerlichen Einlagekontos (§ 28 Abs. 2 Satz 1 2. Halbsatz und Satz 2 2. Halbsatz KStG). Eine Steuerbescheinigung im Sinne des § 27 Abs. 3 KStG ist den Anteilseignern insoweit nicht auszustellen. 15

## E. Körperschaftsteuerminderung bzw. -erhöhung in Liquidationsfällen

Unabhängig davon, ob das Vermögen der Körperschaft als Abschlagszahlung auf den Liquidationserlös oder im Rahmen der Schlussverteilung ausgekehrt wird, mindert oder erhöht sich die Körperschaftsteuer um den Betrag, der sich nach den §§ 37 und 38 KStG n. F. ergeben würde, wenn das verteilte Vermögen einschließlich des Nennkapitals als in dem Zeitpunkt der Verteilung für eine Ausschüttung verwendet gelten würde (§ 40 Abs. 4 Satz 1 KStG n. F.). 16

Wegen des Zeitpunktes, auf den die maßgeblichen Bestände des KSt-Guthabens, des Teilbetrags EK 02 und des ausschüttbaren Gewinns zu ermitteln sind, gelten die Ausführungen zu Rdnr. 13 entsprechend. Für die Anwendung des § 40 Abs. 4 Satz 3 KStG n. F. gilt die Liquidation auf den Stichtag der Erstellung der Liquidationsschlussbilanz als beendet. 17

## F. Zusammenfassendes Beispiel

**Beispiel:** 18

Die A-GmbH (Wirtschaftsjahr = Kalenderjahr) wird zum 30. Juni 2002 aufgelöst. Der der Schlussauskehrung zugrunde liegende Liquidationsschlussbestand wird auf den 31. August 2003 ermittelt. Für die Zeit vom 1. Januar 2002 bis zum 30. Juni 2002 bildet die GmbH ein Rumpfwirtschaftsjahr. Zum 31. Dezember 2001 und zum 30. Juni 2002 betragen das KSt-Guthaben 25 000 € und der Teilbetrag EK 02 30 000 €. Das Nennkapital zu den Stichtagen beträgt 90 000 € und der Sonderausweis 40 000 €.
Das übrige Eigenkapital lt. Steuerbilanz beträgt
a) zum 30. Juni 2002 = 410 000 €
b) zum 31. August 2003 = 648 500 €

Der Gewinn des Rumpfwirtschaftsjahrs 2002 wird am 15. August 2003 in Höhe von 75 000 € offen ausgeschüttet.

**Lösung:**

Anwendung des § 28 Abs. 2 und des § 40 Abs. 4 KStG n. F.

| | | Einlage-konto | KSt-Gut-haben | EK 02 | Nenn-kapital | Sonder-ausweis |
|---|---|---|---|---|---|---|
| **Bestände zum 30. Juni 2002** | | **0** | **25 000** | **30 000** | **90 000** | **40 000** |
| Offene Gewinnausschüttung für das Rumpf-Wj. 2002 | 75 000 | | | | | |
| KSt-Minderung: 1/6 von 75 000 | | | −12 500 | | | |
| Keine Verwendung von EK 02[1] | | | | 0 | | |
| **Bestände vor Schlussverteilung (= letzte gesonderte Feststellung)** | | **0** | **12 500** | **30 000** | **90 000** | **40 000** |
| Nullstellung des Nennkapitals gem. § 28 Abs. 2 Satz 1 KStG n. F. | | + 50 000 | | | − 90 000 | − 40 000 |
| **Zwischensumme** | | **50 000** | **12 500** | **30 000** | **0** | **0** |
| Verteiltes Vermögen (= übriges Eigenkapital und Nennkapital) | 738 500 | | | | | |
| Unmittelbarer Abzug beim Einlagekonto gem. § 28 Abs. 2 Satz 2 Hs 2 KStG n. F. | − 50 000 | − 50 000 | | | | |
| **Zwischensumme** | | **0** | **12 500** | **30 000** | **0** | **0** |
| Leistung gem. **§ 27 Abs. 1 Satz 3 KStG n. F.** (= Verteiltes Vermögen abzüglich Nennkapital) | 648 500 | | | | | |
| **Verwendung Einlagekonto** (höchstens verbleibender Bestand) | −0 | 0 | | | | |
| **Zwischensumme** | | **0** | **12 500** | **30 000** | **0** | **0** |
| Leistung i. S. d. **§ 40 Abs. 4 i. V. m. §§ 37, 38 KStG n. F.** (= verteiltes Vermögen) | 738 500 | | | | | |
| **KSt-Minderung (§ 37 KStG n. F.)** 1/6 von 738 500; höchstens jedoch Bestand des KSt-Guthabens | | | −12 500 | | | |
| KSt-Erhöhung (§ 38 KStG n. F.) Verwendung von EK 02[2] 738 500 – 618 500 = 120 000; höchstens 7/10 des Bestandes | | | | − 21 000 | | |
| KSt-Erhöhung = 3/7 von 21 000 | | | | −9000 | | |

[1] **[Amtl. Anm.:]** Differenzrechnung: Ausschüttbarer Gewinn zum 30. Juni 2002 abzüglich EK 02 zum 30. Juni 2002: 410 000 € – 30 000 € = 380 000 €. Da die Ausschüttung kleiner ist als 380 000 €, gilt EK 02 nicht als verwendet.

[2] **[Amtl. Anm.:]** Differenzrechnung: Ausschüttbarer Gewinn vor Schlussverteilung abzüglich EK 02 vor Schlussverteilung: 648 500 € – 30 000 € = 618 500 €; das verteilte Vermögen i. H. v. 738 500 € übersteigt 618 500 € um 120 000 €. Für die Berechnung der KSt-Erhöhung gilt: 120 000 € × 3/7 = 51 428 €, höchstens jedoch 7/10 × 30 000 € (Bestand des EK 02) = 21 000 €.

## G. Behandlung der Nennkapitalrückzahlung bei den Anteilseignern

Bei den Anteilseignern richtet sich die steuerliche Behandlung der Nennkapitalrückzahlung nach § 17 Abs. 4 EStG bzw. – soweit ein Sonderausweis vorhanden ist – nach § 20 Abs. 1 Nr. 2 Satz 2 EStG, unabhängig davon, ob die Leistung bei der Körperschaft zu einer Minderung bzw. einer Erhöhung der Körperschaftsteuer führt oder nicht. 19

# 100 § 14/1. Schreiben betr. Anwendungsfragen zu § 14 Abs. 2 KStG

Vom 4. März 2020 (BStBl. I S. 256)

(BMF IV C 2 – S 2770/19/10003 :002; DOK 2020/0207624)

Mit BFH-Urteil vom 10. Mai 2017 I R 93/15 (BStBl. 2019 II S. 278) hat der BFH entgegen der bisherigen Verwaltungsauffassung entschieden, dass die Vereinbarung von variablen Ausgleichszahlungen eines beherrschenden Unternehmens an einen außenstehenden Gesellschafter der Anerkennung einer steuerlichen Organschaft entgegensteht, wenn sich die Ausgleichszahlungen im Ergebnis an dem Gewinn der beherrschten Gesellschaft bemessen. 1

Mit dem Gesetz zur Vermeidung von Umsatzsteuerausfällen beim Handel mit Waren im Internet und zur Änderung weiterer steuerlicher Vorschriften vom 11. Dezember 2018 (BGBl. I S. 2338)[1] wurde in § 14 Abs. 2 KStG geregelt, unter welchen Voraussetzungen neben dem festen Betrag nach § 304 Abs. 2 Satz 1 des Aktiengesetzes (AktG) zusätzlich vereinbarte und geleistete (variable) Ausgleichszahlungen an außenstehende Gesellschafter der Anerkennung einer ertragsteuerlichen Organschaft nicht entgegenstehen.

Nach dem Ergebnis einer Erörterung mit den obersten Finanzbehörden der Länder nehme ich zu Anwendungsfragen zu § 14 Abs. 2 KStG wie folgt Stellung:

## I. Anwendungsbereich des § 14 Abs. 2 KStG

Für die Anwendung des § 14 Abs. 2 KStG ist es unerheblich, ob die Ausgleichszahlungen von der Organgesellschaft oder dem Organträger geleistet werden. Es kommt auch nicht darauf an, wer die Ausgleichszahlungen zivilrechtlich schuldet. Dies entspricht im Übrigen dem Rechtsgedanken des § 16 KStG, wonach stets die Organgesellschaft die Ausgleichszahlungen zu versteuern hat – unabhängig davon, ob sie selbst oder der Organträger die Ausgleichszahlungen geleistet hat. 2

Der Anwendungsbereich des § 14 Abs. 2 KStG ist nur eröffnet, wenn Ausgleichszahlungen vereinbart und geleistet werden. 3

In Fällen, in denen neben dem aktienrechtlichen Mindestbetrag i. S. d. § 304 Abs. 2 Satz 1 AktG weitere, gewinnabhängige Ausgleichszahlungen zwar vereinbart sind, die variablen Betragskomponenten aber z. B. wegen eines niedrigen oder negativen Ergebnisses der Organgesellschaft in einem konkreten Wirtschaftsjahr nicht zu leisten sind und auch tatsächlich nicht geleistet werden, kommt § 14 Abs. 2 Satz 1 KStG für dieses Wirtschaftsjahr nicht zur Anwendung. In solchen Fällen bestimmt sich allein nach § 14 Abs. 1 KStG und § 16 KStG, dass die tatsächlich geleisteten Ausgleichszahlungen in der 4

[1] **[Amtl. Anm.:]** BStBl. I S. 1377.

nach § 304 Abs. 2 Satz 1 AktG angeordneten Höhe unschädlich für die steuerliche Anerkennung der Organschaft sind.

5 Der Anwendungsbereich des § 14 Abs. 2 KStG ist eröffnet, wenn die Vereinbarung zu Ausgleichszahlungen keine Festbetragskomponente i. S. d. § 304 Abs. 2 Satz 1 AktG enthält, sondern die Ausgleichszahlungen nach dem Gewinn des Organträgers bemessen werden (variable Ausgleichszahlung i. S. d. § 304 Abs. 2 Satz 2 AktG). Der mindestens zugesicherte Betrag i. S. d. § 304 Abs. 2 Satz 1 AktG beläuft sich in diesem Fall auf null. Somit geht der Gesamtbetrag der Ausgleichszahlungen über diesen Betrag hinaus und unterliegt in voller Höhe der betragsmäßigen Begrenzung nach § 14 Abs. 2 Satz 2 KStG; siehe hierzu Randnummer 6.

## II. Höchstbetrag der Ausgleichszahlungen i. S. d. § 14 Abs. 2 Satz 2 KStG

6 Als Bezugsgröße für den fiktiven Gewinnanteil eines außenstehenden Gesellschafters i. S. d. § 14 Abs. 2 Satz 2 KStG ist stets auf den Gesamtgewinn der Organgesellschaft abzustellen.

### 1. Disquotale Gewinnverteilungsabreden

7 Der Höchstbetrag der Ausgleichszahlungen bemisst sich ausschließlich nach dem Gewinnanteil, der dem Anteil am gezeichneten Kapital entspricht, und kann durch vertragliche Vereinbarung einer disquotalen Gewinnverteilung nicht beeinflusst werden.

### 2. Ausgleichszahlungen, die an dem Ergebnis bestimmter Bereiche der Organgesellschaft bemessen werden (Spartengewinne, sog. Tracking-stock-Strukturen)

8 Soweit mit einem außenstehenden Gesellschafter Ausgleichzahlungen vereinbart werden, die sich z. B. an dem Ergebnis einer einzelnen (gewinnträchtigen) Sparte orientieren, ist dies für die Prüfung der Begrenzung der steuerlich anzuerkennenden Ausgleichszahlungen im Rahmen des § 14 Abs. 2 Satz 2 KStG unbeachtlich. Auch in diesen Fällen ist als Ausgangsgröße bei der Berechnung des fiktiven Gewinnanteils auf den Gesamtgewinn der Organgesellschaft (d. h. die Gesamtsumme aller Spartenergebnisse) abzustellen.

### 3. Ermittlung des fiktiv für eine Ausschüttung zur Verfügung stehenden Gewinnanteils

9 Maßgebend für die Ermittlung des Höchstbetrages nach § 14 Abs. 2 Satz 2 KStG ist der Betrag, der in dem Wirtschaftsjahr ohne Bestehen des Gewinnabführungsvertrages an den außenstehenden Gesellschafter hätte geleistet werden können (Stand-alone-Betrachtung).

10 Bei der Ermittlung des fiktiv für eine Ausschüttung zur Verfügung stehenden Gewinnanteils ist der handelsrechtliche Jahresüberschuss vor Gewinnabführung als Ausgangsgröße um Beträge zu bereinigen, die bei einer Ausschüttung an den außenstehenden Gesellschafter ohne Bestehen der Organschaft nicht zur Verfügung gestanden hätten. Insbesondere folgende Positionen sind abzuziehen:

– Zuführungen in gesetzliche Rücklagen

– Zuführungen in andere Gewinnrücklagen i. S. d. § 272 Abs. 3 HGB
– Ausschüttungsgesperrte Beträge (z. B. nach § 253 Abs. 6 HGB)
– Fiktive Ertragsteuerbeträge (Körperschaftsteuer, Gewerbesteuer), die ohne Bestehen der Organschaft auf Ebene der Organgesellschaft entstanden wären. Soweit Steuerumlagen den Jahresüberschuss der Organgesellschaft gemindert bzw. erhöht haben, sind diese Beträge im Rahmen der Ermittlung der fiktiven Ertragsteuerbelastung der Organgesellschaft gegenzurechnen bzw. einzubeziehen.

Insbesondere folgende Beträge sind hinzuzurechnen: **11**
– Die Auflösung von in organschaftlicher Zeit gebildeten Rücklagen i. S. d. Randnummer 10
– Ausgleichszahlungen an den außenstehenden Gesellschafter, soweit sie den Jahresüberschuss gemindert haben
– Körperschaftsteuerbeträge auf Ausgleichszahlungen nach § 16 KStG, soweit sie den Jahresüberschuss gemindert haben.

### 4. Wirtschaftsjahrbezogene Betrachtungsweise

Die Ermittlung des Höchstbetrages i. S. d. § 14 Abs. 2 Satz 2 KStG ist für jedes Wirtschaftsjahr gesondert vorzunehmen. Soweit in einem Wirtschaftsjahr die an den außenstehenden Gesellschafter insgesamt geleisteten Ausgleichszahlungen (Summe aus dem Festbetrag nach § 304 Abs. 2 Satz 1 AktG und den darüber hinausgehenden Beträgen) geringer sind als dessen fiktiver Gewinnanteil i. S. d. § 14 Abs. 2 Satz 2 KStG, kann der nicht voll ausgeschöpfte Teil des Höchstbetrages nicht in die Ermittlung des Höchstbetrages für die folgenden Wirtschaftsjahre einbezogen werden. **12**

## III. „Kaufmannstest" i. S. d. § 14 Abs. 2 Satz 3 KStG

Mit dem Kaufmannstest soll verhindert werden, dass die besonderen Voraussetzungen der Sondervorschriften für die Organschaft – insbesondere das Erfordernis der Gesamtgewinnabführung – zweck- und systemwidrig durch die Vereinbarung von Ausgleichszahlungen in beliebiger Höhe unterlaufen werden können. Insbesondere rein steuerlich motivierte variable Ausgleichszahlungen, bei denen es an einer sachlichen Begründung fehlt, sind schädlich für die steuerliche Anerkennung der Organschaft. Sofern Organträger und Minderheitsgesellschafter nicht in einem Näheverhältnis zueinanderstehen, wird es in der Regel aufgrund des bestehenden Interessengegensatzes sachliche Gründe für die Vereinbarung der zusätzlichen Ausgleichszahlung geben, sodass der Kaufmannstest regelmäßig einer steuerlichen Anerkennung der Organschaft nicht entgegensteht. **13**

## IV. Rechtsfolgen

Wenn die an außenstehende Gesellschafter insgesamt geleisteten Ausgleichszahlungen den nach § 14 Abs. 2 KStG zulässigen Höchstbetrag nicht übersteigen, greift die gesetzliche Fiktion und der ganze Gewinn gilt als abgeführt i. S. d. § 14 Abs. 1 Satz 1 KStG. Bei Vorliegen der weiteren Voraussetzungen (§§ 14 ff. KStG) ist die Organschaft für diesen Veranlagungszeitraum **14** anzuerkennen. Die Organgesellschaft hat nach § 16 KStG in Höhe von 20/17 der Ausgleichszahlungen ein eigenes Einkommen zu versteuern.

15 Sofern die an den außenstehenden Gesellschafter insgesamt geleisteten Ausgleichszahlungen den nach § 14 Abs. 2 KStG zulässigen Höchstbetrag übersteigen, steht dies der steuerlichen Anerkennung der Organschaft entgegen. Die in R 14.5 Abs. 8 KStR 2015 dargelegten Grundsätze sind anzuwenden.

# 100 § 14/2. Schreiben betr. Wechsel zur Einlagelösung nach § 14 Abs. 4 KStG i. d. F. des Gesetzes zur Modernisierung des Körperschaftsteuerrechts vom 25. Juni 2021 (BStBl. I S. 889)

Vom 29. September 2022

BMF IV C 2 - S 2770/19/10004 :007; DOK 2022/0912541

(BStBl. I S. 1412)

Durch das Gesetz zur Modernisierung des Körperschaftsteuerrechts vom 25. Juni 2021 (BStBl. I S. 889), KöMoG, wurde in Bezug auf die ertragsteuerliche Organschaft ein Wechsel der bisherigen Behandlung von Minder- und Mehrabführungen vollzogen und die Bildung steuerlicher Ausgleichsposten durch die Einlagelösung ersetzt (§ 14 Abs. 4 KStG). Unter Bezugnahme auf das Ergebnis der Erörterung mit den obersten Finanzbehörden der Länder gilt für die Neuregelung zur Behandlung von Minder- und Mehrabführungen Folgendes:

**Inhaltsverzeichnis**



## I. Zeitliche Anwendung

§ 14 Abs. 4 sowie § 27 Abs. 1 Satz 3 und Abs. 6 des Körperschaftsteuergesetzes **1**
(KStG) i.d.F. des Art. 1 des KöMoG sind erstmals auf Minder- und Mehrabführungen anzuwenden, die nach dem 31. Dezember 2021 erfolgen. Hinsichtlich des Zeitpunkts der Minder- und Mehrabführungen ist dabei auf das Ende des Wirtschaftsjahres der Organgesellschaft abzustellen (§ 34 Abs. 6e Satz 6 KStG). Noch bestehende Ausgleichsposten für organschaftliche Minder- und Mehrabführungen, die nach Maßgabe des § 14 Abs. 4 KStG in der am 31. Dezember 2021 geltenden Fassung in der Steuerbilanz gebildet wurden, sind in dem Wirtschaftsjahr aufzulösen, das nach dem 31. Dezember 2021 endet (§ 34 Abs. 6e Satz 7 KStG). Im Falle voneinander abweichender Wirtschaftsjahre von Organträger und Organgesellschaft ist darauf abzustellen, ob die Minder- oder Mehrabführungen bei der Organgesellschaft noch der Regelung des § 14 Abs. 4 KStG a. F. (§ 34 Abs. 6e Satz 6 KStG) unterliegen. In einem solchen Fall sind die Ausgleichsposten erst zum Schluss des darauffolgenden Wirtschaftsjahres aufzulösen.

## II. Behandlung von Minder- und Mehrabführungen

2 In organschaftlicher Zeit verursachte Minderabführungen der Organgesellschaft sind wie eine Einlage durch den Organträger in die Organgesellschaft zu behandeln. Der Beteiligungsbuchwert der Organgesellschaft beim Organträger ist daher entsprechend zu erhöhen.

3 In organschaftlicher Zeit verursachte Mehrabführungen der Organgesellschaft sind wie eine Einlagenrückgewähr der Organgesellschaft an den Organträger zu behandeln. Der Beteiligungsbuchwert der Organgesellschaft beim Organträger ist daher entsprechend zu verringern.

4 Einlage und Einlagenrückgewähr sind nicht auf das Verhältnis der Beteiligung des Organträgers am Nennkapital der Organgesellschaft begrenzt.

**Beispiel 1:**

Die A-GmbH (Organträger) hält eine Beteiligung i. H. v. 80 % an der B-GmbH (Organgesellschaft) zum Buchwert von 80. Die Voraussetzungen einer ertragsteuerlichen Organschaft sind erfüllt.

Im Jahr 01 kommt es bei der B-GmbH zu einer Mehrabführung von 20. Dies führt zu einer Verringerung des Beteiligungsbuchwerts der B-GmbH in der Bilanz der A-GmbH um 20 auf 60.

Im Jahr 02 kommt es bei der B-GmbH zu einer Minderabführung von 40. Dies führt zu einer Erhöhung des Beteiligungsbuchwerts der B-GmbH in der Bilanz der A-GmbH um 40 auf 100.

5 Eine Saldierung der Minder- und Mehrabführungen bei der Organgesellschaft ist nicht zulässig.

6 Eine Saldierung der Minder- und Mehrabführungen beim Organträger ist beteiligungsbezogen zulässig, da Minder- und Mehrabführungen in dem Zeitpunkt als verursacht gelten, in dem das Wirtschaftsjahr der Organgesellschaft endet (§ 14 Abs. 4 Satz 4 KStG). Mehrabführungen mindern hierbei den Beteiligungsbuchwert in einem Wirtschaftsjahr erst dann, wenn die sich aus den Minderabführungen resultierenden Erhöhungen des Beteiligungsbuchwerts im gleichen Wirtschaftsjahr berücksichtigt wurden.

### 1. Steuerliche Auswirkungen

7 Eine Minderabführung der Organgesellschaft an den Organträger führt zur buchtechnischen Erhöhung des Beteiligungsbuchwerts in der Steuerbilanz des Organträgers. Diese Erhöhung stellt für den Organträger einen einkommensneutralen Vorgang dar. Der Ertrag, der sich aus der buchtechnischen Erhöhung des Beteiligungsbuchwerts ergibt, ist außerbilanziell zu korrigieren.

8 Eine Mehrabführung der Organgesellschaft an den Organträger führt zur buchtechnischen Minderung des Beteiligungsbuchwerts in der Steuerbilanz des Organträgers. Diese Minderung stellt für den Organträger bis zu einem Beteiligungsbuchwert von 0 einen einkommensneutralen Vorgang dar. Der Aufwand, der durch die buchtechnische Minderung des Beteiligungsbuchwerts entsteht, ist außerbilanziell zu korrigieren.

9 Die Bilanzierung eines negativen Buchwerts infolge einer Mehrabführung ist ausgeschlossen.

10 Ist eine Personengesellschaft Organträger, ermittelt sich der dem einzelnen Mitunternehmer zuzurechnende Beteiligungsbuchwert aus dem anteiligen Buchwert in der Gesamthandsbilanz zuzüglich bzw. abzüglich etwaiger Mehr- oder Minderbuchwerte aus den jeweiligen Ergänzungsbilanzen. Die Minder- und Mehrabführungen sind nach dem allgemeinen Gewinnverteilungsschlüssel zu verteilen.

Übersteigen die Mehrabführungen der Organgesellschaft an den Organträger die Summe aus Beteiligungsbuchwert und Minderabführungen, so ist ein veräußerungsähnlicher Ertrag aus der Beteiligung zu berücksichtigen, und zwar in Höhe des übersteigenden Betrages (§ 34 Abs. 6e Satz 9 und 10 KStG). Auf diesen veräußerungsähnlichen Ertrag sind die Regelungen des § 8b KStG bzw. § 3 Nr. 40 und § 3c Abs. 2 EStG entsprechend anzuwenden (vgl. § 34 Abs. 6e Satz 10 KStG). **11**

**Beispiel 2 (Fortführung des Beispiels 1):**

Im Wirtschaftsjahr 03 kommt es zu einer Mehrabführung der B-GmbH an die A-GmbH von 130. Dies führt grundsätzlich zu einer Verringerung des Beteiligungsbuchwerts an der B-GmbH um 130.

Da zum Schluss des Wirtschaftsjahres 03 und vor Berücksichtigung der Mehrabführungen der Beteiligungsbuchwert für die Anteile an der B-GmbH 100 betragen hat, vermindert sich dieser in der Steuerbilanz auf 0, da ein negativer Beteiligungsbuchwert nicht möglich ist. Der übersteigende Betrag von 30 stellt bei der A-GmbH einen veräußerungsähnlichen Ertrag dar, der unter entsprechender Anwendung der Regelung des § 8b Abs. 2 KStG außerbilanziell zu korrigieren ist. In Höhe von 5 % dieses steuerfreien Betrags erfolgt nach § 8b Abs. 3 Satz 1 KStG eine außerbilanzielle Zurechnung pauschal nichtabziehbarer Betriebsausgaben.

## 2. Rücklage nach § 34 Abs. 6e KStG

Mit dem Wechsel von der Ausgleichspostenmethode zur Einlagelösung liegt nach der Übergangsregelung des § 34 Abs. 6e Satz 9 und 10 KStG ein veräußerungsähnlicher Ertrag insoweit vor, als die passiven Ausgleichsposten die Summe aus dem Beteiligungsbuchwert und den aktiven Ausgleichsposten übersteigen. Einlagen, die im Laufe des Wirtschaftsjahres getätigt werden, erhöhen den Beteiligungsbuchwert in der Steuerbilanz des Organträgers vor der Verrechnung mit den Ausgleichsposten. Auf den veräußerungsähnlichen Ertrag sind § 8b KStG bzw. § 3 Nr. 40 und § 3c Abs. 2 EStG anzuwenden (vgl. § 34 Abs. 6e Satz 10 KStG). Die Anwendung der Übergangsregelung in § 34 Abs. 6e Satz 9 und 10 KStG erfolgt als letzter Geschäftsvorfall in der Steuerbilanz. **12**

Dieser veräußerungsähnliche Ertrag kann in der Steuerbilanz des Organträgers in eine den Gewinn mindernde Rücklage nach § 34 Abs. 6e Satz 11 ff. KStG eingestellt werden. **13**

### a) Bildung der Rücklage

Nimmt der Organträger das Wahlrecht zur Bildung einer Rücklage in Anspruch, so ist diese Rücklage in der ersten Steuerbilanz desjenigen Wirtschaftsjahres zu bilden, das nach dem 31. Dezember 2021 endet. Im Falle der Anwendbarkeit von Rn. 1 letzter Satz ist die Rücklage entsprechend später zu bilden. **14**

Die Bildung der Rücklage ist bis zur Höhe des veräußerungsähnlichen Ertrags (vgl. Rn. 11) zulässig. Eine Bildung in geringerer Höhe ist möglich. **15**

Im Fall der Bildung einer Rücklage ist § 8b KStG bzw. § 3 Nr. 40 und § 3c Abs. 2 EStG nicht auf den in die Rücklage eingestellten Ertrag anzuwenden (vgl. § 34 Abs. 6e Satz 12 KStG). **16**

Eine Rücklage kann auch dann gebildet werden, wenn das Wirtschaftsjahr der Organgesellschaft von dem des Organträgers abweicht. **17**

Gleiches gilt, wenn die Organschaft bereits vor dem 31. Dezember 2021 beendet wurde. **18**

**b) Auflösung der Rücklage**

19 Die Rücklage ist im Wirtschaftsjahr ihrer Bildung sowie in den folgenden neun Wirtschaftsjahren zu jeweils einem Zehntel gewinnerhöhend aufzulösen. Ein Wahlrecht in Bezug auf den Zeitraum der Auflösung besteht nicht.

20 Die jährlichen Auflösungsbeträge der Rücklage unterliegen als veräußerungsähnliche Erträge jeweils der Besteuerung nach § 8b KStG bzw. § 3 Nr. 40 und § 3c Abs. 2 EStG (vgl. § 34 Abs. 6e Satz 16 KStG).

21 Wird die Beteiligung des Organträgers an der Organgesellschaft vollständig veräußert oder kommt es zu einem Vorgang, der einer vollständigen Veräußerung gleichgestellt ist (z.B. Entnahme oder Übertragung in Sonderbetriebsvermögen), so ist die zu diesem Zeitpunkt noch bestehende Rücklage vollständig aufzulösen (§ 34 Abs. 6e Satz 14 f. KStG). Wird die Beteiligung des Organträgers an der Organgesellschaft teilweise veräußert, so ist die Rücklage entsprechend anteilig aufzulösen. Dies gilt unabhängig vom Fortbestand der Organschaft. Sofern mehrere mittelbare Beteiligungen oder eine unmittelbare und eine oder mehrere mittelbare Beteiligungen bestehen, ist für die Bestimmung des aufzulösenden Anteils der Rücklage auf das Verhältnis des veräußerten Anteils an den gesamten Stimmrechten der Organgesellschaft (mittelbar zzgl. unmittelbar) abzustellen.

**Beispiel 3:**

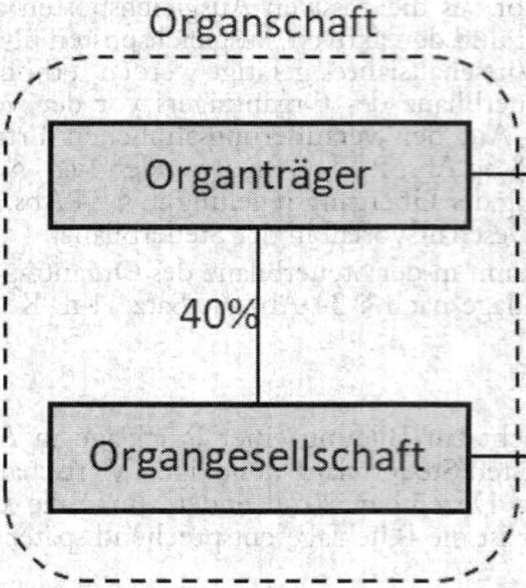


Der Organträger ist zu 40 % unmittelbar an der Organgesellschaft beteiligt. Weiterhin ist der Organträger zu 100 % an einer die Beteiligung vermittelnden Gesellschaft (im Folgenden: Zwischengesellschaft) beteiligt, die wiederum zu 20 % an der Organgesellschaft beteiligt ist.

Die finanzielle Eingliederung der Organgesellschaft in den Organträger ergibt sich erst nach Addition der mittelbaren und der unmittelbaren Beteiligung an der Organgesellschaft. Der Organträger ist hierbei mit 60 % (40 % unmittelbar zzgl. 20 % mittelbar) an den Stimmrechten der Organgesellschaft beteiligt.

Beim Organträger wurde im Zuge des Wechsels von der Ausgleichspostenmethode zur Einlagelösung eine den Gewinn mindernde Rücklage nach § 34 Abs. 6e Satz 11 ff. KStG i. H. v. 100 gebildet.

Im Falle einer hälftigen Veräußerung der unmittelbaren Beteiligung (Verbleib unmittelbare Beteiligung 20 %) ist die Rücklage i. H. v. 33,3 aufzulösen. Die Gesamtbeteiligung (mittelbar und unmittelbar) des Organträgers an der Organgesellschaft beträgt vor Veräußerung 60 % und nach

Veräußerung 40 %. Demnach wurden 33,3 % der Gesamtbeteiligung veräußert und es sind damit auch 33,3 % der Rücklage aufzulösen.

Die verdeckte Einlage der Beteiligung an der Organgesellschaft sowie die Auflösung der Organgesellschaft sind einer Veräußerung der Beteiligung des Organträgers an der Organgesellschaft gleichgestellt. **22**

Da Umwandlungen und Formwechsel des Organträgers ertragsteuerlich Veräußerungsvorgänge darstellen (vgl. Randnr. 00.02 des UmwStE – BMF-Schreiben vom 11. November 2011, BStBl. I S. 1314), ist auch hier eine im Betriebsvermögen des übertragenden Rechtsträgers enthaltene Rücklage nach § 34 Abs. 6e Satz 11 KStG (ggf. anteilig; siehe Rn. 21) aufzulösen. **23**

Bei Beendigung der Organschaft muss die Rücklage nicht aufgelöst werden. **24**

### c) Rücklage bei Personengesellschaften als Organträger

Ist eine Personengesellschaft Organträger, so ist die Rücklage nach § 34 Abs. 6e Satz 11 KStG in der Gesamthandsbilanz der Personengesellschaft zu bilden. Das Wahlrecht zur Bildung der Rücklage ist gesellschaftsbezogen auszuüben. **25**

## III. Steuerliches Einlagekonto (§ 27 KStG)

Minderabführungen erhöhen und Mehrabführungen mindern das steuerliche Einlagekonto einer Organgesellschaft, wenn sie ihre Ursache in organschaftlicher Zeit haben. Mehrabführungen mindern dabei das steuerliche Einlagekonto vorrangig vor anderen Leistungen (§ 27 Abs. 6 Satz 2 KStG) und führen zu einem Direktzugriff auf dessen Bestand (§ 27 Abs. 1 Satz 3 KStG). Mehrabführungen können zum Entstehen oder zu einer Erhöhung eines negativen Bestands des steuerlichen Einlagekontos führen (§ 27 Abs. 1 Satz 4 2. Halbsatz KStG). **26**

**Beispiel 4 (Fortführung des Beispiels 2):**

Zum Bilanzstichtag 31. Dezember des Wirtschaftsjahres 02 weist die B-GmbH ein steuerliches Eigenkapital von 200 und ein Nennkapital von 50 aus. Der auf den 31. Dezember des Wirtschaftsjahres 02 festgestellte Bestand des steuerlichen Einlagekontos beträgt 50. Folglich beläuft sich der zu diesem Zeitpunkt ermittelte ausschüttbare Gewinn auf 100 (steuerliches Eigenkapital 200 abzüglich der Summe aus Nennkapital 50 und steuerlichem Einlagekonto 50).

Die im Wirtschaftsjahr 03 entstandene Mehrabführung von 130 führt in dieser Höhe, unabhängig von der Höhe des maßgeblichen ausschüttbaren Gewinns, zu einer Minderung des steuerlichen Einlagekontos. Der Bestand des steuerlichen Einlagekontos ist um 130 zu mindern und beträgt zum 31. Dezember des Wirtschaftsjahres 03 somit –80 (50 – 130), sofern im Wirtschaftsjahr 03 keine Einlagen getätigt wurden.

## IV. Mittelbare Organschaft

Eine mittelbare Organschaft im Sinne dieses Schreibens liegt vor, wenn sich die finanzielle Eingliederung der Organgesellschaft in den Organträger **27**

- ausschließlich durch eine mittelbare Beteiligung des Organträgers an der Organgesellschaft über eine Zwischengesellschaft ergibt (Alternative 1) oder
- durch die mittelbare Beteiligung über eine Zwischengesellschaft ergibt und darüber hinaus noch eine unmittelbare Beteiligung des Organträgers an der Organgesellschaft besteht (Alternative 2) oder
- nur durch Addition einer unmittelbaren und einer mittelbaren Beteiligung über eine Zwischengesellschaft ergibt (Alternative 3).

Ergibt sich die finanzielle Eingliederung der Organgesellschaft bereits durch eine unmittelbare Beteiligung des Organträgers an der Organgesellschaft, so sind die Rn. 29 bis 35 dieses Schreibens nicht anzuwenden – unabhängig **28** davon, ob neben dieser unmittelbaren Beteiligung auch mittelbare Beteiligungen bestehen.

**29** Auch die Veräußerung der Beteiligung des Organträgers an der Zwischengesellschaft führt zur Auflösung der nach § 34 Abs. 6e Satz 11 ff. KStG gebildeten Rücklage. Im Falle einer nur teilweisen Veräußerung ist die Rücklage entsprechend anteilig aufzulösen (Rn. 21 gilt sinngemäß). Dies gilt unabhängig vom Fortbestand der Organschaft.

**1. Finanzielle Eingliederung nach Alternative 1**

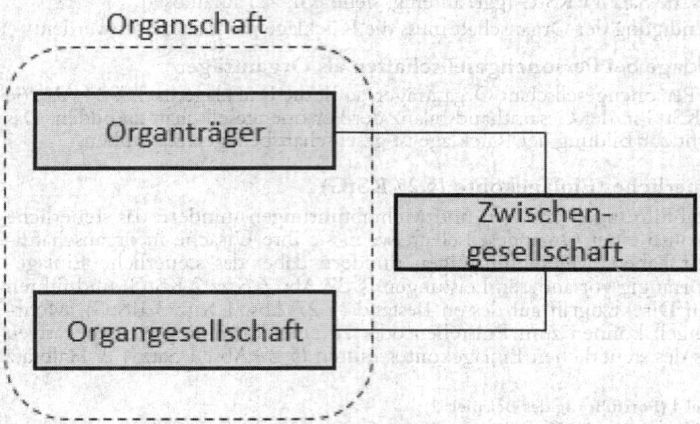


**30** Im Falle einer ausschließlich mittelbaren Organschaft über eine Zwischengesellschaft sind die bilanziellen Folgen der Einlagen sowie der Einlagenrückgewähr aufgrund einer organschaftlich verursachten Minder- oder Mehrabführung bilanztechnisch auf jeder Beteiligungsstufe nachzuvollziehen – unabhängig vom Bestehen einer Organschaft mit der Zwischengesellschaft.

**31** In organschaftlicher Zeit verursachte Minderabführungen der Organgesellschaft sind wie eine Einlage durch den Organträger in die Organgesellschaft zu behandeln (vgl. Rn. 2). Sie führen zu einer Erhöhung sowohl des Beteiligungsbuchwerts der Organgesellschaft bei der Zwischengesellschaft als auch des Beteiligungsbuchwerts der Zwischengesellschaft beim Organträger. Rn. 10 ist hierbei auch auf die Zwischengesellschaft anzuwenden. Zudem ist das steuerliche Einlagekonto sowohl bei der Organgesellschaft (vgl. Rn. 25) als auch bei der Zwischengesellschaft, sofern die Zwischengesellschaft eine Körperschaft i.S.d. § 27 KStG ist, entsprechend zu erhöhen.

**32** In organschaftlicher Zeit verursachte Mehrabführungen sind wie eine Einlagenrückgewähr der Organgesellschaft an den Organträger zu behandeln (vgl. Rn. 3). Sie führen zu einer Verringerung sowohl des Beteiligungsbuchwerts der Organgesellschaft bei der Zwischengesellschaft als auch des Beteiligungsbuchwerts der Zwischengesellschaft beim Organträger. Die Rn. 9 und 10 sind hierbei auch auf die Zwischengesellschaft anzuwenden. Zudem ist das steuerliche Einlagekonto sowohl bei der Organgesellschaft (vgl. Rn. 25) als auch bei der Zwischengesellschaft, sofern die Zwischengesellschaft eine Körperschaft i.S.d. § 27 KStG ist und eine Einlagenrückgewähr leisten kann, durch Direktzugriff nach § 27 Abs. 1 Satz 3 KStG entsprechend zu mindern.

Ist die Zwischengesellschaft nicht im Inland ansässig, gilt im Verhältnis der inländischen Organgesellschaft zu einer ausländischen Zwischengesellschaft die Mehrabführung als Einlagenrückgewähr der Organgesellschaft an die Zwischengesellschaft. Diese Mehrabführung mindert bei der Zwischengesellschaft den Beteiligungsansatz für die Organgesellschaft. Hierbei wird für steuerliche Zwecke die Weiterleitung der Mehrabführung von der ausländischen Zwischengesellschaft an den inländischen Organträger fingiert. Diese fingierte Weiterleitung gilt bei einer Körperschaft i.S.d. § 27 KStG als Leistung i.S.d. § 27 Abs. 8 Satz 3 KStG. Auf einen Antrag nach § 27 Abs. 8 KStG zur gesonderten Feststellung einer Einlagenrückgewähr in Höhe des an den Organträger weitergeleiteten Mehrbetrages kann hierbei aus Vereinfachungsgründen verzichtet werden. 33

## 2. Finanzielle Eingliederung nach Alternative 2 oder Alternative 3

Ergibt sich die finanzielle Eingliederung der Organgesellschaft in den Organträger durch eine mittelbare Beteiligung über eine Zwischengesellschaft und besteht darüber hinaus noch eine unmittelbare Beteiligung des Organträgers an der Organgesellschaft (Alternative 2) oder ergibt sich eine solche erst durch Addition einer unmittelbaren Beteiligung des Organträgers an der Organgesellschaft und einer mittelbaren Beteiligung an der Organgesellschaft über eine Zwischengesellschaft (Alternative 3), so sind Minder- und Mehrabführungen der Organgesellschaft auf beide Beteiligungsstränge im Verhältnis der Höhe der unmittelbaren Beteiligung des Organträgers an den Stimmrechten der Organgesellschaft und der Höhe der mittelbaren Beteiligung der Zwischengesellschaft an den Stimmrechten der Organgesellschaft aufzuteilen. 34

**Beispiel 5:**

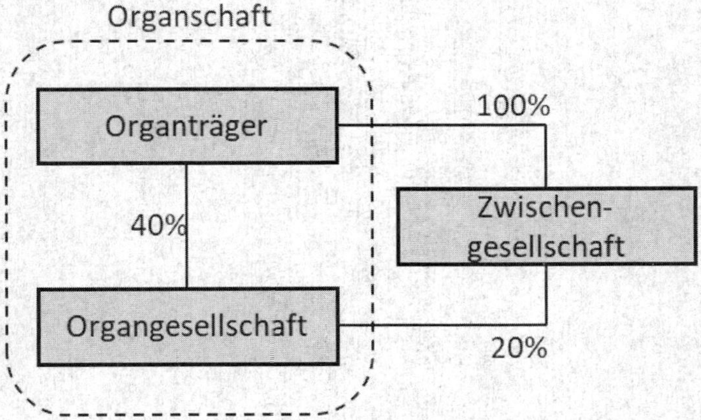


Der Organträger ist zu 40 % unmittelbar an der Organgesellschaft beteiligt. Weiterhin ist der Organträger zu 100 % an der Zwischengesellschaft beteiligt, die wiederum zu 20 % an der Organgesellschaft beteiligt ist. Die finanzielle Eingliederung der Organgesellschaft in den Organträger ergibt sich erst durch Addition der mittelbaren und der unmittelbaren Beteiligung des

Organträgers an der Organgesellschaft. Der Organträger ist hierbei mit 60 % (40 % unmittelbar zzgl. 20 % mittelbar) an der Organgesellschaft beteiligt.

Kommt es nun zu Minder- und/oder Mehrabführungen der Organgesellschaft an den Organträger, so sind diese anhand der Beteiligungsquote aufzuteilen. Sie wirken sich hier auf den Buchwert der Organgesellschaft beim Organträger i.H.v. 66,67 % und über die Beteiligungsstruktur der Zwischengesellschaft i.H.v. 33,33 % aus. Für die steuerlichen Einlagekonten gilt Entsprechendes.

**Abwandlung Beispiel 5:**

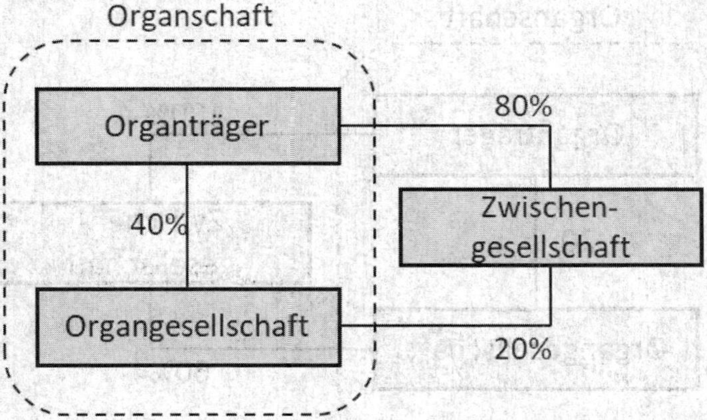


Der Organträger ist zu 40 % unmittelbar an der Organgesellschaft beteiligt. Weiterhin ist der Organträger zu 80 % an der Zwischengesellschaft beteiligt, die wiederum zu 20 % an der Organgesellschaft beteiligt ist. Die finanzielle Eingliederung der Organgesellschaft in den Organträger ergibt sich erst durch Addition der mittelbaren und der unmittelbaren Beteiligung des Organträgers an der Organgesellschaft. Der Organträger ist hierbei mit 56 % (40 % unmittelbar zzgl. 20 % von 80 % = 16 % mittelbar) an den Stimmrechten der Organgesellschaft beteiligt.

Kommt es nun zu Minder- und/oder Mehrabführungen der Organgesellschaft an den Organträger, so sind diese anhand der Beteiligungsquote aufzuteilen. Sie wirken sich hier auf den Buchwert der Organgesellschaft beim Organträger i.H.v. 71 % und über die Beteiligungsstruktur der Zwischengesellschaft i.H.v. 29 % aus. Für die steuerlichen Einlagekonten gilt Entsprechendes.

Die Minder- und/oder Mehrabführungen sind auch dann anhand der Beteiligungsquote (vgl. Rn. 35) aufzuteilen, wenn sich die finanzielle Eingliederung der Organgesellschaft in den Organträger bereits durch die mittelbare Beteiligung über eine Zwischengesellschaft ergibt und darüber hinaus auch eine unmittelbare Beteiligung des Organträgers an der Organgesellschaft besteht. Auch hier gelten die Grundsätze der mittelbaren Organschaft, das heißt, es ist eine Aufteilung der Minder- und Mehrabführung anhand der Beteiligungsquote vorzunehmen. **35**

**Beispiel 6:**

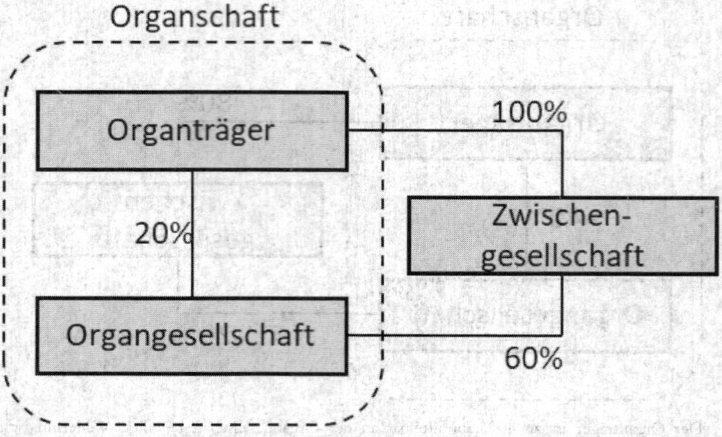


Der Organträger ist zu 20 % unmittelbar an der Organgesellschaft beteiligt. Weiterhin ist der Organträger zu 100 % an der Zwischengesellschaft beteiligt, die wiederum zu 60 % an der Organgesellschaft beteiligt ist. Der Organträger ist somit mit 80 % (20 % unmittelbar zzgl. 60 % mittelbar) an den Stimmrechten der Organgesellschaft beteiligt. Die finanzielle Eingliederung der Organgesellschaft in den Organträger ergibt sich allerdings bereits durch die 60 %ige Beteiligung der Zwischengesellschaft an der Organgesellschaft. Die unmittelbare Beteiligung des Organträgers an der Organgesellschaft von 20 % ist hier daher nicht maßgeblich.

Kommt es zu Minder- und/oder Mehrabführungen der Organgesellschaft an den Organträger, so sind diese anhand der Beteiligungsquote aufzuteilen. Sie wirken sich auf den Buchwert der Organgesellschaft beim Organträger i.H.v. 25 % und über die Beteiligungsstruktur der Zwischengesellschaft i.H.v. 75 % aus. Für die steuerlichen Einlagekonten gilt Entsprechendes.

## V. Kettenorganschaft

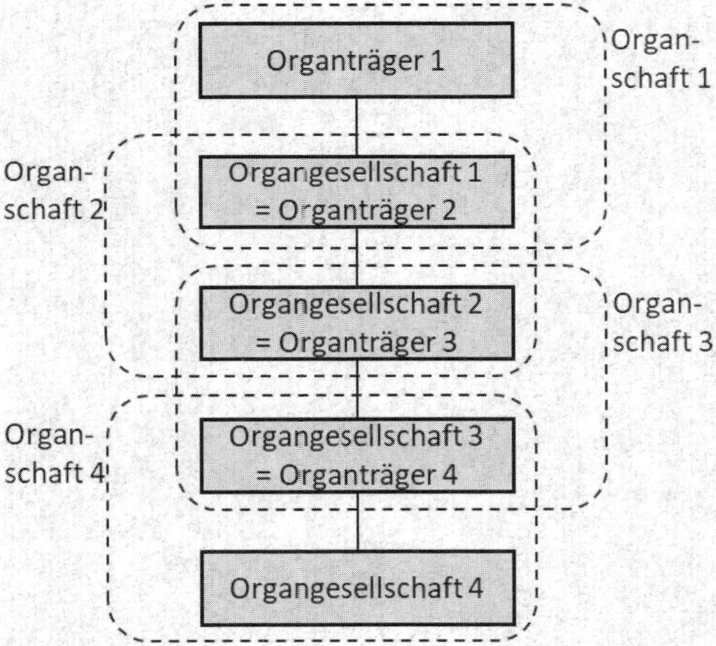


Im Fall einer Kettenorganschaft sind bei der Umstellung auf die Einlagelösung die bestehenden Ausgleichsposten auf allen Beteiligungsebenen aufzulösen. Auf Ebene derjenigen Gesellschaften, die zugleich Organträger und Organgesellschaft sind, ist § 15 Satz 1 Nr. 2 Satz 1 KStG anzuwenden. Die Rechtsfolgen des § 34 Abs. 6e Satz 10 KStG treten somit erst auf der Ebene des obersten Organträgers (im Schaubild Organträger 1) ein. 36

Die in Rn. 36 dargestellten Grundsätze gelten auch im Falle künftiger Mehrabführungen. 37

# 100 § 14/3. Schreiben betr. aufspaltungsbedingter Übertragungsgewinn ist Organträgerin zuzurechnen; Folgen aus dem BFH-Urteil vom 11. August 2021 I R 27/18, BStBl. 2023 II S. 195

Vom 10. Februar 2023

BMF IV C 2 - S 2770/19/10006 :008; DOK 2023/0136824

(BStBl. I S. 250)

**Bezug:** Sitzung KSt/GewSt III/22 zu TOP I/02

Der BFH führt in dem zu einer Aufspaltung einer Organgesellschaft ergangenen Urteil vom 11. August 2021 I R 27/18, BStBl. 2023 II S. 195, in Randnummer 25 aus, dass eine Umwandlung auch zu einem Wert oberhalb des Buchwerts und bis zum gemeinen Wert vorgenommen werden könnte, um so bei der Organgesellschaft bestehende vororganschaftliche Verluste zu nutzen.

Unter Bezugnahme auf das Ergebnis der Erörterung mit den obersten Finanzbehörden der Länder gilt für die Anwendung des Urteils Folgendes:

Eine Verrechnung vororganschaftlicher Verluste ist entgegen den Ausführungen in Randnummer 25 des Urteils nur unter den Voraussetzungen des § 15 Satz 1 Nr. 1 KStG zulässig. Hiernach wird ein Verlustabzug nach § 10d EStG bei der Organgesellschaft untersagt. Während des Bestehens der Organschaft können laufende Verluste der Organgesellschaft nicht zu einem Verlustvortrag auf Ebene der Organgesellschaft führen. Ebenso können vorvertragliche Verluste der Organgesellschaft nicht auf den Organträger übertragen werden und somit in den Organkreis einfließen.

# 100 § 14/5. Schreiben betr. körperschaftsteuerliche und gewerbesteuerliche Organschaft unter Berücksichtigung der Änderungen durch das Steuersenkungs- (StSenkG) und das Unternehmenssteuerfortentwicklungsgesetz (UntStFG)

Vom 26. August 2003 (BStBl. I S. 437)

(BMF IV A 2 – S 2770 – 18/03)

Unter Bezugnahme auf das Ergebnis der Erörterungen mit den obersten Finanzbehörden der Länder gilt zur Anwendung der Änderungen der Organschaftsregelungen durch das Steuersenkungsgesetz (StSenkG) vom 23. Oktober 2000 (BGBl. I S. 1433, BStBl. I S. 1428) und durch das Unternehmenssteuerfortentwicklungsgesetz (UntStFG) vom 20. Dezember 2001 (BGBl. I S. 3858, BStBl. 2002 I S. 35) Folgendes:[1]

## A. Organträger

Nach § 14 Abs. 1 Satz 1 i.V. mit Abs. 1 Nr. 2 Satz 1 KStG kann Organträger[2] nur noch ein einziges gewerbliches Unternehmen mit Geschäftsleitung im Inland sein. Eine Organschaft zu mehreren Organträgern ist nicht zulässig (vgl. Rdnr. 15 ff.). 1

### I. Begriff des gewerblichen Unternehmens

Ein gewerbliches Unternehmen liegt vor, wenn die Voraussetzungen für einen Gewerbebetrieb im Sinne des § 2 GewStG erfüllt sind. 2

Eine eigene gewerbliche Tätigkeit des Organträgers ist nicht mehr erforderlich. Organträger kann auch eine gewerblich geprägte Personengesellschaft i. S. des § 15 Abs. 3 Nr. 2 EStG[3] oder ein Unternehmen sein, das Gewerbebetrieb kraft Rechtsform ist. 3

Die Tätigkeit einer Kapitalgesellschaft gilt nach § 2 Abs. 2 GewStG stets und in vollem Umfang als Gewerbebetrieb, so dass auch eine bloß vermögensverwaltende Kapitalgesellschaft und eine dauerdefizitäre Kapitalgesellschaft als Organträger in Betracht kommen. 4

Dies gilt nicht für einen dauerdefizitären Betrieb gewerblicher Art. Aufgrund fehlender Gewinnerzielungsabsicht erfüllt er nicht die allgemeinen Vo- 5

[1] **[Amtl. Anm.:]** Die Änderungen sind in dem KStG 2002 in der Fassung der Bekanntmachung vom 15. Oktober 2002 (BGBl. I S. 4144, BStBl. I S. 1169) – KStG n. F. – und in dem GewStG 2002 in der Fassung der Bekanntmachung vom 15. Oktober 2002 (BGBl. I S. 4167, BStBl. I S. 1192) – GewStG n. F. – enthalten. Das KStG 2002 ist zuletzt durch das Steuervergünstigungsabbaugesetz (StVergAbG) vom 16. Mai 2003 (BGBl. I S. 660) geändert worden. Das GewStG 2002 ist zuletzt durch das Kleinunternehmerförderungsgesetz (KleinUntFG) vom 31. Juli 2003 (BGBl. I S. 1550) geändert worden. Auf die Änderungen wird an geeigneter Stelle durch Fußnoten hingewiesen. Die Gesetzeszitate dieses Schreibens beziehen sich noch auf die Gesetzesfassungen der Bekanntmachungen vom 15. Oktober 2002.

[2] Neuregelung in § 14 Abs. 1 Satz 1 Nr. 2 KStG.

[3] **[Amtl. Anm.:]** Ab dem VZ 2003 kann eine Personengesellschaft nur dann Organträger sein, wenn sie eine Tätigkeit i. S. des § 15 Abs. 1 Nr. 1 EStG ausübt (§ 14 Abs. 1 Satz 1 Nr. 2 KStG i. d. F. des StVergAbG [vgl. Fn. 1]).

raussetzungen für das Vorliegen eines Gewerbebetriebes i. S. von § 2 Abs. 1 Satz 2 GewStG.

### II. Wegfall des Begriffs „inländisches" Unternehmen

6 Der Organträger[1] musste bisher seinen Sitz und seine Geschäftsleitung im Inland haben. Auf diesen doppelten Inlandsbezug beim Organträger verzichtet § 14 Abs. 1 Nr. 2 KStG. Es reicht künftig aus, wenn sich die Geschäftsleitung des Organträgers im Inland befindet.

### III. Zeitliche Anwendung

7 Die obigen Voraussetzungen gelten für die körperschaftsteuerliche Organschaft erstmals ab dem Veranlagungszeitraum 2001 (§ 34 Abs. 9 Nr. 2 KStG) und für die gewerbesteuerliche Organschaft erstmals ab dem Erhebungszeitraum 2002 (§ 36 Abs. 1 GewStG).

## B. Organgesellschaft

8 Bisher reichte es für die gewerbesteuerliche Organschaft aus, wenn sich die Geschäftsleitung der Organgesellschaft[2] im Inland befand. Ab dem Erhebungszeitraum 2002 ist nach § 2 Abs. 2 Satz 2 GewStG i.V. mit § 14 Abs. 1 Satz 1 KStG und § 36 Abs. 1 GewStG auch der inländische Sitz (doppelter Inlandsbezug) erforderlich. Eine ausländische Kapitalgesellschaft kann danach nicht Organgesellschaft[2] sein, selbst wenn sie im Inland einen Gewerbebetrieb unterhält.

## C. Gewinnabführungsvertrag und Eingliederungsvoraussetzungen

### I. Körperschaftsteuerliche Organschaft

9 Ab dem Veranlagungszeitraum 2001 sind die Organschaftsvoraussetzungen der wirtschaftlichen und organisatorischen Eingliederung weggefallen (§ 34 Abs. 9 Nr. 2 KStG). Die körperschaftsteuerliche Organschaft setzt künftig nur noch einen Gewinnabführungsvertrag i. S. des § 291 Abs. 1 Aktiengesetz und die finanzielle Eingliederung der Organgesellschaft voraus.

### II. Gewerbesteuerliche Organschaft

10 Für die gewerbesteuerliche Organschaft werden bis zu dem Erhebungszeitraum 2001 unverändert die finanzielle, wirtschaftliche und organisatorische Eingliederung gefordert (§ 36 Abs. 2 GewStG).

### III. Angleichung der Voraussetzungen für die körperschaftsteuerliche und gewerbesteuerliche Organschaft

11 Ab dem Erhebungszeitraum 2002 stimmen die Voraussetzungen für die gewerbesteuerliche Organschaft mit denen der körperschaftsteuerlichen Organschaft überein (§ 36 Abs. 2 GewStG). Bereits bestehende gewerbesteuer-

[1] Neuregelung in § 14 Abs. 1 Satz 1 Nr. 2 KStG.
[2] Neuregelung in § 14 Abs. 1 Satz 1 Halbsatz 1 KStG.

liche Organschaften ohne Gewinnabführungsvertrag enden mit dem Erhebungszeitraum 2001, wenn nicht mit Wirkung ab 2002 ein Gewinnabführungsvertrag abgeschlossen und tatsächlich durchgeführt wird.

Die Rückbeziehung der finanziellen Eingliederung und damit die rückwirkende Begründung eines Organschaftsverhältnisses ist nicht zulässig. Rz. Org. 05 des BMF-Schreibens vom 25. März 1998 (BStBl. I S. 268)[1] gilt für die finanzielle Eingliederung entsprechend. 12

## IV. Additionsverbot

Sowohl für die körperschaftsteuerliche als auch für die gewerbesteuerliche Organschaft dürfen ab dem Veranlagungs-/Erhebungszeitraum 2001 für das Vorliegen einer finanziellen Eingliederung i. S. von § 14 Abs. 1 Nr. 1 KStG mittelbare und unmittelbare Beteiligungen zusammengerechnet werden, wenn die Beteiligung an jeder vermittelnden Gesellschaft die Mehrheit der Stimmrechte gewährt. 13

**Beispiel für die finanzielle Eingliederung:** 14

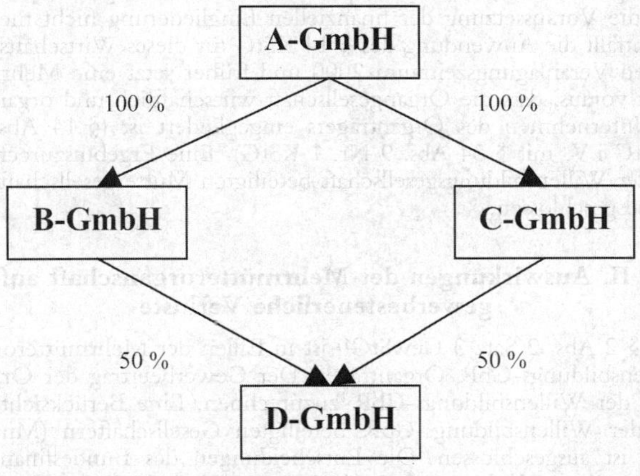


Die B-GmbH und die C-GmbH sind in die A-GmbH auf Grund unmittelbarer Beteiligung von jeweils 100% finanziell eingegliedert. Die A-GmbH ist an der D-GmbH nicht unmittelbar beteiligt.
Die Zusammenrechnung der mittelbaren Beteiligung über die B-GmbH (50%) und die C-GmbH (50%) führt aber zur finanziellen Eingliederung der D-GmbH in die A-GmbH.

## D. Mehrmütterorganschaft

Die bislang gewohnheitsrechtlich anerkannte Mehrmütterorganschaft ist durch § 14 Abs. 2 Satz 1 i.V. mit § 34 Abs. 9 Nr. 4 KStG erstmals gesetzlich geregelt worden.[2] 15

---

[1] Nr. **130**.

[2] **[Amtl. Anm.:]** Durch das StVergAbG (vgl. Fn. 1) ist das Rechtsinstitut der Mehrmütterorganschaft mit Wirkung ab dem VZ 2003 gestrichen worden.

## I. Qualifizierung der Willensbildungs-GbR als Organträger

16 Schließen sich mehrere gewerbliche Unternehmen zum Zwecke der einheitlichen Willensbildung gegenüber einer Kapitalgesellschaft zu einer Gesellschaft bürgerlichen Rechts (Willensbildungs-GbR) zusammen, ist die Willensbildungs-GbR Organträger. Sie ist kraft Gesetzes als gewerbliches Unternehmen anzusehen (§ 14 Abs. 2 KStG).

17 Voraussetzung für die Begründung eines Organschaftsverhältnisses ist in diesen Fällen, dass den Gesellschaftern der GbR die Mehrheit der Stimmrechte an der Organgesellschaft zusteht und ihr Wille in der Organgesellschaft tatsächlich durchgeführt wird. Vom Beginn des Wirtschaftsjahrs der Organgesellschaft muss die GbR ununterbrochen bestehen und jeder ihrer Gesellschafter an der Organgesellschaft ununterbrochen beteiligt sein (§ 14 Abs. 2 Satz 2 KStG). Weitere Voraussetzung für eine Organschaft ist ein Gewinnabführungsvertrag zwischen der Organgesellschaft und der Willensbildungs-GbR. Veräußert ein Gesellschafter der Willensbildungs-GbR während des Wirtschaftsjahrs der Organgesellschaft seine Anteile an der Organgesellschaft oder scheidet er während des Wirtschaftsjahrs der Organgesellschaft aus der Willensbildungs-GbR aus, ist vom Zeitpunkt der Veräußerung oder des Ausscheidens an die Voraussetzung der finanziellen Eingliederung nicht mehr erfüllt. Damit entfällt die Anwendung des § 14 KStG für dieses Wirtschaftsjahr.

18 Für den Veranlagungszeitraum 2000 und früher setzt eine Mehrmütterorganschaft voraus, dass die Organgesellschaft wirtschaftlich und organisatorisch in das Unternehmen des Organträgers eingegliedert ist (§ 14 Abs. 2 Nr. 1 bis 5 KStG i.V. mit § 34 Abs. 9 Nr. 1 KStG). Eine Ergebniszurechnung bei den an der Willensbildungsgesellschaft beteiligten Muttergesellschaften ist gesetzlich ausgeschlossen.

## II. Auswirkungen der Mehrmütterorganschaft auf gewerbesteuerliche Verluste

19 Nach § 2 Abs. 2 Satz 3 GewStG[1] ist in Fällen der Mehrmütterorganschaft die Willensbildungs-GbR Organträger. Der Gewerbeertrag der Organgesellschaft ist der Willensbildungs-GbR zuzurechnen. Eine Berücksichtigung bei den an der Willensbildungs-GbR beteiligten Gesellschaftern (Muttergesellschaften) ist ausgeschlossen. Die Entscheidungen des Bundesfinanzhofs zur Mehrmütterorganschaft vom 9. Juni 1999 (BStBl. 2000 II S. 695 und BFH/NV 2000 S. 347) finden keine Anwendung.[2]

20 Bei Beendigung der Mehrmütterorganschaft durch Ausscheiden des vorletzten Gesellschafters aus der Willensbildungs-GbR geht ein noch nicht berücksichtigter Verlustabzug i. S. des § 10 a GewStG weder ganz noch anteilig auf den verbleibenden Gesellschafter über, da zwischen dem verbleibenden Gesellschafter und der GbR keine Unternehmensidentität besteht.

---

[1] **[Amtl. Anm.:]** Satz 3 wurde durch das StVergAbG aufgehoben (vgl. a. Fn. 3).
[2] **[Amtl. Anm.:]** BMF-Schreiben vom 4. Dezember 2000, BStBl. I S. 1571.

## E. Steuerfreie Beteiligungserträge der Organgesellschaft

Es entspricht der Systematik des Halbeinkünfteverfahrens, wenn ausgeschüttete Gewinne im Organkreis steuerfrei bleiben, soweit sie letztlich auf eine Kapitalgesellschaft entfallen, und lediglich der Halbeinkünftebesteuerung unterliegen, soweit sie letztlich auf eine natürliche Person entfallen. 21

### I. Bruttomethode

Nach § 15 Nr. 2 KStG finden bei der Ermittlung des Einkommens der Organgesellschaft § 8b Abs. 1 bis 6 KStG keine Anwendung. Die Vorschriften des § 8b KStG sowie des § 3 Nr. 40 und des § 3c EStG sind bei der Ermittlung des Einkommens des Organträgers anzuwenden, wenn die Organgesellschaft Dividendeneinnahmen oder Veräußerungserlöse erzielt oder wenn in dem beim Organträger zuzurechnenden Einkommen Gewinnminderungen i. S. des § 8b Abs. 3 KStG oder mit solchen Bezügen zusammenhängende Ausgaben i. S. des § 3c EStG enthalten sind (sog. Bruttomethode).[1] 22

### II. Fremdfinanzierungsaufwendungen

Fremdfinanzierungsaufwendungen für den Erwerb einer Beteiligung durch die Organgesellschaft stehen im Zusammenhang mit den nach § 8b Abs. 1 KStG steuerfreien Beteiligungserträgen und unterliegen damit dem Abzugsverbot des § 3c Abs. 1 EStG. § 8b Abs. 1 bis 6 KStG ist aber nicht auf der Ebene der Organgesellschaft, sondern erst bei der Ermittlung des Einkommens des Organträgers anzuwenden (§ 15 Nr. 2 Sätze 1 und 2 KStG). 23

Finanziert der Organträger die Beteiligung an der Organgesellschaft fremd, sind die Aufwendungen in voller Höhe abziehbar. Eine Anwendung des § 3c EStG scheidet aus, da die Aufwendungen im Zusammenhang mit Gewinnabführungen und nicht mit nach § 8b KStG steuerfreien Einnahmen stehen. Dies gilt nicht, wenn eine Organgesellschaft für ein Geschäftsjahr in vertraglicher Zeit vorvertragliche Rücklagen auflöst und hieraus eine Gewinnausschüttung leistet. Insoweit handelt es sich um nach § 8b Abs. 1 KStG steuerfreie Beteiligungserträge. 24

### III. Organträger ist eine Kapitalgesellschaft

Ist Organträger eine Kapitalgesellschaft, gilt für die steuerliche Behandlung der steuerfreien Beteiligungserträge der Organgesellschaft Folgendes: 25

**Beispiel:**

Die A-GmbH ist 100%ige Tochtergesellschaft der B-GmbH. Es besteht ein Organschaftsverhältnis. Die A-GmbH erzielt Dividendeneinnahmen in Höhe von 10 000 €, auf die Betriebsausgaben in Höhe von 1000 € entfallen.

---

[1] **[Amtl. Anm.:]** Durch das StVergAbG (vgl. Fn. 1) ist klargestellt worden, dass die Bruttomethode auch angewendet wird, soweit die Organgesellschaft einen Übernahmegewinn i. S. von § 4 Abs. 7 UmwStG oder Erträge aus ausländischen Beteiligungen, die durch ein DBA-Schachtelprivileg freigestellt sind, erzielt.

Bei der Ermittlung des der B-GmbH gemäß § 14 KStG zuzurechnenden Einkommens werden § 8b Abs. 1 KStG und § 3c Abs. 1 EStG nicht berücksichtigt (§ 15 Nr. 2 KStG). Das zuzurechnende Einkommen beträgt 9000 €.

| | |
|---|---|
| 10 000 € | Betriebseinnahmen |
| ./. 1 000 € | Betriebsausgaben |
| 9 000 € | |

In der Steuererklärung macht die A-GmbH als Organgesellschaft folgende Angaben:

| | |
|---|---|
| Einkommen: | 9 000 € |
| nachrichtlich: | |
| inländische Bezüge i. S. des § 8b Abs. 1 KStG: | 10 000 € |
| Betriebsausgaben nach § 3c Abs. 1 EStG: | 1 000 € |

Bei der B-GmbH als Organträger werden nach § 15 Nr. 2 Satz 2 KStG vom zuzurechnenden Einkommen nach § 14 KStG in Höhe von 9000 € nun die steuerfreien Bezüge nach § 8b Abs. 1 KStG in Höhe von 10 000 € gekürzt und die damit im Zusammenhang stehenden Betriebsausgaben i. S. von § 3c Abs. 1 EStG hinzugerechnet. Das verbleibende zuzurechnende Einkommen beträgt 0 €.

## IV. Organträger ist eine natürliche Person

26 Ist Organträger eine natürliche Person, gilt für die steuerliche Behandlung der steuerfreien Beteiligungserträge der Organgesellschaft Folgendes:

**Beispiel:**

Die 100%ige Beteiligung an der A-GmbH ist Betriebsvermögen des gewerblichen Einzelunternehmens des B. Es besteht ein Organschaftsverhältnis. Die A-GmbH erzielt Dividendeneinnahmen in Höhe von 10 000 €, auf die Betriebsausgaben in Höhe von 1000 € entfallen.

Das dem Organträger gemäß § 14 KStG zuzurechnende Einkommen beträgt 9000 € (wie Beispiel zu Rdnr. 25).

Die Angaben in der Steuererklärung der A-GmbH als Organgesellschaft entsprechen dem Beispiel zu Rdnr. 25.

Bei Organträger B werden nach § 15 Nr. 2 Satz 2 KStG vom zuzurechnenden Einkommen nach § 14 KStG i. H. von 9000 € die nach § 3 Nr. 40 Buchstabe d EStG steuerfreien Bezüge i. H. von 5000 € abgezogen und nach § 3c Abs. 2 EStG die Hälfte der damit im Zusammenhang stehenden Betriebsausgaben hinzugerechnet. Das dem Organträger B verbleibende zuzurechnende Einkommen beträgt 4500 €.

## V. Organträger ist eine Personengesellschaft

27 Ist der Organträger eine Personengesellschaft, werden steuerfreie Beteiligungserträge der Organgesellschaft bei Gesellschaftern, die Kapitalgesellschaften sind, entsprechend Beispiel zu Rdnr. 25, und bei Gesellschaftern, die natürliche Personen sind, entsprechend Beispiel zu Rdnr. 26 behandelt.

## VI. Auswirkungen der Bruttomethode des § 15 Nr. 2 KStG auf die Gewerbesteuer

28 Die Bruttomethode nach § 15 Nr. 2 KStG ist auch bei der Gewerbesteuer anzuwenden. Dabei ist nach § 15 Nr. 2 Satz 2 KStG die Anwendung der Vorschriften § 8b KStG, § 3 Nr. 40 EStG und § 3c EStG auf der Ebene des Organträgers nachzuholen.

### 1. Veräußerungsgewinne

Gewinne aus der Veräußerung von Anteilen an in- und ausländischen Körperschaften sind im Steuerbilanzgewinn der Organgesellschaft enthalten. § 8 b Abs. 2 KStG findet auf der Ebene der Organgesellschaft keine Anwendung (§ 15 Nr. 2 Satz 1 KStG). Die Voraussetzungen einer Kürzungsvorschrift nach § 9 GewStG liegen nicht vor. § 8 b Abs. 2 KStG ist nach § 15 Nr. 2 Satz 2 KStG bei der Ermittlung des Einkommens des Organträgers anzuwenden. 29

**Beispiel:**

Die O-GmbH hat einen Gewinn aus Gewerbebetrieb in Höhe von 100 000 €. Darin enthalten ist ein Gewinn aus der Veräußerung von Anteilen an der E-AG in Höhe von 10 000 €. Es besteht ein Organschaftsverhältnis mit der M-AG als Organträger.

**Lösung:**

Nach § 15 Nr. 2 Satz 1 KStG ist bei der O-GmbH § 8 b Abs. 2 KStG nicht anzuwenden. Der Steuerbilanzgewinn beträgt 100 000 €. Dieser Betrag stellt auch den Gewerbeertrag der O-GmbH dar, weil auf Veräußerungsgewinne eine gewerbesteuerliche Kürzungsvorschrift nicht anzuwenden ist.
Auf der Ebene der M-AG ist § 8 b Abs. 2 KStG anzuwenden. Es ergibt sich ein Gewerbeertrag i.H. von 90 000 €.

### 2. Dividendeneinnahmen aus Schachtelbeteiligungen

Auf Dividendeneinnahmen der Organgesellschaft ist § 8 b Abs. 1 KStG nicht anzuwenden (§ 15 Nr. 2 Satz 1 KStG). Die Dividendeneinnahmen unterliegen im Organkreis nicht der Gewerbesteuer, wenn die Voraussetzungen einer Kürzung nach § 9 Nr 2 a oder Nr. 7 GewStG erfüllt sind. In diesem Fall sind sie bei der Ermittlung des Gewerbeertrags der Organgesellschaft abzüglich der damit im Zusammenhang stehenden Ausgaben zu kürzen. 30

**Beispiel:**

Die O-GmbH hat einen Gewinn aus Gewerbebetrieb in Höhe von 100 000 €. Darin enthalten sind Dividenden aus der 15%igen Beteiligung an der E-AG i.H. von 10 000 €. Es besteht ein Organschaftsverhältnis mit der M-AG als Organträger.

**Lösung:**

Nach § 15 Nr. 2 KStG ist bei der O-GmbH der Gewinn in voller Höhe von 100 000 € anzusetzen, weil § 8 b Abs. 1 KStG bei ihr nicht zu berücksichtigen ist. Dieser Gewinn ist Ausgangsgröße für die Ermittlung des Gewerbeertrags. Bei der Ermittlung des Gewerbeertrags ist der Gewinn i.H. von 100 000 € nach § 9 Nr. 2 a GewStG um die darin enthaltenen Einnahmen aus der Schachteldividende zu kürzen. Der Gewerbeertrag beträgt 90 000 €.
Der M-AG ist als Organträger ein Gewerbeertrag der O-GmbH in Höhe von 90 000 € zuzurechnen. Es ist keine Korrektur vorzunehmen, da in dem zugerechneten Betrag keine Einnahmen i. S. des § 8 b Abs. 1 KStG enthalten sind.

Bei mehreren Beteiligungen im Organkreis ist die 10% – Grenze des § 9 Nr. 2 a und Nr. 7 GewStG für jede Beteiligung getrennt zu betrachten. 31

### 3. Dividendeneinnahmen aus Streubesitz

Auf Dividendeneinnahmen der Organgesellschaft ist § 8 b Abs. 1 KStG nicht bei der Ermittlung des Einkommens der Organgesellschaft, sondern erst auf der Ebene des Organträgers anzuwenden (§ 15 Nr. 2 Satz 1 und 2 KStG). Die Dividendeneinnahmen sind jedoch nach § 8 Nr. 5 GewStG wieder hinzuzurechnen. 32

**Beispiel:**

Die O-GmbH hat einen Gewinn aus Gewerbebetrieb in Höhe von 100 000 €. Darin enthalten sind Dividenden aus einer 5%igen Beteiligung an der E-AG i.H. von 10 000 €. Es besteht ein Organschaftsverhältnis mit der M-AG als Organträger.

**Lösung:**

Nach § 15 Nr. 2 KStG ist bei der O-GmbH der Gewinn in voller Höhe von 100 000 € anzusetzen, weil § 8 b Abs. 1 KStG bei ihr nicht zu berücksichtigen ist. Bei der Ermittlung des Gewerbeertrags ist eine Kürzung nicht vorzunehmen, weil die Voraussetzungen des § 9 Nr. 2 a GewStG bei Nicht-Schachtelbeteiligungen nicht vorliegen. Der Gewinn aus Gewerbebetrieb und der Gewerbeertrag betragen 100 000 €.
Auf der Ebene M-AG ist § 8 b Abs. 1 KStG anzuwenden. Durch die Hinzurechnung nach § 8 Nr. 5 GewStG auf der Ebene des Organträgers bleibt es bei einem Gewerbeertrag von 100 000 €.

### 4. Entgelte für Dauerschulden

33 Sind bei der Organgesellschaft in den mit nach § 8 b KStG steuerfreien Einnahmen im Zusammenhang stehenden Ausgaben (§ 3 c EStG) Entgelte für Dauerschulden enthalten, ist § 3 c EStG auf der Ebene des Organträgers nur noch insoweit anzuwenden, wie nicht schon eine Hinzurechnung in Höhe der Hälfte der Entgelte für Dauerschuldzinsen nach § 8 Nr. 1 GewStG bei der Organgesellschaft erfolgt ist.

### *5. Organträger ist eine Personengesellschaft*[1]

34 *Ist Organträger eine Personengesellschaft, finden die Vorschriften zu § 8 b KStG und § 3 Nr. 40 EStG bei der Gewerbesteuer keine Anwendung, da die Personengesellschaft eigenes Gewerbesteuersubjekt i. S. des § 2 GewStG ist.*

***Beispiel:***

*Die O-GmbH ist Organgesellschaft einer Personengesellschaft, an der zu 50% eine natürliche Person und zu 50% eine Kapitalgesellschaft beteiligt sind. Die O-GmbH hat einen Gewinn aus Gewerbebetrieb i.H. von 100 000 €. Darin enthalten ist ein Gewinn aus der Veräußerung von Anteilen an der E-AG i.H. von 10 000 €.*

***Lösung:***

*Der Gewinn aus der Veräußerung der Anteile an der E-AG ist auf der Ebene der O-GmbH nicht nach § 8 b Abs. 2 KStG steuerfrei (§ 15 Nr. 2 KStG). Auf der Ebene der Personengesellschaft als Organträger ist weder § 8 b KStG noch § 3 Nr. 40 EStG anwendbar, so dass der Gewerbeertrag (einschließlich des Veräußerungsgewinns von 10 000 €) in voller Höhe von 100 000 € der Gewerbesteuer unterliegt.*

## F. Unterschiedliches Recht bei Organgesellschaft und Organträger

35 Beim Übergang vom Anrechnungsverfahren zum Halbeinkünfteverfahren bei der Körperschaftsteuer kann es zu einem Zusammenfallen von altem Recht (KStG a. F.[2]) und neuem Recht (KStG n. F.) innerhalb des Organkreises

[1] Nunmehr Anwendbarkeit des § 7 Satz 4 GewStG auch für Erhebungszeiträume vor 2004; vgl. BMF v. 21. 3. 2007 IV B 7 – G 1421/0, BStBl. I S. 302; siehe aber die dortige Übergangsregelung für negative Einkommensteile.

[2] **[Amtl. Anm.:]** KStG a. F. = KStG 1999

kommen, wenn das Wirtschaftsjahr bei der Organgesellschaft und dem Organträger nicht identisch ist.

Zu unterscheiden sind zwei Fallgruppen:

### I. Fallgruppe 1: Abweichendes Wirtschaftsjahr bei der Organgesellschaft

Unterliegt der Organträger dem KStG n. F. und ist für die Ermittlung des ihm zuzurechnenden Organeinkommens noch das KStG a. F. anzuwenden, ist auf das zu versteuernde Einkommen des Organträgers ein Steuersatz von 25% anzuwenden. 36

**Beispiel:**

Im Jahr 2001 ermittelt der Organträger, bei dem das Wirtschaftsjahr das Kalenderjahr ist, sein Einkommen nach neuem Recht. Die Organgesellschaft ermittelt hingegen das Organeinkommen für das Wirtschaftsjahr 2000/2001 noch nach altem Recht. Dieses Organeinkommen wird dem Organträger für den Veranlagungszeitraum 2001 zugerechnet. Auf das zu versteuernde Einkommen des Organträgers ist ein Steuersatz von 25% anzuwenden.

### II. Fallgruppe 2: Abweichendes Wirtschaftsjahr beim Organträger

Unterliegt der Organträger dem KStG a. F. und ist für die Ermittlung des ihm zuzurechnenden Organeinkommens schon das KStG n. F. anzuwenden, ist auf das zu versteuernde Einkommen des Organträgers ein Steuersatz von 40% anzuwenden. 37

**Beispiel:**

Der Organträger ermittelt sein Einkommen für das Wirtschaftsjahr 2000/2001 noch nach altem Recht. Für die Organgesellschaft gilt bereits neues Recht. Das nach neuem Recht ermittelte Organeinkommen wird dem Organträger für den Veranlagungszeitraum 2001 zugerechnet. Auf das zu versteuernde Einkommen des Organträgers ist ein Steuersatz von 40% anzuwenden.

Bezieht die Organgesellschaft Beteiligungserträge nach neuem Recht, findet § 15 Nr. 2 Satz 2 KStG n. F. und damit § 8 b KStG, § 3 Nr. 40 und § 3 c EStG beim Organträger Anwendung (§ 34 Abs. 10 KStG). 38

## G. Körperschaftsteuererhöhung nach § 37 Abs. 3 KStG

Vereinnahmt eine Körperschaft Bezüge i. S. des § 8 b Abs. 1 KStG, die bei der leistenden Körperschaft zu einer Körperschaftsteuerminderung geführt haben, führt dies bei der Empfängerin der Bezüge nach § 37 Abs. 3 KStG zu einer Körperschaftsteuererhöhung. In Organschaftsfällen ist für Bezüge der Organgesellschaft die Körperschaftsteuererhöhung beim Organträger vorzunehmen (§ 37 Abs. 3 Satz 2 KStG). 39

## H. Organschaftliche Mehr- und Minderabführungen (§ 27 Abs. 6 KStG)

Veränderungen des steuerlichen Einlagekontos bei Mehr- und Minderabführungen einer Organgesellschaft sind in § 27 Abs. 6 KStG geregelt. Ist die Kapitalgesellschaft Organgesellschaft im Sinne des § 14 KStG oder des § 17 40

KStG und übersteigt das dem Organträger zuzurechnende Einkommen den abgeführten Gewinn
- wegen der Einstellung von Beträgen aus dem Jahresüberschuss in die gesetzliche Rücklage (§ 300 Nr. 1 des Aktiengesetzes),
- in den Fällen des § 14 Abs. 1 Nr. 4 KStG wegen Einstellung von Beträgen aus dem Jahresüberschuss in die Gewinnrücklagen,
- wegen der Verpflichtung zum Ausgleich vorvertraglicher Verluste (§ 301 des Aktiengesetzes) oder
- wegen von der Handelsbilanz abweichender Bewertung von Aktiv- oder Passivposten in der Steuerbilanz,

ist der Unterschiedsbetrag (Minderabführung) bei der Organgesellschaft auf dem steuerlichen Einlagekonto zu erfassen.

41 Unterschreitet das dem Organträger zuzurechnende Einkommen den abgeführten Gewinn
- wegen der Auflösung der in Satz 1 genannten Gewinnrücklagen oder
- wegen von der Handelsbilanz abweichender Bewertung von Aktiv- oder Passivposten in der Steuerbilanz,

mindert der Unterschiedsbetrag (Mehrabführung) das steuerliche Einlagekonto.

42 Zur Verwendung des steuerlichen Einlagekontos bei Mehr- und Minderabführungen wird auf das BMF-Schreiben vom 4. Juni 2003 zum steuerlichen Einlagekonto (BStBl. I S. 366)[1] verwiesen.

## I. Organschaftsausgleichsposten[2]

43 Nach der Umstellung des Körperschaftsteuersystems vom Anrechnungs- auf das Halbeinkünfteverfahren gilt für die steuerliche Behandlung von Ausgleichsposten bei der Organschaft Folgendes:

Der Ausgleichsposten ist ein Korrekturposten zum Beteiligungsbuchwert. Auch nach der Systemumstellung sind die organschaftlichen Ausgleichsposten in voller Höhe zu bilden, unabhängig davon, ob das Organschaftseinkommen bzw. Teile davon beim Organträger voll steuerpflichtig oder insgesamt oder hälftig steuerfrei sind. Die Ausgleichsposten sind aber begrenzt auf die Höhe des Prozentsatzes der Beteiligung des Organträgers an der Organgesellschaft.

44 Wird beispielsweise ein beim Organträger gebildeter passiver Ausgleichsposten im Rahmen einer Veräußerung der Organbeteiligung aufgelöst, so erhöht sich der – nach § 8 b Abs. 2 KStG steuerfreie – Veräußerungsgewinn. Der passive Ausgleichsposten repräsentiert stille Reserven in der Organgesellschaft, die handelsrechtlich bereits an den Organträger abgeführt worden sind.

45 Nach § 8 b Abs. 2 Satz 2 KStG tritt die Steuerfreiheit jedoch nicht ein, soweit in den vorangegangenen Jahren bereits steuerwirksame Teilwertabschreibungen vorgenommen worden sind. In Höhe dieser Teilwertabschreibungen bleibt der Veräußerungsgewinn, zu dem auch die Auflösung eines Ausgleichspostens gehört, steuerpflichtig.

---

[1] Nr. **100** § 27/2.

[2] Siehe hierzu auch BMF v. 5. 10. 2007, BStBl. I S. 743.

# **100** § 14/7. Schreiben betr. Änderungen bei der Besteuerung steuerlicher Organschaften durch das Steuervergünstigungsabbaugesetz – StVergAbG –

Vom 10. November 2005 (BStBl. I S. 1038)

(BMF IV B 7 – S 2770 – 24/05)

Unter Bezugnahme auf das Ergebnis der Erörterungen mit den obersten Finanzbehörden der Länder gilt zur Anwendung der Organschaftsregelungen i. d. F. des Steuervergünstigungsabbaugesetzes (StVergAbG) vom 16. Mai 2003 (BGBl. I S. 660, BStBl. I S. 318) und des Gesetzes zur Änderung des Gewerbesteuergesetzes und anderer Gesetze vom 23. Dezember 2003 (BGBl. I S. 2922, BStBl. 2004 I S. 20) Folgendes:

## A. Allgemeines

Durch das StVergAbG vom 16. Mai 2003 (a. a. O.) sind die Vorschriften über die steuerliche Organschaft geändert worden: 1

- Die Mehrmütterorganschaft wird ab dem Veranlagungszeitraum/Erhebungszeitraum (VZ/EZ) 2003 steuerlich nicht mehr anerkannt.
- Eine Personengesellschaft kommt ab dem VZ/EZ 2003 nach § 14 Abs. 1 Satz 1 Nr. 2 Satz 2 und 3 KStG als Organträger nur noch in Betracht,
  - wenn die finanzielle Eingliederung der Organgesellschaft zur Organträger-Personengesellschaft (Organträger-PersG) selbst besteht, d. h. die Anteile an der Organgesellschaft müssen zum Gesamthandsvermögen der Organträger-PersG gehören und
  - wenn die Organträger-PersG eine eigene gewerbliche Tätigkeit i. S. des § 15 Abs. 1 Satz 1 Nr. 1 EStG ausübt.
- Das Einkommen der Organgesellschaft ist dem Organträger nach § 14 Abs. 1 Satz 2 KStG erstmals für das Kalenderjahr zuzurechnen, in dem das Wirtschaftsjahr der Organgesellschaft endet, in dem der Gewinnabführungsvertrag wirksam wird.

Durch das Gesetz zur Änderung des Gewerbesteuergesetzes und anderer Gesetze vom 23. Dezember 2003 (a. a. O.) ist die Möglichkeit des Abzugs vororganschaftlicher Verluste bei der Organgesellschaft auch für die Gewerbesteuer weggefallen – § 10 a Satz 5 GewStG (vgl. Rdnr. 25). 2

## B. Wirksamwerden des Gewinnabführungsvertrags

### I. Neuregelung

Nach § 14 Abs. 1 Satz 2 KStG kann das Einkommen der Organgesellschaft 3
dem Organträger erstmals für das Kalenderjahr zugerechnet werden, in dem

das Wirtschaftsjahr der Organgesellschaft endet, in dem der Gewinnabführungsvertrag (GAV) wirksam wird. Danach muss der GAV bis zum Ende des Wirtschaftsjahrs der Organgesellschaft, für das die Folgen der steuerlichen Organschaft erstmals eintreten sollen, in das Handelsregister eingetragen sein.

### II. Mindestlaufzeit

4 Nach § 14 Abs. 1 Satz 1 Nr. 3 KStG muss der GAV auf mindestens fünf Jahre abgeschlossen sein. Die Voraussetzung der Mindestlaufzeit ist nicht erfüllt, wenn der Vertrag zwar auf fünf Jahre abgeschlossen ist, aber erst in einem auf das Jahr des Abschlusses folgenden Jahr ins Handelsregister eingetragen wird. Für die Frage, ob die Mindestlaufzeit erfüllt ist, kommt es auf die für die steuerliche Anerkennung maßgebende zivilrechtliche Wirksamkeit des GAV an (vgl. auch *R 60 Abs. 2 Satz 2 KStR 2004*[1]). Eine vertragliche Vereinbarung, nach der die Laufzeit des GAV erst in dem Wirtschaftsjahr beginnt, in dem der GAV im Handelsregister eingetragen wird, ist nicht zu beanstanden.

### III. Übergangsregelung des § 34 Abs. 9 Nr. 3 KStG

5 Nach § 34 Abs. 9 Nr. 3 KStG konnte ein steuerliches Organschaftsverhältnis noch nach den bisherigen Grundsätzen begründet werden, wenn der GAV vor dem 21. November 2002 abgeschlossen wurde. Dabei reicht der Vertragsabschluss durch die vertretungsbefugten Organe (Geschäftsführer oder Vorstand) aus. Die Zustimmung der Hauptversammlung bzw. der Gesellschafterversammlung ist für die Einhaltung der Frist nicht erforderlich.

## C. Wegfall der steuerlichen Anerkennung der Mehrmütterorganschaft

### I. Allgemeines

6 Eine Mehrmütterorganschaft liegt vor, wenn sich mehrere Unternehmen (mehrere Mütter), die allein die Voraussetzungen der finanziellen Eingliederung nicht erfüllen, zu einer Gesellschaft bürgerlichen Rechts (Willensbildungs-GbR) zusammenschließen, um ein Organschaftsverhältnis zu einer Organgesellschaft zu begründen. Dabei handelt es sich i. d. R. um eine reine Innengesellschaft, die keinen eigenen anderweitigen betrieblichen Zweck verfolgt. Eine Mehrmütterorganschaft ist letztmalig für den VZ/EZ 2002 anzuerkennen (§ 34 Abs. 1 KStG i. d. F. des StVergAbG). Der Wegfall der steuerlichen Anerkennung der Mehrmütterorganschaft ist ein wichtiger Grund i. S. des § 14 Abs. 1 Satz 1 Nr. 3 Satz 2 KStG für die Beendigung des GAV. Der Vertrag bleibt für die Jahre, für die er durchgeführt worden ist, bis einschließlich 2002 steuerrechtlich wirksam.

---
[1] Jetzt R 14.5 KStR 2015.

## II. Auswirkungen auf die Willensbildungs-GbR und deren Gesellschafter

Mit Wegfall der steuerlichen Anerkennung der Mehrmütterorganschaft, ist die Willensbildungs-GbR nicht mehr als gewerbliches Unternehmen und damit nicht mehr als Steuergegenstand der Gewerbesteuer anzusehen. Sie gilt im Zeitpunkt der erstmaligen Anwendung der Gesetzesänderung steuerlich als aufgelöst. Die Willensbildungs-GbR besteht steuerlich nur in den Fällen bis zu ihrer zivilrechtlichen Beendigung fort, in denen sie keine reine Innengesellschaft ist. **7**

Handelt es sich bei der Willensbildungs-GbR um eine reine Innengesellschaft, die keinen eigenen anderweitigen betrieblichen Zweck verfolgt, findet eine Aufdeckung der stillen Reserven der Anteile an der Organgesellschaft auf der Ebene der Willensbildungs-GbR nicht statt. Eine solche Willensbildungs-GbR ist selbst nicht gewerblich tätig i. S. des § 15 Abs. 1 Satz 1 Nr. 1 EStG. Sie ist auch mangels Einkünfteerzielungsabsicht nicht gewerblich geprägt i. S. des § 15 Abs. 3 Nr. 2 EStG. Sie wurde nach § 14 Abs. 2 KStG a. F. lediglich fiktiv als Gewerbebetrieb behandelt. Als bloße Innengesellschaft hat sie kein eigenes Betriebsvermögen. **8**

Während des Bestehens der Mehrmütterorganschaft gehörten die Anteile an der Organgesellschaft daher weder zum Betriebsvermögen der Willensbildungs-GbR noch zum Sonderbetriebsvermögen der Gesellschafter der Willensbildungs-GbR. Sie waren Betriebsvermögen der Gesellschafter der Willensbildungs-GbR.

## III. Auswirkungen auf gewerbesteuerliche Verlustvorträge der Willensbildungs-GbR

Mit Wegfall der steuerlichen Anerkennung einer Mehrmütterorganschaft gilt die Willensbildungs-GbR, die nur eine reine Innengesellschaft ist, steuerlich als aufgelöst (vgl. Rdnr. 7). Ein noch nicht berücksichtigter Verlustabzug geht unter. Eine Berücksichtigung der Verlustvorträge bei den Gesellschaftern der Willensbildungs-GbR oder bei der bisherigen Organgesellschaft ist grundsätzlich nicht möglich. **9**

Aus Billigkeitsgründen wird allerdings auf übereinstimmenden, unwiderruflichen, beim für die Besteuerung der Organgesellschaft zuständigen Finanzamt zu stellenden Antrag der Gesellschafter der Willensbildungs-GbR und der Organgesellschaft eine Übertragung des Verlustvortrags auf die bisherige verlustverursachende Organgesellschaft nicht beanstandet. Der Antrag ist bis zur materiellen Bestandskraft der Feststellung des verbleibenden Verlustvortrags der ehemaligen Willensbildungs-GbR für den EZ 2002 zu stellen. **10**

Nimmt die Willensbildungs-GbR, die als reine Innengesellschaft anzusehen war, mit Wegfall der steuerlichen Anerkennung einer Mehrmütterorganschaft eine gewerbliche Tätigkeit auf, ist dies als Neugründung anzusehen. Mangels Unternehmensidentität i. S. der gewerbesteuerlichen Grundsätze des *Abschn. 67 GewStR 1998*[1] kann daher diese Gesellschaft ihren Gewerbeer- **11**

[1] Siehe nunmehr R 10 a.2 GewStR 2009.

trag nicht um Verluste kürzen, die auf die als aufgelöst geltende Innengesellschaft entfallen.

12 Änderte sich der Gesellschafterbestand der Willensbildungs-GbR, die als reine Innengesellschaft anzusehen war, vor dem Zeitpunkt ihrer Auflösung, sind hierbei die gewerbesteuerlichen Grundsätze der Unternehmeridentität zu beachten (*Abschn. 68 GewStR 1998*[1]; vgl. auch Rdnr. 20 des BMF-Schreibens vom 26. August 2003, BStBl. I S. 437[2])).

## D. Personengesellschaft als Organträger

### I. Finanzielle Eingliederung der Organträger-Personengesellschaft

13 Bei einer Personengesellschaft als Organträger müssen ab dem VZ 2003 die Voraussetzungen der finanziellen Eingliederung im Verhältnis zur Personengesellschaft selbst erfüllt sein (§ 14 Abs. 1 Satz 1 Nr. 2 Satz 3 KStG). Danach ist es erforderlich, dass zumindest die Anteile, die die Mehrheit der Stimmrechte an der Organgesellschaft vermitteln, im Gesamthandsvermögen der Personengesellschaft gehalten werden.

14 Befinden sich die Anteile an der Organgesellschaft im Sonderbetriebsvermögen eines Mitunternehmers und sollen sie (zur Fortführung der Organschaft) in das Gesamthandsvermögen der Personengesellschaft übertragen werden, erfolgt dies nach § 6 Abs. 5 Satz 3 EStG zu Buchwerten. Soweit an der aufnehmenden Personengesellschaft weitere Kapitalgesellschaften beteiligt sind, ist aber nach § 6 Abs. 5 Satz 5 EStG der Teilwert anzusetzen.

### II. Eigene gewerbliche Tätigkeit der Organträger-Personengesellschaft

#### 1. Allgemeines

15 Zusätzlich zu den übrigen Voraussetzungen muss nach § 14 Abs. 1 Satz 1 Nr. 2 Satz 2 KStG bei einer Organträger-PersG zur steuerlichen Anerkennung einer Organschaft ab dem VZ 2003 eine eigene gewerbliche Tätigkeit i. S. des § 15 Abs. 1 Satz 1 Nr. 1 EStG vorliegen. Gewerblich geprägte Personengesellschaften i. S. des § 15 Abs. 3 Nr. 2 EStG können damit nicht mehr Organträger sein.

16 Eine Besitzpersonengesellschaft im Rahmen einer Betriebsaufspaltung kommt als Organträger in Betracht. Ihr wird die gewerbliche Tätigkeit i. S. des § 15 Abs. 1 Satz 1 Nr. 1 EStG der Betriebsgesellschaft zugerechnet.

#### 2. Umfang der eigenen gewerblichen Tätigkeit

17 Durch das Merkmal der eigenen gewerblichen Tätigkeit soll insbesondere auch verhindert werden, dass mit Hilfe einer Personengesellschaft ohne substanzielle originäre gewerbliche Tätigkeit das steuerliche Ergebnis einer Mehrmütterorganschaft erreicht werden kann. Die Voraussetzung ist daher nur er-

[1] Jetzt R 10 a.3 GewStR 2009.
[2] Nr. **100** § 14/5.

füllt, wenn die eigene gewerbliche Tätigkeit der Organträger-PersG nicht nur geringfügig ist[1])

**Einzelfälle:**

**Holdinggesellschaften/geschäftsleitende Holding** 18

Eine Holdingpersonengesellschaft kann nur dann Organträger sein, wenn sie selbst eine eigene gewerbliche Tätigkeit ausübt. Für die Frage, ob eine geschäftsleitende Holding die Voraussetzung der eigenen gewerblichen Tätigkeit i. S. des § 14 Abs. 1 Satz 1 Nr. 2 Satz 2 KStG erfüllt, kann nicht auf die Grundsätze des BFH zur wirtschaftlichen Eingliederung (vgl. *Abschn. 50 Abs. 2 Nr. 2 KStR 1995*[2])) abgestellt werden.

**Erbringung von sonstigen Dienstleistungen gegenüber Konzerngesellschaften** 19

Das Merkmal der Teilnahme am allgemeinen wirtschaftlichen Verkehr ist schon dann erfüllt, wenn eine Gesellschaft Dienstleistungen nur gegenüber einem Auftraggeber erbringt. Eine gewerbliche Tätigkeit liegt daher auch vor, wenn eine Gesellschaft Dienstleistungen (wie z. B. Erstellen der Buchführung, EDV-Unterstützung o. Ä.) nur gegenüber einer oder mehreren Konzerngesellschaften erbringt. Voraussetzung ist, dass die Leistungen gegen gesondertes Entgelt erbracht und wie gegenüber fremden Dritten abgerechnet werden.

**Beteiligung an einer gewerblich tätigen Personengesellschaft** 20

Eine vermögensverwaltende Personengesellschaft wird nicht allein deshalb selbst gewerblich i. S. des § 14 Abs. 1 Satz 1 Nr. 2 Satz 2 KStG tätig, weil sie an einer gewerblich tätigen Personengesellschaft beteiligt ist und aufgrund dieser Beteiligung gewerbliche Einkünfte erzielt.

## 3. Übergangsregelungen

Zur steuerlichen Anerkennung einer Organschaft müssen alle gesetzlichen Voraussetzungen grundsätzlich vom Beginn des Wirtschaftsjahrs der Organgesellschaft an erfüllt sein. Dies gilt auch für die eigene gewerbliche Tätigkeit des Organträgers. 21

Eine im VZ/EZ 2002 steuerlich wirksame Organschaft wird für die Zukunft steuerlich weiter anerkannt, wenn die Voraussetzungen der Aufnahme einer eigenen gewerblichen Tätigkeit und des Haltens der Organbeteiligung im Gesamthandvermögen bis zum 31. Dezember 2003 vorgelegen haben. Ei- 22

[1]) **Zusatz der OFD Frankfurt v. 29. 6. 2015 S 2770 A – 39 – St 51:** Die in § 14 Abs. 1 Satz 1 Nr. 2 Satz 2 KStG geforderte gewerbliche Tätigkeit i. S. d. § 15 Abs. 1 Satz 1 Nr. 1 EStG für die Organträgereignung einer Personengesellschaft kann nicht durch Abfärben i. S. d. § 15 Abs. 3 Nr. 1 EStG erreicht werden. Eine Personengesellschaft, bei der die Nettoumsatzerlöse aus der originär gewerblichen Tätigkeit die vom BFH in den Urteilen vom 27. 8. 2014 VIII R 16/11, VIII R 41/11 und VIII R 6/12 aufgestellten Bagatellgrenzen in Höhe von 3% der gesamten Nettoumsatzerlöse oder den Betrag von 24.500 € im Veranlagungszeitraum übersteigen, und bei der deshalb die übrigen Einkünfte nach § 15 Abs. 3 Nr. 1 EStG in gewerbliche Einkünfte umqualifiziert werden, erfüllt daher nicht automatisch die Voraussetzungen des § 14 Abs. 1 Satz 1 Nr. 2 Satz 2 KStG.

[2]) Vgl. BFH-Urteil v. 17. 12. 1969 I 252/64, BStBl. 1970 II S. 257. Siehe nunmehr BMF v. 26. 8. 2003, BStBl. I S. 437 (Nr. **100** § 14/5).

ne rückwirkende Übertragung von Sonderbetriebsvermögen in das Gesamthandvermögen ist nicht möglich. Rdnr. 11 bleibt davon unberührt.

**23** Ein neu begründetes Organschaftsverhältnis wird ab dem VZ 2003 steuerlich grundsätzlich nur anerkannt, wenn die Voraussetzungen des § 14 KStG i. d. F. des StVergAbG von Anfang an erfüllt sind. Für im VZ 2003 neu begründete Organschaftsverhältnisse, für die der GAV vor dem 16. Mai 2003 abgeschlossen wurde, gilt Rdnr. 22 entsprechend. Das Organschaftsverhältnis wird steuerlich anerkannt, wenn die ab 2003 geltenden strengeren Voraussetzungen bis zum 31. Dezember 2003 erfüllt wurden.

**24** Eine wirksame steuerliche Organschaft bleibt für die Vergangenheit auch dann anerkannt, wenn künftig die veränderten Voraussetzungen für eine Organschaft nicht mehr erfüllt sind. Das gilt auch, wenn der bis dahin tatsächlich durchgeführte GAV deshalb beendet wird. Die Gesetzesänderung ist ein wichtiger Grund i. S. des § 14 Abs. 1 Satz 1 Nr. 3 Satz 2 KStG i.V. mit *R 60 Abs. 6 KStR 2004*[1].

## E. Gewerbesteuerliches Abzugsverbot vororganschaftlicher Verluste

**25** Nach § 10 a Satz 3 GewStG i. d. F. des Gesetzes zur Änderung des Gewerbesteuergesetzes und anderer Gesetze vom 23. Dezember 2003 (a. a. O.) kann im Fall des § 2 Abs. 2 Satz 2 GewStG die Organgesellschaft den maßgebenden Gewerbeertrag nicht um Fehlbeträge kürzen, die sich vor dem Rechtswirksamwerden des GAV ergeben haben. Nach der korrespondierenden Vorschrift des § 14 Abs. 1 Satz 2 KStG ist das Einkommen der Organgesellschaft dem Organträger erstmals für das Kalenderjahr zuzurechnen, in dem das Wirtschaftsjahr der Organgesellschaft endet, in dem der GAV wirksam wird. Der GAV wird wirksam mit der Eintragung im Handelsregister.

Für den gewerbesteuerlichen Verlustabzug ist entsprechend der körperschaftsteuerlichen Regelung auf das Jahr des Wirksamwerdens des GAV abzustellen.

**Beispiel:**

Abschluss des GAV in 2003; Eintragung im Handelsregister am 30. Juni 2004.
Die körperschaftsteuerliche Einkommenszurechnung nach § 14 Abs. 1 Satz 2 KStG erfolgt erstmals für den VZ 2004. Gewerbesteuerlich ist der Gewerbeertrag der Organgesellschaft erstmals für den EZ 2004 dem Organträger zuzurechnen (vgl. § 2 Abs. 2 Satz 2 GewStG). Bei der Ermittlung des Gewerbeertrags der Organgesellschaft für den EZ 2004 dürfen die auf den 31. Dezember 2003 festgestellten nicht ausgeglichenen (vororganschaftlichen) Fehlbeträge der Organgesellschaft nicht mehr abgezogen werden (vgl. § 10 a Satz 3 GewStG).

---

[1] Jetzt R 14.5 Abs. 6 KStR 2015.

# **100** § 14/8. Schreiben betr. tatsächliche Durchführung des Gewinnabführungsvertrags bei der Organschaft (§ 14 KStG); Verzinsung des Anspruchs auf Verlustübernahme nach § 302 AktG

Vom 15. Oktober 2007 (BStBl. I S. 765)

(BMF IV B 7 – S 2770/0; DOK 2007/0456675)

Der Bundesgerichtshof hat mit dem Urteil vom 14. Februar 2005 II ZR 361/02, DStR S. 707 seine Rechtsprechung bestätigt, dass der sich aus einem Gewinnabführungsvertrag ergebende Anspruch auf Ausgleich eines Jahresfehlbetrages (§ 302 AktG) am Bilanzstichtag der beherrschten Gesellschaft entsteht und mit seiner Entstehung fällig wird. Dem Zeitpunkt der Feststellung des Jahresabschlusses komme insoweit keine Bedeutung zu. Damit ist der Verlustausgleichsanspruch nach §§ 352, 353 HGB ab dem Bilanzstichtag zu verzinsen.

Es ist gefragt worden, welche Auswirkung ein Verstoß gegen die Verzinsungsregelung auf die steuerliche Anerkennung der Organschaft hat.

Unter Bezugnahme auf das Ergebnis der Erörterung mit den obersten Finanzbehörden der Länder gilt Folgendes:

Der Verstoß gegen die Pflicht der §§ 352, 353 HGB zur Verzinsung eines Verlustausgleichsanspruchs bzw. der Verzicht auf eine Verzinsung im Rahmen einer Organschaft hat keine Auswirkungen auf die steuerliche Anerkennung der Organschaft.

Die unterlassene oder unzutreffende Verzinsung eines Verlustausgleichsanspruchs steht einer tatsächlichen Durchführung des Gewinnabführungsvertrags nicht entgegen. Im Falle einer unterlassenen Verzinsung oder eines unzulässigen Verzichts verletzen die Beteiligten lediglich eine vertragliche Nebenpflicht. Das Unterlassen der Verzinsung führt aus steuerlicher Sicht insoweit zwar zu einer verdeckten Gewinnausschüttung, weil der Gewinnabführungsvertrag nicht zu „fremdüblichen" Bedingungen abgewickelt wird. Verdeckte Gewinnausschüttungen der Organgesellschaft an den Organträger haben jedoch den Charakter vorweggenommener Gewinnabführungen, so dass sie als Vorausleistungen auf den Anspruch aus dem Gewinnabführungsvertrag zu werten sind. Diese werden zur Vermeidung einer steuerlichen Doppelbelastung auf der Ebene des Organträgers entsprechend *R 62 Abs. 2 KStR 2004*[1] gekürzt. Durch eine verdeckte Gewinnausschüttung wird die Durchführung des Gewinnabführungsvertrags nicht in Frage gestellt *(R 61 Abs. 4 Satz 1 KStR 2004*[2]*)*.

---

[1] Jetzt R 14.7 Abs. 2 KStR 2015
[2] Jetzt R 14.6 Abs. 4 Satz 1 KStR 2015

# 100 § 14/9. Schreiben betr. steuerliche Anerkennung einer Organschaft nach Änderung des § 301 AktG und des § 249 HGB durch das Gesetz zur Modernisierung des Bilanzrechts – BilMoG –; Keine Anpassung bestehender Gewinnabführungsverträge

Vom 14. Januar 2010 (BStBl. I S. 65)

(BMF IV C 2 – S 2770/09/10002)

Es ist gefragt worden, inwieweit sich die Änderung einzelner Bilanzierungsvorschriften durch das Gesetz zur Modernisierung des Bilanzrechts – BilMoG – vom 25. Mai 2009 (BGBl. I S. 1102) auf die steuerliche Anerkennung ertragsteuerlicher Organschaftsverhältnisse auswirkt.

Unter Bezugnahme auf das Ergebnis der Erörterung mit den obersten Finanzbehörden der Länder gilt dazu Folgendes:

**Änderung des Höchstbetrags der Gewinnabführung nach § 301 AktG**

Die steuerliche Anerkennung der Organschaft bleibt durch die Änderung des § 301 AktG i. V. m. § 268 Absatz 8 HGB grundsätzlich unberührt. Bei der Durchführung der Gewinnabführung sind jedoch die Neuregelungen zum Höchstbetrag der Gewinnabführung nach § 301 AktG ungeachtet ggf. abweichender vertraglicher Vereinbarungen zwingend zu beachten.

Für Organgesellschaften in der Rechtsform der GmbH fordert § 17 Satz 2 Nummer 1 KStG nicht, dass die Begrenzung der Gewinnabführung gem. § 301 AktG in den Gewinnabführungsvertrag ausdrücklich aufgenommen wird.

**Änderung des § 249 HGB**

Wird das Wahlrecht nach Artikel 67 Absatz 3 EG-HGB n. F. zur Beibehaltung der im Jahresabschluss für das letzte vor dem 1. Januar 2010 beginnende Geschäftsjahr bestehenden nach § 249 Absatz 1 Satz 3 und Absatz 2 HGB in der bis zum 28. Mai 2009 geltenden Fassung gebildeten Aufwandsrückstellungen nicht ausgeübt, stellt die daraus resultierende Auflösung dieser Rückstellungen sowie die unmittelbare Einstellung der aufgelösten Beträge in eine Gewinnrücklage keine Verletzung der Grundsätze des § 14 Absatz 1 Satz 1 Nummer 4 KStG dar.

# 100 § 14/11. Schreiben betr. kein passiver Ausgleichsposten für Mehrabführungen bei nach § 15 a EStG nicht verrechenbaren Verlusten der Organgesellschaft; Anwendung des BFH-Urteils vom 29. August 2012 I R 65/11 (BStBl. 2013 II S. 555)[1]

Vom 15. Juli 2013 (BStBl. I S. 921)

(BMF IV C 2 – S 2770/07/10004 :004; DOK 2013/0457677)

In seinem Urteil vom 29. August 2012 I R 65/11 (BStBl. 2013 II S. 555) hat der BFH entschieden, dass ein passiver Ausgleichsposten i. S. d. § 14 Abs. 4 KStG für Mehrabführungen nicht zu bilden ist, wenn die auf die Organgesellschaft entfallenden Beteiligungsverluste aus einem KG-Anteil aufgrund außerbilanzieller Zurechnung gemäß § 15 a EStG neutralisiert werden und damit das dem Organträger zuzurechnende Einkommen nicht mindern.

Nach dem Ergebnis der Erörterung mit den obersten Finanzbehörden der Länder sind die Grundsätze dieses Urteils über den entschiedenen Einzelfall hinaus nur anzuwenden, wenn die Fallkonstellation des Urteilssachverhalts vorliegt, das heißt, wenn die handelsrechtliche Verlustübernahme aufgrund der Anwendung des § 15 a EStG dem Betrag entspricht, der auch nach der Steuerbilanz für die Einkommensermittlung zugrunde zu legen ist.

Mit Ausnahme des genannten Anwendungsfalls des § 15 a EStG ist in allen anderen Fällen bei der Bildung organschaftlicher Ausgleichsposten weiterhin nach dem Wortlaut des § 14 Abs. 4 Satz 6 KStG auf die Abweichung des an den Organträger abgeführten Gewinns vom Steuerbilanzgewinn der Organgesellschaft abzustellen. Die organschaftlichen Ausgleichsposten sind aufgrund der gesetzlichen Vorgabe des § 14 Abs. 4 Satz 1 KStG in der Steuerbilanz zu aktivieren oder zu passivieren.

---

[1] Beachte hierzu BFH vom 15. 3. 2017 I R 67/15, BFH/NV S. 1276, wonach ein aus der Organschaft abzuleitender Grund dafür besteht, bei der Rückgewährung eines Ertragszuschusses über die organschaftliche Gewinnabführung von einer organschaftlichen Mehrabführung auszugehen.

# 100 § 14/12. Schreiben betr. körperschaftsteuerliche Organschaft unter Beteiligung einer Kapitalgesellschaft, an der eine atypisch stille Beteiligung besteht

Vom 20. August 2015 (BStBl. I S. 649)

(BMF IV C 2 – S 2770/12/10001; DOK 2015/0717655)

Nach dem Ergebnis der Erörterung mit den obersten Finanzbehörden der Länder gilt für die Anerkennung einer körperschaftsteuerlichen Organschaft im Zusammenhang mit atypisch stillen Beteiligungen Folgendes:

## 1. Atypisch stille Gesellschaft

Besteht am Handelsgewerbe einer Kapitalgesellschaft eine stille Beteiligung nach § 230 HGB, die ertragsteuerlich als Mitunternehmerschaft zu qualifizieren ist (atypisch stille Gesellschaft), kann diese atypisch stille Gesellschaft weder Organgesellschaft nach den §§ 14, 17 KStG noch Organträgerin nach § 14 Abs. 1 Satz 1 Nr. 2 KStG sein.

## 2. Kapitalgesellschaft, an der eine atypisch stille Beteiligung besteht

Eine Kapitalgesellschaft, an der eine atypisch stille Beteiligung besteht, kann weder Organgesellschaft nach den §§ 14, 17 KStG noch Organträgerin nach § 14 Abs. 1 Satz 1 Nr. 2 KStG sein.

Am 20. August 2015 bereits bestehende, steuerlich anerkannte Organschaften mit Organträgern, an deren Handelsgewerbe atypisch stille Beteiligungen bestehen, können unter Berücksichtigung der Umstände des Einzelfalls im Wege der Billigkeit und aus Gründen des Vertrauensschutzes weiter steuerlich anerkannt werden.

# 100 § 20/2. Schreiben betr. steuerliche Behandlung der Schadenrückstellungen (§ 20 Abs. 2 KStG)

Vom 5. Mai 2000 (BStBl. I S. 487)

(BMF IV C 6 – S 2775 – 9/00)

Unter Bezugnahme auf das Ergebnis der Erörterungen mit den obersten Finanzbehörden der Länder gilt zur steuerlichen Behandlung der Schadenrückstellungen Folgendes:

## I. Allgemeine Grundsätze

Die Schadenrückstellungen sind von den Versicherungsunternehmen für die voraussichtlich nach dem Abschlussstichtag entstehenden Aufwendungen zur Regulierung der Schäden zu bilden, die bis zum Abschlussstichtag zwar eingetreten oder verursacht, aber noch nicht abgewickelt worden sind. Es handelt sich hierbei um Rückstellungen für ungewisse Verbindlichkeiten i. S. des § 249 HGB, für deren Bewertung § 341 g HGB besondere Regelungen enthält. Nach dem Grundsatz der Maßgeblichkeit der Handelsbilanz für die Steuerbilanz (§ 5 Abs. 1 EStG) gelten insoweit die handelsrechtlichen Regelungen auch für die steuerliche Gewinnermittlung. Die steuerlichen Vorschriften über die Bewertung von Rückstellungen sind zu befolgen (§ 5 Abs. 6 EStG).

Der Jahresabschluss hat unter Beachtung der Grundsätze ordnungsmäßiger Buchführung ein den tatsächlichen Verhältnissen entsprechendes Bild der Vermögens-, Finanz- und Ertragslage der Gesellschaft zu vermitteln (§ 264 Abs. 2 HGB). Vernünftiger kaufmännischer Beurteilung entspricht es dabei, den rückstellungsbegründenden Sachverhalt nicht nur in seinen negativen Aspekten zu erfassen, sondern auch die positiven Merkmale zu berücksichtigen, die die Wahrscheinlichkeit einer Inanspruchnahme mindern oder gar aufheben, weil der Kaufmann insoweit wirtschaftlich und rechtlich nicht belastet wird (BFH-Urteil vom 17. Februar 1993, BStBl. II S. 437).

Nach der Rechtsprechung des BFH (Urteil vom 17. Februar 1993, a. a. O.) ist für die Bewertung von Rückstellungen auch auf die Erfahrungen der Vergangenheit zurückzugreifen. Dies gilt insbesondere für Schadenrückstellungen, da sich insoweit aus bereits erfolgten Schadenabwicklungen Erkenntnisse für die Wahrscheinliche Inanspruchnahme aus noch nicht abgewickelten Schadenfällen gewinnen lassen. Auf § 6 Abs. 1 Nr. 3a Buchstabe a EStG wird verwiesen.

Nach dem sowohl im Handelsrecht als auch im Steuerrecht geltenden Grundsatz der Einzelbewertung muss zunächst jedes einzelne Wirtschaftsgut und jede einzelne Verbindlichkeit für sich bewertet werden, d. h. für die Schadenrückstellung: Es muss das objektive Risiko des einzelnen Schadenfalles im Blick auf die voraussichtliche tatsächliche Inanspruchnahme möglichst zutreffend geschätzt werden. Dieses Erfordernis zwingt jedoch dazu, in einem zweiten Schritt die Erfahrung aus der Vergangenheit in der Summe der Fälle eines bestimmten Versicherungszweigs in die Bewertung mit einzubeziehen, da nur in der Gesamtbetrachtung die Folgen, z.B. der Abwehrbemühungen der Versicherungsunternehmen oder des Auftauchens gestohlener Gegenstände usw., auf ihre Auswirkung für die zukünftige Inanspruchnahme aus Schadenfällen beurteilt werden können. Eine zusammengefasste Bewertung auf der Grundlage eines Gesamtbestandes wird nach der Rechtsprechung des BFH (Urteil vom 22. November 1988, BStBl. 1989 II S. 359) verlangt, wenn aus einem Gesamtbestand gleichartiger Verbindlichkeiten ein bestimmter Anteil nicht erfüllt werden muss, diese Verbindlichkeiten aber individuell nicht bestimmt werden können. Gleiches muss gelten, wenn die Verbindlichkeiten zwar individuell erfasst, aber hinsichtlich ihres Risikos nur in ihrer Summe aufgrund einer Gesamtbetrachtung zutreffend bestimmt werden können. Dieser Umstand erfordert dann keine Gruppenbewertung, sondern lediglich einen pauschalen Abschlag auf den im Übrigen einzelbewerteten Gesamtbestand der Verbindlichkeiten eines Versicherungszweigs.

## II. Gesetzliche Klarstellung

Durch Artikel 5 Nr. 5 des Steuerentlastungsgesetzes 1999/2000/2002 vom 24. März 1999 (BGBl. I S. 402, BStBl. I S. 304) ist in § 20 Abs. 2 KStG geregelt worden, dass bei der Bewertung der Schadenrückstellungen die Erfahrungen im Sinne des § 6 Abs. 1 Nr. 3a Buchstabe a EStG für jeden Versicherungszweig zu berücksichtigen sind, für den nach aufsichtsrechtlichen Vorschriften eine gesonderte Gewinn- und Verlustrechnung aufzustellen ist. Die Summe der einzelbewerteten Schäden des Versicherungszweigs ist danach um den Betrag zu mindern, der wahrscheinlich insgesamt nicht zur Befriedigung der Ansprüche für die Schäden benötigt wird.

Nach § 54 Abs. 8c KStG ist die Vorschrift des § 20 Abs. 2 KStG auch auf Veranlagungszeiträume vor 1999 anzuwenden. Ein sich aus dem Minderungsbetrag ergebender Mehrgewinn ist nicht nach § 52 Abs. 16 Satz 10 EStG zu verteilen.

## III. Ermittlung des Minderungsbetrags im Sinne des § 20 Abs. 2 KStG

Zur Ermittlung des pauschalen Abschlags bei der Bewertung der Schadenrückstellungen (Minderungsbetrag) werden die Erkenntnisse aus der Vergangenheit für die einzelnen Versicherungszweige mit Hilfe einer so genannten Ablaufverprobung überprüft. Die Ablaufverprobung ist grundsätzlich nach Bilanzjahren vorzunehmen. Alternativ kann eine Ablaufverprobung nach Schadenanfalljahren durchgeführt werden, wenn das Versicherungsunternehmen alle erforderlichen Nachweise für eine Berechnung auf Netto-Basis (insbesondere zu den Anteilen der abgegebenen Rückversicherung nach Schadenanfalljahren) vorlegen kann.

### 1. Schaden- und Unfallversicherungsunternehmen

Die von den Schaden- und Unfallversicherungsunternehmen zu erstellenden Gewinn- und Verlustrechnungen sind in §§ 2 und 4 der Verordnung über die Berichterstattung von Versicherungsunternehmen gegenüber dem Bundesaufsichtsamt für das Versicherungswesen (BerVersV) geregelt. Für welche Versicherungszweige gesonderte versicherungstechnische Gewinn- und Verlustrechnungen zu erstellen sind, regelt § 4 BerVersV. Darüber hinaus haben die Schaden- und Unfallversicherungsunternehmen zusätzliche formgebundene Erläuterungen zu erstellen (§ 12 BerVersV). Bei der Aufgliederung der Schadenrückstellungen auf Versicherungszweige kann dieselbe Aufgliederung wie für die Meldungen an das Bundesaufsichtsamt für das Versicherungswesen (BAV) verwendet werden. Eine weitergehende Untergliederung ist nicht zulässig.

Die erforderlichen Angaben für eine Ablaufverprobung zur Ermittlung des Minderungsbetrags ergeben sich in erster Linie aus den folgenden Unterlagen:

Fb 200 Gewinn- und Verlustrechnung (für jeden Versicherungszweig gesondert gemäß § 4 BerVersV)

Nw 242 Abgaben zu den Versicherungsfällen, Rückstellungen und Aufwendungen des selbst abgeschlossenen Versicherungsgeschäfts (§ 12 Abs. 1 Nr. 3 BerVersV)

Die Rückstellungen für unbekannte Spätschäden können für die Ablaufverprobung nach Tz. 1.1 aus den BAV-Nachweisungen ausgesondert werden. In diesen Fällen sind die Grundsätze für die Bildung und die pauschale Bewertung der Spätschäden weiterhin anzuwenden. Die Rückstellungen für unbekannte Spätschäden sind unabhängig von den Erlassregelungen dem Grunde und der Höhe nach zu prüfen (Hinweis auf Geschäftsbericht des BAV für 1977 S. 43–44).

Die Schaden- und Unfallversicherungsunternehmen berechnen die Rückstellung für Schadenregulierungsaufwendungen regelmäßig nach Maßgabe des BMF-Schreibens vom 2. Februar 1973 – IV B 5 – S 2750 – 7/73 –. Das Ergebnis aus der Abwicklung dieser Teil-Schadenrückstellung darf das Abwicklungsergebnis insgesamt nicht beeinflussen.

### 1.1. Ermittlung des prozentualen Abwicklungsergebnisses und des Rückstellungsbedarfs für das selbst abgeschlossene Geschäft

Das prozentuale Abwicklungsergebnis und der Rückstellungsbedarf für das selbst abgeschlossene Geschäft sind bei der Verprobung nach Bilanzjahren ausgehend von der Brutto-Schadenrückstellung für das selbst abgeschlossene Geschäft nach folgenden Rechenschritten zu ermitteln:

#### 1.1.1. Schadenrückstellung für eigene Rechnung am Anfang des Wj. (Rechengröße)

Brutto-Schadenrückstellung am Anfang des Wj.
– Rückstellung für Schadenregulierungsaufwendungen am Anfang des Wj.
– Anteil der Rückversicherung an der Brutto-Schadenrückstellung am Anfang des Wj.
+ Anteil der Rückversicherung an der Rückstellung für Schadenregulierungskosten am Anfang des Wj.

---

= Rückstellung für eigene Rechnung am Anfang des Wj.

### 1.1.2. Rückstellung für Versicherungsfälle der Vorjahre für eigene Rechnung am Ende des Wj. (Rechengröße)

Brutto-Schadenrückstellung für Vorjahres-Versicherungsfälle – also ohne Versicherungsfälle des laufenden Wj. – am Ende des Wj.
– Rückstellung für Schadenregulierungsaufwendungen für Vorjahres-Versicherungsfälle am Ende des Wj.
– Anteil der Rückversicherung an der Brutto-Schadenrückstellung für Vorjahres-Versicherungsfälle am Ende des Wj.
\+ Anteil der Rückversicherung an der Rückstellung für Schadenregulierungskosten für Vorjahres-Versicherungsfälle am Ende des Wj.

---

= Rückstellung für Versicherungsfälle der Vorjahre für eigene Rechnung am Ende des Wj.

### 1.1.3. Zahlungen im Wj. für Versicherungsfälle der Vorjahre für eigene Rechnung

Zahlungen im laufenden Wj. für Vorjahres-Versicherungsfälle
– im laufenden Wj. gezahlte Schadenregulierungsaufwendungen für Vorjahres-Versicherungsfälle
– Anteil der Rückversicherung an den Zahlungen im laufenden Wj. für Vorjahres-Versicherungsfälle
\+ Anteil der Rückversicherung an den Zahlungen für Schadenregulierungskosten im laufenden Wj. für Vorjahres-Versicherungsfälle

---

= Zahlungen im Wj. für Versicherungsfälle der Vorjahre für eigene Rechnung

### 1.1.4. Prozentuales Abwicklungsergebnis für das selbst abgeschlossene Geschäft

Rückstellung für eigene Rechnung am Anfang des Wj. (Tz. 1.1.1)
– Rückstellung für Versicherungsfälle der Vorjahre für eigene Rechnung am Ende des Wj. (Tz. 1.1.2)

---

= Abwicklungsvolumen

Abwicklungsvolumen
– Zahlungen im Wj. für Versicherungsfälle der Vorjahre für eigene Rechnung (Tz. 1.1.3)

---

= Abwicklungsergebnis

$$\frac{\text{Abwicklungsergebnis} \times 100}{\text{Abwicklungsvolumen}} = \text{Prozentuales Abwicklungsergebnis}$$

Für eine aussagefähige Ablaufverprobung ist ein Beobachtungszeitraum von mindestens fünf Jahren erforderlich. Für neue Versicherungszweige ist ein kürzerer Beobachtungszeitraum möglich.

Die Summe der prozentualen Abwicklungsergebnisse aller Jahre des Beobachtungszeitraums geteilt durch die Anzahl der beobachteten Jahre ergibt das mittlere arithmetische Abwicklungsergebnis. Dieses mittlere arithmetische Abwicklungsergebnis entspricht der durchschnittlichen prozentualen Besserregulierung der vergangenen Jahre.

### 1.1.5. Rückstellungsbedarf

Der Rückstellungsbedarf in Prozent bezogen auf die tatsächlich gebildete Rückstellung ergibt sich aus der Differenz zwischen 100 und dem prozentualen Abwicklungsergebnis.

### 1.2. Sicherheitszuschlag

Bei der Ermittlung des **tatsächlichen Rückstellungsbedarfs** ist es nicht zu beanstanden, wenn der nach Tz. 1.1.5 ermittelte Rückstellungsbedarf um einen Sicherheitszuschlag in Höhe von 15% **bezogen auf den Rückstellungsbedarf** korrigiert wird.

Der Sicherheitszuschlag kann höher bemessen werden, wenn dies durch Besonderheiten gerechtfertigt ist, die durch die Ablaufverprobung nicht erfasst werden (z. B. größere Abweichungen vom mittleren arithmetischen Abwicklungsergebnis bei den Ergebnissen der einzelnen Jahre des Beobachtungszeitraums, Veränderungen im Versicherungsbestand, in den Schadensstrukturen und der Schadenentwicklung, Großschäden, Schätzungssicherheiten). Die Besonderheiten und deren Nichtberücksichtigung bei der Schadenrückstellung hat das Versicherungsunternehmen nachzuweisen.

**Beispiel:**
(BOZ = Beobachtungszeitraum)

| | Unternehmen A DM | Unternehmen B DM | Unternehmen C DM |
|---|---|---|---|
| **Ergebnis der Ablaufverprobung** | | | |
| Zahlung (Durchschnitt des BOZ) | 8 000 000,00 | 8 000 000,00 | 8 000 000,00 |
| Dafür gebildete Rückstellung (Durchschnitt des BOZ) | 10 000 000,00 | 12 000 000,00 | 16 000 000,00 |
| Abwicklungsergebnis absolut | 2 000 000,00 | 4 000 000,00 | 8 000 000,00 |
| Abwicklungsergebnis in Prozent | 20,00% | 33,33% | 50,00% |
| **Rückstellungsbedarf** in Prozent | 80,00% | 66,67% | 50,00% |
| Sicherheitszuschlag in Prozent auf **Rückstellungsbedarf** | 15,00% | 15,00% | 15,00% |
| **Rückstellungsbedarf** einschl. Sicherh.-Zuschlag | 92,00% | 76,67% | 57,50% |
| Rückstellung Ende des BOZ | 10 000 000,00 | 12 000 000,00 | 16 000 000,00 |
| Auflösung in Prozent | 8,00% | 23,33% | 42,50% |
| Auflösung absolut | 800 000,00 | 2 800 000,00 | 6 800 000,00 |
| verbleibende Rückstellung | 9 200 000,00 | 9 200 000,00 | 9 200 000,00 |

## 2. Versicherungszweige, die nach Zeichnungsjahren abgerechnet werden

Für Versicherungszweige und Versicherungsarten, die nach Zeichnungsjahren abgerechnet werden (z. B. die Transportversicherung), gelten nach § 27 Abs. 2 der Verordnung über die Rechnungslegung von Versicherungsunternehmen (RechVersV) besondere Bewertungsvorschriften für die versicherungstechnische Rückstellung. In diesen Fällen enthält diese Rückstellung sowohl Elemente der Schadenrückstellung als auch der Beitragsüberträge.

Bei einer Ablaufverprobung für die Versicherungszweige, die nach Zeichnungsjahren abgerechnet werden, ist das dargestellte Modell der Ablaufverprobung zu modifizieren. Dabei sind die Beitragsüberträge und die Nachverrechnungsbeiträge (Beitragseingänge im Geschäftsjahr für in Vorjahren begonnene Zeichnungsjahre) zu berücksichtigen. Das BFH-Urteil vom 30. September 1970 (BStBl. 1971 II S. 66), das eine Nullstellung im Zeichnungsjahr zulässt, ist zu beachten.

### 3. Rückversicherungsunternehmen

Die von den Rückversicherungsunternehmen zu erstellenden Gewinn- und Verlustrechnungen sind in § 2 und in § 6 BerVersV geregelt. Für welche Versicherungszweige gesonderte versicherungstechnische Gewinn- und Verlustrechnungen zu erstellen sind, ergibt sich aus § 6 BerVersV. Darüber hinaus haben die Rückversicherungsunternehmen zusätzliche formgebundene Erläuterungen zu erstellen (§ 14 BerVersV).

Die erforderlichen Angaben für eine Ablaufverprobung zur Ermittlung des Minderungsbetrags, der wahrscheinlich insgesamt nicht zur Befriedigung der Ansprüche für die Schäden benötigt wird, ergeben sich in erster Linie aus dem Vordruck Fb 200 Gewinn- und Verlustrechnung (für jeden Versicherungszweig gesondert gemäß § 6 BerVersV).

### 4. Krankenversicherungsunternehmen

Für die Berechnung der Rückstellung für noch nicht abgewickelte Versicherungsfälle bestimmt § 341 g Abs. 3 HGB die Anwendung eines statistischen Näherungsverfahrens. Weitere Angaben zum Umfang der Schadenrückstellung und ihrer Berechnung enthält § 26 Abs. 1 Satz 2 ff. RechVersV.

Bei zutreffender Anwendung des statistischen Näherungsverfahrens wird die Bewertung der Schadenrückstellung bei den Krankenversicherungsunternehmen den Anforderungen des § 20 Abs. 2 KStG genügen. Eine zusätzliche Ablaufverprobung ist entbehrlich.

### 5. Lebensversicherungsunternehmen

Für die Höhe der Rückstellung für noch nicht abgewickelte Versicherungsfälle bei den Lebensversicherungsunternehmen sind die gegenüber dem Begünstigten bestehenden Verpflichtungen maßgebend (§ 26 Abs. 1 Satz 1 RechVersV).

Die Bedeutung der Schadenrückstellung für die Handels- und Steuerbilanz ist bei den Lebensversicherungsunternehmen gering, auch der Abwicklungszeitraum der einzelnen Versicherungsfälle beträgt regelmäßig nur wenige Tage oder Monate. Eine Ablaufverprobung ist daher entbehrlich.

Soweit bei Teilen der Schadenrückstellungen (z. B. in der Berufsunfähigkeitsversicherung auf Grund von Ablehnungsfällen oder Wegfall des Berufsunfähigkeitsgrundes) nicht unerhebliche Abwicklungsgewinne vorliegen, sind die Schadenrückstellungen unter Beachtung der Grundsätze des § 20 Abs. 2 KStG zu überprüfen.

### 6. Abzinsung

Zur Frage der Abzinsung ergeht ein besonderes BMF-Schreiben.

**7. Verhältnis der Schadenrückstellung zur Schwankungsrückstellung**

Die Anwendung der Rechtsgrundsätze, die durch § 20 Abs. 2 KStG in der Fassung des Steuerentlastungsgesetzes 1999/2000/2002 vom 24. März 1999 (BGBl. I S. 402, BStBl. I S. 304) klargestellt werden, führt zu keiner Änderung der für die Berechnung der Schwankungsrückstellung maßgebenden Schadenquoten.

# 100 § 21/1. Schreiben betr. Anwendungsfragen zur Neuregelung in § 21 KStG

Vom 12. Dezember 2019 (BStBl. I S. 1376)

(BMF IV C 2 – S 2775/19/10001 :002)

**5 Anlagen**[1)]

Unter Bezugnahme auf das Ergebnis der Erörterung mit den obersten Finanzbehörden der Länder nehme ich nachfolgend zu Anwendungsfragen zur Neuregelung des § 21 KStG Stellung:

## 1. Anwendungsbereich

§ 21 KStG regelt die Abziehbarkeit von Beitragsrückerstattungen, die für das selbst abgeschlossene Geschäft

– in dem nach Art der Lebensversicherung betriebenen Geschäft (§ 21 Abs. 1 Satz 1 Nr. 1 KStG) und
– in den übrigen Versicherungsgeschäften in Abhängigkeit von dem versicherungstechnischen Überschuss des einzelnen Versicherungszweiges aus dem selbst abgeschlossenen Geschäft für eigene Rechnung (§ 21 Abs. 1 Satz 1 Nr. 2 KStG)

gewährt werden.

## 2. Berechnungsbögen

Als Anlagen zu diesem Schreiben sind für die Ermittlung der nach § 21 KStG abziehbaren Beitragsrückerstattung folgende Berechnungsbögen beigefügt[1)]:

– Lebensversicherung (Anlage 1);
– Krankenversicherung (Anlage 2);
– Pensionskasse (Anlage 3);
– Unfallversicherung mit Prämienrückgewähr (Anlage 4);
– Schaden- und Unfallversicherung (Anlage 5).

In diesen Berechnungsbögen sind jeweils anhand eines Beispiels die einzelnen Berechnungsschritte detailliert erläutert und die erforderlichen Fundstellen sowie wichtige Hinweise zur Berechnung und Eintragung aufgeführt.

## 3. Nach Art der Lebensversicherung betriebenes Geschäft

### 3.1. Jahresergebnis

Ausgangsgrundlage für die Ermittlung der abziehbaren Beitragsrückerstattung im Wirtschaftsjahr ist das nach handelsrechtlichen Grundsätzen zu ermittelnde Jahresergebnis für das selbst abgeschlossene Geschäft. Dieses Jahresergebnis entspricht dem Jahresüberschuss bzw. Jahresfehlbetrag laut Handelsbilanz ohne Berücksichtigung eines Gewinnabführungsvertrages, wenn sich die

[1)] Hier nicht abgedruckt.

Tätigkeit des Versicherungsunternehmens auf das selbst abgeschlossene Versicherungsgeschäft beschränkt.

Das selbst abgeschlossene Geschäft setzt unmittelbare versicherungsvertragliche Rechtsbeziehungen zwischen Versicherungsgesellschaft und Versicherungsnehmer voraus. Dazu gehören z. B. nicht das Rückversicherungsgeschäft und die Vermittlungstätigkeit.

Ist das Versicherungsunternehmen noch in anderer Weise tätig, so ergibt sich das Jahresergebnis des selbst abgeschlossenen Geschäfts nach § 2 Nr. 2 der Verordnung über die Berichterstattung von Versicherungsunternehmen gegenüber der Bundesanstalt für Finanzdienstleistungsaufsicht (BerVersV) vom 19. Juli 2017 (zuletzt geändert am 17. August 2017, BGBl. I S. 3214) aus der zu erstellenden GuV-Rechnung (Formblatt 200), nach Abzug der anteiligen Ergebnisse aus dem nicht nach Art der Lebensversicherung betriebenen Geschäft.

### 3.2. Zurechnungsbetrag

Dem Jahresergebnis aus dem selbst abgeschlossenen Geschäft sind die für Beitragsrückerstattungen und Direktgutschriften aufgewendeten Beträge hinzuzurechnen, die das Jahresergebnis gemindert haben.

### 3.3. Kürzungsbetrag

Das Jahresergebnis enthält auch den Nettoertrag, der aus der Bewirtschaftung des Eigenkapitals erzielt wird. Dieser Ertrag kann nicht mit überhobenen Beitragseinnahmen und damit nicht mit einer Beitragsrückerstattung in Zusammenhang gebracht werden. Das Jahresergebnis für die Ermittlung der abziehbaren Beitragsrückerstattung ist daher um diesen Ertrag zu vermindern. Bei der hierfür durchzuführenden Berechnung ist wie folgt zu verfahren:

**3.3.1.** Als anzusetzendes Eigenkapital gilt das im Formblatt 100 der BerVersV ausgewiesene Eigenkapital zuzüglich 10 % des ungebundenen Teils der Rückstellung für Beitragsrückerstattung jeweils zu Beginn des Wirtschaftsjahres.

**3.3.2.** Betreibt das Versicherungsunternehmen außer in dem nach Art der Lebensversicherung selbst abgeschlossenen Geschäft noch andere Geschäfte, so kann das anzusetzende Eigenkapital nach Maßgabe der Einnahmen (z. B. Beitragseinnahmen, Provisionseinnahmen) auf die verschiedenen Tätigkeitsbereiche aufgeteilt werden. Nicht zu dem nach Art der Lebensversicherung selbst abgeschlossenen Geschäft gehören unter anderem das Versicherungsvermittlungsgeschäft, sonstiges Vermittlungsgeschäft (z. B. Bausparverträge, Fondssparverträge), Dienstleistungen für Dritte und das aktive Rückversicherungsgeschäft.

**3.3.3.** Als Kapitalanlagen i. S. d. § 21 Abs. 1 Satz 1 Nr. 1 Satz 5 KStG ist die Summe derjenigen Wirtschaftsgüter anzusetzen, die in der Bilanz von dem nach Art der Lebensversicherung betriebenen Geschäft im Formblatt 100 der BerVersV unter Nr. 2 und Nr. 3 der Posten der Aktivseite ausgewiesen werden. Dies entspricht der Summe der Kapitalanlagen lt. Formblatt 1 Buchst. C. der Verordnung über die Rechnungslegung von Versicherungsunternehmen (RechVersV) vom 8. November 1994 (zuletzt geändert am 19. Dezember 2018, BGBl. I S. 2672).

**3.3.4.** Als Bezugsgröße für die Ertragsberechnung ist der Mittelwert der Kapitalanlagen zum Ende und zu Beginn des Wirtschaftsjahres zugrunde zu legen.

**3.3.5.** Als Erträge und Aufwendungen aus Kapitalanlagen sind die in der jeweiligen Nachweisung ausgewiesenen Beträge anzusetzen. Dabei sind gem. § 21 Abs. 1 Satz 1 Nr. 1 Satz 6 KStG die Erträge und Aufwendungen aus den Kapitalanlagen nicht anzusetzen, bei denen das Anlagerisiko nicht vom Versicherungsunternehmen getragen wird.

**3.3.6.** Der so berechnete Betrag (Tz. 3.3.5) ist in das Verhältnis zu dem Mittelwert der Kapitalanlagen (Tz. 3.3.4) zu setzen. Mit dem so ermittelten Prozentsatz, angewendet auf das zu Beginn des Wirtschaftsjahres anzusetzende Eigenkapital (Tz. 3.3.1 und Tz. 3.3.2), wird ein anteilig auf das Eigenkapital entfallender vorläufiger Nettoertrag ermittelt. Es ist nicht zu beanstanden, wenn anstatt des ermittelten Prozentsatzes der vom Versicherungsunternehmen veröffentlichte Nettoverzinsungssatz verwendet wird.

**3.3.7.** Der Nettoertrag i. S. d. § 21 Abs. 1 Satz 1 Nr. 1 Satz 5 KStG ergibt sich unter Berücksichtigung eines Abschlags i. H. v. 30 % auf den vorläufigen Nettoertrag (Tz. 3.3.6). Der Abschlag gilt die KSt, die GewSt und die sonstigen nichtabziehbaren Betriebsausgaben in pauschalierter Form ab.

### 3.4. Maßgeblicher Betrag nach § 21 Abs. 1 Satz 1 Nr. 1 KStG

Jahresergebnis (Tz. 3.1) zuzüglich Zurechnungsbetrag (Tz. 3.2) und abzüglich Kürzungsbetrag (Tz. 3.3) ist der maßgebliche Betrag nach § 21 Abs. 1 Satz 1 Nr. 1 KStG, wenn er höher ist als die Mindestbeitragsrückerstattung, die sich aus gesetzlichen Vorschriften ergibt (§ 21 Abs. 1 Satz 1 Nr. 1 Satz 7 KStG), zuzüglich der im Wirtschaftsjahr gewährten Direktgutschriften.

Gesetzliche Vorschriften in diesem Sinne sind insbesondere die Verordnung über die Mindestbeitragsrückerstattung in der Lebensversicherung (Mindestzuführungsverordnung – MindZV) vom 18. April 2016 (zuletzt geändert am 19. Juli 2017, BGBl. I S. 3022) und die Verordnung betreffend die Aufsicht über die Geschäftstätigkeit in der privaten Krankenversicherung (Krankenversicherungsaufsichtsverordnung – KVAV) vom 18. April 2016 (zuletzt geändert am 19. Dezember 2018, BGBl. I S. 2672).

### 3.5. Steuerfreie Erträge

Der für den Abzug maßgebliche Betrag der Beitragsrückerstattung (s. Tz. 3.4) ist nur in dem Verhältnis abziehbar, wie die für die Beitragsrückerstattung maßgeblichen Überschüsse am Kapitalanlageergebnis im Geltungsbereich dieses Gesetzes dem Grunde nach steuerpflichtig und nicht steuerbefreit sind (§ 21 Abs. 1 Sätze 2 und 3 KStG). Maßgebend ist dabei der positive Saldo der im Wirtschaftsjahr erzielten steuerfreien Erträge und Verluste.

Zu den steuerfreien Beträgen gehören beispielhaft:
- Im Ausland erwirtschaftete Erträge, die aufgrund DBA-Freistellungen nicht in Deutschland besteuert werden.
- Unter Mutter-Tochter-Richtlinie fallende Beteiligungserträge gemäß § 8 b Abs. 9 KStG.
- Wertaufholungen gemäß § 8 b Abs. 8 Satz 2 KStG.
- Steuerfreie Übernahmegewinne im Sinne des UmwStG.

– Nach §§ 20, 42 und 43 Abs. 3 und § 48 Abs. 6 InvStG (teil-)freigestellte Erträge, soweit nicht bereits eine Kürzung des Rückstellungsbetrags nach § 21 InvStG vorzunehmen ist.

Nicht von der Regelung in § 21 Abs. 1 Sätze 2 und 3 KStG erfasst werden Überschüsse, bei denen die handels- und steuerbilanzielle Erfassung der Beträge lediglich in verschiedenen Geschäfts- bzw. Wirtschaftsjahren anfällt (s. BT-Drucksache 16/11108, S. 28, zur Änderung von § 21 Abs. 1 Nr. 1 Satz 1 KStG a. F.). Dies gilt auch für steuerfreie Beträge i. S. d. § 3 Nr. 41 EStG.

**3.6. Krankenversicherung**

Es wird nicht beanstandet, wenn ein Krankenversicherungsunternehmen die Ermittlung der abziehbaren Beitragsrückerstattung für alle Geschäfte zusammengefasst nach § 21 Abs. 1 Satz 1 Nr. 1 KStG wie in dem beigefügten Berechnungsbogen vornimmt.

**3.7. Unfallversicherung mit Prämienrückgewähr (UPR)**

**3.7.1.** Die UPR als ein nach Art der Lebensversicherung betriebenes Geschäft fällt unter die Regelung des § 21 Abs. 1 Satz 1 Nr. 1 KStG.

**3.7.2.** Gemäß § 21 Abs. 1 Satz 1 Nr. 1 KStG ist als ein Bestandteil der Höchstbetragsberechnung das Eigenkapital des Versicherungsunternehmens anzusetzen. Die UPR stellt in der Regel eine von mehreren Versicherungssparten innerhalb eines Versicherungsunternehmens dar. In diesem Fall führt der Ansatz des gesamten Eigenkapitals des Versicherungsunternehmens im Rahmen der Höchstbetragsberechnung zu einem unzutreffenden Ergebnis.

Zur Ermittlung des auf die UPR entfallenden Anteils am Eigenkapital des Versicherungsunternehmens ist daher ein sachgerechtes Verfahren anzuwenden, welches dem Anteil der UPR am gesamten Versicherungsgeschäft sowie dem hierfür erforderlichen Eigenkapital Rechnung trägt.

Hierzu ist ein angemessener Aufteilungsschlüssel zu ermitteln, der auf das Gesamteigenkapital des Versicherungsunternehmens anzuwenden ist. Aus Vereinfachungsgründen kann hierfür das Verhältnis der auf die UPR entfallenden Nettoprämieneinnahmen zu den gesamten Nettoprämieneinnahmen des Versicherungsunternehmens herangezogen werden.

Dieses Ergebnis kann zur Berücksichtigung der Tatsache, dass das für die UPR-Sparte erforderliche Kapital wegen des ungebundenen Teils der auf die UPR entfallenden Rückstellung für Beitragsrückerstattung in Relation zum Prämienaufkommen regelmäßig deutlich geringer als für die anderen Versicherungssparten eines Versicherungsunternehmens ist, um einen Abschlag vermindert werden.

**3.7.3.** Der Nettoertrag ist analog zu den Tzn. 3.3.3 bis 3.3.7 zu ermitteln. Dabei ist die Nettorendite des für die UPR gebildeten Sicherungsvermögens anzusetzen.

**3.7.4.** Zur Ermittlung des „Jahresergebnisses für das selbst abgeschlossene Geschäft" ist die Gewinn- und Verlustrechnung der Sparte UPR zu verwenden, um das auf die UPR anteilig entfallende versicherungstechnische Bruttoergebnis zu ermitteln. Die Ermittlung der auf die UPR entfallenden nichtversicherungstechnischen Aufwendungen kann nach dem Verhältnis der auf die UPR entfallenden Nettoprämieneinnahmen zu den gesamten Nettoprämieneinnahmen des Versicherungsunternehmens erfolgen.

Für die Summe aus KSt, GewSt und sonstigen nichtabziehbaren Betriebsausgaben kann von diesem vorläufigen Jahresergebnis ein pauschalierter Abschlag i. H. v. 30 % (analog zu § 21 Abs. 1 Satz 1 Nr. 1 Satz 5 KStG) vorgenommen werden.

**4. Übriges Versicherungsgeschäft**

**4.1.** Beitragsrückerstattungen, auf die in den übrigen Versicherungsgeschäften ohne Rücksicht auf einen versicherungstechnischen Überschuss ein Rechtsanspruch besteht, fallen nicht unter § 21 KStG. Sie sind wie Versicherungsleistungen zu behandeln (RFH-Urteil vom 21. Mai 1940, RStBl. 1940 S. 747).

**4.2.** Als Überschuss i. S. d. § 21 Abs. 1 Satz 1 Nr. 2 KStG ist das im Formblatt 200 der BerVersV für den Versicherungszweig ausgewiesene versicherungstechnische Nettoergebnis 2, vermindert um nichtversicherungstechnische Aufwendungen, anzusetzen.

**4.3.** Die Zuordnung der auf das Wirtschaftsjahr entfallenden nichtversicherungstechnischen Aufwendungen zu den einzelnen Versicherungszweigen ist nach einem sachgerechten Aufteilungsmaßstab vorzunehmen. Als Aufteilungsmaßstab kann der Prämienschlüssel zu Grunde gelegt werden.

**5. Anwendung**

Dieses Schreiben tritt für Veranlagungszeiträume, für die § 21 in der Fassung des Art. 7 des Gesetzes vom 11. Dezember 2018, BGBl. I S. 2338, anzuwenden ist, an die Stelle des BMF-Schreibens vom 7. März 1978, BStBl. I S. 160.

# 100 § 27/1. Schreiben betr. steuerliche Anerkennung inkongruenter Gewinnausschüttungen

Vom 17. Dezember 2013 (BStBl. 2014 I S. 63)
(BMF IV C 2 – S 2750 – a/11/10001; DOK 2013/1143118)

Der Bundesfinanzhof hat mit Urteil vom 19. August 1999 I R 77/96 (BStBl. 2001 II S. 43) entschieden, dass von den Beteiligungsverhältnissen abweichende inkongruente Gewinnausschüttungen und inkongruente Wiedereinlagen steuerrechtlich anzuerkennen sind und grundsätzlich auch dann keinen Gestaltungsmissbrauch im Sinne des § 42 AO darstellen, wenn andere als steuerliche Gründe für solche Maßnahmen nicht erkennbar sind. Dies entspricht mittlerweile seiner ständigen Rechtsprechung.

Nach dem Ergebnis der Erörterungen mit den obersten Finanzbehörden der Länder gilt zur steuerlichen Anerkennung einer inkongruenten Gewinnausschüttung Folgendes:

Die steuerliche Anerkennung einer inkongruenten Gewinnausschüttung setzt zunächst voraus, dass eine vom Anteil am Grund- oder Stammkapital abweichende Gewinnverteilung zivilrechtlich wirksam bestimmt ist. Dies ist der Fall, wenn eine der folgenden Voraussetzungen erfüllt ist:

**Bei Gesellschaften mit beschränkter Haftung:**

Es wurde im Gesellschaftsvertrag gem. § 29 Abs. 3 Satz 2 GmbHG ein anderer Maßstab der Verteilung als das Verhältnis der Geschäftsanteile im Gesellschaftsvertrag festgesetzt. Für eine nachträgliche Satzungsänderung zur Regelung einer ungleichen Gewinnverteilung ist gemäß § 53 Abs. 3 GmbHG die Zustimmung aller beteiligten Gesellschafter erforderlich.

Oder: Die Satzung enthält anstelle eines konkreten Verteilungsmaßstabs eine Klausel, nach der alljährlich mit Zustimmung der beeinträchtigten Gesellschafter oder einstimmig über eine von der satzungsmäßigen Regelung abweichende Gewinnverteilung beschlossen werden kann, und der Beschluss ist mit der in der Satzung bestimmten Mehrheit gefasst worden.

**Bei Aktiengesellschaften:**

Es wurde in der Satzung gem. § 60 Abs. 3 AktG ein vom Verhältnis der Anteile am Grundkapital (§ 60 Abs. 1 AktG) abweichender Gewinnverteilungsschlüssel festgelegt. Für eine nachträgliche Satzungsänderung zur Änderung der Gewinnverteilung bedarf es gemäß § 179 Abs. 3 AktG der Zustimmung der benachteiligten Aktionäre. Enthält die Satzung lediglich eine Öffnungsklausel für eine von der gesetzlichen Gewinnverteilung abweichende Verteilung, ist diese für die Wirksamkeit einer inkongruenten Gewinnausschüttung nicht ausreichend.

Die Grundsätze des Missbrauchs rechtlicher Gestaltungsmöglichkeiten (§ 42 AO) sind zu beachten. Nach § 42 Abs. 2 AO liegt ein Missbrauch vor, wenn eine unangemessene rechtliche Gestaltung gewählt wird, die beim Steuerpflichtigen oder einem Dritten im Vergleich zu einer angemessenen Gestaltung zu einem gesetzlich nicht vorgesehenen Steuervorteil führt. Von einem solchen Missbrauch ist bei Vereinbarung einer inkongruenten Gewinnausschüttung nicht auszugehen, wenn für die vom gesetzlichen Verteilungsschlüssel abweichende Gewinnverteilung beachtliche wirtschaftlich vernünftige außersteuerliche Gründe nachgewiesen werden. Diese Prüfung ist unter Zugrundelegung der besonderen Umstände des Einzelfalls vorzunehmen.

Ein Indiz für eine unangemessene Gestaltung kann sein, wenn die Gewinnverteilungsabrede nur kurzzeitig gilt oder wiederholt geändert wird.

Die Grundsätze der verdeckten Gewinnausschüttungen und der verdeckten Einlage bleiben unberührt.

Dieses BMF-Schreiben ersetzt das BMF-Schreiben vom 7. Dezember 2000 IV A 2 – S 2810 – 4/00 (BStBl. 2001 I S. 47) und ist in allen noch offenen Fällen anzuwenden.

# **100** § 27/2. Schreiben betr. steuerliches Einlagekonto (Anwendung der §§ 27 und 28 KStG 2002[1])

Vom 4. Juni 2003 (BStBl. I S. 366)

(BMF IV A 2 – S 2836 – 2/03)

Unter Bezugnahme auf das Ergebnis der Erörterungen mit den obersten Finanzbehörden der Länder gilt für die Anwendung der §§ 27 und 28 KStG 2002[2] Folgendes:

## A. Steuerliches Einlagekonto (§ 27 KStG)

### I. Allgemeines

Wie im bisherigen Recht führt die Rückgewähr von nicht in das Nennkapital geleisteten Einlagen grundsätzlich nicht zu steuerpflichtigen Beteiligungserträgen der Anteilseigner. Um dies zu gewährleisten, bestimmt § 27 KStG, dass diese Einlagen außerhalb der Steuerbilanz auf einem besonderen Konto erfasst werden. 1

### II. Persönlicher Anwendungsbereich

Ein Einlagekonto haben unter der Voraussetzung der unbeschränkten Körperschaftsteuerpflicht zu führen: 2

a) Kapitalgesellschaften (§ 1 Abs. 1 Nr. 1 KStG);

b) Sonstige Körperschaften, die Leistungen i. S. des § 20 Abs. 1 Nr. 1 EStG gewähren können;

c) Körperschaften und Personenvereinigungen, die Leistungen i. S. des § 20 Abs. 1 Nr. 9 bzw. 10 EStG gewähren können.

Bei den unter Buchstabe a) und b) genannten Körperschaften handelt es sich um die ehemals zur Gliederung des verwendbaren Eigenkapitals verpflichteten unbeschränkt steuerpflichtigen Körperschaften. Unter Buchstabe b) fallen in erster Linie die Erwerbs- und Wirtschaftsgenossenschaften (§ 1 Abs. 1 Nr. 2 KStG) sowie Realgemeinden und wirtschaftliche Vereine, die Mitgliedschaftsrechte gewähren, welche einer kapitalmäßigen Beteiligung gleich stehen. Wegen der Führung des Einlagekontos bei Betrieben gewerblicher Art von juristischen Personen des öffentlichen Rechts bei Leistungen i. S. des § 20 Abs. 1 Nr. 10 EStG wird auf das *BMF-Schreiben vom 11. September 2002 (BStBl. I S. 935*[3]) verwiesen.

Beschränkt steuerpflichtige Körperschaften haben kein Einlagekonto zu führen. 3

[1] **[Amtl. Anm.:]** KStG 2002 = KStG n. F.; KStG 1999 = KStG a. F.

[2] **[Amtl. Anm.:]** Zur Anwendung des § 29 KStG vgl. gesondert ergehendes BMF-Schreiben zu den Änderungen des Umwandlungssteuerrechts.

**Redaktioneller Hinweis:** Siehe jetzt BMF v. 16. 12. 2003, BStBl. I S. 786.

[3] Siehe jetzt BMF v. 9. 1. 2015, BStBl. I S. 111 (Nr. **1** § 20/11).

Das Einlagekonto ist auch von Körperschaften und Personenvereinigungen zu führen, bei denen Ausschüttungen ausgeschlossen sind.

## III. Ermittlung und Fortschreibung des steuerlichen Einlagekontos

### 1. Anfangsbestand

#### a) Überleitung vom Anrechnungsverfahren zum Halbeinkünfteverfahren

4 Nach § 36 Abs. 7 KStG ist auf den Schluss des letzten Wirtschaftsjahres, das noch unter das Anrechnungsverfahren fällt, u. a. der Schlussbestand des Teilbetrags nach § 30 Abs. 2 Nr. 4 KStG a. F. (EK 04) gesondert festzustellen. Der Feststellungsbescheid ist Grundlagenbescheid für die Feststellung des Einlagekontos nach § 27 Abs. 2 Satz 1 KStG auf den Schluss des ersten Wirtschaftsjahrs im neuen Recht. Der festgestellte Schlussbestand wird, soweit er positiv ist, als Anfangsbestand des Einlagekontos erfasst (§ 39 Abs. 1 KStG).

#### b) Erstmalige Verpflichtung zur Führung des Einlagekontos in sonstigen Fällen

5 Hat eine Körperschaft oder eine Personenvereinigung erstmalig ein Einlagekonto zu führen, z. B. beim Wechsel von der beschränkten zur unbeschränkten Körperschaftsteuerpflicht, ist der Anfangsbestand des steuerlichen Einlagekontos mit 0 anzusetzen.

6 Im Gegensatz dazu ist in den Fällen der Bar- und Sachgründung, sowie in Einbringungsfällen nach § 20 UmwStG (vgl. auch Rdnr. 27) das in der Eröffnungsbilanz auszuweisende Eigenkapital, soweit es das Nennkapital übersteigt, als Zugang beim steuerlichen Einlagekonto in der Feststellung zum Schluss des ersten Wirtschaftsjahrs zu erfassen.

**Beispiel**

Das bisherige Einzelunternehmen des A wird zu Buchwerten in die neu gegründete A-GmbH eingebracht. Das in der Schlussbilanz des Einzelunternehmens ausgewiesene Eigenkapital beträgt 500. A erhält im Rahmen der Einbringung Anteile an der A-GmbH im Nennwert von 100. Der übersteigende Betrag i.H. von 400 wird in der Eröffnungsbilanz der A-GmbH zu 150 in die Kapitalrücklage eingestellt und zu 250 als Darlehensverbindlichkeit gegenüber A ausgewiesen.
Das in der Eröffnungsbilanz der A-GmbH auszuweisende Eigenkapital beträgt 250. Der das Nennkapital von 100 übersteigende Betrag i.H. von 150 ist als Zugang beim steuerlichen Einlagekonto in der Feststellung zum Schluss des Gründungsjahres zu erfassen.

7 Zu Körperschaften bzw. Personenvereinigungen, die im Wege einer Umwandlung nach UmwG neu entstehen bzw. erstmalig zur Führung eines Einlagekontos verpflichtet sind, wird auf das gesondert ergehende BMF-Schreiben zu den Änderungen des Umwandlungssteuerrechts[1] verwiesen.

#### c) Führung des Einlagekontos in den Fällen des § 156 Abs. 2 AO

8 Wird nach § 156 Abs. 2 AO auf eine Festsetzung der Körperschaftsteuer verzichtet, unterbleibt auch die gesonderte Feststellung des Einlagekontos. Findet für einen folgenden Veranlagungszeitraum erstmalig eine Körper-

[1] BMF v. 16. 12. 2003, BStBl. I S. 786.

schaftsteuerveranlagung statt, ist bei der dann notwendigen gesonderten Feststellung des Einlagekontos auf den Schluss des Wirtschaftsjahrs der Anfangsbestand des Einlagekontos mit 0 anzusetzen, soweit die Körperschaft nicht etwas anderes nachweist.

## 2. Verringerung des Einlagekontos durch Leistungen

### a) Allgemeines

Im Wirtschaftsjahr von der Körperschaft erbrachte Leistungen verringern das Einlagekonto, soweit sie in der Summe den auf den Schluss des letzten Wirtschaftsjahrs ermittelten ausschüttbaren Gewinn übersteigen (§ 27 Abs. 1 Satz 3 KStG). Unter das Halbeinkünfteverfahren fallende Leistungen im ersten Wirtschaftsjahr des neuen Rechts können bereits zu einer Verringerung des Einlagekontos führen. 9

Eine Verringerung des steuerlichen Einlagekontos nach § 27 Abs. 1 Satz 3 KStG ist grundsätzlich auf den positiven Bestand des Einlagekontos zum Schluss des vorangegangenen Wirtschaftsjahrs begrenzt. U.a. in den Fällen der Festschreibung nach § 27 Abs. 1 Satz 5 KStG (Rdnr. 24) kann es auch zu einem Negativbestand des steuerlichen Einlagekontos kommen (wegen weiterer Fälle, in denen das steuerliche Einlagekonto negativ werden kann vgl. Rdnrn. 28 und 29). 10

### b) Begriff der Leistung

Leistungen i. S. des § 27 Abs. 1 Satz 3 KStG sind alle Auskehrungen, die ihre Ursache im Gesellschaftsverhältnis haben. 11

Zur Rückzahlung von Nennkapital nach § 28 Abs. 2 Satz 2 KStG vgl. Rdnr. 40.

Für die Verrechnung mit dem steuerlichen Einlagekonto sind alle Leistungen eines Wirtschaftsjahrs zusammenzufassen. Eine sich danach ergebende Verwendung des steuerlichen Einlagekontos ist den einzelnen Leistungen anteilig zuzuordnen. 12

Leistungen, die nach § 34 Abs. 12 Satz 1 Nr. 1 KStG noch unter das Anrechnungsverfahren fallen, stellen keine Leistungen i. S. des § 27 Abs. 1 Satz 3 KStG dar. 13

### c) Ausschüttbarer Gewinn

Der ausschüttbare Gewinn nach § 27 Abs. 1 Satz 4 KStG ist wie folgt zu ermitteln: 14

| | |
|---|---|
| | Eigenkapital laut Steuerbilanz |
| – | gezeichnetes Kapital |
| – | (positiver) Bestand des steuerlichen Einlagekontos |
| | ausschüttbarer Gewinn (wenn negativ, Ansatz mit 0) |

Der Berechnung sind jeweils die Bestände zum Schluss des vorangegangenen Wirtschaftsjahrs zugrunde zu legen. Zugänge bzw. Abgänge des laufenden Wirtschaftsjahrs beeinflussen den ausschüttbaren Gewinn nicht. Wegen der für 15

Liquidationen geltenden Besonderheiten wird auf das gesondert ergehende BMF-Schreiben zur Auflösung und Abwicklung von Körperschaften und Personenvereinigungen[1] hingewiesen.

### aa) In der Steuerbilanz ausgewiesenes Eigenkapital

16 Maßgeblich ist das Eigenkapital laut Steuerbilanz. Rückstellungen und Verbindlichkeiten stellen auch dann Fremdkapital dar, wenn sie auf außerhalb der Steuerbilanz zu korrigierenden verdeckten Gewinnausschüttungen i. S. des § 8 Abs. 3 Satz 2 KStG beruhen.

17 Nicht zum Eigenkapital gehören diejenigen auf der Passivseite der Steuerbilanz ausgewiesenen Posten, die aufgrund steuerrechtlicher Vorschriften erst bei ihrer Auflösung zu versteuern sind (Sonderposten mit Rücklageanteil i. S. des § 247 Abs. 3 HGB).

18 § 27 Abs. 1 Satz 4 KStG enthält keine Verpflichtung zur Aufstellung einer Steuerbilanz. Hat die Körperschaft oder Personenvereinigung eine Steuerbilanz nicht aufgestellt, muss sie für die Berechnung des ausschüttbaren Gewinns das Eigenkapital, ausgehend von der Handelsbilanz, ermitteln, das sich nach den Vorschriften über die steuerliche Gewinnermittlung ergibt (§ 60 Abs. 2 Satz 1 EStDV).

### bb) Gezeichnetes Kapital

19 Gezeichnetes Kapital i. S. des § 27 Abs. 1 Satz 4 KStG ist das Grundkapital einer Aktiengesellschaft, das Stammkapital einer GmbH oder die Summe der Geschäftsguthaben der Genossen bei Erwerbs- und Wirtschaftsgenossenschaften.

20 Für die Berechnung des ausschüttbaren Gewinns (Rdnr. 14 ff.) ist das gezeichnete Kapital aus Vereinfachungsgründen auch dann mit dem Nominalbetrag anzusetzen, wenn es nicht vollständig eingezahlt ist. Das gilt unabhängig davon, ob ausstehende Einlagen ganz oder teilweise eingefordert sind und ob der ausstehende, nicht eingeforderte Teil in der Steuerbilanz offen vom Nennkapital abgesetzt ist.

### cc) Bestand des steuerlichen Einlagekontos

21 Maßgeblich für die Ermittlung des ausschüttbaren Gewinns ist der auf den Schluss des vorangegangenen Wirtschaftsjahrs gesondert festgestellte Bestand des steuerlichen Einlagekontos bzw. der nach § 36 Abs. 7 KStG festgestellte Schlussbestand des EK 04. Ist dieser Bestand negativ, ist er bei der Ermittlung des ausschüttbaren Gewinns nicht zu berücksichtigen.

## d) Bescheinigung

22 Die Verwendung des steuerlichen Einlagekontos ist gemäß § 27 Abs. 3 Satz 1 Nr. 2 KStG den Anteilseignern entsprechend ihrem Anteil an der Gesamtleistung zu bescheinigen. Bescheinigungen sind auch zu erteilen, wenn sich das steuerliche Einlagekonto in einem der in Rdnr. 29 aufgeführten Sonderfälle unmittelbar verringert.

[1] BMF v. 26. 8. 2003, BStBl. I S. 434 (Nr. **100** § 11/1).

23 Dagegen ist bei der Rückzahlung von Nennkapital nach einer Kapitalherabsetzung (vgl. Rdnr. 40) für den das steuerliche Einlagekonto unmittelbar mindernden Betrag eine Steuerbescheinigung nicht auszustellen.

### e) Festschreibung nach § 27 Abs. 1 Satz 5 KStG

Nach § 27 Abs. 1 Satz 5 KStG bleibt die der Bescheinigung zugrunde gelegte Verwendung unverändert, wenn für die Leistung die Minderung des steuerlichen Einlagekontos bescheinigt worden ist. Bei einer nachträglichen Änderung des maßgeblichen Bestands des steuerlichen Einlagekontos, z. B. durch eine Betriebsprüfung, kommt es weder zu einer höheren noch zu einer niedrigeren Verwendung des steuerlichen Einlagekontos. 24

### f) Nebeneinander von Einlagerückgewähr und Körperschaftsteuer-Minderung/-Erhöhung nach §§ 37, 38 KStG

Eine Leistung, die nach § 27 Abs. 1 Satz 3 KStG den Bestand des steuerlichen Einlagekontos verringert, kann gleichzeitig zu einer Körperschaftsteuer-Minderung nach § 37 Abs. 2 Satz 1 KStG und/oder zu einer Körperschaftsteuer-Erhöhung nach § 38 Abs. 2 KStG führen. Soweit eine Leistung, die bei der ausschüttenden Körperschaft zu einer Minderung der Körperschaftsteuer führt, zugleich eine Einlagerückgewähr nach § 27 Abs. 1 Satz 3 KStG darstellt, ist lediglich eine Steuerbescheinigung nach § 27 Abs. 3 KStG auszustellen. Ein Körperschaftsteuer-Minderungsbetrag ist entgegen § 37 Abs. 3 Satz 4 Nr. 2 KStG nicht auszuweisen. 25

## 3. Einlagen

Einlagen erhöhen das steuerliche Einlagekonto bei Zufluss. 26

## 4. Zugang beim steuerlichen Einlagekonto in den Fällen der Einbringung nach § 20 UmwStG

Bei Einbringung eines Betriebs, Teilbetriebs oder Mitunternehmeranteils in eine unbeschränkt körperschaftsteuerpflichtige Kapitalgesellschaft (§ 20 UmwStG) erhöht der Eigenkapitalzugang einschließlich der in diesem Zusammenhang geleisteten Bareinlagen den Bestand des steuerlichen Einlagekontos, soweit er den dem Anteilseigner im Zuge der Einbringung gewährten Teil des Nennkapitals übersteigt (vgl. Rdnr. 6). 27

## 5. Organschaftliche Mehr-/Minderabführungen

§ 27 Abs. 6 KStG regelt die Behandlung von organschaftlichen Mehr-/Minderabführungen. Minderabführungen erhöhen, Mehrabführungen vermindern das steuerliche Einlagekonto nach Bilanzierungsgrundsätzen. Die Verringerung des steuerlichen Einlagekontos durch Mehrabführungen gemäß § 27 Abs. 6 KStG kann auch zu einem Negativbestand führen. 28

## 6. Sonderfälle der Verrechnung mit dem Einlagekonto

Außer in den Fällen der Leistungsverrechnung nach § 27 Abs. 1 Satz 3 bis 5 KStG (Rdnr. 9 ff.) und der organschaftlichen Mehrabführungen i. S. des 29

§ 27 Abs. 6 KStG (Rdnr. 28) verringert sich das steuerliche Einlagekonto insbesondere in den folgenden Sonderfällen:

– Erfüllung bzw. Wiederaufleben einer Darlehensverpflichtung gegenüber Gesellschaftern nach vorausgegangenem Forderungsverzicht gegen Besserungsversprechen (BFH-Urteil vom 30. Mai 1990, BStBl. 1991 II S. 588).
– Rückzahlung von Nachschüssen der Anteilseigner i. S. des § 26 GmbHG, die nicht zur Deckung eines Verlustes an Stammkapital erforderlich sind (§ 30 Abs. 2 GmbHG).

Die Verringerung des Einlagekontos erfolgt in diesen Fällen unabhängig von der Höhe des ausschüttbaren Gewinns i. S. des § 27 Abs. 1 Satz 4 KStG (Rdnr. 14 ff.) und kann auch zu einem Negativbestand führen.

30 Wegen der Verringerung des Einlagekontos durch Auskehrungen bei Kapitalherabsetzung, bei der Auflösung von Körperschaften bzw. im Rahmen von Umwandlungsvorgängen wird auf Rdnr. 37 ff. bzw. die gesondert ergehenden BMF-Schreiben zur körperschaftsteuerlichen Behandlung der Auflösung und Abwicklung von Körperschaften und Personenvereinigungen[1] und zu den Änderungen des Umwandlungssteuerrechts[2] verwiesen.

## B. Umwandlung von Rücklagen in Nennkapital und Herabsetzung des Nennkapitals (§ 28 KStG)

### I. Allgemeines

31 Wie im bisherigen Recht sind die in Nennkapital umgewandelten Beträge, die aus Gewinnrücklagen stammen, getrennt auszuweisen und gesondert festzustellen (Sonderausweis). Da die Auskehrung des Herabsetzungsbetrags beim Anteilseigner insoweit zu Einkünften aus Kapitalvermögen i. S. des § 20 Abs. 1 Nr. 2 EStG führt, hat die leistende Körperschaft Kapitalertragsteuer einzubehalten (§ 43 Abs. 1 Nr. 1 EStG).

### II. Persönlicher Anwendungsbereich

32 § 28 KStG gilt für alle unbeschränkt steuerpflichtigen Körperschaften, bei denen ein Nennkapital (Rdnr. 19) auszuweisen ist.

### III. Sonderausweis

#### 1. Begriff des Sonderausweises

33 Der Sonderausweis ist die Summe der Beträge, die dem Nennkapital durch Umwandlung von Rücklagen mit Ausnahme von aus Einlagen der Anteilseigner stammenden Beträgen zugeführt worden sind. Der Sonderausweis kann auch im Zusammenhang mit Umwandlungen zu bilden oder zu verändern sein (siehe dazu im Einzelnen das gesondert ergehende BMF-Schreiben zu den Änderungen des Umwandlungssteuerrechts[2]).

---

[1] BMF v. 26. 8. 2003, BStBl. I S. 434 (Nr. **100** § 11/1).
[2] BMF v. 16. 12. 2003, BStBl. I S. 786.

## 2. Anfangsbestand

Der nach § 47 Abs. 1 Satz 1 Nr. 2 KStG a. F. zuletzt festgestellte Betrag wird als Anfangsbestand bei der Ermittlung des Sonderausweises auf den Schluss des ersten Wirtschaftsjahrs im neuen Recht berücksichtigt (§ 39 Abs. 2 KStG). Er gilt gleichzeitig als Bestand zum Schluss des vorangegangenen Wirtschaftsjahrs i. S. des § 28 Abs. 2 Satz 1 KStG. 34

## 3. Kapitalerhöhung aus Gesellschaftsmitteln

Bei der Umwandlung von Rücklagen in Nennkapital mindert der Kapitalerhöhungsbetrag vorrangig den positiven Bestand des steuerlichen Einlagekontos, der sich ohne die Kapitalerhöhung für den Schluss dieses Wirtschaftsjahrs ergeben würde (§ 28 Abs. 1 Satz 1 und 2 KStG). 35

Übersteigt der Betrag der Kapitalerhöhung den maßgeblichen Bestand des steuerlichen Einlagekontos, ist der übersteigende Betrag im Sonderausweis zu erfassen. 36

**Beispiel:**

Zum Ende des vorangegangenen Wirtschaftsjahrs weist die Bilanz der A-GmbH folgende Beträge aus:

| | |
|---|---|
| Nennkapital (davon Sonderausweis: 0) | 100 |
| Kapitalrücklage (= steuerliches Einlagekonto) | 50 |
| Sonstige Rücklagen | 100 |

Am 1. März erfolgt eine Kapitalerhöhung aus Gesellschaftsmitteln um 100 und am 1. Mai eine Einlage i.H. von 20.
Ermittlung des steuerlichen Einlagekontos sowie des Sonderausweises:

| | Vorspalte | Einlagekonto | Sonderausweis |
|---|---|---|---|
| Anfangsbestand | | 50 | 0 |
| + Einlage | | + 20 | |
| Zwischenergebnis (Bestand nach § 28 Abs. 1 Satz 2 KStG) | | 70 | 0 |
| Betrag der Kapitalerhöhung | 100 | | |
| Vorrangige Verwendung des steuerlichen Einlagekontos | - 70 | - 70 | |
| Zugang beim Sonderausweis | 30 | | + 30 |
| Schlussbestände | | 0 | 30 |

# IV. Herabsetzung des Nennkapitals

Bei Herabsetzung des Nennkapitals verringert sich vorrangig der auf den Schluss des vorangegangenen Wirtschaftsjahrs festgestellte Bestand des Sonderausweises. Die Verringerung des Sonderausweises ist unabhängig davon vorzunehmen, ob der Kapitalherabsetzungsbetrag an die Anteilseigner ausgekehrt wird. Stehen im Zeitpunkt des Kapitalherabsetzungsbeschlusses Einlagen auf das Nennkapital aus, so ist die vorgenannte Kürzung nach § 28 Abs. 2 Satz 1 KStG nur insoweit vorzunehmen, als der Herabsetzungsbetrag auf den eingezahlten Teil des Nennkapitals entfällt (vgl. Rdnr. 39). 37

38 Übersteigt der Betrag der Kapitalherabsetzung den maßgeblichen Bestand des Sonderausweises, erhöht der Differenzbetrag den Bestand des steuerlichen Einlagekontos zum Schluss des Wirtschaftsjahrs, in dem die Kapitalherabsetzung wirksam wird (Eintragung im Handelsregister). Das Einlagekonto ist auch dann zunächst zu erhöhen, wenn der Kapitalherabsetzungsbetrag anschließend an die Anteilseigner ausgekehrt wird.

39 Entfällt der Kapitalherabsetzungsbetrag auf zum Zeitpunkt des Kapitalherabsetzungsbeschlusses ausstehende Einlagen und fällt dadurch die Einzahlungsverpflichtung der Anteilseigner weg, unterbleibt eine Hinzurechnung des Herabsetzungsbetrages zum Bestand des steuerlichen Einlagekontos (§ 28 Abs. 2 Satz 1 2. Halbsatz KStG). Soweit der Herabsetzungsbetrag jedoch auf das eingezahlte Nennkapital entfällt, d. h. die Einzahlungsverpflichtung bestehen bleibt, hat eine Erhöhung des steuerlichen Einlagekontos um den den Sonderausweis übersteigenden Herabsetzungsbetrag zu erfolgen (vgl. Rdnr. 38). Es ist dabei unmaßgeblich, ob und ggf. in welcher Höhe die Einzahlungsverpflichtung eingefordert ist.

40 Nach § 28 Abs. 2 Satz 2 KStG verringert der im Beschluss über die Kapitalherabsetzung vorgesehene Auskehrungsbetrag das steuerliche Einlagekonto. Wenn ein Sonderausweis vorhanden ist, gilt dies nur für den den Sonderausweis übersteigenden Auszahlungsbetrag. Der Auszahlungsbetrag ist nicht in die Differenzrechnung nach § 27 Abs. 1 Satz 3 KStG einzubeziehen.

**Beispiel:**

Die A-GmbH weist zum Schluss des vorangegangenen Wirtschaftsjahres folgende Beträge aus:

| | | |
|---|---|---|
| Nennkapital | 200 | (davon nicht eingezahlt 20) |
| Sonderausweis | 50 | |
| steuerliches Einlagekonto | 0 | |

Es erfolgt eine Kapitalherabsetzung um 100, die auch auf den nicht eingezahlten Teil von 20 entfällt, und Rückzahlung des eingezahlten Nennkapitals in Höhe von 80.

| | Vorspalte | Einlagekonto | Sonderausweis |
|---|---|---|---|
| Anfangsbestand | | 0 | 50 |
| Betrag der Kapitalherabsetzung | 100 | | |
| – Verringerung des Sonderausweises | – 50 | | – 50 |
| Zwischenergebnis | 50 | | |
| – ausstehende Einlagen auf das Nennkapital | – 20 | | |
| Zugang beim steuerlichen Einlagekonto | 30 | + 30 | |
| Zwischenergebnis | | 30 | 0 |
| Rückzahlung von Nennkapital | 80 | | |
| – Verringerung des Sonderausweises | – 50 | | |
| Abgang vom steuerlichen Einlagekonto | 30 | – 30 | |
| Schlussbestände | | 0 | 0 |

41 Die Auskehrung des Herabsetzungsbetrages ist unabhängig davon, ob ein Sonderausweis vorhanden ist, eine Leistung, die zu einer Körperschaftsteuer-

Erhöhung nach § 38 KStG führen kann. Eine Minderung nach § 37 KStG kommt nicht in Betracht.

Auch bei verspäteter Auszahlung des im Beschluss über die Kapitalherabsetzung vorgesehenen Auskehrungsbetrags erhöht sich das steuerliche Einlagekonto nach § 28 Abs. 2 Satz 1 KStG in dem Wirtschaftsjahr, in dem der Beschluss wirksam wird (vgl. Rdnr. 38). Die Verringerung des steuerlichen Einlagekontos nach § 28 Abs. 2 Satz 2 2. Halbsatz KStG um den den Sonderausweis übersteigenden Auskehrungsbetrag (vgl. Rdnr. 40) erfolgt dagegen erst im Wirtschaftsjahr der Auszahlung. **42**

## V. Auflösung einer Körperschaft

Auf die Ausführungen in dem gesondert ergehenden BMF-Schreiben zur körperschaftsteuerlichen Behandlung der Auflösung und Abwicklung von Körperschaften und Personenvereinigungen[1] wird hingewiesen. **43**

## VI. Verrechnung des Sonderausweises mit dem Bestand des steuerlichen Einlagekontos

Wenn ein Sonderausweis i. S. des § 28 KStG und ein positiver Bestand des steuerlichen Einlagekontos zusammentreffen, verringern sich beide Beträge nach Maßgabe des § 28 Abs. 3 KStG. Die Verringerung ist als letzter Schritt der Ermittlung des steuerlichen Einlagekontos bzw. des Sonderausweises vorzunehmen. **44**

[1] BMF v. 26. 8. 2003, BStBl. I S 434 (Nr. **100** § 11/1).

# 100 § 27/3. Schreiben betr. gesonderte Feststellung von Nennkapitalrückzahlungen bei ausländischen Kapitalgesellschaften (§ 27 Abs. 8 KStG)

Vom 4. April 2016 (BStBl. I S. 468)

(BMF IV C 2 – S 2836/08/10002; DOK 2016/0316743)

Durch das Gesetz über steuerliche Begleitmaßnahmen zur Einführung der Europäischen Gesellschaft und zur Änderung weiterer steuerrechtlicher Vorschriften (SEStEG) vom 7. Dezember 2006 (BGBl. I S. 2782) wurde für Körperschaften oder Personenvereinigungen, die in einem anderen Mitgliedstaat der Europäischen Union der unbeschränkten Steuerpflicht unterliegen, die Möglichkeit eröffnet, nachzuweisen, dass eine Zahlung an den Anteilseigner als Einlagenrückgewähr zu qualifizieren ist. Dabei wird nach § 27 Abs. 8 Satz 3 KStG der Betrag der Einlagenrückgewähr auf Antrag der leistenden Körperschaften oder Personenvereinigungen gesondert festgestellt. Die Einlagenrückgewähr ist in entsprechender Anwendung des § 27 Abs. 1 bis 6, § 28 und § 29 KStG zu ermitteln (§ 27 Abs. 8 Satz 2 KStG).

Unter Bezugnahme auf das Ergebnis der Erörterungen mit den obersten Finanzbehörden der Länder gilt für die gesonderte Feststellung nach § 27 Abs. 8 KStG im Fall von Nennkapitalrückzahlungen Folgendes:

## Gesonderte Feststellung von Nennkapitalrückzahlungen

Nennkapitalrückzahlungen, die von Körperschaften oder Personenvereini- 1
gungen erbracht werden, die in einem anderen Mitgliedstaat der Europäischen Union oder einem Staat, auf den das Abkommen über den Europäischen Wirtschaftsraum Anwendung findet, der unbeschränkten Steuerpflicht unterliegen, werden von § 27 Abs 8 KStG erfasst.

§ 7 Abs. 2 Sätze 1 und 2 KapErhStG finden in den Fällen der Kapitalherab- 2
setzung und nachfolgender Auszahlung des Herabsetzungsbetrags bei Körperschaften oder Personenvereinigungen, die dem § 27 Abs. 8 KStG unterliegen, nach § 7 Abs. 2 Satz 3 KapErhStG grundsätzlich keine Anwendung. Dies gilt unabhängig davon, ob ein Antrag auf Feststellung einer Einlagenrückgewähr gestellt wurde.

Wurde kein Antrag auf gesonderte Feststellung nach § 27 Abs. 8 KStG für 3
die Nennkapitalrückzahlung gestellt, ist § 27 Abs. 8 Satz 9 KStG zu beachten.

Die Antragsfrist gemäß § 27 Abs. 8 Satz 4 KStG stellt eine nicht verlänger- 4
bare Ausschlussfrist dar.

## Anwendungsregelung

Die vorherstehenden Grundsätze sind in allen noch offenen Fällen zu be- 5
achten.

Es wird nicht beanstandet, wenn Nennkapitalrückzahlungen, die von Ge- 6
sellschaften im Sinne des § 27 Abs. 8 KStG vor dem 1. Januar 2014 erbracht wurden und für die ein Antrag nach § 27 Abs. 8 KStG abgelehnt, zurückge-

nommen oder nicht gestellt wurde, abweichend von den Randnummern 1 bis 3 nicht nach § 27 Abs. 8 Satz 9 KStG als Gewinnausschüttungen behandelt werden, wenn das für den Anteileigner zuständige Finanzamt die Qualifizierung der Leistung als nicht steuerbare Nennkapitalrückzahlung vornimmt bzw. vorgenommen hat.

# 100 § 27/4. Schreiben betr. Rückzahlung von nicht in das Nennkapital geleisteten Einlagen und Rückzahlung von Nennkapital durch Drittstaaten-Kapitalgesellschaften

Vom 21. April 2022
BMF IV C 2 – S 2836/20/10001 :002; DOK 2022/0364601
(BStBl. I S. 647)

Zu der Frage der Anerkennung einer Einlagenrückgewähr aus Drittstaaten-Kapitalgesellschaften hat der BFH in mehreren Entscheidungen Stellung genommen.

Zur Rechtslage vor Einführung des § 27 Abs. 8 KStG hat der BFH mit den Urteilen vom 20. Oktober 2010 I R 117/08, BStBl. 2022 II S. 254, und vom 13. Juli 2016 VIII R 73/13, BStBl. 2022 II S. 271, entschieden, dass im Fall einer Drittstaaten-Kapitalgesellschaft eine steuerneutrale Einlagenrückgewähr vorliegen kann, sofern unter Heranziehung des einschlägigen ausländischen Handels- und Gesellschaftsrechts von einer Rückzahlung aus einer Kapitalrücklage bzw. von der Rückzahlung von nicht in das Nennkapital geleisteten Einlagen auszugehen sei.

Im Urteil vom 13. Juli 2016 VIII R 47/13, BStBl. 2022 II S. 263, hat der BFH für die Rechtslage nach Einführung des § 27 Abs. 8 KStG entschieden, dass eine Einlagenrückgewähr auch von einer Gesellschaft getätigt werden kann, die in einem Drittstaat ansässig ist und für die kein steuerliches Einlagekonto nach § 27 KStG geführt wird. Diese Auffassung hat der BFH mit Urteil vom 10. April 2019 I R 15/16, BStBl. 2022 II S. 266, bestätigt und in Fortentwicklung seiner Rechtsprechung entschieden, dass zwar die Höhe des ausschüttbaren Gewinns einer Drittstaatengesellschaft nach dem jeweiligen ausländischen Handels- und Gesellschaftsrecht zu ermitteln ist, seine Verwendung und damit auch die (nachrangige) Rückgewähr von Einlagen jedoch der gesetzlichen Verwendungsfiktion des § 27 Abs. 1 Satz 3 und 5 KStG unterliegt. Da im Körperschaftsteuergesetz für die Einlagenrückgewähr von Drittstaatengesellschaften kein gesondertes Feststellungsverfahren vorgesehen ist, können die damit zusammenhängenden Fragen nur im Rahmen der jeweiligen Festsetzungsverfahren der Gesellschafter geklärt werden.

Unter Bezugnahme auf das Ergebnis der Erörterungen mit den obersten Finanzbehörden der Länder sind diese Rechtsprechungsgrundsätze wie folgt anzuwenden:

## I. Drittstaaten

Leistungen einer Körperschaft oder Personenvereinigung, die im Zeitpunkt der Leistung nicht im Inland, in einem Mitgliedstaat der Europäischen Union oder einem Staat, auf den das Abkommen über den Europäischen Wirtschaftsraum (EWR-Abkommen) Anwendung findet, der unbeschränkten Steuerpflicht unterliegt, sind nach den folgenden Grundsätzen zu beurteilen. Hierbei sind folgende Fälle der Einlagenrückgewähr zu unterscheiden:

### 1. Nennkapitalrückzahlungen

Für Fälle der Nennkapitalrückzahlung ist § 7 Abs. 2 KapErhStG anzuwenden. Das tatsächliche Vorliegen einer Nennkapitalrückzahlung ist durch geeignete Unterlagen (insbesondere den Beschluss über die Nennkapitalherabsetzung und -rückzahlung) nachzuweisen.

**Beispiel:**

Eine in einem Drittstaat ansässige Kapitalgesellschaft wird im Jahr 2010 von dem inländischen Alleingesellschafter A gegen Bareinlage von 1000 (Nennkapital 600, Kapitalrücklage 400) gegründet. Im Jahr 2012 hat die Gesellschaft ihr Nennkapital durch Umwandlung der Kapitalrücklage um 400 erhöht. In den Jahren 2014 und 2018 wird das Nennkapital jeweils um 200 herabgesetzt und im jeweiligen Jahr an A ausgekehrt.

Die steuerliche Behandlung der Nennkapitalrückzahlungen beim Gesellschafter richtet sich nach § 7 Abs. 2 KapErhStG. Danach gilt nur die innerhalb der Fünfjahresfrist erfolgte Nennkapitalauskehrung im Jahr 2014 beim inländischen Gesellschafter als Einkünfte nach § 20 Abs. 1 Nr. 1 EStG. Die Rückzahlung von Nennkapital im Jahr 2018 ist nicht steuerbar und führt zu einer Minderung der Anschaffungskosten der Beteiligung des A.

### 2. Rückzahlung von nicht in das Nennkapital geleisteten Einlagen

Die Rückzahlung von nicht in das Nennkapital geleisteten Einlagen kann als Einlagenrückgewähr i.S.d. § 20 Abs. 1 Nr. 1 Satz 3 EStG zu qualifizieren sein.

Die Höhe des ausschüttbaren Gewinns, das gezeichnete Kapital und die nicht in das Nennkapital geleisteten Einlagen (z.B. Kapitalrücklage) sind aus der ausländischen Handelsbilanz abzuleiten, die dem Jahr der Leistung an den Anteilseigner vorausgeht. Eine nach deutschem Recht aufgestellte Handelsbilanz sowie eine Überleitungsrechnung ins deutsche Steuerrecht in analoger Anwendung des § 60 Abs. 2 EStDV ist nicht erforderlich.

#### a) Ermittlung der Einlagenrückgewähr der Höhe nach

Es findet die Verwendungsreihenfolge des § 27 Abs. 1 Satz 3 und 5 KStG entsprechende Anwendung. Ein Direktzugriff auf den Betrag der Einlagen ist nicht zulässig.

#### b) Erforderliche Unterlagen und Nachweise

Vom Anteilseigner sind für die Feststellung einer Einlagenrückgewähr folgende Angaben und Unterlagen in deutscher Sprache vorzulegen:

– Nachweis über die unbeschränkte Steuerpflicht der ausschüttenden Körperschaft oder Personenvereinigung in einem Drittstaat für den beantragten Zeitraum,
– Höhe der Beteiligung des inländischen Anteilseigners,
– Beschlüsse und Nachweise über die geleistete Ausschüttung,
– ausländische Bilanz der die Leistung erbringenden Gesellschaft.

Neben diesen Unterlagen können im Einzelfall weitere Angaben, Unterlagen oder Nachweise angefordert werden.

Eine Umrechnung der Leistungen in Euro erfolgt im Zeitpunkt der tatsächlichen Durchführung auf Ebene der ausschüttenden Gesellschaft. Die Leistungen in ausländischer Währung sind mit dem Mittelwert des Devisengeldkurses auf den Stichtag des Abflusses bzw. Abgangs zu bewerten.

### II. EWR-Staaten

Auf Körperschaften oder Personenvereinigungen, die im Zeitpunkt der Leistung in einem Staat, auf den das EWR-Abkommen Anwendung findet, der unbeschränkten Steuerpflicht unterliegen (EWR-Körperschaften), finden grundsätzlich die Regelungen des § 27 Abs. 8 KStG Anwendung.

Auf Leistungen einer EWR-Körperschaft sind die oben dargestellten Grundsätze entsprechend anzuwenden, wenn die Körperschaft oder Personenvereinigung selbst keinen wirksamen Antrag zur Feststellung der jeweiligen Leistung als Einlagenrückgewähr nach § 27 Abs. 8 KStG gestellt hat.

## III. Anwendung

Dieses Schreiben findet in allen noch offenen Fällen Anwendung.

**Zusatz der OFD Frankfurt v. 28.11.2022 S 2836 A-2-St 519:**

Nach § 27 Abs. 8 KStG können Körperschaften aus EU-Mitgliedstaaten einen Antrag auf gesonderte Feststellung einer Einlagenrückgewähr stellen. Für Körperschaften aus EWR-Staaten, die nicht zugleich Mitgliedstaaten der EU sind (Island, Liechtenstein und Norwegen), wurde mit BMF-Schreiben vom 4.4.2016 (BStBl. I S. 468) ebenfalls die Möglichkeit eröffnet, einen Antrag nach § 27 Abs. 8 KStG zu stellen.

Im vorliegenden BMF-Schreiben wird unter Punkt „II. EWR-Staaten" die Möglichkeit eröffnet, dass Gesellschafter von Körperschaften aus EWR-Staaten - wie Gesellschafter von Drittstaaten-Kapitalgesellschaften - eine Einlagenrückgewähr im Rahmen ihres Veranlagungsverfahrens nachweisen können, wenn die EWR-Körperschaft selbst keinen Antrag gestellt hat. Der Europäische Wirtschaftsraum (EWR) ist als Wirtschaftsraum eine vertiefte Freihandelszone zwischen der EU und den drei Ländern Island, Liechtenstein und Norwegen. Daher sind auch alle EU-Mitgliedstaaten zugleich EWR-Staaten.

Das vorliegende BMF-Schreiben eröffnet jedoch nicht die Möglichkeit, dass auch Gesellschafter von EU-Gesellschaften, wenn diese keinen Antrag nach § 27 Abs. 8 KStG gestellt haben, selbst eine Einlagenrückgewähr nachweisen können.

Die Finanzverwaltung regelt im vorliegenden BMF-Schreiben Konstellationen, für die keine gesetzlichen Regelungen bestehen, aber ein Regelungsbedürfnis besteht. Vor diesem Hintergrund wird deutlich, dass eine individuelle Nachweismöglichkeit einer Einlagenrückgewähr für Gesellschafter von EU-Gesellschaften, wenn diese Gesellschaften keinen Antrag nach§ 27 Abs. 8 KStG gestellt haben, in diesem Schreiben nicht beabsichtigt ist.

Im Übrigen unterscheidet das BMF-Schreiben unter I. im ersten Absatz drei Ländergruppen: Inländische Gesellschaften, EU-Gesellschaften und EWR-Gesellschaften. Diese Unterteilung erstreckt sich folglich bei den EWR-Gesellschaften nur auf Gesellschaften in Staaten, die nicht zur EU gehören. Wenn im BMF-Schreiben unter II. auf EWR-Staaten abgestellt wird, sind nur Staaten gemeint, die keine EU-Staaten sind.

# 100 § 28/1. Schreiben betr. steuerrechtliche Behandlung des Erwerbs eigener Anteile

Vom 27. November 2013 (BStBl. I S. 1615)

(BMF IV C 2 – S 2742/07/10009; DOK 2013/1047768)

Unter Bezugnahme auf das Ergebnis der Erörterungen mit den obersten Finanzbehörden der Länder gilt für die steuerrechtliche Behandlung des Erwerbs eigener Anteile Folgendes:

## A. Handelsrechtliche Grundlagen

Mit dem Einfügen von § 272 Abs. 1 a und 1 b HGB durch das Gesetz zur Modernisierung des Bilanzrechts (Bilanzrechtsmodernisierungsgesetz, BilMoG) vom 25. Mai 2009 (BGBl. I S. 1102)[1] wurde der handelsbilanzielle Ausweis eigener Anteile rechtsformunabhängig geregelt. 1

Der Nennbetrag der eigenen Anteile ist nunmehr nach § 272 Abs. 1 a Satz 1 HGB stets auf der Passivseite in der Vorspalte offen von dem Posten „Gezeichnetes Kapital" abzusetzen. Eine Aktivierung der eigenen Anteile bei gleichzeitiger Bildung einer entsprechenden Rücklage kommt nicht mehr in Betracht. § 272 Abs. 1 a Satz 2 und 3 und § 272 Abs. 1 b HGB enthalten weitere Regelungen zur Behandlung des Erwerbs und der Veräußerung eigener Anteile in der Handelsbilanz. Danach ist ein Unterschiedsbetrag zwischen der Gegenleistung für den Erwerb der eigenen Anteile und dem anteiligen Nennbetrag dieser Anteile handelsrechtlich mit den frei verfügbaren Gewinn- und Kapitalrücklagen zu verrechnen (vgl. § 272 Abs. 1 a Satz 2 HGB). Bei dem Erwerb eigener Anteile handelt es sich wirtschaftlich betrachtet nicht um einen Anschaffungsvorgang, sondern um eine Kapitalherabsetzung. 2

Die Aufwendungen im Zusammenhang mit dem Erwerb der eigenen Anteile stellen handelsrechtlich Aufwand des Geschäftsjahres dar (vgl. § 272 Abs. 1 a Satz 3 HGB). 3

Bei der Veräußerung der eigenen Anteile durch die Gesellschaft handelt es sich wirtschaftlich nicht um einen Veräußerungsvorgang, sondern um eine Kapitalerhöhung. Der offene Ausweis der eigenen Anteile in der Vorspalte des Postens „Gezeichnetes Kapital" nach § 272 Abs. 1 a Satz 1 HGB entfällt (§ 272 Abs. 1 b Satz 1 HGB). Das „Gezeichnete Kapital" wird in Höhe des Nennbetrages dieser Anteile – durch Minderung des Absetzungsbetrages – wieder ausgewiesen. Ein Unterschiedsbetrag zwischen dem anteiligen Nennbetrag der eigenen Anteile und der Gegenleistung für den Erwerb dieser Anteile ist gem. § 272 Abs. 1 b Satz 2 HGB bis zur Höhe des mit den frei verfügbaren Rücklagen verrechneten Betrages in die jeweiligen Rücklagen einzustellen. Ein darüber hinausgehender Differenzbetrag (Aufgeld) ist gem. 4

[1] **[Amtl. Anm.:]** BStBl. I S. 650.

§ 272 Abs. 1 b Satz 3 HGB in die Kapitalrücklage gem. § 272 Abs. 2 Nr. 1 HGB einzustellen.

5 Die Aufwendungen im Zusammenhang mit einer Veräußerung der eigenen Anteile stellen handelsrechtlich Aufwand des Geschäftsjahres dar (vgl. § 272 Abs. 1 b Satz 4 HGB).

6 Im Fall der Einziehung liegt ein bilanz- und ergebnisneutraler Vorgang vor. Der offene Ausweis der eigenen Anteile in der Vorspalte des Postens „Gezeichnetes Kapital" nach § 272 Abs. 1 a Satz 1 HGB entfällt auch hier.

7 Die Regelungen sind nach Art. 66 Abs. 3 Satz 1 des Einführungsgesetzes zum Handelsgesetzbuch (EGHGB) grundsätzlich erstmals auf Jahresabschlüsse für nach dem 31. Dezember 2009 beginnende Geschäftsjahre anzuwenden. Wahlweise sind die Regelungen nach Art. 66 Abs. 3 letzter Satz EGHGB allerdings auch bereits auf Jahresabschlüsse für nach dem 31. Dezember 2008 beginnende Geschäftsjahre anzuwenden.

## B. Steuerrechtliche Konsequenzen

### I. Ebene der Gesellschaft

8 Auf der Ebene der Gesellschaft folgt die steuerrechtliche Behandlung des Erwerbs eigener Anteile künftig der wirtschaftlichen Betrachtungsweise des Handelsrechts. Danach sind auch in der Steuerbilanz der Erwerb und die Veräußerung eigener Anteile nicht als Anschaffungs- oder Veräußerungsvorgang, sondern wie eine Kapitalherabsetzung oder Kapitalerhöhung zu behandeln.

#### 1. Erwerb der Anteile

9 Der Erwerb eigener Anteile stellt bei der Gesellschaft keinen Anschaffungsvorgang dar, sondern ist wie eine Herabsetzung des Nennkapitals zu behandeln. In Höhe des Nennbetrags der eigenen Anteile ist § 28 Abs. 2 KStG entsprechend anzuwenden. Abweichend von § 28 Abs. 2 Satz 1 KStG ist ein bestehender Sonderausweis nicht zu mindern. Der über die Rückzahlung des herabgesetzten Nennkapitals hinausgehende Betrag stellt eine Leistung der Gesellschaft an den veräußernden Anteilseigner dar, die nach den Grundsätzen des § 27 Abs. 1 Satz 3 KStG zu einer Minderung des steuerlichen Einlagekontos führt, soweit sie den maßgebenden ausschüttbaren Gewinn übersteigt.

10 Werden eigene Anteile zu einem (angemessenen) Kaufpreis unterhalb des Nennbetrags erworben, ergeben sich keine Änderungen beim steuerlichen Einlagekonto und bei einem eventuellen Sonderausweis. In Höhe des Differenzbetrags zwischen dem Kaufpreis und dem Nennbetrag der Anteile ist von einer Kapitalherabsetzung ohne Auszahlung an den Gesellschafter auszugehen, auf die § 28 Abs. 2 Satz 1 KStG entsprechend anzuwenden ist. Danach vermindert der Differenzbetrag einen bestehenden Sonderausweis. Übersteigt der Differenzbetrag den Sonderausweis, erhöht sich insoweit der Bestand des steuerlichen Einlagekontos.

11 Kapitalertragsteuer ist auch auf den Teil der Leistung, der das steuerliche Einlagekonto nicht nach § 27 Abs. 1 Satz 3 oder § 28 Abs. 2 Satz 3 KStG mindert, nicht einzubehalten und abzuführen, da der Vorgang auf der Ebene des Anteilseigners eine Veräußerung darstellt (vgl. Rdnr. 20).

Bei Zahlung eines überhöhten Kaufpreises kann eine verdeckte Gewinnausschüttung im Sinne des § 20 Abs. 1 Nr. 1 Satz 2 EStG vorliegen, die nach den allgemeinen Grundsätzen zu behandeln ist. In diesen Fällen ist ggf. Kapitalertragsteuer einzubehalten und abzuführen. Ein überhöhter Kaufpreis ist in der Regel nicht anzunehmen, wenn die Anteile über die Börse oder im Tender-Verfahren erworben werden. 12

## 2. Weiterveräußerung der Anteile

Die Weiterveräußerung der eigenen Anteile stellt bei der Gesellschaft steuerlich keinen Veräußerungsvorgang dar, sondern ist wie eine Erhöhung des Nennkapitals zu behandeln. Sie führt nicht zu einem steuerlichen Veräußerungsgewinn bzw. -verlust. In Höhe des Nennbetrags der eigenen Anteile ergeben sich keine Auswirkungen auf den Bestand des steuerlichen Einlagekontos oder einen bestehenden Sonderausweis. 13

Ein den Nennbetrag übersteigender Betrag erhöht den Bestand des steuerlichen Einlagekontos.

Werden eigene Anteile zu einem (angemessenen) Kaufpreis unterhalb des Nennbetrags weiterveräußert, ist der Differenzbetrag zwischen dem Kaufpreis und dem Nennbetrag der Anteile als Kapitalerhöhung aus Gesellschaftsmitteln zu behandeln. In entsprechender Anwendung des § 28 Abs. 1 KStG vermindert der Differenzbetrag den Bestand des steuerlichen Einlagekontos und führt, soweit der Bestand nicht ausreicht, zur Bildung bzw. Erhöhung eines Sonderausweises. 14

Bei Zahlung eines zu niedrigen Kaufpreises kann eine verdeckte Gewinnausschüttung im Sinne des § 20 Abs. 1 Nr. 1 Satz 2 EStG vorliegen, die nach den allgemeinen Grundsätzen zu behandeln ist. In diesen Fällen ist ggf. Kapitalertragsteuer einzubehalten und abzuführen. Ein zu niedriger Kaufpreis ist in der Regel nicht anzunehmen, wenn die Anteile über die Börse oder im Tender-Verfahren veräußert werden. 15

## 3. Einziehung der Anteile

Bei Einziehung eigener Anteile ergeben sich keine steuerlichen Auswirkungen. 16

Im Fall der Einziehung ohne einen vorangegangenen Erwerb gelten die in den Rdnrn. 8 ff. dargestellten Grundsätze mit der Maßgabe, dass eine Entschädigungszahlung wie eine Kaufpreiszahlung zu behandeln ist.

Wird das Nennkapital bei der Einziehung nicht herabgesetzt, ist der Vorgang hinsichtlich der Höhe des Nennbetrags der eingezogenen eigenen Anteile in entsprechender Anwendung des § 28 Abs. 1 KStG als Kapitalerhöhung aus Gesellschaftsmitteln zu behandeln. 17

## 4. Behandlung von Aufwendungen

Die Aufwendungen im Zusammenhang mit dem Erwerb und der Veräußerung der eigenen Anteile sind als Betriebsausgaben abziehbar, soweit sie angemessen sind. 18

**5. Behandlung des Erwerbs und der Veräußerung eigener Anteile bei EU-/EWR-ausländischen Kapitalgesellschaften**

19 Im Rahmen der Feststellung nach § 27 Abs. 8 KStG ist der Erwerb und die Veräußerung eigener Anteile entsprechend den Regelungen im Inland als Kapitalherabsetzung zu berücksichtigen.

## II. Ebene des Anteilseigners

20 Beim Anteilseigner stellt der Erwerb eigener Anteile durch die Gesellschaft ein Veräußerungsgeschäft dar, das nach allgemeinen Grundsätzen der Besteuerung unterliegt. Eine Steuerpflicht der Veräußerung kann sich u. a. ergeben aus §§ 13 bis 18 und 20 EStG. Darüber hinaus ist eine Steuerpflicht auch nach § 23 EStG i. d. F. vor dem Gesetz vom 14. August 2007 (BGBl. I S. 1912)[1] und § 21 UmwStG i. d. F. der Bekanntmachung vom 15. Oktober 2002 (BGBl. I S. 4133[2], 2003 I S. 738, geändert durch Art. 3 des Gesetzes vom 16. Mai 2003, BGBl. I S. 660[3]) möglich.

21 Werden die Anteile in einem Depot eines inländischen Kreditinstituts oder inländischen Finanzdienstleistungsinstituts im Sinne des § 43 Abs. 1 Satz 1 Nr. 7 Buchst. b EStG, eines inländischen Wertpapierhandelsunternehmens oder einer inländischen Wertpapierhandelsbank verwaltet oder verwahrt oder wird die Veräußerung der Beteiligungsrechte von inländischen Kreditinstituten durchgeführt, haben die genannten Unternehmen als auszahlende Stelle die Kapitalertragsteuer auf den Veräußerungsgewinn zu entrichten (§ 44 Abs. 1 Satz 3 und 4 EStG).

22 Soweit im Einzelfall wegen eines überhöhten Kaufpreises bzw. – im Fall der Weiterveräußerung der eigenen Anteile – wegen eines zu niedrigen Kaufpreises eine verdeckte Gewinnausschüttung anzunehmen ist, ist dem Anteilseigner ein entsprechender Kapitalertrag im Sinne des § 20 Abs. 1 Nr. 1 Satz 2 EStG zuzurechnen (vgl. Rdnrn. 12 und 15).

# C. Anwendung und Übergangsregelungen

## I. Grundsatz

23 Die Abschnitte A und B dieses BMF-Schreibens gelten für alle offenen Fälle, soweit Geschäftsjahre betroffen sind, für die die Neuregelung des § 272 Abs. 1 a und 1 b HGB i. d. F. des BilMoG gelten.

## II. Anpassung an BilMoG-Grundsätze

24 Anpassungen, die in der Handelsbilanz vorgenommen werden, um eigene Anteile, die nach bisherigem Recht zu aktivieren waren, nach den Grundsätzen des § 272 Abs. 1 a Satz 1 und 2 HGB darzustellen, sind in der Steuerbilanz zu übernehmen. Der Nennbetrag ist dabei offen vom „Gezeichneten Kapital“ abzusetzen und die bisherige Rücklage für eigene Anteile ist in voller

---

[1] **[Amtl. Anm.:]** BStBl. I S. 630.
[2] **[Amtl. Anm.:]** BStBl. I S. 1157.
[3] **[Amtl. Anm.:]** BStBl. I S. 3021.

Höhe aufzulösen. In Höhe des über den Nennbetrag hinausgehenden Buchwerts der eigenen Anteile sind die frei verfügbaren Rücklagen zu vermindern.

Steuerrechtlich ist die Ausbuchung als Kapitalherabsetzung zu behandeln. 25
Da in diesen Fällen zumindest in dem betreffenden Geschäftsjahr keine Kaufpreiszahlung an den Gesellschafter erfolgt, ist das auf die eigenen Anteile entfallende Nennkapital für die Anwendung des § 28 Abs. 2 Satz 1 KStG als bereits an den Gesellschafter ausgezahlt und damit als nicht eingezahlt zu behandeln. Infolgedessen kommt es weder zu einer Verminderung des Sonderausweises noch zu einer Erhöhung des steuerlichen Einlagekontos. Der über den Nennbetrag hinausgehende Teil des Buchwerts der nicht mehr zu aktivierenden eigenen Anteile führt rechnerisch zu einer Verminderung des ausschüttbaren Gewinns.

## III. Übergangsregelungen für nicht unter BilMoG-Grundsätze fallende Geschäftsjahre

Für Zeiträume, in denen bereits das Halb- bzw. Teileinkünfteverfahren, 26
nicht aber das BilMoG galt, gelten weiterhin die Regelungen des BMF-Schreibens vom 2. Dezember 1998 (BStBl. I S. 1509) nach Maßgabe der Rdnrn. 27 ff. Das BMF-Schreiben wird insoweit wieder in Kraft gesetzt. Über Fälle, in denen aufgrund des BMF-Schreibens vom 10. August 2010 (BStBl. I S. 659) anders verfahren wurde, ist unter Berücksichtigung der allgemeinen Grundsätze im Einzelfall zu entscheiden.

Für die Weiteranwendung des BMF-Schreibens vom 2. Dezember 1998 (BStBl. I S. 1509) unter Geltung des Halb- bzw. Teileinkünfteverfahrens gilt Folgendes:

### 1. Behandlung des Erwerbs von nicht zu aktivierenden eigenen Anteilen bei der Kapitalgesellschaft [II. 1. b) aa) des BMF-Schreibens vom 2. Dezember 1998 (BStBl. I S. 1509)]

Aufgrund der Behandlung des Erwerbs der eigenen Anteile als Anschaf- 27
fungsvorgang auch auf Ebene der Gesellschaft hat der Vorgang keine Auswirkung auf das steuerliche Einlagekonto oder den Sonderausweis. Die Verminderung des EK 04 nach dem BMF-Schreiben vom 2. Dezember 1998 (BStBl. I S. 1509) war allein den Besonderheiten der im Anrechnungsverfahren vorzunehmenden Gliederung des verwendbaren Eigenkapitals und der Abstimmung mit dem um das Nennkapital geminderten Eigenkapital laut Steuerbilanz geschuldet und hat seit dem Systemwechsel keine Bedeutung mehr. Eine Verminderung des steuerlichen Einlagekontos bzw. des Sonderausweises ist nicht vorzunehmen. Soweit der Kaufpreis den Nennbetrag der Anteile übersteigt, verringert sich rechnerisch der ausschüttbare Gewinn.

### 2. Behandlung der Weiterveräußerung von nicht zu aktivierenden eigenen Anteilen bei der Kapitalgesellschaft [II. 2. des BMF-Schreibens vom 2. Dezember 1998 (BStBl. I S. 1509)]

Nach den Grundsätzen des BMF-Schreibens vom 2. Dezember 1998 28
(BStBl. I S. 1509) ist die Weiterveräußerung der nicht zu aktivierenden Anteile als Kapitalerhöhung zu behandeln. Es ergeben sich insoweit keine Unter-

schiede zur steuerlichen Behandlung der Weiterveräußerung eigener Anteile in einem unter das BilMoG fallenden Geschäftsjahr (vgl. Rdnr. 13).

### 3. Behandlung der Einziehung von aktivierten Anteilen [II. 3. des BMF-Schreibens vom 2. Dezember 1998 (BStBl. I S. 1509)]

29 Es bleibt bei der im BMF-Schreiben vom 2. Dezember 1998 (BStBl. I S. 1509) vorgesehenen steuerrechtlichen Behandlung als Kapitalherabsetzung ohne Auskehrung an die Gesellschafter. Hinsichtlich des Nennbetrags des eingezogenen Anteils gilt § 28 Abs. 2 Satz 1 KStG. Aufgrund der Zahlung des Kaufpreises für die eigenen Anteile ist bei Anwendung des § 28 Abs. 2 Satz 1 KStG von nicht eingezahltem Nennkapital auszugehen. In Höhe des Nennbetrags kommt es weder zu einer Verminderung eines bestehenden Sonderausweises noch erhöht sich das steuerliche Einlagekonto. In Höhe des über den Nennbetrag hinausgehenden Buchwerts der Anteile kommt es rechnerisch zu einer Verminderung des ausschüttbaren Gewinns. Eine Verminderung des steuerlichen Einlagekontos erfolgt nicht (vgl. insoweit Rdnr. 27).

# 130 Umwandlungssteuererlass. Schreiben betr. Anwendung des Umwandlungssteuergesetzes i. d. F. des Gesetzes über steuerliche Begleitmaßnahmen zur Einführung der Europäischen Gesellschaft und zur Änderung weiterer steuerrechtlicher Vorschriften (SEStEG)

Vom 11. November 2011 (BStBl. I S. 1314)

(BMF IV C 2 – S 1978 – b/08/10001; DOK 2011/0903665)

Geändert durch BMF v. 10. 11. 2016 (BStBl. I S. 1252) und BMF v. 23. 2. 2018 (BStBl. I S. 319)

**Inhaltsverzeichnis**

Unter Bezugnahme auf das Ergebnis der Erörterungen mit den obersten Finanzbehörden der Länder gilt zur Anwendung des Umwandlungssteuergesetzes i. d. F. des Gesetzes über steuerliche Begleitmaßnahmen zur Einführung der Europäischen Gesellschaft und zur Änderung weiterer steuerrechtlicher Vorschriften vom 7. 12. 2006, BGBl. I S. 2782, ber. BGBl. 2007 I S. 68[1]), zuletzt geändert durch das Gesetz zur Beschleunigung des Wirtschaftswachstums vom 22. 12. 2009, BGBl. I S. 3950[2]), Folgendes:

[1]) **[Amtl. Anm.:]** BStBl. 2007 I S. 4.
[2]) **[Amtl. Anm.:]** BStBl. 2010 I S. 2.

## Erstes Kapitel: Anwendungsbereich des UmwStG 2006

### A. Verhältnis des UmwStG 2006 zum UmwStG 1995

00.01 Das UmwStG 1995 i. d. F. der Bekanntmachung vom 15. 10. 2002, BGBl. I S. 4133, ber. BGBl. 2003 I S. 738, ist durch das Gesetz über steuerliche Begleitmaßnahmen zur Einführung der Europäischen Gesellschaft und zur Änderung weiterer steuerrechtlicher Vorschriften (SEStEG) vom 7. 12. 2006, BGBl. I S. 2782, ber. BGBl. 2007 I S. 68, nicht aufgehoben worden, sondern gilt fort. Hiervon sind insbesondere die Regelungen zu den einbringungsgeborenen Anteilen (§ 21 UmwStG 1995) und zum rückwirkenden Wegfall von Steuererleichterungen (§ 26 UmwStG 1995) betroffen. Insoweit finden auch das BMF-Schreiben vom 25. 3. 1998, BStBl. I S. 268, geändert durch das BMF-Schreiben vom 21. 8. 2001, BStBl. I S. 543, und das BMF-Schreiben vom 16. 12. 2003, BStBl. I S. 786, weiterhin Anwendung.

### B. Ertragsteuerliche Beurteilung von Umwandlungen und Einbringungen

00.02 Umwandlungen und Einbringungen stellen auf der Ebene des übertragenden Rechtsträgers sowie des übernehmenden Rechtsträgers Veräußerungs- und Anschaffungsvorgänge hinsichtlich des übertragenen Vermögens dar (BFH vom 15. 10. 1997 I R 22/96, BStBl. 1998 II S. 168, BFH vom 16. 5. 2002 III R 45/98, BStBl. 2003 II S. 10, und BFH vom 17. 9. 2003 I R 97/02, BStBl. 2004 II S. 686). Abweichend von den zivilrechtlichen Wertungen im UmwG gilt dies für ertragsteuerliche Zwecke auch für den Formwechsel einer Kapitalgesellschaft in eine Personengesellschaft und umgekehrt (BFH vom 19. 10. 2005 I R 38/04, BStBl. 2006 II S. 568).

00.03 Auf der Ebene der Anteilseigner einer übertragenden Körperschaft ist die Umwandlung zwischen Körperschaften ebenfalls als Veräußerungs- und Anschaffungsvorgang der Anteile zum gemeinen Wert zu beurteilen (BFH vom 19. 8. 2008 IX R 71/07, BStBl. 2009 II S. 13). Dies gilt z. B. auch für die Aufwärtsverschmelzung.

00.04 Die Umwandlung einer Körperschaft in bzw. auf eine Personengesellschaft führt bei Anteilen im Privatvermögen i. S. d. § 17 EStG zu Einkünften i. S. d. § 17 Abs. 4 EStG (BFH vom 22. 2. 1989 I R 11/85, BStBl. II S. 794).

## Zweites Kapitel: Steuerliche Folgen von Umwandlungen und Einbringungen nach dem UmwStG

### Erster Teil. Allgemeine Vorschriften

#### A. Anwendungsbereich und Begriffsbestimmungen (§ 1 UmwStG)

01.01 Die Vorschriften des UmwStG regeln ausschließlich die steuerlichen Folgen von Umwandlungen (§§ 3 bis 19 UmwStG) und Einbringungen (§§ 20 bis 25 UmwStG) für die Körperschaft-, Einkommen- und Gewerbesteuer. Steuerliche Folgen für andere Steuerarten (z. B. die Umsatz-, die Grunderwerb- oder die Erbschaftsteuer) regelt das UmwStG nicht.

Voraussetzung für die Anwendung des UmwStG ist zunächst, dass der sachliche Anwendungsbereich (§ 1 Abs. 1, Abs. 3 UmwStG) und der persönliche Anwendungsbereich (§ 1 Abs. 2, Abs. 4 UmwStG) erfüllt sind. Der sachliche und der persönliche Anwendungsbereich des UmwStG werden durch die in den jeweiligen Einzelsteuergesetzen geregelten Steuerpflichten (§ 1 EStG, §§ 1 bis 4 KStG sowie § 2 GewStG) begrenzt. Umwandlungen und Einbringungen nach den Vorschriften des UmwG müssen zudem zivilrechtlich zulässig und wirksam sein (sog. Maßgeblichkeit des Gesellschaftsrechts). **01.02**

## I. Sachlicher Anwendungsbereich

### 1. Zweiter bis Fünfter Teil (§ 1 Abs. 1 UmwStG)

#### a) Umwandlungen nach dem UmwG (inländische Umwandlungen)

Eine inländische Umwandlung liegt vor, wenn auf den oder die übertragenden Rechtsträger und auf den oder die übernehmenden Rechtsträger bzw. beim Formwechsel auf den sich umwandelnden Rechtsträger das UmwG anzuwenden ist. Dies ist der Fall, wenn der oder die übertragende(n) Rechtsträger und der oder die übernehmende(n) Rechtsträger den statutarischen Sitz im Inland hat oder haben. Bei einer Personengesellschaft als übernehmender Rechtsträger ist deren Sitz der Hauptverwaltung und bei einer natürlichen Person als übernehmender Rechtsträger ist deren Wohnsitz (§ 7 BGB) maßgebend. **01.03**

Der sachliche Anwendungsbereich des UmwStG bestimmt sich bei Umwandlungen von inländischen Rechtsträgern nach den Umwandlungsmöglichkeiten des UmwG vom 28. 10. 1994, BGBl. I S. 3210, ber. BGBl. 1995 I S. 428, zuletzt geändert durch das Dritte Gesetz zur Änderung des Umwandlungsgesetzes vom 11. 7. 2011, BGBl. I S. 1338, in der jeweils geltenden Fassung. Für Rechtsträger mit Sitz im Inland sind in § 1 Abs. 1 UmwG die folgenden Umwandlungsarten vorgesehen: **01.04**

– die Verschmelzung,
– die Spaltung (Aufspaltung, Abspaltung, Ausgliederung),
– die Vermögensübertragung und
– der Formwechsel.

Diese Aufzählung ist abschließend. Eine Umwandlung außer in den im UmwG genannten Fällen ist nur möglich, wenn sie durch ein anderes Bundes- oder ein Landesgesetz ausdrücklich vorgesehen ist (§ 1 Abs. 2 UmwG; vgl. Randnr. 01.07).

Die Möglichkeit zur Umwandlung nach dem UmwG ist auf die jeweils im UmwG abschließend bezeichneten Rechtsträger begrenzt. Die Umwandlungsfähigkeit supranationaler Rechtsformen des europäischen Rechts bestimmt sich nach den Vorgaben des sekundären Unionsrechts ggf. i. V. m. den nationalen Ausführungsgesetzen. Die Umwandlungsfähigkeit einer **01.05**

– Europäischen Gesellschaft (SE) entspricht nach Art. 9 der Verordnung (EG) Nr. 2157/2001 (SE-VO), ABl. EG Nr. L 294 S. 1, der einer AG,

– Europäischen Genossenschaft (SCE) entspricht nach Art. 8 der Verordnung (EG) Nr. 1435/2003 (SCE-VO), ABl. EG Nr. L 207 S. 1, der einer eG und
– Europäischen wirtschaftlichen Interessenvereinigung (EWIV) entspricht nach Art. 2 der Verordnung (EWG) Nr. 2137/85 (EWIV-VO), ABl. EG Nr. L 199 S. 1, i. V. m. § 1 EWIV-Ausführungsgesetz, BGBl. 1988 I S. 514, der einer OHG.

**01.06** Der sachliche Anwendungsbereich des Zweiten bis Fünften Teils gilt für
– die Verschmelzung (§ 2 UmwG) von Körperschaften auf Körperschaften, Personengesellschaften oder eine natürliche Person,
– die Auf- und Abspaltung (§ 123 Abs. 1 und 2 UmwG) von Körperschaften auf Körperschaften oder Personengesellschaften,
– den Formwechsel (§ 190 Abs. 1 UmwG) einer Kapitalgesellschaft in eine Personengesellschaft sowie
– die Vermögensübertragung (§ 174 UmwG) von Körperschaften auf Körperschaften.

Bei der Frage, ob eine zivilrechtlich wirksame Umwandlung i. S. dieser Bestimmungen vorliegt, ist regelmäßig von der registerrechtlichen Entscheidung auszugehen. Dies gilt jedoch nicht, wenn die registerrechtliche Entscheidung trotz rechtlich gravierender Mängel erfolgte.

**01.07** Für Umwandlungen i. S. d. § 1 Abs. 2 UmwG setzt die Anwendung des Zweiten bis Fünften Teils eine durch eine bundes- oder landesgesetzliche Regelung ausdrücklich zugelassene Umwandlungsmöglichkeit (z. B. § 38 a LwAnpG, § 6 b VermG sowie einzelne Sparkassengesetze der Länder) voraus, die einer Umwandlung i. S. d. § 1 Abs. 1 UmwG entspricht. Die aktive und passive Umwandlungsfähigkeit (vgl. zum Begriff auch Randnr. 01.26) ergibt sich aus dem jeweiligen Bundes- oder Landesgesetz.

Eine Umwandlung aufgrund ausdrücklicher bundes- oder landesgesetzlicher Regelung entspricht einer Umwandlung i. S. d. § 1 Abs. 1 UmwG, wenn sie mit einer der in § 1 Abs. 1 UmwG abschließend aufgezählten Umwandlungsarten vergleichbar ist; zur Prüfung der Vergleichbarkeit vgl. Randnr. 01.24 ff. Insoweit sind die für die jeweils vergleichbare Umwandlungsart einschlägigen Bestimmungen des UmwStG anzuwenden (z. B. § 9 UmwStG für den Formwechsel in eine Personengesellschaft nach § 38 a LwAnpG).

### aa) Verschmelzung

**01.08** Bei der Verschmelzung handelt es sich um die Übertragung des gesamten Vermögens eines Rechtsträgers auf einen anderen schon bestehenden Rechtsträger (Verschmelzung durch Aufnahme) oder zweier oder mehrerer Rechtsträger auf einen neu gegründeten Rechtsträger (Verschmelzung durch Neugründung) im Wege der Gesamtrechtsnachfolge unter Auflösung ohne Abwicklung. Den Anteilsinhabern des übertragenden Rechtsträgers wird dabei im Wege des Anteilstauschs eine Beteiligung am übernehmenden Rechtsträger gewährt.

**01.09** In bestimmten Fällen darf bzw. muss das gezeichnete Kapital des übernehmenden Rechtsträgers nicht erhöht werden (z. B. § 54 Abs. 1 Satz 1 und 2 UmwG). Bei notariell beurkundetem Verzicht aller Anteilsinhaber kann auf die Verpflichtung zur Gewährung von Anteilen gänzlich verzichtet werden (z. B. § 54 Abs. 1 Satz 3 UmwG).

Das UmwG sieht folgende Möglichkeiten der Verschmelzung vor: 01.10

| von \ auf | PershG/ PartG | GmbH | AG | KGaA | eG | eV/ wirtsch. Verein | gen. Prüfungsverband | VVaG | nat. Person |
|---|---|---|---|---|---|---|---|---|---|
| **PershG/ PartG** | §§ 2–38 UmwG §§ 39–45 UmwG | §§ 2–38 UmwG §§ 39–45 UmwG §§ 46–59 UmwG | §§ 2–38 UmwG §§ 39–45 UmwG §§ 60–77 UmwG | §§ 2–38 UmwG §§ 39–45 UmwG § 78 UmwG | §§ 2–38 UmwG §§ 39–45 UmwG §§ 79–98 UmwG | – (§ 99 Abs. 2 UmwG) | – (§ 105 UmwG) | – (§ 109 UmwG) | – (§ 3 Abs. 2 Nr. 1 UmwG) |
| **GmbH inkl. UG** | §§ 2–38 UmwG §§ 39–45 UmwG §§ 46–59 UmwG | §§ 2–38 UmwG §§ 46–59 UmwG | §§ 2–38 UmwG §§ 46–59 UmwG §§ 60–77 UmwG | §§ 2–38 UmwG §§ 46–59 UmwG § 78 UmwG | §§ 2–38 UmwG §§ 46–59 UmwG §§ 79–98 UmwG | – (§ 99 Abs. 2 UmwG) | – (§ 105 UmwG) | – (§ 109 UmwG) | [1]§§ 2–38 UmwG §§ 46–59 UmwG §§ 120–122 UmwG |
| **AG** | §§ 2–38 UmwG §§ 39–45 UmwG §§ 60–77 UmwG | §§ 2–38 UmwG §§ 46–59 UmwG §§ 60–77 UmwG | [2]§§ 2–38 UmwG §§ 60–77 UmwG | §§ 2–38 UmwG §§ 60–77 UmwG § 78 UmwG | §§ 2–38 UmwG §§ 60–77 UmwG §§ 79–98 UmwG | – (§ 99 Abs. 2 UmwG) | – (§ 105 UmwG) | – (§ 109 UmwG) | [1]§§ 2–38 UmwG §§ 60–77 UmwG §§ 120–122 UmwG |
| **KGaA** | §§ 2–38 UmwG §§ 39–45 UmwG § 78 UmwG | §§ 2–38 UmwG §§ 46–59 UmwG § 78 UmwG | §§ 2–38 UmwG §§ 60–77 UmwG § 78 UmwG | §§ 2–38 UmwG § 78 UmwG | §§ 2–38 UmwG § 78 UmwG §§ 79–98 UmwG | – (§ 99 Abs. 2 UmwG) | – (§ 105 UmwG) | – (§ 109 UmwG) | [1]§§ 2–38 UmwG § 78 UmwG §§ 120–122 UmwG |
| **eG** | §§ 2–38 UmwG §§ 39–45 UmwG §§ 79–98 UmwG | §§ 2–38 UmwG §§ 46–59 UmwG §§ 79–98 UmwG | §§ 2–38 UmwG §§ 60–77 UmwG §§ 79–98 UmwG | §§ 2–38 UmwG § 78 UmwG §§ 79–98 UmwG | §§ 2–38 UmwG §§ 79–98 UmwG | – (§ 99 Abs. 2 UmwG) | – (§ 105 UmwG) | – (§ 109 UmwG) | – (§ 3 Abs. 2 Nr. 1 UmwG) |
| **eV/ wirtsch. Verein** | §§ 2–38 UmwG §§ 39–45 UmwG §§ 99–104a UmwG | §§ 2–38 UmwG §§ 46–59 UmwG §§ 99–104a UmwG | §§ 2–38 UmwG §§ 60–77 UmwG §§ 99–104a UmwG | §§ 2–38 UmwG § 78 UmwG §§ 99–104a UmwG | §§ 2–38 UmwG §§ 79–98 UmwG §§ 99–104a UmwG | §§ 2–38 UmwG §§ 99–104a UmwG | [3]§§ 2–38 UmwG §§ 99–104a UmwG §§ 105–108 UmwG | – (§ 109 UmwG) | – (§ 3 Abs. 2 Nr. 1 UmwG) |
| **gen. Prüfungsverband** | – (§ 105 UmwG) | – (§ 105 UmwG) | – (§ 105 UmwG) | – (§ 105 UmwG) | – (§ 105 UmwG) | – (§ 105 UmwG) | [4]§§ 2–38 UmwG §§ 105–108 UmwG | – (§ 105 UmwG) | – (§ 3 Abs. 2 Nr. 1 UmwG) |
| **VVaG** | – (§ 109 UmwG) | – (§ 109 UmwG) | [5]§§ 2–38 UmwG §§ 60–77 UmwG §§ 109–113 UmwG | – (§ 109 UmwG) | – (§ 109 UmwG) | – (§ 109 UmwG) | – (§ 109 UmwG) | §§ 2–38 UmwG §§ 109–119 UmwG | – (§ 3 Abs. 2 Nr. 1 UmwG) |
| **nat. Person** | – | – | – | – | – | – | – | – | – |

[1] **[Amtl. Anm.:]** Natürliche Person muss Alleingesellschafter des übertragenden Rechtsträgers sein.

[2] **[Amtl. Anm.:]** Verschmelzung zur Gründung einer SE nach Artikel 2 Abs. 1, Artikel 17 bis 31 SE-VO.

[3] **[Amtl. Anm.:]** Vorgang ist nur unter den Voraussetzungen des § 105 Satz 2 UmwG möglich.

[4] **[Amtl. Anm.:]** Vorgang ist nur zur Aufnahme durch einen übernehmenden Rechtsträger möglich.

[5] **[Amtl. Anm.:]** Vorgang ist nur möglich, wenn der aufnehmende Rechtsträger eine Versicherungs-AG ist.

### bb) Formwechsel

01.11 Der Formwechsel beschränkt sich auf die Änderung der Rechtsform eines Rechtsträgers unter Wahrung seiner rechtlichen Identität, und zwar grundsätzlich unter Beibehaltung des Kreises der Anteilsinhaber (zur Aufnahme weiterer Gesellschafter i. R. eines Formwechsels vgl. aber BGH vom 9. 5. 2005 II ZR 29/03, DStR S. 1539). Zivilrechtlich findet beim Formwechsel keine Vermögensübertragung statt.

01.12 Handelsrechtlich ist der Formwechsel für folgende Rechtsformen zulässig; der Formwechsel innerhalb der Gesamthand richtet sich dabei nach § 190 Abs. 2, § 1 Abs. 2 UmwG i. V. m. §§ 705 ff. BGB, §§ 105, 161 HGB oder §§ 1 ff. PartGG:

| von \ auf | GbR | PershG | PartG | GmbH | AG | KGaA | eG |
|---|---|---|---|---|---|---|---|
| **PershG/ PartG** | § 190 Abs. 2 UmwG, § 191 Abs. 2 Nr. 1 UmwG i. V. m. § 1 Abs. 2 UmwG | § 190 Abs. 2 UmwG i. V. m. § 1 Abs. 2 UmwG | § 190 Abs. 2 UmwG i. V. m. § 1 Abs. 2 UmwG | §§ 190–213 UmwG §§ 214–225 UmwG | §§ 190–213 UmwG §§ 214–225 UmwG | §§ 190–213 UmwG §§ 214–225 UmwG | §§ 190–213 UmwG §§ 214–225 UmwG |
| **GmbH inkl. UG** | §§ 190–213 UmwG § 226 UmwG §§ 228–237 UmwG | §§ 190–213 UmwG § 226 UmwG §§ 228–237 UmwG | §§ 190–213 UmwG § 226 UmwG §§ 228–237 UmwG | [1]) – | §§ 190–213 UmwG § 226 UmwG §§ 238–250 UmwG | §§ 190–213 UmwG § 226 UmwG §§ 238–250 UmwG | §§ 190–213 UmwG § 226 UmwG §§ 251–257 UmwG |
| **AG** | §§ 190–213 UmwG § 226 UmwG §§ 228–237 UmwG | §§ 190–213 UmwG § 226 UmwG §§ 228–237 UmwG | §§ 190–213 UmwG § 226 UmwG §§ 228–237 UmwG | §§ 190–213 UmwG § 226 UmwG §§ 238–250 UmwG | [2]) – | §§ 190–213 UmwG § 226 UmwG §§ 238–250 UmwG | §§ 190–213 UmwG § 226 UmwG §§ 251–257 UmwG |
| **KGaA** | §§ 190–213 UmwG §§ 226–237 UmwG | §§ 190–213 UmwG §§ 226–237 UmwG | §§ 190–213 UmwG §§ 226–237 UmwG | §§ 190–213 UmwG §§ 226–227 UmwG §§ 238–250 UmwG | §§ 190–213 UmwG §§ 226–227 UmwG §§ 238–250 UmwG | – | §§ 190–213 UmwG §§ 226–227 UmwG §§ 251–257 UmwG |
| **eG** | – | – | – | §§ 190–213 UmwG §§ 258–271 UmwG | §§ 190–213 UmwG §§ 258–271 UmwG | §§ 190–213 UmwG §§ 258–271 UmwG | – |
| **eV/ wirtsch. Verein** | – | – | – | §§ 190–213 UmwG §§ 272–282 UmwG | §§ 190–213 UmwG §§ 272–282 UmwG | §§ 190–213 UmwG §§ 272–282 UmwG | §§ 190–213 UmwG § 272 UmwG §§ 283–290 UmwG |

[1]) **[Amtl. Anm.:]** Die „Umwandlung" einer UG in eine GmbH ist ein Firmen- und kein Formwechsel (§ 5a Abs. 5 GmbHG).

[2]) **[Amtl. Anm.:]** Formwechsel einer AG in eine SE nach Artikel 2 Abs. 4, 37 SE-VO.

| auf / von | GbR | PershG | PartG | GmbH | AG | KGaA | eG |
|---|---|---|---|---|---|---|---|
| **VVaG** | – | – | – | – | [1]§§ 190 – 213 UmwG §§ 291 – 300 UmwG | – | – |
| **Körpersch./ Anstalt des öff. Rechts** | – | – | – | §§ 190 – 213 UmwG §§ 301 – 303 UmwG | §§ 190 – 213 UmwG §§ 301 – 303 UmwG | §§ 190 – 213 UmwG §§ 301 – 303 UmwG | – |

## cc) Spaltung

Das UmwG sieht drei Formen der Spaltung vor: 01.13
- die Aufspaltung,
- die Abspaltung und
- die Ausgliederung.

Bei der Aufspaltung teilt ein Rechtsträger sein Vermögen unter Auflösung ohne Abwicklung auf und überträgt die Teile jeweils als Gesamtheit im Wege der Sonderrechtsnachfolge auf mindestens zwei andere schon bestehende (Aufspaltung zur Aufnahme) oder neu gegründete Rechtsträger (Aufspaltung zur Neugründung). Die Anteilsinhaber des sich aufspaltenden Rechtsträgers erhalten Anteile an den übernehmenden Rechtsträgern. 01.14

Bei der Abspaltung bleibt der übertragende Rechtsträger bestehen. Er überträgt ebenfalls im Wege der Sonderrechtsnachfolge einen Teil oder mehrere Teile seines Vermögens jeweils als Gesamtheit auf einen oder mehrere andere schon bestehende oder neu gegründete Rechtsträger. Die Anteilsinhaber des abspaltenden Rechtsträgers erhalten Anteile am übernehmenden Rechtsträger. 01.15

Die Ausgliederung entspricht im Wesentlichen der Abspaltung. Die Anteile an den übernehmenden Rechtsträgern fallen jedoch in das Vermögen des ausgliedernden Rechtsträgers. 01.16

Das UmwG sieht folgende Spaltungsmöglichkeiten vor: 01.17

| auf / von | PershG/ PartG | GmbH | AG/ KGaA | eG | eV | gen. Prüfungsverband | VVaG |
|---|---|---|---|---|---|---|---|
| **PershG/ PartG** | §§ 123 – 137 UmwG | §§ 123 – 137 UmwG §§ 138 – 140 UmwG | §§ 123 – 137 UmwG §§ 141 – 146 UmwG | §§ 123 – 137 UmwG §§ 147 – 148 UmwG | – (§ 149 Absatz 2 UmwG) | §§ 123 – 137 UmwG | – (§ 151 UmwG) |
| **GmbH inkl. UG** | §§ 123 – 137 UmwG §§ 138 – 140 UmwG | §§ 123 – 137 UmwG §§ 138 – 140 UmwG | §§ 123 – 137 UmwG §§ 138 – 140 UmwG §§ 141 – 146 UmwG | §§ 123 – 137 UmwG §§ 138 – 140 UmwG §§ 147 – 148 UmwG | – (§ 149 Absatz 2 UmwG) | §§ 123 – 137 UmwG §§ 138 – 140 UmwG | – (§ 151 UmwG) |
| **AG/ KGaA** | §§ 123 – 137 UmwG §§ 141 – 146 UmwG | §§ 123 – 137 UmwG §§ 138 – 140 UmwG §§ 141 – 146 UmwG | §§ 123 – 137 UmwG §§ 141 – 146 UmwG | §§ 123 – 137 UmwG §§ 141 – 146 UmwG §§ 147 – 148 UmwG | – (§ 149 Absatz 2 UmwG) | §§ 123 – 137 UmwG | – (§ 151 UmwG) |

[1] **[Amtl. Anm.:]** Nur große VVaG; zum Vorliegen eines kleinen VVaG siehe § 53 VAG.

| auf / von | PershG/ PartG | GmbH | AG/ KGaA | eG | eV | gen. Prüfungsverband | VVaG |
|---|---|---|---|---|---|---|---|
| **eG** | §§ 123 – 137 UmwG §§ 147 – 148 UmwG | §§ 123 – 137 UmwG §§ 138 – 140 UmwG §§ 147 – 148 UmwG | §§ 123 – 137 UmwG §§ 141 – 146 UmwG §§ 147 – 148 UmwG | §§ 123 – 137 UmwG §§ 147 – 148 UmwG | – (§ 149 Absatz 2 UmwG) | §§ 123 – 137 UmwG | – (§ 151 UmwG) |
| **eV/ wirtsch. Verein** | §§ 123 – 137 UmwG § 149 UmwG | §§ 123 – 137 UmwG §§ 138 – 140 UmwG § 149 Absatz 1 UmwG | §§ 123 – 137 UmwG §§ 141 – 146 UmwG § 149 Absatz 1 UmwG | §§ 123 – 137 UmwG §§ 147 – 149 UmwG | [1] §§ 123 – 137 UmwG § 149 Absatz 2 UmwG | §§ 123 – 137 UmwG §§ 138 – 140 UmwG § 149 Absatz 1 UmwG | – (§ 151 UmwG) |
| **gen. Prüfungsverband** | – (§ 150 UmwG) | nur Ausgliederung §§ 123 – 137 UmwG §§ 138 – 140 UmwG § 150 UmwG | nur Ausgliederung §§ 123 – 137 UmwG §§ 141 – 146 UmwG § 150 UmwG | – (§ 150 UmwG) | – (§ 150 UmwG) | [2] §§ 123 – 137 UmwG § 150 UmwG | – (§ 150 UmwG) |
| **VVaG** | – (§ 151 UmwG) | nur Ausgliederung, wenn keine Übertragung von Vers.-Verträgen §§ 123 – 137 UmwG §§ 138 – 140 UmwG § 151 UmwG | Auf-/ Abspaltung nur auf Vers.-AG; Ausgliederung nur, wenn keine Übertragung von Vers.-Verträgen §§ 123 – 135 UmwG §§ 141 – 146 UmwG § 151 UmwG | – (§ 151 UmwG) | – (§ 151 UmwG) | – (§ 151 UmwG) | nur Auf-/ Abspaltung §§ 123 – 135 UmwG §§ 141 – 146 UmwG § 151 UmwG |
| **Einzelkaufmann** | nur Ausgliederung auf PershG [2] §§ 123 – 137 UmwG §§ 152 – 160 UmwG | nur Ausgliederung §§ 123 – 137 UmwG §§ 138 – 140 UmwG §§ 152 – 160 UmwG | nur Ausgliederung §§ 123 – 137 UmwG §§ 141 – 146 UmwG §§ 152 – 160 UmwG | nur Ausgliederung [2] §§ 123 – 137 UmwG §§ 147 – 148 UmwG §§ 152 – 160 UmwG | – (§ 152 UmwG) | – (§ 152 UmwG) | – (§ 152 UmwG) |
| **Stiftungen** | nur Ausgliederung auf PershG [2] §§ 123 – 137 UmwG §§ 161 – 167 UmwG | nur Ausgliederung §§ 123 – 137 UmwG §§ 138 – 140 UmwG §§ 161 – 167 UmwG | nur Ausgliederung §§ 123 – 137 UmwG §§ 141 – 146 UmwG §§ 161 – 167 UmwG | – (§ 161 UmwG) | – (§ 161 UmwG) | – (§ 161 UmwG) | – (§ 161 UmwG) |

[1] **[Amtl. Anm.:]** Nur e.V. als übertragender Rechtsträger.
[2] **[Amtl. Anm.:]** Vorgang ist nur zur Aufnahme durch einen übernehmenden Rechtsträger möglich.

| auf / von | PershG/ PartG | GmbH | AG/ KGaA | eG | eV | gen. Prüfungsverband | VVaG |
|---|---|---|---|---|---|---|---|
| **Gebiets-Körpersch.** | nur Ausgliederung auf PershG [1]§§ 123 – 137 UmwG §§ 168 – 173 UmwG | nur Ausgliederung §§ 123 – 137 UmwG §§ 138 – 140 UmwG §§ 168 – 173 UmwG | nur Ausgliederung §§ 123 – 137 UmwG §§ 141 – 146 UmwG §§ 168 – 173 UmwG | nur Ausgliederung §§ 123 – 137 UmwG §§ 147 – 148 UmwG §§ 168 – 173 UmwG | – (§ 168 UmwG) | – (§ 168 UmwG) | – (§ 168 UmwG) |

## dd) Vermögensübertragung

Die Vermögensübertragung ist als Vollübertragung und als Teilübertragung zugelassen. Ihre Ausgestaltung entspricht bei der Vollübertragung der Verschmelzung, bei der Teilübertragung der Spaltung. Der Unterschied zu diesen Umwandlungsarten besteht darin, dass die Gegenleistung für das übertragene Vermögen nicht in Anteilen an den übernehmenden oder neuen Rechtsträgern besteht, sondern in einer Gegenleistung anderer Art, insbesondere in einer Barleistung. **01.18**

Die Vermögensübertragung ist nach dem UmwG auf folgende Fälle beschränkt: **01.19**

| auf / von | Öffentliche Hand | VVaG | öffentl.-rechtl. Vers.-Unternehmen | Vers.-AG |
|---|---|---|---|---|
| **GmbH** | | | | |
| **Vollübertragung** | § 175 Nr. 1, § 176 UmwG | – | – | – |
| **Teilübertragung** | § 175 Nr. 1, § 177 UmwG | – | – | – |
| **AG/ KGaA** | | | | |
| **Vollübertragung** | § 175 Nr. 1, § 176 UmwG | – | – | – |
| **Teilübertragung** | § 175 Nr. 1, § 177 UmwG | – | – | – |
| **Vers.-AG** | | | | |
| **Vollübertragung** | – | § 175 Nr. 2 Buchstabe a, § 178 UmwG | § 175 Nr. 2 Buchstabe a, § 178 UmwG | – |
| **Teilübertragung** | | § 175 Nr. 2 Buchstabe a, § 179 UmwG | § 175 Nr. 2 Buchstabe a, § 179 UmwG | – |
| **VVaG** | | | | |
| **Vollübertragung** | – | – | § 175 Nr. 2 Buchstabe b, §§ 180 – 183, §§ 185 – 187 | § 175 Nr. 2 Buchstabe b, §§ 180 – 183, §§ 185 – 187 UmwG |
| **Teilübertragung** | – | – | § 175 Nr. 2 Buchstabe b, §§ 184 – 187 UmwG | § 175 Nr. 2 Buchstabe b, §§ 184 – 187 UmwG |
| **öffentl.-rechtl. Vers.-Unternehmen** | – | § 175 Nr. 2 Buchstabe c, § 188 UmwG | – | § 175 Nr. 2 Buchstabe c, § 188 UmwG |

[1] **[Amtl. Anm.:]** Vorgang ist nur zur Aufnahme durch einen übernehmenden Rechtsträger möglich.

| auf / von | Öffentliche Hand | VVaG | öffentl.-rechtl. Vers.-Unternehmen | Vers.-AG |
|---|---|---|---|---|
| Vollübertragung<br>Teilübertragung | – | §§ 175 Nr. 2 Buchstabe c, § 189 UmwG | – | § 175 Nr. 2 Buchstabe c, § 189 UmwG |

## b) Vergleichbare ausländische Vorgänge

01.20 Der sachliche Anwendungsbereich des Zweiten bis Fünften Teils gilt auch für mit

- einer Verschmelzung,
- einer Auf- oder Abspaltung sowie
- einem Formwechsel

vergleichbare ausländische Vorgänge. Auf die Anzeigepflichten, z. B. nach § 137 oder § 138 Abs. 2 AO, wird hingewiesen.

Ausländische Vorgänge i. S. d. § 1 Abs. 1 Satz 1 Nr. 1 und 2 UmwStG sind Umwandlungen, bei denen auf den übertragenden Rechtsträger oder auf den übernehmenden Rechtsträger bzw. beim Formwechsel auf den umwandelnden Rechtsträger das UmwG nach den allgemeinen Grundsätzen kollisionsrechtlich keine Anwendung findet. Das für die Umwandlung maßgebende Recht bestimmt sich regelmäßig nach dem Gesellschaftsstatut des Staats, in dem der jeweilige Rechtsträger in ein öffentliches Register eingetragen ist. Ist er nicht oder noch nicht in ein öffentliches Register eingetragen, ist das Gesellschaftsstatut des Staats maßgebend, nach dem er organisiert ist.

01.21 Ausländische Vorgänge i. S. d. § 1 Abs. 1 UmwStG sind auch grenzüberschreitende Umwandlungsvorgänge unter Beteiligung von Rechtsträgern, die dem deutschen Gesellschaftsstatut unterliegen. Die grenzüberschreitende Verschmelzung i. S. d. § 122 a UmwG ist dabei grundsätzlich ein mit einer Verschmelzung i. S. d. § 2 UmwG vergleichbarer ausländischer Vorgang.

01.22 Ein ausländischer Vorgang kann auch dann gegeben sein, wenn sämtliche beteiligten Rechtsträger im Inland unbeschränkt steuerpflichtig sind.

**Beispiel:**

Zwei Gesellschaften englischen Rechts (statutarischer Sitz in Großbritannien und effektiver Verwaltungssitz im Inland) sollen zu einer Gesellschaft englischen Rechts mit effektivem Verwaltungssitz im Inland verschmolzen werden. Die Gesellschaften englischen Rechts sind sämtlich im Inland nach § 1 Abs. 1 Nr. 1 KStG unbeschränkt steuerpflichtig.

**Lösung:**

Es handelt sich um einen ausländischen Vorgang, da für die Umwandlung ausschließlich das englische Gesellschaftsstatut maßgebend ist.

### aa) Zivilrechtliche Wirksamkeit nach ausländischem Recht

01.23 Für ausländische Vorgänge gilt wie bei den inländischen Umwandlungen der Grundsatz der Maßgeblichkeit des Gesellschaftsrechts. Der ausländische Vorgang muss nach dem jeweiligen Gesellschaftsstatut der beteiligten Rechtsträger gesellschaftsrechtlich zulässig und wirksam sein. Für die gesellschaftsrechtliche Zulässigkeit und Wirksamkeit einer ausländischen Umwandlung ist regelmäßig von der Entscheidung der ausländischen Registerbehörden auszugehen. Das gilt nicht bei gravierenden Mängeln der Umwandlung.

### bb) Prüfung der Vergleichbarkeit

Die Prüfung, ob ein ausländischer Vorgang mit einer inländischen Umwandlung i. S. d. § 1 Abs. 1 Satz 1 Nr. 1 und 2 UmwStG vergleichbar ist, erfolgt durch die im jeweiligen Einzelfall zuständige inländische Finanzbehörde. Ein ausländischer Umwandlungsvorgang ist vergleichbar, wenn er seinem Wesen nach einer Verschmelzung, Auf-, Abspaltung oder einem Formwechsel i. S. d. UmwG entspricht. Für die Beurteilung des ausländischen Vorgangs sind **01.24**
– die beteiligten Rechtsträger,
– die Rechtsnatur bzw. Rechtsfolgen des Umwandlungsvorgangs (Strukturmerkmale) und
– sonstige Vergleichskriterien

zu prüfen.

Der Vergleichbarkeitsprüfung unterliegt grundsätzlich der jeweilige ausländische Umwandlungsvorgang in seiner konkreten rechtlichen Ausgestaltung und nicht das ausländische Umwandlungsrecht als solches. Maßgebend ist, dass der nach ausländischem Umwandlungsrecht abgewickelte konkrete Vorgang ungeachtet des Sitzerfordernisses in § 1 Abs. 1 UmwG auch nach den Regelungen des UmwG wirksam abgewickelt werden könnte. **01.25**

**Beispiel:**

Zwei Gesellschaften ausländischer Rechtsform sollen verschmolzen werden. Das ausländische Umwandlungsrecht sieht keine mit § 54 Abs. 4 UmwG vergleichbare Beschränkung barer Zuzahlungen vor. Im Verschmelzungsvertrag wird eine bare Zuzahlung i. H. v. 50 % des Gesamtnennbetrags der gewährten Anteile vereinbart.

**Lösung:**

Aufgrund der vertraglich vereinbarten baren Zuzahlung von mehr als 10 % des Gesamtnennbetrags der gewährten Anteile ist kein mit einer inländischen Umwandlung vergleichbarer Vorgang gegeben, da der Umwandlungsvorgang ungeachtet des Sitzerfordernisses in § 1 Abs. 1 UmwG nach den Vorschriften des UmwG nicht hätte abgewickelt werden können.

Wäre in dem Verschmelzungsvertrag eine bare Zuzahlung i. H. v. max. 10 % des Gesamtnennbetrags der gewährten Anteile vereinbart worden, stünde einer Vergleichbarkeit des ausländischen Umwandlungsvorgangs die fehlende gesetzliche Beschränkung barer Zuzahlungen im ausländischen Umwandlungsrecht nicht entgegen.

### cc) Umwandlungsfähigkeit der beteiligten Rechtsträger

Die Prüfung der Umwandlungsfähigkeit der beteiligten Rechtsträger hat bezogen auf die zu beurteilende Umwandlungsart und bezogen auf das jeweilige Gesellschaftsstatut der an dieser Umwandlung beteiligten Rechtsträger zu erfolgen. **01.26**

Die Voraussetzungen der Umwandlungsfähigkeit müssen – infolge des auch für ausländische Umwandlungen geltenden Grundsatzes der Maßgeblichkeit des Gesellschaftsrechts (vgl. Randnr. 01.23) – für sämtliche betroffenen Gesellschaftsstatute der beteiligten Rechtsträger geprüft und mit der Umwandlungsfähigkeit nach dem UmwG verglichen werden; dabei ist der Umwandlungsvorgang nach dem jeweiligen Gesellschaftsstatut als Ganzes und nicht nur hinsichtlich eines bestimmten Teilbereichs (z. B. hinsichtlich des übertragenden oder übernehmenden Rechtsträgers) zu prüfen.

Der ausländische Rechtsträger muss i. R. eines Rechtstypenvergleichs einem vergleichbaren umwandlungsfähigen Rechtsträger inländischen Rechts entsprechen. Allein die steuerliche Einordnung des jeweiligen Rechtsträgers **01.27** als Körperschaft oder Personengesellschaft ist für die Beurteilung der Umwandlungsfähigkeit nicht ausreichend. Der Rechtstypenvergleich hat grundsätzlich anhand des gesetzlichen Leitbilds der ausländischen Gesellschaft zu erfolgen. Zum Rechtstypenvergleich ausgewählter ausländischer Rechtsformen vgl. Tabellen 1 und 2 des BMF-Schreibens vom 24. 12. 1999, BStBl. I S. 1076[1]. Ist es aufgrund umfassender Dispositionsmöglichkeiten im ausländischen Recht nicht möglich, den jeweils beteiligten Rechtsträger anhand des gesetzlich vorgegebenen Leitbilds abzuleiten, hat der Rechtstypenvergleich anhand der rechtlichen Gegebenheiten des Einzelfalls zu erfolgen. Zu maßgebenden Kriterien für den Rechtstypenvergleich vgl. BMF-Schreiben vom 19. 3. 2004, BStBl. I S. 411.

**01.28** Aufgelöste Rechtsträger können sich an ausländischen Umwandlungsvorgängen entsprechend den in § 3 Abs. 3, § 124 Abs. 2 UmwG genannten Voraussetzungen beteiligen.

**dd) Strukturmerkmale des Umwandlungsvorgangs**

**01.29** Neben der Umwandlungsfähigkeit der beteiligten Rechtsträger müssen die Strukturmerkmale einer Verschmelzung, einer Auf- oder Abspaltung oder eines Formwechsels vorliegen.

**(1) Verschmelzung**

**01.30** Strukturmerkmale einer Verschmelzung i. S. d. § 2 UmwG sind:
- die Übertragung des gesamten Aktiv- und Passivvermögens eines übertragenden Rechtsträgers oder mehrerer übertragender Rechtsträger auf einen übernehmenden Rechtsträger,
- aufgrund eines Rechtsgeschäfts,
- kraft Gesetzes,
- gegen Gewährung von Anteilen am übernehmenden Rechtsträger an die Anteilsinhaber des übertragenden Rechtsträgers,
- unter Auflösung ohne Abwicklung des übertragenden Rechtsträgers oder der übertragenden Rechtsträger.

**01.31** Rechtsgeschäft i. S. d. Randnr. 01.30 ist der Abschluss eines Verschmelzungsvertrags bzw. die Erstellung eines Verschmelzungsplans. Der notwendige Inhalt des Verschmelzungsvertrags bzw. des Verschmelzungsplans muss bei ausländischen Vorgängen mindestens den Vorgaben der Richtlinie 78/855/EWG, ABl. EG Nr. L 295 S. 36, entsprechen. Dies gilt auch für die Rechtswirkungen der Verschmelzung.

Diese ergeben sich aus Art. 19 der Richtlinie 78/855/EWG, ABl. EG Nr. L 295 S. 36. Der Übergang des gesamten Vermögens, die Auflösung ohne Abwicklung des übertragenden Rechtsträgers sowie die Beteiligung der Anteilsinhaber des übertragenden Rechtsträgers an dem übernehmenden Rechtsträger müssen nach den ausländischen umwandlungsrechtlichen Bestimmungen kraft Gesetzes und nicht durch Einzelübertragungen erfolgen.

**01.32** Bei der Prüfung des Erfordernisses zur Gewährung von Anteilen sind Kapitalerhöhungsverbote und -wahlrechte entsprechend den im UmwG (z. B. § 54 UmwG) enthaltenen vergleichbaren Regelungen zu berücksichtigen, vgl. Randnr. 01.09.

---

[1] Nr. **800** § 12/1.

**Beispiel:**
Eine ausländische Mutter-Kapitalgesellschaft ist alleinige Anteilseignerin zweier ausländischer Tochter-Kapitalgesellschaften. Die eine Tochter-Kapitalgesellschaft wird zur Aufnahme auf die andere Tochter-Kapitalgesellschaft verschmolzen. Auf eine Kapitalerhöhung wird auf Grundlage einer mit § 54 Abs. 1 Satz 3 UmwG vergleichbaren ausländischen Regelung verzichtet.

**Lösung:**
Bei der Prüfung der Strukturmerkmale des ausländischen Umwandlungsvorgangs ist die Möglichkeit zum Verzicht auf eine Kapitalerhöhung analog § 54 Abs. 1 Satz 3 UmwG zu berücksichtigen.

### (2) Aufspaltung

Strukturmerkmale einer Aufspaltung i. S. d. § 123 Abs. 1 UmwG sind: **01.33**

- die Übertragung des gesamten Aktiv- und Passivvermögens eines Rechtsträgers auf mindestens zwei übernehmende Rechtsträger,
- aufgrund eines Rechtsgeschäfts,
- kraft Gesetzes,
- gegen Gewährung von Anteilen an den übernehmenden Rechtsträgern an die Anteilsinhaber des übertragenden Rechtsträgers,
- unter Auflösung ohne Abwicklung des übertragenden Rechtsträgers.

Rechtsgeschäft i. S. d. Randnr. 01.33 ist der Abschluss eines Spaltungs- und Übernahmevertrags bzw. die Erstellung eines Spaltungsplans. Der notwendige Inhalt des Spaltungs- und Übernahmevertrags bzw. des Spaltungsplans muss bei ausländischen Umwandlungsvorgängen den Vorgaben der Richtlinie 82/891/EWG, ABl. EG Nr. L 378 S. 47, entsprechen. **01.34**

Dies gilt auch für die Rechtswirkungen der Aufspaltung. Diese ergeben sich aus Art. 17 der Richtlinie 82/891/EWG, ABl. EG Nr. L 378 S. 47. Der Übergang des gesamten Vermögens, die Auflösung ohne Abwicklung des übertragenden Rechtsträgers sowie die Beteiligung der Anteilsinhaber des übertragenden Rechtsträgers an den übernehmenden Rechtsträgern müssen nach den ausländischen umwandlungsrechtlichen Bestimmungen kraft Gesetzes und nicht durch Einzelübertragungen erfolgen.

Bei der Prüfung des Erfordernisses zur Gewährung von Anteilen sind Kapitalerhöhungsverbote und -wahlrechte entsprechend den im UmwG enthaltenen vergleichbaren Regelungen zu beachten, vgl. Randnr. 01.32. **01.35**

### (3) Abspaltung

Strukturmerkmale einer Abspaltung i. S. d. § 123 Abs. 2 UmwG sind: **01.36**[1)]

- die Übertragung eines Teils oder mehrerer Teile eines Rechtsträgers auf einen oder mehrere übernehmende Rechtsträger,
- aufgrund eines Rechtsgeschäfts,
- kraft Gesetzes,
- gegen Gewährung von Anteilen am übernehmenden Rechtsträger oder an den übernehmenden Rechtsträgern an die Anteilsinhaber des übertragenden Rechtsträgers,
- ohne Auflösung des übertragenden Rechtsträgers.

Gesellschaftsrechtliche Bestimmungen des sekundären Unionsrechts über die Abspaltung bestehen derzeit nicht. Der notwendige Inhalt des Spaltungs- und **01.37**

---

[1)] **Red. Anm.:** Die Grundsätze der BFH-Urteile vom 1.7.2021 – VIII R 9/19, BStBl. II S. 359 und vom 1.7.2021 – VIII R 15/20. BStBl. II S. 359 sind nicht auf Abspaltungen i.S.d. § 15 UmwStG anzuwenden, vgl. BMF vom 19.5.2022, BStBl. I S. 844.

Übernahmevertrags bzw. des Spaltungsplans sowie die Rechtswirkungen der Abspaltung müssen daher den Bestimmungen des UmwG entsprechen.

01.38 Die Möglichkeit des übertragenden Rechtsträgers, die aufgrund einer Vermögensübertragung erhaltenen Anteile an die Anteilseigner des übertragenden Rechtsträgers unentgeltlich zeitnah weiter übertragen zu können, führt nicht dazu, dass ein ausländischer Umwandlungsvorgang mit einer Abspaltung i. S. d. § 123 Abs. 2 UmwG vergleichbar ist; z. B. Teileinbringung nach dem französischen Recht (Apport partiel d'actif). Es kann sich jedoch insoweit um einen mit einer Ausgliederung i. S. d. § 123 Abs. 3 UmwG vergleichbaren ausländischen Vorgang handeln.

**(4) Formwechsel**

01.39 Es bestehen derzeit keine sekundärrechtlichen Bestimmungen des Unionsrechts zum Formwechsel. Für die Abgrenzung zwischen einer Verschmelzung und einem Formwechsel ist auf das ausländische Umwandlungsrecht abzustellen (BFH vom 22. 2. 1989 I R 11/85, BStBl. II S. 794). Nach §§ 190 ff. UmwG ist der Formwechsel auf die Änderung der rechtlichen Organisation des Rechtsträgers beschränkt. Sieht das ausländische Recht keine rechtliche Kontinuität, sondern eine Auflösung ohne Abwicklung vor, ist daher dieser Vorgang nicht mehr mit einem Formwechsel vergleichbar. Es kann insoweit jedoch ein mit einer Verschmelzung i. S. d. § 2 UmwG vergleichbarer ausländischer Vorgang gegeben sein. Der Umstand, dass eine Verschmelzung zur Neugründung mindestens zwei übertragende Rechtsträger erfordert, stellt insoweit kein Strukturmerkmal (vgl. Randnr. 01.30) dar.

**Beispiel:**

Eine österreichische GesmbH mit inländischen Anteilseignern wird im Wege einer errichtenden Umwandlung in eine österreichische KG umgewandelt.

**Lösung:**

Eine errichtende Umwandlung ist die ohne Abwicklung erfolgende Übertragung des Vermögens der GesmbH auf die gleichzeitig neu entstehende KG. Die GesmbH erlischt infolge der Umwandlung. Auch wenn es für eine Verschmelzung zur Neugründung i. S. d. § 2 Nr. 2 UmwG an dem Erfordernis mindestens zweier übertragender Rechtsträger fehlt, ist dennoch ein mit einer Verschmelzung i. S. d. § 1 Abs. 1 Satz 1 Nr. 1 UmwStG vergleichbarer ausländischer Vorgang gegeben, da die Strukturmerkmale einer Verschmelzung erfüllt sind. Infolge der Auflösung und der Vermögensübertragung liegt kein mit einem Formwechsel i. S. d. § 1 Abs. 1 Satz 1 Nr. 2 UmwStG vergleichbarer ausländischer Vorgang vor.

**ee) Sonstige Vergleichskriterien**

01.40 Ein wesentliches sonstiges Vergleichskriterium ist insbesondere die Höhe der vertraglich vereinbarten Zuzahlungen. Diese müssen grundsätzlich mit den Vorgaben des UmwG (z. B. § 54 Abs. 4 UmwG) vergleichbar sein. Werden Zuzahlungen vereinbart, die diesen Rahmen deutlich überschreiten, ist dieses als Indiz für eine fehlende Vergleichbarkeit zu werten (vgl. das Beispiel in Randnr. 01.25).

01.41 Die Dauer einer gesellschaftsrechtlichen Rückbeziehungsmöglichkeit des Umwandlungsvorgangs stellt kein für die Vergleichbarkeit entscheidendes Merkmal dar.

**c) Umwandlungen nach der SE-VO bzw. der SCE-VO**

01.42 Verschmelzungen i. S. d. Artikels 17 der Verordnung (EG) Nr. 2157/2001 (SE-VO), ABl. EG Nr. L 294 S. 1, zur Gründung einer Europäischen Gesellschaft und i. S. d. Artikels 19 der Verordnung (EG) Nr. 1435/2003 (SCE-

VO), ABl. EG Nr. L 207 S. 1, zur Gründung einer Europäischen Genossenschaft unterfallen dem sachlichen Anwendungsbereich des § 1 Abs. 1 Satz 1 Nr. 1 UmwStG. Diese Verordnungen gelten nicht nur in Bezug zu EU-Mitgliedstaaten, sondern auch in Bezug zu EWR-Staaten.

### 2. Sechster bis Achter Teil (§ 1 Abs. 3 UmwStG)

Der Anwendungsbereich des Sechsten bis Achten Teils gilt grundsätzlich nur für die in § 1 Abs. 3 Nr. 1 bis 5 UmwStG abschließend aufgezählten Vorgänge; darüber hinaus wird der Anwendungsbereich des § 1 Abs. 3 UmwStG durch die in den § 20 Abs. 1, § 21 Abs. 1 und § 24 Abs. 1 UmwStG enthaltenen Voraussetzungen bezüglich der Rechtsform des übernehmenden Rechtsträgers wie folgt begrenzt: **01.43**

- die Verschmelzung i. S. d. § 2 UmwG, die Auf- und die Abspaltung i. S. d. § 123 Abs. 1 und 2 UmwG von Personenhandelsgesellschaften und Partnerschaftsgesellschaften auf eine Kapitalgesellschaft oder Genossenschaft (§ 20 UmwStG) oder auf eine Personengesellschaft (§ 24 UmwStG) oder vergleichbare ausländische Vorgänge;
- die Ausgliederung von Vermögensteilen i. S. d. § 123 Abs. 3 UmwG auf eine Kapitalgesellschaft oder Genossenschaft (§ 20 UmwStG) oder auf eine Personengesellschaft (§ 24 UmwStG) oder vergleichbare ausländische Vorgänge;
- der Formwechsel einer Personengesellschaft in eine Kapitalgesellschaft oder Genossenschaft i. S. d. § 190 Abs. 1 UmwG (§ 25 UmwStG) oder vergleichbare ausländische Vorgänge;
- die Einbringung von Betriebsvermögen durch Einzelrechtsnachfolge in eine Kapitalgesellschaft oder Genossenschaft (§ 20 UmwStG) oder in eine Personengesellschaft (§ 24 UmwStG);
- die Einbringung von Anteilen an einer Kapitalgesellschaft oder Genossenschaft in eine Kapitalgesellschaft oder Genossenschaft (§ 21 UmwStG, Anteilstausch).

Die Übertragung des wirtschaftlichen Eigentums wird der Einzelrechtsnachfolge i. S. d. § 1 Abs. 3 Nr. 4 UmwStG gleichgestellt.

#### a) Einbringung in eine Kapitalgesellschaft oder Genossenschaft gegen Gewährung von Gesellschaftsrechten (§ 20 UmwStG)

Die Vorschriften über die Einbringung von Betriebsvermögen in eine Kapitalgesellschaft oder Genossenschaft gegen Gewährung von Gesellschaftsrechten gelten insbesondere bei Übertragung: **01.44**

aa) im Wege der Gesamtrechtsnachfolge
- durch Verschmelzung von Personenhandelsgesellschaften auf eine bereits bestehende oder neu gegründete Kapitalgesellschaft (vgl. §§ 2 und 3 Abs. 1 Satz 1 UmwG);
- durch Auf- und Abspaltung von Vermögensteilen einer Personenhandelsgesellschaft auf eine bereits bestehende oder neu gegründete Kapitalgesellschaft (vgl. § 123 Abs. 1 und 2 UmwG);
- durch Ausgliederung von Vermögensteilen eines Einzelkaufmanns, einer Personenhandelsgesellschaft, einer Kapitalgesellschaft oder eines sonstigen sowohl in § 1 Abs. 1 KStG als auch in § 124 Abs. 1 zweite

Alternative i. V. m. § 3 Abs. 1 UmwG genannten Rechtsträgers auf eine bereits bestehende oder neu gegründete Kapitalgesellschaft;

bb) im Wege des Formwechsels einer Personenhandelsgesellschaft in eine Kapitalgesellschaft nach § 190 UmwG. Der Formwechsel wird ertragsteuerlich wie ein Rechtsträgerwechsel behandelt (vgl. § 25 UmwStG);

cc) im Wege der Einzelrechtsnachfolge
- durch Sacheinlage i. S. v. § 5 Abs. 4 GmbHG bzw. § 27 AktG bei der Gründung einer Kapitalgesellschaft oder
- durch Sachkapitalerhöhung aus Gesellschaftermitteln (vgl. § 56 GmbHG, §§ 183, 194, 205 AktG) bei einer bestehenden Kapitalgesellschaft.

Folge einer Einbringung eines Mitunternehmeranteils, u. a. im Wege der Einzelrechtsnachfolge kann auch eine Anwachsung (§ 738 BGB) sein. Bei einer Bargründung oder -kapitalerhöhung kann auch dann eine Sacheinlage vorliegen, wenn der Gesellschafter zusätzlich zu der Bareinlage gleichzeitig eine Verpflichtung übernimmt, als Aufgeld einen Betrieb, Teilbetrieb oder Mitunternehmeranteil in die Kapitalgesellschaft einzubringen (BFH vom 7. 4. 2010 I R 55/09, BStBl. II S. 1094).

01.45 Eine Einbringung i. S. d. § 20 UmwStG liegt auch bei vergleichbaren ausländischen Vorgängen vor (vgl. Randnr. 01.20 ff.).

**b) Austausch von Anteilen (§ 21 UmwStG)**

01.46 Die Vorschriften über den Austausch von Anteilen an Kapitalgesellschaften oder Genossenschaften gegen Gewährung von Gesellschaftsrechten gelten insbesondere bei Übertragung:

aa) im Wege der Gesamtrechtsnachfolge
durch Ausgliederung von Vermögensteilen eines Einzelkaufmanns, einer Personenhandelsgesellschaft, einer Kapitalgesellschaft oder eines sonstigen sowohl in § 1 Abs. 1 KStG als auch in § 124 Abs. 1 zweite Alternative i. V. m. § 3 Abs. 1 UmwG genannten Rechtsträgers auf eine bereits bestehende oder neu gegründete Kapitalgesellschaft;

bb) im Wege der Einzelrechtsnachfolge
- durch Sacheinlage i. S. v. § 5 Abs. 4 GmbHG bzw. § 27 AktG bei der Gründung einer Kapitalgesellschaft oder
- durch Sachkapitalerhöhung aus Gesellschaftermitteln (vgl. § 56 GmbHG, §§ 183, 194, 205 AktG) bei einer bestehenden Kapitalgesellschaft.

Die Ausführungen zur Bargründung oder -kapitalerhöhung bei Einzelrechtsnachfolge gelten entsprechend (vgl. Randnr. 01.44).

**c) Einbringung in eine Personengesellschaft (§ 24 UmwStG)**

01.47 Die Einbringung eines Betriebs, Teilbetriebs oder Mitunternehmeranteils in eine Personengesellschaft nach § 24 UmwStG ist insbesondere möglich bei Übertragung:

aa) im Wege der Einzelrechtsnachfolge
- durch Aufnahme eines Gesellschafters in ein Einzelunternehmen gegen Geldeinlage oder Einlage anderer Wirtschaftsgüter. Aus Sicht des § 24

UmwStG bringt dabei der Einzelunternehmer seinen Betrieb in die neu entstehende Personengesellschaft ein;
- durch Einbringung eines Einzelunternehmens in eine bereits bestehende Personengesellschaft oder durch Zusammenschluss von mehreren Einzelunternehmen zu einer Personengesellschaft;
- durch Eintritt eines weiteren Gesellschafters in eine bestehende Personengesellschaft gegen Geldeinlage oder Einlage anderer Wirtschaftsgüter. Die bisherigen Gesellschafter der Personengesellschaft bringen in diesem Fall ihre Mitunternehmeranteile an der bisherigen Personengesellschaft in eine neue – durch den neu hinzutretenden Gesellschafter vergrößerte – Personengesellschaft ein. Der bloße Gesellschafterwechsel bei einer bestehenden Personengesellschaft – ein Gesellschafter scheidet aus, ein anderer erwirbt seine Anteile und tritt an seine Stelle – fällt nicht unter § 24 UmwStG;
- infolge Aufstockung eines bereits bestehenden Mitunternehmeranteils (Kapitalerhöhung) durch Geldeinlage oder Einlage anderer Wirtschaftsgüter. Die nicht an der Kapitalerhöhung teilnehmenden Gesellschafter der Personengesellschaft bringen in diesem Fall ihre Mitunternehmeranteile an der bisherigen Personengesellschaft in eine neue – durch die Kapitalerhöhung in den Beteiligungsverhältnissen veränderte – Personengesellschaft ein (BFH vom 25. 4. 2006 VIII R 52/04, BStBl. II S. 847);
- indem die Gesellschafter einer Personengesellschaft I ihre Gesellschaftsanteile (Mitunternehmeranteile) in die übernehmende Personengesellschaft II gegen Gewährung von Gesellschaftsanteilen an dieser Gesellschaft einbringen und das Gesellschaftsvermögen der Personengesellschaft I der übernehmenden Personengesellschaft II anwächst (§ 738 BGB);

bb) im Wege der Gesamtrechtsnachfolge
- durch Verschmelzung von Personenhandels- oder Partnerschaftsgesellschaften nach §§ 2, 39 ff. UmwG auf Personenhandels- oder Partnerschaftsgesellschaften;
- durch Auf- oder Abspaltung von Personenhandels- oder Partnerschaftsgesellschaften nach § 123 Abs. 1 und 2 UmwG auf Personenhandels- oder Partnerschaftsgesellschaften;
- durch Ausgliederung aus Körperschaften, Personenhandelsgesellschaften, Partnerschaftsgesellschaften oder Einzelunternehmen auf Personenhandels- oder Partnerschaftsgesellschaften nach § 123 Abs. 3 UmwG.

§ 24 UmwStG ist nicht anzuwenden auf die formwechselnde Umwandlung einer Personenhandelsgesellschaft in eine Personengesellschaft sowie auf den Eintritt einer GmbH in eine bestehende Personengesellschaft ohne vermögensmäßige Beteiligung. In derartigen Fällen fehlt es an einem Übertragungsvorgang, so dass ein Gewinn i. S. d. § 16 EStG nicht entsteht und eine Wertaufstockung nicht möglich ist (BFH vom 21. 6. 1994 VIII R 5/92, BStBl. II S. 856, und BFH vom 20. 9. 2007 IV R 70/05, BStBl. 2008 II S. 265).

*In den Fällen der unentgeltlichen Aufnahme einer natürlichen Person in ein Einzelunternehmen ist § 24 UmwStG für beide Mitunternehmer nicht anzuwenden (§ 6 Abs. 3 Satz 1 zweiter Halbsatz EStG).*[1]

[1] Nunmehr sind die Vorschriften des § 6 Abs. 3 EStG und des § 24 UmwStG nebeneinander anzuwenden; vgl. FBeh Hamburg vom 17. 6. 2015 S 1978 c – 2014/002 – 52.

01.48 Eine Einbringung i. S. d. § 24 UmwStG liegt auch bei vergleichbaren ausländischen Vorgängen vor (vgl. Randnr. 01.20 ff.).

## II. Persönlicher Anwendungsbereich

### 1. Zweiter bis Fünfter Teil (§ 1 Abs. 2 UmwStG)

01.49 Für die Anwendung der §§ 3 bis 19 UmwStG müssen der übertragende Rechtsträger und der übernehmende Rechtsträger nach dem Recht eines EU-Mitgliedstaats oder eines EWR-Staats gegründet sein und ihren Sitz (§ 11 AO) sowie ihren Ort der Geschäftsleitung (§ 10 AO) in einem dieser Staaten haben (§ 1 Abs. 2 Satz 1 Nr. 1 UmwStG). Es ist nicht erforderlich, dass sich der Sitz (§ 11 AO) und der Ort der Geschäftsleitung (§ 10 AO) in ein und demselben EU-Mitgliedstaat oder EWR-Staat befinden. Beim Formwechsel i. S. d. § 1 Abs. 1 Satz 1 Nr. 2 UmwStG müssen die vorgenannten Voraussetzungen vom umwandelnden Rechtsträger erfüllt werden.

01.50 Der Begriff der Gesellschaft i. S. d. Artikels 54 AEUV (zuvor Art. 48 EG) bzw. des Artikels 34 des EWR-Abkommens ist ein Begriff des Unionsrechts; es kommt insoweit nicht auf das nationale Recht an. Gesellschaften i. S. d. Artikels 54 AEUV (zuvor Art. 48 EG) bzw. des Artikels 34 des EWR-Abkommens sind regelmäßig juristische Personen des privaten Rechts (z. B. AG und GmbH) und Personenvereinigungen (z. B. KG und OHG), ausgenommen diejenigen Gesellschaften, die keinen Erwerbszweck verfolgen (Art. 54 Abs. 2 AEUV (zuvor Art. 48 Abs. 2 EG), Art. 34 Abs. 2 EWR-Abkommen). Einen Erwerbszweck in dem vorgenannten Sinne erfüllen regelmäßig die juristischen Personen des öffentlichen Rechts mit ihren Betrieben gewerblicher Art; der jeweilige Betrieb gewerblicher Art ist insofern als Gesellschaft i. S. d. Artikels 54 AEUV (zuvor Art. 48 EG) bzw. des Artikels 34 des EWR-Abkommens anzusehen.

01.51 Ist übernehmender Rechtsträger eine natürliche Person, muss sich deren Wohnsitz (§ 8 AO) oder deren gewöhnlicher Aufenthalt (§ 9 AO) in einem EU-Mitgliedstaat oder EWR-Staat befinden und sie darf nicht aufgrund eines DBA mit einem dritten Staat als außerhalb des Hoheitsgebiets eines EU-Mitgliedstaats oder EWR-Staats ansässig gelten.

01.52 Die persönlichen Anwendungsvoraussetzungen müssen spätestens am steuerlichen Übertragungsstichtag vorliegen. Wurde ein an der Umwandlung beteiligter Rechtsträger im steuerlichen Rückwirkungszeitraum neu gegründet, ist für diesen Rechtsträger auf den Zeitpunkt der zivilrechtlichen Wirksamkeit der Gründung abzustellen. Bei einer Umwandlung zur Neugründung ist der Zeitpunkt der zivilrechtlichen Wirksamkeit der Umwandlung maßgebend. Zum Beginn der Steuerpflicht in diesen Fällen vgl. Randnr. 02.11.

### 2. Sechster bis Achter Teil (§ 1 Abs. 4 UmwStG)

01.53 Einbringender Rechtsträger bzw. übertragender Rechtsträger i. S. d. § 1 Abs. 4 UmwStG kann jede natürliche Person sein, die im Hoheitsgebiet eines EU-Mitgliedstaats oder EWR-Staats unbeschränkt steuerpflichtig und auch nach den mit Drittstaaten bestehenden DBA als innerhalb dieses Gebiets ansässig anzusehen ist. Darüber hinaus kann jede nach den Rechtsvorschriften eines EU-Mitgliedstaats oder EWR-Staats gegründete in- und ausländische Gesellschaft i. S. d. Artikels 54 AEUV (zuvor Art. 48 EG) oder des Artikels 34 des

EWR-Abkommens einbringender Rechtsträger, übertragender Rechtsträger oder umwandelnder Rechtsträger sein, wenn sich deren Sitz und Ort der Geschäftsleitung innerhalb des Hoheitsgebiets eines dieser Staaten befinden (§ 1 Abs. 4 Satz 1 Nr. 2, Abs. 2 Satz 1 Nr. 1 und 2 UmwStG).

Ist einbringender oder umwandelnder Rechtsträger eine Personengesellschaft, müssen die unmittelbaren bzw. mittelbaren Mitunternehmer die Voraussetzungen des § 1 Abs. 2 UmwStG erfüllen (§ 1 Abs. 4 Satz 1 Nr. 2 Buchstabe a Doppelbuchstabe aa UmwStG).

Ungeachtet dessen kann auch jede andere natürliche Person oder Gesellschaft einbringender Rechtsträger, übertragender Rechtsträger oder (bei Gesellschaften auch) umwandelnder Rechtsträger sein, wenn das deutsche Besteuerungsrecht an den erhaltenen Anteilen nicht ausgeschlossen oder beschränkt ist (§ 1 Abs. 4 Satz 1 Nr. 2 Buchstabe b UmwStG).

**Beispiel:**

Der im Drittstaat ansässige X unterhält eine inländische Betriebsstätte und bringt einen Teilbetrieb davon in die inländische D-GmbH gegen Gewährung von Anteilen ein. Die Anteile an der D-GmbH sind Betriebsvermögen der verbleibenden inländischen Betriebsstätte und dieser auch funktional zuzuordnen.

**Lösung:**

Der Einbringende X ist zwar nicht im EU-/EWR-Raum ansässig und erfüllt damit nicht die Voraussetzungen des § 1 Abs. 4 Satz 1 Nr. 2 Buchstabe a Doppelbuchstabe bb UmwStG. Da die erhaltenen Anteile aber einem inländischen Betriebsvermögen zugeordnet werden, sind sie im Inland steuerverstrickt. Damit ist der Anwendungsbereich des § 20 UmwStG eröffnet (§ 1 Abs. 4 Satz 1 Nr. 2 Buchstabe b UmwStG).

Bei der Einbringung eines Betriebs gewerblicher Art ist die juristische Person des öffentlichen Rechts Einbringender.

Übernehmender Rechtsträger i. S. v. §§ 20, 21 UmwStG kann jede Kapitalgesellschaft oder Genossenschaft i. S. d. § 1 Abs. 1 Nr. 1 und 2 KStG sein. **01.54** Dies gilt unabhängig davon, ob der übernehmende Rechtsträger unbeschränkt körperschaftsteuerpflichtig i. S. v. § 1 KStG ist. Voraussetzung für die Anwendbarkeit der §§ 20, 21 UmwStG ist jedoch nach § 1 Abs. 4 Satz 1 Nr. 1 und Abs. 2 Satz 1 Nr. 1 UmwStG, dass es sich um eine nach den Rechtsvorschriften eines EU-Mitgliedstaats oder eines EWR-Staats gegründete Gesellschaft i. S. d. Artikels 54 AEUV (zuvor Art. 48 EG) oder des Artikels 34 des EWR-Abkommens handelt, deren Sitz und Ort der Geschäftsleitung sich innerhalb des Hoheitsgebiets eines dieser Staaten befinden. Dies gilt nicht in den Fällen des § 24 UmwStG (§ 1 Abs. 4 Satz 2 UmwStG).

Die persönlichen Anwendungsvoraussetzungen müssen spätestens am steuerlichen Übertragungsstichtag vorliegen. **01.55** Randnr. 01.52 gilt entsprechend. Zum Wegfall der persönlichen Anwendungsvoraussetzungen i. S. v. § 1 Abs. 4 UmwStG vgl. Randnr. 22.27.

## III. Begriffsbestimmungen

### 1. Richtlinien und Verordnungen (§ 1 Abs. 5 Nr. 1 bis 3 UmwStG)

Für die in § 1 Abs. 5 Nr. 1 bis 3 UmwStG genannten Vorschriften des sekundären Unionsrechts sind die jeweils zum Zeitpunkt des steuerlichen Übertragungsstichtags geltenden Fassungen maßgebend. **01.56**

**2. Buchwert (§ 1 Abs. 5 Nr. 4 UmwStG)**

01.57 Der Buchwert ermittelt sich nach den am steuerlichen Übertragungsstichtag anwendbaren steuerrechtlichen Regelungen. Unmaßgeblich ist, ob der übernehmende oder übertragende Rechtsträger zu diesem Zeitpunkt eine Bilanz zu erstellen haben. Steuerliche Wahlrechte werden regelmäßig durch die umwandlungssteuergesetzlich vorgegebene Bewertungsobergrenze (gemeiner Wert) eingeschränkt. Der gemeine Wert kann unter dem Buchwert liegen.

## B. Steuerliche Rückwirkung (§ 2 UmwStG)

### I. Steuerlicher Übertragungsstichtag

02.01 Der steuerliche Übertragungsstichtag i. S. d. § 2 Abs. 1 UmwStG und der handelsrechtliche Umwandlungsstichtag sind nicht identisch.

**1. Inländische Umwandlungen**

**a) Verschmelzung, Auf-, Abspaltung und Vermögensübertragung**

02.02 Der handelsrechtliche Umwandlungsstichtag ist der Zeitpunkt, von dem an die Handlungen des übertragenden Rechtsträgers als für Rechnung des übernehmenden Rechtsträgers vorgenommen gelten (vgl. z. B. bei Verschmelzung § 5 Abs. 1 Nr. 6 UmwG oder bei Auf- und Abspaltung § 126 Abs. 1 Nr. 6 UmwG). Der übertragende Rechtsträger hat auf den Schluss des Tages, der dem Umwandlungsstichtag vorangeht, eine handelsrechtliche Schlussbilanz aufzustellen (§ 17 Abs. 2 UmwG). Steuerlicher Übertragungsstichtag ist der Tag, auf den der übertragende Rechtsträger die handelsrechtliche Schlussbilanz aufzustellen hat.

**Beispiel:**

| | |
|---|---|
| Stichtag der handelsrechtlichen Schlussbilanz | 31. 12. 01 |
| handelsrechtlicher Umwandlungsstichtag | 1. 1. 02 |
| steuerlicher Übertragungsstichtag | 31. 12. 01 |

02.03 Nach § 17 Abs. 2 UmwG darf das Registergericht die Verschmelzung nur eintragen, wenn die Bilanz auf einen höchstens acht Monate vor der Anmeldung liegenden Stichtag aufgestellt worden ist. Die Vorschrift gilt für die Auf- und Abspaltung (§ 125 UmwG) sowie die Vermögensübertragung (§§ 176, 177 UmwG) entsprechend.

Steuerlich sind das Einkommen und das Vermögen der übertragenden Körperschaft sowie des übernehmenden Rechtsträgers so zu ermitteln, als ob das Vermögen der übertragenden Körperschaft mit Ablauf des steuerlichen Übertragungsstichtags ganz oder teilweise auf den übernehmenden Rechtsträger übergegangen wäre (§ 2 Abs. 1 UmwStG). Weitergehende Wirkungen entfaltet die steuerliche Rückwirkungsfiktion nicht. Sie gilt insbesondere nicht für den Anteilseigner der übertragenden Körperschaft, sofern dieser nicht gleichzeitig übernehmender Rechtsträger ist (BFH vom 7. 4. 2010 I R 96/08, BStBl. 2011 II S. 467). Sie gilt auch nicht für die Rechtsbeziehungen gegenüber Rechtsträgern, an denen die übertragende Körperschaft beteiligt ist, oder gegenüber sonstigen Dritten.

Anders als für den Rückbezug nach § 20 Abs. 6 UmwStG besteht für die Anwendung des § 2 UmwStG kein Wahlrecht (BFH vom 22. 9. 1999 II R 33/97, BStBl. 2000 II S. 2).

Ist übernehmender Rechtsträger eine Personengesellschaft, gilt die steuerliche Rückwirkungsfiktion auch für das Einkommen und das Vermögen der Gesellschafter (§ 2 Abs. 2 UmwStG).

Der Übertragungsgewinn oder -verlust entsteht stets mit Ablauf des steuerlichen Übertragungsstichtags. Dies gilt nach § 2 Abs. 1 i. V. m. § 4 Abs. 1, § 5 Abs. 1 bis 3 UmwStG auch für das Übernahmeergebnis i. S. d. § 4 Abs. 4 bis 6 UmwStG sowie nach § 2 Abs. 2 UmwStG für die Einnahmen i. S. d. § 7 UmwStG i. V. m. § 20 Abs. 1 Nr. 1 EStG. Die Besteuerung des Übertragungsgewinns oder -verlusts, des Übernahmeergebnisses i. S. d. § 4 Abs. 4 bis 6 UmwStG sowie der Einnahmen i. S. d. § 20 Abs. 1 Nr. 1 EStG erfolgt in dem Veranlagungszeitraum, in dem das Wirtschaftsjahr endet, in das der steuerliche Übertragungsstichtag fällt. 02.04

**Beispiel:**

Die X-GmbH und die Y-GmbH werden handelsrechtlich zum 1. 10. 01 auf die bereits bestehende XY-OHG verschmolzen. Alle Gesellschaften haben ein vom Kalenderjahr abweichendes Wirtschaftsjahr (1. 7.–30. 6.). Anteilseigner der beiden Gesellschaften sind die jeweils i. S. d. § 17 EStG wesentlich beteiligten Gesellschafter-Geschäftsführer X und Y, die auch Mitunternehmer der XY-OHG sind. Während des gesamten Zeitraums erhalten X und Y Geschäftsführervergütungen von der X-GmbH bzw. Y-GmbH.

**Lösung:**

X-GmbH und Y-GmbH:
Die X-GmbH und die Y-GmbH haben zum 30. 9. 01 jeweils eine steuerliche Schlussbilanz zu erstellen. Da der steuerliche Übertragungsstichtag nicht auf das Ende des Wirtschaftsjahrs fällt, entsteht jeweils ein zum 30. 9. 01 endendes Rumpfwirtschaftsjahr (vgl. Randnr. 03.01). Das Vermögen gilt nach § 2 Abs. 1 UmwStG steuerlich als mit Ablauf des 30. 9. 01 übergegangen.
Der Übertragungsgewinn/-verlust ist nach § 2 Abs. 1 UmwStG i. V. m. § 4 a Abs. 2 Nr. 2 EStG dem Veranlagungszeitraum 01 zuzurechnen.
XY-OHG:
Die Ermittlung des Übernahmeergebnisses erfolgt nach § 5 Abs. 2 i. V. m. § 4 UmwStG auf der Ebene des übernehmenden Rechtsträgers und führt damit zu Einkünften i. S. d. § 15 Abs. 1 Satz 1 Nr. 2 EStG. Infolge der Einlagefiktion werden Einnahmen i. S. d. § 7 UmwStG i. V. m. § 20 Abs. 1 Nr. 1 EStG i. R. d. gesonderten und einheitlichen Feststellung der XY-OHG erfasst.
Da der steuerliche Übertragungsstichtag im Wirtschaftsjahr 1. 7. 01 bis 30. 6. 02 des übernehmenden Rechtsträgers liegt, sind das Übernahmeergebnis i. S. d. § 4 UmwStG sowie die Einnahmen i. S. d. § 7 UmwStG nach § 2 Abs. 1 UmwStG i. V. m. § 4 a Abs. 2 Nr. 2 EStG dem Veranlagungszeitraum 02 zuzurechnen.
Nach § 2 Abs. 1 UmwStG erhöhen die für den Zeitraum nach dem 30. 9. 01 geleisteten Geschäftsführervergütungen den Gewinn der XY-OHG nach § 15 Abs. 1 Satz 1 Nr. 2 EStG des Veranlagungszeitraums 02.
X und Y:
Infolge des § 2 Abs. 2 UmwStG gilt die Rückwirkungsfiktion auch für die bisher im Veranlagungszeitraum 01 von X und Y nach § 19 EStG für den Zeitraum 1. 10. 01 bis 31. 12. 01 erfassten Geschäftsführervergütungen. Diese sind als Einkünfte nach § 15 Abs. 1 Satz 1 Nr. 2 EStG im Veranlagungszeitraum 02 zu erfassen. Die infolge der Einlagefiktion i. R. d. gesonderten und einheitlichen Feststellung der XY-OHG erfassten Einnahmen i. S. d. § 7 UmwStG i. V. m. § 20 Abs. 1 Nr. 1 EStG werden ebenfalls im Veranlagungszeitraum 02 erfasst.

**b) Formwechsel**

02.05 Mangels eines handelsrechtlichen Übertragungsvorgangs enthält § 9 UmwStG für den Formwechsel eine eigenständige steuerliche Rückwirkungsregelung.

02.06 Nach § 9 Satz 3 UmwStG können die steuerliche Schlussbilanz sowie die steuerliche Eröffnungsbilanz für einen Stichtag aufgestellt werden, der höchstens acht Monate vor der Anmeldung des Formwechsels zur Eintragung in das zuständige Register liegt. Das Einkommen und das Vermögen der Kapital- bzw. der Personengesellschaft sowie der Gesellschafter der Personengesellschaft sind so zu ermitteln, als ob das Vermögen der Kapitalgesellschaft mit Ablauf dieses Stichtags auf die Personengesellschaft übergegangen wäre. Randnr. 02.03 und 02.04 gelten entsprechend.

**2. Vergleichbare ausländische Vorgänge**

02.07 Bei ausländischen Umwandlungsvorgängen (vgl. Randnr. 01.20 ff.) gelten Randnr. 02.01–02.06 entsprechend. Der handelsrechtliche Umwandlungsstichtag kann z. B. bei einer Verschmelzung regelmäßig dem Verschmelzungsvertrag oder -plan (vgl. Randnr. 01.31) entnommen werden.

02.08 Für den Formwechsel einer ausländischen Kapitalgesellschaft in eine ausländische Personengesellschaft gilt ebenfalls die steuerliche Rückwirkungsregelung des § 9 UmwStG. Der maßgebende Rückbeziehungszeitraum ergibt sich aus § 9 Satz 3 UmwStG (vgl. Randnr. 09.02).

## II. Steuerliche Rückwirkung

### 1. Rückwirkungsfiktion

**a) Grundsatz**

02.09 § 2 UmwStG enthält eine Ausnahme von dem allgemeinen Grundsatz, dass Rechtsvorgänge mit steuerlicher Wirkung nicht rückbezogen werden können.

02.10 Der übertragende Rechtsträger besteht zivilrechtlich in der Zeit zwischen dem steuerlichen Übertragungsstichtag und der Eintragung der Umwandlung in das Handelsregister oder das jeweils im Ausland zuständige öffentliche Register (Rückwirkungszeitraum) fort. Steuerlich werden dem übertragenden Rechtsträger jedoch – soweit die Rückwirkungsfiktion vorbehaltlich des § 2 Abs. 3 UmwStG greift – kein Einkommen und kein Vermögen mehr zugerechnet. Zur Behandlung von Gewinnausschüttungen im Rückwirkungszeitraum an Anteilseigner, für die die Rückwirkungsfiktion nicht gilt, vgl. z. B. Randnr. 02.34.

02.11 Die steuerlichen Rückwirkungsfiktionen in § 2 Abs. 1 und § 9 Satz 3 UmwStG setzen nicht voraus, dass der übernehmende Rechtsträger zum steuerlichen Übertragungsstichtag bereits zivilrechtlich besteht. So ist z. B. eine rückwirkende Verschmelzung durch Aufnahme (§§ 4 ff., 39 ff. UmwG) möglich, auch wenn die aufnehmende Gesellschaft am steuerlichen Übertragungsstichtag zivilrechtlich noch nicht besteht. Die Steuerpflicht eines neu gegründeten übernehmenden Rechtsträgers beginnt unabhängig von der zivilrechtlichen Entstehung mit Ablauf des steuerlichen Übertragungsstichtags.

Bei Übertragung des Vermögens auf eine Personengesellschaft gelten die Rückwirkungsfiktionen in § 2 Abs. 1 und § 9 Satz 3 UmwStG auch für deren Gesellschafter (§ 2 Abs. 2 UmwStG). **02.12**

**Beispiel:**

An der XY-GmbH sind die im Ausland ansässigen Gesellschafter-Geschäftsführer A und B zu je 50% beteiligt. Die XY-GmbH wird in die XY-OHG formwechselnd umgewandelt. Die XY-GmbH erstellt zum 31. 12. 01 eine Schlussbilanz und die XY-OHG eine Eröffnungsbilanz.

**Lösung:**

Der XY-GmbH werden mit Ablauf des 31. 12. 01 kein Einkommen und kein Vermögen mehr zugerechnet. Zum selben Zeitpunkt werden nach § 2 Abs. 1 UmwStG die Gewerbesteuerpflicht der XY-OHG sowie nach § 2 Abs. 2 UmwStG die beschränkte Einkommensteuerpflicht von A und B als Mitunternehmer der XY-OHG begründet.

Ist der Gesellschafter wiederum eine Personengesellschaft, ist insoweit auf die dahinter stehenden Gesellschafter abzustellen.

Ab dem handelsrechtlichen Umwandlungsstichtag (vgl. Randnr. 02.02) gelten die Handlungen des übertragenden Rechtsträgers als für Rechnung des übernehmenden Rechtsträgers vorgenommen. Die Geschäftsvorfälle im Rückwirkungszeitraum und das Einkommen werden steuerlich dem übernehmenden Rechtsträger zugerechnet. Die Rückwirkungsfiktion betrifft lediglich die Zuordnung des Einkommens und des Vermögens des übertragenden Rechtsträgers. **02.13**

In den Fällen der Verschmelzung werden Liefer- und Leistungsbeziehungen zwischen dem übertragenden und dem übernehmenden Rechtsträger im Rückwirkungszeitraum für ertragsteuerliche Zwecke nicht berücksichtigt. Soweit nicht ausdrücklich in § 2 Abs. 2 UmwStG etwas anderes bestimmt ist, bleibt die steuerrechtliche Behandlung Dritter, z. B. der Anteilseigner, mit ihren von der übertragenden Körperschaft bezogenen Einkünften von der Rückwirkungsfiktion unberührt (vgl. Randnr. 02.03).

In den Fällen der Auf-, Abspaltung und Ausgliederung hat die Zuordnung von Aufwendungen und Erträgen im Rückwirkungszeitraum zwischen dem übertragenden Rechtsträger und dem übernehmenden Rechtsträger oder den übernehmenden Rechtsträgern nach wirtschaftlichen Zusammenhängen zu erfolgen. Die Rückwirkungsfiktion führt hierbei jedoch nicht dazu, dass im Verhältnis zwischen dem übertragenden und dem übernehmenden Rechtsträger oder zwischen den übernehmenden Rechtsträgern Liefer- und Leistungsbeziehungen fingiert werden.

Für das Vorliegen eines Teilbetriebs kommt es auf die Verhältnisse zum steuerlichen Übertragungsstichtag an. Zu den Teilbetriebsvoraussetzungen im Einzelnen vgl. Randnr. 15.02 ff. **02.14**

Das Vorliegen eines Besteuerungsrechts kann nicht rückwirkend fingiert werden. Für die Prüfung des Ausschlusses oder der Beschränkung des deutschen Besteuerungsrechts ist auf die tatsächlichen Verhältnisse zum Zeitpunkt des steuerlichen Übertragungsstichtags abzustellen. **02.15**

Der Eintritt der Wirksamkeit einer Umwandlung, deren steuerliche Wirkungen nach § 2 UmwStG zurückbezogen werden, stellt ein rückwirkendes Ereignis i. S. d. § 175 Abs. 1 Satz 1 Nr. 2 AO dar. Steuer- und Feststellungsbescheide der übertragenden Körperschaft sowie Feststellungsbescheide von **02.16**

Mitunternehmerschaften, an denen die übertragende Körperschaft unmittelbar oder mittelbar beteiligt ist, sind ggf. dementsprechend zu ändern.

**b) Keine Rückwirkungsfiktion für ausscheidende und abgefundene Anteilseigner**

**02.17** Die Rückwirkungsfiktion des § 2 Abs. 1 UmwStG betrifft grundsätzlich nur den übertragenden sowie den übernehmenden Rechtsträger und z. B. nicht den Anteilseigner der übertragenden Körperschaft, sofern er nicht auch der übernehmende Rechtsträger ist (vgl. Randnr. 02.03). Bei einer Personengesellschaft als übernehmender Rechtsträger gilt darüber hinaus nach § 2 Abs. 2 UmwStG die Rückwirkungsfiktion auch für die Gesellschafter der übernehmenden Personengesellschaft. Maßgebend ist dabei der Umfang der Beteiligung des Anteilseigners zum Zeitpunkt der Wirksamkeit der Umwandlung (vgl. im Folgenden Randnr. 02.21). Diese Grundsätze gelten für die Rückwirkungsfiktion nach § 9 Satz 3 UmwStG entsprechend (vgl. Randnr. 02.06).

**02.18** Von der Rückwirkung nach § 2 Abs. 2 UmwStG sind die Anteilseigner der übertragenden Körperschaft ausgenommen, sofern sie oder im Erbfall deren Gesamtrechtsnachfolger nicht Gesellschafter der übernehmenden Personengesellschaft werden.

**Beispiel:**

Die XY-GmbH soll zum 1. 1. 02 auf die XY-KG verschmolzen werden. Anteilseigner und Mitunternehmer sind A und B zu je 50 %. Der Umwandlungsbeschluss erfolgte im April 02. Die Anmeldung der Umwandlung zum Handelsregister erfolgte im Mai 02 und die Eintragung im Juli 02.

A verstirbt am 30. 6. 02. Alleinerbin ist seine Ehefrau.

**Lösung:**

Das Vermögen des Erblassers geht auf die Ehefrau im Wege der Gesamtrechtsnachfolge über. Für ertragsteuerliche Zwecke gilt insoweit auch für die Ehefrau die Rückwirkungsfiktion nach § 2 Abs. 2 UmwStG, da die Ehefrau mit Eintragung der Umwandlung Gesellschafterin des übernehmenden Rechtsträgers, der XY-KG, wird.

Für erbschaftsteuerliche Zwecke gilt die Rückwirkungsfiktion nicht (vgl. Randnr. 01.01).

Die Rückwirkungsfiktion des § 2 Abs. 2 UmwStG gilt nicht für diejenigen Anteilseigner, die in der Zeit zwischen dem steuerlichen Übertragungsstichtag und der Eintragung der Umwandlung in das zuständige Register (Rückwirkungszeitraum) ganz oder teilweise aus der übertragenden Körperschaft (z. B. durch entgeltliche oder unentgeltliche Übertragung) ausscheiden. Soweit sie ausscheiden, sind sie bis zu ihrem Ausscheiden für steuerliche Zwecke als Anteilseigner der übertragenden Körperschaft zu behandeln.

**02.19** Die vorstehenden Ausführungen gelten auch für Anteilseigner, die aus dem umgewandelten Rechtsträger gegen Barabfindung ausscheiden. Bei Verschmelzung, Auf-, Abspaltung oder Formwechsel eines Rechtsträgers hat der übernehmende Rechtsträger bzw. umgewandelte Rechtsträger jedem Anteilseigner, der gegen den Umwandlungsbeschluss des übertragenden oder umgewandelten Rechtsträgers Widerspruch eingelegt hat, den Erwerb seiner Anteile gegen eine angemessene Barabfindung anzubieten (§§ 29, 125 und 207 UmwG). Der abgefundene Anteilseigner scheidet handelsrechtlich erst nach der Eintragung in das jeweils zuständige Register und damit aus dem zivilrechtlich bereits bestehenden übernehmenden bzw. umgewandelten Rechtsträger aus. Steuerlich ist er jedoch so zu behandeln, als ob er nicht Gesellschafter des übernehmenden bzw. umgewandelten Rechtsträgers geworden und damit aus dem übertragenden Rechtsträger ausgeschieden ist.

## 2. Steuerliche Behandlung von im Rückwirkungszeitraum ausscheidenden und neu eintretenden Anteilseignern

### a) Vermögensübergang auf eine Personengesellschaft oder natürliche Person

Veräußert ein Anteilseigner einen Teil seiner Beteiligung an der übertragenden Körperschaft, für den bei ihm die Rückwirkungsfiktion des § 2 Abs. 2 UmwStG insoweit nicht gilt (vgl. Randnr. 02.17 ff.), überträgt er Anteile an einer Körperschaft und keinen Mitunternehmeranteil. Der Veräußerungsgewinn ist beim Anteilseigner nach den für die Veräußerung von Anteilen an Körperschaften geltenden steuerlichen Vorschriften (z. B. § 17 Abs. 1 oder § 20 Abs. 2 Satz 1 Nr. 1 EStG) zu beurteilen. Für die persönliche Zurechnung der Bezüge i. S. d. § 7 UmwStG kommt es auf die Verhältnisse im Zeitpunkt der Wirksamkeit der Umwandlung an, so dass bezogen auf diese Anteile dem Veräußerer keine Bezüge i. S. d. § 7 UmwStG zuzurechnen sind (vgl. Randnr. 07.02). **02.20**

Der Erwerber der Anteile wird mit Eintragung der Umwandlung Gesellschafter der übernehmenden Personengesellschaft, so dass für ihn die Rückwirkungsfiktion des § 2 Abs. 2 UmwStG insoweit zur Anwendung kommt. Für ihn ist das Übernahmeergebnis nach § 4 Abs. 4 bis 6 i. V. m. § 5 Abs. 2 und 3 UmwStG zu ermitteln und ihm sind auch insoweit die Bezüge i. S. d. § 7 UmwStG zuzurechnen. **02.21**

**Beispiel:**

A ist Alleingesellschafter der X-GmbH und hält seine Anteile im Privatvermögen. Die X-GmbH wird steuerlich rückwirkend zum 31. 12. 00 auf die bereits bestehende Y-OHG verschmolzen. Die Eintragung im Handelsregister erfolgt am 15. 6. 01. A veräußert am 1. 3. 01 die Hälfte seiner Beteiligung an der X-GmbH an B. Beim Erwerber gehört die Beteiligung zum Betriebsvermögen.
A und B sind Geschäftsführer der X-GmbH und erzielen im Rückwirkungszeitraum hierfür bisher Einkünfte i. S. d. § 19 Abs. 1 Satz 1 Nr. 1 EStG.

**Lösung:**

Soweit A seinen Anteil an der X-GmbH veräußert, findet § 2 Abs. 2 UmwStG keine Anwendung. A veräußert insoweit eine Beteiligung an einer Kapitalgesellschaft.
B erwirbt ungeachtet der Rückwirkungsfiktion einen Anteil an einer Kapitalgesellschaft. Gem. § 5 Abs. 3 UmwStG gilt dieser Anteil als mit den Anschaffungskosten am steuerlichen Übertragungsstichtag (hier: 31. 12. 00) in das Betriebsvermögen der Personengesellschaft überführt. Das Übernahmeergebnis sowie die Bezüge i. S. d. § 7 UmwStG sind insoweit dem Erwerber anteilig zum steuerlichen Übertragungsstichtag zuzurechnen.
Hinsichtlich ihrer Beteiligungen gilt für A und B die Rückwirkungsfiktion nach § 2 Abs. 2 UmwStG mit der Folge, dass die im Rückwirkungszeitraum erzielten Geschäftsführergehälter als Einkünfte i. S. d. § 15 Abs. 1 Satz 1 Nr. 2 zweiter Halbsatz EStG zu erfassen sind.

Werden die Anteile von der übernehmenden Personengesellschaft oder natürlichen Person erworben, ist das Übernahmeergebnis nach § 4 Abs. 4 bis 6 UmwStG so zu ermitteln, als hätte die übernehmende Personengesellschaft bzw. die natürliche Person die Anteile bereits am steuerlichen Übertragungsstichtag angeschafft (vgl. § 5 Abs. 1 UmwStG). Diese Anteile gelten damit als innerhalb von fünf Jahren vor dem steuerlichen Übertragungsstichtag i. S. d. § 4 Abs. 6 Satz 6 UmwStG erworben. **02.22**

**b) Vermögensübergang auf eine Körperschaft**

02.23 Veräußert ein Anteilseigner, für den die Rückwirkungsfiktion des § 2 Abs. 1 UmwStG nicht gilt (vgl. Randnr. 02.03), seine Beteiligung an der übertragenden Körperschaft, ist die Veräußerung steuerlich nach den allgemeinen Grundsätzen zu beurteilen (z. B. § 17 Abs. 1 oder § 20 Abs. 2 Satz 1 Nr. 1 EStG). Die Besteuerungsfolgen beim Veräußerer treten zum Zeitpunkt des Übergangs des wirtschaftlichen Eigentums i. S. d. § 39 AO ein. Für die Besteuerung des Erwerbers gilt grundsätzlich § 13 UmwStG, soweit es sich bei dem Erwerber nicht um den übernehmenden Rechtsträger handelt (vgl. Randnr. 02.24).

02.24 Erwirbt die übernehmende Körperschaft im Rückwirkungszeitraum Anteile an der übertragenden Körperschaft, gelten diese von der übernehmenden Körperschaft als am steuerlichen Übertragungsstichtag erworben (§ 12 Abs. 2 Satz 3 i. V. m. § 5 Abs. 1 UmwStG). Die Besteuerungsfolgen beim Veräußerer treten, da für ihn § 12 Abs. 2 Satz 3 i. V. m. § 5 Abs. 1 UmwStG nicht gilt, zum Zeitpunkt des Übergangs des wirtschaftlichen Eigentums i. S. d. § 39 AO ein. Die Ermittlung und Besteuerung des Übernahmeergebnisses ergibt sich gem. § 12 Abs. 2 Satz 1 und 2 UmwStG mit Wirkung zum steuerlichen Übertragungsstichtag.

**3. Steuerliche Behandlung von Gewinnausschüttungen**

**a) Vermögensübergang auf eine Personengesellschaft oder natürliche Person**

**aa) Ausschüttungen, die vor dem steuerlichen Übertragungsstichtag abgeflossen sind**

**– Übertragende Körperschaft**

02.25 Die im letzten Wirtschaftsjahr der übertragenden Körperschaft (= Wirtschaftsjahr der Umwandlung) vorgenommenen Ausschüttungen (u. a. abgeflossene Vorabausschüttungen, abgeflossene verdeckte Gewinnausschüttungen) haben das Betriebsvermögen der übertragenden Körperschaft zum steuerlichen Übertragungsstichtag und damit auch das übergehende Vermögen bereits verringert.

**– Zuflusszeitpunkt und Besteuerung beim Anteilseigner**

02.26 Die Ausschüttungen sind beim Anteilseigner als Einnahmen i. S. d. § 20 Abs. 1 Nr. 1 EStG zu erfassen und unterliegen der Besteuerung nach den allgemeinen Grundsätzen (z. B. § 3 Nr. 40 oder § 32 d EStG, § 8 b KStG). Für den Zufluss beim Anteilseigner gelten die gemeinen Grundsätze.

**bb) Ausschüttungen, die nach dem steuerlichen Übertragungsstichtag abgeflossen sind**

**(1) Vor dem steuerlichen Übertragungsstichtag begründete Ausschüttungsverbindlichkeiten**

**– Übertragende Körperschaft**

02.27 Am steuerlichen Übertragungsstichtag bereits beschlossene, aber noch nicht vollzogene offene Gewinnausschüttungen sowie noch nicht abgeflossene verdeckte Gewinnausschüttungen sind in der steuerlichen Schlussbilanz als Schuldposten (z. B. als Ausschüttungsverbindlichkeit oder als passivierte Tantieme) zu berücksichtigen. Das gilt sowohl für offene Gewinnausschüttungen als auch für beschlossene Vorabausschüttungen für das letzte oder frühere Wirtschaftsjahre der übertragenden Körperschaft und auch für verdeckte

Gewinnausschüttungen, die erst im Rückwirkungszeitraum oder später abfließen.

Ausschüttungen, für die ein Schuldposten gebildet worden ist, gelten unabhängig vom Zuflusszeitpunkt beim Anteilseigner (vgl. Randnr. 02.28 f.) für Zwecke der Anwendung des § 27 KStG als am steuerlichen Übertragungsstichtag abgeflossen.

Die Steuerbescheinigung i. S. d. § 27 Abs. 3 KStG ist von der übertragenden Körperschaft oder dem übernehmenden Rechtsträger als deren steuerlicher Rechtsnachfolger (§ 4 Abs. 2 Satz 1 UmwStG) auszustellen.

**– Zuflusszeitpunkt und Besteuerung beim Anteilseigner**

Für die Besteuerung der Ausschüttungen beim Anteilseigner ist für den Besteuerungszeitpunkt der in der steuerlichen Schlussbilanz als Schuldposten passivierten Ausschüttungsverbindlichkeiten (vgl. Randnr. 02.27) grundsätzlich zu unterscheiden, ob sie Anteilseigner betreffen, für die die Rückwirkungsfiktion gilt oder nicht gilt: **02.28**

– Anteilseigner, die unter die Rückwirkungsfiktion fallen:
Bei Ausschüttungsverbindlichkeiten gegenüber Anteilseignern, für die die Rückwirkungsfiktion Anwendung findet (vgl. Randnr. 02.03 und 02.17), gelten diese Ausschüttungen dem Anteilseigner nach § 2 Abs. 2 UmwStG bereits als am steuerlichen Übertragungsstichtag zugeflossen; der Ausweis einer Ausschüttungsverbindlichkeit in der steuerlichen Schlussbilanz bleibt hiervon unberührt. Für eine natürliche Person als übernehmender Rechtsträger gilt dies nach § 2 Abs. 1 UmwStG.
Für Anteilseigner, für die ein Übernahmeergebnis nach § 4 UmwStG ermittelt wird (vgl. § 4 Abs. 4 Satz 3 UmwStG), sind die Ausschüttungen als Einkünfte nach § 15 Abs. 1 Satz 1 Nr. 2 EStG i. V. m § 20 Abs. 1 Nr. 1, Abs. 8 EStG zu erfassen und nach den allgemeinen Grundsätzen zu besteuern (§ 3 Nr. 40 EStG oder § 8 b KStG). Für Anteilseigner, für die kein Übernahmeergebnis zu ermitteln ist, sind die Ausschüttungen als Einkünfte nach § 20 Abs. 1 Nr. 1 EStG zu erfassen und nach den allgemeinen Grundsätzen zu versteuern (§ 3 Nr. 40 EStG a. F. oder bei Zufluss nach dem 31. 12. 2008 § 32 d, § 43 Abs. 5 EStG).

– Anteilseigner, die nicht unter die Rückwirkungsfiktion fallen:
Bei Ausschüttungsverbindlichkeiten gegenüber Anteilseignern, für die die Rückwirkungsfiktion nach § 2 Abs. 2 UmwStG nicht gilt (vgl. Randnr. 02.03 und 02.17 ff.), sind die Ausschüttungen nach den allgemeinen Grundsätzen als Einnahmen i. S. d. § 20 Abs. 1 Nr. 1 EStG zu erfassen und zu besteuern (z. B. § 3 Nr. 40 EStG oder § 8 b KStG bzw. bei Zufluss nach dem 31. 12. 2008 auch § 32 d, § 43 Abs. 5 EStG).

Veräußert ein Anteilseigner nur einen Teil seiner Anteile, sind Gewinnausschüttungen bezogen auf die verbliebenen und veräußerten Anteile entsprechend dem gesamten Beteiligungsverhältnis dieses Anteilseigners aufzuteilen und entsprechend den vorstehenden Grundsätzen zu beurteilen. **02.29**

**– Behandlung beim übernehmenden Rechtsträger**

Beim übernehmenden Rechtsträger stellt der Abfluss der Gewinnausschüttung im Rückwirkungszeitraum grundsätzlich eine erfolgsneutrale Erfüllung **02.30** einer Ausschüttungsverbindlichkeit dar. Die übernehmende Personengesellschaft oder natürliche Person ist als steuerlicher Rechtsnachfolger des übertragenden Rechtsträgers (§ 4 Abs. 2 Satz 1 UmwStG) zur Einbehaltung und Abführung der Kapitalertragsteuer nach den allgemeinen Grundsätzen verpflichtet (vgl. §§ 43 ff. EStG):

– Anteilseigner, die unter die Rückwirkungsfiktion fallen:
  Bei Ausschüttungsverbindlichkeiten an Anteilseigner, die unter die steuerliche Rückwirkungsfiktion fallen (vgl. Randnr. 02.03 und 02.17), gelten diese Ausschüttungen infolge der Wirksamkeit der Umwandlung als am steuerlichen Übertragungsstichtag zugeflossen. Für die Anwendung des § 44 Abs. 1 Satz 2 EStG gelten sie spätestens mit Eintritt der Wirksamkeit der Umwandlung als zugeflossen.
– Anteilseigner, die nicht unter die Rückwirkungsfiktion fallen:
  Bei in der steuerlichen Schlussbilanz ausgewiesenen Ausschüttungsverbindlichkeiten für nicht an der Rückwirkungsfiktion teilnehmende Anteilseigner (vgl. Randnr. 02.03 und 02.17 ff.) ist die Kapitalertragsteuer in dem Zeitpunkt, zu dem die Einnahmen i. S. d. § 20 Abs. 1 Nr. 1 EStG dem Gläubiger i. S. d. § 44 Abs. 1 Satz 2 EStG zufließen, von dem übernehmenden Rechtsträger als steuerlicher Rechtsnachfolger des übertragenden Rechtsträgers (§ 4 Abs. 2 Satz 1 UmwStG) einzubehalten und abzuführen, soweit dieser die Kapitalertragsteuer nicht bereits nach allgemeinen Grundsätzen einbehalten und abgeführt hat.

**(2) Nach dem steuerlichen Übertragungsstichtag beschlossene Gewinnausschüttungen sowie verdeckte Gewinnausschüttungen und andere Ausschüttungen im Rückwirkungszeitraum sowie offene Rücklagen i. S. d. § 7 UmwStG**

**02.31** Offene oder verdeckte Gewinnausschüttungen der zivilrechtlich noch bestehenden übertragenden Körperschaft im Rückwirkungszeitraum sind steuerlich – trotz der Rückwirkungsfiktion des § 2 Abs. 1 UmwStG – im Grundsatz weiterhin Ausschüttungen des übertragenden Rechtsträgers, da die Rückwirkungsfiktion des § 2 Abs. 1 UmwStG nicht den Anteilseigner und seine von der übertragenden Körperschaft bezogenen Ausschüttungen betrifft (vgl. Randnr. 02.03). Insoweit ist für diese Ausschüttungen ein passiver Korrekturposten in die steuerliche Schlussbilanz einzustellen, der wie eine Ausschüttungsverbindlichkeit (vgl. Randnr. 02.27) wirkt. Der steuerliche Gewinn der übertragenden Körperschaft mindert sich hierdurch nicht. Er ist ggf. außerhalb der steuerlichen Schlussbilanz entsprechend zu korrigieren. Das nach Vornahme dieser Korrektur in der steuerlichen Schlussbilanz verbliebene Eigenkapital stellt die Ausgangsgröße für die Ermittlung der offenen Rücklagen i. S. d. § 7 UmwStG dar (vgl. Randnr. 07.04). Bei der Zurechnung der offenen Rücklagen i. S. d. § 7 UmwStG gegenüber einem im Rückwirkungszeitraum neu eintretenden Gesellschafter sind die Ausschüttungen an Anteilseigner, für die die Rückwirkungsfiktion gilt, vorweg zu berücksichtigen (rückbezogene Ausschüttungen; vgl. Randnr. 02.33 und 07.06).

**02.32** Die Bildung eines passiven Korrekturpostens i. S. d. Randnr. 02.31 kommt insoweit nicht für Ausschüttungen an Anteilseigner in Betracht, soweit für sie die Rückwirkungsfiktion gilt. Dies ist der Fall, wenn

– der Anteilseigner i. S. d. § 20 Abs. 5 EStG der übertragenden Körperschaft auch der übernehmende Rechtsträger ist (bei Verschmelzung auf eine natürliche Person) oder
– der Anteilseigner Gesellschafter der übernehmenden Personengesellschaft wird.

Im ersten Fall gilt die steuerliche Rückwirkungsfiktion nach § 2 Abs. 1 UmwStG und im zweiten Fall nach § 2 Abs. 2 UmwStG auch für den Anteilseigner der übertragenden Körperschaft, so dass es sich insoweit steuerlich nicht um Einnahmen i. S. d. § 20 Abs. 1 Nr. 1 EStG, sondern um Entnahmen i. S. d. § 4 Abs. 1 Satz 2 EStG der übernehmenden natürlichen Person oder des jeweiligen Gesellschafters handelt. Davon unberührt bleibt eine Zurechnung von Bezügen i. S. d. § 7 UmwStG i. V. m. § 20 Abs. 1 Nr. 1 EStG.

Ausschüttungen an Anteilseigner, für die die Rückwirkungsfiktion nicht **02.33**
gilt (vgl. Randnr. 02.03 und 02.17 ff.), sind als Einnahmen nach § 20 Abs. 1 Nr. 1 EStG zu behandeln und nach den allgemeinen Grundsätzen zu besteuern (z. B. § 3 Nr. 40 EStG oder § 8 b KStG bzw. bei Zufluss nach dem 31. 12. 2008 auch § 32 d, § 43 Abs. 5 EStG). Zum Abfluss für Zwecke der Anwendung des § 27 KStG vgl. Randnr. 02.27, zum Einbehalt und zur Abführung der Kapitalertragsteuer vgl. Randnr. 02.30 und zum Zeitpunkt der Besteuerung vgl. Randnr. 02.28.

**Beispiel:**

An der X-GmbH sind die Gesellschafter A (10 %), B (40 %) und C (50 %) beteiligt. Die X-GmbH wird zum 1. 1. 01 (steuerlicher Übertragungsstichtag 31. 12. 00) zusammen mit der Y-GmbH durch Neugründung auf die XY-OHG verschmolzen. Die Gesellschafterversammlung der X-GmbH beschließt am 30. 4. 01 eine Gewinnausschüttung für 01 i. H. v. 70 000 €. Die Ausschüttung wird am 31. 5. 01 ausgezahlt. Das steuerliche Eigenkapital i. S. d. § 7 UmwStG beträgt – vor Berücksichtigung eines Korrekturpostens – 100 000 €.
A verkauft seine im Privatvermögen gehaltene Beteiligung an der X-GmbH zum 1. 7. 01 an D. Die Eintragung der Verschmelzung im Handelsregister erfolgt am 31. 8. 01.

**Lösung:**

Für die steuerliche Beurteilung der nach dem steuerlichen Übertragungsstichtag beschlossenen Gewinnausschüttung sowie der Bezüge i. S. d. § 7 UmwStG der Gesellschafter A, B, C und D ist danach zu unterscheiden, welcher Anteilseigner an der Rückwirkungsfiktion nach § 2 Abs. 2 UmwStG teilnimmt:

**Anteilseigner A**

Da A infolge der Anteilsveräußerung nicht Gesellschafter der übernehmenden Personengesellschaft wird, gilt für ihn zum einen nicht die Rückwirkungsfiktion nach § 2 Abs. 2 UmwStG und zum anderen sind ihm keine Bezüge i. S. d. § 7 UmwStG zuzurechnen (vgl. Randnr. 02.20 und 07.02). In Höhe der dem A zuzurechnenden Gewinnausschüttung ist in der steuerlichen Schlussbilanz ein passiver Korrekturposten i. H. v. 7000 € steuerneutral zu bilden.
Dem ausgeschiedenen Anteilseigner A fließt die Gewinnausschüttung der übertragenden Körperschaft am 31. 5. 01 zu. Er hat diese Ausschüttung im Veranlagungszeitraum 01 als Einkünfte aus Kapitalvermögen zu versteuern (§ 20 Abs. 1 Nr. 1 EStG, § 3 Nr. 40 EStG bzw. bei Zufluss nach dem 31. 12. 2008 auch § 32 d, § 43 Abs. 5 EStG).

**Anteilseigner B, C und D**

Da die Anteilseigner B, C und D der übertragenden X-GmbH Gesellschafter der übernehmenden XY-OHG werden, findet zum einen die Rückwirkungsfiktion nach § 2 Abs. 2 UmwStG Anwendung und zum anderen sind ihnen die Bezüge i. S. d. § 7 UmwStG zuzurechnen. Die Bildung eines passiven Korrekturpostens kommt insoweit nicht in Betracht.

Hinsichtlich der am 31. 5. 01 erfolgten Gewinnausschüttungen handelt es sich um Entnahmen von B und C nach § 4 Abs. 1 Satz 2 EStG.
Für die Zurechnung der Bezüge i. S. d. § 7 UmwStG ergibt sich Folgendes:

| | |
|---|---|
| Eigenkapital i. S. d. § 7 UmwStG (ohne Korrekturposten) | 100 000 € |
| Passiver Korrekturposten (Ausschüttung an A) | ./. 7000 € |
| Ausgangsgröße für die Bezüge i. S. d. § 7 UmwStG | 93 000 € |

Die Bezüge i. S. d. des § 7 UmwStG verteilen sich wie folgt:

| | Vorspalte | B | C | D |
|---|---|---|---|---|
| Bezüge i. S. d. § 7 UmwStG | 93 000 € | | | |
| Rückbezogene Ausschüttungen an B, C | ./. 63 000 € | + 28 000 € | + 35 000 € | |
| Zwischensumme | 30 000 € | | | |
| Verteilung nach Beteiligung am Nennkapital | ./. 30 000 € | + 12 000 € | + 15 000 € | + 3000 € |
| Zu versteuernde Bezüge i. S. d. § 7 UmwStG | | + 40 000 € | 50 000 € | 3000 € |

## b) Vermögensübergang auf eine Körperschaft

02.34 Bei Umwandlung auf eine Körperschaft gilt für den Anteilseigner die steuerliche Rückwirkungsfiktion nach § 2 Abs. 1 UmwStG nicht, sofern dieser nicht der übernehmende Rechtsträger ist (vgl. Randnr. 02.03). Ausschüttungen an Anteilseigner, für die die Rückwirkungsfiktion nicht gilt, sind als Ausschüttungen der übertragenden Körperschaft und als Einnahmen nach § 20 Abs. 1 Nr. 1 EStG zu behandeln sowie nach den allgemeinen Grundsätzen zu besteuern (z. B. § 3 Nr. 40 EStG oder § 8 b KStG bzw. bei Zufluss nach dem 31. 12. 2008 auch § 32 d, § 43 Abs. 5 EStG). Zum Einbehalt und zur Abführung der Kapitalertragsteuer vgl. Randnr. 02.30 und zum Zeitpunkt der Besteuerung vgl. Randnr. 02.28.

Ausschüttungen der übertragenden Körperschaft, für die entsprechend Randnr. 02.27 ein Schuldposten oder entsprechend Randnr. 02.31 ein passiver Korrekturposten zu bilden ist, gelten für Zwecke der Anwendung des § 27 KStG spätestens im Zeitpunkt der zivilrechtlichen Wirksamkeit der Umwandlung als abgeflossen. Diese Ausschüttungen sind in der gesonderten Feststellung des steuerlichen Einlagekontos zum steuerlichen Übertragungsstichtag zu berücksichtigen.

Aus Vereinfachungsgründen bestehen für im Rückwirkungszeitraum erfolgte Gewinnausschüttungen keine Bedenken, diese so zu behandeln, als hätte der übernehmende Rechtsträger sie vorgenommen, wenn die Verpflichtung zum Einbehalt und zur Abführung der Kapitalertragsteuer nach §§ 43 ff. EStG hierdurch nicht beeinträchtigt wird.

02.35 Bei Verschmelzung einer Tochtergesellschaft auf ihre Muttergesellschaft gilt für Gewinnausschüttungen der Tochtergesellschaft an die Muttergesellschaft im Rückwirkungszeitraum die Rückwirkungsfiktion nach § 2 Abs. 1 UmwStG mit der Folge, dass eine steuerlich unbeachtliche Vorwegübertragung von Vermögen an die Muttergesellschaft vorliegt. Die Kapitalertragsteueranmeldung kann insoweit berichtigt werden.

### 4. Sondervergütungen bei Umwandlung in eine Personengesellschaft

Im Rückwirkungszeitraum gezahlte Vergütungen für die Tätigkeit im Dienst der Gesellschaft, für die Hingabe von Darlehen oder für die Überlassung von Wirtschaftsgütern an Anteilseigner, die Mitunternehmer der übernehmenden Personengesellschaft werden, sind dem Gewinnanteil der jeweiligen Mitunternehmer der übernehmenden Personengesellschaft in voller Höhe hinzuzurechnen (§ 15 Abs. 1 Satz 1 Nr. 2 zweiter Halbsatz EStG). Eine Aufteilung der Vergütung entsprechend Randnr. 02.29 findet nicht statt (vgl. hierzu auch das Beispiel in Randnr. 02.21). **02.36**

### 5. Aufsichtsratsvergütungen und sonstige Fälle des Steuerabzugs nach § 50 a EStG

Aufsichtsratsvergütungen der übertragenden Körperschaft für den Rückwirkungszeitraum werden steuerlich weiterhin vom übertragenden Rechtsträger geleistet. An Dritte gezahlte Vergütungen stellen im Grundsatz Betriebsausgaben des übertragenden Rechtsträgers dar, die nach § 2 Abs. 1 UmwStG dem übernehmenden Rechtsträger rückwirkend zugerechnet werden. Eine Steuerabzugsverpflichtung nach § 50 a EStG geht z. B. nach § 4 Abs. 2 Satz 1 UmwStG auf den übernehmenden Rechtsträger über. § 10 Nr. 4 KStG ist bei Umwandlung in eine Personengesellschaft nicht anzuwenden. **02.37**

Der Vergütungsgläubiger hat die Einnahmen als Einkünfte i. S. d. § 18 Abs. 1 Nr. 3 EStG zu versteuern. Dies gilt jedoch nicht bei Umwandlung in eine Personengesellschaft, wenn der Vergütungsgläubiger Anteilseigner der übertragenden Körperschaft ist und Gesellschafter der übernehmenden Personengesellschaft wird, insoweit gilt Randnr. 02.36.

Vorstehende Grundsätze gelten für andere steuerabzugspflichtige Vergütungen i. S. d. § 50 a EStG entsprechend.

### 6. Vermeidung der Nichtbesteuerung (§ 2 Abs. 3 UmwStG)

§ 2 Abs. 3 UmwStG schließt die steuerliche Rückwirkung aus, soweit bei ausländischen Umwandlungen (vgl. Randnr. 01.20 ff.) aufgrund abweichender Regelungen zur steuerlichen Rückbeziehung eines in § 1 Abs. 1 UmwStG bezeichneten Vorgangs Einkünfte der Besteuerung in einem anderen Staat entzogen werden. Die Vorschrift soll die Nichtbesteuerung von Einkünften aufgrund abweichender Rückwirkungsregelungen vermeiden. Abweichende Rückwirkungsregelungen liegen insbesondere bei unterschiedlichen Rückwirkungszeiträumen oder unterschiedlicher Ausgestaltung der Rückwirkungsregelungen vor. **02.38**

### 7. Beschränkung der Verlustnutzung (§ 2 Abs. 4 UmwStG)

§ 2 Abs. 4 UmwStG enthält eine Verlustnutzungsbeschränkung. Mit dieser Regelung soll verhindert werden, dass aufgrund der steuerlichen Rückwirkungsfiktion in § 2 Abs. 1 und 2 UmwStG gestalterisch eine Verlustnutzung (einschließlich des Erhalts eines Zinsvortrags oder eines EBITDA-Vortrags) erreicht werden kann. Voraussetzung für die Verlustnutzung ist, dass diese auch ohne die steuerliche Rückwirkung nach § 2 Abs. 1 oder 2 UmwStG möglich gewesen wäre. Dabei kommt es nicht darauf an, ob z. B. im Fall des § 8 c KStG ein schädlicher Beteiligungserwerb vor dem Umwandlungsbe- **02.39** schluss oder in dem Zeitraum nach dem Umwandlungsbeschluss bis zur Eintragung der Umwandlung erfolgt.

02.40 Nach § 2 Abs. 4 Satz 2 UmwStG gilt die Rechtsfolge in § 2 Abs. 4 Satz 1 UmwStG für Verluste des übertragenden Rechtsträgers im Rückwirkungszeitraum entsprechend. Danach kann z. B. auch ein laufender Verlust des übertragenden Rechtsträgers im Rückwirkungszeitraum insoweit nicht mit den positiven Einkünften des übernehmenden Rechtsträgers ausgeglichen werden.

## Zweiter Teil. Vermögensübergang bei Verschmelzung auf eine Personengesellschaft oder auf eine natürliche Person und Formwechsel einer Kapitalgesellschaft in eine Personengesellschaft

### A. Wertansätze in der steuerlichen Schlussbilanz der übertragenden Körperschaft (§ 3 UmwStG)

#### I. Pflicht zur Abgabe einer steuerlichen Schlussbilanz

03.01 Jede übertragende Körperschaft ist nach § 3 Abs. 1 Satz 1 UmwStG zur Erstellung und Abgabe einer steuerlichen Schlussbilanz auf den steuerlichen Übertragungsstichtag verpflichtet. Dies gilt unabhängig davon, ob die übertragende Körperschaft im Inland einer Steuerpflicht unterliegt (§§ 1, 2 KStG), im Inland zur Führung von Büchern verpflichtet ist (§ 5 Abs. 1 EStG, §§ 141 ff. AO) oder überhaupt inländisches Betriebsvermögen besitzt. Für den Formwechsel ergibt sich eine entsprechende Verpflichtung aus § 9 Satz 2 UmwStG. Die steuerliche Schlussbilanz i. S. d. § 3 Abs. 1 Satz 1 UmwStG ist eine eigenständige Bilanz und von der Gewinnermittlung i. S. d. § 4 Abs. 1, § 5 Abs. 1 EStG zu unterscheiden.

Als Abgabe der steuerlichen Schlussbilanz gilt auch die ausdrückliche Erklärung, dass die Steuerbilanz i. S. d. § 4 Abs. 1, § 5 Abs. 1 EStG gleichzeitig die steuerliche Schlussbilanz sein soll, wenn diese Bilanz der steuerlichen Schlussbilanz entspricht; diese Erklärung ist unwiderruflich. In dieser Erklärung ist zugleich ein konkludent gestellter Antrag auf Ansatz des Buchwerts zu sehen (vgl. Randnr. 03.29).

Fällt der steuerliche Übertragungsstichtag nicht auf das Ende des Wirtschaftsjahrs, entsteht insoweit ein Rumpfwirtschaftsjahr (§ 8 b Satz 2 Nr. 1 EStDV).

03.02 Die Vorlage einer steuerlichen Schlussbilanz ist nur dann nicht erforderlich, wenn sie nicht für inländische Besteuerungszwecke benötigt wird. Bei Übergang des Vermögens auf eine Personengesellschaft oder natürliche Person ist die Erstellung einer steuerlichen Schlussbilanz für inländische Besteuerungszwecke insbesondere immer dann von Bedeutung, wenn die übertragende Körperschaft, ein Mitunternehmer der übernehmenden Personengesellschaft oder die übernehmende natürliche Person im Inland steuerpflichtig ist.

03.03 Der Eintritt der Wirksamkeit einer Umwandlung, deren steuerliche Wirkungen nach § 2 UmwStG zurückbezogen werden, stellt ein rückwirkendes Ereignis i. S. d. § 175 Abs. 1 Satz 1 Nr. 2 AO dar (vgl. Randnr. 02.16).

## II. Ansatz und Bewertung der übergehenden Wirtschaftsgüter

### 1. Ansatz der übergehenden Wirtschaftsgüter dem Grunde nach

§ 3 UmwStG ist eine eigenständige steuerliche Ansatz- und Bewertungsvorschrift. In der steuerlichen Schlussbilanz sind sämtliche übergehenden aktiven und passiven Wirtschaftsgüter, einschließlich nicht entgeltlich erworbener und selbst geschaffener immaterieller Wirtschaftsgüter, anzusetzen. Steuerfreie Rücklagen (z. B. § 6 b EStG oder § 7 g EStG a. F.) bzw. ein steuerlicher Ausgleichsposten nach § 4 g EStG sind nach § 4 Abs. 2 Satz 1 UmwStG dem Grunde nach anzusetzen, soweit die Buchwerte fortgeführt bzw. die Zwischenwerte angesetzt werden. § 5 b EStG gilt für die steuerliche Schlussbilanz entsprechend. 03.04

Zu einzelnen Positionen der steuerlichen Schlussbilanz: 03.05

– Ausstehende Einlagen
Das gezeichnete Kapital ist um eingeforderte sowie um nicht eingeforderte ausstehende Einlagen zu kürzen, soweit diese nicht vom gezeichneten Kapital entsprechend § 272 Abs. 1 Satz 3 HGB[1] abgesetzt wurden. Zu den Folgen bei der Ermittlung des Übernahmegewinns siehe Randnr. 04.31.

– Eigene Anteile
Eigene Anteile der übertragenden Körperschaft sind nicht in der steuerlichen Schlussbilanz anzusetzen, da sie nicht auf den übernehmenden Rechtsträger übergehen, sondern mit der Wirksamkeit der Umwandlung untergehen. Dieser Vorgang ist gewinnneutral.

– Geschäfts- oder Firmenwert
Nach § 3 Abs. 1 Satz 1 UmwStG ist auch ein originärer Geschäfts- oder Firmenwert der übertragenden Körperschaft anzusetzen.

– Forderungen und Verbindlichkeiten
Forderungen und Verbindlichkeiten gegen den übernehmenden Rechtsträger sind in der steuerlichen Schlussbilanz auch anzusetzen, wenn sie durch die Verschmelzung erlöschen. Zum Entstehen eines Übernahmefolgegewinns oder -verlusts bei Bewertungsunterschieden und dessen steuerlicher Behandlung siehe Randnr. 06.01 ff.

– Rückstellung für Grunderwerbsteuer
Für aufgrund einer Verschmelzung der übertragenden Körperschaft anfallende Grunderwerbsteuer kann keine Rückstellung gebildet werden, soweit sie vom übertragenden Rechtsträger zu tragen ist (BFH vom 15. 10. 1997 I R 22/96, BStBl. 1998 II S. 168, und *BMF-Schreiben vom 18. 1. 2010, BStBl. I S. 70*[2]).

Die steuerlichen Ansatzverbote des § 5 EStG gelten nicht für die steuerliche Schlussbilanz (vgl. Randnr. 03.04), es sei denn, die Buchwerte werden fortgeführt. Beim übernehmenden Rechtsträger gelten zu den folgenden Bilanzstichtagen die allgemeinen Grundsätze (vgl. Randnr 04.16). 03.06

[1] **[Amtl. Anm.:]** I. d. F. des Gesetzes zur Modernisierung des Bilanzrechts (Bilanzrechtsmodernisierungsgesetz – BilMoG) vom 25. 5. 2009, BGBl. I S. 1102.

[2] Aufgeh. durch Positivliste des BMF v. 24. 3. 2014, BStBl. I S. 606.

## 2. Ansatz der übergehenden Wirtschaftsgüter der Höhe nach

### a) Ansatz der übergehenden Wirtschaftsgüter mit dem gemeinen Wert bzw. dem Teilwert nach § 6 a EStG

**03.07** Die übergehenden aktiven und passiven Wirtschaftsgüter sind in der steuerlichen Schlussbilanz auf den steuerlichen Übertragungsstichtag mit dem gemeinen Wert bzw. bei Pensionsrückstellungen mit dem Teilwert nach § 6 a EStG anzusetzen. Die Bewertung nach § 3 Abs. 1 Satz 1 UmwStG zum gemeinen Wert hat dabei nicht bezogen auf jedes einzelne übergehende Wirtschaftsgut, sondern bezogen auf die Gesamtheit der übergehenden aktiven und passiven Wirtschaftsgüter zu erfolgen (Bewertung als Sachgesamtheit).

Die Ermittlung des gemeinen Werts der Sachgesamtheit kann, sofern der gemeine Wert des übertragenden Rechtsträgers nicht aus Verkäufen abgeleitet werden kann, anhand eines allgemein anerkannten ertragswert- oder zahlungsstromorientierten Verfahrens erfolgen, welches ein gedachter Erwerber des Betriebs der übertragenden Körperschaft bei der Bemessung des Kaufpreises zu Grunde legen würde (vgl. § 109 Abs. 1 Satz 2 i. V. m. § 11 Abs. 2 BewG); der Bewertungsvorbehalt für Pensionsrückstellungen nach § 3 Abs. 1 Satz 2 UmwStG ist zu beachten. Zur Bewertung nach § 11 Abs. 2 BewG gelten die gleich lautenden Erlasse der obersten Finanzbehörden der Länder zur Anwendung der §§ 11, 95 bis 109 und 199 ff. BewG in der Fassung des ErbStRG vom 17. 5. 2011, BStBl. I S. 606, für ertragsteuerliche Zwecke entsprechend (vgl. BMF-Schreiben vom 22. 9. 2011, BStBl. I S. 859[1]).

**03.08** Aufgrund der Bewertung von Pensionsrückstellungen mit dem Teilwert i. S. d. § 6 a EStG nach § 3 Abs. 1 Satz 2 UmwStG mindert ein tatsächlich höherer gemeiner Wert der Versorgungsverpflichtung steuerlich nicht den gemeinen Wert des Unternehmens i. S. d. § 3 Abs. 1 UmwStG.

**Beispiel:**

Die XY-GmbH soll zum 31. 12. 00 auf die XY-KG verschmolzen werden. Die Steuerbilanz i. S. d. § 5 Abs. 1 EStG sowie die Werte i. S. d. § 3 Abs. 1 UmwStG stellen sich vereinfacht wie folgt dar:

| | **gemeiner Wert** | **Buchwert** | | **gemeiner Wert** | **Buchwert** |
|---|---|---|---|---|---|
| Aktiva diverse | 2 000 000 € | 2 000 000 € | Eigenkapital | | 1 000 000 € |
| Firmenwert | 2 000 000 € | | Pensionsrückstellungen | 2 000 000 € | 1 000 000 € |
| | (4 000 000 €) | 2 000 000 € | | (2 000 000 €) | 2 000 000 € |

**Lösung:**

Die steuerliche Schlussbilanz der XY-GmbH zum 31. 12. 00 ergibt sich danach wie folgt:

| | | | |
|---|---|---|---|
| Aktiva diverse | 2 000 000 € | Eigenkapital | 3 000 000 € |
| Firmenwert | 2 000 000 € | Pensionsrückstellungen | 1 000 000 € |
| | 4 000 000 € | | 4 000 000 € |

Obwohl der gemeine Wert der Sachgesamtheit nur 2 000 000 € beträgt, ist eine Berücksichtigung der Differenz zwischen dem Wert der Pensionsrückstellung i. S. d. § 6 a EStG und dem gemeinen Wert dieser Verpflichtung nicht zulässig; vgl. § 3 Abs. 1 Satz 2 UmwStG.

**03.09** Die Bewertung mit dem gemeinen Wert bzw. mit dem Teilwert i. S. d. § 6 a EStG hat nach den Verhältnissen zum steuerlichen Übertragungsstichtag

[1] Vgl. jetzt R B 11.1–11.6, 95–109.2, 199.1–203 ErbStR.

zu erfolgen. Der gemeine Wert der Sachgesamtheit ist analog § 6 Abs. 1 Nr. 7 EStG im Verhältnis der Teilwerte der übergehenden Wirtschaftsgüter auf die einzelnen Wirtschaftsgüter zu verteilen.

**b) Ansatz der übergehenden Wirtschaftsgüter mit dem Buchwert**

Auf Antrag können die übergehenden Wirtschaftsgüter einheitlich mit dem Buchwert angesetzt werden, soweit **03.10**

– sie Betriebsvermögen der übernehmenden Personengesellschaft oder natürlichen Person werden und sichergestellt ist, dass sie später der Besteuerung mit Einkommen- oder Körperschaftsteuer unterliegen (§ 3 Abs. 2 Satz 1 Nr. 1 UmwStG),
– das Recht der Bundesrepublik Deutschland hinsichtlich der Besteuerung des Gewinns aus der Veräußerung der übertragenen Wirtschaftsgüter bei den Gesellschaftern der übernehmenden Personengesellschaft oder bei der übernehmenden natürlichen Person nicht ausgeschlossen oder beschränkt wird (§ 3 Abs. 2 Satz 1 Nr. 2 UmwStG) und
– eine Gegenleistung nicht gewährt wird oder in Gesellschaftsrechten besteht (§ 3 Abs. 2 Satz 1 Nr. 3 UmwStG).

Für den Ansatz des Buchwerts sind die Ansätze in der Handelsbilanz nicht maßgeblich. Wegen des Begriffs Buchwert vgl. Randnr. 01.57.

Gehört zum übergehenden Vermögen der übertragenden Körperschaft ein Mitunternehmeranteil an der übernehmenden oder einer anderen Personengesellschaft, entspricht der Buchwertansatz dem auf die übertragende Körperschaft entfallenden anteiligen Kapitalkonto – unter Berücksichtigung etwaiger Ergänzungs- und Sonderbilanzen – bei der Mitunternehmerschaft.

Die Prüfung der in Randnr. 03.10 genannten Voraussetzungen erfolgt bezogen auf jeden einzelnen an der steuerlichen Rückwirkungsfiktion beteiligten Anteilseigner der übertragenden Körperschaft – soweit nicht für die Betriebsvermögenseigenschaft i. S. d. § 3 Abs. 2 Satz 1 Nr. 1 UmwStG auf den übernehmenden Rechtsträger abgestellt wird – und bezogen auf die Verhältnisse zum steuerlichen Übertragungsstichtag (vgl. Randnr. 02.15). **03.11**

Ist der gemeine Wert der Sachgesamtheit geringer als die Summe der Buchwerte der übergehenden Wirtschaftsgüter, ist ein Ansatz zum Buchwert ausgeschlossen. **03.12**

Der Antrag auf Fortführung der Buchwerte der übergehenden Wirtschaftsgüter kann nur einheitlich gestellt werden. Einem solchen Antrag steht nicht entgegen, dass zum Teil Wirtschaftsgüter mit dem gemeinen Wert in der steuerlichen Schlussbilanz anzusetzen sind, weil insoweit die Voraussetzungen des § 3 Abs. 2 Satz 1 Nr. 1 oder 2 UmwStG nicht gegeben sind. Bei Gewährung einer Gegenleistung i. S. d. § 3 Abs. 2 Satz 1 Nr. 3 UmwStG ist eine Fortführung der Buchwerte ausgeschlossen (vgl. Randnr. 03.21 ff.). **03.13**

**aa) Übergang in Betriebsvermögen und Sicherstellung der Besteuerung mit Einkommen- oder Körperschaftsteuer (§ 3 Abs. 2 Satz 1 Nr. 1 UmwStG)**

Wird das Vermögen der übertragenden Körperschaft nicht Betriebsvermögen der übernehmenden Personengesellschaft oder natürlichen Person, sind die aktiven und passiven Wirtschaftsgüter in der steuerlichen Schlussbilanz mit **03.14** dem gemeinen Wert bzw. bei Pensionsrückstellungen mit dem Teilwert i. S. d. § 6 a EStG anzusetzen (vgl. Randnr. 03.07). Der Ansatz eines Geschäfts- oder Firmenwerts erfolgt in diesen Fällen nach § 3 Abs. 1 Satz 1 UmwStG auch dann, wenn der Betrieb der übertragenden Körperschaft nicht fortgeführt wird.

03.15 Für die Zugehörigkeit der übergehenden Wirtschaftsgüter zu einem Betriebsvermögen des übernehmenden Rechtsträgers ist es unbeachtlich, ob das Betriebsvermögen im In- oder im Ausland belegen ist. Die Beurteilung, ob es sich beim übernehmenden Rechtsträger um Betriebsvermögen handelt, ergibt sich nach den allgemeinen steuerlichen Grundsätzen (§§ 13, 15 oder 18 EStG). Bei Vermögensübergang auf eine gewerblich geprägte Personengesellschaft i. S. d. § 15 Abs. 3 Nr. 2 EStG mit Sitz im In- oder Ausland werden die übertragenen Wirtschaftsgüter in der Regel Betriebsvermögen des übernehmenden Rechtsträgers; ausgenommen z. B. bei privater Nutzung.

03.16 Die übertragenen Wirtschaftsgüter müssen Betriebsvermögen der übernehmenden Personengesellschaft oder der natürlichen Person werden. Diese Voraussetzung liegt auch dann nicht vor, wenn die übernehmende Personengesellschaft keine Einkünfte i. S. d. § 15 EStG erzielt und die Beteiligung an dieser Personengesellschaft zu einem in- oder ausländischen Betriebsvermögen gehört (sog. Zebragesellschaft); vgl. auch Randnr. 08.03.

03.17 Die Besteuerung des übertragenen Vermögens mit Einkommen- oder Körperschaftsteuer ist sichergestellt, wenn das übertragene Vermögen hinsichtlich der Wertsteigerungen bei den Mitunternehmern der übernehmenden Personengesellschaft oder der übernehmenden natürlichen Person weiterhin einer Besteuerung mit Einkommen- oder Körperschaftsteuer unterliegt. Eine Besteuerung mit Gewerbesteuer ist hingegen nicht erforderlich.

Die Besteuerung ist z. B. nicht sichergestellt, soweit Mitunternehmer der übernehmenden Personengesellschaft eine steuerbefreite Körperschaft (z. B. § 16 Abs. 1 Satz 1 REITG) oder auch ein steuerbefreites Zweckvermögen (z. B. § 11 Abs. 1 Satz 2 InvStG) ist.

Eine Besteuerung i. S. d. § 3 Abs. 2 Satz 1 Nr. 1 UmwStG ist auch eine mit der inländischen Einkommen- oder Körperschaftsteuer vergleichbare ausländische Steuer.

### bb) Kein Ausschluss oder Beschränkung des deutschen Besteuerungsrechts (§ 3 Abs. 2 Satz 1 Nr. 2 UmwStG)

03.18 Ein Ansatz der übergehenden Wirtschaftsgüter in der steuerlichen Schlussbilanz mit dem Buchwert ist nicht zulässig, soweit das Recht der Bundesrepublik Deutschland hinsichtlich der Besteuerung des Gewinns aus der Veräußerung der übertragenen Wirtschaftsgüter bei den Gesellschaftern der übernehmenden Personengesellschaft oder bei der übernehmenden natürlichen Person ausgeschlossen oder beschränkt wird (sog. Entstrickung). Die Voraussetzungen des § 3 Abs. 2 Satz 1 Nr. 2 UmwStG sind bei den Gesellschaftern der übernehmenden Personengesellschaft bzw. bei der übernehmenden natürlichen Person subjekt- und objektbezogen zu prüfen und entsprechen insoweit den gleichlautenden Entstrickungstatbeständen in § 4 Abs. 1 Satz 3 EStG und § 12 Abs. 1 KStG. Danach liegt ein Ausschluss oder eine Beschränkung des Besteuerungsrechts hinsichtlich des Gewinns aus der Veräußerung eines

Wirtschaftsguts insbesondere vor, wenn ein bisher einer inländischen Betriebsstätte des Steuerpflichtigen zuzuordnendes Wirtschaftsgut einer ausländischen Betriebsstätte zuzuordnen ist (vgl. § 4 Abs. 1 Satz 4 EStG und § 12 Abs. 1 Satz 2 KStG).

Allein der Ausschluss oder die Beschränkung des deutschen Besteuerungsrechts für Zwecke der Gewerbesteuer stellt keine Beschränkung i. S. d. § 3 Abs. 2 Satz 1 Nr. 2 UmwStG dar.

Ein Ausschluss des deutschen Besteuerungsrechts hinsichtlich des Gewinns aus der Veräußerung eines Wirtschaftsguts setzt voraus, dass ein – ggf. auch eingeschränktes – deutsches Besteuerungsrecht hinsichtlich des Gewinns aus der Veräußerung des übertragenen Wirtschaftsguts bestanden hat und dies in vollem Umfang entfällt. **03.19**

**Beispiel:**

Die XY-GmbH soll in die XY-KG durch Formwechsel umgewandelt werden. Anteilseigner und Mitunternehmer sind A und B zu je 50 %. Die XY-GmbH hat u. a. eine Betriebsstätte in einem ausländischen Staat, mit dem kein DBA besteht. A und B haben ihren Wohnsitz und gewöhnlichen Aufenthalt im Ausland.

**Lösung:**

Aufgrund des Formwechsels der XY-GmbH in die XY-KG wird das deutsche Besteuerungsrecht hinsichtlich des Gewinns aus der Veräußerung der der ausländischen Betriebsstätte zuzurechnenden Wirtschaftsgüter zum steuerlichen Übertragungsstichtag ausgeschlossen, da die beiden Mitunternehmer mit den ausländischen Betriebsstätteneinkünften nicht der beschränkten Einkommen- oder Körperschaftsteuerpflicht i. S. d. § 49 EStG unterliegen.

Zur Aufstellung einer Ergänzungsbilanz bei der übernehmenden Personengesellschaft vgl. Randnr. 04.24.

Sofern jedoch vor der Umwandlung z. B. ein uneingeschränktes Besteuerungsrecht bestand und nach der Umwandlung ein der Höhe oder dem Umfang nach begrenztes deutsches Besteuerungsrecht fortbesteht, ist eine Beschränkung des deutschen Besteuerungsrechts gegeben.

Eine grenzüberschreitende Umwandlung für sich ändert grundsätzlich nicht die abkommensrechtliche Zuordnung von Wirtschaftsgütern zu einer in- oder ausländischen Betriebsstätte (vgl. auch die Entstrickungsregelungen in § 4 Abs. 1 Satz 4 EStG, § 12 Abs. 1 Satz 2 KStG). Für die Beurteilung der Frage, ob eine Änderung der Zuordnung vorliegt, sind die Grundsätze des BMF-Schreibens vom 24. 12. 1999, BStBl. I S. 1076[1], zuletzt geändert durch *BMF-Schreiben vom 25. 8. 2009, BStBl. I S. 888*[2], maßgebend. Darüber hinaus kommt eine Entstrickung infolge der Umwandlung, die sich auf das steuerliche Übertragungsergebnis auswirkt, insbesondere im Zusammenhang mit dem Wechsel der Steuerpflicht in Betracht; vgl. das Beispiel in Randnr. 03.19. **03.20**

### cc) Keine Gegenleistung oder Gegenleistung in Form von Gesellschaftsrechten (§ 3 Abs. 2 Satz 1 Nr. 3 UmwStG)

Ein Ansatz der übergehenden Wirtschaftsgüter in der steuerlichen Schlussbilanz mit dem Buchwert ist nicht zulässig, soweit den verbleibenden Anteilseignern der übertragenden Körperschaft oder diesen nahe stehenden Personen eine **03.21**

[1] Nr. **800** § 12/1.

[2] Zuletzt geändert durch BMF v. 26. 9. 2014, BStBl. I S. 1258.

Gegenleistung gewährt wird, die nicht in Gesellschaftsrechten besteht. Eine solche Gegenleistung ist insbesondere bei Leistung barer Zuzahlungen (z. B. Spitzenausgleich nach § 54 Abs. 4 oder § 68 Abs. 3 UmwG) oder Gewährung anderer Vermögenswerte (z. B. Darlehensforderungen) durch den übernehmenden Rechtsträger oder eine diesem nahe stehende Personen gegeben. Der Untergang der Beteiligung an der übertragenden Körperschaft (z. B. bei einer Aufwärtsverschmelzung) oder die Berücksichtigung der auf die Einnahmen i. S. d. § 7 UmwStG anfallenden Kapitalertragsteuer, die der übernehmende Rechtsträger als steuerlicher Rechtsnachfolger i. S. d. § 4 Abs. 2 Satz 1 UmwStG zu entrichten hat, als Entnahmen stellen keine Gegenleistung i. S. d. § 3 Abs. 2 Satz 1 Nr. 3 UmwStG dar.

Für die Beurteilung als Gegenleistung i. S. d. § 3 Abs. 2 Satz 1 Nr. 3 UmwStG ist es nicht erforderlich, dass die Leistung aufgrund umwandlungsgesetzlicher Regelungen (z. B. §§ 15, 126 Abs. 1 Nr. 3 UmwG) erfolgt. Im Übrigen gilt Randnr. 24.11 entsprechend.

Nicht in Gesellschaftsrechten bestehende Gegenleistungen stellen beim Anteilseigner einen Veräußerungserlös für seine Anteile dar. Bei einer nur anteiligen Veräußerung (z. B. Spitzenausgleich) sind zur Ermittlung des Veräußerungsgewinns dem Veräußerungserlös nur die anteiligen Anschaffungskosten dieser Anteile an dem übertragenden Rechtsträger gegenüberzustellen (vgl. auch Randnr. 13.02).

**03.22** Zahlungen an ausscheidende Anteilseigner aufgrund Barabfindung nach §§ 29, 125 oder 207 UmwG stellen keine Gegenleistungen i. S. d. § 3 Abs. 2 Satz 1 Nr. 3 UmwStG dar. Beim Übergang des Vermögens des übertragenden Rechtsträgers i. S. d. § 20 Abs. 1 Nr. 1 UmwG auf einen Anteilseigner der übertragenden Körperschaft handelt es sich – hinsichtlich des übernommenen Vermögens – ebenfalls um keine Gegenleistung i. S. d. § 3 Abs. 2 Satz 1 Nr. 3 UmwStG.

**03.23** Bei Gewährung einer Gegenleistung, die nicht in Gesellschaftsrechten besteht, sind die übergehenden Wirtschaftsgüter in der steuerlichen Schlussbilanz der übertragenden Körperschaft insoweit mindestens mit dem Wert der Gegenleistung anzusetzen.

I. H. der Differenz zwischen dem Wert der Gegenleistung und den auf die Gegenleistung entfallenden (anteiligen) Buchwerten der übergehenden Wirtschaftsgüter ergibt sich ein Übertragungsgewinn. Der Berechnung des anteiligen Buchwerts ist dabei das Verhältnis des Gesamtwerts der Gegenleistung zum Wert der Sachgesamtheit i. S. d. § 3 Abs. 1 UmwStG zu Grunde zu legen.

I. H. des Übertragungsgewinns sind die Wirtschaftsgüter in der steuerlichen Schlussbilanz aufzustocken. Der jeweilige Aufstockungsbetrag ermittelt sich aus dem Verhältnis des Übertragungsgewinns zu den gesamten stillen Reserven und stillen Lasten, mit Ausnahme der stillen Lasten in Pensionsrückstellungen. I. H. dieses Prozentsatzes sind die in den jeweiligen Wirtschaftsgütern enthaltenen stillen Reserven aufzudecken.

**Beispiel:**

Die XY-GmbH soll auf die XY-KG verschmolzen werden. Die Steuerbilanz i. S. d. § 5 Abs. 1 EStG sowie die Werte i. S. d. § 3 Abs. 1 UmwStG stellen sich vereinfacht wie folgt dar:

| | gemeiner Wert | Buchwert | | gemeiner Wert | Buchwert |
|---|---|---|---|---|---|
| Anlagevermögen | 300 000 € | 200 000 € | Eigenkapital | | 300 000 € |
| Umlaufvermögen | 150 000 € | 100 000 € | Drohverlust-rückstellung | 20 000 € | |
| Know-how | 70 000 € | | | | |
| Firmenwert | 100 000 € | | | | |
| | (620 000 €) | 300 000 € | | | 300 000 € |

Die Gesellschafter der XY-GmbH erhalten bare Zuzahlungen i. H. v. insgesamt 60 000 €.

**Lösung:**

Die baren Zuzahlungen stellen nicht in Gesellschaftsrechten bestehende Gegenleistungen dar. Die Voraussetzungen des § 3 Abs. 2 Satz 1 Nr. 3 UmwStG sind insoweit nicht erfüllt. Der Wert i. S. d. § 3 Abs. 1 UmwStG beträgt 600 000 € (= 620 000 € ./. 20 000 €) und der Wert der sonstigen Gegenleistung beträgt insgesamt 60 000 €. Die Gegenleistungen betragen somit 10 % des Werts i. S. d. § 3 Abs. 1 UmwStG. Der Übertragungsgewinn beträgt 60 000 € ./. 30 000 € (entspricht 10 % der Buchwerte) = 30 000 €. In dieser Höhe entsteht ein Aufstockungsbetrag.

Dieser Aufstockungsbetrag i. H. v. 30 000 € ist entsprechend dem Verhältnis des Übertragungsgewinns zu den gesamten stillen Reserven und stillen Lasten zu verteilen:

| | Wert i. S. d. § 3 Abs. 1 UmwStG | Buchwert | stille Reserven und stille Lasten |
|---|---|---|---|
| Anlagevermögen | 300 000 € | 200 000 € | 100 000 € |
| Umlaufvermögen | 150 000 € | 100 000 € | 50 000 € |
| Know-how (originär) | 70 000 € | 0 € | 70 000 € |
| Firmenwert (originär) | 100 000 € | 0 € | 100 000 € |
| Drohverlustrückstellung | ./. 20 000 € | 0 € | ./. 20 000 € |
| Σ | 600 000 € | 300 000 € | 300 000 € |

Der Aufstockungsbetrag i. H. v. 30 000 € entspricht bezogen auf die gesamten stillen Reserven und stillen Lasten 10 % (entspricht dem Verhältnis 30 000 € / 300 000 €). Die auf die jeweiligen Wirtschaftsgüter entfallenden Aufstockungsbeträge ermitteln sich damit wie folgt:

| | Buchwert | stille Reserven | Aufstockung (10 %) | Ansatz in der steuerlichen Schlussbilanz |
|---|---|---|---|---|
| Anlagevermögen | 200 000 € | 100 000 € | 10 000 € | 210 000 € |
| Umlaufvermögen | 100 000 € | 50 000 € | 5000 € | 105 000 € |
| Know-how (originär) | 0 € | 70 000 € | 7000 € | 7000 € |
| Firmenwert (originär) | 0 € | 100 000 € | 10 000 € | 10 000 € |
| Drohverlustrückstellung | 0 € | ./. 20 000 € | ./. 2000 € | ./. 2000 € |
| Σ | 300 000 € | 300 000 € | 30 000 € | 330 000 € |

Aufgrund der Bewertung von Pensionsrückstellungen mit dem Teilwert i. S. d. § 6 a EStG nach § 3 Abs. 1 Satz 2 UmwStG mindert ein tatsächlich höherer gemeiner Wert der Versorgungsverpflichtung steuerlich nicht den gemeinen Wert des Unternehmens i. S. d. § 3 Abs. 1 Satz 1 UmwStG (vgl. Randnr. 03.08). Dies hat auch auf die Wertansätze in der steuerlichen Schlussbilanz bei Gewährung einer nicht in Gesellschaftsrechten bestehenden Gegenleistung Einfluss. Maßgebend für die Wertverhältnisse zur Ermittlung des Auf- 03.24

stockungsbetrags (vgl. Randnr. 03.23) ist insoweit der Wert i. S. d. § 3 Abs. 1 UmwStG.

**Beispiel:**

Die XY-GmbH soll auf die XY-KG zur Aufnahme verschmolzen werden. Die Steuerbilanz i. S. d. § 5 Abs. 1 EStG sowie die Werte i. S. d. § 3 Abs. 1 UmwStG stellen sich vereinfacht wie folgt dar:

| | gemeiner Wert | Buchwert | | gemeiner Wert | Buchwert |
|---|---|---|---|---|---|
| Anlagevermögen | 500 000 € | 400 000 € | Eigenkapital | | 300 000 € |
| Firmenwert | 160 000 € | | Pensionsrückstellung | 160 000 € | 100 000 € |
| | (660 000 €) | 400 000 € | | | 400 000 € |

Die Gesellschafter der XY-GmbH erhalten bare Zuzahlungen von der XY-KG i. H. v. insgesamt 28 000 €.

**Lösung:**

Die baren Zuzahlungen stellen nicht in Gesellschaftsrechten bestehende Gegenleistungen dar. Die Voraussetzungen des § 3 Abs. 2 Satz 1 Nr. 3 UmwStG sind insoweit nicht erfüllt. Der Unternehmenswert beträgt 500 000 € und der Wert der Sachgesamtheit i. S. d. § 3 Abs. 1 UmwStG beträgt 560 000 €. Für die Berechnung des Aufstockungsbetrags ist der Wert i. S. d. § 3 Abs. 1 UmwStG maßgebend. Die Gegenleistungen betragen somit 5 % des Werts i. S. d. § 3 Abs. 1 UmwStG. Der Übertragungsgewinn beträgt folglich 28 000 € ./. 15 000 € (entspricht 5 % der Buchwerte) = 13 000 €. In dieser Höhe entsteht ein Aufstockungsbetrag. Dieser Aufstockungsbetrag i. H. v. 13 000 € ist entsprechend dem Verhältnis des Übertragungsgewinns zu den gesamten stillen Reserven und stillen Lasten (ohne Berücksichtigung der stillen Lasten bei der Pensionsrückstellung) zu verteilen:

| | Wert i. S. d. § 3 Abs. 1 UmwStG | Buchwert | stille Reserven und stille Lasten |
|---|---|---|---|
| Anlagevermögen | 500 000 € | 400 000 € | 100 000 € |
| Firmenwert (originär) | 160 000 € | 0 € | 160 000 € |
| Pensionsrückstellung | ./. 100 000 € | ./. 100 000 € | 0 € |
| Σ | 560 000 € | 300 000 € | 260 000 € |

Der Aufstockungsbetrag i. H. v. 13 000 € entspricht bezogen auf die gesamten stillen Reserven und stillen Lasten 5 % (entspricht dem Verhältnis 13 000 € / 260 000 €). Die auf die jeweiligen Wirtschaftsgüter entfallenden Aufstockungsbeträge ermitteln sich damit wie folgt:

| | Buchwert | stille Reserven und stille Lasten | Aufstockung (5 %) | Ansatz in der steuerlichen Schlussbilanz |
|---|---|---|---|---|
| Anlagevermögen | 400 000 € | 100 000 € | 5000 € | 405 000 € |
| Firmenwert (originär) | 0 € | 160 000 € | 8000 € | 8000 € |
| Pensionsrückstellung | ./. 100 000 € | 0 € | 0 € | ./. 100 000 € |
| Σ | 300 000 € | 260 000 € | 13 000 € | 313 000 € |

## c) Ansatz der übergehenden Wirtschaftsgüter mit einem Zwischenwert

03.25 Unter den in Randnr. 03.10 genannten Voraussetzungen können die übergehenden aktiven und passiven Wirtschaftsgüter, einschließlich nicht entgeltlich erworbener und selbst geschaffener immaterieller Wirtschaftsgüter, auf Antrag einheitlich mit einem über dem Buchwert und unter dem gemeinen

Wert liegenden Wert angesetzt werden (Zwischenwert). Die in den einzelnen Wirtschaftsgütern ruhenden stillen Reserven und Lasten sind um einen einheitlichen Prozentsatz aufzulösen; zur Bewertung von Pensionsrückstellungen vgl. § 3 Abs. 1 Satz 2 UmwStG. Für den Ansatz eines Zwischenwerts sind die Ansätze in der Handelsbilanz nicht maßgeblich.

Randnr. 03.11–03.24 gelten entsprechend. Zu der für den Ansatz des Zwischenwerts notwendigen Ermittlung des gemeinen Werts der Sachgesamtheit vgl. Randnr. 03.07–03.09. **03.26**

### d) Ausübung des Wahlrechts auf Ansatz zum Buch- oder Zwischenwert

Der Antrag auf Ansatz der übergehenden Wirtschaftsgüter mit dem Buch- oder Zwischenwert ist nach § 3 Abs. 2 Satz 2 UmwStG bei dem für die Besteuerung nach §§ 20, 26 AO zuständigen Finanzamt der übertragenden Körperschaft zu stellen. Dies gilt auch, wenn zum übergehenden Vermögen der übertragenden Körperschaft Beteiligungen an in- oder ausländischen Mitunternehmerschaften gehören; zur verfahrensrechtlichen Änderungsmöglichkeit des Feststellungsbescheids der Mitunternehmerschaft vgl. Randnr. 03.03. **03.27**

Ist bei einer ausländischen Umwandlung (Randnr. 01.20 ff.) kein Finanzamt i. S. d. §§ 20, 26 AO für die Besteuerung der übertragenden Körperschaft zuständig, ist – vorbehaltlich einer anderweitigen Zuständigkeitsvereinbarung nach § 27 AO – bei einer Personengesellschaft als übernehmender Rechtsträger das für die gesonderte und einheitliche Feststellung der Einkünfte der übernehmenden Personengesellschaft zuständige Finanzamt maßgebend; zur örtlichen Zuständigkeit bei ausländischen Personengesellschaften mit inländischen Gesellschaftern siehe *BMF-Schreiben vom 11. 12. 1989, BStBl. I S. 470*[1]*, und BMF-Schreiben vom 2. 1. 2001, BStBl. I S. 40*[2]. Sonderzuständigkeiten der jeweiligen Landesfinanzbehörden für Beteiligungen an ausländischen Personengesellschaften sind zu beachten. § 25 AO gilt entsprechend.

Unterbleibt eine Feststellung der Einkünfte der übernehmenden Personengesellschaft, weil nur ein Gesellschafter im Inland ansässig ist, oder in den Fällen der Verschmelzung auf eine natürliche Person, ist das Finanzamt i. S. d. § 3 Abs. 2 Satz 2 UmwStG zuständig, das nach §§ 19 oder 20 AO für die Besteuerung dieses Gesellschafters oder dieser natürlichen Person zuständig ist.

Der Antrag auf Ansatz eines Buch- oder Zwischenwerts ist von der übertragenden Körperschaft bzw. von dem übernehmenden Rechtsträger als steuerlicher Rechtsnachfolger (§ 4 Abs. 2 Satz 1 UmwStG) spätestens bis zur erstmaligen Abgabe der steuerlichen Schlussbilanz (vgl. Randnr. 03.01) zu stellen. Das Wahlrecht kann von der übertragenden Körperschaft bzw. von deren steuerlichem Rechtsnachfolger für alle übergehenden Wirtschaftsgüter nur einheitlich ausgeübt werden (vgl. Randnr. 03.13). **03.28**

Der Antrag bedarf keiner besonderen Form, ist bedingungsfeindlich und unwiderruflich. Aus dem Antrag muss sich ergeben, ob das übergehende Vermögen mit dem Buch- oder einem Zwischenwert anzusetzen ist. Für die Auslegung des Antrags gelten die allgemeinen zivilrechtlichen Auslegungsgrundsätze entsprechend (§§ 133, 157 BGB). Bei Zwischenwertansatz muss jedoch ausdrücklich angegeben werden, in welcher Höhe oder zu welchem Prozent- **03.29**

---

[1] Aufgeh. durch BMF v. 26. 1. 2016, BStBl. I S. 155.

[2] Aufgeh. durch BMF v. 26. 1. 2016, BStBl. I S. 155. Siehe nunmehr AEAO zu § 18, Nr. 6.

satz die stillen Reserven aufzudecken sind. Wenn die ausdrückliche Erklärung abgegeben wird, dass die Steuerbilanz i. S. d. § 4 Abs. 1, § 5 Abs. 1 EStG gleichzeitig die steuerliche Schlussbilanz sein soll (vgl. Randnr. 03.01), ist in dieser Erklärung gleichzeitig ein konkludenter Antrag auf Ansatz der Buchwerte zu sehen, sofern kein ausdrücklicher gesonderter anderweitiger Antrag gestellt wurde.

**03.30** Setzt die übertragende Körperschaft die übergehenden Wirtschaftsgüter in der steuerlichen Schlussbilanz mit dem gemeinen Wert oder dem Buchwert an und ergibt sich z. B. aufgrund einer späteren Betriebsprüfung, dass die gemeinen Werte oder die Buchwerte höher bzw. niedriger als die von der übertragenden Körperschaft angesetzten Werte sind, ist der Wertansatz in der steuerlichen Schlussbilanz dementsprechend zu berichtigen. Der Bilanzberichtigung steht die Unwiderruflichkeit des Antrags nach § 3 Abs. 2 Satz 2 UmwStG nicht entgegen. Liegt der gemeine Wert unter dem Buchwert, ist Randnr. 03.12 zu beachten.

Setzt die übertragende Körperschaft hingegen die übergehenden Wirtschaftsgüter in der steuerlichen Schlussbilanz einheitlich zum Zwischenwert an, bleiben vorrangig diese Wertansätze maßgebend, sofern dieser Wert oberhalb des Buchwerts und unterhalb des gemeinen Werts liegt.

### 3. Fiktive Körperschaftsteueranrechnung nach § 3 Abs. 3 UmwStG

**03.31** § 3 Abs. 3 UmwStG gilt insbesondere bei Verschmelzung einer Körperschaft mit Ort der Geschäftsleitung im Inland auf eine Personengesellschaft ausländischer Rechtsform, die die Voraussetzungen des Artikels 3 Richtlinie 2009/133/EG erfüllt, soweit

- die übertragenen Wirtschaftsgüter einer Betriebsstätte der übertragenden Körperschaft in einem anderen EU-Mitgliedstaat zuzurechnen sind,
- die Bundesrepublik Deutschland die Doppelbesteuerung bei der übertragenden Körperschaft nicht durch Freistellung vermeidet (§ 3 Abs. 3 Satz 2 UmwStG) und
- das Recht der Bundesrepublik Deutschland hinsichtlich der Besteuerung des Gewinns aus der Veräußerung der übertragenen Wirtschaftsgüter bei den Gesellschaftern der übernehmenden Personengesellschaft ausgeschlossen oder beschränkt wird (§ 3 Abs. 2 Satz 1 Nr. 2 UmwStG).

**03.32** Zur Ermittlung des Betrags der nach § 3 Abs. 3 UmwStG anrechenbaren ausländischen Körperschaftsteuer ist regelmäßig ein Auskunftsersuchen nach § 117 AO an den ausländischen Betriebsstättenstaat erforderlich.

## B. Auswirkungen auf den Gewinn des übernehmenden Rechtsträgers (§ 4 UmwStG)

### I. Wertverknüpfung

**04.01** Der übernehmende Rechtsträger hat die auf ihn übergehenden Wirtschaftsgüter mit Wirkung zum steuerlichen Übertragungsstichtag (§ 2 UmwStG) mit den Wertansätzen zu übernehmen, die die übertragende Körperschaft in deren steuerlicher Schlussbilanz (§ 3 UmwStG) angesetzt hat. Das gilt auch, wenn übertragender Rechtsträger eine steuerbefreite oder eine ausländische Körperschaft ist. Auch für diejenigen Bilanzansätze, bei denen es an der Wirtschaftsguteigenschaft fehlt (z. B. Rechnungsabgrenzungsposten, Sammelposten nach § 6 Abs. 2 a EStG), sind nach § 4 Abs. 2 Satz 1 UmwStG die Wertansätze aus der steuerlichen Schlussbilanz der übertragenden Körperschaft zu übernehmen (vgl. Randnr. 03.04).

Ist die übertragende Körperschaft an der übernehmenden Personengesellschaft beteiligt, gehören zum übergehenden Vermögen auch die der übertragenden Körperschaft anteilig zuzurechnenden Wirtschaftsgüter der übernehmenden Personengesellschaft. Auf Randnr. 03.10 wird hingewiesen. **04.02**

Bei der Verschmelzung durch Aufnahme auf eine bereits bestehende Personengesellschaft stellt die Übernahme des Betriebsvermögens einen laufenden Geschäftsvorfall dar. Bei der Verschmelzung durch Neugründung ist auf den steuerlichen Übertragungsstichtag eine steuerliche Eröffnungsbilanz zu erstellen. **04.03**

Gilt für einen übernommenen Wertansatz i. S. d. Randnr. 04.01 zu den auf den steuerlichen Übertragungsstichtag folgenden Bilanzstichtagen ein steuerliches Wahlrecht (z. B. Rücklage nach § 6 b EStG), kann dieses Wahlrecht auch an den nachfolgenden Bilanzstichtagen unabhängig von der handelsrechtlichen Jahresbilanz ausgeübt werden. **04.04**

## II. Erweiterte Wertaufholung – Beteiligungskorrekturgewinn

Nach § 4 Abs. 1 Satz 2 UmwStG sind die Anteile des übernehmenden Rechtsträgers an der übertragenden Körperschaft zum steuerlichen Übertragungsstichtag mit dem Buchwert anzusetzen, allerdings erhöht um steuerwirksame Abschreibungen, die in früheren Jahren vorgenommen worden sind, sowie um Abzüge nach § 6 b EStG und ähnliche Abzüge, höchstens jedoch bis zum gemeinen Wert. **04.05**

Die Hinzurechnung gem. § 4 Abs. 1 Satz 2 UmwStG betrifft ausschließlich die am steuerlichen Übertragungsstichtag im Betriebsvermögen des übernehmenden Rechtsträgers gehaltenen Anteile, bei denen der Buchwert um entsprechende Abzüge steuerwirksam gemindert wurde und am steuerlichen Übertragungsstichtag unter dem gemeinen Wert liegt. Für Anteile, die am steuerlichen Übertragungsstichtag vor Anwendung des § 5 UmwStG zum Betriebsvermögen eines Anteilseigners gehören, enthält § 5 Abs. 3 UmwStG eine entsprechende Regelung (vgl. Randnr. 05.10). **04.06**

Abweichend vom allgemeinen Wertaufholungsgebot gem. § 6 Abs. 1 Nr. 1 Satz 4 und Nr. 2 Satz 3 EStG sind nach § 4 Abs. 1 Satz 2 UmwStG bzw. nach § 5 Abs. 3 UmwStG ausschließlich die dort aufgeführten Wertminderungen vor Ermittlung des Übernahmeergebnisses bis zum gemeinen Wert wieder hinzuzurechnen. Eine Wertaufholung ist jedoch nicht vorzunehmen, soweit bis zum Ablauf des steuerlichen Übertragungsstichtags eine steuerwirksame Wertaufholung (§ 6 Abs. 1 Nr. 2 Satz 3 i. V. m § 6 Abs. 1 Nr. 1 Satz 4 EStG) stattgefunden hat oder die Rücklage nach § 6 b Abs. 3 EStG gewinnerhöhend aufgelöst worden ist. Steuerwirksame Teilwertabschreibungen sind vor nicht voll steuerwirksamen Teilwertabschreibungen hinzuzurechnen. **04.07**

Der Beteiligungskorrekturgewinn gehört nicht zum Übernahmegewinn und ist nach den allgemeinen Grundsätzen zu besteuern. Dies gilt nach § 4 Abs. 1 Satz 2 und 3 UmwStG auch insoweit, als die Anteile in früheren Jahren nur zum Teil steuerwirksam (z. B. anteilig nach § 3 c Abs. 2 EStG) abge- **04.08** schrieben worden sind. Durch die Erhöhung des Buchwerts mindert sich das Übernahmeergebnis (vgl. Randnr. 04.27).

### III. Eintritt in die steuerliche Rechtsstellung (§ 4 Abs. 2 und 3 UmwStG)

#### 1. Absetzungen für Abnutzung

**04.09** Der übernehmende Rechtsträger tritt in die steuerliche Rechtsstellung der übertragenden Körperschaft auch hinsichtlich ihrer historischen Anschaffungs- oder Herstellungskosten ein.

**04.10** Der Eintritt in die steuerliche Rechtsstellung der übertragenden Körperschaft erfolgt nach § 4 Abs. 3 UmwStG auch dann, wenn die übergegangenen Wirtschaftsgüter in der steuerlichen Schlussbilanz der übertragenden Körperschaft mit dem Zwischenwert oder mit dem gemeinen Wert angesetzt worden sind. Die Absetzungen für Abnutzung bemessen sich dann bei dem übernehmenden Rechtsträger:

- in den Fällen des § 7 Abs. 4 Satz 1 und Abs. 5 EStG nach der bisherigen Bemessungsgrundlage, vermehrt um den Aufstockungsbetrag (= Differenz zwischen dem Buchwert der Gebäude unmittelbar vor Aufstellung der steuerlichen Schlussbilanz und dem Wert, mit dem die Körperschaft die Gebäude in der steuerlichen Schlussbilanz angesetzt hat). Auf diese Bemessungsgrundlage ist der bisherige Prozentsatz weiterhin anzuwenden. Wird in den Fällen des § 7 Abs. 4 Satz 1 EStG die volle Absetzung innerhalb der tatsächlichen Nutzungsdauer nicht erreicht, können die Absetzungen für Abnutzung nach der Restnutzungsdauer des Gebäudes bemessen werden;
- in allen anderen Fällen nach dem Wert, mit dem die Körperschaft die Wirtschaftsgüter in der steuerlichen Schlussbilanz angesetzt hat, und der Restnutzungsdauer dieser Wirtschaftsgüter. Das gilt auch für übergehende entgeltlich erworbene immaterielle Wirtschaftsgüter mit Ausnahme eines Geschäfts- oder Firmenwerts. Die Restnutzungsdauer ist nach den Verhältnissen am steuerlichen Übertragungsstichtag neu zu schätzen (BFH vom 29. 11. 2007 IV R 73/02, BStBl. 2008 II S. 407);
- für die Absetzungen für Abnutzung eines Geschäfts- oder Firmenwerts gilt § 7 Abs. 1 Satz 3 EStG. Auch wenn zum steuerlichen Übertragungsstichtag bereits ein (derivativer) Geschäfts- oder Firmenwert vorhanden ist, bemessen sich die Absetzungen für Abnutzung wegen § 7 Abs. 1 Satz 3 EStG nicht nach der Restnutzungsdauer. In diesen Fällen ist der Geschäfts- oder Firmenwert nach der bisherigen Bemessungsgrundlage ggf. vermehrt um einen Aufstockungsbetrag einheitlich mit $^1/_{15}$ abzuschreiben.

**04.11** Zu späteren Bilanzstichtagen bilden die fortgeführten ursprünglichen Anschaffungs- oder Herstellungskosten (ggf. gemindert um Absetzungen für Abnutzung, Abzüge nach § 6 b EStG usw., und erhöht um nachträgliche Anschaffungs- oder Herstellungskosten) oder bei einem am steuerlichen Übertragungsstichtag angesetzten höheren gemeinen Wert oder Zwischenwert dieser fortgeführte Wert die Bewertungsobergrenze i. S. d. § 6 Abs. 1 EStG sowie einer Wertaufholungspflicht i. S. d. § 6 Abs. 1 Nr. 1 Satz 4 oder Nr. 2 Satz 3 EStG.

## 2. Verlustabzug bei Auslandsbetriebsstätten

Die entgeltliche oder unentgeltliche Übertragung einer in einem ausländischen Staat belegenen Betriebsstätte führt zur Nachversteuerung von zuvor nach § 2 a Abs. 3 EStG a. F. bzw. § 2 Abs. 1 AuslInvG abgezogenen Verlusten (vgl. § 2 Abs. 4 EStG a. F. i. V. m. § 52 Abs. 3 EStG bzw. § 2 Abs. 2 AuslInvG i. V. m. § 8 Abs. 5 Satz 2 AuslInvG) noch bei der übertragenden Körperschaft. Gleiches gilt nach den genannten Vorschriften im Fall der Umwandlung einer im ausländischen Staat belegenen Betriebsstätte in eine Kapitalgesellschaft. **04.12**

## 3. Besonderheiten bei Unterstützungskassen (§ 4 Abs. 2 Satz 4 UmwStG)

Ist die übertragende Körperschaft eine Unterstützungskasse, erhöht sich der laufende Gewinn des übernehmenden Rechtsträgers in dem Wirtschaftsjahr, in das der Umwandlungsstichtag fällt, um die von ihm, seinen Gesellschaftern oder seinen Rechtsvorgängern an die Unterstützungskasse geleisteten Zuwendungen nach § 4 d EStG; § 15 Abs. 1 Satz 1 Nr. 2 Satz 2 EStG gilt sinngemäß. Damit wird der Betriebsausgabenabzug der Zuwendungen an die Unterstützungskasse in der Rechtsform einer Körperschaft wieder rückgängig gemacht, soweit sie von der übernehmenden Personengesellschaft oder einem Mitunternehmer dieser Personengesellschaft getätigt wurden. **04.13**

## 4. Sonstige Folgen der Rechtsnachfolge

Die Vermögensübernahme stellt für Zwecke des § 6 b EStG und des § 7 g EStG keine begünstigte Anschaffung dar. **04.14**

Beim übernehmenden Rechtsträger werden Vorbesitzzeiten (z. B. § 6 b EStG, § 9 Nr. 2 a und 7 GewStG) angerechnet. Behaltefristen (z. B. nach § 7 g EStG oder dem InvZulG) werden durch den Übergang des Vermögens nicht unterbrochen. **04.15**

Ein in der steuerlichen Schlussbilanz des übertragenden Rechtsträgers entgegen § 5 EStG angesetztes Wirtschaftsgut (vgl. Randnr. 03.06) ist in der Steuerbilanz des übernehmenden Rechtsträgers auszuweisen und in der Folgezeit unter Anwendung des § 5 EStG ertragswirksam aufzulösen. Ein in der steuerlichen Schlussbilanz nach § 3 Abs. 1 Satz 1 UmwStG anzusetzender originärer Geschäfts- oder Firmenwert der übertragenden Körperschaft wird vom übernehmenden Rechtsträger aufgrund der Umwandlung angeschafft (vgl. Randnr. 00.02). Zu Ansatz- und Bewertungsvorbehalten bei der Übernahme von schuldrechtlichen Verpflichtungen vgl. BMF-Schreiben vom 24. 6. 2011, BStBl. I S. 627. **04.16**[1]

Ist die übertragende Körperschaft an einer Mitunternehmerschaft beteiligt und wurden in der steuerlichen Schlussbilanz Wirtschaftsgüter mit einem über dem Buchwert liegenden Wert ausgewiesen, ist der Aufstockungsbetrag in einer Ergänzungsbilanz bei dieser Mitunternehmerschaft für den übernehmenden Rechtsträger auszuweisen. **04.17**

---

[1] **Zusatz OFD Frankfurt v. 31. 3. 2017 S 1978 A – 43 – St 51:** Rn. 04.16 ist teilweise überholt durch §§ 4 f, 5 Abs. 7 EStG i. d. F. des AIFM-StAnpG.

## IV. Übernahmeergebnis

### 1. Zuordnung der Anteile zum Betriebsvermögen des übernehmenden Rechtsträgers

04.18 Ein Übernahmeergebnis ist nur für die Anteile zu ermitteln, die am steuerlichen Übertragungsstichtag zum Betriebsvermögen (einschließlich Sonderbetriebsvermögen) des übernehmenden Rechtsträgers gehören. Hierzu gehören auch die Anteile, die nach § 5 UmwStG dem Betriebsvermögen des übernehmenden Rechtsträgers zuzuordnen sind (vgl. Randnr. 05.01 ff.).

### 2. Personen- sowie ggf. anteilsbezogene Ermittlung

04.19 Geht das Vermögen der Körperschaft auf eine Personengesellschaft über, ist das Übernahmeergebnis grundsätzlich unter Berücksichtigung der individuellen Anschaffungskosten bzw. Buchwerte der Beteiligungen und der jeweiligen Höhe eines möglichen Sperrbetrags nach § 50 c EStG personenbezogen zu ermitteln. Dadurch kann z. B. bei einem Gesellschafter ein Übernahmegewinn und bei einem anderen Gesellschafter ein Übernahmeverlust entstehen.

04.20 Bei der Ermittlung des Übernahmeergebnisses ist Folgendes zu beachten:

– Für Anteile, die bereits vor dem steuerlichen Übertragungsstichtag zum Gesamthandsvermögen der übernehmenden Personengesellschaft gehört haben oder nach § 5 Abs. 1 UmwStG als zum steuerlichen Übertragungsstichtag dem Gesamthandsvermögen der Personengesellschaft zugeordnet gelten, ist das (anteilige) Übernahmeergebnis zu ermitteln und auf die bisherigen Mitunternehmer i. R. d. gesonderten und einheitlichen Feststellung entsprechend ihrer Beteiligung zu verteilen.
– Für Anteile, die bereits vor dem steuerlichen Übertragungsstichtag zu dem Sonderbetriebsvermögen des übernehmenden Rechtsträgers gehören oder nach § 5 Abs. 2 und 3 UmwStG dem Betriebsvermögen der Personengesellschaft zugeordnet werden, ist für jeden dieser Anteilseigner der übertragenden Körperschaft das Übernahmeergebnis gesondert zu ermitteln.

04.21 Für die Ermittlung des Übernahmeergebnisses ist grundsätzlich von einer einzigen Beteiligung auszugehen. Ausnahmsweise kann eine anteilsbezogene Betrachtung erforderlich sein, wenn die Anteile unterschiedlichen steuerlichen Bedingungen unterliegen (z. B. einbringungsgeborene Anteile oder Anteile i. S. d. § 4 Abs. 6 Satz 6 UmwStG).

04.22 Über den Beteiligungskorrekturgewinn, die auf die Mitunternehmer der übernehmenden Personengesellschaft entfallenden Anteile am Übernahmegewinn oder -verlust, die anteiligen Erhöhungs- und Minderungsbeträge i. S. d. § 4 Abs. 5 UmwStG sowie die Anwendung des § 4 Abs. 6 und 7 UmwStG entscheidet das für die gesonderte und einheitliche Feststellung der übernehmenden Personengesellschaft zuständige Finanzamt.

### 3. Ausländische Anteilseigner

04.23 Ausländische Anteilseigner von Körperschaften, die aufgrund der Umwandlung Mitunternehmer der Personengesellschaft werden, sind in die gesonderte und einheitliche Feststellung nach §§ 180 ff. AO nur insoweit einzubeziehen, als für die Bundesrepublik Deutschland zum steuerlichen Übertragungsstichtag ein Besteuerungsrecht hinsichtlich des Gewinns aus der Veräußerung der Anteile an der Körperschaft oder der Einkünfte i. S. d. § 7 UmwStG bestanden hat (anders bei der Einlagefiktion nach § 5 Abs. 2 und 3 UmwStG: vgl. Randnr. 05.07 und 05.09). Für Anteile i. S. d. § 5 Abs. 2 UmwStG ergibt sich z. B. das abkommensrechtliche Besteuerungsrecht für das Übernahmeergebnis in der Regel aus einer dem Art. 13 Abs. 5 OECD-MA vergleichbaren Vorschrift in einem DBA. Für die Bezüge i. S. d. § 7 UmwStG ergibt sich das deutsche Besteuerungsrecht regelmäßig aus einer dem Art. 10 OECD-MA vergleichbaren Vorschrift in einem DBA.

Ist an der übertragenden Körperschaft oder an der übernehmenden Personengesellschaft auch ein ausländischer Anteilseigner bzw. Mitunternehmer beteiligt und verfügt die übertragende Körperschaft über Betriebsvermögen in einem ausländischen Staat, mit dem z. B. kein DBA besteht, geht das Besteuerungsrecht der Bundesrepublik Deutschland an diesem Betriebsvermögen in dem Verhältnis verloren, wie der ausländische Anteilseigner bzw. Mitunternehmer am übernehmenden Rechtsträger beteiligt wird oder ist. **04.24**

In dem Umfang, in dem stille Reserven im Betriebsvermögen der Betriebsstätte in einem ausländischen Staat, mit dem z. B. kein DBA besteht, aufzudecken sind (vgl. Randnr. 03.19), ist für die inländischen Beteiligten der Aufstockungsbetrag anteilig – entsprechend ihrer Beteiligung am übernehmenden Rechtsträger – in einer negativen Ergänzungsbilanz auszuweisen. Für die ausländischen Beteiligten ergibt sich korrespondierend ein anteiliger Ausweis des Aufstockungsbetrags in einer positiven Ergänzungsbilanz.

**Beispiel:**

Die X-GmbH soll auf die bestehende Y-OHG (bisherige Mitunternehmer sind C und D zu je 50 %) verschmolzen werden. A und B sind jeweils zu 50 % Anteilseigner der X-GmbH und werden nach der Verschmelzung zu jeweils 30 % Mitunternehmer der Y-OHG. Die X-GmbH hat auch eine Betriebsstätte in einem ausländischen Staat, mit dem kein DBA besteht. Der Buchwert der Wirtschaftsgüter der ausländischen Betriebsstätte beträgt 200 000 € und der gemeine Wert beträgt 700 000 €. A, C und D haben ihren Wohnsitz im Inland und B hat seinen Wohnsitz und gewöhnlichen Aufenthalt im Ausland. Die X-GmbH beantragt den Ansatz der Buchwerte nach § 3 Abs. 2 UmwStG.

**Lösung:**

Die Voraussetzungen für die Buchwertfortführung gem. § 3 Abs. 2 UmwStG liegen in Bezug auf die (künftigen) Betriebsstätteneinkünfte nur für die auf die Inländer A, C und D entfallenden Anteile (zusammen 70 %) vor. Denn insoweit wird das deutsche Besteuerungsrecht nicht ausgeschlossen oder beschränkt. Soweit die ausländischen Wirtschaftsgüter künftig dem B zuzurechnen sind (30 %), wird das deutsche Besteuerungsrecht hinsichtlich des Gewinns aus deren Veräußerung ausgeschlossen und eine Buchwertfortführung ist nach § 3 Abs. 2 Satz 1 Nr. 2 UmwStG nicht zulässig. In der steuerlichen Schlussbilanz der X-GmbH sind die der ausländischen Betriebsstätte zuzuordnenden Wirtschaftsgüter mit 350 000 € (= 200 000 € + 30 % von 500 000 €) anzusetzen. Dieser Aufstockungsbetrag ist anteilig – entsprechend der Beteiligung von A, C und D am übernehmenden Rechtsträger (z. B. A = 30 % von 150 000 € = 45 000 €; insgesamt für A, C und D also 105 000 €) – in negativen Ergänzungsbilanzen bei der übernehmenden Personengesellschaft auszuweisen. Für B ergibt sich ein korrespondierender Ansatz in einer positiven Ergänzungsbilanz i. H. v. 105 000 €.
Wenn in dem Beispiel nicht B, sondern C im Ausland ansässig ist, gilt Entsprechendes.

## 4. Anteile, die nicht dem Betriebsvermögen des übernehmenden Rechtsträgers zuzurechnen sind

Für Anteilseigner, deren Anteile an der übertragenden Körperschaft zum steuerlichen Übertragungsstichtag nicht zum Betriebsvermögen des überneh- **04.25** menden Rechtsträgers gehören und diesem Betriebsvermögen auch nicht nach § 5 UmwStG oder nach § 27 Abs. 3 Nr. 1 UmwStG fiktiv zugerechnet werden, wird ein Übernahmeergebnis nicht ermittelt (vgl. Randnr. 04.18). Die Besteuerung der anteiligen offenen Rücklagen gem. § 7 UmwStG bleibt davon unberührt.

### 5. Entstehungszeitpunkt

04.26 Das Übernahmeergebnis entsteht mit Ablauf des steuerlichen Übertragungsstichtags (vgl. Randnr. 02.04). Das gilt auch für einen Übernahmefolgegewinn i. S. d. § 6 UmwStG (vgl. Randnr. 06.01 ff.).

### 6. Ermittlung des Übernahmeergebnisses

04.27 Das Übernahmeergebnis ist nach § 4 Abs. 4 und 5 UmwStG wie folgt zu ermitteln:

| | |
|---|---|
| | (Anteiliger) Wert, mit dem die übergegangenen Wirtschaftsgüter i. S. d. § 4 Abs. 1 Satz 1 UmwStG zu übernehmen sind (vgl. Randnr. 04.28) |
| + | Zuschlag für neutrales Vermögen (§ 4 Abs. 4 Satz 2 UmwStG; vgl. Randnr. 04.29) |
| ./. | Wert der Anteile an der übertragenden Körperschaft (ggf. nach Korrektur gem. § 4 Abs. 1 Satz 2 und Abs. 2 Satz 5 UmwStG; vgl. Randnr. 04.30 und 04.05 ff.) |
| ./. | Kosten des Vermögensübergangs (vgl. Randnr. 04.34 f.) |
| = | Übernahmeergebnis 1. Stufe (§ 4 Abs. 4 Satz 1 und 2 UmwStG) |
| + | Sperrbetrag nach § 50 c EStG (§ 4 Abs. 5 Satz 1 UmwStG; vgl. Randnr. 04.37) |
| ./. | Bezüge, die nach § 7 UmwStG zu den Einkünften aus Kapitalvermögen i. S. d. § 20 Abs. 1 Nr. 1 EStG gehören (§ 4 Abs. 5 Satz 2 UmwStG) |
| = | Übernahmeergebnis 2. Stufe (§ 4 Abs. 4 und 5 UmwStG) |
| | (Dieser Wert ist Gegenstand der gesonderten und einheitlichen Feststellung) |

**Beispiel 1:**

An einer GmbH sind die natürlichen Personen A mit 50 %, B mit 30 % und C mit 20 % beteiligt. A und B sind im Inland unbeschränkt einkommensteuerpflichtig und abkommensrechtlich ansässig. A hält seinen Anteil (Anschaffungskosten = 400 000 €) an der GmbH im Privatvermögen, der Anteil des B (Buchwert = 100 000 €) wird in dessen Betriebsvermögen gehalten. C ist im Ausland ansässig und hält seinen Anteil (Anschaffungskosten = 100 000 €) im Privatvermögen. Nach dem mit dem Wohnsitzstaat des C abgeschlossenen DBA steht das Besteuerungsrecht für Gewinne aus der Veräußerung von Anteilen an Kapitalgesellschaften nur dem Wohnsitzstaat zu. Für Dividenden sieht das DBA ein Quellensteuerrecht entsprechend dem Art. 10 OECD-MA vor.

Die GmbH wird durch Formwechsel in eine KG umgewandelt. In der steuerlichen Schlussbilanz der GmbH werden die übergehenden Wirtschaftsgüter auf Antrag zulässigerweise (einheitlich) mit dem Buchwert (Buchwerte insgesamt = 2 000 000 €; davon Nennkapital = 1 400 000 € und offene Rücklagen = 600 000 €) angesetzt und von der KG entsprechend übernommen. Von den Umwandlungskosten entfallen 20 000 € auf die KG. Der gemeine Wert des übertragenen Vermögens beträgt 4 000 000 €.

Steuerlicher Übertragungsstichtag ist der 31. 12. 01. Das Wirtschaftsjahr der an der Umwandlung beteiligten Rechtsträger entspricht dem Kalenderjahr.

**Lösung:**

Die KG hat die steuerlichen Buchwerte zu übernehmen (§ 4 Abs. 1 Satz 1 UmwStG). Die bisherigen Anteile von A und C an der GmbH gelten nach § 5 Abs. 2 UmwStG als zu den Anschaffungskosten in das Betriebsvermögen der KG eingelegt. Der bisherige Anteil des B gilt nach § 5 Abs. 3 UmwStG als zum Buchwert in das Betriebsvermögen der Übernehmerin überführt.

Für die Gesellschafter A, B und C erfolgt eine Ermittlung des Übernahmeergebnisses. Der auf den Gesellschafter C entfallende Anteil an einem Übernahmegewinn bleibt allerdings i. R. d. gesonderten und einheitlichen Feststellung außer Ansatz, weil nur steuerpflichtige Einkünfte festzustellen sind. Für die Bundesrepublik Deutschland hat ein Besteuerungsrecht hinsichtlich des Gewinns aus der Veräußerung dieses Anteils an der GmbH nach dem DBA mit dem Wohnsitzstaat des C insoweit nicht bestanden; Gleiches würde auch für einen Übernahmeverlust gelten. Aufgrund des abkommensrechtlichen Quellensteuerrechts sind die Bezüge i. S. d. § 7 UmwStG jedoch in die Feststellung mit einzubeziehen (vgl. Randnr. 07.02).

Die auf die Gesellschafter entfallenden Anteile am Übernahmeergebnis i. S. d. § 4 UmwStG und den Bezügen i. S. d. § 7 UmwStG sind für den Veranlagungszeitraum 01 wie folgt zu ermitteln:

| | A | B | C | Summe |
|---|---|---|---|---|
| **a) Übernahmeergebnis** | | | | |
| Wert des übernommenen Vermögens | 1 000 000 € | 600 000 € | 400 000 € | 2 000 000 € |
| + Zuschlag für neutrales Vermögen | 0 € | 0 € | 0 € | 0 € |
| ./. Wert der Anteile an der GmbH | 400 000 € | 100 000 € | 100 000 € | 600 000 € |
| ./. Kosten des Vermögensübergangs | 10 000 € | 6000 € | 4000 € | 20 000 € |
| **= Übernahmeergebnis 1. Stufe** | 590 000 € | 494 000 € | 296 000 € | 1 380 000 € |
| ./. Bezüge nach § 7 UmwStG | 300 000 € | 180 000 € | 120 000 € | 600 000 € |
| **= Übernahmeergebnis 2. Stufe** | 290 000 € | 314 000 € | 176 000 € | 780 000 € |
| **davon stpfl. Übernahmeergebnis** (= Gegenstand der gesonderten und einheitlichen Feststellung) | **290 000 €** | **314 000 €** | **0 €** | **604 000 €** |
| **b) Bezüge nach § 7 UmwStG** | 300 000 € | 180 000 € | 120 000 € | 600 000 € |
| davon einzubeziehen in das Feststellungsverfahren (vor Anwendung von § 3 Nr. 40 EStG) | 300 000 € | 180 000 € | 120 000 € | 600 000 € |
| anzurechnende Kapitalertragsteuer (25 %) | 75 000 € | 45 000 € | 30 000 €[1] | |
| [1] DBA-Quellensteuerrecht | | | | |
| **Gesonderte und einheitliche Feststellung:** | | | | |
| a) Übernahmeergebnis gem. § 4 UmwStG | 290 000 € | 314 000 € | 0 € | 604 000 € |
| b) Bezüge gem. § 7 UmwStG | 300 000 € | 180 000 € | 120 000 € | 600 000 € |
| **= Einkünfte aus Gewerbebetrieb** | **590 000 €** | **494 000 €** | **120 000 €** | **1 204 000 €** |

**Beispiel 2:**

Die im EU-Ausland ansässige EU-Kapitalgesellschaft (ohne inländische Betriebsstätte) wird auf eine gewerbliche EU-Personengesellschaft mit Sitz und Geschäftsleitung im EU-Ausland umgewandelt. Gesellschafter der EU-Kapitalgesellschaft sind die natürlichen Personen A mit 50 %, B mit 30 % und C mit 20 %. A und B sind im Inland unbeschränkt einkommensteuerpflichtig und abkommensrechtlich ansässig. A hält seinen Anteil (Anschaffungskosten =

400 000 €) an der EU-Kapitalgesellschaft im Privatvermögen, der Anteil des B (Buchwert = 100 000 €) wird in dessen Betriebsvermögen gehalten. C ist im Ausland ansässig und hält seinen Anteil (Anschaffungskosten = 100 000 €) im Privatvermögen.
Nach dem mit dem Sitzstaat der EU-Kapitalgesellschaft abgeschlossenen DBA steht das Besteuerungsrecht für Gewinne aus der Veräußerung von Anteilen an Kapitalgesellschaften nur dem Wohnsitzstaat zu. Für Dividenden steht das Besteuerungsrecht dem Wohnsitzstaat des Gesellschafters zu (vgl. Art. 10 Abs. 1 OECD-MA). Der Sitzstaat der EU-Kapitalgesellschaft hat ein Quellenbesteuerungsrecht (vgl. Art. 10 Abs. 2 OECD-MA).
In der steuerlichen Schlussbilanz der EU-Kapitalgesellschaft werden die übergehenden Wirtschaftsgüter zulässigerweise einheitlich mit dem Buchwert (Buchwerte insgesamt = 2 000 000 €; davon Nennkapital = 1 400 000 € und offene Rücklagen = 600 000 €) angesetzt und von der EU-Personengesellschaft entsprechend übernommen. Von den Umwandlungskosten entfallen 20 000 € auf die EU-Personengesellschaft. Der gemeine Wert des übertragenen Vermögens beträgt 4 000 000 €.
Kapitalertragsteuer wurde im Ausland weder angemeldet noch abgeführt. Steuerlicher Übertragungsstichtag ist der 31. 12. 01. Das Wirtschaftsjahr der an der Umwandlung beteiligten Rechtsträger entspricht dem Kalenderjahr.

**Lösung:**

Die EU-Personengesellschaft hat die steuerlichen Schlussbilanzwerte der EU-Kapitalgesellschaft zu übernehmen (§ 4 Abs. 1 Satz 1 UmwStG). Die bisherigen Anteile von A und C an der EU-Kapitalgesellschaft gelten nach § 5 Abs. 2 UmwStG als zu den Anschaffungskosten in das Betriebsvermögen der EU-Personengesellschaft eingelegt, der bisherige Anteil des B gilt nach § 5 Abs. 3 UmwStG als zum Buchwert in das Betriebsvermögen der EU-Personengesellschaft überführt.
Für die Gesellschafter A, B und C erfolgt eine Ermittlung des Übernahmeergebnisses. Der auf den Gesellschafter C entfallende Anteil am Übernahmegewinn i. S. d. § 4 UmwStG und den Bezügen i. S. d. § 7 UmwStG bleibt i. R. d. gesonderten und einheitlichen Feststellung außer Ansatz, weil für C im Inland keine (beschränkte) Steuerpflicht besteht; Gleiches würde auch für einen Übernahmeverlust gelten. Für die Bezüge i. S. d. § 7 UmwStG von A und B ist Art. 10 OECD-MA maßgeblich.
Die auf die Gesellschafter entfallenden Anteile am Übernahmeergebnis i. S. d. § 4 UmwStG und den Bezügen i. S. d. § 7 UmwStG sind für den Veranlagungszeitraum 01 wie folgt zu ermitteln:

| | A | B | C | Summe |
|---|---|---|---|---|
| **a) Übernahmeergebnis** | | | | |
| Wert des übernommenen Vermögens (Buchwert) | 1 000 000 € | 600 000 € | 400 000 € | 2 000 000 € |
| + Zuschlag für neutrales (Auslands-) Vermögen | 1 000 000 € | 600 000 € | 400 000 € | 2 000 000 € |
| ./. Wert der Anteile an der übertragenden GmbH | 400 000 € | 100 000 € | 100 000 € | 600 000 € |
| ./. Kosten des Vermögensübergangs | 10 000 € | 6000 € | 4000 € | 20 000 € |
| **= Übernahmeergebnis 1. Stufe** | 1 590 000 € | 1 094 000 € | 696 000 € | 3 380 000 € |
| ./. Bezüge nach § 7 UmwStG | 300 000 € | 180 000 € | 120 000 € | 600 000 € |
| **= Übernahmeergebnis 2. Stufe** | 1 290 000 € | 914 000 € | 576 000 € | 2 780 000 € |
| **davon stpfl. Übernahmeergebnis** (= Gegenstand der gesonderten und einheitlichen Feststellung) | **1 290 000 €** | **914 000 €** | **0 €** | **2 204 000 €** |
| **b) Bezüge nach § 7 UmwStG** | 300 000 € | 180 000 € | 120 000 € | 600 000 € |
| davon einzubeziehen in das Feststellungsverfahren (vor Anwendung von § 3 Nr. 40 EStG) | 300 000 € | 180 000 € | 0 € | 480 000 € |

| | A | B | C | Summe |
|---|---|---|---|---|
| **Gesonderte und einheitliche Feststellung:** | | | | |
| a) Übernahmeergebnis gem. § 4 UmwStG | 1 290 000 € | 914 000 € | 0 € | 2 204 000 € |
| b) Bezüge gem. § 7 UmwStG | 300 000 € | 180 000 € | 0 € | 480 000 € |
| **= Einkünfte aus Gewerbebetrieb** | **1 590 000 €** | **1 094 000 €** | **0 €** | **2 684 000 €** |

## 7. Wert, mit dem die übergegangenen Wirtschaftsgüter zu übernehmen sind

Die übergegangenen Wirtschaftsgüter sind mit den Werten der steuerlichen Schlussbilanz der übertragenden Körperschaft anzusetzen (vgl. Randnr. 04.01 ff.). **04.28**

## 8. Zuschlag für neutrales Vermögen (Auslandsvermögen)

Gehört zum übernommenen Vermögen auch Betriebsvermögen, für das die Bundesrepublik Deutschland am steuerlichen Übertragungsstichtag kein Besteuerungsrecht hat (z. B. aufgrund eines DBA durch Anwendung der Freistellungsmethode oder weil die übertragende Körperschaft in Deutschland nur beschränkt oder gar nicht steuerpflichtig ist), ist insoweit ausschließlich für Zwecke der Ermittlung des Übernahmeergebnisses der gemeine Wert dieses Vermögens anzusetzen (§ 4 Abs. 4 Satz 2 UmwStG). Der Zuschlag für neutrales Vermögen ist i. H. der Differenz zwischen dem gemeinen Wert des Auslandsvermögens und dessen Wert in der steuerlichen Schlussbilanz des übertragenden Rechtsträgers vorzunehmen. **04.29**

**Beispiel 1:**

An der GmbH sind die natürlichen Personen A mit 50 %, B mit 30 % und C mit 20 % beteiligt. A und B sind im Inland unbeschränkt einkommensteuerpflichtig und abkommensrechtlich ansässig. A hält seinen Anteil (Anschaffungskosten = 400 000 €) an der GmbH im Privatvermögen, der Anteil des B (Buchwert = 100 000 €) wird in dessen Betriebsvermögen gehalten. C ist im Ausland ansässig und hält seinen Anteil (Anschaffungskosten = 100 000 €) im Privatvermögen. Nach dem mit dem Wohnsitzstaat des C abgeschlossenen DBA steht das Besteuerungsrecht für Gewinne aus der Veräußerung von Anteilen an Kapitalgesellschaften nur dem Wohnsitzstaat zu. Die GmbH unterhält eine DBA-Freistellungsbetriebsstätte im Ausland. Für Dividenden sieht das DBA ein Quellensteuerrecht entsprechend dem Art. 10 OECD-MA vor.
Die GmbH wird formwechselnd in eine KG umgewandelt. In der steuerlichen Schlussbilanz der GmbH werden die übergehenden Wirtschaftsgüter zulässigerweise einheitlich mit dem Buchwert (Buchwerte insgesamt = 2 000 000 €; davon Nennkapital = 1 400 000 € und offene Rücklagen = 600 000 €) angesetzt und von der KG entsprechend übernommen. Von den Umwandlungskosten entfallen 20 000 € auf die KG. Die Buchwerte des inländischen Vermögens betragen 1 500 000 € (gemeiner Wert = 2 800 000 €) und des ausländischen Vermögens 500 000 € (gemeiner Wert = 1 200 000 €).
Steuerlicher Übertragungsstichtag ist der 31. 12. 01. Das Wirtschaftsjahr der an der Umwandlung beteiligten Rechtsträger entspricht dem Kalenderjahr.

**Lösung:**

Die KG hat die steuerlichen Buchwerte zu übernehmen (§ 4 Abs. 1 Satz 1 UmwStG). Die bisherigen Anteile von A und C an der GmbH gelten nach § 5 Abs. 2 UmwStG als zu den Anschaffungskosten in das Betriebsvermögen der KG eingelegt. Der bisherige Anteil des B gilt nach § 5 Abs. 3 UmwStG als zum Buchwert in das Betriebsvermögen der KG überführt.

Für die Gesellschafter A, B und C erfolgt eine Ermittlung des Übernahmeergebnisses. Der auf den Gesellschafter C entfallende Anteil an einem Übernahmegewinn bleibt allerdings i. R. d. gesonderten und einheitlichen Feststellung außer Ansatz, weil nur steuerpflichtige Einkünfte festzustellen sind. Für die Bundesrepublik Deutschland hat ein Besteuerungsrecht hinsichtlich des Gewinns aus der Veräußerung dieses Anteils an der GmbH nach dem DBA mit dem Wohnsitzstaat des C insoweit nicht bestanden; Gleiches würde auch für einen Übernahmeverlust gelten. Aufgrund des abkommensrechtlichen Quellensteuerrechts sind die Bezüge i. S. d. § 7 UmwStG jedoch in die Feststellung mit einzubeziehen (vgl. Randnr. 07.02).
Nach § 4 Abs. 4 Satz 2 UmwStG ist i. R. d. Ermittlung des Übernahmeergebnisses für die Gesellschafter A, B und C ein Zuschlag für neutrales Vermögen (Auslandsvermögen) anzusetzen (1 200 000 € [= gemeiner Wert] ./. 500 000 € [= Buchwert] = 700 000 €; davon Anteil des A = 350 000 €, Anteil des B = 210 000 € und Anteil des C = 140 000 €).
Die auf die Gesellschafter entfallenden Anteile am Übernahmeergebnis i. S. d. § 4 UmwStG und den Bezügen i. S. d. § 7 UmwStG sind für den Veranlagungszeitraum 01 wie folgt zu ermitteln:

| | A | B | C | Summe |
|---|---|---|---|---|
| **a) Übernahmeergebnis** | | | | |
| Wert des übernommenen Vermögens (Buchwert) | 1 000 000 € | 600 000 € | 400 000 € | 2 000 000 € |
| + Zuschlag für neutrales (Auslands-) Vermögen | 350 000 € | 210 000 € | 140 000 € | 700 000 € |
| ./. Wert der Anteile an der übertragenden GmbH | 400 000 € | 100 000 € | 100 000 € | 600 000 € |
| ./. Kosten des Vermögensübergangs | 10 000 € | 6000 € | 4000 € | 20 000 € |
| **= Übernahmeergebnis 1. Stufe** | 940 000 € | 704 000 € | 436 000 € | 2 080 000 € |
| ./. Bezüge nach § 7 UmwStG | 300 000 € | 180 000 € | 120 000 € | 600 000 € |
| **= Übernahmeergebnis 2. Stufe** | 640 000 € | 524 000 € | 316 000 € | 1 480 000 € |
| **davon stpfl. Übernahmeergebnis** | **640 000 €** | **524 000 €** | **0 €** | **1 060 000 €** |
| (= Gegenstand der gesonderten und einheitlichen Feststellung) | | | | |
| **b) Bezüge nach § 7 UmwStG** | 300 000 € | 180 000 € | 120 000 € | 600 000 € |
| davon einzubeziehen in das Feststellungsverfahren (vor Anwendung von § 3 Nr. 40 EStG) | 300 000 € | 180 000 € | 120 000 € | 600 000 € |
| anzurechnende Kapitalertragsteuer (25 %) | 75 000 € | 45 000 € | 30 000 € [1] | |
| [1] DBA-Quellensteuerrecht | | | | |
| **Gesonderte und einheitliche Feststellung:** | | | | |
| a) Übernahmeergebnis gem. § 4 UmwStG | 640 000 € | 524 000 € | 0 € | 1 164 000 € |
| b) Bezüge gem. § 7 UmwStG | 300 000 € | 180 000 € | 120 000 € | 600 000 € |
| **= Einkünfte aus Gewerbebetrieb** | **940 000 €** | **704 000 €** | **120 000 €** | **1 764 000 €** |

**Beispiel 2:**

Die im EU-Ausland ansässige EU-Kapitalgesellschaft mit einer im Inland befindlichen gewerblichen Betriebsstätte wird auf eine gewerbliche EU-Personengesellschaft mit Sitz und Geschäftsleitung im EU-Ausland umgewandelt. Gesellschafter der EU-Kapitalgesellschaft sind die natürlichen Personen A mit 50 %, B mit 30 % und C mit 20 %. A und B sind im Inland

unbeschränkt einkommensteuerpflichtig und abkommensrechtlich ansässig. A hält seinen Anteil (Anschaffungskosten = 400 000 €) an der EU-Kapitalgesellschaft im Privatvermögen, der Anteil des B (Buchwert = 100 000 €) wird in dessen Betriebsvermögen gehalten. C ist im EU-Ausland ansässig und hält seinen Anteil (Anschaffungskosten = 100 000 €) im Privatvermögen.
Nach dem mit dem Wohnsitzstaat des C abgeschlossenen DBA steht das Besteuerungsrecht für Gewinne aus der Veräußerung von Anteilen an Kapitalgesellschaften nur dem Wohnsitzstaat zu. Für Dividenden steht das Besteuerungsrecht dem Wohnsitzstaat des Gesellschafters zu (vgl. Art. 10 Abs. 1 OECD-MA).
In der steuerlichen Schlussbilanz der EU-Kapitalgesellschaft werden die übergehenden Wirtschaftsgüter auf Antrag zulässigerweise einheitlich mit dem Buchwert angesetzt und von der EU-Personengesellschaft entsprechend übernommen.
Kapitalertragsteuer wurde im Ausland weder angemeldet noch abgeführt. Von den Umwandlungskosten entfallen 20 000 € auf die EU-Personengesellschaft. Die Buchwerte des inländischen Vermögens betragen 500 000 € (gemeiner Wert = 1 200 000 €) und des ausländischen Vermögens 1 500 000 € (gemeiner Wert = 2 800 000 €).
Steuerlicher Übertragungsstichtag ist der 31. 12. 01. Das Wirtschaftsjahr der an der Umwandlung beteiligten Rechtsträger entspricht dem Kalenderjahr.

**Lösung:**
Die EU-Personengesellschaft hat die steuerlichen Schlussbilanzwerte der EU-Kapitalgesellschaft zu übernehmen (§ 4 Abs. 1 Satz 1 UmwStG). Die bisherigen Anteile von A und C an der EU-Kapitalgesellschaft gelten nach § 5 Abs. 2 UmwStG als zu den Anschaffungskosten in das Betriebsvermögen der EU-Personengesellschaft eingelegt. Der bisherige Anteil des B gilt nach § 5 Abs. 3 UmwStG als zum Buchwert in das Betriebsvermögen der EU-Personengesellschaft überführt.
Für die Gesellschafter A, B und C erfolgt eine Ermittlung des Übernahmeergebnisses. Nach § 4 Abs. 4 Satz 2 UmwStG ist i. R. d. Ermittlung des Übernahmeergebnisses ein Zuschlag für neutrales Vermögen (Auslandsvermögen) anzusetzen (2 800 000 € (= gemeiner Wert) ./. 1 500 000 € (= Buchwert) = 1 300 000 €; davon Anteil des A = 650 000 €, Anteil des B = 390 000 € und Anteil des C = 260 000 €).
Der auf C entfallende Anteil am Übernahmeergebnis i. S. d. § 4 UmwStG und den Bezügen i. S. d. § 7 UmwStG bleibt i. R. d. gesonderten und einheitlichen Feststellung außer Ansatz, weil für C im Inland keine (beschränkte) Steuerpflicht besteht. Für die Bezüge i. S. d. § 7 UmwStG von A und B ist Art. 10 OECD-MA maßgeblich.
Die auf die Gesellschafter entfallenden Anteile am Übernahmeergebnis i. S. d. § 4 UmwStG und den Bezügen i. S. d. § 7 UmwStG sind für den Veranlagungszeitraum 01 wie folgt zu ermitteln:

| | A | B | C | Summe |
|---|---|---|---|---|
| **a) Übernahmeergebnis** | | | | |
| Wert des übernommenen Vermögens (Buchwert) | 1 000 000 € | 600 000 € | 400 000 € | 2 000 000 € |
| + Zuschlag für neutrales (Auslands-) Vermögen | 650 000 € | 390 000 € | 260 000 € | 1 300 000 € |
| ./. Wert der Anteile an der übertragenden GmbH | 400 000 € | 100 000 € | 100 000 € | 600 000 € |
| ./. Kosten des Vermögensübergangs | 10 000 € | 6000 € | 4000 € | 20 000 € |
| **= Übernahmeergebnis 1. Stufe** | 1 240 000 € | 884 000 € | 556 000 € | 2 680 000 € |
| ./. Bezüge nach § 7 UmwStG | 300 000 € | 180 000 € | 120 000 € | 600 000 € |
| **= Übernahmeergebnis 2. Stufe** | 940 000 € | 704 000 € | 436 000 € | 2 080 000 € |
| **davon stpfl. Übernahmeergebnis** | **940 000 €** | **704 000 €** | **0 €** | **1 644 000 €** |
| (= Gegenstand der gesonderten und einheitlichen Feststellung) | | | | |

| | A | B | C | Summe |
|---|---|---|---|---|
| **b) Bezüge nach § 7 UmwStG** | 300 000 € | 180 000 € | 120 000 € | 600 000 € |
| davon einzubeziehen in das Feststellungsverfahren (vor Anwendung von § 3 Nr. 40 EStG) | 300 000 € | 180 000 € | 0 € | 480 000 € |
| **Gesonderte und einheitliche Feststellung:** | | | | |
| a) Übernahmeergebnis gem. § 4 UmwStG | 940 000 € | 704 000 € | 0 € | 1 644 000 € |
| b) Bezüge gem. § 7 UmwStG | 300 000 € | 180 000 € | 0 € | 480 000 € |
| **= Einkünfte aus Gewerbebetrieb** | **1 240 000 €** | **884 000 €** | **0 €** | **2 124 000 €** |

## 9. Anteile an der übertragenden Körperschaft

### a) Zuordnung der Anteile

04.30 Gehören am steuerlichen Übertragungsstichtag unter Berücksichtigung des § 5 UmwStG nicht alle Anteile an der übertragenden Körperschaft zum Betriebsvermögen des übernehmenden Rechtsträgers, bleibt der auf diese Anteile entfallende Wert der übergegangenen Wirtschaftsgüter bei der Ermittlung des Übernahmeergebnisses insoweit außer Ansatz (§ 4 Abs. 4 Satz 3 UmwStG).

**Beispiel:**

80 % der Anteile an der übertragenden Kapitalgesellschaft gehören am steuerlichen Übertragungsstichtag – unter Berücksichtigung des § 5 UmwStG – zum Betriebsvermögen der übernehmenden Personengesellschaft. 20 % der Anteile gehören zum Privatvermögen von Anteilseignern, die jeweils zu weniger als 1 % an der übertragenden Kapitalgesellschaft beteiligt sind.

**Lösung:**

In Höhe von 20 % bleibt der Wert der übergegangenen Wirtschaftsgüter bei der Ermittlung des Übernahmegewinns oder -verlusts außer Ansatz. Für die 20 % der Anteile entfällt die Ermittlung eines Übernahmegewinns oder -verlusts.

### b) Folgen bei ausstehenden Einlagen

04.31 Ausstehende Einlagen haben die Anschaffungskosten der Beteiligung unabhängig davon, ob sie eingefordert oder nicht eingefordert sind, bereits erhöht. Die Anschaffungskosten sind daher für Zwecke der Ermittlung des Übernahmeergebnisses um diese Beträge zu mindern (vgl. auch Randnr. 03.05).

### c) Steuerliche Behandlung eigener Anteile

04.32 Bis zur Geltung des Gesetzes zur Modernisierung des Bilanzrechts (Bilanzrechtsmodernisierungsgesetz – BilMoG) vom 25. 5. 2009, BGBl. I S. 1102, gilt für die Behandlung eigener Anteile bei Umwandlungen Folgendes:

Bei der übertragenden Körperschaft gehen die eigenen Anteile durch die Umwandlung unter und sind in der steuerlichen Schlussbilanz nicht mehr zu erfassen. Diese sind daher entweder gewinnneutral auszubuchen oder der hierdurch entstehende Buchverlust ist außerhalb der Bilanz bei der Einkommensermittlung hinzuzurechnen (vgl. Randnr. 03.05).

04.33 Der Übernahmegewinn ergibt sich in diesem Fall aus dem Unterschiedsbetrag zwischen dem Wert, mit dem die übergegangenen Wirtschaftsgüter nach § 4 Abs. 1 Satz 1 UmwStG zu übernehmen sind, und dem Buchwert der restlichen Anteile an der übertragenden Körperschaft, wenn sie am steuerlichen

Übertragungsstichtag zum Betriebsvermögen des übernehmenden Rechtsträgers gehören (§ 4 Abs. 4 Satz 3 UmwStG). Für den Fall, dass auch nach Berücksichtigung des § 5 UmwStG nicht alle übrigen Anteile zum Betriebsvermögen des übernehmenden Rechtsträgers gehören, wird auf Randnr. 04.30 verwiesen.

**Beispiel (Rechtslage bis zur Geltung des BilMoG):**

A-GmbH

| | | |
|---|---|---|
| Gesellschafter B | = 30 % (Anschaffungskosten | = 30 000 €) |
| Gesellschafter C | = 30 % (Anschaffungskosten | = 90 000 €) |
| Gesellschafter D | = 30 % (Anschaffungskosten | = 100 000 €) |
| eigene Anteile A-GmbH | = 10 % (Anschaffungskosten | = 50 000 €) |

**Lösung:**

Die steuerliche Schlussbilanz der A-GmbH stellt sich wie folgt dar:

| | Buchwert | | Buchwert |
|---|---|---|---|
| Eigene Anteile | 0 € | Stammkapital | 100 000 € |
| Sonstige Aktiva | 1 250 000 € | Rücklagen | 200 000 € |
| | | Verbindlichkeiten | 950 000 € |
| | 1 250 000 € | | 1 250 000 € |

Die Anteile der Gesellschafter B, C und D sind dem Betriebsvermögen der übernehmenden Personengesellschaft gem. § 5 UmwStG zuzuordnen. Danach ergibt sich folgender Übernahmegewinn:

| | Gesamt | B | C | D |
|---|---|---|---|---|
| Buchwert des übergehenden Vermögens | 300 000 € | 100 000 € | 100 000 € | 100 000 € |
| Buchwert der Anteile (Anschaffungskosten) | 220 000 € | 30 000 € | 90 000 € | 100 000 € |
| **Übernahmeergebnis 1. Stufe** | **80 000 €** | **70 000 €** | **10 000 €** | **0 €** |

Der Buchwert der eigenen Anteile i. H. v. 50 000 € (Anschaffungskosten) ist bei der A-GmbH bei der steuerlichen Gewinnermittlung außerhalb der Bilanz hinzuzurechnen, wenn die Anteile gewinnmindernd ausgebucht worden sind.

## 10. Kosten des Vermögensübergangs

Als Kosten des Vermögensübergangs i. S. d. § 4 Abs. 4 Satz 1 UmwStG 04.34
sind nur die nicht objektbezogenen Kosten des übernehmenden Rechtsträgers – unabhängig vom Zeitpunkt der Entstehung – sowie auch die nicht objektbezogenen Kosten, die dem übertragenden Rechtsträger zuzuordnen und nach dem steuerlichen Übertragungsstichtag entstanden sind, zu berücksichtigen. Sie bewirken eine Minderung des Übernahmegewinns bzw. eine Erhöhung des Übernahmeverlusts. Sofern sie als laufender Aufwand beim übernehmenden Rechtsträger berücksichtigt worden sind, hat eine entsprechende außerbilanzielle Korrektur zu erfolgen. Zur ertragsteuerlichen Behandlung der durch einen Umwandlungsvorgang entstandenen objektbezogenen Kosten des Vermögensübergangs vgl. *BMF-Schreiben vom 18. 1. 2010, BStBl. I S. 70*[1]. Zur ertragsteuerlichen Behandlung von Grunderwerbsteuer bei Anteilsvereinigung (§ 1 Abs. 3 GrEStG) beachte aber auch BFH vom 20. 4. 2011 I R 2/10, BStBl. II S. 761.

[1] Aufgeh. durch BMF v. 24. 3. 2014, BStBl. I S. 606.

04.35 Eine verhältnismäßige Zuordnung zum Übernahmeergebnis und zum Dividendenanteil gem. § 7 UmwStG ist nicht vorzunehmen. Ein Gesellschafter, der nicht der Übernahmegewinnbesteuerung, sondern nur der Besteuerung des Dividendenanteils gem. § 7 UmwStG unterliegt, kann seine Übernahmekosten steuerlich nicht geltend machen.

### V. Fremdfinanzierte Anteile an der übertragenden Körperschaft

04.36 Wird ein Anteilseigner, der seine Anteile an der übertragenden Körperschaft fremdfinanziert hat, Mitunternehmer der Personengesellschaft, führen Darlehenszinsen künftig zu Sonderbetriebsausgaben dieses Mitunternehmers bei der Personengesellschaft, die i. R. d. gesonderten und einheitlichen Feststellung der Einkünfte nach allgemeinen Grundsätzen zu berücksichtigen sind. Die Verbindlichkeiten haben keinen Einfluss auf das Übernahmeergebnis.

### VI. Weitere Korrekturen gem. § 4 Abs. 5 UmwStG

#### 1. Sperrbetrag i. S. d. § 50 c EStG

04.37 Der Sperrbetrag i. S. d. § 50 c Abs. 4 EStG (vgl. *§ 52 Abs. 59 EStG*)[1] ist nach § 4 Abs. 5 Satz 1 UmwStG dem Übernahmeergebnis außerhalb der Steuerbilanz hinzuzurechnen, soweit die Anteile an der übertragenden Körperschaft am steuerlichen Übertragungsstichtag zum Betriebsvermögen des übernehmenden Rechtsträgers gehören.

#### 2. Abzug der Bezüge i. S. d. § 7 UmwStG vom Übernahmeergebnis 1. Stufe

04.38 Das Übernahmeergebnis 1. Stufe (vgl. Randnr. 04.27) vermindert sich um die Bezüge, die nach § 7 UmwStG zu den Einkünften aus Kapitalvermögen i. S. d. § 20 Abs. 1 Nr. 1 EStG gehören. Der Abzug erfolgt wegen der personenbezogenen Ermittlung (vgl. Randnr. 04.19 ff.) für jeden Anteilseigner gesondert.

### VII. Ermittlung des Übernahmeergebnisses bei negativem Buchwert des Vermögens der übertragenden Körperschaft (überschuldete Gesellschaft)

04.39 Bei der Ermittlung des Übernahmeergebnisses ist keine Begrenzung des übergehenden Vermögens auf 0 € vorgesehen. Ein Negativvermögen führt daher zu einem entsprechend höheren Übernahmeverlust.

### VIII. Berücksichtigung eines Übernahmeverlusts (§ 4 Abs. 6 UmwStG)

04.40 Entfällt der Übernahmeverlust auf eine Körperschaft, Personenvereinigung oder Vermögensmasse, bleibt der Übernahmeverlust außer Ansatz.

04.41 Das gilt nicht, soweit der Übernahmeverlust auf eine Körperschaft i. S. d. § 8 b Abs. 7 oder Abs. 8 Satz 1 KStG entfällt. Dann ist der Übernahmeverlust bis zur Höhe der Bezüge i. S. d. § 20 Abs. 1 Nr. 1 EStG i. V. m. § 7 UmwStG zu berücksichtigen. Ein danach verbleibender Übernahmeverlust bleibt außer Ansatz.

04.42 Entfällt der Übernahmeverlust auf eine natürliche Person, ist er zu 60 % (bis 2008: zur Hälfte), höchstens i. H. v. 60 % (bis 2008: der Hälfte) der nach § 7

[1] Aufgeh. durch G v. 30. 7. 2014 (BGBl. I S. 1266).

UmwStG anzusetzenden Bezüge i. S. d. § 20 Abs. 1 Nr. 1 EStG zu berücksichtigen. Ein darüber hinausgehender Übernahmeverlust bleibt außer Ansatz.

Ein Übernahmeverlust bleibt stets außer Ansatz, soweit bei Veräußerung der Anteile an der übertragenden Körperschaft ein Veräußerungsverlust nach § 17 Abs. 2 Satz 6 EStG nicht zu berücksichtigen wäre oder soweit die Anteile an der übertragenden Körperschaft innerhalb der letzten fünf Jahre vor dem steuerlichen Übertragungsstichtag entgeltlich erworben wurden. **04.43**

Werden Anteile an dem übertragenden Rechtsträger erst nach dem steuerlichen Übertragungsstichtag entgeltlich erworben, bleibt ein Übernahmeverlust nach § 4 Abs. 6 Satz 6 UmwStG auch insoweit außer Ansatz.

### IX. Besteuerung eines Übernahmegewinns (§ 4 Abs. 7 UmwStG)

Entfällt der Übernahmegewinn auf eine Körperschaft, ist darauf § 8 b KStG in der jeweils am steuerlichen Übertragungsstichtag geltenden Fassung anzuwenden, also ggf. auch § 8 b Abs. 7 und 8 KStG bzw. § 8 b Abs. 4 KStG a. F. **04.44**

Entfällt der Übernahmegewinn auf eine natürliche Person, sind für Veranlagungszeiträume ab 2009 darauf § 3 Nr. 40 sowie § 3 c EStG in der jeweils am steuerlichen Übertragungsstichtag geltenden Fassung anzuwenden (§ 27 Abs. 8 UmwStG i. V. m. § 52 a Abs. 3 Satz 1 EStG). Für Veranlagungszeiträume bis 2008 sind auf einen Übernahmegewinn § 3 Nr. 40 Satz 1 und 2 EStG sowie § 3 c EStG in der jeweils am steuerlichen Übertragungsstichtag geltenden Fassung anzuwenden. **04.45**

## C. Besteuerung der Anteilseigner der übertragenden Körperschaft (§ 5 UmwStG)

### I. Anschaffung und Barabfindung nach dem steuerlichen Übertragungsstichtag (§ 5 Abs. 1 UmwStG)

Schafft der übernehmende Rechtsträger Anteile an der übertragenden Körperschaft nach dem steuerlichen Übertragungsstichtag an oder findet er einen Anteilseigner ab, ist das Übernahmeergebnis so zu ermitteln, als hätte er die Anteile an dem Übertragungsstichtag angeschafft. Der unentgeltliche Erwerb wird für Zwecke des § 5 Abs. 1 UmwStG der Anschaffung gleichgestellt. **05.01**

§ 5 Abs. 1 UmwStG gilt für Anteile, die Betriebsvermögen des übernehmenden Rechtsträgers (einschließlich Sonderbetriebsvermögen) werden. **05.02**

### II. Anteilseignerwechsel im Rückwirkungszeitraum

Die Rückwirkungsfiktion des § 2 UmwStG gilt nicht bzw. insoweit nicht für Anteilseigner, wenn diese Anteile im Rückwirkungszeitraum ganz bzw. teilweise veräußert haben (vgl. Randnr. 02.17 ff.). **05.03**

Veräußert der Anteilseigner Anteile an einen Dritten, erwirbt der Dritte zivilrechtlich Anteile an der übertragenden Körperschaft. Für die Anwendung der §§ 4 bis 10 und 18 UmwStG ist jedoch davon auszugehen, dass er die Anteile am steuerlichen Übertragungsstichtag angeschafft hat. Zur Anwendung des § 10 UmwStG vgl. § 27 Abs. 6 UmwStG i. d. F. des Gesetzes vom 22. 12. 2009, BGBl. I S. 3950, und Randnr. 10.01 f. Die Anteile gelten unter den Voraussetzungen der Einlage- und Übertragungsfiktionen des § 5 Abs. 2 und 3 UmwStG als in das Betriebsvermögen der übernehmenden Personengesellschaft bzw. der übernehmenden natürlichen Person eingelegt oder über- **05.04** führt. Hat der übernehmende Rechtsträger die Anteile erworben, gilt § 5 Abs. 1 UmwStG.

## III. Einlage- und Überführungsfiktion (§ 5 Abs. 2 und 3 UmwStG)

### 1. Einlagefiktion nach § 5 Abs. 2 UmwStG

**05.05** Nach § 5 Abs. 2 UmwStG gelten die Anteile an der übertragenden Körperschaft i. S. d. § 17 EStG für die Ermittlung des Übernahmeergebnisses als zum steuerlichen Übertragungsstichtag mit den Anschaffungskosten in das Betriebsvermögen des übernehmenden Rechtsträgers eingelegt. Im Privatvermögen gehaltene Anteile, die nicht unter § 17 EStG fallen, werden von der Einlagefiktion des § 5 Abs. 2 UmwStG nicht erfasst. Die Einlagefiktion gem. § 5 Abs. 2 UmwStG erfasst auch Anteile an der übertragenden Körperschaft, für die ein Veräußerungsverlust nach § 17 Abs. 2 Satz 6 EStG nicht zu berücksichtigen ist. In diesen Fällen bleibt ein Übernahmeverlust außer Ansatz, siehe § 4 Abs. 6 Satz 6 UmwStG. Im Fall einer vorangegangenen Umwandlung (Verschmelzung, Auf- und Abspaltung) auf die übertragende Körperschaft (§§ 11 bis 13, 15 UmwStG) ist für die Anteile an der übertragenden Körperschaft § 13 Abs. 2 Satz 2 UmwStG zu beachten. § 5 Abs. 2 erfasst auch solche Anteile i. S. d. § 17 EStG, die erst nach dem steuerlichen Übertragungsstichtag entgeltlich oder unentgeltlich erworben werden.

**05.06** Werden von der Körperschaft eigene Anteile gehalten, ist bei der Ermittlung der Beteiligungsquote auf das Verhältnis zu dem um die eigenen Anteile der Kapitalgesellschaft verminderten Nennkapital abzustellen (BFH vom 24. 9. 1970 IV R 138/69, BStBl. 1971 II S. 89).

**Beispiel:**

Die übertragende Körperschaft hält am steuerlichen Übertragungsstichtag eigene Anteile i. H. v. 20 %. A hält 40 % in seinem Betriebsvermögen, B hält 20 % in seinem Privatvermögen und 40 weitere Anteilseigner halten jeweils 0,5 % in ihrem Privatvermögen. Der Wert der auf die übernehmende Personengesellschaft übergegangenen Wirtschaftsgüter (ohne die eigenen Anteile) beträgt 800 000 €.

**Lösung:**

Bei Ermittlung des personenbezogenen Übernahmeergebnisses sind für A und B folgende Werte zugrunde zu legen:

A: 40/80 von 800 000 € = 400 000 €,
B: 20/80 von 800 000 € = 200 000 €.

Für die 40 weiteren Anteilseigner ist gem. § 4 Abs. 4 Satz 3 UmwStG kein Übernahmeergebnis zu ermitteln.

**05.07** Die Einlagefiktion gilt unabhängig davon, ob eine Veräußerung dieser Anteile bei dem Anteilseigner i. R. d. unbeschränkten oder beschränkten Steuerpflicht zu erfassen bzw. ob ein Besteuerungsrecht der Bundesrepublik Deutschland aufgrund eines DBA ausgeschlossen ist. Die Zuordnung einer Beteiligung zum Betriebs- oder Privatvermögen bestimmt sich nach deutschem Steuerrecht. Die Feststellung, ob und in welchem Umfang sich für den Anteilseigner Auswirkungen auf den in der Bundesrepublik Deutschland zu versteuernden Übernahmegewinn oder den zu berücksichtigenden Übernahmeverlust und die Besteuerung offener Rücklagen ergeben, ist i. R. d. Ermittlung der Besteuerungsgrundlagen nach den §§ 4 und 7 UmwStG zu treffen.

### 2. Überführungsfiktion nach § 5 Abs. 3 UmwStG

Nach § 5 Abs. 3 UmwStG gelten die Anteile, die am steuerlichen Übertragungsstichtag zum Betriebsvermögen eines Anteilseigners gehören, für die Ermittlung des Übernahmeergebnisses als an diesem Stichtag in das Betriebsvermögen des übernehmenden Rechtsträgers überführt. Die Überführungsfiktion nach § 5 Abs. 3 UmwStG gilt auch, wenn die Anteile bei dem Anteilseigner am steuerlichen Übertragungsstichtag zu einem Betriebsvermögen gehören, das den Einkünften nach § 13 oder § 18 EStG zuzurechnen ist oder in den Fällen, in denen der Anteilseigner der übertragenden Körperschaft, der seine Beteiligung zum steuerlichen Übertragungsstichtag in einem Betriebsvermögen hält, erst nach dem steuerlichen Übertragungsstichtag Gesellschafter wird. **05.08**

Für die Überführungsfiktion gilt Randnr. 05.07 entsprechend. **05.09**

Das Übernahmeergebnis ist so zu ermitteln, als seien die Anteile an dem steuerlichen Übertragungsstichtag zum Buchwert, erhöht um Abschreibungen sowie um Abzüge nach § 6 b EStG und ähnliche Abzüge, die in früheren Jahren steuerwirksam vorgenommen worden sind, höchstens mit dem gemeinen Wert, in das Betriebsvermögen des übernehmenden Rechtsträgers überführt worden. **05.10**

Die Rechtsfolgen einer steuerwirksamen erweiterten Wertaufholung entsprechend der Regelung in § 4 Abs. 1 Satz 2 und 3 UmwStG (vgl. Randnr. 04.05 ff.) ergeben sich am steuerlichen Übertragungsstichtag noch im Betriebsvermögen des Anteilseigners, zu dem die Anteile an der übertragenden Körperschaft gehören. **05.11**

### IV. Übergangsregelung für einbringungsgeborene Anteile nach § 27 Abs. 3 Nr. 1 UmwStG

Nach § 27 Abs. 3 Nr. 1 UmwStG ist § 5 Abs. 4 UmwStG 1995 für einbringungsgeborene Anteile i. S. d. § 21 Abs. 1 UmwStG 1995 mit der Maßgabe weiterhin anzuwenden, dass die Anteile zum Wert i. S. d. § 5 Abs. 2 oder 3 UmwStG als zum steuerlichen Übertragungsstichtag in das Betriebsvermögen des übernehmenden Rechtsträgers überführt gelten. **05.12**

## D. Gewinnerhöhung durch Vereinigung von Forderungen und Verbindlichkeiten (§ 6 UmwStG)

### I. Entstehung des Übernahmefolgegewinns oder -verlust aus dem Vermögensübergang

Der Übernahmefolgegewinn oder -verlust aus dem Vermögensübergang entsteht bei dem übernehmenden Rechtsträger mit Ablauf des steuerlichen Übertragungsstichtags. Ein solcher entsteht auch, wenn infolge der Umwandlung Gesellschafter des übernehmenden Rechtsträgers einen Anspruch oder eine Verbindlichkeit gegenüber dem übernehmenden Rechtsträger haben (§ 6 Abs. 2 UmwStG). Ist ein in der steuerlichen Schlussbilanz ausgewiesener Schuldposten beim übernehmenden Rechtsträger infolge Konfusion gewinnerhöhend aufzulösen und ist die dem Schuldposten zugrunde liegende Vermögensminderung beim übertragenden Rechtsträger nach § 8 Abs. 3 Satz 2 KStG korrigiert worden, gelten die Grundsätze des BMF-Schreibens vom **06.01**

28. 5. 2002, BStBl. I S. 603[1], entsprechend. Insoweit kommt es ggf. zu keinem Übernahmefolgegewinn, wenn eine Hinzurechnung der verdeckten Gewinnausschüttung nach § 8 Abs. 3 Satz 2 KStG erfolgt ist.

§ 6 UmwStG findet keine Anwendung bei Vermögensübergang auf einen Rechtsträger ohne Betriebsvermögen (vgl. § 8 UmwStG).

## II. Besteuerung des Übernahmefolgegewinns oder -verlusts

**06.02** Der Übernahmefolgegewinn oder -verlust ist ein laufender Gewinn oder Verlust des übernehmenden Rechtsträgers, der auch bei der Gewerbesteuer zu berücksichtigen ist (§ 18 Abs. 1 UmwStG). Er ist nicht Teil des Übernahmeergebnisses i. S. d. § 4 Abs. 4 bis 6 UmwStG. Er ist auch dann in voller Höhe anzusetzen, wenn am steuerlichen Übertragungsstichtag nicht alle Anteile an der übertragenden Körperschaft zum Betriebsvermögen des übernehmenden Rechtsträgers gehören. § 4 Abs. 4 Satz 3 UmwStG gilt für den Übernahmefolgegewinn oder -verlust nicht. Auf den Übernahmefolgegewinn ist § 32 c EStG (nur Veranlagungszeitraum 2007) und § 35 EStG anzuwenden. Entsteht der Übernahmefolgegewinn durch eine Vereinigung von Forderungen und Verbindlichkeiten, ist er auch dann in voller Höhe steuerpflichtig, wenn sich die Forderungsabschreibung ganz oder zum Teil (z. B. wegen § 3 c Abs. 2 EStG oder § 8 b Abs. 3 Satz 4 ff. KStG) nicht ausgewirkt hat.

## III. Umgekehrte Maßgeblichkeit

**06.03** Die steuerlichen Wahlrechte der Bildung und Auflösung einer Rücklage für den Übernahmefolgegewinn sind nach der Rechtslage bis zum Inkrafttreten des Bilanzrechtsmodernisierungsgesetzes (BilMoG) vom 25. 5. 2009, BGBl. I S. 1102, jeweils in Übereinstimmung mit der handelsrechtlichen Jahresbilanz auszuüben (vgl. § 5 Abs. 1 Satz 2 EStG a. F. und BMF-Schreiben vom 12. 3. 2010, BStBl. I S. 239, Randnr. 24[2]).

## IV. Pensionsrückstellungen zugunsten eines Gesellschafters der übertragenden Kapitalgesellschaft

**06.04** Geht das Vermögen einer Kapitalgesellschaft durch Gesamtrechtsnachfolge auf eine Personengesellschaft über, ist die zugunsten des Gesellschafters durch die Kapitalgesellschaft zulässigerweise gebildete Pensionsrückstellung von der Personengesellschaft nicht aufzulösen (BFH vom 22. 6. 1977 I R 8/75, BStBl. II S. 798; Ausnahme: Anwartschaftsverzicht bis zum steuerlichen Übertragungsstichtag).

**06.05** Die Personengesellschaft führt die zulässigerweise von der Kapitalgesellschaft gebildete Pensionsrückstellung in ihrer Gesamthandsbilanz fort und hat diese bei fortbestehendem Dienstverhältnis mit dem Teilwert nach § 6 a Abs. 3 Satz 2 Nr. 1 EStG zu bewerten.

**06.06** Zuführungen nach dem steuerlichen Übertragungsstichtag, soweit sie ihren Grund in einem fortbestehenden Dienstverhältnis haben, sind Sondervergütungen i. S. d. § 15 Abs. 1 Satz 1 Nr. 2 EStG. Sie mindern den steuerlichen Gewinn der Personengesellschaft nicht. Wegen der bilanzsteuerlichen Behandlung einer Pensionszusage einer Personengesellschaft an einen Gesell-

[1] Nr. **100** § 8/13.
[2] Nr. **1** § 5/14.

schafter vgl. im Übrigen das BMF-Schreiben vom 29. 1. 2008, BStBl. I S. 317[1]). Die Pensionszusage ist daher beim begünstigten Mitunternehmer in einen Teil vor und in einen Teil nach der Umwandlung aufzuteilen. Im Versorgungsfall folgt hieraus eine Aufteilung in Einkünfte nach § 19 EStG und § 15 EStG jeweils i. V. m. § 24 Nr. 2 EStG.

Im Fall des Vermögensübergangs auf eine natürliche Person ist die Pensionsrückstellung von dieser ertragswirksam aufzulösen. Auf einen sich insgesamt ergebenden Auflösungsgewinn ist § 6 Abs. 1 UmwStG anzuwenden. **06.07**

Wird im Fall einer Rückdeckungsversicherung die Versicherung von der übernehmenden natürlichen Person fortgeführt, geht der Versicherungsanspruch (Rückdeckungsanspruch) auf diese über und wird dadurch Privatvermögen. Die Entnahme ist mit dem Teilwert zu bewerten. Wird die Rückdeckungsversicherung von der übertragenden Kapitalgesellschaft gekündigt, ist der Rückkaufswert mit dem Rückdeckungsanspruch zu verrechnen. Ein eventueller Restbetrag ist ergebniswirksam aufzulösen. Auf das Urteil des BFH vom 25. 2. 2004 I R 54/02, BStBl. II S. 654 wird hingewiesen. **06.08**

## V. Missbrauchsklausel

Betrieb i. S. d. § 6 Abs. 3 UmwStG sind die am steuerlichen Übertragungsstichtag vorhandenen funktional und quantitativ wesentlichen Betriebsgrundlagen des übergegangenen Betriebs. Die Veräußerung, Verschmelzung, Einbringung oder Aufgabe sämtlicher Anteile des übernehmenden Rechtsträgers führt ebenfalls zur Anwendung des § 6 Abs. 3 UmwStG. **06.09**

Unschädlich ist dagegen die Einbringung, Veräußerung oder Aufgabe nur eines Teilbetriebs des übergegangenen Betriebs. Dasselbe gilt für einen übergegangenen Mitunternehmeranteil, wenn daneben noch (weitere) wesentliche Betriebsgrundlagen zum übergegangenen Betrieb gehören, sowie für die Veräußerung einzelner Anteile des übernehmenden Rechtsträgers.

Die Fünfjahresfrist beginnt mit Ablauf des steuerlichen Übertragungsstichtags. Für die Fristberechnung ist im Fall der Veräußerung der Übergang des wirtschaftlichen Eigentums und in Einbringungsfällen der steuerliche Übertragungsstichtag i. S. d. § 20 Abs. 5 und 6 UmwStG als Veräußerungs- bzw. Einbringungszeitpunkt maßgebend. Bei einer Betriebsaufgabe ist der Zeitpunkt der ersten Handlung maßgebend, die nach dem Aufgabeentschluss objektiv auf die Auflösung des Betriebs gerichtet ist. **06.10**

Die Einbringung in eine Kapitalgesellschaft innerhalb von fünf Jahren nach dem steuerlichen Übertragungsstichtag ist stets unabhängig vom Vorliegen triftiger Gründe sowie unabhängig vom Wertansatz (gemeiner Wert, Zwischen- oder Buchwert) schädlich. **06.11**

Eine Einbringung in eine andere Körperschaft (z. B. Genossenschaft) oder in eine Mitunternehmerschaft nach § 24 UmwStG ist eine Veräußerung i. S. d. § 6 Abs. 3 UmwStG.

Die Aufgabe oder Veräußerung des übergegangenen Betriebs ist unschädlich, wenn triftige Gründe vorliegen. Dies hängt von den Umständen des Einzelfalls ab. Es muss vom Steuerpflichtigen nachgewiesen werden, dass die nachfolgende Aufgabe oder Veräußerung nicht durch Steuerumgehung (Steu-

[1]) Nr. 1 § 6a/20.

erersparnis, Steuerstundung), sondern durch vernünftige wirtschaftliche Gründe – insbesondere der Umstrukturierung oder der Rationalisierung der beteiligten Gesellschaften – als hauptsächlichen Beweggrund motiviert war.

06.12 § 6 Abs. 3 Satz 2 UmwStG enthält eine eigenständige Änderungsvorschrift. Eine Änderung der entsprechenden Steuer-, Steuermess-, Freistellungs- und Feststellungsbescheide ist auch bei bereits eingetretener Festsetzungs- oder Feststellungsverjährung möglich (§ 175 Abs. 1 Satz 2 AO).

## E. Besteuerung offener Rücklagen (§ 7 UmwStG)

### I. Sachlicher und persönlicher Anwendungsbereich

07.01 Der Anwendungsbereich des § 7 UmwStG erstreckt sich sachlich auf Umwandlungen und vergleichbare ausländische Vorgänge i. S. d. § 1 Abs. 1 UmwStG.

07.02 Persönlich werden von § 7 UmwStG alle Anteilseigner der übertragenden Körperschaft erfasst, die Gesellschafter der übernehmenden Personengesellschaft werden, und zwar unabhängig davon, ob für diese ein Übernahmeergebnis zu ermitteln ist oder nicht. Auf Bezüge i. S. d. § 7 UmwStG findet in grenzüberschreitenden Sachverhalten in der Regel eine dem Art. 10 OECD-MA entsprechende Vorschrift in einem DBA Anwendung.

### II. Anteiliges Eigenkapital

07.03 Nach § 7 Satz 1 UmwStG ist dem Anteilseigner der Teil des in der Steuerbilanz ausgewiesenen Eigenkapitals abzüglich des Bestands des steuerlichen Einlagekontos, der sich nach Anwendung des § 29 Abs. 1 KStG ergibt, als Einkünfte aus Kapitalvermögen (§ 20 Abs. 1 Nr. 1 EStG) zuzurechnen, der seiner Beteiligung am Nennkapital entspricht.

07.04 Maßgeblich ist das in der steuerlichen Schlussbilanz ausgewiesene um Ausschüttungsverbindlichkeiten und passive Korrekturposten (vgl. Randnr. 02.25 ff.) geminderte Eigenkapital. Ausstehende Einlagen auf das Nennkapital gehören, unabhängig davon, ob sie eingefordert sind oder nicht, ebenso wie Passivposten, die aufgrund steuerrechtlicher Vorschriften erst bei ihrer Auflösung zu versteuern sind (Sonderposten mit Rücklagenanteil i. S. d. § 247 Abs. 3 HGB vor Inkrafttreten des Bilanzrechtsmodernisierungsgesetzes [BilMoG] vom 25. 5. 2009, BGBl. I S. 1102), nicht zum Eigenkapital. Rückstellungen und Verbindlichkeiten, auch für die nach § 8 Abs. 3 Satz 2 KStG eine außerbilanzielle Einkommenskorrektur erfolgte, bleiben Fremdkapital.

Bei einer ausländischen Körperschaft i. S. d. § 27 Abs. 8 Satz 1 KStG ist der Bestand des steuerlichen Einlagekontos unter sinngemäßer Anwendung der Grundsätze des § 27 Abs. 8 KStG zu ermitteln.

Von dem maßgebenden Eigenkapital laut steuerlicher Schlussbilanz ist der Bestand des steuerlichen Einlagekontos, der sich nach Anwendung des § 29 Abs. 1 und Abs. 6 KStG ergibt, abzuziehen.

### III. Zurechnung der Einkünfte

07.05 Ein verbleibender positiver Saldo des maßgebenden Eigenkapitals ist den Anteilseignern nach dem Verhältnis ihrer Anteile zum Nennkapital als Einkünfte i. S. d. § 20 Abs. 1 Nr. 1 EStG zuzurechnen. Hierbei ist auf die Höhe der Beteiligungen im Zeitpunkt des Wirksamwerdens der Umwandlung abzustellen. Eigene Anteile der übertragenden Körperschaft bleiben bei der Ermittlung der Beteiligungsverhältnisse unberücksichtigt.

Erfolgen im Rückwirkungszeitraum Ausschüttungen an Anteilseigner, für die die Rückwirkungsfiktion gilt, sind bei der Zurechnung der Einkünfte gegenüber neu eintretenden Gesellschaftern die Ausschüttungen an Anteilseigner, für die die Rückwirkungsfiktion gilt, diesen vorab zuzurechnen (vgl. Randnr. 02.31 sowie das Beispiel in Randnr. 02.33). **07.06**

## IV. Besteuerung und Zufluss der Einkünfte

Die Bezüge i. S. d. § 7 UmwStG i. V. m. § 20 Abs. 1 Nr. 1 EStG gelten bereits mit Ablauf des steuerlichen Übertragungsstichtags als zugeflossen (§ 2 Abs. 2 UmwStG). Sie sind in dem Veranlagungszeitraum, in dem das Wirtschaftsjahr endet, in das der steuerliche Übertragungsstichtag fällt, zu besteuern (vgl. Randnr. 02.04). Ist übernehmender Rechtsträger eine Personengesellschaft, sind die Bezüge i. R. d. gesonderten und einheitlichen Feststellung der Einkünfte zu erfassen, wenn für den betreffenden Anteilseigner ein Übernahmeergebnis zu ermitteln ist. **07.07**

Die Einnahmen nach § 7 Satz 1 UmwStG unterliegen ab dem 1. 1. 2009 bei natürlichen Personen als Anteilseigner bei Anteilen im Privatvermögen grundsätzlich der Abgeltungsteuer (§§ 32 d, 43 Abs. 5 EStG) und bei Anteilen im Betriebsvermögen (einschließlich der Anteile, die nach § 5 Abs. 2 oder § 27 Abs. 3 Nr. 1 UmwStG als in das Betriebsvermögen eingelegt gelten) dem Teileinkünfteverfahren (§ 3 Nr. 40 Satz 1 Buchstabe d, § 3 Nr. 40 Satz 2, § 20 Abs. 8 EStG). Handelt es sich bei dem Anteilseigner um eine Körperschaft, gilt § 8 b KStG. Handelt es sich bei dem Anteilseigner um eine Personengesellschaft, ist für die Frage, ob § 3 Nr. 40 Satz 1 Buchstabe d EStG oder § 8 b KStG anzuwenden ist, auf die Gesellschafter dieser Personengesellschaft abzustellen.

Zur gewerbesteuerlichen Behandlung der Ausschüttung nach § 7 UmwStG vgl. Randnr. 18.04.

## V. Kapitalertragsteuerabzug

Die Bezüge i. S. d. § 7 UmwStG unterliegen nach § 43 Abs. 1 Satz 1 Nr. 1 und Nr. 6 EStG dem Kapitalertragsteuerabzug. Die Kapitalertragsteuer hierauf entsteht erst im Zeitpunkt der zivilrechtlichen Wirksamkeit der Umwandlung und ist von dem übernehmenden Rechtsträger bzw. der die Kapitalerträge auszahlenden Stelle bei dem jeweils zuständigen Finanzamt anzumelden und vom übernehmenden Rechtsträger als steuerlichem Rechtsnachfolger (§ 4 Abs. 2 Satz 1 UmwStG) abzuführen. **07.08**

Ein Absehen von der Erhebung der Kapitalertragsteuer nach § 43 b EStG kommt nicht in Betracht (§ 43 b Abs. 1 Satz 4 EStG). **07.09**

# F. Vermögensübergang auf einen Rechtsträger ohne Betriebsvermögen (§ 8 UmwStG)

Nach § 8 UmwStG sind Wirtschaftsgüter, die nicht Betriebsvermögen des übernehmenden Rechtsträgers werden, in der steuerlichen Schlussbilanz der übertragenden Körperschaft mit dem gemeinen Wert anzusetzen. **08.01**

08.02 Ob das übertragene Vermögen Betriebsvermögen wird, beurteilt sich nach den Verhältnissen am steuerlichen Übertragungsstichtag. Die bloße Absicht des übernehmenden Rechtsträgers, sich in diesem Zeitpunkt gewerblich zu betätigen, ist nicht ausreichend.

08.03 Bei Vermögensübergang auf eine Zebragesellschaft sind die übergegangenen Wirtschaftsgüter in der steuerlichen Schlussbilanz des übertragenden Rechtsträgers mit dem gemeinen Wert anzusetzen (vgl. Randnr. 03.16).

I. R. d. gesonderten und einheitlichen Feststellung der Einkünfte werden Veräußerungsgewinne nach § 17 EStG und Bezüge i. S. d. § 7 UmwStG i. V. m. § 20 Abs. 1 Nr. 1 EStG festgestellt, dies jedoch ohne Bindungswirkung für die beteiligten Gesellschafter (vgl. GrS des BFH vom 11. 4. 2005 GrS 2/02, BStBl. II S. 679).

08.04 Ein Abzug nach § 7 g Abs. 1 EStG ist beim übertragenden Rechtsträger rückgängig zu machen, wenn das übertragene Vermögen nicht Betriebsvermögen des übernehmenden Rechtsträgers wird.

## G. Formwechsel in eine Personengesellschaft (§ 9 UmwStG)

09.01 Mangels einer handelsrechtlichen Rückbeziehungsmöglichkeit enthält § 9 UmwStG eine eigenständige steuerliche Rückwirkungsregelung (vgl. Randnr. 02.05); im Übrigen vgl. Randnr. 02.09 ff. Die Übertragungs- bzw. die Eröffnungsbilanz i. S. d. § 9 Satz 2 UmwStG ist grundsätzlich auf den Zeitpunkt der Registereintragung des Formwechsels (§ 202 Abs. 1 Nr. 1 UmwG) aufzustellen.

09.02 Die Achtmonatsfrist nach § 9 Satz 3 UmwStG ist auch dann maßgebend, wenn nach ausländischem Recht eine davon abweichende Regelung besteht. Insoweit ist ggf. § 2 Abs. 3 UmwStG zu beachten. Im Übrigen vgl. auch Randnr. 02.06.

## H. Körperschaftsteuererhöhung (§ 10 UmwStG)

10.01 § 10 UmwStG ist grundsätzlich letztmals auf Umwandlungen anzuwenden, deren steuerlicher Übertragungsstichtag vor dem 1. 1. 2007 liegt (§ 27 Abs. 6 Satz 1 UmwStG).

10.02 § 10 UmwStG ist weiter anzuwenden, wenn von der übertragenden Körperschaft ein Antrag nach § 34 Abs. 16 KStG i. d. F. des Artikels 3 des Gesetzes vom 20. 12. 2007, BGBl. I S. 3150, gestellt wurde (§ 27 Abs. 6 Satz 2 UmwStG). Auf die Ausführungen im BMF-Schreiben vom 16. 12. 2003, BStBl. I S. 786, Randnr. 11 ff., wird verwiesen.

## Dritter Teil. Verschmelzung oder Vermögensübertragung (Vollübertragung) auf eine andere Körperschaft

### A. Wertansätze in der steuerlichen Schlussbilanz der übertragenden Körperschaft (§ 11 UmwStG)

#### I. Sachlicher Anwendungsbereich

Die §§ 11 bis 13 UmwStG sind sowohl auf Auf-, Ab- als auch Seitwärtsverschmelzungen anzuwenden. 11.01

#### II. Pflicht zur Abgabe einer steuerlichen Schlussbilanz

Jede übertragende Körperschaft ist nach § 11 Abs. 1 Satz 1 UmwStG zur Erstellung und Abgabe einer steuerlichen Schlussbilanz auf den steuerlichen Übertragungsstichtag verpflichtet. Randnr. 03.01 – 03.03 gelten entsprechend. Insbesondere bei einer grenzüberschreitenden Hereinverschmelzung muss eine ausländische übertragende Körperschaft eine unter Zugrundelegung des deutschen Steuerrechts aufgestellte steuerliche Schlussbilanz i. S. d. § 11 UmwStG auf den steuerlichen Übertragungsstichtag einreichen. 11.02

#### III. Ansatz und Bewertung der übergehenden Wirtschaftsgüter

##### 1. Ansatz der übergehenden Wirtschaftsgüter dem Grunde nach

Randnr. 03.04 – 03.06 gelten entsprechend. Der Ansatz eines Geschäfts- oder Firmenwerts erfolgt nach § 11 Abs. 1 UmwStG auch dann, wenn der Betrieb der übertragenden Körperschaft nicht fortgeführt wird. 11.03

##### 2. Ansatz der übergehenden Wirtschaftsgüter der Höhe nach

##### a) Ansatz der übergehenden Wirtschaftsgüter mit dem gemeinen Wert bzw. dem Teilwert nach § 6 a EStG

Randnr. 03.07 – 03.09 gelten entsprechend. 11.04

##### b) Ansatz der übergehenden Wirtschaftsgüter mit dem Buchwert

Auf Antrag können die übergehenden Wirtschaftsgüter einheitlich mit dem Buchwert angesetzt werden, soweit 11.05

– sichergestellt ist, dass sie später der Besteuerung mit Körperschaftsteuer unterliegen (§ 11 Abs. 2 Satz 1 Nr. 1 UmwStG),
– das Recht der Bundesrepublik Deutschland hinsichtlich der Besteuerung des Gewinns aus der Veräußerung der übertragenen Wirtschaftsgüter bei der übernehmenden Körperschaft nicht ausgeschlossen oder beschränkt wird (§ 11 Abs. 2 Satz 1 Nr. 2 UmwStG) und
– eine Gegenleistung nicht gewährt wird oder in Gesellschaftsrechten besteht (§ 11 Abs. 2 Satz 1 Nr. 3 UmwStG).

Für den Ansatz des Buchwerts sind die Ansätze in der Handelsbilanz nicht maßgeblich. Wegen des Begriffs Buchwert vgl. Randnr. 01.57. Die Prüfung der Voraussetzungen des § 11 Abs. 2 Satz 1 UmwStG erfolgt bezogen auf die Verhältnisse zum steuerlichen Übertragungsstichtag.

Gehört zum übergehenden Vermögen der übertragenden Körperschaft ein Mitunternehmeranteil, entspricht der Buchwertansatz dem auf die übertragende Körperschaft entfallenden anteiligen Kapitalkonto – unter Berücksichtigung etwaiger Ergänzungs- und Sonderbilanzen – bei der Mitunternehmerschaft.

**11.06** Randnr. 03.12 und 03.13 gelten entsprechend.

### aa) Sicherstellung der Besteuerung mit Körperschaftsteuer (§ 11 Abs. 2 Satz 1 Nr. 1 UmwStG)

**11.07** Bei Verschmelzung auf eine unbeschränkt steuerpflichtige Körperschaft i. S. d. § 1 Abs. 1 KStG ist die Besteuerung mit Körperschaftsteuer grundsätzlich sichergestellt. Die Besteuerung mit Körperschaftsteuer ist z. B. nicht sichergestellt, wenn die übernehmende Körperschaft von der Körperschaftsteuer befreit ist (z. B. nach § 5 KStG) oder wenn das Vermögen in den nicht steuerpflichtigen Bereich einer juristischen Person des öffentlichen Rechts übergeht. Eine Sicherstellung der Besteuerung mit Körperschaftsteuer ist jedoch insoweit gegeben, als das übergehende Vermögen bei der übernehmenden Körperschaft einen steuerpflichtigen wirtschaftlichen Geschäftsbetrieb bildet oder zu einem bereits vorher bestehenden steuerpflichtigen wirtschaftlichen Geschäftsbetrieb gehört. Vgl. im Übrigen auch Randnr. 03.17.

**11.08** Wird eine Körperschaft auf eine Organgesellschaft i. S. d. §§ 14, 17 KStG verschmolzen, ist infolge der Zurechnung des Einkommens an den Organträger insoweit die Besteuerung mit Körperschaftsteuer bei der übernehmenden Körperschaft nur sichergestellt, soweit das so zugerechnete Einkommen der Besteuerung mit Körperschaftsteuer unterliegt. Entsprechendes gilt, wenn der Organträger selbst wiederum Organgesellschaft ist. Soweit das so zugerechnete Einkommen der Besteuerung mit Einkommensteuer unterliegt, können aus Billigkeitsgründen die übergehenden Wirtschaftsgüter dennoch einheitlich mit dem Buchwert angesetzt werden, wenn sich alle an der Verschmelzung Beteiligten (übertragender Rechtsträger, übernehmender Rechtsträger und Anteilseigner des übertragenden und übernehmenden Rechtsträgers) übereinstimmend schriftlich damit einverstanden erklären, dass auf die aus der Verschmelzung resultierenden Mehrabführungen § 14 Abs. 3 Satz 1 KStG anzuwenden ist; die Grundsätze der Randnr. Org.33 und Randnr. Org.34 gelten entsprechend.

### bb) Kein Ausschluss und keine Einschränkung des deutschen Besteuerungsrechts (§ 11 Abs. 2 Satz 1 Nr. 2 UmwStG)

**11.09** Die übergehenden Wirtschaftsgüter dürfen gem. § 11 Abs. 2 Satz 1 Nr. 2 UmwStG nur insoweit mit dem Buchwert angesetzt werden, als das Recht der Bundesrepublik Deutschland hinsichtlich der Besteuerung des Gewinns aus der Veräußerung der übertragenen Wirtschaftsgüter bei der übernehmenden Körperschaft nicht ausgeschlossen oder beschränkt wird. Randnr. 03.18 – 03.20 gelten entsprechend.

### cc) Keine Gegenleistung oder Gegenleistung in Form von Gesellschaftsrechten (§ 11 Abs. 2 Satz 1 Nr. 3 UmwStG)

**11.10** Randnr. 03.21 – 03.24 gelten entsprechend. Zur steuerlichen Behandlung der Gegenleistung bei den Anteilseignern vgl. Randnr. 13.02.

### c) Ansatz der übergehenden Wirtschaftsgüter mit dem Zwischenwert

**11.11** Randnr. 03.25 sowie Randnr. 11.05 – 11.10 gelten entsprechend.

#### d) Ausübung des Wahlrechts auf Ansatz zum Buch- oder Zwischenwert

Der Antrag auf Ansatz der übergehenden Wirtschaftsgüter mit dem Buch- oder Zwischenwert ist nach § 11 Abs. 3 i. V. m. § 3 Abs. 2 Satz 2 UmwStG bei dem für die Besteuerung nach §§ 20, 26 AO zuständigen Finanzamt der übertragenden Körperschaft spätestens bis zur erstmaligen Abgabe der steuerlichen Schlussbilanz zu stellen. Randnr. 03.27 – 03.30 gelten entsprechend. **11.12**

### 3. Fiktive Körperschaftsteueranrechnung nach § 11 Abs. 3 i. V. m. § 3 Abs. 3 UmwStG

Randnr. 03.31 sowie 03.32 gelten entsprechend. **11.13**

## IV. Vermögensübertragung nach §§ 174 ff. UmwG gegen Gewährung einer Gegenleistung an die Anteilsinhaber des übertragenden Rechtsträgers

Nach § 174 UmwG kann ein Rechtsträger unter Auflösung ohne Abwicklung sein Vermögen ganz oder teilweise auf einen anderen bestehenden Rechtsträger (übernehmender Rechtsträger) gegen Gewährung einer Gegenleistung an die Anteilsinhaber des übertragenden Rechtsträgers, die nicht in Anteilen oder Mitgliedschaften besteht, übertragen. Ein Vermögensübergang unter Ansatz der Buch- oder Zwischenwerte i. S. d. § 11 Abs. 2 UmwStG ist daher grundsätzlich nicht möglich bei: **11.14**

- Vermögensübertragung einer Kapitalgesellschaft auf eine Gebietskörperschaft oder einen Zusammenschluss von Gebietskörperschaften (§ 175 Nr. 1, §§ 176, 177 UmwG),
- Vermögensübertragung einer Versicherungs-AG auf einen VVaG (§ 175 Nr. 2 Buchstabe a, §§ 178, 179 UmwG),
- Vermögensübertragung eines VVaG auf eine Versicherungs-AG oder auf ein öffentlich-rechtliches Versicherungsunternehmen,
- Vermögensübertragung eines öffentlich-rechtlichen Versicherungsunternehmens auf eine Versicherungs-AG oder auf einen VVaG.

Nach § 176 Abs. 2 UmwG tritt in diesen Fällen an die Stelle des Umtauschverhältnisses der Anteile die Art und Höhe der Gegenleistung. Die übergegangenen Wirtschaftsgüter sind daher nach § 11 Abs. 1 UmwStG mit dem gemeinen Wert anzusetzen.

Ein steuerneutraler Vermögensübergang ist allenfalls möglich, wenn das Vermögen auf den alleinigen Anteilseigner übertragen wird (z. B. von einer Kapitalgesellschaft auf eine Gemeinde, die zu 100 % an der übertragenden Kapitalgesellschaft beteiligt ist) und die übrigen Voraussetzungen des § 11 Abs. 2 UmwStG erfüllt sind, da der Untergang der Beteiligung an der übertragenden Kapitalgesellschaft keine Gegenleistung i. S. d. § 11 Abs. 2 Satz 1 Nr. 3 UmwStG darstellt (vgl. Randnr. 11.10 i. V. m. Randnr. 03.21). **11.15**

## V. Landesrechtliche Vorschriften zur Vereinigung öffentlich-rechtlicher Kreditinstitute oder öffentlich-rechtlicher Versicherungsunternehmen

Sehen landesrechtliche Vorschriften z. B. die Vereinigung öffentlich-rechtlicher Kreditinstitute oder öffentlich-rechtlicher Versicherungsunternehmen im **11.16**

Wege der Gesamtrechtsnachfolge vor, sind die §§ 11 bis 13 UmwStG bei dieser Vereinigung entsprechend anzuwenden, wenn diese Vereinigung mit einer Verschmelzung i. S. d. § 2 UmwG vergleichbar ist (vgl. Randnr. 01.07).

### VI. Beteiligung der übertragenden Kapitalgesellschaft an der übernehmenden Kapitalgesellschaft (Abwärtsverschmelzung)

11.17 Im Fall der Abwärtsverschmelzung einer Mutter- auf ihre Tochtergesellschaft sind gem. § 11 Abs. 2 Satz 2 UmwStG in der steuerlichen Schlussbilanz der übertragenden Muttergesellschaft die Anteile an der übernehmenden Tochtergesellschaft mindestens mit dem Buchwert, erhöht um in früheren Jahren steuerwirksam vorgenommene Abschreibungen auf die Beteiligung sowie erhöht um steuerwirksame Abzüge nach § 6 b EStG und ähnliche Abzüge, höchstens jedoch mit dem gemeinen Wert, anzusetzen. Insoweit erhöht sich der laufende Gewinn der Muttergesellschaft. Steuerwirksame Teilwertabschreibungen sind vor nicht voll steuerwirksamen Teilwertabschreibungen hinzuzurechnen. Eine Wertaufholung ist nach § 11 Abs. 2 Satz 2 UmwStG jedoch nicht vorzunehmen, soweit bis zum Ablauf des steuerlichen Übertragungsstichtags eine steuerwirksame Wertaufholung (§ 6 Abs. 1 Nr. 2 Satz 3 i. V. m § 6 Abs. 1 Nr. 1 Satz 4 EStG) stattgefunden hat oder die Rücklage nach § 6 b Abs. 3 EStG gewinnerhöhend aufgelöst worden ist.

Wegen der in § 12 Abs. 1 Satz 2 i. V. m. § 4 Abs. 1 Satz 2 und 3 UmwStG enthaltenen vergleichbaren Regelung für den Fall der Aufwärtsverschmelzung einer Tochter- auf ihre Muttergesellschaft vgl. Randnr. 12.03.

11.18 Wird eine Mutter- auf ihre Tochtergesellschaft verschmolzen, führt dies auf der Ebene der Tochtergesellschaft nicht zu einem Durchgangserwerb eigener Anteile (BFH vom 28. 10. 2009 I R 4/09, BStBl. 2011 II S. 315).

11.19 Die Anteile an der Tochtergesellschaft können nach § 11 Abs. 2 Satz 2 UmwStG in der steuerlichen Schlussbilanz der Muttergesellschaft nur dann mit einem Wert unterhalb des gemeinen Werts angesetzt werden, wenn die übrigen Voraussetzungen des § 11 Abs. 2 Satz 1 Nr. 2 und 3 UmwStG vorliegen (vgl. Randnr. 11.09 – 11.10). Statt auf die übernehmende Körperschaft ist hierbei jedoch auf den die Anteile an der Tochtergesellschaft übernehmenden Anteilseigner der Muttergesellschaft abzustellen.

Auf Ebene des Anteilseigners der Muttergesellschaft findet § 13 UmwStG Anwendung. Eine Verknüpfung mit dem Wert in der steuerlichen Schlussbilanz nach § 12 Abs. 1 UmwStG besteht hingegen nicht.

## B. Auswirkungen auf den Gewinn der übernehmenden Körperschaft (§ 12 UmwStG)

### I. Wertverknüpfung

12.01 Die übernehmende Körperschaft hat das auf sie übergegangene Vermögen in entsprechender Anwendung des § 4 Abs. 1 Satz 1 UmwStG mit dem in der steuerlichen Schlussbilanz der übertragenden Körperschaft enthaltenen Wert zu übernehmen (§ 12 Abs. 1 Satz 1 UmwStG).

12.02 Randnr. 04.01, 04.03 und 04.04 gelten entsprechend.

## II. Erweiterte Wertaufholung – Beteiligungskorrekturgewinn

Im Fall der Aufwärtsverschmelzung einer Tochter- auf ihre Muttergesellschaft sind gem. § 12 Abs. 1 Satz 2 i. V. m. § 4 Abs. 1 Satz 2 UmwStG in der Bilanz der übernehmenden Muttergesellschaft zum steuerlichen Übertragungsstichtag die Anteile an der übertragenden Tochtergesellschaft mindestens mit dem Buchwert, erhöht um in früheren Jahren steuerwirksam vorgenommene Abschreibungen auf die Beteiligung sowie erhöht um steuerwirksame Abzüge nach § 6 b EStG und ähnliche Abzüge, höchstens jedoch mit dem gemeinen Wert, anzusetzen. Insoweit erhöht sich der laufende Gewinn der Muttergesellschaft. Das gilt nicht, soweit bereits nach den allgemeinen Regeln bis zum Ablauf des steuerlichen Übertragungsstichtags eine Wertaufholung (§ 6 Abs. 1 Nr. 2 Satz 3 i. V. m. § 6 Abs. 1 Nr. 1 Satz 4 EStG) stattgefunden hat oder die Rücklage nach § 6 b Abs. 3 EStG gewinnerhöhend aufgelöst worden ist. Randnr. 04.06 – 04.08 gelten entsprechend. **12.03**

## III. Eintritt in die steuerliche Rechtsstellung (§ 12 Abs. 3 UmwStG)

Hinsichtlich des Eintritts der übernehmenden Körperschaft in die Rechtsstellung der übertragenden Körperschaft gelten die Randnr. 04.09 – 04.17 entsprechend. **12.04**

## IV. Übernahmeergebnis

Nach § 12 Abs. 2 Satz 1 UmwStG bleibt bei der übernehmenden Körperschaft ein Gewinn oder Verlust i. H. des Unterschieds zwischen dem Buchwert der Anteile an der übertragenden Körperschaft und dem Wert, mit dem die übergegangenen Wirtschaftsgüter zu übernehmen sind, abzüglich der Kosten für den Vermögensübergang (vgl. hierzu Randnr. 04.34), außer Ansatz. Der Gewinn ist außerhalb der Steuerbilanz entsprechend zu korrigieren. **12.05**

Ein Übernahmeergebnis i. S. d. § 12 Abs. 2 Satz 1 UmwStG ist in allen Fällen der Auf-, Ab- und Seitwärtsverschmelzung – ungeachtet einer Beteiligung an der übertragenden Körperschaft – zu ermitteln. Das Übernahmeergebnis entsteht mit Ablauf des steuerlichen Übertragungsstichtags.

Gem. § 12 Abs. 2 Satz 2 UmwStG ist bei einer Aufwärtsverschmelzung auf einen Übernahmegewinn i. S. d. § 12 Abs. 2 Satz 1 UmwStG in dem Umfang, in dem die übernehmende Muttergesellschaft unmittelbar an der übertragenden Tochtergesellschaft beteiligt ist, § 8 b KStG anzuwenden. § 12 Abs. 2 Satz 2 UmwStG findet auf einen Übernahmeverlust keine Anwendung. Bei einer Aufwärtsverschmelzung entsprechen die anteiligen Kosten des Vermögensübergangs i. S. d. § 12 Abs. 2 Satz 2 UmwStG den von der übernehmenden Körperschaft getragenen Aufwendungen. **12.06**

**Beispiel:**

Die übernehmende M-GmbH ist an der übertragenden T-GmbH zu 40 % beteiligt. Der Buchwert der Anteile beträgt 200 000 € und der Buchwert des übertragenen Vermögens beträgt 800 000 €. Die Kosten des Vermögensübergangs i. S. d. § 12 Abs. 2 Satz 2 UmwStG betragen 20 000 €.

**Lösung:**

Der Übernahmegewinn i. S. d. § 12 Abs. 2 Satz 1 UmwStG der M-GmbH beträgt (800 000 € ./. 200 000 € ./. 20 000 € =) 580 000 €.

Der Gewinn i. S. d. § 12 Abs. 2 Satz 2 UmwStG beträgt (40 % von 580 000 € =) 232 000 €. Auf diesen Betrag ist § 8 b KStG anzuwenden. Danach sind die 232 000 € nach § 8 b Abs. 2

Satz 1 KStG steuerfrei, es gelten nach § 8 b Abs. 3 Satz 1 KStG 5 % von 232 000 € (= 11 600 €) als nicht abziehbare Betriebsausgaben.

12.07[1] Bei der Anwendung des § 12 Abs. 2 Satz 2 UmwStG ist bei einer Aufwärtsverschmelzung auf eine Organgesellschaft § 15 Satz 1 Nr. 2 KStG zu beachten. Ist Organträger eine Personengesellschaft, an der natürliche Personen beteiligt sind, sind insoweit gem. § 15 Satz 1 Nr. 2 Satz 2 KStG die § 3 Nr. 40, § 3 c Abs. 2 EStG an Stelle des § 8 b KStG anzuwenden.

## C. Besteuerung der Anteilseigner der übertragenden Körperschaft (§ 13 UmwStG)

### I. Anwendungsbereich

13.01 § 13 UmwStG ist nur auf Anteile im Betriebsvermögen, Anteile i. S. d. § 17 EStG und einbringungsgeborene Anteile i. S. d. § 21 Abs. 1 UmwStG 1995 anzuwenden. Für alle übrigen Anteile findet bei Verschmelzung einer Körperschaft § 20 Abs. 4 a Satz 1 und 2 EStG Anwendung. In den Fällen der Aufwärtsverschmelzung ist § 13 UmwStG nicht anwendbar, soweit die übernehmende Körperschaft an der übertragenden Körperschaft beteiligt ist; zur Anwendung des § 13 UmwStG bei der Abwärtsverschmelzung vgl. Randnr. 11.19.

13.02 Darüber hinaus findet § 13 UmwStG nur insoweit Anwendung, als dem Anteilseigner der übertragenden Körperschaft keine Gegenleistung oder eine in Gesellschaftsrechten bestehende Gegenleistung gewährt wird. Nicht in Gesellschaftsrechten bestehende Gegenleistungen (vgl. Randnr. 11.10) stellen bei dem Anteilseigner einen Veräußerungserlös für seine Anteile dar. Bei einer nur anteiligen Veräußerung (z. B. Spitzenausgleich) sind dem Veräußerungserlös nur die anteiligen Anschaffungskosten dieser Anteile an dem übertragenden Rechtsträger gegenüberzustellen. In diesen Fällen gilt § 13 UmwStG nur für den übrigen Teil der Anteile.

13.03 § 13 UmwStG gilt auch nicht, soweit es aufgrund der Umwandlung zu einer Wertverschiebung zwischen den Anteilen der beteiligten Anteilseigner kommt. Insoweit handelt es sich um eine Vorteilszuwendung zwischen den Anteilseignern, für deren steuerliche Beurteilung die allgemeinen Grundsätze gelten. Erhält dabei eine an dem übertragenden Rechtsträger beteiligte Kapitalgesellschaft zugunsten eines ihrer Anteilseigner oder einer diesem nahe stehenden Person eine geringerwertige Beteiligung an dem übernehmenden Rechtsträger, kann die Vorteilsgewährung an den Anteilseigner als verdeckte Gewinnausschüttung zu beurteilen sein; im Umkehrfall kann eine verdeckte Einlage durch den Anteilseigner in die Kapitalgesellschaft anzunehmen sein (BFH vom 9. 11. 2010 IX R 24/09, BStBl. 2011 II S. 799). Bei einer nichtverhältniswahrenden Umwandlung ist zu prüfen, ob die Wertverschiebung zwischen den Anteilseignern eine freigebige Zuwendung darstellt (vgl. auch Gleichlautender Ländererlass vom 20. 10. 2010, BStBl. I S. 1208, und Randnr. 15.44).

13.04[2] Wird das Vermögen einer nicht unbeschränkt steuerpflichtigen Körperschaft, Personenvereinigung oder Vermögensmasse als Ganzes durch einen

---

[1] Beachte hiervon abweichend jedoch BFH-Urteil v. 26. 9. 2018 I R 16/16, DStR 2019 S. 682.

[2] Rn. 13.04 geänd. durch BMF v. 10. 11. 2016, BStBl. I S. 1252.

Verschmelzungsvorgang i. S. d. § 12 Abs. 2 Satz 1 KStG nach ausländischem Recht auf eine andere Körperschaft übertragen, gilt nach § 12 Abs. 2 Satz 2 KStG für die Besteuerung der Anteilseigner der übertragenden Körperschaft § 13 UmwStG entsprechend.

### II. Veräußerungs- und Anschaffungsfiktion zum gemeinen Wert

§ 13 Abs. 1 UmwStG enthält eine Veräußerungs- und Anschaffungsfiktion zum gemeinen Wert, die unabhängig davon gilt, ob i. R. d. Umwandlung neue Anteile an der übernehmenden Körperschaft ausgegeben werden. Bei Anteilen an Genossenschaften richtet sich der gemeine Wert nach dem Entgelt, das bei der Übertragung des Geschäftsguthabens erzielt wird. **13.05**

Ein Veräußerungsgewinn oder -verlust entsteht im Zeitpunkt der zivilrechtlichen Wirksamkeit der Umwandlung. § 2 Abs. 1 UmwStG gilt grundsätzlich nicht für den Anteilseigner der übertragenden Körperschaft (vgl. Randnr. 02.03). **13.06**

### III. Ansatz der Anteile mit dem Buchwert oder den Anschaffungskosten

Abweichend von § 13 Abs. 1 UmwStG können auf Antrag die Anteile an der übertragenden Körperschaft mit dem Buchwert oder den Anschaffungskosten angesetzt werden (§ 13 Abs. 2 UmwStG), wenn **13.07**

– das Recht der Bundesrepublik Deutschland hinsichtlich der Besteuerung des Gewinns aus der Veräußerung der Anteile an der übernehmenden Körperschaft nicht ausgeschlossen oder beschränkt wird oder
– die EU-Mitgliedstaaten Art. 8 Richtlinie 2009/133/EG (zuvor Art. 8 Richtlinie 90/434/EWG) anzuwenden haben.

§ 13 UmwStG ist unabhängig von der Ausübung des Bewertungswahlrechts bei der übertragenden Körperschaft in § 11 UmwStG anzuwenden. Unerheblich ist weiter, ob die übertragende Körperschaft im Inland der Besteuerung unterlegen hat. **13.08**

Wird z. B. nach § 54 Abs. 1 Satz 3 UmwG i. R. d. Umwandlung auf die Gewährung neuer Anteile verzichtet, weil der Anteilseigner bereits an der übernehmenden Körperschaft beteiligt ist, sind dem Buchwert bzw. den Anschaffungskosten der Anteile an der übernehmenden Körperschaft der Buchwert bzw. die Anschaffungskosten der Anteile an der übertragenden Körperschaft hinzuzurechnen. Führt die Verschmelzung zu Wertverschiebungen zwischen den Anteilen der beteiligten Anteilseigner, findet § 13 UmwStG insoweit keine Anwendung (vgl. Randnr. 13.03). **13.09**

Bei Vorliegen der in § 13 Abs. 2 UmwStG genannten Voraussetzungen ist nur ein Ansatz mit dem Buchwert oder den Anschaffungskosten, nicht jedoch der Ansatz eines Zwischenwerts zulässig. Der Antrag auf Fortführung des Buchwerts oder der Anschaffungskosten bedarf keiner besonderen Form, ist bedingungsfeindlich und unwiderruflich. **13.10**

Werden nach § 13 Abs. 2 Satz 1 UmwStG die Anteile an der übernehmenden Körperschaft mit dem Buchwert oder den Anschaffungskosten der Anteile an der übertragenden Körperschaft angesetzt, treten gem. § 13 Abs. 2 Satz 2 UmwStG die Anteile an der übernehmenden Körperschaft steuerlich an die Stelle der Anteile an der übertragenden Körperschaft. Daraus ergeben sich insbesondere folgende Rechtsfolgen: **13.11**

- Übergang einer Wertaufholungsverpflichtung nach § 6 Abs. 1 Nr. 2 Satz 3 EStG bei im Betriebsvermögen gehaltenen Anteilen;
- Übergang der Einschränkung nach § 8 b Abs. 2 Satz 4 und 5 KStG bzw. § 3 Nr. 40 Satz 1 Buchstabe a Satz 2 und 3 sowie Buchstabe b Satz 3 EStG;
- wenn die Anteile an der übertragenden Körperschaft solche i. S. d. § 17 EStG waren, gelten auch die Anteile an der übernehmenden Körperschaft als Anteile i. S. d. § 17 EStG, selbst wenn die Beteiligungsgrenze nicht erreicht wird (für die Anwendung der 1 %-Grenze ist auf die Beteiligungsquote vor der Verschmelzung abzustellen);
- die Steuerverhaftung nach § 21 UmwStG 1995 verlagert sich auf die Anteile an der übernehmenden Körperschaft;
- ein Sperrbetrag i. S. d. § 50 c EStG a. F. verlagert sich auf die Anteile an der übernehmenden Körperschaft;
- die Eigenschaft „verschmelzungsgeborener Anteil" i. S. d. § 13 Abs. 2 Satz 2 UmwStG 1995 verlagert sich auf die Anteile an der übernehmenden Körperschaft;
- Anrechnung der Besitzzeit an den Anteilen an der übertragenden Körperschaft bei den Anteilen an der übernehmenden Körperschaft (insbesondere bei der Prüfung der gewerbesteuerlichen Kürzung nach § 9 Nr. 2 a und 7 GewStG und hinsichtlich einer Rücklage nach § 6 b Abs. 10 EStG).

### IV. Gewährung von Mitgliedschaftsrechten

13.12 § 13 UmwStG ist entsprechend anzuwenden, wenn i. R. d. Umwandlung an die Stelle der Anteile an der übertragenden Körperschaft Mitgliedschaftsrechte an der übernehmenden Körperschaft treten oder umgekehrt (z. B. Vermögensübertragung von einer Versicherungs-AG auf einen VVaG oder umgekehrt). Treten an die Stelle von Mitgliedschaftsrechten Anteile, betragen die Anschaffungskosten der Anteile 0 €.

## Vierter Teil. Auf-, Abspaltung und Vermögensübertragung (Teilübertragung)

### A. Auf-, Abspaltung und Teilübertragung auf andere Körperschaften (§ 15 UmwStG)

### I. Teilbetriebsvoraussetzung des § 15 Abs. 1 UmwStG

15.01 § 11 Abs. 2 und § 13 Abs. 2 UmwStG sind auf die Auf- und Abspaltung sowie die Teilübertragung nur entsprechend anzuwenden, wenn auf die Übernehmerinnen bzw. die Übernehmerin ein Teilbetrieb übertragen wird und im Fall der Abspaltung oder der Teilübertragung bei der übertragenden Körperschaft das zurückbleibende Vermögen ebenfalls zu einem Teilbetrieb gehört. Für eine Auf- oder Abspaltung auf eine Personengesellschaft als übernehmender Rechtsträger ist § 16 UmwStG anwendbar.

#### 1. Begriff des Teilbetriebs

15.02 Teilbetrieb i. S. d. § 15 UmwStG ist die Gesamtheit der in einem Unternehmensteil einer Gesellschaft vorhandenen aktiven und passiven Wirtschaftsgüter, die in organisatorischer Hinsicht einen selbstständigen Betrieb, d. h. eine aus eigenen Mitteln funktionsfähige Einheit, darstellen, vgl. Art. 2 Buchstabe j Richtlinie 2009/133/EG. Zu einem Teilbetrieb gehören alle funktional wesentlichen Betriebsgrundlagen sowie diesem Teilbetrieb nach wirtschaftlichen Zusammenhängen zuordenbaren Wirtschaftsgüter. Die Voraussetzungen eines Teilbetriebs sind nach Maßgabe der einschlägigen Rechtsprechung unter Zugrundelegung der funktionalen Betrachtungsweise aus der Perspektive des übertragenden Rechtsträgers zu beurteilen (EuGH vom 15. 1. 2002 C-43/00, EuGHE I S. 379; BFH vom 7. 4. 2010 I R 96/08, BStBl. 2011 II S. 467). Zu den funktional wesentlichen Betriebsgrundlagen sowie den nach wirtschaftlichen Zusammenhängen zuordenbaren Wirtschaftsgütern können auch Anteile an Kapitalgesellschaften gehören (vgl. auch Randnr. 15.06). Darüber hinaus gilt für Zwecke des § 15 UmwStG als Teilbetrieb ein Mitunternehmeranteil (vgl. Randnr. 15.04) sowie eine 100 %-Beteiligung an einer Kapitalgesellschaft (vgl. Randnr. 15.05).

**Beispiel:**

Aus einem Produktionsbetrieb soll ein wertvolles, aber nicht zu den funktional wesentlichen Betriebsgrundlagen gehörendes Betriebsgrundstück „abgesondert" werden. Um dies zu erreichen, wird der Produktionsbetrieb auf eine neue Gesellschaft abgespalten. In der Ursprungsgesellschaft bleiben das Grundstück und eine 100 %-Beteiligung an einer GmbH oder ein geringfügiger Mitunternehmeranteil zurück.

**Lösung:**

Das zurückbleibende Vermögen erfüllt nicht die Voraussetzungen des § 15 Abs. 1 Satz 2 UmwStG, da das Grundstück weder der 100 %-Beteiligung an der GmbH noch dem Mitunternehmeranteil zugerechnet werden kann (vgl. auch Randnr. 15.11). Eine steuerneutrale Abspaltung ist damit ausgeschlossen.

Die Teilbetriebsvoraussetzungen müssen zum steuerlichen Übertragungsstichtag vorliegen (vgl. Randnr. 02.14). Ein sog. Teilbetrieb im Aufbau stellt keinen Teilbetrieb i. S. d. § 15 UmwStG dar (vgl. Art. 2 Buchstabe j Richtlinie 2009/133/EG). **15.03**

## 2. Mitunternehmeranteil

Als Teilbetrieb gelten auch ein Mitunternehmeranteil (§ 15 Abs. 1 Satz 3 UmwStG) sowie der Teil eines Mitunternehmeranteils. Bei der Übertragung eines Teils eines Mitunternehmeranteils muss auch das zu diesem Teilbetrieb gehörende Sonderbetriebsvermögen anteilig mit übertragen werden. Der Mitunternehmeranteil muss zum steuerlichen Übertragungsstichtag vorgelegen haben. **15.04**

## 3. 100 %-Beteiligung an einer Kapitalgesellschaft

Als Teilbetrieb gilt nach § 15 Abs. 1 Satz 3 UmwStG auch die Beteiligung an einer Kapitalgesellschaft, die das gesamte Nennkapital umfasst (100 %-Beteiligung). Die 100 %-Beteiligung an der Kapitalgesellschaft muss zum steuerlichen Übertragungsstichtag vorgelegen haben. **15.05**

Eine 100 %-Beteiligung stellt keinen eigenständigen Teilbetrieb i. S. d. § 15 Abs. 1 Satz 3 UmwStG dar, wenn sie einem Teilbetrieb als funktional wesentliche Betriebsgrundlage zuzurechnen ist. Wird in diesem Fall die 100 % – Beteiligung übertragen, stellt das zurückbleibende Vermögen keinen Teilbetrieb mehr dar. **15.06**

### 4. Übertragung eines Teilbetriebs

15.07 Sämtliche funktional wesentlichen Betriebsgrundlagen sowie die nach wirtschaftlichen Zusammenhängen zuordenbaren Wirtschaftsgüter (vgl. Randnr. 15.02) müssen i. R. d. Auf- oder Abspaltung gem. § 131 Abs. 1 Nr. 1 UmwG übertragen werden. Ergänzend hierzu ist auch die Begründung des wirtschaftlichen Eigentums ausreichend. Die bloße Nutzungsüberlassung ist nicht ausreichend (BFH vom 7. 4. 2010 I R 96/08, BStBl. 2011 II S. 467).

15.08 Wird eine funktional wesentliche Betriebsgrundlage von mehreren Teilbetrieben eines Unternehmens genutzt, liegen die Voraussetzungen für die Steuerneutralität der Spaltung nicht vor (sog. Spaltungshindernis). Grundstücke müssen zivilrechtlich real bis zum Zeitpunkt des Spaltungsbeschlusses aufgeteilt werden. Ist eine reale Teilung des Grundstücks der übertragenden Körperschaft nicht zumutbar, bestehen aus Billigkeitsgründen im Einzelfall keine Bedenken, eine ideelle Teilung (Bruchteilseigentum) im Verhältnis der tatsächlichen Nutzung unmittelbar nach der Spaltung ausreichen zu lassen.

15.09 Betriebsvermögen der übertragenden Körperschaft, das weder zu den funktional wesentlichen Betriebsgrundlagen noch zu den nach wirtschaftlichen Zusammenhängen zuordenbaren Wirtschaftsgütern gehört, kann jedem der Teilbetriebe zugeordnet werden. Die Zuordnung dieser Wirtschaftsgüter kann bis zum Zeitpunkt des Spaltungsbeschlusses erfolgen. Ändert sich nach dem steuerlichen Übertragungsstichtag bei einem nach wirtschaftlichen Zusammenhängen zuordenbaren Wirtschaftsgut aufgrund dauerhafter Änderung des Nutzungszusammenhangs die Zuordnung zu einem der Teilbetriebe, wird es nicht beanstandet, wenn für die wirtschaftliche Zuordnung dieses Wirtschaftsguts zu einem Teilbetrieb auf die Verhältnisse zum Zeitpunkt des Spaltungsbeschlusses abgestellt wird.

15.10 Pensionsrückstellungen sind dem Teilbetrieb zuzuordnen, mit dem sie wirtschaftlich zusammenhängen. Bei noch bestehenden Arbeitsverhältnissen hat gem. § 249 Abs. 1 Satz 1 HGB i. V. m. § 131 Abs. 1 Nr. 1 Satz 1 UmwG derjenige Rechtsträger die Rückstellung zu bilden, der gem. § 613 a Abs. 1 Satz 1 BGB in die Rechte und Pflichten aus den am Spaltungsstichtag bestehenden Arbeitsverhältnissen eintritt. In den übrigen Fällen hat gem. § 249 Abs. 1 Satz 1 HGB i. V. m. § 131 Abs. 1 Nr. 1 Satz 1 UmwG der Rechtsträger die Rückstellung zu bilden, der die aus den Pensionszusagen sich ergebenden Verpflichtungen übernimmt.

15.11 Einer 100 %-Beteiligung oder einem Mitunternehmeranteil können nur die Wirtschaftsgüter einschließlich der Schulden zugeordnet werden, die in unmittelbarem wirtschaftlichen Zusammenhang mit der Beteiligung oder dem Mitunternehmeranteil stehen. Dazu gehören bei einer 100 %-Beteiligung alle Wirtschaftsgüter, die für die Verwaltung der Beteiligung erforderlich sind (z. B. Erträgniskonten, Einrichtung).

### 5. Fehlen der Teilbetriebsvoraussetzung

15.12 Liegen die Voraussetzungen des § 15 Abs. 1 Satz 2 UmwStG nicht vor, sind die stillen Reserven des übergehenden Vermögens nach § 11 Abs. 1 UmwStG aufzudecken. Auf der Ebene des Anteilseigners gilt in diesen Fällen bei einer Aufspaltung gem. § 13 Abs. 1 UmwStG der gesamte Anteil an der übertragenden Körperschaft als zum gemeinen Wert veräußert. Bei einer Abspaltung gilt gem. § 13 Abs. 1 UmwStG die Beteiligung zu dem Teil als zum gemeinen Wert veräußert, der bei Zugrundelegung des gemeinen Werts dem übertragenen Teil des Betriebsvermögens entspricht. Etwas anderes gilt für den nicht i. S. d. § 17 EStG beteiligten Anteilseigner mit Anteilen i. S. d. § 20 Abs. 2 Satz 1 Nr. 1 EStG; hier ergeben sich die steuerlichen Rechtsfolgen bei einer Aufspaltung aus § 20 Abs. 4 a Satz 1 EStG und bei einer Abspaltung aus § 20 Abs. 4 a Satz 5 EStG. Zum Anwendungsbereich des § 13 UmwStG vgl. auch Randnr. 13.01.

Die anderen Vorschriften des UmwStG (insbesondere §§ 2 und 12 UmwStG) bleiben hiervon unberührt. **15.13**

## II. Steuerliche Schlussbilanz und Bewertungswahlrecht

Die Verpflichtung der übertragenden Körperschaft zur Erstellung und Abgabe einer steuerlichen Schlussbilanz bezieht sich auf das übertragene Vermögen; d. h. bei Abspaltung eines Teilbetriebs ist eine steuerliche Schlussbilanz auf den steuerlichen Übertragungsstichtag isoliert nur für den abgespaltenen Teilbetrieb zu erstellen. Randnr. 11.02 – 11.04 gelten entsprechend. Für das Wahlrecht auf Ansatz der Buch- oder Zwischenwerte gelten Randnr. 11.05–11.12 entsprechend. **15.14**

## III. Zur Anwendung des § 15 Abs. 2 UmwStG

Zur Verhinderung von Missbräuchen enthalten die steuerlichen Spaltungsregelungen über die handelsrechtlichen Regelungen des UmwG hinaus weitere Voraussetzungen. **15.15**

### 1. Erwerb und Aufstockung i. S. d. § 15 Abs. 2 Satz 1 UmwStG

Eine steuerneutrale Spaltung ist nach § 15 Abs. 2 Satz 1 UmwStG ausgeschlossen, wenn der als Teilbetrieb geltende Mitunternehmeranteil oder die 100 %-Beteiligung an einer Kapitalgesellschaft innerhalb von drei Jahren vor dem steuerlichen Übertragungsstichtag durch Übertragung von Wirtschaftsgütern, die kein Teilbetrieb sind, erworben oder aufgestockt worden sind. Hierdurch wird die Umgehung der Teilbetriebsvoraussetzung des § 15 Abs. 1 Satz 2 UmwStG verhindert. Eine Aufstockung in diesem Sinne liegt bei Wirtschaftsgütern, die stille Reserven enthalten, regelmäßig nur vor, wenn die in den übergegangenen Wirtschaftsgütern ruhenden stillen Reserven nicht oder nicht in vollem Umfang aufgedeckt wurden. **15.16**

§ 15 Abs. 2 Satz 1 UmwStG gilt im Fall der Abspaltung sowohl für das abgespaltene Vermögen als auch für den zurückbleibenden Teil des Vermögens. Das bedeutet, dass § 11 Abs. 2 UmwStG auch nicht anzuwenden ist, wenn ein bei der übertragenden Körperschaft zurückbleibender Mitunternehmeranteil oder eine zurückbleibende 100 %-Beteiligung i. S. d. § 15 Abs. 2 Satz 1 UmwStG innerhalb eines Zeitraums von drei Jahren vor dem steuerlichen Übertragungsstichtag durch Übertragung von Wirtschaftsgütern, die kein Teilbetrieb sind, erworben oder aufgestockt worden ist. **15.17**

Bei Mitunternehmeranteilen ist im Ergebnis jede Einlage und Überführung von Wirtschaftsgütern, die stille Reserven enthalten, in das Gesamthands- oder Sonderbetriebsvermögen innerhalb von drei Jahren vor dem steuerlichen **15.18**

Übertragungsstichtag schädlich, da sie zu einer Aufstockung der Beteiligung führt.

15.19 § 15 Abs. 2 Satz 1 UmwStG ist nicht anzuwenden, wenn die Aufstockung der Beteiligung nicht durch die übertragende Kapitalgesellschaft erfolgt.

**Beispiel:**

Eine GmbH 1 ist zu 60 % an der GmbH 2 beteiligt. Weitere 40 % der Anteile an der GmbH 2 werden von einem Anteilseigner der GmbH 1 nach § 21 UmwStG zum Buchwert in die GmbH 1 eingebracht. Danach ist die GmbH 1 zu 100 % an der GmbH 2 beteiligt. Die 100 %-Beteiligung stellt einen Teilbetrieb i. S. d. § 15 Abs. 1 Satz 2 UmwStG dar.

**Lösung:**

Der Vorgang ist nicht schädlich i. S. d. § 15 Abs. 2 Satz 1 UmwStG, da die Aufstockung nicht auf einer Zuführung eines Wirtschaftsguts durch die GmbH 1 an die GmbH 2, sondern auf der Zuführung durch einen Dritten (dem Anteilseigner der GmbH 1) beruht.

15.20 Bei Mitunternehmeranteilen und bei Anteilen an Kapitalgesellschaften sind der unentgeltliche Erwerb (z. B. Erbfall) und der gewinnrealisierende entgeltliche Erwerb unschädlich. Gleiches gilt für den unentgeltlichen und den gewinnrealisierenden entgeltlichen Hinzuerwerb.

**Beispiel:**

Die GmbH 1 ist zu 90 % an der GmbH 2 beteiligt. Sie kauft von einem Dritten weitere 10 % der Anteile und ist damit zu 100 % an der GmbH 2 beteiligt.

**Lösung:**

Der Zukauf ist unschädlich.

15.21 § 15 Abs. 2 UmwStG schließt bei Vorliegen der dort genannten Voraussetzungen eine steuerneutrale Spaltung nach § 11 Abs. 2 UmwStG aus. Diese Rechtsfolge trifft im Fall der Abspaltung nur den abgespaltenen Teil des Betriebsvermögens. Die stillen Reserven in dem bei der übertragenden Körperschaft verbleibenden Betriebsvermögen werden nicht aufgedeckt. Die Anwendung der übrigen Vorschriften des UmwStG (insbesondere der §§ 2, 12 und 13 UmwStG) bleibt hiervon unberührt.

### 2. Veräußerung und Vorbereitung der Veräußerung (§ 15 Abs. 2 Satz 2 bis 4 UmwStG)

#### a) Veräußerung i. S. d. § 15 Abs. 2 Satz 2 bis 4 UmwStG

15.22 Die Spaltung eines Rechtsträgers soll die Fortsetzung des bisherigen unternehmerischen Engagements in anderer Rechtsform ermöglichen. Die Steuerneutralität wird nicht gewährt, wenn durch die Spaltung die Veräußerung an außenstehende Personen vollzogen wird oder wenn die Voraussetzungen für eine Veräußerung geschaffen werden (§ 15 Abs. 2 Satz 2 bis 4 UmwStG).

15.23 Eine unentgeltliche Anteilsübertragung (Erbfolge, Erbauseinandersetzung) ist keine schädliche Veräußerung i. S. d. § 15 Abs. 2 Satz 2 bis 4 UmwStG. Dies gilt nicht für Erbauseinandersetzungen mit Ausgleichszahlungen.

15.24 Eine schädliche Veräußerung i. S. d. § 15 Abs. 2 Satz 3 und 4 UmwStG ist jede Übertragung gegen Entgelt. Hierzu gehören insbesondere auch Umwandlungen und Einbringungen; z. B. Verschmelzung, Auf- oder Abspaltung, Formwechsel (vgl. Randnr. 00.02).

Eine Kapitalerhöhung innerhalb von fünf Jahren nach der Spaltung ist schädlich, wenn der Vorgang wirtschaftlich als Veräußerung von Anteilen durch die Gesellschafter zu werten ist. Die Aufnahme neuer Gesellschafter gegen angemessenes Aufgeld ist wirtschaftlich nicht als Veräußerung von Anteilen durch die Anteilseigner anzusehen, wenn die der Kapitalgesellschaft zugeführten Mittel nicht innerhalb der Fünfjahresfrist an die bisherigen Anteilseigner ausgekehrt werden. **15.25**

Die Umstrukturierung innerhalb verbundener Unternehmen i. S. d. § 271 Abs. 2 HGB und juristischer Personen des öffentlichen Rechts einschließlich ihrer Betriebe gewerblicher Art stellt ebenso wie eine Anteilsveräußerung innerhalb des bisherigen Gesellschafterkreises nur dann keine schädliche Veräußerung i. S. d. § 15 Abs. 2 Satz 3 und 4 UmwStG dar, wenn im Anschluss an diesen Vorgang keine unmittelbare oder mittelbare Veräußerung an eine außenstehende Person stattfindet. **15.26**

Für die Beantwortung der Frage, ob eine Anteilsveräußerung an außenstehende Personen vollzogen wird, ist auf den Gesellschafterbestand zum steuerlichen Übertragungsstichtag abzustellen; dabei sind Veränderungen des Gesellschafterbestands im Rückwirkungszeitraum nicht zurückzubeziehen.

### b) Veräußerungssperre des § 15 Abs. 2 Satz 4 UmwStG

§ 11 Abs. 2 UmwStG ist nach § 15 Abs. 2 Satz 4 UmwStG nicht anzuwenden, wenn innerhalb von fünf Jahren nach dem steuerlichen Übertragungsstichtag Anteile an einer an der Spaltung beteiligten Körperschaft, die mehr als 20% der vor Wirksamwerden der Spaltung an der Körperschaft bestehenden Anteile ausmachen, veräußert werden (unwiderlegliche gesetzliche Vermutung). § 15 Abs. 2 Satz 4 UmwStG erfasst im Fall der Abspaltung sowohl die Veräußerung der Anteile an der übertragenden als auch die an der übernehmenden Körperschaft (BFH vom 3. 8. 2005 I R 62/04, BStBl. 2006 II S. 391). **15.27**

Die Rechtsfolgen des § 15 Abs. 2 Satz 2 bis 4 UmwStG knüpfen an die Veräußerung der Anteile durch die Gesellschafter und nicht an die Veräußerung von Betriebsvermögen durch eine der an der Spaltung beteiligten Körperschaften an. **15.28**

Die Quote von 20% bezieht sich auf die Anteile an der übertragenden Körperschaft vor der Spaltung. Die Quote ist entsprechend dem Verhältnis der übergehenden Vermögensteile zu dem bei der übertragenden Körperschaft vor der Spaltung vorhandenen Vermögen aufzuteilen, wie es in der Regel im Umtauschverhältnis der Anteile im Spaltungs- und Übernahmevertrag oder im Spaltungsplan (§ 126 Abs. 1 Nr. 3, § 136 UmwG) zum Ausdruck kommt. Auf die absolute Höhe des Nennkapitals der an der Spaltung beteiligten alten und neuen Gesellschafter sowie auf die Wertentwicklung der Beteiligungen kommt es nicht an. **15.29**

Die nachfolgende Tabelle zeigt für ausgewählte Aufteilungsverhältnisse bei Spaltungen zur Neugründung die Quote der Anteile an den aus der Spaltung hervorgegangenen GmbH A und GmbH B, die – alternativ – höchstens veräußert werden dürfen, ohne die Buchwertfortführung bzw. den Zwischenwertansatz bei der Spaltung zu gefährden: **15.30**

**GmbH A**

| | | | | | | |
|---|---|---|---|---|---|---|
| Anteil des übergegangenen Vermögens in % | 1 | 10 | 20 | 30 | 40 | 50 |
| zulässige Quote in % | 100 | 100 | 100 | 66,6 | 50 | 40 |

**GmbH B**

| | | | | | | |
|---|---|---|---|---|---|---|
| Anteil des übergegangenen Vermögens in % | 99 | 90 | 80 | 70 | 60 | 50 |
| zulässige Quote in % | 20,2 | 22,2 | 25 | 28,6 | 33,3 | 40 |
| Bei Veräußerung von Anteilen an der Gesellschaft A i. H. der zulässigen Quote verbleiben für die Gesellschafter der Gesellschaft B | 19,2 | 11,1 | 0 | 0 | 0 | 0 |

**15.31** Soweit durch einen oder mehrere Gesellschafter zusammen die 20 %-Quote ausgeschöpft wurde, sind weitere Anteilsveräußerungen durch andere Gesellschafter steuerschädlich. Die Rechtsfolgen einer schädlichen Veräußerung treffen steuerrechtlich immer die übertragende Körperschaft und damit mittelbar auch die übrigen Gesellschafter.

**15.32** Nach Ablauf der fünfjährigen Veräußerungssperre können die Anteile an den an der Spaltung beteiligten Körperschaften veräußert werden, ohne die Steuerneutralität der vorangegangenen Spaltung zu gefährden.

**c) Rechtsfolgen einer steuerschädlichen Anteilsveräußerung**

**15.33** Werden innerhalb von fünf Jahren nach dem steuerlichen Übertragungsstichtag Anteile an einer an der Spaltung beteiligten Körperschaft in steuerschädlichem Umfang veräußert, führt dies dazu, dass das gesamte auf den bzw. die übernehmenden Rechtsträger übergegangene Vermögen mit dem gemeinen Wert anzusetzen ist. Die Anwendung der übrigen Vorschriften des UmwStG (insbesondere der §§ 2, 12 und 13 UmwStG) bleibt hiervon unberührt.

**15.34** Entfallen infolge der Anteilsveräußerung innerhalb von fünf Jahren nach dem steuerlichen Übertragungsstichtag die Voraussetzungen des § 15 UmwStG, sind die Körperschaftsteuerbescheide des Veranlagungszeitraums gem. § 175 Abs. 1 Satz 1 Nr. 2 AO zu ändern, in dem der Spaltungsvorgang steuerlich erfasst wurde (rückwirkendes Ereignis).

**15.35** Die Festsetzungsverjährungsfrist beginnt gem. § 175 Abs. 1 Satz 2 AO mit dem Ablauf des Kalenderjahrs, in dem die schädliche Veräußerung erfolgt. Wird der Tatbestand des § 15 Abs. 2 Satz 4 UmwStG durch mehrere zeitlich hintereinander liegende Veräußerungen verwirklicht, beginnt die Verjährung mit dem Ende des Kalenderjahrs, in dem die Veräußerung erfolgt, die letztlich die Rechtsfolge des § 15 Abs. 2 Satz 4 UmwStG auslöst.

### 3. Trennung von Gesellschafterstämmen (§ 15 Abs. 2 Satz 5 UmwStG)

#### a) Begriff der Trennung von Gesellschafterstämmen

Bei der Trennung von Gesellschafterstämmen setzt die Anwendung des § 11 Abs. 2 UmwStG voraus, dass die Beteiligungen an der übertragenden Körperschaft mindestens fünf Jahre bestanden haben (§ 15 Abs. 2 Satz 5 UmwStG). Änderungen in der Beteiligungshöhe innerhalb der Fünfjahresfrist bei Fortdauer der Beteiligung dem Grunde nach sind unschädlich. **15.36**

Eine Trennung von Gesellschafterstämmen liegt vor, wenn im Fall der Aufspaltung an den übernehmenden Körperschaften und im Fall der Abspaltung an der übernehmenden und an der übertragenden Körperschaft nicht mehr alle Anteilsinhaber der übertragenden Körperschaft beteiligt sind. **15.37**

#### b) Vorbesitzzeit

Hat die übertragende Körperschaft noch keine fünf Jahre bestanden, ist grundsätzlich eine steuerneutrale Trennung von Gesellschafterstämmen im Wege der Spaltung nicht möglich. **15.38**

Auch innerhalb verbundener Unternehmen i. S. d. § 271 Abs. 2 HGB und juristischer Personen des öffentlichen Rechts einschließlich ihrer Betriebe gewerblicher Art findet eine Anrechnung eines Vorbesitzes eines anderen verbundenen Unternehmens auf die fünfjährige Vorbesitzzeit i. S. d. § 15 Abs. 2 Satz 5 UmwStG nicht statt. **15.39**

Zeiten, in der eine aus einer Umwandlung hervorgegangene Kapitalgesellschaft als Personengesellschaft mit den gleichen Gesellschafterstämmen bestanden hat, werden auf die Vorbesitzzeit i. S. d. § 15 Abs. 2 Satz 5 UmwStG angerechnet. **15.40**

## IV. Kürzung verrechenbarer Verluste, verbleibender Verlustvorträge, nicht ausgeglichener negativer Einkünfte, eines Zinsvortrags und eines EBITDA-Vortrags (§ 15 Abs. 3 UmwStG)

In Abspaltungsfällen verringern sich bei der übertragenden Körperschaft verrechenbare Verluste, ein verbleibender Verlustvortrag, nicht ausgeglichene negative Einkünfte, ein Zinsvortrag sowie ein EBITDA-Vortrag. Nach § 15 Abs. 3 UmwStG erfolgt die Kürzung in dem Verhältnis, in dem bei Zugrundelegung des gemeinen Werts das Vermögen auf eine andere Körperschaft übergeht. In der Regel entspricht das Verhältnis der gemeinen Werte dem Spaltungsschlüssel. **15.41**[1]

Erfolgt die Abspaltung auf einen unterjährigen steuerlichen Übertragungsstichtag, gelten die Grundsätze in dem BMF-Schreiben vom 28. 11. 2017, BStBl. I S. 1645, Rn. 33 bis Rn. 38[2], entsprechend. Rn. 37 des BMF-Schreibens vom 28. 11. 2017, BStBl. I S. 1645[2], ist dabei mit der Maßgabe anzuwenden, dass im Fall einer Abspaltung auf einen unterjährigen steuerlichen Übertragungsstichtag bei einem Organträger das zu diesem Zeitpunkt

[1] Rn. 15.41 neu gef. durch BMF v. 23. 2. 2018, BStBl. I S. 319.
[2] Nr. **100** § 8 c/1.

noch nicht zugerechnete negative Organeinkommen einer Organgesellschaft nicht der Verlustabzugsbeschränkung des § 15 Abs. 3 UmwStG unterliegt.

## V. Aufteilung der Buchwerte der Anteile gem. § 13 UmwStG in den Fällen der Spaltung

**15.42** Im Fall der Aufspaltung einer Körperschaft können die Anteilseigner der übertragenden Körperschaft Anteile an mehreren übernehmenden Körperschaften, im Fall der Abspaltung neben Anteilen an der übertragenden auch Anteile an der übernehmenden Körperschaft erhalten.

**15.43** Die Anwendung des § 15 Abs. 1 i. V. m. § 13 Abs. 1 und 2 UmwStG erfordert eine Aufteilung der Anschaffungskosten bzw. des Buchwerts der Anteile an der übertragenden Körperschaft. Der Aufteilung kann grundsätzlich das Umtauschverhältnis der Anteile im Spaltungs- oder Übernahmevertrag oder im Spaltungsplan zugrunde gelegt werden. Ist dies nicht möglich, ist die Aufteilung nach dem Verhältnis der gemeinen Werte der übergehenden Vermögensteile zu dem vor der Spaltung vorhandenen Vermögen vorzunehmen. Auch nach der Abspaltung eines Teilbetriebs auf die Muttergesellschaft ist der bisherige Buchwert der Beteiligung an der Tochtergesellschaft im Verhältnis des gemeinen Werts des übergegangenen Vermögens zum gesamten Vermögen der Tochtergesellschaft aufzuteilen.

**Beispiel:**

Die AB-GmbH, an der A und B seit mehr als fünf Jahren als Gründungsgesellschafter zu je 50 % beteiligt sind (Anschaffungskosten der Beteiligung = jeweils 300 000 €), verfügt über zwei Teilbetriebe, wobei der gemeine Wert des Teilbetriebs I = 2 000 000 € und der gemeine Wert des Teilbetriebs II = 1 000 000 € beträgt. Es erfolgt eine Abspaltung in der Weise, dass der Teilbetrieb I bei der AB-GmbH zurückbleibt und der Teilbetrieb II auf die neu gegründete B-GmbH übergeht. B wird Alleingesellschafter der B-GmbH. An der AB-GmbH wird A mit 75 % und B mit 25 % beteiligt.

**Lösung:**

A hält nach der Spaltung unverändert AB-Anteile mit Anschaffungskosten von 300 000 €. Bei B teilen sich die bisherigen Anschaffungskosten im Verhältnis der auf seine Beteiligung entfallenden gemeinen Werte mit 100 000 € auf die AB-Anteile und mit 200 000 € auf die B-Anteile auf.

## VI. Umwandlungen mit Wertverschiebungen zwischen den Anteilseignern

**15.44** Werden bei einer Auf- oder Abspaltung den Anteilseignern des übertragenden Rechtsträgers oder diesen nahe stehenden Personen Anteile an dem übernehmenden Rechtsträger nicht in dem Verhältnis und/oder nicht mit dem ihrer Beteiligung an dem übertragenden Rechtsträger entsprechenden Wert zugeteilt (vgl. § 128 UmwG), handelt es sich dabei grundsätzlich um eine Vorteilszuwendung zwischen den Anteilseignern. In dem einem Anteilseigner gewährten Mehrwert der Anteile ist keine Gegenleistung i. S. d. § 11 Abs. 2 Satz 1 Nr. 3 UmwStG zu sehen. Auch führt eine solche Quoten- und/oder Wertverschiebung nicht zur Anwendung des § 15 Abs. 2 Satz 2 bis 4 UmwStG, es sei denn, die Beteiligungsquoten verschieben sich zugunsten außenstehender Personen. Zu den steuerlichen Folgen einer nichtverhältniswahrenden Auf- oder Abspaltung vgl. auch Randnr. 13.03.

## B. Auf- oder Abspaltung auf eine Personengesellschaft (§ 16 UmwStG)

### I. Entsprechende Anwendung des § 15 UmwStG

Für die Auf- und Abspaltung von Vermögen auf eine Personengesellschaft gilt § 15 UmwStG entsprechend. Die §§ 11 bis 13 UmwStG sind jedoch wegen des Vorrangs des Verweises auf die §§ 3 bis 8 und 10 UmwStG in § 16 Satz 1 UmwStG in diesen Fällen grundsätzlich nicht anzuwenden. **16.01**

### II. Anwendbarkeit des § 3 Abs. 2 UmwStG

§ 3 Abs. 2 UmwStG ist bei der Übertragung auf eine Personengesellschaft entsprechend anzuwenden, **16.02**
- wenn jeweils ein Teilbetrieb übergeht,
- wenn im Fall der Abspaltung das der übertragenden Körperschaft verbleibende Vermögen ebenfalls zu einem Teilbetrieb gehört (§ 15 Abs. 1 Satz 2 UmwStG) und
- soweit die Missbrauchsregeln des § 15 Abs. 2 UmwStG beachtet werden; dabei ist § 15 Abs. 2 Satz 2 bis 4 UmwStG auch auf die nach der Auf- bzw. Abspaltung entstehenden Anteile an der Personengesellschaft anzuwenden.

Zum Begriff des Teilbetriebs vgl. Randnr. 15.02 ff.

### III. Verrechenbare Verluste, verbleibende Verlustvorträge, nicht ausgeglichene negative Einkünfte, Zinsvorträge und EBITDA-Vorträge

Im Fall der Abspaltung vermindern sich die in § 15 Abs. 3 UmwStG genannten Beträge bei der übertragenden Körperschaft. Bei einer Aufspaltung gehen diese Beträge unter. **16.03**

### IV. Investitionsabzugbetrag nach § 7 g EStG

Im Fall der Auf- bzw. Abspaltung wird ein Investitionsabzugsbetrag von dem übernehmenden Rechtsträger fortgeführt, soweit auf diesen ein Teilbetrieb übergeht und der Investitionsabzugsbetrag für Wirtschaftsgüter gebildet wurde, die im Fall ihrer späteren Anschaffung oder Herstellung dem übergehenden Teilbetrieb zuzurechnen wären. Im Fall des § 7 g Abs. 3 EStG ist hinsichtlich der übernommenen Investitionsabzugsbeträge der Abzug beim übertragenden Rechtsträger rückgängig zu machen (vgl. *BMF-Schreiben vom 8. 5. 2009, BStBl. I S. 633, Randnr. 59*[1])). **16.04**

---

[1]) Aufgeh. durch BMF v. 20. 11. 2013, BStBl. I S. 1493 (Nr. **1** § 7 g/5).

# Fünfter Teil. Gewerbesteuer

## A. Gewerbesteuer bei Vermögensübergang auf eine Personengesellschaft oder auf eine natürliche Person sowie bei Formwechsel in eine Personengesellschaft (§ 18 UmwStG)

### I. Geltung der §§ 3 bis 9 und 16 UmwStG für die Ermittlung des Gewerbeertrags (§ 18 Abs. 1 UmwStG)

18.01 Die §§ 3 bis 9 und 16 UmwStG gelten auch für die Ermittlung des Gewerbeertrags und betreffen sowohl die Ermittlung des Gewerbeertrags des übertragenden als auch des übernehmenden Rechtsträgers. Die gewerbesteuerliche Erfassung der stillen Reserven (z. B. bei Vermögensübergang von einer GmbH in das Betriebsvermögen eines Freiberuflers i. S. d. § 18 EStG) ist für die Ausübung der Wahlrechte unbeachtlich (vgl. Randnr. 03.17).

18.02 Der Übergang von Fehlbeträgen des laufenden Erhebungszeitraums sowie von vortragsfähigen Fehlbeträgen i. S. d. § 10 a GewStG der übertragenden Körperschaft auf den übernehmenden Rechtsträger ist ausgeschlossen (§ 4 Abs. 2 Satz 1, § 18 Abs. 1 Satz 2 UmwStG). Die Beschränkung der Verlustnutzung nach § 2 Abs. 4 UmwStG ist zu beachten.

### II. Übernahmegewinn oder -verlust sowie Bezüge i. S. d. § 7 UmwStG (§ 18 Abs. 2 UmwStG)

18.03 Ein Übernahmegewinn oder -verlust ist bei der Gewerbesteuer nicht zu berücksichtigen (§ 18 Abs. 2 Satz 1 UmwStG). Dies gilt nicht für einen Beteiligungskorrekturgewinn sowie einen Übernahmefolgegewinn oder -verlust.

18.04 Bezüge i. S. d. § 7 UmwStG aus Anteilen i. S. d. § 5 Abs. 2 UmwStG sind bei der Gewerbesteuer nicht zu erfassen (§ 18 Abs. 2 Satz 2 UmwStG). Für die Prüfung der Voraussetzungen des § 9 Nr. 2 a oder 7 GewStG sind die Verhältnisse zu Beginn des Erhebungszeitraums beim übernehmenden Rechtsträger maßgebend. Das gilt auch dann, wenn die Voraussetzungen beim Anteilseigner des übertragenden Rechtsträgers erfüllt worden sind.

### III. Missbrauchstatbestand des § 18 Abs. 3 UmwStG

18.05 Nach § 18 Abs. 3 UmwStG unterliegt ein Gewinn aus der Auflösung oder Veräußerung des Betriebs der Personengesellschaft der Gewerbesteuer, wenn innerhalb von fünf Jahren nach der Umwandlung eine Betriebsaufgabe oder Veräußerung erfolgt. Das gilt entsprechend, soweit ein Teilbetrieb (vgl. hierzu Randnr. 15.02 f.) oder ein Anteil an der Personengesellschaft aufgegeben oder veräußert wird (§ 18 Abs. 3 Satz 2 UmwStG). § 18 Abs. 3 UmwStG gilt nicht für den Übergang des Betriebsvermögens auf einen Rechtsträger ohne Betriebsvermögen (vgl. § 8 UmwStG sowie Randnr. 03.16). Für die Fristberechnung gilt Randnr. 06.10 entsprechend.

#### 1. Begriff der Veräußerung und Aufgabe

18.06 Das Vorliegen einer Aufgabe oder Veräußerung des Betriebs, Teilbetriebs oder Mitunternehmeranteils ist nach allgemeinen Grundsätzen zu beurteilen. Daher erfasst § 18 Abs. 3 UmwStG auch die Veräußerung gegen wiederkehrende Bezüge. Das Wahlrecht nach R 16 Abs. 11 *EStR 2010*[1] besteht für

[1] Jetzt EStR 2012.

Zwecke des § 18 UmwStG nicht. § 18 Abs. 3 Satz 2 UmwStG erfasst auch die Veräußerung des Teils eines Mitunternehmeranteils.

Eine Veräußerung des auf den übernehmenden Rechtsträger übergegangenen Betriebs, Teilbetriebs oder Mitunternehmeranteils liegt z. B. auch dann vor, wenn der übergegangene Betrieb in eine Kapital- oder Personengesellschaft gegen Gewährung von Gesellschaftsrechten eingebracht wird (vgl. Randnr. 00.02). **18.07**

Wird der Betrieb, Teilbetrieb oder Mitunternehmeranteil nach §§ 20, 24 UmwStG zum Buch- oder Zwischenwert eingebracht, tritt die übernehmende Gesellschaft in die Rechtsstellung des übertragenden Rechtsträgers ein und ist daher für den Rest der Fünfjahresfrist der Vorschrift des § 18 Abs. 3 UmwStG unterworfen (vgl. § 23 Abs. 1, § 24 Abs. 4 UmwStG). Kommt es bei Einbringung zum Zwischenwert zu einem Übertragungsgewinn, unterliegt dieser Gewinn ungeachtet des Eintritts in die steuerliche Rechtsstellung insoweit der Anwendung des § 18 Abs. 3 UmwStG.

Wird der Betrieb, Teilbetrieb oder Mitunternehmeranteil nach §§ 20, 24 UmwStG zum gemeinen Wert eingebracht, findet § 18 Abs. 3 UmwStG auf einen Übertragungsgewinn Anwendung. Anders als in den Fällen der Einbringung im Wege der Einzelrechtsnachfolge (vgl. § 23 Abs. 4 erster Halbsatz UmwStG) wird die Fünfjahresfrist in den Fällen der Gesamtrechtsnachfolge auch bei Einbringung zum gemeinen Wert vom übernehmenden Rechtsträger fortgeführt (§ 23 Abs. 4 zweiter Halbsatz UmwStG).

Soweit der im Wege der Umwandlung übergegangene Betrieb, Teilbetrieb oder Mitunternehmeranteil innerhalb der Fünfjahresfrist unentgeltlich übertragen wird, ist der Rechtsnachfolger für den Rest der Fünfjahresfrist der Vorschrift des § 18 Abs. 3 UmwStG unterworfen; werden die stillen Reserven ganz oder teilweise aufgedeckt, ist § 18 Abs. 3 UmwStG anzuwenden. Findet auf die unentgeltliche Übertragung § 6 Abs. 3 EStG keine Anwendung (z. B. bei verdeckter Einlage in eine Kapitalgesellschaft), liegt eine Betriebsaufgabe vor. **18.08**

## 2. Aufgabe- oder Veräußerungsgewinn

§ 18 Abs. 3 UmwStG erfasst sämtliche stillen Reserven des im Zeitpunkt der Aufgabe oder Veräußerung vorhandenen Betriebsvermögens. Der „Nachversteuerung" unterliegen danach auch neu gebildete stille Reserven. Stille Reserven, die bereits vor der Umwandlung in dem Betrieb des aufnehmenden Rechtsträgers vorhanden waren, unterliegen der Gewerbesteuer, wenn die Anmeldung zur Eintragung in das für die Wirksamkeit der Umwandlung maßgebende öffentliche Register nach dem 31. 12. 2007 erfolgt ist. Für Umwandlungen vor diesem Stichtag vgl. BFH vom 20. 11. 2006 VIII R 47/05, BStBl. 2008 II S. 69. Unterliegt ein Gewinn sowohl nach § 7 Satz 1 oder 2 GewStG als auch nach § 18 Abs. 3 UmwStG der Gewerbesteuer, ist § 18 Abs. 3 UmwStG vorrangig anzuwenden. **18.09**

Ein Aufgabe- oder Veräußerungsverlust ist gewerbesteuerlich nicht zu berücksichtigen. **18.10**

### 3. Übergang auf Rechtsträger, der nicht gewerbesteuerpflichtig ist

18.11 § 18 Abs. 3 UmwStG gilt bei der Umwandlung einer Körperschaft für die übernehmende Personengesellschaft oder die übernehmende natürliche Person. Die Gewerbesteuer ist auch festzusetzen, wenn der übernehmende Rechtsträger nicht gewerbesteuerpflichtig ist. § 18 Abs. 3 UmwStG ist ein Sondertatbestand der Gewerbesteuerpflicht.

## B. Gewerbesteuer bei Vermögensübergang auf eine andere Körperschaft (§ 19 UmwStG)

19.01 Die §§ 11 bis 15 UmwStG gelten auch für die Ermittlung des Gewerbeertrags und betreffen sowohl die Ermittlung des Gewerbeertrags des übertragenden als auch des übernehmenden Rechtsträgers sowie der Anteilseigner des übertragenden Rechtsträgers. Die gewerbesteuerliche Erfassung der stillen Reserven (z. B. bei Vermögensübergang von einer unbeschränkt steuerpflichtigen Körperschaft in ein Betriebsvermögen einer beschränkt steuerpflichtigen Kapitalgesellschaft i. S. d. § 49 Abs. 1 Nr. 2 Buchstabe f Satz 2 EStG) ist für die Ausübung der Wahlrechte unbeachtlich (vgl. Randnr. 03.17).

# Sechster Teil. Einbringung von Unternehmensteilen in eine Kapitalgesellschaft oder Genossenschaft und Anteilstausch

## A. Grundkonzeption der Einbringung nach §§ 20 ff. UmwStG

### I. Allgemeines

E 20.01 Die bisherige Methode der Sonderregelungen für die Besteuerung einbringungsgeborener Anteile (§ 21 UmwStG 1995, § 8b Abs. 4 KStG a. F., § 3 Nr. 40 Satz 3 und 4 EStG a. F.) und die bisherige Missbrauchsklausel (§ 26 Abs. 2 Satz 1 und 2 UmwStG 1995) wurden durch das SEStEG abgelöst und durch eine rückwirkende Besteuerung des zugrunde liegenden Einbringungsvorgangs ersetzt. Die bisher geltenden Regelungen des UmwStG 1995 sind für einbringungsgeborene Anteile i. S. d. § 21 UmwStG 1995 nach § 27 Abs. 3 UmwStG weiterhin anzuwenden.

### II. Grundkonzept

E 20.02 Die Regelungen für die Sacheinlage (§§ 20 und 22 Abs. 1 UmwStG) und den Anteilstausch (§§ 21 und 22 Abs. 2 UmwStG) werden systematisch getrennt. Für i. R. einer Sacheinlage (§ 20 UmwStG) miteingebrachte Anteile gelten die Rechtsfolgen des Anteilstauschs (§ 22 Abs. 2 UmwStG).

### 1. Sacheinlage

E 20.03 Veräußert der Einbringende in den Fällen einer Sacheinlage unter dem gemeinen Wert die erhaltenen Anteile innerhalb eines Zeitraums von sieben Jahren nach der Einbringung oder wird ein der Veräußerung gleichgestellter Ersatzrealisationstatbestand verwirklicht, wird der Einbringungsgewinn I rückwirkend auf den Zeitpunkt der Einbringung besteuert (§ 22 Abs. 1 UmwStG). Zu diesem Zweck ist der gemeine Wert des eingebrachten Betriebsvermögens auf den steuerlichen Übertragungsstichtag (Einbringungszeitpunkt) zu ermitteln. Der zu versteuernde Einbringungsgewinn I verringert sich innerhalb des Siebenjahreszeitraums jährlich um 1/7 (§ 22 Abs. 1 Satz 3 UmwStG).

Die schädliche Anteilsveräußerung oder die einer Veräußerung gleichgestellten Ersatzrealisationstatbestände (§ 22 Abs. 1 Satz 6 UmwStG) stellen in Bezug auf die Steuerfestsetzung beim Einbringenden im Einbringungsjahr ein rückwirkendes Ereignis i. S. v. § 175 Abs. 1 Satz 1 Nr. 2 AO dar. **E 20.04**

Der zu versteuernde Einbringungsgewinn I erhöht die Anschaffungskosten der erhaltenen Anteile (§ 22 Abs. 1 Satz 4 UmwStG). Dadurch wird erreicht, dass die bis zum Einbringungszeitpunkt entstandenen stillen Reserven der vollen Besteuerung nach § 16 EStG und die nach der Einbringung entstandenen stillen Reserven der Veräußerungsgewinnbesteuerung von Anteilen und damit der vollen bzw. teilweisen Steuerfreistellung nach § 8 b KStG oder § 3 Nr. 40 EStG unterliegen. Auf der Ebene der übernehmenden Gesellschaft kommt es auf Antrag zu einer Buchwertaufstockung i. H. des versteuerten Einbringungsgewinns I (§ 23 Abs. 2 UmwStG). **E 20.05**

**Beispiel:**

Die natürliche Person A bringt zum steuerlichen Übertragungsstichtag 31. 12. 01 ihr bisheriges Einzelunternehmen auf Antrag zu Buchwerten in die B-GmbH ausschließlich gegen Gewährung neuer Anteile an der B-GmbH ein. Der Buchwert des übertragenen Betriebsvermögens beträgt 2 000 000 €, der gemeine Wert 9 000 000 €. A hat entsprechende Anschaffungskosten für den Anteil an der B-GmbH i. H. v. 2 000 000 €. Der Anteil an der B-GmbH ist als sperrfristbehaftet i. S. d. § 22 Abs. 1 UmwStG anzusehen. Nunmehr veräußert A den erhaltenen GmbH-Anteil am 30. 6. 07 zum Kaufpreis von 10 000 000 €.

**Lösung:**

In einem ersten Schritt ist der zu versteuernde Einbringungsgewinn I zu ermitteln. Der Einbringungsgewinn I ergibt sich aus der Differenz zwischen dem gemeinen Wert des eingebrachten Betriebsvermögens zum Zeitpunkt der Einbringung (hier 9 000 000 €) und dem Buchwert des übertragenen Betriebsvermögens bei der B-GmbH (hier 2 000 000 €) und beträgt somit 7 000 000 €. Die schädliche Anteilsveräußerung stellt nach § 22 Abs. 1 Satz 2 UmwStG in Bezug auf die Steuerfestsetzung beim Einbringenden im Einbringungsjahr ein rückwirkendes Ereignis i. S. d. § 175 Abs. 1 Satz 1 Nr. 2 AO dar. Als Bewertungszeitpunkt ist der Einbringungszeitpunkt maßgebend. Dies gilt sowohl für die Bewertung des übertragenen Betriebsvermögens als auch für den Ansatz der Beteiligung an der B-GmbH. Der Betrag von 7 000 000 € ist für jedes seit dem Einbringungszeitpunkt abgelaufene Zeitjahr um 1/7 zu mindern. Vorliegend sind seit dem 31. 12. 01 bis 30. 6. 07 fünf volle Jahre abgelaufen (Jahre 31. 12. 01 bis 31. 12. 06). Daraus ergibt sich ein zu versteuernder Einbringungsgewinn I von 7 000 000 € ./. 5 000 000 € = 2 000 000 €. Der Einbringungsgewinn I gilt als Gewinn des Einbringenden i. S. d. § 16 EStG und unterliegt bei A unabhängig von der späteren Wertentwicklung der Beteiligung an der B-GmbH der Einkommensteuer; § 16 Abs. 4 und § 34 EStG sind nicht anzuwenden (§ 22 Abs. 1 Satz 1 UmwStG). Der Einbringungsgewinn I unterliegt bei A nicht der Gewerbesteuer.

In einem zweiten Schritt erhöhen sich die Anschaffungskosten der Beteiligung an der B-GmbH um den steuerpflichtigen Einbringungsgewinn I. Es ergeben sich für A Anschaffungskosten i. H. v. 2 000 000 € aus der ursprünglichen Buchwerteinbringung + nachträgliche Anschaffungskosten aus dem zu versteuernden Einbringungsgewinn I von 2 000 000 € = 4 000 000 €. A erzielt ferner Einkünfte nach § 17 EStG i. H. v. 6 000 000 € (Veräußerungspreis in 07: 10 000 000 € ./. erhöhte Anschaffungskosten 4 000 000 €). Der Veräußerungsgewinn unterliegt im Veranlagungszeitraum 07 dem Teileinkünfteverfahren gem. § 3 Nr. 40 EStG. Nach § 23 Abs. 2 UmwStG kann außerdem eine Buchwertaufstockung der Wirtschaftsgüter bei der B-GmbH um 2 000 000 € im Veranlagungszeitraum 07 erfolgen, soweit der Einbringende die auf den Einbringungsgewinn I entfallende Steuer entrichtet hat und dies durch eine Bescheinigung des für A zuständigen Finanzamts nachgewiesen wird.

## 2. Anteilstausch

E 20.06 Veräußert die übernehmende Gesellschaft in den Fällen des Anteilstauschs, bei dem nach § 21 Abs. 1 Satz 2 UmwStG der Buch- oder Zwischenwert angesetzt worden ist, die eingebrachten Anteile innerhalb eines Zeitraums von sieben Jahren nach der Einbringung und wäre die unmittelbare Veräußerung der Anteile durch den Einbringenden nicht nach § 8 b Abs. 2 KStG begünstigt gewesen, wird der Einbringungsgewinn II rückwirkend auf den Zeitpunkt der Einbringung versteuert (§ 22 Abs. 2 UmwStG). Zu diesem Zweck ist der gemeine Wert der eingebrachten Anteile auf den Einbringungszeitpunkt zu ermitteln. Der zu versteuernde Einbringungsgewinn II verringert sich innerhalb des Siebenjahreszeitraums jährlich um $^1/_7$ (§ 22 Abs. 2 Satz 3 UmwStG).

E 20.07 Die Anteilsveräußerung innerhalb des Siebenjahreszeitraums oder die einer Veräußerung gleichgestellten Ersatzrealisationstatbestände (§ 22 Abs. 2 Satz 6 i. V. m. Abs. 1 Satz 6 Nr. 1 bis 5 UmwStG) stellen in Bezug auf die Steuerfestsetzung beim Einbringenden im Einbringungsjahr ein rückwirkendes Ereignis i. S. v. § 175 Abs. 1 Satz 1 Nr. 2 AO dar.

E 20.08 Der zu versteuernde Einbringungsgewinn II erhöht die Anschaffungskosten der erhaltenen Anteile (§ 22 Abs. 2 Satz 4 UmwStG). Gleichzeitig kommt es auf Ebene der übernehmenden Gesellschaft auf Antrag zu einer Buchwertaufstockung i. H. des versteuerten Einbringungsgewinns II (§ 23 Abs. 2 Satz 2 UmwStG). Dadurch wird erreicht, dass die bis zum Einbringungszeitpunkt entstandenen stillen Reserven beim Einbringenden im Teileinkünfteverfahren oder in voller Höhe versteuert werden und die nach der Einbringung entstandenen stillen Reserven bei der übernehmenden Gesellschaft nach § 8 b Abs. 2 KStG begünstigt sind.

**Beispiel:**

Die natürliche Person A hält 80 % der Anteile an der B-GmbH und bringt diese ausschließlich gegen Gewährung eines neuen Anteils an der C-GmbH zum Buchwert (3 000 000 €) in die C-GmbH ein. Die von A eingebrachten Anteile hatten zum Einbringungszeitpunkt einen gemeinen Wert von 10 000 000 €. Im sechsten Jahr nach der Einbringung veräußert die C-GmbH die von A eingebrachten Anteile an der B-GmbH.

**Lösung:**

Die Einbringung des Anteils an der B-GmbH zum Buchwert ist zulässig, da es sich um eine mehrheitsvermittelnde Beteiligung i. S. v. § 21 Abs. 1 Satz 2 UmwStG handelt (qualifizierter Anteilstausch). Die von A eingebrachten Anteile an der B-GmbH unterliegen der siebenjährigen Sperrfrist, da die unmittelbare Veräußerung der Anteile durch A nicht von § 8 b Abs. 2 KStG begünstigt gewesen wäre. Die Veräußerung der Anteile an der B-GmbH durch die C-GmbH innerhalb der siebenjährigen Sperrfrist führt somit zu einer nachträglichen Besteuerung des Einbringungsgewinns II bei A nach § 22 Abs. 2 UmwStG im Einbringungszeitpunkt (= Übergang des wirtschaftlichen Eigentums). Die schädliche Anteilsveräußerung durch die C-GmbH stellt nach § 22 Abs. 2 Satz 2 UmwStG in Bezug auf die Steuerfestsetzung beim Einbringenden für das Einbringungsjahr ein rückwirkendes Ereignis i. S. d. § 175 Abs. 1 Satz 1 Nr. 2 AO dar.

Der von A zu versteuernde Einbringungsgewinn II errechnet sich aus dem gemeinen Wert der von A eingebrachten Anteile an der B-GmbH im Zeitpunkt der Einbringung von 10 000 000 € ./. dem Buchwert der Anteile von 3 000 000 € ./. der Minderung des Einbringungsgewinns II für fünf abgelaufene Zeitjahre von 5 000 000 € = 2 000 000 €. Der Einbringungsgewinn II gilt als Gewinn des Einbringenden aus der Veräußerung von Anteilen i. S. d. § 17 EStG. Bei der Versteuerung des Einbringungsgewinns II kommt das Teileinkünfteverfahren nach § 3 Nr. 40 EStG zur Anwendung. I. H. des zu versteuernden Einbringungsgewinns II entstehen nachträgliche Anschaffungskosten des A auf die Beteiligung an der C-

GmbH (§ 22 Abs. 2 Satz 4 UmwStG). Gleichzeitig kann auf Antrag der übernehmenden Gesellschaft der Buchwert der Anteile an der B-GmbH bei der C-GmbH um den versteuerten Einbringungsgewinn II aufgestockt werden (§ 23 Abs. 2 Satz 3 UmwStG).

## III. Gewährung neuer Anteile, Gewährung anderer Wirtschaftsgüter

Voraussetzung für die Anwendung der §§ 20 bis 23, 25 UmwStG ist, dass die Gegenleistung der übernehmenden Gesellschaft für das eingebrachte Vermögen zumindest zum Teil in neuen Gesellschaftsanteilen besteht, wobei es ausreichend ist, dass die Sacheinlage als Aufgeld erbracht wird (vgl. Randnr. 01.44). **E 20.09**

Neue Anteile entstehen nur im Fall der Gesellschaftsgründung oder einer Kapitalerhöhung. Insbesondere folgende Vorgänge fallen mangels Gewährung neuer Anteile nicht in den Anwendungsbereich von § 20 UmwStG: **E 20.10**
- die verdeckte Einlage,
- die verschleierte Sachgründung oder die verschleierte Sachkapitalerhöhung (vgl. BFH vom 1. 7. 1992 I R 5/92, BStBl. 1993 II S. 131),
- das Ausscheiden der Kommanditisten aus einer Kapitalgesellschaft & Co. KG unter Anwachsung ihrer Anteile gem. § 738 BGB, ohne dass die Kommanditisten einen Ausgleich in Form neuer Gesellschaftsrechte an der Kapitalgesellschaft erhalten,
- die Fälle des § 54 Abs. 1 und § 68 Abs. 1 und 2 UmwG.

Neben den Gesellschaftsanteilen können in begrenztem Umfang auch andere Wirtschaftsgüter gewährt werden (vgl. § 20 Abs. 2 Satz 4, Abs. 3 Satz 3, § 21 Abs. 1 Satz 3, Abs. 2 Satz 6 UmwStG). Die Möglichkeit, das eingebrachte Betriebsvermögen teilweise statt durch Ausgabe neuer Anteile durch Zuführung zu den offenen Rücklagen zu belegen, bleibt hiervon unberührt (vgl. § 272 Abs. 2 Nr. 4 HGB). **E 20.11**

**Beispiel:**

Die GmbH bilanziert die Sacheinlage mit 20 000 €. Als Gegenleistung gewährt sie neue Gesellschaftsrechte im Nennwert von 15 000 € (vgl. § 5 Abs. 1 zweiter Halbsatz, § 56 GmbHG) und einen Spitzenausgleich in bar von 4000 €. Der Restbetrag von 1000 € wird den Kapitalrücklagen zugewiesen.

# B. Einbringung von Unternehmensteilen in eine Kapitalgesellschaft oder Genossenschaft (§ 20 UmwStG)

## I. Anwendungsbereich (§ 20 Abs. 1, 5, 6 UmwStG)

Die Einbringung von Betriebsvermögen in eine Kapitalgesellschaft oder Genossenschaft ist aus ertragsteuerlicher Sicht ein Veräußerungsvorgang, bei dem die übernehmende Gesellschaft als Gegenleistung für das eingebrachte Betriebsvermögen neue Gesellschaftsanteile gewährt (vgl. Randnr. 00.02). **20.01**

### 1. Beteiligte der Einbringung

### a) Einbringender

Einbringender Rechtsträger ist der Rechtsträger, dem die Gegenleistung zusteht. Zu den persönlichen Anwendungsvoraussetzungen beim einbringenden Rechtsträger vgl. Randnr. 01.53 ff. **20.02**

Wird Betriebsvermögen einer Personengesellschaft eingebracht, ist die Frage, wer Einbringender i. S. d. § 20 UmwStG ist, grundsätzlich danach zu ent- **20.03** scheiden, ob die einbringende Personengesellschaft infolge der Einbringung fortbesteht. Wird die Personengesellschaft, deren Betriebsvermögen übertragen wird, infolge der Einbringung aufgelöst und stehen die Anteile am übernehmenden Rechtsträger daher zivilrechtlich den Mitunternehmern zu (z. B. bei einer Verschmelzung i. S. d. § 2 UmwG), sind diese als Einbringende anzusehen (vgl. auch BFH vom 16. 2. 1996, I R 183/94, BStBl. II S. 342).

Handelt es sich in diesem Fall bei der Personengesellschaft, deren Betriebsvermögen übertragen wird, um die Untergesellschaft einer doppelstöckigen Personengesellschaft, sind deren unmittelbare Gesellschafter und nicht die nur mittelbar über die Obergesellschaft beteiligten natürlichen oder juristischen Personen Einbringende i. S. d. § 20 UmwStG. Dies gilt für mehrstöckige Personengesellschaften entsprechend. Besteht die übertragende Personengesellschaft dagegen auch nach der Einbringung als Mitunternehmerschaft fort und werden ihr die Anteile am übernehmenden Rechtsträger gewährt (z. B. bei einer Ausgliederung i. S. d. § 123 Abs. 3 UmwG), ist die übertragende Personengesellschaft selbst als Einbringende anzusehen. Demgegenüber stehen bei einer Abspaltung i. S. d. § 123 Abs. 2 UmwG die Anteile an der übernehmenden Gesellschaft zivilrechtlich den Mitunternehmern der bisherigen Gesellschaft zu, so dass diese selbst als Einbringende anzusehen sind.

Der Einbringungsgegenstand bestimmt sich nach dem zugrunde liegenden Rechtsgeschäft (vgl. Randnr. 20.05).

### b) Übernehmende Gesellschaft

**20.04** Zu den persönlichen Anwendungsvoraussetzungen beim übernehmenden Rechtsträger vgl. Randnr. 01.54 f.

## 2. Gegenstand der Einbringung

**20.05** Der Gegenstand der Einbringung richtet sich nach dem zugrunde liegenden Rechtsgeschäft. Z. B. ist bei Verschmelzung einer Personengesellschaft Einbringungsgegenstand der Betrieb.

### a) Übertragung eines Betriebs oder Teilbetriebs

**20.06** Zum Begriff des Teilbetriebs gelten die Randnr. 15.02 f. und zur Übertragung dieses Teilbetriebs gelten die Randnr. 15.07 – 15.10 entsprechend. Die Einbringung eines Betriebs i. S. v. § 20 UmwStG liegt nur vor, wenn sämtliche Wirtschaftsgüter, die zu den funktional wesentlichen Betriebsgrundlagen des Betriebs gehören, auf die übernehmende Gesellschaft übertragen werden; zum Zeitpunkt des Vorliegens eines Betriebs gilt Randnr. 15.03 und zur Übertragung des Betriebs gilt Randnr. 15.07 entsprechend. Es genügt nicht, der Kapitalgesellschaft diese Wirtschaftsgüter nur zur Nutzung zu überlassen. Dies gilt auch für solche dem Betrieb oder Teilbetrieb dienenden Wirtschaftsgüter, die zum Sonderbetriebsvermögen eines Gesellschafters gehören. Bei der Einbringung eines Betriebs oder Teilbetriebs sind auch die dazugehörenden Anteile an Kapitalgesellschaften miteinzubringen, sofern diese funktional wesentliche Betriebsgrundlagen des Betriebs oder Teilbetriebs sind oder im Fall der Einbringung eines Teilbetriebs zu den nach wirtschaftlichen Zusammenhängen zuordenbaren Wirtschaftsgütern gehören.

Liegen die Voraussetzungen einer Betriebs- oder Teilbetriebsübertragung nicht vor, sind die im eingebrachten Vermögen ruhenden stillen Reserven aufzudecken und zu versteuern. Werden z. B. funktional wesentliche Betriebsgrundlagen oder nach wirtschaftlichen Zusammenhängen zuordenbare Wirtschaftsgüter im zeitlichen und wirtschaftlichen Zusammenhang mit der Einbringung eines Teilbetriebs in ein anderes Betriebsvermögen überführt oder übertragen, ist die Anwendung der Gesamtplanrechtsprechung zu prüfen (BFH vom 11. 12. 2001 VIII R 23/01, BStBl. 2004 II S. 474, und BFH vom 25. 2. 2010 IV R 49/08, BStBl. II S. 726). **20.07**

Bei der Einbringung zurückbehaltene Wirtschaftsgüter sind grundsätzlich als entnommen zu behandeln mit der Folge der Versteuerung der in ihnen enthaltenen stillen Reserven, es sei denn, dass die Wirtschaftsgüter weiterhin Betriebsvermögen sind. Dies gilt z. B. auch für Wirtschaftsgüter, die keine funktional wesentlichen Betriebsgrundlagen des eingebrachten Betriebs oder Teilbetriebs bilden, und für Wirtschaftsgüter, die dem Sonderbetriebsvermögen eines Gesellschafters zuzurechnen sind. Der Entnahmezeitpunkt ist in diesen Fällen der steuerliche Übertragungsstichtag (BFH vom 28. 4. 1988 IV R 52/87, BStBl. II S. 829). **20.08**

Gehören zum Betriebsvermögen des eingebrachten Betriebs oder Teilbetriebs Anteile an der übernehmenden Gesellschaft, werden diese Anteile, wenn sie in die Kapitalgesellschaft miteingebracht werden, zu sog. eigenen Anteilen der Kapitalgesellschaft. Der Erwerb eigener Anteile durch eine Kapitalgesellschaft unterliegt handelsrechtlichen Beschränkungen. Soweit die Anteile an der Kapitalgesellschaft miteingebracht werden, würde der Einbringende dafür als Gegenleistung neue Anteile an der Kapitalgesellschaft erhalten. **20.09**

In diesem Fall ist es nicht zu beanstanden, wenn die Anteile an der Kapitalgesellschaft auf unwiderruflichen Antrag des Einbringenden nicht miteingebracht werden. Der Einbringende muss sich damit einverstanden erklären, dass die zurückbehaltenen Anteile an der übernehmenden Gesellschaft künftig in vollem Umfang als Anteile zu behandeln sind, die durch eine Sacheinlage erworben worden sind (erhaltene Anteile). Es ist dementsprechend auch für diese Anteile § 22 Abs. 1 UmwStG anzuwenden. Besteht in diesen Fällen hinsichtlich des Gewinns aus der Veräußerung der zurückbehaltenen Anteile durch den Einbringenden kein deutsches Besteuerungsrecht, ist § 22 Abs. 1 Satz 5 zweiter Halbsatz UmwStG anzuwenden. Der Antrag ist bei dem Finanzamt zu stellen, bei dem der Antrag nach § 20 Abs. 2 Satz 2 UmwStG zu stellen ist. Als Anschaffungskosten der erhaltenen Anteile (Neu- und Altanteile) gilt der Wertansatz des eingebrachten Vermögens zuzüglich des Buchwerts der zurückbehaltenen Anteile. § 20 Abs. 2 Satz 2 Nr. 2 UmwStG ist im Hinblick auf das eingebrachte (Rest-)Vermögen zu beachten.

**Beispiel:**

A ist zu 80% an der X-GmbH (Stammkapital 25 000 €, Buchwert 50 000 €, gemeiner Wert 85 000 €) beteiligt und hält die Beteiligung im Betriebsvermögen seines Einzelunternehmens. Zum 1. 1. 08 bringt er das Einzelunternehmen zu Buchwerten (Buchwert 170 000 €, gemeiner Wert 345 000 €; jeweils einschließlich der Beteiligung) nach § 20 UmwStG in die X-GmbH gegen Gewährung von Anteilen (Kapitalerhöhung 20 000 €) ein. Die Beteiligung an der X-GmbH soll zurückbehalten werden, um das Entstehen eigener Anteile auf Ebene der X-GmbH zu vermeiden. Zum 1. 3. 10 werden sämtliche Anteile des A zum Preis von 400 000 € veräußert.

**Lösung:**

Stellt die Beteiligung eine funktional wesentliche Betriebsgrundlage des Einzelunternehmens dar, würde der Zurückbehalt der Beteiligung grundsätzlich die Anwendung von § 20 UmwStG ausschließen. Andernfalls kann sie zwar zurückbehalten werden, aber die Beteiligung würde als entnommen gelten. Auf unwiderruflichen Antrag des Einbringenden können diese Anteile zurückbehalten werden und stehen damit einer Einbringung zum Buchwert nicht entgegen, mit der Folge, dass diese als Anteile i. S. d. § 22 Abs. 1 UmwStG zu behandeln sind. Die Veräußerung der Anteile im Jahr 10 löst die rückwirkende Besteuerung des Einbringungsgewinns I zum 1. 1. 08 aus:

| | |
|---|---|
| gemeiner Wert des eingebrachten Betriebsvermögens (ohne Beteiligung) | 260 000 € |
| ./. Buchwert des eingebrachten Betriebsvermögens (ohne Beteiligung) | 120 000 € |
| stille Reserven im Einbringungszeitpunkt | 140 000 € |
| ./. $^{2}/_{7}$ Abschmelzungsbetrag | 40 000 € |
| zu versteuernder Einbringungsgewinn I | 100 000 € |

Darüber hinaus erzielt A zum 1. 3. 10 einen Veräußerungsgewinn nach § 17 EStG:

| | |
|---|---|
| Veräußerungspreis der Anteile | 400 000 € |
| ./. Anschaffungskosten der Anteile (Buchwert eingebrachtes Betriebsvermögen zzgl. Buchwert der zurückbehaltenen Anteile) | 170 000 € |
| ./. Einbringungsgewinn I | 100 000 € |
| Veräußerungsgewinn nach § 17 EStG | 130 000 € |

**Alternative:**

Wäre der Einbringende A in Frankreich ansässig und damit beschränkt steuerpflichtig, ist der Einbringungsgewinn I unter Anwendung von § 22 Abs. 1 Satz 5 zweiter Halbsatz UmwStG wie folgt zu berechnen:

| | |
|---|---|
| gemeiner Wert des eingebrachten BV (mit Beteiligung) | 345 000 € |
| ./. Buchwert des eingebrachten BV (mit Beteiligung) | 170 000 € |
| stille Reserven im Einbringungszeitpunkt gesamt | 175 000 € |
| ./. $^{2}/_{7}$ Abschmelzungsbetrag | 50 000 € |
| zu versteuernder Einbringungsgewinn I | 125 000 € |

Ein Veräußerungsgewinn nach § 17 EStG kann nach dem DBA mit Frankreich nicht besteuert werden, da Deutschland insoweit kein Besteuerungsrecht hat. Soweit der Einbringungsgewinn I auf die Beteiligung entfällt (35 000 € ./. $^{2}/_{7}$ Abschmelzungsbetrag = 25 000 €), findet § 3 Nr. 40 EStG Anwendung (vgl. Randnr. 22.11).

### b) Mitunternehmeranteil

20.10 Die Grundsätze der vorstehenden Randnr. 20.05 – 20.09 gelten sinngemäß auch für die Einbringung von Mitunternehmeranteilen.

20.11 Die Einbringung eines Mitunternehmeranteils i. S. v. § 20 Abs. 1 UmwStG ist auch dann anzunehmen, wenn ein Mitunternehmer einer Personengesellschaft nicht seinen gesamten Mitunternehmeranteil an der Personengesellschaft, sondern nur einen Teil dieses Anteils überträgt.

20.12 § 20 UmwStG gilt auch für die Einbringung von Mitunternehmeranteilen, die zum Betriebsvermögen eines Betriebs gehören. Werden mehrere zu einem

Betriebsvermögen gehörende Mitunternehmeranteile eingebracht, liegt hinsichtlich eines jeden Mitunternehmeranteils ein gesonderter Einbringungsvorgang vor. Wird auch der Betrieb eingebracht, zu dessen Betriebsvermögen der oder die Mitunternehmeranteile gehören, sind die Einbringung des Betriebs und die Einbringung des bzw. der Mitunternehmeranteile jeweils als gesonderte Einbringungsvorgänge zu behandeln; Entsprechendes gilt bei Einbringung eines Teilbetriebs. Wird dagegen ein Anteil an einer Mitunternehmerschaft eingebracht, zu deren Betriebsvermögen die Beteiligung an einer anderen Mitunternehmerschaft gehört (mehrstöckige Personengesellschaft), liegt ein einheitlich zu beurteilender Einbringungsvorgang vor. Die nur mittelbare Übertragung des Anteils an der Untergesellschaft stellt in diesem Fall keinen gesonderten Einbringungsvorgang i. S. d. § 20 UmwStG dar.

### 3. Zeitpunkt der Einbringung (§ 20 Abs. 5, 6 UmwStG)

Die Einbringung i. S. v. § 20 UmwStG erfolgt steuerlich grundsätzlich zu **20.13**
dem Zeitpunkt, zu dem das wirtschaftliche Eigentum an dem eingebrachten Vermögen auf die übernehmende Gesellschaft übergeht (steuerlicher Übertragungsstichtag bzw. Einbringungszeitpunkt). Die Übertragung des wirtschaftlichen Eigentums erfolgt in den Fällen der Einzelrechtsnachfolge regelmäßig zu dem im Einbringungsvertrag vorgesehenen Zeitpunkt des Übergangs von Nutzen und Lasten. In Fällen der Gesamtrechtsnachfolge geht das wirtschaftliche Eigentum spätestens im Zeitpunkt der Eintragung in das Register über.

Abweichend von den vorstehenden Grundsätzen darf der steuerliche Über- **20.14**
tragungsstichtag gem. § 20 Abs. 5 und 6 UmwStG auf Antrag der übernehmenden Gesellschaft um bis zu acht Monate zurückbezogen werden. Der Zeitpunkt des Übergangs des eingebrachten Betriebsvermögens i. S. v. § 20 Abs. 6 Satz 3 UmwStG ist der Zeitpunkt, zu dem das wirtschaftliche Eigentum übergeht (vgl. Randnr. 20.13). Aus der Bilanz oder der Steuererklärung muss sich eindeutig ergeben, welchen Einbringungszeitpunkt die übernehmende Gesellschaft wählt.

Die Betriebs- oder Teilbetriebsvoraussetzungen müssen bereits am steuerlichen Übertragungsstichtag vorgelegen haben; Randnr. 15.03 gilt entsprechend. Ein Mitunternehmeranteil muss ebenfalls bereits zum steuerlichen Übertragungsstichtag vorgelegen haben; Randnr. 15.04 gilt entsprechend. Die Rückbeziehung nach § 20 Abs. 5 und 6 UmwStG hat zur Folge, dass auch die als Gegenleistung für das eingebrachte Vermögen gewährten Anteile mit Ablauf des steuerlichen Übertragungsstichtags dem Einbringenden zuzurechnen sind.

Zum steuerlichen Übertragungsstichtag geht die Besteuerung des einge- **20.15**
brachten Betriebs usw. von dem Einbringenden auf die übernehmende Gesellschaft über. Randnr. 02.11 gilt entsprechend.

Die Rückbeziehung hat nicht zur Folge, dass auch Verträge, die z. B. die **20.16**
übernehmende Gesellschaft mit einem Gesellschafter abschließt, insbesondere Dienst-, Miet-, Pacht- und Darlehensverträge, als bereits im Zeitpunkt der Einbringung abgeschlossen gelten. Ab wann derartige Verträge der Besteuerung zugrunde gelegt werden können, ist nach den allgemeinen Grundsätzen zu entscheiden. Werden die Anteile an einer Personengesellschaft eingebracht und sind Vergütungen der Gesellschaft an einen Mitunternehmer bislang gem.

§ 15 Abs. 1 Satz 1 Nr. 2 EStG dem Gewinnanteil des Gesellschafters hinzugerechnet worden, führt die steuerliche Rückbeziehung der Einbringung dazu, dass § 15 Abs. 1 Satz 1 Nr. 2 EStG bereits im Rückwirkungszeitraum auf die Vergütungen der Gesellschaft nicht mehr anwendbar ist. Die Vergütungen sind Betriebsausgaben der übernehmenden Gesellschaft, soweit sie als angemessenes Entgelt für die Leistungen des Gesellschafters anzusehen sind; Leistungen der Gesellschaft, die über ein angemessenes Entgelt hinausgehen, sind Entnahmen, für die § 20 Abs. 5 Satz 3 UmwStG gilt.

Die steuerliche Rückwirkungsfiktion gilt nicht für einen Mitunternehmer, der im Rückwirkungszeitraum aus einer Personengesellschaft ausscheidet, da ihm keine Gegenleistung in Form von Anteilen an der übernehmenden Gesellschaft aufgrund der Einbringung zusteht und er somit nicht als Einbringender i. S. d. § 20 UmwStG anzusehen ist (vgl. Randnr. 20.03).

## II. Bewertung durch die übernehmende Gesellschaft (§ 20 Abs. 2 UmwStG)

### 1. Inhalt und Einschränkungen des Bewertungswahlrechts

**20.17** Gem. § 20 Abs. 2 Satz 1 UmwStG hat die übernehmende Gesellschaft das eingebrachte Betriebsvermögen mit dem gemeinen Wert anzusetzen. Für die Bewertung von Pensionsrückstellungen gilt § 6 a EStG. Randnr. 03.07 – 03.09 gelten entsprechend.

**20.18** Auf Antrag kann die übernehmende Gesellschaft das eingebrachte Vermögen einheitlich mit dem Buchwert (vgl. Randnr. 01.57) ansetzen. Randnr. 03.12 – 03.13 gelten entsprechend. Zum Buchwertansatz bei Einbringung eines Mitunternehmeranteils gilt Randnr. 03.10 entsprechend. Auf Antrag kann die übernehmende Gesellschaft das eingebrachte Vermögen auch einheitlich mit einem Zwischenwert ansetzen; Randnr. 03.25 f. gelten entsprechend. Der Ansatz der Pensionsrückstellungen ist auf den Wert nach § 6 a EStG begrenzt.

**20.19** Der Buch- oder Zwischenwertansatz setzt voraus, dass bei der übernehmenden Gesellschaft das Recht der Bundesrepublik Deutschland hinsichtlich der Besteuerung des Gewinns aus der Veräußerung des eingebrachten Betriebsvermögens weder ausgeschlossen noch eingeschränkt wird (§ 20 Abs. 2 Satz 2 Nr. 3 UmwStG) und sichergestellt ist, dass es später bei der übernehmenden Körperschaft der Besteuerung mit Körperschaftsteuer unterliegt (§ 20 Abs. 2 Satz 2 Nr. 1 UmwStG). Randnr. 03.18 – 03.20 gelten entsprechend.

Hinsichtlich der Sicherstellung der Besteuerung mit Körperschaftsteuer bei der übernehmenden Gesellschaft gilt Randnr. 03.17 entsprechend. Handelt es sich bei der übernehmenden Gesellschaft um eine Organgesellschaft i. S. d. §§ 14, 17 KStG, ist eine Besteuerung mit Körperschaftsteuer nur sichergestellt, soweit das dem Organträger zugerechnete Einkommen der Besteuerung mit Körperschaftsteuer unterliegt. Entsprechendes gilt, wenn der Organträger selbst wiederum Organgesellschaft ist. Soweit das so zugerechnete Einkommen der Besteuerung mit Einkommensteuer unterliegt, können aus Billigkeitsgründen die übergehenden Wirtschaftsgüter dennoch einheitlich mit dem Buch- oder Zwischenwert angesetzt werden, wenn sich alle an der Einbringung Beteiligten übereinstimmend schriftlich damit einverstanden erklären, dass auf die aus der Einbringung resultierenden Mehrabführungen § 14 Abs. 3

Satz 1 KStG anzuwenden ist; die Grundsätze der Randnr. Org.33 und Org.34 gelten entsprechend (vgl. auch Randnr. 11.08).

Ein Zwang zum Ansatz von Zwischenwerten kann sich nach § 20 Abs. 2 Satz 2 Nr. 2 oder Satz 4 UmwStG ergeben. Das eingebrachte Betriebsvermögen darf auch durch Entnahmen während des Rückbeziehungszeitraums nicht negativ werden; deshalb ist eine Wertaufstockung nach § 20 Abs. 5 i. V. m. Abs. 2 Satz 2 Nr. 2 UmwStG ggf. auch vorzunehmen, soweit das eingebrachte Betriebsvermögen ohne Aufstockung während des Rückwirkungszeitraums negativ würde.

## 2. Verhältnis zum Handelsrecht (§ 20 Abs. 2 UmwStG, § 5 Abs. 1 EStG)

Das steuerliche Bewertungswahlrecht des § 20 Abs. 2 Satz 2 UmwStG 20.20
kann unabhängig vom Wertansatz in der Handelsbilanz ausgeübt werden. Die steuerlichen Ansatzverbote des § 5 EStG gelten nicht für die übergehenden Wirtschaftsgüter im Einbringungszeitpunkt, es sei denn, die Buchwerte werden fortgeführt; Randnr. 03.04 gilt entsprechend. Für den Ansatz dieser Wirtschaftsgüter in einer steuerlichen Schlussbilanz i. S. d. § 4 Abs. 1, § 5 Abs. 1 EStG zu den dem Einbringungszeitpunkt folgenden Bilanzstichtagen gilt Randnr. 04.16 entsprechend.

**Beispiel:**

A möchte sein Einzelunternehmen (Buchwert 20 000 €, gemeiner Wert 600 000 €) in der Rechtsform einer GmbH fortführen.

**Lösung:**

Gem. § 5 Abs. 1 GmbHG muss die GmbH bei der Gründung ein Mindeststammkapital von 25 000 € ausweisen, was dazu führt, dass handelsrechtlich mindestens 5000 € stille Reserven der Sacheinlage aufgedeckt werden müssen. Ungeachtet des handelsrechtlichen Wertansatzes können hier gem. § 20 Abs. 2 Satz 2 UmwStG steuerlich die Buchwerte i. H. v. 20 000 € fortgeführt werden. I. H. v. 5000 € ist in diesem Fall in der Steuerbilanz der GmbH ein Ausgleichsposten auszuweisen.

Die Aktivierung eines Ausgleichspostens ist nur dann erforderlich, wenn der Buchwert des eingebrachten Betriebs, Teilbetriebs oder Mitunternehmeranteils niedriger ist als das in der Handelsbilanz ausgewiesene gezeichnete Kapital. Der Ausgleichsposten, der in den vorgenannten Fällen ausgewiesen werden muss, um den Ausgleich zu dem in der Handelsbilanz ausgewiesenen Eigenkapital herbeizuführen, ist kein Bestandteil des Betriebsvermögens i. S. v. § 4 Abs. 1 Satz 1 EStG; er nimmt am Betriebsvermögensvergleich nicht teil. Er hat infolgedessen auch auf die spätere Auflösung und Versteuerung der im eingebrachten Betriebsvermögen enthaltenen stillen Reserven keinen Einfluss und ist daher nicht aufzulösen oder abzuschreiben. Mindert sich die durch den Ausgleichsposten gedeckte Differenz zwischen der Aktiv- und der Passivseite der Bilanz, insbesondere durch Aufdeckung stiller Reserven, so fällt der Ausgleichsposten in entsprechender Höhe erfolgsneutral weg. Bei der Anwendung des § 20 Abs. 3 Satz 1 UmwStG sind Veräußerungspreis für den Einbringenden und Anschaffungskosten für die Kapitalgesellschaft der Betrag, mit dem das eingebrachte Betriebsvermögen in der Steuerbilanz angesetzt worden ist.

### 3. Ausübung des Wahlrechts, Bindung, Bilanzberichtigung

20.21 Der Antrag auf Buch- oder Zwischenwertansatz ist von der übernehmenden Gesellschaft spätestens bis zur erstmaligen Abgabe ihrer steuerlichen Schlussbilanz, in der das übernommene Betriebsvermögen erstmals anzusetzen ist, bei dem für sie für die Besteuerung örtlich zuständigen Finanzamt zu stellen (§ 20 Abs. 2 Satz 3 UmwStG). Das Betriebsvermögen ist bei der übernehmenden Gesellschaft erstmals zum steuerlichen Übertragungsstichtag anzusetzen. Nach diesem Zeitpunkt gestellte Anträge sind unbeachtlich. Randnr. 03.29 f. gelten entsprechend.

20.22 Auch bei der Einbringung von Mitunternehmeranteilen ist der Antrag durch die übernehmende Gesellschaft bei dem für sie zuständigen Finanzamt zu stellen. Die Mitunternehmerschaft, deren Anteile eingebracht werden, hat bei einem Wertansatz zum gemeinen Wert oder zum Zwischenwert durch die übernehmende Gesellschaft diese Werte i. R. einer entsprechenden Ergänzungsbilanz für die übernehmende Gesellschaft zu berücksichtigen.

20.23 Für die Besteuerung der übernehmenden Gesellschaft und des Einbringenden ist ausschließlich der sich aus § 20 Abs. 2 UmwStG ergebende Wertansatz bei der übernehmenden Gesellschaft maßgebend. Bereits durchgeführte Veranlagungen des Einbringenden sind ggf. gem. § 175 Abs. 1 Satz 1 Nr. 2 AO zu ändern.

20.24 Eine Änderung oder der Widerruf eines einmal gestellten Antrags ist nicht möglich (vgl. auch Randnr. 03.29 f.).

Setzt die übernehmende Gesellschaft das eingebrachte Betriebsvermögen mit dem gemeinen Wert an und ergibt sich später, z. B. aufgrund einer Betriebsprüfung, dass die gemeinen Werte der eingebrachten Wirtschaftsgüter des Betriebsvermögens höher bzw. niedriger als die von der übernehmenden Gesellschaft angesetzten Werte sind, sind die Bilanzwerte der übernehmenden Gesellschaft dementsprechend i. R. d. allgemeinen Vorschriften zu berichtigen. Der Bilanzberichtigung (§ 4 Abs. 2 Satz 1 EStG) steht das Verbot der anderweitigen Wahlrechtsausübung im Wege der Bilanzänderung nicht entgegen. Denn das Wahlrecht bezieht sich nur auf die Möglichkeit, für alle Wirtschaftsgüter entweder den gemeinen Wert, den Buch- oder einen Zwischenwert anzusetzen. Hat die übernehmende Gesellschaft sich für den Ansatz der gemeinen Werte entschieden, diese jedoch nicht richtig ermittelt, sind die gemeinen Werte i. R. d. allgemeinen Vorschriften zu berichtigen. Veranlagungen des Einbringenden sind ggf. gem. § 175 Abs. 1 Satz 1 Nr. 2 AO zu korrigieren.

Setzt die übernehmende Gesellschaft auf wirksamen Antrag die übergehenden Wirtschaftsgüter in der steuerlichen Schlussbilanz einheitlich zum Zwischenwert an, bleiben vorrangig die Wertansätze maßgebend, sofern diese oberhalb des Buchwerts und unterhalb des gemeinen Werts liegen.

## III. Besteuerung des Einbringungsgewinns (§ 20 Abs. 3 bis 5 UmwStG)

20.25 Setzt die übernehmende Gesellschaft die gemeinen Werte oder Zwischenwerte an, ist der beim Einbringenden entstehende Gewinn nach § 20 Abs. 3 bis 5 UmwStG i. V. m. den für die Veräußerung des Einbringungsgegenstandes geltenden allgemeinen Vorschriften (insbesondere §§ 15, 16 Abs. 1 EStG) zu versteuern. Werden i. R. einer Sacheinlage auch Beteiligungen an Kapitalgesellschaften und Genossenschaften miteingebracht, kommt insoweit § 8 b KStG oder § 3 Nr. 40 EStG zur Anwendung.

Auf einen sich hieraus ergebenden Einbringungsgewinn ist auch die Vorschrift des § 6 b EStG anzuwenden, soweit der Gewinn auf begünstigte Wirtschaftsgüter i. S. dieser Vorschrift entfällt. Auf § 34 Abs. 1 Satz 4 EStG wird hingewiesen. **20.26**

§ 34 EStG ist nur in den Fällen des § 20 Abs. 4 Satz 1 UmwStG anzuwenden. Auf einen Einbringungsgewinn sowie ggf. einen Gewinn aus der Entnahme z. B. funktional unwesentlicher Wirtschaftsgüter ist § 34 EStG somit grundsätzlich nicht anwendbar, wenn die Einbringung nicht einheitlich zum gemeinen Wert durch eine natürliche Person erfolgt. Zum nach § 34 EStG begünstigten Veräußerungsgewinn können auch Gewinne gehören, die sich bei der Veräußerung eines Betriebs aus der Auflösung von steuerfreien Rücklagen ergeben (BFH vom 17. 10. 1991 IV R 97/89, BStBl. 1992 II S. 392). **20.27**

## IV. Besonderheiten bei Pensionszusagen zugunsten von einbringenden Mitunternehmern

### 1. Behandlung bei der übertragenden Personengesellschaft

Die Behandlung der Pensionszusage an den Mitunternehmer der übertragenden Mitunternehmerschaft richtet sich nach den Grundsätzen des BMF-Schreibens vom 29. 1. 2008, BStBl. I S. 317[1]. Wird von der Übergangsregelung i. S. d. Randnr. 20 des BMF-Schreibens vom 29. 1. 2008, BStBl. I S. 317[1], kein Gebrauch gemacht oder wird die Übergangsregelung angewendet und eine Aktivierung der Ansprüche in den Sonderbilanzen aller Gesellschafter vorgenommen, steht der in der steuerlichen Schlussbilanz der übertragenden Mitunternehmerschaft nach § 6 a EStG gebildeten Pensionsrückstellung eine Forderung in der Sonderbilanz des übertragenden Mitunternehmers bzw. der übertragenden Mitunternehmer gegenüber. Im Zuge der Umwandlung der Personengesellschaft auf eine Kapitalgesellschaft gilt diese Forderung auf Antrag als nicht entnommen, sondern bleibt Restbetriebsvermögen des ehemaligen Mitunternehmers bzw. der ehemaligen Mitunternehmer i. S. v. § 15 EStG (BFH vom 10. 2 1994 IV R 37/92, BStBl. II S. 564). **20.28**

### 2. Behandlung bei der übernehmenden Kapitalgesellschaft

Die Übernahme der in der Gesamthandsbilanz der Mitunternehmerschaft ausgewiesenen Pensionsverpflichtung durch die übernehmende Kapitalgesellschaft stellt keine zusätzliche Gegenleistung i. S. d. § 20 Abs. 2 Satz 4 UmwStG dar. Nach dem BMF-Schreiben vom 29. 1. 2008, BStBl. I S. 317[1], ist die Pensionszusage der Personengesellschaft zugunsten des Mitunternehmers nicht als Gewinnverteilungsabrede anzusehen. **20.29**

Die Pensionsverpflichtung geht als unselbstständige Bilanzposition des eingebrachten Betriebs auf die übernehmende Kapitalgesellschaft über. Die übernehmende Körperschaft vollzieht mit der Übernahme der Verpflichtung keine Gewinnverteilungsentscheidung, sondern übernimmt im Zuge der Einbrin-

[1] Nr. **1** § 6 a/20.

gung eine dem Betrieb der übertragenden Personengesellschaft zuzurechnende betriebliche Verbindlichkeit (sog. Einheitstheorie).

Wenn die übertragende Personengesellschaft unter Berufung auf die Randnr. 20 des BMF-Schreibens vom 29. 1. 2008, BStBl. I S. 317[1], die Weiteranwendung der alten Rechtsgrundsätze (Übergangsregelung) beantragt und die Pensionszusage als steuerlich unbeachtliche Gewinnverteilungsabrede behandelt hat, gelten die Randnr. 20.41–20.47 des BMF-Schreibens vom 25. 3. 1998, BStBl. I S. 268, weiter fort (Annahme einer sonstigen Gegenleistung).

**20.30** Die übernommene Pensionsverpflichtung ist in den Fällen des Formwechsels oder der Verschmelzung bei der Übernehmerin gem. § 6 a Abs. 3 Satz 1 Nr. 1 EStG so zu bewerten, als wenn das Dienstverhältnis unverändert fortgeführt worden wäre (§ 20 Abs. 2 Satz 1 zweiter Halbsatz UmwStG). Dies gilt auch für die der Umwandlung nachfolgenden Bilanzstichtage.

**20.31** Wird von der Übergangsregelung i. S. d. Randnr. 20 des BMF-Schreibens vom 29. 1. 2008, BStBl. I S. 317[1], kein Gebrauch gemacht oder wird die Übergangsregelung angewendet und eine Aktivierung der Ansprüche in den Sonderbilanzen aller Gesellschafter vorgenommen, ist bei der übernehmenden Kapitalgesellschaft nicht von einer Neuzusage im Zeitpunkt der Einbringung auszugehen. Für Zwecke der Erdienensdauer können in diesem Fall die Dienstzeiten in der Mitunternehmerschaft mit berücksichtigt werden. Wird die Übergangsregelung beantragt und die Pensionszusage als steuerlich unbeachtliche Gewinnverteilungsabrede behandelt, gelten die Randnr. 20.41–20.47 des BMF-Schreibens vom 25. 3. 1998, BStBl. I S. 268, weiter fort. In diesem Fall beginnt der Erdienenszeitraum am steuerlichen Übertragungsstichtag neu zu laufen.

### 3. Behandlung beim begünstigten Gesellschafter bzw. den ehemaligen Mitunternehmern

**20.32** Unter der Voraussetzung, dass bei der übertragenden Mitunternehmerschaft die Anwendung der Übergangsregelung gem. Randnr. 20 des BMF-Schreibens vom 29. 1. 2008, BStBl. I S. 317[1], nicht beantragt wird oder die Übergangsregelung angewendet wird und eine Aktivierung der Ansprüche in den Sonderbilanzen aller Gesellschafter erfolgt und ein Antrag i. S. d. Randnr. 20.28 gestellt wird, gilt Folgendes:

Wenn der frühere Mitunternehmer Arbeitnehmer der Kapitalgesellschaft wird und er die Pensionsanwartschaft nach der Umwandlung in die Kapitalgesellschaft weiter erdient, muss jede nach Eintritt des Versorgungsfalls an den Gesellschafter-Geschäftsführer geleistete laufende Ruhegehaltzahlung für steuerliche Zwecke aufgeteilt werden.

Soweit die spätere Pensionsleistung rechnerisch auf in der Zeit nach der Umwandlung (Kapitalgesellschaft) erdiente Anwartschaftsteile entfällt, erzielt der pensionierte Gesellschafter-Geschäftsführer steuerpflichtige Versorgungsleistungen i. S. d. §§ 19, 24 Nr. 2 EStG.

Soweit die Pensionsleistung rechnerisch auf in der Zeit vor der Umwandlung (Mitunternehmerschaft) erdiente Anwartschaftsteile entfällt, erzielt der pensionierte Gesellschafter-Geschäftsführer Einkünfte i. S. d. § 15 Abs. 1 Satz 2 i. V. m. Satz 1 Nr. 2 i. V. m. § 24 Nr. 2 EStG. Diese steuerlichen Aus-

[1] Nr. **1** § 6 a/20.

wirkungen treten allerdings erst ein, sobald die auf die Zeit vor der Umwandlung entfallenden Pensionszahlungen die als Restbetriebsvermögen zurückbehaltene Pensionsforderung (vgl. Randnr. 20.28) des Gesellschafters übersteigen.

Die Aufteilung der laufenden Pensionszahlungen in nachträgliche Einnahmen aus der ehemaligen Mitunternehmerstellung einerseits und Einnahmen i. S. d. §§ 19, 24 EStG andererseits hat grundsätzlich nach versicherungsmathematischen Grundsätzen zu erfolgen. Soweit die Pensionsanwartschaft nach der Umwandlung unverändert bleibt, ist es nicht zu beanstanden, wenn die Pensionsleistung nach dem Verhältnis der Erdienenszeiträume vor und nach der Umwandlung („pro-rata-temporis") aufgeteilt wird.

**Beispiel:**

Die Personengesellschaft erteilt einem Mitunternehmer im Jahr 03 im Alter von 35 Jahren eine Pensionszusage (Diensteintritt im Alter von 30 Jahren), wonach ein Altersruhegeld von monatlich 10 000 € ab Vollendung des 65. Lebensjahres zu zahlen ist (Gesamtdienstzeit 35 Jahre). Die Personengesellschaft wird zum 31. 12. 08 in eine GmbH formwechselnd umgewandelt. Der Mitunternehmer ist zu diesem Zeitpunkt 40 Jahre alt (Restdienstzeit 25 Jahre). Die Personengesellschaft passiviert die Pensionsrückstellung in ihrer Steuerbilanz zum 31. 12. 08 mit 150 000 €. Der Mitunternehmer aktiviert einen entsprechenden Anspruch in seiner Sonderbilanz.

**Lösung:**

Die übernehmende GmbH passiviert die Pensionsrückstellung mit dem bei der Personengesellschaft zuletzt passivierten Betrag. Der Aktivposten in der Sonderbilanz wird entsprechend dem Antrag nicht entnommen, sondern mit dem Wert von 150 000 € „eingefroren" und als Restbetriebsvermögen des ehemaligen Mitunternehmers behandelt. Die späteren Pensionszahlungen an den Gesellschafter-Geschäftsführer sind aufzuteilen. Aus Vereinfachungsgründen ist davon auszugehen, dass von der jeweiligen Jahrespensionsleistung i. H. v. 120 000 € $^{10}/_{35}$ (also 34 285 € p. a.) auf die Zeit der Mitunternehmerschaft und $^{25}/_{35}$ (also 85 715 € p. a.) auf die Zeit der GmbH entfallen.

Da die als Restbetriebsvermögen zurückbehaltene Forderung des ehemaligen Mitunternehmers von 150 000 € nur den in der Personengesellschaft erdienten Anwartschaftsteil betrifft, muss sie mit den jährlich darauf entfallenden Leistungen i. H. v. 34 285 € verrechnet werden und ist damit erst im fünften Jahr „verbraucht". Im ersten bis vierten Jahr nach der Pensionierung versteuert der ehemalige Mitunternehmer / Gesellschafter-Geschäftsführer also ausschließlich je 85 715 € nach §§ 19, 24 Nr. 4 EStG. Im fünften Pensionsjahr (nach Verbrauch der Forderung) erzielt er neben den Einkünften i. S. d. §§ 19, 24 EStG noch nachträgliche Einkünfte i. S. d. § 15 Abs. 1 Satz 2 i. V. m. Satz 1 Nr. 2 i. V. m. § 24 Nr. 2 EStG i. H. v. 34 285 € × 5 ./. 150 000 € = 21 425 €. Hierbei handelt es sich um den die nunmehr verbrauchte Forderung übersteigenden Betrag. Ab dem sechsten Jahr entstehen folglich nachträgliche Einkünfte i. S. d. § 15 EStG i. H. v. je 34 285 €.

Falls bei der übertragenden Mitunternehmerschaft die Anwendung der Übergangsregelung gem. Randnr. 20 des BMF-Schreibens vom 29. 1. 2008, BStBl. I S. 317[1], beantragt und die Pensionszusage als steuerlich unbeachtliche Gewinnverteilungsabrede behandelt wird, gelten dagegen die Randnr. 20.46–20.47 des BMF-Schreibens vom 25. 3. 1998, BStBl. I S. 268, weiter fort.

Falls bei der übertragenden Mitunternehmerschaft die Anwendung der Übergangsregelung gem. Randnr. 20 des BMF-Schreibens vom 29. 1. 2008, BStBl. I S. 317[1], beantragt und eine Aktivierung der Ansprüche in den Sonderbilanzen aller Gesellschafter vorgenommen wird, gilt die obige Lösung mit der Maßgabe, dass eine anteilige Verrechnung mit den als Restbetriebsvermögen zurückbehaltenen Forderungen der ehemaligen Mitunternehmer vorzunehmen ist. Der begünstigte Gesellschafter erzielt dabei nachträgliche Einkünfte i. S. d § 15 Abs. 1 Satz 2 i. V. m. Satz 1 Nr. 2 i. V. m. § 24 Nr. 2 EStG, soweit der auf die Zeit der Mit-

---

[1] Nr. **1** § 6 a/20.

unternehmerschaft entfallende Teil der jährlichen Pensionszahlung die anteilige Auflösung seiner Restforderung übersteigt. Die übrigen ehemaligen Mitunternehmer erzielen i. H. des jeweiligen anteiligen Auflösungsbetrages ihrer Restforderung bis zu deren vollständigen Auflösung nachträgliche Betriebsausgaben.

**20.33** Wird kein Antrag i. S. d. Randnr. 20.28 gestellt, ist die Pensionszahlung entsprechend Randnr. 20.32 aufzuteilen und, soweit sie auf die Zeit der Mitunternehmerschaft entfällt, den Einkünften i. S. v. § 22 Satz 1 Nr. 1 EStG des begünstigten Gesellschafters zuzurechnen.

Wird die Übergangsregelung i. S. d. Randnr. 20 des BMF-Schreibens vom 29. 1. 2008, BStBl. I S. 317[1], angewendet und eine Aktivierung der Ansprüche in den Sonderbilanzen aller Gesellschafter vorgenommen, entsteht im Umwandlungszeitpunkt beim begünstigten Gesellschafter durch die Entnahme seines anteilig aktivierten Anspruchs ein Gewinn i. H. der Summe des bei den übrigen Gesellschaftern aktivierten Anspruchs, da nur ihm die Pensionsleistung im Versorgungsfall zufließt und somit zuzurechnen ist. Entsprechend entsteht bei den übrigen Gesellschaftern ein Verlust, da ihnen die Pensionsleistung nicht zuzurechnen ist. Aus Billigkeitsgründen wird es nicht beanstandet, wenn der begünstigte Gesellschafter entsprechend Randnr. 5 des BMF-Schreibens vom 29. 1. 2008, BStBl. I S. 317[1], seinen Entnahmegewinn auf 15 Wirtschaftsjahre verteilt.

## V. Besonderheiten bei grenzüberschreitenden Einbringungen

### 1. Anschaffungskosten der erhaltenen Anteile

**20.34** Ist das Besteuerungsrecht der Bundesrepublik Deutschland hinsichtlich des Gewinns aus der Veräußerung des eingebrachten Betriebsvermögens sowohl vor als auch nach der Einbringung ausgeschlossen, gelten gem. § 20 Abs. 3 Satz 2 UmwStG die erhaltenen Anteile insoweit als mit dem gemeinen Wert des Betriebsvermögens im Einbringungszeitpunkt angeschafft (Verstrickung mit dem gemeinen Wert). Die Regelung hat nur in den Fällen Bedeutung, in denen die aufnehmende Gesellschaft auf Antrag Buch- oder Zwischenwerte angesetzt hat.

### 2. Anrechnung ausländischer Steuern

**20.35** Der Begriff der Betriebsstätte ist im abkommensrechtlichen Sinne zu verstehen. Auf die Mitteilungspflichten des Steuerpflichtigen nach § 138 Abs. 2 AO wird hingewiesen.

#### a) Sonderfall der Einbringung einer Betriebsstätte (§ 20 Abs. 7, § 3 Abs. 3 UmwStG)

**20.36** Wird i. R. einer grenzüberschreitenden Einbringung eine in einem anderen EU-Mitgliedstaat liegende Betriebsstätte eingebracht, verzichtet der Mitgliedstaat der einbringenden Gesellschaft endgültig auf seine Besteuerungsrechte aus dieser Betriebsstätte (Art. 10 Abs. 1 Satz 1 Richtlinie 2009/133/EG). Wendet er ein System der Welteinkommensbesteuerung an, darf er den auf die Betriebsstätte entfallenden Veräußerungsgewinn besteuern, wenn er die fiktiv im Betriebsstättenstaat auf den Einbringungsgewinn entfallende Steuer anrechnet (Art. 10 Abs. 2 Richtlinie 2009/133/EG). Wird einer Betriebsstätte in einem

[1] Nr. **1** § 6 a/20.

anderen EU-Mitgliedstaat zuzurechnendes Betriebsvermögen, für die die Bundesrepublik Deutschland die Doppelbesteuerung beim Einbringenden durch Anwendung der Anrechnungsmethode vermeidet, in eine in einem anderen EU-Mitgliedstaat ansässige Gesellschaft eingebracht, wird das Besteuerungsrecht der Bundesrepublik Deutschland im Hinblick auf diese Betriebsstätte ausgeschlossen. Das der ausländischen Betriebsstätte zuzurechnende Betriebsvermögen ist deshalb zwingend mit dem gemeinen Wert anzusetzen (§ 20 Abs. 2 Satz 2 Nr. 3 UmwStG). Es kommt folglich insoweit zu einer Besteuerung des Einbringungsgewinns. Darüber hinaus ist die Steuer, die im Betriebsstättenstaat im Veräußerungsfall anfallen würde, fiktiv auf die auf den Einbringungsgewinn entfallende Steuer anzurechnen (§ 20 Abs. 7, § 3 Abs. 3 UmwStG).

**Beispiel:**

Eine in Deutschland ansässige GmbH mit portugiesischer Betriebsstätte (keine aktiven Einkünfte) bringt diese in eine spanische SA gegen Gewährung von Anteilen ein.

**Lösung:**

Im Hinblick auf die portugiesische Betriebsstätte steht Deutschland nach dem DBA Portugal ein Besteuerungsrecht mit Anrechnungsverpflichtung (Aktivitätsklausel) zu. Durch die Einbringung der Betriebsstätte in die spanische SA wird das deutsche Besteuerungsrecht an der Betriebsstätte in Portugal ausgeschlossen. Der deutschen GmbH sind nunmehr stattdessen anteilig die i. R. d. Einbringung gewährten Anteile an der spanischen SA zuzurechnen. Da das deutsche Besteuerungsrecht an der Betriebsstätte durch die Einbringung ausgeschlossen wird, kommt es insoweit zu einer Besteuerung des Einbringungsgewinns (§ 20 Abs. 2 Satz 2 Nr. 3 UmwStG). Dies ist nach Art. 10 Abs. 2 Richtlinie 2009/133/EG auch zulässig, da Deutschland ein System der Welteinkommensbesteuerung hat. Allerdings ist die fiktive Steuer, die im Fall der Veräußerung der Wirtschaftsgüter der Betriebsstätte in Portugal anfallen würde, auf die deutsche Steuer anzurechnen (§ 20 Abs. 7, § 3 Abs. 3 UmwStG).

### b) Sonderfall steuerlich transparenter Gesellschaften (§ 20 Abs. 8 UmwStG)

Wird in den Fällen einer grenzüberschreitenden Einbringung eine gebietsfremde einbringende Gesellschaft im Inland als steuerlich transparent angesehen, muss die FusionsRL auf die Veräußerungsgewinne der Gesellschafter dieser Gesellschaft nicht angewendet werden (Art. 11 Abs. 1 Richtlinie 2009/133/EG, zuvor Art. 10 a Abs. 1 Richtlinie 90/434/EWG). Allerdings ist die Steuer, die auf die Veräußerungsgewinne der steuerlich transparenten Gesellschaft ohne Anwendung der FusionsRL erhoben worden wäre, fiktiv auf die auf den Einbringungsgewinn der Gesellschafter entfallende Steuer anzurechnen (Art. 11 Abs. 2 Richtlinie 2009/133/EG, zuvor Art. 10 a Abs. 2 Richtlinie 90/434/EWG). Der Vorgang ist nach deutschem Recht als Sacheinlage i. S. v. § 20 Abs. 1 UmwStG zu behandeln. Wird einer Betriebsstätte in einem anderen EU-Mitgliedstaat zuzurechnendes Betriebsvermögen, für die die Bundesrepublik Deutschland die Doppelbesteuerung beim Einbringenden durch Anwendung der Anrechnungsmethode vermeidet, in eine in einem anderen EU-Mitgliedstaat ansässige Gesellschaft eingebracht, wird das Besteuerungsrecht der Bundesrepublik Deutschland für im Inland ansässige Gesellschafter der transparenten Gesellschaft im Hinblick auf diese Betriebsstätte ausgeschlossen. Das der ausländischen Betriebsstätte zuzurechnende Betriebsvermögen ist deshalb zwingend mit dem gemeinen Wert anzusetzen (§ 20 Abs. 2 Satz 2 Nr. 3 UmwStG). Es kommt folglich insoweit zu einer Besteuerung des Einbringungsgewinns. Darüber hinaus ist die Steuer, die im Betriebsstättenstaat im Veräußerungsfall 20.37

anfallen würde, beim Einbringenden fiktiv auf die auf den Einbringungsgewinn entfallende Steuer anzurechnen (§ 20 Abs. 8 UmwStG). Bei der anzurechnenden Steuer kann es sich sowohl um Einkommensteuer als auch um Körperschaftsteuer handeln.

**Beispiel:**

Eine in Deutschland ansässige natürliche Person X ist an einer in Frankreich ansässigen SC mit portugiesischer Betriebsstätte (keine aktiven Einkünfte) beteiligt. Die französische SC wird auf eine spanische SA verschmolzen.

**Lösung:**

Die französische SC ist eine von der FusionsRL geschützte Gesellschaft (vgl. Anlage zur FusionsRL), die in Frankreich als Kapitalgesellschaft behandelt wird. Nach deutschem Recht ist sie jedoch als transparent anzusehen. X gilt deshalb für deutsche Besteuerungszwecke als Mitunternehmer der französischen SC und damit auch der portugiesischen Betriebsstätte. Im Hinblick auf die Betriebsstätte kommt deshalb das DBA Portugal zur Anwendung, wonach Deutschland ein Besteuerungsrecht mit Anrechnungsverpflichtung (Aktivitätsklausel) zusteht.
Durch die Verschmelzung der SC auf die spanische SA endet die Mitunternehmerstellung des X im Hinblick auf die Betriebsstätte in Portugal. Ihm sind nunmehr stattdessen anteilig die i. R. d. Einbringung gewährten Anteile an der spanischen SA zuzurechnen. Da das deutsche Besteuerungsrecht an der Betriebsstätte in Portugal durch die Einbringung ausgeschlossen wird, kommt es insoweit zu einer Besteuerung des Einbringungsgewinns (§ 20 Abs. 2 Satz 2 Nr. 3 UmwStG). Dies ist nach Art. 11 a Abs. 1 Richtlinie 2009/133/EG (zuvor Art. 10 a Abs. 1 Richtlinie 90/434/EWG) auch zulässig. Allerdings ist die fiktive Steuer, die im Fall der Veräußerung der Wirtschaftsgüter der portugiesischen Betriebsstätte anfallen würde, auf die deutsche Steuer anzurechnen (§ 20 Abs. 8 UmwStG).

## VI. Besonderheiten bei der Einbringung einbringungsgeborener Anteile i. S. v. § 21 Abs. 1 UmwStG 1995

20.38 Nach § 27 Abs. 3 Nr. 3 UmwStG ist § 21 UmwStG 1995 auf einbringungsgeborene Anteile alten Rechts weiterhin anzuwenden. Werden i. R. einer Sacheinlage zum gemeinen Wert oder Zwischenwert einbringungsgeborene Anteile alten Rechts miteingebracht, sind bei der Ermittlung des Einbringungsgewinns § 8 b Abs. 4 KStG a. F. oder § 3 Nr. 40 Satz 3 und 4 EStG a. F. anzuwenden. Darüber hinaus sind auch nach Ablauf der Siebenjahresfrist (zeitlich unbegrenzt) die Regelungen des § 21 UmwStG 1995 weiter anzuwenden; vgl. Randnr. 27.01 ff.

20.39 Werden einbringungsgeborene Anteile i. S. d. § 21 UmwStG 1995 i. R. einer Sacheinlage miteingebracht, gelten die erhaltenen Anteile insoweit ebenfalls als einbringungsgeborene Anteile i. S. d. § 21 UmwStG 1995 (§ 20 Abs. 3 Satz 4 UmwStG). Dies bedeutet, dass bei einer Veräußerung der (infizierten) Anteile innerhalb der Siebenjahresfrist die Steuerfreistellung nach § 8 b Abs. 4 KStG a. F. oder § 3 Nr. 40 Satz 3 und 4 EStG a. F. insoweit ausgeschlossen ist. Die Weitereinbringung der einbringungsgeborenen Anteile i. S. d. § 21 UmwStG 1995 im zeitlichen Anwendungsbereich des UmwStG 2006 löst allerdings keine neue Siebenjahresfrist i. S. v. § 8 b Abs. 4 KStG a. F. oder § 3 Nr. 40 Satz 3 und 4 EStG a. F. aus.

20.40 Im Fall der Veräußerung der mit der Einbringungsgeborenheit infizierten erhaltenen Anteile kommt das neue Recht (rückwirkende Einbringungsgewinnbesteuerung) nicht zur Anwendung, soweit die Steuerfreistellung nach § 8 b Abs. 4 KStG a. F. oder § 3 Nr. 40 Satz 3 und 4 EStG a. F. ausgeschlossen ist (§ 27 Abs. 4 UmwStG). Die Anwendung alten Rechts geht somit in-

nerhalb des für den ursprünglichen Einbringungsvorgang (nach altem Recht) geltenden Siebenjahreszeitraums vor. Erfolgt die Veräußerung der Anteile hingegen nach Ablauf der Sperrfrist für die einbringungsgeborenen Anteile i. S. d. § 21 UmwStG 1995, aber noch innerhalb des für die erhaltenen Anteile geltenden Siebenjahreszeitraums, kommt es in vollem Umfang zur rückwirkenden Einbringungsgewinnbesteuerung. Für die Ermittlung des Veräußerungsgewinns aus den erhaltenen Anteilen ist aber insoweit weiterhin § 21 UmwStG 1995 anzuwenden mit der Folge, dass der Veräußerungsgewinn teilweise nach § 16 EStG und teilweise nach § 17 EStG zu ermitteln ist.

Soweit die Vorschriften des Umwandlungssteuergesetzes in der Fassung der Bekanntmachung vom 15. 10. 2002, BGBl. I S. 2002, zuletzt geändert durch Art. 3 des Gesetzes vom 16. 5. 2003, BGBl. I S. 660, weiterhin anzuwenden sind (§ 27 Abs. 3 UmwStG), ist auch das BMF-Schreiben vom 25. 3. 1998, BStBl. I S. 268, weiterhin anzuwenden (vgl. Randnr. 00.01). **20.41**

**Beispiel:**

A ist Inhaber eines Einzelunternehmens, das aus zwei Teilbetrieben (Teilbetrieb 1 und 2) besteht. In 02 bringt A den Teilbetrieb 1 in eine neu gegründete GmbH 1 ein (Buchwert 100 000 €, gemeiner Wert 800 000 €). Die GmbH 1 setzt das übernommene Vermögen mit dem Buchwert an. Die neuen Anteile an der GmbH 1 (einbringungsgeborene Anteile i. S. d. § 21 Abs. 1 UmwStG 1995) befinden sich im Betriebsvermögen des Einzelunternehmens des A. Im Januar 07 bringt A sein verbliebenes Einzelunternehmen (einschließlich der einbringungsgeborenen Anteile an der GmbH 1) in die GmbH 2 gegen Gewährung von neuen Anteilen ein. Die übernehmende GmbH 2 setzt das übernommene Betriebsvermögen mit den Buchwerten (Buchwert 300 000 €, gemeiner Wert 2 400 000 €; davon GmbH 1 Buchwert 100 000 €, gemeiner Wert 800 000 €) an. Im Juni 10 veräußert A die Anteile an der GmbH 2 für 3 000 000 €.

**Lösung:**

Die Anteile an der GmbH 2 gelten insoweit auch als einbringungsgeborene Anteile nach § 20 Abs. 3 Satz 3 UmwStG, als zu dem eingebrachten Betriebsvermögen einbringungsgeborene Anteile gehört haben (⅓). Insoweit entsteht zwar grundsätzlich ein Gewinn nach § 21 UmwStG 1995 i. V. m. § 16 EStG. Auf diesen ist jedoch das Teileinkünfteverfahren anzuwenden, weil die Veräußerung in 10 außerhalb der Sperrfrist des § 3 Nr. 40 Satz 3 ff. EStG a. F. (abgelaufen in 09) erfolgt. Die Veräußerung erfolgt aber innerhalb der Sperrfrist des § 22 Abs. 1 UmwStG, so dass insoweit rückwirkend die gemeinen Werte zum Zeitpunkt der Einbringung – gekürzt um je $^1/_7$ für die inzwischen verstrichenen Zeitjahre – anzusetzen sind. Nach § 22 Abs. 1 Satz 5 UmwStG gilt für i. R. einer Sacheinlage miteingebrachte Anteile an einer Kapitalgesellschaft oder Genossenschaft § 22 Abs. 2 UmwStG. Ein Einbringungsgewinn I entsteht insoweit nicht. Auch ein Einbringungsgewinn II entsteht insoweit nicht, da nach dem Sachverhalt die übernehmende GmbH 2 die eingebrachten Anteile an der GmbH 1 (noch) nicht veräußert hat. In dem dargestellten Beispiel entsteht also nur ein zu versteuernder Einbringungsgewinn I i. H. v. 800 000 €, der wie folgt zu ermitteln ist:

| | |
|---|---|
| gemeiner Wert im Zeitpunkt der Einbringung | 2 400 000 € |
| ./. gemeiner Wert der Anteile an der GmbH 1 | 800 000 € |
| Zwischensumme | 1 600 000 € |
| ./. Buchwert im Zeitpunkt der Einbringung (bereits gekürzt um 100 000 € Buchwert Anteile an der GmbH 1) | 200 000 € |
| Einbringungsgewinn I | 1 400 000 € |
| ./. Minderung um $^3/_7$ wegen Ablaufs von drei Zeitjahren | 600 000 € |
| zu versteuernder Einbringungsgewinn I | 800 000 € |

A muss zunächst rückwirkend für 07 einen Einbringungsgewinn I i. H. v. 800 000 € versteuern. Durch die Veräußerung der erhaltenen Anteile an der GmbH 2 entsteht in 10 außerdem ein Veräußerungsgewinn nach §§ 16 und 17 EStG i. H. v. insgesamt 1 900 000 € (Verkaufspreis 3 000 000 € ./. 300 000 € Anschaffungskosten aus Einbringung ./. 800 000 € Einbringungsgewinn I), der nach § 3 Nr. 40 Satz 1 Buchstabe c EStG zu 40 % steuerfrei ist.
Die Veräußerung der erhaltenen Anteile an der GmbH 2 löst also nicht nur die rückwirkende Einbringungsgewinnbesteuerung, sondern gleichzeitig auch die Besteuerung des Gewinns nach § 17 Abs. 2 EStG (⅔ des Verkaufspreises = 2 000 000 € ./. Anschaffungskosten 200 000 € ./. Einbringungsgewinn I 800 000 € = 1 000 000 €) und nach § 21 UmwStG 1995 i. V. m. § 16 EStG (⅓ des Verkaufspreises = 1 000 000 € ./. Anschaffungskosten 100 000 € = 900 000 €) aus.

## C. Bewertung der Anteile beim Anteilstausch (§ 21 UmwStG)

### I. Allgemeines

21.01 § 21 UmwStG betrifft den Tausch von Anteilen an einer in- oder ausländischen Kapitalgesellschaft oder Genossenschaft (erworbene Gesellschaft) gegen Gewährung von neuen Anteilen der erwerbenden in- oder ausländischen Kapitalgesellschaft oder Genossenschaft (übernehmende Gesellschaft). Werden Anteile an einer Kapitalgesellschaft oder Genossenschaft, die zum Betriebsvermögen eines Betriebs, Teilbetriebs oder Mitunternehmeranteils gehören, mit den Wirtschaftsgütern dieses Unternehmensteils in eine Kapitalgesellschaft oder Genossenschaft eingebracht, geht die Regelung des § 20 UmwStG der des § 21 UmwStG vor. Zur Frage der rückwirkenden Einbringungsgewinnbesteuerung bei miteingebrachten Anteilen vgl. Randnr. 22.02.

21.02 § 21 UmwStG ist nur auf Anteile im Betriebsvermögen, Anteile im Privatvermögen i. S. d. § 17 EStG und einbringungsgeborene Anteile i. S. d. § 21 Abs. 1 UmwStG 1995 anzuwenden. Für alle übrigen Anteile gilt § 20 Abs. 4 a Satz 1 und 2 EStG.

### II. Persönlicher Anwendungsbereich

#### 1. Einbringender

21.03 Hinsichtlich der Person des Einbringenden bestehen keine Beschränkungen (Umkehrschluss aus § 1 Abs. 4 Satz 1 Nr. 2 UmwStG).

#### 2. Übernehmende Gesellschaft (§ 21 Abs. 1 Satz 1 UmwStG)

21.04 Randnr. 20.04 gilt entsprechend.

#### 3. Erworbene Gesellschaft (§ 21 Abs. 1 Satz 1 UmwStG)

21.05 Erworbene Gesellschaft ist die Kapitalgesellschaft oder Genossenschaft, deren Anteile i. R. d. Anteilstauschs in die übernehmende Gesellschaft eingebracht werden. Gesellschaft kann eine in § 1 Abs. 1 Nr. 1 und 2 KStG aufgezählte Kapitalgesellschaft oder Genossenschaft einschließlich der ausländischen Gesellschaften (EU-/EWR- oder Drittstaat) sein, soweit diese nach den Wertungen des deutschen Steuerrechts als Kapitalgesellschaften oder Genossenschaften anzusehen sind (vgl. Randnr. 01.27).

21.06 Die Anteile müssen dem Einbringenden vor Durchführung des Anteilstauschs steuerlich zuzurechnen sein. Maßgebend hierfür ist das wirtschaftliche Eigentum an den Anteilen (§ 39 Abs. 2 Nr. 1 AO).

## III. Bewertung der eingebrachten Anteile bei der übernehmenden Gesellschaft

### 1. Ansatz des gemeinen Werts

Die eingebrachten Anteile werden durch die übernehmende Gesellschaft i. R. eines Veräußerungs- und Anschaffungsvorgangs erworben. Daher hat – soweit kein Fall des sog. qualifizierten Anteilstauschs vorliegt (vgl. hierzu Randnr. 21.09) – die übernehmende Gesellschaft nach § 21 Abs. 1 Satz 1 UmwStG die eingebrachten Anteile zwingend mit dem gemeinen Wert anzusetzen. Dabei ist der in der Handelsbilanz ausgewiesene Wert für die Steuerbilanz unbeachtlich. 21.07

Der gemeine Wert ist auf den Einbringungszeitpunkt zu ermitteln. Für die Ermittlung des gemeinen Werts gilt § 11 BewG. Zur Bewertung nach § 11 Abs. 2 BewG gelten die gleich lautenden Erlasse der obersten Finanzbehörden der Länder zur Anwendung der §§ 11, 95 bis 109 und 199 ff. BewG in der Fassung des ErbStRG vom 17. 5. 2011, BStBl. I S. 606, auch für ertragsteuerliche Zwecke entsprechend (vgl. BMF-Schreiben vom 22. 9. 2011, BStBl. I S. 859[1]). 21.08

### 2. Bewertungswahlrecht beim qualifizierten Anteilstausch (§ 21 Abs. 1 Satz 2 UmwStG)

#### a) Begriff des qualifizierten Anteilstauschs

Ein qualifizierter Anteilstausch liegt vor, wenn die übernehmende Gesellschaft nach der Einbringung nachweisbar unmittelbar die Mehrheit der Stimmrechte an der erworbenen Gesellschaft hält (mehrheitsvermittelnde Beteiligung). In diesem Fall kann die übernehmende Gesellschaft anstatt des gemeinen Werts auf Antrag die eingebrachten Anteile mit dem Buch- oder Zwischenwert ansetzen. Liegt der gemeine Wert unterhalb des Buchwerts der eingebrachten Anteile, ist der gemeine Wert anzusetzen. Gehören die Anteile zum Privatvermögen des Einbringenden, treten an die Stelle des Buchwerts die Anschaffungskosten (§ 21 Abs. 2 Satz 5 UmwStG). 21.09

Begünstigt ist sowohl der Fall, dass eine mehrheitsvermittelnde Beteiligung erst durch den Einbringungsvorgang entsteht, als auch der Fall, dass eine zum Übertragungsstichtag bereits bestehende mehrheitsvermittelnde Beteiligung weiter aufgestockt wird. Es genügt, wenn mehrere Personen Anteile einbringen, die nicht einzeln, sondern nur insgesamt die Voraussetzungen des § 21 Abs. 1 Satz 2 UmwStG erfüllen, sofern die Einbringungen auf einem einheitlichen Vorgang beruhen.

**Beispiel:**

a) die Y-AG erwirbt von A 51 % der Anteile an der X-GmbH, an der die Y-AG bislang noch nicht beteiligt war;
b) die Y-AG erwirbt von B 10 % der Anteile an der X-GmbH, an der die Y-AG bereits 51 % hält;
c) die Y-AG hält bereits 40 % der Anteile an der X-GmbH. I. R. eines einheitlichen Kapitalerhöhungsvorgangs bringen C und D jeweils weitere 6 % der Anteile an der X-GmbH ein.

---

[1] Vgl. jetzt R B 11.1–11.6, 95–109.2, 199.1–203 ErbStR.

**b) Einschränkungen des Bewertungswahlrechts**

21.10 Eine Einschränkung des Bewertungswahlrechtes sieht § 21 Abs. 1 Satz 3 UmwStG für den Fall vor, dass neben den neuen Anteilen auch andere Wirtschaftsgüter, deren gemeiner Wert den Buchwert der eingebrachten Anteile übersteigt, für die eingebrachten Anteile gewährt werden. Insoweit ist bei der übernehmenden Gesellschaft mindestens der gemeine Wert der anderen Wirtschaftsgüter anzusetzen.

**c) Verhältnis zum Handelsrecht**

21.11 Der Ansatz eines Buch- oder Zwischenwerts in der Steuerbilanz der übernehmenden Gesellschaft ist nicht davon abhängig, dass in der Handelsbilanz der übernehmenden Gesellschaft ein übereinstimmender Wertansatz ausgewiesen wird (kein Maßgeblichkeitsgrundsatz; Randnr. 21.07 und 20.20 gelten entsprechend).

**d) Ausübung des Wahlrechts, Bindung, Bilanzberichtigung**

21.12 Randnr. 20.21, 20.23 und 20.24 gelten entsprechend.

## IV. Ermittlung des Veräußerungspreises der eingebrachten Anteile und des Wertansatzes der erhaltenen Anteile beim Einbringenden

21.13 Gem. § 21 Abs. 2 Satz 1 UmwStG gilt der Wert, mit dem die übernehmende Gesellschaft die Anteile ansetzt, beim Einbringenden als Veräußerungspreis der eingebrachten Anteile und gleichzeitig als Anschaffungskosten der im Gegenzug erhaltenen Anteile. Randnr. 20.23 gilt entsprechend.

21.14 Ist hingegen das Besteuerungsrecht der Bundesrepublik Deutschland hinsichtlich des Gewinns aus der Veräußerung der eingebrachten Anteile ausgeschlossen oder beschränkt, erfolgt die Bewertung der eingebrachten Anteile beim Einbringenden nach § 21 Abs. 2 Satz 2 erster Halbsatz UmwStG mit dem gemeinen Wert. Die gleiche Rechtsfolge tritt im Fall des § 21 Abs. 2 Satz 2 zweiter Halbsatz UmwStG ein, wenn das Besteuerungsrecht der Bundesrepublik Deutschland hinsichtlich des Gewinns aus der Veräußerung der erhaltenen Anteile ausgeschlossen oder beschränkt ist.

21.15 Unter den Voraussetzungen des § 21 Abs. 2 Satz 3 UmwStG ist hingegen eine Rückausnahme von § 21 Abs. 2 Satz 2 UmwStG vorgesehen: Dem Einbringenden wird ein Wahlrecht eingeräumt, als Veräußerungspreis für die eingebrachten Anteile und als Anschaffungskosten der erhaltenen Anteile den Buch- oder Zwischenwert anzusetzen. Voraussetzung hierfür ist ein Antrag des Einbringenden nach § 21 Abs. 2 Satz 4 UmwStG. Zudem

- darf das Besteuerungsrecht der Bundesrepublik Deutschland hinsichtlich des Gewinns aus der Veräußerung der erhaltenen Anteile nicht ausgeschlossen oder beschränkt sein (vgl. Beispiel 1)

oder

- ein Einbringungsgewinn wird aufgrund Art. 8 Richtlinie 2009/133/EG nicht besteuert (vgl. Beispiel 2).

Auf den Wertansatz bei der übernehmenden Gesellschaft kommt es in diesen Fällen nicht an (keine doppelte Buchwertverknüpfung).

**Beispiel 1:**

**Kein Ausschluss oder keine Beschränkung des Besteuerungsrechts**

Der in Deutschland ansässige Gesellschafter A (natürliche Person) ist alleiniger Gesellschafter der inländischen A-GmbH. Er bringt seine Anteile an der A-GmbH in die in Großbritannien ansässige X-Ltd. ausschließlich gegen Gewährung neuer Gesellschaftsrechte ein.

**Lösung:**

Die Einbringung fällt nach § 1 Abs. 4 Nr. 1 UmwStG in den Anwendungsbereich des UmwStG, weil die aufnehmende X-Ltd. eine Gesellschaft i. S. v. § 1 Abs. 2 UmwStG ist. Auf die Ansässigkeit des Einbringenden und die Ansässigkeit der Gesellschaft, deren Anteile eingebracht werden, kommt es nicht an.

Nach § 21 Abs. 1 Satz 1 UmwStG sind die i. R. eines Anteilstauschs eingebrachten Anteile bei der übernehmenden Gesellschaft grundsätzlich mit dem gemeinen Wert anzusetzen. Dies gilt nach § 21 Abs. 1 Satz 2 UmwStG allerdings dann nicht, wenn eine mehrheitsvermittelnde Beteiligung eingebracht wird. In diesem Fall können die eingebrachten Anteile auch mit dem Buch- oder Zwischenwert angesetzt werden. Nach § 21 Abs. 2 Satz 1 UmwStG gilt grundsätzlich der Wert, mit dem die aufnehmende Gesellschaft die eingebrachten Anteile ansetzt, beim Einbringenden als Veräußerungspreis und als Anschaffungskosten der neuen Anteile.

In Abweichung hiervon sieht § 21 Abs. 2 Satz 2 erster Halbsatz UmwStG zwingend den Ansatz der eingebrachten Anteile mit dem gemeinen Wert vor, wenn das deutsche Besteuerungsrecht hinsichtlich des Gewinns aus der Veräußerung der eingebrachten Anteile nach der Einbringung ausgeschlossen oder beschränkt ist. In Rückausnahme zu § 21 Abs. 2 Satz 2 UmwStG können allerdings nach § 21 Abs. 2 Satz 3 Nr. 1 UmwStG auf Antrag des Einbringenden die erhaltenen Anteile mit dem Buch- oder Zwischenwert bewertet werden, wenn das Recht Deutschlands hinsichtlich des Gewinns aus der Veräußerung der erhaltenen Anteile nicht ausgeschlossen oder beschränkt ist.

Im Beispielsfall steht Deutschland nach dem DBA Großbritannien das alleinige Besteuerungsrecht für Gewinne aus der Veräußerung der erhaltenen (neuen) Anteile an der britischen X-Ltd., welche auch eine EU-Kapitalgesellschaft ist, zu. Überdies hält die X-Ltd. nach der Einbringung alle Anteile an der inländischen A-GmbH und hat hierfür als Gegenleistung dem A nur neue Anteile gewährt. Der Einbringende A kann somit nach § 21 Abs. 2 Satz 3 Nr. 1 UmwStG die Buchwertfortführung oder den Zwischenwertansatz auch dann wählen, wenn bei der aufnehmenden Gesellschaft (hier: Großbritannien) nicht der Buch- oder Zwischenwert angesetzt wird. Der Buch- oder Zwischenwert gilt dann als Anschaffungskosten der neuen Anteile.

**Beispiel 2:**

**Ausschluss oder Beschränkung des Besteuerungsrechts**

Fall wie oben, jedoch wird die Beteiligung an der inländischen A-GmbH durch die in Deutschland ansässige B-GmbH in die tschechische X s.r.o. eingebracht.

**Lösung:**

In diesem Fall wird zwar das Besteuerungsrecht an den eingebrachten Anteilen weder ausgeschlossen noch beschränkt, da nach dem DBA Tschechien[1] weiterhin dem Sitzstaat der A-GmbH – das ist Deutschland – das Besteuerungsrecht hinsichtlich des Gewinns aus der Veräußerung der eingebrachten Anteile zusteht. Aber eine Beschränkung ergibt sich aus dem DBA Tschechien hinsichtlich des Gewinns aus der Veräußerung der erhaltenen Anteile, da das Besteuerungsrecht auch dem Sitzstaat der X s.r.o. – das ist Tschechien – zusteht. Der Buchwertansatz ist somit grundsätzlich nach § 21 Abs. 2 Satz 2 zweiter Halbsatz UmwStG ausgeschlossen.

In Rückausnahme zu § 21 Abs. 2 Satz 2 zweiter Halbsatz UmwStG können allerdings nach § 21 Abs. 2 Satz 3 Nr. 2 UmwStG auf Antrag des Einbringenden die erhaltenen Anteile mit dem Buch- oder Zwischenwert bewertet werden, wenn der Gewinn aufgrund Art. 8 der Richtlinie 2009/133/EG nicht besteuert werden darf. Dies ist dann der Fall, wenn neben der übernehmenden Gesellschaft auch die eingebrachte Gesellschaft in einem Mitgliedstaat der EU/EWR ansässig ist und die Zuzahlung 10 % des Nennwerts der ausgegebenen Anteile nicht überschreitet. Die Einbringung der Anteile an der A-GmbH durch die B-GmbH in die tschechische X s.r.o. im Wege des qualifizierten Anteilstauschs fällt in den Anwendungsbereich der FusionsRL. Die einbringende B-GmbH kann folglich nach § 21 Abs. 2 Satz 3 Nr. 2 UmwStG den Buch- oder Zwischenwertansatz wählen.

---

[1] **[Amtl. Anm.:]** Die DBA Tschechoslowakei (gilt für Tschechien und die Slowakei), Bulgarien und Zypern sehen entsprechende Regelungen vor.

### V. Besteuerung des aus dem Anteilstausch resultierenden Gewinns beim Einbringenden

21.16 Die steuerliche Behandlung des aus dem Anteilstausch resultierenden Gewinns beim Einbringenden erfolgt nach den allgemeinen Vorschriften über die Veräußerung von Kapitalanteilen (z. B. §§ 13, 15, 16, 17 und 18 i. V. m. § 3 Nr. 40 und §§ 20, 32 d Abs. 1 EStG, § 8 b KStG).

### VI. Steuerlicher Übertragungsstichtag (Einbringungszeitpunkt)

21.17 Für die Bestimmung des Zeitpunkts des Anteilstauschs ist auf den Zeitpunkt der Übertragung des wirtschaftlichen Eigentums der eingebrachten Anteile auf die übernehmende Gesellschaft abzustellen. §§ 2 und 20 Abs. 5 und 6 UmwStG sind nicht anzuwenden.

## D. Besteuerung des Anteilseigners (§ 22 UmwStG)

### I. Allgemeines

22.01 Erfolgt die Sacheinlage oder der Anteilstausch nicht zum gemeinen Wert, ist in den Fällen der Veräußerung der erhaltenen Anteile oder der eingebrachten Anteile innerhalb eines Zeitraums von sieben Jahren nach dem Einbringungszeitpunkt § 22 UmwStG anzuwenden.

22.02 Dabei führt in den Fällen der Sacheinlage die Veräußerung der erhaltenen Anteile zur Anwendung von § 22 Abs. 1 UmwStG (Besteuerung des Einbringungsgewinns I), soweit diese nicht auf miteingebrachte Anteile an Kapitalgesellschaften oder Genossenschaften entfallen (§ 22 Abs. 1 Satz 5 erster Halbsatz UmwStG).

Ist Einbringender eine Personengesellschaft (vgl. Randnr. 20.03), ist wegen des Transparenzprinzips sowohl eine Veräußerung der sperrfristbehafteten Anteile durch die Personengesellschaft selbst als auch die Veräußerung eines Mitunternehmeranteils, zu dessen Betriebsvermögen die sperrfristbehafteten Anteile gehören, durch den Mitunternehmer ein Veräußerungsvorgang i. S. v. § 22 Abs. 1 Satz 1 UmwStG. Dies gilt infolge des Transparenzprinzips auch, wenn bei doppel- oder mehrstöckigen Personengesellschaften eine mittelbare Veräußerung eines Mitunternehmeranteils erfolgt. Die Voraussetzungen des § 1 Abs. 4 und des § 22 UmwStG sind gesellschafterbezogen zu prüfen.

In den Fällen des Anteilstauschs sowie in den Fällen der Sacheinlage unter Miteinbringung von Anteilen an Kapitalgesellschaften oder Genossenschaften führt die Veräußerung der eingebrachten Anteile durch die übernehmende Gesellschaft zur Anwendung von § 22 Abs. 2 UmwStG (Besteuerung des Einbringungsgewinns II), soweit die eingebrachten Anteile im Zeitpunkt der Einbringung nicht nach § 8 b Abs. 2 KStG hätten steuerfrei veräußert werden können.

In den Fällen der Sacheinlage gelten die erhaltenen Anteile als Anteile i. S. d. § 22 Abs. 1 UmwStG und in den Fällen des Anteilstauschs die eingebrachten Anteile als Anteile i. S. d. § 22 Abs. 2 UmwStG (sog. sperrfristbehaftete Anteile).

22.03 Die Veräußerung der sperrfristbehafteten Anteile sowie die nach § 22 Abs. 1 Satz 6 und Abs. 2 Satz 6 UmwStG der Veräußerung gleichgestellten Ersatzrealisationstatbestände lösen die rückwirkende Besteuerung des Einbringungsgewinns I oder II beim Einbringenden im Einbringungszeitpunkt aus (siehe Randnr. 22.18 ff.). Dies gilt auch in den Fällen der unentgeltlichen Rechtsnachfolge (§ 22 Abs. 6 UmwStG; vgl. Randnr. 22.41 f.) und in den Fällen der Mitverstrickung von Anteilen (§ 22 Abs. 7 UmwStG; vgl. Randnr. 22.43 – 22.46). Die Veräußerung der Anteile und die gleichgestellten Tatbestände gelten dabei im Hinblick auf die Steuerbescheide des Einbringenden für das Einbringungsjahr als rückwirkendes Ereignis i. S. v. § 175 Abs. 1 Satz 1 Nr. 2 AO.

Wird nur ein Teil der sperrfristbehafteten Anteile veräußert oder ist nur hinsichtlich eines Teils der sperrfristbehafteten Anteile ein der Veräußerung der Anteile gleichgestellter Tatbestand i. S. v. § 22 Abs. 1 Satz 6 und Abs. 2 Satz 6 UmwStG erfüllt, erfolgt auch die rückwirkende Einbringungsgewinnbesteuerung nur anteilig (§ 22 Abs. 1 Satz 1 und Abs. 2 Satz 1 UmwStG). **22.04**

**Beispiel:**

X bringt sein Einzelunternehmen (gemeiner Wert 170 000 €) am 1. 1. 08 gegen Gewährung von Anteilen zum Buchwert 100 000 € in die neu gegründete A-GmbH (Stammkapital 50 000 €) ein. Am 1. 7. 09 veräußert X 10 % der Anteile an der A-GmbH für 20 000 €.

**Lösung:**

Die Veräußerung der sperrfristbehafteten Anteile in 09 führt anteilig (10 %) zu einer rückwirkenden Einbringungsgewinnbesteuerung zum 1. 1. 08 (§ 22 Abs. 1 Satz 1 UmwStG):

| | |
|---|---|
| anteiliges eingebrachtes Betriebsvermögen: 10 % von 170 000 € = | 17 000 € |
| ./. anteiliger Buchwert der Anteile: 10 % von 100 000 € = | 10 000 € |
| anteiliger Einbringungsgewinn I vor Siebtelregelung | 7 000 € |
| ./. 1/7 (§ 22 Abs. 1 Satz 3 UmwStG) | 1 000 € |
| zu versteuernder Einbringungsgewinn I | 6 000 € |

Ermittlung des Veräußerungsgewinns aus den Anteilen an der A-GmbH zum 1. 7. 09:

| | |
|---|---|
| Veräußerungspreis | 20 000 € |
| ./. ursprüngliche Anschaffungskosten | 10 000 € |
| ./. nachträgliche Anschaffungskosten aus Einbringungsgewinn I | 6 000 € |
| Veräußerungsgewinn nach § 17 EStG | 4 000 € |
| davon steuerpflichtig (Teileinkünfteverfahren) 60 % | 2 400 € |

Die steuerliche Behandlung der Veräußerung der sperrfristbehafteten Anteile erfolgt nach den allgemeinen Vorschriften über die Veräußerung von Kapitalanteilen (z. B. §§ 13, 15, 16, 17 und 18 i. V. m. § 3 Nr. 40 sowie § 20, § 32 d Abs. 1 EStG, § 8 b KStG). **22.05**

Hält der Einbringende oder der unentgeltliche Rechtsnachfolger i. R. einer Sacheinlage oder eines Anteilstauschs unter dem gemeinen Wert erhaltene Anteile im Privatvermögen, erzielt er aus der Veräußerung der Anteile auch dann Einkünfte aus Gewerbebetrieb i. S. v. § 17 Abs. 1 EStG, wenn er innerhalb der letzten fünf Jahre am Kapital der Gesellschaft nicht unmittelbar oder mittelbar zu mindestens 1 % beteiligt war (§ 17 Abs. 6 EStG). In den Fällen des Anteilstauschs gilt dies nur, wenn der Einbringende zum Einbringungszeitpunkt innerhalb der letzten fünf Jahre am Kapital der eingebrachten Ge- **22.06** sellschaft unmittelbar oder mittelbar zu mindestens 1% beteiligt war (§ 17 Abs. 6 Nr. 2 erste Alternative EStG). § 17 Abs. 6 EStG ist unabhängig vom Ablauf des in § 22 Abs. 1 und 2 UmwStG geregelten Siebenjahreszeitraums anzuwenden.

## II. Rückwirkende Besteuerung des Einbringungsgewinns (§ 22 Abs. 1 und 2 UmwStG)

### 1. Sacheinlage (§ 22 Abs. 1 UmwStG)

22.07 Im Fall der Veräußerung erhaltener Anteile durch den Einbringenden oder der Verwirklichung eines nach § 22 Abs. 1 Satz 6 UmwStG der Veräußerung gleichgestellten Ersatzrealisationstatbestands innerhalb des Siebenjahreszeitraums ist rückwirkend auf den Einbringungszeitpunkt der Einbringungsgewinn I als Gewinn des Einbringenden i. S. v. § 16 EStG zu versteuern. Dabei sind § 16 Abs. 4 und § 34 EStG nicht anzuwenden. Dies gilt auch beim Eintritt eines schädlichen Ereignisses innerhalb des ersten Zeitjahres nach der Einbringung. Hinsichtlich der Zugehörigkeit des Einbringungsgewinns I zum Gewerbeertrag gelten die allgemeinen Grundsätze (vgl. § 7 Satz 2 GewStG). Werden nicht sämtliche erhaltenen Anteile in einem Vorgang veräußert, ist für Zwecke des § 7 Satz 2 GewStG nicht mehr von der Veräußerung eines Betriebs, Teilbetriebs etc. auszugehen. § 6b EStG findet auf den Einbringungsgewinn I keine Anwendung. Die sukzessive Veräußerung der erhaltenen Anteile führt deshalb dazu, dass der dadurch jeweils ausgelöste Einbringungsgewinn I zum Gewerbeertrag gehört.

Veräußerung ist jede Übertragung gegen Entgelt. Hierzu gehören insbesondere auch Umwandlungen und Einbringungen; z. B. Verschmelzung, Auf- oder Abspaltung, Formwechsel (vgl. Randnr. 00.02).

22.08 Für Zwecke der Berechnung des Einbringungsgewinns I ist (ggf. nachträglich) der gemeine Wert des eingebrachten Betriebsvermögens (ohne miteingebrachte Anteile an Kapitalgesellschaften und Genossenschaften) auf den Einbringungszeitpunkt zu ermitteln. Der Einbringungsgewinn I vermindert sich für jedes seit dem Einbringungszeitpunkt abgelaufene Zeitjahr um $^1/_7$.

Der Einbringungsgewinn I berechnet sich demnach wie folgt (§ 22 Abs. 1 Satz 3 UmwStG):

Gemeiner Wert des eingebrachten Betriebsvermögens
(ohne miteingebrachte Anteile an Kapitalgesellschaften und Genossenschaften)
./. Kosten des Vermögensübergangs (vgl. Randnr. 22.09)
./. Wertansatz bei der übernehmenden Gesellschaft

= Einbringungsgewinn I vor Siebtelregelung
./. Verringerung um je $^1/_7$ pro abgelaufenes Zeitjahr seit Einbringung

= zu versteuernder Einbringungsgewinn I

22.09 Im Jahr der Einbringung ist der laufende Gewinn um die bei der Ermittlung des rückwirkend zu versteuernden Einbringungsgewinns abgezogenen Kosten des Vermögensübergangs zu er höhen, soweit diese (zutreffend) den laufenden Gewinn oder den Einbringungsgewinn (wenn die Einbringung z. B. zu Zwischenwerten erfolgte) gemindert haben.

Der Einbringungsgewinn I gilt nach § 22 Abs. 1 Satz 4 UmwStG als nachträgliche Anschaffungskosten der erhaltenen Anteile im Einbringungszeitpunkt. Wurden die erhaltenen Anteile durch einen Vorgang i. S. v. § 22 Abs. 1 Satz 6 UmwStG zum Buchwert weitereingebracht, erhöhen sich auch die Anschaffungskosten der auf den erhaltenen Anteilen beruhenden Anteile entsprechend (§ 22 Abs. 1 Satz 7 UmwStG). Damit vermindert sich der Gewinn aus der Veräußerung der erhaltenen Anteile ebenso wie der Gewinn aus der Veräußerung der auf den erhaltenen Anteilen beruhenden Anteile nach z. B. §§ 13, 15, 16, 17 und 18 EStG entsprechend. **22.10**

Ist das Besteuerungsrecht der Bundesrepublik Deutschland hinsichtlich des Gewinns aus der Veräußerung der erhaltenen Anteile ausgeschlossen oder beschränkt, umfasst der Einbringungsgewinn I auch die stillen Reserven der i. R. d. Sacheinlage miteingebrachten Anteile (§ 22 Abs. 1 Satz 5 zweiter Halbsatz UmwStG). **22.11**

**Beispiel:**

Der in Frankreich ansässige X bringt seine inländische Betriebsstätte, zu der Anteile an der inländischen Y-GmbH gehören, in 01 in die Z-GmbH ein. In 02 veräußert er die im Privatvermögen gehaltenen Anteile an der Z-GmbH.

**Lösung:**

Durch die Anteilsveräußerung in 02 entsteht gem. § 22 Abs. 1 Satz 3 UmwStG ein Einbringungsgewinn I i. H. d. stillen Reserven des Betriebsvermögens der inländischen Betriebsstätte. Dabei ist gem. § 22 Abs. 1 erster Halbsatz UmwStG die Beteiligung an der Y-GmbH grundsätzlich auszunehmen. Da durch das DBA Frankreich jedoch das deutsche Besteuerungsrecht hinsichtlich des Gewinns aus der Veräußerung der erhaltenen Anteile ausgeschlossen ist, sind nach § 22 Abs. 1 Satz 5 zweiter Halbsatz UmwStG auch die auf die Anteile an der Y-GmbH entfallenden stillen Reserven in die Besteuerung des Einbringungsgewinns I einzubeziehen; insoweit ist § 3 Nr. 40 EStG anzuwenden.

## 2. Anteilstausch und Miteinbringung von Anteilen an Kapitalgesellschaften oder Genossenschaften bei Sacheinlage (§ 22 Abs. 2 UmwStG)

Im Fall der Veräußerung eingebrachter Anteile durch die übernehmende Gesellschaft oder der Verwirklichung eines nach § 22 Abs. 2 Satz 6 i. V. m. Abs. 1 Satz 6 UmwStG der Veräußerung gleichgestellten Ersatzrealisationstatbestands innerhalb des Siebenjahreszeitraums ist beim Einbringenden rückwirkend auf den Einbringungszeitpunkt der Einbringungsgewinn II als Gewinn des Einbringenden aus der Veräußerung von Anteilen (z. B. nach §§ 13, 15, 16, 17 und 18 i. V. m. § 3 Nr. 40 sowie §§ 20, 32 d Abs. 1 EStG, § 8 b KStG) zu versteuern. Dies gilt nur insoweit, als beim Einbringenden der Gewinn aus der Veräußerung dieser Anteile im Einbringungszeitpunkt nicht nach § 8 b Abs. 2 KStG steuerfrei gewesen wäre. Dies ist insbesondere dann der Fall, wenn der Einbringende eine natürliche Person oder ein Kreditinstitut oder ein Lebens- oder Krankenversicherungsunternehmen in der Rechtsform einer Körperschaft ist, bei der die Steuerbefreiung hinsichtlich der eingebrachten Anteile nach § 8 b Abs. 7 oder 8 KStG ausgeschlossen ist, sowie bei Anteilen i. S. v. § 8 b Abs. 4 KStG a. F. (§ 22 Abs. 2 Satz 1 UmwStG, vgl. Randnr. 27.02). **22.12**

22.13 Bei der rückwirkenden Einbringungsgewinnbesteuerung kommt der Freibetrag nach § 16 Abs. 4 EStG nicht zur Anwendung. Dies gilt auch beim Eintritt eines schädlichen Ereignisses innerhalb des ersten Zeitjahres nach der Einbringung. Der Einbringungsgewinn II gehört bei Anteilen im Betriebsvermögen zum Gewerbeertrag. § 6 b EStG findet auf den Einbringungsgewinn II keine Anwendung.

22.14 Für Zwecke der Berechnung des Einbringungsgewinns II ist (ggf. nachträglich) der gemeine Wert der eingebrachten Anteile auf den Einbringungszeitpunkt zu ermitteln. Der Einbringungsgewinn II vermindert sich für jedes seit dem Einbringungszeitpunkt abgelaufene Zeitjahr um $^1/_7$.

Der Einbringungsgewinn II berechnet sich demnach wie folgt (§ 22 Abs. 2 Satz 3 UmwStG):

| |
|---|
| Gemeiner Wert der eingebrachten Anteile |
| ./. Kosten des Vermögensübergangs (vgl. Randnr. 22.09) |
| ./. Wertansatz der erhaltenen Anteile beim Einbringenden |
| = Einbringungsgewinn II vor Siebtelregelung |
| ./. Verringerung um je $^1/_7$ pro abgelaufenes Zeitjahr seit Einbringung |
| = zu versteuernder Einbringungsgewinn II |

22.15 Bei der Berechnung des Einbringungsgewinns II ist der Wertansatz der erhaltenen Anteile um den gemeinen Wert der sonstigen Gegenleistung (§ 20 Abs. 3 Satz 3 i. V. m. § 21 Abs. 2 Satz 6 UmwStG) zu erhöhen.

22.16 Der Einbringungsgewinn II gilt nach § 22 Abs. 2 Satz 4 UmwStG als nachträgliche Anschaffungskosten der erhaltenen Anteile. Wurden die erhaltenen Anteile durch einen Vorgang i. S. v. § 22 Abs. 1 Satz 6 Nr. 2 UmwStG zum Buchwert weitereingebracht, erhöhen sich auch die Anschaffungskosten der auf den erhaltenen Anteilen beruhenden Anteile beim Einbringenden und der übernehmenden Gesellschaft entsprechend (§ 22 Abs. 2 Satz 7 i. V. m. Abs. 1 Satz 7 UmwStG). Damit vermindert sich der Gewinn aus einer nachfolgenden Veräußerung der erhaltenen Anteile und der auf diesen Anteilen beruhenden Anteile entsprechend.

22.17 Hat der Einbringende die erhaltenen Anteile bereits ganz oder teilweise veräußert, kommt es insoweit nicht zur rückwirkenden Einbringungsgewinnbesteuerung (§ 22 Abs. 2 Satz 5 UmwStG). Dies gilt auch, soweit aufgrund eines Vorgangs i. S. v. § 6 AStG die erhaltenen Anteile der Wegzugsbesteuerung zu unterwerfen sind, wenn und soweit die Steuer nicht gestundet wird (§ 22 Abs. 2 Satz 5 zweiter Halbsatz UmwStG).

## III. Die die rückwirkende Einbringungsgewinnbesteuerung auslösenden Ereignisse i. S. d. § 22 Abs. 1 Satz 6 i. V. m. Abs. 2 Satz 6 UmwStG)

### 1. Allgemeines

22.18 Zu einer rückwirkenden Besteuerung des Einbringungsgewinns I kommt es auch, wenn durch den Einbringenden oder dessen Rechtsnachfolger innerhalb des Siebenjahreszeitraums ein Vorgang i. S. v. § 22 Abs. 1 Satz 6 Nr. 1 bis 5 UmwStG verwirklicht wird. Dies gilt auch, wenn beim Einbringenden, bei der übernehmenden Gesellschaft oder bei deren unentgeltlichen Rechtsnachfolgern die Voraussetzungen des § 1 Abs. 4 UmwStG nicht mehr erfüllt sind (§ 22 Abs. 1 Satz 6 Nr. 6 UmwStG).

In den Fällen des Anteilstauschs löst die Verwirklichung eines Vorgangs i. S. v. § 22 Abs. 1 Satz 6 Nr. 1 bis 5 UmwStG innerhalb des Siebenjahreszeitraums durch die übernehmende Gesellschaft oder deren unentgeltlichen Rechtsnachfolger die rückwirkende Besteuerung des Einbringungsgewinns II aus (§ 22 Abs. 2 Satz 6 UmwStG). Dies gilt auch, wenn bei der übernehmenden Gesellschaft oder bei deren unentgeltlichem Rechtsnachfolger die Voraussetzungen des § 1 Abs. 4 UmwStG nicht mehr erfüllt sind (§ 22 Abs. 2 Satz 6 zweiter Halbsatz UmwStG). 22.19

## 2. Unentgeltliche Übertragungen

Die unmittelbare oder mittelbare unentgeltliche Übertragung der sperrfristbehafteten Anteile (z. B. im Wege der verdeckten Einlage, der verdeckten Gewinnausschüttung, der Realteilung oder die unentgeltliche Übertragung nach § 6 Abs. 3 und 5 EStG) auf eine Kapitalgesellschaft oder Genossenschaft stellt ein die rückwirkende Einbringungsgewinnbesteuerung auslösendes Ereignis dar (§ 22 Abs. 1 Satz 6 Nr. 1 UmwStG). 22.20

## 3. Entgeltliche Übertragungen

Die entgeltliche Übertragung der sperrfristbehafteten Anteile führt grundsätzlich zur rückwirkenden Einbringungsgewinnbesteuerung nach § 22 Abs. 1 Satz 1 oder Abs. 2 Satz 1 UmwStG beim Einbringenden. 22.21

Umwandlungen und Einbringungen stellen grundsätzlich Veräußerungen i. S. v. § 22 Abs. 1 Satz 1 UmwStG dar (vgl. Randnr. 22.07 und Randnr. 00.02), die die rückwirkende Einbringungsgewinnbesteuerung auslösen. Dies gilt jedoch dann nicht, wenn der Einbringende oder dessen unentgeltlicher Rechtsnachfolger nachweist, dass die sperrfristbehafteten Anteile im Wege der Sacheinlage (§ 20 Abs. 1 UmwStG) oder des Anteilstauschs (§ 21 Abs. 1 UmwStG) bzw. aufgrund mit diesen Vorgängen vergleichbaren ausländischen Vorgängen zum Buchwert übertragen wurden (§ 22 Abs. 1 Satz 6 Nr. 2 UmwStG). Eine Übertragung zum Buchwert liegt vor, wenn beim Einbringenden stille Reserven nicht aufzudecken sind. 22.22

**Beispiel:**

Der in Deutschland ansässige X bringt sein inländisches Einzelunternehmen in 01 zum Buchwert in die österreichische A-GmbH gegen Gewährung von Anteilen ein. In 03 bringt er die sperrfristbehafteten Anteile an der A-GmbH im Wege des Anteilstauschs gegen Gewährung von Anteilen auf Antrag zum Buchwert in die französische F-SA ein.

**Lösung:**

Die Einbringung des Einzelunternehmens zum Buchwert in die österreichische A-GmbH ist nach § 20 Abs. 2 Satz 2 UmwStG möglich, wenn das Besteuerungsrecht der Bundesrepublik Deutschland hinsichtlich des Gewinns aus der Veräußerung des eingebrachten Betriebsvermögens nicht ausgeschlossen oder beschränkt wird. Die Weitereinbringung der sperrfristbehafteten Anteile an der A-GmbH in 03 im Wege des Anteilstauschs (§ 21 Abs. 1 UmwStG) in die F-SA stellt grundsätzlich einen die rückwirkende Einbringungsgewinnbesteuerung auslösenden Veräußerungsvorgang dar (§ 22 Abs. 1 Satz 1 UmwStG). Da die Weitereinbringung auf Antrag nach § 21 Abs. 2 Satz 3 Nr. 1 UmwStG zum Buchwert erfolgt, ist diese jedoch nach § 22 Abs. 1 Satz 6 Nr. 2 unschädlich. Eine rückwirkende Einbringungsgewinnbesteuerung der Sacheinlage 01 wird somit durch die grenzüberschreitende Weitereinbringung der sperrfristbehafteten Anteile nicht ausgelöst.

22.23 Grundsätzlich führt jede der Einbringung in eine Kapitalgesellschaft nachfolgende Umwandlung oder Einbringung sowohl des Einbringenden als auch der übernehmenden Kapitalgesellschaft sowie die umwandlungsbedingte Übertragung der sperrfristbehafteten Anteile zu einer Veräußerung i. S. d. § 22 Abs. 1 Satz 1 oder Abs. 2 Satz 1 UmwStG (vgl. Randnr. 22.07 und Randnr. 00.02), die die Einbringungsgewinnbesteuerung nach § 22 Abs. 1 bzw. Abs. 2 UmwStG auslöst. Nach § 22 Abs. 1 Satz 6 Nr. 2, 4 und 5 jeweils zweiter Halbsatz UmwStG kann jedoch eine Ausnahme von diesem allgemeinen ertragsteuerlichen Grundsatz nur erfolgen, wenn eine nachfolgende Einbringung der sperrfristbehafteten Anteile nach § 20 Abs. 1, § 21 Abs. 1 UmwStG bzw. aufgrund eines mit diesen Vorgängen vergleichbaren ausländischen Vorgangs zum Buchwert erfolgt.

Aus Billigkeitsgründen kann im Einzelfall auch bei Umwandlungen zu Buchwerten auf übereinstimmenden Antrag aller Personen, bei denen ansonsten infolge des Umwandlungsvorgangs ein Einbringungsgewinn rückwirkend zu versteuern wäre, von einer rückwirkenden Einbringungsgewinnbesteuerung abgesehen werden. Dies setzt zumindest voraus, dass

- keine steuerliche Statusverbesserung eintritt (d. h. die Besteuerung eines Einbringungsgewinns I bzw. II nicht verhindert wird),
- sich keine stillen Reserven von den sperrfristbehafteten Anteilen auf Anteile eines Dritten verlagern,
- deutsche Besteuerungsrechte nicht ausgeschlossen oder eingeschränkt werden und
- die Antragsteller sich damit einverstanden erklären, dass auf alle unmittelbaren oder mittelbaren Anteile an einer an der Umwandlung beteiligten Gesellschaft § 22 Abs. 1 und 2 UmwStG entsprechend anzuwenden ist, wobei Anteile am Einbringenden regelmäßig nicht einzubeziehen sind (vgl. zu einer vergleichbaren Problematik die Randnr. 22 des BMF-Schreibens vom 16. 12. 2003, BStBl. I S. 786).

Bei der Prüfung eines solchen Antrags ist die gesetzgeberische Grundentscheidung zu berücksichtigen, dass § 22 UmwStG keine Generalklausel enthält, wonach unter bestimmten allgemeinen Voraussetzungen bei nachfolgenden Umwandlungen von der Einbringungsgewinnbesteuerung abgesehen werden kann. § 22 Abs. 1 und 2 UmwStG lassen lediglich punktuelle Ausnahmen zu (vgl. § 22 Abs. 1 Satz 6 Nr. 2, 4 und 5 UmwStG). Von der Einbringungsgewinnbesteuerung kann deswegen nur dann aus Billigkeitsgründen abgesehen werden, wenn der konkrete Einzelfall in jeder Hinsicht mit den in § 22 Abs. 1 Satz 6 Nr. 2, 4 und 5 UmwStG enthaltenen Ausnahmetatbeständen vergleichbar ist. Dabei ist auch die gesetzgeberische Grundentscheidung zu berücksichtigen, dass § 22 UmwStG anders als für Einbringungen i. S. d. §§ 20, 21 UmwStG keine Rückausnahme für Einbringungen i. S. d. § 24 UmwStG vorgesehen hat. Nicht vergleichbar sind Umwandlungen z. B. dann, wenn sie ohne Gewährung von Anteilen oder Mitgliedschaften an Kapitalgesellschaften oder Genossenschaften erfolgen (z. B. in den Fällen des § 54 Abs. 1 Satz 3 UmwG).

Die Billigkeitsregelung kann nicht in Anspruch genommen werden, wenn in einer Gesamtschau die Umwandlung der Veräußerung des eingebrachten Vermögens dient. Hiervon ist auszugehen, wenn der Einbringende nach der Umwandlung an dem ursprünglich eingebrachten Betriebsvermögen nicht mehr unmittelbar oder mittelbar beteiligt ist (z. B. bei der Trennung von Gesellschafterstämmen, auch wenn diese nach § 15 UmwStG steuerneutral erfolgen kann).

**Beispiel 1 (Seitwärtsverschmelzung des Einbringenden):**
Die GmbH 1 bringt ihren Betrieb zu Buchwerten in die GmbH 2 ein. Anschließend wird die GmbH 1 auf die GmbH 3 innerhalb der Siebenjahresfrist zu Buchwerten verschmolzen.

**Lösung:**
Die Anteile an der GmbH 2 sind sperrfristbehaftet. Die Übertragung der Anteile an der GmbH 2 i. R. d. Verschmelzung der GmbH 1 stellt einen Veräußerungsvorgang i. S. d. § 22 Abs. 1 Satz 1 UmwStG dar.
Werden i. R. d. Verschmelzung nach § 11 Abs. 2 UmwStG die Buchwerte angesetzt, kann i. R. d. Billigkeitsregelung je nach Lage des Einzelfalls und bei Vorliegen der obigen Voraussetzungen von der Anwendung des § 22 Abs. 1 Satz 1 UmwStG bei der GmbH 1 abgesehen werden.

**Alternative:**
Sachverhalt wie Beispiel 1. Es erfolgt jedoch eine Verschmelzung der GmbH 1 auf eine Personengesellschaft.

**Lösung Alternative:**
Bei einer Seitwärtsverschmelzung der GmbH 1 nach §§ 3 ff. UmwStG ist die gesetzgeberische Grundentscheidung zu berücksichtigen, dass eine Weitereinbringung sperrfristbehafteter Anteile nach § 24 UmwStG nicht von den Ausnahmetatbeständen des § 22 Abs. 1 Satz 6 Nr. 2, 4 und 5 UmwStG erfasst wird. Für die Umwandlung des Einbringenden nach §§ 3 ff. UmwStG kommt ein Absehen von der Anwendung des § 22 Abs. 1 Satz 1 UmwStG i. R. d. Billigkeitsregelung deshalb nicht in Betracht.

**Beispiel 2 (Seitwärtsverschmelzung der übernehmenden Gesellschaft):**
Die GmbH 1 bringt ihren Betrieb zu Buchwerten in die GmbH 2 ein. Anschließend wird die GmbH 2 zu Buchwerten auf die GmbH 3 innerhalb der Siebenjahresfrist gegen Gewährung von Gesellschaftsrechten verschmolzen.

**Lösung:**
Die Anteile an der GmbH 2 sind sperrfristbehaftet. Die Verschmelzung der GmbH 2 stellt einen Veräußerungsvorgang i. S. d. § 22 Abs. 1 Satz 1 UmwStG dar. Wenn die aufgrund der Verschmelzung erhaltenen Anteile an der übernehmenden GmbH 3 nach § 13 Abs. 2 Satz 2 UmwStG mit dem Buchwert angesetzt werden, kann i. R. d. Billigkeitsregelung je nach Lage des Einzelfalls und bei Vorliegen der obigen Voraussetzungen von der Anwendung des § 22 Abs. 1 Satz 1 UmwStG bei der GmbH 1 abgesehen werden.
Werden von der übernehmenden Gesellschaft im zeitlichen Zusammenhang mit der Umwandlung Gewinnausschüttungen getätigt, kann es jedoch z. B. zu einer Statusverbesserung kommen, wenn infolge der Umwandlung (z. B. aufgrund einer unterjährigen Zuführung eines Bestands des steuerlichen Einlagekontos beim übernehmenden Rechtsträger) das Auslösen eines Ersatzrealisationstatbestands nach § 22 Abs. 1 Satz 6 Nr. 3 UmwStG verhindert werden soll.

**Alternative:**
Sachverhalt wie Beispiel 2. Es erfolgt jedoch eine Verschmelzung der GmbH 2 auf eine Personengesellschaft.

**Lösung Alternative:**
Bei einer Seitwärtsverschmelzung der GmbH 2 nach §§ 3 ff. UmwStG liegt infolge des Untergangs der sperrfristbehafteten Anteile insoweit bereits kein mit einer Weitereinbringung i. S. d. § 22 Abs. 1 Satz 6 Nr. 2, 4 und 5 UmwStG vergleichbarer Vorgang vor. Ein Absehen

von der Anwendung des § 22 Abs. 1 Satz 1 UmwStG i. R. d. Billigkeitsregelung kommt deshalb nicht in Betracht.

**Beispiel 3 („Rückumwandlung"):**

Die GmbH 1 bringt ihren Betrieb zu Buchwerten in die GmbH 2 ein. Anschließend wird die GmbH 2 auf die GmbH 1 innerhalb der Siebenjahresfrist zu Buchwerten verschmolzen, wodurch die sperrfristbehafteten Anteile untergehen.

**Lösung:**

Die Aufwärtsverschmelzung stellt einen Veräußerungsvorgang i. S. d. § 22 Abs. 1 Satz 1 UmwStG dar und löst damit die rückwirkende Einbringungsgewinnbesteuerung i. S. d. § 22 Abs. 1 Satz 1 UmwStG aus.

Aufgrund des Untergangs der sperrfristbehafteten Anteile liegt kein mit einer Weitereinbringung vergleichbarer Vorgang vor. Im Übrigen widerspricht dies der Wertungsentscheidung des Gesetzgebers in § 22 Abs. 1 Satz 6 Nr. 3 UmwStG betreffend die Auflösung und Abwicklung der übernehmenden Gesellschaft. Ein Absehen von der Anwendung des § 22 Abs. 1 Satz 1 UmwStG i. R. d. Billigkeitsregelung kommt deshalb nicht in Betracht.

22.24 Die Auflösung und Abwicklung einer Kapitalgesellschaft, an der die sperrfristbehafteten Anteile bestehen, löst in vollem Umfang die rückwirkende Einbringungsbesteuerung (§ 22 Abs. 1 Satz 6 Nr. 3 und Abs. 2 Satz 6 UmwStG) auf den Zeitpunkt der Schlussverteilung des Vermögens aus. Dies gilt unabhängig davon, wer in diesem Zeitpunkt Gesellschafter der Kapitalgesellschaft ist. Das Insolvenzverfahren löst mangels Abwicklung (§ 11 Abs. 7 KStG) den Ersatztatbestand nicht aus.

In den Fällen der Kapitalherabsetzung und der Einlagenrückgewähr (§ 27 KStG), kommt es nur insoweit zu einer rückwirkenden Einbringungsgewinnbesteuerung, als der tatsächlich aus dem steuerlichen Einlagekonto i. S. v. § 27 KStG ausgekehrte Betrag den Buchwert bzw. die Anschaffungskosten der sperrfristbehafteten Anteile im Zeitpunkt der Einlagenrückgewähr übersteigt. Der übersteigende Betrag gilt dabei unter Anwendung der Siebtelregelung als Einbringungsgewinn, wenn dieser den tatsächlichen Einbringungsgewinn (§ 22 Abs. 1 Satz 3 und Abs. 2 Satz 3 UmwStG) nicht übersteigt. Dies gilt auch in den Fällen von Mehrabführungen i. S. d. § 14 Abs. 3 oder 4 KStG, soweit dafür das steuerliche Einlagekonto i. S. v. § 27 KStG als verwendet gilt. In den Fällen organschaftlicher Mehrabführungen ist dabei der Buchwert der sperrfristbehafteten Anteile im Zeitpunkt der Mehrabführung um aktive und passive Ausgleichsposten i. S. v. § 14 Abs. 4 KStG zu korrigieren.

Die vorstehenden Grundsätze gelten auch in den Fällen der Ketteneinbringung.

**Beispiel:**

A ist seit der Gründung zu 100 % an der A-GmbH beteiligt (Nennkapital 50 000 €, Anschaffungskosten inkl. nachträglicher Anschaffungskosten 500 000 €, gemeiner Wert des Betriebsvermögens 240 000 €). Zum 31. 12. 07 bringt er sein Einzelunternehmen (Buchwert 100 000 €, gemeiner Wert 240 000 €) gegen Gewährung von Gesellschaftsrechten zum Nennwert von 50 000 € in die A-GmbH ein; der übersteigende Betrag wurde der Kapitalrücklage zugeführt. Die A-GmbH führt die Buchwerte fort. Im Juni 09 erhält A eine Ausschüttung der A-GmbH i. H. v. 700 000 €, für die i. H. v. 550 000 € das steuerliche Einlagekonto als verwendet gilt.

**Lösung:**

Nach § 22 Abs. 1 Satz 6 Nr. 3 UmwStG kommt es im Fall der Einlagenrückgewähr grundsätzlich zu einer rückwirkenden Besteuerung des Einbringungsgewinns I. Dabei entfällt die Ausschüttung aus dem steuerlichen Einlagekonto anteilig (zu 50 %) auf die sperrfristbehafteten

Anteile. Zunächst mindern sich aufgrund der (anteiligen) Verwendung des steuerlichen Einlagekontos für die Ausschüttung an A (steuerneutral) die Anschaffungskosten der sperrfristbehafteten Anteile des A i. H. v. 100 000 € bis auf 0 €. Soweit die Hälfte der aus dem steuerlichen Einlagekonto an A ausgekehrten Beträge die Anschaffungskosten des A für die sperrfristbehafteten Anteile übersteigt, entsteht ein Einbringungsgewinn I, der rückwirkend in 07 als Gewinn nach § 16 EStG zu versteuern ist:

| | |
|---|---|
| Auf die sperrfristbehafteten Anteile entfallende Auskehrung aus dem steuerlichen Einlagekonto (50 % von 550 000 €) | 275 000 € |
| ./. Buchwert der sperrfristbehafteten Anteile | 100 000 € |
| = Einbringungsgewinn I vor Siebtelung | 175 000 € |
| davon 6/7 | 150 000 € |

Der zu versteuernde Betrag darf aber den Einbringungsgewinn I i. S. v. § 22 Abs. 1 Satz 3 UmwStG nicht übersteigen (Deckelung):

| | |
|---|---|
| gemeiner Wert des eingebrachten Betriebsvermögens im Zeitpunkt der Einbringung (31. 12. 07) | 240 000 € |
| ./. Buchwert der sperrfristbehafteten Anteile | 100 000 € |
| = Einbringungsgewinn I vor Siebtelung | 140 000 € |
| davon 6/7 = höchstens zu versteuernder Einbringungsgewinn I | 120 000 € |

Somit kommt es in 07 zu einer rückwirkenden Einbringungsgewinnbesteuerung i. H. v. 120 000 €. In derselben Höhe (120 000 €) entstehen nachträgliche Anschaffungskosten auf die sperrfristbehafteten Anteile des A. Damit ergibt sich in 09 im Hinblick auf die sperrfristbehafteten Anteile i. H. v. 55 000 € (Ausschüttung aus dem steuerlichen Einlagekonto 275 000 € ./. ursprüngliche Anschaffungskosten 100 000 € ./. nachträgliche Anschaffungskosten 120 000 €) ein Gewinn nach § 17 Abs. 4 EStG, auf den § 3 Nr. 40 EStG Anwendung findet.

Werden die sperrfristbehafteten Anteile mittels Sacheinlage oder Anteilstausch zum Buchwert nach § 22 Abs. 1 Satz 6 Nr. 2 UmwStG steuerunschädlich weiterübertragen (Ketteneinbringung), löst auch die unmittelbare oder mittelbare Veräußerung der sperrfristbehafteten Anteile durch die übernehmende Gesellschaft die rückwirkende Einbringungsgewinnbesteuerung beim Einbringenden aus (§ 22 Abs. 1 Satz 6 Nr. 4 und Abs. 2 Satz 6 und § 23 Abs. 1 UmwStG). Dies gilt nicht, wenn der Einbringende oder dessen unentgeltlicher Rechtsnachfolger nachweist, dass die sperrfristbehafteten Anteile im Wege der Sacheinlage (§ 20 Abs. 1 UmwStG) oder des Anteilstauschs (§ 21 Abs. 1 UmwStG) zum Buchwert oder durch einen vergleichbaren ausländischen Vorgang zum Buchwert übertragen wurden (§ 22 Abs. 1 Satz 6 Nr. 4 UmwStG). Randnr 22.22 Satz 3 gilt entsprechend. 22.25

**Beispiel:**

X bringt sein Einzelunternehmen (gemeiner Wert 170 000 €) am 1. 1. 08 gegen Gewährung von Anteilen zum Buchwert 100 000 € in die neu gegründete A-GmbH (Stammkapital 50 000 €) ein. Am 1. 3. 09 überträgt er die sperrfristbehafteten Anteile an der A-GmbH (gemeiner Wert 220 000 €) i. R. eines qualifizierten Anteilstauschs (§ 21 Abs. 1 UmwStG) gegen Gewährung neuer Anteile zum Buchwert und damit steuerunschädlich (§ 22 Abs. 1 Satz 6 Nr. 2 UmwStG) auf die B-GmbH. Die B-GmbH überträgt ihrerseits zum 1. 10. 09 die sperrfristbehafteten Anteile an der A-GmbH (gemeiner Wert 275 000 €) i. R. eines qualifizierten Anteilstauschs (§ 21 Abs. 1 UmwStG) gegen Gewährung neuer Anteile zum Buchwert und damit steuerunschädlich (§ 22 Abs. 1 Satz 6 Nr. 4 UmwStG) auf die C-GmbH. Die C-GmbH veräußert die sperrfristbehafteten Anteile an der A-GmbH am 1. 7. 10 zum Preis von 300 000 €.

**Lösung:**
Die Veräußerung der sperrfristbehafteten Anteile an der A-GmbH durch die übernehmende C-GmbH am 1. 7. 10 löst nach § 22 Abs. 1 Satz 1 i. V. m. Satz 6 Nr. 4 UmwStG zum einen die rückwirkende Besteuerung des Einbringungsgewinns I bei X zum 1. 1. 08 aus. Dabei wird der Einbringungsgewinn I i. H. v. 5/7 versteuert. Dieser gilt sowohl als nachträgliche Anschaffungskosten des X für die Anteile an der A-GmbH (§ 22 Abs. 1 Satz 4 UmwStG) als auch für die Anteile an der B-GmbH (§ 22 Abs. 1 Satz 7 i. V. m. Satz 4 UmwStG). Bei der B-GmbH und der C-GmbH liegen insoweit ebenfalls nachträgliche Anschaffungskosten auf die Anteile an der A-GmbH sowie bei der B-GmbH auf die Anteile an der C-GmbH vor. Die A-GmbH kann darüber hinaus nach § 23 Abs. 2 Satz 1 UmwStG auf Antrag beim übernommenen Betriebsvermögen einen Erhöhungsbetrag i. H. des versteuerten Einbringungsgewinns I ansetzen.

| | |
|---|---|
| gemeiner Wert des eingebrachten Betriebsvermögens im Zeitpunkt der Einbringung (1. 1. 08) | 170 000 € |
| ./. Buchwert der sperrfristbehafteten Anteile | 100 000 € |
| = Einbringungsgewinn I vor Siebtelung | 70 000 € |
| davon 5/7 = von X zu versteuernder Einbringungsgewinn I | 50 000 € |

Zum anderen löst die Veräußerung der sperrfristbehafteten Anteile an der A-GmbH durch die C-GmbH im Hinblick auf den Anteilstausch des X i. H. v. 6/7 auch die Besteuerung des Einbringungsgewinns II (§ 22 Abs. 2 Satz 1 UmwStG) zum 1. 3. 09 aus. Die nachträglichen Anschaffungskosten aus der Besteuerung des Einbringungsgewinns I vermindern dabei den Einbringungsgewinn II. Dieser gilt sowohl als nachträgliche Anschaffungskosten des X für die Anteile an der B-GmbH (§ 22 Abs. 2 Satz 4 UmwStG) als auch als nachträgliche Anschaffungskosten der B-GmbH und der C-GmbH für die Anteile an der A-GmbH (§ 23 Abs. 2 Satz 3 UmwStG) sowie der Anschaffungskosten der B-GmbH für die Anteile an der C-GmbH (§ 23 Abs. 2 Satz 3 i. V. m. § 22 Abs. 1 Satz 7 UmwStG).

| | |
|---|---|
| gemeiner Wert der eingebrachten Anteile an der A-GmbH im Zeitpunkt des Anteilstauschs (1. 3. 09) | 220 000 € |
| ./. ursprünglicher Buchwert der sperrfristbehafteten Anteile | 100 000 € |
| ./. nachträgliche Anschaffungskosten aus versteuertem Einbringungsgewinn I | 50 000 € |
| = Einbringungsgewinn II vor Siebtelung | 70 000 € |
| davon 6/7 = von X zu versteuernder Einbringungsgewinn II | 60 000 € |

Die rückwirkende Einbringungsbesteuerung bei X löst auf der Ebene der B-GmbH im Hinblick auf die steuerliche Behandlung der Einbringung der Anteile an der A-GmbH in die C-GmbH zum Buchwert keine Änderung aus, da sich sowohl die Anschaffungskosten der Anteile an der A-GmbH als auch der Veräußerungspreis der Anteile (§ 21 Abs. 2 Satz 1 UmwStG) um den von X zu versteuernden Einbringungsgewinn I und II erhöhen.
Auf der Ebene der C-GmbH verringern die nachträglichen Anschaffungskosten den zu versteuernden Veräußerungsgewinn aus den Anteilen an der A-GmbH:

| | |
|---|---|
| Veräußerungspreis Anteile A-GmbH (1. 7. 10) | 300 000 € |
| ./. ursprünglicher Buchwert der sperrfristbehafteten Anteile | 100 000 € |
| ./. nachträgliche Anschaffungskosten aus versteuertem Einbringungsgewinn I und II | 110 000 € |
| = Veräußerungsgewinn aus Beteiligung A-GmbH | 90 000 € |
| steuerfrei gem. § 8 b Abs. 2 KStG | 90 000 € |
| nichtabziehbare Betriebsausgaben (§ 8 b Abs. 3 Satz 3 KStG) | 4500 € |

Werden die sperrfristbehafteten Anteile mittels Sacheinlage oder Anteilstausch zum Buchwert nach § 22 Abs. 1 Satz 6 Nr. 2 UmwStG steuerneutral weiter übertragen, löst auch die unmittelbare oder mittelbare Veräußerung der auf der Einbringung der sperrfristbehafteten Anteile beruhenden Anteile die rückwirkende Einbringungsgewinnbesteuerung beim Einbringenden aus (§ 22 Abs. 1 Satz 6 Nr. 5 und Abs. 2 Satz 6 UmwStG). Dies gilt bei einem Ereignis i. S. d. § 22 Abs. 1 Satz 6 Nr. 3 UmwStG entsprechend. 22.26

**Beispiel:**

X bringt sein Einzelunternehmen (gemeiner Wert 170 000 €) am 1. 1. 08 gegen Gewährung von Anteilen zum Buchwert 100 000 € in die neu gegründete A-GmbH (Stammkapital 50 000 €) ein. Am 1. 3. 09 überträgt er die sperrfristbehafteten Anteile an der A-GmbH i. R. eines qualifizierten Anteilstauschs gegen Gewährung neuer Anteile zum Buchwert auf die B-GmbH. X veräußert die sperrfristbehafteten Anteile an der B-GmbH am 1. 7. 10.

**Lösung:**

Die Einbringung der sperrfristbehafteten Anteile an der A-GmbH in die B-GmbH zum Buchwert nach § 21 Abs. 1 Satz 2 UmwStG löst nicht die rückwirkende Besteuerung des Einbringungsgewinns I aus (§ 22 Abs. 1 Satz 6 Nr. 2 UmwStG). Damit gelten auch die Anteile an der B-GmbH als sperrfristbehaftet.

Die Veräußerung der sperrfristbehafteten Anteile an der B-GmbH durch X am 1. 7. 10 löst nach § 22 Abs. 1 Satz 6 Nr. 5 UmwStG die rückwirkende Einbringungsgewinnbesteuerung bei X zum 1. 1. 08 aus. Dabei wird der Einbringungsgewinn I i. H. v. 5/7 versteuert.

Der zu versteuernde Einbringungsgewinn I gilt sowohl als nachträgliche Anschaffungskosten der B-GmbH für die Anteile an der A-GmbH (§ 22 Abs. 1 Satz 4 UmwStG) als auch als nachträgliche Anschaffungskosten des X für die Anteile an der B-GmbH (§ 22 Abs. 1 Satz 7 i. V. m. Satz 4 UmwStG). Die nachträglichen Anschaffungskosten aus der Besteuerung des Einbringungsgewinns I vermindern somit den Gewinn aus der Veräußerung der Anteile an der B-GmbH i. S. v. § 17 EStG zum 1. 7. 10 entsprechend. Die A-GmbH kann darüber hinaus nach § 23 Abs. 2 Satz 1 UmwStG auf Antrag beim übernommenen Betriebsvermögen einen Erhöhungsbetrag i. H. des versteuerten Einbringungsgewinns I ansetzen.

### 4. Wegfall der Voraussetzungen i. S. v. § 1 Abs. 4 UmwStG

Erfüllt der Einbringende oder in den Fällen der Ketteneinbringung auch die übernehmende Gesellschaft oder der jeweilige unentgeltliche Rechtsnachfolger in den Fällen der Sacheinlage aufgrund Wegzugs, Sitzverlegung oder Änderung eines DBA die Voraussetzungen von § 1 Abs. 4 UmwStG innerhalb des Siebenjahreszeitraums nicht mehr, führt dies zur rückwirkenden Besteuerung des Einbringungsgewinns I (§ 22 Abs. 1 Satz 6 Nr. 6 UmwStG). Satz 1 gilt in den Fällen des Anteilstauschs im Hinblick auf die übernehmende Gesellschaft entsprechend (§ 22 Abs. 2 Satz 6 zweiter Halbsatz UmwStG). 22.27

## IV. Nachweispflichten (§ 22 Abs. 3 UmwStG)

Um die Besteuerung des Einbringungsgewinns in den Fällen eines schädlichen Ereignisses sicherzustellen, ist der Einbringende (vgl. Randnr. 20.02 f. und 22.02) nach § 22 Abs. 3 Satz 1 UmwStG verpflichtet, jährlich bis zum 31. 5. nachzuweisen, wem die sperrfristbehafteten Anteile und im Fall der Einbringung durch eine Personengesellschaft als Einbringende auch ihre Mitunternehmeranteile (vgl. Randnr. 22.02) an dem Tag, der dem maßgebenden Einbringungszeitpunkt entspricht, zuzurechnen sind. Dies gilt auch für die auf einer Weitereinbringung der erhaltenen oder eingebrachten Anteile beruhenden Anteile. Im Fall der unentgeltlichen Rechtsnachfolge (§ 22 Abs. 6 UmwStG) ist der Nachweis vom Rechtsnachfolger und im Fall der Mitver- 22.28

strickung von Anteilen (§ 22 Abs. 7 UmwStG) neben dem Einbringenden auch vom Anteilseigner der mitverstrickten Anteile zu erbringen. Wird der Nachweis nicht erbracht, gelten die Anteile als zu Beginn des jeweiligen jährlichen Überwachungszeitraums innerhalb der siebenjährigen Sperrfrist veräußert.

**Beispiel:**

A hat seinen Betrieb zum 1. 3. 07 (Einbringungszeitpunkt) zu Buchwerten gegen Gewährung von Anteilen in die X-GmbH eingebracht (§ 20 Abs. 2 UmwStG). Den Nachweis, wem die Anteile an der X-GmbH zum 1. 3. 08 zuzurechnen sind, hat er zum 31. 5. 08 erbracht. Ein Nachweis, wem die Anteile an der X-GmbH zum 1. 3. 09 zuzurechnen sind, wurde bis zum 31. 5. 09 nicht vorgelegt.

**Lösung:**

Nach § 22 Abs. 3 Satz 1 UmwStG hat A erstmals bis zum 31. 5. 08 nachzuweisen, wem die Anteile an der X-GmbH zum 1. 3. 08 zuzurechnen sind. Dieser Nachweis wurde erbracht (Überwachungszeitraum vom 2. 3. 07 bis zum 1. 3. 08). Da A jedoch den bis zum 31. 5. 09 vorzulegenden Nachweis, wem die Anteile an der X-GmbH zum 1. 3. 09 zuzurechnen sind (Überwachungszeitraum vom 2. 3. 08 bis 1. 3. 09), nicht erbracht hat, gelten die Anteile nach § 22 Abs. 3 Satz 2 UmwStG als am 2. 3. 08 veräußert. Als Folge hiervon ist zum einen eine rückwirkende Besteuerung des Einbringungsgewinns zum 1. 3. 07 (Einbringungszeitpunkt) und zum anderen eine Besteuerung des Gewinns aus der – fiktiven – Veräußerung der Anteile zum 2. 3. 08 durchzuführen.

22.29 Im Fall eines schädlichen Ereignisses treten die Besteuerungsfolgen (rückwirkende Einbringungsgewinnbesteuerung nach § 22 Abs. 1 oder 2 UmwStG) sowohl in den Fällen der Sacheinlage als auch in den Fällen des Anteilstauschs beim Einbringenden ein. Der Einbringende hat deshalb in beiden Fällen den Nachweis (§ 22 Abs. 3 Satz 1 UmwStG) bei dem für ihn zuständigen Finanzamt zu erbringen. Scheidet der Einbringende nach der Einbringung aus der unbeschränkten Steuerpflicht aus, ist der Nachweis bei dem Finanzamt i. S. v. § 6 Abs. 7 Satz 1 AStG zu erbringen. War der Einbringende vor der Einbringung im Inland beschränkt steuerpflichtig, hat er den Nachweis bei dem für den Veranlagungszeitraum der Einbringung zuständigen Finanzamt zu erbringen.

22.30 In den Fällen der Sacheinlage hat der Einbringende eine schriftliche Erklärung darüber abzugeben, wem seit der Einbringung die erhaltenen Anteile als wirtschaftlichem Eigentümer zuzurechnen sind. Sind die Anteile zum maßgebenden Zeitpunkt dem Einbringenden zuzurechnen, hat er darüber hinaus eine Bestätigung der übernehmenden Gesellschaft über seine Gesellschafterstellung vorzulegen. In allen anderen Fällen hat er nachzuweisen, an wen und auf welche Weise die Anteile übertragen worden sind.

In den Fällen des Anteilstauschs ist eine entsprechende Bestätigung der übernehmenden Gesellschaft über das wirtschaftliche Eigentum an den eingebrachten Anteilen und zur Gesellschafterstellung ausreichend; die Gesellschafterstellung kann auch durch Vorlage der Steuerbilanz der übernehmenden Gesellschaft nachgewiesen werden.

Der Nachweis der Gesellschafterstellung kann auch anderweitig, z. B. durch Vorlage eines Auszugs aus dem Aktienregister (§ 67 AktG), einer Gesellschafterliste (§ 40 GmbHG) oder einer Mitgliederliste (§ 30 GenG), zum jeweiligen Stichtag erbracht werden.

Der Nachweis ist jährlich bis zum 31. 5. zu erbringen. Er ist erstmals zu erbringen, wenn das erste auf den Einbringungszeitpunkt folgende Zeitjahr bereits vor dem 31. 5. abgelaufen ist. **22.31**

Erbringt der Einbringende den Nachweis nicht, gelten die sperrfristbehafteten Anteile als veräußert mit der Folge, dass beim Einbringenden auf den Einbringungszeitpunkt eine rückwirkende Einbringungsgewinnbesteuerung durchzuführen ist. Darüber hinaus ist auf den Zeitpunkt i. S. v. § 22 Abs. 3 Satz 2 UmwStG eine Besteuerung des Veräußerungsgewinns für die Anteile durchzuführen. Im Fall der Fristversäumnis ist deshalb der Einbringende aufzufordern, Angaben zum gemeinen Wert des eingebrachten Betriebsvermögens oder der eingebrachten Anteile zum Einbringungszeitpunkt und den Einbringungskosten zu machen. Dasselbe gilt für die als veräußert geltenden Anteile zum Zeitpunkt der Veräußerungsfiktion und die entsprechenden Veräußerungskosten. Macht er keine verwertbaren Angaben, sind der gemeine Wert des eingebrachten Betriebsvermögens oder der eingebrachten Anteile und der als veräußert geltenden Anteile sowie die jeweiligen Kosten zu schätzen (§ 162 AO). **22.32**

Die Nachweisfrist kann nicht verlängert werden. Erbringt der Einbringende den Nachweis erst nach Ablauf der Frist, können allerdings die Angaben noch berücksichtigt werden, wenn eine Änderung der betroffenen Bescheide verfahrensrechtlich möglich ist. Dies bedeutet, dass im Fall eines Rechtsbehelfsverfahrens der Nachweis längstens noch bis zum Abschluss des Klageverfahrens erbracht werden kann. **22.33**

### V. Juristische Personen des öffentlichen Rechts und von der Körperschaftsteuer befreite Körperschaften als Einbringende (§ 22 Abs. 4 UmwStG)

Ist der Einbringende eine juristische Person des öffentlichen Rechts, lösen die Veräußerung der erhaltenen Anteile oder die nach § 22 Abs. 1 Satz 6 UmwStG gleichgestellten Tatbestände die rückwirkende Besteuerung des Einbringungsgewinns I nach § 22 Abs. 1 UmwStG aus. Der Einbringungsgewinn I ist als Gewinn i. S. v. § 16 EStG beim einbringenden Betrieb gewerblicher Art nach den Grundsätzen des § 22 Abs. 1 UmwStG zu versteuern. **22.34**

Daneben gilt nach § 22 Abs. 4 Nr. 1 UmwStG innerhalb des Siebenjahreszeitraums auch der Gewinn aus der Veräußerung der erhaltenen Anteile als in einem Betrieb gewerblicher Art der juristischen Person des öffentlichen Rechts entstanden. Dieser ist nach § 8 b Abs. 2 und 3 KStG von der Körperschaftsteuer freigestellt, unterliegt jedoch unter den Voraussetzungen des § 20 Abs. 1 Nr. 10 Buchstabe b EStG dem Kapitalertragsteuerabzug. **22.35**

Ist der Einbringende eine von der Körperschaftsteuer befreite Körperschaft, ist Randnr. 22.34 hinsichtlich des wirtschaftlichen Geschäftsbetriebs entsprechend anzuwenden. **22.36**

Daneben gilt nach § 22 Abs. 4 Nr. 2 UmwStG auch der Gewinn aus der Veräußerung der erhaltenen Anteile innerhalb des Siebenjahreszeitraums als in einem wirtschaftlichen Geschäftsbetrieb entstanden. Dieser ist nach § 8 b Abs. 2 und 3 KStG von der Körperschaftsteuer freigestellt, unterliegt jedoch unter den Voraussetzungen des § 20 Abs. 1 Nr. 10 Buchstabe b EStG dem Kapitalertragsteuerabzug (§ 20 Abs. 1 Nr. 10 Buchstabe b Satz 4 EStG). **22.37**

## VI. Bescheinigung des Einbringungsgewinns und der darauf entfallenden Steuer (§ 22 Abs. 5 UmwStG)

22.38 Die übernehmende Gesellschaft kann in den Fällen der Sacheinlage nach § 23 Abs. 2 Satz 1 UmwStG auf Antrag den auf das eingebrachte Betriebsvermögen (ohne Anteile an Kapitalgesellschaften und Genossenschaften) entfallenden Einbringungsgewinn I als Erhöhungsbetrag ansetzen, wenn durch Vorlage einer Bescheinigung des für den Einbringenden zuständigen Finanzamts nachgewiesen ist, dass der Einbringende die auf den Einbringungsgewinn I entfallende Einkommen- oder Körperschaftsteuer auch entrichtet hat (vgl. Randnr. 23.08 – 23.10). In den Fällen der Einbringung von Anteilen erhöhen sich nach § 23 Abs. 2 Satz 3 UmwStG bei der übernehmenden Gesellschaft auf Antrag die Anschaffungskosten der eingebrachten Anteile, wenn eine entsprechende Bescheinigung hinsichtlich der Versteuerung des Einbringungsgewinns II vorliegt (vgl. Randnr. 23.11).

22.39 Das für den Einbringenden zuständige Finanzamt hat nach § 22 Abs. 5 erster Halbsatz UmwStG auf Antrag der übernehmenden Gesellschaft den zu versteuernden Einbringungsgewinn, die darauf entfallende festgesetzte Steuer und den darauf entrichteten Steuerbetrag zu bescheinigen. Zur Entrichtung der Steuer vgl. Randnr. 23.12 f.

Die Antragstellung kann aus Vereinfachungsgründen auch durch den Einbringenden erfolgen.

22.40 Mindern sich die bescheinigten Beträge – beispielsweise aufgrund eines Rechtsbehelfsverfahrens – nachträglich, hat das die Bescheinigung ausstellende Finanzamt dem für die übernehmende Gesellschaft zuständigen Finanzamt von Amts wegen die Minderungsbeträge mitzuteilen (§ 22 Abs. 5 zweiter Halbsatz UmwStG).

## VII. Unentgeltliche Rechtsnachfolge (§ 22 Abs. 6 UmwStG)

22.41 Werden sperrfristbehaftete Anteile beispielsweise durch Schenkung, Erbfall, unentgeltliche vorweggenommene Erbfolge, verdeckte Gewinnausschüttung, unentgeltliche Übertragung oder Überführung nach § 6 Abs. 3 oder § 6 Abs. 5 EStG oder Realteilung unmittelbar oder mittelbar unentgeltlich übertragen, gilt der Erwerber insoweit als unentgeltlicher Rechtsnachfolger i. S. v. § 22 Abs. 6 UmwStG. Dies gilt nicht in den Fällen der unentgeltlichen Übertragung auf eine Kapitalgesellschaft oder Genossenschaft nach § 22 Abs. 1 Satz 6 Nr. 1 UmwStG (vgl. auch Randnr. 22.20).

**Beispiel:**

A ist zu 100 % an der M-GmbH beteiligt. Die M-GmbH bringt am 1. 1. 07 einen Teilbetrieb nach § 20 Abs. 2 Satz 2 UmwStG zu Buchwerten (Buchwert 100 000 €, gemeiner Wert 450 000 €) in die T-GmbH ein. In 08 überträgt die M-GmbH die Anteile an der T-GmbH (gemeiner Wert 520 000 €) unentgeltlich auf den Alleingesellschafter A. Dieser veräußert am 1. 7. 09 die sperrfristbehafteten Anteile an der T-GmbH für 550 000 €.

**Lösung:**

Die unentgeltliche Übertragung der sperrfristbehafteten Anteile an der T-GmbH auf den Alleingesellschafter A stellt eine verdeckte Gewinnausschüttung i. S. v. § 8 Abs. 3 Satz 2 KStG dar. Die Einkommenshinzurechnung aus der verdeckten Gewinnausschüttung (gemeiner Wert 520 000 € ./. Buchwert 100 000 € = 420 000 €) ist nach § 8 b Abs. 2 KStG steuerfrei. Gleichzeitig sind nach § 8 b Abs. 3 Satz 1 KStG 5 % des Veräußerungsgewinns als nichtabziehbare Betriebsausgabe außerhalb der Bilanz hinzuzurechnen. Die rückwirkende Besteue-

rung des Einbringungsgewinns I bei der M-GmbH wird durch die unentgeltliche Übertragung der Anteile auf die natürliche Person A nicht ausgelöst (§ 22 Abs. 1 Satz 6 Nr. 1 UmwStG). A gilt jedoch im Hinblick auf die sperrfristbehafteten Anteile an der T-GmbH als unentgeltlicher Rechtsnachfolger i. S. v. § 22 Abs. 6 UmwStG.
Die Veräußerung der sperrfristbehafteten Anteile an der T-GmbH durch A in 09 löst die rückwirkende Besteuerung des Einbringungsgewinns I bei der M-GmbH in 07 aus (§ 22 Abs. 1 i. V. m. Abs. 6 UmwStG):

| | |
|---|---|
| gemeiner Wert des eingebrachten Betriebsvermögens im Zeitpunkt der Einbringung (1. 1. 07) | 450 000 € |
| ./. Buchwert der sperrfristbehafteten Anteile | 100 000 € |
| = Einbringungsgewinn I vor Siebtelung | 350 000 € |
| davon 5/7 = von der M-GmbH zu versteuernder Einbringungsgewinn I | 250 000 € |

Der Einbringungsgewinn I gilt als nachträgliche Anschaffungskosten der sperrfristbehafteten Anteile an der T-GmbH (§ 22 Abs. 1 Satz 4 UmwStG). Die in 08 durch die unentgeltliche Übertragung der sperrfristbehafteten Anteile auf A bei der M-GmbH entstandene (steuerfreie) Einkommenszurechnung vermindert sich entsprechend von 420 000 € auf 170 000 €. Die nichtabziehbaren Betriebsausgaben nach § 8 b Abs. 3 Satz 1 KStG vermindern sich auf 5 % von 170 000 €. Die Höhe der Bezüge i. S. v. § 20 Abs. 1 Nr. 1 Satz 2 EStG aus der verdeckten Gewinnausschüttung bei A ändert sich hierdurch nicht. Der Einbringungsgewinn I gilt grundsätzlich auch beim unentgeltlichen Rechtsnachfolger A als nachträgliche Anschaffungskosten der sperrfristbehafteten Anteile (§ 22 Abs. 6 i. V. m. Abs. 1 Satz 4 UmwStG). Diese wirken sich jedoch bei A nicht mehr aus, da wegen der Besteuerung der verdeckten Gewinnausschüttung als Beteiligungsertrag bei A die Anteile an der T-GmbH mit dem gemeinen Wert im Zeitpunkt der verdeckten Gewinnausschüttung (520 000 €) zum Ansatz kommen. Der Veräußerungsgewinn aus den Anteilen an der T-GmbH in 09 ermittelt sich bei A demnach wie folgt:

| | |
|---|---|
| Veräußerungspreis der sperrfristbehafteten Anteile am 1. 7. 09 | 550 000 € |
| ./. Anschaffungskosten der sperrfristbehafteten Anteile | 520 000 € |
| = Veräußerungsgewinn nach § 17 Abs. 2 EStG | 30 000 € |

Der Veräußerungsgewinn ist anteilig steuerfrei (§ 3 Nr. 40 Satz 1 Buchstabe c i. V. m. § 3 c Abs. 2 EStG).

Sind beim unentgeltlichen Rechtsnachfolger die Voraussetzungen des § 1 Abs. 4 UmwStG nicht erfüllt, löst die unentgeltliche Übertragung die Besteuerung des Einbringungsgewinns nach § 22 Abs. 1 Satz 6 Nr. 6 UmwStG aus (vgl. Randnr. 22.27). 22.42

## VIII. Verlagerung stiller Reserven auf andere Gesellschaftsanteile (§ 22 Abs. 7 UmwStG, Mitverstrickung von Anteilen)

Gehen i. R. d. Gesellschaftsgründung oder einer Kapitalerhöhung aus Gesellschaftermitteln stille Reserven aus einer Sacheinlage (§ 20 Abs. 1 UmwStG) oder einem Anteilstausch auf andere Anteile desselben Gesellschafters oder unentgeltlich auf Anteile Dritter über, tritt insoweit zwar weder eine Einbringungsgewinnbesteuerung noch eine Gewinnverwirklichung ein; diese Anteile werden aber nach § 22 Abs. 7 UmwStG ebenfalls von der Steuerverstrickung nach § 22 Abs. 1 und 2 UmwStG erfasst. 22.43

**Beispiel:**

Das Stammkapital der X-GmbH soll in 09 von 50 000 € auf 100 000 € erhöht werden. Der gemeine Wert der GmbH vor Kapitalerhöhung beläuft sich auf 400 000 €. Den neu gebildeten Geschäftsanteil von nominell 50 000 € übernimmt S gegen Bareinlage von 100 000 €. Die Altanteile von ebenfalls nominell 50 000 € werden von V, dem Vater des S, gehalten, der sie in 08 gegen Sacheinlage seines Einzelunternehmens (gemeiner Wert 400 000 €) zum Buchwert erworben hatte. Die Anschaffungskosten des V nach § 20 Abs. 3 UmwStG betragen 40 000 €.

**Lösung:**

Durch die Einlage steigt der gemeine Wert der GmbH auf 500 000 €. Davon entfallen 50 % = 250 000 € auf den jungen Geschäftsanteil des S, der jedoch nur 100 000 € für seinen Anteil aufgewendet hat. Die Wertverschiebung ist darauf zurückzuführen, dass von den Anteilen des V 150 000 € stille Reserven unentgeltlich auf den Geschäftsanteil des S übergegangen sind. Dementsprechend ist der Anteil des S zu 60 % (150 000 €/250 000 €) gem. § 22 Abs. 1 UmwStG steuerverstrickt. Da ein (teilweise) unentgeltlicher Vorgang vorliegt, sind S anteilig die Anschaffungskosten seines Rechtsvorgängers V zuzurechnen i. H. v. 15 000 € (40 000 € × 150 000 €/400 000 €), so dass sich die bei V zu berücksichtigenden Anschaffungskosten entsprechend auf 25 000 € mindern.
Veräußern V und S ihre Anteile für jeweils 250 000 €, löst dies bei V in 08 eine rückwirkende Einbringungsgewinnbesteuerung nach § 22 Abs. 1 UmwStG i. H. v. 400 000 € ./. 40 000 € = 360 000 € aus. I. H. des versteuerten Einbringungsgewinns erhöhen sich nachträglich die Anschaffungskosten der Anteile von S und V:
Bei V erhöhen sich die Anschaffungskosten von 25 000 € um 360 000 € × 250 000 €/ 400 000 € = 225 000 € auf 250 000 € und bei S von 115 000 € um 360 000 € × 150 000 €/400 000 € = 135 000 € auf 250 000 €. Damit ergibt sich bei S und V in 09 ein Veräußerungsgewinn aus den Anteilen nach § 17 EStG von jeweils 0 €.

**22.44** Randnr. 22.42 gilt entsprechend.

**22.45** Die entgeltliche Veräußerung von Bezugsrechten führt zu einer Anwendung von § 22 Abs. 1 Satz 1 und Abs. 2 Satz 1 UmwStG (BFH vom 8. 4. 1992 I R 128/88, BStBl. II S. 761, und BFH vom 13. 10. 1992 VIII R 3/89, BStBl. 1993 II S. 477).

**22.46** Wird eine Kapitalerhöhung aus Gesellschaftsmitteln vorgenommen, gelten die jungen Anteile als sperrfristbehaftete Anteile, soweit sie ihrerseits auf sperrfristbehaftete Altanteile entfallen.

## E. Auswirkungen bei der übernehmenden Gesellschaft (§ 23 UmwStG)

### I. Allgemeines

**23.01** Objektbezogene Kosten – hierzu gehört grundsätzlich auch eine bei der Einbringung anfallende Grunderwerbsteuer – können auch nicht aus Vereinfachungsgründen sofort als Betriebsausgaben abgezogen werden, sondern sind als zusätzliche Anschaffungskosten der Wirtschaftsgüter zu aktivieren, bei deren Erwerb (Einbringung) sie angefallen sind. Zur Behandlung von Grunderwerbsteuer bei Anteilsvereinigung (§ 1 Abs. 3 GrEStG) beachte aber auch BFH vom 20. 4. 2011 I R 2/10, BStBl. II S. 761.

**23.02** Bei Einbringungsvorgängen geht ein verbleibender Verlustabzug i. S. d. § 10 d Abs. 4 Satz 2 EStG nicht auf die übernehmende Gesellschaft über, sondern verbleibt beim Einbringenden. Denn der Verlustabzug bezieht sich auf den Einbringenden persönlich und kann deshalb nicht Bestandteil des Einbringungsgegenstands sein. Gem. § 23 Abs. 5 UmwStG geht ein vortragsfähiger Gewerbeverlust (Fehlbetrag nach § 10 a GewStG) nicht auf die übernehmende Gesellschaft über. Dies gilt entsprechend für den Zinsvortrag und einen EBITDA-Vortrag des eingebrachten Betriebs (§ 20 Abs. 9 UmwStG).

Wegen der Anwendung von § 8 c KStG auf nicht genutzte Verluste und den Zinsvortrag der übernehmenden Gesellschaft vgl. BMF-Schreiben vom 28. 11. 2017, BStBl. I S. 1645[2] und vom 4. 7. 2008, BStBl. I S. 718[3]. **23.03**[1]

Bei Begünstigung des Einbringungsfolgegewinns gem. § 23 Abs. 6 i. V. m. § 6 Abs. 1 UmwStG ist die fünfjährige Sperrfrist des § 6 Abs. 3 UmwStG zu beachten. **23.04**

## II. Buchwert- oder Zwischenwertansatz (§ 23 Abs. 1 UmwStG)

Zum Begriff Buchwert vgl. Randnr. 01.57. Bei der Einbringung von Anteilen an einer Kapitalgesellschaft oder einer Genossenschaft (Anteilstausch) aus einem Privatvermögen treten an die Stelle des Buchwerts die Anschaffungskosten der Anteile. **23.05**

In den Fällen der Sacheinlage und des Anteilstauschs zu Buch- oder Zwischenwerten tritt die übernehmende Gesellschaft in die steuerliche Rechtsstellung des Einbringenden ein. In den Fällen der Gesamtrechtsnachfolge nach den Vorschriften des UmwG gilt dies auch bei Ansatz des gemeinen Werts (vgl. § 23 Abs. 4 zweiter Halbsatz UmwStG). In den Fällen der Sacheinlage ist die übernehmende Gesellschaft beispielsweise an die bisherige Abschreibungsbemessungsgrundlage der übertragenen Wirtschaftsgüter, die bisherige Abschreibungs-Methode und die vom Einbringenden angenommene Nutzungsdauer gebunden. Steuerfreie Rücklagen können bei Buchwertansatz von der übernehmenden Gesellschaft fortgeführt werden. Die Regelung des § 12 Abs. 3 erster Halbsatz UmwStG gilt auch für das Nachholverbot des § 6 a Abs. 4 EStG. Zur Besitzzeitanrechnung nach § 23 Abs. 1 i. V. m. § 4 Abs. 2 Satz 3 UmwStG vgl. Randnr. 04.15. **23.06**

## III. Besonderheiten in den Fällen der rückwirkenden Besteuerung des Einbringungsgewinns (§ 23 Abs. 2 UmwStG)

### 1. Sacheinlage ohne miteingebrachte Anteile

Kommt es in den Fällen der Sacheinlage zu einer rückwirkenden Besteuerung des Einbringungsgewinns I (§ 22 Abs. 1 UmwStG), kann die übernehmende Gesellschaft auf Antrag in der Steuerbilanz des Wirtschaftsjahres, in das das schädliche Ereignis i. S. v. § 22 Abs. 1 UmwStG fällt, eine Buchwertaufstockung i. H. des versteuerten Einbringungsgewinns vornehmen. Aus dem Antrag müssen die Höhe und die Zuordnung des Aufstockungsbetrags eindeutig erkennbar sein. Die Buchwertaufstockung ist zunächst mit dem Ausgleichsposten i. S. d. Randnr. 20.20 zu verrechnen. Ein übersteigender Betrag führt zu einer Erhöhung des Steuerbilanzgewinns, der durch eine Kürzung außerhalb der Bilanz zu neutralisieren ist. Gleichzeitig ergibt sich ein Zugang beim steuerlichen Einlagekonto nach § 27 Abs. 1 KStG i. H. des Aufstockungsbetrags, soweit dieser nicht Korrekturbetrag zum Stammkapital ist. **23.07**

---

[1] Rn. 23.03 neu gef. durch BMF v. 23. 2. 2018, BStBl. I S. 319.
[2] Nr. **100** § 8 c/1.
[3] Nr. **1** § 4 h/1.

**Beispiel:**

Sacheinlage in 01 zum Buchwert von 15 000 €. Stammkapitalerhöhung um 22 000 €. I. H. d. Differenz (7000 €) ist in der Steuerbilanz 01 ein aktiver Ausgleichsposten anzusetzen. In 03 wird eine rückwirkende Einbringungsgewinnbesteuerung in 01 i. H. v. 10 000 € ausgelöst.

**Lösung:**

Unter den Voraussetzungen des § 23 Abs. 2 UmwStG kann die übernehmende GmbH eine Aufstockung i. H. v insgesamt 10 000 € vornehmen. I. H. v. 7000 € erfolgt eine Verrechnung mit dem steuerlichen Ausgleichsposten. Darüber hinaus kommt es zu einer Erhöhung des Steuerbilanzgewinns i. H. v. 3000 €, der durch eine Kürzung außerhalb der Bilanz zu neutralisieren ist. Das steuerliche Einlagekonto i. S. v. § 27 KStG erhöht sich um 3000 €.

**23.08** Eine Buchwertaufstockung ist nur zulässig, soweit der Einbringende die auf den Einbringungsgewinn entfallende Steuer entrichtet hat und dies durch Vorlage einer Bescheinigung des zuständigen Finanzamts i S. v. § 22 Abs. 5 UmwStG (vgl. Randnr. 22.39) nachgewiesen wurde (§ 23 Abs. 2 Satz 1 UmwStG). Die Buchwertaufstockung ist einheitlich nach dem Verhältnis der stillen Reserven und stillen Lasten im Einbringungszeitpunkt bei den einzelnen Wirtschaftsgütern vorzunehmen.

**23.09** Eine Buchwertaufstockung kommt nur in Betracht, wenn das jeweilige Wirtschaftsgut im Zeitpunkt des schädlichen Ereignisses noch zum Betriebsvermögen der übernehmenden Gesellschaft gehört. Etwas anderes gilt nur, wenn dieses zwischenzeitlich zum gemeinen Wert übertragen wurde (§ 23 Abs. 2 Satz 2 UmwStG) oder untergegangen ist. In diesen Fällen stellt der auf das zum gemeinen Wert übertragene Wirtschaftsgut entfallende Aufstockungsbetrag im Zeitpunkt des schädlichen Ereignisses eine sofort abziehbare Betriebsausgabe dar. Wurde das jeweilige Wirtschaftsgut nicht zum gemeinen Wert übertragen, ist ein Abzug des Aufstockungsbetrags als sofort abziehbarer Aufwand ausgeschlossen. Im Fall der unentgeltlichen Übertragung (z. B. im Wege einer verdeckten Gewinnausschüttung oder einer verdeckten Einlage) ist eine Aufstockung möglich, wenn für steuerliche Zwecke der gemeine Wert bzw. der Teilwert angesetzt wurde. Im Fall der Weitereinbringung der Wirtschaftsgüter zum Buch- oder Zwischenwert scheidet eine Buchwertaufstockung aus.

**23.10** Die Bescheinigung nach § 22 Abs. 5 UmwStG stellt einen Grundlagenbescheid i. S. d. § 175 Abs. 1 Satz 1 Nr. 1 AO dar.

### 2. Anteilstausch und Miteinbringung von Anteilen i. R. einer Sacheinlage

**23.11** Kommt es in den Fällen einer (Mit-)Einbringung von Anteilen (§ 20 Abs. 1 oder § 21 Abs. 1 UmwStG) zu einer rückwirkenden Besteuerung des Einbringungsgewinns II (§ 22 Abs. 2 UmwStG), erhöhen sich auf Antrag der übernehmenden Gesellschaft bei dieser die Anschaffungskosten der eingebrachten Anteile (§ 23 Abs. 2 Satz 3 UmwStG). Dadurch verringert sich bei der übernehmenden Gesellschaft der Gewinn aus der Veräußerung der eingebrachten Anteile entsprechend. Dies gilt in den Fällen der Weitereinbringung der eingebrachten Anteile zum Buchwert auch im Hinblick auf die auf der Weitereinbringung beruhenden Anteile (§ 23 Abs. 2 Satz 3, § 22 Abs. 1 Satz 7 UmwStG). Die Ausführungen zu Randnr. 23.07 – 23.10 gelten entsprechend.

**Beispiel:**

X bringt am 1. 1. 01 Anteile an der A-GmbH (Anschaffungskosten 55 000 €, gemeiner Wert 90 000 €) nach § 21 Abs. 1 Satz 2 UmwStG zum Buchwert gegen Gewährung von Anteilen in die B-GmbH ein. Diese wiederum bringt in 03 die sperrfristbehafteten Anteile an der A-GmbH nach § 21 Abs. 1 Satz 2 UmwStG zum Buchwert gegen Gewährung von Anteilen in die C-GmbH ein. Die C-GmbH veräußert die Anteile an der A-GmbH am 1. 7. 04 für 100 000 €.

**Lösung:**

Die Weitereinbringung der sperrfristbehafteten Anteile an der A-GmbH in 03 durch die B-GmbH zum Buchwert löst keine rückwirkende Einbringungsgewinnbesteuerung bei A in 01 aus, da sie zum Buchwert erfolgt ist (§ 22 Abs. 2 Satz 6 i. V. m. Abs. 1 Satz 6 Nr. 2 UmwStG). Die Veräußerung der sperrfristbehafteten Anteile an der A-GmbH in 04 führt nach § 22 Abs. 2 Satz 1 UmwStG zu einer rückwirkenden Besteuerung des Einbringungsgewinns II i. H. v. 20 000 € (4/7 × [gemeiner Wert 90 000 € ./. Anschaffungskosten 55 000 €]) zum 1. 1. 01. Der Einbringungsgewinn II gilt bei X nach § 22 Abs. 2 Satz 4 UmwStG als nachträgliche Anschaffungskosten der Anteile an der B-GmbH.

Darüber hinaus erhöhen sich auf Antrag sowohl die Anschaffungskosten der C-GmbH für die Anteile an der A-GmbH (§ 23 Abs. 2 Satz 3 UmwStG) sowie die Anschaffungskosten der B-GmbH für die Anteile an der C-GmbH (§ 23 Abs. 2 Satz 3 i. V. m. § 22 Abs. 1 Satz 7 UmwStG). Bei der C-GmbH vermindert sich damit der nach § 8 b Abs. 2 KStG begünstigte Veräußerungsgewinn aus den Anteilen an der A-GmbH entsprechend. Gleichzeitig sind nur noch 5 % des verminderten Veräußerungsgewinns nach § 8 b Abs. 3 Satz 1 KStG als nichtabziehbare Betriebsausgabe außerhalb der Bilanz hinzuzurechnen. Bei der B-GmbH vermindert sich ein künftiger nach § 8 b Abs. 2 KStG begünstigter Veräußerungsgewinn aus den Anteilen an der C-GmbH entsprechend.

## 3. Entrichtung der Steuer

Eine Buchwertaufstockung ist nur zulässig, soweit der Einbringende die auf den Einbringungsgewinn entfallende Steuer entrichtet hat. Ergibt sich im Wirtschaftsjahr der Einbringung für den Einbringenden auch nach Einbeziehung des Einbringungsgewinns I oder II ein Verlust, gilt die Steuer grundsätzlich mit Bekanntgabe des (geänderten) Verlustfeststellungsbescheids als entrichtet. Ist das Einkommen in dem für die Einbringung maßgeblichen Veranlagungszeitraum zwar positiv, ergibt sich jedoch aufgrund eines Verlustvor- oder -rücktrags keine festzusetzende Steuer, gilt die Steuer ebenfalls mit Bekanntgabe des (geänderten) Verlustfeststellungsbescheids als entrichtet. Auf die Entrichtung der sich aufgrund der Verringerung des rück- oder vortragsfähigen Verlusts im Verlustrück- oder -vortragsjahr beim Einbringenden ergebenden Steuer kommt es nicht an. Entsprechendes gilt auch bei der Verrechnung des Einbringungsgewinns mit Verlusten aus anderen Einkunftsarten, soweit nicht ein Verlustverrechnungsverbot besteht. 23.12

Ist oder wird die Steuer aus der Steuerfestsetzung, die den Einbringungsgewinn beinhaltet, nur teilweise getilgt, entfällt die Tilgung anteilig auch auf den Einbringungsgewinn.

Ist der Einbringende eine Organgesellschaft, ist Voraussetzung für die Buchwertaufstockung die Entrichtung der Steuer durch den Organträger; in Verlustfällen kommt es auf die Berücksichtigung des Einbringungsgewinns im jeweiligen Verlustfeststellungsbescheid des Organträgers an. 23.13

## IV. Besonderheiten beim Zwischenwertansatz (§ 23 Abs. 3 UmwStG)

**23.14** Bei Ansatz von Zwischenwerten sind die in den Wirtschaftsgütern, Schulden und steuerfreien Rücklagen ruhenden stillen Reserven um einen einheitlichen Prozentsatz aufzulösen; vgl. Randnr. 03.25 f.

**23.15** Für die Absetzungen für Abnutzung der zu einem Zwischenwert eingebrachten Wirtschaftsgüter gilt Folgendes:

a) In den Fällen des § 23 Abs. 3 Satz 1 Nr. 1 UmwStG erhöht sich die bisherige AfA-Bemessungsgrundlage um den Aufstockungsbetrag. Der bisher geltende Abschreibungssatz ist weiter anzuwenden. Absetzungen für Abnutzung (AfA) können nur bis zur Höhe des Zwischenwerts abgezogen werden.

**Beispiel:**

Für eine Maschine mit Anschaffungskosten von 100 000 € und einer Nutzungsdauer von 10 Jahren wird AfA nach § 7 Abs. 1 EStG von jährlich 10 000 € vorgenommen. Bei Einbringung nach drei Jahren beträgt der Restbuchwert 70 000 €, die Restnutzungsdauer sieben Jahre. Die übernehmende Gesellschaft setzt die Maschine mit 90 000 € an.

**Lösung:**

Ab dem Zeitpunkt der Einbringung ist für die Maschine jährlich AfA von 10 % von (100 000 € + 20 000 € =) 120 000 € = 12 000 € vorzunehmen (7 × 12 000 € = 84 000 €). Im letzten Jahr der Nutzungsdauer ist zusätzlich zu der linearen AfA i. H. v. 12 000 € auch der Restwert i. H. v. 6000 € (= 90 000 € ./. 84 000 €) abzuziehen.

In den Fällen, in denen das AfA-Volumen vor dem Ablauf der Nutzungsdauer verbraucht ist, kann in dem verbleibenden Nutzungszeitraum keine AfA mehr abgezogen werden.

Wird in den Fällen des § 7 Abs. 4 Satz 1 EStG auf diese Weise die volle Absetzung innerhalb der tatsächlichen Nutzungsdauer nicht erreicht, kann die AfA nach der Restnutzungsdauer des Gebäudes bemessen werden (BFH vom 7. 6. 1977, VIII R 105/73, BStBl. II S. 606).

b) In den Fällen des § 23 Abs. 3 Satz 1 Nr. 2 UmwStG ist der Zwischenwert die Bemessungsgrundlage der weiteren Absetzungen für Abnutzung (AfA). Der Abschreibungssatz richtet sich nach der neu zu schätzenden Restnutzungsdauer im Zeitpunkt der Einbringung.

**Beispiel:**

Für eine Maschine mit einer Nutzungsdauer von 12 Jahren wird AfA nach § 7 Abs. 2 EStG von jährlich 20,83 % vorgenommen. Der Restbuchwert bei Einbringung beträgt 70 000 €. Die übernehmende Gesellschaft setzt die Maschine mit 90 000 € an und schätzt die Restnutzungsdauer auf acht Jahre.

**Lösung:**

Ab dem Zeitpunkt der Einbringung ist für die Maschine jährlich AfA von 25 % vom jeweiligen Buchwert vorzunehmen.

**23.16** Bei Erhöhung der Anschaffungs- oder Herstellungskosten aufgrund rückwirkender Besteuerung des Einbringungsgewinns (§ 23 Abs. 2 UmwStG) ist § 23 Abs. 3 Satz 1 UmwStG entsprechend anzuwenden. Die Buchwertaufstockung erfolgt in diesen Fällen zu Beginn des Wirtschaftsjahrs, in welches das die Besteuerung des Einbringungsgewinns auslösende Ereignis fällt (§ 23 Abs. 3 Satz 2 UmwStG).

## V. Ansatz des gemeinen Werts (§ 23 Abs. 4 UmwStG)

**23.17** Gemeiner Wert des Betriebsvermögens ist der Saldo der gemeinen Werte der aktiven und passiven Wirtschaftsgüter. Beim Ansatz des gemeinen Werts sind alle stillen Reserven aufzudecken, insbesondere auch steuerfreie Rücklagen aufzulösen und selbst geschaffene immaterielle Wirtschaftsgüter, einschließlich des Firmen- oder Geschäftswerts, anzusetzen. Dies gilt auch für die Fälle der Einbringung im Wege der Gesamtrechtsnachfolge; § 23 Abs. 4 zweite Alternative UmwStG begründet insoweit keine Besonderheiten, sondern setzt den durch § 20 Abs. 2 Satz 1 UmwStG vorgegebenen Begriff des gemeinen Werts voraus. Vgl. hierzu Randnr. 20.17 sowie Randnr. 03.07 f.

Als Wert einer Pensionsverpflichtung ist anzusetzen (in den Fällen der Einzelrechtsnachfolge und der Gesamtrechtsnachfolge) **23.18**

– bei Pensionsanwartschaften vor Beendigung des Dienstverhältnisses des Pensionsberechtigten der nach § 6 a Abs. 3 Satz 2 Nr. 1 EStG zu berechnende Wert; dabei ist als Beginn des Dienstverhältnisses des Pensionsberechtigten der Eintritt in den Betrieb des Einbringenden maßgebend,
– bei aufrechterhaltenen Pensionsanwartschaften nach Beendigung des Dienstverhältnisses des Pensionsberechtigten oder bei bereits laufenden Pensionszahlungen der Barwert der künftigen Pensionsleistungen (§ 6 a Abs. 3 Satz 2 Nr. 2 EStG).

Die Rechtsfolgen bei Ansatz des gemeinen Werts unterscheiden sich für die übernehmende Gesellschaft danach, ob die Einbringung im Wege der Einzelrechtsnachfolge (§ 23 Abs. 4 erste Alternative UmwStG) oder der Gesamtrechtsnachfolge (§ 23 Abs. 4 zweite Alternative UmwStG) erfolgt. Bei Gesamtrechtsnachfolge gilt § 23 Abs. 3 UmwStG entsprechend. **23.19**

Erfolgt eine Einbringung sowohl im Wege der Gesamtrechtsnachfolge als auch im Wege der Einzelrechtsnachfolge (z. B. bei Verschmelzung einer KG auf eine GmbH mit gleichzeitigem Übergang des Sonderbetriebsvermögens im Wege der Einzelrechtsnachfolge), ist der Vorgang für Zwecke des § 23 Abs. 4 UmwStG einheitlich als Gesamtrechtsnachfolge zu beurteilen. **23.20**

Im Fall der Einzelrechtsnachfolge wird der Einbringungsvorgang für die übernehmende Gesellschaft als Anschaffung zum gemeinen Wert behandelt. Dies hat u. a. zur Folge, dass für die Absetzungen für Abnutzung der eingebrachten Wirtschaftsgüter ausschließlich die Verhältnisse der übernehmenden Gesellschaft maßgebend sind. Zu den Auswirkungen auf die Investitionszulage vgl. Randnr. 10 des BMF-Schreibens vom 8. 5. 2008, BStBl. I S. 590[1]. **23.21**

## VI. Verlustabzug bei Auslandsbetriebsstätten

Für die Nachversteuerung von Verlusten gem. § 2 a Abs. 4 EStG a. F. bzw. § 2 Abs. 2 AuslInvG gilt Randnr. 04.12 entsprechend. **23.22**

[1] Nr. **740**/1.

## Siebter Teil. Einbringung eines Betriebs, Teilbetriebs oder Mitunternehmeranteils in eine Personengesellschaft (§ 24 UmwStG)

### A. Allgemeines

#### I. Persönlicher und sachlicher Anwendungsbereich

24.01 Zu den zivilrechtlichen Formen der Einbringung eines Betriebs, Teilbetriebs oder Mitunternehmeranteils in eine Personengesellschaft siehe Randnr. 01.47 f.

24.02 Für Zwecke des § 24 UmwStG gilt auch eine zu einem Betriebsvermögen gehörende, das gesamte Nennkapital umfassende Beteiligung an einer Kapitalgesellschaft als Teilbetrieb. Randnr. 15.05 f. gelten entsprechend.

#### II. Entsprechende Anwendung der Regelungen zu §§ 20, 22, 23 UmwStG

24.03 Die vorstehenden Ausführungen zu §§ 20, 22, 23 UmwStG gelten für Einbringungen in eine Personengesellschaft nach § 24 UmwStG, soweit im Folgenden nichts anderes bestimmt ist, entsprechend. Insbesondere gelten folgende Randnr. entsprechend:

- Randnr. 20.03 betreffend die Person des Einbringenden,
- Randnr. 20.05 – 20.08 und Randnr. 20.10 ff. betreffend die Einbringung von Betrieben, Teilbetrieben und Mitunternehmeranteilen,
- Randnr. 20.17 ff. betreffend die Bewertung des eingebrachten Betriebsvermögens,
- Randnr. 20.25 ff. betreffend die Besteuerung des Einbringungsgewinns,
- Randnr. 23.01 ff., 23.05 f., 23.14 f., 23.17 ff. betreffend die Auswirkungen bei der übernehmenden Gesellschaft und
- Randnr. 23.22 betreffend die Nachversteuerung von Verlusten.

Hat die übernehmende Personengesellschaft für das Wirtschaftsjahr, in dem die Einbringung erfolgt ist, keine steuerliche Schlussbilanz zu erstellen, weil sie nach der Einbringung zulässigerweise zur Gewinnermittlung nach § 4 Abs. 3 EStG zurückkehrt, muss der Antrag i. S. d. § 24 Abs. 2 Satz 2 UmwStG in entsprechender Anwendung des § 20 Abs. 2 Satz 3 UmwStG spätestens bis zur erstmaligen Abgabe der entsprechend R 4.5 (6) EStR zu erstellenden Bilanz[1] i. S. d. § 24 Abs. 2 UmwStG bei dem für die Besteuerung der übernehmenden Personengesellschaft zuständigen Finanzamt gestellt werden.

24.04 Die Einbringung in eine Personengesellschaft nach § 24 UmwStG ist – im Gegensatz zur Einbringung in eine Kapitalgesellschaft nach § 20 UmwStG – auch dann zum Buchwert möglich, wenn das eingebrachte Betriebsvermögen negativ ist. Denn in § 24 UmwStG fehlt eine § 20 Abs. 2 Satz 2 Nr. 2 UmwStG entsprechende Regelung.

24.05 I. R. d. § 24 UmwStG ist es ausreichend, wenn das eingebrachte Betriebsvermögen teilweise Sonderbetriebsvermögen des Einbringenden bei der übernehmenden Mitunternehmerschaft wird.

---

[1] Ein Übergang zur Gewinnermittlung nach § 4 Abs. 1 EStG ist nicht erforderlich, sofern der Vermögensübergang zu Buchwerten erfolgt; vgl. OFD Frankfurt v. 24. 10. 2014 S 1978 d A – 4 – St 510 sowie OFD Niedersachsen v. 30. 6. 2015, DB S. 1756.

### III. Rückbeziehung nach § 24 Abs. 4 UmwStG

§ 24 Abs. 4 zweiter Halbsatz UmwStG eröffnet die Möglichkeit einer Rückbeziehung der Einbringung für den Fall der Gesamtrechtsnachfolge nach den Vorschriften des UmwG oder vergleichbarer ausländischer Vorgänge, also nicht für den Fall der Anwachsung. Stellt sich die Einbringung als Kombination von Gesamtrechtsnachfolge und Einzelrechtsnachfolge dar, nimmt auch die Einzelrechtsnachfolge an der Rückbeziehung teil. Bei Vorgängen im Wege der Einzelrechtsnachfolge ist eine Rückbeziehung nicht möglich. Randnr. 20.13 – 20.16 gelten entsprechend. **24.06**

## B. Einbringung gegen Gewährung von Gesellschaftsrechten

### I. Allgemeines

§ 24 UmwStG ist nur anwendbar, soweit der Einbringende als Gegenleistung für die Einbringung Gesellschaftsrechte erwirbt, d. h. soweit er durch die Einbringung die Rechtsstellung eines Mitunternehmers erlangt oder seine bisherige Mitunternehmerstellung erweitert (BFH vom 16. 12. 2004 III R 38/00, BStBl. 2005 II S. 554, und BFH vom 25. 4. 2006 VIII R 52/04, BStBl. II S. 847). Das erfordert als Gegenleistung die Erhöhung des die Beteiligung widerspiegelnden Kapitalkontos oder die Einräumung weiterer Gesellschaftsrechte (BFH vom 25. 4. 2006 VIII R 52/04, BStBl. II S. 847, und BFH vom 15. 7. 1976 I R 17/74, BStBl. II S. 748). Ist ein Mitunternehmer bereits zu 100 % an einer Personengesellschaft beteiligt (Ein-Personen-GmbH & Co. KG), muss sein Kapitalkonto bei einer weiteren Einbringung eines Betriebs, Teilbetriebs oder Mitunternehmeranteils erhöht werden. *Die teilweise Buchung auf einem Kapitalkonto und auf einem gesamthänderisch gebundenen Rücklagenkonto ist für die Anwendung des § 24 UmwStG ebenso unschädlich wie die ausschließliche Buchung auf einem variablen Kapitalkonto (z. B. Kapitalkonto II).*[1] Die Buchung auf einem bloßen Darlehenskonto reicht dagegen nicht aus (vgl. hierzu im Einzelnen BMF-Schreiben vom 11. 7. 2011, BStBl. I S. 713[2]). Zur Abgrenzung zwischen Darlehens- und Kapitalkonto vgl. das BMF-Schreiben vom 30. 5. 1997, BStBl. I S. 627[3]. **24.07**

*Erfolgt die Einbringung gegen ein Mischentgelt, d. h. gegen Gewährung von Gesellschaftsrechten und sonstige Ausgleichsleistungen, kann die Einbringung auf Antrag (§ 24 Abs. 2 Satz 2 UmwStG) entsprechend dem Verhältnis der jeweiligen Teilleistungen (Wert der erlangten Gesellschaftsrechte einerseits und Wert der sonstigen Gegenleistungen andererseits) zum gemeinen Wert des eingebrachten Betriebsvermögens teilweise zu Buchwerten und teilweise zum gemeinen Wert vollzogen werden (BFH vom 11. 12. 2001 VIII R 58/98, BStBl. 2002 II S. 420)*[4].

Stellt sich der Einbringungsvorgang bei wirtschaftlicher Betrachtung als Veräußerung gegen ein nicht in Gesellschaftsrechten bestehendes Entgelt dar, ist § 24 UmwStG nicht anzuwenden.

---

[1] Siehe nunmehr BMF v. 26. 7. 2016, BStBl. I S. 684, wonach genannte Buchungen nicht als entgeltlicher Vorgang zu qualifizieren sind.

[2] Nr. **1** § 4/15.

[3] Nr. **1** § 15 a/1.

[4] Siehe nunmehr § 24 Abs. 2 UmwStG i. d. F. des StÄndG 2015 v. 2. 11. 2015 (BGBl. I S. 1834).

**Beispiel:**

A betreibt (u. a.) den Teilbetrieb I, dessen Wirtschaftsgüter erhebliche stille Reserven aufweisen. Der Teilbetrieb I soll an B veräußert werden. Um die dabei eintretende Gewinnverwirklichung zu vermeiden, bringt A seinen gesamten Betrieb nach § 24 UmwStG zu Buchwerten in eine KG mit B ein, der eine Geldeinlage leistet. Kurze Zeit später kommt es zur Realteilung, bei der B den Teilbetrieb erhält, um ihn auf eigene Rechnung fortzuführen.

**Lösung:**

Der Vorgang ist nicht steuerneutral. Es handelt sich um die verdeckte Veräußerung des Teilbetriebs I nach § 16 Abs. 1 Satz 1 Nr. 1 i. V. m. § 34 EStG (vgl. auch BFH vom 11. 12. 2001 VIII R 23/01, BStBl. 2004 II S. 474).

## II. Einbringung mit Zuzahlung zu Buchwerten

24.08 Erhält der Einbringende neben dem Mitunternehmeranteil an der Personengesellschaft eine Zuzahlung, die nicht Betriebsvermögen der Personengesellschaft wird, ist davon auszugehen, dass
- der Einbringende Eigentumsanteile an den Wirtschaftsgütern des Betriebs veräußert und
- die ihm verbliebenen Eigentumsanteile für eigene Rechnung, sowie die veräußerten Eigentumsanteile für Rechnung des zuzahlenden Gesellschafters in das Betriebsvermögen der Personengesellschaft einlegt (vgl. BFH vom 18. 10. 1999 GrS 2/98, BStBl. 2000 II S. 123).

24.09 Der Gewinn, der durch eine Zuzahlung in das Privatvermögen des Einbringenden entsteht, kann nicht durch Erstellung einer negativen Ergänzungsbilanz vermieden werden (BFH vom 8. 12. 1994 IV R 82/92, BStBl. 1995 II S. 599, und BFH vom 16. 12. 2004 III R 38/00, BStBl. 2005 II S. 554). Eine Zuzahlung liegt auch vor, wenn mit ihr eine zugunsten des Einbringenden begründete Verbindlichkeit der Gesellschaft getilgt wird (BFH vom 8. 12. 1994 IV R 82/92, BStBl. 1995 II S. 599) oder durch die Einbringung private Verbindlichkeiten (z. B. Pflichtteilsansprüche) abgegolten werden (BFH vom 16. 12. 2004 III R 38/00, BStBl. 2005 II S. 554).

24.10 Die Veräußerung der Anteile an den Wirtschaftsgütern ist ein Geschäftsvorfall des einzubringenden Betriebs. Der hierbei erzielte Veräußerungserlös wird vor der Einbringung aus dem Betriebsvermögen entnommen. Anschließend wird der Betrieb so eingebracht, wie er sich nach der Entnahme des Veräußerungserlöses darstellt.

**Beispiel:**

A und B gründen eine OHG, die das Einzelunternehmen des A zu Buchwerten fortführen soll. Das Einzelunternehmen hat einen Buchwert von 100 000 € und einen gemeinen Wert von 300 000 €. A und B sollen an der OHG zu je 50 % beteiligt sein. A erhält von B eine Zuzahlung i. H. v. 150 000 €, die nicht Betriebsvermögen der OHG wird.

**Lösung:**

Die Zahlung der 150 000 € durch B an A ist die Gegenleistung für den Verkauf von je 1/2 Miteigentumsanteilen an den Wirtschaftsgütern des Einzelunternehmens. Infolge dieser Vereinbarungen bringt A sein Einzelunternehmen sowohl für eigene Rechnung als auch für Rechnung des B in die OHG ein.

Der bei der Veräußerung der Anteile an den Wirtschaftsgütern erzielte Gewinn ist als laufender, nicht nach §§ 16, 34 EStG begünstigter Gewinn zu versteuern. Die Veräußerung eines Betriebs (§ 16 Abs. 1 Satz 1 Nr. 1 EStG) liegt nicht vor, weil nur Miteigentumsanteile an den Wirtschaftsgütern des Betriebs veräußert werden; die Veräußerung eines Mitunternehmeranteils (§ 16 Abs. 1 Satz 1 Nr. 2 EStG) liegt nicht vor, weil eine Mitunternehmerschaft im

Zeitpunkt der Veräußerung der Miteigentumsanteile noch nicht bestand, sondern durch den Vorgang erst begründet wurde (BFH vom 18. 10. 1999 GrS 2/98, BStBl. 2000 II S. 123).

Unter Berücksichtigung der Umstände des Einzelfalls kann es geboten sein, nach den vorstehenden Grundsätzen auch dann zu verfahren, wenn die Zuzahlung zunächst Betriebsvermögen der Personengesellschaft wird und erst später entnommen wird. Bei wirtschaftlicher Betrachtungsweise kann die Zuführung der Zuzahlung zum Betriebsvermögen der Personengesellschaft und die Entnahme der Zuzahlung durch den Einbringenden nach den Vereinbarungen der Parteien den gleichen wirtschaftlichen Gehalt haben, wie eine Zuzahlung, die unmittelbar an den Einbringenden erfolgt (so auch BFH vom 8. 12. 1994 IV R 82/92, BStBl. 1995 II S. 599). Insbesondere wenn der Einbringende im Anschluss an die Einbringung größere Entnahmen tätigen darf und bei der Bemessung seines Gewinnanteils auf seinen ihm dann noch verbleibenden Kapitalanteil abgestellt wird, kann es erforderlich sein, den Zuzahlungsbetrag als unmittelbar in das Privatvermögen des Einbringenden geflossen anzusehen. 24.11

### III. Einbringung mit Zuzahlung zu gemeinen Werten

Für den Fall der Aufnahme eines Gesellschafters in ein bestehendes Einzelunternehmen sind bei einer Einbringung zu gemeinen Werten – vorbehaltlich der Regelung des § 24 Abs. 3 Satz 3 UmwStG – die Begünstigungen des § 24 Abs. 3 Satz 2 UmwStG i. V. m. § 16 Abs. 4, § 34 EStG auch insoweit anzuwenden, als eine Zuzahlung in das Privatvermögen des Einbringenden erfolgt (BFH vom 21. 9. 2000 IV R 54/99, BStBl. 2001 II S. 178). Entsprechendes gilt im Fall der Aufnahme eines weiteren Gesellschafters in eine bestehende Personengesellschaft. 24.12

## C. Ergänzungsbilanzen

Nach § 24 Abs. 2 Satz 2 UmwStG kann die Personengesellschaft das eingebrachte Betriebsvermögen in ihrer Bilanz einschließlich der Ergänzungsbilanzen für ihre Gesellschafter abweichend vom Grundsatz des § 24 Abs. 2 Satz 1 UmwStG auf Antrag mit seinem Buch- oder Zwischenwert ansetzen. Werden die Buchwerte des eingebrachten Betriebsvermögens aufgestockt, gilt Randnr. 03.25 f. entsprechend. Der Wert, mit dem das eingebrachte Betriebsvermögen in der Bilanz der Personengesellschaft einschließlich der Ergänzungsbilanzen für ihre Gesellschafter angesetzt wird, gilt nach § 24 Abs. 3 Satz 1 UmwStG für den Einbringenden als Veräußerungspreis. 24.13

Bei der Einbringung eines Betriebs, Teilbetriebs oder Mitunternehmeranteils in eine Personengesellschaft werden in der Praxis die Buchwerte des eingebrachten Betriebsvermögens in der Bilanz der Personengesellschaft aufgestockt, um die Kapitalkonten der Gesellschafter im richtigen Verhältnis zueinander auszuweisen (Bruttomethode). Es kommt auch vor, dass ein Gesellschafter als Gesellschaftseinlage einen höheren Beitrag leisten muss, als ihm in der Bilanz der Personengesellschaft als Kapitalkonto gutgeschrieben wird (Nettomethode). In diesen Fällen haben die Gesellschafter der Personengesellschaft Ergänzungsbilanzen zu bilden, soweit ein Antrag nach § 24 Abs. 2 Satz 2 UmwStG gestellt wird und dadurch die sofortige Versteuerung eines Veräußerungsgewinns für den Einbringenden vermieden werden soll. 24.14

**Beispiel:**

A unterhält ein Einzelunternehmen mit einem buchmäßigen Eigenkapital von 100 000 €. In den Wirtschaftsgütern des Einzelunternehmens sind stille Reserven von 200 000 € enthalten. Der gemeine Wert des Unternehmens beträgt 300 000 €. Die Schlussbilanz des A im Zeitpunkt der Einbringung sieht wie folgt aus:

| | Gemeiner Wert | Buchwert | | Gemeiner Wert | Buchwert |
|---|---|---|---|---|---|
| Aktiva diverse | 300 000 € | 100 000 € | Kapital | | 100 000 € |
| | (300 000 €) | 100 000 € | | | 100 000 € |

In das Einzelunternehmen des A tritt B als Gesellschafter ein; A bringt also sein Einzelunternehmen in die neue von ihm und B gebildete Personengesellschaft ein. A und B sollen an der neuen Personengesellschaft zu je 50% beteiligt sein. B leistet deshalb eine Bareinlage von 300 000 €. Die Kapitalkonten von A und B sollen in der Bilanz der Personengesellschaft gleich hoch sein. Die Personengesellschaft stellt den Antrag auf Ansatz der Buchwerte nach § 24 Abs. 2 Satz 2 UmwStG.

Die Eröffnungsbilanz der Personengesellschaft lautet wie folgt:

| | Buchwert | | Buchwert |
|---|---|---|---|
| Aktiva diverse (A) | 100 000 € | Kapital A | 200 000 € |
| Bank (Bareinlage B) | 300 000 € | Kapital B | 200 000 € |
| | 400 000 € | | 400 000 € |

**Lösung:**

Da B eine Einlage von 300 000 € geleistet hat, hat er 100 000 € mehr gezahlt, als sein buchmäßiges Kapital in der Bilanz der neuen Personengesellschaft beträgt (B hat mit diesen 100 000 € praktisch dem A die Hälfte der stillen Reserven „abgekauft"). Er muss in diesem Fall sein in der Bilanz der Personengesellschaft nicht ausgewiesenes Mehrkapital von 100 000 € in einer Ergänzungsbilanz ausweisen. Auf diese Weise wird sichergestellt, dass die aktivierungspflichtigen Anschaffungskosten des B (300 000 € × ½ = 150 000 €) für die erlangten Anteile an den Wirtschaftsgütern des bisherigen Einzelunternehmens i. R. d. Gewinnverteilung berücksichtigt werden (BFH vom 25. 4. 2006 VIII R 52/04, BStBl. II S. 847).

Die positive Ergänzungsbilanz des B hat den folgenden Inhalt:

| | Buchwert | | Buchwert |
|---|---|---|---|
| Aktiva diverse) | 100 000 € | Mehrkapital B | 100 000 € |
| | 100 000 € | | 100 000 € |

Das von A in die Personengesellschaft eingebrachte Betriebsvermögen ist danach in der Bilanz der Personengesellschaft einschließlich der Ergänzungsbilanz des Gesellschafters B mit insgesamt 200 000 € ausgewiesen (mit 100 000 € in der Gesamthandsbilanz der Personengesellschaft und mit 100 000 € in der Ergänzungsbilanz des B). Es war bisher bei A nur mit 100 000 € angesetzt. Es würde sich danach für A ein Veräußerungsgewinn von 100 000 € ergeben.

A muss diesen Veräußerungsgewinn dadurch neutralisieren, dass er seinerseits eine Ergänzungsbilanz aufstellt und in dieser dem in der Ergänzungsbilanz des B ausgewiesenen Mehrwert für die Aktiva von 100 000 € einen entsprechenden Minderwert gegenüberstellt, sog. negative Ergänzungsbilanz.

Diese negative Ergänzungsbilanz des A sieht wie folgt aus:

| | Buchwert | | Buchwert |
|---|---|---|---|
| Minderkapital A | 100 000 € | Aktiva diverse | 100 000 € |
| | 100 000 € | | 100 000 € |

Das eingebrachte Betriebsvermögen ist nunmehr in der Bilanz der Personengesellschaft und den Ergänzungsbilanzen ihrer Gesellschafter insgesamt wie folgt ausgewiesen: mit 100 000 € in der Bilanz der Personengesellschaft zuzüglich 100 000 € in der Ergänzungsbilanz des B abzüglich 100 000 € in der Ergänzungsbilanz des A, insgesamt also mit 100 000 €. Dieser Wert ist nach § 24 Abs. 3 UmwStG für die Ermittlung des Veräußerungsgewinns des A bei der Einbringung maßgebend.

Da der Buchwert des eingebrachten Betriebsvermögens in der Schlussbilanz des A ebenfalls 100 000 € betragen hat, entsteht für A kein Veräußerungsgewinn.

Die Ergänzungsbilanzen für A und B sind auch bei der künftigen Gewinnermittlung zu berücksichtigen und korrespondierend weiterzuentwickeln. Dabei ergibt sich z. B. gegenüber der Bilanz der Personengesellschaft für den Gesellschafter B aus seiner (positiven) Ergänzungsbilanz ein zusätzliches AfA-Volumen und für den Gesellschafter A aus seiner (negativen) Ergänzungsbilanz eine Minderung seines AfA-Volumens (vgl. hierzu auch BFH vom 28. 9. 1995 IV R 57/94, BStBl. 1996 II S. 68). Die aus der korrespondierend zur positiven Ergänzungsbilanz des einbringenden Mitunternehmers spiegelbildlich fortlaufend jährlich vorzunehmende Auflösung der negativen Ergänzungsbilanz ist als laufender Gewinn zu erfassen (BFH vom 25. 4. 2006 VIII R 52/04, BStBl. II S. 847).

Würde das von A eingebrachte Betriebsvermögen in der Eröffnungsbilanz der Personengesellschaft nicht mit seinem Buchwert von 100 000 €, sondern mit seinem wahren Wert von 300 000 € angesetzt werden und würden demgemäß die Kapitalkonten von A und B mit je 300 000 € ausgewiesen werden (Bruttomethode), müsste A bei Beantragung der Buchwertfortführung durch die übernehmende Personengesellschaft eine negative Ergänzungsbilanz mit einem Minderkapital von 200 000 € aufstellen; für B entfiele in diesem Fall eine Ergänzungsbilanz.

## D. Anwendung der §§ 16, 34 EStG bei Einbringung zum gemeinen Wert

Auf einen bei der Einbringung eines Betriebs, Teilbetriebs oder gesamten Mitunternehmeranteils in eine Personengesellschaft entstehenden Veräußerungsgewinn sind § 16 Abs. 4 und § 34 EStG nur anzuwenden, wenn das eingebrachte Betriebsvermögen in der Bilanz der Personengesellschaft einschließlich der Sonder- und Ergänzungsbilanzen der Gesellschafter mit dem gemeinen Wert angesetzt wird; dabei ist auch ein vorhandener Firmen- oder Geschäftswert mit auszuweisen (vgl. Randnr. 23.17). 24.15

Durch die Verweisung auf § 16 Abs. 2 Satz 3 EStG in § 24 Abs. 3 Satz 3 UmwStG ist klargestellt, dass der Einbringungsgewinn stets als laufender, nicht nach §§ 16, 34 EStG begünstigter Gewinn anzusehen ist, soweit der Einbringende wirtschaftlich gesehen „an sich selbst" veräußert. 24.16

§ 24 Abs. 3 Satz 3 UmwStG stellt bei der Betrachtung, ob eine Veräußerung an sich selbst vorliegt, nicht auf den einzelnen Gesellschafter, sondern auf die einbringenden Gesellschafter in ihrer gesamthänderischen Verbundenheit ab.

**Beispiel:**

An einer OHG sind vier Gesellschafter zu je 1/4 beteiligt. Es soll gegen Bareinlage in das Betriebsvermögen ein fünfter Gesellschafter so aufgenommen werden, dass alle Gesellschafter anschließend zu je 1/5 beteiligt sind.

**Lösung:**

Wirtschaftlich gesehen gibt jeder der Altgesellschafter $^1/_5$ an den Neuen ab; er veräußert also zu $^4/_5$ „an sich selbst". Ein bei Ansatz der gemeinen Werte entstehender Gewinn ist nach der Regelung in § 24 Abs. 3 Satz 3 UmwStG i. V. m. § 16 Abs. 2 Satz 3 EStG daher zu $^4/_5$ nicht begünstigt.

**24.17** Gewinne, die i. R. einer Betriebsveräußerung oder Betriebseinbringung nach § 16 Abs. 2 Satz 3 EStG bzw. § 24 Abs. 3 Satz 3 UmwStG kraft gesetzlicher Anordnung als laufende Gewinne behandelt werden, sind gewerbesteuerpflichtig. Die gesetzliche Fiktion der Behandlung als laufender Gewinn erstreckt sich in diesen Fällen auch auf die Gewerbesteuer (BFH vom 15. 6. 2004 VIII R 7/01, BStBl. II S. 754).

## E. Besonderheiten bei der Einbringung von Anteilen an Körperschaften, Personenvereinigungen und Vermögensmassen (§ 24 Abs. 5 UmwStG)

### I. Allgemeines

**24.18** Werden Anteile an Körperschaften, Personenvereinigungen oder Vermögensmassen von einem Einbringenden, bei dem der Gewinn aus der Veräußerung der Anteile im Einbringungszeitpunkt nicht nach § 8 b Abs. 2 KStG steuerfrei gewesen wäre, gem. § 24 Abs. 1 UmwStG unter dem gemeinen Wert in eine Personengesellschaft eingebracht und werden die eingebrachten Anteile innerhalb eines Zeitraums von sieben Jahren nach dem Einbringungszeitpunkt veräußert, ist § 24 Abs. 5 UmwStG anzuwenden. Die eingebrachten Anteile gelten insoweit als sperrfristbehaftete Anteile. Der Veräußerung der sperrfristbehafteten Anteile ist deren Weiterübertragung durch die in § 22 Abs. 1 Satz 6 Nr. 1 bis 5 UmwStG genannten Vorgänge gleichgestellt.

**24.19** Die Veräußerung der sperrfristbehafteten Anteile oder deren Weiterübertragung durch einen Vorgang i. S. d. § 22 Abs. 1 Satz 6 Nr. 1 bis 5 UmwStG lösen grundsätzlich die rückwirkende Besteuerung eines Einbringungsgewinns beim Einbringenden im Einbringungszeitpunkt durch Ansatz der eingebrachten Anteile mit dem gemeinen Wert aus. Die Veräußerung der Anteile und die gleichgestellten Vorgänge gelten dabei im Hinblick auf die Steuerfestsetzung des Einbringenden im Einbringungsjahr als rückwirkendes Ereignis i. S. d. § 175 Abs. 1 Satz 1 Nr. 2 AO.

**24.20** Wird nur ein Teil der sperrfristbehafteten Anteile veräußert oder durch einen der Veräußerung gleichgestellten Vorgang weiterübertragen, erfolgt auch die rückwirkende Einbringungsgewinnbesteuerung nur anteilig.

**24.21** Ein rückwirkender Einbringungsgewinn ist nur zu ermitteln, soweit beim Einbringenden der Gewinn aus der Veräußerung der sperrfristbehafteten Anteile im Einbringungszeitpunkt nicht nach § 8 b Abs. 2 KStG steuerfrei gewesen wäre und die bis zum Einbringungszeitpunkt entstandenen stillen Reserven infolge der Veräußerung der Anteile oder der Weiterübertragung der Anteile durch einen gleichgestellten Vorgang i. S. d. § 22 Abs. 1 Satz 6 Nr. 1 bis 5 UmwStG der Steuerbefreiung nach § 8 b Abs. 2 KStG unterliegen (= Statusverbesserung). Wird Betriebsvermögen einer Personengesellschaft eingebracht oder ist Mitunternehmer der aufnehmenden Personengesellschaft eine Personengesellschaft, ist für die Anwendung des § 8 b Abs. 2 KStG auf Ebene der Personengesellschaft und die Zurechnung der stillen Reserven auf die dahinter stehenden Steuersubjekte abzustellen (Transparenzprinzip).

Die steuerliche Behandlung der Veräußerung oder Weiterübertragung der sperrfristbehafteten Anteile bei der Personengesellschaft erfolgt nach den allgemeinen ertragsteuerlichen Vorschriften (insbesondere §§ 13, 15, 16, 18 i. V. m. § 3 Nr. 40 EStG oder § 8 b Abs. 2 und 3 KStG). 24.22

## II. Anteile an Körperschaften, Personenvereinigungen und Vermögensmassen

Der Anwendungsbereich des § 24 Abs. 5 UmwStG umfasst Anteile an Körperschaften, Personenvereinigungen oder Vermögensmassen, deren Leistungen beim Empfänger zu Einnahmen i. S. d. § 20 Abs. 1 Nr. 1, 2, 9 oder 10 Buchstabe a EStG führen. 24.23

§ 24 Abs. 5 UmwStG ist bei einbringungsgeborenen Anteilen i. S. d. § 21 Abs. 1 UmwStG 1995 nicht anzuwenden, wenn der Gewinn aus der Veräußerung oder einem gleichgestellten Ereignis i. S. d. § 22 Abs. 1 Satz 6 Nr. 1 bis 5 UmwStG nicht der Steuerbefreiung nach § 3 Nr. 40 Satz 1 Buchstabe a oder b EStG oder § 8 b Abs. 2 KStG unterliegt, weil § 3 Nr. 40 Satz 3 und 4 EStG a. F. bzw. § 8 b Abs. 4 KStG a. F. weiter anzuwenden sind (§ 27 Abs. 4 UmwStG i. V. m. § 52 Abs. 4 b Satz 2 EStG bzw. § 34 Abs. 7 a KStG).

Sind die Fristen der § 3 Nr. 40 Satz 4 EStG a. F. bzw. § 8 b Abs. 4 Satz 2 KStG a. F. im Zeitpunkt der Veräußerung bzw. des gleichgestellten Ereignisses abgelaufen, findet § 24 Abs. 5 UmwStG Anwendung. Ist im Zeitpunkt der Einbringung nach § 24 UmwStG die ursprüngliche Siebenjahresfrist noch nicht abgelaufen, gilt Randnr. 20.39 entsprechend.

## III. Einbringung durch nicht nach § 8 b Abs. 2 KStG begünstigte Personen

Die rückwirkende Besteuerung eines Einbringungsgewinns setzt voraus, dass der Einbringende keine durch § 8 b Abs. 2 KStG begünstigte Person ist (vgl. Randnr. 22.12). 24.24

Zum Umfang der Anwendung des § 8 b Abs. 2 KStG bei der Miteinbringung von Anteilen durch eine Personengesellschaft vgl. Randnr. 24.21.

## IV. Veräußerung und gleichgestellte Ereignisse der Weiterübertragung

Die übernehmende Personengesellschaft oder deren Rechtsnachfolger bzw. die Personen, bei denen sich die Zurechnung der stillen Reserven mittelbar auf den Gewinn auswirkt, können durch Veräußerung oder Weiterübertragung der eingebrachten Anteile innerhalb des Siebenjahreszeitraums die rückwirkende Besteuerung eines Einbringungsgewinns auslösen. Als Veräußerung gilt auch die Aufgabe des Betriebs der Personengesellschaft (§ 16 Abs. 3 Satz 1 EStG). 24.25

Im Hinblick auf die Frage der Auslösung der rückwirkenden Einbringungsgewinnbesteuerung durch der Veräußerung gleichgestellte Ersatzrealisationstatbestände gelten die vorstehenden Ausführungen zu § 22 UmwStG (vgl. insbesondere Randnr. 22.20, 22.21 ff., 22.28 ff., 22.38 ff., 22.41 f. und 22.43 ff.) entsprechend. 24.26

24.27 Werden die im Zuge der (Mit-)Einbringung von Anteilen erhaltenen Mitunternehmeranteile nach § 24 Abs. 1 UmwStG mit einem Wert unterhalb des gemeinen Werts in eine Personengesellschaft eingebracht und wird die übernehmende Personengesellschaft dadurch Mitunternehmerin der Personengesellschaft, deren Anteile eingebracht worden sind, liegt eine Einbringung i. S. d. § 24 Abs. 5 UmwStG vor, die einen neuen Siebenjahreszeitraum auslöst. Auch die (mittelbare) Veräußerung oder Weiterübertragung der (mit-)eingebrachten Anteile durch eine Untergesellschaft löst innerhalb dieses Siebenjahreszeitraums die rückwirkende Einbringungsgewinnbesteuerung aus.

## V. Ermittlung und ertragsteuerliche Behandlung des Einbringungsgewinns

24.28 In entsprechender Anwendung des § 22 Abs. 2 Satz 3 UmwStG ist durch (anteiligen) Ansatz des gemeinen Werts abweichend von § 24 Abs. 2 Satz 2 UmwStG für die sperrfristbehafteten Anteile rückwirkend ein Einbringungsgewinn zu ermitteln, der vermindert um jeweils ein Siebtel für jedes seit dem Einbringungszeitpunkt abgelaufene Zeitjahr im Wirtschaftsjahr der Einbringung beim Einbringenden der Besteuerung zu Grunde zu legen ist. Die Steuerfestsetzung bzw. Feststellung des Gewinns ist insoweit gem. § 175 Abs. 1 Satz 1 Nr. 2 AO zu ändern (§ 22 Abs. 2 Satz 2 UmwStG). Der Einbringungsgewinn ermittelt sich nach § 24 Abs. 5 i. V. m. § 22 Abs. 2 Satz 3 UmwStG wie folgt:

Anteiliger gemeiner Wert der Anteile

./. anteilige Kosten für Vermögensübergang

./. anteiliger Einbringungswert (§ 24 Abs. 2 Satz 2 UmwStG)

= Einbringungsgewinn vor Siebtelregelung

./. je $^1/_7$ für seit dem Einbringungszeitpunkt abgelaufene Zeitjahre

= Einbringungsgewinn

Soweit der Einbringungsgewinn einer natürlichen Person zuzurechnen ist, führt er zu einem laufenden Gewinn i. S. d. § 3 Nr. 40 Satz 1 Buchstabe b EStG. § 16 Abs. 4 EStG und § 34 EStG sind nicht anzuwenden (§ 22 Abs. 2 Satz 1 zweiter Halbsatz UmwStG). Hinsichtlich der Zugehörigkeit des Einbringungsgewinns zum Gewerbeertrag gelten die allgemeinen Grundsätze (vgl. § 7 Satz 2 GewStG; R 7 Abs. 3 GewStR). D. h., soweit er auf eine natürliche Person als Einzelunternehmer oder als unmittelbar beteiligter Mitunternehmer entfällt, gehört er nur anteilig zum Gewerbeertrag (§ 24 Abs. 3 Satz 3 UmwStG). Der Einbringungsgewinn erhöht unter den Voraussetzungen des § 23 Abs. 2 UmwStG die Anschaffungskosten der von § 8 b Abs. 2 KStG begünstigten Person. Der Einbringungsgewinn erhöht das Kapitalkonto des Einbringenden i. S. d. § 16 EStG (§ 22 Abs. 2 Satz 4 UmwStG).

Die Randnr. 22.09 f. und 22.13 gelten entsprechend.

## VI. Nachweispflichten

24.29 In entsprechender Anwendung des § 22 Abs. 3 Satz 1 Nr. 2 UmwStG hat der Einbringende in den dem Einbringungszeitpunkt folgenden sieben Jahren jährlich spätestens bis zum 31. 5. den Nachweis darüber zu erbringen, wem mit Ablauf des Tages, der dem maßgebenden Einbringungszeitpunkt entspricht, die eingebrachten Anteile und die auf diesen Anteilen beruhenden Anteile zuzurechnen sind.

In den Fällen des Eintritts eines weiteren Gesellschafters in eine bestehende Personengesellschaft gegen Einlage in das Gesamthandsvermögen sowie der Kapitalerhöhung kann auch die Personengesellschaft den Nachweis gegenüber dem für sie zuständigen Finanzamt mit befreiender Wirkung für die Einbringenden erbringen. Im Übrigen gelten die Randnr. 22.28 ff. entsprechend.

### VII. Bescheinigungsverfahren

Randnr. 22.38 ff. gelten entsprechend. **24.30**

### VIII. Unentgeltliche Rechtsnachfolge

Randnr. 22.41 gilt entsprechend. **24.31**

### IX. Mitverstrickung von Anteilen

Gehen i. R. einer Kapitalerhöhung aus Gesellschaftermitteln bei der Gesellschaft, deren Anteile eingebracht worden sind, stille Reserven auf andere (neue) Anteile der übernehmenden Personengesellschaft über, gelten insoweit auch diese anderen Anteile als sperrfristbehaftet (§ 22 Abs. 7 UmwStG). Randnr. 22.46 gilt entsprechend. **24.32**

### X. Auswirkungen bei der übernehmenden Gesellschaft

Randnr. 23.12 f. gelten entsprechend. **24.33**

## Achter Teil. Formwechsel einer Personengesellschaft in eine Kapitalgesellschaft oder Genossenschaft (§ 25 UmwStG)

Im UmwStG wird der Formwechsel gem. § 25 UmwStG durch den Verweis auf die entsprechende Anwendung der §§ 20 bis 23 UmwStG wie eine übertragende Umwandlung behandelt. Die Ausführungen zu den Randnr. 20.01 – 23.21 sind daher in den Fällen des Formwechsels gem. § 25 UmwStG entsprechend anzuwenden. **25.01**

## Neunter Teil. Verhinderung von Missbräuchen (§ 26 UmwStG)

[unbesetzt] **26.01**

## Zehnter Teil. Anwendungsvorschriften und Ermächtigung

### A. Allgemeines

Zu Besonderheiten bei der Behandlung einbringungsgeborener Anteile i. S. d. § 21 UmwStG 1995 siehe auch die Randnr. 20.38 ff. **27.01**

Nach § 27 Abs. 3 UmwStG ist auf die einbringungsgeborenen Anteile i. S. d. § 21 UmwStG 1995 weiterhin das alte Recht anzuwenden. Dies gilt sowohl in den Fällen der Sacheinlage als auch in den Fällen des Anteilstauschs. Bei einer Veräußerung von sperrfristbehafteten Anteilen ist deshalb auch zu **27.02** prüfen, ob einbringungsgeborene Anteile i. S. d. § 21 UmwStG 1995 vorliegen. Ist dies der Fall, kommt es zu einem Nebeneinander der alten und der neuen Steuerverhaftungsvorschriften. Beruhen die veräußerten Anteile auf einer Sacheinlage oder einem Anteilstausch vor dem Stichtag 13. 12. 2006 und liegen deshalb einbringungsgeborene Anteile i. S. d. § 21 UmwStG 1995 vor, sind zusätzlich die alten Steuerverhaftungsregelungen zu beachten. Diese sehen – genauso wie das neue Recht – eine siebenjährige Sperrfrist vor. Nach § 52 Abs. 4 d Satz 2 EStG und § 34 Abs. 7 a KStG gelten § 3 Nr. 40 Satz 3 und 4 EStG a. F. und § 8 b Abs. 4 KStG a. F. auch weiterhin für einbringungsgeborene Anteile i. S. d. § 21 UmwStG 1995. Werden also einbringungsgeborene Anteile innerhalb der siebenjährigen Sperrfrist veräußert, ist z. B. bei natürlichen Personen das Halb- bzw. Teileinkünfteverfahren nicht anwendbar.

### B. Veräußerung der auf einer Sacheinlage beruhenden Anteile

#### I. Grundfall

27.03 Veräußert eine natürliche Person einbringungsgeborene Anteile i. S. d. § 21 UmwStG 1995, die sie für die Einbringung eines Betriebs, Teilbetriebs oder Mitunternehmeranteils erhalten hat, dann richten sich die steuerlichen Folgen gem. § 3 Nr. 40 Satz 3 und 4 EStG a. F i. V. m. § 52 Abs. 4 d Satz 2 EStG weiterhin nach dem alten Recht. Sofern die siebenjährige Sperrfrist des alten Rechts im Veräußerungszeitpunkt noch nicht abgelaufen ist, ist der Veräußerungsgewinn in voller Höhe zu versteuern. Nach Ablauf der siebenjährigen Sperrfrist alten Rechts sind gem. § 3 Nr. 40 Satz 1 Buchstabe b EStG i. V. m. § 3 Nr. 40 Satz 3 und 4 Buchstabe a EStG 50 % bzw. 60 % des Veräußerungsgewinns zu versteuern. Bei der Berechnung der Sperrfrist ist auf den steuerlichen Übertragungsstichtag (§ 20 Abs. 7 und 8 UmwStG 1995) abzustellen. Es kommt nicht zusätzlich zu einer Einbringungsgewinnbesteuerung, auch wenn der Veräußerungsgewinn i. S. d. § 3 Nr. 40 Satz 3 und 4 EStG a. F. bzw. § 8 b Abs. 4 KStG a. F. niedriger als ein Einbringungsgewinn ist (vgl. Randnr. 27.07).

#### II. Weitereinbringungsfall

27.04 Die siebenjährige Sperrfrist alten Rechts ist auch dann anwendbar, wenn einbringungsgeborene Anteile i. S. d. § 21 UmwStG 1995 nach dem 12. 12. 2006 – also im zeitlichen Anwendungsbereich des neuen Rechts – in eine Kapitalgesellschaft eingebracht werden und anschließend die auf dieser Weitereinbringung beruhenden Anteile veräußert werden. Zwar ist die Weitereinbringung in diesem Fall grundsätzlich nach neuem Recht zu beurteilen. Nach § 21 Abs. 2 Satz 6 i. V. m. § 20 Abs. 3 Satz 4 UmwStG gelten allerdings die als Gegenleistung für die Einbringung von einbringungsgeborenen Anteilen erhaltenen Anteile ebenfalls als einbringungsgeborene Anteile i. S. d. § 21 UmwStG 1995. Infolgedessen sind sowohl die für die Weitereinbringung erhaltenen Anteile als auch die zuvor eingebrachten Anteile einbringungsgeborene Anteile i. S. d. § 21 UmwStG 1995, auf welche jeweils die Sperrfristregelungen des alten Rechts anzuwenden sind.

27.05 Der Gewinn aus der Veräußerung der erhaltenen und ebenfalls als einbringungsgeboren geltenden Anteile innerhalb der siebenjährigen Sperrfrist des alten Rechts ist deshalb sowohl bei einer natürlichen Person als Einbringendem (§ 3 Nr. 40 Satz 3 und 4 a. F. i. V. m. § 52 Abs. 4 d Satz 2 EStG) als auch bei einer Körperschaft als Einbringendem (§ 8 b Abs. 4 Satz 1 Nr. 1, Satz 2 Nr. 1 KStG a. F. i. V. m. § 34 Abs. 7 a KStG) in voller Höhe zu versteuern. Dabei beginnt für die aufgrund der Weitereinbringung erhaltenen und aufgrund der Gesetzesfiktion ebenfalls als einbringungsgeboren geltenden Anteile keine neue siebenjährige Sperrfrist nach altem Recht zu laufen, sondern diese Anteile treten in die bereits laufende Sperrfrist der zuvor eingebrachten Anteile ein (vgl. Randnr. 20.39). Erst nach Ablauf der siebenjährigen Sperrfrist bezüglich der eingebrachten Anteile kommt für den Gewinn aus der Veräußerung der durch die Weitereinbringung erhaltenen Anteile bei natürlichen Personen die hälftige bzw. 40 %ige und bei Kapitalgesellschaften die volle Steuerbefreiung (§ 3 Nr. 40 Satz 1 EStG, § 8 b Abs. 2 KStG) zur Anwendung. Die grundsätzliche Steuerverhaftung der als einbringungsgeboren geltenden Anteile bleibt unabhängig von der Höhe der Beteiligung zeitlich unbegrenzt bestehen (vgl. Randnr. 20.38).

Die Kapitalgesellschaft, in die die einbringungsgeborenen Anteile eingebracht wurden, tritt insoweit in die Rechtsstellung der einbringenden natürlichen Person ein und muss nach § 8 b Abs. 4 Satz 1 Nr. 1, Satz 2 Nr. 1 KStG a. F. i. V. m. § 34 Abs. 7 a KStG den Gewinn aus der Veräußerung dieser Anteile innerhalb der siebenjährigen Sperrfrist alten Rechts ebenfalls in voller Höhe versteuern. Erst nach Ablauf der siebenjährigen Sperrfrist ist der Gewinn aus der Veräußerung der eingebrachten Anteile nach § 8 b Abs. 2, Abs. 3 Satz 1 KStG bei der Kapitalgesellschaft steuerfrei. **27.06**

Die Weitereinbringung der einbringungsgeborenen Anteile beinhaltet zwar gleichzeitig auch einen dem neuen Recht unterliegenden Anteilstausch gem. § 21 UmwStG. Nach § 27 Abs. 4 UmwStG kommt aber die für den Anteilstausch geltende Sperrfristregelung des neuen Rechts gem. § 22 Abs. 2 UmwStG gleichwohl nicht zur Anwendung, weil für diesen Fall in § 27 Abs. 4 UmwStG ausdrücklich ein Vorrang der Sperrfristregelungen nach altem Recht festgelegt wurde. Die innerhalb der siebenjährigen Frist des alten Rechts in voller Höhe steuerpflichtige Veräußerung der eingebrachten Anteile durch die aufnehmende Kapitalgesellschaft oder Genossenschaft führt daher nicht zur zusätzlichen Entstehung eines Einbringungsgewinns II i. S. d. § 22 Abs. 2 UmwStG. **27.07**

## C. Veräußerung der auf einem Anteilstausch beruhenden Anteile

### I. Grundfall

Veräußert eine natürliche Person oder eine Körperschaft Anteile, die sie i. R. eines Anteilstauschs (§ 21 UmwStG 1995) erhalten hat und die ebenfalls als einbringungsgeboren i. S. d. § 21 UmwStG 1995 gelten (siehe § 21 Abs. 2 Satz 6 i. V. m. § 20 Abs. 3 Satz 4 UmwStG), richtet sich die Behandlung dieses Vorgangs auch hier weiterhin nach altem Recht. Wenn die i. R. d. Anteilstauschs hingegebenen Anteile nicht mittelbar auf eine Sacheinlage innerhalb der siebenjährigen Sperrfrist zurückzuführen sind, sind die Beschränkungen der § 3 Nr. 40 Satz 3 und 4 EStG a. F. und § 8 b Abs. 4 KStG a. F. nicht anwendbar. **27.08**

27.09 Bei der Veräußerung der durch den Anteilstausch in die Kapitalgesellschaft eingebrachten Anteile muss die Kapitalgesellschaft den Gewinn aus der Veräußerung der eingebrachten Anteile innerhalb der siebenjährigen Sperrfrist des alten Rechts in voller Höhe versteuern, wenn die Anteile von einer natürlichen Person eingebracht wurden. Denn es handelt sich um eingebrachte Anteile i. S. d. § 8 b Abs. 4 Satz 1 Nr. 2 KStG a. F., die gem. § 8 b Abs. 4 Satz 1 Nr. 2, Satz 2 Nr. 1 KStG a. F. i. V. m. § 34 Abs. 7 a KStG auf einer Übertragung bis zum 12. 12. 2006 beruhen.

## II. Weitereinbringungsfälle beim Anteilstausch

### 1. Weitereinbringung durch die natürliche Person

27.10 Werden die nach altem Recht von einer natürlichen Person im Wege des Anteilstauschs erhaltenen einbringungsgeborenen Anteile i. S. d. § 21 UmwStG 1995 von der natürlichen Person nach dem 12. 12. 2006 – also im zeitlichen Anwendungsbereich des neuen Rechts – in eine zweite Kapitalgesellschaft eingebracht, unterliegt die Veräußerung der aus dieser Weitereinbringung erhaltenen sperrfristbehafteten Anteile durch die natürliche Person innerhalb der siebenjährigen Sperrfrist des alten Rechts dem Halb- bzw. Teileinkünfteverfahren.

**Beispiel:**

Die natürliche Person A hält 100 % der Anteile an der A-GmbH, die sie durch eine Bargründung erworben hat. Zum 31. 12. 2005 hat A die Anteile an der A-GmbH steuerneutral in die B-GmbH eingebracht und als Gegenleistung hierfür neue Anteile an der B-GmbH erhalten (Anteilstausch in Inland). Zum 31. 12. 2007 bringt A die Anteile an der B-GmbH steuerneutral gem. § 21 UmwStG in die C-GmbH ein. Am 30. 9. 2008 veräußert A die Anteile an der C-GmbH.

**Lösung:**

A veräußert im Jahre 2008 einbringungsgeborene Anteile, da die Anteile an der C-GmbH gem. § 21 Abs. 2 Satz 6 i. V. m. § 20 Abs. 3 Satz 4 UmwStG n. F. zu 100 % als einbringungsgeborene Anteile i. S. d. § 21 UmwStG 1995 gelten. Nach § 3 Nr. 40 Satz 3 EStG a. F., der noch anzuwenden ist, wäre der Veräußerungsgewinn im Jahre 2008 in voller Höhe steuerpflichtig, da die siebenjährige Sperrfrist des § 3 Nr. 40 Satz 4 Buchstabe a erster Halbsatz EStG a. F. im Zeitpunkt der Veräußerung noch nicht abgelaufen ist. Fraglich ist, ob die Rückausnahme des § 3 Nr. 40 Satz 4 Buchstabe b erster Halbsatz EStG a. F. eingreift, denn die Anteile wurden nicht aufgrund eines Anteilstauschs nach § 20 Abs. 1 Satz 2 UmwStG 1995, sondern aufgrund eines Anteilstauschs nach § 21 UmwStG n. F. erworben. § 21 UmwStG n. F. nennt § 3 Nr. 40 Satz 4 Buchstabe b erster Halbsatz EStG a. F. aber nicht, so dass nach dem Wortlaut der Vorschrift der Veräußerungsgewinn innerhalb der siebenjährigen Sperrfrist in voller Höhe steuerpflichtig wäre. Aus Billigkeitsgründen kommt aber in diesem Fall die 40 %ige Steuerbefreiung gem. dem Teileinkünfteverfahren zur Anwendung.

### 2. Weitereinbringung durch die aufnehmende (erste) Kapitalgesellschaft

27.11 Werden die nach altem Recht von einer natürlichen Person im Wege des Anteilstauschs in eine Kapitalgesellschaft eingebrachten Anteile anschließend von dieser Kapitalgesellschaft nach dem 12. 12. 2006 – also im zeitlichen Anwendungsbereich des neuen Rechts – in eine zweite Kapitalgesellschaft weiter eingebracht und anschließend von der zweiten Kapitalgesellschaft veräußert, ist die alte Sperrfrist des § 8 b Abs. 4 Satz 1 Nr. 2 KStG a. F. für Anteile, die auf einer Einbringung durch eine natürliche Person innerhalb der letzten sieben Jahre beruhen, gem. § 34 Abs. 7 a KStG auch weiterhin anzuwenden, weil es sich um eingebrachte Anteile i. S. v. § 8 b Abs. 4 Satz 1 Nr. 2 KStG a. F. handelt, die auf einer Übertragung bis zum 12. 12. 2006 beruhen. Dabei ist nicht auf die Übertragung i. R. d. Weitereinbringung, sondern auf die Übertragung i. R. d. (ursprünglichen) Anteilstauschs abzustellen.

## D. Wechselwirkung zwischen altem und neuem Recht

Ein Einbringungsgewinn II, der auf die Einbringung von einbringungeborenen Anteilen i. S. d. § 21 UmwStG 1995 entfällt, die erst nach Ablauf der siebenjährigen Sperrfrist des alten Rechts veräußert werden, ist voll steuerpflichtig und nicht nach den Regelungen des Halb- bzw. Teileinkünfteverfahrens voll oder teilweise steuerfrei, wenn der Einbringungszeitpunkt innerhalb der für die einbringungsgeborenen Anteile alten Rechts geltenden siebenjährigen Sperrfrist liegt. **27.12**

**Beispiel:**

A ist Inhaber eines Einzelunternehmens, das er in 2002 in eine neu gegründete GmbH 1 (Buchwert 100 000 €, gemeiner Wert 800 000 €) einbringt. Die GmbH 1 setzt das übernommene Vermögen mit dem Buchwert an. Die neuen Anteile an der GmbH 1 sind einbringungsgeborene Anteile i. S. d. § 21 Abs. 1 UmwStG 1995. Im Januar 2007 bringt A die Anteile an der GmbH 1 in die GmbH 2 gegen Gewährung von neuen Anteilen ein. Die übernehmende GmbH 2 setzt die eingebrachten Anteile an der GmbH 1 mit dem bisherigen Buchwert an (Buchwert 100 000 €, gemeiner Wert 900 000 €). Im Juni 2010 veräußert die GmbH 2 die eingebrachten einbringungsgeborenen Anteile an der GmbH 1 für 1 100 000 €.

**Lösung:**

Die von der GmbH 2 veräußerten Anteile an der GmbH 1 sind zwar gem. § 23 Abs. 1 UmwStG Anteile i. S. v. § 21 UmwStG 1995 Der erzielte Veräußerungsgewinn ist jedoch nach § 8 b Abs. 2 KStG steuerfrei, da die siebenjährige Sperrfrist nach § 8 b Abs. 4 KStG a. F. zum Zeitpunkt der Veräußerung in 2010 abgelaufen ist. Da somit kein Anwendungsfall von § 8 b Abs. 4 KStG a. F. vorliegt, kommen nach § 27 Abs. 4 UmwStG die §§ 22 und 23 UmwStG zur Anwendung. Im Beispielsfall muss A gem. § 22 Abs. 2 UmwStG im Veranlagungszeitraum 2007 rückwirkend einen Einbringungsgewinn II nach § 16 EStG i. V. m. § 21 UmwStG a. F. versteuern. Dieser Gewinn unterliegt nicht der teilweisen Steuerbefreiung nach § 3 Nr. 40 EStG, da die Weitereinbringung der einbringungsgeborenen Anteile innerhalb der siebenjährigen Sperrfrist alten Rechts erfolgt ist.
Die Einbringung im Januar 2007 ist ein entgeltlicher Vorgang, der aufgrund der Buchwertfortführung zunächst nicht zum Entstehen eines Einbringungsgewinns führt. Aufgrund der Veräußerung der eingebrachten Anteile durch die GmbH 2 in 2010 entsteht rückwirkend im Jahr 2007, d. h. innerhalb von sieben Jahren nach der ersten Einbringung, ein Einbringungsgewinn II aufgrund der nunmehr rückwirkend vorzunehmenden höheren Bewertung. Damit ergibt sich hinsichtlich der vollen Steuerpflicht des Einbringungsgewinns das gleiche Ergebnis, wie wenn die Einbringung in 2007 von vornherein zum gemeinen Wert oder Zwischenwert erfolgt wäre. Die nachträgliche Besteuerung der im Zeitpunkt der Einbringung vorhandenen stillen Reserven soll durch die Systemumstellung des Einbringungsteils nicht verloren gehen. Die nachträgliche Besteuerung umfasst daher auch die Nichtgewährung der 40 %igen Steuerbefreiung nach § 3 Nr. 40 Satz 3 und 4 EStG a. F.

## E. Spezialregelung für die Veräußerung einbringungsgeborener Anteile gem. § 21 Abs. 2 Satz 1 Nr. 2 UmwStG 1995

Nach § 27 Abs. 3 Nr. 3 UmwStG erfolgt bei Ausschluss des deutschen Besteuerungsrechts gem. § 21 Abs. 2 Satz 1 Nr. 2 UmwStG a. F von Amts wegen eine zinslose Stundung der festgesetzten Steuer ohne Sicherheitsleistung gem. § 6 Abs. 5 AStG i. d. F. des Gesetzes vom 7. 12. 2006, BGBl. I S. 2782, **27.13** wenn die Einkommensteuer insoweit noch nicht bestandskräftig festgesetzt ist. Eine Stundung der Steuer ist danach in allen noch offenen Fällen und unabhängig von dem konkreten Veräußerungszeitpunkt von Amts wegen auszusprechen.

**Beispiel:**

Die natürliche Person A ist Inhaber einbringungsgeborener Anteile i. S. d. § 21 UmwStG 1995, die sie im Jahre 2005 durch eine Sacheinlage in eine inländische Kapitalgesellschaft erworben hatte. Am 30. 9. 2009 verlegt A seinen Wohnsitz nach Frankreich, ohne dass es bis zu diesem Zeitpunkt zu einer Veräußerung der einbringungsgeborenen Anteile gekommen ist.

**Lösung:**

Zwar richtet sich grundsätzlich die Veräußerung einbringungsgeborener Anteile i. S. d. § 21 UmwStG 1995 weiterhin nach dem alten Recht. Der Wegzug nach Frankreich führt aber gleichwohl – entgegen dem Wortlaut des § 21 Abs. 2 Satz 1 Nr. 2 UmwStG 1995 – nicht zu einer Besteuerung eines Gewinns aus einer fiktiven Veräußerung der einbringungeborenen Anteile. Vielmehr wird die auf den fiktiven Veräußerungsgewinn gem. § 21 Abs. 2 Satz 1 Nr. 2 UmwStG 1995 entfallende Einkommensteuer von dem zuständigen Finanzamt lediglich festgesetzt und zunächst von Amts wegen zinslos und ohne Sicherheitsleistung gestundet. Zu einer tatsächlichen Erhebung der entsprechenden Einkommensteuer kommt es erst dann, wenn A die Anteile zu einem späteren Zeitpunkt tatsächlich veräußert bzw. ein Veräußerungsersatztatbestand vorliegt.

## F. Sonstige Anwendungsbestimmungen

**S.01** Die Grundsätze dieses Schreibens gelten für alle noch nicht bestandskräftigen Fälle, auf die das Umwandlungssteuergesetz i. d. F. des Gesetzes über steuerliche Begleitmaßnahmen zur Einführung der Europäischen Gesellschaft und zur Änderung weiterer steuerlicher Vorschriften (SEStEG) vom 7. 12. 2006, BGBl. I S. 2782, mit seinen weiteren Änderungen anzuwenden ist. Die Randnr. 21.01–21.16 des BMF-Schreibens vom 25. 3. 1998, BStBl. I S. 268, sind für einbringungsgeborene Anteile i. S. v. § 21 Abs. 1 UmwStG 1995 und für Anteile, die aufgrund eines Einbringungsvorgangs nach dem 12. 12. 2006 nach § 20 Abs. 3 Satz 4, § 21 Abs. 2 Satz 6 UmwStG als einbringungsgeborene Anteile i. S. v. § 21 Abs. 1 UmwStG 1995 gelten, weiterhin anzuwenden.

**S.02** Ergibt sich aus den Gesamtumständen des Einzelfalls, dass bis zum 31. 12. 2011 ein unwiderruflicher Antrag zum Ansatz der Buchwerte gemäß § 3 Abs. 2, § 9 Satz 1 i. V. m. § 3 Abs. 2, § 11 Abs. 2, § 15 Abs. 1 i. V. m. § 11 Abs. 2, § 16 Satz 1 i. V. m. § 3 Abs. 2 UmwStG (vgl. z. B. Randnr. 03.27 ff.) gestellt worden ist, kann auf die gesonderte Abgabe einer steuerlichen Schlussbilanz (vgl. z. B. § 3 Abs. 1 UmwStG, Randnr. 03.01) verzichtet werden, wenn eine Bilanz i. S. d. § 4 Abs. 1, § 5 Abs. 1 EStG auf den steuerlichen Übertragungsstichtag bis zum 31. 12. 2011 eingereicht worden ist und diese der steuerlichen Schlussbilanz entspricht.

**S.03** Bei Umwandlungen und Einbringungen, die nicht zum gemeinen Wert erfolgen, kann eine Aufstockung (vgl. z. B. Randnr. 03.23) abweichend von den gesetzlichen Regelungen des UmwStG in einer ersten Stufe bei bereits bilanzierten Wirtschaftsgütern erfolgen und erst in einer zweiten Stufe auch bei bisher in der Steuerbilanz nicht anzusetzenden selbst geschaffenen immateriellen Wirtschaftsgütern, wenn das gesamte übertragene bzw. eingebrachte Vermögen im Inland belegen ist. Dies gilt nur, wenn in den Fällen der Gesamtrechtsnachfolge der Umwandlungsbeschluss bis zum 31. 12. 2011 erfolgt ist oder in den anderen Fällen der Einbringungsvertrag bis zum 31. 12. 2011 geschlossen worden ist.

Bei Umwandlungen und Einbringungen ist es, abweichend von z.B. Randnr. 02.14, ausreichend, wenn die Teilbetriebsvoraussetzungen spätestens bis zum Zeitpunkt des Umwandlungsbeschlusses oder des Abschlusses des Einbringungsvertrags vorliegen. Dies gilt nur, wenn in den Fällen der Gesamtrechtsnachfolge der Umwandlungsbeschluss bis zum 31. 12. 2011 erfolgt ist oder in den anderen Fällen der Einbringungsvertrag bis zum 31. 12. 2011 geschlossen worden ist. **S.04**

Bei Umwandlungen und Einbringungen ist es hinsichtlich des Vorliegens der Teilbetriebsvoraussetzungen, abweichend von Randnr. 15.02 f., ausreichend, wenn die Anforderungen an den Begriff des Teilbetriebs i. S. d. *BMF-Schreibens vom 16. 8. 2000, BStBl. I S. 1253*[1]), sowie der Randnr. 15.10 einschließlich der Randnr. 15.07–15.09 des BMF-Schreibens vom 25. 3. 1998, BStBl. I S. 268, erfüllt werden. Dies gilt nur, wenn in den Fällen der Gesamtrechtsnachfolge der Umwandlungsbeschluss bis zum 31. 12. 2011 erfolgt ist oder in den anderen Fällen der Einbringungsvertrag bis zum 31. 12. 2011 geschlossen worden ist. Vorstehende Sätze gelten nicht für die Anwendung von §§ 15, 16 i. V. m. § 3 Abs. 3, § 15 i. V. m. § 13 Abs. 2 Satz 1 Nr. 2 und § 20 Abs. 8 UmwStG. **S.05**

Abweichend von Randnr. 11.08 und 20.19 gilt die Besteuerung mit Körperschaftsteuer bei Umwandlung auf bzw. Einbringung in eine unbeschränkt körperschaftsteuerpflichtige, nicht nach § 5 KStG steuerbefreite Organgesellschaft i. S. d. § 1 Abs. 1, §§ 14, 17 KStG als sichergestellt. Dies gilt nur, wenn in den Fällen der Gesamtrechtsnachfolge der Umwandlungsbeschluss bis zum 31. 12. 2011 erfolgt ist oder in den anderen Fällen der Einbringungsvertrag bis zum 31. 12. 2011 geschlossen worden ist. **S.06**

Abweichend von Randnr. 15.26 ist Randnr. 15.26 des BMF-Schreibens vom 25. 3. 1998, BStBl. I S. 268, anzuwenden, wenn die unmittelbare oder mittelbare Veräußerung der Anteile einer an der Spaltung beteiligten Körperschaften bis zum 31. 12. 2011 erfolgt ist. **S.07**

Die BMF-Schreiben vom 4. 9. 2007, BStBl. I S. 698, und vom 20. 5. 2009, BStBl. I S. 671, werden mit Wirkung der Veröffentlichung dieses Schreibens aufgehoben. **S.08**

## Besonderer Teil zum UmwStG

## A. Auswirkungen der Umwandlung auf eine Organschaft

### I. Organträger als übertragender bzw. umzuwandelnder Rechtsträger

#### 1. Verschmelzung des Organträgers

Geht das Vermögen des Organträgers und damit auch die Beteiligung an der Organgesellschaft durch Verschmelzung auf ein anderes gewerbliches Unternehmen i. S. d. § 14 Abs. 1 Satz 1 Nr. 2 KStG über, tritt der übernehmende Rechtsträger grundsätzlich in den Gewinnabführungsvertrag ein. **Org.01**

[1]) Aufgeh. durch Positivliste des BMF v. 24.3. 2014, BStBl. I S.606.

### a) Fortsetzung einer bestehenden Organschaft im Verhältnis zum übernehmenden Rechtsträger

Org.02 Infolge des in § 12 Abs. 3 Satz 1 UmwStG angeordneten Eintritts des übernehmenden Rechtsträgers in die steuerliche Rechtsstellung des übertragenden Rechtsträgers ist dem übernehmenden Rechtsträger mit Wirkung ab dem steuerlichen Übertragungsstichtag eine im Verhältnis zwischen dem übertragenden Rechtsträger und der Organgesellschaft bestehende finanzielle Eingliederung zuzurechnen (BFH vom 28. 7. 2010 I R 89/09, BStBl. 2011 II S. 528). Die Voraussetzungen einer Organschaft sind danach vom Beginn des Wirtschaftsjahres der Organgesellschaft an erfüllt, wenn dem übernehmenden Rechtsträger z. B. nach §§ 2, 20 Abs. 5 und 6 oder § 24 Abs. 4 UmwStG auch die Beteiligung an der Organgesellschaft steuerlich rückwirkend zum Beginn des Wirtschaftsjahrs der Organgesellschaft zuzurechnen ist (vgl. z. B. Randnr 02.03).

### b) Erstmalige Begründung einer Organschaft zum übernehmenden Rechtsträger

Org.03 Eine noch gegenüber dem übertragenden Rechtsträger bestehende finanzielle Eingliederung zum steuerlichen Übertragungsstichtag ist dem übernehmenden Rechtsträger infolge des in § 12 Abs. 3 Satz 1 UmwStG angeordneten Eintritts in die steuerliche Rechtsstellung mit Wirkung ab dem steuerlichen Übertragungsstichtag zuzurechnen (vgl. Randnr. Org.02). Eine Organschaft kann durch den übernehmenden Rechtsträger mit steuerlicher Rückwirkung nur begründet werden, wenn diesem auch die Anteile an der künftigen Organgesellschaft steuerlich rückwirkend (z. B. nach §§ 2, 20 Abs. 5 und 6 oder § 24 Abs. 4 UmwStG) zum Beginn des Wirtschaftsjahrs der Organgesellschaft zuzurechnen sind. Werden die Voraussetzungen der finanziellen Eingliederung erst infolge der Umwandlung geschaffen (z. B. übertragender Rechtsträger und übernehmender Rechtsträger besitzen vor der Umwandlung eine Beteiligung von jeweils unter 50 %), ist die rückwirkende erstmalige Begründung einer Organschaft mangels Eintritt in die steuerliche Rechtsstellung hinsichtlich einer beim übertragenden Rechtsträger zum steuerlichen Übertragungsstichtag bestehenden finanziellen Eingliederung somit nicht möglich.

### c) Beendigung der Organschaft bei Abwärtsverschmelzung

Org.04 Wird der Organträger auf die Organgesellschaft verschmolzen, endet die Organschaft mit Wirkung zum steuerlichen Übertragungsstichtag. Bei Beendigung des Gewinnabführungsvertrags vor Ablauf von fünf Jahren ist in diesen Fällen ein wichtiger Grund i. S. d. § 14 Abs. 1 Satz 1 Nr. 3 Satz 2 KStG anzunehmen.

### d) Organschaftliche Ausgleichsposten

Org.05 Die Verschmelzung des Organträgers stellt einen Veräußerungsvorgang i. S. d. § 14 Abs. 4 KStG hinsichtlich der Beteiligung an der Organgesellschaft dar (vgl. Randnr. 00.02). Auf dieses Organschaftsverhältnis entfallende organschaftliche Ausgleichsposten sind nach § 14 Abs. 4 Satz 2 KStG zum steuerlichen Übertragungsstichtag aufzulösen.

Wird die Organschaft vom übernehmenden Rechtsträger zulässigerweise fortgeführt, sind die organschaftlichen Ausgleichsposten abweichend davon nicht aufzulösen, wenn die Verschmelzung zum Buchwert erfolgt. Der übernehmende Rechtsträger hat die organschaftlichen Ausgleichsposten fortzuführen. Erfolgt die Verschmelzung zum gemeinen Wert, sind die organschaftlichen Ausgleichsposten in voller Höhe, bei Verschmelzung zum Zwischenwert anteilig aufzulösen.

In den Fällen der Abwärtsverschmelzung sind die organschaftlichen Ausgleichsposten stets in voller Höhe aufzulösen, da eine Fortführung der Organschaft ausscheidet (vgl. Randnr. Org.04).

## 2. Auf- und Abspaltung, Ausgliederung

Geht das Vermögen des Organträgers durch Aufspaltung auf ein anderes gewerbliches Unternehmen i. S. d. § 14 Abs. 1 Satz 1 Nr. 2 KStG über, tritt der übernehmende Rechtsträger nach Maßgabe des Spaltungsvertrags oder -plans (§ 131 Abs. 1 Nr. 1 UmwG) in den bestehenden Gewinnabführungsvertrag ein. Dem die Beteiligung an der Organgesellschaft übernehmenden Rechtsträger ist eine gegenüber dem übertragenden Rechtsträger zum steuerlichen Übertragungsstichtag bestehende finanzielle Eingliederung zuzurechnen; Randnr. Org.02 f. gelten entsprechend. **Org.06**

Organschaftliche Ausgleichsposten sind nach § 14 Abs. 4 Satz 2 KStG aufzulösen. Randnr. Org.05 gilt entsprechend. Bleiben die organschaftlichen Ausgleichsposten danach ganz oder teilweise bestehen, sind sie vom übernehmenden Rechtsträger fortzuführen, auf den die Organbeteiligung übergeht.

Geht die Beteiligung an der Organgesellschaft im Wege der Abspaltung auf ein anderes gewerbliches Unternehmen i. S. d. § 14 Abs. 1 Satz 1 Nr. 2 KStG über, wird dem übernehmenden Rechtsträger eine gegenüber dem übertragenden Rechtsträger zum steuerlichen Übertragungsstichtag bestehende finanzielle Eingliederung zugerechnet. Randnr. Org.02 f. gelten entsprechend. **Org.07**

Auf dieses Organschaftsverhältnis entfallende organschaftliche Ausgleichsposten sind nach § 14 Abs. 4 Satz 2 KStG aufzulösen. Randnr. Org.05 gilt entsprechend. Bleiben die organschaftlichen Ausgleichsposten danach ganz oder teilweise bestehen, sind sie vom übernehmenden Rechtsträger fortzuführen, auf den die Organbeteiligung übergeht.

Geht die Beteiligung an der Organgesellschaft im Wege der Ausgliederung auf ein anderes gewerbliches Unternehmen i. S. d. § 14 Abs. 1 Satz 1 Nr. 2 KStG über, wird dem übernehmenden Rechtsträger eine gegenüber dem übertragenden Rechtsträger bestehende finanzielle Eingliederung mit Wirkung ab dem steuerlichen Übertragungsstichtag zugerechnet. Steuerlicher Übertragungsstichtag ist in den Fällen des Anteilstauschs i. S. d. § 21 UmwStG der Zeitpunkt, zu dem das wirtschaftliche Eigentum an den Anteilen an der Organgesellschaft übergeht (vgl. Randnr. 21.17). In den Fällen der Einbringung von Anteilen i. S. d. § 21 UmwStG an der Organgesellschaft ist eine Fortsetzung der Organschaft deshalb nur möglich, wenn das betreffende Wirtschaftsjahr der Organgesellschaft nach dem steuerlichen Übertragungsstichtag beginnt. **Org.08**

Auf dieses Organschaftsverhältnis entfallende organschaftliche Ausgleichsposten sind nach § 14 Abs. 4 Satz 2 KStG aufzulösen. Randnr. Org.05 gilt entsprechend. Bleiben die organschaftlichen Ausgleichsposten danach ganz oder teilweise bestehen, sind sie vom übernehmenden Rechtsträger fortzuführen, auf den die Organbeteiligung übergeht.

**Org.09** Verbleibt bei einer Abspaltung oder Ausgliederung eine die Mehrheit der Stimmrechte vermittelnde Beteiligung an der Organgesellschaft beim bisherigen Organträger, wird das bestehende Organschaftsverhältnis durch die Umwandlung nicht berührt.

### 3. Formwechsel des Organträgers

**Org.10** Der Formwechsel des Organträgers hat auf den Fortbestand eines Gewinnabführungsvertrags keinen Einfluss und berührt daher das Organschaftsverhältnis nicht, wenn beim Organträger neuer Rechtsform die Voraussetzungen des § 14 Abs. 1 Satz 1 Nr. 2 KStG vorliegen. Beim Formwechsel i. S. d. § 1 Abs. 1 Satz 1 Nr. 2 und Abs. 3 Nr. 3 UmwStG gelten Randnr. Org.02 und Org.05 entsprechend. Im Fall der erstmaligen Begründung der Organschaft im Anschluss an einen Formwechsel i. S. d. § 1 Abs. 1 Satz 1 Nr. 2 und Abs. 3 Nr. 3 UmwStG gilt Randnr. Org.03 entsprechend.

### 4. Mindestlaufzeit und vorzeitige Beendigung des Gewinnabführungsvertrags

**Org.11** Für die Prüfung der Mindestlaufzeit des Gewinnabführungsvertrags nach § 14 Abs. 1 Satz 1 Nr. 3 KStG ist die Laufzeit bei dem bisherigen und dem künftigen Organträger (übernehmender Rechtsträger bzw. Organträger neuer Rechtsform) zusammenzurechnen, wenn der übernehmende Rechtsträger aufgrund der Umwandlung in den bestehenden Gewinnabführungsvertrag eintritt.

**Org.12** Die Umwandlung des Unternehmens des Organträgers ist ein wichtiger Grund, einen noch nicht fünf aufeinander folgende Jahre durchgeführten Gewinnabführungsvertrag zu kündigen oder im gegenseitigen Einvernehmen zu beenden. Das gilt nicht für den Formwechsel i. S. d. § 190 UmwG (vgl. R 60 Abs. 6 Satz 2 KStR 2004).

### 5. Begründung einer Organschaft nach Einbringung i. S. d. § 20 UmwStG

**Org.13** Die im Zuge einer Einbringung i. S. d. § 20 UmwStG erhaltenen Anteile an einer Kapitalgesellschaft (übernehmender Rechtsträger) sind dem Einbringenden (übertragender Rechtsträger) steuerlich mit Ablauf des steuerlichen Übertragungsstichtags zuzurechnen (vgl. Randnr. 20.14). Eine Organschaft zwischen dem übertragenden Rechtsträger und dem übernehmenden Rechtsträger kann daher grundsätzlich bereits ab diesem Zeitpunkt begründet werden. Weitere Voraussetzung hierfür ist jedoch, dass das eingebrachte Vermögen dem übertragenden Rechtsträger zum Einbringungszeitpunkt auch steuerlich zuzurechnen war (vgl. Randnr. 20.14 sowie BFH vom 28. 7. 2010 I R 89/09, BStBl. 2011 II S. 528). Die steuerliche Anerkennung der Organschaft erfordert zudem, dass der Gewinnabführungsvertrag bis zum Ende des betreffenden Wirtschaftsjahrs der Organgesellschaft wirksam wird. Fällt der steuerliche Übertragungsstichtag zugleich auf das Ende des Wirtschaftsjahrs des übernehmenden Rechtsträgers, kann die Organschaft daher frühestens für das

Wirtschaftsjahr des übernehmenden Rechtsträgers begründet werden, das nach dem steuerlichen Übertragungsstichtag beginnt.

Wird mit steuerlicher Rückwirkung z. B. ein Teilbetrieb, zu dessen funktional wesentlichen Betriebsgrundlagen eine Mehrheitsbeteiligung gehört, in eine Kapitalgesellschaft (übernehmender Rechtsträger) eingebracht, ist wegen des in § 23 Abs. 1 i. V. m. § 12 Abs. 3 erster Halbsatz UmwStG geregelten Eintritts in die steuerliche Rechtsstellung eine zum steuerlichen Übertragungsstichtag noch gegenüber dem übertragenden Rechtsträger bestehende finanzielle Eingliederung mit Wirkung ab dem steuerlichen Übertragungsstichtag dem übernehmenden Rechtsträger zuzurechnen. **Org.14**

### 6. Begründung einer Organschaft nach Anteilstausch i. S. d. § 21 UmwStG

Wird eine die Mehrheit der Stimmrechte vermittelnde Beteiligung an einer Kapitalgesellschaft (erworbene Gesellschaft) in eine andere Kapitalgesellschaft (übernehmende Gesellschaft) nach § 21 UmwStG eingebracht, kann die Einbringung steuerlich nicht rückwirkend erfolgen (vgl. Randnr. 21.17). Eine Organschaft zwischen der übernehmenden Gesellschaft und der erworbenen Gesellschaft kann daher frühestens ab dem Beginn des auf die Einbringung folgenden Wirtschaftsjahrs der erworbenen Gesellschaft begründet werden. **Org.15**

Bestand bei einem Anteilstausch i. S. d. § 21 UmwStG bisher zwischen dem Einbringenden und der erworbenen Gesellschaft eine Organschaft, kann bei Vorliegen der in § 14 Abs. 1 Satz 1 Nr. 1 Satz 2 KStG genannten Voraussetzungen das bestehende Organschaftsverhältnis in Form einer mittelbaren Organschaft fortgeführt werden. **Org.16**

Die auf das bisherige unmittelbare Organschaftsverhältnis entfallenden organschaftlichen Ausgleichsposten sind nach § 14 Abs. 4 Satz 2 KStG aufzulösen. Randnr. Org.05 gilt entsprechend. Bleiben die organschaftlichen Ausgleichsposten danach ganz oder teilweise bestehen, sind sie vom Organträger fortzuführen.

Bringt bei einer zweistufigen Organschaft, bei der die Tochter-Kapitalgesellschaft Organträgerin im Verhältnis zur Enkel-Kapitalgesellschaft und Organgesellschaft im Verhältnis zur Muttergesellschaft ist, die Tochter-Kapitalgesellschaft ihre Beteiligung an der Enkel-Kapitalgesellschaft in die Muttergesellschaft ein, ist eine sich unmittelbar anschließende Begründung der Organschaft zwischen der Enkel-Kapitalgesellschaft und der Muttergesellschaft möglich, denn die Enkel-Kapitalgesellschaft war durchgängig in die Muttergesellschaft finanziell eingegliedert (zunächst mittelbar und anschließend unmittelbar). **Org.17**

Die auf das bisherige Organschaftsverhältnis entfallenden organschaftlichen Ausgleichsposten in der Steuerbilanz der Tochter-Kapitalgesellschaft sind nach § 14 Abs. 4 Satz 2 KStG stets in voller Höhe aufzulösen.

### 7. Anwachsung bei einer Organträger-Personengesellschaft

Erfolgt bei einer Organträger-Personengesellschaft wegen des Ausscheidens des vorletzten Gesellschafters eine Anwachsung des Vermögens auf den verbleibenden Gesellschafter, ist für die Beurteilung des Vorliegens der finanziellen Eingliederung – sofern die Organgesellschaft beim verbleibenden Gesell- **Org.18** schafter nicht bereits mittelbar finanziell eingegliedert war – wie folgt zu unterscheiden:

– Ist die Anwachsung Folge einer übertragenden Umwandlung mit steuerlicher Rückwirkung, ist dem verbleibenden Gesellschafter die Beteiligung an der Organgesellschaft auch mit steuerlicher Rückwirkung zuzurechnen.

– Ist die Anwachsung Folge einer Übertragung, für die die steuerliche Rückwirkung nach dem UmwStG nicht gilt (z. B. Veräußerung der Mitunternehmerbeteiligung), ist die Beteiligung an der Organgesellschaft dem verbleibenden Gesellschafter erst mit Übergang des wirtschaftlichen Eigentums zuzurechnen.

Die organschaftlichen Ausgleichsposten sind von dem verbleibenden Gesellschafter in unveränderter Höhe fortzuführen.

### 8. Zurechnung des Organeinkommens bei Umwandlung des Organträgers

**Org.19** Das Einkommen der Organgesellschaft ist dem Organträger für das Kalenderjahr (Veranlagungszeitraum) zuzurechnen, in dem die Organgesellschaft das Einkommen bezogen hat (BFH vom 29. 10. 1974 I R 240/72, BStBl. 1975 II S. 126). Bei Fortsetzung einer bestehenden Organschaft (vgl. z. B. Randnr. Org.02) ist das Organeinkommen demjenigen Rechtsträger zuzurechnen, der zum Schluss des Wirtschaftsjahrs der Organgesellschaft als Organträger anzusehen ist.

## II. Organträger als übernehmender Rechtsträger

**Org.20** Eine Umwandlung auf den Organträger als übernehmender Rechtsträger hat auf den Fortbestand eines Gewinnabführungsvertrags keinen Einfluss und berührt daher das Organschaftsverhältnis nicht.

## III. Organgesellschaft als übertragender bzw. umzuwandelnder Rechtsträger

### 1. Verschmelzung auf eine andere Gesellschaft

**Org.21** Wird die Organgesellschaft auf einen anderen Rechtsträger verschmolzen, wird ein bestehender Gewinnabführungsvertrag beendet. Die Verschmelzung stellt auf der Ebene des Organträgers eine Veräußerung der Beteiligung an der Organgesellschaft (vgl. Randnr. 00.03 f.) im Zeitpunkt der Wirksamkeit der Verschmelzung bzw. bei Aufwärtsverschmelzung mit Ablauf des steuerlichen Übertragungsstichtags dar. Eine finanzielle Eingliederung zwischen dem bisherigen Organträger und dem übernehmenden Rechtsträger kann frühestens ab dem Zeitpunkt der Wirksamkeit der Verschmelzung bestehen (vgl. Randnr. 13.06).

Auf dieses Organschaftsverhältnis entfallende organschaftliche Ausgleichsposten sind nach § 14 Abs. 4 Satz 2 KStG stets in voller Höhe aufzulösen.

### 2. Auf- und Abspaltung, Ausgliederung

**Org.22** Die Organgesellschaft bleibt bei der Abspaltung und bei der Ausgliederung bestehen und die Organschaft kann unverändert fortgeführt werden. Der Gewinnabführungsvertrag wird dadurch nicht berührt.

Die Abspaltung stellt auf der Ebene des Organträgers eine anteilige Veräußerung der Beteiligung an der Organgesellschaft (vgl. § 15 i. V. m. § 13 UmwStG) im Zeitpunkt der Wirksamkeit der Abspaltung dar. Auf dieses Organschaftsverhältnis entfallende organschaftliche Ausgleichsposten sind nach § 14 Abs. 4 Satz 2 KStG nach Maßgabe des Wertverhältnisses in § 15 Abs. 3 UmwStG anteilig aufzulösen. Randnr. Org.05 gilt entsprechend. Bleiben die organschaftlichen Ausgleichsposten danach ganz oder teilweise bestehen, sind sie vom Organträger fortzuführen.

Wird die Organgesellschaft aufgespaltet, endet der Gewinnabführungsvertrag. Randnr. Org.21 gilt entsprechend. **Org.23**

### 3. Formwechsel

Der Formwechsel einer Organgesellschaft in eine Kapitalgesellschaft anderer Rechtsform berührt die steuerliche Anerkennung der Organschaft nicht. **Org.24**

Beim Formwechsel in eine Personengesellschaft endet das Organschaftsverhältnis. Auf dieses Organschaftsverhältnis entfallende organschaftliche Ausgleichsposten sind nach § 14 Abs. 4 Satz 5 KStG stets in voller Höhe aufzulösen.

Wird eine Tochter-Personengesellschaft mit steuerlicher Rückwirkung formwechselnd in eine Tochter-Kapitalgesellschaft umgewandelt, ist dem Einbringenden die Beteiligung an der Tochter-Kapitalgesellschaft mit Ablauf des steuerlichen Übertragungsstichtags zuzurechnen; Randnr. Org.13 gilt entsprechend. Zum rückwirkenden Formwechsel vgl. auch BFH vom 17. 9. 2003 I R 55/02, BStBl. 2004 II S. 534. **Org.25**

### 4. Vorzeitige Beendigung des Gewinnabführungsvertrags

Die Beendigung eines Gewinnabführungsvertrags infolge der Umwandlung der Organgesellschaft ist ein wichtiger Grund i. S. d. § 14 Abs. 1 Satz 1 Nr. 3 Satz 2 KStG, es sei denn, es handelt sich um einen Formwechsel einer Kapitalgesellschaft in eine Kapitalgesellschaft anderer Rechtsform (vgl. R 60 Abs. 6 Satz 2 KStR 2004). **Org.26**

### 5. Zurechnung eines Übertragungsgewinns bzw. -verlusts

Bei Verschmelzung oder Aufspaltung ist ein steuerlicher Übertragungsgewinn von der Organgesellschaft selbst zu versteuern. Bei Abspaltung oder Ausgliederung ist ein steuerlicher Übertragungsgewinn bei weiter bestehender Organgesellschaft dem Organträger zuzurechnen. **Org.27**

### 6. Mehr- und Minderabführungen

Wenn bei einer Sach- oder Anteilseinbringung durch die Organgesellschaft in eine andere Kapitalgesellschaft oder Genossenschaft das eingebrachte Vermögen steuerlich mit dem Buchwert, in der Handelsbilanz jedoch mit dem Verkehrswert angesetzt wird, ist auf die sich daraus ergebende Mehrabführung § 14 Abs. 4 KStG anzuwenden. **Org.28**

## IV. Organgesellschaft als übernehmender Rechtsträger

### 1. Fortgeltung der Organschaft

Ein bestehendes Organschaftsverhältnis wird durch die Umwandlung einer anderen Gesellschaft auf die Organgesellschaft nicht berührt, wenn die finanzielle Eingliederung auch nach der Umwandlung fortbesteht. **Org.29**

**2. Übernahmegewinn bzw. -verlust und Gewinnabführung**

**Org.30** Entsteht bei der Organgesellschaft i. R. d. Umwandlung ein handelsrechtlicher Übernahmegewinn, ist hinsichtlich der handelsrechtlichen Abführungsverpflichtung wie folgt zu unterscheiden:

1. Bei der Aufwärtsverschmelzung einer der Organgesellschaft nachgeordneten Gesellschaft auf die Organgesellschaft erstreckt sich die Gewinnabführungsverpflichtung der Organgesellschaft auch auf einen handelsrechtlichen Übernahmegewinn.
2. Bei der Seitwärtsverschmelzung einer Schwestergesellschaft auf die Organgesellschaft unterliegt ein handelsrechtlicher Übernahmegewinn insoweit nicht der Pflicht zur Gewinnabführung, als er zur Aufstockung des Nennkapitals verwendet oder in die Kapitalrücklage eingestellt wird.

**Org.31** Gewährt die übernehmende Organgesellschaft als Gegenleistung nach der Rechtslage in § 272 HGB i. d. F. vor Inkrafttreten des Bilanzrechtsmodernisierungsgesetzes (BilMoG) vom 25. 5. 2009, BGBl. I S. 1102, bilanzierte eigene Anteile, ist der handelsrechtliche Übernahmegewinn in dem Betrag, der nach § 301 AktG an den Organträger abzuführen ist, enthalten.

**Org.32** Entsteht bei der Organgesellschaft ein handelsrechtlicher Übernahmeverlust, unterliegt dieser der Verlustübernahme nach § 302 AktG bzw. mindert den Betrag, der nach § 301 AktG an den Organträger abzuführen ist.

**3. Mehr- und Minderabführungen**

**Org.33** Geht das Vermögen einer anderen Gesellschaft durch Umwandlung oder Einbringung auf eine Organgesellschaft über und setzt die übernehmende Organgesellschaft das auf sie übergehende Vermögen in der Steuerbilanz mit den Buchwerten, handelsrechtlich jedoch mit den Verkehrswerten an, ist auf die sich daraus ergebende Mehrabführung § 14 Abs. 3 Satz 1 KStG anzuwenden[1)].

**Org.34** Bestanden bereits bei dem übertragenden Rechtsträger Bewertungsunterschiede zwischen Handels- und Steuerbilanz, führen sowohl der Unterschiedsbetrag zwischen dem handelsrechtlichen und dem steuerlichen Übernahmegewinn als auch die spätere Auflösung der Bewertungsunterschiede bei der Organgesellschaft zu Mehr- bzw. Minderabführungen i. S. d. § 14 Abs. 3 KStG.

**B. Auswirkungen auf das steuerliche Einlagekonto und den Sonderausweis**

**I. Übersicht**

**K.01** Eine Verschmelzung sowie eine Auf- und Abspaltung führt zu folgenden Kapitalveränderungen bei der übertragenden und bei der übernehmenden Körperschaft; dies gilt für die übertragende Körperschaft auch bei Umwandlung auf ein Personenunternehmen:

---

[1)] **Red. Anm.:** Das Tatbestandsmerkmal "vororganschaftlich" in § 14 Abs. 3 S. 1 KStG ist nur in zeitlicher, nicht auch in sachlicher Hinsicht zu verstehen; außerorganschaftlich verursachte Mehrabführungen in organschaftlicher Zeit sind nicht erfasst, BFH-Urteil v. 21.2.2022 – I R 51/19, DStR 2022, 1263.

| | Übertragende Körperschaft | Übernehmende Körperschaft |
|---|---|---|
| **Verschmelzung und Aufspaltung** | Fiktive Herabsetzung des Nennkapitals und damit Auflösung eines eventuell bestehenden Sonderausweises i. S. d. § 28 Abs. 1 Satz 3 KStG (§ 29 Abs. 1, § 28 Abs. 2 KStG). Erhöhung des steuerlichen Einlagekontos um den Betrag des Nennkapitals abzüglich des Sonderausweises. | Bei einer Abwärtsverschmelzung bzw. -spaltung gilt Nebenstehendes gem. § 29 Abs. 1 i. V. m. Abs. 2 Satz 3 bzw. Abs. 3 Satz 3 KStG auch für die übernehmende Körperschaft. |
| | | Zurechnung der – in den Fällen der Aufwärtsverschmelzung bzw. -spaltung nach § 29 Abs. 2 Satz 2 ggf. i. V. m. Abs. 3 Satz 3 KStG anteilig gekürzten – Bestände des steuerlichen Einlagekontos (§ 29 Abs. 2 bzw. 3 KStG). |
| | | Anpassung des Nennkapitals und ggf. Neubildung oder Anpassung eines Sonderausweises (§ 29 Abs. 4, § 28 Abs. 1 und 3 KStG). Bei Abwärtsverschmelzung bzw. -spaltung: Erhöhung des fiktiv auf 0 € herabgesetzten Nennkapitals und ggf. Neubildung eines Sonderausweises (§ 29 Abs. 4, § 28 Abs. 1 KStG). |
| **Abspaltung** | Fiktive Herabsetzung des Nennkapitals und Auflösung eines eventuell bestehenden Sonderausweises i. S. d. § 28 Abs. 1 Satz 3 KStG (§ 29 Abs. 1, § 28 Abs. 2 KStG). Erhöhung des steuerlichen Einlagekontos um den Betrag des Nennkapitals abzüglich des Sonderausweises. | Bei einer Abwärtsabspaltung gilt Nebenstehendes gemäß § 29 Abs. 1 i. V. m. Abs. 2 Satz 3 i. V. m. Abs. 3 Satz 3 KStG auch für die übernehmende Körperschaft. |
| | Anteilige Verringerung des steuerlichen Einlagekontos (§ 29 Abs. 3 KStG). | Anteilige Hinzurechnung des – in den Fällen der Aufwärtsabspaltung nach § 29 Abs. 1 i. V. m. Abs. 2 Satz 2 i. V. m. Abs. 3 Satz 3 KStG anteilig gekürzten – steuerlichen Einlagekontos (§ 29 Abs. 3 KStG). |
| | Erhöhung des fiktiv auf 0 € herabgesetzten Nennkapitals und ggf. Neubildung eines Sonderausweises (§ 29 Abs. 4, § 28 Abs. 1 KStG). | Anpassung des Nennkapitals und ggf. Neubildung bzw. Anpassung eines Sonderausweises (§ 29 Abs. 4, § 28 Abs. 1 und 3 KStG). Bei Abwärtsabspaltung: Erhöhung des fiktiv auf 0 € herabgesetzten Nennkapitals und ggf. Neubildung eines Sonderausweises (§ 29 Abs. 4, § 28 Abs. 1 KStG). |

## II. Anwendung des § 29 KStG

### 1. Sachlicher Anwendungsbereich

K.02 § 29 KStG gilt für Umwandlungen i. S. d. § 1 UmwG. Wegen fehlender betragsmäßiger Auswirkung kommt § 29 KStG für Fälle der Ausgliederung i. S. d. § 123 Abs. 3 UmwG nicht zur Anwendung.

### 2. Behandlung bei der übertragenden Körperschaft

#### a) Fiktive Herabsetzung des Nennkapitals

K.03 Bei der übertragenden Körperschaft gilt im ersten Schritt das Nennkapital zum steuerlichen Übertragungsstichtag als in vollem Umfang herabgesetzt. Auf die fiktive Kapitalherabsetzung ist § 28 Abs. 2 Satz 1 KStG entsprechend anzuwenden. Danach verringert sich zunächst ein bestehender Sonderausweis auf 0 €. Der den Sonderausweis übersteigende Betrag erhöht den Bestand des steuerlichen Einlagekontos. Maßgebend ist der Bestand des Sonderausweises, der sich am steuerlichen Übertragungsstichtag ergibt. Die fiktive Herabsetzung des Nennkapitals gilt auch für den Fall der Abspaltung i. S. d. § 123 Abs. 1 und 2 UmwG.

#### b) Verringerung der Bestände beim steuerlichen Einlagekonto

K.04 Bei einer Verschmelzung nach § 2 UmwG sowie bei einer Aufspaltung nach § 123 Abs. 1 UmwG verringert sich das steuerliche Einlagekonto der übertragenden Körperschaft in vollem Umfang (§ 29 Abs. 2 Satz 1, Abs. 3 Satz 1 und 2 KStG). In der letzten gesonderten Feststellung auf den steuerlichen Übertragungsstichtag ist der Bestand nach Berücksichtigung von Zu- und Abgängen (z. B. bei Gewinnausschüttungen im Rückwirkungszeitraum, vgl. z. B. Randnr. 02.34) und vor dem Vermögensübergang anzusetzen.

K.05 Bei einer Abspaltung nach § 123 Abs. 2 UmwG verringert sich der Bestand des steuerlichen Einlagekontos anteilig in dem in § 29 Abs. 3 Satz 1, 2 und 4 KStG genannten Umfang. Maßgebend für die Verringerung ist der nach Berücksichtigung von Zu- und Abgängen ermittelte (ggf. fiktive) Bestand des steuerlichen Einlagekontos zum steuerlichen Übertragungsstichtag; dies gilt auch dann, wenn der steuerliche Übertragungsstichtag nicht auf den Schluss des Wirtschaftsjahrs des übertragenden Rechtsträgers fällt. Für nach dem steuerlichen Übertragungsstichtag erfolgende Leistungen ist der um den Verringerungsbetrag geminderte (ggf. fiktive) Bestand des steuerlichen Einlagekontos zum steuerlichen Übertragungsstichtag maßgebend.

K.06 Die Verringerung des Bestands erfolgt unabhängig von der Rechtsform des übernehmenden Rechtsträgers. Sie ist auch vorzunehmen, soweit eine Hinzurechnung des steuerlichen Einlagekontos bei der übernehmenden Körperschaft nach § 29 Abs. 2 Satz 2 KStG unterbleibt.

#### c) Anpassung des Nennkapitals bei Abspaltung

K.07 Bei einer Abspaltung gilt das nach § 29 Abs. 1 KStG als auf 0 € herabgesetzt geltende Nennkapital des übertragenden Rechtsträgers (vgl. Randnr. K.03) als auf den Stand unmittelbar nach der Übertragung erhöht. Für die fiktive Kapitalerhöhung gilt § 28 Abs. 1 KStG entsprechend. Das Nennkapital verringert damit vorrangig das steuerliche Einlagekonto bis zu dessen Verbrauch, ein übersteigender Betrag ist als Sonderausweis zu erfassen. Maßgeblich ist dabei der Bestand des steuerlichen Einlagekontos, der sich nach Anwendung des § 29 Abs. 1 bis 3 KStG ergeben hat.

## d) Zusammenfassendes Beispiel

**Beispiel:** K.08

Die X-GmbH (voll eingezahltes Nennkapital 300 000 €, davon Sonderausweis 100 000 €) wird hälftig abgespalten. Das Nennkapital nach Abspaltung soll 50 000 € betragen. Das steuerliche Einlagekonto beträgt 0 €.

**Lösung:**

| | Vorspalte | Einlagekonto | Sonderausweis |
|---|---|---|---|
| Anfangsbestand | | 0 € | 100 000 € |
| Betrag der fiktiven Kapitalherabsetzung | 300 000 € | | |
| Verringerung des Sonderausweises | ./. 100 000 € | | ./. 100 000 € |
| Rest, Zugang beim steuerlichen Einlagekonto | 200 000 € | + 200 000 € | |
| Zwischenergebnis | | 200 000 € | 0 € |
| Abgang vom steuerlichen Einlagekonto (= 50 %) | | ./. 100 000 € | |
| Zwischenergebnis | | 100 000 € | 0 € |
| Betrag der fiktiven Kapitalerhöhung | 50 000 € | | |
| Verringerung des steuerlichen Einlagekontos | ./. 50 000 € | ./. 50 000 € | |
| Schlussbestände | | 50 000 € | 0 € |

## 3. Behandlung bei der übernehmenden Körperschaft

### a) Hinzurechnung des Bestands des steuerlichen Einlagekontos bei der übernehmenden Körperschaft

Soweit das Vermögen einer Körperschaft auf eine andere unbeschränkt steuerpflichtige Körperschaft übergeht, erhöht sich der Bestand des steuerlichen Einlagekontos der übernehmenden Körperschaft nach Maßgabe des § 29 Abs. 2 bzw. 3 KStG zum Schluss des Wirtschaftsjahrs, in das der steuerliche Übertragungsstichtag fällt. Bei Verschmelzungen sowie bei Auf- und Abspaltungen kann sich das steuerliche Einlagekonto der übernehmenden Körperschaft nur in dem in § 29 Abs. 2 und 3 KStG geregelten Umfang erhöhen. § 29 KStG ist insoweit gegenüber § 27 KStG die speziellere Vorschrift. K.09

### b) Beteiligung der übernehmenden Körperschaft an der übertragenden Körperschaft (Aufwärtsverschmelzung)

Ist die übernehmende Körperschaft (Muttergesellschaft) an der übertragenden Körperschaft (Tochtergesellschaft) beteiligt, unterbleibt bei der übernehmenden Muttergesellschaft eine Hinzurechnung des Bestands des steuerlichen K.10

Einlagekontos der übertragenden Tochtergesellschaft in dem Verhältnis der Beteiligung der Muttergesellschaft an der Tochtergesellschaft (§ 29 Abs. 2 Satz 2 und Abs. 3 Satz 3 KStG).

**Beispiel:**

Die Muttergesellschaft hält 80 % der Anteile an einer Tochtergesellschaft. Das steuerliche Einlagekonto der Tochtergesellschaft beträgt nach Anwendung des § 29 Abs. 1 KStG 100 000 €. Die Tochtergesellschaft wird auf die Muttergesellschaft verschmolzen.

**Lösung:**

Nach § 29 Abs. 2 Satz 2 KStG erhöht sich das steuerliche Einlagekonto der Muttergesellschaft nur um 20 000 € (= 20 % von 100 000 €).

**Alternative:**

Die Tochtergesellschaft wird hälftig auf die Muttergesellschaft abgespalten.

**Lösung:**

Nach § 29 Abs. 3 Satz 3 i. V. m. Abs. 2 Satz 2 KStG erhöht sich das steuerliche Einlagekonto der Muttergesellschaft um 10 000 € (= 50 % × 20 % von 100 000 €).

**K.11** Die Regelung gilt entsprechend, wenn die übernehmende Körperschaft (Muttergesellschaft) mittelbar, z. B. über eine andere Körperschaft (Tochtergesellschaft), an der übertragenden Körperschaft (Enkelgesellschaft) beteiligt ist.

### c) Beteiligung der übertragenden Körperschaft an der übernehmenden Körperschaft (Abwärtsverschmelzung)

**K.12** Bei Beteiligung der übertragenden Körperschaft (Muttergesellschaft) an der übernehmenden Körperschaft (Tochtergesellschaft) verringert sich nach § 29 Abs. 2 Satz 3 bzw. Abs. 3 Satz 3 KStG das steuerliche Einlagekonto der Tochtergesellschaft in dem Verhältnis der Beteiligung der übertragenden Muttergesellschaft an der übernehmenden Tochtergesellschaft.

**K.13** Bei einer Abwärtsverschmelzung finden die Regelungen des § 29 Abs. 1 und Abs. 2 Satz 1 KStG Anwendung. Bei der Ermittlung des steuerlichen Einlagekontos der übernehmenden Tochtergesellschaft auf den Schluss des Umwandlungsjahrs ist daher wie folgt vorzugehen:

1. fiktive Herabsetzung des Nennkapitals der Tochtergesellschaft auf 0 € (§ 29 Abs. 1 KStG),
2. Verringerung des nach 1. erhöhten steuerlichen Einlagekontos im Verhältnis der Beteiligung der Muttergesellschaft an der Tochtergesellschaft (§ 29 Abs. 2 Satz 3 KStG),
3. fiktive Herabsetzung des Nennkapitals der Muttergesellschaft auf 0 € (§ 29 Abs. 1 KStG),
4. Hinzurechnung des nach 3. erhöhten steuerlichen Einlagekontos der Muttergesellschaft (§ 29 Abs. 2 Satz 1 KStG) sowie
5. fiktive Erhöhung des nach 1. auf 0 € herabgesetzten Nennkapitals der Tochtergesellschaft auf den Stand unmittelbar nach der Übertragung (§ 29 Abs. 4 KStG; Randnr. K.15).

**Beispiel:**

Die Muttergesellschaft M (Nennkapital 120 000 €, steuerliches Einlagekonto 80 000 € und Sonderausweis 0 €) wird auf ihre 100 %ige Tochtergesellschaft T (Nennkapital

120 000 €, steuerliches Einlagekonto 0 € und Sonderausweis 50 000 €) verschmolzen. Das Nennkapital der T nach Verschmelzung beträgt 240 000 €.

**Lösung:**

Für das steuerliche Einlagekonto und den Sonderausweis der T ergibt sich danach folgende Entwicklung:

| | Vorspalte | Einlagekonto | Sonderausweis |
|---|---|---|---|
| Bestand vor der Verschmelzung | | 0 € | 50 000 € |
| Fiktive Kapitalherabsetzung auf Null | 120 000 € | | |
| Verringerung des Sonderausweises | ./. 50 000 € | | ./. 50 000 € |
| Rest, Zugang beim steuerlichen Einlagekonto | 70 000 € | + 70 000 € | |
| Zwischenergebnis | | 70 000 € | 0 € |
| Verringerung i. H. des prozentualen Umfangs der Beteiligung M an T | | ./. 70 000 € | |
| Zwischenergebnis | | 0 € | 0 € |
| Zugang des steuerlichen Einlagekontos der M (nach Anwendung des § 29 Abs. 1 KStG) | | + 200 000 € | |
| Zwischenergebnis | | 200 000 € | 0 € |
| Betrag der fiktiven Kapitalerhöhung | 240 000 € | | |
| Verringerung des steuerlichen Einlagekontos | ./. 200 000 € | ./. 200 000 € | |
| Rest, Zugang beim Sonderausweis | 40 000 € | 0 € | 40 000 € |
| Bestände nach der Verschmelzung | | 0 € | 40 000 € |

Die Regelung gilt entsprechend, wenn die übertragende Körperschaft (Muttergesellschaft) mittelbar, z. B. über eine andere Körperschaft (Tochtergesellschaft), an der übernehmenden Körperschaft (Enkelgesellschaft) beteiligt ist. **K.14**

## d) Erhöhung des Nennkapitals

Erhöht die übernehmende Körperschaft i. R. d. Umwandlung ihr Nennkapital, finden darauf die Regelungen des § 28 Abs. 1 KStG entsprechend Anwendung (§ 29 Abs. 4 KStG). Das gilt nicht, soweit die Kapitalerhöhung auf baren Zuzahlungen bzw. Sacheinlagen beruht. **K.15**

## e) Zusammenfassendes Beispiel

**Beispiel:** **K.16**

Auf die M-GmbH wird die T-GmbH, an der sie zu 50% beteiligt ist, verschmolzen. Das nach § 29 Abs. 2 Satz 1 KStG zuzurechnende steuerliche Einlagekonto der T-GmbH beträgt 400 000 €. Der Sonderausweis der M-GmbH beträgt 100 000 €, der Bestand des steuerlichen Einlagekontos 0 €. I. R. d. Umwandlung wird das Nennkapital um 120 000 € erhöht, wovon 70 000 € auf bare Zuzahlungen entfallen. Nach der Verschmelzung wird das Nennkapital der M-GmbH durch Umwandlung von Rücklagen um weitere 100 000 € erhöht.

**Lösung:**

| | Vorspalte | Einlagekonto | Sonderausweis |
|---|---|---|---|
| Bestand vor Umwandlung | | 0 € | 100 000 € |
| Zugang steuerliches Einlagekonto der T-GmbH | 400 000 € | | |
| Kürzung nach § 29 Abs. 2 Satz 2 KStG (= 50 %) | ./. 200 000 € | | |
| Rest, Zugang steuerliches Einlagekonto | 200 000 € | + 200 000 € | |
| Zwischenergebnis | | 200 000 € | 100 000 € |
| Anpassung des Nennkapitals (Erhöhung um insgesamt 220 000 € abzgl. bare Zuzahlungen i. H. v. 70 000 €) | 150 000 € | | |
| Vorrangige Verwendung des steuerlichen Einlagekontos | ./. 150 000 € | ./. 150 000 € | |
| Zwischenergebnis | | 50 000 € | 100 000 € |
| Verrechnung des Sonderausweises mit dem positiven steuerlichen Einlagekonto zum Schluss des Wirtschaftsjahrs (§ 28 Abs. 3 KStG) | | ./. 50 000 € | ./. 50 000 € |
| Schlussbestände | | 0 € | 50 000 € |

## 4. Aufteilungsschlüssel bei Auf- und Abspaltung

**K.17** Das steuerliche Einlagekonto, das sich nach der Anwendung des § 29 Abs. 1 KStG ergibt, ist in dem Verhältnis der gemeinen Werte der übergehenden Vermögensteile zu dem vor der Auf- oder Abspaltung bestehenden Vermögen auf die übernehmenden Körperschaften, im Fall der Abspaltung auch auf die übertragende Körperschaft aufzuteilen. Dieses Verhältnis (Aufteilungsschlüssel) ergibt sich in der Regel aus den Angaben zum Umtauschverhältnis der Anteile im Spaltungs- und Übernahmevertrag oder im Spaltungsplan. Die Ermittlung der gemeinen Werte ist deshalb nur erforderlich, wenn der Spaltungs- und Übernahmevertrag oder der Spaltungsplan keine Angaben zum Umtauschverhältnis der Anteile enthält oder dieses nicht dem Verhältnis der übergehenden Vermögensteile zu dem vor der Spaltung bestehenden Vermögen entspricht.

## 5. § 29 Abs. 5 und 6 KStG

**K.18** Die Randnr. K.01 bis K.17 gelten in den Fällen des § 29 Abs. 5 und 6 KStG entsprechend.

**K.19** In den Fällen des § 29 Abs. 6 KStG ist das Finanzamt der übernehmenden Körperschaft örtlich zuständig. Die Ermittlung der nicht in das Nennkapital geleisteten Einlagen hat in Abstimmung mit dem Bundeszentralamt für Steuern zu erfolgen.

# 200 § 6/1. Gleich lautende Erlasse betr. Berücksichtigung von aufschiebend bedingten Lasten für Zwecke der Erbschaft- bzw. Schenkungsteuer; Konsequenzen aus dem BFH-Urteil vom 15. Juli 2021 II R 26/19

Vom 4. Januar 2023

Oberste Finanzbehörden der Länder S 3100; S 3101; S 3103; S 3811; S 3834; S 3851

(BStBl. I S. 172)

Wenn ein Erwerb von Todes wegen oder eine freigebige Zuwendung mit einer aufschiebend bedingten Last belastet ist, dann wird diese Last bis zum Eintritt der Bedingung nicht bei der Besteuerung berücksichtigt (§ 6 Abs. 1 des Bewertungsgesetzes – BewG). Tritt die Bedingung ein, so ist die Festsetzung der Erbschaft- bzw. Schenkungsteuer auf Antrag nach dem tatsächlichen Wert der Last zu berichtigen (§ 6 Abs. 2 i.V.m. § 5 Abs. 2 BewG). In dem Sachverhalt, der dem Urteil des BFH vom 15. Juli 2021 II R 26/19, BStBl. 2023 II S. 66, zugrunde liegt, wurde Vermögen übertragen, welches mit einer aufschiebend bedingten Rentenverbindlichkeit belastet war. Streitig war, mit welchem Wert die Rentenlast nach dem Eintritt der Bedingung bei der Besteuerung des Beschenkten bereicherungsmindernd zu berücksichtigen war. 1

Der BFH hat in dem Urteil entschieden, dass die Rentenlast auf den Zeitpunkt des Bedingungseintritts zu bewerten ist. Bei der Ermittlung des Kapitalwerts der Rentenlast ist der bei Bedingungseintritt geltende Vervielfältiger zugrunde zu legen. Eine Abzinsung der aufschiebend bedingten Last auf den Zeitpunkt der Steuerentstehung für den Erwerb des belasteten Beschenkten lehnte der BFH ab. 2

Nach Erörterung mit den obersten Finanzbehörden der Länder gilt bei der Anwendung des Urteils Folgendes:

## 1. Maßgebender Zeitpunkt für die Bewertung einer zuvor aufschiebend bedingten Last

Grundsätzlich kommen für die Bewertung einer zuvor aufschiebend bedingten Last zwei Zeitpunkte in Betracht: 3

– der Zeitpunkt der Steuerentstehung und

– der Zeitpunkt des Eintritts der aufschiebenden Bedingung.

Wenn es sich bei der Last um ein Recht handelt (wie z.B. in dem vom BFH entschiedenen Sachverhalt um ein Rentenrecht), das erst durch den Eintritt einer Bedingung entsteht, dann ist dieses Recht mit seinem Wert im Zeitpunkt des Eintritts der Bedingung zu berücksichtigen. Bei Nutzungsrechten, deren Dauer vom Leben einer oder mehrerer Personen abhängt, ist bei der Ermittlung des Kapitalwerts der sich auf den Zeitpunkt des Eintritts der aufschiebenden Bedingung ergebende Vervielfältiger zugrunde zu legen.

Handelt es sich bei dem Vermögensgegenstand, auf den sich die Last bezieht, um einen Vermögensgegenstand, der nicht Teil des belasteten Erwerbs war, sondern dem Erwerber bereits zum Zeitpunkt der Steuerentstehung gehörte, so ist der Wert dieses Vermögensgegenstandes ebenfalls auf den Zeitpunkt des 4

Eintritts der Bedingung zu ermitteln. Das Gleiche gilt in Fällen, in denen der Erwerber den Vermögensgegenstand, auf den sich die Last bezieht, erst nach dem Zeitpunkt der Steuerentstehung erwirbt.

5 Handelt es sich bei dem Vermögensgegenstand, auf den sich die Last bezieht, hingegen um einen Vermögensgegenstand, der Teil des belasteten Erwerbs war, so erfolgt die Bewertung dieses Vermögensgegenstandes auf den Zeitpunkt der Steuerentstehung für dessen Erwerb (vgl. BFH vom 6.10.1976 II R 107/71, BStBl. 1977 II S. 211). Die Korrespondenz zum Wertansatz des Vermögensgegenstands in demselben Erwerb ist insoweit vorrangig gegenüber der Korrespondenz der Last mit dem Wertansatz für den Erwerb des Begünstigten auf einen anderen Stichtag.

**Beispiel 1:**

A schenkt B am 23.12.2010 ihren Kommanditanteil an einer GmbH & Co. KG, behält sich aber ein lebenslanges Nießbrauchsrecht an dem Kommanditanteil vor. B ist verpflichtet, nach dem Tod der A zu Lasten des Kommanditanteils einen monatlichen, wertgesicherten Betrag i.H.v. 4000 EUR an den C (geboren am 10.12.1948) bis zu dessen Tod zu zahlen. Nach dem Tod der A am 22.1.2022 beantragt B die Korrektur der Schenkungsteuerfestsetzung. Die nunmehr unbedingt gewordene Rentenlast ist von dem Erwerb der B abzuziehen.

Da es sich bei der Last um ein Recht handelt, das erst durch den Eintritt der Bedingung entsteht, erfolgt die Bewertung der Rentenlast auf den Zeitpunkt des Eintritts der Bedingung (vgl. Rz. 3). Der Wert der Rentenlast wird wie folgt ermittelt:

| | |
|---|---|
| Zeitpunkt des Bedingungseintritts (Tod der A) | 22.1.2022 |
| Lebenslänglich laufende monatliche Rente an C | 4000 EUR |
| Geschlecht des Rentenempfängers C | männlich |
| Geburtsdatum des Rentenempfängers C | 10.12.1948 |
| Berechnung: | |
| Alter des Rentenempfängers C am 22.1.2022 | 73 Jahre |
| Vervielfältiger | 9,059 |
| Jahreswert der Rente (12 × 4000 EUR) | 48 000 EUR |
| Gegenwartswert der Rente im Jahr 2022 (9,059 × 48 000 EUR) | 434 832 EUR |

Bei der Ermittlung des steuerpflichtigen Erwerbs der B ist – vorbehaltlich einer Abzinsung (vgl. Rz. 10) – ein Wert der Last i.H.v. 434 832 EUR zu berücksichtigen.

**Beispiel 2:**

A schenkt B am 1.7.01 Geschäftsanteile i.H.v. 100 % an der Z-GmbH mit der Auflage, bei Eintritt einer aufschiebenden Bedingung die Hälfte der Geschäftsanteile an C herauszugeben, wobei zwischenzeitlich gezogene Nutzungen bei B verbleiben sollen. Der Wert der Z-GmbH beträgt am 1.7.01 2 000 000 EUR. Die aufschiebende Bedingung tritt am 30.6.05 ein, woraufhin B 50 % der Geschäftsanteile an der Z-GmbH auf C überträgt. Der Wert der Z-GmbH beträgt zu diesem Zeitpunkt 5 000 000 EUR. Der Zeitraum zwischen der Schenkung und dem Bedingungseintritt beträgt vier Jahre.

Da die an C herauszugebenden Geschäftsanteile Teil des belasteten Erwerbs des B waren, ist der Bewertung der nunmehr unbedingt gewordenen Last des B der Wert der Z-GmbH zum Zeitpunkt der Schenkung im Jahr 01 zugrunde zu legen (vgl. Rz. 5). Es ergibt sich – vorbehaltlich einer Abzinsung (vgl. Rz. 10) – ein Wert der Last i.H.v. 1 000 000 EUR. Somit verbleibt bei B ein Erwerb i.H.v. 1 000 000 EUR. Dies entspricht dem Wert der im Jahr 01 bei B verbliebenen Geschäftsanteile.

Würde man die beim Erwerb des B zu berücksichtigende Last dagegen auf Basis des Werts der Z-GmbH im Zeitpunkt des Eintritts der aufschiebenden Bedingung bewerten (Jahr 05), so hätte die Last – vorbehaltlich einer Abzinsung – einen Wert von 2 500 000 EUR. Bei B verbliebe somit nach Abzug der Last kein positiver Erwerb mehr, obwohl B weiterhin die Hälfte der Geschäftsanteile verbleiben.

Auch in dem Fall, dass der Wert der Z-GmbH gesunken ist, wäre eine Bewertung auf Basis des Werts im Zeitpunkt des Eintritts der Bedingung zu verwerfen: Angenommen die Z-GmbH hätte im Jahr 05 nur noch einen Wert von 500 000 EUR, dann hätte die Last auf Basis des Werts der Z-GmbH im Zeitpunkt des Eintritts der Bedingung – vorbehaltlich einer Abzinsung – einen Wert von 250 000 EUR. B müsste dann einen Erwerb von 1 750 000 EUR versteuern, obwohl bei ihm auf Basis der Wertverhältnisse im Jahr 01 (100 % Z-GmbH = 2 000 000 EUR) tatsächlich nur ein Erwerb von 1 000 000 EUR (= 50 % Z-GmbH) verblieben ist.

## 2. Abzinsung einer aufschiebend bedingten Last für die Schwebezeit zwischen Rechtsgeschäft und Bedingungseintritt

Der BFH hat in dem entschiedenen Sachverhalt die Abzinsung der zuvor aufschiebend bedingten Last abgelehnt. Danach habe es im Zeitpunkt der gemischten Schenkung für die Abzinsung der Last an einem bestimmten Fälligkeitszeitpunkt gefehlt und im Zeitpunkt des Bedingungseintritts hätten die Voraussetzungen des § 12 Abs. 3 BewG (mehr als einjährige Laufzeit einer zinslos gestundeten Forderung) nicht mehr vorgelegen. **6**

In dem Urteilssachverhalt war die Last im Zeitpunkt der Schenkung auf Grund der aufschiebenden Bedingung steuerlich nicht zu berücksichtigen. Die Frage nach einer Abzinsung stellte sich daher zunächst nicht. Mit Eintritt der aufschiebenden Bedingung war die Festsetzung der Schenkungsteuer nach dem tatsächlichen Wert des Erwerbs zu berichtigen (§ 6 Abs. 2 i.V.m. § 5 Abs. 2 BewG). Bei der Berichtigung ist zu berücksichtigen, dass nunmehr bekannt ist, für welchen Zeitraum die Fälligkeit der Last unverzinslich hinausgeschoben wurde. Entgegen der Auffassung des BFH ist dieser Umstand nicht bereits durch die Kapitalisierung mit dem geringeren Vervielfältiger im Zeitpunkt des Bedingungseintritts gegenüber dem Vervielfältiger im Zeitpunkt der Steuerentstehung berücksichtigt. **7**

Mit dem Kapitalwert der Rentenlast wird lediglich der Wert der Rentenverbindlichkeit ausgehend vom Zeitpunkt des Bedingungseintritts abgebildet. Der Zeitraum zwischen der Ausführung der Schenkung bis zum Eintritt der aufschiebenden Bedingung wurde damit noch nicht berücksichtigt. **8**

Auch nach Eintritt der aufschiebenden Bedingung liegt eine hinausgeschobene Fälligkeit vor. Geht man vom Zeitpunkt des Eintritts der Bedingung aus, so ist die Last sofort fällig. Maßgebend ist aber der Besteuerungszeitpunkt des Erwerbs. Davon ausgehend ist die Fälligkeit zumindest bis zum Zeitpunkt des Bedingungseintritts hinausgeschoben. **9**

Ist die Fälligkeit einer Last, sei es auf Grund einer festen zeitlichen Bestimmung oder auf Grund einer aufschiebenden Bedingung, unverzinslich hinausgeschoben, so ist der (Kapital-)Wert der Last für diesen Zeitraum im Wege der Abzinsung zu mindern, um die für den Erwerber geringere Belastung zu berücksichtigen. Hierdurch wird auch der Umstand berücksichtigt, dass der Erwerber die Möglichkeit hat, das Kapital bzw. die herauszugebende Sache in der Zwischenzeit zu nutzen. Bei Kapitalforderungen ergibt sich die Grundlage für die Abzinsung ausdrücklich aus § 12 Abs. 3 BewG. Der Rechtsgedanke der Vorschrift ist jedoch darüber hinaus auch bei der Bewertung von aufschiebend bedingten Lasten, die sich nicht auf Kapitalforderungen beziehen, zu berücksichtigen. Hierbei handelt es sich um einen Ausfluss aus dem Grundsatz der Bewertung mit dem gemeinen Wert (§ 6 Abs. 2 i.V.m. § 5 Abs. 2 und § 9 BewG). **10**

Wenn die Bewertung der Last mit dem (Kapital-)Wert zum Zeitpunkt der Steuerentstehung für den Erwerb des Belasteten vorgenommen wird (vgl. **11**

Rz. 5), dann erfolgt ebenso eine Abzinsung, da die Fälligkeit der Last hinausgeschoben ist. In diesen Fällen wird durch die Abzinsung die geringere Belastung des Herausgebenden berücksichtigt, welche sich daraus ergibt, dass die Herausgabe erst geraume Zeit nach dem Erwerb erfolgt und die Nutzungen für die Zwischenzeit bei dem Herausgebenden verbleiben.

**12** Muss der zur Herausgabe Verpflichtete neben dem Vermögensgegenstand auch die zwischenzeitlichen Nutzungen herausgeben, so scheidet eine Abzinsung aus, da die Fälligkeit dann nicht unverzinslich hinausgeschoben ist.

**Fortsetzung des Beispiels 1:**

Der Wert der Rentenlast ist auf den Stichtag der Steuerentstehung für den Erwerb der Beschenkten abzuzinsen.

| | |
|---|---|
| Besteuerungszeitpunkt | 23.12.2010 |
| Gegenwartswert der Rentenlast | 434 832 EUR |
| Zeitpunkt des Bedingungseintritts | 22.1.2022 |
| Laufzeit der aufgeschobenen Bedingung | |
| 23.12.2010 bis 22.1.2022 = 11 Jahre, 1 Monat | |
| Berechnung: | |
| Abzinsungsfaktor für 12 Jahre | 0,526 |
| Abzinsungsfaktor für 11 Jahre | 0,555 |
| Differenz | – 0,029 |
| davon 1/12 | – 0,002 |
| interpoliert (0,555 – 0,002) | 0,553 |
| Abgezinster Wert (0,553 × 434 832 EUR) | 240 462 EUR |

**Fortsetzung des Beispiels 2:**

Der Wert der Last ist auf den Stichtag der Steuerentstehung für den Erwerb des Beschenkten abzuzinsen. Der abgezinste Wert (Abzinsungsfaktor für 4 Jahre 0,807 × 1 000 000 EUR) beträgt 807 000 EUR.

# 200 § 11/2. Gleichlautender Erlass betr. Besteuerung von Anteilen an einer gemeinnützigen Kapitalgesellschaft

Vom 9. Oktober 2013 (BStBl. I S. 1362)

(Oberste Finanzbehörden der Länder)

**1.** Nach § 11 Abs. 2 BewG sind Anteile an einer Kapitalgesellschaft mit dem gemeinen Wert anzusetzen. Wenn sich der gemeine Wert nicht aus Verkäufen unter fremden Dritten ableiten lässt, die weniger als ein Jahr zurückliegen, ist er unter Berücksichtigung der Ertragsaussichten der Kapitalgesellschaft, einer anderen anerkannten, auch im gewöhnlichen Geschäftsverkehr für nichtsteuerliche Zwecke üblichen Methode oder im vereinfachten Ertragswertverfahren (§§ 199 ff. BewG) zu ermitteln. Dabei darf der Substanzwert der Gesellschaft nicht unterschritten werden.

**2.** Nach § 55 Abs. 1 Nr. 1 Satz 2 und Nr. 2 AO dürfen die Gesellschafter einer steuerbegünstigten, gemeinnützige Zwecke verfolgenden Körperschaft keine Gewinnanteile oder sonstigen Zuwendungen aus Mitteln der Körperschaft erhalten und bei ihrem Ausscheiden oder bei Auflösung oder Aufhebung der Körperschaft nicht mehr als ihre eingezahlten Kapitalanteile und den gemeinen Wert ihrer geleisteten Sacheinlagen zurückerhalten.

**3.** Die sich aus den gemeinnützigkeitsrechtlichen Bindungen für die Gesellschafter ergebenden Beschränkungen werden im Rahmen der Bewertung der Anteile nicht gesondert berücksichtigt. Das vereinfachte Ertragswertverfahrens nach §§ 199 ff. BewG kann nur angewendet werden, wenn es nicht zu einem offensichtlich unzutreffenden Ergebnis führt. Da die steuerliche Gewinnermittlung einer steuerbegünstigten Körperschaft nicht den ideellen Bereich, die Vermögensverwaltung und den Zweckbetrieb umfasst, dürften regelmäßig begründete Zweifel an der Anwendbarkeit des vereinfachten Ertragswertverfahrens bestehen (R B 199.1 Abs. 6 ErbStR). Unter Berufung auf die gemeinnützigkeitsrechtlichen Bindungen darf der Substanzwert (§ 11 Abs. 2 Satz 3 BewG) nicht unterschritten werden.

**4.** Werden Anteile an einer steuerbegünstigten Körperschaft von Todes wegen oder durch Schenkung unter Lebenden übertragen, ist bei der Besteuerung der nach § 151 Abs. 1 Satz 1 Nr. 3 BewG festgestellte Wert anzusetzen (§ 12 Abs. 2 ErbStG).

**5.** Die sich aus den gemeinnützigkeitsrechtlichen Bindungen für den Erwerber der Anteile ergebenden Beschränkungen sind für den Erwerb von Todes wegen oder durch Schenkung unter Lebenden im Rahmen der Ermittlung der Bemessungsgrundlage nach § 10 Abs. 1 Satz 1 ErbStG als auflösend bedingte Last zu berücksichtigen, d. h. zunächst wie eine unbedingte Last abzuziehen (§ 7 Abs. 1 BewG).

**6.** Die Höhe der auflösend bedingten Last entspricht grundsätzlich der Differenz zwischen dem gemeinen Wert der erworbenen Anteile an der Kapitalgesellschaft (vgl. Tz. 1 und 3) und dem Betrag, den der Erwerber der Anteile nach § 55 Abs. 1 Nr. 1 Satz 2 und Nr. 2 AO bei seinem Ausscheiden oder bei Auflösung oder Aufhebung der Körperschaft ohne Verstoß oder Beeinträchtigung der gemeinnützigkeitsrechtlichen Bindungen zurückerhalten kann (vgl. Tz. 2). Der Erwerber der Anteile darf dabei nicht mehr erhalten, als ein Rechtsvorgänger erhalten hätte. Wertsteigerungen sind Gewinn der Kapitalgesellschaft und dürfen somit gemäß § 55 Abs. 1 Nr. 1 AO nur für deren steuerbegünstigten Zweck verwendet werden. Für die Ermittlung des gemeinen Werts der Sacheinlagen kommt es auf die Verhältnisse zu dem Zeitpunkt an, an dem die Sacheinlagen geleistet worden sind (§ 55 Abs. 2 AO).

**7.** Das für die Feststellung des gemeinen Werts der Anteile an der Kapitalgesellschaft nach § 152 Nr. 3 BewG zuständige Finanzamt (Betriebsfinanzamt) ermittelt im Rahmen des Feststellungsverfahrens den Wert der abzugsfähigen Last (vgl. Tz. 6) und teilt diesen nachrichtlich im Wege der Amtshilfe dem Erbschaftsteuerfinanzamt mit.

**8.** Mit dem Eintritt der auflösenden Bedingung ist die Festsetzung der Erbschaft- oder Schenkungsteuer zu berichtigen (§ 7 Abs. 2 BewG) und die Steuer unter Berücksichtigung einer entsprechend verringerten Last zu berechnen. Dies ist insbesondere der Fall, soweit der Erwerber

- bei seinem Ausscheiden oder bei Auflösung der Gesellschaft mehr erhält, als ihm nach § 55 Abs. 1 Nr. 1 Satz 2 und Nr. 2 AO zugestanden hat,
- ohne sein Ausscheiden oder ohne Auflösung der Gesellschaft Zuwendungen aus dem Vermögen der Gesellschaft erhält,
- Anteile veräußert und dabei als Gegenleistung mehr erhält, als ihm nach § 55 Abs. 1 Nr. 1 Satz 2 und Nr. 2 AO zugestanden hat,
- bei Wegfall der Gemeinnützigkeit der Gesellschaft das Vermögen nicht entsprechend § 55 Abs. 1 Nr. 4 Satz 1 AO verwendet,
- nicht nachweisen kann, dass die steuerbegünstigten Zwecke auf Dauer verfolgt werden. Bei Fällen mit Auslandsbezug besteht eine erhöhte Mitwirkungspflicht (§ 90 Abs. 2 AO) und die Beteiligten tragen die objektive Feststellungslast.

**9.** Das zuständige Erbschaftsteuerfinanzamt muss den Steuerfall bis zum Eintritt der auflösenden Bedingung oder dem Ausscheiden des Erwerbers aus der Gesellschaft in geeigneter Weise überwachen. Überträgt der Erwerber seine Anteile von Todes wegen oder durch Schenkung unter Lebenden, endet die Überwachung für seinen Erwerb. Eine Berichtigung der Steuerfestsetzung erfolgt nicht.

Der Erwerber ist im Steuerbescheid darauf hinzuweisen, dass der Eintritt der Bedingung innerhalb einer Frist von einem Monat bei dem zuständigen Erbschaftsteuerfinanzamt anzuzeigen ist (§ 153 Abs. 2 AO).

Der Erlass ist auf alle Erwerbe anzuwenden, für die die Steuer nach dem 31. Dezember 2008 entstanden ist, soweit Steuerbescheide noch nicht bestandskräftig sind. Entsprechendes gilt für Erwerbe, für die die Steuer nach dem 31. Dezember 2006 und vor dem 1. Januar 2009 entstanden ist, wenn der Erwerber einen Antrag nach Artikel 3 des ErbStRG auf rückwirkende Anwendung des durch das ErbStRG geänderten, am 1. Januar 2009 in Kraft getretenen Erbschaftsteuer- und Bewertungsrechts gestellt hat.

# 200 § 12/1. Gleich lautende Erlasse betr. Bewertung von Kapitalforderungen und Kapitalschulden sowie von Ansprüchen/Lasten bei wiederkehrenden Nutzungen und Leistungen nach dem 31. Dezember 2009 für Zwecke der Erbschaft- und Schenkungsteuer

Vom 9. September 2022
Oberste Finanzbehörden der Länder S 3103; S 3104; S 3811
(BStBl. I S. 1351)

## I. Geltungsbereich

Dieser Erlass regelt die Wertermittlung 1

- von nach § 12 Abs. 1 bis 3 BewG zu bewertenden Kapitalforderungen und Kapitalschulden sowie
- von nach §§ 13 ff. BewG zu bewertenden wiederkehrenden Nutzungen und Leistungen

für Besteuerungszeitpunkte nach dem 31. Dezember 2009 für Zwecke der Erbschaft- und Schenkungsteuer. Er ersetzt den Erlass vom 10. Oktober 2010 (BStBl. I S. 810) und ist in allen noch offenen Fällen anzuwenden.

## II. Kapitalforderungen und Kapitalschulden

### 1. Bewertungsgrundsätze

### 1.1. Ansatz mit dem Nennwert

Grundsätzlich sind Kapitalforderungen, die nicht in § 11 BewG genannt sind, und Kapitalschulden mit dem Nennwert anzusetzen. Kapitalforderungen und Kapitalschulden, die auf eine ausländische Währung lauten, sind nach dem Umrechnungskurs im Besteuerungszeitpunkt umzurechnen. Maßgebender Umrechnungskurs ist dabei der Briefkurs für den Tag der Steuerentstehung (BFH vom 19.3.1991 II R 134/88, BStBl. II S. 521). 2

### 1.2. Vom Nennwert abweichender Ansatz

Abweichend vom Nennwert ist ein höherer oder niedrigerer Wert (Gegenwartswert) anzusetzen, wenn besondere Umstände vorliegen, die einen höheren oder niedrigeren Wert begründen. Besondere Umstände, die eine Bewertung abweichend vom Nennwert rechtfertigen, liegen vor, wenn 3

1. die Kapitalforderungen oder Kapitalschulden unverzinslich sind und ihre Laufzeit im Besteuerungszeitpunkt mehr als ein Jahr beträgt;
2. die Kapitalforderungen oder Kapitalschulden
   - niedrig verzinst (unter 3 Prozent) oder
   - hoch verzinst (über 9 Prozent) sind,

   sowie die Kündbarkeit für längere Zeit (d.h. für mindestens 4 Jahre) ausgeschlossen ist;
3. zweifelhaft ist, ob eine Kapitalforderung in vollem Umfang durchsetzbar ist.

Stehen einer unverzinslichen oder niedrig verzinslichen Kapitalforderung (z.B. Guthaben aus Bausparverträgen) bzw. einer hoch verzinslichen Kapitalschuld 4 wirtschaftliche Vorteile gegenüber oder stehen einer unverzinslichen oder niedrig verzinslichen Kapitalschuld bzw. einer hoch verzinslichen Kapitalforderung andere wirtschaftliche Nachteile gegenüber, kommt eine Bewertung abweichend vom Nennwert nicht in Betracht. Der Umstand, dass bei der Auszahlung von Tantiemeforderungen Lohnsteuer bzw. Kirchensteuer oder dass bei der Auszahlung von Dividendenforderungen Kapitalertragsteuer einzubehalten ist, ist kein besonderer Umstand, der eine Bewertung der Kapitalforderung unter dem Nennwert rechtfertigt (BFH vom 15.12.1967 III 225/64, BStBl. 1968 II S. 338, und vom 15.12.1967 III R 49/67, BStBl. 1968 II S. 340, sowie vom 16.3.1984 III R 140/83, BStBl. II S. 539). Das Gleiche gilt für die Einbehaltung des Solidaritätszuschlages. Kapitalschulden aus niedrig verzinslichen öffentlichen Wohnungsbaudarlehen sind regelmäßig mit dem Nennwert anzusetzen.

**5** Uneinbringliche Kapitalforderungen bleiben außer Ansatz. Ist zweifelhaft, ob oder inwieweit eine Kapitalforderung durchsetzbar ist, kann sie dem Grad der Zweifelhaftigkeit entsprechend mit einem niedrigeren Schätzwert anzusetzen sein.

### 1.2.1. Unverzinsliche Kapitalforderungen oder Kapitalschulden

**6** Unverzinsliche Kapitalforderungen oder Kapitalschulden von bestimmter Dauer, deren Laufzeit im Besteuerungszeitpunkt mehr als ein Jahr beträgt, sind unter Berücksichtigung von Zwischenzinsen und Zinseszinsen mit einem Zinssatz von 5,5 Prozent abzuzinsen.

**7** Wird eine unverzinsliche Kapitalforderung oder Kapitalschuld in einem Betrag fällig, erfolgt die Bewertung mittels Tabelle 1.

**8** Wird eine unverzinsliche Kapitalforderung oder Kapitalschuld in Raten getilgt, ist vom Mittelwert einer jährlich vorschüssigen und jährlich nachschüssigen Zahlungsweise auszugehen (§ 12 Abs. 1 Satz 2 BewG); d.h., die Jahresleistungen sind stets in der Jahresmitte anzusetzen und unterjährig ist eine lineare Abzinsung zu berücksichtigen (im Folgenden kurz „mittelschüssige Zahlungsweise" genannt). Hierdurch können bei der Bewertung die genauen Zahlungszeitpunkte innerhalb einer Ratenzahlungsperiode unberücksichtigt bleiben; auf die Zahlungshäufigkeit kommt es nicht an. Die Summe der Zahlungen innerhalb eines Jahres ist der Jahreswert. Die Bewertung erfolgt mittels Tabelle 2.

**9** Der Gegenwartswert einer unverzinslichen Kapitalforderung oder Kapitalschuld, die bis zum Tod einer bestimmten Person befristet ist, wird nach der mittleren Lebenserwartung errechnet (BFH vom 8.6.1956 III 108/56 S, BStBl. III S. 208). Die jeweilige mittlere Lebenserwartung ergibt sich aus der maßgebenden Sterbetafel des Statistischen Bundesamtes. Die jeweilige Sterbetafel ist für Bewertungen ab dem 1. Januar des auf die Veröffentlichung der Sterbetafel durch das Statistische Bundesamt folgenden Kalenderjahres anzuwenden.

### 1.2.2. Niedrig oder hoch verzinsliche Kapitalforderungen oder Kapitalschulden

**10** Bei einer niedrig verzinslichen Kapitalforderung oder Kapitalschuld von bestimmter Dauer, die im Besteuerungszeitpunkt noch mindestens vier Jahre läuft, ist der Nennwert um den Kapitalwert des jährlichen Zinsverlustes zu kürzen (BFH vom 17.10.1980 III R 52/79, BStBl. 1981 II S. 247). Für die Berechnung des jährlichen Zinsverlustes ist die Zinsdifferenz zwischen dem Grenzzinssatz von 3 Prozent und dem tatsächlichen Zinssatz maßgebend.

Bei einer hoch verzinslichen Kapitalforderung oder Kapitalschuld von bestimmter Dauer, die im Besteuerungszeitpunkt noch mindestens vier Jahre läuft (BFH vom 3.3.1972 III R 30/71, BStBl. II S. 516, vom 22.2.1974 III R 5/73, BStBl. II S. 330, und vom 10.2.1982 II R 3/80, BStBl. II S. 351) ist der Nennwert um den Kapitalwert des jährlichen Zinsgewinnes zu erhöhen. Für die Berechnung des jährlichen Zinsgewinnes ist die Zinsdifferenz zwischen dem tatsächlichen Zinssatz und dem Grenzzinssatz von 9 Prozent maßgebend. 11

Bei der Berechnung des Kapitalwerts der jährlichen Zinsdifferenz ist ebenfalls von mittelschüssiger Zahlungsweise auszugehen (§ 12 Abs. 1 Satz 2 BewG). 12

Es sind unterschiedliche Vervielfältiger auf die jährliche Zinsdifferenz anzuwenden, je nachdem, ob die Kapitalforderung oder Kapitalschuld 13

– in einem Betrag,
– in Raten oder
– in Annuitäten

getilgt wird.

Bei niedrig oder hoch verzinslichen Kapitalforderungen oder Kapitalschulden, die in einem Betrag fällig werden, sind für die Berechnung des Kapitalwerts der Zinsdifferenzen die Vervielfältiger der Tabelle 2 auf die jährliche Zinsdifferenz anzuwenden. 14

Bei niedrig oder hoch verzinslichen Kapitalforderungen oder Kapitalschulden, die in gleichen Raten getilgt werden, sind für die Berechnung des Kapitalwerts der Zinsdifferenzen die Vervielfältiger der Tabelle 3 auf die Zinsdifferenz anzuwenden, die sich für ein Jahr nach dem Kapitalstand des Besteuerungszeitpunkts ergibt. 15

Bei niedrig oder hoch verzinslichen Kapitalforderungen oder Kapitalschulden mit Annuitätentilgung ist zur Berechnung des Kapitalwerts der Zinsdifferenz der Jahreswert der Annuität mit den Vervielfältigern 16

– der Tabelle 4 bei niedriger Verzinsung und
– der Tabelle 5 bei hoher Verzinsung

zu multiplizieren.

## 2. Lauf- und Aufschubzeiten

### 2.1. Laufzeiten

#### 2.1.1. Laufzeiten von Kapitalforderungen oder Kapitalschulden, die in einem Betrag getilgt werden

Die Laufzeit ist taggenau zu errechnen. Dies gilt sowohl für unverzinsliche, wie auch für niedrig oder hoch verzinsliche Kapitalforderungen oder Kapitalschulden. Dabei wird das Kalenderjahr mit 360 Tagen, jeder volle Monat mit 30 Tagen, der Monat, in dem der Fälligkeitstag liegt, mit der Anzahl der tatsächlichen Tage bis zur Fälligkeit, höchstens jedoch mit 30 Tagen gerechnet. Ermittelt werden zunächst die vollen Jahre, dann die vollen Monate und zuletzt die Tage des letzten, nicht mehr vollen Monats. 17

**Beispiel 1:**

| | |
|---|---|
| Besteuerungszeitpunkt | 4.6.01 |
| Kapitalforderung oder Kapitalschuld, die in einem Betrag fällig wird | 20 000 EUR |
| Fälligkeit | 5.9.03 |

Laufzeit der Kapitalforderung/Kapitalschuld:

4.6.01 bis 3.6.03 = 2 Jahre

4.6.03 bis 3.9.03 = 3 Monate
4.9.03 bis 5.9.03 = 2 Tage

gesamt: 2 Jahre, 3 Monate, 2 Tage

**Beispiel 2:**

| | |
|---|---|
| Besteuerungszeitpunkt | 18.6.01 |
| Kapitalforderung oder Kapitalschuld, die in einem Betrag fällig wird | 20 000 EUR |
| Fälligkeit | 5.9.03 |

Laufzeit der Kapitalforderung/Kapitalschuld:

18.6.01 bis 17.6.03 = 2 Jahre
18.6.03 bis 17.8.03 = 2 Monate
18.8.03 bis (fiktiv) 30.8.03 = 13 Tage
1.9.03 bis 5.9.03 = 5 Tage

gesamt: 2 Jahre, 2 Monate, 18 Tage

### 2.1.2. Laufzeiten von Kapitalforderungen oder Kapitalschulden, die in Raten oder Annuitäten getilgt werden

18 Bei der Bewertung von Kapitalforderungen oder Kapitalschulden, die nicht in einem Betrag getilgt werden, ist von einer mittelschüssigen Zahlungsweise auszugehen; auf die Zahlungszeitpunkte innerhalb einer Zahlungsperiode kommt es nicht an (vgl. Tz. II. 1.2.1 und II. 1.2.2). Daher sind die Laufzeiten über die Anteile der Jahresleistungen zu ermitteln.

**Beispiel 1: Ratenkredit**

Der Kredit wird in zeitlich genau festgelegten und betraglich gleichbleibend hohen Teilzahlungen zurückgezahlt. Die Tilgungsraten umfassen nicht die Zinsen, die zusätzlich anfallen. Somit variiert die monatliche Gesamtrate im Lauf der Rückzahlung.

| | |
|---|---|
| Besteuerungszeitpunkt | 14.6.01 |
| Kapitalforderung | 15 000 EUR |
| monatliche Tilgungsrate | 500 EUR |
| Fälligkeit der 1. Rate | 18.6.01 |
| Fälligkeit der letzten Rate | 18.11.03 |
| Tilgungsdauer in Monaten: (15 000 EUR/500 EUR =) | 30 |

Im Jahr 01 werden 7, im Jahr 02 werden 12 und im Jahr 03 werden 11 Monatsraten gezahlt.

Tilgungsdauer (Laufzeit) 2 Jahre, 6 Monate

**Beispiel 2: Annuitätendarlehen**

Ein Annuitätendarlehen ist ein Tilgungsdarlehen mit konstanten Rückzahlungsbeträgen (Raten). Im Gegensatz zum Ratenkredit bleibt die Höhe der zu zahlenden Rate über die gesamte Laufzeit gleich (sofern eine Zinsbindungsfrist über die gesamte Laufzeit vereinbart wurde). Die Annuitätenrate oder kurz Annuität setzt sich aus einem Zins- und einem Tilgungsanteil zusammen. Da mit jeder Rate ein Teil der Restschuld getilgt wird, verringert sich der Zinsanteil zugunsten des Tilgungsanteils.

| | |
|---|---|
| Besteuerungszeitpunkt | 18.10.01 |
| Kapitalforderung | 27 000 EUR |
| vereinbarter Zinssatz | 2,5 % |
| monatliche Annuitätenrate | 500 EUR |
| Jahreswert der Annuität: (12 × 500 EUR =) | 6000 EUR |

Die Laufzeit kann mittels des folgenden Tilgungsplans ermittelt werden:

Es ist von mittelschüssiger Zahlung des Jahresbetrags auszugehen; daher sind zunächst die Zinsen für ein halbes Jahr hinzuzurechnen.

| | |
|---|---|
| Kapitalschuld am 18.10.01 | 27 000,00 EUR |
| zuzüglich Zinsen für ein halbes Jahr (1/2 × 2,5 % × 27 000 EUR =) | 337,50 EUR |

| | |
|---|---|
| Summe | 27 337,50 EUR |
| abzüglich Annuität | 6000,00 EUR |
| angenommener Schuldenstand am 18.4.02 | 21 337,50 EUR |
| zuzüglich Zinsen für ein Jahr (2,5 % × 21 337,50 EUR =) | 533,44 EUR |
| Summe | 21 870,94 EUR |
| abzüglich Annuität | 6000,00 EUR |
| angenommener Schuldenstand am 18.4.03 | 15 870,94 EUR |
| zuzüglich Zinsen für ein Jahr (2,5 % × 15 870,94 EUR =) | 396,77 EUR |
| Summe | 16 267,71 EUR |
| abzüglich Annuität | 6000,00 EUR |
| angenommener Schuldenstand am 18.4.04 | 10 267,71 EUR |
| zuzüglich Zinsen für ein Jahr (2,5 % × 10 267,71 EUR =) | 256,69 EUR |
| Summe | 10 524,40 EUR |
| abzüglich Annuität | 6000,00 EUR |
| angenommener Schuldenstand am 18.4.05 | 4524,40 EUR |
| zuzüglich Zinsen für ein Jahr (2,5 % × 4524,40 EUR =) | 113,11 EUR |
| Summe | 4637,51 EUR |
| Annuitäten-Teil am 18.4.05 | 4637,51 EUR |
| Mithin wird im letzten Jahr nicht eine volle Annuität gezahlt, sondern nur ein Anteil in Höhe von (4637,51 EUR/6000,00 EUR =) | 0,8 |
| Somit beträgt die Tilgungsdauer (Laufzeit) 4,8 Jahre. | |

### 2.1.3. Vom Leben abhängige Laufzeiten

19 Ist die Laufzeit einer Kapitalforderung oder Kapitalschuld nicht datumsmäßig bestimmt, sondern durch das Leben einer oder mehrerer Personen bedingt, ist zur Berechnung der Laufzeit von der mittleren Lebenserwartung der betreffenden Person(en) nach der für die Bewertung maßgebenden Sterbetafel des Statistischen Bundesamtes (vgl. Rz. 9) auszugehen.

### 2.2. Aufschubzeiten

20 Eine ab dem Besteuerungszeitpunkt tilgungsfreie Zeit, die mehr als eine Ratenzahlungsdauer umfasst, bildet eine Aufschubzeit. Sie ist wie folgt zu behandeln:

### 2.2.1. Aufschubzeiten einer unverzinslichen Kapitalforderung oder Kapitalschuld

21 Der auf den Beginn der ersten Zahlungsperiode ermittelte Barwert der Kapitalforderung oder Kapitalschuld ist auf den Besteuerungszeitpunkt abzuzinsen (Tabelle 1).

### 2.2.2. Aufschubzeiten einer niedrig oder hoch verzinslichen Kapitalforderung oder Kapitalschuld

22 Bei einer niedrig oder hoch verzinslichen Kapitalforderung oder Kapitalschuld ist eine Aufschubzeit sowohl für die Tilgungsdauer als auch für die tilgungsfreie Zeit zu berücksichtigen:

- Zunächst ist der auf den Beginn der ersten Tilgungsperiode ermittelte Kapitalwert der Zinsdifferenz auf den Besteuerungszeitpunkt abzuzinsen (Tabelle 1).
- Anschließend ist der Kapitalwert der Zinsdifferenz für die tilgungsfreie Zeit zu berechnen, als läge eine niedrig oder hoch verzinsliche Kapitalforderung

oder Kapitalschuld vor, die zu Beginn der ersten Tilgungszahlungsperiode in einem Betrag getilgt würde (Tabelle 2). (Dabei wird davon ausgegangen, dass während der tilgungsfreien Zeit die jeweils anfallenden Zinsen beglichen werden.)

Die Summe beider Werte ergibt den gesamten Kapitalwert der Zinsdifferenz, um den der Nennwert der Kapitalforderung oder Kapitalschuld zu korrigieren ist.

### 2.3. Nicht ganzjährige Lauf- und Aufschubzeiten

23 Bei Lauf- und Aufschubzeiten, die nicht ganze Jahre umfassen, ist stets zwischen den Vervielfältigern der nächstliegenden ganzzahligen Zeiten linear zu interpolieren.

## 3. Anwendung der Tabellen im Einzelnen

### 3.1. Unverzinsliche Kapitalforderungen oder Kapitalschulden mit bestimmter Laufzeit

### 3.1.1. Unverzinsliche Kapitalforderungen oder Kapitalschulden, die in einem Betrag fällig werden

24 **Beispiel 1:**

| | |
|---|---|
| Besteuerungszeitpunkt | 18.10.01 |
| Nennwert | 80 000 EUR |
| Fälligkeit | 2.3.04 |
| Laufzeit (18.10.01 bis 2.3.04): | 2 Jahre, 4 Monate, 15 Tage |
| Berechnung: | |
| Abzinsungsfaktor für 3 Jahre (Tabelle 1) | 0,852 |
| Abzinsungsfaktor für 2 Jahre | 0,898 |
| Differenz | –0,046 |
| davon (4/12 + 15/360) | –0,017 |
| interpoliert (0,898 – 0,017 =) | 0,881 |
| Gegenwartswert am 18.10.01 (0,881 × 80 000 EUR =) | 70 480 EUR |

**Beispiel 2:**

(in einem Betrag fällige Kapitalforderung oder Kapitalschuld, die zunächst normal verzinslich ist, und später unverzinslich wird)

| | |
|---|---|
| Besteuerungszeitpunkt | 14.6.01 |
| Nennwert | 1 000 000 EUR |
| Fälligkeit | 13.6.16 |

14.6.01 bis 13.6.06: normal verzinslich (Laufzeit 5 Jahre)

14.6.06 bis 13.6.16: unverzinslich (Laufzeit 10 Jahre)

Berechnung:

Zunächst ist der Betrag, um den der Nennwert für die Zeit der Unverzinslichkeit der Kapitalforderung oder Kapitalschuld zu mindern ist, mittels einer Abzinsung auf den 14.6.06 zu berechnen (Abzinsungsbetrag). Anschließend ist er auf den 14.6.01 abzuzinsen. Der Nennwert ist um den so ermittelten Barwert des Abzinsungsbetrags zu vermindern.

1. Berechnung des Abzinsungsbetrags

| | |
|---|---|
| Abzinsungsfaktor für 10 Jahre (Tabelle 1) | 0,585 |
| Barwert der Kapitalforderung oder Kapitalschuld am 14.6.06 | |
| (0,585 × 1 000 000 EUR =) | 585 000 EUR |
| Abzinsungsbetrag (bezogen auf den 14.6.06) | |
| (1 000 000 EUR – 585 000 EUR =) | 415 000 EUR |

2. Berechnung des Barwerts des Abzinsungsbetrags

| | |
|---|---|
| Abzinsungsfaktor für 5 Jahre (Tabelle 1) | 0,765 |
| Barwert des Abzinsungsbetrags (bezogen auf den 14.6.01) (0,765 × 415 000 EUR =) | 317 475 EUR |

3. Gegenwartswert am 14.6.01

| | |
|---|---|
| (1 000 000 EUR – 317 475 EUR =) | 682 525 EUR |

### 3.1.2. Unverzinsliche Kapitalforderungen oder Kapitalschulden, die in gleichbleibenden Raten getilgt werden

**Beispiel 1:** 25

| | |
|---|---|
| Besteuerungszeitpunkt | 14.9.01 |
| Halbjährliche Rate | 6000 EUR |
| Fälligkeit der 1. Rate nach dem Besteuerungszeitpunkt | 20.9.01 |
| Fälligkeit der letzten Rate | 20.3.11 |

Im Jahr 01 wird eine Rate, in den Jahren 02 bis 10 werden jeweils zwei Raten und im Jahr 11 eine Rate gezahlt; dies ergibt eine Anzahl von 20 zu leistenden Raten.

| | |
|---|---|
| Laufzeit (20 Raten/2 Raten pro Jahr =) | 10 Jahre |
| Berechnung: | |
| Vervielfältiger für 10 Jahre (Tabelle 2) | 7,745 |
| Jahreswert (2 × 6000 EUR =) | 12 000 EUR |
| Gegenwartswert am 14.9.01 (7,745 × 12 000 EUR =) | 92 940 EUR |

**Beispiel 2:**

| | |
|---|---|
| Besteuerungszeitpunkt | 14.9.01 |
| Vierteljährliche Rate | 3000 EUR |
| Fälligkeit der 1. Rate nach dem Besteuerungszeitpunkt | 20.9.01 |
| Fälligkeit der letzten Rate | 20.3.11 |

Im Jahr 01 werden zwei Raten, in den Jahren 02 bis 10 werden jeweils vier Raten und im Jahr 11 eine Rate gezahlt; dies ergibt eine Anzahl von 39 zu leistenden Raten.

| | |
|---|---|
| Laufzeit (39 Raten/4 Raten pro Jahr =) | 9 Jahre, 9 Monate |

Die gegenüber Beispiel 1 geänderte Zahlungsweise führt zu einer anderen Laufzeit.

| | |
|---|---|
| Berechnung: | |
| Vervielfältiger für 10 Jahre (Tabelle 2) | 7,745 |
| Vervielfältiger für 9 Jahre | 7,143 |
| Differenz | 0,602 |
| davon 9/12 | 0,452 |
| interpoliert (7,143 + 0,452) | 7,595 |
| Jahreswert (4 × 3000 EUR =) | 12 000 EUR |
| Gegenwartswert am 14.9.01 (7,595 × 12 000 EUR =) | 91 140 EUR |

**Beispiel 3: (Aufschubzeit)**

| | |
|---|---|
| Besteuerungszeitpunkt | 14.6.01 |
| Vierteljährliche Rate | 3000 EUR |
| Fälligkeit der 1. Rate nach dem Besteuerungszeitpunkt | 20.9.02 |
| Fälligkeit der letzten Rate | 20.12.10 |

Im Jahr 02 werden zwei Raten und in den Jahren 03 bis 10 werden jeweils vier Raten gezahlt; dies ergibt eine Anzahl von 34 zu leistenden Raten.

| | |
|---|---|
| Laufzeit (34 Raten/4 Raten pro Jahr =) | 8 Jahre, 6 Monate |

In 01 wären grundsätzlich drei Raten zu zahlen gewesen und bis zur tatsächlichen Fälligkeit der ersten Rate in 02 zwei Raten; es liegt also ein tilgungsfreier Zeitraum über fünf Raten vor.

| | |
|---|---|
| Aufschubzeit (5 Raten × 3 Monate = 15 Monate =) | 1 Jahr, 3 Monate |

| | |
|---|---|
| Berechnung: | |
| Vervielfältiger für 9 Jahre (Tabelle 2) | 7,143 |
| Vervielfältiger für 8 Jahre | 6,509 |
| Differenz | 0,634 |
| davon 6/12 | 0,317 |
| interpoliert (6,509 + 0,317) | 6,826 |
| Jahreswert (4 × 3000 EUR =) | 12 000 EUR |
| Barwert am 14.9.02 (6,826 × 12 000 EUR =) | 81 912 EUR |
| Abzinsungsfaktor für 2 Jahre (Tabelle 1) | 0,898 |
| Abzinsungsfaktor für 1 Jahr | 0,948 |
| Differenz | –0,050 |
| davon 3/12 | –0,013 |
| interpoliert (0,948 – 0,013 =) | 0,935 |
| Gegenwartswert am 14.6.01 (0,935 × 81 912 EUR =) | 76 588 EUR |

## 3.2. Niedrig oder hoch verzinsliche Kapitalforderungen oder Kapitalschulden

### 3.2.1. Niedrig oder hoch verzinsliche Kapitalforderungen oder Kapitalschulden, die in einem Betrag fällig werden

26 **Beispiel 1: (niedrige Verzinsung)**

| | |
|---|---|
| Besteuerungszeitpunkt | 18.10.01 |
| Nennwert | 125 000 EUR |
| Zinssatz | 1,25 % |
| Fälligkeit | 2.6.37 |
| Laufzeit (18.10.01 bis 2.6.37) | 35 Jahre, 7 Monate, 15 Tage |
| Berechnung: | |
| Jährliche Zinsdifferenz (3 % – 1,25 % = 1,75 %; 1,75 % von 125 000 EUR =) | 2187,50 EUR |
| Vervielfältiger für 36 Jahre (Tabelle 2) | 15,963 |
| Vervielfältiger für 35 Jahre | 15,814 |
| Differenz | 0,149 |
| davon (7/12 + 15/360 =) | 0,093 |
| interpoliert (15,814 + 0,093) | 15,907 |
| Kapitalwert (15,907 × 2187,50 EUR =) | 34 797 EUR |
| Gegenwartswert am 18.10.01 (125 000 EUR – 34 797 EUR =) | 90 203 EUR |

**Beispiel 2: (hohe Verzinsung)**

| | |
|---|---|
| Besteuerungszeitpunkt | 14.6.01 |
| Nennwert | 1 375 496 EUR |
| Zinssatz | 13 % |
| Fälligkeit | 11.8.05 |
| Laufzeit (14.6.01 bis 11.8.05) | 4 Jahre, 1 Monat, 28 Tage |
| Berechnung: | |
| Jährliche Zinsdifferenz (13 % – 9 % = 4 %; 4 % von 1 375 496 EUR =) | 55 019,84 EUR |
| Vervielfältiger für 5 Jahre (Tabelle 2) | 4,388 |
| Vervielfältiger für 4 Jahre | 3,602 |
| Differenz | 0,786 |
| davon (1/12 + 28/360 =) | 0,127 |

| | |
|---|---|
| interpoliert (3,602 + 0,127) | 3,729 |
| Kapitalwert (3,729 × 55 019,84 EUR =) | 205 168,98 EUR |
| Gegenwartswert am 14.6.01 (1 375 496 EUR + 205 168,98 EUR =) | 1 580 665 EUR |

**Beispiel 3: (feststehende künftige Zinssatzänderung)**

| | |
|---|---|
| Besteuerungszeitpunkt | 5.9.01 |
| Nennwert | 500 000 EUR |
| Fälligkeit | 4.9.26 |
| Zinssatz (I), 5.9.01 bis 4.1.09 | 12 % |
| Laufzeit | 7 Jahre, 4 Monate |
| Zinssatz (II), 5.1.09 bis 4.9.26 | 11 % |
| Laufzeit | 17 Jahre, 8 Monate |

Berechnung:

1. Berechnung des Kapitalwerts der Zinsdifferenz bezüglich Zinssatz (I):

| | |
|---|---|
| Jährliche Zinsdifferenz (12 % – 9 % = 3 %; 3 % von 500 000 EUR =) | 15 000 EUR |
| Vervielfältiger für 8 Jahre (Tabelle 2) | 6,509 |
| Vervielfältiger für 7 Jahre | 5,839 |
| Differenz | 0,670 |
| davon 4/12 | 0,223 |
| interpoliert (5,839 + 0,223) | 6,062 |
| Kapitalwert der Zinsdifferenz (6,062 × 15 000 EUR =) | 90 930 EUR |

2. Berechnung des Kapitalwerts der Zinsdifferenz bezüglich Zinssatz (II):

Berechnung des Kapitalwerts der Zinsdifferenz, bezogen auf den 5.1.09:

| | |
|---|---|
| Jährliche Zinsdifferenz (11 % – 9 % = 2 %; 2 % von 500 000 EUR =) | 10 000 EUR |
| Vervielfältiger für 18 Jahre (Tabelle 2) | 11,555 |
| Vervielfältiger für 17 Jahre | 11,163 |
| Differenz | 0,392 |
| davon 8/12 | 0,261 |
| interpoliert (11,163 + 0,261 =) | 11,424 |
| Kapitalwert der Zinsdifferenz, bezogen auf den 5.1.09 (11,424 × 10 000 EUR =) | 114 240 EUR |

Der so ermittelte Kapitalwert der Zinsdifferenz ist wie eine unverzinsliche Kapitalforderung auf den 5.9.01 abzuzinsen:

| | |
|---|---|
| Abzinsungsfaktor für 8 Jahre (Tabelle 1) | 0,652 |
| Abzinsungsfaktor für 7 Jahre | 0,687 |
| Differenz | –0,035 |
| davon 4/12 | –0,012 |
| interpoliert (0,687 – 0,012) | 0,675 |
| Kapitalwert der Zinsdifferenz (0,675 × 114 240 EUR =) | 77 112 EUR |
| Gegenwartswert am 5.9.01 (500 000 EUR + 90 930 EUR + 77 112 EUR =) | 668 042 EUR |

### 3.2.2. Niedrig oder hoch verzinsliche Kapitalforderungen oder Kapitalschulden, die in gleichen Raten getilgt werden

**Beispiel 1: (niedrige Verzinsung)** 27

| | |
|---|---|
| Besteuerungszeitpunkt | 24.7.01 |
| Nennwert | 325 000 EUR |
| Tilgung in 65 Monatsraten zu jeweils | 5000 EUR |
| Zinssatz | 0,5 % |
| Fälligkeit der 1. Rate nach dem Besteuerungszeitpunkt | 1.8.01 |

| | |
|---|---|
| Fälligkeit der letzten Rate | 1.12.06 |
| Laufzeit (65 Raten/12 Raten pro Jahr =) | 5 Jahre, 5 Monate |
| Berechnung: | |
| Jährliche Zinsdifferenz (3 % – 0,5 % = 2,5 %; 2,5 % von 325 000 EUR =) | 8125 EUR |
| Vervielfältiger für 6 Jahre (Tabelle 3) | 2,641 |
| Vervielfältiger für 5 Jahre | 2,240 |
| Differenz | 0,401 |
| davon 5/12 | 0,167 |
| interpoliert (2,240 + 0,167) | 2,407 |
| Kapitalwert der Zinsdifferenz (2,407 × 8125 EUR =) | 19 557 EUR |
| Gegenwartswert am 24.7.01 (325 000 EUR – 19 557 EUR =) | 305 443 EUR |

**Beispiel 2: (hohe Verzinsung)**

| | |
|---|---|
| Besteuerungszeitpunkt | 8.11.01 |
| Nennwert | 64 500 EUR |
| Tilgung in 172 Monatsraten zu jeweils | 375 EUR |
| Zinssatz | 13,5 % |
| Fälligkeit der 1. Rate nach dem Besteuerungszeitpunkt | 1.12.01 |
| Fälligkeit der letzten Rate | 1.3.16 |
| Laufzeit (172 Raten/12 Raten pro Jahr =) | 14 Jahre, 4 Monate |
| Berechnung: | |
| Jährliche Zinsdifferenz (13,5 % – 9 % = 4,5 %; 4,5 % von 64 500 EUR =) | 2902,50 EUR |
| Vervielfältiger für 15 Jahre (Tabelle 3) | 5,694 |
| Vervielfältiger für 14 Jahre | 5,398 |
| Differenz | 0,296 |
| davon 4/12 | 0,099 |
| interpoliert (5,398 + 0,099) | 5,497 |
| Kapitalwert (5,497 × 2902,50 EUR =) | 15 955 EUR |
| Gegenwartswert am 8.11.01 (64 500 EUR + 15 955 EUR =) | 80 455 EUR |

**Beispiel 3: (Aufschubzeit)**

| | |
|---|---|
| Besteuerungszeitpunkt | 19.7.01 |
| Nennwert | 189 750 EUR |
| Tilgung in 115 vierteljährlichen Raten zu jeweils | 1650 EUR |
| Zinssatz | 0,53 % |
| Fälligkeit der 1. Rate nach dem Besteuerungszeitpunkt | 12.2.03 |
| Fälligkeit der letzten Rate | 12.8.31 |
| Laufzeit (115 Raten/4 Raten pro Jahr =) | 28 Jahre, 9 Monate |

In 01 wären grundsätzlich zwei Raten zu zahlen gewesen und bis zur tatsächlichen Fälligkeit der ersten Rate in 03 vier weitere Raten; es liegt also ein tilgungsfreier Zeitraum über sechs Raten vor.

Aufschubzeit (6 Raten × 3 Monate = 18 Monate =) 1 Jahr, 6 Monate

Berechnung:

Der Kapitalwert der Zinsdifferenz setzt sich zusammen aus zwei Komponenten: dem Kapitalwert der Zinsdifferenz für die Ratenzahlungszeit und dem Kapitalwert der Zinsdifferenz für die Aufschubzeit.

1. Berechnung des Kapitalwerts der Zinsdifferenz für die Ratenlaufzeit

Zunächst ist der Kapitalwert der Zinsdifferenz für die Ratenlaufzeit – bezogen auf den Beginn der ersten Ratenzahlungsperiode – zu ermitteln (hier der 19.1.03). Anschließend ist der so ermittelte Kapitalwert der Zinsdifferenz zum 19.1.03 für die Aufschubzeit wie eine unverzinsliche Kapitalforderung auf den 19.7.01 abzuzinsen:

Zinsdifferenz (3 % – 0,53 % = 2,47 %; 2,47 % von 189 750 EUR =) 4686,83 EUR

| | |
|---|---|
| Vervielfältiger für 29 Jahre (Tabelle 3) | 8,961 |
| Vervielfältiger für 28 Jahre | 8,773 |
| Differenz | 0,188 |
| davon 9/12 | 0,141 |
| interpoliert (8,773 + 0,141) | 8,914 |
| Kapitalwert der Zinsdifferenz für die Laufzeit der Ratenzahlung, bezogen auf den 19.1.03 (8,914 × 4686,83 EUR =) | 41 778,40 EUR |

Der so ermittelte Kapitalwert der Zinsdifferenz für die Ratenlaufzeit ist wie eine unverzinsliche Kapitalforderung auf den 19.7.01 abzuzinsen:

| | |
|---|---|
| Abzinsungsfaktor für 2 Jahre (Tabelle 1) | 0,898 |
| Abzinsungsfaktor für 1 Jahr | 0,948 |
| Differenz | –0,050 |
| davon 6/12 | –0,025 |
| interpoliert (0,948 – 0,025 =) | 0,923 |
| Kapitalwert der Zinsdifferenz für die Ratenlaufzeit, bezogen auf den 19.7.01 (0,923 × 41 778,40 EUR =) | 38 561,46 EUR |

2. Berechnung des Kapitalwerts der Zinsdifferenz für die Aufschubzeit

Die Bewertung erfolgt entsprechend einer niedrig verzinslichen Kapitalforderung, die am 18.1.03 in einem Betrag fällig wird.

| | |
|---|---|
| Zinsdifferenz (3 % – 0,53 % = 2,47 %; 2,47 % von 189 750 EUR =) | 4686,83 EUR |
| Vervielfältiger für 2 Jahre (Tabelle 2) | 1,897 |
| Vervielfältiger für 1 Jahr | 0,974 |
| Differenz | 0,923 |
| davon 6/12 | 0,462 |
| interpoliert (0,974 + 0,462 =) | 1,436 |
| Kapitalwert der Zinsdifferenz (1,436 × 4686,83 EUR =) | 6730,29 EUR |

3. Kapitalwert der Zinsdifferenz zum 19.7.01 insgesamt

| | |
|---|---|
| (38 561,46 EUR + 6730,29 EUR =) | 45 292 EUR |
| 4. Gegenwartswert am 19.7.01 | |
| (189 750 EUR – 45 292 EUR =) | 144 458 EUR |

**Beispiel 4: (feststehende künftige Zinssatzänderung)**

| | |
|---|---|
| Besteuerungszeitpunkt | 5.6.01 |
| Nennwert | 300 000 EUR |
| Tilgung in 600 monatlichen Raten zu jeweils | 500 EUR |
| Zinssatz (I), 5.6.01 bis 4.6.31 | 0,5 % |
| Laufzeit 30 Jahre, Tilgung 180 000 EUR | |
| Zinssatz (II), 5.6.31 bis 4.6.51 | 1,0 % |
| Laufzeit 20 Jahre, Tilgung 120 000 EUR | |

Berechnung:

Der Kapitalwert der Zinsdifferenz setzt sich zusammen aus folgenden Komponenten:

Dem Kapitalwert der Zinsdifferenz bezogen auf den Zeitraum 5.6.01 bis 4.6.31 (Zinssatz (I)) und den Zeitraum 5.6.31 bis 4.6.51 (Zinssatz (II)). Dabei ist der Kapitalwert bezogen auf den ersten Zeitraum (Zinssatz (I)) wiederum in zwei Schritten zu ermitteln:

Für den Teil der Kapitalforderung oder Kapitalschuld, der in diesem Zeitraum getilgt wird (180 000 EUR), und den Teil, der noch nicht getilgt wird (120 000 EUR).

1. Berechnung des Kapitalwerts der Zinsdifferenz, bezogen auf den Zeitraum 5.6.01 bis 4.6.31:

1.1 Berechnung des Kapitalwerts der Zinsdifferenz für den Teil der Kapitalforderung oder Kapitalschuld, der in diesem Zeitraum getilgt wird:

| | |
|---|---|
| Zinsdifferenz (3 % – 0,5 % = 2,5 %; 2,5 % von 180 000 EUR =) | 4500 EUR |
| Vervielfältiger für 30 Jahre (Tabelle 3) | 9,144 |

| | |
|---|---|
| Kapitalwert der Zinsdifferenz (9,144 × 4500 EUR =) | 41 148 EUR |

1.2 Berechnung des Kapitalwerts der Zinsdifferenz für den Teil der Kapitalforderung oder Kapitalschuld, der in diesem Zeitraum noch nicht getilgt wird:

| | |
|---|---|
| Jährliche Zinsdifferenz (3 % – 0,5 % = 2,5 %; 2,5 % von 120 000 EUR =) | 3000 EUR |
| Vervielfältiger für 30 Jahre (Tabelle 2) | 14,933 |
| Kapitalwert der Zinsdifferenz (14,933 × 3000 EUR =) | 44 799 EUR |

<u>2. Berechnung des Kapitalwerts der Zinsdifferenz, bezogen auf den Zeitraum 5.6.31 bis 4.6.51:</u>

Berechnung des Kapitalwerts der Zinsdifferenz, bezogen auf den 5.6.31:

| | |
|---|---|
| Zinsdifferenz (3 % – 1 % = 2 %; 2 % von 120 000 EUR =) | 2400 EUR |
| Vervielfältiger für 20 Jahre (Tabelle 3) | 7,032 |
| Kapitalwert der Zinsdifferenz, bezogen auf den 5.6.31 (7,032 × 2400 EUR =) | 16 876,80 EUR |

Der so ermittelte Kapitalwert der Zinsdifferenz ist wie eine unverzinsliche Kapitalforderung auf den 5.6.01 abzuzinsen:

| | |
|---|---|
| Abzinsungsfaktor für 30 Jahre (Tabelle 1) | 0,201 |
| Kapitalwert der Zinsdifferenz bezogen auf den 5.6.01 (0,201 × 16 876,80 EUR =) | 3392,24 EUR |

<u>3. Kapitalwert der Zinsdifferenz zum 5.6.01 insgesamt:</u>

| | |
|---|---|
| (41 148 EUR + 44 799 EUR + 3392,24 EUR =) | 89 339,24 EUR |
| Gegenwartswert am 5.6.01 (300 000 EUR – 89 339,24 EUR =) | <u>210 661 EUR</u> |

**Beispiel 5: (feststehende künftige Ratenerhöhung)**

| | |
|---|---|
| Besteuerungszeitpunkt | 18.6.01 |
| Nennwert | 360 000 EUR |
| Zinssatz | 12 % |
| Tilgung in 120 monatlichen Raten zu jeweils | 900 EUR |
| und in 240 monatlichen Raten zu jeweils | 1050 EUR |

Laufzeit (I) (120 Raten/12 =) 10 Jahre, Tilgung 108 000 EUR

Laufzeit (II) (240 Raten/12 =) 20 Jahre, Tilgung 252 000 EUR

Berechnung:

Analog zu der Berechnung in dem vorherigen Beispiel 4 setzt sich der Kapitalwert der Zinsdifferenz aus drei Komponenten zusammen:

<u>1. Berechnung des Kapitalwerts der Zinsdifferenz, bezogen auf die Laufzeit (I):</u>

1.1 Berechnung des Kapitalwerts der Zinsdifferenz für den Teil der Kapitalforderung oder Kapitalschuld, der in diesem Zeitraum getilgt wird:

| | |
|---|---|
| Zinsdifferenz (12 % – 9 % = 3 %; 3 % von 108 000 EUR =) | 3240 EUR |
| Vervielfältiger für 10 Jahre (Tabelle 3) | 4,113 |
| Kapitalwert der Zinsdifferenz (4,113 × 3240 EUR =) | 13 326,12 EUR |

1.2 Berechnung des Kapitalwerts der Zinsdifferenz für den Teil der Kapitalforderung oder Kapitalschuld, der in diesem Zeitraum noch nicht getilgt wird:

| | |
|---|---|
| Jährliche Zinsdifferenz (12 % – 9 % = 3 %; 3 % von 252 000 EUR =) | 7560 EUR |
| Vervielfältiger für 10 Jahre (Tabelle 2) | 7,745 |
| Kapitalwert der Zinsdifferenz (7,745 × 7560 EUR =) | 58 552,20 EUR |

<u>2. Berechnung des Kapitalwerts der Zinsdifferenz, bezogen auf die Laufzeit (II):</u>

Berechnung des Kapitalwerts der Zinsdifferenz, bezogen auf den 18.6.11 (Beginn Laufzeit II):

| | |
|---|---|
| Zinsdifferenz (12 % – 9 % = 3 %; 3 % von 252 000 EUR =) | 7560 EUR |
| Vervielfältiger für 20 Jahre (Tabelle 3) | 7,032 |
| Kapitalwert der Zinsdifferenz, bezogen auf den 18.6.11 (7,032 × 7560 EUR =) | 53 161,92 EUR |

Der so ermittelte Kapitalwert der Zinsdifferenz ist wie eine unverzinsliche Kapitalforderung auf den 18.6.01 abzuzinsen:

Abzinsungsfaktor für 10 Jahre (Tabelle 1) 0,585

Kapitalwert der Zinsdifferenz bezogen auf den 18.6.01 (0,585 × 53 161,92 EUR =) 31 099,72 EUR

3. Kapitalwert der Zinsdifferenz zum 18.6.01 insgesamt:

(13 326,12 EUR + 58 552,20 EUR + 31 099,72 EUR =) 102 978,04 EUR

Gegenwartswert am 18.6.01 (360 000 EUR + 102 978,04 EUR =) 462 978 EUR

### 3.2.3. Niedrig oder hoch verzinsliche Kapitalforderungen oder Kapitalschulden, die in Annuitäten getilgt werden

Der Kapitalwert der Zinsdifferenz, um den der Nennwert einer niedrig oder hoch verzinslichen Kapitalforderung oder Kapitalschuld zu korrigieren ist, errechnet sich durch Multiplikation des Jahreswerts der Annuität mit den Vervielfältigern 28

– der Tabelle 4 bei niedriger Verzinsung und

– der Tabelle 5 bei hoher Verzinsung.

Die Tilgungsdauer am Besteuerungszeitpunkt kann aufgrund der angenommenen mittelschüssigen Zahlungsweise nach der folgenden Formel ermittelt werden: 29

$$n = \frac{\log\left(1 - \frac{K \times (1 - v^2)}{2 \times R \times v}\right)}{\log v}$$

Dabei ist

K = Nennwert der Kapitalforderung oder Kapitalschuld am Besteuerungszeitpunkt

R = Jahreswert der Annuität

i = vereinbarter Jahreszinssatz

$$v = \frac{1}{1 + i}$$

log = Logarithmusfunktion

n = Tilgungsdauer.

Die Tilgungsdauer am Besteuerungszeitpunkt kann auch durch Erstellung eines Tilgungsplans bei unterstellter mittelschüssiger Zahlungsweise wie folgt ermittelt werden (vgl. Tz. II. 2.1.2, Beispiel 2): 30

Nennwert am Besteuerungszeitpunkt 14.6.01

zuzüglich Zinsen für ein halbes Jahr (linearer Zins)

Summe

abzüglich Jahreswert der Annuität

Differenz (angenommener Kapitalstand zum 14.12.01)

zuzüglich Zinsen für ein Jahr (linearer Zins)

Summe

Differenz (angenommener Kapitalstand zum 14.12.02)
und so fort, bis die Kapitalforderung oder Kapitalschuld den Wert 0,– EUR erreicht.

Je nach Berechnung der Tilgungsdauer nach Formel oder nach Tilgungsplan können sich Rundungsdifferenzen ergeben.

**Beispiel 1: (hohe Verzinsung)**

| | |
|---|---|
| Besteuerungszeitpunkt | 14.6.01 |
| Nennwert der Restforderung/-schuld K = | 200 000 EUR |
| vierteljährliche Annuitätenrate | 7000 EUR |
| Fälligkeit der 1. Rate nach dem Besteuerungszeitpunkt | 1.7.01 |
| vertraglicher Zinssatz p.a. i = | 12,0 % |
| Berechnung: | |
| Berechnung der Tilgungsdauer | |
| Jahreswert der Annuität R = 4 × 7000 EUR = | 28 000 EUR |
| v = 1/(1 + i) = 1/1,120 = | 0,893 |

Damit ergibt sich die Tilgungsdauer n nach obiger Formel:

$$n = \frac{\log\left(1 - \frac{200\,000 \times \left(1 - 0{,}893^2\right)}{2 \times 28\,000 \times 0{,}893}\right)}{\log 0{,}893} = 14{,}7$$

| | |
|---|---|
| Tilgungsdauer in Jahren | 14,7 |
| Berechnung des Gegenwartswerts | |
| Vervielfältiger für 15 Jahre (Tabelle 5) | 1,564 |
| Vervielfältiger für 14 Jahre | 1,425 |
| Differenz | 0,139 |
| davon das 0,7-fache | 0,097 |
| interpoliert (1,425 + 0,097) | 1,522 |
| Jahreswert der Annuität (4 × 7000 EUR =) | 28 000 EUR |
| Kapitalwert (1,522 × 28 000 EUR =) | 42 616 EUR |
| Gegenwartswert am 14.6.01 (200 000 EUR + 42 616 EUR =) | 242 616 EUR |

**Beispiel 2: (niedrige Verzinsung)**

| | |
|---|---|
| Besteuerungszeitpunkt | 18.10.01 |
| Nennwert der Restforderung/-schuld K = | 50 000 EUR |
| Annuität (jährliche Rate) R = | 1650 EUR |
| Fälligkeit der 1. Rate nach dem Besteuerungszeitpunkt | 15.12.01 |
| vertraglicher Zinssatz p.a. i = | 1,5 % |
| Berechnung: | |
| Berechnung der Tilgungsdauer | |
| v = 1/(1 + i) = 1/1,015 = | 0,985 |

Damit ergibt sich die Tilgungsdauer n nach obiger Formel:

$$n = \frac{\log\left(1 - \frac{50\,000 \times (1 - 0{,}985^2)}{2 \times 1\,650 \times 0{,}985}\right)}{\log 0{,}985} = 40{,}5$$

| | |
|---|---|
| Tilgungsdauer in Jahren | 40,5 |
| Berechnung des Gegenwartswerts | |
| Vervielfältiger für 41 Jahre (Tabelle 4) | 5,829 |
| Vervielfältiger für 40 Jahre | 5,644 |
| Differenz | 0,185 |
| davon das 0,5-fache | 0,093 |
| interpoliert (5,644 + 0,093) | 5,737 |
| Jahreswert der Annuität | 1650 EUR |
| Kapitalwert (5,737 × 1650 EUR =) | 9466,05 EUR |
| Gegenwartswert am 18.10.01 (50 000 EUR – 9466,05 EUR =) | 40 534 EUR |

**Beispiel 3: (Aufschubzeit)**
(Wie Beispiel 2, jedoch mit Aufschubzeit 1 Jahr)

| | |
|---|---|
| Besteuerungszeitpunkt | 18.10.01 |
| Nennwert der Restforderung/-schuld K = | 50 000 EUR |
| Annuität (jährliche Rate) R = | 1650 EUR |
| Fälligkeit der 1. Rate nach dem Besteuerungszeitpunkt | 15.2.02 |
| vertraglicher Zinssatz p.a. i = | 1,5 % |

Im Zeitraum bis zur tatsächlichen Fälligkeit der ersten Rate wäre eine Rate zu zahlen gewesen; es liegt ein tilgungsfreier Zeitraum von einem Jahr vor.

Berechnung:

1. Berechnung der Tilgungsdauer

Da Beispiel 3 bis auf die Aufschubzeit identisch mit dem Beispiel 2 ist, ergibt sich die gleiche Tilgungsdauer n = 40,5 Jahre für die Annuität.

2. Berechnung des Kapitalwerts der Zinsdifferenz für die Tilgungszeit bezogen auf den Tilgungsbeginn

| | |
|---|---|
| Kapitalwert der Zinsdifferenz für die Tilgungszeit, bezogen auf den Tilgungsbeginn | 9466,05 EUR |
| Abzinsung des Kapitalwerts der Zinsdifferenz für die Tilgungszeit auf den 18.10.01 | |
| Abzinsungsfaktor für 1 Jahr (Tabelle 1) | 0,948 |
| Kapitalwert der Zinsdifferenz für die Tilgungsdauer, bezogen auf den 18.10.01 (0,948 × 9466,05 EUR =) | 8973,82 EUR |
| 3. Berechnung des Kapitalwerts der Zinsdifferenz während der Aufschubzeit | |
| Nennwert am Besteuerungszeitpunkt 18.10.01 | 50 000 EUR |
| unterstellte Fälligkeit am | 17.10.02 |
| Laufzeit 1 Jahr | |
| Zinsdifferenz (3 % – 1,5 % = 1,5 %; 1,5 % von 50 000 EUR =) | 750 EUR |
| Vervielfältiger für 1 Jahr (Tabelle 2) | 0,974 |
| Kapitalwert der Zinsdifferenz für die Aufschubzeit (0,974 × 750 EUR =) | 730,50 EUR |
| 4. Kapitalwert der Zinsdifferenz zum 18.10.01 | |
| insgesamt (8973,82 EUR + 730,50 EUR =) | 9704,32 EUR |
| 5. Gegenwartswert am 18.10.01 | |
| (50 000 EUR – 9704,32 EUR =) | 40 296 EUR |

**Beispiel 4: (nicht-tabellierter Zinssatz)**

Wurde ein Zinssatz vereinbart, der zwischen den in Tabelle 4 bzw. Tabelle 5 aufgelisteten Zinssätzen liegt, ist zwischen den jeweiligen Vervielfältigern der nächstliegenden Zinssätze linear zu interpolieren.

| | |
|---|---|
| Besteuerungszeitpunkt | 9.6.01 |
| Nennwert der Restforderung/-schuld K = | 200 000 EUR |
| vierteljährliche Annuitätenrate | 7000 EUR |
| Fälligkeit der 1. Rate nach dem Besteuerungszeitpunkt | 1.7.01 |
| vertraglicher Zinssatz p.a. i = | 12,8 % |
| Berechnung: | |
| Berechnung der Tilgungsdauer | |
| Jahreswert der Annuität R = 4 × 7000 EUR = | 28 000 EUR |
| v = 1/(1 + i) = 1/1,128 = | 0,887 |

Damit ergibt sich die Tilgungsdauer n nach obiger Formel:

$$n = \frac{\log\left(1 - \frac{200\,000 \times (1 - 0{,}887^2)}{2 \times 28\,000 \times 0{,}887}\right)}{\log 0{,}887} = 16{,}3$$

| | |
|---|---|
| Tilgungsdauer in Jahren | 16,3 |
| Berechnung des Gegenwartswerts | |
| Vervielfältiger für 17 Jahre, Zins 13,0 % (Tabelle 5) | 2,339 |
| Vervielfältiger für 17 Jahre, Zins 12,5 % | 2,094 |
| Differenz | 0,245 |
| davon 0,3/0,5 | 0,147 |
| interpoliert (2,094 + 0,147 =) | 2,241 |
| Vervielfältiger für 16 Jahre, Zins 13,0 % (Tabelle 5) | 2,171 |
| Vervielfältiger für 16 Jahre, Zins 12,5 % | 1,942 |
| Differenz | 0,229 |
| davon 0,3/0,5 | 0,137 |
| interpoliert (1,942 + 0,137 =) | 2,079 |
| Berechnung des Vervielfältigers für Tilgungsdauer | 16,3 |
| auf Basis eines Zinssatzes von 12,8 % | |
| Vervielfältiger für 17 Jahre, Zins 12,8 % | 2,241 |
| Vervielfältiger für 16 Jahre, Zins 12,8 % | 2,079 |
| Differenz | 0,162 |
| davon das 0,3-fache | 0,049 |
| interpoliert (2,079 + 0,049 =) | 2,128 |
| Jahreswert der Annuität (4 × 7000 EUR =) | 28 000 EUR |
| Kapitalwert der Zinsdifferenz (2,128 × 28 000 EUR =) | 59 584 EUR |
| Gegenwartswert am 9.6.01 (200 000 EUR + 59 584 EUR =) | 259 584 EUR |

## III. Wiederkehrende Nutzungen und Leistungen

31 Ein Recht auf wiederkehrende Nutzungen liegt beispielsweise bei Nießbrauchsrechten vor. Der Nießbrauch ist das Recht, die Nutzungen eines bestimmten Gegenstandes zu ziehen (§§ 1030 ff. BGB).

Ein Recht auf wiederkehrende Leistungen liegt beispielsweise bei Rentenbezugsrechten vor. Renten sind laufende Bezüge in Geld oder Geldeswert, auf die der Empfänger eine gewisse Zeitdauer einen Anspruch hat, so dass die periodisch wiederkehrenden Bezüge auf einem einheitlichen Stammrecht (Rentenrecht) beruhen und dessen Früchte darstellen. Ein bewertungsfähiges Rentenrecht ist auch vorhanden, wenn der Empfänger zwar keinen klagbaren bürgerlich-rechtlichen Anspruch auf die Leistungen hat, aber mit Sicherheit mit dem fortlaufenden Bezug der Leistungen rechnen kann. **32**

Das Recht auf den Erbbauzins ist mit der Bewertung des Erbbaugrundstücks abgegolten und nicht als gesondertes Recht anzusetzen. Dementsprechend ist die Verpflichtung zur Zahlung des Erbbauzinses mit der Bewertung des Erbbaurechts abgegolten und nicht als gesonderte Verpflichtung abzuziehen (R B 192.2 Satz 2 ErbStR). **33**

### 1. Bewertungsgrundsätze

Wiederkehrende Nutzungen und Leistungen sind grundsätzlich mit dem Kapitalwert (Jahreswert × Vervielfältiger) anzusetzen. **34**

Ist der gemeine Wert eines Rechts auf Renten oder andere wiederkehrende Nutzungen und Leistungen nachweislich geringer oder höher als der Kapitalwert, ist der gemeine Wert zugrunde zu legen (§ 13 Abs. 3 und § 14 Abs. 4 BewG); die Abweichung vom Kapitalwert gilt nur dann als nachgewiesen, wenn sie bei dem im Einzelfall festgestellten Sachverhalt aufgrund von Erfahrungssätzen oder nach den Denkgesetzen zwingend ist (BFH vom 24.4.1970 III R 54/67, BStBl. II S. 715). Der Ansatz eines geringeren oder höheren Werts kann nicht darauf gestützt werden, dass mit einem anderen Zinssatz als 5,5 Prozent, mit einer anderen als der mittelschüssigen Zahlungsweise oder – bei lebenslänglichen Nutzungen und Leistungen – mit einer kürzeren oder längeren Lebensdauer zu rechnen ist. **35**

Der Kapitalwert von Renten und anderen wiederkehrenden Nutzungen und Leistungen richtet sich nach der am Besteuerungszeitpunkt noch laufenden Bezugsberechtigung (BFH vom 31.10.1969 III R 45/66, BStBl. 1970 II S. 196). Später eintretende Umstände können nur dann berücksichtigt werden, wenn sie im Besteuerungszeitpunkt bereits voraussehbar waren (BFH vom 9.9.1960 III 277/57 U, BStBl. 1961 III S. 18). **36**

Die Bewertung von wiederkehrenden Nutzungen und Leistungen ist beim Verpflichteten entsprechend vorzunehmen. **37**

Bei Nutzungsrechten an Grundstücken gelten folgende Besonderheiten: **38**

Nach § 198 BewG kann für Grundstücke der niedrigere gemeine Wert nachgewiesen werden. Darin sind die Belastungen durch ein dinglich gesichertes Nutzungsrecht bereits wertmindernd zu berücksichtigen. Wird ein derart bewertetes Grundstück unter Vorbehalt des Nießbrauchs oder eines Wohnrechts bzw. mit der Auflage der Einräumung eines Nutzungsrechtes für einen Dritten unentgeltlich übertragen, ist die Verpflichtung aus dem Nutzungsrecht gemäß § 10 Abs. 6 Satz 11 ErbStG bei der Besteuerung des Erwerbs des Grundstücks nicht mehr abzugsfähig. Einer eigenständigen Bewertung des Nutzungsrechts im Rahmen des Erwerbs des Grundstücks bedarf es deshalb nicht.

Für die Besteuerung eines Zuwendungsnießbrauchs oder der Zuwendung eines Wohnrechts an einem Grundstück ist die Bewertung des Nutzungsrechts auch dann vorzunehmen, wenn für das Grundstück ein niedrigerer gemeiner Wert nach § 198 BewG nachgewiesen wird. Zur Begrenzung des Jahreswerts von Nutzungen nach § 16 BewG in diesem Fall vgl. Tz. III. 1.1.4.

### 1.1. Jahreswert von Nutzungen und Leistungen

#### 1.1.1. Nutzungen einer Geldsumme

39 Der einjährige Betrag der Nutzung einer Geldsumme ist, wenn kein anderer Wert feststeht, zu 5,5 Prozent anzunehmen (§ 15 Abs. 1 BewG).

#### 1.1.2. Jahreswert von Sachbezügen

40 Nutzungen und Leistungen, die nicht in Geld bestehen, z.B. Wohnung, Kost, Waren und sonstige Sachbezüge, sind nach § 15 Abs. 2 BewG mit den üblichen Mittelpreisen des Verbrauchsorts anzusetzen. Dabei kann z.B. von den Sätzen ausgegangen werden, die am Besteuerungszeitpunkt beim Steuerabzug vom Arbeitslohn und bei der Sozialversicherung für Deputate in der Land- und Forstwirtschaft gelten. Bei nichtbuchführenden Land- und Forstwirten können Pauschsätze für Altenteilsleistungen, die von den Finanzbehörden aufgestellt worden sind, übernommen werden. Vertraglich vereinbarte Barbezüge oder sonstige Sachleistungen sind nur zu berücksichtigen, wenn sie in den Pauschsätzen nicht mit abgegolten sind und wenn nachgewiesen wird, dass sie tatsächlich geleistet werden.

#### 1.1.3. Schwankende Nutzungen und Leistungen

41 Bei Nutzungen und Leistungen, deren Jahreswert ungewiss ist oder schwankt, ist nach § 15 Abs. 3 BewG als Jahreswert der Betrag anzusetzen, der im Durchschnitt der Jahre voraussichtlich erzielt wird. Bei der Schätzung des Durchschnittswerts können ausnahmsweise Ereignisse berücksichtigt werden, die in nicht allzu langer Zeit nach dem Besteuerungszeitpunkt eingetreten sind.

#### 1.1.4. Begrenzung des Jahreswerts von Nutzungen

42 Bei der Ermittlung des Kapitalwerts darf der Jahreswert der Nutzungen nach § 16 BewG höchstens mit dem Wert angesetzt werden, der sich ergibt, wenn der für das genutzte Wirtschaftsgut nach den Vorschriften des Bewertungsgesetzes anzusetzende Wert durch 18,6 geteilt wird. Bei Grundstücken und den wie Grundvermögen bewerteten Betriebsgrundstücken (§ 99 Abs. 1 Nr. 1 BewG) ist Ausgangswert der nach § 157 Abs. 3 i.V.m. §§ 176 bis 197 BewG festgestellte Grundbesitzwert, und zwar vor Abzug von Schulden und Lasten (BFH vom 23.7.1980 II R 62/77, BStBl. II S. 748). Im Falle eines Zuwendungsnießbrauchs oder der Zuwendung eines Wohnrechts kann für das Grundstück kein Nachweis des niedrigeren gemeinen Werts nach § 198 BewG erfolgen.

43 Beim Nießbrauch an einer Vermögensmasse ist der Ertrag des gesamten Vermögens maßgebend. Von den Einnahmen der ertragbringenden Wirtschaftsgüter sind die Aufwendungen für ertraglose Wirtschaftsgüter abzuziehen (BFH vom 21.11.1969 III R 14–15/66, BStBl. 1970 II S. 368). Ist die Nutzung auf einen Teil der Gesamtnutzung beschränkt, ist der Höchstbetrag des Jahreswerts nur zu einem entsprechenden Teil anzusetzen. Ist dagegen das Nutzungsrecht auf einen abgrenzbaren Teil des Wirtschaftsguts beschränkt, ist bei der Ermittlung des Höchstbetrags darauf abzustellen, welcher Anteil des Werts des ganzen Wirtschaftsguts auf den Teil entfällt, auf den sich das Nutzungsrecht bezieht. Für obligatorische Nutzungsrechte gilt das nur dann, wenn der Anspruch auf die Nutzung des Wirtschaftsguts beschränkt ist, wenn es sich also um eine sachbezogene Nutzung des Wirtschaftsguts selbst handelt und darüber hinaus-

gehende Ansprüche gegen den Nutzungsverpflichteten ausgeschlossen sind (BFH vom 24.4.1970 III R 36/67, BStBl. II S. 591).

### 1.2. Maßgebende Vervielfältiger

#### 1.2.1. Wiederkehrende Nutzungen und Leistungen von bestimmter Dauer

Der Kapitalwert von wiederkehrenden Nutzungen und Leistungen, die auf bestimmte Zeit beschränkt sind (insbesondere Zeitrenten), wird nach Tabelle 6 als Mittelwert zwischen dem Kapitalwert für jährlich vorschüssige und jährlich nachschüssige Zahlungsweise errechnet. Der Vervielfältiger in Tabelle 6 ist deshalb unabhängig davon anzusetzen, ob die Zahlungen vorschüssig oder nachschüssig, jährlich oder unterjährig entrichtet werden. **44**

Tabelle 6 stimmt bis auf die Beschränkung auf das 18,6-fache mit der Tabelle 2 überein. Bis auf diese Beschränkung entspricht die Bewertung von wiederkehrenden, zeitlich begrenzten Nutzungen und Leistungen sinngemäß der Bewertung von in Raten fälligen unverzinslichen Kapitalforderungen und Kapitalschulden. **45**

#### 1.2.2. Immerwährende Nutzungen und Leistungen

Der Vervielfältiger für immerwährende Nutzungen und Leistung beträgt 18,6 (§ 13 Abs. 2 1. Halbsatz BewG). Als immerwährend gelten Nutzungen und Leistungen, wenn ihr Ende von Ereignissen abhängt, von denen ungewiss ist, ob und wann sie in absehbarer Zeit eintreten (BFH vom 11.12.1970 III R 1/69, BStBl. 1971 II S. 386). **46**

#### 1.2.3. Nutzungen und Leistungen von unbestimmter Dauer

Bei Nutzungen und Leistungen von unbestimmter Dauer beträgt der Vervielfältiger 9,3 (§ 13 Abs. 2 2. Halbsatz BewG). **47**

#### 1.2.4. Lebenslängliche Nutzungen und Leistungen

Die Vervielfältiger zur Berechnung der Kapitalwerte lebenslänglicher Nutzungen und Leistungen (insbesondere Leibrenten) sind nach der Sterbetafel des Statistischen Bundesamts zu ermitteln und ab dem 1. Januar des auf die Veröffentlichung der Sterbetafel durch das Statistische Bundesamt folgenden Kalenderjahres anzuwenden. Der Kapitalwert ist unter Berücksichtigung von Zwischenzinsen und Zinseszinsen mit einem Zinssatz von 5,5 Prozent als Mittelwert zwischen dem Kapitalwert für jährlich vorschüssige und jährlich nachschüssige Zahlungsweise zu berechnen. Das Bundesministerium der Finanzen stellt die Vervielfältiger für den Kapitalwert einer lebenslänglichen Nutzung oder Leistung im Jahresbetrag von einem Euro nach Lebensalter und Geschlecht der Berechtigten in einer Tabelle zusammen und veröffentlicht diese zusammen mit dem Datum der Veröffentlichung der Sterbetafel im Bundessteuerblatt. Für das Jahr 2021 ist die Vervielfältigertabelle des BMF-Schreibens vom 28. Oktober 2020 (BStBl. I S. 1048) und für das Jahr 2022 die Vervielfältigertabelle des BMF-Schreibens vom 4. Oktober 2021 (BStBl. I S. 1821) maßgebend.[1] **48**

Dies gilt auch für eine Rente, die einer verwitweten Person auf Lebenszeit, längstens aber bis zur Wiederverheiratung zusteht. Ebenso ist bei Renten zu **49**

---

[1] Die aktuellen Vervielfältigertabellen sind unter den Ordnungsnummern **200** § 14/1 und **200** § 14/2 abgedruckt.

verfahren, die von unbestimmter Dauer, gleichzeitig aber auch von der Lebenszeit einer Person abhängig sind.

### 1.2.5. Abgekürzte und verlängerte Leibrenten

50 Bei abgekürzten Leibrenten (auch Höchstzeitrenten genannt), bei denen neben der zeitlichen Begrenzung eine zusätzliche Begrenzung durch das Leben einer oder mehrerer Personen besteht, ist der nach § 13 Abs. 1 BewG ermittelte Kapitalwert durch den Kapitalwert nach § 14 BewG begrenzt.

51 Bei verlängerten Leibrenten, d.h. bei einer auf die Lebenszeit des Berechtigten abgeschlossenen Rente mit garantierter Mindestlaufzeit, bei der die Rentenleistungen nicht durch den Tod des Berechtigten vorzeitig enden, ist der höhere Vervielfältiger anzuwenden, der sich bei einem Vergleich der Vervielfältiger für eine reine Zeitrente (Tabelle 6) bzw. für eine reine lebenslängliche Rente (Vervielfältigertabelle lt. Veröffentlichung des Bundesministeriums der Finanzen) ergibt.

### 1.2.6. Leibrenten und Nutzungsrechte auf Lebenszeit, die von der Lebenszeit mehrerer Personen abhängen

52 Stehen einem Ehepaar zu Lebzeiten beider Ehegatten Ansprüche auf Renten oder andere wiederkehrende Nutzungen und Leistungen zu und vermindern sich diese nach dem Tod des Erstversterbenden, sind die Ansprüche mit den Vervielfältigern nach der vom Bundesministerium der Finanzen für das Jahr, in das der Bewertungsstichtag fällt, veröffentlichten Vervielfältigertabelle zu bewerten. Solange beide Ehegatten leben, ist davon auszugehen, dass jedem Ehegatten die Hälfte der gemeinsamen Rente zusteht, es sei denn, aus der Entstehung des Rentenanspruchs ergibt sich ein anderer Aufteilungsmaßstab. Auf diese Jahreswerte ist der niedrigere der beiden Vervielfältiger für die Ehegatten anzuwenden. Die dem überlebenden Ehegatten allein zustehende geminderte Rente ist mit der Differenz der Vervielfältiger anzusetzen.

53 Bezieht eine Person eine Rente auf Lebenszeit und ist festgelegt, dass der Ehegatte nur im Fall des Längerlebens eine Rente erhält, ist diese weitere Rente aufschiebend bedingt und nach § 4 BewG nicht zu berücksichtigen (BFH vom 31.1.1964 III 199/61 U, BStBl. III S. 179). Dies gilt auch bei entsprechend ausgestalteten Nutzungsrechten auf Lebenszeit.

54 Die vorstehenden Grundsätze gelten auch in Fällen, in denen es sich bei den Berechtigten nicht um Ehegatten handelt.

55 Besteht an einem Vermögensgegenstand ein Nießbrauchsrecht auf Lebenszeit und wird daran ein weiteres Nießbrauchsrecht auf Lebenszeit vereinbart, das einen Rang nach dem Nießbrauchsrecht des bisher Berechtigten erhält, handelt es sich bei dem nachrangigen Nießbrauchsrecht nicht um eine aufschiebend bedingte Last i.S.v. § 6 Abs. 1 BewG, da das Nießbrauchsrecht zivilrechtlich bereits entstanden ist (BFH vom 6.5.2020 II R 11/19, BStBl. II S. 746). Bei der Besteuerung der Übertragung des mit den Nießbrauchsrechten belasteten Vermögensgegenstandes erfolgt die Bewertung der Nießbrauchsrechte nach § 14 BewG anhand des höheren Vervielfältigers der Nießbrauchsberechtigten.

## 2. Anwendung der Tabellen

### 2.1. Wiederkehrende Nutzungen und Leistungen von bestimmter Dauer

56 **Beispiel 1:**

Besteuerungszeitpunkt 16.6.01

| | |
|---|---|
| Halbjährliche Zeitrente | 6000 EUR |
| Fälligkeit der 1. Zahlung nach dem Besteuerungszeitpunkt | 20.8.01 |
| Fälligkeit der letzten Zahlung | 20.2.11 |

Im Jahr 01 wird eine Rate, in den Jahren 02 bis 10 werden jeweils zwei Raten und im Jahr 11 eine Rate gezahlt; dies ergibt eine Anzahl von 20 zu leistenden Raten.

| | |
|---|---|
| Laufzeit (20 Raten/2 Raten pro Jahr =) | 10 Jahre |
| Berechnung: | |
| Vervielfältiger für 10 Jahre (Tabelle 6) | 7,745 |
| Jahreswert (2 × 6000 EUR =) | 12 000 EUR |
| Gegenwartswert am 16.6.01 (7,745 × 12 000 EUR =) | 92 940 EUR |

**Beispiel 2:**

| | |
|---|---|
| Besteuerungszeitpunkt | 16.6.01 |
| Vierteljährliche Zeitrente | 3000 EUR |
| Fälligkeit der 1. Zahlung nach dem Besteuerungszeitpunkt | 20.8.01 |
| Fälligkeit der letzten Zahlung | 20.2.11 |

Im Jahr 01 werden zwei Raten, in den Jahren 02 bis 10 werden jeweils vier Raten und im Jahr 11 eine Rate gezahlt; dies ergibt eine Anzahl von 39 zu leistenden Raten.

| | |
|---|---|
| Laufzeit (39 Raten/4 Raten pro Jahr =) | 9 Jahre, 9 Monate |

Die gegenüber Beispiel 1 geänderte Zahlungsweise führt zu einer anderen Laufzeit.

| | |
|---|---|
| Berechnung: | |
| Vervielfältiger für 10 Jahre (Tabelle 6) | 7,745 |
| Vervielfältiger für 9 Jahre | 7,143 |
| Differenz | 0,602 |
| davon 9/12 | 0,452 |
| interpoliert (7,143 + 0,452) | 7,595 |
| Jahreswert (4 × 3000 EUR =) | 12 000 EUR |
| Kapitalwert am 16.6.01 (7,595 × 12 000 EUR =) | 91 140 EUR |

**Beispiel 3:**

| | |
|---|---|
| Wie Beispiel 2, aber Fälligkeit der 1. Zahlung | 20.5.02 |

Im Jahr 02 werden drei Raten, in den Jahren 03 bis 10 werden jeweils vier Raten und im Jahr 11 eine Rate gezahlt; dies ergibt eine Anzahl von 36 zu leistenden Raten.

| | |
|---|---|
| Laufzeit (36 Raten/4 Raten pro Jahr =) | 9 Jahre |

Im Jahr 01 wären grundsätzlich zwei Raten zu zahlen gewesen und bis zur tatsächlichen Fälligkeit der ersten Rate in 02 eine Rate; es liegt also ein tilgungsfreier Zeitraum über drei Raten vor.

| | |
|---|---|
| Aufschubzeit (3 Raten × 3 Monate =) | 9 Monate |
| Berechnung: | |
| Vervielfältiger für 9 Jahre (Tabelle 6) | 7,143 |
| Jahreswert (4 × 3000 EUR =) | 12 000 EUR |
| Kapitalwert zum 16.3.02 (7,143 × 12 000 EUR =) | 85 716 EUR |
| Berücksichtigung der Aufschubzeit: | |
| Abzinsungsfaktor für 1 Jahr (Tabelle 1) | 0,948 |
| Abzinsungsfaktor für 0 Jahre | 1,000 |
| Differenz | –0,052 |
| davon 9/12 | –0,039 |
| interpoliert (1,000 – 0,039) | 0,961 |
| Jahreswert (4 × 3000 EUR =) | 12 000 EUR |
| Kapitalwert am 16.6.01 (0,961 × 85 716 EUR =) | 82 373 EUR |

**Beispiel 4: (feststehende künftige Rentenerhöhung)**

| | |
|---|---|
| Besteuerungszeitpunkt | 13.10.01 |
| Halbjährliche Zeitrente | |
| Zeitrente (I) | 10 000 EUR |
| Fälligkeit der 1. Zahlung (I) nach Besteuerungszeitpunkt | 20.2.02 |
| Fälligkeit der letzten Zahlung (I) | 20.2.09 |
| In den Jahren 02 bis 08 werden jeweils 2 Raten und im Jahr 09 eine Rate gezahlt; dies ergibt eine Anzahl von 15 zu leistenden Raten. | |
| Laufzeit (15 Raten/2 Raten pro Jahr =) | 7 Jahre, 6 Monate |
| Zeitrente (II) | 22 500 EUR |
| Fälligkeit der 1. Zahlung (II) nach Besteuerungszeitpunkt | 20.8.09 |
| Fälligkeit der letzten Zahlung (II) | 20.8.21 |
| Im Jahr 09 wird eine Rate und in den Jahren 10 bis 21 werden jeweils zwei Raten gezahlt; dies ergibt eine Anzahl von 25 zu leistenden Raten. | |
| Laufzeit (25 Raten/2 Raten pro Jahr =) | 12 Jahre, 6 Monate |
| Berechnung: | |
| <u>1. Berechnung des Kapitalwerts der Zeitrente (I):</u> | |
| Vervielfältiger für 8 Jahre (Tabelle 6) | 6,509 |
| Vervielfältiger für 7 Jahre | <u>5,839</u> |
| Differenz | 0,670 |
| davon 6/12 | 0,335 |
| interpoliert (5,839 + 0,335) | 6,174 |
| Jahreswert (2 × 10 000 EUR =) | 20 000 EUR |
| Kapitalwert der Zeitrente (I) (6,174 × 20 000 EUR =) | 123 480 EUR |
| <u>2. Berechnung des Kapitalwerts der Zeitrente (II):</u> | |
| Vervielfältiger für 13 Jahre (Tabelle 6) | 9,368 |
| Vervielfältiger für 12 Jahre | <u>8,856</u> |
| Differenz | 0,512 |
| davon 6/12 | 0,256 |
| interpoliert (8,856 + 0,256 =) | 9,112 |
| Jahreswert (2 × 22 500 EUR =) | 45 000 EUR |
| Kapitalwert der Zeitrente (II) (9,112 × 45 000 EUR =) | 410 040 EUR |
| Der so ermittelte Kapitalwert der Zeitrente ist wie eine unverzinsliche Kapitalforderung auf den 13.10.01 abzuzinsen: | |
| Abzinsungsfaktor für 8 Jahre (Tabelle 1) | 0,652 |
| Abzinsungsfaktor für 7 Jahre | <u>0,687</u> |
| Differenz | –0,035 |
| davon 6/12 | –0,018 |
| interpoliert (0,687 – 0,018 =) | 0,669 |
| Kapitalwert der Zeitrente (II), bezogen auf den 13.10.01 (0,669 × 410 040 EUR =) | 274 316 EUR |
| Kapitalwert am 13.10.01 (123 480 + 274 316 EUR =) | <u>397 796 EUR</u> |

## 2.2. Lebenslängliche Nutzungen und Leistungen

57 **Beispiel:**

| | |
|---|---|
| Besteuerungszeitpunkt | 18.10.2022 |
| Lebenslänglich laufende Rente in Höhe von monatlich | 500 EUR |
| Geschlecht des Empfängers | männlich |

| | |
|---|---|
| Geburtsdatum des Empfängers | 14.12.1948 |
| Berechnung: | |
| Erreichtes Alter am 18.10.2022 | 73 Jahre |
| Vervielfältiger | 9,059 |
| Jahreswert der Rente (12 × 500 EUR =) | 6000 EUR |
| Gegenwartswert am 18.10.2022 (9,059 × 6000 EUR =) | 54 354 EUR |

## 2.3. Leibrenten und Nutzungsrechte auf Lebenszeit, die von der Lebenszeit mehrerer Personen abhängen

**Beispiel 1:** 58

| | |
|---|---|
| Besteuerungszeitpunkt | 16.8.2022 |
| Ein Ehepaar erhält eine Rente zu Lebzeiten beider Ehegatten in Höhe von jährlich | 20 000 EUR |
| Nach dem Tod des Erstversterbenden vermindert sich der Jahreswert der Rente auf | 15 000 EUR |
| Alter des Ehemannes im Besteuerungszeitpunkt | 58 Jahre |
| (Vervielfältiger 13,339) | |
| Alter der Ehefrau im Besteuerungszeitpunkt | 50 Jahre |
| (Vervielfältiger 15,739) | |
| Nach Tz. III. 1.2.6 ergibt sich der Kapitalwert wie folgt: | |
| 1. Rentenanspruch des Ehemannes | |
| (13,339 × 10 000 EUR =) | 133 390 EUR |
| 2. Rentenanspruch der Ehefrau | |
| (13,339 × 10 000 EUR =) | 133 390 EUR |
| ([15,739 – 13,339] × 15 000 EUR =) | 36 000 EUR |
| insgesamt | 169 390 EUR |
| Kapitalwert im Besteuerungszeitpunkt (133 390 EUR + 169 390 EUR =) | 302 780 EUR |

**Beispiel 2:**

| | |
|---|---|
| Besteuerungszeitpunkt | 20.9.2022 |
| Ein Ehemann erhält eine lebenslängliche Rente in Höhe von jährlich | 20 000 EUR |
| Eine Witwenrente ist vereinbart in Höhe von jährlich | 15 000 EUR |
| Alter des Ehemannes im Besteuerungszeitpunkt (wie in Beispiel 1) | 58 Jahre |
| (Vervielfältiger 13,339) | |
| Nach Tz. III. 1.2.6 ergibt sich der Kapitalwert im Besteuerungszeitpunkt wie folgt: | |
| (13,339 × 20 000 EUR =) | 266 780 EUR |
| Die Rente der Ehefrau ist aufschiebend bedingt und bleibt daher außer Betracht. | |

**Beispiel 3:**

Frau M hat ein Wertpapierdepot an Herrn S unter Nießbrauchsvorbehalt auf Lebenszeit übertragen. S verschenkt das Depot am 17.7.2022 weiter an T. Er behält sich ebenfalls den Nießbrauch auf Lebenszeit vor, der aber einen Rang nach dem der M erhält.

| | |
|---|---|
| Jahreswert des Nießbrauchs | 4000 EUR |
| Alter M im Besteuerungszeitpunkt des Erwerbs von T | 65 Jahre |
| (Vervielfältiger 12,652) | |
| Alter S im Besteuerungszeitpunkt des Erwerbs von T | 40 Jahre |
| (Vervielfältiger 16,449) | |
| Nach Tz. III. 1.2.6 ergibt sich der Kapitalwert im Besteuerungszeitpunkt wie folgt: | |
| (16,449 × 4000 EUR =) | 65 769 EUR |

**Tabelle 1**
**(zu § 12 Abs. 3 BewG)**

## Vervielfältiger für die Abzinsung einer unverzinslichen Forderung oder Schuld, die nach bestimmter Zeit in einem Betrag fällig ist, im Nennwert von 1,– EUR

| Anzahl der Jahre | Vervielfältiger | Anzahl der Jahre | Vervielfältiger | Anzahl der Jahre | Vervielfältiger | Anzahl der Jahre | Vervielfältiger |
|---|---|---|---|---|---|---|---|
| 1 | 0,948 | 26 | 0,249 | 51 | 0,065 | 76 | 0,017 |
| 2 | 0,898 | 27 | 0,236 | 52 | 0,062 | 77 | 0,016 |
| 3 | 0,852 | 28 | 0,223 | 53 | 0,059 | 78 | 0,015 |
| 4 | 0,807 | 29 | 0,212 | 54 | 0,056 | 79 | 0,015 |
| 5 | 0,765 | 30 | 0,201 | 55 | 0,053 | 80 | 0,014 |
| 6 | 0,725 | 31 | 0,190 | 56 | 0,050 | 81 | 0,013 |
| 7 | 0,687 | 32 | 0,180 | 57 | 0,047 | 82 | 0,012 |
| 8 | 0,652 | 33 | 0,171 | 58 | 0,045 | 83 | 0,012 |
| 9 | 0,618 | 34 | 0,162 | 59 | 0,042 | 84 | 0,011 |
| 10 | 0,585 | 35 | 0,154 | 60 | 0,040 | 85 | 0,011 |
| 11 | 0,555 | 36 | 0,146 | 61 | 0,038 | 86 | 0,010 |
| 12 | 0,526 | 37 | 0,138 | 62 | 0,036 | 87 | 0,009 |
| 13 | 0,499 | 38 | 0,131 | 63 | 0,034 | 88 | 0,009 |
| 14 | 0,473 | 39 | 0,124 | 64 | 0,032 | 89 | 0,009 |
| 15 | 0,448 | 40 | 0,117 | 65 | 0,031 | 90 | 0,008 |
| 16 | 0,425 | 41 | 0,111 | 66 | 0,029 | 91 | 0,008 |
| 17 | 0,402 | 42 | 0,106 | 67 | 0,028 | 92 | 0,007 |
| 18 | 0,381 | 43 | 0,100 | 68 | 0,026 | 93 | 0,007 |
| 19 | 0,362 | 44 | 0,095 | 69 | 0,025 | 94 | 0,007 |
| 20 | 0,343 | 45 | 0,090 | 70 | 0,024 | 95 | 0,006 |
| 21 | 0,325 | 46 | 0,085 | 71 | 0,022 | 96 | 0,006 |
| 22 | 0,308 | 47 | 0,081 | 72 | 0,021 | 97 | 0,006 |
| 23 | 0,292 | 48 | 0,077 | 73 | 0,020 | 98 | 0,005 |
| 24 | 0,277 | 49 | 0,073 | 74 | 0,019 | 99 | 0,005 |
| 25 | 0,262 | 50 | 0,069 | 75 | 0,018 | 100 | 0,005 |

## Tabelle 2
## (zu § 12 Abs. 1 BewG)

## Vervielfältiger für eine unverzinsliche Kapitalforderung/-schuld, die in gleichen Jahresraten getilgt wird. Der Jahresbetrag der Raten wurde mit 1,– EUR angesetzt

| Laufzeit in Jahren | Kapitalwert | Laufzeit in Jahren | Kapitalwert |
|---|---|---|---|
| 1 | 0,974 | 41 | 16,602 |
| 2 | 1,897 | 42 | 16,710 |
| 3 | 2,772 | 43 | 16,813 |
| 4 | 3,602 | 44 | 16,910 |
| 5 | 4,388 | 45 | 17,003 |
| 6 | 5,133 | 46 | 17,090 |
| 7 | 5,839 | 47 | 17,173 |
| 8 | 6,509 | 48 | 17,252 |
| 9 | 7,143 | 49 | 17,326 |
| 10 | 7,745 | 50 | 17,397 |
| 11 | 8,315 | 51 | 17,464 |
| 12 | 8,856 | 52 | 17,528 |
| 13 | 9,368 | 53 | 17,588 |
| 14 | 9,853 | 54 | 17,645 |
| 15 | 10,314 | 55 | 17,699 |
| 16 | 10,750 | 56 | 17,750 |
| 17 | 11,163 | 57 | 17,799 |
| 18 | 11,555 | 58 | 17,845 |
| 19 | 11,927 | 59 | 17,888 |
| 20 | 12,279 | 60 | 17,930 |
| 21 | 12,613 | 61 | 17,969 |
| 22 | 12,929 | 62 | 18,006 |
| 23 | 13,229 | 63 | 18,041 |
| 24 | 13,513 | 64 | 18,075 |
| 25 | 13,783 | 65 | 18,106 |
| 26 | 14,038 | 66 | 18,136 |
| 27 | 14,280 | 67 | 18,165 |
| 28 | 14,510 | 68 | 18,192 |
| 29 | 14,727 | 69 | 18,217 |
| 30 | 14,933 | 70 | 18,242 |
| 31 | 15,129 | 71 | 18,264 |
| 32 | 15,314 | 72 | 18,286 |
| 33 | 15,490 | 73 | 18,307 |
| 34 | 15,656 | 74 | 18,326 |
| 35 | 15,814 | 75 | 18,345 |
| 36 | 15,963 | 76 | 18,362 |
| 37 | 16,105 | 77 | 18,379 |
| 38 | 16,239 | 78 | 18,395 |
| 39 | 16,367 | 79 | 18,410 |
| 40 | 16,487 | 80 | 18,424 |

| Laufzeit in Jahren | Kapitalwert | Laufzeit in Jahren | Kapitalwert |
|---|---|---|---|
| 81 | 18,437 | 116 | 18,644 |
| 82 | 18,450 | 117 | 18,646 |
| 83 | 18,462 | 118 | 18,648 |
| 84 | 18,474 | 119 | 18,650 |
| 85 | 18,485 | 120 | 18,652 |
| 86 | 18,495 | 121 | 18,653 |
| 87 | 18,505 | 122 | 18,655 |
| 88 | 18,514 | 123 | 18,656 |
| 89 | 18,523 | 124 | 18,657 |
| 90 | 18,531 | 125 | 18,659 |
| 91 | 18,539 | 126 | 18,660 |
| 92 | 18,546 | 127 | 18,661 |
| 93 | 18,553 | 128 | 18,662 |
| 94 | 18,560 | 129 | 18,663 |
| 95 | 18,566 | 130 | 18,664 |
| 96 | 18,572 | 131 | 18,665 |
| 97 | 18,578 | 132 | 18,666 |
| 98 | 18,583 | 133 | 18,667 |
| 99 | 18,589 | 134 | 18,668 |
| 100 | 18,593 | 135 | 18,668 |
| 101 | 18,598 | 136 | 18,669 |
| 102 | 18,602 | 137 | 18,670 |
| 103 | 18,607 | 138 | 18,670 |
| 104 | 18,611 | 139 | 18,671 |
| 105 | 18,614 | 140 | 18,671 |
| 106 | 18,618 | 141 | 18,672 |
| 107 | 18,621 | 142 | 18,672 |
| 108 | 18,624 | 143 | 18,673 |
| 109 | 18,627 | 144 | 18,673 |
| 110 | 18,630 | 145 | 18,674 |
| 111 | 18,633 | 146 | 18,674 |
| 112 | 18,635 | 147 | 18,675 |
| 113 | 18,638 | 148 | 18,675 |
| 114 | 18,640 | 149 | 18,675 |
| 115 | 18,642 | 150 | 18,676 |

**Tabelle 3**
**(zu § 12 Abs. 1 BewG)**

## Tabelle zur Berechnung der Barwerte der Zinsdifferenzen für hoch- und niedrigverzinsliche Kapitalforderungen und -schulden mit Ratentilgung

| Anzahl der Jahre | Barwert | Anzahl der Jahre | Barwert |
|---|---|---|---|
| 1 | 0,487 | 41 | 10,833 |
| 2 | 0,949 | 42 | 10,961 |
| 3 | 1,394 | 43 | 11,086 |
| 4 | 1,824 | 44 | 11,207 |
| 5 | 2,240 | 45 | 11,325 |
| 6 | 2,641 | 46 | 11,440 |
| 7 | 3,028 | 47 | 11,551 |
| 8 | 3,402 | 48 | 11,660 |
| 9 | 3,764 | 49 | 11,766 |
| 10 | 4,113 | 50 | 11,869 |
| 11 | 4,451 | 51 | 11,969 |
| 12 | 4,777 | 52 | 12,066 |
| 13 | 5,093 | 53 | 12,161 |
| 14 | 5,398 | 54 | 12,254 |
| 15 | 5,694 | 55 | 12,344 |
| 16 | 5,979 | 56 | 12,432 |
| 17 | 6,255 | 57 | 12,517 |
| 18 | 6,523 | 58 | 12,601 |
| 19 | 6,782 | 59 | 12,682 |
| 20 | 7,032 | 60 | 12,762 |
| 21 | 7,275 | 61 | 12,839 |
| 22 | 7,510 | 62 | 12,914 |
| 23 | 7,737 | 63 | 12,988 |
| 24 | 7,957 | 64 | 13,060 |
| 25 | 8,171 | 65 | 13,130 |
| 26 | 8,378 | 66 | 13,199 |
| 27 | 8,578 | 67 | 13,265 |
| 28 | 8,773 | 68 | 13,331 |
| 29 | 8,961 | 69 | 13,395 |
| 30 | 9,144 | 70 | 13,457 |
| 31 | 9,322 | 71 | 13,518 |
| 32 | 9,494 | 72 | 13,577 |
| 33 | 9,661 | 73 | 13,635 |
| 34 | 9,823 | 74 | 13,692 |
| 35 | 9,980 | 75 | 13,748 |
| 36 | 10,133 | 76 | 13,802 |
| 37 | 10,281 | 77 | 13,855 |
| 38 | 10,425 | 78 | 13,907 |
| 39 | 10,565 | 79 | 13,958 |
| 40 | 10,701 | 80 | 14,008 |

| Anzahl der Jahre | Barwert | Anzahl der Jahre | Barwert |
|---|---|---|---|
| 81 | 14,056 | 91 | 14,491 |
| 82 | 14,104 | 92 | 14,530 |
| 83 | 14,151 | 93 | 14,568 |
| 84 | 14,196 | 94 | 14,605 |
| 85 | 14,241 | 95 | 14,641 |
| 86 | 14,285 | 96 | 14,677 |
| 87 | 14,328 | 97 | 14,713 |
| 88 | 14,370 | 98 | 14,747 |
| 89 | 14,411 | 99 | 14,781 |
| 90 | 14,451 | 100 | 14,814 |

**Tabelle 4**
**(zu § 12 Abs. 1 BewG)**

## Tabelle der Kapitalwerte der Zinsdifferenzen für niedrigverzinsliche Kapitalforderungen und -schulden mit Annuitätentilgung und einer Annuität im Jahresbetrag von 1,– EUR; Grenzzinsfuß: 3 %

| Anzahl der Jahre | vertraglicher Zinsfuß in Prozent | | | | | Anzahl der Jahre |
|---|---|---|---|---|---|---|
| | 0,5 % | 1,0 % | 1,5 % | 2,0 % | 2,5 % | |
| 1 | 0,012 | 0,010 | 0,007 | 0,005 | 0,002 | 1 |
| 2 | 0,047 | 0,038 | 0,028 | 0,019 | 0,009 | 2 |
| 3 | 0,104 | 0,083 | 0,062 | 0,041 | 0,020 | 3 |
| 4 | 0,182 | 0,144 | 0,107 | 0,071 | 0,035 | 4 |
| 5 | 0,280 | 0,222 | 0,164 | 0,109 | 0,054 | 5 |
| 6 | 0,397 | 0,314 | 0,232 | 0,153 | 0,076 | 6 |
| 7 | 0,532 | 0,420 | 0,310 | 0,240 | 0,101 | 7 |
| 8 | 0,685 | 0,539 | 0,398 | 0,261 | 0,129 | 8 |
| 9 | 0,854 | 0,671 | 0,495 | 0,324 | 0,159 | 9 |
| 10 | 1,039 | 0,815 | 0,600 | 0,392 | 0,192 | 10 |
| 11 | 1,239 | 0,970 | 0,712 | 0,465 | 0,228 | 11 |
| 12 | 1,454 | 1,136 | 0,833 | 0,543 | 0,265 | 12 |
| 13 | 1,681 | 1,312 | 0,960 | 0,624 | 0,305 | 13 |
| 14 | 1,922 | 1,497 | 1,093 | 0,710 | 0,346 | 14 |
| 15 | 2,175 | 1,691 | 1,232 | 0,799 | 0,389 | 15 |
| 16 | 2,440 | 1,893 | 1,377 | 0,891 | 0,433 | 16 |
| 17 | 2,716 | 2,103 | 1,527 | 0,986 | 0,478 | 17 |
| 18 | 3,002 | 2,320 | 1,682 | 1,084 | 0,525 | 18 |
| 19 | 3,298 | 2,544 | 1,841 | 1,185 | 0,572 | 19 |
| 20 | 3,603 | 2,774 | 2,003 | 1,287 | 0,621 | 20 |
| 21 | 3,918 | 3,010 | 2,170 | 1,391 | 0,670 | 21 |
| 22 | 4,240 | 3,251 | 2,339 | 1,497 | 0,720 | 22 |
| 23 | 4,570 | 3,497 | 2,512 | 1,605 | 0,770 | 23 |
| 24 | 4,907 | 3,748 | 2,687 | 1,714 | 0,821 | 24 |
| 25 | 5,252 | 4,003 | 2,864 | 1,824 | 0,872 | 25 |
| 26 | 5,602 | 4,262 | 3,044 | 1,934 | 0,923 | 26 |
| 27 | 5,959 | 4,524 | 3,225 | 2,046 | 0,974 | 27 |
| 28 | 6,321 | 4,790 | 3,408 | 2,158 | 1,026 | 28 |
| 29 | 6,689 | 5,058 | 3,592 | 2,270 | 1,078 | 29 |
| 30 | 7,061 | 5,329 | 3,777 | 2,383 | 1,129 | 30 |
| 31 | 7,438 | 5,602 | 3,963 | 2,495 | 1,181 | 31 |
| 32 | 7,819 | 5,877 | 4,149 | 2,608 | 1,232 | 32 |
| 33 | 8,204 | 6,154 | 4,336 | 2,721 | 1,283 | 33 |
| 34 | 8,592 | 6,432 | 4,523 | 2,833 | 1,334 | 34 |
| 35 | 8,984 | 6,712 | 4,711 | 2,945 | 1,384 | 35 |
| 36 | 9,378 | 6,992 | 4,898 | 3,057 | 1,434 | 36 |
| 37 | 9,775 | 7,273 | 5,085 | 3,168 | 1,483 | 37 |
| 38 | 10,175 | 7,555 | 5,272 | 3,278 | 1,533 | 38 |

| Anzahl der Jahre | vertraglicher Zinsfuß in Prozent | | | | | Anzahl der Jahre |
|---|---|---|---|---|---|---|
| | 0,5 % | 1,0 % | 1,5 % | 2,0 % | 2,5 % | |
| 39 | 10,576 | 7,837 | 5,458 | 3,388 | 1,581 | 39 |
| 40 | 10,980 | 8,119 | 5,644 | 3,497 | 1,629 | 40 |
| 41 | 11,385 | 8,401 | 5,829 | 3,605 | 1,677 | 41 |
| 42 | 11,791 | 8,683 | 6,013 | 3,712 | 1,724 | 42 |
| 43 | 12,199 | 8,964 | 6,196 | 3,818 | 1,770 | 43 |
| 44 | 12,607 | 9,245 | 6,377 | 3,923 | 1,816 | 44 |
| 45 | 13,017 | 9,526 | 6,558 | 4,027 | 1,861 | 45 |
| 46 | 13,427 | 9,805 | 6,738 | 4,130 | 1,905 | 46 |
| 47 | 13,837 | 10,084 | 6,916 | 4,232 | 1,949 | 47 |
| 48 | 14,248 | 10,362 | 7,093 | 4,332 | 1,992 | 48 |
| 49 | 14,659 | 10,638 | 7,268 | 4,431 | 2,034 | 49 |
| 50 | 15,070 | 10,914 | 7,442 | 4,529 | 2,076 | 50 |
| 51 | 15,481 | 11,188 | 7,614 | 4,626 | 2,117 | 51 |
| 52 | 15,891 | 11,460 | 7,784 | 4,721 | 2,157 | 52 |
| 53 | 16,301 | 11,731 | 7,953 | 4,815 | 2,196 | 53 |
| 54 | 16,710 | 12,001 | 8,120 | 4,908 | 2,235 | 54 |
| 55 | 17,119 | 12,268 | 8,285 | 4,999 | 2,273 | 55 |
| 56 | 17,527 | 12,534 | 8,449 | 5,088 | 2,310 | 56 |
| 57 | 17,934 | 12,798 | 8,610 | 5,177 | 2,346 | 57 |
| 58 | 18,340 | 13,061 | 8,770 | 5,264 | 2,382 | 58 |
| 59 | 18,744 | 13,321 | 8,928 | 5,349 | 2,417 | 59 |
| 60 | 19,148 | 13,579 | 9,084 | 5,433 | 2,451 | 60 |
| 61 | 19,550 | 13,835 | 9,238 | 5,516 | 2,485 | 61 |
| 62 | 19,951 | 14,090 | 9,390 | 5,597 | 2,517 | 62 |
| 63 | 20,351 | 14,342 | 9,539 | 5,677 | 2,549 | 63 |
| 64 | 20,749 | 14,591 | 9,687 | 5,755 | 2,581 | 64 |
| 65 | 21,145 | 14,839 | 9,833 | 5,832 | 2,611 | 65 |
| 66 | 21,540 | 15,084 | 9,977 | 5,908 | 2,641 | 66 |
| 67 | 21,933 | 15,328 | 10,119 | 5,982 | 2,671 | 67 |
| 68 | 22,325 | 15,568 | 10,259 | 6,054 | 2,699 | 68 |
| 69 | 22,714 | 15,807 | 10,397 | 6,126 | 2,727 | 69 |
| 70 | 23,102 | 16,043 | 10,532 | 6,195 | 2,754 | 70 |
| 71 | 23,488 | 16,277 | 10,666 | 6,264 | 2,780 | 71 |
| 72 | 23,872 | 16,509 | 10,798 | 6,331 | 2,806 | 72 |
| 73 | 24,254 | 16,738 | 10,928 | 6,397 | 2,831 | 73 |
| 74 | 24,633 | 16,964 | 11,055 | 6,461 | 2,856 | 74 |
| 75 | 25,011 | 17,189 | 11,181 | 6,524 | 2,880 | 75 |
| 76 | 25,387 | 17,411 | 11,305 | 6,586 | 2,903 | 76 |
| 77 | 25,761 | 17,630 | 11,427 | 6,646 | 2,926 | 77 |
| 78 | 26,132 | 17,848 | 11,546 | 6,706 | 2,948 | 78 |
| 79 | 26,502 | 18,062 | 11,664 | 6,763 | 2,969 | 79 |
| 80 | 26,869 | 18,275 | 11,780 | 6,820 | 2,990 | 80 |

| Anzahl der Jahre | vertraglicher Zinsfuß in Prozent | | | | | Anzahl der Jahre |
|---|---|---|---|---|---|---|
| | 0,5 % | 1,0 % | 1,5 % | 2,0 % | 2,5 % | |
| 81 | 27,334 | 18,458 | 11,894 | 6,875 | 3,011 | 81 |
| 82 | 27,597 | 18,693 | 12,006 | 6,930 | 3,031 | 82 |
| 83 | 27,958 | 18,898 | 12,117 | 6,983 | 3,050 | 83 |
| 84 | 23,316 | 19,101 | 12,225 | 7,034 | 3,069 | 84 |
| 85 | 28,673 | 19,301 | 12,331 | 7,085 | 3,087 | 85 |
| 86 | 29,027 | 19,500 | 12,436 | 7,135 | 3,104 | 86 |
| 87 | 29,378 | 19,695 | 12,539 | 7,183 | 3,122 | 87 |
| 88 | 29,728 | 19,889 | 12,640 | 7,230 | 3,138 | 88 |
| 89 | 30,075 | 20,080 | 12,740 | 7,276 | 3,154 | 89 |
| 90 | 30,420 | 20,269 | 12,837 | 7,321 | 3,170 | 90 |
| 91 | 30,763 | 20,456 | 12,933 | 7,366 | 3,185 | 91 |
| 92 | 31,103 | 20,640 | 13,027 | 7,409 | 3,200 | 92 |
| 93 | 31,441 | 20,822 | 13,120 | 7,450 | 3,215 | 93 |
| 94 | 31,777 | 21,002 | 13,210 | 7,491 | 3,229 | 94 |
| 95 | 32,111 | 21,180 | 13,300 | 7,531 | 3,242 | 95 |
| 96 | 32,442 | 21,356 | 13,387 | 7,570 | 3,255 | 96 |
| 97 | 32,772 | 21,529 | 13,473 | 7,609 | 3,268 | 97 |
| 98 | 33,099 | 21,700 | 13,558 | 7,646 | 3,280 | 98 |
| 99 | 33,423 | 21,869 | 13,640 | 7,682 | 3,292 | 99 |
| 100 | 33,746 | 22,036 | 13,722 | 7,717 | 3,304 | 100 |

**Tabelle 5**
**(zu § 12 Abs. 1 BewG)**

## Tabelle der Kapitalwerte der Zinsdifferenzen für hochverzinsliche Kapitalforderungen und -schulden mit Annuitätentilgung und einer Annuität im Jahresbetrag von 1,– EUR; Grenzzinsfuß: 9 %

| Anzahl der Jahre | vertraglicher Zinsfuß in Prozent | | | | | | | | | Anzahl der Jahre |
|---|---|---|---|---|---|---|---|---|---|---|
| | 9,5 % | 10 % | 10,5 % | 11 % | 11,5 % | 12 % | 12,5 % | 13 % | 13,5 % | |
| 1 | 0,002 | 0,005 | 0,007 | 0,009 | 0,012 | 0,014 | 0,016 | 0,018 | 0,021 | 1 |
| 2 | 0,009 | 0,017 | 0,026 | 0,034 | 0,043 | 0,051 | 0,059 | 0,067 | 0,075 | 2 |
| 3 | 0,019 | 0,037 | 0,055 | 0,073 | 0,091 | 0,108 | 0,125 | 0,142 | 0,159 | 3 |
| 4 | 0,032 | 0,063 | 0,094 | 0,124 | 0,154 | 0,183 | 0,212 | 0,240 | 0,268 | 4 |
| 5 | 0,048 | 0,094 | 0,140 | 0,185 | 0,229 | 0,273 | 0,315 | 0,357 | 0,398 | 5 |
| 6 | 0,066 | 0,130 | 0,194 | 0,255 | 0,316 | 0,375 | 0,433 | 0,490 | 0,545 | 6 |
| 7 | 0,086 | 0,171 | 0,253 | 0,333 | 0,411 | 0,488 | 0,562 | 0,635 | 0,707 | 7 |
| 8 | 0,109 | 0,214 | 0,317 | 0,417 | 0,514 | 0,609 | 0,701 | 0,791 | 0,879 | 8 |
| 9 | 0,132 | 0,261 | 0,385 | 0,506 | 0,623 | 0,737 | 0,847 | 0,955 | 1,059 | 9 |
| 10 | 0,157 | 0,309 | 0,456 | 0,598 | 0,736 | 0,870 | 0,999 | 1,124 | 1,246 | 10 |
| 11 | 0,183 | 0,359 | 0,530 | 0,694 | 0,853 | 1,006 | 1,154 | 1,298 | 1,436 | 11 |
| 12 | 0,209 | 0,411 | 0,605 | 0,792 | 0,972 | 1,145 | 1,312 | 1,473 | 1,628 | 12 |
| 13 | 0,236 | 0,463 | 0,681 | 0,891 | 1,092 | 1,285 | 1,471 | 1,649 | 1,821 | 13 |
| 14 | 0,264 | 0,516 | 0,758 | 0,990 | 1,212 | 1,425 | 1,629 | 1,825 | 2,013 | 14 |
| 15 | 0,291 | 0,569 | 0,835 | 1,089 | 1,332 | 1,564 | 1,786 | 1,999 | 2,203 | 15 |
| 16 | 0,319 | 0,622 | 0,912 | 1,187 | 1,451 | 1,702 | 1,942 | 2,171 | 2,390 | 16 |
| 17 | 0,346 | 0,675 | 0,987 | 1,285 | 1,568 | 1,837 | 2,094 | 2,339 | 2,573 | 17 |
| 18 | 0,373 | 0,727 | 1,062 | 1,380 | 1,683 | 1,970 | 2,243 | 2,504 | 2,751 | 18 |
| 19 | 0,400 | 0,777 | 1,135 | 1,474 | 1,795 | 2,100 | 2,389 | 2,663 | 2,925 | 19 |
| 20 | 0,426 | 0,827 | 1,207 | 1,565 | 1,905 | 2,226 | 2,530 | 2,818 | 3,092 | 20 |
| 21 | 0,451 | 0,876 | 1,277 | 1,654 | 2,011 | 2,348 | 2,666 | 2,968 | 3,254 | 21 |
| 22 | 0,476 | 0,924 | 1,344 | 1,740 | 2,114 | 2,466 | 2,798 | 3,112 | 3,409 | 22 |
| 23 | 0,500 | 0,970 | 1,410 | 1,824 | 2,213 | 2,579 | 2,925 | 3,250 | 3,558 | 23 |
| 24 | 0,524 | 1,014 | 1,473 | 1,904 | 2,308 | 2,689 | 3,046 | 3,383 | 3,700 | 24 |
| 25 | 0,547 | 1,057 | 1,534 | 1,981 | 2,400 | 2,793 | 3,162 | 3,510 | 3,836 | 25 |
| 26 | 0,568 | 1,098 | 1,593 | 2,055 | 2,488 | 2,893 | 3,273 | 3,630 | 3,966 | 26 |
| 27 | 0,589 | 1,138 | 1,649 | 2,126 | 2,572 | 2,989 | 3,379 | 3,745 | 4,089 | 27 |
| 28 | 0,610 | 1,176 | 1,703 | 2,194 | 2,652 | 3,079 | 3,480 | 3,854 | 4,206 | 28 |
| 29 | 0,626 | 1,213 | 1,754 | 2,258 | 2,728 | 3,166 | 3,575 | 3,958 | 4,316 | 29 |
| 30 | 0,648 | 1,247 | 1,803 | 2,320 | 2,800 | 3,248 | 3,665 | 4,055 | 4,420 | 30 |
| 31 | 0,665 | 1,280 | 1,850 | 2,378 | 2,869 | 3,325 | 3,751 | 4,148 | 4,519 | 31 |
| 32 | 0,682 | 1,312 | 1,894 | 2,433 | 2,934 | 3,399 | 3,831 | 4,235 | 4,612 | 32 |
| 33 | 0,698 | 1,342 | 1,936 | 2,486 | 2,995 | 3,468 | 3,907 | 4,317 | 4,699 | 33 |
| 34 | 0,713 | 1,370 | 1,976 | 2,535 | 3,053 | 3,533 | 3,979 | 4,394 | 4,781 | 34 |
| 35 | 0,728 | 1,397 | 2,013 | 2,582 | 3,107 | 3,594 | 4,046 | 4,467 | 4,858 | 35 |
| 36 | 0,742 | 1,422 | 2,048 | 2,626 | 3,159 | 3,652 | 4,109 | 4,535 | 4,930 | 36 |
| 37 | 0,755 | 1,446 | 2,082 | 2,667 | 3,207 | 3,706 | 4,169 | 4,598 | 4,998 | 37 |
| 38 | 0,767 | 1,469 | 2,113 | 2,706 | 3,252 | 3,757 | 4,224 | 4,658 | 5,061 | 38 |

| Anzahl der Jahre | vertraglicher Zinsfuß in Prozent | | | | | | | | | Anzahl der Jahre |
|---|---|---|---|---|---|---|---|---|---|---|
| | 9,5 % | 10 % | 10,5 % | 11 % | 11,5 % | 12 % | 12,5 % | 13 % | 13,5 % | |
| 39 | 0,778 | 1,490 | 2,142 | 2,742 | 3,294 | 3,804 | 4,276 | 4,713 | 5,120 | 39 |
| 40 | 0,789 | 1,510 | 2,170 | 2,776 | 3,334 | 3,849 | 4,324 | 4,765 | 5,175 | 40 |
| 41 | 0,799 | 1,529 | 2,196 | 2,808 | 3,371 | 3,890 | 4,370 | 4,814 | 5,226 | 41 |
| 42 | 0,809 | 1,546 | 2,220 | 2,838 | 3,406 | 3,929 | 4,412 | 4,859 | 5,274 | 42 |
| 43 | 0,818 | 1,562 | 2,243 | 2,866 | 3,438 | 3,965 | 4,451 | 4,901 | 5,318 | 43 |
| 44 | 0,826 | 1,578 | 2,264 | 2,892 | 3,468 | 3,998 | 4,488 | 4,940 | 5,360 | 44 |
| 45 | 0,834 | 1,592 | 2,284 | 2,916 | 3,496 | 4,030 | 4,522 | 4,977 | 5,398 | 45 |
| 46 | 0,841 | 1,605 | 2,302 | 2,939 | 3,522 | 4,059 | 4,553 | 5,010 | 5,434 | 46 |
| 47 | 0,848 | 1,618 | 2,319 | 2,959 | 3,546 | 4,086 | 4,582 | 5,042 | 5,467 | 47 |
| 48 | 0,854 | 1,629 | 2,335 | 2,979 | 3,569 | 4,110 | 4,610 | 5,071 | 5,497 | 48 |
| 49 | 0,860 | 1,640 | 2,350 | 2,997 | 3,589 | 4,134 | 4,635 | 5,097 | 5,526 | 49 |
| 50 | 0,866 | 1,650 | 2,363 | 3,014 | 3,609 | 4,155 | 4,658 | 5,122 | 5,552 | 50 |
| 51 | 0,871 | 1,659 | 2,376 | 3,029 | 3,627 | 4,175 | 4,679 | 5,145 | 5,576 | 51 |
| 52 | 0,876 | 1,668 | 2,388 | 3,043 | 3,643 | 4,193 | 4,699 | 5,166 | 5,599 | 52 |
| 53 | 0,880 | 1,676 | 2,398 | 3,057 | 3,658 | 4,210 | 4,718 | 5,186 | 5,619 | 53 |
| 54 | 0,884 | 1,683 | 2,408 | 3,069 | 3,672 | 4,226 | 4,734 | 5,204 | 5,638 | 54 |
| 55 | 0,888 | 1,690 | 2,418 | 3,080 | 3,685 | 4,240 | 4,750 | 5,221 | 5,656 | 55 |
| 56 | 0,891 | 1,696 | 2,426 | 3,090 | 3,697 | 4,253 | 4,764 | 5,236 | 5,672 | 56 |
| 57 | 0,895 | 1,702 | 2,434 | 3,100 | 3,708 | 4,265 | 4,778 | 5,250 | 5,687 | 57 |
| 58 | 0,897 | 1,707 | 2,441 | 3,109 | 3,718 | 4,276 | 4,790 | 5,263 | 5,701 | 58 |
| 59 | 0,900 | 1,712 | 2,448 | 3,117 | 3,727 | 4,287 | 4,801 | 5,275 | 5,714 | 59 |
| 60 | 0,903 | 1,717 | 2,454 | 3,124 | 3,736 | 4,296 | 4,811 | 5,286 | 5,725 | 60 |
| 61 | 0,905 | 1,721 | 2,459 | 3,131 | 3,743 | 4,305 | 4,820 | 5,296 | 5,736 | 61 |
| 62 | 0,907 | 1,724 | 2,464 | 3,137 | 3,750 | 4,313 | 4,829 | 5,305 | 5,746 | 62 |
| 63 | 0,909 | 1,728 | 2,469 | 3,142 | 3,757 | 4,320 | 4,837 | 5,314 | 5,755 | 63 |
| 64 | 0,911 | 1,731 | 2,473 | 3,148 | 3,763 | 4,326 | 4,844 | 5,322 | 5,763 | 64 |
| 65 | 0,912 | 1,734 | 2,477 | 3,152 | 3,768 | 4,332 | 4,851 | 5,329 | 5,771 | 65 |
| 66 | 0,914 | 1,736 | 2,480 | 3,156 | 3,773 | 4,338 | 4,857 | 5,335 | 5,778 | 66 |
| 67 | 0,915 | 1,739 | 2,484 | 3,160 | 3,778 | 4,343 | 4,862 | 5,341 | 5,784 | 67 |
| 68 | 0,916 | 1,741 | 2,486 | 3,164 | 3,782 | 4,347 | 4,867 | 5,347 | 5,790 | 68 |
| 69 | 0,917 | 1,743 | 2,489 | 3,167 | 3,785 | 4,352 | 4,872 | 5,352 | 5,795 | 69 |
| 70 | 0,918 | 1,744 | 2,491 | 3,170 | 3,789 | 4,355 | 4,876 | 5,356 | 5,800 | 70 |
| 71 | 0,919 | 1,746 | 2,493 | 3,172 | 3,792 | 4,359 | 4,880 | 5,360 | 5,805 | 71 |
| 72 | 0,920 | 1,747 | 2,495 | 3,175 | 3,794 | 4,362 | 4,883 | 5,364 | 5,809 | 72 |
| 73 | 0,921 | 1,749 | 2,497 | 3,177 | 3,797 | 4,365 | 4,886 | 5,367 | 5,812 | 73 |
| 74 | 0,921 | 1,750 | 2,499 | 3,179 | 3,799 | 4,367 | 4,889 | 5,371 | 5,816 | 74 |
| 75 | 0,922 | 1,751 | 2,500 | 3,181 | 3,801 | 4,369 | 4,892 | 5,373 | 5,819 | 75 |
| 76 | 0,922 | 1,752 | 2,501 | 3,182 | 3,803 | 4,371 | 4,894 | 5,376 | 5,822 | 76 |
| 77 | 0,923 | 1,752 | 2,502 | 3,183 | 3,805 | 4,373 | 4,896 | 5,378 | 5,824 | 77 |
| 78 | 0,923 | 1,753 | 2,503 | 3,185 | 3,806 | 4,375 | 4,898 | 5,380 | 5,827 | 78 |
| 79 | 0,923 | 1,754 | 2,504 | 3,186 | 3,807 | 4,376 | 4,900 | 5,382 | 5,829 | 79 |
| 80 | 0,924 | 1,754 | 2,505 | 3,187 | 3,808 | 4,378 | 4,901 | 5,384 | 5,831 | 80 |

| Anzahl der Jahre | vertraglicher Zinsfuß in Prozent | | | | | | | | | Anzahl der Jahre |
|---|---|---|---|---|---|---|---|---|---|---|
| | 9,5 % | 10 % | 10,5 % | 11 % | 11,5 % | 12 % | 12,5 % | 13 % | 13,5 % | |
| 81 | 0,924 | 1,755 | 2,506 | 3,187 | 3,809 | 4,379 | 4,903 | 5,386 | 5,832 | 81 |
| 82 | 0,924 | 1,755 | 2,506 | 3,188 | 3,810 | 4,380 | 4,904 | 5,387 | 5,834 | 82 |
| 83 | 0,924 | 1,755 | 2,507 | 3,189 | 3,811 | 4,381 | 4,905 | 5,388 | 5,836 | 83 |
| 84 | 0,924 | 1,756 | 2,507 | 3,189 | 3,812 | 4,382 | 4,906 | 5,389 | 5,837 | 84 |
| 85 | 0,925 | 1,756 | 2,507 | 3,190 | 3,812 | 4,383 | 4,907 | 5,390 | 5,838 | 85 |
| 86 | 0,925 | 1,756 | 2,508 | 3,190 | 3,813 | 4,383 | 4,908 | 5,391 | 5,839 | 86 |
| 87 | 0,925 | 1,756 | 2,508 | 3,191 | 3,813 | 4,384 | 4,908 | 5,392 | 5,840 | 87 |
| 88 | 0,925 | 1,756 | 2,508 | 3,191 | 3,814 | 4,384 | 4,909 | 5,393 | 5,841 | 88 |
| 89 | 0,925 | 1,757 | 2,508 | 3,191 | 3,814 | 4,385 | 4,909 | 5,394 | 5,842 | 89 |
| 90 | 0,925 | 1,757 | 2,508 | 3,191 | 3,814 | 4,385 | 4,910 | 5,394 | 5,842 | 90 |
| 91 | 0,925 | 1,757 | 2,508 | 3,191 | 3,814 | 4,385 | 4,910 | 5,395 | 5,843 | 91 |
| 92 | 0,925 | 1,757 | 2,508 | 3,191 | 3,815 | 4,386 | 4,911 | 5,395 | 5,844 | 92 |
| 93 | 0,925 | 1,757 | 2,508 | 3,192 | 3,815 | 4,386 | 4,911 | 5,396 | 5,844 | 93 |
| 94 | 0,925 | 1,757 | 2,508 | 3,192 | 3,815 | 4,386 | 4,911 | 5,396 | 5,845 | 94 |
| 95 | 0,925 | 1,757 | 2,508 | 3,192 | 3,815 | 4,386 | 4,911 | 5,396 | 5,845 | 95 |
| 96 | 0,925 | 1,757 | 2,508 | 3,192 | 3,815 | 4,386 | 4,912 | 5,396 | 5,845 | 96 |
| 97 | 0,925 | 1,757 | 2,508 | 3,192 | 3,815 | 4,386 | 4,912 | 5,397 | 5,846 | 97 |
| 98 | 0,925 | 1,757 | 2,508 | 3,192 | 3,815 | 4,386 | 4,912 | 5,397 | 5,846 | 98 |
| 99 | 0,925 | 1,757 | 2,508 | 3,192 | 3,815 | 4,386 | 4,912 | 5,397 | 5,846 | 99 |
| 100 | 0,925 | 1,757 | 2,508 | 3,192 | 3,815 | 4,386 | 4,912 | 5,397 | 5,846 | 100 |

# Tabelle 6
## (zu § 13 Abs. 1 BewG)
(entspricht Anlage 9a zum BewG)

## Kapitalwert einer wiederkehrenden, zeitlich beschränkten Nutzung oder Leistung im Jahresbetrag von 1,– EUR

| Laufzeit in Jahren | Vervielfältiger | Laufzeit in Jahren | Vervielfältiger | Laufzeit in Jahren | Vervielfältiger |
|---|---|---|---|---|---|
| 1 | 0,974 | 35 | 15,814 | 69 | 18,217 |
| 2 | 1,897 | 36 | 15,963 | 70 | 18,242 |
| 3 | 2,772 | 37 | 16,105 | 71 | 18,264 |
| 4 | 3,602 | 38 | 16,239 | 72 | 18,286 |
| 5 | 4,388 | 39 | 16,367 | 73 | 18,307 |
| 6 | 5,133 | 40 | 16,487 | 74 | 18,326 |
| 7 | 5,839 | 41 | 16,602 | 75 | 18,345 |
| 8 | 6,509 | 42 | 16,710 | 76 | 18,362 |
| 9 | 7,143 | 43 | 16,813 | 77 | 18,379 |
| 10 | 7,745 | 44 | 16,910 | 78 | 18,395 |
| 11 | 8,315 | 45 | 17,003 | 79 | 18,410 |
| 12 | 8,856 | 46 | 17,090 | 80 | 18,424 |
| 13 | 9,368 | 47 | 17,173 | 81 | 18,437 |
| 14 | 9,853 | 48 | 17,252 | 82 | 18,450 |
| 15 | 10,314 | 49 | 17,326 | 83 | 18,462 |
| 16 | 10,750 | 50 | 17,397 | 84 | 18,474 |
| 17 | 11,163 | 51 | 17,464 | 85 | 18,485 |
| 18 | 11,555 | 52 | 17,528 | 86 | 18,495 |
| 19 | 11,927 | 53 | 17,588 | 87 | 18,505 |
| 20 | 12,279 | 54 | 17,645 | 88 | 18,514 |
| 21 | 12,613 | 55 | 17,699 | 89 | 18,523 |
| 22 | 12,929 | 56 | 17,750 | 90 | 18,531 |
| 23 | 13,229 | 57 | 17,799 | 91 | 18,539 |
| 24 | 13,513 | 58 | 17,845 | 92 | 18,546 |
| 25 | 13,783 | 59 | 17,888 | 93 | 18,553 |
| 26 | 14,038 | 60 | 17,930 | 94 | 18,560 |
| 27 | 14,280 | 61 | 17,969 | 95 | 18,566 |
| 28 | 14,510 | 62 | 18,006 | 96 | 18,572 |
| 29 | 14,727 | 63 | 18,041 | 97 | 18,578 |
| 30 | 14,933 | 64 | 18,075 | 98 | 18,583 |
| 31 | 15,129 | 65 | 18,106 | 99 | 18,589 |
| 32 | 15,314 | 66 | 18,136 | 100 | 18,593 |
| 33 | 15,490 | 67 | 18,165 | 101 | 18,598 |
| 34 | 15,656 | 68 | 18,192 | mehr als 101 | 18,600 |

# 200 § 14/1. Schreiben betr. Berechnung einer lebenslänglichen Nutzung oder Leistung; Vervielfältiger für Bewertungsstichtage ab 1. Januar 2022[1)]

Vom 4. Oktober 2021
BMF IV C 7 - S 3104/19/10001 :006; DOK 2021/0863034
(BStBl. I S. 1821)

**1 Anlage**

In der Anlage gebe ich gemäß § 14 Abs. 1 Satz 4 BewG die Vervielfältiger zur Berechnung des Kapitalwerts lebenslänglicher Nutzungen oder Leistungen bekannt, die nach der am 9. Juli 2021 veröffentlichten Sterbetafel 2018/2020 des Statistischen Bundesamtes ermittelt wurden und für Bewertungsstichtage ab dem 1. Januar 2022 anzuwenden sind.

**Anlage**

## Kapitalwert einer lebenslänglichen Nutzung oder Leistung im Jahresbetrag von einem Euro für Bewertungsstichtage ab 1. Januar 2022

Der Kapitalwert ist nach der am 9. Juli 2021 veröffentlichten Allgemeinen Sterbetafel 2018/2020 des Statistischen Bundesamtes unter Berücksichtigung von Zwischenzinsen und Zinseszinsen mit 5,5 Prozent errechnet worden. Der Kapitalwert der Tabelle ist der Mittelwert zwischen dem Kapitalwert für jährlich vorschüssige und jährlich nachschüssige Zahlungsweise.

| Vollendetes Lebensalter | Männer | | Frauen | |
|---|---|---|---|---|
| | Durchschnittliche Lebenserwartung | Kapitalwert | Durchschnittliche Lebenserwartung | Kapitalwert |
| 0 | 78,64 | 18,405 | 83,40 | 18,467 |
| 1 | 77,90 | 18,393 | 82,64 | 18,458 |
| 2 | 76,92 | 18,378 | 81,66 | 18,446 |
| 3 | 75,93 | 18,361 | 80,67 | 18,433 |
| 4 | 74,94 | 18,344 | 79,68 | 18,420 |
| 5 | 73,95 | 18,325 | 78,69 | 18,405 |
| 6 | 72,95 | 18,306 | 77,69 | 18,390 |
| 7 | 71,96 | 18,285 | 76,70 | 18,374 |
| 8 | 70,97 | 18,264 | 75,70 | 18,357 |
| 9 | 69,97 | 18,241 | 74,71 | 18,340 |
| 10 | 68,98 | 18,217 | 73,71 | 18,321 |
| 11 | 67,98 | 18,191 | 72,71 | 18,301 |
| 12 | 66,99 | 18,165 | 71,72 | 18,280 |
| 13 | 65,99 | 18,136 | 70,73 | 18,258 |

[1)] Ab 1.1.2023 siehe BMF v. 14.11.2022, BStBl. I S. 1629 (Nr. **200** § 14/2).

| Vollendetes Lebensalter | Männer | | Frauen | |
|---|---|---|---|---|
| | Durchschnitt-liche Lebens-erwartung | Kapitalwert | Durchschnitt-liche Lebens-erwartung | Kapitalwert |
| 14 | 65,00 | 18,106 | 69,73 | 18,235 |
| 15 | 64,01 | 18,075 | 68,74 | 18,211 |
| 16 | 63,02 | 18,042 | 67,74 | 18,185 |
| 17 | 62,03 | 18,007 | 66,75 | 18,158 |
| 18 | 61,05 | 17,971 | 65,76 | 18,129 |
| 19 | 60,07 | 17,933 | 64,77 | 18,099 |
| 20 | 59,10 | 17,893 | 63,78 | 18,068 |
| 21 | 58,12 | 17,850 | 62,79 | 18,034 |
| 22 | 57,14 | 17,805 | 61,80 | 17,999 |
| 23 | 56,17 | 17,759 | 60,81 | 17,962 |
| 24 | 55,19 | 17,709 | 59,82 | 17,922 |
| 25 | 54,22 | 17,657 | 58,83 | 17,881 |
| 26 | 53,24 | 17,602 | 57,85 | 17,838 |
| 27 | 52,26 | 17,544 | 56,86 | 17,792 |
| 28 | 51,29 | 17,483 | 55,87 | 17,744 |
| 29 | 50,31 | 17,418 | 54,88 | 17,693 |
| 30 | 49,33 | 17,350 | 53,89 | 17,639 |
| 31 | 48,36 | 17,279 | 52,91 | 17,582 |
| 32 | 47,39 | 17,204 | 51,93 | 17,523 |
| 33 | 46,42 | 17,126 | 50,94 | 17,460 |
| 34 | 45,45 | 17,043 | 49,96 | 17,394 |
| 35 | 44,48 | 16,955 | 48,98 | 17,325 |
| 36 | 43,51 | 16,863 | 48,00 | 17,252 |
| 37 | 42,55 | 16,767 | 47,03 | 17,176 |
| 38 | 41,59 | 16,666 | 46,05 | 17,095 |
| 39 | 40,64 | 16,561 | 45,07 | 17,009 |
| 40 | 39,68 | 16,449 | 44,10 | 16,920 |
| 41 | 38,73 | 16,333 | 43,13 | 16,826 |
| 42 | 37,79 | 16,212 | 42,16 | 16,727 |
| 43 | 36,84 | 16,083 | 41,20 | 16,624 |
| 44 | 35,90 | 15,949 | 40,23 | 16,514 |
| 45 | 34,96 | 15,808 | 39,27 | 16,400 |
| 46 | 34,02 | 15,659 | 38,31 | 16,280 |
| 47 | 33,09 | 15,505 | 37,36 | 16,154 |
| 48 | 32,17 | 15,345 | 36,40 | 16,021 |
| 49 | 31,25 | 15,176 | 35,46 | 15,884 |
| 50 | 30,34 | 15,001 | 34,52 | 15,739 |
| 51 | 29,44 | 14,819 | 33,58 | 15,587 |

| Vollendetes Lebensalter | Männer | | Frauen | |
|---|---|---|---|---|
| | Durchschnittliche Lebenserwartung | Kapitalwert | Durchschnittliche Lebenserwartung | Kapitalwert |
| 52 | 28,54 | 14,629 | 32,65 | 15,429 |
| 53 | 27,66 | 14,433 | 31,72 | 15,263 |
| 54 | 26,78 | 14,228 | 30,80 | 15,091 |
| 55 | 25,91 | 14,016 | 29,88 | 14,909 |
| 56 | 25,06 | 13,799 | 28,97 | 14,721 |
| 57 | 24,21 | 13,571 | 28,07 | 14,525 |
| 58 | 23,38 | 13,339 | 27,17 | 14,320 |
| 59 | 22,56 | 13,099 | 26,29 | 14,110 |
| 60 | 21,75 | 12,852 | 25,41 | 13,889 |
| 61 | 20,96 | 12,600 | 24,53 | 13,658 |
| 62 | 20,18 | 12,340 | 23,67 | 13,421 |
| 63 | 19,41 | 12,074 | 22,81 | 13,173 |
| 64 | 18,66 | 11,803 | 21,96 | 12,917 |
| 65 | 17,92 | 11,525 | 21,12 | 12,652 |
| 66 | 17,19 | 11,239 | 20,29 | 12,378 |
| 67 | 16,48 | 10,951 | 19,47 | 12,095 |
| 68 | 15,77 | 10,652 | 18,64 | 11,795 |
| 69 | 15,08 | 10,349 | 17,83 | 11,490 |
| 70 | 14,39 | 10,036 | 17,03 | 11,175 |
| 71 | 13,71 | 9,715 | 16,24 | 10,851 |
| 72 | 13,05 | 9,393 | 15,46 | 10,517 |
| 73 | 12,39 | 9,059 | 14,69 | 10,174 |
| 74 | 11,74 | 8,718 | 13,93 | 9,820 |
| 75 | 11,10 | 8,370 | 13,18 | 9,457 |
| 76 | 10,48 | 8,022 | 12,44 | 9,084 |
| 77 | 9,87 | 7,669 | 11,71 | 8,702 |
| 78 | 9,26 | 7,303 | 10,99 | 8,310 |
| 79 | 8,67 | 6,938 | 10,28 | 7,908 |
| 80 | 8,09 | 6,567 | 9,59 | 7,502 |
| 81 | 7,54 | 6,205 | 8,92 | 7,094 |
| 82 | 7,01 | 5,846 | 8,28 | 6,690 |
| 83 | 6,49 | 5,484 | 7,66 | 6,285 |
| 84 | 6,01 | 5,140 | 7,08 | 5,894 |
| 85 | 5,55 | 4,803 | 6,53 | 5,512 |
| 86 | 5,12 | 4,479 | 6,01 | 5,140 |
| 87 | 4,72 | 4,172 | 5,52 | 4,780 |
| 88 | 4,35 | 3,882 | 5,08 | 4,449 |
| 89 | 4,01 | 3,610 | 4,66 | 4,125 |

| Vollendetes Lebensalter | Männer | | Frauen | |
|---|---|---|---|---|
| | Durchschnittliche Lebenserwartung | Kapitalwert | Durchschnittliche Lebenserwartung | Kapitalwert |
| 90 | 3,71 | 3,366 | 4,28 | 3,826 |
| 91 | 3,43 | 3,134 | 3,93 | 3,545 |
| 92 | 3,16 | 2,908 | 3,61 | 3,283 |
| 93 | 2,93 | 2,712 | 3,33 | 3,051 |
| 94 | 2,71 | 2,523 | 3,08 | 2,840 |
| 95 | 2,53 | 2,367 | 2,85 | 2,644 |
| 96 | 2,37 | 2,226 | 2,65 | 2,471 |
| 97 | 2,22 | 2,094 | 2,48 | 2,323 |
| 98 | 2,09 | 1,978 | 2,31 | 2,173 |
| 99 | 1,95 | 1,852 | 2,15 | 2,031 |
| 100 und darüber | 1,84 | 1,753 | 2,02 | 1,915 |

# 200 § 14/2. Schreiben betr. Berechnung einer lebenslänglichen Nutzung oder Leistung; Vervielfältiger für Bewertungsstichtage ab 1. Januar 2023

Vom 14. November 2022
BMF IV C 7 - S 3104/19/10001 :008
(BStBl. I S. 1629)

**1 Anlage**

In der Anlage gebe ich gemäß § 14 Abs. 1 Satz 4 BewG die Vervielfältiger zur Berechnung des Kapitalwerts lebenslänglicher Nutzungen oder Leistungen bekannt, die nach der am 26. Juli 2022 veröffentlichten Sterbetafel 2019/2021 des Statistischen Bundesamtes ermittelt wurden und für Bewertungsstichtage ab dem 1. Januar 2023 anzuwenden sind. Aufgrund mehrerer Bürgeranfragen wurde zur Klarstellung an mehreren Stellen die Bezeichnung „Vervielfältiger" ergänzt.

**Anlage**
zu § 14 Abs. 1 BewG

## Kapitalwert einer lebenslänglichen Nutzung oder Leistung im Jahresbetrag von einem Euro für Bewertungsstichtage ab 1. Januar 2023

Die Vervielfältiger für den Kapitalwert sind nach der am 26. Juli 2022 veröffentlichten Allgemeinen Sterbetafel 2019/2021 des Statistischen Bundesamtes unter Berücksichtigung von Zwischenzinsen und Zinseszinsen mit 5,5 Prozent errechnet worden. Der Vervielfältiger der Tabelle ist der Mittelwert zwischen dem Vervielfältiger für jährlich vorschüssige und jährlich nachschüssige Zahlungsweise.

| Vollendetes Lebensalter | Männer | | Frauen | |
|---|---|---|---|---|
| | Durchschnittliche Lebenserwartung | Vervielfältiger für Kapitalwert | Durchschnittliche Lebenserwartung | Vervielfältiger für Kapitalwert |
| 0 | 78,54 | 18,403 | 83,38 | 18,467 |
| 1 | 77,80 | 18,392 | 82,62 | 18,458 |
| 2 | 76,81 | 18,376 | 81,64 | 18,446 |
| 3 | 75,82 | 18,359 | 80,65 | 18,433 |
| 4 | 74,83 | 18,342 | 79,65 | 18,419 |
| 5 | 73,84 | 18,323 | 78,66 | 18,405 |
| 6 | 72,85 | 18,304 | 77,67 | 18,390 |
| 7 | 71,85 | 18,283 | 76,67 | 18,374 |
| 8 | 70,86 | 18,261 | 75,68 | 18,357 |
| 9 | 69,86 | 18,238 | 74,68 | 18,339 |

[1] Für Werte für 2022 siehe BMF v. 4.10.2022, BStBl. I S. 1821 (Nr. **200** § 14/1).

| Vollendetes Lebensalter | Männer: Durchschnittliche Lebenserwartung | Männer: Vervielfältiger für Kapitalwert | Frauen: Durchschnittliche Lebenserwartung | Frauen: Vervielfältiger für Kapitalwert |
|---|---|---|---|---|
| 10 | 68,87 | 18,214 | 73,68 | 18,320 |
| 11 | 67,87 | 18,188 | 72,69 | 18,301 |
| 12 | 66,88 | 18,161 | 71,69 | 18,280 |
| 13 | 65,88 | 18,133 | 70,70 | 18,258 |
| 14 | 64,89 | 18,103 | 69,70 | 18,234 |
| 15 | 63,90 | 18,071 | 68,71 | 18,210 |
| 16 | 62,91 | 18,038 | 67,72 | 18,184 |
| 17 | 61,92 | 18,003 | 66,73 | 18,157 |
| 18 | 60,94 | 17,967 | 65,74 | 18,129 |
| 19 | 59,96 | 17,928 | 64,75 | 18,099 |
| 20 | 58,99 | 17,888 | 63,76 | 18,067 |
| 21 | 58,01 | 17,845 | 62,77 | 18,033 |
| 22 | 57,03 | 17,800 | 61,78 | 17,998 |
| 23 | 56,06 | 17,753 | 60,79 | 17,961 |
| 24 | 55,08 | 17,703 | 59,80 | 17,922 |
| 25 | 54,10 | 17,650 | 58,81 | 17,880 |
| 26 | 53,13 | 17,595 | 57,82 | 17,837 |
| 27 | 52,15 | 17,537 | 56,83 | 17,791 |
| 28 | 51,17 | 17,475 | 55,84 | 17,742 |
| 29 | 50,20 | 17,411 | 54,85 | 17,691 |
| 30 | 49,22 | 17,342 | 53,87 | 17,638 |
| 31 | 48,25 | 17,271 | 52,88 | 17,581 |
| 32 | 47,28 | 17,196 | 51,90 | 17,521 |
| 33 | 46,30 | 17,116 | 50,91 | 17,458 |
| 34 | 45,33 | 17,032 | 49,93 | 17,392 |
| 35 | 44,37 | 16,945 | 48,95 | 17,323 |
| 36 | 43,40 | 16,853 | 47,97 | 17,250 |
| 37 | 42,44 | 16,756 | 47,00 | 17,173 |
| 38 | 41,48 | 16,655 | 46,02 | 17,092 |
| 39 | 40,53 | 16,549 | 45,05 | 17,007 |
| 40 | 39,57 | 16,436 | 44,07 | 16,917 |
| 41 | 38,62 | 16,319 | 43,10 | 16,823 |
| 42 | 37,68 | 16,197 | 42,13 | 16,724 |
| 43 | 36,73 | 16,068 | 41,17 | 16,621 |
| 44 | 35,79 | 15,933 | 40,20 | 16,511 |
| 45 | 34,85 | 15,791 | 39,24 | 16,396 |
| 46 | 33,92 | 15,643 | 38,28 | 16,276 |
| 47 | 32,99 | 15,488 | 37,33 | 16,150 |

| Vollendetes Lebensalter | Männer | | Frauen | |
|---|---|---|---|---|
| | Durchschnittliche Lebenserwartung | Vervielfältiger für Kapitalwert | Durchschnittliche Lebenserwartung | Vervielfältiger für Kapitalwert |
| 48 | 32,07 | 15,327 | 36,38 | 16,018 |
| 49 | 31,15 | 15,157 | 35,43 | 15,879 |
| 50 | 30,25 | 14,983 | 34,49 | 15,734 |
| 51 | 29,35 | 14,801 | 33,55 | 15,582 |
| 52 | 28,45 | 14,609 | 32,62 | 15,424 |
| 53 | 27,56 | 14,410 | 31,69 | 15,258 |
| 54 | 26,69 | 14,207 | 30,77 | 15,085 |
| 55 | 25,82 | 13,993 | 29,85 | 14,903 |
| 56 | 24,96 | 13,772 | 28,94 | 14,715 |
| 57 | 24,12 | 13,546 | 28,04 | 14,519 |
| 58 | 23,28 | 13,310 | 27,14 | 14,313 |
| 59 | 22,46 | 13,069 | 26,25 | 14,100 |
| 60 | 21,66 | 12,824 | 25,37 | 13,879 |
| 61 | 20,86 | 12,567 | 24,50 | 13,650 |
| 62 | 20,08 | 12,306 | 23,64 | 13,413 |
| 63 | 19,32 | 12,042 | 22,78 | 13,164 |
| 64 | 18,57 | 11,770 | 21,93 | 12,908 |
| 65 | 17,83 | 11,490 | 21,09 | 12,642 |
| 66 | 17,11 | 11,208 | 20,26 | 12,368 |
| 67 | 16,40 | 10,918 | 19,43 | 12,081 |
| 68 | 15,70 | 10,621 | 18,62 | 11,788 |
| 69 | 15,01 | 10,318 | 17,81 | 11,482 |
| 70 | 14,33 | 10,008 | 17,01 | 11,167 |
| 71 | 13,66 | 9,691 | 16,22 | 10,843 |
| 72 | 13,00 | 9,368 | 15,44 | 10,508 |
| 73 | 12,35 | 9,038 | 14,68 | 10,169 |
| 74 | 11,70 | 8,696 | 13,92 | 9,815 |
| 75 | 11,07 | 8,354 | 13,17 | 9,452 |
| 76 | 10,45 | 8,005 | 12,44 | 9,084 |
| 77 | 9,84 | 7,651 | 11,71 | 8,702 |
| 78 | 9,25 | 7,297 | 11,00 | 8,315 |
| 79 | 8,66 | 6,931 | 10,29 | 7,913 |
| 80 | 8,09 | 6,567 | 9,61 | 7,514 |
| 81 | 7,53 | 6,199 | 8,95 | 7,112 |
| 82 | 7,00 | 5,839 | 8,30 | 6,703 |
| 83 | 6,49 | 5,484 | 7,68 | 6,298 |
| 84 | 6,00 | 5,133 | 7,10 | 5,908 |
| 85 | 5,54 | 4,795 | 6,54 | 5,519 |

| Vollendetes Lebensalter | Männer: Durchschnittliche Lebenserwartung | Männer: Vervielfältiger für Kapitalwert | Frauen: Durchschnittliche Lebenserwartung | Frauen: Vervielfältiger für Kapitalwert |
|---|---|---|---|---|
| 86 | 5,11 | 4,472 | 6,02 | 5,147 |
| 87 | 4,71 | 4,164 | 5,54 | 4,795 |
| 88 | 4,33 | 3,866 | 5,08 | 4,449 |
| 89 | 3,99 | 3,593 | 4,66 | 4,125 |
| 90 | 3,67 | 3,333 | 4,28 | 3,826 |
| 91 | 3,39 | 3,101 | 3,93 | 3,545 |
| 92 | 3,13 | 2,882 | 3,61 | 3,283 |
| 93 | 2,90 | 2,687 | 3,33 | 3,051 |
| 94 | 2,69 | 2,506 | 3,07 | 2,832 |
| 95 | 2,50 | 2,340 | 2,84 | 2,635 |
| 96 | 2,33 | 2,191 | 2,63 | 2,454 |
| 97 | 2,19 | 2,067 | 2,45 | 2,297 |
| 98 | 2,05 | 1,942 | 2,30 | 2,165 |
| 99 | 1,93 | 1,834 | 2,17 | 2,049 |
| 100 und darüber | 1,82 | 1,735 | 2,03 | 1,924 |

# **200** § 33/1. Gleichlautender Erlass zur Abgrenzung des land- und forstwirtschaftlichen Vermögens vom Betriebsvermögen

Vom 15. Dezember 2011 (BStBl. I S. 1213)

(Oberste Finanzbehörden der alten Bundesländer)

Im Hinblick auf das Urteil des Bundesfinanzhofs vom 25. März 2009 (BStBl. 2010 II S. 113) gilt für Zwecke der Bewertung nach dem ersten, vierten und sechsten Abschnitt des zweiten Teils des Bewertungsgesetzes das Folgende:

## I. Abgrenzung der wirtschaftlichen Einheiten

Für die bewertungsrechtliche Abgrenzung des land- und forstwirtschaftlichen Vermögens vom Betriebsvermögen sind für die wirtschaftliche Einheit Betrieb der Land- und Forstwirtschaft die Abgrenzungskriterien nach Tz. II. maßgeblich.

## II. Abgrenzung der einzelnen Tätigkeiten

### Allgemeine Grundsätze

(1) [1]Land- und Forstwirtschaft ist die planmäßige Nutzung der natürlichen Kräfte des Bodens zur Erzeugung von Pflanzen und Tieren sowie die Verwertung der dadurch selbstgewonnenen Erzeugnisse. [2]Als Boden i. S. d. Satzes 1 gelten auch Substrate und Wasser. [3]Ob eine land- und forstwirtschaftliche Tätigkeit vorliegt, ist jeweils nach dem Gesamtbild der Verhältnisse zu entscheiden. [4]Liegen teils gewerbliche und teils land- und forstwirtschaftliche Tätigkeiten vor, sind die Tätigkeiten zu trennen, wenn dies nach der Verkehrsauffassung möglich ist. [5]Dies gilt auch dann, wenn sachliche und wirtschaftliche Bezugspunkte zwischen den verschiedenen Tätigkeiten bestehen. [6]Sind die verschiedenen Tätigkeiten jedoch derart miteinander verflochten, dass sie sich unlösbar gegenseitig bedingen, liegt eine einheitliche Tätigkeit vor. [7]Eine solche einheitliche Tätigkeit ist danach zu qualifizieren, ob das land- und forstwirtschaftliche oder das gewerbliche Element überwiegt. [8]Bei in Mitunternehmerschaft (→ R 15.8 EStR) geführten Betrieben ist § 15 Absatz 3 Nummer 1 EStG anzuwenden; Tätigkeiten, die dem Grunde und der Höhe nach innerhalb der nachfolgenden Grenzen liegen, gelten dabei als land- und forstwirtschaftlich.

### Strukturwandel

(2) [1]Durch Strukturwandel einer bisher der Land- und Forstwirtschaft zugerechneten Tätigkeit kann neben der Land- und Forstwirtschaft ein Gewerbebetrieb entstehen. [2]In diesen Fällen beginnt der Gewerbebetrieb zu dem Zeitpunkt, in dem diese Tätigkeit dauerhaft umstrukturiert wird. [3]Hiervon ist

z. B. auszugehen, wenn dem bisherigen Charakter der Tätigkeit nicht mehr entsprechende Investitionen vorgenommen, vertragliche Verpflichtungen eingegangen oder Wirtschaftsgüter angeschafft werden und dies jeweils dauerhaft dazu führt, dass die in den folgenden Absätzen genannten Grenzen erheblich überschritten werden. [4]In allen übrigen Fällen liegen nach Ablauf eines Zeitraums von drei aufeinander folgenden Wirtschaftsjahren Einkünfte aus Gewerbebetrieb vor. [5]Der Dreijahreszeitraum bezieht sich auf die nachfolgenden Umsatzgrenzen und beginnt beim Wechsel des Betriebsinhabers nicht neu. [6]Die vorstehenden Grundsätze gelten für den Strukturwandel von einer gewerblichen Tätigkeit zu einer land- und forstwirtschaftlichen Tätigkeit entsprechend.

**Nebenbetrieb**

(3) [1]Ein Nebenbetrieb muss den Hauptbetrieb fördern und ergänzen und durch den Hauptbetrieb geprägt werden. [2]Der Nebenbetrieb muss in funktionaler Hinsicht vom Hauptbetrieb abhängig sein. [3]Die Verbindung darf nicht nur zufällig oder vorübergehend und nicht ohne Nachteil für diesen lösbar sein. [4]Ein Nebenbetrieb der Land- und Forstwirtschaft liegt daher vor, wenn

1. überwiegend im eigenen Hauptbetrieb erzeugte Rohstoffe be- oder verarbeitet werden und die dabei gewonnenen Erzeugnisse überwiegend für den Verkauf bestimmt sind oder
2. ein Land- und Forstwirt Umsätze aus der Übernahme von Rohstoffen (z. B. organische Abfälle) erzielt, diese be- oder verarbeitet und die dabei gewonnenen Erzeugnisse nahezu ausschließlich im Hauptbetrieb verwendet und

die Erzeugnisse im Rahmen einer ersten Stufe der Be- oder Verarbeitung, die noch dem land- und forstwirtschaftlichen Bereich zuzuordnen ist, hergestellt werden. [5]Die Be- oder Verarbeitung eigener Erzeugnisse im Rahmen einer zweiten Stufe der Be- oder Verarbeitung ist eine gewerbliche Tätigkeit. [6]Die Be- oder Verarbeitung fremder Erzeugnisse ist stets eine gewerbliche Tätigkeit. [7]Unter den Voraussetzungen des Absatzes 11 können die Erzeugnisse nach den Sätzen 5 und 6 noch der Land- und Forstwirtschaft zugerechnet werden, wenn sie im Rahmen der Direktvermarktung abgesetzt werden. [8]Ein Nebenbetrieb kann auch vorliegen, wenn er ausschließlich von Land- und Forstwirten gemeinschaftlich betrieben wird und nur in deren Hauptbetrieben erzeugte Rohstoffe im Rahmen einer ersten Stufe be- oder verarbeitet werden, oder nur Erzeugnisse gewonnen werden, die ausschließlich in diesen Betrieben verwendet werden. [9]Nebenbetriebe sind auch Substanzbetriebe (Abbauland – § 43 BewG), z. B. Sandgruben, Kiesgruben und Torfstiche, wenn die gewonnene Substanz überwiegend im eigenen Hauptbetrieb verwendet wird.

**Unmittelbare Verwertung organischer Abfälle**

(4) [1]Die Entsorgung organischer Abfälle (z. B. Klärschlamm) in einem selbst bewirtschafteten land- und forstwirtschaftlichen Betrieb ist nur dann der Land- und Forstwirtschaft zuzurechnen, wenn sie im Rahmen einer Be- oder Verarbeitung i. S. d. Absatzes 3 geschieht oder die in Absatz 1 Satz 1 genannten Voraussetzungen im Vordergrund stehen. [2]Das Einsammeln, Abfahren

und Sortieren organischer Abfälle, das mit der Ausbringung auf Flächen oder der Verfütterung an Tiere des selbst bewirtschafteten land- und forstwirtschaftlichen Betriebs in unmittelbarem sachlichem Zusammenhang steht, ist eine land- und forstwirtschaftliche Tätigkeit. [3]Andernfalls gelten Absatz 9 und 10.

**Eigene und fremde Erzeugnisse**

(5) [1]Als eigene Erzeugnisse gelten alle land- und forstwirtschaftlichen Erzeugnisse, die im Rahmen des Erzeugungsprozesses im eigenen Betrieb gewonnen werden. [2]Hierzu gehören auch Erzeugnisse der ersten Stufe der Be- oder Verarbeitung und zugekaufte Waren, die als Roh-, Hilfs- oder Betriebsstoffe im Erzeugungsprozess verwendet werden. [3]Rohstoffe sind Waren, die im Rahmen des Erzeugungsprozesses weiterkultiviert werden (z. B. Jungtiere, Saatgut oder Jungpflanzen). [4]Hilfsstoffe sind Waren, die als nicht überwiegender Bestandteil in eigene Erzeugnisse eingehen (z. B. Futtermittelzusätze, Siliermittel, Starterkulturen und Lab zur Milchverarbeitung, Trauben, Traubenmost und Verschnittwein zur Weinerzeugung, Verpackungsmaterial, Blumentöpfe für die eigene Produktion oder als handelsübliche Verpackung). [5]Betriebsstoffe sind Waren, die im Erzeugungsprozess verwendet werden (z. B. Düngemittel, Treibstoff, Heizöl). [6]Unerheblich ist, ob die zugekaufte Ware bereits ein land- und forstwirtschaftliches Urprodukt im engeren Sinne oder ein gewerbliches Produkt darstellt. [7]Als fremde Erzeugnisse gelten alle zur Weiterveräußerung zugekauften Erzeugnisse, Produkte oder Handelswaren, die nicht im land- und forstwirtschaftlichen Erzeugungsprozess des eigenen Betriebs verwendet werden. [8]Dies gilt unabhängig davon, ob es sich um betriebstypische bzw. -untypische Erzeugnisse, Handelsware zur Vervollständigung einer für die Art des Erzeugungsbetriebs üblichen Produktpalette oder andere Waren aller Art handelt. [9]Werden zugekaufte Roh-, Hilfs- oder Betriebsstoffe weiterveräußert, gelten diese im Zeitpunkt der Veräußerung als fremde Erzeugnisse. [10]Dies gilt unabhängig davon, ob die Veräußerung gelegentlich (z. B. Verkauf von Diesel im Rahmen der Nachbarschaftshilfe) oder laufend (z. B. Verkauf von Blumenerde) erfolgt. [11]Die hieraus erzielten Umsätze sind bei der Abgrenzung entsprechend zu berücksichtigen.

**Absatz eigener Erzeugnisse i. V. m. fremden und gewerblichen Erzeugnissen**

(6) [1]Werden ausschließlich eigene Erzeugnisse (Absatz 5 Satz 1) abgesetzt, stellt dies eine Vermarktung im Rahmen der Land- und Forstwirtschaft dar, selbst wenn sie über ein eigenständiges Handelsgeschäft oder eine Verkaufsstelle (z. B. Großhandelsbetrieb, Einzelhandelsbetrieb, Ladengeschäft, Marktstand oder Verkaufswagen) erfolgt. [2]Unerheblich ist die Anzahl der Verkaufsstellen oder ob die Vermarktung in räumlicher Nähe zum Betrieb erfolgt. [3]Werden durch einen Land- und Forstwirt neben eigenen Erzeugnissen auch fremde (Absatz 5 Satz 7) oder gewerbliche Erzeugnisse (Absatz 3 Satz 5 und 6) abgesetzt, liegen eine land- und forstwirtschaftliche und eine gewerbliche Tätigkeit vor. [4]Diese gewerbliche Tätigkeit kann unter den Voraussetzungen des Absatzes 11 noch der Land- und Forstwirtschaft zugerechnet werden. [5]Dagegen ist der ausschließliche Absatz fremder oder gewerblicher Erzeugnisse

von Beginn an stets eine gewerbliche Tätigkeit. [6]Auf die Art und den Umfang der Veräußerung kommt es dabei nicht an.

**Absatz eigener Erzeugnisse i. V. m. Dienstleistungen**

(7) [1]Die Dienstleistung eines Land- und Forstwirts im Zusammenhang mit dem Absatz eigener Erzeugnisse, die über den Transport und das Einbringen von Pflanzen hinausgeht (z. B. Grabpflege, Gartengestaltung), stellt grundsätzlich eine einheitlich zu beurteilende Tätigkeit mit Vereinbarungen über mehrere Leistungskomponenten dar (gemischter Vertrag). [2]Dabei ist von einer einheitlich gewerblichen Tätigkeit auszugehen, wenn nach dem jeweiligen Vertragsinhalt der Umsatz aus den Dienstleistungen und den fremden Erzeugnissen überwiegt. [3]Die gewerbliche Tätigkeit kann unter den Voraussetzungen des Absatzes 11 noch der Land- und Forstwirtschaft zugerechnet werden.

**Absatz eigenerzeugter Getränke i. V. m. besonderen Leistungen**

(8) [1]Der Ausschank von eigenerzeugten Getränken i. S. d. Absatzes 5, z. B. Wein, ist lediglich eine Form der Vermarktung und somit eine land- und forstwirtschaftliche Tätigkeit. [2]Werden daneben durch einen Land- und Forstwirt Speisen und andere Getränke abgegeben, liegt insoweit eine gewerbliche Tätigkeit vor, die unter den Voraussetzungen des Absatzes 11 noch der Land- und Forstwirtschaft zugerechnet werden kann.

**Verwendung von Wirtschaftsgütern**

(9) [1]Verwendet ein Land- und Forstwirt Wirtschaftsgüter seines land- und forstwirtschaftlichen Betriebsvermögens, indem er sie Dritten entgeltlich überlässt oder mit ihnen für Dritte Dienstleistungen verrichtet, stellt dies eine gewerbliche Tätigkeit dar. [2]Dies gilt auch, wenn in diesem Zusammenhang fremde Erzeugnisse verwendet werden. [3]Unter den Voraussetzungen des Absatzes 11 kann die Tätigkeit noch der Land- und Forstwirtschaft zugerechnet werden, wenn der Einsatz für eigene land- und forstwirtschaftliche Zwecke einen Umfang von 10 % nicht unterschreitet. [4]Dagegen liegt ohne weiteres von Beginn an stets eine gewerbliche Tätigkeit vor, wenn ein Land- und Forstwirt Wirtschaftsgüter für Dritte verwendet, die er eigens zu diesem Zweck angeschafft hat.

**Land- und forstwirtschaftliche Dienstleistungen**

(10) [1]Sofern ein Land- und Forstwirt Dienstleistungen ohne Verwendung von eigenen Erzeugnissen oder eigenen Wirtschaftsgütern verrichtet, ist dies eine gewerbliche Tätigkeit. [2]Unter den Voraussetzungen des Absatzes 11 kann die Tätigkeit noch der Land- und Forstwirtschaft zugerechnet werden, wenn ein funktionaler Zusammenhang mit typisch land- und forstwirtschaftlichen Tätigkeiten besteht.

**Abgrenzungsregelungen**

(11) [1]Gewerbliche Tätigkeiten, die nach den Absätzen 3 bis 8 dem Grunde nach die Voraussetzungen für eine Zurechnung zur Land- und Forstwirtschaft erfüllen, sind nur dann typisierend der Land- und Forstwirtschaft zuzurechnen, wenn die Umsätze aus diesen Tätigkeiten dauerhaft (Absatz 2) insgesamt nicht mehr als ein Drittel des Gesamtumsatzes und nicht mehr als 51 500 Euro

im Wirtschaftsjahr betragen. 2Diese Grenzen gelten für die Tätigkeiten nach den Absätzen 9 bis 10 entsprechend. 3Voraussetzung hierfür ist, dass die Umsätze aus den Tätigkeiten i. S. v. Satz 1 und 2 dauerhaft (Absatz 2) insgesamt nicht mehr als 50 % des Gesamtumsatzes betragen. 4Anderenfalls liegen hinsichtlich dieser Tätigkeiten unter den Voraussetzungen des Strukturwandels Einkünfte aus Gewerbebetrieb vor. 5Der daneben bestehende Betrieb der Land- und Forstwirtschaft bleibt hiervon unberührt. 6Bei der Ermittlung der Umsätze ist von den Betriebseinnahmen (ohne Umsatzsteuer) auszugehen. 7Soweit es auf den Gesamtumsatz ankommt, ist hierunter die Summe der Betriebseinnahmen (ohne Umsatzsteuer) zu verstehen.

**Energieerzeugung**

(12) 1Bei der Erzeugung von Energie, z. B. durch Wind-, Solar- oder Wasserkraft, handelt es sich nicht um die planmäßige Nutzung der natürlichen Kräfte des Bodens i. S. d. Absatzes 1 Satz 1. 2Der Absatz von Strom und Wärme führt zu Einkünften aus Gewerbebetrieb. 3Die Erzeugung von Biogas kann eine Tätigkeit i. S. d. Absatzes 3 sein.

**Beherbergung von Fremden**

(13) 1Die Abgrenzung der Einkünfte aus Gewerbebetrieb gegenüber denen aus Land- und Forstwirtschaft richtet sich bei der Beherbergung von Fremden nach den Grundsätzen von R 15.7 EStR. 2Aus Vereinfachungsgründen ist keine gewerbliche Tätigkeit anzunehmen, wenn weniger als vier Zimmer und weniger als sechs Betten zur Beherbergung von Fremden bereitgehalten werden und keine Hauptmahlzeit gewährt wird.

## III. Zuordnung von Grundstücken und Gebäuden

(1) 1Werden neben eigenen Erzeugnissen auch fremde oder gewerbliche Erzeugnisse abgesetzt, kann neben einem Betrieb der Land- und Forstwirtschaft auch ein selbständiger Gewerbebetrieb entstehen. 2Dienen dadurch Grundstücke oder Gebäude bzw. Teile davon sowohl einem Betrieb der Land- und Forstwirtschaft als auch einem Gewerbebetrieb, bleibt es bei der Zuordnung zum land- und forstwirtschaftlichen Vermögen, wenn der Einsatz der Fläche für eigene land- und forstwirtschaftliche Zwecke einen Umfang von 10 % nicht unterschreitet. 3Die Bewertung der Höhe nach erfolgt entsprechend der jeweiligen Regelungen des land- und forstwirtschaftlichen Vermögens.

(2) 1Dienen Grundstücke oder Gebäude bzw. Teile davon von Beginn an einer originär gewerblichen Tätigkeit und damit einem Gewerbebetrieb, gilt § 99 Absatz 1 Nummer 1 BewG. 2Die Bewertung der Höhe erfolgt entsprechend der jeweiligen Regelungen des Betriebsvermögens.

(3) Für die Bewertung von Betriebsvermögen im Sinne des § 97 BewG gelten die Absätze 1 und 2 entsprechend.

## IV. Bildung von Absatzklassen beim Nutzungsteil Gemüse-, Blumen- und Zierpflanzenanbau im Rahmen der Einheitsbewertung

(1) [1]Nach Abschnitt 6.18 der Richtlinien für die Bewertung des land- und forstwirtschaftlichen Vermögens (BewRL) wird den gegendüblichen Markt- und Preisverhältnissen durch die Bildung von Absatzklassen Rechnung getragen. [2]Bei der Bewertung des Nutzungsteils Gemüse-, Blumen- und Zierpflanzenbau ist grundsätzlich vom „Absatz unmittelbar an den Verbraucher" (Absatzklasse G 1 der Tabelle G 16 bzw. B 1 der Tabelle G 17) auszugehen. [3]Hiervon abweichende Verhältnisse sind entsprechend der Angaben in der Erklärung zur Feststellung des Einheitswerts nach den Kriterien der Absatzklassen G 2–G 4 und B 2–B 4 der jeweiligen Tabelle zu beurteilen.

(2) [1]Werden neben eigenen Erzeugnissen auch fremde oder gewerbliche Erzeugnisse abgesetzt, kann neben einem Betrieb der Land- und Forstwirtschaft auch ein selbständiger Gewerbebetrieb entstehen. [2]Erfolgt der Absatz der eigenen Erzeugnisse über einen eigenständigen Gewerbebebetrieb, ist bei der Bewertung des Nutzungsteils Gemüse-, Blumen- und Zierpflanzenbau grundsätzlich vom „Absatz an Wiederverkäufer außerhalb von Großmärkten oder großmarktähnlichen Einrichtungen" (Absatzklasse G 3 der Tabelle G 16 bzw. B 3 der Tabelle G 17) auszugehen.

(3) Für Betriebsgrundstücke im Sinne des § 99 Absatz 1 Nummer 2 BewG gelten Absätze 1 und 2 entsprechend.

## V. Schlussbestimmungen

(1) [1]Die vorstehenden Regelungen gelten für Bewertungsstichtage ab dem 1. Januar 2012. [2]Auf Antrag sind die Regelungen in allen noch offenen Fällen anzuwenden.

(2) [1]Die Weisungen in Abschnitt 1.03 der BewRL, die mit den vorstehenden Regelungen in Widerspruch stehen, sind nicht mehr anzuwenden. [2]Gleiches gilt für einzelne Weisungen der obersten Finanzbehörden der Länder.

(3) Die gleich lautenden Erlasse der obersten Finanzbehörden der Länder vom 15. Dezember 1971 (BStBl. I S. 643), vom 30. Oktober 1974 (BStBl. I S. 977) und vom 30. Mai 1997 (BStBl. I S. 600) werden mit Wirkung vom 31. Dezember 2011 aufgehoben.

Der Erlass ergeht im Einvernehmen mit den obersten Finanzbehörden des Bundes und der übrigen Länder.

# **200** § 33/2. Gleichlautender Erlass zur Abgrenzung des land- und forstwirtschaftlichen Vermögens vom Betriebsvermögen

Vom 15. Dezember 2011 (BStBl. I S. 1217)

(Oberste Finanzbehörden der neuen Bundesländer)

– Auszug –

Im Hinblick auf das Urteil des Bundesfinanzhofs vom 25. März 2009 (BStBl. 2010 II S. 113) gilt für Zwecke der Bewertung nach dem dritten, vierten und sechsten Abschnitt des zweiten Teils des Bewertungsgesetzes das Folgende:

## I.–III. …

*(Tz. I. bis III. sind inhaltsgleich mit dem Gleichlautenden Ländererlass der alten Bundesländer v. 15. 12. 2011, BStBl. I S. 1213, abgedr. unter Nr.* ***200*** *§ 33/1.)*

## IV. Schlussbestimmungen

(1) [1]Die vorstehenden Regelungen gelten für Bewertungsstichtage ab dem 1. Januar 2012. [2]Auf Antrag sind die Regelungen in allen noch offenen Fällen anzuwenden.

(2) [1]Die Weisungen in Abschnitt 1.03 der gleich lautenden Erlasse der obersten Finanzbehörden der Länder Berlin, Brandenburg, Mecklenburg-Vorpommern, Sachsen, Sachsen-Anhalt und Thüringen vom 11. Dezember 1990 (BStBl. I S. 833), die mit den vorstehenden Regelungen in Widerspruch stehen, sind nicht mehr anzuwenden. [2]Gleiches gilt für einzelne Weisungen der obersten Finanzbehörden der Länder.

(3) Die gleich lautenden Erlasse der obersten Finanzbehörden der Länder vom 30. Mai 1997 (BStBl. I S. 600) werden mit Wirkung vom 31. Dezember 2011 aufgehoben.

Der Erlass ergeht im Einvernehmen mit den obersten Finanzbehörden des Bundes und der übrigen Länder.

# 200 § 68/1. Gleich lautender Erlass zur Abgrenzung des Grundvermögens von den Betriebsvorrichtungen

Vom 5. Juni 2013 (BStBl. I S. 734)

(Oberste Finanzbehörden der Länder)

**2 Anlagen**

## 1. Allgemeines

### 1.1. Rechtsgrundlage

Für die Abgrenzung des Grundvermögens von den Betriebsvorrichtungen sind § 68 BewG und im Beitrittsgebiet § 129 Abs. 2 Nr. 1 BewG i. V. m. § 50 Abs. 1 Satz 2 BewG-DDR maßgebend. Dies gilt auch für die Abgrenzung der Betriebsgrundstücke von den Betriebsvorrichtungen (§ 99 Abs. 1 Nr. 1 BewG).

Nach § 68 Abs. 1 Nr. 1 BewG und im Beitrittsgebiet nach § 50 Abs. 1 Satz 1 BewG-DDR gehören zum Grundvermögen der Grund und Boden, die Gebäude, die sonstigen Bestandteile und das Zubehör. Maschinen und sonstige Vorrichtungen aller Art, die zu einer Betriebsanlage gehören (Betriebsvorrichtungen), werden nach § 68 Abs. 2 Satz 1 Nr. 2 BewG oder nach § 50 Abs. 1 Satz 2 BewG-DDR nicht in das Grundvermögen einbezogen. Das gilt selbst dann, wenn sie nach dem bürgerlichen Recht wesentliche Bestandteile des Grund und Bodens oder der Gebäude sind.

### 1.2. Allgemeine Abgrenzungsgrundsätze

Bei der Abgrenzung des Grundvermögens von den Betriebsvorrichtungen ist zunächst zu prüfen, ob das Bauwerk ein Gebäude ist. Liegen alle Merkmale des Gebäudebegriffs vor, kann das Bauwerk keine Betriebsvorrichtung sein (BFH vom 15. Juni 2005, BStBl. II S. 688 und vom 24. Mai 2007, BStBl. 2008 II S. 12 m. w. N.).

Ist das Bauwerk kein Gebäude, liegt nicht zwingend eine Betriebsvorrichtung vor. Vielmehr muss geprüft werden, ob es sich um einen Gebäudebestandteil bzw. eine Außenanlage oder um eine Betriebsvorrichtung handelt. Wird ein Gewerbe mit dem Bauwerk oder Teilen davon unmittelbar betrieben, liegt grundsätzlich eine Betriebsvorrichtung vor. Dies gilt jedoch nicht bei doppelfunktionalen Konstruktionslementen, vgl. Tz. 3.1.

### 1.3. Betriebsvorrichtungen

Nach § 68 Abs. 2 Satz 1 Nr. 2 BewG oder nach § 50 Abs. 1 Satz 2 BewG-DDR können nur einzelne Bestandteile und Zubehör Betriebsvorrichtung sein. Zu den Betriebsvorrichtungen gehören nicht nur Maschinen und maschinenähnliche Vorrichtungen. Unter diesen Begriff fallen vielmehr alle Vorrichtungen, mit denen ein Gewerbe unmittelbar betrieben wird (BFH vom 11. Dezember 1991, BStBl. 1992 II S. 278). Das können auch selbstständige

Bauwerke oder Teile von Bauwerken sein, die nach den Regeln der Baukunst geschaffen sind, z. B. Schornsteine, Öfen, Kanäle.

Für die Annahme einer Betriebsvorrichtung genügt es nicht, dass eine Anlage für die Gewerbeausübung lediglich nützlich, notwendig oder vorgeschrieben ist (z. B. im Rahmen einer Brandschutzauflage – BFH vom 7. Oktober 1983, BStBl. 1984 II S. 262, und vom *13. November 2001, BStBl. 2002 II S. 310*[1]).

## 2. Abgrenzung der Gebäude

### 2.1. Abgrenzungsgrundsatz

Die Gebäude sind allein mit Hilfe des Gebäudebegriffs von den Betriebsvorrichtungen abzugrenzen. Für die bewertungsrechtliche Einordnung eines Bauwerks als Gebäude ist entscheidend, ob es alle Merkmale eines Gebäudes aufweist (BFH vom 15. Juni 2005, BStBl. II S. 688, und vom 24. Mai 2007, BStBl. 2008 II S. 12 m. w. N.).

### 2.2. Gebäudebegriff

Nach den in der höchstrichterlichen Rechtsprechung aufgestellten Grundsätzen ist ein Bauwerk als Gebäude anzusehen, wenn es Menschen oder Sachen durch räumliche Umschließung Schutz gegen Witterungseinflüsse gewährt, den Aufenthalt von Menschen gestattet, fest mit dem Grund und Boden verbunden, von einiger Beständigkeit und ausreichend standfest ist (BFH vom 28. Mai 2003, BStBl. II S. 693). Die Abgrenzung von Gebäude und Betriebsvorrichtung kann nicht unter Heranziehung einer in Bezug auf das gesamte Bauwerk bestehenden Verkehrsauffassung erfolgen. Bestehen jedoch Zweifel, ob ein bestimmtes Merkmal des Gebäudebegriffs vorliegt, ist die Entscheidung über das Vorliegen dieses Merkmals in Bezug auf das Bauwerk nach der Verkehrsauffassung zu treffen (zum Begriff der Verkehrsauffassung vgl. BFH vom 13. Juni 1969, BStBl. II S. 517 und S. 612, sowie BFH vom 18. März 1987, BStBl. II S. 551).

Der Begriff des Gebäudes setzt nicht voraus, dass das Bauwerk über die Erdoberfläche hinausragt. Auch unter der Erd- oder Wasseroberfläche befindliche Bauwerke, z. B. Tiefgaragen, unterirdische Betriebsräume, Lagerkeller und Gärkeller, können Gebäude im Sinne des Bewertungsgesetzes sein. Das Gleiche gilt für Bauwerke, die ganz oder zum Teil in Berghänge eingebaut sind. Ohne Einfluss auf den Gebäudebegriff ist auch, ob das Bauwerk auf eigenem oder fremdem Grund und Boden steht.

### 2.3. Schutz gegen Witterungseinflüsse durch räumliche Umschließung

Der Begriff der räumlichen Umschließung, die Schutz gegen Witterungseinflüsse gewähren soll, setzt nicht voraus, dass das Bauwerk an allen Seiten Außenwände hat. Selbst wenn Außenwände an allen Seiten fehlen, kann ein Gebäude vorliegen, wenn das Bauwerk nach der Verkehrsauffassung einen Raum umschließt und dadurch gegen Witterungseinflüsse schützt (BFH vom 19. Januar 1962, BStBl. III S. 121; vgl. Zeichnung 1 und BFH vom 28. September 2000, BStBl. 2001 II S. 137).

---

[1] Muss wohl richtig lauten: BFH vom 13. **Dezember** 2001, BStBl. 2002 II S. 310.

Markthallen, Industriehallen, Bahnsteighallen und ähnliche Hallen sind dann Gebäude, wenn auch die übrigen Merkmale eines Gebäudes vorliegen. Bei freistehenden schmalen Überdachungen und ähnlichen Schutzdächern kann ein Schutz durch räumliche Umschließung nicht angenommen werden, wenn ihre Breite nicht mindestens die doppelte mittlere lichte Höhe aufweist; sie sind deshalb keine Gebäude (vgl. Zeichnung 2). Bei freistehenden Überdachungen in leichter Bauausführung – hierzu gehören nicht Bahnsteig-, Haltestellen- und Tankstellenüberdachungen – ist ein Schutz durch räumliche Umschließung nicht gewährleistet, wenn die überdachte Fläche, unabhängig von der Höhe, nicht mehr als 30 qm beträgt. Sind Überdachungen danach nicht als Gebäude anzusehen, ist zu prüfen, ob eine Außenanlage oder eine Betriebsvorrichtung vorliegt.

## 2.4. Aufenthalt von Menschen

Das Bauwerk muss durch normale Eingänge, z. B. Türen, betreten werden können. Behelfsmäßige Eintrittsmöglichkeiten wie Luken, Leitern und schmale Stege genügen nicht. Darüber hinaus muss das Bauwerk so beschaffen sein, dass man sich in ihm nicht nur vorübergehend aufhalten kann. Transformatorenhäuschen, kleine Rohrnetzstationen, Pumpenhäuschen oder ähnliche kleine Bauwerke, die Betriebsvorrichtungen enthalten und nicht mehr als 30 qm Grundfläche haben, gestatten allenfalls einen nur vorübergehenden Aufenthalt von Menschen. Sie sind deshalb regelmäßig als Betriebsvorrichtungen anzusehen (BFH vom 24. Januar 1952, BStBl. III S. 84, und vom 24. Mai 2007, BStBl. 2008 II S. 12 m. w. N.).

Es ist nicht erforderlich, dass das Bauwerk zum Aufenthalt von Menschen bestimmt ist. Es muss jedoch so beschaffen sein, dass dem Menschen ein mehr als nur vorübergehender Aufenthalt möglich ist (BFH vom 18. März 1987, BStBl. II S. 551, vom 15. Juni 2005, BStBl. II S. 688, und vom 24. Mai 2007, BStBl. 2008 II S. 12). Dies gilt beispielsweise für selbsttragende Stahl-Glas-Konstruktionen zur Präsentation von Personenkraftwagen (Tower) sowie für Imbisse und Kioske. Ein Bauwerk verliert seine Gebäudeeigenschaft auch nicht schon dadurch, dass bauliche Unzulänglichkeiten (z. B. schlechte Entlüftung oder schlechte Lichtverhältnisse) den Aufenthalt von Menschen erschweren. Ebenso wird die Gebäudeeigenschaft nicht dadurch berührt, dass Einwirkungen, die durch den Betrieb hervorgerufen werden, auf die Dauer zu gesundheitlichen Schäden führen können, z. B. in Fällen, in denen bei der Arbeit Masken oder Schutzkleidung getragen werden müssen. Die Gebäudeeigenschaft geht ferner nicht verloren, wenn der Aufenthalt der Menschen während eines Betriebsvorgangs vorübergehend nicht möglich ist, z. B. bei Versuchen oder gewissen Arbeitsvorgängen in Laboratorien. Ist der Aufenthalt in dem Bauwerk allein auf Vorrichtungen möglich, die nur zur Bedienung oder Wartung der Maschinen usw. bestimmt sind (z. B. Arbeitsbühnen), so wird dadurch die Gebäudeeigenschaft ebenfalls nicht beeinträchtigt. Die Vorrichtungen selbst sind Betriebsvorrichtungen (vgl. Tz. 3.4).

Bauwerke, in denen eine besonders hohe oder niedrige Temperatur herrscht und die deshalb während des laufenden Betriebsvorgangs einen Aufenthalt von Menschen nicht (vgl. Zeichnung 3) oder nur kurzfristig mit Schutzkleidung (z. B. für Inspektionsgänge) zulassen, sind keine Gebäude

(BFH vom 30. Januar 1991, BStBl. II S. 618). Herrschen in dem Bauwerk sowohl hohe oder niedrige Temperaturen als auch ein extremer Lärmpegel, kann das Zusammenwirken dieser Faktoren einen mehr als vorübergehenden Aufenthalt von Menschen ausschließen, so dass das Bauwerk nicht als Gebäude anzusehen ist.

Der hohe Lärmpegel im Bauwerk als solcher kann nicht entscheidendes Hindernis für die Gebäudeeigenschaft sein. Das Überschreiten der arbeitsschutzrechtlichen Lärmgrenzwerte steht der Möglichkeit des nicht nur vorübergehenden Aufenthalts von Menschen nicht entgegen, wenn die Verwendung von entsprechendem Gehörschutz geeignet ist, die Schalleinwirkungen auf das menschliche Ohr unter die arbeitsschutzrechtlich zulässige Höchstgrenze (Schallpegel) zu drücken. Die arbeitsschutzrechtlichen Vorschriften zur Dauer des Aufenthalts sind nicht der Maßstab für die Gebäudeeigenschaft. Denn unter einem nicht nur vorübergehenden Aufenthalt von Menschen ist kein Aufenthalt über einen ganzen Arbeitstag hin zu verstehen (BFH vom 15. Juni 2005, BStBl. II S. 688, und vom 24. Mai 2007, BStBl. 2008 II S. 12).

Bei der Gesamtwürdigung, ob ein Teil oder Teile eines Bauwerks, die zum Aufenthalt von Menschen geeignet sind, von untergeordneter Bedeutung sind, ist nicht nur auf die Größenverhältnisse der Bauteile abzustellen, es kommt auch auf die Intensität der Nutzung an. Kleine Bauwerke sind nicht generell von der Bewertung als Gebäude ausgenommen, sondern nur unter der Voraussetzung, dass in ihnen Geräte für automatisch ablaufende, technische Betriebsvorgänge angebracht sind und sie nur gelegentlich zu Kontroll-, Wartungs- oder Reparaturarbeiten betreten werden. Dies trifft beispielsweise auf Türme von Windkraftanlagen zu (BFH vom 24. Mai 2007, BStBl. 2008 II S. 12). Ist der Aufenthalt von Menschen in dem Bauwerk allerdings integraler Teil des Betriebsablaufs, spricht dies für die Qualifizierung als Gebäude (z. B. Kraftfahrzeug-Tower, Geldautomat-Pavillon).

## 2.5. Feste Verbindung mit dem Grund und Boden

Ein Bauwerk ist fest mit dem Grund und Boden verbunden, wenn es auf einzelne oder durchgehende Fundamente gegründet ist. Ein Fundament setzt eine feste Verankerung durch eine gewisse Verbindung mit dem Grund und Boden voraus, die nicht durch bloßen Abtransport beseitigt werden kann (BFH vom 23. September 1988, BStBl. 1989 II S. 113 und vom 25. April 1996, BStBl. II S. 613). Auf Tiefe, Art und Material der Fundamente kommt es nicht an (BFH vom 10. Juni 1988, BStBl. II S. 847). Durch Versorgungsleitungen allein kann eine feste Verbindung mit dem Grund und Boden nicht geschaffen werden, da sie ohne Schwierigkeiten gelöst werden können. Bei Zelthallen kann die feste Verbindung mit dem Grund und Boden nur dann angenommen werden, wenn die Lasten der Hallenkonstruktion über einzelne oder durchgehende Fundamente in den Boden geleitet werden (z. B. durch Erdnägel oder Telleranker). Durch diese Maßnahmen ist das Bauwerk nicht mehr jederzeit versetzbar und transportabel. Eine feste Verbindung mit dem Grund und Boden ist auch dann anzunehmen, wenn das Bauwerk mit dem Fundament nicht verankert ist, sondern nur infolge der eigenen Schwere auf dem Fundament ruht (BFH vom 18. Juni 1986, BStBl. II S. 787). Bei Fertiggaragen aus Beton und vergleichbaren Bauwerken liegt auch dann eine feste Verbindung mit dem Grund und Boden vor, wenn sie durch das Eigengewicht auf dem Grundstück festgehalten werden und dadurch auch ohne Verankerung im Boden eine ihrem Verwendungszweck entsprechende Standfestigkeit haben (BFH vom 4. Oktober 1978, BStBl. 1979 II S. 190).

Eine feste Verbindung mit dem Grund und Boden ist auch dann anzunehmen, wenn bei Bauwerken im Feststellungszeitpunkt entweder eine auf Dauer angelegte Nutzung (mindestens sechs Jahre) gegeben ist oder aufgrund der Zweckbestimmung eine dauernde Nutzung zu erwarten ist (BFH vom 23. September 1988, BStBl. 1989 II S. 113).

Diese Grundsätze sind auch bei Mobilheimen zu beachten. Bauwerken, die nach ihrer baulichen Gestaltung zur Verwendung auf stets wechselnden Einsatzstellen vorgesehen und ohne größere bauliche Maßnahmen jederzeit versetzbar und transportabel sind, fehlt es dagegen an der für den Gebäudebegriff immanenten Ortsfestigkeit (BFH vom 18. Juni 1986, BStBl. II S. 787).

Wenn ein selbstständiges Gebäude auf einem anderen selbstständigen Bauwerk steht, das nicht ein Gebäude zu sein braucht, genügt es, dass das Gebäude mit dem anderen Bauwerk und das andere Bauwerk mit dem Grund und Boden fest verbunden ist (BFH vom 13. Juni 1969, BStBl. II S. 612; vgl. Zeichnung 4).

**2.6. Beständigkeit des Bauwerks**

Die Entscheidung der Frage, ob ein Bauwerk von einiger Beständigkeit ist, richtet sich allein nach der Beschaffenheit (Material) des Bauwerks. Ohne Bedeutung ist daher, ob das Bauwerk nur zu einem vorübergehenden Zweck errichtet wurde, z. B. für Zwecke einer Ausstellung (BFH vom 24. Mai 1963, BStBl. III S. 376).

**2.7. Standfestigkeit**

Ein Gebäude muss so gebaut sein, dass es nicht einstürzt, wenn die als Betriebsvorrichtungen anzusehenden Teile des Bauwerks entfernt werden (BFH vom 13. Juni 1969, BStBl. II S. 612; vgl. Zeichnung 5).

Einer besonderen Prüfung der Standfestigkeit bedarf es bei Bauwerken, bei denen die Umschließungen ihre Standfestigkeit durch Bauteile wie Fundamente, Stützen, Mauervorlagen und Verstrebungen erhalten, die auch einer Betriebsvorrichtung dienen. Bauteile, die einem doppelten Zweck dienen, rechnen zum Gebäude i. S. d. § 68 Abs. 2 Satz 2 BewG. Die Umschließung ist in diesen Fällen standfest und bei Vorliegen der übrigen Begriffsmerkmale als Gebäude zu behandeln (vgl. Zeichnungen 6 bis 9).

Standfest ist eine Umschließung auch sonst, wenn sie sich auf Teile der Betriebsvorrichtung stützt und wenn die Teile bei einer Beseitigung der Betriebsvorrichtung stehen bleiben können und bei einer anderen Nutzung der Umschließung nicht im Wege stehen. Das Gleiche gilt, wenn ein Auswechseln der Betriebsvorrichtung unter vorübergehender Abstützung der Umschließung leicht möglich ist. In Betracht kommen zum Beispiel Fälle, bei denen Mittelstützen, die auf Betriebsvorrichtungen stehen, bei einem etwaigen Abbruch der Betriebsvorrichtungen ohne große Schwierigkeiten unterfangen werden können.

Ansonsten haben Umschließungen und Überdachungen, die ausschließlich auf Betriebsvorrichtungen gegründet sind, keine ausreichende Standfestigkeit. Sie sind deshalb keine Gebäude (vgl. Zeichnung 10).

Das Gleiche gilt für Umschließungen, die nur als äußere Verkleidungen ausgeführt und an der Betriebsvorrichtung unmittelbar befestigt oder aufgehängt sind. Derartige Umschließungen, die sich oft bei modernen Kesselanlagen finden, sind nach Beseitigung der Betriebsvorrichtung nicht mehr standfest (vgl. Zeichnung 11).

Die Standfestigkeit ist auch bei Bauwerken besonders zu prüfen, deren Außenwände aus Teilen von Betriebsvorrichtungen gebildet werden (vgl. Zeichnungen 12 bis 14). Die Standfestigkeit darf sich nicht aus Stützen und sonstigen Bauteilen wie Mauervorlagen und Verstrebungen ergeben, die ausschließlich zu einer Betriebsanlage gehören. Sofern diese Bauteile dagegen nicht ausschließlich zur Betriebsanlage gehören und sie somit einen doppelten Zweck erfüllen, sind sie stets in das Grundvermögen einzubeziehen (§ 68 Abs. 2 Satz 2 BewG). Das gilt auch, wenn die Außenwand oder Decke eines Bauwerks einem doppelten Zweck dient (vgl. Zeichnung 15).

Bestehen die Außenwände eines Bauwerks dagegen zum Teil aus Umwandungen einer Betriebsvorrichtung, die einen selbstständigen, vertikal abgrenzbaren Teil des gesamten Bauwerks darstellen, ist das Bauwerk durch eine gedachte Trennlinie in einen Gebäudeteil und einen Betriebsvorrichtungsteil aufzuteilen (BFH vom 5. Februar 1965, BStBl. III S. 220; vgl. Zeichnung 11). Eine horizontale Aufteilung des Bauwerks in Gebäude und Betriebsvorrichtung kommt nur in Betracht, wenn die Trennung in einer Ebene über die gesamte Bauwerksgrundfläche möglich ist.

In den Fällen der Tz. 2.5, in denen ein selbstständiges Gebäude auf einem selbstständigen Bauwerk steht, genügt es, wenn die Standfestigkeit durch das untere Bauwerk vermittelt wird (vgl. Zeichnung 4).

Bauwerke mit pneumatischen Konstruktionen (Traglufthallen) sind nicht ausreichend standfest und deshalb keine Gebäude.

### 3. Abgrenzung der Gebäudebestandteile

#### 3.1. Abgrenzungsgrundsatz

Die Entscheidung der Frage, ob die einzelnen Bestandteile im Sinne des bürgerlichen Rechts nach Bewertungsrecht Teile von Gebäuden oder Betriebsvorrichtungen sind, hängt davon ab, ob sie der Benutzung des Gebäudes ohne Rücksicht auf den gegenwärtig ausgeübten Betrieb dienen oder ob sie in einer besonderen Beziehung zu diesem Betrieb stehen. Als Betriebsvorrichtungen können dabei nur Vorrichtungen angesehen werden, mit denen das Gewerbe unmittelbar betrieben wird (BFH vom 23. März 1990, BStBl. II S. 751, vom 10. Oktober 1990, BStBl. 1991 II S. 59, und vom 11. Dezember 1991, BStBl. 1992 II S. 278).

Gebäudebestandteile sind wie Gebäude ausgehend vom Gebäudebegriff von den Betriebsvorrichtungen abzugrenzen. Von einem Gebäudebestandteil ist danach auszugehen, wenn die Vorrichtung im Rahmen der allgemeinen Nutzung des Gebäudes erforderlich ist. Bei doppelfunktionalen Konstruktionselementen geht die Gebäudefunktion der betrieblichen Funktion vor (BFH vom 28. Mai 2003, BStBl. II S. 693).

### 3.2. Aufteilung innerhalb von Gebäuden

Bauten im Innern von größeren Werkhallen (Meisterbüros, Materiallager, Schalträume und dergleichen) sind bei der Abgrenzung der Gebäudebestandteile von den Betriebsvorrichtungen grundsätzlich zum Gebäude zu rechnen, weil der insgesamt vorhandene Gebäuderaum durch diese Einbauten lediglich unterteilt wird. Die Frage, ob die Umschließung Schutz gegen Witterungseinflüsse gewährt, tritt angesichts der Funktion, nur das Gebäude zu unterteilen, bei diesen Einbauten nicht auf. Bei solchen Einbauten, z. B. Spritzboxen in Karosseriewerken und bei Transformatorenräumen, ist aber zu prüfen, ob in ihnen während des sich ständig wiederholenden Betriebsvorgangs ein nicht nur vorübergehender Aufenthalt von Menschen möglich ist. Ist ein solcher Aufenthalt ausgeschlossen oder auch mit Schutzkleidung nur kurzfristig möglich (z. B. für Inspektionsgänge), sind die Einbauten Betriebsvorrichtungen.

Die Umschließungen der nicht zum Aufenthalt geeigneten Räume innerhalb von Gebäuden (insbesondere Zellen oder Kammern) rechnen grundsätzlich zu den Betriebsvorrichtungen. Dazu gehören außer der Isolierung auch die baulichen Bestandteile der Trennwände (Isolierwände). Handelt es sich aber um Trennwände, die dazu bestimmt sind, das Gesamtgebäude mit zu stützen (tragende Wände), so gehören sie zum Gebäude. Die zu den Zellen oder Kammern gehörende Isolierung (Wand-, Decken- und Bodenisolierung) ist jedoch in jedem Fall als Teil der Betriebsvorrichtung anzusehen (vgl. Zeichnung 16). Bei Räumen, die insbesondere der Herstellung von Computerchips, Kugellagern und elektronischen Geräten dienen und in denen daher Staubfreiheit sowie eine gleichbleibende Temperatur und Luftfeuchtigkeit gewährleistet sein müssen (sog. Reinräume), sind die Klima- und Luftreinigungsanlagen sowie die Zugangsschleusen als Betriebsvorrichtungen anzusehen. Aufgebrachte Wand- und Deckenverkleidungen sowie ein zusätzlich zu dem vorhandenen Fußboden aufgebrachter Fußboden sind bei diesen Räumen ebenfalls Betriebsvorrichtungen, wenn ein Höchstmaß an Staubfreiheit, eine ganz bestimmte oder sich in engen Grenzen bewegende Raumtemperatur oder eine bestimmte Luftfeuchtigkeit für den Produktionsvorgang unbedingt gewährleistet sein müssen.

Isolierungen sowie Wand-, Decken- und Dachverkleidungen in Sandwich-Bauweise sind jedoch, da sie nicht ausschließlich zu einer Betriebsanlage gehören, stets als Gebäudebestandteile anzusehen.

Verschiebbare Innenwände sind Bestandteile des Gebäudes.

### 3.3. Verstärkungen der Decken, Fundamente und Mauern

Decken sind stets den Gebäuden zuzurechnen, auch wenn sie stärker sind, als dies im Allgemeinen der Fall ist. Ebenso gehören zum Gebäude die Verstärkungen von Fundamenten und Wänden, wenn die Fundamente und Wände nicht ausschließlich für Betriebsvorrichtungen bestimmt sind.

In Betracht kommen z. B. Mauervorlagen, besondere Stützen und Unterzüge in den Wänden. Dagegen sind Einzelfundamente für Maschinen Betriebsvorrichtungen (vgl. Zeichnung 7).

### 3.4. Bedienungsvorrichtungen

Arbeitsbühnen, Bedienungsbühnen, Beschickungsbühnen und Galerien aller Art, die ausschließlich zur Bedienung und Wartung von Maschinen, Apparaten usw. bestimmt und geeignet sind, sind Betriebsvorrichtungen. Ihre Abgrenzung gegenüber den Geschossdecken ist nach den Umständen des Einzelfalls vorzunehmen (BFH vom 12. Februar 1982, BStBl. II S. 448).

### 3.5. Aufzüge und ähnliche Anlagen

Personenaufzüge dienen überwiegend der Benutzung des Gebäudes. Sie sind in mehrgeschossigen Gebäuden zur raschen und sicheren Abwicklung des Personenverkehrs allgemein üblich. Auch Rolltreppen und Rollsteige, die zur Bewältigung des Publikumsverkehrs dienen, sind aus diesem Grund dem Gebäude zuzurechnen (BFH vom 5. März 1971, BStBl. II S. 455).

Lastenaufzüge in gewerblich genutzten Gebäuden, die unmittelbar dem Betriebsvorgang dienen, sind Betriebsvorrichtungen. Der ausschließlich einem solchen Lastenfahrstuhl dienende Schacht (z. B. ein an ein bestehendes Gebäude angebauter Fahrstuhlschacht) ist Teil der Betriebsvorrichtung (BFH vom 7. Oktober 1977, BStBl. 1978 II S. 186). Fahrstuhlschächte, die innerhalb eines Gebäudes liegen, haben regelmäßig auch konstruktive Funktionen (Aufnahme der Eigen- und Nutzlasten angrenzender Geschossdecken); sie gehören daher zum Gebäude. Autoaufzüge in Parkhäusern sind Betriebsvorrichtungen. Auch die Anlagen für den Transport von Rohstoffen oder Gegenständen der Fertigung, z. B. Förderbänder, sind den Betriebsvorrichtungen zuzurechnen.

### 3.6. Elektrische Anlagen, Heizungsanlagen, Be- und Entwässerungsanlagen, Bäder, Fotovoltaikanlagen

Beleuchtungsanlagen gehören grundsätzlich zum Gebäude (BFH vom 8. Oktober 1987, BStBl. 1988 II S. 440). Spezialbeleuchtungsanlagen, die nicht zur Gebäudebeleuchtung erforderlich sind, z. B. für die Schaufenster, sind jedoch Betriebsvorrichtungen. Das Gleiche gilt für Kraftstromanlagen, die ganz oder überwiegend einem Betriebsvorgang dienen.

Sammelheizungsanlagen, Be- und Entlüftungsanlagen, Klimaanlagen, Warmwasseranlagen und Müllschluckanlagen sind regelmäßig Teile des Gebäudes (BFH vom 7. März 1974, BStBl. II S. 429, vom 20. März 1975, BStBl. II S. 689, vom 29. Oktober 1976, BStBl. 1977 II S. 143, und vom 7. September 2000, BStBl. 2001 II S. 253). Sie rechnen aber dann zu den Betriebsvorrichtungen, wenn sie ganz oder überwiegend einem Betriebsvorgang dienen, z. B. Klimaanlagen in Chemiefaserfabriken, Tabakfabriken und Reinräumen.

Auch Be- und Entwässerungsanlagen gehören im Allgemeinen zum Gebäude. Nur wenn sie überwiegend dem Betriebsvorgang dienen, wie z. B. bei Autowaschhallen, Brauereien, Färbereien, Molkereien und Zellstofffabriken, sind sie Betriebsvorrichtungen.

Bäder, die der Körperpflege dienen, rechnen zum Gebäude (BFH vom 12. August 1982, BStBl. II S. 782). Dagegen sind Bäder, die Heilzwecken dienen (z. B. in Kur- und Krankenhäusern) oder mit denen das Gewerbe betrieben wird (z. B. in Badeanstalten), Betriebsvorrichtungen. Schwimmbecken in Hotels sind unselbstständige Gebäudeteile und nicht Betriebsvorrichtungen (BFH vom 11. Dezember 1991, BStBl. 1992 II S. 278).

Ausgehend vom maßgeblichen Gebäudebegriff handelt es sich bei dachintegrierten Fotovoltaikanlagen nicht um Betriebsvorrichtungen, sondern um Gebäudebestandteile. Die den Kern dieser Anlagen bildenden Solardachziegel ersetzen die ansonsten erforderliche Dacheindeckung. Sie erfüllen die typischen Aufgaben jedes normalen Hausdaches. Allein durch die Dacheindeckung gewährt das Gebäude auf der Dachseite vollständigen Schutz gegen äußere Einflüsse, vornehmlich Witterungseinflüsse, selbst wenn die Solardachsteine darüber hinaus auch der Gewinnung von Strom zu dienen vermögen. Bei derartigen doppelfunktionalen Konstruktionselementen geht die Gebäudefunktion der betrieblichen Funktion vor. Solche Bauteile gehören nicht im Sinne des § 68 Abs. 2 Satz 1 Nr. 2 BewG ausschließlich zu einer Betriebsanlage (§ 68 Abs. 2 Satz 2 BewG). Eine auf das vorhandene Dach aufgesetzte Fotovoltaikanlage ist für die allgemeine Nutzung des Gebäudes nicht erforderlich und stellt somit keinen Gebäudebestandteil, sondern eine Betriebsvorrichtung dar.

### 3.7. Sonstige Anlagen in gewerblich genutzten Gebäuden

Nicht zum Gebäude rechnen Kühleinrichtungen, Absaugevorrichtungen, Bewetterungsanlagen, Entstaubungsanlagen und dergleichen.

Stahltüren, Stahlkammern und Stahlfächer von Tresoranlagen sind ebenso wie die dazugehörigen Alarmanlagen Betriebsvorrichtungen.

Sprinkleranlagen sind regelmäßig Gebäudebestandteile, da sie der Gebäudenutzung dienen. Ihre Einordnung als Betriebsvorrichtung kommt nur dann in Betracht, wenn mit ihnen – ähnlich wie bei Maschinen – das Gewerbe unmittelbar betrieben wird (BFH vom 15. Februar 1980, BStBl. II S. 409, und vom 13. Dezember 2001, BStBl. 2002 II S. 310). Dies ist beispielsweise der Fall, wenn vom Produktionsvorgang eine unmittelbare Brandgefahr ausgeht (Funkenflug) oder hoch explosive und leicht entzündbare Produkte (Feuerwerkskörper) produziert oder gelagert werden. Sprinklerköpfe, die an Maschinen oder sonstigen Produktionseinrichtungen angebracht sind, können auch dann Betriebsvorrichtung sein, wenn die Sprinkleranlage als solche Gebäudebestandteil ist.

Schallschutzvorrichtungen an Decken und Wänden sind regelmäßig Bestandteile des Gebäudes (*EFH vom 11. Dezember 1987, BStBl. 1988 II S. 400*[1])). Nur in den Fällen, in denen von dem in dem Gebäude ausgeübten Gewerbebetrieb ein so starker Lärm ausgeht, dass ohne entsprechende Schutzvorkehrungen der Betriebsablauf selbst in Frage gestellt wäre, sind Schallschutzvorrichtungen ausnahmsweise Betriebsvorrichtungen (BFH vom 23. März 1990, BStBl. II S. 751)

## 4. Abgrenzung der Außenanlagen

### 4.1. Abgrenzungsgrundsatz

Ob Bauwerke als Außenanlagen oder als Betriebsvorrichtungen anzusehen sind, hängt davon ab, ob sie der Benutzung des Grundstücks dienen oder ob

[1]) Muss wohl richtig lauten: BFH vom 11. Dezember 1987, BStBl. 1988 II S. 300.

sie in einer besonderen Beziehung zu einem auf dem Grundstück ausgeübten Gewerbebetrieb stehen. Außenanlagen gehören stets zum Grundstück.

Als Betriebsvorrichtungen können nur solche Bauwerke oder Teile davon angesehen werden, mit denen das Gewerbe unmittelbar betrieben wird (BFH vom 10. Oktober 1990, BStBl. 1991 II S. 59).

### 4.2. Einfriedungen, Bodenbefestigungen, Be- und Entwässerungsanlagen sowie Rampen

Einfriedungen stehen grundsätzlich in keiner besonderen Beziehung zu einem auf dem Grundstück ausgeübten Gewerbebetrieb. Sie gehören deshalb als Außenanlagen zum Grundstück. Das Gleiche gilt für Bodenbefestigungen (Straßen, Wege, Plätze). Sie sind im Allgemeinen zur besseren Befahrbarkeit des Bodens geschaffen; eine besondere Beziehung zu einem auf dem Grundstück ausgeübten Betrieb fehlt regelmäßig.

Schutzgitter innerhalb des Umspannwerks eines Elektrizitätsunternehmens sowie Platzbefestigungen, die der Wartung der Anlage und nicht zugleich dem sonstigen Verkehr innerhalb des Werks dienen (Schalterstraßen, Trafostraßen, Umkehrplatz), sind dagegen Betriebsvorrichtungen (BFH vom 2. Juni 1971, BStBl. II S. 673). Teststrecken der Automobilwerke sind ebenfalls Betriebsvorrichtungen (BFH vom 19. Februar 1974, BStBl. 1975 II S. 20).

Bodenbefestigungen der Tankstellenbetriebe sind wie die Einfriedungen, die in diesen Fällen üblich sind, wegen ihrer besonderen betrieblichen Ausgestaltung und Zweckbestimmung als Betriebsvorrichtungen anzusehen (BFH vom 23. Februar 1962, BStBl. III S. 179). Dagegen sind die Bodenbefestigungen vor Garagen, Reparaturwerkstätten und Waschhallen sowie die Bodenbefestigungen der Dauerpark- und Abstellplätze den Außenanlagen zuzurechnen. Das Gleiche gilt für Bodenbefestigungen vor Restaurations- und Beherbergungsgebäuden, soweit eine räumliche Abgrenzung gegenüber dem Tankstellenbetrieb leicht und einwandfrei möglich ist.

Freistehende Rampen rechnen regelmäßig zu den Außenanlagen, da mit ihnen das Gewerbe nicht unmittelbar betrieben wird.

### 4.3. Beleuchtungsanlagen auf Straßen, Wegen und Plätzen

Die Beleuchtungsanlagen auf Straßen, Wegen und Plätzen des Grundstücks gehören zu den Außenanlagen. Sie sind jedoch den Betriebsvorrichtungen zuzurechnen, wenn sie überwiegend einem Betriebsvorgang (z. B. Ausleuchtung eines Lagerplatzes für Zwecke der Materiallagerung oder Ausleuchtung von Container-Terminals) dienen.

### 4.4. Gleisanlagen und Brücken

Gleise, Kräne und sonstige mechanische Verladeeinrichtungen sind Betriebsvorrichtungen. Das Gleiche gilt für den Oberbau (Schienen, Schwellen und Bettung) und den Unterbau (Aufschüttungen und Befestigungen der Dämme, Einschnitte und dergleichen) von Schienenbahnen.

Brücken, die nur dem üblichen Verkehr auf dem Grundstück dienen, stehen in keiner besonderen Beziehung zu einem auf dem Grundstück ausgeübten Gewerbebetrieb. Aus dem Umstand allein, dass eine Brücke zwei Betriebsteile miteinander verbindet, kann keine besondere Beziehung der Brücke zu einem Gewerbebetrieb hergeleitet werden. Solche Brücken sind deshalb regelmäßig als Außenanlagen des Grundstücks zu erfassen. Eine Zurechnung zu den Betriebsvorrichtungen kommt nur in Ausnahmefällen in Betracht, so z. B., wenn die Brücke als Schienenweg (Bahnunterbau) für werkseigene Bahnen benutzt wird.

### 4.5. Uferbefestigungen

Bei den Uferbefestigungen der Hafengrundstücke ist zu unterscheiden zwischen Kaimauern und den anderen Uferbefestigungen. Kaimauern sind Ufermauern, die hauptsächlich dem Hafenbetrieb dienen (Beladung und Entladung von Schiffen). Sie sind Betriebsvorrichtungen. Die anderen Uferbefestigungen (Böschungen, Ufereinfassungen), die ausschließlich zur Stützung der Erdreichs und zur Erhaltung des Hafenbeckens bestimmt sind, gehören dagegen als Außenanlagen zum Grundstück, auch wenn sie in der Form von Ufermauern aus Stein oder Stahlbeton errichtet sind (BFH vom 14. Februar 1969, BStBl. II S. 394). Hat sich an solchen Ufermauern aber nachträglich ein Hafenbetrieb entwickelt, sind sie wie Kaimauern als Betriebsvorrichtung zu behandeln.

## 5. Abgrenzungshinweise

Für die Abgrenzung des Grundvermögens von den Betriebsvorrichtungen vgl. Anlage 1, bei Sportstätten vgl. Anlage 2.

## 6. Anwendung

Der Erlass ergeht im Einvernehmen mit den obersten Finanzbehörden des Bundes und der anderen Länder. Er tritt an die Stelle der gleich lautenden Erlasse vom 15. März 2006 (BStBl. I S. 314) und ist in allen noch offenen Fällen anzuwenden.

**Anlage 1**

| Grundstücksbestandteil | Gebäude, Gebäudebestandteil, Außenanlage | Betriebsvorrichtung |
|---|---|---|
| **Abfertigungsvorfelder** der Flughäfen (Gleichlt. Erlass v. 28. November 1995, BStBl. 1996 I S. 14) | | x |
| **Abhitzeeinrichtungen** (Kühltürme, s. Kühlhäuser) | | x |
| **Absaugevorrichtungen** | | x |
| **Abstellplätze** (BFH v. 10. Oktober 1990, BStBl. 1991 II S. 59) | x | |
| **Abwasserfilterbassins,** die mit dem Betriebsablauf im engen Zusammenhang stehen | | x |
| **Alarmanlagen in** | | |
| – Bau- und Gartenmärkten | x | |
| – Tresoranlagen | | x |
| – Spielhallen zur Innensicherung des Raumes (BFH v. 28. Oktober 1999, BStBl. 2000 II S. 150) | x | |

| Grundstücksbestandteil | Gebäude, Gebäudebestandteil, Außenanlage | Betriebsvorrichtung |
|---|---|---|
| **Anbindungspfähle** in Jacht- und Bootshäfen | | x |
| **Arbeitsbühnen**, soweit im Einzelfall nicht als Geschossdecken anzusehen | | x |
| **Auflager**, z. B. Mauerverstärkungen, verstärkte Fundamente, die ausschließlich für Maschinen und sonstige Apparate bestimmt sind | | x |
| **Aufzüge** | | |
| – Aktenaufzüge (auch in Büro-/Verwaltungsgebäuden) (BFH v. 7. Oktober 1977, BStBl. 1978 II S. 186) | | x |
| – Aufzugsanlage in Bäckerei | | x |
| – Autoaufzüge in Parkhäusern | | x |
| – Lastenaufzüge | | x |
| – Personenaufzüge, Paternoster | x | |
| **Auto-Waschboxen** | x | |

| | | |
|---|---|---|
| **Backöfen** | | x |
| **Bäder**, einschließlich der Zu- und Abwasserableitungen | | |
| – in Sanatorien, Badehäusern, Spaßbädern | | x |
| – in Fabriken (Sanitärräume) | x | |
| – in Hotels | x | |
| – in anderen Gebäuden | x | |
| **Bahn-** | | |
| – **laderampen** | | x |
| – **ober- und unterbau** | | x |
| – **steige** | | x |
| – **steighalle** | x | |
| – **steigüberdachungen**, die keinen hinreichenden Schutz gegen Witterungseinflüsse bieten | | x |
| – **unterführungen** | | x |
| **Be- und Entlüftungsanlagen** | | |
| – im Allgemeinen | x | |
| – in einer Tiefgarage bzw. in Parkhäusern (BFH v. 7. Oktober 1983, BStBl. 1984 II S. 262) | x | |
| – ganz oder überwiegend betrieblichen Zwecken dienend (BFH v. 9. August 2001, BStBl. 2002 II S. 100) | | x |
| **Befeuchtungsanlagen** | | |
| – für Reithallenböden | | x |
| – in gewerblichen Betrieben, soweit sie unmittelbar und ausschließlich dem Gewerbebetrieb dienen | | x |

| **Grundstücksbestandteil** | **Gebäude, Gebäudebestandteil, Außenanlage** | **Betriebsvorrichtung** |
|---|---|---|
| (z. B. bei der Tabaklagerung)<br>(BFH v. 28. November 1975, BStBl. 1976 II S. 200) | | |
| **Befeuerungsanlagen eines Flugplatzes** | | x |
| **Beförderungsanlagen für** | | |
| – **Güter** (z. B. Förderbänder, Elevatoren, Hängebahnen und Krananlagen) | | x |
| – **Personen,** z. B. Rollbänder, Rolltreppen | x | |
| **Behälter** (auch Erz-, Kies-, Kohlen- und Zementbunker) (innerhalb von Gebäuden) | | x |
| **Beleuchtungsanlagen** | | |
| – in Gebäuden | x | |
| – auf Straßen, Wegen und Plätzen | x | |
| – wenn sie für die Ausübung eines Gewerbebetriebs erforderlich sind | | x |
| **Be- und Entwässerungsanlagen** | | |
| – im Allgemeinen | x | |
| – die überwiegend dem Betriebsvorgang dienen (z. B. in Färbereien, Brauereien, Autowaschanlagen Molkereien und Zellstofffabriken) | | x |
| **Blockheizkraftwerk**, das der Wärmegewinnung und Wasserversorgung eines Gebäudes dient | x | |
| **Bodenbefestigungen** | | |
| – im Allgemeinen | x | |
| – mit besonderer betrieblicher Ausgestaltung und Zweckbestimmung bei Tankstellen | | x |
| **Brandmeldeanlagen** in Lagergebäuden<br>(BFH v. 13. Dezember 2001, BStBl. 2002 II S. 310) | x | |
| **Brücken** | x | |
| **Bunker** für Kohle, Kies, Zement und Erze | | x |
| **Container** | | |
| – bei fester Verbindung mit dem Grund und Boden oder bei individueller Zweckbestimmtheit zur dauernden Nutzung z. B. Büro-, Wohn-, Hotelcontainer (BFH v. 25. April 1996, BStBl. II S. 613) | x | |
| – ohne feste Verbindung mit dem Grund und Boden z. B. Baustellencontainer (BFH v. 18. Juni 1986, BStBl. II S. 787) | | x |
| **Einfriedungen** | | |
| – im Allgemeinen | x | |
| – bei Tankstellen | | x |

| Grundstücksbestandteil | Gebäude, Gebäudebestandteil, Außenanlage | Betriebsvorrichtung |
|---|---|---|
| **Entstaubungsanlagen** | | x |
| | | |
| **Fahrbahnen** | x | |
| **Fahrradschuppen und Fahrradständer** | x | |
| **Fahrstuhlschacht** typischer Lastenaufzüge | | |
| – ohne statische Gebäudefunktion | | x |
| – im Innern des Gebäudes mit statischer Gebäudefunktion | x | |
| **Fernwärme-Hausanschlussstationen** (BFH v. 30. März 2000, BStBl. II S. 449) | | x |
| **Förderbänder und Förderschnecken** | | x |
| **Fördertürme** (BFH v. 13. Juni 1969, BStBl. II S. 517) | | x |
| **Fotovoltaikanlage** | | |
| – dachintegriert | x | |
| – auf das Dach aufgesetzt | | x |
| **Fundamentverstärkungen** | x | |
| **Fußboden**, | | |
| – im Allgemeinen | x | |
| – Spezialfußboden z. B. Spezialauflage in Tennishallen oder in „Reinräumen" der Computerindustrie | | x |
| | | |
| **Garagen** | | |
| – Fertiggaragen mit vorgefertigter Bodenplatte | x | |
| – Tiefgarage | x | |
| **Geldautomat-Pavillon** | x | |
| **Gewächshäuser** | | |
| – im Allgemeinen | x | |
| – fahrbar (Rollhäuser) | | x |
| – Folien | x | |
| **Gleisanlagen** | | x |
| | | |
| **Heizungsanlagen** | x | |
| – s. Blockheizkraftwerk | | |
| **Hochregallager** | | |
| – manuell gesteuertes Bedienungssystem (BFH v. 28. Mai 2003, BStBl. II S. 693) | x | |
| – vollautomatische Steuerung (BFH v. 18. März 1987, BStBl. II S. 551) | | x |

| Grundstücksbestandteil | Gebäude, Gebäudebestandteil, Außenanlage | Betriebsvorrichtung |
|---|---|---|
| **Hühnerställe mit Legebatterien** (BFH v. 6. August 1976, BStBl. II S. 772) | x | |
| **Innenbauten** (Meisterbüros, Schalträume, Materiallager usw., die gesondert von dem Hauptgebäude errichtet worden sind) | x | |
| **Innenwände,** die lose aufgestellt sind und Ausstellungszwecken dienen | | x |
| **Isolierwände** (von Trocken- und Kühlräumen) | | x |
| **Isolierelemente in Sandwich-Bauweise** | x | |
| **Kassettendecke** eines Büroraums mit Beleuchtungsanlage (BFH v. 8. Oktober 1987, BStBl. 1988 II S. 440) | x | |
| **Kegelbahnen** (Raum rechnet zum Gebäude) | | x |
| **Kfz-Tower; Kraftfahrzeug-Tower** – selbsttragende Stahl-Glas-Konstruktion | x | |
| **Kinobestuhlung** (BFH v. 5. Oktober 1966, BStBl. III S. 686) | | x |
| **Kläranlagen** | | x |
| **Klimaanlagen**; | | |
| – im Allgemeinen, z. B. in Warenhäusern (BFH v. 5. März 1971, BStBl. II S. 455) | x | |
| – ganz oder überwiegend betrieblichen Zwecken dienend z. B. in Küchen von Gaststätten, in Räumen mit klimaempfindlichen Geräten (z. B. Computern oder Präzisionsgeräten) | | x |
| **Klimageräte, fest mit dem Gebäude verbunden** (BFH v. 16. Juni 1977, BStBl. II S. 590) | x | |
| **Kompressoren** | | x |
| **Krananlagen** | | x |
| **Kranbahnstützen,** die auch der Umschließung dienen | x | |
| **Kühleinrichtungen** | | x |
| **Kühlzellen** (BFH v. 30. Januar 1991, BStBl. II S. 618) | | x |
| **Ladeneinrichtungen** | | x |
| **Lärmschutzwände** | | x |
| **Lichtreklamen** | x | |
| **Luftschleieranlagen** in Warenhäusern | x | |
| **Lufttrockenschuppen** einer Ziegelei | x | |

| Grundstücksbestandteil | Gebäude, Gebäudebestandteil, Außenanlage | Betriebsvorrichtung |
|---|---|---|
| **Mauervorlagen** | x | |
| **Mobilhallen und -heime**, bei fester Verbindung mit dem Grund und Boden oder bei auf Dauer angelegter Nutzung | x | |
| **Molen der Hafengrundstücke** | x | |
| **Müllschluckanlagen** | x | |
| **Musterhäuser** (BFH v. 23. September 2008, BStBl. 2009 II S. 986) | x | |
| | | |
| **Notstromaggregate** | x | |
| | | |
| **Open-Air-Hallen** | x | |
| **Öfen** | | |
| – im Allgemeinen | x | |
| – ganz oder überwiegend betrieblichen Zwecken dienend | | x |
| | | |
| **Rampen** | | |
| – am Gebäude | x | |
| – freistehend | x | |
| **Regale/Regalwände** | | |
| – für Ausstellungszwecke in Apotheken | | x |
| **Regenwasserauffanganlagen** (BFH v. 25. August 1989, BStBl. 1990 II S. 82) | x | |
| **Reinräume** in der Computerindustrie (spezielle Wand- und Deckenverkleidung, Spezialfußboden) | | x |
| **Rohrkanäle** (nicht begehbar oder von Elektrizitätswerken) | | x |
| **Rohrleitungen** | | |
| – im Allgemeinen | x | |
| – ganz oder überwiegend betrieblichen Zwecken dienend (BFH v. 11. Januar 1991, BStBl. 1992 II S. 5) | | x |
| **Rollbahnen** eines Flugplatzes | | x |
| **Rolltreppen, Rollbänder** zur Personenbeförderung | x | |
| | | |
| **Sammelheizungsanlagen** | x | |
| **Satellitenempfangsanlage** (BFH v. 25. Mai 2000, BStBl. 2001 II S. 365) | | x |

| **Grundstücksbestandteil** | **Gebäude, Gebäudebestandteil, Außenanlage** | **Betriebsvorrichtung** |
|---|---|---|
| **Schalldämmung, Schalldämpfung** | | |
| – anstelle eines Decken- und Wandputzes oder zusätzlich angebracht | x | |
| – betrieblich bedingt | | x |
| **Schallschutztüren (zusätzliche)**, z. B. in Praxen oder Kanzleien (BFH v. 29. Oktober 1974, BStBl. 1975 II S. 68) | | x |
| **Schallschutzvorrichtungen** in besonderer Beziehung zur Raumnutzung eines Badeparks | x | |
| **Schaltanlagenbauwerk** eines Kraftwerks | x | |
| **Schaufenster** (BFH v. 17. Mai 1968, BStBl. II S. 581; BFH v. 24. August 1984, BStBl. 1985 II S. 40) | x | |
| **Schaukästen, Vitrinen** | | x |
| **Scherengitter** (BFH v. 17. Mai 1968, BStBl. II S. 563) | x | |
| **Schornstein** | | |
| – im Allgemeinen | x | |
| – mit dem ein Gewerbe unmittelbar betrieben wird | | x |
| **Schwimmbäder** in Hotels (BFH v. 11. Dezember 1991, BStBl. 1992 II S. 278) | x | |
| **Seilpollervorrichtungen** von Seilbahnen | | x |
| **Silobauten** | | |
| – im Allgemeinen | x | |
| – Außenwände bestehen nur aus der Behälterumwandung | | x |
| **Slipanlagen** in Häfen | | x |
| **Spanngewichtsschächte(-türme)** von Seilbahnen | | x |
| **Spezialbeleuchtungsanlagen** für Schaufenster | | x |
| **Sprinkleranlagen** | | |
| – im Allgemeinen | x | |
| – in explosionsgefährdeten Betrieben, soweit sie dem Betriebsvorgang unmittelbar dienen | | x |
| **Spritzboxen** in Karosseriewerken oder Autofabriken | | x |
| **Stahlfächer,** Stahlkammern und Stahltüren als Bestandteile von Tresoranlagen | | x |
| **Ställe** | x | |
| **Start- und Landebahnen** eines Flugplatzes | | x |
| **Steinmahlanlagen-Umhausung** (BFH v. 15. Juni 2005, BStBl. II S. 688) | x | |
| **Steinschlagschutzvorrichtungen** von Seilbahnen | | x |

| Grundstücksbestandteil | Gebäude, Gebäudebestandteil, Außenanlage | Betriebsvorrichtung |
|---|---|---|
| **Strahlenschutzvorrichtungen**, z. B. bei Röntgenstrahlen und Radioaktivität | | x |
| **Sumpfanlage** zur Kalkherstellung | | x |
| **Tanks** | | |
| – der Mineralölraffinerien | | x |
| – in Bauwerken (z. B. Sammelheizungsanlagen, Warmwasseranlagen usw.) | x | |
| **Teststrecken** der Automobilwerke | | x |
| **Tiefkühllager** | x | |
| **Toilette** | | |
| – Toilettenhäuschen auf öffentlichem Grund | x | |
| – Toilette- und Reinigungstechnik (BFH v. 24. Mai 2007, BStBl. 2008 II S. 12) | | x |
| **Transportanlagen,** siehe Beförderungsanlagen | | |
| **Trennwände** | | |
| – tragende Wände | x | |
| – Isolierwände von nicht zum Aufenthalt geeigneten Räumen | | x |
| – Schranktrennwände in Großraumbüros | x | |
| – verschieb- und versetzbare | x | |
| **Tresoranlagen** | | |
| – Stahltüren, Stahlkammern, Stahlfächer und dazugehörige Alarmanlagen | | x |
| – Rundgang, der innere nutzbare Raum sowie Mauer- und Deckenverstärkungen | x | |
| **Trockenkammern** | | x |
| **Uferbefestigungen** | | |
| – Kaimauern zur Be- und Entladung | | x |
| – Befestigung des Erdreiches | x | |
| **Umzäunungen** | x | |
| **Unterführungen** | x | |
| **Verladeeinrichtungen** | | x |
| **Walzenstraßen** | | x |
| **Warmwasseranlagen** | x | |
| **Wärmedämmung** betriebsbedingt | | x |

| Grundstücksbestandteil | Gebäude, Gebäudebestandteil, Außenanlage | Betriebsvorrichtung |
|---|---|---|
| **Wärmerückgewinnungsanlagen** | | |
| – im Allgemeinen (BFH v. 5. September 2002, BStBl. II S. 877) | x | |
| – unmittelbar betrieblichen Zwecken dienend | | x |
| **Wendeplätze** eines Flugplatzes | | x |
| **Windkraftanlagen** (Türme) (BFH v. 25. Januar 2012, BStBl. II S. 403) | | x |
| **Zementbunker** | | x |
| **Zementwerke** Bauwerke (Umschließung) für Brecher- und Trockneranlagen sowie Kohlen-, Roh- und Zementmühlen (BFH v. 15. Juni 2005, BStBl. II S. 688) | x | |

## Anlage 2

| Einrichtungen und Anlagen | | Grundvermögen | Betriebsvorrichtung |
|---|---|---|---|
| **1.** | **Sportplätze und Sportstadien** | | |
| 1.1 | besonders hergerichtete Spielfelder (Spielfeldbefestigung, Drainage, Rasen, Rasenheizung) | | x |
| 1.2 | Laufbahnen | | x |
| 1.3 | Sprunggruben | | x |
| 1.4 | Zuschauerwälle (Erdaufschüttungen und deren Befestigung) | | x |
| 1.5 | Zuschauertribünen | x[1)] | x |
| 1.6 | Beleuchtungsanlagen | | |
| 1.6.1 | spezielle (z. B. Flutlicht) | | x |
| 1.6.2 | allgemeine | x | |
| 1.7 | Einfriedungen | x | |
| 1.8 | Abgrenzungszäune und Sperrgitter zwischen Spielfeld und Zuschaueranlagen | | x |

[1)] **[Amtl. Anm.:]** Die Überdachungen der Zuschauerflächen sind dann als Gebäude zu behandeln, wenn sie nach der Verkehrsauffassung einen Raum umschließen und dadurch gegen Witterungseinflüsse Schutz gewähren (vgl. Tz. 2.3 des Abgrenzungserlasses).

| **Einrichtungen und Anlagen** | | **Grundvermögen** | **Betriebsvorrichtung** |
|---|---|---|---|
| 1.9 | allgemeine Wege- und Platzbefestigungen | x | |
| 1.10 | Anzeigetafeln | | x |
| 1.11 | Kartenhäuschen (soweit nicht transportabel) | x | |
| 1.12 | Kioske | x | |
| 1.13 | Umkleidekabinen | x | |
| 1.14 | Duschen im Gebäude und Toiletten | x | |
| 1.15 | Saunen | x | |
| 1.16 | Schwimmbecken, Massagebecken (im Freien oder im Gebäude) | | x |
| 1.17 | Unterrichts- und Ausbildungsräume | x | |
| 1.18 | Übernachtungsräume für Trainingsmannschaften | x | |
| 1.19 | Küchen- und Ausschankeinrichtungen | | x |

**2. Schwimmbäder (Frei- und Hallenbäder)**

| | | | |
|---|---|---|---|
| 2.1 | Schwimmbecken | | x |
| 2.2 | Sprunganlagen | | x |
| 2.3 | Duschen im Freien | | x |
| 2.4 | Liegewiesen | | |
| 2.4.1 | Grund und Boden | x | |
| 2.4.2 | Rasen | | x |
| 2.5 | Kinderspielanlagen | | x |
| 2.6 | Umkleidekabinen | | x |
| 2.7 | Kassenhäuschen (soweit nicht transportabel) | x | |
| 2.8 | Kioske | x | |
| 2.9 | allgemeine Wege- und Platzbefestigungen | x | |
| 2.10 | Zuschauertribünen im Freien und im Gebäude | x[1] | x |
| 2.11 | Duschen im Gebäude | | x |
| 2.12 | Duschräume, Toiletten | x | |
| 2.13 | technische Räume | x | |
| 2.14 | technische Ein- und Vorrichtungen | | x |
| 2.15 | sonstige Räume | x | |
| 2.16 | Einrichtung der Saunen, Solarien, Wannenbäder | | x |
| 2.17 | Beleuchtungsanlagen | | |

[1] **[Amtl. Anm.:]** Die Überdachungen der Zuschauerflächen sind dann als Gebäude zu behandeln, wenn sie nach der Verkehrsauffassung einen Raum umschließen und dadurch gegen Witterungseinflüsse Schutz gewähren (vgl. Tz. 2.3 des Abgrenzungserlasses).

| Einrichtungen und Anlagen | | Grundvermögen | Betriebsvorrichtung |
|---|---|---|---|
| 2.17.1 | spezielle | | x |
| 2.17.2 | allgemeine | x | |
| 2.18 | Emporen und Galerien | x | |
| 2.19 | Bestuhlung zu 2.18 | | x |

**3. Tennisplätze und Tennishallen**

| | | | |
|---|---|---|---|
| 3.1. | besonders hergerichtete Spielfelder (Spielfeldbefestigungen mit Unterbau bei Freiplätzen, spezielle Oberböden bei Hallenplätzen) | | x |
| 3.2 | Drainage | | x |
| 3.3 | Bewässerungsanlagen (u. a. automatische) der Spielfelder | | x |
| 3.4 | Netz mit Haltevorrichtungen | | x |
| 3.5 | Schiedsrichterstühle | | x |
| 3.6 | freistehende Übungswände | | x |
| 3.7 | Zuschauertribünen | x[1] | x |
| 3.8 | Einfriedungen | | |
| 3.8.1 | der Spielplätze im Freien | | x |
| 3.8.2 | sonstige | x | |
| 3.9 | Zuschauerabsperrungen, Brüstungen | | x |
| 3.10 | Traglufthallen | | x |
| 3.11 | Open-Air-Hallen | x[2] | |
| 3.12 | Beleuchtungsanlagen | | |
| 3.12.1 | spezielle (z. B. Flutlicht) | | x |
| 3.12.2 | allgemeine | x | |
| 3.13 | Ballfangnetze, Ballfanggardinen | | x |
| 3.14 | zusätzliche Platzbeheizung (durch Münzeinwurf) in Hallen | | x |
| 3.15 | Duschen | x | |
| 3.16 | Umkleideräume | x | |
| 3.17 | Toiletten | x | |
| 3.18 | sonstige Räume | x | |

[1] **[Amtl. Anm.:]** Die Überdachungen der Zuschauerflächen sind dann als Gebäude zu behandeln, wenn sie nach der Verkehrsauffassung einen Raum umschließen und dadurch gegen Witterungseinflüsse Schutz gewähren (vgl. Tz. 2.3 des Abgrenzungserlasses).

[2] **[Amtl. Anm.:]** Open-Air-Hallen sind Tennishallen, bei denen sich Dach- und Wandteile, mechanisch betätigt, großflächig öffnen lassen.

| Einrichtungen und Anlagen | | Grundvermögen | Betriebsvorrichtung |
|---|---|---|---|
| **4.** | **Schießstände** | | |
| 4.1 | Anzeigevorrichtungen | | x |
| 4.2 | Zielscheibenanlagen | | x |
| 4.3 | Schutzvorrichtungen | | x |
| 4.4 | Einfriedungen | | |
| 4.4.1 | als Sicherheitsmaßnahme | | x |
| 4.4.2 | allgemeine | x | |
| **5.** | **Kegelbahnen** | | |
| 5.1 | Bahnen | | x |
| 5.2 | Kugelfangeinrichtungen | | x |
| 5.3 | Kugelrücklaufeinrichtungen | | x |
| 5.4 | automatische Kegelaufstelleinrichtungen | | x |
| 5.5 | automatische Anzeigeeinrichtungen | | x |
| 5.6 | Beleuchtungsanlagen | | |
| 5.6.1 | spezielle | | x |
| 5.6.2 | allgemeine | x | |
| 5.7 | Schallisolierungen | | x |
| **6.** | **Squashhallen** | | |
| 6.1 | Trennwände (zur Aufteilung in Boxen) | | x |
| 6.2 | besondere Herrichtung der Spielwände | | x |
| 6.3 | Ballfangnetze | | x |
| 6.4 | Schwingböden | | x |
| 6.5 | Zuschauertribünen | x | |
| 6.6 | Bestuhlung zu 6.5 | | x |
| 6.7 | Beleuchtungsanlagen | | |
| 6.7.1 | spezielle | | x |
| 6.7.2 | allgemeine | x | |
| 6.8 | Umkleideräume | x | |
| 6.9 | Duschräume, Toiletten | x | |
| 6.10 | sonstige Räume | x | |

| Einrichtungen und Anlagen | | Grundvermögen | Betriebsvorrichtung |
|---|---|---|---|
| **7.** | **Reithallen** | | |
| 7.1 | Stallungen (einschl. Boxenaufteilungen, Futterraufen) | x | |
| 7.2 | Futterböden (einschl. Zugänge) | x | |
| 7.3 | Nebenräume | x | |
| 7.4 | spezieller Reithallenboden (z. B. sog. Matratze) | | x[1] |
| 7.5 | Befeuchtungseinrichtungen für den Reithallenboden | | x[1] |
| 7.6 | Bande (Holzschutzwände) an den Außenwänden (entlang des Hufschlags) | | x |
| 7.7 | Beleuchtungsanlagen | | |
| 7.7.1 | spezielle | | x |
| 7.7.2 | allgemeine | x | |
| 7.8 | Tribüne und Richterstände, soweit nicht Gebäudebestandteil (Galerien, Emporen) | | x |
| 7.9 | Pferdesolarium (techn. Einrichtungen) | | x |
| 7.10 | Pferdewaschanlage | | x |
| 7.11 | Schmiede (techn. Einrichtungen) | | x |
| 7.12 | Futtersilos | | x |
| 7.13 | automatische Pferdebewegungsanlage | | x |
| 7.14 | sonst. Zubehör wie Hindernisse, Spiegel, Geräte zur Aufarbeitung des Bodens, Markierungen und dgl. | | x |
| **8.** | **Turn-(Sport) und Festhallen (Mehrzweckhallen)** | | |
| 8.1 | Schwingboden | | |
| 8.1.1 | in Mehrzweckhallen | x | |
| 8.1.2 | in reinen Turn- und Sporthallen | | x |
| 8.2 | Turngeräte | | x |
| 8.3 | Zuschauertribünen (soweit nicht als Galerien oder Emporen Gebäudebestandteile) | | x |
| 8.4 | Bestuhlung zu 8.3 und zu Galerien und Emporen | | x |
| 8.5 | Beleuchtungsanlagen | | |

[1] **[Amtl. Anm.:]** Bei bindigen oder harten Böden ist es erforderlich, den gewachsenen Hallenboden gegen eine sog. Matratze (bis zu einer Tiefe von 20 cm) auszutauschen. Ein bindiger Boden (z. B. Lehm) würde mit der Zeit hart wie Beton und damit unbrauchbar werden. Bei Sandboden wird das Erdreich gelockert und mit Zusätzen versehen (je nach Konsistenz des vorhandenen Sandes mit Torf, Hobelspänen, Sägemehl oder Lederschnitzeln). Die vorgenannten präparierten Böden müssen befeuchtet werden, um eine Staubbildung zu vermeiden.

| Einrichtungen und Anlagen | | Grundvermögen | Betriebsvorrichtung |
|---|---|---|---|
| 8.5.1 | spezielle | | x |
| 8.5.2 | allgemeine | x | |
| 8.6 | Duschen | x | |
| 8.7 | Umkleidekabinen und -räume | x | |
| 8.8 | Toiletten | x | |
| 8.9 | Saunen | x | |
| 8.10 | Kücheneinrichtungen | | x |
| 8.11 | Ausschankeinrichtungen | | x |
| 8.12 | Bühneneinrichtungen | | x |
| 8.13 | bewegliche Trennwände | x | |
| 8.14 | Kühlsystem (bei Nutzung für Eissportzwecke) | | x |
| **9.** | **Pferderennbahnen** | | |
| 9.1 | Startmaschinen | | x |
| 9.2 | Totalisatoreneinrichtungen | | x |
| 9.3 | Hindernisaufbauten | | x |
| **10.** | **Radrennbahnen** | | |
| 10.1 | besonders hergerichtete Fahrbahnen | | |
| **11.** | **Eissportstadien, -hallen, -zentren** | | |
| 11.1 | Eislaufflächen, Eisschnelllaufbahnen, Eisschießbahnen | | |
| 11.1.1 | Oberboden, bestehend aus Kühlsohlenaufbau, Isolierung, Dichtungsbahnen, Schmelzwasserrinnen | | x |
| 11.1.2 | Unterboden, bestehend aus Beton oder Stahl | x | |
| 11.2 | Schneegruben | | x |
| 11.3 | Kälteerzeuger mit Kondensator, Kompressor, Kältemittelvorrat, Pumpenanlage, Bewässerungsvorrichtung | | x |
| 11.4 | Umgangszonen | | |
| 11.4.1 | Schlittschuhschonender Bodenbelag | | x |
| 11.4.2 | Unterboden | x | |
| 11.5 | Anschnallbereich | | |
| 11.5.1 | Oberbodenbelag | | x |
| 11.5.2 | Unterboden | x | |

| Einrichtungen und Anlagen | | Grundvermögen | Betriebsvorrichtung |
|---|---|---|---|
| 11.6 | Beleuchtungsanlagen | | |
| 11.6.1 | spezielle | | x |
| 11.6.2 | allgemeine | x | |
| 11.7 | Lautsprecheranlagen | | x |
| 11.8 | Spielanzeige, Uhren, Anzeigetafeln | | x |
| 11.9 | Abgrenzungen (z. B. Bande), Sicherheitseinrichtungen, Sperrgitter zwischen Spielfeld und Zuschauerbreich | | x |
| 11.10 | Klimaanlagen im Hallenbereich | x | |
| 11.11 | Duschräume, Toiletten, Umkleideräume | x | |
| 11.12 | Regieraum, Werkstatt, Massageräume, Sanitätsraum | x | |
| 11.13 | Duschen | x | |
| 11.14 | Massagebecken | | x |
| 11.15 | Heizungs- und Warmwasserversorgungsanlagen | x | |
| 11.16 | Trafostationen und Notstromversorgungsanlagen | | |
| 11.16.1 | Umschließung | x | x[1)] |
| 11.16.2 | Trafo- und Schalteinrichtung | | x |
| 11.16.3 | Notstromaggregat | | x |
| 11.17 | Zuschauertribünen im Freien und im Gebäude | x[2)] | x |
| 11.18 | Emporen und Galerien | x | |
| 11.19 | Bestuhlung zu 11.17, 11.18 | | x |
| 11.20 | Küchen- und Ausschankeinrichtungen | | x |
| 11.21 | Kassenhäuschen (soweit nicht transportabel) | x | |
| 11.22 | Kioske | x | |
| 11.23 | allgemeine Wege- und Platzbefestigungen, Einfriedungen, Ver- und Entsorgungsleitungen | x | |

**12. Golfplätze**

| | | | |
|---|---|---|---|
| 12.1 | Grund und Boden | x | |
| 12.2 | besonders hergerichtete „Abschläge“, Spielbahnen, „roughs“ und „greens“ (Spielbefestigung, Drainage, Rasen) | | x |
| 12.3 | Spielbahnhindernisse | | x |

1) **[Amtl. Anm.:]** Transformatorenhäuser oder ähnliche kleine Bauwerke, die Betriebsvorrichtungen enthalten und nicht mehr als 30 qm Grundfläche haben, gestatten allenfalls einen nur vorübergehenden Aufenthalt von Menschen. Sie sind deshalb ohne weitere Prüfung als Betriebsvorrichtungen anzusehen (vgl. Tz. 2.4 des Abgrenzungserlasses).

2) **[Amtl. Anm.:]** Die Überdachungen der Zuschauerflächen sind dann als Gebäude zu behandeln, wenn sie nach der Verkehrsauffassung einen Raum umschließen und dadurch gegen Witterungseinflüsse Schutz gewähren (vgl. Tz. 2.3 des Abgrenzungserlasses).

| **Einrichtungen und Anlagen** | | **Grundvermögen** | **Betriebsvorrichtung** |
|---|---|---|---|
| 12.4 | Übungsflächen (ohne Grund und Boden) wie pitching-greens (pitching = herausschlagen eines Golfballs aus einem Hindernis) und putting-greens (putting = Einspielen des Golfballs in das hole, das Loch) driving-ranges (Übungsfelder für Weitschläge) | | x |
| 12.5 | Einfriedungen | x | x[1)] |
| 12.6 | Abgrenzungseinrichtungen zwischen Spielbahnen und Zuschauern | | x |
| 12.7 | Allgemeine Wege- und Platzbefestigungen | x | |
| 12.8 | Anzeige- und Markierungseinrichtungen oder -gegenstände | | x |
| 12.9 | Unterstehhäuschen | | x |
| 12.10 | Kartenhäuschen (soweit nicht transportabel) | x | |
| 12.11 | Kioske | x | |
| 12.12 | Clubräume, Wirtschaftsräume, Büros, Aufenthaltsräume | x | |
| 12.13 | Umkleideräume | x | |
| 12.14 | Duschräume, Toiletten | x | |
| 12.15 | Küchen- und Ausschankeinrichtungen | | x |
| 12.16 | Verkaufsräume | x | |
| 12.17 | Caddy-Räume | x | |
| 12.18 | Lager- und Werkstatträume | x | |
| 12.19 | Abschlagstände auf driving-ranges | x[2)] | x |
| 12.20 | Bewässerungsanlagen einschl. Brunnen und Pumpen | x | x[3)] |
| 12.21 | Brunnen- und Pumpenhäuser | x | x[4)] |
| 12.22 | Drainagen | x | x[3)] |

[1)] **[Amtl. Anm.:]** Einfriedungen oder Teile davon, die unmittelbar als Schutzvorrichtung dienen, sind als Betriebsvorrichtungen anzusehen.

[2)] **[Amtl. Anm.:]** Die Abschlagstände sind dann als Gebäude zu behandeln, wenn sie nach der Verkehrsauffassung einen Raum umschließen und dadurch gegen Witterungseinflüsse Schutz gewähren (vgl. Tz. 2.3 des Abgrenzungserlasses).

[3)] **[Amtl. Anm.:]** Bewässerungsanlagen, Drainagen oder Teile von diesen sind Betriebsvorrichtungen, wenn sie ausschließlich der Unterhaltung der für das Golfspiel notwendigen Rasenflächen dienen.

[4)] **[Amtl. Anm.:]** Brunnen- und Pumpenhäuser, die Betriebsvorrichtungen enthalten, nicht mehr als 30 qm Grundfläche haben und deshalb nur einen vorübergehenden Aufenthalt von Menschen gestatten, sind ohne weitere Prüfung als Betriebsvorrichtungen anzusehen (vgl. Tz. 2.4 des Abgrenzungserlasses).

## Zeichnungen

### 1. Allseitig offene Halle

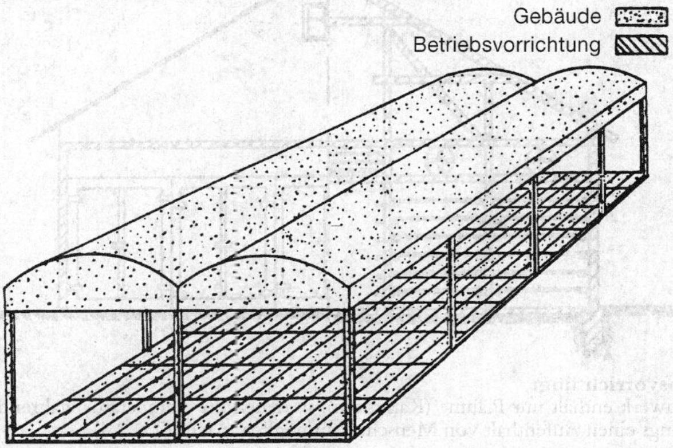


**Gebäude:**
Das Bauwerk umschließt einen Raum und schützt dadurch gegen Witterungseinflüsse (Tz. 2.3).

### 2. Tanksäulenüberdachung

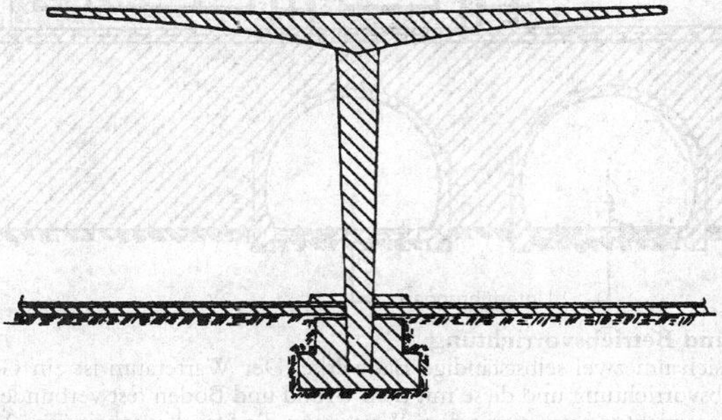

**Betriebsvorrichtung:**
Es fehlt ein Schutz gegen Witterungseinflüsse durch räumliche Umschließung (Tz. 2.3). Mit der Tanksäulenüberdachung wird das Gewerbe unmittelbar betrieben.

3. **Kammertrockenanlage**

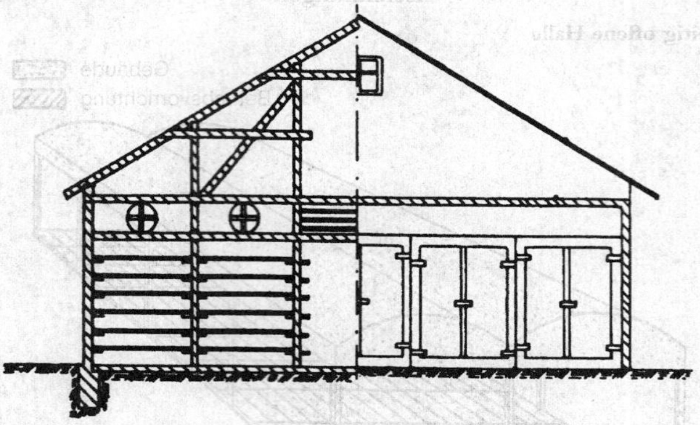

**Betriebsvorrichtung:**
Das Bauwerk enthält nur Räume (Kammern), in denen die Temperatur während des Trockenvorgangs einen Aufenthalt von Menschen unmöglich macht (Tz. 2.4).

4. **Bahnanlage mit Warteraum**

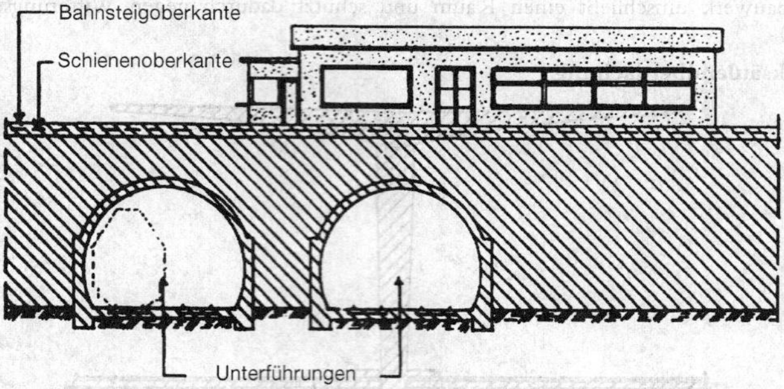


**Gebäude und Betriebsvorrichtung:**
Es handelt sich um zwei selbstständige Bauwerke. Der Warteraum ist ein Gebäude. Er ist mit der Betriebsvorrichtung und diese mit dem Grund und Boden fest verbunden (Tz. 2.5).
Die Betriebsvorrichtung vermittelt dem Warteraum die Standfestigkeit (Tz. 2.7).

**5. Kesselhaus**

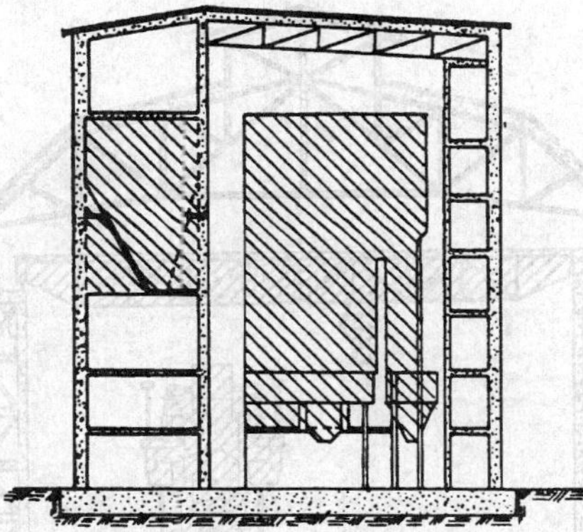

**Gebäude:**
Die Betriebsvorrichtung trägt nicht zur Standfestigkeit der Umschließung bei (Tz. 2.7).

**6. Braunkohlenbunker**

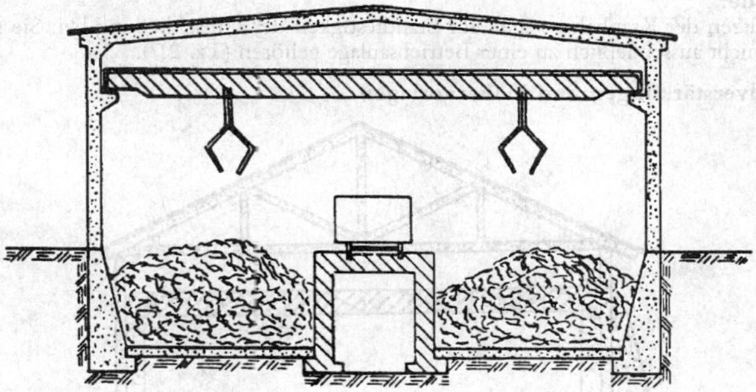

**Gebäude:**
Die Grundmauern tragen zur Standfestigkeit der Umschließung bei. Sie sind Bauteile, die nicht ausschließlich zu einer Betriebsanlage gehören (Tz. 2.7).

**7. Pressenhalle**

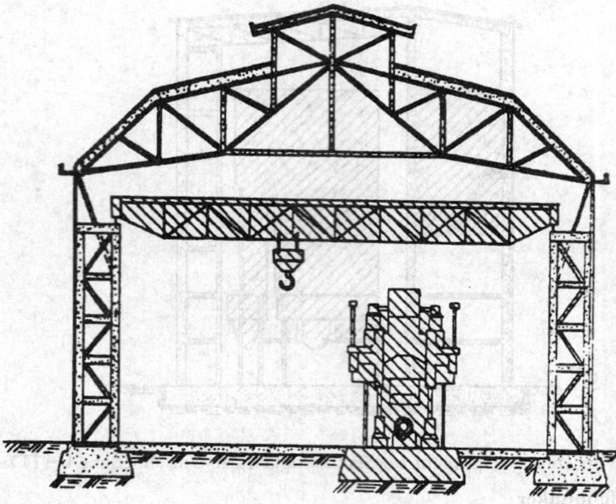

**Gebäude:**
Die Stützen der Kranbahn tragen zur Standfestigkeit der Umschließung bei. Sie sind Bauteile, die nicht ausschließlich zu einer Betriebsanlage gehören (Tz. 2.7).

**8. Wandverstärkungen und Mauervorlagen**

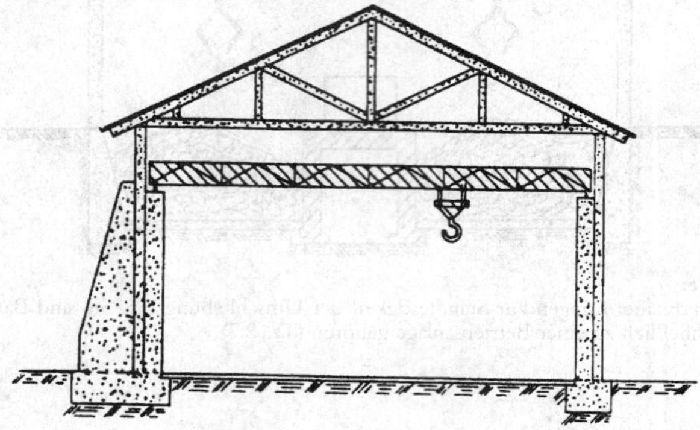

**Gebäude:**
Die Wandverstärkungen und die Mauervorlagen tragen zur Standfestigkeit der Umschließung bei. Sie sind Bauteile, die nicht ausschließlich zu einer Betriebsanlage gehören (Tz. 2.7).

**9. Ringofen**

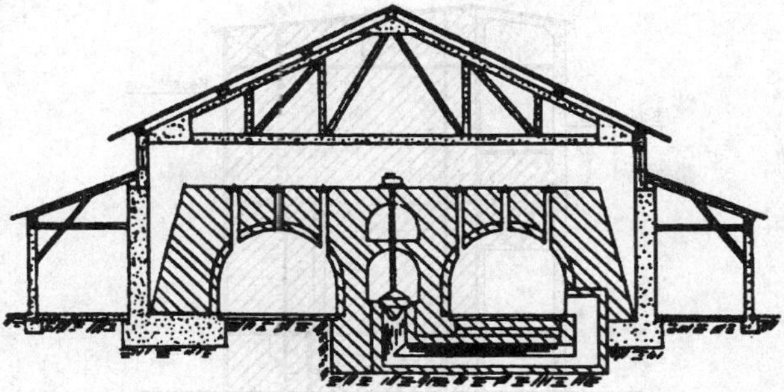

**Gebäude:**
Die Fundamente tragen zur Standfestigkeit der Umschließung bei. Sie sind Bauteile, die nicht ausschließlich zu einer Betriebsanlage gehören (Tz. 2.7).

**10. Zickzackofen**

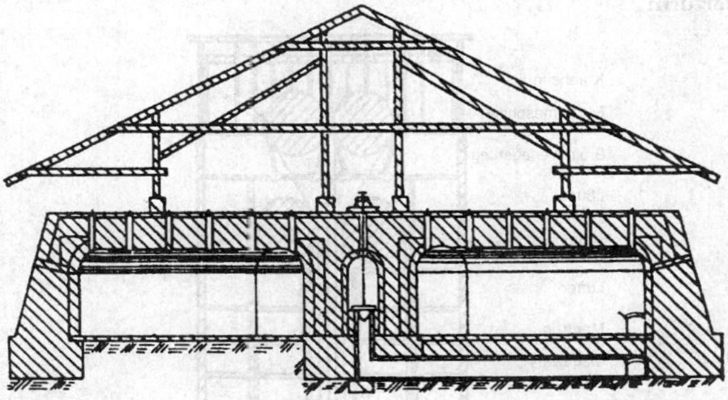

**Betriebsvorrichtung:**
Die Überdachung ist weder auf Bauteilen, die einer Doppelfunktion dienen, noch auf solchen Teilen der Betriebsvorrichtung gegründet, die bei Entfernen der Betriebsvorrichtung stehenbleiben oder durch vorübergehende Abstützung ohne große Schwierigkeiten ersetzt werden können. Sie ist daher nicht standfest (Tz. 2.7).

**11. Kesselhaus**

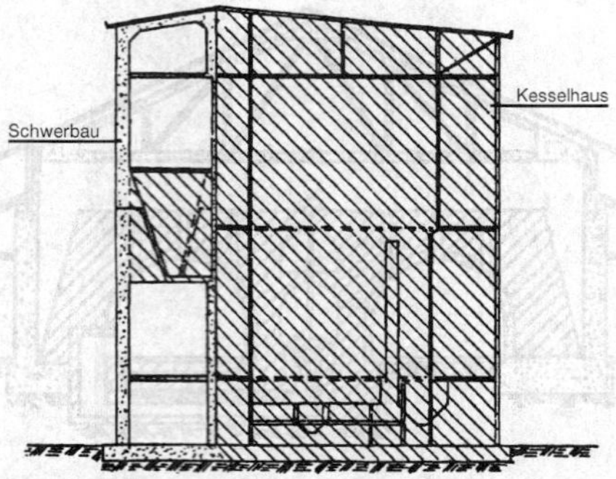


**Gebäude und Betriebsvorrichtung:**
Die Verkleidung der Kesselanlage ist nicht standfest.
Der vertikal abgrenzbare Schwerbau ist jedoch für sich standfest (Tz. 2.7).

**12. Förderturm**

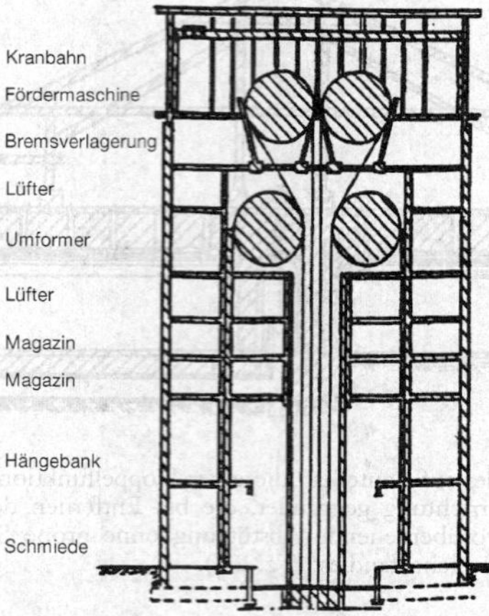


**Betriebsvorrichtung:**
Die Außenwände gehören zum größten Teil ausschließlich als Tragscheiben zur Förderanlage (Tz. 2.7).

**13. Getreidesilo**

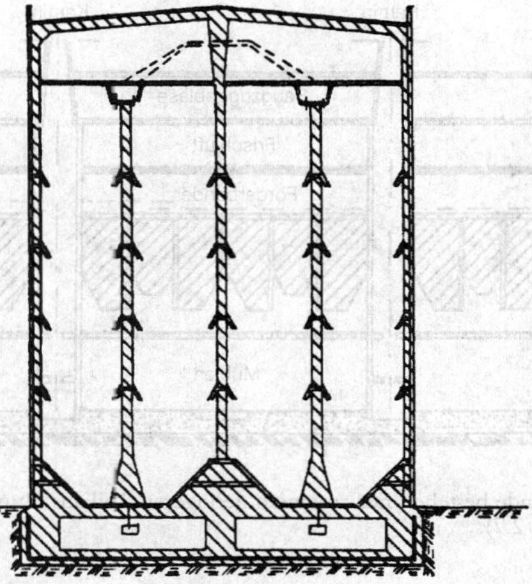

**Betriebsvorrichtung:**
Die Außenwände bestehen nur aus Behälterumwandungen (Tz. 2.7).

**14. Sumpfanlage**

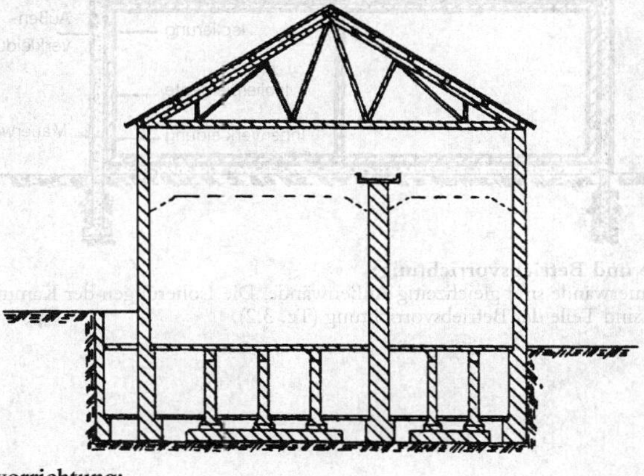

**Betriebsvorrichtung:**
Die Außenwände bestehen nur aus Behälterumwandungen (Tz. 2.7).

**15. Kohlenbunker**

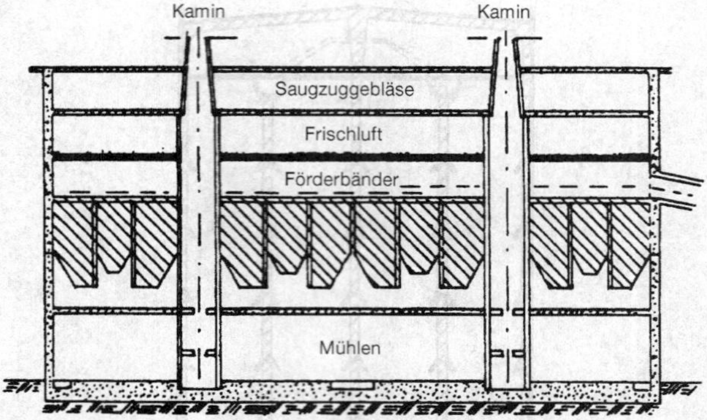


**Gebäude:**
Die Außenwände bestehen nur zu einem geringeren Teil aus Umwandungen der Betriebsvorrichtung (Tz. 2.7).

**16. Kühlhaus**

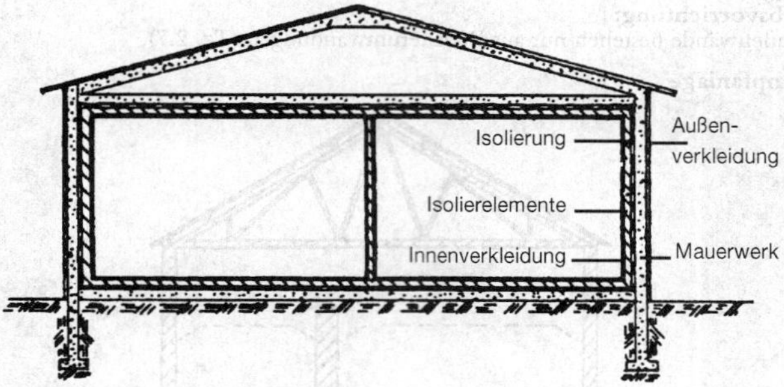


**Gebäude und Betriebsvorrichtung:**
Die Kammerwände sind gleichzeitig Außenwände. Die Isolierungen der Kammern und die Trennwand sind Teile der Betriebsvorrichtung (Tz. 3.2).

# 200 § 97/1. Gleich lautende Erlasse betr. Anwendungsfragen zum KöMoG - Auswirkungen für die Erbschaft- und Schenkungsteuer sowie Bewertung von Betriebsvermögen und Anteilsbewertung

Vom 5. Oktober 2022

Oberste Finanzbehörden der Länder S 3150; S 3700; S 3715; S 3730; S 3812b

(BStBl. I S. 1494)

Durch das Gesetz zur Modernisierung des Körperschaftsteuerrechts vom 25. Juni 2021 (BGBl. I S. 2050)[1] wurde u.a. § 1a KStG eingeführt, der Personenhandelsgesellschaften und Partnerschaftsgesellschaften die Möglichkeit einräumt, zur Körperschaftsbesteuerung zu optieren. Weiterhin wurden § 97 Abs. 1 Satz 1 Nr. 5 Satz 1 BewG (ergänzend durch das Steueroasen-Abwehrgesetz vom 25. Juni 2021, BGBl. I S. 2056)[2], § 13a Abs. 6 Satz 1 Nr. 1 und Nr. 3 Satz 1, § 13b Abs. 1 Nr. 2 und Abs. 4 Nr. 5 Satz 5 ErbStG geändert. Danach sind Gesellschaften, die nach § 1a KStG zur Körperschaftsbesteuerung optiert haben und ihrer Tätigkeit nach weiterhin einer Gesellschaft i.S.d. § 15 Abs. 1 Satz 1 Nr. 2, des § 15 Abs. 3 oder des § 18 Abs. 4 Satz 2 EStG entsprechen, für Zwecke der Erbschaft- und Schenkungsteuer als Personengesellschaften zu behandeln. 1

Im Einzelnen gilt Folgendes:

Der Wert eines Anteils am Betriebsvermögen von optierenden Gesellschaften ist aufgrund von § 97 Abs. 1 Satz 1 Nr. 5 Satz 1 BewG nach § 151 Abs. 1 Satz 1 Nr. 2 BewG festzustellen. Die Anteile an der optierenden Gesellschaft sind unter den Voraussetzungen des § 13b Abs. 1 Nr. 2 ErbStG begünstigungsfähiges Vermögen. Eine Mindestbeteiligungsquote i.S.v. § 13b Abs. 1 Nr. 3 ErbStG ist nicht erforderlich. 2

Nach § 97 Abs. 1 Satz 1 Nr. 5 Satz 2 BewG gehören zum Betriebsvermögen einer Personengesellschaft auch Wirtschaftsgüter im Eigentum einzelner, mehrerer oder aller Gesellschafter, die bei der steuerlichen Gewinnermittlung zum Betriebsvermögen der Gesellschaft gehören (Sonderbetriebsvermögen). Maßgeblich hierfür ist allein die ertragsteuerliche Behandlung der optierenden Gesellschaft. Nach der Option wird die optierende Gesellschaft wie eine Kapitalgesellschaft besteuert und die Gesellschafter wie die nicht persönlich haftenden Gesellschafter einer Kapitalgesellschaft behandelt (§ 1a Abs. 1 Satz 1 KStG, § 2 Abs. 8 GewStG). Ertragsteuerlich gibt es in der Folge nach der Option kein Sonderbetriebsvermögen der Gesellschafter mehr. Damit kann es auch bewertungsrechtlich bei der optierenden Gesellschaft kein Sonderbetriebsvermögen mehr geben. 3

Folglich sind Wirtschaftsgüter im bisherigen Sonderbetriebsvermögen eines Gesellschafters, die nicht im Rahmen der Option auf die Gesamthand übertragen werden, bei der Wertfeststellung nach § 151 Abs. 1 Satz 1 Nr. 2 BewG und den Feststellungen nach § 13b Abs. 10 ErbStG nicht mehr zu berücksichtigen. Soweit diese Wirtschaftsgüter gemeinsam mit dem Anteil am Be- 4

---

[1] **Amtl. Anm.:** BStBl. I S. 889.
[2] **Amtl. Anm.:** BStBl. I S. 895.

triebsvermögen der optierenden Gesellschaft übertragen werden, sind sie daher bei der Erbschaft- und Schenkungsteuerfestsetzung gesondert zu berücksichtigen. Eine Steuerbegünstigung nach §§ 13a, 13b, 13c, 19a und 28a ErbStG ist für diese Wirtschaftsgüter nur dann möglich, wenn diese ihrerseits begünstigungsfähiges Vermögen i.S.d. § 13b Abs. 1 ErbStG sind.

**5** Bei der Bewertung der Anteile der Gesellschaft bleiben – soweit der ertragsteuerliche Gewinn als maßgeblich angesehen wird, wie z.B. in § 202 Abs. 1 Satz 1 BewG – dieser und dessen Ermittlung maßgeblich.

**6** Der gemeine Wert eines Anteils am Betriebsvermögen einer optierenden Gesellschaft ist gemäß § 97 Abs. 1a BewG zu ermitteln und aufzuteilen. Dabei ist hinsichtlich der Gesamthandsbilanz i.S.d. § 97 Abs. 1a Nr. 1 Buchst. a BewG in Ermangelung steuerlicher Kapitalkonten ausnahmsweise auf die handelsrechtlichen Kapitalkonten der Gesamthandsbilanz abzustellen. Die ertragsteuerlichen Grundsätze zur Abgrenzung zwischen Eigen- und Fremdkapital sind anzuwenden.

**7** Durch die Ausübung der Option findet bezogen auf das Gesamthandsvermögen kein Rechtsträgerwechsel statt. Folglich wird Verwaltungsvermögen i.S.d. § 13b Abs. 4 Nr. 1 bis 4 ErbStG im Gesamthandsvermögen durch die Option nicht zu jungem Verwaltungsvermögen i.S.d. § 13b Abs. 7 Satz 2 ErbStG. Für junges Verwaltungsvermögen im Gesamtshandsvermögen beginnt durch die Option der Zweijahreszeitraum nach § 13b Abs. 7 Satz 2 ErbStG nicht erneut zu laufen.

**8** Wird im Rahmen der Option Verwaltungsvermögen aus dem bisherigen Sonderbetriebsvermögen eines Gesellschafters ins Gesamthandsvermögen überführt, entsteht aufgrund des Rechtsträgerwechsels junges Verwaltungsvermögen i.S.d. § 13b Abs. 7 Satz 2 ErbStG bei der optierenden Gesellschaft.

**9** Werden im Rahmen der Option Finanzmittel aus dem bisherigen Sonderbetriebsvermögen eines Gesellschafters ins Gesamthandsvermögen überführt, sind diese aufgrund des Rechtsträgerwechsels als Einlagen i.S.v. § 13b Abs. 4 Nr. 5 Satz 2 ErbStG bei der Ermittlung der jungen Finanzmittel zu berücksichtigen. Die korrespondierende Entnahme aus dem Sonderbetriebsvermögen des Gesellschafters ist nicht als Entnahme i.S.d. § 13b Abs. 4 Nr. 5 Satz 2 ErbStG zu erfassen, da zum Bewertungsstichtag kein Sonderbetriebsvermögen des Gesellschafters mehr vorhanden ist, das mitübertragen werden könnte.

**10** Besteht eine Betriebsaufspaltung, entsteht durch die Option keine kapitalistische Betriebsaufspaltung i.S.d. R E 13b.14 Abs. 1 Satz 7 ErbStR. Dies gilt unabhängig davon, ob die Besitz- oder die Betriebsgesellschaft optiert oder ob es sich um eine klassische, eine mitunternehmerische oder eine umgekehrte Betriebsaufspaltung handelt.

**11** Die Aufteilung und Zurechnung der nach § 13b Abs. 10 ErbStG festzustellenden Werte erfolgt für eine optierende Gesellschaft nach den für Personengesellschaften maßgeblichen Grundsätzen.

**12** An die Gesellschafter der optierenden Gesellschaft gezahlter Arbeitslohn ist bei der Ermittlung der Ausgangslohnsumme und der Summe der maßgebenden jährlichen Lohnsummen nicht zu berücksichtigen, da die optierende Gesellschaft zivilrechtlich weiterhin eine Personengesellschaft ist. Die Vereinfachungsregelung des R E 13a.5 Satz 2 ErbStR kann nur unter Berücksichtigung dieser Maßgabe angewendet werden. Aus dem zuvor genannten Grund sind die Gesellschafter bei der Ermittlung der Anzahl der Beschäftigten nicht einzubeziehen (H E 13a.4 „Gesellschafter-Geschäftsführer einer Personengesellschaft“ ErbStH).

Beim Einbezug von Beteiligungen in die Lohnsummenregelung i.S.d. § 13a Abs. 3 Satz 11 und 12 ErbStG ist hinsichtlich der Beteiligung an einer optierenden Gesellschaft weiterhin von einer Personengesellschaft auszugehen, da die optierende Gesellschaft zivilrechtlich weiterhin eine Personengesellschaft ist. **13**

Die Behaltensregelungen einer optierenden Gesellschaft richten sich weiterhin nach den Regelungen des § 13a Abs. 6 Satz 1 Nr. 1 ErbStG. Die Ausübung der Option während der Behaltensfrist führt grundsätzlich nicht zu einem Behaltensverstoß. In Fällen, in denen zum Zeitpunkt der Steuerentstehung neben dem Anteil am Gesamthandsvermögen auch funktional wesentliches Sonderbetriebsvermögen mitübertragen wurde, welches im Rahmen der Option nicht ins Gesamthandsvermögen übertragen wird, liegt eine Aufgabe des Mitunternehmeranteils vor (vgl. BMF-Schreiben vom 10. November 2021, BStBl. I S. 2212, Rz. 32)[1], die zu einem Behaltensverstoß nach § 13a Abs. 6 Satz 1 Nr. 1 Satz 1 ErbStG im Umfang der gesamten Gesellschaftsbeteiligung führt. **14**

Werden im Rahmen der Option funktional wesentliche Betriebsgrundlagen aus dem bisherigen Sonderbetriebsvermögen in ein anderes Betriebsvermögen überführt und entsteht dadurch eine Betriebsaufspaltung, liegt dennoch eine Zuführung zu anderen betriebsfremden Zwecken vor. Dies stellt eine schädliche Verwendung i.S.d. § 13a Abs. 6 Satz 1 Nr. 1 Satz 2 ErbStG dar. **15**

Die Möglichkeit einer nach § 13a Abs. 6 Satz 3 und 4 ErbStG steuerunschädlichen Reinvestition in nach § 13b Abs. 1 Nr. 2 ErbStG begünstigungsfähiges Betriebsvermögen bleibt in den Fällen der Rz. 14 und 15 unberührt. **16**

Im Rahmen der Option aus dem Sonderbetriebsvermögen nicht ins Gesamthandsvermögen mit eingebrachte Wirtschaftsgüter, bei denen es sich nicht um wesentliche Betriebsgrundlagen handelt, sind bei der Entnahmebegrenzung nach § 13a Abs. 6 Satz 1 Nr. 3 ErbStG zu berücksichtigen. **17**

Bei der Entnahmebegrenzung nach § 13a Abs. 6 Satz 1 Nr. 3 ErbStG ist nach der Option auf Ausschüttungen der optierenden Gesellschaft abzustellen. Die Vorgehensweise erfolgt wie in H E 13a.15 „Umwandlungsfälle“ ErbStH beschrieben. **18**

Hinsichtlich der Investitionsklausel (§ 13b Abs. 5 ErbStG) und des Vorwegabschlags (§ 13a Abs. 9 ErbStG) ergeben sich durch die Option keine Besonderheiten. **19**

Bei der Verbundvermögensaufstellung nach § 13b Abs. 9 ErbStG ist hinsichtlich der Beteiligung an einer optierenden Gesellschaft weiterhin von einer Personengesellschaft auszugehen. Bei der Beteiligung handelt es sich auch bei einer Beteiligungsquote von nicht mehr als 25 Prozent nicht um dem Verwaltungsvermögen zuzurechnende Anteile an einer Kapitalgesellschaft nach § 13b Abs. 4 Nr. 2 ErbStG, da die optierende Gesellschaft zivilrechtlich weiterhin eine Personengesellschaft ist. Damit ist § 13b Abs. 9 Satz 5 ErbStG nicht anzuwenden. **20**

Hat der Schenker seine Gesellschaftsbeteiligung übertragen und sich ein Nießbrauchsrecht an der Beteiligung vorbehalten und bleibt der Schenker aufgrund der Ausgestaltung des Nießbrauchsrechts Mitunternehmer der Gesellschaft, **21**

---

[1] Nr. **100** § 1a/1.

stellt das Nießbrauchsrecht Sonderbetriebsvermögen des Schenkers bei der Gesellschaft dar. Durch die Option erfolgt eine Überführung des Nießbrauchsrechts ins Privatvermögen des Schenkers. Bei einem späteren Verzicht auf das Nießbrauchsrecht kann folglich kein begünstigungsfähiges Vermögen i.S.d. § 13b Abs. 1 Nr. 2 ErbStG vorliegen.

22 Wurde ein Nießbrauchsrecht an einer Gesellschaftsbeteiligung zugewendet, bei der der Nießbrauch eine Mitunternehmerstellung vermittelte, und wird innerhalb der für die Zuwendung des Nießbrauchsrechts maßgebenden Behaltensfrist die Option ausgeübt, führt dies zu einer schädlichen Verwendung i.S.d. § 13a Abs. 6 Satz 1 Nr. 1 ErbStG. Denn zivilrechtlich ist der Nießbrauchsberechtigte kein Gesellschafter und durch die Option entfallen das Sonderbetriebsvermögen sowie die Mitunternehmerstellung des Nießbrauchsberechtigten.

23 Wird ein Nießbrauchsrecht an einer Beteiligung an einer optierenden Gesellschaft zugewendet, handelt es sich dabei nicht um begünstigungsfähiges Vermögen i.S.d. § 13b Abs. 1 Nr. 2 ErbStG, da keine Mitunternehmerstellung auf den Erwerber übertragen wird.

24 Durch die Ausübung der Rückoption (§ 1a Abs. 4 KStG) findet bezogen auf das Gesamthandsvermögen kein Rechtsträgerwechsel statt. Folglich wird Verwaltungsvermögen i.S.d. § 13b Abs. 4 Nr. 1 bis 4 ErbStG im Gesamthandsvermögen durch die Rückoption nicht zu jungem Verwaltungsvermögen i.S.d. § 13b Abs. 7 Satz 2 ErbStG. Für junges Verwaltungsvermögen im Gesamthandsvermögen beginnt durch die Rückoption der Zweijahreszeitraum nach § 13b Abs. 7 Satz 2 ErbStG nicht erneut zu laufen.

25 Die Ausübung der Rückoption während der Behaltensfrist führt grundsätzlich nicht zu einem Behaltensverstoß nach § 13a Abs. 6 Satz 1 Nr. 1 ErbStG.

# **200** § 151/1. Gleich lautende Erlasse betr. Feststellung nach § 151 Abs. 1 und 2 Nr. 2 BewG sowie § 13 a Abs. 1 a ErbStG und § 13 b Abs. 2 a ErbStG im Fall einer Erbengemeinschaft

Vom 15. Juni 2016 (BStBl. I S. 758)

(Oberste Finanzbehörden der Länder)

Werte nach § 151 Abs. 1 BewG sind gegenüber einer Erbengemeinschaft in Vertretung der Miterben gesondert und einheitlich festzustellen (BFH-Urteil vom 30. September 2015, BStBl. 2016 II S. 637). An den hiervon abweichenden Regelungen in R B 151.2 Abs. 2 Nr. 2 Satz 1 ErbStR 2011 und H B 154 „Feststellungsbeteiligte und Bekanntgabe der Feststellungsbescheide bei Unterbeteiligungen" Beispiel 3 ErbStH 2011 wird insoweit nicht mehr festgehalten.

Die Bekanntgabe richtet sich nach §§ 122, 183 AO. Inhaltsadressaten der Feststellung sind die Miterben, für deren Besteuerung die Werte nach § 151 Abs. 1 BewG von Bedeutung sind (BFH-Urteil vom 30. September 2015, BStBl. 2016 II S. 637). Im Bescheid über die gesonderte und einheitliche Feststellung sind alle Miterben namentlich aufzuführen (AEAO zu § 122, Nr. 2.5.1). Dabei reicht es aus, neben einer Kurzbezeichnung im Bescheidkopf (Beispiel: Erbengemeinschaft Max Meier) die einzelnen Miterben in den Bescheiderläuterungen oder in einer Anlage zum Bescheid aufzuführen.

Die vorstehenden Grundsätze sind auch bei den Feststellungen nach § 13 a Abs. 1 a ErbStG und nach § 13 b Abs. 2 a ErbStG anzuwenden.

Dieser Erlass ergeht im Einvernehmen mit den obersten Finanzbehörden des Bundes und der anderen Länder.

# 200 § 151/2. Gleich lautende Erlasse betr. Feststellungen nach § 151 Abs. 1 Satz 1 BewG und Feststellungen nach § 13a Abs. 4, Abs. 9a und § 13b Abs. 10 ErbStG in Vermächtnisfällen; Folgen der BFH-Urteile vom 16. März 2021 II R 3/19 und vom 6. Mai 2021 II R 34/18

Vom 26. September 2022
Oberste Finanzbehörden der Länder S 3190; S 3192
(BStBl. I S. 1486)

Nach der Entscheidung des BFH vom 6. Mai 2021 II R 34/18, BStBl. 2022 II S. 712, ist in Vermächtnisfällen der Grundbesitzwert nach § 151 Abs. 1 Satz 1 Nr. 1 BewG gegenüber dem Erben und dem Vermächtnisnehmer einheitlich festzustellen. Eine eigenständige Feststellung gegenüber dem Vermächtnisnehmer, wie in R B 151.2 Abs. 2 Nr. 4 ErbStR vorgesehen, lehnt das Gericht ab. Ein nur gegenüber dem Vermächtnisnehmer ergangener Feststellungsbescheid ist nach Ansicht des BFH jedoch nicht nichtig. Diese Urteilsgrundsätze lassen sich auch auf Feststellungen nach § 151 Abs. 1 Satz 1 Nr. 2 bis 4 BewG übertragen.

Nach der Entscheidung des BFH vom 16. März 2021 II R 3/19, BStBl. 2022 II S. 706, ist der Erbe am Feststellungsverfahren im Bereich der Steuerentlastungen für Unternehmensvermögen nicht zu beteiligen, wenn er aufgrund einer letztwilligen oder rechtsgeschäftlichen Verfügung des Erblassers verpflichtet ist, das dem Grunde nach steuerbegünstigte Vermögen vollständig auf den Vermächtnisnehmer zu übertragen. Dem Erben steht in diesem Fall die Steuerentlastung für das Unternehmensvermögen nicht zu.

Aufgrund der beiden genannten BFH-Urteile sind die Regelungen des R B 151.2 Abs. 2 Nr. 4 ErbStR nicht mehr anzuwenden. In allen offenen Fällen gilt nunmehr Folgendes:

1. Die Wertfeststellung nach § 151 Abs. 1 Satz 1 Nr. 1 bis 4 BewG erfolgt gesondert und einheitlich gegenüber dem Erben/der Erbengemeinschaft und dem Vermächtnisnehmer. Gleiches gilt, wenn der Erblasser hinsichtlich des dem Feststellungsverfahren unterliegenden Vermögensgegenstands mehrere Vermächtnisse angeordnet hat. Der Feststellungsgegenstand ist dem Erben/der Erbengemeinschaft bzw. dem den Grundbesitz oder die Beteiligung haltenden Unternehmen zuzurechnen (Beteiligte nach § 154 Abs. 1 Satz 1 Nr. 1 BewG). Neben dem Erben/der Erbengemeinschaft ist jeder Vermächtnisnehmer Beteiligter am Feststellungsverfahren nach § 154 Abs. 1 Satz 1 Nr. 3 BewG. Nach § 154 Abs. 1 Satz 1 Nr. 2 BewG ist daneben auch der zur Abgabe der Feststellungerklärung Aufgeforderte (§ 153 BewG) Beteiligter am Feststellungsverfahren. Alle Beteiligten i.S.d. § 154 BewG sind im Feststellungsbescheid zu benennen.
2. Die Feststellungen nach § 13a Abs. 4, Abs. 9a und § 13b Abs. 10 ErbStG sind gesondert gegenüber dem Vermächtnisnehmer oder gesondert und einheitlich gegenüber den Vermächtnisnehmern vorzunehmen, wenn das Vermächtnis den gesamten zum Nachlass gehörenden Vermögensgegenstand des nach § 13b Abs. 1 ErbStG begünstigungsfähigen Vermögens umfasst. Alle

Beteiligten i.S.d. § 154 BewG sind im Feststellungsbescheid zu benennen. Der Erbe/die Erbengemeinschaft ist im Feststellungsverfahren nicht zu beteiligen.
Es ist darauf zu achten, dass der Erbe/die Erbengemeinschaft nicht zur Abgabe der Feststellungserklärung nach §§ 13a, 13b ErbStG aufgefordert wird. Bei einem Einzelunternehmen ergeht die Aufforderung an den Vermächtnisnehmer.

3. Die Feststellung nach § 151 Abs. 1 Satz 1 Nr. 1 bis 3 BewG und/oder die Feststellungen nach § 13a Abs. 4, Abs. 9a und § 13b Abs. 10 ErbStG sind gesondert und einheitlich gegenüber dem Erben/der Erbengemeinschaft und dem Vermächtnisnehmer/den Vermächtnisnehmern durchzuführen, wenn der dem Feststellungsverfahren unterliegende Vermögensgegenstand nur teilweise zu übertragen ist (teilweiser Übergang auf Vermächtnisnehmer). Neben dem Erben/der Erbengemeinschaft ist jeder Vermächtnisnehmer Beteiligter am Feststellungsverfahren. Alle Beteiligten i.S.d. § 154 BewG sind im Feststellungsbescheid zu benennen.
4. Die vorgenannten Grundsätze gelten auch im mehrstufigen Feststellungsverfahren. Sie sind nicht anzuwenden, wenn für den Erben/die Erbengemeinschaft und den Vermächtnisnehmer voneinander abweichende Bewertungsstichtage maßgeblich sind.
5. Sind ausnahmsweise für die Besteuerung des Erben und des Vermächtnisnehmers nicht dieselben Werte maßgeblich, ist eine einheitliche Feststellung der Grundbesitzwerte nicht möglich. In diesen Fällen erfolgen die jeweiligen Feststellungen unabhängig voneinander in getrennten Verfahren.
6. Die vorgenannten Grundsätze gelten auch, sofern Gegenstand des Vermächtnisses ein Nießbrauchsrecht an einem Vermögensgegenstand ist, dessen Wert für die Begrenzung des Jahreswerts nach § 16 BewG gegenüber dem Nießbrauchsberechtigten festzustellen ist.

**Beispiel 1:**

Der Erblasser vererbt einen Vermögensgegenstand, für den der Wert nach § 151 Abs. 1 BewG festzustellen ist, an einen Erben. Der Erbe muss aufgrund eines vom Erblasser angeordneten Vermächtnisses diesen Vermögensgegenstand in vollem Umfang an den Vermächtnisnehmer weitergeben.

**Lösung:**

Der Erbe und der Vermächtnisnehmer sind am Feststellungsverfahren beteiligt (§ 154 Abs. 1 BewG). Es erfolgt eine gesonderte und einheitliche Feststellung. Beide Beteiligten sind im Feststellungsbescheid aufzuführen. Der Feststellungsbescheid ist beiden Beteiligten bekanntzugeben.

**Beispiel 2:**

Der Erblasser vererbt einen Vermögensgegenstand, für den der Wert nach § 151 Abs. 1 BewG festzustellen ist, an einen Erben. Der Erbe muss aufgrund eines vom Erblasser angeordneten Vermächtnisses diesen Vermögensgegenstand in vollem Umfang an mehrere Vermächtnisnehmer weitergeben.

**Lösung:**

Der Erbe und die Vermächtnisnehmer sind am Feststellungsverfahren beteiligt (§ 154 Abs. 1 BewG). Es erfolgt eine gesonderte und einheitliche Feststellung. Alle Beteiligten sind im Feststellungsbescheid aufzuführen. Der Feststellungsbescheid ist allen Beteiligten bekanntzugeben.

**Beispiel 3:**

Der Erblasser war zu 100 % an der A-GmbH beteiligt. Er vererbt seinen GmbH-Anteil an einen Erben. Der Erbe muss aufgrund eines vom Erblasser angeordneten Vermächtnisses den Anteil in vollem Umfang an einen Vermächtnisnehmer weitergeben. Zum Betriebsvermögen der GmbH gehört ein Grundstück, für welches eine Feststellung des Grundbesitzwerts für die Feststellung des Werts des Anteils an der Kapitalgesellschaft angefordert wird.

**Lösung:**

Die A-GmbH, der Erbe und der Vermächtnisnehmer sind am Feststellungsverfahren über den Grundbesitzwert beteiligt (§ 154 Abs. 1 BewG). Es erfolgt eine gesonderte und einheitliche Feststellung. Alle Beteiligten sind im Feststellungsbescheid aufzuführen. Der Feststellungsbescheid ist allen Beteiligten bekanntzugeben.

Die A-GmbH, der Erbe und der Vermächtnisnehmer sind am Feststellungsverfahren über den Wert des Anteils an der A-GmbH beteiligt (§ 154 Abs. 1 BewG). Es erfolgt eine gesonderte und einheitliche Feststellung. Alle Beteiligten sind im Feststellungsbescheid aufzuführen. Der Feststellungsbescheid ist allen Beteiligten bekanntzugeben.

**Beispiel 4:**

Der Erblasser war zu 50 % an der A-OHG beteiligt. Er vererbt seine Beteiligung an einen Erben. Der Erbe muss aufgrund eines vom Erblasser angeordneten Vermächtnisses diese Beteiligung vollständig an einen Vermächtnisnehmer weitergeben. Wert der Beteiligung nach § 151 Abs. 1 Satz 1 Nr. 2 BewG: 1 000 000 EUR. Bei der Beteiligung handelt es sich um begünstigungsfähiges Vermögen nach § 13b Abs. 1 Nr. 2 ErbStG.

**Lösung:**

– Im Verfahren über die Wertfeststellung der Beteiligung sind der Erbe und der Vermächtnisnehmer Beteiligte i.S.d. § 154 Abs. 1 BewG. Es erfolgt eine gesonderte und einheitliche Feststellung. Beide Beteiligten sind im Feststellungbescheid aufzuführen. Für beide Beteiligten ist der Wert der Beteiligung in voller Höhe auszuweisen.

| | |
|---|---|
| Wert § 151 Abs. 1 Satz 1 Nr. 2 BewG: | 1 000 000 EUR |
| für den Erben festzustellender Wert: | 1 000 000 EUR |
| für den Vermächtnisnehmer festzustellender Wert: | 1 000 000 EUR |

– Da nur der Vermächtnisnehmer die Steuerentlastung für die Beteiligung an der A-OHG erhält, erfolgen die Feststellungen nach § 13a Abs. 4, Abs. 9a und § 13b Abs. 10 ErbStG nur ihm gegenüber. Der Vermächtnisnehmer ist Beteiligter i.S.d. § 154 Abs. 1 BewG. Der Erbe ist in diesem Verfahren nicht zu beteiligen. Die Feststellungen ergehen gesondert gegenüber dem Vermächtnisnehmer.

Da der Erbe nicht in allen Feststellungsverfahren Beteiligter ist, dürfen die Feststellung nach § 151 Abs. 1 Satz 1 Nr. 2 BewG und die Feststellungen nach § 13a Abs. 4, Abs. 9a und § 13b Abs. 10 ErbStG nicht in einem Bescheid zusammengefasst werden.

**Beispiel 5:**

Der Erblasser war zu 50 % an der A-OHG beteiligt. Er vererbt seine Beteiligung an einen Erben. Der Erbe muss aufgrund vom Erblasser angeordneter Vermächtnisse diese Beteiligung jeweils zur Hälfte an Vermächtnisnehmer B und C weitergeben. Bei der Beteiligung handelt es sich um begünstigungsfähiges Vermögen nach § 13b Abs. 1 Nr. 2 ErbStG. Wert der Beteiligung nach § 151 Abs. 1 Satz 1 Nr. 2 BewG: 1 000 000 EUR. Wert des Verwaltungsvermögens für die Beteiligung: 500 000 EUR. Wert der Finanzmittel: 100 000 EUR.

**Lösung:**

– Im Verfahren über die Wertfeststellung der Beteiligung sind der Erbe und die Vermächtnisnehmer Beteiligte i.S.d. § 154 Abs. 1 BewG. Es erfolgt eine gesonderte und einheitliche Feststellung. Alle Beteiligten sind im Feststellungbescheid aufzuführen. Der Wert der Beteiligung ist in voller Höhe auszuweisen.

| | |
|---|---|
| Wert § 151 Abs. 1 Satz 1 Nr. 2 BewG: | 1 000 000 EUR |
| für den Erben festzustellender Wert: | 1 000 000 EUR |
| für den Vermächtnisnehmer B festzustellender Wert: | 500 000 EUR |
| für den Vermächtnisnehmer C festzustellender Wert: | 500 000 EUR |

– Da nur die Vermächtnisnehmer die Steuerentlastung für die Beteiligung an der A-OHG erhalten, erfolgen die Feststellungen nach § 13a Abs. 4, Abs. 9a und § 13b Abs. 10 ErbStG nur ihnen gegenüber. Die Vermächtnisnehmer sind Beteiligte i.S.d. § 154 Abs. 1 BewG. Der Erbe ist in diesem Verfahren nicht zu beteiligen. Die Feststellungen ergehen gesondert und einheitlich gegenüber den Vermächtnisnehmern.

| | |
|---|---|
| Wert des Verwaltungsvermögens: | 500 000 EUR |
| für den Vermächtnisnehmer B festzustellender Wert: | 250 000 EUR |
| für den Vermächtnisnehmer C festzustellender Wert: | 250 000 EUR |

| | |
|---|---|
| Wert der Finanzmittel: | 100 000 EUR |
| für den Vermächtnisnehmer B festzustellender Wert: | 50 000 EUR |
| für den Vermächtnisnehmer C festzustellender Wert: | 50 000 EUR |

Bei den Feststellungen nach § 13a Abs. 4 ErbStG sind die sich für die A-OHG ergebenden Werte nicht auf die Vermächtnisnehmer B und C aufzuteilen, da keine anteilsbezogene Feststellung erfolgt.

Da der Erbe nicht in allen Feststellungsverfahren Beteiligter ist, dürfen die Feststellung nach § 151 Abs. 1 Satz 1 Nr. 2 BewG und die Feststellungen nach § 13a Abs. 4, Abs. 9a und § 13b Abs. 10 ErbStG nicht in einem Bescheid zusammengefasst werden.

**Beispiel 6:**

Der Erblasser war zu 50 % an der A-OHG beteiligt. Er vererbt seine Beteiligung an einen Erben. Der Erbe muss aufgrund vom Erblasser angeordneter Vermächtnisse die Hälfte seiner erworbenen Beteiligung jeweils zur Hälfte an Vermächtnisnehmer B und C weitergeben. Bei der Beteiligung handelt es sich um begünstigungsfähiges Vermögen nach § 13b Abs. 1 Nr. 2 ErbStG. Wert der Beteiligung nach § 151 Abs. 1 Satz 1 Nr. 2 BewG: 1 000 000 EUR. Wert des Verwaltungsvermögens für die Beteiligung: 500 000 EUR. Wert der Finanzmittel: 100 000 EUR.

**Lösung:**

– Im Verfahren über die Wertfeststellung der Beteiligung sind der Erbe und die Vermächtnisnehmer Beteiligte i.S.d. § 154 Abs. 1 BewG. Es erfolgt eine gesonderte und einheitliche Feststellung. Alle Beteiligten sind im Feststellungbescheid aufzuführen. Der Wert der Beteiligung ist in voller Höhe auszuweisen.

| | |
|---|---|
| Wert § 151 Abs. 1 Satz 1 Nr. 2 BewG: | 1 000 000 EUR |
| für den Erben festzustellender Wert: | 1 000 000 EUR |
| für den Vermächtnisnehmer B festzustellender Wert: | 250 000 EUR |
| für den Vermächtnisnehmer C festzustellender Wert: | 250 000 EUR |

– Da die Vermächtnisnehmer und der Erbe die Steuerentlastung für die Beteiligung an der A-OHG erhalten, sind sie alle an den Feststellungsverfahren nach § 13a Abs. 4, Abs. 9a und § 13b Abs. 10 ErbStG zu beteiligen (§ 154 Abs. 1 BewG). Die Feststellungen ergehen gesondert und einheitlich gegenüber dem Erben und den Vermächtnisnehmern.

| | |
|---|---|
| Wert des Verwaltungsvermögens: | 500 000 EUR |
| für den Erben festzustellender Wert: | 250 000 EUR |
| für den Vermächtnisnehmer B festzustellender Wert: | 125 000 EUR |
| für den Vermächtnisnehmer C festzustellender Wert: | 125 000 EUR |
| Wert der Finanzmittel: | 100 000 EUR |
| für den Erben festzustellender Wert: | 50 000 EUR |
| für den Vermächtnisnehmer B festzustellender Wert: | 25 000 EUR |
| für den Vermächtnisnehmer C festzustellender Wert: | 25 000 EUR |

Bei den Feststellungen nach § 13a Abs. 4 ErbStG sind die sich für die A-OHG ergebenden Werte nicht auf den Erben und die Vermächtnisnehmer B und C aufzuteilen, da keine anteilsbezogene Feststellung erfolgt.

Da der Erbe und die Vermächtnisnehmer in allen Feststellungsverfahren Beteiligte sind, werden die Feststellung nach § 151 Abs. 1 Satz 1 Nr. 2 BewG und die Feststellungen nach § 13a Abs. 4, Abs. 9a und § 13b Abs. 10 ErbStG in einem Bescheid zusammengefasst.

# 200 § 158/1. Gleichlautender Erlass zur Bewertung des land- und forstwirtschaftlichen Vermögens für Zwecke der Erbschaft-/Schenkungsteuer in Fällen der Nutzungsüberlassung

Vom 4. Dezember 2014 (BStBl. I S. 1577)

(Oberste Finanzbehörden der Länder)

Zur Bewertung des land- und forstwirtschaftlichen Vermögens für Zwecke der Erbschaft- und Schenkungsteuer gilt das Folgende:

## I. Wirtschaftliche Einheit Betrieb der Land- und Forstwirtschaft

### 1. Land- und forstwirtschaftliche Tätigkeit

Land- und Forstwirtschaft ist gemäß § 158 Abs. 1 Satz 1 BewG die planmäßige Nutzung der natürlichen Kräfte des Grund und Bodens zur Erzeugung von Pflanzen und Tieren sowie die Verwertung der dadurch selbst gewonnenen Erzeugnisse. Zur wirtschaftlichen Einheit Betrieb der Land- und Forstwirtschaft können nur die Wirtschaftsgüter gerechnet werden, die unter objektiven Gesichtspunkten nach ihrer Zweckbestimmung einer gewissen planmäßigen und ständigen Bewirtschaftung dienen.

### 2. Nutzungsüberlassungen

Die Einstellung einer land- und forstwirtschaftlichen Tätigkeit würde grundsätzlich zum Wegfall der Voraussetzungen des § 158 Abs. 1 Satz 1 BewG führen. Für eine Bewertung als land- und forstwirtschaftliches Vermögen kommt es nach § 158 Abs. 1 Satz 2 BewG auf die dauerhafte Zweckbestimmung der Wirtschaftsgüter an. In Folge dessen sind nicht genutzte Wirtschaftsgüter bis zu einer anderweitigen Zweckbestimmung sowie die unentgeltliche oder entgeltliche Nutzungsüberlassung der wirtschaftlichen Einheit Betrieb der Land- und Forstwirtschaft zuzurechnen.

## II. Betrieb der Land- und Forstwirtschaft für Zwecke der Erbschaft- und Schenkungsteuer

Die wirtschaftliche Einheit des land- und forstwirtschaftlichen Vermögens ist der Betrieb der Land- und Forstwirtschaft (§ 158 Abs. 2 BewG). Dieser setzt weder eine Mindestgröße noch einen vollen land- und forstwirtschaftlichen Besatz mit Wirtschaftsgebäuden, Betriebsmitteln usw. voraus. Auch ein einzelnes land- und forstwirtschaftlich genutztes Grundstück kann einen Betrieb der Land- und Forstwirtschaft bilden, wenn es land- und forstwirtschaftlichen Zwecken dauernd zu dienen bestimmt ist (R B 158.1 Abs. 2 Satz 2 ErbStR 2011).

Für Zwecke der Erbschaft-/Schenkungsteuer sind deshalb bei der Übertragung eines Betriebs im Falle einer Nutzungsüberlassung folgende Fallgruppen zu unterscheiden:

**1. Betriebe der Land- und Forstwirtschaft mit vollem Besatz**

a) Betriebsverpachtung im Ganzen

b) Eiserne Verpachtung
In diesen Fällen erfolgt eine Bewertung nach dem Regelertragswertverfahren und dem Mindestwertverfahren mit der Folge, dass insoweit das Besatzkapital beim Verpächter zu berücksichtigen ist. Soweit der Pächter über eigene Eigentumsflächen verfügt, sind diese bei der Bewertung des Verpächters nicht zu berücksichtigen.

**2. Betriebe der Land- und Forstwirtschaft mit unvollständigem Besatz**

Bei Betrieben der Land- und Forstwirtschaft mit unvollständigem Besatz können durch die zeitliche Komponente des § 160 Abs. 7 BewG zwei Unterfallgruppen entstehen:

a) Betriebe, bei denen die Wirtschaftsgebäude und/oder Betriebsmittel fehlen und am Bewertungsstichtag weniger als 15 Jahre einem anderen Betrieb zu dienen bestimmt sind (im Weiteren sog. unechte Stückländereien)

b) Betriebe, bei denen die Wirtschaftsgebäude und/oder Betriebsmittel fehlen und am Bewertungsstichtag für mindestens 15 Jahre einem anderen Betrieb zu dienen bestimmt sind (im Weiteren sog. echte Stückländereien).
In diesen Fällen erfolgt eine Bewertung ausschließlich im Mindestwertverfahren mit der Folge, dass kein Besatzkapital beim Verpächter zu berücksichtigen ist.

## III. Abgrenzung und Bewertung von Betrieben mit vollem Besatz

### 1. Betriebsverpachtung im Ganzen

#### a) Grundsätze

Eine Betriebsverpachtung im Ganzen gilt nach R B 158.1 Abs. 1 Sätze 3 bis 4 ErbStR 2011 als Fortsetzung der betrieblichen Tätigkeit auf andere Art und Weise, wenn die Wirtschaftsgüter dem Betrieb der Land- und Forstwirtschaft auf Dauer zu dienen bestimmt sind.

Eine Betriebsverpachtung im Ganzen ist stets anzunehmen, wenn die am Bewertungsstichtag im Rahmen des Erbschaft- oder Schenkungsfalls übergegangenen wesentlichen Wirtschaftsgüter des Betriebs im Sinne des § 158 Abs. 3 Nr. 1 bis 3 und 5 BewG (Grund und Boden, Wirtschaftsgebäude, stehende Betriebsmittel und immaterielle Wirtschaftsgüter) an Andere zur land- und forstwirtschaftlichen Nutzung überlassen sind und keine Stückländerei vorliegt (vgl. R B 158 Abs. 1 Satz 5 ErbStR 2011). Auf die Dauer der Nutzungsüberlassung am Bewertungsstichtag kommt es in diesen Fällen nicht an.

Ohne rechtliche Relevanz ist, ob die stehenden Betriebsmittel die Voraussetzungen der R B 162 Abs. 4 Satz 3 ErbStR 2011 erfüllen oder die wesentlichen Wirtschaftsgüter an einen bzw. mehrere Land- und Forstwirte zur Nutzung überlassen sind. Somit geht ein Betrieb der Land- und Forstwirtschaft über, der für sich betrachtet voll funktionsfähig ist.

Eine Betriebsverpachtung im Ganzen kann auch vorliegen, wenn der am Bewertungsstichtag im Rahmen des Erbschaft- oder Schenkungsfalls übergegangene Grund und Boden und ein weiteres übergegangenes Wirtschaftsgut im Sinne des § 158 Abs. 3 Nr. 2 bis 3 und 5 BewG (Wirtschaftsgebäude, stehende Betriebsmittel und immaterielle Wirtschaftsgüter) an Andere zur land- und forstwirtschaftlichen Nutzung überlassen sind und keine Stückländerei vorliegt. Zahlungsansprüche nach den jeweils gültigen EU-Verordnungen sind zwar grundsätzlich immaterielle Wirtschaftsgüter, jedoch bei der Prüfung einer Betriebsverpachtung im Ganzen nicht zu berücksichtigen, da sie unabhängig von der konkret verpachteten Fläche vom Pächter aktiviert werden können.

Werden einzelne Wirtschaftsgüter ohne anderweitige Zweckbestimmung zurückbehalten und liegen im Rahmen des Erbschaft- oder Schenkungsfalls dennoch die tatbestandsmäßigen Voraussetzungen einer Betriebsverpachtung im Ganzen vor, ist dies unschädlich.

### b) Bewertung mit dem Fortführungswert

Nach § 162 Abs. 1 Satz 1 und 2 BewG ist bei der Bewertung mit dem gemeinen Wert davon auszugehen, dass der Erwerber den Betrieb fortführt. Für im Ganzen verpachtete Betriebe erfolgt die Bewertung der einzelnen Nutzungen nach dem Reingewinnverfahren des § 163 BewG und dem Mindestwertverfahren des § 164 BewG, da nach R B 158 Abs. 1 Satz 3 ErbStR 2011 eine Fortsetzung der bisherigen Tätigkeit auf andere Art und Weise fingiert wird. Aus diesem Grund gelten aus Sicht des Erblassers oder Schenkers folgerichtig für die Bestimmung der Standarddeckungsbeiträge, der Betriebsgröße und Betriebsform der landwirtschaftlichen Nutzung die verpachteten Eigentumsflächen als selbst bewirtschaftete Flächen. Für die übrigen Nutzungen gilt dies entsprechend.

Können vom Steuerpflichtigen die Daten über die Nutzungsverhältnisse am Bewertungsstichtag (beim Pächter) nicht ermittelt werden, kann das vereinfachte Bewertungsverfahren bei viehlosen Betrieben nach R B 164 Abs. 9 ErbStR 2011 angewendet werden.

## 2. Eiserne Verpachtung

### a) Grundsätze

Bei der eisernen Verpachtung nach § 582 a BGB übernimmt der Pächter das Inventar des land- und forstwirtschaftlichen Betriebes zum Schätzwert und verpflichtet sich, nach Beendigung der Pacht, es zum aktuellen Schätzwert dem Verpächter zurückzugeben. Im Ergebnis soll der Verpächter nach Vertragsende einen voll funktionsfähigen Betrieb zurückerhalten.

### b) Bewertung mit dem Fortführungswert

Nach § 162 Abs. 1 Satz 1 und 2 BewG ist bei der Bewertung mit dem gemeinen Wert davon auszugehen, dass der Erwerber den Betrieb fortführt. Für eisern verpachtete Betriebe erfolgt die Bewertung der einzelnen Nutzungen nach dem Reingewinnverfahren des § 163 BewG und dem Mindestwertverfahren des § 164 BewG.

Zur Vereinfachung des Verfahrens und zur Beibehaltung der Abgeltung des Substanzerhaltungsanspruchs gilt abweichend von R B 164 Abs. 6 Satz 6 ErbStR 2011 die eiserne Verpachtung als Fortsetzung der bisherigen Tätigkeit auf andere Art und Weise. Aus Sicht des Erblassers oder Schenkers ist für die Bestimmung der Standarddeckungsbeiträge, der Betriebsgröße und Betriebsform der landwirtschaftlichen Nutzung folgerichtig auf die verpachteten Eigentumsflächen als selbst bewirtschaftete Flächen abzustellen. Für die übrigen Nutzungen gilt dies entsprechend.

Bei einer eisernen Verpachtung wird das Inventar regelmäßig protokolliert, weshalb die Anwendung des vereinfachten Verfahrens grundsätzlich nicht zur Anwendung kommt. Können vom Steuerpflichtigen die Daten über die Nutzungsverhältnisse am Bewertungsstichtag (beim Pächter) ausnahmsweise nicht ermittelt werden, kann das vereinfachte Bewertungsverfahren bei viehlosen Betrieben nach R B 164 Abs. 9 ErbStR 2011 angewendet werden.

### 3. Bewertungsfaktoren im vereinfachten Verfahren

Nach R B 164 Abs. 9 Satz 7 ErbStR 2011 sind bei einer Betriebsverpachtung im Ganzen die Grundsätze des vereinfachten Verfahrens anwendbar, wenn die den Ertragswert bildenden Faktoren nicht ermittelt werden können. Bei der forstwirtschaftlichen Nutzung gilt dies nur, soweit die Bewertungsfaktoren nicht anhand einer Forsteinrichtung oder eines Anbauverzeichnisses im Sinne des § 142 Abgabenordnung ermittelt werden können. Die Bewertungsfaktoren ergeben sich aus nachstehender Tabelle:

| Flächengebundene Nutzungen | Reingewinn in Euro pro ha | Pachtpreis in Euro pro ha | Wert für das Besatzkapital in Euro pro ha |
|---|---|---|---|
| Landwirtschaftliche Nutzung – Grünland > 2/3 der Flächen | Sonstiger Futterbau Anlage 14 | Sonstiger Futterbau Anlage 14 | Sonstiger Futterbau Anlage 14 |
| Landwirtschaftliche Nutzung – Ackerland > 2/3 der Flächen | Ackerbau Anlage 14 | Ackerbau Anlage 14 | Ackerbau Anlage 14 |
| Landwirtschaftliche Nutzung – alle übrigen Fälle | Pflanzenbau-Verbund Anlage 14 | Pflanzenbau-Verbund Anlage 14 | Pflanzenbau-Verbund Anlage 14 |
| Forstwirtschaftliche Nutzung | Anlage 15 oder Schätzungsverfahren | 5,40 | Anlage 15 a oder Schätzungsverfahren |
| Weinbauliche Nutzung | –759,00 | 589,00 | 588,00 |

| Flächengebundene Nutzungen | Reingewinn in Euro pro ha | Pachtpreis in Euro pro ha | Wert für das Besatzkapital in Euro pro ha |
|---|---|---|---|
| Gärtnerische Nutzung – Gartenland | –1365,00 | 657,00 | 484,00 |
| Gärtnerische Nutzung – Anbauflächen unter Glas | 6098,00 | 2414,00 | 2750,00 |
| Gärtnerische Nutzung – Baumschule | 894,00 | 223,00 | 2359,00 |
| Gärtnerische Nutzung – Obstplantage | –379,00 | 325,00 | 426,00 |
| Sondernutzung – Spargel | –1365,00 | 657,00 | 612,00 |
| Sondernutzung – Hopfen | –414,00 | 492,00 | 348,00 |
| Sondernutzung – Tabak | –820,00 | 492,00 | 129,00 |

## IV. Abgrenzung und Bewertung von Betrieben mit unvollständigem Besatz

### 1. Unechte Stückländereien

#### a) Grundsätze

Nach § 160 Abs. 7 BewG im Umkehrschluss liegt eine Stückländerei für Zwecke der Erbschaft-/Schenkungsteuer nicht vor, wenn einzelne land- und forstwirtschaftlich genutzte Flächen, bei denen die Wirtschaftsgebäude oder die Betriebsmittel oder beide Arten von Wirtschaftsgütern nicht dem Eigentümer des Grund und Bodens gehören, am Bewertungsstichtag für weniger als 15 Jahre einem anderen Betrieb der Land- und Forstwirtschaft zu dienen bestimmt sind.

#### b) Bewertung mit dem Fortführungswert

Nach § 162 Abs. 1 Satz 1 und 2 BewG ist bei der Bewertung mit dem gemeinen Wert davon auszugehen, dass der Erwerber den Betrieb fortführt. Folglich wären das Reingewinnverfahren nach § 163 BewG und das Mindestwertverfahren nach § 164 BewG anzuwenden.

Nach § 163 Abs. 3 Satz 3 BewG ist für die Bestimmung der Betriebsform bzw. Nutzungsart das Vorliegen selbst bewirtschafteter Flächen erforderlich. Da bei unechten Stückländereien selbst bewirtschaftete Flächen nicht vorliegen, kann ein Verhältnis der Standarddeckungsbeiträge und damit eine Zuordnung des Betriebs zu einer bestimmten Betriebsform bzw. Nutzungsart nach § 163 Abs. 3 BewG nicht erfolgen. Infolgedessen ist § 163 BewG nicht anwendbar.

Nach § 164 Abs. 2 Satz 1 BewG bestimmt sich der zu ermittelnde Pachtpreis nach der jeweiligen Nutzung, dem Nutzungsteil und der Nutzungsart. Zur Bestimmung des zutreffenden Pachtpreises der Eigentumsflächen der landwirtschaftlichen Nutzung ist nach § 164 Abs. 2 Satz 2 BewG dabei die Betriebsgröße in EGE nach § 163 Abs. 3 Satz 4 Nr. 1 bis 3 BewG zu berücksichtigen. Hierzu ist R B 164 Abs. 9 Sätze 3 bis 6 i. V. m. Anlage 2 der ErbStR 2011 anzuwenden.

### 2. Echte Stückländereien

#### a) Grundsätze

Nach § 160 Abs. 7 BewG liegt eine Stückländerei für Zwecke der Erbschaft-/Schenkungsteuer nur dann vor, wenn einzelne land- und forstwirtschaftlich genutzte Flächen, bei denen die Wirtschaftsgebäude oder die Betriebsmittel oder beide Arten von Wirtschaftsgütern nicht dem Eigentümer des Grund und Bodens gehören, sondern am Bewertungsstichtag für mindestens 15 Jahre einem anderen Betrieb der Land- und Forstwirtschaft zu dienen bestimmt sind. Immaterielle Wirtschaftsgüter sind dabei ohne Bedeutung.

#### b) Bewertung mit dem Fortführungswert

Nach § 162 Abs. 1 Satz 1 und 2 BewG ist bei der Bewertung mit dem gemeinen Wert davon auszugehen, dass der Erwerber den Betrieb fortführt. Die Bewertung erfolgt nach § 162 Abs. 2 BewG nur mit dem Mindestwert nach § 164 BewG. Hierbei entfällt mangels Selbstbewirtschaftung der Ansatz des Besatzkapitals (R B 164 Abs. 6 Satz 3 ErbStR 2011).

Nach § 164 Abs. 2 Satz 1 BewG bestimmt sich der zu ermittelnde Pachtpreis nach der jeweiligen Nutzung, dem Nutzungsteil und der Nutzungsart. Zur Bestimmung des zutreffenden Pachtpreises der Eigentumsflächen der landwirtschaftlichen Nutzung ist nach § 164 Abs. 2 Satz 2 BewG dabei die Betriebsgröße in EGE nach § 163 Abs. 3 Satz 4 Nr. 1 bis 3 BewG zu berücksichtigen. Hierzu ist R B 164 Abs. 9 Sätze 3 bis 6 i. V. m. Anlage 2 der ErbStR 2011 anzuwenden.

## V. Vereinfachungsregelung für Hof- und Wirtschaftsgebäudeflächen

Sofern Hof- und Wirtschaftsgebäudeflächen nicht den einzelnen Nutzungen zugeordnet werden, sind diese Flächen zunächst von der Gesamtfläche des Betriebs in Abzug zu bringen. Bei der Ermittlung der Summe der Wirtschaftswerte und bei der Ermittlung des Mindestwerts ist in diesen Fällen ein Zuschlag vorzunehmen, der sich nach dem Verhältnis der Hof- und Wirtschaftsgebäudeflächen zu den Eigentumsflächen unter Berücksichtigung der Wertigkeit der vorhandenen Nutzungen bestimmt.

## VI. Bewertung mit dem Liquidationswert

Ist ein Betrieb der Land- und Forstwirtschaft im Sinne der Tz. II. – IV. am Bewertungsstichtag nach § 162 Abs. 3 oder 4 i. V. m. § 166 BewG mit dem Liquidationswert zu bewerten, gelten die Grundsätze der Liquidationsbewertung (vgl. R B 166 ErbStR 2011 sowie H B 166 ErbStH 2011). Bei der Ermittlung des Liquidationswerts ist den tatsächlichen Umständen am Bewertungsstichtag Rechnung zu tragen.

## VII. Schlussbestimmungen

Der Erlass gilt für Bewertungsstichtage ab 1. Januar 2015. Er ergeht im Einvernehmen mit den obersten Finanzbehörden des Bundes und der übrigen Länder.

# 200 § 187/1. Schreiben betr. Ermittlung der Bewirtschaftungskosten nach § 187 BewG; Verbraucherpreisindizes für Deutschland zur Anpassung der Basiswerte für Verwaltungskosten und Instandhaltungskosten für Wohnnutzung aus Anlage 23 BewG für Bewertungsstichtage im Kalenderjahr 2023

Vom 27. Januar 2023

BMF IV C 7 - S 3224/23/10001 :001; DOK 2023/0092774

(BStBl. I S. 216)

Gemäß § 187 Abs. 3 Satz 4 BewG gebe ich auf der Grundlage der vom Statistischen Bundesamt ermittelten Verbraucherpreisindizes für Deutschland die maßgebenden Verbraucherpreisindizes zur Anpassung der Basiswerte für Verwaltungskosten und Instandhaltungskosten für Wohnnutzung aus Anlage 23 BewG für Bewertungsstichtage im Kalenderjahr 2023 bekannt.

| Verbraucherpreisindex für Deutschland für den Monat Oktober 2022 (2015 = 100) |
|---|
| **122,2** |
| Verbraucherpreisindex für Deutschland für den Monat Oktober 2001 (2015 = 100) |
| **81,6** |

# 200 § 190/1. Verfügung betr. Ermittlung des Gebäudesachwerts nach § 190 BewG

Vom 13. März 2023

LfSt Bayern S 3225.1.1-8/25 St 35

(Bew-Kartei BY § 190 BewG Karte 1)

**Bezug:** BMF vom 11. Januar 2016 (BStBl. I S. 6)

Den Regelherstellungskosten der Anlage 24 Teil II BewG (Fassung ab 1.1. 2016) liegt der Kostenstand 2010 zugrunde. Nach § 190 Abs. 2 BewG (Fassung ab 1.1.2016) sind die Regelherstellungskosten anhand der jährlich vom Bundesministerium der Finanzen im Bundessteuerblatt veröffentlichten Baupreisindizes anzupassen. Diese Preisindizes sind für alle Bewertungsstichtage innerhalb des jeweiligen Kalenderjahrs anzuwenden. Bezüglich der Gebäudearten gelten die Bestimmungen in der Anlage 24, Teil II. BewG zum Teileigentum und zur Auffangklausel analog.

Die nachfolgende Tabelle wird jährlich nach Veröffentlichung der Baupreisindizes im Bundessteuerblatt aktualisiert.

| **Baupreisindizes (2010 = 100)** | | | |
|---|---|---|---|
| **Jahr des Besteuerungszeitpunkts** | **Gebäudearten 1.1. bis 5.1.** Anlage 24 Teil II. BewG | **Gebäudearten 5.2. bis 18.2.** Anlage 24 Teil II. BewG | **Fundstelle** |
| 2016 | 111,1 | 111,4 | BStBl. 2016 I S. 6 |
| 2017 | 113,4 | 113,7 | BStBl. 2017 I S. 30 |
| 2018 | 116,8 | 117,4 | BStBl. 2018 I S. 205 |
| 2019 | 122,0 | 122,7 | BStBl. 2019 I S. 207 |
| 2020 | 127,2 | 128,1 | BStBl. 2020 I S. 209 |
| 2021 | 129,2 | 130,1 | BStBl. 2021 I S. 147 |
| 2022 | 141,0 | 142,0 | BStBl. 2022 I S. 181 |
| 2023 | 164,0 | 166,9 | BStBl. 2023 I S. 217 |

# 200 § 198/1. Gleich lautende Erlasse betr. Nachweis des niedrigeren gemeinen Werts; Anwendung des § 198 BewG in der Fassung des Grundsteuerreform-Umsetzungsgesetzes vom 16. Juli 2021 (BGBl. I S. 2931)

Vom 7. Dezember 2022

Oberste Finanzbehörden der Länder S 3229; S 3014

(BStBl. I S. 1671)

## I. Allgemeine Grundsätze

1 Abweichend von der Wertermittlung nach den §§ 179 und 182 bis 196 BewG ist der niedrigere gemeine Wert (Verkehrswert/Marktwert) am Bewertungsstichtag festzustellen, wenn der Steuerpflichtige diesen nachweist (§ 198 BewG). Den Steuerpflichtigen trifft die Nachweislast für einen niedrigeren gemeinen Wert und nicht eine bloße Darlegungslast. Mit der bloßen Vorlage von Auszügen aus der Kaufpreissammlung kann ein niedrigerer gemeiner Wert nicht nachgewiesen werden.

2 Der Nachweis des niedrigeren gemeinen Werts kann für die nach §§ 179 und 182 bis 196 BewG bewerteten wirtschaftlichen Einheiten geführt werden, wobei der Nachweis die jeweils gesamte wirtschaftliche Einheit umfassen muss. Bei Grundstücken im Zustand der Bebauung ist der Verkehrswertnachweis für die gesamte wirtschaftliche Einheit unter Berücksichtigung der baulichen Gegebenheiten zulässig.

## II. Sachverständigengutachten

3 Als Nachweis des niedrigeren gemeinen Werts kann ein Gutachten dienen. Das Gutachten ist

- vom zuständigen Gutachterausschuss i.S.d. §§ 192 ff. des Baugesetzbuchs,
- von öffentlich bestellten und vereidigten Sachverständigen für die Bewertung von bebauten und unbebauten Grundstücken oder
- von Personen, die von einer nach DIN EN ISO/IEC 17024 akkreditierten Stelle als Sachverständige oder Gutachter für die Wertermittlung von Grundstücken nach entsprechender Norm zertifiziert worden sind,

zu erstellen.

4 Die nach DIN EN ISO/IEC 17024 akkreditierten deutschen Zertifizierungsstellen für Sachverständige für die Wertermittlung von Grundstücken und deren Akkreditierungsumfang sind tagesaktuell auf der Internetseite der Deutschen Akkreditierungsstelle (DAkkS) dargestellt. Im europäischen Ausland akkreditierte Zertifizierungsstellen sind über die Internetseite der Europäischen Kooperation für Akkreditierung (EA) in Verbindung mit den Internetseiten der nationalen Akkreditierungsstellen abrufbar.

5 Die öffentliche Bestellung oder Zertifizierung muss im Zeitpunkt der Erstellung des Sachverständigengutachtens gegeben sein. Im Rechtsbehelfsverfahren kann ein erneutes Gutachten eingereicht werden, das die Anforderungen an die Qualifikation des Gutachters erfüllt.

6 Die Nachweislast des Steuerpflichtigen umfasst auch den Qualifikationsnachweis des Gutachters.

7 Das Gutachten ist für die Feststellung des Grundbesitzwerts nicht bindend, sondern unterliegt der Beweiswürdigung durch das Finanzamt. Enthält das Gutachten Mängel (z.B. methodische Mängel oder unzutreffende Wertansätze), ist es zurückzuweisen; ein Gegengutachten durch das Finanzamt ist nicht erforderlich. Zur Ordnungsmäßigkeit eines Sachverständigengutachtens gehören methodische Qualität und eine zutreffende Erhebung und Dokumentation der Begutachtungsgrundlagen. Für den Nachweis des niedrigeren gemeinen Werts durch ein Gutachten gelten die auf Grund des § 199 Abs. 1 BauGB erlassenen Vorschriften (Immobilienwertermittlungsverordnung – ImmoWertV). Nach Maßgabe dieser Vorschriften sind sämtliche wertbeeinflussenden Umstände zur Ermittlung des gemeinen Werts (Verkehrswerts) von Grundstücken zu berücksichtigen. Hierzu gehören auch die den Wert beeinflussenden Rechte und Belastungen privatrechtlicher und öffentlich-rechtlicher Art, wie z.B. Grunddienstbarkeiten und persönliche Nutzungsrechte. Mit Ausnahme des Nachweises der üblichen Miete (> R B 186.5 Abs. 5 ErbStR 2019) kommt ein wertmindernder Nachweis zu einzelnen in den §§ 179 und 182 bis 196 BewG enthaltenen Bewertungsgrundlagen, z.B. hinsichtlich der Bewirtschaftungskosten, nicht in Betracht.

### III. Stichtagsnaher Kaufpreis

8 Als Nachweis des niedrigeren gemeinen Werts kann gem. § 198 Abs. 3 BewG auch ein im gewöhnlichen Geschäftsverkehr innerhalb eines Jahres vor oder nach dem Bewertungsstichtag zustande gekommener Kaufpreis über das zu bewertende Grundstück dienen, wenn die maßgeblichen Verhältnisse hierfür gegenüber den Verhältnissen am Bewertungsstichtag unverändert sind. Maßgeblich für die jeweilige Jahresfrist ist das Datum des notariellen Kaufvertrages.

9 Eine Änderung eines bestandskräftigen Bescheids über die Feststellung des Grundbesitzwerts nach § 173 Abs. 1 Nr. 2 AO kommt nur in Betracht, wenn das Grundstück schon vor der abschließenden Entscheidung des Finanzamts über die Feststellung verkauft wurde, der Verkauf dem für die Feststellung zuständigen Bediensteten des Finanzamts beim Erlass des Feststellungsbescheides jedoch nicht bekannt war und den Steuerpflichtigen kein grobes Verschulden an dem nachträglichen Bekanntwerden dieser Tatsache trifft. Wird der Grundstückskaufvertrag hingegen erst nach der abschließenden Entscheidung des Finanzamts über die Feststellung abgeschlossen, liegt eine nachträglich entstandene Tatsache vor, die nicht zu einer Änderung nach § 173 Abs. 1 Nr. 2 AO führt.

10 Eine Änderung eines bestandskräftigen Bescheids über die Feststellung des Grundbesitzwerts nach § 175 Abs. 1 Satz 1 Nr. 2 AO kommt in Betracht, wenn für das zu bewertende Grundstück nach der abschließenden Entscheidung des Finanzamts über die Feststellung des Grundbesitzwerts und innerhalb eines Jahres nach dem Bewertungsstichtag im gewöhnlichen Geschäftsverkehr ein Kaufpreis zustande gekommen ist und sich die maßgeblichen Verhältnisse zum Zeitpunkt des notariellen Kaufvertrages gegenüber den Verhältnissen am Bewertungsstichtag nicht verändert haben. Ein derartiger Kaufpreis hat durch das Grundsteuerreform-Umsetzungsgesetz vom 16. Juli 2021, veröffentlicht am 22. Juli 2021 im BGBl. I S. 2931[1)], Eingang in den Tatbestand des § 198 Abs. 3

BewG gefunden. Ein derartiger Verkauf stellt somit ein Ereignis dar, das steuerliche Wirkung für die Vergangenheit hat (rückwirkendes Ereignis).

## IV. Konkurrenz zwischen Sachverständigengutachten und stichtagsnahem Kaufpreis

Liegen im Rahmen des Nachweises des niedrigeren gemeinen Werts gleichzeitig ein zeitnah zum Bewertungsstichtag im gewöhnlichen Geschäftsverkehr zustande gekommener Kaufpreis und ein Sachverständigengutachten vor, ist der Grundbesitzwertfeststellung der Kaufpreis zugrunde zu legen. Der im gewöhnlichen Geschäftsverkehr vereinbarte bzw. erzielte Kaufpreis liefert den sichersten Anhaltspunkt für den gemeinen Wert. **11**

## V. Anwendung

Der Erlass ist auf Bewertungsstichtage nach dem 22. Juli 2021 für alle offenen Fälle anzuwenden. Für Bewertungsstichtage vor dem 23. Juli 2021 sind weiterhin R B 198 ErbStR 2019 und die gleich lautenden Erlasse der obersten Finanzbehörden der Länder zur Berücksichtigung von Sachverständigengutachten zum Nachweis des niedrigeren gemeinen Grundbesitzwerts vom 2. Dezember 2020, BStBl. 2021 I S. 146, anzuwenden. **12**

---

[1] **Amtl. Anm.:** BStBl. I S. 1451.

# 200 Vor § 218/1. Koordinierte Erlasse[1] betr. Anwendung des Siebenten Abschnitts des Zweiten Teils des Bewertungsgesetzes zur Bewertung des Grundbesitzes (allgemeiner Teil und Grundvermögen) für die Grundsteuer ab 1. Januar 2022 – AEBewGrSt –

Vom 9. November 2021

Oberste Finanzbehörden der Länder S 3017; koord. Ländererlass

(BStBl. I S. 2334)

## A. Allgemeines

### I. Einführung

Mit dem Gesetz zur Reform des Grundsteuer- und Bewertungsrechts (Grundsteuer-Reformgesetz – GrStRefG) vom 26. November 2019 (BGBl. I S. 1794)[2] wurde für die Bewertung des Grundbesitzes für Zwecke der Grundsteuer ab 1. Januar 2022 ein neuer Siebenter Abschnitt im Zweiten Teil des Bewertungsgesetzes mit Wirkung für die Grundsteuer ab dem Kalenderjahr 2025 eingefügt.

Unter Bezugnahme auf das Ergebnis der Erörterungen mit den obersten Finanzbehörden der Länder gelten für die Anwendung des Siebenten Abschnitts des Zweiten Teils des Bewertungsgesetzes für Feststellungen von Grundsteuerwerten ab dem 1. Januar 2022 für die ab dem 1. Januar 2025 zu erhebende Grundsteuer die nachstehenden Regelungen.

Zur besseren Lesbarkeit wird auf die geschlechtsspezifische Formulierung (z.B. „Steuerpflichtige*r“) verzichtet. Bei Verwendung z.B. des Wortes „Steuerpflichtiger“ im Text sind alle Geschlechter gemeint.

### II. Allgemeines zur Feststellung von Grundsteuerwerten

### Zu § 218 BewG

### A 218. Vermögensarten

[1]Für die Bewertung nach dem Siebenten Abschnitt des Zweiten Teils des Bewertungsgesetzes erfolgt eine Einordnung in die Vermögensarten land- und forstwirtschaftliches Vermögen sowie Grundvermögen. [2]Betriebsgrundstücke sind einer dieser beiden Vermögensarten zuzuordnen und entsprechend der zugeordneten Vermögensart zu bewerten. [3]Die Zuordnung erfolgt entsprechend der Regelung in § 99 BewG. [4]Danach ist ein Betriebsgrundstück i.S.d. Bewertungsrechts der zu einem Gewerbebetrieb gehörende Grundbesitz, soweit er, losgelöst von seiner Zugehörigkeit zu dem Gewerbebetrieb, entweder einen Betrieb der Land- und Forstwirtschaft bilden oder zum Grundvermögen gehören würde.

[1] Dieser koordinierte Ländererlass wird von folgenden Ländern bisher **nicht** unterstützt: Baden-Württemberg, Bayern, Hamburg, Hessen und Niedersachsen.

[2] **Amtl. Anm.:** BStBl. 2019 I S. 1319.

**Zu § 219 BewG**

**A 219. Feststellung von Grundsteuerwerten**

(1) [1]Grundsteuerwerte sind für inländischen Grundbesitz, und zwar für Betriebe der Land- und Forstwirtschaft und für Grundstücke, gesondert festzustellen, soweit sie für die Besteuerung von Bedeutung sind. [2]Grundsteuerwerte sind in der Regel für die Besteuerung von Bedeutung, soweit eine Steuerpflicht besteht. [3]Die Entscheidung über die persönliche oder sachliche Steuerpflicht kann sowohl im Rahmen der Feststellung des Grundsteuerwerts als auch bei der Festsetzung des Steuermessbetrags getroffen werden (§ 184 Abs. 1 Satz 2 AO). [4]Im Bescheid über die Feststellung des Grundsteuerwerts sind neben der Feststellung des Wertes Feststellungen über die Vermögensart, beim Grundvermögen auch über die Grundstücksart und die Zurechnung der wirtschaftlichen Einheit sowie der Höhe der Anteile bei mehreren Beteiligten zu treffen. [5]In Fällen vollständig steuerbefreiten Grundbesitzes kann ein negativer Feststellungsbescheid des Grundsteuerwerts nach § 219 Abs. 3 BewG erlassen werden. [6]Nach §§ 181 Abs. 1 Satz 1, 184 Abs. 1 Satz 3, 155 Abs. 1 Satz 3 AO gilt auch der negative Feststellungsbescheid als Steuerbescheid.

(2) [1]Eine gesonderte Artfeststellung für Betriebsgrundstücke ist nicht durchzuführen. [2]Betriebsgrundstücke werden einer der zwei Vermögensarten des § 218 BewG zugeordnet (siehe A 218) und innerhalb dieser Vermögensart bewertet.

**Zu § 220 BewG**

**A 220. Ermittlung der Grundsteuerwerte**

(1) Grundsteuerwerte werden nach den Vorschriften des Siebenten Abschnitts des Zweiten Teils des Bewertungsgesetzes ermittelt.

(2) [1]Bei der Ermittlung der Grundsteuerwerte kommt eine abweichende Feststellung aus Billigkeitsgründen nach § 163 der Abgabenordnung (AO) nicht in Betracht. [2]Es bleiben jedoch Übergangsregelungen möglich, die die oberste Finanzbehörde eines Landes im Einvernehmen mit den obersten Finanzbehörden der übrigen Länder trifft.

**Zu § 221 BewG**

**A 221. Hauptfeststellung**

[1]Grundsteuerwerte werden in Zeitabständen von je sieben Jahren allgemein festgestellt. [2]Den Hauptfeststellungen sind die jeweiligen Verhältnisse im Hauptfeststellungzeitpunkt zugrunde zu legen. [3]Maßgebend sind die Verhältnisse zu Beginn des jeweiligen Kalenderjahres. [4]§ 235 Abs. 2 BewG bleibt unberührt.

**Zu § 222 BewG**

**A 222. Fortschreibungen**

(1) [1]Eine Wertfortschreibung der Grundsteuerwerte ist vorzunehmen, wenn der in Euro ermittelte und auf volle durch hundert Euro ohne Rest teilbare abgerundete Wert, der sich für den Beginn eines Kalenderjahres ergibt, von dem entsprechenden Wert des letzten Feststellungszeitpunkts nach oben oder nach unten um mehr als 15 000 Euro abweicht. [2]Mehrere bis zu einem Fortschreibungszeitpunkt eingetretene Wertabweichungen sind zusammenzufassen. [3]Beträgt der nach § 230 BewG abgerundete neue Wert null Euro, so ist der Grundsteuerwert nur dann auf null Euro festzustellen, wenn die Wertgrenzen

des § 222 Abs. 1 BewG überschritten sind. [4]Eine Wertfortschreibung erfolgt nicht allein deshalb, weil sich das Alter des Gebäudes im Hauptfeststellungszeitraum verändert und sich damit eine abweichende Alterswertminderung nach § 259 Abs. 4 BewG oder abweichende Kapitalisierungs- und Abzinsungsfaktoren nach § 253 Abs. 2 BewG bzw. nach § 257 Abs. 2 BewG ergäben (siehe auch A 227). [5]Maßgebend ist das Gebäudealter im Hauptfeststellungszeitpunkt.

(2) [1]Eine Art- und/oder Zurechnungsfortschreibung ist vorzunehmen, wenn sich zu den zuletzt getroffenen Feststellungen Abweichungen ergeben, die für die Besteuerung von Bedeutung sind (§ 219 Abs. 2 BewG). [2]Wertgrenzen sind bei der Art- und Zurechnungsfortschreibung nicht zu beachten. [3]Eine Artfortschreibung setzt eine Änderung in der Art einer wirtschaftlichen Einheit voraus (§ 222 Abs. 2 BewG). [4]Die Art eines Grundstücks ändert sich z.B., wenn aus einem Einfamilienhaus ein Zweifamilienhaus wird. [5]Eine Zurechnungsfortschreibung (§ 222 Abs. 2 BewG) setzt voraus, dass sich die Eigentumsverhältnisse geändert haben. [6]Das ist insbesondere der Fall, wenn ein Grundstück verkauft, verschenkt oder vererbt, Alleineigentum an einem Grundstück in Miteigentum umgewandelt wird oder sich die Miteigentumsverhältnisse an einem Grundstück ändern. [7]Eine Zurechnungsfortschreibung ist hingegen nicht bei einer bloßen Umfirmierung einer Kapitalgesellschaft vorzunehmen.

(3) [1]Die drei Arten der Fortschreibung (A 222 Absätze 1 und 2) stehen selbständig nebeneinander. [2]Auf denselben Fortschreibungszeitpunkt sind deshalb Fortschreibungen der verschiedenen Arten zulässig. [3]Sie können verbunden werden, soweit dies zweckmäßig ist. [4]Eine bereits auf einen bestimmten Fortschreibungszeitpunkt vorgenommene Fortschreibung der einen Art schließt eine nachfolgende Fortschreibung einer anderen Art auf denselben Zeitpunkt nicht aus (vgl. BFH-Urteil vom 9. Januar 1959 III 288/57 U, BStBl. III S. 110). [5]Nochmalige Fortschreibungen derselben Art auf denselben Feststellungzeitpunkt sind dagegen für denselben Sachverhalt (vorbehaltlich der Korrekturnormen nach §§ 172 ff. AO) nicht zulässig. [6]Dies gilt auch bei negativen Feststellungsbescheiden.

**Beispiel:**

B erwirbt im Februar 2022 von A einen Bauplatz. Das Finanzamt führt auf den 1. Januar 2023 eine Zurechnungsfortschreibung auf B durch. Am 13. Januar 2023 geht beim Finanzamt die Anzeige gemäß § 228 Abs. 2 BewG des B ein, dass er auf diesem Grundstück im Oktober 2022 ein Fertighaus (Einfamilienhaus) bezugsfertig errichtet hat.

Die Bebauung des Grundstücks führt zu einer Art- und Wertfortschreibung. Da Zurechnungs-, Art- und Wertfortschreibungen eigenständige Verwaltungsakte sind, ist neben der bereits erfolgten Zurechnung noch eine Art- und Wertfortschreibung auf den 1. Januar 2023 nach § 222 Abs. 1 und 2 BewG (Zurechnung wie bisher B) vorzunehmen.

(4) [1]Grundsätzlich steht die Zurechnungsfortschreibung auf den späteren Stichtag einer Zurechnungsfortschreibung auf einen früheren Stichtag entgegen (vgl. BFH-Urteil vom 23. September 1955 III 1/55 U, BStBl. III S. 316). [2]Wurde auf einen bestimmten Fortschreibungszeitpunkt eine Zurechnungsfortschreibung vorgenommen, ist damit zugleich festgestellt, dass eine Fortschreibung der gleichen Art auf einen vorangegangenen Stichtag nicht durchgeführt wird. [3]Bei der Zurechnungsfortschreibung ist die Wirkung aber begrenzt hinsichtlich der Personen, gegenüber denen die Feststellung getroffen wird. [4]Regelmäßig wird der Bescheid über die Zurechnungsfortschreibung nur dem neuen Zurechnungsträger bekannt gegeben. [5]Somit kann die Bestandskraft auch nur diesem gegenüber eintreten. [6]Deshalb kann eine bisher unterbliebene Zurechnungsfortschreibung auf den jeweils maßgebenden (früheren) Fortschreibungs-

zeitpunkt nachgeholt werden. [7]Diese nachgeholte Fortschreibung ist in ihrer Auswirkung auf Feststellungszeitpunkte zu beschränken, für die die Feststellungsverjährung noch nicht eingetreten ist.

(5) [1]Eine Fortschreibung erfolgt auch zur Beseitigung eines Fehlers (§ 222 Abs. 3 Satz 1 BewG). [2]Ein Fehler i.S.d. § 222 Abs. 3 Satz 1 BewG ist jede objektive Unrichtigkeit. [3]Für die Zulässigkeit der fehlerberichtigenden Fortschreibung ist nicht Voraussetzung, dass ein klarliegender, einwandfrei feststellbarer Fehler vorliegt (vgl. BFH-Urteil vom 29. November 1989 II R 53/87, BStBl. 1990 II S. 149). [4]Soll eine fehlerhafte Feststellung durch Wertfortschreibung geändert werden, so müssen außerdem die in Abs. 1 bezeichneten Wertgrenzen des § 222 Abs. 1 BewG überschritten werden. [5]Eine auf eine Änderung der Rechtsprechung des Bundesfinanzhofs gegründete fehlerbeseitigende Fortschreibung ist für solche Feststellungszeitpunkte unzulässig, die vor dem Erlass der Entscheidung des Bundesfinanzhofs liegen (§ 222 Abs. 3 Satz 2 und 3 BewG). [6]Wenn die Grundstücksart unzutreffend festgestellt wurde und deshalb eine Artfortschreibung zur Beseitigung des Fehlers durchzuführen ist, ist auch ein damit (ggf.) verbundener Wechsel des Bewertungsverfahrens (Ertrags-/Sachwertverfahren) vorzunehmen. [7]Eine sich ergebende Wertveränderung ist im Rahmen einer ggf. auf denselben Stichtag durchzuführenden Wertfortschreibung zur Beseitigung des Fehlers zu berücksichtigen.

(6) [1]Bei einer Änderung der tatsächlichen Verhältnisse (siehe dazu A 227) ist eine Fortschreibung auf den Beginn des Kalenderjahres, das auf die Änderung folgt, vorzunehmen (§ 222 Abs. 4 Nr. 1 BewG). [2]Eine Fortschreibung zur Beseitigung eines Fehlers ist auf den Beginn des Kalenderjahres, in dem der Fehler dem Finanzamt bekannt wird, vorzunehmen, bei einer Erhöhung des Grundsteuerwerts jedoch frühestens auf den Beginn des Kalenderjahres, in dem der Feststellungsbescheid erteilt wird (§ 222 Abs. 4 Nr. 2 BewG). [3]Bei Nachfeststellungen, die im Rahmen der Beseitigung eines Fehlers erforderlich sind, ist Satz 2 entsprechend anzuwenden. [4]Für eine fehlerbeseitigende Artfortschreibung ist der Fortschreibungszeitpunkt in der Regel der Beginn des Kalenderjahres, in dem der Fehler dem Finanzamt bekannt wird. [5]Dies gilt zunächst unabhängig davon, ob sich als Folge der Artfortschreibung der Grundsteuerwert erhöht. [6]Wird der Feststellungsbescheid bei einer Erhöhung des Grundsteuerwerts erst in einem darauffolgenden Jahr erlassen, ist der Fortschreibungszeitpunkt der Beginn des Kalenderjahres, in dem der Feststellungsbescheid erteilt wird (§ 222 Abs. 4 Satz 3 Nr. 2, 2. Alternative BewG; vgl. BFH-Urteil vom 13. November 1991 II R 15/89, BStBl. 1994 II S. 393). [7]Zur fehlerbeseitigenden Aufhebung des Grundsteuerwerts siehe A 224 Abs. 3.

(7) Die Vorschrift des § 235 Abs. 2 BewG über die Zugrundelegung eines anderen Zeitpunkts sowie § 227 BewG, wonach die Wertverhältnisse im Hauptfeststellungszeitpunkt zugrunde zu legen sind, bleiben von § 222 Abs. 4 BewG unberührt.

## Zu § 223 BewG

## A 223. Nachfeststellung

(1) Eine Nachfeststellung ist durchzuführen, wenn nach dem Hauptfeststellungszeitpunkt (§ 221 Abs. 2 BewG) eine wirtschaftliche Einheit neu entsteht (§ 223 Abs. 1 Nr. 1 BewG) oder eine bereits bestehende wirtschaftliche Einheit erstmals zur Grundsteuer herangezogen werden soll (§ 223 Abs. 1 Nr. 2 BewG).

(2) [1]Eine neue wirtschaftliche Einheit entsteht z.B., wenn

1. Wohnungs- oder Teileigentum neu begründet wird,
2. von einem Grundstück eine Teilfläche veräußert oder abgetrennt und nicht mit einer bereits bestehenden wirtschaftlichen Einheit verbunden wird oder
3. eine land- und forstwirtschaftlich genutzte Fläche aus dem Betrieb der Land- und Forstwirtschaft ausscheidet und eine selbständige wirtschaftliche Einheit des Grundvermögens bildet.

[2]Dabei ist es ohne Bedeutung, ob der Grundsteuerwert für die wirtschaftliche Einheit, aus der die neue Einheit ausscheidet, fortgeschrieben werden kann. [3]Eine Nachfeststellung, die aufgrund einer anderen rechtlichen Beurteilung der Abgrenzung einer wirtschaftlichen Einheit erfolgen soll, ohne dass die neue wirtschaftliche Einheit veräußert worden ist, setzt jedoch eine gleichzeitige Wertfortschreibung voraus (vgl. BFH-Urteil vom 5. April 1957 III 333/56 U, BStBl. III S. 190). [4]Erhält ein Steuerpflichtiger aus Anlass der Umlegung von Grundstücken an Stelle seines für Umlegungszwecke in Anspruch genommenen Grundstücks ein anderes Grundstück, so ist ebenfalls eine Nachfeststellung durchzuführen (vgl. BFH-Urteil vom 24. Februar 1961 III 207/59 U, BStBl. III S. 205). [5]Nachfeststellungen sind auch vorzunehmen, wenn ein Baugelände parzelliert wird. [6]Die einzelnen Bauparzellen bilden grundsätzlich jeweils für sich eine neue wirtschaftliche Einheit, für die eine Nachfeststellung vorzunehmen ist. [7]Sind sie nicht veräußert, sind sie dem bisherigen Eigentümer zuzurechnen. [8]Der Grundsteuerwert für die bisherige wirtschaftliche Einheit ist aufzuheben, wenn sie wegfällt.

(3) Liegt insbesondere aufgrund einer Grundsteuerbefreiung kein festgestellter Grundsteuerwert für eine bestehende wirtschaftliche Einheit vor (§ 219 Abs. 3 BewG), ist bei Wegfall der Voraussetzungen für die Grundsteuerbefreiung eine Nachfeststellung nach § 223 Abs. 1 Nr. 2 BewG durchzuführen.

(4) [1]Nachfeststellungszeitpunkt ist bei der Neuentstehung einer wirtschaftlichen Einheit der Beginn des Kalenderjahres, das auf die Entstehung der wirtschaftlichen Einheit folgt, und in den Fällen des Wegfalls eines Befreiungsgrundes der Beginn des Kalenderjahres, in dem der Grundsteuerwert erstmals der Besteuerung unterliegt.

**Beispiel 1:**

Im Jahr 2023 wird ein bisher unbebautes Grundstück in Wohnungs- und Teileigentum aufgeteilt. Der Grundsteuerwert für die bisherige wirtschaftliche Einheit ist aufzuheben. Für die neu entstandenen wirtschaftlichen Einheiten sind gemäß § 223 Abs. 1 Nr. 1 BewG Nachfeststellungen des Grundsteuerwerts auf den 1. Januar 2024 durchzuführen.

**Beispiel 2:**

Teilung eines Grundstücks im Jahr 2023 durch Herausmessung einer Teilfläche (neues Flurstück). Für den verbleibenden Teil der bereits bestehenden wirtschaftlichen Einheit ist eine Wertfortschreibung (regelmäßig nach unten) auf den 1. Januar 2024 durchzuführen, wenn die Wertfortschreibungsgrenzen (§ 222 Abs. 1 BewG) überschritten werden. Für die neu entstandene wirtschaftliche Einheit ist gemäß § 223 Abs. 1 Nr. 1 BewG eine Nachfeststellung des Grundsteuerwerts auf den 1. Januar 2024 durchzuführen.

[2]Die Vorschrift des § 235 Abs. 2 BewG über die Zugrundelegung eines anderen Zeitpunkts sowie § 227 BewG, wonach die Wertverhältnisse im Hauptfeststellungszeitpunkt zugrunde zu legen sind, bleiben von § 223 Abs. 2 BewG unberührt. [3]Bei einer Änderung der tatsächlichen Verhältnisse siehe A 227.

**Zu § 224 BewG**

### A 224. Aufhebung des Grundsteuerwerts

(1) [1]Der Grundsteuerwert ist aufzuheben, wenn eine wirtschaftliche Einheit wegfällt (§ 224 Abs. 1 Nr. 1 BewG) oder der Grundsteuerwert der wirtschaftlichen Einheit infolge von Befreiungsgründen der Besteuerung nicht mehr zugrunde gelegt wird (§ 224 Abs. 1 Nr. 2 BewG). [2]Eine wirtschaftliche Einheit kann z.B. dann wegfallen, wenn zwei wirtschaftliche Einheiten i.S.d. § 2 BewG zu einer neuen wirtschaftlichen Einheit zusammenzufassen sind. [3]In diesen Fällen ist der Grundsteuerwert der einen wirtschaftlichen Einheit nach § 224 Abs. 1 Nr. 1 BewG aufzuheben und der Grundsteuerwert der anderen wirtschaftlichen Einheit in der Regel gemäß § 222 Abs. 1 BewG fortzuschreiben, wenn die Wertfortschreibungsgrenzen überschritten werden. [4]Eine Wertfortschreibung des Grundsteuerwerts der neuen wirtschaftlichen Einheit ist keine Voraussetzung für die Aufhebung des Grundsteuerwerts der weggefallenen wirtschaftlichen Einheit. [5]Welche wirtschaftliche Einheit aufzuheben und welche fortzuschreiben ist, bestimmt sich nach Zweckmäßigkeitserwägungen und den Umständen des Einzelfalls. [6]Dabei ist zu berücksichtigen, welches Grundstück dem neuen Gesamtgrundstück das Gepräge gibt.

**Beispiel:**
Ein bebautes Wohngrundstück wird mit einem danebenliegenden Gartengrundstück (Eckgrundstücke) vereinigt und bildet nach der Verkehrsanschauung nun eine zusammengehörende wirtschaftliche Einheit. Der Grundsteuerwert für das Gartengrundstück ist aufzuheben. Der Grundsteuerwert des Wohngrundstücks ist unter Berücksichtigung der Wertfortschreibungsgrenzen fortzuschreiben.

[7]Der Grundsteuerwert ist auch aufzuheben, wenn für eine wirtschaftliche Einheit die Voraussetzungen für eine Steuerbefreiung eintreten und er infolgedessen nicht mehr der Grundsteuer zugrunde gelegt wird (§ 224 Abs. 1 Nr. 2 BewG). [8]Werden neue Steuerbefreiungsvorschriften eingeführt, entfällt die Bedeutung der Grundsteuerwerte für die Besteuerung derjenigen wirtschaftlichen Einheiten, die unter die Steuerbefreiungsvorschrift fallen, und die Grundsteuerwerte sind folglich ebenfalls aufzuheben.

(2) [1]Die Grundsteuerwerte sind im Fall des § 224 Abs.es 1 Nr. 1 BewG auf den Beginn des Kalenderjahres aufzuheben, das auf den Wegfall der wirtschaftlichen Einheit folgt. [2]Im Fall des § 224 Abs. 1 Nr. 2 BewG sind die Grundsteuerwerte auf den Beginn des Kalenderjahres aufzuheben, das auf den Eintritt der Voraussetzungen für eine Grundsteuerbefreiung folgt.

**Beispiel:**
Im Oktober 2026 erwirbt eine Kirchengemeinde ein bisher brachliegendes unbebautes Grundstück und nutzt dieses künftig als Bestattungsplatz (gemäß § 4 Nr. 2 GrStG vollständig von der Grundsteuer befreit). Der Grundsteuerwert ist auf den 1. Januar 2027 aufzuheben.

(3) [1]Hätte die Feststellung eines Grundsteuerwerts unterbleiben müssen (z.B. weil die wirtschaftliche Einheit bereits als Teil einer anderen wirtschaftlichen Einheit erfasst ist oder von der Grundsteuer zu befreien gewesen wäre), ist eine fehlerbeseitigende Aufhebung des Grundsteuerwerts gemäß § 224 Abs. 1 Nr. 1 BewG durchzuführen. [2]Aufhebungszeitpunkt ist in diesem Fall der Beginn des Kalenderjahres, in dem der Fehler dem Finanzamt bekannt wird (vgl. BFH-Urteil vom 16. Oktober 1991 II R 23/89, BStBl. 1992 II S. 454).

**Zu § 225 BewG**

### A 225. Änderung von Feststellungsbescheiden

[1]Bescheide über Fortschreibungen oder Nachfeststellungen von Grundsteuerwerten können bereits vor den maßgeblichen Feststellungszeitpunkten ergehen. [2]Ergeben sich bis zu den Feststellungszeitpunkten Änderungen, die zu einer

abweichenden Feststellung führen würden, sind die Bescheide durch Änderung oder Aufhebung an die geänderten Verhältnisse anzupassen. [3]Die Wertgrenzen nach § 222 Abs. 1 BewG sind dabei nicht zu berücksichtigen.

**Beispiel 1:**

A erbt im Februar 2022 ein Grundstück von V. Das Finanzamt führt im Juni 2022 eine Zurechnungsfortschreibung von V auf A auf den 1. Januar 2023 durch (Bescheiddatum 24. Juni 2022). A verkauft im November 2022 (Übergang Nutzen und Lasten zum 1. Dezember 2022) dieses Grundstück an B. Der Grundstücksverkauf (Eigentümerwechsel) wird dem Finanzamt erst im Januar 2023 bekannt.

Die Zurechnungsfortschreibung auf den 1. Januar 2023 von V auf A ist nach § 225 BewG aufzuheben. B erhält einen neu zu erlassenden Zurechnungsbescheid von V auf B auf den 1. Januar 2023 (der Zeitpunkt des Bekanntwerdens des Eigentumswechsels beim Finanzamt ist unbeachtlich).

**Beispiel 2:**

A ist Eigentümer eines unbebauten Grundstücks. Im Februar 2022 wird auf dem Grundstück ein Einfamilienhaus mit 120 m² Wohnfläche bezugsfertig errichtet. Das Finanzamt führt im Mai 2022 eine Art- und Wertfortschreibung auf den 1. Januar 2023 als bebautes Grundstück – Einfamilienhaus – basierend auf 120 m² Wohnfläche durch (Bescheiddatum 24. Mai 2022). Im Oktober 2022 wird ein Anbau mit 30 m² Wohnfläche bezugsfertig errichtet. A reicht im Januar 2023 die Anzeige (Einfamilienhaus mit 150 m² inklusive Anbau) gemäß § 228 Abs. 2 BewG ein.

Die Änderungen der tatsächlichen Verhältnisse im Jahr 2022 führen insgesamt zu einer Art- und Wertfortschreibung vom unbebauten Grundstück zum bebauten Grundstück – Einfamilienhaus – basierend auf 150 m² Wohnfläche. Die Änderung der tatsächlichen Verhältnisse (Errichtung des Anbaus im Oktober 2022) trat erst nach der abschließenden Zeichnung (Mai 2022), aber vor dem maßgebenden Feststellungszeitpunkt (1. Januar 2023) ein. Mangels einschlägiger Änderungsvorschriften nach der Abgabenordnung ist eine Änderung der Art- und Wertfortschreibung vom 24. Mai 2022 auf den 1. Januar 2023 nach § 225 BewG durchzuführen und ein bebautes Grundstück – Einfamilienhaus – basierend auf 150 m² festzustellen.

## Zu § 226 BewG

## A 226. Nachholung einer Feststellung

(1) Wurde eine Fortschreibung, Nachfeststellung oder Aufhebung auf den maßgebenden Feststellungszeitpunkt nicht durchgeführt und ist die Feststellungsfrist bereits abgelaufen, kann nach § 226 Abs. 1 Satz 1 und Abs. 2 BewG die Fortschreibung, Nachfeststellung oder Aufhebung des Grundsteuerwerts unter Zugrundelegung der Verhältnisse vom Fortschreibungs-, Nachfeststellungs- oder Aufhebungszeitpunkt mit Wirkung für einen späteren unverjährten Feststellungszeitpunkt nachgeholt werden.

**Beispiel:**

Im Jahr 2030 wird bemerkt, dass eine Nachfeststellung auf den 1. Januar 2023 trotz im Jahr 2023 ordnungsgemäß erfolgter Anzeige der Änderung der Verhältnisse durch den Steuerpflichtigen bisher nicht durchgeführt worden ist. Für den Feststellungszeitpunkt 1. Januar 2023 ist wegen der erstmaligen Anwendung des Grundsteuerwerts zum 1. Januar 2025 mit Ablauf des 31. Dezember 2029 Feststellungsverjährung eingetreten (§ 181 Abs. 4 AO). Im Jahr 2030 wird die Nachfeststellung nach § 226 Abs. 1 Satz 1 BewG auf den 1. Januar 2023 mit Wirkung ab dem 1. Januar 2026 (erster nicht verjährter Stichtag) unter Zugrundelegung der Verhältnisse vom 1. Januar 2023 nachgeholt.

(2) [1]Ist die Feststellungsfrist bereits abgelaufen, aber die Festsetzungsfrist für die Grundsteuer oder eine andere Folgesteuer noch nicht abgelaufen, kann die Feststellung oder Aufhebung des Grundsteuerwerts nach § 226 Abs. 1 Satz 2 BewG i.V.m. § 181 Abs. 5 Satz 1 AO auf einen Stichtag nachgeholt werden, zu dem zwar die Feststellungsfrist bereits abgelaufen, die Festsetzungsfrist für die Grundsteuer oder eine andere Folgesteuer aber noch nicht abgelaufen ist. [2]Im Feststellungsbescheid ist darauf hinzuweisen, dass der Feststellungsbescheid nach Ablauf der Feststellungsfrist ergangen und nur für die Grundsteuerfestsetzung

oder eine andere Folgesteuerfestsetzung von Bedeutung ist, für die die Festsetzungsfrist noch nicht abgelaufen ist (§ 181 Abs. 5 Satz 2 AO).

(3) Absätze 1 und 2 gelten entsprechend für Berichtigungen, Änderungen und Aufhebungen nach den Vorschriften der Abgabenordnung (vgl. BFH-Urteil vom 11. November 2009 II R 14/08, BStBl. 2010 II S. 723).

**Zu § 227 BewG**

**A 227. Wertverhältnisse bei Fortschreibungen und Nachfeststellungen**

(1) Bei Fortschreibungen und Nachfeststellungen der Grundsteuerwerte sind die Wertverhältnisse im Hauptfeststellungszeitpunkt und die tatsächlichen Verhältnisse im Fortschreibungs- bzw. Nachfeststellungszeitpunkt zugrunde zu legen.

(2) [1]Bei dem land- und forstwirtschaftlichen Vermögen sind die Wertverhältnisse Ausdruck des Ertragsgefüges des jeweiligen land- und forstwirtschaftlichen Betriebs, das dem Ertragswert auf den Hauptfeststellungszeitpunkt zugrunde gelegt wurde. [2]Bei Fortschreibungen und Nachfeststellungen sind daher unverändert zu übernehmen:

1. die Reinerträge je Flächen- oder sonstigen Einheit der jeweiligen Nutzung, des jeweiligen Nutzungsteils und der jeweiligen Nutzungsart der Anlagen 27 bis 31 zum BewG und
2. die Zuschläge des § 238 BewG ggf. i.V.m. der Anlage 33 zum BewG.

[3]Zu den tatsächlichen Verhältnissen, deren Änderung zu einer Wertfortschreibung führen können, gehören insbesondere

1. Flächenänderungen (Zu- oder Abnahme der Gesamtfläche des Betriebs der Land- und Forstwirtschaft),
2. Änderungen von Flächen innerhalb eines Betriebs der Land- und Forstwirtschaft zwischen den Nutzungen, Nutzungsteilen und Nutzungsarten,
3. Veränderungen bei den Bruttogrundflächen der in Anlage 31 und 32 zum BewG aufgeführten Wirtschaftsgebäude,
4. Änderungen des Tierbestandes und
5. Veränderungen bei den Ertrag steigernden Anlagen (z.B. Zunahme der Anbauflächen unter Glas und Kunststoffen sowie Änderung der Ausbauform im Weinbau, Bau einer Windenergieanlage).

(3) [1]Beim Grundvermögen umfasst der Begriff der Wertverhältnisse vor allem die wirtschaftlichen Verhältnisse, die ihren Niederschlag in den Grundstücks- und Baupreisen sowie im allgemeinen Mietniveau gefunden haben. [2]Zu den Wertverhältnissen im Hauptfeststellungszeitpunkt gehören insbesondere

1. der jeweilige Bodenrichtwert i.S.d. § 247 Abs. 1 und 2 BewG und die Werte vergleichbarer Flächen i.S.d. § 247 Abs. 3 BewG,
2. bei einer Bewertung im Ertragswertverfahren nach §§ 252 ff. BewG
   a) der Rohertrag des Grundstücks nach § 254 BewG i.V.m. Anlage 39 zum BewG,
   b) der Kapitalisierungsfaktor nach § 253 Abs. 2 BewG i.V.m. Anlage 37 zum BewG (siehe auch A 227 Abs. 4),
   c) die Bewirtschaftungskosten nach § 255 BewG i.V.m. Anlage 40 zum BewG,
   d) der Liegenschaftszinssatz nach § 256 BewG und

e) der Abzinsungsfaktor nach § 257 Abs. 2 BewG i.V.m. Anlage 41 zum BewG (siehe auch A 227 Abs. 4),
3. bei einer Bewertung im Sachwertverfahren nach §§ 258 ff. BewG
a) die Normalherstellungskosten nach § 259 Abs. 1 BewG, wie sie sich aus der Anlage 42 zum BewG ergeben,
b) der jeweilige Baupreisindex nach § 259 Abs. 3 BewG und
c) die Alterswertminderung nach § 259 Abs. 4 BewG (siehe auch A 227 Abs. 4).

[3]Zu den tatsächlichen Verhältnissen, deren Änderung zu einer Wert- und ggf. Artfortschreibung führen können, gehören insbesondere

1. Flächenänderungen beim Grund und Boden sowie bei Gebäuden,
2. Änderungen des Entwicklungszustandes des Grundstücks,
3. Errichtung oder Fertigstellung eines Gebäudes auf dem Grundstück,
4. Änderung der Nutzungsart sowie
5. Abriss oder Zerstörung eines Gebäudes auf dem Grundstück.

[4]Änderungen der Vermögensart, wie z.B. der Wechsel einer landwirtschaftlichen Fläche in das Grundvermögen nach § 233 Abs. 2 BewG, führen nicht zu einer Art- und ggf. einer Wertfortschreibung, sondern zu einer Nachfeststellung für die neu entstandene wirtschaftliche Einheit des Grundvermögens. [5]Sind alle Grundstücke eines Betriebs der Land- und Forstwirtschaft vom Wechsel der Vermögensart betroffen, ist zugleich eine Aufhebung des Grundsteuerwerts für die wirtschaftliche Einheit des land- und forstwirtschaftlichen Vermögens vorzunehmen. [6]Geht nur ein Teil eines Betriebs der Land- und Forstwirtschaft in das Grundvermögen über, ist wegen des Flächenabgangs bei der verbleibenden wirtschaftlichen Einheit des land- und forstwirtschaftlichen Vermögens eine Wertfortschreibung zu prüfen.

(4) [1]Für die Berechnung der Alterswertminderung ist jeweils das Alter des Gebäudes im Hauptfeststellungszeitpunkt zugrunde zu legen. [2]Dies gilt auch bei einer bestehenden Abbruchverpflichtung. [3]Entsprechendes gilt für die Bestimmung der Restnutzungsdauer eines Gebäudes bei der Bewertung eines Grundstücks im Ertragswertverfahren nach §§ 252 ff. BewG zur Ermittlung des Kapitalisierungsfaktors nach § 253 Abs. 2 BewG i.V.m. Anlage 37 zum BewG und des Abzinsungsfaktors nach § 257 Abs. 1 BewG i.V.m. Anlage 41 zum BewG. [4]Existierte das Gebäude bereits im Hauptfeststellungszeitpunkt und wird aufgrund des Entstehens einer neuen wirtschaftlichen Einheit (z.B. bei der Bildung von Wohnungs- oder Teileigentum) eine Nachfeststellung erforderlich, ist das Gebäudealter im Hauptfeststellungszeitpunkt maßgebend. [5]Existierte das Gebäude im Hauptfeststellungszeitpunkt noch nicht und wird eine Wertfortschreibung aufgrund der Errichtung des Gebäudes erforderlich, ist eine Alterswertminderung nicht zu berücksichtigen. [6]Maßgeblich ist in diesem Fall das Alter des Gebäudes im Feststellungszeitpunkt (0 Jahre). [7]Dies gilt auch für die Bestimmung der Restnutzungsdauer zur Ermittlung des Kapitalisierungsfaktors nach § 253 Abs. 2 BewG i.V.m. Anlage 37 zum BewG und des Abzinsungsfaktors nach § 257 Abs. 1 BewG i.V.m. Anlage 41 zum BewG.

## Zu § 228 BewG

### A 228. Erklärungs- und Anzeigepflicht

(1) [1]Zur Durchführung der Feststellung von Grundsteuerwerten ist auf den jeweiligen Hauptfeststellungszeitpunkt grundsätzlich eine Erklärung des Steuer-

pflichtigen zur Feststellung des Grundsteuerwerts anzufordern. [2]Zur Verwaltungsvereinfachung kann dies im Wege der öffentlichen Bekanntmachung erfolgen. [3]Andernfalls hat das zuständige Finanzamt den Steuerpflichtigen zur Erklärungsabgabe aufzufordern. [4]Haben sich bei einer wirtschaftlichen Einheit die tatsächlichen Verhältnisse (siehe A 227) geändert, so kann das Finanzamt den Steuerpflichtigen zur Abgabe einer Feststellungserklärung auffordern. [5]Fordert die Finanzbehörde zu einer Erklärung auf, hat sie eine Frist zur Abgabe zu bestimmen, die mindestens einen Monat betragen soll. [6]In besonders gelagerten Ausnahmefällen kann auch eine kürzere Frist gesetzt werden, insbesondere, wenn Verjährung droht und die Pflicht zur Abgabe der Erklärung in einer kürzeren Frist für den Steuerpflichtigen zumutbar ist.

(2) [1]Bei einer Änderung der tatsächlichen Verhältnisse (siehe A 227), die den Wert oder die Art (Vermögens- oder Grundstücksart) beeinflussen oder zu einer erstmaligen Feststellung führen können, hat dies der Steuerpflichtige auf den Beginn des folgenden Kalenderjahres anzuzeigen. [2]Änderungen, die eine Zurechnungsfortschreibung zur Folge haben, wie z.B. der Eigentumsübergang an einem Grundstück, bedürfen keiner Anzeige des Steuerpflichtigen. [3]Bei dem Übergang des zivilrechtlichen oder des wirtschaftlichen Eigentums an einem auf fremdem Grund und Boden errichteten Gebäude ist eine Anzeige abzugeben. [4]Die Abgabefrist für diese Anzeigen beträgt einen Monat und beginnt mit Ablauf des Kalenderjahres, in dem sich die tatsächlichen Verhältnisse geändert haben oder das (wirtschaftliche) Eigentum übergegangen ist. [5]Die Anzeigepflicht nach § 19 GrStG bleibt unberührt.

(3) [1]Die Erklärung nach § 228 Abs. 1 BewG und die Anzeige nach § 228 Abs. 2 BewG sind im Regelfall von demjenigen abzugeben, dem das Grundstück zuzurechnen ist. [2]Da in Erbbaurechtsfällen das Grundstück dem Erbbauberechtigten zugerechnet wird (vgl. § 261 BewG), ist folgerichtig auch der Erbbauberechtigte verpflichtet, die Feststellungserklärung oder Anzeige abzugeben. [3]Der Erbbauverpflichtete hat an der Erklärung oder Anzeige mitzuwirken, da im Einzelfall nicht auszuschließen ist, dass bestimmte Informationen nur vom Erbbauverpflichteten erlangt werden können. [4]Bei einem Gebäude auf fremdem Grund und Boden ist der Grundstückseigentümer verpflichtet, die Steuererklärung oder Anzeige abzugeben. [5]Der Eigentümer oder der wirtschaftliche Eigentümer des Gebäudes hat mitzuwirken.

(4) [1]Die Erklärung nach § 228 Abs. 1 BewG und die Anzeige nach § 228 Abs. 2 BewG sind bei dem für die gesonderte Feststellung zuständigen Finanzamt abzugeben und – sofern keine elektronische Übermittlung erfolgt (vgl. § 228 Abs. 6 BewG) – eigenhändig zu unterschreiben. [2]Örtlich zuständig für die gesonderte Feststellung ist nach der allgemeinen abgabenrechtlichen Zuständigkeitsverteilung das Lagefinanzamt (§ 18 Abs. 1 Nr. 1 AO).

(5) [1]Die Erklärungen nach § 228 Abs. 1 BewG und die Anzeigen nach § 228 Abs. 2 BewG sind Steuererklärungen im Sinne der Abgabenordnung. [2]Die Erfüllung sowohl der Erklärungs- als auch der Anzeigepflicht ist erzwingbar (§§ 328 ff. AO). [3]Bei Nichterfüllung oder bei nicht fristgerechter Erfüllung der Erklärungs- oder Anzeigepflicht ist ein Verspätungszuschlag nach § 152 Abs. 1 oder 2 AO unter den dort genannten Voraussetzungen festzusetzen. [4]Auf die Erklärungen nach § 228 Abs. 1 BewG zur gesonderten Feststellung des Grundsteuerwerts auf den Hauptfeststellungszeitpunkt 1. Januar 2022 ist § 152 Abs. 2 AO nicht anzuwenden (Art. 97 § 8 EGAO). [5]Die Anzeigepflicht nach § 228 Abs. 2 BewG kann innerhalb der Anzeigefrist auch durch Abgabe einer Erklä-

rung nach § 228 Abs. 1 BewG erfüllt werden. [6]Der Erklärungs- und Anzeigepflichtige sowie sein Gesamtrechtsnachfolger haben die Pflicht zur Berichtigung der Erklärung bzw. Anzeige des Erklärungs- und Anzeigepflichtigen aus § 153 Abs. 1 AO.

(6) [1]Unabhängig von der Anzeigepflicht kann die Fortschreibung eines Grundsteuerwerts auch von Amts wegen erfolgen. [2]Das kann insbesondere der Fall sein, wenn der Steuerpflichtige seiner Erklärungs- oder Anzeigepflicht nicht nachgekommen ist und dem Finanzamt alle steuererheblichen Tatsachen bereits bekannt sind. [3]Die Fortschreibung von Amts wegen unterliegt keiner zeitlichen Beschränkung. [4]Sie ist jedoch unzulässig, wenn die auf ihr beruhende Steuer verjährt und deshalb der Grundsteuerwert ohne steuerliche Bedeutung ist.

### Zu § 229 BewG

### A 229. Auskünfte, Erhebungen und Mitteilungen

– unbesetzt –

### Zu § 230 BewG

### A 230. Abrundung

Die sich im Rahmen der Ermittlung des Grundsteuerwerts ergebenden Zwischenwerte sind kaufmännisch auf zwei Nachkommastellen zu runden.

### Zu § 231 BewG

### A 231. Abgrenzung von in- und ausländischem Vermögen

[1]Für das inländische nach dem Siebenten Abschnitt des Zweiten Teils des Bewertungsgesetzes zu bewertende Vermögen gelten die Vorschriften der §§ 232 bis 262 BewG. [2]Nach diesen Vorschriften sind auch die inländischen Teile einer wirtschaftlichen Einheit zu bewerten, die sich sowohl auf das Inland als auch auf das Ausland erstrecken. [3]Dies gilt insbesondere für die Bewertung von Betrieben der Land- und Forstwirtschaft, wenn diese teilweise über Landesgrenzen hinweg betrieben werden. [4]Für Zwecke der Grundsteuer wird in diesen Fällen nur der inländische Teil der wirtschaftlichen Einheit bewertet. [5]Der ausländische Teil einer wirtschaftlichen Einheit unterliegt nicht der gesonderten Feststellung nach § 219 BewG.

## B. Grundvermögen

## I. Allgemeines

### Zu § 243 BewG

### A 243. Begriff des Grundvermögens

(1) [1]§ 243 BewG bestimmt den Begriff des Grundvermögens. [2]Dazu gehören insbesondere der Grund und Boden, die Gebäude, die sonstigen Bestandteile und das Zubehör. [3]Zum Grundvermögen gehören ebenso das Erbbaurecht i.S.d. Erbbaurechtsgesetzes (ErbbauRG) (siehe hierzu A 261.1), das Wohnungs- und Teileigentum (siehe hierzu A 249.5 und 249.6) sowie das Wohnungserbbaurecht und Teilerbbaurecht (siehe hierzu A 261.3) jeweils i.S.d. Wohnungseigentumsgesetzes (WEG).

(2) Der Grund und Boden bezeichnet einen räumlich abgegrenzten Teil der Erdoberfläche und erstreckt sich auf den Raum über der Oberfläche und auf den Erdkörper unter der Oberfläche (§ 905 des Bürgerlichen Gesetzbuches (BGB); siehe Einschränkung in A 243 Abs. 7).

(3) [1]Ein Gebäude ist ein Bauwerk, das Menschen oder Sachen durch räumliche Umschließung Schutz gegen äußere Einflüsse gewährt, den Aufenthalt von Menschen gestattet, fest mit dem Grund und Boden verbunden, von einiger Beständigkeit und ausreichend standfest ist (vgl. BFH-Urteil vom 24. Mai 1963 III 140/60 U, BStBl. III S. 376). [2]Zu den wesentlichen Bestandteilen des Gebäudes gehören die zu seiner Herstellung eingefügten Sachen (§ 94 Abs. 2 BGB). [3]Eine Sache ist zur Herstellung des Gebäudes eingefügt, wenn sie zwischen Teile eines Gebäudes gebracht und durch Einpassen an eine für sie bestimmte Stelle mit den sie umschließenden Stücken vereinigt und damit ihrer Zweckbestimmung zugeführt wird (vgl. BFH-Urteil vom 4. Mai 1962 III 348/60 U, BStBl. III S. 333). [4]Das sind z.B. Türen, Treppen, Fenster, eingebaute Möbel und Öfen, Badeinrichtungen, Zentralheizungs-, Warmwasser- und Brennstoffversorgungsanlagen sowie Aufzüge, auch wenn sie nachträglich eingebaut worden sind. [5]In das Gebäude eingefügte Sachen, die Betriebsvorrichtungen sind, sind nach bürgerlichem Recht ebenfalls wesentliche Bestandteile des Gebäudes. [6]Bei der Bewertung des Grundvermögens für Zwecke der Grundsteuer sind sie jedoch nicht zu berücksichtigen (siehe Abs. 8). [7]Sachen, die nur zu einem vorübergehenden Zweck in das Gebäude eingefügt sind, gehören nach § 95 BGB nicht zu den Bestandteilen des Gebäudes (vgl. BFH-Urteil vom 22. Oktober 1965 III 145/62 U, BStBl. 1966 III S. 5).

(4) [1]Die Begriffe sonstige Bestandteile und Zubehör sind nach bürgerlichem Recht auszulegen. [2]Zu den sonstigen Bestandteilen eines Grundstücks gehören die übrigen wesentlichen und nicht wesentlichen Bestandteile eines Grundstücks (siehe §§ 93 ff. BGB). [3]Wesentliche Bestandteile des Grundstücks sind neben den Gebäuden die mit einem Gebäude verbundenen Anbauten (z.B. Wintergärten). [4]Zu den Bestandteilen eines Grundstücks gehören auch die Außenanlagen. [5]Sie werden bei der Bewertung für Zwecke der Grundsteuer nicht gesondert angesetzt und sind mit dem Grundsteuerwert abgegolten (siehe A 247.1 Abs. 1 Satz 2 und A 258 Abs. 1 Satz 4). [6]Dazu gehören insbesondere Platz- und Wegebefestigungen, Terrassen, Gartenanlagen, Umzäunungen sowie Leitungen und sonstige Anlagen außerhalb der Gebäude, welche der Versorgung und der Kanalisation dienen. [7]Rechte, die mit dem Eigentum am Grundstück verbunden sind, gelten als Bestandteil des Grundstücks (vgl. § 96 BGB). [8]Sie gehören zwar zum Grundvermögen, werden allerdings nicht gesondert als Grundstück erfasst und auch nicht bei der Bewertung des belasteten Grundstücks berücksichtigt. [9]Das sind insbesondere Überbaurechte (§ 912 BGB) und Grunddienstbarkeiten (§ 1018 BGB, z.B. Wege- oder Fensterrechte). [10]Nicht zum Grundvermögen gehören Nutzungsrechte (so etwa Nießbrauchs- und Wohnrechte), da sie nach Inhalt und Entstehung nicht mit der Beschaffenheit des Grundstücks zusammenhängen.

(5) Der Grundsteuerwert umfasst auch Nebengebäude und Zubehörräume (z.B. Keller-, Abstell- und Heizungsräume), wenn sie auf dem mit dem Hauptgebäude bebauten Grundstück stehen (z.B. Garagen) oder zusammen mit dem Grundstück genutzt werden.

(6) [1]Zubehör sind nach § 97 BGB bewegliche Sachen, die, ohne Bestandteile der Hauptsache zu sein, dem wirtschaftlichen Zweck der Hauptsache zu dienen bestimmt sind und zu ihr in einem Verhältnis wirtschaftlicher Unterordnung stehen. [2]Zubehör sind danach z.B. die dem Grundstückseigentümer gehörenden Treppenläufer, Beleuchtungskörper, Mülltonnen. [3]Auch vom Grundstückseigentümer mitvermietete oder den Mietern zur Verfügung gestellte

Waschmaschinen, Kühlschränke, Herde, Öfen u. Ä. sind Zubehör. [4]Zubehör wird bei der Bewertung für Zwecke der Grundsteuer nicht gesondert angesetzt und ist mit dem Grundsteuerwert abgegolten.

(7) Das Grundvermögen ist vom land- und forstwirtschaftlichen Vermögen abzugrenzen (vgl. koordinierte Erlasse der obersten Finanzbehörden der Länder zur Bewertung des land- und forstwirtschaftlichen Vermögens nach dem Siebenten Abschnitt des Zweiten Teils des Bewertungsgesetzes, A 232.3 und 233).

(8) [1]Nicht in das Grundvermögen einzubeziehen sind nach § 243 Abs. 2 BewG Bodenschätze sowie Maschinen und sonstige Vorrichtungen aller Art einer Betriebsanlage (Betriebsvorrichtungen), auch wenn sie wesentliche Bestandteile eines Gebäudes oder, ohne Bestandteil eines Gebäudes zu sein, Bestandteile des Grundstücks sind. [2]Die gleich lautenden Erlasse zur Abgrenzung des Grundvermögens von den Betriebsvorrichtungen vom 5. Juni 2013 (BStBl. I S. 734)[1)] sind entsprechend anzuwenden.

**Zu § 244 BewG**

**A 244. Grundstück**

(1) [1]Die wirtschaftliche Einheit des Grundvermögens ist das Grundstück. [2]Der Begriff Grundstück ist dabei nicht gleichbedeutend mit dem Begriff des Grundstücks nach bürgerlichem Recht. [3]Maßgebend ist nach § 2 BewG allein, was als wirtschaftliche Einheit nach den Anschauungen des Verkehrs anzusehen ist. [4]Dabei können auch mehrere Flurstücke, Gebäude oder selbständige Gebäudeteile zusammenzufassen sein. [5]Voraussetzung ist, dass sie zu einer Vermögensart und demselben Eigentümer oder denselben Eigentümern gehören (§ 2 Abs. 2 BewG; siehe aber A 244 Abs. 3, A 261 und A 262). [6]Flächen, die im Eigentum eines Eigentümers stehen, und Flächen, die ihm und anderen Personen gemeinsam – gesamthänderisch oder nach Bruchteilen – gehören, können daher grundsätzlich keine wirtschaftliche Einheit bilden und sind getrennt voneinander zu bewerten (Ausnahmen siehe Abs. 3 und A 266.2 Abs. 5).

(2) [1]Grenzt eine unbebaute Fläche an eine Grundstücksfläche, die z.B. mit einem Einfamilienhaus bebaut ist, können beide Flächen auch bei offener Bauweise selbständige wirtschaftliche Einheiten bilden. [2]Diese Fälle sind von denjenigen abzugrenzen, in denen nur eine wirtschaftliche Einheit mit einer selbständig nutzbaren Teilfläche vorliegt (siehe A 257.4 Abs. 1). [3]Wird von einem größeren Grundstück eine Teilfläche verpachtet und errichtet der Pächter auf dieser Fläche ein Gebäude ist die Teilfläche als selbständige wirtschaftliche Einheit zu bewerten.

(3) [1]Der Anteil des Eigentümers an anderem Grundvermögen (z.B. gemeinschaftlichen Hofflächen oder Garagen) ist nach § 244 Abs. 2 Satz 1 BewG in das Grundstück einzubeziehen, wenn der Anteil zusammen mit diesem genutzt wird und eine gewisse räumliche Nähe zum Gebäude besteht und trotz der räumlichen Trennung die wirtschaftliche Zusammengehörigkeit erkennbar bleibt. [2]Diese Vorschrift ermöglicht es, abweichend von § 2 Abs. 2 BewG mehrere Grundstücksteile auch dann zu einer wirtschaftlichen Einheit zusammenzufassen, wenn sie unterschiedlichen Eigentümern gehören (Ausnahmen zu A 244 Abs. 1). [3]Voraussetzung dafür ist, dass das gemeinschaftliche Grund-

---

[1)] Nr. **200** § 68/1.

vermögen nach der Verkehrsanschauung nicht als selbständige wirtschaftliche Einheit anzusehen ist (§ 244 Abs. 2 Satz 2 BewG).

**Beispiel 1:**
Ein Garagengrundstück gehört einer Vielzahl von Eigentümern und wird von einzelnen Eigentümern gemeinsam mit ihren in räumlicher Nähe liegenden Reihenhäusern genutzt. Der Anteil des Eigentümers an dem Garagengrundstück zusammen mit seinem Reihenhaus bilden in diesem Fall eine wirtschaftliche Einheit. Hierbei ist es nicht erforderlich, dass alle Miteigentümer des Garagengrundstücks ihren Anteil jeweils zusammen mit einem Reihenhaus nutzen.

**Beispiel 2:**
Eine unbebaute Fläche von 1000 m² wird gemeinsam von den Eigentümern der angrenzenden wirtschaftlichen Einheiten (z.B. als Spielplatz oder Gartenfläche) genutzt. An dem unbebauten Flurstück besteht Miteigentum.
Jedem Eigentümer wird die anteilige Fläche des unbebauten Grundstücks zugerechnet. Beträgt der Anteil z.B. jeweils 25/100, ist zu der Fläche jeder wirtschaftlichen Einheit eine Fläche von 250 m² hinzuzurechnen. Ob für das unbebaute Flurstück ein eigenes Grundbuchblatt angelegt wurde, ist insoweit unbeachtlich.

(4) [1]§ 244 Abs. 3 BewG definiert den Umfang der wirtschaftlichen Einheit in Erbbaurechtsfällen. [2]Danach ist das Erbbaurecht, das aufgrund des Erbbaurechts errichtete Bauwerk und der mit dem Erbbaurecht belastete Grund und Boden zu einer wirtschaftlichen Einheit zusammenzufassen (siehe auch A 261). [3]Gebäude auf fremdem Grund und Boden sind zusammen mit dem dazu gehörenden Grund und Boden insgesamt ebenfalls zu einer wirtschaftlichen Einheit zusammenzufassen (siehe auch A 262). [4]Auch bei der Belastung mit einem Wohnungs- oder Teilerbbaurecht bildet das Wohnungs- bzw. Teilerbbaurecht zusammen mit dem anteiligen belasteten Grund und Boden eine wirtschaftliche Einheit.

## Zu § 245 BewG

### A 245. Gebäude, Gebäudeteile und Anlagen für den Zivilschutz

(1) [1]Gebäude, Gebäudeteile und Anlagen, die dem Zivilschutz i.S.d. Zivilschutz- und Katastrophenhilfegesetzes dienen (z.B. Gasschleusen, Luftschutzbunker, -keller oder -räume, Hausschutzräume oder Druckkammern), bleiben bei der Ermittlung des Grundsteuerwerts außer Betracht (§ 245 BewG). [2]Die Gebäude, Gebäudeteile und Anlagen, die bei der Bewertung außer Betracht bleiben, müssen wegen der begünstigten Zwecke geschaffen sein. [3]Die Gebäude oder Gebäudeteile dürfen ferner im Frieden nicht für andere Zwecke benutzt werden. [4]Eine nur gelegentliche oder geringfügige Benutzung ist indessen unbeachtlich. [5]Eine gelegentliche Nutzung liegt z.B. vor, wenn in einem für die begünstigten Zwecke geschaffenen Raum von Zeit zu Zeit Veranstaltungen abgehalten werden, zu deren Durchführung der Raum nicht besonders hergerichtet werden muss. [6]Werden in einem Keller lediglich Gartengeräte abgestellt, so handelt es sich um eine geringfügige Nutzung.

(2) Die Flächen der dem Zivilschutz dienenden Gebäude, Gebäudeteile und Anlagen werden sowohl im Ertragswert- als auch im Sachwertverfahren nicht angesetzt.

## II. Unbebaute Grundstücke

## Zu § 246 BewG

### A 246. Begriff der unbebauten Grundstücke

(1) Unbebaute Grundstücke sind Grundstücke, auf denen sich keine oder keine benutzbaren Gebäude befinden. Für Gebäude, die noch nicht benutzbar sind

(fehlende Bezugsfertigkeit), wird auf die Absätze 2 und 3 und für Gebäude, die nicht mehr benutzbar sind, auf die Absätze 4 und 5 hingewiesen.

(2) [1]Die Benutzbarkeit beginnt zum Zeitpunkt der Bezugsfertigkeit des Gebäudes. [2]Es muss den zukünftigen Bewohnern oder sonstigen vorgesehenen Benutzern nach objektiven Merkmalen zugemutet werden können, Wohnungen oder Räume des Gebäudes bestimmungsgemäß zu benutzen. [3]Im Feststellungszeitpunkt müssen alle wesentlichen Bauarbeiten abgeschlossen sein. [4]Geringfügige Restarbeiten, die üblicherweise vor dem tatsächlichen Bezug durchgeführt werden (z.B. Malerarbeiten, Verlegen des Bodenbelags), schließen die Bezugsfertigkeit nicht aus (vgl. BFH-Urteil vom 25. Juli 1980 III R 46/78, BStBl. 1981 II S. 152). [5]Auf die Abnahme durch die Bauaufsichtsbehörde kommt es nicht an. [6]Ist das Gebäude im Feststellungszeitpunkt bezogen, begründet dies die widerlegbare Vermutung der Bezugsfertigkeit.

(3) [1]Bei der Prüfung, ob ein Gebäude bezugsfertig ist, ist grundsätzlich auf das ganze Gebäude und nicht auf einzelne Wohnungen oder Räume abzustellen, es sei denn, es handelt sich dabei um eigenständige wirtschaftliche Einheiten (z.B. Wohnungseigentum, siehe A 249.5). [2]Sind z.B. Wohnungen im Erdgeschoss vor dem Feststellungszeitpunkt, die übrigen Wohnungen jedoch erst danach bezugsfertig geworden und ist keine Bebauung in Bauabschnitten gegeben, ist das Gebäude als nicht bezugsfertig anzusehen. [3]Wird ein Gebäude nur zum Teil fertig gestellt und der Innenausbau z.B. nach den Wünschen der künftigen Nutzer zurückgestellt, ist das Gebäude insgesamt als bezugsfertig anzusehen (vgl. BFH-Urteil vom 18. April 2012 II R 58/10, BStBl. II S. 874). [4]Bei abschnittsweise errichteten Gebäuden (§ 248 Satz 2 BewG) ist der bezugsfertige Teil als Gebäude anzusehen. [5]Eine Errichtung in Bauabschnitten ist gegeben, wenn ein Gebäude nicht in einem Zuge in planmäßig vorgesehenem Umfang oder im Rahmen der behördlichen Genehmigung bezugsfertig erstellt wird (z.B. wird anstelle des geplanten Mietwohngrundstücks zunächst nur eine Wohnung im Erdgeschoss fertig gestellt). [6]Die Verzögerung oder Unterbrechung darf jedoch nicht auf bautechnischen Gründen beruhen (z.B. Überwindung einer Frostperiode) und muss von gewisser Dauer sein (in der Regel mindestens zwei Jahre, vgl. BFH-Urteil vom 29. April 1987 II R 262/83, BStBl. II S. 594). [7]Bei Grundstücken, die sich im Feststellungszeitpunkt noch im Bau befinden, bleiben die nicht bezugsfertigen Gebäude oder Gebäudeteile (z.B. Anbauten oder Zubauten) bei der Ermittlung des Grundsteuerwerts außer Betracht.

(4) [1]Die Gebäudeeigenschaft endet, wenn das Gebäude nicht mehr benutzbar ist. [2]Ein Gebäude ist insbesondere nicht mehr benutzbar, wenn infolge des Verfalls des Gebäudes oder der Zerstörung keine auf Dauer benutzbaren Räume vorhanden sind (§ 246 Abs. 2 Satz 1 BewG). [3]Ein Gebäude ist dem Verfall preisgegeben, wenn der Abnutzungsprozess so weit fortgeschritten ist, dass das Gebäude nach objektiven Verhältnissen auf Dauer nicht mehr benutzt werden kann. [4]Die Verfallsmerkmale müssen an der Bausubstanz erkennbar sein und das gesamte Gebäude betreffen. [5]Von einem Verfall ist auszugehen, wenn erhebliche Schäden an konstruktiven Teilen des Gebäudes eingetreten sind und ein Zustand gegeben ist, der aus bauordnungsrechtlicher Sicht die sofortige Räumung nach sich ziehen würde. [6]Das ist stets der Fall, wenn eine Anordnung der Bauaufsichtsbehörde zur sofortigen Räumung des Grundstücks vorliegt; dabei ist gesondert zu prüfen, ob der Zustand von Dauer ist.

(5) [1]Behebbare Baumängel und Bauschäden sowie aufgestauter Reparaturbedarf aufgrund von unterlassenen Instandsetzungs- und Reparaturarbeiten wirken sich regelmäßig nur vorübergehend auf Art und Umfang der Gebäudenutzung aus und betreffen nicht unmittelbar die Konstruktion des Gebäudes. [2]Sie führen deshalb in der Regel nicht dazu, dass auf dem Grundstück kein auf Dauer benutzbarer Raum vorliegt (vgl. BFH-Urteil vom 14. Mai 2003 II R 14/01, BStBl. II S. 906). [3]Befinden sich auf dem Grundstück Gebäude, die auf Grund von Umbauarbeiten vorübergehend nicht benutzbar sind, stellt das Grundstück ebenfalls ein bebautes Grundstück dar. [4]Sofern bereits vorhandene Gebäude im Feststellungszeitpunkt wegen baulicher Mängel oder fehlender Ausstattung (z.B. fehlende Heizung, Wohnungstüren) vorübergehend nicht benutzbar sind, liegt kein unbebautes Grundstück vor. [5]Sind die Haupträume eines Gebäudes insbesondere infolge Abrisses von Decken und Wänden (Entkernung, vgl. BFH-Urteil vom 24. Oktober 1990 II R 9/88, BStBl. 1991 II S. 60) nicht mehr bestimmungsgemäß nutzbar, liegt ein unbebautes Grundstück vor. [6]Ein Gebäude ist zerstört, wenn keine auf Dauer benutzbaren Räume vorhanden sind. [7]Sind noch Kellerräume vorhanden, die zu gewerblichen oder zu Wohnzwecken ausgebaut und deshalb auf Dauer benutzbar sind, so ist das Grundstück weiter als ein bebautes Grundstück anzusehen.

## Zu § 247 BewG

### A 247.1. Bewertung der unbebauten Grundstücke; Allgemeines

(1) [1]Der Grundsteuerwert unbebauter Grundstücke ergibt sich regelmäßig aus dem Produkt der Grundstücksfläche und dem jeweiligen Bodenrichtwert (§ 196 BauGB). [2]Der Wert unbebauter Grundstücke umfasst den Wert des Grund und Bodens, mit dem die Außenanlagen abgegolten sind. [3]Bei der Wertermittlung ist der Bodenrichtwert anzusetzen, der vom Gutachterausschuss auf den jeweiligen Hauptfeststellungszeitpunkt ermittelt wurde. [4]Dieser Wert gilt für den gesamten Hauptfeststellungszeitraum.

(2) [1]Der Bodenrichtwert ist der durchschnittliche Lagewert des Bodens für eine Mehrheit von Grundstücken innerhalb eines abgegrenzten Gebiets (Bodenrichtwertzone), die nach ihren Grundstücksmerkmalen weitgehend übereinstimmen und für die im Wesentlichen gleiche allgemeine Wertverhältnisse vorliegen. [2]Der Bodenrichtwert ist auf einen Quadratmeter Grundstücksfläche eines Grundstücks mit den dargestellten Grundstücksmerkmalen (Bodenrichtwertgrundstück) bezogen. [3]In bebauten Gebieten werden die Bodenrichtwerte mit dem Wert ermittelt, der sich ergeben würde, wenn der Boden unbebaut wäre (§ 196 Abs. 1 Satz 2 BauGB).

### A 247.2. Ansatz der Bodenrichtwerte

(1) [1]Anzusetzen ist regelmäßig der auf das Bodenrichtwertgrundstück bezogene Bodenrichtwert. [2]Abweichungen zwischen den Grundstücksmerkmalen des Bodenrichtwertgrundstücks und des zu bewertenden Grundstücks werden mit Ausnahme unterschiedlicher Entwicklungszustände und Arten der Nutzung bei überlagernden Bodenrichtwertzonen nicht berücksichtigt.

(2) Als Entwicklungszustände kommen in Betracht:

1. Flächen der Land- oder Forstwirtschaft (vgl. §§ 232 bis 242 BewG),
2. Bauerwartungsland,
3. Rohbauland und
4. baureifes Land.

(3) [1]Bauerwartungsland sind Flächen, die nach ihren weiteren Grundstücksmerkmalen, insbesondere dem Stand der Bauleitplanung und der sonstigen städtebaulichen Entwicklung des Gebiets, eine bauliche Nutzung auf Grund konkreter Tatsachen mit hinreichender Sicherheit erwarten lassen. [2]Ist damit zu rechnen, dass die Flächen innerhalb eines Zeitraums von sieben Jahren anderen als land- und forstwirtschaftlichen Zwecken dienen werden und daher gemäß § 233 Abs. 2 BewG als Grundvermögen anzusehen sind, werden diese Flächen regelmäßig als Bauerwartungsland angesetzt.

(4) [1]Rohbauland sind Flächen, die nach den §§ 30, 33 und 34 BauGB für eine bauliche Nutzung bestimmt sind, deren Erschließung aber noch nicht gesichert ist oder die nach Lage, Form oder Größe für eine bauliche Nutzung unzureichend gestaltet sind. [2]Im Regelfall handelt es sich hierbei um größere, unerschlossene Grundstücksflächen, die die Eigenschaft als land- und forstwirtschaftliches Vermögen verloren haben, selbst wenn sie noch land- und forstwirtschaftlich genutzt werden. [3]Eine Unterscheidung zwischen Bruttorohbauland, welches die für öffentliche Zwecke benötigten Flächen des Planungsgebiets einschließt, und Nettorohbauland, welches diese Flächen nicht umfasst, wird für die Ermittlung des Grundsteuerwerts nicht vorgenommen.

(5) [1]Baureifes Land sind Flächen, die nach öffentlich-rechtlichen Vorschriften und den tatsächlichen Gegebenheiten baulich nutzbar sind. [2]Der Gutachterausschuss ermittelt die Bodenrichtwerte regelmäßig für baureifes Land.

(6) [1]Der Entwicklungszustand des Bodenrichtwertgrundstücks ist für das zu bewertende Grundstück regelmäßig zu übernehmen. [2]Weicht der Entwicklungszustand des Bodenrichtwertgrundstücks vom zu bewertenden Grundstück ab, sind die Abweichungen durch pauschalierte Ab- und Zuschläge zu berücksichtigen (siehe A 247.3).

(7) [1]Die Art der baulichen Nutzung des Bodenrichtwertgrundstücks ist für das zu bewertende Grundstück regelmäßig zu übernehmen.

**Beispiel:**

Ein Grundstück mit einem Lebensmittelmarkt liegt in einer Bodenrichtwertzone von Grundstücken mit Einfamilienhäusern. Das Grundstück wird mit dem vorhandenen Bodenrichtwert angesetzt.

[2]Bei sich überlagernden Bodenrichtwertzonen ist der Bodenrichtwert für dasjenige Bodenrichtwertgrundstück heranzuziehen, dessen Art der Nutzung am ehesten der des zu bewertenden Grundstücks entspricht.

**Beispiel 1:**

Für eine Bodenrichtwertzone liegen zwei unterschiedliche Bodenrichtwerte für „Wohnen" – einmal für „mehrgeschossig", einmal für „ein-/zweigeschossig" – vor. Für ein zweigeschossiges Einfamilienhaus ist der Bodenrichtwert für „Wohnen, ein-/zweigeschossig" zugrunde zu legen.

**Beispiel 2:**

Für eine Bodenrichtwertzone liegen unterschiedliche Bodenrichtwerte für „Geschäftshäuser" und „Mehrfamilienhäuser" vor. Für ein Einfamilienhaus ist der Bodenrichtwert für „Mehrfamilienhäuser" zugrunde zu legen, da diese Art der Nutzung am ehesten der des zu bewertenden Grundstücks entspricht.

(8) Besondere Merkmale des einzelnen zu bewertenden Grundstücks wie Ecklage, Zuschnitt, Vorder- und Hinterland, Oberflächenbeschaffenheit, Beschaffenheit des Baugrundes, Lärm-, Staub-, Geruchsbelästigungen, Altlasten sowie Außenanlagen bleiben außer Ansatz.

### A 247.3. Ansatz des Bodenwerts nach § 247 Abs. 3 BewG

(1) [1]Hat der Gutachterausschuss, gleich aus welchen Gründen, keinen Bodenrichtwert nach § 196 BauGB ermittelt, ist der Bodenwert pro Quadratmeter

aus den Bodenrichtwerten vergleichbarer Flächen abzuleiten. [2]Hat der Gutachterausschuss für ein Grundstück im Entwicklungszustand Bauerwartungsland oder Rohbauland keinen Bodenrichtwert ermittelt, gelten folgende Wertansätze:

1. Bauerwartungsland 25 Prozent und
2. Rohbauland 50 Prozent

des Bodenrichtwerts für vergleichbares erschließungsbeitragsfreies Bauland. [3]Durch Multiplikation von Grundstücksfläche und abgeleitetem Bodenwert pro Quadratmeter ergibt sich der Wert des unbebauten Grundstücks.

(2) [1]Bei Fortschreibungen und Nachfeststellungen von Grundsteuerwerten während des Hauptfeststellungszeitraums sind die Wertverhältnisse im Hauptfeststellungszeitpunkt und die tatsächlichen Verhältnisse im Feststellungszeitpunkt zugrunde zu legen (siehe A 227). [2]Ändert sich der Entwicklungszustand der Grundstücke in der Bodenrichtwertzone im Hauptfeststellungszeitraum (z.B. infolge der Erschließung eines Neubaugebiets: Bauerwartungsland im Hauptfeststellungszeitpunkt in baureifes Land im Feststellungszeitpunkt), sind die Gutachterausschüsse verpflichtet, bei der nächsten Fortschreibung der Bodenrichtwerte auf der Grundlage der geänderten Qualität auch Bodenrichtwerte bezogen auf die Wertverhältnisse zum Zeitpunkt der letzten Hauptfeststellung zu ermitteln (§ 196 Abs. 2 Satz 1 BauGB). [3]Das Finanzamt kann nach § 196 Abs. 2 Satz 2 BauGB auf eine entsprechende Ermittlung verzichten, wenn eine sachgerechte Wertableitung, insbesondere durch vom Gutachterausschuss zur Verfügung gestellte Indexreihen, gewährleistet bleibt. [4]Bei einer solchen Wertableitung handelt es sich um einen Anwendungsfall des § 247 Abs. 3 BewG.

(3) [1]Für den bebauten Außenbereich (§ 35 BauGB) sind vom Gutachterausschuss separate Bodenrichtwerte zu ermitteln. [2]Ein ggf. vorhandener Bodenrichtwert für land- und forstwirtschaftliche Flächen ist für die Flächen, die der Bebauung zuzuordnen sind, bei einer Bewertung von Grundstücken im Grundvermögen nicht anzusetzen. [3]Liegen keine solchen Bodenrichtwerte für den bebauten Außenbereich vor, kann auf vom Gutachterausschuss, vom Oberen Gutachterausschuss oder von der Zentralen Geschäftsstelle der Gutachterausschüsse zur Verfügung gestellte Umrechnungskoeffizienten in Bezug auf den Bodenrichtwert vergleichbarer baureifer Grundstücke benachbarter Baugebiete zurückgegriffen werden. [4]Bei einer solchen Wertableitung handelt es sich um einen Anwendungsfall des § 247 Abs. 3 BewG.

## III. Bebaute Grundstücke

### Zu § 248 BewG

### A 248. Begriff der bebauten Grundstücke

(1) [1]Bebaute Grundstücke sind Grundstücke, auf denen sich benutzbare Gebäude befinden (siehe zum Begriff des Gebäudes A 243 Abs. 3 und zur Benutzbarkeit A 246 Abs. 2 bis 4). [2]Dies gilt auch, wenn diese vom Wert und/oder Umfang her von untergeordneter Bedeutung sind.

**Beispiel 1:**
Auf einem größeren Grundstück befindet sich ein geringwertiges Wochenendhaus.

**Beispiel 2:**
Auf einem wertvollen Grundstück, das für eine Bebauung mit einem Geschäftshaus geeignet ist, befinden sich Kioske oder Baracken.

**Beispiel 3:**
Auf einem Zeltplatz befinden sich Gebäude von geringem Umfang und Wert.
Es handelt sich jeweils um bebaute Grundstücke.

(2) [1]Zum Grund und Boden eines bebauten Grundstücks gehören die bebaute Fläche und die mit dem Gebäude im Zusammenhang stehende unbebaute Fläche, insbesondere der Hof sowie Haus- und Vorgarten. [2]Bei einer hieran anschließenden größeren unbebauten Fläche ist für die Beurteilung, was als wirtschaftliche Einheit gilt, die Verkehrsanschauung maßgebend. [3]Liegt in diesen Fällen eine wirtschaftliche Einheit vor, ist zu prüfen, ob eine selbständig nutzbare Teilfläche gegeben ist (siehe A 244 Abs. 2 und A 257.4 – selbständig nutzbare Teilfläche).

(3) [1]Gebäude oder Gebäudeteile, die innerhalb land- und forstwirtschaftlich genutzter Hofstellen Wohnzwecken oder anderen als land- und forstwirtschaftlichen Zwecken dienen, gehören zum Grundvermögen. [2]In Fällen mit einer hohen Anzahl von zu berücksichtigenden Gebäuden und/oder Gebäudeteilen sowie bei fehlender Datengrundlage kann der dem Grundvermögen zugehörige Grund und Boden hilfsweise mit dem Dreifachen der Wohn- und Nutzfläche der jeweils zu bewertenden Gebäude und/oder Gebäudeteile angesetzt werden (vgl. koordinierte Erlasse der obersten Finanzbehörden der Länder zur Bewertung des land- und forstwirtschaftlichen Vermögens nach dem Siebenten Abschnitt des Zweiten Teils des Bewertungsgesetzes, A 237.24 Abs. 7).

(4) [1]Wird ein Gebäude in Bauabschnitten errichtet, sind nur die fertig gestellten und bezugsfertigen Teile (Bauabschnitte) als benutzbares Gebäude anzusehen (siehe A 246 Abs. 3 Satz 3 bis 6). [2]Zu den Auswirkungen bei Errichtung in Bauabschnitten auf die Bestimmung der Grundstücksart siehe A 249.1 Abs. 6.

## Zu § 249 BewG

### A 249.1. Grundstücksarten; Abgrenzung

(1) Bei bebauten Grundstücken wird nach § 249 BewG zwischen den folgenden abschließend aufgezählten Grundstücksarten unterschieden:

| Grundstücksart | Voraussetzungen |
|---|---|
| 1. Einfamilienhäuser | – Wohngrundstücke mit einer Wohnung;<br>– Mitbenutzung für betriebliche oder öffentliche Zwecke zu weniger als 50 Prozent – berechnet nach der Wohn- und Nutzfläche – ist unschädlich, soweit dadurch die Eigenart als Einfamilienhaus nicht wesentlich beeinträchtigt wird;<br>– kein Wohnungseigentum i.S.d. Nr. 4. |
| 2. Zweifamilienhäuser | – Wohngrundstücke mit zwei Wohnungen;<br>– Mitbenutzung für betriebliche oder öffentliche Zwecke zu weniger als 50 Prozent – berechnet nach der Wohn- und Nutzfläche – ist unschädlich, soweit dadurch die Eigenart als Zweifamilienhaus nicht wesentlich beeinträchtigt wird;<br>– kein Wohnungseigentum i.S.d. Nr. 4. |
| 3. Mietwohngrundstücke | – Grundstücke, die zu mehr als 80 Prozent – berechnet nach der Wohn- und Nutzfläche – Wohnzwecken dienen; |

| Grundstücksart | Voraussetzungen |
|---|---|
| | – keine Ein- oder Zweifamilienhäuser i.S.d. Nr. 1 bzw. Nr. 2;<br>– kein Wohnungseigentum i.S.d. Nr. 4. |
| 4. Wohnungseigentum | – Wohnungseigentum ist das Sondereigentum an einer Wohnung in Verbindung mit dem Miteigentumsanteil an dem gemeinschaftlichen Eigentum, zu dem es gehört (§ 1 Abs. 2 WEG). |
| 5. Teileigentum | – Teileigentum ist das Sondereigentum an nicht zu Wohnzwecken dienenden Räumen eines Gebäudes in Verbindung mit dem Miteigentum an dem gemeinschaftlichen Eigentum, zu dem es gehört (§ 1 Abs. 3 WEG). |
| 6. Geschäftsgrundstücke | – Grundstücke, die zu mehr als 80 Prozent – berechnet nach der Wohn- und Nutzfläche – eigenen oder fremden betrieblichen oder öffentlichen Zwecken dienen;<br>– kein Teileigentum i.S.d. Nr. 5. |
| 7. gemischt genutzte Grundstücke | – Grundstücke, die teils Wohnzwecken, teils eigenen oder fremden betrieblichen oder öffentlichen Zwecken dienen;<br>– keine Grundstücke i.S.d. Nummern 1 bis 6. |
| 8. sonstige bebaute Grundstücke | – Auffangtatbestand: Grundstücke, die nicht unter die Nummern 1 bis 7 fallen. |

(2) [1]Bei der Festlegung der Grundstücksart ist stets die gesamte wirtschaftliche Einheit zu betrachten. [2]Dies gilt auch, wenn sich auf einem Grundstück mehrere Gebäude oder Gebäudeteile unterschiedlicher Bauart oder Nutzung befinden.

**Beispiel:**

Zu einer wirtschaftlichen Einheit gehören zwei aneinandergrenzende Gebäude. In dem einen Gebäude befindet sich eine Wohneinheit und in dem anderen Gebäude befinden sich zwei Wohneinheiten. Die Wohneinheiten erfüllen jeweils den Begriff der Wohnung. Bewertungsrechtlich handelt es sich um eine wirtschaftliche Einheit mit mehr als zwei Wohnungen (= Mietwohngrundstück). Dass die Gebäude, würden sie jeweils eine selbständige wirtschaftliche Einheit bilden, als Ein- bzw. Zweifamilienhaus einzuordnen wären, ist unerheblich.

(3) [1]Die Abgrenzung der Grundstücksarten ist vorbehaltlich § 249 Abs. 2 Satz 1 und Abs. 3 Satz 1 BewG (siehe auch A 249.10) nach dem Verhältnis der Wohn- und Nutzfläche vorzunehmen. [2]Abzustellen ist auf die tatsächliche Nutzung der Haupträume im Feststellungszeitpunkt. [3]Dies gilt auch für steuerbefreite Gebäude oder Gebäudeteile. [4]Für die Einordnung in die entsprechende Grundstücksart ist ohne Bedeutung, ob das Gebäude eigenen oder fremden Wohn- oder Nutzzwecken dient oder leer steht. [5]Bei Leerstand ist darauf abzustellen, für welche Nutzung die leerstehenden Räume vorgesehen sind.

(4) [1]Wohnflächen liegen vor, wenn die Flächen Wohnbedürfnissen dienen. [2]Zu den Nutzflächen zählen Flächen, die betrieblichen (z.B. Werkstätten, Verkaufsläden, Büroräume), öffentlichen oder sonstigen Zwecken (z.B. Vereinsräume) dienen und keine Wohnflächen sind. [3]Wohnräume, die betrieblich oder freiberuflich mitgenutzt werden (z.B. Arbeitszimmer), sind nicht als betrieblichen

Zwecken dienende Räume zu behandeln. [4]Öffentlichen Zwecken dienen Flächen, die zur Wahrnehmung öffentlich-rechtlicher Aufgaben genutzt werden.

(5) [1]Für die Ermittlung des Verhältnisses von Wohn- und Nutzfläche wird regelmäßig die Wohnfläche nach der Wohnflächenverordnung (WoFlV) und die Nutzfläche nach der DIN 277 in der jeweils geltenden Fassung ermittelt. [2]Ist die Wohnfläche zulässigerweise bis zum 31. Dezember 2003 nach der II. Berechnungsverordnung berechnet worden und haben sich keine baulichen Änderungen ergeben, kann diese Berechnung hilfsweise für die Ermittlung des Verhältnisses von Wohn- und Nutzfläche zugrunde gelegt werden. [3]Nutzflächen von Nebenräumen, die in einem Nutzungszusammenhang mit Wohnflächen stehen, sind nicht einzubeziehen. [4]Nebenräume sind z.B. Keller-, Abstell-, Wasch-, Trocken- und Heizungsräume sowie Garagen. [5]Nutzflächen von Nebenräumen, die nicht im Nutzungszusammenhang mit Wohnflächen stehen, sind bei der Ermittlung des Verhältnisses von Wohn- und Nutzfläche zu berücksichtigen.

**Beispiel:**

Auf einem Grundstück befindet sich ein mehrgeschossiges Gebäude, das wie folgt genutzt wird:

420 m² Wohnfläche

200 m² Nutzfläche

| | | |
|---|---|---|
| davon | 100 m² | betrieblich genutzte Flächen, |
| | 50 m² | Kellerräume in einem Nutzungszusammenhang mit Wohnflächen und |
| | 50 m² | Kellerräume in einem Nutzungszusammenhang mit den betrieblich genutzten Flächen. |

Das Grundstück ist der Grundstücksart gemischt genutztes Grundstück zuzuordnen, da 73,68 Prozent (420 m² von insgesamt 570 m² Wohn- und Nutzfläche) und nicht mehr als 80 Prozent von insgesamt 570 m² Wohn- und Nutzfläche Wohnzwecken dienen. Die zur Wohnfläche gehörenden Kellerräume (Nutzfläche 50 m²) sind hierbei nicht zu berücksichtigen.

(6) Liegt eine Errichtung des Gebäudes in Bauabschnitten vor (siehe hierzu A 246 Abs. 3 Satz 3 bis 6 und A 248 Abs. 4), ist für die Ermittlung des Verhältnisses von Wohn- und Nutzfläche auf den zum jeweiligen Feststellungszeitpunkt bezugsfertigen Teil des Gebäudes abzustellen.

**Beispiel:**

Ein als Zweifamilienhaus geplantes Gebäude wird in Bauabschnitten errichtet (keine zusammenhängende Bauabwicklung). Zum Feststellungszeitpunkt ist zunächst nur die Hauptwohnung fertig und der Ausbau der Einliegerwohnung zurückgestellt. Zum Feststellungszeitpunkt liegt die Grundstücksart Einfamilienhaus vor. Nach Fertigstellung und Bezugsfertigkeit der Einliegerwohnung ist eine Artfortschreibung der Grundstücksart vorzunehmen, da erst zu diesem Zeitpunkt ein Zweifamilienhaus vorliegt. Bei Überschreiten der Wertgrenzen ist auch eine Wertfortschreibung vorzunehmen.

## A 249.2. Grundstücksart Einfamilienhäuser

[1]Für die Einordnung eines Wohngrundstücks in die Grundstücksart Einfamilienhäuser ist maßgeblich, dass nur eine Wohnung im bewertungsrechtlichen Sinn (siehe zum Wohnungsbegriff A 249.10) vorhanden ist. [2]Die Mitbenutzung zu Nichtwohnzwecken, insbesondere zu gewerblichen, freiberuflichen oder öffentlichen Zwecken, zu weniger als 50 Prozent, berechnet nach der Wohn- und Nutzfläche, ist für die Einordnung als Einfamilienhaus unschädlich, wenn die Eigenart als Einfamilienhaus nicht wesentlich beeinträchtigt wird (vgl. BFH-Urteil vom 9. November 1988 II R 61/87, BStBl. 1989 II S. 135). [3]Ob eine teilweise Nutzung zu anderen als Wohnzwecken die Eigenart als Ein-

familienhaus beeinträchtigt, ist im Einzelfall nach einer Gesamtbetrachtung aller Umstände zu entscheiden. [4]Dabei ist auf das äußere Erscheinungsbild abzustellen (vgl. BFH-Urteil vom 9. November 1988 II R 61/87, BStBl. 1989 II S. 135). [5]Entscheidend ist, dass die Mitbenutzung zu anderen als Wohnzwecken das Grundstück nicht deutlich prägt (vgl. BFH-Urteil vom 23. Oktober 1985 II R 250/81, BStBl. 1986 II S. 173). [6]Überwiegt die Nutzung zu anderen als Wohnzwecken, kommt eine Einordnung als Einfamilienhaus unabhängig von einer Beeinträchtigung der Eigenart nicht mehr in Betracht (vgl. BFH-Urteil vom 9. November 1988 II R 61/87, BStBl. 1989 II S. 135). [7]Wochenendhäuser, die während des ganzen Jahres bewohnbar sind, können Einfamilienhäuser sein (siehe auch A 249.9 Satz 4).

**A 249.3. Grundstücksart Zweifamilienhäuser**

[1]Für Zweifamilienhäuser gelten die Ausführungen in A 249.2 mit der Maßgabe sinngemäß, dass das Gebäude zwei Wohnungen im bewertungsrechtlichen Sinn (siehe zum Wohnungsbegriff A 249.10) aufweisen muss. [2]Zu der Grundstücksart Zweifamilienhäuser gehören neben den typischen Zweifamilienhäusern mit zwei voneinander abgetrennten Wohnungen auch die Wohngrundstücke, die eine Hauptwohnung und eine Einliegerwohnung enthalten, wenn die Einliegerwohnung alle erforderlichen Merkmale einer bewertungsrechtlichen Wohnung gemäß § 249 Abs. 10 BewG erfüllt. [3]Erfüllt die Einliegerwohnung nicht den bewertungsrechtlichen Wohnungsbegriff, handelt es sich bei dem bebauten Grundstück um ein Einfamilienhaus, wenn die übrigen Voraussetzungen eines Einfamilienhauses erfüllt sind.

**A 249.4. Grundstücksart Mietwohngrundstück**

[1]Mietwohngrundstücke sind Grundstücke, die zu mehr als 80 Prozent, berechnet nach der Wohn- und Nutzfläche, Wohnzwecken dienen und keine Ein- oder Zweifamilienhäuser oder Wohnungseigentum sind. [2]Mietwohngrundstücke enthalten in der Regel mehr als zwei Wohnungen im bewertungsrechtlichen Sinn. [3]Ein Mietwohngrundstück kann auch vorliegen, wenn keine der im Gebäude befindlichen Wohnräume den Wohnungsbegriff erfüllen (z.B. Wohnräume in einem Studentenwohnheim in Gestalt eines Appartementhauses). [4]Typische Mietwohngrundstücke sind z.B. Mehrfamilienhäuser. [5]Eine Mitbenutzung zu Nichtwohnzwecken unter 20 Prozent steht der Einordnung als Mietwohngrundstück nicht entgegen. [6]Dies gilt unabhängig davon, ob die Eigenart des Mietwohngrundstücks erhalten bleibt. [7]Auch eine aufwendig gebaute Villa mit einer großzügigen Hauptwohnung und mehreren Wohnungen für Bedienstete ist ein Mietwohngrundstück.

**A 249.5. Grundstücksart Wohnungseigentum**

(1) [1]Jedes Wohnungseigentum gilt grundsätzlich als ein Grundstück i.S.d. Bewertungsgesetzes (§ 243 Abs. 1 Nr. 3 BewG). [2]Wohnungseigentum wird nach § 2 WEG entweder durch vertragliche Einräumung von Sondereigentum (§ 3 WEG) oder durch Teilung (§ 8 WEG) begründet. [3]Nach § 3 WEG kann Sondereigentum auch an Räumen in einem erst zu errichtenden Gebäude eingeräumt werden. [4]Ebenso ist die Teilung durch den Eigentümer auch bei einem erst noch zu errichtenden Gebäude möglich (§ 8 Abs. 1 WEG). [5]Die rechtliche Zusammenführung von Sondereigentum und Miteigentumsanteil bildet von Beginn an Wohnungseigentum i.S.d. § 1 Abs. 2 und 3 WEG.

(2) [1]Das Wohnungseigentum entsteht zivilrechtlich mit der Anlegung des Wohnungseigentumsgrundbuchs und dessen Eintragung. [2]Bewertungsrechtlich

gilt das Wohnungseigentum bereits dann als entstanden, wenn die Teilungserklärung beurkundet ist und der Eintragungsantrag beim Grundbuchamt eingegangen ist. [3]Dies gilt sowohl für im Feststellungszeitpunkt noch nicht bezugsfertige Gebäude als auch für bereits bestehende Gebäude. [4]Ist am Bewertungszeitpunkt die Wohnung noch nicht bezugsfertig errichtet, handelt es sich um ein unbebautes Grundstück und die Bewertung richtet sich nach den Vorschriften für unbebaute Grundstücke.

(3) [1]Die wirtschaftliche Einheit des Wohnungseigentums setzt sich aus dem Sondereigentum und dem Miteigentumsanteil an dem gemeinschaftlichen Eigentum zusammen, zu dem es gehört. [2]Befinden sich in einem Gebäude mehrere räumlich voneinander getrennte Wohnungen, sind nach der Verkehrsanschauung mehrere wirtschaftliche Einheiten anzunehmen. [3]Dies gilt auch bei einer Eintragung auf demselben Grundbuchblatt (sogenannte Zusammenschreibung; vgl. BFH-Urteil vom 1. August 1990 II R 46/88, BStBl. II S. 1016). [4]Werden mehrere Wohnungen durch größere bauliche Maßnahmen zu einer einzigen Wohnung umgestaltet und sind sie danach nicht mehr ohne größere bauliche Veränderungen getrennt veräußerbar, bilden sie nur eine wirtschaftliche Einheit (vgl. BFH-Urteil vom 1. April 1987 II R 79/86, BStBl. II S. 840). [5]Dies gilt entsprechend für die bauliche Zusammenfassung von Wohnung und Gewerberaum.

(4) [1]Zubehörräume, insbesondere Tiefgaragenstellplätze, Kellerräume und sonstige Abstellräume, die der Grundstückseigentümer gemeinsam mit seinem Miteigentumsanteil nutzt, sind grundsätzlich in die wirtschaftliche Einheit einzubeziehen. [2]Auf die zivilrechtliche Gestaltung kommt es dabei nicht an. [3]Sollte an den Zubehörräumen Sondereigentum begründet worden sein, ist es für die Zusammenfassung zu einer wirtschaftlichen Einheit ebenfalls unerheblich, ob die Eintragung im Grundbuch auf einem Grundbuchblatt oder auf zwei separaten Grundbuchblättern erfolgt ist. [4]Wird ein Tiefgaragenstellplatz getrennt von der Eigentumswohnung, mit der er als wirtschaftliche Einheit zusammengefasst wurde, veräußert und entfällt somit der direkte Nutzungszusammenhang, ist er aus dieser wirtschaftlichen Einheit herauszulösen und für die bisherige wirtschaftliche Einheit ist eine Wertfortschreibung zu prüfen (siehe hierzu A 222; zur Bewertung eines Tiefgaragenstellplatzes A 254 Abs. 5). [5]Gehören zu der Wohnung auch Garagen, so sind diese in die wirtschaftliche Einheit des Wohnungseigentums einzubeziehen (§ 244 Abs. 2 Satz 1 BewG). [6]Es kommt nicht darauf an, ob sich die Garagen auf dem Grundstück der Eigentumswohnungsanlage oder auf einem Grundstück in der näheren Umgebung befinden. [7]Dies gilt auch für Stellplätze, an denen ein Sondereigentum eingeräumt wurde (vgl. § 3 Abs. 1 Satz 2 WEG; vgl. zur Abgeltung der Außenanlagen bei der Bewertung A 243 Abs. 4 Satz 5 bis 7).

(5) [1]Das Dauerwohnrecht (§ 31 WEG) gilt nicht als wirtschaftliche Einheit des Grundvermögens. [2]Wie ein Wohnungseigentum ist es nur dann zu behandeln, wenn der Dauerwohnberechtigte aufgrund der zwischen ihm und dem Grundstückseigentümer getroffenen Vereinbarungen wirtschaftlich einem Wohnungseigentümer gleichsteht. [3]Trägt der Dauerwohnberechtigte statt des zivilrechtlichen Eigentümers die Kosten der Anschaffung oder Herstellung einer von ihm selbstgenutzten Wohnung, ist er wirtschaftlicher Eigentümer, wenn ihm auf Dauer, nämlich für die voraussichtliche Nutzungsdauer der Wohnung, Substanz und Ertrag der Wohnung wirtschaftlich zustehen und er die Gefahr des wirtschaftlichen Untergangs trägt. [4]Das ist u. a. der Fall, wenn ihm bei Heimfall

des Dauerwohnrechts ein Anspruch auf Ersatz des vollen Verkehrswertes der Wohnung gegen den zivilrechtlichen Eigentümer zusteht. [5]Eine Entschädigung in Höhe des Verkehrswerts des Dauerwohnrechts genügt nicht. [6]Entsprechendes gilt beim Dauernutzungsrecht.

**A 249.6. Grundstücksart Teileigentum**

[1]Jedes Teileigentum gehört zum Grundvermögen (§ 243 Abs. 1 Nr. 3 BewG) und gilt grundsätzlich als ein Grundstück i.S.d. Bewertungsgesetzes (§ 244 Abs. 3 Nr. 3 BewG). [2]Teileigentum ist das Sondereigentum an nicht zu Wohnzwecken dienenden Räumen eines Gebäudes (z.B. Büroräume, Ladenlokale) in Verbindung mit dem Miteigentum an dem gemeinschaftlichen Eigentum, zu dem es gehört. [3]Gemeinschaftliches Eigentum sind der Grund und Boden sowie die Teile, Anlagen und Einrichtungen des Gebäudes, die nicht im Sondereigentum oder Eigentum eines Dritten stehen (§ 1 Abs. 4 WEG). [4]Der Begriff des Teileigentums, der rein zivilrechtlich zu verstehen ist, entspricht der Definition nach § 1 Abs. 3 WEG. [5]Hinsichtlich der bewertungsrechtlichen Entstehung von Teileigentum gelten die Ausführungen in A 249.5 Abs. 2 und 3 entsprechend.

**A 249.7. Grundstücksart Geschäftsgrundstück**

[1]Geschäftsgrundstücke sind Grundstücke, die gemessen an der Wohn- und Nutzfläche zu mehr als 80 Prozent eigenen oder fremden betrieblichen (gewerblichen, freiberuflichen) oder öffentlichen Zwecken dienen und kein Teileigentum sind. [2]Geschäftsgrundstücke können insbesondere bei Grundstücken vorliegen, die mit Fabrik-, Industrie-, Verwaltungs-, Bürogebäuden, Hotels oder Dienstgebäuden der öffentlichen Verwaltung bebaut sind.

**A 249.8. Grundstücksart gemischt genutztes Grundstück**

[1]Gemischt genutzte Grundstücke sind Grundstücke, die sowohl Wohnzwecken als auch eigenen oder fremden betrieblichen oder öffentlichen Zwecken dienen und keine Ein- oder Zweifamilienhäuser, Mietwohngrundstücke, Wohnungseigentum, Teileigentum oder Geschäftsgrundstücke sind. [2]Gemischt genutzte Grundstücke dienen gemessen an der Wohn- und Nutzfläche zu mindestens 20 Prozent (andernfalls Wohngrundstück oder sonstiges bebautes Grundstück) und zu höchstens 80 Prozent (andernfalls Geschäftsgrundstück) eigenen oder fremden betrieblichen oder öffentlichen Zwecken.

**A 249.9. Grundstücksart sonstiges bebautes Grundstück**

[1]Zu den sonstigen bebauten Grundstücken gehören bebaute Grundstücke, die keiner der anderen Grundstücksarten zugeordnet werden können. [2]Hierunter können z.B. Clubhäuser, Vereinshäuser, Bootshäuser, studentische Verbindungshäuser, Turnhallen von Sportvereinen, Schützenhallen und Jagdhütten fallen. [3]Auch selbständige Garagengrundstücke sind sonstige bebaute Grundstücke, falls sie nicht betrieblich genutzt werden oder in eine andere wirtschaftliche Einheit einzubeziehen sind (siehe A 244 Abs. 3). [4]Wochenendhäuser, die nicht dauernd bewohnt werden können und daher keine Einfamilienhäuser, Zweifamilienhäuser oder Mietwohngrundstücke sind, sind ebenfalls den sonstigen bebauten Grundstücken zuzurechnen (vgl. auch A 249.2 Satz 7).

**A 249.10. Wohnungsbegriff**

[1]§ 249 Abs. 10 BewG definiert die Wohnung im bewertungsrechtlichen Sinn für Zwecke der Grundsteuer. [2]Eine Wohnung ist danach in der Regel die Zusammenfassung mehrerer Räume, die in ihrer Gesamtheit so beschaffen sein

müssen, dass die Führung eines selbständigen Haushalts möglich ist. [3]Diese Räume müssen eine von anderen Wohnungen oder Räumen, insbesondere Wohnräumen, baulich getrennte, in sich abgeschlossene Wohneinheit bilden und einen selbständigen Zugang haben. [4]Außerdem ist erforderlich, dass die für die Führung eines selbständigen Haushalts notwendigen Räume (Küche, Bad oder Dusche, Toilette) vorhanden sind. [5]Die Wohnfläche soll mindestens 20 Quadratmeter aufweisen. [6]Es ist im Einzelfall zu prüfen, ob bei einer geringeren Wohnfläche nach der Verkehrsanschauung noch von einer Wohnung im bewertungsrechtlichen Sinn ausgegangen werden kann (z.B. bei sogenannten Tiny-Häusern, d. h. Kleinst- oder Mikrohäusern, Wohnungen in einem Studentenwohnheim). [7]Wohnungen des Hauspersonals sind auch Wohnungen im bewertungsrechtlichen Sinn.

**Zu § 250 BewG**

**A 250. Bewertung der bebauten Grundstücke**

(1) [1]Der Grundsteuerwert eines bebauten Grundstücks ist entweder nach dem Ertragswertverfahren oder dem Sachwertverfahren zu ermitteln. [2]Welches Verfahren für die zu bewertende wirtschaftliche Einheit anzuwenden ist, richtet sich nach der jeweiligen Grundstücksart (siehe hierzu A 249).

(2) Das Ertragswertverfahren (§§ 252 bis 257 BewG) ist für Wohngrundstücke, also Ein- und Zweifamilienhäuser, Mietwohngrundstücke und Wohnungseigentum anzuwenden.

(3) Das Sachwertverfahren (§§ 258 bis 260 BewG) ist für die Bewertung der Geschäftsgrundstücke, gemischt genutzten Grundstücke, Teileigentum und sonstigen bebauten Grundstücke heranzuziehen.

(4) Befinden sich auf einem Grundstück mehrere selbständige Gebäude oder Gebäudeteile, erfolgt die Wertermittlung für die gesamte wirtschaftliche Einheit einheitlich, abhängig von der Bestimmung der Grundstücksart entweder im Ertragswertverfahren oder im Sachwertverfahren.

**Zu § 251 BewG**

**A 251. Mindestwert**

(1) [1]Der für ein bebautes Grundstück anzusetzende Wert darf nicht geringer sein als 75 Prozent des Werts, mit dem der Grund und Boden allein als unbebautes Grundstück zu bewerten wäre (§ 247 BewG). [2]Mit dem Abschlag von 25 Prozent vom Wert des unbebauten Grundstücks werden insbesondere die üblichen Freilegungskosten (z.B. Abrisskosten) typisierend berücksichtigt. [3]Die Berücksichtigung tatsächlich anfallender Freilegungskosten kommt nicht in Betracht.

(2) [1]Die bei der Bewertung von Ein- und Zweifamilienhäusern i.S.d. § 249 Abs. 2 und 3 BewG anzuwendenden typisierenden Umrechnungskoeffizienten bei abweichender Grundstücksgröße nach Anlage 36 zum BewG sind auch im Rahmen der Bestimmung des Mindestwerts zu berücksichtigen.

**Beispiel:**

Der im Rahmen des Ertragswertverfahrens nach den §§ 252 ff. BewG für ein Einfamilienhaus ermittelte Grundsteuerwert beträgt 650 600 €. Das Grundstück hat eine Grundstücksgröße von 920 m². Der Bodenrichtwert beträgt 1200 €/m².

Aus Anlage 36 zum BewG ergibt sich bei einer Grundstücksgröße von über 900 m² ein Umrechnungskoeffizient von 0,86. Dieser ist auch bei der Ermittlung des Mindestwertes zu berücksichtigen. Der Mindestwert errechnet sich wie folgt:

Grundstücksgröße × Bodenrichtwert × Umrechnungskoeffizient × 75 Prozent

= 920 m² × 1200 €/m² × 0,86 × 75 Prozent = 712 080 €
Der auf volle hundert Euro nach unten abgerundete Grundsteuerwert beträgt somit 712 000 €.

## Zu § 252 BewG

## A 252. Bewertung im Ertragswertverfahren

(1) Das typisierte Ertragswertverfahren nach den §§ 252 bis 257 BewG stellt sich schematisch wie folgt dar:

**Abbildung 1:** Ertragswertverfahren (schematische Darstellung)

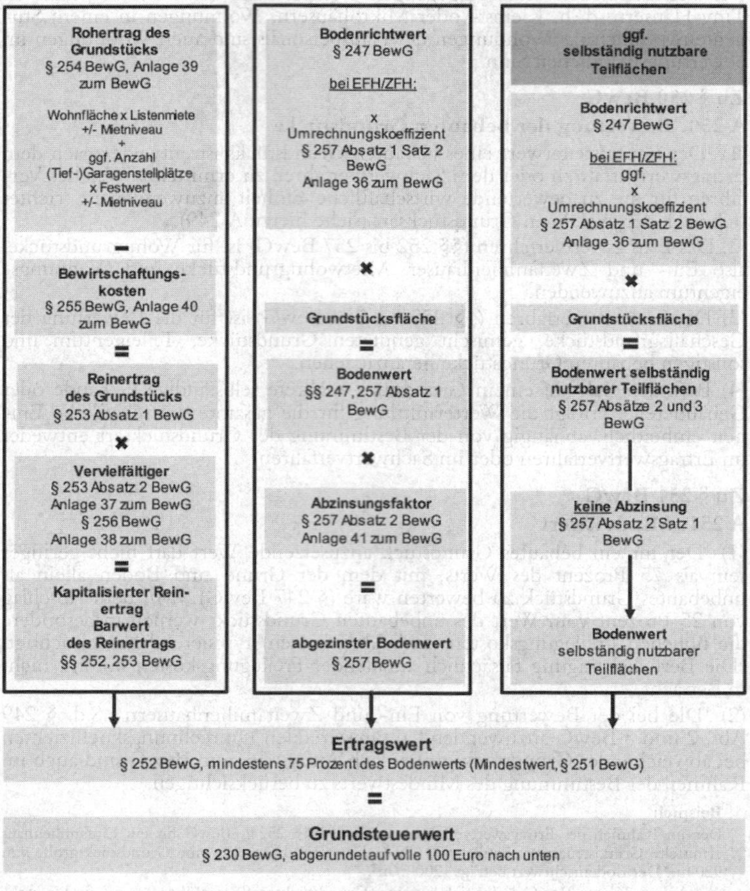


(2) Besondere objektspezifische Grundstücksmerkmale wie z.B. von den marktüblich erzielbaren Erträgen erheblich abweichende Erträge des Bewer-

tungsobjekts, Baumängel oder Bauschäden, eine wirtschaftliche Überalterung, ein überdurchschnittlicher Erhaltungszustand, Bodenverunreinigungen sowie grundstücksbezogene Rechte und Belastungen sind im Rahmen dieser typisierenden Wertermittlung nicht gesondert zu ermitteln und zu berücksichtigen.

**Zu § 253 BewG**

**A 253.1. Ermittlung des kapitalisierten Reinertrags; Restnutzungsdauer**

(1) [1]Die Restnutzungsdauer ist grundsätzlich der Unterschiedsbetrag zwischen der wirtschaftlichen Gesamtnutzungsdauer, die sich aus Anlage 38 zum BewG ergibt, und dem Alter des Gebäudes im Hauptfeststellungszeitpunkt. [2]Es bestehen aus Vereinfachungsgründen keine Bedenken, das Alter des Gebäudes durch Abzug des Jahres der Bezugsfertigkeit des Gebäudes (Baujahr) vom Jahr des Hauptfeststellungszeitpunkts zu bestimmen.

(2) [1]Die typisierte wirtschaftliche Gesamtnutzungsdauer eines Gebäudes ist der Anlage 38 zum BewG zu entnehmen. [2]Sie richtet sich nach der Grundstücksart i.S.d. § 250 BewG und den in der Anlage 38 zum BewG ausgewiesenen Gebäudearten. [3]Die wirtschaftliche Gesamtnutzungsdauer beträgt für Wohngrundstücke einheitlich 80 Jahre. [4]Dies gilt unabhängig davon, ob im Gebäude enthaltene Räume (z.B. Verkaufsräume oder Büros) für Zwecke genutzt werden, für die eine abweichende wirtschaftliche Gesamtnutzungsdauer anzunehmen wäre.

(3) [1]Sind nach der Bezugsfertigkeit des Gebäudes Veränderungen eingetreten, die die wirtschaftliche Gesamtnutzungsdauer des Gebäudes wesentlich verlängert haben, ist von einer der Verlängerung entsprechenden Restnutzungsdauer auszugehen. [2]Von einer wesentlichen Verlängerung der wirtschaftlichen Gesamtnutzungsdauer ist nur bei einer Kernsanierung auszugehen. [3]Eine Kernsanierung liegt vor, wenn nicht nur der Ausbau (u. a. Heizung, Fenster und Sanitäreinrichtungen) umfassend modernisiert, sondern auch der Rohbau jedenfalls teilweise erneuert worden ist. [4]Bauliche Maßnahmen an nicht tragenden Bauteilen (z.B. Neugestaltung der Fassade) verlängern die Gesamtnutzungsdauer allein nicht wesentlich. [5]Durch eine Kernsanierung wird das Gebäude in einen Zustand versetzt, der nahezu einem neuen Gebäude entspricht. [6]Dazu wird das Gebäude zunächst bis auf die tragende Substanz zurückgebaut. [7]Decken, Außenwände, tragende Innenwände und ggf. der Dachstuhl bleiben dabei in der Regel erhalten; ggf. sind diese zu ertüchtigen und/oder instand zu setzen. [8]Voraussetzungen für das Vorliegen einer Kernsanierung sind insbesondere die komplette Erneuerung der Dacheindeckung, der Fassade, der Innen- und Außenwände mit Ausnahme der tragenden Wände, der Fußböden, der Fenster, der Innen- und Außentüren sowie sämtlicher technischen Systeme wie z.B. der Heizung einschließlich aller Leitungen, des Abwassersystems einschließlich der Grundleitungen, der elektrischen Leitungen und der Wasserversorgungsleitungen, sofern diese technisch einwandfrei und als neubauähnlich und neuwertig zu betrachten sind. [9]Im Einzelfall müssen nicht zwingend alle der vorgenannten Kriterien gleichzeitig erfüllt sein. [10]Dies gilt insbesondere für solche Gebäude und Gebäudeteile, bei denen aufgrund baurechtlicher Vorgaben eine weitreichende Veränderung nicht zulässig ist (z.B. unter Denkmalschutz stehende Gebäude und Gebäudeteile). [11]Im Jahr der Kernsanierung beträgt die Restnutzungsdauer aus Vereinfachungsgründen 90 Prozent der wirtschaftlichen Gesamtnutzungsdauer des Gebäudes. [12]Mit dem pauschalen Abschlag in Höhe von 10 Prozent wird die teilweise noch verbliebene alte Bau-

substanz berücksichtigt. [13]Als Jahr der Kernsanierung gilt das Jahr, in dem die Kernsanierung abgeschlossen wurde.

**Beispiel:**

Baujahr 1970, Kernsanierung 2008, wirtschaftliche Gesamtnutzungsdauer 80 Jahre.

Restnutzungsdauer im Jahr der Kernsanierung:

wirtschaftliche Gesamtnutzungsdauer (80 Jahre) ./. 10 Prozent der wirtschaftlichen Gesamtnutzungsdauer (8 Jahre) = 72 Jahre.

Restnutzungsdauer im Feststellungszeitpunkt:

72 Jahre ./. (2022 ./. 2008) = 58 Jahre.

(4) [1]Die Restnutzungsdauer eines noch nutzbaren Gebäudes beträgt mindestens 30 Prozent der wirtschaftlichen Gesamtnutzungsdauer. [2]Bei den Wohngrundstücken beträgt die Mindest-Restnutzungsdauer daher einheitlich 24 Jahre. [3]Die Regelung unterstellt einen durchschnittlichen Erhaltungszustand und macht insbesondere bei älteren Gebäuden die Prüfung entbehrlich, ob die restliche Lebensdauer infolge baulicher Maßnahmen verlängert wurde. [4]Bei bestehender Abbruchverpflichtung für das Gebäude kann die Mindest-Restnutzungsdauer unterschritten werden.

(5) [1]Eine Verkürzung der Restnutzungsdauer kommt nur bei bestehender Abbruchverpflichtung für das Gebäude in Betracht. [2]Insbesondere Baumängel und Bauschäden oder wirtschaftliche Gegebenheiten führen nicht zu einer Verkürzung der Restnutzungsdauer bei der Ermittlung des Grundsteuerwertes. [3]Dies gilt auch für nicht behebbare Baumängel oder Bauschäden (z.B. Gründungsmängel, Kriegsschäden, Bergschäden), die selbst durch Ausbesserung nicht auf Dauer beseitigt werden können.

**Beispiel:**

Baujahr 1982, Abbruchverpflichtung 2030, wirtschaftliche Gesamtnutzungsdauer 80 Jahre.

Gesamtnutzungsdauer aufgrund der Abbruchverpflichtung:

Gesamtnutzungsdauer: Jahr der Abbruchverpflichtung 2030 ./. Baujahr 1982 = 48 Jahre.

Restnutzungsdauer unter Berücksichtigung der Abbruchverpflichtung:

48 Jahre ./. Alter im Hauptfeststellungszeitpunkt 1. Januar 2022 (2022 ./. 1982 = 40 Jahre) = 8 Jahre.

Die Mindest-Restnutzungsdauer von 24 Jahren (30 Prozent von 80 Jahren) ist unbeachtlich.

[4]Eine erst nach dem Hauptfeststellungszeitpunkt vereinbarte Abbruchverpflichtung ist als eine Änderung der tatsächlichen Verhältnisse nach § 228 Abs. 2 BewG dem Finanzamt anzuzeigen und kann unter den weiteren Voraussetzungen des § 222 Abs. 1 BewG zu einer Wertfortschreibung führen.

## A 253.2. Grundstück mit mehreren Gebäuden oder Gebäudeteilen

(1) Besteht eine wirtschaftliche Einheit aus mehreren Gebäuden oder Gebäudeteilen, die über eine gewisse bauliche Selbständigkeit verfügen oder die in verschiedenen Jahren bezugsfertig geworden sind, können sich unterschiedliche Restnutzungsdauern ergeben.

(2) [1]Bei Wohngrundstücken gilt für alle Gebäude und Gebäudeteile – unabhängig von ihrer Nutzung – eine Gesamtnutzungsdauer von 80 Jahren. [2]Dies gilt auch für Garagen und Nebengebäude. [3]Liegen keine anderweitigen Erkenntnisse vor, so bestehen keine Bedenken, bei Garagen und Nebengebäuden die Bezugsfertigkeit im Zeitpunkt der Bezugsfertigkeit des Hauptgebäudes zu unterstellen.

**Beispiel:**

Von einem Mietwohngrundstück mit einer Wohn- und Nutzfläche von insgesamt 1500 m² dienen 1300 m² Wohnzwecken, und ein Gebäudeteil mit 200 m² Nutzfläche wird als Büroeinheit genutzt.

Die wirtschaftliche Gesamtnutzungsdauer laut Anlage 38 zum BewG beträgt für Mietwohngrundstücke 80 Jahre. Ein gesonderter Ansatz der wirtschaftlichen Gesamtnutzungsdauer für den Gebäudeteil Büroeinheit von 200 m² (z.B. 60 Jahre für Bürogebäude) ist ausgeschlossen.

(3) Ergeben sich bei einer wirtschaftlichen Einheit aus mehreren selbständigen Gebäuden oder Gebäudeteilen unterschiedliche Restnutzungsdauern, ist eine gewogene Restnutzungsdauer unter Berücksichtigung der jeweiligen Roherträge zu ermitteln.

**Beispiel:**

Mietwohngrundstück bestehend aus zwei Gebäuden mit je vier Wohnungen. Gebäude A wurde 1970 fertiggestellt (Alter des Gebäudes am Bewertungsstichtag 1. Januar 2022 = 52 Jahre), die typisierten Roherträge belaufen sich auf 22 000 €. Das Gebäude B wurde 2005 fertiggestellt (Alter des Gebäudes im Hauptfeststellungszeitpunkt 1. Januar 2022 = 17 Jahre), die typisierten Roherträge betragen 38 000 €. Insgesamt sind für das Mietwohngrundstück Roherträge von 60 000 € (22 000 € + 38 000 €) anzusetzen.

Für das Gebäude A ergeben sich, bezogen auf die Restnutzungsdauer von 28 Jahren im Hauptfeststellungsstichtag (Gesamtnutzungsdauer 80 Jahre abzüglich Alter am Bewertungsstichtag 52 Jahre), anzusetzende Erträge von

28 Jahre × 22 000 € = 616 000 €.

Für das Gebäude B ergeben sich, bezogen auf die Restnutzungsdauer im Hauptfeststellungsstichtag von 63 Jahren (Gesamtnutzungsdauer 80 Jahre abzüglich Alter am Bewertungsstichtag 17 Jahre), anzusetzende Erträge von

63 Jahre × 38 000 € = 2394 000 €.

Die Summe der anzusetzenden Erträge für das Mietwohngrundstück beträgt somit

616 000 € + 2394 000 € = 3010 000 €.

Die gewogene Restnutzungsdauer ergibt sich, indem die Summe der anzusetzenden Erträge durch die Summe der jährlichen Erträge geteilt wird:

3010 000 €/60 000 € = 50,17 Jahre.

Die gewogene Restnutzungsdauer wird kaufmännisch auf volle Jahre gerundet und beträgt somit 50 Jahre.

(4) [1]Anbauten teilen grundsätzlich auf Grund ihrer Bauart oder Nutzung das Schicksal des Hauptgebäudes. [2]Ist dagegen anzunehmen, dass ein Erweiterungsbau nach Größe, Bauart oder Nutzung eine andere Restnutzungsdauer als das Hauptgebäude haben wird, gelten die Absätze 1 bis 3 entsprechend. [3]Für Aufstockungen ist grundsätzlich das Baujahr der unteren Geschosse zu Grunde zu legen. [4]Es ist jedoch zu prüfen, ob die baulichen Maßnahmen eine Kernsanierung darstellen und daher die Restnutzungsdauer des Gebäudes wesentlich verlängert worden ist (siehe A 253.1 Abs. 3).

(5) [1]Bei einer wirtschaftlichen Einheit mit mehreren nichtselbständigen Gebäuden oder Gebäudeteilen ist von einer einheitlichen Restnutzungsdauer auszugehen. [2]Zur Bestimmung der wirtschaftlichen Gesamtnutzungsdauer gelten die oben ausgeführten Erläuterungen (Restnutzungsdauer, A 253.1 Abs. 2).

## Zu § 254 BewG

## A 254. Rohertrag des Grundstücks

(1) [1]Ausgangsgröße der Bewertung im Ertragswertverfahren ist der jährliche Rohertrag des Grundstücks. [2]Der jährliche Rohertrag des Grundstücks ergibt sich aus typisierten monatlichen Nettokaltmieten. [3]Die Höhe der monatlichen Nettokaltmieten pro Quadratmeter ergibt sich aus der Anlage 39 zum BewG. [4]Die Erklärung der tatsächlichen Mieteinnahmen durch den Steuerpflichtigen oder die Ermittlung einer üblichen Miete ist ausgeschlossen.

(2) [1]Bei Wohngrundstücken (Ein- und Zweifamilienhäusern, Mietwohngrundstücken und Wohnungseigentum) wird der jährliche Rohertrag auf der Grundlage von aus dem Mikrozensus des Statistischen Bundesamtes für jedes Land

abgeleiteten durchschnittlichen Nettokaltmieten je Quadratmeter Wohnfläche ermittelt. [2]Die Nettokaltmieten werden für die drei Grundstücksarten Einfamilienhaus, Zweifamilienhaus und Mietwohngrundstück jeweils in drei Wohnflächengruppen sowie fünf Baujahrgruppen unterteilt. [3]Für die Ermittlung des Rohertrags bei Wohnungseigentum sind die Nettokaltmieten für Mietwohngrundstücke anzuwenden. [4]Bei Wohngrundstücken mit mehr als einer Wohnung (Zweifamilienhaus, Mietwohngrundstück) ist jede Wohnung in eine der drei Wohnflächengruppen einzuordnen.

**Beispiel:**

Ein Mietwohngrundstück besteht aus einem Gebäude mit insgesamt 5 Wohnungen:

Wohnung 1 = 73 $m^2$

Wohnung 2 = 55 $m^2$

Wohnung 3 = 128 $m^2$

Wohnung 4 = 62 $m^2$

Wohnung 5 = 45 $m^2$

Für die Ermittlung des Rohertrags sind folgende Einteilungen vorzunehmen:

Zwei Wohnungen mit einer Wohnfläche von unter 60 $m^2$ und einer Gesamtwohnfläche von 100 $m^2$ (Wohnungen 2 und 5)

Zwei Wohnungen mit einer Wohnfläche von 60 $m^2$ bis unter 100 $m^2$ und einer Gesamtwohnfläche von 135 $m^2$ (Wohnungen 1 und 4)

Eine Wohnung mit einer Wohnfläche von 100 m2 und mehr und einer Gesamtwohnfläche von 128 $m^2$ (Wohnung 3)

(3) [1]Flächen, die zu anderen als Wohnzwecken genutzt werden (z.B. Verkaufsräume oder Büros), gelten als Wohnfläche. [2]Für diese Flächen ist bei Mietwohngrundstücken die für Wohnungen mit einer Fläche unter 60 Quadratmetern geltende monatliche Nettokaltmiete in Euro je Quadratmeter Nutzfläche anzusetzen. [3]Bei Ein- und Zweifamilienhäusern und bei Wohnungseigentum sind diese Flächen zu der jeweiligen Wohnfläche zu addieren. [4]Lassen sich die Nutzflächen bei einem Zweifamilienhaus nicht zweifelsfrei einer Wohnung zuordnen, bestehen keine Bedenken, die Flächen zu der Wohnung mit dem niedrigeren Mietwert zu addieren. [5]Zubehörräume wie z.B. Kellerräume, Abstellräume und Kellerersatzräume außerhalb der Wohnung, Waschküchen und Trockenräume, Bodenräume und Heizungsräume bleiben außer Ansatz. [6]Räume, die zum dauernden Aufenthalt für Wohnzwecke ausgebaut wurden, sind keine Zubehörräume. [7]Für Wohnräume, die keine Wohnungen darstellen (z.B. Wohnräume in einem Studentenwohnheim in Gestalt eines Appartementhauses), sind die für Wohnungen bis zu einer Größe von 60 Quadratmetern maßgebenden Mieten anzusetzen.

(4) [1]Die typisierten Nettokaltmieten sind des Weiteren nach Baujahrgruppen differenziert. [2]Bei einem kernsanierten Gebäude ist zur Einordnung des Gebäudes in die jeweilige Baujahrgruppe auf ein fiktives Baujahr abzustellen, das sich aus dem Jahr der Kernsanierung abzüglich 8 Jahre (10 Prozent der wirtschaftlichen Gesamtnutzungsdauer) ergibt (siehe A 253.1 Abs. 3).

(5) [1]Für Garagen- und Tiefgaragenstellplätze wird eine Nettokaltmiete als Festwert zugrunde gelegt (35 Euro pro Monat). [2]Für sonstige Außenstellplätze erfolgt kein gesonderter Ansatz.

(6) [1]Die nach Ländern, Wohnflächen- und Baujahrgruppen unterschiedenen Nettokaltmieten pro Quadratmeter aus der Anlage 39 zum BewG werden durch Zu- und Abschläge nach sieben gemeindebezogenen Mietniveaustufen angepasst. [2]Die Einordnung der Gemeinden in die jeweilige Mietniveaustufe ergibt sich aus der Verordnung zur Einstufung der Gemeinden in eine Miet-

niveaustufe i.S.d. § 254 BewG (Mietniveau-Einstufungsverordnung – MietNEinV).

## Zu § 255 BewG

### A 255. Bewirtschaftungskosten

(1) [1]Bewirtschaftungskosten sind die bei ordnungsgemäßer Bewirtschaftung und zulässiger Nutzung marktüblich entstehenden jährlichen Verwaltungskosten, Betriebskosten, Instandhaltungskosten und das Mietausfallwagnis, die nicht durch Umlagen oder sonstige Kostenübernahmen gedeckt sind. [2]Zinsen für Hypothekendarlehen, Grundschulden oder sonstige Zahlungen für auf dem Grundstück lastende privatrechtliche Verpflichtungen bleiben unberücksichtigt.

(2) [1]Die Bewirtschaftungskosten ergeben sich aus den pauschalierten Erfahrungssätzen nach Anlage 40 zum BewG. [2]Die Bewirtschaftungskosten werden in Abhängigkeit von den unterschiedlichen Grundstücksarten und nach der jeweiligen Restnutzungsdauer der Gebäude differenziert. [3]Eine verlängerte, verkürzte oder gewogene Restnutzungsdauer sowie die Mindest-Restnutzungsdauer nach § 253 Abs 2 Satz 5 BewG sind hierbei zu berücksichtigen. [4]Ein Ansatz in tatsächlicher Höhe ist ausgeschlossen.

## Zu § 256 BewG

### A 256. Liegenschaftszinssätze

(1) [1]Liegenschaftszinssätze sind die Zinssätze, mit denen der Wert von Grundstücken abhängig von der Grundstücksart durchschnittlich und marktüblich verzinst wird. [2]Mit den Liegenschaftszinssätzen werden die allgemein vom Grundstücksmarkt erwarteten künftigen Entwicklungen, insbesondere der Ertrags- und Wertverhältnisse sowie der üblichen steuerlichen Rahmenbedingungen, berücksichtigt. [3]Besondere Ertragsverhältnisse, die auf wohnungs- und mietrechtliche Bindungen zurückzuführen sind, bleiben unberücksichtigt. [4]Bei der Ermittlung des Grundsteuerwerts gelten unter Berücksichtigung der Anpassung nach § 256 Abs. 2 und 3 BewG (siehe hierzu unten Abs. 2 und 3) die folgenden gesetzlich festgelegten Zinssätze:

1. 2,5 Prozent für Ein- und Zweifamilienhäuser,
2. 3,0 Prozent für Wohnungseigentum,
3. 4,0 Prozent für Mietwohngrundstücke mit bis zu sechs Wohnungen,
4. 4,5 Prozent für Mietwohngrundstücke mit mehr als sechs Wohnungen.

[5]Die von den örtlichen Gutachterausschüssen ermittelten und veröffentlichten Liegenschaftszinssätze sind nicht anzusetzen.

(2) [1]Bei der Bewertung von Ein- und Zweifamilienhäusern verringert sich der Liegenschaftszinssatz um jeweils 0,1 Prozentpunkte je volle 100 Euro, die der Bodenrichtwert oder Bodenwert nach § 247 Abs. 3 BewG je Quadratmeter die Grenze von 500 Euro je Quadratmeter übersteigt. [2]Ab einem Bodenrichtwert oder Bodenwert nach § 247 Abs. 3 BewG (umgerechnet auf einen Wert je Quadratmeter) von 1500 Euro je Quadratmeter wird ein einheitlicher Liegenschaftszinssatz von 1,5 Prozent angewendet.

**Beispiel 1:**

Einfamilienhaus in einer Bodenrichtwertzone mit einem Bodenrichtwert von 930 €/m²

Der Liegenschaftszinssatz für Einfamilienhäuser beträgt grundsätzlich 2,5 Prozent. Da im vorliegenden Fall der Bodenrichtwert von 930 €/m² die Grenze von 500 €/m³ um vier volle 100 € übersteigt, reduziert sich der Liegenschaftszinssatz um 4 × 0,1 Prozentpunkte, also 0,4 Prozentpunkte, und beträgt somit 2,1 Prozent.

**Beispiel 2:**
Einfamilienhaus in einer Bodenrichtwertzone mit einem Bodenrichtwert von 1700 €/m²
Der Liegenschaftszinssatz für Einfamilienhäuser beträgt grundsätzlich 2,5 Prozent. Da im vorliegenden Fall der Bodenrichtwert von 1700 €/m² die Grenze von 500 €/m² um zwölf volle 100 € übersteigt, würde sich der Liegenschaftszinssatz um 12 × 0,1 Prozentpunkte, also 1,2 Prozentpunkte, auf 1,3 Prozent reduzieren. Hier ist allerdings der Liegenschaftszinssatz auf maximal 1,5 Prozent zu reduzieren, da der Bodenrichtwert mehr als 1500 €/m² beträgt.

[3]Die Kürzung des Liegenschaftszinssatzes nach § 256 Abs. 2 und 3 BewG ist regelmäßig anhand des für die Lagequalität prägenden Bodenrichtwerts vorzunehmen. [4]Dies dürfte in der Regel der Bodenrichtwert der Bodenrichtwertzone sein, in welcher das Gebäude belegen ist (in der Regel höherer Bodenrichtwert). [5]Zulässig ist auch, einen nach Flächenanteilen gewichteten Bodenrichtwert anzusetzen. [6]Dies gilt für den Bodenwert nach § 247 Abs. 3 BewG umgerechnet in Euro je Quadratmeter entsprechend.

(3) [1]Bei der Bewertung von Wohnungseigentum verringert sich der Liegenschaftszinssatz um jeweils 0,1 Prozentpunkte je volle 100 Euro, die der Bodenrichtwert oder der Bodenwert nach § 247 Abs. 3 BewG je Quadratmeter die Grenze von 2000 Euro je Quadratmeter übersteigt. [2]Ab einem Bodenrichtwert oder Bodenwert nach § 247 Abs. 3 BewG (umgerechnet auf einen Wert je Quadratmeter) von 3000 Euro je Quadratmeter wird ein einheitlicher Liegenschaftszinssatz von 2 Prozent angewendet.

**Beispiel:**
Wohnungseigentum in einer Bodenrichtwertzone mit einem Bodenrichtwert von 2300 €/m²
Der Liegenschaftszinssatz für Wohnungseigentum beträgt grundsätzlich 3 Prozent. Da im vorliegenden Fall der Bodenrichtwert von 2300 €/m² die Grenze von 2000 €/m² um drei volle 100 € übersteigt, reduziert sich der Liegenschaftszinssatz um 3 × 0,1 Prozentpunkte, also 0,3 Prozentpunkte, und beträgt somit 2,7 Prozent.

## Zu § 257 BewG

### A 257.1. Ermittlung des abgezinsten Bodenwerts; Allgemeines

[1]Zur Ermittlung des abgezinsten Bodenwerts ist vom Bodenwert nach § 247 BewG auszugehen. [2]Der Bodenwert ist mit Ausnahme des Werts von selbständig nutzbaren Teilflächen (siehe dazu A 257.4) mit dem sich aus Anlage 41 zum BewG ergebenden Abzinsungsfaktor abzuzinsen. [3]Der jeweilige Abzinsungsfaktor bestimmt sich nach dem Liegenschaftszinssatz nach § 256 BewG und der Restnutzungsdauer des Gebäudes nach § 253 Abs. 2 Satz 3 bis 6 BewG.

**Beispiel:**
Ein zu bewertendes Grundstück (500 m²) ist mit einem Einfamilienhaus bebaut. Das Gebäude wurde 1992 bezugsfertig (Baujahr). Zum Hauptfeststellungszeitpunkt beträgt das Alter somit 30 Jahre (2022-1992). Die Restnutzungsdauer des Gebäudes ergibt sich aus der Differenz zwischen der wirtschaftlichen Gesamtnutzungsdauer (vgl. Anlage 38 zum BewG) und dem Alter des Gebäudes im Hauptfeststellungszeitpunkt: 80 Jahre – 30 Jahre (Alter) = 50 Jahre. Der Liegenschaftszinssatz für das Einfamilienhaus beträgt gemäß § 256 BewG 2,5 Prozent. Aus der Restnutzungsdauer von 50 Jahren und dem Liegenschaftszinssatz von 2,5 Prozent ergibt sich gemäß Anlage 41 zum BewG ein Abzinsungsfaktor von 0,2909.
Der abgezinste Bodenwert ermittelt sich wie folgt:
Bodenwert = BRW × 500 m² × 0,2909

### A 257.2. Berücksichtigung abweichender Grundstücksgrößen bei Ein- und Zweifamilienhäusern

(1) [1]Bei der Bewertung von Ein- und Zweifamilienhäusern sind zur Berücksichtigung abweichender Grundstücksgrößen beim Bodenwert die Umrechnungskoeffizienten nach Anlage 36 zum BewG anzuwenden. [2]Veröffentlichun-

gen der örtlichen Gutachterausschüsse zu entsprechenden Umrechnungskoeffizienten sind für Zwecke der Ermittlung von Grundsteuerwerten nicht zu berücksichtigen. [3]Das gilt auch dann, wenn sich die Festlegung des Bodenrichtwerts durch den Gutachterausschuss nicht auf ein Bodenrichtwertgrundstück mit einer Größe von 500 Quadratmetern bezieht. [4]Eine Interpolation erfolgt nicht. [5]Der Umrechnungskoeffizient ist auf die gleiche Flächengröße anzuwenden, die auch zur Ermittlung des abgezinsten Bodenwerts herangezogen wird.

**Beispiel:**
**Abbildung 2:** Übergroßes Grundstück mit Einfamilienhaus

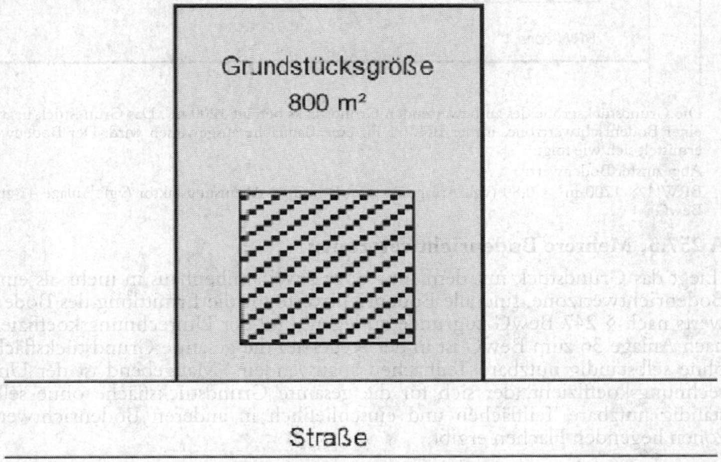


Einfamilienhaus mit einer Restnutzungsdauer von 30 Jahren auf einem 800 m² großen Grundstück in einer Bodenrichtwertzone mit einem Bodenrichtwert von 500 €/m²
Der Bodenwert errechnet sich durch Multiplikation der Grundstückfläche mit dem jeweiligen Bodenrichtwert: 800 m² × 500 €/m² = 400 000 €. Durch Multiplikation mit dem Umrechnungskoeffizienten für ein Grundstück mit einer Größe von 800 m² gemäß Anlage 36 zum BewG (0,89) ergibt sich ein Bodenwert von 356 000 €.

(2) Liegen gemäß A 257.4 Abs. 2 und 3 keine selbständig nutzbaren Teilflächen vor, ist die gesamte Grundstücksfläche bei Ermittlung des abgezinsten Bodenwerts und der Anpassung aufgrund abweichender Grundstücksgröße bei einem mit einem Ein- oder Zweifamilienhaus bebauten Grundstück zu berücksichtigen.

**Beispiel:**
**Abbildung 3:** Grundstück ohne selbständig nutzbare Teilfläche

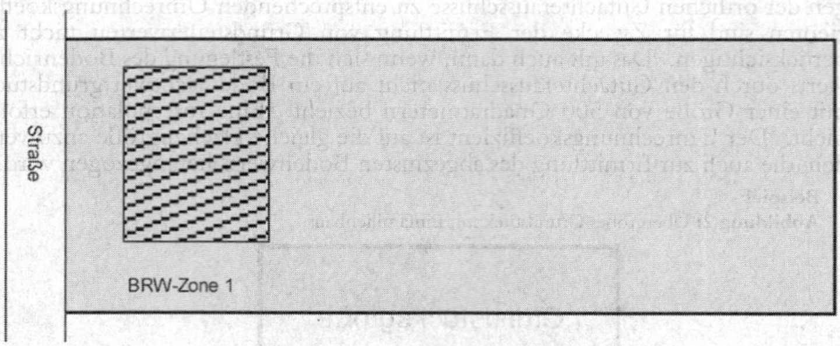


Die Grundstücksgröße des zu bewertenden Grundstücks beträgt 1200 $m^2$. Das Grundstück liegt in einer Bodenrichtwertzone, in der BRW 1 für eine Baufläche ausgewiesen wird. Der Bodenwert ermittelt sich wie folgt:

Abgezinster Bodenwert:

BRW 1 × 1200 $m^2$ × 0,80 (vgl. Anlage 36 zum BewG) × Abzinsungsfaktor (vgl. Anlage 41 zum BewG)

## A 257.3. Mehrere Bodenrichtwertzonen

[1]Liegt das Grundstück mit dem Ein- oder Zweifamilienhaus in mehr als einer Bodenrichtwertzone, sind alle Bodenrichtwerte für die Ermittlung des Bodenwerts nach § 247 BewG zugrunde zu legen, und der Umrechnungskoeffizient nach Anlage 36 zum BewG ist in der Regel auf die gesamte Grundstücksfläche ohne selbständig nutzbare Teilflächen anzuwenden. [2]Maßgebend ist der Umrechnungskoeffizient, der sich für die gesamte Grundstücksfläche ohne selbständig nutzbare Teilflächen und einschließlich in anderen Bodenrichtwertzonen liegenden Flächen ergibt.

## A 257.4. Selbständig nutzbare Teilfläche

(1) [1]Ist das Grundstück wesentlich größer, als es einer den Gebäuden angemessenen Nutzung entspricht, und ist eine zusätzliche Nutzung oder Verwertung einer Teilfläche (selbständig nutzbare Teilfläche) zulässig und möglich, ohne dass mehrere wirtschaftliche Einheiten i.S.d. § 2 BewG vorliegen, ist diese Teilfläche bei der Abzinsung des Bodenwerts nicht zu berücksichtigen (§ 257 Abs. 2 Satz 1 BewG). [2]Für die Annahme einer selbständig nutzbaren Teilfläche ist nicht entscheidend, ob diese selbständig baulich nutzbar ist. [3]Vielmehr wird unter einer selbständig nutzbaren Teilfläche jede sinnvolle Nutzung verstanden (Lagerfläche, Abstellfläche, zusätzliche Gartenfläche, Schrebergarten usw.). [4]Die selbständig nutzbare Teilfläche muss hinreichend groß und so gestaltet sein, dass eine entsprechende Nutzung oder Verwertung möglich ist.

(2) [1]Bei bebaubaren selbständig nutzbaren Teilflächen ergibt sich der Wert der selbständig nutzbaren Teilfläche in der Regel aus dem Produkt dieser Fläche und dem jeweiligen Bodenrichtwert. [2]Von einer bebaubaren selbständig nutzbaren Teilfläche ist auszugehen, wenn eine Aufteilung des Grundstücks in eine bebaute und eine bebaubare Teilfläche sowie eine separate Nutz- und Verwertbarkeit gegeben ist und die selbständige Nutzung oder Verwertung dem üblichen Marktverhalten entspricht. [3]Der Vorrang des § 2 BewG ist auch in diesen Fällen zu berücksichtigen.

**Beispiel:**

**Abbildung 4:** Grundstück mit bebaubarer selbständig nutzbarer Teilfläche

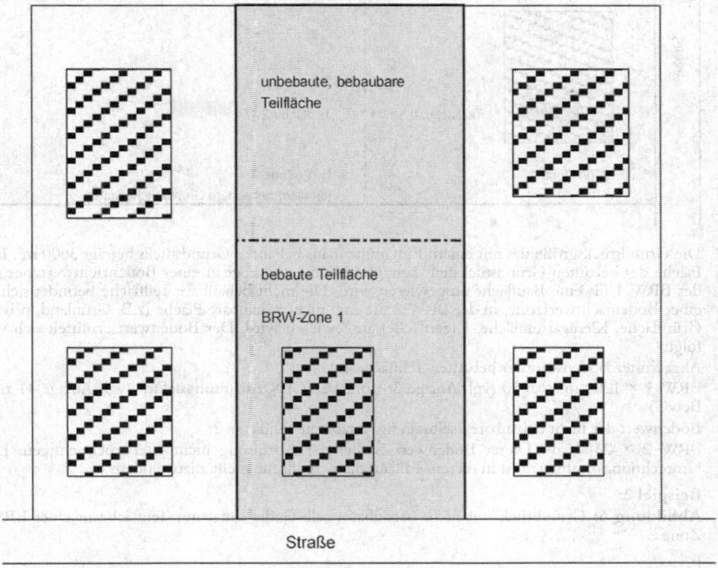


Die Grundstücksgröße des mit einem Einfamilienhaus bebauten Grundstücks beträgt 1200 m². Eine Aufteilung des Grundstücks in ein bebautes und ein eigenständiges, bebaubares Baugrundstück mit einer jeweiligen Grundstücksgröße von 600 m² ist möglich. Eine selbständige Verwertbarkeit ist gegeben. Der Bodenwert ermittelt sich wie folgt:

Abgezinster Bodenwert der bebauten Teilfläche:

BRW 1 × 600 m² × 0,95 (vgl. Anlage 36 zum BewG) × Abzinsungsfaktor (vgl. Anlage 41 zum BewG).

Bodenwert der bebaubaren selbständig nutzbaren Teilfläche:

BRW 1 × 600 m². Dieser Bodenwert ist bei der Abzinsung nicht zu berücksichtigen. Der Umrechnungskoeffizient ist in diesem Fall auf diese Teilfläche nicht anzuwenden.

(3) [1]Der Wert einer nicht bebaubaren selbständig nutzbaren Teilfläche ergibt sich in der Regel aus dem Produkt der Fläche und dem Bodenrichtwert für eine nicht bauliche Nutzung. [2]Von einer nicht bebaubaren selbständig nutzbaren Teilfläche ist insbesondere auszugehen, wenn die Grundstücksteilfläche in einer Bodenrichtwertzone liegt, in der ein von einer baulichen Nutzung abweichender Bodenrichtwert ausgewiesen wird (Beispiel 1). [3]Wenn kein gesonderter Bodenrichtwert vorliegt, der die geringere Nutzbarkeit dieser Fläche berücksichtigt, ist der Umrechnungskoeffizient nach Anlage 36 zum BewG auf die Gesamtfläche einschließlich der selbständig nutzbaren Teilfläche anzuwenden (Beispiel 2).

**Beispiel 1:**

**Abbildung 5:** Grundstück mit nicht bebaubarer selbständig nutzbarer Teilfläche in zwei BRW-Zonen

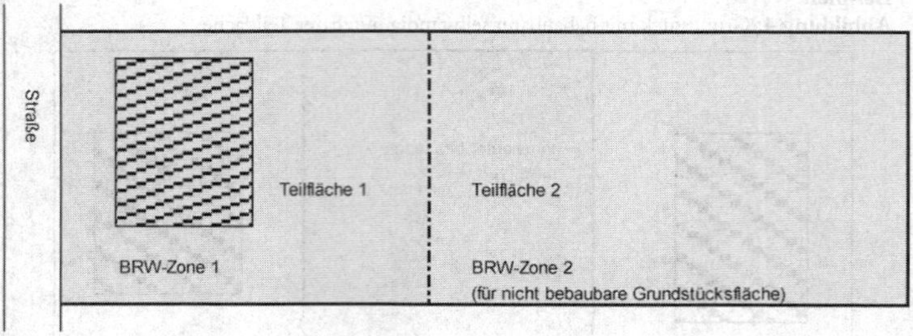


Die Grundstücksgröße des mit einem Einfamilienhaus bebauten Grundstücks beträgt 3600 m². Die Fläche des bebauten Grundstücksteils beträgt 1200 m² und liegt in einer Bodenrichtwertzone, in der BRW 1 für eine Baufläche ausgewiesen wird. Die nicht bebaubare Teilfläche befindet sich in einer Bodenrichtwertzone, in der BRW 2 für eine nicht bebaubare Fläche (z.B. Grünland, private Grünfläche, Kleingartenfläche, Lagerfläche) ausgewiesen wird. Der Bodenwert ermittelt sich wie folgt:

Abgezinster Bodenwert der bebauten Teilfläche 1:

BRW 1 × 1200 m² × 0,80 (vgl. Anlage 36 zum BewG) × Abzinsungsfaktor (vgl. Anlage 41 zum BewG).

Bodenwert der nicht bebaubaren selbständig nutzbaren Teilfläche 2:

BRW 2 × 2400 m². Dieser Bodenwert ist bei der Abzinsung nicht zu berücksichtigen. Der Umrechnungskoeffizient ist in diesem Fall auf diese Teilfläche nicht anzuwenden.

**Beispiel 2:**

**Abbildung 6:** Grundstück mit nicht bebaubarer selbständig nutzbarer Teilfläche in einer BRW-Zone

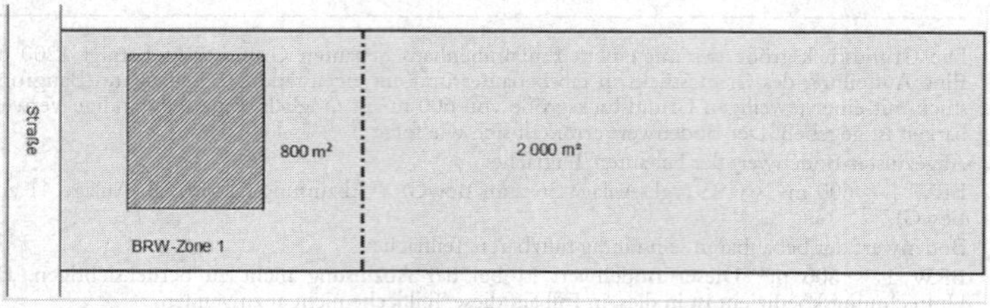


Die Grundstücksgröße des mit einem Einfamilienhaus bebauten Grundstücks beträgt 2800 m². Das Grundstück liegt in einer Bodenrichtwertzone, in der BRW 1 für eine Baufläche ausgewiesen wird. Der Bodenwert ermittelt sich wie folgt:

Abgezinster Bodenwert der bebauten Teilfläche:

BRW 1 × 800 m² × 0,64 (vgl. Anlage 36 zum BewG) × Abzinsungsfaktor (vgl. Anlage 41 zum BewG).

Bodenwert der nicht bebaubaren selbständig nutzbaren Teilfläche:

BRW 1 × 2000 m² × 0,64 (vgl. Anlage 36 zum BewG). Dieser Bodenwert ist bei der Abzinsung nicht zu berücksichtigen.

## Zu § 258 BewG

## A 258. Bewertung im Sachwertverfahren

(1) [1]Bei Anwendung des Sachwertverfahrens (§§ 258 bis 260 BewG) ermittelt sich der Gebäudesachwert getrennt vom Bodenwert auf der Grundlage von gewöhnlichen Herstellungskosten. [2]Der Bodenwert ist wie bei einem unbe-

bauten Grundstück nach Maßgabe des § 247 BewG zu ermitteln. [3]Die Summe aus Gebäudesachwert und Bodenwert ergibt den vorläufigen Sachwert, der zur Ermittlung des Grundsteuerwerts mit einer Wertzahl nach § 260 BewG i.V.m. Anlage 43 zum BewG zu multiplizieren ist. [4]Bauliche Anlagen, insbesondere die Außenanlagen (z.B. befestigte Wege und Plätze, Einfriedungen, siehe auch A 243 Abs. 4 Satz 4 bis 6), und die sonstigen Anlagen sind mit dem Sachwert abgegolten. [5]Besondere objektspezifische Grundstücksmerkmale (z.B. wirtschaftliche Überalterung, Baumängel oder Bauschäden) sind nicht gesondert zu ermitteln und zu berücksichtigen.

(2) Das typisierte – vereinfachte – Sachwertverfahren nach den §§ 258 bis 260 BewG stellt sich schematisch wie folgt dar:

**Abbildung 7:** Sachwertverfahren (schematische Darstellung)

(3) Die Vorschriften über den Mindestwert (§ 251 BewG) sind auch bei einer Bewertung im Sachwertverfahren zu beachten.

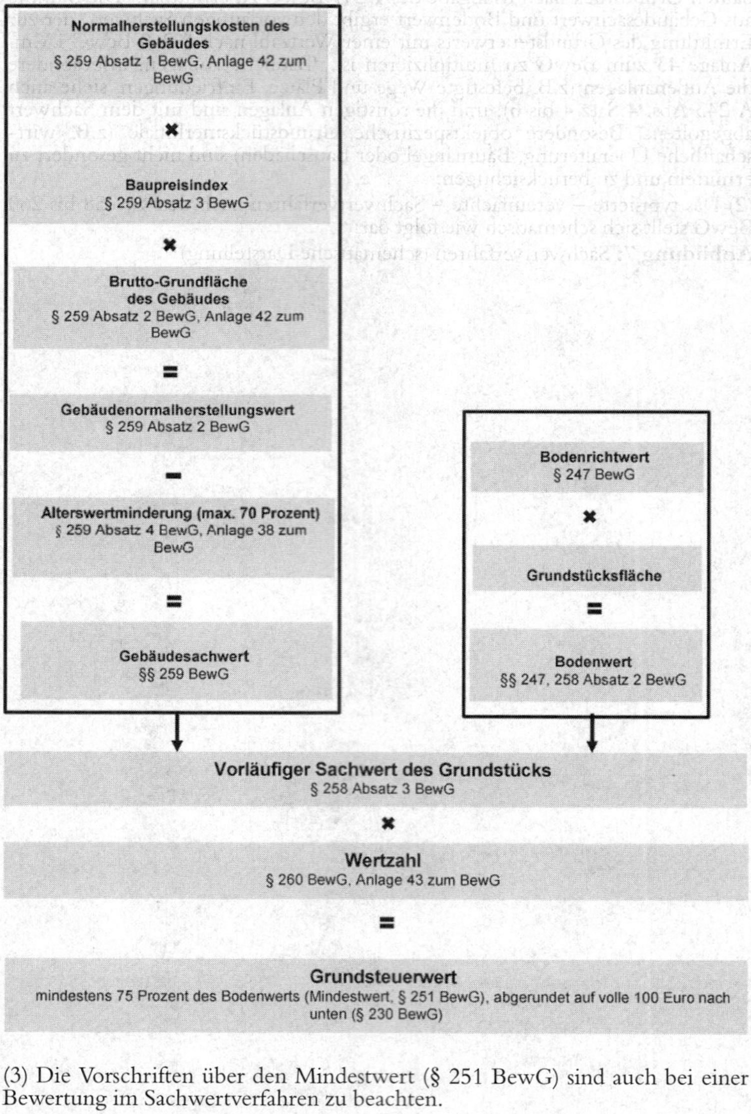


(3) Die Vorschriften über den Mindestwert (§ 251 BewG) sind auch bei einer Bewertung im Sachwertverfahren zu beachten.

## Zu § 259 BewG

### A 259.1. Ermittlung des Gebäudesachwerts; Normalherstellungskosten (NHK)

[1]Zur Ermittlung des Gebäudesachwerts ist nicht von den tatsächlichen, sondern von den gewöhnlichen Herstellungskosten auszugehen (vgl. § 259 Abs. 1 BewG). [2]Die anzusetzenden NHK sind abhängig von der Gebäudeart und dem Baujahr und ergeben sich aus der Anlage 42 zum BewG.

### A 259.2. Gebäudeart

(1) [1]Bei der Ermittlung der nach Anlage 42, II. Teil zum BewG für die NHK und nach Anlage 38 zum BewG für die wirtschaftliche Gesamtnutzungsdauer anzunehmenden Gebäudeart ist auf das gesamte Gebäude oder einen baulich selbständig abgrenzbaren Teil eines Gebäudes (Gebäudeteil, siehe A 259.6 Abs. 1) abzustellen. [2]Entscheidend für die Einstufung des Gebäudes oder Gebäudeteils ist allein das durch die Hauptnutzung entstandene Gesamtgepräge. [3]Zur Hauptnutzung gehörende übliche Nebenräume (z.B. Lager- und Verwaltungsräume bei Warenhäusern oder separater Büroraum im Autohaus) sind entsprechend dem Gesamtgepräge der Hauptnutzung zuzurechnen.

(2) [1]Nach Tz. 20 der Anlage 42, II. Teil zum BewG und nach der Anlage 38 zum BewG sind für nicht aufgeführte Gebäudearten die NHK sowie die wirtschaftliche Gesamtnutzungsdauer aus vergleichbaren Gebäudearten abzuleiten (Auffangklausel). [2]Zu diesem Zweck ist bei Geschäftsgrundstücken, dem Teileigentum und sonstigen bebauten Grundstücken auf die Gebäudeart abzustellen, die mit der Hauptnutzung des Gebäudes die größten Übereinstimmungen aufweist.

**Beispiele:**

| Nicht aufgeführte Gebäudeart | Vergleichbar mit Gebäudeart | Gesamtnutzungsdauer | Gebäudeart |
|---|---|---|---|
| Abfertigungsgebäude, Terminal, Bahnhofshalle | Betriebs- und Werkstätten, mehrgeschossig, hoher Hallenanteil; industrielle Produktionsgebäude, überwiegend Skelettbauweise | 40 Jahre | 11.2 |
| Apotheke, Boutique, Laden | Kauf- und Warenhäuser | 50 Jahre | 10.2 |
| Bar, Tanzbar, Nachtclub | Beherbergungsstätten, Hotels, Verpflegungseinrichtungen | 40 Jahre | 8 |
| Baumarkt, Discountermarkt, Gartenzentrum | Verbrauchermärkte | 30 Jahre | 10.1 |
| Bürgerhaus | Gemeindezentren, Saalbauten, Veranstaltungsgebäude, Vereinsheime | 40 Jahre | 4 |
| Einkaufszentrum (Shopping-Center, Shopping-Mall) | Kauf- und Warenhäuser | 50 Jahre | 10.2 |
| Gewerblich genutzte freistehende Überdachung | Lagergebäude ohne Mischnutzung, Kaltlager | 40 Jahre | 12.1 |
| Großraumdisco, Kino, Konzertsaalbau | Gemeindezentren, Saalbauten, Veranstaltungsgebäude, Vereinsheime | 40 Jahre | 4 |
| Indoor-Spielplatz, Kletter-, Kart-, Skihalle | Sporthallen | 40 Jahre | 9.1 |
| Jugendheim, Tagesstätte | Wohnheime, Internate, Alten- und Pflegeheime | 50 Jahre | 6 |

| Nicht aufgeführte Gebäudeart | Vergleichbar mit Gebäudeart | Gesamt-nut-zungs-dauer | Gebäu-deart |
|---|---|---|---|
| Logistikzentrum (Lagerung, Verwaltung, Kommissionierung, Verteilung und Umschlag), soweit keine Abgrenzung eigener Gebäudeteile möglich ist | Lagergebäude | 40 Jahre | 12.1, 12.2 oder 12.3 |
| Markthalle, Großmarkthalle | Verbrauchermärkte | 30 Jahre | 10.1 |
| Mehrfamilienhaus, Wohnhaus auf gemischt genutzten Grundstücken (vgl. Beispiel 3, A 259.6 Abs. 1) | Gemischt genutzte Grundstücke (Wohnhäuser mit Mischnutzung) | 80 Jahre | 1 |
| Möbelhaus, eingeschossig | Verbrauchermärkte | 30 Jahre | 10.1 |
| Möbelhaus, mehrgeschossig | Kauf- und Warenhäuser | 50 Jahre | 10.2 |
| Parkhaus | Hochgaragen, Tiefgaragen und Nutzfahrzeuggaragen | 40 Jahre | 16 |
| Pferdestall | Gesamtnutzungsdauer: Reithallen, ehemalige landwirtschaftliche Mehrzweckhallen, Scheunen und Ähnliches, NHK: Stallbauten | 30 Jahre | 15 |
| Restaurant | Beherbergungsstätten, Hotels, Verpflegungseinrichtungen | 40 Jahre | 8 |
| Therme, Saunalandschaft | Freizeitbäder, Kur- und Heilbäder | 40 Jahre | 9,3 |
| Waschstraße | Betriebs- und Werkstätten, Industrie- und Produktionsgebäude, eingeschossig oder mehrgeschossig, ohne Hallenanteil; industrielle Produktionsgebäude, Massivbauweise | 40 Jahre | 11.1 |
| Wochenendhaus im Sinne von A 249.9 Satz 4 (kein Fall des A 249.2 Satz 7) | Gemischt genutzte Grundstücke (Wohnhäuser mit Mischnutzung) | 80 Jahre | 1 |

(3) [1]Bei der Bewertung von Teileigentum ist zur Bestimmung der Gebäudeart auf die bauliche Gestaltung des Teileigentums abzustellen.

**Beispiel:**

Discountermarkt unterhalb eines Wohnhauses mit Eigentumswohnungen

Der Discountermarkt als Teileigentum bildet eine eigene wirtschaftliche Einheit und ist im Sachwertverfahren mit den NHK der Gebäudeart 10.1 (entsprechend Verbrauchermärkte) zu bewerten. Die Eigentumswohnungen bilden jede für sich ebenfalls eine eigene wirtschaftliche Einheit, die im Ertragswertverfahren zu bewerten ist.

[2]Unterscheiden sich die bauliche Gestaltung des Teileigentums und des übrigen Gesamtgebäudes nicht voneinander, ist in der Regel das Gesamtgepräge des Gebäudes maßgebend.

**Beispiel:**

Zur Bewertung eines Teileigentums als Rechtsanwalts-, Notar- oder Arztpraxis in einem mehrgeschossigen Wohnhaus, welches baulich wie ein vergleichbares Wohnungseigentum gestaltet ist, ist es sachgerecht, die NHK der Gebäudeart 1 (gemischt genutzte Grundstücke (Wohnhäuser mit Mischnutzung)) heranzuziehen. Befindet sich ein solches Teileigentum z.B. in einem Büro- und Geschäftsgebäude, können die NHK der Gebäudeart 3 (Bürogebäude, Verwaltungsgebäude) zugrunde gelegt werden.

(4) Bei einem gemischt genutzten Gebäude (siehe A 249.8 Satz 2) beträgt die wirtschaftliche Gesamtnutzungsdauer einheitlich 80 Jahre, die NHK ergeben sich unabhängig von der konkreten Nutzung aus der Gebäudeart 1 der Anlage 42 zum BewG.

**Beispiel:**
In einem Gebäude (Baujahr 1987) befindet sich im Erdgeschoss eine Apotheke, die darüber liegenden drei Etagen sind zu Wohnzwecken vermietet. Es liegt ein gemischt genutztes Grundstück vor. Die noch nicht indizierten NHK nach Anlage 42 zum BewG für die gesamte Bruttogrundfläche betragen 695 €/m², die wirtschaftliche Gesamtnutzungsdauer beträgt für das gesamte Gebäude einheitlich 80 Jahre.

## A 259.3. Baupreisindex

[1]Die in der Anlage 42, II. Teil zum BewG enthaltenen NHK mit Kostenstand 2010 sind auf den Hauptfeststellungszeitpunkt umzurechnen. [2]Für diese Anpassung ist nach § 259 Abs. 3 BewG auf die Preisindizes für die Bauwirtschaft, die das Statistische Bundesamt für den Neubau in konventioneller Bauart von Nichtwohngebäuden jeweils für das Vierteljahr vor dem Hauptfeststellungszeitpunkt ermittelt hat, abzustellen. [3]Diese Preisindizes sind für alle Feststellungszeitpunkte des jeweiligen Hauptfeststellungszeitraums anzuwenden. [4]Das Bundesministerium der Finanzen veröffentlicht die maßgebenden Baupreisindizes im Bundessteuerblatt.

## A 259.4. Brutto-Grundfläche (BGF)

(1) [1]Die BGF ist die Summe der bezogen auf die jeweilige Gebäudeart marktüblich nutzbaren Grundflächen aller Grundrissebenen eines Bauwerks mit Nutzungen nach DIN 277-1:2005-02 und deren konstruktive Umschließungen (siehe Anlage 42, I. Teil zum BewG). [2]Grundflächen von waagerechten Flächen sind aus ihren tatsächlichen Maßen, Grundflächen von schräg liegenden Flächen (z.B. Tribünen, Zuschauerräumen, Treppen und Rampen) aus ihrer vertikalen Projektion zu ermitteln. [3]Die BGF sind in Quadratmeter anzugeben.

(2) [1]Bei der Ermittlung der BGF wird zwischen folgenden Bereichen unterschieden:

– Bereich a: überdeckt und allseitig in voller Höhe umschlossen
– Bereich b: überdeckt, jedoch nicht allseitig in voller Höhe umschlossen
– Bereich c: nicht überdeckt

[2]Die NHK berücksichtigen nur die BGF der Bereiche a und b. [3]Der Bereich c wird nicht erfasst. [4]Siehe Abbildung 8.

(3) [1]Für die Ermittlung der BGF sind die äußeren Maße der Bauteile einschließlich Bekleidung (z.B Putz, Außenschalen mehrschaliger Wandkonstruktionen) in Höhe der Boden- oder Deckenbelagsoberkanten anzusetzen. [2]BGF des Bereiches b sind an Stellen, an denen sie nicht umschlossen sind, bis zur vertikalen Projektion ihrer Überdeckung zu ermitteln. [3]BGF von Bauteilen (Konstruktions-Grundflächen), die zwischen den Bereichen a und b liegen, sind dem Bereich a zuzuordnen. [4]Nicht zur BGF gehören Flächen, die ausschließlich der Wartung, Inspektion und Instandsetzung von Baukonstruktionen und technischen Anlagen dienen (z.B. nicht nutzbare Dachflächen, fest installierte Dachleitern und -stege, Wartungsstege in abgehängten Decken). [5]Nicht berücksichtigt bei der Ermittlung der BGF werden:

– Kriechkeller,
– Kellerschächte,
– Außentreppen,
– nicht nutzbare Dachflächen – auch Zwischendecken,
– Balkone (auch wenn sie überdeckt sind) und

– Spitzböden (zusätzliche Ebene im Dachgeschoss, unabhängig vom Ausbauzustand).

[6]Auf die BGF anzurechnen sind nutzbare Dachgeschossflächen (siehe Abbildung 9).

**Abbildung 8:** Zuordnung der Grundflächen zu den Bereichen a, b und c

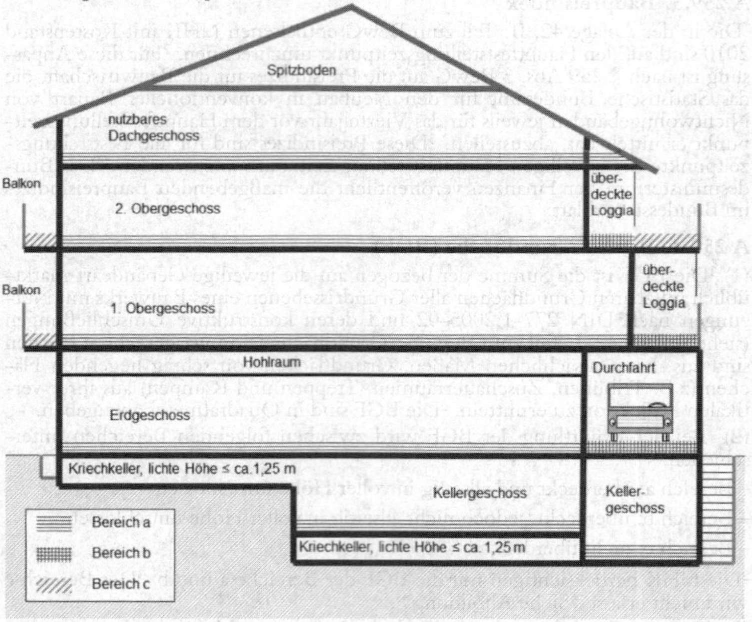


**Abbildung 9:** Anrechnung der Grundfläche der Dachgeschossebene bei der Ermittlung der BGF

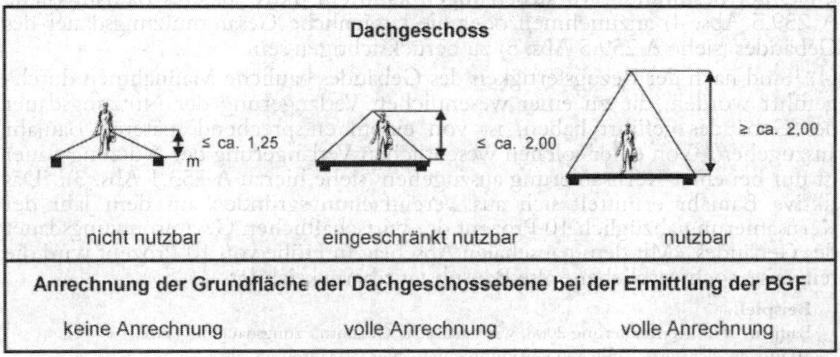


## A 259.5. Alterswertminderung

(1) [1]Vom Gebäudenormalherstellungswert ist eine Alterswertminderung abzuziehen. [2]Diese wird grundsätzlich nach dem Verhältnis des Alters des Gebäudes im Hauptfeststellungszeitpunkt zur typisierten wirtschaftlichen Gesamtnutzungsdauer nach Anlage 38 zum BewG bestimmt. [3]Es bestehen aus Vereinfachungsgründen keine Bedenken, das Alter des Gebäudes durch Abzug des Jahres der Bezugsfertigkeit des Gebäudes (Baujahr) vom Jahr des Hauptfeststellungszeitpunkts zu bestimmen. [4]Die Alterswertminderung ist auf maximal 70 Prozent des Gebäudenormalherstellungswerts begrenzt (siehe A 259.5 Abs. 6).

(2) [1]Die typisierte wirtschaftliche Gesamtnutzungsdauer eines Gebäudes ist der Anlage 38 zum BewG zu entnehmen. [2]Sie richtet sich nach der Grundstücksart i.S.d. § 250 BewG und den in der Anlage 38 zum BewG ausgewiesenen Gebäudearten. [3]Die Gesamtnutzungsdauer für nicht aufgeführte Gebäudearten ist aus der Gesamtnutzungsdauer vergleichbarer Gebäudearten abzuleiten (siehe A 259.2 Abs. 2). [4]Wird ein Gebäude mit nichtselbständigen Gebäudeteilen unterschiedlich genutzt, ist die Wahl der maßgeblichen wirtschaftlichen Gesamtnutzungsdauer entsprechend der Grundstücksart des § 250 BewG wie folgt vorzunehmen:

1. [1]Handelt es sich bei der zu bewertenden wirtschaftlichen Einheit um ein Geschäftsgrundstück, das aus einem Gebäude mit nicht selbständigen Gebäudeteilen verschiedener Bauart oder Nutzung (z.B. geschossweise unterschiedliche Bauart) besteht, ist zur Ermittlung einer einheitlichen Alterswertminderung im Hauptfeststellungszeitpunkt die typisierte wirtschaftliche Gesamtnutzungsdauer für Geschäftsgrundstücke laut Anlage 38 zum BewG anzunehmen, die dem durch die Hauptnutzung bestimmten Gesamtgepräge des Gebäudes entspricht. [2]Dies gilt unabhängig davon, ob im Gebäude enthaltene Räume (z.B. Wohnungen) für Zwecke genutzt werden, für die eine abweichende wirtschaftliche Gesamtnutzungsdauer anzunehmen wäre.
2. Handelt es sich bei der zu bewertenden wirtschaftlichen Einheit um ein gemischt genutztes Grundstück, ist die typisierte wirtschaftliche Gesamtnutzungsdauer für gemischt genutzte Grundstücke in Höhe von 80 Jahren anzunehmen.

(3) Unter bestimmten Voraussetzungen kann ein fiktiv späteres Baujahr (siehe A 259.5 Abs. 4) anzunehmen oder die tatsächliche Gesamtnutzungsdauer des Gebäudes (siehe A 259.5 Abs. 5) zu berücksichtigen sein.

(4) [1]Sind nach der Bezugsfertigkeit des Gebäudes bauliche Maßnahmen durchgeführt worden, die zu einer wesentlichen Verlängerung der Nutzungsdauer des Gebäudes geführt haben, ist von einem entsprechend späteren Baujahr auszugehen. [2]Von einer solchen wesentlichen Verlängerung der Nutzungsdauer ist nur bei einer Kernsanierung auszugehen (siehe hierzu A 253.1 Abs. 3). [4]Das fiktive Baujahr ermittelt sich aus Vereinfachungsgründen aus dem Jahr der Kernsanierung abzüglich 10 Prozent der wirtschaftlichen Gesamtnutzungsdauer des Gebäudes. [5]Mit dem pauschalen Abschlag in Höhe von 10 Prozent wird die teilweise noch verbliebene alte Bausubstanz berücksichtigt.

**Beispiel:**

Baujahr 1970, Kernsanierung 2008, wirtschaftliche Gesamtnutzungsdauer 50 Jahre.
10 Prozent der wirtschaftlichen Gesamtnutzungsdauer (50 Jahre) = 5 Jahre
Fiktives Baujahr: 2008 ./. 5 Jahre = 2003

(5) [1]Besteht für das Gebäude eine Abbruchverpflichtung, ist bei der Ermittlung der Alterswertminderung von der tatsächlichen Gesamtnutzungsdauer des Gebäudes auszugehen (siehe § 259 Abs. 4 Satz 5 BewG). [2]Zu einer erst nach dem Hauptfeststellungszeitpunkt vereinbarten Abbruchverpflichtung siehe A 253.1 Abs. 5 Satz 4.

(6) [1]Der nach Abzug der Alterswertminderung verbleibende Gebäudewert ist grundsätzlich mit mindestens 30 Prozent des Gebäudenormalherstellungswerts anzusetzen (§ 259 Abs. 4 Satz 4 BewG). [2]Diese Restwertregelung berücksichtigt typisierend, dass auch ein älteres Gebäude, das laufend instand gehalten wird, einen Wert hat. [3]Bei bestehender Abbruchverpflichtung für das Gebäude kann dieser Mindestansatz unterschritten werden.

$$\text{Alterswertminderung (\%)} = \frac{\text{Gebäudealter im Hauptfeststellungszeitpunkt}}{\text{tatsächliche Gesamtnutzungsdauer (Jahr der Abbruchverpflichtung ./. Baujahr)}} \times 100$$

## A 259.6. Grundstück mit mehreren Gebäuden oder Gebäudeteilen

(1) [1]Besteht eine wirtschaftliche Einheit aus mehreren Gebäuden oder Gebäudeteilen von einer gewissen Selbständigkeit, die verschiedene Bauarten aufweisen, unterschiedlich genutzt werden oder die in verschiedenen Jahren bezugsfertig geworden sind, ist jedes Gebäude und jeder Gebäudeteil für sich zu bewerten. [2]NHK, BGF und Alterswertminderung sind jeweils gesondert zu ermitteln. [3]Für selbständige Gebäude oder Gebäudeteile, für die in den Anlagen zum BewG keine Gebäudeart ausgewiesen ist, sind die Gesamtnutzungsdauer aus der Gesamtnutzungsdauer vergleichbarer Gebäudearten und die NHK aus den NHK vergleichbarer Gebäudearten abzuleiten (siehe A 259.2 Abs. 2). [4]Bei Geschäftsgrundstücken und gemischt genutzten Grundstücken mit mehreren selbständigen Gebäuden oder Gebäudeteilen können sich – je nach Nutzung – unterschiedliche Gesamtnutzungsdauern ergeben.

**Beispiel 1:**

In einem Gebäude (Baujahr 2020) werden die unteren Etagen von einem Warenhaus genutzt. In den darüber liegenden Etagen wird ein Hotel betrieben. Außerdem befindet sich in dem Gebäude eine Tiefgarage, die von den Warenhauskunden und den Hotelgästen genutzt wird.

Warenhaus, Hotel und Tiefgarage sind jeweils baulich selbständig abgrenzbare Gebäudeteile, die gesondert zu bewerten sind.

| | Wirtschaftliche Gesamtnutzungsdauer gemäß Anlage 38 zum BewG | NHK in €/m² BGF (Gebäudeart) gemäß Anlage 42, Teil II zum BewG |
|---|---|---|
| Warenhaus | 50 Jahre | 1633 (10.2) |
| Hotel | 40 Jahre | 1859 (8) |
| Tiefgarage | 40 Jahre | 623 (16) |

**Beispiel 2:**

In einem Gebäude (Baujahr 2005) befindet sich ein Autohaus mit angeschlossener Werkstatt.

Da sich der Ausstellungsteil des Autohauses aufgrund der höherwertigen Bauart und der Schaufensterfront baulich von der Werkstatt (einfache, zweckmäßige, industrielle Bauart) unterscheidet, sind beide Gebäudeteile gesondert zu bewerten.

| | Wirtschaftliche Gesamtnutzungsdauer gemäß Anlage 38 zum BewG | NHK in €/m² BGF (Gebäudeart) gemäß Anlage 42, Teil II zum BewG |
|---|---|---|
| Gebäudeteil Ausstellung/Beratung/Verkauf | 30 Jahre | 1277 (10.3) |
| Werkstatt | 40 Jahre | 1200 (11.1) |

**Beispiel 3:**

Zu einer wirtschaftlichen Einheit gehören zwei Gebäude: das 1970 errichtete Wohnhaus eines Künstlers sowie ein 2005 errichtetes Atelier mit Werkstatt. Die Ermittlung der Grundstücksart nach dem Verhältnis von Wohn- und Nutzflächen führt zu einem im Sachwertverfahren zu bewertenden gemischt genutzten Grundstück. Die NHK für das Wohnhaus sind aus den NHK einer vergleichbaren Gebäudeart abzuleiten, da ein (reines) Wohngebäude in Anlage 42, Teil II zum BewG nicht genannt wird. Im vorliegenden Fall ist es sachgerecht, für das Wohnhaus die NHK der Gebäudeart 1 „Gemischt genutzte Grundstücke (Wohnhäuser mit Mischnutzung)" zugrunde zu legen, da diese am ehesten den NHK des zu bewertenden Gebäudes entsprechen (vgl. A 259.2 Abs. 2).

| | Wirtschaftliche Gesamtnutzungsdauer gemäß Anlage 38 zum BewG | NHK in €/m² BGF (Gebäudeart) gemäß Anlage 42, Teil II zum BewG |
|---|---|---|
| Wohnhaus | 80 Jahre | 695 (1) |
| Atelier/Werkstatt | 40 Jahre | 1200 (11.1) |

(2) [1]Anbauten teilen grundsätzlich auf Grund ihrer Bauart oder Nutzung das Schicksal des Hauptgebäudes. [2]Ist dagegen anzunehmen, dass ein Erweiterungsbau nach Größe, Bauart oder Nutzung eine andere Alterswertminderung als das Hauptgebäude haben wird, gilt Abs. 1 entsprechend. [3]Für Aufstockungen ist grundsätzlich das Baujahr der unteren Geschosse zu Grunde zu legen. [4]Es ist jedoch zu prüfen, ob die baulichen Maßnahmen an dem Gebäude eine Kernsanierung darstellen und daher ein fiktiv späteres Baujahr anzunehmen ist (siehe A 259.5 Abs. 4).

(3) [1]Bei einer wirtschaftlichen Einheit mit mehreren nichtselbständigen Gebäuden oder Gebäudeteilen ist von einer einheitlichen Alterswertminderung auszugehen. [2]Zur Bestimmung der wirtschaftlichen Gesamtnutzungsdauer gelten in diesen Fällen die Erläuterungen in A 259.5 Abs. 2.

## Zu § 260 BewG
## A 260. Wertzahlen

[1]Zur Anpassung des vorläufigen Sachwerts an die allgemeinen Wertverhältnisse auf dem örtlichen Grundstücksmarkt sind die in Anlage 43 zum BewG gesetzlich typisierend in Abhängigkeit der Höhe des vorläufigen Sachwerts vorgegebenen Wertzahlen anzuwenden. [2]Wird eine Wertgrenze durch den vorläufigen Sachwert überschritten, findet die diesbezügliche Wertzahl auf den gesamten vorläufigen Sachwert und nicht nur auf den übersteigenden Teil Anwendung.

[3]Eine Interpolation zwischen den einzelnen Wertzahlen erfolgt nicht. [4]Die Bestimmung der Wertzahl nach Anlage 43 (zu § 260 BewG) ist regelmäßig anhand des für die Lagequalität prägenden Bodenrichtwerts vorzunehmen. [5]Dies dürfte in der Regel der Bodenrichtwert der Bodenrichtwertzone sein, in welcher das Gebäude belegen ist (in der Regel höherer Bodenrichtwert). [6]Zulässig ist auch, einen nach Flächenanteilen gewichteten Bodenrichtwert anzusetzen. [7]Dies gilt für den Bodenwert nach § 247 Abs. 3 BewG umgerechnet in Euro je Quadratmeter entsprechend.

## IV. Sonderfälle

### Zu § 261 BewG

### A 261.1. Erbbaurecht; Begriff des Erbbaurechts

(1) [1]Das Erbbaurecht ist das veräußerliche und vererbliche Recht an einem Grundstück, auf oder unter der Oberfläche des Grundstücks ein Bauwerk zu haben. [2]Bei Grundstücken, die mit einem Erbbaurecht belastet sind, bildet das Erbbaurecht zusammen mit dem belasteten Grundstück eine wirtschaftliche Einheit (§ 244 Abs. 3 Nr. 1 BewG). [3]Das gilt auch, wenn der Eigentümer des belasteten Grundstücks das Erbbaurecht oder der Erbbauberechtigte das belastete Grundstück erwirbt (Eigentümererbbaurecht). [4]Das belastete Grundstückist das Grundstück, an dem das Erbbaurecht bestellt ist.

(2) [1]Das Erbbaurecht entsteht zivilrechtlich mit der Eintragung in das Grundbuch (§ 11 ErbbauRG i.V.m. § 873 BGB). [2]Bewertungsrechtlich gilt das Erbbaurecht bereits dann als entstanden, wenn die dingliche Einigung über die Bestellung eines Erbbaurechts erfolgt ist und der zukünftige Erbbauberechtigte in der Lage ist, die Eintragung in das Grundbuch zu bewirken.

(3) [1]Das Erbbaurecht erstreckt sich im Allgemeinen auf das ganze Grundstück. [2]Erstreckt es sich jedoch nur auf einen Teil des Grundstücks i.S.d. Zivilrechts, bildet dieser Teil zusammen mit dem anteiligen belasteten Grund und Boden eine wirtschaftliche Einheit. [3]Für den restlichen Teil des Grundstücks ist die Bewertung nach den allgemeinen Grundsätzen durchzuführen.

### A 261.2. Bewertung in Erbbaurechtsfällen

(1) [1]In Fällen, in denen ein Grundstück mit einem Erbbaurecht belastet ist, ist für den Grund und Boden sowie für ggf. vorhandene Gebäude ein Gesamtwert nach den §§ 243 bis 260 BewG zu ermitteln. [2]Festgestellt wird der Wert, der festzustellen wäre, wenn die Belastung mit dem Erbbaurecht nicht bestünde.

(2) [1]Der Gesamtwert von Grund und Boden sowie Gebäude wird dem Erbbauberechtigten zugerechnet. [2]Ihm gegenüber ergeht der Feststellungsbescheid über den Grundsteuerwert. [3]Wird das Erbbaurecht aufgehoben oder erlischt es durch Zeitablauf, ist auf den Beginn des Kalenderjahres, das auf die Änderung folgt, gegenüber dem Grundstückseigentümer eine Zurechnungsfortschreibung vorzunehmen.

(3) [1]Errichtet der Erbbauberechtigte ein Gebäude auf einem erbbaurechtsbelasteten und einem ihm gehörenden angrenzenden Grundstück, ist das Gebäude gemeinsam mit dem gesamten Grund und Boden als eine wirtschaftliche Einheit zu bewerten. [2]Wenn das angrenzende Grundstück auf Grund eines Pachtvertrags vom Erbbauberechtigten bebaut worden ist und es sich bei diesem Gebäudeteil um ein Gebäude auf fremdem Grund und Boden i.S.v. § 262 BewG handelt, sind zwei wirtschaftliche Einheiten zu bilden und entsprechend zu bewerten.

**A 261.3. Wohnungserbbaurecht und Teilerbbaurecht**

Für Wohnungserbbaurechte und Teilerbbaurechte gelten A 261.1 und 261.2 entsprechend.

**A 261.4. Mitwirkungspflichten des Erbbauverpflichteten**

Wegen der Mitwirkung des Erbbauverpflichteten bei den Erklärungs- und Anzeigepflichten siehe A 228 Abs. 3 Sätze 1 bis 3.

## Zu § 262 BewG

### A 262. Gebäude auf fremdem Grund und Boden

(1) Das Gebäude auf fremdem Grund und Boden wird mit dem dazu gehörenden Grund und Boden zu einer wirtschaftlichen Einheit zusammengefasst (§ 244 Abs. 3 Nr. 2 BewG) und nach den §§ 243 bis 260 BewG bewertet.

(2) [1]Ein Gebäude auf fremdem Grund und Boden liegt vor, wenn ein anderer als der Eigentümer des Grund und Bodens darauf ein Gebäude errichtet hat und ihm das Gebäude ohne die Regelung in § 262 Satz 2 BewG zuzurechnen wäre. [2]Das ist insbesondere der Fall, wenn das Gebäude Scheinbestandteil des Grund und Bodens ist (§ 95 BGB). [3]Sofern dem Nutzungsberechtigten für den Fall der Nutzungsbeendigung gegenüber dem Eigentümer des Grund und Bodens ein Anspruch auf Ersatz des Verkehrswerts des Gebäudes zusteht, ist bewertungsrechtlich von einem Gebäude auf fremdem Grund und Boden auszugehen. [3]Ein solcher Anspruch kann sich aus einer vertraglichen Vereinbarung oder aus dem Gesetz ergeben. [4]Als Gebäude auf fremdem Grund und Boden werden das Gebäude, die sonstigen Bestandteile, wie die vom Nutzungsberechtigten errichteten Außenanlagen, und das Zubehör erfasst. [5]Werden auf einem Grundstück nur Betriebsvorrichtungen (§ 243 Abs. 2 Nr. 2 BewG) oder Außenanlagen errichtet, liegt kein Gebäude auf fremdem Grund und Boden, sondern ein unbebautes Grundstück vor.

(3) [1]Für die wirtschaftliche Einheit ist ein Gesamtwert festzustellen, der dem Eigentümer des Grund und Bodens zuzurechnen ist. [2]Ihm gegenüber ergeht der Feststellungsbescheid über den Grundsteuerwert.

(4) Wegen der Mitwirkung des wirtschaftlichen Eigentümers des Gebäudes bei den Erklärungs- und Anzeigepflichten siehe A 228 Abs. 3 Sätze 4 und 5.

# V. Ermächtigungen

## Zu § 263 BewG

### A 263. Ermächtigungen

– unbesetzt –

# C. Anwendung

## Zu § 264 BewG

### A 264. Bekanntmachung

– unbesetzt –

## Zu § 265 BewG

### A 265. Anwendungsvorschriften

– unbesetzt –

### Zu § 266 BewG

### A 266.1. Erstmalige Anwendung des Siebenten Abschnitts des Zweiten Teils; Allgemeines

(1) [1]Die erste Hauptfeststellung für die Grundsteuerwerte nach § 221 BewG wird auf den 1. Januar 2022 durchgeführt. [2]Ab diesem Zeitpunkt können Feststellungsbescheide über die neuen Grundsteuerwerte ergehen.

(2) [1]Bei der Feststellung von Grundsteuerwerten (§ 219 Abs. 3 BewG) sowie bei Art- und Zurechnungsfortschreibungen (§ 222 Abs. 2 BewG) wird das im ersten Hauptfeststellungszeitpunkt geltende Grundsteuerrecht und damit auch die Steuerbefreiungsvorschriften zugrunde gelegt. [2]Sollte bis zum 31. Dezember 2024 eine Steuerbefreiungsvorschrift aufgehoben werden, kann eine Nachfeststellung der Grundsteuerwerte nach § 223 Abs. 1 Nr. 2 BewG erfolgen. [3]Wird eine neue Steuerbefreiungsvorschrift bis zum 31. Dezember 2024 in das Grundsteuergesetz aufgenommen, sind die Grundsteuerwerte nach § 224 Abs. 1 Nr. 2 BewG aufzuheben.

(3) [1]Ab dem Hauptveranlagungszeitpunkt 1. Januar 2025 dürfen auch auf bereits bestandskräftige Bescheide, die auf den vom Bundesverfassungsgericht mit seinem Urteil vom 10. April 2018 – 1 BvL 11/14 u. a. – zur Grundsteuer als verfassungswidrig festgestellten Bestimmungen des Bewertungsgesetzes beruhen, keine Belastungen mehr gestützt werden. [2]Für Feststellungszeitpunkte ab dem 1. Januar 2025 sind daher Fortschreibungen und Nachfeststellungen der Einheitswerte nicht mehr zulässig.

(4) [1]§ 266 Abs. 4 Satz 1 BewG hebt kraft Gesetzes die Einheitswertbescheide, Grundsteuermessbescheide und Grundsteuerbescheide, die für Feststellungs- und Festsetzungszeitpunkte vor dem 1. Januar 2025 erlassen wurden und soweit sie auf den §§ 19, 20, 21, 22, 23, 27, 76, 79 Abs. 5, 93 Abs. 1 Satz 2 BewG i.V.m. Art. 2 Abs. 1 Satz 1 und Satz 3 des Gesetzes zur Änderung des Bewertungsgesetzes in der Fassung des Art. 2 des Gesetzes vom 22. Juli 1970 (BGBl. I S. 1118) beruhen, zum 31. Dezember 2024 mit Wirkung für die Zukunft auf. [2]Entsprechendes gilt nach § 266 Abs. 4 Satz 2 BewG für Einheitswertbescheide, mit denen ein Einheitswert auf Grundlage der §§ 33, 34 BewG für land- und forstwirtschaftliches Vermögen festgestellt wurde, Grundsteuermessbescheide, in denen der Grundsteuermessbetrag auf Grundlage des Ersatzwirtschaftswerts (§ 125 BewG) ermittelt wurde, und Grundsteuerbescheide, in denen die Grundsteuer nach der Ersatzbemessungsgrundlage (§ 42 GrStG) bemessen wurde.

(5) [1]Auch nach dem 31. Dezember 2024 können noch Bescheide über die Feststellung des Einheitswerts auf Stichtage vor dem 1. Januar 2025 erlassen, geändert oder aufgehoben werden; § 266 Abs. 4 BewG steht dem nicht entgegen. [2]In diesem Fall soll in den Bescheid eine Erläuterung aufgenommen werden, dass dessen Wirkung bis zum 31. Dezember 2024 begrenzt ist.

### A 266.2. Übergangsregelungen (§ 266 Abs. 3 BewG)

(1) [1]Werden den Finanzbehörden mit der Erklärung i.S.d. § 228 BewG auf den ersten Hauptfeststellungszeitpunkt 1. Januar 2022 eingetretene Änderungen der tatsächlichen Verhältnisse erstmals bekannt, sind diese bei Fortschreibungen nach § 22 BewG und Nachfeststellungen nach § 23 BewG auf Feststellungszeitpunkte vor dem 1. Januar 2022 nicht zu berücksichtigen. [2]Aufhebungen von Einheitswerten sind davon unberührt und können auf Stichtage vor dem 1. Januar 2022 erfolgen. [3]Die Regelung des § 266 Abs. 3 BewG gilt ohne

Ermessen sowohl bei Änderungen zugunsten als auch bei Änderungen zuungunsten des Steuerpflichtigen.

(2) [1]Die Regelung des § 266 Abs. 3 BewG greift auch dann, wenn der Steuerpflichtige einer bestehenden Anzeigepflicht nach § 19 GrStG nicht nachgekommen ist und geänderte Nutzungs- und/oder Eigentumsverhältnisse mit Einfluss auf eine Grundsteuerbefreiung erstmals im Rahmen der Erklärung zur Feststellung des Grundsteuerwerts auf den ersten Hauptfeststellungszeitpunkt 1. Januar 2022 bekannt werden. [2]Eine eventuelle straf- oder bußgeldrechtliche Würdigung eines Verstoßes gegen die Anzeigepflicht nach § 19 GrStG bleibt unberührt.

(3) Die Regelung des § 266 Abs. 3 BewG gilt nicht für Änderungen der tatsächlichen Verhältnisse, die

1. den Finanzbehörden vor dem Eingang der Erklärung i.S.d. § 228 BewG auf den ersten Hauptfeststellungszeitpunkt 1. Januar 2022 bekannt geworden sind oder
2. in der Erklärung i.S.d. § 228 BewG auf den ersten Hauptfeststellungszeitpunkt 1. Januar 2022 nicht angegeben wurden und daher den Finanzbehörden erst nach dem Eingang der vorgenannten Erklärung bekannt geworden sind oder
3. in 2021 eingetreten sind, und infolgedessen bei Fortschreibungen nach § 22 BewG und Nachfeststellungen nach § 23 BewG auf den 1. Januar 2022 zu berücksichtigen sind.

(4) [1]Zu den Stichtagen 1. Januar 2023 und 1. Januar 2024 können sowohl Fortschreibungen, Nachfeststellungen und Aufhebungen des Einheitswerts als auch Fortschreibungen, Nachfeststellungen und Aufhebungen des Grundsteuerwerts durchzuführen sein. [2]Hierbei sind jeweils Rückschlüsse für die Feststellung der Einheitswerte und der Grundsteuerwerte zu ziehen.

(5) [1]Soweit vor dem 1. Januar 2022 für Zwecke der Einheitsbewertung unter Anwendung des § 26 BewG in der bis zum 31. Dezember 2024 gültigen Fassung Teile eines Grundstücks, die teilweise dem einen, teilweise dem anderen Ehegatten oder Lebenspartner gehören, zu einer wirtschaftlichen Einheit zusammengefasst wurden, kann diese für den ersten Hauptfeststellungszeitraum weiterhin der Feststellung von Grundsteuerwerten nach den Regelungen des Siebenten Abschnitts des Zweiten Teils des Bewertungsgesetzes zugrunde gelegt werden. [2]Gleiches gilt, soweit unter Anwendung von § 34 Abs. 4 bis 6 BewG in der bis zum 31. Dezember 2024 gültigen Fassung

1. in die wirtschaftliche Einheit eines Betriebs der Land- und Forstwirtschaft auch dem Eigentümer des Grund und Bodens nicht gehörende Gebäude, die auf dem Grund und Boden des Betriebs stehen, und dem Eigentümer des Grund und Bodens nicht gehörende Betriebsmittel, die der Bewirtschaftung des Betriebs dienen, einbezogen wurden,
2. ein Anteil des Eigentümers eines Betriebs der Land- und Forstwirtschaft an einem mit dem Betrieb zusammen genutzten Wirtschaftsgut in den Betrieb einbezogen wurde oder
3. in einen Betrieb der Land- und Forstwirtschaft, der von einer Gesellschaft oder Gemeinschaft des bürgerlichen Rechts betrieben wird, auch die Wirtschaftsgüter einbezogen wurden, die einem oder mehreren Beteiligten gehören und dem Betrieb zu dienen bestimmt sind.

[3]Sätze 1 und 2 gelten nicht für nach dem 31. Dezember 2021 neu entstehende wirtschaftliche Einheiten.

# 200 Vor § 218/2. Koordinierte Erlasse betr. Bewertung der Betriebsgrundstücke der öffentlichen Verkehrsunternehmen nach dem Siebenten Abschnitt des Zweiten Teils des Bewertungsgesetzes für Zwecke der Grundsteuer (BewEÖVU)

Vom 15. Februar 2023

Oberste Finanzbehörden der Länder S 3017

(BStBl. I S. 358)

## 1. Geltungsbereich

Die koordinierten Erlasse der obersten Finanzbehörden der Länder zur Bewertung der Betriebsgrundstücke der Öffentlichen Verkehrsunternehmen (ÖVU) nach dem Siebenten Abschnitt des Zweiten Teils des Bewertungsgesetzes für Zwecke der Grundsteuer ergänzen die koordinierten Erlasse der obersten Finanzbehörden der Länder vom 9. November 2021 (BStBl. I S. 2334)[1] zur Anwendung des Siebenten Abschnitts des Zweiten Teils des Bewertungsgesetzes zur Bewertung des Grundbesitzes (allgemeiner Teil und Grundvermögen) für die Grundsteuer ab 1. Januar 2022 (AEBewGrSt). 1

Die Erlasse sind für Hauptfeststellungen, Nachfeststellungen sowie Wert- und Artfortschreibungen der Grundsteuerwerte ab dem Feststellungszeitpunkt 1. Januar 2022 anzuwenden. 2

Die Erlasse sind zur Bewertung derjenigen Grundstücke des Grundvermögens anzuwenden, die unmittelbar dem öffentlichen Verkehr mit Verkehrsmitteln der ÖVU dienen. 3

Öffentlicher Verkehr ist die Beförderung von Personen oder Gütern durch ÖVU, deren Einrichtungen nach ihrer Zweckbestimmung jedermann im Rahmen der Beförderungsbedingungen benutzen kann. 4

Verkehrsmittel der ÖVU sind Eisenbahnen (§ 2 Abs. 1 i.V.m. § 1 Abs. 1 des Allgemeinen Eisenbahngesetzes), Straßenbahnen (§ 4 Abs. 1 und 2 Personenbeförderungsgesetz – PBefG), Oberleitungsomnibusse (§ 4 Abs. 3 PBefG) sowie Kraftfahrzeuge (Personenkraftwagen, Kraftomnibusse und Lastkraftwagen, § 4 Abs. 4 PBefG). 5

Unmittelbar dem öffentlichen Verkehr dienen 6

1. bei unbebauten Grundstücken die Grundflächen des Bahnkörpers bzw. der Fahrbahn einschließlich der dazugehörigen Nebenflächen, die Lagerplätze, die Ladestraßen, das Vorratsgelände zur Sicherung des Betriebszwecks und ähnlichen Zwecken dienende Grundstücke;
2. bei bebauten Grundstücken die Verwaltungsgebäude und die Betriebsgebäude (Bahnhöfe der Eisenbahnen, Stadtschnellbahnen, Straßenbahnen und Omnibusse, Gebäude zur Aufbewahrung, Instandhaltung und Instandsetzung der Betriebseinrichtungen und Fahrzeuge, eigengenutzte Lagergebäude und ähnlichen Zwecken dienende Gebäude).

---

[1] Nr. **200** Vor § 232/1.

7 Bei der Bewertung von Grundstücken des land- und forstwirtschaftlichen Vermögens gelten die koordinierten Erlasse der obersten Finanzbehörden der Länder vom 9. November 2021 (BStBl. I S. 2369)[1] zur Anwendung des Siebenten Abschnitts des Zweiten Teils des Bewertungsgesetzes zur Bewertung des Grundbesitzes (land- und forstwirtschaftliches Vermögen) für die Grundsteuer ab 1. Januar 2022 (AEBewGrSt).

8 Zur besseren Lesbarkeit wird auf die geschlechtsspezifische Formulierung (z.B. „Eigentümer*in") verzichtet. Bei Verwendung z.B. des Wortes „Eigentümer" im Text sind alle Geschlechter gemeint.

### 2. Bestimmung der wirtschaftlichen Einheit

9 Zur Bewertung des Grundvermögens eines ÖVU für Zwecke der Grundsteuer ist die wirtschaftliche Einheit unter Berücksichtigung der besonderen Verhältnisse der Betriebsgrundstücke zu bestimmen. Es gelten die Vorschriften des § 2 Bewertungsgesetz (BewG) i.V.m. A 244 AEBewGrSt.

10 Die Zusammenfassung von Grundstücken zu einer wirtschaftlichen Einheit setzt deren räumlichen Zusammenhang voraus.

11 Es bestehen aus Vereinfachungsgründen keine Bedenken, steuerbefreite Schienenwege gemarkungs- oder gemeindeweise zu einer wirtschaftlichen Einheit zusammenzufassen.

12 Bei schienengebundenen Verkehrsmitteln gehören zur wirtschaftlichen Einheit eines Bahnhofes insbesondere das Bahnhofsgebäude und die zur Abwicklung des Bahnbetriebs notwendigen Nebengebäude (Bahnmeisterei, Güterabfertigung usw.) sowie die für den Bahnbetrieb typischen Lagerplätze.

13 Typische Lagerplätze sind innerhalb der wirtschaftlichen Einheit des Bahnhofs belegene Grundstücksflächen, die von dem ÖVU an fremde Dritte zum Zwecke der Umschlagslagerung verpachtet werden.

14 Werden auf Betriebsgrundstücken durch einen Pächter Gebäude errichtet, so sind diese nach § 262 BewG zu bewerten, und für den Grund und Boden sowie für das Gebäude auf fremdem Grund und Boden ist ein Gesamtwert nach den §§ 243 bis 260 BewG zu ermitteln. Der ermittelte Wert ist dem Eigentümer des Grund und Bodens zuzurechnen (§ 262 Satz 2 BewG).

15 Eine verpachtete Grundstücksfläche ist grundsätzlich in die wirtschaftliche Einheit des Bahnhofes einzubeziehen. Dies gilt unabhängig davon, ob die Nutzung der auf den verpachteten Grundstücksflächen errichteten Gebäude in einem funktionellen (unmittelbaren) Zusammenhang mit dem Bahnbetrieb steht (z.B. Gebäude von Gleisbauunternehmen oder von Speditionen) oder nicht (z.B. Fabrikationsgebäude, Wohn- oder Nebengebäude, selbständige Bürogebäude, Verkaufs- oder Garagengebäude). § 2 BewG bleibt unberührt.

16 Gleiches gilt für Lagerplätze und Grundstücke, auf denen sich Lagerhallen oder Überdachungen befinden, wenn diese der kurzfristigen Lagerung dienen, d.h. die hier gelagerten Rohstoffe bzw. Halb- oder Fertigprodukte nur vor oder nach dem Transport mit dem ÖVU zwischengelagert werden.

17 Tunnelbahnhöfe sind im Allgemeinen als selbständige wirtschaftliche Einheiten zu bewerten, wenn sie den Gebäudebegriff erfüllen (vgl. Tz. 3.6). Sie bilden mit der zugehörigen Erdoberfläche und den etwa darauf errichteten Gebäuden

[1] Nr. **200** Vor § 232/1.

nur dann eine wirtschaftliche Einheit, wenn es sich um Empfangsgebäude oder um Stationsgebäude handelt.

### 3. Abgrenzung der Betriebsvorrichtungen von den Betriebsgrundstücken

#### 3.1. Allgemeines

Zur Bewertung des Grundvermögens eines ÖVU für Zwecke der Grundsteuer sind die Betriebsvorrichtungen von den Betriebsgrundstücken (insbesondere von Gebäuden und Außenanlagen) abzugrenzen. Es gelten die gleichlautenden Erlasse der obersten Finanzbehörden der Länder betreffend die Abgrenzung des Grundvermögens von den Betriebsvorrichtungen vom 5. Juni 2013 (BStBl. I S. 734; im Folgenden: „Abgrenzungserlass")[1]. 18

#### 3.2. Beispiele für Betriebsvorrichtungen

Betriebsvorrichtungen und damit nicht für Zwecke der Grundsteuer zu berücksichtigen sind insbesondere folgende Bauwerke und Anlagen: 19

1. überdachte und allseitig umschlossene Personen-, Gepäck- und Expressgutüberführungen, die aus einer Außenwand eines Bahnhofsgebäudes führen und den Zugang zu den Bahnsteigen herstellen,
2. überdachte Zu- und Abgänge zu den Bahnsteigen und Bahnsteigunterführungen (z.B. Treppen, Tunnel),
3. Rolltreppen und Aufzüge, die dem Zu- und Abgang von Personen und Gütern zu den Verkehrsmitteln dienen,
4. bei schienengebundenen Verkehrsmitteln:
   - Bahnunterbau mit Bahnoberbau einschließlich dazugehörende Gründungen,
   - Mauervorsprünge, Stützmauern und sonstige bauliche Anlagen, die den Bahnkörper tragen, stützen oder begrenzen,
   - Lärmschutzeinrichtungen,
   - Bahnsteige und Ladebahnsteige oder Ladebühnen,
   - Freiladerampen, Rampen (selbst dann, wenn auf ihnen Güterhallen oder -schuppen ruhen),
   - Schutzwehren in bahntechnischem Sinn (starke Einfriedungen, die an gefährdeten Stellen verhindern sollen, dass Fahrzeuge oder andere Gegenstände auf den Bahnkörper gelangen und dadurch Fahrthindernisse bereiten oder auf andere Weise den Bahnbetrieb gefährden; hierzu gehören z.B. Mauern, eiserne Geländer, Gitter, Prellsteine, Holz-, Beton- oder Stahlpfosten).

#### 3.3. Gemischte Bauwerke

Ist ein Bauwerk teils Gebäude und teils Betriebsvorrichtung, so sind die Gebäudebestandteile von den Betriebsvorrichtungen zu trennen. Bspw. sind folgende Gebäudebestandteile den Gebäuden zuzurechnen: 20

- Eingangshallen der Stationen einer Hoch- oder Untergrundbahn,
- Wirtschaftsräume, Lagerräume, Verkaufsstände u.Ä. in Bahnbögen oder Bahndämmen oder in sonstigen den Schienenstrang tragenden Anlagen.

---

[1] Nr. **200** § 68/1.

Die den Schienenstrang tragenden Anlagen selbst sind dagegen Betriebsvorrichtungen und damit nicht für Zwecke der Grundsteuer zu berücksichtigen.

### 3.4. Bahnsteighallen und Bahnsteigüberdachungen der schienengebundenen Verkehrsmittel

**21** Die Bahnsteighalle eines schienengebundenen Verkehrsmittels (vgl. Tz. 2.3 des Abgrenzungserlasses) ist als Gebäude zu erfassen – auch dann, wenn das Dach über den Gleisen zwar unterbrochen ist, das Hallendach aber aus einer geschlossenen Konstruktion (Verbindungsträger über den Gleisen) besteht.

**22** Eine Bahnsteigüberdachung eines schienengebundenen Verkehrsmittels, die nur den Bahnsteig, nicht aber die Gleise überdeckt, bietet aufgrund fehlender räumlicher Umschließung keinen Schutz gegen Witterungseinflüsse. Sie stellt eine Betriebsvorrichtung dar und ist damit nicht für Zwecke der Grundsteuer zu berücksichtigen. Steht eine Überdachung hingegen in baulicher Verbindung mit einem Gebäude, so ist sie Gebäudebestandteil.

**23** Die Merkmale der Standfestigkeit und der festen Verbindung mit dem Grund und Boden (vgl. Tz. 2.5 und 2.7 des Abgrenzungserlasses) sind bei Bahnsteighallen und Bahnsteigüberdachungen auch dann gegeben, wenn sie auf einer Betriebsvorrichtung ruhen.

### 3.5. Haltestellenüberdachungen und Wartehäuser

**24** Haltestellenüberdachungen und Wartehäuser sind dann als Gebäude zu bewerten, wenn sie durch räumliche Umschließung Schutz gegen Witterungseinflüsse gewähren (vgl. Tz. 2.3 des Abgrenzungserlasses). Haltestellenüberdachungen mit Rückwand, aber ohne Seitenwände gelten nur dann als Gebäude, wenn die von ihnen überdachte Fläche mehr als 30 $m^2$ beträgt (siehe FG Berlin vom 2. März 1983 II 51/80, EFG 1984 S. 11). Haltestellenüberdachungen mit einseitiger oder beiderseitiger Seitenverkleidung gelten nur dann als Gebäude, wenn die Seitenverkleidung so breit ist (ca. 1,20 m), dass durch die räumliche Umschließung Schutz gegen Witterungseinflüsse besteht. In kleinen Wartehallen mit Rückwand und solchen Seitenwänden, die an der Vorderseite zu etwa zwei Drittel verkleidet sind und eine nicht schließbare Zutrittsmöglichkeit haben, ist in der Regel nur ein vorübergehender Aufenthalt möglich. Sie gelten daher nur dann als Gebäude, wenn ihre Grundfläche mehr als 15 $m^2$ beträgt.

### 3.6. Tunnelanlagen

**25** Tunnelanlagen, die unmittelbar dem öffentlichen Verkehr mit Schienenbahnen, Oberleitungsomnibussen oder Kraftomnibussen dienen, sind Betriebsvorrichtungen und damit nicht für Zwecke der Grundsteuer zu berücksichtigen. Zu den Tunnelanlagen gehören auch die unterirdischen Bahnhöfe einschließlich deren Zu- und Abgänge, Verteilergeschosse und Sperrenvorräume.

**26** Unterirdische Eingangshallen sind dagegen Gebäude, wenn dieser Teil der unterirdischen Anlage gegenüber dem unterirdischen Bahnhof und dem Sperrenvorraum räumlich abgrenzbar ist. Das ist z.B. dann nicht der Fall, wenn die Eingangshalle gleichzeitig als Fußgängerunterführung benutzt wird. Im Übrigen ist für die Einordnung einer unterirdischen Eingangshalle als Gebäude die Verkehrsauffassung entscheidend.

### 3.7. Unterirdische Räumlichkeiten

**27** Unterirdische Räumlichkeiten wie Diensträume, Werkstatträume, Garagen, Lagerräume, Sozialräume, Kinos, Friseurläden, Verkaufsläden, Verkaufskioske,

Bahnhofswirtschaften, Bahnhofshotels und dergleichen sind als Gebäude zu bewerten.

### 3.8. Maschinen- und Transformatorenräume

Maschinenräume und Transformatorenräume sind nur dann als Gebäude zu bewerten, wenn sich in ihnen Menschen nicht nur vorübergehend aufhalten können. Die Gebäudeeigenschaft geht nicht verloren, wenn der Aufenthalt von Menschen während eines Betriebsvorgangs vorübergehend nicht möglich ist (vgl. Tz. 2.4 des Abgrenzungserlasses). 28

## 4. Ermittlung des Grundsteuerwerts für Grundstücke des Grundvermögens

### 4.1. Unbebaute Grundstücke

Der Grundsteuerwert unbebauter Grundstücke des Grundvermögens ermittelt sich regelmäßig durch Multiplikation ihrer Fläche mit dem jeweiligen Bodenrichtwert i.S.d. § 196 des Baugesetzbuchs (§ 247 Abs. 1 Satz 1 BewG). Abweichungen zwischen den Grundstücksmerkmalen des Bodenrichtwertgrundstücks und des zu bewertenden Grundstücks sind mit Ausnahme unterschiedlicher Entwicklungszustände und Arten der Nutzung bei überlagernden Bodenrichtwertzonen grundsätzlich nicht zu berücksichtigen (§ 247 Abs. 1 Satz 2 BewG). Bei der Ermittlung des Grundsteuerwerts eines unbebauten Grundstücks des Grundvermögens eines ÖVU sind A 247.1, 247.2 und 247.3 AEBewGrSt zu beachten. 29

Für ÖVU, die schienengebundene Verkehrsmittel betreiben, gilt darüber hinaus Folgendes: 30

Anpassungen des Bodenrichtwerts sind auch dann nicht vorzunehmen, wenn die Gestaltung und Größe des Geländes einer Bahnanlage, bedingt durch dessen besondere Zweckbestimmung, von der üblichen Gestaltung der Grundstücke in einem erschlossenen oder bebauten Gemeindeteil abweicht. Dies gilt sowohl für Kopf- als auch für Durchgangsbahnhöfe. Abschläge aufgrund einer etwaigen Zweckgebundenheit des Grund und Bodens einer Bahnanlage sind nicht zu gewähren.

In Fällen, in denen vom Gutachterausschuss kein Bodenrichtwert ermittelt wurde und nach § 247 Abs. 3 BewG der Wert des unbebauten Grundstücks aus den Werten vergleichbarer Flächen abzuleiten ist, sind auch dann keine Abschläge auf die Bodenpreise benachbarten Baulandes oder auf die aus benachbarten bebauten Grundstücken abgeleiteten Quadratmeterpreise vorzunehmen, wenn die Nachbarschaft des Bahnhofs zu einer Wertsteigerung geführt hat. 31

### 4.2. Bebaute Grundstücke

#### 4.2.1. Grundsatz

Der Wert eines bebauten Grundstücks des Grundvermögens eines ÖVU ist im Sachwertverfahren zu ermitteln (§ 250 Abs. 3 Nr. 2 BewG, A 250 Abs. 3 AEBewGrSt). Bei Anwendung des Sachwertverfahrens ist der Bodenwert (Tz. 4.2.2 i.V.m. 4.1) getrennt vom Wert der Gebäude (Gebäudesachwert, Tz. 4.2.3) zu ermitteln (§ 258 Abs. 1 BewG). 32

#### 4.2.2. Bodenwert

Bei der Ermittlung des Bodenwerts eines bebauten Grundstücks des Grundvermögens eines ÖVU ist Tz. 4.1 entsprechend anzuwenden. 33

### 4.2.3. Gebäudewert

#### 4.2.3.1. Normalherstellungskosten (NHK)

34 Zur Ermittlung des Gebäudesachwerts ist nicht von den tatsächlichen, sondern von den gewöhnlichen Herstellungskosten auszugehen (vgl. § 259 Abs. 1 BewG). Die anzusetzenden NHK sind abhängig von der Gebäudeart und dem Baujahr und ergeben sich aus der Anlage 42 zum BewG (A 259.1 AE-BewGrSt). Sie stellen Festpreise dar. Erhöhungen oder Ermäßigungen der NHK sind auch bei guter oder einfachster Ausstattung oder z.B. bei nachhaltiger Nutzung für Fremdreklame gegen Entgelt nicht vorzunehmen.

#### 4.2.3.2. Gebäudeart

35 Gemäß Tz. 20 der Tabelle unter Ziffer II. der Anlage 42 zu § 259 Abs. 1 BewG sind für dort nicht aufgeführte Gebäudearten die NHK sowie die wirtschaftliche Gesamtnutzungsdauer nach Anlage 38 zu § 253 Abs. 2 und § 259 Abs. 4 BewG aus vergleichbaren Gebäudearten abzuleiten (Auffangklausel). Zu diesem Zweck ist bei Geschäftsgrundstücken, gemischt genutzten Grundstücken, Teileigentum und sonstigen bebauten Grundstücken auf diejenige Gebäudeart abzustellen, die mit der Hauptnutzung des Gebäudes die größten Übereinstimmungen aufweist. Gebäude und Gebäudeteile in Tunnelanlagen sind in diejenige Gebäudeart einzugruppieren, die nach ihrer Zweckbestimmung im Falle ihrer Errichtung auf der Erdoberfläche maßgebend wäre.

36 **Beispiele:**

| Nicht aufgeführte Gebäudeart | Vergleichbar mit Gebäudeart | Gesamtnutzungsdauer | Gebäudeart |
|---|---|---|---|
| Bahnhofshalle und Empfangs- und Stationsgebäude (überwiegend Einkaufszentrum) | Kauf- und Warenhäuser | 50 Jahre | 10.2 |
| Bahnhofshalle und Empfangs- und Stationsgebäude (überwiegend Wartehalle) | Betriebs- und Werkstätten eingeschossig oder mehrgeschossig ohne Hallenanteil; industrielle Produktionsgebäude, Massivbauweise<br>Betriebs- und Werkstätten, mehrgeschossig, hoher Hallenanteil; industrielle Produktionsgebäude, überwiegend Skelettbauweise | 40 Jahre | 11.1–11.2 |
| Bahnsteighallen/Wartebereiche und Überdachungen | Carports und Ähnliches | 40 Jahre | 18 |
| Busbahnhöfe | Betriebs- und Werkstätten eingeschossig oder mehrgeschossig ohne Hallenanteil; industrielle Produktionsgebäude, Massivbauweise<br>Betriebs- und Werkstätten, mehrgeschossig, hoher Hallenanteil; industrielle Produktionsgebäude, überwiegend Skelettbauweise | 40 Jahre | 11.1–11.2 |
| einfache Stationsgebäude, Haltepunkte | Lagergebäude ohne Mischnutzung, Kaltlager | 40 Jahre | 12.1 |
| Empfangsgebäude, Eingangshalle, Schalterhalle | Betriebs- und Werkstätten eingeschossig oder mehrgeschossig ohne Hallenanteil; industrielle | 40 Jahre | 11.1–11.2 |

| Nicht aufgeführte Gebäudeart | Vergleichbar mit Gebäudeart | Gesamtnutzungsdauer | Gebäudeart |
|---|---|---|---|
| | Produktionsgebäude, Massivbauweise<br>Betriebs- und Werkstätten, mehrgeschossig, hoher Hallenanteil; industrielle Produktionsgebäude, überwiegend Skelettbauweise | | |
| überwiegend für Handel und Dienstleistungen (eisenbahnfremde Angebote) genutzte Gebäude und Gebäudeteile – eingeschossig | Verbrauchermärkte | 30 Jahre | 10.1 |
| überwiegend für Handel und Dienstleistungen (eisenbahnfremde Angebote) genutzte Gebäude und Gebäudeteile – mehrgeschossig | Kauf- und Warenhäuser | 50 Jahre | 10.2 |
| Gebäude einfachster Art, die dem vorübergehenden Aufenthalt von Bedienungspersonal oder der Aufbewahrung von Material oder Arbeitsgeräten dienen, z.B. kleine Warteräume, kleine Schuppen, kleine Baracken, Abortgebäude | Reithallen, ehemalige landwirtschaftliche Mehrzweckhallen, Scheunen und Ähnliches | 30 Jahre | 14 |
| Güterschuppen, Güterhallen, Expressguthallen und Umladehallen | Lagergebäude ohne Mischnutzung, Kaltlager<br>Lagergebäude mit bis zu 25 Prozent Mischnutzung<br>Lagergebäude mit mehr als 25 Prozent Mischnutzung | 40 Jahre | 12.1–12.3 |
| Keller ohne aufstehende Gebäude | Hochgaragen, Tiefgaragen und Nutzfahrzeuggaragen | 40 Jahre | 16 |
| Kleinlokschuppen, Bahnstromumformer- und Unterwerksgebäude | Lagergebäude ohne Mischnutzung, Kaltlager | 40 Jahre | 12.1 |
| Lagerhallen, Werkstatthallen, Kraftfahrzeughallen, Kesselhäuser, Maschinenhäuser, Wagenuntersuchungs- und -reinigungshallen, Schnellausbesserungshallen, Triebwagenhallen, rechteckige und ringförmige Lokomotivschuppen | Betriebs- und Werkstätten, mehrgeschossig, hoher Hallenanteil; industrielle Produktionsgebäude, überwiegend Skelettbauweise | 40 Jahre | 11.2 |

### 4.2.3.3. Baujahr und wirtschaftliche Gesamtnutzungsdauer

Für die Ermittlung der wirtschaftlichen Gesamtnutzungsdauer bei Grundstücken mit mehreren Gebäuden oder mehreren Gebäudeteilen gilt A 259.6 AEBewGrSt. 37

Die wirtschaftliche Gesamtnutzungsdauer des Gebäudes ist der Anlage 38 zu § 253 Abs. 2 und § 259 Abs. 4 BewG zu entnehmen. Für dort nicht aufgeführte Gebäudearten ist die wirtschaftliche Gesamtnutzungsdauer aus der wirtschaftlichen Gesamtnutzungsdauer vergleichbarer Gebäudearten abzuleiten. 38

#### 4.2.3.4. Brutto-Grundfläche (BGF)

**39** Die BGF ist die Summe der bezogen auf die jeweilige Gebäudeart marktüblich nutzbaren Grundflächen aller Grundrissebenen eines Bauwerks mit Nutzungen nach DIN 277-1:2005-02 und deren konstruktive Umschließungen (siehe Ziffer I. der Anlage 42 zu § 259 Abs. 1 BewG). Bei der Ermittlung der BGF sind A 259.4 AEBewGrSt und bei Grundstücken mit mehreren Gebäuden oder mehreren Gebäudeteilen A 259.6 AEBewGrSt zu beachten.

**40** Für Gebäudeteile in Tunnelanlagen bestehen aus Vereinfachungsgründen keine Bedenken, die BGF nach den Innenmaßen zu berechnen und als Wandstärke hinzuzurechnen:

- bei eingeschossigen Gebäudeteilen je 30 cm und
- bei mehrgeschossigen Gebäudeteilen je 40 cm. Entsprechendes gilt für Gebäudeteile in Bahnbögen oder Bahndämmen.

**41** Bei Grundstücken mit schienengebundenen Verkehrsmitteln sind auch kleine Gebäude mit einem geringen Gebäudewert zu erfassen. Ihr Wert ist nicht mit der pauschalen Bewertung der Außenanlagen nach Tz. 4.2.4. abgegolten. Grundstücke, auf denen sich derartige Gebäude befinden, sind als bebaute Grundstücke i.S.d. § 248 BewG zu erfassen.

#### 4.2.4. Außenanlagen

**42** Bauliche Anlagen, insbesondere Außenanlagen, und sonstige Anlagen sind mit dem Ansatz der NHK gemäß Anlage 42 zu § 259 Abs. 1 BewG abgegolten.

#### 4.2.5. Wertzahl

**43** Zur Anpassung des vorläufigen Sachwerts an die allgemeinen Wertverhältnisse des örtlichen Grundstücksmarkts sind die Wertzahlen, die in Anlage 43 zu § 260 BewG gesetzlich typisierend vorgegeben werden, anzuwenden (A 260 Satz 1 AEBewGrSt).

## 5. Grundsteuerbefreiungen

**44** Grundsteuerwerte werden nur festgestellt, soweit sie für die Besteuerung von Bedeutung sind (§ 219 Abs. 3 BewG). Grundsteuerwerte sind in der Regel für die Besteuerung von Bedeutung, soweit eine Steuerpflicht besteht (A 219 Abs. 1 Satz 2 AEBewGrSt). Eine Steuerbefreiung für Betriebsgrundstücke der ÖVU kann sich insbesondere aus § 4 Nr. 3 Buchst. a GrStG ergeben, wonach die dem öffentlichen Verkehr dienenden Straßen, Wege, Plätze, Wasserstraßen, Häfen und Schienenwege von der Grundsteuer befreit sind. Hinsichtlich des Umfangs der Schienenwege und zur Frage, inwieweit diese dem öffentlichen Verkehr dienen, ist A 4.4 Abs. 8 AEGrStG zu beachten. Hinsichtlich der zum Betrieb eines ÖVU erforderlichen Bauwerke und Einrichtungen ist A 4.4 Abs. 9 der koordinierten Erlasse der obersten Finanzbehörden der Länder vom 22. Juni 2022 (BStBl. I S. 1171) zur Anwendung des Grundsteuergesetzes ab 1. Januar 2025 (AEGrStG) zu beachten.

## 6. Steuererklärungspflicht

### 6.1. Steuererklärungspflicht bei Gebäuden auf fremdem Grund und Boden

**45** Die Erklärung nach § 228 Abs. 1 BewG und die Anzeige nach § 228 Abs. 2 BewG sind im Regelfall von demjenigen abzugeben, dem das Grundstück zuzurechnen ist. Bei einem Gebäude auf fremdem Grund und Boden ist der

Grundstückseigentümer verpflichtet, die Steuererklärung oder Anzeige abzugeben. Der Eigentümer oder der wirtschaftliche Eigentümer des Gebäudes hat mitzuwirken (vgl. A 228 Abs. 3 AEBewGrSt).

### 6.2. Steuererklärungspflicht bei bestehenden Steuerbefreiungen

Die Eigentümer von Grundbesitz in denjenigen Ländern, die bei der Grundsteuer das Bundesmodell anwenden, wurden zur Abgabe der Erklärung zur Feststellung des Grundsteuerwerts für den Hauptfeststellungszeitpunkt 1. Januar 2022 bis zum 31. Oktober 2022 aufgefordert (öffentliche Bekanntmachung des Bundesministeriums der Finanzen vom 30. März 2022, BStBl. I S. 205). Die Frist zur Erklärungsabgabe wurde bis zum 31. Januar 2023 verlängert (öffentliche Bekanntmachung des Bundesministeriums der Finanzen vom 4. November 2022, BStBl. I S. 1448). Die Verpflichtung zur Abgabe einer Erklärung zur Feststellung des Grundsteuerwerts trifft grundsätzlich auch Eigentümer von steuerbefreitem Grundbesitz. **46**

# 200Vor § 232/1. Koordinierte Erlasse[1)] betr. Anwendung des Siebenten Abschnitts des Zweiten Teils des Bewertungsgesetzes zur Bewertung des Grundbesitzes (land- und forstwirtschaftliches Vermögen) für die Grundsteuer ab 1. Januar 2022 – AEBewGrSt –

Vom 9. November 2021

Oberste Finanzbehörden der Länder S 3017; S 3011; G 1200; koord. Ländererlass

(BStBl. I S. 2369)

## Zu § 232 BewG

### A 232.1. Begriff des land- und forstwirtschaftlichen Vermögens

(1) [1]Land- und Forstwirtschaft ist gemäß § 232 Abs. 1 Satz 1 BewG die planmäßige Nutzung der natürlichen Kräfte des Bodens zur Erzeugung von Pflanzen und Tieren sowie die Verwertung der dadurch selbst gewonnenen Erzeugnisse (land- und forstwirtschaftliche Urproduktion). [2]Als Boden i.S.d. Satzes 1 gelten auch Substrate und Wasser. [3]Zum Umfang der wirtschaftlichen Einheit und zur Abgrenzung des land- und forstwirtschaftlichen Vermögens vom Grundvermögen (§ 218 BewG) siehe A 232.2, A 232.3, A 232.4 und A 233.

(2) [1]Die wirtschaftliche Einheit des land- und forstwirtschaftlichen Vermögens ist der Betrieb der Land- und Forstwirtschaft (§ 232 Abs. 2 Satz 1 BewG). [2]Dieser besteht aus der Gesamtheit der Wirtschaftsgüter, die ihm i.S.d. § 232 Abs. 1 Satz 1 BewG dauernd zu dienen bestimmt sind. [3]Entscheidend dafür, ob das Wirtschaftsgut dem Betrieb der Land- und Forstwirtschaft auf Dauer zu dienen bestimmt ist, ist der dem Wirtschaftsgut zukommende Zweck (Zweckbestimmung) am Bewertungsstichtag (§ 235 BewG). [4]Infolgedessen sind nicht genutzte, vormals land- und forstwirtschaftlich genutzte Wirtschaftsgüter bis zu einer anderweitigen Zweckbestimmung dem land- und forstwirtschaftlichen Vermögen zuzurechnen. [5]Was als wirtschaftliche Einheit zu gelten hat, ist nach den Anschauungen des Verkehrs zu entscheiden. [6]Die örtliche Gewohnheit, die tatsächliche Übung, die Zweckbestimmung und die wirtschaftliche Zusammengehörigkeit der einzelnen Wirtschaftsgüter sind zu berücksichtigen (§ 2 BewG).

(3) [1]Zu den Wirtschaftsgütern, die einem Betrieb der Land- und Forstwirtschaft dauernd zu dienen bestimmt sind, gehören insbesondere der Grund und Boden, die Wirtschaftsgebäude, die stehenden Betriebsmittel, ein normaler Bestand an umlaufenden Betriebsmitteln und die immateriellen Wirtschaftsgüter (vgl. Abs. 7). [2]Die Aufzählung der einzelnen Wirtschaftsgüter in § 232 Abs. 3 Satz 1 BewG ist nicht abschließend. [3]Zu den Wirtschaftsgütern, die einem Betrieb der Land- und Forstwirtschaft dauernd zu dienen bestimmt sind, können auch Grunddienstbarkeiten und betrieblich veranlasste wiederkehrende Nutzungen und Leistungen gehören (z.B. Weiderechte, Holznutzungsrechte, Wegerechte). [4]Zu den Wirtschaftsgütern, die einem Betrieb der Land- und

[1)] Dieser koordinierte Ländererlass wird bisher **nicht** von Baden-Württemberg unterstützt.

Forstwirtschaft dauernd zu dienen bestimmt sind, gehören nicht Forstnutzungsrechte, Berechtigungen aus Reallasten und Anteile am Grundbesitz einer Haubergs-, Wald-, Forst- oder Laubgenossenschaft oder einer ähnlichen Realgemeinde mit eigener Rechtspersönlichkeit.

(4) [1]Grund und Boden sowie Gebäude, die einem Betrieb der Land- und Forstwirtschaft dauernd zu dienen bestimmt sind, gehören auch dann zum land- und forstwirtschaftlichen Vermögen, wenn der Betrieb ganz oder in Teilen auf bestimmte oder unbestimmte Zeit nicht bewirtschaftet wird. [2]Das ist der Fall, wenn der Grund und Boden sowie die Gebäude keine andere Zweckbestimmung erhalten haben, die zu einer zwingenden Zuordnung zum Grundvermögen führt. [3]Beispielsweise kommen in Betracht:

1. Grund und Boden, der auf bestimmte oder unbestimmte Zeit nicht land- und forstwirtschaftlich genutzt wird, z.B. stillgelegte Flächen;
2. Wirtschaftsgebäude, die vorübergehend oder dauernd teilweise oder ganz leerstehen, z.B. gehört der leerstehende Rindviehstall eines Betriebs, dessen Inhaber wegen Wirtschaftsumstellung das Rindvieh abgeschafft hat, zum land- und forstwirtschaftlichen Vermögen;
3. ein Betrieb oder ein Teil eines Betriebs der Land- und Forstwirtschaft, der auf bestimmte oder unbestimmte Zeit nicht bewirtschaftet wird.

(5) [1]Als Wirtschaftsgebäude eines Betriebs der Land- und Forstwirtschaft, die diesem dauernd zu dienen bestimmt sind, kommen insbesondere Gebäude zur Unterbringung von Vieh, Vorräten, Maschinen und anderen Betriebsmitteln (z.B. Ställe, Scheunen, Schuppen, Hopfendarren, Kesselhäuser, Lagerräume, Kelleranlagen) sowie Verkaufs-, Arbeits- und Sozialräume in Betracht. [2]Hierzu gehören auch Büros in Wirtschaftsgebäuden, in denen die mit der Betriebsorganisation und Betriebsführung zusammenhängenden Arbeiten vorgenommen werden.

(6) Zu den Betriebsmitteln eines Betriebs der Land- und Forstwirtschaft gehören die Pflanzenbestände, die Vorräte, die Maschinen und Geräte sowie die Tierbestände nach Maßgabe der §§ 241 und 242 Abs. 2 BewG.

(7) Zu den immateriellen Wirtschaftsgütern gehören insbesondere Brennrechte, Jagdrechte, Ökopunkte, Saatgutlizenzen, Wiederbepflanzungsrechte im Weinbau, Zuckerrübenlieferrechte und Zahlungsansprüche aus der Agrarförderung.

### A 232.2. Umfang der wirtschaftlichen Einheit des Betriebs der Land- und Forstwirtschaft

(1) [1]Der Umfang der wirtschaftlichen Einheit des land- und forstwirtschaftlichen Vermögens bestimmt sich nach den Eigentumsverhältnissen beim Grund und Boden des Betriebs der Land- und Forstwirtschaft am Bewertungsstichtag. [2]Befinden sich Flächen am Bewertungsstichtag noch nicht im zivilrechtlichen Eigentum des Steuerpflichtigen, genügt für eine Zurechnung an den Steuerpflichtigen das wirtschaftliche Eigentum (§ 39 Abs. 2 Nr. 1 Satz 1 AO) an diesen Flächen. [3]Wirtschaftliches Eigentum liegt insbesondere vor, wenn Besitz, Nutzen, Lasten und Gefahren auf den Steuerpflichtigen übergegangen sind. [4]So ist z.B. bei Flächen in Flurbereinigungsverfahren nach dem Flurbereinigungsgesetz (FlurbG) grundsätzlich auf den Zeitpunkt des Übergangs des wirtschaftlichen Eigentums im Rahmen der vorläufigen Besitzeinweisung nach § 65 FlurbG abzustellen. [5]Der Übergang des wirtschaftlichen Eigentums kann ausnahmsweise in einem früheren Stadium vor einer Besitzeinweisung i.S.d. § 65

FlurbG in Betracht kommen, wenn der Fall der §§ 52, 53 FlurbG gegeben ist; hier ist der Zeitpunkt der Unwiderruflichkeit der Zustimmung zum Landabfindungsverzicht (Zugang der Erklärung bei der zuständigen Flurbereinigungsbehörde) maßgebend.

(2) [1]Der Betrieb der Land- und Forstwirtschaft i.S.d. § 232 Abs. 2 Satz 1 BewG setzt weder eine Mindestgröße noch einen vollen land- und forstwirtschaftlichen Besatz mit Wirtschaftsgebäuden, Betriebsmitteln und immateriellen Wirtschaftsgütern voraus. [2]Auch ein einzelnes land- und forstwirtschaftlich genutztes Grundstück, das gemäß § 233 BewG nicht zum Grundvermögen zu rechnen ist, kann ein Betrieb der Land- und Forstwirtschaft sein. [3]Nach § 232 Abs. 2 Satz 2 BewG gilt dies auch für die entgeltliche und unentgeltliche Nutzungsüberlassung einer ganzen wirtschaftlichen Einheit eines Betriebs der Land- und Forstwirtschaft (z.B. bei Betriebsverpachtung im Ganzen) oder Teilen davon (z.B. bei parzellenweiser Verpachtung von Flächen). [4]Zu einer wirtschaftlichen Einheit werden diejenigen Wirtschaftsgüter zusammengefasst, die dem Eigentümer gehören und deren Zweckbestimmung sowie deren wirtschaftliche Zusammengehörigkeit dies nach der Verkehrsanschauung gebieten. [5]Mehrere Flächen werden unabhängig von ihrer räumlichen Lage zu einer wirtschaftlichen Einheit vereinigt, wenn sie zusammen bewirtschaftet werden und zwischen ihnen ein wirtschaftlicher Zusammenhang besteht. [6]Es erfolgt keine Vereinigung zu einer wirtschaftlichen Einheit, wenn die Bewirtschaftung abgelegener Flächen von der Hofstelle oder einem sonstigen Sitz der Betriebsleitung aus nach der Verkehrsauffassung nicht möglich ist oder wenn der Betriebsinhaber keine unmittelbare Einwirkungsmöglichkeit und eigene Aufsicht über die sachdienliche Nutzung dieser Flächen hat. [7]In den vorgenannten Fällen kommt die Bildung von mehreren wirtschaftlichen Einheiten in Betracht. [8]Besonderheiten der jeweiligen Nutzungen sind bei der Abgrenzung der wirtschaftlichen Einheiten zu berücksichtigen. [9]Aus Vereinfachungsgründen kann die Finanzverwaltung verpachtete land- und forstwirtschaftliche Flächen in der Hand eines Eigentümers zu einer wirtschaftlichen Einheit innerhalb einer Gemeinde zusammenfassen.

(3) Bestehende wirtschaftliche Einheiten, bei denen für Zwecke der Einheitsbewertung die Wirtschaftsgüter von Eheleuten oder Lebenspartnern und Lebenspartnerinnen nach § 26 BewG zusammengefasst wurden, können im ersten Hauptfeststellungszeitraum weiterhin für Zwecke der Feststellung des jeweiligen Grundsteuerwerts zugrunde gelegt werden (§ 266 Abs. 5 BewG).

(4) [1]Land- und forstwirtschaftliche Flächen, die im Eigentum einer der in § 97 Abs. 1 Satz 1 Nr. 1 bis 4 BewG bezeichneten Körperschaften, Personenvereinigungen oder Vermögensmassen stehen (Betriebsgrundstücke i.S.d. § 99 Abs. 1 Nr. 2 BewG), sind gemäß § 218 Satz 2 BewG wie land- und forstwirtschaftliches Vermögen zu bewerten. [2]Dies gilt insbesondere für das Eigentum von Personengesellschaften oder Personengemeinschaften, wenn die Voraussetzung des § 232 Abs. 1 Satz 1 BewG (Nutzung der Flächen zur land- und forstwirtschaftlichen Urproduktion) erfüllt ist.

(5) [1]Bestehende wirtschaftliche Einheiten, die für Zwecke der Einheitsbewertung unter Anwendung von § 34 Abs. 4 bis 6 BewG gebildet wurden, können weiterhin für Zwecke der Feststellung von Grundsteuerwerten zugrunde gelegt werden (§ 266 Abs. 5 BewG). [2]Insoweit kann das land- und forstwirtschaftliche Vermögen bei Personengesellschaften und bei Personengemeinschaften im ersten Hauptfeststellungszeitraum wie bisher jeweils bei der Einheitsbewertung

einheitlich ermittelt werden, auch wenn die Wirtschaftsgüter nur einem der Beteiligten gehören.

**Beispiel (A):**

Landwirt V gründete mit seinem Sohn S die VS-GbR. Der Vater brachte seinen gesamten Betrieb der Land- und Forstwirtschaft nebst Flächen ein, der Sohn bringt 10 000 € und seine Arbeitskraft in die GbR ein. Die GbR ist als eine wirtschaftliche Einheit im land- und forstwirtschaftlichen Vermögen einheitlich bei der Einheitsbewertung bewertet worden und ist daher auch bei der Feststellung des Grundsteuerwerts einheitlich zu bewerten; die Geldeinlage des S bleibt nach § 232 Abs. 4 Nr. 3 BewG außer Ansatz.

**Beispiel (B):**

Landwirt A und Landwirt B gründeten eine GbR mit dem Ziel, die landwirtschaftlich genutzten Flächen gemeinsam zu bewirtschaften und Tiere (Mastschweine) zu halten. A und B brachten jeweils 50 ha landwirtschaftliche Nutzfläche in den Betrieb ein; insgesamt wurden 4000 Mastschweine aus schweren Ferkeln (= 480 VE) erzeugt.

Die Bewertung der Flächen sowie der verstärkten Tierhaltung erfolgte bisher bei der Einheitsbewertung und erfolgt daher auch bei der Feststellung des Grundsteuerwerts als einheitlicher Betrieb unter Berücksichtigung der in den §§ 237 bis 239 BewG getroffenen Regelungen.

## A 232.3. Abgrenzung des land- und forstwirtschaftlichen Vermögens vom Grundvermögen

(1) [1]Für die Abgrenzung des land- und forstwirtschaftlichen Vermögens vom Grundvermögen i.S.d. § 218 Satz 1 BewG ist grundsätzlich die Zweckbestimmung der vorhandenen und eingesetzten Wirtschaftsgüter nach § 232 Abs. 1 BewG entscheidend. [2]Die Zweckbestimmung richtet sich in der Regel nach den Tätigkeiten, die im Zusammenhang mit Wirtschaftsgütern, insbesondere Grund und Boden, Wirtschaftsgebäuden, Betriebsmitteln oder immateriellen Wirtschaftsgütern, ausgeübt werden. [3]Eine Abgrenzung ist vorrangig nach R 15.5 Abs. 1 bis 12 EStR sowie gemäß Abschnitt III der gleich lautenden Erlasse der obersten Finanzbehörden der Länder vom 15. Dezember 2011 (BStBl. I S. 1213, 1217) hinsichtlich der Zuordnung von Grundstücken und Gebäuden vorzunehmen.

(2) [1]Zu den Wirtschaftsgütern, die nicht zum land- und forstwirtschaftlichen Vermögen, sondern zum Grundvermögen zu rechnen sind, gehören der Grund und Boden, Gebäude und Gebäudeteile, die am Bewertungsstichtag Wohnzwecken oder anderen nicht land- und forstwirtschaftlichen Zwecken dienen (§ 232 Abs. 4 Nr. 1 BewG). [2]Dazu zählt beispielsweise auch die Gewinnung von Bodenschätzen wie Kies, soweit es sich nicht um Abbauland handelt, oder die Nutzung des Grund und Bodens als Photovoltaik-Freiflächenanlage. [3]Sind zu diesen Gebäuden oder Gebäudeteilen Hausgärten und Parkanlagen vorhanden, gehören diese nicht zum land- und forstwirtschaftlichen Vermögen, sondern sind dem Grundvermögen zuzurechnen. [4]Ob eine Fläche, ein Gebäude oder Gebäudeteil zum Grundvermögen oder zum land- und forstwirtschaftlichen Vermögen gehört, ist bei der Feststellung des Grundsteuerwerts für den Betrieb der Land- und Forstwirtschaft getrennt zu entscheiden.

(3) Zur flächenmäßigen Abgrenzung des Grundvermögens vom land- und forstwirtschaftlichen Vermögen in Fällen enger räumlicher Verbindung siehe A 237.24 Abs. 5 und 6.

## Zu § 233 BewG

### A 233. Abgrenzung des land- und forstwirtschaftlichen Vermögens vom Grundvermögen in Sonderfällen

(1) [1]Standortflächen von Windenergieanlagen, in deren Umgriff land- und forstwirtschaftlich genutzte Flächen eines Betriebs der Land- und Forstwirtschaft liegen, gehören gemäß § 233 Abs. 1 BewG zum land- und forstwirtschaftlichen Vermögen. [2]Dies gilt grundsätzlich dann, wenn wenigstens an einer Seite der Standortfläche Flächen angrenzen, die der landwirtschaftlichen, forstwirtschaftlichen, gärtnerischen oder einer anderen Urproduktion dienen. [3]Standortflächen von Windenergieanlagen in anderen Gebieten, insbesondere in Gewerbegebieten, gehören zum Grundvermögen. [4]Zur abzugrenzenden Standortfläche einer Windenergieanlage i.S.v. Satz 1 gehören gleichermaßen die in unmittelbarer Nähe liegenden zugehörigen Betriebsvorrichtungen der Windenergieanlage.

(2) [1]Die abgegrenzte Standortfläche besteht aus der Standfläche des Turms einschließlich der Betriebsvorrichtungen (Transformatorhaus) mit Umgriff, soweit dort tatsächlich keine landwirtschaftliche Nutzung mehr erfolgt, sowie aus der befestigten Betriebsfläche einschließlich Umgriff wie Böschungen und der befestigten Zuwegung, soweit diese vorrangig dem Betrieb der Windenergieanlage dient. [2]Zur Betriebsfläche gehören insbesondere die befestigten Flächen, die für Aufbau und Wartung der Anlagen durch den Betreiber vorzuhalten sind. [3]Flächen für die Zuwegung sind die Grundstücksteile, die ausschließlich der Erschließung der Windenergieanlage dienen und von denen aus keine land- und forstwirtschaftlichen Flächen bewirtschaftet werden. [4]Die Bewertung richtet sich nach den Regelungen in A 237.2 Abs. 4 und A 238.

(3) [1]Nach § 232 Abs. 1 BewG gehören alle Wirtschaftsgüter zu einem Betrieb der Land- und Forstwirtschaft, die diesem für Zwecke der Urproduktion dauernd zu dienen bestimmt sind, es sei denn, sie dienen gemäß § 232 Abs. 4 Nr. 1 BewG am Bewertungsstichtag tatsächlich anderen nicht land- und forstwirtschaftlichen Zwecken. [2]Abweichend von der tatsächlichen Nutzung und von der Zweckbestimmung des Grundbesitzes, der Einordnung durch die Verkehrsauffassung und der in § 232 BewG vorgenommen Definition des land- und forstwirtschaftlichen Vermögens sind unter den Voraussetzungen des § 233 Abs. 2 BewG oder des § 233 Abs. 3 BewG land- und forstwirtschaftliche Flächen stets dem Grundvermögen zuzurechnen (siehe Abs. 4 bis 6).

(4) [1]Die Zurechnung der am Bewertungsstichtag land- und forstwirtschaftlich genutzten Flächen zum Grundvermögen nach § 233 Abs. 2 BewG setzt lediglich voraus, dass eine künftige Verwendung der Flächen für andere als land- und forstwirtschaftliche Zwecke anzunehmen ist und dass die Änderung der Nutzungsweise ab dem Feststellungszeitpunkt in den nächsten sieben Jahren erwartet wird. [2]Bei einer zu erwartenden Verwendung für andere als für land- und forstwirtschaftliche Zwecke sind insbesondere Fallgestaltungen zu prüfen, bei denen mindestens eines der folgenden Merkmale zutrifft:

1. Fehlen eines Bebauungsplanes;
2. Einstufung im Bebauungsplan nicht als Bauland, aber z.B. als Grünfläche oder als Verkehrsfläche;
3. fehlende Möglichkeit der sofortigen Bebauung;
4. noch keine im benachbarten Bereich begonnene oder durchgeführte Bebauung;

5. Hofstelle.

(5) [1]Nach § 233 Abs. 2 BewG ist eine Zurechnung zum Grundvermögen bereits dann vorzunehmen, wenn zum Feststellungszeitpunkt anzunehmen ist, dass die land- und forstwirtschaftlichen Flächen aufgrund ihrer Lage, den am maßgeblichen Bewertungsstichtag bestehenden Verwertungsmöglichkeiten oder den sonstigen Umständen innerhalb eines Zeitraums von sieben Jahren anderen als land- und forstwirtschaftlichen Zwecken dienen werden. [2]Hierzu gehören insbesondere eine innerhalb von sieben Jahren absehbare Nutzung als Bauland, Industrieland, Land für Verkehrszwecke oder zum (gewerblichen) Abbau von Bodenschätzen. [3]Die Erwartung einer künftigen Verwendung der Flächen für andere als land- und forstwirtschaftliche Zwecke kann sich auf folgende Umstände gründen:

1. auf die Möglichkeit einer künftigen Verwendung als Bauland oder auf einen Erwerb zu Baulandpreisen, wenn die Fläche nicht als Ersatzland (z.B. bei Enteignungen) oder zur Abrundung eines Betriebs der Land- und Forstwirtschaft dienen soll;
2. auf den Erwerb durch einen Nichtlandwirt, z.B. durch eine Grundstücksgesellschaft, ein Wohnungsunternehmen, ein Abbau- oder auch ein Industrieunternehmen, das die Fläche vorläufig noch in der land- und forstwirtschaftlichen Nutzung des Veräußerers belässt;
3. auf die Bestellung von Grunddienstbarkeiten für Zwecke der Energieerzeugung;
4. auf Landverkäufe, die z.B. eine beginnende Parzellierung erkennen lassen; z.B. weil die Fläche für eine Brückenauffahrt benötigt wird oder für einen in Richtung auf die Fläche fortschreitenden Straßenbau;
5. auf den Abschluss von Pacht- und/oder Ausbeuteverträgen;
6. auf eine Nutzungsüberlassung unter Einräumung des Rechts, Bodenschätze aufzusuchen und zu gewinnen.

[4]Sind die Voraussetzungen von Satz 1 bis 3 erfüllt, kommt es weder auf den Willen des Eigentümers, die Fläche weiter oder gleichzeitig land- und forstwirtschaftlich zu nutzen, noch auf eine spätere objektiv mögliche land- und forstwirtschaftliche Nutzung an. [5]Liegen die Voraussetzungen des § 233 Abs. 2 BewG zu einem späteren Feststellungszeitpunkt nicht mehr vor und ist der Grundbesitz wieder zur land- und forstwirtschaftlichen Nutzung dauernd zu dienen bestimmt, ist dieser wieder dem land- und forstwirtschaftlichen Vermögen zuzurechnen.

(6) [1]§ 233 Abs. 3 BewG regelt, welche Flächen stets als Grundvermögen zu bewerten sind. [2]Wird eine land- und forstwirtschaftlich genutzte Fläche am Bewertungsstichtag im Bebauungsplan als Bauland ausgewiesen, kann eine Zurechnung zum Grundvermögen nicht nur nach § 233 Abs. 3 BewG, sondern auch nach § 233 Abs. 2 BewG in Betracht kommen (vgl. auch Abs. 4 Satz 3 bis 5). [3]Land- und forstwirtschaftlich genutzte Flächen werden nach § 233 Abs. 3 BewG in jedem Fall zum Grundvermögen gerechnet, wenn alle folgenden Voraussetzungen erfüllt sind.

1. Die Flächen müssen in einem rechtsverbindlichen Bebauungsplan (§§ 8 ff. BauGB) als Bauland ausgewiesen sein.
2. [1]Die sofortige Bebauung muss rechtlich und tatsächlich möglich sein. [2]Die Möglichkeit einer sofortigen Bebauung kann insbesondere von der Größe

und dem Zuschnitt der Fläche abhängen. [3]So kann eine Fläche für jede (nicht etwa nur für eine geplante) Bebauung zu klein oder zu ungünstig geschnitten sein. [4]Auch die Bodenverhältnisse (z.B. Sumpf) können eine sofortige Bebauung ausschließen. [5]In rechtlicher Hinsicht ist vor allem entscheidend, ob die sofortige Bebauung nach öffentlich-rechtlichen Vorschriften zulässig ist. [6]Als Hinderungsgründe öffentlich-rechtlicher Art kommen insbesondere Veränderungssperren (§ 14 BauGB), die Unzulässigkeit von Bauvorhaben (§ 30 BauGB) und nicht sofort erfüllbare Vorschriften über die Bebauung in Betracht.

3. [1]Die Bebauung muss innerhalb des Plangebiets in einem benachbarten Bereich begonnen haben oder schon durchgeführt sein. [2]Dabei ist allein auf das jeweilige Plangebiet abzustellen. [3]Die Bebauung von Flächen außerhalb des Plangebiets kommt selbst dann nicht als Bebauung in einem benachbarten Bereich in Betracht, wenn diese Flächen unmittelbar an das Plangebiet anschließen. [4]Andererseits ist für eine Bebauung im benachbarten Bereich nicht zu fordern, dass die Bebauung in der nächsten Nachbarschaft der zu bewertenden Fläche begonnen hat. [5]Was als benachbarter Bereich anzusehen ist, richtet sich nach den örtlichen Verhältnissen. [6]Bei Baulücken in geschlossener Ortslage ist die geforderte Voraussetzung stets erfüllt.
4. Die Flächen dürfen nicht zur Hofstelle i.S.d. § 234 Abs. 6 BewG gehören.

(7) [1]Die Voraussetzungen zur Zuordnung zum Grundvermögen nach § 233 Abs. 2 BewG und nach § 233 Abs. 3 BewG können nebeneinander gegeben sein. [2]Eine Zuordnung zu einer Vermögensart nach § 233 Abs. 2 BewG kann daher insbesondere in Betracht kommen, wenn diese zweckmäßiger festzustellen ist als eine Zuordnung nach § 233 Abs. 3 BewG. [3]Das trifft beispielsweise zu, wenn das in einem Bebauungsplan als Bauland ausgewiesene Gelände mit Sicherheit schon in Kürze in unbebautem Zustand für gewerbliche Zwecke genutzt werden wird, auf der anderen Seite aber die Möglichkeit einer sofortigen Bebauung zweifelhaft oder zumindest schwer festzustellen ist.

## Zu § 234 BewG

### A 234. Betrieb der Land- und Forstwirtschaft

(1) Der Umfang und die Gliederung eines Betriebs der Land- und Forstwirtschaft bestimmt sich grundsätzlich nach den Eigentumsverhältnissen beim Grund und Boden am Bewertungsstichtag (siehe A 235) und den damit regelmäßig in einem engen sachlichen Zusammenhang stehenden Wirtschaftsgütern (§ 232 Abs. 2 Satz 1 BewG i.V.m. § 234 Abs. 1 BewG).

(2) [1]Der zum Grundvermögen abgegrenzte Grund und Boden und die Wirtschaftsgüter eines Betriebs der Land- und Forstwirtschaft sind aufzugliedern in

1. die landwirtschaftliche Nutzung (siehe A 237.2),
2. die forstwirtschaftliche Nutzung (siehe A 237.3),
3. die weinbauliche Nutzung (siehe A 237.4),
4. die gärtnerische Nutzung (siehe A 237.5 bis 237.9),
5. die übrigen land- und forstwirtschaftlichen Nutzungen (siehe A 237.10 bis 237.20),
6. die Nutzungsarten Abbauland (siehe A 237.21), Geringstland (siehe A 237.22), Unland (siehe A 237.23) und

7. die Nutzungsart Hofstelle einschließlich der Flächen für Nebenbetriebe (siehe A 237.24).

(3) [1]Grundsätzlich sind die bei der Vermessungs- und Katasterverwaltung geführten amtlichen Flächengrößen der Flurstücke heranzuziehen. [2]Die Zuordnung der Flächen zu den Nutzungen, Nutzungsteilen und Nutzungsarten bildet die gesetzliche Klassifizierung. [3]In der Steuerklärung sind die jeweiligen Flächengrößen und die gesetzliche Klassifizierung entsprechend der tatsächlichen Verhältnisse am Bewertungsstichtag anzugeben. [4]Wird bei der Vermessungs- und Katasterverwaltung im Amtlichen Liegenschaftskatasterinformationssystem (ALKIS®) unter der Objektart AX_Bewertung eine gesetzliche Klassifizierung geführt, ist grundsätzlich diese Klassifizierung für die Bewertung maßgebend. [5]Bei zwischenzeitlich eingetretenen Veränderungen hinsichtlich der Nutzung sind die Angaben an die tatsächlichen Verhältnisse anzupassen. [6]Die im ALKIS® geführte tatsächliche Nutzung kann Hinweise auf die jeweilige Nutzung gemäß § 234 Abs. 1 BewG geben und ein Indiz für die gesetzliche Klassifizierung gemäß § 234 Abs. 2 BewG sein. [7]Maßgebend für die gesetzliche Klassifizierung sind die Regelungen in A 237.2 bis A 237.24. [8]Die für Zwecke der Bewertung jeweils maßgebende gesetzliche Klassifizierung zum Bewertungsstichtag ist der Vermessungs- und Katasterverwaltung zur Einhaltung ihrer gesetzlichen Mitteilungspflicht i.S.d. § 229 Abs. 3 BewG für den nächsten Feststellungszeitpunkt zu übermitteln.

**Zu § 235 BewG**

### A 235. Bewertungsstichtag (Feststellungszeitpunkt)

[1]Für die Bewertung eines Betriebs der Land- und Forstwirtschaft sind unabhängig von einem abweichenden Wirtschaftsjahr allgemein die Eigentumsverhältnisse zum Feststellungszeitpunkt maßgebend. [2]Für die stehenden und umlaufenden Betriebsmittel ist nach § 235 Abs. 2 BewG der Stand am Ende des dem Feststellungszeitpunkt vorangegangenen Wirtschaftsjahres unter Berücksichtigung des § 4a Abs. 1 Satz 2 Nr. 1 EStG i.V.m. § 8c EStDV maßgebend. [3]Dies gilt insbesondere für die Abgrenzung der landwirtschaftlichen von der gewerblichen Tierhaltung nach § 241 BewG und für die Abgrenzung der Land- und Forstwirtschaft von der gewerblichen Tätigkeit nach R 15.5 Abs. 1 EStR.

**Zu § 236 BewG**

### A 236. Bewertungsgrundsätze

(1) [1]Die Bewertung eines Betriebs der Land- und Forstwirtschaft erfolgt mit dem Ertragswert, der auf der Grundlage der Ertragsfähigkeit ermittelt wird (§ 236 Abs. 1 BewG). [2]Die Ertragsfähigkeit stellt für die Bewertung nicht auf den tatsächlich erzielten Reinertrag des jeweiligen Betriebes ab. [3]Die Ertragsfähigkeit bestimmt sich vielmehr nach dem bei ordnungsgemäßer Bewirtschaftung gemeinhin und nachhaltig erzielbaren Reinertrag eines pacht- und schuldenfreien Betriebs mit entlohnten fremden Arbeitskräften.

(2) [1]§ 236 Abs. 3 BewG regelt die Bewertungsgrundsätze zur Ermittlung der durchschnittlichen Reinerträge, wie sie sich aus den Anlagen 27 bis 32 zum BewG ergeben. [2]Für die land- und forstwirtschaftlichen Nutzungen, Nutzungsteile und Nutzungsarten (einschließlich der Nebenbetriebe) ist jeweils gesondert ein Reinertrag zu ermitteln, der die nachhaltige Ertragsfähigkeit bei ordnungsmäßiger Selbstbewirtschaftung gemeinhin zum Ausdruck bringt (§ 236 Abs. 3 Satz 1 BewG). [3]Zur Berücksichtigung der nachhaltigen Ertrags-

fähigkeit ist der durchschnittliche Reinertrag der letzten zehn vorliegenden Wirtschaftsjahre, die vor dem Hauptfeststellungzeitpunkt geendet haben, heranzuziehen (§ 236 Abs. 3 Satz 2 BewG). [4]Bei der Ermittlung des jeweiligen Reinertrags ist auf die beim zuständigen Bundesministerium geführten repräsentativen Buchführungsergebnisse (Testbetriebsnetz) abzustellen. [5]Die Datenerhebung erfolgt für jedes Wirtschaftsjahr der zehnjährigen Periode gesondert und wird anschließend zu einem Durchschnitt zusammengefasst.

(3) Die Summe der Reinerträge eines Betriebs wird nach § 236 Abs. 4 BewG mit dem Faktor 18,6 kapitalisiert und ergibt den Ertragswert des Betriebs, mit dem alle Wirtschaftsgüter der wirtschaftlichen Einheit i.S.d. § 232 Abs. 3 BewG abgegolten sind.

**Zu § 237 BewG**

### A 237.1. Bewertung des Betriebs

(1) [1]Der dem Eigentümer des Betriebs der Land- und Forstwirtschaft gehörende Grund und Boden und die zum Betrieb gehörenden Wirtschaftsgüter sind gemäß § 234 Abs. 1 und 2 BewG nach Nutzungen, Nutzungsteilen und Nutzungsarten gesetzlich zu klassifizieren. [2]Die Flächengröße einer klassifizierten Eigentumsfläche ist mit dem jeweils nach § 236 Abs. 3 BewG i.V.m. den Anlagen 27 bis 32 zum BewG maßgeblichen Reinertrag zu multiplizieren. [3]Aus dem Produkt der beiden vorgenannten Größen resultiert der Flächenwert. [4]Die Summe aller Flächenwerte ergibt den Reinertrag einer Nutzung, eines Nutzungsteils und einer Nutzungsart sowie der Nebenbetriebe. [5]Für die sonstigen land- und forstwirtschaftlichen Nutzungen, für die kein Bewertungsfaktor festgelegt worden ist, ermittelt sich der Reinertrag über die Wirtschaftsgebäude durch Multiplikation der Bruttogrundfläche mit dem Zwölffachen des Wertes der Anlage 31 und für den dazu gehörenden Grund und Boden nach § 237 Abs. 8 BewG.

(2) [1]Bei der Bewertung des Betriebs der Land- und Forstwirtschaft ist nicht zwischen einer aktiven (Selbst-)Bewirtschaftung und einer Nutzungsüberlassung zu unterscheiden. [2]Die im Bewertungsgesetz (Anlagen 27 bis 32 zum BewG) normierten Reinerträge der gesondert zu bewertenden Nutzungen bilden das objektivierte Ertragswertpotential des Grund und Bodens und der jeweils zur ordnungsmäßigen Bewirtschaftung gemeinhin erforderlichen Betriebsmittel typisierend ab. [3]Durch die Eigentümerbesteuerung sind bei Nutzungsüberlassungen folgerichtig die Reinertragsanteile derjenigen Wirtschaftsgüter, die nicht dem Eigentümer des Grund und Bodens gehören, jedoch den Ertrag eines Betriebs beeinflussen, grundsätzlich mit den in den Anlagen 27 bis 32 zum BewG gesetzlich normierten Reinerträgen miterfasst (§ 237 Abs. 1 Satz 2 BewG). [4]Eine Ausnahme hiervon besteht in den Fällen verstärkter Tierhaltung i.S.d. § 238 Abs. 1 Nr. 1 BewG i.V.m. Anlage 27 zum BewG. [5]Satz 3 gilt auch für Fälle, in denen ein Nießbrauch an einem Betrieb der Land- und Forstwirtschaft besteht. [6]Zuschläge zum Reinertrag einer Nutzung, Nutzungsart oder bei Nebenbetrieben sind deshalb nur in den gesetzlich vorgesehenen Fällen des § 238 Abs. 1 und 2 BewG zulässig.

### A 237.2. Landwirtschaftliche Nutzung

(1) [1]Zur landwirtschaftlichen Nutzung gehören alle Wirtschaftsgüter, die der Pflanzen- und Tierproduktion zu dienen bestimmt sind. [2]Hierzu gehören die Acker- oder Grünlandflächen, die in der Regel bodengeschätzt sind und dem

Ackerbau, dem Futterbau und der Tierhaltung (Veredlung) nach Maßgabe des § 241 BewG zu dienen bestimmt sind. [3]Flächen, die dem Anbau von Tabak und als Produktionsgrundlage für die Saatzucht dienen, sind der landwirtschaftlichen Nutzung zuzurechnen.

(2) [1]Zur Abgrenzung der landwirtschaftlichen Nutzung von der gärtnerischen Nutzung gelten für den Nutzungsteil Gemüsebau die Regelungen in A 237.6 Abs. 2 Satz 3. [2]Zur Abgrenzung für den Nutzungsteil Obstbau von der weinbaulichen Nutzung sind die Regelungen in A 237.8 Abs. 2 Satz 2 maßgebend. [3]Zur Abgrenzung gegenüber den übrigen land- und forstwirtschaftlichen Nutzungen gelten die Regelungen in A 237.10 bis A 237.12 i.V.m. A 237.19 und A 237.20.

(3) [1]Die Bewertung der landwirtschaftlichen Nutzung erfolgt nach § 237 Abs. 2 BewG mit den Bewertungsfaktoren gemäß Anlage 27 zum BewG und ggf. mit den nach § 238 Abs. 1 Nr. 1 und Abs. 2 BewG maßgebenden Zuschlägen. [2]Die Bewertung einer vorhandenen Nutzungsart Hofstelle (siehe A 237.24) und von Nebenbetrieben (siehe A 237.24) erfolgt gesondert nach § 237 Abs. 8 BewG und § 238 Abs. 1 Nr. 3 BewG. [3]In allen Fällen, in denen im Liegenschaftskataster keine Ertragsmesszahlen nachgewiesen werden, kann zur Vereinfachung die durchschnittliche Ertragsmesszahl der Gemarkung angesetzt werden.

(4) Der Reinertrag der abgegrenzten Standortfläche der Windenergieanlage ist, sofern diese nach § 233 Abs. 1 BewG dem land- und forstwirtschaftlichen Vermögen zuzurechnen ist (vgl. A 233), mit dem Bewertungsfaktor (Grundbetrag) der Anlage 27 zum BewG sowie dem Zuschlag nach § 238 Abs. 2 BewG (vgl. A 238) zu ermitteln.

**Beispiel: Flächennachweis mit landwirtschaftlicher Nutzung**

Landwirt L ist Eigentümer zweier Flurstücke, die der landwirtschaftlichen Nutzung zuzuordnen sind. Die Flurstücksinformationen Gemarkungs-Nr., Gemarkung, Flur und Flurstück, die „Tatsächliche Nutzung" der Flurstücke, die Größe sowie die gesetzliche Klassifizierung und die Merkmale der Bodenschätzung ergeben sich aus der nachfolgend dargestellten Abbildung 1 „Flächennachweis Bewertung".

**Abbildung 1:** Darstellung Flächennachweis zum Beispiel „Flächennachweis mit landwirtschaftlicher Nutzung" (A 237.2)

| **Gemarkung 055xxx A-Dorf** | **Flur 25** | | **Flurstück 53** | |
|---|---|---|---|---|
| | Nutzungsart | | Fläche (m²) | |
| Amtliche Fläche (m²) | | | | 11 481 |
| Tatsächliche Nutzung | Landwirtschaft/Grünland | | | 11 481 |
| Gesetzliche Klassifizierung | Landwirtschaftliche Nutzung | | | 11 481 |
| Bodenschätzung | Klasse | Wertzahl | Fläche (m²) | EMZ |
| Grünland | T II a 3 | 46/46 | 11 481 | 5 281 |

| Gemarkung 055xxx A-Dorf | Flur 28 | | Flurstück 2 | |
|---|---|---|---|---|
| | Nutzungsart | | Fläche (m²) | |
| Amtliche Fläche (m²) | | | 14 227 | |
| Tatsächliche Nutzung | Landwirtschaft/Ackerland<br>Landwirtschaft/Grünland | | 13 265<br>962 | |
| Gesetzliche Klassifizierung | Landwirtschaftliche Nutzung | | 14 227 | |
| Bodenschätzung | Klasse | Wertzahl | Fläche (m²) | EMZ |
| Ackerland | T 5 DV | 45/41 | 13 265 | 5 439 |
| Grünland | T III a 3 | 41/41 | 962 | 394 |
| | | | 14 227 | 5 833 |

### A 237.3. Forstwirtschaftliche Nutzung

(1) [1]Zur forstwirtschaftlichen Nutzung gehören alle Wirtschaftsgüter, die der Erzeugung und Gewinnung von Rohholz zu dienen bestimmt sind. [2]Hierzu gehören auch die im Rahmen einer forstwirtschaftlichen Nutzung anfallenden Nebennutzungen. [3]Wirtschaftsgüter der forstwirtschaftlichen Nutzung sind insbesondere die der Holzerzeugung dienenden Flächen, die Waldbestockung sowie die Wirtschaftsgebäude und die Betriebsmittel. [4]Zur forstwirtschaftlichen Nutzung gehören auch Wildäcker und Wildwiesen, soweit sie nicht zur landwirtschaftlichen Nutzung oder zum Geringstland gehören. [5]In der Flur oder im bebauten Gebiet gelegene bodengeschätzte Flächen, die mit einzelnen Baumgruppen, Baumreihen oder mit Hecken bestockt sind oder Baumschulen oder Weihnachtsbaumkulturen dienen, gehören nicht zur forstwirtschaftlichen Nutzung.

(2) [1]Der Grund und Boden der forstwirtschaftlichen Nutzung umfasst alle Flächen, die dauernd der Erzeugung von Rohholz gewidmet sind (Holzboden- und Nichtholzbodenfläche). [2]Zur Holzbodenfläche rechnen neben bestockten Flächen auch Waldwege, Waldeinteilungs- und Sicherungsstreifen, wenn ihre Breite einschließlich der Gräben fünf Meter nicht übersteigt, und Flächen, die nur vorübergehend nicht bestockt sind (Blößen). [3]Zur Nichtholzbodenfläche rechnen die dem Transport und der Lagerung des Holzes dienenden Flächen (Waldwege, ständige Holzlagerplätze usw.), wenn sie nicht zur Holzbodenfläche gerechnet werden.

(3) [1]Die Bewertung der forstwirtschaftlichen Nutzung erfolgt nach § 237 Abs. 3 Satz 1 und 2 BewG mit den Bewertungsfaktoren gemäß Anlage 28 zum BewG, die für die jeweiligen Gemarkungen aus den entsprechenden gegendüblichen Wuchsgebieten ermittelt werden, und ggf. mit den nach § 238 Abs. 2 BewG maßgebenden Zuschlägen. [2]Abweichend hiervon werden gemäß § 237 Abs. 3 Satz 4 BewG Eigentumsflächen wie Geringstland bewertet, wenn infolge von Bewirtschaftungsbeschränkungen eine nachhaltige forstwirtschaftliche Nutzung ausgeschlossen ist. [3]Hierzu zählen die Flächen der forstwirtschaftlichen Nutzung, für die im Liegenschaftskataster die Information „Nationalpark Zone I" geführt wird. [4]Diese Voraussetzungen sind insbesondere dann erfüllt, wenn die dem Grunde nach der forstwirtschaftlichen Nutzung zugerechneten Flächen im Liegenschaftskataster unter der Objektart „Öffentlich-rechtliche und sonstige Festlegungen – AX_SchutzgebietNachNaturUmweltOderBodenschutzrecht" mit der Werteart 1670 („Nationalpark") gekennzeichnet sind. [5]Die Bewertung einer vorhandenen Nutzungsart Hofstelle (siehe A 237.24) und der

Nebenbetriebe (siehe A 237.24) erfolgt gesondert nach § 237 Abs. 8 BewG und § 238 Abs. 1 Nr. 3 BewG. [6]Dabei sind die nach Abs. 1 zur forstwirtschaftlichen Nutzung gehörenden Wirtschaftsgebäude über die erforderliche Zuordnung der zugehörigen Grund- und Bodenfläche zur Fläche der Nutzungsart Hofstelle abgegolten.

**Beispiel: Forstwirtschaft**

Forstwirt F ist Eigentümer von zwei Flurstücken, die der forstwirtschaftlichen Nutzung zuzuordnen sind. Flurstück 1 führt die Bezeichnung Flur 7, Flurstück 116, hat eine amtliche Größe von 600 000 m² und liegt im Wuchsgebiet 18 „Nordwestdeutsche Berglandschwelle". Flurstück 2, Flur 1, Flurstück 42 ist 33 700 m² groß und liegt im Wuchsgebiet 17 „Weserbergland". Die Bewertung der Flurstücke ist in Tabelle 1 dargestellt.

**Tabelle 1:** Bewertung zum Beispiel „Forstwirtschaft" (A 237.3)

| | | |
|---|---|---|
| **Bewertungsfaktoren Flur 1, Flurstück 7** | | |
| Wuchsgebiet Nordwestdeutsche Berglandschwelle | 60,00 ha x 73,10 €/ha | = 4 386,00 € |
| Flächenwert der forstwirtschaftlichen Nutzung | | = 4 386,00 € |
| **Bewertungsfaktoren Flur 1, Flurstück 42** | | |
| Wuchsgebiet Weserbergland | 3,37 ha x 101,93 €/ha | = 343,50 € |
| Flächenwert der forstwirtschaftlichen Nutzung | | = 343,50 € |
| Reinertrag des Betriebs | | |
| **Summe der Flächenwerte = Reinertrag der forstwirtschaftlichen Nutzung** | | **= 4 729,50 €** |

## A 237.4. Weinbauliche Nutzung

(1) [1]Zur weinbaulichen Nutzung gehören alle Wirtschaftsgüter, die der Erzeugung von Trauben sowie der Gewinnung von Maische, Most und Wein aus diesen Trauben zu dienen bestimmt sind. [2]Wirtschaftsgüter der weinbaulichen Nutzung sind insbesondere die Flächen zur Erzeugung von Trauben, die Wirtschaftsgebäude und Betriebsmittel, die der Traubenerzeugung, der Gewinnung von Maische und Most sowie dem Ausbau, der Lagerung und der Vermarktung des Weines dienen. [3]Bei Betrieben, die die erzeugten Trauben zu Fass- und Flaschenwein ausbauen, gehören die gesamten Vorräte an Fass- und Flaschenwein zum normalen Bestand an umlaufenden Betriebsmitteln.

(2) [1]Die Fläche der weinbaulichen Nutzung des Betriebs umfasst die im Ertrag stehenden Rebanlagen, die vorübergehend nicht bestockten Flächen sowie die noch nicht ertragsfähigen Jungfelder. [2]Rebmuttergärten und Rebschulen sind dem Nutzungsteil Baumschulen der gärtnerischen Nutzung zuzuordnen (siehe A 237.9 Abs. 3). [3]In die Weinbaulage eingesprengte Flächen anderer Nutzungen sind der weinbaulichen Nutzung zuzurechnen, wenn sie nur vorübergehend nicht weinbaulich genutzt werden. [4]Ehemalige Weinbauflächen, die brachliegen und bei denen zukünftig nicht mehr mit einer land- und forstwirtschaftlichen Nutzung zu rechnen ist, sind nach den jeweiligen Verhältnissen als Geringstland zu klassifizieren.

(3) [1]Die Bewertung der weinbaulichen Nutzung erfolgt nach § 237 Abs. 4 BewG mit den Bewertungsfaktoren gemäß Anlage 29 zum BewG und ggf. mit den nach § 238 Abs. 2 BewG maßgebenden Zuschlägen. [2]Die Bewertung einer vorhandenen Nutzungsart Hofstelle (siehe A 237.24) und von Nebenbetrieben (siehe A 237.24) erfolgt gesondert nach § 237 Abs. 8 BewG und § 238 Abs. 1 Nr. 3 BewG. [3]Dabei sind die nach Abs. 1 zur weinbaulichen Nutzung gehörenden Wirtschaftsgebäude, mit Ausnahme der Wirtschaftsgebäude der Fass-

und Flaschenweinerzeugung, über die erforderliche Zuordnung der zugehörigen Grund- und Bodenfläche zur Fläche der Nutzungsart Hofstelle abgegolten.

**A 237.5. Gärtnerische Nutzung**

(1) [1]Zur gärtnerischen Nutzung gehören alle Wirtschaftsgüter, die dem Anbau von Gemüse, Blumen- und Zierpflanzen, Obst sowie Baumschulerzeugnissen zu dienen bestimmt sind. [2]Die gärtnerische Nutzung gliedert sich in die folgenden Nutzungsteile

a) Gemüsebau (siehe A 237.6),

b) Blumen- und Zierpflanzenbau (siehe A 237.7),

c) Obstbau (siehe A 237.8),

d) Baumschulen (siehe A 237.9).

[3]Zur Berücksichtigung der jeweiligen Anbau- und Ertragsverhältnisse wird jeder Nutzungsteil gesondert bewertet.

(2) [1]Die Größe der Flächen bestimmt sich nach den Verhältnissen am Bewertungsstichtag. [2]Für die Zurechnung der Flächen zu den Nutzungsteilen in Abs. 1 Buchst. a bis d ist die gesetzliche Klassifizierung maßgebend (§ 234 Abs. 2 BewG). [3]Die Flächen der Nutzungsteile sind für die Bewertung wie folgt aufzugliedern:

1. durch Gemüsebau genutzte Flächen:
   a) Flächen im Freiland,
   b) Flächen unter Glas und Kunststoffen;
2. durch Blumen- und Zierpflanzenbau genutzte Flächen:
   a) Flächen im Freiland,
   b) Flächen unter Glas und Kunststoffen;
3. durch Obstbau genutzte Flächen:
   a) Flächen im Freiland,
   b) Flächen unter Glas und Kunststoffen;
4. durch Baumschulen genutzte Flächen:
   a) Flächen im Freiland,
   b) Flächen unter Glas und Kunststoffen.

[4]Zur Fläche des Nutzungsteils gehören auch die Flächenanteile, die Pflanzenbeständen nicht unmittelbar als Standraum dienen, wie Zwischenflächen, Vorgewende und für die Bearbeitung notwendige Wege.

(3) [1]Zu den Flächen unter Glas und Kunststoffen gehören insbesondere mit Gewächshäusern (z.B. Breitschiff-, Venlo- und Folienhäuser), mit begehbaren Folientunneln und mit anderen Kulturräumen (z.B. Treibräume) überbaute Flächen. [2]Zu den Flächen unter Glas und Kunststoffen gehören begehbare Folientunnel, wenn deren Bogenkonstruktion im Erdboden verankert ist. [3]Die Größe der Flächen unter Glas und Kunststoffen bemisst sich nach der Größe der überdachten Fläche einschließlich der Umfassungswände, d.h. gemessen von Außenkante zu Außenkante des aufsteigenden Mauerwerks oder der Stehwände.

(4) [1]Die Bewertung der gärtnerischen Nutzung erfolgt gemäß § 237 Abs. 5 Satz 1 und 2 BewG nach den in A 237.6 bis A 237.9 genannten Nutzungsteilen und mit den Bewertungsfaktoren gemäß Anlage 30 zum BewG sowie ggf. mit den nach § 238 Abs. 1 Nr. 2 und Abs. 2 BewG maßgebenden Zuschlägen. [2]Die

Bewertung einer vorhandenen Nutzungsart Hofstelle (siehe A 237.24) und von Nebenbetrieben (siehe A 237.24) erfolgt gesondert nach § 237 Abs. 8 BewG und § 238 Abs. 1 Nr. 3 BewG.

### A 237.6. Nutzungsteil Gemüsebau

(1) [1]Dem Nutzungsteil Gemüsebau sind der Anbau und die Erzeugung von Kulturpflanzen zuzurechnen, die ganz oder in Teilen der menschlichen Ernährung dienen, sofern es sich nicht um den Anbau von Erzeugnissen der landwirtschaftlichen Nutzung, um Obstbau oder um Sondernutzungen handelt. [2]Der Anbau und die Erzeugung können im Freiland oder unter Glas und Kunststoffen erfolgen.

(2) [1]Zum Nutzungsteil Gemüsebau gehören alle Wirtschaftsgüter, die den in Abs. 1 genannten Zwecken zu dienen bestimmt sind. [2]Flächen zum Anbau von Tee sowie von Gewürz- und Heilkräutern sind dem Nutzungsteil Gemüsebau zuzurechnen. [3]Abweichend hiervon wird nach § 237 Abs. 5 Satz 4 BewG der Nutzungsteil Gemüsebau wie eine landwirtschaftliche Nutzung bewertet, wenn im Wechsel landwirtschaftliche und gärtnerische Erzeugnisse im Freiland gewonnen werden und keine Bewässerungsmöglichkeiten bestehen.

### A 237.7. Nutzungsteil Blumen- und Zierpflanzenbau

(1) [1]Dem Nutzungsteil Blumen- und Zierpflanzenbau sind insbesondere der Anbau und die Erzeugung von Schnittblumen, Zimmerpflanzen, Beet- und Balkonpflanzen sowie Stauden zuzurechnen. [2]Hierzu gehören auch die Gewinnung von Schmuckreisig und Bindegrün sowie die Produktion von Rollrasen oder Vegetationsmatten. [3]Flächen, die der Vermehrung von Blumensamen, Blumenzwiebeln und dergleichen dienen, sind ebenfalls dem Nutzungsteil Blumen- und Zierpflanzenbau zuzurechnen. [4]Die Anzucht von Rosen zählt nur dann zu der Nutzung Blumen- und Zierpflanzen, wenn ihre Nutzung als Dauerkultur überwiegt. [5]Andernfalls sind sie dem Nutzungsteil Baumschulen zuzuordnen. [6]Als Dauerkultur gelten in diesen Fällen Rosen, die nach Eintritt der Ertragsreife für die Dauer von mindestens sechs Jahren wiederkehrende Erträge durch ihre zum Verkauf bestimmten Blüten, Früchte oder anderen Pflanzenteile liefern. [7]Der Anbau und die Erzeugung können im Freiland oder unter Glas und Kunststoffen erfolgen.

(2) Zum Nutzungsteil Blumen- und Zierpflanzenbau gehören alle Wirtschaftsgüter, die den in Abs. 1 genannten Zwecken zu dienen bestimmt sind.

(3) [1]Die summierten Ergebnisse aus der Vervielfältigung der jeweiligen Eigentumsflächen des Betriebs mit dem hierzu ermittelten Reinertrag eines Nutzungsteils einschließlich einer etwaigen Ertragssteigerung bei der Erzeugung unter Glas und Kunststoffen ergeben den zu kapitalisierenden Reinertrag des gärtnerischen Nutzungsteils. [2]Wirtschaftsgebäude (z.B. Verkaufsräume) und weitere den Ertragswert steigernde Umstände werden nach § 237 Abs. 8 BewG und durch Zuschläge nach § 238 Abs. 1 Nr. 2 und Abs. 2 BewG erfasst.

**Beispiel: Gärtnerische Nutzung und Landwirtschaft**

Landwirt L ist Eigentümer folgender Flurstücke: Eine grundsätzlich der gärtnerischen Nutzung dienende Ackerfläche mit der Katasterbezeichnung Flur 8, Flurstück 15 ist 200 Ar groß und die Summe der Ertragsmesszahlen [EMZ] beträgt 10 000 EMZ. Auf der Fläche werden im Wechsel Kopfkohl und Getreide (Weizen, Gerste, Hafer, Triticale) angebaut; es besteht keine Bewässerungsmöglichkeit (sonst gärtnerische Nutzung). Auf der Flur 8, Flurstück 14 mit einer Größe von 100 Ar stehen Blumen zum Selbstpflücken. Die Fläche Flur 8, Flurstück 10 hat eine Größe von 300 Ar und dient dem Erdbeeranbau. Die Bewertung der Flurstücke ist in Tabelle 2 dargestellt.

**Tabelle 2:** Bewertung zum Beispiel „Gärtnerische Nutzung und Landwirtschaft" (A 237.7)

| **Bewertungsfaktoren Flur 8, Flurstück 15** | | |
|---|---|---|
| Grundbetrag | 200,00 Ar x 2,52 €/Ar | = 504,00 € |
| Ertragsmesszahl [EMZ] | 10 000 EMZ x 0,041 €/EMZ | = 410,00 € |
| Flächenwert des Nutzungsteils Gemüsebau | | = 914,00 € |
| **Bewertungsfaktoren Flur 8, Flurstück 14** | | |
| Nutzungsteil Blumen- und Zierpflanzenbau | 100 Ar x 27,60 €/Ar | = 2 760,00 € |
| Flächenwert des Nutzungsteils Blumen- und Zierpflanzenbau | | = 2 760,00 € |
| **Bewertungsfaktoren Flur 8, Flurstück 10** | | |
| Nutzungsteil Obstbau | 300 Ar x 9,53 €/Ar | = 2 859,00 € |
| Flächenwert des Nutzungsteils Obstbau | | = 2 859,00 € |
| **Ermittlung der Reinerträge des Betriebs** | | |
| **Summe der Flächenwerte = Reinertrag der gärtnerischen Nutzung** | | **= 6 533,00 €** |

## A 237.8. Nutzungsteil Obstbau

(1) [1]Dem Nutzungsteil Obstbau sind der Anbau und die Erzeugung von Baumobst, Strauchbeerenobst und Erdbeeren sowie sonstige Obstarten zuzurechnen, wenn weder eine regelmäßige Unternutzung als Ackerland oder Grünland noch eine anderweitige gärtnerische Nutzung erfolgt. [2]Der Anbau und die Erzeugung können im Freiland oder unter Glas und Kunststoffen erfolgen. [3]Die extensive Form des Obstbaus in Form einer Streuobstwiese oder eines Streuobstackers, die durch eine Unternutzung der vorhandenen Hochstämme geprägt ist, wird der landwirtschaftlichen Nutzung zugerechnet.

(2) [1]Zum Nutzungsteil Obstbau gehören alle Wirtschaftsgüter, die den in Abs. 1 genannten Zwecken zu dienen bestimmt sind. [2]Flächen, die der Erzeugung von Tafeltrauben dienen und rechtlich nicht im Rahmen der weinbaulichen Nutzung erfasst werden können, sind dem Nutzungsteil Obstbau zuzurechnen.

## A 237.9. Nutzungsteil Baumschulen

(1) [1]Dem Nutzungsteil Baumschulen sind der Anbau und die Erzeugung von Baumschulkulturen in Form von Gehölzen und Forstpflanzen zuzurechnen. [2]Dazu gehört insbesondere die Anzucht von Nadel- und Laubgehölzen, Rhododendren, Azaleen sowie von Obstgehölzen einschließlich Beerenobststräuchern. [3]Der Anbau und die Erzeugung können im Freiland oder unter Glas und Kunststoffen erfolgen.

(2) [1]Zum Nutzungsteil Baumschulen gehören alle Wirtschaftsgüter, die den in Abs. 1 genannten Zwecken zu dienen bestimmt sind. [2]Zur Fläche des Nutzungsteils gehören auch die Einschlags-, Schau- und Ausstellungsflächen des Betriebs. [3]Brach- und Gründüngungsflächen sind dagegen der landwirtschaftlichen Nutzung zuzurechnen.

(3) [1]Dem Nutzungsteil Baumschulen sind auch forstliche Saat- und Pflanzkämpe sowie Rebschulen und Rebmuttergärten zuzurechnen. [2]Eine Erfassung als Nebenbetrieb scheidet aus. [3]Die Anzucht von Rosen zählt nur dann zum Nutzungsteil Baumschulen, wenn es sich nicht um Dauerkulturen handelt, die innerhalb des Betriebs beim Nutzungsteil Blumen- und Zierpflanzenbau zu bewerten sind. [4]Die Abgrenzung zur Weihnachtsbaumkultur richtet sich nach A 237.19.

### A 237.10. Übrige land- und forstwirtschaftliche Nutzungen

(1) [1]Der Begriff der übrigen land- und forstwirtschaftlichen Nutzungen ist ein Sammelbegriff für alle land- und forstwirtschaftlichen Nutzungen, die nicht zu den in A 237.2 bis A 237.9 genannten Nutzungen oder Nutzungsteilen gehören. [2]Es werden unterschieden

1. die Sondernutzungen Hopfen, Spargel und andere Sonderkulturen (siehe A 237.11) und
2. die sonstigen land- und forstwirtschaftlichen Nutzungen (siehe A 237.12 bis A 237.20).

(2) [1]Für Hopfen, Spargel und andere Sonderkulturen sind die Reinerträge nach den Grundsätzen des § 236 Abs. 1 bis 3 BewG zu ermitteln. [2]Für die sonstigen land- und forstwirtschaftlichen Nutzungen sind die Reinerträge grundsätzlich nach § 236 Abs. 1 i.V.m. Abs. 3 Satz 1 BewG zu ermitteln. [3]Abweichend hiervon sind für die sonstigen land- und forstwirtschaftlichen Nutzungen, für die keine Bewertungsfaktoren festgelegt wurden, die Reinerträge nach § 237 Abs. 6 Satz 4 BewG i.V.m. § 237 Abs. 8 BewG i.V.m. Anlage 31 zum BewG typisierend abzuleiten.

### A 237.11. Sondernutzungen

(1) [1]Zu den Sondernutzungen gehört der Anbau von Hopfen, Spargel und anderen Sonderkulturen, die ein von der landwirtschaftlichen Nutzung abweichendes Ertrags- und Aufwandgefüge aufweisen. [2]Zur Sondernutzung Hopfen und zur Sondernutzung Spargel gehören alle Wirtschaftsgüter, die der jeweiligen Sondernutzung zu dienen bestimmt sind.

(2) [1]Die Bewertung der Sondernutzungen erfolgt nach § 237 Abs. 6 Satz 1 BewG jeweils gesondert mit den Bewertungsfaktoren gemäß Anlage 31 zum BewG. [2]Die Bewertung einer vorhandenen Nutzungsart Hofstelle (siehe A 234 Abs. 6) und von Nebenbetrieben (siehe A 234 Abs. 7) erfolgt gesondert nach § 237 Abs. 8 BewG und § 238 Abs. 1 Nr. 3 BewG.

### A 237.12. Sonstige land- und forstwirtschaftliche Nutzungen

(1) [1]Zu den sonstigen land- und forstwirtschaftlichen Nutzungen gehören insbesondere

1. die Binnenfischerei (siehe A 237.13),
2. die Teichwirtschaft (siehe A 237.13),
3. die Fischzucht für Binnenfischerei und Teichwirtschaft (siehe A 237.13),
4. die Imkerei (siehe A 237.14),
5. die Wanderschäferei (siehe A 237.15),
6. die Saatzucht (siehe A 237.16),
7. der Pilzanbau (siehe A 237.17),
8. die Produktion von Nützlingen (siehe A 237.18),
9. die Weihnachtsbaumkulturen (siehe A 237.19) und
10. die Kurzumtriebsplantagen (siehe A 237.20).

[2]Besamungsstationen sind gemäß § 232 Abs. 1 BewG nicht dem land- und forstwirtschaftlichen Vermögen zuzurechnen, soweit keine ausreichende Flächengrundlage zur Verfügung steht.

(2) [1]Die Bewertung der sonstigen land- und forstwirtschaftlichen Nutzungen erfolgt als Teil der übrigen land- und forstwirtschaftlichen Nutzungen gemäß

§ 237 Abs. 6 Satz 1 BewG jeweils eigenständig. [2]Die Bewertung der einzelnen Nutzungen richtet sich nach § 237 Abs. 6 Satz 2 bis 4 BewG sowie nach den Regelungen in A 237.13 bis A 237.20. [3]Die Bewertung einer vorhandenen Nutzungsart Hofstelle (siehe A 237.24) und vorhandener Nebenbetriebe (siehe A 237.24) erfolgt gesondert nach § 237 Abs. 8 BewG und § 238 Abs. 1 Nr. 3 BewG.

### A 237.13. Binnenfischerei, Teichwirtschaft und Fischzucht für Binnenfischerei und Teichwirtschaft

(1) [1]Binnenfischerei ist die Ausübung der Fischerei in Binnengewässern aufgrund von Fischereiberechtigungen. [2]Zur Binnenfischerei gehören

1. die Fischerei in stehenden Gewässern und
2. die Fischerei in fließenden Gewässern einschließlich der Fischerei in Kanälen.

(2) Für die Bewertung ist es unerheblich, ob die Fischereiberechtigung

1. dem Inhaber des Fischereibetriebs als Ausfluss seines Grundeigentums zusteht,
2. als selbständiges besonderes Recht ausgeübt wird oder
3. auf einer sonstigen Nutzungsüberlassung, z.B. Verleihung, beruht.

(3) Zur Nutzung Teichwirtschaft und Fischzucht für Binnenfischerei und Teichwirtschaft gehören alle Wirtschaftsgüter, die der Erzeugung von Speisefischen (einschließlich deren Eier und Brut) unabhängig von der Haltungsform dienen, insbesondere der Erzeugung von Forellen, Karpfen und so genannter Beifische, wie z.B. Schleien, Hechte, Zander.

(4) [1]Die Bewertung der Wasserflächen erfolgt als flächenabhängige Nutzung nach § 237 Abs. 6 Satz 1 bis 3 BewG mit dem Reinertrag gemäß Anlage 31 zum BewG und mit den maßgebenden Zuschlägen. [2]Die Flächen einer vorhandenen Hofstelle sind gemäß § 237 Abs. 8 BewG zusätzlich zu bewerten. [3]Entsprechendes gilt für Nebenbetriebe.

### A 237.14. Imkerei

(1) [1]Die Imkerei umfasst alle Formen der Bienenhaltung, die nachhaltig auf einen wirtschaftlichen Erfolg ausgerichtet sind. [2]Dabei ist nicht zwischen der Bienenhaltung zur Gewinnung von Honig und Wachs und anderen Formen der Bienenhaltung, wie z.B. Königinnenzucht oder Bienenhaltung für pharmazeutische Zwecke, zu unterscheiden.

(2) Zu den Wirtschaftsgütern, die einer Imkerei dauernd zu dienen bestimmt sind, gehören neben den Bienenvölkern die Bienenstände, die Bienenkästen und -körbe, die Imkereigeräte und die Vorräte.

(3) Die Bewertung der Imkerei erfolgt nach § 237 Abs. 6 Satz 4 BewG mit dem Bewertungsfaktor für Wirtschaftsgebäude gemäß Anlage 31 zum BewG und mit dem dreifachen Bewertungsfaktor für den dazugehörenden Grund und Boden i.S.d. § 237 Abs. 8 BewG.

### A 237.15. Wanderschäferei

(1) [1]Wanderschäferei ist eine extensive Form der Schafhaltung, die durch die Haltungsform der Großherde und ständigen Standortwechsel gekennzeichnet ist. [2]Im Gegensatz zu intensiven Formen der Schafhaltung (wie z.B. Koppelschafhaltung, Gutsschäferei) werden von Wanderschäfereien überwiegend frem-

de Flächen durch vorübergehende Beweidung genutzt. [3]Wenn die Schafhaltung jedoch überwiegend auf Flächen stattfindet, die durch Nutzungsüberlassungsverträge dauernd (ganzjährig) zur Beweidung zur Verfügung stehen, handelt es sich nicht mehr um Wanderschäfereien, sondern um eine Schafhaltung, die im Rahmen der landwirtschaftlichen Nutzung zu bewerten ist.

(2) [1]Da Wanderschäfereien regelmäßig keine eigenen oder zugepachteten landwirtschaftlichen Flächen nutzen, ist eine Beziehung zwischen Tierbestand, gemessen in Vieheinheiten, und Flächengrundlage zur Deckung des Futterbedarfs nicht herstellbar. [2]Bei Wanderschäfereien ist deshalb § 241 BewG nicht anwendbar.

(3) Die Bewertung der Wanderschäferei erfolgt nach § 237 Abs. 6 Satz 4 BewG mit dem Bewertungsfaktor für Wirtschaftsgebäude gemäß Anlage 31 zum BewG und mit dem dreifachen Bewertungsfaktor für den dazugehörenden Grund und Boden i.S.d. § 237 Abs. 8 BewG.

**Beispiel: Wanderschäferei**

Wanderschäfer W ist Eigentümer eines Flurstücks mit der Katasterbezeichnung Flur 17, Flurstück 4, das der sonstigen land- und forstwirtschaftlichen Nutzung „Wanderschäferei" zuzuordnen ist. Das Flurstück ist 20 Ar groß. Auf der Fläche befindet sich eine massive Feldscheune mit einer Bruttogrundfläche von 500 m². Die Bewertung des Flurstücks mit dem Wirtschaftsgebäude ist in Tabelle 3 dargestellt.

**Tabelle 3:** Bewertung zum Beispiel „Wanderschäferei" (A 237.15)

| | | |
|---|---|---|
| **Bewertungsfaktoren Flur 17, Flurstück 4** | | |
| Wirtschaftsgebäude | 500 m² x 1,23 €/m² x 12 Monate | = 7 380,00 € |
| Wert der sonstigen land- und forstwirtschaftlichen Nutzung | | = 7 380,00 € |
| **Bewertungsfaktoren Flur 17, Flurstück 4 (Grund und Boden)** | | |
| Grund und Boden (Hofstelle) | 20 Ar x 6,62 € x 3 | = 397,20 € |
| Flächenwert für den Grund und Boden der sonstigen land- und forstwirtschaftlichen Nutzung | | = 397,20 € |
| **Ermittlung des Reinertrags für die sonstige land- und forstwirtschaftliche Nutzung „Wanderschäferei"** | | |
| Summe der Werte<br>= Reinertrag der sonstigen land- und forstwirtschaftlichen Nutzung | | = 7 380,00 € |
| Summe der Flächenwerte<br>= Reinertrag für den Grund und Boden der sonstigen land- und forstwirtschaftlichen Nutzung | | = 397,20 € |
| **Summe der Reinerträge des Betriebs** | | **= 7 777,20 €** |

## A 237.16. Saatzucht

(1) [1]Saatzucht ist die Erzeugung von Zuchtsaatgut. [2]Zum Saatgut zählen Samen, Pflanzgut oder Pflanzenteile, die für die Erzeugung von Kulturpflanzen bestimmt sind. [3]Dabei ist nicht zwischen Nutzpflanzensaatgut und dem Saatgut anderer Kulturpflanzen zu unterscheiden. [4]Zur Saatzucht gehören alle Wirtschaftsgüter, die ihr zu dienen bestimmt sind, insbesondere:

1. Grund und Boden für die Zuchtgärten und Pflanzkämpe einschließlich der Hof- und Gebäudeflächen, Wirtschaftswege und Trennstreifen;
2. Wirtschaftsgebäude (z.B. Zuchtlaboratorien, Gewächshäuser, Lager- und Verwaltungsgebäude);
3. stehende Betriebsmittel (z.B. Pflanzenbestände, Maschinen);

4. umlaufende Betriebsmittel (z.B. die zum Verkauf bestimmten Erzeugnisse und Vorräte).

(2) [1]Nicht zu den Wirtschaftsgütern einer Saatzucht, sondern zur landwirtschaftlichen oder gärtnerischen Nutzung zählen die der Saatgutvermehrung dienenden Flächen und Betriebsmittel. [2]Das gilt auch dann, wenn die Vermehrung im Rahmen der landwirtschaftlichen oder gärtnerischen Nutzung eines Betriebs der Land- und Forstwirtschaft durchgeführt wird, zu dem die Saatzucht gehört.

(3) [1]Die Bewertung der Saatzucht erfolgt als flächengebundene Nutzung gemäß § 237 Abs. 6 Satz 1 bis 3 BewG und Anlage 31 zum BewG wie bei der landwirtschaftlichen Nutzung nach § 237 Abs. 2 und 8 BewG. [2]Die Bewertung einer vorhandenen Nutzungsart Hofstelle (siehe A 237.24) und von Nebenbetrieben (siehe A 237.24) erfolgt gesondert nach § 237 Abs. 8 BewG und § 238 Abs. 1 Nr. 3 BewG. [3]Dabei sind die nach Abs. 1 zur Nutzung Saatzucht gehörenden Wirtschaftsgebäude über die erforderliche Zuordnung der zugehörigen Grund- und Bodenfläche zur Fläche der Nutzungsart Hofstelle abgegolten.

### A 237.17. Pilzanbau

(1) [1]Gegenstand der Bewertung ist der Anbau von Speisepilzen. [2]Zum Pilzanbau gehören alle Wirtschaftsgüter, die der Erzeugung von Speisepilzen dienen, insbesondere die Wirtschaftsgebäude mit den Beetflächen, Pasteurisierungs-, Anwachs- und Anspinnräumen sowie Konservierungsanlagen und Lagerplätze.

(2) Die Bewertung eines vorhandenen Standorts erfolgt nach § 237 Abs. 6 Satz 4 BewG mit dem Bewertungsfaktor für Wirtschaftsgebäude gemäß Anlage 31 zum BewG und mit dem dreifachen Bewertungsfaktor für den dazugehörenden Grund und Boden i.S.d. § 237 Abs. 8 BewG.

### A 237.18. Nützlinge

(1) [1]Zur Produktion von Nützlingen gehören alle Wirtschaftsgüter, die ihr zu dienen bestimmt sind. [2]Unter die Produktion von Nützlingen fällt insbesondere die Produktion von Spinnentieren (z.B. Raubmilben), Insekten (z.B. Schlupfwespen), Fadenwürmern (Nematoden) und Bakterien (z.B. Bacillus thuringiensis).

(2) Die Bewertung eines vorhandenen Standorts erfolgt nach § 237 Abs. 6 Satz 4 BewG mit dem Bewertungsfaktor für Wirtschaftsgebäude gemäß Anlage 31 zum BewG und mit dem Bewertungsfaktor für den dazugehörenden Grund und Boden i.S.d. § 237 Abs. 8 BewG.

### A 237.19. Weihnachtsbaumkulturen

(1) Zur Nutzung Weihnachtsbaumkulturen gehören alle Wirtschaftsgüter, die dem Anbau von Weihnachtsbäumen dienen.

(2) [1]Der Nutzung Weihnachtsbaumkulturen sind die dem Anbau von Weihnachtsbäumen dienenden Flächen einschließlich der außerhalb der Hofstelle dazugehörenden Lagerplätze und Fahrschneisen zuzurechnen. [2]Die Flächen der Jungpflanzenanzucht zählen zum gärtnerischen Nutzungsteil Baumschulen (siehe A 237.9 Abs. 2). [3]Die Bäume einer Weihnachtsbaumkultur unterscheiden sich insbesondere dadurch von Baumschulkulturen, dass sie nach der Anpflanzung nicht umgeschult werden. [4]Der untergeordnete Verkauf von Ballenware führt nicht zu einer Bewertung der Fläche als Baumschule. [5]Zur Nutzung

Weihnachtsbaumkulturen gehören bis zur tatsächlichen forstwirtschaftlichen Nutzung auch langfristig zur forstwirtschaftlichen Nutzung vorgesehene Flächen mit der Vorkultur Weihnachtsbaum, da in diesen Fällen die Weihnachtsbaumproduktion maßgeblich den Reinertrag prägt.

(3) Die Bewertung erfolgt als flächengebundene Nutzung gemäß § 237 Abs. 6 Satz 1 bis 3 BewG i.V.m. Anlage 31.

### A 237.20. Kurzumtriebsplantagen

(1) [1]Zur Nutzung der Kurzumtriebsplantagen gehören alle Wirtschaftsgüter, die dem Anbau von schnellwachsenden Bäumen zur Gewinnung von nachwachsenden Rohstoffen, insbesondere von Energieholz, dienen oder zu dienen bestimmt sind. [2]Hierbei handelt es sich um die Erzeugung von Schwachholz im zwei- bis zwanzigjährigen Umtrieb, welches vorrangig als Brennstoff oder Industrieholz verwendet wird.

(2) Die Bewertung erfolgt als flächengebundene Nutzung gemäß § 237 Abs. 6 Satz 1 bis 3 BewG i.V.m. Anlage 31 zum BewG mangels gesicherter Reinerträge mit den Bewertungsfaktoren für die landwirtschaftliche Nutzung gemäß Anlage 27 zum BewG.

### A 237.21. Nutzungsart Abbauland

(1) [1]Zum Abbauland gehören Sandgruben, Kiesgruben, Steinbrüche und dergleichen, wenn sie durch Abbau der Bodensubstanz überwiegend für den Betrieb der Land- und Forstwirtschaft genutzt werden. [2]Stillgelegte Kiesgruben und Steinbrüche eines Betriebs der Land- und Forstwirtschaft, die weder kulturfähig sind noch bei geordneter Wirtschaftsweise Ertrag abwerfen können, gehören zum Unland und nicht zum Abbauland.

(2) Die Bewertung der Nutzungsart Abbauland erfolgt gemäß § 237 Abs. 7 BewG i.V.m. Anlage 31 zum BewG.

### A 237.22. Nutzungsart Geringstland

(1) [1]Betriebsflächen geringster Ertragsfähigkeit (Geringstland) sind unkultivierte, jedoch kulturfähige Flächen, deren Ertragsfähigkeit so gering ist, dass sie in ihrem derzeitigen Zustand nicht regelmäßig land- und forstwirtschaftlich genutzt werden können. [2]Dazu gehören insbesondere unkultivierte Moor- und Heideflächen sowie die ehemals bodengeschätzten Flächen und die ehemaligen Weinbauflächen, deren Nutzungsart sich durch Verlust des Kulturzustands verändert hat. [3]Ein Verlust des Kulturzustands ist gegeben, wenn der kalkulierte Aufwand zur Wiederherstellung des Kulturzustands in einem Missverhältnis zu der Ertragsfähigkeit steht, die nach der Rekultivierung zu erwarten ist. [4]Das ist regelmäßig dann der Fall, wenn der Aufwand den einer Neukultivierung übersteigen würde. [5]Bei bodengeschätzten Flächen kann der nachhaltige Verlust des Kulturzustands insbesondere erst nach den folgenden Ereignissen eintreten:

1. Ansiedlung von Gehölzen infolge von Nichtnutzung bei Hutungen und Hackrainen;
2. Versteinung und Vernässung infolge von Nichtnutzung, z.B. bei Hochalmen;
3. Ansiedlung von Gehölzen und Verschlechterung der Wasserverhältnisse infolge von Nichtnutzung, z.B. bei Streuwiesen;
4. nachhaltige Verschlechterung des Pflanzenbestandes und der Wasserverhältnisse infolge zunehmender Überflutungsdauer und steigender Wasserver-

schmutzung bei Überschwemmungsgrünland oder Staunässe in Bodensenkungsgebieten.

[6]Bei Weinbauflächen, insbesondere in Steilhanglagen, kann der Verlust des Kulturzustands durch Ansiedlung von Gehölzen, Bodenabtrag sowie Einsturz von Mauern und Treppen infolge von Nichtnutzung eintreten.

(2) [1]Die Bewertung der Nutzungsart Geringstland erfolgt gemäß § 237 Abs. 7 BewG i.V.m. Anlage 31 zum BewG. [2]Die Regelung in A 237.3 Abs. 3 Satz 2 bleibt hiervon unberührt.

### A 237.23. Nutzungsart Unland

(1) Zum Unland rechnen nicht kulturfähige Betriebsflächen, die auch bei geordneter Wirtschaftsweise keinen Ertrag abwerfen können.

(2) Die Bewertung der Nutzungsart Unland erfolgt gemäß § 237 Abs. 7 BewG i.V.m. Anlage 31 zum BewG.

### A 237.24. Nutzungsart Hofstelle und Nebenbetriebe

(1) [1]Die Hof- und Wirtschaftsgebäudeflächen einer Hofstelle umfassen den Grund und Boden, die Gebäude- und Gebäudenebenflächen einschließlich der darin ausgeübten Nebenbetriebe, soweit sie nicht den Wohngebäuden zuzuordnen sind. [2]Nicht zu den Wohngebäuden gehörende Gartenflächen sind der Nutzungsart Hofstelle zuzurechnen. [3]Wirtschaftswege, Hecken, Gräben, Grenzraine und dergleichen sind in die Hof- und Wirtschaftsgebäudefläche einzubeziehen, wenn sie nicht vorrangig einer Nutzung zuzuordnen sind. [4]Gleiches gilt für Bewässerungsteiche, Dämme, Uferstreifen und dergleichen, wenn sie nicht vorrangig als Unland zu klassifizieren sind. [5]Eine Hofstelle, von der aus nur entgeltlich oder unentgeltlich zur Nutzung überlassene land- und forstwirtschaftliche Flächen bewirtschaftet werden, ist einem Betrieb der Land- und Forstwirtschaft zu dienen bestimmt, wenn jedenfalls eine dauerhafte Bewirtschaftung der überlassenen Flächen vorliegt. [6]Das ist regelmäßig dann der Fall, wenn die Hofstelle land- und forstwirtschaftlich eingerichtet, d.h. mit Wirtschaftsgebäuden oder wenigstens mit Wirtschaftsräumlichkeiten zur Unterbringung des Inventars und der Wirtschaftsvorräte und dergleichen versehen ist. [7]Wird ein Betrieb der Land- und Forstwirtschaft entgeltlich oder unentgeltlich zur Nutzung überlassen, gilt dies nach § 232 Abs. 2 Satz 2 BewG als Fortsetzung der land- und forstwirtschaftlichen Tätigkeit des Überlassenden, so dass die Hofstelle mangels Änderung der Zweckbestimmung weiterhin dem land- und forstwirtschaftlichen Vermögen zu dienen bestimmt ist. [8]Ist eine Hofstelle überwiegend einem gewerblichen oder öffentlichen Zweck zu dienen bestimmt, ist sie insgesamt dem Grundvermögen zuzurechnen (§ 232 Abs. 4 Nr. 1 BewG).

(2) Ein land- und forstwirtschaftlicher Nebenbetrieb liegt vor, wenn die in R 15.5 Abs. 3 EStR genannten Voraussetzungen vorliegen und zusammen mit den übrigen noch der Land- und Forstwirtschaft zuzuordnenden Tätigkeiten die in R 15.5 Abs. 11 EStR genannten Grenzen nicht nachhaltig überschritten werden.

(3) [1]Die Bewertung der Nutzungsart Hofstelle erfolgt gemäß § 237 Abs. 8 Satz 2 BewG typisierend mit dem dreifachen Bewertungsfaktor gemäß Anlage 32 zum BewG. [2]Die Bewertung der sonstigen land- und forstwirtschaftlichen Nutzungen gemäß § 237 Abs. 6 Satz 4 BewG bleibt hiervon unberührt. [3]Im Übrigen sind mit diesem Wertansatz sämtliche Wirtschaftsgebäude abgegolten,

soweit keine Zuschläge gemäß § 238 Abs. 1 Nr. 2 und 3 oder Abs. 2 BewG vorzunehmen sind. [4]Dabei ist ein räumlicher Verbund der zur Nutzungsart Hofstelle zu rechnenden Flächen nicht notwendig, beispielsweise sind auch getrennt liegende Wirtschaftsgebäude wie Stallgebäude, Remisen und Feldscheunen über die Zuordnung des zugehörigen Grund und Bodens zur Nutzungsart Hofstelle abgegolten.

**Beispiel: Landwirtschaftliche Nutzung, Tierhaltung, Hofstelle**

Landwirt L ist Eigentümer von mehreren Flurstücken, die der landwirtschaftlichen Nutzung zuzuordnen sind. Folgende Flurstücksinformationen sind zu berücksichtigen:

Gemarkung A-Dorf, Flur 25;

Flurstück 57, Größe: 5000 Ar, tats. Nutzung A (Ackerland), EMZ 175 000;
Flurstück 60, Größe: 2500 Ar, tats. Nutzung Gr (Grünland), EMZ 100 000;
Flurstück 61, Größe: 125 Ar, tats. Nutzung Hofstelle.

Ferner werden Milchkühe mit Nachzucht gehalten, die umgerechnet 125 Vieheinheiten (VE) entsprechen. Die Bewertung der Flurstücke, der Tierhaltung und der Hofstelle ist in Tabelle 4 dargestellt. Im Ergebnis werden die jeweiligen Flächenwerte der landwirtschaftlichen Nutzung und der Flächenwert der Nutzungsart Hofstelle addiert und ergeben insgesamt den Reinertrag des Betriebs in der Gemeinde A-Dorf. Die Wirtschaftsgebäude für die Milchkühe und deren Nachzucht sind ebenfalls der landwirtschaftlichen Nutzung zuzurechnen. Die Grenze zwischen landwirtschaftlicher und gewerblicher Tätigkeit nach § 241 Abs. 1 BewG ist nicht überschritten, da hiernach auf 75 ha landwirtschaftliche Nutzfläche insgesamt 465,00 VE unschädlich gehalten werden können. Ein Zuschlag wegen verstärkter Tierhaltung ist nicht vorzunehmen, weil der tatsächliche Tierbestand (125 VE) die in Anlage 27 zum BewG genannte Grenze von 2 VE/ha (d.h. 75 ha × 2 VE/ha = insgesamt 150 VE) nicht überschreitet. Mit dem Reinertrag der Nutzungsart Hofstelle sind alle vorhandenen Wirtschaftsgebäude, soweit sie der landwirtschaftlichen Nutzung dienen, in Art und Umfang abgegolten.

**Tabelle 4:** Bewertung zum Beispiel „Landwirtschaftliche Nutzung, Tierhaltung, Hofstelle" (A 237.24)

| | | |
|---|---|---|
| **Bewertungsfaktoren Flur 25, Flurstück 57** | | |
| Grundbetrag | 5 000,00 Ar x 2,52 €/Ar | = 12 600,00 € |
| Ertragsmesszahl [EMZ] | 175 000 x 0,041 €/EMZ | = 7 175,00 € |
| Flächenwert der landwirtschaftlichen Nutzung | | = 19 775,00 € |
| **Bewertungsfaktoren Flur 25, Flurstück 60** | | |
| Grundbetrag | 2 500,00 Ar x 2,52 €/Ar | = 6 300,00 € |
| Ertragsmesszahl [EMZ] | 100 000 x 0,041 €/EMZ | = 4 100,00 € |
| Flächenwert der landwirtschaftlichen Nutzung | | = 10 400,00 € |
| **Bewertungsfaktoren Flur 25, Flurstück 61** | | |
| Hofstelle | 125 Ar x 6,62 €/Ar x 3 | = 2 482,50 € |
| Flächenwert der Nutzungsart Hofstelle | | = 2 482,50 € |
| **Ermittlung der Reinerträge des Betriebs** | | |
| Summe der Flächenwerte<br>= Reinertrag der landwirtschaftlichen Nutzung | | = 30 175,00 € |
| Summe der Flächenwerte<br>= Reinertrag der Nutzungsart Hofstelle | | = 2 482,50 € |
| **Summe der Reinerträge des Betriebs** | | **= 32 657,50 €** |

(4) [1]Die Bewertung der Nebenbetriebe erfolgt gemäß § 237 Abs. 8 Satz 2 BewG typisierend mit dem dreifachen Bewertungsfaktor gemäß Anlage 32 zum BewG und mit den Zuschlägen gemäß § 238 Abs. 1 Nr. 3 und Abs. 2 BewG. [2]Aus Vereinfachungsgründen müssen die für einen Nebentrieb genutzten Hof- und Wirtschaftsgebäudeflächen nicht gesondert ausgewiesen werden,

so dass in diesen Fällen nur ein Zuschlag nach § 238 Abs. 1 Nr. 3 BewG erfolgt.

(5) Gebäude oder Gebäudeteile, die Wohnzwecken oder anderen nicht land- und forstwirtschaftlichen Zwecken dienen, bilden jeweils mit dem anteiligen Grund und Boden eine eigene wirtschaftliche Einheit des Grundvermögens (§ 232 Abs. 4 Nr. 1 BewG).

(6) [1]Für die anteilige Zuordnung des Grund und Bodens ist grundsätzlich die Verkehrsauffassung maßgeblich (§ 2 Abs. 2 BewG). [2]Im Rahmen der Zuordnung des anteiligen Grund und Bodens zu den jeweiligen wirtschaftlichen Einheiten des Grundvermögens oder zu den Flächen der Hofstelle sind neben den bebauten Flächen auch die übrigen Flächen, wie Garten- und Stellplatzflächen, einzubeziehen.

(7) [1]Eine verbleibende Fläche, die nach der Verkehrsauffassung nicht eindeutig zugeordnet werden kann, ist hilfsweise nach dem Verhältnis der jeweiligen bebauten Fläche des Gebäudes zur bebauten Fläche aller Gebäude zu ermitteln. [2]Ist die bebaute Fläche eines zu bewertenden Gebäudes nur anteilig dem Grundvermögen zuzuordnen, ist der maßgebliche Anteil durch Aufteilung der bebauten Fläche nach dem Verhältnis der Wohn- und Nutzfläche festzulegen. [3]Es bestehen aus Vereinfachungsgründen keine Bedenken, die ertragssteuerrechtlich getroffene Entscheidung zugrunde zu legen. [4]In Fällen mit einer hohen Anzahl von zu berücksichtigenden Gebäuden und/oder Gebäudeteilen, bei Gebäuden mit mehreren Geschossen sowie bei fehlender Datengrundlage kann der dem Grundvermögen zugehörige Grund und Boden hilfsweise mit dem Dreifachen der Wohn- und Nutzfläche der jeweils zu bewertenden Gebäude und/oder Gebäudeteile angesetzt werden. [5]Damit werden alle dem Grundvermögen zuzuordnenden Flächen erfasst.

**Beispiel 1: Abgrenzung der Hofstelle**

Die Hofstelle (1820 m²) eines Landwirts umfasst die Wohnung des Landwirts (1: bebaute Fläche 120 m²), einen Garten (300 m²) und zwei Stellplätze (40 m²), die jeweils der Wohnung zugeordnet werden können, sowie ein Bürogebäude (2: bebaute Fläche 60 m²), ein Wirtschaftsgebäude (3: bebaute Fläche 300 m²) und eine Restfläche von 1000 m². Insgesamt ergibt sich daraus eine bebaute Fläche von 480 m² (siehe Abbildung 2).

**Abbildung 2:** Bebaute Fläche der Hofstelle mit den verschiedenen Gebäuden und Gebäudeteilen des Landwirts zum Beispiel „Abgrenzung der Hofstelle“ (A 237.24)

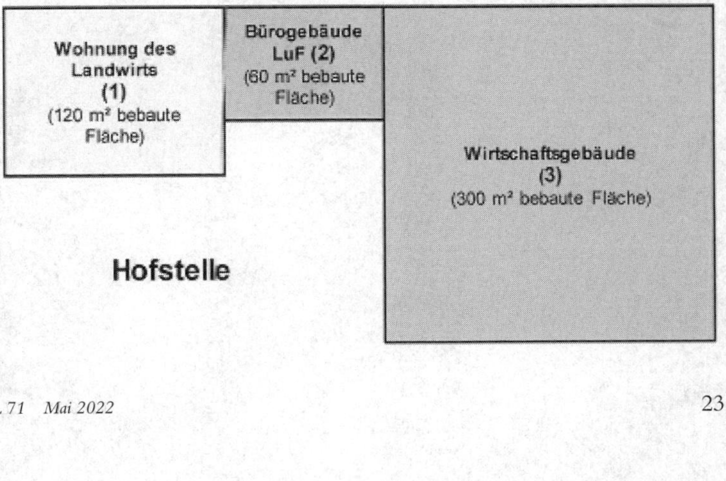

Die Gebäude (2) und (3) gehören als Wirtschaftsgebäude zum Betrieb der Land- und Forstwirtschaft. Der Wert der Gebäude ist über den Ansatz als Hofstelle sowie dem Zuschlag nach § 238 BewG ertragsmäßig abgegolten. Die Fläche der Hofstelle umfasst dabei nicht die dem Grundvermögen zuzurechnenden Flächenanteile. Das Gebäude (1) ist als eigenständige wirtschaftliche Einheit des Grundvermögens in Abhängigkeit von der Grundstücksart i.S.d. § 249 BewG zu bewerten.

Dem Gebäude (1) können darüber hinaus die zur Wohnung des Landwirts zugehörige bebaute Fläche (120 m²), ein Garten (300 m²) sowie zwei Stellplätze (40 m²) zugeordnet werden. Die restliche Fläche (1000 m²) kann den einzelnen Gebäuden unter Berücksichtigung der Verkehrsauffassung nicht konkret zugeordnet werden. Da eine Abgrenzung nach ertragsteuerlichen Grundsätzen nicht erfolgt ist, kann der nicht den land- und forstwirtschaftlichen Zwecken zuzuordnende Grund und Boden (1000 m²), wie in Tabelle 5 dargestellt, aufgeteilt werden.

**Tabelle 5:** Aufteilung des Grund und Bodens zum Beispiel „Abgrenzung der Hofstelle" (A 237.24)

| Nr. | Gebäude/-teil | überbaute Fläche | gesamte bebaute Fläche | zugeordnete Fläche |
|---|---|---|---|---|
| 1 | Wohnung Landwirt | 120 m² | 480 m² | rd. 250 m² |
| 2 | Bürogebäude LuF | 60 m² | 480 m² | rd. 125 m² |
| 3 | Wirtschaftsgebäude | 300 m² | 480 m² | rd. 625 m² |
| **Summe** | | **480 m²** | | **1 000 m²** |

Als anteilige Fläche des Grund und Bodens sind dem Grundvermögen die überbaute Fläche der Wohnung des Landwirts (1) mit 120 m², die zugeordnete unbebaute Fläche von 250 m², der private Garten mit 300 m² sowie die Stellplätze mit 40 m² zuzurechnen. Hieraus ergibt sich eine dem Grundvermögen zuzurechnende Gesamtfläche von 710 m².

**Beispiel 2: Hofstelle eines Weinbaubetriebes**

Die Hofstelle (2020 m²) umfasst ein Gebäude (120 m² bebaute Fläche) mit mehreren Etagen (1a: Wohnung des Landwirts mit 160 m² Nutzfläche; 1b: Verkaufsräume mit 100 m² Nutzfläche; 1c: Lagerraum mit 100 m² Nutzfläche), einen Garten (300 m²) und zwei Stellplätze (40 m²), die jeweils dem Gebäude zugeordnet werden können, sowie ein Bürogebäude LuF (2: bebaute Fläche 60 m²), ein Wirtschaftsgebäude Traubenerzeugung (3: bebaute Fläche 300 m²), eine Stellfläche für die gewerbliche Vermietung von Wohnwagen (4: bebaute Fläche 100 m²; Nutzfläche 80 m²), Betriebswohnungen (5: bebaute Fläche 100 m², Wohnfläche 120 m²) und eine Restfläche von 1000 m². Insgesamt ergibt sich eine bebaute Fläche von 680 m² (siehe Abbildung 3).

**Abbildung 3:** Bebaute Fläche der Hofstelle mit den verschiedenen Gebäuden und Gebäudeteilen des Landwirts zum Beispiel „Hofstelle eines Weinbaubetriebes" (A 237.24)

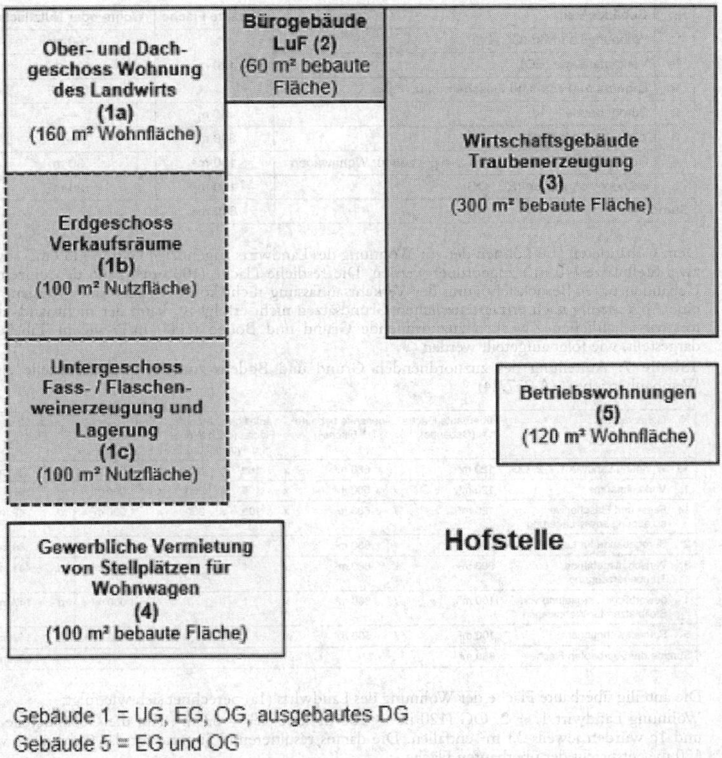


Die Gebäude und Gebäudeteile (1b), (1c), (2) und (3) gehören als Wirtschaftsgebäude zum Betrieb der Land- und Forstwirtschaft. Der Wert der Gebäude und Gebäudeteile ist über den Ansatz als Hofstelle sowie über den Zuschlag nach § 238 BewG ertragsmäßig abgegolten. Die Fläche der Hofstelle umfasst dabei nicht die dem Grundvermögen zuzurechnenden Flächenanteile.

Die Gebäude und Gebäudeteile (1a) und (4) und (5) sind als eigenständige wirtschaftliche Einheiten des Grundvermögens in Abhängigkeit von der Grundstücksart i.S.d. § 249 BewG zu bewerten. Eine Übersicht der Gebäude und Gebäudeteile zur bebauten Fläche und zur jeweiligen Wohn- oder Nutzfläche ist in Tabelle 6 dargestellt.

**Tabelle 6:** Aufteilung der bebauten Fläche und der Wohn- oder der Nutzfläche zum Beispiel „Hofstelle eines Weinbaubetriebes" (A 237.24)

| Nr. | Gebäude/-teil | Bebaute Fläche | Wohn- oder Nutzfläche |
|---|---|---|---|
| 1a | Wohnung Landwirt (OG, DG) | 120 m² | 160 m² |
| 1b | Verkaufsräume (EG) | | 100 m² |
| 1c | Lagerraum (Fass- und Flaschenwein) | | 100 m² |
| 2 | Bürogebäude | 60 m² | — |
| 3 | Wirtschaftsgebäude | 300 m² | — |
| 4 | Gewerbliche Vermietung von Stellplätzen für Wohnwagen | 100 m² | 80 m² |
| 5 | Betriebswohnungen (EG, OG) | 100 m² | 120 m² |
| **Summe** | | **680 m²** | |

Dem Gebäudeteil (1a) können der zur Wohnung des Landwirts zugehörige Garten (300 m²) sowie zwei Stellplätze (40 m²) zugeordnet werden. Die restliche Fläche (1000 m²) kann den einzelnen Gebäuden unter Berücksichtigung der Verkehrsauffassung nicht konkret zugeordnet werden. Da eine Abgrenzung nach ertragsteuerlichen Grundsätzen nicht erfolgt ist, kann der nicht land- und forstwirtschaftlichen Zwecken zuzuordnende Grund und Boden (1000 m²), wie in Tabelle 7 dargestellt, wie folgt aufgeteilt werden.

**Tabelle 7:** Aufteilung des zuzuordnenden Grund und Bodens zum Beispiel „Hofstelle eines Weinbaubetriebes" (A 237.24)

| Nr. | Gebäude(teil) | überbaute Fläche (Gebäude) | | gesamte bebaute Fläche | | anteilige überbaute Fläche (nach Wohn- u. Nutzfläche) | | | | aufzuteilende Restfläche | zugeordnete Fläche |
|---|---|---|---|---|---|---|---|---|---|---|---|
| 1a | Wohnung Landwirt 1. + 2. OG | 120 m² | / | 680 m² | x | 160 | / | 360 | x | 1 000 m² = | rd. 78 m² |
| 1b | Verkaufsräume | 120 m² | / | 680 m² | x | 100 | / | 360 | x | 1 000 m² = | rd. 49 m² |
| 1c | Fass- und Flaschenweinerzeugung sowie Lagerung | 120 m² | / | 680 m² | x | 100 | / | 360 | x | 1 000 m² = | rd. 49 m² |
| 2 | Bürogebäude für LuF | 60 m² | / | 680 m² | x | 1 | / | 1 | x | 1 000 m² = | rd. 88 m² |
| 3 | Wirtschaftsgebäude Traubenerzeugung | 300 m² | / | 680 m² | x | 1 | / | 1 | x | 1 000 m² = | rd. 441 m² |
| 4 | gewerbliche Vermietung von Stellplätzen für Wohnwagen | 100 m² | / | 680 m² | x | 1 | / | 1 | x | 1 000 m² = | rd. 147 m² |
| 5 | Betriebswohnungen | 100 m² | / | 680 m² | x | 1 | / | 1 | x | 1 000 m² = | rd. 147 m² |
| Summe der überbauten Flächen | | 680 m² | | | | | | | | | 1 000 m² |

Die anteilig überbaute Fläche der Wohnung des Landwirts (1a) berechnet sich wie folgt:

Wohnung Landwirt 1. + 2. OG (120 m² × 160 m²/360 m²) = 53 m². Auf die Gebäudeteile 1b und 1c würden jeweils 33 m² entfallen. Die daraus resultierende Summe für das Gebäude 1 von 120 m² entspricht der überbauten Fläche.

Als anteilige Fläche des Grund und Bodens sind dem Grundvermögen die anteilig überbaute Fläche von rd. 53 m², die der Wohnung zugeordnete Fläche von 78 m², der private Garten mit 300 m² sowie die Stellplätze mit 40 m² zuzurechnen. Hieraus ergibt sich eine dem Grundvermögen zuzurechnende Gesamtfläche von insgesamt 471 m².

Bei den Gebäuden Nr. 4 und 5 ergibt sich jeweils eine Fläche von insgesamt 247 m². Diese setzt sich aus der überbauten Fläche (100 m²) und der zugeordneten Restfläche (147 m²) zusammen.

## Zu § 238 BewG

### A 238. Zuschläge zum Reinertrag

(1) [1]Eine landwirtschaftliche Tierhaltung bis zu 2,0 Vieheinheiten je Hektar selbst bewirtschafteter Flächen ist gemäß § 237 Abs. 1 und 2 BewG i.V.m. Anlage 27 zum BewG mit dem Reinertrag der landwirtschaftlichen Nutzung abgegolten. [2]Abweichend hiervon ordnet § 238 Abs. 1 Nr. 1 BewG einen Zuschlag zum Reinertrag nach Anlage 27 zum BewG je überzähliger Vieheinheit an, wenn der Tierbestand nachhaltig 2,0 Vieheinheiten je Hektar der selbst bewirtschafteten Fläche (Eigentumsflächen abzgl. verpachtete Flächen zzgl. zugepachtete Flächen) übersteigt. [3]Siehe zu den zu berücksichtigenden

Nutzungen bei den selbstbewirtschafteten Flächen A 241 Abs. 3. [4]Soweit in einem Betrieb der Land- und Forstwirtschaft mit landwirtschaftlicher Tierhaltung i.S.d. § 241 BewG keine Eigentumsflächen der landwirtschaftlichen Nutzung vorliegen, ergibt sich nach § 237 Abs. 2 BewG ein Reinertrag von 0 Euro, auf den der Zuschlag für verstärkte Tierhaltung vorzunehmen ist. [5]Mit dem Zuschlag sind alle mit der verstärkten Tierhaltung in Zusammenhang stehenden Wirtschaftsgebäude, Betriebsmittel und immateriellen Wirtschaftsgüter abgegolten.

(2) [1]Bei der gärtnerischen Nutzung erfolgt nach § 238 Abs. 1 Nr. 2 Satz 1 BewG ein Zuschlag gemäß Anlage 30 zum BewG bei den jeweiligen Flächenwerten, wenn die Flächen der Erzeugung von Pflanzen unter Glas und Kunststoffen dienen oder zu dienen bestimmt sind (siehe A 237.5 Abs. 3). [2]Die Flächen unter Glas und Kunststoffen werden gemäß § 238 Abs. 1 Nr. 2 Satz 3 BewG typisierend erfasst. [3]Eine Unterscheidung zwischen Betriebsvorrichtungen und Räumen, die der Erzeugung, Lagerung oder dem Vertrieb der land- und forstwirtschaftlichen Erzeugnisse dienen oder zu dienen bestimmt sind, sowie zwischen beheizbaren Flächen und nicht beheizbaren Flächen erfolgt nicht. [4]Mit dem Zuschlag sind die mit der Erzeugung von Pflanzen unter Glas und Kunststoffen im Zusammenhang stehenden Wirtschaftsgebäude, Betriebsmittel und immateriellen Wirtschaftsgüter abgegolten.

(3) [1]Bei der Nutzungsart Hofstelle erfolgt nach § 238 Abs. 1 Nr. 3 Satz 1 BewG ein Zuschlag gemäß Anlage 32 zum BewG bei den jeweiligen Flächenwerten, wenn die Flächen der Hofstelle der weinbaulichen Nutzung als Wirtschaftsgebäude oder einem Nebenbetrieb als Wirtschaftsgebäude nachhaltig zu dienen bestimmt sind (siehe A 237.24 Abs. 3). [2]Zu den Wirtschaftsgebäuden der weinbaulichen Nutzung, bei denen ein Zuschlag zum Reinertrag vorgesehen ist, gehören Flächen, die der Gewinnung von Maische und Most sowie dem Ausbau, der Lagerung und der Vermarktung des Weines dienen oder zu dienen bestimmt sind. [3]Zu den Wirtschaftsgebäuden der Nebenbetriebe gehören insbesondere Flächen, die der Be- und Verarbeitung i.S.d. A 232.3 Abs. 3 dienen oder zu dienen bestimmt sind. [4]Die Größe der Flächen bemisst sich nach der Bruttogrundfläche der Gebäude. [5]Die Flächen der Wirtschaftsgebäude werden gemäß § 238 Abs. 1 Nr. 3 Satz 3 BewG typisierend erfasst. [6]Eine Unterscheidung zwischen Räumen, die der Erzeugung, Lagerung oder dem Vertrieb der land- und forstwirtschaftlichen Erzeugnisse dienen oder zu dienen bestimmt sind, erfolgt nicht. [7]Mit dem Zuschlag sind alle mit der weinbaulichen Nutzung der Hofstelle und alle mit Nebenbetrieben im Zusammenhang stehenden Wirtschaftsgebäude, Betriebsmittel und immateriellen Wirtschaftsgüter abgegolten. [8]Soweit Nebenbetriebe über keine Wirtschaftsgebäude verfügen, entfällt ein Zuschlag.

(4) [1]Der Reinertrag einer land- und forstwirtschaftlichen Nutzung oder Nutzungsart ist gemäß § 238 Abs. 2 Satz 1 BewG zu erhöhen, wenn die Eigentumsfläche des land- und forstwirtschaftlichen Betriebs zugleich der Stromerzeugung aus Windenergie dient. [2]Hierzu ist die Standortfläche der Windenergieanlage abzugrenzen und der daraus gemäß § 238 Abs. 2 Satz 2 BewG i.V.m. Anlage 33 zum BewG ermittelte Zuschlag am jeweils maßgeblichen Flächenwert vorzunehmen. [3]Zur Bestimmung der Standortfläche siehe A 233.1 Abs. 2 und zur Ermittlung des Flächenwerts der Standortfläche siehe A 237.2 Abs. 4.

## Zu § 239 BewG

### A 239. Grundsteuerwert des Betriebs der Land- und Forstwirtschaft

(1) [1]Der Grundsteuerwerteines Betriebs der Land- und Forstwirtschaft setzt sich aus den ermittelten Reinerträgen der land- und forstwirtschaftlichen Nutzungen und Nutzungsarten gemäß § 237 Abs. 2 bis 8 BewG sowie den typisierenden Zuschlägen zu den Reinerträgen gemäß § 238 Abs. 1 und 2 BewG zusammen. [2]Die Summe der Reinerträge und Zuschläge ist gemäß § 236 Abs. 4 BewG mit dem Faktor 18,6 zu kapitalisieren. [3]Nach Anwendung der Rundungsregelung des § 230 BewG ergibt sich der nach § 219 Abs. 1 BewG gesondert festzustellende Grundsteuerwert des Betriebs der Land- und Forstwirtschaft. [4]Dies gilt auch für Personengesellschaften und -gemeinschaften gemäß A 232.2 Abs. 3.

(2) [1]Erstreckt sich eine wirtschaftliche Einheit Betrieb der Land- und Forstwirtschaft über mehrere Gemeinden, ist die Summe der Reinerträge der land- und forstwirtschaftlichen Nutzungen und Nutzungsarten nach § 239 Abs. 2 Satz 1 BewG für jede Gemeinde gesondert zu ermitteln. [2]Dies gilt auch für die typisierten Zuschläge zum Reinertrag nach § 238 Abs. 1 und 2 BewG. [3]Der auf eine Gemeinde entfallende Anteil am Grundsteuerwert berechnet sich gemäß § 239 Abs. 2 Satz 2 BewG aus der jeweils für eine Gemeinde gesondert ermittelten Summe der Reinerträge im Verhältnis zur Gesamtsumme der Reinerträge des Betriebs der Land- und Forstwirtschaft. [4]Dabei handelt es sich mangels der Anordnung einer Feststellung nicht um einen Grundlagenbescheid i.S.d. § 171 Abs. 10 AO mit Bindungswirkung für den ggf. folgenden Zerlegungsbescheid, sondern um eine unselbständige Besteuerungsgrundlage für das Zerlegungsverfahren gemäß § 22 Abs. 2 GrStG.

**Beispiel: Verstärkte Tierhaltung**

Landwirt L ist Eigentümer von mehreren Flurstücken, die der landwirtschaftlichen Nutzung zuzuordnen sind. Folgende Flurstücksinformationen sind zu berücksichtigen:

Gemeinde A, Flur 25, Flurstück 57, Größe: 50 ha, tats. Nutzung A (Ackerland), EMZ 175 000;
Gemeinde B, Flur 1, Flurstück 60, Größe: 25 ha, tats. Nutzung Gr (Grünland), EMZ 100 000;
Gemeinde B, Flur 1, Flurstück 61, Größe: 1,25 ha, tats. Nutzung Hofstelle.

Ferner werden Milchkühe mit Nachzucht und Mastbullen, die umgerechnet in Vieheinheiten 250 VE ergeben, gehalten. In Tabelle 8 ist eine vollständige Berechnung zur Bewertung der landwirtschaftlichen Fläche sowie des Zuschlags für verstärkte Tierhaltung inklusive Zerlegung zum Beispiel dargestellt.

**Tabelle 8:** Bewertung und Zerlegung zum Beispiel „Verstärkte Tierhaltung“ (A 239)

| **Überprüfung, ob ein Zuschlag wegen verstärkter Tierhaltung anzusetzen ist:** | | |
|---|---|---|
| tatsächliche Vieheinheiten | | 250,00 |
| Eigentumsfläche der landwirtschaftlichen Nutzung<br>– verpachtete Fläche<br>+ zugepachtete Fläche<br>= selbstbewirtschaftete Fläche | 75,00 ha<br>0,00 ha<br>0,00 ha<br>75,00 ha | |
| × Faktor gem. Anlage 27 zum BewG | 2,00 VE/ha | |
| = zulässige Vieheinheiten | | 150,00 |
| **Überbestand an Vieheinheiten** | | **100,00** |

| **Gemeinde A: Bewertungsfaktoren Flur 25, Flurstück 57** | | |
|---|---|---|
| Grundbetrag | 50 ha x 252 €/ha = | 12 600,00 € |
| + Ertragsmesszahl [EMZ] | 175 000 EMZ x 0,041 €/EMZ = | + 7 175,00 € |
| **= Flächenwert landwirtschaftliche Nutzung** | | **= 19 775,00 €** |

| **Berechnung eines anteiligen Zuschlags für verstärkte Tierhaltung Gemeinde A:** | | |
|---|---|---|
| Überbestand | 100 VE | |
| × Faktor Anlage 27 zum BewG | × 79 €/VE | |
| = Zuschlag für den Betrieb der Land- und Forstwirtschaft | = 7 900 € | |
| × Eigentumsfläche in der Gemeinde A-Dorf | × 50 ha | |
| ÷ gesamte landwirtschaftlich genutzte Eigentumsfläche | ÷ 75 ha | |
| **= Zuschlagsanteil für Gemeinde A** | | **5 266,67 €** |

| **Ermittlung der Reinerträge des Betriebs in der Gemeinde A** | |
|---|---|
| Summe der Flächenwerte = Reinertrag der landwirtschaftlichen Nutzung | 19 775,00 € |
| + Anteil Zuschlag verstärkte Tierhaltung | + 5 266,67 € |
| **= Summe der Reinerträge des Betriebs** | **= 25 041,67 €** |

| **Gemeinde B: Bewertungsfaktoren Flur 1, Flurstück 60** | | |
|---|---|---|
| Grundbetrag | 25 ha x 252 €/ha = | 6 300,00 € |
| + Ertragsmesszahl [EMZ] | 100 000 x 0,041 €/EMZ = | + 4 100,00 € |
| **= Flächenwert der landwirtschaftlichen Nutzung** | | **= 10 400,00 €** |

| **Berechnung eines anteiligen Zuschlags für verstärkte Tierhaltung Gemeinde B:** | | |
|---|---|---|
| Überbestand | 100 VE | |
| × Faktor Anlage 27 | × 79 €/VE | |
| = Zuschlag für Betrieb Land- und Forstwirtschaft | = 7 900 € | |
| × Eigentumsfläche in Gemeinde B | × 25 ha | |
| ÷ gesamte landwirtschaftlich genutzte Eigentumsfläche | ÷ 75 ha | |
| **= Zuschlagsanteil für Gemeinde B** | | **= 2 633,33 €** |

| **Gemeinde B: Bewertungsfaktoren Flur 1, Flurstück 61** | | |
|---|---|---|
| Hofstelle | 1,25 ha x 662 €/ha x 3 = | 2 482,50 € |
| **= Flächenwert der Nutzungsart Hofstelle** | | **= 2 482,50 €** |

| **Ermittlung der Reinerträge des Betriebs für die Gemeinde B-Dorf** | |
|---|---|
| Summe der Flächenwerte = Reinertrag der landwirtschaftlichen Nutzung | 10 400,00 € |
| + Summe der Flächenwerte = Reinertrag Nutzungsart Hofstelle | + 2 482,50 € |
| + Anteil Zuschläge verstärkte Tierhaltung | + 2 633,33 € |
| **= Summe der Reinerträge des Betriebs** | **= 15 515,83 €** |

| **Ermittlung des Grundsteuerwerts des Betriebs** | |
|---|---|
| Summe der Reinerträge des Betriebs in der Gemeinde A | 25 041,67 € |
| Summe der Reinerträge des Betriebs in der Gemeinde B | 15 515,83 € |
| Summe der gesamten Reinerträge des Betriebs | 40 557,50 € |
| Kapitalisierungsfaktor | * 18,6 |
| **= Grundsteuerwert des Betriebs (abgerundet)** | **754 300,00 €** |
| **Davon Anteil Gemeinde A** | **465 732,15 €** |
| **Davon Anteil Gemeinde B** | **288 567,85 €** |

Die Wirtschaftsgebäude für die Milchkühe, deren Nachzucht und die Mastbullen sind grundsätzlich der landwirtschaftlichen Nutzung zuzurechnen. Die Grenze zwischen landwirtschaftlicher und gewerblicher Tätigkeit nach § 241 Abs. 1 BewG ist nicht überschritten, da hiernach auf 75 ha landwirtschaftliche Nutzfläche insgesamt 465,00 VE unschädlich gehalten werden können. Ein Zuschlag wegen verstärkter Tierhaltung ist wie dargestellt zu berechnen, weil der tatsächliche Tierbestand (250 VE) die in Anlage 27 zum BewG genannte Grenze von 2 VE/ha (d.h. insgesamt 150 VE) mit 100 VE überschreitet. Alle vorhandenen Wirtschaftsgebäude, die der Tierhaltung dienen, sind mit dem Reinertrag der Nutzungsart Hofstelle in Art und Umfang abgegolten.

## Zu § 240 BewG

### A 240. Kleingartenland und Dauerkleingartenland

(1) [1]Kleingärten i.S.d. § 1 Abs. 1 des Bundeskleingartengesetzes sind Gärten, die einer nichterwerbsmäßigen gärtnerischen Nutzung sowie zur Erholung dienen und in einer Anlage liegen, in der mehrere Einzelgärten mit gemeinschaftlichen Einrichtungen (z.B. Wege, Spielflächen) zusammengefasst sind. [2]Dauerkleingärten i.S.d. § 1 Abs. 3 des Bundeskleingartengesetzes sind im Bebauungsplan für Kleingärten festgesetzte Flächen. [3]Sie gelten nach § 240 Abs. 1 BewG als eigenständig zu bewertende Betriebe der Land- und Forstwirtschaft, sofern sie nicht durch eine Bebauung zweckentfremdet und damit als Grundvermögen zu erfassen sind. [4]Kleingärten und Dauerkleingartenanlagen werden abweichend vom Regelbewertungsverfahren gemäß § 240 Abs. 2 BewG vereinfachend wie der Nutzungsteil Gemüsebau bewertet. [5]Dabei ist stets der Bewertungsfaktor für Gemüsebau im Freiland gemäß Anlage 30 zum BewG anzusetzen.

(2) [1]Soweit Gartenlauben von mehr als 30 $m^2$ Bruttogrundfläche vorhanden sind, gelten diese gemäß § 240 Abs. 3 BewG als Wirtschaftsgebäude und sind als Hofstelle gemäß § 237 Abs. 8 Satz 1 und 2 BewG mit dem dreifachen Bewertungsfaktor gemäß Anlage 32 zum BewG zu bewerten. [2]Zur Nutzung Gartenlaube über 30 $m^2$ zählen alle Stand- und Nebenflächen einschließlich des überdachten Freisitzes einer Gartenlaube.

(3) Die in einer Kleingartenanlage vorhandenen Flächen der Nutzungen sowie der Gartenlauben über 30 $m^2$ müssen für die Bewertung des jeweiligen Flurstücks summiert werden.

## Zu § 241 BewG

### A 241. Tierbestände

(1) [1]Bei der Feststellung der Tierbestände ist von den regelmäßig und nachhaltig im Wirtschaftsjahr erzeugten und den im Durchschnitt des Wirtschaftsjahres gehaltenen Tieren auszugehen. [2]Als erzeugt gelten Tiere, deren Zugehörigkeit zum Betrieb sich auf eine Mastperiode oder auf einen Zeitraum von weniger als einem Jahr beschränkt und die danach verkauft oder verbraucht werden. [3]Die übrigen Tiere sind mit dem Durchschnittsbestand des Wirtschaftsjahres zu erfassen. [4]Abweichend von den Sätzen 2 und 3 ist bei Mastrindern mit einer Mastdauer von weniger als einem Jahr, bei Kälbern und Jungvieh, bei Schafen unter einem Jahr und bei Damtieren unter einem Jahr stets vom Jahresdurchschnittsbestand auszugehen. [5]Der ermittelte Tierbestand ist zum Zwecke der Abgrenzung der landwirtschaftlichen Tierzucht und Tierhaltung von der gewerblichen Tierzucht und Tierhaltung in Vieheinheiten umzurechnen, wobei der Umrechnungsschlüssel gemäß Anlage 34 zum BewG maßgebend ist.

(2) [1]Übersteigt die Zahl der Vieheinheiten nachhaltig den für die maßgebende Fläche angegebenen Höchstsatz, gehört der darüber hinausgehende Tierbestand zur gewerblichen Tierzucht und Tierhaltung. [2]Es kann jedoch ein Zweig des Tierbestandes immer nur im Ganzen zur landwirtschaftlichen oder gewerblichen Tierzucht und Tierhaltung gehören. [3]Hat ein Betrieb einen Tierbestand mit mehreren Zweigen, richtet sich deren Zuordnung nach ihrer Flächenabhängigkeit gemäß Anlage 35 zum BewG. [4]Der gewerblichen Tierzucht und Tierhaltung sind zunächst die weniger flächenabhängigen Zweige des Tierbestandes zuzurechnen. [5]Weniger flächenabhängig ist die Erzeugung und Haltung von Schweinen und Geflügel, mehr flächenabhängig die Erzeugung und Haltung von Pferden, Rindvieh und Schafen. [6]Innerhalb der beiden Gruppen der weniger oder mehr flächenabhängigen Tierarten ist jeweils zuerst der Zweig der gewerblichen Tierzucht und Tierhaltung zuzurechnen, der die größere Zahl von Vieheinheiten hat. [7]Für die Frage, ab wann eine landwirtschaftliche oder eine gewerbliche Tierzucht und Tierhaltung (Strukturwandel) vorliegt, ist A 232.3 Abs. 2 anzuwenden.

(3) [1]Zu den maßgeblichen Flächen gehören die selbst bewirtschafteten Flächen der

1. landwirtschaftlichen Nutzung,
2. Sondernutzungen Hopfen und Spargel und
3. landwirtschaftlichen Nutzung, die aufgrund öffentlicher Förderungsprogramme stillgelegt werden.

[2]Nicht dazu gehören die Flächen der

1. forstwirtschaftlichen Nutzung,
2. weinbaulichen Nutzung,
3. gärtnerischen Nutzung,
4. sonstigen land- und forstwirtschaftlichen Nutzungen,
5. Nutzungsart Abbauland,
6. Nutzungsart Geringstland,
7. Nutzungsart Unland und
8. Nutzungsart Hofstelle.

(4) [1]Werden Tierbestände, die nach § 241 BewG zu einem Betrieb der Land- und Forstwirtschaft gehören, vom Inhaber dieses Betriebs vorübergehend in einen anderen Betrieb als Pensionsvieh gegeben, sind diese Tierbestände aufgrund der Eigentümerstellung und der objektiven Zweckbestimmung nicht dem Pensionsbetrieb, sondern dem Betrieb des Inhabers zuzurechnen. [2]Dabei sind sowohl beim Eigentümer der Tiere als auch beim Pensionsbetrieb (z.B. Aufzüchter) jeweils die Abgrenzungsmerkmale des § 241 Abs. 1 BewG maßgebend. [3]Beim Eigentümer sind die Tiere, die er in seinem eigenen Betrieb hält, mit denen, die er zur Aufzucht in fremde Betriebe gegeben hat, zusammenzurechnen. [4]Beim Pensionsbetrieb sind die eigenen Tiere mit den fremden, im Betrieb gehaltenen Tieren ebenfalls zusammenzufassen. [5]Pensionstiere (z.B. Pferde) sind auch dann beim Pensionsbetrieb zum Tierbestand zu zählen, wenn sie beim Eigentümer nicht land- und forstwirtschaftliches Vermögen darstellen.

**Zu § 242 BewG**

### A 242. Übrige land- und forstwirtschaftliche Nutzungen

Zu den Besonderheiten der übrigen land- und forstwirtschaftlichen Nutzungen siehe A 237.10 bis A 237.20.

# 200 § 259/1. Schreiben betr. Ermittlung des Gebäudesachwerts nach § 259 BewG; Baupreisindex zur Anpassung der Normalherstellungskosten aus der Anlage 42 zum BewG auf den Hauptfeststellungszeitpunkt 1. Januar 2022

Vom 11. Februar 2022

BMF IV C 7 - S 3266/22/10001 :001; DOK 2022/0152511

(BStBl. I S. 182)

Gemäß § 259 Abs. 3 Satz 4 BewG gebe ich den maßgebenden Baupreisindex zur Anpassung der Normalherstellungskosten aus der Anlage 42, Teil II., zum BewG, auf den Hauptfeststellungszeitpunkt 1. Januar 2022 bekannt, der ausgehend von den vom Statistischen Bundesamt am 10. Januar 2022 veröffentlichten Preisindizes für die Bauwirtschaft (Preisindizes für den Neubau in konventioneller Bauart von Nichtwohngebäuden; November 2021; 2015 = 100) ermittelt wurde und für alle Bewertungsstichtage des folgenden Hauptfeststellungszeitraums anzuwenden ist.

| Baupreisindex (nach Umbasierung auf das Jahr 2010 = 100) |
|---|
| **148,6** |

# 250/1. Gleich lautende Erlasse betr. Anwendung der geänderten Vorschriften des Erbschaftsteuer- und Schenkungsteuergesetzes für Erwerbe mit einer Steuerentstehung nach dem 28. Dezember 2020

Vom 13. September 2021

Oberste Finanzbehörden der Länder

(BStBl. I S. 1837)

Die mit dem Jahressteuergesetz 2020 (BGBl. I S. 3096)[1] geänderten Vorschriften des Erbschaftsteuer- und Schenkungsteuergesetzes (ErbStG) sind auf Erwerbe anzuwenden, für die Erbschaft- oder Schenkungsteuer nach dem 28. Dezember 2020 entsteht. Infolge der Änderungen in den §§ 5, 10, 13a, 13b, 14, 30, 31 und 35 ErbStG ergehen nachstehende Regelungen:

**1. Zu § 5 Abs. 1 ErbStG**

Nach § 5 Abs. 1 ErbStG gilt im Fall des Todes eines Ehegatten oder Lebenspartners der Betrag nicht als Erwerb von Todes wegen, den der überlebende Ehegatte oder Lebenspartner als Zugewinnausgleich nach § 1371 Abs. 2 des Bürgerlichen Gesetzbuchs (BGB) hätte geltend machen können (fiktive Ausgleichsforderung), wenn er nicht Erbe geworden wäre und ihm auch kein Vermächtnis zustünde.

Der fiktive Zugewinn und die daraus zu errechnende fiktive Ausgleichsforderung werden nach den bürgerlich-rechtlich maßgebenden Verkehrswerten des Anfangs- und des Endvermögens des Erblassers und des überlebenden Ehegatten oder Lebenspartners ermittelt, und zwar unabhängig davon, ob für das maßgebende Endvermögen, zu dem auch das im Nachlass vorhandene Vermögen gehört, Steuerbefreiungen gewährt werden.

Neu geregelt wurde:

Da die erbschaftsteuerrechtlich maßgebende Bemessungsgrundlage des erworbenen Nachlassvermögens wegen Steuerbefreiungen in erheblichem Umfang gemindert sein kann, wird durch den neuen Satz 6 in § 5 Abs. 1 ErbStG auch die fiktive Ausgleichsforderung des überlebenden Ehegatten oder Lebenspartners gemindert. Die Minderung wird nach der folgenden Formel berechnet:

$$B_{stfr} = AF_{fik} \times \frac{EV - EV_{stfr}}{EV}$$

Dabei sind:

$B_{stfr}$ = Betrag, der nicht als Erwerb i.S.d. § 3 ErbStG gilt,

$AF_{fik}$ = fiktive Ausgleichsforderung,

EV = Endvermögen des Erblassers,

$EV_{stfr}$ = der von der Steuer befreite Teil des Endvermögens des Erblassers.

Hierfür wird der um den Wert des steuerbefreiten Vermögens geminderte Steuerwert des Endvermögens des Erblassers ins Verhältnis zum ungeminderten

[1] **Amtl. Anm.:** BStBl. 2021 I S. 6.

Steuerwert des Endvermögens gesetzt und mit der sich nach § 1371 Abs. 2 BGB ergebenden fiktiven Ausgleichsforderung multipliziert. Zu berücksichtigen sind dabei ausschließlich die auf den überlebenden Ehegatten oder Lebenspartner entfallenden Steuerbefreiungen. Soweit daneben von anderen Erwerbern Steuerbefreiungen in Anspruch genommen werden, bleiben diese bei der Berechnung nach § 5 Abs. 1 Satz 6 ErbStG unberücksichtigt. Die Begrenzung der fiktiven Ausgleichsforderung nach § 5 Abs. 1 Satz 5 ErbStG ist bei der Berechnung nach § 5 Abs. 1 Satz 6 ErbStG zu berücksichtigen.

Wird dem überlebenden Ehegatten oder Lebenspartner die auf begünstigtes Vermögen i.S.d. § 13b Abs. 2 ErbStG entfallende Steuer nach § 28a Abs. 1 ErbStG erlassen, so wird die Ausgleichsforderung nicht nach § 5 Abs. 1 Satz 6 ErbStG gemindert.

**Beispiel 1:**

Die Eheleute lebten im Güterstand der Zugewinngemeinschaft. Der Ehemann (Erblasser) starb am 10. Januar 2021, seine Ehefrau ist Alleinerbin. Der Nachlass besteht aus Kapitalvermögen mit einem Wert von 900 000 EUR sowie dem gemeinsam mit der Ehefrau bewohnten Einfamilienhaus (Steuerwert = Verkehrswert 600 000 EUR). Der Grundbesitz befand sich im Alleineigentum des Erblassers. Ein im Zusammenhang mit der Anschaffung des Grundstücks aufgenommener Kredit valutierte am Tag des Todes des Erblassers noch mit 200 000 EUR. Aufgrund des Todes des Erblassers erhält die Ehefrau eine Witwenrente aus der gesetzlichen Rentenversicherung (Kapitalwert 300 000 EUR).

Die Ehefrau erzielte während der Ehe einen Zugewinn von 200 000 EUR. Der Zugewinn des Erblassers beträgt 1 200 000 EUR.

**Lösung:**

Für den Erwerb durch die Ehefrau ergibt sich nach Steuerwerten folgender Vermögensanfall:

| | |
|---|---|
| Kapitalvermögen | 900 000 EUR |
| Grundstück | +600 000 EUR |
| Steuerbefreiung für das Einfamilienhaus (Familienheim nach § 13 Abs. 1 Nr. 4b ErbStG) | ./.600 000 EUR |
| Vermögensanfall vor Schuldenabzug | 900 000 EUR |

Kürzung des Schuldenabzugs (Schulden nach § 10 Abs. 6 Satz 1 ErbStG nicht abzugsfähig, soweit sie in wirtschaftlichem Zusammenhang mit steuerbefreiten Gegenständen stehen):

| | | |
|---|---|---|
| Schuld im Zusammenhang mit dem Familienheim | 200 000 EUR | |
| Davon abziehbar: (Schuld × Wert des Gegenstands nach Abzug der Steuerbefreiung: Wert des Gegenstands vor Abzug der Steuerbefreiung) | | |
| 200 000 EUR × 0 EUR : 600 000 EUR = | | ./. 0 EUR |

Bereicherung der Ehefrau:

| | |
|---|---|
| Vermögensanfall nach Schuldenabzug | 900 000 EUR |
| Pauschbetrag für Erbfallkosten (§ 10 Abs. 5 Nr. 3 Satz 2 ErbStG) | ./. 10 300 EUR |
| Bereicherung der Ehefrau | 889 700 EUR |

Ermittlung der fiktiven Ausgleichsforderung (§ 5 Abs. 1 Satz 1 ErbStG):

| | |
|---|---|
| Zugewinn des Erblassers | 1 200 000 EUR |
| Zugewinn der Ehefrau | ./. 200 000 EUR |
| Positiver Unterschiedsbetrag | 1 000 000 EUR |

Fiktive Ausgleichsforderung der Ehefrau:

| | |
|---|---|
| 1/2 × 1 000 000 EUR = | 500 000 EUR |

Neue Regelung – Minderung der fiktiven Ausgleichsforderung (§ 5 Abs. 1 Satz 6 ErbStG):

Die fiktive Ausgleichsforderung ist unter Berücksichtigung der der Ehefrau zu gewährenden Steuerbefreiungen zu mindern.

Der Wert des Endvermögens des Erblassers beträgt:

| | |
|---|---|
| Kapitalvermögen | 900 000 EUR |
| Grundstück | + 600 000 EUR |
| Schuld im Zusammenhang mit dem Familienheim | ./. 200 000 EUR |
| Endvermögen | 1 300 000 EUR |

Der um den Wert des steuerbefreiten Vermögens geminderte Wert des Endvermögens beträgt:

| | |
|---|---|
| Endvermögen | 1 300 000 EUR |
| Steuerbefreiung Familienheim | ./. 600 000 EUR |
| Nicht abziehbare Schuld im Zusammenhang mit dem Familienheim | + 200 000 EUR |
| Geminderter Wert des Endvermögens | 900 000 EUR |

Die geminderte fiktive Ausgleichsforderung der Ehefrau beträgt:

| | |
|---|---|
| 500 000 EUR × 900 000 EUR : 1 300 000 EUR = | 346 154 EUR |

Berechnung des steuerpflichtigen Erwerbs durch die Ehefrau:

| | | | |
|---|---|---|---|
| Bereicherung | | | 889 700 EUR |
| Geminderte fiktive Ausgleichforderung (§ 5 Abs. 1 Satz 6 ErbStG) | | | ./.346 154 EUR |
| Persönlicher Freibetrag der Ehefrau (§ 16 Abs. 1 Nr. 1 ErbStG) | | | ./.500 000 EUR |
| Versorgungsfreibetrag der Ehefrau (§ 17 Abs. 1 Satz 1 ErbStG) | 256 000 EUR | | |
| Kürzung um Witwenrente (§ 17 Abs. 1 Satz 2 ErbStG) | ./.256 000 EUR | | |
| | 0 EUR | ./. | 0 EUR |
| Steuerpflichtiger Erwerb durch die Ehefrau (abgerundet nach § 10 Abs. 1 Satz 6 ErbStG) | | | 43 500 EUR |

Die Witwenrente aus der gesetzlichen Rentenversicherung unterliegt nicht der Besteuerung (siehe R E 3.5 Abs. 1 ErbStR). Sie mindert den Versorgungsfreibetrag (§ 17 Abs. 1 ErbStG) der Ehefrau.

**Beispiel 2:**

Die Eheleute lebten im Güterstand der Zugewinngemeinschaft. Der Ehemann (Erblasser) ist verstorben, sein Sohn ist Alleinerbe. Die Ehefrau des Erblassers erhält als Vermächtnis Kapitalvermögen (500 000 EUR) und ein mit einem Einfamilienhaus bebautes Grundstück des Ehemanns (600 000 EUR). Das Einfamilienhaus wurde von den Eheleuten zu eigenen Wohnzwecken genutzt und wird nach dem Tod des Ehemanns weiterhin von der Ehefrau bewohnt. Den Pflichtteil macht die Ehefrau nicht geltend. Darüber hinaus hatte der Erblasser Betriebsvermögen (900 000 EUR). Der Pauschbetrag für Erbfallkosten wird in voller Höhe beim Alleinerben berücksichtigt.

Das Anfangsvermögen beider Eheleute betrug 0 EUR. Die Steuerwerte der Vermögensgegenstände des Nachlasses des Erblassers entsprechen den Verkehrswerten.

| | Erblasser | Ehefrau |
|---|---|---|
| Endvermögen | | |
| Kapitalvermögen | 500 000 EUR | 840 000 EUR |
| Grundstück | + 600 000 EUR | |
| Betriebsvermögen | + 900 000 EUR | |
| Summe | 2 000 000 EUR | 840 000 EUR |

Die Ehefrau erzielte während der Ehe einen Zugewinn von 840 000 EUR. Der Zugewinn des Erblassers beträgt 2 000 000 EUR.

**Lösung:**

Für den Erwerb durch die Ehefrau ergibt sich folgender Vermögensanfall:

| | |
|---|---|
| Kapitalvermögen | 500 000 EUR |
| Grundstück | +600 000 EUR |
| Steuerbefreiung für das Einfamilienhaus (Familienheim nach § 13 Abs. 1 Nr. 4b ErbStG) | ./.600 000 EUR |
| Vermögensanfall | 500 000 EUR |

Der Vermögensanfall entspricht der Bereicherung der Ehefrau.

Ermittlung der fiktiven Ausgleichsforderung (§ 5 Abs. 1 Satz 1 ErbStG):

| | |
|---|---|
| Zugewinn des Erblassers | 2 000 000 EUR |
| Zugewinn der Ehefrau | ./. 840 000 EUR |
| Positiver Unterschiedsbetrag | 1 160 000 EUR |
| Fiktive Ausgleichsforderung der Ehefrau 1/2 × 1 160 000 EUR = | 580 000 EUR |

Neue Regelung – Minderung der fiktiven Ausgleichsforderung (§ 5 Abs. 1 Satz 6 ErbStG):

Für die Minderung der fiktiven Ausgleichsforderung sind allein die beim überlebenden Ehegatten anzuwendenden Steuerbefreiungen maßgebend. Auch bei der Verhältnisrechnung ist das Endvermögen des verstorbenen Ehegatten nur um die dem überlebenden Ehegatten zu gewährenden Steuerbefreiungen zu kürzen. Ob im vorliegenden Beispielfall dem Sohn als Alleinerben ebenfalls Steuerbefreiungen – etwa hier für das Betriebsvermögen – zustehen, ist unbeachtlich.

Der Wert des Endvermögens des Erblassers beträgt:

| | |
|---|---|
| Kapitalvermögen | 500 000 EUR |
| Grundstück | + 600 000 EUR |
| Betriebsvermögen | + 900 000 EUR |
| Endvermögen | 2 000 000 EUR |

Der um den Wert des steuerbefreiten Vermögens geminderte Wert des Endvermögens beträgt:

| | |
|---|---|
| Endvermögen | 2 000 000 EUR |
| Steuerbefreiung Familienheim | ./. 600 000 EUR |
| Geminderter Wert des Endvermögens | 1 400 000 EUR |

Die geminderte fiktive Ausgleichsforderung der Ehefrau beträgt:

580 000 EUR × 1 400 000 EUR : 2 000 000 EUR = 406 000 EUR

| | |
|---|---|
| Bereicherung der Ehefrau | 500 000 EUR |
| Geminderte fiktive Ausgleichsforderung (§ 5 Abs. 1 Satz 6 ErbStG) | ./.406 000 EUR |
| Bereicherung nach Anwendung des § 5 Abs. 1 ErbStG | 94 000 EUR |

Wird eine Steuerbefreiung rückwirkend gemindert oder entfällt sie, z.B. für denkmalgeschützte Erwerbsgegenstände, für Familienheime oder für begünstigtes Unternehmensvermögen (§§ 13a bis 13c ErbStG), so ist die Steuerfestsetzung zu ändern und dabei auch die von der Bereicherung abzuziehende fiktive Ausgleichsforderung neu zu berechnen. Dasselbe gilt für den Fall, dass eine Steuerbefreiung rückwirkend erhöht oder erstmals gewährt wird.

**Beispiel 3:**

Wie Beispiel 1, jedoch veräußert die Ehefrau am 1. Mai 2025 das Einfamilienhaus und zieht in eine Mietwohnung um. Die Veräußerung und die damit einhergehende Aufgabe der Selbstnutzung innerhalb von zehn Jahren nach dem Erwerb von Todes wegen vom 10. Januar 2021 führen dazu, dass die Steuerbefreiung gemäß § 13 Abs. 1 Nr. 4b Satz 5 ErbStG rückwirkend wegfällt. Für den

Erwerb durch die Ehefrau vom 10. Januar 2021 ist die Berechnung des steuerpflichtigen Erwerbs wie folgt zu ändern.

**Lösung *(Änderungen zur Lösung des Beispiels 1 sind kursiv dargestellt):***

Für den Erwerb durch die Ehefrau ergibt sich nach Steuerwerten der folgende Vermögensanfall:

| | | |
|---|---|---|
| Kapitalvermögen | | 900 000 EUR |
| Grundstück | | + 600 000 EUR |
| Steuerbefreiung für das Einfamilienhaus (Familienheim nach § 13 Abs. 1 Nr. 4b ErbStG) | | ./. *0 EUR* |
| Vermögensanfall vor Schuldenabzug | | *1 500 000 EUR* |

Kürzung des Schuldenabzugs (Schulden nach § 10 Abs. 6 ErbStG nicht abzugsfähig, soweit sie in wirtschaftlichem Zusammenhang mit steuerbefreiten Gegenständen stehen):

| | | |
|---|---|---|
| Schuld im Zusammenhang mit dem Familienheim | 200 000 EUR | |
| Davon abziehbar: | | |
| (Schuld × Wert des Gegenstands nach Abzug der Steuerbefreiung: Wert des Gegenstands vor Abzug der Steuerbefreiung) | | |
| 200 000 EUR × *600 000 EUR* : 600 000 EUR = | *200 000 EUR* | ./. *200 000 EUR* |

Bereicherung der Ehefrau:

| | |
|---|---|
| Vermögensanfall nach Schuldenabzug | *1 300 000 EUR* |
| Pauschbetrag für Erbfallkosten (§ 10 Abs. 5 Nr. 3 Satz 2 ErbStG) | ./. 10 300 EUR |
| Bereicherung der Ehefrau | *1 289 700 EUR* |

Ermittlung der fiktiven Ausgleichsforderung der Ehefrau (§ 5 Abs. 1 Satz 1 ErbStG):

| | |
|---|---|
| Zugewinn des Erblassers | 1 200 000 EUR |
| Zugewinn der Ehefrau | ./. 200 000 EUR |
| Positiver Unterschiedsbetrag | 1 000 000 EUR |

Fiktive Ausgleichsforderung der Ehefrau
1/2 × 1 000 000 EUR = 500 000 EUR

Neue Regelung – *Geänderte* Minderung der fiktiven Ausgleichsforderung der Ehefrau (§ 5 Abs. 1 Satz 6 ErbStG):

Die fiktive Ausgleichsforderung wäre unter Berücksichtigung der der Ehefrau zu gewährenden Steuerbefreiungen zu mindern.

Der um den Wert des steuerbefreiten Vermögens geminderte Wert des Endvermögens beträgt:

| | |
|---|---|
| Endvermögen | 1 300 000 EUR |
| *Steuerbefreiung Familienheim* | ./. *0 EUR* |
| *Geänderter* geminderter Wert des Endvermögens | *1 300 000 EUR* |

Die *geänderte* fiktive Ausgleichsforderung der Ehefrau beträgt:

500 000 EUR × *1 300 000* EUR : 1 300 000 EUR = *500 000 EUR*

Berechnung des steuerpflichtigen Erwerbs durch die Ehefrau:

Bereicherung *1 289 700 EUR*

| | | |
|---|---|---|
| *Geänderte* fiktive Ausgleichforderung (§ 5 Abs. 1 Satz 6 ErbStG) | | *./. 500 000 EUR* |
| Persönlicher Freibetrag der Ehefrau (§ 16 Abs. 1 Nr. 1 ErbStG) | | ./. 500 000 EUR |
| Versorgungsfreibetrag der Ehefrau (§ 17 Abs. 1 Satz 1 ErbStG) | 256 000 EUR | |
| Kürzung um Witwenrente (§ 17 Abs. 1 Satz 2 ErbStG) | ./.256 000 EUR | |
| | 0 EUR | ./. 0 EUR |
| Steuerpflichtiger Erwerb durch die Ehefrau | | *289 700 EUR* |

## 2. Zu § 10 Abs. 1 Satz 3 ErbStG

Private Steuererstattungsansprüche (Einkommensteuer, Solidaritätszuschlag, Kirchensteuer) aus dem Veranlagungszeitraum, in den der Todeszeitpunkt des Erblassers fällt, gehören nach § 10 Abs. 1 Satz 3 ErbStG zum steuerpflichtigen Erwerb, auch wenn sie rechtlich erst nach dem Tod des Erblassers entstanden sind. Die folgenden Richtlinien und Hinweise sind nicht mehr anzuwenden:

– R E 10.3 Abs. 3 Satz 2 ErbStR und
– H E 10.3 „Steuererstattungsansprüche für den Veranlagungszeitraum, in den der Todeszeitpunkt des Erblassers fällt“ ErbStH.

## 3. Zu § 10 Abs. 6 Satz 3 und Satz 5 bis 10 ErbStG

Wenn auf einen Erwerb Steuerbefreiungen gewährt werden, sind diejenigen Schulden und Lasten nicht abzugsfähig, die mit den steuerbefreiten Vermögensgegenständen in wirtschaftlichem Zusammenhang stehen.

Durch das Jahressteuergesetz 2020 wurde in § 10 Abs. 6 Satz 5 bis 10 ErbStG eine Kürzung des Abzugs für solche Schulden und Lasten eingeführt, die nicht in wirtschaftlichem Zusammenhang mit erworbenen steuerbefreiten Vermögensgegenständen stehen (z.B. Pflichtteilsverbindlichkeiten, Konsumentendarlehen, Steuerschulden oder die Pflicht des Erben zur Zahlung des Zugewinnausgleichs). Für die Berechnung des Kürzungsbetrages sind diese Schulden und Lasten grundsätzlich anteilig allen Vermögensgegenständen des Erwerbs zuzurechnen. Ausgenommen von der anteiligen Schulden- und Lastenzurechnung sind nach § 10 Abs. 6 Satz 6 ErbStG Kosten i.S.d. § 10 Abs. 5 Nr. 3 ErbStG, z.B. nachgewiesene Bestattungskosten oder der Pauschbetrag für Erbfallkosten.

### Erster Schritt

In einem ersten Schritt sind die Schulden und Lasten, die nicht in wirtschaftlichem Zusammenhang mit einzelnen Vermögensgegenständen stehen, auf alle Vermögensgegenstände des Erwerbs aufzuteilen. Der einem einzelnen Vermögensgegenstand zuzurechnende Anteil an diesen Schulden und Lasten bemisst sich nach dem Verhältnis des Werts des jeweiligen Vermögensgegenstands nach Abzug der Schulden und Lasten, die mit diesem Vermögensgegenstand in wirtschaftlichem Zusammenhang stehen, zum Gesamtwert der Vermögensgegenstände nach Abzug aller Schulden und Lasten, die mit diesen Vermögensgegenständen in wirtschaftlichem Zusammenhang stehen (§ 10 Abs. 6 Satz 7 ErbStG).

Der einem einzelnen Vermögensgegenstand zuzurechnende Anteil der Schulden und Lasten, die nicht in wirtschaftlichem Zusammenhang mit einem einzelnen Vermögensgegenstand stehen, wird nach der folgenden Formel berechnet:

$$SL_{Anteil} = SL_{gesamt} \times \frac{VG_{einzeln} - SSL_{VG\ einzeln}}{VG_{gesamt} - SSL_{VGgesamt}}$$

Dabei ist:

$SL_{Anteil}$ = der einem einzelnen Vermögensgegenstand zuzurechnende Anteil der Schulden und Lasten, die nicht in wirtschaftlichem Zusammenhang mit einem Vermögensgegenstand stehen

$SL_{gesamt}$ = die Summe der Schulden und Lasten, die nicht in wirtschaftlichem Zusammenhang mit einem Vermögensgegenstand stehen,

$VG_{einzeln}$ = der Wert des jeweiligen einzelnen Vermögensgegenstands,

$SSL_{VG\ einzeln}$ = die Summe der Schulden und Lasten, die in wirtschaftlichem Zusammenhang mit diesem einzelnen Vermögensgegenstand stehen,

$VG_{gesamt}$ = der Gesamtwert aller Vermögensgegenstände

$SSL_{VG\ gesamt}$ = die Summe aller Schulden und Lasten, die mit einzelnen Vermögensgegenständen in wirtschaftlichem Zusammenhang stehen

Aus Vereinfachungsgründen können Vermögensgegenstände, die keiner Steuerbefreiung unterliegen, sowie die mit diesen Vermögensgegenständen in wirtschaftlichem Zusammenhang stehenden Schulden und Lasten bei der oben dargestellten Berechnung zusammengefasst werden.

Kommt eine Steuerbefreiung nach den §§ 13a und 13c ErbStG zur Anwendung, so ist bei der Aufteilung der wirtschaftlich nicht einzeln zurechenbaren Schulden und Lasten auf die Summe des begünstigten Vermögens (vgl. R E 13b.8 Abs. 1 Satz 1 ErbStR) abzustellen, da die Steuerbefreiung bei mehreren wirtschaftlichen Einheiten auf den Gesamtwert des begünstigten Vermögens gewährt wird (§ 10 Abs. 6 Satz 8 ErbStG). Ein Erlass nach § 28a Abs. 1 ErbStG führt nicht zu einer Beschränkung des Abzugs wirtschaftlich nicht einzeln zurechenbarer Schulden bei der Ermittlung des verfügbaren Vermögens (entsprechend R E 28a.2 Abs. 2 Satz 8 ErbStR).

**Zweiter Schritt**

Der im ersten Schritt berechnete, auf den einzelnen Vermögensgegenstand entfallende Anteil an Schulden und Lasten ist nicht abzugsfähig, soweit dieser Vermögensgegenstand steuerbefreit ist. Bei nur teilweise steuerbefreiten Vermögensgegenständen ist daher in einem zweiten Schritt der verbleibende abzugsfähige Betrag zu ermitteln (§ 10 Abs. 6 Satz 9 ErbStG). Dabei ist bei der Berechnung des abzugsfähigen Anteils der Schulden und Lasten auf das Verhältnis des Werts des Vermögensgegenstandes gemindert um die Steuerbefreiung zum Wert des Vermögensgegenstandes vor Anwendung der Steuerbefreiung abzustellen (§ 10 Abs. 6 Satz 9 ErbStG).

Der abzugsfähige Anteil an der Schuld oder Last, die einem teilweise steuerbefreiten Vermögensgegenstand zuzurechnen ist, wird nach der folgenden Formel berechnet:

$$SL_{abzAnteil} = SL_{Anteil} \times \frac{VG - VG_{steuerfrei}}{VG}$$

Dabei ist:

$SL_{abzAnteil}$ = der abzugsfähige Anteil an der Schuld oder Last, der einem teilweise steuerbefreiten Vermögensgegenstand zuzurechnen ist,

$SL_{Anteil}$ = der Anteil der jeweiligen Schuld oder Last, der einem teilweise steuerbefreiten Vermögensgegenstand zugerechnet wird,

VG = Wert des Vermögensgegenstandes,

$VG_{steuerfrei}$ = für den Vermögensgegenstand gewährte Steuerbefreiung.

Für den Fall, dass eine Steuerbefreiung nach den §§ 13a und 13c ErbStG zur Anwendung kommt, ist für den nach Anwendung der §§ 13a und 13c ErbStG anzusetzenden Wert auf den Wert des begünstigten Vermögens abzüglich des nach den §§ 13a und 13c ErbStG steuerbefreiten Werts des begünstigten Vermögens abzustellen (§ 10 Abs. 6 Satz 10 ErbStG).

Bei gemischten Schenkungen sowie bei Schenkungen unter Auflage ist hinsichtlich der Gegenleistungen bzw. Auflagen entsprechend vorzugehen. Die Erwerbsnebenkosten im Zusammenhang mit einer Schenkung (R E 7.4 Abs. 4 ErbStR und H E 7.4 (4) ErbStH) sind gemäß § 10 Abs. 6 Satz 6 ErbStG nicht auf die einzelnen Vermögensgegenstände aufzuteilen.

Wird eine Steuerbefreiung rückwirkend gemindert oder entfällt sie, z.B. für denkmalgeschützte Erwerbsgegenstände, für Familienheime oder für begünstigtes Unternehmensvermögen (§§ 13a und 13c ErbStG), so ist die Steuerfestsetzung zu ändern und dabei auch der Betrag der teilweise nicht abziehbaren Schulden und Lasten neu zu berechnen. Dasselbe gilt für den Fall, dass eine Steuerbefreiung rückwirkend erhöht oder erstmals gewährt wird.

**Beispiel 1:**

Testamentarische Alleinerbin des Erblassers ist dessen Tochter. Sein Sohn macht den Pflichtteil i.H.v. 867 000 EUR geltend.

Der Nachlass besteht aus folgendem Vermögen:

| | | |
|---|---|---|
| Anteile an einer GmbH (insgesamt begünstigt i.S.d. § 13b Abs. 2 ErbStG) | 1 500 000 EUR | |
| Beteiligung an einer KG (insgesamt begünstigt i.S.d. § 13b Abs. 2 ErbStG) | + 500 000 EUR | |
| Grundstück | +1 500 000 EUR | |
| Bankguthaben | +1 000 000 EUR | |
| Gesamtwert der durch die Tochter erworbenen Vermögensgegenstände | 4 500 000 EUR | 4 500 000 EUR |

| | | |
|---|---|---|
| Wert der Nachlassverbindlichkeiten: | | |
| Schuld aus der Anschaffung der GmbH-Anteile | 600 000 EUR | |
| Schuld aus der Anschaffung des Grundstücks | + 400 000 EUR | |
| Konsumentendarlehen | + 20 000 EUR | |
| Last durch den Pflichtteil des Sohnes | + 867 000 EUR | |
| Bestattungskosten | + 12 000 EUR | |
| Wert der Nachlassverbindlichkeiten | 1 899 000 EUR | 1 899 000 EUR |

**Lösung:**

Die abzugsfähigen Nachlassverbindlichkeiten und die Bereicherung der Erwerberin sind wie folgt zu berechnen:

**I. Zurechnung der Schulden und Lasten, die in wirtschaftlichem Zusammenhang zu bestimmten Vermögensgegenständen stehen**

Die Schulden und Lasten, die in wirtschaftlichem Zusammenhang zu einzelnen Vermögensgegenständen stehen, sind diesen zuzurechnen.

Wert des nach § 13b Abs. 2 ErbStG begünstigten Vermögens abzüglich einzeln zurechenbarer Schuld:

| | |
|---|---|
| Anteile an der GmbH | 1 500 000 EUR |
| Beteiligung an der KG | + 500 000 EUR |
| Summe begünstigtes Vermögen i.S.d. § 13b Abs. 2 ErbStG | 2 000 000 EUR |
| Schuld, die in wirtschaftlichem Zusammenhang mit dem nach § 13b Abs. 2 ErbStG begünstigten Vermögen steht | ./. 600 000 EUR |
| Wert des nach § 13b Abs. 2 ErbStG begünstigten Vermögens abzüglich einzeln zurechenbarer Schuld | 1 400 000 EUR |

Übriges Vermögen abzüglich einzeln zurechenbarer Schuld:

| | |
|---|---|
| Grundstück | 1 500 000 EUR |
| Bankguthaben | +1 000 000 EUR |
| Summe der Werte des übrigen Vermögens | 2 500 000 EUR |
| Schuld, die in wirtschaftlichem Zusammenhang mit dem Grundstück steht | ./. 400 000 EUR |
| Wert des übrigen Vermögens abzüglich einzeln zurechenbarer Schuld | 2 100 000 EUR |

Wert des Vermögens insgesamt nach Abzug einzeln zurechenbarer Schulden:

| | |
|---|---|
| Nach § 13b Abs. 2 ErbStG begünstigtes Vermögen | 1 400 000 EUR |
| Übriges Vermögen | +2 100 000 EUR |
| Wert des Vermögens insgesamt nach Abzug der einzeln zurechenbaren Schulden | 3 500 000 EUR |

**II. Aufteilung der Schulden und Lasten, die nicht in wirtschaftlichem Zusammenhang mit bestimmten Vermögensgegenständen stehen**

Die übrigen Nachlassverbindlichkeiten sind gemäß § 10 Abs. 6 Satz 5 ErbStG auf die erworbenen Vermögensgegenstände aufzuteilen. Dabei bleiben die Bestattungskosten außen vor (§ 10 Abs. 6 Satz 6 ErbStG).

Berechnung der Summe der Schulden und Lasten, die nicht in wirtschaftlichem Zusammenhang mit Vermögensgegenständen stehen:

| | |
|---|---|
| Last durch den Pflichtteil des Sohnes | 867 000 EUR |
| Konsumentendarlehen | + 20 000 EUR |
| Summe der Schulden und Lasten | 887 000 EUR |

Von der Summe dieser Schulden und Lasten entfällt auf das nach § 13b Abs. 2 ErbStG begünstigte Vermögen:

(Summe der Schulden und Lasten, die nicht in wirtschaftlichem Zusammenhang mit einem Vermögensgegenstand stehen × Wert des nach § 13b Abs. 2 ErbStG begünstigten Vermögens nach Abzug der einzeln zurechenbaren Schulden : Wert des Vermögens insgesamt nach Abzug der insgesamt einzeln zurechenbaren Schulden)

| | |
|---|---|
| 887 000 EUR × 1 400 000 EUR : 3 500 000 EUR = | 354 800 EUR |

Von der Summe dieser Schulden und Lasten entfällt auf das übrige Vermögen:

(Summe der Schulden und Lasten, die nicht in wirtschaftlichem Zusammenhang mit einem Vermögensgegenstand stehen × Wert des übrigen Vermögens nach Abzug der einzeln zurechenbaren Schulden: Wert des Vermögens insgesamt nach Abzug der insgesamt einzeln zurechenbaren Schulden)

887 000 EUR × 2 100 000 EUR : 3 500 000 EUR = 532 200 EUR

**III. Kürzung des Schuldenabzugs**

Die Schulden und Lasten, die in wirtschaftlichem Zusammenhang mit dem nach § 13b Abs. 2 ErbStG begünstigten Vermögen stehen, und die anteilig auf das begünstigte Vermögen entfallenden Schulden und Lasten, die nicht in wirtschaftlichem Zusammenhang mit einzelnen Vermögensgegenständen stehen, sind jeweils entsprechend dem Verhältnis des nach Anwendung der §§ 13a und 13c ErbStG anzusetzenden Werts des Vermögens zu dem Wert vor Anwendung der §§ 13a und 13c ErbStG (§ 10 Abs. 6 Satz 4 und Satz 10 ErbStG) zu kürzen.

| | | |
|---|---|---|
| Begünstigtes Vermögen i.S.d. § 13b Abs. 2 ErbStG vor Anwendung des § 13a ErbStG | | 2 000 000 EUR |
| Verschonungsabschlag 85 % (§ 13a Abs. 1 i.V.m. § 13b Abs. 2 ErbStG) | | ./. 1 700 000 EUR |
| Verbleibender Wert des begünstigten Vermögens nach Anwendung des § 13a Abs. 1 ErbStG | | 300 000 EUR |

Ermittlung des Abzugsbetrags nach § 13a Abs. 2 ErbStG:

| | | | |
|---|---|---|---|
| Abzugsbetrag | | 150 000 EUR | |
| Verbleibender Wert | 300 000 EUR | | |
| Abzugsbetrag | ./. 150 000 EUR | | |
| Unterschiedsbetrag | 150 000 EUR | | |
| davon 50 % | | ./. 75 000 EUR | |
| Verbleibender Abzugsbetrag nach § 13a Abs. 2 ErbStG | | 75 000 EUR | ./. 75 000 EUR |
| Verbleibender steuerpflichtiger Wert des begünstigten Vermögens nach Anwendung des § 13a ErbStG | | | 225 000 EUR |

Summe der nach § 10 Abs. 6 Satz 4 und Satz 10 ErbStG ins Verhältnis zu setzenden abzugsfähigen Schulden:

| | |
|---|---|
| Einzeln zurechenbare Schuld | 600 000 EUR |
| Auf begünstigtes Vermögen entfallender Anteil der Schulden | +354 800 EUR |
| Summe der ins Verhältnis zu setzenden abzugsfähigen Schulden | 954 800 EUR |

Berechnung des abzugsfähigen Betrags der Schulden und Lasten, die auf das begünstigte Vermögen entfallen: (Summe der ins Verhältnis zu setzenden abzugsfähigen Schulden × verbleibender steuerpflichtiger Wert des begünstigen Vermögens nach Anwendung des § 13a ErbStG: Summe begünstigtes Vermögen i.S.d. § 13b Abs. 2 ErbStG vor Anwendung des § 13a ErbStG)

954 800 EUR × 225 000 EUR : 2 000 000 EUR = 107 415 EUR

**IV. Berechnung der insgesamt abzugsfähigen Nachlassverbindlichkeiten**

Abzugsfähiger Betrag der Schulden und Lasten, die auf

| | | | |
|---|---|---|---|
| das begünstigte Vermögen entfallen | | 107 415 EUR | |
| Abzugsfähiger Betrag der Schulden und Lasten, die auf | | | |
| das übrige Vermögen entfallen: | | | |
| Einzeln zurechenbare Schuld aus der | | | |
| Anschaffung des Grundstücks | 400 000 EUR | | |
| Auf das übrige Vermögen entfallender | | | |
| Anteil der Schulden | +532 200 EUR | | |
| | 932 000 EUR | + 932 200 EUR | |
| Bestattungskosten (§ 10 Abs. 5 Nr. 3 ErbStG) | | + 12 000 EUR | |
| Insgesamt abzugsfähige Nachlassverbindlichkeiten | | 1 051 615 EUR | |

**V. Berechnung der Bereicherung der Erwerberin:**

| | | | |
|---|---|---|---|
| Gesamtwert der Vermögensgegenstände | | | 4 500 000 EUR |
| Steuerbefreiung nach § 13a ErbStG: | | | |
| Verschonungsabschlag § 13a Abs. 1 ErbStG | 1 700 000 EUR | | |
| Abzugsbetrag § 13a Abs. 2 ErbStG | + 75 000 EUR | | |
| | 1 775 000 EUR | | ./.1 775 000 EUR |
| Abzugsfähige Nachlassverbindlichkeiten | | | ./.1 051 615 EUR |
| Bereicherung der Erwerberin | | | 1 673 385 EUR |

**Beispiel 2:**

A schenkt B ein Mietwohngrundstück mit einem Wert von 750 000 EUR und nach § 13b Abs. 1 Nr. 3 ErbStG begünstigungsfähige GmbH-Anteile mit einem Wert von 4 500 000 EUR. Das begünstigte Vermögen nach § 13b Abs. 2 ErbStG beträgt 4 000 000 EUR. Aus der Anschaffung des Grundstücks resultiert noch eine Verbindlichkeit i.H.v. 150 000 EUR, die B übernimmt. Aus der Anschaffung der GmbH-Anteile resultiert noch eine Verbindlichkeit i.H.v. 200 000 EUR, die B ebenfalls übernimmt. Zusätzlich hat sich A ausbedungen, dass B ihm eine lebenslange Rente zahlt, deren Kapitalwert 800 000 EUR beträgt. B hat Erwerbsnebenkosten i.H.v. 3000 EUR zu tragen. Ein Antrag auf Optionsverschonung (§ 13a Abs. 10 Satz 1 ErbStG) wird nicht gestellt.

| | | |
|---|---|---|
| Grundstück | | |
| (begünstigt i.S.d. § 13d ErbStG) | 750 000 EUR | |
| Anteile an der GmbH | | |
| (teilweise begünstigt i.S.d. § 13b Abs. 2 ErbStG) | +4 500 000 EUR | |
| Gesamtwert der Vermögensgegenstände | 5 250 000 EUR | 5 250 000 EUR |
| Schuld aus der Anschaffung des Grundstücks | 150 000 EUR | |
| Schuld aus der Anschaffung der GmbH-Anteile | + 200 000 EUR | |
| Kapitalwert der Rente | + 800 000 EUR | |
| Erwerbsnebenkosten | + 3000 EUR | |
| Wert der Gegenleistungen, Auflage und Erwerbsnebenkosten | 1 153 000 EUR | 1 153 000 EUR |

**Lösung:**

Die insgesamt abzugsfähigen Gegenleistungen, Auflage und Erwerbsnebenkosten sowie die Bereicherung des Erbwerbers sind wie folgt zu berechnen:

**I. Zurechnung der Schulden und Lasten, die im wirtschaftlichen Zusammenhang zu bestimmten Vermögensgegenständen stehen**

Die Schulden und Lasten, die in wirtschaftlichem Zusammenhang zu einzelnen Vermögensgegenständen stehen, sind diesen zuzurechnen. Da die GmbH-Anteile nur teilweise i.S.d. § 13b Abs. 2 ErbStG begünstigt sind, ist die einzeln zurechenbare Schuld aus der Anschaffung der GmbH-Anteile auf das nach § 13b Abs. 2 ErbStG begünstigte Vermögen und auf den nicht begünstigten Teil der GmbH-Anteile aufzuteilen.

Wert des nach § 13d ErbStG begünstigten Vermögens abzüglich einzeln zurechenbarer Schuld:

| | | |
|---|---|---|
| Grundstück | 750 000 EUR | |
| Schuld im Zusammenhang mit dem Grundstück | ./. 150 000 EUR | |
| Wert des nach § 13d ErbStG begünstigten Vermögens abzüglich einzeln zurechenbarer Schuld | 600 000 EUR | 600 000 EUR |

| | | |
|---|---|---|
| Nach § 13b Abs. 1 Nr. 3 ErbStG begünstigungsfähiges Vermögen | 4 500 000 EUR | |
| Nach § 13b Abs. 2 ErbStG begünstigtes Vermögen | ./.4 000 000 EUR | |
| Nicht begünstigt nach § 13b Abs. 2 ErbStG | 500 000 EUR | |

Wert des nach § 13b Abs. 2 ErbStG begünstigten Vermögens abzüglich einzeln zurechenbarer Schuld:

| | | |
|---|---|---|
| Nach § 13b Abs. 2 ErbStG begünstigtes Vermögen | 4 000 000 EUR | |
| Von der Schuld aus der Anschaffung der GmbH-Anteile entfallen auf das begünstigte Vermögen: 200 000 EUR × 4 000 000 EUR : 4 500 000 EUR = | ./. 177 777 EUR | |
| Wert des nach § 13b Abs. 2 ErbStG begünstigten Vermögens abzüglich einzeln zurechenbarer Schuld | 3 822 223 EUR | +3 822 223 EUR |

Wert des nicht begünstigten Teils der GmbH-Anteile abzüglich einzeln zurechenbarer Schuld:

| | | |
|---|---|---|
| Nicht begünstigt nach § 13b Abs. 2 ErbStG | 500 000 EUR | |
| Von der Schuld aus der Anschaffung der GmbH-Anteile entfallen auf das nicht begünstigte Vermögen: 200 000 EUR × 500 000 EUR : 4 500 000 EUR = | ./. 22 223 EUR | |
| Wert des nicht begünstigten Teils der GmbH-Anteile abzüglich einzeln zurechenbarer Schuld | 477 777 EUR | +477 777 EUR |
| Wert des Vermögens insgesamt nach Abzug der einzeln zurechenbaren Schulden: | | 4 900 000 EUR |

**II. Aufteilung der Schulden und Lasten, die nicht in wirtschaftlichem Zusammenhang mit bestimmten Vermögensgegenständen stehen**

Der Kapitalwert der Rente ist gemäß § 10 Abs. 6 Satz 5 ErbStG auf die erworbenen Vermögensgegenstände aufzuteilen. Die Erwerbsnebenkosten bleiben außen vor (§ 10 Abs. 6 Satz 6 ErbStG).

| | |
|---|---|
| Kapitalwert der Rente | 800 000 EUR |

Hiervon entfällt auf das nach § 13d ErbStG begünstigte Vermögen:

(Kapitalwert der Rente × Wert des nach § 13d ErbStG begünstigten Vermögens nach Abzug der einzeln zurechenbaren Schulden : Wert des Vermögens insgesamt nach Abzug der insgesamt einzeln zurechenbaren Schulden)

800 000 EUR × 600 000 EUR : 4 900 000 EUR
= 97 960 EUR

Hiervon entfällt auf das nach § 13b Abs. 2 ErbStG begünstigte Vermögen:

(Kapitalwert der Rente × Wert des nach § 13b Abs. 2 ErbStG begünstigten Vermögens nach Abzug der einzeln zurechenbaren Schulden : Wert des Vermögens insgesamt nach Abzug der insgesamt einzeln zurechenbaren Schulden)

800 000 EUR × 3 822 223 EUR :
4 900 000 EUR = 624 036 EUR

Hiervon entfällt auf das nicht nach § 13b Abs. 2 ErbStG begünstigte Vermögen:

(Kapitalwert der Rente × Wert des nicht nach § 13b Abs. 2 ErbStG begünstigten Vermögens nach Abzug der einzeln zurechenbaren Schulden : Wert des Vermögens insgesamt nach Abzug der insgesamt einzeln zurechenbaren Schulden)

800 000 EUR × 477 777 EUR : 4 900 000 EUR
= 78 004 EUR

**III. Kürzung des Schuldenabzugs**

Die Schulden, die in wirtschaftlichem Zusammenhang mit dem nach § 13d ErbStG begünstigten Vermögen stehen, sind nach § 10 Abs. 6 Satz 3 ErbStG und die anteilig auf dieses Vermögen entfallenden Schulden, die nicht in wirtschaftlichem Zusammenhang mit einzelnen Vermögensgegenständen stehen, nach § 10 Abs. 6 Satz 9 ErbStG insoweit zu kürzen, als der Vermögensgegenstand steuerbefreit ist.

Summe der teilweise abzugsfähigen Schulden:

| | |
|---|---|
| Einzeln zurechenbare Schuld | 150 000 EUR |
| Anteiliger Kapitalwert der Rente | + 97 960 EUR |
| Summe der teilweise abzugsfähigen Schulden | 247 960 EUR |

Berechnung des nach Kürzung abzugsfähigen Betrags

| | |
|---|---|
| 10 % × 247 960 EUR = | ./. 24 796 EUR |
| Nach Kürzung abzugsfähiger Betrag | 223 164 EUR |

Die Schulden, die in wirtschaftlichem Zusammenhang mit dem nach § 13b Abs. 2 ErbStG begünstigten Vermögen stehen, und die anteilig auf das begünstigte Vermögen entfallenden Schulden, die nicht in wirtschaftlichem Zusammenhang mit einzelnen Vermögensgegenständen stehen, sind jeweils entsprechend dem Verhältnis des nach Anwendung der §§ 13a und 13c ErbStG anzusetzenden Werts des Vermögens zu dem Wert vor Anwendung der §§ 13a und 13c ErbStG (§ 10 Abs. 6 Satz 4 und Satz 10 ErbStG) zu kürzen.

| | |
|---|---|
| Begünstigtes Vermögen i.S.d. § 13b Abs. 2 ErbStG vor Anwendung des § 13a ErbStG | 4 000 000 EUR |
| Verschonungsabschlag 85 % (§ 13a Abs. 1 i.V.m. § 13b Abs. 2 ErbStG) | ./. 3 400 000 EUR |
| Verbleibender steuerpflichtiger Wert des begünstigten Vermögens nach Anwendung des § 13a ErbStG | 600 000 EUR |

Summe der nach § 10 Abs. 6 Satz 4 und Satz 10 ErbStG ins Verhältnis zu setzenden abzugsfähigen Schulden:

| | |
|---|---|
| Einzeln zurechenbare Schuld | 177 777 EUR |
| Anteiliger Kapitalwert der Rente | + 624 036 EUR |
| Summe der ins Verhältnis zu setzenden abzugsfähigen Schulden | 801 813 EUR |

Berechnung des nach Kürzung abzugsfähigen Betrags:

(Summe der ins Verhältnis zu setzenden abzugsfähigen Schulden × verbleibender steuerpflichtiger Wert des begünstigten Vermögens nach Anwendung des § 13a ErbStG : begünstigtes Vermögen i.S.d. § 13b Abs. 2 ErbStG vor Anwendung des § 13a ErbStG)

| | | |
|---|---|---|
| 801 813 EUR × 600 000 EUR : 4 000 000 EUR = | 120 272 EUR | |

**IV. Berechnung der insgesamt abziehbaren Gegenleistungen, Auflage und Erwerbsnebenkosten**

| | | |
|---|---|---|
| Auf das nach § 13d ErbStG begünstigte Vermögen entfallender nach Kürzung abzugsfähiger Betrag | | 223 164 EUR |
| Auf das nach § 13b Abs. 2 ErbStG begünstigte Vermögen entfallender nach Kürzung abzugsfähiger Betrag | | +120 272 EUR |
| Die auf das nicht nach § 13b Abs. 2 ErbStG begünstigte Vermögen entfallenden Schulden sind ungekürzt abziehbar: | | |
| 22 223 EUR + 78 004 EUR = | 100 227 EUR | +100 227 EUR |
| Erwerbsnebenkosten (§ 10 Abs. 6 Satz 6 ErbStG, R E 7.4 Abs. 4 ErbStR) | | + 3000 EUR |
| Insgesamt abziehbare Gegenleistungen, Auflage und Erwerbsnebenkosten | | 446 663 EUR |

**V. Berechnung der Bereicherung des Erwerbers**

| | |
|---|---|
| Gesamtwert der Vermögensgegenstände | 5 250 000 EUR |
| Steuerbefreiung nach § 13d ErbStG | |
| 10 % von 750 000 EUR | ./. 75 000 EUR |
| Steuerbefreiung nach § 13a ErbStG | ./. 3 400 000 EUR |
| Insgesamt abziehbare Gegenleistungen, Auflage und Erwerbsnebenkosten | ./. 446 663 EUR |
| Bereicherung des Erwerbers | 1 328 337 EUR |

Die folgenden Richtlinien und Hinweise sind nicht mehr anzuwenden:

– R E 7.4 Abs. 3 Satz 4 ErbStR,
– E 7.4 (3) „Bemessungsgrundlage bei der gemischten Schenkung und Schenkung unter Auflage in Mischfällen und Inanspruchnahme einer Steuerbefreiung" Beispiel 2 ErbStH,
– E 7.4 (3) „Bemessungsgrundlage bei der gemischten Schenkung und Schenkung unter Auflage in Mischfällen und Inanspruchnahme einer Steuerbefreiung" Beispiel 1 und 2 ErbStH sowie
– E 7.4 (3) „Wirtschaftlicher Zusammenhang von Gegenleistungen, übernommenen Schulden, Leistungsauflagen, Nutzungs- und Duldungsauflagen mit der Schenkerleistung" Nr. 1 ErbStH sowie an dem jeweils letzten Satz in den Nrn. 2, 3 und 4 ErbStH bezüglich der bisherigen Aufteilung ausschließlich nach dem Verhältnis der Steuerwerte.

Pauschale Freibeträge wie z.B. jene aus § 13 Abs. 1 Nr. 1 ErbStG fallen nicht unter die Neuregelung des § 10 Abs. 6 ErbStG (R E 10.10 Abs. 2 Satz 2 ErbStR).

R E 10.10 Abs. 2, 4 und 5 ErbStR sind mit der Maßgabe anzuwenden, dass die Regelungen zu den Schulden und Lasten, die in wirtschaftlichem Zusammenhang mit Vermögensgegenständen stehen, auch für die anteilig zuzurechnenden Schulden und Lasten gelten, die nicht in wirtschaftlichem Zusammenhang mit Vermögensgegenständen stehen. Die Urteile, die in H E 10.10 „Kürzung des Schuldenabzugs bei steuerbefreitem Vermögen" ErbStH genannt sind, sind aufgrund der gesetzlichen Änderung überholt und nicht mehr anzuwenden.

In den folgenden Richtlinien gelten bei der Steuerberechnung die Ausführungen zu den Schulden und Lasten, die in wirtschaftlichem Zusammenhang mit Vermögensgegenständen stehen, auch für die anteilig zuzurechnenden Schulden und Lasten, die nicht in wirtschaftlichem Zusammenhang mit Vermögensgegenständen stehen:

– R E 13.4 Abs. 4 ErbStR
– R E 13a.20 Abs. 6 ErbStR
– R E 13b.8 Abs. 2 ErbStR
– R E 13d Abs. 10 ErbStR
– R E 19a.2 Abs. 1 ErbStR
– R E 27 Abs. 2 ErbStR
– R E 28 Abs. 4 Nr. 2 ErbStR
– R E 28a.1 Abs. 5 Nr. 2 ErbStR.

**4. Zu § 13a Abs. 9a und § 13b Abs. 10 ErbStG**

An die Stelle der nachrichtlichen Mitteilungen des Betriebsfinanzamtes an das Erbschaftsteuerfinanzamt oder an das Betriebsfinanzamt auf einer vorgeordneten Beteiligungsstufe treten gesonderte Feststellungen:

– beim Vorwegabschlag für Familienunternehmen nach § 13a Abs. 9 ErbStG, dass die dort genannten Voraussetzungen für den Vorwegabschlag vorliegen, und wie hoch der Vorwegabschlag ist (§ 13a Abs. 9a ErbStG),
– beim Vermögen von Betriebstätten in Drittstaaten der Wert des zum übertragenen Betriebsvermögen gehörende Teils einer in einem Drittstaat belegenen Betriebsstätte bei Einzelunternehmen und bei Beteiligungen an Personengesellschaften (§ 13b Abs. 10 ErbStG) sowie
– beim Finanzmitteltest das Vorliegen der in § 13b Abs. 4 Nr. 5 Satz 4 und 5 ErbStG genannten Voraussetzungen für den Abzug des Sockelbetrages, also ob der Hauptzweck des Betriebs eine Tätigkeit i.S.d. § 13 Abs. 1, des § 15 Abs. 1 Satz 1 Nr. 1, des § 18 Abs. 1 Nr. 1 und 2 EStG ist (§ 13b Abs. 10 ErbStG).

Die folgenden Richtlinien und Hinweise sind nicht mehr anzuwenden:

– R E 13a.20 Abs. 1 Satz 9 und 10 ErbStR,
– R E 13b.30 Abs. 5 Satz 1 Nr. 1 bis 3 ErbStR sowie
– H B 151.9 „Nachrichtliche Angaben" Nr. 1 Buchst. b und c, Nr. 2 Buchst. b bis d sowie Nr. 3 ErbStH.

Der Vorwegabschlag für Familienunternehmen kommt bei Beteiligungen an Personengesellschaften für das zusammen mit dem Betriebsvermögen übertragene Sonderbetriebsvermögen nicht zur Anwendung (R E 13a.20 Abs. 4 Satz 1 und 2 ErbStR). Deshalb sind bei Beteiligungen an einer Personengesellschaft bei Mitübertragung von Sonderbetriebsvermögen hinsichtlich des Anteils am Gesamthandsvermögen folgende Werte weiterhin nachrichtlich mitzuteilen (R E 13b.30 Abs. 5 Satz 2 ErbStR):

– Wert des erworbenen Anteils am Gesamthandsvermögen,
– Wert des Verwaltungsvermögens,
– Wert des jungen Verwaltungsvermögens,
– Wert der Finanzmittel,
– Wert der jungen Finanzmittel und
– Wert der Schulden.

## 5. Zu § 14 Abs. 2 ErbStG

Führt der Eintritt eines Ereignisses mit Wirkung für die Vergangenheit zu einer Veränderung des Werts eines früheren, in die Zusammenrechnung nach § 14 Abs. 1 ErbStG einzubeziehenden Erwerbs, so gilt das Ereignis auch für den späteren Erwerb als Ereignis mit Wirkung für die Vergangenheit und somit als rückwirkendes Ereignis i.S.d. § 175 Abs. 1 Satz 1 Nr. 2 der Abgabenordnung (AO). Auch der erstmalige Erlass, die Änderung und die Aufhebung einer Steuerfestsetzung für einen Vorerwerb gelten als rückwirkendes Ereignis für die Steuerfestsetzung des nachfolgenden Erwerbs. In solchen Fällen kann die Steuerfestsetzung für den Nacherwerb geändert werden.

**Beispiel:**

A schenkt B, der Tochter seiner Schwester (Steuerklasse II, § 15 Abs. 1 Steuerklasse II Nr. 3 ErbStG), im Januar 2021 ein unbebautes Grundstück, dessen Wert mit 30 000 EUR erklärt wurde. Im Mai 2021 schenkt A der B darüber hinaus einen Geldbetrag von 45 000 EUR. Die Schenkungsteuer berechnet sich wie folgt:

**Erwerb durch B im Januar 2021 (Vorerwerb)**

| | |
|---|---|
| Grundstück | 30 000 EUR |
| Persönlicher Freibetrag der B (§ 16 Abs. 1 Nr. 5 ErbStG) | ./.20 000 EUR |
| Steuerpflichtiger Erwerb durch B | 10 000 EUR |
| Steuersatz (15 %) | |
| Steuer Januar 2021 | 1500 EUR |

**Erwerb durch B im Mai 2021 (Nacherwerb)**

| | |
|---|---|
| Barvermögen | 45 000 EUR |
| Grundstück Januar 2021 | +30 000 EUR |
| Gesamterwerb | 75 000 EUR |
| Persönlicher Freibetrag der B (§ 16 Abs. 1 Nr. 5 ErbStG) | ./.20 000 EUR |
| Steuerpflichtiger Gesamterwerb | 55 000 EUR |
| Steuersatz (15 %) | |
| Steuer auf Gesamterwerb | 8250 EUR |
| Steuer auf den Vorerwerb durch B | ./. 1500 EUR |
| Die fiktive Steuer entspricht der tatsächlichen Steuer. | |
| Steuer Mai 2021 | 6750 EUR |

| | | |
|---|---|---|
| Mindeststeuer (§ 14 Abs. 1 Satz 4 ErbStG): | | |
| Barvermögen | 45 000 EUR | |
| Persönlicher Freibetrag | ./.20 000 EUR | |
| Steuerpflichtiger Erwerb | 25 000 EUR | |
| Steuer (15 %) | 3750 EUR | |
| Festzusetzende Steuer Mai 2021 | | 6750 EUR |

Nach Ergehen der beiden Steuerbescheide wird der Wert des Grundstücks vom Lagefinanzamt auf 70 000 EUR festgestellt (§ 151 Abs. 1 Satz 1 Nr. 1 des Bewertungsgesetzes). Die Steuerfestsetzung für die Zuwendung des Grundstücks an B im Januar 2021 ist aufgrund des § 175 Abs. 1 Satz 1 Nr. 1 AO wie folgt zu ändern:

**Erwerb durch B im Januar 2021 (Vorerwerb)**

| | |
|---|---|
| Grundstück | 70 000 EUR |

| | |
|---|---|
| Persönlicher Freibetrag der B | |
| (§ 16 Abs. 1 Nr. 5 ErbStG) | ./.20 000 EUR |
| Steuerpflichtiger Erwerb durch B | 50 000 EUR |
| Steuersatz (15 %) | |
| Steuer Januar 2021 | 7500 EUR |

Die Steuerfestsetzung für die Schenkung an B im Mai 2021 ist aufgrund des § 14 Abs. 2 Satz 1 und 2 ErbStG i.V.m. § 175 Abs. 1 Satz 1 Nr. 2 AO zu ändern:

**Erwerb durch B im Mai 2021 (Nacherwerb)**

| | |
|---|---|
| Barvermögen | 45 000 EUR |
| Grundstück Januar 2021 | + 70 000 EUR |
| Gesamterwerb | 115 000 EUR |
| Persönlicher Freibetrag der B | |
| (§ 16 Abs. 1 Nr. 5 ErbStG) | ./. 20 000 EUR |
| Steuerpflichtiger Gesamterwerb | 95 000 EUR |
| Steuersatz (20 %) | |
| Steuer auf Gesamterwerb | 19 000 EUR |
| Steuer auf den Vorerwerb durch B | ./. 7500 EUR |
| Die fiktive Steuer entspricht der tatsächlichen Steuer. | |
| Steuer Mai 2021 | 11 500 EUR |

| | | |
|---|---|---|
| Mindeststeuer (§ 14 Abs. 1 Satz 4 ErbStG): | | |
| Barvermögen | 45 000 EUR | |
| Persönlicher Freibetrag | ./.20 000 EUR | |
| Steuerpflichtiger Erwerb | 25 000 EUR | |
| Steuer (15 %) | 3750 EUR | |
| Festzusetzende Steuer Mai 2021 | | 11 500 EUR |

Die folgenden Richtlinien und Hinweise sind nicht mehr anzuwenden:

– R E 14.3 Abs. 2 Satz 1 ErbStR und

– H E 14.3 „Änderung der Schenkungsteuerfestsetzung für den Vorerwerb für sich kein rückwirkendes Ereignis" ErbStH.

## 6. Zu § 10 Abs. 8 sowie zu den §§ 30, 31 und 35 ErbStG

Bei den Änderungen dieser Vorschriften handelt es sich um klarstellende Regelungen. Inhaltliche Änderungen sind damit nicht verbunden.

# 250/2. Gleich lautende Erlasse betr. Anwendung von Vorschriften des ErbStG nach dem Austritt des Vereinigten Königreichs Großbritannien und Nordirland aus der Europäischen Union

Vom 13. Dezember 2021

Oberste Finanzbehörden der Länder

(BStBl. 2022 I S. 38)

Mit Ablauf des durch das Austrittsabkommen[1] festgelegten Übergangszeitraums ist das Vereinigte Königreich Großbritannien und Nordirland (Vereinigtes Königreich) seit dem 31. Januar 2020 nicht mehr Mitgliedstaat der Europäischen Union (EU) und ab dem 1. Januar 2021 auch nicht mehr wie ein solcher zu behandeln. Das Erbschaftsteuer- und Schenkungsteuergesetz (ErbStG) ist gemäß § 37 Abs. 17 ErbStG in Fällen mit Zeitpunkt der Steuerentstehung vor dem 1. Januar 2021 mit der Maßgabe anzuwenden, dass das Vereinigte Königreich weiterhin als Mitgliedstaat der EU gilt.

## 1. Behandlung von Erwerben mit einer Steuerentstehung vor dem 1. Januar 2021

Das Vereinigte Königreich ist insbesondere bei den nachfolgend aufgeführten Vorschriften wie ein Mitgliedstaat der EU zu behandeln, obwohl es nach dem Austritt mit Ablauf des Übergangszeitraums ab dem 1. Januar 2021 ein Drittstaat ist:

### 1.1. Zu § 13 Abs. 1 Nr. 2 und 3 ErbStG

Nach R E 13.2 Abs. 1 Satz 1 ErbStR sind die Steuerbefreiungen für Gegenstände, deren Erhaltung im öffentlichen Interesse liegt, auch zu gewähren, wenn sie sich in Mitgliedstaaten der EU befinden. Die Steuerbefreiung fällt weg, wenn bewegliche Gegenstände innerhalb von zehn Jahren dauerhaft in einen Drittstaat verbracht werden. Der Austritt des Vereinigten Königreichs führt nicht zum Wegfall der Steuerbefreiung, wenn bewegliche Gegenstände bis zum Ablauf der Behaltensfrist im Vereinigten Königreich verbleiben. Werden Gegenstände, die sich zum Zeitpunkt des Erwerbs im Inland, in einem Mitgliedstaat der EU oder in einem Staat des Europäischen Wirtschaftsraums befunden haben, während der Behaltensfrist in das Vereinigte Königreich verbracht, führt dies ebenfalls nicht zum Wegfall der Steuerbefreiung.

### 1.2. Zu § 13 Abs. 1 Nr. 4b und 4c ErbStG

Der Austritt des Vereinigten Königreichs führt nicht zu einem Wegfall der Steuerbefreiung.

### 1.3. Zu § 13 Abs. 1 Nr. 16 Buchst. c ErbStG

Der Austritt des Vereinigten Königreichs führt nicht zu einem Wegfall der Steuerbefreiung.

---

[1] **Amtl. Anm.:** Abkommen über den Austritt des Vereinigten Königreichs Großbritannien und Nordirland aus der Europäischen Union und der Europäischen Atomgemeinschaft vom 12. November 2019 (2019/C 384 I/01).

### 1.4. Steuerbefreiung für Betriebsvermögen, Betriebe der Land- und Forstwirtschaft und Anteile an Kapitalgesellschaften (§§ 13a, 13b, 13c ErbStG), Tarifbegrenzung (§ 19a ErbStG), Stundung (§ 28 Abs. 1 ErbStG), Verschonungsbedarfsprüfung (§ 28a ErbStG)

Die Steuerbefreiungen und weiteren Begünstigungen für Unternehmensvermögen sind an die Einhaltung der Lohnsummenregelung und an Behaltensregelungen geknüpft. Der Austritt des Vereinigten Königreichs allein führt nicht zum Wegfall dieser Steuerbefreiungen und weiteren Begünstigungen.

#### a) Zu § 13a Abs. 3 ErbStG (Summe der maßgebenden jährlichen Lohnsummen)

Die an Beschäftigte im Vereinigten Königreich gezahlten Löhne und Gehälter sind bei der Ermittlung der Summe der maßgebenden jährlichen Lohnsummen so zu berücksichtigen, als wäre das Vereinigte Königreich weiterhin ein Mitgliedstaat der EU.

Nach R E 13a.7 Abs. 8 ErbStR sind zur Ermittlung der Summe der maßgebenden jährlichen Lohnsummen auch Löhne und Gehälter von nachgeordneten Kapitalgesellschaften einzubeziehen, die zwar noch nicht im Besteuerungszeitpunkt, jedoch innerhalb der Lohnsummenfrist zum Betrieb gehören. Handelt es sich bei der Kapitalgesellschaft um eine Gesellschaft mit Sitz oder Geschäftsleitung im Vereinigten Königreich, gilt dies auch, wenn der Hinzuerwerb nach dem Austritt aus der EU erfolgt. Entsprechendes gilt, wenn die maßgebende Beteiligungsquote von 25 Prozent an der Gesellschaft mit Sitz oder Geschäftsleitung im Vereinigten Königreich innerhalb der Lohnsummenfrist überschritten wird.

Bei nachgeordneten Personengesellschaften mit Sitz oder Geschäftsleitung im Vereinigten Königreich sind Löhne und Gehälter unabhängig von einer Mindestbeteiligungsquote einzubeziehen.

#### b) Zu § 13a Abs. 6 ErbStG (Behaltensregelungen)

Der Austritt des Vereinigten Königreichs bedeutet grundsätzlich keinen Verstoß gegen die Behaltensregelungen.

In Einbringungs- und Umwandlungsfällen ist eine Übertragung an ein Unternehmen mit Sitz oder Geschäftsleitung im Vereinigten Königreich innerhalb der Behaltensfrist bei Vorliegen der weiteren Voraussetzungen unschädlich.

#### c) Zu § 13a Abs. 6 ErbStG (Reinvestitionsklausel)

Bei der Prüfung der Reinvestitionsklausel nach § 13a Abs. 6 Sätze 3 und 4 ErbStG ist eine Reinvestition in Unternehmensvermögen im Vereinigten Königreich so zu berücksichtigen, als wäre das Vereinigte Königreich weiterhin ein Mitgliedstaat der EU.

#### d) Zu § 13b Abs. 5 ErbStG (Investitionsklausel)

Bei der Prüfung der Investitionsklausel nach § 13b Abs. 5 ErbStG ist eine Investition in Unternehmensvermögen im Vereinigten Königreich so zu berücksichtigen, als wäre das Vereinigte Königreich weiterhin ein Mitgliedstaat der EU.

**e) Zu §§ 13c, 19a, 28 Abs. 1, 28a ErbStG (Verschonungsabschlag bei Großerwerben, Tarifbegrenzung, Stundung, Verschonungsbedarfsprüfung)**

Die Ausführungen unter den Buchst. n a) bis d) gelten bei der Anwendung der §§ 13c, 28 Abs. 1 und 28a ErbStG wegen der jeweiligen Verweise auf die Summe der maßgebenden jährlichen Lohnsummen und auf die Behaltensregelungen entsprechend; bei der Anwendung des § 19a ErbStG die Buchst. n b) bis d).

### 1.5. Zu § 13d Abs. 3 ErbStG

Durch den Austritt des Vereinigten Königreichs ergibt sich keine schädliche Auswirkung.

### 1.6. Zu § 28 Abs. 3 ErbStG

Bei einer Stundung der Steuer nach § 28 Abs. 3 ErbStG für Erwerbe mit Steuerentstehung vor dem 1. Januar 2021 führt der Austritt des Vereinigten Königreichs nicht zu einem Wegfall der Stundung.

## 2. Behandlung von Erwerben mit einer Steuerentstehung nach dem 31. Dezember 2020

Für Erwerbe mit einer Steuerentstehung nach dem 31. Dezember 2020 sind die für Drittstaaten geltenden Regelungen anzuwenden.

Für die Bewertung der übertragenen Anteile nach § 12 ErbStG und die Zuordnung zum begünstigungsfähigen Vermögen nach § 13b Abs. 1 ErbStG ist Folgendes zu beachten:

Nach dem Recht des Vereinigten Königreichs gegründete Kapitalgesellschaften, insbesondere in der Rechtsform einer „private company limited by shares" (Limited), mit Sitz im Ausland und Geschäftsleitung im Inland werden – mangels Einhaltung deutscher Gründungsvorschriften und Eintragung im deutschen Handelsregister – für Zwecke der Erbschaft- und Schenkungsteuer ab dem 1. Januar 2021 in Deutschland nicht als Kapitalgesellschaft behandelt. Die ertragsteuerrechtliche Behandlung bleibt hiervon unberührt.

Sind an der britischen Kapitalgesellschaft mehrere Gesellschafter beteiligt, ist sie zivilrechtlich und damit erbschaft- und schenkungsteuerrechtlich eine Personengesellschaft. Es ist daher zu ermitteln, ob die Gesellschaft unter § 97 Abs. 1 Satz 1 Nr. 5 Satz 1 BewG i.d.F. vom 25. Juni 2021 (BGBl. I S. 2056) fällt. Dies setzt voraus, dass es sich bei der Gesellschaft ihrer Tätigkeit nach um eine Gesellschaft i.S.d. § 15 Abs. 1 Satz 1 Nr. 2, des § 15 Abs. 3 oder des § 18 Abs. 4 Satz 2 EStG handelt. In diesem Fall ist der Wert der Beteiligung nach § 12 Abs. 5 ErbStG i.V.m. § 151 Abs. 1 Satz 1 Nr. 2 BewG festzustellen. Die Bewertung erfolgt nach § 109 Abs. 2 BewG i.V.m. § 11 Abs. 2 BewG. Es handelt sich um eine nach § 13b Abs. 1 Nr. 2 ErbStG begünstigungsfähige Beteiligung.

Sind die Voraussetzungen des § 97 Abs. 1 Satz 1 Nr. 5 Satz 1 BewG nicht erfüllt, erfolgt eine Feststellung nach § 151 Abs. 1 Satz 1 Nr. 4 BewG und, wenn Grundbesitz vorhanden ist, eine Feststellung nach § 151 Abs. 1 Satz 1 Nr. 1 BewG. Es liegt kein begünstigungsfähiges Vermögen nach § 13b Abs. 1 Nr. 2 ErbStG vor.

Ist an der Gesellschaft eine natürliche Person als Alleingesellschafter beteiligt (Ein-Personen-Limited), wird das Vermögen der Gesellschaft zivilrechtlich der natürlichen Person zugerechnet. Daher ist zu ermitteln, ob die natürliche Person insoweit einen Gewerbebetrieb unterhält. Dies ist gemäß § 95 Abs. 1 Satz 2 BewG i.d.F. vom 25. Juni 2021 (BGBl. I S. 2056) der Fall, wenn dem Grunde nach eine Tätigkeit i.S.d. § 15 Abs. 1 und Abs. 2 EStG vorliegt. Der Wert des Betriebsvermögens ist dann gemäß § 12 Abs. 5 ErbStG i.V.m. § 151 Abs. 1 Satz 1 Nr. 2 BewG festzustellen. Die Bewertung erfolgt nach § 109 Abs. 1 BewG i.V.m. § 11 Abs. 2 BewG. Es handelt sich um nach § 13b Abs. 1 Nr. 2 ErbStG begünstigungsfähiges Vermögen.

Britische Kapitalgesellschaften mit Sitz und Geschäftsleitung im Vereinigten Königreich sind bei Erwerben mit einer Steuerentstehung nach dem 31. Dezember 2020 als Drittstaatsgesellschaften zu behandeln. Bei den Anteilen handelt es sich nicht um begünstigungsfähiges Vermögen nach § 13b Abs. 1 ErbStG, da sich das Unternehmen in einem Drittstaat befindet.

# 250 § 5/1. Schreiben betr. Erbschaftsteuer; Wertsteigerungen infolge des Kaufkraftschwundes bei der Berechnung der Zugewinnausgleichsforderung nach § 5 Abs. 1 ErbStG

Vom 28. April 2023
BMF IV D 4-S 3804/20/10001 :002; DOK 2023/0420065
(BStBl. I S. 775)

Hiermit übersende ich eine aktualisierte Zusammenstellung der Verbraucherpreisindizes für Deutschland, Stand April 2023. Das Statistische Bundesamt hat den Verbraucherpreisindex vom bisherigen Basisjahr 2015 auf das neue Basisjahr 2020 umgestellt. Auf H E 5.1 (2) „Wertsteigerung infolge des Kaufkraftschwundes" ErbStH 2019 und auf das BMF-Schreiben vom 1. Februar 2022 (BStBl. I S. 190) nehme ich Bezug.

**Verbraucherpreisindex für Deutschland**

2020 = 100

**Jahre 1958 bis 1990**

| **1958** | **1959** | **1960** | **1961** | **1962** | **1963** | **1964** | **1965** | **1966** | **1967** |
|---|---|---|---|---|---|---|---|---|---|
| 23,3 | 23,4 | 23,7 | 24,4 | 24,6 | 25,4 | 26,0 | 26,8 | 27,7 | 28,3 |
| **1968** | **1969** | **1970** | **1971** | **1972** | **1973** | **1974** | **1975** | **1976** | **1977** |
| 28,6 | 29,2 | 30,2 | 31,8 | 33,6 | 35,9 | 38,4 | 40,7 | 42,4 | 44,0 |
| **1978** | **1979** | **1980** | **1981** | **1982** | **1983** | **1984** | **1985** | **1986** | **1987** |
| 45,2 | 47,1 | 49,6 | 52,7 | 55,5 | 57,2 | 58,7 | 59,9 | 59,9 | 59,9 |
| **1988** | **1989** | **1990** | | | | | | | |
| 60,8 | 62,4 | 64,1 | | | | | | | |

**Jahre ab 1991**

| **1991** | **1992** | **1993** | **1994** | **1995** | **1996** | **1997** | **1998** | **1999** | **2000** |
|---|---|---|---|---|---|---|---|---|---|
| 65,5 | 68,8 | 71,9 | 73,3 | 75,1 | 76,1 | 77,6 | 78,3 | 78,8 | 79,9 |
| **2001** | **2002** | **2003** | **2004** | **2005** | **2006** | **2007** | **2008** | **2009** | **2010** |
| 81,5 | 82,6 | 83,5 | 84,9 | 86,2 | 87,6 | 89,6 | 91,9 | 92,2 | 93,2 |
| **2011** | **2012** | **2013** | **2014** | **2015** | **2016** | **2017** | **2018** | **2019** | **2020** |
| 95,2 | 97,1 | 98,5 | 99,5 | 100,0 | 100,5 | 102,0 | 103,8 | 105,3 | 105,8 |
| **2021** | **2022** | | | | | | | | |
| 109,1 | 110,2 | | | | | | | | |

**2023[1)]**

| **Januar** | **Februar** | **März** | **April** | **Mai** | **Juni** |
|---|---|---|---|---|---|
| 114,3 | 115,2 | 116,1 | 116,6 | 116,5 | |
| **Juli** | **August** | **September** | **Oktober** | **November** | **Dezember** |
| | | | | | |

[1)] Redaktionell ergänzt; Quelle: Statistisches Bundesamt (www.destatis.de).

# 250 § 7/1. Schreiben betr. Übertragung treuhänderisch gehaltener Vermögensgegenstände

Vom 16. September 2010 (DStR S. 2084)

(FM Bayern 34 – S 3811 – 035 – 38 476/10)

Für die erbschaft- und schenkungsteuerrechtliche Behandlung einer vom Treugeber vorgenommenen Übertragung von Ansprüchen aus einem Treuhandverhältnis gilt das Folgende:

Gegenstand der Zuwendung ist der Herausgabeanspruch des Treugebers nach § 667 BGB gegen den Treuhänder auf Rückübereignung des Treugutes. Bei dem Herausgabeanspruch handelt es sich um einen einseitigen Sachleistungsanspruch. Die weitere steuerliche Beurteilung, insbesondere die Bewertung, orientiert sich daran, auf welchen Gegenstand sich der Herausgabeanspruch bezieht, mithin an der Vermögensart des Treugutes.

Handelt es sich beim Treugut um nach § 13 b ErbStG bzw. § 13 a Abs. 4 ErbStG a. F. begünstigtes Vermögen, sind bei Vorliegen der übrigen Voraussetzungen demnach auch die Steuerbefreiung nach § 13 a ErbStG bzw. § 13 a ErbStG a. F. und der Entlastungsbetrag nach § 19 a ErbStG bzw. § 19 a ErbStG a. F. zu gewähren.

An der hiervon abweichenden Rechtsauffassung der Erlasse des FM Bayern vom 14. Juni 2005 34 – S 3811 – 035 – 25199/05, DStR S. 1231, und vom 11. Januar 2008 34 – S 3811 – 035 – 38956/07, DStR S. 508, wird nicht mehr festgehalten.

Ich bitte, die Erbschaftsteuerfinanzämter entsprechend zu informieren und den Erlass in die Erbschaftsteuerkartei aufzunehmen.

# 250 § 10/1. Gleich lautende Erlasse betr. Berücksichtigung von Steuerberatungskosten für die Steuerangelegenheiten des Erblassers und von Kosten für Haushaltsauflösung sowie für Räumung einer Wohnung als Nachlassregelungskosten i. S. d. § 10 Abs. 5 Nr. 3 Satz 1 ErbStG; Folgen des BFH-Urteils vom 14. Oktober 2020 II R 30/19

Vom 9. Februar 2022

Oberste Finanzbehörden der Länder

## 1. Steuerberatungskosten für die Steuerangelegenheiten des Erblassers

Vom Erben getragene Steuerberatungskosten, die im Rahmen der Einkommensteuerpflicht des Erblassers anfallen, insbesondere Steuerberatungskosten für die Erstellung der Einkommensteuererklärung des Erblassers, können als Erblasserschulden abzugsfähige Nachlassverbindlichkeiten i.S.d. § 10 Abs. 5 Nr. 1 ErbStG darstellen, soweit sie vom Erblasser herrühren. Eine solche Schuld setzt voraus, dass der Erblasser noch zu seinen Lebzeiten die Steuerberatung beauftragt hat (Verursacherprinzip). Hierunter fällt auch eine über den Tod des Erblassers hinausgehende Beauftragung, solange diese nicht durch eine Kündigung seitens des Erben beendet wird. Beauftragt erst der Erbe nach dem Tod des Erblassers die Steuerberatung, liegen keine Erblasserschulden vor.

Steuerberatungskosten, die dem Erben anlässlich einer Berichtigung für ursprünglich vom Erblasser abgegebene Steuererklärungen oder für die Nacherklärung von Steuern entstehen, die der Erblasser hinterzogen hat, sind als Nachlassregelungskosten i.S.d. § 10 Abs. 5 Nr. 3 Satz 1 ErbStG abzugsfähig (BFH vom 14.10.2020 II R 30/19, BStBl. II S. 216). Den Erben trifft als Gesamtrechtsnachfolger gemäß § 153 Abs. 1 AO eine Berichtigungspflicht hinsichtlich der noch vom Erblasser abgegebenen Steuererklärungen, soweit er deren Unrichtigkeit erkennt.

Die Abgabe von Steuererklärungen für solche Steuerverbindlichkeiten, die vom Erblasser herrühren und damit dem Grunde nach Nachlassverbindlichkeiten darstellen, gehört zu den vom Erblasser herrührenden steuerlichen Pflichten. Beauftragt der Erbe zur Erfüllung seiner vom Erblasser herrührenden steuerlichen Pflichten eine Steuerberatung, dienen diese Kosten dazu, den Umfang der Steuerschulden als Nachlassverbindlichkeiten zu klären. Stehen die Steuerberatungskosten im engen zeitlichen und sachlichen Zusammenhang mit dem Erwerb von Todes wegen, gehören sie nicht zu den Kosten der Nachlassverwaltung nach § 10 Abs. 5 Nr. 3 Satz 3 ErbStG. Es ist unschädlich, dass die Kosten dem Grunde und der Höhe nach durch einen eigenen Entschluss des Erben ausgelöst werden.

Der Hinweis H E 10.7 „Steuerberatungskosten für die Steuerangelegenheiten des Erblassers“ ErbStH ist nicht mehr anzuwenden.

## 2. Kosten für Haushaltsauflösung und für Räumung einer Wohnung

Kosten für die Räumung einer vom Erblasser selbst bewohnten Wohnung sind als Teil der Nachlassverwertung nach § 10 Abs. 5 Nr. 3 Satz 3 ErbStG nicht abzugsfähig, soweit sie sich auf die Eigenschaft der Wohnung als Nachlassgegenstand beziehen, weil Eigentum und Besitz des Erben geklärt sind oder sie zu den Kosten für das Herrichten der Wohnung zwecks Verkaufs, Vermietung oder Selbstnutzung zur Verwertung und damit zur Verwaltung des Nachlasses gehören.

Es liegen hingegen Nachlassregelungskosten i.S.d. § 10 Abs. 5 Nr. 3 Satz 1 ErbStG vor, soweit die Auflösung des Haushalts des Erblassers darauf gerichtet ist festzustellen, inwieweit die in der Wohnung befindlichen Gegenstände zum Nachlass gehören. Während die Durchsicht des gesamten Hausrats zur Feststellung des Nachlasses gehört, gehört das Ausräumen im Regelfall bereits zur Verwertung und damit zur Verwaltung des Nachlasses.

Kosten für die Auflösung des Haushalts und Räumung der Wohnung des Erblassers, welche in den ersten sechs Monaten nach dem Erbfall entstehen, sind aus Vereinfachungsgründen der Feststellung des Nachlasses zuzurechnen. Für anschließend entstehende Kosten hat der Steuerpflichtige darzulegen, dass die Kosten aufgrund der Umstände des Einzelfalls zur Feststellung des Nachlasses gehören.

# 250 § 10/2. Gleich lautende Erlasse betr. Abzugsfähigkeit von Nachlassverbindlichkeiten bei beschränkter Steuerpflicht; Konsequenzen aus dem EuGH-Urteil vom 21. Dezember 2021 Rs. C-394/20

Vom 9. Januar 2023

Oberste Finanzbehörden der Länder S 3700; S 3730; S 3801; S 3810; S 3822; S 3830; S 3851

(BStBl. I S. 204)

Der EuGH hat mit Urteil vom 21. Dezember 2021 Rs. C-394/20 (BStBl. 2023 II S. 156) entschieden, dass die Nichtabzugsfähigkeit von Pflichtteilsverbindlichkeiten als Nachlassverbindlichkeiten in Fällen der beschränkten Steuerpflicht nach § 10 Abs. 6 Satz 2 ErbStG nicht mit dem Unionsrecht vereinbar ist. Es liegt eine nicht gerechtfertigte Beschränkung der Kapitalverkehrsfreiheit vor.

Nach § 10 Abs. 6 Satz 2 ErbStG ist die Abzugsfähigkeit der Schulden und Lasten vom wirtschaftlichen Zusammenhang mit dem erworbenen Inlandsvermögen abhängig. Bei Pflichtteilsverbindlichkeiten besteht kein wirtschaftlicher Zusammenhang mit einzelnen Vermögensgegenständen (BFH vom 22.7.2015 II R 12/14, BStBl. 2016 II S. 230), sodass sie in Fällen der beschränkten Steuerpflicht nicht abzugsfähig sind. Bei unbeschränkter Steuerpflicht sind Pflichtteilsverbindlichkeiten unabhängig von einem wirtschaftlichen Zusammenhang vorbehaltlich einer eventuellen Abzugsbeschränkung nach § 10 Abs. 6 Satz 5 ff. ErbStG abzugsfähig. Dies führt dazu, dass Erbschaften zwischen Gebietsfremden, die Inlandsvermögen i.S.d. § 121 BewG betreffen, einer höheren steuerlichen Belastung unterliegen als Erbschaften im Fall der unbeschränkten Steuerpflicht.

Zur unionsrechtskonformen Auslegung des § 10 Abs. 6 Satz 2 ErbStG gelten die nachfolgenden Ausführungen:

Pflichtteilsverbindlichkeiten sind anteilig als Nachlassverbindlichkeiten abzugsfähig, soweit die Vermögensgegenstände des Erwerbs der beschränkten Steuerpflicht (§ 2 Abs. 1 Nr. 3 ErbStG) unterliegen. Der abzugsfähige Anteil bemisst sich nach dem Verhältnis der Summe der Werte der Vermögensgegenstände, die der beschränkten Steuerpflicht im Inland unterliegen, abzüglich der mit diesen Vermögensgegenständen in wirtschaftlichem Zusammenhang stehenden Schulden und Lasten, zum Gesamtwert aller Vermögensgegenstände des aktuellen Erwerbs abzüglich der mit diesen in wirtschaftlichem Zusammenhang stehenden Schulden und Lasten des aktuellen Erwerbs.

Neben Pflichtteilsverbindlichkeiten sind insbesondere Zugewinnausgleichsverbindlichkeiten und Verbindlichkeiten aufgrund auf Geldzahlung gerichteter Untervermächtnisse in entsprechender Anwendung anteilig abzugsfähig. Der BFH verneint einen wirtschaftlichen Zusammenhang auch in diesen Fällen (BFH vom 22.7.2015 II R 12/14, BStBl. 2016 II S. 230, und vom 22.7.2015 II R 21/13, BStBl. 2016 II S. 228). Dies führt entsprechend den Grundsätzen des EuGH-Urteils zu einer unionsrechtswidrigen Beschränkung der Kapitalverkehrsfreiheit. Deshalb sind die Grundsätze des EuGH-Urteils auch auf diese Fälle zu übertragen.

**Beispiel:**

Erblasser E, österreichischer Staatsbürger mit Wohnsitz und gewöhnlichem Aufenthalt in Österreich, verstirbt im Jahr 01. Im Nachlass des E befinden sich zwei bebaute Grundstücke in Deutschland (Wert 4 970 000 EUR), ein bebautes Grundstück in Spanien (Wert 6 000 000 EUR) und Kapitalvermögen in Österreich (330 000 EUR). Zum Todestag bestanden Schulden aus der Anschaffung der Grundstücke in Deutschland in Höhe von 2 000 000 EUR und des Grundstücks in Spanien in Höhe von 3 000 000 EUR. E hat durch Testament seine Tochter T, ebenfalls österreichische Staatsbürgerin mit Wohnsitz und gewöhnlichem Aufenthalt in Österreich, als Alleinerbin eingesetzt. Nach dem Tod des E machen seine Ehefrau F und sein Sohn S gegenüber der T Pflichtteilsansprüche in Höhe von 4 550 000 EUR geltend.

**Lösung:**

Pflichtteilsverbindlichkeiten sind anteilig als Nachlassverbindlichkeiten abzugsfähig, soweit die Vermögensgegenstände des Erwerbs der beschränkten Steuerpflicht im Inland unterliegen.

**Berechnung:**

Wert der der beschränkten Steuerpflicht unterliegenden Vermögensgegenstände abzüglich der mit diesen Vermögensgegenständen in wirtschaftlichem Zusammenhang stehenden Schulden

| | | |
|---|---|---|
| Inlandsvermögen i.S.d. § 121 Nr. 2 BewG (Grundstücke) | | 4 970 000 EUR |
| abzüglich Schulden, die in wirtschaftlichem Zusammenhang mit den Grundstücken stehen | | ./. 2 000 000 EUR |
| Vermögensanfall | | 2 970 000 EUR |

Gesamtwert aller Vermögensgegenstände des aktuellen Erwerbs abzüglich der mit diesen in wirtschaftlichem Zusammenhang stehenden Schulden

| | | |
|---|---|---|
| inländisches Vermögen Grundstücke | | 4 970 000 EUR |
| Grundstück in Spanien | | + 6 000 000 EUR |
| Kapitalvermögen in Österreich | | + 330 000 EUR |
| Gesamtwert aller Vermögensgegenstände | | 11 300 000 EUR |
| abzüglich Schulden | | |
| – in wirtschaftlichem Zusammenhang mit Inlandsvermögen | 2 000 000 EUR | |
| – in wirtschaftlichem Zusammenhang mit Auslandsvermögen | + 3 000 000 EUR | |
| | 5 000 000 EUR | ./. 5 000 000 EUR |
| Gesamtwert aller Vermögensgegenstände abzüglich in wirtschaftlichem Zusammenhang stehender Schulden | | 6 300 000 EUR |

Berechnung des abzugsfähigen Betrags der Schulden, die nicht in wirtschaftlichem Zusammenhang mit einzelnen Vermögensgegenständen stehen und die anteilig auf die der beschränkten Steuerpflicht im Inland unterliegenden Vermögensgegenstände entfallen

4 550 000 EUR × 2 970 000 EUR : 6 300 000 EUR = 2 145 000 EUR

Bereicherung der Erwerberin T

| | |
|---|---|
| Vermögensanfall | 2 970 000 EUR |
| abzüglich des anteilig abzugsfähigen Betrags der Schulden | ./. 2 145 000 EUR |
| Bereicherung | 825 000 EUR |

# **250** § 12/1. Schreiben betr. Schenkungsteuer; Bewertung des Nutzungsvorteils bei unverzinslichen und niedrig verzinslichen Darlehen

Vom 19. März 2018

(FM Bayern 34 – S 3104 – 1/1)

Zu der Frage, wie der Nutzungsvorteil eines unverzinslichen oder niedrig verzinslichen Darlehens zu bewerten ist, wenn der marktübliche Zinssatz für derartige Darlehen unter 5,5 v. H. liegt, bitte ich die folgende Auffassung zu vertreten:

Nach § 15 Abs. 1 BewG beträgt der Jahreswert der Nutzung einer Geldsumme, wenn kein anderer Wert feststeht, 5,5 v. H. der überlassenen Geldsumme. Weist ein Steuerpflichtiger nach, dass der marktübliche Zinssatz für die Aufnahme eines vergleichbaren Darlehens unter dem gesetzlich festgelegten Zinssatz von 5,5 v. H. liegt, kann für die Bewertung des Nutzungsvorteils von dem nachgewiesenen Zinssatz ausgegangen werden.

Bei einem niedrig verzinslichen Darlehen ist in diesen Fällen der schenkungsteuerlich maßgebende Nutzungsvorteil aus der Differenz zwischen dem nachgewiesenen marktüblichen Darlehenszinssatz und dem vereinbarten Zinssatz zu berechnen. Liegt der vereinbarte Zinssatz nur unwesentlich unter dem marktüblichen Zins, ist eine freigebige Zuwendung nicht anzunehmen.

Entsprechend ist bei unverzinslichen Darlehen zu verfahren. Hier ergibt sich der Nutzungsvorteil aus der Höhe des nachgewiesenen marktüblichen Darlehenszinses.

Der Erlass ergeht im Einvernehmen mit den obersten Finanzbehörden der anderen Länder. Er tritt an die Stelle des Bezugserlasses FM Bayern v. 3. 2. 2000 34 – S 3103 – 22/4 – 4840[1]. Ich bitte, die Erbschaftsteuerfinanzämter entsprechend zu informieren und den Erlass in die Erbschaftsteuerkartei aufzunehmen.

---

[1] Entspricht FM Baden-Württemberg v. 20. 1. 2000 S 3104/6.

# 250 § 13/1. Gleich lautende Erlasse betr. vollständige Steuerbefreiung für den Erwerb von Kulturgütern nach § 13 Abs. 1 Nr. 2 Buchst. b ErbStG – Urteil des BFH vom 12. Mai 2016 II R 56/14

Vom 19. August 2020

Oberste Finanzbehörden der Länder

(BStBl. I S. 924)

Der Erwerb von Kulturgütern i. S. v. § 13 Abs. 1 Nr. 2 Buchst. a ErbStG bleibt nach § 13 Abs. 1 Nr. 2 Buchst. b ErbStG vollständig steuerfrei, wenn der Steuerpflichtige bereit ist, die Gegenstände den geltenden Bestimmungen der Denkmalpflege zu unterstellen (§ 13 Abs. 1 Nr. 2 Buchst. b Doppelbuchst. aa ErbStG) und diese sich mindestens seit 20 Jahren im Familienbesitz befinden oder in ein Verzeichnis national wertvollen Kulturgutes nach § 7 Abs. 1 des Kulturgutschutzgesetzes vom 31. Juli 2016 (BGBl. I S. 1914) in der jeweils geltenden Fassung eingetragen sind (§ 13 Abs. 1 Nr. 2 Buchst. b Doppelbuchst. bb ErbStG).

Die Voraussetzungen des § 13 Abs. 1 Nr. 2 Buchst. a ErbStG sind vorab und gesondert zu prüfen.

Die Bereitschaft, die Kulturgüter der Denkmalpflege zu unterstellen, kann bereits beim Erblasser oder Schenker vorgelegen haben. Es ist ausreichend, wenn sie erst vom Steuerpflichtigen erfüllt wird. Die Steuerbefreiung knüpft an den Erwerb an, die Voraussetzungen sind deshalb in jedem Fall vom Steuerpflichtigen zu erfüllen.

Die Denkmaleigenschaft kommt Gegenständen auch ohne einen hoheitlichen Akt (z. B. die Eintragung in ein Verzeichnis) zu, wenn sie die Anforderungen an ein Denkmal, die sich aus den jeweiligen landesrechtlichen Denkmalschutzgesetzen ergeben, erfüllen. Deshalb ist für die Erfüllung des Tatbestandsmerkmals, den Gegenstand oder die Sammlung den geltenden Bestimmungen der Denkmalpflege zu unterstellen, keine Eintragung in die Denkmalliste erforderlich. Wenn die Bereitschaft besteht, kommt die Steuerbefreiung bei Vorliegen der übrigen Voraussetzungen deshalb auch für bewegliche Gegenstände zur Anwendung, die nach dem maßgebenden Landesdenkmalschutzgesetz nicht unter Schutz gestellt werden können.

Bei der Tatbestandsvoraussetzung, den Gegenstand oder die Sammlung den geltenden Bestimmungen der Denkmalpflege zu unterstellen, handelt es sich um ein subjektives Tatbestandsmerkmal, auf dessen Vorliegen nur anhand objektiver Sachverhalte geschlossen werden kann (BFH vom 12. Mai 2016 II R 56/14, BStBl. 2020 II S. 500). Die Feststellungslast trägt der Steuerpflichtige.

Der Nachweis gilt als erbracht, wenn der Steuerpflichtige in einer Erklärung gegenüber der Denkmalbehörde seine Bereitschaft zum Ausdruck bringt, die Vorschriften des jeweils landesrechtlichen Denkmalschutzgesetzes zur Denkmalpflege einzuhalten.

Zuständige Denkmalbehörde bei beweglichen Kunstgegenständen ist die Behörde an dem Ort, an dem sich der Gegenstand bzw. die Sammlung zum

Zeitpunkt der Entstehung der Steuer befindet oder an welchen der Gegenstand bzw. die Sammlung zeitnah verbracht wird.

Kann die Ernsthaftigkeit der gegenüber der Denkmalschutzbehörde abgegebenen Erklärung substantiiert widerlegt werden, z. B. weil gerade keine erhaltenden Maßnahmen getroffen werden, kann die Befreiung trotz dieser Erklärung nicht gewährt werden bzw. entfällt innerhalb des Zehnjahreszeitraumes rückwirkend (§ 13 Abs. 1 Nr. 2 Satz 2 ErbStG).

Darüber hinaus können folgende (erhaltende) Maßnahmen in einer Gesamtschau als Indizien für den objektiven Nachweis der Bereitschaft des Steuerpflichtigen, die Vorschriften des jeweils landesrechtlichen Denkmalschutzgesetzes zur Denkmalpflege einzuhalten, dienen:

- Abschluss eines Leih- und Kooperationsvertrages mit einem fachlich einschlägigen Museum,
- die konservatorisch einwandfreie und sichere Aufbewahrung und Pflege,
- Einleitung von Maßnahmen der Instandhaltung, Instandsetzung, Sanierung, Restaurierung und Ergänzung oder
- Eintragung von Kunstgegenständen in das Verzeichnis national wertvollen Kulturgutes nach dem Kulturgutschutzgesetz.

Als Maßnahmen der Instandhaltung, Instandsetzung, Sanierung, Restaurierung und Ergänzung mit Indizwirkung für die Bereitschaft zur Einhaltung der Vorschriften zur Denkmalpflege sind nur solche Maßnahmen anzusehen, die sich entweder unmittelbar aus der Denkmaleigenschaft ergeben oder die zumindest in Abstimmung mit der Denkmalschutzbehörde erfolgen. Betrifft die Denkmaleigenschaft nur Teile eines Vermögensgegenstandes, müssen sich die Maßnahmen auf diesen Teil beziehen.

Ergreift erst der Steuerpflichtige die vorstehend genannten Maßnahmen, sind diese in einem angemessenen zeitlichen Zusammenhang mit dem Erwerb zumindest einzuleiten. Dabei sind ca. sechs Monate nach Erlangung der Kenntnis vom Erwerb durch den Steuerpflichtigen noch als rechtzeitig anzusehen. Wird dieser Zeitraum überschritten, kann die Begünstigung nur in begründeten Ausnahmefällen (z. B. aufgrund von Erbstreitigkeiten) gewährt werden. Der Steuerpflichtige hat darzulegen, welche Gründe das Einleiten der Maßnahmen innerhalb des Sechsmonatszeitraums verhindert haben und warum er diese Gründe nicht zu vertreten hat (BFH vom 23. Juni 2015 II R 39/13, BStBl. 2016 II S. 225).

Bei der Prüfung des Merkmals der 20-jährigen Zugehörigkeit zum Familienbesitz ist jeweils auf den einzelnen Kunstgegenstand abzustellen. Für Kunstgegenstände, die erst innerhalb der letzten 20 Jahre vor dem Zeitpunkt der Steuerentstehung geschaffen oder angeschafft wurden, kann die Steuerbefreiung nach § 13 Abs. 1 Nr. 2 Buchst. b ErbStG nicht in Anspruch genommen werden. Dies gilt auch dann, wenn die Kunstsammlung, zu der der Gegenstand gehört, sich schon mindestens 20 Jahre im Familienbesitz befindet (BFH vom 12. Mai 2016 II R 56/14, BStBl. 2020 II S. 500).

Die vorstehenden Regelungen gelten für die Steuerbefreiung in Fällen der Ersatzerbschaftsteuer nach § 1 Abs. 1 Nr. 4 ErbStG entsprechend. Sie sind auf alle noch nicht bestandskräftigen Fälle anzuwenden.

# **250** § 13/2. Erlass betr. steuerliche Konsequenzen der Einsetzung einer gemeinnützigen Stiftung als Vorerbin

Vom 12. November 2003 (DStZ 2004 S. 133)

(FM Bayern 34 – S 3812 – 044 – 37478/03; koord. Ländererlass)

Nach § 13 Abs. 1 Nr. 16 Buchst. b ErbStG sind unter anderem Zuwendungen von Todes wegen an eine Stiftung von der Erbschaftsteuer befreit, wenn die Stiftung unmittelbar und ausschließlich gemeinnützigen Zwecken dient.

Die Steuerbefreiung kommt im folgenden Fall jedoch nicht zur Anwendung:

Der Erblasser setzt eine gemeinnützige Stiftung als Vorerbin ein. Nacherben sind die Abkömmlinge des Erblassers oder Dritte. Der Nacherbfall soll zu einem Zeitpunkt eintreten, der durch die Person des Nacherben begründet wird (z. B. Volljährigkeit, Erreichung eines bestimmten Lebensalters, Abschluss der Ausbildung).

Der Übergang des Nachlasses auf die Stiftung unterliegt der Erbschaftsteuer. Für die Gewährung der Steuerbefreiung nach § 13 Abs. 1 Nr. 16 Buchst. b ErbStG fehlt es an der Bindung des zugewandten Vermögens i. S. v. § 55 Abs. 1 Nr. 1 AO, wenn die Stiftung das Vermögen als Vorerbin nur auf (bestimmte) Zeit erhält und bei Eintritt des Nacherbfalls wieder herausgeben muss. Nach § 55 Abs. 1 Nr. 1 AO dürfen die Mittel der Stiftung nur für die satzungsmäßigen Zwecke verwendet werden. Da nur der einmalige Vermögensübergang auf die Stiftung der Erbschaftsteuer unterliegt, muss die Bindung gerade hinsichtlich des zugewendeten Vermögens bestehen. Nur dann ist eine vollständige Steuerbefreiung, wie sie § 13 Abs. 1 Nr. 16 Buchst. b ErbStG vorsieht, gerechtfertigt. Die absehbare Herausgabe des Vermögens an die Nacherben verstößt gegen die Vermögensbindung.

Der Erlass ergeht im Einvernehmen mit den obersten Finanzbehörden der anderen Länder.

# 250 § 13/3. Gleich lautende Erlasse betr. Steuerbefreiung für ein Familienheim nach § 13 Abs. 1 Nr. 4b und Nr. 4c ErbStG; Zwingende, an einer Selbstnutzung zu eigenen Wohnzwecken hindernde Gründe

Vom 9. Februar 2022

Oberste Finanzbehörden der Länder

Eine Steuerbefreiung für den Erwerb eines Familienheims nach § 13 Abs. 1 Nr. 4b und 4c ErbStG fällt mit Wirkung für die Vergangenheit weg, wenn der Erwerber das Familienheim innerhalb von zehn Jahren nach dem Erwerb nicht mehr zu Wohnzwecken selbst nutzt, es sei denn, er ist aus zwingenden Gründen an einer Selbstnutzung zu eigenen Wohnzwecken gehindert (§ 13 Abs. 1 Nr. 4b Satz 5 bzw. Nr. 4c Satz 5 ErbStG).

An einer Selbstnutzung zu eigenen Wohnzwecken gehindert zu sein setzt voraus, dass objektiv zwingende Gründe dafür vorliegen (R E 13.4 Abs. 6 Satz 8 ErbStR). Ein objektiv zwingender Grund liegt beispielsweise vor, wenn ein Familienheim innerhalb des Zehnjahreszeitraums aufgrund höherer Gewalt (z.B. durch Hochwasser, Starkregen, Unwetter, Sturm, Brand, Explosion) zerstört und seine tatsächliche Selbstnutzung dadurch beendet wird. In diesen Fällen entfällt die Steuerbefreiung nicht rückwirkend.

Der Erwerber ist nicht zum Wiederaufbau des Familienheims verpflichtet, da eine weitere Selbstnutzung der ursprünglich vom Erblasser bis zum Erbfall zu eigenen Wohnzwecken genutzten Wohnung aufgrund der Zerstörung nicht mehr möglich ist. Die zehnjährige Selbstnutzungsfrist und die damit einhergehende Überwachung enden mit dem Zeitpunkt der Zerstörung des ursprünglichen Familienheims.

Eine zeitweise Unbewohnbarkeit aufgrund höherer Gewalt, z.B. für den Zeitraum einer Sanierung oder aufgrund eines behördlich angeordneten Nutzungsverbots, kann zu einer tatsächlichen Unterbrechung der Nutzung zu eigenen Wohnzwecken führen. Dies ist unschädlich, wenn der Erwerber des Familienheims unverzüglich nach der Wiederherstellung der Bewohnbarkeit des Familienheims die Nutzung zu eigenen Wohnzwecken wieder aufnimmt und bis zum Ablauf des Zehnjahreszeitraums ausübt. Es liegt dann keine Aufgabe der Selbstnutzung durch längeren Leerstand vor (R E 13.4 Abs. 6 Satz 4 ErbStR).

# **250** § 13 a/1. Schreiben betr. Einbringung von Betriebsvermögen in eine Kapitalgesellschaft – erbschaftsteuerliche Behandlung einer „anderen Gegenleistung" im Sinne des § 20 UmwStG im Rahmen des § 13 a Abs. 5 Satz 1 Nr. 1 ErbStG[1)]

Vom 3. Mai 2012 (FR S. 603)

(FM Bayern 33/34 – S 3812 a – 026 – 16 815/12; koord. Ländererlass)

Wurde ein zum nach § 13 b Abs. 1 Nr. 2 ErbStG begünstigungsfähigen Betriebsvermögen gehörender Betrieb, Teilbetrieb oder Mitunternehmeranteil erworben und hierfür die Steuerbefreiung nach § 13 a ErbStG gewährt, führt die Einbringung des verschonten Vermögens durch Sacheinlage nach § 20 Abs. 1 UmwStG in eine Kapitalgesellschaft grundsätzlich noch nicht zu einer schädlichen Verwendung (§ 13 a Abs. 5 Satz 1 Nr. 1 Satz 2 ErbStG). In Umwandlungsfällen nach § 20 UmwStG kann die aufnehmende Kapitalgesellschaft dem Einbringenden jedoch neben den Gesellschaftsanteilen weitere Gegenleistungen für die Sacheinlage gewähren (§ 20 Abs. 2 Satz 4 UmwStG). Wird hiervon Gebrauch gemacht, liegt eine nachsteuerunschädliche Einbringung nach § 13 a Abs. 5 Satz 1 Nr. 1 Satz 2 ErbStG nur insoweit vor, als sie gegen Gewährung der Gesellschaftsanteile der Kapitalgesellschaft erfolgt. Soweit die Kapitalgesellschaft für die Einbringung des begünstigten Betriebsvermögens eine Gegenleistung in Form anderer Wirtschaftsgüter erbringt, handelt es sich um eine schädliche Veräußerung im Sinne von § 13 a Abs. 5 Satz 1 Nr. 1 Satz 1 ErbStG.

Diese Grundsätze sind in Fällen des für Erwerbe bis zum 31. Dezember 2008 geltenden Rechts entsprechend anzuwenden.

Der Erlass ergeht im Einvernehmen mit den obersten Finanzbehörden der anderen Länder.

---

1) Die Grundsätze dieses Erlasses sind auch auf Sachverhalte nach dem 1. 7. 2016 (Inkrafttreten des G zur Anpassung des Erbschaftsteuer- und Schenkungsteuergesetzes an die Rechtsprechung des Bundesverfassungsgerichts v. 4. 11. 2016, BGBl. I S. 2464) anzuwenden.

# **250** § 13 a/2. Gleich lautende Erlasse betr. Behandlung des Kurzarbeitergeldes bei der Lohnsumme i. S. d. § 13 a Abs. 3 ErbStG

Vom 14. Oktober 2020 (BStBl. I S. 1163)

(Oberste Finanzbehörden der Länder)

Bei der Ermittlung der Lohnsumme nach § 13 a Abs. 3 Satz 6 bis 13 ErbStG (Summe der maßgebenden jährlichen Lohnsummen) ist es gemäß R E 13 a.5 ErbStR im Allgemeinen nicht zu beanstanden, wenn bei inländischen Gewerbebetrieben von dem in der Gewinn- und Verlustrechnung ausgewiesenen Aufwand für Löhne und Gehälter ausgegangen wird. Das dem Arbeitgeber von der Bundesagentur für Arbeit ausgezahlte und gewinnwirksam gebuchte Kurzarbeitergeld ist von diesem Aufwand nicht abzuziehen.

Das dem Arbeitgeber von der Bundesagentur für Arbeit ausgezahlte Kurzarbeitergeld ist in Fällen, in denen es bilanziell als durchlaufender Posten behandelt und weder ein Aufwand noch ein Ertrag erfasst wird, bei entsprechendem Kontennachweis zusätzlich zum in der Gewinn- und Verlustrechnung ausgewiesenen Lohn- und Gehaltsaufwand bei der Ermittlung der Lohnsumme zu berücksichtigen.

Die obigen Ausführungen gelten für die Ermittlung der Ausgangslohnsumme nach § 13 a Abs. 3 Satz 2 ErbStG entsprechend.

**Anmerkung des LfSt Bayern v. 17.12. 2020 S 3812a.2.1 – 55/4:**

Die Erlasse sind auf alle Fälle anzuwenden, in denen die Feststellung der Ausgangslohnsumme bzw. der Summe der maßgebenden jährlichen Lohnsummen (§ 13 a Abs. 4 ErbStG) noch nicht bestandskräftig ist. In Fällen einer Steuerentstehung zwischen dem 1. 7. 2011 und dem 30. 6. 2016 sind die Erlasse in den Fällen anzuwenden, in denen die Feststellung der Ausgangslohnsumme bzw. der Summe der maßgebenden jährlichen Lohnsummen (§ 13 a Abs. 1 a ErbStG a. F.) noch nicht bestandskräftig ist. Sollten in Fällen einer Steuerentstehung vor dem 1. 7. 2011 Steuerfestsetzungen noch nicht bestandskräftig sein, sind die Erlasse ebenfalls anzuwenden.

# 250 § 13a/3. Gleich lautende Erlasse betr. Billigkeitsmaßnahmen im Zusammenhang mit der Summe der maßgebenden jährlichen Lohnsummen nach § 13a Abs. 3 Satz 5 ErbStG

Vom 30. Dezember 2021

Oberste Finanzbehörden der Länder

Unterschreitet die Summe der maßgebenden jährlichen Lohnsummen die Mindestlohnsumme, vermindert sich gemäß § 13a Abs. 3 Satz 5 ErbStG der nach § 13a Abs. 1 ErbStG zu gewährende Verschonungsabschlag mit Wirkung für die Vergangenheit in demselben prozentualen Umfang, wie die Mindestlohnsumme unterschritten wird.

Sachlich unbillig ist die Festsetzung oder Erhebung einer Steuer, wenn sie zwar äußerlich dem Gesetz entspricht, aber den Wertungen des Gesetzgebers im konkreten Fall derart zuwiderläuft, dass die Erhebung der Steuer als unbillig erscheint. So verhält es sich, wenn nach dem erklärten oder mutmaßlichen Willen des Gesetzgebers angenommen werden kann, dass der Gesetzgeber die im Billigkeitswege zu entscheidende Frage – wenn er sie als regelungsbedürftig erkannt hätte – im Sinne der beabsichtigten Billigkeitsmaßnahme entschieden hätte. Eine Billigkeitsentscheidung darf jedoch nicht dazu führen, die generelle Geltungsanordnung des den Steueranspruch begründenden Gesetzes zu unterlaufen. Sie darf nicht die Wertung des Gesetzes durchbrechen oder korrigieren, sondern nur einem ungewollten Überhang des gesetzlichen Steuertatbestandes abhelfen (vgl. BFH vom 22.10.2014 II R 4/14, BStBl. 2015 II S. 237, Rz. 14 f., m.w.N.).

Unter Berücksichtigung dessen kommt im Einzelfall eine abweichende Festsetzung nach § 163 Abs. 1 AO oder ein Erlass nach § 227 AO aus sachlichen Gründen bei der Erbschaft- und Schenkungsteuer beim Erwerb begünstigten Vermögens i.S.d. § 13b Abs. 2 ErbStG insbesondere in Betracht, soweit die tatsächliche Summe der maßgebenden jährlichen Lohnsummen nach § 13a Abs. 3 Sätze 6 bis 13 ErbStG, in welche Lohnsummen aus dem Zeitraum 1. März 2020 bis 30. Juni 2022 einbezogen wurden, die Mindestlohnsumme ausschließlich aufgrund der durch das Coronavirus SARS-CoV-2 ausgelösten COVID-19-Pandemie unterschreitet und es allein deshalb zu einer Nachversteuerung nach § 13a Abs. 3 Satz 5 ErbStG ggf. i.V.m. § 13a Abs. 10 oder § 13c Abs. 2 Satz 1 ErbStG kommt oder kommen würde oder ein Erlass nach § 28a Abs. 1 ErbStG gemäß § 28a Abs. 4 Satz 1 Nr. 1 ErbStG mit Wirkung für die Vergangenheit wegfällt. Führt das Unterschreiten der Mindestlohnsumme wegen § 28 Abs. 1 Satz 5 und 6 ErbStG darüber hinaus zum vorzeitigen Ende einer Stundung nach § 28 Abs. 1 Satz 1 ErbStG, kommt insoweit eine Weitergewährung der Stundung auf Antrag nach § 222 AO in Betracht.

Von der erforderlichen Kausalität zwischen der durch das Coronavirus SARS-CoV-2 ausgelösten COVID-19-Pandemie und dem Unterschreiten der Mindestlohnsumme kann in der Regel ausgegangen werden, wenn

1. in dem o.g. Zeitraum die rechnerisch erforderliche durchschnittliche Lohnsumme zur Einhaltung der Mindestlohnsumme unterschritten wurde,
2. für den o.g. Zeitraum Kurzarbeitergeld an den Betrieb gezahlt wurde und

3. der Betrieb einer Branche angehörte, die von einer verordneten Schließung wegen der COVID-19-Pandemie unmittelbar betroffen war.

Die vorstehende Prüfung ist einzelfallbezogen vorzunehmen. Es dürfen für das kumulative Vorliegen der vorgenannten Kriterien keine anderen Gründe für die Unterschreitung der Mindestlohnsumme (z.B. betriebsbedingte Kündigung) und für die Zahlung des Kurzarbeitergeldes an den Betrieb vorliegen. Liegen die Umstände zu 1. bis 3. nicht kumulativ vor, ist im Einzelfall zu prüfen, ob dennoch von der erforderlichen Kausalität ausgegangen werden kann. Mitunter kann es beispielsweise genügen, wenn nur die Umstände zu 1. und 3. vorliegen, da einzelne Arbeitsverhältnisse pandemiebedingt bereits vor der Zahlung von Kurzarbeitergeld an den Betrieb beendet wurden (z.B. in der Gastronomie).

Auch mittelbare Auswirkungen einer verordneten Schließung wegen der COVID-19-Pandemie können im Einzelfall für die Annahme der erforderlichen Kausalität genügen und sich beispielsweise ergeben, wenn nicht der Betrieb selbst von einer verordneten Schließung betroffen war, aber sich Folgeauswirkungen auf den Betrieb ergeben haben (z.B. Textilreinigung von Hotel- und Gastronomiewäsche, Beförderungsunternehmen, Brauereien).

Eine abweichende Festsetzung bzw. ein Erlass kommt regelmäßig nicht in Betracht, wenn schon vor dem o.g. Pandemiezeitraum die rechnerisch erforderliche durchschnittliche Lohnsumme zur Einhaltung der Mindestlohnsumme nicht erreicht wurde. In diesem Fall ist das Unterschreiten der Mindestlohnsumme nicht ausschließlich auf die COVID-19-Pandemie zurück zu führen.

Vorstehende Regelungen gelten in den Fällen einer Steuerentstehung vor dem 1. Juli 2016 (§ 13a Abs. 1 Satz 5 ErbStG a.F.) entsprechend.

# 250 § 13b/1. Gleich lautende Erlasse betr. Aufteilung des Verwaltungsvermögens, des jungen Verwaltungsvermögens, der Finanzmittel, der jungen Finanzmittel und der Schulden aus dem Gesamthandsvermögen einer Personengesellschaft auf die Gesellschafter bei Feststellungen nach § 13 b Abs. 10 ErbStG

Vom 11. Februar 2021

Oberste Finanzbehörden der Länder

(BStBl. I S. 355)

**1.**

Grundsätzlich gilt, dass Verwaltungsvermögen, junges Verwaltungsvermögen, Finanzmittel, junge Finanzmittel und Schulden aus dem Gesamthandsvermögen einer Personengesellschaft dem Gesellschafter nach dem Wert der Beteiligung des Gesellschafters am Gesamthandsvermögen zum gemeinen Wert des Gesamthandsvermögens der Gesellschaft zuzurechnen sind (R E 13 b.12 Abs. 4 Satz 2 ErbStR, R E 13 b.23 Abs. 9 Satz 3 und 7 ErbStR, R E 13 b.27 Satz 4 ErbStR).

**2.**

In Abhängigkeit davon, ob der Anteil am Gesamthandsvermögen und das Gesamthandsvermögen positiv, negativ oder 0 EUR ist sowie die Feststellungen bei der Gesellschaft auf der obersten Stufe oder in nachgeordneten Beteiligungsstufen zu treffen sind, können sich unterschiedliche Auswirkungen auf die jeweils weiteren festzustellenden Werte des Verwaltungsvermögens, des jungen Verwaltungsvermögens, der Finanzmittel, der jungen Finanzmittel und der Schulden ergeben. Es gelten daher folgende Ausnahmen:

**2.1.**

In den Fällen, in denen der Anteil am Gesamthandsvermögen positiv und das Gesamthandsvermögen negativ ist, ist wie folgt zu verfahren:

a) Gilt vorstehende Ausgangssituation für eine Gesellschaft auf der obersten Stufe, erfolgt kein Ansatz mit 0 EUR, vielmehr ist der positive Wert des Verwaltungsvermögens, des jungen Verwaltungsvermögens, der Finanzmittel, der jungen Finanzmittel und der Schulden festzustellen. Diese positiven Werte werden nach der gesellschaftsrechtlich vereinbarten Beteiligungsquote am Vermögen und den stillen Reserven aufgeteilt. Zumindest bei Kommanditgesellschaften kann aus Vereinfachungsgründen regelmäßig auf das Verhältnis der Kapitalkonten I der Gesellschafter abgestellt werden.

b) Gilt vorstehende Ausgangssituation für eine Gesellschaft in nachgeordneten Beteiligungsstufen, wird der positive Wert des Verwaltungsvermögens, des jungen Verwaltungsvermögens, der Finanzmittel, der jungen Finanzmittel und der Schulden nach der gesellschaftsrechtlich vereinbarten Beteiligungsquote am Vermögen und den stillen Reserven aufgeteilt. Zumindest bei

Kommanditgesellschaften kann aus Vereinfachungsgründen regelmäßig auf das Verhältnis der Kapitalkonten I der Gesellschafter abgestellt werden.

**2.2.**

In den Fällen, in denen der Anteil am Gesamthandsvermögen positiv und das Gesamthandsvermögen 0 EUR ist, ist wie folgt zu verfahren:

a) Gilt vorstehende Ausgangssituation für eine Gesellschaft auf der obersten Stufe, erfolgt kein Ansatz mit 0 EUR, vielmehr ist der positive Wert des Verwaltungsvermögens, des jungen Verwaltungsvermögens, der Finanzmittel, der jungen Finanzmittel und der Schulden festzustellen. Die Aufteilung erfolgt nach Tz. 2.1 a).

b) Gilt vorstehende Ausgangssituation für eine Gesellschaft in nachgeordneten Beteiligungsstufen, wird ebenfalls der positive Wert des Verwaltungsvermögens, des jungen Verwaltungsvermögens, der Finanzmittel, der jungen Finanzmittel und der Schulden festgestellt. Die Aufteilung erfolgt nach Tz. 2.1 b).

**2.3.**

In den Fällen, in denen der Anteil am Gesamthandsvermögen negativ und das Gesamthandsvermögen positiv ist, ist wie folgt zu verfahren:

a) Gilt vorstehende Ausgangssituation für eine Gesellschaft auf der obersten Stufe, ist das auf den Anteil am Gesamthandsvermögen entfallende Verwaltungsvermögen, junge Verwaltungsvermögen, Finanzmittel, junge Finanzmittel und Schulden mit 0 EUR anzusetzen (R E 13 b.12 Abs. 4 Satz 3 ErbStR, R E 13 b.23 Abs. 9 Satz 4 ErbStR, R E 13 b.27 Satz 5 ErbStR).

b) Gilt vorstehende Ausgangssituation für eine Gesellschaft in nachgeordneten Beteiligungsstufen, wird der positive Wert des Verwaltungsvermögens, des jungen Verwaltungsvermögens, der Finanzmittel, der jungen Finanzmittel und der Schulden festgestellt. Die Aufteilung erfolgt nach Tz. 2.1 b).

**2.4.**

In den Fällen, in denen der Anteil am Gesamthandsvermögen negativ und das Gesamthandsvermögen negativ ist, ist wie folgt zu verfahren:

a) Gilt vorstehende Ausgangssituation für eine Gesellschaft auf der obersten Stufe, erfolgt ein Ansatz mit 0 EUR (R E 13 b.12 Abs. 4 Satz 3 ErbStR, R E 13 b.23 Abs. 9 Satz 4 ErbStR, R E 13 b.27 Satz 5 ErbStR).

b) Gilt vorstehende Ausgangssituation für eine Gesellschaft in nachgeordneten Beteiligungsstufen, wird der positive Wert des Verwaltungsvermögens, des jungen Verwaltungsvermögens, der Finanzmittel, der jungen Finanzmittel und der Schulden festgestellt. Die Aufteilung erfolgt nach Tz. 2.1 b).

**2.5.**

In den Fällen, in denen der Anteil am Gesamthandsvermögen negativ und das Gesamthandsvermögen 0 EUR ist, ist wie folgt zu verfahren:

a) Gilt vorstehende Ausgangssituation für eine Gesellschaft auf der obersten Stufe, erfolgt ein Ansatz mit 0 EUR (R E 13 b.12 Abs. 4 Satz 3 ErbStR, R E 13 b.23 Abs. 9 Satz 4 ErbStR, R E 13 b.27 Satz 5 ErbStR).

b) Gilt vorstehende Ausgangssituation für eine Gesellschaft in nachgeordneten Beteiligungsstufen, wird der positive Wert des Verwaltungsvermögens, des jungen Verwaltungsvermögens, der Finanzmittel, der jungen Finanzmittel und der Schulden festgestellt. Die Aufteilung erfolgt nach Tz. 2.1 b).

**2.6.**

In den Fällen, in denen der Anteil am Gesamthandsvermögen 0 EUR und das Gesamthandsvermögen positiv ist, ist wie folgt zu verfahren:

a) Gilt vorstehende Ausgangssituation für eine Gesellschaft auf der obersten Stufe, erfolgt ein Ansatz mit 0 EUR.

b) Gilt vorstehende Ausgangssituation für eine Gesellschaft in nachgeordneten Beteiligungsstufen, wird der positive Wert des Verwaltungsvermögens, des jungen Verwaltungsvermögens, der Finanzmittel, der jungen Finanzmittel und der Schulden festgestellt. Die Aufteilung erfolgt nach Tz. 2.1 b).

**2.7.**

In den Fällen, in denen der Anteil am Gesamthandsvermögen 0 EUR und das Gesamthandsvermögen negativ ist, ist wie folgt zu verfahren:

a) Gilt vorstehende Ausgangssituation für eine Gesellschaft auf der obersten Stufe, erfolgt ein Ansatz mit 0 EUR.

b) Gilt vorstehende Ausgangssituation für eine Gesellschaft in nachgeordneten Beteiligungsstufen, wird der positive Wert des Verwaltungsvermögens, des jungen Verwaltungsvermögens, der Finanzmittel, der jungen Finanzmittel und der Schulden festgestellt. Die Aufteilung erfolgt nach Tz. 2.1 b).

**2.8.**

In den Fällen, in denen der Anteil am Gesamthandsvermögen 0 EUR und das Gesamthandsvermögen 0 EUR ist, ist wie folgt zu verfahren:

a) Gilt vorstehende Ausgangssituation für eine Gesellschaft auf der obersten Stufe, erfolgt ein Ansatz mit 0 EUR.

b) Gilt vorstehende Ausgangssituation für eine Gesellschaft in nachgeordneten Beteiligungsstufen, wird der positive Wert des Verwaltungsvermögens, des jungen Verwaltungsvermögens, der Finanzmittel, der jungen Finanzmittel und der Schulden festgestellt. Die Aufteilung erfolgt nach Tz. 2.1 b).

**2.9.**

Die Prüfung, ob ein Ausnahmefall i. S. d. Tz. 2.1 bis 2.8 vorliegt, erfolgt bei Kommanditbeteiligungen nach einer ggf. vorzunehmenden Begrenzung ihres Werts nach R B 97.5 Abs. 2 ErbStR.

**3.**

In den Fällen, in denen sich rechnerisch ein Verwaltungsvermögen, junges Verwaltungsvermögen, Finanzmittel, junge Finanzmittel und Schulden von mehr als 100 % des gemeinen Wertes ergeben würde, ist der Wert des Verwaltungsvermögens, des jungen Verwaltungsvermögens, der Finanzmittel, der jungen Finanzmittel und der Schulden insgesamt auf 100 % zu begrenzen. Diese Begrenzung hat auf jeder Beteiligungsstufe unter Einbeziehung der anteiligen Werte der übrigen Gesellschafter der Personengesellschaft zu erfolgen.

**Beispiel:**

A führt ein Einzelunternehmen, in dem er die Beteiligung an der A&B OHG hält.

A verschenkt sein Einzelunternehmen an seine Tochter T.

B hält seine Beteiligung an der A&B OHG im Privatvermögen und verschenkt diese an seinen Sohn L zum gleichen Stichtag wie A sein Einzelunternehmen.
A&B OHG: Beteiligt am Gewinn sind A und B zu je 50 %, Beteiligungsverhältnis 50:50.
Gemeine Werte der A&B OHG:

| | | | |
|---|---|---|---|
| Verwaltungsvermögen | 200 000 EUR | Gemeiner Wert des Betriebsvermögens | 10 000 000 EUR |
| | | Kapitalkonto A | ./. 5 000 000 EUR |
| | | Kapitalkonto B | 7 000 000 EUR |

Verteilung nach § 97 Abs. 1 a BewG:

| | | A | B |
|---|---|---|---|
| Wert des BV | 10 000 000 EUR | | |
| Zurechnung Kapitalkonten | ./. 2 000 000 EUR | ./. 5 000 000 EUR | 7 000 000 EUR |
| Rest nach Gewinnbeteiligung | ./. 8 000 000 EUR | 4 000 000 EUR | 4 000 000 EUR |
| Anteilswert | | ./. 1 000 000 EUR | 11 000 000 EUR |
| in % | | ./. 10 % | 110 % |

Festzustellende Werte des Verwaltungsvermögens bei A (nachgeordnete Beteiligungsstufe) und bei B (oberste Stufe):

| Anteil des A | | Anteil des B | |
|---|---|---|---|
| Nach Tz. 2.3 b) i. V. m. 2.1 b) rechnerisch: | | Nach Tz. 1 rechnerisch: | |
| 200 000 EUR × 50 % = | 100 000EUR | 200 000 EUR × 11 000 000 EUR / 10 000 000 EUR | = 220 000 EUR |
| Ansatz mit | 100 000EUR | | |
| | | Nach Tz. 3 Begrenzung auf insgesamt 100 % | = 200 000 EUR |
| | | abzüglich Anteil des A i. H. v. | ./.100 000 EUR |
| | | Ansatz mit | 100 000 EUR |

Der Erlass ist für alle Erwerbe anzuwenden, für die die Steuer nach dem 30. Juni 2016 entstanden ist, soweit die Feststellungsbescheide noch nicht bestandskräftig sind.

# 250 § 13b/2. Gleich lautende Erlasse betr. Behandlung von (jungem) Verwaltungsvermögen und (jungen) Finanzmitteln bei Umwandlungsvorgängen sowie Folgen von Umwandlungsvorgängen für die Anwendung des vereinfachten Ertragswertverfahrens

Vom 13. Oktober 2022
Oberste Finanzbehörden der Länder S 3812b
(BStBl. I S. 1517)

## I. Entstehen jungen Verwaltungsvermögens durch Umwandlungsvorgänge

1 Die Verwaltungsvermögenseigenschaft eines Wirtschaftsguts ist im Besteuerungszeitpunkt zu prüfen. Durch Umwandlungsvorgänge kann sich die Verwaltungsvermögenseigenschaft eines Wirtschaftsguts ändern (z.B. Überschreiten der Beteiligungsgrenze bei Anteilen an Kapitalgesellschaften nach § 13b Abs. 4 Nr. 2 ErbStG). Verwaltungsvermögen i.S.v. § 13b Abs. 4 Nr. 1 bis 4 ErbStG, das dem Betrieb im Zeitpunkt der Steuerentstehung weniger als zwei Jahre zuzurechnen war, ist junges Verwaltungsvermögen (§ 13b Abs. 7 Satz 2 ErbStG). Bei Umwandlungsvorgängen kann sich für einzelne Wirtschaftsgüter ein Rechtsträgerwechsel ergeben, der Auswirkungen auf die Qualifizierung als junges Verwaltungsvermögen haben kann. Für die Beurteilung, ob junges Verwaltungsvermögen zugeführt wurde, ist eine betriebsbezogene Sichtweise erforderlich.

2 Im Hinblick auf die Gesamtsystematik der §§ 13a, 13b ErbStG, insbesondere auch unter Berücksichtigung des Systems der stufenweisen Ermittlung und Einbeziehung in die Verbundvermögensaufstellung (§ 13b Abs. 9 ErbStG), erfolgt für die Beurteilung, ob junges Verwaltungsvermögen vorliegt, weder eine rein zivilrechtliche noch eine rein ertragsteuerliche Anknüpfung. Entscheidend ist, ob sich die Betriebszuordnung des Wirtschaftsguts ändert.

### 1. Verschmelzung

3 Im Fall einer Verschmelzung handelt es sich um die Übertragung des gesamten Vermögens eines Rechtsträgers auf einen anderen schon bestehenden Rechtsträger oder zweier oder mehrerer Rechtsträger auf einen neu gegründeten Rechtsträger im Wege der Gesamtrechtsnachfolge unter Auflösung ohne Abwicklung.

4 Bei einer Verschmelzung einer Tochtergesellschaft auf eine Muttergesellschaft (Aufwärtsverschmelzung) wird der Muttergesellschaft junges Verwaltungsvermögen zugeführt (BFH vom 22.1.2020 II R 41/18, BStBl. II S. 577). Die Aufwärtsverschmelzung führt bilanziell bei der aufnehmenden Gesellschaft zu einem Aktivtausch (einzelne Wirtschaftsgüter an Beteiligung). Der Zweijahreszeitraum des § 13b Abs. 7 Satz 2 ErbStG beginnt bei dem aufnehmenden Rechtsträger neu, eine Anrechnung der Zurechnungszeit des bisherigen Rechtsträgers findet nicht statt (BFH vom 22.1.2020, a.a.O., Rn. 36).

5 Die Grundsätze sind auf andere Verschmelzungsvorgänge entsprechend anzuwenden (insbesondere Seitwärts- oder Abwärtsverschmelzungen), selbst wenn insofern bilanziell kein Aktivtausch vorliegt.

**2. Auf- oder Abspaltung, Ausgliederung**

6 Im Fall der Aufspaltung (§ 123 Abs. 1 UmwG) teilt ein Rechtsträger sein Vermögen unter Auflösung auf und überträgt die Teile im Wege der Sonderrechtsnachfolge jeweils auf andere schon bestehende oder neu gegründete Rechtsträger. Es entsteht in vollem Umfang junges Verwaltungsvermögen bei den neuen Rechtsträgern, ohne dass eine Zurechnungszeit des bisherigen Rechtsträgers beim neuen Rechtsträger angerechnet wird.

7 Bei der Abspaltung (§ 123 Abs. 2 UmwG) bleibt der bisherige Rechtsträger bestehen, es geht lediglich ein Teil des Vermögens im Wege der Sonderrechtsnachfolge auf andere schon bestehende oder neu gegründete Rechtsträger über. Im Umfang des Übergangs von Verwaltungsvermögen auf den/die neuen Rechtsträger entsteht bei diesem/-n junges Verwaltungsvermögen, ohne dass eine Zurechnungszeit des bisherigen Rechtsträgers beim neuen Rechtsträger angerechnet wird.

8 Im Fall der Ausgliederung (§ 123 Abs. 3 UmwG) wird aus dem Vermögen des übertragenden Rechtsträgers ein Teil oder mehrere Teile im Wege der Sonderrechtsnachfolge auf andere schon bestehende oder neu gegründete Rechtsträger übertragen. Im Umfang des Übergangs von Verwaltungsvermögen auf den oder die neuen Rechtsträger entsteht bei diesem/-n junges Verwaltungsvermögen, ohne dass eine Zurechnungszeit des bisherigen Rechtsträgers beim neuen Rechtsträger angerechnet wird.

**3. Einbringungsvorgänge**

**3.1. Einbringung eines Einzelunternehmens in eine Personengesellschaft**

9 Die Einbringung eines Einzelunternehmens in eine Personengesellschaft führt zivilrechtlich zum Eigentumsübergang der Wirtschaftsgüter und somit zu einem Rechtsträgerwechsel. Auch ertragsteuerlich ändert sich die betriebliche Zuordnung. Das übertragene Verwaltungsvermögen ist dadurch bei der Personengesellschaft als junges Verwaltungsvermögen zu qualifizieren. Zurechnungszeiten des eingebrachten Einzelunternehmens werden nicht angerechnet.

**Beispiel 1:**

A hat ein Einzelunternehmen, in dem sich an Dritte vermieteter Grundbesitz befindet. Er beteiligt seinen Sohn in der Form an dem Einzelunternehmen, dass eine OHG gegründet wird, in welche der laufende Geschäftsbetrieb des Einzelunternehmens eingelegt wird.

In der neu gegründeten OHG stellt der an Dritte vermietete Grundbesitz junges Verwaltungsvermögen dar.

**Abwandlung:**

Es werden Wirtschaftsgüter, die Verwaltungsvermögen darstellen, nicht in das Gesamthandsvermögen, sondern in das Sonderbetriebsvermögen des A überführt. Im Nachgang verschenkt A einen Anteil am Gesamthandsvermögen und sein Sonderbetriebsvermögen an seinen Sohn.

Junges Verwaltungsvermögen entsteht bereits mit der Einbringung der Wirtschaftsgüter, die Verwaltungsvermögen darstellen, in das Sonderbetriebsvermögen des A im Rahmen der Gründung der OHG.

**3.2. Einbringung eines Mitunternehmeranteils in eine Personengesellschaft unter Begründung einer doppel-(oder mehr-)stöckigen Struktur**

10 Zivilrechtlich verbleiben die Wirtschaftsgüter einer Personengesellschaft (Untergesellschaft) bei Einbringung eines Mitunternehmeranteils an dieser in eine andere Personengesellschaft (Obergesellschaft) im Eigentum der Untergesellschaft, ein Rechtsträgerwechsel findet nicht statt. Nach ertragsteuerlichen

Grundsätzen entsteht hier eine neue, doppelstöckige Mitunternehmerschaft. Unmittelbarer Mitunternehmer der Untergesellschaft wird die Obergesellschaft. Deren Gesellschafter sind mittelbar an der Untergesellschaft beteiligt. Die Beteiligung an der Untergesellschaft wird in der Steuerbilanz der Obergesellschaft mit dem Stand der Kapitalkonten der Obergesellschaft bei der Untergesellschaft abgebildet (Spiegelbildmethode).

Aufgrund der stufenweisen Ermittlung bei der Verbundvermögensaufstellung ist erbschaft- und schenkungsteuerrechtlich davon auszugehen, dass die Wirtschaftsgüter der Untergesellschaft ihre Betriebszugehörigkeit durch die Einbringung des Mitunternehmeranteils nicht ändern. Es entsteht kein junges Verwaltungsvermögen in Bezug auf die Wirtschaftsgüter der Untergesellschaft. **11**

**Beispiel 2:**

Gesellschafter A ist an der X-KG (Untergesellschaft) zu 1/3 beteiligt. Er bringt den Anteil in die neu gegründete Y-OHG (Obergesellschaft) gegen Gewährung von Gesellschaftsrechten ein.

Mit der Einbringung des Anteils an der X-KG in die Y-OHG entsteht kein junges Verwaltungsvermögen bei der X-KG.

Bringt der bisherige Mitunternehmer auch Sonderbetriebsvermögen in das Gesamthandsvermögen der neuen Obergesellschaft ein, so ändert sich die zivilrechtliche Zuordnung (Rechtsträgerwechsel). Der Eigentümer des Sonderbetriebsvermögens ist nicht mehr der einbringende Gesellschafter, sondern die Obergesellschaft. Ertragsteuerlich wird das Sonderbetriebsvermögen weiter dem Betrieb der Untergesellschaft zugerechnet. Der Obergesellschaft wird insoweit kein eigenes junges Verwaltungsvermögen zugeführt. Bei der Untergesellschaft ergibt sich aus dem Rechtsträgerwechsel hinsichtlich des Sonderbetriebsvermögens der Obergesellschaft junges Verwaltungsvermögen auf Ebene der Untergesellschaft. Im Rahmen der Verbundvermögensbetrachtung nach § 13b Abs. 9 ErbStG ist das junge Verwaltungsvermögen aus dem Sonderbetriebsvermögen der Obergesellschaft bei der Untergesellschaft neben dem jungen Verwaltungsvermögen aus der Beteiligung der Obergesellschaft am Gesamthandsvermögen der Untergesellschaft anzusetzen. **12**

**Fortsetzung Beispiel 2:**

Gesellschafter A bringt zusätzlich sein bei der X-KG (Untergesellschaft) gehaltenes Sonderbetriebsvermögen, welches Verwaltungsvermögen darstellt, im Wert von 10 000 EUR in das Gesamthandsvermögen der Y-OHG (Obergesellschaft) ein. Das bisherige Sonderbetriebsvermögen des A wird Sonderbetriebsvermögen der Y-OHG bei der X-KG.

Bei der Y-OHG stellt das Sonderbetriebsvermögen kein ihr direkt zuzurechnendes junges Verwaltungsvermögen dar. Aufgrund des Rechtsträgerwechsels ist es nun mit Einbringung als junges Verwaltungsvermögen im Sonderbetriebsvermögen der Y-OHG in der X-KG zu qualifizieren und im Rahmen der Verbundvermögensbetrachtung als junges Verwaltungsvermögen aus der Beteiligung an der X-KG anzusetzen.

| | |
|---|---|
| Beteiligung der Y-OHG an der X-KG (Feststellungen für die X-KG) | |
| Verwaltungsvermögen aus dem Sonderbetriebsvermögen | 10 000 EUR |
| Junges Verwaltungsvermögen aus dem Sonderbetriebsvermögen | 10 000 EUR |
| Beteiligung an der Y-OHG (Feststellungen für die Y-OHG) | |
| Eigenes Verwaltungsvermögen | 0 EUR |
| Verwaltungsvermögen aus der Beteiligung an der X-KG | 10 000 EUR |
| Anzusetzendes Verwaltungsvermögen | 10 000 EUR |
| Eigenes junges Verwaltungsvermögen | 0 EUR |
| Junges Verwaltungsvermögen aus der Beteiligung an der X-KG | 10 000 EUR |
| Anzusetzendes junges Verwaltungsvermögen | 10 000 EUR |

### 3.3. Einbringung durch Aufnahme von weiteren Gesellschaftern in eine Personengesellschaft

13 Das zivilrechtliche Eigentum an den Wirtschaftsgütern der Personengesellschaft ändert sich durch die Aufnahme eines weiteren Gesellschafters nicht. Die entgeltliche Aufnahme eines weiteren Gesellschafters in eine bestehende Mitunternehmerschaft führt ertragsteuerlich aber zur Begründung einer neuen Mitunternehmerschaft (§ 24 UmwStG). Unter Berücksichtigung des Grundgedankens der §§ 13a, 13b ErbStG führt diese ertragsteuerliche Wertung jedoch nicht zu einer neuen betrieblichen Zuordnung. Das in der Personengesellschaft bereits vorhandene junge Verwaltungsvermögen bleibt unter Fortführung der ursprünglichen Zurechnungszeit bis zum Ablauf von zwei Jahren bestehen.

14 Sofern bei der Aufnahme durch den neuen Gesellschafter dem Betrieb Verwaltungsvermögen zugeführt wird, stellt dieses junges Verwaltungsvermögen dar.

**Beispiel 3:**
Die Gesellschafter A und B sind an der AB-OHG zu je 1/2 beteiligt. Sie nehmen den Gesellschafter C auf. Dieser legt dafür Aktien (Verwaltungsvermögen nach § 13b Abs. 4 Nr. 2 ErbStG) in das Gesellschaftsvermögen ein.

Das in der AB-OHG vorhandene Verwaltungsvermögen wird durch die Aufnahme des C nicht zu jungem Verwaltungsvermögen. Mit der Einlage der Aktien durch den C entsteht insoweit junges Verwaltungsvermögen.

### 3.4. Einbringung eines Einzelunternehmens in eine Kapitalgesellschaft

15 Die Einbringung eines Einzelunternehmens in eine Kapitalgesellschaft führt zivilrechtlich zu einem Rechtsträgerwechsel an den Wirtschaftsgütern und in Bezug auf das eingebrachte Verwaltungsvermögen zur Begründung jungen Verwaltungsvermögens bei der Kapitalgesellschaft.

### 3.5. Einbringung eines Mitunternehmeranteils in eine Kapitalgesellschaft

16 Wird ein Mitunternehmeranteil in eine Kapitalgesellschaft eingebracht, so findet bezogen auf das Gesamthandsvermögen der Personengesellschaft kein Rechtsträgerwechsel statt. Die Kapitalgesellschaft ist fortan zwar anteilig an den Wirtschaftsgütern der Mitunternehmerschaft beteiligt (Spiegelbildmethode), die betriebsbezogene Zurechnung der Wirtschaftsgüter der Mitunternehmerschaft für erbschaft- und schenkungsteuerrechtliche Zwecke ändert sich aber nicht.

17 Wurde im Zuge der Einbringung auch Sonderbetriebsvermögen des bisherigen Mitunternehmers eingebracht, kann dies junges Verwaltungsvermögen auf Ebene der Mitunternehmerschaft begründen.

### 3.6. Aufnahme von weiteren Gesellschaftern in eine Kapitalgesellschaft

18 Die Aufnahme weiterer Gesellschafter in die Kapitalgesellschaft durch Erhöhung des Stammkapitals führt zu keinem Rechtsträgerwechsel und ist umwandlungssteuerlich grundsätzlich kein Einbringungsvorgang. Die betriebsbezogene Zurechnung der bisherigen Wirtschaftsgüter ändert sich nicht.

19 Sofern durch die Aufnahme des neuen Gesellschafters Verwaltungsvermögen in die Gesellschaft eingelegt wird (Sacheinlage), stellt dieses junges Verwaltungsvermögen dar.

## 4. Formwechsel

Der Formwechsel nach §§ 190 ff. UmwG führt zivilrechtlich – anders als die Verschmelzung – nicht zu einem Rechtsträgerwechsel und somit nicht zu einer Änderung der Eigentumszurechnung. 20

### 4.1. Formwechsel einer Kapitalgesellschaft in eine andere Kapitalgesellschaft oder Formwechsel einer Personengesellschaft in eine andere Personengesellschaft

Der den Rechtscharakter als Personen- oder Kapitalgesellschaft wahrende Formwechsel (z.B. GmbH in AG, OHG in KG) führt nicht zur Begründung von jungem Verwaltungsvermögen. 21

### 4.2. Formwechsel einer Personen- in eine Kapitalgesellschaft

Ertragsteuerlich wird dieser Fall wie ein Einbringungsvorgang behandelt (§ 25 UmwStG), was zu einer Änderung bei der betrieblichen Zurechnung der Wirtschaftsgüter führt. Entsprechend der Systematik der §§ 13 a, 13b ErbStG wird aber auf die betriebliche Einheit abgestellt, welche sich nicht ändert. Es wird kein junges Verwaltungsvermögen begründet. 22

Das in der Personengesellschaft bereits vorhandene junge Verwaltungsvermögen wird unter Anrechnung der ursprünglichen Zurechnungszeit weiter als junges Verwaltungsvermögen behandelt. Durch den Formwechsel beginnt kein neuer Zweijahreszeitraum. 23

Bei Verwaltungsvermögen im Sonderbetriebsvermögen, das im Rahmen des Formwechsels auf die Kapitalgesellschaft übertragen wird, findet dagegen ein Rechtsträgerwechsel statt und es wird junges Verwaltungsvermögen begründet. 24

### 4.3. Formwechsel einer Kapital- in eine Personengesellschaft

Der Formwechsel einer Kapital- in eine Personengesellschaft ist ertragsteuerlich durch § 9 i.V.m. § 3 UmwStG der Verschmelzung auf eine Personengesellschaft gleichgestellt. 25

Aufgrund der Tatsache, dass auch in diesem Fall erbschaft- und schenkungsteuerrechtlich die betriebliche Einheit fortbesteht, wird kein junges Verwaltungsvermögen begründet.

Das in der Kapitalgesellschaft bereits vorhandene junge Verwaltungsvermögen wird unter Anrechnung der ursprünglichen Zurechnungszeit weiter als junges Verwaltungsvermögen behandelt. Durch den Formwechsel beginnt kein neuer Zweijahreszeitraum. 26

## 5. Option zur Körperschaftsbesteuerung nach § 1a KStG

Bei der Option einer Personenhandels- oder Partnerschaftsgesellschaft zur Körperschaftsbesteuerung wird ertragsteuerlich ein Formwechsel fingiert (§ 1a Abs. 2 KStG); zivilrechtlich bleibt die optierende Gesellschaft eine Personengesellschaft. Für Zwecke der Erbschaft- und Schenkungsteuer sowie für die Bewertung von Beteiligungen an Personengesellschaften hat sich der Gesetzgeber für einen Verbleib bei den Grundsätzen der Beteiligung an Personengesellschaften entschieden (§ 97 Abs. 1 Satz 1 Nr. 5 Satz 1 BewG). Eine Anknüpfung an die ertragsteuerliche Behandlung findet nicht statt. Bei Ausübung der Option kann es zur Begründung jungen Verwaltungsvermögens kommen. Für weitere Einzelheiten siehe gleich lautende Erlasse der obersten Finanzbehörden der Länder vom 5. Oktober 2022, BStBl. I S. 1494[1]. 27

### 6. Anwachsung

28 Kommt es durch Ausscheiden eines Gesellschafters aus einer Personengesellschaft zur Anwachsung nach § 738 BGB, so entsteht nach ertragsteuerlichen Grundsätzen jeweils eine neue Mitunternehmerschaft bzw. – beim Ausscheiden des vorletzten Gesellschafters – ein Einzelunternehmen. Erbschaft- und schenkungsteuerrechtlich wird entsprechend der Einbringungsvorgänge (unter I.3.) wie folgt verfahren:

#### 6.1. Ausscheiden unter Fortbestand der Personengesellschaft

29 Bleibt die Personengesellschaft beim Ausscheiden eines Gesellschafters erhalten, weil noch mindestens zwei weitere Gesellschafter vorhanden sind, ändert sich die betriebliche Zuordnung für Zwecke der §§ 13a, 13b ErbStG nicht. Das in der Personengesellschaft bereits vorhandene junge Verwaltungsvermögen bleibt bestehen. Darüber hinaus wird kein junges Verwaltungsvermögen begründet.

#### 6.2. Ausscheiden des vorletzten Gesellschafters

30 Das Ausscheiden des vorletzten Gesellschafters ist mit einem Rechtsträgerwechsel gem. § 738 BGB verbunden. Das übergehende Verwaltungsvermögen ist als junges Verwaltungsvermögen beim letzten Gesellschafter zu qualifizieren.

## II. Junge Finanzmittel durch Umwandlungsvorgänge

### 1. Allgemeines

31 Junge Finanzmittel sind nach § 13b Abs. 4 Nr. 5 Satz 2 ErbStG der positive Saldo aus der Einlage und der Entnahme von Finanzmitteln innerhalb von zwei Jahren vor dem Besteuerungszeitpunkt.

32 Wie im Bereich des jungen Verwaltungsvermögens ist auch bei der Ermittlung junger Finanzmittel die gesellschaftsbezogene Betrachtungsweise anzuwenden und auf jeder Beteiligungsstufe zu prüfen, ob eine Einlage oder Entnahme in die jeweilige Beteiligungsgesellschaft erfolgt ist (R E 13b.29 Abs. 3 ErbStR).

33 Da § 13b Abs. 4 Nr. 5 Satz 2 ErbStG auf die Begriffe Einlage bzw. Entnahme abstellt, liegt kein Gleichklang mit dem jungen Verwaltungsvermögen vor.

34 Die Begriffe Einlage und Entnahme sind zunächst – in entsprechender Anwendung von R E 13a.15 Abs. 1 Satz 4 ErbStR – nach den Grundsätzen des Ertragsteuerrechts zu beurteilen. Die Auslegung der Begriffe Einlage und Entnahme im Rahmen des § 13b Abs. 4 Nr. 5 Satz 2 ErbStG kann jedoch nicht auf die ertragsteuerliche Definition beschränkt bleiben und muss aus erbschaft- und schenkungsteuerrechtlicher Sicht beurteilt werden.

35 Als Einlagevorgang i.S.d. § 13b Abs. 4 Nr. 5 Satz 2 ErbStG sind allgemein alle Zuführungen zum Unternehmensvermögen durch Gesellschafter oder nahestehende Personen i.S.v. § 1 Abs. 2 AStG zu verstehen, sofern es sich bei dem zugeführten Gegenstand um Finanzmittel handelt.

36 Folgende Vorgänge sind abweichend von der ertragsteuerlichen Behandlung als Einlage zu beurteilen:

- Einbringungsvorgänge gegen Gewährung von Gesellschaftsrechten oder andere Gegenleistungen (da tauschähnlicher Vorgang),
- Vermögenszuführungen im Wege der Neugründung vor Betriebsaufnahme.

38 Für die unter I. dargestellten Umwandlungsfälle gilt damit:

---

[1] Nr. **200** § 97/1.

Wenn sich die betriebsbezogene Zurechnung durch den Umwandlungsvorgang nicht ändert, führt der Betrieb auch hinsichtlich der jungen Finanzmittel die bisherigen Rechengrößen (Entnahmen und Einlagen der letzten zwei Jahre) fort. Dies gilt bei:

– Einbringung von Mitunternehmeranteilen in eine Personen- oder Kapitalgesellschaft,
– Anwachsung unter Fortbestand der Personengesellschaft,
– Formwechsel; etwas anderes gilt für Finanzmittel im Sonderbetriebsvermögen, die im Rahmen des Formwechsels in eine Kapitalgesellschaft übertragen werden. Diese werden aufgrund des Rechtsträgerwechsels bei der Ermittlung der jungen Finanzmittel als Einlage berücksichtigt.

Führt der Umwandlungsvorgang dagegen zu einem Wechsel in der betrieblichen Zuordnung mit der Folge, dass junges Verwaltungsvermögen begründet wird, so gilt auch die durch den Umwandlungsvorgang erfolgte Zuführung von Finanzmitteln zum neuen Betrieb als Einlage. Dies gilt bei: 39

– Verschmelzung,
– Auf-/Abspaltung, Ausgliederung,
– Einbringung eines Einzelunternehmens in eine Personengesellschaft,
– Aufnahme neuer Mitunternehmer in eine Personengesellschaft hinsichtlich der vom aufgenommenen Gesellschafter zugeführten Finanzmittel,
– Aufnahme neuer Gesellschafter in eine Kapitalgesellschaft hinsichtlich der vom aufgenommenen Gesellschafter zugeführten Finanzmittel,
– Einbringung eines Einzelunternehmens in eine Kapitalgesellschaft,
– Anwachsung auf den letzten verbleibenden Gesellschafter.

Umgekehrt (z.B. in Fällen der Abspaltung) kann beim bisherigen Betrieb eine Entnahme vorliegen.

**Beispiel 4:**

A betreibt ein Einzelunternehmen. Aus seinem Privatvermögen legt er 50 000 EUR in dieses ein. Innerhalb von zwei Jahren nach der Einlage wird der Betrieb auf den Nachfolger unentgeltlich übertragen. Die Entnahmen von Finanzmitteln innerhalb des Zweijahreszeitraums des § 13b Abs. 4 Nr. 5 Satz 2 ErbStG betragen 20 000 EUR. Der Wert der Finanzmittel des Einzelunternehmens im Zeitpunkt der Steuerentstehung beträgt 40 000 EUR.

Für das Einzelunternehmen ergeben sich im Zeitpunkt der Steuerentstehung junge Finanzmittel von 30 000 EUR (Einlagen 50 000 EUR ./. Entnahmen 20 000 EUR).

**Abwandlung:**

Nach der Einlage der 50 000 EUR in das Einzelunternehmen gründet A eine GmbH & Co. KG, deren alleiniger Kommanditist er ist. In diese bringt er sein Einzelunternehmen ein (§ 24 UmwStG). Der Wert der Finanzmittel des Einzelunternehmens im Zeitpunkt der Einbringung in die GmbH & Co. KG beträgt 80 000 EUR. Ein Jahr nach der Gründung der GmbH & Co. KG überträgt er seinen Kommanditanteil unentgeltlich auf seinen Nachfolger. Die Entnahmen von Finanzmitteln aus der GmbH & Co. KG seit deren Gründung betragen 10 000 EUR. Finanzmittel wurden seit der Gründung nicht mehr in die GmbH & Co. KG eingelegt. Der Wert der Finanzmittel der GmbH & Co. KG im Zeitpunkt der Steuerentstehung beträgt 90 000 EUR.

Mit der Einbringung des Einzelunternehmens in die GmbH & Co. KG sind sämtliche Finanzmittel des Einzelunternehmens (80 000 EUR) bei der Ermittlung der jungen Finanzmittel der GmbH & Co. KG als Einlagen zu qualifizieren. Bei der Ermittlung der jungen Finanzmittel der GmbH & Co. KG sind die Entnahmen von Finanzmitteln seit deren Gründung zu berücksichtigen. Für die GmbH & Co. KG ergeben sich im Zeitpunkt der Steuerentstehung junge Finanzmittel von 70 000 EUR (Einlage 80 000 EUR ./. Entnahmen 10 000 EUR). Die Einlagen in das Einzelunternehmen (50 000 EUR) und die Entnahmen aus diesen (20 000 EUR) sind nicht mit zu berücksichtigen, auch wenn diese innerhalb des Zweijahreszeitraums vor der Übertragung des Kommanditanteils getätigt worden sein sollten.

**2. Option zur Körperschaftsbesteuerung nach § 1a KStG**

40 Bei Ausübung der Option (hierzu unter I.5.) kann es zu Einlagen kommen, die bei der Ermittlung der jungen Finanzmittel zu berücksichtigen sind. Für weitere Einzelheiten siehe gleich lautende Erlasse der obersten Finanzbehörden der Länder vom 5. Oktober 2022, BStBl. I S. 1494[1].

**III. Folgen von Umwandlungsvorgängen für das vereinfachte Ertragswertverfahren (§§ 199 ff. BewG)**

41 Bei der Bewertung nach dem vereinfachten Ertragswertverfahren im Anschluss an Umwandlungsvorgänge ist zu unterscheiden,

– ob es um die Bewertung des Unternehmens geht, das das Vermögen aufnimmt oder abgibt, und
– ob das aufnehmende Unternehmen vor dem Vermögenszugang bereits einer Geschäftstätigkeit nachgegangen ist bzw. ob das abgebende Unternehmen nach dem Vermögensabgang noch eine Geschäftstätigkeit ausübt.

**1. Bewertung des aufnehmenden Unternehmens**

**1.1. Das aufnehmende Unternehmen ist zuvor keiner Geschäftstätigkeit nachgegangen**

42 Das aufnehmende Unternehmen kann grundsätzlich im vereinfachten Ertragswertverfahren bewertet werden (§§ 199 ff. BewG). Dies gilt sowohl für Gesellschaften, die schon längere Zeit bestehen (Vorratsgesellschaft), als auch für im Umwandlungsvorgang neu gegründete Gesellschaften. Hierbei kommt § 201 Abs. 3 Satz 2 BewG zur Anwendung (Übernahme der Ergebnisse des bisherigen Betriebs bzw. der bisherigen Gesellschaft). Deshalb handelt es sich nicht um eine die Anwendung des vereinfachten Ertragswertverfahrens ausschließende Neugründung (kein Anwendungsfall von R B 199.1 Abs. 6 Satz 1 Nr. 2 und Satz 2 ErbStR).

43 Der Durchschnittsertrag ist regelmäßig aus den Betriebsergebnissen der letzten drei vor dem Bewertungsstichtag abgelaufenen Wirtschaftsjahre herzuleiten (§ 201 Abs. 2 Satz 1 BewG). Das gesamte Betriebsergebnis eines am Bewertungsstichtag noch nicht abgelaufenen Wirtschaftsjahres ist anstelle des drittletzten abgelaufenen Wirtschaftsjahres einzubeziehen, wenn es für die Herleitung des künftig zu erzielenden Jahresertrags von Bedeutung ist (§ 201 Abs. 2 Satz 2 BewG). Soweit danach keine Betriebsergebnisse aus drei vollen Wirtschaftsjahren bei dem aufnehmenden Unternehmen zugrunde gelegt werden können, sind frühere Betriebsergebnisse des abgebenden Gewerbebetriebs bzw. der abgebenden Gesellschaft einzubeziehen (§ 201 Abs. 3 Satz 2 BewG).

44 Bei Anwendung der §§ 200 ff. BewG sind die wirtschaftlichen Auswirkungen im Einzelfall durch entsprechende Hinzu- oder Abrechnungen analog § 202 Abs. 1 BewG zu berücksichtigen. Dies gilt z.B. für Einflüsse auf die Ertragskraft durch Veränderungen der konzerninternen Leistungsverrechnungen oder hinsichtlich der Berücksichtigung von Wirtschaftsgütern i.S.d. § 200 Abs. 2 bis 4 BewG.

[1] Nr. **200** § 97/1.

### 1.2. Das aufnehmende Unternehmen ist zuvor bereits einer Geschäftstätigkeit nachgegangen

Bleibt im Rahmen eines Umwandlungsvorgangs ein Betrieb bestehen und wird ein weiterer (Teil-)Betrieb hinzugefügt, sind bei der Ermittlung im vereinfachten Ertragswertverfahren grundsätzlich (vgl. aber Rz. 44) die Betriebsergebnisse beider Betriebe zu berücksichtigen (R B 201 Abs. 2 Satz 5 ErbStR). Damit scheidet ein zusätzlicher Ansatz des aufgenommenen (Teil-)Betriebs als junges Betriebsvermögen i.S.d. § 200 Abs. 4 BewG aus. 45

**Beispiel 5:**

Zum 31.12.03 findet eine Aufwärtsverschmelzung der B-GmbH (Kfz-Reparatur) auf ihre Muttergesellschaft, die A-GmbH (Handel mit Neu- und Gebrauchtwagen), statt. Beide Teilbetriebe werden fortan von der A-GmbH geführt. Zum 28.12.04 tritt der Bewertungsfall der A-GmbH ein.

Aufgrund des zum Bewertungsstichtag nahezu abgelaufenen Wirtschaftsjahres 04 ist dieses in die Ermittlung des Durchschnittsertrags aus den vergangenen drei Wirtschaftsjahren (02 bis 04) einzubeziehen (§ 201 Abs. 2 Satz 2 BewG). Wirtschaftlich betrachtet hat sich durch die Verschmelzung keine Minderung des Ertragswerts der A-GmbH ergeben. Eine Bewertung der A-GmbH anhand ihrer Betriebsergebnisse aus den Wirtschaftsjahren 02 bis 04 würde allerdings zu einer nicht gerechtfertigten Unterbewertung führen, da hierdurch die Ertragskraft aus dem Kfz-Reparaturbetrieb der verschmolzenen B-GmbH aus den Jahren 02 und 03 unberücksichtigt bliebe. Zur Ermittlung des zukünftig nachhaltig zu erzielenden Jahresertrags ist daher für die Wirtschaftsjahre 02 und 03 auf die Summe der Betriebsergebnisse der A-GmbH und der B-GmbH abzustellen. Inwiefern die Verschmelzung Synergieeffekte mit sich bringt, die einen Aufschlag auf den Durchschnittsertrag rechtfertigen, hängt von den zum Bewertungsstichtag objektiv bekannten Umständen ab (R B 201 Abs. 5 ErbStR).

## 2. Bewertung des abgebenden Unternehmens

Im Fall der Abspaltung und Ausgliederung bleibt das abgebende Unternehmen mit verkleinertem Betriebsvermögen bestehen. 46

Für den Fall der Abspaltung gilt das doppelte Teilbetriebserfordernis. Dies bedeutet, dass das abgebende Unternehmen einen Teilbetrieb zurückbehalten muss (§ 15 Abs. 1 Sätze 1 und 2 UmwStG), der sich grundsätzlich im vereinfachten Ertragswertverfahren bewerten lässt (Mindestwert ist auch hier der Substanzwert). Für die Ermittlung des Durchschnittsertrags ist jedoch auch für Zeiträume vor der Abspaltung grundsätzlich (vgl. aber Rz. 44) von den Betriebsergebnissen des zurückbehaltenen Teilbetriebs auszugehen. 47

**Beispiel 6:**

Zum 31.12.04 wird der Teilbetrieb Bauunternehmung aus der Z-GmbH abgespalten. Zurück bleibt der Teilbetrieb der Vermietung von Wohn- und Gewerbeflächen. Bewertungsstichtag der Z-GmbH ist der 27.12.05.

Die Z-GmbH kann grundsätzlich im vereinfachten Ertragswertverfahren bewertet werden. Die Bewertung ist aufgrund des zum Bewertungsstichtag nahezu abgelaufenen Wirtschaftsjahres 05 anhand der Gewinnanteile der Jahre 03 bis 05 aus dem Teilbetrieb der Vermietung von Wohn- und Gewerbeflächen durchzuführen (§ 201 Abs. 2 Satz 2 BewG). Die Gewinnanteile aus dem Teilbetrieb Bauunternehmung sind nicht mit einzubeziehen (R B 201 Abs. 5 ErbStR). Die Gewinnaufteilung ist anhand verifizierbarer Angaben der Beteiligten vorzunehmen. Der Gewinn ist im Zweifel im Wege der Schätzung aufzuteilen (vgl. Rz. 50).

## 3. Einzelheiten zur Ermittlung der Betriebsergebnisse

### 3.1. Allgemeines

Im Fall der Verschmelzung von zwei oder mehr Gesellschaften auf eine dritte Gesellschaft ist grundsätzlich (vgl. aber Rz. 44) auf die Summe der früheren Betriebsergebnisse der verschmolzenen Gesellschaften abzustellen. 48

49 Auf-/Abspaltungen und Ausgliederungen betreffen immer die Übertragung von Teilbetrieben. In diesen Fällen ist grundsätzlich (vgl. aber Rz. 44) von dem Betriebsergebnis des übernommenen Teilbetriebs auszugehen.

50 Im Fall der Auf- und Abspaltung hat der Unternehmer das doppelte Teilbetriebserfordernis zu beachten (vgl. Rz. 47). Den Beteiligten sind verifizierbare Angaben zur Aufteilung des bisherigen Betriebsergebnisses auf die einzelnen Teilbetriebe möglich und zumutbar. Kommen die Beteiligten ihren diesbezüglichen Aufzeichnungs- und Mitwirkungspflichten nicht durch Vorlage getrennter Buchführungen oder Kostenrechnungen ausreichend nach, kann eine Gewinnaufteilung auf die Teilbetriebe im Wege der Schätzung erfolgen.

51 Als Teilbetrieb gilt auch ein Mitunternehmeranteil oder die Beteiligung an einer Kapitalgesellschaft, die das gesamte Nennkapital der Gesellschaft umfasst (§ 15 Abs. 1 Satz 3 UmwStG). Für die Bewertung dieser Beteiligungen gelten die allgemeinen Bewertungsgrundsätze.

**Beispiel 7:**
Die A-GmbH wird auf die neu gegründeten B-GmbH und C-GmbH aufgespalten. Dabei wird der Geschäftsbetrieb der A-GmbH auf die B-GmbH und eine bisher von der A-GmbH gehaltene Beteiligung an der X-KG auf die C-GmbH übertragen. Unmittelbar danach tritt der Bewertungsfall für beide Gesellschaften ein. Die B-GmbH ist in diesem Fall im vereinfachten Ertragswertverfahren nach den bisherigen Gewinnen der A-GmbH zu bewerten, die um die Erträge aus der X-KG zu mindern sind. Bei der C-GmbH ist die Beteiligung an der X-KG nach § 200 Abs. 2 oder Abs. 3 BewG zu berücksichtigen.

52 Einbringungsvorgänge i.S.d. §§ 20 – 24 UmwStG können Betriebe, Teilbetriebe oder Mitunternehmeranteile betreffen. Für die Bewertung des aufnehmenden Unternehmens gelten die vorhergehenden Ausführungen entsprechend.

**Beispiel 8:**
A und B gründen die AB-OHG. A bringt sein Einzelunternehmen, B seine Kommanditbeteiligung an einer GmbH & Co. KG ein. Im Anschluss tritt der Bewertungsfall der AB-OHG ein. Die AB-OHG wird im vereinfachten Ertragswertverfahren bewertet. Die Betriebsergebnisse des Einzelunternehmens sind mit einzubeziehen (§ 201 Abs. 2 Satz 3 BewG). Die Beteiligung an der GmbH & Co. KG ist neben dem Ertragswert mit ihrem eigenständig zu ermittelnden gemeinen Wert anzusetzen (§ 200 Abs. 2 oder Abs. 3 BewG).

53 In Fällen der Anwachsung und des Formwechsels (Personengesellschaft in andere Personengesellschaft, Kapitalgesellschaft in andere Kapitalgesellschaft, Kapitalgesellschaft in Personengesellschaft oder Personengesellschaft in Kapitalgesellschaft) wird dem Unternehmen kein neues Vermögen zugeführt, so dass sich keine bewertungsrechtlichen Besonderheiten ergeben. Etwas anderes gilt, soweit Vermögen des Sonderbetriebsvermögens im Rahmen des Formwechsels auf eine Kapitalgesellschaft übertragen wird. Hierbei kann es sich um junges Betriebsvermögen i.S.d. § 200 Abs. 4 BewG handeln.

### 3.2. Besonderheiten bei der Ermittlung des Jahresertrags

54 Sofern zum Bewertungsstichtag feststeht, dass der künftige Jahresertrag durch bekannte objektive Umstände sich nachhaltig verändert, muss dies bei der Ermittlung des Durchschnittsertrags entsprechend berücksichtigt werden (R B 201 Abs. 5 ErbStR).

55 Umstrukturierungsmaßnahmen, die (auch) eine Gewinnmaximierung zum Ziel haben, können daher einen Aufschlag auf den Durchschnittsertrag rechtfertigen. Hierunter fallen insbesondere Maßnahmen, die der Beschaffung von Kapital und Knowhow oder der Kostenreduzierung dienen. Bei einer Bewertung auf einen Stichtag im Anschluss an eine Umstrukturierung sind daher im

Zweifel die Motive, die zur Umstrukturierung geführt haben, von den Beteiligten darzulegen.

### 3.3. Bewertung des jungen Betriebsvermögens i.S.d. § 200 Abs. 4 BewG

Innerhalb von zwei Jahren vor dem Bewertungsstichtag eingelegte Wirtschaftsgüter, die nicht unter § 200 Abs. 2 und Abs. 3 BewG fallen, und mit diesen im wirtschaftlichen Zusammenhang stehende Schulden werden neben dem Ertragswert mit dem eigenständig zu ermittelnden gemeinen Wert angesetzt (§ 200 Abs. 4 BewG). 56

Als Einlagevorgang i.S.d. § 200 Abs. 4 BewG sind allgemein alle Zuführungen zum Unternehmensvermögen durch Gesellschafter zu verstehen, sofern es sich bei dem zugeführten Gegenstand um betriebsnotwendiges Vermögen handelt. Der bewertungsrechtliche Begriff der Einlage geht dabei über den ertragsteuerlichen Einlagebegriff hinaus und umfasst beispielsweise auch Übertragungsvorgänge gegen Gewährung von Gesellschaftsrechten. 57

**Beispiel 9:**

A und B gründen die AB-OHG. A bringt sein Einzelunternehmen, B ein betriebsnotwendiges Grundstück ein. Im Anschluss tritt der Bewertungsfall der AB-OHG ein. Im vereinfachten Ertragswertverfahren sind die Betriebsergebnisse des Einzelunternehmens mit einzubeziehen (§ 201 Abs. 3 Satz 2 BewG); deshalb kommt § 200 Abs. 4 BewG nicht zur Anwendung. Sofern zwischen der Einbringung des Grundstücks und dem Bewertungsstichtag nicht mehr als zwei Jahre liegen, sind das Grundstück und die damit im wirtschaftlichen Zusammenhang stehenden Schulden neben dem Ertragswert mit dem eigenständig zu ermittelnden gemeinen Wert anzusetzen (§ 200 Abs. 4 BewG).

Die Regelung zum jungen Betriebsvermögen (§ 200 Abs. 4 BewG) findet auch Anwendung auf die im übertragenen Vermögen zuvor eingelegten Wirtschaftsgüter. 58

**Abwandlung Beispiel 9:**

A legt unmittelbar vor Einbringung des Einzelunternehmens in die AB-OHG ein betriebsnotwendiges Grundstück in sein Einzelunternehmen ein. Sofern zwischen der Einbringung und dem Bewertungsstichtag nicht mehr als zwei Jahre liegen, ist das Grundstück mit dem eigenständig zu ermittelnden gemeinen Wert anzusetzen (§ 200 Abs. 4 BewG).

# 250 § 34/1. Verfügung betr. Merkblatt über die steuerlichen Beistandspflichten der Notare auf den Gebieten Grunderwerbsteuer, Erbschaft- und Schenkungsteuer und Ertragsteuern – Stand: 09/2022

Vom 13. September 2022

LfSt Bayern S 4540.1.1-4/47 St35

**Anlage:** Notarmerkblatt Stand: 09/2022

Anbei übersende ich Ihnen das aktualisierte Merkblatt über die steuerlichen Beistandspflichten der Notare auf den Gebieten der Grunderwerbsteuer, der Erbschaft- und Schenkungsteuer und der Ertragsteuern (Stand: September 2022) für Bayern mit der Bitte um Kenntnisnahme und Weiterleitung an die anderen Bundesländer.

Die Bayerische Landesnotarkammer wird über die Neuauflage des Merkblatts ebenfalls unterrichtet. Das Merkblatt wird zusätzlich auch auf den Internetseiten der bayerischen Finanzämter und im AIS abrufbar sein.

**Anlage**

## Merkblatt über die steuerlichen Beistandspflichten der Notare auf den Gebieten der Grunderwerbsteuer, der Erbschaftsteuer (Schenkungsteuer), und der Ertragsteuern

### A. Vorbemerkungen

**1.**

Aus Gründen der Übersichtlichkeit berücksichtigt dieses Merkblatt nur die wesentlichen gesetzlichen Regelungen.

**2.**

Geschlechterspezifische Bezeichnungen werden aus Vereinfachungsgründen lediglich in der männlichen Form verwendet.

**3.**

Die aktuelle Fassung dieses Merkblattes kann auf der Internetseite der Bayerischen Finanzverwaltung (www.finanzamt.bayern.de > Startseite > Steuerinfos > Steuerarten > Grunderwerbsteuer > Merkblatt …) abgerufen werden.

**4.**

Ein bundesweites Verzeichnis der örtlich zuständigen Finanzämter kann auf der Internetseite des Bundeszentralamts für Steuern unter BZSt – Finanzamtsuche abgefragt werden. Hier steht eine Suchfunktion zur Verfügung, mit der neben dem örtlich zuständigen Finanzamt weitere Angaben – wie etwa besondere Zuständigkeitsregelungen – ermittelt werden können.

Darüber hinaus steht ein bundesweites Finanzamtsverzeichnis – nach Bundesländern sortiert – unter BZSt – Finanzverwaltung der Länder zur Verfügung.

## B. Grunderwerbsteuer

### 1. Maßgebende Vorschriften

Die steuerlichen Anzeigepflichten und sonstigen Beistandspflichten der Notare ergeben sich aus folgenden Vorschriften in der jeweils gültigen Fassung:

– §§ 18, 20, 21 und 22a des Grunderwerbsteuergesetzes (GrEStG) und
– § 102 Abs. 4 der Abgabenordnung (AO)

### 2. Anzeigepflichtige Vorgänge

Die Anzeigepflicht betrifft alle Rechtsvorgänge, die unmittelbar oder mittelbar das Eigentum an einem inländischen Grundstück (Tz. 2.5) betreffen.

**2.1.**

Der Notar hat Anzeige über folgende Rechtsvorgänge zu erstatten, die er beurkundet oder über die er eine Urkunde entworfen und darauf eine Unterschrift beglaubigt hat (§ 18 Abs. 1 Satz 1 Nr. 1 und Abs. 2 GrEStG):

**2.1.1.**

Grundstückskaufverträge und andere Rechtsgeschäfte, die den Anspruch auf Übereignung eines Grundstücks begründen (z.B. Tauschverträge, Einbringungsverträge, Übergabeverträge, Auseinandersetzungsverträge, Annahme von Kauf- und Verkaufsangeboten, Ausübung von Optionen bzw. Vor- und Wiederkaufsrechten, Treuhandverträge, Verträge hinsichtlich gemischter Schenkungen). Bei wechselseitigem Tausch von Grundstücken liegen zwei Erwerbsvorgänge vor (vgl. hierzu auch Tz. 3.3 letzter Absatz);

**2.1.2.**

Auflassungen, wenn kein Rechtsgeschäft vorausgegangen ist, das den Anspruch auf Übereignung begründet;

**2.1.3.**

Umwandlungen nach dem Umwandlungsgesetz, sofern dadurch Grundstückseigentum auf einen anderen Rechtsträger übergeht (z.B. Verschmelzungen, Spaltungen und Vermögensübertragungen);

**2.1.4.**

Rechtsgeschäfte, die den Anspruch auf Abtretung eines Übereignungsanspruchs oder der Rechte aus einem Meistgebot begründen;

**2.1.5.**

Rechtsgeschäfte, die den Anspruch auf Abtretung der Rechte aus einem Kaufangebot begründen. Einem Kaufangebot steht ein Angebot zum Abschluss eines anderen Vertrags gleich, kraft dessen die Übereignung verlangt werden kann;

**2.1.6.**

Abtretungen der unter Tz. 2.1.4 und 2.1.5 bezeichneten Rechte, wenn kein Rechtsgeschäft vorausgegangen ist, das den Anspruch auf Abtretung der Rechte begründet;

**2.1.7.**

Rechtsvorgänge, die es ohne Begründung eines Anspruchs auf Übereignung einem anderen rechtlich oder wirtschaftlich ermöglichen, ein Grundstück auf eigene Rechnung zu verwerten (z.B. Begründung sowie Auflösung eines Treuhandverhältnisses, Wechsel des Treugebers, Auftrag bzw. Geschäftsbesorgungsvertrag zum Auftragserwerb, Erteilung einer Verkaufsvollmacht);

**2.1.8.**

Rechtsgeschäfte, die den Anspruch auf Übertragung eines, mehrerer oder aller Anteile an einer Kapitalgesellschaft, einer Personengesellschaft oder einer Gesellschaft bürgerlichen Rechts begründen, wenn zum Vermögen der Gesellschaft ein Grundstück gehört;

**2.1.9.**

Übergang von unter Tz. 2.1.8 bezeichneten Gesellschaftsanteilen, wenn kein schuldrechtliches Geschäft vorausgegangen ist, das den Anspruch auf Übertragung begründet;

**2.1.10.**

Übertragungen von Anteilen an einem Nachlass (Erbteilsübertragungen), zu dem ein Grundstück oder ein Anteil an einem anderen Nachlass gehört, der ein Grundstück enthält;

**2.1.11.**

Vorverträge, Optionsverträge sowie Kauf- und Verkaufsangebote. Die Einräumung eines Vorkaufsrechts ist nicht anzeigepflichtig;

**2.1.12.**

Bei einheitlichen Vertragswerken erfasst die Anzeigepflicht außer dem Grundstücksveräußerungsvertrag auch diejenigen in derselben Niederschrift oder einer anderen Niederschrift beurkundeten Verträge (z.B. Treuhandvertrag, Baubetreuungsvertrag, Generalunternehmervertrag, Bauvertrag), die mit dem Grundstücksveräußerungsvertrag eine rechtliche Einheit bilden. Anzeigepflichtig sind auch solche Verträge, die in sonstiger Hinsicht mit dem Grundstücksveräußerungsvertrag im Wege einer Verknüpfungsabrede rechtlich verbunden sind, es sei denn, die grunderwerbsteuerliche Relevanz des weiteren Vertrags kann mit Gewissheit ausgeschlossen werden.

**2.2.**

Der Notar hat auch Anzeige zu erstatten über:

**2.2.1.**

Anträge auf Berichtigung des Grundbuchs, die er beurkundet oder über die er eine Urkunde entworfen und darauf eine Unterschrift beglaubigt hat, wenn der Antrag darauf gestützt wird, dass der Grundstückseigentümer gewechselt hat (§ 18 Abs. 1 Satz 1 Nr. 2 GrEStG);

**2.2.2.**

Nachträgliche Änderungen oder Berichtigungen der in den Tz. 2.1.1 bis 2.2.1 aufgeführten Vorgänge (§ 18 Abs. 1 Satz 1 Nr. 4 GrEStG). Änderung in diesem Sinne ist auch die Vertragsaufhebung oder die Ausübung eines Rücktrittrechts durch eine Vertragspartei.

**2.3.**

Die Anzeigen sind auch dann zu erstatten, wenn der Rechtsvorgang von der Besteuerung ausgenommen ist (§ 18 Abs. 3 Satz 2 GrEStG) bzw. nach den bestehenden Verwaltungsanweisungen eine Unbedenklichkeitsbescheinigung i.S.v. § 22 GrEStG nicht zu erteilen ist. Die Anzeigepflicht besteht auch dann, wenn die Wirksamkeit des Rechtsvorgangs vom Eintritt einer Bedingung, vom Ablauf einer Frist oder von einer Genehmigung abhängt (§ 18 Abs. 3 Satz 1 GrEStG).

**2.4.**

In Fällen der Übertragung von Gesellschaftsanteilen (Tz. 2.1.8 und 2.1.9) ist die Urkundsperson zwar der Verpflichtung enthoben, im Einzelfall zu ermitteln, ob ein und ggf. welcher Steuertatbestand erfüllt ist, nicht jedoch von der Anzeigepflicht selber.

**2.5.**

Grundstücke im Sinne des GrEStG sind Grundstücke im Sinne des bürgerlichen Rechts einschließlich noch nicht vermessener Teilflächen, Miteigentumsanteile, Wohnungseigentum und Teileigentum (§ 2 Abs. 1 GrEStG). Zu den Grundstücken rechnen sowohl solche des Anlagevermögens als auch solche des Umlaufvermögens. Den Grundstücken stehen Erbbaurechte, Gebäude auf fremdem Boden sowie dinglich gesicherte Sondernutzungsrechte i.S.d. § 15 des Wohnungseigentumsgesetzes (WEG) und des § 1010 des Bürgerlichen Gesetzbuchs gleich (§ 2 Abs. 2 GrEStG). Die Anzeigepflicht bezieht sich deshalb auch auf Vorgänge, die ein Erbbaurecht, ein Gebäude auf fremdem Boden oder ein dinglich gesichertes Sondernutzungsrecht betreffen (§ 18 Abs. 2 Satz 1 GrEStG).

## 3. Zuständiges Finanzamt

**3.1.**

Die Anzeigen sind an das für die Besteuerung (Tz. 3.2) – in den Fällen des § 17 Abs. 2 und 3 GrEStG an das für die gesonderte Feststellung der Besteuerungsgrundlagen (Tz. 3.3 und 3.4) – zuständige Finanzamt zu richten (§ 18 Abs. 5 GrEStG).

**3.2.**

Die Anzeigen sind an das für die Besteuerung zuständige Finanzamt (Belegenheitsfinanzamt) zu richten, d.h. an das Finanzamt, in dessen Bezirk das Grundstück oder der wertvollste Teil des Grundstücks liegt (§ 17 Abs. 1 Satz 1 GrEStG),

- wenn sich ein Rechtsvorgang auf ein Grundstück oder mehrere Grundstücke bezieht, die im Bezirk nur eines Finanzamts liegen,
- wenn sich ein Rechtsvorgang auf ein Grundstück bzw. eine wirtschaftliche Einheit von Grundstücken (§ 2 Abs. 3 Satz 1 GrEStG) bezieht, das bzw. die in den Bezirken verschiedener Finanzämter eines Landes liegt,
- wenn bei Grundstückserwerben durch Umwandlung auf Grund eines Bundes- oder Landesgesetzes oder in den Fällen des § 1 Abs. 2a bis 3a GrEStG nicht die Voraussetzungen für eine gesonderte Feststellung der Besteuerungsgrundlagen (Tz. 3.4) erfüllt sind.

**3.3.**

Die Besteuerungsgrundlagen werden gesondert festgestellt (§ 17 Abs. 2 GrEStG)

- in Fällen, in denen ein Grundstück bzw. eine wirtschaftliche Einheit von Grundstücken (§ 2 Abs. 3 Satz 1 GrEStG) in den Bezirken von Finanzämtern

verschiedener Länder liegt (§ 17 Abs. 2 1. Alt. i.V.m. § 17 Abs. 1 Satz 2 GrEStG), sowie
– in Fällen, in denen sich ein Rechtsvorgang auf mehrere Grundstücke bezieht, die in den Bezirken verschiedener Finanzämter liegen (§ 17 Abs. 2 2. Alt. GrEStG)

durch das Finanzamt (Feststellungsfinanzamt), in dessen Bezirk der wertvollste Grundstücksteil oder das wertvollste Grundstück oder der wertvollste Bestand an Grundstücksteilen oder Grundstücken liegt (§ 17 Abs. 2 GrEStG).

Sind in einem notariellen Vertrag mehreren in unterschiedlichen Finanzamtsbezirken belegenen Grundstücken jeweils selbständige nachvollziehbare Einzelkaufpreise zugeordnet, hat dennoch zwingend eine gesonderte Feststellung der Besteuerungsgrundlagen zu erfolgen.

Für einen Tauschvertrag, durch den ein Grundstück gegen ein im Bezirk eines anderen Finanzamts belegenes Grundstück getauscht wird, ist den beteiligten Finanzämtern jeweils eine Anzeige zu erstatten.

**3.4.**

Die Besteuerungsgrundlagen werden ferner gesondert festgestellt (§ 17 Abs. 3 GrEStG)

– bei Grundstückserwerben durch Umwandlungen auf Grund eines Bundes- oder Landesgesetzes durch das Finanzamt, in dessen Bezirk sich die Geschäftsleitung des Erwerbers befindet, sowie
– in den Fällen des § 1 Abs. 2a bis 3a GrEStG durch das Finanzamt, in dessen Bezirk sich die Geschäftsleitung der Gesellschaft – bei der sich der Gesellschafter-/Anteilseignerwechsel vollzieht bzw. deren Anteile vereinigt oder übertragen werden – befindet,

wenn ein außerhalb des Bezirks dieser Finanzämter liegendes Grundstück oder ein auf das Gebiet eines anderen Landes sich erstreckender Teil eines im Bezirk dieser Finanzämter liegenden Grundstücks betroffen wird (§ 17 Abs. 3 Satz 1 GrEStG). Befindet sich die Geschäftsleitung nicht im Geltungsbereich des GrEStG und werden in verschiedenen Finanzamtsbezirken liegende Grundstücke oder in verschiedenen Ländern liegende Grundstücksteile betroffen, so stellt das nach Tz. 3.3 zuständige Finanzamt die Besteuerungsgrundlagen gesondert fest (§ 17 Abs. 3 Satz 2 GrEStG).

**3.5.**

Die Verwaltung der Grunderwerbsteuer ist in Bayern folgenden Finanzämtern übertragen:

| GrESt-Finanzamt: | Zuständig für folgende Amtsbezirke: |
|---|---|
| Ansbach<br>Mozartstr. 25<br>91522 Ansbach<br>Tel.: 0981/16-0 | Ansbach, Dinkelsbühl, Rothenburg o.d. Tauber, Uffenheim, Fürth, Schwabach, Gunzenhausen, Hilpoltstein |
| Augsburg-Land<br>Sieglindenstr. 19<br>86152 Augsburg<br>Tel.: 0821/506-02 | Augsburg-Land, Augsburg-Stadt |

| GrESt-Finanzamt: | Zuständig für folgende Amtsbezirke: |
|---|---|
| Bad Kissingen<br>Bibrastr. 10<br>97688 Bad Kissingen<br>Tel.: 0971/8021-0 | Bad Kissingen, Bad Neustadt a.d. Saale, Lohr a. Main, Karlstadt, Marktheidenfeld, Aschaffenburg, Obernburg a. Main, Amorbach |
| Bamberg<br>Martin-Luther-Str. 1<br>96050 Bamberg<br>Tel.: 0951/84-0 | Bamberg, Forchheim, Kulmbach, Bayreuth |
| Cham<br>Ast Bad Kötzting<br>Holzapfelstr. 3<br>93444 Bad Kötzting<br>Tel.: 09971/488-0 | Waldmünchen, Cham, Bad Kötzting, Schwandorf, Neunburg v. Wald, Regensburg |
| Coburg<br>Rodacherstr. 4<br>96450 Coburg<br>Tel.: 09561/646-0 | Coburg, Lichtenfels, Kronach, Hof, Naila, Münchberg, Wunsiedel, Selb |
| Kelheim<br>Klosterstr. 1<br>93309 Kelheim<br>Tel.: 09441/201-0 | Kelheim, Eichstätt, Ingolstadt, Freising, Erding |
| Lohr am Main<br>Rexrothstraße 14<br>97816 Lohr am Main<br>Tel.: 09352/850-0 | Nürnberg, Erlangen, Hersbruck |
| Memmingen<br>Bodenseestr. 6<br>87700 Memmingen<br>Tel.: 08331/608-0 | Memmingen, Mindelheim, Kaufbeuren, Füssen, Kempten, Immenstadt, Lindau |
| Mühldorf<br>Katharinenplatz 16<br>84453 Mühldorf a.I.<br>Tel.:08631/616-0 | Mühldorf, München |
| Neu-Ulm<br>Nelsonallee 5<br>89231 Neu-Ulm<br>Tel.: 0731/7045-0 | Neu-Ulm, Günzburg, Dillingen, Nördlingen, Donauwörth |
| Passau Ast Vilshofen<br>Kapuzinerstr. 36<br>94474 Vilshofen<br>Tel.: 0851/504-0 | Vilshofen, Bad Griesbach, Passau, Grafenau, Deggendorf, Eggenfelden |

| GrESt-Finanzamt: | Zuständig für folgende Amtsbezirke: |
|---|---|
| Schrobenhausen<br>Ast Neuburg<br>Fünfzehner-Str. 7<br>86633 Neuburg<br>Tel.: 08252/918-0 | Neuburg a.d. Donau, Schrobenhausen, Pfaffenhofen, Dachau, Fürstenfeldbruck |
| Schweinfurt<br>Schrammstr. 3<br>97421 Schweinfurt<br>Tel.: 09721/2911-0 | Schweinfurt, Würzburg, Ochsenfurt, Kitzingen, Zeil a. Main, Ebern |
| Traunstein<br>Herzog-Otto-Str. 6<br>83278 Traunstein<br>Tel.: 0861/701-0 | Traunstein, Burghausen, Berchtesgaden, Laufen, Rosenheim, Wasserburg, Ebersberg |
| Waldsassen<br>Johannisplatz 13<br>95652 Waldsassen<br>Tel.: 09632/847-0 | Waldsassen, Weiden i.d. Opf., Amberg, Neumarkt i.d. Opf. |
| Weilheim-Schongau<br>Hofstr. 23<br>82362 Weilheim<br>Tel.: 0881/184-0 | Weilheim, Schongau, Landsberg, Starnberg, Garmisch-Partenkirchen, Wolfratshausen, Bad Tölz, Miesbach |
| Zwiesel<br>Stadtplatz 16<br>94227 Zwiesel<br>Tel.: 09922/507-0 | Zwiesel, Viechtach, Straubing, Dingolfing, Landshut |

## 4. Form und Inhalt der Anzeigen

### 4.1.

Die Anzeigen sind nach amtlich vorgeschriebenen Vordruck des jeweiligen Zielbundeslandes schriftlich zu erstatten (§ 18 Abs. 1 Satz 1 GrEStG). Hierfür stehen auf den Internetseiten der Bayerischen Finanzverwaltung (z.B. www.lfst.bayern.de > Startseite > Formulare > Weitere Themen von A bis Z > Grunderwerbsteuer) folgende Vordrucke als ausfüllbare PDF-Dokumente zum Herunterladen zur Verfügung:

– BV GrESt 001 Veräußerungsanzeige

– BV GrESt 002 Anzeige Zwangsversteigerungsverfahren

– BV GrESt 003 Anzeige Anteilsübertragungen

– BV GrESt 004 Anlage weitere Grundstücke

– BV GrESt 005 Anlage weitere Veräußerer

– BV GrESt 006 Anlage weitere Erwerber

Die Formulare sind vollständig auszufüllen und beidseitig auszudrucken.

Für jede Ausfertigung des Vordrucks Veräußerungsanzeige BV GrESt 001 (insgesamt 6 Stück) hat jeweils ein Ausdruck etwaiger befüllter Anlagen weiterer Grundstücke/Veräußerer/Erwerber zu erfolgen.

Eine elektronische Übermittlung der Anzeige ist derzeit noch nicht zulässig (§ 22a Satz 3 GrEStG).

Die Anzeige über Anteilsübertragungen (BV GrESt 003) ist nur für Vorgänge geeignet, in denen die zivilrechtlichen Eigentumsverhältnisse an den Grundstücken unverändert bleiben, jedoch aufgrund von Anteilsübertragungen bei einer Gesellschaft eine Anzeigepflicht gem. § 18 bzw. § 19 GrEStG besteht. Im Falle eines Rechtsträgerwechsels am Grundstück (z.B. Umwandlungsvorgang, Anwachsung, etc.) hat die Anzeige weiterhin über die Veräußerungsanzeige (BV GrESt 001) zu erfolgen.

**4.2.**

Die Anzeigen müssen enthalten (§ 20 Abs. 1 GrEStG):

**4.2.1.**

Vorname, Zuname und Anschrift sowie die steuerliche Identifikationsnummer gemäß § 139b der Abgabenordnung (AO) oder die Wirtschafts-Identifikationsnummer gemäß § 139c AO des Veräußerers und des Erwerbers (siehe auch Tz. 7.2), ggf. auch, ob und um welche begünstigte Person i.S.d. § 3 Nrn. 3 bis 7 GrEStG es sich bei dem Erwerber handelt;

**4.2.2.**

die Bezeichnung des Grundstücks nach Grundbuch, Kataster, Straße und Hausnummer;

**4.2.3.**

die Größe des Grundstücks und bei bebauten Grundstücken die Art der Bebauung;

**4.2.4.**

die Bezeichnung des anzeigepflichtigen Vorgangs und den Tag der Beurkundung, bei einem Vorgang, der einer Genehmigung bedarf, auch die Bezeichnung desjenigen, dessen Genehmigung erforderlich ist;

**4.2.5.**

den Kaufpreis oder die sonstige Gegenleistung (§ 9 GrEStG);

**4.2.6.**

den Namen der Urkundsperson.

**4.3.**

Anzeigen, die sich auf Anteile an einer Gesellschaft beziehen, müssen außerdem enthalten (§ 20 Abs. 2 GrEStG):

**4.3.1.**

die Firma, den Ort der Geschäftsführung sowie die Wirtschafts-Identifikationsnummer der Gesellschaft gemäß § 139c AO (siehe auch Tz. 7.3);

**4.3.2.**

die Bezeichnung des Gesellschaftsanteils oder der Gesellschaftsanteile;

4.3.3.

bei mehreren beteiligten Rechtsträgern eine Beteiligungsübersicht. Eine solche Beteiligungsübersicht kann beispielsweise in Form eines ausformulierten Textes als auch in grafischer Darstellung (sog. Organigramm) eingereicht werden.

4.4.

Bei der Veräußerung von Gesellschaftsanteilen besteht für den Notar bezüglich des Vorhandenseins von Grundstücken, die der Gesellschaft grunderwerbsteuerlich unmittelbar oder mittelbar zuzurechnen sind, eine Erkundigungspflicht. Eine besondere Nachforschungspflicht besteht nicht, so dass er sich im Rahmen seiner Mitwirkungspflicht auf die Angaben der Beteiligten beschränken kann.

4.5.

Der Anzeige ist eine Abschrift der Urkunde über den Rechtsvorgang oder des Antrags beizufügen (§ 18 Abs. 1 Satz 2 GrEStG). Die Anzeige ist mit o.g. Inhalt zu erstatten. Ein bloßer Verweis auf die beiliegende Urkunde ist nicht ausreichend, da die Veräußerungsanzeige zur Weiterleitung an andere Finanzämter und zur Erteilung der Unbedenklichkeitsbescheinigung vorgesehen ist. Die Finanzämter sind angehalten, bei (wiederholten) unvollständigen Angaben die Anzeigen zur Ergänzung zurückzusenden.

**5. Anzeigefrist**

Die Anzeigen sind innerhalb von zwei Wochen nach der Beurkundung oder der Unterschriftsbeglaubigung zu erstatten, und zwar auch dann, wenn die Wirksamkeit des Rechtsvorgangs vom Eintritt einer Bedingung, vom Ablauf einer Frist oder von einer Genehmigung abhängig ist (§ 18 Abs. 3 Satz 1 GrEStG).

**6. Absendevermerk des Notars**

6.1.

Die Absendung der Anzeige ist auf der Urschrift der Urkunde, in den Fällen, in denen eine Urkunde entworfen und darauf eine Unterschrift beglaubigt worden ist, auf der zurückbehaltenen beglaubigten Abschrift zu vermerken (§ 18 Abs. 4 GrEStG).

6.2.

Eine Empfangsbestätigung des Finanzamts sieht das GrEStG nicht vor.

**7. Bedeutung der Anzeigen**

7.1.

Notare dürfen Urkunden, die einen anzeigepflichtigen Vorgang betreffen, den Beteiligten erst aushändigen und Ausfertigungen oder beglaubigte Abschriften den Beteiligten erst erteilen, wenn sie die Anzeigen in allen Teilen vollständig (§§ 18 und 20 GrEStG) an das Finanzamt abgesandt haben (§ 21 GrEStG).

7.2.

Die Anzeigepflicht nach § 18 GrEStG führt zu keiner Anlaufhemmung der Festsetzungsfrist nach § 170 Abs. 2 Satz 1 Nr. 1 AO (BFH-Urteil vom 16.2. 1994 II R 125/90, BStBl. II S. 866). Bei Nichterfüllung der Anzeigepflicht durch den Notar kann der Steueranspruch verjähren.

**7.3.**

Die Vorschriften des § 16 Abs. 1 bis 4 GrEStG gelten nicht, wenn einer der in § 1 Abs. 2 bis 3a bezeichneten Erwerbsvorgänge rückgängig gemacht wird, der nicht fristgerecht und in allen Teilen vollständig angezeigt (§§ 18 und 20 GrEStG) war (§ 16 Abs. 5 GrEStG).

**7.4.**

Da ein Blatt des Vordrucksatzes „Veräußerungsanzeige" als Unbedenklichkeitsbescheinigung i.S.v. § 22 GrEStG Verwendung findet, ist ein sorgfältiges Ausfüllen des Vordrucksatzes durch den Anzeigepflichtigen unerlässlich. Bei mangelhaft ausgefüllten Anzeigen kann sich die Erteilung der Unbedenklichkeitsbescheinigung bzw. die Eintragung des Erwerbers in das Grundbuch verzögern.

### 8. Empfangsbevollmächtigter

Bei Erwerbsvorgängen mit Beteiligung von Personen, die nicht im Geltungsbereich der Abgabenordnung ansässig sind (z.B. Niederländische BV, Privatperson in der Schweiz), sollte im Rahmen der Beurkundung darauf hingewirkt werden, dass von den Vertragsbeteiligten ein inländischer Empfangsbevollmächtigter benannt wird.

## C. Erbschaftsteuer (Schenkungsteuer)

### 1. Maßgebende Vorschriften

Die steuerlichen Anzeigepflichten und sonstigen Beistandspflichten der Notare ergeben sich aus folgenden Vorschriften:

- § 34 des Erbschaftsteuer- und Schenkungsteuergesetzes (ErbStG) in der Fassung der Bekanntmachung vom 27.2.1997 (BGBl. I S. 378), zuletzt geändert durch Art. 17 des Gesetzes zum Internationalen Erbrecht und zur Änderung von Vorschriften zum Erbschein sowie zur Änderung sonstiger Vorschriften (IntErbRVG) vom 29.6.2015 (BGBl. I S. 1042)
- §§ 7 und 8 der Erbschaftsteuer-Durchführungsverordnung (ErbStDV) vom 8.9.1998 (BGBl. I S. 2658), zuletzt geändert durch Art. 17 des Gesetzes zum Internationalen Erbrecht und zur Änderung von Vorschriften zum Erbschein sowie zur Änderung sonstiger Vorschriften (IntErbRVG) vom 29.6.2015 (BGBl. I S. 1042)
- § 102 Abs. 4 AO

### 2. Anzeigepflichtige Rechtsvorgänge

**2.1.**

Die Notare haben dem für die Verwaltung der Erbschaftsteuer zuständigen Finanzamt diejenigen Beurkundungen, Zeugnisse und Anordnungen anzuzeigen, die für die Festsetzung einer Erbschaftsteuer (Schenkungsteuer) von Bedeutung sein können (§ 34 ErbStG).

**2.2.**

Es sind insbesondere anzuzeigen:

- Erbauseinandersetzungen,
- Schenkungen und Schenkungsversprechen,
- Zweckzuwendungen,

– Rechtsgeschäfte, die zum Teil oder der Form nach entgeltlich sind, bei denen aber Anhaltspunkte dafür vorliegen, dass eine Schenkung oder Zweckzuwendung unter Lebenden vorliegt (§ 8 Abs. 2 ErbStDV).

**2.3.**

Um dem Finanzamt in jedem Fall die Prüfung der Steuerpflicht zu ermöglichen, sind derartige Rechtsgeschäfte stets schon dann anzuzeigen, wenn auch nur eine Vermutung für eine freigebige Zuwendung besteht. Folglich sind insbesondere anzeigepflichtig

**2.3.1.**

Grundstücksüberlassungsverträge oder die Übertragung sonstiger Vermögensgegenstände zwischen Eheleuten, Lebenspartnern, Eltern und Kindern oder sonstigen Angehörigen (in Frage kommen z.B. Teilschenkungen in der Form von Veräußerungsverträgen, wenn das Entgelt unter dem Verkehrswert des veräußerten Gegenstandes liegt oder als Gegenleistung ein Wohn- oder Verpflegungsrecht usw. eingeräumt wird);

**2.3.2.**

die Vereinbarung der Gütergemeinschaft (§ 1415 BGB) hinsichtlich der Bereicherung, die ein Ehegatte oder Lebenspartner erfährt;

**2.3.3.**

vorgezogene Erbregelungen und Rechtsgeschäfte, welche z.B. Folgendes zum Gegenstand haben:

– die vorzeitige Befriedigung von Pflichtteilsansprüchen oder Anwartschaften auf eine Nacherbfolge,
– die Abfindung für die Ausschlagung einer Erbschaft oder eines Vermächtnisses,
– die Abfindung für den Verzicht auf eine Geltendmachung zunächst behaupteter Rechtsstellungen, Rechte oder Ansprüche gegen Erben oder Vermächtnisnehmer (z.B. Erbprätendent),
– die Abfindung für die Zurückweisung eines Rechts aus einem Vertrag des Erblassers zugunsten Dritter auf den Todesfall,
– die Abfindung für den Verzicht auf einen entstandenen Pflichtteilsanspruch,
– die Abfindung für einen Erbverzicht,
– die entgeltliche Übertragung der Anwartschaftsrechte von Nacherben;

**2.3.4.**

Zuwendungen unter Ehegatten oder Lebenspartnern, wenn als Rechtsgrund auf die Ehe oder Lebenspartnerschaft Bezug genommen wird (sog. unbenannte Zuwendungen);

**2.3.5.**

die Beteiligung naher Angehöriger an einem Unternehmen (Familiengesellschaft – OHG, KG usw.);

**2.3.6.**

die Übertragung von GmbH-Anteilen oder anderen Anteilen an Kapitalgesellschaften, insbesondere unter Angehörigen, wenn Anhaltspunkte dafür bestehen, dass ein etwaiges Entgelt unter dem gemeinen Wert (Verkehrswert) des Geschäftsanteils liegt;

**2.3.7.**

die Bestellung von Hypotheken oder sonstigen Grundpfandrechten und deren Abtretung zugunsten naher Angehöriger, falls der Schuldgrund nicht einwandfrei ersichtlich ist;

**2.3.8.**

Leistungen zwischen Kapitalgesellschaften, insbesondere Familiengesellschaften, und Gesellschaftern (z.B. verdeckte Einlagen, Kapitalerhöhungen gegen zu geringes oder zu hohes Aufgeld).

**2.3.9.**

Im Einzelnen ergeben sich die anzeigepflichtigen Rechtsvorgänge aus den §§ 1, 3, 4, 7, 8 und 34 ErbStG, §§ 7 und 8 ErbStDV. Zu beachten ist, dass nach § 7 Abs. 4 ErbStG die Steuerpflicht einer Schenkung nicht dadurch ausgeschlossen wird, dass sie zur Belohnung oder unter einer Auflage gemacht oder in die Form eines lästigen Vertrages gekleidet worden ist;

**2.3.10.**

Von Anzeigen kann abgesehen werden, wenn die Annahme berechtigt ist, dass außer Hausrat einschließlich Wäsche und Kleidungsstücken im Wert von höchstens 12 000 € nur noch anderes Vermögen im reinen Wert von höchstens 20 000 € vorhanden oder Gegenstand der Schenkung ist (§ 7 Abs. 4, § 8 Abs. 3 ErbStDV).

## 3. Zuständiges Finanzamt

Unter das Erbschaftsteuer- und Schenkungsteuergesetz fallende Rechtsvorgänge sind an das für die Verwaltung der Erbschaftsteuer (Schenkungsteuer) zuständige Finanzamt zu richten, in dessen Bezirk der (letzte) Wohnsitz oder der (letzte) gewöhnliche Aufenthalt des Erblassers oder Schenkers, hilfsweise der des Erwerbers, liegt (§ 35 ErbStG). Die Verwaltung der Erbschaft- und Schenkungsteuer ist in Bayern den folgenden Finanzämtern übertragen:

| ErbSt-Finanzamt: | Zuständig für die Bezirke der Finanzämter |
|---|---|
| Amberg<br>Postfach 1452<br>92204 Amberg<br>Tel.: 09621/36-0 | Amberg, Cham, Hersbruck, Hilpoltstein, Neumarkt i.d. Opf., Nürnberg-Nord, Nürnberg-Süd, Zentralfinanzamt Nürnberg, Regensburg, Schwabach, Schwandorf, Waldsassen, Weiden i.d. Opf. |
| Eggenfelden<br>Postfach 1160<br>84301 Eggenfelden<br>Tel.: 08721/981-0 | Berchtesgaden, Burghausen, Deggendorf, Dingolfing, Ebersberg, Eggenfelden, Grafenau, Kelheim, Landshut, Miesbach, Mühldorf a. Inn, Passau, Rosenheim, Straubing, Traunstein, Zwiesel |
| Hof<br>Postfach 1368<br>95012 Hof<br>Tel.: 09281/929-0 | Bamberg, Bayreuth, Coburg, Erlangen, Forchheim, Hof, Kronach, Kulmbach, Lichtenfels, Wunsiedel |
| Kaufbeuren<br>Postfach 1260<br>87572 Kaufbeuren<br>Tel.: 08341/802-0 | Garmisch-Partenkirchen, Kaufbeuren, Kempten (Allgäu), Landsberg a. Lech, Lindau, München, Starnberg, Weilheim-Schongau, Wolfratshausen |

| ErbSt-Finanzamt: | Zuständig für die Bezirke der Finanzämter |
|---|---|
| Lohr a. Main<br>Postfach 1465<br>97804 Lohr a. Main<br>Tel.: 09352/850-0 | Ansbach, Aschaffenburg, Bad Kissingen, Bad Neustadt a.d. Saale, Fürth, Gunzenhausen, Kitzingen, Lohr a. Main, Obernburg a. Main, Schweinfurt, Uffenheim, Würzburg, Zeil a. Main |
| Nördlingen<br>Postfach 1521<br>86715 Nördlingen<br>Tel.: 09081/215-0 | Augsburg-Land, Augsburg-Stadt, Dachau, Dillingen a.d. Donau, Eichstätt, Erding, Freising, Fürstenfeldbruck, Günzburg, Ingolstadt, Memmingen, Neu-Ulm, Nördlingen, Pfaffenhofen a.d. Ilm, Schrobenhausen |

**4. Form und Inhalt der Anzeigen**

**4.1.**

Erbschaft- und Schenkungsteuervorgänge werden mitgeteilt durch Übersendung einer beglaubigten Abschrift der Urkunde, die der Notar aufgenommen oder die er entworfen und auf der er eine Unterschrift beglaubigt hat. Die beglaubigten Abschriften der in § 7 Abs. 1 ErbStDV genannten Verfügungen und Schriftstücke sowie die Urkunden über eine Schenkung oder eine Zweckzuwendung unter Lebenden sind jeweils mit einem Vordruck nach Muster 5 bzw. 6 der ErbStDV zu übersenden (§ 7 Abs. 1 und § 8 Abs. 1 ErbStDV). Für Muster 6 zu § 8 ErbStDV wird seitens der Finanzverwaltung ein überarbeitetes, elektronisch ausfüllbares Formular zur Verfügung gestellt, welches unter www.finanzamt.bayern.de > Formulare für Ihre Steuererklärung und weitere steuerliche Angelegenheiten > Weitere Themen A bis Z > Erbschaft- und Schenkungsteuer sowie der Homepage der Landesnotarkammer Bayern im Fachanwenderbereich unter Notare > Arbeitshilfen > Steuerrecht abrufbar ist.

Muster 5 zu § 7 ErbStDV wird von der Finanzverwaltung nicht als Vordruck zur Verfügung gestellt, sondern ist von den Anzeigepflichtigen selbst aufzulegen. Es ist darauf zu achten, dass bei der Übersendung der beglaubigten Abschriften gleichzeitig auch die für die Erbschaftsteuer (Schenkungsteuer) erheblichen Umstände, soweit sie sich nicht schon aus dem Inhalt der Beurkundungen ergeben, mitgeteilt werden, insbesondere

- Name, letzter Wohnsitz, Identifikationsnummer gem. § 139b AO, Sterbeort, Geburtstag und Todestag des Erblassers,
- Name, Identifikationsnummer gem. § 139b AO und Wohnsitz des Schenkers, der Erwerber und der sonstigen Beteiligten,
- Verwandtschafts- bzw. Schwägerschaftsverhältnis des Erwerbers zum Erblasser oder Schenker,
- Zusammensetzung und Wert des Nachlasses oder der Zuwendung,
- der der Kostenberechnung zugrunde gelegte Wert.

Der Notar ist verpflichtet, die Beteiligten über diese Umstände zu befragen. Näheres über die mitzuteilenden Umstände ergibt sich aus §§ 7 und 8 ErbStDV sowie aus den Mustern 5 (zu § 7 ErbStDV) und 6 (zu § 8 ErbStDV).

**4.2.**

Bei Erbauseinandersetzungen oder Grundstücksüberlassungsverträgen ist insbesondere dafür zu sorgen, dass sich aus der Beurkundung oder Mitteilung ergibt, auf wessen Namen die den Gegenstand der Auseinandersetzung oder

Übertragung bildenden Grundstücke im Grundbuch eingetragen sind und welchen Wert sie im Einzelnen haben. Bei Bezugnahme auf frühere Erbfälle genügt nicht nur die Angabe des Datums und des Geschäftszeichens des Erbscheines, sondern es sind darüber hinaus in der Urkunde noch anzugeben oder mitzuteilen der Todestag, der letzte Wohnsitz und Sterbeort des Erblassers, die Namen seiner Erben und die auf diese nach dem Erbschein entfallenden Erbteile.

**4.3.**

Eine elektronische Übermittlung der Anzeige ist ausgeschlossen (§§ 7 Abs. 1 Satz 2, 8 Abs. 1 Satz 2 ErbStDV).

### 5. Frist für die Anzeigen, steuerfreie Rechtsvorgänge

**5.1.**

Die Anzeigen sind unverzüglich nach der Beurkundung oder der Unterschriftsbeglaubigung zu erstatten, und zwar auch dann, wenn die Wirksamkeit des Erwerbsvorgangs vom Eintritt einer Bedingung, vom Ablauf einer Frist oder von einer Genehmigung abhängt (§ 7 Abs. 1 Satz 3 ErbStDV und § 8 Abs. 1 Satz 4 ErbStDV).

**5.2.**

Die Anzeige ist auch dann zu erstatten, wenn der Vorgang von der Besteuerung ausgenommen ist.

### 6. Absendevermerk des Notars

Bei Absendung der Anzeige ist auf der Urschrift der Mitteilung oder Anzeige zu vermerken:

– der Absendetag,

– das Finanzamt (die Finanzämter), an welche(s) die Anzeige übermittelt wurde (§§ 7 Abs. 1 und 5, 8 Abs. 1 und 4 ErbStDV).

### 7. Empfangsbestätigung des Finanzamts

Es ergeht keine Empfangsbestätigung des Finanzamts über den Erhalt der Anzeige.

## D. Ertragsteuern

### 1. Maßgebende Vorschrift

Die steuerlichen Anzeigepflichten und sonstigen Beistandspflichten der Notare ergeben sich aus § 54 der Einkommensteuer-Durchführungsverordnung (EStDV) in der jeweils gültigen Fassung.

### 2. Anzeigepflichtige Rechtsvorgänge

Dem zuständigen Finanzamt (§ 20 AO) ist Anzeige über alle auf Grund gesetzlicher Vorschrift aufgenommenen oder beglaubigten Urkunden zu erstatten, die die Gründung, Kapitalerhöhung oder -herabsetzung, Umwandlung oder Auflösung von Kapitalgesellschaften oder die Verfügung über Anteile an Kapitalgesellschaften zum Gegenstand haben. Gleiches gilt für Dokumente, die im Rahmen einer Anmeldung einer inländischen Zweigniederlassung einer Kapitalgesellschaft mit Sitz im Ausland zur Eintragung in das Handelsregister anfallen (§ 54 Abs. 1 EStDV; vgl. auch BMF-Schreiben vom 14.3.1997 IV B 2 – S 2244 – 3/97, DStR S. 822).

### 3. Zuständiges Finanzamt

Die unter § 54 EStDV fallenden Urkunden sind dem Finanzamt zu übersenden, in dessen Bezirk sich die Geschäftsleitung oder der Sitz der Kapitalgesellschaft befindet, an der die betreffenden Anteile bestehen.

Die ab dem 1.1.2006 in Bayern teilweise neu geregelten Finanzamtszuständigkeiten für die Besteuerung von Kapitalgesellschaften ergeben sich aus der Verordnung über Organisation und Zuständigkeiten in der Bayerischen Steuerverwaltung (ZustVSt) vom 1.12.2005 (GVBl. 2005 S. 596), zuletzt geändert durch die Verordnung vom 12.8.2021 (GVBl. 2021 S. 545).

### 4. Form und Inhalt der Anzeigen

Anzeigepflichtige Vorgänge werden mitgeteilt durch Übersendung einer beglaubigten Abschrift der Urkunde, die der Notar aufgenommen oder beglaubigt hat. Die Steuernummer, unter der die Kapitalgesellschaft beim Finanzamt geführt wird, soll auf der Abschrift vermerkt werden (§ 54 Abs. 2 Satz 2 EStDV).

### 5. Frist für die Anzeigen, steuerfreie Rechtsvorgänge

Die Anzeigen sind binnen zwei Wochen, von der Aufnahme oder Beglaubigung der Urkunde ab gerechnet, zu erstatten (§ 54 Abs. 2 Satz 1 EStDV). Den Beteiligten dürfen die Urschrift, eine Ausfertigung oder beglaubigte Abschrift der Urkunde erst ausgehändigt werden, wenn die Abschrift der Urkunde an das Finanzamt abgesandt ist (§ 54 Abs. 3 EStDV).

Die Anzeige ist auch dann zu erstatten, wenn der Vorgang von der Besteuerung ausgenommen ist.

### 6. Absendevermerk des Notars

Die Absendung der Anzeige ist auf der zurückbehaltenen Urschrift der Urkunde oder auf einer zurückbehaltenen Abschrift zu vermerken (§ 54 Abs. 2 Satz 3 EStDV).

### 7. Empfangsbestätigung des Finanzamts

Eine Empfangsbestätigung des Finanzamts über den Erhalt der Urkunde ist im EStG und in der EStDV nicht vorgesehen.

## E. Mehrfache Anzeigepflicht bei mehrfacher Steuerpflicht

### 1.

Derselbe Rechtsvorgang kann für mehrere Steuern Bedeutung haben, z.B.

### 1.1.

Erbauseinandersetzung und Vermögensübergabe über Grundstücke:

– für die Grunderwerbsteuer und die Erbschaftsteuer (Schenkungsteuer);

### 1.2.

Grundstücksschenkung unter einer Auflage und gemischte Grundstücksschenkung:

– für die Grunderwerbsteuer und die Schenkungsteuer;

### 1.3.

Umwandlung einer Kapitalgesellschaft:

– für die Grunderwerbsteuer und die Ertragsteuern;

**1.4.**

Kapitalerhöhung oder –herabsetzung:

– für die Grunderwerbsteuer und die Ertragsteuern;

**1.5.**

Kapitalerhöhung gegen zu hohes oder zu geringes Aufgeld:

– für die Erbschaftsteuer (Schenkungsteuer) und die Ertragsteuern;

**1.6.**

unentgeltliche oder teilweise unentgeltliche Übertragung von Anteilen an Kapitalgesellschaften:

– für die Schenkungsteuer, die Ertragsteuern und ggf. Grunderwerbsteuer.

**2.**

In diesen Fällen ist der Rechtsvorgang **jedem** Finanzamt anzuzeigen, das für eine der in Betracht kommenden Steuern zuständig ist. Sind mehrere Stellen desselben Finanzamts zuständig, ist entsprechend zu verfahren.

# 420/1. Koordinierte Erlasse[1)] zur Anwendung des Grundsteuergesetzes ab 1. Januar 2025 (AEGrStG)

Vom 22. Juni 2022

Oberste Finanzbehörden der Länder G 1000; G 1010; G 1030; koord. Ländererlass

(BStBl. I S. 1171)

## A. Allgemeines

Mit dem Gesetz zur Reform des Grundsteuer- und Bewertungsrechts (Grundsteuer-Reformgesetz – GrStRefG) vom 26. November 2019 (BGBl. I S. 1794)[2)] wurde die Bewertung des Grundbesitzes für die Grundsteuer ab 1. Januar 2022 neu geregelt. Auf den 1. Januar 2025 wird erstmals eine Hauptveranlagung der Grundsteuermessbeträge auf Grundlage der nach dem Siebenten Abschnitt des Zweiten Teils des Bewertungsgesetzes ermittelten Werte vorgenommen.

Unter Bezugnahme auf die Erörterungen mit den obersten Finanzbehörden der Länder gelten für die Anwendung des Grundsteuergesetzes (GrStG) für die Grundsteuer ab dem Kalenderjahr 2025 die nachstehenden Regelungen. Verwaltungsanweisungen, die mit diesem Erlass in Widerspruch stehen, sind ab dem Kalenderjahr 2025 nicht mehr anzuwenden.

Zur besseren Lesbarkeit wird auf die geschlechtsspezifische Formulierung (z.B. „Steuerpflichtige*r") verzichtet. Bei Verwendung z.B. des Wortes „Steuerpflichtiger" im Text sind alle Geschlechter gemeint.

## B. Abschnitt I: Steuerpflicht

## Zu § 1 GrStG

### A 1.1. Heberecht, Steuerberechtigung

(1) [1]Die Gemeinden haben das Recht, Grundsteuer zu erheben (§ 1 Abs. 1 GrStG). [2]In den Ländern, in denen keine Gemeinden bestehen (Berlin und Hamburg), haben die Länder das Recht, Grundsteuer zu erheben. [3]Der Wille der Gemeinde, Grundsteuer zu erheben, muss in einer besonderen Satzung seinen Ausdruck finden. [4]Hierfür genügt die Festsetzung des Hebesatzes durch die jeweilige Gemeinde, in der die Entscheidung enthalten ist, dass Grundsteuer erhoben wird.

(2) [1]Die Gemeinde erhebt Grundsteuer auf den Grundbesitz, der in ihrem Hoheitsgebiet liegt. [2]Zum Hoheitsgebiet gehört auch eine Exklave, d.h. ein Gebietsteil einer Gemeinde, der sich innerhalb eines anderen Gemeindegebiets befindet (BFH-Urteil vom 28. März 1958 III 43/55 U, BStBl. III S. 243).

(3) Liegt Grundbesitz in gemeindefreien Gebieten, d.h. abgegrenzten Gebieten, die zu keiner Gemeinde gehören, so bestimmt die Landesregierung durch Rechtsverordnung, wer die nach dem Grundsteuergesetz den Gemeinden zustehenden Befugnisse ausübt.

---

[1)] **Red. Anm.:** Dieser Erlass gilt **nicht** für Baden-Württemberg, Bayern, Hamburg, Niedersachsen und Sachsen.

[2)] **Amtl. Anm.:** BStBl. 2019 I S. 1319.

### A 1.2. Verwaltung der Grundsteuer

[1]Die Verwaltung der Grundsteuer obliegt zum Teil den Ländern, zum Teil den Gemeinden. [2]Für die Feststellung der Grundsteuerwerte sowie für die Festsetzung und Zerlegung der Grundsteuermessbeträge sind die Finanzämter der Länder zuständig (§ 219 des Bewertungsgesetzes – BewG, §§ 184, 185 ff. der Abgabenordnung – AO). [3]Die Festsetzung und Erhebung der Grundsteuer einschließlich ihrer Stundung, ihrer Niederschlagung und ihres Erlasses obliegt dagegen den zuständigen Behörden der hebeberechtigten Gemeinde. [4]Für die Aussetzung der Vollziehung der Grundsteuermessbescheide sind die Finanzämter zuständig, für die Aussetzung der Vollziehung der Grundsteuerbescheide die Gemeinden. [5]Wird die Vollziehung eines Grundsteuermessbescheids durch das Finanzamt ausgesetzt, so ist die Gemeinde verpflichtet, von Amts wegen auch die Vollziehung des hierauf beruhenden Grundsteuerbescheids auszusetzen, selbst wenn dieser unanfechtbar geworden ist (§ 361 Abs. 1 Satz 2 und Abs. 3 i.V.m. § 1 Abs. 2 Nr. 6 AO). [6]In den Ländern Berlin, Bremen (ohne Bremerhaven) und Hamburg wird die Grundsteuer ausschließlich von den Finanzämtern verwaltet.

### A 1.3. Örtliche Zuständigkeit für die Festsetzung und Zerlegung des Grundsteuermessbetrags

[1]Für die Festsetzung und die Zerlegung des Grundsteuermessbetrags ist das Lagefinanzamt zuständig (§ 22 Abs. 1 AO i.V.m. § 18 Abs. 1 Nr. 1 AO). [2]Das Lagefinanzamt ist das Finanzamt, in dessen Bezirk der betreffende Betrieb der Land- und Forstwirtschaft oder das betreffende Grundstück liegt. [3]Erstreckt sich der Betrieb oder das Grundstück auf die Bezirke mehrerer Finanzämter, so ist das Finanzamt zuständig, in dessen Bezirk der wertvollste Teil liegt.

### A 1.4. Örtliche Zuständigkeit der Finanzämter für die Festsetzung und Erhebung der Grundsteuer

[1]Soweit die Festsetzung, Erhebung und Beitreibung der Grundsteuer den Finanzämtern obliegt, ist dafür das Finanzamt zuständig, zu dessen Bezirk die hebeberechtigte Gemeinde gehört (§ 22 Abs. 2 Satz 1 AO). [2]Gehört eine hebeberechtigte Gemeinde zu den Bezirken mehrerer Finanzämter, so ist das Finanzamt zuständig, in dessen Bezirk der wertvollste Teil des Betriebs der Land- und Forstwirtschaft oder des Grundstücks liegt (§ 22 Abs. 2 Satz 2 i.V.m. Abs. 1 AO und § 18 Abs. 1 Nr. 1 AO). [3]Die Sätze 1 und 2 gelten sinngemäß, soweit das Aufkommen der Grundsteuer einem Land zusteht (§ 22 Abs. 3 AO).

### A 1.5. Bekanntgabe des Grundsteuermessbescheids an den Steuerpflichtigen und Mitteilung des Grundsteuermessbetrags an die hebeberechtigte Gemeinde

(1) Der Grundsteuerwert und der Grundsteuermessbetrag können dem Steuerpflichtigen in getrennten Bescheiden oder einem zusammengefassten Bescheid bekannt gegeben werden.

(2) [1]Der Grundsteuerwert eines Grundstücks im Gesamthandseigentum ist mangels Erforderlichkeit für die Besteuerung nicht nach § 39 Abs. 2 Nr. 2 AO auf die Gesamthänder aufzuteilen, da die Gesamthandsgemeinschaft selbst Grundsteuerschuldner (§ 10 Abs. 1 GrStG) und beim Grundsteuerwert Zurechnungssubjekt (vgl. § 3 Abs. 2 BewG) ist. [2]Dies gilt auch für die Erbengemeinschaft (vgl. auch BFH-Beschluss vom 22. Februar 2001 II B 39/00, BStBl. II S. 476). [3]Der Grundsteuerwert eines Grundstücks im Bruchteilseigentum ist nicht der Gemeinschaft, sondern unmittelbar den Miteigentümern

zuzurechnen (§ 39 Abs. 1 AO). [4]Bei der Adressierung und Bekanntgabe der betreffenden Bescheide ist der Anwendungserlass zur Abgabenordnung (AEAO) zu § 122 zu beachten.

(3) [1]Das Finanzamt teilt der hebeberechtigten Gemeinde den Inhalt des Grundsteuermessbescheids ausschließlich auf elektronischem Wege durch Bereitstellung zum Datenabruf mit (§ 184 Abs. 3 AO). [2]Die Gemeinde wendet den für das Kalenderjahr festgesetzten Hebesatz auf den Grundsteuermessbetrag an und gibt dem Steuerschuldner den Jahresbetrag der Grundsteuer in einem Grundsteuerbescheid bekannt (§§ 25 und 27 GrStG).

(4) [1]Gemeinden sind grundsätzlich nicht befugt, Grundsteuermessbescheide anzufechten (vgl. § 40 Abs. 3 der Finanzgerichtsordnung); eine Rechtsbehelfsbefugnis der Gemeinden besteht nur im Zerlegungsverfahren (§ 186 Nr. 2 AO). [2]Die Finanzämter sollen die steuerberechtigten Gemeinden über anhängige Einspruchsverfahren gegen Realsteuermessbescheide von größerer Bedeutung unterrichten (AEAO zu § 184). [3]Die Entscheidung, ob ein Einspruchsverfahren von größerer Bedeutung ist, ist einzelfallbezogen zu treffen. [4]Ein Einspruchsverfahren von größerer Bedeutung liegt bei größeren finanziellen Auswirkungen oder Auswirkungen für eine Vielzahl von Fällen vor.

(5) [1]Ist der Grundsteuermessbetrag zu zerlegen, so sind neben dem Steuerpflichtigen auch die hebeberechtigten Gemeinden Beteiligte am Zerlegungsverfahren (§ 186 AO). [2]Der Zerlegungsbescheid ist den Beteiligten bekannt zu geben (§ 188 Abs. 1 AO).

**A 1.6. Meldewesen und Mitteilungspflichten der Behörden**

(1) Erhält die zuständige Behörde Kenntnis von der Eröffnung oder der Einstellung eines Betriebs der Land- und Forstwirtschaft, so hat sie dies dem zuständigen Finanzamt mitzuteilen (§ 229 Abs. 3 BewG).

(2) [1]Die für die Aufsicht über die Bebauung eines unbebauten Grundstücks und die Vornahme von baulichen Veränderungen zuständigen Behörden haben das Finanzamt über

1. die Erteilung einer Baugenehmigung oder den Baubeginn,
2. die Gebrauchsabnahme unter Angabe des Zeitpunkts der Bezugsfertigkeit oder den Zeitpunkt der Fertigstellung des Gebäudes und
3. den Abbruch von Gebäuden

(soweit vorliegend) zu unterrichten. [2]Die Meldungen sind möglichst zeitnah zu übersenden. [3]Darüber hinaus haben die zuständigen Behörden die Finanzämter über Flächennutzungspläne und rechtskräftige Bebauungspläne zu unterrichten (§ 111 AO, § 229 Abs. 3 BewG).

(3) Über die Tatsachen in Abs. 2 Satz 1 Nr. 1 bis 3 hinaus hat die zuständige Behörde auch sonstige Tatsachen mitzuteilen, die für die Feststellung der Grundsteuerwerte und die Festsetzung der Grundsteuermessbeträge von Bedeutung sind, z.B. eine Änderung der Nutzungsart eines Grundstücks.

(4) Soweit bauliche Maßnahmen des Bundes oder der Länder im bauaufsichtlichen Zustimmungsverfahren durch die staatlichen Baubehörden durchgeführt werden und deshalb nicht der Baugenehmigung, Überwachung und Abnahme der örtlich zuständigen Bauaufsichtsbehörde bedürfen, haben die staatlichen Baubehörden die Finanzämter über die Errichtung von Neubauten und über die Vornahme baulicher Veränderungen an bebauten Grundstücken zu unterrichten.

## Zu § 2 GrStG

### A 2. Steuergegenstand

– unbesetzt –

## Zu § 3 GrStG

### A 3.1. Steuerbefreiungen für Grundbesitz bestimmter Rechtsträger; allgemeine Voraussetzungen für die Steuerbefreiungen nach § 3 GrStG

(1) [1]Die Grundsteuerbefreiungen nach § 3 GrStG hängen jeweils von zwei Voraussetzungen ab:

1. Der Grundbesitz muss einem begünstigten Rechtsträger zuzurechnen sein (subjektive Voraussetzung) und
2. der Grundbesitz muss von einem begünstigten Rechtsträger für einen steuerbegünstigten Zweck unmittelbar benutzt werden (objektive Voraussetzung; siehe A 7).

(2) Als begünstigte Rechtsträger kommen in Betracht:

1. juristische Personen des öffentlichen Rechts (siehe A 3.2),
2. das Bundeseisenbahnvermögen (siehe A 3.6),
3. inländische Körperschaften, Personenvereinigungen oder Vermögensmassen (siehe A 3.7) oder
4. Religionsgesellschaften (siehe A 3.9 und 3.10).

(3) [1]Der Grundbesitz muss entweder ausschließlich demjenigen zuzurechnen sein, der ihn für die begünstigten Zwecke nutzt, oder einem anderen nach § 3 Abs. 1 Satz 1 Nr. 1 bis 6 GrStG begünstigten Rechtsträger (§ 3 Abs. 1 Satz 2 GrStG); § 3 Abs. 1 Satz 3 GrStG bleibt unberührt (siehe A 3.2 Abs. 6). [2]Im ersten Fall muss Rechtsträgeridentität zwischen dem Eigentümer des Grundstücks und dem Nutzer des Grundstücks vorliegen (vgl. etwa BFH-Urteil vom 16. Dezember 2009 II R 29/08, BStBl. 2010 II S. 829). [3]Im zweiten Fall muss der Rechtsträger, dem der Grundbesitz zugerechnet worden ist, seinen Grundbesitz einem anderen nach § 3 Abs. 1 Satz 1 Nr. 1 bis 6 GrStG begünstigten Rechtsträger überlassen und der nutzende Rechtsträger den Grundbesitz für einen der nach § 3 GrStG begünstigten Zwecke verwenden. [4]Hierfür ist es unerheblich, ob der Grundbesitz dem nutzenden begünstigten Rechtsträger unentgeltlich oder entgeltlich, z.B. zur Miete, Pacht oder auf sonstige Weise, zur Nutzung überlassen wird. [5]Von der Grundsteuer befreit bleibt z.B. der mit einem Behördengebäude bebaute Grundbesitz, den der Bund zur Benutzung durch eine Landesbehörde vermietet, oder ein Grundstück mit einer Sportanlage, das eine Gemeinde einem gemeinnützigen Sportverein verpachtet.

(4) [1]Der Grundbesitz wird demjenigen i.S.d. § 3 GrStG zugerechnet, dem er bei der Grundsteuerbewertung zugerechnet worden ist. [2]Dies ist in der Regel der Eigentümer des Grundbesitzes. [3]Die Voraussetzungen des § 3 GrStG können nicht nur vom zivilrechtlichen, sondern auch vom wirtschaftlichen Eigentümer erfüllt werden (§ 39 AO).

### A 3.2. Juristische Personen des öffentlichen Rechts

(1) [1]Nach § 3 Abs. 1 Satz 1 Nr. 1 GrStG ist der Grundbesitz von der Grundsteuer befreit, der von einer inländischen juristischen Person des öffentlichen Rechts für einen öffentlichen Dienst oder Gebrauch (siehe hierzu A 3.3 bis 3.5) benutzt wird. [2]Juristische Personen des öffentlichen Rechts sind Gebietskörper-

schaften, z.B. Bund, Länder und Gemeinden, sowie Personalkörperschaften, z.B. Religionsgesellschaften, denen auf Grund öffentlichen Rechts eine eigene Rechtspersönlichkeit zukommt. [3]Auch Stiftungen, Anstalten und Zweckvermögen sind juristische Personen des öffentlichen Rechts, wenn sie auf Grund öffentlichen Rechts mit eigener Rechtspersönlichkeit ausgestattet sind.

(2) [1]Ob eine juristische Person des öffentlichen Rechts vorliegt, richtet sich nach Bundes- oder Landesrecht. [2]Grundsätzlich muss sich die öffentlich-rechtliche Eigenschaft aus einem Hoheitsakt (Gesetz, Verordnung oder Verwaltungsakt) ergeben. [3]Ist ein Hoheitsakt nicht festzustellen, so kann die Eigenschaft als Körperschaft des öffentlichen Rechts auch aus der geschichtlichen Entwicklung, durch Verwaltungsübung oder nach allgemeinen Rechtsgrundsätzen begründet sein (BFH-Urteil vom 5. September 1958 III 179/57 U, BStBl. III S. 478). [4]Die Eigenschaft des jeweiligen Rechtsträgers als juristische Person des öffentlichen Rechts ist vom Finanzamt zu prüfen. [5]Ist diese Eigenschaft zweifelhaft und nicht ohne Weiteres nachweisbar, so ist eine Auskunft von der Bundes- oder Landesbehörde einzuholen, der das Aufsichtsrecht über die juristische Person im Einzelfall zusteht (BFH-Urteil vom 1. März 1951 I 52/50 U, BStBl. III S. 120).

(3) [1]Grundbesitz ausländischer Körperschaften des öffentlichen Rechts ist in der Regel nicht nach § 3 Abs. 1 GrStG von der Grundsteuer befreit. [2]Zur Grundsteuerbefreiung von Grundstücken, die den ausländischen Streitkräften oder den internationalen militärischen Hauptquartieren zur Benutzung überlassen worden sind, siehe A 3.4 Abs. 1.

(4) Zur Grundsteuerbefreiung von Grundstücken diplomatischer und konsularischer Vertretungen ausländischer Staaten siehe A 5.7.

(5) Bestimmten amtlichen zwischenstaatlichen Organisationen sowie Einrichtungen auswärtiger Staaten und ausländischen Wohlfahrtsorganisationen wird eine Befreiung von der Grundsteuer aufgrund besonderer gesetzlicher Regelungen oder zwischenstaatlicher Vereinbarungen gewährt.

(6) [1]Grundstücke, die sich nicht im Eigentum einer juristischen Person des öffentlichen Rechts befinden, sind gemäß § 3 Abs. 1 Satz 3 GrStG ausnahmsweise dennoch von der Grundsteuer befreit, wenn

1. dieser Grundbesitz im Rahmen einer Öffentlich Privaten Partnerschaft (ÖPP) einer juristischen Person des öffentlichen Rechts für einen öffentlichen Dienst oder Gebrauch überlassen wird und
2. die Übertragung des Eigentums auf die juristische Person des öffentlichen Rechts am Ende des Vertragszeitraums vereinbart wurde.

[2]ÖPP ist eine Form der Zusammenarbeit zwischen einer juristischen Person des öffentlichen Rechts und einem Privatunternehmen, bei der die erforderlichen Ressourcen von den Partnern zum gegenseitigen Nutzen in einen gemeinsamen Organisationszusammenhang eingesetzt werden. [3]Die Einräumung eines Optionsrechts zugunsten der juristischen Person des öffentlichen Rechts, am Ende des Vertragszeitraums das Eigentum zu erwerben, reicht für eine Grundsteuerbefreiung nicht aus (vgl. BFH-Urteil vom 27. September 2017 II R 13/15, BStBl. 2018 II S. 768). [4]Bei der Gewährung eines Erbbaurechts ist es für eine Grundsteuerbefreiung nicht ausreichend, wenn das Erbbaurecht erst zu einem nach Ende des vereinbarten Vertragszeitraums liegenden Zeitpunkts durch Zeitablauf gemäß § 27 Abs. 1 Satz 1 des Erbbaurechtsgesetzes (ErbbauRG) erlischt. [5]Auch in den Fällen, in denen die vereinbarte Kooperations-

dauer in der ÖPP und die Laufzeit des Erbbaurechts übereinstimmen, bedarf es einer zusätzlichen Rückübertragungsvereinbarung. [6]Für die Grundsteuerbefreiung bei ÖPP ist ohne Bedeutung, ob der private Auftragnehmer den Grundbesitz von der juristischen Person des öffentlichen Rechts erhalten oder auf dem Grundstücksmarkt selbst erworben hat. [7]Ebenso ist es für die Grundsteuerbefreiung bei ÖPP unerheblich, ob der Grundbesitz dem privaten Partner von der juristischen Person des öffentlichen Rechts förmlich übertragen oder zur Herrichtung und Betreibung überlassen wurde. [8]Vertragsänderungen sind dem zuständigen Finanzamt anzuzeigen (vgl. § 228 BewG, § 19 GrStG).

## A 3.3. Öffentlicher Dienst oder Gebrauch

(1) [1]Unter einem „öffentlichen Dienst oder Gebrauch" i.S.d. § 3 Abs. 1 Satz 1 Nr. 1 GrStG ist sowohl die hoheitliche Tätigkeit (siehe A 3.4) als auch der bestimmungsgemäße Gebrauch durch die Allgemeinheit (siehe A 3.5) zu verstehen (§ 3 Abs. 2 GrStG). [2]„Öffentlicher Dienst oder Gebrauch" ist ein einheitlicher Begriff. [3]Eine Abgrenzung, ob im Einzelfall das eine oder andere vorliegt, ist nicht erforderlich (BFH-Urteil vom 20. Mai 1960 III 440/58 S, BStBl. III S. 368).

(2) [1]Die Nutzung von Grundbesitz zur Herstellung oder Gewinnung von Gegenständen, die für einen öffentlichen Dienst oder Gebrauch verwendet werden sollen, ist nicht als öffentlicher Dienst oder Gebrauch des Grundbesitzes anzusehen. [2]Dagegen kann in der Nutzung eines Grundstücks zur Lagerung solcher Gegenstände bereits ein öffentlicher Dienst oder Gebrauch liegen.

(3) [1]Bei Basisstationen, welche die Nutzung des Digitalfunks für Behörden und Organisationen mit Sicherheitsaufgaben (sog. BOS) ermöglichen und z.B. von der Polizei und anderen Behörden als digitale Funkstationen genutzt werden, kann von einer Verwendung für hoheitliche Zwecke und damit von einem öffentlichen Dienst oder Gebrauch nach § 3 Abs. 2 GrStG ausgegangen werden. [2]Lässt sich die Mitbenutzung für andere – kommerzielle – Zwecke räumlich zu der hoheitlichen Nutzung nicht abgrenzen und überwiegt diese Mitbenutzung die hoheitliche Nutzung nicht, so ist nach § 8 Abs. 2 GrStG von einer Steuerbefreiung für das ganze Gebäude auszugehen.

(4) [1]Ein öffentlicher Dienst oder Gebrauch ist nicht anzunehmen bei Betrieben gewerblicher Art (BgA) von juristischen Personen des öffentlichen Rechts (§ 4 des Körperschaftsteuergesetzes – KStG). [2]Die hierzu bei der Körperschaftsteuer getroffene Entscheidung ist in der Regel auch für die Grundsteuer zu übernehmen. [3]Bei der Körperschaftsteuer wird ein BgA erst dann angenommen, wenn die wirtschaftliche Tätigkeit der juristischen Person des öffentlichen Rechts von einigem Gewicht ist. [4]Fehlt es nur an dieser Voraussetzung oder kommt es aufgrund von Freibeträgen nicht zu einer Körperschaftsteuerveranlagung, so ist für die Grundsteuer gleichwohl anzunehmen, dass der Grundbesitz nicht für einen öffentlichen Dienst oder Gebrauch genutzt wird. [5]Eine Gewinnerzielungsabsicht schließt die Annahme eines öffentlichen Dienstes oder Gebrauchs aus. [6]Eine fehlende Gewinnerzielungsabsicht allein genügt nicht, um einen öffentlichen Dienst oder Gebrauch anzunehmen (BFH-Urteil vom 20. Mai 1960 III 440/58 S, BStBl. III S. 368).

## A 3.4. Hoheitliche Tätigkeit

(1) [1]Eine hoheitliche Tätigkeit liegt bei Erfüllung von Hoheitsaufgaben vor. [2]Es muss sich dabei um Aufgaben handeln, die der juristischen Person des öffentlichen Rechts eigentümlich und ihr vorbehalten sind (BFH-Urteil vom 20. Mai

1960 III 440/58 S, BStBl. III S. 368). [3]Der Erfüllung von Hoheitsaufgaben dient Grundbesitz, der

1. für hoheitliche Zwecke von Gebietskörperschaften, Personalkörperschaften oder Anstalten des öffentlichen Rechts,
2. für hoheitliche Zwecke der Bundeswehr, der ausländischen Streitkräfte und der internationalen militärischen Hauptquartiere (BFH-Urteil vom 14. Januar 1972 III R 50/69, BStBl. II S. 318), des polizeilichen Schutzdienstes und der sonstigen Schutzdienste oder
3. für Zwecke eines sonstigen Hoheitsbetriebs i.S.d. § 4 Abs. 5 KStG

benutzt wird. [4]Zur Abgrenzung einer hoheitlichen von einer wirtschaftlichen Tätigkeit einer juristischen Person des öffentlichen Rechts vgl. BMF-Schreiben vom 11. Dezember 2009, BStBl. I S. 1597.[1)]

(2) [1]Hoheitsbetriebe sind Betriebe von juristischen Personen des öffentlichen Rechts, die zwar auch einer nachhaltigen Erzielung von Einnahmen, aber überwiegend der Ausübung der öffentlichen Gewalt dienen (§ 4 Abs. 5 Satz 1 KStG). [2]Ein Hoheitsbetrieb kann insbesondere dann vorliegen, wenn ein Annahmezwang besteht, d.h., die juristische Person des öffentlichen Rechts Leistungen erbringt, zu deren Annahme der Leistungsempfänger auf Grund gesetzlicher oder behördlicher Anordnung verpflichtet ist. [3]Keine Hoheitsbetriebe sind dagegen u.a. Kreditinstitute, Versorgungsbetriebe und Verkehrsbetriebe der öffentlichen Hand sowie andere BgA von juristischen Personen des öffentlichen Rechts (siehe A 3.3 Abs. 4). [4]Eine bei der Körperschaftsteuer (§ 4 Abs. 5 KStG) und bei der Gewerbesteuer (§ 2 Abs. 2 der Gewerbesteuer-Durchführungsverordnung) getroffene Entscheidung, ob ein Hoheitsbetrieb vorliegt, ist für die Grundsteuer grundsätzlich zu übernehmen (siehe auch Abs. 4 zur grundsteuerlichen Behandlung von entgeltlich an Bedienstete überlassenen Stellplätzen auf landeseigenen Grundstücken). [5]Handelt es sich bei einem rechtlich unselbständigen Eigenbetrieb einer Körperschaft des öffentlichen Rechts nicht um einen BgA, liegt ein Hoheitsbetrieb vor; § 3 Abs. 1 Satz 2 GrStG steht einer Befreiung nach § 3 Abs. 1 Satz 1 Nr. 1 GrStG nicht entgegen. [6]Entsprechendes gilt für den Grundbesitz von Landes- oder Staatsbetrieben als rechtlich unselbständige, ausgegliederte Teile der Landesverwaltung.

(3) [1]Behördenkantinen werden für Zwecke eines Hoheitsbetriebs genutzt, wenn sie so eng mit der Erfüllung der hoheitlichen Tätigkeit der Behörde zusammenhängen, dass sie als ein unentbehrliches Hilfsmittel zur Erfüllung der öffentlichen Aufgaben anzusehen sind. [2]Das gilt auch für verpachtete Kantinen und vermietete Kantinenräume (BFH-Urteil vom 29. März 1968 III 213/64, BStBl. II S. 499).

(4) [1]Die Stellplatzüberlassung einer juristischen Person des öffentlichen Rechts gegen Entgelt an Bedienstete ist keine hoheitliche Aufgabe, die der juristischen Person des öffentlichen Rechts eigentümlich und vorbehalten ist. [2]Eine Grundsteuerbefreiung nach § 3 GrStG kommt unabhängig davon, ob ein BgA vorliegt, nicht in Betracht.

(5) [1]Die der Abfallentsorgung dienenden Grundstücke einer juristischen Person des öffentlichen Rechts fallen unter die Steuerbefreiung des § 3 Abs. 1 Satz 1 Nr. 1 GrStG, wenn ein Hoheitsbetrieb vorliegt. [2]Abs. 2 Satz 5 gilt entsprechend.

---

[1)] Nr. **100** § 4/2.

### A 3.5. Bestimmungsgemäßer Gebrauch durch die Allgemeinheit

(1) [1]Ein bestimmungsgemäßer Gebrauch durch die Allgemeinheit liegt vor, wenn der Personenkreis, dem die Nutzung vorbehalten ist, als Öffentlichkeit angesehen werden kann. [2]Der Personenkreis darf weder auf bestimmte Personen begrenzt sein noch dauerhaft aus einem kleinen Kreis von Personen bestehen. [3]Die Nutzung des Grundstücks durch die Öffentlichkeit muss grundsätzlich durch Satzung, Widmung oder einen anderen öffentlichen Akt festgelegt sein. [4]Es genügt, dass die Nutzung durch die Allgemeinheit von der juristischen Person des öffentlichen Rechts geduldet wird und tatsächlich erfolgt.

(2) [1]Für einen öffentlichen Gebrauch werden sowohl Grundstücke genutzt, die der Öffentlichkeit ohne besondere Zulassung zur bestimmungsgemäßen Nutzung zur Verfügung stehen (z.B. Straßen, gärtnerische Anlagen usw.), als auch Grundstücke mit Einrichtungen, die der Öffentlichkeit nur nach besonderer Berechtigung zur Verfügung stehen (z.B. Schulen, Sportplätze, Krankenhäuser usw.). [2]Die besondere Berechtigung kann in

1. einer zeitlichen Nutzungsbeschränkung (z.B. der Regelung von Besuchszeiten in einem Museum),
2. der Erhebung eines Entgelts (z.B. eines Eintrittsgelds),
3. einer formellen Zugangsberechtigung (z.B. Schule) oder
4. anderen Beschränkungen

bestehen. [3]Voraussetzung ist, dass die Beschränkungen nur aus Gründen des öffentlichen Interesses erfolgen. [4]Wird für die Nutzung ein Entgelt erhoben, das nach den Umständen des Einzelfalls besonders hoch ist, so kann es an einem bestimmungsgemäßen Gebrauch durch die Allgemeinheit fehlen.

(3) [1]Bei Straßen, Wegen und Plätzen, die der Öffentlichkeit zur bestimmungsgemäßen Nutzung i.S.d. Abs. 1 und 2 zur Verfügung stehen, liegt bestimmungsgemäßer Gebrauch durch die Allgemeinheit vor (§ 3 Abs. 2 GrStG). [2]Dieser Grundbesitz ist aufgrund der bestimmungsgemäßen Nutzung für einen öffentlichen Dienst oder Gebrauch von der Grundsteuer befreit (§ 3 Abs. 1 Satz 1 Nr. 1 GrStG). [3]Befreit sind auch die Parkflächen auf Straßen, Wegen und Seitenstreifen, auf denen das Parken nur zeitlich begrenzt erlaubt ist (sog. Kurzzeitparkplätze). [4]Das Gleiche gilt für Zonen mit Anwohnerparkrechten. [5]Nicht befreit sind gebührenpflichtige öffentliche Parkplätze und Parkhäuser, einschließlich Parkpaletten, Tiefgaragen sowie „Park and Ride"-Plätze. [6]Bei diesen liegt kein öffentlicher Dienst oder Gebrauch vor (§ 3 Abs. 3 GrStG), sondern ein BgA von juristischen Personen des öffentlichen Rechts (vgl. BFH-Urteil vom 22. September 1976 I R 102/74, BStBl. II S. 793). [7]Dies gilt selbst dann, wenn der Parkraum jedermann zur Verfügung steht und die Absicht, Gewinn zu erzielen, fehlt. [8]Die Grundsteuerbefreiung nach § 4 Nr. 3 Buchst. a GrStG bleibt hiervon unberührt.

### A 3.6. Grundbesitz des Bundeseisenbahnvermögens

[1]Grundbesitz, der vom Bundeseisenbahnvermögen für Verwaltungszwecke benutzt wird, ist von der Grundsteuer befreit (§ 3 Abs. 1 Satz 1 Nr. 2 GrStG). [2]Steuerpflichtig ist Grundbesitz, der nicht für Verwaltungszwecke benutzt wird. [3]Das sind insbesondere Wohnungen (§ 5 Abs. 2 GrStG). [4]A 3.1 Abs. 3 und A 3.4 Abs. 3 bleiben unberührt.

## A 3.7. Für gemeinnützige oder mildtätige Zwecke benutzter Grundbesitz

(1) [1]Die Befreiung des Grundbesitzes von der Grundsteuer nach § 3 Abs. 1 Satz 1 Nr. 3 GrStG setzt voraus, dass dieser entweder einer inländischen juristischen Person des öffentlichen Rechts (siehe A 3.2) oder einer inländischen Körperschaft, Personenvereinigung oder Vermögensmasse gehört, die nach der Satzung, dem Stiftungsgeschäft oder der sonstigen Verfassung und nach ihrer tatsächlichen Geschäftsführung ausschließlich und unmittelbar gemeinnützigen oder mildtätigen Zwecken dient (subjektive Voraussetzung). [2]Für die Begriffe „gemeinnützige Zwecke" und „mildtätige Zwecke" i.S.d. Grundsteuergesetzes gelten die §§ 52, 53, 55 bis 68 AO (§ 51 AO).

(2) [1]Bei einer inländischen juristischen Person des öffentlichen Rechts sind die subjektiven Voraussetzungen erfüllt. [2]Bei einer inländischen Körperschaft, Personenvereinigung oder Vermögensmasse ist die subjektive Voraussetzung erfüllt, wenn ein Freistellungsbescheid i.S.d. § 5 Abs. 1 Nr. 9 KStG des für die Körperschaft zuständigen Finanzamts vorliegt.

(3) [1]Der Grundbesitz muss neben der subjektiven Voraussetzung tatsächlich für gemeinnützige oder mildtätige Zwecke genutzt werden (objektive Voraussetzung). [2]Ob der Nutzungszweck des Grundbesitzes gemeinnützig oder mildtätig i.S.d. §§ 52, 53, 55 bis 68 AO ist, muss für die Grundsteuerbefreiung jeweils selbständig geprüft werden. [3]Eine für die Körperschaftsteuer getroffene Entscheidung ist zu übernehmen.

(4) [1]Von der Grundsteuer befreit ist auch der Grundbesitz, auf dem ein Zweckbetrieb i.S.d. §§ 65 bis 68 AO unterhalten wird. Eine für Zwecke der Körperschaftsteuer getroffene Entscheidung ist für die Grundsteuer zu übernehmen. [3]Wenn auf dem Grundbesitz neben begünstigten nur eine oder mehrere zeitlich befristete Veranstaltungen stattfinden, mit denen nicht unmittelbar gemeinnützige oder mildtätige Zwecke verwirklicht werden, z.B. die Tanzveranstaltung eines Sportvereins in seiner Sporthalle, dann kommt es für die Frage der Befreiung darauf an, welche Nutzung überwiegt (§ 8 Abs. 2 GrStG, siehe A 8).

(5) [1]Von der Grundsteuer befreit bleibt der Grundbesitz, auf dem die gemeinnützigen oder mildtätigen Zwecke unmittelbar verfolgt werden. [2]Dazu gehört grundsätzlich auch der Grundbesitz, auf dem die Körperschaft, Personenvereinigung oder Vermögensmasse ihre Verwaltungstätigkeit ausübt. [3]Verwaltungsräume, die der Verwaltung von steuerpflichtigem Grundbesitz dienen, sind dagegen steuerpflichtig (BFH-Urteile vom 10. Dezember 1954 III 78/54 S, BStBl. 1955 III S. 63, und vom 6. Oktober 1961 III 405/59 S, BStBl. III S. 571). [4]Hat die Körperschaft, Personenvereinigung oder Vermögensmasse einen oder mehrere wirtschaftliche Geschäftsbetriebe, die nicht Zweckbetriebe i.S.d. §§ 65 bis 68 AO sind (steuerpflichtige wirtschaftliche Geschäftsbetriebe, § 64 AO), so ist auch derjenige Grundbesitz oder Teil des Grundbesitzes steuerpflichtig, der für die Verwaltung des steuerpflichtigen wirtschaftlichen Geschäftsbetriebes oder der steuerpflichtigen wirtschaftlichen Geschäftsbetriebe genutzt wird. [5]Bei der Abgrenzung ist § 8 GrStG zu beachten (siehe A 8).

(6) [1]Bei einer als gemeinnützig anerkannten Körperschaft, Personenvereinigung oder Vermögensmasse ist der Grundbesitz steuerpflichtig,

1. der zu Wohnzwecken benutzt wird (siehe A 5.1), soweit er nicht unter § 5 Abs. 1 GrStG fällt,

2. auf dem ein wirtschaftlicher Geschäftsbetrieb ausgeübt wird, der nicht Zweckbetrieb i.S.d. §§ 65 bis 68 AO ist (steuerpflichtige wirtschaftliche Geschäftsbetriebe, § 64 AO),
3. der land- und forstwirtschaftlich genutzt wird, soweit nicht § 6 GrStG anzuwenden ist,
4. der als unbebautes Grundstück bewertet ist, soweit nicht die Voraussetzungen des § 7 GrStG erfüllt sind,
5. der einem Dritten zur Nutzung überlassen ist.

[2]Satz 1 Nr. 5 gilt nicht, wenn auch der Dritte zu den nach § 3 Abs. 1 GrStG begünstigten Rechtsträgern gehört und er den Grundbesitz für einen begünstigten Zweck nutzt (siehe A 3.1 Abs. 3 zu § 3 GrStG).

### A 3.8. Für sportliche Zwecke benutzter Grundbesitz

(1) Sportliche Anlagen von inländischen juristischen Personen des öffentlichen Rechts (siehe A 3.2),

1. die der Öffentlichkeit zur bestimmungsgemäßen Nutzung zur Verfügung stehen, sind nach § 3 Abs. 1 Satz 1 Nr. 1 GrStG von der Grundsteuer befreit,
2. die einem Sportverein zur Nutzung überlassen sind, sind unter den Voraussetzungen des § 3 Abs. 1 Satz 1 Nr. 3 GrStG von der Grundsteuer befreit (siehe A 3.7).

(2) [1]Sportliche Anlagen von Sportvereinen einschließlich der Zuschauerflächen mit oder ohne Tribünenaufbauten sind von der Grundsteuer befreit, wenn der Sportverein einschließlich seiner sportlichen Veranstaltungen gemeinnützig ist (§ 3 Abs. 1 Satz 1 Nr. 3 Buchst. b GrStG, vgl. insbesondere § 52, § 65 und § 67a AO sowie AEAO zu § 67a AO). [2]Bilden die sportlichen Veranstaltungen des Sportvereins einen wirtschaftlichen Geschäftsbetrieb, der nicht Zweckbetrieb i.S.d. § 65 AO und des § 67a AO ist, und werden die sportlichen Anlagen ganz oder überwiegend für diese Veranstaltungen benutzt, so unterliegen sie der Grundsteuer.

(3) Grundbesitz, den ein privater Eigentümer an einen gemeinnützigen Sportverein zur Nutzung für sportliche Zwecke verpachtet hat, unterliegt der Grundsteuer (siehe aber A 32.2).

(4) [1]Zu den sportlichen Anlagen gehören auch Unterrichts- und Ausbildungsräume, Übernachtungsräume für Trainingsmannschaften, Umkleide-, Bade-, Dusch- und Waschräume sowie Räume zur Aufbewahrung von Sportgeräten, auch wenn sie für diesen Zweck an Vereinsmitglieder ganz oder teilweise vermietet sind. [2]Zu den sportlichen Anlagen gehören ferner Unterkunfts- und Schutzhütten von Bergsteiger-, Ski- und Wandervereinen. [3]Die Grundsteuerbefreiung erstreckt sich auch auf kleinere, einfach ausgestattete Räume, die der Erfrischung der Sporttreibenden dienen. [4]Räume, die der Erholung oder der Geselligkeit dienen, gehören nicht zu den sportlichen Anlagen, es sei denn, sie sind einem Zweckbetrieb nach § 67a AO zuzuordnen. [5]Räume, die überwiegend einem solchen Zweckbetrieb dienen, sind von der Grundsteuer befreit.

### A 3.9. Religionsgesellschaften des öffentlichen Rechts

(1) [1]Von der Grundsteuer befreit ist Grundbesitz, der von einer Religionsgesellschaft, die Körperschaft des öffentlichen Rechts ist, einem ihrer Orden, einer ihrer religiösen Genossenschaften oder einem ihrer Verbände für Zwecke

1. der religiösen Unterweisung,
2. der Wissenschaft,
3. des Unterrichts,
4. der Erziehung oder
5. der eigenen Verwaltung

benutzt wird. [2]Den Religionsgesellschaften stehen die jüdischen Kultusgemeinden gleich, die nicht Körperschaften des öffentlichen Rechts sind.

(2) [1]Ob eine Religionsgesellschaft, ein Orden, eine religiöse Genossenschaft oder ein religiöser Verband eine Körperschaft des öffentlichen Rechts ist, richtet sich entweder nach Art. 140 GG i.V.m. Art. 137 Abs. 4 und 5 der Weimarer Reichsverfassung oder nach Landesrecht. [2]Im Zweifelsfall ist der Nachweis durch die Vorlage entsprechender Verleihungsurkunden zu führen. [3]Lässt sich dieser Nachweis nicht führen oder steht fest, dass eine Körperschaft des öffentlichen Rechts nicht vorliegt, so kann es sich immer noch um eine gemeinnützige Körperschaft i.S.d. § 3 Abs. 1 Satz 1 Nr. 3 Buchst. b GrStG handeln. [4]Zur Feststellung der Gemeinnützigkeit siehe A 3.7. [5]Die Anerkennung einer Religionsgesellschaft als Körperschaft des öffentlichen Rechts durch ein Land hat keine Wirkungen für die übrigen Länder. [6]Hat die Religionsgesellschaft in einem anderen Land Grundbesitz, der für ihre begünstigten Zwecke genutzt wird, so kann unterstellt werden, dass die Voraussetzungen für die Anerkennung als gemeinnützig erfüllt sind. [7]Die Beschränkung der Grundsteuerbefreiungen nach § 3 Abs. 1 Satz 1 Nr. 4 und § 4 Nr. 1 GrStG auf solche Religionsgesellschaften, die Körperschaften des öffentlichen Rechts sind, sowie auf jüdische Kultusgemeinden ist nicht verfassungswidrig (BFH-Urteil vom 30. Juni 2010 II R 12/09, BStBl. 2011 II S. 48).

(3) [1]Der Grundbesitz einer Religionsgesellschaft des öffentlichen Rechts, der dem Gottesdienst dient, ist nach § 4 Nr. 1 GrStG steuerfrei. [2]Grundbesitz einer als gemeinnützig anerkannten religiösen Vereinigung, der dem Gottesdienst dient, ist nach § 3 Abs. 1 Satz 1 Nr. 3 Buchst. b GrStG steuerfrei (siehe A 4.2 Abs. 1).

(4) [1]Bei einer Religionsgesellschaft des öffentlichen Rechts ist vorbehaltlich des § 3 Abs. 1 Satz 1 Nr. 5 GrStG der Grundbesitz steuerpflichtig,

1. der für Wohnzwecke genutzt wird (siehe A 5.1), soweit nicht § 5 Abs. 1 GrStG anzuwenden ist,
2. auf dem ein steuerpflichtiger BgA unterhalten wird (siehe A 3.3 Abs. 4),
3. der land- und forstwirtschaftlich genutzt wird, soweit nicht § 6 GrStG anzuwenden ist,
4. der als unbebautes Grundstück bewertet ist, soweit nicht § 7 GrStG anzuwenden ist (siehe A 7),
5. der einem Dritten zur Nutzung überlassen ist.

[2]Satz 1 Nr. 5 gilt nicht, wenn auch der Dritte zu den nach § 3 Abs. 1 GrStG begünstigten Rechtsträgern gehört (siehe A 3.1 Abs. 2) und er den Grundbesitz für einen begünstigten Zweck nutzt (siehe A 7).

(5) [1]Religiöse Unterweisung ist Unterricht zur Förderung des Wissens in religiösen Fragen, insbesondere die Erteilung des Religionsunterrichts, die Abhaltung von Bibelstunden und die Ausbildung des geistlichen Nachwuchses. [2]Auch die kirchlichen Bildungsheime oder Akademien und die Exerzitienheime sind als für die Zwecke der religiösen Unterweisung genutzt anzusehen.

[3]Das Zusammenleben allein nach einer bestimmten Ordensregel gilt nicht als religiöse Unterweisung.

(6) [1]Für Grundbesitz, der Verwaltungszwecken dient, gilt A 3.7 Abs. 5 zu § 3 GrStG entsprechend. [2]Den Verwaltungszwecken dient insbesondere der Grundbesitz, der für die amtliche Tätigkeit der Kirchenbehörden, die Verwaltungstätigkeit eines Ordens usw. genutzt wird.

### A 3.10. Dienstwohnungen der Geistlichen und Kirchendiener

(1) [1]Von der Grundsteuer befreit sind nach § 3 Abs. 1 Satz 1 Nr. 5 GrStG auch Dienstwohnungen der Geistlichen und Kirchendiener der Religionsgesellschaften, die Körperschaften des öffentlichen Rechts sind, sowie der jüdischen Kultusgemeinden. [2]Dies gilt auch, wenn die Wohnung im Pfarrhaus der Kirchengemeinde zur Wahrnehmung seelsorgerischer Aufgaben von einem Pastoral- und Gemeindereferenten bezogen wird und eine Anrechnung des Mietwerts dieser Wohnung auf die Vergütung im Rahmen des Dienstverhältnisses erfolgt. [3]Pastoral- und Gemeindereferenten sind in diesem Fall insoweit dem Kirchendiener im Sinne der Befreiungsvorschrift gleichzusetzen. [4]§ 5 GrStG, insbesondere die Regelung, dass Wohnungen immer steuerpflichtig sind, ist insoweit nicht anzuwenden.

(2) [1]Eine Dienstwohnung setzt voraus, dass ihre Nutzung dem Stelleninhaber auf Grund eines öffentlich-rechtlichen Dienstverhältnisses als Teil des Diensteinkommens zugewiesen worden und die Nutzung der Wohnung zur ordnungsmäßigen Wahrnehmung der dienstlichen Obliegenheiten erforderlich ist (BFH-Urteil vom 12. Januar 1973 III R 85/72, BStBl. II S. 377, und BFH-Urteil vom 18. Oktober 1989 II R 209/83, BStBl. 1990 II S. 190). [2]Diese Voraussetzung liegt nicht vor, wenn die Dienstwohnung nicht mehr einem bestimmten Stelleninhaber zugewiesen, sondern an Dritte vermietet wird (BFH-Urteil vom 10. Juli 1959 III 283/58 U, BStBl. III S. 368). [3]Die Voraussetzung liegt auch nicht bei kircheneigenen Wohnungen vor, die anderen Beamten oder Angestellten überlassen sind. [4]Kircheneigene Wohnungen, die Geistlichen oder Kirchendienern auf Grund eines Mietvertrages überlassen werden, sind auch dann nicht befreit, wenn der Mietzins auf ihre Gehaltsbezüge angerechnet wird. [5]Steuerpflichtig sind auch die Wohnungen, die andere juristische Personen des öffentlichen Rechts Geistlichen, z.B. Krankenhaus- oder Gefängnisgeistlichen, überlassen haben. [6]Das gilt auch dann, wenn die überlassene Wohnung wirtschaftlich einer Dienstwohnung gleicht.

(3) [1]Geistliche sind Personen, die zur Besorgung des Gottesdienstes und zum Unterricht in der Religion bestellt sind. [2]Sie müssen ein geistliches Amt innehaben, dessen Obliegenheiten zu den religiösen Zwecken und Aufgaben einer Kirche gehören und das in die Organisation dieser Kirche eingegliedert ist.

(4) [1]Kirchendiener sind Personen, die, ohne als Geistliche tätig zu sein, an der sakralen Gestaltung des Gottesdienstes unmittelbar mitwirken, z.B. Küster oder Organisten. [2]Keine Kirchendiener sind Rendanten, beamtete Lehrkräfte eines kirchlichen Gymnasiums, sonstige weltliche Kirchenbeamte sowie die von einer öffentlich-rechtlichen Religionsgesellschaft angestellten Pförtner, Kraftfahrer, Hausmeister, Gärtner usw.

(5) Wird eine Wohnung nicht mehr vom Kirchendiener oder Geistlichen genutzt, so ist dies anzuzeigen (vgl. § 228 BewG, § 19 GrStG).

### A 3.11. Grundbesitz im gesonderten Vermögen nach Kirchenrecht

(1) [1]Von der Grundsteuer befreit ist nach § 3 Abs. 1 Satz 1 Nr. 6 GrStG Grundbesitz der Religionsgesellschaften, die Körperschaften des öffentlichen Rechts sind, sowie der jüdischen Kultusgemeinden, der zu einem nach Kirchenrecht gesonderten Vermögen, insbesondere einem Stellenfonds gehört und dessen Erträge ausschließlich für die Besoldung und Versorgung der Geistlichen und Kirchendiener sowie ihrer Hinterbliebenen bestimmt sind. [2]Die Zugehörigkeit des Grundbesitzes zu einem Stellenfonds ergibt sich in der Regel aus dem Grundbuch. [3]Veränderungen, die diese Zugehörigkeit unberührt lassen, wirken sich nicht auf die Grundsteuerbefreiung aus; hierunter fällt z.B. die Belastung mit einem Erbbaurecht oder die Bebauung eines bisher unbebauten Grundstücks. [4]Für die Besoldung der Geistlichen und Kirchendiener ausschließlich bestimmt sind die Erträge auch dann, wenn der Grundbesitz zentral verwaltet wird. [5]Entscheidend für die Befreiung von der Grundsteuer ist die Zweckbindung des Stellenfondsvermögens für Besoldungs- und Versorgungszwecke. [6]Ein persönlicher Nießbrauch des Stelleninhabers ist nicht erforderlich.

(2) [1]Voraussetzung für die Grundsteuerbefreiung nach § 3 Abs. 1 Satz 1 Nr. 6 GrStG ist, dass der Grundbesitz sowohl am 1. Januar 1987 als auch im jeweiligen Veranlagungszeitpunkt dem begünstigten Zweck diente bzw. dient. [2]In dem in Art. 3 des Einigungsvertrages genannten Gebiet reicht es aus, wenn der Grundbesitz zu einem Zeitpunkt vor dem 1. Januar 1987 und zum Veranlagungszeitpunkt zu dem gesonderten Vermögen gehörte bzw. gehört. [3]Nach dem 1. Januar 1987 erworbener Grundbesitz ist nicht von der Grundsteuer befreit, es sei denn, es handelt sich dabei um die Zuteilung von Flächen bei Flurbereinigungs- oder gesetzlichen Umlegungsverfahren. [4]In diesem Fall tritt die neue Grundstücksfläche unter Fortsetzung des Eigentums an die Stelle der hingegebenen Fläche (vgl. BFH-Urteil vom 9. Juli 1971 III R 30/70, BStBl. II S. 785, für die früher entstandenen fiktiven Dienstgrundstücke). [5]Für die Zugehörigkeit desselben Grundbesitzes zum nach Kirchenrecht gesonderten Vermögen an den maßgebenden Stichtagen genügt die bürgerlich-rechtliche Identität des Grundstücks. [6]Veränderungen durch Bebauung, Anbauten, Belastung mit einem Erbbaurecht usw. sind deshalb für den Fortbestand der Grundsteuerbefreiung unschädlich. [7]Bei Hinzuerwerb von Flächen gilt dies entsprechend, wenn der Zukauf am 1. Januar 1987 weniger als 50 Prozent der Fläche des ursprünglichen Grundstücks ausmacht.

## Zu § 4 GrStG

### A 4.1. Allgemeine Voraussetzungen für die sonstigen Steuerbefreiungen nach § 4 GrStG

[1]Die Steuerbefreiungen nach § 4 GrStG haben insbesondere für Rechtsträger Bedeutung, die nicht bereits nach § 3 GrStG von der Grundsteuer befreit sind. [2]Abgesehen von den Fällen des § 4 Nr. 5 und 6 GrStG kommt es auf die Eigentümerstellung nicht an.

### A 4.2. Dem Gottesdienst gewidmeter Grundbesitz

(1) [1]Der Grundbesitz muss dem Gottesdienst einer öffentlich-rechtlichen Religionsgesellschaft gewidmet sein. [2]Grundbesitz, der dem Gottesdienst einer anderen religiösen Vereinigung dient, kann nach § 3 Abs. 1 Satz 1 Nr. 3 Buchst. b GrStG steuerfrei sein (siehe A 3.9). [3]Ein Grundstück ist dem Gottesdienst gewidmet, wenn es für diesen Zweck hergerichtet (§ 7 Satz 2 GrStG, siehe A

7) und dauernd bereitgehalten wird. [4]Ob der Gottesdienst ständig oder nur gelegentlich ausgeübt wird, ist ohne Bedeutung. [5]§ 7 GrStG findet Anwendung. [6]Wird das Grundstück gelegentlich auch zu anderen Zwecken genutzt, so muss die Nutzung für den Gottesdienst überwiegen (§ 8 GrStG).

(2) [1]Die Befreiung nach § 4 Nr. 1 GrStG ist nicht davon abhängig, dass der Grundbesitz einer bestimmten Person zuzurechnen ist. [2]Sie gilt deshalb zunächst für die Religionsgesellschaft des öffentlichen Rechts selbst. [3]Sie wird aber auch gewährt, wenn der Grundbesitz einer Privatperson zuzurechnen ist. [4]Voraussetzung ist jedoch, dass er einer Religionsgesellschaft des öffentlichen Rechts zur Nutzung für den Gottesdienst entgeltlich oder unentgeltlich überlassen wird.

### A 4.3. Bestattungsplätze

(1) [1]Im Allgemeinen kommt für Bestattungsplätze, insbesondere Gemeindefriedhöfe, kirchliche Friedhöfe, Grabstätten in Kirchen und Anstaltsfriedhöfe, eine Grundsteuerbefreiung nach § 3 Abs. 1 Satz 1 Nr. 1 GrStG in Betracht. [2]§ 4 Nr. 2 GrStG hat vorwiegend für private Bestattungsplätze Bedeutung, da es unabhängig von der Eigentümerstellung auf die Nutzung ankommt. [3]Nach Entwidmung und Schließung von Bestattungsplätzen kommt eine Steuerbefreiung nach § 4 Nr. 2 GrStG nicht mehr in Betracht.

(2) [1]Folgende Voraussetzungen müssen für die Grundsteuerbefreiung nach § 4 Nr. 2 GrStG erfüllt sein:

1. Das Grundstück muss die Zulassungsvoraussetzungen als Friedhof oder als Bestattungsplatz nach den Regeln des öffentlichen Friedhofs- und Bestattungsrechts erfüllen,
2. die Nutzung des Grundstücks muss zu folgenden Zwecken erfolgen:
   a) Durchführung der Bestattung mit den dazugehörigen Hilfsmaßnahmen,
   b) Pflege der Beisetzungsstätten (z.B. Gräber, Einrichtungen zum Verwahren von Urnen, Gruften) und damit verbundene Pflege des Andenkens der Verstorbenen mit den erforderlichen Ergänzungen im gestalterischen Bereich. Dabei sind von der Durchführung der Bestattung die Vorgänge zu unterscheiden, die der Vorbereitung der Bestattung dienen und
3. die mit der Nutzung des Grundstücks verbundenen Aufgaben, einschließlich der Hilfsaufgaben, müssen im Sinne einer steuerrechtlichen Wertung dem Rechtsträger zuzuordnen sein, der nach den Regeln des öffentlichen Friedhofs- und Bestattungsrechts für den Betrieb als Friedhof bzw. als Bestattungsplatz verantwortlich ist.

[2]Von einem Bestattungsunternehmen betrieblich genutzter Grundbesitz fällt insoweit nicht unter die Grundsteuerbefreiung für Bestattungsplätze nach § 4 Nr. 2 GrStG, als die Aufgaben, die in den betroffenen Räumen verrichtet werden, nicht der Bestattung als solcher, sondern deren Vorbereitung dienen (z.B. Sarglager, Raum zur Herrichtung der Leichen, Kühlkammer, Ausstellungsraum für Särge, Ausstellungsraum für Urnen, Abschiedsraum).

### A 4.4. Dem öffentlichen Verkehr dienender Grundbesitz

(1) [1]Nach § 4 Nr. 3 Buchst. a GrStG sind die dem öffentlichen Verkehr dienenden Straßen, Wege, Plätze, Wasserstraßen, Häfen und Schienenwege von der Grundsteuer befreit. [2]Auch von der Grundsteuer befreit sind die dem öffentlichen Verkehr dienenden Ladestraßen (BFH-Urteil vom 11. November 1970 III R 55/69, BStBl. 1971 II S. 32) sowie die Grundflächen mit Bau-

werken und Einrichtungen, die diesem Verkehr unmittelbar dienen (z.B. Brücken, Schleuseneinrichtungen, Signalstationen, Stellwerke, Blockstellen). [3]Nicht hierunter fallen Parkhäuser, Parkpaletten und Tiefgaragen. [4]Für die Grundsteuerbefreiung ist es ohne Bedeutung, ob die Straßen, Wege und Plätze nur gegen eine Gebühr oder ein privatrechtliches Entgelt benutzt werden können.

(2) [1]Ein Grundstück dient dem öffentlichen Verkehr, wenn es der Öffentlichkeit zugänglich ist, d.h. ohne Beschränkung auf einen bestimmten, mit dem Verfügungsberechtigten in enger Beziehung stehenden Personenkreis genutzt werden kann. [2]Das ist nicht der Fall beim Betriebshof eines Verkehrsunternehmens, der zwar dem Personenverkehr dient, aber nicht der Öffentlichkeit zugänglich ist. [3]Ohne Bedeutung sind Einschränkungen, die sich aus dem Wesen und der Art des Verkehrs ergeben (z.B. sind Fußgängerzonen dem Fußgängerverkehr und Parkplätze dem Autoverkehr vorbehalten; Anlagen für den Güterumschlag dienen dem öffentlichen Güterverkehr).

(3) [1]Für die Steuerbefreiung genügt es, dass auf dem Grundstück ausschließlich eine unentbehrliche Hilfstätigkeit zur Verwirklichung des begünstigten Zwecks ausgeübt wird (z.B. unentgeltlich zur Verfügung gestellte Parkplätze oder Parkhäuser für Bedienstete und Besucher eines Dienstgrundstücks, siehe A 7 Abs. 1). [2]Nicht von der Grundsteuer befreit sind Grundstücke, die der Öffentlichkeit zugänglich sind, jedoch einem gewerblichen Zweck dienen (z.B. Parkplätze, die für Zwecke eines Warenhaus- oder Gastronomiebetriebs unterhalten werden), es sei denn, das Grundstück ist durch Widmung und Indienststellung zu einer (rechtlich) öffentlichen Sache geworden (BFH-Urteil vom 7. Dezember 1988 II R 115/88, BStBl. 1989 II S. 302, und vom 25. April 2001 II R 19/98, BStBl. 2002 II S. 54).

(4) [1]Zu den dem öffentlichen Verkehr dienenden Straßen, Wegen und Plätzen gehören auch die Seitengräben, Böschungen, Schutzstreifen und Mittelstreifen sowie Rast- und Parkplätze, die Bahnhofszufahrtstraßen und Bahnhofsvorplätze, wenn sie von jedem genutzt werden können. [2]Zu den Schutzstreifen zählen nicht Waldungen längs der Bundesfernstraßen, die nach § 10 des Bundesfernstraßengesetzes zu Schutzwaldungen erklärt worden sind.

(5) [1]Öffentliche Kinderspielplätze und öffentliche Grünanlagen dienen nicht dem öffentlichen Verkehr (BFH-Urteil vom 6. Oktober 1961 III 48/60 S, BStBl. 1962 III S. 51). [2]Sie sind jedoch von der Grundsteuer befreit, wenn sie von einer Körperschaft des öffentlichen Rechts oder von einer Körperschaft unterhalten werden, die als gemeinnützig anerkannt ist, und die Voraussetzungen des § 3 Abs. 1 Satz 1 Nr. 1 oder des § 3 Abs. 1 Satz 1 Nr. 3 GrStG erfüllt sind. [3]Wenn sie von anderen Personen unterhalten werden, kann ein Grundsteuererlass nach § 32 Abs. 1 Nr. 2 GrStG in Betracht kommen.

(6) [1]Wasserstraßen sind Flüsse, Seen und Kanäle, die dem öffentlichen Verkehr dienen. [2]Fließende Gewässer, die nicht dem öffentlichen Verkehr dienen, sind nach § 4 Nr. 3 Buchst. c GrStG befreit.

(7) [1]Häfen i.S.d. § 4 Nr. 3 Buchst. a GrStG sind sowohl Seehäfen als auch Binnenhäfen. [2]Ein Hafen oder ein Teil eines Hafens, der nur einem beschränkten Benutzerkreis zur Verfügung steht, z.B. ein Werkshafen, dient nicht dem öffentlichen Verkehr und ist daher nicht von der Grundsteuer befreit. [3]Zu den Häfen gehören nicht nur die mit Wasser bedeckten Flächen, sondern auch die Böschungen und Grundflächen der Kaimauern sowie andere zum Betrieb des Hafens unmittelbar erforderliche Einrichtungen. [4]Ein Grundstück, auf dem im

Rahmen des kombinierten Ladeverkehrs Straße-Schiene unmittelbar und ausschließlich Verkehrsleistungen für eine unbeschränkte Zahl von Verkehrsunternehmen erbracht werden, dient dem öffentlichen Verkehr i.S.d. § 4 Nr. 3 Buchst. a GrStG, ohne dass es darauf ankommt, ob das Grundstück durch Widmung zu einer (rechtlich) öffentlichen Sache i.S.d. Straßenrechts geworden ist. [5]Unter den Voraussetzungen des Satzes 4 sind auch Grundstücke, die mittelbar Zwecken eines benachbarten Unternehmens dienen, das keine Verkehrsleistungen, sondern verkehrsfremde Leistungen erbringt, von der Grundsteuer befreit (vgl. BFH-Urteil vom 25. April 2001 II R 19/98, BStBl. 2002 II S. 54).

(8) [1]Schienenwege, die dem öffentlichen Verkehr dienen, sind befreit, ohne dass es darauf ankommt, wer den Verkehr auf ihnen betreibt. [2]Zu den Schienenwegen gehören insbesondere

1. die Schienenwege städtischer Straßenbahnen, der Deutschen Bahn usw. mit den Grundflächen des gesamten Bahnkörpers,
2. die Grundflächen der zu den Schienenwegen nach Nr. 1 gehörenden Seitengräben, Böschungen, Schutzstreifen, Schneedämme und der zwischen den Gleisen gelegenen Geländestreifen sowie der Bahnsteige, Laderampen und Freiluftschaltanlagen,
3. die mit Schienen einschließlich Rangier-, Neben-, Aufstell-, Abstell- und Ladegleisen bedeckten Grundflächen der Bahnhöfe, auch wenn sie durch Bahnsteighallen überdeckt sind,
4. die mit Schienen bedeckten Grundflächen der Betriebshöfe; Betriebshöfe in diesem Sinne sind die nicht bebauten Grundflächen der Ausbesserungswerke, Bahnbetriebswerke, Bahnbetriebswagenwerke, Brückenmeistereien, Gleisbauhöfe usw.,
5. die mit Schienen bedeckten Grundflächen der Lokomotivschuppen, Arztwagenschuppen, Turmwagenschuppen sowie der Wagenreinigungshallen und Umladehallen,
6. Stellwerksgebäude, Schaltanlagen in Unterwerksgebäuden, Umformerwerke, Zugbahnfunkstellen, Kuppelstellen und Relaisgebäude, soweit sich in diesen Gebäuden nicht Räume anderer Nutzung befinden, sowie
7. Blockbuden und Bahnwärterhäuser, soweit sie nicht Wohnzwecken dienen (§ 5 GrStG).

[3]Schienenwege dienen dem öffentlichen Verkehr, wenn den Betreibern eine Betriebs- und Beförderungspflicht übertragen ist. [4]Schienenwege, auf denen Bahnen betrieben werden, die nur von einem eingeschränkten Personenkreis benutzt werden können, und Schienenwege, auf denen der öffentliche Personen- und Güterverkehr eingestellt ist, sind grundsätzlich von der Steuerbefreiung ausgenommen, weil sie nicht unmittelbar dem öffentlichen Verkehr dienen. [5]Draisinenbahnen dienen nicht dem öffentlichen Verkehr, da für den Betreiber der Draisinenbahn als touristische Freizeitattraktion im Gegensatz zu Verkehrsbetrieben (Nahverkehr, Bahn, Bus, Taxi) keine rechtliche Verpflichtung besteht, jedermann nach den Bedingungen eines amtlich veröffentlichten Tarifs zu befördern. [6]Grundstücksflächen, deren Benutzbarkeit wesentlich dadurch beeinträchtigt ist, dass über sie Hochbahnen, Schwebebahnen oder Seilbahnen hinwegführen, sind wie Schienenwege zu behandeln.

(9) [1]Bauwerke und Einrichtungen, die unmittelbar dem öffentlichen Verkehr dienen, bleiben steuerfrei. [2]Bauwerke und Einrichtungen, die darüber hinaus zum Betrieb eines Verkehrsunternehmens erforderlich sind, z.B. Verwaltungs-

gebäude, Betriebsgebäude, Bahnsteighallen, Wagenhallen, Abfertigungsgebäude, unterliegen dagegen der Grundsteuer. [3]Zur besonderen Befreiung für den Grundbesitz des Bundeseisenbahnvermögens vgl. § 3 Abs. 1 Satz 1 Nr. 2 GrStG.

### A 4.5. Verkehrsflughäfen und Verkehrslandeplätze

(1) [1]Die Steuerbefreiung nach § 4 Nr. 3 Buchst. b GrStG gilt nur für Verkehrsflughäfen und Verkehrslandeplätze. [2]Für Flugplätze, die nicht dem öffentlichen Verkehr mit Luftfahrzeugen dienen (Militär-, Sport- oder Privatflugplätze), kommt eine Grundsteuerbefreiung nicht in Betracht; allerdings kann sich für diese Flugplätze eine Befreiung nach § 3 Abs. 1 Satz 1 Nr. 1 oder 3 GrStG ergeben. [3]Grundstücke und Grundstücksteile, die von der Deutschen Flugsicherung GmbH (DFS) genutzt werden, sind nach § 4 Nr. 3 Buchst. b GrStG auch dann befreit, wenn sie sich außerhalb der Flughäfen befinden. [4]Nicht befreit sind dagegen Grundstücke und Grundstücksteile, die von der DFS für Verwaltungszwecke genutzt werden.

(2) Die Befreiungsvorschrift des § 4 Nr. 3 Buchst. b GrStG umfasst

1. alle Flächen, die unmittelbar zur Gewährleistung eines ordnungsgemäßen Flugbetriebs notwendig sind und von Hochbauten und sonstigen Luftfahrthindernissen freigehalten werden müssen,
2. alle Grundflächen mit Bauwerken und Einrichtungen, die unmittelbar dem ordnungsgemäßen Flugbetrieb dienen, und
3. alle Grundflächen mit ortsfesten Flugsicherungsanlagen einschließlich der Flächen, die für einen einwandfreien Betrieb dieser Anlagen erforderlich sind.

**Beispiele:**

Zusammenstellung der unbebauten und bebauten Grundflächen und Gebäude auf Verkehrsflughäfen und Verkehrslandeplätzen; grundsteuerliche Behandlung und Abgrenzung zu Betriebsvorrichtungen (vgl. auch gleichlautende Erlasse der obersten Finanzbehörden der Länder zur Abgrenzung des Grundvermögens von den Betriebsvorrichtungen vom 5. Juni 2013, BStBl. I S. 734)[1].

#### A. Flächen, die unmittelbar zur Gewährleistung eines ordnungsgemäßen Flugbetriebs notwendig sind und von Hochbauten und sonstigen Luftfahrthindernissen freigehalten werden müssen

| Bezeichnung bzw. Funktion | Grundsteuerliche Behandlung |
|---|---|
| 1. Start- und Landebahnen | Grundflächen befreit[2]; bauliche Bestandteile (Bodenbefestigungen) sind Betriebsvorrichtungen |
| 2. Rollbahnen | befreit; bauliche Bestandteile (Bodenbefestigungen) sind Betriebsvorrichtungen |
| 3. Schutzstreifen und Sicherheitsflächen | befreit |
| 4. Abfertigungsvorfelder und darunter liegende Fluggasttunnel und Gepäckverteileranlagen | Grundflächen befreit; bauliche Bestandteile (Bodenbefestigungen und Fluggasttunnel, die die Flugsteige – siehe Abs. B Nr. 17 – unmittelbar miteinander verbinden) sind Betriebsvorrichtungen |
| 5. Abstellflächen und Wendeflächen (befestigt und unbefestigt), die dem öffentlichen Verkehr mit Luftfahrzeugen dienen | befreit; bauliche Bestandteile (Bodenbefestigungen) sind Betriebsvorrichtungen |

[1] Nr. **200** § 68/1.
[2] **Amtl. Anm.:** „Befreit" bedeutet steuerfrei gemäß § 4 Nr. 3 Buchst. b GrStG.

| Bezeichnung bzw. Funktion | Grundsteuerliche Behandlung |
|---|---|
| 6. Rollbrücken (für kreuzungsfreien Verkehr auf dem Flughafen) | befreit; bauliche Bestandteile (Bodenbefestigungen) sind Betriebsvorrichtungen |
| 7. Flugplatzbetriebsstraßen innerhalb des Flugplatzgeländes | befreit |

## B. Grundflächen mit Bauwerken und Einrichtungen, die unmittelbar dem ordnungsgemäßen Flugbetrieb dienen

| Bezeichnung bzw. Funktion | Grundsteuerliche Behandlung |
|---|---|
| 1. Abfertigungsgebäude | nicht befreit |
| 2. ASR[1]-Gebäude, Gebäude für Sende- und Empfangsanlage, Gebäude für Flugmonitore (Sendeeinrichtungen für Fernfeldmonitore) | befreit |
| 3. Baubüros | befreit, wenn sie überwiegend der Herstellung oder Herrichtung steuerfreien Grundbesitzes dienen |
| 4. Betriebstankstellen | befreit |
| 5. Bordverpflegungsküchen der Luftverkehrsgesellschaften und Cateringgebäude | nicht befreit |
| 6. Büros und Verwaltungsgebäude des Flugplatzhalters | befreit, soweit überwiegend steuerfreier Grundbesitz verwaltet wird |
| 7. Büros und Verwaltungsgebäude der Luftverkehrsgesellschaften | nicht befreit |
| 8. Büros der Mietwagenunternehmen | nicht befreit |
| 9. Diensträume der Polizei | nicht befreit; soweit begünstigtem Rechtsträger zuzuordnen, Befreiung nach § 3 Abs. 1 Satz 1 Nr. 1 GrStG |
| 10. Diensträume der Bundespolizei | befreit, soweit sie z.B. der Aufgabe Grenzschutz und Luftsicherheit dienen |
| 11. Räume für Einwanderungs- und Asylbehörden | nicht befreit; soweit begünstigtem Rechtsträger zuzuordnen, Befreiung nach § 3 Abs. 1 Satz 1 Nr. 1 GrStG |
| 12. Empfangsgebäude | nicht befreit |
| 13. Feuerwehrgebäude | befreit |
| 14. Flugplatzgaststätten | nicht befreit |
| 15. Flugplatzgärtnereien, die überwiegend damit beschäftigt sind, das Rollfeld zu säubern und den Bewuchs aus Gründen der Flugsicherheit zu überwachen | befreit |
| 16. Flugsicherungsgebäude | befreit |
| 17. Flugsteige, wenn sie der allgemeinen Öffentlichkeit nicht zugänglich sind | befreit sind nur die reinen Zugangsflächen zu den Flugzeugen (nicht befreit sind die in den Flugsteigen enthaltenen sonstigen Räume wie Verkaufsläden, Sozialeinrichtungen, Büros o. Ä.). Die begünstigten Flugsteige sind aus den nicht befreiten Abfertigungsgebäuden auszusondern. |
| 18. Flugwetterdienstgebäude (Außenstellen des Deutschen Wetterdienstes) | befreit |
| 19. Flugzeughallen für Flugzeuge, die gewerbsmäßig gegen Entgelt für die Beför- | nicht befreit |

[1] **Amtl. Anm.:** ASR (Airport Surveillance Radar) = Flughafen-Rundsicht-Radar.

| Bezeichnung bzw. Funktion | Grundsteuerliche Behandlung |
|---|---|
| derung von Personen und/oder Waren eingesetzt werden, sowie für Privatflugzeuge | |
| 20. Frachthallen und Transitgepäckhallen | nicht befreit |
| 21. Garagen, Parkplätze und Parkhäuser für Fluggäste und Flugplatzpersonal | befreit unter den Voraussetzungen des A 4.4 |
| 22. Garagen für Kraftfahrzeuge des Flugplatzbetriebes | befreit |
| 23. Geräteschuppen für den Flugplatzbetrieb | befreit |
| 24. Heizwerk | befreit, wenn überwiegend steuerfreier Grundbesitz beheizt wird |
| 25. Kantinen für Personal der Flugplatzgesellschaft | nicht befreit |
| 26. Kontrollturm | befreit |
| 27. Lagerräume für Materialien des Flugplatzbetriebs | befreit |
| 28. Lagerräume des Fundamtes und der Luftverkehrsgesellschaften | nicht befreit |
| 29. Lärmschutzhallen | befreit; Lärmschutzwände sind Betriebsvorrichtungen |
| 30. Luftpostgebäude und andere Diensträume der Post | nicht befreit |
| 31. Pförtnergebäude | befreit |
| 32. Pumpenhaus | befreit |
| 33. Rampengerätestationen | befreit |
| 34. Sanitätsgebäude und Quarantänestation und der Gesundheitsprüfung dienende Gebäude(-teile) | befreit, soweit sie unmittelbar dem ordnungsgemäßen Flugbetrieb dienen |
| 35. Simulationskammern (zur Untersuchung von Fracht- und Gepäckstücken) | befreit |
| 36. Sozialräume der Flugplatzgesellschaft | nicht befreit |
| 37. Schulungsräume (für Abfertigungs- und Betriebspersonal) | befreit |
| 38. Streusandgebäude | befreit |
| 39. Tankdienstgebäude | befreit; die ortsfesten und zum Teil unterirdischen Tankanlagen sind Betriebsvorrichtungen |
| 40. Tanklager | befreit; die ortsfesten und zum Teil unterirdischen Tankanlagen sind Betriebsvorrichtungen |
| 41. Tankstellengebäude für Pkw sowie Pkw-Waschanlagen | nicht befreit |
| 42. Technische Stationsgebäude (z.B. für Verkehrsleitung und Luftaufsicht) | befreit |
| 43. Trafogebäude | befreit, wenn überwiegend steuerfreier Grundbesitz versorgt wird |
| 44. Umzäunung des gesamten Flugplatzgeländes | befreit; sie dienen der Sicherung des Flugplatzgeländes und stellen Außenanlagen dar |
| 45. Wartungshallen für Flugzeuge | befreit |
| 46. Werkstattgebäude für Einrichtungen und Fahrzeuge des Flugplatzbetriebes | befreit |
| 47. Wohnungen des Bereitschaftspersonals | nicht befreit, jedoch Befreiung einzelner Bereitschaftsräume nach § 5 Abs. 1 Nr. 4 GrStG |

| Bezeichnung bzw. Funktion | Grundsteuerliche Behandlung |
|---|---|
| 48. Zollabfertigung | nicht befreit, jedoch Befreiung bei Eigentum eines begünstigten Rechtsträgers nach § 3 Abs. 1 Satz 1 Nr. 1 GrStG |

## C. Flugsicherungsanlagen

| Bezeichnung bzw. Funktion | Grundsteuerliche Behandlung |
|---|---|
| 1. Schutzzonen für Gleitwegsender | befreit |
| 2. Schutzzonen für Landekurssender | befreit |
| 3. Grundflächen für RVR[1)], Transmissionsmeter, Ceilometer, Windmesser und Messfeld | befreit |
| 4. Grundfläche für Haupteinflugzeichen | befreit |
| 5. Grundfläche für Voreinflugzeichen | befreit |
| 6. Grundfläche für Befeuerungsanlagen | befreit |
| 7. Grundfläche für ASR-Anlage | befreit |
| 8. Grundflächen für Sende- und Empfangsanlagen sowie für Flugmonitore (Sendeeinrichtungen für Fernfeldmonitore) | befreit |

Gebäude oder Gebäudeteile, die in vorstehender Zusammenstellung nicht enthalten sind, da sie von vornherein für eine Grundsteuerbefreiung ausscheiden, und die nicht unmittelbar dem öffentlichen Verkehr mit Luftfahrzeugen dienen:
- Autovermietungen
- Banken
- Borddienstgebäude der Luftverkehrsgesellschaften, die den Bediensteten Einkaufsmöglichkeiten bieten
- Büros und Lagerräume, die an Spediteure vermietet sind
- Büros, Verwaltungsgebäude und Werkstätten des Deutschen Zentrums für Luft- und Raumfahrt
- Fallschirmlagergebäude
- Flugschulen
- Friseursalons
- Hotels
- Kinderparadies
- Kinos
- Reinigungsunternehmen
- Reisebüros
- Restaurants
- Taxistände
- Vereinsclubhäuser
- Verkaufsläden und Verkaufskioske
- Wechselstuben
- Wohnungen, soweit es sich nicht um Wohnräume für das Bereitschaftspersonal handelt
- Zuschaueranlagen

## A 4.6. Fließende Gewässer

(1) [1]Fließende Gewässer und die ihren Abflussweg regelnden Sammelbecken bleiben nach § 4 Nr. 3 Buchst. c GrStG ohne Rücksicht auf die Eigentumsverhältnisse steuerfrei. [2]Als fließende Gewässer werden Gewässer bezeichnet, die ständig oder zumindest zeitweise fließen wie beispielsweise Ströme, Flüsse und Bäche [3]Zu den fließenden Gewässern gehören auch die Altwasser der Flüsse. [4]Teiche und Seen sind hingegen keine fließenden Gewässer im Sinne

[1)] **Amtl. Anm.:** RVR (Runway Visual Range) = Start-/Landebahnsichtweite.

dieser Vorschrift. [5]Von der Grundsteuer befreit nach § 4 Nr. 3 Buchst. c GrStG sind auch die künstlich angelegten fließenden Gewässer wie beispielsweise Kanäle und Be- und Entwässerungsgräben (BFH-Urteil vom 23. Juli 1982 III R 107/79, BStBl. 1983 II S. 57). [6]Die Steuerbefreiung nach § 4 Nr. 3 Buchst. c GrStG umfasst nur die Grundfläche der fließenden Gewässer und das darüberstehende Wasser. [7]Unter die Grundsteuerbefreiung nach § 4 Nr. 3 Buchst. c GrStG fallen nicht

1. die zum Zwecke der Trinkwassergewinnung unterhaltenen Stauseen und Talsperren (BFH-Urteil vom 23. Juni 1993 II R 36/90, BStBl. II S. 768) und
2. eine auf einem fließenden Gewässer betriebene Fischerei, die im Rahmen eines landwirtschaftlichen Fischereibetriebs verfolgt wird.

(2) [1]Sammelbecken, die den Abfluss fließender Gewässer regeln, sind künstliche Anlagen zur Ansammlung oder Stauung von Wasser zur Verhinderung von Überschwemmungen oder zur Speicherung von Wasser, z.B. Stauanlagen und Talsperren. [2]Sie fallen unter die Steuerbefreiung, wenn die gewässerabflussregulierende Funktion im Vordergrund steht (BFH-Urteil vom 23. Juni 1993 II R 36/90, BStBl. II S. 768). [3]Die Steuerbefreiung erstreckt sich dagegen nicht auf Sammelbecken, die unmittelbar nur den Zwecken bestimmter Personen (z.B. eines Fischereiberechtigten) oder bestimmter Betriebe (z.B. Betrieb zur Energiegewinnung) dienen.

## A 4.7. Öffentlich-rechtliche Wasser- und Bodenverbände

(1) [1]Befreit von der Grundsteuer sind nach § 4 Nr. 4 GrStG Grundflächen mit Einrichtungen, die zur Ordnung und Verbesserung sowohl der Wasser- als auch der Bodenverhältnisse von öffentlich-rechtlichen Wasser- und Bodenverbänden unterhalten werden. [2]Es genügt nicht, dass die Einrichtungen der Ordnung und Verbesserung nur der Wasserverhältnisse oder nur der Bodenverhältnisse dienen. [3]So sind z.B. die Einrichtungen eines Wasserverbandes, die lediglich dazu dienen, Trink- und Brauchwasser dem Boden zu entnehmen, für den Genuss zuzubereiten, zu speichern und zu verteilen, nicht nach § 4 Nr. 4 GrStG befreit (BFH-Urteil vom 5. Dezember 1967 III 84/65, BStBl. 1968 II S. 387). [4]Die Befreiung erstreckt sich nicht auf Einrichtungen, die unmittelbar nur den Zwecken bestimmter Personen oder Betriebe dienen. [5]Wird z.B. das aus einem Staubecken abfließende Wasser als Energiequelle benutzt, so dient das Staubecken insoweit keinem steuerbegünstigten Zweck und unterliegt damit der Grundsteuer. [6]Für die Gewährung der Steuerbefreiung ist nicht erforderlich, dass der betroffene Grundbesitz auch dem öffentlich-rechtlichen Wasser- und Bodenverband zuzurechnen ist.

(2) [1]Unter „Einrichtungen" sind nicht nur die durch menschliche Tätigkeit geschaffenen Werke zu verstehen (z.B. Dämme, Deiche, Uferböschungen, Be- und Entwässerungsanlagen, Kläranlagen, Talsperren), sondern auch die durch das Zusammenwirken der Kräfte der Natur und des Menschen entstandenen Sachen, wie das Deichvorland (BFH-Urteil vom 21. Juli 1967 III 312/63, BStBl. 1968 II S. 16). [2]Auch beim Deichvorland ist es ohne Bedeutung, wem es zuzurechnen ist. [3]Die Steuerbefreiung für Deichvorland wird grundsätzlich nicht durch seine Nutzung für landwirtschaftliche Zwecke ausgeschlossen (§ 6 Nr. 3 GrStG). [4]Es muss in jedem Einzelfall geprüft werden, ob das Deichvorland dem steuerbegünstigten Zweck des § 4 Nr. 4 GrStG tatsächlich dient. [5]Das wird z.B. dann nicht der Fall sein, wenn der Deich von vornherein weit zurück im Hinterland errichtet wurde und das Deichvorland weder im Interes-

se der Verbesserung der Wasser- und Bodenverhältnisse angelegt noch dafür unterhalten wird. [6]Das gilt im besonderen Maße für die Flächen, die mit einem Netz von befestigten Straßen durchzogen sind und intensiv landwirtschaftlich oder gärtnerisch, z.B. durch Obstbau, genutzt werden. [7]Deichvorlandflächen, die gewerblich genutzt werden, sind ebenfalls nicht von der Grundsteuer befreit. [8]Die Steuerbefreiung fällt weg, wenn Deichvorland z.B. durch die Errichtung eines regulären Deiches zum nicht mehr von der Grundsteuer befreiten Hinterland wird (BFH-Urteil vom 21. Juli 1967, a.a.O.).

### A 4.8. Für Zwecke der Wissenschaft, des Unterrichts, der Erziehung benutzter Grundbesitz

(1) [1]Ist Grundbesitz, der für Zwecke der Wissenschaft, des Unterrichts oder der Erziehung benutzt wird, einem der in § 3 Abs. 1 Satz 1 Nr. 1, 3 oder 4 GrStG genannten Rechtsträger unter Erfüllung der dort genannten Voraussetzung zuzurechnen, so ist in diesen Fällen vorrangig die Steuerbefreiung nach § 3 GrStG zu gewähren. [2]Die Befreiungsvorschrift nach § 4 Nr. 5 GrStG kommt vor allem für entsprechenden Grundbesitz anderer Rechtsträger (z.B. für Schulen in freier Trägerschaft) in Betracht.

(2) [1]Zur Wissenschaft gehört auch die Forschung. [2]Wird die Forschung von einem Industrieunternehmen betrieben, so kann nicht ohne Weiteres davon ausgegangen werden, dass sie im Rahmen der öffentlichen Aufgaben liegt, auch wenn es sich dabei um Grundlagenforschung handelt und das Unternehmen eng mit wissenschaftlichen Instituten oder Universitäten zusammenarbeitet.

(3) [1]Dem Unterricht dienen nicht nur die allgemeinbildenden Schulen, sondern auch berufsbildende Schulen, z.B. Berufs-, Berufsfach- und Fachschulen. [2]Dem Unterricht dienen auch Werkschulen und Lehrwerkstätten, die auf einen Beruf oder eine vor einer Körperschaft des öffentlichen Rechts abzulegende Prüfung ordnungsgemäß vorbereiten, sowie Bildungseinrichtungen, die der beruflichen Fortbildung dienen. [3]Die Steuerbefreiung ist nicht allein deshalb ausgeschlossen, weil die Werkschule oder Lehrwerkstatt von einem gewerblichen Unternehmen unterhalten wird.

(4) [1]Zur Erziehung i.S.d. § 4 Nr. 5 GrStG gehört auch die Erziehung in

1. Waisenhäusern,
2. privaten Kindergärten,
3. Erziehungsheimen,
4. Schülerheimen,
5. Jugendwohnheimen und
6. Kinderhorten.

[2]Bei Säuglingsheimen und Kindererholungsheimen oder bei Heimen, in denen Kinder nur vorübergehend aufgenommen werden, steht der Erziehungszweck nicht im Vordergrund. [3]Solche Heime sind deshalb nicht nach § 4 Nr. 5 GrStG von der Grundsteuer befreit. [4]Eine Steuerbefreiung nach § 3 Abs. 1 GrStG bleibt möglich.

(5) [1]Die Landesregierung oder die von ihr beauftragte Stelle muss in einem förmlichen Verfahren anerkennen, dass der Benutzungszweck im Rahmen der öffentlichen Aufgaben liegt. [2]Das Anerkennungsverfahren wird landesrechtlich geregelt. [3]Die Befreiung des Grundbesitzes nach § 4 Nr. 5 GrStG kann aus der o.g. Anerkennung allein nicht hergeleitet werden. [4]Es müssen auch die übrigen Voraussetzungen i.S.d. § 4 Nr. 5 GrStG erfüllt sein.

(6) Die Steuerbefreiung nach § 4 Nr. 5 GrStG setzt voraus, dass der Grundbesitz entweder dem Träger der Einrichtung selbst oder einer juristischen Person des öffentlichen Rechts zuzurechnen ist.

## A 4.9. Für Zwecke eines Krankenhauses benutzter Grundbesitz

(1) [1]Ist Grundbesitz, der für Zwecke eines Krankenhauses benutzt wird, einem der in § 3 Abs. 1 Satz 1 Nr. 1 oder 3 GrStG genannten Rechtsträger unter Erfüllung der dort genannten Voraussetzung zuzurechnen, so ist in diesen Fällen vorrangig die Steuerbefreiung nach § 3 GrStG zu gewähren. [2]Die Befreiungsvorschrift des § 4 Nr. 6 GrStG kommt vor allem für entsprechenden Grundbesitz anderer Rechtsträger (z.B. für Krankenhäuser in privater Trägerschaft) in Betracht. [3]Das Krankenhaus muss im Veranlagungszeitpunkt die Voraussetzungen des § 67 Abs. 1 oder 2 AO erfüllen. [4]Eine bereits bei der Gewerbesteuer (§ 3 Nr. 20 Buchst. b GewStG) getroffene Entscheidung zur Befreiung von der jeweiligen Steuerpflicht ist für die Grundsteuer zu übernehmen.

(2) [1]Zu den subjektiven Voraussetzungen für die Befreiung nach § 4 Nr. 6 GrStG gehört, dass der Grundbesitz ausschließlich dem Inhaber des Krankenhauses oder einer juristischen Person des öffentlichen Rechts zuzurechnen ist (§ 4 Nr. 6 Satz 2 GrStG). [2]Die Befreiung steht einem Grundstückseigentümer, der keine juristische Person des öffentlichen Rechts ist, nur dann zu, wenn das Krankenhaus von ihm selbst betrieben wird. [3]Das Betreiben durch den Ehegatten oder Lebenspartner genügt nicht (BFH-Urteil vom 9. Oktober 1970 III R 2/69, BStBl. 1971 II S. 63).

(3) [1]Ist der Grundbesitz mehreren Personen zuzurechnen oder betreiben mehrere Personen in der Rechtsform einer Personengesellschaft ein Krankenhaus, so muss für eine Grundsteuerbefreiung nach § 4 Abs. 1 Nr. 6 Satz 2 GrStG zwischen den Benutzern des Grundstücks und denjenigen, denen der Grundbesitz zuzurechnen ist, Personenidentität bestehen. [2]Diese Voraussetzung ist auch dann erfüllt, wenn neben demjenigen, dem der Grundbesitz zugerechnet wird, stille Gesellschafter beteiligt sind. [3]Dabei ist unerheblich, ob die Gesellschafter der stillen Gesellschaft einkommensteuerrechtlich als Mitunternehmer (atypische stille Gesellschafter) anzusehen sind (BFH-Urteil vom 4. Februar 1987 II R 216/84, BStBl. II S. 451). [4]Die Voraussetzung der Personenidentität i.S.d. § 4 Nr. 6 Satz 2 GrStG ist z.B. nicht erfüllt, wenn

1. eine juristische Person des privaten Rechts ein Krankenhaus auf Grundbesitz betreibt, der den Gesellschaftern zuzurechnen ist,
2. der Grundstückseigentümer und der Klinikbetreiber – bei fehlender Identität – durch Identität ihrer Gesellschafter oder der hinter ihnen stehenden Personen miteinander verbunden sind (BFH-Urteil vom 26. Februar 2003 II R 64/00, BStBl. II S. 485) oder
3. eine Publikumskommanditgesellschaft den in ihrem Eigentum stehenden Grundbesitz in der Weise nutzt, dass ihre persönlich haftende Gesellschafterin (eine Kommanditgesellschaft) auf ihm eine Privatkrankenanstalt betreibt. Dies gilt selbst dann, wenn an beiden Kommanditgesellschaften dieselben natürlichen Personen teils unmittelbar, teils mittelbar beteiligt sind (BFH-Urteil vom 9. Dezember 1987 II R 223/83, BStBl. 1988 II S. 298).

(4) [1]Eine Vermietung oder Verpachtung des Grundbesitzes steht der Grundsteuerbefreiung nach § 4 Nr. 6 GrStG grundsätzlich entgegen. [2]Das gilt in Ausnahmefällen dann nicht, wenn Teile des Grundbesitzes an einen Dritten

vermietet oder verpachtet sind und von diesem in einer Art und Weise benutzt werden, die für die Erfüllung des auf dem Grundbesitz von dem Zurechnungsträger selbst verfolgten begünstigten Zwecks unentbehrlich ist. [3]Werden Räume eines Krankenhauses als Praxisräume an selbständig tätige Fachärzte vermietet, die allein für die medizinische Betreuung der in dem Krankenhaus untergebrachten Patienten verantwortlich sind und in den Praxisräumen diese Patienten ggf. auch ambulant behandeln, so sind auch die diesen Räumen zuzurechnenden Grundstücksteile von der Grundsteuer befreit. [4]Nicht von der Grundsteuer befreit sind Räume, die an selbständige Unternehmer für den Betrieb einer Apotheke oder einer Cafeteria in einem Krankenhaus vermietet sind und auch von Kunden besucht werden, die mit dem Krankenhaus sonst nichts zu tun haben (BFH-Urteil vom 16. Januar 1991 II R 149/88, BStBl. II S. 535).

(5) [1]Die Grundsteuerbefreiung erstreckt sich auch auf die Verwaltungsräume und auf den Krankenhausgarten, soweit dieser der Erholung der Genesenden dient. [2]Gebührenfrei nutzbare Besucher- und Personalparkplätze des Krankenhauses sind ebenfalls nach § 4 Nr. 6 GrStG von der Grundsteuer befreit (siehe A 7 Abs. 1 Satz 4 ff.). [3]Sind die Parkplätze jedoch für Besucher nur gegen Gebühr nutzbar oder werden sie gegen Entgelt an das Personal vermietet, so scheidet eine Steuerbefreiung für diese Parkplätze aus.

## Zu § 5 GrStG

### A 5.1. Zu Wohnzwecken genutzter Grundbesitz

(1) [1]Grundbesitz, der gleichzeitig für Wohnzwecke und für steuerbegünstigte Zwecke benutzt wird, ist vorbehaltlich der Ausnahmen in § 5 Abs. 1 GrStG nicht von der Grundsteuer befreit. [2]Beim Grundbesitz, der Wohnzwecken dient, ist zwischen Wohnräumen und Wohnungen zu unterscheiden. [3]Während Wohnungen, von dem Ausnahmefall des § 3 Abs. 1 Satz 1 Nr. 5 GrStG abgesehen, stets steuerpflichtig sind (§ 5 Abs. 2 GrStG), können Wohnräume, die gleichzeitig auch für steuerbegünstigte Zwecke benutzt werden, in den Fällen des § 5 Abs. 1 GrStG steuerfrei sein.

(2) [1]§ 249 Abs. 10 BewG definiert die Wohnung im bewertungsrechtlichen Sinn für Zwecke der Grundsteuer und gilt auch für § 5 GrStG. [2]Zum Wohnungsbegriff siehe auch A 249.10 der koordinierten Erlasse der obersten Finanzbehörden der Länder vom 9. November 2021 – Anwendung des Siebenten Abschnitts des Zweiten Teils des Bewertungsgesetzes zur Bewertung des Grundbesitzes (allgemeiner Teil und Grundvermögen) für die Grundsteuer ab 1. Januar 2022 (AEBewGrSt)[1)].

### A 5.2. Gemeinschaftsunterkünfte der Bundeswehr und andere

(1) [1]Von der Grundsteuer befreit sind Gemeinschaftsunterkünfte i.S.d. § 5 Abs. 1 Nr. 1 GrStG, die zur Unterbringung von Angehörigen der Bundeswehr bestimmt sind. [2]Dazu gehören Einzel- und Gemeinschaftswohnräume. [3]Voraussetzung der Grundsteuerbefreiung ist, dass die Unterbringung von Angehörigen der Bundeswehr in diesen Räumen erforderlich ist, um einen geordneten Dienstbetrieb aufrechtzuerhalten. [4]Die Sätze 1 bis 3 gelten für die Gemeinschaftsunterkünfte der ausländischen Streitkräfte, der internationalen militärischen Hauptquartiere und der anderen Schutzdienste entsprechend.

---

1) Nr. **200** Vor § 218/1.

(2) [1]Steuerfrei bleiben die zu den Gemeinschaftsunterkünften gehörenden Aufenthaltsräume, Speiseräume, Küchen und Wirtschaftsräume. [2]Das Gleiche gilt für Kantinen, auch wenn sie verpachtet sind. [3]Ein unmittelbarer räumlicher Zusammenhang mit den Gemeinschaftsunterkünften ist nicht erforderlich. [4]Voraussetzung ist, dass auch die zu den Gemeinschaftsräumen gehörenden Räume notwendig sind, um einen geordneten Dienstbetrieb aufrechtzuerhalten. [5]Ein Offizierskasino kann befreit sein, wenn es aus Gründen der Dienstzeitregelung unterhalten wird und die Offiziere verpflichtet sind, ihre Mahlzeiten in diesen Räumen einzunehmen.

(3) [1]Die Steuerbefreiung erstreckt sich nicht auf Grundstücke oder Grundstücksteile, die weder unmittelbar der militärischen Tätigkeit dienen noch erforderlich sind, um einen geordneten Dienstbetrieb aufrechtzuerhalten. [2]Das gilt z.B. für Räume, in denen sich Ladengeschäfte, Friseursalons, Bankinstitute oder ähnliche Einrichtungen zur Truppenbetreuung befinden (BFH-Urteil vom 14. Januar 1972 III R 50/69, BStBl. II S. 318).

## A 5.3. Wohnräume in Heimen und Ausbildungsstätten

(1) [1]Wohnräume in Schülerheimen, Ausbildungs- und Erziehungsheimen sowie in Ausbildungsstätten für Theologen und Priesteramtskandidaten (Prediger- und Priesterseminaren) sind nach § 5 Abs. 1 Nr. 2 GrStG befreit, wenn die darin erfolgende Unterbringung von Schülern, Jugendlichen oder sonstigen Personen für die Zwecke des Unterrichts, der Ausbildung oder der Erziehung erforderlich ist. [2]Die Aufzählung der danach in Betracht kommenden Wohnräume ist abschließend. [3]Eine Befreiung von Wohnräumen in anderen ähnlichen Heimen nach § 5 Abs. 1 Nr. 3 GrStG bleibt möglich.

(2) [1]Ein Schülerheim ist ein Wohnheim, in dem Jugendliche untergebracht sind, die eine Schule oder ähnliche Ausbildungseinrichtung besuchen. [2]Es ist nicht notwendig, dass zwischen dem Heim und der Schule oder der Ausbildungseinrichtung ein räumlicher Zusammenhang besteht. [3]Beide müssen organisatorisch so miteinander verbunden sein, dass die Ziele der Schule unmittelbar gefördert werden. [4]Es kommt nicht darauf an, ob die Schüler in dem Heim nur vorübergehend, z.B. nur jeweils eine Woche in dem einer Schule gehörenden Schullandheim, oder dauernd, z.B. in einem Internat für das ganze Schuljahr, untergebracht sind.

(3) [1]Ein Erziehungsheim ist ein Wohnheim, in dem sozialpädagogische Aufgaben durch Unterbringung der erziehungsbedürftigen Personen unter Aufsicht von geschultem Fachpersonal außerhalb ihres bisherigen in der Regel bei ihrer Familie liegenden Lebensmittelpunkts verfolgt werden. [2]Erziehungsheime müssen nicht wie Schülerheime mit einer Schule oder ähnlichen Ausbildungseinrichtungen organisatorisch verbunden sein, um die Steuerbefreiung nach § 5 Abs. 1 Nr. 2 GrStG in Anspruch nehmen zu können.

(4) [1]Ein Ausbildungsheim ist ein Wohnheim, das der Unterbringung von Personen dient, die eine organisatorisch mit dem Heim verbundene berufliche Bildungseinrichtung besuchen. [2]Abs. 2 Satz 2 bis 4 gilt entsprechend.

(5) [1]Wird das jeweilige Wohnheim von einem der nach § 3 Abs. 1 Satz 1 Nr. 1, 3 oder 4 GrStG begünstigten Rechtsträger unterhalten, so kann in der Regel unterstellt werden, dass die Unterbringung in dem Heim für die Zwecke des Unterrichts, der Erziehung oder Ausbildung erforderlich ist. [2]Wird das Heim nicht von einem der o.g. begünstigten Rechtsträger, wie beispielsweise von einer Privatschule, unterhalten, so bedarf es der Anerkennung durch die zu-

ständige staatliche Stelle (Landesregierung oder die von ihr beauftragte Stelle), dass die Unterhaltung des Heims oder Seminars im Rahmen der öffentlichen Aufgaben liegt. [3]Bei bisher von der Grundsteuer befreiten Heimen und Seminaren kann unterstellt werden, dass die erforderliche Anerkennung bereits vorliegt.

**A 5.4. Wohnraum, der unmittelbar steuerbegünstigten Zwecken dient**

(1) [1]Kann der steuerbegünstigte Zweck unmittelbar nur durch die Unterbringung von Personen in Wohnräumen erfüllt werden, so gilt die Befreiung gemäß § 5 Abs. 1 Nr. 3 GrStG auch für die Wohnräume. [2]Voraussetzungen sind darüber hinaus, dass

1. der Rechtsträger, dem der Grundbesitz zuzurechnen ist,
   a) eine juristische Person des öffentlichen Rechts (§ 3 Abs. 1 Satz 1 Nr. 3 Buchst. a GrStG) oder
   b) eine als gemeinnützig anerkannte Körperschaft, Personenvereinigung oder Vermögensmasse (§ 3 Abs. 1 Satz 1 Nr. 3 Buchst. b GrStG) ist (BFH-Urteil vom 7. Juni 1973 III R 77/72, BStBl. II S. 712) und
2. die Wohnräume
   a) für einen öffentlichen Dienst oder Gebrauch oder
   b) für gemeinnützige oder mildtätige Zwecke
   benutzt werden.

[3]Von der Grundsteuer befreit sind auch Wohnräume zur Unterbringung der Teilnehmer der unter § 3 Abs. 1 Satz 1 Nr. 1, 3 oder 4 GrStG fallenden Träger von Einrichtungen der Erwachsenenbildung. [4]Die Steuerbefreiung umfasst auch die Wohnräume in kirchlichen Bildungseinrichtungen (z.B. in evangelischen Akademien und römisch-katholischen Exerzitienheimen). [5]Dasselbe gilt für die Heimvolkshochschulen, es sei denn, deren Wohnräume sind als Ausbildungsheim i.S.d. § 5 Abs. 1 Nr. 2 GrStG i.V.m. A 5.3 Abs. 4 von der Grundsteuer freizustellen.

(2) [1]Unmittelbar für einen öffentlichen Dienst oder Gebrauch werden z.B. Räume genutzt, die der Unterbringung von Straf- und Untersuchungsgefangenen in einer Justizvollzugsanstalt oder von Patienten in einem Krankenhaus dienen. [2]Unmittelbar für gemeinnützige oder mildtätige Zwecke werden z.B. Wohnräume zur Unterbringung von Personen in einem Alten- oder Altenpflegeheim sowie in einem Erholungsheim genutzt, wenn mindestens zwei Drittel der Leistungen dieser Heime den in § 53 AO genannten Personen zugutekommen (vgl. § 66 Abs. 3, § 68 Nr. 1 Buchst. a AO).

**A 5.5. Bereitschaftsräume**

(1) [1]Bereitschaftsräume i.S.d. § 5 Abs. 1 Nr. 4 GrStG sind Räume, die für das Bereitschaftspersonal benötigt und von diesem benutzt werden. [2]Bereitschaftspersonal ist das Personal, dessen ständige Anwesenheit erforderlich ist, um den begünstigten Zweck zu erfüllen. [3]Ständige Anwesenheit bedeutet, dass das Personal bei Tag und Nacht zur Verfügung stehen muss. [4]Das ist z.B. der Fall bei Krankenschwestern und Ärzten in einem Krankenhaus und bei Erziehern in Schülerheimen. [5]Eine nur gelegentliche Beanspruchung des Personals genügt nicht.

(2) [1]Ob sich das Personal in den Bereitschaftsräumen ständig oder nur vorübergehend, z.B. nur zur Nachtzeit, aufhält, ist unerheblich. [2]Die Zahl der Bereitschaftsräume, die im Einzelfall als von der Grundsteuer befreit anzuerkennen

sind, richtet sich nach dem Umfang des Personals, das für den Bereitschaftsdienst notwendig ist.

(3) [1]Die Bereitschaftsräume müssen sich entweder auf dem Grundbesitz, auf welchem der begünstigte Zweck verfolgt wird, oder in unmittelbarer Nähe zu diesem befinden. [2]Den Voraussetzungen des § 5 Abs. 1 Nr. 4 GrStG genügt nicht, dass das in größerer räumlicher Entfernung vom Grundbesitz untergebrachte Bereitschaftspersonal dennoch kurzfristig zur Verfügung stehen kann.

(4) Wohnräume können nur dann als Bereitschaftsräume angesehen werden, wenn der Wohnzweck nicht überwiegt.

### A 5.6. Steuerpflicht für Wohnungen

[1]Liegt eine Wohnung im bewertungsrechtlichen Sinne gemäß § 249 Abs. 10 BewG vor, so ist eine Steuerbefreiung gemäß § 5 Abs. 2 GrStG ausgeschlossen. [2]Dies gilt auch dann, wenn die Wohnung zu steuerbegünstigten Zwecken genutzt wird. [3]Bei der Prüfung, ob eine Wohnung im bewertungsrechtlichen Sinne vorliegt, ist auf die objektive bauliche Gestaltung der Räumlichkeiten abzustellen. [4]Ausnahmen von dem Grundsatz des § 5 Abs. 2 GrStG gelten für Grundbesitz, der nach § 3 Abs. 1 Satz 1 Nr. 5 und 6 GrStG von der Grundsteuer befreit ist. [5]Zum Wohnungsbegriff siehe A 249.10 AEBewGrSt.[1)]

### A 5.7. Grundsteuerrechtliche Behandlung von Grundstücken fremder Staaten

(1) [1]Von der Grundsteuer ist

1. Grundbesitz ausländischer Staaten, der nach vorheriger Zustimmung des Auswärtigen Amts für diplomatische Zwecke nach dem Wiener Übereinkommen über diplomatische Beziehungen – WÜD – vom 18. April 1961 (BGBl. 1964 II S. 959) genutzt wird, und
2. Grundbesitz, der nach vorheriger Zustimmung des Auswärtigen Amts konsularischen Zwecken nach dem Wiener Übereinkommen über konsularische Beziehungen – WÜK – vom 24. April 1963 (BGBl. 1969 II S. 1587) dient,

befreit. [2]Beide Übereinkommen sind auch im Verhältnis zu den Staaten anzuwenden, die ihnen nicht beigetreten sind. [3]Für die Grundsteuerbefreiung ist grundsätzlich nicht erforderlich, dass die Gegenseitigkeit festgestellt wird. [4]Das Erfordernis der Gegenseitigkeit besteht nur, wenn es sich um Grundbesitz handelt, der von Personal diplomatischer Missionen oder berufskonsularischen Vertretungen für Wohnzwecke benutzt wird (§ 1 der VO vom 11. November 1981, BStBl. 1982 I S. 626). [5]In diesen Fällen ist bei Anträgen auf Grundsteuerbefreiung die Stellungnahme des Auswärtigen Amts einzuholen, ob und ggf. inwieweit der jeweilige Entsendestaat Gegenseitigkeit gewährt. [6]Bei positivem Bescheid ist die antragstellende Mission auf ihre Anzeigepflicht nach § 19 GrStG hinzuweisen, wenn die Gegenseitigkeit und damit die Voraussetzung für die Grundsteuerbefreiung entfällt.

(2) [1]Nach Art. 23 Abs. 1 WÜD sind der Entsendestaat und der Missionschef hinsichtlich der in ihrem Eigentum stehenden Räumlichkeiten der Mission von der Grundsteuer befreit. [2]Zu den Räumlichkeiten der Mission gehören die für Zwecke der Mission verwendeten Gebäude oder Gebäudeteile mit dem hierzu gehörenden Gelände, einschließlich der Residenz des Missionschefs (Art. 1 Buchst. i WÜD), nicht aber Gebäude oder Gebäudeteile, die außerhalb der

[1)] Nr. **200** Vor § 218/1.

Mission oder der Residenz des Missionschefs den Beamten oder Angestellten der Mission zu Wohnzwecken dienen. [3]Zu den befreiten Grundstücken kann auch ein unbebautes Grundstück gehören, wenn es für eine diplomatische Nutzung in unbebautem Zustand, z.B. als Parkfläche, oder für eine Bebauung mit einem entsprechend genutzten Gebäude vorgesehen ist. [4]§ 7 GrStG ist insoweit nicht anwendbar. [5]Privater Grundbesitz ausländischer Diplomaten ist dagegen grundsteuerpflichtig, es sei denn, der ausländische Diplomat hat den Grundbesitz im Auftrag des Entsendestaats für Zwecke der Mission im Besitz (Art. 34 Buchst. b WÜD).

(3) [1]Die Grundsteuerbefreiung des Grundbesitzes, der konsularischen Zwecken dient, ist insbesondere in Art. 32 Abs. 1 und Art. 60 WÜK geregelt. [2]Die Anweisungen in Abs. 2 gelten entsprechend.

(4) [1]Völkerrechtliche Sonderregelungen, die über die Vorschriften des WÜD und des WÜK hinausgehende Befreiungen von Grundstücken fremder Staaten enthalten, bleiben unberührt. [2]Vgl. die Zusammenstellung im BMF-Schreiben vom 18. März 2013 (BStBl. I S. 404).

(5) [1]Wird ein Grundstück von einem ausländischen Staat für diplomatische oder konsularische Zwecke im Laufe eines Kalenderjahres erworben, so schuldet der Veräußerer die Grundsteuer noch bis zum Schluss dieses Jahres. [2]Eine Haftung des Entsendestaates als Erwerber des Grundbesitzes (§ 11 Abs. 2 Satz 1 GrStG) kommt weder für die Steuer, die auf den Zeitraum vor der Übereignung des Grundstücks, noch für die Steuer, die auf den Zeitraum nach der Übereignung des Grundstücks bis zum Ende des Kalenderjahres entfällt, in Betracht.

## Zu § 6 GrStG

### A 6. Land- und forstwirtschaftlich genutzter Grundbesitz

(1) Die folgenden Bestimmungen für land- und forstwirtschaftlich genutzte Flächen finden Anwendung, es sei denn, es liegt eine zu berücksichtigende Steuerbefreiung nach § 3 Abs. 1 Satz 1 Nr. 6 GrStG vor (Anwendungsausschluss des § 6 GrStG nach § 3 Abs. 1 Satz 1 Nr. 6 Satz 3 GrStG).

(2) [1]Grundbesitz, der für steuerbegünstigte Zwecke (§§ 3 und 4 GrStG) und zugleich für land- und forstwirtschaftliche Zwecke genutzt wird, ist grundsätzlich grundsteuerpflichtig. [2]§ 6 GrStG enthält davon abweichend bestimmte abschließend aufgezählte Befreiungsgründe. [3]Voraussetzung für die Anwendung des § 6 GrStG ist zunächst eine land- und forstwirtschaftliche Nutzung des Grundbesitzes, unabhängig von Art und Umfang der Nutzung. [4]Anders als bei den §§ 232 f. BewG, bei denen es nur auf die Zweckbestimmung ankommt, muss im Anwendungsbereich des § 6 GrStG eine land- und forstwirtschaftliche Nutzung tatsächlich vorliegen (vgl. BFH-Urteil vom 16. Oktober 1996 II R 17/96, BStBl. 1997 II S. 228).

(3) [1]Liegen die Ausnahmegründe des § 6 GrStG nicht vor, so scheidet eine Steuerbefreiung von land- und forstwirtschaftlich genutzten Flächen aus. [2]Dies gilt auch, wenn der land- und forstwirtschaftlichen Nutzung gegenüber der Verfolgung steuerbegünstigter Zwecke (z.B. dem Naturschutz) eine nur untergeordnete Bedeutung zukommt (BFH-Urteil vom 16. Oktober 1996 II R 17/96, BStBl. 1997 II S. 228). [3]Die Gärtnerei eines Sozialversicherungsträgers ist mangels Erfüllung eines Tatbestandes des § 6 GrStG auch dann grundsteuerpflichtig, wenn sie ausschließlich Blumen und Pflanzen für die Heilstätten des

Versicherungsträgers erzeugt (BFH-Urteil vom 7. Februar 1958 III 290/57 U, BStBl. III S. 185).

(4) [1]Land- und forstwirtschaftlich genutzter Grundbesitz, der nach § 3 GrStG oder § 4 GrStG begünstigt ist, bleibt nach § 6 Nr. 1 GrStG steuerfrei, wenn er Lehr- oder Versuchszwecken dient. [2]Die Nutzung für diese Zwecke muss nachhaltig und nicht nur vorübergehend sein. [3]Unter diesen Voraussetzungen sind beispielsweise der Grundbesitz, der von einem gemeinnützigen Unternehmen als Gärtnerei für Lehrzwecke in Form einer Werkstatt für Behinderte betrieben wird, und der land- und forstwirtschaftlich genutzte Grundbesitz (Gärtnerei) einer Justizvollzugsanstalt nach § 3 Abs. 1 Nr. 1 GrStG i.V.m. § 6 Nr. 1 GrStG von der Grundsteuer befreit.

(5) [1]Von der Grundsteuer ist nach § 6 Nr. 2 GrStG land- und forstwirtschaftlich genutzter Grundbesitz innerhalb eines militärischen Übungsplatzes oder Militärflugplatzes befreit. [2]In diesen Fällen ist der Grundbesitz auch dann befreit, wenn er verpachtet ist (BFH-Urteil vom 15. März 1957 III 17/57 S, BStBl. III S. 183).

(6) [1]Ohne weitere Voraussetzungen ist nach § 6 Nr. 3 GrStG land- und forstwirtschaftlich genutzter Grundbesitz in den Fällen des § 4 Nr. 1 bis 4 GrStG befreit. [2]Eine Steuerbefreiung von land- und forstwirtschaftlichem Grundbesitz in den Fällen des § 4 Nr. 5 und 6 GrStG kommt nur unter den zusätzlichen Voraussetzungen des § 6 Nr. 1 oder 2 GrStG in Betracht.

## Zu § 7 GrStG

## A 7. Unmittelbare Benutzung für einen steuerbegünstigten Zweck

(1) [1]Die Befreiung von der Grundsteuer nach den §§ 3 und 4 GrStG setzt nach § 7 Satz 1 GrStG voraus, dass der Steuergegenstand für den steuerbegünstigten Zweck unmittelbar benutzt wird. [2]Eine unmittelbare Benutzung für einen steuerbegünstigten Zweck liegt vor, wenn dieser auf dem Grundstück verfolgt wird. [3]Es genügt, dass auf dem Grundstück nur eine Hilfstätigkeit zur Verwirklichung des begünstigten Zwecks ausgeübt wird, sofern diese hierfür unentbehrlich ist. [4]Steuerfrei bleiben deshalb auch Verwaltungsräume in einem zur Erfüllung des begünstigten Zwecks erforderlichen Ausmaß (BFH-Urteil vom 10. Dezember 1954 III 78/54 S, BStBl. 1955 III S. 63). [5]Als Hilfstätigkeit i.S.d. Satzes 3 ist auch die Unterhaltung von Parkplätzen und Parkhäusern anzusehen, die zur unentgeltlichen Nutzung für Bedienstete und Besucher bestimmt sind und die zu dem Grundbesitz gehören, auf dem der begünstigte Zweck verfolgt wird. [6]Dies gilt auch für Parkplätze und Parkhäuser, die bewertungsrechtlich nicht zur wirtschaftlichen Einheit des von der Grundsteuer befreiten Grundbesitzes gehören, wenn zwischen ihnen und dem Grundbesitz ein enger räumlicher Zusammenhang besteht. [7]Eine unentbehrliche Hilfstätigkeit zur Verwirklichung des begünstigten Zwecks kann nicht mehr bei Parkplätzen und Parkhäusern angenommen werden, die jedermann gegen Gebühr oder Entgelt zur Verfügung stehen, und auch nicht für Stellplätze, die an Bedienstete oder Studierende vermietet werden.

(2) [1]Die unmittelbare Benutzung für einen steuerbegünstigten Zweck beginnt nach § 7 Satz 2 GrStG, sobald das Grundstück für diesen Zweck hergerichtet wird. [2]Ein Grundstück wird erst dann für einen steuerbegünstigten Zweck hergerichtet und ist damit von der Grundsteuer befreit, wenn mit den Bauarbeiten auf dem Grundstück begonnen wird, nicht schon mit der Bauplanung (BFH-Urteil vom 13. November 1985 II R 237/82, BStBl. 1986 II S. 191). [3]Ist

für die Herrichtung des Grundstücks für den steuerbegünstigten Zweck die Errichtung eines Gebäudes oder sonstigen Bauwerks, z.B. einer Betriebsvorrichtung, erforderlich, so kommt es in der Regel auf den Zeitpunkt an, in welchem das Grundstück den ausführenden Bauunternehmen zur Durchführung der Bauarbeiten überlassen wird (BFH-Urteil vom 17. Januar 1969 III 74/65, BStBl. II S. 346). [4]Wird die Benutzung eines bereits in vollem Umfang von der Grundsteuer befreiten Grundstücks vorübergehend unterbrochen, z.B. durch Abbruch, Umbau oder Neubau des Gebäudes, damit es für einen anderen steuerbegünstigten Zweck hergerichtet wird, so verbleibt es auch in der Übergangsphase bei der Steuerbefreiung. [5]Verändert sich aus dem gleichen Grund der Umfang des bisher von der Grundsteuer befreiten Teils, so ist vom Zeitpunkt der Herrichtung an auf das Ausmaß der Nutzung für den neuen steuerbegünstigten Zweck abzustellen.

## Zu § 8 GrStG

### A 8. Teilweise Benutzung für einen steuerbegünstigten Zweck

(1) [1]Wird ein Grundstück sowohl zu steuerbegünstigten Zwecken nach den §§ 3 und 4 GrStG als auch zu anderen Zwecken genutzt, so sind die Bestimmungen des § 8 GrStG, der zwischen zwei Fallkonstellationen unterscheidet, zu beachten. [2]Betrifft die steuerbegünstigte Nutzung einen räumlich abgrenzbaren Teil des Grundstücks, so ist nach § 8 Abs. 1 GrStG nur dieser Teil steuerbefreit. [3]Kann eine räumliche Abgrenzung nicht vorgenommen werden, so erfolgt nach § 8 Abs. 2 GrStG eine Steuerbefreiung, wenn der Steuergegenstand überwiegend steuerbegünstigten Zwecken dient. [4]Zum Betrachtungszeitpunkt für die unterschiedlichen Nutzungen siehe A 9 Sätze 2 und 3.

(2) [1]Die räumliche Aufteilung des jeweiligen Grundbesitzes nach seiner Nutzung für steuerbegünstigte Zwecke und für nichtsteuerbegünstigte Zwecke nach § 8 Abs. 1 GrStG wird bereits bei der Grundsteuerbewertung des Grundbesitzes vorgenommen. [2]Die Aufteilung erfolgt bei Wohngrundstücken gemäß § 249 Abs. 1 Nr. 1 bis 4 BewG im Verhältnis der für steuerbegünstigte Zwecke genutzten Wohn- und Nutzfläche zur gesamten Wohn- und Nutzfläche, wobei für steuerbegünstigte Stellplätze aus Vereinfachungsgründen eine Fläche von 15 $m^2$ je Stellplatz anzunehmen ist. [3]Bei Nichtwohngrundstücken gemäß § 249 Abs. 1 Nr. 5 bis 8 BewG erfolgt die Aufteilung im Verhältnis der für steuerbegünstigte Zwecke genutzten Bruttogrundfläche zur gesamten Bruttogrundfläche.

(3) [1]Wenn eine räumliche Aufteilung nach § 8 Abs. 1 GrStG nicht möglich ist, dann kommt es für die Gewährung einer Steuerbefreiung gemäß § 8 Abs. 2 GrStG darauf an, ob der jeweilige Grundbesitz überwiegend steuerbegünstigten oder nichtsteuerbegünstigten Zwecken dient. [2]Dabei bleiben Zeiten der Nichtnutzung des Grundbesitzes (insbesondere Leerstand des Gebäudes) außer Betracht. [3]Ob die Nutzung für steuerbegünstigte und nichtsteuerbegünstigte Zwecke gleichzeitig nebeneinander oder zeitlich hintereinander erfolgt, ist ohne Bedeutung. [4]Eine Stadthalle, die sowohl für öffentliche Veranstaltungen, z.B. für Bürgerversammlungen, als auch für private Veranstaltungen, z.B. für Konzerte, genutzt wird, bleibt deshalb steuerfrei, wenn der Gebrauch durch die Allgemeinheit überwiegt. [5]Handelt es sich um unterschiedliche Gebäudeteile, die jeweils teils zu begünstigten, teils zu nicht begünstigten Zwecken genutzt werden, so ist bei der Gewichtung, ob die steuerbegünstigten Zwecke überwiegen, neben der zeitlichen Abgrenzung auch der räumliche Umfang der

unterschiedlichen Nutzung nach Maßgabe des Flächenanteils zu berücksichtigen (BFH-Urteil vom 27. November 1991 II R 100/87, BStBl. 1992 II S. 563).

(4) [1]Die §§ 5 und 6 GrStG gehen als speziellere Normen § 8 Abs. 2 GrStG vor. [2]Treffen in diesen Fällen steuerbegünstigte Zwecke nach den §§ 3 und 4 GrStG und nicht begünstigte Zwecke zusammen, so kommt es auf ein Überwiegen der Nutzung für steuerbegünstigte Zwecke nicht an.

**Beispiel:**

Ein Truppenübungsplatz (begünstigt) wird auch teilweise landwirtschaftlich genutzt (grundsätzlich nicht begünstigt). Da die Befreiung gemäß § 6 Nr. 2 GrStG greift, ist der Grundbesitz insgesamt steuerfrei. Es handelt sich dabei um die gegenüber § 8 Abs. 2 GrStG speziellere Vorschrift.

## Zu § 9 GrStG

### A 9. Stichtag für die Festsetzung der Grundsteuer, Entstehung der Steuer

[1]Die Grundsteuer entsteht nach § 9 Abs. 2 GrStG mit dem Beginn des Kalenderjahres (1. Januar, 0:00 Uhr) und ist nach § 9 Abs. 1 GrStG nach den Verhältnissen zu Beginn des Kalenderjahres festzusetzen. [2]Auch für die Anwendung der Befreiungsvorschriften sind die Verhältnisse zu Beginn des jeweiligen Kalenderjahres maßgeblich. [3]Für die Gewichtung nach § 8 Abs. 2 GrStG, ob die steuerbegünstigte Nutzung überwiegt, sind die Verhältnisse in dem Kalenderjahr maßgebend, das dem Kalenderjahr vorangeht, auf dessen Beginn der Grundsteuermessbetrag festgesetzt wird. [4]Beschränkt sich die tatsächliche Nutzung des Grundstücks für steuerbegünstigte Zwecke nur auf bestimmte wiederkehrende Zeitabschnitte eines Kalenderjahres, während in der übrigen Zeit das Grundstück nicht genutzt wird, so ist zu unterstellen, dass die Nutzung für steuerbegünstigte Zwecke in der Zwischenzeit fortbesteht.

## Zu § 10 GrStG

### A 10. Steuerschuldner

– unbesetzt –

## Zu § 11 GrStG

### A 11. Persönliche Haftung

– unbesetzt –

## Zu § 12 GrStG

### A 12. Dingliche Haftung

[1]Die Grundsteuer ruht auf dem Steuergegenstand als öffentliche Last. [2]Wer ein Grundstück in der Zwangsversteigerung erwirbt, haftet mit diesem Grundstück dinglich für die Grundsteuer, die auf die Zeit vom Zuschlag bis zum Ende des Kalenderjahres entfällt (vgl. BVerwG-Urteil vom 14. August 1992 8 C 15/90, NJW 1993 S. 871).

## Zu § 13 GrStG

### A 13. Steuermesszahl und Steuermessbetrag

– unbesetzt –

## Zu § 14 GrStG

### A 14. Steuermesszahl für Betriebe der Land- und Forstwirtschaft

– unbesetzt –

## C. Abschnitt II: Bemessung der Grundsteuer

## Zu § 15 GrStG

### A 15.1. Steuermesszahl für Grundstücke; Allgemeines

(1) [1]Die Steuermesszahl ist für Wohngrundstücke i.S.d. § 249 Abs. 1 Nr. 1 bis 4 BewG zu ermäßigen, die

1. eine bestehende Wohnraumförderung haben (§ 15 Abs. 2 und 3 GrStG) oder
2. sich im Eigentum bestimmter Wohnungsbaugesellschaften, Genossenschaften oder Vereine befinden (§ 15 Abs. 4 GrStG).

[2]Eine Ermäßigung der Steuermesszahl nach § 15 Abs. 2 bis 4 GrStG kommt für Nichtwohngrundstücke i.S.d. § 249 Abs. 1 Nr. 5 bis 8 BewG nicht in Betracht. [3]Die Ermäßigung der Steuermesszahl für bebaute Grundstücke mit aufstehenden Baudenkmälern nach § 15 Abs. 5 GrStG erfolgt unabhängig von der Grundstücksart.

(2) [1]Der Wegfall der Voraussetzungen für eine Ermäßigung der Steuermesszahl ist nach § 19 Abs. 2 GrStG dem zuständigen Finanzamt anzuzeigen. [2]Die Anzeigepflicht besteht auch, wenn die Voraussetzungen nur für einen Teil des Grundbesitzes wegfallen und im Übrigen bestehen bleiben.

### A 15.2. Ermäßigung für geförderten Wohnraum (§ 15 Abs. 2 und 3 GrStG)

(1) [1]Die Ermäßigung der Steuermesszahl um 25 Prozent für Wohngrundstücke i.S.d. § 249 Abs. 1 Nr. 1 bis 4 BewG nach § 15 Abs. 2 GrStG ist erst zu gewähren, wenn die Förderzusage erteilt wurde. [2]Die erteilte Förderzusage (z.B. Förderbescheid, Fördervertrag, öffentlich-rechtlicher Vertrag, Bewilligungsbescheid) stellt einen Grundlagenbescheid i.S.d. § 171 Abs. 10 AO dar. [3]Eine Prüfung der Rechtmäßigkeit und Angemessenheit der gewährten Förderung ebenso wie eine detaillierte Prüfung der Förderung einzelner Wohnungen erfolgt nicht.

(2) [1]§ 15 Abs. 3 GrStG bestimmt, dass die Ermäßigung der Steuermesszahl nach § 15 Abs. 1 Nr. 2 Buchst. a GrStG um 25 Prozent auch für Grundstücke erfolgt, die nach den Vorgängervorschriften des Wohnraumförderungsgesetzes oder nach den Wohnraumfördergesetzen der Länder gefördert werden. [2]Abs. 1 gilt in diesen Fällen entsprechend.

(3) [1]Nach § 15 Abs. 2 Satz 1 Nr. 2 GrStG wird die Steuermesszahl für jeden Erhebungszeitraum innerhalb des Hauptveranlagungszeitraums ermäßigt, zu dessen Beginn die sich aus der Förderzusage ergebenden Bindungen bestehen. [2]Da die Entscheidung über die Ermäßigung der Steuermesszahl für die Festsetzung des Grundsteuermessbetrags auf den 1. Januar 2025 bereits vor dem Jahr 2025 getroffen wird, ist die Ermäßigung zu gewähren, wenn die Förderzusage (Grundlagenbescheid i.S.d. § 171 Abs. 10 AO) bereits vorliegt und über den 1. Januar 2025 (Hauptveranlagungszeitpunkt) hinaus Wirkung entfaltet. [3]Steht bereits im Rahmen der Festsetzung des Grundsteuermessbetrags fest, dass die Förderzusage aufgrund einer Befristung vor dem Hauptveranlagungszeitpunkt ausläuft, so kann die Ermäßigung nicht berücksichtigt werden.

**Beispiel:**

Die Wobau GmbH hat im Zusammenhang mit der Errichtung eines Mehrfamilienhauses im Jahr 2014 eine Förderzusage für ein verbilligtes langfristiges Darlehen (Laufzeit 10 Jahre; Laufzeitende: 20. Oktober 2024; Bindungsfrist für verbilligte Wohnraumüberlassung endet am 1. Dezember 2024) bekommen.

Da die Bindungsfrist für die verbilligte Wohnraumüberlassung vor dem 1. Januar 2025 (Hauptveranlagungszeitpunkt) ausläuft, ist die Steuerermäßigung nach § 15 Abs. 2 GrStG bei der Festsetzung des Grundsteuermessbetrags auf den 1. Januar 2025 nicht zu berücksichtigen.

### A 15.3. Ermäßigung für Wohnungsbaugesellschaften, Genossenschaften oder Vereine (§ 15 Abs. 4 GrStG)

(1) [1]Die Ermäßigung der Steuermesszahl um 25 Prozent für Wohngrundstücke i.S.d. § 249 Abs. 1 Nr. 1 bis 4 BewG nach § 15 Abs. 4 Satz 1 Nr. 1 GrStG umfasst Wohnungsbaugesellschaften, die mehrheitlich von Gebietskörperschaften beherrscht werden und bei denen ein Gewinn durch Abführung an die jeweiligen Gebietskörperschaften der kommunalen Daseinsfürsorge zugutekommt. [2]Eine Thesaurierung des Gewinns zur Investition in weitere begünstigte Wohnungen steht dem Erfordernis eines Gewinnabführungsvertrags nicht entgegen. [3]Eine Ermäßigung der Steuermesszahl um 25 Prozent erfolgt nach § 15 Abs. 4 Satz 1 Nr. 2 und 3 GrStG für den Grundbesitz von Wohnungsbaugesellschaften, die als gemeinnützig i.S.d. § 52 AO anerkannt sind, sowie für Genossenschaften oder Vereine, für deren bzw. dessen Tätigkeit eine Steuerbefreiung nach § 5 Abs. 1 Nr. 10 KStG besteht, und soweit der Grundbesitz der begünstigten Tätigkeit zuzuordnen ist. [4]Genossenschaften oder Vereine, die nach § 5 Abs. 1 Nr. 10 KStG von der Körperschaftsteuer befreit sind, sind auch dann nach Maßgabe des Satzes 3 begünstigt, wenn sich deren Tätigkeit nicht ausschließlich auf die in § 5 Abs. 1 Nr. 10 Buchst. a und b KStG beschriebenen Tätigkeiten beschränkt, z.B. weil sie einen partiell steuerpflichtigen Bereich im Rahmen der steuerunschädlichen 10- oder 20-Prozent-Einnahmengrenze haben (§ 5 Abs. 1 Nr. 10 Satz 2 und 3 KStG) oder ihre Wohnungen an Nicht-Mitglieder vermieten. [5]Die Ermäßigung der Steuermesszahl nach § 15 Abs. 4 GrStG wird nur auf Antrag gewährt. [6]Der Antrag kann mit der Erklärung zur Feststellung des Grundsteuerwerts gestellt werden. [7]Er kann auch nachträglich gestellt werden, wenn die Voraussetzungen für die Inanspruchnahme der Ermäßigung zu Beginn des Erhebungszeitraums vorlagen. [8]Eine rückwirkende Ermäßigung der Steuermesszahl ist nur insoweit zu gewähren, als die Festsetzungsfrist noch nicht abgelaufen ist.

(2) Das Vorliegen der Voraussetzungen kann wie folgt nachgewiesen werden:

1. im Fall des § 15 Abs. 4 Satz 1 Nr. 1 GrStG durch Vorlage des Gesellschaftsvertrages und des Gewinnabführungsvertrages,
2. im Fall des § 15 Abs. 4 Satz 1 Nr. 2 GrStG durch Vorlage einer Anerkennung des für die Körperschaft örtlich zuständigen Finanzamts (z.B. Freistellungsbescheid) und
3. im Fall des § 15 Abs. 4 Satz 1 Nr. 3 GrStG durch Vorlage einer Anerkennung des für die Körperschaft örtlich zuständigen Finanzamts (z.B. Freistellungsbescheid, Anlage zum Körperschaftsteuerbescheid oder Nichtveranlagungsbescheinigung).

(3) A 15.2 Abs. 3 gilt für die Ermäßigung der Steuermesszahl für Wohnungsbaugesellschaften, Genossenschaften oder Vereine nach § 15 Abs. 4 GrStG entsprechend.

### A 15.4. Ermäßigung für Baudenkmäler (§ 15 Abs. 5 GrStG)

[1]Die Ermäßigung der Steuermesszahl nach § 15 Abs. 5 GrStG setzt voraus, dass sich auf dem Grundstück Gebäude befinden, die Baudenkmäler i.S.d. jeweiligen Landesdenkmalschutzgesetzes sind (§ 15 Abs. 5 Satz 1 GrStG). [2]Bodendenkmäler sind keine Gebäude und führen daher nicht zur Ermäßigung der

Steuermesszahl. [3]Die Denkmaleigenschaft kann in der Regel den Denkmallisten oder Denkmalbüchern der jeweils zuständigen Denkmalschutzbehörde des Landes entnommen werden. [4]Sind nur Teile des jeweiligen Grundstücks denkmalgeschützt, so verringert sich die Ermäßigung der Steuermesszahl entsprechend. [5]Dabei wird in der Regel auf das Verhältnis der Wohn- und Nutzfläche oder Bruttogrundfläche der nicht denkmalgeschützten Gebäude oder Gebäudeteile zur gesamten Wohn- und Nutzfläche bzw. Bruttogrundfläche abzustellen sein.

### A 15.5. Teilweise Erfüllung eines Ermäßigungstatbestandes

[1]Liegen die Voraussetzungen für eine Ermäßigung der Steuermesszahl nach § 15 Abs. 2, 3 und 5 GrStG nur für einen Teil der wirtschaftlichen Einheit vor oder wird das Grundstück nur teilweise einer in § 15 Abs. 4 GrStG genannten Gesellschaft zugerechnet, so ist die Ermäßigung entsprechend anteilig zu gewähren. [2]Die Aufteilung erfolgt bei Wohngrundstücken i.S.d. § 249 Abs. 1 Nr. 1 bis 4 BewG im Verhältnis der für vergünstigte Zwecke genutzten Wohn- und Nutzfläche zur gesamten Wohn- und Nutzfläche, wobei für steuervergünstigte Stellplätze aus Vereinfachungsgründen eine Fläche von 15 $m^2$ je Stellplatz anzunehmen ist. [3]Bei Nichtwohngrundstücken i.S.d. § 249 Abs. 1 Nr. 5 bis 8 BewG und einer Ermäßigung der Steuermesszahl nach § 15 Abs. 5 GrStG erfolgt die Aufteilung im Verhältnis der für vergünstigte Zwecke genutzten Bruttogrundfläche zur gesamten Bruttogrundfläche.

### A 15.6. Zeitweise Erfüllung eines Ermäßigungstatbestandes

Liegen die Voraussetzungen für eine Ermäßigung der Steuermesszahl nicht während des gesamten Hauptveranlagungszeitraums vor, so ist die Ermäßigung für jeden vollen Erhebungszeitraum zu gewähren, zu dessen Beginn die Voraussetzungen für die Ermäßigung vorliegen.

**Beispiel:**

Die Wobau GmbH hat im Zusammenhang mit der Errichtung eines Mehrfamilienhauses im Jahr 2017 eine Förderzusage für ein verbilligtes langfristiges Darlehen (Laufzeit 10 Jahre; Laufzeitende: 20. Oktober 2027; Bindungsfrist für verbilligte Wohnraumüberlassung endet am 1. Dezember 2027) bekommen.

Da die Voraussetzungen für die Steuerermäßigung zum 1. Januar 2028 nicht mehr vorliegen, kommt sie nur für die Jahre 2025 bis 2027 in Betracht. Auf den 1. Januar 2028 ist eine Neuveranlagung des Grundsteuermessbetrags nach § 17 Abs. 2 Nr. 1 GrStG durchzuführen.

### A 15.7. Gleichzeitige Erfüllung mehrerer Ermäßigungstatbestände

[1]Liegt neben den Voraussetzungen für die Ermäßigung der Steuermesszahl nach § 15 Abs. 2, 3 oder 4 GrStG auch die Voraussetzung für eine Ermäßigung nach § 15 Abs. 5 GrStG vor, so sind die Ermäßigungen additiv zu gewähren. [2]Die Steuermesszahl kann damit maximal um 35 % ermäßigt werden. [3]Die maßgebende Steuermesszahl ist nicht zu runden.

**Beispiel:**

Das Grundstück erfüllt die Voraussetzungen des § 15 Abs. 2 GrStG und ist zudem mit einem Baudenkmal i.S.d. Landesdenkmalschutzgesetzes bebaut. Die Steuermesszahl wird nach § 15 Abs. 2 GrStG um 25 % und nach § 15 Abs. 5 GrStG um weitere 10 % und damit um insgesamt 35 % ermäßigt.

## Zu § 16 GrStG

### A 16. Hauptveranlagung

[1]Grundsätzlich werden die Steuermessbeträge auf den Hauptfeststellungszeitpunkt (§ 221 Abs. 1 BewG) allgemein festgesetzt. [2]Dieser Zeitpunkt ist der

Hauptveranlagungszeitpunkt. [3]Für die erste Hauptfeststellung nach dem Siebenten Abschnitt des Zweiten Teils des Bewertungsgesetzes auf den 1. Januar 2022 sind die Sondervorschriften für die Hauptveranlagung 2025 in § 36 GrStG zu beachten. [4]Die Regelungen des § 16 GrStG finden erstmals für die zweite Hauptveranlagung auf den 1. Januar 2029 Anwendung. [5]Die Feststellung des Grundsteuerwerts und die Festsetzung des entsprechenden Grundsteuermessbetrags können in einem Bescheid erfolgen. [6]Maßgebend für die Festsetzung der Grundsteuermessbeträge sind die tatsächlichen Verhältnisse im Hauptveranlagungszeitpunkt.

## Zu § 17 GrStG

### A 17. Neuveranlagung

(1) [1]Infolge einer Wert-, Art- und/oder Zurechnungsfortschreibung der Grundsteuerwerte ist eine entsprechende Neuveranlagung der Grundsteuermessbeträge durchzuführen. [2]Die Feststellungen, die in den Bescheiden über die Feststellung der Grundsteuerwerte getroffen werden, werden der Neuveranlagung der Grundsteuermessbeträge zugrunde gelegt. [3]Die Bescheide über die Feststellung der Grundsteuerwerte sind als Grundlagenbescheide für die Bescheide über die Festsetzung der Grundsteuermessbeträge bindend (§ 171 Abs. 10 AO und § 182 Abs. 1 AO). [4]Wird die Neuveranlagung des Grundsteuermessbetrags gemäß § 17 Abs. 1 GrStG nach einer Zurechnungsfortschreibung des Grundsteuerwerts durchgeführt, so beschränkt sich die Neuveranlagung regelmäßig auf die Bestimmung des neuen Steuerschuldners (§ 10 Abs. 1 GrStG). [5]Eine geänderte Steuermesszahl wird grundsätzlich nicht berücksichtigt. [6]In Ausnahmefällen kann eine geänderte Steuermesszahl berücksichtigt werden, z.B. gemäß § 17 Abs. 2 Nr. 1 GrStG bei der erstmaligen Zurechnung auf einen begünstigten Rechtsträger i.S.d. § 15 Abs. 4 GrStG oder im Rahmen einer Neuveranlagung zur Fehlerbeseitigung gemäß § 17 Abs. 2 Nr. 2 GrStG Berücksichtigung finden (vgl. BFH-Urteil vom 12. Februar 2020 II R 10/17, BStBl. 2021 II S. 535).

(2) [1]Nach § 17 Abs. 2 Nr. 1 GrStG wird der Grundsteuermessbetrag im Wege der Neuveranlagung auch dann neu festgesetzt, wenn dem Finanzamt bekannt wird, dass Gründe, die im Feststellungsverfahren über den Grundsteuerwert nicht zu berücksichtigen sind, zu einem anderen als dem für den letzten Veranlagungszeitpunkt festgesetzten Grundsteuermessbetrag führen. [2]Als Gründe i.S.d. § 17 Abs. 2 Nr. 1 GrStG kommen alle tatsächlichen und rechtlichen Umstände in Betracht, die auf die Höhe des Grundsteuermessbetrags Einfluss haben. [3]Im Grundsteuermessbetragsverfahren wird insbesondere über die Anwendung einer bestimmten Grundsteuermesszahl und die Gewährung und den Wegfall von Ermäßigungen der Steuermesszahl entschieden. [4]Bei Eintritt oder Wegfall einer Steuerbefreiung für den ganzen Steuergegenstand ist eine Aufhebung (§ 20 Abs. 1 Nr. 2 Buchst. a GrStG) oder Nachveranlagung (§ 18 Abs. 2 GrStG) durchzuführen.

(3) [1]Nach § 17 Abs. 2 Nr. 2 GrStG wird der Grundsteuermessbetrag im Wege der Neuveranlagung auch dann neu festgesetzt, wenn dem Finanzamt bekannt wird, dass die letzte Veranlagung fehlerhaft ist. [2]§ 17 Abs. 2 Nr. 2 GrStG ist in den Fällen anzuwenden, in denen der Grundsteuerwert zwar zutreffend festgestellt ist und unverändert bleibt, der Grundsteuermessbetrag aber fehlerhaft ist. [3]Die Fehler können aus allen Umständen resultieren, die nicht im Feststellungsverfahren über den Grundsteuerwert, aber durch eine Neuveranlagung

des Grundsteuermessbetrags beseitigt werden können (z.B. Übernahme eines unzutreffenden Grundsteuerwerts, Anwendung einer falschen Steuermesszahl oder fehlerhafte Gewährung von Ermäßigungen der Steuermesszahl). [4]Unerheblich ist, wodurch der Fehler verursacht wurde, ob der Fehler unmittelbar aus dem Steuermessbescheid ersichtlich ist und ob sich der Fehler zugunsten oder zuungunsten des Steuerschuldners auswirkt (BFH-Urteile vom 31. März 1987 VIII R 46/83, BStBl. II S. 588, und vom 29. November 1989 II R 53/87, BStBl. 1990 II S. 149). [5]Kann ein fehlerhafter Grundsteuerwert nicht fehlerbeseitigend fortgeschrieben werden, weil die Wertgrenze des § 222 Abs. 1 BewG nicht erreicht wurde, so kommt keine fehlerbeseitigende Neuveranlagung des Grundsteuermessbetrags in Betracht. [6]Maßgebend ist die bewertungsrechtliche Entscheidung über die Wertänderungen im Grundsteuerwertverfahren. [7]Wenn es zu einer fehlerbeseitigenden Fortschreibung des Grundsteuerwerts kommt, dann folgt die Neuveranlagung des Grundsteuermessbetrags nach § 17 Abs. 1 GrStG und keine fehlerbeseitigende Neuveranlagung nach § 17 Abs. 2 Nr. 2 GrStG. [8]Wird ein Steuermessbescheid wegen einer Änderung der Rechtsprechung nachträglich fehlerhaft, so kann eine fehlerbeseitigende Neuveranlagung nach § 17 Abs. 2 Nr. 2 GrStG nur unter Beachtung des Vertrauensschutzes i.S.d. § 176 AO rückwirkend durchgeführt werden.

## Zu § 18 GrStG

### A 18. Nachveranlagung

– unbesetzt –

## Zu § 19 GrStG

### A 19. Anzeigepflicht

(1) [1]Die Anzeigepflicht nach § 19 GrStG kann formlos erfüllt werden. [2]Sie kann innerhalb der Anzeigefrist auch durch Abgabe einer Erklärung nach § 228 Abs. 1 BewG erfüllt werden.

(2) Die Frist zur Anzeige des Wegfalls der Voraussetzungen für die ermäßigte Steuermesszahl nach § 15 Abs. 2 bis 5 GrStG beginnt in dem Zeitpunkt, in dem dem Anzeigepflichtigen der Eintritt der Änderung bekannt wird, in Fällen des Wegfalls einer Ermäßigung nach § 15 Abs. 4 GrStG spätestens mit der Bekanntgabe des Körperschaftsteuerbescheids.

## Zu § 20 GrStG

### A 20. Aufhebung des Grundsteuermessbetrags

– unbesetzt –

## Zu § 21 GrStG

### A 21. Änderung von Steuermessbescheiden

[1]Bescheide über die Neuveranlagung oder die Nachveranlagung von Grundsteuermessbeträgen können schon vor dem maßgebenden Veranlagungszeitpunkt erteilt werden. [2]Sie sind zu ändern oder aufzuheben, wenn sich bis zu diesem Zeitpunkt Änderungen ergeben, die zu einer abweichenden Festsetzung führen. [3]Voraussetzung für die Änderung oder Aufhebung nach § 21 Satz 2 GrStG ist, dass die Änderung zwischen der Bekanntgabe des Neu- oder Nachveranlagungsbescheids und dem maßgebenden Veranlagungszeitpunkt eintritt. [4]Änderungen nach § 21 Satz 2 GrStG sind solche, die unabhängig vom Grundsteuerwert nur zu einer abweichenden Festsetzung des Grundsteuermessbetrags führen. [5]Werden Bescheide über Fortschreibungen (§ 222 BewG) oder Nach-

feststellungen (§ 223 BewG) gemäß § 225 Satz 1 BewG vor dem maßgebenden Feststellungszeitpunkt erteilt und ergeben sich bis zu diesem Zeitpunkt Änderungen, die zu einer abweichenden Feststellung führen, so sind die vorzeitigen Feststellungsbescheide (Fortschreibungs- oder Nachfeststellungsbescheide) nach § 225 Satz 2 BewG zu ändern oder aufzuheben. [6]Infolge dieser geänderten oder aufgehobenen Grundsteuerwertbescheide werden auch die hierauf beruhenden Grundsteuermessbescheide (Neu- oder Nachveranlagungen gemäß § 17 GrStG bzw. § 18 GrStG) entsprechend geändert oder aufgehoben. [7]Die Änderung des Grundsteuermessbescheids kann daneben auch als Folgeänderung nach Änderung oder Aufhebung des Grundlagenbescheides gemäß § 175 Abs. 1 Satz 1 Nr. 1 AO erfolgen. [8]§ 21 Satz 2 GrStG ist in diesen Fällen nicht anwendbar.

**Beispiel:**
Das Finanzamt erteilt einen Grundsteuerwertbescheid und einen Grundsteuermessbescheid auf den 1. Januar 2027 und gibt diese Bescheide am 24. Mai 2026 bekannt. Im Oktober 2026 erfüllt das Grundstück erstmals die Voraussetzungen für ein Baudenkmal nach dem maßgeblichen Landesdenkmalschutzgesetz. Der Eigentümer teilt dem Finanzamt dies im Januar 2027 mit und beantragt die Ermäßigung der Steuermesszahl.
Da diese Änderung der Verhältnisse nach Bekanntgabe des Grundsteuermessbescheids, aber vor dem maßgebenden Veranlagungszeitpunkt eingetreten ist, ist der Grundsteuermessbescheid auf den 1. Januar 2027 nach § 21 Satz 2 GrStG zu ändern.

## Zu § 22 GrStG

### A 22. Zerlegung des Steuermessbetrags

(1) [1]Die materiell-rechtlichen Voraussetzungen für die Zerlegung der Grundsteuermessbeträge ergeben sich aus § 22 GrStG. [2]Die verfahrensrechtlichen Vorschriften über die Zerlegung des Grundsteuermessbetrags sind in den §§ 185 bis 189 AO enthalten. [3]Die Zerlegung soll im unmittelbaren Anschluss an die Festsetzung des Grundsteuermessbetrags vorgenommen werden.

(2) [1]Die Zerlegung des Grundsteuermessbetrags i.S.d. § 22 GrStG kommt nicht in Betracht, wenn sich der Steuergegenstand nur über mehrere Gemeindeteile derselben Gemeinde erstreckt, für die verschiedene Hebesätze gelten (z.B. Fälle des § 25 Abs. 4 Satz 2 GrStG). [2]Die Aufteilung des Grundsteuermessbetrags auf die verschiedenen Gemeindeteile ist Sache der Gemeinde. [3]Die Finanzämter können dabei Amtshilfe leisten und hierfür im Einzelfall mit der betroffenen Gemeinde ein geeignetes Verfahren vereinbaren.

(3) [1]Abweichend von der nach § 22 Abs. 3 Satz 1 GrStG vorgesehenen Zerlegung des Grundsteuermessbetrags nach Flächengrößen kommt nach § 22 Abs. 3 Satz 2 GrStG auf Antrag der betroffenen Gemeinde die Berücksichtigung eines abweichenden Zerlegungsanteils nur dann in Betracht, wenn die Zerlegung nach Flächengrößen zu einem offenbar unbilligen Ergebnis führt. [2]Bei der Einigung auf einen von dem gesetzlichen Zerlegungsmaßstab abweichenden Zerlegungsanteil sind die beteiligten Gemeinden und der Steuerschuldner der Höhe nach frei. [3]Der abweichend vereinbarte Zerlegungsanteil gilt so lange, bis sich die Beteiligten auf einen anderen Zerlegungsanteil einigen.

## Zu § 23 GrStG

### A 23. Zerlegungsstichtag

(1) [1]Die Zerlegung des Grundsteuermessbetrags erfolgt stichtagsbezogen. [2]Maßgeblich für die Zerlegung des Grundsteuermessbetrags sind die Verhält-

nisse in dem Feststellungszeitpunkt, auf den der für die Festsetzung des Grundsteuermessbetrags maßgebende Grundsteuerwert festgestellt worden ist.

(2) [1]Ändern sich die Grundlagen für die Zerlegung, ohne dass der Grundsteuerwert fortgeschrieben oder nachträglich festgestellt wird (z.B. durch die Änderung von Gemeindegrenzen, durch Flächenumlegungen oder nach der Neugliederung eines Gemeindegebiets), so sind die Zerlegungsanteile nach dem Stand vom 1. Januar des folgenden Jahres neu zu ermitteln. [2]Das gilt nur, wenn wenigstens bei einer Gemeinde der neue Anteil mehr als ein Zehntel, mindestens aber um zehn Euro von ihrem bisherigen Anteil abweicht.

(3) [1]Bei der Zerlegung nach dem bisherigen Zerlegungsmaßstab verbleibt es, solange keine zu berücksichtigende Änderung der tatsächlichen Verhältnisse eintritt. [2]Eine solche liegt insbesondere dann vor, wenn infolge von Änderungen der tatsächlichen Verhältnisse der Grundsteuermessbetrag nach § 17 GrStG neu zu veranlagen ist oder die Voraussetzungen des § 23 Abs. 2 GrStG erfüllt sind. [3]In diesen Fällen ist eine neue Zerlegung durchzuführen.

### Zu § 24 GrStG

### A 24. Ersatz der Zerlegung durch Steuerausgleich

– unbesetzt –

## D. Abschnitt III: Festsetzung und Entrichtung der Grundsteuer

### Zu § 25 GrStG

### A 25. Festsetzung des Hebesatzes

– unbesetzt –

### Zu § 26 GrStG

### A 26. Koppelungsvorschriften und Höchsthebesätze

– unbesetzt –

### Zu § 27 GrStG

### A 27. Festsetzung der Grundsteuer

– unbesetzt –

### Zu § 28 GrStG

### A 28. Fälligkeit

– unbesetzt –

### Zu § 29 GrStG

### A 29. Vorauszahlungen

– unbesetzt –

### Zu § 30 GrStG

### A 30. Abrechnung über die Vorauszahlungen

– unbesetzt –

### Zu § 31 GrStG

### A 31. Nachentrichtung der Steuer

– unbesetzt –

## E. Abschnitt IV: Erlass der Grundsteuer

### Zu § 32 GrStG

#### A 32.1. Erlass für Grundbesitz, dessen Erhaltung im öffentlichen Interesse liegt

(1) [1]Die Grundsteuer ist für Grundbesitz zu erlassen, dessen Erhaltung wegen seiner Bedeutung für Kunst, Geschichte, Wissenschaft oder Naturschutz im öffentlichen Interesse liegt (Kulturgut) und die jährlichen Kosten nach Abs. 6 in der Regel den Rohertrag nach Abs. 5 übersteigen (kein Reinertrag). [2]Zwischen der Kulturguteigenschaft und der Unrentabilität des Grundbesitzes muss ein Kausalzusammenhang bestehen. [3]Der Antragsteller hat den Kausalzusammenhang nachzuweisen. [4]Die erforderliche Kausalität fehlt, wenn bereits unwirtschaftlicher Grundbesitz durch die Kulturguteigenschaft noch unrentabler wird (BVerwG vom 8. Juli 1998 8 C 23-97, BStBl. II S. 590).

(2) [1]Liegt nur die Erhaltung eines Teils des Grundbesitzes im öffentlichen Interesse, so sind für diesen Teil der Rohertrag nach Abs. 5 und die jährlichen Kosten nach Abs. 6 gesondert zu ermitteln. [2]Wenn für diesen Teil des Grundbesitzes der Rohertrag nach Abs. 5 in der Regel unter den jährlichen Kosten liegt, dann ist nur die hierauf entfallende Grundsteuer zu erlassen.

(3) [1]Ein öffentliches Interesse kann nur angenommen werden, soweit für den Grundbesitz rechtliche Vorgaben z.B. des förmlichen Denkmalschutzes bestehen, die die Nutzung des Grundbesitzes in besonderem Maße einschränken. [2]Die Erfüllung üblicher baurechtlicher Pflichten zur Rücksichtnahme auf die Umgebung, die z.B. die Grundstücks- und Gebäudegestaltung im Allgemeinen betreffen, führen regelmäßig nicht zur Annahme öffentlichen Interesses (BVerwG vom 21. September 1984 8 C 62/82, BStBl. II S. 870). [3]Ist zweifelhaft, ob die Erhaltung des Grundbesitzes im öffentlichen Interesse liegt, so ist eine Bestätigung der zuständigen Landesbehörde vorzulegen. [4]Liegen danach die Voraussetzungen für einen Erlass der Grundsteuer bei einem bebauten Grundstück vor, so umfasst der Erlass auch die Grundsteuer, die auf den Grund und Boden entfällt.

(4) [1]Liegen die Voraussetzungen für den Erlass der Grundsteuer vor, so kommt es nicht darauf an, ob der Grundbesitz der Öffentlichkeit zugänglich ist. [2]Garten- und Parkanlagen müssen jedoch in einem billigerweise zu fordernden Umfang der Öffentlichkeit zugänglich sein. [3]Es genügt, dass sie mindestens den interessierten Kreisen ohne Weiteres zugänglich sind und dies auch allgemein erkennbar ist. [4]Vgl. hierzu auch die Behandlung von Grünanlagen in A 32.2.

(5) [1]Zum Rohertrag gehören sämtliche mit dem Grundbesitz erwirtschafteten Einnahmen sowie aus diesem gezogene sonstige Vorteile. [2]Zu den Einnahmen gehören z.B. die Miet- und Pachteinnahmen sowie die Einnahmen aus Besichtigungen und Führungen. [3]Zu den sonstigen Vorteilen gehört auch der Nutzungswert, den die eigene Benutzung für den Eigentümer hat. [4]Der Nutzungswert ist mit den bei ordnungsmäßiger Bewirtschaftung zu erzielenden ortsüblichen Miet- und Pachteinnahmen anzusetzen.

(6) [1]Zu den Kosten gehören alle im Zusammenhang mit dem Grundbesitz stehenden Verwaltungs- und Betriebsausgaben, nicht jedoch nutzungsabhängige Kosten (Wasser- und Abwassergebühr, Heizkosten, Reinigung, Gartenunterhalt und Einfriedung – es sei denn, für die Erhaltung des Gartens und der Einfriedung besteht ebenfalls ein öffentliches Interesse). [2]Die Erstattung solcher nutzungsabhängigen Kosten durch Mieter oder Dritte bleiben auch als Ein-

nahmen unberücksichtigt. [3]Kosten i.S.d. § 32 Abs. 1 Nr. 1 GrStG sind auch gewöhnliche Absetzungen für Abnutzung oder Substanzverringerung, nicht dagegen einkommensteuerrechtlich zugelassene Sonderabschreibungen. [4]Zu den Kosten zählen nicht Schuld- und Eigenkapitalzinsen (BVerwG vom 15. Februar 1991 8 C 3/89, BStBl. 1992 II S. 577). [5]Tilgungsleistungen gehören ebenfalls nicht zu den Verwaltungs- und Betriebsausgaben. [6]Bei Gebäuden können auch Rückstellungen für größere Reparaturen als Kosten berücksichtigt werden. [7]Zu den Kosten gehören außerdem die Aufwendungen, die sich aus Besichtigungen und Führungen ergeben.

(7) [1]Der Grundbesitz darf nachhaltig keinen Reinertrag abwerfen. [2]Das schließt nicht aus, dass in einem Jahr ausnahmsweise ein geringer Überschuss erwirtschaftet wird. [3]Da erst rückblickend festgestellt werden kann, ob der Rohertrag in der Regel unter den jährlichen Kosten liegt, soll im Zweifelsfall die Gemeinde die Grundsteuer des laufenden Kalenderjahres und der beiden folgenden Kalenderjahre bis zum Ablauf des dritten Kalenderjahres mit dem Ziel des Erlasses stunden. [4]Der Steuerpflichtige hat nach Ablauf der Stundungsfrist die Erlassvoraussetzungen nachzuweisen. [5]Wird der Nachweis nicht erbracht oder ist in mindestens zwei Jahren ein Überschuss erzielt worden, so ist die Grundsteuer rückwirkend für diese drei Jahre zu erheben. [6]Werden die Erlassvoraussetzungen nachgewiesen, so ist die Grundsteuer für diese drei Jahre zu erlassen.

### A 32.2. Erlass für öffentliche Grünanlagen, Spiel- und Sportplätze

(1) [1]Für öffentliche Grünanlagen, Spiel- und Sportplätze ist die Grundsteuer zu erlassen, wenn die jährlichen Kosten in der Regel den Rohertrag übersteigen. [2]Für die Beurteilung der Frage, ob die jährlichen Kosten den Rohertrag übersteigen, gilt A 32.1 Abs. 5 bis 7 entsprechend.

(2) [1]Für den Status als öffentliche Grünanlage, öffentlicher Spielplatz oder öffentlicher Sportplatz bedarf es einer entsprechenden öffentlich-rechtlichen Widmung. [2]Die Zugänglichmachung für die Allgemeinheit reicht dagegen nicht aus.

(3) Spielplätze sind Anlagen, die Kinder und Jugendliche frei zugänglich für ihre Spiele benutzen können.

(4) [1]Sportplätze sind Anlagen, die zu sportlichen Zwecken von der Allgemeinheit genutzt werden können. [2]A 3.5 über den Gebrauch durch die Allgemeinheit gilt entsprechend. [3]Das Verlangen eines Eintrittsgelds für die Benutzung steht einem Erlass der Grundsteuer nach § 32 Abs. 1 Nr. 2 GrStG für sich genommen nicht entgegen. [4]Bei einer Beschränkung der Benutzung auf bestimmte Personengruppen, z.B. auf Vereinsmitglieder, fehlt es an einer Benutzung durch die Allgemeinheit.

### A 32.3. Erlass für Grundbesitz, in dessen Gebäuden Gegenstände von wissenschaftlicher, künstlerischer oder geschichtlicher Bedeutung untergebracht sind

(1) [1]Ein Erlass der Grundsteuer kann für Grundbesitz in Betracht kommen, auf dem Gegenstände von wissenschaftlicher, künstlerischer oder geschichtlicher Bedeutung untergebracht sind. [2]Bei diesen Gegenständen kann es sich z.B. um Sammlungen, Bibliotheken oder um die Inneneinrichtung eines Gebäudes handeln. [3]Die wissenschaftliche, künstlerische oder geschichtliche Bedeutung der untergebrachten Gegenstände muss durch die Landesregierung oder durch die von ihr beauftragte Stelle anerkannt sein. [4]Die Anerkennung ist für die Gemeinde verbindlich.

(2) [1]Aus der Anerkennung muss sich ergeben, dass die Gegenstände dem Zwecke der Forschung oder Volksbildung nutzbar gemacht sind. [2]Sie müssen in einem den Verhältnissen entsprechenden Umfang der Öffentlichkeit, mindestens aber den interessierten Kreisen, ohne Weiteres zugänglich sein. [3]Der Zugang für die Allgemeinheit muss für einen verständigen Dritten objektiv erkennbar sein.

(3) [1]Durch die Aufbewahrung der Gegenstände muss der Rohertrag des Grundbesitzes nachhaltig gemindert werden. [2]Zum Begriff des Rohertrags vgl. A 32.1 Abs. 5. [3]Dabei ist jeweils auf den ganzen Steuergegenstand abzustellen, auch wenn die Gegenstände nur in einem Teil des Grundbesitzes untergebracht sind. [4]Ob der Rohertrag nachhaltig gemindert und in welchem Umfang dies der Fall ist, muss von der Gemeinde festgestellt werden. [5]Zur Durchführung des Erlasses vgl. A 32.1 Abs. 7 Satz 3 bis 6.

(4) [1]Ist der Rohertrag für ein Grundstück nur schwer festzustellen, z.B. für eigengenutzte Grundstücke, so kann wie folgt verfahren werden: [2]Zunächst ist festzustellen, ob für die Räume, in denen die steuerbegünstigten Gegenstände untergebracht sind, noch ein Rohertrag verbleibt. [3]Ist dies nicht der Fall, so ist unter Mitwirkung des Finanzamts der Prozentsatz zu ermitteln, mit dem dieser Grundstücksteil im Grundsteuerwert für das gesamte Grundstück enthalten ist. [4]Die Ermittlung erfolgt bei Wohngrundstücken im Verhältnis der Wohn- und Nutzfläche, die der Unterbringung der steuerbegünstigten Gegenstände dient, zur gesamten Wohn- und Nutzfläche. [5]Bei Nichtwohngrundstücken erfolgt die Ermittlung im Verhältnis der Bruttogrundfläche, die der Unterbringung der steuerbegünstigten Gegenstände dient, zur gesamten Bruttogrundfläche. [6]Ein diesem Prozentsatz entsprechender Betrag ist dann von der Grundsteuer zu erlassen.

### Zu § 33 GrStG

### A 33. Erlass wegen wesentlicher Ertragsminderung bei Betrieben der Land- und Forstwirtschaft

[1]Im Einzelfall lässt sich eine betriebsindividuelle wesentliche Reinertragsminderung eines land- und forstwirtschaftlichen Betriebs wegen der zum Ansatz kommenden standardisierten Bewertungsparameter der Anlagen 25 bis 37 BewG bei der Bewertung durch die Finanzverwaltung nicht selbst feststellen. [2]Die Nachweispflicht einer Reinertragsminderung bei der Gemeinde obliegt dem Grundstückseigentümer. [3]Zu § 33 Abs. 3 GrStG siehe A 34.1 Abs. 2, der entsprechend gilt.

### Zu § 34 GrStG

### A 34.1. Erlass wegen wesentlicher Ertragsminderung bei bebauten Grundstücken; Allgemeines

(1) [1]Der Erlass der Grundsteuer wegen wesentlicher Rohertragsminderung bei bebauten Grundstücken setzt voraus, dass

1. die Minderung des normalen Rohertrags mehr als 50 Prozent beträgt und
2. der Steuerschuldner die Minderung des Rohertrags nicht zu vertreten hat.

[2]Die Grundsteuer ist in Höhe von 25 Prozent zu erlassen, wenn der normale Rohertrag um mehr als 50 Prozent gemindert ist, und um 50 Prozent, wenn der normale Rohertrag um 100 Prozent gemindert ist. [3]Auch bei nur zeitweiser Minderung des normalen Rohertrags während eines Jahres kann ein Erlass in Betracht kommen.

(2) [1]Ein Erlassgrund liegt nach § 34 Abs. 4 GrStG nicht vor, wenn die Ertragsminderung auf Umständen beruht, die für den Erlasszeitraum durch eine Fortschreibung des Grundsteuerwerts berücksichtigt werden können. [2]Das gilt auch, wenn der Steuerschuldner es versäumt hat, den Fortschreibungsantrag rechtzeitig zu stellen.

**Beispiel:**

Im Juni 2027 wird ein Gebäudeteil eines Mietwohngrundstücks durch Brand zerstört. Die eingetretene Wertminderung des Grundstücks kann erst durch Fortschreibung des Grundsteuerwerts auf den 1. Januar 2028 berücksichtigt werden. Für den Erlasszeitraum 2027 kann demnach ein Erlass der Grundsteuer in Betracht kommen, nicht jedoch für den Erlasszeitraum 2028.

### A 34.2. Vertretenmüssen der Rohertragsminderung

(1) Der Steuerschuldner hat die Minderung des normalen Rohertrags eines bebauten Grundstücks dann nicht zu vertreten, wenn sie auf Umständen beruht, die außerhalb seines Einflussbereichs liegen, d.h., wenn er die Ertragsminderung weder durch ein ihm zurechenbares Verhalten herbeigeführt noch ihren Eintritt durch geeignete und ihm zumutbare Maßnahmen hat verhindern können (BVerwG vom 25. Juni 2008 9 C 8.07, ZKF 2008 S. 233).

(2) [1]Der Vermieter hat die durch Leerstand bedingte Minderung des normalen Rohertrags in der Regel nicht zu vertreten, wenn er sich in ortsüblicher Weise nachhaltig um deren Vermietung zu einem marktgerechten Zins bemüht hat. [2]Dazu muss der Steuerschuldner zumindest versuchen, den Kreis potentieller Interessenten möglichst umfassend zu erreichen (BayVGH vom 8. Dezember 2016 4 ZB 16.1583, ZKF 2017 S. 118). [3]Ob und gegebenenfalls in welcher Form leerstehende Mieträume im Internet beworben werden müssen, damit der Steuerschuldner sich nachhaltig um die Vermietung der Räume bemüht und deshalb die auf dem Leerstand beruhende Ertragsminderung nicht zu vertreten hat, ist eine Frage der Umstände des Einzelfalls (BVerwG vom 13. Februar 2017 9 B 37.16, NVwZ-RR 2017 S. 429). [4]Bei größeren Gewerbeobjekten, für die eine Vielzahl von Nutzungsmöglichkeiten in Betracht kommt, gehört zu den Vermietungsbemühungen des Steuerschuldners jedoch im Regelfall auch ein überregionales Angebot über das Internet (BVerwG vom 3. Dezember 2014 9 B 73.14, NVwZ-RR 2015 S. 232, vgl. z.B. auch BFH-Urteile vom 11. Dezember 2012 IX R 14/12, BStBl. 2013 II S. 279 und IX R 68/10, BStBl. 2013 II S. 367, und vom 9. Juli 2013 IX R 48/12, BStBl. II S. 693). [5]Der Vermieter hat einen Mietausfall nicht zu vertreten, wenn er eine vereinbarte marktgerechte Miete aus Gründen nicht erhalten hat, die er nicht beeinflussen konnte (z.B. bei Zahlungsunfähigkeit des Mieters). [6]Einen Mietausfall aufgrund eines von vornherein vertraglich vereinbarten Mietverzichts hat der Grundstückseigentümer dagegen grundsätzlich zu vertreten mit der Folge, dass ein Anspruch auf Grundsteuererlass nicht besteht (OVG NRW vom 26. Juli 2013 14 A 1471/13, DÖV 2014 S. 43). [7]Bei Wohnungen, die von vornherein z.B. als Ferienwohnungen nur zeitweise vermietet werden, hat der Vermieter dagegen die dadurch bedingte Minderung des normalen Rohertrags selbst zu vertreten. [8]Besteht eine wirtschaftliche Einheit aus zahlreichen verschieden ausgestatteten, zu unterschiedlichen Zwecken nutzbaren und getrennt vermietbaren Räumlichkeiten und sind die marktgerechten Mieten für die einzelnen Raumeinheiten unterschiedlich hoch, so ist für jede nicht vermietete Raumeinheit gesondert zu prüfen, ob der Steuerpflichtige den Leerstand zu vertreten hat (BFH-Urteil vom 27. September 2012 II R 8/12, BStBl. 2014 II S. 117). [9]Das Fehlen jeglicher Vermietungsbemühungen führt zu der widerlegbaren Annahme, dass der Steuerschuldner die Ertragsminderung zu vertreten

hat, und zwar auch dann, wenn die Nutzbarkeit eines Grundstücks durch Regelungen des Bauplanungsrechts eingeschränkt ist oder das Grundstück heruntergekommen oder verwahrlost ist. [10]Die bloße Vermeidung von Vorsatz und Fahrlässigkeit in Bezug auf die zur Ertragsminderung führenden Ursachen reicht nicht aus.

(3) [1]Für die Ermittlung der üblichen Miete i.S.d. § 34 Abs. 1 GrStG können

1. die Mieten für vergleichbare Objekte,
2. die Angaben in sogenannten Mietspiegeln oder Gewerbemietenübersichten bei gewerblicher Nutzung (oder unter Umständen auch durch Ableitung hiervon) oder
3. Mieten auf Grund von Sachverständigengutachten

herangezogen werden. [2]In den Fällen, in denen keine der genannten Möglichkeiten zur Verfügung steht, kann widerlegbar vermutet werden, dass die ortsübliche Miete in der tatsächlichen Miete ihre Entsprechung findet. [3]Die übliche Miete zu Beginn des Erlasszeitraums ist jedoch nicht die Durchschnittsmiete, die für die vermieteten Teile vereinbart werden konnte (BFH-Urteil vom 24. Oktober 2007 II R 5/05, BStBl. 2008 II S. 384).

(4) [1]Beruht der (teilweise) Leerstand eines Gebäudes auf der Entscheidung des Steuerschuldners, die darin befindlichen Wohnungen oder Räume zunächst nicht zur Vermietung anzubieten oder selbst zu nutzen, so hat der Steuerschuldner den Leerstand grundsätzlich zu vertreten. [2]Der Steuerschuldner hat die Ertragsminderung zu vertreten, wenn eine Sanierung oder auch eine Umgestaltung in zeitlichem Zusammenhang mit dem Erwerb eines Grundstücks erforderlich wird. [3]Dasselbe gilt für grundlegende Sanierungen, die typischerweise die Folge unterlassener rechtzeitiger und umfassender Instandhaltung sind. [4]In einem solchen Fall beruht die Sanierungsmaßnahme letztlich auf zurechenbarem Verhalten des Steuerschuldners, nämlich nicht viele kleine, sondern eine große Maßnahme durchzuführen. [5]Diese bewusste Entscheidung hat der Steuerschuldner zu vertreten. [6]Etwas anderes gilt, wenn der sanierungsbedingte Leerstand ein Gebäude betrifft, das in einem städtebaulichen Sanierungsgebiet belegen ist. [7]Der Steuerschuldner kann sich dann der zweckmäßigen und zügigen Durchführung der zur Erfüllung des Sanierungszwecks erforderlichen Baumaßnahmen nicht entziehen und hat den durch die Sanierung entstehenden Leerstand auch dann nicht zu vertreten, wenn er die Entscheidung über den Zeitpunkt der Sanierung getroffen hat (BFH-Urteil vom 17. Dezember 2014 II R 41/12, BStBl. 2015 II S. 663).

(5) [1]Bei eigengewerblich genutzten bebauten Grundstücken hat der Unternehmer eine Minderung der Ausnutzung (§ 34 Abs. 2 GrStG) nicht zu vertreten, wenn für ihn keine Möglichkeit bestand, auf deren Ursachen in zumutbarer Weise Einfluss zu nehmen. [2]Zu diesen Ursachen können auch strukturelle und konjunkturelle Entwicklungen gehören, die ihn zwingen, den bisher auf dem Grundstück unterhaltenen Betrieb stillzulegen oder einzuschränken. [3]Dagegen fällt z.B. eine Minderung der Ausnutzung bei Neugründungen oder Kapazitätsausweitungen in der Regel in den Bereich des vom Unternehmen zu vertretenden Unternehmerrisikos. [4]Bei der Prüfung, ob es unbillig ist, die Grundsteuer bei eigengewerblich genutzten bebauten Grundstücken zu erheben, müssen die wirtschaftlichen Verhältnisse des Gesamtunternehmens betrachtet werden. [5]Unbilligkeit liegt dann vor, wenn das Gesamtunternehmen im Erlasszeitraum ein negatives Betriebsergebnis erzielt hat und die Grundsteuer hierbei

innerhalb des gesamten Betriebsaufwandes von nicht nur geringfügigem Gewicht ist.

### A 34.3. Berechnung der zu erlassenden Grundsteuer

(1) [1]Bei bebauten Grundstücken ergibt sich die Minderung des normalen Rohertrags aus dem Unterschiedsbetrag zwischen dem normalen Rohertrag zu Beginn des Erlasszeitraums und dem im Erlasszeitraum tatsächlich erzielten Rohertrag. [2]Sie ist in einem Prozentsatz des normalen Rohertrags festzustellen.

**Beispiel:**

| | |
|---|---|
| Normaler Rohertrag am 1. Januar 2028 | = 20 000 € |
| Tatsächlich erzielter Rohertrag im Kalenderjahr 2028 | = 5000 € |
| Unterschied | = 15 000 € |
| Minderung des normalen Rohertrags | $\frac{(15\,000\ € \times 100)}{20\,000\ €}$ = 75 % |

Die Grundsteuer wird in Höhe von 25 Prozent erlassen.

[3]Bei Eigennutzung von Teilen bebauter Grundstücke für nicht eigengewerbliche Zwecke (vgl. A 34.2 Abs. 5) ist dem tatsächlichen Rohertrag ein fiktiver Rohertrag des eigengenutzten Teils des bebauten Grundstücks hinzuzurechnen. [4]Dieser fiktive Rohertrag ist in Anlehnung an die Jahresrohmiete zu schätzen, die für Räume gleicher oder ähnlicher Art, Lage und Ausstattung regelmäßig gezahlt wird. [5]Auf individuelle Besonderheiten der Eigennutzung kommt es nicht an (OVG NRW vom 10. Juli 2018 14 A 1106/16, KStZ 2018 S. 179).

(2) [1]Bei eigengewerblich genutzten bebauten Grundstücken ist für die Höhe des Erlasses der Grundsteuer die Minderung der Ausnutzung des Grundstücks maßgebend (§ 34 Abs. 2 GrStG). [2]Die Minderung der Ausnutzung entspricht dem Unterschied zwischen der üblichen Ausnutzung und der tatsächlichen Ausnutzung eines Grundstücks. [3]Stehen sämtliche Gebäude des Grundstücks leer und wird das Grundstück nicht anderweitig genutzt, so beträgt die Minderung der Ausnutzung 100 Prozent. [4]Wenn ein Gebäude nur teilweise leer steht, dann ist für die Bestimmung des Prozentsatzes der Minderung in der Regel das Verhältnis der ungenutzten Fläche zur gesamten nutzbaren Fläche maßgebend. [5]Dasselbe gilt, wenn zu der wirtschaftlichen Einheit, für die der Grundsteuerwert insgesamt festgestellt worden ist, mehrere Gebäude gehören und eines oder mehrere davon ganz oder teilweise leer stehen. [6]Ob und ggf. zu welchem Anteil eine Minderung der Ausnutzung vorliegt, ohne dass ein Gebäude ganz oder teilweise leer steht (z.B. bei Kurzarbeit), wird durch wirtschaftliche Gesichtspunkte bestimmt. [7]Im Einzelfall ist nach den besonderen Verhältnissen des Betriebs zu entscheiden, welche betriebswirtschaftlichen Merkmale als Anhaltspunkte für die Minderung der Ausnutzung geeignet sind. [8]Bei Fabrikations-, Handwerks- und Handelsbetrieben können dies die Arbeitsstunden, der Produktionsmitteleinsatz, der Produktionsausstoß, die Produktionsstunden, der Umsatz oder andere ähnliche Merkmale sein (vgl. BVerwG-Urteil vom 26. Mai 1989 8 C 20/87, BStBl. 1989 II S. 1042). [9]Bei Hotels und anderen Betrieben des Beherbergungsgewerbes kann auf die Bettenbelegung oder ggf. den Umsatz abgestellt werden. [10]Im Einzelfall kann auch eine Kombination mehrerer Merkmale in Betracht kommen. [11]In der Regel kann das danach festzustellende Ausmaß der normalen Ausnutzung aus dem Durchschnitt der drei Kalenderjahre vor dem Erlasszeitraum abgeleitet werden, wenn in dieser Zeit keine Betriebsumstellung erfolgt ist.

(3) [1]Wird nur ein Teil des Grundstücks eigengewerblich genutzt, so ist für das ganze Grundstück ein einheitlicher Prozentsatz der Ertragsminderung zu ermitteln. [2]Dabei ist von dem Anteil der einzelnen Teile am Grundsteuerwert des Grundstücks auszugehen.

**Beispiel:**
Ein Grundstück enthält vermietete Wohnungen und eigengewerblich genutzte Geschäftsräume. Wegen Zahlungsunfähigkeit eines Mieters sind 9000 € an Mietforderungen aus dem Jahr 2028 nicht mehr zu realisieren. Der Umsatz des Betriebs sinkt im Jahr 2028 nachweislich wegen nicht zu vertretenden Geschäftsrückgangs auf 45 Prozent.

Normaler Rohertrag der Wohnungen am 1. Januar 2028 = 20 000 €.

Wegen der Zahlungsunfähigkeit des Mieters beträgt der tatsächlich erzielte Rohertrag im Kalenderjahr 2028 nur 11 000 €. Der Prozentsatz der Ertragsminderung errechnet sich wie folgt:

Ertragsminderung der Wohnungen:

$$\frac{9000 \times 100}{20\,000} = 45\,\%$$

Der Anteil der Wohnungen soll 40 Prozent des Grundsteuerwerts betragen. Es sind somit zu berücksichtigen:

$$\frac{45 \times 40}{100} = 18\,\%$$

Ertragsminderung der eigengewerblich genutzten Räume:

Minderung der Ausnutzung = 55 %

Der Anteil der eigengewerblich genutzten Räume soll 60 Prozent des Grundsteuerwerts betragen. Es sind somit zu berücksichtigen:

$$\frac{55 \times 60}{100} = 33\,\%$$

Die Ertragsminderung für das gesamte Grundstück beträgt danach:

18 % + 33 % = 51 %

Die Grundsteuer wird in Höhe von 25 Prozent erlassen.

## Zu § 35 GrStG

### A 35. Erlassverfahren

(1) [1]Der Erlass der Grundsteuer wird nach § 35 Abs. 2 Satz 1 GrStG nur auf Antrag gewährt. [2]Der Antrag auf Erlass ist bis zu dem auf den Erlasszeitraum folgenden 31. März zu stellen (§ 35 Abs. 2 Satz 2 GrStG). [3]Geht der Grundsteuerbescheid für den Erlasszeitraum dem Grundstückseigentümer nicht rechtzeitig zu oder wird die Jahressteuer durch Änderungsbescheid heraufgesetzt, so endet die Antragsfrist erst mit der Rechtsbehelfsfrist für den Grundsteuerbescheid bzw. den Änderungsbescheid. [4]Ein Grundsteueränderungsbescheid, der erst nach dem auf den Erlasszeitraum folgenden 31. März ergeht und die zuvor für den Erlasszeitraum festgesetzte Grundsteuer heraufsetzt, eröffnet nur für einen durch diese Grundsteuererhöhung veranlassten Erlassantrag eine neue dreimonatige Ausschlussfrist i.S.d. § 35 Abs. 2 Satz 2 GrStG (vgl. BVerwG-Urteil vom 21. September 1984 8 C 62/82, BStBl. II S. 870).

(2) [1]Die Frist für den Antrag auf Erlass der Grundsteuer ist eine gesetzliche Frist. [2]Sie kann deshalb nicht verlängert werden. [3]Bei Versäumung der Frist ist auf Antrag unter den weiteren Voraussetzungen des § 110 AO Wiedereinsetzung in den vorigen Stand zu gewähren, wenn der Steuerschuldner ohne Verschulden verhindert war, die Frist einzuhalten.

(3) [1]Die Voraussetzungen des § 32 GrStG müssen gemäß § 35 Abs. 3 Satz 1 GrStG nur einmal beantragt und nachgewiesen werden. [2]Der Steuerschuldner

ist der Gemeinde gegenüber zur Anzeige verpflichtet, wenn die Voraussetzungen für den Grundsteuererlass wegfallen oder sich der Umfang des Grundsteuererlasses ändert (§ 35 Abs. 3 Satz 2 GrStG).

(4) [1]§ 33 Abs. 1 GrStG und § 34 Abs. 1 GrStG enthalten das ungeschriebene Tatbestandsmerkmal, dass zum Kreis der Erlassberechtigten nur diejenigen gehören, denen der Erlass im Erlasszeitraum wirtschaftlich noch zugutekommen kann. [2]Das setzt voraus, dass deren wirtschaftliche Existenz im Erlasszeitraum noch nicht vernichtet ist (BVerwG-Urteil vom 15. April 1983 8 C 52/81, NVwZ 1984 S. 311).

(5) [1]Liegen die in den §§ 32 bis 34 GrStG näher bestimmten Voraussetzungen vor, so besteht auf den Grundsteuererlass ein Rechtsanspruch. [2]In anderen Fällen können Billigkeitsmaßnahmen nach § 163 AO i.V.m. § 184 Abs. 2 und 3 AO sowie nach § 227 AO in Betracht kommen.

## F. Abschnitt V: Übergangs- und Schlussvorschriften

### Zu § 36 GrStG

#### A 36. Sondervorschriften für die Hauptveranlagung 2025

– unbesetzt –

### Zu § 37 GrStG

#### A 37. Anwendung des Gesetzes

– unbesetzt –

### Zu § 38 GrStG

#### A 38. Bekanntmachung

– unbesetzt –

# 420 § 3/1. Gleichlautender Erlaß betr. grundsteuerliche Behandlung von Grundbesitz, der für sportliche Zwecke benutzt wird (sportliche Anlagen)

Vom 15. März 1984 (BStBl. I S. 323)

(Oberste Finanzbehörden der Länder)

## 1. Sportliche Anlagen von inländischen juristischen Personen des öffentlichen Rechts

Sportliche Anlagen, die der Öffentlichkeit zur bestimmungsgemäßen Benutzung zur Verfügung stehen, sind nach § 3 Abs. 1 Nr. 1 GrStG von der Grundsteuer befreit.

Sportliche Anlagen, die einem Sportverein zur Benutzung überlassen sind, sind unter den Voraussetzungen des § 3 Abs. 1 Nr. 3 GrStG steuerfrei.

## 2. Sportliche Anlagen von Sportvereinen

Ist ein Sportverein einschließlich seiner sportlichen Veranstaltungen gemeinnützig (vgl. insbesondere § 52, § 65 und *§ 68 Nr. 7*[1]) AO sowie *Abschn. 10 KStR 1981*)[2]) sind die sportlichen Anlagen einschließlich der Zuschauerflächen mit oder ohne Tribünenaufbauten von der Grundsteuer befreit (§ 3 Abs. 1 Nr. 3 Buchst. b GrStG).

Bilden die sportlichen Veranstaltungen des Sportvereins einen wirtschaftlichen Geschäftsbetrieb, der nicht Zweckbetrieb im Sinne des § 65 und des *§ 68 Nr. 7*[1]) AO ist, und werden die sportlichen Anlagen ganz oder überwiegend für diese Veranstaltungen benutzt, so unterliegen sie der Grundsteuer.

Bei einem Sportverein, der Fußballveranstaltungen unter Einsatz seiner Lizenzspieler nach dem Bundesligastatut des Deutschen Fußballbundes e. V. durchführt, sind sämtliche sportlichen Veranstaltungen gegen Entgelt als ein wirtschaftlicher Geschäftsbetrieb im Sinne von § 14 AO zu behandeln *(Abschn. 11 KStR 1981*[2])*)*. Die sportlichen Anlagen dienen grundsteuerfreien Zwecken, soweit sie überwiegend von Amateur- und Jugendmannschaften zu Trainings- und Übungszwecken oder zu Amateursportveranstaltungen, bei denen kein Eintrittsgeld erhoben wird, benutzt werden.

## 3. Sportliche Anlagen auf Grundbesitz von privaten Eigentümern

Grundbesitz, den ein privater Eigentümer an einen gemeinnützigen Sportverein zur Benutzung für sportliche Zwecke verpachtet hat, unterliegt der Grundsteuer. Wenn sportliche Anlagen öffentliche Sportplätze sind (Abschnitt 36 Abs. 2 und 3 GrStR 1978), ist die Grundsteuer durch die Gemeinde zu erlassen, falls die jährlichen Kosten in der Regel den Rohertrag übersteigen

[1]) Jetzt geregelt in § 67 a AO. Vgl. auch AEAO zu § 67 a AO (**Steuerrichtlinien Nr. 800**).

[2]) Ab KStR 1995 nicht mehr geregelt.

(§ 32 Abs. 1 Nr. 2 GrStG). In anderen Fällen können Billigkeitsmaßnahmen der Gemeinden nach § 227 AO in Betracht kommen.

**4. Umfang der Steuerbefreiung**

Zu den sportlichen Anlagen rechnen auch Unterrichts- und Ausbildungsräume, Übernachtungsräume für Trainingsmannschaften, Umkleide-, Bade-, Dusch- und Waschräume sowie Räume zur Aufbewahrung von Sportgeräten, auch wenn sie für diesen Zweck an Vereinsmitglieder ganz oder teilweise vermietet sind. Zu den sportlichen Anlagen gehören ferner Unterkunfts- und Schutzhütten von Bergsteiger-, Ski- und Wandervereinen. Die Grundsteuerbefreiung erstreckt sich auch auf die Befreiung kleinerer, einfach ausgestatteter Räume, die der Erfrischung der Sporttreibenden dienen.

Zu den sportlichen Anlagen rechnen solche Räume nicht, die der Erholung oder der Geselligkeit dienen. Die geselligen Veranstaltungen eines als gemeinnützig anerkannten Sportvereins, die sich in dem durch *§ 68 Nr. 7 AO*[1] gezogenen Rahmen halten, bilden jedoch einen Zweckbetrieb. Räume, die überwiegend einem solchen Zweckbetrieb dienen, sind daher grundsteuerfrei.

**5. Bewertungsrechtliche Einordnung als Grundvermögen als Voraussetzung der Grundsteuerpflicht**

Grundsteuerpflicht besteht nach Nr. 1 bis 4 nur insoweit, als die sportlichen Anlagen als Grundvermögen einzuordnen sind. Für Sportstätten ist die Abgrenzung des Grundvermögens von den Betriebsvorrichtungen durch Erlasse der obersten Finanzbehörden der Länder geregelt.[2] *Diese Abgrenzungs-Regelung ist auch in der Anlage zu dem die Umsatzsteuer-Befreiung nach § 4 Nr. 12 UStG betreffenden BMF-Schreiben vom 16. Januar 1984 (BStBl. I S. 40) enthalten.*[3]

**6. Schlußbestimmung**

Dieser Erlaß tritt an Stelle des Erlasses vom 20. März 1974 (BStBl. I S. 125).

---

[1] Jetzt geregelt in § 67 a AO. Vgl. auch AEAO zu § 67 a AO (**Steuerrichtlinien Nr. 800**).

[2] Vgl. jetzt Anlage zum Abgrenzungserlass vom 5. 6. 2013, BStBl. I S. 734 (Nr. **200** § 68/1).

[3] Nunmehr geregelt in Abschn. 4.12.11 UStAE.

# **420** § 4/1. Erlass betr. grundsteuerliche Behandlung von Straßen, Wegen und Plätzen

Vom 15. Januar 2002 (BStBl. I S. 152)

(Gleichlautender Ländererlass)

## 1. Grundsteuerbefreiung wegen Benutzung für einen öffentlichen Dienst oder Gebrauch nach § 3 Abs. 1 Nr. 1 GrStG (nur bei inländischen juristischen Personen des öffentlichen Rechts)

**1.1.** Bei Straßen, Wegen und Plätzen, die der Öffentlichkeit ohne besondere Zulassung zur bestimmungsgemäßen Nutzung zur Verfügung stehen, liegt „bestimmungsgemäßer Gebrauch durch die Allgemeinheit" vor (§ 3 Abs. 2 GrStG; Abschnitt 10 GrStR). Dieser Grundbesitz ist daher wegen Benutzung für einen „öffentlichen Dienst oder Gebrauch" von der Grundsteuer befreit (§ 3 Abs. 1 Nr. 1 GrStG).

Befreit sind auch die Parkflächen auf Straßen, Wegen und Seitenstreifen, auf denen das Parken nur zeitlich begrenzt erlaubt ist (Kurzzeitparkplätze). Das Gleiche gilt für Zonen mit Anwohnerparkrechten.

**1.2.** Nicht befreit sind gebührenpflichtige öffentliche Parkplätze und Parkhäuser (einschließlich Parkpaletten, Tiefgaragen sowie „Park and Ride"-Plätze). Hier liegt kein „öffentlicher Dienst oder Gebrauch" (§ 3 Abs. 3 GrStG), sondern ein Betrieb gewerblicher Art von Körperschaften des öffentlichen Rechts vor (BFH-Urteil vom 22. September 1976, BStBl. II S. 793). Dies gilt selbst dann, wenn der Parkraum jedermann zur Verfügung steht und die Absicht, Gewinn zu erzielen, fehlt.

**1.3.** Die Grundsteuerbefreiung nach § 4 Nr. 3 Buchst. a GrStG bleibt hiervon unberührt.

## 2. Grundsteuerbefreiung für Verkehrsflächen nach § 4 Nr. 3 Buchst. a GrStG; BFH-Urteil vom 25. April 2001, BStBl. 2002 II S. 54 (bei allen Eigentümern)

**2.1.** Nach § 4 Nr. 3 Buchst. a GrStG sind die „dem öffentlichen Verkehr dienenden Straßen, Wege, Plätze" von der Grundsteuer befreit. Nicht hierunter fallen Parkhäuser, Parkpaletten und Tiefgaragen. Für die Grundsteuerbefreiung ist es ohne Bedeutung, ob die Straßen, Wege und Plätze nur gegen eine Gebühr oder ein privatrechtliches Entgelt benutzt werden können. Abschnitt 18 Abs. 1 letzter Satz GrStR ist insoweit nicht mehr anzuwenden.

**2.2.** Ein Grundstück dient dem öffentlichen Verkehr, wenn es der Öffentlichkeit zugänglich ist, d. h. ohne Beschränkung auf einen bestimmten, mit dem Verfügungsberechtigten in enger Beziehung stehenden Personenkreis benutzt werden kann. Das ist nicht der Fall beim Betriebshof eines Verkehrsunternehmens, der zwar dem Personenverkehr dient, aber nicht der Öffentlichkeit zugänglich ist.

Ohne Bedeutung sind Einschränkungen, die sich aus dem Wesen und der Art des Verkehrs ergeben. So sind Fußgängerzonen dem Fußgängerverkehr und Parkplätze dem Autoverkehr vorbehalten; Anlagen für den Güterumschlag dienen dem öffentlichen Güterverkehr.

**2.3.** Die Grundsteuerbefreiung ist ausgeschlossen für Grundstücke, die der Öffentlichkeit zugänglich sind, jedoch einem gewerblichen Zweck dienen (z. B. Parkplätze, die für Zwecke eines Warenhaus- oder Gastronomiebetriebs unterhalten werden), es sei denn, das Grundstück ist durch Widmung und Indienststellung zu einer (rechtlich) öffentlichen Sache geworden (BFH-Urteil vom 7. Dezember 1988, BStBl. 1989 II S. 302, und vom 25. April 2001, a. a. O.).

## 3. Unterhaltung von Parkplätzen und Parkhäusern als unentbehrliche Hilfstätigkeit zur Verwirklichung des begünstigten Zwecks

**3.1.** Die Befreiung nach den §§ 3 und 4 GrStG tritt nur ein, wenn der Grundbesitz für den steuerbegünstigten Zweck unmittelbar benutzt wird (§ 7 Satz 1 GrStG). Eine unmittelbare Benutzung für einen bestimmten begünstigten Zweck liegt vor, wenn dieser auf dem Grundstück verfolgt wird. Es genügt aber auch, dass auf dem Grundstück nur eine Hilfstätigkeit zur Verwirklichung des begünstigten Zwecks ausgeübt wird, sofern diese hierfür unentbehrlich ist (Abschnitt 31 Abs. 1 GrStR). Als eine solche Hilfstätigkeit ist auch die Unterhaltung von Parkplätzen und Parkhäusern anzusehen, die zur unentgeltlichen Nutzung für Bedienstete und Besucher bestimmt sind und die zu dem Grundbesitz gehören, auf dem der begünstigte Zweck verfolgt wird. Dies gilt auch für Parkplätze und Parkhäuser, die bewertungsrechtlich nicht zur wirtschaftlichen Einheit des steuerbefreiten Grundbesitzes gehören, wenn zwischen ihnen und dem Grundbesitz ein enger räumlicher Zusammenhang besteht.

**3.2.** Eine unentbehrliche Hilfstätigkeit zur Verwirklichung des begünstigten Zwecks kann nicht mehr angenommen werden bei Parkplätzen und Parkhäusern, die jedermann gegen Gebühr oder privatrechtliches Entgelt zur Verfügung stehen. Gleiches gilt für Stellplätze, die an Bedienstete oder Studierende vermietet werden.

## 4. Schlussbestimmungen

Dieser Erlass ergeht im Einvernehmen mit den obersten Finanzbehörden des Bundes und der anderen Länder. Er tritt an die Stelle des Erlasses vom 6. Dezember 1993 (BStBl. I S. 989).

# **420** § 4/2. Erlass betr. grundsteuerliche Behandlung von gebührenpflichtigen Krankenhausparkplätzen

Vom 23. November 2005

(FM Schleswig-Holstein VI 353 – G 1107 – 005)

Nach bisheriger Praxis wurden gebührenfrei nutzbare Besucher- und Personalparkplätze von Krankenhäusern als grundsteuerbefreit nach § 4 Nr. 6 GrStG angesehen. Die Krankenhäuser erfüllen die Voraussetzungen des § 67 Abs. 1 oder 2 AO. Bezüglich der Parkplätze wurde von einer Hilfstätigkeit zur Verwirklichung des begünstigten Zwecks ausgegangen (vgl. Abschn. 31 Abs. 1 GrStR).

An einer derartigen Grundsteuerbefreiung kann nicht mehr festgehalten werden, wenn die Krankenhäuser die Besucher- und Personalparkplätze gebührenpflichtig machen und die Flächen nicht durch Widmung und Indienststellung zu einer (rechtlich) öffentlichen Sache geworden sind.

– Eine Befreiung nach Abschn. 31 Abs. 1 GrStR i.V.m. § 4 Nr. 6 GrStG scheidet aus, weil die Entgeltlichkeit im Zusammenhang mit einer lediglich über den Hilfszweck vermittelten Befreiung als schädlich angesehen wird (Hinweis auf gleich lautende Ländererlasse vom 15. 1. 2002, BStBl. I S. 152 Tz. 3.2).

– Auch eine Befreiung nach § 4 Nr. 3 a GrStG ist nicht gegeben. Zwar können die Grundstücke ohne Beschränkung auf einen bestimmten, mit dem Verfügungsberechtigten in enger Beziehung stehenden Personenkreis benutzt werden. Der Steuerbefreiung steht aber der Umstand entgegen, dass der öffentliche Verkehr einem wirtschaftlichen Zweck, nämlich dem des Krankenhausbetriebs, untergeordnet ist. Die Rechtsprechung fordert für die Grundsteuerbefreiung von Grundstücken, die zwar unmittelbar dem öffentlichen Verkehr dienen, bei denen das „Dienen" aber mittelbar einen übergeordneten verkehrsfremden Zweck auf einem anderen (benachbarten) Grundstück verfolge, dass das Grundstück durch Widmung und Indienststellung zu einer (rechtlich) öffentlichen Sache geworden sein muss (vgl. BFH-Urteil vom 25. 4. 2001 – II R 19/98 –, BStBl. 2002 II S. 54 m. w. N.; Tz. 2.3 der gleich lautenden Ländererlasse vom 15. Januar 2002). Wird die Verbindung zur Nutzung für ein verkehrsfremdes Unternehmen (Krankenhausbetrieb) mangels Widmung nicht gelöst, so ist Grundsteuerpflicht gegeben.

# **420** § 4/3. Gleichlautender Erlaß betr. die Grundsteuerbefreiung für Verkehrsflughäfen und Verkehrslandeplätze nach § 4 Nr. 3 Buchstabe b GrStG

Vom 28. November 1995 (BStBl. 1996 I S. 14)

(Oberste Finanzbehörden der Länder)

Die Steuerbefreiung nach § 4 Nr. 3 Buchstabe b GrStG gilt nur für Verkehrsflughäfen und Verkehrslandeplätze. Für Flugplätze, die nicht dem öffentlichen Verkehr mit Luftfahrzeugen dienen (Militär-, Sport- oder Privatflugplätze), kommt diese Regelung nicht in Betracht; allerdings kann sich für diese eine Befreiung nach § 3 Abs. 1 Nr. 1 oder 3 GrStG ergeben.

Die Befreiungsvorschrift des § 4 Nr. 3 Buchstabe b GrStG umfaßt

1. alle Flächen, die unmittelbar zur Gewährleistung eines ordnungsgemäßen Flugbetriebs notwendig sind und von Hochbauten und sonstigen Luftfahrthindernissen freigehalten werden müssen.
2. die Grundflächen mit den Bauwerken und Einrichtungen, die unmittelbar dem ordnungsgemäßen Flugbetrieb dienen, und
3. alle Grundflächen mit ortsfesten Flugsicherungsanlagen einschließlich der Flächen, die für einen einwandfreien Betrieb dieser Anlagen erforderlich sind.

Die beigefügte tabellarische Zusammenstellung enthält Beispiele für die o. g. drei Teilbereiche. In Spalte 2 dieser Tabelle ist die jeweils für oder gegen eine Grundsteuerbefreiung getroffene Entscheidung wiedergegeben; zum besseren Verständnis der Zusammenhänge sind auch Hinweise darüber aufgenommen, ob es sich um Betriebsvorrichtungen handelt (vgl. *Erlaß vom 31. März 1992, BStBl. I S. 342, zur Abgrenzung des Grundvermögens von den Betriebsvorrichtungen*[1]). Spalte 3 gibt Auskunft darüber, ob das jeweilige Objekt unmittelbar dem öffentlichen Verkehr mit Luftfahrzeugen im Sinne des § 2 Abs. 1 A Nr. 6 der Verordnung zur Durchführung des § 90 BewG dient. Sie gilt nicht im Beitrittsgebiet.

[1] Nunmehr GLE v. 5. 6. 2013, BStBl. I S. 734 (Nr. **200** § 68/1).

**Anlage**

## Zusammenstellung der unbebauten und bebauten Grundflächen und Gebäude auf Verkehrsflughäfen und Verkehrslandeplätzen Grundsteuerliche Behandlung und Abgrenzung zu Betriebsvorrichtungen

| Bezeichnung bzw. Funktion | | Grundsteuerliche Behandlung | Gebäude oder Gebäudeteile, die unmittelbar dem öffentlichen Verkehr mit Luftfahrzeugen dienen |
|---|---|---|---|
| **A.** | **Flächen, die unmittelbar zur Gewährleistung eines ordnungsgemäßen Flugbetriebs notwendig sind und von Hochbauten und sonstigen Luftfahrthindernissen freigehalten werden müssen** | | |
| 1. | Start- und Landebahnen | Grundflächen befreit[1]; bauliche Bestandteile (Bodenbefestigungen) sind Betriebsvorrichtungen | entfällt[2] |
| 2. | Rollbahnen | befreit; bauliche Bestandteile (Bodenbefestigungen) sind Betriebsvorrichtungen | entfällt |
| 3. | Schutzstreifen und Sicherheitsflächen | befreit | entfällt |
| 4. | Abfertigungsvorfelder und darunter liegende Fluggasttunnel und Gepäckverteileranlagen | Grundflächen befreit; bauliche Bestandteile (Bodenbefestigungen und Fluggasttunnel, die die Flugsteige – siehe Absatz B Nr. 17 – unmittelbar miteinander verbinden) sind Betriebsvorrichtungen | entfällt |
| 5. | Abstellflächen und Wendeflächen (befestigt und unbefestigt), die dem öffentlichen Verkehr mit Luftfahrzeugen dienen | befreit; bauliche Bestandteile (Bodenbefestigungen) sind Betriebsvorrichtungen | entfällt |
| 6. | Rollbrücken (für kreuzungsfreien Verkehr auf dem Flughafen) | befreit; bauliche Bestandteile (Bodenbefestigungen) sind Betriebsvorrichtungen | entfällt |
| 7. | Flugplatzbetriebsstraßen innerhalb des Flugplatzgeländes | befreit | entfällt |

[1] **[Amtl. Anm.:]** „Befreit" bedeutet gemäß § 4 Nr. 3 Buchstabe b GrStG.

[2] **[Amtl. Anm.:]** „Entfällt" gilt nur, falls nicht in die wirtschaftliche Einheit eines Grundstücks einbezogen.

| | Bezeichnung bzw. Funktion | Grundsteuerliche Behandlung | Gebäude oder Gebäudeteile, die unmittelbar dem öffentlichen Verkehr mit Luftfahrzeugen dienen |
|---|---|---|---|
| **B.** | **Grundflächen mit Bauwerken und Einrichtungen, die unmittelbar dem ordnungsgemäßen Flugbetrieb dienen[1]** | | |
| 1. | Abfertigungsgebäude | nicht befreit | ja |
| 2. | ASR[2] -Gebäude, Gebäude für Sende- und Empfangsanlage, Gebäude für Flugmonitore (Sendeeinrichtungen für Fernfeldmonitore) | befreit | ja |
| 3. | Baubüros | befreit, wenn sie überwiegend der Herstellung oder Herrichtung steuerfreien Grundbesitzes dienen | ja |
| 4. | Betriebstankstellen | befreit | ja |
| 5. | Bordverpflegungsküchen der Luftverkehrsgesellschaften und Cateringgebäude | nicht befreit | ja |
| 6. | Büros und Verwaltungsgebäude des Flugplatzhalters | befreit, soweit überwiegend steuerfreier Grundbesitz verwaltet wird | ja |
| 7. | Büros und Verwaltungsgebäude der Luftverkehrsgesellschaften | nicht befreit | ja |
| 8. | Büros der Mietwagenunternehmen | nicht befreit | nein |
| 9. | Diensträume der Polizei | nicht befreit; soweit begünstigtem Rechtsträger zuzuordnen, Befreiung nach § 3 Abs. 1 Nr. 1 | nein |
| 10. | Diensträume des Bundesgrenzschutzes | befreit | ja |
| 11. | Räume für Einwanderungs- und Asylbehörden | nicht befreit; soweit begünstigtem Rechtsträger zuzuordnen, Befreiung nach § 3 Abs. 1 Nr. 1 | nein |
| 12. | Empfangsgebäude | nicht befreit | ja |
| 13. | Feuerwehrgebäude | befreit | ja |
| 14. | Flugplatzgaststätten | nicht befreit | ja, wenn sie nur für Fluggäste zugänglich sind |
| 15. | Flugplatzgärtnereien, die überwiegend damit | befreit | ja |

[1] **[Amtl. Anm.:]** Die unter B und C vorgesehenen Befreiungen erstrecken sich jeweils auch auf die angrenzenden Straßen, Flächen und Plätze, die zu dem steuerbefreiten Bauwerk oder der steuerbefreiten Einrichtung gehören.

[2] **[Amtl. Anm.:]** ASR (Airport Surveillance Radar) = Flughafen-Rundsicht-Radar.

| | Bezeichnung bzw. Funktion | Grundsteuerliche Behandlung | Gebäude oder Gebäudeteile, die unmittelbar dem öffentlichen Verkehr mit Luftfahrzeugen dienen |
|---|---|---|---|
| | beschäftigt sind, das Rollfeld zu säubern und den Bewuchs aus Gründen der Flugsicherheit zu überwachen | | |
| 16. | Flugsicherungsgebäude *(Außenstellen der Bundesanstalt für Flugsicherung)*[1] | befreit | ja |
| 17. | Flugsteige, wenn sie der allgemeinen Öffentlichkeit nicht zugänglich sind | befreit sind nur die reinen Zugangsflächen zu den Flugzeugen (nicht befreit sind die in den Flugsteigen enthaltenen sonstigen Räume wie Verkaufsläden, Sozialeinrichtungen, Büros o. ä.). Die begünstigten Flugsteige sind aus den nicht befreiten Abfertigungsgebäuden auszusondern | ja |
| 18. | Flugwetterdienstgebäude (Außenstellen des Deutschen Wetterdienstes) | befreit | ja |
| 19. | Flugzeughallen für Flugzeuge, die gewerbsmäßig gegen Entgelt für die Beförderung von Personen und/oder Waren eingesetzt werden, sowie für Privatflugzeuge | nicht befreit | ja, mit Ausnahme der Hallen und Werkstätten für Privatflugzeuge |
| 20. | Frachthallen und Transitgepäckhallen | nicht befreit | ja |
| 21. | Garagen, Parkplätze und Parkhäuser für Fluggäste und Flugplatzpersonal | befreit unter den Voraussetzungen des *gleichlautenden Erlasses zur grundsteuerlichen Behandlung von Parkplätzen und Parkhäusern vom 6. 12. 1993 (BStBl. I S. 989)*[2] | ja |
| 22. | Garagen für Kraftfahrzeuge des Flugplatzbetriebes | befreit | ja |
| 23. | Geräteschuppen für den Flugplatzbetrieb | befreit | ja |

[1] Flugsicherungsgebäude sind stets von der Grundsteuer zu befreien, unabhängig davon, wer vom Bundesminister für Verkehr mit der Flugsicherung beauftragt wurde; vgl. FM Saarland v. 22. 7. 1997 B 5 – 373/97 – G 1108, StEd S. 602.

[2] Jetzt GLE v. 15. 1. 2002, BStBl. I S. 152 (Nr. **420** § 4/1).

| Bezeichnung bzw. Funktion | | Grundsteuerliche Behandlung | Gebäude oder Gebäudeteile, die unmittelbar dem öffentlichen Verkehr mit Luftfahrzeugen dienen |
|---|---|---|---|
| 24. | Heizwerk | befreit, wenn überwiegend steuerfreier Grundbesitz beheizt wird | ja, wenn überwiegend Gebäude beheizt werden, die unmittelbar dem öffentlichen Verkehr mit Luftfahrzeugen dienen |
| 25. | Kantinen für Personal der Flugplatzgesellschaft | befreit in sinngemäßer Anwendung des Abschnitts 9 (3) GrStR | ja |
| 26. | Kontrollturm | befreit | ja |
| 27. | Lagerräume für Materialien des Flugplatzbetriebs | befreit | ja |
| 28. | Lagerräume des Fundamtes und der Luftverkehrsgesellschaften | nicht befreit | ja |
| 29. | Lärmschutzhallen | befreit, Lärmschutzwände sind Betriebsvorrichtungen | ja |
| 30. | Luftpostgebäude und andere Diensträume der Post | nicht befreit, jedoch Befreiung bei Eigentum eines begünstigten Rechtsträgers nach § 3 Abs. 1 Nr. 1 und Nr. 1 a GrStG | Luftpostgebäude ja, sonst nein |
| 31. | Pförtnergebäude | befreit | ja |
| 32. | Pumpenhaus | befreit | ja |
| 33. | Rampengerätestationen | befreit | ja |
| 34. | Sanitätsgebäude und Quarantänestation | befreit | ja |
| 35. | Simulationskammern (zur Untersuchung von Fracht- und Gepäckstücken) | befreit | ja |
| 36. | Sozialräume der Flugplatzgesellschaft | nicht befreit | ja |
| 37. | Schulungsräume (für Abfertigungs- und Betriebs personal) | befreit | ja |
| 38. | Streusandgebäude | befreit | ja |
| 39. | Tankdienstgebäude 40. Tanklager | befreit, die ortsfesten und zum Teil unterirdischen Tankanlagen sind Betriebsvorrichtungen | ja (soweit Gebäude) |
| 41. | Tankstellengebäude für Pkw und Pkw-Waschanlagen | nicht befreit | nein |
| 42. | Technische Stationsgebäude (z. B. für Ver- | befreit | ja |

| Bezeichnung bzw. Funktion | Grundsteuerliche Behandlung | Gebäude oder Gebäudeteile, die unmittelbar dem öffentlichen Verkehr mit Luftfahrzeugen dienen |
|---|---|---|
| kehrsleitung und Luftaufsicht) | | |
| 43. Trafogebäude | befreit, wenn überwiegend steuerfreier Grundbesitz versorgt wird | ja, wenn überwiegend Gebäude versorgt werden, die unmittelbar dem öffentlichen Verkehr mit Luftfahrzeugen dienen |
| 44. Umzäunung des gesamten Flugplatzgeländes | befreit, sie dienen der Sicherung des Flugplatzgeländes und stellen Außenanlagen dar | entfällt |
| 45. Wartungshallen für Flugzeuge | nicht befreit | ja, mit Ausnahme der Werkstätten für Privatflugzeuge und für die Versuchsanstalt für Luft- und Raumfahrt |
| 46. Werkstattgebäude für Einrichtungen und Fahrzeuge des Flugplatzbetriebes | befreit | ja |
| 47. Wohnungen des Bereitschaftspersonals | nicht befreit, jedoch Befreiung einzelner Bereitschaftsräume nach § 5 Abs. 1 Nr. 4 GrStG | ja |
| 48. Zollabfertigung | nicht befreit, jedoch Befreiung bei Eigentum eines begünstigten Rechtsträgers nach § 3 Abs. 1 Nr. 1 GrStG | ja |
| **C. Flugsicherungsanlagen**[1] | | |
| 1. Schutzzonen für Gleitwegsender | befreit | entfällt |
| 2. Schutzzonen für Landekurssender | | |
| 3. Grundflächen für RVR,[2] Transmissionsmeter, Ceilometer, Windmesser und Meßfeld | | |
| 4. Grundfläche für Haupteinflugzeichen | | |
| 5. Grundfläche für Voreinflugzeichen | | |

[1] **[Amtl. Anm.:]** Die unter B und C vorgesehenden Befreiungen erstrecken sich jeweils auch auf die angrenzenden Straßen, Flächen und Plätze, die zu den steuerbefreiten Bauwerk oder der steuerbefreiten Einrichung gehören.

[2] **[Amtl. Anm.:]** RVR (Runway Visual Range) = Start-/Landebahnsicht.

| Bezeichnung bzw. Funktion | Grundsteuerliche Behandlung | Gebäude oder Gebäudeteile, die unmittelbar dem öffentlichen Verkehr mit Luftfahrzeugen dienen |
|---|---|---|
| 6. Grundfläche für Befeuerungsanlagen | befreit | entfällt |
| 7. Grundfläche für ASR-Anlage | | |
| 8. Grundflächen für Sende- und Empfangsanlagen sowie Flugmonitore (Sendeeinrichtungen für Fernfeldmonitore) | | |

## Anhang

### Gebäude oder Gebäudeteile, die in vorstehender Zusammenstellung nicht enthalten sind, da sie von vornherein für eine Grundsteuerbefreiung ausscheiden, und die nicht unmittelbar dem öffentlichen Verkehr mit Luftfahrzeugen dienen

1. Borddienstgebäude der Luftverkehrsgesellschaften, die den Bediensteten Einkaufsmöglichkeiten bieten
2. Büros und Lagerräume, die an Spediteure vermietet sind
3. Büros, Verwaltungsgebäude und Werkstätten der Deutschen Versuchsanstalt für Luft- und Raumfahrt
4. Fallschirmlagergebäude
5. Flugschulen
6. Friseursalons
7. Hotels
8. Kinos
9. Reisebüros
10. Vereinsclubhäuser
11. Verkaufsläden und Verkaufskioske
12. Wechselstuben
13. Wohnungen, soweit es sich nicht um Wohnräume für das Bereitschaftspersonal handelt
14. Zuschaueranlagen

# 420 § 10/1. Erlass betr. bewertungs- und grundsteuerrechtliche Behandlung von Erbbaurechten

Vom 13. November 1996 (StEd S. 822)

(FSen Berlin III C 31 – S 3215 – 1/96/S 3219 – 1/96; koord. Ländererlass)

## 1. Das Erbbaurecht im bürgerlichen Recht

### 1.1. Begriff des Erbbaurechts

Das Erbbaurecht ist das zeitlich befristete, veräußerliche und vererbliche Recht, ein Bauwerk auf – in der Regel – fremdem Grund und Boden zu errichten, innezuhaben und zu unterhalten. Für die Dauer dieses Rechts steht dem Erbbauberechtigten die Sachherrschaft über die Grundstücksfläche zu. Bürgerlichrechtlicher Eigentümer des mit dem Erbbaurecht belasteten Grundstücks bleibt der Erbbauverpflichtete.

Das Erbbaurecht ist einem Grundstück gleichgestellt und kann deshalb z. B. in gleicher Weise mit Grundpfandrechten belastet werden.

### 1.2. Formalrechtliche Entstehung und Gestaltung

Zur Entstehung des Erbbaurechts bedarf es sowohl der Einigung zwischen dem Grundstückseigentümer (Erbbauverpflichteter) und dem Erbbauberechtigten über die Bestellung durch notariell beurkundeten Erbbaurechtsvertrag als auch der Eintragung im Grundbuch, Neben dem Vermerk als Belastung des Erbbaugrundstücks wird für das Erbbaurecht ein eigenes Grundbuchblatt angelegt (Erbbaugrundbuch).

Für die Dauer des Erbbaurechts verpflichtet sich der Berechtigte in der Regel zur Zahlung eines Erbbauzinses an den Grundstückseigentümer.

Das Erbbaurecht endet regelmäßig durch Aufhebung oder durch Zeitablauf; Erbbaurechtsverpflichtete und -berechtigte haben daneben die Möglichkeit, die Rückübertragung (Heimfall) des Erbbaurechts für bestimmte Fälle (z. B. Vertragsverletzung) zu vereinbaren.

## 2. Das Erbbaurecht im Bewertungsrecht

### 2.1. Bewertungsrechtliche Stellung

Das Erbbaurecht wird im Bewertungsrecht – wie auch im bürgerlichen Recht – als selbständiges Grundstück behandelt (§ 129 Abs. 2 Nr. 1 BewG iVm. § 50 Abs. 2 BewG-DDR bzw. § 68 Abs. 1 Nr. 2 BewG).

### 2.2. Bewertung des Erbbaurechts im Beitrittsgebiet Berlins (EW 1935)

Nach § 46 Abs. 1 RBewDV ist für die wirtschaftliche Einheit des mit dem Erbbaurecht belasteten Grundstücks der Gesamtwert zu ermitteln und ein Einheitswert so festzustellen, als wenn die Belastung nicht bestünde.

Bei einer Laufzeit des Erbbaurechts von weniger als 50 Jahren sind die Anteile des Erbbauberechtigten und des Grundstückseigentümers am Gesamtwert aufzuteilen und diesen zuzurechnen (§ 46 Abs. 3 RBewDV).

In Zukunft wird das Erbbaurecht insbesondere in den neuen Bundesländern und im Beitrittsgebiet Berlins an Bedeutung gewinnen, da sich im Zuge der Sachenrechtsbereinigung viele Nutzungsberechtigte für die Möglichkeit der Einräumung eines Erbbaurechts entscheiden können. Wird bei der Sachenrechtsbereinigung zwischen dem Eigentümer des Grund und Bodens und dem Eigentümer des Gebäudes die Bestellung eines Erbbaurechts vereinbart, ist das Erbbaurecht im Rahmen einer Zurechnungsfortschreibung des darüber hinaus wegen Art- und ggf. Wertänderung fortzuschreibenden Einheitswerts der bisherigen wirtschaftlichen Einheit des Grund und Bodens zu berücksichtigen. Die Anteile des Erbbauberechtigten und des Grundstückseigentümers sind dabei nach § 46 RBewDV zu ermitteln. Besteht für das Gebäude ein Einheitswert, ist dieser aufzuheben.

### 2.3. Bewertung des Erbbaurechts in (West) Berlin (EW 1964)

Nach § 92 Abs. 1 BewG ist sowohl für das Erbbaurecht als auch für das belastete Grundstück jeweils ein Einheitswert festzustellen (zwei wirtschaftliche Einheiten). Dabei ist von einem Gesamtwert für das Grundstück auszugehen, als wenn die Belastung nicht bestünde. Dieser ist bei einer Laufzeit des Erbbaurechts von weniger als 50 Jahren nach Maßgabe des § 92 Abs. 3 BewG zu verteilen.

Auf den nach Entstehung des Erbbaurechts folgenden 1.1. sind daher der für das Grundstück bestehende Einheitswert nach § 24 Abs. 1 Nr. 1 BewG aufzuheben und die Einheitswerte für Erbbaurecht und belastetes Grundstück gemäß § 23 Abs. 1 Nr. 1 BewG nachträglich festzustellen.

### 2.4. Zeitpunkt der Entstehung des Erbbaurechts

Grundsätzlich entsteht das Erbbaurecht mit der Eintragung im Grundbuch.

Wird dem Berechtigten jedoch durch Regelung im Erbbaurechtsvertrag die wirtschaftliche Stellung des Erbbauberechtigten bereits auf einen früheren Zeitpunkt übertragen (z. B. vertragliche Regelung zur Übergabe des Erbbaugrundstücks oder Nutzen- und Lastenwechsel vor zivilrechtlicher Entstehung durch Grundbucheintragung), ist ihm das Erbbaurecht bereits auf den darauf folgenden Stichtag zuzurechnen.

Feststellungszeitpunkt für die Erfassung und Bewertung des Erbbaurechts ist demnach grundsätzlich der auf die Entstehung des Erbbaurechts/Grundbucheintragung folgende 1.1.; wird dem Erbbauberechtigten das wirtschaftliche Eigentum aber bereits vor Grundbucheintragung übertragen, so sind die Einheitswerte schon auf den Beginn des Kalenderjahres, das auf den wirtschaftlichen Erwerb des Erbbaurechts folgt, festzustellen.

## 3. Steuerbefreiung bei einem Erbbaurecht

### 3.1. Grundsätze für die Anwendung der grundsteuerlichen Befreiungsvorschriften

Die Regelung des § 10 Abs. 2 GrStG, wonach der Erbbauberechtigte auch Schuldner der Grundsteuer ist, berührt nicht die Anwendung der Befreiungsvorschriften der §§ 3–8 GrStG.

Entscheidend ist vielmehr, wem das Grundstück ausschließlich (§ 3 Abs. 1 letzter Satz, § 4 Nr. 5 und 6 GrStG) zugerechnet worden ist. Daraus ergeben sich unterschiedliche Verfahrensweisen für Grundstücke im Beitrittsgebiet bzw. im ehemaligen Westteil Berlins.

**3.2. Grundsteuerbefreiung bei Erbbaurechten im Beitrittsgebiet Berlins (EW 1935)**

Wenn die Dauer des Erbbaurechts – vom Stichtag her gesehen – weniger als 50 Jahre beträgt, ist die Verteilung nach § 46 Abs. 3 RBewDV eine Frage der Zurechnung der wirtschaftlichen Einheit. Folglich ist in einem solchen Fall die subjektive Befreiungsvoraussetzung nur dann erfüllt, wenn sowohl in der Person des Erbbauberechtigten als auch in der des Eigentümers des Grund und Bodens ein Befreiungsgrund vorliegt.

**3.3. Grundsteuerbefreiung bei Erbbaurechten in (West-)Berlin (EW 1964)**

Liegt nur beim Erbbauberechtigten ein Befreiungsgrund vor, so wird bei der Berechnung des Grundsteuermeßbetrags nach § 13 Abs. 3 GrStG nur der ggf. festgestellte Einheitswert des belasteten Grundstücks angesetzt.

Liegt nur beim Eigentümer des belasteten Grundstücks ein Befreiungsgrund vor (z. B. bei einem Dienstgrundstück im Sinne des § 3 Abs. 1 Nr. 6 GrStG), so wird bei der Berechnung des Grundsteuermeßbetrags nach § 13 Abs. 3 GrStG nur der Einheitswert für die wirtschaftliche Einheit des Erbbaurechts angesetzt.

Dieser Erlaß ergeht im Einvernehmen mit den obersten Finanzbehörden der anderen Länder.

# 450 § 7/3. Gleichlautender Erlass betr. Ermittlung des Gewerbeertrags (§ 7 Gewerbesteuergesetz) bei der gewinnerhöhenden Hinzurechnung eines Investitionsabzugsbetrags gemäß § 7 g Einkommensteuergesetz nach Eintritt der Gewerbesteuerpflicht

Vom 26. Januar 2011 (BStBl. I S. 152)

(Oberste Finanzbehörden der Länder)

Nach § 7 g Absatz 1 Satz 1 EStG können Steuerpflichtige unter den Voraussetzungen des § 7 g Absatz 1 Satz 2 und 4 EStG für die künftige Anschaffung oder Herstellung eines abnutzbaren beweglichen Wirtschaftsguts des Anlagevermögens bis zu 40 Prozent der voraussichtlichen Anschaffungs- oder Herstellungskosten gewinnmindernd abziehen (Investitionsabzugsbetrag). Im Wirtschaftsjahr der Anschaffung oder Herstellung des begünstigten Wirtschaftsguts ist der für dieses Wirtschaftsgut in Anspruch genommene Investitionsabzugsbetrag in Höhe von 40 Prozent der Anschaffungs- und Herstellungskosten gewinnerhöhend hinzuzurechnen; die Hinzurechnung darf den nach § 7 g Absatz 1 EStG abgezogenen Betrag nicht übersteigen (§ 7 g Absatz 2 Satz 1 EStG). Die Anschaffungs- oder Herstellungskosten des Wirtschaftsguts können im Jahr der Investition um bis zu 40 Prozent, höchstens jedoch um die vorgenommene Hinzurechnung nach § 7 g Absatz 2 Satz 1 EStG, gewinnmindernd herabgesetzt werden; die Bemessungsgrundlage für die Absetzung für Abnutzung, erhöhte Absetzung und Sonderabschreibung sowie die Anschaffungs- oder Herstellungskosten im Sinne von § 6 Absatz 2 und 2 a EStG verringern sich entsprechend. Zu dieser Regelung gilt gewerbesteuerlich Folgendes:

Ein bereits vor der Betriebseröffnung (= Beginn der Gewerbesteuerpflicht) gewinnmindernd in Anspruch genommener Investitionsabzugsbetrag wirkt sich gewerbesteuerlich nicht aus. Die gewinnerhöhende Hinzurechnung eines Investitionsabzugsbetrags nach der Betriebseröffnung unterliegt jedoch der Gewerbesteuer. Im Hinblick auf den Sinn und Zweck des § 7 g EStG wird zur Vermeidung von Härten die gewinnerhöhende Hinzurechnung eines Investitionsabzugsbetrags auf Antrag aus Billigkeitsgründen nach § 163 AO nicht in den Gewerbeertrag einbezogen, soweit die Inanspruchnahme des Investitionsabzugsbetrags den Gewerbeertrag nicht gemindert hat.

# 450 § 8/1. Gleichlautender Erlass betr. Anwendungsfragen zur Hinzurechnung von Finanzierungsanteilen nach § 8 Nr. 1 GewStG in der Fassung des Unternehmensteuerreformgesetzes 2008 vom 14. August 2007 (BGBl. I S. 1912, BStBl. I S. 630)[1]

Vom 2. Juli 2012
Oberste Finanzbehörden der Länder
(BStBl. I S. 654)
Geändert durch GLE v. 6.4.2022 (BStBl. I S. 638)

Durch das Unternehmensteuerreformgesetz 2008 wurden u. a. die bisherigen Regelungen in § 8 Nr. 1 bis 3 und 7 GewStG a. F. zur Hinzurechnung von Entgelten für die Nutzung von Betriebskapital durch die Regelung des § 8 Nr. 1 GewStG ersetzt. Die Änderungen sind erstmals für den Erhebungszeitraum 2008 anzuwenden (§ 36 Abs. 5 a GewStG). Nach dem Ergebnis der Erörterung der obersten Finanzbehörden der Länder sind bei der Anwendung des § 8 Nr. 1 GewStG auch nachfolgende Grundsätze zu beachten:

**Inhaltübersicht**



[1] **Amtl. Anm.:** Ersetzt die gleich lautenden Erlasse der obersten Finanzbehörden der Länder vom 4. Juli 2008, BStBl. I S. 730.

## I. Allgemeine Hinweise

### 1. Allgemeine Grundsätze zur Anwendung bestehender Richtlinien zu § 8 GewStG

1 Die Grundsätze der Gewerbesteuer-Richtlinien 1998 (GewStR 1998)[1] und der Rechtsprechung zu § 8 Nr. 1 bis 3 und 7 GewStG a. F. sind bei der Auslegung des § 8 Nr. 1 GewStG unter Berücksichtigung der Neuregelungen sinngemäß weiter anzuwenden. So sind beispielsweise die Grundsätze des Abschnitts 46 GewStR 1998[2] bei der Frage, ob ein Entgelt für eine Schuld vorliegt, weiter zu berücksichtigen. Musste bisher z. B. eine Hinzurechnung nach § 8 Nr. 1 GewStG a. F. nur deshalb unterbleiben, weil eine Verbindlichkeit des laufenden Geschäftsverkehrs vorlag, so kommt es ab dem Erhebungszeitraum 2008 zu einer Hinzurechnung, da dieses Ausschlusskriterium für die Hinzurechnung weggefallen ist. Entsprechendes gilt, wenn nach den Richtlinien bzw. der BFH-Rechtsprechung eine Hinzurechnung von Mieten und Pachten unterblieben ist, weil es sich um Mieten oder Pachten von Grundbesitz handelte und solche Aufwendungen – im Gegensatz zu § 8 Nr. 1 Buchst. e GewStG – nach § 8 Nr. 7 GewStG a. F. nicht hinzurechnungsrelevant waren.

### 2. Hinzurechnung von gewinnmindernden Aufwendungen

2[3] Hinzugerechnet werden nach § 8 Nr. 1 GewStG vorbehaltlich des § 8 Nr. 1 Buchst. a Satz 3 GewStG nur die Beträge, die bei der Ermittlung des Gewinns abgesetzt worden sind. Demnach unterbleibt eine Hinzurechnung von Aufwendungen, die am Bilanzstichtag als Anschaffungs- oder Herstellungskosten des Anlage- oder Umlaufvermögens aktiviert wurden. Losgelöst hiervon unterbleibt in Fällen bereits unterjährig ausgeschiedener Wirtschaftsgüter eine Hinzurechnung für solche Aufwendungen, die als Anschaffungs- oder Herstellungskosten aktiviert worden wären, wenn sich das Wirtschaftsgut am Bilanzstichtag noch im Betriebsvermögen befunden hätte (vgl. BFH-Urteil vom 30. Juli 2020 III R 24/18, BStBl. 2022 II S. 279, und BFH-Urteil vom 12. November 2020 III R 38/17, BStBl. 2022 II S. 283); zu Bauzeit- und Erbbauzinsen vgl. Rdnr. 13. Aufwendungen, die im Zusammenhang mit der

[1] **Amtl. Anm.:** Ab Erhebungszeitraum 2009 GewStR 2009 (BStBl. I Sondernummer 1/2010).
[2] **Amtl. Anm.:** Ab Erhebungszeitraum 2009 R 8.1 GewStR 2009.
[3] Rdnr. 2 geänd. durch GLE v. 6.4.2022, BStBl. I S. 638.

Herstellung eines selbst geschaffenen immateriellen Wirtschaftsguts des Anlagevermögens stehen, sind aufgrund des Aktivierungsverbots in § 5 Abs. 2 EStG stets hinzuzurechnen (vgl. BFH-Urteil vom 12. November 2020 III R 38/17, BStBl. 2022 II S. 283). Sofern eine auf einen Hinzurechnungstatbestand gerichtete Rückstellung zulässigerweise gebildet worden ist, ist diese hinzuzurechnen. Für die Auflösung einer Rückstellung bei nicht erfolgter Inanspruchnahme gilt R 7.1 (1) GewStR 2009. Maßgebend ist die Gewinnermittlung des Steuergegenstands (des Unternehmens) i.S.d.§ 2 Abs. 1 bis 3 GewStG. Deshalb unterliegen Sondervergütungen eines Mitunternehmers i.S.d.§ 15 Abs. 1 Satz 1 Nr. 2 EStG weiterhin nicht der Hinzurechnung. Dies gilt auch für Gewinnanteile eines atypisch stillen Gesellschafters (vgl. Abschnitt 50 Abs. 3 GewStR 1998)[1]. Wurde der den einzelnen Partnern einer Arbeitsgemeinschaft (Arge) i.S.d.§ 2 a GewStG zuzurechnende Gewinn um Aufwendungen gemindert, die auf Ebene der Arge der Hinzurechnung unterlägen, so sind die gewerbesteuerlichen Folgen der Hinzurechnung bei den einzelnen Partnern zu ziehen.

Aufwendungen, die bei der Ermittlung des Gewinns abgesetzt wurden und Bestandteil von vertraglichen Gestaltungen sind, z. B. von Umlageverträgen bei verbundenen Unternehmen, sind unabhängig von dieser rechtlichen Gestaltung hinzuzurechnen, wenn sie ihrem wirtschaftlichen Gehalt nach die einzelnen Tatbestände des § 8 Nr. 1 GewStG erfüllen. 3

Für die Unternehmen in einem Organkreis wird der Gewerbeertrag weiterhin jeweils gesondert ermittelt. Zur Vermeidung einer doppelten Belastung aus einer Hinzurechnung sind auch künftig die Grundsätze des Abschnitts 41 GewStR 1998[2] zu beachten. 4

### 3. Hinzurechnung unabhängig von der gewerbesteuerlichen Behandlung beim Überlasser des Betriebskapitals

Die Hinzurechnung der Nutzungsentgelte für das dem Betrieb überlassene Geld- und Sachkapital (Betriebskapital) nach § 8 Nr. 1 GewStG ist unabhängig davon vorzunehmen, ob die Beträge beim Überlasser des Betriebskapitals der Gewerbesteuer unterliegen oder nicht. Damit unterliegen insbesondere auch die bei einer Betriebsaufspaltung vom Betriebsunternehmen an das Besitzunternehmen gezahlten Nutzungsentgelte für überlassenes Betriebskapital beim Betriebsunternehmen nach den Grundsätzen des § 8 Nr. 1 GewStG der Hinzurechnung. 5

### 4. Aufteilung gemischter Verträge

Entgelte für die Nutzung des dem Betrieb überlassenen Betriebskapitals werden nur hinzugerechnet, wenn einer der Tatbestände des § 8 Nr. 1 Buchst. a bis f GewStG erfüllt ist. Enthält ein Vertrag Vereinbarungen über mehrere Leistungskomponenten (gemischter Vertrag) und sind diese trennbar, so ist jede Komponente für sich nach Maßgabe des § 8 Nr. 1 Buchst. a bis f GewStG zu beurteilen (vgl. Abschnitt 53 Abs. 1 Satz 14 und 15 GewStR 1998[3]). Dies gilt insbesondere auch für sog. Franchise-Verträge. Das Entgelt ist – erforderlichenfalls durch Schätzung – auf die verschiedenen Leistungskomponenten aufzuteilen. 6

---

[1] **Amtl. Anm.:** Ab Erhebungszeitraum 2009 H 8.1 (3) „Atypisch stille Gesellschaften" GewStH 2009.

[2] **Amtl. Anm.:** Ab Erhebungszeitraum 2009 R 7.1 (5) GewStR 2009.

[3] **Amtl. Anm.:** Ab Erhebungszeitraum 2009 H 8.1 (4) „Gemischte Verträge" GewStH 2009.

7 Stellt bei einem gemischten Vertrag das Vertragsverhältnis ein einheitliches und unteilbares Ganzes dar, scheidet eine Aufteilung des Vertrages aus. Steht dabei im Einzelfall eine Leistung, die keinen Tatbestand des § 8 Nr. 1 GewStG erfüllt, im Vergleich zu einer Leistung, die den Tatbestand erfüllt, derart im Vordergrund, dass sie dem Gesamtvertrag das Gepräge gibt, so fällt der Gesamtvertrag regelmäßig nicht unter § 8 Nr. 1 GewStG. Demnach scheidet z. B. bei Vereinbarungen zur fortlaufenden Reinigung bzw. zum fortlaufenden Austausch beschädigter Teile bei einem Mietservice von Berufskleidung oder Fußmatten regelmäßig eine Hinzurechnung aus. Bei Zeit-Charterverträgen steht die Beförderungsleistung unter Einsatz des gestellten Personals im Vordergrund; ein Herausrechnen des Entgelts für die Überlassung des Schiffs scheidet aus (vgl. *Abschn. 53 Abs. 1 Satz 5 GewStR 1998*[1]). Gibt demgegenüber eine Leistung, die einen Tatbestand des § 8 Nr. 1 GewStG erfüllt, dem Gesamtvertrag das Gepräge, unterfällt der Gesamtvertrag der Hinzurechnung.

### 5. Folgen der Einordnung der Nutzungsüberlassung als Übergang des wirtschaftlichen Eigentums

8 Eine Hinzurechnung von Mieten, Pachten oder Aufwendungen für die Überlassung von Rechten nach § 8 Nr. 1 Buchst. d bis f GewStG setzt eine Überlassung voraus. Ist die Nutzungsvereinbarung als Übergang des wirtschaftlichen Eigentums an dem genutzten Wirtschaftsgut anzusehen, so liegt ein Ratenkauf vor. Dieser ist nach allgemeinen bilanzsteuerlichen Grundsätzen zu behandeln. Soweit für einen Kaufpreis eine Verbindlichkeit zu passivieren ist, ist der in der Rate enthaltene Zinsanteil nach den Grundsätzen des § 8 Nr. 1 Buchst. a GewStG hinzuzurechnen.

9 Zum Übergang des wirtschaftlichen Eigentums auf den Leasingnehmer vgl. die in den BMF-Schreiben vom 19. April 1971 (BStBl. I S. 264)[2], vom 21. März 1972 (BStBl. I S. 188)[3], vom 22. Dezember 1975 (Anhang 21 III EStH 2011)[4] und vom 23. Dezember 1991 (BStBl. 1992 I S. 13)[5] niedergelegten Grundsätze.

## II. Einzeltatbestände des § 8 Nr. 1 GewStG

### 1. Hinzurechnung von Entgelten für Schulden nach § 8 Nr. 1 Buchst. a GewStG[6]

#### a) Allgemein

10 Auf die Dauerhaftigkeit der Schulden kommt es im Rahmen der Neuregelung nicht mehr an (insbesondere auch Verbindlichkeiten des laufenden Geschäftsverkehrs fallen unter die Neuregelung). Für die Frage, ob ein Entgelt für eine Schuld vorliegt, sind die Grundsätze des *Abschn. 46 GewStR 1998*[7] weiter anzuwenden. Ein hinzuzurechnender Finanzierungsanteil liegt nicht vor, wenn ein Versicherungsnehmer an Stelle des fälligen Jahresbetrags die Versicherungsprämie z. B. in betragsmäßig höheren monatlichen Teilbeträgen entrichtet.

---

[1] **Amtl. Anm.:** Ab Erhebungszeitraum 2009 H 8.1 (4) „Gemischte Verträge“ GewStH 2009.
[2] Nr. **1** § 6/1.
[3] Nr. **1** § 6/2.
[4] Nr. **1** § 6/3.
[5] Nr. **1** § 6/4.
[6] **Red. Anm.:** Negative Einlagezinsen fallen nicht unter § 8 Nr. 1a GewStG ; vgl. GLE v. 17. 11. 2015, BStBl. I S. 896.
[7] **Amtl. Anm.:** Ab Erhebungszeitraum 2009 R 8.1 (1) GewStR 2009.

**b) Durchlaufende Kredite**

Bei einem Unternehmen, das einen Kredit aufgenommen und weitergeleitet hat, liegt ein hinzurechnungspflichtiger Zinsaufwand nach § 8 Nr. 1 Buchst. a GewStG vor. Dem steht das BFH-Urteil vom 7. Juli 2004 (BStBl. 2005 II S. 102) nicht entgegen, da es auf das Tatbestandsmerkmal „nicht nur der vorübergehenden Verstärkung des Betriebskapitals" nicht mehr ankommt. Eine Saldierung von Zinsaufwendungen und Zinserträgen im Zusammenhang mit durchgeleiteten Krediten kommt nicht in Betracht. 11

**c) Aufzinsungsbeträge nach § 6 Abs. 1 Nr. 3, 3 a und § 6 a Abs. 3 EStG**

Die Regelung des § 8 Nr. 1 Buchst. a Satz 1 GewStG lässt die bisherige Rechtslage unberührt, nach der sich aus der Abzinsung und der nachfolgenden Aufzinsung von unverzinslichen Verbindlichkeiten nach § 6 Abs. 1 Nr. 3 EStG und von Rückstellungen nach § 6 Abs. 1 Nr. 3 a EStG keine Entgelte i.S.d. § 8 Nr. 1 GewStG ergeben (vgl. Rdnr. 39 des BMF-Schreibens vom 26. Mai 2005, BStBl. I S. 699[1]). Dementsprechend unterliegen auch Aufzinsungsbeträge nach § 6 a Abs. 3 EStG nicht der Hinzurechnung. 12

**d) Aktivierung von Bauzeit- und Erbbauzinsen als Anschaffungs- oder Herstellungskosten**

Als Herstellungskosten aktivierte Bauzeitzinsen sind dem Gewinn weder in dem Erhebungszeitraum der Aktivierung noch in den Erhebungszeiträumen, in denen sie sich über Abschreibungen auf den Gewinn auswirken, als Entgelte für Schulden nach § 8 Nr. 1 Buchst. a GewStG hinzuzurechnen (vgl. BFH-Urteil vom 30. April 2003, BStBl. 2004 II S. 192). Wegen bereits unterjährig ausgeschiedener Wirtschaftsgüter vgl. Rdnr. 2. Entsprechendes gilt für aktivierte Erbbauzinsen. Zur weiteren Behandlung von Erbbauzinsen (Einräumung eines Erbbaurechts an einem bebauten oder unbebauten Grundstück) vgl. Rdnr. 32 und 32 a. 13[2]

**e) Zins-Swap-Geschäfte**

Grundsätzlich tauschen bei einem Zins-Swap-Geschäft zwei Parteien ihre Zinszahlungen auf einen nominellen Kapitalbetrag – üblicherweise Festsatz gegen variablen Satz –, ohne dabei den Kapitalbetrag auszutauschen. Im Regelfall dient der Zins-Swap-Vertrag der Absicherung des Zinsrisikos eines oder mehrerer anderer Darlehens- oder Kreditverträge. Der Zins-Swap-Vertrag kann aber auch ohne den Hintergrund eines anderen Vertrages zur Erzielung von Spekulationsgewinnen abgeschlossen werden. 14

Nach den Grundsätzen des BFH-Urteils vom 4. Juni 2003 (BStBl. 2004 II S. 517) ist der Zins-Swap, der nicht mit dem kreditgebenden Institut, sondern mit einem Dritten abgeschlossen wird, grundsätzlich eine Maßnahme, durch welche – ähnlich einem Devisentermingeschäft bezogen auf das Währungsrisiko oder auch bei Abschluss einer Risikoversicherung – ein Teil der mit einer Kreditaufnahme verbundenen Risiken der auftretenden Zinsschwankungen abgedeckt wird. Aufwendungen für ein derartiges Geschäft unterfallen nicht der Hinzurechnung. Soweit mit anderen Swap-Verträgen andere Finanzierungsmethoden und Gestaltungsformen kombiniert werden, ist auf Grundlage der vorstehenden Grundsätze zu prüfen, ob die Aufwendungen als Entgelt für Schulden zu beurteilen sind. 15

---

[1] Nr. **1** § 6/19.
[2] Rdnr. 13 geänd. durch GLE v. 6.4.2022, BStBl. I S. 638.

#### f) Skonti und ähnliche Abzüge bei Forderungen aus Lieferungen und Leistungen

16 Den Entgelten für Schulden nach § 8 Nr. 1 Buchst. a Satz 1 GewStG wirtschaftlich gleich steht der Aufwand nach § 8 Nr. 1 Buchst. a Satz 2 GewStG, der dem Betrieb dadurch entsteht, dass Forderungen aus Lieferungen und Leistungen vorzeitig erfüllt werden und hierbei ein Abschlag gewährt wird. Geschäftsübliche Skonti und Abschläge aus anderen Gründen (z. B. Treuerabatte und Mengenrabatte) werden von der Hinzurechnungsfiktion nicht erfasst. Dagegen liegt z. B. kein geschäftsüblicher Skonto vor, wenn ein Skonto trotz unüblich langem Zahlungsziel vereinbart wird; in diesen Fällen ist der volle Abschlag in die Hinzurechnung einzubeziehen. Kein Fall des Skontos liegt vor, wenn ein Versicherungsnehmer z. B. an Stelle von Monatsraten einen betragsmäßig geringeren Jahresbetrag entrichtet; es findet keine Hinzurechnung statt.

#### g) Verkauf von anderen Geldforderungen (echtes Factoring)

17 Nach § 8 Nr. 1 Buchst. a Satz 2 GewStG unterliegen auch Diskontbeträge bei der Veräußerung von Wechsel- und anderen Geldforderungen der Hinzurechnung. Hierunter fallen insbesondere die Abschläge aus dem Verkauf von aktivierten Forderungen (vgl. aber Rdnr. 23).

#### h) Teilwertabschreibung

18 Der Aufwand, der dem Unternehmen aus einer steuerlich zulässigen Abschreibung der Forderung auf den niedrigeren Teilwert entsteht, fällt nicht unter die Hinzurechnung nach § 8 Nr. 1 GewStG. Dies gilt auch dann, wenn das Unternehmen die abgeschriebene Forderung im Folgenden zu diesem abgeschriebenen Wert verkauft.

#### i) Forfaitierung von Ansprüchen aus schwebenden Verträgen

#### – Allgemein

19 Nach § 8 Nr. 1 Buchst. a Satz 3 GewStG fällt auch der rechnerische Aufwand im Zuge der Forfaitierung von Ansprüchen aus schwebenden Verträgen unter die Hinzurechnung. Der hinzuzurechnende Aufwand ergibt sich aus der Differenz zwischen der Summe der zu erwartenden Raten (jeweils zum Nominalwert), die der aus dem Vertrag Verpflichtete über die Laufzeit zu entrichten hat, und des vom Verkäufer an den Käufer zu entrichtenden Entgelts.

20 Bei der Ermittlung der Summe der zu erwartenden Raten sind die Werte maßgebend, die die Vertragsparteien bei der Forfaitierungsvereinbarung zu Grunde legen. Bei Entgeltanpassungsklauseln kommt es nicht darauf an, ob und in welchem Umfang diese künftig wirksam werden.

#### – Zeitpunkt der Hinzurechnung

21 Der Erlös aus der Forfaitierung wird nach allgemeinen Grundsätzen nicht im Zeitpunkt der Vereinnahmung, sondern verteilt über die Restlaufzeit des schwebenden Vertragsverhältnisses berücksichtigt (vgl. BMF-Schreiben vom 9. Januar 1996, BStBl. I S. 9[1]). Entsprechend diesen Grundsätzen ist der Aufwand i.S.d.§ 8 Nr. 1 Buchst. a Satz 3 GewStG linear verteilt über die Restlaufzeit des schwebenden Vertrags hinzuzurechnen.

---

[1] Nr. **1** § 6/8.

**– Altfälle**

Eine Hinzurechnung nach den vorstehenden Grundsätzen unterbleibt in den Fällen, in denen die Forfaitierung von Ansprüchen aus schwebenden Geschäften vor dem 1. Januar 2008 erfolgt ist. 22

### j) Nebenkosten beim Factoring und bei der Forfaitierung

In den Abschlägen enthaltene angemessene Wertermittlungskosten oder vergleichbare Gebühren (z. B. Risikoprämien) unterfallen nicht der Hinzurechnung. 23

**Beispiel 1 (echte Forfaitierung):**

Die V-GmbH überlässt der S-GmbH am 1. Januar 2001 ein Grundstück zur Miete. Der Mietvertrag ist bis zum 31. Dezember 2010 befristet. Der jährlich auf den 1. Januar im Voraus zu entrichtende Mietzins beträgt 1 Mio. €. Die V-GmbH verkauft sämtliche Mietzinsansprüche aus dem Vertragsverhältnis am 30. Dezember 2001 an die K-GmbH und tritt sie mit sofortiger Wirkung ab. Das Ausfallrisiko geht auf die K-GmbH über. Der Kaufpreis für die Forderung beträgt 7,5 Mio. €. Von dem Differenzbetrag zum Nennwert der Forderung (9 Mio. € abzgl. 7,5 Mio. € = 1,5 Mio. €) entfallen nachweislich 10 000 € auf Wertermittlungskosten und 300 000 € auf die Risikoübernahme.

**Lösung:**

Es handelt sich um eine echte Forfaitierung. Bei der V-GmbH ist der Forfaitierungserlös mittels eines passiven Rechnungsabgrenzungspostens auf die Jahre 2002 – 2010 linear zu verteilen (vgl. BMF-Schreiben vom 9. Januar 1996, BStBl. I S. 9[1]). Ein gewinnmindernder Zinsaufwand in Höhe der Differenz zwischen dem Nennwert der abgetretenen Forderung und dem erzielten Verkaufserlös ist bei der V-GmbH bilanzsteuerrechtlich nicht zu erfassen. Gleichwohl ist der Differenzbetrag abzgl. der Wertermittlungsgebühren und der Risikoprämie in Höhe von 1,19 Mio. € (1,5 Mio. € abzgl. 10 000 € und abzgl. 300 000 €) nach § 8 Nr. 1 Buchst. a Satz 3 GewStG bei der Ermittlung des Hinzurechnungsbetrages zu erfassen, und zwar linear verteilt auf die Restlaufzeit des schwebenden Vertrags (hier auf die Jahre 2002 – 2010, vgl. auch Rdnr. 21).

**Beispiel 2 (unechte Forfaitierung):**

Die V-GmbH überlässt der S-GmbH am 1. Januar 2001 ein Grundstück zur Miete. Der Mietvertrag ist bis zum 31. Dezember 2010 befristet. Der jährlich auf den 1. Januar im Voraus zu entrichtende Mietzins beträgt 1 Mio. €. Die V-GmbH verkauft sämtliche Mietzinsansprüche aus dem Vertragsverhältnis am 30. Dezember 2001 an die K-GmbH und tritt sie mit sofortiger Wirkung ab. Das Ausfallrisiko verbleibt bei der V-GmbH. Der Kaufpreis für die Forderung beträgt 7,8 Mio. €. In dem Differenzbetrag zum Nennwert (9 Mio. € abzgl. 7,8 Mio. € = 1,2 Mio. €) sind Wertermittlungskosten in Höhe von 10 000 € enthalten.

**Lösung:**

Bilanzsteuerrechtlich handelt es sich um eine Darlehensaufnahme durch die V-GmbH (Buchungssatz: Bank 7,8 Mio. € und aktive RAP 1,2 Mio. € an Verbindlichkeiten 9 Mio. €). Gewerbesteuerlich kommt es zu einer Hinzurechnung nach § 8 Nr. 1 Buchst. a Satz 1 GewStG. Der aus der Auflösung des aktiven RAP resultierende jährliche Aufwand ist bei der Ermittlung des Hinzurechnungsbetrages anzusetzen, soweit er nicht auf die Wertermittlungskosten entfällt.

### k) Hinzurechnung bei Versicherungsunternehmen

Versicherungsunternehmen unterlagen bisher mit ihren versicherungstechnischen Rückstellungen sowie ihren aus Versicherungsverhältnissen entstandenen Verbindlichkeiten gegenüber Versicherungsnehmern auf Grund der vom RFH und BFH entwickelten Grundsätze regelmäßig in der Anwartschaftsphase und der gesamten Leistungsphase der Versicherungsverträge nicht der Hinzurechnung nach § 8 Nr. 1 GewStG a. F. (vgl. *Abschn. 45 Abs. 9 GewStR 1998*[2]). Diese Grundsätze finden auch künftig Anwendung, soweit die Rückstellungen und Verbindlichkeiten von Vermögenswerten des gebundenen Ver- 24

[1] Nr. **1** § 6/8.

[2] **Amtl. Anm.:** Ab Erhebungszeitraum 2009 H 8.1 (1) „Versicherungsunternehmen" GewStH 2009.

mögens i.S.d.§ 54 Abs. 1 Satz 1 VAG gedeckt werden. Das den Depotverbindlichkeiten aus dem in Rückdeckung gegebene Versicherungsgeschäft entsprechende Aktivvermögen rechnet nach den in § 54 Abs. 1 Satz 1 i. V. m. § 66 Abs. 1 a Satz 2 VAG genannten Vorgaben zu dem gebundenen Vermögen der Versicherung, womit die vorstehenden Grundsätze auch auf diese Depotverbindlichkeiten anzuwenden sind. Das gilt auch für Pensionskassen bzw. -fonds, soweit sie nicht steuerbefreit sind. Für die versicherungstechnischen Rückstellungen für Beitragsrückerstattungen in der Pflegeversicherung gilt Entsprechendes.

**l) Zinsen für betriebliche Steuerschulden nach §§ 233 ff. AO**

24 a Sind Zinsen für betriebliche Steuerschulden nach §§ 233 ff. AO bei der Ermittlung des Gewinns abgesetzt worden, unterliegen diese der Hinzurechnung nach § 8 Nr. 1 Buchst. a GewStG.

**2. Hinzurechnung für Renten und dauernde Lasten nach § 8 Nr. 1 Buchst. b GewStG**

**a) Renten und dauernde Lasten**

25 Auf einen Zusammenhang der Renten und dauernden Lasten mit der Gründung oder dem Erwerb des Betriebes kommt es im Rahmen der Neuregelung nicht mehr an. Ebenso wenig ist entscheidend, wie die Beträge beim Empfänger gewerbesteuerlich behandelt werden.

26 Erbbauzinsen gelten nicht als dauernde Last i.S.d. § 8 Nr. 1 Buchst. b GewStG (vgl. BFH-Urteil vom 7. März 2007, BStBl. II S. 654); zu Erbbauzinsen vgl. auch Rdnr. 32 und 32 a.

**b) Aufwendungen für Zusagen auf Leistungen der betrieblichen Altersversorgung**

27 Nach § 8 Nr. 1 Buchst. b Satz 2 GewStG sind Pensionszahlungen auf Grund einer unmittelbar vom Arbeitgeber erteilten Versorgungszusage nicht als dauernde Last anzusehen. Das Gleiche gilt für Aufwendungen des Arbeitgebers oder eines nach § 17 Abs. 1 Satz 2 BetrAVG Verpflichteten für Zusagen über eine Direktversicherung, eine Pensionskasse, einen Pensionsfonds oder eine Unterstützungskasse.

**3. Hinzurechnung von Gewinnanteilen des stillen Gesellschafters nach § 8 Nr. 1 Buchst. c GewStG**

28 Die Gewinnanteile des stillen Gesellschafters sind unabhängig von der gewerbesteuerlichen Behandlung beim Empfänger hinzuzurechnen. Für die begriffliche Abgrenzung des Gewinnanteils des stillen Gesellschafters vgl. *Abschn. 50 Abs. 1 Satz 1 und 2 GewStR 1998*[1].

**4. Hinzurechnung von Miet- und Pachtzinsen für bewegliche und unbewegliche Wirtschaftsgüter nach § 8 Nr. 1 Buchst. d und e GewStG**

**a) Allgemein**

29 Die Miet- und Pachtzinsen sind unabhängig von der gewerbesteuerlichen Behandlung beim Empfänger hinzuzurechnen. Die Laufzeit von Miet- und Pachtverträgen alleine ist grundsätzlich für die Beurteilung, ob eine Hinzurechnung vorzunehmen ist, ohne Bedeutung. Zu den Miet- und Pachtzinsen

[1] **Amtl. Anm.:** Ab Erhebungszeitraum 2009 R 8.1 (3) GewStR 2009.

gehören auch die Aufwendungen des Mieters oder Pächters für die Instandsetzung, Instandhaltung und Versicherung des Miet- oder Pachtgegenstandes, die er über seine gesetzliche Verpflichtung nach bürgerlichem Recht hinaus (§§ 582 ff. BGB) auf Grund vertraglicher Verpflichtungen übernommen hat; nicht hinzuzurechnen sind reine Betriebskosten wie Wasser, Strom, Heizung. Ist die Umlage der Grundsteuer vereinbart, stellen die diesbezüglichen Aufwendungen gleichermaßen hinzuzurechnende Miet- und Pachtzinsen dar. Die vorstehenden Grundsätze gelten auch bei Leasingverträgen mit der Folge, dass sich der Umfang der Hinzurechnung auf die den Gewinn mindernde Leasingrate erstreckt. Die im Zusammenhang mit der Anmietung von Fahrzeugflächen (z. B. Taxi- oder Busflächen für Werbezwecke) entrichteten Entgelte stellen Mietaufwendungen dar und unterliegen als solche der Hinzurechnung des § 8 Nr. 1 Buchst. d GewStG.

Im Fall der Weitervermietung von Wirtschaftsgütern liegt auf jeder Stufe der Überlassung eine Benutzung i.S.d.§ 8 Nr. 1 Buchst. d bzw. e GewStG vor. Eine Saldierung von Mietaufwendungen und Mieterträgen kommt nicht in Betracht. **29 a**

Miet- und Pachtzinsen werden dann für die Benutzung von Wirtschaftsgütern des Anlagevermögens gezahlt, wenn die Wirtschaftsgüter für den Fall, dass sie im Eigentum des Mieters oder Pächters stünden, dessen Anlagevermögen zuzurechnen wären. Diese Fiktion muss sich jedoch soweit wie möglich an den betrieblichen Verhältnissen des Steuerpflichtigen orientieren (vgl. BFH vom 29. November 1972, BStBl. 1973 II S. 148) und richtet sich nach dem jeweiligen konkreten Geschäftsgegenstand im betreffenden Einzelfall (vgl. BFH-Urteil vom 8. Dezember 2016 IV R 24/11, BStBl. 2022 II S. 276). So unterliegen – vorbehaltlich der Rdnr. 2 – beispielsweise auch die von einem Bauunternehmer für die einmalige Anmietung von Baumaschinen geleisteten Mietaufwendungen grundsätzlich der Hinzurechnung. Dies gilt selbst dann, wenn die Anmietung lediglich stunden- oder tageweise erfolgt. Mietaufwendungen des Unternehmers für die Anmietung von Unterkünften, die unmittelbar der originären Tätigkeit zuzuordnen sind (z.B. Baumontage, Reisedienstleistungen), sind grundsätzlich hinzuzurechnen (vgl. aber Rdnr. 2). Aus Vereinfachungsgründen unterbleibt bei Verträgen über kurzfristige Hotelnutzungen oder bei kurzfristigen Pkw-Mietverträgen eine Hinzurechnung. **29 b**[1]

**Einzelfälle aus der Rechtsprechung:**

**Filmhersteller**

Gehen angemietete Wirtschaftsgüter wie Filmlocations oder Ausstattungsgegenstände gewissermaßen in das „Produkt" Film ein, weil sie nur in einem einzelnen Film verwendet werden können, so liegt kein Anlagevermögen vor. Kann das angemietete Wirtschaftsgut demgegenüber jedoch gleich einem Werkzeug für die Herstellung von verschiedenen Filmen verwendet werden, handelt es sich hierbei um fiktives Anlagevermögen (vgl. BFH-Urteil vom 12. November 2020 III R 38/17, BStBl. 2022 II S. 283).

**Konzertveranstalter**

Die von einem Konzertveranstalter angemieteten Veranstaltungsimmobilien sind seinem fiktiven Anlagevermögen zuzuordnen, da diese Wirtschaftsgüter nach dem Geschäftsgegenstand ständig für den Gebrauch vorzuhalten sind.

---

[1] Rdnr. 29b neu gef. durch GLE v. 6.4.2022, BStBl. I S. 638.

Hierbei ist es unerheblich, ob mehrmals derselbe oder aber verschiedene mehr oder weniger vergleichbare Gegenstände angemietet werden und ob ein potenzieller Erwerb dieser Mietobjekte wirtschaftlich sinnvoll ist (vgl. BFH-Urteil vom 8. Dezember 2016 IV R 24/11, BStBl. 2022 II S. 276).

**Messedurchführungsgesellschaft**

Wird eine sog. Messedurchführungsgesellschaft entsprechend ihres Geschäftszwecks nur aufgrund auftragsbezogener Weisungen ihres Auftraggebers nach den konkreten vertraglichen Abreden wie ein Mittler zwischen Messeveranstalter und Auftraggeber tätig, liegt kein fiktives Anlagevermögen hinsichtlich der für den jeweiligen Auftrag angemieteten Wirtschaftsgüter vor. Angesichts der Zufälligkeit der Auswahlentscheidung des Auftraggebers kann nicht davon ausgegangen werden, dass die Messedurchführungsgesellschaft entsprechende Wirtschaftsgüter ständig für den Gebrauch in ihrem Betrieb vorgehalten hätte (vgl. BFH-Urteil vom 25. Oktober 2016 I R 57/15, BStBl. 2022 II S. 273).

**Pauschalreiseveranstalter**

Die von einem Pauschalreiseveranstalter angemieteten Hotelzimmer und Hoteleinrichtungen stellen nach dessen Geschäftsgegenstand kein fiktives Anlagevermögen dar. Die angemieteten Wirtschaftsgüter werden nicht wie bei einem Hotelier zur dauerhaften Herstellung neuer Produkte (Übernachtung, Verpflegung, Veranstaltung) benötigt, sondern fließen als Teilprodukt in das jeweilige Kundenprodukt „Pauschalreise" ein und verbrauchen sich mit der Durchführung der Reise (vgl. BFH-Urteil vom 25. Juli 2019 III R 22/16, BStBl. 2020 II S. 51).

**29 c** Das Entgelt für die pachtweise Überlassung eines gesamten Netzes oder von Teilen eines Netzes (insbesondere im Bereich Telekommunikation, Energie und Eisenbahn), das der Netzbetreiber an den Netzeigentümer zu entrichten hat, unterliegt der Hinzurechnung nach § 8 Nr. 1 Buchst. d GewStG. Soweit sich das Entgelt auf unbewegliche Wirtschaftsgüter bezieht, ist eine Hinzurechnung nach § 8 Nr. 1 Buchst. e GewStG vorzunehmen. In Fällen der Weiterverpachtung ist Rdnr. 29 a entsprechend anzuwenden.

**29 d** Das Entgelt, das ein Eisenbahnverkehrsunternehmen für die Nutzung von Eisenbahninfrastruktur an das Eisenbahninfrastrukturunternehmen zu entrichten hat, unterliegt nicht der Hinzurechnung nach § 8 Nr. 1 Buchst. d und e GewStG. Dies gilt im Bereich der Telekommunikation für das an den Netzbetreiber vom Anbieter von Telekommunikationsdienstleistungen für einen entbündelten Netzzugang (so genannte Teilnehmeranschlussleitung bzw. „letzte Meile") oder vergleichbare Netzzugänge entrichtete Entgelte gleichermaßen. Zur Frage einer möglichen Hinzurechnung nach § 8 Nr. 1 Buchst. f GewStG vgl. Rdnr. 34 a.

**29 e** Die an Betreiber von anderen Versorgungsnetzen (z. B. Strom- und Gasversorgungsnetze) zu entrichtenden Netzentgelte unterliegen nicht der Hinzurechnung nach § 8 Nr. 1 Buchst. d GewStG. Soweit sich das Entgelt auf unbewegliche Wirtschaftsgüter bezieht, ist eine Hinzurechnung nach § 8 Nr. 1 Buchst. e GewStG nicht vorzunehmen. Zur Frage einer möglichen Hinzurechnung nach § 8 Nr. 1 Buchst. f GewStG vgl. Rdnr. 34 a.

### b) Abgrenzung der Mietverträge über unbewegliche Wirtschaftsgüter zu Mietverträgen über bewegliche Wirtschaftsgüter

Bei einem einheitlichen Vertrag über unbewegliche Wirtschaftsgüter, insbesondere von Ladenlokalen, ist zu prüfen, ob Vertragsbestandteil auch die Überlassung von Wirtschaftgütern ist, die, hätte der Mieter hierfür Herstellungskosten aufgewendet, nach den Grundsätzen von H 4.2 (3) EStH 2011 Mietereinbauten wären. Soweit die Mietaufwendungen auf bewegliche Wirtschaftsgüter entfallen, ist § 8 Nr. 1 Buchst. d GewStG maßgebend. **30**

Schiffe und Flugzeuge sind bewegliche Wirtschaftsgüter i.S.d.§ 8 Nr. 1 Buchst. d GewStG. **31**

### c) Abgrenzung der Miete und Pacht zu übrigen Überlassungsverhältnissen

Für die Abgrenzung des Miet- und Pachtvertrags zu anderen Vertragstypen gelten die bisherigen Grundsätze weiter (vgl. BFH-Urteil vom 15. Juni 1983, BStBl. 1984 II S. 17). Untermietverträge gelten als Miet- und Pachtverträge im Sinne von § 8 Nr. 1 Buchst. d und e GewStG; sie sind nicht als Überlassung von Rechten i.S.d.§ 8 Nr. 1 Buchst. f GewStG zu beurteilen. Erbbauzinsen für die Überlassung unbebauter Grundstücke sind rechtlich und wirtschaftlich ein Entgelt für die Überlassung des Grundstücks zur Nutzung. Sie sind gewerbesteuerrechtlich wie Miet- und Pachtentgelte zu behandeln und unterliegen der Hinzurechnung nach § 8 Nr. 1 Buchst. e GewStG. **32**

Wird ein Erbbaurecht an einem bebauten Grundstück bestellt, sind die gezahlten Erbbauzinsen in einen Tilgungs- und Zinsanteil für die Übertragung des Bauwerks einerseits und ein Entgelt für die Nutzung des Grund und Bodens andererseits aufzuteilen (BFH-Urteil vom 18. März 2009, BStBl. 2010 II S. 560). Der auf das Bauwerk entfallende Zinsanteil unterliegt der Hinzurechnung nach § 8 Nr. 1 Buchst. a GewStG, soweit die diesbezüglichen Erbbauzinsen nicht aktiviert wurden (vgl. Rdnr. 13). **32 a**

## 5. Hinzurechnung von Aufwendungen für die zeitlich befristete Überlassung von Rechten nach § 8 Nr. 1 Buchst. f GewStG

### a) Allgemein

Als Rechte i.S.d.§ 8 Nr. 1 Buchst. f GewStG gelten subjektive Rechte an immateriellen Wirtschaftsgütern, denen bereits unabhängig vom jeweiligen Überlassungsverhältnis ein eigenständiger Vermögenswert beizumessen ist und an denen eine geschützte Rechtsposition besteht. Demnach gehören insbesondere Konzessionen, gewerbliche Schutzrechte, Urheberrechte, Lizenzrechte und Namensrechte zu den Rechten i.S.d.§ 8 Nr. 1 Buchst. f GewStG. Aufwendungen für die zeitlich befristete Überlassung von Software unterliegen regelmäßig der Hinzurechnung nach § 8 Nr. 1 Buchst. f GewStG, wenn mit der zeitlich befristeten Überlassung das Recht auf Nutzung eingeräumt wird und auf Seiten des Überlassenden eine geschützte Rechtsposition an diesem Recht (z. B. Urheberrecht) besteht. Dem entgegen unterliegen Aufwendungen für die Überlassung ungeschützter Erfindungen, Know-how, Firmenwert, Kundenstamm und sonstiger ungeschützter geistiger Werte nach vorstehenden Grundsätzen nicht der Hinzurechnung. Eine Hinzurechnung kann nicht allein dadurch vermieden werden, dass einzelne Rechte nur für kurze Zeit überlassen werden. **33**

34 Entgelte, die für die Nutzung des sog. Grünen Punktes an die Duale System Deutschland GmbH (DSD) entrichtet werden, erfüllen nicht den Tatbestand einer zeitlich befristeten Überlassung von Rechten nach § 8 Nr. 1 Buchst. f GewStG. Entsprechendes gilt für die Nutzung vergleichbarer Systeme zur Erfüllung der Verpflichtungen nach der Verpackungsverordnung. Auch die nach dem Bundesfernstraßenmautgesetz vom 12. Juli 2011 (BGBl. I S. 1378) entrichtete Maut und die nach dem Rundfunkgebührenstaatsvertrag zu entrichtende Rundfunkgebühr erfüllt nicht den Tatbestand einer zeitlich befristeten Überlassung für ein Recht nach § 8 Nr. 1 Buchst. f GewStG.

34 a Die in Rdnrn. 29 d und 29 e erwähnten Entgelte unterliegen nicht der Hinzurechnung nach § 8 Nr. 1 Buchst. f GewStG.

**b) Zahlungen an juristische Personen des öffentlichen Rechts für überlassene Rechte**

35 Aufwendungen für die zeitlich befristete Überlassung von Rechten nach § 8 Nr. 1 Buchst. f Satz 1 GewStG können auch vorliegen, wenn das Recht durch die öffentliche Hand überlassen wird (z. B. Glückspiellizenzen an Spielbanken oder Konzessionen für die Nutzung öffentlicher Verkehrsflächen an Energieversorger).

36 Soweit in der Vergangenheit z. B. Konzessionsabgaben für die Nutzung öffentlicher Verkehrsflächen in eine Grundstücksüberlassung und in eine Überlassung von beweglichen Wirtschaftsgütern aufgeteilt worden sind (vgl. *Abschn. 53 Abs. 5 Satz 8 GewStR 1998*[1]) unter Verweis auf das RFH-Urteil vom 9. Februar 1943, RStBl. S. 509), fällt künftig die Gesamtvergütung unter den Hinzurechnungstatbestand des § 8 Nr. 1 Buchst. f GewStG.

**c) Zeitlich befristete Überlassung von Rechten**

37 Die Hinzurechnung nach § 8 Nr. 1 Buchst. f GewStG setzt u. a. voraus, dass die Überlassung des Rechts zeitlich befristet ist. Eine zeitlich befristete Überlassung liegt auch dann vor, wenn bei Abschluss des Vertrages noch ungewiss ist, ob und wann die Überlassung endet (vgl. BFH-Urteil vom 7. Dezember 1977, BStBl. 1978 II S. 355). Eine Überlassung liegt nicht mehr vor, wenn bei wirtschaftlicher Betrachtungsweise ein Übergang des wirtschaftlichen Eigentums anzunehmen ist. Dies gilt auch für Lizenzen im Bereich von Forschung und Entwicklung. Maßgebend sind die Verhältnisse im Einzelfall. Nach diesen Grundsätzen ergibt sich beispielsweise für:

**– Verlagsverträge**

38 Mit einem Verlagsvertrag erhält der Verleger vom Werkinhaber (Autor) das Recht eingeräumt, das vom Autor verfasste Werk zu verlegen; der Autor erhält hierfür eine Vergütung. Der Verlagsvertrag ist nicht als zeitlich befristete Überlassung des Werks anzusehen, wenn die Überlassung die gesamte Schutzfrist des Rechts umfasst (z. B. Zeitspanne des § 64 UrhG – 70 Jahre nach Tod des Urhebers). Entsprechendes gilt bei zeitlich kürzerer Überlassung, wenn bei Vertragsabschluss zu erwarten ist, dass sich das Recht bei wirtschaftlicher Betrachtungsweise während der Dauer der Überlassung verbraucht.

[1] **Amtl. Anm.:** Ab Erhebungszeitraum 2009 H 8.1 (4) „Monopolabgaben der Versorgungsunternehmen" GewStH 2009.

**– Lizenzverträge**

39 Im Verlagswesen kommt es durch den Lizenzvertrag regelmäßig zur Abspaltung von Nebenrechten aus dem Verlagsvertrag (z. B. Abspaltung von Unterlizenzen zum Verlegen von Taschenbüchern an einen Taschenbuchverlag). Die Behandlung der Aufwendungen des Unterlizenznehmers richtet sich nach den für Lizenzverträge geltenden Grundsätzen.

### d) Voraussetzungen für das Vorliegen von „Durchleitungsrechten"

40 Nach § 8 Nr. 1 Buchst. f Satz 1 GewStG kommt es zu keiner Hinzurechnung, wenn die dem Unternehmen überlassenen Lizenzen ausschließlich dazu berechtigen, daraus abgeleitete Rechte Dritten zu überlassen. Die Ausnahmeregelung findet deshalb auf der letzten Stufe der „Überlassungskette" keine Anwendung. Deshalb kommt es beispielsweise bei Buchverlagen, die auf der Grundlage eines mit einem Rechteverwerter abgeschlossenen Lizenzvertrags über ein Werk Bücher oder vergleichbare Sachen produzieren und verkaufen, zu einer Hinzurechnung der Lizenzgebühren; Rdnr. 37 bleibt unberührt. Erstreckt sich der mit einem Rechteverwerter abgeschlossene Lizenzvertrag über ein Werk dagegen ausschließlich auf das Vortragen, Aufführen oder Vorführen (z. B. in einem Kino, Radiosender, Konzert) i.S.d.§ 19 UrhG, gilt dieses nicht als in der letzten Stufe der „Überlassungskette" erbracht.

41 Die Ausnahmeregelung ist über ihren Wortlaut hinaus nicht nur bei überlassenen Lizenzen, sondern auch bei jedem anderen überlassenen Recht i.S.d.§ 8 Nr. 1 Buchst. f GewStG zu prüfen. Auch bei dem an Dritte überlassenen Recht muss es sich nicht um eine Lizenz im Rechtssinne handeln.

42 Dagegen erfordert das Ausschließlichkeitsgebot, dass zur Weiterüberlassung vorgesehene Rechte ihrerseits wieder nur zur Weiterüberlassung verwendet und dabei grundsätzlich nicht „verändert" oder bearbeitet werden dürfen. Räumt beispielsweise ein Theaterverlag, dem ein Autor sein Manuskript über ein Theaterstück überlassen hat, verschiedenen Theatern das Recht ein, dieses Stück aufzuführen, und übermittelt er diesen Theatern hierzu auch eine Druckversion des Stücks, so ist dieses Drucken nicht schädlich i.S.d.Ausschließlichkeitsgebots.

### e) Ausnahmeregelung des § 8 Nr. 1 Buchst. f Satz 2 GewStG

43 Aufwendungen, die nach § 25 des Künstlersozialversicherungsgesetzes Bemessungsgrundlage für die Künstlersozialabgabe sind, sind nicht hinzuzurechnen. Es ist grundsätzlich nicht zu beanstanden, wenn die Bemessungsgrundlage für die Ausnahmeregelung auf der Grundlage eines zur Abwicklung der Vorgaben des Künstlersozialversicherungsgesetzes eingesetzten und von den maßgebenden Gremien dieser Sozialkasse nicht beanstandeten Verfahrens ermittelt wird. Die Künstlersozialabgabe selbst unterliegt nicht der Hinzurechnung.

## 6. Freibetrag nach § 8 Nr. 1 GewStG

### a) Bemessungsgrundlage

44 Die Bemessungsgrundlage für den Freibetrag nach § 8 Nr. 1 GewStG ist die Summe der sich aus § 8 Nr. 1 Buchst. a bis f GewStG ergebenden Finanzierungsanteile. Diese Summe vermindert um den Freibetrag von 100 000 €, ist Ausgangsgröße für die Anwendung des Faktors von 25%.

**b) Organschaft**

45 Für die Unternehmen in einem Organkreis wird der Gewerbeertrag weiterhin jeweils gesondert ermittelt. Der Freibetrag nach § 8 Nr. 1 GewStG ist bei jeder Ermittlung jeweils gesondert zu berücksichtigen.

**c) Umstellung des Wirtschaftsjahrs**

46 Nach § 10 Abs. 2 GewStG ist bei vom Kalenderjahr abweichendem Wirtschaftsjahr der Gewerbeertrag maßgebend, der auf das im Erhebungszeitraum endende Wirtschaftsjahr entfällt. Nach § 7 Satz 1 GewStG ermittelt sich der Gewerbeertrag auf der Grundlage des im Wirtschaftsjahr bezogenen Gewinns unter Berücksichtigung der Hinzurechnungen nach § 8 GewStG. Diese Hinzurechnungen ermitteln sich unter Berücksichtigung des Freibetrags nach § 8 Nr. 1 GewStG.

47 Enden bei Umstellung des Wirtschaftsjahrs im Erhebungszeitraum zwei Wirtschaftsjahre, ist für jedes dieser Wirtschaftsjahre ein Gewinn zu ermitteln, der sich jeweils um Hinzurechnungen des § 8 GewStG erhöht. Der Freibetrag von 100 000 € ist für jedes Wirtschaftsjahr zu gewähren.

**d) Abwicklung und Insolvenz**

48 Nach § 16 GewStDV ist für den gesamten Abwicklungs- und Insolvenzzeitraum ein Gewerbeertrag zu ermitteln. Dies hat zur Folge, dass der Freibetrag nur einmal gewährt wird.

# 450 § 8/2. Gleichlautender Erlass betr. Abgrenzung von Hilfs- und Nebengeschäften zu Finanzdienstleistungsgeschäften zu anderen Geschäften bei Leasing- und Factoringunternehmen bei der Anwendung des § 19 Absatz 3 Nummer 4 GewStDV

Vom 27. November 2009 (BStBl. I S. 1595)

(Oberste Finanzbehörden der Länder)

Die Inanspruchnahme der Sonderregelung des § 19 GewStDV setzt bei Finanzdienstleistungsunternehmen (hier: Leasing- und Factoringunternehmen) nach § 19 Absatz 3 Nummer 4 GewStDV voraus, dass sie nachweislich ausschließlich Finanzdienstleistungen im Sinne des § 1 Absatz 1 a Satz 2 Nummer 9 und 10 KWG tätigen. Zur Auslegung dieses Ausschließlichkeitsgebots gilt nach dem Ergebnis einer Erörterung der obersten Finanzbehörden der Länder Folgendes:

## I. Vorliegen von Finanzdienstleistungen

Für die Frage, ob Finanzdienstleistungen im Sinne des § 1 Absatz 1 a Satz 2 Nummer 9 (Factoring) und 10 (Finanzierungsleasing) KWG vorliegen, ist allein die kreditaufsichtsrechtliche Auslegung maßgebend. Als Auslegungshilfen können die jeweils maßgebenden Mitteilungen bzw. Merkblätter der Bundesanstalt für Finanzdienstleistungsaufsicht (BaFin) herangezogen werden[1].

## II. Vorliegen anderer Tätigkeiten

Das Ausschließlichkeitsgebot in § 19 Absatz 3 Nummer 4 GewStDV ist – vorbehaltlich der Ausführungen unter IV. – insbesondere dann verletzt, wenn das Unternehmen auch Tätigkeiten erbringt, die in den vorgenannten Mitteilungen bzw. Merkblättern ausdrücklich nicht als Finanzdienstleistungen angesehen werden. Aus Sicht des Ausschließlichkeitsgebots handelt es sich bei diesen Tätigkeiten um andere Hauptgeschäfte, die nicht als Hilfs- und Nebengeschäfte zu Finanzdienstleistungen anzusehen sind.

## III. Begünstigte Hilfs- und Nebengeschäfte zu Finanzdienstleistungen

Hilfs- und Nebengeschäfte zu Finanzdienstleistungen stehen dem Ausschließlichkeitsgebot nicht entgegen.

[1] **[Amtl. Anm.:]** Zurzeit maßgebend sind die Merkblätter vom 5. Januar 2009 „Hinweise zum Tatbestand des Factorings“ und vom 19. Januar 2009 „Hinweise zum Tatbestand des Finanzierungsleasings“ (abrufbar unter www.bafin.de unter Veröffentlichungen, Kategorie „Merkblätter“ und Bereich „Bankenaufsicht“).

Derartige Geschäfte liegen vor, wenn sie für die Durchführung der jeweiligen Finanzdienstleistungen zwingend notwendig sind. Das ist insbesondere dann nicht der Fall, wenn das Geschäft fakultativ mit der Finanzdienstleistung verbunden werden kann.

1. **Factoring**
   Im Bereich Factoring gehören zu den begünstigten Tätigkeiten solche, die in unmittelbarem und zwingend notwendigem Zusammenhang mit dem Ankauf der Forderung (einschl. Prüfung deren Werthaltigkeit), der Refinanzierung der für den Ankauf notwendigen Finanzmittel und dem Einzug der angekauften Forderung bzw. der Verwertung von Sicherheiten branchentypisch anfallen.

2. **Finanzierungsleasing**
   Im Bereich Finanzierungsleasing gehören zu den begünstigten Tätigkeiten solche, die in unmittelbarem und zwingend notwendigem Zusammenhang mit dem Erwerb des Leasinggegenstands (einschl. Prüfung dessen Werthaltigkeit), der Finanzierung des Erwerbs des Leasinggegenstands, der Überlassung des Leasinggegenstands an den Leasingnehmer, der Rücknahme des Leasinggegenstands vom Leasingnehmer und der Verwertung des Leasinggegenstands branchentypisch anfallen.
   Vom Leasinggeber ausgeübte Tätigkeiten, die wirtschaftlich gesehen Ausfluss der Nutzung des Leasinggegenstands durch den Leasingnehmer sind (z. B. auftragsgemäße Inspektion des Leasinggegenstands), zählen nicht zu den begünstigten Hilfs- und Nebengeschäften.

Als begünstigte Hilfs- und Nebengeschäfte gelten auch die Zwischenanlage vorübergehender freier Finanzmittel am Kapitalmarkt, die Tätigkeiten, die im Zuge der allgemeinen Betriebsorganisation üblicherweise anfallen (z. B. Unterhalten einer Betriebkantine) oder das Halten von Beteiligungen an Unternehmen, wenn für deren Erwerb und das Halten keine Fremdmittel aufgenommen worden sind. Entsprechendes gilt für die Personalgestellung an einen Dritten, der als nahe stehende Person i. S. d. § 1 Absatz 2 AStG anzusehen ist, und der Tätigkeiten erbringt, die keine Finanzdienstleistungen bzw. keine begünstigten Hilfs- und Nebentätigkeiten sind.

Nicht begünstigt sind Vermittlungstätigkeiten, auch wenn sie sich auf Finanzdienstleistungen beziehen.

## IV. Billigkeitsregelung

Erbringt das Unternehmen neben Finanzdienstleistungen im Sinne des § 1 Absatz 1 a Satz 2 Nummer 9 (Factoring) und 10 (Finanzierungsleasing) KWG und begünstigten Hilfs- und Nebenleistungen hierzu auch andere Leistungen, so steht dies dem Ausschließlichkeitsgebot nicht entgegen, wenn die anderen Leistungen 1 % des Gesamtumsatzes des Unternehmens nicht übersteigen.

Auch wenn vorgenannte Grenzen nicht überschritten sind, sind die auf die anderen Leistungen entfallenden Finanzierungsaufwendungen nach Maßgabe des § 8 Nummer 1 GewStG bei der Ermittlung des Gewerbeertrags hinzuzurechnen.

## V. Übergangsregelung

Haben Unternehmen schon vor dem 24. Dezember 2008 (Tag der Verkündung des Jahressteuergesetzes 2009) neben Factoring und Finanzierungsleasing i. S. d. § 1 Absatz 1 a Satz 2 Nummer 9 und 10 KWG auch andere Geschäfte betrieben, steht dies dem Ausschließlichkeitsgebot erstmals für den Erhebungszeitraum 2011 entgegen. In dieser Übergangzeit sind die nicht auf Factoring und Finanzierungsleasing entfallenden Finanzierungsaufwendungen nach Maßgabe des § 8 Nummer 1 GewStG bei der Ermittlung des Gewerbeertrags hinzuzurechnen. Dies gilt entsprechend für Unternehmen, die nach dem 23. Dezember 2008 ihre Factoring- und Finanzierungsleasingtätigkeit erstmals aufgenommen haben.

Diese Erlasse ergehen im Einvernehmen mit dem Bundesminister der Finanzen.

# 450 § 9/1. Gleich lautende Erlasse zu Billigkeitsmaßnahmen im Zusammenhang mit der Unterbringung von Kriegsflüchtlingen aus der Ukraine bei der Anwendung der erweiterten Kürzung nach § 9 Nr. 1 Satz 2 ff. GewStG[1)]

Vom 11. November 2022

Oberste Finanzbehörden der Länder G 1425; G 1498; S 2900

(BStBl. I S. 1527)

Die deutsche Wohnungswirtschaft hat ihre Bereitschaft erklärt, Unterstützungsleistungen für vor dem Krieg in der Ukraine Geflüchtete zur Verfügung zu stellen. Das Engagement der Wohnungsunternehmen wird dabei regelmäßig durch die Überlassung von möblierten Wohnungen, aber auch durch sonstige Unterstützungsleistungen erfolgen.

Einnahmen aus der Verwaltung und Nutzung des eigenen Grundbesitzes unterliegen dem Grunde nach der erweiterten Kürzung nach § 9 Nr. 1 Satz 2 GewStG. Ob die entgeltliche Überlassung von möbliertem Wohnraum an Kriegsflüchtlinge aus der Ukraine den Tatbestand der Gewerblichkeit erfüllt, wird aus Billigkeitsgründen für Einnahmen bis zum 31. Dezember 2023 nicht geprüft.

Erträge aus sonstigen Unterstützungsleistungen – wie beispielsweise aus der entgeltlichen Zurverfügungstellung von Nahrungsmitteln, Hygieneartikeln oder Kleidung – sind für die Inanspruchnahme der erweiterten Kürzung nur dann unschädlich, wenn die Erträge aus unmittelbaren Vertragsbeziehungen mit den Mietern des Grundbesitzes resultieren und diese Einnahmen im Wirtschaftsjahr nicht höher als fünf Prozent der Einnahmen aus der Gebrauchsüberlassung des gesamten Grundbesitzes sind (§ 9 Nr. 1 Satz 3 Buchst. c GewStG).

Vermieten Grundstücksunternehmen Wohnraum z.B. an juristische Personen des öffentlichen Rechts, die den angemieteten Wohnraum an Kriegsflüchtlinge aus der Ukraine überlassen, gelten diese Wohnraumnutzenden aus Billigkeitsgründen in den Jahren 2022 und 2023 als (mittelbare) Mieter des Grundstücksunternehmens i.S.d. § 9 Nr. 1 Satz 3 Buchst. c GewStG.

Diese Erlasse ergehen im Einvernehmen mit dem Bundesministerium der Finanzen.

---

[1)] **Amtl. Anm.:** Ersetzt die gleich lautenden Erlasse der obersten Finanzbehörden der Länder vom 31. März 2022, BStBl. I S. 335 .

# 450 § 9/2. Gleich lautende Erlasse zu Anwendungsfragen zur erweiterten Kürzung des Gewerbeertrags nach § 9 Nr. 1 Satz 3 und 4 GewStG i.d.F. des Fondsstandortgesetzes vom 3. Juni 2021, BGBl. I S. 1498

Vom 17. Juni 2022

Oberste Finanzbehörden der Länder G 1425; G 1425A; G 1450; G 1460 (BStBl. I S. 958)

Durch das Fondsstandortgesetz (FoStoG)[1] wurde § 9 Nr. 1 Satz 3 und 4 des Gewerbesteuergesetzes (GewStG) neugefasst. Um Anreize zu setzen für den Ausbau der Stromerzeugung aus erneuerbaren Energiequellen i.S.d. § 3 Nr. 21 des Erneuerbare-Energien-Gesetzes (EEG) und den Betrieb von Ladestationen für Elektrofahrzeuge oder Elektrofahrräder, sieht die Änderung u.a. vor, dass Grundstücks- bzw. Wohnungsunternehmen im Hinblick auf die in § 9 Nr. 1 Satz 2 GewStG genannten Tätigkeiten die erweiterte Kürzung ihres Gewerbeertrags unter bestimmten Voraussetzungen weiterhin in Anspruch nehmen können. Die Neuregelung erweitert die für die Anwendbarkeit der erweiterten Kürzung der Gewerbeerträge unschädlichen Tätigkeiten (kürzungsunschädliche Tätigkeiten).

Nach dem Ergebnis der Erörterungen der obersten Finanzbehörden der Länder sind bei der Anwendung des § 9 Nr. 1 Satz 3 und 4 GewStG ergänzend zu R 9.2 GewStR und H 9.2 GewStH nachfolgende Grundsätze zu beachten:

## I. Allgemeine Hinweise

Nach Maßgabe des § 9 Nr. 1 Satz 2 GewStG können Grundstücks- bzw. Wohnungsunternehmen – unabhängig von ihrer Rechtsform – auf Antrag bei der Ermittlung des Gewerbeertrags den auf die Grundstücksüberlassung entfallenden Gewerbeertrag kürzen (sog. erweiterte Kürzung; § 9 Nr. 1 Satz 2 GewStG). Dieser Gewerbeertrag unterliegt insoweit nicht der Gewerbesteuer. Voraussetzung für die Kürzung ist, dass sich das Unternehmen ausschließlich auf den Tätigkeitsbereich der Verwaltung und Nutzung des eigenen Grundbesitzes beschränkt. Daneben sind nur die nach § 9 Nr. 1 Satz 2 bis 4 GewStG ausdrücklich genannten Tätigkeiten für die Inanspruchnahme der erweiterten Kürzung des Gewerbeertrags unschädlich. 1

Bei den Tätigkeiten von Grundstücks- bzw. Wohnungsunternehmen lassen sich drei Tätigkeitsgruppen differenzieren. Zur ersten Gruppe gehört ausschließlich die Verwaltung und Nutzung des eigenen Grundbesitzes. Aus dieser Tätigkeit resultierende Gewerbeerträge unterliegen dem Grunde nach der erweiterten Kürzung nach § 9 Nr. 1 Satz 2 GewStG. Gewerbeerträge aus Tätigkeiten, die Bestandteil der Wohn- oder Gewerberaumüberlassung sind (bspw. Lieferung von Wärme an Mieter/Pächter), unterliegen ebenfalls dem Grunde nach der erweiterten Kürzung nach § 9 Nr. 1 Satz 2 GewStG. 2

Von der ersten Gruppe abzugrenzen sind als zweite Gruppe kürzungsunschädliche Tätigkeiten i.S.d. § 9 Nr. 1 Satz 2 bis 4 GewStG. Durch die Änderung des § 9 Nr. 1 Satz 3 und 4 GewStG durch das FoStoG wurde der Katalog der für 3

[1] **Amtl. Anm.:** BStBl. 2021 I S. 803.

die Inanspruchnahme der erweiterten Kürzung unschädlichen Tätigkeiten ergänzt. Auch nach dieser Gesetzesänderung unterliegen Grundstücks- bzw. Wohnungsunternehmen mit Gewerbeerträgen aus diesen kürzungsunschädlichen Tätigkeiten weiterhin der Gewerbesteuer.

4 Gewerbeerträge, die aus einer kürzungsschädlichen Tätigkeit resultieren, gehören hingegen zur dritten Gruppe. Kürzungsschädlich sind grundsätzlich Einnahmen aus der Verwaltung und Nutzung angemieteten Grundbesitzes, soweit die An- und Weitervermietung fremden Grundbesitzes nicht ausnahmsweise zwingend notwendiger Teil der wirtschaftlich sinnvoll gestalteten Überlassung des eigenen Grundbesitzes ist und nur einen geringfügigen Umfang hat (BFH-Urteil vom 22. Oktober 2020 IV R 4/19, BStBl. 2022 II S. 87) oder die Einnahmen kürzungsunschädlich gemäß § 9 Nr. 1 Satz 3 Buchst. c GewStG sind (vgl. Rdnr. 23). Kürzungsschädlich sind darüber hinaus auch Einnahmen aus der Lieferung von Strom (§ 9 Nr. 1 Satz 3 Buchst. b GewStG) sowie aus unmittelbaren Vertragsbeziehungen mit den Mietern/Pächtern des Grundstücks (§ 9 Nr. 1 Satz 3 Buchst. c GewStG), sobald die Unschädlichkeitsgrenze von 10 Prozent bzw. 5 Prozent überschritten wird (vgl. Rdnr. 6) und diese Einnahmen nicht der ersten Gruppe zuzuordnen sind.

5 Erwirtschaftet ein Grundstücks- bzw. Wohnungsunternehmen kürzungsschädliche Einnahmen, so führt dies insgesamt, d.h. für sämtliche Erträge des Unternehmens, zum Verlust des Rechts auf Inanspruchnahme der erweiterten Kürzung.

### II. Allgemeines zu § 9 Nr. 1 Satz 3 Buchst. b und c GewStG

6 Voraussetzung für die Anwendung des § 9 Nr. 1 Satz 3 Buchst. b und c GewStG ist, dass die aus diesen kürzungsunschädlichen Tätigkeiten erzielten Einnahmen des Grundstücks- bzw. Wohnungsunternehmens in dem für den Erhebungszeitraum maßgeblichen Wirtschaftsjahr nachweislich nicht höher als 10 Prozent (§ 9 Nr. 1 Satz 3 Buchst. b Doppelbuchst. aa und bb GewStG) bzw. 5 Prozent (§ 9 Nr. 1 Satz 3 Buchst. c GewStG) der Einnahmen aus der Gebrauchsüberlassung des Grundbesitzes sind. Ausgangsgröße für die Berechnung der prozentualen Grenzen sind die Einnahmen aus der Gebrauchsüberlassung des gesamten eigenen Grundbesitzes des Grundstücks- bzw. Wohnungsunternehmens (s. auch unter IV.).

7 Zum Begriff des Grundbesitzes vgl. H 9.2 Abs. 2 „Eigener Grundbesitz“ GewStH.

8 Ob kürzungsunschädliche, aber dennoch gewerbesteuerpflichtige Einnahmen nach § 9 Nr. 1 Satz 3 Buchst. b oder c GewStG vorliegen, ist dem Finanzamt in geeigneter und nachvollziehbarer Weise nachzuweisen. Die gesonderte Gewinnermittlung nach § 9 Nr. 1 Satz 4 GewStG bleibt hiervon unberührt.

9 Im Falle einer ertragsteuerlichen Organschaft sind die Voraussetzungen des § 9 Nr. 1 Satz 2 ff. GewStG für alle zum Organkreis gehörenden Unternehmen getrennt zu prüfen. Ob die erweiterte Kürzung bei dem einzelnen Unternehmen des Organkreises zu berücksichtigen ist, richtet sich jeweils allein nach den bei diesem Unternehmen gegebenen Verhältnissen (vgl. H 9.2 Abs. 2 „Organschaft“ GewStH). Damit sind auch die prozentualen Unschädlichkeitsgrenzen des § 9 Nr. 1 Satz 3 Buchst. b und c GewStG für jedes zum Organkreis gehörende Unternehmen gesondert zu prüfen.

10 Einnahmen aus der Veräußerung oder der Demontage der in § 9 Nr. 1 Satz 3 Buchst. b und c GewStG genannten Anlagen bzw. die Aufgabe eines insoweit

bestehenden Teilbetriebs gelten als letzter Akt der Stromlieferung bzw. der unmittelbaren Vertragsbeziehungen zwischen Grundstücks- bzw. Wohnungsunternehmen und Mietern/Pächtern und sind bei der Prüfung der 10-Prozent-Grenze (§ 9 Nr. 1 Satz 3 Buchst. b GewStG) bzw. bei der 5-Prozent-Grenze (§ 9 Nr. 1 Satz 3 Buchst. c GewStG) einzubeziehen (s. auch unter IV.).

**1. Einnahmen aus der Lieferung von Strom im Zusammenhang mit dem Betrieb von Anlagen zur Stromerzeugung aus erneuerbaren Energien i.S.d. § 3 Nr. 21 EEG (§ 9 Nr. 1 Satz 3 Buchst. b Doppelbuchst. aa GewStG)**

Erneuerbare Energien i.S.d. § 3 Nr. 21 EEG sind Wasserkraft, Windenergie, solare Strahlungsenergie, Geothermie und Energie aus Biomassen. Ein Blockheizkraftwerk stellt wegen des ausdrücklichen Bezugs auf § 3 Nr. 21 EEG hingegen grundsätzlich keine Anlage i.S.d. § 9 Nr. 1 Satz 3 Buchst. b Doppelbuchst. aa GewStG dar. Blockheizkraftwerke können jedoch ausnahmsweise eine Anlage i.S.d. § 9 Nr. 1 Satz 3 Buchst. b Doppelbuchst. aa GewStG darstellen, soweit das Blockheizkraftwerk ausschließlich mit Biomasse i.S.d. § 3 Nr. 21 EEG betrieben wird. **11**

Einnahmen aus der Lieferung von Strom aus den Energieerzeugungsanlagen an Letztverbraucher sind grundsätzlich als kürzungsschädlich anzusehen. Letztverbraucher in diesem Sinne ist nach § 3 Nr. 33 EEG jede natürliche oder juristische Person, die Strom verbraucht. Unschädlich ist hingegen die Stromlieferung an solche Letztverbraucher, die Mieter des Grundstücks- bzw. Wohnungsunternehmens sind (sog. Mieterstromanlagen). Dies gilt auch für Lieferungen an solche Mieter desselben Grundstücks- bzw. Wohnungsunternehmens, deren Mieteinheiten sich auf anderen Grundstücken desselben Unternehmens befinden. **12**

Keine Lieferung an Letztverbraucher stellt hiernach bspw. die Veräußerung von Strom im Wege der Direktvermarktung dar, auch wenn die Direktvermarkter (z.B. Stadtwerke) den Strom an ihre Kunden weiterliefern. **13**

Zu den kürzungsunschädlichen Einnahmen, die im Zusammenhang mit dem Betrieb von Anlagen zur Stromerzeugung aus erneuerbaren Energien i.S.d. § 3 Nr. 21 EEG erzielt werden, rechnen auch die Einnahmen aus zusätzlichen Stromlieferungen i.S.d. § 42a Abs. 2 Satz 6 des Energiewirtschaftsgesetzes (EnWG) bei Mieterstromanlagen. Zusätzliche Stromlieferungen sind danach solche, die für Zeiträume geleistet werden, in denen keine Versorgung mit Mieterstrom sichergestellt werden kann. Einnahmen des Grundstücks- bzw. Wohnungsunternehmens aus sonstigen Stromlieferungen an Mieter können ausschließlich gem. § 9 Nr. 1 Satz 3 Buchst. c GewStG kürzungsunschädlich sein (s. Rdnr. 28). **14**

Es ist nicht notwendig, dass die Anlagen zur Stromerzeugung aus erneuerbaren Energien i.S.d. § 3 Nr. 21 EEG im Eigentum des Grundstücks- bzw. Wohnungsunternehmens stehen. Es ist z.B. auch ausreichend, wenn diese vom Grundstücks- bzw. Wohnungsunternehmen geleast sind. **15**

Der Selbstverbrauch von erzeugtem Strom durch das Grundstücks- bzw. Wohnungsunternehmen steht der erweiterten Kürzung des Gewerbeertrags grundsätzlich nicht entgegen. Wird selbst produzierter Strom jedoch zunächst in das Netz eines Netzbetreibers eingespeist und sodann wieder bezogen, so liegt kein Selbstverbrauch vor. **16**

### 2. Einnahmen aus der Lieferung von Strom aus dem Betrieb von Ladestationen für Elektrofahrzeuge oder Elektrofahrräder (§ 9 Nr. 1 Satz 3 Buchst. b Doppelbuchst. bb GewStG)

17 Unschädlich für die erweiterte Kürzung des Gewerbeertrags sind Einnahmen aus der Lieferung von Strom aus dem Betrieb von Ladestationen für Elektrofahrzeuge einschließlich Elektrofahrräder, die keine Kraftfahrzeuge i.S.d. § 1 Abs. 3 des Straßenverkehrsgesetzes (StVG) sind, wenn die Unschädlichkeitsgrenze nicht überschritten wird. Die Tatbestandsvoraussetzungen des § 9 Nr. 1 Satz 3 Buchst. b Doppelbuchst. bb GewStG sind allerdings nur dann erfüllt, wenn neben der Überlassung der Ladestation auch die Stromlieferung durch das Grundstücks- bzw. Wohnungsunternehmen erfolgt (Lieferung von Strom aus dem Betrieb von Ladestationen). Die Lieferung von Strom aus dem Betrieb von Ladestationen für Elektrofahrzeuge einschließlich Elektrofahrräder ist auch dann unschädlich für die erweiterte Kürzung des Gewerbeertrags, wenn sie nicht (ausschließlich) an Mieter erfolgt.

18 Hierbei können verschiedene Fallgestaltungen unterschieden werden, die nachfolgend beispielhaft erläutert werden:

**Beispiel 1:**

Ein Grundstücks- bzw. Wohnungsunternehmen vermietet auf seinem Grundbesitz Stellflächen, auf denen die Stadtwerke Ladestationen für Elektrofahrzeuge errichten und betreiben.

Die Einnahmen aus der Vermietung der Stellflächen sind Teil des auf die Verwaltung und Nutzung des eigenen Grundbesitzes entfallenden Gewerbeertrags und damit in die erweiterte Kürzung des Gewerbeertrags nach § 9 Nr. 1 Satz 2 GewStG einzubeziehen.

19 **Beispiel 2a:**

Das Grundstücks- bzw. Wohnungsunternehmen errichtet und betreibt Ladestationen für Elektrofahrzeuge auf seinem Grundbesitz (sog. Ladepunktbetreiber). Das Unternehmen liefert hierbei Strom an seine Mieter zum Laden ihrer Elektrofahrzeuge. Das Grundstücks- bzw. Wohnungsunternehmen verwendet hierzu selbst erzeugten oder zugekauften Strom. Ein gesondertes Entgelt für die Bereitstellung der Ladestationen wird den Mietern nicht berechnet.

Die Einnahmen des Grundstücks- bzw. Wohnungsunternehmen aus der Lieferung von Strom aus dem Betrieb der Ladestationen fallen in den Anwendungsbereich des § 9 Nr. 1 Satz 3 Buchst. b Doppelbuchst. bb GewStG.

20 **Beispiel 2b:**

Wie 2a, nur nutzen auch Personen oder Unternehmen, die nicht Mieter des Grundstücks- bzw. Wohnungsunternehmens sind, die Ladestationen zum Laden ihrer Elektrofahrzeuge.

Einnahmen aus der Lieferung von Strom aus dem Betrieb von Ladestationen fallen bei Grundstücks- bzw. Wohnungsunternehmen in den Anwendungsbereich des § 9 Nr. 1 Satz 3 Buchst. b Doppelbuchst. bb GewStG. Hierfür ist nicht erforderlich, dass der Stromabnehmer auch Mieter des Grundstücks- bzw. Wohnungsunternehmens ist. Der Ausschluss der Begünstigung der Einnahmen aus der Lieferung von Strom an Letztverbraucher gilt nach § 9 Nr. 1 Satz 3 Buchst. b Halbsatz 2 GewStG nicht für Einnahmen aus der Lieferung von Strom aus dem Betrieb von Ladestationen i.S.d. § 9 Nr. 1 Satz 3 Buchst. b Doppelbuchst. bb GewStG.

21 **Beispiel 3:**

Ein Grundstücks- bzw. Wohnungsunternehmen betreibt ein Blockheizkraftwerk, das Wärme an die Mieter des Grundstücks liefert. Darüber hinaus wird der durch das Blockheizkraftwerk gewonnene Strom für den Betrieb der auf dem Grundstück befindlichen Ladestationen für Elektrofahrzeuge oder Elektrofahrräder genutzt. Einnahmen aus der Lieferung von Strom für den Betrieb von Ladestationen fallen bei Grundstücks- bzw. Wohnungsunternehmen in den Anwendungsbereich des § 9 Nr. 1 Satz 3 Buchst. b Doppelbuchst. bb GewStG.

### 3. Einnahmen aus unmittelbaren Vertragsbeziehungen zwischen Grundstücks- bzw. Wohnungsunternehmen und ihren Mietern/Pächtern aus anderen als den in § 9 Nr. 1 Satz 3 Buchst. a und b GewStG bezeichneten Tätigkeiten (§ 9 Nr. 1 Satz 3 Buchst. c GewStG)

Mit der Regelung des § 9 Nr. 1 Satz 3 Buchst. c GewStG bleibt Grundstücks- 22
bzw. Wohnungsunternehmen die erweiterte Kürzung ihres Gewerbeertrags erhalten, wenn die zu berücksichtigenden Einnahmen aus unmittelbaren Vertragsbeziehungen zwischen ihnen und ihren Mietern/Pächtern aus anderen als den in § 9 Nr. 1 Satz 3 Buchst. a und b GewStG bezeichneten Tätigkeiten erzielt werden und diese Einnahmen in dem für den Erhebungszeitraum maßgeblichen Wirtschaftsjahr nicht höher als 5 Prozent der Einnahmen aus der Gebrauchsüberlassung des Grundbesitzes sind. Mieter i.S.d. § 9 Nr. 1 Satz 3 Buchst. c GewStG sind auch Personen, die dauerhaft in den Haushalt des Hauptmieters aufgenommen sind (bspw. Kinder und Lebenspartner).

Hierunter erfasst werden z.B. Mieteinnahmen aus der Überlassung von Be- 23
triebsvorrichtungen an Mieter/Pächter, die keinen funktionalen Zusammenhang mit dem vermieteten Grundstück aufweisen. Hierunter fallen ferner Einnahmen aus Zahlungen von Mietern/Pächtern für Veranstaltungen (bspw. Weihnachtsmärkte), zu denen nur Mieter/Pächter zugelassen sind, sowie Einnahmen für Sonderleistungen des Grundstücks- bzw. Wohnungsunternehmens an Mieter (bspw. Betrieb eines Schwimmbads, das ausschließlich von Mietern genutzt werden darf oder Zurverfügungstellung von mieterspezifischen Bewachungsdienstleistungen). Auch Einnahmen aus der Verwaltung und Nutzung angemieteten Grundbesitzes können unter den Voraussetzungen des § 9 Nr. 1 Satz 3 Buchst. c GewStG unschädlich für die erweiterte Kürzung des Gewerbeertrags sein.

Nicht von § 9 Nr. 1 Satz 3 Buchst. c GewStG erfasst werden hingegen 24
Einnahmen aus Vertragsbeziehungen des Grundstücks- bzw. Wohnungsunternehmens zu Personen, die nicht Mieter/Pächter des Grundstücks- bzw. Wohnungsunternehmens sind (bspw. Betrieb eines Schwimmbades, das auch von außenstehenden Personen genutzt werden kann). Entsprechende Einnahmen sind schädlich und führen zur Versagung der erweiterten Kürzung des Gewerbeertrags.

## III. Behandlung von Einnahmen aus dem Betrieb von Blockheizkraftwerken

Einnahmen aus dem Betrieb von Blockheizkraftwerken fallen grundsätzlich 25
nicht in den Anwendungsbereich des § 9 Nr. 1 Satz 3 Buchst. b Doppelbuchst. aa GewStG (s. auch Rdnr. 11).

Liefern Grundstücks- bzw. Wohnungsunternehmen mittels eines Blockheiz- 26
kraftwerks Wärme an ihre Mieter, so handelt es sich bei der Wärmelieferung um einen Bestandteil der Gebrauchsüberlassung. Einnahmen aus der Wärmelieferung an Mieter sind somit Einnahmen aus der Verwaltung und Nutzung eigenen Grundbesitzes i.S.d. § 9 Nr. 1 Satz 2 GewStG und unterliegen damit der erweiterten Kürzung des Gewerbeertrags (s. auch Rdnr. 2).

**Beispiel 1:** 27

Mittels eines Blockheizkraftwerks des Grundstücks- bzw. Wohnungsunternehmens wird Wärme oder Strom an Personen oder Unternehmen (Letztverbraucher) geliefert, die nicht Mieter des Grundstücks- bzw. Wohnungsunternehmens sind.

Die Einnahmen sind kürzungsschädlich, weil eine unschädliche Nebentätigkeit i.S.d. § 9 Nr. 1 Satz 2 ff. GewStG grundsätzlich im Zusammenhang mit einem Rechtsverhältnis zu einem Mieter/Pächter des Grundstücks- bzw. Wohnungsunternehmens stehen muss oder bei Einnahmen i.S.d. § 9 Nr. 1 Satz 2 Buchst. b Doppelbuchst. aa GewStG die Lieferung von Strom nicht an Letztverbraucher (die keine Mieter sind) erfolgen darf.

28 **Beispiel 2:**

Mittels eines Blockheizkraftwerks des Grundstücks- bzw. Wohnungsunternehmens, das nicht ausschließlich mit Biomasse i.S.d. § 3 Nr. 21 EEG betrieben wird, wird Strom an die Mieter des Grundstücks geliefert.

Die Einnahmen aus der Stromlieferung fallen in den Anwendungsbereich des § 9 Nr. 1 Satz 3 Buchst. c GewStG.

29 **Beispiel 3:**

Mittels eines auf Grundstück A befindlichen Blockheizkraftwerks des Grundstücks- bzw. Wohnungsunternehmens, das nicht ausschließlich mit Biomasse i.S.d. § 3 Nr. 21 EEG betrieben wird, wird Strom an Mieter/Pächter geliefert, deren Wohnungen sich auf Grundstück B des Unternehmens befinden.

Die Einnahmen aus der Stromlieferung fallen in den Anwendungsbereich des § 9 Nr. 1 Satz 3 Buchst. c GewStG. Die Tatbestandsvoraussetzungen des § 9 Nr. 1 Satz 3 Buchst. c GewStG sind auch dann erfüllt, wenn unmittelbare Vertragsbeziehungen zwischen dem Grundstücks- bzw. Wohnungsunternehmen und solchen Mietern/Pächtern bestehen, die nicht auf demselben Grundbesitz wohnen, auf dem auch das Blockheizkraftwerk betrieben wird.

## IV. Berechnung der prozentualen Unschädlichkeitsgrenzen i.S.d. § 9 Nr. 1 Satz 3 Buchst. b und c GewStG

30 Für die Berechnung der prozentualen Unschädlichkeitsgrenzen i.S.d. § 9 Nr. 1 Satz 3 Buchst. b und c GewStG sind die Einnahmen aus der Gebrauchsüberlassung des gesamten Grundbesitzes zu bestimmen. Hierzu gehören insbesondere die vereinbarten Miet- und Pachteinnahmen inklusive sämtlicher umlagefähiger Betriebskosten. Die Umsatzsteuer bleibt bei der Ermittlung der Einnahmen außer Ansatz (Nettobetrachtung). Bei einer temporären Mietfreistellung durch den Vermieter (beispielsweise bei Vertragsbeginn oder in Krisensituationen) ist grundsätzlich von einer vereinbarten Miete von null Euro auszugehen.

31 Bei Genossenschaften und Vereinen, die die Steuerbefreiung nach § 5 Abs. 1 Nr. 10 KStG und § 3 Nr. 15 GewStG in Anspruch nehmen, ist für den partiell steuerpflichtigen Bereich bei der Berechnung der prozentualen Unschädlichkeitsgrenze i.S.v. § 9 Nr. 1 Satz 3 Buchst. b und c GewStG auf den gesamten Grundbesitz der Genossenschaft bzw. des Vereins (steuerfreier und steuerpflichtiger Bereich) abzustellen.

32 **Beispiel:**

Das Grundstücks- und Wohnungsunternehmen vermietet im Jahr 01 Wohnraum für Kaltmieten i.H.v. insgesamt 500 000 €. Darüber hinaus stellt das Unternehmen seinen Mietern/Pächtern umlagefähige Betriebskosten i.H.v. insgesamt 80 000 € in Rechnung, darin enthalten sind 50 000 € für die Lieferung von Wärme, die mittels eines vom Grundstücks- und Wohnungsunternehmen betriebenen Blockheizkraftwerks produziert wurde. Der ebenfalls durch das Blockheizkraftwerk, das nicht ausschließlich mit Biomasse i.S.d. § 3 Nr. 21 EEG betrieben wird, gewonnene Strom wird den Mietern gesondert mit insgesamt 26 000 € berechnet.

Im Jahr 01 erzielt das Grundstücks- und Wohnungsunternehmen Einnahmen i.H.v. 580 000 € aus der Gebrauchsüberlassung seines Grundbesitzes. Die Einnahmen aus der Lieferung von Strom i.H.v. 26 000 € sind gemäß § 9 Nr. 1 Satz 3 Buchst. c GewStG kürzungsunschädlich, da sie nicht höher als 5 Prozent der Einnahmen aus der Gebrauchsüberlassung des Grundbesitzes sind (hier: 4,48 Prozent).

33 Für die Ermittlung der Einnahmen aus der Gebrauchsüberlassung des Grundbesitzes sind grundsätzlich die vereinbarten fremdüblichen Mieten (Soll-Mieten) maßgeblich. Bei Leerstandszeiten in einem Erhebungszeitraum liegen

keine vereinbarten Mieten vor, so dass sich die verminderten Einnahmen unmittelbar auf die prozentualen Unschädlichkeitsgrenzen auswirken.

Sofern als Forderung bilanzierte Miet- oder Pachtansprüche der Vorjahre als uneinbringlich ausgebucht werden, hat dies keine Auswirkung auf die Höhe der Einnahmen aus der Gebrauchsüberlassung des Grundbesitzes im Erhebungszeitraum der Ausbuchung. **34**

Die Einnahmen aus der Veräußerung von eigenem Grundbesitz stellen keine Einnahmen aus der Gebrauchsüberlassung des Grundbesitzes dar. Davon unbenommen erfasst der Begriff der Verwaltung und Nutzung des eigenen Grundbesitzes i.S.d. § 9 Nr. 1 Satz 2 GewStG grundsätzlich auch die Veräußerung von bisher vermietetem bzw. verpachtetem Grundbesitz. **35**

Einnahmen aus der Veräußerung oder der Demontage der in § 9 Nr. 1 Satz 3 Buchst. b und c GewStG genannten Anlagen bzw. die Aufgabe eines insoweit bestehenden Teilbetriebs stellen keine Einnahmen aus der Gebrauchsüberlassung des Grundbesitzes dar (s. Rdnr. 10). **36**

**Beispiel:** **37**

Das Grundstücks- und Wohnungsunternehmen erzielt im Jahr 01 Mieten inklusive umlagefähiger Betriebskosten i.H.v. 2 Mio. €. Im selben Zeitraum werden Einnahmen aus der Überlassung von Betriebsvorrichtungen, die keinen funktionalen Zusammenhang mit dem vermieteten Grundstück aufweisen, i.H.v. 60 000 € erzielt. Aus Solaranlagen, die auf Grundvermögen des Unternehmens betrieben werden, werden ferner Einnahmen aus der Lieferung von Strom an Mieter i.H.v. 20 000 € erzielt. Zum 31.12.01 verkauft das Unternehmen ein Grundstück aus seinem Portfolio für 10 Mio. €. Der Kaufpreis entfällt zu 300 000 € auf Betriebsvorrichtungen und zu 40 000 € auf eine Solaranlage.

Im Jahr 01 erzielt das Grundstücks- und Wohnungsunternehmen somit Einnahmen i.H.v. 2 Mio. € aus der Gebrauchsüberlassung des eigenen Grundbesitzes. Die Einnahmen aus der Lieferung von Strom und der Veräußerung der Solaranlage (insgesamt 60 000 €) wären isoliert betrachtet gemäß § 9 Nr. 1 Satz 3 Buchst. b Doppelbuchst. aa GewStG kürzungsunschädlich, da sie nicht höher als 10 Prozent der Einnahmen aus der Gebrauchsüberlassung des Grundbesitzes sind (hier: 3 Prozent). Allerdings liegen die Einnahmen aus der Überlassung und Veräußerung der Betriebsvorrichtungen (insgesamt 360 000 €) über der Unschädlichkeitsgrenze i.S.d. § 9 Nr. 1 Satz 3 Buchst. c GewStG, da sie mehr als 5 Prozent der Einnahmen aus der Gebrauchsüberlassung des Grundbesitzes betragen (hier: 18 Prozent). Das Grundstücks- und Wohnungsunternehmen kann daher im Jahr 01 die erweiterte Kürzung seines Gewerbeertrags nicht in Anspruch nehmen.

Für die Prüfung der prozentualen Unschädlichkeitsgrenzen sind die vereinbarten, fremdüblichen Einnahmen des Grundstücks- bzw. Wohnungsunternehmens aus der Lieferung von Strom (§ 9 Nr. 1 Satz 3 Buchst. b GewStG) bzw. aus unmittelbaren Vertragsbeziehungen des Grundstücks- bzw. Wohnungsunternehmens zu seinen Mietern (§ 9 Nr. 1 Satz 3 Buchst. c GewStG) maßgeblich. Bei der Überlassung von Betriebsvorrichtungen gehören auch umlagefähige Betriebskosten zu diesen Einnahmen. **38**

**Beispiel:** **39**

Das Grundstücks- und Wohnungsunternehmen erzielt im Jahr 01 Einnahmen aus der Gebrauchsüberlassung seines Grundbesitzes i.H.v. insgesamt 2 Mio. €. Darüber hinaus hat das Unternehmen ein jährliches Entgelt für die Überlassung von Betriebsvorrichtungen, die keinen funktionalen Zusammenhang mit dem vermieteten Grundstück aufweisen, i.H.v. 99 000 € vereinbart. Zusätzlich werden 5000 € für Betriebskosten der überlassenen Betriebsvorrichtungen berechnet. Die Betriebskosten wurden in voller Höhe beglichen. Aufgrund finanzieller Schwierigkeiten von Mietern wurde das Entgelt für die Überlassung der Betriebsvorrichtungen nur i.H.v. 82 500 € geleistet.

Die Einnahmen aus der Überlassung der Betriebsvorrichtungen betragen 104 000 € im Jahr 01 und übersteigen folglich 5 Prozent der Einnahmen aus der Gebrauchsüberlassung seines Grundbesitzes (hier: 5,2 Prozent). Das Grundstücks- und Wohnungsunternehmen kann die erweiterte Kürzung seines Gewerbeertrags im Jahr 01 nicht in Anspruch nehmen.

40 Die prozentualen Unschädlichkeitsgrenzen des § 9 Nr. 1 Satz 3 Buchst. b und c GewStG sind getrennt voneinander zu prüfen. Nicht genutzte Prozentpunkte können nicht auf die jeweils andere Grenze übertragen werden.

Diese Erlasse ergehen im Einvernehmen mit dem Bundesministerium der Finanzen.

# 450 § 10 a/1. Gleich lautende Erlasse zur Anwendung des § 8 c KStG auf gewerbesteuerliche Fehlbeträge; § 10 a Satz 10 GewStG

Vom 29. November 2017 (BStBl. I S. 1643)

(Oberste Finanzbehörden der Länder)

Gemäß § 10 a Satz 10 GewStG ist auf gewerbesteuerliche Fehlbeträge von Körperschaften sowie von Mitunternehmerschaften, soweit an ihnen Körperschaften unmittelbar oder über eine oder mehrere Personengesellschaften beteiligt sind, § 8 c des Körperschaftsteuergesetzes entsprechend anzuwenden.

Nach dem Ergebnis der Erörterung der obersten Finanzbehörden der Länder sind die im BMF-Schreiben vom 28. November 2017 (BStBl. I S. 1645)[1] zur Anwendung des § 8 c KStG enthaltenen Grundsätze auch bei der Gewerbesteuer uneingeschränkt anzuwenden.

Im Hinblick auf bestehende gewerbesteuerliche Besonderheiten gilt zudem Folgendes:

Soweit ein vortragsfähiger Gewerbeverlust einer Organgesellschaft nach Maßgabe der R 10 a.4 Satz 5 GewStR 2009 auf Ebene der Organgesellschaft abgezogen werden kann, ist Rn. 33 Satz 2 des BMF-Schreibens anzuwenden, die Einschränkung der Rn. 38 des BMF-Schreibens gilt insoweit nicht.

Der Grundsatz, dass für jede Verlustgesellschaft gesondert zu prüfen ist, in welcher Höhe stille Reserven vorhanden sind (Rn. 58 des BMF-Schreibens), ist auch zu beachten, wenn eine Körperschaft unmittelbar oder mittelbar an einer Mitunternehmerschaft beteiligt ist.

Eine Mitunternehmerschaft ist gewerbesteuerlich ein eigenständiges Besteuerungssubjekt, so dass stille Reserven auf Ebene der Mitunternehmerschaft bei der Anwendung des § 10 a Satz 10 GewStG i. V. m. § 8 c KStG auf Ebene der Körperschaft nicht berücksichtigt werden können.

Die in R 10 a.1 Abs. 3 Satz 7 und 8 GewStR 2009 zur gewerbesteuerlichen Verfahrensweise bei unterjährigen schädlichen Beteiligungserwerben enthaltenen Aussagen sind mit Veröffentlichung des BFH-Urteils vom 30. November 2011 I R 14/11, BStBl. 2012 II S. 360, überholt. Es gelten Rn. 33 ff. des vorstehenden BMF-Schreibens.

Diese Erlasse ergehen im Einvernehmen mit dem Bundesministerium der Finanzen.

---

[1] Nr. **100** § 8 c/1.

# 450 § 19/1. Gleich lautende Erlasse zu gewerbesteuerlichen Maßnahmen zur Berücksichtigung der andauernden Auswirkungen des Coronavirus (COVID-19/SARS-CoV-2)[1)]

Vom 9. Dezember 2021

Oberste Finanzbehörden der Länder G 1460

(BStBl. I S. 2478)

Nach dem Ergebnis einer Erörterung der obersten Finanzbehörden der Länder gilt zur Berücksichtigung der andauernden Auswirkungen des Coronavirus bei der Festsetzung des Gewerbesteuermessbetrages für Zwecke der Vorauszahlungen (§ 19 Abs. 3 Satz 3 GewStG) Folgendes:

Nach § 19 Abs. 3 Satz 3 GewStG kann auch das Finanzamt bei Kenntnis veränderter Verhältnisse hinsichtlich des Gewerbeertrags für den laufenden Erhebungszeitraum die Anpassung der Gewerbesteuer-Vorauszahlungen veranlassen. Das gilt insbesondere für die Fälle, in denen das Finanzamt Einkommensteuer- und Körperschaftsteuervorauszahlungen anpasst (R 19.2 Abs. 1 Satz 5 GewStR). Vor diesem Hintergrund können nachweislich unmittelbar und nicht unerheblich negativ wirtschaftlich betroffene Steuerpflichtige bis zum 30. Juni 2022 unter Darlegung ihrer Verhältnisse Anträge auf Herabsetzung des Gewerbesteuermessbetrages für Zwecke der Gewerbesteuer-Vorauszahlungen 2021 und 2022 stellen. Bei der Nachprüfung der Voraussetzungen sind keine strengen Anforderungen zu stellen. Diese Anträge sind nicht deshalb abzulehnen, weil die Steuerpflichtigen die entstandenen Schäden wertmäßig nicht im Einzelnen nachweisen können. Nimmt das Finanzamt eine Festsetzung des Gewerbesteuermessbetrages für Zwecke der Vorauszahlungen vor, ist die betreffende Gemeinde hieran bei der Festsetzung ihrer Gewerbesteuer-Vorauszahlungen gebunden (§ 19 Abs. 3 Satz 4 GewStG).

Für etwaige Stundungs- und Erlassanträge gilt auch im Hinblick auf einen möglichen Zusammenhang mit Auswirkungen des Coronavirus, dass diese an die Gemeinden und nur dann an das zuständige Finanzamt zu richten sind, wenn die Festsetzung und Erhebung der Gewerbesteuer nicht den Gemeinden übertragen worden ist (§ 1 GewStG und R 1.6 Abs. 1 GewStR).

Diese Erlasse ergehen im Einvernehmen mit dem Bundesministerium der Finanzen.

---

[1)] **Amtl. Anm.:** Ersetzt die gleich lautenden Erlasse der obersten Finanzbehörden der Länder vom 19. März 2020, BStBl. I S. 281 und vom 25. Januar 2021, BStBl. I S. 151 .

# 450 § 19/2. Gleich lautende Erlasse zu gewerbesteuerlichen Maßnahmen zur Berücksichtigung der gestiegenen Energiekosten als Folge des Angriffskrieges Russlands gegen die Ukraine

Vom 20. Oktober 2022

Oberste Finanzbehörden der Länder G 1460; G 1465; G 1498; G 1500

(BStBl. I S. 1450)

Der völkerrechtswidrige Überfall Russlands auf die Ukraine und die daraufhin beschlossenen Sanktionen der EU begründen teils schwerwiegende Folgen für Unternehmen in Deutschland.

Nach dem Ergebnis einer Erörterung der obersten Finanzbehörden der Länder gilt zur angemessenen Berücksichtigung dieser besonderen Situation bei nicht unerheblich negativ wirtschaftlich betroffenen Steuerpflichtigen bei der Festsetzung des Gewerbesteuermessbetrages für Zwecke der Vorauszahlungen (§ 19 Abs. 3 Satz 3 GewStG) Folgendes:

Nach § 19 Abs. 3 Satz 3 GewStG kann auch das Finanzamt bei Kenntnis veränderter Verhältnisse hinsichtlich des Gewerbeertrags für den laufenden Erhebungszeitraum die Anpassung der Gewerbesteuer-Vorauszahlungen veranlassen. Das gilt insbesondere für die Fälle, in denen das Finanzamt Einkommensteuer- und Körperschaftsteuervorauszahlungen anpasst (R 19.2 Abs. 1 Satz 5 GewStR). Bei der Nachprüfung der Voraussetzungen sind bei bis zum 31. März 2023 eingehenden Anträgen keine strengen Anforderungen zu stellen. Über Anträge auf Herabsetzung des Gewerbesteuermessbetrags für Zwecke der Vorauszahlungen unter Einbeziehung der aktuellen Situation soll zeitnah entschieden werden. Auch eine rückwirkende Anpassung des Gewerbesteuermessbetrags für Zwecke der Gewerbesteuer-Vorauszahlungen für das Jahr 2022 ist im Rahmen der Ermessensentscheidung möglich.

Nimmt das Finanzamt eine Festsetzung des Gewerbesteuermessbetrages für Zwecke der Vorauszahlungen vor, ist die betreffende Gemeinde hieran bei der Festsetzung ihrer Gewerbesteuer-Vorauszahlungen gebunden (§ 19 Abs. 3 Satz 4 GewStG).

Für etwaige Stundungs- und Erlassanträge gilt auch im Hinblick auf einen möglichen Zusammenhang mit Auswirkungen des Angriffskrieges Russlands auf die Ukraine, dass diese an die Gemeinden und nur dann an das zuständige Finanzamt zu richten sind, wenn die Festsetzung und die Erhebung der Gewerbesteuer nicht den Gemeinden übertragen worden ist (§ 1 GewStG und R 1.6 Abs. 1 GewStR).

Diese Erlasse ergehen im Einvernehmen mit dem Bundesministerium der Finanzen.

# **450** § 28/1. Erlass betr. Zerlegung des Gewerbesteuer-Messbetrages bei Mobilfunk-Unternehmen

Vom 18. September 2000 (StEd 2001 S. 91)

(OFD Kiel G 1450 A – St 261)

Es ist gefragt worden, ob bei der Zerlegung des Gewerbesteuer-Messbetrages eines Mobilfunk-Unternehmens auch die Gemeinden zu beteiligen sind, auf deren Gebiet sich lediglich die sog. Basis-Stationen befinden. Die Basis-Stationen bestehen aus einer Antennenanlage, der Energieversorgung, Funkschrank und Klimagerät. Sie werden elektronisch überwacht.

Ich bitte, hierzu die Auffassung zu vertreten, dass allein das Vorhandensein einer Basis-Station nicht zu einer Beteiligung der jeweiligen Gemeinde an der Zerlegung berechtigt. Bei den Basis-Stationen handelt es sich nicht um Betriebsstätten i. S. der §§ 28 Abs. 1 Satz 1 GewStG, 12 AO mit der Folge, dass auch keine Zerlegung nach § 30 GewStG in Betracht kommt.

# 500 § 1/1. Schreiben betr. Umsatzsteuer bei Garantieleistungen und Freiinspektionen in der Kraftfahrzeugwirtschaft

Vom 3. Dezember 1975 (BStBl. I S. 1132)

(BMF IV A 2 – S 7100 – 25/75)

## A. Allgemeines

Bei dem Verkauf von Kraftfahrzeugen ist es üblich, innerhalb einer bestimmten Frist und/oder Fahrleistung für eine Fehlerfreiheit des Kraftfahrzeuges Gewähr zu leisten, die dem jeweiligen Stand der Technik entspricht. Die Schäden werden regelmäßig nicht von den Herstellern der Kraftfahrzeuge, sondern von Vertriebsfirmen beseitigt, die als Lieferer oder Vermittler in die Absatzkette eingeschaltet waren. Zur Durchführung der Reparaturen sind die Vertriebsfirmen allgemein nach einem mit dem Hersteller abgeschlossenen sogenannten Händlervertrag verpflichtet. Die Verpflichtung schließt auch Reparaturen an solchen Fahrzeugen ein, die von anderen Vertriebsfirmen abgesetzt worden sind.

Die Geschäftsabwicklung bei den erforderlichen Reparaturen ist nicht einheitlich. Im Regelfall baut die Vertriebsfirma das schadhafte Teil aus und ersetzt es durch ein fabrikneues Ersatzteil. Das schadhafte Teil wird dem Hersteller zugesandt, der es daraufhin untersucht, ob ein Gewährleistungsfall vorliegt. Wird ein solcher Fall anerkannt, so ersetzt der Hersteller der Vertriebsfirma die aufgewendeten Lohn- und Materialkosten nach festgelegten Sätzen. Manche Vertriebsfirmen erhalten an Stelle der Materialgutschrift ein entsprechendes neues Ersatzteil.

Bei der umsatzsteuerrechtlichen Beurteilung der Gewährleistungsfälle haben sich die Fragen ergeben,

1. wie die vom Hersteller gewährten Gutschriften über die Lohn- und Materialkosten bei der Vertriebsfirma zu behandeln sind und
2. ob hinsichtlich dieser Gutschriften beim Hersteller eine Entgeltsminderung anzunehmen ist.

## B. Umsatzsteuerrechtliche Beurteilung

Unter Bezugnahme auf das Ergebnis der Erörterungen mit den obersten Finanzbehörden der Länder gilt folgendes:

### I. Träger der Gewährleistungspflicht

Die umsatzsteuerrechtliche Beurteilung hängt wesentlich davon ab, ob die Vertriebsfirma mit der Reparatur eine Leistung an das Herstellerwerk oder an den Fahrzeugkäufer bewirkt. Dies richtet sich nach den bestehenden Vertragsverhältnissen. Dabei ist darauf abzustellen, ob der Hersteller gegenüber dem Fahrzeugkäufer zur Gewährleistung verpflichtet ist und sich der Vertriebsfirma als Erfüllungsgehilfen bedient oder ob die Vertriebsfirma selbst die Gewährleistungspflicht gegenüber dem Fahrzeugkäufer trägt (vgl. BFH-Urteil vom 17. Februar 1966 – V 58/63, BStBl. III S. 261).

Wer Träger der Gewährleistungspflicht ist, entscheidet sich nach bürgerlichem Recht. Bei der Prüfung dieser Frage sind die Grundsätze des BFH-Urteils vom 16. Juli 1964 – V 23/60 U (BStBl. III S. 516) zu beachten.

## II. Die Gewährleistungspflicht gegenüber dem Fahrzeugkäufer obliegt dem Hersteller

Ist der Hersteller dem Fahrzeugkäufer zur Gewährleistung verpflichtet, so stellt die Durchführung der Reparatur eine Leistung des Herstellers an den Fahrzeugkäufer dar. Diese Leistung ist nicht umsatzsteuerbar, weil ihr kein Entgelt gegenübersteht. Der Hersteller bedient sich bei der Reparatur der Vertriebsfirma als seines Erfüllungsgehilfen. Die Vertriebsfirma bewirkt eine Leistung an den Hersteller. Soweit hierfür ein Entgelt gezahlt wird, unterliegt diese Leistung der Umsatzsteuer. Bei der Beurteilung sind folgende Fälle zu unterscheiden:

**1. Die Vertriebsfirma repariert das Kraftfahrzeug unter Verwendung eines Ersatzteils aus eigenem Lagerbestand. Das Ersatzteil ist vom Hersteller bezogen worden. Der Hersteller gewährt der Vertriebsfirma eine Gutschrift über die Lohn- und Materialkosten.**

**a)** Zwischen der Vertriebsfirma und dem Hersteller findet ein Leistungsaustausch statt. Der Umsatz der Vertriebsfirma umfaßt die Arbeitsleistung und den Materialverbrauch, es sei denn, daß eine klare Vereinbarung besteht, wonach die Ersatzteillieferung des Herstellers an die Vertriebsfirma oder die hierfür geleistete Entgeltszahlung rückgängig gemacht werden soll, wenn das Ersatzteil in Gewährleistungsfällen verwendet wird. Fehlt es an solcher Vereinbarung, so unterliegt die Vertriebsfirma mit den Gutschriften für die Lohn- und Materialkosten der Umsatzsteuer (BFH-Urteil vom 17. Februar 1966 a.a.O.).

Beim Hersteller liegt eine Entgeltsminderung nicht vor, weil die Gutschriften nicht wegen der ursprünglichen Lieferungen, sondern als Entgelt für eine besondere Leistung der Vertriebsfirma (Reparatur) gewährt werden (vgl. BFH-Urteil vom 12. November 1959 – V 21/58 U, BStBl. 1960 III S. 13).

Der Hersteller kann den in der Gutschrift ausgewiesenen Steuerbetrag als Vorsteuer von seiner Steuerschuld abziehen.

**b)** Ist dagegen zwischen dem Hersteller und der Vertriebsfirma von vornherein vereinbart, daß
– die Lieferung eines Ersatzteils vom Hersteller an die Vertriebsfirma rückgängig gemacht wird
  oder

– der Vertriebsfirma das beim Bezug des Ersatzteils entrichtete Entgelt gutgeschrieben wird,

wenn das Ersatzteil im Gewährleistungsfalle bei einer Reparatur verwendet wird, so beschränkt sich der Umsatz der Vertriebsfirma an das Herstellerwerk auf die Arbeitsleistung. Der Wert des verwendeten Ersatzteils scheidet aus dem Leistungsaustausch aus (BFH-Urteile vom 8. Februar 1962 – V 217/59 U, BStBl. III S. 168, und vom 25. November 1965 – V 130/63 S, BStBl. 1966 III S. 160). Der Umsatz der Vertriebsfirma bemißt sich nach dem Gutschriftsbetrag für die Lohnkosten. Beim Hersteller liegt insoweit eine Entgeltsminderung nicht vor, weil die Gutschriften für die Lohnkosten nicht wegen der ursprünglichen Lieferungen, sondern als Entgelt für eine besondere Leistung der Vertriebsfirma (Reparatur) gewährt werden (BFH-Urteil vom 12. November 1959 a. a. O.).

Der Hersteller kann den in der Gutschrift ausgewiesenen Steuerbetrag als Vorsteuer von seiner Steuerschuld abziehen.

Hinsichtlich der Materialkosten gilt folgendes:

Beim Hersteller stellt der Gutschriftsbetrag für den Wert der verwendeten Ersatzteile in diesen Fällen eine Entgeltsminderung für die ursprüngliche Ersatzteillieferung dar.

Nach § 17 Abs. 1 UStG haben

– der Hersteller den für die ursprüngliche Ersatzteillieferung geschuldeten Steuerbetrag,
– die Vertriebsfirma den dafür in Anspruch genommenen Vorsteuerbetrag

zu berichtigen.

**2. Die Vertriebsfirma repariert das Kraftfahrzeug unter Verwendung eines Ersatzteils aus eigenem Lagerbestand, das sie vom Hersteller bezogen hat. Der Hersteller gewährt der Vertriebsfirma jedoch nur eine Gutschrift über die Lohnkosten. An Stelle des bei der Reparatur verwendeten Ersatzteils überläßt er der Vertriebsfirma kostenlos ein entsprechendes Ersatzteil.**

Die Entnahme des Ersatzteils aus dem Lager der Vertriebsfirma und die Rückgewähr eines entsprechenden Teils durch den Hersteller sind als nichtsteuerbare Hingabe und Rückgabe eines unentgeltlichen Sachdarlehens zu beurteilen. Eine zusätzliche Lieferung des Herstellers, die als Gegenleistung für die Leistung der Vertriebsfirma zu werten wäre, liegt nicht vor (BFH-Urteil vom 14. Juli 1966 – V 16/64, BStBl. III S. 615). Der Umsatz der Vertriebsfirma erschöpft sich in der Arbeitsleistung, er bemißt sich nach dem Gutschriftsbetrag für die Lohnkosten.

Der Hersteller kann den in der Gutschrift über die Lohnkosten ausgewiesenen Steuerbetrag als Vorsteuer von seiner Steuerschuld abziehen. Durch die kostenlose Überlassung des Ersatzteils ergeben sich beim Hersteller keine umsatzsteuerlichen Auswirkungen. Da der Vorgang keine entgeltliche Lieferung darstellt, löst er eine zusätzliche Umsatzsteuerpflicht nicht aus (BFH-Urteil vom 14. Juli 1966 a. a. O.). Andererseits liegt keine Entgeltsminderung vor.

**3. Die Vertriebsfirma fordert das benötigte Ersatzteil vom Hersteller an, weil sie es entweder nicht in ihrem Lager vorrätig hat oder ihren Lagerbestand nicht angreifen will. Der Hersteller überläßt ihr das gewünschte Ersatzteil kostenlos zur Durchführung der Reparatur und erteilt eine Gutschrift über die Lohnkosten.**

Die Überlassung des Ersatzteils durch den Hersteller zur Durchführung der Reparatur ist als nichtsteuerbarer Umtausch eines fehlerhaften Teils des Kaufgegenstandes gegen ein fehlerfreies bzw. als Materialgestellung anzusehen. Die Vertriebsfirma bewirkt dem Hersteller gegenüber eine Werkleistung unter Verwendung eines von ihm zur Verfügung gestellten Ersatzteils (vgl. BFH-Urteil vom 14. Juli 1966 a. a. O.).

Für die umsatzsteuerrechtliche Behandlung bei der Vertriebsfirma und beim Hersteller gilt das gleiche wie unter 2.

## III. Die Gewährleistungspflicht gegenüber dem Fahrzeugkäufer obliegt der Vertriebsfirma

Ist die Vertriebsfirma dem Fahrzeugkäufer zur Gewährleistung verpflichtet, so stellt die Durchführung der Reparatur in der Regel eine Leistung der Vertriebsfirma an den Fahrzeugkäufer dar. Die umsatzsteuerrechtliche Beurteilung hängt davon ab, ob dieser Leistung eine Gegenleistung gegenübersteht. Dabei sind folgende Fälle zu unterscheiden.

**1. Die Vertriebsfirma führt eine Gewährleistungsreparatur an einem Fahrzeug aus, das sie selbst verkauft hat. Sie verwendet dazu ein Ersatzteil aus eigenem Lagerbestand und erhält vom Hersteller eine Gutschrift über die Lohn- und Materialkosten.**

Mit der Beseitigung der Mängel erfüllt die Vertriebsfirma eine Gewährleistungsverpflichtung, die sie nach dem Kaufvertrag gegenüber dem Fahrzeugkäufer übernommen hat. Sie erhält hierfür vom Fahrzeugkäufer kein Entgelt, sondern macht ihrerseits Gewährleistungsansprüche gegenüber dem Hersteller geltend, die ihr nach dessen Verkaufsbedingungen zustehen. Die Erfüllung der Gewährleistungsansprüche durch den Hersteller stellt einen echten Schadenersatz dar. Die Vertriebsfirma unterliegt daher mit den ihr gewährten Gutschriften nicht der Umsatzsteuer (BFH-Urteil vom 16. Juli 1964 a. a. O.). Die vom Hersteller für die Lieferung des Kraftfahrzeuges ursprünglich berechnete Umsatzsteuer bleibt unberührt.

**2. Die Vertriebsfirma führt eine Gewährleistungsreparatur an einem Fahrzeug aus, das sie nicht selbst verkauft hat. Sie verwendet dazu ein Ersatzteil aus eigenem Lagerbestand und erhält vom Hersteller eine Gutschrift über die Lohn- und Materialkosten.**

Mit der Beseitigung der Mängel bewirkt die Vertriebsfirma eine Leistung an den Fahrzeugkäufer, die mangels Entgelts nicht steuerbar ist. Zugleich bewirkt sie je nach der vertraglichen Gestaltung damit auch eine Leistung an den Hersteller, der das Fahrzeug geliefert hat. Der Anspruch auf Kostenersatz ergibt sich im allgemeinen aus dem zwischen Hersteller und Vertriebsfirma abgeschlossenen Händlervertrag. Die Voraussetzungen für die Annahme eines Schadensersatzes sind in diesem Falle nicht gegeben (vgl. BFH-Urteil vom 10. Dezember 1964 – V 126/60, StRK UStG § 1 Ziff. 1, R 364). Die Vertriebsfirma unterliegt mit dem Gutschriftsbetrag für die Lohn- und Materialkosten der Umsatzsteuer. Der Hersteller kann den Wert der Gutschrift nicht als Entgeltsminderung behandeln, weil der Kostenersatz als Gegenleistung für eine besondere steuerbare Leistung der Vertriebsfirma gewährt wird. Er kann jedoch den in der Gutschrift ausgewiesenen Steuerbetrag als Vorsteuer von seiner Steuerschuld abziehen.

**3. Der Hersteller gewährt der Vertriebsfirma nur eine Gutschrift über die Lohnkosten. An Stelle des bei der Gewährleistungsreparatur verwendeten Ersatzteils überläßt er der Vertriebsfirma kostenlos ein entsprechendes Ersatzteil.**

Die Rechtslage ist entsprechend den Ausführungen unter Abschn. III Nr. 1 und 2 zu beurteilen. Hat die Vertriebsfirma Mängel an einem selbstverkauften Fahrzeug beseitigt, so stellen die Gutschrift über die Lohnkosten und die kostenlose Überlassung eines neuen Ersatzteils nichtsteuerbaren Schadensersatz dar. Bei der Vertriebsfirma tritt eine Umsatzsteuerpflicht nicht ein. Da es an einem Leistungsaustausch fehlt, löst die Überlassung des Ersatzteils auch beim Hersteller keine Steuerpflicht aus. Hinsichtlich des Gutschriftsbetrages über die Lohnkosten ist beim Hersteller keine Entgeltsminderung anzunehmen.

Hat die Vertriebsfirma Mängel an einem Fahrzeug beseitigt, das sie nicht selbst verkauft hat, so bewirkt sie eine Leistung an den Fahrzeugkäufer, die jedoch mangels Entgelts nicht steuerbar ist. Zugleich bewirkt sie damit auch eine Leistung an den Hersteller. Der Anspruch des Herstellers auf Beseitigung der Mängel durch die Vertriebsfirma ergibt sich aus dem zwischen Hersteller und Vertriebsfirma abgeschlossenen Händlervertrag. Für die umsatzsteuerliche Behandlung bei der Vertriebsfirma und beim Hersteller gilt das gleiche wie unter Abschn. II Nr. 2.

**4. Die Vertriebsfirma fordert das benötigte Ersatzteil vom Hersteller an, weil sie es entweder nicht in ihrem Lager vorrätig hat oder ihren Lagerbestand nicht angreifen will. Der Hersteller überläßt ihr das gewünschte Ersatzteil kostenlos und erteilt eine Gutschrift über die Lohnkosten.**

Die Rechtslage ist die gleiche wie unter Nr. 3.

## IV. Verlängerte Gewährleistung

Für Kulanzleistungen (Schadensbeseitigung auf freiwilliger Basis) gelten die für Gewährleistungsfälle entwickelten Grundsätze entsprechend.

## V. Garantieleistungen für Aggregate, Zubehör und dergleichen

Hinsichtlich der umsatzsteuerrechtlichen Beurteilung der Gewährleistung für Austauschaggregate, Zubehör und dgl. gelten die für die Gewährleistung in der Kraftfahrzeugwirtschaft entwickelten Grundsätze entsprechend.

## VI. Behandlung von Freiinspektionen

Die Geschäftsabwicklung bei Freiinspektionen ist – ähnlich wie bei Garantieleistungen in der Kraftfahrzeugwirtschaft – nicht einheitlich. Die umsatzsteuerliche Beurteilung hängt wesentlich davon ab, ob die Vertriebsfirma mit der Freiinspektion eine Leistung an das Herstellerwerk, an den Fahrzeugkäufer oder an einen Dritthändler bewirkt.

Folgende Abwicklungsfälle sind zu unterscheiden:

### 1. Freiinspektionen bei Herstellerverpflichtung

Verpflichtet sich der Hersteller gegenüber dem Fahrzeugkäufer, die Freiinspektion vorzunehmen, und bedient er sich dabei der Vertriebsfirma als Erfüllungsgehilfen, so ist der Hersteller Empfänger der Leistung der Vertriebsfirma. Die Leistung der Vertriebsfirma gegenüber dem Hersteller unterliegt der Umsatzsteuer. Der Hersteller kann die ihm von der Vertriebsfirma für die erbrachte Leistung in Rechnung gestellte Steuer als Vorsteuer abziehen.

Da der Fahrzeugkäufer für die Freiinspektion ein Entgelt nicht zu entrichten hat, ist die Leistung des Herstellers an den Fahrzeugkäufer nicht steuerbar. Ein Leistungsaustausch ist jedoch zwischen Vertriebsfirma und Fahrzeugkäufer in Höhe des berechneten Materials (z. B. verbrauchte Schmiermittel) gegeben.

### 2. Freiinspektionen bei Händlerverpflichtung

**a) Die Vertriebsfirma führt die Freiinspektion an einem Fahrzeug durch, das sie selbst verkauft hat.**

Verpflichtet sich die Vertriebsfirma gegenüber dem Fahrzeugkäufer, die Freiinspektion durchzuführen, so erbringt sie mit der Durchführung der Inspektion eine Leistung an den Fahrzeugkäufer. Die Leistung ist nicht steuerbar, da ihr insoweit ein Entgelt nicht gegenübersteht. Ein Leistungsaustausch zwischen Vertriebsfirma und Fahrzeugkäufer ist nur in Höhe des berechneten Materials (z. B. verbrauchte Schmiermittel) gegeben.

Die für die Freiinspektion vom Hersteller an die Vertriebsfirma gewährten Vergütungen sind kein Entgelt für eine Leistung der Vertriebsfirma an den Hersteller, sie sind als zusätzliche Rabatte anzusehen, die das Entgelt des Herstellers für die Lieferung des Fahrzeugs mindern. Die Vertriebsfirma hat ihren Vorsteuerabzug entsprechend zu mindern (§ 17 Abs. 1 Nr. 2 UStG).

**b) Die Vertriebsfirma führt die Freiinspektion an einem Fahrzeug durch, das sie selbst nicht verkauft hat.**

Aufgrund des mit dem Herstellerwerk abgeschlossenen Händlervertrages ist die Vertriebsfirma verpflichtet, Freiinspektionen auch dann vorzunehmen, wenn sie das Fahrzeug nicht selbst geliefert hat. In diesen Fällen leistet die Vertriebsfirma je nach der vertraglichen Gestaltung entweder an den Hersteller oder an den Händler, der das Fahrzeug geliefert hat. Die dafür gezahlten Vergütungen unterliegen bei der Vertriebsfirma der Umsatzsteuer. Der Leistungsempfänger ist insoweit zum Vorsteuerabzug berechtigt. Kommt als Leistungsempfänger der Händler in Betracht, der das Fahrzeug geliefert hat, so sind die Vergütungen, die der Hersteller dem Händler gewährt, als Entgeltsminderungen zu behandeln (vgl. Nr. 2 Buchst. a).

**c) Gewährung eines Pauschalrabattes in den Fällen 2 a) und 2 b)**

Wird die Freiinspektion durch den Hersteller bei Lieferung des Fahrzeugs durch einen erhöhten Rabatt abgegolten, der alle Verkaufskosten (einschließlich der Kosten für Freiinspektionen) und einen angemessenen Gewinn enthält, so ist der Rabatt beim Hersteller in vollem Umfang als Entgeltsminderung anzusehen.

Führt die Vertriebsfirma bei dieser Vertragsgestaltung die Freiinspektion für einen Händler, der das Fahrzeug verkauft hat (Dritthändler), durch und berechnet sie ihm die Kosten der Freiinspektion, so erbringt sie eine steuerpflichtige Leistung an den Dritthändler. Der Dritthändler ist in diesem Fall auch Empfänger der Leistungen der Vertriebsfirma, weil diese für ihn als Erfüllungsgehilfe tätig geworden ist. Er ist bei Vorliegen der übrigen Voraussetzungen zum Vorsteuerabzug berechtigt.

Der BdF-Erlaß vom 8. August 1967 – IV A 2 – S 4100 – 37/67 – (USt-Kartei S 4100 Karte 57) ist nur auf Umsätze anzuwenden, die vor dem 1. Januar 1968 ausgeführt worden sind.

Das Schreiben wird in die Umsatzsteuerkartei aufgenommen.

## Anlage zum BMF-Schreiben vom 3. Dezember 1975 betreffend Umsatzsteuer bei Garantieleistungen und Freiinspektionen in der Kraftfahrzeugwirtschaft

| Sachverhalt | Arbeit wird geleistet durch | Behandlung der Gutschriften bei | |
|---|---|---|---|
| | | Vertriebsfirma | Hersteller |
| **B II. Herstellergarantie**<br>1a) Ersatzteil aus Lagerbestand | Vertriebsfirma | Steuerschuld | Vorsteuerabzug |
| 1 b) Ersatzteillieferung wird rückgängig gemacht | Vertriebsfirma | Steuerschuld für Lohnkosten<br>Vorsteuerberichtigung für Ersatzteilgutschrift | Vorsteuerabzug für Lohnkosten<br>Berichtigung der Steuerschuld für Ersatzteilgutschrift |
| 2 + 3) Ersatz des Materials | Vertriebsfirma | Steuerschuld für Lohnkosten | Vorsteuerabzug |
| **B III. Händlergarantie**<br>1 (3 + 4) selbstverkauftes Fahrzeug | Vertriebsfirma | Schadensersatz | ohne Auswirkungen |
| 2 (3 + 4) durch anderen Händler verkauftes Fahrzeug | Vertriebsfirma | Steuerschuld | Vorsteuerabzug |
| **VI. Freiinspektion**<br>1. Herstellerverpflichtung | Vertriebsfirma | Steuerschuld | Vorsteuerabzug |
| 2. Händlerverpflichtung<br>a) selbstverkauftes Fahrzeug | Vertriebsfirma | Vorsteuerminderung | Minderung der Steuerschuld |
| b) durch anderen verkauftes Fahrzeug | Vertriebsfirma | Steuerschuld | Vorsteuerabzug<br>(ggf. beim Dritthändler) |
| c) Pauschalrabatt<br>(selbstverkauftes Fahrzeug)<br>(durch anderen verkauftes Fahrzeug) | Vertriebsfirma<br>Vertriebsfirma | geringere Vorsteuer<br>Steuerschuld bei Berechnung an Dritthändler | Minderung des Fahrzeugentgelts<br>Minderung des Fahrzeugentgelts<br>(ggf. Vorsteuerabzug beim Dritthändler) |

# **500** § 1/2. Schreiben betr. Umsatzsteuer bei Garantieleistungen in der Reifenindustrie

Vom 21. November 1974 (BStBl. I S. 1021)
(BMF IV A 2 – S 7100 – 35/74)

## I. Allgemeines

**1.** Nach ihren Geschäftsbedingungen übernehmen die Reifenhersteller bei der Lieferung von Reifen eine sogenannte Werksgarantie. Danach richten sich die Garantieansprüche der Endabnehmer unmittelbar gegen den Hersteller. Zur Befriedigung dieser Ansprüche haben sich die Hersteller in ihren Haftungsbedingungen verpflichtet, mangelhafte Reifen zu ersetzen. Ob für den Ersatzreifen ein Entgelt zu berechnen ist, richtet sich nach dem Abnutzungsgrad des beanstandeten Reifens. Dem Hersteller steht jedoch auch das Recht zu, den Schaden in bar oder durch Gutschrift in laufender Rechnung auszugleichen. Ab 1. Januar 1972 (oder in Ausnahmefällen zu einem späteren Zeitpunkt) haben die Hersteller ihre Gewährleistungsbedingungen durch eine sogenannte Rückgängigkeitsklausel ergänzt, die wie folgt lautet:

„Alle Lieferungen von Reifen erfolgen unter der auflösenden Bedingung, daß bei Verwendung eines solchen Reifens für Garantiezwecke der Liefervertrag bezüglich dieses Reifens aufgehoben wird. Mit Eintritt dieser Bedingung, d. h. sobald der Händler einen Ersatzreifen seinem Lager entnimmt, um ihn für Garantiezwecke zu verwenden, wird der Liefervertrag hinsichtlich dieses Reifens rückgängig gemacht. In Einzelfällen, in denen das Herstellerwerk das Vorliegen einer Garantie verneint, gilt die auflösende Bedingung hinsichtlich des in diesem Einzelfall verwendeten Reifens als von Anfang an nicht eingetreten."

**2.** Die Gewährleistungsansprüche werden wie folgt abgewickelt:

Der Reifenendabnehmer macht Gewährleistungsansprüche wegen eines schadhaften Reifens bei dem Reifenhändler, bei dem er den Reifen gekauft hat, oder bei einem anderen Händler geltend. Der Reifenhändler sendet den beanstandeten Reifen zur Schadensfeststellung an den Reifenhersteller. Erkennt der Reifenhersteller den Schaden an, so wird der Schaden je nach Abnutzungsgrad des Reifens bis zu 100% vergütet. Dies geschieht in folgender Weise:

Mit dem Garantiefall ist die in der Rückgängigkeitsklausel enthaltene Bedingung für die Rückgängigmachung des Kaufvertrages über denjenigen Reifen eingetreten, den der Händler aus seinem Lager entnommen und für Garantiezwecke verwendet hat. Die Entnahme des Reifens stellt sich dabei als Rückgabe an den Hersteller und die Gutschrift als Aufhebung der für den zurückgenommenen Reifen erteilten Rechnung dar. Gleichzeitig wird der zurückgenommene Reifen vom Hersteller dem Händler für die Beseitigung des Garantieschadens wieder zur Verfügung gestellt. Beträgt die Wertminderung 100 v. H., wird für die Lieferung kein Entgelt in Rechnung gestellt. Ist für die erneute Lieferung des Reifens ein Entgelt zu berechnen, weil wegen des Abnutzungsgrades des beanstandeten Reifens eine unentgeltliche Lieferung nicht in Betracht kommt, wird aus Vereinfachungsgründen keine besondere Rechnung erteilt, sondern die Gutschrift um den Rechnungsbetrag vermindert. Der Abrechnung liegen die zur Zeit der Ersatzlieferung gültigen Preise zugrunde. Den Saldo aus der Rücknahmegutschrift und der Entgeltsberechnung setzt der Hersteller von seinen Umsatzerlösen ab.

Für den Reifenendabnehmer wickelt sich der Gewährleistungsanspruch in der Weise ab, daß er vom Händler einen Ersatzreifen des gleichen Fabrikats erhält. Je nach Schadenshöhe stellt der Händler den Reifen unentgeltlich zur Verfügung, oder er berechnet den Reifen mit dem vom Hersteller anerkannten prozentualen Nachlaß.

**3.** Folgende Sonderfälle sind möglich:

a) Die Vereinbarung, daß die Gutschrift des Herstellers nach dem am Tage der Ersatzlieferung gültigen Preis bemessen wird, kann bei zwischenzeitlichen Preiserhöhungen und Anerkennung eines Schadens von 100% (oder wenig darunter) dazu führen, daß der Hersteller dem Händler eine Gutschrift erteilt, die das ursprüngliche Lieferungsentgelt übersteigt. Ein solcher Fall kann aber nur eintreten, wenn der Händler für Garantiezwecke nachweisbar einen Reifen verwendet, den er vor der Preiserhöhung eingekauft hat.

b) Da etwaige Reifenschäden in der Regel unverzüglich durch Ersatzreifenlieferungen beseitigt werden müssen, ist der Händler mangels entsprechender Vorräte oder aus anderen Gründen gezwungen, den schadhaften Reifen durch ein anderes Fabrikat zu ersetzen. Der Hersteller wird hiervon nicht unterrichtet. Die Abrechnung zwischen Hersteller und Händler erfolgt nach den unter 2. erläuterten Grundsätzen.

c) Der Reifenendabnehmer verzichtet auf die Lieferung eines Ersatzreifens und verlangt vom Händler nach Anerkennung des Garantieschadens eine Barentschädigung. Die Barentschädigung setzt sich aus der Gutschrift des Herstellers und einer Zuzahlung des Händlers zusammen. Der Händler muß sich an der Aufbringung der Entschädigung beteiligen, weil die Entschädigung nach dem Verbraucherpreis, in dem die Handelsspanne des Händlers enthalten ist, bemessen wird.
Auch in diesem Fall erhält der Händler vom Hersteller eine Rücknahmegutschrift, von der gegebenenfalls ein Entgelt für den Ersatzreifen abgezogen ist.

## II. Umsatzsteuerliche Beurteilung beim Reifenhersteller und beim regelversteuernden Händler

Unter Bezugnahme auf das Ergebnis der Erörterungen mit den obersten Finanzbehörden der Länder wird zur umsatzsteuerlichen Behandlung der oben bezeichneten Sachverhalte wie folgt Stellung genommen:

### 1. Anwendung der Rückgängigkeitsklausel im Regelfall

Um systemwidrige Folgen im Leistungsverkehr zwischen Unternehmern zu vermeiden, haben die Hersteller die Rückgängigkeitsklausel (vgl. BFH-Urteil vom 8. Februar 1962 V 217/59 U, BStBl. III S. 168) in ihre Gewährleistungsbedingungen aufgenommen. *Dies beruht darauf, daß Vergütungen des Her-*

*stellers, die unter Überspringen von Zwischenstufen an ein späteres Glied der Abnehmerkette gezahlt werden, beim Hersteller seit dem 1. Januar 1968 nicht mehr als Minderung der Bemessungsgrundlage anzusehen sind ([Abschn. 151 Abs. 2 UStR 1985])*[1]. Es bestehen keine Bedenken, die Rückgängigkeitsklausel auch bei Garantieleistungen der Reifenindustrie mit umsatzsteuerlicher Wirkung anzuwenden.

Die Aufnahme der Rückgängigkeitsklausel führt bei dem unter I 2. aufgeführten Sachverhalt zu folgender Beurteilung:

Die auf Grund der Rückgängigkeitsklausel zu erteilenden Gutschriften sind als Belege anzusehen, mit denen vorhergehende Rechnungen über die in Betracht kommenden Reifenlieferungen aufgehoben werden und die berechneten Entgelte zurückgewährt werden. Nach § 17 Abs. 1 UStG haben

a) der Hersteller den für den Umsatz geschuldeten Steuerbetrag

b) der Händler den dafür in Anspruch genommenen Vorsteuerbetrag

zu berichtigen.

Hat der Händler für den ihm nach der Rückgabe für Garantiezwecke erneut gelieferten Reifen ein Entgelt zu zahlen – weil wegen des Abnutzungsgrades des beanstandeten Reifens eine unentgeltliche Lieferung nicht in Betracht kommt-, so genügt es, wenn der Hersteller das zusätzliche Entgelt in dem Gutschriftsbeleg berücksichtigt. Aus dem Beleg, der gleichzeitig als Rechnung anzusehen ist, müssen die nach § 14 Abs. 1 UStG erforderlichen Angaben hervorgehen.

Der Händler hat die Lieferung des Ersatzreifens an den Endabnehmer unter Zugrundelegung des Entgelts zu versteuern, das er dem Endabnehmer gegebenenfalls berechnet.

### 2. Gewährung von Gutschriften, die infolge zwischenzeitlicher Preiserhöhungen das ursprüngliche Lieferungsentgelt übersteigen

Der zu I 3 a) bezeichnete Sachverhalt ist umsatzsteuerlich in folgender Weise zu behandeln:

Wegen der Umschlagshäufigkeit der Lagerbestände beim Händler und der geringen Zahl der Preiserhöhungen sind nur in wenigen Ausnahmefällen Gutschriften denkbar, die über das ursprüngliche Lieferentgelt hinausgehen. Aus Vereinfachungsgründen und zur Vermeidung praktischer Schwierigkeiten kann auf die Erfassung dieser Spitzen verzichtet werden.

a) Das führt beim Hersteller dazu, daß er seine Steuerschuld in Höhe des Steuerbetrages kürzen darf, der auf das in der Gutschrift ausgewiesene gesamte Entgelt entfällt.

b) Der Händler hat seinen Vorsteuerbetrag entsprechend dem in der Gutschrift ausgewiesenen Entgelt zu berichtigen.

### 3. Beurteilung der Rückgängigkeitsklausel bei Lieferung fremder Fabrikate und bei Gewährung von Barentschädigungen

Die Sachverhalte I 3 b) und c) sind folgendermaßen zu beurteilen:

---

[1] Jetzt: Abschn. 17.2 Abs. 10 UStAE.

a) Die Rückgängigkeitsklausel greift in diesen Fällen nicht ein, da der Händler keinen Reifen des Herstellers entnimmt, der zur Garantieleistung verpflichtet ist. Der Endabnehmer erhält vom Hersteller des schadhaften Reifens keinen Naturalersatz, sondern eine Geldforderung. Die dem Endabnehmer zustehende Gutschrift des Herstellers behält der Händler ein und verrechnet sie mit seinen Leistungen an den Endabnehmer. *Beim* ***Hersteller*** *kann die Gutschrift, die er dem Endabnehmer unmittelbar schuldet, nicht als Rückgewähr von Entgelten oder Entgeltsminderung angesehen werden, weil er zum Endabnehmer keine Lieferbeziehungen unterhält*[1].

b) Beim **Händler** ist die einbehaltene Gutschrift und gegebenenfalls die Zuzahlung des Endabnehmers das Entgelt für die Lieferung des Fremdfabrikats. Hat der Händler dem Endabnehmer den in der ihm erteilten Gutschrift ausgewiesenen Betrag bar ausgezahlt, so ist bei ihm die Gutschrift des Herstellers wie ein durchlaufender Posten zu behandeln, d. h. sowohl sein Vorsteuerabzug als auch die Steuer für seine Lieferung bleiben hiervon unberührt. Der vom Händler aus seiner Handelsspanne zusätzlich auszuzahlende Betrag ist bei ihm bis zur Höhe des ursprünglich berechneten Aufschlags als Entgeltsminderung zu beurteilen, wenn er den mangelhaften Reifen selbst geliefert hat. Anderenfalls handelt es sich um eine Entgeltsverwendung, die bei der Ermittlung der Bemessungsgrundlage nicht berücksichtigt werden kann.

## III. Übergangsregelung

Bei der Anpassung der Gewährleistungsbedingungen an die durch die Einführung der Mehrwertsteuer entstandene Rechtsgrundlage sind Schwierigkeiten und Verzögerungen entstanden, die von der Reifenindustrie nicht zu vertreten sind. Auch wenn die Reifenhersteller ihre Gewährleistungsbedingungen erst ab 1. Januar 1972 oder in begründeten Ausnahmefällen zu einem noch späteren Zeitpunkt geändert haben, kann für umsatzsteuerliche Zwecke so verfahren werden, als ob die Rückgängigkeitsklausel schon ab 1. Januar 1968 in die Gewährleistungsbedingungen der Reifenhersteller aufgenommen worden wäre.

Dieses Schreiben wird in die Umsatzsteuerkartei aufgenommen.

---

[1] Jetzt: Abschn. 17.2 Abs. 10 UStAE.

# 500 § 1/3. Schreiben betr. verbilligter Zins als Absatzförderung der Automobilindustrie[1)]

Vom 28. September 2011 (BStBl. I S. 935)

(BMF IV D 2 – S 7100/09/10003 :002; DOK 2011/0769279)

Zur Frage von verbilligten Zinsen bzw. Leasingraten zum Zwecke der Absatzförderung in der Automobilindustrie gilt unter Bezugnahme auf das Ergebnis der Erörterungen mit den obersten Finanzbehörden der Länder Folgendes:

## 1. Zinssubventionen im Bereich der Kundenfinanzierung

Die dem Händlernetz der Vertriebsgesellschaft eines Fahrzeugherstellers angehörenden Autohäuser haben die Möglichkeit, ihren Kunden beim Fahrzeugkauf eine Finanzierung durch eine Bank, die in der Regel als Tochtergesellschaft des Herstellers Autofinanzierungen tätigt (Autobank), anzubieten, deren Zinskonditionen zum Teil deutlich unter dem am Markt üblichen Niveau liegen. Hierzu werden von der Konzernzentrale des Fahrzeugherstellers Finanzierungskonditionen auferlegt, bei denen sich die Fahrzeughändler an dem für den Fahrzeugkäufer vergünstigten Zinssatz zu beteiligen haben. Die dem Fahrzeugkäufer angebotene Finanzierung wird somit teilweise von dem jeweiligen Fahrzeughändler übernommen (Händleranteil). Dieser Händleranteil wird dem Händler bei Abschluss des Darlehensvertrages zwischen Autobank und Fahrzeugkäufer belastet. In dem zwischen Autobank und Fahrzeugkäufer abgeschlossenen Darlehensvertrag wird daher lediglich der bereits ermäßigte Zinssatz ausgewiesen. Der Fahrzeugkäufer kann deshalb keine Rückschlüsse auf Art und Höhe der Beteiligung des Fahrzeughändlers bzw. der Vertriebsgesellschaft an der Finanzierung ziehen. Die Beteiligung des Fahrzeughändlers an der Subventionierung des Zinssatzes für die Fahrzeugfinanzierung hat regelmäßig Auswirkungen auf den dem Fahrzeugkäufer gewährten Preisnachlass.

Im vorstehend geschilderten Sachverhalt und in vergleichbaren Fällen liegt hinsichtlich der Zahlung des Fahrzeughändlers an die finanzierende Bank ein Entgelt für eine Leistung eigener Art der Bank an den Händler vor. Die Leistung der Bank besteht in der Förderung des Absatzgeschäftes des Fahrzeughändlers durch das Angebot von unter dem Marktniveau liegenden Fahrzeugfinanzierungen. Es handelt sich bei der Zahlung nicht um ein Entgelt von dritter Seite hinsichtlich der Finanzierungsleistung der Bank an den Fahrzeugkäufer. Die Leistung der Bank an den Fahrzeughändler ist mangels Steuerbefreiung steuerpflichtig.

Die vorstehenden Ausführungen gelten sinngemäß auch in den Fällen der Hersteller- oder Händlerbeteiligungen durch Verkaufsagenten und in den Fällen, in denen ein Fahrzeughändler an eine Leasinggesellschaft Zahlungen zur Subventionierung der Leasingraten leistet.

[1)] Siehe hierzu auch BMF v. 24. 9. 2013, BStBl. I S. 1219 (Nr. **500** § 1/4).

## 2. Zinssubventionen im Bereich der Händlerfinanzierung

Vertriebsgesellschaften von Fahrzeugherstellern haben ein Interesse daran, dass das Händlernetz vor Ort über einen ausreichenden Bestand an Fahrzeugen verfügt, damit der potenzielle Fahrzeugkäufer die Möglichkeit hat, die Produkte vor dem Kauf zu besichtigen. Die von der Vertriebsgesellschaft an den Fahrzeughändler gelieferten Fahrzeuge wie Vorführwagen, Dienstwagen oder Warenbestand werden in der Regel im Interesse des Konzerns von der Autobank finanziert, d. h., zwischen der Bank und dem Fahrzeughändler wird ein Darlehensverhältnis begründet. Die Kaufpreiszahlung erfolgt durch die Bank; zwischen der Bank und dem Fahrzeughändler wird gleichzeitig ein Darlehensverhältnis begründet. Dieses Darlehensverhältnis ist durch Zahlungen der Vertriebsgesellschaft regelmäßig für eine Anlaufzeit zinsfrei. Danach beteiligt sich die Vertriebsgesellschaft regelmäßig an den entstehenden Zinsen.

Im vorstehend geschilderten Sachverhalt und in vergleichbaren Fällen liegt hinsichtlich der Zahlung der Vertriebsgesellschaft an die finanzierende Bank ein Entgelt für eine Leistung eigener Art der finanzierenden Bank an die Vertriebsgesellschaft vor. Die Leistung besteht in der Förderung des Absatzes der Vertriebsgesellschaft über ihr Händlernetz. Es handelt sich bei der Zahlung nicht um ein Entgelt von dritter Seite hinsichtlich der Finanzierungsleistung der Bank an den Fahrzeughändler. Die Leistung der Bank an die Vertriebsgesellschaft ist mangels Steuerbefreiung steuerpflichtig.

## 3. Anwendung

Die unter 1. und 2. dargestellten Grundsätze sind in allen offenen Fällen anzuwenden. Es wird jedoch nicht beanstandet, wenn für Umsätze, die vor dem 1. Januar 2012 getätigt werden, in den unter
- 1. dargestellten Sachverhalten und in vergleichbaren Fällen hinsichtlich der Zahlungen des Fahrzeughändlers an die finanzierende Bank von einem Entgelt von dritter Seite in Bezug auf die Finanzierungsleistung zwischen der finanzierenden Bank und dem Fahrzeugkäufer,
- 2. dargestellten Sachverhalten und in vergleichbaren Fällen hinsichtlich der Zahlungen der Vertriebsgesellschaft an die finanzierende Bank von einem Entgelt von dritter Seite in Bezug auf die Finanzierungsleistung zwischen der finanzierenden Bank und dem Fahrzeughändler

ausgegangen wird.

Ebenso wird es für Umsätze, die vor dem 1. Januar 2012 ausgeführt werden, nicht beanstandet, soweit leistender Unternehmer und Leistungsempfänger einvernehmlich die vorstehend beschriebenen Leistungen eigener Art nicht der Besteuerung unterworfen haben, weil ein korrespondierender Vorsteuerabzug beim Zahlenden bestand. In Zweifelsfällen hat der leistende Unternehmer einen Nachweis über das Einvernehmen beizubringen.

# 500 § 1/4. Schreiben betr. umsatzsteuerrechtliche Behandlung von Zahlungen der Hersteller/Händler an Autobanken und sonstige Finanzierungsinstitute im Rahmen von Finanzierungs- bzw. Leasinggeschäften sowie üblichen Konsumentenkreditgeschäften

Vom 24. September 2013 (BStBl. I S. 1219)

(BMF IV D 2 – S 7100/09/10003 :002; DOK 2013/0840707)

**Bezug:** BMF vom 28. September 2011, BStBl. I S. 935[1)]

Zur Frage der umsatzsteuerrechtlichen Behandlung von Zahlungen der Hersteller/Händler an Autobanken und sonstige Finanzierungsinstitute im Rahmen von Finanzierungs- bzw. Leasinggeschäften sowie üblichen Konsumentenkrediten gilt unter Bezugnahme auf das Ergebnis der Erörterungen mit den obersten Finanzbehörden der Länder Folgendes:

## I. Sachverhalt

Zur Finanzierung des Erwerbs von Kraftfahrzeugen, sonstigen höherpreisigen Waren oder Konsumwaren (z. B. Elektrogeräte, Möbel) schließt der Kunde mit einer Autobank oder einem sonstigen Finanzierungsinstitut einen Finanzierungs- bzw. Leasingvertrag ab. Der vereinbarte Zins bzw. die vereinbarte Leasingrate liegt hierbei weit unter dem üblichen Marktniveau. Zum Ausgleich hat der Hersteller/Händler eine Zuzahlung an die Autobank oder das Finanzierungsinstitut zu leisten. In dem zwischen Finanzierungsinstitut und Kunde abgeschlossenen Darlehens- bzw. Leasingvertrag wird lediglich der bereits ermäßigte Zinssatz bzw. die bereits ermäßigte Leasingrate ausgewiesen. Der Kunde kann insoweit keine Rückschlüsse auf Art und Höhe des Zuzahlungsbetrages des Herstellers/Händlers ziehen.

Derartige Zuzahlungen können Entgelt für eine Leistung eigener Art, eine Entgeltminderung oder Entgelt von dritter Seite darstellen. Bei der umsatzsteuerrechtlichen Würdigung der Zahlung ist auf den jeweiligen Leistungswillen der Beteiligten abzustellen. Es sind folgende Unterscheidungen zu beachten:

## II. Finanzierung durch Autobanken

Die dem Händlernetz der Vertriebsgesellschaft eines Fahrzeugherstellers angehörenden Autohäuser bieten ihren Kunden beim Fahrzeugkauf die zinsgünstige Finanzierung durch ein hersteller- bzw. händlerverbundenes Unternehmen (sog. Autobank) an. Die Finanzierung kann durch typische Kreditvergabe oder mittels Leasing erfolgen.

---

1) Nr. **500** § 1/3.

Bei einer Autobank handelt es sich in der Regel um eine Tochtergesellschaft des Herstellers, welche überwiegend Autofinanzierungen tätigt. Das Geschäftsmodell einer Autobank zielt nicht auf die Maximierung der Kreditvergabe ab, sondern darauf, dem Fahrzeugkunden die Finanzierung des auf seine individuellen Bedürfnisse zugeschnittenen Fahrzeuges zu ermöglichen. Die Autobank verfolgt demnach primär das Ziel der Absatzförderung ihrer Herstellermarke und bedient sich hierfür der (vergünstigten) Kreditvergabe bzw. Leasingvereinbarung.

Unter Berücksichtigung des Leistungswillens der Autobank und der damit verbundenen zielgerichteten Einräumung eines wirtschaftlichen Vorteils an den Hersteller/Händler erbringt die Autobank eine sonstige Leistung in Gestalt der Förderung des Absatzgeschäftes durch das Angebot von unter dem Marktniveau liegenden Finanzierungen. Zuzahlungen des Herstellers/Händlers stellen somit Entgeltzahlungen für eine sonstige Leistung der Autobank an den Zahlenden dar. Dies gilt sinngemäß auch in den Fällen, in denen ein Verkaufsagent die Zuzahlung zu leisten hat. Insoweit wird auf die Grundsätze des BMF-Schreibens vom 28. September 2011, BStBl. I S. 935[1]), verwiesen.

## III. Finanzierung durch sonstige Institute

Neben der Finanzierung durch Autobanken treten auch sonstige Institute (hersteller- bzw. händlerunabhängige Unternehmen) als Finanzierungspartner auf. Die Finanzierung erfolgt hier ebenfalls durch die Kreditvergabe oder durch Überlassung des Gegenstandes mittels Leasingvereinbarung.

### 1. Finanzierung durch Kreditvergabe eines Kreditinstituts (i. d. R. Konsumentenkredite)

Diese Finanzierungsform ist vorrangig im Bereich des Einzelhandels (z. B. Möbel, Elektroartikel) anzutreffen und dient im Regelfall der Finanzierung eines Konsumgutes (Konsumentenkredit). Die nachfolgend dargestellten Grundsätze finden jedoch auch in anderen Wirtschaftszweigen bei gleichgelagerten Sachverhalten Anwendung.

Der Leistungswille des Kreditinstitutes besteht ausschließlich in dem Abschluss eines Kreditgeschäftes. Das Handeln der Institute ist auf die Einräumung eines Kredites an den Kunden ausgerichtet. Dies entspricht dem typischen Geschäftsmodell eines Kreditinstitutes. Eine sonstige Leistung des Kreditinstituts an den Händler liegt nicht vor. Die Zahlung des Händlers zur Ermöglichung eines günstigen Zinssatzes ergänzt vielmehr die Entgeltzahlung des Kunden für die Kreditgewährung und hat somit preisauffüllenden Charakter. Diese Zahlung hat den erklärten Zweck, das Entgelt für die Leistung des Kreditinstituts an den Kunden auf die nach Kalkulationsgrundsätzen erforderliche Höhe zu bringen und dadurch das Zustandekommen der Kreditvergabe an den Kunden zu sichern oder wenigstens zu erleichtern (vgl. Abschn. 10.2 Abs. 5 UStAE).

Derartige Zahlungen des Händlers an sonstige Institute bei Kreditgeschäften sind somit als Entgelt von dritter Seite für die sonstige Leistung des Instituts an

[1]) Nr. **500** § 1/3.

den Kunden zu qualifizieren. Eine Minderung der Bemessungsgrundlage für die Lieferung des Gegenstandes vom Händler an den Kunden scheidet aus.

**2. Finanzierung durch Leasing**

Beim Leasing (Finanzierungsleasing) wird der Leasinggegenstand vom Leasinggeber beschafft, finanziert und dem Leasingnehmer (Kunden) gegen Zahlung des vereinbarten Leasingentgelts zur Nutzung überlassen. Je nach vertraglicher Gestaltung kann es sich hierbei um eine Lieferung nach § 3 Abs. 1 UStG des Leasinggebers an den Leasingnehmer oder um eine sonstige Leistung nach § 3 Abs. 9 UStG in Gestalt der Nutzungsüberlassung durch den Leasinggeber handeln (vgl. Abschn. 3.5 Abs. 5 UStAE).

Der Unterschied zu der Finanzierung durch Kreditvergabe besteht darin, dass zwischen Hersteller/Händler und Kunde (Leasingnehmer) kein Kaufvertrag über den Leasinggegenstand geschlossen wird. Vielmehr erwirbt der Leasinggeber den Leasinggegenstand vom Hersteller/Händler, um diesen nachfolgend an den Kunden zur Nutzung zu überlassen. Damit die (bereits im Interesse des Leasingnehmers ermäßigten) Leasingraten vom Leasinggeber akzeptiert werden, hat der Hersteller/Händler dem Leasinggeber einen finanziellen Ausgleich zu leisten.

Aus den unter III. 1. dargestellten Gründen erbringt der Leasinggeber keine Leistung eigener Art an den Hersteller/Händler. Vielmehr handelt es sich bei den Zahlungen zur Subventionierung des Leasinggeschäftes regelmäßig um Rabattgewährungen des Herstellers/Händlers für die Lieferungen des Leasinggegenstandes an den Leasinggeber. Der Hersteller/Händler kann insoweit eine Entgeltminderung geltend machen. Dem Leasinggeber steht analog hierzu nur der geminderte Vorsteuerabzug aus der Anschaffung des Leasinggegenstandes zu.

Die Aussagen unter II. gelten für die Finanzierung sonstiger Waren mittels Leasingvereinbarungen entsprechend, wenn es sich bei der Leasinggesellschaft um ein hersteller- bzw. händlerverbundenes Unternehmen innerhalb des Unternehmerverbundes handelt.

## IV. Änderung des Umsatzsteuer-Anwendungserlasses

(...)

## V. Anwendung

Die Grundsätze dieses Schreibens sind in allen offenen Fällen anzuwenden. Es wird jedoch nicht beanstandet, wenn für vor dem 1. Januar 2014 ausgeführte Umsätze in den unter III. dargestellten Sachverhalten die Beteiligten unter Berufung auf das BMF-Schreiben vom 28. September 2011, BStBl. I S. 935[1], hinsichtlich der Zahlung des Herstellers/Händlers von einem Entgelt für eine sonstige Leistung des finanzierenden Instituts an den Zahlenden in Gestalt der Förderung des Absatzgeschäftes ausgehen und die Beteiligten bereits vor Veröffentlichung des heutigen Schreibens im BStBl. entsprechend verfahren sind.

---

[1] Nr. **500** § 1/3.

# 500 § 1/6. Schreiben betr. Umsatzsteuer; Umsatzsteuerrechtliche Beurteilung des Verlegeranteils an den Einnahmen aus gesetzlichen Vergütungsansprüchen nach § 27 sowie §§ 54, 54a und 54c UrhG sowie aus urheberrechtlichen Nutzungsrechten

Vom 14. Oktober 2021

BMF III C 2 - S 7100/19/10001 :003; DOK 2021/1081533

(BStBl. I S. 2133)

**Bezug:** BGH-Urteil vom 21. April 2016 ZR 198/13; Urteil des Kammergerichts Berlin vom 14. November 2016 24 U 96/14; EuGH-Urteil vom 18. Januar 2017 Rs C-37/16, SAWP;

Mit Urteil vom 21. April 2016 I ZR 198/13 hat der BGH die bisherige Beteiligung der Verleger an den Einnahmen der Verwertungsgesellschaften aus den gesetzlichen Vergütungsansprüchen nach § 27 sowie §§ 54, 54a und 54c Urheberrechtsgesetz (UrhG) für rechtswidrig erklärt. Den Verlegern stünden nach dem UrhG keine eigenen Rechte oder Ansprüche zu, die von den Verwertungsgesellschaften wahrgenommen werden könnten.

Dieses Urteil hat der Gesetzgeber in § 27a Abs. 1 Verwertungsgesellschaftengesetz (VGG) umgesetzt. Danach kommt eine Beteiligung der Verleger an den gesetzlichen Vergütungsansprüchen nur in Betracht, wenn ihnen die Ansprüche im Nachhinein abgetreten worden sind (vgl. BT-Drs. 18/8268, 5; BT-Drs. 18/10637, 25) und vom Verleger in die Verwertungsgesellschaft eingebracht werden. § 27a Abs. 1 VGG stellt klar, dass der Urheber anstelle einer nachträglichen Abtretung dieses Ausgleichsanspruchs auch die Möglichkeit hat, der Beteiligung des Verlegers an Einnahmen aus bereits wirksam in die Verwertungsgesellschaft eingebrachten gesetzlichen Vergütungsansprüchen nachträglich zuzustimmen (amtl. Begr. BT-Drs. 18/10637, 25).

Unter Bezugnahme auf das o.g. Urteil des BGH hat das Kammergericht Berlin mit Urteil vom 14. November 2016 24 U 96/14 auch für die urheberrechtlichen Nutzungsrechte entschieden, dass die Verwertungsgesellschaft nicht berechtigt sei, die den Künstlern als Urheber zustehenden Vergütungsanteile an die Verleger auszuschütten. Der Verleger erbringe keine Leistung an die Verwertungsgesellschaft, für die die Zahlung als Entgelt angesehen werden könnte. Der Beitrag der Musikverleger zum Vergütungsaufkommen der Verwertungsgesellschaft sei noch weniger fassbar als bei der Wahrnehmung der gesetzlichen Vergütungsansprüche. Es bestehe daher kein Grund, zwischen den Erlösen aus der Verwertung urheberrechtlicher Nutzungsrechte und der Einziehung gesetzlicher Vergütungsansprüche zu unterscheiden.

Die Zahlung gesetzlicher Vergütungsansprüche nach § 27 sowie §§ 54, 54a und 54c UrhG durch Verpflichtete an Verwertungsgesellschaften sowie die Ausschüttung der Einnahmen an die Urheber unterliegt ab 1. Januar 2019 nicht mehr der Umsatzsteuer (vgl. EuGH-Urteil vom 18. Januar 2017 Rs. C-37/16, SAWP). Der deutsche Gesetzgeber hat die Regelung in § 3 Abs. 9 Satz 3 Umsatzsteuergesetz (UStG) mit Wirkung zum 1. Januar 2019 aufgehoben. Die Dienstleistung der Verwertungsgesellschaft an die Urheber ist hiervon nicht betroffen.

Mit dem Gesetz zur Anpassung des Urheberrechts an die Erfordernisse des digitalen Binnenmarktes hat der Gesetzgeber von seinem Wahlrecht nach Art. 16 der Richtlinie (EU) 2019/790 des Europäischen Parlaments und des Rates vom 17. April 2019 über das Urheberrecht und die verwandten Schutzrechte im digitalen Binnenmarkt und zur Änderung der Richtlinien 96/9/EG und 2001/29/EG, dem Verleger einen gesetzlichen Beteiligungsanspruch an den Vergütungsansprüchen des Urhebers zu normieren, Gebrauch gemacht und einen entsprechenden gesetzlichen Beteiligungsanspruch der Verleger an den gesetzlichen Vergütungsansprüchen des Urhebers in § 63a Abs. 2 UrhG geregelt.

Unter Bezugnahme auf das Ergebnis der Erörterungen mit den obersten Finanzbehörden der Länder gilt hinsichtlich der umsatzsteuerrechtlichen Beurteilung des Verlegeranteils an den Einnahmen aus gesetzlichen Vergütungsansprüchen nach § 27 sowie §§ 54, 54a, 54c und 63a UrhG sowie aus urheberrechtlichen Nutzungsrechten Folgendes:

## 1. Gesetzliche Vergütungsansprüche:

### a) Keine Leistungen des Urhebers

Die von der Verwertungsgesellschaft ausgeschütteten Einnahmen an den Urheber sind aufgrund der o.g. EuGH-Rechtsprechung und deren Umsetzung in nationales Recht bei ihm nicht umsatzsteuerbar, da insoweit kein Leistungsaustausch vorliegt.

Die von den Geräteherstellern oder Geräteimporteuren auf nachgelagerten Handelsstufen mit dem Kaufpreis in Rechnung gestellten Urheberrechtsabgaben sind in die Bemessungsgrundlage für die Umsatzbesteuerung der Gerätebelieferung einzubeziehen.

### b) Keine Leistungen des Verlegers

Die Zahlungen von der Verwertungsgesellschaft an den Verleger auf Grund von § 63a Abs. 2 und 3 UrhG stehen in keinem Zusammenhang mit einer umsatzsteuerbaren Leistung. Die Zahlungen nach § 63a Abs. 2 und 3 UrhG haben wie die Ansprüche des Urhebers nach § 27 sowie §§ 54, 54a und 54c UrhG Entschädigungscharakter. Da sich der Beteiligungsanspruch des Verlegers nach § 63a Abs. 2 und Abs. 3 UrhG auf die gesetzlichen Vergütungsansprüche nach § 27 Abs. 2 sowie §§ 54, 54a und 54c UrhG bezieht, sind die Ausschüttungen von der Verwertungsgesellschaft an den Verleger ebenso wie die Ausschüttungen der Verwertungsgesellschaft an den Urheber nicht umsatzsteuerbar.

### c) Leistung der Verwertungsgesellschaft an den Urheber und an den Verleger

Die Verwertungsgesellschaft erbringt mit der Einziehung der gesetzlichen Vergütungsansprüche und der Ausschüttung an den Urheber und den Verleger eine steuerbare und mangels Steuerbefreiung auch steuerpflichtige Inkassoleistung an den Urheber und an den Verleger.

Dem Urheber sowie dem Verleger stehen hieraus unter den weiteren Voraussetzungen des § 15 UStG der Vorsteuerabzug zu.

Das Entgelt dafür ist jeweils das von der Verwertungsgesellschaft einbehaltene und nicht ausgeschüttete Bearbeitungsentgelt.

**2. Urheberrechtliche Nutzungsrechte:**

Die Grundsätze des EuGH-Urteils vom 18. Januar 2017 sind auf Ansprüche aus urheberrechtlichen Nutzungsrechten nicht übertragbar.

§ 27 VGG regelt die Verteilung von Ausschüttungen der Verwertungsgesellschaften aus urheberrechtlichen Nutzungsrechten. Dies setzt voraus, dass die Verwertungsgesellschaft in ihrem jeweiligen Verteilungsplan eine Ausschüttung des Verlegeranteils vorgibt. Die Regelung gilt unabhängig davon, ob die Rechte vom Urheber oder vom Verleger in die Verwertungsgesellschaft eingebracht wurden. Der Verlegeranteil im Rahmen der urheberrechtlichen Nutzungsrechte ist daher die Ausschüttung, die auf Grund des Verteilungsplans der Verwertungsgesellschaft für den Verleger vorgesehen ist.

**a) Verlegeranteil als Entgelt für die Leistung des Verlegers an die Verwertungsgesellschaft**

Die Auszahlung des Verlegeranteils durch die Verwertungsgesellschaft ist als Entgelt für eine Leistung des Verlegers an die Verwertungsgesellschaft zu behandeln, wenn der Verleger mindestens eine der folgenden Leistungen an die Verwertungsgesellschaft erbringt:

**aa) Verlegerische Leistungen**

Der Verleger verlegt und vermarktet die Werke des ihm vertraglich verbundenen Urhebers.

**bb) Service- und Administrationsleistungen**

Der Verleger erbringt Service- und Administrationsleistungen wie zum Beispiel die Anmeldung geschaffener Werke des Urhebers, die Übernahme von Reklamationsbearbeitungen, Meldung von Veranstaltungen etc.

**cc) Vermittlungsleistungen**

Der Verleger erbringt eine Vermittlungstätigkeit zugunsten der Verwertungsgesellschaft, wenn er aktiv darauf hinwirkt, dass weitere Urheber Mitglied in der Verwertungsgesellschaft werden.

**b) Verlegeranteil als Entgelt für die Leistung des Urhebers an den Verleger und für die Leistung des Verlegers an den Urheber**

Sollte keine Leistung des Verlegers an die Verwertungsgesellschaft nach den Voraussetzungen von Ziffer 2. Buchst. a) vorliegen, stellt die Ausschüttung des Verlegeranteils der Verwertungsgesellschaft ein Entgelt für die Leistung des Urhebers an den Verleger und die Leistung des Verlegers an den Urheber dar.

**aa) Leistung des Urhebers an den Verleger**

Die Urheber erbringen mit der Übertragung der Rechte zur Wahrnehmung durch die Verwertungsgesellschaft eine steuerbare und steuerpflichtige sonstige Leistung an den Verleger. Der Urheber räumt dem Verleger im Verlagsvertrag regelmäßig die urheberrechtlichen Nutzungsrechte bzw. Vergütungsansprüche an seinem Werk zur gemeinsamen Einbringung in die Verwertungsgesellschaft ein. Dafür zahlt der Verleger dem Urheber ein Entgelt, welches die Bemessungsgrundlage für die vom Urheber erbrachte steuerbare und steuerpflichtige Leistung ist. Ebenfalls Entgelt für diese Leistung ist der dem Urheber zustehende Ausschüttungsbetrag der Verwertungsgesellschaft, den die Verwertungsgesellschaft an den Verleger ausschüttet.

#### bb) Leistung des Verlegers an den Urheber

Der Verleger wird auf der Grundlage des Verlagsvertrags an den Einnahmen der Verwertungsgesellschaft aus urheberrechtlichen Nutzungsrechten beteiligt. Der Verlegeranteil ist insoweit als Entgelt für die verlegerische Tätigkeit der Leistungsbeziehung zwischen Urheber und Verleger zuzuordnen.

#### cc) Fallgestaltungen für die Ausschüttungen der Verwertungsgesellschaft

Eine entsprechende Beschränkung wie bei den gesetzlichen Vergütungsansprüchen sieht § 27 Abs. 2 VGG für die Verlegerbeteiligung an den urheberrechtlichen Nutzungsrechten nicht vor. In der Praxis der Verwertungsgesellschaften sind zwei Fallgestaltungen zu unterscheiden:

(1) Die Ausschüttung des Verlegeranteils setzt entsprechend dem Verteilungsplan der Verwertungsgesellschaft nur voraus, dass der Verleger mit der Verwertungsgesellschaft einen Wahrnehmungsvertrag abgeschlossen hat (sog. Wahrnehmungsberechtigter). Auf eine Vereinbarung im Verlagsvertrag zwischen Urheber und Verleger kommt es nicht an. Gemäß Verteilungsplan der Verwertungsgesellschaft steht dem Urheber stets nur sein „Urheberanteil" zu. Ist der Verleger nicht Wahrnehmungsberechtigter der Verwertungsgesellschaft, wird der Verlegeranteil nicht an den Urheber ausgeschüttet, sondern nach Ablauf einer Frist wieder der Verteilung in der jeweiligen Sparte zugeführt. Bei dieser Fallgestaltung kann der Verlegeranteil nicht in den Vermögensbereich des Urhebers gelangen.

Die Auszahlung des Betrags an den wahrnehmungsberechtigten Verleger ist beim Verleger Entgelt von dritter Seite seitens der Verwertungsgesellschaft für die verlegerische Leistung des Verlegers an den Urheber. Der Verwertungsgesellschaft steht hieraus kein Vorsteuerabzug zu, da die Verwertungsgesellschaft in dieses Leistungsverhältnis nicht involviert ist.

(2) Hat die Verwertungsgesellschaft im Verteilungsplan vorgesehen, die Einnahmen aus urheberrechtlichen Nutzungsrechten grundsätzlich in voller Höhe an den Urheber auszuschütten, sofern im Verlagsvertrag zwischen Urheber und Verleger keine Beteiligung des Verlegers vereinbart ist, ist der Verlegeranteil umsatzsteuerlich als Entgelt im abgekürzten Zahlungsweg des Urhebers an den Verleger für dessen verlegerische Leistung zu beurteilen.

Die Einnahmen unterliegen dann in voller Höhe der Umsatzbesteuerung beim Urheber (für die Einräumung des Nutzungsrechts) und sind außerdem in Höhe des Verlegeranteils als Entgelt im Rahmen des Verlagsvertrags beim Verleger für dessen verlegerische Leistung an den Urheber zu besteuern. Dem Urheber steht hieraus unter den weiteren Voraussetzungen des § 15 UStG ein Vorsteuerabzug zu.

#### c) Leistung der Verwertungsgesellschaft an Urheber bzw. an den Verleger

Analog der Beurteilung bei den gesetzlichen Vergütungsansprüchen erbringt die Verwertungsgesellschaft eine steuerbare und steuerpflichtige Inkassoleistung an den Verleger als Forderungsinhaber. Das Entgelt dafür besteht in der Höhe des einbehaltenen und nicht ausgeschütteten Betrags (Bearbeitungsentgelt), sofern darüber hinaus keine weiteren Zahlungen vereinbart sind. Dem Verleger steht unter den weiteren Voraussetzungen des § 15 UStG ein Vorsteuerabzug zu.

Die Inkassoleistung an den Urheber für dessen Anteil an den Ausschüttungen geht umsatzsteuerlich wie bisher in der Leistungskommission i.S.d. § 3 Abs. 11 UStG zwischen dem Urheber als Kommittent und der Verwertungsgesellschaft als Kommissionärin unter, da die Verwertungsgesellschaft im eigenen Namen und für Rechnung des Urhebers gegenüber den Zahlungsverpflichteten auftritt.

Die Grundsätze dieses Schreibens sind in allen offenen Fällen anzuwenden.

Hinsichtlich aller bis einschließlich 31. Dezember 2021 entstandener gesetzlicher Vergütungsansprüche nach § 27 sowie §§ 54, 54a und 54c UrhG – auch für Zwecke des Vorsteuerabzugs – wird nicht beanstandet, wenn die Beteiligten übereinstimmend von sonstigen steuerbaren und steuerpflichtigen Leistungen der Verleger an die Verwertungsgesellschaft ausgehen.

Hinsichtlich aller bis einschließlich 31. Dezember 2021 entstandener Vergütungsansprüche aus urheberrechtlichen Nutzungsrechten – auch für Zwecke des Vorsteuerabzugs – wird nicht beanstandet, wenn die Beteiligten übereinstimmend von sonstigen steuerbaren und steuerpflichtigen Leistungen der Verleger an die Verwertungsgesellschaft ausgehen.

# 500 § 1/7. Schreiben betr. umsatzsteuerliche Fragen bei der Errichtung von Gebäuden auf fremdem Boden

Vom 23. Juli 1986 (BStBl. I S. 432)

(BMF IV A 2 – S 7100 – 76/86)

**Inhaltsverzeichnis**

Unter Bezugnahme auf das Ergebnis der Erörterungen mit den obersten Finanzbehörden der Länder gilt beim Bauen auf fremdem Boden folgendes:

## A. Vorbemerkung

Bauen auf fremdem Boden liegt vor, wenn der Besteller einer Baumaßnahme auf dem nicht in seinem oder nicht in seinem alleinigen Eigentum stehenden Grundstück ein Bauwerk errichtet. Unter Bauwerk sind Gebäude, Gebäudeteile und Baumaßnahmen wie Um-, Aus- oder Einbauten an einem bestehenden Gebäude zu verstehen. Voraussetzung ist, daß der Besteller nicht Vermittler im umsatzsteuerlichen Sinne ist. Für die Frage des Leistungsaustausches, der Steuerbefreiung und des Vorsteuerabzugs ist zu prüfen, ob eine Leistung des bauausführenden Unternehmers an den Besteller, gegebenenfalls eine weitere Leistung des Bestellers an den Grundstückseigentümer oder eine unmittelbare Leistung des bauausführenden Unternehmers an den Grundstückseigentümer vorliegt.

## B. Umsätze an den Besteller

Wird auf einem Grundstück ein Bauwerk errichtet, so ist Leistungsempfänger einer Werklieferung (§ 3 Abs. 4 UStG) derjenige, dem die Verfügungsmacht daran verschafft worden ist. Dabei kommt es nicht darauf an, wer bürgerlich-rechtlicher oder wirtschaftlicher Eigentümer des Grundstücks ist. Eine Lieferung an den Grundstückseigentümer liegt nicht schon deshalb vor, weil er das Eigentum am Gebäude oder an dem sonstigen Gegenstand der Werklieferung kraft der zivilrechtlichen Vorschriften (§§ 946, 94 BGB) erlangt hat (BFH-Urteil vom 6. Dezember 1979, BStBl. 1980 II S. 279). Leistungsempfänger im Sinne von § 3 Abs. 1 UStG ist vielmehr der Besteller, der die den Leistungen zugrundeliegenden Aufträge im eigenen Namen erteilt hat und auch zivilrechtlich Vertragspartner geworden ist (BFH-Beschluß vom 13. September 1984, BStBl. 1985 II S. 21). Ein Anhaltspunkt hierfür kann sein, daß die Rechnung auf ihn ausgestellt ist. Dies gilt grundsätzlich auch dann, wenn der Besteller Miteigentümer am Grundstück ist. Der Besteller erlangt die Verfügungsmacht mit der Übergabe des fertiggestellten Bauwerks (vgl. BFH-Urteil vom 26. Februar 1976, BStBl. 1976 II S. 309).

## C. Lieferung durch den Besteller an den Grundstückseigentümer

Ist dem Besteller die Verfügungsmacht an dem auf fremdem Boden errichteten Bauwerk verschafft worden, so ist zu prüfen, ob und gegebenenfalls wann er es an den Grundstückseigentümer (oder an die Gemeinschaft der Eigentümer) weiterliefert und ob die Weiterlieferung unter das Grunderwerbsteuergesetz fällt.

### I. Voraussetzungen für die Lieferung im einzelnen

**1. Verschaffung der Verfügungsmacht**

Voraussetzung für eine Lieferung ist, daß der Besteller der Baumaßnahme dem Grundstückseigentümer die Verfügungsmacht daran verschafft (§ 3 Abs. 1 UStG). Hierzu ist erforderlich, daß nach dem Willen der Beteiligten der Besteller die Verfügungsmacht verliert und er zugleich dem Grundstückseigentümer Substanz, Wert und Ertrag des Bauwerks zuwendet. Das bedeutet, daß der Eigentümer die volle körperliche und wirtschaftliche Sachherrschaft über das Bauwerk erhält, die zu einer uneingeschränkten Verfügungsberechtigung über diese wirtschaftliche Substanz führt (vgl. BFH-Urteil vom 6. Dezember 1979 a. a. O.). Dies ist regelmäßig der Fall, wenn der Grundstückseigentümer als Vermieter mit dem Besteller als Mieter auch für die hinzugekommenen Teile, nicht nur für die Überlassung des Bodens, eine Miete vereinbart hat (s. Beispiel 1).

**2. Gesetzlicher Eigentumsübergang**

Wächst dem Grundstückseigentümer das Eigentum am Bauwerk nach §§ 946 und 94 BGB zu, so ist darin nicht zwangsläufig eine Lieferung durch den Besteller an den Grundstückseigentümer zu sehen (vgl. BFH-Urteil vom 26. Februar 1976 a. a. O., entgegen BFH-Urteil vom 24. Juli 1969, BStBl. 1970 II S. 71).

**3. Scheinbestandteile**

Eine Lieferung durch den Besteller an den Grundstückseigentümer scheidet aus, wenn der Besteller zivilrechtlicher Eigentümer des errichteten Bauwerks bleibt, weil es nur zu einem vorübergehenden Zweck mit dem Grundstück verbunden wird (§ 95 Abs. 1 BGB), der Besteller also nicht die Absicht hat, dem Grundstückseigentümer das Bauwerk nach Beendigung des Mietvertrags zu überlassen (BFH-Urteil vom 15. September 1977, BStBl. 1977 II S. 886; s. Beispiel 2).

**4. Wirtschaftliches Eigentum**

Ein Übergang der Verfügungsmacht ist auch dann nicht anzunehmen, wenn der Besteller wirtschaftlicher Eigentümer (§ 39 Abs. 2 AO) des Bauwerks ist, d. h. wenn er auf Dauer die wirtschaftliche Verfügungsmacht und die Sachherrschaft unter Ausschluß des Eigentümers hat (vgl. BFH-Urteil vom 26. Januar 1978, BStBl. 1978 II S. 280, s. Beispiel 3). Allein aus dem Einverständnis des Grundstückseigentümers mit der Baumaßnahme kann eine Weiterlieferung an ihn nicht hergeleitet werden. Wird der Grundstückseigentümer durch die Baumaßnahme nicht nur zivilrechtlicher, sondern auch wirtschaftlicher Eigentümer des Bauwerks, so kann die Verfügungsmacht gleichwohl zunächst beim Besteller verbleiben. Das ist der Fall, wenn der Besteller wirtschaftliches Eigentum nur deshalb nicht erwirbt, weil seine volle körperliche und wirtschaftliche Sachherrschaft über das Bauwerk nicht auf Dauer, sondern zeitlich beschränkt besteht (s. Beispiel 4).

## II. Zeitpunkt der Lieferung

### 1. Sofortige Weiterlieferung

Eine Lieferung des Bauwerks durch den Besteller an den Grundstückseigentümer liegt erst dann und zu dem Zeitpunkt vor, in dem von den Beteiligten gewollt Substanz, Wert und Ertrag des Bauwerks auf den Grundstückseigentümer übergehen. Wenn der Grundstückseigentümer dem Besteller die Herstellungskosten des Bauwerks ersetzt und ihm mit Fertigstellung und Ingebrauchnahme hierfür eine Miete berechnet, so liegt unmittelbar mit der Lieferung des Bauwerks an den Besteller eine Weiterlieferung des Bauwerks durch den Besteller an den Grundstückseigentümer vor (s. Beispiel 1).

### 2. Weiterlieferung nach Ablauf des Miet- oder Pachtvertrages

Nutzt dagegen der Besteller der Baumaßnahme das auf eigene Kosten errichtete Bauwerk für sein Unternehmen, ohne hierfür eine Miete oder Pacht zu bezahlen, so wird die Übertragung in ihrem wirtschaftlichen Gehalt regelmäßig erst nach Ablauf des Miet- oder Pachtvertrages für den Boden erfolgen (s. Beispiele 4 und 5). Während dessen Dauer jedenfalls ist der zivilrechtliche Eigentümer davon ausgeschlossen, das Bauwerk zu nutzen und dessen Früchte zu ziehen. Die rechtliche Möglichkeit, den Boden samt aufstehenden Gebäuden zu jeder Zeit zu veräußern, ändert hieran nichts (BFH-Urteil vom 6. Dezember 1979 a. a. O.).

### 3. Anzahlungen für eine spätere Weiterlieferung

Verbleibt die Verfügungsmacht an dem Bauwerk zunächst beim Besteller, übernimmt jedoch der Grundstückseigentümer gegenüber dem Besteller des Bauwerks teilweise die Kosten für dessen Errichtung (z. B. durch Barzahlung, Schuldübernahme oder durch Mietverzicht für den Boden), so handelt es sich um eine Anzahlung für die spätere Weiterlieferung des Bauwerks an den Grundstückseigentümer. Die Weiterlieferung erfolgt dann zum Zeitpunkt der tatsächlichen Beendigung des Mietverhältnisses (s. Beispiel 6).

## III. Teile eines Bauwerks

(1) Eine Lieferung kann umsatzsteuerrechtlich auch dann vorliegen, wenn der an den Eigentümer übertragene Bestandteil eines Bauwerks zivilrechtlich

nicht Gegenstand besonderer Rechte sein kann (vgl. BFH-Urteil vom 26. Februar 1976 a. a. O.). Diese Verfügungsmacht kann deshalb – unabhängig von der zivilrechtlichen Beurteilung – an wirtschaftlich abgrenzbaren Teilen eines Bauwerks übertragen werden. Dazu gehören räumlich abgegrenzte Teile eines Bauwerks (Stockwerk oder Wohnung eines Gebäudes). Dagegen sind wirtschaftlich nicht abgrenzbare Teile eines Bauwerks (z. B. die einzelnen Heizkörper einer einheitlichen Heizungsanlage) nicht selbständig lieferungsfähig. Ob die Heizungsanlage **insgesamt** in der Verfügungsmacht des Bestellers verbleibt oder an den Eigentümer weitergeliefert wird, richtet sich nach Abschnitt C I Nr. 1.

(2) Daraus ergibt sich, daß die Verfügungsmacht lediglich an einem Teil des Bauwerks vom Besteller auf den Grundstückseigentümer weiter übertragen werden kann, während der übrige Teil des Bauwerks in der Verfügungsmacht des Bestellers verbleibt (s. Beispiel 7).

## D. Bauen auf Grundstücken von Gesellschaftern oder Gesellschaften

Die vorstehend dargestellten Grundsätze gelten auch, wenn

– eine Gesellschaft auf einem Grundstück, das im Eigentum eines oder mehrerer ihrer Gesellschafter steht,

oder

– ein Gesellschafter auf einem Grundstück, das im Eigentum der Gesellschaft steht,

ein Bauwerk errichtet. Wird ein Bauwerk ganz oder teilweise vom Besteller an den Grundstückseigentümer weitergeliefert und hierfür kein Entgelt aufgewendet, so ist *§ 1 Abs. 1 Nr. 2 Buchst. a und Nr. 3 UStG*[1] zu beachten (s. Beispiel 8).

## E. Bauen auf Grundstücken von Ehegatten

### I. Allgemeines

(1) Die vorstehend dargestellten Grundsätze gelten auch für den Fall, daß ein unternehmerisch tätiger Ehegatte auf einem Grundstück, das im Eigentum des anderen Ehegatten oder im Miteigentum beider Ehegatten steht, ein Bauwerk errichtet. Haben die Ehegatten keine Vereinbarungen getroffen, die die Rechtsbeziehungen hinsichtlich der Nutzung des Bodens und des Gebäudes zivilrechtlich eindeutig klarstellen, ist auf die mutmaßlichen Vorstellungen der Ehegatten abzustellen, wie sie in den tatsächlichen Verhältnissen zum Ausdruck kommen. Leistungsempfänger der Werklieferung des Bauunternehmers ist derjenige, der gegenüber dem Bauunternehmer im eigenen Namen als Besteller des Bauwerks aufgetreten ist (vgl. Abschnitt B).

(2) Ist nach den tatsächlichen Verhältnissen der Ehegatte, der nicht alleiniger Grundstückseigentümer ist, als Besteller anzusehen, so stellt sich die Frage,

[1] Jetzt § 3 Abs. 1 b UStG.

ob er das Bauwerk an den anderen Ehegatten oder die Ehegattengemeinschaft weitergeliefert hat.

### II. Weiterlieferung bei Zahlungen des Eigentümers

(1) Leistet der Grundstückseigentümer an den bestellenden Ehegatten im Zusammenhang mit der Baumaßnahme eine Zahlung, so kann eine Weiterlieferung vorliegen. Eine sofortige Weiterlieferung ist anzunehmen, wenn der zahlende Grundstückseigentümer das Bauwerk ganz oder teilweise im Anschluß an die Errichtung für eigene Zwecke nutzt (z. B. durch Vermietung an einen Ehegatten oder einen Dritten oder für private Wohnzwecke). Ist nicht nachweisbar, daß die Zahlung durch den Grundstückseigentümer geleistet wurde, um hierfür das Bauwerk als Gegenleistung zu erhalten, so ist eine steuerbare Weiterlieferung nicht anzunehmen; es handelt sich vielmehr um eine Zahlung aus nichtunternehmerischen (familiären) Gründen (s. Beispiele 9 und 10).

(2) In den Fällen, in denen der Grundstückseigentümer an den bestellenden Ehegatten eine Zahlung für die Lieferung leistet, ist die Mindestbemessungsgrundlage des § 10 Abs. 5 UStG zu beachten.

### III. Keine steuerbare Weiterlieferung, wenn Eigentümer keine Zahlung leistet

(1) Nutzt der Grundstückseigentümer das Bauwerk ganz oder teilweise für eigene Zwecke (z. B. durch Vermietung an Dritte oder für eigene Wohnzwecke), ohne daß er eine Zahlung an den bestellenden Ehegatten leistet, so liegt keine steuerbare Weiterlieferung durch den Besteller an den Grundstückseigentümer vor. In diesen Fällen ist davon auszugehen, daß die Werklieferung der Bauhandwerker insoweit unmittelbar in den nichtunternehmerischen Bereich des bestellenden Ehegatten eingegangen und von dort an den Grundstückseigentümer weitergeliefert worden ist (s. Beispiel 11). Daher kommt es auch nicht zu einem Eigenverbrauch gem. *§ 1 Abs. 1 Nr. 2 Buchst. a UStG*[1)].

(2) Leistet der Grundstückseigentümer an den bestellenden Ehegatten keine Zahlung, so liegt eine steuerbare Weiterlieferung auch dann nicht vor, wenn der Grundstückseigentümer mit dem bestellenden Ehegatten einen Mietvertrag über das Bauwerk abschließt. Ein Eigenverbrauch nach *§ 1 Abs. 1 Nr. 2 Buchst. a UStG*[1)] kommt in diesem Fall nicht in Betracht, weil das Bauwerk den unternehmerischen Bereich des bestellenden Ehegatten nicht verlassen hat (vgl. BFH-Urteil vom 26. Februar 1976 a. a. O.).

## F. Steuerfreiheit

### I. Keine Steuerfreiheit bei sofortiger Weiterlieferung

Die Weiterlieferung des Bauwerks gegen Entgelt ist als Werklieferung steuerpflichtig, wenn sie unmittelbar nach seiner Erstellung erfolgt. Es handelt sich nicht um einen Erwerbsvorgang im Sinne des Grunderwerbsteuergesetzes; die

[1)] Jetzt § 3 Abs. 1 b UStG.

Steuerbefreiung nach § 4 Nr. 9 Buchst. a UStG greift deshalb nicht ein (s. Beispiele 1 und 7).

### II. Steuerbefreiung der Weiterlieferung nach Ablauf der Miet- oder Pachtzeit

Wird dem Grundstückseigentümer die Verfügungsmacht an dem Bauwerk erst später verschafft (z. B. bei Beendigung des Mietverhältnisses), so ist diese Lieferung steuerfrei nach § 4 Nr. 9 Buchst. a UStG, sofern sie als Übertragung eines Gebäudes auf fremdem Boden nach § 2 Abs. 2 Nr. 2 in Verbindung mit § 1 Abs. 1 oder 2 GrEStG der Grunderwerbsteuer unterliegt (s. dazu Beispiele 4 und 6).

## G. Vorsteuerabzug[1)]

### I. Vorsteuerabzug beim Besteller

#### 1. Allgemeines

Dem Besteller der Baumaßnahme steht unter den Voraussetzungen des § 15 UStG der Abzug der ihm für die Baumaßnahme in Rechnung gestellten Umsatzsteuer als Vorsteuer zu,

a) wenn er das Bauwerk sofort weiterliefert und damit eine steuerpflichtige Werklieferung bewirkt (vgl. Abschnitt F I)
   oder

b) wenn er die Verfügungsmacht an dem Bauwerk behält und das Bauwerk in seinem Unternehmen zur Ausführung von Umsätzen verwendet, die den Vorsteuerabzug nicht ausschließen. Dient das Bauwerk auch zur Ausführung von Umsätzen, die den Vorsteuerabzug ausschließen (§ 15 Abs. 2 und 3 UStG), so kommt nur ein anteiliger Vorsteuerabzug in Betracht (§ 15 Abs. 4 und 5 UStG).

Liefert der Besteller das Bauwerk später an den Grundstückseigentümer weiter (vgl. Abschnitt C II), so ist § 15 a UStG zu beachten. Der Vorsteuerabzug ist z. B. nach § 15 a UStG zu berichtigen, wenn die Weiterlieferung gemäß § 4 Nr. 9 Buchst. a UStG steuerfrei ist (vgl. Abschnitt F II) und das Bauwerk vorher vom Besteller ganz oder teilweise zur Ausführung von Umsätzen verwendet wurde, die zum Vorsteuerabzug berechtigen.

#### 2. Vorsteuerabzug bei der Weiterlieferung von Teilen eines Bauwerks

Liefert der Besteller eines Bauwerks einen wirtschaftlich abgrenzbaren Teil des Gebäudes sofort an den Grundstückseigentümer weiter, während das Bauwerk im übrigen in seinem Unternehmen verbleibt, so ist die dem Besteller für das an ihn gelieferte Bauwerk insgesamt in Rechnung gestellte Umsatzsteuer aufzuteilen und dem jeweiligen Gebäudeteil als selbständigem Gegenstand zuzuordnen. Als Vorsteuer abziehbar ist nur die Steuer, die auf den sofort weitergelieferten Gebäudeteil entfällt, sowie die Steuer, die auf den im

---

1) Zum Vorsteuerabzug bei mehreren Auftraggebern vgl. BMF v. 1. 12. 2006, BStBl. 2007 I S. 90.

Unternehmen des Bestellers verbleibenden Gebäudeteil entfällt, soweit er nicht zur Ausführung von Umsätzen verwendet wird, die den Vorsteuerabzug ausschließen (§ 15 Abs. 2 und 3 UStG).

### II. Vorsteuerabzug des Grundstückseigentümers

Wird die Verfügungsmacht an dem Bauwerk oder einem Teil des Bauwerks vom Besteller im Rahmen seines Unternehmens auf den Grundstückseigentümer übertragen, so ist der Grundstückseigentümer unter den Voraussetzungen des § 15 UStG insoweit zum Abzug der ihm in Rechnung gestellten Umsatzsteuer als Vorsteuer berechtigt, als er das Bauwerk oder den Teil des Bauwerks im Rahmen seines Unternehmens für Umsätze verwendet, die den Vorsteuerabzug nicht ausschließen (§ 15 Abs. 2 und 3 UStG). Wegen der Rechnungserteilung vgl. *Abschnitte 183 Abs. 4, 190 Abs. 3 und 192 Abs. 15 UStR*[1].

### III. Spätere Überführung in den Unternehmensbereich

Soweit der Besteller oder der Grundstückseigentümer einen Teil des Bauwerks zunächst für nichtunternehmerische Zwecke verwendet, kann ein Vorsteuerabzug nicht in Anspruch genommen werden. Wird dieser Teil später einer unternehmerischen Nutzung zugeführt, ist eine Berichtigung des Vorsteuerabzugs nach § 15 a UStG nicht möglich.

## H. Beispiele

**Beispiel 1 – Übergang des zivilrechtlichen Eigentums und sofortige Verschaffung der Verfügungsmacht –**

(1) E (Grundstückseigentümer) vermietet ein Grundstück für 15 Jahre an den Unternehmer B (Besteller). B läßt auf dem Grundstück durch den Unternehmer U eine Lagerhalle für Zwecke seines Unternehmens errichten. Die betriebsgewöhnliche Nutzungsdauer der Lagerhalle beträgt 30 Jahre. Nach den Vereinbarungen **ersetzt E dem B die Kosten** für das von B im eigenen Namen errichtete Gebäude. Für die Nutzung des Gebäudes zahlt B an E eine angemessene Miete.

(2) B ist Empfänger der Werklieferung des U. B ist unter den Voraussetzungen des § 15 UStG zum Abzug der ihm in Rechnung gestellten Umsatzsteuer als Vorsteuer berechtigt.

(3) B liefert die Lagerhalle im Zeitpunkt der Fertigstellung an E weiter. E wird nicht nur nach §§ 946, 94 BGB Eigentümer, sondern erlangt nach dem Willen der Beteiligten auch die Verfügungsmacht an der Lagerhalle. Es liegt daher eine entgeltliche Lieferung der Lagerhalle vor. Gegenleistung des E für die Lieferung der Lagerhalle ist die Übernahme der Baukosten. Die Lieferung ist steuerpflichtig, da der Vorgang nicht unter das Grunderwerbsteuergesetz fällt.

(4) E kann die ihm von B für die Weiterlieferung in Rechnung gestellte Umsatzsteuer unter den Voraussetzungen des § 15 UStG als Vorsteuer abziehen. Hierzu ist u. a. erforderlich, daß er für die Vermietung der Lagerhalle an B nach § 9 UStG auf die Steuerbefreiung des § 4 Nr. 12 Buchst. a UStG verzichtet.

**Beispiel 2 – Verbindung zu einem vorübergehenden Zweck (Scheinbestandsteile) –**

(1) E vermietet ein unbebautes Grundstück an den Unternehmer B. Der Mietvertrag ist auf 10 Jahre abgeschlossen. Es wird eine angemessene Miete gezahlt. B läßt auf dem Grundstück vom Bauunternehmer U auf eigene Kosten eine Lagerhalle für Zwecke seines Unternehmens errichten. Die betriebsgewöhnliche Nutzungsdauer der Lagerhalle beträgt 15 Jahre. B hat sich gegenüber E verpflichtet, nach Beendigung des Mietvertrages **die Lagerhalle abzubrechen**. Zweifel an der Ernsthaftigkeit der Abbruchsverpflichtung bestehen nicht.

---

[1] Jetzt Abschn. 14.1 Abs. 5, 14c.2 und 15.2 Abs. 18 UStAE.

(2) B ist Empfänger der Werklieferung des U. Er ist unter den Voraussetzungen des § 15 UStG zum Abzug der ihm in Rechnung gestellten Umsatzsteuer als Vorsteuer berechtigt.

(3) Eine Lieferung der Lagerhalle von B an E liegt nicht vor. B ist bürgerlich-rechtlich Eigentümer der Lagerhalle (§ 95 BGB), weil die Lagerhalle nach dem Willen der Parteien nur zu einem vorübergehenden Zweck mit dem Grundstück verbunden worden ist.

**Beispiel 3 – Auseinanderfallen von zivilrechtlichem und wirtschaftlichem Eigentum –**

(1) E vermietet ein unbebautes Grundstück an den Unternehmer B. Der Mietvertrag ist auf 30 Jahre abgeschlossen. Es wird eine angemessene Miete gezahlt. B läßt auf dem Grundstück durch den Bauunternehmer U auf eigene Kosten eine Lagerhalle für Zwecke seines Unternehmens errichten. Die **betriebsgewöhnliche Nutzungsdauer des Gebäudes entspricht der Dauer des Mietvertrages**. Nach Ablauf des Mietvertrages fällt die Lagerhalle vereinbarungsgemäß entschädigungslos E zu.

(2) B ist Empfänger der Werklieferung des U. Er ist unter den Voraussetzungen des § 15 UStG zum Abzug der ihm in Rechnung gestellten Umsatzsteuer als Vorsteuer berechtigt.

(3) E ist zivilrechtlich Eigentümer der Lagerhalle geworden (§§ 946, 94 BGB). Die Lagerhalle ist nach dem Willen der Parteien nicht nur zu einem vorübergehenden Zweck (§ 95 BGB) mit dem Grundstück verbunden worden.

(4) B kann jedoch nach wirtschaftlicher Betrachtungsweise den E, obwohl dieser bürgerlich-rechtlich Eigentümer geworden ist, auf Dauer von der Einwirkung auf das Gebäude ausschließen. B ist wirtschaftlicher Eigentümer (§ 39 Abs. 2 Nr. 1 AO) der Lagerhalle. Der entschädigungslose Übergang der Verfügungsmacht an der Lagerhalle nach Ablauf des Mietvertrages ist nicht umsatzsteuerbar, unterliegt jedoch der Grunderwerbsteuer (§ 8 Abs. 2 Nr. 1 in Verbindung mit § 10 GrEStG). Hiermit zusammenhängende Vorsteuern sind gemäß § 15 Abs. 2 Nr. 3 UStG vom Vorsteuerabzug ausgeschlossen.

**Beispiel 4 – Übergang des zivilrechtlichen einschließlich des wirtschaftlichen Eigentums und spätere Verschaffung der Verfügungsmacht –**

(1) E vermietet ein unbebautes Grundstück an den Unternehmer B. Der Mietvertrag ist auf 10 Jahre abgeschlossen. Es wird eine angemessene Miete gezahlt. Unmittelbar nach der Anmietung läßt B auf dem Grundstück durch den Bauunternehmer U auf eigene Kosten für Zwecke seines Unternehmens eine Lagerhalle errichten, deren betriebsgewöhnliche Nutzungsdauer 30 Jahre beträgt. E beteiligt sich nicht an den Baukosten. Nach den Vereinbarungen kann E nach Ablauf der Mietzeit wählen, ob er gegen Entschädigung die Lagerhalle übernimmt oder ob er deren Beseitigung verlangt. Die Beteiligten heben nach acht Jahren das Mietverhältnis auf. **E übernimmt die Lagerhalle und entschädigt B.**

(2) B ist Empfänger der Werklieferung des U. B ist unter den Voraussetzungen des § 15 UStG zum Abzug der ihm in Rechnung gestellten Umsatzsteuer als Vorsteuer berechtigt. Eine Weiterlieferung der Lagerhalle findet zunächst nicht statt.

(3) Die Lagerhalle ist nicht nur zu vorübergehenden Zwecken (§ 95 BGB) mit dem Grundstück verbunden worden, weil das Interesse des B von vornherein darauf gerichtet sein mußte, daß E die Lagerhalle nach Ablauf des Mietvertrages gegen Zahlung einer Entschädigung übernimmt. Die entsprechende Vereinbarung steht wegen des noch vorhandenen Restwertes der Halle im Zeitpunkt der ursprünglich vorgesehenen Beendigung des Mietvertrages auch mit den tatsächlichen Umständen in Einklang. E hat demnach bereits mit der Errichtung nach §§ 946, 94 BGB bürgerlich-rechtlich das Eigentum an der Lagerhalle erlangt.

(4) E ist auch wirtschaftlicher Eigentümer der Lagerhalle, da B ihn nicht auf Dauer von der Einwirkung auf das Gebäude ausschließen kann, sondern nur für die Dauer des Mietvertrages, nach dessen Ablauf – ursprünglich nach 10 Jahren – der Herausgabeanspruch des E noch einen wirtschaftlichen Wert hat.

(5) Trotzdem wird E die Verfügungsmacht erst nach acht Jahren verschafft, wenn die Beteiligten die Lagerhalle zum Gegenstand einer Leistungsvereinbarung machen und sie damit dem E zugewendet wird. Erst von da an ist E auch in der Lage, die volle Sachherrschaft über die Halle auszuüben. Während der Mietzeit bleibt der wirtschaftliche Gehalt des Gebäudes ausschließlich bei B. Ihm stehen solange Nutzung und Ertrag zu. Die Lieferung nach acht Jahren

unterliegt der Grunderwerbsteuer und ist daher nach § 4 Nr. 9 Buchst. a UStG von der Umsatzsteuer befreit. Da die Veräußerung innerhalb des Berichtigungszeitraums von 10 Jahren erfolgt, ist § 15 a UStG zu beachten. Gegebenenfalls ist ein Verzicht auf die Steuerbefreiung des § 4 Nr. 9 Buchst. a UStG nach § 9 UStG möglich.

**Beispiel 5 – Übergang des zivilrechtlichen Eigentums und spätere nichtsteuerbare Lieferung –**

(1) E vermietet ein unbebautes Grundstück an den Unternehmer B. Der Mietvertrag ist auf 30 Jahre abgeschlossen. Es wird eine angemessene Miete gezahlt. Unmittelbar nach der Anmietung läßt B auf dem Grundstück durch den Bauunternehmer U auf eigene Kosten eine Lagerhalle für Zwecke seines Unternehmens errichten. Die betriebsgewöhnliche Nutzungsdauer der Lagerhalle beträgt 50 Jahre. Der Mietvertrag sieht vor, daß das Gebäude nach Ablauf der Mietzeit **entschädigungslos** auf E übergeht, weil B davon ausgeht, daß die Halle dann für seinen Betrieb wertlos sein wird.

(2) B ist Empfänger der Werklieferung des U. B ist unter den Voraussetzungen des § 15 UStG zum Abzug der ihm in Rechnung gestellten Umsatzsteuer als Vorsteuer berechtigt. Eine Weiterlieferung der Lagerhalle findet zunächst nicht statt.

(3) Da die Lagerhalle mit Ende des Mietverhältnisses voraussichtlich nicht verbraucht sein und E zu dessen Verfügung stehen wird, dient sie nicht vorübergehenden Zwecken (vgl. § 95 BGB). E erlangt damit sofort nach §§ 946, 94 BGB Eigentum an dem Bauwerk. Dennoch behält B für die Dauer des Mietverhältnisses die Verfügungsmacht über die Lagerhalle. Die Verfügungsmacht geht erst mit Ablauf der Mietzeit auf E über. Die Lieferung nach Ablauf der Mietzeit ist mangels Entgelt nicht steuerbar, unterliegt jedoch der Grunderwerbsteuer (§ 8 Abs. 2 Nr. 1 in Verbindung mit § 10 GrEStG). Da die Lieferung im Falle eines Entgelts nach § 4 Nr. 9 Buchst. a UStG von der Umsatzsteuer befreit wäre, eine Option nach § 9 UStG aber nicht möglich ist (*Abschnitt 206 Abs. 3 UStR*[1]), liegt zwar grundsätzlich eine Änderung der Verhältnisse im Sinne des § 15 a UStG vor. § 15 a UStG kommt nicht zur Anwendung, weil der Berichtigungszeitraum von 10 Jahren überschritten ist.

**Beispiel 6 – Übergang des zivilrechtlichen Eigentums und spätere Weiterlieferung –**

(1) E vermietet ein unbebautes Grundstück an den Unternehmer B. Der Mietvertrag ist auf 15 Jahre abgeschlossen. Unmittelbar nach der Anmietung läßt B durch den Bauunternehmer U auf eigene Kosten eine Lagerhalle für Zwecke seines Unternehmens errichten. Die Vereinbarungen zwischen E und B sehen vor, daß die Lagerhalle nach Ablauf der Mietzeit von 15 Jahren „entschädigungslos" auf E übergeht. Als Ausgleich hierfür zahlt B für den Grund und Boden während dieser Zeit nur eine **ermäßigte Miete.** Der kapitalisierte Wert der Mieterмäßigung (bezogen auf die Mietdauer von 15 Jahren) soll nach den Vorstellungen der Mietvertragspartner dem voraussichtlichen Restwert der Lagerhalle bei Ablauf des Mietverhältnisses entsprechen.

(2) B ist Empfänger der Werklieferung des U. Er ist unter den Voraussetzungen des § 15 UStG zum Abzug der ihm in Rechnung gestellten Umsatzsteuer als Vorsteuer berechtigt.

(3) Eine Weiterlieferung der Lagerhalle an E findet zunächst nicht statt. B behält für die Dauer des Mietverhältnisses die Verfügungsmacht über die Lagerhalle. Die uneingeschränkte Nutzungs- und Verwertungsbefugnis geht auf E vereinbarungsgemäß erst nach 15 Jahren mit Ablauf des Mietvertrages über. Die Lieferung der Lagerhalle ist entgeltlich. Das Entgelt besteht in der Differenz zwischen angemessener und tatsächlich gezahlter Miete für den Grund und Boden. Aus Vereinfachungsgründen kann das Entgelt auch nach dem Restwert der Lagerhalle bestimmt werden.

(4) Die Lieferung der Lagerhalle nach 15 Jahren unterliegt nicht der Grunderwerbsteuer und ist deshalb umsatzsteuerpflichtig.

(5) Die von B in Form der verbilligten Überlassung des Grundstücks vereinnahmten Teilentgelte sind Anzahlungen für die spätere Lieferung der Lagerhalle. Sie führen nur dann zur Entstehung der Steuer, wenn das jeweils vereinnahmte Teilentgelt mindestens 10 000 DM beträgt (§ 13 Abs. 1 Nr. 1 a Satz 4 UStG), oder wenn eine Rechnung mit gesondertem Steuerausweis erteilt wird.

---

[1] Jetzt Abschn. 15.15 Abs. 3 UStAE.

**Beispiel 7 – Übergang des zivilrechtlichen Eigentums und sofortige Weiterlieferung eines Gebäudeteils –**

(1) E vermietet ein unbebautes Grundstück an die Bank B. Es wird ein angemessener Mietzins gezahlt. B läßt durch den Bauunternehmer U auf dem Grundstück auf eigene Kosten ein Gebäude errichten. Einen Teil des Gebäudes nutzt sie für eigene unternehmerische Zwecke, und zwar ausschließlich für steuerfreie Umsätze, die nach § 15 Abs. 2 und 3 UStG den Vorsteuerabzug ausschließen; einen anderen **Teil des Gebäudes überläßt sie E gegen Vergütung der anteiligen Baukosten**. Die Dauer des Mietverhältnisses über das Grundstück stimmt mit der betriebsgewöhnlichen Nutzungsdauer des Gebäudes überein. Für den von ihr genutzten Teil des Gebäudes zahlt B keine Miete.

(2) B ist Empfänger der Werklieferung des Bauunternehmers U. E erlangt nach §§ 946, 94 BGB zivilrechtlich Eigentum an dem gesamten Gebäude. B liefert an E jedoch lediglich den von ihm genutzten Teil des Gebäudes sofort weiter. Auf Grund der getroffenen Vereinbarungen wird E an den von ihm genutzten Räumen die Verfügungsmacht übertragen. Diese Lieferung der B ist als Werklieferung steuerpflichtig, weil der Vorgang nicht unter das Grunderwerbsteuergesetz fällt.

(3) Für den Vorsteuerabzug durch B gilt folgendes: Die von U in Rechnung gestellte Umsatzsteuer ist aufzuteilen. B kann den Vorsteuerabzug nur insoweit vornehmen, als die Vorsteuer der steuerpflichtigen Lieferung an E zuzuordnen ist. Die Vorsteuern, die auf den Gebäudeteil entfallen, den die Bank zur Ausführung steuerfreier Umsätze verwendet, sind vom Vorsteuerabzug ausgeschlossen.

**Beispiel 8 – Bebauung eines Gesellschafter-Grundstücks durch die Gesellschaft –**

(1) An der B-KG sind E mit 40 v. H. und seine beiden Söhne mit je 30 v. H. beteiligt. E überläßt der B-KG ein ihm gehörendes unbebautes Grundstück. Vereinbarungen hierüber werden weder im Gesellschaftsvertrag noch in einem Mietvertrag getroffen. Die B-KG läßt durch den Bauunternehmer U auf dem Grundstück auf eigene Kosten ein Gebäude errichten. Das Gebäude wird zur Hälfte zu unternehmerischen Zwecken der B-KG genutzt; zur anderen Hälfte wird es E zu eigenen Wohnzwecken überlassen.

(2) Die B-KG ist Empfänger der Werklieferung des U. Sie ist unter den Voraussetzungen des § 15 UStG zum Abzug der ihr in Rechnung gestellten Umsatzsteuer als Vorsteuer berechtigt.

(3) E wird nach §§ 946, 94 BGB Eigentümer des gesamten Gebäudes. E erlangt aber nach dem Willen der Beteiligten im Zeitpunkt der Fertigstellung die Verfügungsmacht nur an dem Wohnteil des Gebäudes. Da ein Entgelt nicht gezahlt wird, ist insoweit der Tatbestand des *§ 1 Abs. 1 Nr. 2 Buchst. a UStG*[1]) erfüllt, wenn für die Überlassung nichtunternehmerische Gründe maßgebend sind (vgl. BFH-Urteil vom 3. November 1983, BStBl. 1984 II S. 169). Liegen unternehmerische Gründe vor, z. B. weil ein betriebliches Interesse daran besteht, daß E in dem Gebäude wohnt, handelt es sich um eine Lieferung im Sinne des *§ 1 Abs. 1 Nr. 3 UStG*[1]).

**Beispiel 9 – Frage der Weiterlieferung des Bauwerks an den Ehegatten-Grundstückseigentümer bei Baukostenübernahme –**[2])

(1) Unternehmer M betreibt auf einem Grundstück, das seiner Ehefrau E gehört, ein Unternehmen. M läßt durch den Bauunternehmer U an dem Gebäude Ein- und Umbaumaßnahmen vornehmen, die allein im Zusammenhang mit seinem Unternehmen stehen. **E übernimmt ganz oder teilweise die Kosten der Baumaßnahmen.**

(2) M ist Empfänger der Werklieferung des U. Er ist unter den Voraussetzungen des § 15 UStG zum Abzug der ihm in Rechnung gestellten Umsatzsteuer als Vorsteuer berechtigt.

(3) Ob eine Weiterlieferung durch M an E vorliegt, beurteilt sich nach der Absicht, mit der E sich an den Baukosten beteiligt hat. Die Vorstellungen sind darauf zu untersuchen, ob E die Zuwendungen geleistet hat, um das Bauwerk von M zu erhalten. Für diese Beurteilung kann die Wertrelation ein Anhaltspunkt sein. Steht der von E erbrachte finanzielle Beitrag in kei-

---

[1]) Jetzt § 3 Abs. 1 b UStG.

[2]) Zum Vorsteuerabzug bei mehreren Auftraggebern vgl. BMF v. 1. 12. 2006, BStBl. 2007 I S. 90.

nem Verhältnis zu dem von ihr erlangten Vorteil, so spricht das gegen die Annahme einer Weiterlieferung. Die Bezahlung der Kosten durch die Ehefrau beruht dann auf außerunternehmerischen Gründen. Ein Unternehmer würde ohne vertragliche Vereinbarungen die Kosten nicht übernehmen.

**Beispiel 10 – Frage der Weiterlieferung eines Bauwerkteils an den Ehegatten-Grundstückseigentümer im Rahmen des Unternehmens oder im nichtunternehmerischen Bereich –**

(1) Unternehmer M läßt auf dem Grundstück seiner Ehefrau E durch den Bauunternehmer U auf eigene Kosten ein Gebäude errichten. M nutzt einen Teil des Gebäudes für das eigene Unternehmen. Den anderen **Teil des Gebäudes nutzt E durch Vermietung an Dritte.** Vertragliche Vereinbarungen wurden zwischen den Eheleuten nicht getroffen. M zahlt E für die unternehmerisch genutzten Räume kein Entgelt. E hat sich an den Baukosten mit einem eigenen Sparguthaben beteiligt.

(2) M ist Empfänger der Werklieferung des U. E hat zwar nach §§ 946, 94 BGB zivilrechtlich das Eigentum an dem Gebäude insgesamt erlangt. Die Verfügungsmacht an den von M selbst unternehmerisch genutzten Räumen erhält E jedoch nicht. Insoweit ist M unter den Voraussetzungen des § 15 UStG zum Abzug der ihm für die Errichtung dieses Gebäudeteils in Rechnung gestellten Umsatzsteuer berechtigt. Hinsichtlich der von E fremdvermieteten Räume ist davon auszugehen, daß M an E diesen Gebäudeteil weiterliefert, um E den wirtschaftlichen Gehalt der Werklieferung des U insoweit zuzuwenden. Ob die Weiterlieferung durch M seinem nichtunternehmerischen Bereich zuzuordnen oder als steuerbarer Leistungsaustausch anzusehen ist, beurteilt sich nach der Absicht, mit der sich E an den Baukosten beteiligt hat. Die Vorstellungen der Beteiligten sind darauf zu untersuchen, ob die Lieferung des M und die Zuwendung der E im Sinne eines Austauschverhältnisses miteinander verknüpft sein sollten. Für diese Beurteilung kann die Wertrelation ein Anhaltspunkt sein. Steht der von E erbrachte finanzielle Beitrag in keinem Verhältnis zu dem von ihr erlangten Vorteil, so spricht das gegen die Annahme eines entgeltlichen Vorgangs und für eine nicht steuerbare Lieferung durch M außerhalb seines Unternehmens. In diesem Fall ist M nicht berechtigt, die ihm für die Errichtung dieses Gebäudeteils in Rechnung gestellte Umsatzsteuer als Vorsteuer abzuziehen.

**Beispiel 11 – Nichtsteuerbare Weiterlieferung eines Teils des errichteten Bauwerks an den Ehegatten-Grundstückseigentümer –[1]**

(1) Unternehmer M läßt auf dem Grundstück seiner Ehefrau E durch den Bauunternehmer U auf eigene Kosten ein Gebäude errichten. M nutzt das Gebäude zum Teil für das eigene Unternehmen, **zum Teil verwenden es die Eheleute für eigene Wohnzwecke**. Vertragliche Vereinbarungen wurden zwischen den Eheleuten nicht getroffen. M zahlt an E für die unternehmerisch genutzten Räume kein Entgelt.

(2) M ist Empfänger der Werklieferung des U. E hat zwar nach §§ 946, 94 BGB zivilrechtlich das Eigentum an dem Gebäude erlangt. Die Verfügungsmacht an den vom M unternehmerisch genutzten Räumen erhält sie jedoch nicht. Bei den für Wohnzwecke genutzten Räumen ist davon auszugehen, daß M diese Gebäudeteile an E weiterliefert und E damit auch daran die Verfügungsmacht erlangt. M hat diesen Teil der Werklieferung im nichtunternehmerischen Bereich empfangen und auch die Weiterlieferung an E geschieht im nichtunternehmerischen Bereich. Ein steuerbarer Tatbestand ist insoweit nicht gegeben.

(3) Für den Vorsteuerabzug gilt folgendes: Die von U in Rechnung gestellte Steuer ist aufzuteilen. Hinsichtlich der unternehmerisch genutzten Räume ist M unter den Voraussetzungen des § 15 UStG zum Vorsteuerabzug berechtigt. Hinsichtlich der für Wohnzwecke genutzten Räume kommt ein Vorsteuerabzug nicht in Betracht.

Dieses Schreiben wird in die Umsatzsteuer-Kartei aufgenommen.

---

[1] Zum Vorsteuerabzug bei mehreren Auftraggebern vgl. BMF v. 1. 12. 2006, BStBl. 2007 I S. 90.

# 500 § 1/16. Schreiben betr. Umsatzsteuer; Public-Private-Partnerships (PPP) im Bundesfernstraßenbau; I. Modelle nach dem FStrPrivFinG; II. Errichtung und Erhalt von Streckenabschnitten nach dem BFStrMG (vormals ABMG und MautHV); III. Mauterhebung nach dem BFStrMG (vormals ABMG und MautHV); Überarbeitung des BMF-Schreibens vom 3. Februar 2005 (BStBl. I S. 414)

Vom 30. März 2022

BMF III C 2 – S 7100/20/10002 :001; DOK 2022/0326186

(BStBl. I S. 568)

Mit dem Gesetz über den Bau und die Finanzierung von Bundesfernstraßen durch Private – Fernstraßenbauprivatfinanzierungsgesetz – FStrPrivFinG – vom 30. August 1994 (BGBl. I S. 2243) hat der Gesetzgeber die rechtlichen Rahmenbedingungen für Bau, Betrieb, Erhaltung und Finanzierung von öffentlichen Straßen durch Dritte (Konzessionäre) geschaffen und für die Nutzung der nach diesen Vorschriften errichteten Verkehrsprojekte bzw. Streckenabschnitte das Recht zur Erhebung von Maut eingeführt. Daneben soll mittels der nach dem Gesetz über die Erhebung streckenbezogener Gebühren für die Benutzung von Bundesautobahnen mit schweren Nutzfahrzeugen – Autobahnmautgesetz für schwere Nutzfahrzeuge – ABMG – vom 5. April 2002 (BGBl. I S. 1234) die Verkehrsinfrastruktur verbessert werden. Hierzu können für den Bau und die Unterhaltung öffentlicher Straßen Private eingesetzt werden.

Durch die Ausdehnung der Maut auf Bundesstraßen hat sich das ABMG überholt und wurde mit den zur Bemautung von Bundesstraßen ergänzten Regelungen und zusammen mit der Mauthöheverordnung (MautHV) im Rahmen des Gesetzes über die Erhebung von streckenbezogenen Gebühren für die Benutzung von Bundesautobahnen und Bundesfernstraßen – Bundesfernstraßenmautgesetz – BFStrMG – vom 12. Juli 2011 (BGBl. I S. 1378) konstitutiv neu gefasst.

Hinsichtlich der rechtlichen Ausgestaltung der jeweiligen Verkehrsprojekte ist zwischen den Verkehrsprojekten, die von Privaten im Rahmen des FStrPrivFinG errichtet und betrieben werden („F-Modelle"), und den Autobahnstreckenabschnitten, die von Privaten zunächst errichtet und auch im verkehrsrechtlichen Sinne betrieben werden, bei denen jedoch der Bund Betreiber im steuerrechtlichen Sinne bleibt („A-Modelle"), zu unterscheiden.

Unter Bezugnahme auf das Ergebnis der Erörterungen mit den obersten Finanzbehörden der Länder gilt zur umsatzsteuerrechtlichen Beurteilung sog. F-Modelle nach dem FStrPrivFinG und sog. A-Modelle auf der Grundlage der Mauterhebung nach dem BFStrMG Folgendes:

## I. F-Modelle nach dem FStrPrivFinG

**1.**

Nach § 1 FStrPrivFinG können Private die Aufgabe des Neu- und Ausbaus von Bundesfernstraßen auf der Grundlage einer Mautgebührenfinanzierung wahrnehmen. Hierzu können Bau, Erhaltung, Betrieb und Finanzierung von Bundesfernstraßen einem Privaten übertragen werden; hoheitliche Befugnisse gehen dabei nicht auf den Privaten über. Zur Finanzierung derartiger Verkehrsprojekte sind die jeweiligen Landesregierungen und das Bundesministerium für Digitales und Verkehr jedoch ermächtigt, diesen Privaten durch Rechtsverordnung mit dem Recht zur Erhebung einer Mautgebühr zu beleihen; das Aufkommen daraus steht dem Privaten (Konzessionär) selbst zu. Er unterliegt allerdings der Aufsicht der obersten Landesstraßenbaubehörde bzw. einer dieser nachgeordneten Behörde, die auch Trägerin der Straßenbaulast bleibt.

**2.**

Die für die Durchführung des Konzessionsvertrages erforderlichen Grundstücke werden dem Konzessionär von der öffentlichen Hand (i.d.R.) unentgeltlich zur Verfügung gestellt. Der Konzessionär errichtet darauf auf eigene Kosten das entsprechende Verkehrsbauwerk zur Nutzung für sein Unternehmen, ohne für diese Nutzung eine Miete oder Pacht zu bezahlen. Da das Verkehrsbauwerk nach Ablauf des 30-jährigen Konzessionszeitraums aufgrund der vereinbarten Erhaltungspflicht nicht wirtschaftlich verbraucht ist und dem Konzessionsgeber ab diesem Zeitpunkt zur Verfügung stehen wird, dient es nicht nur vorübergehenden Zwecken (vgl. § 95 BGB). Der Konzessionsgeber erlangt zwar sofort das zivilrechtliche Eigentum an dem Bauwerk (vgl. §§ 946, 94 BGB), dennoch behält der Konzessionär für die Dauer der Überlassung die Verfügungsmacht darüber. Die Verfügungsmacht geht erst mit Ablauf des Konzessionszeitraums auf den Konzessionsgeber über (vgl. BMF-Schreiben vom 23. Juli 1986 IV A 2 – S 7100 – 76/86, BStBl. I S. 432)[1]. Mit der Errichtung, dem Unterhalt, dem Betrieb und der Finanzierung der Konzessionsstrecke wird der Konzessionär zu eigenen unternehmerischen Zwecken tätig. Diese bestehen ausschließlich darin, der Öffentlichkeit die Nutzung des Verkehrsbauwerks gegen Entgelt zu ermöglichen.

Die von den Straßennutzern zu entrichtende Mautgebühr ist Gegenleistung dafür (vgl. EuGH-Urteil vom 12. September 2000 Rs. C-359/97, Rz. 45) und unterliegt damit der Umsatzsteuer. Die Steuer entsteht insoweit mit der Erbringung der Leistung. Eine Leistung an den Konzessionsgeber (öffentliche Hand) liegt insoweit nicht vor.

**3.**

Mit der Übertragung des Straßenbauwerks nach Ablauf des Konzessionszeitraums erbringt der Konzessionär gegenüber der öffentlichen Hand eine Lieferung. Diese wird nach § 3 Abs. 7 Satz 1 UStG im Inland ausgeführt und ist damit steuerbar. Die Steuerpflicht dieser Übertragung ist davon abhängig, ob eine Steuerbefreiung nach § 4 Nr. 9 Buchst. a UStG in Betracht kommt. Diese Frage ist von den zuständigen Landesfinanzbehörden im Einzelfall zu entscheiden. Im Falle der unentgeltlichen Übertragung ergibt sich die Steuerbarkeit aus § 3 Abs. 1b Satz 1 Nr. 3 UStG; auf Abschn. 4.9.1 UStAE wird hingewiesen.

**4.**

Zum Entgelt für die Durchführung des Straßenbauvorhabens gehört alles, was den Wert der Gegenleistung bildet, die der Konzessionsnehmer vom Konzessionsgeber oder von einem anderen als dem Leistungsempfänger für die Leistung

---

[1] Nr. **500** § 1/7.

erhält oder erhalten soll, einschließlich der unmittelbar mit dem Preis dieser Umsätze zusammenhängenden Subventionen, jedoch abzüglich der für diese Leistung gesetzlich geschuldeten Umsatzsteuer (§ 10 Abs. 1 Satz 2 UStG). Die Aufwendungen des Konzessionsgebers beschränken sich insgesamt auf den sog. Sockelbetrag (Anschubfinanzierung). Nach dem Konzessionsvertrag dient der Sockelbetrag anteilig der teilweisen Abgeltung der Bau-, Erhaltungs- und Betriebskosten des Vorhabens. Der von den Vertragsparteien vereinbarten Aufteilung kann gefolgt werden, wenn sie anhand objektiver Merkmale nachvollziehbar berechnet ist.

**5.**

Der Sockelbetrag wird, unabhängig von seiner Bezeichnung als Zuschuss, vom Konzessionsgeber aufgrund des Leistungsaustauschverhältnisses entrichtet und ist damit Entgelt für eine Leistung oder Entgelt von dritter Seite und kein Zuschuss. Soweit dieser Sockelbetrag demnach auf die Baukosten entfällt, ist er Entgelt (Anzahlung) für die (spätere) Lieferung; soweit er zur Deckelung der Mautgebühren auf die sonstigen Aufwendungen des Konzessionärs entfällt, liegt Entgelt von dritter Seite vor. Soweit vertraglich keine zeitliche Zuordnung bzgl. dieses Entgelts von dritter Seite vereinbart wurde, bestehen keine Bedenken, den insgesamt dafür vereinbarten Betrag zur Bestimmung des für den anzuwendenden Steuersatz maßgebenden Leistungszeitraums linear auf den Konzessionszeitraum zu verteilen. Die Aufteilung des Sockelbetrages ist maßgeblich sowohl für die nachträgliche Feststellung des jeweils gültigen Steuersatzes im Zeitpunkt der Lieferung oder Leistung als auch für die Bestimmung des ggf. nicht der Umsatzsteuer unterliegenden Anteils des Sockelbetrages, der auf die Baukosten entfällt. Die Entstehung der Steuer im Falle der Zahlung vor Ausführung der Leistung (vgl. Nr. 7) bleibt hiervon unberührt.

**6.**

Entfällt der Sockelbetrag in vollem Umfang auf die Mautgebührendeckelung und erfolgen auch keine weiteren Zahlungen für die Lieferung, wird das Verkehrsbauwerk insgesamt unentgeltlich übertragen. In diesem Fall sind als Bemessungsgrundlage die Wiederbeschaffungskosten im Zeitpunkt der unentgeltlichen Lieferung maßgebend (§ 10 Abs. 4 Satz 1 Nr. 1 UStG).

**7.**

Zur Anwendung des maßgebenden Steuersatzes ist jede Leistung für sich gesondert zu betrachten: So ist die Leistung, soweit sie auf die Lieferung des Verkehrsbauwerks entfällt, im Zeitpunkt der Lieferung bewirkt. Eine für die Lieferung im Einzelfall gesetzlich geschuldete Umsatzsteuer entsteht damit nach Ablauf des Konzessionszeitraums (§ 13 Abs. 1 Nr. 1 Buchst. a Satz 1 UStG bzw. § 13 Abs. 1 Nr. 2 UStG, vgl. Nr. 3) in Höhe des zu diesem Zeitpunkt maßgebenden Steuersatzes. Es liegt zwar eine Bauleistung i.S.v. § 13b Abs. 2 Nr. 4 Satz 1 UStG vor, für diese im nichtunternehmerischen Bereich bezogene Bauleistung wird die Steuerschuld jedoch nicht verlagert (§ 13b Abs. 5 Satz 11 UStG); § 13b Abs. 1 UStG sowie § 13b Abs. 2 Nr. 1 UStG bleiben unberührt. Soweit ein Teil der vorab gezahlten Anschubfinanzierung auf die Bauleistung entfällt, entsteht insoweit die Steuer auf diese Anzahlung bereits mit der Zahlung (§ 13 Abs. 1 Nr. 1 Buchst. a Satz 4 UStG). Maßgeblich ist aber der Steuersatz, der zu dem Zeitpunkt gilt, in dem der Umsatz ausgeführt wird. Der übrige Teil der Anschubfinanzierung, der vertraglich zur Deckelung der

„Mautgebühren“ bestimmt ist, ist im Zeitpunkt der Leistungserbringung bzw. als Vorauszahlung im Zeitpunkt der Zahlung der Umsatzsteuer zu unterwerfen.

**8.**

Da der Konzessionär als Unternehmer das Verkehrsprojekt zur Ausführung steuerpflichtiger Umsätze verwendet, ist er für die im Rahmen der Durchführung des Vorhabens anfallenden Vorsteuern unter den allgemeinen Voraussetzungen des § 15 UStG in vollem Umfang zum Vorsteuerabzug berechtigt. Auch soweit die spätere Übertragung des Verkehrsbauwerks Gebäude (z.B. Mautzahlstellen, Überwachungs- oder Sicherheitsräume) beinhaltet, ist der Konzessionär in vollem Umfang zum Vorsteuerabzug berechtigt, da er auch diese Gebäude für die Ausführung steuerpflichtiger Umsätze verwendet. Eine nach § 4 Nr. 9 Buchst. a UStG insoweit ggf. in Betracht kommende Steuerbefreiung der späteren Übertragung hat darauf keinen Einfluss. Eine solche steuerfreie Übertragung löst auch keine Berichtigung des Vorsteuerabzugs nach § 15a UStG aus, da der maßgebliche Berichtigungszeitraum von 10 Jahren am Ende des Konzessionszeitraums abgelaufen ist.

**9.**

Ein Vorsteuerabzug des Straßennutzers aus der Leistung des Betreibers ist unter den allgemeinen Voraussetzungen des § 15 UStG ebenfalls möglich.

## II. Errichtung und Erhalt von Streckenabschnitten – A-Modelle

**1.**

Nach dem A-Modell für den mehrstreifigen Autobahnausbau in der Variante Mischmodell ist vorgesehen, dass ein Privater („Konzessionsnehmer“) den Bau bzw. den Ausbau eines Autobahnstreckenabschnitts („Konzessionsstrecke“) sowie dessen Erhalt für die Dauer eines Vertragszeitraums von 30 Jahren übernimmt und als Gegenleistung neben einer im Einzelfall vereinbarten sog. Anschubfinanzierung einen Teilbetrag der auf diesem Streckenabschnitt vom Streckenbetreiber/Bund („Konzessionsgeber“) erhobenen Maut erhält. Aus umsatzsteuerrechtlicher Sicht ist dabei zwischen dem Bau bzw. Ausbau des Streckenabschnitts und dem anschließenden Erhalt der Strecke zu unterscheiden. Der Umstand, dass die Gegenleistung für den Privaten aus dem erhobenen Mautaufkommen und in der Höhe von diesem abhängig geleistet wird, rechtfertigt es nicht, den Privaten ungeachtet seiner Bezeichnung als „Konzessionsnehmer“ als Betreiber des Streckenabschnitts im steuerrechtlichen Sinne anzusehen. Vielmehr verbleibt dieses Recht beim Bund (vgl. III.).

**2.**

Der Bau bzw. Ausbau des Streckenabschnitts stellt umsatzsteuerrechtlich eine Werklieferung dar. Diese wird nach § 3 Abs. 7 Satz 1 UStG im Inland ausgeführt und ist damit steuerbar und mangels Steuerbefreiung auch steuerpflichtig.

**3.**

Aus Vereinfachungsgründen ist es nicht zu beanstanden, die dem Privaten entstandenen Herstellungs- bzw. Anschaffungskosten als Bemessungsgrundlage für diese Werklieferung zu Grunde zu legen.

**4.**

Mit der Bauabnahme bei Fertigstellung und Übergabe des Streckenabschnitts wird die Verfügungsmacht darüber auf den Bund übertragen. Denn dieser ist von Beginn an bürgerlich-rechtlicher Eigentümer gewesen und kann von diesem Zeitpunkt an auch wirtschaftlich über den Abschnitt verfügen. Ausfluss dieser Verfügungsgewalt ist die Mauterhebung nach Inbetriebnahme des Streckenabschnitts. Die für diese Werklieferung gesetzlich geschuldete Umsatzsteuer entsteht somit in vollem Umfang bei Fertigstellung und Übergabe des Streckenabschnitts (§ 13 Abs. 1 Nr. 1 Buchst. a Satz 1 UStG). Die Zahlung einer Anschubfinanzierung stellt keinen Zuschuss, sondern im Voraus gezahltes Entgelt für den Bau bzw. Ausbau des Streckenabschnitts dar; insoweit entsteht die Steuer bereits mit Zahlung der Anschubfinanzierung (§ 13 Abs. 1 Nr. 1 Buchst. a Satz 4 UStG).

**5.**

Gegebenenfalls anfallende naturschutzrechtlich gebotene Ausgleichs- und Ersatzmaßnahmen, für die evtl. andere Fertigstellungs- und Übergabetermine als für den Streckenabschnitt vereinbart wurden, stellen selbstständige Werklieferungen dar und bilden keine einheitliche Leistung mit dem Bau bzw. Ausbau des Streckenabschnitts (vgl. Abschn. 3.10 Abs. 2 UStAE).

**6.**

Die übrigen über den Vertragszeitraum verteilt zu erbringenden Leistungen (Erhalt des Streckenabschnitts) können als jährliche Teilleistungen (einheitlich) erbracht werden. Sie sind nach § 3a Abs. 3 Nr. 1 UStG im Inland steuerbar und mangels Steuerbefreiung steuerpflichtig.

**7.**

Die Summe aus evtl. gezahlter Anschubfinanzierung und anteilig weitergeleiteten Mautgebühren stellt das Entgelt sowohl für die Errichtung des Streckenabschnitts als auch für dessen Erhalt dar. Im Zeitpunkt der Fertigstellung und Übergabe des Streckenabschnitts entsteht Umsatzsteuer. Die Zahlungen aus der weitergeleiteten Maut entfallen zum Teil auf den Bau bzw. Ausbau des Streckenabschnitts; dieser Teil hat bereits der Umsatzsteuer unterlegen. Der übrige Teil entfällt auf die im Abrechnungszeitraum erbrachte Teilleistung (vgl. II.6).

**8.**

Da der Konzessionsnehmer darüber hinaus regelmäßig die Verzinsung der gewährten Kredite (Vorfinanzierung der Werklieferung inkl. Umsatzsteuer) an den Konzessionsgeber kalkulatorisch berücksichtigt, bestehen keine Bedenken, insoweit unter den Voraussetzungen des Abschn. 3.11 Abs. 1 UStAE eine weitere eigenständige, grundsätzlich nach § 4 Nr. 8 Buchst. a UStG steuerfreie Kreditgewährung des Konzessionsnehmers an den Bund anzunehmen. Anteilig weitergeleitete Mautgebühren stellen das Entgelt für die Kreditgewährung dar.

**9.**

Um einen für alle Beteiligten nachvollziehbaren und praktikablen Aufteilungsmaßstab für die evtl. gezahlte Anschubfinanzierung und die weitergeleiteten Mautgebühren zu erhalten, der auch im Ergebnis zutreffend ist, ist dabei wie folgt zu verfahren:

**9.1.**

Die evtl. vereinnahmte Anschubfinanzierung ist gem. Abschn. 10.1 Abs. 11 Satz 1 UStAE sachgerecht auf die einzelnen Leistungen aufzuteilen. Demnach wird die Anschubfinanzierung nach Maßgabe der jeweils entstandenen Kosten anteilig für die Tilgung der Anschaffungs-/Herstellungskosten aus der Errichtung des Streckenabschnitts und für die Erhaltungsmaßnahmen aufgewendet. Alternativ kann der von dem Konzessionsnehmer und dem Bund vereinbarten Aufteilung gefolgt werden, wenn sie anhand objektiver Merkmale nachvollziehbar berechnet ist.

**9.2.**

Die vereinnahmte Maut ist gem. Abschn. 10.1 Abs. 11 Satz 1 UStAE sachgerecht auf die einzelnen Leistungen aufzuteilen. Demnach wird die Maut nach Maßgabe der jeweils entstandenen Kosten anteilig für die Tilgung der Anschaffungs-/Herstellungskosten aus der Errichtung des Streckenabschnitts, für den Zins aus der Kreditgewährung und für die Erhaltungsmaßnahmen aufgewendet (vgl. auch Abschn. 3.11 Abs. 7 Satz 1 UStAE). Durch die Bildung eines gewählten Gesamtpreises (hier: anteilige Mautzahlungen) hat der Konzessionsnehmer bereits seine Preisaufteilungsautonomie ausgeübt. Einer im Konzessionsvertrag anderweitig festgelegten Aufteilung ist keine Bedeutung zuzumessen (vgl. BFH-Beschluss vom 3. April 2013 V B 125/12, BStBl. II S. 973).

**10.**

Die Errichtung und der Betrieb des Streckenabschnitts (im verkehrsrechtlichen Sinne) erfolgen für eigene, unternehmerische Zwecke des Privaten. Dieser erbringt damit dem Betreiber des Streckenabschnitts im steuerrechtlichen Sinne (Bund) gegenüber steuerbare und dem allgemeinen Steuersatz unterliegende Leistungen und kann daher Vorsteuern aus der Errichtung und dem Betrieb des Streckenabschnitts (im verkehrsrechtlichen Sinne) unter den allgemeinen Voraussetzungen des § 15 UStG abziehen.

**11.**

Reicht die anteilige Mautzahlung des Bundes nach Anrechnung einer evtl. gezahlten Anschubfinanzierung nicht für eine vollständige Kostendeckung des Tilgungs-, Zins- und/oder Erhaltungsaufwandes (Unterdeckung) aus, führt dies zu einer Berichtigung der Bemessungsgrundlage nach § 17 UStG für die bereits versteuerte Werklieferung und für die laufenden steuerpflichtigen Erhaltungsleistungen. Eine Berichtigung der Bemessungsgrundlage ist anzunehmen, wenn das Entgelt für die erbrachte Leistung gem. § 17 Abs. 1 Satz 1 i.V.m. Abs. 2 Nr. 1 Satz 1 UStG als uneinbringlich einzustufen ist. Die Minderung ist im Falle der Erhaltungsleistungen bereits im Zeitpunkt der Leistungserbringung möglich, wenn der Private davon Kenntnis erlangt, dass er das Entgelt nicht vereinnahmen wird.

**12.**

Ist bei Public-Private-Partnerships im Bundesfernstraßenbau im sog. „A-Modell" nach dem Konzessionsvertrag vorgesehen, dass ein Privater („Konzessionsnehmer") den Betrieb des Konzessionsgegenstands übernommen hat, und ist der Private dabei zur umgehenden Beseitigung und Absicherung von Unfallschäden sowie auch zur Geltendmachung und Abrechnung von Unfallschäden mit dem Unfallverursacher verpflichtet, so sind diese Leistungen Teil seiner umsatzsteuerbaren und mangels Steuerbefreiung umsatzsteuerpflichtigen Gesamtleistung an den Konzessionsgeber. Tritt der Konzessionsgeber zu diesem Zweck etwaige Ansprüche gegen Dritte aufgrund von durch Drittgewalt verursachten Schäden an den Konzessionsnehmer ab und berechtigt ihn, diese unmittelbar gegen den Schädiger geltend zu machen, so stellen die Zahlungen, die der Konzessionsnehmer von Unfallverursachern bzw. deren Versicherungen erhält, zusätzliches Entgelt für seine steuerbare und steuerpflichtige Leistung an den Konzessionsgeber dar.

**13.**

Setzt der Konzessionsnehmer zur Erfüllung seiner Aufgaben einen Nachunternehmer ein, welcher für ihn die Betriebspflichten aus dem Konzessionsvertrag übernimmt, so erbringt der Nachunternehmer umsatzsteuerbare und mangels Steuerbefreiung umsatzsteuerpflichtige Leistungen an den Konzessionsnehmer. Hat der Nachunternehmer im Schadensfall die Abwicklung mit der Versicherung, die Abrechnung und die Beseitigung der Schäden auf eigene Rechnung durchzuführen und verpflichtet sich der Konzessionsnehmer zu diesem Zweck, die entsprechenden Ansprüche gegen Verursacher oder Versicherer, welche er vom Konzessionsgeber abgetreten bekommen hat, an den Nachunternehmer insoweit weiter abzutreten, so handelt es sich bei den Zahlungen, die der Nachunternehmer von den Schädigern bzw. deren Versicherungen erhält, um zusätzliches Entgelt für seine steuerbare und steuerpflichtige Leistung an den Konzessionsnehmer.

## III. Mauterhebung nach dem BFStrMG

**1.**

Für die Benutzung der Bundesautobahnen und der Bundesstraßen mit Fahrzeugen i.S.d. Art. 2 Buchst. d der Richtlinie 1999/62/EG des Europäischen Parlaments und des Rates vom 17. Juni 1999 über die Erhebung von Gebühren für die Benutzung bestimmter Verkehrswege durch schwere Nutzfahrzeuge (ABl. EG Nr. L 187 vom 20.7.1999 S. 42) ist nach Maßgabe des § 1 BFStrMG eine Gebühr i.S.d. Art. 2 Buchst. b der genannten Richtlinie zu entrichten (Maut), die sich nach § 3 BFStrMG berechnet. Die Maut ist an das Bundesamt für Güterverkehr (BAG) zu entrichten, welches einem Privaten die Errichtung und den Betrieb eines Systems zur Erhebung der Maut übertragen kann (§ 4 BFStrMG).

Maut nach dem BFStrMG wird nicht erhoben auf den Abschnitten von Bundesfernstraßen, für deren Benutzung eine Maut nach § 2 FStrPrivFinG erhoben wird (§ 1 Abs. 3 Nr. 3 BFStrMG).

**2.**

Die Erhebung von Maut auf den verbleibenden Streckenabschnitten ist damit dem Bund eigentümlich, da die Aufgabe dem BAG gesetzlich zugewiesen ist. Nach dem BFStrMG ist die Erhebung der Maut dem Bund vorbehalten, da einem Privaten nur die Errichtung und der Betrieb des Mauterhebungssystems übertragen werden kann. Mit der Erhebung der Maut wird der Private hingegen nur beauftragt. Mautgläubiger ist nach § 2 Abs. 2 BFStrMG der Bund. Mautschuldner ist nach § 2 Abs. 1 BFStrMG die Person, die im Zeitpunkt, zu dem die Benutzung einer mautpflichtigen Straße begonnen wird, Eigentümer oder Halter des Motorfahrzeugs ist oder über den Gebrauch des Motorfahrzeugs bestimmt oder Führer des Motorfahrzeugs ist oder auf die das Motorfahrzeug zugelassen ist oder der das Kennzeichen des Motorfahrzeugs zugeteilt ist.

Die Einzelheiten der Mauterhebung ergeben sich aus der Lkw-Maut-Verordnung.

**3.**

Die Maut wird durch den Bund auf öffentlich-rechtlicher Grundlage erhoben. Der Bund gewährt gegen Zahlung einer Maut Zugang zu einer Straße, die nicht als im Wettbewerb zu der Erhebung von Mautgebühren durch Private im Rahmen des FStrPrivFinG (vgl. I.) stehend anzusehen ist (vgl. EuGH-Urteil vom 19. Januar 2017 C-344/15, Rs. National Roads Authority). Eine Behandlung des Bundes als Nichtunternehmer für die Gewährung des Zugangs zu einer Straße gegen Zahlung einer Maut nach dem BFStrMG führt somit nicht zu größeren Wettbewerbsverzerrungen i.S.d. § 2b UStG, sodass die Leistung nicht der Umsatzsteuer unterliegt. Im Falle der Weiterbelastung des Kostenfaktors „Maut" durch den Mautschuldner an den Empfänger einer von ihm erbrachten Leistung, z.B. Transportleistung, ist die Maut Teil des Entgelts für diese Leistung (§ 10 Abs. 1 Satz 2 UStG, Abschn. 10.1 Abs. 6 Sätze 3 und 4 UStAE), auch wenn sie als gesonderter Entgeltbestandteil in der Rechnung aufgeführt ist. Die Maut stellt keinen durchlaufenden Posten dar, der nach § 10 Abs. 1 Satz 5 UStG der Umsatzsteuer nicht zu unterwerfen wäre, da unmittelbare Rechtsbeziehungen nur zwischen dem Bund und dem Mautschuldner bestehen.

**4.**

Bei Beauftragung eines Privaten mit der Errichtung und dem Betrieb des Mauterhebungssystems durch das BAG handelt dieser für eigene, unternehmerische Zwecke. Er erbringt mit der Mauterhebung für den Betreiber des Streckenabschnitts im steuerrechtlichen Sinne (Bund) diesem gegenüber steuerbare und dem allgemeinen Steuersatz unterliegende sonstige Leistungen und kann daher Vorsteuern aus der Errichtung und dem Betrieb des Mauterhebungssystems unter den allgemeinen Voraussetzungen des § 15 UStG abziehen. Leistungsbeziehungen zwischen dem Privaten und den Nutzern des Streckenabschnitts (Mautschuldner nach § 2 BFStrMG) bestehen insoweit nicht.

## IV. Änderung des Umsatzsteuer-Anwendungserlasses

...

Die Grundsätze dieses Schreibens sind in allen offenen Fällen anzuwenden.

Dieses Schreiben ersetzt das BMF-Schreiben vom 3. Februar 2005 IV A 5 – S 7100 – 15/05 (BStBl. I S. 414).

# 500 § 1/18. Schreiben betr. umsatzsteuerrechtliche Behandlung der Überlassung von sogenannten VIP-Logen und des Bezugs von Hospitality-Leistungen

Vom 28. November 2006 (BStBl. I S. 791)

(BMF IV A 5 – S 7109 – 14/06)

1 Im Zusammenhang mit dem Abschluss von Sponsoring-Verträgen werden dem sponsernden Unternehmen neben den üblichen Werbeleistungen häufig auch Eintrittskarten für VIP-Logen überlassen, die neben der Berechtigung zum Besuch der Veranstaltung auch die Möglichkeit der Bewirtung des sponsernden Unternehmers und seiner Gäste beinhalten. Zur umsatzsteuerrechtlichen Behandlung der Nutzung von sogenannten VIP-Logen in Sportstätten durch die sponsernden Unternehmer und des Bezugs von Hospitality-Leistungen gilt unter Bezugnahme auf das Ergebnis der Erörterungen mit den obersten Finanzbehörden der Länder Folgendes:

## Überlassung von sogenannten VIP-Logen in Sportstätten

2 Sofern zwischen dem leistenden Unternehmer (Werbender) und dem Leistungsempfänger (sponsernder Unternehmer) ein Paketpreis und keine gesonderte Aufteilung des Entgelts vereinbart wurde, wird es in sinngemäßer Anwendung der Regelung gemäß Randziffer 14 des BMF-Schreibens vom 22. August 2005, BStBl. I S. 845[1], aus Vereinfachungsgründen nicht beanstandet, wenn das Entgelt wie folgt aufgeteilt wird:
- Anteil für die Werbung: 40 %
- Anteil für die Bewirtung: 30 %
- Anteil für die Eintrittsberechtigung: 30 %.

Wird im Einzelfall glaubhaft gemacht, dass auf der Grundlage einer vertraglichen Vereinbarung Räumlichkeiten in der Sportstätte außerhalb der Tage, an denen Sportereignisse stattfinden, mindestens einmal wöchentlich genutzt werden, kann der auf diese Raumnutzung entfallende Anteil am Paketpreis in sinngemäßer Anwendung der Regelung gemäß Randziffer 19 des BMF-Schreibens vom 22. August 2005, BStBl. I S. 845[1], vorab pauschal mit 15 % des Gesamtbetrags ermittelt werden. Für die weitere Aufteilung des Paketpreises ist in diesen Fällen von dem um den Raumnutzungsanteil gekürzten Betrag auszugehen. Die mit dem Paketpreis abgegoltenen Leistungen stellen jeweils selbstständige sonstige Leistungen dar.

3 Sofern vom sponsernden Unternehmer nicht eine andere Zuordnung nachgewiesen wird, ist davon auszugehen, dass die auf die Verschaffung der Eintrittsberechtigung und die Bewirtung entfallenden Aufwendungen je zur Hälfte auf Geschäftsfreunde und auf eigene Arbeitnehmer entfallen.

[1] Nr. 1 § 4/21.

4 In den Fällen, in denen im Gesamtbetrag der Aufwendungen nur die Leistungen für Werbung und Verschaffung der Eintrittsberechtigung enthalten sind und für die Bewirtung eine Einzelabrechnung vorliegt (z. B. bei Vertrag mit externem Caterer), ist die Vereinfachungsregelung der Randziffer 2 zur Aufteilung des Entgelts nicht anwendbar. In diesem Fall ist für den Anteil für die Werbung und den Anteil für die Eintrittsberechtigung im Wege der sachgerechten Schätzung ein angemessener Aufteilungsmaßstab zu ermitteln. Randziffer 3 gilt entsprechend.

5 Die Leistungen des Werbenden unterliegen grundsätzlich dem Regelsteuersatz nach § 12 Abs. 1 UStG. Bei gemeinnützigen und anderen steuerbegünstigten Körperschaften kommt eine Steuerermäßigung nach § 12 Abs. 2 Nr. 8 UStG für die Leistungen in Betracht, die nicht im Rahmen eines wirtschaftlichen Geschäftsbetriebes erbracht werden (vgl. zur Abgrenzung insbesondere Randziffer 9 des BMF-Schreibens vom 18. Februar 1998, BStBl. I S. 212[1]), betreffend Werbeleistungen und *Abschnitt 170 Abs. 6 UStR*[2]) betreffend die Verschaffung von Eintrittsberechtigungen zu sportlichen Veranstaltungen).

6 Der sponsernde Unternehmer kann die auf die Aufwendungen für die Nutzung einer VIP-Loge entfallenden Vorsteuern unter den allgemeinen Voraussetzungen des § 15 UStG abziehen. Dies bedeutet insbesondere, dass die im Zusammenhang mit der Nutzung der VIP-Loge bezogenen Leistungen für das Unternehmen des Leistungsempfängers bezogen werden müssen. Sofern diese Leistungen nicht einem bestimmten Ausgangsumsatz zuzurechnen sind, ist für den Vorsteuerabzug das Gesamtbild der Verhältnisse entscheidend.

7 Gibt der sponsernde Unternehmer Eintrittsberechtigungen unentgeltlich an seine Geschäftsfreunde weiter, ist der Vorsteuerabzug aus den betreffenden Aufwendungen nach § 15 Abs. 1 a Nr. 1 UStG nur zulässig, wenn kein Geschenk i. S. des § 4 Abs. 5 Satz 1 Nr. 1 EStG vorliegt (vgl. dazu Randziffern 4 und 5 des BMF-Schreibens vom 22. August 2005, BStBl. I S. 845)[3]). Eine Besteuerung als unentgeltliche Wertabgabe nach § 3 Abs. 9 a UStG kommt nicht in Betracht, weil die Abgabe aus unternehmerischen Gründen erfolgt (*Abschnitt 24 c Abs. 1 Satz 3 UStR*[4])).

8 Zum Vorsteuerabzug aus der Bewirtung von Geschäftsfreunden siehe *BMF-Schreiben vom 23. Juni 2005, BStBl. I S. 816*[5]). Soweit danach der Vorsteuerabzug nach § 15 UStG ausgeschlossen ist, weil die Bewirtungsaufwendungen nach der allgemeinen Verkehrsauffassung als nicht angemessen zu beurteilen sind, gilt dies auch für den Teil der Aufwendungen, der auf die an der Bewirtung teilnehmenden Arbeitnehmer des sponsernden Unternehmers entfällt (vgl. Randziffer 9 des BMF-Schreibens vom 22. August 2005, BStBl. I S. 845[3])).

9 Die unentgeltliche Weitergabe von Eintrittsberechtigungen an eigene Arbeitnehmer sowie deren Bewirtung sind beim sponsernden Unternehmer als unentgeltliche Wertabgabe nach § 3 Abs. 9 a Nr. 2 UStG zu erfassen, sofern

[1]) Nr. **1** § 4/11.
[2]) Jetzt Abschn. 12.9 Abs. 6 und Abs. 10 Nr. 2 UStAE.
[3]) Nr. **1** § 4/21.
[4]) Jetzt Abschn. 3.4 Abs. 1 Satz 3 UStAE.
[5]) Jetzt Abschn. 15.6 Abs. 2 Satz 4 u. Abs. 6 UStAE.

es sich hierbei nicht um Aufmerksamkeiten oder Zuwendungen im überwiegenden betrieblichen Interesse handelt (vgl. dazu *Abschnitt 12 Abs. 2 und 3 UStR*[1]). Eine steuerpflichtige unentgeltliche Wertabgabe liegt auch vor bei der Verwendung von Eintrittsberechtigungen und Bewirtungsleistungen für Zwecke, die außerhalb des Unternehmens liegen. Auf einen vorangegangenen Vorsteuerabzug kommt es dabei nicht an.

## Hospitality-Leistungen im Rahmen der Fußballweltmeisterschaft 2006

Hat der Unternehmer im Rahmen der Fußballweltmeisterschaft 2006 sogenannte Hospitality-Leistungen bezogen, die den Eintritt ins Stadion (verbunden mit Logen- oder bevorzugten Sitzplätzen), Parkmöglichkeiten, gesonderten Zugang zum Stadion, Bewirtung, persönliche Betreuung, Erinnerungsgeschenke und Unterhaltungsangebot, nicht jedoch Aufwendungen für Werbung, umfassen, gilt unter sinngemäßer Anwendung der Regelungen des *BMF-Schreibens vom 30. März 2006, BStBl. I S. 307*[2], abweichend folgende Aufteilung: 10

- Anteil für die Bewirtung: 30 %, jedoch begrenzt auf 1000 EUR pro Teilnehmer und Veranstaltung
- Anteil für die Eintrittsberechtigung: restlicher Betrag.

Randziffer 3 gilt entsprechend.

## Überlassung von sogenannten „Business-Seats“

Für sogenannte „Business-Seats“, bei denen ein Paketpreis ohne gesonderte Aufteilung des Entgelts vereinbart wurde und bei denen im Gesamtbetrag nur die Aufwendungen für die Verschaffung der Eintrittsberechtigung, das Rahmenprogramm und die Bewirtung enthalten sind, ist das Entgelt in sinngemäßer Anwendung der Regelung in Randziffer 4 des BMF-Schreibens vom 11. Juli 2006, BStBl. I S. 447[3], wie folgt aufzuteilen: 11

- Anteil für die Bewirtung: 50 %
- Anteil für die Eintrittsberechtigung: 50 %.

Randziffer 3 gilt entsprechend. Werden im Rahmen der vertraglich vereinbarten Gesamtleistung auch Werbeleistungen erbracht, gelten die Randziffern 3 und 4 entsprechend.

## Andere Veranstaltungen in Sportstätten

Die Regelungen der Randziffern 2 bis 4 sind auf andere Veranstaltungen (z. B. kulturelle Veranstaltungen), die in Sportstätten stattfinden, anzuwenden. Voraussetzung ist, dass die Einzelfallprüfung einen gleichartigen Sachverhalt ergibt. 12

---

[1] Jetzt Abschn. 1.8 Abs. 2 und 3 UStAE.
[2] Aufgeh. durch Positivliste des BMF v. 9. 4. 2013, BStBl. I S. 522.
[3] Nr. **1** § 4/23.

## Veranstaltungen außerhalb von Sportstätten

13 Werden für Veranstaltungen außerhalb einer Sportstätte Leistungspakete, die die Eintrittsberechtigung, Bewirtung und Werbung enthalten (z. B. Operngala), zu einem Pauschalpreis ohne gesonderte Aufteilung des Entgelts angeboten, ist eine pauschale Aufteilung des Entgelts möglich. Der Aufteilungsmaßstab muss sich dabei an den Umständen des Einzelfalls orientieren.

14 Die vorstehenden Regelungen sind in allen noch offenen Fällen anzuwenden.

# 500 § 1/20. Verfügung betr. umsatzsteuerliche Behandlung des Sponsoring

Vom 18. März 2009 (StEd S. 265)

(OFD Frankfurt S 7100 A – 203 – St 110)

Das BMF hat mit Schreiben vom 18. 2. 1998 (BStBl. I S. 212)[1] zur ertragssteuerlichen Behandlung des Sponsoring ausführlich Stellung genommen. Das Schreiben regelt den Begriff des Sponsoring sowie die ertragssteuerliche Behandlung beim Sponsor und bei den steuerbegünstigten Empfängern.

Für die umsatzsteuerliche Behandlung des Sponsoring gelten die folgenden Grundsätze:

## 1. Geldleistungen des Sponsors an steuerbegünstigte Einrichtungen

Bei den Zahlungen des Sponsors an die steuerbegünstigte Einrichtung handelt es sich regelmäßig um ein Entgelt für eine steuerbare und steuerpflichtige Leistung.

Bei den Leistungen im Rahmen des jeweiligen Sponsoring-Vertrages ist zu unterscheiden zwischen konkreten Werbeleistungen (z. B. Trikotwerbung, Bandenwerbung, Anzeigen, Lautsprecherdurchsagen usw.) und bloßen Duldungsleistungen (z. B. Aufnahme eines Emblems oder Logos des Sponsors in Verbandsnachrichten, Veranstaltungshinweisen etc.) ohne besondere Hervorhebung des Sponsors oder Nennung von Werbebotschaften.

Die Duldungsleistungen unterliegen dem ermäßigten Steuersatz nach § 12 Abs. 2 Nr. 8 Buchst. a Satz 1 UStG, da kein steuerschädlicher wirtschaftlicher Geschäftsbetrieb vorliegt.

Die Werbeleistungen werden dagegen im Rahmen eines wirtschaftlichen Geschäftsbetriebs erbracht und unterliegen grundsätzlich dem Regelsteuersatz (§ 12 Abs. 1 UStG). Gehören zu den gesponserten Leistungen jedoch auch Eintrittsberechtigungen zu Veranstaltungen, kann die auf die Eintrittsberechtigung entfallende Zahlung des Sponsors unter eine Steuerbefreiung fallen (z. B. Theaterkarte nach § 4 Nr. 20 Buchst. a UStG).

**Beispiel:**

Die Versicherung V zahlt dem Sportverein S für eine Sportveranstaltung einen Zuschuss i. H. v. 1000 EUR. Auf die finanzielle Unterstützung soll durch den Abdruck des Firmenlogos der V in der Festschrift und dem Festprogramm hingewiesen werden. Gegenüber der Bank B, die ebenfalls einen Zuschuss i. H. v. 1000 EUR zahlt, verpflichtet sich der S neben dem Banklogo auch einen allgemein bekannten Werbeslogan abzudrucken.

**Lösung:**

Der S erbringt an die V steuerpflichtige Duldungsleistungen, die dem ermäßigten Steuersatz unterliegen. Durch den zusätzlichen Abdruck des Werbeslogans erbringt der S an die B Werbeleistungen, die mit dem Regelsteuersatz zu versteuern sind.

---

[1] Nr. **1** § 4/11.

Die steuerbegünstigte Einrichtung kann dem Sponsor grundsätzlich eine Rechnung mit gesondert ausgewiesener Umsatzsteuer erteilen. Unter den weiteren Voraussetzungen des § 15 UStG ist der Sponsor zum Vorsteuerabzug aus der erteilten Rechnung berechtigt.
Eine Rechnungserteilung ist mangels Leistung dagegen nicht möglich, wenn die Einnahmen dem nicht steuerbaren ideellen Vereinsbereich zuzurechnen sind. Indiz für eine nicht auf einen Leistungsaustausch abzielende allgemeine Förderung der Vereinstätigkeit ist die ertragssteuerliche Behandlung der Zahlung als Spende i. S. des § 10 b EStG.

## 2. Sachleistungen des Sponsors an steuerbegünstigte Einrichtungen

Auf Sach- und Dienstleistungen (z. B. Überlassung von Fahrzeugen) sind die Ausführungen zu Nr. 1 entsprechend anzuwenden.

Als Bemessungsgrundlage für die steuerpflichtige Leistung der steuerbegünstigten Einrichtung ist grundsätzlich der gemeine Wert der Sach- oder Dienstleistung des Sponsors anzusetzen (§§ 3 Abs. 12, 10 Abs. 2 UStG). Soweit der Wert nicht ermittelt werden kann, ist er zu schätzen. Anhaltspunkt für die Bewertung der Gegenleistung können die Selbstkosten, bei der Lieferung eines Gegenstandes der Einkaufspreis des Sponsors sein (vgl. Abschn. 153 Abs. 1 Satz 4 UStR). Die Höhe der Bemessungsgrundlage ist unabhängig vom Wert der Werbe- bzw. Duldungsleistung der steuerbegünstigten Einrichtung.

Steht der Wert der Werbe- und Duldungsleistung in einem krassen Missverhältnis zu dem Wert der Sach- oder Dienstleistung und ist aus diesem Grund der Betriebsausgabenabzug nach § 4 Abs. 5 Satz 1 Nr. 7 EStG nicht zugelassen, so ist auch der Vorsteuerabzug zu untersagen (§ 15 Abs. 1 a Nr. 1 UStG).

Der Sponsor und die steuerbegünstigte Einrichtung sind berechtigt, für die erbrachten Leistungen Rechnungen mit gesondert ausgewiesener Umsatzsteuer zu erteilen.

Die Zulässigkeit eines Vorsteuerabzugs aus der Rechnung des Sponsors bestimmt sich nach der tatsächlichen Verwendung der Sach- oder Dienstleistung.

Während eine Zuordnung zum ideellen Bereich den Vorsteuerabzug ausschließt, ist bei einer Nutzung im Rahmen von wirtschaftlichen Geschäftsbetrieben, Zweckbetrieben oder der Vermögensverwaltung der Vorsteuerabzug unter den weiteren Voraussetzungen des § 15 UStG zulässig.

Zur Überlassung von Werbemobilen an steuerbegünstigte Einrichtungen vgl. USt-Kartei § 3 – S 7119 – Karte 2.

Bezüglich der umsatzsteuerrechtlichen Behandlung der Überlassung von so genannten VIP-Logen und des Bezugs von Hospitality-Leistungen wird auf das dazu ergangene BMF-Schreiben vom 28. 11. 2006 IV A 5 – S 7109 – 14/06 (BStBl. I S. 791)[1] verwiesen.

Die Rundverfügung OFD Frankfurt vom 22. 5. 2007 S 7100 A – 203 – St 11 (USt-Kartei zu § 1 Karte 49) ist durch diese Rdvfg. überholt und kann ausgesondert werden.

[1] Nr. **500** § 1/18.

# **500** § 1/22. Schreiben betr. umsatzsteuerrechtliche Behandlung des Staatsdrittels bei Maßnahmen nach §§ 3, 13 des Eisenbahnkreuzungsgesetzes (EKrG)

Vom 1. Februar 2013 (BStBl. I S. 182)

(BMF IV D 2 – S 7200/07/10010 :017; DOK 2013/0101161)

Wird an Kreuzungen von Schienenwegen und Straßen eine Baumaßnahme nach § 3 EKrG durchgeführt, so tragen die Beteiligten – die Träger der Baulast des kreuzenden Schienenweges und der kreuzenden Straße – nach § 13 Abs. 1 EKrG je ein Drittel der Kosten. Das letzte Drittel der Kosten trägt bei Kreuzungen mit einem Schienenweg einer Eisenbahn des Bundes der Bund, in allen sonstigen Fällen das Land (sog. Staatsdrittel).

Übernimmt ein Beteiligter die Durchführung der Maßnahme nach § 3 EKrG, so erfüllt er dadurch nicht nur die eigenen, sondern auch die gesetzlichen Verpflichtungen des anderen Baulastträgers. Die Zahlungen des anderen Baulastträgers nach § 13 Abs. 1 Satz 1 EKrG für die Erfüllung dieser Aufgabe sind Entgelt für eine steuerbare Leistung.

Aus der bloßen Kostentragungspflicht des Bundes oder des Landes nach § 13 Abs. 1 Satz 2 EKrG ergibt sich nicht, dass an den Träger des Staatsdrittels insoweit eine Leistung erbracht wird (vgl. BFH-Urteil vom 16. Dezember 2010 V R 16/10). Zahlungen aus diesem Rechtsgrund sind nicht steuerbare, echte Zuschüsse. Das gilt auch in den Fällen, in denen der Baulastträger, der die Baumaßnahme vom anderen Beteiligten durchführen lässt, gleichzeitig Träger des Staatsdrittels ist und aus diesem Grunde zwei Drittel der Kosten aufbringen muss.

Die Grundsätze dieses Schreibens gelten für alle offenen Fälle. Bei vor dem 1. Februar 2013 über Maßnahmen nach §§ 3, 13 EKrG getroffenen Kreuzungsvereinbarungen wird es nicht beanstandet, wenn die Kostenbeteiligten das Staatsdrittel einvernehmlich als Entgelt für eine steuerpflichtige Leistung an den Träger des Staatsdrittels behandeln.

Das BMF-Schreiben vom 1. März 1971 IV A 2 – S 7100 – 56/70 wird aufgehoben, soweit es den Grundsätzen dieses Schreibens widerspricht.

## 500 § 1/22. Schreiben betr. umsatzsteuerrechtliche Behandlung des Staatsdrittels bei Maßnahmen nach §§ 3, 13 des Eisenbahnkreuzungsgesetzes (EKrG)

Vom 1. Februar 2013 (BStBl. I S. 182)

(BMF IV D 2 – S 7200/07/10020 :017; DOK 2013/0104601)

Wird an Kreuzungen von Schienenwegen und Straßen eine Baumaßnahme nach § 3 EKrG durchgeführt, so tragen die Beteiligten – die Träger der Baulast des kreuzenden Schienenweges und der kreuzenden Straße – nach § 13 Abs. 1 EKrG je ein Drittel der Kosten. Das letzte Drittel der Kosten trägt bei Kreuzungen mit einem Schienenweg einer Eisenbahn des Bundes der Bund, in allen sonstigen Fällen das Land (sog. Staatsdrittel).

Übernimmt ein Beteiligter die Durchführung der Maßnahme nach § 3 EKrG, so erfüllt er dadurch nicht nur die eigenen, sondern auch die gesetzlichen Verpflichtungen des anderen Baulastträgers. Die Zahlungen des anderen Baulastträgers nach § 13 Abs. 1 Satz 1 EKrG für die Erfüllung dieser Aufgabe sind Entgelt für eine steuerbare Leistung.

Aus der bloßen Kostentragungspflicht des Bundes oder des Landes nach § 13 Abs. 1 Satz 2 EKrG ergibt sich nicht, dass an den Träger des Staatsdrittels insoweit eine Leistung erbracht wird (vgl. BFH-Urteil vom 16. Dezember 2010 V R 16/10). Zahlungen aus diesem Rechtsgrund sind nicht steuerbare echte Zuschüsse. Das gilt auch in den Fällen, in denen der Baulastträger, der die Baumaßnahme vom anderen Beteiligten durchführen lässt, gleichzeitig Träger des Staatsdrittels ist und aus diesem Grunde zwei Drittel der Kosten aufbringen muss.

Die Grundsätze dieses Schreibens gelten für alle offenen Fälle. Bei vor dem 1. Februar 2013 über Maßnahmen nach §§ 3, 13 EKrG getroffenen Kreuzungsvereinbarungen wird es nicht beanstandet, wenn die Kostenbeteiligten das Staatsdrittel einvernehmlich als Entgelt für eine steuerpflichtige Leistung an den Träger des Staatsdrittels behandeln.

Das BMF-Schreiben vom 1. März 1971 IV A 3 – S 7100 – 56/70 wird aufgehoben, soweit es den Grundsätzen dieses Schreibens widerspricht.

# 500 § 1/23. Schreiben betr. umsatzsteuerrechtliche Leistungsbeziehungen bei der Verwertung von Sicherungsgut im Insolvenzverfahren; BFH-Urteil vom 28. Juli 2011 V R 28/09 (BStBl. 2014 II S. 406)

Vom 30. April 2014 (BStBl. I S. 816)

(BMF IV D 2 – S 7100/07/10037; DOK 2014/0332437)

Mit Urteil vom 28. Juli 2011 V R 28/09 (BStBl. 2014 II S. 406), hat der BFH unter Aufgabe seiner bisherigen Rechtsprechung u. a. entschieden, dass eine steuerbare Leistung auch bei der freihändigen Verwertung nach § 166 Abs. 1 InsO von Sicherungsgut durch den Insolvenzverwalter vorliegt.

Daneben enthalten die Urteilsgrundsätze auch generelle Ausführungen zu den umsatzsteuerrechtlichen Leistungsbeziehungen bei der Verwertung von Sicherungsgut im Insolvenzverfahren.

Nach dem Ergebnis der Erörterungen mit den obersten Finanzbehörden der Länder gilt hierzu Folgendes:

## I. Kalte Zwangsvollstreckung und kalte Zwangsverwaltung bei der Verwertung von Grundstücken

Bei der sog. kalten Zwangsvollstreckung bzw. -verwaltung handelt es sich um nicht feststehende Rechtsbegriffe, die im Wesentlichen die verschiedenen Verwertungshandlungen eines Insolvenzverwalters bei der Verwertung grundpfandrechtsbelasteter Grundstücke im Insolvenzverfahren außerhalb einer Zwangsvollstreckung zum Inhalt haben. Ziel der jeweiligen Handlung ist die freihändige Veräußerung des Grundstückes bzw. der Mieteinzug zugunsten der Gläubiger durch den Insolvenzverwalter.

Da die Vorschriften über die freihändige Verwertung sicherungsübereigneter beweglicher Gegenstände (§ 166 InsO i. V. m. §§ 170, 171 InsO, vgl. nachfolgend unter Abschnitt II) bei der Verwertung von unbeweglichem Vermögen grundsätzlich keine Anwendung finden und somit auch keine gesetzlichen Kostenregelungen greifen, erfolgt die freihändige Verwertung bzw. Verwaltung eines grundpfandrechtsbelasteten Grundstücks auf Basis einer Vereinbarung, die regelmäßig auch eine Beteiligung der Masse am Erlös der Verwertung bzw. Verwaltung vorsieht.

Nach der Rechtsprechung des BFH liegt bei einer freihändigen Veräußerung eines grundpfandrechtsbelasteten Grundstücks durch den Insolvenzverwalter aufgrund einer mit dem Grundpfandgläubiger getroffenen Vereinbarung – neben der Lieferung des Grundstücks durch die Masse an den Erwerber – eine steuerpflichtige entgeltliche Geschäftsbesorgungsleistung der Masse an den Grundpfandgläubiger vor, wenn der Insolvenzverwalter vom Verwertungserlös einen bestimmten Betrag für die Masse einbehalten darf (vgl. BFH-Urteile vom 18. August 2005 V R 31/04, BStBl. 2007 II S. 183, und vom

28. Juli 2011 V R 28/09, BStBl. 2014 II S. 406). Der einbehaltene Betrag ist die Gegenleistung des Gläubigers für die Leistung der Masse.

Diese Beurteilung gilt entsprechend für die Verwaltung eines grundpfandrechtsbelasteten Grundstücks unter Einbehaltung eines Kostenbetrags von den erzielten Kaltmieten.

**Beispiel:**

Über das Vermögen des Schuldners S wurde das Insolvenzverfahren eröffnet. Dem Gläubiger G stehen noch Forderungen in Höhe von 200 000 € zu. Als Insolvenzverwalter wurde I bestellt. In Absprache mit G und mit Zustimmung der Gläubigerversammlung verwertet I ein grundpfandrechtsbelastetes Grundstück und erzielt dabei einen Veräußerungserlös in Höhe von 100 000 €. Nach Abzug eines mit dem Gläubiger vereinbarten Massekostenbeitrags in Höhe von 5 % des Verwertungserlöses zzgl. Umsatzsteuer zahlt I den verbleibenden Betrag aus.

Daneben zieht I bis zum Zeitpunkt der Veräußerung Kaltmieten in Höhe von 1000 € ein und leitet diese vereinbarungsgemäß unter Abzug eines Anteils von 10 % zzgl. Umsatzsteuer zugunsten der Masse an den Gläubiger weiter.

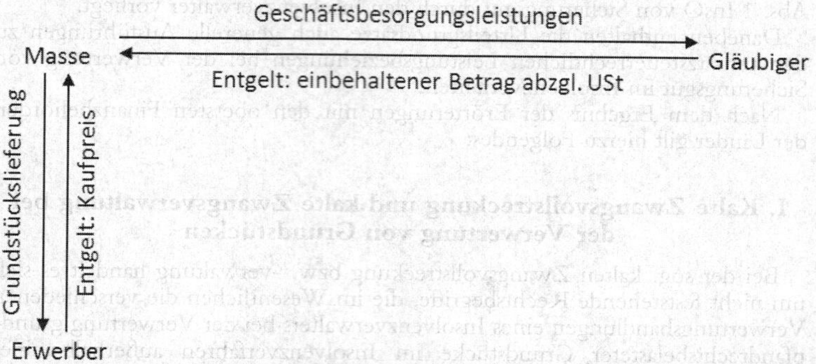


Es liegt eine Grundstückslieferung der durch I vertretenen Masse an den Erwerber im Wege der kalten Zwangsvollstreckung vor, welche mangels Option zur Steuerpflicht nach § 9 UStG steuerfrei ist (§ 4 Nr. 9 Buchst. a UStG). Das Entgelt für die steuerfreie Lieferung beträgt 100 000 €. Daneben erbringt die Masse durch die Verwertungshandlungen ihres Vertreters I eine steuerbare und steuerpflichtige Geschäftsbesorgungsleistung an G. Das Entgelt ist in Höhe des vereinbarten Massekostenbeitrags anzusetzen, mithin 5000 € (5 % von 100 000 €). Die bis zur Grundstücksveräußerung im Rahmen der kalten Zwangsverwaltung erzielten Mietumsätze sind der Masse zuzurechnen, weil diese den Mietern gegenüber – vertreten durch I – im eigenen Namen für eigene Rechnung auftritt. Daneben führt die Masse durch die Verwaltungstätigkeiten ihres Vertreters I eine weitere steuerbare und steuerpflichtige Geschäftsbesorgungsleistung aus. Das Entgelt für diese Leistung besteht im vereinbarten Anteil an den Mieteinnahmen in Höhe von 100 € (10 % von 1000 €).

Die sich aus den Geschäftsbesorgungsleistungen ergebende Umsatzsteuer ist als Masseschuld zu berücksichtigen.

## II. Verwertung von sicherungsübereigneten beweglichen Gegenständen durch den Insolvenzverwalter

Der Insolvenzverwalter darf nach § 166 Abs. 1 InsO eine bewegliche Sache, an der ein Absonderungsrecht besteht, freihändig verwerten. Hierzu ist er jedoch nicht verpflichtet. Demnach steht es dem Insolvenzverwalter grundsätzlich frei, dem Gläubiger die Verwertung nach § 170 Abs. 2 InsO zu überlassen oder die Verwertung freihändig unter Ausübung des Verwertungsrechts nach § 166 Abs. 1 InsO vorzunehmen.

Die unter Abschn. 1.2 UStAE dargestellten Grundsätze zum Doppel- bzw. Dreifachumsatz finden auch bei der Verwertung sicherungsübereigneter Gegenstände im Insolvenzverfahren Anwendung.

### 1. Keine Ausübung des Verwertungsrechts

Macht der Insolvenzverwalter nicht von seinem Verwertungsrecht nach § 166 Abs. 1 InsO Gebrauch, sondern veräußert er stattdessen das Sicherungsgut im Namen des Sicherungsnehmers/Gläubigers, liegt ein Doppelumsatz vor. Im Rahmen dieses Doppelumsatzes liefert der Insolvenzverwalter das Sicherungsgut als Vertreter der Masse im Zeitpunkt der Verwertung an den Sicherungsnehmer/Gläubiger, welcher seinerseits zeitgleich das Sicherungsgut an den Erwerber weiterliefert. Das Entgelt für die Lieferung der Masse an den Gläubiger entspricht dann dem Betrag in Höhe der Schuldbefreiung, die sich für die Masse aufgrund der Verwertung durch den Gläubiger ergibt. Die vorweg zu begleichenden Kosten der Feststellung nach § 170 Abs. 2 InsO (Feststellungskostenpauschale) gehören dabei nicht zum Entgelt (vgl. Rz. 28 des o. a. BFH-Urteils vom 28. Juli 2011 V R 28/09, BStBl. 2014 II S. 406).

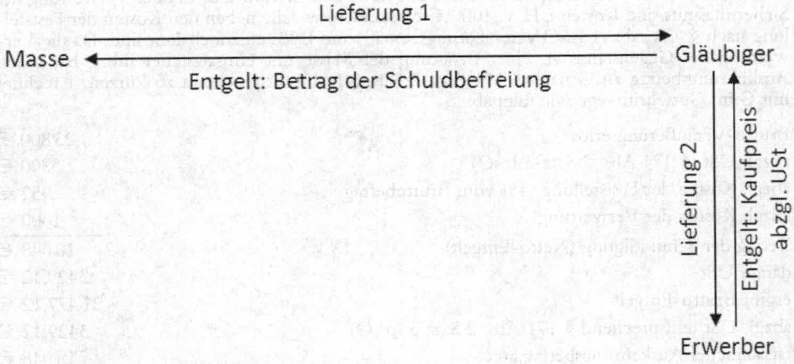


### 2. Ausübung des Verwertungsrechts

Verwertet hingegen der Insolvenzverwalter die einem Absonderungsrecht unterliegende bewegliche Sache für die Masse selbst, ist zwar, ebenso wie unter Abschnitt I zur Verwertung eines grundpfandrechtsbelasteten Grundstücks dargestellt, von einer Geschäftsbesorgungsleistung der Masse an den Sicherungsnehmer/Gläubiger auszugehen. Bei der Verwertung beweglicher Gegenstände findet jedoch ein Dreifachumsatz statt, in welchem die Geschäftsbesorgungsleistung aufgeht.

Da der Insolvenzverwalter bei der eigentlichen Lieferung des Sicherungsgutes an den Erwerber im Namen der Masse auftritt, ist diese Lieferung der Masse zuzurechnen. Der Insolvenzverwalter erbringt diesen Umsatz jedoch wie ein Kommissionär für Rechnung des Sicherungsnehmers/Gläubigers, weil durch die Eröffnung des Insolvenzverfahrens Verwertungsreife eingetreten ist (BFH-Urteil vom *23. Juli 2007*[1]) V R 27/07, BStBl. 2010 II S. 859). Der Lieferung an den Erwerber ist deshalb über § 3 Abs. 3 UStG eine fiktive Lieferung des Sicherungsnehmers/Gläubigers als Kommittent an die Masse vorgeschaltet, in welcher die an sich vorliegende Geschäftsbesorgungsleistung aufgeht (vgl. Rz. 29 des o. a. BFH-Urteils vom 28. Juli 2011 V R 28/09). Im Rahmen dieses Kommissionsgeschäfts sind die Kosten der Feststellung und Verwertung nach § 170 Abs. 1 InsO i. V. m. § 171 InsO umsatzsteuerlich genauso zu behandeln wie die Provisionen des Kommissionärs bei einem üblichen Verkaufskommissionsgeschäft.

Der Sicherungsnehmer/Gläubiger kann das Sicherungsgut jedoch nur dann an die Masse liefern, wenn er selbst hieran Verfügungsmacht erhalten hat. Dies bedingt, dass die Sicherungsübereignung im Zeitpunkt der Verwertung zu einer Lieferung der Masse an den Sicherungsnehmer/Gläubiger geführt hat. Das Entgelt für diese Lieferung besteht in dem Betrag, um den die Masse von ihren Schulden gegenüber dem Sicherungsnehmer/Gläubiger befreit wird.

**Beispiel:**

Über das Vermögen des Schuldners S wurde das Insolvenzverfahren eröffnet. Dem Gläubiger G stehen noch Forderungen in Höhe von 100 000 € zu, für die ihm ein Gegenstand zur Sicherung übereignet wurde. Als Insolvenzverwalter wurde I bestellt. I macht von seinem Verwertungsrecht nach § 166 Abs. 1 InsO Gebrauch und veräußert das Sicherungsgut im Namen der Masse und für Rechnung des G für 23 800 € an den Erwerber E. Bei der Verwertung des Sicherungsguts sind Kosten i. H. v. 1000 € entstanden, welche neben den Kosten der Feststellung nach § 171 Abs. 1 InsO vereinbarungsgemäß vom Erlös einzubehalten sind. Da die Verwertung des Gegenstands zu einer Belastung der Masse mit Umsatzsteuer führt, hat I den Auskehrungsbetrag an G nach § 171 Abs. 2 Satz 3 InsO entsprechend zu kürzen. I rechnet mit G im Gutschriftwege wie folgt ab:

| | | |
|---|---|---|
| Brutto-Veräußerungserlös | | 23 800 € |
| abzgl. USt (§ 171 Abs. 2 Satz 3 InsO) | ./. | 3800 € |
| abzgl. Kosten der Feststellung (4 % vom Bruttobetrag) | ./. | 952 € |
| abzgl. Kosten der Verwertung | ./. | 1000 € |
| Betrag der Schuldtilgung (Netto-Entgelt) | | 18 048 € |
| darauf USt | + | 3429,12 € |
| ergibt Brutto-Entgelt | | 21 477,12 € |
| abzgl. USt (entsprechend § 171 Abs. 2 Satz 3 Ins O) | ./. | 3429,12 € |
| tatsächlicher Auskehrungsbetrag an G | | 18 048 € |

Es liegen drei Lieferungen im Rahmen eines Dreifachumsatzes vor (Masse an G, G an Masse sowie Masse an E).

[1]) **Red. Anm.:** Muss wohl richtig lauten: BFH-Urteil vom 23. Juli 2009 V R 27/07, BStBl. 2010 II S. 859.

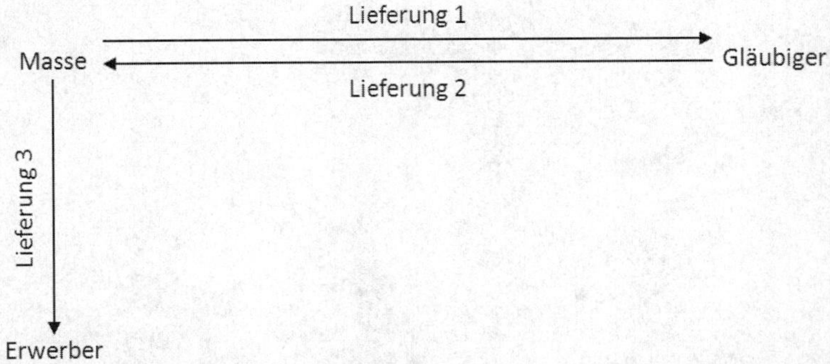


Das Entgelt für die Lieferung 1 besteht in der Schuldbefreiung, demnach 18 048 €. Die Umsatzsteuer in Höhe von 3429,12 € stellt eine Masseschuld dar. § 13 b Abs. 2 Nr. 2 und Abs. 5 Satz 1 UStG findet keine Anwendung, da es sich um Verwertungshandlungen innerhalb des Insolvenzverfahrens handelt. G kann den Vorsteuerabzug aus der Rechnung des I geltend machen, da dieser Eingangsleistung eine steuerpflichtige Ausgangleistung (Lieferung 2) gegenübersteht. Das Entgelt für diese fiktive Lieferung, bei der I (Kommissionär) nach § 3 Abs. 3 UStG als Abnehmer gilt, besteht gleichfalls in dem Betrag der Schuldbefreiung, mithin 18 048 €, da die einbehaltenen Kostenbeträge wie die Provisionszahlungen an einen Verkaufskommissionär zu behandeln sind. I steht ebenfalls der Vorsteuerabzug aus der Rechnung des G zu. I hat daneben die Umsatzsteuer in Höhe von 3800 € aus der Lieferung 3 an E als Masseschuld zu berücksichtigen.

Per Saldo ergeben sich für die Beteiligten I und G aus den Lieferungen 1 und 2 keine wirtschaftlichen Belastungen, da den jeweiligen Umsatzsteuerbeträgen grundsätzlich die abzugsfähigen Vorsteuerbeträge gegenüberstehen.

## III. Änderung des Anwendungserlasses

… (Änderung in Abschnitt 1.2 UStAE)

## IV. Anwendungsregelung

Die Grundsätze dieses Schreibens sind in allen offenen Fällen anzuwenden. Es wird jedoch nicht beanstandet, wenn für vor dem 1. Juli 2014 ausgeführte Umsätze die Beteiligten übereinstimmend

- in den unter Abschnitt I dargestellten Sachverhalten bei der Verwaltung des grundpfandrechtsbelasteten Grundstücks (kalte Zwangsverwaltung) von einem nichtsteuerbaren Vorgang oder
- in den unter Abschnitt II dargestellten Sachverhalten unter Berufung auf die nunmehr überholten Regelungen des Abschn. 1.2 Abs. 1 b UStAE a. F. nicht von einem Doppel- bzw. Dreifachumsatz bei der Verwertung eines sicherungsübereigneten Gegenstands

ausgegangen sind.

# **500** § 1/24. Schreiben betr. Umsatzsteuer; Umsatzsteuerliche Behandlung der Abrechnung von Mehr- bzw. Mindermengen Gas (Leistungsbeziehungen)

Vom 20. August 2020 (BStBl. I S. 671)

(BMF III C 2 – S 7124/20/10001 :001; DOK 2020/0822163)

– Auszug –

## I. Der Abrechnung von Mehr- bzw. Mindermengen Gas zugrunde liegenden Leistungsbeziehungen

Nach § 20 Abs. 1 des Energiewirtschaftsgesetzes (EnWG) haben Betreiber von Energieversorgungsnetzen Netzzugangsberechtigten Zugang zu ihren Leitungsnetzen zu gewähren. Zu den Energieversorgungsnetzen gehören nach § 3 Nr. 16 EnWG auch Gasversorgungsnetze über eine oder mehrere Druckstufen mit Ausnahme von Kundenanlagen nach § 3 Nrn. 24 a und 24 b EnWG. Die Verordnung über den Zugang zu Gasversorgungsnetzen (GasNZV) regelt die Bedingungen des Netzzugangs.

Zur Ausgestaltung des Zugangs zu den Gasversorgungsnetzen müssen Betreiber von Gasversorgungsnetzen nach § 20 Abs. 1 b EnWG Einspeise- und Ausspeisekapazitäten anbieten, die unabhängig voneinander nutzbar und handelbar sind. Zur Abwicklung des Zugangs ist ein Vertrag mit dem Netzbetreiber, in dessen Netz eine Einspeisung von Gas erfolgen soll, über Einspeisekapazitäten erforderlich (Einspeisevertrag). Zusätzlich muss ein Vertrag mit dem Netzbetreiber, aus dessen Netz die Entnahme von Gas erfolgen soll, über Ausspeisekapazitäten abgeschlossen werden (Ausspeisevertrag bzw. Lieferantenrahmenvertrag).

Nach § 8 Abs. 1 GasNZV sind die Netzbetreiber verpflichtet, von Transportkunden (insbesondere Lieferanten und Großhändler) bereitgestellte Gasmengen an Einspeisepunkten des Marktgebiets zu übernehmen und an Ausspeisepunkten mit demselben Energiegehalt zu übergeben.

Abweichungen zwischen den Ein- und Ausspeisemengen werden in einem Bilanzkreis ausgeglichen (§ 22 Abs. 1 GasNZV). Der (vom Fernleitungsnetzbetreiber bestimmte) Marktgebietsverantwortliche führt das Bilanzkreissystem. Dabei ist gegenüber dem Marktgebietsverantwortlichen für jeden Bilanzkreis ein Bilanzkreisverantwortlicher zu benennen (§ 22 Abs. 2 GasNZV). Nach § 22 Abs. 3 GasNZV haben die Bilanzkreisverantwortlichen bei den ihrem Bilanzkreis zugeordneten Ein- und Ausspeisemengen durch geeignete Maßnahmen innerhalb der Bilanzperiode für eine ausgeglichene Bilanz zu sorgen.

Dabei sind Mehr- bzw. Mindermengen an Gas auszugleichen, die durch Abweichungen zwischen zur Ausspeisung bereitgestellten (allokierten) Mengen und der tatsächlichen Ausspeisung am Ausspeisepunkt sowie durch Brennwertkorrekturen entstehen. Diese gelten nach § 25 Abs. 1 GasNZV als vom Ausspeisenetzbetreiber bereitgestellt oder entgegengenommen und werden von diesem mit den Transportkunden abgerechnet. Diese Abrechnung erfolgt mindestens jährlich oder am Ende des Vertragszeitraums.

Der Ausspeisenetzbetreiber hat dabei dem Transportkunden einen Arbeitspreis zu vergüten oder in Rechnung zu stellen (§ 25 Abs. 2 GasNZV). Der Ausspeisenetzbetreiber wiederum rechnet Ausgaben und Einnahmen aus der Mehr- und Mindermengenabrechnung mit dem Marktgebietsverantwortlichen ab, der die Regelenergie bereitstellt (§ 25 Abs. 3 GasNZV). Regelenergie sind die Gasmengen, die vom Netzbetreiber zur Gewährleistung der Netzstabilität eingesetzt werden (§ 2 Nr. 12 GasNZV).

Übersicht über die Abrechnungen zwischen den Marktakteuren:

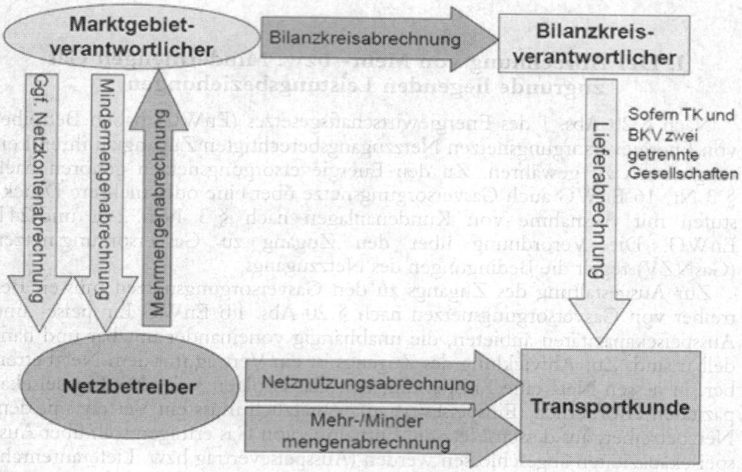


## II. Umsatzsteuerrechtliche Würdigung

Die unter Tz. I. genannten Leistungen sind umsatzsteuerrechtlich wie folgt zu würdigen:

Soweit Ausspeisenetzbetreiber und Transportkunde Mehr- bzw. Mindermengen an Gas ausgleichen, handelt es sich um eine Lieferung entweder vom Ausspeisenetzbetreiber an den Transportkunden (Mindermenge) oder vom Transportkunden an den Ausspeisenetzbetreiber (Mehrmenge). Die Verfügungsmacht an dem zum Ausgleich zur Verfügung gestellten Gas wird verschafft (§ 3 Abs. 1 UStG). Unter den in § 13 b Abs. 5 i. V. m. Abs. 2 Nr. 5 UStG genannten Voraussetzungen ist der Leistungsempfänger Steuerschuldner.

Gleiches gilt für das Verhältnis zwischen Marktgebietsverantwortlichem und Ausspeisenetzbetreiber. Der Marktgebietsverantwortliche beschafft die für die Mehr- bzw. Mindermengen benötigten Gasmengen von Händlern am Regelenergiemarkt und stellt diese den Ausspeisenetzbetreibern in seinem Marktgebiet als Mehr- bzw. Mindermenge zur Verfügung oder nimmt sie entgegen.

Hiervon zu unterscheiden ist das Verhältnis zwischen dem Marktgebietsverantwortlichen und dem Bilanzkreisverantwortlichen. Durch den zugrunde liegenden Bilanzkreisvertrag zwischen Marktgebietsverantwortlichem und Bilanzkreisverantwortlichem wird die operative Abwicklung des Transportes, die Übertragung von Gasmengen zwischen Bilanzkreisen sowie der Ausgleich und die Abrechnung von Differenzmengen geregelt. Zwischen dem Marktgebietsverantwortlichen und dem Bilanzkreisverantwortlichen selbst werden keine Mehr- bzw. Mindermengen Gas abgerechnet. Der Bilanzkreisverantwortliche ist zwar gegenüber dem Marktgebietsverantwortlichen aus dem Bilanzkreisvertrag zur Bewirtschaftung seines Bilanzkreises verpflichtet, nimmt diese Tätigkeit jedoch im eigenen Interesse und nicht als Leistung an den Marktgebietsverantwortlichen wahr. Die Meldung von Prognose-, Ein- und Ausspeisedaten seines Bilanzkreises an den Marktgebietsverantwortlichen dient der Bereitstellung bzw. Abnahme von Ausgleichsenergie durch den Marktgebietsverantwortlichen sowie der korrekten Abrechnung von Ausgleichsenergie, Umlagen und Beiträgen und ist daher umsatzsteuerlich als nicht steuerbare Leistungsbeistellung zu beurteilen. Der Bilanzkreisverantwortliche trägt hiermit zur Erbringung der Leistung des Marktgebietsverantwortlichen an ihn bei. Die im Rahmen des Bilanzkreisvertrages zu erbringenden Leistungen sind ausschließlich sonstige Leistungen des Marktgebietsverantwortlichen an den Bilanzkreisverantwortlichen unter Leistungsbeistellung durch den Bilanzkreisverantwortlichen (vgl. Abschnitt 1.7 Abs. 1 UStAE).

## III. Änderung des Umsatzsteuer-Anwendungserlasses

… (Änderung in Abschn. 1.7 Abs. 1)

## IV. Aufhebung von BMF-Schreiben

Das BMF-Schreiben vom 1. Juli 2014, BStBl. I S. 1111, wird aufgehoben.

## V. Anwendungsregelung

Die Regelung ist in allen noch offenen Fällen anzuwenden.

Für Umsätze der Marktgebietsverantwortlichen an die Bilanzkreisverantwortlichen und der Bilanzkreisverantwortlichen an die Marktgebietsverantwortlichen im Rahmen der Bilanzkreisabrechnung, die vor dem 1. Oktober 2021 ausgeführt wurden bzw. werden, wird es – auch für Zwecke des Vorsteuerabzugs – nicht beanstandet, wenn diese Umsätze von den Beteiligten einvernehmlich bei bilanzieller Überspeisung als sonstige Leistungen des Bilanzkreisverantwortlichen an den Marktgebietsverantwortlichen und bei bilanzieller Unterspeisung als sonstige Leistungen des Marktgebietsverantwortlichen an den Bilanzkreisverantwortlichen abgerechnet wurden bzw. werden.

# 500 § 2 b/1. Schreiben betr. Umsatzbesteuerung der Leistungen der öffentlichen Hand; Anwendungsfragen des § 2 b UStG[1)]

Vom 16. Dezember 2016 (BStBl. I S. 1451)

(BMF III C 2 – S 7107/16/10001; DOK 2016/1126266)

**Bezug:** BMF-Schreiben vom 19. April 2016, BStBl. I S. 481

– Auszug –

Durch Art. 12 des Steueränderungsgesetzes 2015 vom 2. November 2015 (BGBl. I S. 1834)[2)] wurden die Regelungen zur Unternehmereigenschaft von juristischen Personen des öffentlichen Rechts (jPöR) neu gefasst. § 2 Abs. 3 UStG wurde aufgehoben und § 2 b neu in das Umsatzsteuergesetz eingefügt. Die Änderungen treten am 1. Januar 2017 in Kraft. Die Neuregelung wird von einer Übergangsregelung in § 27 Abs. 22 UStG begleitet, auf deren Grundlage eine jPöR dem Finanzamt gegenüber erklären kann, das bisher geltende Recht für sämtliche vor dem 1. Januar 2021 ausgeführte Leistungen weiterhin anzuwenden. 1

Unter Bezugnahme auf das Ergebnis der Erörterungen mit den obersten Finanzbehörden der Länder gilt für die Anwendung von § 2 b UStG Folgendes: 2

## I. § 2 b Abs. 1 Satz 1 UStG

### 1. Juristische Personen des öffentlichen Rechts

JPöR i. S. v. § 2 b Abs. 1 UStG sind insbesondere die Gebietskörperschaften (Bund, Länder, Gemeinden, Gemeindeverbände, Zweckverbände), die öffentlich-rechtlichen Religionsgemeinschaften, die Innungen, Handwerkskammern, Industrie- und Handelskammern, die staatlichen Hochschulen und sonstige Gebilde, die auf Grund öffentlichen Rechts eigene Rechtspersönlichkeit besitzen. Dazu gehören neben Körperschaften auch Anstalten und Stiftungen des öffentlichen Rechts, z. B. Rundfunkanstalten des öffentlichen Rechts und Universitätsklinika in der Rechtsform von Anstalten des öffentlichen Rechts. Zur Frage, unter welchen Voraussetzungen kirchliche Ordensgemeinschaften jPöR sind, vgl. das BFH-Urteil vom 8. Juli 1971 V R 1/68, BStBl. 1972 II S. 70. Auf ausländische jPöR ist die Vorschrift des § 2 b UStG analog anzuwenden. Ob eine solche Einrichtung eine jPöR ist, ist grundsätzlich nach deutschem Recht zu beurteilen. Das schließt jedoch nicht aus, dass für die Bestimmung öffentlich-rechtlicher Begriffe die ausländischen Rechtssätze mit herangezogen werden. 3

---

[1)] **Red. Anm.:** Zur Frage der europarechtlichen Anforderungen an die Auslegung von § 2b Abs. 3 Nr. 2 UStG vgl. BMF v. 14. 11. 2019, BStBl. I S. 1140 (Nr. **500** § 2 b/2).

[2)] **Amtl. Anm.:** BStBl. I S. 84

## 2. Unternehmereigenschaft der juristischen Person des öffentlichen Rechts

4 Für die Beurteilung der Unternehmereigenschaft von jPöR sind die allgemeinen Regelungen des § 2 Abs. 1 UStG maßgeblich. Danach sind jPöR grundsätzlich als Unternehmer anzusehen, wenn sie selbstständig eine nachhaltige Tätigkeit zur Erzielung von Einnahmen (wirtschaftliche Tätigkeit) ausüben. Unerheblich ist in diesem Zusammenhang, welcher Art die entsprechenden Einnahmen sind. Auch Leistungen, für die als Gegenleistung Zölle, Gebühren, Beiträge oder sonstige Abgaben erhoben werden, können wirtschaftliche Tätigkeiten i. S. d. § 2 Abs. 1 UStG sein.

5 Sind jPöR wirtschaftlich i. S. v. § 2 Abs. 1 UStG tätig, gelten sie jedoch gleichwohl nicht als Unternehmer, soweit sie Tätigkeiten ausüben, die ihnen im Rahmen der öffentlichen Gewalt obliegen (§ 2 b Abs. 1 Satz 1 UStG). Dies gilt nicht, sofern eine Behandlung der jPöR als Nichtunternehmer im Hinblick auf diese Tätigkeiten zu größeren Wettbewerbsverzerrungen führen würde (§ 2 b Abs. 1 Satz 2 UStG).

## 3. Tätigkeiten im Rahmen der öffentlichen Gewalt

6 Als Tätigkeiten, die einer jPöR im Rahmen der öffentlichen Gewalt obliegen, kommen nur solche in Betracht, bei denen die jPöR auf Grundlage einer öffentlich-rechtlichen Sonderregelung tätig wird. Die öffentlich-rechtliche Sonderregelung kann sich dabei aus einem Gesetz, einer Rechtsverordnung, einer Satzung, aus Staatsverträgen, verfassungsrechtlichen Verträgen, Verwaltungsabkommen, Verwaltungsvereinbarungen, öffentlich-rechtlichen Verträgen sowie aus der kirchenrechtlichen Rechtsetzung ergeben. Erbringt eine jPöR in Umsetzung einer öffentlich-rechtlichen Sonderregelung Leistungen in privatrechtlicher Handlungsform und damit unter den gleichen rechtlichen Bedingungen wie private Wirtschaftsteilnehmer, werden diese Tätigkeiten gleichwohl nicht von § 2 b UStG erfasst.

7 **Beispiele:**

- Eine Gemeinde betreibt ein Freibad zur Erfüllung ihrer öffentlichen Aufgabe der Daseinsvorsorge. Die Benutzung des Freibades durch die Badegäste erfolgt auf privatrechtlicher Grundlage; daher ist die Tätigkeit der Gemeinde umsatzsteuerbar.
- Die Hochschule A überlässt der Hochschule B (jeweils selbständige jPöR) Messzeiten an einem innovativen Großgerät gegen Zahlung einer Kostenersatzpauschale. Die Kooperation erfolgt auf Grundlage einer im Hochschulgesetz des Landes vorgesehenen öffentlich-rechtlichen Verwaltungsvereinbarung und deshalb im Rahmen einer öffentlich-rechtlichen Sonderregelung. Schließen die Beteiligten hingegen einen privatrechtlichen Vertrag über die Nutzung des Großgeräts, liegt keine Tätigkeit im Rahmen der öffentlichen Gewalt vor.

### a) Öffentlich-rechtliche Satzungen

8 Öffentlich-rechtliche Satzungen werden von jPöR zur Regelung ihrer eigenen Angelegenheiten erlassen (z. B. Gemeindesatzungen, Satzungen von berufsständischen Organisationen, Sozialversicherungsträgern, Hochschulen, Zweckverbänden, Anstalten des öffentlichen Rechts oder Stiftungen des öffentlichen Rechts). Übt eine jPöR eine wirtschaftliche Tätigkeit auf der Grundlage einer öffentlich-rechtlichen Satzung in öffentlich-rechtlicher Handlungsform aus, wird sie im Rahmen der öffentlichen Gewalt tätig.

**Beispiele:** 9
- Eine Gemeinde regelt per Satzung die Höhe der öffentlich-rechtlichen Gebühren für die Abfallbeseitigung oder für die Nutzung des kommunalen Friedhofs.
- Ein Studentenwerk regelt per Satzung den öffentlich-rechtlichen Beitrag zum Studentenwerk.
- Ein Abwasserzweckverband reinigt entsprechend seiner Satzung das Abwasser seiner Mitgliedsgemeinden und erhebt hierfür Umlagen, deren Höhe in der Satzung festgelegt ist.

## b) Staatsverträge, verfassungsrechtliche Verträge, Verwaltungsabkommen und Verwaltungsvereinbarungen

Für die umsatzsteuerrechtliche Einordnung ist die konkrete Abgrenzung der Handlungsformen Staatsvertrag, verfassungsrechtlicher Vertrag, Verwaltungsabkommen und Verwaltungsvereinbarung, Staatskirchenvertrag und Konkordat untereinander, z. B. nach dem Vertragsinhalt oder Mitwirkungsbefugnissen des Gesetzgebers entbehrlich. Die Beteiligten handeln auf öffentlich-rechtlicher Grundlage. 10

**Beispiele:** 11
- Staatsvertrag über die Errichtung einer gemeinsamen Einrichtung für Hochschulzulassung;
- Rundfunkstaatsvertrag;
- Verwaltungsabkommen über die Führung eines gemeinsamen Registers zum Schutz fairen Wettbewerbs;
- Verwaltungsvereinbarung über die gemeinsame Ausbildung von Steuerbeamten.

## c) Öffentlich-rechtliche Verträge

JPöR sind berechtigt, öffentlich-rechtliche Verträge abzuschließen (vgl. z. B. § 54 VwVfG, § 53 SGB X, *§ 124 BauGB*[1]), § 48 VVZG-EKD), soweit gesetzliche Vorschriften nicht entgegenstehen. Insbesondere kann eine jPöR einen öffentlich-rechtlichen Vertrag mit demjenigen schließen, an den sie sonst einen Verwaltungsakt richten würde. Ein Vertrag ist als öffentlich-rechtlich zu beurteilen, wenn Gegenstand und Zweck des Vertrags dem öffentlichen Recht zuzuordnen sind. Ein Indiz für das Vorliegen eines öffentlich-rechtlichen Vertrags ist die Eröffnung des Verwaltungsrechtswegs. 12

Öffentlich-rechtliche Verträge liegen z. B. in folgenden Fällen vor: 13
- Eine besondere öffentlich-rechtliche Norm berechtigt die Beteiligten zum Abschluss eines öffentlich-rechtlichen Vertrags (z. B. Erschließungsvertrag nach § 124 BauGB, Sanierungsvertrag nach § 13 Abs. 4 BBodschG, Vertrag nach § 11 Abs. 3 Rundfunkstaatsvertrag).
- Die in dem Vertrag übernommenen Verpflichtungen werden in einer öffentlich-rechtlichen Norm geregelt (z. B. öffentlich-rechtliche Tätigkeit einer Landesärztekammer im Rahmen der Qualitätssicherung).
- Der Vertrag dient dem Vollzug einer öffentlich-rechtlichen Sonderregelung (z. B. Einigung im Enteignungsverfahren nach § 110 BauGB).
- In dem Vertrag verpflichtet sich einer der beiden Vertragspartner zum Erlass einer hoheitlichen Maßnahme (z. B. Erlass einer Baugenehmigung).

**Beispiele:** 14
- Der Bauherr eines Gebäudes ist nach öffentlichem Baurecht verpflichtet, Pkw-Stellplätze in ausreichender Zahl und Größe sowie in geeigneter Beschaffenheit für die Benutzer und Besucher des Gebäudes herzustellen. Im Hinblick auf diese Verpflichtung schließt die zu-

---

[1]) § 124 BauGB neu gef. mWv 21. 6. 2013 durch G v. 11. 6. 2013, BGBl. I S. 1548.

ständige Gemeinde mit dem Bauherrn einen sogenannten Ablösungsvertrag, in dem die Gemeinde auf die vorgenannte Verpflichtung des Bauherrn zur Herstellung von Stellplätzen gegen Zahlung eines bestimmten Betrags pro Stellplatz verzichtet. Dieser Vertrag wird in Vollzug einer öffentlich-rechtlichen Norm geschlossen und ist daher öffentlich-rechtlicher Natur.

– Ein Landkreis übernimmt im Rahmen eines koordinationsrechtlichen Vertrages die Anlagenbuchhaltung und das Liquiditätskreditmanagement für die Gemeinden seines Kreisgebietes und erhält hierfür von den Gemeinden einen Ausgleich in Höhe der angefallenen Kosten. Verträge dieser Art zwischen Kommunen sind nach § 54 Satz 1 VwVfG zulässig, sodass der Landkreis auf öffentlich-rechtlicher Grundlage im Rahmen öffentlicher Gewalt tätig ist.

**15** Ist die Leistungsverpflichtung eines Vertragspartners nicht eindeutig einer bestimmten öffentlich-rechtlichen Rechtsnorm zuzuordnen (z. B. bei Leistungen, die sich nicht auf die hoheitliche Aufgabe insgesamt, sondern nur auf Teilaufgaben oder sogenannte Hilfsgeschäfte beziehen), kann in Bezug auf die entsprechenden Vereinbarungen gleichwohl ein öffentlich-rechtlicher Vertrag vorliegen. In diesen Fällen sind der Zweck der Leistungsverpflichtung und der Gesamtcharakter des Vertrags maßgebend für die Bestimmung der Rechtsnatur des Vertrags.

### d) Zulässigkeit der gewählten Handlungsform

**16** Ob die im Rahmen einer Tätigkeit erbrachten entgeltlichen Leistungen unter § 2b Abs. 1 UStG fallen, hängt allein von der zulässigerweise gewählten Handlungsform der entsprechenden Tätigkeit ab. Besteht für eine Leistung ein Anschluss- und Benutzungszwang, ist regelmäßig davon auszugehen, dass die einzelne Leistung der jPöR auf öffentlich-rechtlicher Grundlage erbracht wird (z. B. Hausmüllentsorgung nach dem Kreislaufwirtschaftsgesetz). Eine gesetzlich vorgeschriebene öffentlich-rechtliche Handlungsform kann nicht mit steuerlicher Wirkung durch eine privatrechtliche ersetzt werden und umgekehrt. Wurde z. B. ohne rechtliche Grundlage die Form eines öffentlich-rechtlichen Vertrages gewählt, liegt kein Handeln im Rahmen der öffentlichen Gewalt vor. Mitunter sind jPöR nur zu privatrechtlichen Handlungsformen berechtigt (z. B. beim Betrieb einer Cafeteria, bei der Überlassung von Werbeflächen oder bei Grundstücksverkäufen außerhalb der staatlichen Boden- und Siedlungspolitik).

**17** Nach dem Grundsatz der Rechtmäßigkeit des Verwaltungshandelns kann grundsätzlich davon ausgegangen werden, dass die von der jPöR gewählte Handlungsform auch die rechtlich zulässige ist.

**18** Im Hinblick auf die Anwendung des § 2b Abs. 1 UStG ist es ohne Belang, ob die jPöR mit ihrer Tätigkeit öffentliche Aufgaben z. B. im Bereich der Daseinsvorsorge (z. B. Verkehrs- und Versorgungsbetriebe, Schulen, Krankenhäuser) wahrnimmt. Dies gilt auch dann, wenn die entsprechenden Aufgaben der jPöR aufgrund einer gesetzlichen Vorschrift zugewiesen sind.

## 4. Hilfsgeschäfte

**19** Sogenannte Hilfsgeschäfte, die die nichtunternehmerischen (nichtwirtschaftlichen) Tätigkeiten von jPöR mit sich bringen, fallen zwar nicht in den Anwendungsbereich des § 2b UStG, weil sie auf privatrechtlicher Grundlage ausgeführt werden (z. B. Veräußerungen von Gegenständen, die im nichtunternehmerischen Bereich eingesetzt waren). Gleichwohl ist eine jPöR mit ihren Verkaufstätigkeiten nur dann Unternehmer i. S. d. § 2 Abs. 1 UStG, wenn sie diese Tätigkeiten selbständig und nachhaltig zur Erzielung von Einnahmen ausübt. Da die Selbständigkeit bei einer jPöR außer Frage steht, ist die Unternehmereigenschaft von der Nachhaltigkeit der Verkaufstätigkeit abhängig.

Hilfsgeschäfte und vergleichbare Geschäfte, die der Betrieb des nichtunternehmerischen Bereichs bei jPöR mit sich bringt, sind auch dann nicht nachhaltig und somit nicht steuerbar, wenn sie wiederholt oder mit einer gewissen Regelmäßigkeit ausgeführt werden. Insbesondere kann die von Zeit zu Zeit erforderliche Auswechslung von Gegenständen, die zur Aufrechthaltung des Betriebs in der nichtunternehmerischen Sphäre erforderlich sind, die Unternehmereigenschaft nicht begründen. Als Hilfsgeschäfte in diesem Sinne sind z. B. anzusehen: 20

– Veräußerungen von Gegenständen, die im nichtunternehmerischen Bereich eingesetzt waren, z. B. der Verkauf von gebrauchten Kraftfahrzeugen, Einrichtungsgegenständen und Altpapier;
– Überlassung des Telefons an im nichtunternehmerischen Bereich tätige Arbeitnehmer zur privaten Nutzung;
– Überlassung von im nichtunternehmerischen Bereich eingesetzten Kraftfahrzeugen an Arbeitnehmer zur privaten Nutzung.

### 5. Tätigkeiten im Rahmen der öffentlichen Gewalt bei öffentlich-rechtlichen Religionsgemeinschaften

Bei den öffentlich-rechtlichen Religionsgemeinschaften kann sich eine öffentlich-rechtliche Sonderregelung aus der kirchlichen Rechtsetzung ergeben. Die Regelungen in den Randziffern 6 bis 20 gelten entsprechend. 21

## II. § 2b Abs. 1 Satz 2 UStG: Größere Wettbewerbsverzerrungen[1]

Tätigkeiten einer jPöR, die diese (zulässigerweise) im Rahmen öffentlich-rechtlicher Sonderregelungen ausführt, unterliegen nur dann der Umsatzsteuer, wenn die Nichtbesteuerung dieser Leistungen zu größeren Wettbewerbsverzerrungen führen würde. 22

### 1. Wettbewerb

Verzerrungen des Wettbewerbs können nur stattfinden, wenn Wettbewerb besteht. Dies setzt voraus, dass die von einer jPöR auf öffentlich-rechtlicher Grundlage erbrachte Leistung gleicher Art auch von einem privaten Unternehmer erbracht werden könnte. Die Tätigkeit der jPöR muss also marktrelevant sein. 23

#### a) Marktrelevanz nach der Art der Leistung

Die Wettbewerbsrelevanz ist in Bezug auf die fragliche Tätigkeit als solche zu beurteilen. Diese Beurteilung erfolgt grundsätzlich unabhängig davon, ob die betreffenden Einrichtungen auf der Ebene des lokalen Marktes, auf dem sie diese Tätigkeit ausüben, Wettbewerb ausgesetzt sind oder nicht, es sei denn, dass auf dem lokalen Markt ein Marktzugang privater Unternehmer ausnahmsweise nicht möglich ist. Ob eine Marktrelevanz besteht, ist damit in erster Linie an- 24

[1] **Red. Anm.:** Vgl. hierzu BMF v. 14. 11. 2019, BStBl. I S. 1140 (Nr. **500** § 2b/2).

hand der Art der erbrachten Leistung festzustellen. Zwei Leistungen sind gleichartig und stehen deshalb in einem Wettbewerbsverhältnis, wenn sie aus der Sicht des Durchschnittsverbrauchers dieselben Bedürfnisse befriedigen. Dabei kommt es vorrangig darauf an, ob die Leistungen ähnliche Eigenschaften haben, wobei künstliche, auf unbedeutenden Unterschieden beruhende Unterscheidungen vermieden werden müssen. Wegen des primären Abstellens auf die Art der Leistung ist nicht nur der gegenwärtige, sondern auch der potenzielle Wettbewerb schädlich. Allerdings muss die Möglichkeit für einen privaten Wirtschaftsteilnehmer, in den relevanten Markt einzutreten, real und nicht nur rein hypothetisch sein. Die rein theoretische, durch keine Tatsache, kein objektives Indiz und keine Marktanalyse untermauerte Möglichkeit für einen privaten Wirtschaftsteilnehmer, in den relevanten Markt einzutreten, kann damit nicht mit dem Vorliegen eines potenziellen Wettbewerbs gleichgesetzt werden (vgl. EuGH-Urteil vom 16. September 2008 C-288/07).

25 **Beispiele:**

- Nicht im Wettbewerb steht originär hoheitliches Handeln gegen Gebühr, da insoweit Private auch potenziell nicht tätig werden können (z. B. verbindliche Auskunft nach § 89 Abs. 2 AO, Ausstellung von Ausweisdokumenten nach § 7 PAuswG).
- Aus den gleichen Gründen besteht kein Wettbewerb, wenn die entgeltliche Leistung der jPöR einem Anschluss- und Benutzungszwang durch den Leistungsempfänger unterliegt, z. B. die Entsorgung von Abfällen aus privaten Haushaltungen nach § 20 KrWG, die von privaten Unternehmern nicht erbracht werden kann. Davon zu unterscheiden ist die auch privaten Unternehmern gestattete Erbringung von Vorleistungen an die zur Entsorgung verpflichtete jPöR zum Zweck der Durchführung der Abfallentsorgung (§ 22 KrWG).
- Wettbewerb ist dagegen wegen Markteintrittsmöglichkeit Privater in folgendem Fall denkbar: bei einem dem öffentlichen Verkehr gewidmeten Parkhaus bei Standplatzzuteilung gegen Gebühr.

### b) Marktrelevante rechtliche Rahmenbedingungen

26 Auf Unterschiede in den rechtlichen Rahmenbedingungen der Leistungen kommt es grundsätzlich nicht an, es sei denn, dass Unterschiede in den rechtlichen Rahmenbedingungen der Leistungen unter Berücksichtigung der Besonderheiten der jeweiligen Wirtschaftszweige aus der Sicht des Verbrauchers zu einer Unterscheidbarkeit im Hinblick auf die Befriedigung seiner eigenen Bedürfnisse oder zu Marktzugangsbeschränkungen eines privaten Unternehmers führen. Für die Beurteilung der Vergleichbarkeit von Leistungen ist der rechtliche Kontext, in dem sie erbracht werden, beachtlich, sofern die unterschiedlichen rechtlichen Anforderungen maßgeblichen Einfluss auf die Entscheidung des Leistungsempfängers haben, die Leistung in Anspruch zu nehmen.

### c) Räumliche Marktrelevanz

27 Die Marktrelevanz ist zwar grundsätzlich nicht auf einen lokalen Markt beschränkt. Sofern jedoch für einen räumlich abgegrenzten Bereich eine Abnahme- oder Annahmeverpflichtung von Leistungen der öffentlichen Hand besteht, definiert dies einen räumlich relevanten Markt (vgl. BFH-Urteil vom 3. Juli 2008 V R 40/04, BStBl. 2009 II S. 208). Es ist dann auf den Geltungsbereich dieser Verpflichtung abzustellen und eine Wettbewerbssituation zu verneinen. Liegen für Leistungen gleicher Art in einem räumlich abgegrenzten Bereich besondere Abnahme- und Annahmeverpflichtungen nicht vor, kann potenzieller Wettbewerb grundsätzlich nicht ausgeschlossen werden. Dies gilt

für Fälle eines öffentlich-rechtlichen Anschluss- und Benutzungszwangs entsprechend.

**Beispiel:** 28
Bei der Feuerbestattung wird ein potenzieller Wettbewerb dagegen angenommen, da diese zwar in einigen Bundesländern nur öffentlich-rechtlich erbracht werden kann, aber wegen der fehlenden Abnahmeverpflichtung auch die Inanspruchnahme privater Anbieter in anderen Bundesländern möglich ist (vgl. BFH-Urteil vom 5. Oktober 2006 VII R 24/03, BStBl. 2007 II S. 243).

Da allerdings die Möglichkeit, in den relevanten Markt einzutreten, real und nicht nur rein hypothetisch sein muss, müssen abhängig von der Art der Leistung gleichwohl auch räumliche Aspekte bei der Marktbetrachtung eine Rolle spielen. So könnte beispielsweise eine in einem anderen Mitgliedstaat bestehende Möglichkeit, eine bestimmte Tätigkeit privatrechtlich auszuüben, nicht per se dazu führen, diese als in einem realen Wettbewerb mit einer vergleichbaren in Deutschland der öffentlichen Aufgabenerbringung vorbehaltenen Tätigkeit stehend anzusehen. Die Wettbewerbsbeurteilung ist damit zwar grundsätzlich auf das Gebiet der Europäischen Union zu erstrecken, je nach Art der zu beurteilenden Leistung aber ggf. regional zu beschränken. 29

### 2. Wettbewerbsverzerrungen

Verzerrungen des Wettbewerbs i. S. d. § 2b UStG entstehen, wenn öffentliche und private Anbieter marktrelevant aufeinander treffen können und aufgrund der unterschiedlichen Besteuerung die Wettbewerbssituation zugunsten oder zulasten eines Marktteilnehmers verfälscht wird. Wettbewerbsverzerrungen können sowohl zulasten von privaten Wettbewerbern der jPöR als auch zulasten der jPöR selbst bestehen. Auch jPöR können sich daher auf durch eine Nichtbesteuerung ergebende größere Wettbewerbsnachteile zu ihren eigenen Lasten gegenüber privaten Unternehmern berufen. 30

An den Begriff der „größeren Wettbewerbsverzerrungen" sind keine erhöhten Anforderungen zu stellen. Größer sind Wettbewerbsverzerrungen danach vielmehr bereits dann, wenn sie nicht lediglich unbedeutend sind (vgl. EuGH-Urteil vom 16. September 2008 C-288/07). 31

## III. § 2b Abs. 2 UStG

§ 2b Abs. 2 UStG enthält eine nicht abschließende Aufzählung von Fällen, in denen auch bei einer an sich wirtschaftlichen Betätigung einer jPöR keine größeren Wettbewerbsverzerrungen vorliegen. 32

### 1. § 2b Abs. 2 Nr. 1 UStG: Wettbewerbsgrenze in Höhe von 17 500 Euro

Mit der Wettbewerbsgrenze nach § 2b Abs. 2 Nr. 1 wird unwiderlegbar unterstellt, dass eine Nichtbesteuerung von gleichartigen Tätigkeiten bis zu einem Jahresumsatz in Höhe von 17 500 Euro nicht zu einer größeren Wettbewerbsverzerrung führt. Bei einem Unterschreiten der Wettbewerbsgrenze ist demnach stets von unbedeutenden Wettbewerbsverzerrungen und damit von einer nichtunternehmerischen Tätigkeit auszugehen. Es besteht kein Wahlrecht der jPöR. 33

34 Für die Ermittlung der Wettbewerbsgrenze muss auf den Umsatz der einzelnen gleichartigen Tätigkeiten im Kalenderjahr abgestellt werden. Es ist auf die voraussichtlich zu vereinnahmenden Beträge abzustellen. Maßgebend ist die zu Beginn eines Jahres vorzunehmende Beurteilung der Verhältnisse für das laufende Kalenderjahr. Ist danach ein voraussichtlicher Umsatz von nicht mehr als 17 500 Euro zu erwarten, ist dieser Betrag auch dann maßgebend, wenn der tatsächliche Umsatz im Laufe des Kalenderjahres die Grenze von 17 500 Euro überschreitet. Nimmt die jPöR die Tätigkeit, für die das Vorliegen einer größeren Wettbewerbsverzerrung zu prüfen ist, im Laufe des Kalenderjahres neu auf, ist allein auf den voraussichtlichen Umsatz des laufenden Kalenderjahres abzustellen. Eine Umrechnung auf einen fiktiven Jahresumsatz unterbleibt.

35 **Beispiel:**

Eine Gemeinde, die auf öffentlich-rechtlicher Grundlage Stellplätze für Pkw in einer Tiefgarage gegen Entgelt überlässt, wird mit dieser Tätigkeit voraussichtlich 13 500 Euro pro Jahr erzielen. Obwohl die Gemeinde wirtschaftlich i. S. d. § 2 Abs. 1 UStG tätig ist, gilt sie insoweit nicht als Unternehmer, weil die Grenze von 17 500 Euro nicht überschritten wird und damit keine größeren Wettbewerbsverzerrungen vorliegen.

36 Das Tatbestandsmerkmal „größere Wettbewerbsverzerrungen" ist für gleichartige Tätigkeiten der jPöR einzeln zu prüfen. Einzelne Tätigkeiten sind gleichartig, wenn sie aus der Sicht des Durchschnittsverbrauchers dieselben Bedürfnisse befriedigen. Für die Prüfung der Umsatzgrenze sind gleichartige Tätigkeiten der jPöR zusammenzufassen. Eine Prüfung, die auf einzelne Organisationseinheiten der jPöR beschränkt wird, ist nicht zulässig. Es ist vielmehr stets auf die jPöR insgesamt abzustellen.

37 **Beispiele:**

– Aus der auf öffentlich-rechtlicher Grundlage vorgenommenen Stellplatzüberlassung auf einem Parkplatz und in einem Parkhaus wird eine Gemeinde voraussichtlich einen Umsatz von 10 500 Euro und 15 000 Euro erzielen. Die Umsätze aus der Stellplatzüberlassung sind gleichartig und zusammenzufassen. Sie übersteigen den Betrag von 17 500 Euro.
– Aus der auf öffentlich-rechtlicher Grundlage vorgenommenen Stellplatzüberlassung auf einem Parkplatz wird eine Gemeinde voraussichtlich einen Umsatz von 8000 Euro erzielen. Daneben überlässt die Gemeinde unselbständige Parkbuchten auf öffentlich-rechtlich gewidmeten Straßen, die dem allgemeinen Verkehr dienen. Mit dieser Tätigkeit wird sie voraussichtlich 20 000 Euro pro Jahr erzielen. Die Umsätze aus der Überlassung der unselbständigen Parkbuchten dienen der Ordnung des ruhenden Verkehrs und sind deshalb – auch aus Sicht eines Durchschnittsverbrauchers – nicht als gleichartig anzusehen. Diese Umsätze bleiben bei der Betrachtung der Wertgrenze außen vor. Da der mit der Stellplatzüberlassung auf dem Parkplatz erzielte Umsatz voraussichtlich 17 500 Euro nicht übersteigen wird, liegt insoweit keine größere Wettbewerbsverzerrung vor.

## 2. § 2 b Abs. 2 Nr. 2 UStG: vergleichbare steuerfreie Tätigkeiten privater Unternehmer

38 Durch die Nichtbesteuerung von Leistungen der jPöR entstehen keine größeren Wettbewerbsverzerrungen, wenn vergleichbare Leistungen privater Unternehmer aufgrund einer Steuerbefreiung ebenfalls nicht mit Umsatzsteuer belastet werden. Die jPöR wird mit diesen Leistungen grundsätzlich nicht unternehmerisch tätig. Dies gilt nicht für die in § 9 Abs. 1 UStG genannten Leistungen einer jPöR, bei denen ein Verzicht auf die Steuerbefreiung grundsätzlich möglich ist (Leistungen i. S. d. § 4 Nr. 8 Buchst. a bis g, Nr. 9

Buchst. a, Nr. 12 oder 13 UStG). Diese Leistungen werden von § 2b Abs. 2 Nr. 2 UStG nicht erfasst, und zwar unabhängig davon, ob die jPöR tatsächlich auf die Steuerbefreiung verzichtet oder ein Verzicht aufgrund der in § 9 Absätze 1 bis 3 UStG genannten Voraussetzungen in dem konkreten Einzelfall ausgeschlossen ist. So wird vermieden, dass die Behandlung der jPöR als Nichtunternehmer für derartige Leistungen zu einem Wettbewerbsnachteil zu Lasten der öffentlichen Hand führt.

**Beispiel:** 39
Eine Stiftung des öffentlichen Rechts betreibt eine Kunsthochschule und erhebt auf öffentlich-rechtlicher Grundlage Studiengebühren. Eine vergleichbare private Hochschule erhebt auf Grundlage ihrer allgemeinen Geschäftsbedingungen von den Studierenden Entgelte. Da die Umsätze der privaten Hochschule nach § 4 Nr. 21 UStG von der Umsatzsteuer befreit sind und grundsätzlich einer Option nach § 9 UStG nicht zugänglich sind, führt die Nichtbesteuerung der Leistungen der Kunsthochschule nicht zu größeren Wettbewerbsverzerrungen (§ 2b Abs. 2 Nr. 2 UStG). Die Leistungen der Kunsthochschule unterliegen nicht der Umsatzsteuer (§ 2b Abs. 1 UStG).

## IV. § 2b Abs. 3 UStG

§ 2b Abs. 3 UStG beschreibt Fälle der vertikalen und horizontalen Zusammenarbeit von jPöR bei der Erfüllung öffentlicher Aufgaben, bei denen keine größeren Wettbewerbsverzerrungen entstehen. Danach liegen keine größeren Wettbewerbsverzerrungen insbesondere dann vor, wenn die betroffenen Leistungen zwischen jPöR ausgetauscht werden und dabei die Leistungen entweder aufgrund gesetzlicher Bestimmungen nur von jPöR erbracht werden dürfen oder die Zusammenarbeit der jPöR durch gemeinsame spezifische öffentliche Interessen bestimmt wird. Liegen die Tatbestandsvoraussetzungen des § 2b Abs. 3 UStG vor, ist § 2b Abs. 1 Satz 1 UStG maßgeblich, wonach jPöR nicht als Unternehmer gelten. 40

### 1. § 2b Abs. 3 Nr. 1 UStG: den jPöR vorbehaltene Leistungen

Bezieht sich die Zusammenarbeit der jPöR auf Leistungen, die im Zeitpunkt der Leistungserbringung aufgrund geltender gesetzlicher Bestimmungen nur von jPöR erbracht werden dürfen und somit private Wirtschaftsteilnehmer von der Erbringung ausschließen, liegen nach § 2b Abs. 3 Nr. 1 UStG keine größeren Wettbewerbsverzerrungen vor. Betroffen hiervon sind zum einen Leistungen, die den jPöR gesetzlich vorbehalten sind bzw. deren Erbringung privaten Wirtschaftsteilnehmern gesetzlich verwehrt ist. Zum anderen erfasst § 2b Abs. 3 Nr. 1 UStG Leistungen, die eine jPöR aufgrund geltender gesetzlicher Bestimmungen ausschließlich bei einer anderen jPöR nachfragen darf. In beiden Fällen darf als Anbieter und damit Erbringer der Leistung ausschließlich eine jPöR auftreten, so dass die Nichtbesteuerung der leistenden jPöR zu keinen Wettbewerbsverzerrungen führen kann. Für die Anwendung der Regelung ist nicht entscheidend, in welchem Bereich die empfangende jPöR die bezogenen Leistungen verwendet. So kann die Anwendung der Regelung nicht allein mit dem Hinweis darauf ausgeschlossen werden, dass die erbrachten Leistungen ganz oder teilweise im Rahmen einer wirtschaftlichen Tätigkeit verwendet werden. 41

### Gesetzliche Bestimmungen

42 § 2 b Abs. 3 Nr. 1 UStG nimmt Leistungen von der Besteuerung aus, wenn gesetzliche Bestimmungen in dem jeweiligen Bundesland oder im Gebiet der Bundesrepublik Deutschland die Durchführung der Leistung auf Rechtsträger des öffentlichen Rechts beschränkt. Der Begriff der „gesetzlichen Bestimmungen" ist nicht deckungsgleich mit dem Begriff der öffentlich-rechtlichen Sonderregelungen „im Rahmen der öffentlichen Gewalt" i. S. d. § 2 b Abs. 1 Satz 1 UStG. Gesetzliche Bestimmungen i. S. d. § 2 b Abs. 3 Nr. 1 UStG sind alle Gesetze und Rechtsverordnungen des Bundes- oder Landesrechts sowie die besondere Rechtsetzung der Kirchen, nicht jedoch Bestimmungen, die von einer mit Satzungsautonomie ausgestatteten jPöR für ihren Bereich erlassen wurde (z. B. Sparkassensatzungen). Ein ratifizierter Staatsvertrag gilt damit als eine gesetzliche Bestimmung i. S. d. § 2 b Abs. 3 Nr. 1 UStG. Es muss sich um eine im Geltungsbereich des UStG wirkende gesetzliche Bestimmung handeln.

43 **Beispiele:**
- gemeinsame Standes- und Ordnungsämter;
- Abnahme von Berufsabschlussprüfungen durch eine IHK für eine andere.

44 Leistungen, die eine jPöR mangels einer entgegenstehenden gesetzlichen Bestimmung auf dem freien Markt beschaffen kann und darf (z. B. Gehaltsabrechnungen, Fuhrparkmanagement), werden von § 2 b Abs. 3 Nr. 1 UStG nicht erfasst.

### 2. § 2 b Abs. 3 Nr. 2 UStG: gemeinsame spezifische Interessen

45 Eine Zusammenarbeit zwischen jPöR führt nicht zu größeren Wettbewerbsverzerrungen, wenn die Durchführung dieser Zusammenarbeit durch spezifische öffentliche Interessen bestimmt wird. Ob gemeinsame spezifische öffentliche Interessen vorliegen, ist anhand der in § 2 b Abs. 3 Nr. 2 Satz 2 Buchst. a bis d UStG genannten Kriterien zu prüfen. Diese Kriterien müssen kumulativ vorliegen. Ausschließlich haushalterische Zielsetzungen, wie z. B. die Kostenersparnis, liegen zwar im öffentlichen Interesse, sind jedoch kein spezifisches Kennzeichen öffentlich-rechtlichen Handelns.

#### a) § 2 b Abs. 3 Nr. 2 Satz 2 Buchst. a UStG: langfristige öffentlich-rechtliche Vereinbarung

#### aa) Öffentlich-rechtliche Vereinbarung

46 Öffentlich-rechtliche Vereinbarungen i. S. d. § 2 b Abs. 3 Nr. 2 Satz 2 Buchst. a UStG sind insbesondere der öffentlich-rechtliche Vertrag, Verwaltungsabkommen und -vereinbarungen sowie Staatsverträge. Siehe hierzu auch Randziffern 10 bis 18 und 21.

#### bb) Langfristigkeit

47 Ob eine öffentlich-rechtliche Vereinbarung als langfristig anzusehen ist, ist eher eine qualitative als eine quantitative Frage, die ex ante zu beantworten ist. Ein Vertrag, der der Sicherstellung der Erreichung gemeinsamer Ziele dient, ist qualitativ auf Langfristigkeit ausgerichtet. Trotz der vorzunehmenden qualitativen Betrachtung können zeitliche Aspekte nicht völlig außer Acht gelassen werden. Das Kriterium der Langfristigkeit ist daher stets erfüllt, wenn

die Vereinbarung auf unbestimmte Zeit geschlossen wird. Bei befristeten Vereinbarungen kann das Kriterium der Langfristigkeit erfüllt sein. So ist regelmäßig von einer langfristigen Vereinbarung auszugehen, wenn diese für einen Zeitraum von mindestens fünf Jahren geschlossen wird. Kürzere Zeiträume sind möglich, wenn dies nach der Art der Tätigkeit üblich ist.

## b) § 2b Abs. 3 Nr. 2 Satz 2 Buchst. b UStG

### aa) Erhalt der öffentlichen Infrastruktur

Unter den Begriff „Erhalt der öffentlichen Infrastruktur" fällt auch deren Förderung, Ausbau und Errichtung. Die öffentliche Infrastruktur umfasst alle Einrichtungen materieller und institutioneller Art, die für die Ausübung öffentlicher Gewalt i. S. d. § 2b Abs. 1 UStG notwendig sind. Hierzu gehören die materielle bzw. technische und digitale Infrastruktur (z. B. Verkehrswegenetz, Entsorgung von Wasser), die immaterielle bzw. soziale Infrastruktur (z. B. Bildungswesen, innere Sicherheit, öffentlich-rechtlicher Rundfunk) und die institutionelle Infrastruktur (z. B. Rechtsordnung, Wirtschaftsordnung, Sozialordnung). Als öffentliche Infrastruktur i. S. d. § 2b Abs. 3 Nr. 2 Buchst. b UStG sind bei kirchlichen jPöR insbesondere die Verkündigung und Seelsorge sowie die dafür genutzten öffentlichen Sachen, so neben Kirchen und Kapellen z. B. auf Kirchengrundstücken befindliche Pfarrgebäude (Pastorat) und Gemeindehäuser, anzusehen. Nicht zur öffentlichen Infrastruktur i. S. d. § 2b Abs. 3 Satz 2 Nr. 2 Buchst. b UStG gehören die Bereiche, die der Ausübung einer in § 2b Abs. 4 UStG genannten Tätigkeit dienen. 48

### bb) Wahrnehmung einer allen Beteiligten obliegenden Aufgabe

Neben dem Erhalt der öffentlichen Infrastruktur muss die Leistung der Wahrnehmung einer allen Beteiligten obliegenden Aufgabe dienen. Die Wahrnehmung einer allen Beteiligten obliegenden öffentlichen Aufgabe beschreibt die Zusammenarbeit mehrerer jPöR, um ein gemeinsames Ziel zu erreichen, nämlich eine oder mehrere gemeinsame Aufgaben im Interesse der Allgemeinheit zu erfüllen. Eine gemeinsame Aufgabenerfüllung liegt auch dann vor, wenn die Aufgabe in Gänze auf die leistende jPöR übertragen wird (z. B. von einer Kommune auf einen Zweckverband, von einer kreisangehörigen Gemeinde auf den Kreis). Es kommt nicht darauf an, ob der Zusammenarbeit eine delegierende oder eine mandatierende Vereinbarung zugrunde liegt oder ob es sich um eine vertikale oder horizontale Kooperation handelt. 49

Bei Leistungsvereinbarungen über lediglich verwaltungsunterstützende Hilfstätigkeiten (z. B. Gebäudereinigung) ist regelmäßig anzunehmen, dass diese nicht der Wahrnehmung einer allen Beteiligten obliegenden öffentlichen Aufgabe dienen.

**Beispiele:** 50

– Eine Versorgungskasse in der Rechtsform einer KdöR übernimmt für Gemeinden aufgrund einer öffentlich-rechtlichen Vereinbarung in Gänze die Aufgaben der Bezüge- und Entgeltfestsetzung. Die Übernahme dieser Tätigkeiten als Ganzes dient dem Erhalt der öffentlichen Infrastruktur und der Wahrnehmung einer allen Beteiligten obliegenden öffentlichen Aufgabe.
– Gemeinde A übernimmt auf Grundlage einer langfristigen öffentlich-rechtlichen Vereinbarung in Gänze die Aufgaben, die bisher vom Bauhof der Gemeinde B wahrgenommen wurden. Der Erhalt der Funktionsfähigkeit aller gemeindlichen Anlagen ist eine beiden

Gemeinden obliegende öffentliche Aufgabe. Die Übernahme der Aufgaben des Bauhofs als Ganzes dient deren Wahrnehmung sowie dem Erhalt der öffentlichen Infrastruktur.

**Abwandlung:**

– Die Zusammenarbeit beschränkt sich auf die Übernahme einzelner Arbeiten im Bereich von Grünpflegearbeiten oder von Neubau- und Sanierungsmaßnahmen an Straßen und Gebäuden, wie sie auch von privaten Unternehmern angeboten wird. Die Leistungen dienen nicht der Aufgabenerfüllung im Ganzen, sondern lediglich einer punktuellen Hilfstätigkeit und stellen daher nicht die Aufgabenwahrnehmung als solche sicher.

**c) § 2 b Abs. 3 Nr. 2 Satz 2 Buchst. c UStG: ausschließlich Kostenerstattung**

51 Die Zusammenarbeit darf nicht zu Finanztransfers zwischen den beteiligten jPöR führen, die über eine (ggf. anteilige) Kostenerstattung hinausgehen. Die leistungserbringende jPöR darf nur kostendeckend kalkulieren. Bei einer gewinnorientierten Kalkulation erbringt die jPöR ihre Leistungen unter vergleichbaren Bedingungen wie ein privater Unternehmer. Jede sachgerechte Ermittlung der Kosten, ggfs. auch durch Ansatz von Pauschalkostensätzen (wie z. B. für Personal) ist anzuerkennen. In die Berechnung der Kostenerstattung können die fixen und variablen Kosten einbezogen werden. Zu den Fixkosten gehören z. B. auch Mieten oder Abschreibungen des Anlagevermögens. Nicht einzubeziehen sind z. B. die Verzinsung des eingesetzten Eigenkapitals und Rücklagen.

**d) § 2 b Abs. 3 Nr. 2 Satz 2 Buchst. d UStG: Leistungsempfänger im Wesentlichen andere jPöR**

52 Die leistende jPöR darf gleichartige Leistungen im Wesentlichen nur an andere jPöR erbringen.

**aa) Gleichartige Leistungen**

53 Der Begriff der Gleichartigkeit ist wie bei § 2 b Abs. 2 Nr. 1 UStG aus Sicht des Durchschnittsverbrauchers zu prüfen.

**bb) Wesentlichkeitsmerkmal**

54 Die leistende jPöR muss in dem von der Zusammenarbeit erfassten Tätigkeitsbereich im Wesentlichen Leistungen für andere jPöR erbringen. Davon ist auszugehen, wenn die leistende jPöR in dem fraglichen Tätigkeitsbereich mehr als 80 % der Leistungen an andere jPöR erbringt. Beteiligt sich die leistende jPöR dagegen in einem Umfang von mehr als 20 % am freien Markt, besteht die reale und nicht nur hypothetische Möglichkeit des Auftretens größerer Wettbewerbsverzerrungen. Maßgeblich ist die Höhe der Umsätze. Zur Bestimmung des prozentualen Anteils ist der durchschnittliche Gesamtumsatz der gleichartigen Tätigkeiten der letzten drei Jahre heranzuziehen. Im eigenen Hoheitsbereich erbrachte (Innen-)Leistungen sind dabei nicht einzubeziehen.

## V. Katalogtätigkeiten nach § 2 b Abs. 4 UStG

55 Auch wenn die Voraussetzungen des § 2 b Abs. 1 Satz 1 UStG gegeben sind, gelten jPöR mit der Ausübung der in § 2 b Abs. 4 UStG genannten Tätigkeiten stets als Unternehmer, sofern auch die übrigen Voraussetzungen des § 2 Abs. 1 UStG vorliegen.

### 1. Tätigkeiten i. S. d. § 2b Abs. 4 Nr. 1 bis 4 UStG

§ 2b Abs. 4 Nr. 1 bis 4 UStG entspricht § 2 Abs. 3 Satz 2 UStG in der Fassung vom 31. Dezember 2015. Die Regelungen in Abschnitt 2.11 Abs. 7 bis 11 Umsatzsteuer-Anwendungserlass (UStAE) sind weiterhin anzuwenden. 56

### 2. Tätigkeiten i. S. d. § 2b Abs. 4 Nr. 5 UStG

§ 2b Abs. 4 Nr. 5 UStG verweist auf Anhang I der MwStSystRL, der ein Verzeichnis von Tätigkeiten enthält, die stets einer Besteuerung unterliegen, sofern der Umfang dieser Tätigkeiten nicht unbedeutend ist. Der Umfang einer Tätigkeit ist nicht unbedeutend, wenn die damit erzielten Umsätze einen Betrag in Höhe von 17 500 Euro übersteigen. Diese Betragsgrenze gilt jeweils für jede der von § 2b Abs. 4 Nr. 5 UStG erfassten Tätigkeiten und orientiert sich an § 2b Abs. 2 Nr. 1 UStG. Wird die Betragsgrenze überschritten und liegen die übrigen Voraussetzungen des § 2 Abs. 1 UStG vor, ist die jPöR mit der Ausführung der von § 2b Abs. 4 Nr. 5 UStG erfassten Tätigkeiten stets Unternehmer i. S. d. UStG. 57

## VI. Übergangsregelung (§ 27 Abs. 22 UStG)

Gemäß § 27 Abs. 22 Satz 1 UStG gilt § 2b UStG für alle Umsätze, die nach dem 31. Dezember 2016 ausgeführt worden sind. Nach § 27 Abs. 22 Satz 3 UStG kann die jPöR dem Finanzamt gegenüber jedoch einmalig erklären, dass sie § 2 Abs. 3 UStG in der am 31. Dezember 2015 geltenden Fassung für sämtliche nach dem 31. Dezember 2016 und vor dem 1. Januar 2021 ausgeführte Leistungen weiterhin anwendet. Zu Einzelheiten der Optionserklärung vgl. das Bezugsschreiben des BMF vom 19. April 2016, BStBl. I S. 481. 58

Eine abgegebene Optionserklärung kann nur mit Wirkung vom Beginn eines auf die Abgabe der Optionserklärung folgenden Kalenderjahres an widerrufen werden. Auch ein rückwirkender Widerruf zum Beginn eines auf 2016 folgenden Kalenderjahres ist grundsätzlich möglich. Dies gilt allerdings nur für solche Veranlagungszeiträume, deren Steuerfestsetzung nach den Vorschriften der Abgabenordnung noch änderbar ist, d. h. für die noch keine materielle Bestandskraft eingetreten ist. 59

**Beispiel:**

Eine wirksame Optionserklärung wird im Kalenderjahr 2016 abgegeben; ein Widerruf im Juni 2019 mit Wirkung zum 1. Januar 2018 ist zulässig, sofern die Umsatzsteuerfestsetzung für 2018 noch nicht materiell bestandskräftig ist.

Hat die jPöR für die Anwendung des § 2 Abs. 3 UStG optiert, ist die Besteuerung nach den Grundsätzen in Abschnitt 2.11 UStAE vorzunehmen. Es ist jedoch nicht zu beanstanden, wenn die jPöR die hiervon abweichende Rechtsprechung des BFH der Besteuerung zu Grunde legt, sofern dies einheitlich für das gesamte Unternehmen erfolgt und nicht auf bestimmte Unternehmensteile oder einzelne Umsätze beschränkt wird. 60

## VII. Vorsteuerabzug und Vorsteuerberichtigung (§§ 15, 15 a UStG)

61 Soweit eine jPöR Leistungen für ihren nichtunternehmerischen Bereich bezieht, scheidet ein Vorsteuerabzug nach § 15 UStG aus. Dies gilt auch, wenn sie von der Option nach § 27 Abs. 22 Satz 3 UStG Gebrauch macht und soweit sie im Optionszeitraum nicht nach § 2 Abs. 3 UStG unternehmerisch tätig ist.

62 Bezieht eine jPöR im Optionszeitraum Leistungen, ist für den Vorsteuerabzug danach zu differenzieren, ob die erstmalige Verwendung noch im Optionszeitraum erfolgt.

63 Erfolgt die erstmalige Verwendung der Leistung während des Optionszeitraums nichtunternehmerisch und wird sie bei einer zur erstmaligen Verwendung unveränderten Nutzung nach dessen Ablauf unternehmerisch verwendet, ist ein Vorsteuerabzug im Zeitpunkt des Leistungsbezuges ausgeschlossen. Jedoch ist der Vorsteuerabzug aus dieser Leistung unter den weiteren Voraussetzungen des § 15 a UStG einer späteren Berichtigung zugänglich.

64 **Beispiel:**

– Eine Stadt macht bis zum 31. Dezember 2020 von der Option nach § 27 Abs. 22 Satz 3 UStG Gebrauch. In den Jahren 2017 und 2018 lässt sie ein Gebäude errichten. Die Fertigstellung erfolgt am 31. Juli 2018. Ab dem 1. August 2018 erfolgt die Vermietung im Rahmen einer nichtunternehmerischen Vermögensverwaltung. Die Stadt verzichtet ab dem 1. Januar 2021 nach § 9 UStG auf die Steuerfreiheit dieser Vermietungsumsätze.
Ein Vorsteuerabzug im Zeitpunkt des Leistungsbezugs ist ausgeschlossen. Ab dem 1. Januar 2021 bis zum Ende des Berichtigungszeitraums am 31. Juli 2028 ist pro rata temporis eine Berichtigung des Vorsteuerabzugs nach Maßgabe des § 15 a UStG vorzunehmen.
Widerruft die Stadt hingegen die Option nach § 27 Abs. 22 UStG rückwirkend zum 1. Januar 2017 und verzichtet unter den weiteren Voraussetzungen des § 9 UStG rückwirkend auf die Steuerbefreiung, steht ihr der Vorsteuerabzug bereits bei Leistungsbezug zu.

65 Erfolgt die erstmalige Verwendung der während des Optionszeitraums bezogenen Leistung nach Ablauf des Optionszeitraums nach § 27 Abs. 22 UStG unternehmerisch, ist ein Vorsteuerabzug im Zeitpunkt des Leistungsbezugs unter Berücksichtigung der beabsichtigten Verwendung und unter den weiteren Voraussetzungen des § 15 UStG zulässig.

66 **Beispiele:**

– Eine Stadt macht bis zum 31. Dezember 2020 von der Option nach § 27 Abs. 22 Satz 3 UStG Gebrauch. In den Jahren 2017 bis 2021 lässt sie ein Gebäude errichten. Die Fertigstellung erfolgt am 31. Juli 2021. Ab dem 1. August 2021 erfolgt die Vermietung unter Verzicht auf die Steuerfreiheit dieser Umsätze.
Unter den weiteren Voraussetzungen des § 15 UStG kann der Vorsteuerabzug im Zeitpunkt des Leistungsbezugs vorgenommen werden. Im Berichtigungszeitraum vom 1. August 2021 bis zum 31. Juli 2031 kommt bei geänderter Nutzung des Gebäudes eine Vorsteuerberichtigung nach § 15 a UStG in Betracht.

– Eine Stadt macht bis zum 31. Dezember 2020 von der Option nach § 27 Abs. 22 Satz 3 UStG Gebrauch. Sie beabsichtigt, im Jahr 2022 ein bisher vermietetes Grundstück unter Verzicht auf die Steuerbefreiung steuerpflichtig zu veräußern. Hierzu bezieht sie im Optionszeitraum eine darauf gerichtete Beratungsleistung.
Unter Berücksichtigung der beabsichtigten Verwendung und unter den weiteren Voraussetzungen des § 15 UStG ist ein Recht auf Vorsteuerabzug aus der Beratungsleistung im Zeitpunkt des Leistungsbezugs gegeben.

67 Die vorstehenden Grundsätze für Leistungsbezüge im Optionszeitraum nach § 27 Abs. 22 UStG gelten für Leistungsbezüge vor dem 1. Januar 2017 entsprechend. Erfolgte die erstmalige Verwendung einer solchen Leistung bereits vor dem 1. Januar 2017, kommt auch bei diesen Leistungen unter den Bedingungen der Randziffer 63 und den weiteren Voraussetzungen des § 15 a UStG eine spätere Vorsteuerberichtigung in Betracht.

## VIII.

68 Unter Bezugnahme auf das Ergebnis der Erörterungen mit den obersten Finanzbehörden der Länder wird der Umsatzsteuer-Anwendungserlass vom 1. Oktober 2010, BStBl. I S. 846, der zuletzt durch das BMF-Schreiben vom 2. Dezember 2016 III C 2 – S 7242-a/16/10002, DOK 2016/1091734, BStBl. I S. 1450, geändert worden ist, wie folgt geändert:

(...)

# **500** § 2b/2. Schreiben betr. gesonderte Prüfung möglicher größerer Wettbewerbsverzerrungen bei § 2 b Abs. 3 Nr. 2 UStG

Vom 14. November 2019 (BStBl. I S. 1140)

(BMF III C 2 – S 7107/19/10005 :011)

Mit BMF-Schreiben vom 16. Dezember 2016, BStBl. I S. 1451[1], wurde zu Anwendungsfragen des § 2 b UStG Stellung genommen. Zwischenzeitlich wurde die Frage der europarechtlichen Anforderungen an die Auslegung der Regelung des § 2 b Abs. 3 Nr. 2 UStG mit der Europäischen Kommission diskutiert. Im Lichte dieser Erörterungen gilt im Einvernehmen mit den obersten Finanzbehörden der Länder Folgendes:

Bei § 2 b Abs. 3 Nr. 2 UStG handelt es sich um ein Regelbeispiel. Sind dessen Voraussetzungen gegeben, besteht eine Vermutung, dass keine größeren Wettbewerbsverzerrungen zu Lasten privater Dritter vorliegen. Um eine unionsrechtskonforme Anwendung des § 2 b UStG sicherzustellen, ist es jedoch erforderlich, auch dann, wenn die Voraussetzungen des Regelbeispiels gegeben sind, in eine gesonderte Prüfung auf mögliche schädliche Wettbewerbsverzerrungen nach § 2 b Abs. 1 Satz 2 UStG einzutreten.

Maßstab hierfür sind die Ausführungen im BMF-Schreiben vom 16. Dezember 2016, BStBl. I S. 1451, Rz. 22 ff.[1] Insbesondere ist zu prüfen, ob private Unternehmer potentiell in der Lage sind, vergleichbare Leistungen wie die öffentliche Hand zu erbringen. Ergibt sich unter Anwendung dieser Maßstäbe, dass die Nichtbesteuerung von Leistungen im Rahmen der Zusammenarbeit von juristischen Personen des öffentlichen Rechts zu größeren Wettbewerbsverzerrungen führen würde, ist die Regelvermutung des § 2 b Abs. 3 Nr. 2 UStG als widerlegt anzusehen.

Bei Leistungsvereinbarungen über verwaltungsunterstützende Hilfstätigkeiten sind regelmäßig bereits die Voraussetzungen des § 2 b Abs. 3 Nr. 2 Satz 2 Buchst. b UStG nicht gegeben (siehe Rz. 49 f. des Bezugsschreibens[1]). Sie erfüllen keine spezifisch öffentlichen Interessen, da sie ohne weiteres auch von privaten Unternehmern erbracht werden können. Im Rahmen der gesonderten Wettbewerbsprüfung nach § 2 b Abs. 1 Satz 2 UStG scheiden diese Leistungen auf jeden Fall aus der Nichtsteuerbarkeit aus. Hierzu zählen Verträge, die auf die Gebäudereinigung, Grünpflegearbeiten, Neubau- und Sanierungsmaßnahmen an Straßen und Gebäuden sowie auf unterstützende IT-Dienstleistungen beschränkt sind.

Dieses Schreiben ist in allen offenen Fällen anzuwenden.

---

[1] Nr. **500** § 2 b/1.

# **500** § 2 b/3. Schreiben betr. Umsatzbesteuerung der öffentlichen Hand; Behandlung der Konzessionsabgabe unter § 2 b UStG

Vom 5. August 2020 (BStBl. I S. 669)

(BMF III C 2 – S 7107/19/10007 :005; DOK 2020/0767842)

– Auszug –

## 1. Umsatzsteuerbarkeit bei privatrechtlichen Verträgen

Erbringt eine juristische Person des öffentlichen Rechts nachhaltig Leistungen gegen Entgelt aufgrund eines privatrechtlichen Vertrages, ist nach der Rechtsprechung des Bundesfinanzhofs stets von einer unternehmerischen Tätigkeit der juristischen Person des öffentlichen Rechts nach § 2 Abs. 1 UStG auszugehen. Die Unternehmereigenschaft ist in diesen Fällen nicht durch § 2 b UStG eingeschränkt, weil die öffentliche Hand in zivilrechtlicher Handlungsform am Markt teilnimmt und nicht im Rahmen der öffentlichen Gewalt handelt. Die Einräumung eines Wegenutzungsrechts durch die Gemeinden gegen Zahlung einer Konzessionsabgabe im Rahmen eines privatrechtlichen Vertrags ist also immer umsatzsteuerbar.

Die Betrachtung von § 46 EnWG führt zu keinen anderen steuerlichen Ergebnissen. Öffentlich-rechtliche Rahmenbedingungen im Zusammenhang mit privatrechtlichen Verträgen verhindern nicht, dass die Gemeinden „wie ein Privater" im Sinne der Rechtsprechung handeln. Denn gegenüber ihren Vertragspartnern tritt die Gemeinde unter den gleichen rechtlichen Bedingungen wie ein privater Wirtschaftsteilnehmer auf. Umsatzsteuerrechtlich ist nicht nur das „Ob", sondern auch das „Wie" der vertraglichen Beziehungen entscheidend, um zu erkennen, ob eine Tätigkeit im Rahmen der öffentlichen Gewalt erfolgt. Im Hinblick auf die Anwendung des § 2 b Abs. 1 UStG ist es zudem ohne Belang, ob die juristische Person des öffentlichen Rechts mit ihrer Tätigkeit öffentliche Aufgaben wahrnimmt (BMF-Schreiben vom 16. Dezember 2016, BStBl. I S. 1451[1]). Damit ist unbeachtlich, dass eine Pflicht der Gemeinden zum Abschluss derartiger Verträge besteht.

## 2. Steuerbefreite Grundstücksüberlassung nach § 4 Nr. 12 UStG

Ein Vertrag, durch den eine Gebietskörperschaft einem Versorgungsunternehmen das ausschließliche Recht einräumt, die Einwohner mit Strom, Gas oder Wasser zu versorgen und dabei erlaubt, öffentliche Straßen, Plätze etc. für die Verlegung der Versorgungsleitungen zu benutzen bzw. im Zuge der Deregulierung bzw. Liberalisierung der Strom- und Gasversorgung das durch den Vertrag (Konzessionsvertrag) bisher gewährte Exklusivrecht der Versorgung aufhebt und durch ein einfaches Wegerecht ersetzt, kann unter die Steuerbefreiung nach § 4 Nr. 12 Satz 1 Buchst. a oder c UStG fallen.

---

[1] Nr. **500** § 2 b/1.

Die in § 4 Nr. 12 Satz 1 Buchst. c UStG geregelten dinglichen Nutzungsrechte unterliegen der Befreiung, wenn die Bestellung des Nutzungsrechts vom Begriff der Vermietung und Verpachtung erfasst wird. Die Frage, ob mit dem Abschluss eines Konzessionsvertrags oder der Vereinbarung eines einfachen Wegerechts umsatzsteuerrechtlich eine Vermietung oder Verpachtung eines Grundstücks vorliegt, richtet sich allerdings nicht nach den Vorschriften des nationalen Zivilrechts, sondern nach Unionsrecht. Danach setzt die Vermietung eines Grundstücks voraus, dass dem Mieter vom Vermieter auf bestimmte Zeit gegen eine Vergütung das Recht eingeräumt wird, das Grundstück so in Besitz zu nehmen, als ob er dessen Eigentümer wäre, und jede andere Person von diesem Recht auszuschließen. Zu berücksichtigen sind dabei alle Umstände des Einzelfalls, vor allem der tatsächlich verwirklichte Sachverhalt. Diese Voraussetzungen gelten auch für die Vermietung und Verpachtung eines Grundstücks und die hierdurch typischerweise eingeräumten Berechtigungen an dem Grundstück zur Ausübung einer sachgerechten und nachhaltigen Bewirtschaftung (vgl. hierzu Abschn. 4.12.1 Abs. 1 UStAE). Bei der Bestellung eines dinglichen Nutzungsrechts ist es allerdings nicht erforderlich, dass der Nutzungsberechtigte das Nutzungsrecht alleine ausüben kann; es genügt, wenn er – vergleichbar einem Eigentümer – Unbefugte von der Nutzung ausschließen kann (vgl. BFH-Urteil vom 24. Februar 2005 V R 45/02, BStBl. 2007 II S. 61).

Soweit es sich bei der Überlassung von Grundstücken zum Verlegen von Erdleitungen (z. B. Erdgas- oder Elektrizitätsleitungen) nach der jeweiligen Vertragslage um eine einheitliche, nach § 1 Abs. 1 Nr. 1 UStG umsatzsteuerbare Leistung handelt, kommt der Bewilligung der Grunddienstbarkeit neben der Vermietung und Verpachtung der Grundstücke in diesen Fällen kein eigenständiger umsatzsteuerlicher Gehalt zu, da die Bewilligung nur der Absicherung der Rechte aus dem Miet- bzw. Pachtvertrag dient (vgl. Abschn. 4.12.8 Abs. 2 UStAE).

**3. Bemessungsgrundlage für die Umsatzsteuer**

Für die Entscheidung der Frage, ob die in den bisherigen Konzessionsverträgen vereinbarten Konzessionsabgaben als Netto-Beträge (ohne Umsatzsteuer) anzusehen sind, ist allein das Zivilrecht maßgeblich.

**4. Anwendung**

Für die Anwendbarkeit der Grundsätze zu § 2 b UStG sind die Übergangsregelungen des § 27 Abs. 22 und Abs. 22 a UStG zu beachten. Demnach gelten die Grundsätze – vorbehaltlich einer abgegeben Optionserklärung nach § 27 Abs. 22 Satz 3 UStG – für Umsätze ab dem 1. Januar 2017.

(…) (Anfügung von Abschn. 2 b.1 Abs. 10 UStAE)

# 500 § 2b/4. Schreiben betr. Anwendungsfragen des § 2 b UStG in Zusammenhang mit dem Friedhofs- und Bestattungswesen

Vom 23. November 2020
BMF III C 2 - S 7107/19/10004 :008; DOK 2020/1212492
(BStBl. I S. 1335)

– Auszug –

Geändert durch BMF v. 14.3.2023 (BStBl. I S. 626)

Durch Art. 12 des Gesetzes vom 2. November 2015 (BGBl. I S. 1834)[1] wurden durch Einfügung des § 2 b UStG die Regelungen zur Unternehmereigenschaft von juristischen Personen des öffentlichen Rechts (jPöR) neu gefasst. In diesem Kontext hat sich auch eine Reihe von Anwendungsfragen im Zusammenhang mit Friedhöfen in öffentlich-rechtlicher Trägerschaft ergeben.

Für die Anwendung von § 2 b UStG gilt Folgendes:

Erbringen jPöR im Bereich des Friedhofs- und Bestattungswesens Leistungen gegen Entgelt, liegt ein Leistungsaustausch im umsatzsteuerlichen Sinn und damit eine unternehmerische Tätigkeit nach § 2 Abs. 1 UStG vor. Werden Leistungen auf der Grundlage einer öffentlich-rechtlichen Satzung in öffentlich-rechtlicher Handlungsform erbracht, ist der Anwendungsbereich des § 2 b Abs. 1 Satz 1 UStG eröffnet, so dass zu prüfen ist, ob die Behandlung der jPöR als Nichtunternehmer zu größeren Wettbewerbsverzerrungen i. S. d. § 2 b Abs. 1 Satz 2 UStG führen würde (siehe BMF-Schreiben vom 16. Dezember 2016, BStBl. I S. 1451, Randziffern 8 und 22[2]).

Verzerrungen des Wettbewerbs können nur stattfinden, wenn Wettbewerb besteht. Dies setzt voraus, dass die von einer jPöR auf öffentlich-rechtlicher Grundlage erbrachte Leistung gleicher Art auch von einem privaten Unternehmer erbracht werden könnte. Zwei Leistungen sind gleichartig und stehen deshalb in einem Wettbewerbsverhältnis, wenn sie aus der Sicht des Durchschnittsverbrauchers dieselben Bedürfnisse befriedigen (siehe BMF-Schreiben vom 16. Dezember 2016, BStBl. I S. 1451, Randziffern 23 und 24[2]).

Als Durchschnittsverbraucher der in Friedhofssatzungen geregelten Leistungen kommen die Personen in Betracht, die nach den Bestattungsgesetzen der Länder verpflichtet sind, für die Bestattung zu sorgen. Diese Personen entscheiden über Bestattungsort und -art und sind dabei nicht verpflichtet, einen bestimmten Friedhof zu nutzen.

## 1. Grabnutzungsberechtigungen/Liegerecht/Recht zur Beisetzung

Die Einräumung von Grabnutzungsberechtigungen, Liegerechten und Rechten zur Beisetzung eines Sarges oder einer Urne sowie zur Leichentuchbestattung, die darin bestehen, eine räumlich abgrenzbare, individualisierte Parzelle unter Ausschluss Dritter nutzen zu können (regelmäßig z. B. bei Urnennischen

[1] **Amtl. Anm.:** BStBl. I S. 846.
[2] Nr. **500** § 2 b /1.

oder Kolumbarien, Reihen- und Wahlgrabstätten), ist bei Leistungserbringung durch private Anbieter als Vermietung von Grundstücken nach § 4 Nr. 12 Satz 1 Buchst. a UStG umsatzsteuerfrei, unabhängig davon, ob es sich um Erd- oder Feuerbestattungen handelt (vgl. BFH-Urteil vom 21. Juni 2017 V R 3/17, BStBl. 2018 II S. 372).

Dem BMF-Schreiben vom 16. Dezember 2016, BStBl. I S. 1451 (Randziffer 38)[1] folgend sind bei jPöR die Voraussetzungen des § 2 b Abs. 2 Nr. 2 UStG dann nicht erfüllt, wenn es sich um eine in § 9 Abs. 1 UStG genannte Leistung handelt (Leistungen i. S. d. § 4 Nr. 8 Buchst. a bis g, Nr. 9 Buchst. a, Nr. 12 oder 13 UStG). Allerdings enthält § 2 b Abs. 2 UStG keine abschließende Aufzählung von Fällen, in denen keine größeren Wettbewerbsverzerrungen vorliegen. Diese sind auch in den Fällen zu verneinen, in denen zwar die Voraussetzungen des § 2 b Abs. 2 Nr. 2 UStG nicht erfüllt sind, aber ein Verzicht auf die Steuerbefreiung bei vergleichbaren Leistungen Privater aufgrund der tatsächlichen Umstände ausgeschlossen ist. So erfolgt die Einräumung von Grabnutzungsberechtigungen, Liegerechten und Rechten zur Beisetzung stets für nichtunternehmerische Zwecke des Leistungsempfängers, weshalb in diesen Fällen tatsächlich niemals auf die Steuerbefreiung nach § 9 UStG verzichtet werden kann. Werden derartige Leistungen durch jPöR erbracht, werden sie insoweit unter Beachtung des § 2 b Abs. 1 Satz 2 UStG nicht unternehmerisch tätig.

Wird hingegen keine räumlich abgrenzbare, individualisierte Parzelle zur Nutzung unter Ausschluss Dritter überlassen, kommt eine Steuerfreiheit dieser Leistung nach § 4 Nr. 12 Satz 1 Buchst. a UStG bei privaten Anbietern nicht in Betracht (vgl. BFH-Urteil vom 21. Juni 2017 V R 4/17, BStBl. 2018 II S. 370). Derartige Leistungen werden von jPöR unternehmerisch ausgeführt und unterliegen der Umsatzbesteuerung, wenn sie auch von Privaten erbracht werden können und die Wettbewerbsgrenze nach § 2 b Abs. 2 Nr. 1 UStG überschritten wird.

Insbesondere folgende mit der Einräumung von Grabnutzungsberechtigungen, von Liegerechten bzw. dem Recht zur Beisetzung einhergehende Leistungen sind unselbstständige Nebenleistungen i. S. d. Abschn. 3.10 Abs. 5 UStAE, die das Schicksal der Hauptleistung teilen:

- Bestattungsleistungen, z. B. das Ausheben und Verfüllen der Grabstelle, das Auskleiden des Grabes mit Matten, das Absenken des Sargs oder der Leiche bei Leichentuchbestattung, die Entsorgung von Kränzen und Blumen,
- die Pflege und Instandhaltung von Friedhofsanlagen (z. B. Wege, Hecken, Grünanlagen), die dem Friedhofsträger vorbehalten sind und für die häufig eine Friedhofsunterhaltungsgebühr erhoben wird,
- die Grabpflegeleistungen, die sich der Friedhofsträger vorbehält, um ein einheitliches Gestaltungsbild der Grabanlage (bei Gemeinschaftsgrabanlagen/Gräberfeldern) sicherzustellen,
- Gebühren für die Genehmigung zum Aufstellen von Grabmalen und Einfassungen,
- die Erstellung der Graburkunde,
- der Leichentransport innerhalb des Friedhofs,

[1] Nr. **500** § 2 b/1.

– Gebühren für die Befreiung von bestimmten Verpflichtungen in Ausnahmefällen.

Ob in der jeweiligen Friedhofssatzung hierfür gesonderte Gebühren vorgesehen sind, ist nicht erheblich.

Dies gilt auch für solche Leistungen in Zusammenhang mit einer Verlängerung der Grabnutzungsberechtigung bei einer weiteren Beisetzung in eine bestehende Grabparzelle. Sollte dabei keine Verlängerung der Grabnutzungsberechtigung vereinbart werden, ist nicht von unselbstständigen Nebenleistungen auszugehen, sondern sind die Leistungen nach den allgemeinen Regeln zu beurteilen (vgl. Ziffer 3).

Insbesondere folgende Leistungen sind als eigenständige Leistungen zu beurteilen:

– die Grabpflegeleistungen an individuellen, räumlich abgegrenzten Grabstätten,
– das Aufstellen von Grabsteinen und das Setzen der Grabeinfassung.

**2. Aufbewahrung von Leichen in Kühlräumen oder Kühlzellen sowie Benutzung von Feierhallen, Friedhofskapellen und Abschiedsräumen**

Werden Leichen in Kühlräumen oder Kühlzellen aufbewahrt und werden Räumlichkeiten insbesondere zur Abhaltung von Trauerfeiern zur Nutzung überlassen, handelt es sich hierbei jeweils grundsätzlich um eigenständige Leistungen.

Insbesondere folgende mit der Überlassung der o. g. Räumlichkeiten sowie von Kühlräumen und gekühlten Leichenzellen zur Aufbewahrung von Leichen einhergehende Leistungen sind, sofern sie als Gebühr erhoben werden, unselbstständige Nebenleistungen i. S. d. Abschn. 3.10 Abs. 5 UStAE, die das Schicksal der Hauptleistung teilen:

– die Reinigung der Räumlichkeiten,
– die Beleuchtung sowie Heizung,
– die Bereitstellung von Tonanlagen bzw. Orgel,
– die Mitüberlassung von Einrichtungsgegenständen zur würdevollen Aufbahrung des Leichnams wie Kerzenständer samt Kerzen, Kreuze, Kruzifixe und Weihwasserbehälter,
– die hygienische Totenversorgung durch die dafür zuständige Person sowie
– die Entsorgung von Kränzen und Blumen.

Ob in der jeweiligen Friedhofssatzung hierfür gesonderte Gebühren vorgesehen sind, ist nicht erheblich.

**2.1. Feierhallen, Friedhofskapellen und Abschiedsräume**

Die Überlassung von Räumlichkeiten wie Feierhallen, Friedhofskapellen und Abschiedsräumen nebst Einrichtungsgegenständen insbesondere zur Abhaltung von Trauerfeiern stellt bei privaten Wirtschaftsteilnehmern in der Regel eine umsatzsteuerfreie Leistung nach § 4 Nr. 12 Satz 1 Buchst. a UStG dar, bei der eine Option zur Steuerpflicht wegen der nichtunternehmerischen Zweckbestimmung faktisch ausgeschlossen ist (§ 9 UStG). Werden vergleichbare Leistungen durch jPöR erbracht, werden die jPöR insoweit unter Beachtung des § 2b Abs. 1 Satz 2 UStG nicht unternehmerisch tätig. Werden über die

Nutzungsüberlassung hinausgehende Leistungen erbracht, die für eine dann einheitliche Leistung prägend sind, ist die Überlassung der Räumlichkeiten umsatzsteuerpflichtig.

### 2.2. Aufbewahrung von Leichen in Kühlräumen oder Kühlzellen

Die Überlassung von Kühlräumen und gekühlten Leichenzellen zur Aufbewahrung von Leichen kann auch eine nach § 4 Nr. 12 Satz 1 Buchst. a UStG umsatzsteuerfreie Leistung sein, für die wegen der nichtunternehmerischen Zweckbestimmung keine Option möglich ist (§ 9 UStG). JPöR werden insoweit mit der Erbringung dieser Leistungen unter Beachtung des § 2 b Abs. 1 Satz 2 UStG nicht unternehmerisch tätig. Werden über die Nutzungsüberlassung hinausgehende Leistungen erbracht, die für eine dann einheitliche Leistung prägend sind, ist die Überlassung umsatzsteuerpflichtig.

### 3. Bestattungsleistungen im Zusammenhang mit bereits bestehenden Grabstätten (z. B. Umbettungen, Abräumen von Gräbern, Nachbestattungen ohne Verlängerung des Nutzungsrechts)

Bei (Bestattungs-)Leistungen im Zusammenhang mit bereits bestehenden Grabstätten (z. B. Umbettungen, Abräumen) handelt es sich regelmäßig um selbständige Leistungen. Mit derartigen Leistungen treten jPöR nicht in Wettbewerb zu privaten Wirtschaftsteilnehmern, wenn diese Leistungen durch die für den Friedhof, auf dem sich die Grabstätte befindet, geltende Friedhofssatzung der den Friedhof betreibenden jPöR vorbehalten ist. Können die Leistungen nach der Friedhofssatzung auch durch private Wirtschaftsteilnehmer erbracht werden, wird die jPöR mit der Erbringung dieser Leistungen unternehmerisch tätig, wenn die Wettbewerbsgrenze nach § 2 b Abs. 2 Nr. 1 UStG überschritten wird.

### 4. Vertragliche Überlassung der Trägerschaft von Friedhof, Leichenhalle und Feierhalle durch kirchliche jPöR (Kirchengemeinden/Kirchenstiftungen) an eine Kommune

Vereinbaren eine kirchliche jPöR und eine Kommune auf Basis eines öffentlich-rechtlichen Vertrages, dass die Trägerschaft für den Friedhof von der kirchlichen jPöR auf die Kommune übergeht und in dem Zusammenhang der Friedhof samt Einrichtungen und das Leichenhaus überlassen werden, erfolgt die Vereinbarung im Rahmen der öffentlichen Gewalt i. S. d. § 2 b Abs. 1 Satz 1 UStG.

Soweit der Betrieb eines Friedhofs aufgrund landesgesetzlicher Regelungen nur durch jPöR erfolgen kann, ist Wettbewerb mit privaten Anbietern bei der Überlassung des Friedhofs ausgeschlossen.

Der Betrieb eines Leichenhauses ist in der Regel jedoch auch durch private Anbieter möglich. Bei der Überlassung eines Leichenhauses sind Wettbewerbsverzerrungen allerdings zu verneinen, da hier nach dem Gedanken des § 2 Abs. 2 Nr. 2 UStG vergleichbare auf privatrechtlicher Grundlage erbrachte Leistungen privater Anbieter ohne Recht auf Verzicht nach § 9 UStG (Option) der Befreiung gemäß § 4 Nr. 12 Satz 1 Buchst. a UStG unterliegen würden. Eine Option nach § 9 UStG ist auch – vergleichbar den Ausführungen zu 1) – hier nicht möglich, weil der Betreiber des Leichenhauses aufgrund der Verwendung für umsatzsteuerfreie Leistungen nicht zum Vorsteuerabzug berechtigt ist. Die Leistungen der Kommune an insbesondere die Personen, die nach den Bestattungsgesetzen der Länder verpflichtet sind, erfolgen stets für den nichtunternehmerischen Bereich. Daher ist auch hier faktisch kein Verzicht auf die Steuerbefreiung möglich.

Soweit der Betrieb eines Friedhofs privaten Anbietern nach landesrechtlichen Vorschriften möglich ist, gelten für die Wettbewerbsprüfung die vorgenannten Aussagen entsprechend.

## 5. Nichtbeanstandungsregelung

Es wird nicht beanstandet, wenn bei bereits unter dem Regelungsregime des § 2 Abs. 3 UStG in der am 31. Dezember 2015 geltenden Fassung laufenden Rechtsverhältnissen über Grabnutzungsberechtigungen, Liegerechte bzw. das Recht zur Beisetzung, die vor der Wirkung eines Widerrufs der Optionsregelung nach § 27 Abs. 22, 22 a UStG oder ohne Widerruf dieser Optionsregelung vor dem *1. Januar 2023*[1] geschlossen wurden und unter Anwendung des § 2 b UStG erstmals als umsatzsteuerbar und umsatzsteuerpflichtig zu beurteilen sind, keine Nachversteuerung nach § 27 Abs. 1 UStG erfolgt. Für vor dem 1. Januar 2021 abgeschlossene Verträge und erlassene Verwaltungsakte über Grabnutzungsberechtigungen, Liegerechte bzw. das Recht zur Beisetzung wird – auch wenn sie bereits unter dem Regelungsregime des § 2 b UStG geschlossen bzw. erlassen wurden – es ebenfalls nicht beanstandet, wenn keine Besteuerung erfolgt.

## 6. Änderung des Umsatzsteuer-Anwendungserlasses

(…)

[1] Jetzt: 1. Januar 2025; BMF v. 14.3.2023, BStBl. I S. 626.

# 500 § 2b/5. Schreiben betr. Verlängerung der Übergangsregelung zu § 2b UStG mit dem JStG 2022; Temporäre Billigkeitsregelung für einen unberechtigten Steuerausweis nach § 14c UStG

Vom 2. Februar 2023

BMF III C 2 - S 7358/19/10001 :007; DOK 2023/0112261

(BStBl. I S. 321)

Nach Erörterungen mit den obersten Finanzbehörden der Länder gilt die folgende Nichtbeanstandungsregelung:

„Hat eine juristische Person des öffentlichen Rechts (jPöR), die im Jahr 2023 weiter § 2 Abs. 3 UStG in der am 31. Dezember 2015 geltenden Fassung anwendet, für eine nach dem 31. Dezember 2022 außerhalb des unternehmerischen Bereichs des § 2 Abs. 3 UStG in der am 31. Dezember 2015 geltenden Fassung tatsächlich erbrachte Leistung eine Rechnung mit gesondertem Ausweis der Umsatzsteuer erteilt, schuldet die jPöR diesen Umsatzsteuerbetrag nach § 14c Abs. 2 UStG. Einem zum Vorsteuerabzug berechtigten Leistungsempfänger wird aus Gründen der Praktikabilität unter den übrigen Voraussetzungen des § 15 UStG aus einem derartigen unberechtigten Steuerausweis i.S.v. § 14c Abs. 2 UStG ein Vorsteuerabzug maximal bis zu der Höhe gewährt, der für diese Leistung gesetzlich geschuldet worden wäre, wenn die jPöR § 2b UStG bereits anwenden würde.

Ferner kann auf die Festsetzung und Abführung der Steuer i.S.v. § 14c Abs. 2 UStG verzichtet werden, wenn eindeutig für die die Rechnung ausstellende jPöR feststeht, dass die Rechnung nicht für Zwecke verwendet werden kann, die einen Vorsteuerabzug ermöglichen.

Es besteht kein Recht der jPöR auf einen Vorsteuerabzug im Zusammenhang mit dem unberechtigten Steuerausweis.

Diese Regelung § gilt bis zum Ablauf des Folgemonats nach Veröffentlichung dieses BMF-Schreibens[1]."

---

[1] **Red. Anm.:** Veröffentlicht mit BStBl. 2023 I Nr. 4 am 8.3.2023; Regelung gilt also bis 30.4. 2023.

## 500 § 2b/5. Schreiben betr. Verlängerung der Übergangsregelung zu § 2b UStG mit dem JStG 2022; Temporäre Billigkeitsregelung für einen unberechtigten Steuerausweis nach § 14c UStG

# 500 § 3/9. Verfügung betr. umsatzsteuerliche Leistungsbeziehungen bei Abgabe von Startpaketen im Mobilfunkbereich und bei Abgabe von Zahlkarten

Vom 19. Februar 2016 (USt-Kartei ND § 3 Abs. 1 UStG S 7100 Karte 2)

(OFD Niedersachsen S 7100 – 407 – St 171)

## 1. Startpaket im Mobilfunkbereich mit Handy

Die umsatzsteuerliche Behandlung der Abgabe eines Startpakets mit Handy ist im BMF-Schreiben vom 3. Dezember 2001 (BStBl. I S. 1010) geregelt. Zusammengefasst gilt Folgendes:

### 1.1. Abgabe des Startpakets durch einen Netzbetreiber oder Serviceprovider

Gibt ein Netzbetreiber oder Serviceprovider das Startpaket unmittelbar an den Kunden ab, liefert er die einheitliche Ware Startpaket an den Kunden. Beim Startpaket steht nicht die Telekommunikationsleistung, sondern das Mobilfunkgerät im Vordergrund und gibt der Leistung das Gepräge.

### 1.2. Vertrieb des Startpakets durch einen selbständigen Händler

Gibt ein Netzbetreiber oder Serviceprovider das Startpaket über im eigenen Namen und für eigene Rechnung auftretende Händler an Kunden ab, liegt auf jeder einzelnen Stufe eine Lieferung der einheitlichen Ware Startpaket vor.

Tritt der Händler dagegen für den Kunden erkennbar lediglich als Vermittler für den Netzbetreiber oder Serviceprovider auf, so entstehen zwischen dem Händler und dem Kunden keine Leistungsbeziehungen. Allein der jeweilige Netzbetreiber oder Serviceprovider liefert das Startpaket an den Kunden. Der Händler vermittelt lediglich die Lieferung für den Netzbetreiber oder Serviceprovider.

Zur Abgrenzung zwischen Eigenhandel und Vermittlung weise ich auf Tz. 7 hin.

### 1.3. Entstehung der Umsatzsteuer

Die Steuer entsteht mit Ablauf des Voranmeldungszeitraums, in dem die Lieferung bzw. Vermittlung ausgeführt worden ist.

Die Aktivierung des Guthabens aus dem Startpaket ist – anders als bei den Guthabenkarten (Tz. 3.) – von einem Netzbetreiber oder Serviceprovider nur dann nicht als Anzahlung im Sinne des § 13 Abs. 1 Nr. 1 Satz 4 UStG zu versteuern, wenn er nachweist, dass bei ihm und den folgenden Verkaufsstufen die Lieferung des Startpakets besteuert wurde und das Guthaben Bestandteil des Startpakets war.

## 2. Startpaket im Mobilfunkbereich ohne Handy

Mit Kauf und Übergabe des Startpakets erhält der Kunde das Recht, von dem Netzbetreiber den Abschluss eines Mobilfunkvertrages zu den angegebenen Konditionen zu verlangen. Die Konditionen beinhalten die jeweilige Mobilfunkrufnummer, das Gesprächsguthaben und die Allgemeinen Geschäftsbedingungen des Netzbetreibers. Außerdem verschafft der Netzbetreiber dem Kunden die Verfügungsmacht an der SIM-Karte. Diese enthält die Daten für die Aktivierung des Mobilfunkanschlusses und den Zugang zum Netzbetreiber.

### 2.1. Abgabe des Startpakets durch einen Netzbetreiber oder Serviceprovider

Die Abgabe eines Startpakets ohne Mobilfunkgerät stellt eine steuerbare und steuerpflichtige sonstige Leistung dar (Abschn. 3.5 Abs. 3 Nr. 15 UStAE).

Vertraglich erhält der Kunde nicht nur die Verfügungsmacht an der SIM-Karte, sondern vorrangig das Recht auf Abschluss des Mobilfunkvertrags. Das Recht wird nicht ohne Verkauf und Übergabe der SIM-Karte an den Kunden übertragen. Die SIM-Karte verbrieft insofern den Anspruch des Karteninhabers auf Abschluss des Mobilfunkvertrags mit dem Netzbetreiber und ist Träger der erforderlichen Zugangsdaten, um den Vertrag zu schließen und den Zugang zum Netzbetreiber herzustellen. Ohne die Aktivierung durch den Netzbetreiber bietet sie keinen Nutzen für Telekommunikationsleistungen.

Aus der Sicht des Durchschnittsverbrauchers ist entscheidend, dass er nicht nur die Sache „SIM-Karte" erhält, sondern dass er den Abschluss eines Mobilfunkvertrags vom Netzbetreiber verlangen kann. Er weiß, dass der Besitz der SIM-Karte allein ihn noch nicht zur Inanspruchnahme von Telekommunikationsleistungen berechtigt. Die SIM-Karte ist für ihn Mittel zum Zweck, um den Zugang zum Netzbetreiber und die Aktivierung der SIM-Karte sicherzustellen. Die spätere Nutzung der SIM-Karte für Telekommunikationsleistungen prägt aus seiner Sicht nicht die Leistung des Händlers.

Nach alledem gibt die SIM-Karte der Leistung nicht das Gepräge. Ihre Lieferung ist Bestandteil der einheitlich zu beurteilenden sonstigen Leistung Startpaket, die durch die Gewährung des Anspruchs auf Abschluss des Mobilfunkvertrags charakterisiert wird. Die Übereignung der SIM-Karte ist mit der Übertragung des Rechts so eng verbunden, dass sie objektiv eine einzige untrennbare wirtschaftliche Leistung bilden, deren Aufspaltung wirklichkeitsfremd wäre. Denn das Recht ergibt sich aus dem Eigentum an dem Startpaket und ist von der SIM-Karte nicht zu trennen.

Die Leistung stellt eine sonstige Leistung auf dem Gebiet der Telekommunikation nach § 3 a Abs. 5 Satz 2 Nr. 1 UStG dar. Zu den sonstigen Leistungen auf dem Gebiet der Telekommunikation gehört insbesondere die Verschaffung von Zugangsberechtigungen zu den Mobilfunknetzen (Abschn. 3 a.10 Abs. 2 Nr. 3 Satz 1 Buchst. b UStAE).

### 2.2. Vertrieb des Startpakets durch einen selbständigen Händler

Gibt ein Netzbetreiber das Startpaket über einen im eigenen Namen und für eigene Rechnung auftretenden Händler an Kunden ab, tritt der Händler mit Übergabe des Startpakets den Anspruch gegen den Netzbetreiber auf Gewährung des Zugangs zum Mobilfunknetz an den Kunden ab und erbringt damit ebenfalls eine sonstige Leistung auf dem Gebiet der Telekommunikation. Wird der Händler dabei für fremde Rechnung tätig, gilt die Telekommunikationsleistung als an ihn und von ihm erbracht (§ 3 Abs. 11 UStG).

Tritt der Händler dagegen für den Kunden erkennbar lediglich als Vermittler für den Netzbetreiber auf, so entstehen zwischen dem Händler und dem Kunden keine Leistungsbeziehungen. Allein der Netzbetreiber gewährt dem Kunden das Recht auf Abschluss eines Mobilfunkvertrages. Der Händler vermittelt lediglich diese Leistung für den Netzbetreiber.

Zur Abgrenzung zwischen Eigenhandel und Vermittlung weise ich auf Tz. 7 hin.

**2.3. Startguthaben**

Das Startguthaben stellt eine in den Vertragskonditionen enthaltene Zugabe dar, die der Netzbetreiber dem Kunden gewährt. Sie ist bei wirtschaftlicher Betrachtung Teil der sonstigen Leistung Gewährung des Anspruchs auf Abschluss des Mobilfunkvertrages und in Anlehnung der Grundsätze in Abschn. 3.3 Abs. 15 ff. UStAE umsatzsteuerlich ohne Belang.

**2.4. Entstehung der Umsatzsteuer**

Die Umsatzsteuer entsteht mit Ablauf des Voranmeldungszeitraums der Leistungserbringung (§ 13 Abs. 1 Nr. 1 Buchst. a Satz 1 UStG). Die sonstige Leistung Gewährung bzw. Abtretung des Anspruchs auf Abschluss eines Mobilfunkvertrages erbringt der Netzbetreiber bzw. der im eigenen Namen auftretende Händler in dem Zeitpunkt, in dem er dem Kunden das Startpaket übereignet. Gleiches gilt für den als Vermittler auftretenden Händler. Es kommt nicht darauf an, wann der Mobilfunkvertrag tatsächlich abgeschlossen wird.

**3. Guthabenkarte im Mobilfunkbereich**

Die umsatzsteuerliche Behandlung der Abgabe einer Guthabenkarte im Mobilfunkbereich ist im BMF-Schreiben vom 3. Dezember 2001 (BStBl. I S. 1010) geregelt. Zusammengefasst gilt Folgendes:

**3.1. Abgabe der Guthabenkarte durch einen Netzbetreiber oder Serviceprovider**

Die Guthabenkarte hat keine eigenständige technische Funktion. Die aufgedruckte Geheimnummer dient dazu, einen eingezahlten Geldbetrag dem Konto des Kunden bei seinem Netzbetreiber gutzuschreiben. Im Zeitpunkt der Abgabe der Karte steht nur der Netzbetreiber fest. Die Telekommunikationsleistung kann gegenüber dem Kunden aber auch von einem Serviceprovider ausgeführt werden. Erst mit der Aktivierung des Guthabens beim Netzbetreiber steht der Leistungsweg fest. Soweit ein Serviceprovider eingeschaltet ist, erbringt der Netzbetreiber an den Serviceprovider und dieser an den Kunden Telekommunikationsleistungen.

**3.2. Vertrieb der Guthabenkarte durch einen selbständigen Händler**

Ein eingeschalteter Händler erbringt weder eine Telekommunikationsleistung an den Kunden, noch liefert er die Guthabenkarte. Vielmehr vermittelt er den Umtausch von Bargeld in „elektronisches Geld“, das den Anspruch auf Telekommunikationsleistungen verkörpert und erbringt damit eine sonstige Leistung an den Netzbetreiber oder Serviceprovider.

**3.3. Entstehung der Umsatzsteuer**

Die Umsatzsteuer entsteht mit Ablauf des Voranmeldungszeitraums der Leistungsausführung. Der Netzbetreiber oder Serviceprovider führt die Telekommunikationsleistung aus, wenn der Kunde telefoniert. Mit der Gutschrift des Betrages auf dem persönlichen Konto des Kunden kommt eine Leistungsvereinbarung zwischen dem Kunden und dem Netzbetreiber bzw. Serviceprovider zustande, sodass die Gutschrift eine Anzahlung i. S. d. § 13 Abs. 1 Nr. 1 Satz 4 UStG ist. Die Umsatzsteuer für die vorausbezahlte Telekommunikationsleistung entsteht im Voranmeldungszeitraum der Aktivierung der Karte.

Der Händler führt die Vermittlungsleistung mit Abgabe der Karte aus. Die Umsatzsteuer entsteht mit Ablauf des Voranmeldungszeitraums der Abgabe.

**4. Einzweckguthabenkarte in der Telekommunikation**

Die umsatzsteuerliche Behandlung der Abgabe einer Einzweckguthabenkarte in der Telekommunikation ist im BMF-Schreiben vom 24. September 2012 (BStBl. I S. 947)[1] geregelt. Zusammengefasst gilt Folgendes:

**4.1. Abgabe der Einzweckguthabenkarte durch einen Telefonanbieter**

Eine Einzweckguthabenkarte (Monofunktionskarte oder auch Calling Card) ist eine Telefonkarte, die keinen Speicherchip enthält, sondern lediglich über aufgedruckte Informationen verfügt. Der Kunde kann sich mit einer auf der Einzweckguthabenkarte aufgedruckten Nummer über das System des Telefonanbieters in das Netz eines Netzbetreibers einwählen. Nach Eingabe seiner auf der Einzweckguthabenkarte verbrieften PIN-Nummer und der Rufnummer seines Gesprächspartners kann er das gewünschte Gespräch führen. Auf diese Weise kann er das Gesprächsguthaben in Höhe des Nennwerts der Einzweckguthabenkarte verbrauchen. Die Einzweckguthabenkarte ist mit allen Telefongeräten nutzbar (Festnetz, Mobiltelefon, Telefonzelle).

Der Telefonanbieter liefert die Einzweckguthabenkarte nicht, da das wirtschaftliche Interesse des Kunden nicht darauf gerichtet ist, die Verfügungsmacht an der Karte zu erlangen, sondern darauf, mit Hilfe der auf der Karte befindlichen Information telefonieren zu können. Der Telefonanbieter erbringt sonstige Leistungen auf dem Gebiet der Telekommunikation. Er führt die Leistungen bereits mit der Abgabe der Einzweckguthabenkarte aus. Es kommt nicht darauf an, wann der Kunde telefoniert.

**4.2. Vertrieb der Einzweckguthabenkarte durch einen selbständigen Händler**

Gibt der Telefonanbieter die Einzweckguthabenkarte über einen im eigenen Namen und auf eigene Rechnung handelnden Händler ab, erbringt er an den Händler und der Händler an den Kunden jeweils eine Telekommunikationsleistung. Wird der Händler für fremde Rechnung tätig, gilt die Telekommunikationsleistung als an ihn und von ihm erbracht (§ 3 Abs. 11 UStG). Handelt er im fremden Namen und für fremde Rechnung, vermittelt er die Telekommunikationsleistung für den Telefonanbieter. Eine steuerbare Ver-

[1] Nr. **500** § 3/16.

mittlungsleistung ist umsatzsteuerpflichtig, § 4 Nr. 8 d UStG ist nicht anwendbar, weil der Wiederverkäufer auch für die Einzweckguthabenkarte wirbt und die Kunden berät.

Zur Abgrenzung zwischen Eigenhandel und Vermittlung weise ich auf Tz. 7 hin.

### 4.3. Entstehung der Umsatzsteuer

Die Steuer entsteht mit Ablauf des Voranmeldungszeitraums der Leistungsausführung (§ 13 Abs. 1 Buchst. a Satz 1 UStG), also sowohl für die Telekommunikationsleistung als auch für die Vermittlungsleistung mit Ablauf des Voranmeldungszeitraums, in dem der Kunde die Einzweckguthabenkarte erhält.

### 4.4. Übergangsregelung

Die vorstehenden Grundsätze sind in allen offenen Fällen anzuwenden. Für vor dem 1. Januar 2013 entgeltlich abgegebene Einzweckguthabenkarten wird es nicht beanstandet,

- wenn der Telefonanbieter den vereinnahmten Betrag unter Berufung auf die Regelung zu Guthabenkarten im Mobilfunkbereich im BMF-Schreiben vom 3. Dezember 2001, BStBl. I S. 1010 (s. o. Tz. 3.3) erst bei Aktivierung des Kartenguthabens als Anzahlung versteuert und nachfolgend das Telefonieren des Kunden als umsatzsteuerrechtliche Leistung behandelt.
- wenn der Händler seine Tätigkeit entsprechend der bis zum Ergehen des BMF-Schreibens vom 24. September 2012 (BStBl. I S. 947)[1] vertretenen Verwaltungsauffassung als Vermittlungsleistung behandelt.

## 5. Einzweckguthabenkarte[2]

Gibt z. B. ein Parkhausunternehmer eine Karte aus, die nur zum Parken in seinen Parkhäusern berechtigt, handelt es sich bei dem vereinbarten „Kaufpreis" für die Parkhauskarte um ein vorausbezahltes Entgelt für das Parken in den Parkhäusern dieses Unternehmers. Die Umsatzsteuer entsteht bei Vereinnahmung des vorausbezahlten Entgelts, d. h. bei Ausgabe der Parkhauskarte.

## 6. Mehrzweckguthabenkarte

Der Erwerb einer Multifunktionskarte, die zur Inanspruchnahme unterschiedlicher Leistungen benutzt werden kann (z. B. Telefondienstleistungen, Parken in Parkhäusern, Benutzung von Parkscheinautomaten, Inanspruchnahme von Leistungen im öffentlichen Personennahverkehr), erschöpft sich in dem Umtausch eines Zahlungsmittels „Bargeld" in ein anderes Zahlungsmittel „elektronisches Geld". Dieser Vorgang ist nicht steuerbar. Die Besteuerung der einzelnen Leistungen ist bei der konkreten Leistungserbringung durch die jeweiligen Unternehmer vorzunehmen.

## 7. Abgrenzung zwischen Eigenhandel und Vermittlung[3]

Maßgebend sind die Grundsätze in Abschn. 3.7 UStAE.

[1] Nr. **500** § 3/16.
[2] Vgl. BMF v. 24. 9. 2012 BStBl. I S. 947 (Nr. **500** § 3/16).
[3] Ab **1. 1. 2015** vgl. § 3 Abs. 11 a UStG i. d. F. des KroatAnpG v. 25. 7. 2014.

| Folgende Aspekte sprechen für | |
|---|---|
| **Eigenhandel** | **Vermittlung** |
| Der Händler kann über Startpaket/Einzweckguthabenkarte frei verfügen, d. h. er kann sie selbst nutzen, seinem Personal zur Verfügung stellen oder verkaufen. | Der Händler erhält das Startpaket/Einzweckguthabenkarte zweckgebunden zur Vermittlung der Leistung des Netzbetreibers an den Kunden. Das ist der Fall, wenn sich aus den Vertragsformularen hinsichtlich der Telekommunikationsleistung eindeutig eine Rechtsbeziehung zwischen dem Kunden und dem Netzbetreiber ergibt und der Kunde aus dem Produktaufdruck eindeutig den Netzbetreiber erkennen kann. |
| Der Händler trägt das Geschäfts- und Absatzrisiko, also die Gefahr des Untergangs oder Verlustes von Startpaket/Einzweckguthabenkarte und des Forderungsausfalls. | Der Händler trägt kein Geschäfts- und Absatzrisiko. Er kann Startpaket/Einzweckguthabenkarte an den Netzbetreiber zurückgeben, wenn die Veräußerung fehlschlägt. |
| Gewährleistungsansprüche des Kunden richten sich gegen den Eigenhändler. | Gewährleistungsansprüche des Kunden richten sich gegen den Netzbetreiber. |

## 8. Ort der Telekommunikationsleistung ab 1. Januar 2015

| Netzbetreiber<br>Kunde | Unternehmer mit Sitz in Deutschland | Unternehmer mit Sitz in EU | Unternehmer mit Sitz in Drittland |
|---|---|---|---|
| **Privatperson mit Wohnsitz in Deutschland** | Deutschland (§ 3 a Abs. 5 UStG) | Deutschland (§ 3 a Abs. 5 UStG) | Deutschland (§ 3 a Abs. 5 UStG) |
| **Privatperson mit Wohnsitz in anderem EU-Staat** | EU (§ 3 a Abs. 5 UStG) | ohne Bezug zu Deutschland | ohne Bezug zu Deutschland Ausnahme; § 3 a Abs. 6 Satz 1 Nr. 3 UStG bei ausschließlicher Nutzung im Inland |
| **Privatperson mit Wohnsitz im Drittland** | Drittland (§ 3 a Abs. 5 UStG) | ohne Bezug zu Deutschland | ohne Bezug zu Deutschland Ausnahme: § 3 a Abs. 6 Satz 1 Nr. 3 UStG bei aus- |

| **Netzbetreiber Kunde** | **Unternehmer mit Sitz in Deutschland** | **Unternehmer mit Sitz in EU** | **Unternehmer mit Sitz in Drittland** |
|---|---|---|---|
| | | | schließlicher Nutzung im Inland |
| **Unternehmer mit Sitz in Deutschland** | Deutschland (§ 3 a Abs. 2 UStG) | Deutschland (§ 3 a Abs. 2 UStG)[1] | Deutschland (§ 3 a Abs. 2 UStG)[1] |
| **Unternehmer mit Sitz in anderem EU-Staat** | EU (§ 3 a Abs. 2 UStG) | ohne Bezug zu Deutschland | ohne Bezug zu Deutschland |
| **Unternehmer mit Sitz im Drittland** | Drittland (§ 3 a Abs. 2 UStG) | ohne Bezug zu Deutschland | ohne Bezug zu Deutschland |

**9. Ort der Vermittlungsleistung ab 1. Januar 2015**

| **Vermittler Netzbetreiber** | **Unternehmer mit Sitz in Deutschland** | **Unternehmer mit Sitz in EU** | **Unternehmer mit Sitz in Drittland** |
|---|---|---|---|
| **Unternehmer mit Sitz in Deutschland** | Deutschland (§ 3 a Abs. 2 UStG) | Deutschland (§ 3 a Abs. 2 UStG)[2] | Deutschland (§ 3 a Abs. 2 UStG)[2] |
| **Unternehmer mit Sitz in anderem EU-Staat** | EU (§ 3 a Abs. 2 UStG) | ohne Bezug zu Deutschland | ohne Bezug zu Deutschland |
| **Unternehmer mit Sitz im Drittland** | Drittland (§ 3 a Abs. 2 UStG) | ohne Bezug zu Deutschland | ohne Bezug zu Deutschland |

**USt-Kartei ND:**

Die Karteikarte S 7100 Karte 2 zu § 3 Abs. 1 UStG (Kontroll-Nr. 1205) ist durch die Neufassung zu ersetzen. Die Karteikarte S 7100 Karte 5 zu § 3 Abs. 1 UStG (Kontroll-Nr. 1103) ist auszusondern.

---

[1] **[Amtl. Anm.:] Hinweis:** Kunde ist Steuerschuldner nach § 13 b Abs. 1, Abs. 5 Satz 1 UStG.

[2] **[Amtl. Anm.:] Hinweis:** Netzbetreiber ist Steuerschuldner nach § 13 b Abs. 1, Abs. 5 Satz 1 UStG.

# 500 § 3/16. Schreiben betr. umsatzsteuerrechtliche Behandlung von Einzweckguthabenkarten in der Telekommunikation; Auswirkungen des EuGH-Urteils vom 3. Mai 2012, Lebara Ltd., C-520/10

Vom 24. September 2012 (BStBl. I S. 947)
(BMF IV D 2 – S 7100/08/10004 :004; DOK 2012/0861413)

Mit EuGH-Urteil vom 3. Mai 2012 C-520/10, BStBl. II S. 756, hat der EuGH entschieden, dass ein Telefonanbieter, der an einen Vertriebshändler Telefonkarten verkauft, die alle notwendigen Informationen zur Tätigung internationaler Anrufe über die von diesem Anbieter zur Verfügung gestellte Infrastruktur enthalten und die der Vertriebshändler im eigenen Namen und für eigene Rechnung entweder unmittelbar oder über andere Unternehmer – wie Groß- oder Einzelhändler – an Endnutzer weiterverkauft, eine entgeltliche Telekommunikationsdienstleistung an den Vertriebshändler erbringt. In dem entschiedenen Fall konnte der Leistungsempfänger das Guthaben ausschließlich für Telefongespräche nutzen. Eine Verwendung des Guthabens für andere Leistungen war technisch ausgeschlossen. Der betreffende Anbieter erbringt keine zweite entgeltliche Dienstleistung an den Endnutzer, wenn dieser, nachdem er die Telefonkarte erworben hat, von dem Recht Gebrauch macht, mit Hilfe der Informationen auf der Karte Anrufe zu tätigen.

Unter Bezugnahme auf das Ergebnis der Erörterungen mit den obersten Finanzbehörden der Länder gilt hinsichtlich der umsatzsteuerrechtlichen Behandlung von Einzweckguthabenkarten (Monofunktionskarten) in der Telekommunikation Folgendes:

## 1. Art der Leistung

Bei der entgeltlichen Abgabe von Telefonkarten,
- mit denen es dem Abnehmer ermöglicht wird, Anrufe über die zur Verfügung gestellte Infrastruktur zu tätigen,
- bei denen die Verwendung des Guthabens für andere Leistungen technisch ausgeschlossen ist und
- die alle zur Tätigung der Anrufe notwendigen Informationen enthalten,

handelt es sich um die Erbringung von Telekommunikationsdienstleistungen. Diese Leistungen werden bereits mit der Abgabe der Telefonkarten ausgeführt; wann das Guthaben tatsächlich für Telefongespräche in Anspruch genommen wird, ist unerheblich. Es liegt keine Lieferung vor, da das wirtschaftliche Interesse des Kartenerwerbers nicht auf das Erlangen der Verfügungsmacht an der Karte gerichtet ist, sondern darauf, mit Hilfe der auf der Karte befindlichen Information Dienstleistungen in Anspruch zu nehmen.

Werden ein oder mehrere Händler in den Vertrieb der Telefonkarten eingeschaltet, ist auf jeder Handelsstufe zu ermitteln, ob eine Telekommunikationsdienstleistung oder eine Vermittlungsleistung vorliegt. Sofern der Händler im eigenen Namen auftritt, erbringt er an seinen Abnehmer eine Telekommunikationsdienstleistung. Wenn er dabei für fremde Rechnung tätig wird, gilt die Telekommunikationsdienstleistung nach § 3 Abs. 11 UStG als an ihn und von ihm erbracht. Agiert der Händler im fremden Namen und für fremde Rechnung, erbringt er eine Vermittlungsleistung.

**2. Entstehung der Steuer**

Die Steuer entsteht nach § 13 Abs. 1 Buchst. a Satz 1 UStG bei der Berechnung der Steuer nach vereinbarten Entgelten mit Ablauf des Voranmeldungszeitraums, in dem die Leistung (die Ermöglichung der Inanspruchnahme von Telefondienstleistungen oder die Vermittlungsleistung) ausgeführt worden ist.

**3. Anwendungsregelung**

Die Grundsätze dieses Schreibens sind in allen offenen Fällen anzuwenden. Für vor dem 1. Januar 2013 entgeltlich abgegebene Einzweckguthabenkarten wird es nicht beanstandet, wenn der Unternehmer den vereinnahmten Betrag unter Berufung auf das BMF-Schreiben vom 3. Dezember 2001 IV B 7 – S 7100 – 292/01, BStBl. I S. 1010, erst bei Aktivierung des Kartenguthabens als Anzahlung nach § 13 Abs. 1 Nr. 1 Buchst. a Satz 4 UStG versteuert und nachfolgend das Telefonieren des Endnutzers als umsatzsteuerrechtliche Leistung behandelt.

# 500 § 3/17. Schreiben betr. umsatzsteuerrechtliche Behandlung der Hin- und Rückgabe von Transportbehältnissen

Vom 5. November 2013 (BStBl. I S. 1386)

(BMF IV D 2 – S 7200/07/10022 :001; DOK 2013/0961371)

Geändert durch BMF v. 16. 12. 2013 (BStBl. I S. 1638), BMF v. 12. 6. 2014 (BStBl. I S. 909) und BMF vom 20. 10. 2014 (BStBl. I S. 1372)[1)]

– Auszug –

Im Groß- und Einzelhandel werden für die Belieferung mit Waren Transportbehältnisse (sog. Transporthilfsmittel, auch Lademittel und Packmittel genannt, und Warenumschließungen) aller Art eingesetzt. Die Überlassung der Behältnisse erfolgt entweder gegen ein gesondert vereinbartes Pfandgeld oder im Rahmen reiner Tauschsysteme.

Für die umsatzsteuerrechtliche Behandlung von Transportbehältnissen gilt unter Bezugnahme auf das Ergebnis der Erörterungen mit den obersten Finanzbehörden der Länder Folgendes:

## *I. Überlassung von Transportbehältnissen gegen ein gesondert vereinbartes Pfandgeld*[2)]

### *1. Abgrenzung Transporthilfsmittel zu Warenumschließungen*

*Bei der Hingabe eines Transportbehältnisses gegen ein gesondert vereinbartes Pfandgeld ist für die umsatzsteuerrechtliche Behandlung zu unterscheiden, ob es sich bei dem Behältnis um ein (selbständiges) Transporthilfsmittel oder lediglich um eine Warenumschließung handelt.*

*Transporthilfsmittel dienen grundsätzlich der Vereinfachung des Warentransports und der Lagerung und werden u. U. auch im Einzelhandel zur Warenpräsentation genutzt. Transporthilfsmittel sind z. B. Getränke-Paletten, H1-Kunststoffpaletten, Kisten (z. B. Ernteboxen), Steigen und Container für Blumen, Obst und Gemüse, Rollcontainer, Fleischkästen, Fischtransportkisten, Shipper-Boxen für Kartoffeln und Zwiebeln, Quattro-Boxen etc. Diesen Transporthilfsmitteln ist gemeinsam, dass sie für logistische Aktivitäten innerhalb des Unternehmens, aber auch beim Durchlaufen von Handelsstufen, an denen mehrere Unternehmer beteiligt sind (Hersteller – Großhändler – Einzelhändler), eingesetzt werden. Sie werden grundsätzlich nicht an den Endverbraucher geliefert.*

*Im Gegensatz hierzu liegen lediglich Warenumschließungen vor, wenn aufgrund der Eigenart einer Ware eine bestimmte Umschließung erforderlich ist, um diese für den Endverbraucher verkaufs- und absatzfähig zu machen. Hierbei handelt es sich überwiegend um innere und äußere Behältnisse, Aufmachungen, Umhüllungen und Unterla-*

---

1) Nr. **500** § 3/18.

2) Abschn. I aufgeh. durch BMF v. 20. 10. 2014, BStBl. I S. 1372 (Nr. **500** § 3/18); vgl. auch die dortige Übergangsregelung.

*gen, welche für die Lieferbarkeit von Waren an den Endverbraucher notwendig (z. B. Flaschen) oder üblich (z. B. Getränkekasten) sind oder unabhängig von ihrer Verwendung als Verpackung keinen dauernden selbständigen Gebrauchswert haben. Ob der Gebrauchswert geringfügig ist oder nicht, ist ohne Bedeutung.*

***2. Art der Leistungen***

*Die Hingabe des Transporthilfsmittels gegen Pfandgeld ist als eigenständige Lieferung und die Rückgabe gegen Rückzahlung des Pfandgeldes als Rücklieferung zu beurteilen. Die Hin- und Rücklieferung unterliegen dem Regelsteuersatz nach § 12 Abs. 1 UStG.*

*Warenumschließungen teilen im Gegensatz hierzu weiterhin stets das Schicksal der Hauptleistung und unterliegen somit den steuerlichen Regelungen der eigentlichen Hauptleistung. Bei Rücknahme der Warenumschließung und Rückzahlung des Pfandgeldes liegt eine Entgeltminderung vor. Die Grundsätze des Abschn. 10.1 Abs. 8 UStAE sind zu beachten.*

*Die umsatzsteuerrechtliche Behandlung der Hin- und Rückgabe des Transportbehältnisses als eigenständige Lieferungen (Transporthilfsmittel) oder als unselbständige Nebenleistungen (Warenumschließung) hat auf allen Handelsstufen (Pfandbetreiber – Hersteller – Großhändler – Einzelhändler) einheitlich zu erfolgen. Eine spätere Umqualifizierung in der Lieferkette findet nicht statt. Erfolgt die Überlassung des Transporthilfsmittels hingegen im Rahmen eines reinen Tauschsystems, sind die unter II. dargestellten Grundsätze zu beachten.*

***3. Vorsteuerabzug***

*Dem Unternehmer steht unter den weiteren Voraussetzungen des § 15 UStG aus der Lieferung des Transporthilfsmittels oder aus der Lieferung der Ware unter Verwendung einer Warenumschließung an ihn der Vorsteuerabzug zu. Dementsprechend besteht aus der Rückgabe des Transporthilfsmittels ein Recht auf Vorsteuerabzug für den Empfänger der Rücklieferung. Bei Rückgabe der Warenumschließung gegen Rückzahlung des Pfandgeldes ist der Vorsteuerabzug aus der ursprünglichen Warenlieferung an den Unternehmer nach § 17 Abs. 1 Satz 2 UStG entsprechend zu berichtigen.*

***4. Anwendung der Durchschnittssatzbesteuerung nach § 24 UStG***

*Im Anwendungsbereich der Durchschnittssatzbesteuerung nach § 24 UStG unterliegen die Lieferungen von Transporthilfsmitteln grundsätzlich der Regelbesteuerung (vgl. I. Nr. 2). Derartige Lieferungen können jedoch aus Vereinfachungsgründen wie die Umsätze mit Gegenständen des land- und forstwirtschaftlichen Unternehmensvermögens (z. B. gebrauchter landwirtschaftlicher Geräte) der Durchschnittssatzbesteuerung unterliegen, wenn die Transporthilfsmittel zu mindestens 95 % für Umsätze verwendet worden sind, die den Vorsteuerabzug nach § 24 Abs. 1 Satz 4 UStG ausschließen (vgl. Abschn. 24.2 Abs. 6 Satz 3 UStAE). Auch die gesonderte Anwendung der Vereinfachungsregelung nach Abschn. 24.6 UStAE ist möglich.*

## II. Überlassung von Transporthilfsmitteln im Rahmen reiner Tauschsysteme

### 1. Allgemeines/Sachverhalt

Neben der Hingabe von Transporthilfsmitteln gegen ein gesondertes Pfandgeld werden in Unternehmen für den Transport und das Lagern von Gütern vielfach (genormte und qualitätsgesicherte) Paletten (insbesondere die sog. „Euro-Flachpaletten“ und „Euro-Gitterboxpaletten“) und andere Transporthilfsmittel im Rahmen reiner Tauschsysteme verwendet. Kennzeichnend für diese Tauschsysteme ist, dass der Versender/Verlader die von ihm beladenen Paletten dem Empfänger überlässt und von diesem andere Paletten gleicher Art und Güte zurückerhält.

**2. Art der Leistungen**

Nach herrschender Meinung liegt dem Palettentausch zivilrechtlich ein Sachdarlehensvertrag nach § 607 BGB zugrunde. Umsatzsteuerrechtlich stellt die Gewährung eines Sachdarlehens keine Lieferung und Rücklieferung, sondern eine sonstige Leistung dar, die in der Nutzungsüberlassung des Sachwertes vom Darlehensgeber an den Darlehensnehmer besteht (vgl. BFH-Urteil vom 14. Juli 1966 V 16/64, BStBl. III S. 615). Erhebt der Darlehensgeber für die Nutzungsüberlassung ein Entgelt, ist der Vorgang grundsätzlich steuerbar und regelmäßig auch steuerpflichtig. Gleiches gilt, wenn ein Entgelt für die Palettenabwicklung (sog. „Handling“), z. B. eine Palettentauschgebühr, in Rechnung gestellt wird. Sofern der Palettentausch zwischen Versender, Verlader und Empfänger im Rahmen von Palettentauschsystemen unentgeltlich erfolgt, ist die darin liegende Nutzungsüberlassung nicht nach § 1 Abs. 1 Nr. 1 UStG steuerbar. Es liegt in diesen Fällen auch keine unentgeltliche Wertabgabe im Sinne des § 3 Abs. 9 a UStG vor, weil die Nutzungsüberlassung aus unternehmerischen Gründen erfolgt.

**3. Vorsteuerabzug**

Werden die Paletten dem Darlehensnehmer im Rahmen des Sachdarlehensverhältnisses entgeltlich im Leistungsaustausch nach § 1 Abs. 1 Nr. 1 UStG zur Nutzung überlassen, steht dem leistenden Unternehmer unter den weiteren Voraussetzungen des § 15 UStG der Vorsteuerabzug aus der Anschaffung, Herstellung und Reparatur der Paletten zu.

Werden die Paletten im Rahmen des Sachdarlehensverhältnisses hingegen unentgeltlich überlassen, ist für den Vorsteuerabzug des leistenden Unternehmers dessen unternehmerische Gesamttätigkeit entscheidend (Abschn. 15.15 Abs. 1 Satz 2 UStAE i. V. m. BMF-Schreiben vom 2. Januar 2012, BStBl. I S. 60[1]).

**4. Leistungsstörung**

Kommt der Darlehensnehmer seiner vertraglichen Verpflichtung zur Rückgabe von Paletten gleicher Art, Güte und Menge nicht nach (§ 607 BGB), weil z. B. Paletten durch Diebstahl, nicht mehr reparierbaren Defekt oder aus anderen Gründen aus dem Tauschsystem ausgeschieden sind, ist er nach den §§ 280 ff. BGB gegenüber dem Darlehensgeber zum Ersatz des hierdurch entstandenen Schadens verpflichtet. Zahlungen in Erfüllung dieser Verpflichtung sind kein Entgelt für eine steuerbare Leistung des geschädigten Darlehensgebers, sondern echter Schadensersatz. Das gilt auch für den Ausgleich von Palettenkonten, auf denen der jeweilige Saldo zwischen erhaltenen und zurückgewährten Paletten auf Basis von Aufzeichnungen ermittelt und in Geld ausgeglichen wird.

---

[1] Nr. **500** § 15/22.

Hiervon abzugrenzen sind jedoch Sachverhalte, bei denen kein Fall einer Leistungsstörung vorliegt. So ist auch weiterhin von einem Leistungsaustauschverhältnis auszugehen, wenn der Darlehensgeber im Nachhinein auf eine Rückgabe gegen Ausgleichzahlung im gegenseitigen Einvernehmen verzichtet. Der Charakter eines Sachdarlehens bleibt grundsätzlich hiervon unberührt. Vielmehr schließt sich der Darlehensgewährung die entgeltliche Palettenlieferung an den (ursprünglichen) Darlehensnehmer an.

**5. Reparatur-Tausch-Programm**

Werden defekte Paletten gegen reparierte und damit einsatz- und tauschfähige Paletten eingetauscht, liegt ein umsatzsteuerrechtlicher Leistungsaustausch in Form eines Tausches nach § 3 Abs. 12 Satz 1 UStG vor. Dies gilt auch dann, wenn Leistung und Gegenleistung zu unterschiedlichen Zeitpunkten erbracht werden.

**Beispiel:**

Unternehmer U übergibt dem Reparaturbetrieb am 15. Dezember 01 sechs defekte Paletten (Lieferung 1). U bekommt am 5. Januar 02 vom Reparaturbetrieb zwei reparierte Paletten zurück (Lieferung 2).

Es liegt ein Tauschgeschäft im Sinne des § 3 Abs. 12 Satz 1 UStG vor, bei dem der Wert jedes Umsatzes als Entgelt für den anderen Umsatz gilt (§ 10 Abs. 2 Satz 2 UStG). Der Wert des anderen Umsatzes wird durch den subjektiven Wert für die tatsächlich erhaltene und in Geld ausdrückbare Gegenleistung bestimmt (Abschn. 10.5 Abs. 1 UStAE). Dieser Wert kann aus Vereinfachungsgründen für beide Lieferungen mit dem gemeinen Wert der reparierten Paletten geschätzt werden. Berechnen beide Unternehmer ihre Steuer nach vereinbarten Entgelten, entsteht die Steuer für beide Lieferungen grundsätzlich mit Ablauf des Voranmeldungszeitraums, in dem die Lieferung jeweils ausgeführt wird (§ 13 Abs. 1 Nr. 1 Buchst. a Satz 1 UStG). Im Rahmen des Tauschgeschäftes gilt jedoch Lieferung 1 als Anzahlung für Lieferung 2 im Sinne des § 13 Abs. 1 Nr. 1 Buchst. a Satz 4 UStG, so dass die Steuer für beide Lieferungen mit Ablauf des 31. Dezember 01 entsteht.

Die unter II. dargestellten Grundsätze sind auch in vergleichbaren Fällen bei der Verwendung anderer Transporthilfsmittel im Rahmen reiner Tauschsysteme anzuwenden.

## III. Änderung des Umsatzsteuer-Anwendungserlasses

(…)

## IV. Anwendungsregelung[1)]

Die Grundsätze dieses Schreibens sind in allen offenen Fällen anzuwenden. Es wird jedoch nicht beanstandet, wenn bei Umsätzen, die **vor dem 1. Januar 2015** getätigt werden,

– in den unter Abschnitt I dargestellten Sachverhalten die im Rahmen der Warenlieferung erfolgte Hingabe von Transporthilfsmitteln gegen Pfandgeld als Nebenleistung zur Warenlieferung behandelt wird. In diesen Fällen ist die Rückgewähr des zuvor vereinnahmten Pfandgeldes entsprechend als Minderung des Entgelts für die ursprüngliche Lieferung anzusehen;
– in den unter Abschnitt II dargestellten Tauschsystemen die abgerechneten Leistungsstörungen von dem leistenden Unternehmer und dem Leistungsempfänger einvernehmlich als entgeltliche steuerbare Palettenlieferungen

[1)] Anwendungsregelung neu gef. durch BMF v. 12. 6. 2014, BStBl. I S. 909.

behandelt werden. Voraussetzung hierfür ist, dass der Umsatz vom Leistenden in zutreffender Höhe versteuert wird. § 14 c Abs. 1 UStG findet in diesen Fällen keine Anwendung und der Vorsteuerabzug nach § 15 Abs. 1 UStG ist insoweit nicht ausgeschlossen. Der Leistungsort bestimmt sich nach § 3 Abs. 7 Satz 1 UStG.

# 500 § 4/29. Verfügung betr. Umsatzsteuerbefreiung nach § 4 Nr. 21 UStG; Umsätze aus Deutschkursen für Flüchtlinge und Migranten

Vom 29. Oktober 2015 (DStR 2016 S. 69)

(OFD Niedersachsen S 7179 – 126 – St 181)

## 1. Integrationskurse nach § 43 AufenthG

Die nach § 43 AufenthG erbrachten Leistungen (Integrationskurse) dienen als Maßnahme der Eingliederung in den Arbeitsmarkt dem Erwerb ausreichender Kenntnisse der deutschen Sprache und stellen daher grundsätzlich nach § 4 Nr. 21 UStG begünstigte, unmittelbar dem Schul- und Bildungszweck dienende Leistungen dar[1].

Die Leistungen der Kursträger sind steuerfrei, wenn diese vom Bundesamt für Migration und Flüchtlinge zur Durchführung von Integrationskursen zugelassen sind. Die Zulassung gilt als Bescheinigung nach § 4 Nr. 21 Buchst. a Doppelbuchst. bb UStG und ersetzt die Bescheinigung der zuständigen Landesbehörde[2].

## 2. Deutschkurse für Flüchtlinge und Migranten, die keine Integrationskurse i. S. d. § 43 AufenthG sind

Deutschkurse für Flüchtlinge und Migranten, die dem Erlernen der deutschen Sprache dienen, aber keine Integrationskurse i. S. d. § 43 AufenthG sind, sind ebenfalls begünstigte, unmittelbar dem Schul- und Bildungszweck dienende Leistungen i. S. d. § 4 Nr. 21 UStG. Sie sind unter den weiteren Voraussetzungen des § 4 Nr. 21 UStG steuerfrei.

- Bildungseinrichtungen, die entsprechende Leistungen ausführen, müssen eine Bescheinigung der zuständigen Landesbehörde i. S. d. § 4 Nr. 21 Buchst. a Doppelbuchst. bb UStG vorlegen,
- selbstständige Dozenten benötigen eine Bestätigung nach Abschn. 4.21.3 Abs. 3 und 4 UStAE, die u. a. beinhaltet, dass die Bildungseinrichtung, an der unterrichtet wird, über eine Bescheinigung nach § 4 Nr. 21 Buchst. a Doppelbuchst. bb UStG verfügt.

---

[1] **[Amtl. Anm.:]** Abschn. 4.21.2 Abs. 3 a UStAE.

[2] **[Amtl. Anm.:]** Abschn. 4.21.5 Abs. 5 Satz 3 UStAE; das erforderliche Einverständnis der Landesbehörde ist erteilt, s. USt-Kartei ND § 4 Nr. 21 a) bb) UStG S 7179 Karte 2.

# 500 § 4/30. Schreiben betr. Umsatzsteuer; Umsatzsteuerrechtliche Behandlung der Leistungen von Börsen und anderen Handelsplattformen für Finanzprodukte

Vom 3. Mai 2021

BMF III C 3 - S 7160/20/10003 :001; DOK 2021/0481500

(BStBl. I S. 713)

Geändert durch BMF v. 23.6.2022 (BStBl. I S. 1005)

Unter Bezugnahme auf die Erörterung mit den obersten Finanzbehörden der Länder gilt Folgendes:

## I. Allgemeines

Bei der Erbringung von sonstigen Leistungen von Akteuren im Börsengeschäft sind unterschiedliche Sachverhaltsgestaltungen möglich.

In einem ersten Schritt ist daher zu prüfen, ob die betreffenden Leistungen umsatzsteuerrechtlich eine einheitliche Leistung bilden oder ob von mehreren getrennt zu beurteilenden selbständigen Einzelleistungen auszugehen ist (vgl. Abschn. 3.10 Abs. 1 bis 4UStAEAbschn. 3.10 Abs. 1 bis 4 UStAE).

Ein einheitlicher wirtschaftlicher Vorgang darf umsatzsteuerrechtlich nicht in mehrere Leistungen aufgeteilt werden (vgl. Abschn. 3.10 Abs. 3 UStAE).

Eine einheitliche Leistung liegt insbesondere dann vor, wenn ein Teil die Hauptleistung, ein anderer Teil aber eine Nebenleistung darstellt, die das steuerliche Schicksal der Hauptleistung teilt (vgl. Abschn. 3.10 Abs. 5 UStAE).

Daneben kann eine einheitliche Leistung auch dann vorliegen, wenn mehrere als gleichrangig anzusehende (Haupt-)Leistungen aus Sicht des Durchschnittsverbrauchers so eng miteinander verbunden sind, dass sie objektiv eine einzige untrennbare wirtschaftliche Leistung bilden, deren Aufspaltung wirklichkeitsfremd wäre (EuGH-Urteil vom 19. Juli 2012 C-44/11, Deutsche Bank, BStBl. 2012 II S. 945).

Für die nach diesen Grundsätzen beurteilten Leistungen von Akteuren im Börsengeschäft ist in einem zweiten Schritt zu prüfen, ob eine Steuerbefreiung des § 4 Nr. 8 UStG, insbesondere § 4 Nr. 8 Buchst. e UStG, anzuwenden ist. Nach § 4 Nr. 8 Buchst. e UStG sind Umsätze im Geschäft mit Wertpapieren und die Vermittlung dieser Umsätze steuerfrei.

Nach der Rechtsprechung des EuGH müssen die im Geschäft mit Wertpapieren erbrachten Umsätze geeignet sein, Rechte und Pflichten der Parteien in Bezug auf Wertpapiere zu begründen, zu ändern oder zum Erlöschen zu bringen (vgl. EuGH-Urteil vom 19. Juli 2012 C-44/11, Deutsche Bank, BStBl. 2012 II S. 945).

Bei der Vermittlung von Umsätzen im Geschäft mit Wertpapieren handelt es sich um die Tätigkeit einer Mittelsperson, die nicht den Platz einer der Parteien des zu vermittelnden Vertrages über ein Finanzprodukt einnimmt und deren Tätigkeit sich von den vertraglichen Leistungen, die von den Parteien des Vertrages erbracht werden, unterscheidet. Zweck der Vermittlungstätigkeit ist, das Erforderliche zu tun, damit zwei Parteien einen Vertrag schließen, an dessen

Inhalt der Vermittler kein Eigeninteresse hat (BFH-Urteil vom 30. Oktober 2008 V R 44/07, BStBl. 2009 II S. 554; vgl. auch Abschn. 4.8.1 UStAE).

Umsatzsteuerbefreite Finanzdienstleistungen sind von rein materiellen oder technischen Leistungen zu unterscheiden. Hierbei ist insbesondere der Umfang der Verantwortung des Dienstleistungserbringers gegenüber dem Leistungsempfänger sowie die Frage, ob sich diese Verantwortung auf technische Aspekte beschränkt oder auf spezifische und wesentliche Elemente der Umsätze erstreckt, zu berücksichtigen (BFH-Urteil vom 16. November 2016 XI R 35/14, BStBl. 2017 II S. 327).

## II. Umsatzsteuerrechtliche Behandlung der Leistungen von Börsen

### 1. Leistungen einer Börse als Zentraler Kontrahent (Zentrale Gegenpartei – CCP) im Wertpapierhandel (Kassamarkt) oder im Derivatehandel (Terminhandel)

Der Börsenbetreiber kann als zentraler Kontrahent in eine Wertpapierabwicklung eintreten, indem er die Wertpapiere von den betroffenen Handelsteilnehmern im eigenen Namen und auf eigene Rechnung ankauft und weiterverkauft.

Darüber hinaus stellt der Börsenbetreiber die Handelsplattform zur Verfügung und erbringt damit IT-Dienstleistungen.

Die IT-Dienstleistungen sind Nebenleistungen zu der Hauptleistung zum Wertpapierhandel oder im Derivatehandel. Für den Wertpapierhandel ist eine elektronische Anbindung des Nutzers an die jeweilige Handelsplattform zwingend erforderlich. Diese Anbindung erfolgt aus Sicht des Kunden ausschließlich zu dem Zweck, den Wertpapierhandel oder den Derivatehandel durchzuführen. Eine eigene wirtschaftliche Bedeutung kommt ihr nicht zu. Sie stellt für den Nutzer lediglich das (technische) Hilfsmittel dar, um unter optimalen Bedingungen Wertpapieran- bzw. -verkäufe zu tätigen.

Solche sog. CCP-Leistungen einer Börse im Kassamarkt (Wertpapierhandel) oder im Terminmarkt (Derivatehandel) sind als eigenständige (einheitliche) sonstige Leistung zu beurteilen, da der CCP im eigenen Namen/auf eigene Rechnung gegenüber den Handelsteilnehmern als Käufer bzw. Verkäufer von Wertpapieren/Derivaten auftritt.

Die technische Anbindung von Marktteilnehmern an den Börsenbetrieb und das Bereitstellen der Börsenprogramme ist Teil der einheitlichen Gesamtleistung, die nach den Voraussetzungen des § 4 Nr. 8 Buchst. e UStG insgesamt umsatzsteuerfrei sein kann, soweit die Leistung im Inland umsatzsteuerbar ist.

Der leistende Unternehmer kann jedoch unter den Voraussetzungen des § 9 UStG zur Umsatzsteuerpflicht optieren, wenn der Umsatz an einen anderen Unternehmer für dessen Unternehmen erbracht wird.

Sofern der Unternehmer wirksam zur Steuerpflicht optiert, steht ihm unter den übrigen Voraussetzungen aus den entsprechenden Eingangsleistungen ein Vorsteuerabzug nach § 15 Abs. 1 UStG zu. Erfolgt keine Option, richtet sich der Vorsteuerabzug nach § 15 Abs. 2 und 3 UStG. In diesem Fall steht dem Unternehmer unter den übrigen Voraussetzungen nur dann ein Vorsteuerabzug zu, wenn die sonstige Leistung (CCP) an einen im Drittland ansässigen Empfänger erbracht wird (§ 15 Abs. 2 Satz 1 Nr. 2 i.V.m. Abs. 3 Nr. 2 Buchst. b UStG).

### 2. Börsenbetreiber als Abwickler und technischer Anbieter im Börsengeschäft (Abwicklung von Matching/Clearing/Settlement)

Es handelt sich um sonstige Leistungen eines Börsenbetreibers, bei denen dieser die IT- Dienstleistungen zur Abwicklung des Matchings, des Clearings und der Darstellung des Settlements erbringt, die Handelsplattform bereitstellt und die Abwicklung der Transaktionen vornimmt.

Der Börsenbetreiber kauft oder verkauft keine Wertpapiere im eigenen Namen und auf eigene Rechnung. Stattdessen handeln die Handelsteilnehmer unmittelbar untereinander (Kauf und Verkauf von Wertpapieren).

Für das Matching (= elektronisches Verfahren zur Zusammenführung von Kauf- und Verkaufsorder) erhebt der Börsenbetreiber eine Transaktionsgebühr.

Anschließend übernimmt der Börsenbetreiber das Clearing (= Prozess der Erstellung von Positionen, darunter die Berechnung von Nettoverbindlichkeiten und die Gewährleistung, dass zur Absicherung des aus diesen Positionen erwachsenden Risikos Finanzinstrumente, Bargeld oder beides zur Verfügung stehen), indem er das Matching abwickelt.

Danach erfolgt das Settlement (= Darstellung des Erfüllungsgeschäftes bei den Depotbanken des Käufers und Verkäufers).

Werden Matching, Clearing und Settlement durch einen einzigen Leistungserbringer erbracht, liegt eine einheitliche sonstige Leistung vor. Das Clearing und das Settlement dienen der Abwicklung des Matchings. Es handelt sich dabei um Nebenleistungen zur Hauptleistung Matching, da sie für die Erfüllung des Börsengeschäfts durch den Börsenbetreiber zwingend erforderlich sind und es beim Erbringen von Matching, Clearing und Settlement durch einen einzigen Leistenden gerade um die Verbindung dieser Elemente geht.

Es handelt sich um eine im Inland umsatzsteuerbare, sonstige Leistung, bei der grundsätzlich die Voraussetzungen für die Umsatzsteuerbefreiung nach § 4 Nr. 8 Buchst. e UStG vorliegen, da die Durchführung des Matchings den wirtschaftlichen Gehalt dieser Leistung prägt.

Auf die gesonderte Beurteilung, ob es sich insgesamt um eine Vermittlungsleistung der Umsätze nach § 4 Nr. 8 Buchst. e UStG handelt, kommt es nicht an. Der Börsenbetreiber erbringt bereits einen „Umsatz im Geschäft mit Wertpapieren“.

Der leistende Unternehmer kann jedoch unter den Voraussetzungen des § 9 UStG zur Umsatzsteuerpflicht optieren, wenn der Umsatz an einen anderen Unternehmer für dessen Unternehmen erbracht wird.

Die Ausführungen zum Vorsteuerabzug unter 1. gelten auch für die sonstige Leistung Matching entsprechend.

### 3. Börsenbetreiber als technischer Anbieter der IT-Börsenprogramme

Stellt der Börsenbetreiber als technischer Anbieter die IT-Börsenprogramme zur Verfügung und betreibt diese, handelt es sich um sonstige Leistungen. Der Börsenbetreiber erbringt dabei gegenüber den Leistungsempfängern nur IT-Dienstleistungen (z.B. technische Anbindung an den Börsenbetrieb zur Nutzung der Börsenprogramme), ohne dass die Leistungsempfänger selbst Transaktionen auf dem Börsenplatz vornehmen (z.B. Hochschulen für Forschungszwecke, Presseberichterstattung, Planung von Vermögensanlagen).

In diesen Fällen handelt es sich bei den Leistungen des Börsenbetreibers um eine reine Weiterüberlassung von Datenkapazität und IT-Zugängen (technische

Anbindung/Bereitstellung von IT) ohne Zusammenhang mit einem Handelsgeschäft (Kauf oder Verkauf von Wertpapieren).

Diese Leistungen sind als eigenständige sonstige Leistungen nach § 3 Abs. 9 UStG zu beurteilen. Liegt der Ort dieser sonstigen Leistungen nach § 3a Abs. 1 UStG – vorbehaltlich der Abs. 2 bis 8 und der §§ 3b, 3e UStG – im Inland, sind diese Leistungen – mangels Vorliegen der Voraussetzungen einer Umsatzsteuerbefreiung – auch umsatzsteuerpflichtig.

## III. Umsatzsteuerrechtliche Behandlung der Leistungen von anderen Handelsplattformen für Finanzprodukte, z.B. für virtuelle Währungen

Die Grundsätze dieses Schreibens sind auch auf Umsätze von anderen Handelsplattformen für Finanzprodukte übertragbar.
Stellt z.B. der Betreiber einer Handelsplattform für virtuelle Währungen den Marktteilnehmern seine Internetseite als technischen Marktplatz zum Erwerb bzw. Handel, z.B. von Bitcoin, zur Verfügung, kann unter Zugrundelegung der vorgenannten Grundsätze die Steuerbefreiung nach § 4 Nr. 8 UStG ebenso in Betracht kommen.

## IV. Anwendung

Die Grundsätze dieses Schreibens sind in allen offenen Fällen anzuwenden.

Dabei ist die Möglichkeit einer Option nach § 9 UStG auch mit Wirkung für die Vergangenheit zu beachten (vgl. Abschn. 9.1 Abs. 3 UStAE).

1. Hat der Börsenbetreiber (leistender Unternehmer) die vor dem 1. Juli 2021 erbrachten unselbständigen Nebenleistungen in Form der IT-Dienstleistungen als eigenständige Leistungen angesehen und entsprechend Umsatzsteuer gesondert ausgewiesen und diesen Steuerbetrag abgeführt, ohne dass für die eigentlichen (Haupt-)Leistungen in Form der nach § 4 Nr. 8 Buchst. e UStG umsatzsteuerfreien Umsätze im Wertpapierhandel nach § 9 Abs. 1 UStG optiert wurde, wird diese Behandlung der Ausgangsumsätze nicht beanstandet. Es wird auch für Zwecke des Vorsteuerabzugs des Leistungsempfängers nicht beanstandet, wenn er aus derartigen Rechnungen unter den übrigen Voraussetzungen des § 15 UStG einen Vorsteuerabzug vornimmt.

2.[1] Hat der Börsenbetreiber die vor dem 1. Juli 2021 erbrachten unselbständigen Nebenleistungen in Form der IT-Dienstleistungen als eigenständige Leistungen angesehen und entsprechend Umsatzsteuer gesondert ausgewiesen und diesen Steuerbetrag abgeführt, wird es nicht beanstandet, wenn die Vorsteuerbeträge aus bezogenen Leistungen für diese IT-Dienstleistungen unter Anwendung eines zulässigen Aufteilungsschlüssels sachgerecht geschätzt werden (§ 15 Abs. 4 UStG).
Dies gilt entsprechend auch für IT-Dienstleistungen an im übrigen Gemeinschaftsgebiet ansässige Unternehmer, für die nur mangels Steuerbarkeit im Inland keine Umsatzsteuer ausgewiesen wurde, soweit diese eine Nebenleistung zu der eigentlich nach § 4 Nr. 8 Buchst. e UStG umsatzsteuerfreien Hauptleistung darstellen, und unter der Voraussetzung, dass diese IT-Dienstleistungen im übrigen Gemeinschaftsgebiet nach dem dortigen

[1] Nr. 2 neu gef. durch BMF v. 23.6.2022, BStBl. I S. 1005.

Mehrwertsteuerrecht tatsächlich umsatzsteuerpflichtig behandelt wurden und der inländische Börsenbetreiber dies nachweist.

## V. Anwendung des BMF-Schreibens vom 27. Februar 2018 (BStBl. I S. 316)

Tz. I. Buchst. c des BMF-Schreibens vom 27. Februar 2018 (BStBl. I S. 316) wird aufgehoben.

# **500** § 4/31. Schreiben betr. Einführung einer Umsatzsteuerlagerregelung (§ 4 Nr. 4a UStG) und einer Steuerbefreiung für die einer Einfuhr vorangehenden Lieferungen von Gegenständen

Vom 28. Januar 2004 (BStBl. I S. 242)

(BMF $\frac{\text{IV D 1 – S 7157 – 1/04}}{\text{IV D 1 – S 7157 a – 1/04}}$)

2 Anlagen[1)]

Durch Art. 5 des Steueränderungsgesetzes 2003 (StÄndG 2003) vom 15. Dezember 2003 (BGBl. I S. 2645, BStBl. 2003 I S. 710) sind § 4 Nr. 4a – Umsatzsteuerlagerregelung – und § 4 Nr. 4b – Steuerbefreiung der einer Einfuhr vorangehenden Lieferungen – in das UStG eingefügt worden. Die Änderungen sind am 1. Januar 2004 in Kraft getreten.

Unter Bezugnahme auf das Ergebnis der Erörterungen mit den obersten Finanzbehörden der Länder gilt Folgendes:

**Inhaltsübersicht**



1) Anlagen hier nicht abgedruckt.

## 1. Umsatzsteuerlagerregelung

1 (1) Wesentlicher Inhalt der Umsatzsteuerlagerregelung ist eine Steuerbefreiung für Umsätze von Gegenständen, mit denen diese in ein Umsatzsteuerlager eingelagert werden, sowie eine Steuerbefreiung der Lieferungen von Gegenständen, bei denen diese körperlich in einem Umsatzsteuerlager verbleiben oder in ein anderes Umsatzsteuerlager im Inland gelangen (§ 4 Nr. 4 a Satz 1 Buchst. a Satz 1 UStG). Die Befreiung gilt beim Gelangen der Gegenstände in ein Steuerlager (Einlagerung) nicht nur für die Lieferung dieser Gegenstände im Inland. Befreit sind auch ein vor der Einlagerung liegender innergemeinschaftlicher Erwerb oder eine Einfuhr.

2 (2) Die Steuerbefreiung gilt nicht für
– Lieferungen, bei denen die gelieferten Gegenstände für die Lieferung auf der Einzelhandelsstufe aufgemacht sind.
Ein Gegenstand ist für die Lieferung auf der Einzelhandelsstufe insbesondere dann aufgemacht, wenn er sich in einer handelsüblichen Verpackung befindet und/oder ohne weitere Be- oder Verarbeitung an einen Endverbraucher geliefert werden kann;
– Umsätze von in der Anlage 1 zu § 4 Nr. 4 a UStG genannten Gegenständen durch und an Land- und Forstwirte, die die Durchschnittssätze des § 24 UStG anwenden (§ 4 Nr. 4 a Satz 2 UStG).

### 1.1. Umsatzsteuerlager

3 Umsatzsteuerlager kann jeder räumlich bestimmte Ort im Inland sein, der zur Lagerung von in der Anlage 1 zu § 4 Nr. 4 a UStG genannten Gegenstän-

den (vgl. nachstehend unter Tz. 11 und Anlage 1 zu diesem Schreiben) dienen soll und geeignet ist. Das Lager kann auch aus mehreren Lagerorten bestehen. Umsatzsteuerlager können auch in den Räumen oder an jedem anderen festen Ort im Inland, der als Zolllager zugelassen wurde, errichtet werden (§ 4 Nr. 4 a Satz 4 UStG). Eine gemeinsame Lagerung von Gemeinschaftswaren und Nichtgemeinschaftswaren im Zolllager bedarf der Zulassung des Hauptzollamtes (Art. 106 Zollkodex – ZK).

### 1.1.1. Lagerhalter

(1) Lagerhalter kann jeder Unternehmer sein, der die in Anlage 1 zu § 4 Nr. 4 a UStG genannten Gegenstände (vgl. nachstehend unter Tz. 11 und Anlage 1 zu diesem Schreiben) in seinem Unternehmen lagern kann und wenn für den Betrieb dieses Lagers ein wirtschaftliches Bedürfnis besteht (vgl. Tz. 7). 4

(2) Außerdem muss der Lagerhalter die Gewähr dafür bieten, dass das Umsatzsteuerlager ordnungsgemäß verwaltet wird; der Lagerhalter muss also zuverlässig sein (vgl. auch Tz. 8). 5

### 1.1.2. Bewilligung des Steuerlagers

(1) Die Einrichtung und der Betrieb eines Umsatzsteuerlagers ist von einer Bewilligung des für den Umsatzsteuerlagerhalter zuständigen Finanzamtes abhängig. Einen entsprechenden Antrag hat der Unternehmer schriftlich zu stellen. Der Lagerhalter soll hierzu insbesondere folgende Angaben machen: 6

- Ort und Anschrift des Umsatzsteuerlagers sowie der dazugehörigen Lagerstätten,
- Zeitpunkt der beabsichtigten Inbetriebnahme,
- Beschreibung der in Anlage 1 zu § 4 Nr. 4 a UStG genannten Gegenstände (vgl. nachstehend unter Tz. 11 und Anlage 1 zu diesem Schreiben), die im Umsatzsteuerlager gelagert werden sollen,
- Wurde für das Lager bereits ein Zolllagerverfahren bewilligt, ist die erteilte Bewilligungs-Nr. anzugeben.

(2) Außerdem ist das wirtschaftliche Bedürfnis für den Betrieb des Umsatzsteuerlagers darzulegen. Dieses kann regelmäßig angenommen werden, wenn die Gegenstände, die der antragstellende Unternehmer zu lagern beabsichtigt, mehrfach ohne Warenbewegung umgesetzt werden sollen (z. B. an Warenterminbörsen). 7

(3) Die Zuverlässigkeit des Antragstellers ist daran zu überprüfen, ob dieser seinen steuerlichen Verpflichtungen bei der Abgabe von Steuererklärungen und der Zahlung der zu entrichtenden Steuern regelmäßig und rechtzeitig nachkommt. 8

(4) Die Bewilligung ist schriftlich zu erteilen. 9

(5) Die Bewilligung kann das Finanzamt mit Wirkung für die Zukunft widerrufen, wenn die Voraussetzungen für die Einrichtung und den Betrieb des Umsatzsteuerlagers nicht mehr erfüllt sind oder der Lagerhalter seinen steuerlichen Pflichten in nicht ausreichendem Maße nachkommt. 10

### 1.2. Warenkatalog

Die Regelung des § 4 Nr. 4 a UStG gilt nur für Umsätze der in der Anlage 1 zu § 4 Nr. 4 a UStG genannten Gegenstände, wenn diese nicht für die 11

Lieferung auf der Einzelhandelsstufe aufgemacht sind (vgl. hierzu Tz. 2). Zu den Gegenständen, die unter diese Regelung fallen, vgl. im Einzelnen die Erläuterungen in Anlage 1 zu diesem Schreiben.

### 1.3. Befreite Umsätze

#### 1.3.1. Lieferungen von Gegenständen

12 (1) Die Befreiung von Lieferungen in ein oder in einem Umsatzsteuerlager nach § 4 Nr. 4a Satz 1 Buchst. a Satz 1 UStG gilt sowohl für Lieferungen von Gemeinschaftsgegenständen als auch von Drittlandswaren, die sich in einem Zollverfahren (Nichterhebungsverfahren) befinden. Befreit sind:
– die Lieferung von Gegenständen, die in ein im Inland belegenes Umsatzsteuerlager eingelagert werden (vgl. hierzu Anlage 2 Beispiel 1);
– die Lieferung von Gegenständen, die sich im Umsatzsteuerlager befinden – Lagerlieferungen – (vgl. hierzu Anlage 2 Beispiel 2);
– die Lieferung von Gegenständen, die zu einem Zeitpunkt bewirkt wird, in dem diese Gegenstände vom liefernden Unternehmer oder seinem Abnehmer von einem in ein anderes Umsatzsteuerlager befördert oder versendet werden. Dabei wird unterstellt, dass sich die Gegenstände im Zeitpunkt der Lieferung bereits in dem Umsatzsteuerlager befinden, in das sie befördert oder versendet werden (vgl. hierzu Anlage 2 Beispiel 3).

13 (2) Unter die Befreiung fallen nur Lieferungen von Gegenständen. Nicht befreit sind Umsätze, die als sonstige Leistungen zu qualifizieren sind (z. B. Optionsgeschäfte mit Gegenständen und die Vermittlung derartiger sonstiger Leistungen; diese Leistungen können aber ggf. unter die Steuerbefreiung nach § 4 Nr. 8 Buchst. e UStG fallen).

14 (3) Als Lieferungen sind auch folgende Umsätze anzusehen:
– die Veräußerung von ideellen Miteigentumsanteilen an einem Edelmetallbestand,
– die Veräußerung von Gewichtsguthaben an einem Edelmetallbestand, wenn die Gewichtskonten obligatorische Rechte ausweisen,
– die Veräußerung von Edelmetallzertifikaten,
– die Abtretung von Ansprüchen auf Lieferung von Edelmetallbeständen,
– die Veräußerung von Darlehen und Swaps von Edelmetallen, durch die ein Eigentumsrecht an diesen Edelmetallen oder ein schuldrechtlicher Anspruch auf diese Edelmetalle begründet wird,
– die Veräußerung von Terminkontrakten und im Freiverkehr getätigten Terminabschlüssen mit Edelmetallen, die zur Übertragung eines Eigentumsrechts an dem Edelmetall oder eines schuldrechtlichen Anspruchs auf dieses Edelmetall führt.

#### 1.3.2. Innergemeinschaftlicher Erwerb von Gegenständen

15 (1) Wird ein Gegenstand aus einem anderen EU-Mitgliedstaat in ein Umsatzsteuerlager im Inland eingelagert, ist ein vor der Einlagerung liegender innergemeinschaftlicher Erwerb steuerfrei (§ 4b Nr. 2 UStG); vgl. hierzu Anlage 2 Beispiel 4.

16 (2) Die Befreiung des innergemeinschaftlichen Erwerbs ist unabhängig davon, ob die der Einlagerung vorangehende Lieferung in einer innergemein-

schaftlichen Lieferung oder in einem einer innergemeinschaftlichen Lieferung gleichgestellten innergemeinschaftlichen Verbringen zur Verfügung des Einlagerers (§ 3 Abs. 1 a UStG) besteht (vgl. hierzu Anlage 2 Beispiel 5).

### 1.3.3. Steuerbefreiung von Leistungen im Zusammenhang mit nach § 4 Nr. 4 a UStG befreiten Umsätzen

(1) Bestimmte Leistungen, die mit in einem Umsatzsteuerlager eingelagerten Gegenständen unmittelbar zusammenhängen, sind steuerfrei (§ 4 Nr. 4 a Satz 1 Buchst. b UStG); hierzu gehören vor allem die der Lagerung dienenden Leistungen, insbesondere durch den Lagerhalter. Ansonsten dürfen die Leistungen aber nur der Erhaltung, der Verbesserung der Aufmachung oder der Handelsgüte, der Vorbereitung des Vertriebs oder des Weiterverkaufs der eingelagerten Gegenstände dienen (vgl. hierzu Anlage 2 Beispiel 6). 17

(2) Weitergehende Be- oder Verarbeitungen der eingelagerten Gegenstände fallen nicht unter die Befreiung nach § 4 Nr. 4 a Satz 1 Buchst. b Satz 1 UStG, insbesondere Leistungen, durch die die im Umsatzsteuerlager befindlichen Gegenstände für die Lieferung auf der Einzelhandelsstufe aufbereitet werden. Werden derartige Umsätze an den in einem Umsatzsteuerlager eingelagerten Gegenständen erbracht, führt dies zur zwangsweisen Auslagerung dieser Gegenstände aus dem Umsatzsteuerlager (vgl. Tz. 21 bis 23, 28 und 29); vgl. hierzu Anlage 2 Beispiel 7. 18

(3) Steuerfrei ist die Vermittlung von Umsätzen, die unter § 4 Nr. 4 a UStG fallen (§ 4 Nr. 5 Satz 1 Buchst. a UStG). Die Befreiung gilt sowohl für die Vermittlung von Lieferungen von Gegenständen, die in ein Umsatzsteuerlager eingelagert werden oder sich dort befinden, als auch für die Vermittlung von Leistungen, die unmittelbar mit den in einem Umsatzsteuerlager befindlichen Gegenständen zusammenhängen und nach § 4 Nr. 4 a Satz 1 Buchst. b UStG befreit sind (vgl. hierzu Anlage 2 Beispiele 8 und 9). 19

### 1.4. Auslagerung aus einem Umsatzsteuerlager

Wird ein sich in einem Umsatzsteuerlager befindlicher Gegenstand ausgelagert, entfällt die Steuerbefreiung für den der Auslagerung vorangegangenen Umsatz (§ 4 Nr. 4 a Satz 1 Buchst. a Satz 2 UStG). 20

### 1.4.1. Begriff der Auslagerung

(1) Eine Auslagerung liegt vor, wenn ein in ein Umsatzsteuerlager eingelagerter Gegenstand tatsächlich aus diesem Lager endgültig herausgenommen wird (§ 4 Nr. 4 a Satz 1 Buchst. a Satz 3 UStG). 21

(2) Eine Auslagerung liegt nach § 4 Nr. 4 a Satz 1 Buchst. a Satz 4 UStG aber auch dann vor, wenn 22

– die übrigen Voraussetzungen für die Steuerbefreiung nicht mehr vorliegen (z. B. Widerruf der Bewilligung des Steuerlagers) oder
– nicht begünstigte Leistungen an dem eingelagerten Gegenstand erbracht werden (vgl. hierzu Tz. 18).

Dabei ist es unbeachtlich, ob die Gegenstände das Lager verlassen oder eingelagert bleiben.

Die Auslagerung kann durch den letzten Lieferanten in der Reihe oder durch dessen Abnehmer erfolgen.

23 (3) Keine Auslagerung liegt vor, wenn der in einem Umsatzsteuerlager befindliche Gegenstand im Zusammenhang mit der Herausnahme aus diesem Lager in ein anderes Umsatzsteuerlager eingelagert wird. Dieses Umsatzsteuerlager muss sich aber im Inland befinden (§ 4 Nr. 4 a Satz 1 Buchst. a Satz 2 zweiter Halbsatz UStG); vgl. hierzu Anlage 2 Beispiel 10.

**1.4.2. Auslagerer**

24 (1) Auslagerer ist der Unternehmer, der im Zeitpunkt der Auslagerung die Verfügungsmacht über den Gegenstand hat. Der Auslagerer muss die Auslagerung veranlassen. Ein Veranlassen der Auslagerung durch den Auslagerer liegt in der Regel dann vor, wenn dieser den Gegenstand aus dem Umsatzsteuerlager befördert oder versendet. Die Beförderung oder Versendung muss nicht mit einer Lieferung des Gegenstandes zusammenhängen.

25 (2) In den Fällen der – zwangsweisen – Auslagerung (vgl. Tz. 22) ist Auslagerer derjenige, der zum Zeitpunkt einer derartigen Auslagerung die Verfügungsmacht an dem Gegenstand hat.

26 (3) Dem Auslagerer muss eine inländische USt-IdNr. zugeteilt worden sein (vgl. § 22 Abs. 4 c Satz 2 UStG). Nicht im Inland ansässige Auslagerer müssen sich daher im Inland bei dem örtlich zuständigen Finanzamt für Umsatzsteuerzwecke erfassen lassen.

27 (4) Auslagerer kann auch ein Kleinunternehmer sein, der für seine Umsätze die Regelung des § 19 Abs. 1 UStG anwendet, oder ein blinder Unternehmer, dessen Umsätze unter die Steuerbefreiung nach § 4 Nr. 19 UStG fallen.

**1.4.3. Besteuerung des der Auslagerung vorangegangenen Umsatzes**

28 (1) Der Besteuerung unterliegt der letzte vor der Auslagerung liegende – zunächst steuerfreie – Umsatz. Dieser Umsatz muss nicht in einem unmittelbaren zeitlichen Zusammenhang mit der Auslagerung stehen. Steuerschuldner ist grundsätzlich der Auslagerer (§ 13 a Abs. 1 Nr. 6 UStG). Dem Auslagerer obliegen auch die Erklärungs- und Aufzeichnungspflichten für die Auslagerung.

29 (2) Besteuert werden:
- die der Auslagerung vorangegangene Lieferung (vgl. hierzu Anlage 2 Beispiele 11 bis 15);
- der der Auslagerung vorangegangene innergemeinschaftliche Erwerb (vgl. hierzu Anlage 2 Beispiel 16);
- die der Auslagerung vorangegangene Einfuhr (vgl. hierzu Anlage 2 Beispiel 17).

**1.4.4. Bemessungsgrundlage für den der Auslagerung vorangegangenen Umsatz**

30 (1) Bei der einer Auslagerung vorangehenden Lieferung ist Bemessungsgrundlage grundsätzlich der in der Rechnung ausgewiesene Betrag (Betrag ohne Umsatzsteuer). In den Fällen, in denen der Abnehmer einer Lieferung als Auslagerer nach §13 a Abs. 1 Nr. 6 UStG die Steuer schuldet (vgl. Tz. 34–37), hat dieser die Umsatzsteuer von diesem Betrag zu berechnen.

(2) Die Bemessungsgrundlage für den Umsatz, für den die Steuerbefreiung wegfällt, erhöht sich um die Kosten für die an den Auslagerer erbrachten steuerfreien Leistungen sowie um die vom Auslagerer geschuldeten oder entrichteten Verbrauchsteuern, soweit diese nicht bereits im Entgelt enthalten sind. Ist der liefernde Unternehmer Auslagerer, kann regelmäßig davon ausgegangen werden, dass die Kosten in der Bemessungsgrundlage enthalten sind, wenn sie ihm oder einem Vorlieferanten in Rechnung gestellt worden sind (§ 10 Abs. 1 Satz 5 UStG); vgl. hierzu Anlage 2 Beispiele 18 und 19. 31

### 1.4.5. Steuersatz für den der Auslagerung vorangegangenen Umsatz

Der Auslagerer hat bei der Steuerberechnung den Steuersatz zu Grunde zu legen, der sich für den maßgeblichen Umsatz nach § 12 UStG ergibt. Das gilt auch in den Fällen, in denen der Leistungsempfänger die Besteuerung nach § 19 Abs. 1 oder § 24 Abs. 1 UStG anwendet. 32

### 1.4.6. Entstehung der Steuer für die Auslagerung des Gegenstandes aus dem Umsatzsteuerlager

Die Steuer für den der Auslagerung vorangehenden Umsatz (§ 4 Nr. 4a Satz 1 Buchst. a Satz 2 UStG) entsteht mit Ablauf des Voranmeldungszeitraums, in dem der Gegenstand aus dem Umsatzsteuerlager ausgelagert wird (§ 13 Abs. 1 Nr. 9 UStG). Der Steuerschuldner (vgl. Tz. 34–37) hat den entsprechenden Umsatz in der Umsatzsteuer-Voranmeldung für diesen Zeitraum anzumelden (vgl. hierzu Anlage 2 Beispiel 20). 33

### 1.4.7. Steuerschuldner für den der Auslagerung vorangegangenen Umsatz

(1) Steuerschuldner für den aufgrund der Auslagerung des Gegenstandes aus dem Umsatzsteuerlager steuerpflichtigen letzten Umsatz vor der Auslagerung ist nach § 13a Abs. 1 Nr. 6 erster Halbsatz UStG der Auslagerer (vgl. Tz. 24 bis 27). Wird der Gegenstand im Zusammenhang mit einer Lieferung ausgelagert, ist der liefernde Unternehmer als Auslagerer Steuerschuldner. Wird ein unter die Anlage 1 zu § 4 Nr. 4a UStG fallender in ein Umsatzsteuerlager eingelagerter Gegenstand geliefert und zu einem späteren Zeitpunkt ausgelagert, ist regelmäßig der Abnehmer Steuerschuldner. 34

(2) Neben dem Auslagerer ist der Umsatzsteuerlagerhalter Steuerschuldner, und zwar als Gesamtschuldner, wenn er seiner Verpflichtung zur Aufzeichnung der USt-IdNr. des Auslagerers oder dessen Fiskalvertreters nicht nachkommt (§ 13a Abs. 1 Nr. 6 zweiter Halbsatz UStG). Liegen die Voraussetzungen für eine Inanspruchnahme des Umsatzsteuerlagerhalters als Gesamtschuldner vor, ist dieser aber nur dann in Anspruch zu nehmen, wenn der Auslagerer seinen umsatzsteuerlichen Verpflichtungen nicht nachkommt und die Umsatzsteuer nicht anmeldet und/oder nicht rechtzeitig oder nicht vollständig entrichtet. Für die Inanspruchnahme des Umsatzsteuerlagerhalters mit Steuerbescheid gelten die allgemeinen Regelungen der Abgabenordnung (§§ 155ff. AO); vgl. hierzu Anlage 2 Beispiel 21. 35

(3) Wendet der Auslagerer oder der Umsatzsteuerlagerhalter die Kleinunternehmerregelung nach § 19 Abs. 1 UStG an, gilt diese Regelung nicht für 36

die von ihm als Steuerschuldner bzw. Gesamtschuldner für die Auslagerung geschuldete Steuer.

37 (4) Wendet der Auslagerer oder der Umsatzsteuerlagerhalter als Blinder auf seine Umsätze die Steuerbefreiung nach § 4 Nr. 19 UStG an, gilt diese Regelung nicht für die von ihm als Steuerschuldner bzw. Gesamtschuldner für die Auslagerung geschuldete Steuer.

### 1.4.8. Vorsteuerabzug für die vom Auslagerer geschuldete Steuer

38 (1) Ist der Auslagerer der Abnehmer der letzten vor der Auslagerung liegenden Lieferung, kann er die von ihm nach § 13a Abs. 1 Nr. 6 UStG geschuldete Umsatzsteuer als Vorsteuer abziehen, wenn er die Lieferung für sein Unternehmen bezieht und zur Ausführung von Umsätzen verwendet, die den Vorsteuerabzug nicht ausschließen (§ 15 Abs. 1 Satz 1 Nr. 5 UStG).

39 (2) Der Vorsteuerabzug ist unter den übrigen Voraussetzungen des § 15 UStG auch ohne gesonderten Ausweis der Steuer in einer Rechnung möglich (§ 15 Abs. 1 Satz 1 Nr. 5 UStG).

40 (3) Soweit an nicht im Inland ansässige Unternehmer Lieferungen ausgeführt werden, für die diese die Steuer als Auslagerer nach § 13a Abs. 1 Nr. 6 UStG schulden, haben sie die für Vorleistungen in Rechnung gestellte Steuer im allgemeinen Besteuerungsverfahren und nicht im Vorsteuer-Vergütungsverfahren als Vorsteuer geltend zu machen. Dies gilt auch für nicht im Inland ansässige Unternehmer, die nur steuerfreie Umsätze im Sinne von § 4 Nr. 4a Satz 1 Buchst. a Satz 1 und Buchst. b UStG ausführen, soweit an sie für Vorleistungen Steuer in Rechnung gestellt worden ist.

### 1.5. Behandlung des Gelangens eines ausgelagerten Gegenstandes in das Drittlandsgebiet oder einen anderen EU-Mitgliedstaat

41 (1) Gelangt der Gegenstand beim Verlassen des Steuerlagers in ein Drittland oder in einen anderen EU-Mitgliedstaat, ist eine damit verbundene Lieferung entweder als Ausfuhrlieferung oder als innergemeinschaftliche Lieferung steuerfrei (vgl. hierzu Anlage 2 Beispiele 22 und 23).

42 (2) Wird ein in einem Umsatzsteuerlager eingelagerter Gegenstand aus diesem Lager herausgenommen, ohne dass ein Zusammenhang mit einem Umsatz besteht, und gelangt der Gegenstand im Zusammenhang mit dem Verlassen des Umsatzsteuerlagers in das übrige Gemeinschaftsgebiet, wird der der Auslagerung vorangehende Umsatz steuerpflichtig. Gleichzeitig liegt ein einer innergemeinschaftlichen Lieferung gleichgestelltes Verbringen des Auslagerers zu seiner Verfügung vom Inland in einen anderen EU-Mitgliedstaat vor (§ 3 Abs. 1a UStG); vgl. hierzu Anlage 2 Beispiel 24.

43 (3) Wird ein in einem Umsatzsteuerlager eingelagerter Gegenstand aus diesem Lager herausgenommen, ohne dass ein Zusammenhang mit einem Umsatz besteht, und gelangt der Gegenstand im Zusammenhang mit dem Verlassen des Umsatzsteuerlagers in das Drittlandsgebiet, wird der der Auslagerung vorangehende Umsatz steuerpflichtig. Das Verbringen des Gegenstandes in das Drittlandsgebiet durch den Auslagerer ist kein umsatzsteuerbarer Tatbestand (vgl. hierzu Anlage 2 Beispiel 25).

## 1.6. Nachweis der Voraussetzungen der Steuerbefreiung nach § 4 Nr. 4 a UStG

(1) Der Unternehmer hat die Voraussetzungen für die Steuerbefreiung nach § 4 Nr. 4 a UStG nachzuweisen. Dieser Nachweis ist eindeutig und leicht nachprüfbar zu führen (§ 4 Nr. 4 a Satz 3 UStG). 44

(2) Wird ein unter die Anlage 1 zu § 4 Nr. 4 a UStG fallender Gegenstand, der sich in einem Umsatzsteuerlager befindet, steuerfrei nach § 4 Nr. 4 a Satz 1 Buchst. a Satz 1 UStG geliefert, muss der leistende Unternehmer im Besitz eines Belegs sein, aus dem hervorgeht, dass sich der Gegenstand in einem Umsatzsteuerlager im Inland befindet. Hat der liefernde Unternehmer den Gegenstand selbst in das Umsatzsteuerlager eingelagert, ist hierzu eine Bescheinigung des Umsatzsteuerlagerhalters ausreichend, aus der hervorgeht, dass der Gegenstand eingelagert ist. Aus der Bescheinigung muss sich die Menge und die handelsübliche Bezeichnung des eingelagerten Gegenstandes ergeben. Hat der liefernde Unternehmer den Gegenstand nicht selbst in das Umsatzsteuerlager eingelagert, benötigt er eine Bescheinigung seines Lieferanten oder des Umsatzsteuerlagerhalters, aus der hervorgeht, dass sich der erworbene Gegenstand in einem Umsatzsteuerlager im Inland befindet, und sich die Menge und die handelsübliche Bezeichnung des eingelagerten Gegenstandes ergeben. 45

(3) Erbringt ein Unternehmer Leistungen, die nach § 4 Nr. 4 a Satz 1 Buchst. b UStG steuerfrei sind (vgl. Tz. 17 und 19), benötigt er zum Nachweis der Voraussetzungen der Steuerbefreiung neben der Bezeichnung der von ihm erbrachten Leistung eine Bescheinigung des Auftraggebers (regelmäßig des Umsatzsteuerlagerhalters oder des Eigentümer des Gegenstandes, an dem die Leistung erbracht wird), aus der hervorgeht, dass sich der Gegenstand, mit dem die sonstige Leistung in Zusammenhang steht, in einem Umsatzsteuerlager im Inland befindet. Dabei ist es ausreichend, wenn sich die an dem in ein Umsatzsteuerlager eingelagerten Gegenstand erbrachte Leistung aus der Rechnung ergibt. 46

## 1.7. Aufzeichnungspflichten

(1) Für den/die liefernden Unternehmer sowie den Auslagerer, der Steuerschuldner für die der Auslagerung vorangehende Lieferung ist, gelten die allgemeinen Aufzeichnungspflichten des § 22 UStG. Der Auslagerer muss die Bemessungsgrundlage und den hierauf entfallenden Steuerbetrag für den der Auslagerung vorangehenden Umsatz aufzeichnen (§ 22 Abs. 2 Nr. 9 UStG). 47

(2) Der Lagerhalter hat neben der Aufzeichnung des Namens und der Anschrift sowie der inländischen USt-IdNr. des Auslagerers oder dessen Fiskalvertreters Bestandsaufzeichnungen über die ein- und ausgelagerten Gegenstände zu führen. Außerdem muss er die sonstigen Leistungen aufzeichnen, die im Zusammenhang mit den in Anlage 1 zu § 4 Nr. 4 a UStG bezeichneten Gegenständen erbracht werden, die sich in einem Steuerlager befinden (§ 22 Abs. 4 c UStG), soweit diese Umsätze nach § 4 Nr. 4 a Satz 1 Buchst. b Satz 1 UStG steuerfrei sind (vgl. Tz. 17 und 19). 48

## 1.8. Bestätigung der USt-IdNr. des Auslagerers

Der Lagerhalter hat die Möglichkeit, sich vom Bundesamt für Finanzen die Gültigkeit der inländischen USt-IdNr. des Auslagerers oder dessen Fiskalver- 49 treters sowie deren Namen und Anschrift bestätigen zu lassen (§ 18 e Nr. 2 UStG). Diese Bestätigung ist erforderlich, weil er Name, Adresse und inländische USt-IdNr. des Auslagerers aufzeichnen muss (vgl. Tz. 48). Kommt der Lagerhalter seinen Aufzeichnungspflichten nicht nach, kann er als Gesamtschuldner für die vom Auslagerer geschuldete Steuer in Anspruch genommen werden (vgl. Tz. 35).

### 1.9. Anwendungsbereich

50 (1) Die Umsatzsteuerlagerregelung gilt für Umsätze, die nach dem 31. Dezember 2003 bewirkt werden. Gegenstände können in ein Umsatzsteuerlager grundsätzlich erst dann eingelagert werden, wenn dem Umsatzsteuerlagerhalter dieses Lager von dem zuständigen Finanzamt bewilligt worden ist.

51 (2) Aus Vereinfachungsgründen ist jedoch nicht zu beanstanden, wenn die Umsatzsteuerlagerregelung auch auf Umsätze solcher Gegenstände angewendet wird, die vor der Bewilligung des Umsatzsteuerlagers in diesem Lager eingelagert worden sind, wenn der Umsatzsteuerlagerhalter dem für ihn zuständigen Finanzamt eine Auflistung dieser Gegenstände übermittelt, aus der sich im Einzelnen die Menge dieser eingelagerten Gegenstände sowie der Zeitpunkt ihrer Einlagerung ergibt.

## 2. Regelung für Umsätze mit und in Zusammenhang mit Gegenständen, die sich in einem Zollverfahren (Nichterhebungsverfahren) befinden

### 2.1. Steuerbefreiung für Lieferungen von Gegenständen[1]

52 (1) Nach § 4 Nr. 4 b UStG ist die einer Einfuhr vorangehende Lieferung (Einfuhrlieferung) von der Umsatzsteuer befreit, wenn der Abnehmer oder dessen Beauftragter den Gegenstand einführt. Die Steuerbefreiung gilt darüber hinaus auch für die der Einfuhrlieferung vorangegangenen Lieferungen.

53 (2) Die Steuerbefreiung gilt für alle Lieferungen von Nichtgemeinschaftswaren (vgl. Tz. 58 – 63), die sich in einem zollrechtlichen Nichterhebungsverfahren (vgl. Tz. 64 – 70) befinden. Die Befreiung ist nicht auf den Warenkatalog der Steuerbefreiung nach § 4 Nr. 4 a Buchst. a UStG (vgl. Tz. 11 und Anlage 1 hierzu) beschränkt. Auch gilt keine Beschränkung hinsichtlich der Aufmachung der eingelagerten Gegenstände. Sie können auch für den Letztverbrauch bestimmt oder aufgemacht sein.

54 (3) Die Einfuhr der sich in einem zollrechtlichen Nichterhebungsverfahren befindlichen Gegenstände unterliegt der Besteuerung; damit wird eine umsatzsteuerliche Belastung derartiger Gegenstände sichergestellt. Die Einfuhrumsatzsteuer wird erhoben, wenn der Gegenstand in den zoll- und steuerrechtlich freien Verkehr übergeführt wird.

55 (4) Bei den Befreiungen nach § 4 Nr. 4 a und § 4 Nr. 4 b UStG gibt es keine Vorrangstellung. Der Unternehmer hat vielmehr ein Wahlrecht, welche der beiden Steuerbefreiungen er anwenden will, wenn er eine Nichtgemein-

[1] Zur Steuerbefreiung bei Reihengeschäften vgl. Abschn. 3.14 Abs. 16 UStAE.

schaftsware in ein zollrechtliches Nichterhebungsverfahren überführt. Dabei bleibt es dem Unternehmer unbenommen, derartige Nichtgemeinschaftswaren in den zoll- und steuerrechtlich freien Verkehr überzuführen und danach in ein Steuerlager einzulagern. Werden die Gegenstände danach geliefert, kann die Steuerbefreiung nach § 4 Nr. 4 a Satz 1 Buchst. a Satz 1 UStG bei Vorliegen der Voraussetzungen in Anspruch genommen werden (vgl. hierzu Anlage 2 Beispiel 26).

## 2.2. Umfang der Steuerbefreiung

(1) Die Steuerbefreiung nach § 4 Nr. 4 b UStG gilt für alle Lieferungen von Nichtgemeinschaftswaren, die sich in einem zollrechtlichen Nichterhebungsverfahren befinden. Voraussetzung hierfür ist, dass der Abnehmer der Lieferung oder ein nachfolgender Abnehmer bzw. ein Beauftragter von diesen den Liefergegenstand einführt. Dem Abnehmer muss die Überführung des Gegenstandes in den zoll- und steuerrechtlich freien Verkehr zuzurechnen sein. Die Anwendung der Steuerbefreiung ist unabhängig davon, ob die nachfolgende Einfuhr steuerpflichtig oder nach § 5 UStG steuerfrei ist (vgl. hierzu Anlage 2 Beispiele 27 und 28). 56

(2) Die Befreiung des § 4 Nr. 4 b UStG gilt unabhängig davon, wo der Abnehmer ansässig ist und ob er zum Vorsteuerabzug berechtigt ist. Sie gilt auch, wenn der Abnehmer ein Nichtunternehmer ist. 57

## 2.3. Abgrenzung der Nichtgemeinschaftswaren

Waren, die sich im Zollgebiet der Europäischen Gemeinschaft befinden, haben zollrechtlich entweder den Status von Gemeinschaftswaren oder den Status von Nichtgemeinschaftswaren. Nichtgemeinschaftswaren sind alle Waren, die keine Gemeinschaftswaren sind. 58

### 2.3.1. Gemeinschaftswaren

(1) Gemeinschaftswaren *(Artikel 4 Nr. 7 ZK[1])* sind: 59

- Waren, die vollständig im Zollgebiet der Gemeinschaft gewonnen oder hergestellt worden sind, unter der Voraussetzung, dass es sich hierbei um Ursprungswaren *(Artikel 23 ZK[2])* handelt.
- Waren, die außerhalb des Zollgebiets der Gemeinschaft gewonnen oder hergestellt wurden (Ursprungsland ist ein Drittland) und in der Gemeinschaft ordnungsgemäß in das Zollverfahren „Überführung in den zollrechtlich freien Verkehr" übergeführt worden sind.
- Waren, die aus der Be- oder Verarbeitung der vorgenannten Gemeinschaftswaren gewonnen werden.

(2) Über Gemeinschaftswaren darf der Wirtschaftsbeteiligte grundsätzlich – ohne Mitwirkung der Zollbehörden – beliebig verfügen. 60

[1] Jetzt Art. 4 Nr. 18 VO (EG) 450/2008 (Modernisierter Zollkodex – MZK).
[2] Jetzt Art. 36 MZK.

### 2.3.2. Nichtgemeinschaftswaren

61 (1) Zu den Nichtgemeinschaftswaren *(Artikel 4 Nr. 8 ZK[1])* gehören:
- Alle Waren zum Zeitpunkt des Verbringens in das Zollgebiet der Gemeinschaft, mit Ausnahme von im internen gemeinschaftlichen Versandverfahren (T2) beförderter Waren und Waren, für die der Nachweis ihres Gemeinschaftscharakters ordnungsgemäß erbracht wird (z. B. T2 L);
- Waren aus Drittländern, die in ein Zollverfahren mit wirtschaftlicher Bedeutung, das keine Erhebung von Abgaben und/oder Beachtung handelspolitischer Maßnahmen vorsieht (z. B. das Zolllagerverfahren, die aktive Veredelung nach dem Nichterhebungsverfahren oder die vorübergehende Verwendung), übergeführt worden sind;
- Waren, die aus der gemeinsamen Be- oder Verarbeitung von Gemeinschafts- und Nichtgemeinschaftswaren gewonnen wurden.

62 (2) Gemeinschaftswaren, die das Zollgebiet der Gemeinschaft verlassen, verlieren mit dem Grenzübertritt diesen Status und werden zu Nichtgemeinschaftswaren.

63 (3) Über Nichtgemeinschaftswaren darf der Wirtschaftsbeteiligte grundsätzlich nicht bzw. nur in dem von der Zollverwaltung zugelassenen Umfang verfügen.

### 2.4. Nichterhebungsverfahren

64 Nichterhebungsverfahren sind folgende Zollverfahren *(Art. 84 Abs. 1 Buchst. a ZK[2])*:
- das Versandverfahren,
- das Zolllagerverfahren,
- die aktive Veredelung nach dem Nichterhebungsverfahren,
- das Umwandlungsverfahren und
- die vorübergehende Verwendung.

### 2.4.1. Versandverfahren

65 Im Versandverfahren *(Art. 91–97 ZK[3])*, Art. 340 a–462 a Zollkodex-Durchführungsverordnung – ZKDVO) werden Nichtgemeinschaftswaren unter Aussetzung der eigentlich zu zahlenden Einfuhrabgaben unter zollamtlicher Überwachung vom Ort des Verbringens in das Zollgebiet der Gemeinschaft bis zum endgültigen Bestimmungsort im Gemeinschaftsgebiet befördert. Im Anschluss daran erhalten die Waren eine neue zollrechtliche Bestimmung, z. B. Überführung in ein Zollverfahren.

### 2.4.2. Zolllagerverfahren

66 Nichtgemeinschaftswaren können nach dem Verbringen in das Zollgebiet der Gemeinschaft in ein Zolllagerverfahren übergefführt werden, ohne dass Einfuhrabgaben erhoben werden *(Art. 98–113 ZK[4])*, Art. 524–535 ZKDVO). Dabei werden die Waren in einem Zolllager gelagert. Als Zolllager gilt jeder von den Zollbehörden zugelassene und unter zollamtlicher Überwachung ste-

---

[1] Jetzt Art. 4 Nr. 19 MZK.
[2] Jetzt Art. 135 MZK.
[3] Jetzt Art. 140, 62, 63, 136 und 144–147 MZK.
[4] Jetzt Art. 136, 137, 141, 143, 148–150 und 153 ff. MZK.

hende Ort, an dem der Inhaber der Bewilligung für den Betrieb eines Zolllagers (Lagerhalter) – in der Regel – Nichtgemeinschaftswaren unter festgelegten Bedingungen als Verfügungsberechtigter über diese Waren oder für den Verfügungsberechtigten lagert. Im Anschluss an das Zolllagerverfahren können die Waren wiederausgeführt oder in ein anderes Zollverfahren ggf. mit Einfuhrabgabenerhebung übergeführt werden.

### 2.4.3. Verfahren der aktiven Veredelung

In der aktiven Veredelung nach dem Nichterhebungsverfahren (*Art. 114–123 ZK*[1], Art. 536–549 ZKDVO) werden Nichtgemeinschaftswaren zur Bearbeitung, Verarbeitung oder Ausbesserung (Reparatur) in das Zollgebiet der Gemeinschaft eingeführt, um nach Durchführung dieser Vorgänge wiederausgeführt zu werden. In diesem Verfahren werden Einfuhrabgaben nicht erhoben. Einfuhrabgaben werden nur dann erhoben, wenn die zuvor eingeführten Waren in den Wirtschaftskreislauf der Europäischen Union gelangen, z. B. durch Überführung in ein anderes Zollverfahren. **67**

### 2.4.4. Umwandlungsverfahren

Im Umwandlungsverfahren (*Art. 130–136 ZK*[2]*,* Art. 551 und 552 ZKDVO) werden Nichtgemeinschaftswaren nicht sofort und nicht in ihrer ursprünglichen Form, sondern erst später nach ihrer Be- oder Verarbeitung in den zollrechtlich freien Verkehr übergeführt. Die Einfuhrabgaben werden dabei nicht für die Nichtgemeinschaftswaren, wie sie in das Zollgebiet der Gemeinschaft gelangt sind, sondern für die durch die Be- oder Verarbeitung entstandenen Umwandlungserzeugnisse erhoben. **68**

### 2.4.5. Verfahren der vorübergehenden Verwendung

(1) In das Verfahren der vorübergehenden Verwendung (*Art. 137–144 ZK*[3], Art. 553–584 ZKDVO) werden Nichtgemeinschaftswaren übergeführt, die nur zeitweise in das Zollgebiet der Gemeinschaft eingeführt werden sollen, um im Zollgebiet vorübergehend genutzt (z. B. Messewaren) und anschließend in unverändertem Zustand – keine Be- oder Verarbeitung – wieder ausgeführt zu werden. **69**

(2) Die Verwendung der Waren wird zollamtlich überwacht. Von der Abgabenerhebung wird daher grundsätzlich abgesehen. Die Art der Ware, des Gebrauchs und die Dauer der Verwendung sind für den Umfang der Begünstigung entscheidend. Einfuhrabgaben werden nur dann erhoben, wenn die zuvor eingeführten Waren in den Wirtschaftskreislauf der Europäischen Union gelangen, z. B. durch Überführung in den zoll- und steuerrechtlich freien Verkehr. **70**

### 2.5. Abgrenzung zu anderen Steuerbefreiungen

(1) Wird eine Nichtgemeinschaftsware, die sich zollrechtlich in einem Nichterhebungsverfahren befindet, im Zusammenhang mit einer Lieferung aus dem Inland in das Drittlandsgebiet ausgeführt, ist diese Lieferung nicht **71**

[1] Jetzt Art. 142, 143, 168, 136, 169, 167, 52, 53 und 170 MZK.
[2] Jetzt Art. 168, 143, 136 und 53 MZK.
[3] Jetzt Art. 53, 162, 136, 162–165, 47 und 52 MZK.

nach § 4 Nr. 4b UStG steuerfrei. Die Lieferung kann unter den Voraussetzungen des § 6 UStG steuerfrei sein.

72 (2) Wird eine Nichtgemeinschaftsware, die sich zollrechtlich in einem Nichterhebungsverfahren befindet, im Zusammenhang mit einer Lieferung aus dem Inland in das übrige Gemeinschaftsgebiet befördert oder versendet, ist diese Lieferung nicht nach § 4 Nr. 4b UStG, sondern unter den Voraussetzungen des § 4 Nr. 1 Buchst. b, § 6a UStG als innergemeinschaftliche Lieferung steuerfrei (vgl. hierzu Anlage 2 Beispiel 29).

**2.6. Nachweis der Voraussetzungen der Steuerbefreiung**

73 (1) Der Unternehmer hat die Voraussetzungen für die Steuerbefreiung nach § 4 Nr. 4b UStG nachzuweisen. Dieser Nachweis ist eindeutig und leicht nachprüfbar zu führen.

74 (2) Wird eine Nichtgemeinschaftsware, die sich in einem Nichterhebungsverfahren befindet, geliefert, muss der liefernde Unternehmer im Besitz eines Belegs sein, aus dem hervorgeht, dass sich diese Ware in einem Nichterhebungsverfahren befindet. Hat z.B. der liefernde Unternehmer die Nichtgemeinschaftsware selbst in ein Zolllager eingelagert, ist hierzu eine Bescheinigung des Lagerhalters, aus der die Einlagerung hervorgeht, ausreichend (Lagerschein).

75 (3) Ist der Abnehmer der von dem Unternehmer gelieferten Nichtgemeinschaftsware auch derjenige, der diese Ware in den zoll- und steuerrechtlich freien Verkehr überführt, kann der Abnehmer seinem Lieferanten eine entsprechende schriftliche Bestätigung erteilen (vgl. hierzu Anlage 2 Beispiel 30).

**2.7. Steuerbefreiung für Leistungen im Zusammenhang mit Gegenständen, die sich in einem Zollverfahren (Nichterhebungsverfahren) befinden**

76 (1) Leistungen im Zusammenhang mit Gegenständen, die sich in einem Zollverfahren (Nichterhebungsverfahren) befinden, fallen – im Gegensatz zu den sonstigen Leistungen, die im Zusammenhang mit in der Anlage 1 zu § 4 Nr. 4a UStG genannten Gegenständen stehen, die sich in einem Umsatzsteuerlager befinden – nicht unter die Befreiung nach § 4 Nr. 4b UStG. Derartige Leistungen können aber grundsätzlich nach § 4 Nr. 3 Buchst. a Doppelbuchst. bb und Buchst. c UStG steuerfrei sein.

77 (2) Auch die Vermittlung derartiger Leistungen fällt nicht unter § 4 Nr. 4b UStG. Eine entsprechende Befreiung enthält aber § 4 Nr. 5 Satz 1 Buchst. a UStG.

**3. Steuerbefreiungen bei der Einfuhr**

**3.1. Befreiung der Einfuhr von Gegenständen, die in ein Umsatzsteuerlager eingelagert werden sollen**

78 Um eine steuerliche Belastung zu vermeiden, ist die Einfuhr von in der Anlage 1 zu § 4 Nr. 4a UStG genannten Gegenständen, die in ein Umsatzsteuerlager eingelagert werden sollen, steuerfrei (§ 5 Abs. 1 Nr. 4 UStG). Dabei reicht der Wille des Einführers, die eingeführten Gegenstände in ein sol-

ches Lager einzulagern, für die Gewährung der Steuerbefreiung aus (vgl. hierzu Anlage 2 Beispiel 31).

### 3.2. Befreiung der Einfuhr von Gegenständen, die aus einem Umsatzsteuerlager ausgelagert werden

Wird eine Nichtgemeinschaftsware, die in ein Nichterhebungsverfahren übergeführt wurde, und sich in einem Umsatzsteuerlager befindet, im Zusammenhang mit einer Einfuhr ausgelagert, ist die der Auslagerung vorangehende Lieferung oder der innergemeinschaftliche Erwerb grundsätzlich steuerpflichtig (vgl. Tz. 28 und 29). Die Einfuhr erfolgt zeitlich gesehen erst nach der Auslagerung. Diese Einfuhr ist grundsätzlich steuerpflichtig. Ist aber der Auslagerer gleichzeitig der Lieferer und schuldet dieser auch die Einfuhrumsatzsteuer, ist die Einfuhr – zur Vermeidung einer Doppelbelastung – steuerfrei (§ 5 Abs. 1 Nr. 5 UStG); vgl. hierzu Anlage 2 Beispiel 32. 79

### 3.3. Nachweis der Voraussetzungen der Steuerbefreiung

(1) Der Schuldner der Einfuhrumsatzsteuer hat die Voraussetzungen für die Steuerbefreiung bei der Einfuhr nachzuweisen. Eine besondere Regelung zum Nachweis der Voraussetzungen besteht nicht. 80

(2) Da es für die Gewährung der Steuerbefreiung nach § 5 Abs. 1 Nr. 4 UStG ausreichend ist, dass der Einführer beabsichtigt, den eingeführten Gegenstand im Anschluss an die Einfuhr in ein Umsatzsteuerlager einzulagern, muss der Einführer diese Absicht gegenüber den Zollbehörden darlegen. Außerdem hat der Einführer eine Kopie der Bewilligung des Umsatzsteuerlagers durch das Finanzamt oder eine schriftliche Bestätigung des Lagerhalters, dass diesem das Umsatzsteuerlager bewilligt worden ist, beizufügen. 81

(3) Den Nachweis der Voraussetzungen für die Gewährung der Steuerbefreiung bei der Einfuhr nach § 5 Abs. 1 Nr. 5 UStG, wenn der Gegenstand zuvor aus einem Umsatzsteuerlager ausgelagert worden ist, kann der Unternehmer zumindest durch eine Bescheinigung des Umsatzsteuerlagerhalters führen, dass der Auslagerer, der insoweit auch Einführer ist, den Gegenstand tatsächlich aus einem Umsatzsteuerlager ausgelagert hat. 82

## 4. Weitere Änderungen

### 4.1. Einfuhrbegriff (§ 1 Abs. 1 Nr. 4 UStG)

(1) Die Verwirklichung des umsatzsteuerrechtlichen Einfuhrtatbestandes setzt voraus, dass ein Drittlandsgegenstand in das Inland verbracht wird und dieser Vorgang hier steuerbar ist. Für den umsatzsteuerrechtlichen Einfuhrtatbestand ist damit nicht allein entscheidend, dass der Gegenstand aus dem Drittland in das Inland gelangt, sondern hier auch grundsätzlich der Besteuerung unterliegt, d. h. im Regelfall eine Einfuhrumsatzsteuerschuld entsteht. Entsprechend liegt z. B. keine Einfuhr im umsatzsteuerrechtlichen Sinne vor, wenn sich eine Drittlandsware in einem zollrechtlichen Versandverfahren oder in einem Zolllagerverfahren befindet. 83

(2) Mit der Änderung durch das StÄndG 2003 wird § 1 Abs. 1 Nr. 4 UStG redaktionell entsprechend klargestellt und inhaltlich an Art. 7 der 6. EG-Richtlinie in der seit 1. Januar 1993 geltenden Fassung angepasst. Außerdem wurden durch das StÄndG 2003 § 11 Abs. 3 Nr. 1, § 21 Abs. 2 a, 3 84

und 4 Satz 5 UStG, die auf den Einfuhrbegriff i. S. des § 1 Abs. 1 Nr. 4 UStG Bezug nehmen, entsprechend redaktionell angepasst.

### 4.2. Abzug der Einfuhrumsatzsteuer als Vorsteuer (§ 15 Abs. 1 Satz 1 Nr. 2 UStG)

**85** Für die Verwirklichung des Einfuhrtatbestandes nach § 1 Abs. 1 Nr. 4 UStG ist das körperliche Gelangen in das Inland nicht entscheidend. Dieser Tatbestand ist erst dann erfüllt, wenn die Nichtgemeinschaftsware im Inland in den zoll- und steuerrechtlich freien Verkehr übergeführt wird. Dies hat zur Folge, dass derjenige zum Abzug der Einfuhrumsatzsteuer berechtigt ist, der zum Zeitpunkt der Einfuhr die Verfügungsmacht an dem eingeführten Gegenstand hat. § 15 Abs. 1 Satz 1 Nr. 2 UStG wurde deshalb entsprechend durch das StÄndG 2003 angepasst (vgl. hierzu Anlage 2 Beispiele 33 und 34).

### 5. Außerkrafttreten von Vorschriften

**86** (1) § 15 Abs. 5 Nr. 2 Buchst. b UStG, §§ 41, 41 a und 42 UStDV wurden mit Wirkung vom 1. Januar 2004 durch das StÄndG 2003 aufgehoben. Diese Regelungen sind entsprechend auf Einfuhren nicht mehr anzuwenden, bei denen die Einfuhrumsatzsteuer nach dem 31. Dezember 2003 entsteht.

**87** (2) § 18 Abs. 7 Nr. 2 UStG, § 50 UStDV wurden ebenfalls mit Wirkung vom 1. Januar 2004 durch das StÄndG 2003 aufgehoben. Diese Regelungen sind entsprechend auf Lieferungen von Gegenständen nicht mehr anzuwenden, die nach dem 31. Dezember 2003 ausgeführt werden.

**88** (3) Wird der Gegenstand einer vor dem 31. Dezember 2003 ausgeführten Lieferung erst nach dem 31. Dezember 2003 eingeführt und gilt der gelieferte Gegenstand damit nach den §§ 41 bis 42 UStDV für den Abnehmer eingeführt, kann auf diese Lieferung § 50 UStDV angewendet werden, soweit die weiteren Voraussetzungen dieser Vorschrift erfüllt sind.

# 500 § 4/32. Schreiben betr. Umsatzsteuer; Gesetz zur weiteren steuerlichen Förderung der Elektromobilität und zur Änderung weiterer steuerlicher Vorschriften; Einführungsschreiben zur Befreiung der Leistungen von selbständigen Personenzusammenschlüssen an ihre Mitglieder, § 4 Nr. 29 UStG

Vom 19. Juli 2022

BMF III C 3 - S 7189/20/10001 :001; DOK 2022/0744072

(BStBl. I S. 1208)

Gemäß Art. 12 Nr. 5 Buchst. g und h sowie Art. 39 Abs. 2 des Gesetzes zur weiteren steuerlichen Förderung der Elektromobilität und zur Änderung weiterer steuerlicher Vorschriften (JStG 2019)[1] wurde zum 1. Januar 2020 in § 4 Nr. 29 UStG eine Steuerbefreiung für sonstige Leistungen von selbständigen Personenzusammenschlüssen an ihre Mitglieder für unmittelbare Zwecke ihrer dem Gemeinwohl dienenden nicht steuerbaren oder ihrer nach § 4 Nr. 11b, 14 bis 18, 20 bis 25 oder 27 steuerfreien Umsätze eingeführt. In diesem Zusammenhang ist außerdem gemäß Art. 12 Nr. 5 und Art. 39 Abs. 2 des JStG 2019 zum 1. Januar 2020 die bisherige Steuerbefreiung nach § 4 Nr. 14 Buchst. d UStG für Personenzusammenschlüsse im medizinischen Bereich aufgehoben worden.

Unter Bezugnahme auf die Erörterung mit den obersten Finanzbehörden der Länder gilt hierzu Folgendes:

## I. Unionsrechtliche Grundlagen

Die Steuerbefreiung nach § 4 Nr. 29 UStG für die Leistungen von selbständigen Personenzusammenschlüssen an ihre Mitglieder beruht auf Art. 132 Abs. 1 Buchst. f der Richtlinie 2006/112/EG des Rates vom 28. November 2006 über das gemeinsame Mehrwertsteuersystem (sog. Mehrwertsteuer-Systemrichtlinie – MwStSystRL). Nach dieser Vorschrift befreien die Mitgliedstaaten von selbständigen Personenzusammenschlüssen erbrachte Dienstleistungen, wenn sie unmittelbar zur Ausübung von Tätigkeiten beitragen, die dem Gemeinwohl dienen, soweit diese Zusammenschlüsse von ihren Mitgliedern lediglich die genaue Erstattung des jeweiligen Anteils an den gemeinsamen Kosten fordern, vorausgesetzt, dass diese Befreiung nicht zu einer Wettbewerbsverzerrung führt.

Ziel der Regelung ist es, bestimmte dem Gemeinwohl dienende Tätigkeiten von der Umsatzsteuer zu befreien, um den Zugang zu diesen Leistungen unter Vermeidung von höheren Kosten zu erleichtern, die entstehen würden, wenn diese Leistungen umsatzsteuerpflichtig wären. Zudem soll durch die Befreiung ein Wettbewerbsnachteil desjenigen, der z.B. wegen mangelnder Unternehmensgröße dem Gemeinwohl dienende Leistungen einkaufen muss, im Vergleich zu demjenigen vermieden werden, der die Leistungen durch eigene Angestellte oder im Rahmen einer Organschaft erbringen lassen kann.

---

[1] **Amtl. Anm.:** BGBl. 2019 I S. 2451, BStBl. 2020 I S. 17.

## II. Leistungen von selbständigen Personenzusammenschlüssen (§ 4 Nr. 29 UStG)

### 1. Begünstigte Zusammenschlüsse

§ 4 Nr. 29 UStG befreit sonstige Leistungen von im Inland ansässigen selbständigen Personenzusammenschlüssen an ihre im Inland ansässigen Mitglieder für unmittelbare Zwecke ihrer dem Gemeinwohl dienenden nicht steuerbaren oder ihrer nach § 4 Nrn. 11b, 14 bis 18, 20 bis 25 oder 27 steuerfreien Umsätze.

### 1.1. Selbständigkeit des Personenzusammenschlusses

Bei einem Personenzusammenschluss handelt es sich grundsätzlich um einen Zusammenschluss mehrerer Personen (Mitglieder) zur Erreichung eines gemeinsamen wirtschaftlichen Ziels, z.B. der Erbringung von Dienstleistungen. Bei dem Personenzusammenschluss i.S.d. § 4 Nr. 29 UStG muss es sich um einen eigenständigen (selbständigen), d.h. von den jeweiligen Mitgliedern verschiedenen Steuerpflichtigen handeln, der Unternehmer i.S.d. § 2 Abs. 1 UStG ist. Der Begriff des Zusammenschlusses erfordert, dass sich dabei mindestens zwei Mitglieder zusammenschließen; eine bloße Vereinbarung zur Kostenteilung unter mehreren Unternehmern bzw. Nichtunternehmern (sog. Aufwandpool) genügt nicht.

Auf die Rechtsform des Personenzusammenschlusses kommt es nicht an; Personenzusammenschlüsse können Zusammenschlüsse von natürlichen und/oder juristischen Personen sowie Personenvereinigungen sein. Es kommt auch nicht auf die Bezeichnung der zusammengeschlossenen Personen als Mitglieder an; Mitglieder in diesem Sinne können beispielsweise Gesellschafter, Anteilseigner oder Träger sein.

Als Personenzusammenschlüsse i.S.d. § 4 Nr. 29 UStG kommen insbesondere in Betracht:

- Personen- und Kapitalgesellschaften,
- Genossenschaften,
- Vereine,
- Wohnungs- und Teileigentümergemeinschaften nach dem WEG oder
- am Rechtsverkehr teilnehmende Bruchteilsgemeinschaften.

Zweckverbände, Berufsverbände, Anstalten des öffentlichen Rechts und andere juristische Personen des öffentlichen Rechts (jPöR) kommen ebenfalls in Betracht, nicht jedoch Stiftungen.

### 1.2. Begünstigte Leistungen des Personenzusammenschlusses

Zur Inanspruchnahme der Umsatzsteuerbefreiung muss der Zusammenschluss seine Leistungen an ein Mitglied oder mehrere seiner Mitglieder bewirken. Hierbei wird nicht vorausgesetzt, dass die Leistungen hinsichtlich Art und Umfang stets allen Mitgliedern gegenüber in gleicher Weise erbracht werden (vgl. EuGH-Urteil vom 11. Dezember 2008 C-407/07, Stichting Centraal Begeleidingsorgaan voor de Intercollegiale).

Die Anwendbarkeit des § 4 Nr. 29 UStG setzt nicht voraus, dass der Personenzusammenschluss seine Leistungen ausschließlich an seine Mitglieder erbringt. Die Anwendbarkeit der Befreiung ist auch nicht auf Zusammenschlüsse beschränkt, deren Mitglieder ausschließlich eine Tätigkeit ausüben, die von der Steuer befreit ist oder für die sie nicht Unternehmer sind. Die Leistungen, die von einem Zusammenschluss erbracht werden, dessen Mitglieder auch steuerbare (und nicht befreite) Tätigkeiten ausüben, können jedoch nur befreit werden, wenn und soweit sie für Zwecke der begünstigten Tätigkeiten der Mitglieder erbracht werden.

Leistungen des Zusammenschlusses gegenüber Nichtmitgliedern sind daher nicht nach § 4 Nr. 29 UStG befreit und somit steuerpflichtig, soweit hierfür keine anderweitige Befreiungsvorschrift anwendbar ist. Steuerpflichtige Leistungen des Zusammenschlusses an Nichtmitglieder schließen die Anwendbarkeit des § 4 Nr. 29 UStG auf die – auch gleichartigen – Leistungen gegenüber den Mitgliedern des Zusammenschlusses jedoch nicht aus (vgl. EuGH-Urteil vom 20. November 2019 C-400/18, Infohos).

Leistungen, die der Personenzusammenschluss für steuerpflichtige Leistungen seiner Mitglieder oder an Dritte (z.B. Leistungen an Nichtmitglieder) erbringt, sind nicht befreit. Eine Erweiterung des Leistungsspektrums derart, dass neben den für die Mitglieder bestimmten sonstigen Leistungen auch weitere, d.h. von den Leistungen an die Mitglieder unterscheidbare steuerpflichtige Leistungen an Nichtmitglieder z.B. im Rahmen einer gesonderten wirtschaftlichen Tätigkeit, erbracht werden, steht einer Anwendung der Befreiung grundsätzlich nicht entgegen (vgl. EuGH-Urteil vom 20. November 2019, C-400/18, Infohos).

### 1.3. Begünstigte Tätigkeiten der Mitglieder

Bei dem die Leistung empfangenden Mitglied muss es sich um eine Person handeln, die insoweit dem Gemeinwohl dienende nicht steuerbare Leistungen oder steuerfreie Leistungen der in § 4 Nrn. 11b, 14 bis 18, 20 bis 25 oder 27 UStG bezeichneten Art erbringt. Zu den dem Gemeinwohl dienenden nicht steuerbaren Leistungen i.S.d. § 4 Nr. 29 UStG gehören u.a. die nach den §§ 2, 2b UStG nicht unternehmerischen Tätigkeiten der Kommunen, der Länder und des Bundes, soweit diese z.B. ihre vom Landes- oder Bundesrecht zugewiesenen Aufgaben wahrnehmen (siehe hierzu auch Abschn. III). Ferner gehören zu den dem Gemeinwohl dienenden nicht steuerbaren Tätigkeiten die nicht unternehmerischen Tätigkeiten der Religionsgemeinschaften, insbesondere die Erfüllung des Verkündigungsauftrags.

Der Katalog der zu berücksichtigenden steuerfreien Leistungen der Mitglieder ist in § 4 Nr. 29 UStG abschließend bezeichnet. Diese Befreiungsregelungen beruhen auf dem Katalog der in Art. 132 Abs. 1 MwStSystRL gewährten Befreiungen. Soweit von den Mitgliedern des Zusammenschlusses nicht steuerbare Leistungen erbracht werden, kommt es ebenfalls darauf an, dass die Mitglieder mit den insoweit bezogenen Leistungen dem Gemeinwohl dienende Tätigkeiten ausüben.

Nicht erforderlich ist, dass der Zusammenschluss selbst dem Gemeinwohl verpflichtet ist.

In Bezug auf die Nicht-Steuerbarkeit einer dem Gemeinwohl dienenden Tätigkeit des Mitglieds ist es unschädlich, dass diese in einem fehlenden Leistungsaustausch begründet ist. Ausweislich der Gesetzesbegründung, die insoweit allein auf eine nicht steuerbare Tätigkeit des Mitglieds abstellt, muss sich diese nicht zwingend durch die Eigenschaft als Nichtunternehmer ergeben (vgl. BR-Drucks. 356/19, S. 171 ff.).

### 1.4. Unmittelbarkeit

Die von einem Personenzusammenschluss an das jeweilige Mitglied erbrachte sonstige Leistung muss beim Mitglied zur Ausführung der begünstigten Zwecke unmittelbar verwendet werden. Die Befreiung kommt also zur Anwendung, wenn die Leistung unmittelbar zu den o.g. dem Gemeinwohl dienenden Tätigkeiten beiträgt und zu diesem Zweck eingesetzt wird.

Dies ist beispielsweise der Fall,

1. wenn ärztliche Praxis- und Apparategemeinschaften medizinische Einrichtungen, Apparate und Geräte zentral beschaffen und ihren Mitgliedern zur Verfügung stellen (bisher nach § 4 Nr. 14 Buchst. d UStG steuerfrei), der Abschn. 4.14.8 UStAE findet weiterhin unverändert Anwendung;
2. wenn Praxis- und Apparategemeinschaften Laboruntersuchungen, Röntgenuntersuchungen und andere medizinisch-technische Leistungen für ihre Mitglieder ausführen (bisher nach § 4 Nr. 14 Buchst. d UStG steuerfrei), der Abschn. 4.14.8 UStAE findet weiterhin unverändert Anwendung;
3. wenn durch den Zusammenschluss IT-Infrastruktur, die auf die Bedürfnisse der Mitglieder zugeschnitten ist, bereitgestellt und ihr Betrieb, die Betreuung oder die diesbezügliche Administration übernommen wird; dies umfasst auch Leistungen zum Zwecke von IT-Sicherheit und des Datenschutzes;
4. bei im Zusammenhang mit IT-Infrastruktur stehenden ähnlichen Tätigkeiten, wenn diese Leistungserbringung unmittelbar erforderlich ist, um gesetzlich vorgegebenen Aufgaben nachkommen zu können (z.B. die technische Erstellung von Bescheiden für in einem Personenzusammenschluss verbundene Krankenkassen oder Gebietskörperschaften);
5. wenn Zusammenschlüsse der gesetzlichen Träger der Sozialversicherung Kooperationsleistungen für unmittelbare Zwecke der Ausübung der Tätigkeit ihrer in § 4 Nr. 15 UStG genannten Mitglieder erbringen.

Tätigkeiten, die lediglich mittelbar der Ausführung von nicht steuerbaren oder steuerfreien Umsätzen der Mitglieder dienen oder von den Mitgliedern für solche bezogen werden (z.B. allgemeine Verwaltungsleistungen), fallen hingegen nicht unter die Befreiung, weil sie diese allenfalls fördern. Die allgemeinen Verwaltungsleistungen umfassen diejenigen Tätigkeiten, die die Ausführung der eigentlichen Kernaufgabe(n) der Mitglieder ermöglichen, jedoch in ihrer Funktion als interne und somit begleitende Tätigkeiten nicht dem begünstigten Zweck als solchem dienen.

Allgemeine Verwaltungsleistungen in diesem Sinne sind beispielsweise:

1. Buchführung;
2. Eingabe und Pflege von Stammdaten/Stammsätzen oder Bestandsdaten;
3. Tätigkeiten bei Erstellung und Verarbeitung von Rechnungen (z.B. Rechnungs- und Rezeptprüfungen);
4. Rechtsberatung;
5. Tätigkeiten im Supportbereich (z.B. Backoffice-Tätigkeiten, Telefonzentrale, Fahrbereitschaft, Ablage- und Registrierungstätigkeiten);
6. allgemeine Reinigungs- und Verpflegungsleistungen;
7. allgemeine Aufgaben im Bereich von Organisation, Personalwesen/-gestellung, Vertrieb;
8. Raumüberlassung.

**2. Wettbewerbsverzerrung**

Dem Merkmal der Wettbewerbsverzerrung kommt eine eigenständige Bedeutung zu.

Die Befreiung kann nicht angewandt werden, wenn dadurch anderen Marktteilnehmern, die gleichartige steuerpflichtige Leistungen erbringen, ein Wettbewerbsnachteil entsteht. Daher darf die Befreiung des Personenzusammenschlusses als solche nicht geeignet oder darauf angelegt sein, mit der Erbringung befreiter Leistungen Umstände im Marktgeschehen herbeizuführen, die eine Wettbewerbsverzerrung hervorrufen können. Dabei ist aber grundsätzlich davon auszugehen, dass die Bildung eines Zusammenschlusses als solches nicht zu einer Verzerrung des Wettbewerbs führt. Eine Wettbewerbsverzerrung liegt insbesondere auch nicht vor, wenn der Zusammenschluss sich sicher ist bzw. sein kann, dass die Kundschaft seiner Mitglieder unabhängig von jeder Besteuerung oder Befreiung erhalten bleibt, so dass schon deshalb nicht anzunehmen ist, dass die Befreiung, die ihm gewährt wird, unabhängigen Marktteilnehmern den Markt verschließt.

Im Hinblick auf den Zweck der Befreiung, Wettbewerbsnachteile gegenüber Marktteilnehmern zu kompensieren, die ihre Leistungen durch eigene Angestellte oder im Rahmen einer Organschaft erbringen, kommt nur eine restriktive Auslegung der Wettbewerbsklausel in Betracht, die insbesondere der Vermeidung von Missbräuchen entgegenwirkt und eine Anwendung von § 4 Nr. 29 UStG nicht sinnwidrig einschränkt. Die Inanspruchnahme der Steuerbefreiung durch den (einen) Personenzusammenschluss scheidet danach aus, wenn eine reale Gefahr besteht, dass die Befreiung für sich genommen unmittelbar oder in der Zukunft zu Wettbewerbsverzerrungen führen kann (vgl. Rz. 64 des EuGH-Urteils vom 20. November 2003 C-8/01, Taksatorringen). Ob dies der Fall ist, ist bei Inanspruchnahme der Befreiung sowohl auf Grundlage der Art der erbrachten Leistung als auch auf Grund der objektiven (Markt-)Umstände der jeweiligen Leistungserbringung zu ermitteln. Indizien für eine zweckwidrige Anwendung der Steuerbefreiung können beispielsweise sein,

- dass der Zusammenschluss unter Ausnutzung von erheblichen Synergieeffekten die gleichen Leistungen in erheblichem Umfang entgeltlich an Nichtmitglieder am Markt erbringt,
- dass die Verlagerung von externen beliebigen, insbesondere nicht auf die Bedürfnisse seiner Mitglieder zugeschnittenen Dienstleistungen auf den Personenzusammenschluss erfolgt, obwohl derartige Leistungen ohne Weiteres auch von anderen Marktteilnehmern angeboten werden könnten oder
- dass bei dem Zusammenschluss im Ergebnis allein die Optimierung der umsatzsteuerlichen Vorbelastungen im Vordergrund steht.

**3. Genaue Kostenerstattung**

Weiterhin setzt die Steuerbefreiung voraus, dass das für die Leistung vereinbarte und entrichtete Entgelt lediglich in einem genauen Kostenersatz besteht. Sämtliche Kosten, die der Zusammenschluss im Interesse der Mitglieder trägt, sind umlagefähig; dazu gehören Sach- und Personalkosten sowie externe Finanzierungskosten. Eine genaue Erstattung der anfallenden Kosten liegt vor, wenn der Personenzusammenschluss seinen Mitgliedern die Leistungen zu Selbstkosten anbietet bzw. ihm nur die tatsächlich anfallenden Kosten erstattet werden und das jeweilige Mitglied den auf seinen Anteil entfallenden Betrag an den Gesamtkosten trägt. Die Höhe des vom Mitglied zu tragenden Anteils an den Gesamtkosten ist verursachergerecht auf die Mitglieder umzulegen und kann insbesondere am Umfang oder der Häufigkeit der Inanspruchnahme der sonstigen Leistung bemessen werden. Auch ist neben einer aufwandsbezogenen Kostenzuordnung (Kostenzurechnungsmethode) eine Bemessung und Aufteilung der Kosten nach der Anzahl der Mitglieder oder anhand der Höhe der (gesellschaftlichen) Beteiligung an dem Zusammenschluss möglich. Ein pauschaler Aufschlag auf die tatsächlichen Ausgaben für die Erbringung der Leistung ist jedoch schädlich.

Von einer zulässigen Kostenzuordnung ist beispielsweise auszugehen, wenn der Zusammenschluss zur Deckung des Finanzbedarfs jährlich auf der Basis des durchschnittlichen Umsatzes eine Umlage von den Mitgliedern erhebt und im Falle eines zu hohen Ansatzes ein z.B. satzungsmäßig festgelegter Rückzahlungsanspruch der Mitglieder gegen den Zusammenschluss besteht. Eine genaue Kostenerstattung liegt auch vor, wenn der Zusammenschluss den jeweiligen Anteil des Mitglieds an den gemeinsamen Kosten im verkürzten Abrechnungsweg in dessen Namen direkt mit einem Dritten abrechnet.

Die Anforderung einer genauen Kostenerstattung impliziert, dass der Personenzusammenschluss weder einen Gewinn erzielen soll noch die Absicht hierzu haben darf. Sofern gleichwohl Überschüsse erzielt werden, z.B. aus einer jährlichen Umlage, ist dies unschädlich, wenn diese Überschüsse ausschließlich dazu bestimmt sind, der Finanzierung künftiger Investitionen zu dienen. Das Prinzip der Kostendeckung beinhaltet auch Ausgaben in Investitionsjahren. Das Prinzip der Kostenerstattung und -verteilung sowie die Anforderungen an die Vermeidung von Wettbewerbsverzerrungen dürfen hiervon im Grundsatz nicht berührt werden.

Steht die vereinbarte Kostenverteilung und Kostenerstattung in einem gravierenden Missverhältnis zur jeweiligen Inanspruchnahme der sonstigen Leistungen, gilt das Kriterium der genauen Kostenerstattung als nicht erfüllt. Dies gilt unterschiedslos für eine zu hohe wie für eine zu niedrige Kostenerstattung und auch für das Missverhältnis von einer anteiligen Kostenzuordnung zu etwaigen anteiligen Gemeinkosten.

### 4. Beschränkung auf das Inland

Die Anwendung der Befreiungsvorschrift ist auf Personenzusammenschlüsse im Inland beschränkt, deren Mitglieder ebenfalls im Inland ansässig sein müssen. Sofern Mitglieder des Personenzusammenschlusses (auch) im Ausland ansässig sind, führt dies nicht zum Verlust der Steuerbefreiung nach § 4 Nr. 29 UStG. Allerdings ist in diesem Fall deren Anwendung auf die Leistungen des Zusammenschlusses an dessen im Inland ansässige Mitglieder beschränkt.

Durch die Beschränkung auf das eigene (nationale) Gebiet wird erreicht, dass nicht ein Mitgliedstaat die territoriale Besteuerungshoheit des anderen Mitgliedstaats beschneidet und es nicht zu widersprechenden Entscheidungen der unterschiedlichen Finanzverwaltungen kommt. Außerdem wird dadurch eine korrekte und einfache Anwendung der Befreiung gewährleistet und dadurch missbräuchlichen Gestaltungen entgegengewirkt.

## III. Zusammenschlüsse von juristischen Personen des öffentlichen Rechts

### 1. Handeln der öffentlichen Hand

Soweit nach den jeweiligen Landesgesetzen vorgesehen und zulässig, kann auch die öffentliche Hand grundsätzlich frei wählen, ob sie zur gemeinsamen Wahrnehmung von Aufgaben in der Rechtsform des Privatrechts, z.B. in Form einer GmbH, agiert oder sich einer juristischen Person des öffentlichen Rechts als Organisationsform bedient.

Rechtsfähige juristische Personen des öffentlichen Rechts können auf Grund ihrer Selbständigkeit und Struktur einen Zusammenschluss begründen, der unter den weiteren, oben beschriebenen Voraussetzungen des § 4 Nr. 29 UStG umsatzsteuerfreie Leistungen an seine Mitglieder erbringen kann.

Auch für juristische Personen des Privatrechts, beispielsweise gesetzliche Krankenkassen und ihre Verbände nach § 94 Abs. 1a SGB X oder §§ 218, 219 SGB V, kommt die Befreiung zur Anwendung, wenn diese im Rahmen ihrer gesetzlich übertragenen Aufgaben tätig werden und der Zusammenschluss (z.B. eine Genossenschaft) hierauf angelegt ist.

### 2. Begünstigte Zusammenschlüsse

Durch die Begünstigung von Personenzusammenschlüssen, deren Mitglieder eine dem Gemeinwohl dienende nichtunternehmerische Tätigkeit ausüben, ist die Steuerbefreiung grundsätzlich auch auf Zusammenarbeitsformen im Bereich der öffentlichen Hand (z.B. durch Gebietskörperschaften, Hochschulen, Sozialversicherung) anwendbar.

Als begünstigte Personenzusammenschlüsse sind hier insbesondere denkbar:

- Zweckverbände,
- Anstalten des öffentlichen Rechts mit deren Nutzern,
- gemeinsame Kommunalunternehmen oder
- Arbeitsgemeinschaften im Bereich des Sozialrechts.

### 3. Vermeidung von Wettbewerbsverzerrungen

Die unter Punkt II. Nr. 2. genannten Voraussetzungen zur Vermeidung von Wettbewerbsverzerrungen sind auf Leistungen zur Verwendung für sonstige nicht steuerpflichtige Umsätze, die von juristischen Personen des öffentlichen Rechts erbracht werden, entsprechend anzuwenden.

Werden (z.B. im Bereich der interkommunalen Zusammenarbeit) Tätigkeiten für Infrastruktureinrichtungen, für die Sozial-, Jugend- und Gesundheitsverwaltung oder für den Tourismus auf privatrechtlicher Grundlage auf einen Personenzusammenschluss übertragen, für die die kooperierenden juristischen Personen des öffentlichen Rechts als Nichtsteuerpflichtige gelten, so sind diese Tätigkeiten unter die Befreiung zu fassen, wenn durch die Art der Aufgabenübertragung und -ausführung eine Wettbewerbsverzerrung ausgeschlossen ist. Dies gilt auch für Personenzusammenschlüsse, die von Hochschulen oder Universitätskliniken gegründet werden.

## IV. Anwendungsregelung

Die Grundsätze dieses Schreibens sind erstmals für Umsätze von selbständigen Personenzusammenschlüssen anzuwenden, die nach dem 31. Dezember 2019 bewirkt werden.

Für vor dem 1. Januar 2020 an ihre Mitglieder erbrachte Leistungen können sich selbständige Personenzusammenschlüsse unmittelbar auf Art. 132 Abs. 1 Buchst. f MwStSystRL berufen. Bei der Auslegung dieser Norm der MwStSystRL ist die oben beschriebene Auslegung des § 4 Nr. 29 UStG entsprechend anzuwenden.

# **500** § 4/34. Schreiben betr. Umsatzsteuer; Vermittlung grenzüberschreitender Personenbeförderungsleistungen im Luftverkehr durch Reisebüros

Vom 6. Februar 2014 (BStBl. I S. 269)

(BMF IV D 2 – S 7200/07/10012; DOK 2014/0107980)

– Auszug –

Nach § 4 Nr. 5 Satz 1 Buchst. b UStG ist die Vermittlung grenzüberschreitender Personenbeförderungen im Luftverkehr von der Umsatzsteuer befreit, sofern sie nicht gegenüber dem Reisenden erfolgt (§ 4 Nr. 5 Satz 2 UStG). Reisebüros können den Verkauf von Einzelflugscheinen für grenzüberschreitende Flüge an Reisende nach Abschn. 4.5.2 Abs. 1 UStAE als eine steuerfreie Vermittlungsleistung behandeln, sofern sie dabei für den Leistungsträger, mithin das die Beförderungsleistung erbringende Luftverkehrsunternehmen, z. B. im Rahmen eines Vermittlungsauftrags, tätig sind.

Nach der Einführung des sog. Nullprovisionsmodells, das die bisherigen Vergütungsregelungen in den Agenturverträgen in der Regel ab dem 1. September 2004 ersetzte, haben die Reisebüros beim Verkauf von Flugscheinen keinen garantierten Provisionsanspruch mehr gegenüber dem Luftverkehrsunternehmen; z. T. ist eine Vermittlungstätigkeit für das Luftverkehrsunternehmen ausdrücklich ausgeschlossen.

Zur umsatzsteuerrechtlichen Behandlung der Leistungen von Reisebüros bei Vereinbarung des sog. Nullprovisionsmodells wurde im BMF-Schreiben vom 30. März 2006 IV A 5 – S 7200 – 13/06, BStBl. I S. 308, festgehalten, dass Reisebüros beim Verkauf von Flugscheinen die Vermittlungsleistungen somit gegenüber den Reisenden erbringen und gegenüber diesen hierfür regelmäßig als Gebühren bezeichnete Beträge (z. B. die sog. Service-Fee) erheben. Erhält ein Reisebüro gleichwohl eine Zahlung von einem Luftverkehrsunternehmen, ohne von diesem ausdrücklich zur Vermittlung beauftragt zu sein, ist diese Zahlung regelmäßig Entgelt von dritter Seite für die gegenüber dem Reisenden erbrachte Vermittlungsleistung. Nach den Umständen des Einzelfalls (z. B. auf der Grundlage eines gesonderten Dienstleistungsvertrags) kann allerdings ein Entgelt für eine gesonderte Leistung des Reisebüros an das Luftverkehrsunternehmen, die nicht in der steuerfreien Vermittlung einer Personenbeförderungsleistung besteht, oder in besonders gelagerten Ausnahmefällen ein nicht steuerbarer Zuschuss gegeben sein. Diese Grundsätze des BMF-Schreibens vom 30. März 2006, BStBl. I S. 308, wurden Inhalt der Abschnitte 4.5.2 Abs. 6 und 10.1 Abs. 9 UStAE.

Die bisherige Annahme, dass eine Zahlung von einem Luftverkehrsunternehmen an ein Reisebüro, ohne von diesem ausdrücklich zur Vermittlung beauftragt zu sein, regelmäßig Entgelt von dritter Seite für die gegenüber dem Reisenden erbrachte Vermittlungsleistung darstellt, trägt den seit Einführung des sog. Nullprovisionsmodells festgestellten Sachverhalten nicht hinreichend

Rechnung. Zudem wurden Zusatzvereinbarungen zum 1. Januar 2013 durch Mustervereinbarungen dahingehend angepasst, dass durch das Luftverkehrsunternehmen gegenüber dem Reisebüro sog. Incentives (z. B. Reisebüro-Boni, Marketingzuschüsse o. Ä.) als Entgelt für besondere Vertriebsleistungen gewährt werden, wenn es die Erbringung von Leistungen des Luftverkehrsunternehmens in besonderem Maß fördert und bei Kundenberatungsgesprächen bevorzugt anbietet.

Unter Bezugnahme auf das Ergebnis der Erörterungen mit den obersten Finanzbehörden der Länder gilt bei der Vermittlung grenzüberschreitender Personenbeförderungen im Luftverkehr Folgendes:

In jedem Einzelfall ist auf Basis der vertraglichen Vereinbarungen zu prüfen, welche Leistungen mit der Zahlung vergütet werden.

Erhält ein Reisebüro aufgrund vertraglicher Vereinbarungen von einem Luftverkehrsunternehmen Zahlungen, so liegt einer solchen Entgeltzahlung regelmäßig eine im Rahmen eines Leistungsaustauschverhältnisses erbrachte Leistung des Reisebüros an das Luftverkehrsunternehmen zugrunde. Im Fall der seit 1. Januar 2013 gezahlten Incentives ist dies eine (Vertriebs-)Leistung eigener Art, die in der Bevorzugung des Luftverkehrsunternehmens gegenüber Mitbewerbern besteht und nicht nach § 4 Nr. 5 Satz 1 Buchst. b UStG steuerfrei ist. Liegt der Zahlung in anderen Fällen eine Vermittlungsleistung zugrunde, steht es der Anwendung der Steuerbefreiung des § 4 Nr. 5 Satz 1 Buchst. b UStG nicht entgegen, wenn das sog. Nullprovisionsmodell vereinbart oder eine Vermittlungstätigkeit für das Luftverkehrsunternehmen anderweitig ausgeschlossen worden ist. Denn der Inhalt von schuldrechtlichen Vertragsbeziehungen ist durch Auslegung der abgegebenen Willenserklärungen, bei der auch der Empfängerhorizont zu berücksichtigen ist, zu bestimmen (vgl. BFH-Urteil vom 3. November 2011 V R 16/09, BStBl. 2012 II S. 378). Daher kann allein die Bezeichnung einer Vereinbarung (hier: sog. Nullprovisionsmodell) oder der anderweitige vertragliche Ausschluss einer Vermittlungstätigkeit das Vorliegen einer Vermittlungsleistung an den Luftverkehrsunternehmer nicht generell ausschließen. Dafür, dass eine nach § 4 Nr. 5 Satz 1 Buchst. b UStG steuerfreie Vermittlungsleistung vorliegt, trägt der Steuerpflichtige die Feststellungslast.

Die Abschnitte 4.5.2, 4.5.3 und 10.1 des Umsatzsteuer-Anwendungserlasses vom 1. Oktober 2010, BStBl. I S. 846, der zuletzt durch das BMF-Schreiben vom 6. Februar 2014 IV D 2 – S 7100/07/10007, DOK 2014/0107895, BStBl. I S. 267, geändert worden ist, werden wie folgt geändert:

(...)

Die Grundsätze dieses Schreibens sind in allen offenen Fällen anzuwenden. Für vor dem 1. April 2014 erbrachte Dienstleistungen eines Reisebüros im Zusammenhang mit grenzüberschreitenden Personenbeförderungen im Luftverkehr wird es – auch für die Zwecke des Vorsteuerabzugs – nicht beanstandet, wenn Zahlungen der Luftverkehrsunternehmen ohne Prüfung im Einzelfall als Leistungsentgelte, als Entgelt von dritter Seite für die gegenüber dem Reisenden erbrachte Vermittlungsleistung oder in besonders gelagerten Ausnahmefällen als nicht steuerbarer Zuschuss behandelt werden.

Für vor dem 1. Juli 2006 erbrachte Vermittlungsleistungen eines Reisebüros im Zusammenhang mit grenzüberschreitenden Personenbeförderungen im

Luftverkehr gegenüber einem Reisenden wird zudem in Fortführung der Übergangsregelung in Tz. 7 des BMF-Schreibens vom 30. März 2006 IV A 5 – S 7200 – 13/06 BStBl. I S. 308, die Inanspruchnahme der Steuerbefreiung nach § 4 Nr. 5 Satz 1 Buchstabe b UStG nicht beanstandet.

Dieses Schreiben tritt an die Stelle des BMF-Schreibens vom 30. März 2006 IV A 5 – S 7200 – 13/06 (BStBl. I S. 308).

# 500 § 6/4. Schreiben betr. Umsatzsteuer; Merkblatt zur Umsatzsteuerbefreiung für Ausfuhrlieferungen im nichtkommerziellen Reiseverkehr und Vordruckmuster „Ausfuhr- und Abnehmerbescheinigung für Umsatzsteuerzwecke bei Ausfuhren im nichtkommerziellen Reiseverkehr“

Vom 15. März 2022

BMF III C 3 – S 7133/21/10001 :001; DOK 2022/0210621

(BStBl. I S. 352)

**1 Anlage**

Am 31. Januar 2020 ist das Vereinigte Königreich Großbritannien und Nordirland (im Folgenden: „Vereinigtes Königreich“) aus der Europäischen Union ausgetreten. Der vertraglich vereinbarte Übergangszeitraum endete mit Ablauf des 31. Dezember 2020.

Nach dem 31. Dezember 2020 ist damit das Vereinigte Königreich, mithin Großbritannien und Nordirland, für umsatzsteuerrechtliche Zwecke grundsätzlich als Drittlandsgebiet i.S.d. § 1 Abs. 2a Satz 3 UStG anzusehen.

Damit sind grundsätzlich auch die Regelungen für Ausfuhrlieferungen im nichtkommerziellen Reiseverkehr nach § 4 Nr. 1 Buchst. a i.V.m. § 6 Abs. 3a UStG anwendbar.

Eine Ausnahme gilt allerdings für Nordirland, für das im „Protokoll zu Irland/Nordirland“ zum Austrittsabkommen ein besonderer Status vereinbart wurde. Danach wird Nordirland für die Umsatzbesteuerung des Warenverkehrs auch nach dem 31. Dezember 2020 als zum Gemeinschaftsgebiet gehörig behandelt. Zu dieser generellen Unterscheidung äußert sich auch das BMF-Schreiben vom 10. Dezember 2020, BStBl. I S. 1370.

Unter Bezugnahme auf die Erörterung mit den obersten Finanzbehörden der Länder gilt Folgendes:
Das Merkblatt zur Umsatzsteuerbefreiung für Ausfuhrlieferungen im nichtkommerziellen Reiseverkehr wird mit Stand Juli 2022 neu herausgegeben (Anlage – nebst „Anlage 1 zum Merkblatt zur Umsatzsteuerbefreiung für Ausfuhrlieferungen im nichtkommerziellen Reiseverkehr“).

Das bisherige, durch das BMF-Schreiben vom 10. Januar 2020, BStBl. I S. 186, herausgegebene Vordruckmuster wird durch das beiliegende – angepasste – Vordruckmuster „Ausfuhr- und Abnehmerbescheinigung für Umsatzsteuerzwecke bei Ausfuhren im nichtkommerziellen Reiseverkehr“ ersetzt („Anlage 2 zum Merkblatt zur Umsatzsteuerbefreiung für Ausfuhrlieferungen im nichtkommerziellen Reiseverkehr“).

**Anlage**

## Merkblatt zur Umsatzsteuerbefreiung für Ausfuhrlieferungen im nichtkommerziellen Reiseverkehr – Stand Juli 2022 –

Dieses Merkblatt wird vom Bundesministerium der Finanzen (BMF) im Einvernehmen mit den obersten Finanzbehörden der Länder herausgegeben.

Es informiert Unternehmer und ausländische Käufer über die Umsatzsteuer- bzw. Mehrwertsteuerbefreiung für Ausfuhrlieferungen im nichtkommerziellen Reiseverkehr, also Ausfuhren für den privaten Bedarf. Andere Fallgestaltungen von Ausfuhrlieferungen der Einzelhandelsunternehmer werden nicht erläutert.

**Inhaltsübersicht**



### 1. Allgemeines

Ausfuhrlieferungen von Unternehmern sind umsatzsteuerfrei. Das gilt unter bestimmten Voraussetzungen auch für Verkäufe von Unternehmern an Reisende aus Staaten außerhalb der Europäischen Union (EU). Man spricht vom „Export über den Ladentisch". Die Steuerbefreiung wird dem Unternehmer gewährt, wenn

- der Käufer im Drittlandsgebiet ansässig ist,
- die Waren innerhalb von drei Monaten nach Kauf in das Drittlandsgebiet gelangen und
- der Gesamtwert der Lieferung einschließlich Umsatzsteuer 50 Euro übersteigt.

Die Steuerbefreiung gilt nicht für Lieferungen zur Ausrüstung und Versorgung von privaten Beförderungsmitteln (siehe nachfolgende Tz. 7).

Eine unmittelbare Steuererstattung durch die Finanzämter an die Käufer ist nicht möglich.

**Hinweis:**

Verkäufe an Reisende mit Wohnort im EU-Gebiet oder in Nordirland sind nicht umsatzsteuerfrei. Das gesamte EU-Gebiet sowie Nordirland gilt für Privatpersonen umsatzsteuerlich als einheitlicher Raum ohne Steuergrenzen. Jeder Einkauf eines Reisenden in einem EU-Staat oder Nordirland ist mit der Umsatzsteuer des Kauflandes belastet. Diese Besteuerung ist endgültig und bleibt auch nach dem Verbringen der Ware in einen anderen EU-Staat bestehen.

**1.1. Steuerbefreiung und „Preisnachlass"**

Die Steuerbefreiung gilt ausschließlich für den Unternehmer. Wenn dieser die Voraussetzungen erfüllt, kann er Drittlandskäufern einen Preisnachlass in Höhe der Umsatzsteuer anbieten. Es empfiehlt sich daher für den Unternehmer, die Steuerbefreiung in Anspruch zu nehmen, denn dann kann er dem Käufer ohne erhebliche eigene Aufwendungen einen ins Gewicht fallenden Preisvorteil verschaffen. Die Höhe des Preisnachlasses ist daher Bestandteil des zwischen Unternehmer und Käufer abgeschlossenen Kaufvertrages.

Beim steuerfreien Verkauf im Reiseverkehr sollte der Unternehmer in der Regel dem Käufer zunächst den Preis für die gelieferte Ware einschließlich Umsatzsteuer berechnen (siehe nachfolgende Tz. 2). Dies hat seine Ursache darin, dass der Händler für die Steuerbefreiung gegenüber dem Finanzamt Nachweise erbringen muss, die er nur durch die Mitwirkung des Käufers im Anschluss an die Lieferung erhalten kann (siehe nachfolgende Tz. 3).

Liegen für den Unternehmer die Voraussetzungen der Steuerbefreiung vor, kann er dem Käufer **einen Preisnachlass in Höhe des Steuerbetrags gewähren und diesen** in bar oder unbar auszahlen – ggf. nach Abzug von Bearbeitungs- und Überweisungskosten.

Es besteht auch die Möglichkeit, Service-Unternehmen einzuschalten. Diese zahlen den Käufern an Grenzübergängen, insbesondere auch auf Flughäfen, gegen Aushändigung der zollamtlich bestätigten Ausfuhrbelege den **Preisnachlass** nach Abzug eines Bearbeitungsentgelts in bar aus. Die Service-Unternehmen, die in Vertragsbeziehungen zu den Unternehmern stehen, lassen sich die an die Reisenden bereits ausgezahlten **Beträge** gegen Vorlage der Ausfuhrbelege von den Unternehmern erstatten.

**1.2. Wer ist Drittlandskäufer?**

Drittlandskäufer sind Reisende mit Wohnort in einem Staat außerhalb der EU.

Für das Vereinigte Königreich Großbritannien und Nordirland ist ab dem 1. Januar 2021 zu unterscheiden. Obwohl Nordirland Teil des Vereinigten Königreichs Großbritannien und Nordirland ist, wird Nordirland im Warenverkehr behandelt, als ob es EU-Gebiet wäre. Reisende mit Wohnort in Nordirland sind daher keine Drittlandskäufer. Reisende mit Wohnort in einem anderen Teil des Vereinigten Königreichs Großbritannien und Nordirland sind dagegen Drittlandskäufer.

Wohnort ist der Ort, an dem der Käufer für längere Zeit eine Wohnung genommen hat und der als der örtliche Mittelpunkt seines Lebens anzusehen ist. Als Wohnort in diesem Sinne gilt der Ort, der im Pass oder sonstigen Grenzübertrittspapier eingetragen ist. Auf die Staatsangehörigkeit des Käufers kommt es nicht an. Der Wohnort im Drittland muss im Zeitpunkt der Lieferung vorhanden sein.

**Beispiele:**

(1) Eine deutsche Staatsangehörige hat ihren Wohnort laut Eintragung im Pass oder im sonstigen Grenzübertrittspapier in der Schweiz. Folglich ist sie eine Drittlandskäuferin.

(2) Ein japanischer Staatsangehöriger hat seinen Wohnort in Belgien. Folglich ist er kein Drittlandskäufer.

(3) Ein britischer Staatsangehöriger hat seinen Wohnort in Nordirland. Somit ist er nicht als Drittlandskäufer anzusehen.

(4) Ein britischer Staatsangehöriger hat seinen Wohnort in England. Er ist Drittlandskäufer.

(5) Ein türkischer Staatsangehöriger ist Arbeitnehmer in Deutschland oder in einem anderen Mitgliedstaat der Europäischen Union. In aller Regel hat er dann seinen Wohnort im Gebiet der EU und ist daher kein Drittlandskäufer. Dasselbe gilt in der Regel für Studenten aus Drittländern, die in Deutschland oder in einem anderen EU-Staat studieren.

(6) Ein deutscher Diplomat wird von seiner bisherigen Tätigkeit in der Zentrale des Auswärtigen Amtes an eine deutsche Botschaft im Drittlandsgebiet versetzt. Er kauft in einem deutschen Einzelhandelsgeschäft Ware, die er an seinen neuen Einsatzort mitnehmen will. Er ist dann ein Drittlandskäufer, wenn er im Zeitpunkt der Lieferung seinen neuen Wohnort im Drittlandsgebiet bereits begründet hat und dies dem Unternehmer durch ein amtliches Dokument nachweist. Die Versetzungsverfügung des Auswärtigen Amtes in das Drittlandsgebiet allein reicht dazu nicht aus.

(7) Die Ausführungen im Beispiel 6 gelten auch für Soldaten der Bundeswehr, die zu einem Einsatz im Drittlandsgebiet mit Änderung des Wohnorts versetzt werden (z.B. zu einer deutschen Luftwaffeneinheit in Kanada) sowie für Arbeitnehmer der Privatwirtschaft, die vom Arbeitgeber zu einer länger andauernden Tätigkeit im Drittlandsgebiet mit Begründung des Wohnorts in diesem Staat versetzt werden.

(8) In Deutschland stationierte Soldaten aus dem Drittlandsgebiet und ihre Familienangehörigen sind keine Drittlandskäufer. Dasselbe gilt für das Personal diplomatischer oder konsularischer Vertretungen aus dem Drittlandsgebiet mit Tätigkeit im EU-Gebiet.

## 1.3. Was ist Drittlandsgebiet (bzw. Drittland)?

Zum Drittlandsgebiet gehören die Gebiete, die nicht zu den Inlandsgebieten der Mitgliedstaaten der EU zählen.

Für bestimmte Gemeinden, bestimmte Inseln und einige weitere Gebiete gibt es besondere Regelungen über ihre Zugehörigkeit zum (deutschen) Inland, zum übrigen EU-Gebiet oder zum Drittlandsgebiet. Ihre unterschiedliche Zuordnung zum EU-Gebiet sowie zum Drittlandsgebiet führt in der Praxis immer wieder zu Unsicherheiten. Deshalb ist in der Anlage 1 zu diesem Merkblatt aufgelistet, welche Gebiete zum EU-Gebiet und welche Gebiete zum Drittlandsgebiet gehören.

Besonders hervorzuheben ist in diesem Zusammenhang, dass für Zwecke des Warenverkehrs Nordirland, obwohl zum Vereinigten Königreich Großbritannien und Nordirland gehörend, seit dem 1. Januar 2021 wie ein Mitgliedstaat der EU behandelt wird und für diese Zwecke nicht als Drittlandsgebiet anzusehen ist.

## 1.4. Was ist „Ausfuhr im nichtkommerziellen Reiseverkehr"?

Eine **Ausfuhr im Reiseverkehr** liegt vor, wenn der Drittlandskäufer die erworbene Ware im persönlichen Reisegepäck ins Drittlandsgebiet mitnimmt. Als Reisende gelten Touristen (Urlauber), Berufspendler, aber auch Käufer, die eigens zum Einkaufen aus dem Drittlandsgebiet in das EU-Gebiet kommen. Die Mitnahme der Ware im persönlichen Reisegepäck ist möglich im Handgepäck, im aufgegebenen Gepäck bei einer Bahn-, Flug- oder Schiffsreise oder in einem Pkw, auch in einem Kleintransporter.

Ein Fahrzeug, seine Bestandteile und sein Zubehör sind kein persönliches Reisegepäck.

Keine Ausfuhr im Reiseverkehr liegt vor, wenn der Käufer die Ware durch einen Spediteur, durch Bahn oder Post oder durch einen sonstigen Frachtführer in ein Drittland versendet oder wenn er die Ware nicht im üblichen Reisegepäck in das Drittlandsgebiet befördert, sondern z.B. Möbel oder größere Haushaltsgeräte in einem eigenen oder gemieteten Lastkraftwagen dorthin transportiert.

**Beispiel:**
Ein Käufer verpackt die gekaufte Ware in einem Paket und verschickt es z.B. durch die Deutsche Post AG an seine Heimatadresse im Drittlandsgebiet.

Ein Verkauf im Reiseverkehr liegt auch dann nicht vor, wenn der Unternehmer die Ware, z.B. Möbel, mit seinem betriebseigenen Fahrzeug in das Drittlandsgebiet befördert oder wenn der Unternehmer die Ware durch einen von ihm beauftragten Spediteur oder sonstigen Frachtführer in das Drittlandsgebiet versendet.

Bei Ausfuhrlieferungen im Reiseverkehr wird entsprechend dem Verwendungszweck der erworbenen Ware zwischen **kommerziellem und nichtkommerziellem Reiseverkehr** unterschieden.

Eine Ausfuhrlieferung im kommerziellen Reiseverkehr liegt vor, wenn die erworbene Ware für unternehmerische Zwecke bestimmt ist. **Einzelheiten hierzu werden in diesem Merkblatt nicht erläutert**.

Eine Ausfuhrlieferung im nichtkommerziellen Reiseverkehr liegt vor, wenn die erworbene Ware für den privaten Bedarf des Drittlandskäufers bestimmt ist.

### 1.5. Drei-Monats-Frist beachten!

Eine weitere Voraussetzung der Steuerbefreiung besteht darin, dass der Käufer die Ware vor Ablauf des dritten Monats, der dem Monat der Lieferung folgt, **nachweislich** in ein Drittland ausführt.

**Beispiel:**
Der Drittlandskäufer kauft eine Ware am 6. März (Tag der Übergabe der Ware durch den liefernden Unternehmer). Er muss die Ware dann spätestens am 30. Juni desselben Jahres in das Drittlandsgebiet ausführen. Ob diese Voraussetzung erfüllt ist, kann der Unternehmer aus der Angabe des Datums auf der zollamtlichen Ausfuhrbestätigung ersehen.

Fehlt auf dem Ausfuhrbeleg die Angabe des Ausfuhrtages, muss der Unternehmer den Tag der Ausfuhr durch andere überprüfbare Unterlagen nachweisen (z.B. durch Nachweis der Auszahlung des Preisnachlasses innerhalb der Drei-Monats-Frist).

### 1.6. Wertgrenze beachten!

Auch bei Vorliegen der vorgenannten Voraussetzungen greift die Steuerbefreiung erst dann, wenn der Gesamtwert der Lieferung einschließlich Umsatzsteuer 50 Euro übersteigt. Für die Feststellung, ob die maßgebliche Wertgrenze überschritten wurde, wird der Rechnungsbetrag zugrunde gelegt.

Beim Einkauf mehrerer Gegenstände darf der Gesamtwert dieser Gegenstände nur zugrunde gelegt werden, wenn alle Gegenstände auf einer Rechnung aufgeführt sind und diese Rechnung von ein und demselben Unternehmer an ein und denselben Abnehmer ausgestellt wurde (vgl. Art. 48 der Durchführungsverordnung [EU] Nr. 282/2011 des Rates vom 15. März 2011 [MwStVO]).

Der Rechnungsbetrag kann neben dem Entgelt und dem auf das Entgelt entfallenden Steuerbetrag auch Kosten für Nebenleistungen (z.B. Beförderung,

Verpackung, Versicherungen) enthalten, die in die Ermittlung der Wertgrenze einzubeziehen sind.

**2. Kein Steuerausweis auf Rechnung oder Kassenbon!**

Da der Unternehmer beim „Export über den Ladentisch" in aller Regel Rechnungen mit Endpreisen (einschließlich Umsatzsteuer) erteilt, sollte er unbedingt darauf achten, nur Bruttopreise anzugeben, die Steuer also nicht gesondert auszuweisen. Denn bei einem Ausweis der Umsatzsteuer in der Rechnung schuldet der Unternehmer den Steuerbetrag auch bei Vorliegen aller Voraussetzungen für die Inanspruchnahme der Steuerbefreiung. Die Steuerschuld erlischt grundsätzlich erst dann, wenn eine wirksame Rechnungsberichtigung (Austausch einer Berichtigungserklärung, z.B. Gutschriftsanzeige) vorgenommen wurde.

Für Rechnungen über Kleinbeträge (Gesamtbetrag bis 250 Euro) bedeutet dies, dass der Steuersatz bzw. die Steuersätze nicht aufgeführt werden dürfen, denen die Warenlieferungen unterliegen. Bekanntlich kann bei Kleinbetragsrechnungen der Vorsteuerabzug bereits aus der Nennung des Steuersatzes ohne Ausweis des Steuerbetrages hergeleitet werden.

Aus Vereinfachungsgründen ist eine Rechnungsberichtigung entbehrlich, wenn der Drittlandskäufer die ursprüngliche Rechnung bzw. den ursprünglichen Kassenbon an den Unternehmer zurückgibt und dieser den zurückerhaltenen Beleg bei seinen Buchhaltungsunterlagen aufbewahrt.

**3. Notwendige Nachweise für die Steuerbefreiung**

Zum Nachweis für das Vorliegen einer steuerfreien Ausfuhrlieferung im nichtkommerziellen Reiseverkehr gehören **drei Bestandteile:**

– Ausfuhrnachweis

– Abnehmernachweis

– Buchnachweis.

Wie bei jeder sonstigen Ausfuhr muss auch beim „Export über den Ladentisch" die Ausfuhr der Ware nachgewiesen werden. Der Abnehmernachweis, der gerade auch für die Fälle vorgeschrieben ist, in denen der Käufer die Ware selbst ins Drittlandsgebiet bringt, stellt eine zusätzliche Sicherung der tatsächlichen und endgültigen Ausfuhr dar. Beim Abnehmernachweis geht es darum, dass der Käufer im Zeitpunkt der Lieferung seinen Wohnort im Drittlandsgebiet haben muss.

Der Ausfuhr- und Abnehmernachweis muss durch Bücher oder Aufzeichnungen in Verbindung mit Belegen geführt werden. Belege werden durch die entsprechenden Hinweise und Bezugnahmen in den Aufzeichnungen Bestandteile der Buchführung und damit des Buchnachweises, so dass beide eine Einheit bilden.

**3.1. Ausfuhrnachweis**

Der Beleg über die Ausfuhr der Ware hat folgende Angaben zu enthalten:

– Name und Anschrift des liefernden Unternehmers

– handelsübliche Bezeichnung(en) und Menge(n) der ausgeführten Ware(n). Handelsüblich ist jede Bezeichnung einer Ware, die im Geschäftsverkehr dafür verwendet wird, so auch Markenbezeichnungen. Handelsübliche Sammelbezeichnungen sind ausreichend.

**Beispiele:**
Baubeschläge, Büromöbel, Kurzwaren, Spirituosen, Tabakwaren, Waschmittel.

Dagegen reichen Bezeichnungen allgemeiner Art, die Gruppen verschiedenartiger Waren umfassen, nicht als handelsübliche Bezeichnung aus, z.B. „Geschenkartikel". Die Finanzbehörden beanstanden die in einem Ausfuhrbeleg verwendete handelsübliche Bezeichnung nicht, wenn die Ausgangszollstelle anhand der Angaben im Ausfuhrbeleg die Ausfuhr der betreffenden Artikel bestätigt. Damit ist ausreichend belegt, dass die Waren im Ausfuhrbeleg so konkret bezeichnet worden sind, dass die Ausgangszollstelle in der Lage war, die Abfertigung dieser Artikel zur Ausfuhr zu bestätigen.

– Ort und Tag der Ausfuhr

– Ausfuhrbestätigung der Grenzzollstelle des EU-Mitgliedstaats oder Nordirlands, über den der Käufer die Ware ausführt.

**Beispiel 1:**
Ein US-Bürger reist über Frankreich in die EU ein, kauft bei einem Unternehmer in Deutschland und verlässt die EU über den Flughafen Lissabon; dort bestätigt ihm die portugiesische Zollbehörde die Ausfuhr der Ware.

**Beispiel 2:**
Ein britischer Bürger (Wohnort in England) reist über Frankreich in die EU ein, kauft bei einem Unternehmer in Deutschland und verlässt die EU über den Flughafen Belfast in Nordirland; dort bestätigt ihm die Nordirische Zollbehörde die Ausfuhr der Ware nach England.

### 3.2. Abnehmernachweis

Der Unternehmer sollte sich durch **Vorlage des Passes** oder eines sonstigen Grenzübertrittspapiers des Käufers von dessen Eigenschaft als Drittlandskäufer überzeugen.

Zu dem Abnehmernachweis gehören als Angaben auf dem Beleg:

– Name und Anschrift (= Land, Wohnort, Straße und Hausnummer) des Drittlandskäufers

– Bestätigung der Grenzzollstelle, dass die Daten der Anschrift des Käufers in dem Beleg mit den Eintragungen in dem vorgelegten Pass oder sonstigen Grenzübertrittspapier übereinstimmen.

Wenn die Angabe der vollständigen Anschrift des Käufers z.B. wegen Sprachproblemen und/oder der Verwendung fremder Schriftzeichen in dem Pass des Käufers nicht möglich ist, genügt neben dem Namen des Käufers die Angabe des Landes, in dem er seinen Wohnort hat, und die Nummer des Reisepasses oder des sonstigen Grenzübertrittspapiers.

Für Käufer mit britischer Staatsangehörigkeit und Wohnsitz im Vereinigten Königreich Großbritannien und Nordirland besteht die Besonderheit, dass sich aus dem britischen Reisepass der Wohnort und damit die Abnehmereigenschaft als „Drittlandskäufer" nicht eindeutig ergibt.

Es kann somit nicht unterschieden werden, ob der Käufer seinen Wohnsitz in Großbritannien (= Drittland) oder dem für Warenlieferungen als EU-zugehörig geltenden Nordirland innehat.

Eine Abnehmerbestätigung kann in diesen Fällen daher trotz Vorlage eines gültigen Reisepasses durch die Grenzzollstelle nur bei Vorlage eines gültigen britischen Führerscheins oder durch Vorlage eines aktuellen Kommunalsteuerbescheids oder einer aktuellen Strom-, Gas- oder Wasserrechnung (nicht älter als 12 Monate) erteilt werden. Anderenfalls bestätigt die Grenzzollstelle nur die Ausfuhr des Gegenstandes. Außerdem vermerkt die Grenzzollstelle auf dem

Ausfuhrbeleg die Gründe, weshalb sie die Richtigkeit von Name und Anschrift des Käufers nicht bestätigen kann. Ist der Abnehmernachweis durch eine Bestätigung der Grenzzollstelle nicht möglich oder nicht zumutbar, bestehen keine Bedenken, auch eine entsprechende Bestätigung einer amtlichen Stelle der Bundesrepublik Deutschland im Wohnsitzstaat des Käufers, z.B. einer diplomatischen oder konsularischen Vertretung der Bundesrepublik Deutschland oder einer im Drittlandsgebiet stationierten Truppeneinheit der Bundeswehr, als ausreichend anzuerkennen. Die amtlichen Stellen der Bundesrepublik Deutschland erheben im Wohnsitzstaat des Käufers für jede Ausfuhr- und Abnehmerbescheinigung derzeit eine Gebühr von 34,07 €.

**3.3. Belege**

Für die Form des Ausfuhr- und Abnehmernachweises gibt es keine gesetzlichen Vorschriften. Vorgeschrieben sind lediglich die oben genannten Angaben (siehe Tz. 3.1 und 3.2). Es empfiehlt sich aber, die Nachweise mit Hilfe von Belegen zu führen, die dem beigefügten Vordruckmuster (Anlage 2) entsprechen. Die Formulare können selbst hergestellt oder im Fachhandel und von bestimmten Wirtschaftsverbänden bezogen werden. Der Unternehmer kann die Nachweise auch mit Hilfe anderer Belege führen (z.B. mit Hilfe von Rechnungsdurchschriften oder sog. Tax-free-Cheques), vorausgesetzt, dass die Belege die in dem amtlichen Vordruckmuster geforderten Angaben und Bestätigungen enthalten.

**3.4. Buchnachweis**

Der Unternehmer muss neben dem Belegnachweis zusätzlich einen Buchnachweis führen. Dazu soll er aufzeichnen:

– handelsübliche Bezeichnung (siehe hierzu Tz. 3.1) und Menge der ausgeführten Waren

– Name und Anschrift des Drittlandskäufers

– Tag der Lieferung

– das Entgelt (= Preis abzüglich der darin enthaltenen Umsatzsteuer)

– die Ausfuhr.

Zur Vereinfachung kann diese Aufzeichnungspflicht dadurch erfüllt werden, dass die Buchführung und die Belege (Rechnung, Ausfuhrnachweis) mit gegenseitigen Verweisen versehen werden. Auch die unter Tz. 3.2 erwähnte Vereinfachung wird somit für den Buchnachweis anerkannt. Bei Schwierigkeiten (z.B. Sprachproblemen) können anstelle der vollständigen Anschrift des Käufers ersatzweise das Heimatland und die Nummer des Grenzübertrittspapiers aufgezeichnet werden. Dies gilt für Käufer aus dem Vereinigten Königreich nur, wenn sich aus anderen offiziellen Dokumenten ergibt, dass sich der Wohnort tatsächlich in Großbritannien und nicht in Nordirland befindet (vgl. Tz. 3.2).

Die Aufzeichnungen sind unmittelbar nach Ausführung des einzelnen Umsatzes fortlaufend zu führen. Die als Ausfuhrnachweis dienenden Belege können dagegen noch nachträglich beigebracht werden. Zu beachten ist allerdings, dass ein Unternehmer, der für eine Ausfuhrlieferung eine Steuerbefreiung beansprucht, ohne im Besitz der Ausfuhrbelege zu sein, dies dem Finanzamt bei Abgabe der entsprechenden Umsatzsteuer-Voranmeldungen offenlegen muss. Unternehmer, die von der Abgabe von Umsatzsteuer-Voranmeldungen befreit sind, müssen dies dem Finanzamt bei Abgabe der Umsatzsteuer-Jahreserklärung offenlegen.

**Hinweis:**

Häufig werden Umsätze aus Verkäufen an Drittlandskäufer von dem Unternehmer in der entsprechenden Umsatzsteuer-Voranmeldung vorerst als steuerpflichtige (Inlands-)Lieferungen angegeben. Dies ist anzuraten, weil die Voraussetzung zur Inanspruchnahme der Steuerbefreiung erst gegeben ist, wenn der Unternehmer den Ausfuhr- und Abnehmernachweis erhalten hat. Der Verkauf kann aus Vereinfachungsgründen in dem Voranmeldungszeitraum als steuerfrei behandelt werden, in dem diese Bestätigungen dem Unternehmer vorliegen.

**4. Verfahrensschritte an der Grenzzollstelle**

Der Drittlandskäufer legt an der Grenzzollstelle vor

– seinen Pass (oder ein anderes Grenzübertrittspapier)
– den Ausfuhrbeleg
– die auszuführende Ware.

Die Grenzzollstelle bestätigt unter Angabe von Ort und Datum

– die Abfertigung der zur Ausfuhr vorgelegten und im Ausfuhrbeleg näher bezeichneten Waren
– die Übereinstimmung der Angaben über Name, Anschrift, Nummer des Passes oder eines sonstigen Grenzübertrittspapiers des Käufers mit den Angaben im Ausfuhrbeleg

durch Dienststempelabdruck.

Ist aus dem ausländischen Grenzübertrittspapier nicht die volle Anschrift, sondern nur das Land und der Wohnort oder nur das Land ersichtlich, erteilen die Grenzzollstellen auch in diesen Fällen die Abnehmerbestätigung (zu beachten ist die Ausnahme zum Vereinigten Königreich Großbritannien und Nordirland, vgl. Tz. 3.2). Derartige Abnehmerbestätigungen werden als ausreichender Belegnachweis anerkannt.

Die **deutsche** Grenzzollstelle erteilt die Abnehmerbestätigung nur, wenn die Angaben in dem Beleg über den Namen, die Nummer des Grenzübertrittspapiers und die Anschrift des Käufers mit dem vorgelegten Reisepass, Personalausweis oder sonstigen Grenzübertrittspapiers des Ausführers übereinstimmen. Dies gilt jedoch nicht, wenn sich aus anderen Umständen (z.B. aus einer Aufenthaltsgenehmigung) Zweifel daran ergeben, ob der Käufer seinen Wohnort tatsächlich im Drittlandsgebiet hat.

Kann die Grenzzollstelle zwar die Ausfuhr des Gegenstandes bestätigen, nicht aber die Angaben zum Wohnort im Drittland, gibt sie – **soweit möglich** – auf dem Ausfuhrbeleg den Grund dafür an. Ergibt sich aus der Begründung, dass der Käufer seinen Wohnort zum Zeitpunkt der Lieferung nicht im Drittlandsgebiet hatte, **entfällt die Steuerbefreiung**. Hatte der Käufer zwar seinen Wohnort im Zeitpunkt der Lieferung im Drittlandsgebiet, konnte er dies aber der Grenzzollstelle nicht nachweisen, kann an die Stelle der fehlenden Abnehmerbestätigung der Grenzzollstelle eine **Ersatzbestätigung** treten, z.B. die Bestätigung einer amtlichen Stelle der Bundesrepublik Deutschland (z.B. deutsche Auslandsvertretung) im Einfuhrstaat (siehe nachfolgende Tz. 6). **Eine Ersatzbestätigung einer Zollstelle im Drittlandsgebiet kommt dagegen nicht in Betracht.**

Die Grenzzollstelle erteilt durch den Dienststempelabdruck keine Bestätigung über das Vorliegen der Voraussetzungen der Umsatzsteuerbefreiung.

## 5. Aufbewahrung der Belege

Für die Steuerbefreiung kommt es außerdem darauf an, dass der Unternehmer in den Besitz der zollamtlichen Bestätigungen gelangt, indem der Käufer dem Unternehmer die entsprechenden Dokumente zurückreicht (z.B. beim nächsten Einkauf) oder zurücksendet oder indem der Unternehmer die Belege durch ein in die Steuererstattung eingeschaltetes Service-Unternehmen zurückerhält oder die Belege bei dem Service-Unternehmen im Inland aufbewahrt werden. Die Belege über die zollamtlichen Bestätigungen müssen auch dann im Original im Inland aufbewahrt werden, wenn sie elektronisch archiviert werden.

## 6. Hilfsweise Bestätigung durch eine deutsche Auslandsvertretung

Wenn Ausfuhr- und/oder Abnehmernachweis nicht durch die Grenzzollstelle erbracht werden können oder dies für den Käufer nicht zumutbar ist (z.B. weil sich die gekaufte Ware im aufgegebenen Reisegepäck befindet), können diese Bestätigungen durch eine deutsche Auslandsvertretung im Wohnortland des Käufers erteilt werden (vgl. Teil C der Ausfuhr- und Abnehmerbescheinigung). Dies setzt in der Regel voraus, dass die Ware der Auslandsvertretung vorgeführt wird. Wichtig ist auch in diesen Fällen die Bestätigung, dass der Käufer im Zeitpunkt der Lieferung, d.h. bei Übergabe der Ware an ihn durch den Unternehmer, seinen Wohnort im Drittlandsgebiet hatte. Die Bestätigung durch eine deutsche Auslandsvertretung ist gebührenpflichtig (vgl. Tz. 3.2).

## 7. Von der Steuerbefreiung ausgeschlossen: Lieferungen zur Ausrüstung oder zur Versorgung von privaten Beförderungsmitteln

Lieferungen von Waren, die zur Ausrüstung oder Versorgung eines privaten Beförderungsmittels (z.B. Pkw, Kombiwagen, Sportboot, Segelyacht, Flugzeug) dienen, sind von der Steuerbefreiung für Ausfuhrlieferungen im nichtkommerziellen Reiseverkehr ausgeschlossen. Bei den betroffenen Waren handelt es sich sowohl um Kraftfahrzeugteile, die mit dem Fahrzeug fest verbunden werden (z.B. Stoßstange), als auch um solche, die als bewegliche Teile zur Ausrüstung des Fahrzeugs gehören (z.B. Abschleppseil, Reservereifen, Verbandkasten). Auch Waren zur Versorgung eines Fahrzeugs (z.B. Kraftstoff, Motoröl, Pflegemittel) fallen nicht unter die Steuerbefreiung für Ausfuhrlieferungen im nichtkommerziellen Reiseverkehr.

# 500 § 8/1. Schreiben betr. Umsatzsteuer; Steuerfreie Umsätze für die Luftfahrt (§ 4 Nr. 2, § 8 Abs. 2 UStG; Abschn. 8.2 UStAE)

Vom 3. Mai 2023

BMF III C 3 - S 7155-a/19/10001 :004; DOK 2023/0395876

(BStBl. I S. 797)

**Bezug:** BMF-Schreiben vom 9. Dezember 2022 (BStBl. I S. 1679)

**1 Anlage**

Die Liste der inländischen Unternehmer, die im entgeltlichen Luftverkehr überwiegend internationalen Luftverkehr betreiben, wurde zuletzt mit dem Stand vom 1. Januar 2023 durch o.g. BMF-Schreiben vom 9. Dezember 2022 neu bekanntgegeben.

In der Zwischenzeit sind Änderungen der Schreibweise, Adressänderungen und Änderungen durch Umfirmierung, die von Relevanz sind und bereits zum 1. Januar 2023 hätten Berücksichtigung finden müssen, bekannt geworden. Da diese Änderungen für in die Inanspruchnahme der Steuerbefreiung nach § 4 Nr. 2 i.V.m. § 8 Abs. 2 UStG zwingend erforderlich sind, erfolgt ausnahmsweise eine unterjährige Aktualisierung der Liste der inländischen Unternehmer, die im entgeltlichen Luftverkehr überwiegend internationalen Luftverkehr betreiben. Die aktualisierte Fassung der Liste (Anlage) tritt an die Stelle der Liste, die meinem Schreiben vom 9. Dezember 2022 III C 3 – S 7155-a/19/10001:004, DOK 2022/1229966, BStBl. I S. 1679, beigefügt war.

Bei folgenden Firmen wurde eine Änderung der Schreibweise berücksichtigt:

– Fly away GmbH & Co. KG, 90762 Fürth

– JETKONTOR AG, 22848 Norderstedt

Bei folgenden Firmen wurde deren Adressänderung berücksichtigt:

– JETKONTOR AG, 22848 Norderstedt

– Jetfleet AG, 63739 Aschaffenburg

Dieses Schreiben wird im Bundessteuerblatt Teil I veröffentlicht. Im Auftrag

Dieses Dokument wurde elektronisch erstellt und ist ohne Unterschrift gültig.

**Anlage**

## Liste der im Inland ansässigen Unternehmer, die im entgeltlichen Luftverkehr überwiegend internationalen Luftverkehr betreiben (§ 8 Abs. 2 Nr. 1 UStG)

**(Stand: 1. Januar 2023)**

| Unternehmen | Ort |
|---|---|
| ACD Aviation GmbH, | 44319 Dortmund |
| ACM AIR CHARTER Luftfahrtgesellschaft mbH, | 77836 Rheinmünster |
| Aero-Dienst GmbH, | 90411 Nürnberg |
| Aerologic GmbH, | 04435 Schkeuditz |
| Aerotours GmbH, | 15344 Strausberg |
| aeroways GmbH, | 85356 München-Flughafen |
| Aerowest GmbH, | 30855 Langenhagen |
| Agrarflug Helilift GmbH & Co. KG, | 59227 Ahlen |
| AirAlliance Express AG & Co. KG, | 57299 Burbach |
| airdus GmbH perfect air charter, | 40476 Düsseldorf |
| AirGO Private Airline GmbH, | 55126 Mainz |
| AIR HAMBURG Luftverkehrsgesellschaft mbH, | 22761 Hamburg |
| Air Independence GmbH, | 82234 Weßling |
| AI-Services GmbH, | 82234 Weßling |
| Antonov Logistics Salis GmbH, | 04435 Schkeuditz |
| Arcus-Air GmbH & Co. KG, | 66482 Zweibrücken |
| ATLAS AIR SERVICE Aktiengesellschaft, | 27777 Ganderkesee |
| Avanti Air GmbH & Co. KG, | 35708 Haiger |
| Bertelsmann Aviation GmbH, | 33335 Gütersloh |
| BFS Flugservice GmbH, | 96450 Coburg |
| BinAir Aero Service GmbH, | 80939 München |
| Businesswings Luftfahrtunternehmen GmbH, | 34379 Calden |
| CCF manager airline GmbH, | 51147 Köln |
| CFB aircraft, | 26160 Bad Zwischenahn |
| ChallengeLine LS GmbH, | 86169 Augsburg |
| Condor Flugdienst GmbH, | 63263 Neu-Isenburg |
| DAS Private Jets GmbH, | 88512 Mengen |
| DC Aviation GmbH, | 70629 Stuttgart |
| Deutsche Lufthansa AG, | 50672 Köln |
| Eisele Flugdienst GmbH, | 70629 Stuttgart |
| EuroFly GmbH, | 46395 Bocholt |

| Unternehmen | Ort |
|---|---|
| Eurolink GmbH, | 85356 München-Flughafen |
| European Air Transport Leipzig GmbH, | 04435 Schkeuditz |
| Eurowings GmbH, | 40474 Düsseldorf |
| EW Discover GmbH, | 60549 Frankfurt a.M. |
| Excellent Air GmbH, | 87766 Memmingerberg |
| Exxaero GmbH, | 47652 Weeze |
| Fair Air GmbH, | 95493 Bischofsgrün |
| FAI rent-a-jet GmbH, | 90411 Nürnberg |
| Fly away GmbH & Co. KG, | 90762 Fürth |
| FSH Luftfahrtunternehmen GmbH, | 04435 Schkeuditz |
| German Airways GmbH & Co.KG, | 51145 Köln |
| GLEX07 GmbH, | 82166 Gräfelfing |
| Global Helicopter Service GmbH, | 83417 Kirchanschöring |
| Hahn Air Lines GmbH, | 63303 Dreieich |
| Heron Luftfahrt GmbH & Co KG, | 79787 Lauchringen |
| HS-Aviation GmbH, | 89423 Gundelfingen |
| ImperialJet Europe GmbH, | 85399 Hallbergmoos |
| Hype Private Jets GmbH, | 61440 Oberursel |
| Jet Aviation Business Jets Deutschland GmbH, | 51147 Köln |
| JET EXECUTIVE INTERNATIONAL CHARTER GmbH & Co. KG, | 40472 Düsseldorf |
| Jetcall GmbH & Co. KG, | 65510 Idstein |
| Jetfleet AG, | 63739 Aschaffenburg |
| JETKONTOR AG, | 22848 Norderstedt |
| K5 Aviation GmbH, | 85408 Gammelsdorf |
| LEAV Aviation GmbH, | 51149 Köln |
| Lufthansa Cargo Aktiengesellschaft, | 60546 Frankfurt a.M. |
| Lufthansa CityLine GmbH, | 85356 München-Flughafen |
| Luxaviation Germany GmbH, | 33142 Büren |
| MEAJET GmbH, | 80538 München |
| MHS Aviation GmbH, | 82041 Oberhaching |
| OHLAIR Charterflug GmbH & Co. KG, | 87766 Memmingerberg |
| PAD Aviation service GmbH, | 33142 Büren |
| PFG Aviation GmbH, | 26180 Rastede |
| Pro-Air Aviation GmbH, | 70794 Filderstadt |
| 25 only Aviation GmbH, | 28832 Achim |
| Quick Air Jet Charter GmbH, | 51147 Köln |
| RB-AV GmbH, | 82031 Grünwald |

| Unternehmen | Ort |
|---|---|
| Silver Cloud Air GmbH, | 67346 Speyer |
| SPREE FLUG Luftfahrt GmbH, | 15517 Fürstenwalde |
| Star Wings Dortmund Luftfahrtgesellschaft mbH, | 44319 Dortmund |
| SUNDAIR GmbH, | 18435 Stralsund |
| Sylt Air GmbH, | 25980 Sylt/OT Tinnum |
| Transavia Flugbetriebsgesellschaft mbH, | 67346 Speyer |
| TUIfly GmbH, | 30855 Langenhagen |
| Unicair GmbH, | 65510 Idstein |
| Volkswagen AirServices GmbH, | 38108 Braunschweig |
| Windrose Air Jetcharter GmbH, | 12529 Schönefeld |
| Zehnte Asset Investment AI GmbH & Co. KG | 82031 Grünwald |

# **500** § 10/10. Verfügung betr. Portokosten als durchlaufende Posten

Vom 4. April 2014 (DStR S. 1450)

(OFD Frankfurt S 7200 A – 180 – St 111)

Nicht zum Entgelt gehörende durchlaufende Posten liegen vor, wenn der Unternehmer im Namen und für Rechnung eines anderen Beträge vereinnahmt und verausgabt. Zwischen dem Zahlungsverpflichteten und dem Zahlungsempfänger müssen unmittelbare Rechtsbeziehungen bestehen (Abschn. 10.1. Satz 4 UStAE). Befördert die Deutsche Post AG (DP-AG) Briefe und Pakete, liegen nach den Allgemeinen Geschäftsbedingungen Rechtsbeziehungen zwischen ihr und dem auf der Sendung genannten Absender vor.

1. Werbeagenturen und Lettershops (Agenturen) versenden Briefe, Prospekte o. Ä. für ihre Auftraggeber Ist der Auftraggeber auf der Sendung als Absender genannt, so handelt es sich bei den Portokosten um durchlaufende Posten, soweit die Agentur die Portokosten verauslagt hat.

2. Die DP-AG gestattet Agenturen, ihren eigenen Freistempler auch für die gewerbsmäßige Versendung der Post der Auftraggeber zu benutzen. Abweichend von den Allgemeinen Geschäftsbedingungen erteilt sie dafür keine besondere Genehmigung. Macht eine Agentur ihren Auftraggeber als Absender kenntlich, indem sie z. B. das „Klischee" ihres Auftraggebers in den Freistempler einsetzt oder den Umschlag mit entsprechendem Absenderaufkleber oder -aufdruck versieht, liegen Rechtsbeziehungen zwischen dem Auftraggeber und der Post AG vor. Dann sind von der Agentur weiterberechnete Portokosten durchlaufenden Posten.

3. Auch in den Fällen, in denen sich z. B. ein Lettershop bei der Post AG als Großkunde anmeldet und seine Briefe dort einliefert, erfolgt die Zahlung des Benutzungsentgelts im Namen und für Rechnung des Auftraggebers, sofern dieser bei der Einlieferung als Absender angegeben wird. Die Briefe erhalten dann den Vermerk: „Gebühr bezahlt".

4. Berechnet ein Konsolidierer (Inhaber einer postrechtlichen Lizenz nach § 51 Abs. 1 Satz 2 Nr. 5 Postgesetz) Portokosten weiter, können diese als durchlaufende Posten anzusehen sein. Voraussetzung ist auch in diesen Fällen, dass der Konsolidierer gegenüber der DP-AG im fremden Namen auftritt und die Beförderungsleistungen gegenüber der DP-AG für den Auftraggeber durchgeführt werden.
   Der Konsolidierer handelt im eigenen Namen, wenn er auf der Grundlage der AGB „Teilleistungen BZA (Briefzentrum-Abgang) gewerbsmäßige Konsolidierung Brief" bzw. „BZE (Briefzentrum-Eingang) gewerbsmäßige Konsolidierung Brief" tätig wird.
   In diesen Fällen sind die weiterberechneten Portokosten kein durchlaufender Posten, sondern gehören zum Entgelt (siehe BMF-Schreiben vom 13. 12. 2006, BStBl. 2007 I S. 119).

5. Keine durchlaufenden Posten liegen in folgenden Fällen vor:
   - Eine Agentur legt in ihren Rechnungen die Vereinnahmung und Verauslagung der Portokosten in fremdem Namen und für fremde Rechnung nicht offen. In diesen Fällen ist Umsatzsteuer auch auf die Portokosten zu berechnen.
   - Die Agentur erhält von der DP-AG Rabatte, die sie an die Kunden nicht weitergibt. Die Kunden haben die üblichen Portokosten zu zahlen. Da ein höherer Betrag weiterberechnet wird, als gegenüber der DP-AG geschuldet wird, liegt kein durchlaufender Posten vor.
   - Ein Versandhandelsunternehmen ist auf Paketsendungen als Absender genannt. Folglich liegen unmittelbare Rechtsbeziehungen zwischen dem Versandhandelsunternehmen und der DP-AG vor. Selbst eine „unfreie" Versendung oder eine Versendung „per Nachnahme" führt nicht zu Rechtsbeziehungen zwischen dem Empfänger des Pakets und der DP-AG. Die von Versandhandelsunternehmen weiterberechneten Portokosten sind deshalb keine durchlaufende Posten.
6. Unter die Steuerbefreiung des § 4 Nr. 11 b UStG fallen seit 1. Juli 2010 nur noch bestimmte Post-Universaldienstleitungen. Leistungen, deren Bedingungen zwischen den Vertragsparteien individuell vereinbart werden, sind nicht steuerfrei. Näheres regelt Abschnitt 4.11 b.1. UStAE. Handelt es sich nach den o. g. Ausführungen bei den weiter berechneten Portokosten um einen durchlaufenden Posten, so trifft dies auch für die auf das Porto entfallende Umsatzsteuer zu.
7. Für den Frachtdienst gelten die für den Briefdienst oben erläuterten Grundsätze entsprechend.

Die Rundverfügung OFD Frankfurt vom 31. 10. 2012 S 7200 A-180-St 111 ist überholt.

# 500 § 10/12. Schreiben betr. § 10 Abs. 4 Satz 1 Nr. 2 und 3 UStG; Bemessungsgrundlage bei sonstigen Leistungen i. S. des § 3 Abs. 9 a Nr. 1 und 2 UStG[1]

Vom 13. April 2004 (BStBl. I S. 468)

(BMF IV B 7 – S 7206 – 3/04)

(1) Gemäß § 10 Abs. 4 Satz 1 Nr. 2 UStG wird der Umsatz bei sonstigen Leistungen i. S. d. § 3 Abs. 9 a Nr. 1 UStG (Verwendung eines dem Unternehmen zugeordneten Gegenstandes) nach den bei der Ausführung dieser Umsätze entstandenen Kosten, soweit sie zum vollen oder teilweisen Vorsteuerabzug berechtigt haben, bemessen.

Gemäß § 10 Abs. 4 Satz 1 Nr. 3 UStG wird der Umsatz bei sonstigen Leistungen i. S. d. § 3 Abs. 9 a Nr. 2 UStG (unentgeltliche Erbringung einer Dienstleistung) nach den bei Ausführung dieser Umsätze entstandenen Kosten bemessen. Dabei sind auch Ausgaben zu berücksichtigen, die den Unternehmer nicht zum vollen oder teilweisen Vorsteuerabzug berechtigt haben (z. B. Arbeitslohn für Arbeitnehmer des Unternehmers).

§ 10 Abs. 4 UStG gilt entsprechend für die in § 10 Abs. 5 UStG bezeichneten Leistungen, wenn die nach § 10 Abs. 4 UStG ermittelte Bemessungsgrundlage das Entgelt nach § 10 Abs. 1 UStG übersteigt.

(2) Unter Bezugnahme auf die Erörterungen mit den obersten Finanzbehörden der Länder gilt hinsichtlich der Ermittlung der Kosten i. S. d. § 10 Abs. 4 Satz 1 Nr. 2 und 3 UStG Folgendes:

Unter den Kosten sind die Ausgaben des Unternehmers für die Erbringung der sonstigen Leistung zu verstehen *(Art. 11 Teil A Abs. 1 Buchst. c der 6. EG-Richtlinie[2])*. Zu den Kosten zählen deshalb auch Ausgaben, die aus Zuschüssen finanziert worden sind. Die Vorsteuerbeträge, die nach § 15 UStG abziehbar sind, sind keine Kosten.

Zu den zu berücksichtigenden Kosten gehören z. B. Aufwendungen des Unternehmers für den laufenden Betrieb oder Unterhalt des dem Unternehmen zugeordneten Gegenstandes, aber auch Anschaffungs- oder Herstellungskosten. Anschaffungs- oder Herstellungskosten eines Gegenstandes sind dabei abweichend von den ertragsteuerlichen Grundsätzen gleichmäßig auf den nach § 15 a UStG für diesen Gegenstand jeweils maßgeblichen Berichtigungszeitraum zu verteilen (Neutralitätsgrundsatz). Nach Ablauf des jeweils nach § 15 a UStG maßgeblichen Berichtigungszeitraums sind die auf den Gegenstand entfallenden Kosten vollständig in die Bemessungsgrundlage eingeflossen und in den Folgejahren nicht mehr als Bemessungsgrundlage zu berücksichtigen.

---

[1] Zur Ermittlung der Bemessungsgrundlage bei privater Wohnungsnutzung siehe auch OFD Nürnberg v. 4. 10. 2004, DStR S. 1882.

[2] Ab 1. 1. 2007 vgl. Art. 75 MwStSystRL.

Betragen bei einem Gegenstand die Anschaffungs- oder Herstellungskosten weniger als 500 Euro, sind diese nicht auf mehrere Jahre zu verteilen, sondern im Jahr der Anschaffung oder Herstellung zu berücksichtigen.

(3) Die vorstehenden Grundsätze sind ab 1. Juli 2004 anzuwenden. Hinsichtlich der vor dem 1. Juli 2004 angeschafften Gegenstände ist es jedoch nicht zu beanstanden, wenn bis zum 30. Juni 2004 bei der Berechnung der Kosten insoweit grundsätzlich von den bei der Ertragsteuer zugrunde gelegten Kosten ausgegangen wird. Dabei ist das bei Inkrafttreten der Neuregelung noch nicht verbrauchte Abschreibungsvolumen nicht auf den nach § 15 a UStG maßgeblichen verbleibenden Berichtigungszeitraum zu verteilen.

**Beispiel:**

U hat zum 1. Januar 2003 ein Ferienhaus zum Kaufpreis von 100 000 Euro zzgl. USt und Grund und Boden erworben. U hat das Haus vollständig seinem Unternehmen zugeordnet, da er dieses Haus als Ferienhaus jeweils kurzfristig steuerpflichtig vermieten will. Die Kosten sind wie folgt zu verteilen:

| | |
|---|---|
| Anschaffung 1. Januar 2003 | 100 000 Euro |
| Kosten 2003 (ertragsteuerliche Afa i. H. v. 2 %) | 2000 Euro |
| Kosten 2004 (bis 30. Juni 2004) | 1000 Euro |
| Kosten 2004 (ab 1. Juli 2004 gem. Absatz 2) | 5000 Euro |
| Kosten ab 2005 bis 2012 | je 10 000 Euro |

*(4)[1] Beruft sich der Unternehmer hinsichtlich der nichtunternehmerisch genutzten Wohnung in einem vor dem 1. Juli 2004 angeschafften und dem Unternehmen zugeordneten Gebäude für einen Zeitraum vor dem 1. Juli 2004 auf die Grundsätze des BFH-Urteils vom 24. Juli 2003 (BStBl. 2004 II S. 371), sind die der Besteuerung der unentgeltlichen Wertabgabe gem. § 10 Abs. 4 Satz 1 Nr. 2 UStG zugrunde zu legenden Kosten auch für Zeiträume vor dem 1. Juli 2004 nach den in Absatz 2 dargestellten Grundsätzen zu ermitteln.*

***Beispiel:***

*U hat ein am 1. Januar 2002 für 100 000 Euro zzgl. USt erworbenes Zweifamilienhaus vollständig seinem Unternehmen zugeordnet. Die Räume im Erdgeschoss (50 % der Nutzfläche des Gebäudes) benutzt er als Praxisräume für seine Steuerberaterpraxis. Die Räume im Obergeschoss nutzt er für eigene Wohnzwecke. U beruft sich hinsichtlich der nichtunternehmerisch genutzten Wohnung mit Wirkung ab 1. Januar 2002 auf die Grundsätze des BFH-Urteils vom 24. Juli 2003 (a. a. O.). Die Kosten sind wie folgt zu ermitteln:*

*Anschaffung 1. Januar 2002*

*Bemessungsgrundlage anteilig für die nichtunternehmerische Wohnung 50 % der Anschaffungskosten*

| | |
|---|---|
| *Kosten 2002* | *5000 Euro* |
| *Kosten 2003* | *5000 Euro* |
| *Kosten 2004* | *5000 Euro* |

*usw.*

(5) Die den vorstehenden Ausführungen entgegen stehenden Grundsätze des Abschn. 155 Abs. 2 Satz 2 und des Abschn. 158 Abs. 3 und 4 UStR 2000 sind nicht mehr anzuwenden.

[1] Rz. 4 ist nicht mehr anzuwenden; vgl. BMF v. 10. 8. 2007, BStBl. I S. 690.

# 500 § 10/15. Schreiben betr. Umsatzsteuer; Leistungsbeziehungen bei der Abgabe werthaltiger Abfälle

Vom 21. November 2013 (BStBl. I S. 1584)

(BMF IV D 2 – S 7203/07/10002 :004; DOK 2013/1059833)

– Auszug –

## I. Tauschähnlicher Umsatz bei der Entsorgung werthaltiger Abfälle

Nach § 3 Abs. 1 des Gesetzes zur Förderung der Kreislaufwirtschaft und Sicherung der umweltverträglichen Bewirtschaftung von Abfällen – Kreislaufwirtschaftsgesetz (KrWG) – sind Abfälle alle Stoffe oder Gegenstände, derer sich ihr Besitzer entledigt, entledigen will oder entledigen muss. Abfälle in diesem Sinne sind nach den Vorgaben des KrWG zu verwerten oder zu beseitigen. Daneben bestehen für bestimmte Abfallgruppen besondere Entsorgungspflichten aufgrund einzelgesetzlicher Regelungen z. B. für Altfahrzeuge, Altglas, Altholz, Altöl, Bioabfall, gebrauchte Batterien und Akkumulatoren, gewerblichen Abfall, Elektro- und Elektronikgeräte, Klärschlamm, Verpackungen und tierische Nebenprodukte.

Nach dem Ergebnis der Erörterungen mit den obersten Finanzbehörden der Länder gilt hinsichtlich der Leistungsbeziehungen bei der Abgabe werthaltiger Abfälle Folgendes:

**1.** Beauftragt ein Abfallerzeuger oder -besitzer einen Dritten mit der ordnungsgemäßen Entsorgung seines Abfalls, erbringt der Dritte mit der Übernahme und Erfüllung der Entsorgungspflicht eine sonstige Leistung i. S. von § 3 Abs. 9 UStG, sofern der Entsorgung eine eigenständige wirtschaftliche Bedeutung zukommt. Ist dem zur Entsorgung überlassenen Abfall ein wirtschaftlicher Wert beizumessen (sog. werthaltiger Abfall), liegt ein tauschähnlicher Umsatz (Entsorgungsleistung gegen Lieferung des Abfalls) – ggf. mit Baraufgabe – vor, wenn nach den übereinstimmenden Vorstellungen der Vertragspartner

– der überlassene Abfall die Höhe der Barvergütung für die Entsorgungsleistung oder

– die übernommene Entsorgung die Barvergütung für die Lieferung des Abfalls

beeinflusst hat (vgl. Abschnitt 10.5 Abs. 2 UStAE).

**2. Entsorgungsleistung von eigenständiger wirtschaftlicher Bedeutung**

Eine Entsorgungsleistung von eigenständiger wirtschaftlicher Bedeutung liegt vor, wenn Vereinbarungen über die Aufarbeitung oder Entsorgung der Abfälle getroffen wurden. Nicht ausreichend ist, dass sich der Entsorger allgemein zur Einhaltung abfallrechtlicher Normen (z. B. Einhaltung vorgeschriebener Verwertungsquoten) verpflichtet hat oder ein Entsorgungsnachweis ausgestellt wird.

a) Leistet der Entsorger dem Abfallerzeuger oder -besitzer eine Vergütung für den gelieferten Abfall, ohne dass der Entsorgungsleistung eine eigenständige wirtschaftliche Bedeutung zukommt, ist von einer bloßen Abfalllieferung durch den Abfallerzeuger/-besitzer an den Entsorger auszugehen.

b) Haben Abfälle einen positiven Marktwert und werden sie unmittelbar in Produktionsprozessen z. B. als Roh- oder Brennstoff eingesetzt, steht im Falle ihrer Veräußerung nicht die Entsorgungsleistung im Vordergrund, selbst wenn die Stoffe ihre Abfalleigenschaft noch nicht verloren haben. Gleiches gilt für bereits sortenrein gesammelte Produktionsabfälle.
Beispiele hierfür sind sortiertes und gepresstes Papier, sortierte Kunststoffe, sortiertes Glas, Fluff, Lösemittel, Schrotte und sortiertes Altholz sowie sortenrein erfasste oder behandelte Altöle bzw. Öl-Wasser-Gemische und Emulsionen. Weitere Beispiele sind Klärschlammasche, edelmetallhaltige Katalysatoren, kupfer- und bleihaltiger Schlamm, silberhaltige Schlacke.

c) Auch beim Handel mit den unter b) genannten Produkten liegt keine Entsorgungsleistung vor. Ein tauschähnlicher Umsatz scheidet daher aus, selbst wenn die Materialien einer besonderen Behandlung (wie z. B. Zerkleinern und Verpressen) unterzogen werden, unabhängig davon, ob dadurch die Materialqualität oder -reinheit wesentlich verbessert wird oder nicht.

### 3. Beeinflussung der Barvergütung

Kommt der Entsorgungsleistung nach den Grundsätzen in Tz. 2 eine eigenständige wirtschaftliche Bedeutung zu, ist aus Vereinfachungsgründen eine zum tauschähnlichen Umsatz führende Beeinflussung der Barvergütung durch den überlassenen Abfall grundsätzlich nur anzunehmen,

a) wenn die Beteiligten ausdrücklich hierauf gerichtete Vereinbarungen getroffen, also neben dem Entsorgungsentgelt einen bestimmten Wert für eine bestimmte Menge der überlassenen Abfälle vereinbart haben,

b) oder die wechselseitige Beeinflussung auf Grund der getroffenen Vereinbarungen offensichtlich ist. Hiervon ist nur in folgenden Fällen auszugehen:

aa) Es wird vertraglich die Anpassung des ursprünglich ausdrücklich vereinbarten Entsorgungsentgelts an sich ändernde Marktverhältnisse für den übernommenen Abfall ausbedungen (sog. Preisanpassungsklauseln). Preisanpassungsklauseln, die nur Auswirkungen für zukünftige Umsätze haben, sind insoweit ohne Bedeutung.

**Beispiel 1:**

Unternehmer U1 übernimmt gegenüber dem Reifenservice R die Entsorgung von Altreifen. R zahlt U1 einen Preis von 2,– € je übernommenen Altreifen. Bei einer Veränderung des Preisindexes von Stahl oder Gummigranulat im Vergleich zu den Verhältnissen bei Vertragsabschluss sind beide Beteiligten berechtigt, diesen Preis um 50 % der Indexveränderung anzupassen.

bb) Das nach Art und Menge bestimmte Entsorgungsentgelt ändert sich in Abhängigkeit von der Qualität der überlassenen Abfälle.

**Beispiel 2:**

Unternehmer U2 übernimmt gegenüber dem Bauunternehmer B die Entsorgung von Baustellenmischabfällen. Die Beteiligten vereinbaren einen Grundpreis von 250,– € je Fuhre, welcher sich ab einem bestimmten Metall- und Folienanteil im Abfall um 50,– € reduziert.

cc) Es wird eine (Mehr-)Erlösverteilungsabrede getroffen.

**Beispiel 3:**

Unternehmer U3 übernimmt gegenüber dem Reifenhersteller R die Entsorgung von Fehlproduktionen und Materialresten für 80,– € je Tonne. Die Beteiligten verabreden, dass R an den von U3 bei der Veräußerung von daraus gewonnenem Gummigranulat und Stahl erzielten Erlösen zu 25 % beteiligt wird.

**4.** Sofern in den unter 3. b) genannten Fällen weder die Barvergütung einen Betrag von 50,– € je Umsatz noch die entsorgte Menge ein Gewicht von 100 kg je Umsatz übersteigt, braucht das Vorliegen eines tauschähnlichen Umsatzes aus Vereinfachungsgründen nicht geprüft zu werden.

**Beispiel 4:**

U4 übernimmt die Entsorgung des bei der Buchhaltungsfirma B anfallenden Altpapiers. Er entsorgt dort eine Menge von max. 20 kg Altpapier und berechnet hierfür 10,– €. Da die für B entsorgte Menge das Gewicht von 100 kg je Abholung nicht übersteigt und die Entgelte hierfür 50,– € je Abholung nicht übersteigen, ist es aus Vereinfachungsgründen nicht zu beanstanden, wenn die Beteiligten keinen tauschähnlichen Umsatz angenommen und nur die Entsorgungsleistung des U4 der Besteuerung unterworfen haben.

**Beispiel 5:**

U5 betreibt einen Abholservice für bestimmten Schrott und unbrauchbare Haushaltsgeräte, wie Waschmaschinen, Wäschetrockner und Geschirrspüler. Er bietet seinen Service privaten Haushalten kostenlos an. Daneben führt er unentgeltlich Altkleidersammlungen in Wohngebieten durch.
Soweit das Gewicht des Abfalls je Abholung und Haushalt 100 kg nicht übersteigt, ist es aus Vereinfachungsgründen nicht zu beanstanden, wenn die Beteiligten ohne weitere Prüfung nur eine Entsorgungsleistung annehmen, die jedoch mangels Entgelt nicht steuerbar ist.

**5.** Ein tauschähnlicher Umsatz liegt insbesondere nicht vor,

a) im Falle sog. Umleersammeltouren (z. B. Leerung von Altpapiertonnen, Austausch bzw. Leerpumpen von Altölsammelbehältern), bei denen die Menge des im Einzelfall abgelieferten Abfalls und seine Zusammensetzung und Qualität nicht festgestellt werden; hier ist davon auszugehen, dass eine wechselseitige Beeinflussung von Barvergütung und Entsorgungsleistung und damit ein tauschähnlicher Umsatz nicht vorliegt.

b) in den Fällen, in denen die Werthaltigkeit von zur Entsorgung überlassenen Abfällen erst später festgestellt werden kann, ohne dass sich hierdurch Auswirkungen auf die Höhe der Vergütung bereits getätigter Umsätze ergeben; eine Berücksichtigung der Werthaltigkeit der Abfälle beim Abschluss zukünftiger Entsorgungsverträge ist für bereits ausgeführte Umsätze unschädlich.

c) wenn Nebenerzeugnisse oder Abfälle im Rahmen von Gehaltslieferungen i. S. des § 3 Abs. 5 UStG zurückgenommen werden; hier fehlt es an einer Lieferung von Abfall.

**Beispiel 6:**

U6 liefert zum Preis von 4,10 € je Dezitonne Zuckerrüben an die Zuckerfabrik Z und behält sich die Rückgabe der bei der Zuckerproduktion anfallenden Rübenschnitzel für Fütterungszwecke vor.

Es handelt sich lediglich um eine (Gehalts-)Lieferung des U6 an Z (Entgelt 4,10 € je Dezitonne). Z erbringt keine Lieferung von Abfall in Form von Rübenschnitzeln, weil diese nicht am Leistungsaustausch teilgenommen haben und somit nicht Gegenstand der Gehaltslieferung des U6 geworden sind.

d) wenn das angekaufte Material ohne weitere Behandlung marktfähig (z. B. an einer Rohstoffbörse handelbar) ist, auch keiner gesetzlichen Entsorgungsverpflichtung mehr unterliegt und damit seine Eigenschaft als Abfall verloren hat. Da in diesem Fall das Material nur noch den Status eines normalen Handelsguts hat, kann davon ausgegangen werden, dass ggf. erforderliche Transport- oder Sortierleistungen ausschließlich im eigenen unternehmerischen Interesse des Erwerbers ausgeführt werden und keine Entsorgungsleistung vorliegt.

**Beispiel 7:**

U7 erwirbt von verschiedenen Entsorgern unsortierte Altbleche, welche er nach Reinigung und Zerkleinerung einer elektrolytischen Entzinnung unterzieht. Das dabei gewonnene Eisen veräußert U7 an Stahlbearbeitungsbetriebe, das anfallende Zinn an Zinnhütten.

Bei dem von U7 aus dem Altblechabfall zurück gewonnenen Zinn und Eisen handelt es sich um Rohstoffe für die weiterverarbeitende Industrie, die keiner gesetzlichen Entsorgungspflicht (mehr) unterliegen und deshalb nicht als Abfall anzusehen sind. Zwischen U7 und seinen Abnehmern finden keine tauschähnlichen Umsätze, sondern ausschließlich Rohstofflieferungen statt.

e) wenn bei der Entsorgung der Abfälle die werthaltigen Bestandteile (z. B. Edelmetalle) im Eigentum des Abfallerzeugers verbleiben und Barvergütungen für diese Entsorgungsleistungen gesondert abgerechnet werden.

**6.** Für die Annahme eines tauschähnlichen Umsatzes ist es nicht erforderlich, dass beide Beteiligte Unternehmer sind bzw. die Abgabe des Abfalls im unternehmerischen Bereich erfolgt; dies ist jedoch für die ggf. erforderliche gegenseitige Rechnungsstellung sowie für die Steuerschuldnerschaft nach § 13 b Abs. 2 Nr. 7 i. V. mit Abs. 5 Satz 1 UStG von Bedeutung, wenn der überlassene Abfall zu den Gegenständen i. S. der Anlage 3 zum UStG gehört (vgl. Abschnitt 13 b.4 UStAE).

**7.** Im Falle eines tauschähnlichen Umsatzes ist der Wert des hingegebenen Abfalls Bemessungsgrundlage für die erbrachte Entsorgungsleistung. Bemessungsgrundlage für die Lieferung des Abfalls ist der Wert der Gegenleistung (Entsorgungsleistung). Baraufgaben sind zu berücksichtigen; eine ggf. enthaltene Umsatzsteuer ist stets herauszurechnen. Auf Abschnitt 10.5 UStAE wird hingewiesen.

Der maßgebliche Zeitpunkt für die Ermittlung des Wertes der gelieferten Abfälle ist der Zeitpunkt der Übergabe an den Entsorger. Dabei ist nicht auf die einzelnen Inhaltsstoffe abzustellen, d. h. der Wert muss dem Abfall im Zeitpunkt der Überlassung als solchem zukommen. Spätere Bearbeitungsschritte (Bündelung, Sortierung, Aufbereitung usw.) durch den Entsorger sind bei der Wertermittlung außer Betracht zu lassen.

Es bestehen keine Bedenken, dem zwischen den Beteiligten vereinbarten Wert der zur Entsorgung übergebenen Abfälle auch für umsatzsteuerrechtliche

Zwecke zu folgen, sofern dieser Wert nicht offensichtlich unzutreffend erscheint.

**8.** Verändert sich der Marktpreis für die zu entsorgenden Abfälle nach Abschluss des Entsorgungs- und Liefervertrags, hat dies zunächst keine Auswirkung auf die Ermittlung der Bemessungsgrundlagen für die tauschähnlichen Umsätze und die Rechnungsstellung. Für diese Zwecke ist vielmehr so lange auf den im Zeitpunkt des Vertragsabschlusses maßgeblichen Wert abzustellen, bis dieser durch eine Vertragsänderung oder durch Änderung der Bemessungsgrundlage, z. B. auf Grund einer vereinbarten Preisanpassungsklausel oder einer vereinbarten Mehr- oder Mindererlösbeteiligung, angepasst wird.

## II. Änderung des Umsatzsteuer-Anwendungserlasses

(…)

## III. Anwendungsregelung

Dieses Schreiben ersetzt das Schreiben vom 20. September 2012, BStBl. I S. 944. Die Grundsätze dieses Schreibens sind in allen offenen Fällen anzuwenden. In Fortführung der Nichtbeanstandungsregelungen aus den vorangegangenen Schreiben ist jedoch Folgendes zu beachten:

1. Bei vor dem 1. Juli 2009 abgeschlossenen Verträgen über die Lieferung oder die Entsorgung von Abfällen wird es bis zum 31. Dezember 2010 nicht beanstandet, wenn die Beteiligten davon ausgegangen sind, dass kein tauschähnlicher Umsatz vorliegt. Dies gilt nicht für die Lieferung oder die Entsorgung von Materialabfall, der z. B. bei der Be- oder Verarbeitung bestimmter Materialien, die selbst keine Abfallstoffe sind, anfällt (Abschnitt 10.5 Abs. 2 Sätze 1 bis 4 UStAE).
2. Bei Umsätzen, die vor dem 1. Januar 2013 ausgeführt worden sind, wird es – auch für Zwecke des Vorsteuerabzugs – nicht beanstandet, wenn diese Umsätze nach den Grundsätzen des BMF-Schreibens vom 1. Dezember 2008, BStBl. I S. 992, behandelt werden.

# 500 § 12/1. Schreiben betr. ermäßigten Steuersatz für die in der Anlage 2 des UStG bezeichneten Gegenstände

Vom 5. August 2004
BMF IV B 7-S 7220-46/04
(BStBl. I S. 638)
Geändert durch BMF v. 1. 12. 2014 (BStBl. I S. 1614) und BMF v. 27.9.2022 (BStBl. I S. 1429)

**2 Anlagen**

Unter Bezugnahme auf das Ergebnis der Erörterungen mit den obersten Finanzbehörden der Länder gilt für die Anwendung des ermäßigten Steuersatzes auf die nach dem 31. Juli 2004 ausgeführten Umsätze der in der Anlage 2 des UStG bezeichneten Gegenstände Folgendes:

## A. Allgemeine Voraussetzungen der Steuerermäßigung

### Steuerbegünstigte Umsätze

Dem ermäßigten Steuersatz unterliegen nach § 12 Abs. 2 Nr. 1 UStG die Lieferungen, die Einfuhr und der innergemeinschaftliche Erwerb der in der Anlage 2 abschließend aufgeführten Gegenstände. Nicht in der Anlage 2 aufgeführte Gegenstände sind somit nicht begünstigt. Die Begünstigung ist nicht davon abhängig, welcher Unternehmer (Hersteller, Großhändler, Einzelhändler) den Umsatz ausführt. Bei Lieferungen gemeinnütziger Körperschaften kann jedoch die Steuerermäßigung nach § 12 Abs. 2 Nr. 8 UStG in Betracht kommen (vgl. *Abschn. 170 UStR*[1]). Auf die Umsätze von Land- und Forstwirten, die die Durchschnittsatzbesteuerung nach § 24 UStG anwenden, findet § 12 Abs. 2 Nr. 1 UStG keine Anwendung. Eine Werklieferung ist begünstigt, wenn das fertige Werk als solches ein Gegenstand der Anlage 2 ist. Der Anwendung des ermäßigten Steuersatzes steht es nicht entgegen, wenn der Gegenstand der Werklieferung mit dem Grund und Boden fest verbunden wird (vgl. aber Tz. 41). 1

Sonstige Leistungen einschließlich Werkleistungen (§ 3 Abs. 9 und 10 UStG) sind nicht nach § 12 Abs. 2 Nr. 1 UStG in Verbindung mit der Anlage 2 des UStG begünstigt. Dies gilt insbesondere für die Abgabe von Speisen und Getränken zum Verzehr an Ort und Stelle (§ 3 Abs. 9 Satz 4 und 5 UStG, *Abschn. 25 a UStR*[2]). Für sonstige Leistungen kann jedoch eine Steuerermäßigung nach § 12 Abs. 2 Nr. 2 bis 10 UStG in Betracht kommen. 2

Bei einer einheitlichen Leistung (vgl. *Abschn. 29 UStR*[3]), die sowohl Lieferungselemente als auch Elemente einer sonstigen Leistung enthält, richtet sich die Einstufung als Lieferung oder sonstige Leistung danach, welche Leistungselemente unter Berücksichtigung des Willens der Vertragsparteien den wirtschaftlichen Gehalt der Leistungen bestimmen (vgl. *Abschn. 25 UStR*[4]). Handelt es sich danach um eine sonstige Leistung, unterliegt diese insgesamt dem allgemeinen Steuersatz. Eine insgesamt dem allgemeinen Steuersatz unterlie- 3

---

[1] **Red. Anm.:** Jetzt Abschn. 12.9 UStAE.
[2] **Red. Anm.:** Jetzt Abschn. 3.6 UStAE.
[3] **Red. Anm.:** Jetzt Abschn. 3.10 UStAE.
[4] **Red. Anm.:** Jetzt Abschn. 3.5 UStAE.

gende sonstige Leistung liegt auch vor, wenn in der Anlage 2 des UStG aufgeführte Gegenstände als unselbständige Teile in eine sonstige Leistung eingehen (z. B. wenn im Rahmen der sonstigen Leistung eines Seminarveranstalters den Teilnehmern Lehrbücher ohne Berechnung überlassen werden).

**Abgrenzung der begünstigten Gegenstände nach dem Zolltarif**

4 Der Umfang der begünstigten Gegenstände bestimmt sich nach dem Inhalt der einzelnen Warenbegriffe, der durch Verweisung auf die jeweils angegebene Stelle des Zolltarifs (Kapitel, Position oder Unterposition) festgelegt ist. Soweit die Verweisungen in der Anlage 2 vollständige Kapitel, Positionen oder Unterpositionen des Zolltarifs umfassen, sind alle hierzu gehörenden Erzeugnisse begünstigt. Bei Expositionen (z. B. aus Position ….) beschränkt sich die Begünstigung auf die ausdrücklich aufgeführten Erzeugnisse der angegebenen Stelle des Zolltarifs. Die Gegenstände der Anlage 2 sind nicht nur begünstigt, wenn es sich um Erzeugnisse im Sinne des Zolltarifs (= bewegliche Sachen) handelt, sondern auch dann, wenn die Gegenstände gemäß § 94 BGB wesentlicher Bestandteil des Grund und Bodens sind (z. B. Obst auf dem Baum oder Getreide auf dem Halm).

5 Für die Einreihung der Waren zu den Kapiteln, Positionen und Unterpositionen des Zolltarifs gelten die „Allgemeinen Vorschriften für die Auslegung der Kombinierten Nomenklatur" (vgl. Allgemeine Vorschriften – AV – in Teil I Titel 1 Abschnitt A des Gemeinsamen Zolltarifs) sowie der Wortlaut der Kapitel, Positionen und Unterpositionen. Außerdem sind die Erläuterungen zum Zolltarif heranzuziehen, die im Elektronischen Zolltarif im Teil Erläuterungen dargestellt sind. Für die Abgrenzung der Gegenstände der Anlage 2 ist der Zolltarif in der im Zeitpunkt der Ausführung des Umsatzes geltenden Fassung entscheidend.

6 Bestehen Zweifel, ob die beabsichtigte Einfuhr eines bestimmten Gegenstandes unter die Steuerermäßigung fällt, hat der Einführer die Möglichkeit, bei der zuständigen Zolltechnischen Prüfungs- und Lehranstalt (ZPLA) eine verbindliche Zolltarifauskunft (vZTA) einzuholen. Wenn derartige Zweifel bei einer beabsichtigten Lieferung oder einem beabsichtigten innergemeinschaftlichen Erwerb bestehen, haben die Lieferer und die Abnehmer bzw. die innergemeinschaftlichen Erwerber die Möglichkeit, bei der zuständigen ZPLA eine unverbindliche Zolltarifauskunft für Umsatzsteuerzwecke (uvZTA) einzuholen. UvZTA können auch von den Landesfinanzbehörden (z. B. den Finanzämtern) beantragt werden.

7 Bei der Erteilung von uvZTA durch die ZPLA ist folgendes Verfahren einzuhalten:

– Geht ein Antrag bei einer nicht für die Erteilung der uvZTA zuständigen Dienststelle ein, ist der Antrag unverzüglich an die zuständige ZPLA abzugeben. Dem Antragsteller ist die Abgabe mitzuteilen.
– Nach der Anlage 2 des UStG können ermäßigte Umsatzsteuersätze Erzeugnisse eines ganzen Kapitels (z. B. Kapitel 2), einer Position (z. B. Position 0105), einer Unterposition des Harmonisierten Systems – HS – (z. B. Unterposition 2836 10) oder einer Unterposition der Kombinierten Nomenklatur – KN – (z. B. 3302 1000) betreffen. Zur Vermeidung unnötigen

Untersuchungs- und Kostenaufwands braucht die vollständige Unterposition nur dann ermittelt zu werden, wenn dies zur Bestimmung des zutreffenden Umsatzsteuersatzes im Hinblick auf die Fassung der Anlage 2 des UStG erforderlich ist. In den übrigen Fällen ist z. B. die Ermittlung des Kapitels bzw. der vierstelligen Position oder der sechsstelligen Unterposition ausreichend.

– Die die uvZTA erteilende ZPLA hat in die unverbindliche Auskunft einen Hinweis auf den zutreffenden Umsatzsteuersatz aufzunehmen. Auf den unverbindlichen Charakter dieser Aussage ist ebenfalls ausdrücklich hinzuweisen.
– Je eine Ausfertigung der uvZTA ist an das für den Antragsteller zuständige Finanzamt und an die für den Antragsteller zuständige Oberfinanzdirektion – Umsatzsteuer-Referat – bzw. an die oberste Finanzbehörde des betreffenden Landes unmittelbar zu übersenden.
– Eine papiermäßige Sammlung ist aufgrund der Aufnahme von uvZTA in das DV-System ZEUS nicht erforderlich.
– In den Fällen der Absätze 19 und 20 der Dienstvorschrift betreffend verbindliche Zolltarif- und Ursprungsauskünfte (ZT 04 15) unterrichtet die ZPLA, die die uvZTA erteilt hat, den Empfänger der uvZTA durch Übersendung eines schriftlichen Hinweises darüber, dass die uvZTA wegen einer Änderung der Einreihung nicht mehr zutrifft; dies gilt nicht, wenn die Änderung der Rechtslage allgemein bekannt gemacht wird. Je eine Ausfertigung des Schreibens erhalten das für den Empfänger zuständige Finanzamt und die für den Empfänger zuständige Oberfinanzdirektion – Umsatzsteuer-Referat – bzw. die oberste Finanzbehörde des betreffenden Landes. Die Änderung der Einreihung kann dazu führen, dass auf einen bisher begünstigten Gegenstand nunmehr der allgemeine Umsatzsteuersatz anzuwenden ist. In diesen Fällen ist es nicht zu beanstanden, wenn der allgemeine Steuersatz erst auf Umsätze angewendet wird, die nach der Erteilung der vorbezeichneten schriftlichen Benachrichtigung ausgeführt werden.

*Die Zuständigkeit für die Erteilung von uvZTA ist wie folgt festgelegt worden (Stand: 1. Januar 2002)*[1]*:* 8

1. *OFD Cottbus – ZPLA Berlin – über Waren der Kapitel 10, 11, 20, 22, der Positionen 2301, 2302 und 2307 bis 2309 und der Kapitel 86 bis 92, 94 bis 97 Zolltarif (entspricht den Nummern 13 bis 17, 32, 34 bis 36, 37, 51 bis 54 der Anlage 2 des UStG)*
2. *OFD Koblenz – ZPLA Frankfurt am Main – über Waren der Kapitel 25, 32, 34 bis 37 (ohne Positionen 3505 und 3506), 41 bis 43 und 50 bis 70 Zolltarif (entspricht den Nummern 39 und 47 der Anlage 2 des UStG)*
3. *OFD Hamburg – ZPLA – über Waren der Kapitel 2, 3, 5, 9, 12 bis 16, 18, 23 (ohne Positionen 2301, 2302 und 2307 bis 2309), der Kapitel 24, 27, der Positionen 3505 und 3506, der Kapitel 38 bis 40, 45 und 46 Zolltarif (entspricht den Nummern 2, 3, 5, 12, 18 bis 28, 30, 37 und 41 der Anlage 2 des UStG)*
4. *OFD Köln – ZPLA – über Waren der Kapitel 17, 26, 28 bis 31, 33, 47 bis 49, 71 bis 83 und 93 Zolltarif (entspricht den Nummern 29, 40 bis 46 und 49 der Anlage 2 des UStG)*

---

[1] Siehe nunmehr BMF v. 23. 10. 2006, BStBl. I S. 622.

5. *OFD Nürnberg – ZPLA München – über Waren der Kapitel 1, 4, 6 bis 8, 19, 21, 44, 84 und 85 Zolltarif (entspricht den Nummern 1, 4, 6 bis 11, 31, 33 und 48 der Anlage 2 des UStG)*

Anträge und Anfragen sind an folgende Anschriften zu richten:

ZPLA Berlin
Grellstraße 18/24
10409 Berlin

ZPLA Hamburg
Baumacker 3
22523 Hamburg

ZPLA München
Landsberger Straße 122
80339 München

ZPLA Frankfurt am Main
Gutleutstraße 185
60327 Frankfurt am Main

ZPLA Köln
Merianstraße 110
50765 Köln

*Für Anträge auf uvZTA kann das anliegende Vordruckmuster (Anlage 2) für tatsächlich beabsichtigte Ein- oder Ausfuhren „0307 Antrag auf Erteilung einer verbindlichen Zolltarifauskunft" entsprechend verwendet werden, wenn in der Bezeichnung des Antrags das Wort „verbindlichen" durch das Wort „unverbindlichen" ersetzt wird.*[1]

## Umfang der Steuerermäßigung

9 Die Steuerermäßigung umfasst auch die unselbständigen Nebenleistungen. Dazu gehören insbesondere das Verpacken, Befördern und Versenden der begünstigten Gegenstände durch den liefernden Unternehmer. Die Steuermäßigung erstreckt sich auch auf Nebenleistungen, die in der Überlassung eines Gegenstandes bestehen, selbst wenn dieser in der Anlage 2 nicht aufgeführt ist.

10 Ob Verpackungen (innere und äußere Behältnisse, Aufmachungen, Umhüllungen und Unterlagen mit Ausnahme von Beförderungsmitteln, Behältern, Planen, Lademitteln und des bei der Beförderung verwendeten Zubehörs) Gegenstand einer Nebenleistung sind, ist nach den umsatzsteuerlichen Rechtsgrundsätzen zu entscheiden. Diese decken sich jedoch so weitgehend mit der zolltarifrechtlichen Behandlung von Verpackungen, dass bei der Umsatzsteuer entsprechend der zolltariflichen Beurteilung verfahren werden kann. Eine Nebenleistung ist hiernach anzunehmen, wenn die Verpackung

– als Umschließung für die in ihr verpackten Waren üblich ist

oder

– unabhängig von ihrer Verwendung als Verpackung keinen dauernden selbständigen Gebrauchswert hat.

Ob der Gebrauchswert geringfügig ist oder nicht, ist ohne Bedeutung.

11 Fehlt es an den Voraussetzungen für die Anerkennung als Nebenleistung, gilt für die Einreihung und die entsprechende umsatzsteuerliche Behandlung Folgendes:

Zolltarifrechtlich ist zwischen Waren aus verschiedenen Stoffen oder Bestandteilen im Sinne der Allgemeinen Vorschrift für die Auslegung der Kom-

[1] Siehe nunmehr das Vordruckmuster uvZTA des BMF v. 6. 2. 2008 IV A 5 – S 7220/07/0003 UR S. 281.

binierten Nomenklatur (AV) 3 b 1. Alternative und „Warenzusammenstellungen in Aufmachungen für den Einzelverkauf" im Sinne der AV 3 b 2. Alternative zu unterscheiden.

Als Waren aus verschiedenen Stoffen oder Bestandteilen gelten Waren, die praktisch zu einem untrennbaren Ganzen verbunden sind. Dies ist z. B. bei hohlen Schokoladeneiern der Fall, die eine Kunststoffkapsel mit Kleinspielzeug enthalten. Die Einreihung richtet sich somit im vorliegenden Fall nach dem Bestandteil der Schokolade. Die Umsätze der so einzureihenden Erzeugnisse unterliegen damit insgesamt dem ermäßigten Steuersatz. 12

[1]) „Warenzusammenstellungen in Aufmachungen für den Einzelverkauf" im Sinne der AV 3 b 2. Alternative sind dagegen solche Zusammenstellungen, die 13

a) aus mindestens zwei verschiedenen Waren bestehen, für deren Einreihung unterschiedliche Positionen in Betracht kommen,

b) aus Waren bestehen, die zur Befriedigung eines speziellen Bedarfs oder zur Ausübung einer bestimmten Tätigkeit zusammengestellt worden sind und

c) so aufgemacht sind, dass sie sich ohne vorheriges Umpacken zur direkten Abgabe an die Verbraucher eignen (z. B. in Schachteln, Kästchen, Klarsichtpackungen oder auf Unterlagen).

Derartige Waren werden ebenfalls nach ihrem charakterbestimmenden Bestandteil eingereiht.

Es kann grundsätzlich davon ausgegangen werden, dass es sich bei Warensortimenten bestehend aus Lebensmitteln (insbesondere Süßigkeiten) und sog. „Non-Food-Artikeln" (insbesondere Spielzeug) **nicht** um „Warenzusammenstellungen in Aufmachungen für den Einzelverkauf" im Sinne der AV 3 b handelt, da diese Zusammenstellungen nicht zur Befriedigung eines speziellen Bedarfs oder zur Ausübung einer bestimmten Tätigkeit zusammengestellt werden.

[1]) Falls die Voraussetzungen für die Einreihung nach der AV 3 b nicht vorliegen, sind die aus verschiedenen Waren bestehenden Zusammenstellungen getrennt einzureihen. 14

Dies führt dazu, dass z. B. bei Zusammenstellungen von Süßigkeiten und Spielzeug auf den Süßigkeitsanteil des Entgelts der ermäßigte und auf den Spielzeuganteil des Entgelts der allgemeine Steuersatz anzuwenden ist. Hierunter fallen z. B. Süßigkeiten und Spielzeug, die gemeinsam in einer Kunststoffkugel verpackt sind. Auch Spielzeug, Kuscheltiere, Kunststoff-Osterhasen usw., die mit Süßigkeiten zusammen in einem Faltkarton oder einer Klarsichtfolie verpackt sind, gehören hierzu.

## B. Erläuterungen zur Liste der dem ermäßigten Steuersatz unterliegenden Gegenstände

**Lebende Tiere, und zwar** 15

***a)[2]) Pferde einschließlich reinrassiger Zuchttiere, ausgenommen Wildpferde (aus Position 0101),***

**b) Maultiere und Maulesel (aus Position 0101),**

---

[1]) Siehe nunmehr die Vereinfachungsregelung (Anwendung eines einheitlichen Steuersatzes) durch BMF v. 21. 3. 2006, BStBl. I S. 286.

[2]) Nr. 1 Buchst. a aufgeh. mWv 1. 7. 2012 durch G v. 8. 5. 2012 (BGBl. I S. 1030).

c) **Hausrinder einschließlich reinrassiger Zuchttiere (aus Position 0102),**

d) **Hausschweine einschließlich reinrassiger Zuchttiere (aus Position 0103),**

e) **Hausschafe einschließlich reinrassiger Zuchttiere (aus Position 0104),**

f) **Hausziegen einschließlich reinrassiger Zuchttiere (aus Position 0104),**

g) **Hausgeflügel (Hühner, Enten, Gänse, Truthühner und Perlhühner) (Position 0105),**

h) **Hauskaninchen (aus Position 0106),**

i) **Haustauben (aus Position 0106),**

j) **Bienen (aus Position 0106),**

k) **ausgebildete Blindenführhunde (aus Position 0106)**

**(Nr. 1 der Anlage 2)**

**Begünstigt** sind nur die ausdrücklich aufgeführten lebenden Tiere des Kapitels 1 Zolltarif, gleichgültig zu welchen Zwecken sie verwendet werden (z. B. Zucht-, Nutz-, Schlacht- oder Ziertiere). Nicht lebende Tiere werden von Nr. 2 der Anlage 2 erfasst, wenn sie zur menschlichen Ernährung geeignet sind.

16 Im Einzelnen sind nach Nr. 1 der Anlage 2 **begünstigt:**

1.[1] *zu Buchstabe a):*
*Pferde einschließlich Kleinpferde (Hengste, Wallache, Stuten, Fohlen), auch Reit- und Rennpferde (aus Position 0101),* ***nicht jedoch*** *Wildpferde, z. B. Przewalski-Pferde oder Tarpane (Mongolei) (Position 0101) sowie Zebras und Zebroide (Kreuzung aus Zebrahengst und Pferdestute), obwohl sie zur Familie der Pferde (Equidae) gehören (Position 0106)*
*Soweit beim Handel, z. B. mit Reitpferden (Springpferden), Vermittlungsleistungen (sonstige Leistungen) erbracht werden, unterliegen diese Leistungen dem allgemeinen Steuersatz (vgl. Tz. 2).*

2. zu Buchstabe b):
Kreuzungen zwischen Eselhengst und Pferdestute (Maultier) sowie zwischen Pferdehengst und Eselstute (Maulesel), **nicht jedoch** Hausesel und alle anderen Esel (aus Position 0101)

3. zu Buchstabe c):
Hausrinder (einschließlich der für die Arena halbwild gezüchteten Rassen), Buckelochsen (Zebus) und Wattussirinder, Haus- und Wasserbüffel, **nicht jedoch** Rinder und Büffel, die nicht Haustiere sind, z. B. asiatische Wildrinder der Gattung Bibos, Moschusochsen und Bisons

4. zu Buchstabe d):
alle Arten von Hausschweinen, **nicht jedoch** Schweine, die nicht Haustiere sind, z. B. Wild-, Warzen-, Pinselohr- und Waldschweine, Celebes-

[1] Nr. 1 Buchst. a aufgeh. mWv 1. 7. 2012 durch G v. 8. 5. 2012 (BGBl. I S. 1030).

Hirscheber und Pekaris sowie Flusspferde (aus Position 0106), obgleich sie mit den Schweinen nahe verwandt sind

5. zu Buchstabe e):
alle Arten von Hausschafen einschließlich der Rassen, die zur Gewinnung von Haaren oder Pelzfellen aufgezogen werden (Boukharaschafe usw.), **nicht jedoch** Schafe, die nicht Haustiere sind (aus Position 0104), z. B. die verschiedenen Mufflonarten (Dickhornschaf, Mähnenschaf usw.)

6. zu Buchstabe f):
alle Arten von Hausziegen einschließlich der Rassen, die zur Gewinnung von Haaren oder Pelzfellen aufgezogen werden (z. B. Kaschmir- oder Angoraziegen), **nicht jedoch** Ziegen, die nicht Haustiere sind, z. B. der Steinbock und die Bezoar-Ziege (aus Position 0104) sowie Moschustiere, Dorkasgazellen und sog. Ziegen-Antilopen, die zwischen Ziegen und Antilopen stehen, z. B. Gämsen (aus Position 0106)

7. zu Buchstabe g):
die ausdrücklich aufgeführten Geflügelarten sowie deren Küken und Kapaune, auch wenn sie zum Einsetzen in Käfige, Parks oder Wasseranlagen aufgezogen und gehalten werden, **nicht jedoch** anderes lebendes Geflügel, z. B. Schwäne oder Wildgeflügel (Wildenten, Wildgänse, Rebhühner, Fasane, Wildtruthühner usw.), selbst dann nicht, wenn es als Hausgeflügel gehalten und geschlachtet werden kann (aus Position 0106)

8. zu Buchstabe h):
alle Arten von Hauskaninchen, gleichgültig, ob sie ihres Fleisches oder Felles wegen (z. B. Angorakaninchen) oder für andere Zwecke (z. B. Kinderspieltiere oder Zuchtkaninchen für Wettbewerbe) aufgezogen werden, **nicht jedoch** wilde Kaninchen und Hasen (aus Position 0106)

9. zu Buchstabe i):
alle Haustauben, z. B. Brief-, Zier- oder Hoftauben, **nicht jedoch** Wildtauben (z. B. Holz-, Ringel-, Hohl-, Felsen-, Glanzfleck-, Turtel- und Lachtauben) (aus Position 0106) sowie andere Tauben, die den Hühnervögeln näher stehen, z. B. Mähnen-, Frucht- und Krontauben sowie Steppenhühner (aus Position 0106)

10. zu Buchstabe j):
alle Arten von Bienen, auch Haus- und Waldbienen im Schwarm oder in Stöcken, Körben, Kästen oder dergleichen

11. zu Buchstabe k):
Hunde, die erfolgreich an einer Spezialausbildung zum Führen blinder Menschen teilgenommen haben, **nicht jedoch** Haushunde ohne Ausbildung zum Blindenführhund, auch wenn sie an blinde Menschen geliefert werden

Nach Nr. 1 der Anlage 2 sind **nicht begünstigt:** 17

1. andere Haustiere (aus Position 0106), z. B. Kanarienvögel, Katzen und Hunde, soweit es sich nicht um ausgebildete Blindenführhunde handelt
2. Versuchstiere, wie beispielsweise Mäuse, Ratten und Meerschweinchen (aus Position 0106)

3. lebende Tiere, die zu einem Zirkus, einer Tierschau oder einem ähnlichen Unternehmen gehören und zusammen mit dem Unternehmen umgesetzt werden (Position 9508)

18 **Fleisch und genießbare Schlachtnebenerzeugnisse (Kapitel 2) (Nr. 2 der Anlage 2)**

**Begünstigt** sind alle Erzeugnisse des Kapitels 2 Zolltarif. Zu den Positionen 0201 bis 0208 und 0210 gehören nur genießbares Fleisch (ganze Tierkörper, Hälften, Viertel, Stücke usw., auch mit anhaftenden inneren Organen oder Fett) sowie genießbare Schlachtnebenerzeugnisse von Tieren aller Art mit Ausnahme von Fischen, Krebstieren, Weichtieren und anderen wirbellosen Wassertieren aus Kapitel 3 Zolltarif. Erzeugnisse der Position 0209 (Schweinespeck usw.) gehören auch dann zu Kapitel 2 Zolltarif, wenn sie nur technisch verwendbar sind. Fleisch und Schlachtnebenerzeugnisse sind genießbar, soweit sie zur menschlichen Ernährung geeignet sind. Sind sie dazu geeignet, so ist es gleichgültig, ob sie tatsächlich zur menschlichen Ernährung oder zu anderen Zwecken (z. B. zu technischen Zwecken) verwendet werden. Die Erzeugnisse des Kapitels 2 gelten auch dann als genießbar, wenn sie erst nach Bearbeitung oder Zubereitung zur menschlichen Ernährung verwendet werden können.

19 Genießbare Schlachtnebenerzeugnisse sind z. B. Köpfe, Füße, Schwänze (auch abgelöste Fleischteile hiervon), Euter und bestimmte innere Organe (z. B. Lunge, Leber, Nieren, Zunge, Herz – auch als Geschlinge in natürlichem Zusammenhang mit Schlund und Luftröhre –, Hirn, Thymusdrüse [Bries], Bauchspeicheldrüse, Milz und Rückenmark). Häute gehören nur dazu, wenn sie im Einzelfall zur menschlichen Ernährung geeignet sind. Dies ist zum Beispiel bei der Verwendung von Schweineschwarten als Bindemittel für Fleischkonserven oder zur Herstellung gerösteter Schweineschwarte, einem Snack-Artikel, der Fall. Ansonsten gehören Häute zur Position 4101 und sind **nicht begünstigt.** Ebenfalls sind hiernach **nicht begünstigt** rohe Knochen (aus Position 0506), die jedoch unter Nr. 5 der Anlage 2 fallen können (vgl. Tz. 32).

20 Zu Kapitel 2 Zolltarif gehören nur frische, gekühlte, gefrorene, gesalzene, in Salzlake befindliche, getrocknete oder geräucherte Erzeugnisse. Zubereitungen von Fleisch oder Schlachtnebenerzeugnissen (Position 1601 bis 1603) fallen unter Nr. 28 der Anlage 2 (vgl. Tz. 100).

21 Im Einzelnen sind nach Nr. 2 der Anlage 2 **begünstigt:**

1. Fleisch von Rindern, frisch, gekühlt oder gefroren (Positionen 0201 und 0202)
   Hierzu gehört frisches, gekühltes oder gefrorenes Fleisch von Haus- oder Wildrindern der Position 0102.

2. Fleisch von Schweinen, frisch, gekühlt oder gefroren (Position 0203)
   Hierzu gehört frisches, gekühltes oder gefrorenes Fleisch von Haus- oder Wildschweinen (aus Position 0103). Hierzu gehört auch durchwachsener Schweinespeck (d. h. Speck mit eingelagerten Fleischschichten) und Schweinespeck mit einer Schicht anhaftenden Fleisches.

3. Fleisch von Schafen oder Ziegen, frisch, gekühlt oder gefroren (Position 0204)
   Hierzu gehört frisches, gekühltes oder gefrorenes Fleisch sowohl von Haus- oder Wildschafen (Böcke, Muttertiere und Lämmer) als auch von Haus- oder Wildziegen und Zicklein (aus Position 0104).
4. Fleisch von Pferden, Eseln, Maultieren oder Mauleseln, frisch, gekühlt oder gefroren (Position 0205)
   Hierzu gehört frisches, gekühltes oder gefrorenes Fleisch von Tieren, die lebend zu Position 0101 gehören.
5. genießbare Schlachtnebenerzeugnisse von Rindern, Schweinen, Schafen, Ziegen, Pferden, Eseln, Maultieren oder Mauleseln, frisch, gekühlt oder gefroren (Position 0206)
   Hierzu gehören genießbare Schlachtnebenerzeugnisse wie Köpfe und Teile davon (einschließlich Ohren), Füße, Schwänze, Herzen, Euter, Lebern, Nieren, Thymusdrüsen (Bries), Bauchspeicheldrüsen, Hirn, Lungen, Schlünde, Nierenzapfen, Saumfleisch, Milz, Zungen, Bauchnetz, Rückenmark, genießbare Haut, Geschlechtsorgane (z. B. Gebärmutter, Eierstöcke, Hoden), Schilddrüsen und Hirnanhangdrüsen.
6. Fleisch und genießbare Schlachtnebenerzeugnisse von Hausgeflügel der Position 0105 frisch, gekühlt oder gefroren (Position 0207)
   Hierzu gehören nur Fleisch und Schlachtnebenerzeugnisse, frisch, gekühlt oder gefroren, von Hausgeflügel, das lebend zur Position 0105 gehört, nämlich Hühner, Enten, Gänse, Truthühner und Perlhühner.
   Begünstigt sind insbesondere Hühner-, Gänse- und Entenlebern. Zu diesen gehören auch Fettlebern von Gänsen und Enten, die sich von anderen Lebern dadurch unterscheiden, dass sie wesentlich größer und schwerer, fester und fettreicher sind.
7. anderes Fleisch und andere genießbare Schlachtnebenerzeugnisse, frisch, gekühlt oder gefroren (Position 0208)
   Hierzu gehören Fleisch und Schlachtnebenerzeugnisse der in Position 0106 erfassten Tiere, die zur menschlichen Ernährung geeignet sind, z. B. von Haustauben und Hauskaninchen, von Wild (einschließlich Wildgeflügel und Rentieren), Bibern, Walen, Fröschen (z. B. Froschschenkel) und Schildkröten.
   Dem ermäßigten Steuersatz unterliegen hiernach auch die Lieferungen von Wildbret durch Jagdpächter, die der allgemeinen Besteuerung unterliegen. Unter Wild sind die in freier Wildbahn lebenden jagdbaren Tiere zu verstehen. Fleisch und genießbare Schlachtnebenerzeugnisse von Tieren, die üblicherweise gejagt werden (Fasane, Wachteln, Rehe usw.), werden auch dann als Wild angesehen, wenn die Tiere in Gefangenschaft gehalten worden sind.
8. Schweinespeck, ohne magere Teile, Schweinefett und Geflügelfett, nicht ausgeschmolzen noch anders ausgezogen, frisch, gekühlt, gefroren, gesalzen, in Salzlake, getrocknet oder geräuchert (Position 0209)
   Hierzu gehören die aufgeführten Erzeugnisse auch dann, wenn sie nur technisch verwendbar sind. Durchwachsener Schweinespeck fällt unter Position 0203 oder 0210. Zum Schweinefett rechnen auch sog. Micker- oder Gekrösefett.

9. Fleisch und genießbare Schlachtnebenerzeugnisse, gesalzen, in Salzlake, getrocknet oder geräuchert; genießbares Mehl von Fleisch oder von Schlachtnebenerzeugnissen (Position 0210)
   Hierzu gehören Fleisch und Schlachtnebenerzeugnisse (einschließlich genießbares Mehl von Fleisch und Schlachtnebenerzeugnissen) aller Art (ausgenommen Erzeugnisse der Position 0209), die nach den in dieser Position angegebenen Verfahren zubereitet worden sind. Hierzu gehören auch durchwachsener Speck (d. h. Speck mit eingelagerten Fleischschichten) und Schweinespeck mit einer anhaftenden Fleischschicht aus Position 0203, sofern sie nach den in dieser Position angegebenen Verfahren zubereitet worden sind, **nicht jedoch** ungenießbares Mehl von Fleisch und Schlachtnebenerzeugnissen (Position 2301), das jedoch unter Nr. 37 der Anlage 2 fällt (vgl. Tz. 126).

**22** Nach Nr. 2 der Anlage 2 sind **nicht begünstigt:**

1. Schweineborsten (aus Position 0502), Rosshaar (aus Position 0503) sowie andere Tierhaare zur Herstellung von Besen, Bürsten oder Pinseln (aus Position 0502)
2. Därme, Blasen und Mägen (aus Position 0504 bzw. 0511) sowie Tierblut der Position 3002 oder 0511, auch wenn die Erzeugnisse genießbar sind
   Mägen von Hausrindern (sog. Kutteln) und von Hausgeflügel gehören jedoch zu Position 0504 und fallen damit unter Nr. 5 der Anlage 2 (vgl. Tz. 32).
3. Flechsen und Sehnen (aus Position 0511)
4. Hörner, Hufe, Klauen und Schnäbel (aus Position 0507)
5. Schlachtnebenerzeugnisse, die zur Herstellung pharmazeutischer Erzeugnisse verwendet werden, z. B. Gallenblasen, Nebennieren, Placenta (Position 0510 oder – in getrocknetem Zustand – Position 3001) und nach der Art oder Aufmachung zur menschlichen Ernährung nicht geeignet sind
   Ebenso nicht begünstigt sind auch genießbare Schlachtnebenerzeugnisse, die sowohl zur menschlichen Ernährung als auch zur Herstellung pharmazeutischer Erzeugnisse verwendet werden können (z. B. Leber, Nieren, Lungen, Hirn, Bauchspeicheldrüse, Milz, Rückenmark, Eierstöcke, Schilddrüsen und Hypophysen), wenn sie im Hinblick auf ihre Verwendung zum Herstellen pharmazeutischer Erzeugnisse vorläufig haltbar gemacht worden sind (mit Erzeugnissen wie Glycerin, Aceton, Alkohol, Formaldehyd oder Natriumborat) (aus Position 0504).
6. ungenießbares Fleisch und ungenießbare Schlachtnebenerzeugnisse (Position 0511 oder 3001), z. B. Fleisch und Schlachtabfall ungenießbarer Tiere oder verdorbenes Fleisch
   Ebenso nicht begünstigt sind ungenießbare Erzeugnisse aus Kapitel 23 Zolltarif, die üblicherweise zum Herstellen von Hunde- und Katzenfutter bestimmt sind und damit unter Nr. 37 der Anlage 2 fallen (vgl. Tz. 125, 126).
7. tierische Fette (Kapitel 15)
   Hierzu gehören auch Schweineschmalz und Geflügelfett, soweit es ausgepresst, ausgeschmolzen oder mit Lösemitteln ausgezogen ist. Die Erzeug-

nisse des Kapitels 15 können jedoch unter Nr. 26 der Anlage 2 fallen (vgl. Tz. 94, 95).

8. rohes (nicht ausgeschmolzenes) Mickerfett (Gekrösefett) von Rindern, Schafen oder Ziegen

9. Speck von Meeressäugetieren (Kapitel 15)

**Fische und Krebstiere, Weichtiere und andere wirbellose Wassertiere, ausgenommen Zierfische, Langusten, Hummer, Austern und Schnecken (aus Kapitel 3)** 23
**(Nr. 3 der Anlage 2)**

**Begünstigt** sind alle Erzeugnisse des Kapitels 3 Zolltarif mit Ausnahme von Zierfischen, Langusten, Hummern einschließlich der sog. Schwänze (Tiere ohne Kopf, Scheren und Füße) sowie genießbaren Mehls von Langusten und Hummern zum Herstellen von Suppen, Soßen usw., Austern einschließlich Austernbrut (für Zucht bestimmt) und Schnecken jeder Art (z. B. Weinberg- und Meeresschnecken). Hierzu gehören lebende Fische, Krebstiere, Weichtiere und andere wirbellose Wassertiere ohne Rücksicht auf ihre Verwendung. Nicht lebende Fische einschließlich Fischlebern, -rogen und -milch, Krebstiere, Weichtiere und andere wirbellose Wassertiere – ganz oder in Teilen – gehören nur dazu, wenn sie genießbar (zur menschlichen Ernährung geeignet) sind und eine in diesem Kapitel bezeichnete Beschaffenheit haben. Nicht genießbar und somit **nicht begünstigt** sind z. B. Kabeljaurogen zur Verwendung als Köder beim Fischfang (Position 0511), nicht lebende Muschelkrebse und getrocknete Garnelen (Futtergarnelen) sowie Schalen von Garnelen und Wasserflöhe, die ausschließlich zum Füttern von Aquariumfischen geeignet sind. Als genießbar gelten Fische, Krebstiere, Weichtiere und andere wirbellose Wassertiere auch dann, wenn sie erst nach Bearbeitung oder Zubereitung zur menschlichen Ernährung verwendet werden können. Nicht genießbares Mehl und Pellets von Fischen oder Krebstieren, Weichtieren oder anderen wirbellosen Wassertieren gehören zu Position 2301 und fallen damit unter Nr. 37 der Anlage 2 (vgl. Tz. 126).

Im Einzelnen sind nach Nr. 3 der Anlage 2 **begünstigt:** 24

1. Fische, frisch (lebend oder nicht lebend), gekühlt oder gefroren, ausgenommen Zierfische (Positionen 0301 bis 0304)
   Hierzu gehören Süßwasser- und Seefische sowie Fischlebern, Fischrogen und Fischmilch, Fischfilets und anderes Fischfleisch.

2. Fische, getrocknet, gesalzen oder in Salzlake; Fische, geräuchert, auch vor oder während des Räucherns gegart (Position 0305)
   Hierzu gehören auch genießbares Mehl, Pulver und Pellets von Fischen sowie Fischlebern, -rogen und -milch.

3. Krebstiere (auch ohne Panzer), frisch (lebend oder nicht lebend), gekühlt, gefroren, getrocknet, gesalzen oder in Salzlake, ausgenommen Langusten und Hummer; Krebstiere in ihrem Panzer, nur in Wasser oder Dampf gekocht, auch gekühlt, gefroren, getrocknet, gesalzen oder in Salzlake, ausgenommen Langusten und Hummer (aus Position 0306)

Dazu gehören z. B. Krabben, Süßwasserkrebse, Garnelen, Kaisergranate, lebende Wasserflöhe und genießbares Mehl, Pulver und Pellets dieser Krebstiere.

4. Weichtiere (auch ohne Schale) und andere wirbellose Wassertiere als Krebstiere und Weichtiere, frisch (lebend oder nicht lebend), gekühlt, gefroren, getrocknet, gesalzen oder in Salzlake sowie Mehl und Pellets von Weichtieren und anderen wirbellosen Wassertieren, soweit genießbar (Position 0307)
Dazu gehören z. B. Muscheln, Kalmare und Tintenfische sowie Seeigel, Seegurken und Quallen.

25 Nach Nr. 3 der Anlage 2 sind **nicht begünstigt:**

1. lebende Meeressäugetiere, z. B. Wale (aus Position 0106) und deren Fleisch (Position 0208 oder 0210), welches jedoch unter Nr. 2 der Anlage 2 fällt (vgl. Tz. 21)
2. Abfälle von Fischen (Position 0511)
3. getrocknete und gesalzene Schwimmblasen von Kabeljau (aus Position 0511), auch soweit genießbar
4. Würmer (z. B. Angelköder), die weder Weich- oder Wassertiere noch zubereitetes Futter sind (Position 0106)
5. Kaviar (aus Position 1604)
6. Zubereitungen von Fischen, Krebs- und Weichtieren (aus Kapitel 16), z. B. Weichtiere, die einer Wärmebehandlung unterzogen wurden, die ausreichte, um die Proteine zu koagulieren (Position 1605) sowie Krebs- und Weichtiere, anders oder weitergehend behandelt, wie gekochte und geschälte Garnelen, mariniertes Muschelfleisch (Position 1605) und Krebstiere ohne Panzer, nur in Wasser gekocht (Position 1605), ebenso nur in Öl und Essig eingelegte Fische, auch ohne andere Zubereitung (Position 1604) sowie gegarter Fisch (Position 1604) und leicht gesalzene, getrocknete oder geräucherte Fische, zur vorläufigen Haltbarmachung mit geringen Mengen pflanzlichen Öls eingelegt (Position 1604)
Diese Zubereitungen können jedoch unter Nr. 28 der Anlage 2 fallen (vgl. Tz. 100).

26 Die entgeltliche Ausgabe von Angelscheinen durch einen Fischweiherbetrieb unterliegt als sonstige Leistung dem allgemeinen Steuersatz. Dem ermäßigten Steuersatz unterliegt jedoch – neben dem Verkauf von selbst aufgezogenen und zugekauften Fischen – die entgeltliche Überlassung des Tagesfanges an die Angelscheininhaber. Wird jedoch neben dem Entgelt für den Verkauf der Angelkarten kein besonderes Entgelt für die gefangenen Fische verlangt, liegt ausschließlich eine sonstige Leistung vor. Diese Umsätze sind nach dem Grundsatz der Einheitlichkeit der Leistung dann auch nicht teilweise (im Umfang der geangelten Fische) begünstigt. Eine einheitliche sonstige Leistung liegt auch vor, wenn der Käufer oder Verkäufer eine zuvor gekaufte Menge Fisch in einen Angelteich einsetzt und der Käufer die Möglichkeit erhält, diese Fische zu angeln, ohne dass sich der Preis für die zuvor gekauften

und ausgesetzten Fische in Abhängigkeit des tatsächlichen Fangergebnisses ändert.

**Milch und Milcherzeugnisse; Vogeleier und Eigelb, ausgenommen ungenießbare Eier ohne Schale und ungenießbares Eigelb; natürlicher Honig (aus Kapitel 4) (Nr. 4 der Anlage 2)** 27

**Begünstigt** sind alle Erzeugnisse des Kapitels 4 Zolltarif **mit Ausnahme** von ungenießbaren Eiern ohne Schale und ungenießbarem Eigelb sowie der genießbaren Erzeugnisse tierischen Ursprungs aus Position 0410.

Die Positionen 0401 bis 0404 umfassen Vollmilch, Rahm, Magermilch, Buttermilch, Molke, saure Milch, Kefir, Joghurt und andere fermentierte oder gesäuerte Milch. Dazu gehört auch Milch mit Zusatz von Bestandteilen, die in der Milch natürlicherweise vorkommen (z. B. mit Vitaminen oder Mineralsalzen angereicherte Milch), mit Zusatz kleiner Mengen Stabilisierungsmittel zur Erhaltung der natürlichen Beschaffenheit während des Transports sowie mit Zusatz sehr kleiner Mengen Antioxidantien oder nicht in der Milch vorkommender Vitamine. Hierzu gehört auch ungezuckerte und gezuckerte Schlagsahne (geschlagener Rahm). 28

Auf die tatsächliche Verwendung der Produkte kommt es nicht an. Begünstigt ist daher nicht nur Trinkmilch, sondern auch Milch, die für andere Zwecke (z. B. als Werkmilch für Molkereien oder für Futterzwecke) verwendet wird. 29

Im Einzelnen sind nach Nr. 4 der Anlage 2 **begünstigt:** 30

1. Milch und Rahm, weder eingedickt noch mit Zusatz von Zucker oder anderen Süßmitteln (Position 0401)
   Hierzu gehören Milch und Rahm, auch pasteurisiert, sterilisiert, homogenisiert oder peptonisiert (bzw. pepsiniert), auch entrahmte frische Milch. Die Produkte können auch tiefgekühlt sein.

2. Milch und Rahm, eingedickt oder mit Zusatz von Zucker oder anderen Süßmitteln (Position 0402)
   Hierzu gehören alle von der Position 0401 erfassten Erzeugnisse, eingedickt (z. B. evaporiert) oder gesüßt, flüssig, pastös oder fest (in Blöcken, Pulver oder als Granulat), auch haltbar gemacht oder in luftdicht verschlossenen Behältnissen, und rekonstituierte Milch. Zum Erhalt in ihrem normalen physikalischen Zustand kann Milch in Pulverform in geringer Menge Stärke (nicht mehr als fünf Gewichtshundertteile) zugesetzt sein.
   Ebenso dazu gehören u. a. Vollmilchpulver, Magermilchpulver, Rahmpulver, Kondensmilch und Blockmilch sowie denaturiertes Magermilchpulver für Futterzwecke.

3. Buttermilch, saure Milch, saurer Rahm, Joghurt, Kefir und andere fermentierte oder gesäuerte Milch (einschließlich Rahm), auch eingedickt oder aromatisiert, auch mit Zusatz von Zucker oder anderen Süßmitteln, Früchten (einschließlich Fruchtmark und Konfitüren), Nüssen oder Kakao, auch mit einem Alkoholgehalt von 0,5% vol. oder weniger (Position 0403)
   Erzeugnisse dieser Position können flüssig, pastenförmig oder fest (auch gefroren) und auch haltbar gemacht sein.

4. Molke, auch eingedickt oder mit Zusatz von Zucker oder anderen Süßmitteln; Erzeugnisse, die aus natürlichen Milchbestandteilen bestehen, auch mit Zusatz von Zucker oder anderen Süßmitteln, anderweit weder genannt noch inbegriffen (Position 0404)
Hierzu gehört Molke (d. h. die natürlichen Milchbestandteile, die nach dem Entzug des Fettes und des Caseins aus der Milch zurückbleiben) und modifizierte Molke. Ebenso gehört hierzu Molke in Pulverform, der teilweise der Milchzucker entzogen wurde. Diese Erzeugnisse können flüssig, pastenartig oder fest (auch gefroren), auch eingedickt (z. B. als Pulver) oder haltbar gemacht oder gesüßt sein.
5. Butter und andere Fettstoffe aus der Milch; Milchstreichfette (Position 0405)
Hierzu gehören natürliche Butter (aus Kuh-, Schafs-, Ziegen- oder Büffelmilch), frisch oder gesalzen, auch in luftdicht verschlossenen Behältnissen. Hierzu gehören auch Erzeugnisse aus Butter, die geringe Mengen von z. B. Küchenkräutern, Gewürzen oder Aromastoffen enthalten, ausgeschmolzene Butter (Butterschmalz), entwässerte Butter, Butterfett und ranzige Butter.
6. Käse und Quark/Topfen (Position 0406)
Hierzu gehören alle Arten von Käse, in ganzen Laiben, Stücken, Scheiben, gerieben oder in Pulverform, insbesondere Frischkäse (z. B. Speisequark, Rahmfrischkäse und Schichtkäse), Molkenkäse, Weichkäse (z. B. Limburger, Brie und Camembert), Käse mit Schimmelbildung im Teig (z. B. Roquefort und Gorgonzola), mittelharter Käse (z. B. Gouda), Hartkäse (z. B. Cheddar und Parmesan) und Schmelzkäse. Das gilt auch dann, wenn Gewürze, Vitamine, Fleisch oder Gemüse zugesetzt sind, sofern die Erzeugnisse ihren Charakter als Käse behalten. Hierher gehört auch Casein mit einem Wassergehalt von mehr als 15 Gewichtshundertteilen; **nicht jedoch** Casein mit einem Wassergehalt von höchstens 15 Gewichtshundertteilen und Caseinderivate (aus Position 3501) sowie gehärtetes Casein (Position 3913).
7. Vogeleier in der Schale, frisch, haltbar gemacht oder gekocht (Position 0407)
Hierzu gehören Eier von Hühnern und von allen anderen Vögeln (z. B. Gänsen, Enten, Puten und Federwild), in der Schale, frisch oder haltbar gemacht (ohne Rücksicht auf die Verwendung). Hierher gehören auch verdorbene oder angebrütete Eier in der Schale.
8. Vogeleier, nicht in der Schale, und Eigelb, frisch, getrocknet, in Wasser oder Dampf gekocht, geformt, gefroren oder anders haltbar gemacht, auch mit Zusatz von Zucker oder anderen Süßmitteln (Position 0408)
Hierzu gehören genießbare Eier ohne Schale (Vollei) und genießbares Eigelb, frisch, getrocknet (in Stücken oder als Pulver) oder anders haltbar gemacht, z. B. Flüssigei (Eiauslauf), flüssiges Eigelb, gefrorenes Vollei (Gefriervollei), gefrorenes Eigelb (Gefriereigelb), Eipulver (Trockenvollei), Trockeneigelb, ferner Gemische dieser Erzeugnisse, soweit sie unter Position 0408 fallen. Hierher gehört auch Eimasse ohne Schale, die anfällt, wenn beim Aussortieren beschädigter Eier, aus denen die Eimasse teilweise bereits ausläuft, die Schale von diesen Eiern entfernt wird.

Als genießbar (zur menschlichen Ernährung geeignet) gelten Vollei und Eigelb auch dann, wenn sie erst nach einer besonderen Behandlung, durch die bestimmte pathogene Keime (z. B. Salmonellen) abgetötet werden, für die menschliche Ernährung verwendet werden können, **nicht jedoch**

a) Eieröl (aus hartgekochtem Eigelb) (aus Position 1506),

b) gekochte Eier in Form von Lebensmittelzubereitungen des Kapitels 21 (Position 2106); sie sind jedoch nach Nr. 33 der Anlage 2 begünstigt (vgl. Tz. 116),

c) Eilecithine (aus Position 2923) und gehärtete Eiweißstoffe (Position 3913).

9. natürlicher Honig (Position 0409)
Hierzu gehört Honig von Bienen oder anderen Insekten, in Waben oder geschleudert, jedoch ohne Zusatz von Zucker oder anderen Stoffen, **nicht jedoch** Gelée royale (Position 0410) sowie Schönheitsmittel, die Gelée royale enthalten.

Nach Nr. 4 der Anlage 2 sind **nicht begünstigt:**[1] 31

1. Getränke aus Milch mit Zusatz anderer Stoffe, z. B. Milch mit Zusatz von Fruchtsäften oder Alkohol (Kapitel 22)
Sie können jedoch unter Nr. 35 der Anlage 2 fallen (vgl. Tz. 121).
2. Arzneiwaren (Positionen 3003 und 3004)
3. Albumine und Albuminderivate, z. B. Milchalbumin (Milcheiweiß), Molkenproteine (Lactalbumin) und Eieralbumin (Eiereiweiß) (Position 3502)
4. Erzeugnisse tierischen Ursprungs aus Position 0410, insbesondere
a) Schildkröteneier, frisch, getrocknet oder anders haltbar gemacht,
b) Nester von Salanganen (unzutreffend „Schwalbennester" genannt)
Sie bestehen aus einem proteinreichen Stoff, der von Salanganen abgesondert wird, und werden nahezu ausschließlich zum Herstellen von Suppen und anderen Lebensmittelzubereitungen verwendet.

**Andere Waren tierischen Ursprungs, und zwar** 32

**a) Mägen von Hausrindern und Hausgeflügel (aus Position 0504),**

**b) (weggefallen)**

**c) rohe Knochen (aus Position 0506)**

**(Nr. 5 der Anlage 2)**

**Begünstigt** sind:

1. zu Buchstabe a):
frische, gesalzene oder getrocknete Mägen von Hausrindern und von Hausgeflügel (aus Position 0504), ganz oder geteilt, und zwar ohne Rücksicht darauf, ob sie im Einzelfall zur menschlichen Ernährung verwendet werden
2. zu Buchstabe c):
Knochen in rohem Zustand (aus Position 0506), d. h. frische nicht bearbeitete Knochen, wie sie bei der Schlachtung anfallen

[1] Nicht begünstigt sind auch sog. „Milchersatzprodukte" pflanzlichen Ursprungs; vgl. BFH v. 9. 2. 2006 V R 49/04, BStBl. II S. 694.

Begünstigt sind hiernach z. B. Röhrenknochen mit Mark (sog. Markknochen) und Rinderknochen ohne Mark (sog. krause Knochen), die zur Herstellung von Suppen und Soßen verwendet werden, auch wenn den Knochen noch geringe Mengen Fleischfasern anhaften, ferner auch Knochen, die für technische Zwecke verwendet werden (z. B. Röhrenknochen, aus denen das Mark entfernt worden ist), **nicht jedoch** bearbeitete (z. B. entfettete, mit Säure behandelte oder entbeinte Knochen – z. B. Naturknochen-Präparate – sowie Mehl, Schrot und Abfälle von Knochen [aus Position 0506]). Haften den rohen Knochen jedoch größere Mengen Fleisch an und ist dieses Fleisch für das Erzeugnis charakterbestimmend, gehören sie zu Kapitel 2 Zolltarif und fallen unter Nr. 2 der Anlage 2 (vgl. Tz. 18–21).

33 Nach Nr. 5 der Anlage 2 sind **nicht begünstigt:**

1. Därme und Blasen von Tieren sowie Mägen von anderen Tieren als von Hausrindern und Hausgeflügel, auch wenn sie genießbar sind (aus Position 0504)
2. Hörner, Hufe und Klauen (aus Position 0507)
3. Flechsen und Sehnen (aus Position 0511)

34 **Bulben, Zwiebeln, Knollen, Wurzelknollen und Wurzelstöcke, ruhend, im Wachstum oder in Blüte; Zichorienpflanzen und -wurzeln (Position 0601)**
**(Nr. 6 der Anlage 2)**

**Begünstigt** sind alle Erzeugnisse der Position 0601. Hierzu gehören lebende (ruhende, im Wachstum oder in Blüte befindliche) Bulben, Zwiebeln, Knollen, Wurzelknollen und Wurzelstöcke, die gewöhnlich von Gärtnereien, vom Samenfachhandel oder vom Blumenhandel für Anpflanzungen oder zu Zierzwecken geliefert werden (z. B. Orchideen, Hyazinthen, Narzissen, Tulpen, Anthurien, Clivien, Dahlien, Schneeglöckchen, Gladiolen) sowie Zichorienpflanzen und -wurzeln. Hierher gehören auch lebende Bulben, Zwiebeln usw. von Pflanzen, die nicht zu Zierzwecken verwendet werden, wie Wurzelstöcke vom Rhabarber und vom Spargel.

35 Als **unselbständige Nebenleistungen** zu den steuerbegünstigten Lieferungen von Pflanzen- und Pflanzenteilen (Nr. 6 bis 9 der Anlage 2) sind anzusehen:

1. Verpacken und Befördern bzw. Versenden der Ware
   Eine dem ermäßigten Steuersatz unterliegende Pflanzenlieferung liegt **nicht** vor, wenn außer dem Verpacken und Befördern bzw. Versenden der Ware weitere Tätigkeiten, die ihrer Art nach sonstige Leistungen sind (z. B. das Einsetzen der Pflanze in das Erdreich und damit im Zusammenhang stehende Tätigkeiten) erbracht werden. *In diesen Fällen besteht die gesamte Leistung in einer Werklieferung (§ 3 Abs. 4 UStG), die dem allgemeinen Steuersatz unterliegt.*[1]
   Ob bestimmte Umsätze Lieferungen von Gegenständen oder Dienstleistungen (sonstige Leistungen) sind, richtet sich nach ihrem Wesen. Dieses ist im Rahmen einer Gesamtbetrachtung zu ermitteln; maßgebend ist die Sicht des Durchschnittsverbrauchers.

[1] Pflanzenlieferung und deren Einpflanzen können jeweils selbstständig zu beurteilende Leistungen sein; vgl. BMF v. 4. 2. 2010, BStBl. I S. 214.

Bei einer Leistung, die sowohl Lieferungselemente als auch Elemente sonstiger Leistungen aufweist, hängt die Qualifizierung als einheitliche Lieferung oder sonstige Leistung davon ab, welche Leistungselemente unter Berücksichtigung des Willens der Vertragsparteien den wirtschaftlichen Gehalt der Leistung bestimmen. In der Regel ist jede Lieferung und jede Dienstleistung (sonstige Leistung) als eigene selbständige Leistung zu betrachten. So erbringt ein Unternehmer, der einem Landwirt Saatgut liefert und es einsät, umsatzsteuerrechtlich zwei separate Leistungen (Lieferung von Saatgut zum ermäßigten Steuersatz und Einsaat zum Regelsteuersatz), wenn die Saatgutlieferung bereits vom Preis her so gewichtig ist, dass sie nicht in einer einheitlichen Dienstleistung aufgeht (vgl. Tz. 62).
Anders sind jedoch die Grabpflegeleistungen zu beurteilen, bei denen der Lieferung der Pflanzen kein selbständiger rechtlicher Gehalt beigemessen wird (vgl. Tz. 40, 41).

2. die Abgabe üblicher Warenumschließungen, die unabhängig von ihrer Verwendung als Umschließung keinen dauernden selbständigen Gebrauchswert haben (z. B. Ton- oder Plastiktöpfe und -schalen, Kübel, Körbe, Kästen und andere übliche Behälter, in welche die Gewächse eingepflanzt sind)
Zierübertöpfe, Vasen und Blumensteckschalen (z. B. aus Keramik) sind im Allgemeinen nicht mehr als Gegenstand einer Nebenleistung anzusehen.

3. die Verwendung üblicher Zutaten und Nebensachen, wie z. B. Bindedraht, Bänder, Papiermanschetten und Kranzschleifen
Nicht als eine unselbständige Nebenleistung, sondern als **Hauptleistung** anzusehen sind Lieferungen von Blumenerde, Pflanzendünger, Pflanzennahrung, Pflanzenpflegemittel, Pflanzenschutzmittel, Glaswaren, Keramikwaren, Korbwaren, Kupferwaren, Geschenkartikel und kunstgewerbliche Gegenstände. Pflanzendünger kann jedoch unter Nr. 45 der Anlage 2 fallen (vgl. Tz. 143, 144).
Bezüglich der Zusammenstellung von unterschiedlich zu tarifierenden Erzeugnissen (z. B. Blume mit Ziertopf) wird auf Tz. 13 verwiesen. Zur Behandlung von Hydrokulturen vgl. Tz. 39.

Nach Nr. 6 der Anlage 2 sind **nicht begünstigt:** 36

1. Kartoffeln, Speisezwiebeln, Schalotten, Topinambur (aus Position 0714) und Knoblauch, selbst wenn sie im Einzelfall als Pflanzgut verwendet werden (Positionen 0701 oder 0703)
Sie fallen jedoch unter Nr. 10 der Anlage 2 (vgl. Tz. 48–50).
2. nicht lebende Wurzeln von Dahlien und andere nicht lebende ähnliche Blumenknollen (Kapitel 7)
3. Ingwer (aus Position 0910), der jedoch unter Nr. 12 der Anlage 2 fällt (vgl. Tz. 59) und nicht lebende Rhabarberwurzelstöcke (aus Position 1211)
4. nicht geröstete Zichorienwurzeln der Varietät Cichorium intybus sativum (Position 1212)
Sie fallen jedoch unter Nr. 22 der Anlage 2 (vgl. Tz. 86).

Die Anzucht von Pflanzen unterliegt als sonstige Leistung nach § 12 Abs. 2 Nr. 3 UStG dem ermäßigten Steuersatz. 37

38 **Andere lebende Pflanzen einschließlich ihrer Wurzeln, Stecklinge und Pfropfreiser; Pilzmyzel (Position 0602) (Nr. 7 der Anlage 2)**

**Begünstigt** sind alle Erzeugnisse der Position 0602. Hierzu gehören lebende Pflanzen, die keine Bulben, Zwiebeln, Knollen, Wurzelknollen oder Wurzelstöcke bilden und die gewöhnlich von Gärtnereien oder Baumschulen für Anpflanzungen oder zu Zierzwecken geliefert werden, insbesondere

1. Bäume und Sträucher aller Art (Waldgehölze, Obstgehölze, Ziergehölze usw.) einschließlich Unterlagen zum Veredeln
2. Pflanzen aller Art zum Pikieren oder Umpflanzen
3. lebende Wurzeln (ausgenommen Wurzelknollen der Position 0601)
4. Stecklinge, unbewurzelt, Pfropfreiser und Ableger, Schösslinge
5. Pilzmyzel, auch in Erde oder mit pflanzlichen Stoffen vermischt

Die hierher gehörenden Bäume, Sträucher und anderen Pflanzen können auch Erdballen haben oder in Töpfe, Kübel, Körbe oder andere übliche Behälter gepflanzt sein.

39 Hydrokulturen (bestehend aus Hydropflanze, Kulturtopf, Wasserstandsanzeiger sowie einem Kulturgefäß, in das der Kulturtopf mit Pflanze eingesetzt wird) sind aus verschiedenen Bestandteilen zusammengesetzte Waren. Aus Vereinfachungsgründen sind Hydrokulturen insgesamt begünstigt, wenn das Kulturgefäß aus Kunststoff oder Keramik besteht. Das gilt auch bei einem anderen Kulturgefäß, wenn dessen Anteil am Gesamtentgelt nicht überwiegt. Insgesamt **nicht begünstigt** ist eine Hydrokultur, wenn der auf ein anderes Kulturgefäß entfallende Anteil am Gesamtentgelt überwiegt.

Werden die Einzelteile von Hydrokulturen getrennt geliefert, so fällt nur die Hydropflanze unter die Steuerermäßigung. Die übrigen Teile unterliegen dem allgemeinen Steuersatz. Das gilt auch, wenn ein Abnehmer die getrennt angebotenen Teile erwirbt und nach dem Kauf zusammensetzt.

Der Unternehmer genügt seinen Aufzeichnungspflichten, wenn er bei begünstigten Hydrokulturen die Bezeichnung des Kulturgefäßes (bei Gefäßen aus Kunststoff oder Keramik) bzw. den auf das Kulturgefäß entfallenden Anteil am Gesamtentgelt angibt. Die Angaben können auch in den entsprechenden Belegen enthalten sein, wenn darauf in den Aufzeichnungen hingewiesen wird.

40 Mit Ausnahme der Anzucht von Pflanzen, die nach § 12 Abs. 2 Nr. 3 UStG dem ermäßigten Steuersatz unterliegt, ist auf sonstige Leistungen (einschließlich der Werkleistungen) der allgemeine Steuersatz anzuwenden (vgl. Tz. 2). Die Grabpflege durch Gärtnereien, Friedhofsgärtnereien usw. unterliegt deshalb als sonstige Leistung bzw. Werkleistung insgesamt dem allgemeinen Steuersatz, auch wenn dabei begünstigte Gegenstände verwendet werden.

Wird Grabpflege für 25 Jahre gegen Einmalzahlung vereinbart, kann dies nach den jeweiligen Besonderheiten zur Annahme einer Vorauszahlung oder eines verzinslichen Darlehens führen

41 *Eine dem ermäßigten Steuersatz unterliegende Lieferung von Pflanzen usw. liegt nur vor, wenn der Unternehmer außer dem Transport keine weiteren Tätigkeiten ausführt,*

*die ihrer Art nach sonstige Leistungen sind (z. B. das Einpflanzen und damit im Zusammenhang stehende Tätigkeiten).*[1]

Zur Lieferung und Einsaat von Saatgut vgl. jedoch Tz. 35, 62.

Pflanzt dagegen ein Gärtner, Friedhofsgärtner usw. von ihm gelieferte Pflanzen auftragsgemäß in das Erdreich ein oder führt er weitere Tätigkeiten in diesem Zusammenhang aus, so handelt es sich um eine Werklieferung (§ 3 Abs. 4 UStG), die im Erstellen einer nicht begünstigten Garten- bzw. Grabanlage besteht. Das Gleiche gilt für das Eindecken von Gräbern mit Tannengrün usw. Auf diese Werklieferungen ist insgesamt der allgemeine Steuersatz anzuwenden, auch wenn dabei begünstigte Gegenstände verwendet werden.

Wegen der Nebenleistungen vgl. Tz. 7, 35.

**Blumen und Blüten sowie deren Knospen, geschnitten, zu Binde- oder Zierzwecken, frisch (aus Position 0603) (Nr. 8 der Anlage)** 42

**Begünstigt** sind nur frische geschnittene Blüten und Blütenknospen zu Binde- oder Zierzwecken (aus Position 0603), die gewöhnlich von Gärtnereien oder vom Blumenhandel geliefert werden. Hierzu gehören auch Sträuße, Ziergebinde, Kränze, Blumenkörbe und ähnliche Erzeugnisse aus frischen Blüten und Blütenknospen ohne Rücksicht auf Zutaten aus anderen Stoffen, so lange diese als Nebensache angesehen werden können (wie Körbe, Bänder, Kranzschleifen, Papierausstattungen, Bindedraht und dergleichen), ferner Blüten und Blütenknospen, deren natürliche Farbe geändert oder aufgefrischt wurde (z. B. durch Absorption von Farblösungen vor oder nach dem Schneiden oder durch einfaches Eintauchen in solche Lösungen), sofern diese Erzeugnisse frisch sind.

Nach Nr. 8 der Anlage 2 sind **nicht begünstigt:** 43

1. getrocknete, gebleichte, gefärbte, imprägnierte oder anders bearbeitete Blüten und Blütenknospen (aus Position 0603)
2. Blüten und Blütenknospen, die hauptsächlich zur Riechmittelherstellung oder für Zwecke der Medizin, Insektenvertilgung, Schädlingsbekämpfung usw. verwendet werden, wenn ihre Beschaffenheit eine Verwendung zu Binde- oder Zierzwecken ausschließt, z. B. welke Rosenblüten (aus Position 1211)
3. Stängel und Blätter von Sonnenblumen und Reseda (ohne Blüten) sowie Weidenzweige ohne Knospen oder Blüten (Positionen 1404 bzw. 1401)

Bestattungsunternehmen erbringen regelmäßig gesondert zu beurteilende Leistungen verschiedener Art. Auf die Lieferungen von Sträußen, Blumenkörben und ähnlichen Erzeugnissen, die frische Blüten, frische Blütenknospen, frisches Blattwerk usw. enthalten, ist der ermäßigte Steuersatz anzuwenden. Das gilt nach § 12 Abs. 2 Nr. 2 UStG auch für die Gestellung (Vermietung) frischer Blumen in Vasen. 44

Wegen der Nebenleistungen vgl. Tz. 7, 35.

---

[1] Pflanzenlieferung und deren Einpflanzen können jeweils selbstständig zu beurteilende Leistungen sein; vgl. BMF v. 4. 2. 2010, BStBl. I S. 214.

45 **Blattwerk, Blätter, Zweige und andere Pflanzenteile, ohne Blüten und Blütenknospen, sowie Gräser, Moose und Flechten, zu Binde- oder Zierzwecken, frisch (aus Position 0604) (Nr. 9 der Anlage 2)**

**Begünstigt** sind nur frische Erzeugnisse aus Position 0604 zu Binde- oder Zierzwecken, die gewöhnlich von Gärtnereien oder vom Blumenhandel geliefert werden. Dazu gehören auch Sträuße, Ziergebinde, Kränze, Körbe und ähnliche Erzeugnisse aus frischem Blattwerk usw. Die Verwendung von Zutaten aus anderen Stoffen (z. B. aus getrockneten Pflanzenteilen) ist unschädlich, sofern die Sträuße, Kränze usw. nach ihrem wesentlichen Charakter als frische Erzeugnisse des Blumenhandels anzusehen sind. Wegen der Behandlung von Nebenleistungen vgl. Tz. 7, 35.

46 Im Einzelnen sind nach Nr. 9 der Anlage 2 **begünstigt:**

1. frische Rentierflechte – sog. Islandmoos – (Cladonia rangiferina, Cladonia silvatica und Cladonia alpestris), **nicht jedoch** Isländisches Moos (Cetravia islandica)
   Trockenmoos wird durch Anfeuchten nicht wieder zu frischem Moos.
2. Weihnachtsbäume, geschnitten oder mit Wurzeln, soweit sie zur Wiedereinpflanzung nicht geeignet sind (lebende Bäume mit Ballen, die zur Wiedereinpflanzung geeignet sind, sind nach Nr. 7 der Anlage 2 begünstigt [vgl. Tz. 38]), frisches Tannengrün sowie Gebinde aus Tannengrün und frischem Blattwerk, blatttragende Zweige des Lorbeerbaumes oder frische Zapfen von Nadelbäumen

47 Nach Nr. 9 der Anlage 2 sind **nicht begünstigt:**

1. Blattwerk, Blätter, Zweige und andere Pflanzenteile, Gräser, Moose und Flechten, die getrocknet, gebleicht, gefärbt, imprägniert oder anders bearbeitet sind (aus Position 0604), z. B. gefärbte Blütenköpfe der Weberkarde oder getrocknete Rentierflechte
   Dazu gehören z. B. Adventskränze und Adventsgestecke, die überwiegend aus natürlichen Koniferen-Zapfen mit natürlichen getrockneten und grüngefärbten Zweigen bestehen und mit künstlichen Früchten als Verzierung sowie mit Kerzenhaltern und Kerzen versehen sind. Soweit frisches Material charakterbestimmend ist, sind die Adventskränze und -gestecke jedoch begünstigt.
2. Blattwerk, Blätter usw., die hauptsächlich zur Riechmittelherstellung oder für Zwecke der Medizin, Insektenvertilgung, Schädlingsbekämpfung usw. verwendet werden, wenn ihre Beschaffenheit eine Verwendung zu Binde- oder Zierzwecken ausschließt (aus Position 1211)
   Rosmarin, Beifuß und Basilikum in Aufmachungen für den Küchengebrauch sowie Dost, Minzen, Salbei, Kamilleblüten und Haustee fallen jedoch unter Nr. 21 der Anlage 2 (vgl. Tz. 82).
3. pflanzliche Rohstoffe zum Färben oder Gerben (aus Position 1404)
4. pflanzliche Stoffe der hauptsächlich zur Korb- oder Flechtwarenherstellung verwendeten Art (aus Position 1401)
5. irländisches Moos (Kapitel 14)

6. trockene gemähte Heidekrautpflanzen, in Bündeln oder lose, die insbesondere als Baumaterial für Wasserbaumaßnahmen verwendet werden
7. Unterlagen aus Stroh und Draht (sog. Römer) für die Herstellung von Kränzen
8. „Strohmobiles" (Kränze aus geflochtenem Stroh zum Aufhängen an der Decke)

**Gemüse, Pflanzen, Wurzeln und Knollen, die zu Ernährungszwecken verwendet werden, und zwar** 48

**a) Kartoffeln, frisch oder gekühlt (Position 0701),**

**b) Tomaten, frisch oder gekühlt (Position 0702),**

**c) Speisezwiebeln, Schalotten, Knoblauch, Porree/Lauch und andere Gemüse der Allium-Arten, frisch oder gekühlt (Position 0703),**

**d) Kohl, Blumenkohl/Karfiol, Kohlrabi, Wirsingkohl und ähnliche genießbare Kohlarten der Gattung Brassica, frisch oder gekühlt (Position 0704),**

**e) Salate (Lactuca sativa) und Chicorée (Cichorium-Arten), frisch oder gekühlt (Position 0705),**

**f) Karotten und Speisemöhren, Speiserüben, Rote Rüben, Schwarzwurzeln, Knollensellerie, Rettiche und ähnliche genießbare Wurzeln, frisch oder gekühlt (Position 0706),**

**g) Gurken und Cornichons, frisch oder gekühlt (Position 0707),**

**h) Hülsenfrüchte, auch ausgelöst, frisch oder gekühlt (Position 0708),**

**i) anderes Gemüse, frisch oder gekühlt (Position 0709),**

**j) Gemüse, auch in Wasser oder Dampf gekocht, gefroren (Position 0710),**

**k) Gemüse, vorläufig haltbar gemacht (z. B. durch Schwefeldioxid oder in Wasser, dem Salz, Schwefeldioxid oder andere vorläufig konservierend wirkende Stoffe zugesetzt sind), zum unmittelbaren Genuss nicht geeignet (Position 0711),**

**l) Gemüse, getrocknet, auch in Stücke oder Scheiben geschnitten, als Pulver oder sonst zerkleinert, jedoch nicht weiter zubereitet (Position 0712),**

**m) getrocknete, ausgelöste Hülsenfrüchte, auch geschält oder zerkleinert (Position 0713),**

**n) Topinambur (aus Position 0714)**

**(Nr. 10 der Anlage 2)**

**Begünstigt** sind alle Erzeugnisse der Positionen 0701 bis 0713 (Gemüse und Küchenkräuter) – auch gewaschen, geputzt, vom Kraut befreit oder geschält – sowie Topinambur (aus Position 0714). Von den Positionen 0701 bis 0713 werden auch solche Erzeugnisse erfasst, die erst nach Bearbeitung oder Zubereitung zur menschlichen Ernährung verwendet werden oder die nur teilweise bzw. eingeschränkt genießbar sind (z. B. welkes oder teilweise verdorbenes Gemüse). In vollem Umfang verdorbene Erzeugnisse, die im Allgemeinen nur als Düngemittel verwendbar sind (Position 3101), können unter Nr. 45 der Anlage 2 fallen (vgl. Tz. 143).

**49** Zubereitungen von Gemüse und Küchenkräutern (Kapitel 20) fallen unter Nr. 32 der Anlage 2 (vgl. Tz. 112, 113).

**50** Im Einzelnen sind nach Nr. 10 der Anlage 2 **begünstigt:**

1. zu Buchstabe a):
   Kartoffeln aller Art, insbesondere auch Pflanz- oder Frühkartoffeln, **nicht jedoch** Süßkartoffeln der Position 0714
2. zu Buchstabe b):
   Tomaten aller Art, auch sog. Partytomaten
3. zu Buchstabe c):
   Speisezwiebeln aller Art einschließlich Zwiebelpflanzen und Frühlingszwiebeln sowie Schnittlauch und andere Gemüse der Allium-Arten
4. zu Buchstabe d):
   genießbare Kohlarten, insbesondere Rosenkohl, Weißkohl, Rotkohl, Chinakohl, Grünkohl, Sprossenbrokkoli oder Spargelkohl und anderer Sprossenkohl, **nicht jedoch** Kohlrüben oder Futterkohl, weiß oder rot, (Position 1214), die aber unter Nr. 23 der Anlage 2 fallen können (vgl. Tz. 89)
5. zu Buchstabe e):
   Salate aller Art, insbesondere Kopf- und Endiviensalat, **nicht jedoch** Zichorienpflanzen und -wurzeln (aus Position 0601 oder aus Position 1212), die aber unter Nr. 6 oder 22 der Anlage 2 fallen (vgl. Tz. 34, 86)
6. zu Buchstabe f):
   Karotten und Speisemöhren, Speiserüben, Rote Rüben, Schwarzwurzeln, Knollensellerie, Rettiche und ähnliche genießbare Wurzeln, z. B. Rote Beete, Haferwurzeln, Radieschen, Meerrettich, Wurzelpetersilie, Knollenziest, Klette und Pastinaken, **nicht jedoch** Wurzeln zu Futterzwecken wie Futterrüben und Kohlrüben (Position 1214), die aber unter Nr. 23 der Anlage 2 fallen (vgl. Tz. 89); **ebenso nicht** genießbare Wurzeln und Knollen mit hohem Gehalt an Stärke oder Inulin, wie z. B. süße Kartoffeln, Taros oder Yamswurzeln (aus Position 0714) und **ebenso nicht** getrocknete Wurzeln von Klette (Position 1211 oder 1212)
7. zu Buchstabe g):
   Gurken und Cornichons aller Art
8. zu Buchstabe h):
   Hülsenfrüchte, insbesondere Bohnen einschließlich Lima-, Urd-, Wachs-, Kuh-, Augen-, Puff-, Pferde-, Acker-, Helm-, Faselbohnen, grüne und dicke Bohnen, Erbsen einschließlich nicht ausgelöste junge Erbsen und Futtererbsen, Kichererbsen, Linsen und Guarsamen, **nicht jedoch** Sojabohnen (aus Position 1201), die aber unter Nr. 18 der Anlage 2 fallen (vgl. Tz. 75, 76) und Johannisbrotkerne (Position 1212), die unter Nr. 22 der Anlage 2 fallen (vgl. Tz. 85, 86)

9. zu Buchstabe i):
anderes Gemüse, insbesondere

a) Artischocken,

b) Spargel,

c) Auberginen (Eierfrüchte),

d) Sellerie,

e) Pilze und Trüffel,

f) Früchte bestimmter botanischer Varietäten der Gattungen Capsicum und Pimenta. Diese Früchte werden im Allgemeinen als Peperoni oder Paprika bezeichnet. Die Bezeichnung Capsicum umfasst sowohl den großfruchtigen, milden Gemüsepaprika (Capsicum annuum var. annuum), der in grünem oder reifem Zustand meistens für Salate verwendet wird, als auch Früchte mit mehr brennendem Geschmack der Arten Capsicum frutescens und Capsicum annuum, wie Chilis, Cayennepfeffer, Spanischer Pfeffer usw., die meistens zum Würzen von Speisen verwendet werden. Zur Gattung Pimenta gehört insbesondere das unter den Bezeichnungen Jamaika-Pfeffer, Nelkenpfeffer, Allerleigewürz oder Englischgewürz bekannte Gewürz,

g) Gartenspinat, neuseeländischer Spinat und Gartenmelde,

h) Zuckermais, auch in Kolben,

i) Kürbisse aller Art,

j) Oliven,

k) Rhabarber, genießbare Kardone (Cady oder Spanische Artischocke), Fenchel, Kapern und Sauerampfer, essbarer Sauerklee,

l) Mangold und Okra (Gumbo),

m) Petersilie, Kerbel, Estragon, Kresse (z. B. Brunnenkresse), Bohnenkraut (Satureja hortensis), Koriander, Dill, Majoran (Majorana hortensis oder Origanum majorana),

n) Bambusschösslinge und Sojabohnensprossen (Sojabohnenkeime),

o) Feldsalat,

p) Löwenzahn,

**nicht jedoch** Früchte und Gewürze, wenn sie getrocknet, gemahlen oder sonst zerkleinert sind, z. B. Gewürzpaprika in Pulverform (aus Position 0904), die jedoch unter Nr. 12 der Anlage 2 fallen (vgl. Tz. 58, 59); **ebenso nicht** wilder Majoran oder Dost (aus Position 1211), wobei Dost unter Nr. 21 der Anlage 2 fällt (vgl. Tz. 82, 83), und **ebenso nicht** die essbaren Knollen der chinesischen Wasserkastanie (Position 0714)

10. zu Buchstabe j):
gefrorene Gemüse, die in frischem oder gekühltem Zustand in Position 0701 bis 0709 eingereiht werden; auch mit Zusatz von Salz oder Zucker vor dem Gefrieren, insbesondere tiefgekühlte Erbsen, Bohnen, Spargel, Speiserüben, Rote Rüben und Spinat sowie Mischungen von tiefgekühltem Gemüse; **nicht jedoch** Kartoffeln in Scheiben oder Streifen, in

Fett oder Öl vorgebacken und gefroren sowie tiefgekühlte Pommes Frites (aus Position 2004), die aber unter Nr. 32 der Anlage 2 fallen (vgl. Tz. 112, 113)

11. zu Buchstabe k):
Gemüse, die zur Erhaltung während des Transports und der Lagerung bis zur endgültigen Verwendung in Salzlake oder in Wasser mit Zusatz von Schwefeldioxyd oder anderer geeigneter Stoffe eingelegt sind (meistens in Tonnen oder Fässern)
Die Erzeugnisse (z. B. Oliven, Kapern, grüne Bohnen) dienen im Allgemeinen als Ausgangsstoffe für die Nahrungsmittelindustrie (Konservenindustrie).

12. zu Buchstabe l):
alle Gemüse der Positionen 0701 bis 0709 (mit Ausnahme der Erzeugnisse, die unter andere Nummern der Anlage 2 fallen), die durch verschiedene Verfahren getrocknet sind, ganz, zerkleinert oder als Pulver, das durch Mahlen hergestellt ist (z. B. Trockenzwiebeln, Kartoffelschnitzel sowie Spargelmehl, Knoblauchmehl, Knoblauchschrot und Majoran, gerebelt oder gemahlen), **nicht jedoch** zusammengesetzte Würzmittel (Position 2103) sowie Zubereitungen zum Herstellen von Suppen auf der Grundlage von getrocknetem Gemüse (Position 2104), die aber unter Nr. 33 der Anlage 2 fallen (vgl. Tz. 115, 116), sowie getrocknete Erzeugnisse für Zwecke der Medizin usw. (Position 1211)

13. zu Buchstabe m):
getrocknete ausgelöste Hülsenfrüchte der Position 0708 ohne Rücksicht auf ihren Verwendungszweck (z. B. zur Ernährung, Viehfütterung oder Aussaat), z. B. Erbsen (einschl. Kichererbsen, Taubenerbsen und Arabische Erbsen), Bohnen (einschl. Puffbohnen, dicke Bohnen, Pferdebohnen, Ackerbohnen) und Linsen, **nicht jedoch** Samen von Wicken und Lupinen (Position 1209), die aber unter Nr. 19 der Anlage 2 fallen können (vgl. Tz. 78)

14. zu Buchstabe n):
die verschiedenen Arten von Topinambur (z. B. Helianthus tuberosus, Helianthus strumosus und Helianthus decapetalus), frisch, gekühlt, gefroren oder getrocknet, auch in Stücken
Topinambur ist eine kartoffelähnliche, süßliche Wurzelstockknolle, die wegen ihres Gehaltes an Inulin hauptsächlich als Vieh- und Mastfutter verwendet wird. **Nicht begünstigt** sind jedoch:
a) Wurzeln und Knollen von Manihot (Tapiokawurzeln), Maniok, Maranta und Salep sowie ähnliche Wurzeln und Knollen mit hohem Gehalt an Stärke oder Inulin, z. B. nicht lebende Wurzeln von Dahlien und andere nicht lebende ähnliche Blumenknollen, Yamswurzeln und Wurzelknollen von Taro (Position 0714),
b) Süßkartoffeln, Bataten und Mark des Sagobaumes – sog. Sagomark (Position 0714),
c) Mehl und Grieß von Topinambur oder der vorstehend unter a) bezeichneten Wurzeln und Knollen (Position 1106),

d) Inulin (Position 1108),

e) Knollen von Amorphophallus-Arten, ganz, gemahlen oder sonst zerkleinert (Kapitel 14).

Nach Nr. 10 der Anlage 2 sind **nicht begünstigt:** 51

1. bestimmte Pflanzen, obwohl sie manchmal als Küchenkräuter verwendet werden, z. B. Basilikum (Ocimum basilicum), Borretsch (Borago officinalis), Ysop (Hyssopus officinalis), Rosmarin (Rosmarinus officinalis), Raute (Ruta graveolens) und Eisenkraut (Verbena-Arten), Salbei, Minzen aller Art (Position 1211) sowie Thymian und Lorbeerblätter (Position 0913), die aber unter Nr. 12 der Anlage 2 fallen (vgl. Tz. 57, 59)
2. bestimmte Erzeugnisse pflanzlichen Ursprungs, die der Nahrungsmittelindustrie als Rohstoff dienen, z. B. Getreide (Kapitel 10), das aber unter Nr. 13 der Anlage 2 (vgl. Tz. 61–63) fällt, Zuckerrüben (aus Position 1212), die aber unter Nr. 22 der Anlage 2 fallen (vgl. Tz. 86) und Zuckerrohr (Position 1212)
3. genießbare Tange und Algen (Position 1212)
4. Steckrüben, Futterrüben und andere Wurzeln zu Futterzwecken, Heu, Luzerne, Klee, Esparsette, Lupinen, Wicken und anderes ähnliches Futter (Position 1214), die aber unter Nr. 23 der Anlage 2 fallen (vgl. Tz. 89)
5. Möhrenkraut und Rübenblätter (Position 2308), die aber unter Nr. 37 der Anlage 2 fallen (vgl. Tz. 126)

## Genießbare Früchte und Nüsse (Positionen 0801 bis 0813) (Nr. 11 der Anlage 2) 52

**Begünstigt** sind alle Erzeugnisse der Positionen 0801 bis 0813 in der dort vorgesehenen Beschaffenheit. Sie können ganz, in Scheiben oder Stücke geschnitten, entsteint, zerquetscht, geraspelt, enthäutet oder von den Schalen befreit sein. Gekühlte Früchte werden wie frische Früchte behandelt. Außer frischen (bzw. gekühlten) sind auch gefrorene (auch vorher in Wasser oder Dampf gekocht oder mit Zusatz von Süßmitteln versehen) oder getrocknete (auch entwässert, evaporiert oder gefriergetrocknet) oder mit dem Zusatz geringer Mengen Zucker versehene Erzeugnisse begünstigt. Diese Erzeugnisse können auch vorläufig haltbar gemacht sein (z. B. durch gasförmiges Schwefeldioxid oder Wasser, dem Salz, Schwefeldioxid oder andere vorläufig konservierend wirkende Stoffe zugesetzt sind), soweit sie in diesem Zustand zum unmittelbaren Genuss nicht geeignet sind.

Als genießbar (zur menschlichen Ernährung geeignet) gelten Früchte auch dann, wenn sie erst nach Zubereitung oder weiterer Bearbeitung zur menschlichen Ernährung verwendet werden können oder wenn sie nur teilweise oder beschränkt genießbar sind (z. B. teilweise verdorbene Beeren oder ranzige Nüsse). In vollem Umfang verdorbene Erzeugnisse, die im Allgemeinen nur als Düngemittel verwendbar sind (Position 3101), können unter Nr. 45 der Anlage 2 fallen (vgl. Tz. 142, 143). 53

Früchte und Nüsse der Positionen 0801 bis 0813 können auch in luftdicht verschlossenen Behältnissen geliefert werden (z. B. getrocknete Pflaumen oder 54 getrocknete Nüsse in Dosen). In den meisten Fällen sind derart verpackte Erzeugnisse jedoch anders zubereitet oder haltbar gemacht und gehören dann zu Kapitel 20. Zubereitungen von Früchten oder Nüssen (aus Positionen 2001 bis 2008) fallen unter Nr. 32 der Anlage 2 (vgl. Tz. 112, 113). Das Homogenisieren allein reicht jedoch nicht aus, um ein Erzeugnis dieses Kapitels als Zubereitung in das Kapitel 20 einzureihen. Zu den begünstigten Erzeugnissen gehören auch für die Destillation bestimmte Fruchtmaischen, die sich in natürlicher Gärung befinden.

55 Im Einzelnen sind nach Nr. 11 der Anlage 2 **begünstigt:**

1. Kokosnüsse, Paranüsse und Kaschu-Nüsse, frisch oder getrocknet, auch ohne Schalen oder enthäutet (Position 0801)
   Hierzu gehört auch geraspeltes und getrocknetes Fruchtfleisch der Kokosnuss, **nicht jedoch** ungenießbares Kopra, welches zwar aus getrocknetem, zerkleinertem Kokosfleisch besteht, jedoch für die Ölgewinnung bestimmt ist (Position 1203) und deshalb nach Nr. 18 der Anlage 2 begünstigt ist (vgl. Tz. 75, 76).
2. andere Schalenfrüchte, frisch oder getrocknet, auch ohne Schalen oder enthäutet (Position 0802)
   Hierzu gehören insbesondere Mandeln (süß oder bitter), Haselnüsse, Walnüsse, Esskastanien (Castanea-Arten), Pistazien, Pekan- (Hickory-) Nüsse und Pinien-Nüsse (Samen von Pinus pinea) sowie Areka- (Betel-)Nüsse, hauptsächlich als Kaumittel verwendet, und Kolanüsse, die als Kaumittel und als Grundstoff zum Herstellen bestimmter Getränke verwendet werden, **nicht jedoch**
   a) die essbare Knolle der Arten Eleocharis dulcis oder Eleocharis tuberosa (chinesische Wasserkastanie) (Position 0714),
   b) grüne Walnussschalen und leere Mandelschalen (Position 1404),
   c) Erdnüsse (Position 1202), geröstete Erdnüsse und Erdnussmark (Position 2008), die aber unter die Nr. 18 bzw. 32 der Anlage 2 fallen (vgl. Tz. 76, 112, 113),
   d) Rosskastanien (Aesculus hippocastanum) (Position 2308), die aber unter Nr. 37 der Anlage 2 fallen (vgl. Tz. 126).
3. Bananen, einschließlich Mehlbananen, frisch oder getrocknet (Position 0803)
   Hierzu gehören alle genießbaren Früchte der Arten der Gattung Musa.
4. Datteln, Feigen, Ananas, Avocadofrüchte, Guaven, Mangofrüchte und Mangostanfrüchte, frisch oder getrocknet (Position 0804)
   Feigen im Sinne dieser Position sind nur die Früchte des Feigenbaums (Ficus carica), auch zur Destillation bestimmt.
5. Zitrusfrüchte, frisch oder getrocknet (Position 0805)
   Hierzu gehören insbesondere Orangen (süß oder bitter), Mandarinen (einschließlich Tangerinen und Satsumas), Clementinen, Wilkings und ähnliche Kreuzungen von Zitrusfrüchten (z. B. Tangelo, Ortanique, Malaquina und Tangor), Zitronen (Citrus limon, Citrus limonum), Limonen (Citrus aurantifolia) und Limetten, Pampelmusen und Grapefruits,

Zedratfrüchte, Kumquats, Chinotten und Bergamotten, **nicht jedoch** Schalen von Zitrusfrüchten (Position 0814) sowie die ungenießbaren Orangetten (Position 1211).

6. Weintrauben, frisch oder getrocknet (Position 0806)
Hierzu gehören nicht nur Tafeltrauben, sondern auch Keltertrauben, auch in Fässern grob geschichtet, zerquetscht oder zerstampft (sog. Traubenmaische), ferner getrocknete Weintrauben, z. B. Rosinen, Korinthen, Sultaninen, Sultanas, Muscats und Malagas, **nicht jedoch** Traubensaft und Traubenmost, nicht gegoren, ohne Zusatz von Alkohol (Position 2009) sowie Traubenmost aus Position 2204 (teilweise gegoren – auch stumm gemacht – oder nicht gegoren mit Zusatz von Alkohol – Gehalt mehr als 5% –).

7. Melonen (einschließlich Wassermelonen) und Papaya-Früchte, frisch (Position 0807)
Hierzu gehören Wassermelonen und Melonen, frisch, der Arten Citrullus vulgaris und Cucumis melo, z. B. Netzmelonen und Kanatulpen, sowie Papaya-Früchte (die melonenförmigen Früchte der Art Carica papaya).

8. Äpfel, Birnen und Quitten, frisch (Position 0808)
Zu dieser Position gehören Äpfel und Birnen ohne Rücksicht darauf, ob sie als Tafelobst, zum Herstellen von Getränken (z. B. Apfelwein oder Birnenwein) oder industriell (z. B. zum Herstellen von Apfelpasten, Mus, Gelee oder zur Gewinnung von Pektin) verwendet werden. Quitten dienen hauptsächlich zum Herstellen von Marmelade oder Gelee.

9. Aprikosen, Marillen, Kirschen, Pfirsiche (einschließlich Brugnolen und Nektarinen), Pflaumen und Schlehen, frisch (Position 0809)
Hierzu gehören auch Herzkirschen, Morellen, Weichseln, wilde Kirschen (z. B. die Gemeine Kirsche), Sauerkirschen, Knorpelkirschen, Vogelkirschen sowie Reineclauden und Zwetschgen.

10. andere Früchte, frisch (Position 0810)
Zu dieser Position zählen alle genießbaren Früchte, die weder vorstehend genannt noch in anderen Kapiteln erfasst sind. Hierzu gehören insbesondere Erdbeeren, Himbeeren, Brombeeren, Maulbeeren, Loganbeeren, schwarze, weiße oder rote Johannisbeeren, Stachelbeeren, Preiselbeeren, Heidelbeeren, Boysenbeeren, Vogelbeeren, Holunderbeeren, Sapodillen, Granatäpfel, Kaktusfeigen, Hagebutten, Kakifrüchte, Juguben (Brustbeeren), Japanische Mispeln (Wollmispeln), Longane, Jackfrüchte, Litschis, Passionsfrüchte, Granadilles (z. B. Maracuja), Kiwis, saure und süße Amonen, Früchte der Art Asmina triloba, Papayas, Früchte des Erdbeerbaumes, Berberitzen, Früchte des Sand- oder Sauerdorns, Früchte von Sorbus-Arten wie Speierling und Mehlbeeren, Annona-Früchte (z. B. Rahm- oder Zimtapfel) und Früchte von Flacourtiaceen (z. B. Orangenkirsche), **nicht jedoch** Wacholderbeeren (Position 0909), die aber unter Nr. 12 der Anlage 2 fallen (vgl. Tz. 59) sowie Beeren, die kurzzeitig eingefroren worden sind und wieder aufgetaut wurden. Sie fallen jedoch entweder unter Position 0811 oder Position 2008 (Nr. 32 der Anlage 2) (vgl. Tz. 112, 113) und sind somit stets begünstigt.

11. Früchte und Nüsse, auch in Wasser oder Dampf gekocht, gefroren, auch mit Zusatz von Zucker oder anderen Süßmitteln (Position 0811)
Hierzu gehören alle genießbaren Früchte, die bei Temperaturen unter 0° Celsius – auch mit Zusatz von Salz – bis in ihre inneren Teile fest gefroren sind, und zwar auch dann, wenn sie vor dem Gefrieren gekocht worden sind. Hierzu gehören **nicht** Orangenpressrückstände, die bei der Fruchtsaftherstellung anfallen. Sie gehören zu Position 2308 und fallen unter Nr. 37 der Anlage 2 (vgl. Tz. 125, 126). Gefrorene Früchte und Nüsse, die vor dem Gefrieren durch andere Verfahren hitzebehandelt wurden, gehören zu Kapitel 20 und können deshalb unter Nr. 32 der Anlage 2 fallen (vgl. Tz. 112, 113).
12. Früchte und Nüsse, vorläufig haltbar gemacht (z. B. durch Schwefeldioxid oder in Wasser, dem Salz, Schwefeldioxid oder andere vorläufig konservierend wirkende Stoffe zugesetzt sind), zum unmittelbaren Genuss nicht geeignet (Position 0812)
Hierzu gehören Früchte und Nüsse, auch gedämpft oder blanchiert, die vor ihrer endgültigen Verwendung ausschließlich zum vorübergehenden Haltbarmachen während des Transports oder der Lagerung behandelt worden sind, soweit sie in diesem Zustand zum unmittelbaren Genuss nicht geeignet sind. Diese Erzeugnisse dienen hauptsächlich als Rohstoffe für die Lebensmittelindustrie (Herstellen von Konfitüren, kandierten Früchten usw.). In dieser Beschaffenheit werden vor allem Kirschen, Erdbeeren, Orangen, Zedratfrüchte, Aprikosen, Marillen und Reineclauden geliefert, die gewöhnlich in Fässern oder Steigen verpackt sind.
13. Früchte (ausgenommen solche der Positionen 0801 bis 0806), getrocknet, Mischungen von getrockneten Früchten oder von Schalenfrüchten des Kapitels 8 (Position 0813)
Hierzu gehören (entweder direkt an der Sonne oder durch industrielle Verfahren) getrocknete Früchte, die in frischem Zustand in die Positionen 0807 bis 0810 einzureihen sind, insbesondere Aprikosen/Marillen, Pflaumen, Äpfel, Pfirsiche und Birnen (in der Regel in Hälften geteilt oder in Scheiben geschnitten und entsteint oder entkernt oder [vor allem Aprikosen und Pflaumen] als platten- oder scheibenförmige Masse). Zu dieser Position gehören auch
a) Tamarindenhülsen, ebenso deren Fruchtfleisch, auch von Samen, Fasern und Bruchstücken des Endokarps befreit, ohne Zusatz von Zucker oder anderen Stoffen, nicht weiter bearbeitet,
b) Mischungen von getrockneten Früchten (ohne Schalenfrüchte), Mischungen von frischen oder getrockneten Schalenfrüchten und Mischungen von frischen oder getrockneten Schalenfrüchten mit getrockneten Früchten,
c) Früchtetees aus getrockneten Früchten (z. B. Hagebuttentee).

Erzeugnisse, die aus einer Mischung von getrockneten Früchten der Position 0813 mit Pflanzen oder Pflanzenteilen anderer Kapitel oder mit anderen Stoffen bestehen (z. B. Früchtetee mit Zusätzen von Malven- und Hibiscus-Blüten), fallen in der Regel unter Kapitel 21 und damit unter die Nr. 33 der Anlage 2 (vgl. Tz. 115, 116).

Nach Nr. 11 der Anlage 2 sind **nicht begünstigt:** 56

1. Schalen von Zitrusfrüchten (vgl. auch Tz. 55 Nr. 5) oder von Melonen (einschließlich Wassermelonen), frisch, gefroren, getrocknet oder zum vorläufigen Haltbarmachen in Salzlake oder in Wasser mit einem Zusatz von anderen Stoffen eingelegt (Position 0814)
2. genießbare Früchte und Nüsse, die durch andere als vorstehend genannte Verfahren zubereitet oder haltbar gemacht sind (Kapitel 20), die aber unter Nr. 32 der Anlage 2 fallen können (vgl. Tz. 112, 113)
3. Mehl, Grieß und Pulver von Früchten (Position 1106), die aber unter Nr. 16 der Anlage 2 fallen können (vgl. Tz. 70, 71)
4. genießbare geröstete Früchte und Nüsse (insbesondere Esskastanien, Mandeln und Feigen), auch gemahlen, die im Allgemeinen als Kaffeemittel verwendet werden (Position 2101), die aber unter Nr. 33 der Anlage 2 fallen (vgl. Tz. 115, 116)
5. bestimmte Erzeugnisse pflanzlichen Ursprungs, die in anderen Kapiteln erfasst sind, obwohl einige davon – botanisch gesehen – Früchte sind, wie:
   a) Oliven, Tomaten, Gurken, Cornichons, Kürbisse, Auberginen sowie Früchte der Gattungen Capsicum und Pimenta (Kapitel 7), die aber unter Nr. 10 der Anlage 2 fallen können (vgl. Tz. 48–50),
   b) Kaffee, Vanille, Wacholderbeeren (vgl. auch Tz. 55 Nr. 10) und andere Erzeugnisse des Kapitels 9, die aber unter Nr. 12 der Anlage 2 fallen (vgl. Tz. 57, 59),
   c) Erdnüsse und andere Ölsaaten (Kapitel 12), die aber unter Nr. 18 der Anlage 2 fallen (vgl. Tz. 75, 76),
   d) Früchte, die hauptsächlich zur Herstellung von Riechmitteln, zu Zwecken der Medizin, Insektenvertilgung, Schädlingsbekämpfung und dergleichen verwendet werden (Position 1211),
   e) Johannisbrot, Aprikosenkerne und ähnliche Fruchtkerne (Kapitel 12), die aber je nach Beschaffenheit unter andere Nummern der Anlage 2 fallen können, z. B. unter Nr. 22 der Anlage 2 (vgl. Tz. 85, 86),
   f) Kakaobohnen (Position 1801)
6. Früchte der hauptsächlich zum Färben oder Gerben verwendeten Art, z. B. Gelbbeeren (Position 1404)

## Kaffee, Tee, Mate und Gewürze (Kapitel 9) (Nr. 12 der Anlage 2) 57

**Begünstigt** sind alle Erzeugnisse des Kapitels 9 Zolltarif. Hierzu gehören Kaffee, Tee, Mate und Erzeugnisse, die reich an ätherischen Ölen und aromatischen Stoffen sind und wegen ihres charakteristischen Geschmacks hauptsächlich zum Würzen verwendet und als Gewürze bezeichnet werden. Die Erzeugnisse können ganz, gemahlen oder sonst zerkleinert sein.

Gemische von Gewürzen einer Position bleiben in dieser Position. Gemische von Gewürzen der Positionen 0904 bis 0910 gehören zu Position 0910 und sind somit begünstigt Ebenso sind Mischungen von Pflanzen aus ver- 58 schiedenen Kapiteln hiernach begünstigt, soweit sie unmittelbar zum Aromatisieren von Getränken oder zum Herstellen von Auszügen für die Getränkeherstellung verwendet werden, sofern die darin enthaltenen Erzeugnisse aus den Positionen 0904 bis 0910 charakterbestimmend sind. Sonstige Gewürzmischungen, die nicht zu Kapitel 9 Zolltarif gehören, können als zusammengesetzte Würzmittel zu Position 2103 oder als Lebensmittelzubereitung zu Position 2106 gehören und fallen deshalb unter Nr. 33 der Anlage 2 (vgl. Tz. 115, 116).

59 Im Einzelnen sind nach Nr. 12 der Anlage 2 **begünstigt:**

1. Kaffee, auch geröstet oder entkoffeiniert; Kaffeeschalen und -häutchen; Kaffeemittel mit beliebigem Gehalt von Kaffee (Position 0901)
   Hierzu gehören u. a.
   a) Rohkaffee in allen seinen Formen (einschließlich der beim Verlesen, Sieben usw. abgesonderten Bohnen und Bruchstücke), auch entkoffeiniert,
   b) Kaffee (auch entkoffeiniert), geröstet, auch glasiert, gemahlen oder gepresst,
   c) Kaffeemittel, bestehend aus einem Gemisch von Kaffee in beliebigem Verhältnis mit anderen Stoffen,

   **nicht jedoch**

   d) Kaffeewachs (Position 1521),
   e) Auszüge, Essenzen und Konzentrate aus Kaffee, auch als Instantkaffee bezeichnet und Zubereitungen auf der Grundlage solcher Auszüge, Essenzen oder Konzentrate (Position 2101). Diese Erzeugnisse fallen aber unter Nr. 33 der Anlage 2 (vgl. Tz. 115, 116). Die Abgabe von Kaffeegetränken aus Automaten unterliegt dem allgemeinen Steuersatz. Das gilt auch dann, wenn sich der Automatenbenutzer das Getränk aus Kaffeepulver mit heißem Wasser selbst herzustellen hat. Gegenstand der Lieferung ist auch in einem solchen Fall bei wirtschaftlicher Betrachtung das nicht begünstigte fertige Kaffeegetränk (Position 2202),
   f) geröstete Kaffeemittel, die keinen Kaffee enthalten (Position 2101); diese fallen aber unter Nr. 33 der Anlage 2 (vgl. Tz. 115, 116),
   g) Koffein, ein Alkaloid aus Kaffee (Position 2939).
2. Tee, auch aromatisiert (Position 0902)
   Hierzu gehören die verschiedenen Arten von Tee, der von dem Strauch der Gattung Thea stammt, insbesondere Blätter und Knospen sowie Abfälle, gerollt, gedämpft, getrocknet, geröstet, (teilweise) fermentiert (z. B. Oolong Tee), ebenso gemahlen, zu Kugeln oder Tabletten agglomeriert sowie Tee, dem Thein (Koffein) entzogen ist,

   **nicht jedoch**

   a) Erzeugnisse zum Herstellen von Aufgüssen oder „Kräutertees“
   Diese Erzeugnisse gehören z. B. zu Positionen 0813, 1211 oder 2106 und sind damit nach Nr. 11, ggf. 21 oder nach Nr. 33 der Anlage 2 begünstigt (vgl. Tz. 55, 82, 83, 115, 116). Tee von Dost, Minzen, Salbei

und Kamillenblüten sowie anderer Haustee – z. B. Pfefferminz- oder Malventee – gehören zu Position 1211 und sind damit nach Nr. 21 der Anlage 2 begünstigt (vgl. Tz. 82, 83),

b) Ginseng-„Tee" (eine Mischung von Ginseng-Extrakt mit Lactose oder Glucose) fällt unter Position 2106 und damit unter Nr. 33 der Anlage 2 (vgl. Tz. 115, 116),

c) Medizinaltee (Positionen 3003 oder 3004),

d) trinkfertiger Teeaufguss, Teegetränk sowie Teegetränke aus Automaten (vgl. Nr. 1 dieses Absatzes).

3. Mate (Position 0903)
Mate besteht aus den getrockneten Blättern einer in Südamerika wachsenden Stechpalmenart. Er wird manchmal als Paraguay-Tee oder Jesuiten-Tee bezeichnet. Er dient zur Bereitung eines Aufgusses, der etwas Koffein enthält.

4. a) Pfeffer der Gattung Piper (Position 0904)
Hierzu gehören die Früchte, Staub und Fegsel (Kehricht) aller Pfefferpflanzen der Gattung Piper, hauptsächlich schwarzer und weißer Pfeffer der Art Piper nigrum sowie Langer Pfeffer (Piper longum), **nicht jedoch** der Cubebenpfeffer der Position 1211.

b) Früchte der Gattungen Capsicum und Pimenta, getrocknet oder gemahlen oder sonst zerkleinert (Position 0904)
Hierzu gehören getrocknete, gemahlene oder sonst zerkleinerte Früchte der Gattungen Capsicum und Pimenta einschließlich der unzutreffend als Pfeffer bezeichneten Erzeugnisse wie Indischer, Türkischer und Spanischer Pfeffer oder Cayenne- und Jamaika-Pfeffer.

Zur Gattung Capsicum gehören die Chilis und Paprikas wie Sierra Leone- und Sansibar-Pfeffer sowie spanischer und ungarischer Paprika, zur Gattung Pimenta gehören auch Nelkenpfeffer, Englisch- oder Allerleigewürz. Die Früchte der Gattungen Capsicum und Pimenta kennzeichnen sich in der Regel durch einen sehr starken, nachhaltig brennend scharfen Geschmack, jedoch verbleiben auch Capsicum-Arten ohne brennenden Geschmack (z. B. Gewürzpaprika) in dieser Position. **Nicht** zu dieser Position, gehören frische Früchte der Gattungen Capsicum und Pimenta (Position 0709), weder gemahlen noch ähnlich fein zerkleinert, die aber unter Nr. 11 der Anlage 2 fallen (vgl. Tz. 55).

5. Vanille (Position 0905)
Vanille ist die sehr aromatische und schwärzliche Frucht (Schote) einer zur Familie der Orchideengewächse gehörenden Kletterpflanze. Neben der langen und der kurzen Vanille gibt es noch eine sehr geringwertige Art (Vanilla pampona), die als Vanillon bezeichnet wird und weich, fast klebrig und immer offen ist.
**Nicht** zu dieser Position gehören:

a) Vanille-Oleoresin (manchmal unzutreffend als „Vanille-Resinoid" oder als „Vanille-Extrakt" bezeichnet [Position 1302]),

b) Vanillezucker (Position 1701 oder 1702); dieser fällt jedoch unter Nr. 29 der Anlage 2 (vgl. Tz. 102, 103),

c) Vanillin (der Aromagrundstoff der Vanille) (Position 2912).

6. Zimt und Zimtblüten (Position 0906)
Zimt ist die innere Rinde junger Schösslinge bestimmter Zimtbaum-Arten (Lauraceen), z. B. Ceylon-Zimt und Chinesischer Zimt. Dazu gehören auch sog. Chips, d. h. kleinere Teilchen der Zimtrinde, die beim Schälen dieser Rinde anfallen und besonders zum Herstellen von Zimtessenz verwendet werden. Zimtblüten sind die gesiebten und getrockneten Blüten des Zimtbaumes. Zu dieser Position gehören auch die Früchte des Zimtbaumes.

7. Gewürznelken, Mutternelken und Nelkenstiele (Position 0907)
Zu dieser Position gehören – auch gemahlen oder sonst zerkleinert:

a) die Früchte des Gewürznelkenbaumes (Mutternelken),

b) die Blütenknospen des Gewürznelkenbaumes (Gewürznelken),

c) die Blütenstiele des Gewürznelkenbaumes (Nelkenstiele),

**nicht jedoch** die Rinde und die Blätter des Gewürznelkenbaumes (Position 1211).

8. Muskatnüsse, Muskatblüte, Amonen und Kardamomen (Position 0908)
Muskatnüsse sind die Samen des Muskatnussbaumes. Sie können mit oder ohne Schale gemahlen oder sonst zerkleinert sein. Die Muskatblüte ist der Samenmantel der Muskatnuss. Hierzu gehört auch Muskatblütenbruch, der beim Ablösen des Samenmantels von der Muskatnuss oder beim Sortieren der Muskatblüte nach dem Trocknen anfällt. Zu den Amonen und Kardamomen gehören die Traubenkardamomen, kleine, mittlere und große Kardamomen sowie Meleguetapfeffer und Paradieskörner (von brennend-scharfem, pfefferartigem Geschmack).

9. Anis-, Sternanis-, Fenchel-, Koriander-, Kreuzkümmel- und Kümmelfrüchte; Wacholderbeeren (Position 0909)
Diese Früchte oder Samen werden als Gewürze für Speisen, zum Herstellen von Getränken und zu medizinischen Zwecken verwendet. Sie bleiben auch dann in dieser Position, wenn sie, wie insbesondere im Falle von Anisfrüchten, zum Herstellen von Aufgüssen (z. B. in kleinen Beuteln) aufgemacht sind. Hierzu gehören **nicht** die Fenchelwurzel und der Schwarzkümmel (Hahnenfußgewächse).

10. Ingwer, Safran, Kurkuma, Thymian, Lorbeerblätter, Curry und andere Gewürze (Position 0910)
Zu dieser Position gehören u. a.:

a) die Wurzelstöcke vom Ingwer, frisch, getrocknet oder zerkleinert als auch Ingwer, in Salzlake vorläufig haltbar gemacht, zum unmittelbaren Genuss in diesem Zustand jedoch ungeeignet, **nicht jedoch** in Sirup haltbar gemachter Ingwer (Position 2008), der aber unter Nr. 32 der Anlage 2 fällt (vgl. Tz. 113),

b) Feldthymian und Lorbeerblätter, auch getrocknet,

c) „Indischer Safran" (Kurkuma),

d) Currypulver, bestehend aus einer Mischung mit wechselndem Gehalt an Kurkuma, verschiedenen anderen Gewürzen und sonstigen aromatisierenden Stoffen, die, obwohl nicht zu diesem Kapitel gehörend, häufig wie Gewürze verwendet werden,

e) andere Gewürze wie Samen von Dill und Bockshornklee sowie Früchte von Xylopia aethiopica („Kani"),

f) Mischungen von Erzeugnissen der Positionen 0904 bis 0910, wenn die Bestandteile der Mischungen zu verschiedenen Positionen gehören; der Zusatz anderer Stoffe von untergeordneter Bedeutung bleibt ohne Einfluss auf die Einreihung. Trotz ihrer allgemeinen Verwendung als Gewürze gehören folgende Erzeugnisse **nicht** hierher:

aa) Senfsaat (Position 1207) sowie Senfmehl, auch zubereitet (Position 2103); sie können aber unter Nr. 18 oder 33 der Anlage 2 fallen (vgl. Tz. 75, 76, 115, 116),

bb) Wurzelstöcke aller Galgant-Arten (Position 1211),

cc) Saflor oder Färberdistel (Position 1404) (stärkere Färbung als echter Safran).

Nach Nr. 12 der Anlage 2 sind **nicht begünstigt:** 60

1. Küchenkräuter des Kapitels 7, wie Petersilie, Kerbel, Estragon, Kresse, Majoran, Koriander und Dill, die aber unter Nr. 10 der Anlage 2 fallen können (vgl. Tz. 48–50)
2. Hopfen (Blütenzapfen) (Position 1210)
3. Bestimmte Früchte, Samen und Pflanzenteile, z. B. Cassiahülsen, Rosmarin, Dost, Basilikum, Borretsch, Ysop, Minzen aller Art, Raute und Salbei, die trotz ihrer Verwendbarkeit als Gewürz vorwiegend zur Riechmittelherstellung oder zu Zwecken der Medizin verwendet werden und deshalb zur Position 1211 gehören; Rosmarin, Beifuß und Basilikum sowie Dost, Minzen, Salbei, Kamilleblüten aus Position 1211 fallen jedoch unter Nr. 21 der Anlage 2 (vgl. Tz. 83)

**Getreide (Kapitel 10)** 61
**(Nr. 13 der Anlage 2)**

**Begünstigt** sind alle Erzeugnisse des Kapitels 10 Zolltarif. Zu diesem Kapitel gehören nur Getreidekörner, auch in Ähren, Rispen, Garben oder Kolben – auch ausgedroschen oder geschwungen. Körner von unreif geschnittenem Getreide, die mit ihrer Schale vorliegen, werden wie gewöhnliche Getreidekörner behandelt. Frisches Getreide (ausgenommen Zuckermais des Kapitels 7), das wie Gemüse verwendbar ist, gehört ebenfalls zu Kapitel 10.

Reis bleibt auch dann in Position 1006 (siehe Tz. 63 Nr. 6), wenn er geschält, geschliffen, poliert oder glasiert ist oder wenn es sich um parboiled Reis handelt, sofern diese Erzeugnisse nicht anderweitig bearbeitet worden sind. Andere Getreidekörner **jedoch** sind von diesem Kapitel ausgenommen, wenn sie geschält (entspelzt) oder anders bearbeitet (z. B. geschliffen, gemahlen, geschrotet oder zerquetscht) worden sind. Sie gehören dann zur Position 1104 und damit zur Nr. 14 der Anlage 2 (vgl. Tz. 65, 66). Getreide des Kapitels 10 kann einer thermischen Behandlung unterzogen worden sein, die lediglich zu einer Vorverkleisterung der Stärke und manchmal zum Aufplatzen der Getreidekörner führt.

**62** Liefert ein landwirtschaftlicher Lohnunternehmer einem Landwirt Saatgut und sät er es auch in den Boden ein, darf er die (dem ermäßigten Steuersatz unterliegende) Lieferung des Saatgutes und die (dem Regelsteuersatz unterliegende) Einsaat getrennt abrechnen, wenn die Saatgutlieferung bereits vom Preis her so gewichtig ist, dass sie nicht in einer einheitlichen Dienstleistung aufgeht, und umgekehrt auch die Einsaat für den Landwirt eine derartige Bedeutung hat, dass sie keine bloße Nebenleistung zur Saatgutlieferung ist. Wenn der landwirtschaftliche Lohnunternehmer gleichzeitig mit dem gelieferten Saatgut auch noch ein von ihm gestelltes Pflanzenschutzmittel einsät, hindert dies die selbständige Beurteilung der Saatgutlieferung nicht (vgl. Tz. 35).[1]

**63** Im Einzelnen sind nach Nr. 13 der Anlage 2 **begünstigt:**

1. Weizen und Mengkorn (Position 1001)
   Hierzu gehören Weichweizen, Hartweizen und auch Spelz, eine Weizenart mit kleinen braunen Körnern, dessen Spelzen sich beim Dreschen nicht vollständig vom Korn lösen. Mengkorn ist ein Gemisch von Weizen und Roggen.
2. Roggen (Position 1002)
   Hierzu gehört **nicht** Mutterkorn (Position 1211).
3. Gerste (Position 1003)
   Hierzu gehört bespelzte und nackte Gerste (von Natur aus ohne anhaftende Spelzen), sofern sie über das Dreschen hinaus nicht weiter bearbeitet ist, **nicht jedoch** gekeimte Gerste (Malz) und geröstetes Malz (Position 1107), geröstete Gerste (Kaffeemittel) (Position 2101), die aber nach Nr. 33 der Anlage 2 begünstigt ist (vgl. Tz. 115, 116), Malzkeimlinge, die beim Keimen von Gerste entstehen und beim Entkeimen anfallen, und andere Abfälle aus Brauereien (Position 2303), die aber nach Nr. 37 der Anlage 2 begünstigt sind (vgl. Tz. 125, 126), sowie Gerste, die durch Schälen von Spelzen, bisweilen auch teilweise von der Silberhaut (Perikarp), befreit ist (Position 1104), die aber nach Nr. 14 der Anlage 2 begünstigt ist (vgl. Tz. 65, 66).
4. Hafer (Position 1004)
   Hierzu gehört grauer/schwarzer und weißer/gelber Hafer, bespelzt oder nackt (vorausgesetzt, dass diese Körner außer Dreschen keine weitere Bearbeitung erfahren haben). Hierzu gehört auch Hafer, dessen Spelzen im Verlauf der üblichen Behandlung (Dreschen, Transport, Umladung) abgebrochen sind.
5. Mais (Position 1005)
   Hierzu gehören Körner aller Maisarten (auch Ziermais) und Maiskolben, auch Körner von unreif geschnittenem Mais, **nicht jedoch** Zuckermais aus Kapitel 7.

[1] Zu Leistungen im Zusammenhang mit der Abgabe von Saatgut vgl. Abschn. 3.5 Abs. 3 Nr. 13, Abschn. 3.10 Abs. 6 Nr. 4 UStAE sowie BMF v. 14. 2. 2006, BStBl. I S. 240.

6. Reis (Position 1006)
Hierzu gehören:
   a) Reis in der Strohhülse (Paddy-Reis oder Rohreis), d. h. Reis, dessen Körner noch von ihrer Strohhülse umgeben sind,
   b) geschälter Reis (Cargoreis oder Braunreis), d. h. Reis, der von der Strohhülse durch Enthülsungsmaschinen befreit, aber noch von der Silberhaut (Perikarp) umgeben ist,
   c) halb oder vollständig geschliffener Reis, d. h. ganze Reiskörner, deren Silberhaut durch einen Schälgang (teilweise) entfernt worden ist. Der vollständig geschliffene Reis kann zur Verbesserung des Aussehens poliert und anschließend glasiert sein. Hierzu gehört auch Camolino-Reis, d. h. geschliffener, mit einem dünnen Ölfilm überzogener Reis,
   d) mikronisierter Reis,
   e) Bruchreis, d. h. Reis, der während der Verarbeitung zerbrochen ist.

   Zu dieser Position gehören auch angereicherter Reis (ein Gemisch aus normal geschliffenen Reiskörnern mit einem sehr geringen Anteil [etwa 1%] an Reiskörnern, die mit vitaminhaltigen Stoffen überzogen oder imprägniert sind) und parboiled Reis (d. h. Reis, der – noch in der Strohhülse und bevor er anderen Behandlungen [z. B. Schälen, Schleifen, Polieren] unterworfen wird – in heißem Wasser eingeweicht oder mit Dampf behandelt und sodann getrocknet worden ist), **nicht jedoch** Reis, der einem Verfahren unterworfen worden ist, das die Struktur des Korns beträchtlich verändert. Vorgekochter Reis (zunächst gegart, dann getrocknet) sowie Puffreis gehören zu Position 1904 und sind nach Nr. 31 der Anlage 2 begünstigt (vgl. Tz. 109, 110).

7. Körner-Sorghum (Position 1007)
Hierzu gehören nur solche Sorghum-Arten, die als Körner-Sorghum bekannt sind und deren Körner als Getreide zur menschlichen Ernährung verwendet werden können, **nicht jedoch** Futter-Sorghum (zum Gewinnen von Heu oder für die Silage) oder Zucker-Sorghum (hauptsächlich verwendet zum Gewinnen von Sirup oder Melassen). Als Saatgut gehören diese Erzeugnisse zu Position 1209 und fallen damit unter Nr. 19 der Anlage 2 (vgl. Tz. 78). Anderenfalls fallen Futter-Sorghum und Gras-Sorghum (ein Weidegras) in die Position 1214 und damit unter Nr. 23 der Anlage 2 (vgl. Tz. 88, 89). Zucker-Sorghum ist in die Position 1212 einzureihen und damit nach Nr. 22 der Anlage 2 begünstigt (vgl. Tz. 85, 86). Besensorgho (Position 1403) ist **nicht begünstigt** .

8. Buchweizen, Hirse (ausgenommen Körner-Sorghum) und Kanariensaat; anderes Getreide (Position 1008)
Hierzu gehört der zur Polygonaceae-Familie zählende Buchweizen sowie die Hirsearten Digitaria sanguinalis, Echinochloa, Eleusine, Eragrostis, Panicum, Pennisetum und Setaria.
Zur Gruppe der anderen Getreide gehören bestimmte Getreide-Hybriden, z. B. Triticale, eine Kreuzung zwischen Weizen und Roggen. Zu dieser Position gehören außerdem die Körner Zizania aquatica („Wildreis"), nicht geschält, tannennadelähnlich, von dunkelbrauner Farbe.

64 Nach Nr. 13 der Anlage 2 sind **nicht begünstigt:**

1. Stroh und Spreu von Getreide (Position 1213), die jedoch unter Nr. 23 der Anlage 2 fallen (vgl. Tz. 88, 89)
2. getrocknete Ähren, Kolben und Rispen von Getreide (z. B. Maiskolben), die zu Zierzwecken gebleicht, gefärbt, imprägniert oder anders bearbeitet worden sind (Position 0604)

65 **Müllereierzeugnisse, und zwar**

**a) Mehl von Getreide (Positionen 1101 und 1102),**

**b) Grobgrieß, Feingrieß und Pellets von Getreide (Position 1103),**

**c) Getreidekörner, anders bearbeitet; Getreidekeime, ganz, gequetscht, als Flocken oder gemahlen (Position 1104)**

**(Nr. 14 der Anlage 2)**

Unter Nr. 14 der Anlage 2 fallen alle Erzeugnisse der Positionen 1101 bis 1104. Zubereitungen dieser Erzeugnisse sowie Backwaren (Kapitel 19) fallen unter Nr. 31 der Anlage 2 (vgl. Tz. 109, 110).

66 Im Einzelnen sind nach Nr. 14 der Anlage 2 **begünstigt:**

1. zu Buchstabe a):
   Mehl von Getreide des Kapitels 10 Zolltarif (Position 1101 und 1102), d. h. Erzeugnisse aus der Vermahlung dieser Getreidearten
   Es kann durch Zusatz sehr geringer Mengen mineralischer Phosphate, Antioxidantien, Emulgatoren, Vitamine und künstlicher Backtriebmittel verbessert sein. Weizenmehl kann außerdem durch einen Zusatz von Kleber angereichert sein, der gewöhnlich 10% nicht übersteigt. Hierher gehört auch Quellmehl.
2. zu Buchstabe b):
   Grobgrieß, Feingrieß (auch durch thermische Behandlung aufgeschlossen) und Pellets von Getreide (Position 1103)
3. zu Buchstabe c):
   Getreidekörner, anders bearbeitet (z. B. geschält, gequetscht, als Flocken, perlförmig geschliffen, geschnitten oder geschrotet), ausgenommen Reis der Position 1006; Getreidekeime, ganz, gequetscht, als Flocken oder gemahlen (Position 1104)
   Der hier ausgenommene Reis (Position 1006) fällt unter Nr. 13 der Anlage 2 (vgl. Tz. 63). Der nicht zu Position 1104 gehörende Bulgur-Weizen in Form bearbeiteter Körner (Position 1904) fällt unter Nr. 31 der Anlage 2 (vgl. Tz. 110).

67 Nach Nr. 14 der Anlage 2 sind **nicht begünstigt:**

1. Malz, auch geröstet (Position 1107)
   Ist dieses Erzeugnis als Kaffeemittel aufgemacht, fällt es je nach Beschaffenheit in die Position 0901 oder 2101 und damit unter Nr. 12 bzw. 33 der Anlage 2 (vgl. Tz. 59, 116).
2. Spreu von Getreide (Position 1213), das aber unter Nr. 23 der Anlage 2 fällt (vgl. Tz. 88, 89)

3. Puffreis, Corn Flakes und dergleichen, durch Aufblähen oder Rösten hergestellt (Position 1904), das aber unter Nr. 31 der Anlage 2 fällt (vgl. Tz. 110)
4. Gemüse, zubereitet oder haltbar gemacht (aus Positionen 2001, 2004 und 2005), das aber unter Nr. 32 der Anlage 2 fällt (vgl. Tz. 112, 113)
5. Rückstände aus der Vermahlung von Getreide (z. B. Kleie), auch pelletiert (Kapitel 23), die aber unter Nr. 37 der Anlage 2 fallen können (vgl. Tz. 125, 126)
6. pharmazeutische Erzeugnisse (Kapitel 30)
7. Erzeugnisse des Kapitels 33 (ätherische Öle und Resinoide; zubereitete Riech-, Körperpflege- oder Schönheitsmittel)
8. andere Erzeugnisse des Kapitels 11
   Hierzu gehören:
   a) Mehl, Grieß usw. von Kartoffeln (Position 1105), das aber unter Nr. 15 der Anlage 2 fällt (vgl. Tz. 68),
   b) Mehl, Grieß und Pulver von getrockneten Hülsenfrüchten, von Sagomark oder von Maniok (Manihot), Maranta und anderen Pfeilwurzarten sowie von Salep, Topinambur, Süßkartoffeln und ähnlichen Wurzeln oder von Erzeugnissen des Kapitels 8 (genießbare Früchte und Nüsse, Schalen von Zitrusfrüchten oder von Melonen) (Position 1106). Diese Erzeugnisse können aber unter Nr. 10 bzw. 16 der Anlage 2 fallen (vgl. Tz. 48–50, 70, 71),
   c) Stärke der Position 1108 und Inulin (Position 1108); Stärke fällt aber unter Nr. 17 der Anlage 2 (vgl. Tz. 73),
   d) Kleber von Weizen, auch getrocknet (Position 1109).

**Mehl, Grieß, Pulver, Flocken, Granulat und Pellets von Kartoffeln (Position 1105)** 68
**(Nr. 15 der Anlage 2)**

**Begünstigt** sind alle Erzeugnisse der Position 1105. Dazu gehören Trockenkartoffeln in Form von Mehl (Pulver), Grieß oder Flocken, z. B. Kartoffelwalzmehl (vermahlene Kartoffelflocken), Kartoffelgrieß (Kartoffelpressschrot) und Kartoffelflocken, auch Kartoffelmehl zum Herstellen von Kartoffelklößen oder Kartoffelbrei sowie Granulat oder Pellets (agglomeriert von Mehl, Grieß, Pulver oder Stücken von Kartoffeln). Erzeugnisse dieser Position können mit sehr geringen Mengen von Antioxidantien, Emulgatoren oder Vitaminen versetzt sein.

Nach Nr. 15 der Anlage 2 sind **nicht begünstigt:** 69

1. Kartoffeln, nur getrocknet (Position 0712), die aber unter Nr. 10 der Anlage 2 fallen (vgl. Tz. 48–50)
2. Kartoffelstärke (Position 1108), die aber unter Nr. 17 der Anlage 2 fällt (vgl. Tz. 73)
3. Kartoffelsago (Position 1903), das aber unter Nr. 31 der Anlage 2 fällt (vgl. Tz. 109, 110)

4. Erzeugnisse dieser Position, die derart mit anderen Stoffen versetzt worden sind, dass sie den Charakter von Kartoffelzubereitungen aufweisen. Diese Erzeugnisse können aber unter Nr. 32 der Anlage 2 fallen (vgl. Tz. 112, 113)

70 **Mehl, Grieß und Pulver von getrockneten Hülsenfrüchten sowie Mehl, Grieß und Pulver von genießbaren Früchten (aus Position 1106)**
**(Nr. 16 der Anlage 2)**

**Begünstigt** sind nur die ausdrücklich aufgeführten Erzeugnisse aus Position 1106 Zolltarif.

71 Im Einzelnen sind **begünstigt:**

1. Mehl, Grieß und Pulver von getrockneten Hülsenfrüchten der Position 0713, z. B. von Erbsen, Bohnen oder Linsen, aus denen hauptsächlich Suppen und Püree hergestellt werden, **nicht jedoch** Mehl von Sojabohnen, nicht entfettet (Position 1208), das aber unter Nr. 18 der Anlage 2 fällt (vgl. Tz. 75, 76)
2. Mehl, Grieß und Pulver von Früchten oder Fruchtschalen des Kapitels 8 Zolltarif, insbesondere Kastanien, Mandeln, Datteln, Bananen, Kokosnüsse und Tamarinden, **nicht jedoch** Tamarindenpulver (für den Einzelverkauf zu prophylaktischen oder therapeutischen Zwecken aufgemacht) (Position 3004)

72 Nach Nr. 16 der Anlage 2 sind **nicht begünstigt:**

1. Sagomark (Position 0714) sowie Mehl, Grieß und Pulver hieraus (Position 1106)
2. Mehl, Grieß und Pulver von Wurzeln und Knollen der Position 0714 (Maniok, Pfeilwurz, Salep usw.)
3. Mehl von Johannisbrot (Position 1212), das aber unter Nr. 22 der Anlage 2 fällt (vgl. Tz. 85, 86)
4. Feinschnitt von Hagebutten (Position 0813), der selbst bei mehlartiger Beschaffenheit kein Mehl von Früchten ist, aber wie frische Hagebutten unter Nr. 11 der Anlage 2 fällt (vgl. Tz. 55)
5. a) Zubereitungen zum Herstellen von Suppen oder Brühen auf der Grundlage von Mehl aus Hülsenfrüchten (Position 2104), die aber unter Nr. 33 der Anlage 2 fallen (vgl. Tz. 115, 116)
   b) Lebensmittelzubereitungen, die als Tapiokasago bekannt sind (Position 1903), die aber unter Nr. 31 der Anlage 2 fallen (vgl. Tz. 109, 110)

73 **Stärke (aus Position 1108)**
**(Nr. 17 der Anlage 2)**

**Begünstigt** ist nur native Stärke (Kohlenhydrat) aus Position 1108, z. B. aus Weizen, Mais, Maniok und Kartoffeln und zwar ohne Rücksicht auf ihre Form, Aufmachung und Verwendung (z. B. Stärkemehl und Stärkepuder).

74 Nach Nr. 17 der Anlage 2 sind **nicht begünstigt:**

1. Inulin (aus Position 1108)

2. Dextrine und andere modifizierte Stärken der Position 3505, z. B. lösliche und geröstete Stärke
3. Lebensmittelzubereitungen auf der Grundlage von Stärke (Position 1901), die aber unter Nr. 31 der Anlage 2 fallen (vgl. Tz. 109, 110)
4. Tapiokasago und Sago aus anderen Stärken (Position 1903). Diese Erzeugnisse fallen aber unter Nr. 31 der Anlage 2 (vgl. Tz. 109, 110)
5. Stärke als zubereitetes Riech-, Körperpflege- oder Schönheitsmittel (Kapitel 33), z. B. Reispuder
6. Klebstoffe auf der Grundlage von Stärke (Position 3505 oder 3506)
7. zubereitete Schlichtemittel und Appreturen aus Stärke (Position 3809), z. B. Glanzstärke
8. durch Fraktionieren von Stärke erhaltenes isoliertes Amylopektin und isolierte Amylose (Position 3913)
9. veretherte oder veresterte Stärken (Position 3505)

**Ölsamen und ölhaltige Früchte sowie Mehl hiervon (Positionen 1201 bis 1208) (Nr. 18 der Anlage 2)** 75

**Begünstigt** sind alle Erzeugnisse der Positionen 1201 bis 1208. Hierzu gehören Samen und Früchte, aus denen in der Regel durch Pressen oder mit Lösemitteln Fette oder Öle zu Speise- oder technischen Zwecken gewonnen werden, gleichgültig, ob sie tatsächlich zu diesem Zweck, zur Aussaat oder zu einem anderen Zweck bestimmt sind. Sie können ganz, zerkleinert, enthülst oder geschält, auch einer leichten Wärmebehandlung unterzogen sein, vorausgesetzt, dass diese Behandlung den Charakter als natürliches Erzeugnis nicht ändert.

Im Einzelnen sind nach Nr. 18 der Anlage 2 **begünstigt:** 76

1. Sojabohnen, auch geschrotet oder zur Entbitterung mit Wärme behandelt (Position 1201), **nicht jedoch** geröstete Sojabohnen, als Kaffeemittel verwendet (Position 2101), die aber unter Nr. 33 der Anlage 2 fallen (vgl. Tz. 115, 116)
2. Erdnüsse, weder geröstet noch auf andere Weise hitzebehandelt, auch geschält oder geschrotet, auch zur Verbesserung ihrer Haltbarkeit mit Wärme behandelt (Position 1202)
   Geröstete oder auf andere Weise hitzebehandelte Erdnüsse gehören zu Kapitel 20 und fallen damit unter Nr. 32 der Anlage 2 (vgl. Tz. 112, 113).
3. Kopra (Position 1203), das für den menschlichen Verzehr ungeeignete, jedoch zum Gewinnen von Kokosöl verwendete getrocknete Fruchtfleisch der Kokosnuss, **nicht jedoch** geschälte, geraspelte und getrocknete genießbare Kokosnüsse (Position 0801), die aber unter Nr. 11 der Anlage 2 fallen (vgl. Tz. 55)
4. Leinsamen (Samen der Flachspflanze), auch geschrotet (Position 1204)
5. Raps- oder Rübsensamen (Samen mehrerer Brassica-Arten), auch geschrotet (Position 1205)
6. Sonnenblumenkerne (Samen der Sonnenblume), auch geschrotet (Position 1206) in der Regel für die Süßwarenherstellung, als Vogelfutter, zum unmittelbaren Verzehr oder auch zur Herstellung von Speiseöl bestimmt

7. andere Ölsamen und ölhaltige Früchte, auch geschrotet (Position 1207)
Hierzu gehören insbesondere Babassukerne, Bassiasaat, Baumwollsaat, Bucheckern, Candlenüsse, Crotonsaat, Hanfsaat, Holznüsse, Kapoksaat, Mohnsaat, Palmnüsse und ihre Kerne, Rizinussaat, Senfsaat, Sesamsaat, Sheanüsse und Traubenkerne, **nicht jedoch** Kakaobohnen (Position 1801) und geröstete Kerne von Speisekürbissen (Position 2008). Letztere fallen aber unter Nr. 32 der Anlage 2 (vgl. Tz. 113).
8. Mehl von Ölsamen oder ölhaltigen Früchten, ausgenommen Senfmehl (Position 1208)
Hierzu gehören sowohl, nicht oder nur teilweise entfettetes Mehl, das durch Mahlen der zu den Positionen 1201 bis 1207 gehörenden Ölsamen oder ölhaltigen Früchten gewonnen wird, als auch Mehle, die entfettet und danach vollständig oder teilweise mit ihren ursprünglichen Ölen aufgefettet worden sind, **nicht jedoch** Erdnussmark (Erdnussmus) (Position 2008), das aber unter Nr. 32 der Anlage 2 fällt (vgl. Tz. 113), Senfmehl, auch entfettet oder zubereitet (Position 2103), das aber unter Nr. 33 der Anlage 2 fällt (vgl. Tz. 116) sowie entfettete Mehle (andere als Senfmehl) (Positionen 2304 bis 2306), die aber unter Nr. 37 der Anlage 2 fallen (vgl. Tz. 125, 126).

77 Nach Nr. 18 der Anlage 2 sind **nicht begünstigt:**

1. Erzeugnisse der Positionen 0801 und 0802, z. B. Kokosnüsse, Paranüsse, Kaschu-Nüsse und andere Schalenfrüchte, die aber unter Nr. 11 der Anlage 2 fallen (vgl. Tz. 52, 55)
2. Oliven (Kapitel 7 oder 20), die je nach Beschaffenheit aber unter Nr. 10 oder 32 der Anlage 2 fallen können (vgl. Tz. 48–50, 112, 113)
3. bestimmte andere Früchte und Samen, aus denen zwar Öl gewonnen werden kann, die jedoch hauptsächlich anderen Zwecken dienen, z. B. Aprikosen-, Pfirsich- und Pflaumenkerne (Position 1212), die aber unter Nr. 22 der Anlage 2 fallen (vgl. Tz. 85, 86)
4. feste Rückstände aus der Gewinnung pflanzlicher Fette oder Öle von Ölsaaten oder ölhaltigen Früchten (Kapitel 23), die aber unter Nr. 37 der Anlage 2 fallen (vgl. Tz. 125, 126)

78 **Samen, Früchte und Sporen, zur Aussaat (Position 1209) (Nr. 19 der Anlage 2)**[1]

**Begünstigt** sind alle Samen, Früchte und Sporen der Position 1209 der zur Aussaat verwendeten Art, auch wenn sie ihre Keimfähigkeit verloren haben, insbesondere Samen von Rüben aller Art, von Gräsern und Futterpflanzen (Luzerne, Esparsette, Klee, Schwingel, Weidegras, Wiesenrispengras usw.), Samen von Zierblumen, Gemüsesamen, Samen von Waldbäumen (einschließlich der gefüllten Zapfen der Nadelbäume), Samen von Obstbäumen, Samen von Wicken (**nicht jedoch** der Art Vicia faba, wie z. B. Puff-, Pferde- und Ackerbohnen [Position 0708], die aber unter Nr. 10 der Anlage 2 fallen [vgl.

[1] Zu Leistungen im Zusammenhang mit der Abgabe von Saatgut vgl. BMF v. 14. 2. 2006, BStBl. I S. 240.

Tz. 48–50]), von Lupinen, von Tamarinden, von Tabak sowie Samen der in Position 1211 erfassten Pflanzen, soweit diese Samen nicht selbst hauptsächlich zur Riechmittelherstellung, zu Zwecken der Medizin, Insektenvertilgung, Schädlingsbekämpfung und dergleichen verwendet werden.

Zur Anwendung des zutreffenden Steuersatzes bei der Lieferung von Saatgut unter gleichzeitiger Einsaat in den Ackerboden sowie zu sonstigen damit verbundenen Leistungen vgl. Tz. 62. 79

Nach Nr. 19 der Anlage 2 sind **nicht begünstigt:** 80

1. Pilzmycel (Position 0602), das aber unter Nr. 7 der Anlage 2 fällt (vgl. Tz. 38)
2. Hülsenfrüchte und Zuckermais (Kapitel 7), die aber unter Nr. 10 der Anlage 2 fallen (vgl. Tz. 48–50)
3. Früchte des Kapitels 8, die aber unter Nr. 11 der Anlage 2 fallen (vgl. Tz. 52, 55)
4. Gewürze und andere Erzeugnisse des Kapitels 9, die aber unter Nr. 12 der Anlage 2 fallen (vgl. Tz. 57, 59)
5. Getreidekörner (Kapitel 10), die aber unter Nr. 13 der Anlage 2 fallen (vgl. Tz. 61, 63)
6. Ölsamen und ölhaltige Früchte der Positionen 1201 bis 1207, die aber unter Nr. 18 der Anlage 2 fallen (vgl. Tz. 75, 76)
7. Johannisbrotkerne (Position 1212), die aber unter Nr. 22 der Anlage 2 fallen (vgl. Tz. 85, 86)
8. Eicheln und Rosskastanien (Position 2308), die aber unter Nr. 37 der Anlage 2 fallen (vgl. Tz. 125, 126)

## Nr. 20 der Anlage 2 81

*(weggefallen)*

## Rosmarin, Beifuß und Basilikum in Aufmachungen für den Küchengebrauch sowie Dost, Minzen, Salbei, Kamilleblüten und Haustee (aus Position 1211) (Nr. 21 der Anlage 2) 82

**Begünstigt** sind nur die ausdrücklich aufgeführten Erzeugnisse aus Position 1211 Zolltarif.

Im Einzelnen sind nach Nr. 21 der Anlage 2 **begünstigt:** 83

1. Rosmarin, Beifuß und Basilikum in Aufmachungen für den Küchengebrauch (d. h. für den Gebrauch als Gewürze bei der Zubereitung von Speisen)
   Eine Aufmachung für den Küchengebrauch ist unabhängig von der tatsächlichen Verwendung immer gegeben, wenn die Erzeugnisse in Packungen mit einem Gewicht bis zu einem Kilogramm abgefüllt sind.
2. Kraut von Dost aller Origanum-Arten außer Origanum majorana aus Position 0709, der aber unter Nr. 10 der Anlage 2 fallen kann (vgl. Tz. 48 – 50); Blätter und Stängel von Minzen aller Art, Blätter und Blüten von Salbei sowie Blüten von Kamille, auch mit Alkohol getränkt

Die Erzeugnisse können auch für den Einzelverkauf aufgemacht sein (z. B. Pfefferminztee oder Kamillenblütentee, in Aufgussbeuteln abgepackt). Außerdem können die Erzeugnisse frisch oder getrocknet, ganz, in Stücken, als Pulver oder sonst zerkleinert sein.

3. Haustee
Hierzu gehören getrocknete Pflanzen, Pflanzenteile, Samen und Früchte (ganz, in Stücken, als Pulver oder sonst zerkleinert), die nach ihrer objektiven Beschaffenheit zur Bereitung einfachen Tees des Hausgebrauchs geeignet sind (sog. Tee-Ersatz), z. B. Malventee (Blätter und Früchte), Lindenblütentee und Holunderblütentee, auch wenn sie im Einzelfall zu anderen Zwecken (z. B. als Mischungskomponente bei der Herstellung von Medizinaltee) verwendet werden. Die Erzeugnisse können auch für den Einzelverkauf aufgemacht sein (z. B. Lindenblütentee, in Aufgussbeuteln abgepackt).

84 Nach Nr. 21 der Anlage 2 sind **nicht begünstigt:**

1. a) trinkfertiger Tee- bzw. Hausteeaufguss (Position 2202),
   b) Auszüge, Essenzen und Konzentrate aus Tee (Position 2101), die aber unter Nr. 33 der Anlage 2 fallen (vgl. Tz. 115, 116)
2. Arzneiwaren
   a) ungemischte Erzeugnisse der Position 1211, jedoch dosiert (d. h. gleichmäßig in diejenigen Mengen abgeteilt, in denen sie zu therapeutischen oder prophylaktischen Zwecken gebraucht werden, z. B. Ampullen, Kapseln usw.) oder für den Einzelverkauf zu therapeutischen oder prophylaktischen Zwecken aufgemacht,
   b) zu den gleichen Zwecken gemischte Erzeugnisse (Position 3003 oder 3004)
3. andere Erzeugnisse der Position 1211, die nicht als Haustee verwendet werden, z. B. Baldrianwurzeln, Fenchelwurzeln oder Hagebuttenkerne
   Hierzu gehören:
   a) Riechmittel des Kapitels 33 sowie Insektizide oder Schädlingsbekämpfungsmittel und dergleichen, in Formen oder Aufmachung für den Einzelverkauf (Position 3808),
   b) Früchtetees aus getrockneten Früchten (z. B. Hagebutten) (Position 0813), die aber unter Nr. 11 der Anlage 2 fallen (vgl. Tz. 52–55),
   c) Früchtetees aus getrockneten Früchten mit Zusätzen von Malven- und Hibiscusblüten (Position 2106), die aber unter Nr. 33 der Anlage 2 fallen (vgl. Tz. 116),
   d) Tee aus Fenchelfrüchten (Position 0909), der aber unter Nr. 12 der Anlage 2 fällt (vgl. Tz. 59).

   Die Zuordnung von Teemischungen bestimmt sich nach dem charakterbestimmenden Stoff oder Bestandteil.
4. Erzeugnisse, die aus Pflanzen oder -teilen, Samen oder Früchten verschiedener Arten (auch in Mischung mit Pflanzen oder -teilen anderer Positionen) oder einer Art oder mehrerer Arten in Mischung mit anderen Stoffen

bestehen (Position 2106). Diese Erzeugnisse fallen aber unter Nr. 33 der Anlage 2 (vgl. Tz. 115, 116)

5. Erzeugnisse, die unmittelbar zum Aromatisieren von Getränken oder zum Gewinnen von Auszügen zum Herstellen von Getränken verwendet werden:

   a) Mischungen verschiedener Arten von Pflanzen oder -teilen aus Position 1211 gehören zu Position 2106 und fallen damit unter Nr. 33 der Anlage 2 (vgl. Tz. 115, 116),

   b) Mischungen von Pflanzen oder -teilen der Position 1211 mit pflanzlichen Erzeugnissen anderer Kapitel (z. B. Kapitel 7, 9, 11) gehören zu Kapitel 9 oder zu Position 2106 und fallen damit unter Nr. 12 oder 33 der Anlage 2 (vgl. Tz. 59, 115, 116)

**Johannisbrot und Zuckerrüben, frisch oder getrocknet, auch gemahlen; Steine und Kerne von Früchten sowie andere pflanzliche Waren (einschließlich nicht gerösteter Zichorienwurzeln der Varietät Cichorium intybus sativum) der hauptsächlich zur menschlichen Ernährung verwendeten Art, anderweit weder genannt noch inbegriffen; ausgenommen Algen, Tange und Zuckerrohr (aus Position 1212) (Nr. 22 der Anlage 2)** 85

**Begünstigt** sind nur die ausdrücklich aufgeführten Erzeugnisse aus Position 1212 in der in dieser Position beschriebenen Beschaffenheit.

Im Einzelnen sind nach Nr. 22 der Anlage 2 **begünstigt:** 86

1. Johannisbrot (Frucht der Ceratonia siliqua), einschließlich Endosperm, Samen, Samenschalen und Keime, **nicht jedoch** das Endosperm-Mehl, das als Schleim und Verdickungsstoff zu Position 1302 gehört

2. Zuckerrüben, auch Schnitzel, **nicht jedoch** Bagasse, der faserige Rückstand des Zuckerrohrs, der nach dem Ausziehen des Saftes zurückbleibt (Position 2303), und Zuckerrohr (Position 1212)
   Bagasse fällt aber unter Nr. 37 der Anlage 2 (vgl. Tz. 126).

3. Steine und Kerne von Früchten, insbesondere von Pfirsichen, Nektarinen, Aprikosen und Pflaumen die hauptsächlich als Mandelersatz dienen, auch wenn sie zur Ölgewinnung verwendet werden

4. andere pflanzliche Waren der hauptsächlich zur menschlichen Ernährung verwendeten Art, anderweit weder genannt noch inbegriffen, z. B.

   a) nichtgeröstete Zichorienwurzeln der Varietät Cichorium intybus sativum,

   b) getrocknete Erdbeer-, Brombeer- und Himbeerblätter oder Blätter von schwarzen Johannisbeeren, die zur Zubereitung von Kräutertees (Haustee) geeignet sind,

   c) Angelikastängel, hauptsächlich zum Kandieren und Glasieren verwendet (im Allgemeinen in Salzlake vorläufig haltbar gemacht),

   d) Zucker-Sorghum, wie die Art Sorghum saccharatum (hauptsächlich zum Gewinnen von Sirup oder Melassen verwendet),

e) geschrotete oder gemahlene Rüben- oder Gemüsesamen (zur Gewinnung von Speiseöl)

87 Nach Nr. 22 der Anlage 2 sind **nicht begünstigt:**

1. geröstete Zichorienwurzeln sowie geröstete Fruchtkerne, die als Kaffeemittel dienen (Position 2101), die aber unter Nr. 33 der Anlage 2 fallen (vgl. Tz. 116)
   Nichtgeröstete Zichorienwurzeln gehören zu Position 0601 und fallen damit unter Nr. 6 der Anlage 2 (vgl. Tz. 34).
2. Fruchtsteine und -kerne der zum Schnitzen verwendeten Art (z. B. Dattelkerne) (Position 1404)
3. Algen und Tange, auch wenn sie genießbar sind (Position 1212)
4. weichschalige Kerne von Kürbissen (Position 1207), die aber unter Nr. 18 der Anlage 2 fallen können (vgl. Tz. 75, 76) bzw. geröstete Kerne von Speisekürbissen (Position 2008), die aber unter Nr. 32 der Anlage 2 fallen (vgl. Tz. 113)

88 **Stroh und Spreu von Getreide sowie verschiedene zur Fütterung verwendete Pflanzen (Positionen 1213 und 1214) (Nr. 23 der Anlage 2)**

**Begünstigt** sind alle Erzeugnisse der Positionen 1213 und 1214, d. h. Stroh und Spreu von Getreide sowie verschiedene für Fütterung verwendete Pflanzen, wobei die Zubereitungen der zur Fütterung verwendeten Art unter Position 2309 fallen (vgl. Tz. 90 Nr. 3).

89 Im Einzelnen sind nach Nr. 23 der Anlage 2 **begünstigt:**

1. Stroh und Spreu von Getreide, roh, wie sie beim Dreschen anfallen, auch gehäckselt, gemahlen, gepresst oder in Form von Pellets, **nicht jedoch** weiter zubereitetes Stroh oder Spreu (Position 1213) oder gereinigtes, gebleichtes oder gefärbtes Getreidestroh (Position 1401)
2. Steckrüben, Futterrüben, Wurzeln zu Futterzwecken, Heu, Luzerne, Klee, Esparsette, Futterkohl, Lupinen, Wicken und ähnliches Futter, auch in Form von Pellets (frisch, getrocknet, gehäckselt oder anders zerkleinert, gepresst, gesalzen oder siliert) (Position 1214)
   Hierzu gehören z. B. Futtermöhren, Runkelrüben, Kohlrüben und Futtersteckrüben, auch wenn einige von ihnen zur menschlichen Ernährung geeignet sind.

90 Nach Nr. 23 der Anlage 2 sind **nicht begünstigt:**

1. Pflanzliche Erzeugnisse, die trotz ihrer Verwendung als Futter nicht eigens zu diesem Zwecke angebaut werden, wie Rübenblätter, Möhrenkraut, Maisstängel und Maisblätter (Position 2308), die jedoch unter Nr. 37 der Anlage 2 fallen (vgl. Tz. 125, 126)
2. pflanzliche Abfälle für Futterzwecke (Position 2308), die jedoch unter Nr. 37 der Anlage 2 fallen (vgl. Tz. 125, 126)
3. Zubereitungen der zur Fütterung verwendeten Art (z. B. melassiertes Futter) (Position 2309), die jedoch unter Nr. 37 der Anlage 2 fallen (vgl. Tz. 125, 126)

4. Speisemöhren (Position 0706), die jedoch unter Nr. 10 der Anlage 2 fallen können (vgl. Tz. 48–50)
5. Topinambur (Position 0714), der aber unter Nr. 10 der Anlage 2 fallen kann (vgl. Tz. 48–50)
6. Pastinaken (Position 0706), die jedoch unter Nr. 10 der Anlage 2 fallen können (vgl. Tz. 48–50)

**Pektinstoffe, Pektinate und Pektate (Unterposition 1302 20) (Nr. 24 der Anlage 2)** 91

**Begünstigt** sind nur Pektinstoffe, Pektinate und Pektate (Unterposition 1302 20). Pektinstoffe (im Handel allgemein als Pektine bezeichnet) sind Polysaccharide, die sich von der Polygalacturonsäure ableiten. Sie kommen in den Zellen bestimmter Pflanzen (insbesondere bestimmter Früchte und Gemüse) vor und werden technisch aus den Rückständen von Äpfeln, Birnen, Quitten, Zitrusfrüchten, Zuckerrüben usw. gewonnen. Pektinstoffe werden hauptsächlich als Geliermittel beim Herstellen von Konfitüren usw. verwendet. Sie können flüssig oder in Pulverform vorliegen oder durch Zusatz von Zucker (Glucose, Saccharose usw.) oder anderer Stoffe standardisiert worden sein, um bei ihrer Verwendung eine gleich bleibende Wirkung sicherzustellen. Pektinstoffe werden manchmal mit Natriumcitrat oder anderen Puffersalzen versetzt. Pektinate sind die Salze der Pektinsäure (teilweise methoxylierten Poly-D-Galacturonsäure), Pektate die Salze der demethoxylierten Pektinsäure; ihre Eigenschaften und ihre Verwendung sind denen der Pektinstoffe vergleichbar.

Nach Nr. 24 der Anlage 2 sind **nicht begünstigt:** 92

1. Pflanzensäfte und -auszüge aus Mohn, Aloe, Eschen, Süßholzwurzeln oder Hopfen (Position 1302) sowie zusammengesetzte Pflanzenauszüge zum Herstellen von Getränken oder Lebensmittelzubereitungen
2. Agar-Agar und andere natürliche pflanzliche Schleime und Verdickungsstoffe (Position 1302), z. B. aus Johannisbrot oder -kernen
3. Zubereitungen aus Pektin und anderen Stoffen, z. B. mit Säuren, Saccharose oder Mineralsalzen (Position 2106), die aber unter Nr. 33 der Anlage 2 fallen können (vgl. Tz. 115, 116)
4. Pflanzenauszüge zu therapeutischen oder prophylaktischen Zwecken (Position 3003 oder 3004)

**Nr. 25 der Anlage 2** 93

*(weggefallen)*

**Genießbare tierische und pflanzliche Fette und Öle, auch verarbeitet, und zwar** 94

**a) Schweineschmalz, anderes Schweinefett und Geflügelfett (aus Position 1501),**

**b) Fett von Rindern, Schafen oder Ziegen, ausgeschmolzen oder mit Lösungsmitteln ausgezogen (aus Position 1502),**

**c) Oleomargarin (aus Position 1503),**

**d) fette pflanzliche Öle und pflanzliche Fette sowie deren Fraktionen, auch raffiniert (aus Positionen 1507 bis 1515),**

**e) tierische und pflanzliche Fette und Öle sowie deren Fraktionen, ganz oder teilweise hydriert, umgeestert, wiederverestert oder elaidiniert, auch raffiniert, jedoch nicht weiterverarbeitet, ausgenommen hydriertes Rizinusöl (sog. Opalwachs) (aus Position 1516),**

**f) Margarine; genießbare Mischungen und Zubereitungen von tierischen oder pflanzlichen Fetten und Ölen sowie von Fraktionen verschiedener Fette und Öle, ausgenommen Form- und Trennöle (aus Position 1517)**

**(Nr. 26 der Anlage 2)**

**Begünstigt** sind nur die in den Buchstaben a) bis f) der Vorschrift ausdrücklich aufgeführten tierischen und pflanzlichen Fette und Öle der Positionen 1501 bis 1503 sowie 1507 bis 1517, sofern sie genießbar, d. h. unmittelbar – ohne weitere Bearbeitung und Verarbeitung – für die menschliche Ernährung geeignet sind ohne Rücksicht auf ihren tatsächlichen Verwendungszweck (Ernährungszwecke, Futtermittelherstellung oder technische Zwecke wie Seifen- oder Scheuermittelherstellung).

95 Im Einzelnen sind nach Nr. 26 der Anlage 2 **begünstigt:**

1. zu Buchstabe a):
   genießbares Schweineschmalz, anderes Schweinefett und Geflügelfett, ausgepresst, ausgeschmolzen oder mit Lösemitteln ausgezogen (aus Position 1501)
   Schweineschmalz und Geflügelfett können roh oder raffiniert, gereinigt oder auch gewürzt sein sowie Grieben oder Lorbeerblätter enthalten.
   Hierzu gehört **nicht:**
   a) ungenießbares Schweineschmalz oder ungenießbares Geflügelfett (aus Position 1501), z. B. ungenießbar gemachtes oder ranzig gewordenes Schweineschmalz oder Schweineschmalz, das in Folge von Verunreinigungen (Blut- und Schmutzbestandteilen) ungenießbar ist, oder Geflügelöl, das als Nebenprodukt bei der Herstellung von Geflügelfleisch anfällt,
   b) Schmalzstearin und Schmalzöl (aus Position 1503),
   c) Knochenöl der Position 1506,
   d) Schweinespeck, der keine mageren Teile enthält sowie Schweinefett und Geflügelfett, weder ausgeschmolzen noch auf andere Weise ausgezogen (Position 0209). Diese Erzeugnisse fallen jedoch unter Nr. 2 der Anlage 2 (vgl. Tz. 21).
2. zu Buchstabe b):
   genießbares Fett von Rindern, Schafen oder Ziegen, ausgeschmolzen oder mit Lösemitteln ausgezogen (aus Position 1502)

Hierzu gehört Fett (Talg), das durch Ausschmelzen insbesondere aus Gekröse-, Netz-, Herz-, Mittelfell- und Eingeweidefett von Rindern, Schafen oder Ziegen gewonnen wird (einschließlich Premier Jus – beste Qualität des genießbaren Talgs – und Griebentalg), **nicht jedoch**

a) roher (d. h. nicht ausgeschmolzener) Talg von Rindern, Schafen oder Ziegen, wie er auf Schlachthöfen, in Fleischereien oder in Verarbeitungsbetrieben für Innereien anfällt (aus Position 1502), z. B. rohes Mickerfett (Gekrösefett) von Rindern, Schafen oder Ziegen,

b) ausgeschmolzener Talg, ungenießbar (aus Position 1502), z. B. Talg, der wegen seines hohen Gehalts an freien Fettsäuren nicht genießbar ist,

c) Öle tierischen Ursprungs (z. B. Klauenöl aus Position 1506).

3. zu Buchstabe c):
genießbares Oleomargarin, weder emulgiert, vermischt noch anders verarbeitet (aus Position 1503), durch Auspressen von Talg gewonnen
Oleomargarin besteht vorwiegend aus Glyceriden der Ölsäure (Triolein).
Hierzu gehören **nicht** andere Erzeugnisse, die durch Auspressen von Talg gewonnen werden (z. B. Talgöl oder Oleostearin) sowie Schmalzöl und Schmalzstearin (durch Auspressen von Schweineschmalz gewonnen) (aus Position 1503).

4. zu Buchstabe d):
genießbare fette pflanzliche Öle (flüssig oder fest, roh, gereinigt oder raffiniert) und genießbare pflanzliche Fette sowie deren Fraktionen (aus Positionen 1507 bis 1515) (z. B. Sonnenblumenöl), nicht nur aus ölhaltigen Früchten, sondern auch aus anderen Früchten gewonnenes Öl (z. B. aus Getreidekeimen, Pfirsichen, Walnüssen) und einfache Gemische flüssiger pflanzlicher Öle (sofern sie nicht den Charakter anderer Positionen aufweisen)
Rohe pflanzliche Öle gehören nur dann hierher, wenn sie genießbar, d. h. unmittelbar für die menschliche Ernährung geeignet sind (z. B. Jungfern-Olivenöl und rohes Rüböl), **nicht jedoch** rohes Erdnussöl (aus Position 1508), rohes Maisöl (aus Position 1515) usw.
Hierzu gehört auch raffiniertes Rapsöl (aus Position 1514), und zwar auch dann, wenn das Produkt als Kraftstoff verwendet wird, **nicht jedoch** eine Mischung aus Rapsöl und Dieselkraftstoff.
Hierzu gehören **nicht** ungenießbare Öle, z. B. Myrten- und Japanwachs sowie Rizinusöl (aus Position 1515) und ungenießbar gemachte Öle.

5. zu Buchstabe e):
genießbare tierische und pflanzliche Öle und Fette sowie deren Fraktionen, ganz oder teilweise hydriert (oder durch sonstige Verfahren gehärtet), umgeestert, wiederverestert oder elaidiniert, auch raffiniert, **jedoch nicht** weiterverarbeitet, **ausgenommen** hydriertes Rizinusöl (sog. Opalwachs) (aus Position 1516)

6. zu Buchstabe f):
Margarine; genießbare Mischungen und Zubereitungen von tierischen und pflanzlichen Fetten und Ölen sowie von Fraktionen verschiedener Fette und Öle, ausgenommen Form- und Trennöle (aus Position 1517)

Hierzu gehören Lebensmittelzubereitungen von fester Beschaffenheit, die im Wesentlichen Gemische verschiedener, ggf. auch gehärteter Fette sind. Diese Zubereitungen können aus Gemischen tierischer Fette und Öle, aus Gemischen pflanzlicher Fette und Öle oder aus Gemischen tierischer Fette (oder auch Öle) mit pflanzlichen Fetten (oder auch Ölen) bestehen. Die Gemische können durch Emulgieren mit Vollmilch, Magermilch usw. oder durch Kirnen oder Texturieren verarbeitet sein. Sie gehören auch hierher, wenn sie nicht mehr als 15 Gewichtshundertteile an Erzeugnissen der Position 0405, Lecithin, Stärke, organische Farbstoffe, Aromastoffe oder Vitamine enthalten. Hierher gehören auch Lebensmittelzubereitungen, die aus nur einem Fett oder aus nur einem gehärteten Öl bestehen und ähnlich verarbeitet (emulgiert, gekirnt, texturiert usw.) sind. Die wichtigsten dieser verarbeiteten Fette sind Margarine und Kunstspeisefett, deren charakteristische Besonderheit darin besteht, dass sie nach äußeren Merkmalen (Aussehen, Konsistenz, Farbe usw.) gewisse Ähnlichkeiten mit Butter oder Schweineschmalz aufweisen, sowie sog. shortenings (aus Ölen oder Fetten durch Texturieren hergestellt). Fettmischungen, bei denen das Milchfett (insbesondere Butterfett) der Hauptbestandteil ist, gehören nicht zu Position 1517, sondern im Allgemeinen zu Kapitel 4 oder 21 Zolltarif und fallen somit unter Nr. 4 oder 33 der Anlage 2 (vgl. Tz. 27, 30, 115, 116).

96 Nach Nr. 26 der Anlage 2 sind **nicht begünstigt:**

1. Fette und Öle von Fischen oder Meeressäugetieren, auch raffiniert (Position 1504), z. B. Lebertran sowie Walöl und Walfett einschließlich Spermöl
2. Wollfett und daraus stammende Fettstoffe, einschließlich Lanolin (Position 1505)
3. andere tierische Fette und Öle (z. B. Klauenöl, Knochenfett, Abfallfett) (Position 1506); hierzu rechnen z. B. auch Fett von Pferden, Kaninchen usw., Knochenöl, Markfett, Eieröl, Schildkröteneieröl, Puppenöl; des Weiteren ist Kadaverfett aus Position 1518 nicht begünstigt
4. tierische und pflanzliche Öle, gekocht, oxidiert, dehydratisiert, geschwefelt, geblasen, durch Hitze im Vakuum oder in inertem Gas polymerisiert oder anders modifiziert (aus Position 1518)
5. technische Fettsäuren; saure Öle aus der Raffination; technische Fettalkohole (Position 3823)
6. Glycerin, roh, einschließlich Glycerinwasser und -unterlaugen (Position 1520)
7. Walrat, roh, gepresst, auch raffiniert oder gefärbt (Position 1521)
8. Rückstände aus der Verarbeitung von Fettstoffen oder von tierischen oder pflanzlichen Wachsen (Position 1522), z. B. Öldrass und Soapstock
9. Kakaobutter, einschließlich Kakaofett und Kakaoöl (Position 1804)
10. Linoxyn (Position 1518)
11. Polymerisate von Kaschu-Nussschalen-Auszug (Cashew nutshell liquid [CNSL])

Butter (Position 0405) fällt unter Nr. 4 der Anlage 2 (vgl. Tz. 30). Grieben (Position 2301), Ölkuchen und andere feste Rückstände aus der Gewinnung pflanzlicher Öle (Position 2304 bis 2306) fallen unter Nr. 37 der Anlage 2 (vgl. Tz. 125, 126).

**Nr. 27 der Anlage 2** 97

*(weggefallen)*

**Zubereitungen von Fleisch, Fischen oder von Krebstieren, Weichtieren und anderen wirbellosen Wassertieren, ausgenommen Kaviar sowie zubereitete oder haltbar gemachte Langusten, Hummer, Austern und Schnecken (aus Kapitel 16)** 98
**(Nr. 28 der Anlage 2)**

**Begünstigt** sind alle Erzeugnisse des Kapitels 16 Zolltarif mit Ausnahme von Kaviar und der Zubereitungen von Langusten, Hummern, Austern und Schnecken. Dazu gehören genießbare Zubereitungen aus Fleisch oder aus Schlachtnebenerzeugnissen, auch von Wildbret und Geflügel (z. B. Zubereitungen von Füßen, Häuten, Herzen, Zungen, Lebern, Därmen, Magen und Blut von Tieren) sowie genießbare Zubereitungen aus Fischen, Krebstieren, Weichtieren und anderen wirbellosen Wassertieren, sofern diese Erzeugnisse weitergehend bearbeitet sind als dies in den Kapiteln 2 oder 3 Zolltarif (vgl. dazu Tz. 18–26) vorgesehen ist. Lebensmittelzubereitungen (einschließlich der sog. Fertiggerichte) gehören zu Kapitel 16 Zolltarif, wenn ihr Gehalt an Wurst, Fleisch, Schlachtnebenerzeugnissen, Blut, Fischen, Krebstieren, Weichtieren oder anderen wirbellosen Wassertieren – einzeln oder zusammen – mehr als 20 Gewichtshundertteile beträgt. Gefüllte Teigwaren gehören allerdings zu Position 1902 und fallen damit unter Nr. 31 der Anlage 2 (vgl. Tz. 109, 110). Zusammengesetzte Würzmittel gehören zu Position 2103 und fallen damit unter Nr. 33 der Anlage 2 (vgl. Tz. 115, 116). Zubereitungen zum Herstellen von Suppen und Brühen gehören zu Position 2104 und fallen damit ebenfalls unter Nr. 33 der Anlage 2 (vgl. Tz. 115, 116).

Wegen der umsatzsteuerlichen Behandlung von Zusammenstellungen von unterschiedlich zu tarifierenden Erzeugnissen, z. B. einer Verkaufskombination aus Wurstkonserven und einem Frühstücksbrett, wird auf die Ausführungen im Allgemeinen Teil A (vgl. Tz. 11 – 14) hingewiesen. 99

Im Einzelnen sind nach Nr. 28 der Anlage 2 **begünstigt:** 100

1. Würste und ähnliche Erzeugnisse aus Fleisch, Schlachtnebenerzeugnissen oder Blut; Lebensmittelzubereitungen auf der Grundlage dieser Erzeugnisse (Position 1601)
   Hierzu gehören Zubereitungen aus grob oder fein zerkleinertem Fleisch oder Schlachtnebenerzeugnissen (auch aus Därmen und Mägen) oder aus Tierblut, in Därmen, Mägen, Blasen, Häuten oder ähnlichen natürlichen oder künstlichen Umhüllungen. Bei manchen Erzeugnissen kann jedoch die Umhüllung fehlen, wobei dann die charakteristische Wurstform durch Pressen erreicht wird. Die Zubereitungen können roh oder hitzebehandelt, geräuchert oder ungeräuchert sein; Fett, Speck, Stärke, Würzmittel, Gewürze usw. können zugesetzt sein. Sie können auch verhältnismäßig große Stücke

von Fleisch oder Schlachtnebenerzeugnissen enthalten. Die Erzeugnisse können in Scheiben geschnitten oder in luftdicht verschlossenen Behältnissen verpackt sein. Hierzu gehören insbesondere Frankfurter, Salami, Leberwürste (einschließlich solcher aus Geflügelleber), Blutwurst, Weißwurst, kleine Würste aus Innereien, Zervelatwurst, Mortadella, Pasteten, Pasten, Galantinen und dergleichen (wenn in Wursthüllen aufgemacht oder durch Pressen in eine charakteristische Wurstform gebracht), Salami, Plockwurst, Teewurst, Rohwürste (sofern unmittelbar genießbar, z. B. durch Lufttrocknung), Brüh- und Kochwürste, **nicht jedoch** rohes Fleisch ohne andere Bestandteile (auch wenn in einer Hülle aufgemacht) (Kapitel 2), welches aber unter Nr. 2 der Anlage 2 fällt (vgl. Tz. 18–21).

2. Fleisch, Schlachtnebenerzeugnisse oder Blut, anders zubereitet oder haltbar gemacht (Position 1602)
Hierzu gehören insbesondere:
   a) Fleisch und Schlachtnebenerzeugnisse aller Art, die durch andere als im Kapitel 2 Zolltarif vorgesehene Verfahren zubereitet oder haltbar gemacht sind, insbesondere gekochtes, gegrilltes, geschmortes, gebratenes, in Wasser oder Dampf gegartes oder auf andere Weise thermisch behandeltes Fleisch (**nicht jedoch** nur überdämpfte, blanchierte oder ähnlich behandelte Erzeugnisse) sowie mit Teig umhülltes oder paniertes, getrüffeltes, gewürztes oder fein homogenisiertes Fleisch,
   b) Pasteten, Pasten, Galantinen, Sülzen und dergleichen (soweit nicht als Würste oder ähnliches zu Position 1601 gehörend),
   c) Zubereitungen aus Blut (sofern nicht als Blutwürste oder Ähnliches zu Position 1601 gehörend),
   d) genussfertige Fleischgerichte (Fertiggerichte), wenn der Anteil an Fleisch usw. mehr als 20 Gewichtshundertteile beträgt (z. B. „Hamburger“ oder „Cheeseburger“ mit Brötchen oder Pommes frites usw.).

   Mit Fleisch usw. gefüllte Teigwaren fallen unter Position 1902 und damit unter Nr. 31 der Anlage 2 (vgl. Tz. 109, 110).

3. Extrakte und Säfte von Fleisch, Fischen, Krebstieren, Weichtieren und anderen wirbellosen Wassertieren (Position 1603)
Hierzu gehören:
   a) Fleischextrakte
   Diese werden im Allgemeinen dadurch gewonnen, dass Fleisch unter Druck durch Kochen oder mit gesättigtem Wasserdampf behandelt wird. Die so erhaltene Brühe wird durch Zentrifugieren oder Filtrieren entfettet und anschließend eingedickt. Je nach dem Grad des Eindickens können diese Fleischextrakte fest, pastenförmig oder flüssig sein.
   b) Fleischsäfte, die lediglich durch Auspressen von rohem Fleisch gewonnen werden,
   c) Extrakte von Fischen oder Krebstieren, von Weichtieren oder anderen wirbellosen Wassertieren
   Fischextrakte werden z. B. durch Konzentrieren wässriger Auszüge von Herings- oder anderem Fischfleisch oder aus (auch entöltem) Fischmehl

gewonnen. Während des Gewinnungsvorgangs können die den Fischgeschmack hervorrufenden Stoffe (z. B. Trimethylamin bei Seefischen) ganz oder teilweise entfernt worden sein. Die so behandelten Extrakte haben ähnliche Eigenschaften wie Fleischextrakte.

d) durch Auspressen gewonnene Säfte aus rohen Fischen, Krebstieren, Weichtieren oder anderen wirbellosen Wassertieren.

Allen diesen Erzeugnissen können Konservierungsstoffe, wie Salz, in der für das Haltbarmachen erforderlichen Menge zugesetzt sein.
**Nicht** zu dieser Position gehören:

e) Solubles von Fischen oder Meeressäugetieren der Position 2309, die aber unter Nr. 37 der Anlage 2 fallen (vgl. Tz. 125, 126),

f) Arzneiwaren, bei denen Erzeugnisse dieser Position nur als Trägerstoff oder Verdünnungsmittel für den arzneilichen Wirkstoff dienen (Kapitel 30),

g) Peptone und Peptonate (Position 3504).

4. Fische, zubereitet oder haltbar gemacht; Kaviarersatz, aus Fischeiern gewonnen (aus Position 1604)
Hierzu gehören:

a) gekochte, gegrillte, geschmorte, gebratene, gebackene, in Wasser oder Dampf gegarte oder auf andere Weise thermisch behandelte Fische, **nicht jedoch** geräucherte Fische, vor oder während des Räucherns gegart, die, soweit nicht anders zubereitet, zu Position 0305 gehören und damit unter Nr. 3 der Anlage 2 fallen (vgl. Tz. 23, 24),

b) genussfertige Fischgerichte (Fertiggerichte), z. B. Fischfilet mit Kartoffelsalat, Gemüse, Reis oder Teigwaren, sofern der Gehalt an Wurst, Fleisch, Schlachtnebenerzeugnissen, Blut, Fischen, Krebstieren, Weichtieren oder anderen wirbellosen Wassertieren – einzeln oder zusammen – mehr als 20 Gewichtshundertteile beträgt. Mit Fisch gefüllte Teigwaren fallen jedoch unter Position 1902 und damit unter Nr. 31 der Anlage 2 (vgl. Tz. 110),

c) Fische, die mit Essig, Öl oder Tomatensoße haltbar gemacht oder zubereitet sind, Fischmarinaden (Fisch in Wein, Essig usw., denen Gewürze oder andere Stoffe zugesetzt sind), Fischwürste, Fischpasteten und Fischpasten (z. B. Anchovisbutter, Anchovispaste und Lachsbutter),

d) Fische, die durch andere als in den Positionen 0302 bis 0305 vorgesehene Verfahren zubereitet oder haltbar gemacht sind (vgl. Tz. 24), z. B. Fischfilets, die lediglich mit Teig umhüllt oder mit Paniermehl bestreut (paniert) sind, Fischmilch und Fischleber, zubereitet, sowie fein homogenisierte und pasteurisierte oder sterilisierte Fische,

e) Kaviarersatz
Dies sind Zubereitungen aus dem Rogen anderer Fische als Störe (z. B. Lachs, Karpfen, Hecht, Thunfisch, Seehase oder Kabeljau), die wie Kaviar verwendet werden. Die Eier sind gewaschen, von anhängenden Organteilen befreit, gewürzt und gefärbt und manchmal gepresst und getrocknet, **nicht jedoch:**

aa) Kaviar (aus Position 1604)
Dies sind Zubereitungen aus dem Rogen von Stören, z. B. Beluga, Schipp, Osietra und Sevruga. Kaviar hat meist die Form einer weichen körnigen Masse aus kleinen Eiern von 2 bis 4 mm Durchmesser, ist silbergrau bis grünlich schwarz, riecht stark und schmeckt leicht salzig. Er kommt auch in gepresster Form vor, d. h. als homogene, feste Paste.

bb) Fischrogen (d. h. Fischeier, die noch vom Rogensack umgeben sind und nur nach den in Kapitel 3 vorgesehenen Verfahren zubereitet oder haltbar gemacht worden sind)
Soweit er genießbar ist, fällt er unter Nr. 3 der Anlage 2 (vgl. Tz. 23, 24).

5. Krebstiere, Weichtiere und andere wirbellose Wassertiere, zubereitet oder haltbar gemacht, ausgenommen zubereitete oder haltbar gemachte Langusten, Hummer, Austern und Schnecken (aus Position 1605)
Hierzu gehören Krebstiere und Weichtiere einschließlich Muscheln (auch Teile davon), die durch andere als in Positionen 0306 und 0307 (vgl. Tz. 24) vorgesehene Verfahren zubereitet oder haltbar gemacht sind, z. B. gekochte, gebratene, geräucherte Krebs- oder Weichtiere, auch in Gelee, Tunke usw. Es handelt sich insbesondere um Krabben, Süßwasserkrebse, Garnelen (nicht jedoch ungenießbare Garnelen aus Position 0511), Kaisergranate, Kraken, Kalmare, Miesmuscheln, Seeigel, Seegurken und Quallen. Krebstiere in ihrem Panzer, durch Kochen in Wasser oder Dampfbehandlung gegart, verbleiben in Position 0306 und fallen damit unter Nr. 3 der Anlage 2 (vgl. Tz. 23, 24), auch wenn ihnen zum vorläufigen Haltbarmachen geringe Mengen Konservierungsstoffe zugesetzt worden sind.

Zu Mischungen (z. B. Salate) aus begünstigten und nicht begünstigten Erzeugnissen (z. B. Langusten und Garnelen) vgl. die Ausführungen im Allgemeinen Teil A (vgl. Tz. 11–14).

**101** Nach Nr. 28 der Anlage 2 sind **nicht begünstigt:**

1. Naturdärme (Position 0504)
2. Kunstdärme (Position 3917)
3. genießbares Mehl von Fleisch und von Schlachtnebenerzeugnissen einschließlich Erzeugnissen von Meeressäugetieren (Position 0210) oder von Fischen (Position 0305); diese Erzeugnisse können aber unter Nr. 2 bzw. 3 der Anlage 2 fallen (vgl. Tz. 18 – 21, 23, 24)
4. ungenießbares Mehl und Pellets von Fleisch, von Meeressäugetieren, von Fischen oder von Krebstieren, von Weichtieren oder anderen wirbellosen Wassertieren (Position 2301); diese Erzeugnisse fallen aber unter Nr. 37 der Anlage 2 (vgl. Tz. 125, 126)
5. Zubereitungen der zur Fütterung verwendeten Art auf der Grundlage von Fleisch, Schlachtnebenerzeugnissen, Fischen usw. (Position 2309); diese Erzeugnisse fallen ebenfalls unter Nr. 37 der Anlage 2 (vgl. Tz. 125, 126)
6. Arzneiwaren des Kapitels 30

**Zucker und Zuckerwaren (Kapitel 17)** 102
**(Nr. 29 der Anlage 2)**

**Begünstigt** sind alle Erzeugnisse des Kapitels 17 Zolltarif, nämlich Zucker (Saccharose, Lactose, Maltose, Glucose, Fructose usw.), Sirupe, Invertzuckercreme, Melassen aus der Gewinnung oder Raffination von Zucker sowie Zucker und Melassen, karamellisiert, und Zuckerwaren.

Im Einzelnen sind nach Nr. 29 der Anlage 2 **begünstigt:** 103

1. Rohrzucker und Rübenzucker und chemisch reine Saccharose, fest (Position 1701)
   Rohrzucker wird aus dem Saft des Zuckerrohres, Rübenzucker aus dem Saft der Zuckerrübe gewonnen.
   Begünstigt ist sowohl der Rohzucker (im Allgemeinen aus braunen Kristallen bestehend) als auch der durch weitergehende Bearbeitung des Rohzuckers gewonnene raffinierte Zucker sowie brauner Zucker (Mischung von weißem Zucker mit kleinen Mengen von z. B. karamellisiertem Zucker oder Melasse) und Kandiszucker (in Form größerer Kristalle, die durch langsames Kristallisieren aus konzentrierten Zuckerlösungen gebildet werden). Alle Erzeugnisse sind nur in fester Form (auch als Puder) begünstigt und können Zusätze von Aroma- oder Farbstoffen enthalten. Hierzu gehört auch chemisch reine Saccharose in fester Form, ohne Rücksicht auf ihre Herkunft.
2. andere Zucker, einschließlich chemisch reiner Lactose, Maltose, Glucose und Fructose, fest; Zuckersirupe, ohne Zusatz von Aroma- oder Farbstoffen; Invertzuckercreme, auch mit natürlichem Honig vermischt; Zucker und Melassen, karamellisiert (Position 1702)
   Hierzu gehören insbesondere:
   a) andere Zucker als Rüben- oder Rohrzucker in fester Form (auch als Puder), auch mit Zusatz von Aroma- oder Farbstoffen, wie z. B. Lactose (ein Milchbestandteil, der technisch aus Molke gewonnen wird), auch Milchzucker genannt, Invertzucker (der Hauptbestandteil des Naturhonigs, der technisch durch Hydrolyse von Saccharoselösungen gewonnen wird), Glucose (in der Natur in Früchten und im Honig vorkommend, bildet zusammen mit der gleichen Menge Fructose den Invertzucker), Dextrose (chemisch reine Glucose) und die Glucose des Handels (z. B. Stärkezuckersirup aus Mais), Fructose (sowohl chemisch reine Fructose als auch Fructose des Handels, welche zusammen mit Glucose in großer Menge in süßen Früchten und im Honig vorkommen; sie wird technisch aus handelsüblicher Glucose, Saccharose oder durch Hydrolyse aus Inulin hergestellt, ist süßer als Saccharose und für Diabetiker besonders geeignet), Saccharose aus anderen Pflanzen als Zuckerrohr oder Zuckerrüben (z. B. Ahornzucker oder andere z. B. aus Zuckerhirse, Johannisbrot und bestimmten Palmen gewonnene Saccharosesirupe), Malto-Dextrin bzw. Dextri-Maltose (wird ebenfalls aus Stärke durch Hydrolyse mit Säuren gewonnen, ist jedoch weniger hydrolysiert), **nicht jedoch** Erzeugnisse mit einem Gehalt an reduzierendem Zucker (berechnet als Dextrose und bezogen auf den Trockenstoff) von 10 Gewichtshundertteilen oder weniger (Position 3505) sowie Maltose (sowohl chemisch reine Maltose als

auch Maltose des Handels), die technisch aus Stärke durch Hydrolyse in Gegenwart von Malzdiastase gewonnen wird,

b) Sirupe von Zuckern aller Art (einschließlich Lactosesirup und wässrige Lösungen von anderen als chemisch reinen Zuckern), sofern sie keine zugesetzten Aroma- oder Farbstoffe enthalten (Zuckersirupe mit Zusatz von Aroma- und Farbstoffen aus Position 2106 fallen unter Nr. 33 der Anlage 2 [vgl. Tz. 115, 116]), die unter a) genannten Erzeugnisse (andere Zucker) in Sirupform (Fructosesirup, Maltodextrinsirup usw.) sowie einfache Sirupe, die durch Lösen von Zuckern dieses Kapitels in Wasser gewonnen werden, sowie Säfte und Sirupe, die bei der Zuckergewinnung aus Zuckerrüben, Zuckerrohr usw. anfallen (sie können Verunreinigungen wie Pektine, Eiweißstoffe, Mineralsalze usw. enthalten) und Tafelsirupe oder Sirupe für den Küchengebrauch, die Saccharose und Invertzucker enthalten (sie werden aus dem Sirup hergestellt, der bei der Zuckerraffination nach dem Auskristallisieren und Abtrennen des Weißzuckers anfällt; sie werden auch aus Rohrzucker oder Rübenzucker durch Invertieren eines Teils der Saccharose oder durch Zusatz von Invertzucker gewonnen),

c) Invertzuckercreme (eine Mischung auf der Grundlage von Saccharose, Glucose oder Invertzucker, im Allgemeinen aromatisiert oder gefärbt, um natürlichen Honig nachzuahmen oder auch Mischungen von natürlichem Honig und Invertzuckercreme),

d) karamellisierte Zucker und Melassen, die zum Aromatisieren von Speisen verwendet werden. Dies sind braune nicht kristallisierende Stoffe von aromatischem Geruch. Sie sind mehr oder weniger sirupförmig oder fest (im Allgemeinen pulverförmig) und werden durch mehr oder weniger langes Erhitzen von Zucker oder Melassen gewonnen.

3. Melassen aus der Gewinnung und Raffination von Zucker (Position 1703)
Melassen sind die bei der Rüben- oder Rohrzuckergewinnung oder -raffination bzw. bei der Gewinnung von Fructose aus Mais anfallenden Nebenerzeugnisse. Sie sind viskose, braune oder schwärzliche Stoffe, die in nennenswertem Umfang noch schwer kristallisierbaren Zucker enthalten. Melassen können auch entfärbt, aromatisiert oder künstlich gefärbt oder in Pulverform sein.

4. Zuckerwaren ohne Kakaogehalt (einschließlich weiße Schokolade) (Position 1704)
Hierzu gehören die meisten Lebensmittelzubereitungen aus Zucker, fest oder halbfest, die in der Regel zum unmittelbaren Verzehr geeignet sind und im Allgemeinen als Zuckerwaren oder Süßwaren bezeichnet werden, auch wenn sie Branntwein oder Likör enthalten. Hierzu gehören insbesondere:

a) Hartkaramellen (einschließlich solcher, die Malzextrakt enthalten),

b) Weichkaramellen, Cachou, Lakritz, weißer Nugat, Fondants (Zuckerwerke aus eingekochter Zuckerlösung), Dragees und Türkischer Honig, mit Zucker überzogene Mandeln,

c) Gummizuckerwaren, einschließlich gezuckertem Kaugummi (chewing gum und dergleichen),

d) Marzipanwaren,

e) Hustenbonbons und Halspastillen, die im Wesentlichen aus Zucker (auch mit anderen Nährstoffen wie Gelatine, Stärke oder Mehl) und aromatisierenden Stoffen (einschließlich solcher Substanzen wie Benzylalkohol, Menthol, Eukalyptol und Tolubalsam) bestehen, wenn ein Stoff mit medizinischen Eigenschaften, ein anderer als aromatisierender Stoff, in jedem Bonbon oder jeder Pastille nur in einer solchen Menge enthalten ist, dass das Erzeugnis dadurch nicht zu therapeutischen oder prophylaktischen Zwecken geeignet ist.
Hierher gehören z. B. Hustenbonbons, die zu etwa 99% aus Zucker und im Übrigen aus verschiedenen anderen Stoffen (z. B. Menthol, Eukalyptol, Anis, Tolubalsam, Huflattich, Andorn, Benzoeharz usw.) bestehen, **nicht jedoch** Arzneiwaren (aus Kapitel 30).

f) Süßholzauszug in allen Formen (Brote, Blöcke, Stäbe, Pastillen usw.) mit einem Gehalt an Saccharose von mehr als 10 Gewichtshundertteilen,

g) Süßholzauszug, als Zuckerware zubereitet, ohne Rücksicht auf seinen Zuckergehalt, auch aromatisiert,

h) gezuckerte Fruchtgelees bzw. Fruchtpasten in Form von Zuckerwaren,

i) „Weiße Schokolade", eine Zubereitung aus Zucker, Kakaobutter, Milchpulver und Geschmackstoffen, die praktisch keinen Kakao enthält (Kakaobutter ist nicht als Kakao anzusehen),

j) Rohmassen auf der Grundlage von Zucker, die nur wenig oder kein zugesetztes Fett enthalten und die unmittelbar zu Zuckerwaren der Position 1704 verarbeitet werden können, jedoch auch als Füllung für Erzeugnisse dieser Position oder anderer Positionen verwendet werden, z. B. Fondantmasse, weiße Nugatmasse und Marzipanrohmasse, **nicht jedoch** Speiseeis, auch wie Lutscher auf Stäbchen aufgemacht (Position 2105), das aber unter Nr. 33 der Anlage 2 fällt (vgl. Tz. 116).

Bei sog. Süßwarenkombinationsartikeln, die aus Süßwaren (Zuckerwaren, **104**
Schokolade) und anderen Artikeln bestehen, z. B. aus Umschließungen, die als Kinderspielzeug verwendbar sind, oder aus sonstigen werbewirksamen Aufmachungen, ist die Umschließung oder Aufmachung umsatzsteuerrechtlich als Gegenstand einer Nebenleistung anzusehen, wenn die Umschließung oder Aufmachung entweder üblich ist oder keinen dauernden selbständigen Gebrauchswert hat. Bei Annahme einer Nebenleistung ist der gesamte Kombinationsartikel steuerbegünstigt. Ist die Umschließung oder Aufmachung jedoch nicht üblich und hat sie einen dauernden selbständigen Gebrauchswert, so liegt eine Zusammenstellung aus verschieden einzureihenden Erzeugnissen vor. Hierzu wird auf die Ausführungen im Allgemeinen Teil A verwiesen (Tz. 11–14).

Nach Nr. 29 der Anlage 2 sind **nicht begünstigt:** **105**

1. gesüßtes Kakaopulver (ausgenommen weiße Schokolade) und Zuckerwaren mit beliebigem Gehalt an Kakao (Position 1806), die aber unter Nr. 30 der Anlage 2 fallen (vgl. Tz. 106, 107)

2. zubereitetes Futter, gezuckert (Position 2309), das aber unter Nr. 37 der Anlage 2 fällt (vgl. Tz. 125, 126)
3. chemisch reine Zucker (andere als Saccharose, Lactose, Maltose, Glucose und Fructose) und deren wässrige Lösungen (Position 2940)
4. zuckerhaltige Lebensmittelzubereitungen wie Gemüse, Früchte, Fruchtschalen usw., mit Zucker haltbar gemacht (Position 2006) sowie Konfitüren, Fruchtgelees usw. (Position 2007), die aber unter Nr. 32 der Anlage 2 fallen können (vgl. Tz. 112, 113)
5. Karamellen, Gummibonbons und ähnliche Erzeugnisse (insbesondere für Diabetiker), die synthetische Süßstoffe (z. B. Sorbit) an Stelle von Zucker enthalten sowie Massen auf der Grundlage von Zucker, die eine verhältnismäßig große Menge an zugesetztem Fett und manchmal Milch oder Nüsse enthalten und nicht unmittelbar zu Zuckerwaren verarbeitet werden können (Position 2106)
   Diese Erzeugnisse fallen aber unter Nr. 33 der Anlage 2 (vgl. Tz. 116).
6. zuckerhaltige pharmazeutische Erzeugnisse (Kapitel 30)
7. Fruchtsäfte und Gemüsesäfte mit Zusatz von Zucker (Position 2009)

106 **Kakaopulver ohne Zusatz von Zucker oder anderen Süßmitteln sowie Schokolade und andere kakaohaltige Lebensmittelzubereitungen (Positionen 1805 und 1806) (Nr. 30 der Anlage 2)**

**Begünstigt** sind alle Erzeugnisse der Positionen 1805 und 1806 Zolltarif. Wegen der umsatzsteuerlichen Behandlung von Süßwarenkombinationen (z. B. Schokoladewaren und Spielzeug) vgl. die Ausführungen im Allgemeinen Teil unter Abschnitt A (vgl. Tz. 11–14).

107 Im Einzelnen sind nach Nr. 30 der Anlage 2 **begünstigt:**

1. Kakaopulver ohne Zusatz von Zucker oder anderen Süßmitteln (Position 1805)
   Kakao ist ein Genuss- und Nahrungsmittel aus den Samen (Kakaobohnen) des Kakaobaums (Theobroma cacao). Zur Position 1805 gehört nur Kakaopulver, das nicht gezuckert oder anderweitig gesüßt ist. Es wird durch Pulverisieren von teilweise entfetteter Kakaomasse der Position 1803 gewonnen. Hierher gehört auch Kakaopulver, zu dessen Herstellung Kakaomasse, Kakaokernbruch oder gemahlener Kakaopresskuchen mit Alkalien (Natriumcarbonat, Kaliumcarbonat usw.) behandelt worden ist, um die „Löslichkeit" zu erhöhen („lösliches Kakaopulver"). Das Gleiche gilt für den Zusatz einer geringen Menge Lecithin (etwa fünf Gewichtshundertteile).
2. Schokolade und andere kakaohaltige Lebensmittelzubereitungen (Position 1806)
   Schokolade besteht im Wesentlichen aus Kakaomasse und Zucker oder anderen Süßmitteln, im Allgemeinen mit Zusatz von Geschmacksstoffen und Kakaobutter versehen. Manchmal wird Kakaomasse durch ein Gemisch aus Kakaopulver und anderen pflanzlichen Fetten ersetzt. Milch, Kaffee, Haselnüsse, Mandeln, Orangenschalen, Getreide, Früchte usw. werden häufig zugesetzt.

Schokolade und Schokoladewaren werden gehandelt als Blöcke, Tafeln, Stangen, Riegel, Pastillen, Kroketten, Streusel, Kugeln, Raspeln, Flocken, Pulver oder Phantasieformen (z. B. Ostereier, Pralinen usw.) oder in Form von Erzeugnissen, die mit Creme, Früchten, Likör usw. gefüllt sind.

Hierzu gehören auch alle Zuckerwaren mit beliebigem Gehalt an Kakao (z. B. Bonbons, Toffees oder Dragees), Schokoladenugat, Kakaopulver mit Zusatz von Zucker oder anderen Süßmitteln, Schokoladepulver mit Zusatz von Milchpulver, pastenförmige Erzeugnisse auf der Grundlage von Kakao oder Schokolade und eingedickter Milch, Schokolade mit Vitaminen angereichert, kakaohaltiges Pulver zum Herstellen von Cremes, Speiseeis und Nachspeisen, Mischungen von kakaohaltigen und nichtkakaohaltigen Zuckerwaren in beliebigen Mengenverhältnissen (in einer gemeinsamen Verkaufspackung), Erzeugnisse aus verschiedenen Bestandteilen auf der Grundlage von Schokolade mit einer umschlossenen Plastikkapsel, die als Überraschungsartikel ein Spielzeug enthält (vgl. hierzu auch Tz. 11–14), sowie üblicherweise als Milchschokolade- oder Schokoladeüberzugsmassen (Kuvertüre) bezeichnete Erzeugnisse und Milchschokolade (einschließlich „Chocolate-milk-crumb" genannte Zubereitungen [durch Vakuumtrocknung einer innigen flüssigen Mischung aus Zucker, Milch und Kakao gewonnen]) und zartbittere oder Bitterschokolade sowie kakaohaltige Zubereitungen in Form von Nugatmassen und Brotaufstrichpasten, **nicht jedoch** weiße Schokolade (eine Zubereitung aus Kakaobutter, Zucker und Milchpulver) (Position 1704), die aber unter Nr. 29 der Anlage 2 fällt (vgl. Tz. 103), sowie Biskuits und andere Backwaren mit Schokolade überzogen (Position 1905), die aber unter Nr. 31 der Anlage 2 fallen (vgl. Tz. 109, 110).

Nach Nr. 30 der Anlage 2 sind **nicht begünstigt:** 108

1. Kakaobohnen, auch Bruch, roh oder geröstet (Position 1801)
2. Kakaoschalen, Kakaohäutchen und anderer Kakaoabfall (Position 1802)
   Hierzu gehören Abfälle, die im Laufe der Verarbeitung zu Kakaopulver und Kakaobutter anfallen (auch Kakaokeime, Kakaostaub und Pressrückstände aus Schalen und Häutchen).
3. Kakaomasse, auch entfettet (Position 1803)
4. Kakaobutter, Kakaofett und Kakaoöl (Position 1804)
5. Kakaohaltige Getränke, nicht alkoholhaltig (Position 2202)
   Soweit es sich um Milchmischgetränke mit einem Anteil an Milch oder Milcherzeugnissen von mindestens 75 vom Hundert des Fertigerzeugnisses handelt, fallen diese unter Nr. 35 der Anlage 2 (vgl. Tz. 121).
6. alkoholhaltige Getränke, kakaohaltig (Position 2208) (z. B. Kakaolikör)
7. kakaohaltige Arzneiwaren, z. B. Abführschokolade (Position 3003 oder 3004), wenn die kakaohaltigen Lebensmittel oder Getränke lediglich als Trägerstoff, Bindemittel usw. dienen
8. Theobromin, ein Alkaloid aus Kakao (Position 2939)
9. Speiseeis mit beliebigem Gehalt an Kakao (Position 2105), das aber unter Nr. 33 der Anlage 2 fällt (vgl. Tz. 115, 116)

10. Lebensmittelzubereitungen aus Mehl, Grieß, Grütze, Stärke oder Malzextrakt, mit einem Gehalt an Kakao von weniger als 40 Gewichtshundertteilen (berechnet auf das vollständig entfettete Erzeugnis) und Lebensmittelzubereitungen aus Erzeugnissen der Positionen 0401 bis 0404 (Milch und Milcherzeugnisse) mit einem Gehalt an Kakao von weniger als fünf Gewichtshundertteilen, berechnet auf das vollständig entfettete Erzeugnis (aus Position 1901)
Diese Zubereitungen fallen aber unter Nr. 31 der Anlage 2 (vgl. Tz. 109, 110).
11. Erzeugnisse der Position 0403 (Buttermilch, saure Milch, saurer Rahm, Joghurt, Kefir und andere fermentierte oder gesäuerte Milch [einschließlich Rahm]), auch wenn sie Kakao enthalten
Diese Erzeugnisse fallen aber unter Nr. 4 der Anlage 2 (vgl. Tz. 30).

109 **Zubereitungen aus Getreide, Mehl, Stärke oder Milch; Backwaren (Kapitel 19)**
**(Nr. 31 der Anlage 2)**

**Begünstigt** sind alle Erzeugnisse des Kapitels 19 Zolltarif. Hierzu gehört eine Reihe von im Allgemeinen als Lebensmittel verwendeten Erzeugnissen, die entweder unmittelbar aus Getreide des Kapitels 10, aus Erzeugnissen des Kapitels 11 (Müllereierzeugnisse) oder aus zur Ernährung dienenden Mehlen, Grießen oder Pulvern pflanzlichen Ursprungs anderer Kapitel (Mehl, Grütze, Grieß und Stärke von Getreide sowie Mehl, Grieß und Pulver von Früchten oder Gemüse) oder aus Erzeugnissen der Positionen 0401 bis 0404 (Milcherzeugnisse) hergestellt sind. Hierzu gehören außerdem Backwaren, auch wenn sie weder Mehl oder Stärke noch andere Getreideerzeugnisse enthalten.

110 Im Einzelnen sind nach Nr. 31 der Anlage 2 **begünstigt:**

1. Malzextrakt; Lebensmittelzubereitungen aus Mehl, Grütze, Grieß, Stärke oder Malzextrakt, ohne Gehalt an Kakao oder mit einem Gehalt an Kakao, berechnet als vollständig entfetteter Kakao, von weniger als 40 Gewichtshundertteilen, anderweit weder genannt noch inbegriffen; Lebensmittelzubereitungen aus Erzeugnissen der Positionen 0401 bis 0404 (Milcherzeugnisse), ohne Gehalt an Kakao oder mit einem Gehalt an Kakao, berechnet als vollständig entfetteter Kakao, von weniger als fünf Gewichtshundertteilen, anderweit weder genannt noch inbegriffen (Position 1901)
   a) Malzextrakt
   Malzextrakt wird durch mehr oder weniger starkes Eindicken eines wässrigen Auszuges von Malz (gekeimtes Getreide [meist Gerste], das nach der Keimung wieder getrocknet [gedarrt] wird; bei der Keimung erfolgt durch Diastase der Abbau von Stärke in Zucker) gewonnen, kann mehr oder weniger dickflüssig sein oder die Form von Blöcken oder Pulver haben (getrockneter Malzextrakt) sowie mit Zusatz von Lecithin, Vitaminen, Salzen usw. versehen sein, sofern er keine Arzneiware im Sinne des Kapitels 30 ist.
   Malzextrakt wird insbesondere für Zubereitungen zur Ernährung von Kindern oder zum Diät- oder Küchengebrauch oder zum Herstellen

pharmazeutischer Erzeugnisse verwendet. Bestimmte dickflüssige Arten werden auch als Backmittel und in der Textilindustrie eingesetzt.

**Nicht** hierzu zählen:

aa) Zuckerwaren, die Malzextrakt enthalten (Position 1704), die aber unter Nr. 29 der Anlage 2 fallen (vgl. Tz. 102, 103),

bb) Bier und andere Getränke auf der Grundlage von Malz, z. B. Malzwein (Kapitel 22),

cc) Malzenzyme der Position 3507,

dd) geröstetes Malz, das abhängig von seiner Aufmachung zu Position 1107 oder 0901 gehört.

b) Lebensmittelzubereitungen aus Mehl, Grütze, Grieß, Stärke oder Malzextrakt, ohne Gehalt an Kakao oder mit einem Gehalt an Kakao, berechnet als vollständig entfetteter Kakao, von weniger als 40 Gewichtshundertteilen, anderweit weder genannt noch inbegriffen

Hierzu gehört eine Reihe von Lebensmittelzubereitungen auf der Grundlage von Mehl, Grütze, Grieß, Stärke oder Malzextrakt, deren Charakter durch die Stoffe bestimmt wird, auch wenn diese nach Gewicht oder Volumen nicht überwiegen. Den verschiedenen Hauptbestandteilen können andere Stoffe zugesetzt sein, wie Milch, Zucker, Eier, Casein, Albumin, Fett, Öl, Aromastoffe, Kleber, Farbstoffe, Vitamine, Früchte oder andere Stoffe zum Verbessern der diätetischen Eigenschaften.

Die Begriffe „Mehl" und „Grieß" umfassen zwar auch zur Ernährung bestimmte Mehle, Grieß und Pulver pflanzlichen Ursprungs anderer Kapitel, z. B. Sojamehl, **nicht jedoch** Mehl, Grieß und Pulver von getrocknetem Gemüse (Position 0712), welche aber nach Nr. 10 der Anlage 2 begünstigt sind (vgl. Tz. 50), von Kartoffeln (Position 1105), welche aber nach Nr. 15 der Anlage 2 begünstigt sind (vgl. Tz. 68) oder von getrockneten Hülsenfrüchten (Position 1106), die unter Nr. 16 der Anlage 2 fallen (vgl. Tz. 70, 71).

Der Begriff „Stärke" umfasst sowohl native Stärke als auch Quellstärke oder lösliche Stärke, **nicht jedoch** weitergehend abgebaute Erzeugnisse aus Stärke wie Maltodextrin.

Die hierher gehörenden Lebensmittelzubereitungen dieser Position können flüssig sein oder die Form von Pulver, Granulaten, Teig oder andere feste Formen wie Streifen oder Scheiben aufweisen. Sie sind häufig bestimmt entweder zum schnellen Bereiten von Getränken, Breien, Kindernahrung oder Diätkost usw. durch einfaches Auflösen oder leichtes Aufkochen in Wasser oder Milch oder zum Herstellen von Kuchen, Pudding, Zwischengerichten oder ähnlichen Küchenerzeugnissen. Sie können auch Zwischenerzeugnisse für die Lebensmittelindustrie sein.

Hierzu gehören z. B.:

aa) Mehle, durch Eindampfen einer Mischung von Milch, Zucker und Mehl hergestellt,

bb) Zubereitungen aus einem innigen Gemisch von Eipulver, Milchpulver, Malzextrakt und Kakaopulver, cc) „Racahout" (eine Zubereitung aus Reismehl, Stärke, Mehl süßer Eicheln, Zucker und Kakaopulver, mit Vanille aromatisiert),

dd) Zubereitungen aus einem Gemisch von Getreide- und Fruchtmehl (oft mit Zusatz von Kakaopulver) oder aus einem Gemisch von Fruchtmehl und Kakao,

ee) Zubereitungen aus einer Mischung von Milchpulver und Malzextrakt, mit oder ohne Zucker,

ff) Knödel, Klöße und Nockerln, mit Bestandteilen wie Grieß, Getreidemehl, Semmelbrösel, Fett, Zucker, Eier, Gewürzen, Hefe, Konfitüre oder Früchten, **nicht jedoch** Erzeugnisse dieser Art auf der Grundlage von Kartoffelmehl (Position 2004 oder 2005), die aber unter Nr. 32 der Anlage 2 fallen (vgl. Tz. 112, 113),

gg) fertiger Teig, hauptsächlich aus Getreidemehl bestehend, mit Zucker, Fett, Eiern oder Früchten (auch in Formen),

**nicht jedoch**

hh) mit Triebmitteln versetztes Mehl und Quellmehl der Position 1101 oder 1102, das aber unter Nr. 14 der Anlage 2 fällt (vgl. Tz. 65, 66),

ii) Lebensmittelzubereitungen mit einem Gehalt an Kakao, berechnet als vollständig entfetteter Kakao, von 40 Gewichtshundertteilen oder mehr (Position 1806), die aber unter Nr. 30 der Anlage 2 fallen (vgl. Tz. 106, 107),

jj) Mischungen von Getreidemehlen (Position 1101 oder 1102), die aber unter Nr. 14 der Anlage 2 fallen (vgl. Tz. 65, 66), Mischungen von Mehlen und Grießen aus Hülsenfrüchten oder Früchten (Position 1106), die aber unter Nr. 16 der Anlage 2 fallen (vgl. Tz. 70, 71),

kk) Zubereitungen zum Herstellen von Würzsoßen und zubereitete Würzsoßen (Position 2103), die aber unter Nr. 33 der Anlage 2 fallen (vgl. Tz. 115, 116),

ll) Texturierte pflanzliche Eiweißstoffe (Position 2106), die aber unter Nr. 33 der Anlage 2 fallen (vgl. Tz. 115, 116).

c) Lebensmittelzubereitungen aus Erzeugnissen der Positionen 0401 bis 0404 (Milcherzeugnisse), ohne Gehalt an Kakao oder mit einem Gehalt an Kakao, berechnet als vollständig entfetteter Kakao, von weniger als fünf Gewichtshundertteilen, anderweit weder genannt noch inbegriffen

Diese unterscheiden sich von nach Nr. 4 der Anlage 2 begünstigten Erzeugnissen darin, dass sie neben natürlichen Milchbestandteilen noch andere Bestandteile enthalten, die bei Erzeugnissen der Positionen 0401 bis 0404 nicht zugelassen sind. Erzeugnisse der Position 1901 können gesüßt sein und Kakaopulver enthalten, **nicht jedoch** den Charakter von Zuckerwaren (Position 1704) haben bzw. mit einem Gehalt an Kakao, berechnet als vollständig entfetteter Kakao, von fünf Gewichtshundertteilen oder mehr versehen sein (Position 1806). In diesem Fall sind sie nach Nr. 29 oder 30 der Anlage 2 begünstigt (vgl. Tz. 102, 103, 106, 107).

Hierzu gehören:

aa) pulverförmige oder flüssige Zubereitungen zur Ernährung von Kindern oder für diätetische Zwecke, die als Hauptbestandteil Milch enthalten, der andere Bestandteile (z. B. Getreideflocken, Hefe) zugesetzt sind,

bb) Zubereitungen auf der Grundlage von Milch, in der Weise gewonnen, dass ein Bestandteil oder mehrere Bestandteile der Milch (z. B. Milchfett) durch einen anderen Stoff (z. B. fette Öle) ersetzt wurden,

cc) Mischungen und Grundstoffe (z. B. Pulver) zum Herstellen von Speiseeis, **nicht jedoch** Speiseeis auf der Grundlage von Milchbestandteilen (Position 2105), das aber unter Nr. 33 der Anlage 2 fällt (vgl. Tz. 115, 116).

2. Teigwaren, auch gekocht oder gefüllt (mit Fleisch oder anderen Stoffen) oder in anderer Weise zubereitet, z. B. Spaghetti, Makkaroni, Bandnudeln, Lasagne, Gnocchi, Ravioli, Cannelloni; Couscous, auch zubereitet (Position 1902)
Hierzu gehören frische und getrocknete Erzeugnisse aus Grieß oder Mehl von Weizen, Mais, Reis, Kartoffeln usw., durch Einteigen und anschließendes Formen (z. B. Röhren, Bänder, Fäden, Muscheln, Buchstaben usw.) – ohne Gärprozess – hergestellt (z. B. Bandnudeln, Makkaroni und Spaghetti). Sie können Eier, Milch, Kleber, Sojamehl, Diastase, sehr fein zerkleinertes Gemüse, Gemüsesäfte, Salze, Farbstoffe, Aromastoffe oder Vitamine enthalten. Hierher gehört auch Couscous (ein thermisch behandelter Grieß), auch gekocht oder anders zubereitet, z. B. mit Fleisch, Gemüse und anderen Zutaten.
Die Teigwaren können gekocht, mit Fleisch, Fisch, Käse oder anderen Stoffen in beliebiger Menge gefüllt oder auch anders zubereitet sein (z. B. als Fertiggericht mit anderen Zutaten, wie Gemüse, Soße, Fleisch usw.).

3. Tapiokasago und Sago aus anderen Stärken, in Form von Flocken, Graupen, Perlen, Krümeln und dergleichen (Position 1903)
Hierzu gehören Lebensmittelzubereitungen aus Maniokstärke (Tapiokasago), aus Sagostärke (Sago), aus Kartoffelstärke (Kartoffelsago) sowie aus ähnlichen Stärken (von Maranta, Salep, Yucca usw.). Zum Herstellen dieser Zubereitungen wird die Stärke mit Wasser zu einer Paste verrührt, die durch Tropfen auf einer heißen Metallplatte zu Kügelchen oder Klümpchen verkleistern, die manchmal nachträglich zerstoßen oder granuliert werden. Nach einem anderen Verfahren wird Sago durch Behandlung einer Stärkepaste in einem mit Dampf erhitzten Behältnis gewonnen. Diese Zubereitungen weisen im Allgemeinen die Form von Flocken, Graupen, Perlen oder Krümeln auf. Sie werden zum Herstellen von Suppen, Nachspeisen oder Diätkost verwendet.

4. Lebensmittel, durch Aufblähen oder Rösten von Getreide oder Getreideerzeugnissen hergestellt (z. B. Corn Flakes); Getreide (ausgenommen Mais) in Form von Körnern oder Flocken oder anders bearbeiteten Körnern, ausgenommen Mehl, Grütze und Grieß, vorgekocht oder in anderer Weise zubereitet, anderweit weder genannt noch inbegriffen (Position 1904).

Hierzu gehören:

a) Lebensmittelzubereitungen aus Getreidekörnern von Mais, Weizen, Reis, Gerste usw., durch Aufbläh- oder Röstverfahren knusprig gemacht, auch mit Zusätzen von Salz, Zucker, Melasse, Malzextrakt, Früchten oder Kakao versehen, in der Regel zusammen mit Milch verwendet, sowie ähnliche Zubereitungen, durch Rösten oder Aufblähen aus Mehl oder Kleie hergestellt. Dazu zählen z. B.

aa) Corn Flakes
Zum Herstellen von Corn Flakes werden geschälte und entkeimte Maiskörner mit Zucker, Salz und Malzextrakt in Wasserdampf geweicht, nach dem Trocknen zu Flocken gewalzt und in einem rotierenden Ofen geröstet.

bb) Puffreis und Puffweizen
Sie werden aus Reis oder Weizen durch Erhitzen in Behältnissen unter starkem Druck und bei entsprechender Feuchtigkeit gewonnen. Durch plötzlichen Druckabfall und Zuführen kalter Luft tritt ein Aufblähen des Korns um ein Mehrfaches des ursprünglichen Volumens ein.

cc) knusprige Lebensmittel, nicht gezuckert
Sie werden dadurch gewonnen, dass angefeuchtete Getreidekörner durch eine thermische Behandlung aufgebläht und anschließend mit einem Würzmittel aus einer Mischung von pflanzlichem Öl, Käse, Hefeextrakt, Salz und Mononatriumglutamat übersprüht werden.

b) Lebensmittel, hergestellt aus ungerösteten Getreideflocken oder aus Mischungen von ungerösteten oder gerösteten Getreideflocken oder geblähten Getreidekörnern
Hierzu gehören z. B. als „Müsli" bezeichnete Erzeugnisse, die auch getrocknete Früchte, Nüsse, Zucker, Honig usw. enthalten können.

c) andere Getreidekörner, ausgenommen Mais, vorgekocht oder auf andere Weise zubereitet
Hierzu zählen vorgekochter Reis (z. B. „Nasi Nua" – indonesisches Reisgericht mit Rindfleischstreifen, diversen Gemüsen und Früchten – und „Risotto" – italienisches Reisgericht mit geräuchertem Speck, verschiedenen Gemüsen und Gewürzen), vorgekochter Bulgur-Weizen in Form bearbeiteter Körner usw.,
**nicht jedoch**

aa) Getreidekörner, die lediglich eine der in den Kapiteln 10 oder 11 vorgesehenen Bearbeitungsweisen erfahren haben; diese können aber unter Nr. 13 bis 17 der Anlage 2 fallen (vgl. Tz. 61, 63, 65, 66, 68, 70, 71, 73),

bb) zubereitetes Getreide mit dem Charakter von Zuckerwaren (Position 1704), das aber unter Nr. 29 der Anlage 2 fällt (vgl. Tz. 102, 103),

cc) Lebensmittelzubereitungen aus Mehl, Grütze, Grieß, Stärke oder Malzextrakt, mit einem Gehalt an Kakao, berechnet als vollständig entfetteter Kakao, von 40 Gewichtshundertteilen oder mehr (Position 1806), die aber unter Nr. 30 der Anlage 2 fallen (vgl. Tz. 106, 107),

dd) zubereitete, genießbare Maiskolben und Maiskörner (Kapitel 20), die unter Nr. 32 der Anlage 2 fallen können (vgl. Tz. 112, 113).

5. Backwaren, auch kakaohaltig; Hostien (dünne Scheiben aus sehr reinem Weizenmehlteig), leere Oblatenkapseln der für Arzneiwaren verwendeten Art, Siegeloblaten, getrocknete Teigblätter aus Mehl oder Stärke und ähnliche Erzeugnisse (Position 1905)
Hierzu zählen Backwaren mit Bestandteilen wie Getreidemehl, Backtriebmittel, Salz, Kleber, Stärke, Mehl von Hülsenfrüchten, Malzextrakt, Milch, Samen (wie Mohn, Kümmel oder Anis), Zucker, Honig, Eier, Fettstoffe, Käse, Früchte, Kakao in beliebiger Menge, Fleisch, Fisch, Backmittel usw. wie z. B. gewöhnliches Brot, Glutenbrot für Diabetiker, Matzen (ein ungesäuertes Brot), Knäckebrot, Zwieback, Leb- und Honigkuchen, Torten, Brezeln, Semmelbrösel, Kekse und ähnliches Kleingebäck, Waffeln, Konditoreierzeugnisse, Baisers, Crêpes und Pfannkuchen, Quiches, Pizzen aus Brotteig, knusprige Lebensmittel (z. B. solche aus einem Teig auf der Grundlage von Maismehl mit Zusatz von Würzmitteln, unmittelbar genießbar), sowie getrocknete Teigblätter aus Mehl oder Stärke und ähnliche Erzeugnisse, **nicht jedoch** so genanntes Reispapier (in dünnen Blättern aus dem Mark bestimmter Bäume geschnitten) (Position 1404).

Nach Nr. 31 der Anlage 2 sind **nicht begünstigt:** **111**

1. Lebensmittelzubereitungen (ausgenommen gefüllte Erzeugnisse der Position 1902 [vgl. Tz. 110 Nr. 2]), deren Gehalt an Wurst, Fleisch, Schlachtnebenerzeugnissen, Blut, Fisch oder Krebstieren, Weichtieren oder anderen wirbellosen Wassertieren – einzeln oder zusammen – 20 Gewichtshundertteile überschreitet (Kapitel 16), die aber unter Nr. 28 der Anlage 2 fallen können (vgl. Tz. 98, 100)
2. Kaffeemittel, geröstet, mit beliebigem Kaffeegehalt (Position 0901) und andere geröstete Kaffeemittel (z. B. geröstete Gerste) (Position 2101), die aber unter Nr. 12 bzw. 33 der Anlage 2 fallen (vgl. Tz. 57, 59, 115, 116)
3. Pulver zum Herstellen von Creme, Speiseeis, Nachspeisen und ähnlichen Zubereitungen, die nicht auf der Grundlage von Mehl, Grieß, Stärke, Malzextrakt oder Erzeugnissen der Positionen 0401 bis 0404 hergestellt sind (im Allgemeinen Position 2106), die aber unter Nr. 33 der Anlage 2 fallen können (vgl. Tz. 115, 116)
4. Zubereitungen auf der Grundlage von Mehl oder Stärke für die Tierfütterung, z. B. Hundekuchen (Position 2303), die aber unter Nr. 37 der Anlage 2 fallen (vgl. Tz. 125, 126)
5. Arzneiwaren und andere pharmazeutische Erzeugnisse (Kapitel 30)
6. Suppen und Brühen sowie Zubereitungen zum Herstellen von Suppen oder Brühen (auch wenn sie Teigwaren [Position 1902] enthalten) und zusammengesetzte homogenisierte Lebensmittelzubereitungen (Position 2104), die aber unter Nr. 33 der Anlage 2 fallen (vgl. Tz. 115, 116)

7. Getränke (Kapitel 22); Milchmischgetränke können aber unter Nr. 35 der Anlage 2 fallen (vgl. Tz. 121)

112 **Zubereitungen von Gemüse, Früchten, Nüssen oder anderen Pflanzenteilen, ausgenommen Frucht- und Gemüsesäfte (Positionen 2001 bis 2008) (Nr. 32 der Anlage 2)**

**Begünstigt** sind alle Erzeugnisse der Positionen 2001 bis 2008 Zolltarif. Hierzu gehören Gemüse, Früchte und andere genießbare Pflanzenteile, durch andere als in den Kapiteln 7, 8 oder 11 Zolltarif oder sonst in der Nomenklatur vorgesehene Verfahren zubereitet oder haltbar gemacht, auch homogenisiert, und nicht in anderen Positionen des Zolltarifs erfasst. Außerdem Erzeugnisse der Position 0714 (Maniok, Pfeilwurz, Salep, Topinambur, Süßkartoffeln und ähnliche Wurzeln und Knollen) sowie der Position 1105 und 1106 (Mehl, Grieß, Pulver, Flocken, Granulat und Pellets von Kartoffeln, getrockneten Hülsenfrüchten und Sojamark) ausgenommen Mehl, Grieß und Pulver von Erzeugnissen des Kapitels 8 (Früchte und Nüsse), durch andere als in den Kapiteln 7 oder 11 vorgesehene Verfahren zubereitet oder haltbar gemacht. Die Erzeugnisse können ganz, in Stücken oder sonst zerkleinert sein.

113 Im Einzelnen sind nach Nr. 32 der Anlage 2 **begünstigt:**

1. Gemüse, Früchte, Nüsse und andere genießbare Pflanzenteile, mit Essig oder Essigsäure zubereitet oder haltbar gemacht, auch mit Zusatz von z. B. Salz, Gewürzen, Senf, Öl, Zucker oder anderen Süßmitteln (Position 2001) (z. B. Pickles oder Senfpickles)
   Hierzu gehören u. a. zubereitete Gurken, Cornichons, Zwiebeln, Schalotten, Tomaten, Blumenkohl/Karfiol, Oliven, Kapern, Zuckermais, Artischockenherzen, Palmherzen, Yamswurzeln, Walnüsse und Mangofrüchte. Die Zubereitungen dieser Position unterscheiden sich von den Würzsoßen und zusammengesetzten Würzmitteln der Position 2103 (begünstigt nach Nr. 33 der Anlage 2) dadurch, dass letztere im Allgemeinen Flüssigkeiten, Emulsionen oder Suspensionen sind, die nicht dazu bestimmt sind, allein verzehrt zu werden, sondern als Beigabe zu Speisen oder bei der Zubereitung von Speisen eingesetzt werden.
2. Tomaten, anders als mit Essig oder Essigsäure zubereitet oder haltbar gemacht (Position 2002)
   Hierzu gehören z. B. Tomaten, ganz oder in Stücken (ausgenommen Tomaten mit den im Kapitel 7 vorgesehenen Beschaffenheitsmerkmalen [begünstigt nach Nr. 10 der Anlage 2]), auch homogenisiert, anders als mit Essig oder Essigsäure zubereitet oder haltbar gemacht (vgl. Nr. 1 dieser Tz.), z. B. Tomatenmark, Tomatenpüree oder Tomatenkonzentrat sowie Tomatensaft mit einem Gehalt an Trockenstoff von sieben Gewichtshundertteilen oder mehr, **nicht jedoch** Tomatenketchup und andere Tomatensoßen (Position 2103) sowie Tomatensuppen und Zubereitungen zum Herstellen solcher Suppen (Position 2104), die aber unter Nr. 33 der Anlage 2 fallen (vgl. Tz. 115, 116).
3. Pilze und Trüffeln, anders als mit Essig oder Essigsäure zubereitet oder haltbar gemacht (Position 2003)

Hierzu gehören Pilze (einschließlich Stiele) und Trüffeln, ganz, in Stücken oder homogenisiert, soweit sie nicht mit Essig oder Essigsäure zubereitet oder haltbar gemacht sind (vgl. Nr. 1 dieser Tz.) oder die im Kapitel 7 vorgesehenen Beschaffenheitsmerkmale aufweisen; letztere sind jedoch nach Nr. 10 der Anlage 2 begünstigt.

4. anderes Gemüse, anders als mit Essig oder Essigsäure zubereitet oder haltbar gemacht, gefroren, ausgenommen Erzeugnisse der Position 2006 (siehe Nr. 6 dieses Absatzes) (Position 2004)
   Gefrorenes Gemüse dieser Position ist solches, das im nicht gefrorenen Zustand zu Position 2005 (siehe Nr. 5) gehört. Hierzu gehören z. B. Kartoffelchips und Pommes frites, Zuckermais als Kolben oder Körner sowie Karotten, Erbsen usw., auch vorgegart, mit Butter oder einer Soße, auch in luftdicht verschlossenen Behältnissen (z. B. Plastikbeuteln) aufgemacht sowie Knödel, Klöße und Nockerln auf der Grundlage von Kartoffelmehl.

5. anderes Gemüse, anders als mit Essig oder Essigsäure zubereitet oder haltbar gemacht, nicht gefroren, ausgenommen der unter Nr. 6 behandelten Erzeugnisse der Position 2006 (Position 2005)
   Alle diese Erzeugnisse, ganz, in Stücken oder sonst zerkleinert, können in einem wässrigen Aufguss haltbar gemacht oder auch mit Tomatensoße oder anderen Bestandteilen zum unmittelbaren Genuss zubereitet sein. Sie können auch homogenisiert oder miteinander vermischt sein. Hierzu gehören z. B.
   a) Oliven, die durch besondere Behandlung mit verdünnter Sodalösung oder durch längeres Mazerieren in Salzlake unmittelbar genussfähig gemacht sind, **nicht jedoch** Oliven, die in Salzlake lediglich vorläufig haltbar gemacht sind (Position 0711), die aber unter Nr. 10 der Anlage 2 fallen (vgl. Tz. 50),
   b) Sauerkraut (klein geschnittener, in Salz teilweise vergorener Kohl),
   c) Zuckermais als Kolben oder Körner sowie Karotten, Erbsen usw., vorgegart oder mit Butter oder einer Soße zubereitet,
   d) „Chips", das sind Erzeugnisse in Form dünner, z. B. rechteckiger Blättchen aus Kartoffelmehl (durch Nassbehandlung und anschließendes Trocknen teilweise verkleistert), Kochsalz und einer geringen Menge Natriumglutamat, in Fett kurz ausgebacken,
   e) „Papad", das sind Erzeugnisse aus getrockneten Teigblättern aus Mehl von Hülsenfrüchten, Salz, Gewürzen, Öl, Triebmitteln und mitunter geringen Mengen Getreide- oder Reismehl.

6. Gemüse, Früchte, Nüsse, Fruchtschalen und andere Pflanzenteile, mit Zucker haltbar gemacht (durchtränkt und abgetropft, glasiert oder kandiert) (Position 2006)
   Hierzu gehören Erzeugnisse in Form ganzer Früchte (wie z. B. Kirschen, Aprikosen, Marillen, Birnen, Pflaumen, Esskastanien, Nüsse) oder Segmente oder andere Teile von Früchten (z. B. von Orangen, Zitronen, Ananas) sowie Fruchtschalen (z. B. von Zedratfrüchten, Zitronen, Orangen, Melonen), andere Pflanzenteile (z. B. von Angelika, Ingwer, Yamswurzeln, Süßkartoffeln) und Blüten (von z. B. Veilchen und Mimosen) in Zuckersirup (z. B. eine Mischung von Invertzucker oder Glucose mit Saccharose) ge-

tränkt, abgetropft und dadurch haltbar gemacht. Die Erzeugnisse können auch mit einer dünnen glasigen Zuckerschicht (glasiert) oder mit einer starken Kruste von Zuckerkristallen (kandiert) überzogen sein. Hierzu gehören **jedoch nicht** getrocknete Früchte (z.B. Datteln und Pflaumen), auch wenn ihnen geringe Mengen von Zucker zugesetzt wurden oder wenn sich auf ihnen beim natürlichen Trocknen Zucker als Belag abgesetzt hat, der ihnen das Aussehen von kandierten Früchten geben kann (Kapitel 8); sie fallen aber unter Nr. 11 der Anlage 2 (vgl. Tz. 55).

7. Konfitüren, Fruchtgelees, Marmeladen, Fruchtmuse und Fruchtpasten, durch Kochen hergestellt, auch mit Zusatz von Zucker oder anderen Süßmitteln (Position 2007)
Die Konfitüren (durch Kochen von Früchten, von Fruchtpülpen oder manchmal von bestimmten Gemüsen (z.B. Kürbisse, Auberginen) oder anderen Pflanzen (z.B. Ingwer, Rosenblätter) mit Zucker hergestellt), Marmeladen (eine Art Konfitüre, im Allgemeinen aus Zitrusfrüchten hergestellt), Fruchtgelees (durch Kochen von Fruchtsaft, aus rohen oder gekochten Früchten gepresst, mit Zucker hergestellt), Fruchtmuse (durch längeres Kochen von passiertem Fruchtfleisch oder gemahlenen Schalenfrüchten mit oder ohne Zuckerzusatz hergestellt) und Fruchtpasten (eingedickte Muse von fester oder fast fester Konsistenz aus z.B. Äpfeln, Quitten, Birnen, Aprikosen, Mandeln) können an Stelle von Zucker auch mit synthetischen Süßmitteln (z.B. Sorbit) gesüßt sowie homogenisiert sein.
**Nicht** hierzu gehören:
   a) Fruchtgelees und Fruchtpasten in Form von Zucker- und Schokoladenwaren (Position 1704 oder 1806), die aber unter Nr. 29 bzw. 30 der Anlage 2 fallen (vgl. Tz. 103, 107),
   b) Pulver zum Herstellen künstlicher Gelees, aus Gelatine, Zucker, Fruchtsäften oder Fruchtessenzen (Position 2106), das aber unter Nr. 33 der Anlage 2 fällt (vgl. Tz. 115, 116).
8. Früchte, Nüsse und andere genießbare Pflanzenteile, in anderer Weise zubereitet oder haltbar gemacht, auch mit Zusatz von Zucker, anderen Süßmitteln oder Alkohol, anderweit weder genannt noch inbegriffen (Position 2008)
Hierzu gehören Früchte, Nüsse und andere genießbare Pflanzenteile, einschließlich Mischungen dieser Erzeugnisse, ganz, in Stücken oder sonst zerkleinert, die in anderer Weise zubereitet oder haltbar gemacht worden sind, als in anderen Kapiteln oder in den vorhergehenden Positionen des Kapitels 20 Zolltarif vorgesehen, insbesondere:
   a) Mandeln, Erdnusskerne, Areka- (oder Betel-) Nüsse und andere Schalenfrüchte, trocken oder in Öl oder Fett geröstet, auch mit pflanzlichem Öl, Salz, Aromastoffen, Gewürzen oder anderen Zutaten versetzt oder überzogen,
   b) Erdnussmark, eine Paste aus gemahlenen, gerösteten Erdnüssen, auch mit Zusatz von Salz oder Öl,
   c) Früchte (einschließlich Fruchtschalen und Samen), in einem wässrigen Aufguss, in Sirup, in Alkohol oder durch chemische Konservierungsstoffe

haltbar gemacht (z. B. Früchte in Armagnac mit Zuckersirup und natürlichen Fruchtextrakten),

d) Fruchtpülpe, sterilisiert,

e) ganze Früchte, wie Pfirsiche (einschließlich Nektarinen), Aprikosen, Marillen, Orangen (auch geschält, entsteint oder entkernt), zerkleinert und sterilisiert, auch mit Zusatz von Wasser oder Zuckersirup in einer Menge, die nicht ausreicht, dass diese Erzeugnisse unmittelbar trinkbar sind (z. B. in Form sog. Ganzfruchtsäfte), **nicht jedoch** Erzeugnisse, die durch Zusatz einer ausreichenden Menge Wasser oder Zuckersirup unmittelbar trinkbar sind (Position 2202),

f) Früchte, gegart, **nicht jedoch** Früchte, in Wasser oder Dampf gekocht und sodann gefroren (Position 0811), die aber unter Nr. 11 der Anlage 2 fallen (vgl. Tz. 55),

g) Pflanzenstängel, -wurzeln und andere genießbare Pflanzenteile (z. B. Ingwer, Angelika, Yamswurzeln, Süßkartoffeln, Hopfenschösslinge, Weinblätter, Palmherzen), in Sirup haltbar gemacht oder anders zubereitet oder haltbar gemacht,

h) Tamarindenfrüchte, in Zuckersirup eingelegt,

i) Früchte, Nüsse, Fruchtschalen und andere genießbare Pflanzenteile (andere als Gemüse) mit Zucker haltbar gemacht und sodann in Sirup gelegt (z. B. glasierte Esskastanien, Ingwer), ohne Rücksicht auf die Art der Verpackung.

Diese Erzeugnisse können an Stelle von Zucker mit synthetischen Süßmitteln (z. B. Sorbit) gesüßt sein. Andere Zutaten (z. B. Stärke) können diesen Erzeugnissen nur insoweit zugesetzt sein, dass sie den wesentlichen Charakter an Früchten, Nüssen oder anderen essbaren Pflanzenteilen nicht beeinflussen. **Nicht** hierher gehören Erzeugnisse, die aus einer Mischung von Pflanzen oder Pflanzenteilen, Samen oder Früchten verschiedener Arten oder aus Pflanzen oder Pflanzenteilen, Samen oder Früchten einer Art oder mehrerer Arten in Mischung mit anderen Stoffen bestehen (z. B. einem oder mehreren Pflanzenauszügen), die nicht unmittelbar verzehrt werden, sondern von der zum Herstellen von Aufgüssen oder Kräutertees verwendeten Art sind (z. B. Positionen 0813, 0909 oder 2106), die aber unter Nr. 11, 12 bzw. 33 der Anlage 2 fallen können (vgl. Tz. 55, 59, 116).

Ebenso **nicht** hierher gehören auch Mischungen von Pflanzen, Pflanzenteilen, Samen oder Früchten (ganz, in Stücken, als Pulver oder sonst zerkleinert) verschiedener Kapitel (z. B. Kapitel 7, 9, 11, 12), die nicht unmittelbar verzehrt werden, sondern entweder unmittelbar zum Aromatisieren von Getränken oder zum Gewinnen von Auszügen zum Herstellen von Getränken verwendet werden (Kapitel 9 oder Position 2106), die aber unter Nr. 12 bzw. 33 der Anlage 2 fallen können (vgl. Tz. 59, 116).

Nach Nr. 32 der Anlage 2 sind **nicht begünstigt:** 114

1. Schalen von Zitrusfrüchten oder von Melonen, zur vorläufigen Haltbarmachung in Salzlake oder in Wasser mit einem Zusatz von anderen Stoffen eingelegt (Position 0814),

2. Fruchtsäfte (einschließlich Traubenmost) und Gemüsesäfte, nicht gegoren, ohne Zusatz von Alkohol, auch mit Zusatz von Zucker oder anderen Süßmitteln (Position 2009)
   Dazu gehören z. B. auch:
   a) eingedickte (auch gefrorene) Säfte (trinkfertig oder nicht) (auch in Kristall- oder Pulverform), vorausgesetzt, dass sie in dieser Form ganz oder fast ganz wasserlöslich sind,
   b) rückverdünnte Säfte (trinkfertig oder nicht), die dadurch hergestellt werden, dass Dicksäften Wasser in einer Menge zugesetzt wird, wie es in entsprechenden nicht verdickten Säften üblicherweise enthalten ist,
   c) Tomatensaft mit einem Gehalt an Trockenstoff von weniger als 7 Gewichtshundertteilen.
3. nichtalkoholhaltige und alkoholhaltige Getränke, d. h. unmittelbar trinkbare Flüssigkeiten (Kapitel 22), z. B. Fruchtnektare (nicht gegorene, aber gärfähige, durch Zusatz von Wasser und Zucker zu Fruchtsäften, konzentrierten Fruchtsäften, Fruchtmark, konzentriertem Fruchtmark oder einem Gemisch dieser Erzeugnisse hergestellte Zubereitungen), sog. Süßmoste (Fruchtnektar, der ausschließlich aus Fruchtsäften, konzentrierten Fruchtsäften oder einem Gemisch dieser beiden Erzeugnisse, die aufgrund ihres hohen natürlichen Säuregehalts zum unmittelbaren Genuss nicht geeignet sind, hergestellt wird) oder mit Kohlensäure imprägnierte Frucht- oder Gemüsesäfte, sowie Limonaden, Fruchtsaftgetränke und mit Alkohol versehene Frucht- und Gemüsesäfte sowie durch Pressen aus frischem Gemüse oder frischen Küchenkräutern gewonnene Säfte, nicht gegoren, auch konzentriert; nicht trinkbarer Wacholderbeersaft (Position 2106) fällt unter Nr. 33 der Anlage 2 (vgl. Tz. 116) und Milchmischgetränke mit einem Anteil an Milch oder Milcherzeugnissen von mindestens 75% (Position 2202) fallen unter Nr. 35 der Anlage 2 (vgl. Tz. 121)
4. Lebensmittelzubereitungen, deren Gehalt an Wurst, Fleisch, Schlachtnebenerzeugnissen, Blut, Fisch, Krebstieren, Weichtieren oder anderen wirbellosen Wassertieren – einzeln oder zusammen – 20 Gewichtshunderteile überschreitet (Kapitel 16), die aber unter Nr. 28 der Anlage 2 fallen (vgl. Tz. 100)
5. feine Backwaren, z. B. Fruchttorten (Position 1905), die aber unter Nr. 31 der Anlage 2 fallen (vgl. Tz. 110)
6. Suppen und Brühen sowie Zubereitungen zum Herstellen von Suppen oder Brühen und zusammengesetzte homogenisierte Lebensmittelzubereitungen (Position 2104), die aber unter Nr. 33 der Anlage 2 fallen (vgl. Tz. 116)

**115 Verschiedene Lebensmittelzubereitungen (Kapitel 21) (Nr. 33 der Anlage 2)**

**Begünstigt** sind alle Erzeugnisse des Kapitels 21 Zolltarif.

116 Im Einzelnen sind nach Nr. 33 der Anlage 2 **begünstigt:**

1. Auszüge, Essenzen und Konzentrate aus Kaffee, Tee oder Mate und Zubereitungen auf der Grundlage dieser Erzeugnisse oder auf der Grundlage von

Kaffee, Tee oder Mate; geröstete Zichorien und andere geröstete Kaffeemittel sowie Auszüge, Essenzen und Konzentrate hieraus (Position 2101)
Hierzu gehören auch Erzeugnisse aus entkoffeiniertem Kaffee, Instantkaffee (getrocknet oder gefriergetrocknet), Kaffeepasten (aus gemahlenem, gerösteten Kaffee sowie pflanzlichen Fetten oder anderen Zutaten), Zubereitungen aus Gemischen von Tee, Milchpulver und Zucker, andere geröstete Kaffeemittel (dienen durch Ausziehen mit heißem Wasser als Kaffee-Ersatz-Getränk oder als Zusatz zu Kaffee), wie z. B. Gersten-, Malz- und Eichelkaffee (werden darüber hinaus noch aus Zuckerrüben, Möhren, Feigen, Weizen und Roggen, Lupinen, Sojabohnen, Kichererbsen, Dattel- und Mandelkernen, Löwenzahnwurzeln oder Kastanien hergestellt), sowie Zubereitungen auf der Grundlage von Auszügen, Essenzen oder Konzentraten aus Kaffee, Tee oder Mate (**nicht jedoch** Mischungen von Kaffee, Tee oder Mate als solchem mit anderen Stoffen), denen im Verlauf der Herstellung Stärke oder andere Kohlenhydrate zugesetzt sein können.
Die Erzeugnisse können in Form von Stücken, Körnern oder Pulver oder in Form flüssiger oder fester Auszüge vorliegen; sie können auch miteinander vermischt sein oder Zusätze anderer Stoffe (z. B. Salz, Alkalicarbonate usw.) enthalten. Sie sind oft in Kleinverkaufspackungen aufgemacht.
**Nicht** hierzu gehören:

a) geröstete Kaffeemittel mit beliebigem Gehalt an Kaffee (Position 0901), die aber unter Nr. 12 der Anlage 2 fallen (vgl. Tz. 59),

b) aromatisierter Tee (Position 0902), der aber ebenfalls unter Nr. 12 der Anlage 2 fällt (vgl. Tz. 59),

c) Zucker und Melassen, karamellisiert (Position 1702), die aber unter Nr. 29 der Anlage 2 fallen (vgl. Tz. 103),

d) trinkfertiger Kaffee- oder Teeaufguss (Kapitel 22),

e) Malz, auch geröstet, das nicht als Kaffeemittel aufgemacht ist (Position 1107).

2. Hefen (lebend oder nicht lebend); andere Einzeller-Mikroorganismen, nicht lebend (ausgenommen Vaccine [Impfstoffe] der Position 3002); zubereitete Backtriebmittel in Pulverform (Position 2102)
Lebende Hefen bewirken Gärungsvorgänge und bestehen im Wesentlichen aus bestimmten Mikroorganismen, die sich normalerweise während der alkoholischen Gärung vermehren.
Hierzu gehören:

a) Brauereihefe (bildet sich bei der Bierbereitung in den Gärbottichen),

b) Brennereihefe (bildet sich bei der Vergärung von Getreide, Kartoffeln, Früchten usw. in den Brennereien),

c) Backhefe (entsteht durch Züchtung bestimmter Hefestämme auf kohlenhydratreichen Nährböden, z. B. Melassen, unter besonderen Bedingungen),

d) Hefekulturen (im Laboratorium hergestellte Hefereinzuchten),

e) Anstellhefe (durch stufenweise Vermehrung von Hefekulturen hergestellt, dient als Ausgangshefe zum Gewinnen von Handelshefe).

Durch Trocknung gewonnene nicht lebende Hefen (d. h. abgestorbene, inaktive Hefen) sind im Allgemeinen Brauerei-, Brennerei- oder Backhefen, die für die Weiterverwendung in diesen Industriezweigen nicht mehr hinreichend aktiv sind. Sie werden für die menschliche Ernährung oder zur Tierfütterung verwendet.

Andere Einzeller-Mikroorganismen, wie einzellige Bakterien und Algen, nicht lebend, werden u. a. in Kulturen auf Substraten gewonnen, die Kohlenwasserstoffe oder Kohlendioxid enthalten. Sie sind besonders reich an Proteinen und werden im Allgemeinen zur Tierfütterung verwendet.

Die zubereiteten Backtriebmittel in Pulverform bestehen aus Mischungen chemischer Erzeugnisse (z. B. Natriumbicarbonat, Ammoniumcarbonat, Weinsäure oder Phosphaten), auch mit Zusatz von Stärke. Sie entwickeln unter geeigneten Bedingungen Kohlendioxid und werden deshalb in der Bäckerei zur Teiglockerung verwendet. Sie kommen meistens in Kleinverkaufspackungen unter verschiedenen Bezeichnungen (Backpulver usw.) in den Handel.

**Nicht** hierzu gehören:

f) Getreidemehl, das durch Zusatz sehr geringer Mengen an Backtriebmitteln verbessert ist (Position 1101 oder 1102); dies fällt aber unter Nr. 14 der Anlage 2 (vgl. Tz. 66),

g) Kulturen von Mikroorganismen (ausgenommen Hefen) und Vaccine (Position 3002),

h) Arzneiwaren (Position 3003 oder 3004),

i) Enzyme (Amylasen, Pepsin, Lab usw.) (Position 3507).

3. Zubereitungen zum Herstellen von Würzsoßen und zubereitete Würzsoßen; zusammengesetzte Würzmittel; Senfmehl, auch zubereitet, und Senf (Position 2103)

Hierzu gehören:

a) Zubereitungen, im Allgemeinen stark gewürzt, die zum Verbessern des Geschmacks bestimmter Gerichte (insbesondere Fleisch, Fisch und Salate) bestimmt sind und aus verschiedenen Stoffen (Eier, Gemüse, Fleisch, Früchte, Mehl, Stärke, Öl, Essig, Zucker, Gewürze, Senf, Aromastoffe usw.) hergestellt sind

Würzsoßen sind im Allgemeinen flüssig, Zubereitungen zum Herstellen von Würzsoßen haben meist die Form von Pulver, dem zur Bereitung einer Würzsoße nur Milch, Wasser usw. zugefügt werden muss. Hierzu gehören z. B. Majonäse, Salatsoßen, Sauce Bearnaise, Sauce Bolognese, Sojasoße, Pilzsoße, Worcestersoße, Tomatenketchup und andere Tomatensoßen, Selleriesalz, Minzsoße, aromatische Bitter (alkoholhaltige Zubereitungen unter Verwendung von Enzianwurzeln) und bestimmte zusammengesetzte Würzmittel für die Fleischwarenherstellung sowie bestimmte Getränke, die zum Kochen zubereitet und deshalb zum Trinken ungeeignet geworden sind (z. B. Kochweine und Kochkognak), **nicht jedoch** Extrakte und Säfte von Fleisch, Fischen, Krebstieren, Weichtieren und anderen wirbellosen Wassertieren (Position 1603), die aber unter Nr. 28 der Anlage 2 fallen können (vgl. Tz. 98, 100). „Trasi" oder „Blachan" genannte Zubereitungen, aus Fischen oder Krebstieren gewonnen (ausschließlich zum Würzen bestimmter orientalischer Gerichte bestimmt), auch miteinander vermischt, in Form von Pasten, bleiben aber in Position 2103.

b) Senfmehl, durch Mahlen und Sieben von Senfsamen aus Position 1207 Zolltarif gewonnen, aus weißen oder schwarzen Senfsamen (auch entfettet bzw. auch geschält) oder einer entsprechenden Mischung hieraus hergestellt, ohne Rücksicht auf seinen Verwendungszweck und zubereitetes Senfmehl (eine Mischung aus Senfmehl und geringen Mengen anderer Stoffe wie Getreidemehl, Zimt, Kurkuma, Pfeffer usw.) sowie Senf (eine pastöse Masse aus Senfmehl, Essig, Traubenmost oder Wein, der Salz, Zucker, Gewürze oder andere Würzstoffe zugesetzt sein können), **nicht jedoch:**

aa) Senfsamen (Position 1207), der aber unter Nr. 18 der Anlage 2 fällt (vgl. Tz. 76),

bb) fettes Senföl (Position 1514), das aber unter Nr. 26 der Anlage 2 fällt (vgl. Tz. 94, 95),

cc) Senfölkuchen, der beim Gewinnen von fettem Senföl aus Senfsamen anfällt (Position 2306), der aber nach Nr. 37 der Anlage 2 begünstigt ist (vgl. Tz. 125, 126),

dd) ätherisches Senföl (Position 3301).

Soweit bei Gewürzkombinationen (Gewürzzubereitungen und Mixflasche) die Gewürze charakterbestimmend sind, unterliegen diese Zusammenstellungen insgesamt dem ermäßigten Steuersatz. Bei der Lieferung von Speisesenf in Trinkgläsern erstreckt sich die Steuerermäßigung auch auf die Gläser, wenn es sich um geringwertige Trinkgläser aus gewöhnlichem Glas handelt (z. B. Gläser mit und ohne Henkel, konische oder zylindrische Gläser, gerippte oder glatte Gläser, Gläser mit Bildern oder Aufschriften, Stilgläser usw.). Solche Gläser sind übliche Warenumschließungen. Im Übrigen vergleiche hierzu die Ausführungen im Allgemeinen Teil (vgl. Tz. 10).

4. Zubereitungen zum Herstellen von Suppen oder Brühen; Suppen und Brühen; zusammengesetzte homogenisierte Lebensmittelzubereitungen (Position 2104)

a) Hierzu gehören sowohl Zubereitungen zum Herstellen von Suppen oder Brühen, denen nur Wasser, Milch usw. zugesetzt werden muss, als auch Suppen und Brühen, die nach einfachem Erwärmen genussfertig sind. Diese Erzeugnisse sind im Allgemeinen auf der Grundlage von pflanzlichen Stoffen (Gemüse, Mehl, Stärke, Sago, Teigwaren, Reis, Pflanzenauszüge usw.), Fleisch, Fleischextrakt, Fett, Fisch, Krebstieren, Weichtieren und anderen wirbellosen Wassertieren, Peptonen, Aminosäuren oder von Hefeextrakt hergestellt. Sie können eine beträchtliche Menge Salz enthalten und liegen im Allgemeinen in Form von Tabletten, Broten, Würfeln, Pulver oder in flüssigem Zustand vor.

b) Zu den zusammengesetzten homogenisierten Lebensmittelzubereitungen der Position 2104 Zolltarif gehören nur fein homogenisierte Mischungen

mehrerer Grundstoffe wie Fleisch, Fisch, Gewürze oder Früchte, für den Einzelverkauf zur Ernährung von Kindern oder zum Diätgebrauch in Behältnissen von 250 g oder weniger aufgemacht. Diesen Grundstoffen können zu diätetischen Zwecken oder zum Würzen, Haltbarmachen oder zu anderen Zwecken geringe Mengen unterschiedlicher Stoffe wie Käse, Eigelb, Stärke, Dextrine, Salz oder Vitamine zugesetzt sein. Die Erzeugnisse bilden eine salbenartige Paste unterschiedlicher Konsistenz, die unmittelbar oder nach Aufwärmen verzehrbar ist. Sie sind meistens in luftdicht verschlossenen Gläsern oder Metalldosen aufgemacht, deren Inhalt im Allgemeinen einer vollständigen Mahlzeit entspricht.
Hierzu gehören **jedoch nicht:**

aa) zusammengesetzte homogenisierte Lebensmittelzubereitungen, die nicht für den Einzelverkauf zur Ernährung von Kindern oder zum Diätgebrauch aufgemacht sind oder die in Behältnissen mit einem Gewicht des Inhalts von mehr als 250 g vorliegen oder auch Zubereitungen dieser Art, die nur aus einem einzigen Grundstoff bestehen (im Allgemeinen Kapitel 16 oder 20), auch wenn ihnen in geringer Menge Bestandteile zum Würzen, Haltbarmachen usw. zugesetzt sind; diese können aber unter Nr. 28 oder 32 der Anlage 2 fallen (vgl. Tz. 98–100, 112, 113),

bb) Gemüsemischungen, getrocknet (Julienne), auch in Pulverform (Position 0712), die aber unter Nr. 10 der Anlage 2 fallen (vgl. Tz. 48–50),

cc) Mehl, Grieß und Pulver von trockenen Hülsenfrüchten (Position 1106); dies fällt aber unter Nr. 16 der Anlage 2 (vgl. Tz. 70, 71),

dd) Extrakte und Säfte von Fleisch und Fischen (Kapitel 16), die aber unter Nr. 28 der Anlage 2 fallen können (vgl. Tz. 98–100),

ee) kakaohaltige Lebensmittelzubereitungen (im Allgemeinen Position 1806 oder 1901), die aber unter Nr. 30 oder 31 der Anlage 2 fallen können (vgl. Tz. 106, 107, 109, 110),

ff) Gemüsemischungen der Position 2004 oder 2005 (anders als mit Essig oder Essigsäure zubereitetes oder haltbar gemachtes Gemüse), auch wenn sie manchmal zum Herstellen von Suppen verwendet werden, die aber unter Nr. 32 der Anlage 2 fallen können (vgl. Tz. 112, 113).

5. Speiseeis, auch kakaohaltig (Position 2105)
Hierzu gehören Speiseeis, meist auf der Grundlage von Milch oder Rahm zubereitet, und ähnliche gefrorene Erzeugnisse (z. B. Sorbet, Eis am Stiel), auch mit beliebigem Gehalt an Kakao, **nicht jedoch** Mischungen und Grundstoffe zum Herstellen von Speiseeis, die nach ihrem charakterbestimmenden Bestandteil eingereiht werden, z. B. Position 1806 (Schokolade und andere kakaohaltige Lebensmittelzubereitungen), die aber unter Nr. 30 der Anlage 2 fallen (vgl. Tz. 106, 107) oder Position 1901 (Mehl-, Grieß-, Stärke- oder Malzextrakterzeugnisse), die aber unter Nr. 31 der Anlage 2 fallen (vgl. Tz. 109, 110). Als Speiseeis im Sinne der Position 2105 Zolltarif gelten Lebensmittelzubereitungen (auch für den Einzelverkauf aufgemacht),

deren fester oder teigig-pastöser Zustand durch Gefrieren erzielt worden ist und die zum Verzehr in diesem Zustand bestimmt sind. Diese Erzeugnisse kennzeichnen sich dadurch, dass sie in einen flüssigen oder halbflüssigen Zustand übergehen, wenn sie einer Temperatur um 0 °C ausgesetzt werden. Zubereitungen, die zwar wie Speiseeis aussehen, jedoch nicht die vorbezeichnete Eigenschaft besitzen, gehören **nicht** hierzu (im Allgemeinen aber zu Positionen 1806, 1901, so dass sie nach Nr. 30 oder 31 der Anlage 2 begünstigt sein können [vgl. Tz. 106, 107, 109, 110]). Die begünstigten Erzeugnisse haben verschiedene Bezeichnungen (Eis, Eiscreme, Cassata, Neapolitaner Schnitten usw.) und werden in unterschiedlicher Aufmachung geliefert; sie können außer Kakao oder Schokolade auch Zucker, pflanzliche Fette oder Milchfett, Magermilch, Früchte, Stabilisatoren, Aroma- und Farbstoffe usw. enthalten. Zum Herstellen von bestimmtem Speiseeis wird zur Erhöhung des Volumens Luft in die verwendeten Grundstoffe eingeschlagen (Aufschlag).

6. Lebensmittelzubereitungen, anderweit weder genannt noch inbegriffen (Position 2106)
Hierzu gehören – soweit nicht in anderen Positionen des Zolltarifs erfasst – sowohl Zubereitungen, die entweder unmittelbar oder nach weiterer Behandlung (z. B. durch Garen, durch Auflösen oder Aufkochen in Wasser oder Milch usw.) zur menschlichen Ernährung verwendet werden als auch Zubereitungen, die ganz oder teilweise aus Lebensmitteln zusammengesetzt sind und beim Herstellen von Getränken oder Lebensmitteln verwendet werden, insbesondere solche, die aus Mischungen von chemischen Erzeugnissen (organische Säuren, Calciumsalzen usw.) mit Lebensmitteln (z. B. Mehl, Zucker, Milchpulver) bestehen und entweder zur Verwendung als Bestandteile oder zum Verbessern bestimmter Eigenschaften (Aussehen, Haltbarkeit usw.) von Lebensmittelzubereitungen bestimmt sind (**nicht jedoch** Enzymzubereitungen, die Lebensmittel enthalten, z. B. Fleischzartmacher, die aus einem eiweißspaltenden Enzym bestehen, dem Dextrose oder andere Lebensmittel zugesetzt sind [im Allgemeinen Position 3507]).
Hierzu gehören z. B.:

a) Pulver zum Herstellen von Pudding, Creme, Speiseeis, Zwischengerichten, Geleespeisen oder ähnlichen Zubereitungen, auch gezuckert,

b) Pulver, aromatisiert (sog. Coco), auch gesüßt, zum Herstellen von Getränken, auf der Grundlage von Natriumbicarbonat und Glycyrrhizin oder Süßholzauszug,

c) Zubereitungen auf der Grundlage von Butter oder anderen Fettstoffen aus der Milch, die insbesondere für Backwaren verwendet werden,

d) Massen auf der Grundlage von Zucker, die eine verhältnismäßig große Menge an zugesetztem Fett und manchmal Milch oder Nüsse enthalten und nicht unmittelbar zu Zuckerwaren verarbeitet werden können, sondern als Füllungen usw. für Schokolade, feine Backwaren usw. verwendet werden,

e) natürlicher Honig, mit Gelee Royale angereichert,

f) Eiweißhydrolysate, die hauptsächlich aus einer Mischung von Aminosäuren und Natriumchlorid bestehen und in Lebensmittelzubereitungen (z. B. zur Geschmacksabrundung) verwendet werden; Eiweißkonzentrate, die aus entfettetem Sojamehl durch Entzug bestimmter Bestandteile gewonnen und zum Anreichern von Lebensmittelzubereitungen mit Eiweiß verwendet werden; texturiertes Sojabohnenmehl und andere texturierte Eiweißstoffe, **nicht jedoch:**

aa) nichttexturiertes, entfettetes Sojabohnenmehl, auch wenn es für die menschliche Ernährung verwendet werden kann (Position 2304); dies fällt aber unter Nr. 37 der Anlage 2 (vgl. Tz. 125, 126),

bb) Proteinisolate (Position 3504),

g) nichtalkoholhaltige oder alkoholhaltige Zubereitungen (**nicht jedoch** auf der Grundlage von wohlriechenden Stoffen [Position 3302], die aber unter Nr. 46 der Anlage 2 fallen können [vgl. Tz. 145]), wie sie bei der Herstellung der verschiedenen nichtalkoholhaltigen Getränke verwendet werden

Diese Zubereitungen können aus Pflanzenauszügen durch Zusatz von Milchsäure, Weinsäure, Zitronensäure, Phosphorsäure, Konservierungsstoffen, Schaummitteln, Fruchtsäften usw. hergestellt werden. Die Zubereitungen enthalten (ganz oder zum Teil) Aromastoffe, die dem Getränk einen bestimmten Charakter geben. Das fragliche Getränk kann gewöhnlich dadurch zubereitet werden, dass die Zubereitung einfach mit Wasser, Wein oder Alkohol, auch mit Zusatz von z. B. Zucker oder Kohlendioxid, verdünnt wird. Nach ihrer Beschaffenheit sind diese Zubereitungen nicht für den Gebrauch als Getränk bestimmt und können auf diese Weise von den nicht begünstigten Getränken des Kapitels 22 Zolltarif unterschieden werden.

h) Tabletten für Ernährungszwecke, auf der Grundlage natürlicher oder künstlicher Riechstoffe (z. B. Vanillin),

i) Karamellen, Kaugummis und ähnliche Erzeugnisse, die an Stelle von Zucker synthetische Süßstoffe (z. B. Sorbit) enthalten,

j) Zubereitungen (z. B. Tabletten), die aus Saccharin und einem Lebensmittel, z. B. Lactose, bestehen und zum Süßen verwendet werden,

k) Hefeautolysate und andere Hefeextrakte, Erzeugnisse, die durch Abbau von Hefe gewonnen werden (nicht gärfähig, mit hohem Eiweißgehalt, hauptsächlich in der Lebensmittelindustrie z. B. als Geschmacksverbesserer verwendet),

l) Zubereitungen zum Herstellen von Limonaden und anderen Getränken, die z. B. bestehen aus:

aa) aromatisierten oder gefärbten Sirupen, die Zuckerlösungen mit zugesetzten natürlichen oder künstlichen Stoffen sind, die ihnen insbesondere den Geschmack bestimmter Früchte oder Pflanzen (Himbeere, Johannisbeere, Zitrone, Minzen usw.) verleihen, auch mit Zusatz von Zitronensäure und Konservierungsmitteln, bb) einem Sirup, dem zum Aromatisieren ein Grundstoff (siehe Buchst. g) zugesetzt wurde, der insbesondere entweder Kola-Auszug und Zitronensäure (gefärbt mit karamellisiertem Zucker) oder Zitronensäure und ätherische Öle von Früchten (z. B. Zitrone oder Orange) enthält,

cc) einem Sirup, mit Fruchtsäften aromatisiert, die durch Zusatz verschiedener Stoffe (Zitronensäure, ätherische Öle aus der Fruchtschale usw.) in einer solchen Menge modifiziert wurden, dass das Verhältnis der Inhaltsstoffe, wie es in einem natürlichen Saft besteht, offensichtlich gestört ist,

dd) konzentriertem Fruchtsaft mit Zusatz von Zitronensäure (in einer solchen Menge, dass der Gesamtsäuregehalt denjenigen des natürlichen Fruchtsaftes beträchtlich übersteigt), ätherischen Ölen aus Früchten, synthetischen Süßstoffen usw.

Diese Zubereitungen werden nach einfachem Verdünnen mit Wasser oder nach einer zusätzlichen Behandlung als Getränke verwendet. Bestimmte Zubereitungen dieser Art werden auch anderen Lebensmittelzubereitungen zugesetzt.

m) Mischungen eines Ginseng-Auszuges mit anderen Stoffen (z. B. Lactose oder Glucose), die zum Herstellen von „Ginseng-Tees" oder „Ginseng-Getränken" verwendet werden,

n) Erzeugnisse, die bestehen aus einer Mischung von Pflanzen oder Pflanzenteilen, Samen oder Früchten verschiedener Arten oder aus Pflanzen oder Pflanzenteilen, Samen oder Früchten einer Art oder mehrerer Arten in Mischung mit anderen Stoffen (z. B. einem oder mehreren Pflanzenauszügen), die nicht unmittelbar verzehrt werden, sondern von der zum Herstellen von Aufgüssen oder Kräutertees verwendeten Art (z. B. mit abführenden, harntreibenden oder entblähenden Eigenschaften) sind, einschließlich Erzeugnisse, von denen behauptet wird, dass sie bei bestimmten Krankheiten Linderung bieten oder zur allgemeinen Gesundheit und zum Wohlbefinden beitragen, **nicht jedoch** Erzeugnisse, deren Aufguss eine therapeutische oder prophylaktische Dosis eines gegen eine bestimmte einzelne Krankheit spezifisch wirkenden Bestandteils ergibt (Position 3003 oder 3004),

o) Mischungen von Pflanzen, Pflanzenteilen, Samen oder Früchten (ganz, in Stücken, als Pulver oder sonst zerkleinert), die nicht unmittelbar verzehrt werden, sondern von der Art sind, wie sie unmittelbar zum Aromatisieren von Getränken oder zum Gewinnen von Auszügen zum Herstellen von Getränken verwendet werden,

p)[1] Zubereitungen, häufig als „Ergänzungslebensmittel" bezeichnet, auf der Grundlage von Pflanzenauszügen, Fruchtkonzentraten, Honig, Fructose usw., denen Vitamine und manchmal sehr geringe Mengen Eisenverbindungen zugesetzt sind, z. B. Aloe-vera-Tabletten oder Multivitamin-Brausetabletten (soweit es sich nicht um Arzneiwaren handelt).

---

[1] Kein ermäßigter Steuersatz auf Lieferungen von Sondennahrung (Pos. 2202 bzw. 3004 KN); vgl. BFH v. 24. 9. 2014 VII R 54/11, BStBl. 2015 II S. 169.

Auf den Packungen dieser Zubereitungen ist häufig angegeben, dass sie allgemein der Erhaltung der Gesundheit oder des Wohlbefindens dienen. Nicht begünstigt sind jedoch ähnliche Zubereitungen, die zum Verhüten oder Behandeln von Krankheiten oder Leiden bestimmt sind (Position 3003 oder 3004).

q) Käsefondue, eine Lebensmittelzubereitung bestehend aus Käse, vermischt mit Weißwein, Wasser, Stärke, Kirschbranntwein und einem Emulgiermittel,

r) Nicotin-Kaugummi, in Form von Tabletten, die Nicotin enthalten, und die den Geschmack von Tabakrauch simulieren (zum Gebrauch durch Personen, die das Rauchen aufgeben wollen),

s) Backmittel, z. B. aus Mono- und Diglyceriden, Milchpulver und Saccharose, als Zusatz bei der Herstellung von Backwaren,

t) Emulgiermittel und Stabilisierungsmittel für bestimmte Lebensmittelzubereitungen (z. B. Majonäse) aus einer Mischung chemischer Erzeugnisse mit Nährstoffen (Magermilchpulver, Eiweiß usw.) sowie entsprechende Kombinationen.

**117** Nach Nr. 33 der Anlage 2 sind **nicht begünstigt:**

1. Frucht- und Gemüsesäfte, auch in Pulverform (Position 2009)
2. unmittelbar trinkbare Anregungsmittel (Tonika), auch wenn sie nur in kleinen Mengen (z. B. löffelweise) eingenommen werden (z. B. Vitamin-Tonikum aus Vitaminen, Malzextrakt, Traubenzucker, Honig und Wein) (Kapitel 22)

**118** **Wasser, ausgenommen**
**– Trinkwasser, einschließlich Quellwasser und Tafelwasser, das in zur Abgabe an den Verbraucher bestimmten Fertigpackungen in den Verkehr gebracht wird,**
**– Heilwasser und**
**– Wasserdampf**
**(aus Unterposition 2201 9000)**

**(Nr. 34 der Anlage 2)**

**Begünstigt** sind nur die gewöhnlichen Wässer aller Art aus Unterposition 2201 9000, insbesondere sog. Leitungswasser (**nicht jedoch** Meerwasser aus Position 2501). Diese Wässer können auch durch physikalische oder chemische Verfahren gereinigt worden sein (d. h. filtriertes, entkeimtes, geklärtes oder entkalktes natürliches Wasser, **nicht jedoch** destilliertes Wasser, Leitfähigkeitswasser oder Wasser von gleicher Reinheit [Position 2851], wie z. B. Heizwasser, in Kraftwerken aus vollentsalztem Wasser erzeugt). Begünstigt ist auch entsprechendes Warm- oder Heizwasser (siehe jedoch Tz. 120 Nr. 8) und der Verkauf von heißem Wasser aus einem Heißgetränkeautomaten, wenn dieser entweder mit Leitungswasser befüllt oder selbst an die Wasserleitung angeschlossen ist.

**119** Als unselbständige Nebenleistung (vgl. auch Tz. 9) zu den begünstigten Umsätzen von Wasser ist die Vermietung von Wassermessgeräten (sog. Wasseruhren) und Standrohren anzusehen.

Die Zahlungen an ein Wasserversorgungsunternehmen für das Legen von Wasserleitungen (Liefererleitungen) einschließlich der Hauswasseranschlüsse (sog. Wasseranschlussbeiträge, Baukostenzuschüsse oder Hausanschlusskosten) sind Entgelt für die umsatzsteuerpflichtige Leistung „Verschaffung der Möglichkeit zum Anschluss an das Versorgungsnetz" und damit **keine** unselbständige Nebenleistung, sondern selbständige Hauptleistung, *die dem allgemeinen Steuersatz unterliegt*.[1] Ebenso **keine** Nebenleistung zur Wasserlieferung liegt vor, wenn ein Versorgungsunternehmen seine bereits vorhandenen Leitungen auf Veranlassung eines Dritten (z. B. im Rahmen städtebaulicher Planung) verlegt.

Nach Nr. 34 der Anlage 2 sind **nicht begünstigt:** 120

1. Natürliches und künstliches Mineralwasser (aus Unterposition 2201 10)
   Im Sinne des Zolltarifs handelt es sich hierbei um Wasser, das Mineralsalze und Gase enthält, wobei die Zusammensetzung sehr unterschiedlich ist. Es gibt z. B. alkalische, sulfathaltige, halogenhaltige, schwefelhaltige, arsenhaltige oder eisenhaltige Wässer. Natürliches Mineralwasser kann auch natürliches oder künstliches Kohlendioxid enthalten. Da diese Beschreibung zur Abgrenzung des nicht begünstigten Mineralwassers vom begünstigten gewöhnlichen Wasser oft nicht ausreicht, wird natürliches Mineralwasser nach § 2 Mineral- und Tafelwasser-Verordnung vom 1. August 1984 (BGBl. I S. 1036), zuletzt geändert durch Artikel 1 der Verordnung vom 3. März 2003 (BGBl. I S. 352), bestimmt. Hiernach hat natürliches Mineralwasser seinen Ursprung in unterirdischen, vor Verunreinigungen geschützten Wasservorkommen und wird aus einer oder mehreren natürlichen oder künstlich erschlossenen Quellen gewonnen.
   Es ist von ursprünglicher Reinheit und gekennzeichnet durch seinen Gehalt an Mineralien, Spurenelementen oder sonstigen Bestandteilen und ggf. durch bestimmte, insbesondere ernährungsphysiologische Wirkungen. Seine Zusammensetzung und seine übrigen wesentlichen Merkmale bleiben im Rahmen natürlicher Schwankungen konstant und werden durch Schwankungen in der Schüttung nicht verändert. Der Gehalt an bestimmten Stoffen darf vorgegebene Grenzwerte nicht übersteigen. Natürliches Mineralwasser darf gewerbsmäßig nur in den Verkehr gebracht werden, wenn es amtlich anerkannt ist. Amtlich anerkannte Mineralwässer werden im Bundesanzeiger bekannt gemacht (§ 3 Mineral- und Tafelwasser-Verordnung).
   Künstliche Mineralwässer sind solche, die aus Trinkwasser durch Zusatz fester oder gasförmiger Stoffe, wie sie sich in natürlichen Mineralwässern befinden, hergestellt werden um ihnen etwa die Eigenschaften zu verleihen, die den natürlichen Mineralwässern entsprechen.
2. Trinkwasser einschließlich Quellwasser und Tafelwasser, das in zur Abgabe an den Verbraucher bestimmten Fertigpackungen in den Verkehr gebracht wird
   Quellwasser ist Wasser, das seinen Ursprung in einem unterirdischen Wasservorkommen hat, aus einer oder mehreren natürlichen oder künstlich er-

[1] Vgl. nunmehr BFH v. 8. 10. 2008 V R 61/03 bzw. V R 27/03 sowie BMF v. 7. 4. 2009, BStBl. I S. 531, wonach das Legen eines Hausanschlusses durch ein Wasserversorgungsunternehmen gegen gesondertes Entgelt unter den Begriff „Lieferung von Wasser" i. S. von § 12 Abs. 2 Nr. 1 UStG iVm. Nr. 34 der Anlage 2 fällt und als eigenständige Leistung dem ermäßigten Umsatzsteuersatz unterliegt; zur Nichtbeanstandungsregelung bis zum 1. 7. 2009 siehe dort.

schlossenen Quellen gewonnen worden ist und das bei seiner Herstellung keinen oder lediglich den in § 6 Mineral- und Tafelwasser-Verordnung aufgeführten Verfahren unterworfen worden ist (§ 10 Abs. 1 Mineral- und Tafelwasser-Verordnung).

Tafelwasser wird aus Trinkwasser oder natürlichem Mineralwasser unter Beifügung bestimmter Zusatzstoffe hergestellt. Es entspricht im Wesentlichen dem künstlichen Mineralwasser aus Unterposition 2201 10.

Ebenso nicht begünstigt ist kohlensäurehaltiges Wasser, das aus Trinkwasser besteht, dem unter einigen Atmosphären Druck Kohlendioxid zugesetzt worden ist. Es wird häufig unzutreffend als Selterwasser bezeichnet, obwohl echtes Selterwasser ein natürliches Mineralwasser ist.

Bei dem sonstigen Trinkwasser handelt es sich um Wasser, das nicht die Begriffsbestimmungen für natürliches Mineralwasser, Tafelwasser oder Quellwasser erfüllt (§ 18 Mineral- und Tafelwasser-Verordnung).

3. Heilwasser
   Hierunter fallen Heilwässer aus Position 2201, die nicht bereits als natürliches Mineralwasser oder als abgefülltes Quellwasser von der Begünstigung ausgenommen sind.
4. Wasserdampf (aus Unterposition 2201 9000)
   Dazu gehört Wasserdampf jeglicher Herkunft (aus Unterposition 2201 9000), auch Wasserdampf aus destilliertem Wasser, Leitfähigkeitswasser oder Wasser von gleicher Reinheit, insbesondere Wasserdampf aus vollentsalztem Wasser, der von Kraftwerken als Wärmeträger geliefert wird.
5. Eis und Schnee (aus Unterposition 2201 9000)
   Hierunter sind sowohl künstlich gefrorenes Wasser als auch natürliches Eis und natürlicher Schnee zu verstehen.
6. Kohlensäureschnee oder Trockeneis (Kohlendioxid in fester Form) (Position 2811)
7. Wässer mit Zusatz von Zucker, anderen Süßmitteln oder Aromastoffen (Position 2202)
8. Wärme, bei der dem Abnehmer die Verfügungsmacht über den Wärmeträger (z. B. Warmwasser) nicht verschafft wird (z. B. Wärmelieferungen durch Fernheizwerke an private Haushalte)
   In diesem Fall ist nicht das Heißwasser Liefergegenstand, sondern die Wärme, die ebenso wie andere Energiearten (z. B. Elektrizität oder Gas) dem allgemeinen Steuersatz unterliegt.

121 **Milchmischgetränke mit einem Anteil an Milch oder Milcherzeugnissen (z. B. Molke) von mindestens fünfundsiebzig vom Hundert des Fertigerzeugnisses (aus Position 2202) (Nr. 35 der Anlage 2)**

**Begünstigt** sind nur nichtalkoholhaltige Milchmischgetränke aus Position 2202, die mengenmäßig zu mindestens 75% aus Milch oder Milcherzeugnissen bestehen, z. B. Milchgetränke mit Zusatz von Kakao (Kakaomilch) oder Fruchtsäften (Fruchttrunk), mit oder ohne Zusatz von Kohlensäure.

Der Anteil von 75% an Milch oder Milcherzeugnissen bezieht sich auf Massenanteile. Somit werden sowohl Erzeugnisse erfasst, die einen Massenanteil, als auch solche, die einen Volumenanteil von mindestens 75% an Milch oder Milcherzeugnissen aufweisen.

Als Milch oder Milcherzeugnisse gelten Vollmilch, Magermilch, Buttermilch und Molke, **nicht jedoch** Trinkjoghurt und andere fermentierte oder gesäuerte Milch (einschließlich Rahm) mit Zusatz von Kakao, Früchten oder Aromastoffen (Position 0403), die aber unter Nr. 4 der Anlage 2 fallen (vgl. Tz. 30). Die Position 2202 umfasst ausschließlich Getränke, d. h. unmittelbar trinkbare Zubereitungen, auch gezuckert, mit Zusatz von Aromen (z. B. Vanille- oder Fruchtessenzen) oder fein zerkleinerten Früchten (z. B. Erdbeeren, Himbeeren, Mandeln).

Nach Nr. 35 der Anlage 2 sind **nicht begünstigt:**[1] 122

1. Milchmischgetränke mit Zusatz von Alkohol (Position 2206), auch wenn der zugesetzte Alkohol lediglich eine Geschmackszugabe darstellt und mengenmäßig nicht ins Gewicht fällt
2. Getränke, die aus Soja hergestellt sind und als Milchersatz dienen
3. andere nichtalkoholhaltige Getränke der Position 2202 (z. B. Limonaden)

**Speiseessig (Position 2209)** 123
**(Nr. 36 der Anlage 2)**

**Begünstigt** ist nur Speiseessig der Position 2209.
Hierzu gehören:

1. Gärungsessig (d. h. durch Essigsäuregärung aus alkoholhaltigen Flüssigkeiten gewonnenes Erzeugnis), z. B. Weinessig, Malzessig, Obstessig, Bieressig, Essig aus Apfelwein, Birnenwein oder anderen vergorenen Fruchtmosten, Branntweinessig oder Essig, hergestellt aus Getreide, Melasse, hydrolysierten Kartoffeln, Molke usw.
2. Essigersatz, und zwar
   a) Essigersatz oder künstlicher Essig (häufig mit Karamell oder anderen organischen Farbstoffen gefärbt), der durch Verdünnen von Essigsäure mit Wasser gewonnen wird, mit einem Gehalt an Essigsäure von zehn Gewichtshundertteilen oder weniger,
   b) Lösungen von Essigsäure in Wasser mit einem Gehalt an Essigsäure von normalerweise 10 bis 15 Gewichtshundertteilen, die im Hinblick auf ihre Verwendung als Essigersatz für Speisen aromatisiert und/oder gefärbt sind.
   Andere Lösungen von Essigsäure in Wasser mit einem Gehalt an Essigsäure von mehr als 10 Gewichtshundertteilen gehören zu Position 2915 und können unter Nr. 42 der Anlage 2 fallen (vgl. Tz. 137).

Gärungsessig und Essigersatz werden zum Würzen oder Haltbarmachen von Lebensmitteln verwendet und können (z. B. mit Estragon) aromatisiert oder mit Gewürzen versetzt sein.

Nach Nr. 36 der Anlage 2 ist Toilettenessig aus Position 3307 **nicht begünstigt.** 124

[1] Nicht begünstigt sind auch sog. „Milchersatzprodukte" pflanzlichen Ursprungs; vgl. BFH v. 9. 2. 2006 V R 49/04, BStBl. II S. 694.

125 **Rückstände und Abfälle der Lebensmittelindustrie; zubereitetes Futter (Kapitel 23)**
**(Nr. 37 der Anlage 2)**

**Begünstigt** sind alle Erzeugnisse des Kapitels 23 Zolltarif. Hierzu gehören verschiedene Rückstände und Abfälle, die bei der Verarbeitung von pflanzlichen Stoffen durch die Lebensmittelindustrie anfallen, sowie bestimmte Rückstände tierischen Ursprungs. Die meisten dieser Erzeugnisse werden hauptsächlich, entweder allein oder vermischt mit anderen Stoffen, als Futter verwendet; einige dienen auch der menschlichen Ernährung oder technischen Zwecken (Weintrub, Weinstein, Ölkuchen usw.).

126 Im Einzelnen sind nach Nr. 37 der Anlage 2 **begünstigt:**

1. Mehle und Pellets von Fleisch, von Schlachtnebenerzeugnissen, von Fischen oder von Krebstieren, von Weichtieren oder anderen wirbellosen Wassertieren, ungenießbar; Grieben (Position 2301)
   Hierzu gehören:

   a) Mehle und Pulver, zur menschlichen Ernährung nicht geeignet, die durch Verarbeitung ganzer Tiere (einschließlich Geflügel, Meeressäugetiere, Fische, Krebstiere, Weichtiere oder andere wirbellose Wassertiere) oder bestimmter Tierteile (Fleisch, Schlachtnebenerzeugnisse usw.), ausgenommen Knochen, Hufe, Hörner, Schalen usw. gewonnen werden (z. B. Tierkörpermehl und Fleischmehl)
   Die Ausgangsstoffe fallen hauptsächlich in Schlachthöfen, auf Fangschiffen, die den Fang an Bord verarbeiten, und in der Konservenindustrie an; sie werden im Allgemeinen mit Dampf behandelt und zum Ausziehen des Fettes oder Öles gepresst oder mit Lösemitteln behandelt; der Rückstand wird durch längere Wärmebehandlung getrocknet und haltbar gemacht und schließlich gemahlen.
   Hierzu gehören die o. g. Erzeugnisse auch in Form von Pellets (d. h. Erzeugnisse, die entweder unmittelbar durch Pressen oder durch Zusatz eines Bindemittels wie Melasse oder stärkehaltige Stoffe in einer Menge von nicht mehr als drei Gewichtshundertteilen zu Zylindern, Kügelchen usw. agglomeriert worden sind). Die Erzeugnisse werden im Allgemeinen zum Füttern, einige jedoch für andere Zwecke (z. B. als Dünger) verwendet. **Nicht** hierher, sondern zu Position 0305 gehören Fischmehle, die zur menschlichen Ernährung geeignet sind. Diese können unter Nr. 3 der Anlage 2 fallen (vgl. Tz. 23, 24).

   b) Grieben, die aus Hautgewebe bestehen, das nach dem Ausziehen (durch Schmelzen oder Pressen) von Schweineschmalz oder anderen tierischen Fetten zurückbleibt
   Sie werden hauptsächlich für die Futtermittelherstellung (insbesondere Hundekuchen) verwendet, gehören aber auch dann hierher, wenn sie zur menschlichen Ernährung geeignet sind.

2. Kleie und andere Rückstände, auch in Form von Pellets, vom Sichten, Mahlen oder von anderen Bearbeitungen von Getreide und Hülsenfrüchten (Position 2302)
   Hierzu gehören insbesondere:

a) Schalenkleie, die aus den äußeren Schalen der Körner besteht, an denen noch ein Teil des Endosperms und etwas Mehl haftet,

b) Feinkleie (Grießkleie), die als Nebenerzeugnis bei der Mehlgewinnung (Weiterverarbeitung von Schalenkleie) anfällt und die vor allem die feinsten Teile der Schalen, die nach dem Sichten und Sieben übrig bleiben, sowie etwas Mehl enthält,

c) Rückstände (vom Sichten und anderen Bearbeitungen von Getreidekörnern oder aus Arbeiten zur Vorbereitung des Mahlvorganges), die insbesondere aus Bestandteilen wie kleineren, deformierten oder zerbrochenen Körnern des betreffenden Getreides oder den beigemischten Samen wildwachsender Pflanzen oder verschiedenen Stoffen wie Blattstücke, Halmstücke, mineralische Stoffe usw. bestehen oder Rückstände, die bei der Reinigung von Lagerstätten wie Silos, Schiffsladeräumen usw. anfallen mit einer ähnlichen Zusammensetzung.
Ebenso dazu gehören Samenschalen, die beim Schleifen von Reis anfallen und Rückstände vom Schälen, Quetschen, Verflocken, perlförmigen Schleifen, Schneiden oder Schroten von Getreidekörnern als auch Rückstände und Abfälle ähnlicher Art, die beim Mahlen oder anderen Bearbeitungen von Hülsenfrüchten anfallen. Hierher gehören auch Erzeugnisse, die entweder durch Mahlen ganzer Maiskolben, auch mit ihren Hüllblättern, gewonnen werden, oder auch Bruchmais, der beim Sichten nicht geschälter, gereinigter Maiskörner anfällt, wenn diese Erzeugnisse nicht die Bedingungen hinsichtlich des Stärke- und Aschegehaltes für Müllereierzeugnisse erfüllen. Ansonsten gehören diese Erzeugnisse zu Kapitel 11 Zolltarif und können damit unter Nr. 14 der Anlage 2 fallen (vgl. Tz. 65, 66). Ebenso **nicht** hierher, sondern zu Position 1213 und damit zu Nr. 23 der Anlage (vgl. Tz. 88, 89) gehört Getreidespreu, die beim Dreschen anfällt (z. B. Spelzen und Buchweizenschalen).

3. Rückstände von der Stärkegewinnung und ähnliche Rückstände, ausgelaugte Rübenschnitzel, Bagasse und andere Abfälle aus der Zuckergewinnung, Treber, Schlempen und Abfälle aus Brauereien oder Brennereien, auch in Form von Pellets (Position 2303)
Hierzu gehören insbesondere:

a) Abfälle aus der Stärkegewinnung aus Mais, Reis, Weizen, Kartoffeln usw. (z. B. auch als „Maiskleber", „gluten meal", „Maiskleberfutter", „Sorghumkleberfutter" und als „Kartoffelpülpe" bezeichnete Erzeugnisse), sofern sie bestimmte Stärke- und Fettgehalte nicht übersteigen
Ansonsten gehören sie im Allgemeinen zu Kapitel 11 und können somit nach Nr. 14, 15 oder 16 der Anlage 2 begünstigt sein (vgl. Tz. 65, 66, 68, 70, 71). Rückstände aus der Stärkegewinnung aus Maniokwurzeln (auch Tapioka genannt), mit einem Stärkegehalt von mehr als 40 Gewichtshundertteilen, in Form von Mehl oder Grieß, gehören zu Position 1106 und sind somit **nicht** nach Nr. 37 der Anlage 2 begünstigt (ebenso **nicht** nach Nr. 16 der Anlage 2, vgl. Tz. 72). Derartige Erzeugnisse in Form von Pellets gehören zu Position 0714 und sind somit ebenso **nicht begünstigt.**

b) eingedicktes Maisquellwasser, ohne Rücksicht auf seinen Proteingehalt,

c) nasse oder trockene Rückstände von der Zuckergewinnung aus Zuckerrüben
Nicht als „Abfall" von der Zuckergewinnung gilt Molke in Pulverform, der ein Teil der Lactose entzogen worden ist (Position 0404), die aber unter Nr. 4 der Anlage 2 fällt (vgl. Tz. 30).

d) der nach Ausziehen des Saftes anfallende, aus Stängelfasern des Zuckerrohrs bestehende Rückstand (Bagasse), sowie andere Abfälle aus der Zuckergewinnung wie Scheideschlamm oder Filterpressrückstände, **nicht jedoch** Halbstoffe, aus Bagasse hergestellt (Position 4706),

e) Biertreber (von Gerste, Roggen usw.), nass oder trocken,

f) Malzkeimlinge, die beim Keimen von Gerste entstehen und beim Entkeimen anfallen,

g) vollständig ausgelaugte Hopfenrückstände,

h) Rückstände aus der Destillation von Alkohol aus Getreide, Samen, Kartoffeln usw. (Schlempen), **nicht jedoch** durch Veraschen und Auslaugen von Melassenschlempe gewonnene Schlempekohle (Position 2621),

i) Melasseschlempe als Rückstand von der Alkoholgewinnung aus Zuckerrübenmelasse, **nicht jedoch** Melassen, die bei der Gewinnung oder Raffination von Zucker anfallen (Position 1703), die aber unter Nr. 29 der Anlage 2 fallen (vgl. Tz. 102, 103).

4. Ölkuchen und einzelne feste Rückstände aus der Gewinnung von Sojaöl und Erdnussöl, auch gemahlen oder in Form von Pellets (Positionen 2304 und 2305)
Hierzu gehören Ölkuchen und andere feste Rückstände aus der durch Pressen, durch Ausziehen mit Lösemitteln oder durch Zentrifugieren erfolgten Gewinnung von Soja- und Erdnussöl. Diese Rückstände bilden ein wertvolles Tierfutter. Hierher gehört auch nichttexturiertes, entfettetes Sojabohnenmehl zur Verwendung für die menschliche Ernährung. Die Erzeugnisse dieser Positionen können in Form von Kuchen, Schrot oder Pellets vorliegen.
**Nicht** hierher gehören:

a) Öldrass (Position 1522),

b) Eiweißkonzentrate, aus entfettetem Soja- oder Erdnussmehl durch Entzug bestimmter Bestandteile gewonnen und als Zusatz für Lebensmittelzubereitungen bestimmt, sowie texturiertes Sojabohnenmehl.
Diese Erzeugnisse gehören aber zu Position 2106 und fallen damit unter Nr. 33 der Anlage 2 (vgl. Tz. 115, 116).

5. Ölkuchen und andere feste Rückstände aus der Gewinnung anderer pflanzlicher Fette oder Öle, auch gemahlen oder in Form von Pellets (Position 2306)
Hierzu gehören insbesondere Ölkuchen und andere feste Rückstände aus der Gewinnung des Öls von Ölsamen, ölhaltigen Früchten oder Getreidekeimen (z. B. von Leinsamen, Baumwollsamen, Sesamsamen, Maiskeimen und Kopra – als wertvolles Futter verwendet – sowie von Rizinus, als Dünger genutzt), die durch Pressen, Ausziehen mit Lösemitteln oder durch

Zentrifugieren gewonnen werden. Hierher gehören auch entölte Kleie, ein Rückstand aus der Ölgewinnung aus Reiskleie, sowie Bittermandel- und Senfkuchen, die zur Gewinnung ätherischer Öle verwendet werden. Die Rückstände können in Form von Kuchen, Schrot oder Pellets vorliegen.
Hierzu gehört auch nichttexturiertes entfettetes Mehl, das für die menschliche Ernährung verwendet wird.
**Nicht begünstigt** ist jedoch Öldrass (Position 1522).
Erzeugnisse ab einem bestimmten höheren Stärke-, Fett- oder Proteingehalt (die Bestimmung erfolgt nach in EU-Richtlinien festgelegten Methoden) gehören je nach Beschaffenheit im Allgemeinen zu Kapitel 11 Zolltarif und können somit unter Nr. 14, 15 oder 16 der Anlage 2 fallen (vgl. Tz. 65, 66, 68, 70, 71) oder gehören zu einer anderen Position des Kapitels 23 und sind dann anderweitig nach Nr. 37 der Anlage 2 begünstigt. Als Rückstände von der Gewinnung von Olivenöl gelten nur solche Erzeugnisse, deren Fettgehalt 8 Gewichtshundertteile nicht übersteigt. Erzeugnisse dieser Art (ausgenommen Öldrass) mit einem höheren Fettgehalt gehören zu Position 0709 und können somit nach Nr. 10 der Anlage 2 begünstigt sein (vgl. Tz. 48–50).

6. Weintrub/Weingeläger; Weinstein, roh (Position 2307)
Hierzu gehören:

a) Weintrub, der schlammige Bodensatz, der sich beim Gären und Reifen des Weines absetzt (auch zum Herstellen von Futter verwendet), sowie getrockneter Weintrub, den man durch Pressen über Filter erhält und der als Pulver, Granalien oder in unregelmäßigen Stücken vorkommt,

b) roher Weinstein (auch gewaschen), eine Kruste, die sich während der Gärung des Traubenmostes in den Gärbottichen oder während der Lagerung des Weines in den Lagerfässern bildet.
Er dient als Beizmittel in der Färberei, liegt in Form von Pulver, Flocken oder kristallinen unregelmäßigen Stücken vor und ist grau bis dunkelrot bzw. nach dem ersten Waschen gelblichgrau bis rotbraun gefärbt.

Weintrub und roher Weinstein bestehen aus unreinem Kaliumbitartrat und können einen verhältnismäßig hohen Anteil an Calciumtartrat aufweisen. Aus ihnen wird gereinigter oder raffinierter Weinstein (Position 2918) gewonnen, der jedoch **nicht begünstigt** ist. Er unterscheidet sich von rohem Weinstein dadurch, dass er die Form von kristallinem Pulver oder von Kristallen hat, die rein weiß, geruchlos, von saurem Geschmack und luftbeständig sind.
Ebenfalls **nicht begünstigt** ist reines Calciumtartrat (je nach Beschaffenheit Position 2918 oder 3824).

7. pflanzliche Stoffe und pflanzliche Abfälle, pflanzliche Rückstände und pflanzliche Nebenerzeugnisse der zur Fütterung verwendeten Art, auch in Form von Pellets, anderweit weder genannt noch inbegriffen (Position 2308)
Hierzu gehören pflanzliche Stoffe und Abfälle sowie Rückstände und Nebenerzeugnisse, die bei der industriellen Verarbeitung von pflanzlichen Stoffen anfallen, vorausgesetzt, dass sie nicht von Positionen mit genauerer

Warenbezeichnung erfasst werden und dass sie zur Fütterung von Tieren geeignet sind, z. B.

a) Eicheln und Rosskastanien,
b) entkörnte Maiskolben, Maisstängel und Maisblätter,
c) Möhrenkraut und Rübenblätter,
d) Gemüseschalen (Erbsen- und Bohnenschoten usw.),
e) Schalen von Sojabohnen, auch gemahlen, die nicht der Ölextraktion unterworfen wurden,
f) Abfälle von Früchten (Schalen und Kerngehäuse von Äpfeln, Birnen usw.) und Trester (vom Pressen von Weintrauben, Äpfeln, Birnen, Zitrusfrüchten usw.), auch wenn sie zum Gewinnen von Pektin verwendet werden,
g) Rückstände vom Schälen der Senfsaat,
h) Rückstände, die beim Herstellen von Kaffeemitteln (oder Auszügen daraus) aus Getreidekörnern oder anderen pflanzlichen Stoffen anfallen,
i) Rückstände aus der Reinigung von Maniokwurzeln vor deren Pelletieren, die aus Teilen der Maniokwurzel und Sand (etwa 44%) bestehen und die beim Waschen und Bürsten der Wurzeln abgelöst worden sind,
j) Rückstände aus der Reinigung von Rapssamen vor dem Ausziehen des Öls, die aus meist zerbrochenem Rapssamen mit einem hohen Anteil (etwa 50%) an fremden Pflanzensamen und verschiedenen anderen Verunreinigungen bestehen,
k) Rückstände, die bei der Gewinnung von Furfurol durch Hydrolyse von Maiskolben anfallen und als „hydrolysierte, gemahlene Maiskolben" bezeichnet werden,
l) Nebenerzeugnisse, die durch Eindampfen von Abwässern der Zitrusfruchtsaftgewinnung gewonnen und manchmal als „Zitrus-Melassen" bezeichnet werden,
m) sog. Orangenzellen, Erzeugnisse aus Orangenteilen, die beim Auspressen der Orangen zunächst in den Saft gelangen und später abgesiebt werden und die fast keine Anteile von Fruchtfleisch oder -saft enthalten, sondern zum größten Teil aus Zellhäuten und Albedo bestehen. Diese Erzeugnisse sind als Zusatz zu rückverdünnten Orangensäften oder Limonaden bestimmt.

8. Zubereitungen von der zur Fütterung verwendeten Art (Position 2309)

a) Futter, melassiert oder gezuckert
Sie bestehen aus einer Mischung von Melasse oder ähnlichen zuckerhaltigen Stoffen (im Allgemeinen mehr als 10 Gewichtshundertteile, mit einem oder mehreren anderen Futtermitteln, hauptsächlich zum Füttern von Rindern, Schafen, Pferden oder Schweinen bestimmt). Abgesehen von ihrem Nährwert verbessert die Melasse den Geschmack des Futters und ermöglicht die Verwertung von Erzeugnissen mit geringem Energiegehalt wie Stroh, Getreideschalen, Leinspreu und Trester. Diese Futtermittel werden im Allgemeinen unmittelbar verfüttert oder dienen zum

Herstellen von Allein- oder Ergänzungsfuttermitteln (wenn es sich z. B. um einen Futterstoff mit hohem Nährwert wie Weizenkleie, Ölkuchen aus Palmkernen oder Kopra handelt).

b) andere Zubereitungen

aa) Futter, die dem Tier alle Nährstoffe liefern sollen, die täglich für eine mengenmäßig abgestimmte und ausgewogene Fütterung erforderlich sind (Alleinfuttermittel)
Diese Zubereitungen kennzeichnen sich dadurch, dass sie Stoffe aus allen drei wichtigen Nährstoffgruppen enthalten, die alle Forderungen der tierischen Ernährung erfüllen, d. h. „energiereiche" Nährstoffe wie Stärke, Zucker, Cellulose und Fette (z. B. in Getreide, zuckerhaltigen Rüben, Talg und Stroh enthalten), „Aufbaustoffe", d. h. Nährstoffe, die reich an Eiweißen (wie z. B. Hülsenfrüchte, Biertreber, Ölkuchen und Nebenerzeugnisse der Milchverarbeitung) und Mineralstoffen (wie z. B. Calcium, Phosphor, Chlor, Natrium, Kalium, Eisen, Jod usw.) sind sowie „Wirk- und Ergänzungsstoffe" (Stoffe, die ein gutes Verwerten der Kohlenhydrate, des Eiweißes und der Mineralstoffe sicherstellen, wie z. B. Vitamine, Spurenelemente und Antibiotika, deren Fehlen Gesundheitsstörungen verursachen kann).

bb) Zubereitungen, durch die im landwirtschaftlichen Betrieb Futterstoffe ergänzt werden, um ausgewogenes Futter zu erhalten (Ergänzungsfutter)
Diese Zubereitungen weisen in qualitativer Hinsicht fast die gleiche Zusammensetzung auf wie die unter aa) genannten Zubereitungen, unterscheiden sich aber durch den verhältnismäßig hohen Gehalt der Mischung an dem einen oder anderen Nährstoff. Hierzu gehören auch Solubles von Fischen oder Meeressäugetieren, flüssig, dickflüssig, pastenförmig oder getrocknet, durch Konzentrieren und Stabilisieren von Abwässern gewonnen, die wasserlösliche Stoffe (Proteine, Vitamine der Gruppe B, Salze usw.) enthalten und beim Herstellen von Mehl oder Öl aus Fischen oder Meeressäugetieren anfallen, sowie vollständige und fraktionierte Eiweißkonzentrate aus grünen Blättern, die durch thermische Behandlung von Luzernesaft gewonnen werden.

cc) Zubereitungen zum Herstellen der vorstehend unter aa) und bb) beschriebenen Alleinfuttermittel oder Ergänzungsfutter
Diese handelsüblich als Vormischungen bezeichneten Zubereitungen sind komplexe Zusammenstellungen, die eine Anzahl von Stoffen (Additives) enthalten, die die Verwertung des Futters durch das Tier begünstigen und seinen Gesundheitszustand erhalten, die Haltbarkeit des Futters sicherstellen oder die Rolle eines Trägerstoffes spielen und entweder aus organischen oder anorganischen Stoffen (z. B. Maniok- und Sojamehl oder Magnesit, Salz und Phosphate) bestehen.
Hierzu gehören auch Zubereitungen aus mehreren Mineralstoffen, soweit sie nicht Zubereitungen für Veterinärzwecke darstellen.

Zur Position 2309 gehören auch Zubereitungen für Tiere wie Hunde oder Katzen (Mischungen aus Fleisch, Schlachtnebenerzeugnissen und anderen Zutaten, z. B. in luftdicht verschlossenen Dosen, die in etwa die jeweils für eine Fütterung notwendige Menge enthalten), Kuchen und Kauspielzeug für Hunde und andere Tiere (gewöhnlich aus Mehl, Stärke oder Getreide im Gemisch mit Grieben oder Fleischmehl hergestellt), Futterzubereitungen für Vögel (z. B. zusammengesetzt aus Hirse, Kanariensaat, entspelztem Hafer und Leinsamen) und Fische sowie „Brotmehl" aus getrockneten und gemahlenen Brotabfällen, die – für die menschliche Ernährung ungeeignet – für die Tierfütterung bestimmt sind und Erzeugnisse der zur Fütterung verwendeten Art, die aus der Verarbeitung von pflanzlichen oder tierischen Stoffen stammen und die durch die Verarbeitung die wesentlichen Merkmale der Ausgangsstoffe verloren haben, z. B. *getrocknete Schweineohren* [1].

Die Futtermittelzubereitungen liegen auch häufig in Form von Pellets vor.

**Nicht** hierzu gehören jedoch:

aa) Pellets, die aus einem einzigen Stoff oder die aus einer Mischung verschiedener Stoffe bestehen, als solche jedoch zu einer bestimmten anderen Position des Zolltarifs gehören,

bb) Mischungen von Getreidekörnern, von Getreidemehlen oder Mehlen von Hülsenfrüchten (Kapitel 10 bzw. 11), die aber unter Nr. 13 bis 16 der Anlage 2 fallen können (vgl. Tz. 61–72),

cc) Zubereitungen, die auch zur menschlichen Ernährung verwendet werden können (insbesondere Positionen 1901 und 2106), die aber unter Nr. 31 oder 33 der Anlage 2 fallen (vgl. Tz. 109, 110, 115, 116),

dd) Vitamine der Position 2936,

ee) Eiweißstoffe des Kapitels 35,

ff) Zwischenerzeugnisse aus der Gewinnung der Antibiotika, die durch Filtrieren und erstes Extrahieren erhalten worden sind, sowie die Rückstände dieses Prozesses, mit einem Gehalt an Antibiotika von im Allgemeinen nicht mehr als 70% (Position 3824),

gg) Salzlecksteine für die Tierfütterung (Position 2501).

127 Nach Nr. 37 der Anlage 2 sind **nicht begünstigt:**

1. nicht hydrolisiertes Federmehl (Position 0505)
2. Knochenmehl (Position 0506)
3. Blutmehl (Position 0511)
4. Arzneiwaren für die Veterinärmedizin (aus Position 3003), auch wenn der Trägerstoff ein Futtermittel ist
5. Fütterungsarzneimittel aus Position 3003 und aus 3004 (Arzneiwaren, auch für die Veterinärmedizin), die den Vorschriften des § 56 Abs. 4 des Arzneimittelgesetzes (AMG) entsprechen

---

[1] Nunmehr Einreihung in die Position 0511; siehe BMF v. 16. 10. 2006, BStBl. I S. 620. Siehe hierzu Rz. 22.

Fütterungsarzneimittel sind Arzneimittel in verfütterungsfertiger Form, die aus Arzneimittel-Vormischungen und Mischfuttermitteln hergestellt werden und die dazu bestimmt sind, zur Anwendung bei Tieren in den Verkehr gebracht zu werden (§ 4 Abs. 10 AMG).

Fütterungsarzneimittel dürfen nur in Betrieben hergestellt werden, die eine Erlaubnis zur Herstellung von Arzneimitteln nach § 13 Abs. 1 AMG besitzen oder nach § 30 Abs. 1 Nr. 3 Buchst. a i. V. m. § 31 Abs. 1 und 2 Nr. 2 der Futtermittelverordnung registriert worden sind (§ 13 Abs. 2 Satz 1 Nr. 3 i. V. m. Satz 3 AMG, § 5 Abs. 3 Verordnung über tierärztliche Hausapotheken).

Zur umsatzsteuerrechtlichen Behandlung der Leistungen im Zusammenhang mit der Herstellung von Fütterungsarzneimitteln vgl. BMF-Schreiben vom 29. Mai 2002 – IV B 7 – S 7221 – 20/02 – (BStBl I S. 630).

**Nr. 38 der Anlage 2** 128

*(weggefallen)*

**Speisesalz, nicht in wässriger Lösung (aus Position 2501) (Nr. 39 der Anlage 2)** 129

**Begünstigt** ist nur Salz (Natriumchlorid), das für Speisezwecke (Kochsalz, Tafelsalz) verwendet wird (aus Position 2501), d. h. Salz zum Haltbarmachen oder Zubereiten von Lebensmitteln. Es ist im Allgemeinen von großer Reinheit und einheitlichem Weiß. Hierzu gehört auch Salz (z. B. Tafelsalz) mit geringen Zusätzen von Jod oder Phosphat usw. und Salz, das so behandelt wurde, dass es trocken bleibt sowie Salz mit Zusätzen, die das Zusammenkleben verhindern oder die Streufähigkeit erhalten. Reines Natriumchlorid ist nur dann begünstigt, wenn es seinem Verwendungszweck nach als Speisesalz angesehen werden kann.

Im Einzelnen sind nach Nr. 39 der Anlage 2 **begünstigt:** 130

1. durch konventionellen Abbau bergmännisch gewonnenes Steinsalz
2. durch Eindampfen natürlicher Sole oder wässrigen Steinsalzlösungen gewonnenes Siedesalz
3. durch Verdunsten oder Eindampfen von Meerwasser oder Wasser aus Salzseen gewonnenes Seesalz

Nach Nr. 39 der Anlage 2 sind **nicht begünstigt:** 131

1. Salze zur chemischen Umwandlung (Spaltung in Natrium und Chlor) zum Herstellen anderer Erzeugnisse (aus Position 2501)
2. vergällte Salze (z. B. Viehsalz und Streusalz) oder Salze zu anderen industriellen Zwecken (einschließlich Raffination), ausgenommen zum Haltbarmachen oder Zubereiten von Lebensmitteln (aus Position 2501)
3. Salz in wässriger Lösung, z. B. Salzsole von mehr oder minder hoher Konzentration und Reinheit, in natürlichem Zustand aus Quellen, Bergwerken usw. gewonnen oder künstlich durch Auflösen von Steinsalz hergestellt, sowie wässrige Lösungen von reinem Natriumchlorid (aus Position 2501)

4. Abfallsalze, Abraumsalze (die Verunreinigungen enthalten) sowie Salzlecksteine für die Tierfütterung, durch Pressen von Salz unter Druck hergestellt, bestehend aus mindestens 95% Natriumchlorid, dem in geringen Mengen Spurenelemente (z. B. Magnesium, Kupfer, Mangan, Kobalt) zugesetzt sind (aus Position 2501)
5. Salinen-Mutterlauge (die als Rückstand beim Versieden von salzhaltigen Flüssigkeiten entsteht) und Meerwasser (aus Position 2501)
6. Natriumchlorid, auch in wässrigen Lösungen, in Aufmachungen als Arzneiware, z. B. in Ampullen (Position 3004)
7. mineralische Düngemittel (Kapitel 31)
8. Badesalz (Position 3307)
9. Pökelsalz (z. B. Zubereitungen auf der Grundlage von Kochsalz, Natriumnitrit, Natriumnitrat), auch mit Zusatz von Zucker (Position 3824)
10. denaturiertes (für den menschlichen Genuss unbrauchbar gemacht) Salz ohne Rücksicht auf das Denaturierungsverfahren (aus Position 2501)
11. gesalzene Würzmittel wie Selleriesalz (Position 2103), die aber unter Nr. 33 der Anlage 2 fallen können (vgl. Tz. 115, 116)
12. künstliche Kristalle des Natriumchlorids mit einem Stückgewicht von 2,5 g oder mehr (Position 3824)
13. optische Elemente aus Kristallen des Natriumchlorids (Position 9001)
14. unvergälltes Streusalz (für Winterstreuzwecke) (Position 2501)

132 **a) Handelsübliches Ammoniumcarbonat und andere Ammoniumcarbonate (Unterposition 2836 10),**
**b) Natriumhydrogencarbonat (Natriumbicarbonat) (Unterposition 2836 30)**

**(Nr. 40 der Anlage 2)**

**Begünstigt** sind nur die ausdrücklich in der Vorschrift aufgeführten Erzeugnisse.

133 Im Einzelnen sind nach Nr. 40 der Anlage 2 **begünstigt:**

1. Ammoniumcarbonate
Diese werden durch Erhitzen einer Mischung von Kreide und Ammoniumsulfat (oder Ammoniumchlorid) oder durch Reaktion von Kohlendioxid mit gasförmigem Ammoniak in Anwesenheit von Wasserdampf hergestellt. Diese Herstellungsverfahren ergeben das handelsübliche Ammoniumcarbonat, das, zusätzlich zu den verschiedenen Verunreinigungen (Chloride, Sulfate, organische Stoffe) Ammoniumhydrogencarbonat und Ammoniumcarbamat ($NH_2COONH_4$) enthält. Handelsübliches Ammoniumcarbonat kommt als weiße kristalline Masse oder Pulver vor. Es löst sich in heißem Wasser. An feuchter Luft zersetzt es sich unter Bildung des sauren Ammoniumcarbonats an der Oberfläche, kann aber in diesem Zustand auch noch verwendet werden. Ammoniumcarbonat wird als Beizmittel in der Färberei und im Zeugdruck, als Reinigungsmittel für Wolle, als schleimlösendes

Mittel in der Medizin, zum Herstellen von Riechsalzen und Backpulvern, ferner in der Gerberei und in der Kautschukindustrie, in der Cadmiummetallurgie, bei organischen Synthesen usw. verwendet.
Das als Hirschhornsalz bekannte Gemisch aus Ammoniumcarbonat und Ammoniumhydrogencarbonat, in der Regel als Treibmittel beim Backen verwendet, ist ebenfalls begünstigt.

2. Natriumhydrogencarbonat ($NaHCO_3$)
Natriumhydrogencarbonat (saures Carbonat, Natriumbicarbonat, „Natron") bildet gewöhnlich ein kristallines Pulver oder weiße Kristalle, ist in Wasser löslich und neigt dazu, an feuchter Luft zu zerfallen. Man verwendet es in der Medizin, zum Herstellen von Verdauungstabletten und kohlesäurehaltigen Getränken, ferner zum Herstellen von Backpulver, in der Porzellanindustrie usw.
**Nicht** hierzu gehört natürliches Natriumcarbonat (Position 2530).

Nach Nr. 40 der Anlage 2 sind **nicht begünstigt:** 134

1. Dinatriumcarbonat ($Na_2CO_3$) (neutrales Carbonat, Solvay'sches Salz), oft fälschlicherweise als „Sodacarbonat" oder „Handelssoda" bezeichnet (Position 2836 20)
2. Arzneiwaren (Position 3003 oder 3004), z. B. für den Einzelverkauf zu therapeutischen oder prophylaktischen Zwecken aufgemachtes Natriumhydrogencarbonat

**D-Glucitol (Sorbit), auch mit Zusatz von Saccharin oder dessen Salzen (Unterpositionen 2905 44 und 2106 90) (Nr. 41 der Anlage 2)** 135

**Begünstigt** sind nur die ausdrücklich in der Vorschrift aufgeführten Erzeugnisse der Unterposition 2905 44 (D-Glucitol bzw. Sorbit) und 2106 90 (Sorbit mit Zusatz von Saccharin oder dessen Salzen).

Im Einzelnen sind nach Nr. 41 der Anlage 2 **begünstigt:** 136

1. D-Glucitol (Sorbit) (Unterposition 2905 44)
Hierher gehört nur isoliertes chemisch einheitliches Sorbit, auch wenn es Verunreinigungen enthält.
Sorbit ist ein sechswertiger aliphathischer (Zucker-)Alkohol in Form eines weißen, kristallinen, hygroskopischen Pulvers, das gewöhnlich durch Hydrieren von Glucose oder Invertzucker gewonnen wird. Sorbit kommt u. a. in den Früchten des Vogelbeerbaumes vor und wird in der Riechmittelindustrie, zum Herstellen von Ascorbinsäure (in der Medizin gebraucht), zum Herstellen grenzflächenaktiver Stoffe, als Ersatz für Glycerin, als Feuchthaltemittel usw. und in der Diabetikerdiät als Zuckerersatz verwendet.
2. D-Glucitol (Sorbit) mit Zusatz von Saccharin oder dessen Salzen (Unterposition 2106 90)
**Begünstigt** sind nur Mischungen von Sorbit und Saccharin oder dessen Salzen. Die hierher gehörenden Sorbit-Sirupe enthalten auch andere Polyole. Der Gehalt an D-Glucitol beträgt im Allgemeinen, bezogen auf die Trockenmasse, 60 bis 80%. Erzeugnisse dieser Art werden durch Hydrieren von

Glucosesirupen mit hohem Disaccharid- und Polysaccharidgehalt hergestellt, jedoch ohne Isolierungsprozess. Sie haben die Eigenschaft sehr schwer kristallisierbar zu sein und werden in einer Vielzahl von Industrien verwendet (z. B. für Lebensmittel – insbesondere diätetische –, für Kosmetika oder Arzneiwaren, Kunststoffe, Textilien). Saccharin ist ein künstlicher Süßstoff, dessen Süßkraft rund 500-mal größer ist als die des Rohrzuckers.

137 **Essigsäure (Unterposition 2915 21) (Nr. 42 der Anlage 2)**

**Begünstigt** ist nur Essigsäure der Unterposition 2915 21 ($CH_3COOH$). Dazu gehören Lösungen von Essigsäure in Wasser mit einem Gehalt an Essigsäure von mehr als 10 Gewichtshundertteilen.

138 Nach Nr. 42 der Anlage 2 sind **nicht begünstigt:**

1. Speiseessig (Position 2209), der jedoch unter Nr. 36 der Anlage 2 fällt (vgl. Tz. 123)
2. Salze und Ester der Essigsäure (Unterpositionen 2915 22 00 bis 2915 39 90)
3. roher Holzessig (Position 3824)

139 **Natriumsalz und Kaliumsalz des Saccharins (aus Unterposition 2925 1100) (Nr. 43 der Anlage 2)**

**Begünstigt** sind nur Natriumsalz und Kaliumsalz des Saccharins (oder 1,2-Benzisothiazolin-3-on-1,1-dioxid) (aus Unterposition 2925 1100). Saccharin ist ein geruchloses, weißes, kristallines, sehr süßes Pulver. Sein Natriumsalz hat eine geringere Süßkraft, ist jedoch wasserlöslicher. Tabletten, die als Süßstoff verwendet werden und aus einem dieser Erzeugnisse bestehen, verbleiben in dieser Position.

Hierzu gehören nur isolierte chemisch einheitliche organische Verbindungen, auch wenn sie Verunreinigungen enthalten.

140 Nach Nr. 43 der Anlage 2 sind **nicht begünstigt:**

1. Zubereitungen, die zur menschlichen Diät-Ernährung verwendet werden, aus einer Mischung von Saccharin oder seinen Salzen und einem Nährstoff, z. B. Lactose (Position 2106), die aber unter Nr. 33 der Anlage 2 fallen (vgl. Tz. 115, 116)
2. Zubereitungen aus Saccharin oder seinen Salzen und anderen Stoffen als Nährstoffen, wie Natriumhydrogencarbonat (Natriumbicarbonat) und Weinsäure (Position 3824)
3. Calcium- und Natriumcyclamate (z. B. der Süßstoff „Assugrin"). Cyclamate sind eine Gruppe von Süßstoffen, meist Natrium- oder Calciumsalze der Cyclohexylsulfamidsäure
4. Saccharin
5. Mannit und Xylit (als Nebenprodukt der Holzverzuckerung anfallender Zuckeralkohol)
6. Süßstoffe auf der Grundlage von Sorbit (D-Glucitol) (Position 2905), die aber unter Nr. 41 der Anlage 2 fallen können (vgl. Tz. 135, 136)

7. Chemisch reine Saccharose (Position 1701), die aber unter Nr. 29 der Anlage 2 fällt (vgl. Tz. 102, 103)

**Nr. 44 der Anlage 2** 141

*(weggefallen)*

**Tierische oder pflanzliche Düngemittel mit Ausnahme von Guano, auch untereinander gemischt, jedoch nicht chemisch behandelt; durch Mischen von tierischen oder pflanzlichen Erzeugnissen gewonnene Düngemittel (aus Position 3101)** 142
**(Nr. 45 der Anlage 2)**

**Begünstigt** sind nur natürliche Düngemittel tierischen oder pflanzlichen Ursprungs, auch untereinander gemischt, wenn sie zu Position 3101 gehören. Chemisch bearbeitete (z. B. aufgeschlossene) natürliche Düngemittel (aus Position 3101) sind **nicht begünstigt.** Unter Position 3105 Zolltarif und damit **nicht** unter Nr. 45 der Anlage 2 fallen natürliche Düngemittel, die in Tabletten, Pastillen oder ähnlichen Formen oder in Packungen bis zu 10 kg Gewicht angeboten werden.

Im Einzelnen sind nach Nr. 45 der Anlage 2 **begünstigt:** 143

1. Hühner- und Taubendung, Stalldünger, Jauche und andere Abfälle tierischen Ursprungs (z. B. beschmutzte Wollabfälle) oder mit Torf vermischter Hühnermist, die im Allgemeinen nur als Düngemittel verwendet werden
2. pflanzliche Erzeugnisse im Zustand des Verrottens, die nur als Düngemittel verwendet werden (z. B. chemisch nicht bearbeiteter Kompost)
3. Mischungen aus verschiedenen tierischen und pflanzlichen Abfallstoffen, die als Düngemittel verwendet werden (z. B. Gemische aus getrocknetem Blut und Knochenmehl)
4. Rückstände aus der Wollwäscherei, soweit nicht chemisch bearbeitet

Nach Nr. 45 der Anlage 2 sind **nicht begünstigt:** 144

1. unvermischtes Horn-, Knochen- oder Klauenmehl sowie Fischabfälle und Muschelschalen (Kapitel 5)
2. Torf und Düngetorf (Position 2703)
3. Guano (aus Position 3101)
   Guano entsteht aus der Ablagerung der Ausscheidungen und Überreste von Seevögeln und ist ein stickstoff- und phosphathaltiges Düngemittel, gewöhnlich ein gelbliches, stark nach Ammoniak riechendes Pulver.
4. mineralische oder chemische Düngemittel (Positionen 3102 bis 3104)
5. Kompost, der mit Zusatz von Kalk usw. versehen ist (Position 3101)
6. Mischungen aus düngenden und nichtdüngenden Stoffen, z. B. Nährsubstrate aus Hühnerdung unter Beimischung von Gips (aus Position 3105)
7. Mischungen von natürlichen Düngern der Position 3101 mit chemischen Düngestoffen (Position 3105)
8. Tierblut, flüssig oder getrocknet (Position 0511)
9. Pflanzenerde (aus Position 3824)

10. Mehl, Pulver und Pellets von Fleisch oder Schlachtabfall, von Fischen oder Krustentieren (Krebstiere), von Weichtieren oder sonstigen wirbellosen Wassertieren, ungenießbar (Position 2301), die aber unter Nr. 37 der Anlage 2 fallen (vgl. Tz. 125, 126) und verschiedene andere Erzeugnisse des Kapitels 23 (Ölkuchen, Treber aus Brauereien oder Brennereien), die ebenfalls unter Nr. 37 der Anlage 2 fallen (vgl. Tz. 125, 126)
11. Knochen-, Holz-, Torf- oder Steinkohleasche (Position 2621)
12. Schnitzel und andere Abfälle von Leder oder von zubereiteten Häuten; Lederspäne, Lederpulver und Ledermehl (Position 4115)
13. Bodenverbesserer, wie z. B. Kalk (Position 2522), Mergel und Humus (Position 2530) sowie Bodenverbesserer auf Kunststoffbasis (Kapitel 39)

145 **Mischungen von Riechstoffen und Mischungen (einschließlich alkoholischer Lösungen) auf der Grundlage eines oder mehrerer dieser Stoffe, in Aufmachungen für den Küchengebrauch (aus Unterposition 3302 10)**
**(Nr. 46 der Anlage 2)**

**Begünstigt** sind Mischungen von zwei oder mehreren natürlichen oder künstlichen Riechstoffen und Mischungen auf der Grundlage eines oder mehrerer dieser Stoffe (auch mit Alkohol oder Wasser verdünnt), wenn sie für den Küchengebrauch aufgemacht sind (d. h. in Behältnissen mit einem Inhalt von nicht mehr als 50 ccm abgefüllt sind). Es handelt sich um Aromengemische, die unmittelbar zur Zubereitung von Lebensmitteln verwendbar sind, weil sie den Geschmack eines Lebensmittels wiedergeben (z. B. Frucht-, Wein-, Butter-, Kakao-, Karamell-, Honig-, Kümmel-, Nelken-, Nugat-, Punsch-, Rum-, Zimt-, Apfelsinen-, Clementinen-, Grapefruit-, Limetten-, Mandarinen-, Orangen-, Tangerinen- und Zitronenaromen – auch mit Fruchtteilen) oder dazu dienen, ein bestimmtes Aroma abzurunden. Zu dieser Position gehören auch andere Zubereitungen auf der Grundlage von Riechstoffen von der zum Herstellen alkoholhaltiger oder nichtalkoholhaltiger Getränke verwendeten Art.

146 Nach Nr. 46 der Anlage 2 sind **nicht begünstigt:**

1. zusammengesetzte alkoholhaltige oder nichtalkoholhaltige Zubereitungen von der zum Herstellen von Getränken verwendeten Art, nicht auf der Grundlage von wohlriechenden Stoffen, sondern z. B. von Pflanzenauszügen, wobei Aromastoffe zugesetzt sein können (Position 2106)
   Diese Zubereitungen fallen jedoch unter Nr. 33 der Anlage 2 (vgl. Tz. 115, 116).
2. Riechstoffe, zur Verwendung als Riechmittel geeignet und zu diesem Zweck für den Einzelverkauf aufgemacht, z. B. Parfüms (Position 3303)
3. Aromengemische, die Rohstoffe für die Riechmittelindustrie und andere Industrien (z. B. Schönheitsmittel- und Seifenindustrie) sind

**Gelatine (aus Position 3503)** 147
**(Nr. 47 der Anlage 2)**

**Begünstigt** ist nur Gelatine aus Unterposition 3503 0010. Gelatine besteht aus wasserlöslichen Eiweißstoffen, die durch Behandeln von Häuten, Knorpeln, Knochen, Sehnen oder ähnlichen tierischen Stoffen, gewöhnlich mit warmem – auch angesäuertem – Wasser gewonnen werden. Als Gelatine bezeichnet man diejenigen dieser Eiweißstoffe, die weniger klebend und reiner als Leim sind und mit Wasser klarere Gallerten ergeben. Gelatine dient insbesondere zum Herstellen von Lebensmitteln, pharmazeutischen Erzeugnissen, fotografischen Emulsionen, Bakteriennährböden oder zum Klären von Wein und Bier. Man verwendet sie auch in der Spinnstoff- und Papierindustrie, im grafischen Gewerbe oder zum Herstellen von Kunststoffen (gehärtete Gelatine) und Gelatinewaren. Gelatine wird meist in Form dünner, durchscheinender, fast farb- und geruchloser Blätter gewonnen. Sie kommt in Blöcken, Tafeln, Blättern, Flittern, Flocken, Pulver usw. in den Handel. Gelatineblätter, auch gefärbt, mit glatter oder bearbeiteter Oberfläche (z. B. durch Prägen oder Pressen gemustert, metallisiert oder bedruckt) gehören ebenfalls hierzu, sofern sie quadratisch oder rechteckig geschnitten sind. In anderen Formen (z. B. rund) gehören sie nicht hierher, sondern zu Position 9602. Geformte oder geschnitzte Erzeugnisse aus nicht gehärteter Gelatine gehören ebenfalls zu Position 9602 und sind deshalb **nicht begünstigt.**

Nach Nr. 47 der Anlage 2 sind **nicht begünstigt:** 148

1. Hausenblase (aus Position 3503), dessen Gewinnung durch einfache, mechanische Bearbeitung von Schwimmblasen bestimmter Fische erfolgt
2. unreine Gelatine wie Knochenleim, Hautleim, Sehnenleim und Fischleim (aus Position 3503)
3. Gelatinederivate, z. B. Gelatinetannat und Gelatinebromtannat (aus Position 3503)
4. Zubereitungen von Gelatine, z. B. Gelatina sterilisata in Ampullen zu Injektionen (Position 3003 oder 3004) und zubereitete Klärmittel (Position 3824)
5. gehärtete Gelatine (Position 3913)
6. Pasten auf der Grundlage von Gelatine für Druckwalzen, für grafische Reproduktionen und zu ähnlichen Zwecken (Position 3824)
7. Caseinleime (Position 3501)
8. Leime (z. B. Position 3506)

**Holz, und zwar** 149

**a) Brennholz in Form von Rundlingen, Scheiten, Zweigen, Reisigbündeln oder ähnlichen Formen (Unterposition 4401 10),**

**b) Sägespäne, Holzabfälle und Holzausschuss, auch zu Pellets, Briketts, Scheiten oder ähnlichen Formen zusammengepresst (Unterposition 4401 30)**

**(Nr. 48 der Anlage 2)**

**Begünstigt** sind nur die ausdrücklich in der Vorschrift aufgeführten Hölzer der Unterposition 4401 10 und 4401 30.

150 Im Einzelnen sind nach Nr. 48 der Anlage 2 **begünstigt:**

1. zu Buchstabe a):
   Holz in Formen, wie es üblicherweise als Brennstoff verwendet wird, sowie Holzabfälle jeder Art
   Im Allgemeinen kommt dieses Holz in folgenden Formen vor:
   a) runde Stücke von Stämmen, mit oder ohne Rinde,
   b) gespaltene Scheite,
   c) Äste, Reisigbündel, Rebholz, Kleinholzbündel, Baumstümpfe und -wurzeln,

   **nicht jedoch** Holz in Form von Plättchen oder Schnitzeln oder ähnliche Erzeugnisse aus Bambus (Position 4401). Holz zum Zerfasern in Form von Rundlingen oder gespaltenen Vierteln gehört zu Position 4403 und ist deshalb ebenfalls **nicht begünstigt** .
2. zu Buchstabe b):
   a) Sägespäne (ausgenommen Holzmehl und Holzwolle aus Position 4405), auch zu Pellets, Briketts, Scheiten oder ähnlichen Formen zusammengepresst,
   b) Holzabfälle und Holzausschuss, die in Tischlereien nicht verwendbar sind Diese Stoffe werden insbesondere als Faserholz zum Herstellen von Papierhalbstoff, Holzfaserplatten oder Holzspanplatten sowie als Brennholz verwendet. Holzhackschnitzel und Holzhackspäne gehören nur dann hierher, wenn sie nach weiterer Aufbereitung zum entsprechenden Zerfasern geeignet sind und dadurch den Charakter von Holzabfällen haben. Holzabfälle und Holzausschuss sind vor allem Abfälle aus Sägewerken (einschließlich Schwarten), Be- und Verarbeitungsabfälle, zerbrochene Bretter, alte unbrauchbare Kisten, Rinden und Späne (auch zu Pellets, Briketts, Scheiten oder ähnlichen Formen zusammengepresst) und andere Holzabfälle und anderer Holzausschuss, angefallen bei Schreinerei- oder Zimmermannsarbeiten, ausgelaugtes Gerb- oder Färbholz, ausgelaugte Gerbrinde sowie Anmachholz, als Kleinholz in Bündeln aufgemacht.

151 Behandlungen, die zum Konservieren des Holzes notwendig sind, z. B. Trocknen, Ankohlen, Grundieren, Imprägnieren mit Kreosot oder ähnlichen Holzschutzmitteln, bleiben ohne Einfluss auf die Einreihung der unter Nr. 48 der Anlage 2 fallenden Hölzer.

152 Nach Nr. 48 der Anlage 2 sind **nicht begünstigt:**

1. Holz und Holzabfälle mit Harzüberzug, als Feueranzünder aufgemacht (Position 3606)
2. Rundlinge der zum Herstellen von Halbstoff oder Zündholzstäben verwendeten Art (Position 4403), die sich von den Rundlingen für Brennzwecke im Allgemeinen durch ihre Aufmachung unterscheiden.

Sie sind sorgfältig sortiert, entrindet, weißgeschält (entbastet) und enthalten im Allgemeinen keine gespaltenen, faulen, zerbrochenen, gebogenen, ästigen, gegabelten usw. Rundlinge.

3. Holzspäne oder Holzstreifen, die in der Korbmacherei, zum Herstellen von Sieben, von Schachteln für pharmazeutische Erzeugnisse usw. verwendet werden, und Holzspäne der bei der Essigherstellung oder zum Klären von Flüssigkeiten verwendeten Art (Position 4404)
4. Hölzer der hauptsächlich zur Riechmittelherstellung oder zu Zwecken der Medizin, Insektenvertilgung, Schädlingsbekämpfung und dergleichen (z. B. Quassiaholz) (Position 1211) oder Hölzer von hauptsächlich zum Färben oder Gerben (z. B. Fustikholz, Kampecheholz, Brasilholz, rotes Sandelholz oder Kastanienholz bzw. Eichen-, Fichten-, Weiden- oder Mangrovenrinde usw.) (Position 1404) verwendeten Art in Form von Schnitzeln, Spänen oder zerstoßen, gemahlen oder pulverisiert
5. pflanzliche Stoffe, z. B. Bambus von der hauptsächlich zum Herstellen von Korbmacher- oder Flechtwaren verwendeten Art (Position 1401)
6. Holzkohle (einschließlich Kohle aus Schalen oder Nüssen), auch zusammengepresst (Position 4402)
7. Holz in weiterverarbeiteter Form und Holzwaren (aus Kapitel 44), wie z. B. Holz für Fassreifen, Gehstöcke, Werkzeuggriffe usw., Schnittholz, andere Holzwaren, wie z. B. Holzzäune (Position 4421) oder gefräste und imprägnierte Holzpalisaden (Position 4407) sowie Bahnschwellen aus Holz (Position 4406), wobei die als Bahnschwellen unbrauchbar gewordenen Altschwellen (Position 4401) jedoch nach Nr. 48 der Anlage 2 begünstigt sind (vgl. Tz. 150)
8. Rohholz, auch entrindet, vom Splint befreit oder zwei- oder vierseitig grob zugerichtet (Position 4403)
9. Holzpfähle, gespalten; Pfähle und Pflöcke aus Holz, gespitzt, nicht in der Längsrichtung gesägt (aus Unterposition 4404 10 und 4404 20)

**Bücher[1], Zeitungen und andere Erzeugnisse des graphischen Gewerbes – mit Ausnahme der Erzeugnisse, für die die Hinweispflicht nach § 4 Abs. 2 Satz 2 des Gesetzes über die Verbreitung jugendgefährdender Schriften besteht oder die als jugendgefährdende Trägermedien den Beschränkungen des § 15 Abs. 1 bis 3 des Jugendschutzgesetzes unterliegen, sowie Veröffentlichungen, die überwiegend Werbezwecken (einschließlich Reisewerbung) dienen –, und zwar** 153

**a) Bücher, Broschüren und ähnliche Drucke, auch in Teilheften, losen Bogen oder Blättern, zum Broschieren, Kartonieren oder Binden bestimmt, sowie Zeitungen und andere periodische Druckschriften kartoniert, gebunden oder in Sammlungen mit mehr als einer Nummer in gemeinsamem Umschlag (ausgenommen solche, die überwiegend Werbung enthalten) (aus Positionen 4901, 9705 und 9706),**

[1] Sog. Fotobücher unterliegen dem Regelsteuersatz; vgl. BMF v. 20. 4. 2016, BStBl. I S. 483.

**b) Zeitungen und andere periodische Druckschriften, auch mit Bildern oder Werbung enthaltend (ausgenommen Anzeigenblätter, Annoncen-Zeitungen und dergleichen, die überwiegend Werbung enthalten) (aus Position 4902),**

**c) Bilderalben, Bilderbücher und Zeichen- oder Malbücher, für Kinder (aus Position 4903),**

**d) Noten, handgeschrieben oder gedruckt, auch mit Bildern, auch gebunden (aus Position 4904),**

**e) kartographische Erzeugnisse aller Art, einschließlich Wandkarten, topographischer Pläne und Globen, gedruckt (aus Position 4905),**

**f) Briefmarken und dergleichen (z. B. Ersttagsbriefe, Ganzsachen) als Sammlungsstücke (aus Positionen 4907 und 9704)**

**(Nr. 49 der Anlage 2)**

**Begünstigt** sind nur die ausdrücklich in der Vorschrift bezeichneten Erzeugnisse aus den Positionen 4901 bis 4905 sowie aus den Positionen 4907, 9704 bis 9706.

Die Steuerermäßigung gilt **nicht** für sonstige Leistungen (einschließlich der Werkleistungen), die z. B. bei der Herstellung von Druckerzeugnissen als selbständige Leistungen erbracht werden. Eine Druckerei bewirkt z. B. eine nicht begünstigte Werkleistung, wenn der Auftraggeber ohne Mithilfe der Druckerei das Papier beschafft und es bereitstellt, die Druckerei also allenfalls Nebensachen zur Verfügung stellt. Die Gewährung eines Rechts, z. B. des Verlagsrechts, ist ebenfalls eine sonstige Leistung. Das Gleiche gilt für die Übermittlung von Nachrichten, die zur Veröffentlichung bestimmt sind. Die sonstige Leistung besteht in der Übertragung des Verwertungsrechts. Die Einräumung und Übertragung von urheberrechtlich geschützten Rechten ist jedoch nach § 12 Abs. 2 Nr. 7 Buchst. c UStG begünstigt. Die Überlassung von Ergebnissen geistiger Arbeit in Form von Manuskripten, Partituren, zeichnerischen Entwürfen usw. stellt ebenfalls eine sonstige Leistung dar. Die Vergegenständlichung von Entwürfen tritt in der Regel erst durch ihre Vervielfältigung ein. Dies gilt z. B. auch für Informationsdienste, deren Abgabe an Direktbezieher dann eine Lieferung darstellt, wenn sie vervielfältigt, auch hektographiert sind. Der Abdruck von Anzeigen, die Verteilung von Werbebeilagen, das Zusammenstellen von Adressen mit anschließender Weitergabe an Interessenten, die Übersendung von Drucksachen der Eheanbahnungsinstitute sowie das Erstellen eines Horoskops sind ebenfalls sonstige Leistungen. Das gilt grundsätzlich auch für die Anfertigung von Fotokopien, es sei denn, es handelt sich um die gewerbsmäßige Anfertigung von Fotokopien auf den handelsüblichen Fotokopiergeräten, bei denen der Unternehmer von einer Vorlage des Kunden (z. B. maschinenschriftlich gefertigte Dissertation) Fotokopien herstellt und diese in Buch- oder Broschürenform zusammengefasst dem Kunden überlässt. In diesem Fall liegt ausnahmsweise eine begünstigte Lieferung von Druckwerken vor. Hat ein Buchbinder es übernommen, aus ihm überlassenen Rohdruckbogen Bücher herzustellen oder die ihm von seinen Auftraggebern (z. B. Bibliotheken) überlassenen Zeitschriften zu binden und verwendet er hierbei

*(Fortsetzung nächste Seite)*

Stoffe, die er selbst beschafft hat, so ist seine Leistung zwar als Werklieferung anzusehen, jedoch **nicht begünstigt**, weil Buch- und Zeitschrifteneinbände nicht zu den begünstigten Gegenständen der Anlage 2 gehören. Liefert der Buchbinder dagegen begünstigte Bücher der Position 4901, die er selbst gebunden hat, ist der ermäßigte Steuersatz auf das gesamte Entgelt (einschließlich des Entgelts für die Druckarbeiten) anzuwenden. Das Anleimen von Buchumschlägen an Bücher durch Buchhändler und die Weiterlieferung an Büchereien als Leihbibliotheksbücher ist eine einheitliche begünstigte Werklieferung.

Als „gedruckt" (Drucke) gelten Erzeugnisse, die durch Handdruck (Abzüge **154**
von Stichen und Radierungen), mechanische Druckverfahren (Buchdruck, Offsetdruck, Lithographie, Heliogravüre usw.) hergestellt wurden. Auch fotografische Reproduktionen von Texten oder Darstellungen gelten als „gedruckt". Der Druck kann auf Papier oder anderen Stoffen ausgeführt sein, vorausgesetzt, der Verwendungszweck des Erzeugnisses wird durch den Druck bestimmt. Fotografisch hergestellt sind Kopien, die durch Abziehen von belichteten und entwickelten fotografischen Filmen oder Platten hergestellt sind, sowie Fotokopien auf lichtempfindlichen Papieren, Kunststoffen oder anderen Stoffen (z. B. Lichtpausen). Erzeugnisse, die mit Vervielfältigungsapparaten oder in einem ähnlichen Verfahren (z. B. Xeroxverfahren und Thermokopie) oder in einem computergesteuerten Verfahren – auch von hand- oder maschinengeschriebenen Schriftstücken – (durch Prägen, Fotografieren, Fotokopieren oder Thermokopieren) hergestellt sind, werden wie gedruckte Erzeugnisse behandelt.

Die verwendeten Drucktypen können Alphabete und Zahlensysteme aller Art, Kurzschriftzeichen, Morse- oder ähnliche Code-Zeichen, Blindenschrift, Musiknoten und -zeichen sein.

Der Ausdruck „gedruckt" umfasst **jedoch nicht** Aufdrucke und Illustrationen, die in Batiktechnik und dergleichen hergestellt sind, ebenso nicht fotografische Negative oder Positive auf durchsichtigem Träger (z. B. Mikrofilme aus Kapitel 37).

Im Einzelnen sind nach Nr. 49 der Anlage 2 **begünstigt:** **155**

1. zu Buchstabe a):

   Bücher, Broschüren und ähnliche Drucke, auch in Teilheften, losen Bogen oder Blättern, zum Broschieren, Kartonieren oder Binden bestimmt, sowie Zeitungen und andere periodische Druckschriften kartoniert, gebunden oder in Sammlungen mit mehr als einer Nummer in gemeinsamem Umschlag (ausgenommen solche, die überwiegend Werbung enthalten) (aus Positionen 4901, 9705 und 9706)

   Hierzu gehören:

   a) Druckerzeugnisse, die durch Text charakterisiert, zum Lesen oder Nachschlagen bestimmt sind, auch illustriert

      Sie können broschiert, kartoniert, gebunden oder in Loseblatt-Sammlungen vereinigt oder – als Planobogen, gefalzte Druckbogen, Teillieferungen oder Einzelblätter – hierzu bestimmt sein. Sie können auch aus einem einzelnen Blatt bestehen, das einen in sich geschlossenen Text enthält (z. B. Flugblätter). Ihr Inhalt ist – wenn Werbezwecke nicht in

Betracht kommen – ohne Einfluss auf die Einreihung, muss jedoch ein vollständiges Werk oder einen Teil hiervon umfassen. Hierzu gehören z. B.:

aa) literarische Werke jeder Art, Handbücher und technische Veröffentlichungen, Bibliographien,

bb) Schulbücher und gedruckte Lernprogramme, auch in Form von bedruckten Papierrollen oder Kärtchen,

cc) Test- und Prüfungsbogen, bei denen der Text charakterbestimmend ist (z. B. Prüfbogen für Fahrprüfungen),

dd) Wörterbücher, Enzyklopädien und andere Nachschlagewerke (z. B. Adressbücher, Kursbücher, Fahrpläne, Fernsprechbücher, einschließlich der sog. „Gelben Seiten", Bibliotheks- und Museumskataloge, **nicht jedoch** Handelskataloge, die als Werbedrucke anzusehen sind,

ee) liturgische Bücher, wissenschaftliche Dissertationen und Monographien,

ff) Veröffentlichungen amtlicher Texte (z. B. Gesetzblätter, Parlamentsdrucksachen),

gg) Bücher mit einem nicht charakterbestimmenden Kalendarium, z. B. Fachkalender (vgl. jedoch Tz. 156 Nr. 8),

hh) Wahldrucksachen, wenn sie durch einen in sich geschlossenen, zur Lektüre bestimmten Text charakterisiert sind, z. B.
- Wahlbroschüren, die Wahlprogramme (oder Teile davon) sowie Personalien der Kandidaten enthalten,
- Wahlbriefe, die von Parteien und Kandidaten an die Wähler gerichtet werden und in denen die Ziele der Partei oder das Aktionsprogramm der Kandidaten dargelegt werden,
- Wahlplakate mit programmatischen Erklärungen, wenn der Text der programmatischen Erklärung charakterbestimmend ist. Das ist regelmäßig der Fall, wenn der Raum für diesen Text auf dem Plakat überwiegt;

wegen der **nicht begünstigten** Wahldrucksachen vgl. Tz. 156 Nr. 10 Buchst. c,

ii) Vorlesungsverzeichnisse von Universitäten,

jj) Arbeitspläne und Programme von Volkshochschulen und vergleichbaren gemeinnützigen Einrichtungen.

b) broschierte, kartonierte oder gebundene Bücher, die eine Sammlung von Bilddrucken oder Illustrationen sind,

c) Sammlungen gedruckter Reproduktionen von Kunstwerken, Zeichnungen usw. in Form von losen, in einer Mappe (Heftern) vereinigten Blättern, die ein vollständiges Werk mit nummerierten Seiten sind, sich zum Binden als Bücher eignen und außerdem einen erklärenden Begleittext enthalten, der sich auf diese Darstellung oder ihre Schöpfer bezieht,

d) Bücher, bei denen Notenzeichen gegenüber dem Text nebensächlich sind oder in denen Notenzeichen nur Anführungen oder Beispiele sind,

e) Illustrationsbeilagen für die unter Buchstabe a bezeichneten Werke, wenn sie mit diesen zusammen geliefert werden
Illustrationsbeilagen sind nur Bilddrucke, die sich durch zusätzlichen, an beliebiger Stelle (z. B. auch auf der Rückseite) aufgedruckten Text als Beilagen kennzeichnen. Der Aufdruck einer Seitenzahl genügt nicht als solche Kennzeichnung.

f) Buchumschläge, Schutzhüllen, Buchzeichen, Ordner, Einbände usw., wenn sie Gegenstand einer unselbständigen Nebenleistung zur Lieferung von begünstigten Erzeugnissen der Position 4901 sind, z. B. Ordner oder Einbände, die im Zusammenhang mit einem Lieferungs- oder Loseblattwerk abgegeben werden und nach ihrer Aufmachung zur Aufnahme des Werkes (einschließlich Ergänzungslieferungen) bestimmt sind, auch wenn sie besonders berechnet werden; das gilt z. B. **jedoch nicht** für Ersatzordner,

g) Gewinnlisten von Lotterieveranstaltungen

Hierzu gehören **jedoch nicht:**

h) broschierte Vervielfältigungspapiere und Umdruckpapiere mit Text oder Zeichnungen zum Vervielfältigen (Position 4816),

i) Notiz- und Tagebücher und andere ähnliche Erzeugnisse des Papierhandels, broschiert, kartoniert oder gebunden, die im Wesentlichen zu Schreibzwecken verwendet werden (Position 4820),

j) gedruckte Karten mit Glückwünschen, Mitteilungen oder Ankündigungen persönlicher Art (Position 4909),

k) gedruckte Formulare, die das Einsetzen von zusätzlichen Informationen zur Ergänzung erforderlich machen (Position 4911),

l) Bilddrucke und Illustrationen, die keinen Text aufweisen, und in Einzelblättern jeden Formats gestellt werden, auch wenn sie offensichtlich zum Einreihen in ein Buch bestimmt sind (Position 4911).

2. zu Buchstabe b):
Zeitungen und andere periodische Druckschriften, auch mit Bildern oder Werbung enthaltend, ausgenommen Firmen- und Kundenzeitschriften sowie Anzeigenblätter, Annoncen-Zeitungen und dergleichen, die überwiegend Werbung enthalten (aus Position 4902)
Hierzu gehören:

a) Druckschriften, die in laufender Folge unter demselben Titel in regelmäßigen Zeitabständen veröffentlicht werden und deren einzelne Ausgaben mit Datum versehen, in der Regel nummeriert und weder kartoniert noch gebunden sind.
Als Datum genügt auch die Angabe eines Monats oder einer Jahreszeit. Begünstigt sind hiernach auch Mitgliederzeitschriften (z. B. von Krankenkassen, Bausparkassen oder Berufsorganisationen), da sie in erster Linie der Information der Mitglieder dienen. Dasselbe gilt für Zeitungen und Zeitschriften, die von Unternehmen für ihre Mitarbeiter herausgegeben und nur innerbetrieblich verbreitet werden, und zwar auch dann, wenn

wenige Stücke an Außenstehende zu anderen als Werbezwecken abgegeben werden.
Ebenfalls begünstigt sind Zeitschriften in Lesemappen.

b) Bildbeilagen, Schnittmusterbögen, Schnittmuster (Schablonen) und dergleichen, die den Zeitungen oder periodischen Druckschriften beigefügt sind und zusammen mit diesen geliefert werden,

c) Einbände und Ordner, wenn sie Gegenstände einer Nebenleistung zur Lieferung begünstigter Erzeugnisse der Position 4902 sind, z. B. Einbände, die im Zusammenhang mit Zeitschriften abgegeben werden und nach ihrer Aufmachung zum Einbinden dieser Zeitschriften bestimmt sind, auch wenn sie besonders berechnet werden.

Papierabfälle aus alten Zeitungen und anderen periodischen Druckschriften gehören jedoch zu Position 4707 und sind demnach **nicht begünstigt.**

3. zu Buchstabe c):
Bilderalben, Bilderbücher und Zeichen- oder Malbücher für Kinder (aus Position 4903)
Hierzu gehören Bilderalben und Bilderbücher, bei denen die Bilder vorherrschend sind und der Text nur untergeordnete Bedeutung hat und die nach ihrer Beschaffenheit offensichtlich zur Unterhaltung von Kindern bestimmt sind oder dazu dienen, ihnen die Grundlagen des Alphabets oder des Wortschatzes zu vermitteln, z. B. Bilderfibeln und ähnliche Bücher, bewegliche Zieh- und Aufstellbilderbücher, Bilderbücher mit Bildern oder Vorlagen zum Ausschneiden, soweit die zum Ausschneiden bestimmten Teile nur eine nebensächliche Rolle spielen, ebenso Übungshefte für Kinder, die hauptsächlich Bilder mit begleitendem Text enthalten, die mit Schreib- oder anderen Übungen zu ergänzen sind, Zeichen- oder Malbücher für Kinder, auch mit farbigen Vorlagen und Anleitungsvorschriften, manchmal auch in Form von herausnehmbaren Postkarten, ebenso sog. magische Bilderbücher, bei denen die Umrisse oder Farben entweder durch Reiben mit einem Bleistift oder durch Anfeuchten mit einem Pinsel sichtbar werden, sowie Bücher, die die zum Ausmalen notwendigen Farben auf einer Papierunterlage in Form einer Palette enthalten.
**Nicht begünstigt** sind dagegen Bilderbücher für Kinder, mit Bildern oder Vorlagen zum Ausschneiden, bei denen mehr als die Hälfte der Seiten (einschließlich Umschlag) ganz oder teilweise zum Ausschneiden bestimmt sind, sowie bewegliche Zieh- und Aufstellbilderbücher, die im Wesentlichen Spielzeug darstellen (Kapitel 95).

4. zu Buchstabe d):
Noten, handgeschrieben oder gedruckt, auch mit Bildern, auch gebunden (Position 4904)
Hierzu gehören handgeschriebene oder gedruckte Musiknoten (auf Papier oder anderem Material geschrieben oder gedruckt) in jeder Schrift oder Druckart ohne Rücksicht auf die Art der verwendeten Notenschrift (Notenschlüssel, Notenzeichen, durch Ziffern bezeichnete Noten, Blindennoten usw.), in Form von losen Blättern, broschierten, kartonierten oder gebundenen Büchern, auch mit Bildern oder begleitendem Text, z. B. Ge-

sangbücher, Partituren, Musikunterrichtswerke und Gesangschulen, ferner Umschläge, Schutzhüllen usw. für Musiknoten, wenn sie zusammen mit ihnen geliefert werden, **nicht jedoch** Karten, Scheiben und Walzen für mechanische Musikinstrumente (Position 9209).

5. zu Buchstabe e):
   Kartographische Erzeugnisse aller Art einschließlich Wandkarten, topographischer Pläne und Globen, gedruckt (aus Position 4905)
   Hierzu gehören gedruckte kartographische Erzeugnisse, die zu dem Zweck hergestellt sind, eine grafische Darstellung der natürlichen (Berge, Flüsse, Seen, Meere usw.) oder künstlichen (Grenzen, Städte, Straßen, Eisenbahnlinien usw.) Eigenheiten mehr oder weniger ausgedehnter Erdregionen (Topographie) oder Himmelsregionen zu geben, auf Papier, Gewebe oder anderen Stoffen, auch unterlegt oder verstärkt, in Form einfacher, gefalteter oder auch in Buchform gebundener Blätter. Sie können mit Zubehör (z. B. Planzeigern, Gradschienen, Rollen, durchsichtigen Schutzhüllen aus Kunststoff usw.) ausgestattet und auch mit Werbetexten versehen oder zu Werbezwecken aufgelegt sein (z. B. Straßenkarten, durch Hersteller von Autoreifen herausgegeben). Hierher gehören insbesondere geographische, hydrographische und astronomische Karten (einschließlich gedruckte Sektoren für Erd- und Himmelsgloben), geologische Karten und Schnitte, Atlanten, Wandkarten, Straßenkarten, topographische Pläne und Katasterkarten (von Städten, Gemeinden usw.). Gedruckte Erd- und Himmelsgloben (auch mit Zubehör und Innenbeleuchtung) gehören nur hierher, sofern sie kein Spielzeug im Sinne des Kapitels 95 Zolltarif sind.
   **Nicht** hierher gehören:
   a) handgezeichnete Karten, Pläne usw. sowie fotografische Abzüge hiervon (Position 4906),
   b) fotografische Luft- oder Panoramaaufnahmen der Erdoberfläche, auch mit topographischer Genauigkeit, sofern sie noch kein unmittelbar benutzbares kartographisches Erzeugnis sind (Position 4911),
   c) Karten in Form einer schematischen Zeichnung ohne topographische Genauigkeit, mit bildartigen Darstellungen, wie solche, die Aufschlüsse über das Wirtschaftsleben, das Eisenbahnnetz, den Fremdenverkehr usw. eines Gebietes geben (Position 4911),
   d) Spinnstoffwaren wie Halstücher, Taschentücher usw. mit schmückenden Aufdrucken (Kapitel 50 bis 63),
   e) Reliefkarten, -pläne und -globen, auch gedruckt (Position 9023),
   f) Biotopkartierungen.

6. zu Buchstabe f)[1]:
   a) Briefmarken und dergleichen, nicht entwertet, gültig oder zum Umlauf vorgesehen in dem Land, in dem sie einen Frankaturwert verbriefen oder verbriefen werden, als Sammlungsstücke (aus Position 4907)
   Hierzu gehören Briefmarken und dergleichen (z. B. die internationalen Antwortscheine und Ganzsachen wie Briefumschläge, Postkarten und

[1] Zur Beschränkung des Anwendungsbereichs des ermäßigten Umsatzsteuersatzes auf die Einfuhr in Fällen der Nr. 49 Buchst. f **ab 1. 1. 2014** vgl. § 12 Abs. 2 Nrn. 1, 2 i. V. m. Nr. 12 UStG i. d. F. des AmtshilfeRLUmsG. Vgl. auch BMF v. 18. 12. 2014, BStBl. I S. 44, Abschn. I Nr. 2 (Nr. **500** § 12/5).

dergleichen mit aufgedruckten Postwertzeichen), vorausgesetzt, dass diese nicht entwertet, gültig oder zum Umlauf vorgesehen sind in dem Land, in dem sie einen Frankaturwert verbriefen oder verbriefen werden. Werden derartige Briefmarken mit Aufschlägen zum aufgedruckten Wert gehandelt, kann die Steuerbefreiung nach § 4 Nr. 8 Buchst. i UStG nicht in Anspruch genommen werden (vgl. *Abschn. 70 UStR*[1])).
**Nicht** hierzu gehören:

aa) Briefmarken-Vignetten, die zwar äußerlich den Briefmarken – insbesondere den Briefmarkenblöcken – ähnlich sind, die aber im Gegensatz zu Briefmarken keine Frankaturkraft besitzen und auch sonst nicht zum Nachweis für die Zahlung von Gebühren dienen,

bb) Stempelmarken, Steuerzeichen und dergleichen, nicht entwertet, gültig oder zum Umlauf vorgesehen in dem Land, in dem sie einen Frankaturwert verbriefen oder verbriefen werden (Position 4907).

Die unmittelbar dem Postwesen dienenden Umsätze der Deutsche Post AG sind steuerfrei nach § 4 Nr. 11 b UStG.

b) Briefmarken, Ersttagsbriefe, Ganzsachen und dergleichen (z. B. Briefumschläge, Kartenbriefe, Postkarten, Kreuzbänder für Zeitungen, frankiert), entwertet oder nicht entwertet, ausgenommen Erzeugnisse der Position 4907 als Sammlung (aus Position 9704)
Hierzu gehören entwertete oder nicht entwertete Briefmarken und dergleichen (auch internationale Antwortscheine und Maximumkarten, d. h. Karten mit entwerteten Briefmarken und einer Reproduktion des Briefmarkenentwurfs). Darunter fallen auch Alben usw. mit Briefmarkensammlungen, wenn das Album in einem normalen Wertverhältnis zum Wert der Briefmarkensammlung steht, **nicht jedoch** Briefmarkenalben ohne Briefmarkensammlungen.
**Nicht** hierher gehören:

aa) Maximumkarten und Ersttagsbriefe, auch bebildert, ohne Briefmarken (Position 4911),

bb) Stempelkarten und Steuerzeichen, Ganzsachen und dergleichen, nicht entwertet, gültig oder zum Umlauf vorgesehen in dem Land, in dem sie einen Frankaturwert verbriefen oder verbriefen werden (Position 4907),

cc) Beitrags- oder Sparmarken privater Organisationen sowie Rabattmarken, die von Geschäften an ihre Kundschaft verteilt werden (Position 4911).

7. Antiquarische Bücher, Broschüren und ähnliche Drucke, auch in losen Bogen oder Blättern (aus Position 9705 oder 9706)
Hierzu gehören:

a) Bücher, Broschüren und ähnliche Drucke, auch in losen Bogen oder Blättern, als Sammlungsstücke (aus Position 9705)
Hierzu gehören Gegenstände, die oft nur einen verhältnismäßig geringen Materialwert haben, jedoch wegen ihrer Seltenheit, ihrer Zusammenstellung oder ihrer Aufmachung von Interesse sind,

[1]) Ab 1. 11. 2010: Abschn. 4.8.14 UStAE.

b) Bücher, Broschüren und ähnliche Drucke, auch in losen Bogen oder Blättern, als Antiquitäten (aus Position 9706)
Hierzu gehören Bücher usw., die mehr als 100 Jahre alt sind, auch dann, wenn sie vor weniger als 100 Jahren Änderungen und Ergänzungen erhalten haben, sofern diese Änderungen und Ergänzungen den ursprünglichen Charakter dieser Erzeugnisse nicht geändert haben und im Verhältnis zum ursprünglichen Erzeugnis nur nebensächlich sind.
Der Wert dieser Gegenstände beruht auf ihrem Alter und ihrer im Allgemeinen dadurch bedingten Seltenheit.

**Nicht** hierzu gehören andere Antiquitäten der Position 9706.

Nach Nr. 49 der Anlage 2 sind **nicht begünstigt:** 156

1. Erzeugnisse des Buch- und Zeitschriftenhandels und Erzeugnisse des grafischen Gewerbes, für die die Hinweispflicht nach § 4 Abs. 2 Satz 2 des Gesetzes über die Verbreitung jugendgefährdender Schriften besteht oder die als jugendgefährdende Trägermedien den Beschränkungen des § 15 Abs. 1 bis 3 des Jugendschutzgesetzes unterliegen
Diese Hinweispflicht besteht für die von der Bundesprüfstelle für jugendgefährdende Schriften indizierten jugendgefährdenden Schriften sowie für die offensichtlich schwer jugendgefährdenden Schriften. Die von der Bundesprüfstelle für jugendgefährdende Schriften indizierten jugendgefährdenden Schriften werden im Bundesanzeiger veröffentlicht. Für amtliche Zwecke wird von der Bundesprüfstelle jährlich ein Gesamtverzeichnis herausgegeben.
2. Mikrofilme, auch wenn auf sie gedrucktes Schriftgut aufgenommen ist (aus Position 3705)
3. Papiere, Pappen und Zellstoffwatte sowie Erzeugnisse aus diesen Stoffen, mit Aufdrucken oder Bildern nebensächlicher Art, die ihre eigentliche Zweckbestimmung nicht ändern und ihnen nicht die Merkmale der Erzeugnisse des Kapitels 49 verleihen (Kapitel 48)
4. Register, Hefte, Quittungsbücher und dergleichen (z. B. Geschäftsbücher, Auftragsbücher, Rechnungsbücher und -blöcke), Merkbücher, Notizblöcke, Notiz- und Tagebücher, Schreibunterlagen, Ordner, Einbände (für Loseblatt-Systeme oder andere) und andere Erzeugnisse des Papierhandels, aus Papier oder Pappe (aus Position 4820)
**Nicht begünstigt** sind hiernach z. B. die Lieferungen (Werklieferungen) von Buch- und Zeitschrifteneinbänden durch Buchbinder, welche die von ihren Auftraggebern beigestellten Rohdruckbogen oder Zeitschriften binden (vgl. hierzu auch Tz. 153).
5. Alben für Muster oder für Sammlungen sowie Buchhüllen, aus Papier oder Pappe (aus Position 4820), z. B. Einsteck- und Einklebealben (auch Loseblatt-Alben) für Muster, für Briefmarken (auch mit eingedruckten Abbildungen von Postwertzeichen und einem kurzen erklärenden Begleittext), für Fotografien und für andere Sammlungen
6. Bildbeilagen, Schnittmusterbogen, Schnittmuster (Schablonen) und dergleichen, die gesondert geliefert werden (z. B. aus Position 4823 und 4911)

7. Baupläne, technische Zeichnungen und andere Pläne und Zeichnungen zu Gewerbe-, Handels- oder ähnlichen Zwecken, als Originale mit der Hand hergestellt; handgeschriebene Schriftstücke; auf lichtempfindlichem Papier hergestellte fotografische Reproduktionen und mit Kohlepapier hergestellte Kopien (Position 4906)
Mit Vervielfältigungsapparaten oder in einem ähnlichen Verfahren hergestellte Vervielfältigungen von hand- oder maschinengeschriebenen Schriftstücken werden jedoch wie gedruckte Erzeugnisse eingereiht.
8. Kalender aller Art, aus Papier oder Pappe, einschließlich Blöcke von Abreißkalendern (aus Position 4910)
Hierher gehören Erzeugnisse, deren Charakter durch ein aufgedrucktes Kalendarium bestimmt ist (auch Kalender in Buchform). Neben dem eigentlichen Kalendarium können die Erzeugnisse Hinweise auf Märkte, Messen, Ausstellungen usw. sowie Texte (Gedichte, Sprüche usw.), Abbildungen und Werbung enthalten. Anders verhält es sich jedoch bei Fachkalendern mit nicht charakterbestimmendem Kalendarium (vgl. Tz. 155 Nr. 1 Buchst. a Doppelbuchst. gg).
9. Aufkleber, z. B. aus Position 4911, und Etiketten aller Art aus Papier oder Pappe (Position 4821)
10. andere als die in den Positionen 4901 bis 4910 genannten Drucke, einschließlich Bilddrucke und Fotografien (Position 4911)
Hierzu gehören z. B.:
    a) Bilddrucke, die weder zu Sammlungen i. S. d. Tz. 155 Nr. 1 Buchst. c zusammengefasst noch Illustrationsbeilagen i. S. d. Tz. 155 Nr. 1 Buchst. e sind, auch wenn sie offensichtlich zum Einreihen in Bücher bestimmt sind,
    b) Druckerzeugnisse, die im Zeitpunkt ihrer Verwendung hand- oder maschinenschriftliche Ergänzungen erforderlich machen (z. B. Formblätter),
    c) Wahldrucksachen, die nicht durch einen in sich geschlossenen, zur Lektüre bestimmten Text charakterisiert sind, z. B.
        aa) Wahl-Stimmzettel, die neben der Überschrift („Stimmzettel für die Wahl ...") die Bezeichnung der zur Wahl zugelassenen Parteien, die Namen (evtl. auch Beruf, Stand und Wohnort) der einzelnen Bewerber und ein Feld für die Kennzeichnung bei der Wahl enthalten,
        bb) Wahlhandzettel, die auf eine Wahlveranstaltung hinweisen oder die ohne jede weitere Ausführung zur Wahl einer bestimmten Partei auffordern,
        cc) Briefhüllen mit Werbeaufdruck (Wahlpropaganda),
        dd) Wahlplakate (vgl. aber Tz. 155 Nr. 1 Buchst. a Doppelbuchst. hh),
        ee) Wahllisten und Unterlagen für die Briefwahl,
    d) Lehrprogramme – bestehend aus bedruckten Arbeitstransparenten (Folien zur Tageslichtprojektion) sowie den dazugehörigen Arbeitsblättern und Lehrertexten – die als zusammengesetzte Waren einzureihen sind

(vgl. hierzu auch Tz. 12–14), soweit die Arbeitstransparente den Charakter der Lehrprogramme bestimmen
Sie sind nicht hauptsächlich zum Lesen, sondern zur Projektion bestimmt.

e) Fremdenverkehrsprospekte jeder Art, die z. B. von Städten, Gemeinden, Fremdenverkehrsämtern sowie Fremdenverkehrsverbänden und -vereinen herausgegeben werden
Dazu rechnen insbesondere:

aa) Bildprospekte, d. h. durch Bilder charakterisierte Fremdenverkehrsprospekte, einschließlich der Faltprospekte,

bb) Orts- und Unterkunftsverzeichnisse einschließlich der Hotel- und Gaststättenverzeichnisse sowie die Übersichten über Pensionen und Privatzimmer,

cc) Prospekte mit Verzeichnissen landwirtschaftlicher Betriebe, die Feriengäste aufnehmen,

dd) Prospekte über Heilbäder, die z. B. von Kurverwaltungen herausgegeben werden,

ee) Hausprospekte, z. B. von Hotels und Gaststätten,

ff) Veranstaltungskalender,

gg) Fremdenverkehrsplakate.

f) Programmhefte für Zirkus-, Sport-, Opern-, Schauspiel- oder ähnliche Veranstaltungen,

g) Unterrichtstafeln für Anatomie, Botanik usw.,

h) Einlasskarten für z. B. Kino-, Theater-, Konzertveranstaltungen,

i) Fahrkarten,

j) Lotterielose, „Rubbellose" und Tombolalose,

k) bedruckte Karten mit Magnetstreifen oder mit elektronischen integrierten Schaltungen sowie bedruckte kontaktlose Karten und Etiketten,

l) bedruckte Zifferblätter für Instrumente und Apparate.

11. Drucke, die überwiegend Werbezwecken (einschließlich Reisewerbung) dienen (aus Position 4911)
Werbedrucke sind z. B. Werbeplakate, Werbeprospekte, Handelskataloge und Jahrbücher, **nicht jedoch** wissenschaftliche oder andere Veröffentlichungen, die durch oder für Industriebetriebe oder ähnliche Organisationen herausgegeben werden, oder solche Veröffentlichungen, die nur Entwicklungen, technischen Fortschritt oder Tätigkeiten in einem bestimmten Zweig von Handel oder Industrie beschreiben, wenn sie nicht mittelbar oder unmittelbar Werbung enthalten.

Bei Zusammenstellungen von begünstigten und nicht begünstigten Erzeugnissen vgl. Tz. 11–14. **157**

158[1) **[Hörbücher]**
**Platten, Bänder, nicht flüchtige Halbleiterspeichervorrichtungen, „intelligente Karten (smart cards)" und andere Tonträger oder ähnliche Aufzeichnungsträger, die ausschließlich die Tonaufzeichnung der Lesung eines Buches enthalten, mit Ausnahme der Erzeugnisse, für die Beschränkungen als jugendgefährdende Trägermedien bzw. Hinweispflichten nach § 15 Abs. 1 bis 3 und 6 des Jugendschutzgesetzes in der jeweils geltenden Fassung bestehen (aus Position 8523) (Nr. 50 der Anlage 2)**

Der ermäßigte Umsatzsteuersatz für Hörbücher ist auf Umsätze anzuwenden, die nach dem 31. Dezember 2014 ausgeführt werden. Neben den Lieferungen, der Einfuhr und dem innergemeinschaftlichen Erwerb ist auch die Vermietung dieser Gegenstände begünstigt.

Die Anwendung der Steuerermäßigung setzt die Übertragung bzw. Vermietung eines körperlichen Gegenstands in Gestalt eines Speichermediums voraus. Das Speichermedium kann im Einzelfall sowohl digital (z. B. CD-ROM, USB-Speicher oder Speicherkarten) als auch analog (z. B. Tonbandkassetten oder Schallplatten) sein.

Weitere Voraussetzung ist, dass auf dem Medium ausschließlich die Tonaufzeichnung der Lesung eines Buches gespeichert ist. Der dabei zugrundeliegende Buchbegriff ist funktional zu verstehen, d. h., die Lesung muss einen Text wiedergeben, der dem herkömmlichen Verständnis vom Inhalt eines Buches entspricht. Die Anwendung des ermäßigten Umsatzsteuersatzes ist deshalb nicht davon abhängig, dass der Inhalt eines Hörbuchs als gedruckte Fassung verlegt wurde oder verlegt werden soll. Für Lesungen, die dem ermäßigten Umsatzsteuersatz unterliegen, ist die Verwendung von Musik und Geräuschen, die der Illustration des Textes dienen, zulässig. Auch eine mehrstimmige Lesung schließt die Einordnung als begünstigtes Hörbuch nicht aus, soweit sich dies aus dem Buch, z. B. durch Dialoge in wörtlicher Rede, ergibt. Hat ein Verlag ausschließlich das Recht durch den Lizenzgeber eingeräumt bekommen, eine Lesung zu produzieren, ohne dass ihm auch die Hörspielrechte eingeräumt werden, ist das Erzeugnis aus Vereinfachungsgründen als Lesung anzuerkennen.

Nach Nr. 50 der Anlage 2 zum UStG sind nicht begünstigt:

1. Hörbücher, für die Beschränkungen als jugendgefährdende Trägermedien bzw. Hinweispflichten nach § 15 Abs. 1 bis 3 und 6 des Jugendschutzgesetzes in der jeweils geltenden Fassung bestehen
   Diese Hinweispflicht besteht für die von der Bundesprüfstelle für jugendgefährdende Schriften indizierten jugendgefährdenden Trägermedien sowie für die offensichtlich schwer jugendgefährdenden Trägermedien. Die von der Bundesprüfstelle für jugendgefährdende Schriften indizierten jugendgefährdenden Trägermedien werden im Bundesanzeiger veröffentlicht. Für amtliche Zwecke wird von der Bundesprüfstelle jährlich ein Gesamtverzeichnis herausgegeben.

2. Hörspiele
   Hörspiele unterscheiden sich von Lesungen in der Regel dadurch, dass diesen ein Drehbuch zugrunde liegt, ähnlich einem Filmwerk. Außerdem

[1) Nr. 50 neu gef. mWv 1. 1. 2015 durch BMF v. 1. 12. 2014, BStBl. I S. 1614.

bedienen sich Hörspiele überwiegend dramaturgischer Effekte, wie z. B. der sprachlichen Interaktion. Hörspiele geben grundsätzlich nicht denselben Inhalt wie gedruckte Bücher wieder, sondern bedienen sich des Stoffs als Grundlage für eine eigene Geschichte.

3. Hörzeitungen und Hörzeitschriften
Hörzeitungen und Hörzeitschriften erscheinen üblicherweise periodisch und geben Informationen mit aktuellem Bezug z. B. aus Politik, Wirtschaft, Sport und Feuilleton oder aus bestimmten abgegrenzten Fachthemengebieten wieder.

4. Auf elektronischem Weg erbrachte sonstige Leistungen (z. B. das Herunterladen von Hörbüchern aus dem Internet)
Sofern der Unternehmer gegen Zahlung eines Gesamtverkaufspreises ein gedrucktes Buch im Sinne der Nr. 49 Buchst. a der Anlage 2 zum UStG abgibt und gleichzeitig den elektronischen Zugang zum Hörbuch einräumt, ist der Gesamtverkaufspreis nach Maßgabe von Abschn. 10.1 Abs. 11 UStAE aufzuteilen. Für vor dem 1. Januar 2016 ausgeführte Umsätze wird es nicht beanstandet, wenn der Unternehmer diese Vorgänge als einheitliche Leistung behandelt, die insgesamt dem ermäßigten Steuersatz unterliegt.
Im Übrigen wird auf die allgemeinen Regelungen in Abschn. A dieses Schreibens sowie in Abschn. 12.1 Abs. 1 Satz 3 ff. UStAE hingewiesen.

**Rollstühle und andere Fahrzeuge für Behinderte, auch mit Motor oder anderer Vorrichtung zur mechanischen Fortbewegung (Position 8713)** 159
**(Nr. 51 der Anlage 2)**

**Begünstigt** sind alle Fahrzeuge der Position 8713 Zolltarif. Hierzu gehören Rollstühle und ähnliche Fahrzeuge, die ihrer Beschaffenheit nach speziell zum Befördern von Behinderten bestimmt sind, auch mit Motor oder anderer Vorrichtung zur mechanischen Fortbewegung. Die Fahrzeuge mit Vorrichtung zur mechanischen Fortbewegung werden in der Regel entweder mit Hilfe eines Motors oder mit der Hand durch Hebel oder Kurbel fortbewegt. Die Rollstühle und anderen Fahrzeuge für Behinderte werden mit der Hand geschoben oder direkt mit den Händen durch Drehen der Räder fortbewegt.

Motorisierte Fahrzeuge haben keine fest angebaute Karosserie und unterscheiden sich von vergleichbaren **nicht begünstigten** Fahrzeugen der Position 8703 Zolltarif im Wesentlichen durch das Vorhandensein nur eines Sitzes für eine Person, der zum erleichterten Ein- und Aussteigen drehbar sein kann, einer Höchstgeschwindigkeit von maximal 6 km/h als zügige Schrittgeschwindigkeit und einer leichten Handhabbarkeit der Steuer- und Bedienelemente. Hierzu gehören insbesondere rollstuhlähnliche Fahrzeuge mit Elektroantrieb, die ausschließlich der Personenbeförderung von Behinderten dienen.

Die Begünstigung gilt auch für mitgelieferte Werkzeuge und Zubehör, die als Nebenleistungen einzustufen sind (z. B. Luftpumpen) (vgl. Tz. 9) sowie für zerlegte Fahrzeuge, soweit diese die charakteristischen Merkmale vollständiger bzw. fertiger Fahrzeuge haben. Ferner sind fahrbare Zimmer-, Dusch- oder Toilettenstühle für Behinderte begünstigt.

160 Nach Nr. 51 der Anlage 2 sind **nicht begünstigt:**

1. Motorbetriebene Fahrzeuge (sog. Elektroscooter, „mobility scooter"), die mit einer separaten beweglichen Lenksäule ausgestattet sind (Position 8703), vorwiegend auf Golfplätzen und anderen öffentlichen Plätzen eingesetzt und von Personen jeglichen Alters verwendet werden können
2. Fahrzeuge, die nur umgebaut worden sind, damit sie von Behinderten benutzt werden können, z. B. Kraftwagen mit Handkupplung oder Handgashebel (Position 8703) oder Zweiräder mit einer Vorrichtung, die es ermöglicht, die Pedale mit nur einem Bein zu treten (Position 8712)
3. Fahrtragen (Position 9402)
4. fahrbares Hebezeug mit Seilzug zum Anheben und Herablassen von Personen (z. B. Lifter oder Badehelfer) (Position 8428)
5. Treppenlifte, Rollstuhl-Treppenaufzüge und andere elektrische Personenhebebühnen (Position 8428), auch wenn damit Behinderte oder Kranke transportiert werden können
6. Krankenkraftwagen (Position 8703) als Spezialfahrzeuge zur Personenbeförderung
7. Teile und Zubehör für begünstigte Fahrzeuge (Position 8714), z. B. Lenker, Gepäckträger, Fußrasten, Trinkflaschenhalter usw., sofern es sich nicht um Nebenleistungen handelt (vgl. Tz. 159)

*(Fortsetzung nächste Seite)*

8. Kinderwagen (Position 8715)
9. Gehwagen (Position 9019)
*10. Gehhilfen/Rollatoren (Position 8716)*[1)]

**Körperersatzstücke, orthopädische Apparate und andere orthopädische Vorrichtungen sowie Vorrichtungen zum Beheben von Funktionsschäden oder Gebrechen, für Menschen, und zwar** 161

**a) künstliche Gelenke, ausgenommen Teile und Zubehör (aus Unterposition 9021 31),**

**b) orthopädische Apparate und andere orthopädische Vorrichtungen einschließlich Krücken sowie medizinisch-chirurgischer Gürtel und Bandagen, ausgenommen Teile und Zubehör (aus Unterposition 9021 10),**

**c) Prothesen, ausgenommen Teile und Zubehör (aus Unterpositionen 9021 21, 9021 29 und 9021 39),**

**d) Schwerhörigengeräte, Herzschrittmacher und andere Vorrichtungen zum Beheben von Funktionsschäden oder Gebrechen, zum Tragen in der Hand oder am Körper oder zum Einpflanzen in den Organismus, ausgenommen Teile und Zubehör (Unterpositionen 9021 40 und 9021 50, aus Unterposition 9021 90)**

**(Nr. 52 der Anlage 2)**

**Begünstigt** sind nur die ausdrücklich in der Vorschrift aufgeführten künstlichen Körperteile, orthopädischen Apparate und anderen orthopädischen Vorrichtungen sowie Vorrichtungen zum Beheben von Funktionsschäden oder Gebrechen für Menschen.

Im Einzelnen sind nach Nr. 52 der Anlage 2 **begünstigt:** 162

1. zu Buchstabe a):
vorgefertigte künstliche Gelenke aus Metall oder anderen Stoffen für Menschen (z. B. künstliches Hüft- oder Kniegelenk), die an die Stelle nicht funktionsfähiger natürlicher Gelenke treten sollen (aus Unterposition 9021 31), einschließlich Einzelkomponenten (BFH-Urteil vom 14. Januar 1997, BStBl II S. 481), ausgenommen Teile und Zubehör

2. zu Buchstabe b):
orthopädische Apparate und andere orthopädische Vorrichtungen einschließlich Krücken sowie medizinisch-chirurgischer Gürtel und Bandagen, ausgenommen Teile und Zubehör (aus Unterposition 9021 1010), die dazu bestimmt sind, speziell den Bedürfnissen der Patienten angepasst zu werden Die Waren dienen zum Verhüten oder Korrigieren körperlicher Fehlbildungen oder zum Stützen oder Halten von Körperteilen oder Organen **nach** einer Krankheit, Verletzung oder Operation.
Hierzu gehören insbesondere:
a) orthopädische Apparate für den Fuß (Apparate für Klumpfüße, Beinstützapparate, auch mit Feder für den Fuß, Fußheber usw.)

[1)] Unterliegen nunmehr dem begünstigten Steuersatz; siehe BMF v. 11. 8. 2011, BStBl. I S. 824; beachte auch die Nichtbeanstandungsregelung für vor dem 1. 10. 2011 ausgeführte Umsätze.

Um eine Ware als „Vorrichtung oder auch Apparat" ansprechen zu können, muss sich deren Aussehen deutlich von gewöhnlichen Schuhen unterscheiden.

b) orthopädische Apparate für Hüftleiden,

c) Streckapparate gegen die Skoliose und die Verkrümmung des Rückgrates,

d) Apparate zum Aufrichten des Kopfes und der Wirbelsäule (z. B. bei Pott'scher Krankheit),

e) Apparate, die bei Falschgelenken (z. B. Oberarmknochen-Resektion) verwendet werden,

f) orthopädische Suspensorien (vgl. jedoch Buchst. m, Doppelbuchst. aa),

g) aa) maßgerecht gefertigte orthopädische Schuhe **oder** Schuhe, die serienmäßig hergestellt sind, einzeln und nicht paarweise gestellt werden und passend zu jedem Fuß gleichermaßen hergerichtet sind,

bb) maßgerecht gefertigte Spezial-Fußeinlagen für Schuhe, z. B. aus Leder, Metall, Leder mit Metallverstärkung oder anderen Stoffen, sowie orthopädische Kissen mit Befestigungsvorrichtung zum Stützen des Fußes

Waren, die sich vorrangig als Schuh darstellen oder spezielle Einlegesohlen können **nur** als orthopädische Vorrichtung oder Apparat in Unterposition 9021 1010 eingereiht werden, **wenn** sie zum Korrigieren orthopädischer Leiden bestimmt sind.

h) Krücken und Krückstöcke,

i) medizinisch-chirurgische Gürtel und Bandagen (einschließlich Stützgürtel, medizinische Leibbinden, Bruchbänder), welche z. B. bei Arthrose, Lähmung, zum Stützen oder Halten nach Operationen, zum Verhüten oder Korrigieren körperlicher Fehlbildungen eingesetzt werden (vgl. jedoch Buchst. m)
Die Waren besitzen in der Regel anformbare Schienen aus Aluminium oder Kunststoff oder einstellbare Gelenke. Die Beweglichkeit des Körperteils bleibt erhalten bzw. wird nur wenig eingeschränkt.
Zur Abgrenzung von Bandagen der Unterposition 9021 1010 gegenüber Waren der Position 6307 (Bandagen, Knöchelschützer, Vorrichtungen zum Behandeln von Knochenbrüchen) und der Position 6212 (Abdominalbandagen, Rückenbandagen, Rückenstützgürtel) wird auf den Teil „Nationale Entscheidungen und Hinweise (NEH)" im Zolltarif/Erläuterungen zur Kombinierten Nomenklatur verwiesen.

j) kieferorthopädische Apparate zur Korrektur von Fehlbildungen des Gebisses,

k) Vorrichtungen (sog. Paletten) zum Richten der Finger

**Nicht** hierzu gehören:

l) Krampfaderstrümpfe (Position 6115),

m) Stützgürtel oder andere Stützvorrichtungen aus Spinnstoffen, deren Wirkung auf den Körperteil, der gestützt oder gehalten werden soll, sich ausschließlich aus ihrer Elastizität herleitet (Kapitel 62 bzw. 63)

Hierzu gehören:

aa) Büstenhalter aller Art, gewöhnliche Korsette oder Gürtel, Schwangerschafts- oder Mutterschaftsgürtel und gewöhnliche Suspensorien, z. B. aus Gewirken (für Sportzwecke) (Position 6212),

bb) Abdominalbandagen, Rückenbandagen, Rückenstützgürtel, wie z. B. Leibbinden/Kreuzstützbandagen von bis zu etwa 27 cm Höhe, Kompressionsbandagen (in Form von Kompressionshosen) bzw. andere Kompressionsbekleidung zur postoperativen Kompression, Rippenbruchbandagen oder Schultergelenkbandagen mit elastischen oder flexiblen Stabilisierungselementen (Position 6307),

cc) strumpfähnliche Waren oder Bandagen aus elastischen Gewirken bzw. Geweben aus Spinnstoffen (Position 6307).

Zur Abgrenzung von Waren der Positionen 6212 und 6307 gegenüber orthopädischen Apparaten und Vorrichtungen der Unterposition 9021 1010 wird auf den Teil „Nationale Entscheidungen und Hinweise (NEH)" im Zolltarif/Erläuterungen zur Kombinierten Nomenklatur verwiesen.

n) Serienschuhe einschließlich solcher Schuhe, deren Sohlen lediglich eine Erhöhung zum Stützen des Fußes haben (z. B. Stahlgelenk oder hochgewölbte Brandsohle) oder die nur eine verlängerte Hinterkappe haben (Kapitel 64),

o) Schuhe oder Einlegesohlen, die dazu bestimmt sind, nach einem chirurgischen Eingriff getragen zu werden (postoperative Schuhe), um die Möglichkeit des Patienten zu ermöglichen, den Heilungsprozess zu beschleunigen oder schmerzloseres bzw. leichteres Gehen zu ermöglichen (Kapitel 64),

p) Konfektionsschuheinlagen (Position 6406), wie z. B. Spreizfußbänder ohne Paletten,

q) Schienen und andere Vorrichtungen zum Behandeln von Knochenbrüchen, Verrenkungen, Verletzungen der Bänder und Gelenkverletzungen, welche in der Regel breite und starre Schienen besitzen und weich gepolstert sind (aus Unterposition 9021 1090), d. h. Vorrichtungen, die im Allgemeinen dazu dienen, verletzte (gebrochene oder verrenkte) Körperteile stillzulegen, sie zu strecken, zu schützen oder Knochenbrüche zu richten (z. B. Implantate zur Behandlung eines Knochenbruchs), auch wenn sie im Einzelfall zum Korrigieren körperlicher Fehlbildungen (fehlgestellter Gelenke) verwendet werden (z. B. Metall- und Gipsschienen, Brustkorbstützen), ferner Sandalen und Schuhe mit Laufsohlen aus Kunststoff und Oberteil aus Spinn- oder Kunststoff, die zum Tragen über einem Gipsverband am Fuß bestimmt sind,

r) Gehstöcke, auch besonders geformt, für Behinderte (Position 6602),

*s) Gehhilfen/Rollatoren (Position 8716)*[1],

[1] Unterliegen nunmehr dem begünstigten Steuersatz; siehe BMF v. 11. 8. 2011, BStBl. I S. 824; beachte auch die Nichtbeanstandungsregelung für vor dem 1. 10. 2011 ausgeführte Umsätze.

t) Urinale (Position 4014),

u) Schutzpflaster gegen Druck an bestimmten Fußstellen, meist aus Kunststoff oder Schaumgummi und mit Heftpflaster auf Gaze befestigt (Position 3926 oder 4014),

v) Schulter- und Handgelenkriemen, z. B. für Sportzwecke (Position 4203 oder Kapitel 95),

w) orthopädische Apparate und orthopädische Vorrichtungen für die Behandlung von Tieren

3. zu Buchstabe c):
Zahnprothesen sowie künstliche massive Zähne aus Porzellan oder Kunststoff (aus Unterpositionen 9021 21 und 9021 29), ausgenommen Teile und Zubehör wie z. B. Hülsen, Ringe, Stifte, Klammern und Ösen
Hierzu gehören:

a) Gebisse (Teilgebisse und vollständige Gebisse) mit einer Grundplatte (z. B. aus Kunststoff, Metall oder vulkanisiertem Kautschuk), auf der die künstlichen Zähne befestigt sind,

b) Kronen aus Porzellan, Kunststoff oder Metall (aus Gold, rostfreiem Stahl usw.), die auf einen natürlichen Zahn aufgesetzt werden,

c) Stiftzähne.

**Nicht** hierzu gehören:

d) Knochen- oder Hautstücke für Hautverpflanzungen in sterilen Behältern (Position 3001) und Zemente zum Wiederherstellen von Knochen (Position 3006),

e) Zubereitungen (aus Kunststoffwachs usw.) zum Anfertigen von Gebissabdrücken (z. B. Position 3407).

4. andere Prothesen für Menschen (aus Unterposition 9021 39), ausgenommen Teile und Zubehör, wie z. B. Prothesenschäfte
Hierzu gehören:

a) Augenprothesen
Hierzu gehören künstliche Augenlinsen und künstliche Menschenaugen, meist aus Kunststoff oder Überfangglas hergestellt, dem kleine Mengen Metalloxide beigegeben sind, um Einzelheiten und Tönungen der verschiedenen Teile des menschlichen Auges nachzuahmen, **nicht jedoch** künstliche Augen für Schneiderpuppen, Pelze usw. sowie Kontaktlinsen oder Haftschalen.

b) andere Prothesen
Hierzu gehören künstliche Hände, Arme, Beine und Füße und sowohl äußere künstliche Körperteile, wie Finger-, Zehen-, Nasen-, Ohren-, Brust- oder Kinnprothesen, als auch äußerlich nicht erkennbare Prothesen wie z. B. künstliche Herzklappen, Hüftprothesen und Gefäßprothesen, **nicht jedoch:**

aa) Knochen- und Hautstücke für Transplantationen in sterilen Behältern (Position 3001),

bb) Haarprothesen,
cc) Prothesen für Tiere.

5. zu Buchstabe d):
Schwerhörigengeräte (Unterposition 9021 40)[1]
Hierzu gehören nur Geräte, die zur Behandlung tatsächlicher Hörfehler bestimmt sind, z. B. elektrische Geräte, die aus einem oder mehreren durch Kabel miteinander verbundenen Mikrofonen (auch mit Verstärker), einem Empfänger (meist im Ohr oder hinter der Ohrmuschel anzubringen) und einer Trockenbatterie bestehen. Hierher gehören auch Schwerhörigengeräte in Form von Brillen (Hörbrillen).
Bei der Lieferung eines Schwerhörigengerätes mit Akku-Zellen (statt mit Batterien) erstreckt sich die Steuerermäßigung auch auf das – als unselbständige Nebenleistung – mitgelieferte Ladegerät (vgl. hierzu Tz. 9).
**Nicht** hierzu gehören:
a) Teile und Zubehör für Schwerhörigengeräte (z. B. Hörer, Schnüre, Batterien, Mikrofone Transistoren, Bauelemente, Induktionskissen, Ohrpassstücke und Ladegeräte),
b) Gegenstände für den vorbeugenden Gehörschutz (z. B. Gehörschutzwatte, Gehörstöpsel und Gehörschutzkapseln aus Kunststoff),
c) Kopfhörer, Verstärker usw., die nicht zum Korrigieren von Hörfehlern bestimmt sind (z. B. für Telefonisten),
d)[2] die Reparaturpauschale, die im Zusammenhang mit der Lieferung eines Hörgerätes gezahlt wird. Diese stellt eine Vorauszahlung dar, auf die der allgemeine Steuersatz anzuwenden ist. Dies gilt auch dann, wenn die Verträge über die Lieferung des Hörgerätes und die Reparaturleistung in einem Rahmenvertrag vereint sind.

6. Herzschrittmacher (Unterposition 9021 50)
Herzschrittmacher (Pulsgeneratoren) dienen zum Anregen funktionsgestörter Herzmuskel. Die implantierbaren oder externen Geräte werden durch Elektroden mit dem Herzen verbunden und liefern die für das Funktionieren des Herzens nötigen Impulse. Wird die Elektrode zusammen mit dem Herzschrittmacher geliefert, teilt sie das Schicksal der Hauptlieferung, da der Herzschrittmacher den wirtschaftlichen Gehalt der Lieferung bestimmt. Wird sie **jedoch** als Gegenstand einer selbstständigen Leistung geliefert, ist sie wie Teile und Zubehör (z. B. Adapter, Schrauben und Dichtungsringe) **nicht begünstigt.**

7. andere Vorrichtungen zum Beheben von Funktionsschäden oder Gebrechen, zum Tragen in der Hand oder am Körper oder zum Einpflanzen in den Organismus bestimmt (aus Unterposition 9021 90), ausgenommen Teile und Zubehör für begünstigte Gegenstände wie z. B. Ohrhörer für Blindenleitgeräte
Hierzu gehören:
a) Sprechhilfegeräte – die im Wesentlichen aus einem elektronischen Impulsgeber bestehen – für Personen, denen der Gebrauch der Stimmbänder verloren gegangen ist,

---

[1] Zur Lieferung von **Hörgeräten einschl. Otoplastik** und/oder Batterie siehe OFD Hannover v. 25. 4. 2007 S 7227 – 15 – StO 184, StEd S. 380.
[2] Zu Leistungen der Hörgeräteakustiker vgl. OFD Hannover v. 25. 4. 2007 S 7227 – 15 – StO 184, StEd S. 380.

b) Schrittmacher zum Anregen anderer Organe als dem Herzen (z. B. Lunge, Mastdarm oder Blase),

c) Blindenleitgeräte, die im Wesentlichen aus einer Vorrichtung zum Senden und Empfangen von Ultraschallwellen bestehen und von einer elektrischen Batterie gespeist werden
Die Frequenzunterschiede, die sich aus der Zeit ergeben, die der Ultraschallwellenstrahl benötigt, um nach Reflektion durch ein Hindernis zurückzukehren, ermöglichen dem Blinden, das Hindernis und seine Entfernung mit Hilfe eines geeigneten Geräts (z. B. Ohrhörer) wahrzunehmen.

d) Lesegeräte für Blinde, die über eine Miniaturkamera mit Hilfe von Fototransistoren Buchstaben auf ein sog. Abtastfeld übertragen, **nicht jedoch** tragbare Lesevorrichtungen für hochgradig Sehbehinderte, bei denen eine von Hand zu führende Filteroptikkamera Dokumente abtastet und ein vergrößertes Bild auf einen Bildschirm überträgt, elektronische Lesegeräte für hochgradig Sehbehinderte, z. B. elektronische Fernseh-Lesegeräte (Kapitel 85), sowie Brillen (Position 9004),

e) Vorrichtungen, die in den Körper eingepflanzt werden, um die chemische Funktion eines Organs (z. B. das Absondern von Insulin) zu unterstützen oder zu ersetzen

**Nicht** hierzu gehören TENS-Geräte (transkutane elektronische Nervenstimulationsgeräte), die als elektromedizinische Geräte zu Position 9018 gehören.

**163** Nach Nr. 52 der Anlage 2 sind **nicht begünstigt:**

1. Krankenpflegeartikel, z. B. Mullbinden (aus Position 3005), Fingerlinge (Position 4014) und Armbinden (Position 6217) sowie Hygieneartikel (Position 4818)
2. Teile und Zubehör für begünstigte Gegenstände der Nr. 52 der Anlage 2, wenn sie Gegenstand einer selbständigen Leistung sind (vgl. hierzu Tz. 162) Allerdings kann hierfür eine Steuerermäßigung nach anderen Vorschriften des UStG in Betracht kommen. So unterliegen z. B. die Lieferung von Zubehör und Ersatzteilen sowie die Instandsetzung von orthopädischen Hilfsmitteln dem ermäßigten Steuersatz, wenn diese Umsätze von gemeinnützigen Körperschaften außerhalb eines wirtschaftlichen Geschäftsbetriebs ausgeführt werden (§ 12 Abs. 2 Nr. 8 UStG).

**164** Die Lieferungen von Ersatzteilen für orthopädische Hilfsmittel sowie Instandsetzungen von orthopädischen Hilfsmitteln unterliegen stets dem allgemeinen Steuersatz, gleichgültig, ob es sich um Werkleistungen (z. B. das Abschleifen und Polieren des Holzschaftes einer Beinprothese) oder um Werklieferungen handelt, bei denen nicht begünstigte Teile und Zubehör (z. B. Gelenke, Schienen, Kugellager, Schnallen, Federn, Schrauben, Nägel, Nieten oder Lederteile) verwendet werden.

**Beispiele:**

1. Bei der Instandsetzung einer Beinprothese wird ein Passteil verwendet. Es handelt sich um eine nicht begünstigte Werklieferung eines Passteils als Teil der Beinprothese.
2. Der Fuß einer Beinprothese wird durch einen neuen Fuß ersetzt. Es handelt sich auch hier um eine nicht begünstigte Werklieferung eines Fußes als Teil der Gesamtprothese.

3. Bei der Reparatur von orthopädischem Schuhwerk werden orthopädisch wirksame Einbauteile verwendet (z. B. Stahlsohlen, auswechselbare Fußbettungen oder Verkürzungsausgleiche). Es handelt sich um die nicht begünstigte Werklieferung von Einbauteilen.
4. An Serienschuhen des Auftraggebers werden orthopädische Zurichtungen angebracht (z. B. eine Schmetterlingsrolle oder eine Doppelsohle). Es handelt sich um eine nicht begünstigte Werklieferung. Die Zurichtungen sind als Teile für die Schuhe anzusehen.

Werden die Teile und das Zubehör im Rahmen eines einheitlichen Umsatzgeschäftes zusammen mit den begünstigten orthopädischen Hilfsmitteln geliefert, teilen sie als unselbständige Nebenleistung das Schicksal der Hauptleistung. Dieser Grundsatz gilt für Lieferungen und Werklieferungen.

**Beispiele:**

5. Ein betriebsfertiges Schwerhörigengerät wird nebst Batterie geliefert. Die Steuerermäßigung erstreckt sich auch auf das Entgelt für die mitgelieferte Batterie.
6. Bei der Herstellung und Lieferung von orthopädischen Schuhen erstreckt sich der ermäßigte Steuersatz auch auf die im Gesamtentgelt enthaltenen Materialien und die Arbeitsleistung.
7. In einen Konfektionsschuh werden auftragsgemäß entsprechend ärztlicher Anordnung orthopädische Zurichtungen fest eingebaut. Gegenstand der einheitlichen Werklieferung ist der zugerichtete fertige Schuh, der als orthopädischer Schuh begünstigt ist.

Unvollständige oder unfertige orthopädische Hilfsmittel werden wie die vollständigen oder fertigen orthopädischen Hilfsmittel behandelt, wenn sie die charakterbestimmenden Merkmale haben. Für solche unvollständigen oder unfertigen orthopädischen Hilfsmittel (z. B. medizinische Leibbinden, die der Hersteller an den Bandagistenhandwerker liefert, der sie ggf. unter Anbringen orthopädischer Zurichtungen dem Kunden anpasst) kann deshalb der ermäßigte Steuersatz angewendet werden. Sog. Passteile für Körperersatzstücke (z. B. Waden oder Schienen mit Gelenken) sind jedoch im Regelfall als nicht begünstigte Teile anzusehen.

**Kunstgegenstände, und zwar** 165

**a) Gemälde und Zeichnungen, vollständig mit der Hand geschaffen, sowie Collagen und ähnliche dekorative Bildwerke (Position 9701),**

**b) Originalstiche, -schnitte und -steindrucke (Position 9702),**

**c) Originalerzeugnisse der Bildhauerkunst, aus Stoffen aller Art (Position 9703)**

**(Nr. 53 der Anlage 2[1])**

**Begünstigt** sind alle Gegenstände der Positionen 9701 bis 9703 Zolltarif. Wiederverkäufer (z. B. Kunsthändler, Galeristen und Versteigerer) können von der Differenzbesteuerung nach § 25 a UStG Gebrauch machen. Hierbei unterliegt nicht das gesamte Entgelt (Verkaufspreis ohne Umsatzsteuer) der Umsatzbesteuerung, sondern nur die positive Differenz zwischen Verkaufs- und Einkaufspreis (ohne Umsatzsteuer) für den betreffenden Gegenstand. In diesem Fall ist ausschließlich der allgemeine Steuersatz anzuwenden (§ 25 a Abs. 5 Satz 1 UStG). Nr. 53 der Anlage 2 hat demnach nur noch Bedeutung

[1] Zur Beschränkung des Anwendungsbereichs des ermäßigten Umsatzsteuersatzes in Fällen der Nr. 53 **ab 1. 1. 2014** vgl. § 12 Abs. 2 Nrn. 1, 2 i. V. m. Nr. 12 und 13 UStG i. d. F. des AmtshilfeRLUmsG. Vgl. auch BMF v. 18. 12. 2014, BStBl. I S. 44, Abschn. I Nr. 1 (Nr. **500** § 12/5).

für solche Umsätze, die nicht der Differenzbesteuerung nach § 25 a UStG unterliegen.

166 Im Einzelnen sind nach Nr. 53 der Anlage 2 **begünstigt:**

1. zu Buchstabe a):
   Gemälde (z. B. Ölgemälde, Aquarelle, Pastelle) und Zeichnungen, vollständig mit der Hand geschaffen (ausgenommen Zeichnungen der Position 4906, wie z. B. Baupläne, technische und gewerbliche Zeichnungen sowie handbemalte oder handverzierte gewerbliche Erzeugnisse) sowie Collagen und ähnliche dekorative Bildwerke
   Hierzu gehören:
   a) Gemälde und Zeichnungen, die vollständig mit der Hand oder auf andere Weise (z. B. im Falle einer Körperbehinderung mit dem Fuß) geschaffen sind, ohne Rücksicht darauf, ob es sich um alte oder moderne Werke handelt
   Diese Werke können Ölgemälde, Gemälde in Wachs, Gemälde in Temperafarben, Acrylfarbgemälde, Aquarelle, Gouachen, Pastelle, Miniaturen, farbig ausgemalte Handzeichnungen, Bleistift- (einschließlich Conté-Bleistift-Zeichnungen), Kohle- oder Federzeichnungen usw. auf Stoffen aller Art sein. Erzeugnisse, die ganz oder teilweise in anderen Verfahren (als mit der Hand oder z. B. mit dem Fuß) hergestellt sind, gehören **nicht** hierzu, wie z. B. Bilder, auch auf Leinen, die im fotomechanischen Verfahren hergestellt sind, sowie Handmalereien auf solchen Umrissskizzen oder Zeichnungen, die im gewöhnlichen Tief- oder Flachdruckverfahren hergestellt sind, sowie sog. originalgetreue Bilder, die mit Hilfe einer mehr oder weniger großen Anzahl von Schablonen hergestellt sind, auch wenn sie vom Künstler selbst signiert sind. Dagegen sind Kopien von Gemälden, die vollständig mit der Hand oder auf andere Weise von Körperbehinderten geschaffen sind, ohne Rücksicht auf ihren künstlerischen Wert begünstigt.
   **Nicht** hierzu gehören:
   aa) Baupläne, technische und gewerbliche Zeichnungen, auch wenn sie als Originale mit der Hand hergestellt worden sind (Position 4906),
   bb) Originalentwürfe für Mode, Schmuckwaren, Tapeten, Gewebe, Tapisserien, Möbel usw. (Position 4906),
   cc) bemalte Gewebe für Theaterdekorationen, Atelierhintergründe usw. (Position 5907 oder 9706),
   dd) handverzierte gewerbliche Erzeugnisse, wie Wandverkleidungen aus handbemalten Geweben, Reiseandenken, Schachteln und Kästchen, keramische Erzeugnisse (Teller, Schüsseln, Vasen usw.), die je nach Beschaffenheit einzureihen sind,
   ee) Batikarbeiten und handgewebte Wandbehänge (= Spinnstoffwaren) mit künstlerischen, bildlichen Darstellungen,
   ff) keramische Erzeugnisse (Kapitel 69),
   gg) Kunstverglasungen (für Wohnungen, Kirchenfenster usw.), die aus Platten, Rosetten usw. aus Glas (meistens in der Masse gefärbtem oder an der Oberfläche bemaltem Glas oder Antikglas) zusammengesetzt sind, wobei die einzelnen Glasplatten usw. in gefalzte Metallste-

ge gefasst und manchmal durch Metallleisten verstärkt sind (Position 7016).

b) Collagen oder ähnliche dekorative Bildwerke

Hierzu gehören Collagen und ähnliche dekorative Bildwerke, die aus Stücken und Stückchen verschiedener tierischer, pflanzlicher oder anderer Stoffe so zusammengesetzt worden sind, dass ein Bild oder ein dekoratives Motiv entstanden ist, das auf eine Unterlage, z. B. aus Holz, Papier oder ein textiles Material geklebt oder auf andere Weise befestigt worden ist. Die Unterlage kann einfarbig, handbemalt oder mit dekorativen oder bildhaften Elementen bedruckt sein, die einen Teil des Ganzen darstellen. Die Qualität der Collagen erstreckt sich von billig hergestellten Serienerzeugnissen, die zum Verkauf als Reiseandenken bestimmt sind, bis zu Erzeugnissen, die eine große handwerkliche Fähigkeit erfordern und die echte Kunstwerke sein können.

**Nicht** als „ähnliche Bildwerke" gelten Erzeugnisse, die aus einem Stück eines Materials bestehen, auch wenn es auf einer Unterlage befestigt oder auf eine Unterlage geklebt wird. Diese Erzeugnisse werden von anderen Positionen genauer erfasst, wie Ziergegenstände aus Kunststoff, Holz, unedlen Metallen usw. Solche Erzeugnisse werden je nach Beschaffenheit eingereiht (Positionen 3926, 4420, 8306 usw.) und sind **nicht** nach Nr. 53 der Anlage 2 **begünstigt.**

2. zu Buchstabe b):

Originalstiche, -schnitte und -steindrucke (Position 9702)

Hierzu gehören nur Stiche, Schnitte und Steindrucke, alt oder modern, die von einer Platte oder von mehreren vom Künstler vollständig handgearbeiteten Platten in beliebigem, jedoch keinem mechanischen oder fotomechanischen Verfahren auf einen beliebigen Stoff in schwarz-weiß oder farbig unmittelbar abgezogen sind. Die Übertragungstechnik, die der Lithograph anwendet, der seinen Entwurf zunächst auf Pauspapier zeichnet, um nicht mit einem schweren unhandlichen Stein arbeiten zu müssen, nimmt den Lithographien, die von dem Stein abgezogen wurden, nicht ihren Charakter als Originale, sofern die anderen oben angeführten Bedingungen erfüllt sind. Die Stiche können vorkommen als Kupferstiche, in Schabemanier, in Punktiermanier, in Aquatintamanier oder als Kaltnadel-Radierung usw. Die sog. Probeabdrucke gehören auch hierher, selbst wenn sie nachgebessert sind. Es ist ohne Einfluss auf die Einreihung, ob die Originale vom Künstler nummeriert oder signiert sind. Zu den Originalsteindrucken (Lithographien) gehören auch solche Drucke, die von einer vom Künstler handgearbeiteten Platte abgezogen sind, bei denen der Abzug aber mittels einer mechanischen Presse oder in einem Umdruckverfahren, das ein Mehrfachnutzen ermöglicht, hergestellt wurde.

**Nicht** hierzu gehören:

a) Druckplatten aus Kupfer, Zink, Stein, Holz oder anderen Stoffen, mit denen die Stiche usw. hergestellt wurden (Position 8442),

b) Kunstfotografien (fotografisch erzeugte Werke)

Unabhängig von ihrem künstlerischen Charakter sind alle Fotografien der Position 4911 zuzuordnen.

c) Bilddrucke, die keine Originalstiche, -schnitte und -steindrucke sind, wie beispielsweise künstlerische Siebdrucke (sog. Serigraphien), auch wenn sie vom Künstler signiert und nur in nummerierter Auflage hergestellt worden sind (Position 4911)
**Jedoch** sind Sammlungen gedruckter Reproduktionen von Kunstwerken, die ein vollständiges Werk ergeben und zum Binden als Bücher geeignet sind (Position 4901) nach Nr. 49 Buchstabe a der Anlage 2 begünstigt (vgl. Tz. 155).

3. zu Buchstabe c):
Originalerzeugnisse der Bildhauerkunst, aus Stoffen aller Art (Position 9703)
Hierzu gehören Werke, alt oder modern, die von einem Bildhauer als Original hergestellt sind. Bei diesen Werken, die aus allen Stoffen (Natur- oder Kunststein, Terrakotta, Holz, Elfenbein, Metall, Wachs usw.) bestehen können, unterscheidet man die Rundplastiken, die vollständig erhaben sind (Staturen, Büsten, Hermen, sonstige Formen, Gruppen, Tierplastiken usw.) und die Hoch- und Flachreliefs einschließlich der Reliefs für Bauverzierungen.
Die Werke dieser Position können in verschiedenen Verfahren hergestellt werden:
Sie können z. B. aus hartem Material herausgearbeitet, aus weichem Material geformt oder – z. B. in Bronze oder Gips – gegossen sein. Sind von demselben Bildwerk mehrere Nachbildungen – auch aus verschiedenen Stoffen oder in verschiedenen Verfahren – hergestellt, so ist dies ohne Einfluss auf den Charakter dieser Stücke als Originale. Dabei ist es ohne Bedeutung, ob der Bildhauer oder eine andere Person der Schöpfer dieser Nachbildungen ist. Als Originale gelten der „Entwurf" (in der Regel aus Ton), das Gipsmodell und die ggf. aus unterschiedlichen Materialien erstellten Abgüsse bzw. Reproduktionen. Diese Stücke sind nie völlig gleich, da der Künstler jedes Mal durch weiteres Modellieren, durch Korrekturen an den Abgüssen (z. B. auch durch Signatur und Nummerierung) sowie beim Herstellen der Patina, die jedes Stück erhält, eingreift und somit seine persönliche Schöpfung zum Ausdruck bringt.
In der Regel übersteigt die Gesamtzahl dieser Exemplare nicht ein Dutzend. Als Originalerzeugnisse der Bildhauerkunst im Sinne dieser Position können nur solche Erzeugnisse angesehen werden, die, abgesehen von wenigen Fällen, in einer geringen Stückzahl vorkommen und sich schon deshalb nicht jederzeit beschaffen lassen. Sie sind im Allgemeinen nicht Gegenstand laufender Geschäfte und haben in der Regel einen hohen Wert, der in keinem Verhältnis zu dem reinen Materialwert steht.
Künstlerische Bildhauerarbeiten, wie Kirchenportal oder Brunnenplastik, fallen unter die Begünstigung, wenn ihr künstlerischer Eindruck vorherrschend ist und das Erscheinungsbild prägt.
**Nicht** hierzu gehören:

a) dekorative Bildhauerarbeiten (auch Holzschnitzereien) von handelsgängigem *Charakter, z. B.* ornamentale Steinmetzarbeiten,

b) Schmuckstücke und andere handwerkliche Erzeugnisse mit dem Charakter einer Handelsware (Devotionalien, Ziergegenstände usw.)
Auch individuell von einem Goldschmied gefertigte Schmuckteile sind keine Originalerzeugnisse der Bildhauerkunst, sondern nicht begünstigte Schmuckwaren (Position 7116 oder 7117).

c) serienmäßige Nachbildungen und Abgüsse von handelsgängigem Charakter aus Metall, Gips, Gips-Faser-Stoff, Zement, Pappmaché, Papierhalbstoff, Holz, Stein, Keramik oder aus unedlem Metall, z. B. Bronzeskulpturen in einer hohen Gesamtzahl, bei deren Herstellung der Künstler nur in unbedeutendem Umfang selbst mitwirkt,

d) keramische Erzeugnisse (Kapitel 69),

e) Sakralgegenstände wie Pulte, Schreine oder Leuchter mit dem Charakter von Handelswaren,

f) „Paperweights" – mit zwei- oder dreidimensionalen Motiven verzierte Glaskugeln mit einer Standfläche, die von bekannten Glaskünstlern in begrenzter Stückzahl vollständig mit der Hand hergestellt und signiert werden
Sie sind als Gegenstände anzusehen, die den Charakter einer Handelsware haben und daher nach ihrer Beschaffenheit einzureihen sind.

g) Modellbauarbeiten (z. B. historische Schiffsmodelle), auch wenn es sich um Unikate handelt

Ob vom Bildhauer hergestellte Grabdenkmäler – soweit es sich nicht um Serien- oder Handwerkserzeugnisse handelt – begünstigt sind, lässt sich nur im Einzelfall entscheiden, z. B. kommt die Einreihung eines Grabdenkmals in Position 9703 als Mahnmal in Betracht. Da die Steuerermäßigung nicht auf Umsätze von Künstlern beschränkt ist, sondern auch für andere Unternehmer gilt, wenn sie Kunstgegenstände liefern, kann die Begünstigung z. B. für Kunstgießereien in Betracht kommen, soweit es sich um Originalerzeugnisse der Bildhauerkunst i. S. der Position 9703 handelt. Einem künstlerisch tätigen Kachelofenbauer steht der ermäßigte Steuersatz **jedoch nicht** zu, wenn seine als Einzelstücke hergestellten Kachelöfen industriell oder handwerklich hergestellten Produkten ähnlich sind.

Nach Nr. 53 der Anlage 2 sind **nicht begünstigt:** **167**

1. echte Perlen sowie Diamanten, Edel- und Schmucksteine (Positionen 7101 bis 7103)
Dies gilt auch für geschliffene Edelsteine zur Herstellung von Schmuckwaren, auch wenn es sich dabei um Kunstgegenstände handeln sollte.

2. Antiquitäten, mehr als 100 Jahre alt (Position 9706)
Antiquitäten sind Erzeugnisse, deren Wert hauptsächlich auf ihrem Alter und in der Regel ihrer hierdurch bedingten Seltenheit beruht. Zu Position 9706 gehören **jedoch nicht** Erzeugnisse mit den Merkmalen der Positionen 9701 bis 9703. Für diese zu den Positionen 9701 bis 9703 gehörenden mehr als 100 Jahre alten Erzeugnissen gilt der ermäßigte Steuersatz. Antiquarische Bücher, Broschüren und ähnliche Drucke (Position 9706) können jedoch unter Nr. 49 Buchst. a der Anlage 2 fallen (vgl. Tz. 153–155).

168 Unter Nr. 53 der Anlage 2 fallen die in den Positionen 9701 bis 9703 genannten Gegenstände der bildenden Kunst. Das bedeutet **jedoch nicht,** dass das Kapitel 97 Zolltarif generell als Auffangposition für Kunstwerke in Betracht kommt oder dass die zu diesem Kapitel gehörenden Erzeugnisse stets dem Bereich der Kunst zuzurechnen sind. Der Zolltarif sieht eine Subsumtion unter dem Begriff „Kunst" nicht vor und schließt auch eine Wertung im künstlerischen Sinne aus. Die Verwendung des Begriffs „Kunstgegenstand" im Zolltarif ist nur als Hinweis, nicht aber als maßgebend für die Einreihung zu werten. Die künstlerische Qualität von Erzeugnissen ist somit für die zolltarifliche Beurteilung ohne Belang.

169 Zu den Erzeugnissen der Positionen 9701 bis 9703 zählen grundsätzlich nur Originalerzeugnisse, die in bestimmten überkommenen Techniken wie Malerei, Zeichnen, Drucken mit handgearbeiteten Platten oder Bildhauerei gestaltet worden sind. Zeitgenössische Kunstwerke, die mit anderen Techniken oder Ausdrucksmitteln geschaffen werden, sind **nicht** mit Ausnahme von Collagen und ähnlichen dekorativen Bildwerken **begünstigt.** Hierzu zählen z. B. Erzeugnisse aus Textilien, Glas, Kunststoff oder Leder.

170 Erzeugnisse, die ungeachtet ihres künstlerischen Werts einen eigenen charakterbestimmenden Gebrauchswert aufweisen (z. B. Gitter, Türgriffe, Türverkleidungen, Leuchter, Tabernakel, Ambo, Taufsteindeckel, Sitze, Kredenz, Schmuck, Vasen, Trinkgefäße), sind nach stofflicher Beschaffenheit einzureihen und somit regelmäßig **nicht begünstigt.**

171 Rahmen (auch Rahmen mit Glas) um Gemälde, Zeichnungen, Collagen und ähnliche dekorative Bildwerke (Position 9701) sowie um Originalstiche, Originalschnitte oder Originalsteindrucke (Position 9702) werden wie diese eingereiht, wenn sie ihnen nach Art und Wert entsprechen. Ist das nicht der Fall, werden sie nach stofflicher Beschaffenheit eingereiht (z. B. Holzrahmen nach Position 4414). Wird ein Gemälde mit einem Rahmen geliefert, der ihm nach Art und Wert entspricht, unterliegt die gesamte Lieferung dem ermäßigten Steuersatz.

172 **Sammlungsstücke,**

**a) zoologische, botanische, mineralogische oder anatomische, und Sammlungen dieser Art (aus Position 9705),**

**b) von geschichtlichem, archäologischem, paläontologischem oder völkerkundlichem Wert (aus Position 9705),**

**c) von münzkundlichem Wert, und zwar**

**aa) kursungültige Banknoten einschließlich Briefmarkengeld und Papiernotgeld (aus Position 9705),**

**bb) Münzen aus unedlen Metallen (aus Position 9705),**

**cc) Münzen und Medaillen aus Edelmetallen, wenn die Bemessungsgrundlage für die Umsätze dieser Gegenstände mehr als 250 vom Hundert des unter Zugrundelegung des Feingewichts berechneten Metallwerts ohne Umsatzsteuer beträgt (aus Positionen 7118, 9705 und 9706)**

**(Nr. 54 der Anlage 2[1])**

**Begünstigt** sind nur die ausdrücklich in der Vorschrift aufgeführten Sammlungsstücke. Als Sammlungsstücke in diesem Sinne sind Gegenstände anzusehen, die ohne Rücksicht auf ihr Alter eine exemplarische Bedeutung haben und zur Aufnahme in eine nach wissenschaftlichen Grundsätzen aufgebaute öffentliche Sammlung auf den bezeichneten Gebieten geeignet sind. Der EuGH definiert in seinem Urteil vom 10. Oktober 1985 – 200/84 – Sammlungsstücke im Sinne der Position 9705 als Gegenstände, die geeignet sind, in eine Sammlung aufgenommen zu werden, d. h. Gegenstände, die einen gewissen Seltenheitswert haben, normalerweise nicht ihrem ursprünglichen Verwendungszweck gemäß benutzt werden, Gegenstand eines Spezialhandels außerhalb des üblichen Handels mit ähnlichen Gebrauchsgegenständen sind und einen hohen Wert haben. Ferner dokumentieren sie einen charakteristischen Schritt in der Entwicklung der menschlichen Errungenschaften oder veranschaulichen einen Abschnitt dieser Entwicklung. Folglich ist ein Gegenstand, der lediglich gesammelt wird – auch wenn er als Belegstück für eine bestimmte Entwicklung in Museen oder in wissenschaftlich aufgebauten Sammlungen anzutreffen ist – nicht als Sammlungsstück im Sinne der Position 9705 einzureihen. Die Vergleichbarkeit mit anderen Museumsexponaten genügt somit nicht, um einem Sammlungsstück einen geschichtlichen oder völkerkundlichen Wert zuzusprechen. Andererseits kann aus Gründen der Verwaltungsvereinfachung unterstellt werden, dass – soweit der Nachweis der übrigen im o. a. EuGH-Urteil genannten Kriterien erbracht ist – die für die künstlerische Entwicklung bahnbrechenden und signierten Werke eines epochemachenden Künstlers generell einen charakteristischen Schritt in der Entwicklung der menschlichen Errungenschaften dokumentieren bzw. einen Abschnitt dieser Entwicklung veranschaulichen. Gleiches gilt für nichtsignierte Gegenstände, die jedoch mit hoher Wahrscheinlichkeit einem bedeutenden Künstler zugeschrieben werden können.

Durch die Voraussetzung der exemplarischen Bedeutung grenzen sie sich auch von den nicht begünstigten Antiquitäten (Position 9706) ab, wobei antiquarische Bücher, Broschüren und ähnliche Drucke aus Position 9706 nach Nr. 49 Buchst. a der Anlage 2 begünstigt sein können (vgl. Tz. 153–155). Zur Begünstigung von Büchern, Broschüren und ähnlichen Drucken als Sammlungsstücke sowie von Sammlerbriefmarken und dergleichen vgl. Nr. 49 der Anlage 2 (vgl. Tz. 153–155).

Wiederverkäufer von Sammlungsstücken können von der Differenzbesteuerung nach § 25 a UStG Gebrauch machen (vgl. Tz. 165).

Im Einzelnen sind nach Nr. 54 der Anlage 2 **begünstigt:** 173

1. zu Buchstabe a):

Zu den zoologischen, botanischen, mineralogischen oder anatomischen Sammlungsstücken gehören – soweit es sich um ausgesuchte Einzelexemplare handelt:

a) Tiere aller Art, durch Trocknen oder Einlegen in eine Flüssigkeit haltbar gemacht, ausgestopfte Tiere für Sammlungen

[1] Zur Beschränkung des Anwendungsbereichs des ermäßigten Umsatzsteuersatzes auf die Einfuhr in Fällen der Nr. 54 **ab 1. 1. 2014** vgl. § 12 Abs. 2 Nr. 1, 2 i. V. m. 12 UStG i. d. F. des AmtshilfeRLUmsG. Vgl. auch BMF v. 18. 12. 2014, BStBl. 2015 I S. 44, Abschn. I Nr. 2 (Nr. **500** § 12/5).

Zoologische Sammlungsstücke müssen sich neben ihrer Seltenheit auch durch einen zoologisch-wissenschaftlichen Wert auszeichnen. Diesen Anforderungen genügen ausgestopfte Tiere für Sammlungen nicht schon dadurch, dass sie als Anschauungsobjekte dienen können. Jagdtrophäen sind somit regelmäßig **nicht begünstigt.**

b) ausgeblasene Eier, Insekten in Kästen unter Glasrahmen usw. (ausgenommen solche, die für Fantasieschmuck und dergleichen vorgerichtet sind) sowie leere Muscheln (andere als solche zu industriellen Zwecken),

c) Samen, Pflanzen oder Pflanzenteile, zu Sammlungszwecken getrocknet oder in Flüssigkeiten haltbar gemacht oder präpariert, wenn sie Besonderheiten botanischer Art aufweisen sowie Herbarien,

d) Steine und Mineralien in ausgesuchten Stücken (ausgenommen Edelstein und Schmuckstein des Kapitels 71) sowie Versteinerungen
Als mineralogische Sammlungsstücke können nur ausgesuchte Einzelexemplare angesehen werden, die wegen ihrer Seltenheit von besonderem Interesse auf dem Gebiet der Mineralogie sind und die einen hohen Wert haben, der in keinem Verhältnis zum reinen Materialwert steht. Aus diesem Grund kommt eine Zuweisung der sich im Handel befindlichen Mineralien zu Position 9705 nur in wenigen Einzelfällen in Betracht, z. B. kann ein sog. „Herkimer-Quarz" auch bei Vorliegen von Besonderheiten (Größe, spezieller Aufbau usw.) mangels der erforderlichen Seltenheit **nicht** als mineralogisches Sammlungsstück im Sinne der Position 9705 angesehen werden.
Mineralien und echte Perlen, die wegen ihrer Farbschönheit, Brillanz, Unveränderlichkeit und oft auch wegen ihrer Seltenheit zur Herstellung von Schmuckwaren oder zu ähnlichen Zwecken verwendet werden könnten, obwohl sie tatsächlich anders verwendet werden, gehören ebenfalls nicht hierzu, sondern zu Kapitel 71 Zolltarif und sind somit **nicht begünstigt.** Dies gilt auch für rohe, noch mit dem Mutterstein verbundene Mineralien, wie z. B. Quarz, Pyrit, Opal, Azurit, Fluorit (Flussspat) und Serpentin. Mineralien, die nicht die zur Verwendung für Schmuckwaren oder für ähnliche Zwecke erforderliche Qualität besitzen, fallen dagegen als mineralische Stoffe im Allgemeinen unter Kapitel 25 Zolltarif und sind **nicht begünstigt,** es sei denn, es handelt sich um die oben beschriebenen mineralogischen Sammlungsstücke.

e) osteologische Stücke (Skelette, Schädel, Gebeine), anatomische und pathologische Stücke, jedoch nur dann, wenn sie Besonderheiten (Anomalien) aufweisen, z. B. Riesen- oder Zwergwuchs und Anomalien
**Nicht** hierzu gehören:

aa) Modelle der Human- und Veterinäranatomie (auch mit beweglichen Gliedern) sowie Modelle von stereometrischen Körpern, von Kristallen usw. (Position 9023),

bb) Skelette und Teile davon, die einen üblichen Skelett- oder Knochenaufbau haben und keinerlei Anomalien aufweisen, auch als Anschauungsmaterial zu Unterrichtszwecken (Position 9023),

cc) Schaukästen, Tafeln usw. mit Mustern von Rohstoffen (Spinnstoffwaren, Holz usw.) oder mit Erzeugnissen verschiedener Fertigungsstufen, die zum Unterricht in Schulen und dergleichen bestimmt sind (Position 9023),

dd) mikroskopische Präparate (Position 9023).

2. zu Buchstabe b):

Als **begünstigte** Sammlungsstücke von geschichtlichem, archäologischem, paläontologischem oder völkerkundlichem Wert sind nur solche Gegenstände anzusehen, die oft nur einen verhältnismäßig geringen Materialwert haben, jedoch wegen ihrer Seltenheit, ihrer Zusammenstellung oder ihrer Aufmachung von Interesse sind (zur Definition von Sammlungsstücken durch den EuGH, vgl. Tz. 172). Von geschichtlichem oder völkerkundlichem Wert sind Gegenstände nur dann, wenn sie auch aus der betreffenden Zeit stammen. Die in der Gegenwart nach alten Vorbildern hergestellten originalgetreuen Nachbildungen (z. B. von historischen Waffen oder Schiffen) besitzen keine historische oder völkerkundliche Authentizität und sind deshalb **nicht begünstigt.**

Zu den Sammlungsstücken von geschichtlichem, archäologischem, paläontologischem oder völkerkundlichem Wert gehören:

a) Gegenstände, die als Beweismittel für menschliches Leben dienen und zum Studium früherer Generationen geeignet sind, z. B. Mumien, Sarkophage, Waffen (jedoch keine Nachbildungen), Kultgegenstände und Kleidungsstücke sowie Gegenstände, die berühmten Menschen gehört haben,

b) Gegenstände, die dem Studium menschlichen Lebens, der Sitten, Gebräuche und Besonderheiten zeitgenössischer ursprünglich lebender Völker dienen, z. B. Werkzeuge, Waffen (jedoch keine Nachbildungen) oder Kultgegenstände,

c) Sammlungsstücke geologischer Art, die dem Studium tierischer oder pflanzlicher Fossilien dienen, **nicht jedoch** Fossilien nicht selten vorkommender Arten, die Gegenstand des einschlägigen Fachhandels sind, auch wenn sie sich durch Besonderheiten auszeichnen,

d) historische Schiffsmodelle, die für die Ausstellung in schiffshistorischen Museen bestimmt sind,

e) Gebrauchs- und Kleidungsstücke von völkerkundlichem Wert wie z. B. Teppiche (insbesondere Orientteppiche), wobei im Hinblick auf den breiten Handel strenge Anforderungen an den Nachweis zu stellen sind,

f) Veteranenfahrzeuge (sog. Oldtimer) unter den, in den EuGH-Urteilen vom 10. Oktober 1985 – 200/84 – und vom 3. Dezember 1998 – C-259/97 – festgelegten Voraussetzungen,

g) historische Wertpapiere (z. B. Aktien, Schuldverschreibungen, Pfandbriefe und dergleichen), wenn es sich um ungültige Einzelexemplare von besonderem wirtschafts- oder industriegeschichtlichen Wert handelt,

h) Orden, Ehrenzeichen und Medaillen, wenn es sich um ausgesuchte Einzelexemplare im Sinne der Position 9705 handelt
Dass Orden und Ehrenzeichen erloschen sind, rechtfertigt jedoch allein **nicht** die Begünstigung als Sammlungsstück.

i) Schmuckstücke, wenn sie die Schmuckkultur ihrer Zeit in ihren wesentlichen Merkmalen wiedergeben und diese Stilepoche in besonderer Weise veranschaulichen,

j) Musikinstrumente im Einzelfall, auch wenn sie bespielt werden,

k) Fotografien im Einzelfall, wobei die Beurteilung des geschichtlichen Werts nicht von der technischen Entwicklung der Fotografie abhängt.

**Nicht begünstigt** sind Telefonkarten (gebraucht oder ungebraucht), Bierdeckel, Streichholzschachteln, Parfümflakons, Armbanduhren neuester Produktion und Möbel, die zwar Sammelobjekte sind, denen aber kein geschichtlicher oder völkerkundlicher Wert zukommt, sowie Briefmarken und dergleichen, Stempelmarken, Steuerzeichen und dergleichen, entwertet oder nicht entwertet (aus Position 4907 oder 9704), soweit es sich nicht um nach Nr. 49 Buchst. f der Anlage 2 (vgl. Tz. 153–155) begünstigte Sammlungsstücke handelt.
Der Unternehmer hat das Vorliegen der Voraussetzungen für die Anwendung des ermäßigten Steuersatzes nachzuweisen. Hierzu ist ein Hinweis in den Aufzeichnungen und Unterlagen (z. B. Rechnungsdurchschriften) erforderlich. Der Nachweis kann geführt werden durch eine genaue Beschreibung des Gegenstandes, wie sie im Kunsthandel oder für Versicherungszwecke üblich ist. Bei einem Gegenstand von geschichtlichem oder völkerkundlichem Wert muss außerdem nachprüfbar dargelegt werden, aus welchen Gründen dieser Gegenstand einen charakteristischen Schritt in der Entwicklung der menschlichen Errungenschaften dokumentiert oder einen Abschnitt dieser Entwicklung veranschaulicht. Im Zweifelsfall kann eine unverbindliche Zolltarifauskunft für Umsatzsteuerzwecke (vgl. Tz. 6–8) oder ein Gutachten eines anerkannten Sachverständigen verlangt werden. In jedem Fall muss die Beschreibung des Gegenstandes unter Berücksichtigung der im EuGH-Urteil vom 10. Oktober 1985 – 200/84 – aufgestellten Kriterien durch Dritte nach Aktenlage nachprüfbar sein.

3. zu Buchstabe c):
Zu den Sammlungsstücken von münzkundlichem Wert gehören:

a) kursungültige Banknoten einschließlich Briefmarkengeld und Papiernotgeld, soweit sie als Sammlungsstücke unter Position 9705 fallen,

b) Münzen aus unedlen Metallen (z. B. Kupfer), soweit sie als Sammlungsstücke unter Position 9705 fallen[1],

c) Münzen und Medaillen aus Edelmetallen, sofern sie als Sammlungsstücke anzusehen sind, wenn die Bemessungsgrundlage für die Umsätze dieser Gegenstände mehr als 250% des unter Zugrundelegung des Feingewichts berechneten Metallwerts ohne Umsatzsteuer beträgt (aus Positionen 7118, 9705 und 9706).
Hierzu gehören:

aa) Münzen aus Edelmetallen (Gold, Platin und Silber), kursgültig (gesetzliche Zahlungsmittel) oder kursungültig (außer Kurs gesetzte

[1] Siehe auch die Vereinfachungsregelung in BMF v. 7. 1 2005, BStBl. I S. 75.

Münzen und amtliche Nach- bzw. Neuprägungen solcher Münzen), die wegen ihres Sammlerwertes umgesetzt werden und deshalb von der Steuerbefreiung nach § 4 Nr. 8 Buchst. b UStG ausgeschlossen sind bzw. für die die Steuerbefreiung des § 25 c UStG (Besteuerung von Umsätzen mit Anlagegold) nicht in Betracht kommt. Ein aktuelles Verzeichnis der nach § 25 c UStG steuerbefreiten Goldmünzen wird jährlich im Amtsblatt der Europäischen Gemeinschaft bekannt gemacht.

**Nicht begünstigt** sind Münzen, die zu Schmuckstücken verarbeitet worden sind (z. B. Broschen oder Krawattennadeln) sowie beschädigte, nur noch zum Einschmelzen geeignete Münzen.

bb) Medaillen aus Edelmetallen (Gold, Platin und Silber), **nicht jedoch** Medaillen ohne münzkundlichen Wert (z. B. religiöse oder als Schmuck dienende Medaillen) sowie beschädigte (zerbrochen, zerschnitten, zerhämmert) und nur noch zum Einschmelzen geeignete Medaillen, ebenso **nicht** Orden und Ehrenzeichen, es sei denn, sie können als Sammlungsstücke von geschichtlichem Wert angesehen werden (vgl. Tz. 173 Nr. 2).

Bei Münzen und Medaillen aus Edelmetallen ist der ermäßigte Steuersatz für Sammlungsstücke von münzkundlichem Wert anzuwenden, wenn die Bemessungsgrundlage für diese Umsätze mehr als 250% des unter Zugrundelegung des Feingewichts berechneten Metallwerts ohne Umsatzsteuer beträgt. Es andelt sich hierbei um ein zweistufiges Prüfungsschema, wonach zunächst die Einordnung eine Münze als „Sammlungsstück" und sodann die Überschreitung der „250%-Grenze" zu prüfen ist. Für die Ermittlung des Metallwertes gelten folgende Sonderregelungen: **174**[1)]

1. **Goldmünzen**

Für steuerpflichtige Goldmünzenumsätze muss der Unternehmer zur Bestimmung des zutreffenden Steuersatzes den Metallwert von Goldmünzen grundsätzlich anhand der aktuellen Tagespreise für Gold ermitteln. Maßgebend ist der von der Londoner Börse festgestellte Tagespreis (Nachmittagsfixing) für die Feinunze Gold (eine Unze = 31,1035 Gramm). Dieser in US-Dollar festgestellte Wert muss anhand der aktuellen Umrechnungskurse in Euro umgerechnet werden.

Aus Vereinfachungsgründen kann der Unternehmer jedoch auch den letzten im Monat November festgestellten Gold-Tagespreis für das gesamte folgende Kalenderjahr zu Grunde legen. Die umgerechneten Tagespreise vom letzten November-Werktag eines Jahres werden jeweils durch BMF-Schreiben bekannt gegeben, das im Bundessteuerblatt Teil I und auf den Internetseiten des BMF veröffentlicht wird. An das gewählte Verfahren (Berechnung nach Tagesnotierung oder nach der letzten Notierung im Monat November des Vorjahres) ist der Unternehmer mindestens für einen Besteuerungszeitraum gebunden.

---

[1)] Rdnr. 174 Satz 2 eingef. durch BMF v. 27.9.2022, BStBl. I S. 1429. Beachte zudem OFD Frankfurt v. 25.11.2022, nv: Es wird jedoch nicht beanstandet, wenn der Unternehmer auf die Einfuhr von Silbermünzen unter den Rahmenbedingungen des BMF-Schreibens vom 5.8.2004 (BStBl. I S. 638) in der bis zum 26.9.2022 geltenden Fassung den ermäßigten Steuersatz von 7 % anwendet, sofern die Silbermünzen bis einschließlich 30.11.2022 eingeführt worden sind und sie insbesondere nicht in der Anlage 1 zur Rn. 174 aufgeführt waren. Es wird darüber hinaus nicht beanstandet, wenn der Unternehmer Silbermünzen als „Sammlungsstücke" behandelt, ohne dass es einer weiteren Prüfung bedarf, wenn er die Silbermünzen bis einschließlich 31.12.2022 geliefert hat und sie nicht in der Anlage 1 zur Rn. 174 in der bis zum 26.9.2022 anzuwendenden Fassung aufgeführt waren.

2. **Silbermünzen**
Bei der Ermittlung des Metallwertes (Silberwertes) von Silbermünzen kann der jeweilige Rücknahmepreis je Kilogramm Feinsilber (DEGUSSA-Silberpreis) zugrunde gelegt werden, der regelmäßig in der Tagespresse veröffentlicht wird. Statt der jeweiligen Tagesnotierung kann aus Vereinfachungsgründen der letzte im Monat November ermittelte Silberpreis bei der Wertermittlung für das gesamte folgende Kalenderjahr angesetzt werden. Dieser Wert wird jeweils durch BMF-Schreiben bekannt gegeben, das im Bundessteuerblatt Teil I und auf den Internetseiten des BMF veröffentlicht wird[1]. An das gewählte Verfahren (Berechnung nach Tagesnotierung oder nach der letzten Notierung im Monat November des Vorjahres) ist der Unternehmer mindestens für einen Besteuerungszeitraum gebunden.

**175** Unternehmer, die den ermäßigten Steuersatz für Münzumsätze in Anspruch nehmen, sind verpflichtet, Aufzeichnungen zum Nachweis der Voraussetzungen für die Steuerermäßigung zu führen. Nach § 22 Abs. 2 Nr. 1 Satz 2 und Nr. 2 Satz 2 UStG ist der Unternehmer verpflichtet, die Entgelte für Münzlieferungen, auf die der ermäßigte Steuersatz angewendet wird, getrennt von den Entgelten für die übrigen Münzlieferungen aufzuzeichnen. Dabei müssen die Aufzeichnungen auch Angaben darüber enthalten, dass die Voraussetzungen für die Steuerermäßigung vorliegen. Es genügt, dass die erforderlichen Angaben in den zugehörigen Belegen (z. B. Rechnungsdurchschriften) enthalten sind, wenn in den Aufzeichnungen auf diese Belege hingewiesen wird. Nach § 63 Abs. 4 UStDV können die Finanzämter im Einzelfall auf Antrag Erleichterungen für die Trennung der Entgelte gewähren.

## C. Aufhebung von BMF-Schreiben

**176** Dieses Schreiben tritt an die Stelle der BMF-Schreiben vom
27. Dezember 1983 IV A 1 – S 7220 – 44/83 (BStBl. I S. 567), geändert durch BMF-Schreiben vom 7. Januar 1985 IV A 1 – S 7220 – 23/84 (BStBl. I S. 51),
vom 30. Dezember 1985 IV A 1 – S 7220 – 5/85 (BStBl. I 1986 S. 31),
vom 28. Februar 1989 IV A 2 – S 7221 – 2/89 (UR 1989 S. 134),
vom 22. Mai 1989 IV A 2 – S 7221 – 10/89 (BStBl. I S. 191),
vom 14. September 1989 IV A 2 – S 7225 – 11/89 (BStBl. I S. 345),
vom 21. März 1991 IV A 2 – S 7221 – 4/91 (BStBl. I S. 390),
vom 18. Oktober 1993 IV A 2 – S 7229 – 22/93 (BStBl. I S. 879),
vom 16. November 1993 IV C 3 – S 7221 – 15/93 (BStBl. I S. 956),
vom 24. Juli 1997 IV C 3 – S 7227 – 8/97 (BStBl. I S. 737),
vom 4. Juli 2000 IV D 1 – S 7100 – 81/00 (BStBl. I S. 1185) und
vom 12. Juli 2000 IV D 1 – S 7220 – 11/00 (BStBl. I S. 1209).
Diese Verwaltungsregelungen sind daher überholt und auf Umsätze, die nach dem 30. Juli 2004 ausgeführt werden, nicht mehr anzuwenden.

***Anlage 1***[2]
*(...)*

[1] **Red. Anm.:** Zuletzt BMF v. 1.12.2021, BStBl. I S. 2485 (Nr. **500** § 12/2).
[2] Anlage 1 gestrichen durch BMF v. 27.9.2022, BStBl. I S. 1429.

## Anlage 2
zum BMF-Schreiben vom 5. August 2004 – IV B7 – S 7220 – 46/04 –, zu Tz. 8

**EUROPÄISCHE GEMEINSCHAFT**

**ANTRAG AUF ERTEILUNG EINER VERBINDLICHEN ZOLLTARIFAUSKUNFT (VZTA)**

| | |
|---|---|
| **1. Antragsteller** (Name und Anschrift) ☐<br>Telefon-Nr.:<br>Fax-Nr.:<br>Zollidentifikations-Nr.: | **Für Eintragungen der Zollbehörden**<br>Registriernummer:<br>Ort der Antragstellung:<br>Eingangsdatum: Jahr ☐☐☐☐ Monat ☐☐ Tag ☐☐<br>Sprache, in der der VZTA-Antrag gestellt wurde.<br>Als Bild erfassen: Ja ☐ Anzahl ____ Nein ☐<br>Datum der Erteilung: Jahr ☐☐☐☐ Monat ☐☐ Tag ☐☐<br>Zuständiger Beamter:<br>Warenmuster zurückgesandt: ☐ |
| **2. Berechtigter** (Name und Anschrift) (vertraulich)<br>Telefon-Nr.:<br>Fax-Nr.:<br>Zollidentifikations-Nr.: | **Wichtiger Hinweis**<br>Mit seiner Unterschrift übernimmt der Antragsteller die Haftung für die Richtigkeit und Vollständigkeit der Angaben auf diesem Vordruck und den ggf. beigefügten Zusatzblättern. Der Antragsteller erklärt sich damit einverstanden, dass diese Angaben und etwaige Fotos, Abbildungen, Broschüren, usw. in einer Datenbank der Europäischen Kommission gespeichert werden und dass die Angaben, einschließlich etwaiger, vom Antragsteller oder der Verwaltung beigefügter (oder beizufügender) Fotos, Abbildungen, Broschüren, usw., die nicht in den Feldern 2 und 9 als vertraulich gekennzeichnet sind, der Öffentlichkeit über das Internet zugänglich gemacht werden können. |
| **3. Zollagent** (Empfänger) **oder Vertreter** (Name und Anschrift)<br>Telefon-Nr.:<br>Fax-Nr.:<br>Zollidentifikations-Nr.: | **4. Neuerteilung einer VZTA**<br>Nur ausfüllen, wenn Sie die Neuerteilung einer VZTA beantragen.<br>VZTA-Nummer:<br>gültig seit: Jahr ☐☐☐☐ Monat ☐☐ Tag ☐☐<br>Nomenklatur-Code: |
| **5. Zollnomenklatur**<br>In welche Nomenklatur soll die Ware eingereiht werden?<br>☐ Harmonisiertes System (HS)<br>☐ Kombinierte Nomenklatur (KN)<br>☐ TARIC<br>☐ Ausfuhrerstattung<br>☐ Sonstige (Bitte angeben) ____________ | **6. Art des Handelsgeschäfts**<br>Bezieht sich dieser Antrag auf eine tatsächlich geplante Einfuhr bzw. Ausfuhr? Ja ☐ Nein ☐<br>**7. Einreihungsvorschlag**<br>In welche Tarifposition sollte die Ware Ihrer Meinung nach eingereiht werden?<br>Nomenklatur-Code: |

**8. Warenbeschreibung**
Erforderlichenfalls die genaue Zusammensetzung der Ware, die angewandten Untersuchungsmethoden, das Herstellungsverfahren, den Wert einschließlich der Bestandteile, den Verwendungszweck der Ware und die handelsübliche Bezeichnung sowie gegebenenfalls die Aufmachung für den Einzelverkauf bei Warenzusammenstellungen angeben *(Bitte ein gesondertes Blatt benutzen, falls dieses Feld nicht ausreicht).*

**0307** Antrag auf Erteilung einer verbindlichen Zolltarifauskunft (2004)

**9. Handelsbezeichnung und zusätzliche Angaben *** (vertraulich)

Bitte geben Sie an, welche der gemäß Feld 10 dieses Antrags von Ihnen beigefügten Unterlagen oder von diesen von der Verwaltung gefertigten Fotos vertraulich zu behandeln sind:

**10. Warenmuster usw.**

Welche Unterlagen haben Sie Ihrem Antrag beigefügt? (Zutreffendes bitte ankreuzen)

Warenbeschreibung ☐ Broschüren ☐ Fotos ☐ Warenmuster ☐ Sonstiges ☐

Sollen die Warenmuster zurückgesandt werden? Ja ☐ Nein ☐

Bestimmte den Zollbehörden entstandene Kosten für Analysen, Sachverständigengutachten für Warenmuster oder die Rücksendung dieser Muster können dem Antragsteller in Rechnung gestellt werden.

**11. Andere bereits erhaltene oder beantragte * VZTA**

Haben Sie bei einer anderen Zollstelle oder einem anderen Mitgliedstaat bereits eine VZTA für eine gleiche oder gleichartige Ware beantragt oder erhalten?

Ja ☐ Nein ☐ Falls ja, bitte machen Sie Angaben zu folgenden Punkten und fügen Sie eine Ablichtung der VZTA bei:

| | |
|---|---|
| Land der Antragstellung: | Land der Antragstellung: |
| Ort der Antragstellung: | Ort der Antragstellung: |
| Datum der Antragstellung: Jahr ☐☐☐☐ Monat ☐☐ Tag ☐☐ | Datum der Antragstellung: Jahr ☐☐☐☐ Monat ☐☐ Tag ☐☐ |
| VZTA-Nummer: | VZTA-Nummer: |
| Beginn der Gültigkeitsdauer: Jahr ☐☐☐☐ Monat ☐☐ Tag ☐☐ | Beginn der Gültigkeitsdauer: Jahr ☐☐☐☐ Monat ☐☐ Tag ☐☐ |
| Nomenklatur-Code: | Nomenklatur-Code: |

**12. Anderen Berechtigten erteilte VZTA ***

Ist Ihnen bekannt, ob anderen Berechtigten für eine gleiche oder gleichartige Ware bereits eine VZTA erteilt worden ist?

Ja ☐ Nein ☐ Falls ja, bitte machen Sie Angaben zu folgenden Punkten:

| | |
|---|---|
| Land, in dem die VZTA erteilt wurde: | Land, in dem die VZTA erteilt wurde: |
| VZTA-Nummer: | VZTA-Nummer: |
| Beginn der Gültigkeitsdauer: Jahr ☐☐☐☐ Monat ☐☐ Tag ☐☐ | Beginn der Gültigkeitsdauer: Jahr ☐☐☐☐ Monat ☐☐ Tag ☐☐ |
| Nomenklatur-Code: | Nomenklatur-Code: |

**13. Datum und Unterschrift**

Ihr Zeichen:

Datum: Jahr ☐☐☐☐ Monat ☐☐ Tag ☐☐

Unterschrift:

**Für Eintragungen der Zollbehörden:**

** Bitte ein gesondertes Blatt benutzen, falls dieses Feld nicht ausreicht.*

## Europäische Gemeinschaft
## Antrag auf Erteilung einer verbindlichen Zolltarifauskunft (VZTA)

### Allgemeine Hinweise

***Bitte lesen Sie die folgenden Hinweise aufmerksam durch, bevor Sie den VZTA-Antrag ausfüllen.***

1. Allgemeine Hinweise zum Ausfüllen des Vordrucks finden Sie auf der nächsten Seite.
2. Verbindliche Zolltarifauskünfte werden erteilt gemäß der Verordnung (EWG) Nr. 2913/92 des Rates vom 12. Oktober 1992 und der Verordnung (EWG) Nr. 2454/93 der Kommission vom 2. Juli 1993, geändert durch die Verordnung (EG) Nr. 1602/2000 der Kommission vom 24. Juli 2000. Kopien dieser Verordnungen erhalten Sie beim Amt für amtliche Veröffentlichungen der Europäischen Gemeinschaften, Rue Mercier 2, L-2985 LUXEMBURG, oder bei den Verkaufsagenturen in den Mitgliedstaaten.
3. Eine VZTA darf nur im Zusammenhang mit einem tatsächlich vorgesehenen Ein- oder Ausfuhrvorgang beantragt werden. Eine VZTA ist für jede Zollstelle in der Europäischen Gemeinschaft bindend. Sie gilt ab dem Tag der Erteilung und ist auf zurückliegende Ein- oder Ausfuhrvorgänge **nicht** anwendbar. Eine VZTA ist höchstens 6 Jahre gültig. Änderungen der Nomenklatur oder der Erläuterungen zur Kombinierten Nomenklatur sowie die Veröffentlichung von Verordnungen der Kommission über die Einreihung von Waren oder von Urteilen können dazu führen, dass eine VZTA vor Ablauf von 6 Jahren ungültig wird. Sie können die Neuerteilung bei der Zolltechnischen Prüfungs- und Lehranstalt (ZPLA) beantragen, die Ihnen die ungültig gewordene Auskunft erteilt hat. Benutzen Sie auch hierzu den Antrag auf Erteilung einer VZTA.
4. Eine VZTA darf nicht für bereits erfolgte Einfuhren bzw. Ausfuhren oder bei bereits begonnenen Zollförmlichkeiten verwendet werden. Im Falle der Ausfuhr wird eine VZTA jedoch nur erteilt, wenn die Einreihung in eine Nomenklatur z. B. für die Feststellung eines Erstattungsanspruchs oder für die Prüfung des Präferenzursprungs erforderlich ist. Die Erteilung einer VZTA für die Ausfuhr von Waren kommt nicht in Betracht, soweit nur die statistische Warennummer festgestellt werden soll.
5. Für jede Warenart ist ein gesonderter Antrag zu stellen. Der Antrag kann in der Bundesrepublik Deutschland bei jeder Zollstelle eingereicht werden; er kann auch unmittelbar bei den für die Erteilung zuständigen und nachstehend genannten Dienststellen gestellt werden.
   – Oberfinanzdirektion Cottbus – Zolltechnische Prüfungs- und Lehranstalt Berlin –, Grellstraße 18 – 24, 10409 Berlin, für Waren der Kapitel 10, 11, 20, 22, der Positionen 2301, 2302 und 2307 bis 2309 sowie Kapitel 86 bis 92 und 94 bis 97 der Zollnomenklatur;
   – Oberfinanzdirektion Hamburg – Zolltechnische Prüfungs- und Lehranstalt –, Baumacker 3, 22523 Hamburg, für Waren der Kapitel 2, 3, 5, 9, 12 bis 16, 18, der Positionen 2303 bis 2306, der Kapitel 24 und 27, der Positionen 3505 und 3506 sowie der Kapitel 38 bis 40, 45 und 46 der Zollnomenklatur;
   – Oberfinanzdirektion Koblenz – Zolltechnische Prüfungs- und Lehranstalt Frankfurt am Main –, Gutleutstraße 185, 60327 Frankfurt am Main, für

Waren der Kapitel 25, 32, 34 bis 37 (ohne Positionen 3505 und 3506), 41 bis 43 und 50 bis 70 der Zollnomenklatur;

- Oberfinanzdirektion Köln – Zolltechnische Prüfungs- und Lehranstalt –, Merianstraße 110, 50765 Köln, für Waren der Kapitel 17, 26, 28 bis 31, 33, 47 bis 49, 71 bis 83 und 93 der Zollnomenklatur;
- Oberfinanzdirektion Nürnberg – Zolltechnische Prüfungs- und Lehranstalt München –, Landsberger Straße 122, 80339 München, für Waren der Kapitel 1, 4, 6 bis 8, 19, 21, 44, 84 und 85 der Zollnomenklatur.

Ergibt sich wegen einer möglichen unterschiedlichen Einreihung die Zuständigkeit von zwei der vorgenannten Dienststellen, genügt es, wenn Sie den Antrag bei einer dieser Dienststellen einreichen. Wird Ihr Antrag weitergeleitet, werden Sie hiervon in Kenntnis gesetzt.

Jedem Antrag sind, soweit möglich, Muster oder Proben der zu beurteilenden Ware in ausreichender Menge beizufügen. Ist dies wegen der besonderen Beschaffenheit der Ware wie Größe, Gewicht, Verderblichkeit, Wert oder dergleichen nicht angebracht, sind Abbildungen, Prospekte oder so genaue Beschreibungen vorzulegen, dass die Auskunft danach erteilt werden kann.

Reichen die Angaben im Antrag für eine zweifelsfreie Einreihung nicht aus und können Sie die erforderlichen Daten auch auf Anfrage nicht liefern, ist davon auszugehen, dass die Waren durch die ZPLA untersucht werden müssen. Hierdurch entstehende Untersuchungsgebühren werden Ihnen mit einem Kostenbescheid in Rechnung gestellt. Weiterhin ist zu bedenken, dass die Waren gegebenenfalls bei der Untersuchung verbraucht, beschädigt oder sogar zerstört werden können. Ein Schadenersatzanspruch entsteht dadurch nicht.

6. Eine VZTA darf nur vom Berechtigten verwendet werden.
7. Die Angaben in den Feldern 2 und 9 des Antragsformblatts werden vertraulich behandelt und fallen unter das Amtsgeheimnis.
8. Die Erteilung einer VZTA ist gebührenfrei. Bestimmte den Zollbehörden entstandene Kosten für Analysen, Sachverständigengutachten für Warenmuster oder die Rücksendung dieser Muster können dem Antragsteller jedoch in Rechnung gestellt werden. Soweit die Rückgabe der eingesandten Muster oder Proben verlangt wird, entstehen für die Rücksendung mit der Post keine Gebühren. Ein Versand mit Paketdiensten oder eine Beförderung durch einen Spediteur ist nur möglich, wenn der Empfänger die Kosten übernimmt.
9. Auf Verlangen ist eine Übersetzung der beigefügten Unterlagen in die Amtssprache(n) des betreffenden Mitgliedstaats beizubringen.
10. Wenn der Antrag falsche oder unvollständige Angaben enthält, kann die auf solchen Angaben beruhende VZTA zurückgenommen werden.
11. Zusätzlicher Hinweis: Die Daten des Antrags und der VZTA werden in der Datenbank EBTI der Europäischen Kommission gespeichert. Ebenso werden eingesandte oder von den ZPLAen von der Ware angefertigte Fotos in diese Datenbank aufgenommen.

    **Die Europäische Kommission hat den Zugriff auf die Datenbank EBTI über das Internet öffentlich gemacht. Die Internetadresse lautet:**

    http://europa.eu.int/comm/taxation_customs/dds/de/ebticau.htm

    In dieser Datenbank sind alle gültigen VZTA und die dazugehörigen Bilder enthalten, soweit es sich nicht um vertrauliche Daten handelt. Im Antrag sind deswegen bestimmte Felder mit dem Hinweis (vertraulich) versehen. Die dort enthaltenen Angaben oder die als vertraulich eingestuften Bilder werden nicht angezeigt.

**Allgemeine Hinweise zum Ausfüllen des Antrags auf Erteilung einer verbindlichen Zolltarifauskunft (VZTA)**

*Nachfolgend erhalten Sie allgemeine Hinweise zum Ausfüllen des Antrags auf Erteilung einer VZTA nach dem Muster in Anhang 1 b der Verordnung (EWG) Nr. 2454/93 vom 2. Juli 1993. Bitte lesen Sie die Hinweise aufmerksam durch, bevor Sie den Antrag ausfüllen.*

**FELD 1: Antragsteller (Name und Anschrift)**

(obligatorisch)

Für die Zwecke der verbindlichen Zolltarifauskunft bedeutet *Antragsteller* die Person, die bei den Zollbehörden eine verbindliche Zolltarifauskunft beantragt oder in deren Namen sie beantragt wird. Bitte ausfüllen und mit Feld 2 fortfahren.

*Name und Anschrift des Antragstellers:* fünf Zeilen (maximal 175 Zeichen);

*Telefon-Nr. (fakultativ):* eine Zeile (maximal 25 Zeichen);

*Fax-Nr. (fakultativ):* eine Zeile (maximal 25 Zeichen);

*Zollidentifikationsnummer (gleichbedeutend mit Zollnummer) (fakultativ):* Bitte geben Sie die Ihnen von den Zollbehörden zugeteilte Identifikationsnummer an (eine Zeile, maximal 25 Zeichen).

Antragsteller kann z. B. eine Firma, eine beauftragte Spedition oder eine Privatperson sein.

Tragen Sie bitte die vollständige Adresse ein und ergänzen Sie diese Angaben um die Telefon- und Fax-Nummer sowie die Zollnummer (soweit vorhanden).

Sollte noch keine Zollnummer erteilt worden sein, können Sie diese von der Koordinierenden Stelle ATLAS – Zentrale Datenpflege – Postfach 10 02 65, 76232 Karlsruhe, erhalten.

**FELD 2: Berechtigter (Name und Anschrift)**

(obligatorisch)

Für die Zwecke der verbindlichen Zolltarifauskunft bedeutet *Berechtigter* die Person, der die VZTA erteilt wird. Bitte ausfüllen und mit Feld 3 fortfahren.

*Name und Anschrift des Berechtigten der VZTA:* fünf Zeilen (maximal 175 Zeichen);

*Telefon-Nr. (fakultativ):* eine Zeile (maximal 25 Zeichen);

*Fax-Nr. (fakultativ):* eine Zeile (maximal 25 Zeichen);

*Zollidentifikationsnummer (fakultativ):* Bitte geben Sie die Ihnen von den Zollbehörden zugeteilte Identifikationsnummer an (eine Zeile, maximal 25 Zeichen).

In diesem Feld ist die Adresse, Telefon- und Faxnummer sowie Zollnummer desjenigen anzugeben, auf dessen Namen die VZTA erteilt werden soll und der diese Auskunft für Ein- oder Ausfuhrvorgänge verwenden will.

Ist der Berechtigte mit dem Antragsteller identisch, kann auf Feld 1 verwiesen werden.

Hat der Berechtigte seinen Sitz im Ausland, sollte möglichst ein Empfangsbevollmächtigter mit Adresse in der Bundesrepublik Deutschland in Feld 3 angegeben werden.

Die Angaben in diesem Feld werden vertraulich behandelt.

**FELD 3: Zollagent oder Vertreter (Name und Anschrift)**

(fakultativ)

Bitte ausfüllen, wenn Sie einen Zollagenten oder Vertreter benennen wollen, der die VZTA bei der Einfuhr/Ausfuhr im Namen des Berechtigten vorlegt. Ansonsten offen lassen und mit Feld 4 fortfahren.

*Name und Anschrift des Zollagenten oder Vertreters:* fünf Zeilen (maximal 175 Zeichen);

*Telefon-Nr. (fakultativ):* eine Zeile (maximal 25 Zeichen);

*Fax-Nr. (fakultativ):* eine Zeile (maximal 25 Zeichen);

*Zollidentifikationsnummer (fakultativ):* Bitte geben Sie die Ihnen von den Zollbehörden zugeteilte Identifikationsnummer an (eine Zeile, maximal 25 Zeichen).

Sollen Ein- oder Ausfuhrvorgänge nicht vom Berechtigten selbst, sondern z. B. von einer Spedition oder einem anderen Beauftragten abgewickelt werden, kann hier Name und Anschrift mit Telefon- und Faxnummer sowie Zollnummer angegeben werden.

**FELD 4: Erneuerung einer VZTA**

(fakultativ. Wenn Sie dieses Feld ausfüllen, sind alle Teile auszufüllen).

Eine VZTA ist derzeit 6 Jahre lang gültig. Bitte ausfüllen, wenn die Gültigkeitsdauer einer Ihnen erteilten VZTA abgelaufen ist oder in Kürze ablaufen wird und Sie die Erneuerung der ungültig gewordenen VZTA wünschen; ansonsten offen lassen und mit Feld 5 fortfahren.

*VZTA-Nummer :* Bitte die Nummer der VZTA angeben, deren Erneuerung gewünscht wird. Die ersten beiden Zeichen stehen für den ISO-Code des Landes, in dem die VZTA erteilt wurde, die übrigen 20 Zeichen für die von den zuständigen Zollbehörden vergebene Nummer.

*Gültig vom:* Angabe des Datums, ab dem die VZTA galt; Jahreszahl mit vier Stellen, Monat und Tag mit zwei Stellen angeben. *Nomenklatur-Code:* maximal 22 Zeichen.

**FELD 5: Zollnomenklatur**

(obligatorisch)

Bitte die Nomenklatur ankreuzen, in die die Ware eingereiht werden soll. Sollte sie nicht in der Liste aufgeführt sein, bitte den Namen der betreffenden Nomenklatur eintragen. Eine VZTA kann nur für eine Nomenklatur erteilt werden, die auf dem Harmonisierten System zur Bezeichnung und Codierung der Waren (HS) beruht.

Kreuzen Sie bitte eine der fünf vorgegebenen Möglichkeiten an. Sie bestimmen dadurch die Länge der in der VZTA enthaltenen Warennummer.

Der Zolltarif der Europäischen Gemeinschaft baut auf der Nomenklatur des Harmonisierten Systems (HS) auf und wird durch Erweiterung der HS-Codes (6-stellig) um zwei Stellen zur Kombinierten Nomenklatur (KN: 8-stellig). Zur Berücksichtigung besonderer zolltariflicher Maßnahmen wird die KN um weitere zwei Stellen zum Integrierten Zolltarif (TARIC; 10-stellig) ergänzt. Für nationale Unterscheidungen kann der zehnstellige TARIC-Code um eine bis zu vier Stellen erweitert werden. In der Bundesrepublik Deutschland wird für nationale Unterscheidungen eine Stelle verwendet und dadurch die so genannte vollständige Codenummer (11-stellig) gebildet. Für den zuletzt genannten Fall ist das Feld „Sonstige" zu markieren und „vollständige Codenummer" anzugeben.

Da im Bereich des TARIC häufig Änderungen erfolgen, kann unter Umständen die VZTA nur eine kurze Geltungsdauer haben. Gleiches gilt für VZTA mit vollständiger Codenummer.

Wird die VZTA wegen der möglichen Zahlung einer Ausfuhrerstattung für eine Marktordnungsware beantragt, ist das Kästchen „Ausfuhrerstattung" zu markieren.

**FELD 6: Art des Handelsgeschäfts**

(obligatorisch)

Bezieht sich Ihr Antrag auf eine geplante tatsächliche Einfuhr oder Ausfuhr? Zutreffendes bitte ankreuzen.

**FELD 7: Einreihungsvorschlag**

(fakultativ)

Bitte geben Sie die Position/Unterposition an, in die die Ware Ihrer Meinung nach eingereiht werden soll (maximal 22 Zeichen).

Ist die zu begutachtende Ware oder sind gleichartige Waren bereits ein- oder ausgeführt worden, tragen Sie bitte hier die Position, Unterposition oder Codenummer ein, der die Waren zugewiesen worden sind (siehe Feld 33 des Einheitspapiers). Wurde die Ware bisher nicht eingeführt, können Sie die Position, Unterposition oder Codenummer angeben, die Ihrer Auffassung nach für die Ware zutrifft.

**FELD 8: Warenbeschreibung**

(obligatorisch)

Bitte geben Sie eine genaue Warenbeschreibung an, die das Erkennen der Waren und deren Einreihung in die Zollnomenklatur ermöglicht. Machen Sie genaue Angaben zur Zusammensetzung der Ware und ggf. zu den zur Bestimmung der Zusammensetzung angewandten Untersuchungsmethoden, sofern die Einreihung von der Zusammensetzung abhängt. Feld für freien Text (maximal 32 768 Zeichen). Vertrauliche Angaben sind in Feld 9 zu machen.

Benennen Sie bitte z. B. die Bestandteile, das Herstellungsverfahren, den Verwendungszweck und die handelsübliche Bezeichnung. Angaben zur Artikel- oder Modellnummer sind zur Identifikation der Ware hilfreich. Bei Warenzusammenstellungen beschreiben Sie bitte die Aufmachung oder Verpackung und geben Sie die Wertanteile an.

**FELD 9: Handelsbezeichnung und zusätzliche Angaben (vertrauliche Daten)**

(fakultativ)

Bitte geben Sie hier die Einzelheiten an, die vertraulich behandelt werden sollen wie Warenzeichen, Modellnummern usw. Feld für freien Text (maximal 32 768 Zeichen).

Ist die Handelsbezeichnung, die Artikelnummer oder eine sonstige Bezeichnung der Ware vertraulich zu behandeln, so sind diese Angaben nur in dieses Feld einzutragen.

Hier kann auch darauf hingewiesen werden, dass Ergebnisse einer ggf. von der ZPLA durchgeführten Untersuchung oder ein Bild als vertraulich einzustufen sind.

**FELD 10: Warenmuster usw.**

(fakultativ)

Bitte geben Sie durch Ankreuzen des entsprechenden Kästchens an, ob Sie eine Beschreibung, Muster/Proben, Kataloge, Photos oder sonstige Unterlagen vorlegen, die den Zollbehörden bei der Bearbeitung dieses Antrages nützlich sein könnten. Geben Sie gegebenenfalls auch an, wie mit den Warenmustern anschließend verfahren werden soll.

**FELD 11: Andere bereits erhaltene oder beantragte VZTA**

(obligatorisch)

Bitte machen Sie hier Angaben zu anderen VZTA-Anträgen, die der Berechtigte für eine gleiche oder gleichartige Ware bei einer anderen Zollstelle oder in einem anderen Mitgliedstaat gestellt hat, sowie zu VZTA, die ihm bereits für eine gleiche oder gleichartige Ware erteilt worden sind. Gegebenenfalls auf einem gesonderten Blatt fortfahren, falls dieses Feld nicht ausreicht. Bitte geben Sie durch Ankreuzen des entsprechenden Kästchens an, wenn Sie andere Anträge vorgelegt haben.

Wenn Sie „Ja" ankreuzen, ist Folgendes anzugeben.

– obligatorischer Teil:

*Land der Antragstellung:* ISO-Code des Landes.

*Ort der Antragstellung:* Name der Zollstelle (maximal 25 Zeichen)

*Datum der Antragstellung:* Jahreszahl mit vier Stellen, Monat und Tag mit zwei Stellen.

– fakultativer Teil (wenn Sie über Anträge verfügen, für die noch keine VZTA erteilt worden ist). Wenn Sie aufgrund des Antrages eine VZTA erhalten haben, ist dieser Teil obligatorisch.

*VZTA-Nummer:* Geben Sie die Nummer der VZTA an. Die ersten beiden Zeichen stehen für den ISO-Code des Landes, in dem die VZTA erteilt wurde, die übrigen 20 Zeichen für die von den zuständigen Zollbehörden vergebene Nummer.

*Beginn der Gültigkeitsdauer:* Jahreszahl mit vier Stellen, Monat und Tag mit zwei Stellen.

*Nomenklatur-Code:* maximal 22 Zeichen.

Zur Bezeichnung des Landes der Antragstellung bzw. der Erteilung ist der zweistellige ISO-Code zu verwenden.

AT = Österreich; BE = Belgien; CZ = Tschechien; CY = Zypern; DE = Deutschland; DK = Dänemark; EE = Estland; ES = Spanien; FI = Finnland; FR = Frankreich; GB = Vereinigtes Königreich von Großbritannien; GR = Griechenland; HU = Ungarn; IE = Irland; IT = Italien; LT = Litauen; LU = Luxemburg; LV = Lettland; MT = Malta; NL = Niederlande; PL = Polen; PT = Portugal; SE = Schweden; SL = Slowenien; SK = Slowakien

**FELD 12: Anderen Berechtigten erteilte VZTA**

(obligatorisch)

Bitte machen Sie hier genaue Angaben, wenn Ihres Wissens anderen Berechtigten für eine gleiche oder gleichartige Ware bereits eine VZTA erteilt worden ist. Gegebenenfalls auf einem gesonderten Blatt fortfahren, falls dieses Feld nicht ausreicht. Bitte geben Sie durch Ankreuzen des entsprechenden Kästchens an, wenn Sie von anderen VZTA Kenntnis haben.

Wenn Sie „Ja" ankreuzen, sind folgende Angaben fakultativ:

*Land, in dem die VZTA erteilt wurde:* ISO-Code des Landes.

*VZTA-Nummer:* Die ersten beiden Zeichen stehen für den ISO-Code des Landes, in dem die VZTA erteilt wurde, die übrigen 20 Zeichen für die von den zuständigen Zollbehörden vergebene Nummer.

*Beginn der Gültigkeitsdauer:* Jahreszahl mit vier Stellen, Monat und Tag mit zwei Stellen

*Nomenklatur-Code:* maximal 22 Zeichen.

Zur Bezeichnung des Landes der Antragstellung bzw. der Erteilung ist der zweistellige ISO-Code zu verwenden.

AT = Österreich; BE = Belgien; CZ = Tschechien; CY = Zypern; DE = Deutschland; DK = Dänemark; EE = Estland; ES = Spanien; FI = Finnland; FR = Frankreich; GB = Vereinigtes Königreich von Großbritannien; GR = Griechenland; HU = Ungarn; IE = Irland; IT = Italien; LT = Litauen; LU = Luxemburg; LV = Lettland; MT = Malta; NL = Niederlande; PL = Polen; PT = Portugal; SE = Schweden; SL = Slowenien; SK = Slowakien

**FELD 13: Datum und Unterschrift**

(obligatorisch)

Bitte den Antrag nach Prüfung auf Richtigkeit und Vollständigkeit datieren und unterschreiben. Alle einzelnen zum Antrag gehörenden Blätter sind ebenfalls zu unterschreiben und mit Datum zu versehen.

*Ihr Zeichen (fakultativ):* ggf. Ihr Zeichen eintragen (eine Zeile, maximal 35 Zeichen).
*Datum:* Jahreszahl mit vier Stellen, Monat und Tag mit zwei Stellen.

# 500 § 12/2. Schreiben betr. ermäßigter Umsatzsteuersatz für die steuerpflichtigen Einfuhren von Sammlermünzen; Bekanntmachung des Gold- und Silberpreises für das Kalenderjahr 2023

Vom 1. Dezember 2022

BMF III C 2 - S 7246/19/10002 :001; DOK 2022/1065573

(BStBl. I S. 1678)

**Bezug:** BMF-Schreiben vom 5. August 2004 (BStBl. I S. 638)[1)]

Auf die steuerpflichtigen Einfuhren von Sammlermünzen aus Edelmetallen ist der ermäßigte Umsatzsteuersatz anzuwenden, wenn die Bemessungsgrundlage für die Umsätze dieser Gegenstände mehr als 250 Prozent des unter Zugrundelegung des Feingewichts berechneten Metallwerts ohne Umsatzsteuer beträgt (§ 12 Abs. 2 Nr. 12 UStG i.V.m. Nr. 54 Buchst. c Doppelbuchst. cc der Anlage 2 zum UStG).

Für die Anwendung der Umsatzsteuerermäßigung im Kalenderjahr 2023 gilt Folgendes:

## 1. Goldmünzen

Für steuerpflichtige Einfuhren von Goldmünzen muss der Unternehmer zur Bestimmung des zutreffenden Steuersatzes den Metallwert von Goldmünzen grundsätzlich anhand der aktuellen Tagespreise für Gold ermitteln. Maßgebend ist der von der Londoner Börse festgestellte Tagespreis (Nachmittagsfixing) für die Feinunze Gold (1 Feinunze entspricht 31,1035 Gramm). Dieser in US-Dollar festgestellte Wert muss anhand der aktuellen Umrechnungskurse in Euro umgerechnet werden.

Nach Tz. 174 Nr. 1 des Bezugsschreibens kann der Unternehmer aus Vereinfachungsgründen jedoch auch den letzten im Monat November festgestellten Goldtagespreis für das gesamte folgende Kalenderjahr zu Grunde legen. Für das Kalenderjahr 2023 ist die Metallwertermittlung dabei nach einem Goldpreis (ohne Umsatzsteuer) von 54 712 € je Kilogramm vorzunehmen.

## 2. Silbermünzen

Bei der Ermittlung des Metallwerts von Silbermünzen kann der Unternehmer nach Tz. 174 Nr. 2 des Bezugsschreibens statt der jeweiligen Tagesnotierung aus Vereinfachungsgründen den letzten im Monat November festgestellten Preis je Kilogramm Feinsilber für das gesamte folgende Kalenderjahr zu Grunde legen. Für das Kalenderjahr 2023 ist die Wertermittlung dabei nach einem Silberpreis (ohne Umsatzsteuer) von 652 € je Kilogramm vorzunehmen.

---

[1)] Nr. **500** § 12/1.

Vom 7. Dezember 2022



---

[1] Nr. 500 § 12/1.

# 500 § 12/4. Schreiben betr. Umsatzsteuer; Absenkung des Steuersatzes für die Beförderung von Personen im Schienenbahnfernverkehr

Vom 21. Januar 2020 (BStBl. I S. 197)

(BMF III C 2 – S 7244/19/10002 :009; DOK 2020/0024002)

1 Durch Art. 3 des Gesetzes zur Umsetzung des Klimaschutzprogramms 2030 im Steuerrecht vom 21. 12. 2019 (BGBl. I S. 2886)[1] wurde der Steuersatz für die Beförderung von Personen im innerdeutschen Schienenbahnverkehr auch für den Personenfernverkehr auf 7% abgesenkt, § 12 Abs. 2 Nr. 10 UStG. Zudem wurde § 34 Abs. 1 Satz 2 UStDV aufgehoben und § 35 Abs. 2 Satz 2 UStDV angepasst. Die Änderungen sind am 1. Januar 2020 in Kraft getreten.

Unter Bezugnahme auf das Ergebnis der Erörterungen mit den obersten Finanzbehörden der Länder gilt für die umsatzsteuerrechtliche Behandlung von Leistungen im Schienenbahnverkehr Folgendes:

## I. Anwendungsregelung für Änderungen des Umsatzsteuergesetzes (§ 27 Abs. 1 UStG)

2 Soweit nichts anderes bestimmt ist, sind Änderungen des Umsatzsteuergesetzes auf Lieferungen, sonstige Leistungen und innergemeinschaftliche Erwerbe anzuwenden, die ab dem Inkrafttreten der jeweiligen Änderungsvorschrift ausgeführt werden (§ 27 Abs. 1 Satz 1 UStG).

3 Änderungen des Umsatzsteuergesetzes sind nach § 27 Abs. 1 Satz 2 UStG auf die ab dem Inkrafttreten der jeweiligen Änderungsvorschrift ausgeführten Lieferungen und sonstigen Leistungen auch insoweit anzuwenden, als die Umsatzsteuer dafür – z. B. bei Anzahlungen, Abschlagszahlungen, Vorauszahlungen, Vorschüssen – in den Fällen der Istversteuerung nach § 13 Abs. 1 Nr. 1 Buchst. a Satz 4, Buchst. b oder § 13b Abs. 4 Satz 2 UStG bereits vor dem Inkrafttreten der betreffenden Änderungsvorschrift entstanden ist. Die Steuerberechnung ist in diesen Fällen erst in dem Voranmeldungszeitraum zu berichtigen, in dem die Leistung ausgeführt wird (§ 27 Abs. 1 Satz 3 UStG).

## II. Auswirkungen der Absenkung des Steuersatzes für die Beförderungen von Personen im Schienenbahnverkehr

### 1. Anwendungsbeginn

4 Der ermäßigte Steuersatz von 7% ist auf die Beförderungsleistungen anzuwenden, die nach dem 31 Dezember 2019 bewirkt werden. Maßgebend für die Anwendung des ermäßigten Steuersatzes ist stets der Zeitpunkt, in dem der jeweilige Umsatz ausgeführt wird (vgl. Abschn. 13.1 Abs. 1 Satz 1 UStAE). Auf den Zeitpunkt der vertraglichen Vereinbarung kommt es ebenso

[1] **Amtl. Anm.:** BStBl. 2020 I S. 138.

wenig an wie auf den Zeitpunkt der Entgeltvereinnahmung oder der Rechnungserteilung. Sonstige Leistungen sind zur Zeit ihrer Vollendung ausgeführt (Abschn. 13.1 Abs. 3 Satz 1 UStAE). Bei einer Bahnfahrt liegt Vollendung im Zeitpunkt der Beendigung der Beförderung vor. In Fällen, in denen das Entgelt eines Fahrausweises für eine Bahnfahrt bereits vor Inkrafttreten der Neuregelung vom Leistenden vereinnahmt wird, richtet sich der Steuersatz grundsätzlich nach dem Zeitpunkt der Beförderung. Zu stichtagsübergreifenden Fahrausweisen im Schienenbahnverkehr siehe Rz. 9 und 10.

**2. Steuerausweis**

**2.1. Allgemeines**

5 Der Unternehmer ist berechtigt, über Beförderungsleistungen, die nach dem 31. Dezember 2019 ausgeführt werden und somit dem ermäßigten Steuersatz unterliegen, Rechnungen nach § 14 Abs. 2 UStG zu erteilen, in denen die Umsatzsteuer mit dem ab 1. Januar 2020 geltenden Steuersatz von 7% ausgewiesen ist. Das gilt auch, wenn die Verträge über diese Leistungen vor dem 1. Januar 2020 geschlossen worden sind und dabei von dem bis dahin geltenden Regelsteuersatz in Höhe von 19% ausgegangen worden ist.

**2.2. Steuerausweis im Rahmen der Abrechnung gegenüber dem Fahrgast**

6 Die für den Ausweis der Umsatzsteuer auf den Fahrausweisen oder Rechnungen maßgebenden Verkaufssysteme beziehen sich beim Kauf an Automaten oder Schaltern für Zwecke des Umsatzsteuerausweises ausschließlich auf das Druckdatum bzw. beim Online-Ticketkauf auf das Erstelldatum der Fahrkarte. Folge hiervon ist, dass auf Fahrkarten im Schienenbahnverkehr bis zum Druck-/Erstelldatum 31. Dezember 2019, die zu gemeindeübergreifenden Fahrten über 50 km berechtigen, der Regelsteuersatz in Höhe von 19% ausgewiesen wird. Ab dem Druck-/Erstelldatum 1. Januar 2020 wird grundsätzlich der ermäßigte Steuersatz von 7% ausgewiesen. Zu Ausnahmen siehe Rz. 11.

## III. Übergangsregelungen

**1. Allgemeines**

7 Um den Übergang zur Anwendung des ab 1. Januar 2020 geltenden ermäßigten Steuersatzes für die Beförderung von Personen im Schienenbahnverkehr in der Praxis zu erleichtern, werden in den nachfolgenden Randziffern besondere Übergangsregelungen getroffen.

**2. Umsatzsteuerliche Behandlung von Fahrausweisen für die Personenbeförderung im Schienenbahnverkehr**

**2.1. Allgemeines**

8 Auf Einnahmen aus den Verkäufen von Einzelfahrkarten und Zeitkarten, die ausschließlich bis zum Ablauf des letzten Betriebstages des Monats Dezember 2019 gültig sind (der Betriebstag endet vielfach erst nach 24 Uhr), wendet das Schienenbahnverkehrsunternehmen, sofern die Beförderungsleistungen bisher dem allgemeinen Steuersatz unterlegen haben, diesen weiterhin an. Die

Einnahmen aus den Verkäufen von Einzelfahrkarten und Zeitkarten mit Geltungsdauer ab dem Betriebstag 1. Januar 2020 unterwirft das Schienenbahnverkehrsunternehmen dem ermäßigten Steuersatz.

### 2.2. Stichtagsübergreifend gültige Fahrausweise

Die Bruttoerlöse aus dem Verkauf von Einzelfahrkarten, Hin- und Rückfahrkarten sowie Zeitkarten werden, sofern die Beförderungsleistungen bisher dem allgemeinen Steuersatz unterlegen haben, in den Fällen, in denen die Gültigkeitsdauer über den 31. Dezember 2019 hinausreicht, abweichend vom Leistungszeitpunkt weiterhin dem Regelsteuersatz unterworfen. Es wird jedoch nicht beanstandet, wenn bei Fahrausweisen, für die das Entgelt in Form von monatlichen Raten entrichtet wird und deren Gültigkeitsdauer über den 31. Dezember 2019 hinausreicht, die Raten mit Inkrafttreten der Steuersatzsenkung entsprechend angepasst werden und die zugehörigen Rechnungen ab diesem Zeitpunkt 7% Umsatzsteuer ausweisen. Zum Vorsteuerabzug eines vorsteuerabzugsberechtigten Bahnkunden siehe Rz. 19. 9

**Beispiel:** 10

Der vorsteuerabzugsberechtigte Geschäftskunde U hat sich am 1. Juli 2019 eine Jahreskarte für die Zugstrecke München – Augsburg für EUR 2822,00 gekauft. Ausweislich der Rechnung ist in den EUR 2822,00 Umsatzsteuer zum Regelsteuersatz von 19% in Höhe von EUR 450,57 enthalten. Am 1. Januar 2020 tritt die geschilderte Steuersatzsenkung in Kraft. Unabhängig vom Leistungszeitpunkt verbleibt es in dieser Konstellation bei einer Besteuerung mit dem Regelsteuersatz.

### 2.3 Bahn-Tix und Rail&Fly

Bei dem Verkaufsverfahren Bahn-Tix und Rail&Fly kommt es zu einer zeitlichen Trennung zwischen dem Zeitpunkt der Fahrkartenbuchung und dem Zeitpunkt des Fahrkartendrucks. Fahrkarten werden beispielsweise in 2019 gebucht und bezahlt, der Ausdruck erfolgt erst in 2020 am Automaten. Beim Ausdruck wird auf den Steuersatz zurückgegriffen, der zum Zeitpunkt der Buchung maßgebend war. Aufgrund dieser Besonderheit werden auch noch Fahrkarten mit Druckdatum nach dem 31. Dezember 2019 einen Umsatzsteuersatz von 19% ausweisen. Für diesen Fall gelten die Regelungen in Rz. 9 und Rz. 19 entsprechend. 11

## 3. Vorsteuerabzug aus Fahrausweisen und anderen Rechnungen

Fahrausweise gelten gemäß § 34 Umsatzsteuer-Durchführungsverordnung (UStDV) als Rechnungen, wenn sie die folgenden Angaben enthalten: 12

– den vollständigen Namen und die vollständige Anschrift des Unternehmers, der die Beförderungsleistung ausführt (§ 31 Abs. 2 UStDV ist entsprechend anzuwenden),
– das Ausstellungsdatum,
– das Entgelt und den darauf entfallenden Steuerbetrag in einer Summe,
– den anzuwendenden Steuersatz, wenn die Beförderungsleistung nicht dem ermäßigten Steuersatz nach § 12 Abs. 2 Nr. 10 Umsatzsteuergesetz (UStG) unterliegt.

Zum Vorsteuerabzug heißt es in § 35 UStDV (Fassung ab 1. Januar 2020):

Abs. 1: Bei Rechnungen i. S. d. § 33 UStDV kann der Unternehmer den Vorsteuerabzug in Anspruch nehmen, wenn er den Rechnungsbetrag in Entgelt und Steuerbetrag aufteilt.

Abs. 2: Abs. 1 ist für Rechnungen i. S. d. § 34 UStDV entsprechend anzuwenden. Bei der Aufteilung in Entgelt und Steuerbetrag ist der Steuersatz nach § 12 Abs. 1 des Gesetzes anzuwenden, wenn in der Rechnung dieser Steuersatz angegeben ist.

**13** Weder die tarifliche Geltungsdauer noch der Zeitpunkt der Leistungserbringung gehört danach zu den Pflichtangaben auf dem Fahrausweis. Da der Ausdruck des Abrechnungsdokumentes bzw. dessen Generierung im Online-Bestellsystem regelmäßig vor dem Zeitpunkt der Leistungserbringung liegt, ist der Fahrausweis insoweit als eine Vorausrechnung zu qualifizieren.

**14** Liegt einem vorsteuerabzugsberechtigten Unternehmer ein bis zum 31. Dezember 2019 ausgestellter Fahrausweis oder an Stelle dessen ein anderes Abrechnungsdokument mit Angabe des anzuwendenden Regelsteuersatzes von 19 % vor, darf der Unternehmer die im Bruttofahrpreis enthaltene Umsatzsteuer im Zahlungsmonat als Vorsteuer geltend machen, sofern der ausgewiesene Umsatzsteuersatz richtig ist. Enthalten die Fahrausweise den Hinweis auf einen Beförderungsanspruch bis zum 31. Dezember 2019 und verlieren sie danach ihre Gültigkeit, ist der Steuerausweis i. H. v. 19 % richtig. Denn die Leistungsausführung findet noch vor dem Inkrafttreten der Gesetzesänderung statt.

**15** Findet hingegen die Leistungsausführung – also die Beförderung – erst ab dem 1. Januar 2020 statt, handelt es sich bei der Angabe des Regelsteuersatzes um einen unrichtigen Steuerausweis i. S. v. § 14 c Abs. 1 UStG. Ein zu hoher Steuerausweis i. S. d. § 14 c Abs. 1 UStG liegt auch vor, wenn in Fahrausweisen (§ 34 UStDV) ein zu hoher Steuersatz angegeben wird (siehe Abschn. 14 c.1 Abs. 2 UStAE). In Folge des unrichtigen Steuerausweises schuldet das Schienenbahnverkehrsunternehmen den auf dem Fahrausweis ausgewiesenen Mehrbetrag. Zur Rechnungsberichtigung nach § 14 c Abs. 1 Satz 2 UStG siehe Rz. 19.

**16** Für den Leistungsempfänger bedeutet ein überhöhter Steuerausweis, dass ein Vorsteuerabzug von 19 % ausscheidet, soweit der Steuersatz unzutreffend ist (vgl. Abschn. 15.2 Abs. 1 Satz 2 und 3 UStAE). Er ist aber bei Vorliegen der weiteren Voraussetzungen des § 15 Abs. 1 UStG zum Vorsteuerabzug i. H. v. 7 % berechtigt, da im Falle des § 14 c Abs. 1 UStG der Vorsteuerabzug unter den übrigen Voraussetzungen in Höhe der für die bezogene Leistung geschuldeten Steuer vorgenommen werden kann (Abschn. 15.2 a Abs. 6 Satz 12 UStAE).

**17** Auf besonderen Wunsch erhalten Kunden im Schienenbahnverkehr für Zwecke des Vorsteuerabzugs an Stelle des Fahrausweises ein anderes Abrechnungsdokument. Zur Vermeidung eines doppelten Vorsteuerabzugs durch den Leistungsempfänger wird der Fahrausweis in diesem Fall für Zwecke des Vorsteuerabzugs entwertet. Wegen des in der Zukunft liegenden Leistungszeitpunktes ist die Rechnung als Vorausrechnung zu qualifizieren. Sie enthält einen eindeutigen Verweis auf den bereits ausgegebenen Fahrausweis. Die Bestimmung des tatsächlichen Leistungszeitpunktes wird erst durch die Verknüpfung zwischen Rechnung und dem (benutzten) Fahrausweis ermöglicht.

**18** Das Schienenbahnverkehrsunternehmen sowie etwaige in die Durchführung der Abrechnung eingebundene Abrechnungsdienstleister (Agenturen,

Kreditkartenunternehmen wie z. B. Lufthansa AirPlus) wenden für den Umsatzsteuerausweis in ihren Rechnungen dieselben Maßstäbe wie bei dem Vorsteuerabzug aus Fahrausweisen an (siehe oben Rz. 14 und 15).

### 4. Keine Rechnungsberichtigungspflicht der Schienenbahnverkehrsunternehmen gegenüber Leistungsempfängern in Übergangsfällen

Hat das leistende Schienenbahnverkehrsunternehmen Fahrausweise für eine 19
nach dem 31. Dezember 2019 an einen Bahnkunden erbrachte Beförderungsleistung vor dem 1. Januar 2020 verkauft und diese nach dem bis zum 31. Dezember 2019 geltenden Regelsteuersatz versteuert (siehe hierzu Rz. 9 ff.), wird es aus Vereinfachungsgründen nicht beanstandet, wenn das Schienenbahnverkehrsunternehmen in den Fahrausweisen und Rechnungen über die Beförderungsleistung den Umsatzsteuerausweis nicht berichtigt. Einem zum Vorsteuerabzug berechtigten Bahnkunden wird aus Gründen der Praktikabilität aus derartigen Rechnungen oder Fahrausweisen auch für die nach dem 31. Dezember 2019 seitens des Schienenbahnverkehrsunternehmens erbrachte Beförderungsleistung ein Vorsteuerabzug in Höhe des Regelsteuersatzes gewährt. Rechnungen, mit denen über die nach dem 31. Dezember 2019 erbrachte Beförderungsleistung abgerechnet wurde, dürfen nicht berichtigt worden sein, und es darf insoweit keine Preisanpassung anlässlich der Steuersatzsenkung seitens des Schienenbahnverkehrsunternehmens gegenüber dem Bahnkunden erfolgt sein.

# 500 § 12/8. Verfügung betr. Steuersatz für Umsätze aus der Überlassung von Computerprogrammen (Software)

Vom 30. Oktober 2015 (DB S. 2846)

(OFD Niedersachsen S 7240 – 37 – St 187 VD)

Die entgeltliche Überlassung urheberrechtlich geschützter Computerprogramme unterliegt nach § 12 Abs. 2 Nr. 7 c UStG dem ermäßigten Steuersatz, wenn der Urheber oder Nutzungsberechtigte dem Leistungsempfänger die in § 69 UrhG bezeichneten Rechte auf Vervielfältigung und Verbreitung nicht als Nebenfolge einräumt (BFH-Urteile vom 25. November 2004, BStBl. 2005 II S. 415 und 419; Abschn. 12.7 Abs. 1 Satz 10 UStAE). Im Einzelnen gilt Folgendes:

## 1. Vertrieb von Standard-Software und sog. Updates

Der Verkauf von Standard-Software und sog. Updates auf Datenträgern ist eine Lieferung (s. Abschn. 3.5 Abs. 2 Nr. 1 UStAE).

Bei der Übertragung von Standard-Software auf elektronischem Wege (z. B. über das Internet) hingegen handelt es sich um eine sonstige Leistung (s. Abschn. 3.5 Abs. 3 Nr. 8 Satz 2 UStAE).

Standard-Software sind serienmäßig hergestellte Gegenstände, die von jedem beliebigen Käufer erworben und nach ihrem Aufbau und begrenzter Ausbildung in Standardform verwendet werden können, um gleiche Anwendungen oder Aufgaben auszuführen. Sie bestehen aus einer kohärenten und unabhängigen Serie von Programmen und Datenträgermaterial und schließen oft die Dienstleistungen des Aufbaus, der Ausbildung und der Wartung mit ein. Hierzu gehören Software für Heimcomputer und Computerspiele. Ferner gehören hierzu Standardpakete, die auf Wunsch so angepasst sind, dass sie Sicherheits- oder ähnliche Vorrichtungen enthalten. Standard-Software liegt auch dann vor, wenn die Software auf einen bestimmten Anwender-/Benutzerkreis zugeschnitten ist.

Die Anwendung des ermäßigten Steuersatzes nach § 12 Abs. 2 Nr. 7 c UStG kommt für den Verkauf auf Datenträgern, der nach dem wirtschaftlichen Gehalt als Lieferung anzusehen ist, bereits mangels Vorliegens einer sonstigen Leistung nicht in Betracht. In den Fällen, in denen aufgrund der Erbringung der Leistung auf elektronischem Wege eine sonstige Leistung vorliegt, scheidet die Anwendung des ermäßigten Steuersatzes gem. § 12 Abs. 2 Nr. 7 c UStG ebenfalls aus, denn der wesentliche Inhalt der sonstigen Leistung besteht nicht in der Einräumung, Übertragung und Wahrnehmung von Rechten nach dem UrhG.

## 2. Vertrieb von Individual-Software

Die Überlassung von nicht standardisierter Software, die speziell nach den Anforderungen des Anwenders erstellt wird oder die eine vorhandene Software den Bedürfnissen des Anwenders individuell anpasst, ist umsatzsteuerrechtlich als sonstige Leistung (§ 3 Abs. 9 UStG) zu beurteilen (s. Abschn. 3.5 Abs. 3 Nr. 8 Satz 1 UStAE). Dies gilt auch, soweit die Leistung auf elektronischem Wege erbracht wird.

Werden dem Auftraggeber bei der Erstellung der Individual-Software gleichzeitig die Verwertungsrechte an dem Programm übertragen, kann für diese Umsätze der ermäßigte Steuersatz nach § 12 Abs. 2 Nr. 7 c UStG nur dann in Betracht kommen, wenn die Übertragung der Verwertungsrechte als leistungsbestimmend zu beurteilen ist und nicht lediglich eine unselbständige Nebenleistung einer einheitlichen wirtschaftlichen Gesamtleistung darstellt, die nicht in der Übertragung urheberrechtlicher Schutzrechte besteht.

Bei der Prüfung, ob die in § 69 c UrhG bezeichneten Rechte nicht nur als Nebenfolge eingeräumt worden sind, sind die vertraglichen Vereinbarungen und die tatsächlichen Leistungen maßgebend. Ergänzend ist auf objektive Beweisanzeichen, wie z. B. die Tätigkeit des Leistungsempfängers, die vorhandenen Vertriebsvorbereitungen und Vertriebswege, die tatsächliche Durchführung der Vervielfältigung und Verbreitung sowie die Vereinbarung über die Bemessung und Aufteilung des Entgelts, abzustellen.

Für die Beurteilung der Frage, in welchen Fällen die Übertragung der Verwertungsrechte als leistungsbestimmend zu beurteilen ist, bitte ich nachfolgende – zwischen den obersten Finanzbehörden des Bundes und der Länder abgestimmte – Sachverhaltsvarianten zu beachten:

### 2.1. Überlassung von Individual-Software an Anwender

Das für den Auftraggeber entwickelte Programm ist nach der Vertragsgestaltung dazu bestimmt, den Bedürfnissen des Auftraggebers (Anwenders) zu genügen. Der Auftraggeber entrichtet für die Einräumung eines generellen Verwertungsrechts kein zusätzliches Entgelt, da für ihn die Programminhalte leistungsbestimmend sind. Die Hauptleistung besteht hier nicht in der Einräumung des Verwertungsrechts, sondern in der Programmerstellung selbst und der Überlassung von Software zur Benutzung. Die Einräumung des Verwertungsrechts stellt im Verhältnis zur Hauptleistung nur eine Nebenleistung dar, die in der Gesamtleistung untergeht.

Diese Leistungen unterliegen daher dem allgemeinen Steuersatz nach § 12 Abs. 1 UStG (vgl. Abschn. 12.7 Abs. 1 Sätze 8 und 9 UStAE).

### 2.2. Auftragsvergabe zur ausschließlichen Verwertung durch eine entgeltliche Lizenzvergabe bzw. Veräußerung des Programms durch den Auftraggeber

Eine Auftragsvergabe zur ausschließlichen Verwertung durch eine entgeltliche Lizenzvergabe bzw. Veräußerung des Programms durch den Auftraggeber lässt darauf schließen, dass die Hauptleistung in der Einräumung des urheberrechtlich geschützten Verwertungsrechts liegt (Abschn. 12.7 Abs. 1 i. V. m. Abs. 14 UStAE) und es dem Auftraggeber nicht primär auf die Programminhalte zur Nutzung des Know-hows, sondern auf die Marktfähigkeit des Programms ankommt; dieses muss sich allerdings aus dem Vertrag zwischen Auftraggeber und Programmhersteller ergeben.

Eine derartige Leistung unterliegt, wenn sie entsprechend den vertraglichen Vereinbarungen auch tatsächlich durchgeführt wird, dem ermäßigten Steuersatz nach § 12 Abs. 2 Nr. 7 c UStG.

### 2.3. Auftragsvergabe sowohl zur eigenen Benutzung als auch zur entgeltlichen Vermarktung des Programms durch den Auftraggeber

Bei Mischfällen, bei denen die Programmerstellung sowohl den eigenen Zwecken dient als auch zur entgeltlichen Vermarktung von vornherein vorgesehen ist, ist auf den Werkvertrag abzustellen. Dabei genügt eine nur allgemein gehaltene Formel, dass das Verwertungsrecht auf den Auftraggeber übergeht und es beabsichtigt ist, das Programm auch durch Lizenzen o. ä. entgeltlich weiterzugeben, nicht. Hier muss ergänzend der Betrag genannt sein, der zur Einräumung des Verwertungsrechts aufzuwenden ist. Nur dieser Betrag ist mit dem ermäßigten Steuersatz zu besteuern.

In einem solchen Fall erbringt der Programmhersteller gegenüber dem Auftraggeber zwei selbständige Hauptleistungen, die unterschiedlichen Steuersätzen unterliegen (die dem allgemeinen Steuersatz unterliegende Überlassung von Software zur Benutzung und die dem ermäßigten Steuersatz nach § 12 Abs. 2 Nr. 7 c UStG unterliegende Einräumung des Verwertungsrechts zur entgeltlichen Vermarktung des Programms).

In der Regel wird jedoch bei Auftragsvergabe nur die Verwendung zu eigenen Zwecken feststehen; eine zusätzliche Vermarktungsmöglichkeit wird sich erst nachträglich einstellen und wirkt sich daher auf den Steuersatz nicht mehr aus.

Die vorstehenden Grundsätze gelten auch, wenn Leistender und Leistungsempfänger demselben Konzern angehören. Folglich kann der Weitervertrieb von Computerprogrammen an rechtlich selbständige Konzernunternehmen und Kooperationspartner eine Verbreitung i. S. d. §§ 17, 69 c Nr. 3 UrhG sein (BFH vom 25. November 2004, BStBl. 2005 II S. 415 und 419).

Das bisherige USt-Karteiblatt S 7240 Karte 6 (Kontroll-Nr. 1019)[1] ist auszusondern.

[1] OFD Hannover v. 14. 2. 2007 S 7240 – 37 – StO 183.

# 500 § 13/1. Schreiben betr. Umsatzsteuer; Merkblatt zur Umsatzbesteuerung in der Bauwirtschaft (USt M 2)

Vom 27. Januar 2023
BMF III C 2 - S 7270/20/10002 :001; DOK 2022/1206977
(BStBl. I S. 305)

**Bezug:** BMF-Schreiben vom 12. Oktober 2009, BStBl. I S. 1292

**1 Anlage**

Unter Bezugnahme auf das Ergebnis der Erörterungen mit den obersten Finanzbehörden der Länder wird das anliegende „Merkblatt zur Umsatzbesteuerung in der Bauwirtschaft" nach dem Stand Januar 2023 herausgegeben.

**Anlage**

## Merkblatt zur Umsatzbesteuerung in der Bauwirtschaft (USt M 2 – Merkblatt Bauwirtschaft)

**– Stand: Januar 2023 –**

### I. Vorbemerkung

Das Merkblatt ergeht im Einvernehmen mit den obersten Finanzbehörden der Länder. Es soll Unternehmer über die wichtigsten Grundsätze der Umsatzbesteuerung von Bauleistungen unterrichten. In erster Linie ist es für Bauunternehmer bestimmt, die Umsätze ausführen, für die der Leistungsempfänger die Steuer nicht nach § 13b Abs. 2 UStG schuldet (siehe Abschn. VIII.).

### II. Begriffsbestimmungen

### 1. Werklieferungen und Werkleistungen

Den in der Bauwirtschaft erbrachten Bauleistungen liegen in der Regel Werkverträge oder Werklieferungsverträge nach der VOB zu Grunde. Auch das Umsatzsteuerrecht unterscheidet zwischen Werklieferungen und Werkleistungen.

Eine Werklieferung liegt vor, wenn der Unternehmer für das Werk einen fremden Gegenstand be- oder verarbeitet und dafür selbstbeschaffte Stoffe verwendet, die nicht nur Zutaten oder sonstige Nebensachen sind (§ 3 Abs. 4 UStG, Abschn. 3.8 Abs. 1 Satz 1 UStAE). Beistellungen des Auftraggebers (z.B. Baustrom und Bauwasser, nicht dagegen die Bauleistungsversicherung, vgl. Abschn. 3.8 Abs. 2 Sätze 1 und 3 UStAE) scheiden aus dem Leistungsaustausch aus.

**Beispiel 1:**

Ein Unternehmer erstellt ein schlüsselfertiges Wohnhaus für den Auftraggeber zu einem Pauschalfestpreis von 300 000 € brutto. Der Auftraggeber kürzt den Rechnungsbetrag um 3000 € für beigestellten Baustrom und beigestelltes Bauwasser sowie um weitere 1000 € für eine abgeschlossene Bauleistungsversicherung.

Der Unternehmer hat insgesamt 297 000 € (als Bruttobetrag) der Umsatzsteuer zu unterwerfen. Nur der Baustrom und das Bauwasser (3000 €) nehmen nicht am Leistungsaustausch teil.

Eine Werkleistung liegt vor, wenn für eine Leistung kein Hauptstoff verwendet wird (z.B. Aushub einer Baugrube, Erdbewegungen) oder wenn die benötigten

Hauptstoffe vom Auftraggeber gestellt werden (Abschn. 3.8 Abs. 1 Satz 3 UStAE). Die Verwendung von Nebenstoffen des Auftragnehmers hat auf die Beurteilung keinen Einfluss.

## 2. Teilleistungen

Wie Werklieferungen bzw. Werkleistungen werden im Umsatzsteuerrecht auch Teile einer Leistung mit kontinuierlichem (d.h. sich fortsetzendem) Charakter behandelt, für die das Entgelt gesondert vereinbart und abgerechnet wird (Teilleistungen; § 13 Abs. 1 Nr. 1 Buchst. a Sätze 2 und 3 UStG und Abschn. 13.4 UStAE).

Teilleistungen sind wirtschaftlich abgrenzbare Teile, für die das Entgelt gesondert vereinbart wird und die demnach statt der einheitlichen Gesamtleistung geschuldet werden. Sowohl der Aufraggeber als auch der Auftragnehmer müssen sich darüber einig sein, dass eine bestimmte Gesamtleistung wirtschaftlich, rechtlich und tatsächlich in Teilleistungen aufgespalten werden soll und kann; danach muss dann auch verfahren werden.

Der Begriff der Teilleistung ist an folgende vier Voraussetzungen geknüpft:

a) Es muss sich um einen wirtschaftlich abgrenzbaren Teil einer Werklieferung oder Werkleistung handeln (wirtschaftliche Teilbarkeit),
b) der Leistungsteil muss, wenn er Teil einer Werklieferung ist, abgenommen worden sein (gesonderte Abnahme); ist er Teil einer Werkleistung, muss er vollendet oder beendet worden sein,
c) es muss vereinbart worden sein, dass für Teile einer Werklieferung oder Werkleistung entsprechende Teilentgelte zu zahlen sind (gesonderte Vereinbarung) und
d) das Teilentgelt muss gesondert abgerechnet werden (gesonderte Abrechnung).

### Wirtschaftliche Teilbarkeit

Nach dem Grundsatz der Einheitlichkeit der Leistung kann eine Werklieferung bzw. eine Werkleistung nicht in Lieferelemente und in sonstige Leistungen aufgeteilt werden (vgl. Abschn. 13.4 Beispiel 4 Satz 5 i.V.m. Abschn. 3.8 und Abschn. 3.10 Abs. 1 UStAE). Die wirtschaftliche Teilbarkeit einer Werklieferung bzw. Werkleistung setzt somit voraus, dass die Teilleistung selbst eine Werklieferung bzw. Werkleistung ist.

Nachfolgende Zusammenstellung enthält einen Katalog von Teilungsmaßstäben für Bauleistungen.

| | Art der Arbeit | Teilungsmaßstäbe |
|---|---|---|
| 1. | Anschlüsse an Entwässerungs- und Versorgungsanlagen | Aufteilung erfolgt je Anlage. |
| 2. | Außenputzarbeiten | Es bestehen keine Bedenken gegen eine haus- oder blockweise Aufteilung bzw. gegen eine Aufteilung bis zur Dehnungsfuge. |
| 3. | Bodenbelagarbeiten | Im Allgemeinen bestehen gegen eine Aufteilung je Wohnung oder Geschoss keine Bedenken. |
| 4. | Dachdeckerarbeiten | Aufteilung haus- oder blockweise zulässig. |
| 5. | Elektrische Anlagen | Eine Aufteilung ist bei Gesamtanlagen im Allgemeinen blockweise vorzunehmen. |
| 6. | Erdarbeiten | Gegen eine haus- oder blockweise Aufteilung bestehen keine Bedenken. |
| 7. | Fliesen- und Plattenlegerarbeiten | Die Aufteilung nach Bädern oder Küchen ist im Regelfall zulässig. |

| | Art der Arbeit | Teilungsmaßstäbe |
|---|---|---|
| 8. | Gartenanlagen | Aufteilung erfolgt je nach der Arbeit. |
| 9. | Gas-, Wasser- und Abwasserinstallation | Aufteilung der Installationsanlagen ist haus- oder blockweise zulässig. Bei der Installation z.B. von Waschbecken, Badewannen und WC-Becken bestehen im Allgemeinen auch gegen eine stückweise Aufteilung keine Bedenken. |
| 10. | Glaserarbeiten | Aufteilung erscheint je nach Art der Arbeit im Regelfall stückweise zulässig. |
| 11. | Heizungsanlagen | Die Aufteilung kann haus- oder blockweise je Anlage vorgenommen werden. Bei selbständigen Etagenheizungen kann nach Wohnungen aufgeteilt werden. |
| 12. | Kanalbau | Eine abschnittsweise Aufteilung (z.B. von Schacht zu Schacht) ist zulässig. |
| 13. | Klempnerarbeiten | Aufteilung ist je nach Art der Arbeit haus- oder stückweise zulässig (z.B. Regenrinne mit Abfallrohr hausweise, Fensterabdeckungen (außen) stückweise). |
| 14. | Maler- und Tapezierarbeiten | Die Aufteilung nach Wohnungen ist im Regelfall zulässig. Eine raumweise Aufteilung erscheint nicht vertretbar, wenn die Arbeiten untrennbar ineinander fließen. |
| 15. | Maurer- und Betonarbeiten | Bei Neubauten können Teilleistungen im Allgemeinen nur haus- oder blockweise bewirkt werden. Insbesondere bei herkömmlicher Bauweise und bei Skelettbauweise kann eine geschossweise Aufteilung grundsätzlich nicht zugelassen werden. |
| 16. | Naturwerkstein- und Betonwerksteinarbeiten | Bei Objekten, die miteinander nicht verbunden sind, kann eine stückweise Aufteilung vorgenommen werden. |
| 17. | Ofen- und Herdarbeiten | Gegen eine stück- oder wohnungsweise Aufteilung bestehen keine Bedenken. |
| 18. | Putz- und Stuckarbeiten (innen) | Gegen eine Aufteilung nach Wohnungen oder Geschossen bestehen keine Bedenken. |
| 19. | Schlosserarbeiten | Aufteilung erscheint je nach Art der Arbeit im Regelfallstückweise zulässig (z.B. je Balkongitter). |
| 20. | Straßenbau | Fertige Straßenbauabschnitte stellen Teilleistungen dar. Beim Neubau bzw. Reparatur einer Straße kann die Fertigstellung eines laufenden Meters nicht als Teilleistung angesehen werden. |
| 21. | Tischlerarbeiten | Aufteilung erscheint je nach Art der Arbeit im Regelfall stückweise zulässig (z.B. je Tür und Fenster). |
| 22. | Zimmererarbeiten | Aufteilung haus- oder blockweise zulässig. |

Gesonderte Abnahme

Um Teilleistungen anzunehmen, müssen die vertraglichen Vereinbarungen tatsächlich durchgeführt werden, d.h., die Abnahme muss, wenn sie schriftlich vereinbart war, auch gesondert schriftlich vorgenommen werden (vgl. z.B. § 12 VOB/B). Darüber hinaus sind die Rechtsfolgen der Abnahme zu beachten (vgl. z.B. Beginn der Gewährleistungsfrist nach § 13 VOB/B). Eine nur aus steuerlichen Gründen vorgenommene Abnahme des Teils eines Gesamtbauwerks ist nicht als Teilleistung i.S.d. § 13 Abs. 1 Nr. 1 Buchst. a Satz 2 UStG anzuerkennen. Davon ist auszugehen, wenn die Folgen der Abnahme (Fälligkeit der Vergütung, Umkehr der Beweislast des Auftragnehmers für die Mängelfreiheit des Werks in die Beweislast des Auftraggebers für die Mangelhaftigkeit des Werks, Übergang der Gefahr des Untergangs der Teilleistung auf den Auftraggeber/Besteller des Werks) ganz oder teilweise tatsächlich ausgeschlossen werden. Das bloße Hinausschieben des Beginns der Verjährungsfrist für Mängelansprüche auf die Abnahme des Gesamtwerks zählt dagegen nicht dazu.

Gesonderte Vereinbarung

Aus dem Werkvertrag muss hervorgehen, dass für Teile der Gesamtleistung (so genannter Einheitspreisvertrag nach § 4 Abs. 1 Nr. 1 VOB/A) ein gesondertes Entgelt vereinbart wurde. Regelmäßig enthält der Werkvertrag ein Leistungsverzeichnis, das eine Leistungsbeschreibung, Mengen und Preise enthält (vgl. § 7b VOB/A). Nur wenn das Leistungsverzeichnis derartige Einzelpositionen enthält, können Teilleistungen angenommen werden. Vereinbarungen über zu zahlende Abschlagszahlungen (vgl. § 16 VOB/B) sind keine gesonderten Entgeltsvereinbarungen. Wird lediglich ein Festpreis für das Gesamtwerk vereinbart (so genannter Pauschalvertrag nach § 4 Abs. 1 Nr. 2 VOB/A), scheiden Teilleistungen aus. Teilleistungen scheiden ebenfalls aus, wenn (faktisch) Teilabnahmen erfolgen, ohne dass die zugrunde liegende Vereinbarung geändert wird.

Gesonderte Abrechnung

Die Teilleistung muss durch eine entsprechende Rechnungslegung gesondert abgerechnet werden. Die Abrechnung (vgl. § 14 VOB/B) muss dem entsprechen, was vorher vereinbart worden ist.

**Beispiel 2:**

Ein Unternehmer ist beauftragt worden, mehrere Wohnhäuser schlüsselfertig zu erstellen. Für die einzelnen Häuser sind Pauschalpreise vereinbart worden. Jedes einzelne Haus wird gesondert abgenommen und getrennt abgerechnet. Die Lieferung jedes einzelnen Hauses ist eine Teilleistung im Sinne des Umsatzsteuerrechts.

Eine Teilung ist z.B. auch bei Erdarbeiten, Außenputzarbeiten, Zimmererarbeiten und Dachdeckerarbeiten nach Häusern oder Blöcken, bei Innenputz- und Malerarbeiten nach Geschossen oder Wohnungen und bei Tischler- und Glaserarbeiten nach einzelnen Stücken möglich.

## III. Entstehung der Steuer

### 1. Sollversteuerung

Nach § 13 Abs. 1 Nr. 1 Buchst. a Satz 1 UStG entsteht die Steuer bei Berechnung nach vereinbarten Entgelten (Sollversteuerung) mit Ablauf des Voranmeldungszeitraums, in dem die Werklieferung oder Werkleistung ausgeführt worden ist.

#### a) Werklieferungen

Eine Werklieferung ist ausgeführt, sobald dem Auftraggeber die Verfügungsmacht am erstellten Werk verschafft worden ist. Verschaffung der Verfügungsmacht bedeutet, den Auftraggeber zu befähigen, im eigenen Namen über das auftragsgemäß fertig gestellte Werk zu verfügen. In der Regel setzt die Verschaffung der Verfügungsmacht die Übergabe und Abnahme des fertig gestellten Werks voraus (vgl. Abschn. 13.1 Abs. 2 und Abschn. 13.2 Abs. 1 Satz 2 Nr. 1 UStAE). Auf die Form der Abnahme kommt es dabei nicht an.

Unter Abnahme ist die Billigung der ordnungsgemäßen vertraglichen Leistungserfüllung durch den Auftraggeber zu verstehen. Nicht maßgebend ist die baubehördliche Abnahme. Die Abnahme ist in jeder Form möglich, in welcher der Auftraggeber die Anerkennung der vertragsgemäßen Erfüllung vornimmt (§ 12 VOB/B). Bei Vereinbarung einer förmlichen Abnahme wird die Verfügungsmacht im Allgemeinen am Tag der Abnahmeverhandlung verschafft. Das gilt dann nicht, wenn eine Abnahme durch eine stillschweigende Billigung stattfindet.

Eine solche stillschweigende Billigung ist z.B. anzunehmen, wenn das Werk durch den Auftraggeber bereits bestimmungsgemäß genutzt wird (vgl. Abschn.

13.2 Abs. 1 Satz 2 Nr. 1 Satz 6 UStAE). Fehlende Restarbeiten oder Nachbesserungen schließen eine wirksame Abnahme nicht aus, wenn das Werk ohne diese Arbeiten seinen bestimmungsmäßigen Zwecken dienen kann.

**Beispiel 3:**

Ein Bauunternehmer hat sich verpflichtet, auf dem Grundstück des Auftraggebers (Bauherrn) ein Wohngebäude schlüsselfertig zu errichten. Das Gebäude wird im Juli fertig gestellt und vom Bauherrn im August abgenommen. Die baubehördliche Abnahme erfolgt im Oktober. Die Schlussrechnung wird im Dezember erstellt. Die Abschlusszahlung wird erst im Folgejahr geleistet. Der Voranmeldungszeitraum des Bauunternehmers ist der Kalendermonat.

Umsatzsteuerrechtlich ist die Lieferung des Gebäudes mit der Abnahme durch den Bauherrn im August ausgeführt worden. Die Steuer ist mit Ablauf des Monats August entstanden. Hätte der Bauherr das Gebäude schon unmittelbar nach der Fertigstellung im Monat Juli in Nutzung genommen (z.B. durch Einzug), wäre die Abnahme durch die schlüssige Handlung des Bauherrn vollzogen und das Gebäude im Monat Juli geliefert worden. Entsprechend wäre die Steuer mit Ablauf des Monats Juli entstanden.

Wird das vertraglich vereinbarte Werk nicht fertig gestellt und ist eine Vollendung des Werks durch den Werkunternehmer nicht mehr vorgesehen, entsteht ein neuer Leistungsgegenstand. Dieser bestimmt sich im Falle eines Insolvenzverfahrens unter Ablehnung weiterer Erfüllung des Vertrags seitens des Insolvenzverwalters gemäß § 103 der Insolvenzordnung grundsätzlich nach Maßgabe des bei Eröffnung des Insolvenzverfahrens tatsächlich Geleisteten. In diesen Fällen ist die Lieferung im Zeitpunkt der Insolvenzeröffnung bewirkt (Abschn. 13.2 Abs. 1 Satz 2 Nr. 1 Sätze 7 bis 9 UStAE). Wählt der Insolvenzverwalter allerdings die Erfüllung eines bei Eröffnung des Insolvenzverfahrens noch nicht oder nicht vollständig erfüllten Werkvertrags, wird die Werklieferung erst mit Leistungserbringung nach Verfahrenseröffnung ausgeführt, sofern keine Teilleistungen gesondert vereinbart waren (Abschn. 13.2 Abs. 1 Satz 2 Nr. 1 Satz 10 UStAE).

Im Falle der Kündigung des Werkvertrags wird die Leistung mit dem Tag des Zugangs der Kündigung ausgeführt. Stellt der Werkunternehmer die Arbeiten an dem vereinbarten Werk vorzeitig ein, weil der Besteller – ohne eine eindeutige Erklärung abzugeben – nicht willens oder in der Lage ist, seinerseits den Vertrag zu erfüllen, wird das bis dahin errichtete halbfertige Werk zum Gegenstand der Werklieferung; es wird in dem Zeitpunkt geliefert, in dem für den Werkunternehmer nach den gegebenen objektiven Umständen feststeht, dass er wegen fehlender Aussicht auf die Erlangung weiteren Werklohns nicht mehr leisten werde (Abschn. 13.2 Abs. 1 Satz 2 Nr. 1 Sätze 11 bis 13 UStAE).

### b) Sonstige Leistungen

Sonstige Leistungen, insbesondere Werkleistungen, sind grundsätzlich mit der Fertigstellung, d.h. mit der Vollendung des Werks ausgeführt. Die Vollendung des Werks wird häufig mit dem Zeitpunkt der Abnahme zusammenfallen, diese ist hier aber nicht Voraussetzung (vgl. Abschn. 13.1 Abs. 3 und Abschn. 13.2 Abs. 1 Satz 2 Nr. 2 UStAE).

### c) Teilleistungen

Die vorstehenden Ausführungen zu Werklieferungen bzw. Werkleistungen sind für Teilleistungen (siehe Abschn. II.2) entsprechend anzuwenden.

## 2. Entstehung der Steuer bei Voraus- und Abschlagszahlungen

Die Steuer entsteht in den Fällen, in denen das Entgelt oder ein Teil des Entgelts (Voraus- und Abschlagszahlungen) vor Ausführung der Leistung/Teilleistung gezahlt wird, bereits mit Ablauf des Voranmeldungszeitraums, in dem das Entgelt/Teilentgelt vereinnahmt worden ist (vgl. § 13 Abs. 1 Nr. 1 Buchst. a Satz 4 UStG und Abschn. 13.5 UStAE). Dabei mindert ein evtl. durchzuführender Steuerabzug für Bauleistungen nach den §§ 48 ff. EStG das Entgelt/Teilentgelt nicht (siehe Abschn. V.).

Für eine Voraus- und Abschlagszahlung entsteht die Steuer auch dann, wenn der Unternehmer keine Rechnung i.S.d. § 14 Abs. 5 Satz 1 UStG i.V.m. Abschn. 14.8 UStAE erteilt. Bezüglich der Pflicht zur Erteilung von Rechnungen im Falle der Vereinnahmung des Entgelts oder Teilentgelts vor Ausführung der umsatzsteuerpflichtigen Leistungen wird auf Abschn. VII. hingewiesen.

### 3. Istversteuerung

Nach § 13 Abs. 1 Nr. 1 Buchst. b UStG entsteht die Steuer bei Berechnung nach vereinnahmten Entgelten (Istversteuerung, § 20 UStG) mit Ablauf des Voranmeldungszeitraums, in dem das Entgelt vereinnahmt worden ist.

## IV. Ermittlung des Entgelts

Soweit die Leistungen nach den vorstehenden Grundsätzen als ausgeführt anzusehen sind, ist die Steuer bei Anwendung der Sollversteuerung aufgrund des vereinbarten Leistungsentgelts zu entrichten. Bereits entrichtete Steuerbeträge auf Voraus- und Abschlagszahlungen sind abzuziehen.

Sind für Leistungen Einheitspreise (vgl. § 4 Abs. 1 Nr. 1 der VOB/A) vereinbart worden, erteilt der Auftragnehmer die Schlussrechnung im Allgemeinen erst mehrere Monate nach Entstehung der Steuer, weil die Ermittlung des genauen Entgelts längere Zeit erfordert (fehlende/unvollständige Aufmessungen). In solchen Fällen hat der Unternehmer im Voranmeldungszeitraum der Leistungserbringung das sich erst endgültig betragsmäßig aufgrund einer Abschlussrechnung ergebende Entgelt zu schätzen. Die Schätzung hat sich an dem erwarteten Entgelt zu orientieren.

Ergeben sich in der Schlussrechnung Abweichungen von der vorläufigen (geschätzten) Bemessungsgrundlage, hat der Unternehmer den Unterschiedsbetrag grundsätzlich für den Voranmeldungszeitraum zu berichtigen, in dem die Leistung ausgeführt wurde. Aus Vereinfachungsgründen wird es nicht beanstandet, wenn der Unternehmer die sich aus der Schlussrechnung ergebenden Mehrsteuern in der laufenden Umsatzsteuer-Voranmeldung erklärt und abführt.

**Beispiel 4:**

Ein Bauunternehmer erstellt auf dem Grundstück des Auftraggebers (Bauherr) ein Hochhaus. Auf der Basis von Einheitspreisen nach § 4 Abs. 1 Nr. 1 VOB/A ergibt sich eine Vertragssumme von netto 9 Mio. €. Das vertragsgemäß fertig gestellte Werk wird im September abgenommen. An Voraus- und Abschlagszahlungen wurden bis zur Abnahme netto 8,5 Mio. € geleistet, die der Bauunternehmer bereits im Zeitpunkt der Zahlung zutreffend der Steuer unterworfen hatte (§ 13 Abs. 1 Nr. 1 Buchst. a Satz 4 UStG). Eine sachgerechte Schätzung ergibt ein voraussichtliches Entgelt von netto 9,5 Mio. €. Im Februar des Folgejahres wird auf der Grundlage des endgültigen Aufmaßes die Schlussrechnung über 10 Mio. € zuzüglich Umsatzsteuer erstellt.

Die Werklieferung ist mit Abnahme im September ausgeführt. Der Bauunternehmer hat die bisher erhaltenen Voraus- und Abschlagszahlungen von bisher 8,5 Mio. € versteuert. Für die Werklieferung ist in der Umsatzsteuer-Voranmeldung für September eine Steuer auf der Grundlage des geschätzten Entgelts für den Restbetrag von 1 Mio. € zu berechnen. Um eine Berichtigung der Voranmeldung für September zu vermeiden, kann der sich aus der Schlussrechnung ergebende Unterschiedsbetrag (0,5 Mio. €) in der Umsatzsteuer-Voranmeldung für den Monat Februar des Folgejahres berücksichtigt werden.

Hat der Auftragnehmer weder Voraus- noch Abschlagszahlungen erhalten, ist das Entgelt gegebenenfalls auf der Grundlage des Angebots oder eines Voranschlags zu schätzen. Weicht der Rechnungsbetrag von dieser geschätzten Bemessungsgrundlage ab, ist die Versteuerung für den Zeitraum der Leistungserbringung ebenfalls zu berichtigen. Stehen bei Abnahme, d.h. bei Verschaffung der Verfügungsmacht, an dem bestellten Werk noch untergeordnete, die bestimmungsgemäße Nutzung nicht beeinträchtigende Restarbeiten aus, sind diese stets in die Bemessungsgrundlage einzubeziehen.

Wenn für die einheitliche Leistung ein Pauschalpreis (vgl. § 4 Abs. 1 Nr. 2 VOB/A) vereinbart worden ist, steht das Entgelt bereits fest. Der Auftragnehmer hat unter Berücksichtigung der bereits besteuerten Voraus- und Abschlagszahlungen auf der Grundlage des vereinbarten Pauschalentgelts die Leistung in dem Voranmeldungszeitraum zu versteuern, in dem sie ausgeführt wird.

Vertragliche Einbehalte zur Absicherung von Gewährleistungsansprüchen der Leistungsempfänger (z.B. sog. Sicherungseinbehalte für Baumängel) berechtigen zur Steuerberichtigung, soweit dem Unternehmer nachweislich die Absicherung dieser Gewährleistungsansprüche durch Gestellung von Bankbürgschaften im Einzelfall nicht möglich war und er dadurch das Entgelt insoweit für einen Zeitraum von über zwei bis fünf Jahren noch nicht vereinnahmen kann (vgl. Abschn. 17.1 Abs. 5 Satz 3 UStAE).

## V. Auswirkung des ertragsteuerlichen Steuerabzugs bei Bauleistungen (§§ 48 ff. EStG)

Nach den §§ 48 ff. EStG hat der Leistungsempfänger für den Empfang von Bauleistungen unter bestimmten Voraussetzungen einen 15 %igen Steuerabzug von der vereinbarten Bruttovergütung einzubehalten.

Der 15 %ige Steuerabzug ist bis zum 10. Tag nach Ablauf des Monats, in dem die Gegenleistung (Zahlung) erbracht wurde, an das für den Leistenden zuständige Finanzamt abzuführen (§ 48a Abs. 1 EStG).

Der Steuerabzug nach den §§ 48 ff. EStG hat keine Auswirkungen auf die umsatzsteuerliche Behandlung.

Zum umsatzsteuerlichen Entgelt nach § 10 Abs. 1 Satz 2 UStG gehören auch Zahlungen des Leistungsempfängers an Dritte (vgl. Abschn. 10.1 Abs. 7 Satz 1 UStAE). Deshalb ist bei der Ermittlung des Entgelts auch die vom Leistungsempfänger einzubehaltende und an das für den leistenden Unternehmer zuständige Finanzamt abzuführende Bauabzugsteuer zu berücksichtigen.

**Beispiel 5:**

Der Unternehmer erbringt gegenüber einem Leistungsempfänger, der selbst keine Bauleistungen erbringt, Bauleistungen und rechnet hierüber wie folgt ab:

| | |
|---|---|
| Auftragssumme netto | 100 000 € |
| Umsatzsteuer 19 % | 19 000 € |
| Bruttobetrag | 119 000 € |

Der Leistungsempfänger überweist dem leistenden Unternehmer 101 150 € (119 000 € abzüglich 15 % Bauabzugsteuer 17 850 €).

Das umsatzsteuerliche Entgelt beträgt 100 000 €, die darauf entfallende Umsatzsteuer 19 000 €. Der Unternehmer erteilt dem Leistungsempfänger eine entsprechende Rechnung.

## VI. Voranmeldung und Vorauszahlung der Umsatzsteuer

Die Steuer ist gemäß § 18 Abs. 1 Satz 1 und 4 UStG bis zum 10. Tag nach Ablauf des Voranmeldungszeitraums (Kalendervierteljahr oder Kalendermonat) anzumelden und zu entrichten, in dem die Leistungen/Teilleistungen ausgeführt (Sollversteuerung) bzw. das Entgelt (Istversteuerung) bzw. Teilentgelt

(Voraus- oder Abschlagszahlungen) vereinnahmt worden sind. Im Falle der Dauerfristverlängerung (§§ 46 bis 48 UStDV) verlängert sich diese Frist um einen Monat. Die Rechnungserstellung ist nicht maßgebend.

**Beispiel 6:**

Der Unternehmer (Ist-Versteuerer) erteilt dem Leistungsempfänger für erbrachte Bauleistungen die im Beispiel 5 bezeichnete Rechnung. Der Leistungsempfänger überweist im März (59 500 € abzüglich 15 % Steuerabzug 8925 €) 50 575 € und nochmals 50 575 € im Mai.

Der leistende Unternehmer hat nach § 13 Abs. 1 Nr. 1 Buchst. b UStG in der Umsatzsteuer-Voranmeldung für März ein Teilentgelt von 50 000 € und in der Umsatzsteuer-Voranmeldung für Mai den Restbetrag von 50 000 € anzumelden.

**Beispiel 7:**

Der Unternehmer (Soll-Versteuerer) führt im April Bauleistungen aus. Das vereinbarte Entgelt entspricht der im Mai erteilten Rechnung (vgl. Beispiel 5). Der Leistungsempfänger überweist im März (59 500 € abzüglich 15 % Steuerabzug 8925 €) 50 575 € als Vorauszahlung und nochmals 50 575 € im Mai.

Der leistende Unternehmer hat nach § 13 Abs. 1 Nr. 1 Buchst. a Satz 4 UStG im März ein Teilentgelt von 50 000 € und im April nach § 13 Abs. 1 Nr. 1 Buchst. a Satz 1 UStG den Restbetrag von 50 000 € zu versteuern.

## VII. Ausstellung von Rechnungen und Vorsteuerabzug

Für ausgeführte steuerpflichtige Werklieferungen oder sonstige Leistungen im Zusammenhang mit einem Grundstück ist der Auftragnehmer verpflichtet, innerhalb von sechs Monaten nach Ausführung der Bauleistung eine Rechnung mit gesondert ausgewiesener Umsatzsteuer auszustellen (§ 14 Abs. 2 Satz 1 Nr. 1 i.V.m. den Absätzen 1 bis 4 UStG). Dies gilt auch dann, wenn diese Bauleistung an eine Privatperson ausgeführt wird. Da die Rechnung von der Privatperson zwei Jahre lang aufzubewahren ist (§ 14b Abs. 1 Satz 5 UStG), muss die Rechnung einen Hinweis auf die zweijährige Aufbewahrungspflicht enthalten (§ 14 Abs. 4 Satz 1 Nr. 9 UStG). Bei Nichteinhaltung der Rechnungsausstellungsverpflichtung kann das Finanzamt ein Bußgeld festsetzen (§ 26a Abs. 2 Nr. 1 UStG).

Nach § 14 Abs. 5 Satz 1 i.V.m. den Absätzen 1 bis 4 UStG ist der Unternehmer berechtigt und ggf. verpflichtet, über das vor der Ausführung der umsatzsteuerpflichtigen Leistungen vereinnahmte Entgelt eine Rechnung mit gesondert ausgewiesener Umsatzsteuer zu erteilen. Aus der Rechnung muss hervorgehen, dass damit Voraus- oder Abschlagszahlungen abgerechnet werden, z.B. durch Angabe des voraussichtlichen Zeitpunkts der Leistung. In den Endabrechnungen, mit denen der Unternehmer über die ausgeführten Leistungen insgesamt abrechnet, sind nach § 14 Abs. 5 Satz 2 UStG die vor der Ausführung der Leistung vereinnahmten Entgelte sowie die hierauf entfallenden Steuerbeträge abzusetzen, wenn über diese Entgelte Rechnungen mit gesondertem Steuerausweis erteilt worden sind. Unterlässt der Unternehmer dies, hat er den in dieser Rechnung ausgewiesenen Steuerbetrag an das Finanzamt abzuführen (§ 14c Abs. 1 UStG, Abschn. 14.8 Abs. 10 UStAE).

Nach § 15 Abs. 1 Satz 1 Nr. 1 Satz 1 UStG kann der Unternehmer, sofern auch die übrigen Voraussetzungen für den Vorsteuerabzug vorliegen, die ihm von anderen Unternehmern (z.B. Baustofflieferanten) gesondert in Rechnung gestellte Steuer als Vorsteuer abziehen.

Für Anzahlungen kann die Vorsteuer nach § 15 Abs. 1 Satz 1 Nr. 1 Satz 3 UStG bereits für den Besteuerungszeitraum abgezogen werden, in dem die Rechnung vorliegt und die Zahlung geleistet worden ist. Zahlt der Unternehmer einen geringeren als den in der Rechnung angeforderten Betrag, kann er nur die Vorsteuer abziehen, die auf die jeweilige Zahlung entfällt.

Ist die gesamte Leistung ausgeführt worden, kann der Unternehmer die Vorsteuer erst dann abziehen, wenn er für die Leistung eine Rechnung mit gesondertem Steuerausweis erhalten hat. Hat er bereits Anzahlungen geleistet und darüber Rechnungen mit gesondertem Steuerausweis erhalten, kann er aus der Endrechnung nur den Betrag als Vorsteuer abziehen, der auf das restliche zu entrichtende Entgelt entfällt. Das gilt auch dann, wenn der leistende Unternehmer in der Endrechnung die gezahlten Beträge und die darauf entfallende Steuer nicht abgesetzt hat.

**Beispiel 8:**

Ein Bauunternehmer erteilt seinem Auftraggeber, für den er eine Lagerhalle erstellt, im Juni eine Rechnung über eine zu leistende Anzahlung i.H.v. 100 000 € zuzüglich 19 000 € Umsatzsteuer. Der Auftraggeber entrichtet den Gesamtbetrag im August.

Der Bauunternehmer hat die Anzahlung i.H.v. 100 000 € in der Umsatzsteuer-Voranmeldung für August der Umsatzsteuer zu unterwerfen. Entsprechend kann der Auftraggeber für den Voranmeldungszeitraum August den darauf entfallenden Steuerbetrag i.H.v. 19 000 € als Vorsteuer abziehen.

**Beispiel 9:**

Sachverhalt wie zu Beispiel 8. Der Auftraggeber zahlt im August jedoch nur einen Betrag von insgesamt 90 000 €.

Beim Bauunternehmer entsteht die Umsatzsteuer mit Ablauf des Monats August nur insoweit, als sie auf das tatsächlich vereinnahmte Teilentgelt entfällt. In der Voranmeldung für diesen Monat sind 75 630,25 € (90 000 € abzüglich Umsatzsteuer 14 369,75 €) der Steuer zu unterwerfen. Der Auftraggeber kann für diesen Voranmeldungszeitraum auch nur einen Vorsteuerabzug i.H.v. 14 369,75 € geltend machen.

**Beispiel 10:**

Sachverhalt wie zu Beispiel 8. Die Halle wird im Januar des Folgejahres vom Auftraggeber abgenommen. Im selben Monat erhält er vom Bauunternehmer auch die Endrechnung über 500 000 € zuzüglich 95 000 € Umsatzsteuer. Der Bauunternehmer unterlässt es aber, die bereits erhaltene und mit gesondertem Steuerausweis in Rechnung gestellte Anzahlung i.H.v. insgesamt 100 000 € zuzüglich 19 000 € Umsatzsteuer in der Endrechnung abzusetzen.

Der Bauunternehmer schuldet für den Voranmeldungszeitraum Januar des Folgejahres den in seiner Rechnung ausgewiesenen gesamten Umsatzsteuerbetrag i.H.v. 95 000 € (19 % von 500 000 €), davon 19 000 € gem. § 14c Abs. 1 UStG. Der auf die vereinnahmte und bereits versteuerte Anzahlung von 119 000 € entfallende Umsatzsteuerbetrag i.H.v. 19 000 € wird also wegen der unterlassenen Absetzung des Teilentgelts in der Endrechnung nach § 14c Abs. 1 UStG nochmals geschuldet.

Der Auftraggeber kann für den Voranmeldungszeitraum Januar des Folgejahres nur den Steuerbetrag als Vorsteuer abziehen, der auf die verbliebene Restzahlung i.H.v. 476 000 € entfällt. Für ihn ergibt sich somit unabhängig von einer eventuellen Rechnungsberichtigung durch den Bauunternehmer aufgrund der Endrechnung ein restlicher Vorsteuerabzug i.H.v. 76 000 €.

## VIII. Steuerschuldnerschaft des Leistungsempfängers

Unternehmer und juristische Personen des öffentlichen Rechts, die von im Ausland ansässigen Unternehmen steuerpflichtige Werklieferungen oder sonstige Leistungen empfangen, schulden die darauf entfallende Umsatzsteuer (§ 13b Abs. 2 Nr. 1 UStG). Dies gilt auch, wenn die jeweilige Leistung für den nichtunternehmerischen Bereich bezogen wird (§ 13b Abs. 5 Satz 7 UStG). Weitere Informationen enthält der Abschn. 13b.1 UStAE.

Werden Werklieferungen und sonstige Leistungen, die der Herstellung, Instandsetzung, Instandhaltung, Änderung oder Beseitigung von Bauwerken dienen – mit Ausnahme von Planungs- und Überwachungsleistungen – (§ 13b Abs. 2 Nr. 4 UStG), von einem im Inland ansässigen Unternehmer im Inland erbracht, ist der Leistungsempfänger dann Steuerschuldner, wenn er Unternehmer ist und selbst nachhaltig Bauleistungen erbringt, unabhängig davon, ob er sie für eine von ihm erbrachte Bauleistung verwendet (§ 13b Abs. 5 Satz 2 UStG). Davon ist auszugehen, wenn der Leistungsempfänger dem leistenden Unternehmer eine im Zeitpunkt der Ausführung des Umsatzes gültige Bescheinigung nach dem Vordruckmuster USt 1 TG gemäß § 13b Abs. 5 Satz 2 UStG vorlegt (vgl. Abschn. 13b.3 Abs. 3 UStAE). Dies gilt ebenfalls, wenn die Leistung für den nichtunternehmerischen Bereich bezogen wird (§ 13b Abs. 5 Satz 7 UStG). Weitere Informationen enthält der Abschn. 13b.3 UStAE.

Führt der Unternehmer eine Leistung aus, für die der Leistungsempfänger die Steuer schuldet, ist er zur Austellung einer Rechnung mit der Angabe „Steuerschuldnerschaft des Leistungsempfängers" verpflichtet und darf die Umsatzsteuer in der Rechnung nicht gesondert ausweisen (vgl. § 14a Abs. 5 UStG). Wird Umsatzsteuer, für die der Leistungsempfänger Steuerschuldner ist, in einer Rechnung des Leistenden gesondert ausgewiesen, schuldet der Leistende den ausgewiesenen Steuerbetrag nach § 14c Abs. 1 UStG.

**Beispiel 11:**

Der Unternehmer erbringt gegenüber dem Leistungsempfänger Bauleistungen i.S.d. § 13b Abs. 2 Nr. 4 Satz 1 UStG, wobei der Leistungsempfänger selbst nachhaltig Bauleistungen erbringt.

| | |
|---|---|
| Auftragssumme netto: | 100 000 € |
| Umsatzsteuer 19 % | 19 000 € |
| Bruttobetrag | 119 000 € |

Das umsatzsteuerliche Entgelt beträgt 100 000 €, die darauf entfallende Umsatzsteuer 19 000 €. Der Leistungsempfänger schuldet die Umsatzsteuer nach § 13b Abs. 2 Nr. 4 Satz 1 i.V.m. Abs. 5 Satz 2 UStG. Der leistende Unternehmer ist zur Erteilung einer entsprechenden Rechnung verpflichtet.

Bemessungsgrundlage für die Bauabzugsteuer ist gemäß § 48 Abs. 3 EStG das Entgelt zuzüglich Umsatzsteuer. Der Leistungsempfänger überweist dem Unternehmer daher 82 150 € (100 000 € abzüglich 15 % Bauabzugsteuer von 119 000 € i.H.v. 17 850 €).

## IX. Berichtigungspflicht

Nach § 153 AO ist ein Steuerpflichtiger, der nachträglich vor Ablauf der Festsetzungsfrist erkennt, dass eine Steuererklärung unrichtig oder unvollständig ist und dass es dadurch zu einer Verkürzung von Steuern kommen kann oder bereits gekommen ist, verpflichtet, dies unverzüglich anzuzeigen und die erforderliche Richtigstellung vorzunehmen.

Die Umsatzsteuer-Voranmeldung steht einer Steuererklärung gleich (§ 150 Abs. 1 AO, § 18 Abs. 1 UStG).

Soweit Umsätze, für die die Steuer nach der hier dargestellten Rechtslage bereits entstanden ist, bisher nicht versteuert worden sind, ist für die betreffenden Voranmeldungen bzw. Jahreserklärungen eine Berichtigungspflicht nach § 153 AO umgehend zu prüfen.

**Für Fragen, die dieses Merkblatt nicht beantwortet, stehen die Finanzämter zur Verfügung. Auf die Möglichkeit, den Rat eines Angehörigen der steuerberatenden Berufe in Anspruch zu nehmen, wird hingewiesen.**

# **500** § 13 b/3. Schreiben betr. Steuerschuldnerschaft des Leistungsempfängers bei Bauleistungen nach § 13 b Abs. 5 Satz 2 i. V. m. Abs. 2 Nr. 4 UStG und bei Gebäudereinigungsleistungen nach § 13 b Abs. 5 Satz 5 i. V. m. Abs. 2 Nr. 8 UStG; Auswirkungen des BFH-Urteils vom 22. August 2013 V R 37/10 (BStBl. 2014 II S. 128)

Vom 8. Mai 2014 (BStBl. I S. 823)

(BMF IV D 3 – S 7279/11/10002 – 03; DOK 2014/0419586)

– Auszug –

## I. Änderung des Umsatzsteuer-Anwendungserlasses

… (Änderung in Abschn. 13 b.3 und 13 b.5 UStAE)

## II. Neufassung der Nichtbeanstandungsregelung (Absatz 5 des BMF-Schreibens vom 5. Februar 2014, BStBl. I S. 233)[1]

Absatz 5 des BMF-Schreibens vom 5. Februar 2014 IV D 3 – S 7279/11/10002, DOK 2014/0120973 (BStBl. I S. 233), wird wie folgt gefasst:

„Haben leistender Unternehmer und Leistungsempfänger die Steuerschuldnerschaft des Leistungsempfängers für eine Bauleistung, die vor dem 15. Februar 2014 ausgeführt worden ist, einvernehmlich unter Berücksichtigung der bis zu diesem Zeitpunkt geltenden Verwaltungsanweisungen in Abschnitt 13 b.3 und 13 b.8 UStAE angewendet, wird es nicht beanstandet, wenn sie nach dem 14. Februar 2014 ebenso einvernehmlich entscheiden, an der seinerzeitigen Entscheidung festzuhalten, auch wenn in Anwendung des o. a. BFH-Urteils vom 22. August 2013 der leistende Unternehmer Steuerschuldner wäre. Die Notwendigkeit von Rechnungsberichtigungen besteht nicht. Gleiches gilt für Bauleistungen, mit deren Ausführung vor dem 15. Februar 2014 begonnen worden ist, soweit dies einvernehmlich unter Berücksichtigung der bis zu diesem Zeitpunkt geltenden Verwaltungsanweisungen in Abschnitt 13 b.3 und 13 b.8 UStAE erfolgt ist. Im Übrigen wird es – auch für Zwecke des Vorsteuerabzugs – nicht beanstandet, wenn leistender Unternehmer und Leistungsempfänger für eine vor dem 15. Februar 2014 erbrachte Bauleistung einvernehmlich unter Berücksichtigung der bis zu diesem Zeitpunkt geltenden Verwaltungsanweisungen in Abschnitt 13 b.3 UStAE davon ausgegangen sind, dass der leistende Unternehmer Steuerschuldner ist,

[1] Abs. 5 kann auch bei einer Bauleistung angewendet werden, die vor dem 15. 2. 2014 begonnen, aber erst nach dem 30. 9. 2014 erbracht worden ist und die nicht unter § 13 b Abs. 2 Nr. 4 Satz 1 und Abs. 5 Satz 2 UStG in der seit 1. 10. 2014 geltenden Fassung fällt; vgl. BMF v. 4. 2. 2015, BStBl. I S. 166.

auch wenn in Anwendung des o. a. BFH-Urteils vom 22. August 2013 der Leistungsempfänger Steuerschuldner wäre."

### III. Behandlung von Anzahlungen für nach dem 14. Februar 2014 ausgeführte Bauleistungen und Gebäudereinigungsleistungen

Bei nach dem 14. Februar 2014 ausgeführten Bauleistungen bzw. Gebäudereinigungsleistungen ist in Anwendung des BFH-Urteils vom 22. August 2013 V R 37/10 (BStBl. 2014 II S. 128) der Leistungsempfänger nur dann Steuerschuldner nach § 13 b Abs. 2 Nr. 4 und 8 in Verbindung mit Abs. 5 Satz 2 und 5 UStG, wenn er die an ihn erbrachte Leistung selbst für eine Bauleistung bzw. Gebäudereinigungsleistung verwendet. Wird die an den Unternehmer ausgeführte Bauleistung bzw. Gebäudereinigungsleistung von ihm nicht für eine Bauleistung bzw. Gebäudereinigungsleistung verwendet, ist der leistende Unternehmer Steuerschuldner.

#### 1. Schlussrechnung über nach dem 14. Februar 2014 erbrachte Leistungen bei Abschlagszahlungen vor dem 15. Februar 2014

Bei nach dem 14. Februar 2014 ausgeführten Bauleistungen bzw. Gebäudereinigungsleistungen, für die infolge des BFH-Urteils vom 22. August 2013 V R 37/10 der leistende Unternehmer die Steuer schuldet, hat der leistende Unternehmer eine Rechnung auszustellen, in der er auch den anzuwendenden Steuersatz und den auf das Entgelt entfallenden Steuerbetrag anzugeben hat (§ 14 Abs. 4 Satz 1 Nr. 8 UStG). Dies gilt unabhängig davon, ob der leistende Unternehmer das Entgelt oder Teile des Entgelts vor dem 15. Februar 2014 vereinnahmt hat oder nicht.

Hat der leistende Unternehmer das Entgelt oder Teile des Entgelts vor dem 15. Februar 2014 vereinnahmt und hierfür jeweils eine Rechnung ausgestellt, in der er u. a. das (Netto-)Entgelt ohne gesonderten Steuerausweis und einen Hinweis auf die Steuerschuldnerschaft des Leistungsempfängers aufgenommen hat, hat er diese Rechnung(en) im Voranmeldungszeitraum der tatsächlichen Ausführung der Leistung zu berichtigen. Eine Berichtigung dieser Rechnungen kann unterbleiben, wenn der leistende Unternehmer in seiner Schlussrechnung beim Leistungsempfänger die Umsatzsteuer auf das Gesamtentgelt anfordert. Die geleisteten Anzahlungen sind dann in der Schlussrechnung nur mit ihrem Nettobetrag (ohne Umsatzsteuer) anzurechnen. Die Umsatzsteuer auf das Gesamtentgelt ist in diesem Fall in der Umsatzsteuer-Voranmeldung für den Zeitraum anzumelden, in dem die Leistung erbracht worden ist. Der Leistungsempfänger hat im selben Voranmeldungszeitraum die von ihm bisher nach § 13 b Abs. 5 Satz 2 i. V. m. Abs. 2 Nr. 4 UStG angemeldete Umsatzsteuer auf Anzahlungen für bezogene Bauleistungen zu berichtigen.

Ist der Leistungsempfänger zum vollen Vorsteuerabzug berechtigt, wird es nicht beanstandet, wenn in der Schlussrechnung nur das um das vor dem 15. Februar 2014 vom leistenden Unternehmer vereinnahmte Entgelt oder die vereinnahmten Teile des Entgelts geminderte Entgelt zugrunde gelegt wird. Voraussetzung hierfür ist, dass diese Anzahlung(en) vom Leistungsempfänger in zutreffender Höhe versteuert (= in einer Voranmeldung oder in einer Umsatzsteuererklärung für das Kalenderjahr angemeldet) wurde(n). Auch in derartigen Fällen sind die Rechnungen, mit denen über die Anzahlungen abgerechnet wurde, nicht zu berichtigen. Die nach § 13 b Abs. 5 Satz 2 i. V. m. Abs. 2 Nr. 4 UStG angemeldete Umsatzsteuer auf Anzahlungen für bezogene Bauleistungen ist nicht zu berichtigen.

**Beispiel 1:**

Der Dachdecker D ist vom Bauunternehmer B im August 2013 beauftragt worden, das Dach des Bürogebäudes des B neu zu decken. B erbringt nur steuerpflichtige zum Vorsteuerabzug berechtigende Bauleistungen und hat gegenüber dem D die ihm erteilte Freistellungsbescheinigung nach § 48 b EStG verwendet. Die Bemessungsgrundlage für diese Werklieferung beträgt 50 000 €. B und D haben zwei Abschlagszahlungen in Höhe von jeweils 10 000 € vereinbart, die bei D fristgerecht nach Baubeginn am 15. Oktober 2013 und am 17. Dezember 2013 eingehen. D hat hierüber am 1. Oktober 2013 bzw. am 3. Dezember 2013 jeweils eine Rechnung ausgestellt, in der er das Entgelt ausgewiesen und auf die Steuerschuldnerschaft des B hingewiesen hat. B hat die Umsatzsteuer auf die Anzahlungen in seinen Umsatzsteuer-Voranmeldungen für Oktober 2013 bzw. Dezember 2013 angemeldet und diese Steuer gleichzeitig als Vorsteuer abgezogen. Die Dachdeckerarbeiten wurden am 20. März 2014 beendet.

Für die Dachdeckerleistung ist D Steuerschuldner, weil B als Leistungsempfänger diese Leistung nicht selbst für eine Bauleistung verwendet. Da B hinsichtlich dieses Umsatzes zum vollen Vorsteuerabzug berechtigt ist, kann D in der Schlussrechnung auf die Bemessungsgrundlage von 50 000 € die gezahlten Anzahlungen als Nettobetrag anrechnen:

| | |
|---|---|
| Ausgeführte Dachdeckerarbeiten | 50 000 € |
| abzüglich Anzahlungen | 20 000 € |
| | 30 000 € |
| + Umsatzsteuer (19 %) | 5700 € |
| von B zu zahlen: | 35 700 €. |

Die Rechnungen über die geleisteten Anzahlungen müssen nicht berichtigt werden. B muss die Umsatzsteuer auf die Anzahlungen nicht berichtigen.

Leistender Unternehmer und Leistungsempfänger können in derartigen Fällen aber auch die Nichtbeanstandungsregelung in Abschnitt II Absatz 1 letzter Satz dieses BMF-Schreibens anwenden.

**Beispiel 2:**

Sachverhalt wie Beispiel 1. Beide Unternehmer wenden einvernehmlich die Nichtbeanstandungsregelung in Abschnitt II Absatz 1 letzter Satz dieses BMF-Schreibens an. Die Schlussrechnung kann dann wie folgt aussehen:

| | |
|---|---|
| Ausgeführte Dachdeckerarbeiten | 50 000 € |
| abzüglich Anzahlungen | 20 000 € |
| | 30 000 € |
| von B zu zahlen: | 30 000 €. |

In der Rechnung wird dabei ein Passus aufgenommen, nach dem B und D einvernehmlich davon ausgehen, dass B in Anwendung der bis zum 14. Februar 2014 geltenden Verwaltungsanweisungen in Abschnitt 13 b.3 und 13 b.8 UStAE als Leistungsempfänger nach § 13 b Abs. 5 Satz 2 i. V. m. Abs. 2 Nr. 4 UStG auch Steuerschuldner der Schlusszahlung ist.

Diese Art der Abrechnung ist bei Anwendung der Nichtbeanstandungsregelung in Abschnitt II Absatz 1 letzter Satz dieses BMF-Schreibens auch dann zulässig, wenn der Leistungsempfänger hinsichtlich der an ihn erbrachten Leistung insoweit nicht zum Vorsteuerabzug berechtigt ist.

**2. Berichtigung einer vor dem 15. Februar 2014 erstellten Rechnung über Anzahlungen, wenn die Zahlung erst nach dem 14. Februar 2014 erfolgt**

Werden für nach dem 14. Februar 2014 ausgeführte Bauleistungen bzw. Gebäudereinigungsleistungen, für die infolge des BFH-Urteils vom 22. August 2013 V R 37/10 der leistende Unternehmer die Steuer schuldet, das Entgelt oder Teile des Entgelts vereinnahmt, bevor die Leistung oder die Teilleistung ausgeführt worden ist, entsteht die Steuer mit Ablauf des Voranmeldungszeitraums, in dem das Entgelt oder Teilentgelt vereinnahmt worden ist (§ 13 Abs. 1 Nr. 1 Buchst. a Satz 4, § 13b Abs. 4 Satz 2 UStG). Entscheidend für die Steuerentstehung ist nicht, wann die Rechnung erstellt worden ist, sondern der Zeitpunkt der Vereinnahmung des entsprechenden Entgelts oder des Teilentgelts. Vereinnahmt der leistende Unternehmer das Entgelt oder Teilentgelt für nach dem 14. Februar 2014 ausgeführte Bauleistungen bzw. Gebäudereinigungsleistungen, für die nunmehr der leistende Unternehmer die Steuer schuldet, nach dem 14. Februar 2014, ist er Steuerschuldner (§ 13a Abs. 1 Nr. 1 UStG). Ist die hierfür vom leistenden Unternehmer erstellte Rechnung vor dem 15. Februar 2014 erstellt worden und wurde die Umsatzsteuer nicht gesondert ausgewiesen, sondern der Leistungsempfänger als Steuerschuldner behandelt, ist die Rechnung entsprechend zu berichtigen.

**Beispiel:**

Der Dachdecker D ist vom Bauunternehmer B im Januar 2014 beauftragt worden, das Dach des Bürogebäudes des B neu zu decken. B erbringt nur steuerpflichtige zum Vorsteuerabzug berechtigende Bauleistungen und hat gegenüber dem D die ihm erteilte Freistellungsbescheinigung nach § 48b EStG verwendet. Die Bemessungsgrundlage für diese Werklieferung beträgt 30 000 €. B und D haben eine Abschlagszahlung in Höhe von 11 900 € vereinbart, die am 20. Februar 2014 zu entrichten ist. D hat über die zu leistende Anzahlung bereits am 30. Januar 2014 eine Rechnung ausgestellt, in der er das Entgelt ausgewiesen und auf die Steuerschuldnerschaft des B hingewiesen hat. D hat am 10. Februar 2014 mit den Dachdeckerarbeiten begonnen. Die Anzahlung ist bei D fristgerecht am 20. Februar 2014 eingegangen. Die Dachdeckerarbeiten wurden am 25. März 2014 beendet.

Für die Dachdeckerleistung ist D Steuerschuldner, weil B als Leistungsempfänger diese Leistung nicht selbst für eine Bauleistung verwendet. Da die Anzahlung nach dem 14. Februar 2014 eingegangen ist und die Leistung nach diesem Datum erbracht wurde, hat D die ursprüngliche Anzahlungsrechnung zu berichtigen, indem er das bisherige Nettoentgelt als Bruttoentgelt ansieht und wie folgt abrechnet:

| | |
|---|---|
| Anzahlung für Dachdeckerarbeiten | 10 000 € |
| + Umsatzsteuer (19 %) | 1900 € |
| von B zu zahlen: | 11 900 €. |

Wenden leistender Unternehmer und Leistungsempfänger einvernehmlich die Nichtbeanstandungsregelung in Abschnitt II Absatz 1 letzter Satz dieses BMF-Schreibens an, muss die Anzahlungsrechnung nicht berichtigt werden. Dies gilt auch dann, wenn der Leistungsempfänger hinsichtlich der an ihn erbrachten Leistung insoweit nicht zum Vorsteuerabzug berechtigt ist.

## IV. Anwendungsregelung

Die Regelungen in den Abschnitten I und III sind auf Umsätze anzuwenden, die nach dem 14. Februar 2014 ausgeführt werden. Abschnitt II ist auf alle offenen Fälle anzuwenden.

## V. Weiteres BMF-Schreiben

Zur Frage eines Vertrauensschutzes bei der Inanspruchnahme des leistenden Unternehmers bei Bauleistungen, bei denen auf Grund des o. a. BFH-Urteils vom 22. August 2013 der Leistungsempfänger nicht die Steuer schuldet, ergeht ein gesondertes BMF-Schreiben.[1)]

[1)] Siehe hierzu BMF v. 31. 7. 2014, BStBl. I S. 1073 (Nr. **500** § 13 b/4).

# 500 § 13b/4. Schreiben betr. Umsatzsteuer; Steuerschuldnerschaft des Leistungsempfängers bei Bauleistungen nach § 13 b Abs. 5 Satz 2 i. V. m. Abs. 2 Nr. 4 UStG; Anwendung des § 27 Abs. 19 UStG

Vom 26. Juli 2017 (BStBl. I S. 1001)

(BMF III C 3 – S 7279/11/10002 – 09; IV 3 – S 0345/07/10002 – 10; DOK 2017/0658012)

Geändert durch BMF v. 24. 1. 2019 (BStBl. I S. 117)

Der BFH hat in seinem Urteil vom 22. August 2013 V R 37/10, BStBl. 2014 II S. 128, die Regelungen zur Steuerschuldnerschaft des Leistungsempfängers bei Bauleistungen nach § 13 b Abs. 5 Satz 2 i. V. mit Abs. 2 Nr. 4 UStG (i. d. F. vor der Änderung durch das Gesetz zur Anpassung des nationalen Steuerrechts an den Beitritt Kroatiens zur EU und zur Änderung weiterer steuerlicher Vorschriften vom 25. Juli 2014, BGBl. I S. 1266) abweichend von der früheren Verwaltungsauffassung ausgelegt. 1

Nach der früheren Verwaltungsauffassung waren Unternehmer, die eigene Grundstücke zum Zweck des Verkaufs bebauen (z. B. Bauträger), Steuerschuldner für die von anderen Unternehmern an sie erbrachten Bauleistungen, wenn die Bemessungsgrundlage der von ihnen getätigten Bauleistungen mehr als 10 Prozent der Summe ihrer steuerbaren und nicht steuerbaren Umsätze (Weltumsatz) beträgt. 2

In dem vom BFH entschiedenen vorgenannten Streitfall versteuerte das Bauträgerunternehmen als Leistungsempfänger zunächst die von ihm bezogenen Leistungen als Steuerschuldner, machte aber später geltend, dass die Voraussetzungen des § 13 b UStG nicht vorgelegen hätten und forderte die von ihm gezahlte Umsatzsteuer vom Finanzamt zurück. 3

Der BFH entschied wie folgt:

1. Der Leistungsempfänger von Bauleistungen ist nur dann Steuerschuldner für die an ihn erbrachte Leistung, wenn er diese Leistung seinerseits zur Erbringung einer Bauleistung verwendet.
2. Auf den Anteil der vom Leistungsempfänger ausgeführten Bauleistungen am Gesamtumsatz kommt es dabei nicht an.

Mit BMF-Schreiben vom 5. Februar 2014 (BStBl. I S. 233) und vom 8. Mai 2014 (BStBl. I S. 823)[1] wurden die Finanzämter angewiesen, die Grundsätze des o. a. BFH-Urteils vom 22. August 2013 in vollem Umfang für nach dem 14. Februar 2014 (= Tag der Veröffentlichung des BMF-Schreibens vom 5. Februar 2014 im BStBl. Teil I) ausgeführte Umsätze allgemein anzuwenden. Die betroffenen Unternehmer können danach für die Vergangenheit an der bisherigen Handhabung festhalten. Die Notwendigkeit von Rechnungsberichtigungen besteht nicht. Diese Vereinfachungsregelung (Nicht- 4

[1] Nr. 500 § 13b/3.

beanstandungsregelung) gewährt beiden Unternehmern bei einvernehmlicher unveränderter Beibehaltung der bisherigen Handhabung uneingeschränkte Rechtssicherheit und Vertrauensschutz, sofern nicht zu einem späteren Zeitpunkt von der einvernehmlichen Handhabung abgewichen wird.

4 a Mit BMF-Schreiben vom 31. Juli 2014 (BStBl. I S. 1073) waren Grundsätze zur Anwendung des § 27 Abs. 19 UStG für die Fälle festgelegt worden, bei denen der leistende Unternehmer und der Leistungsempfänger bei einer vor dem 15. Februar 2014 erbrachten steuerpflichtigen Bauleistung davon ausgegangen sind, dass der Leistungsempfänger nach § 13 b UStG die Steuer schuldet und sich diese Annahme nach dem BFH-Urteil vom 22. August 2013 V R 37/10, BStBl. 2014 II S. 128, im Nachhinein als unrichtig herausgestellt hat und die beteiligten Unternehmer keinen Gebrauch von der Vereinfachungsregelung/Nichtbeanstandungsregelung gemacht haben.

4 b In seinem Urteil vom 23. Februar 2017 V R 16/16, V R 24/16, BStBl. II S. 760, hat der BFH entschieden, dass die in § 27 Abs. 19 UStG geregelte Korrektur der Umsatzsteuerfestsetzung in Bauträgerfällen unter Beachtung der nachfolgenden Voraussetzungen verfassungsrechtlich unbedenklich ist. Danach sei der durch § 27 Abs. 19 Satz 2 UStG angeordnete Ausschluss des abgabenrechtlichen Vertrauensschutzes unionsrechtlich dann zu rechtfertigen, wenn das Bestehen und die Abtretbarkeit einer Forderung nicht erst im Anschluss an die Änderung des Umsatzsteuerbescheids, sondern bereits im Festsetzungsverfahren geklärt werden. Die bereits aus dem Unionsrecht abzuleitenden Grundsätze der Rechtssicherheit, des Vertrauensschutzes sowie von Treu und Glauben erforderten zudem, dass der leistende Unternehmer für die in § 27 Abs. 19 Satz 3 UStG umschriebene Fallgestaltung (Annahme einer Steuerschuld des Leistungsempfängers im Vertrauen auf eine Verwaltungsanweisung und Mitwirkung des leistenden Unternehmers bei der Durchsetzung des abgetretenen Anspruchs) einen Rechtsanspruch auf Annahme seines Abtretungsangebots hat. Auf eine mögliche Anwendung des § 17 Abs. 2 Nr. 1 UStG beim Leistenden bzw. eine analoge Anwendung der § 17 Abs. 2 Nr. 1 und Abs. 1 Satz 2 UStG beim Leistungsempfänger kommt es nach Ansicht des BFH daher nicht an (vgl. Rdnr. 62 des o. g. BFH-Urteils vom 23. Februar 2017).

5 Unter Bezugnahme auf das Ergebnis der Erörterungen mit den obersten Finanzbehörden der Länder gilt daher Folgendes:

## I. Besteuerung des leistenden Unternehmers

6 Sind leistender Unternehmer und Leistungsempfänger bei einer vor dem 15. Februar 2014 erbrachten steuerpflichtigen Bauleistung davon ausgegangen, dass der Leistungsempfänger nach § 13 b UStG die Steuer schuldet, und stellt sich diese Annahme nach dem BFH-Urteil vom 22. August 2013 V R 37/10, BStBl. 2014 II S. 128, im Nachhinein als unrichtig heraus und machen die beteiligten Unternehmer keinen Gebrauch von der Vereinfachungsregelung/Nichtbeanstandungsregelung (vgl. Tz. 4), ist die gegen den leistenden Unternehmer wirkende Umsatzsteuerfestsetzung nach § 27 Abs. 19 Satz 1 UStG für noch nicht festsetzungsverjährte Besteuerungszeiträume (§ 169 Abs. 1 AO) zu ändern, soweit der Leistungsempfänger die Erstattung der Steuer fordert, die er in der Annahme entrichtet hatte, Steuerschuldner i. S. d. § 13 b UStG zu

sein und dem leistenden Unternehmer ein abtretbarer Anspruch auf Zahlung der gesetzlich entstandenen Umsatzsteuer gegen den Leistungsempfänger zusteht oder zugestanden hat. Die Steuerfestsetzung gegenüber dem leistenden Unternehmer kann daher auch dann nach § 27 Abs. 19 Satz 1 UStG geändert werden, wenn dem leistenden Unternehmer im Zeitpunkt der Änderung deshalb kein zivilrechtlicher Anspruch gegenüber dem Leistungsempfänger mehr zusteht, weil dieser bereits durch Erfüllung oder Verzicht erloschen ist (zur besonderen Erfüllungswirkung des § 27 Abs. 19 Satz 4 UStG vgl. Tz. 8).

Der Änderung der Umsatzsteuerfestsetzung gegen den leistenden Unternehmer nach § 27 Abs. 19 Satz 1 UStG steht § 176 AO nicht entgegen (§ 27 Abs. 19 Satz 2 UStG).

Der leistende Unternehmer kann in den Fällen des § 27 Abs. 19 Satz 1 **6a**
UStG die gesetzlich entstandene und von ihm geschuldete Umsatzsteuer zivilrechtlich gegenüber dem Leistungsempfänger zusätzlich zum Netto-Entgelt geltend machen. Der Anspruch ergibt sich regelmäßig aus § 313 Abs. 1 des Bürgerlichen Gesetzbuchs (BGB), wenn der leistende Unternehmer und der Leistungsempfänger bei der Leistungserbringung von einer Steuerschuldnerschaft des Leistungsempfängers ausgingen und in der Rechnung des leistenden Unternehmers ein Entgelt ohne Steuerbetrag mit dem ausdrücklichen Verweis auf die Steuerschuldnerschaft des Leistungsempfängers nach § 13b UStG ausgestellt und vom Leistungsempfänger die Steuer nach § 13b UStG abgeführt worden ist. Dieser Anspruch kann sich auch aus § 313 Abs. 2 BGB oder auf Grund einer ergänzenden Vertragsauslegung nach § 157 BGB ergeben. In den Fällen, in denen die Vertragspartner ein Abtretungsverbot vereinbart haben, ist dieses nach § 354a Abs. 1 Satz 1 HGB suspendiert und steht einer Anwendung des § 27 Abs. 19 Satz 1 UStG nicht entgegen. Der Anspruch entsteht in dem Zeitpunkt, in dem der Leistungsempfänger einen Antrag auf Änderung seiner Umsatzsteuerfestsetzung auf Grund des BFH-Urteils vom 22. August 2013 V R 37/10, BStBl. 2014 II S. 128, stellt.

Das Bestehen und die Abtretbarkeit dieses Anspruchs des leistenden Unter- **6b**
nehmers gegen den Leistungsempfänger werden vom zuständigen Finanzamt im Rahmen des Festsetzungsverfahrens geklärt. Dazu hat der leistende Unternehmer dem Finanzamt alle Informationen und Unterlagen zur Geltendmachung seiner Forderung auf Zahlung der gesetzlich entstandenen Umsatzsteuer, die abgetreten werden soll, zur Verfügung zu stellen. Darüber hinaus ist er verpflichtet, alle ihm bekannten Umstände, die zu Einreden, Einwendungen und/oder Aufrechnungen der Forderung führen können, offenzulegen. In den Fällen, in denen sich im Festsetzungsverfahren aufgrund der Verletzung der Mitwirkungspflicht des leistenden Unternehmers nicht klären lässt, ob diesem ein zivilrechtlicher Anspruch gegen den Leistungsempfänger zusteht oder zugestanden hat, ist davon auszugehen, dass ein zivilrechtlicher Anspruch besteht oder bestanden hat (BFH-Urteil vom 15. Februar 1989 X R 16/86, BStBl. II S. 462).

Das für den leistenden Unternehmer zuständige Finanzamt hat nach § 27 **7**
Abs. 19 Satz 3 UStG auf Antrag zuzulassen, dass der leistende Unternehmer den ihm gegen den Leistungsempfänger zustehenden Anspruch auf (nachträgliche) Zahlung der gesetzlich entstandenen Umsatzsteuer dem Finanzamt abtritt, wenn die (ursprüngliche) Annahme der Steuerschuld des Leistungsempfängers im Vertrauen auf eine Verwaltungsanweisung beruhte und der leisten-

de Unternehmer bei der Durchsetzung des abgetretenen Anspruchs mitwirkt. Das in § 27 Abs. 19 Satz 3 UStG grundsätzlich eingeräumte Ermessen reduziert sich in diesen Fällen aus Gründen des Unionsrechts auf null. Die Rechnungserteilung mit Steuerausweis durch den leistenden Unternehmer ist keine Voraussetzung für die Abtretung nach § 27 Abs. 19 Satz 3 UStG, sondern nur Bedingung für die Erfüllungswirkung „an Zahlungs statt" nach § 27 Abs. 19 Satz 4 UStG. Unerheblich ist auch, ob der sich aus der geänderten Steuerfestsetzung ergebende Anspruch des Finanzamts gegen den leistenden Unternehmer bereits durch Zahlung oder in anderer Weise getilgt wurde (Ersetzungsrecht des leistenden Unternehmers; vgl. BFH-Urteil vom 23. Februar 2017 V R 16/16, V R 24/16, BStBl. II S. 760, Rdnr. 67, 11). Diese Abtretung erfolgt nach Maßgabe des Zivilrechts durch Angebot seitens des leistenden Unternehmers, mit dem er sich verpflichtet, bei der Durchsetzung des Anspruchs mitzuwirken, und Annahme durch das Finanzamt. Die Mitwirkungspflicht des leistenden Unternehmers bezieht sich hierbei zuvorderst auf den Nachweis der Richtigkeit und das Bestehen seiner (abgetretenen) Forderung sowie die Wirksamkeit der Abtretung.

8 Die vorgenannte Abtretung wirkt nach § 27 Abs. 19 Satz 4 UStG nur dann an Zahlungs statt und führt damit zum Erlöschen des Umsatzsteueranspruchs (§ 47 AO), wenn

- der leistende Unternehmer dem Leistungsempfänger eine erstmalige oder geänderte Rechnung mit offen ausgewiesener Umsatzsteuer ausstellt,
- die Abtretung an das Finanzamt wirksam bleibt,
- dem Leistungsempfänger diese Abtretung unverzüglich mit dem Hinweis angezeigt wird, dass eine Zahlung an den leistenden Unternehmer keine schuldbefreiende Wirkung mehr hat, und
- der leistende Unternehmer seiner Mitwirkungspflicht nachkommt.

Soweit der Anspruch des leistenden Unternehmers gegen den Leistungsempfänger vor einer beabsichtigten Abtretung an das Finanzamt durch Erfüllung oder Verzicht erloschen ist, ist eine Abtretung nach § 27 Abs. 19 Satz 3 UStG nicht möglich. Die besondere Erfüllungswirkung des § 27 Abs. 19 Satz 4 UStG kann damit nicht eintreten. § 27 Abs. 19 Satz 1 und 2 UStG bleiben anwendbar (vgl. Tz. 6).

## II. Verfahrensmäßige Abwicklung der Änderungsanträge der Leistungsempfänger

9 Hat der Leistungsempfänger unter Berufung auf das o. a. BFH-Urteil vom 22. August 2013 V R 37/10, BStBl. 2014 II S. 128, die Erstattung der Umsatzsteuer gefordert, die er ursprünglich in der Annahme entrichtet hatte, Steuerschuldner i. S. d. § 13 b UStG zu sein, sind die entsprechenden Umsätze an den Leistungsempfänger zu ermitteln.

10 Der Leistungsempfänger hat dem für ihn zuständigen Finanzamt dazu Folgendes im Einzelnen darzulegen (die Beleganforderung im Einzelfall bleibt hiervon unberührt):

- Name, Anschrift und Steuernummer des leistenden Unternehmers,
- Rechnungsdatum, Rechnungsnummer, Bezeichnung der erbrachten Bauleistung, Entgelt und – soweit die Rechnung bereits berichtigt wurde –

Steuersatz und Steuerbetrag, Zeitpunkt der Zahlung und/oder der Schlusszahlung der hierüber erteilten Rechnungen oder Gutschriften,

– Zeitpunkt und Höhe der geleisteten Anzahlungen oder Teilzahlungen sowie Rechnungsdatum und Rechnungsnummer der hierüber erteilten Rechnungen oder Gutschriften,

– Zuordnung der bezogenen Bauleistung bzw. der geleisteten Anzahlung zu dem jeweiligen Ausgangsumsatz unter Angabe des konkreten Ausgangsumsatzes (Bauvorhabens) als objektbezogenen Nachweis dafür, dass die Eingangsleistung nicht zur Erbringung von selbst erbrachten Bauleistungen verwendet wurde.

Die vorgenannten Auskünfte sind zur Feststellung der für die Besteuerung **11** erheblichen Sachverhalte sowohl beim Leistungsempfänger als auch beim leistenden Unternehmer erforderlich (§§ 90, 93 Abs. 1 AO). Der Leistungsempfänger ist darauf hinzuweisen, dass diese Auskünfte auch zum Zweck der Besteuerung der jeweils leistenden Unternehmer nach § 27 Abs. 19 UStG angefordert werden.

Das für den Leistungsempfänger zuständige Finanzamt informiert umge- **12** hend das für den jeweiligen leistenden Unternehmer zuständige Finanzamt über die Tatsachen, die jeweils zur Festsetzung der Umsatzsteuer nach § 27 Abs. 19 Satz 1 UStG notwendig sind.

Anschließend ist der jeweilige leistende Unternehmer unverzüglich von **13** dem für ihn zuständigen Finanzamt darüber zu informieren, dass der Leistungsempfänger sich auf das o. a. BFH-Urteil vom 22. August 2013 V R 37/10, BStBl. 2014 II S. 128, berufen und die Erstattung der Umsatzsteuer gefordert hat, die er ursprünglich in der Annahme entrichtet hatte, Steuerschuldner i. S. d. § 13 b UStG zu sein. Zugleich ist der leistende Unternehmer darauf hinzuweisen,

– inwieweit diese Umsatzsteuer nunmehr von ihm geschuldet wird,

– dass eine Änderung der Umsatzsteuerfestsetzung nach § 27 Abs. 19 Satz 1 UStG beabsichtigt ist und

– dass er seine Umsatzsteuerschuld nach § 27 Abs. 19 Satz 3 und 4 UStG durch Abtretung seiner zivilrechtlichen Forderung gegen den Leistungsempfänger erfüllen kann, sofern die Annahme der Steuerschuld des Leistungsempfängers im Vertrauen auf eine Verwaltungsanweisung beruhte, er sich verpflichtet, bei der Durchsetzung des abgetretenen Anspruchs mitzuwirken, und die übrigen gesetzlichen Voraussetzungen vorliegen.

Die Abtretung der zivilrechtlichen Forderungen gegen den Leistungsemp- **14** fänger nach § 27 Abs. 19 Satz 3 UStG kann schon vor einer Änderung der Umsatzsteuerfestsetzung nach § 27 Abs. 19 Satz 1 UStG erfolgen.

Im Hinblick auf die Zielsetzung des § 27 Abs. 19 UStG soll die Entschei- **15** dung über den (anteiligen) Erstattungsanspruch des Leistungsempfängers bis zur Rückmeldung des jeweils für den leistenden Unternehmer zuständigen Finanzamts über das Vorliegen einer (wirksamen) Abtretung nach § 27 Abs. 19 Satz 4 UStG zurückgestellt werden. Das für den leistenden Unternehmer zuständige Finanzamt hat das für den Leistungsempfänger zuständige Finanzamt umgehend über das Ergebnis seiner Maßnahmen bzw. über mit dem leistenden Unternehmer getroffene Abtretungsvereinbarungen zu informieren.

15 a[1] *Leistungsempfängern werden unter Berufung auf das BFH-Urteil vom 22. August 2013 V R 37/10, BStBl. 2014 II S. 128, beantragte Umsatzsteuer-Erstattungen – unter Berufung auf den Grundsatz von Treu und Glauben und des unionsrechtlichen Neutralitätsgebots – nur gewährt, soweit sie die nachträgliche Zahlung der fraglichen Umsatzsteuer an den leistenden Unternehmer nachweisen oder mit dem Erstattungsanspruch gegen nach § 27 Abs. 19 UStG vom leistenden Unternehmer an die Finanzbehörde abgetretene (zivilrechtliche) Forderungen aufgerechnet werden kann. Im Übrigen wird die Umsatzsteuererstattung abgelehnt.*

## III. Nachzahlungszinsen nach § 233 a AO

16 Bei der Verzinsung der nachträglichen Umsatzsteuerfestsetzung gegenüber dem leistenden Unternehmer nach § 27 Abs. 19 Satz 1 UStG gilt der Antrag des Leistungsempfängers auf Erstattung der zunächst von ihm entrichteten Umsatzsteuer als rückwirkendes Ereignis i. S. d. § 233 a Abs. 2 a AO. Der Zinslauf von Nachzahlungszinsen nach § 233 a AO beginnt in diesen Fällen folglich erst 15 Monate nach Ablauf des Kalenderjahres, in dem das rückwirkende Ereignis eingetreten ist.

## IV. Abtretung der zivilrechtlichen Forderungen innerhalb der Finanzverwaltung

17 Die Finanzbehörden können gegen den Umsatzsteuererstattungsanspruch (oder andere Steuererstattungsansprüche oder Steuervergütungsansprüche) des Leistungsempfängers mit der vom leistenden Unternehmer durch Abtretung erworbenen zivilrechtlichen Forderung grundsätzlich ab deren Fälligkeit aufrechnen (§ 226 AO i. V. m. §§ 387 bis 396 BGB). Der Beginn der Verjährung des Anspruchs des leistenden Unternehmers gegen den Leistungsempfänger bestimmt sich nach § 195 BGB i. V. m. § 199 Abs. 1 Nr. 2 BGB. Danach beginnt die zivilrechtliche Verjährung für die Nachforderung der Umsatzsteuer durch den leistenden Unternehmer gegen den Leistungsempfänger gemäß § 199 Abs. 1 Nr. 2 BGB erst mit Kenntniserlangung der den Anspruch begründenden Umstände. Die Verjährungsfrist beginnt demnach dann, wenn der leistende Unternehmer Kenntnis erlangt hat, dass der Leistungsempfänger einen Erstattungsantrag bei seinem Finanzamt gestellt hat.

18 Die für eine Aufrechnung erforderliche Gegenseitigkeit ist gewahrt, wenn die (durch Abtretung vom leistenden Unternehmer erworbene zivilrechtliche) Forderung derselben Körperschaft zusteht (§ 226 Abs. 1 AO) oder von derselben Körperschaft verwaltet wird (§ 226 Abs. 4 AO), die auch die Hauptforderung (Umsatzsteuererstattungsanspruch) schuldet.

19 Soweit sich die Aufrechnungslage weder aus § 226 Abs. 1 AO aufgrund der Ertragsberechtigung noch aus § 226 Abs. 4 AO aufgrund der Verwaltungshoheit ergibt, kann in geeigneten Fällen die erforderliche Gegenseitigkeit seitens der Finanzverwaltung dadurch hergestellt werden, dass die zivilrechtliche Forderung gegen den Leistungsempfänger zwecks Einziehung an die Körperschaft, die den Umsatzsteuererstattungsanspruch zu erfüllen hat, abgetreten und damit die Gläubiger-/Schuldneridentität i. S. d. § 226 Abs. 1 AO herbei-

[1] Tz. 15 a gestrichen durch BMF v. 24. 1. 2019, BStBl. I S. 117.

geführt wird (vgl. BFH-Urteil vom 5. September 1989 VII R 33/87, BStBl. II S. 1004).

Für die Erklärung der Aufrechnung ist die Finanzbehörde zuständig, die den Umsatzsteuererstattungsanspruch des Leistungsempfängers zu erfüllen hat. 20

## V. Änderung des Umsatzsteuer-Anwendungserlasses

Abschn. 27.1 Abs. 5 des Umsatzsteuer-Anwendungserlasses vom 1. Oktober 2010 (BStBl. I S. 846), der zuletzt durch BMF-Schreiben vom 14. Juli 2017 III C 3 – S 7160-e/07/10001, DOK 2017/0624476 (BStBl. I S. 997) geändert worden ist, wird wie folgt gefasst: 21

„(5) Zur Anwendung von § 27 Abs. 19 UStG vgl. BMF-Schreiben vom 26. 7. 2017, BStBl I S. 1001."

## VI. Schlussbestimmungen

Dieses Schreiben ersetzt das BMF-Schreiben vom 31. Juli 2014, BStBl. I S. 1073. Es ist auf alle noch offenen Fälle anzuwenden. 22

# 500 § 13 b/5. Schreiben betr. Änderungen der Steuerschuldnerschaft des Leistungsempfängers (§ 13 b UStG) durch das Gesetz zur Anpassung des nationalen Steuerrechts an den Beitritt Kroatiens zur EU und zur Änderung weiterer steuerlicher Vorschriften

Vom 26. September 2014 (BStBl. I S. 1297)

(BMF IV D 3 – S 7279/14/10002; DOK 2014/0847817)

– Auszug –

Durch Art. 8 Nr. 2 Buchst. a Doppelbuchst. aa i. V. m. Art. 28 Abs. 4 des Gesetzes zur Anpassung des nationalen Steuerrechts an den Beitritt Kroatiens zur EU und zur Änderung weiterer steuerlicher Vorschriften – KroatienG – vom 25. Juli 2014 (BGBl. I S. 1266)[1] wird mit Wirkung vom 1. Oktober 2014 der Anwendungsbereich der Steuerschuldnerschaft des Leistungsempfängers für Lieferungen von Mobilfunkgeräten sowie von integrierten Schaltkreisen (§ 13 b Abs. 2 Nr. 10 UStG) auf Lieferungen von Tablet-Computern und Spielekonsolen ergänzt. Außerdem wird durch Art. 8 Nr. 2 Buchst. a Doppelbuchst. bb und Nr. 5 i. V m. Art. 28 Abs. 4 KroatienG mit Wirkung vom 1. Oktober 2014 der Anwendungsbereich der Steuerschuldnerschaft des Leistungsempfängers auf Lieferungen von Edelmetallen, unedlen Metallen, Selen und Cermets erweitert (§ 13 b Abs. 2 Nr. 11 UStG). Darüber hinaus wird durch Art. 8 Nr. 2 Buchst. b Doppelbuchst. bb und cc i. V. m. Art. 28 Abs. 4 KroatienG mit Wirkung vom 1. Oktober 2014 der Anwendungsbereich der Steuerschuldnerschaft des Leistungsempfängers auf Bauleistungen (§ 13 b Abs. 2 Nr. 4 UStG) und Gebäudereinigungsleistungen (§ 13 b Abs. 2 Nr. 8 UStG) geändert, um die Folgen der BFH-Urteile vom 22. August 2013 V R 37/10, BStBl. 2014 II S. 128, und vom 11. Dezember 2013 XI R 21/11, BStBl. 2014 II S. 425, in der Praxis zu vermeiden. Die bisherige Vereinfachungsregelung des Abschn. 13 b.8 des Umsatzsteuer-Anwendungserlasses wird durch Art. 8 Nr. 2 Buchst. b Doppelbuchst. dd i. V. m. Art. 28 Abs. 4 KroatienG mit Wirkung vom 1. Oktober 2014 inhaltlich weitestgehend in § 13 b Abs. 5 Satz 7 UStG aufgenommen und auf Bauleistungen sowie die Lieferung von Edelmetallen, unedlen Metallen, Selen und Cermets erweitert. Außerdem wird durch Art. 8 Nr. 2 Buchst. b Doppelbuchst. ee i. V. m. Art. 28 Abs. 4 KroatienG mit Wirkung vom 1. Oktober 2014 mit dem neuen § 13 b Abs. 5 Satz 9 UStG klargestellt, dass bei Lieferungen von in § 13 b Abs. 2 Nr. 2, 7 und 9 bis 11 genannten Gegenständen, wie Lieferungen von Schrott, Altmetallen und Abfall oder Lieferungen von Edelmetallen, unedlen Metallen, Selen oder Cermets, für die die Voraussetzungen der Differenzbesteuerung nach § 25 a UStG vorliegen und der Unternehmer diese Regelung auch anwendet, der Leistungsempfänger nicht Steuerschuldner wird. Die Anwendung der Steuerschuldnerschaft ist für den Leistungsempfänger in diesen

[1] **[Amtl. Anm.:]** BStBl. I S. 1126.

Fällen de facto nicht möglich, weil er regelmäßig den Einkaufspreis der an ihn gelieferten Gegenstände nicht kennt und so die Bemessungsgrundlage für die Umsatzbesteuerung nicht ermitteln kann.

Unter Bezugnahme auf das Ergebnis der Erörterungen mit den obersten Finanzbehörden der Länder gilt Folgendes:

## I. Änderung des Umsatzsteuer-Anwendungserlasses

… (Änderung in Abschn. 13.b.1–8, 12–14 und 18 UStAE)

Die Regelungen sind auf Umsätze anzuwenden, die nach dem 30. September 2014 ausgeführt werden.

## II. Anwendungsregelungen

### 1. Anwendung

Die Erweiterung des § 13 b Abs. 2 Nr. 10 i. V. m. Abs. 5 Satz 1 zweiter Halbsatz UStG auf Lieferungen von Tablet-Computern und Spielekonsolen, die Einfügung des § 13 b Abs. 2 Nr. 11 i. V. m. Abs. 5 Satz 1 zweiter Halbsatz UStG sowie die Änderung in § 13 b Abs. 5 Sätze 2 und 5 i. V. m. Abs. 2 Nr. 4 Satz 1 und Abs. 2 Nr. 8 Satz 1 UStG ist auf Umsätze und Teilleistungen anzuwenden, die nach dem 30. September 2014 ausgeführt werden (§ 27 Abs. 1 Satz 1 UStG), sowie in den Fällen, in denen das Entgelt oder ein Teil des Entgelts vor dem 1. Oktober 2014 vereinnahmt wird und die Leistung erst nach dem 30. September 2014 ausgeführt wird (§ 13 b Abs. 4 Satz 2, § 27 Abs. 1 Satz 2 UStG).

### 1.1. Lieferungen von Tablet-Computern, Spielekonsolen, Edelmetallen, unedlen Metallen, Selen und Cermets

#### a) Schlussrechnung über nach dem 30. September 2014 erbrachte Leistungen bei Abschlagszahlungen vor dem 1. Oktober 2014

Bei nach dem 30. September 2014 ausgeführten Lieferungen von Tablet-Computern und Spielekonsolen im Sinne des § 13 b Abs. 2 Nr. 10 UStG sowie Edelmetallen, unedlen Metallen, Selen und Cermets im Sinne des § 13 b Abs. 2 Nr. 11 UStG ist der Leistungsempfänger Steuerschuldner, wenn er ein Unternehmer ist. Entsprechend hat der leistende Unternehmer eine Rechnung auszustellen, in der das (Netto-)Entgelt anzugeben ist sowie der Hinweis „Steuerschuldnerschaft des Leistungsempfängers“ (§ 14 a Abs. 5 UStG). Dies ist unabhängig davon, ob der leistende Unternehmer das Entgelt oder Teile des Entgelts vor dem 1. Oktober 2014 vereinnahmt hat oder nicht.

Hat der leistende Unternehmer das Entgelt oder Teile des Entgelts vor dem 1. Oktober 2014 vereinnahmt und hierfür auch eine Rechnung mit offenem Steuerausweis erstellt, hat er die Rechnung(en) über diese Zahlungen im Voranmeldungszeitraum der tatsächlichen Ausführung der Leistung zu berichtigen (§ 27 Abs. 1 Satz 3 UStG, § 14 c Abs. 1 Sätze 1 und 2 UStG). In der Schlussrechnung sind die gezahlten Abschlagszahlungen nur dann mit ihrem Bruttobetrag (einschließlich Umsatzsteuer) anzurechnen, wenn die Umsatzsteuer bis zum Zeitpunkt der Erteilung der Schlussrechnung nicht an den Leistungsempfänger zurückerstattet wurde.

Es ist jedoch nicht zu beanstanden, wenn bei der Anwendung der Steuerschuldnerschaft des Leistungsempfängers nur das um das vor dem 1. Oktober 2014 vom leistenden Unternehmer vereinnahmte Entgelt oder die vereinnahmten Teile des Entgelts geminderte Entgelt zugrunde gelegt wird (Nichtbeanstandungsregelung). Voraussetzung hierfür ist, dass diese Anzahlung(en) vom leistenden Unternehmer in zutreffender Höhe versteuert (= in einer Voranmeldung oder in einer Umsatzsteuererklärung für das Kalenderjahr angemeldet) wurde(n). In derartigen Fällen sind die Rechnungen, mit denen über die Anzahlungen abgerechnet wurde, nicht zu berichtigen.

**b) Berichtigung einer vor dem 1. Oktober 2014 erstellten Rechnung über Anzahlungen, wenn die Zahlung erst nach dem 30. September 2014 erfolgt**

Wurden für Lieferungen von Tablet-Computern und Spielekonsolen im Sinne des § 13 b Abs. 2 Nr. 10 UStG sowie Edelmetallen, unedlen Metallen, Selen und Cermets im Sinne des § 13 b Abs. 2 Nr. 11 UStG Abschlagszahlungen oder Anzahlungen vereinnahmt, bevor die Leistung oder die Teilleistung ausgeführt worden ist, entsteht die Steuer mit Ablauf des Voranmeldungszeitraums, in dem das Entgelt oder Teilentgelt vereinnahmt worden ist (§ 13 Abs. 1 Nr. 1 Buchst. a Satz 4, § 13 b Abs. 4 Satz 2 UStG). Entscheidend für die Steuerentstehung ist nicht, wann die Rechnung erstellt worden ist, sondern der Zeitpunkt der Vereinnahmung des entsprechenden Entgelts oder des Teilentgelts. Vereinnahmt der leistende Unternehmer das Entgelt oder Teilentgelt für Lieferungen von Tablet-Computern und Spielekonsolen im Sinne des § 13 b Abs. 2 Nr. 10 UStG sowie Edelmetallen, unedlen Metallen, Selen und Cermets im Sinne des § 13 b Abs. 2 Nr. 11 UStG nach dem 30. September 2014, ist hierfür der Leistungsempfänger Steuerschuldner (§ 13 b Abs. 2 Nr. 10 und 11 und Abs. 5 Satz 1 zweiter Halbsatz UStG). Ist die hierfür vom leistenden Unternehmer erstellte Rechnung vor dem 1. Oktober 2014 erstellt worden und wurde die Umsatzsteuer offen ausgewiesen, ist die Rechnung entsprechend zu berichtigen.

**c) Abrechnungen nach dem 30. September 2014 über Leistungen, die vor dem 1. Oktober 2014 erbracht worden sind**

Für Lieferungen von Tablet-Computern und Spielekonsolen im Sinne des § 13 b Abs. 2 Nr. 10 UStG sowie Edelmetallen, unedlen Metallen, Selen und Cermets im Sinne des § 13 b Abs. 2 Nr. 11 UStG, die vor dem 1. Oktober 2014 erbracht worden sind, ist der leistende Unternehmer nach § 13 a Abs. 1 Nr. 1 UStG Steuerschuldner. § 13 b Abs. 2 Nr. 10 und 11 i. V. m. Abs. 5 UStG ist insoweit nicht anzuwenden. Der leistende Unternehmer muss entsprechend eine Rechnung ausstellen, die die in § 14 Abs. 4 Satz 1 UStG vorgeschriebenen Angaben enthält. Hierzu gehört auch die Angabe des anzuwendenden Steuersatzes sowie des auf das Entgelt entfallenden Steuerbetrags (§ 14 Abs. 4 Satz 1 Nr. 8 UStG).

**d) Berichtigung nach dem 30. September 2014 einer vor dem 1. Oktober 2014 erstellten und bezahlten Rechnung über Anzahlungen**

Hat der leistende Unternehmer für Lieferungen von Tablet-Computern und Spielekonsolen im Sinne des § 13 b Abs. 2 Nr. 10 UStG sowie Edelmetallen, unedlen Metallen. Selen und Cermets im Sinne des § 13 b Abs. 2

Nr. 11 UStG einen Teil des Entgelts vor dem 1. Oktober 2014 vereinnahmt und wurde die Leistung oder die Teilleistung danach ausgeführt, entsteht die Steuer mit Ablauf des Voranmeldungszeitraums, in dem das Teilentgelt vereinnahmt worden ist (§ 13 Abs. 1 Nr. 1 Buchst. a Satz 4 UStG). Steuerschuldner ist der leistende Unternehmer.

Stellt sich nach dem 30. September 2014 heraus, dass die in Rechnung gestellte und vom leistenden Unternehmer vereinnahmte Anzahlung in der Höhe unrichtig war, ist die ursprüngliche Rechnung bei Inanspruchnahme der Nichtbeanstandungsregelung (vgl. Tz. II.1.1.a) nur insoweit zu berichtigen (§ 17 Abs. 1 UStG), als der überzahlte Betrag zurückgezahlt wurde und insoweit die Grundlage für die Versteuerung der Anzahlung entfallen ist.

Entsprechend wird der Leistungsempfänger bei Inanspruchnahme der Nichtbeanstandungsregelung durch den leistenden Unternehmer hinsichtlich einer berichtigten Anzahlung nur dann Steuerschuldner nach § 13 b Abs. 4 Satz 2 und Abs. 5 UStG, soweit ein weiteres Teilentgelt nach dem 30. September 2014 vom leistenden Unternehmer vereinnahmt wird.

**Beispiel 1:**

Unternehmer A und Unternehmer B vereinbaren eine Lieferung von Tablet-Computern im Sinne des § 13 b Abs. 2 Nr. 10 UStG. A und B geben monatlich Umsatzsteuer-Voranmeldungen ab. A stellt am 2. September 2014 eine Abschlagsrechnung über 10 000 € zuzüglich 1900 € Umsatzsteuer aus. Die Rechnung wird von B noch im September 2014 bezahlt. Im Oktober 2014 stellt sich heraus, dass der Anzahlung eine falsche Anzahl von Tablet-Computern zugrunde gelegen hat. Danach hätte nur eine Anzahlung mit einem Entgelt von 6000 € in Rechnung gestellt werden dürfen. Der überzahlte Betrag wird B zurückerstattet. Die Lieferung der Tablet-Computer wird im November 2014 ausgeführt.
Bei Inanspruchnahme der Nichtbeanstandungsregelung (Tz. II.1.1.a) hat A seine Rechnung dergestalt zu korrigieren, dass nur noch ein Entgelt in Höhe von 6000 € zuzüglich 1140 € Umsatzsteuer auszuweisen ist. Die Änderungen gegenüber der ursprünglichen Rechnung hat er in seiner Umsatzsteuer-Voranmeldung für Oktober 2014 entsprechend zu berücksichtigen. B hat den in der Umsatzsteuer-Voranmeldung für September 2014 geltend gemachten Vorsteuerabzug in der Umsatzsteuer-Voranmeldung für Oktober 2014 entsprechend zu mindern.

**Beispiel 2:**

Sachverhalt wie in Beispiel 1, jedoch hätte eine Anzahlung mit einem Entgelt von 11 000 € in Rechnung gestellt werden müssen. B zahlt den Mehrbetrag im November 2014.
Bei Inanspruchnahme der Nichtbeanstandungsregelung (Tz. II.1.1.a) hat A seine Rechnung dergestalt zu korrigieren, dass sie ein Entgelt in Höhe von 11 000 € enthält. Hinsichtlich der vor dem 1. Oktober 2014 geleisteten Anzahlung bleibt es bei der Steuerschuld des A, so dass insoweit weiterhin eine Umsatzsteuer von 1900 € auszuweisen ist. Die ursprüngliche Besteuerung (A erklärt den Umsatz in seiner Umsatzsteuer-Voranmeldung für September 2014, B hat den Vorsteuerabzug in seiner Umsatzsteuer-Voranmeldung für September 2014 geltend gemacht) bleibt unverändert. Für die (Rest-)Anzahlung, die im November 2014 geleistet wird, ist in der Rechnung nur das (Netto-)Entgelt von 1000 € anzugeben. Außerdem muss A den B insoweit auf dessen Steuerschuldnerschaft hinweisen. B muss das (Netto-)Entgelt von 1000 € sowie die Steuer hierauf von 190 € in seiner Umsatzsteuer-Voranmeldung für November 2014 anmelden und kann gleichzeitig diese Steuer als Vorsteuer abziehen (§ 15 Abs. 1 Satz 1 Nr. 4 UStG).

## 1.2. Bauleistungen und Gebäudereinigungsleistungen

Auf Grund der Änderung in § 13 b Abs. 5 Sätze 2 und 5 i. V. m. Abs. 2 Nr. 4 Satz 1 und Abs. 2 Nr. 8 Satz 1 UStG kann es dazu kommen, dass die Steuerschuldnerschaft vom leistenden Unternehmer auf den Leistungsempfänger wechselt (z. B. in Fällen, in denen der Leistungsempfänger ein Unternehmer ist, der nachhaltig Bau- oder Gebäudereinigungsleistungen erbringt, die bezogene Bau- oder Gebäudereinigungsleistung aber nicht zur Erbringung einer derartigen Leistung verwendet). Es kann aber auch dazu kommen, dass es zum Wechsel der Steuerschuldnerschaft vom Leistungsempfänger auf den leistenden Unternehmer kommt (z. B. in Fällen, in denen der Leistungsempfänger ein Unternehmer ist, der die bezogene Bau- oder Gebäudereinigungsleistung ausnahmsweise zur Erbringung einer derartigen Leistung verwendet, sonst aber keine derartigen Leistungen ausführt).

**a) Schlussrechnung über nach dem 30. September 2014 erbrachte Leistungen bei Abschlagszahlungen vor dem 1. Oktober 2014**

**aa) Leistungsempfänger ist zum Zeitpunkt der Leistung Steuerschuldner**

Die Ausführungen zu Tz. II.1.1.a gelten sinngemäß, wenn der Leistungsempfänger ein Unternehmer ist, der nachhaltig Bau- oder Gebäudereinigungsleistungen erbringt, und die bezogene Bau- oder Gebäudereinigungsleistung nicht zur Erbringung einer derartigen Leistung verwendet.

**bb) Leistender Unternehmer ist zum Zeitpunkt der Leistung Steuerschuldner**

Bei nach dem 30. September 2014 ausgeführten Bauleistungen bzw. Gebäudereinigungsleistungen, für die infolge der Änderung in § 13 b Abs. 5 Sätze 2 und 5 i. V. m. Abs. 2 Nr. 4 Satz 1 und Abs. 2 Nr. 8 Satz 1 UStG der leistende Unternehmer die Steuer schuldet, weil sein Leistungsempfänger ein Unternehmer ist, der nicht nachhaltig Bauleistungen bzw. Gebäudereinigungsleistungen erbringt, hat der leistende Unternehmer eine Rechnung auszustellen, in der er auch den anzuwendenden Steuersatz und den auf das Entgelt entfallenden Steuerbetrag anzugeben hat (§ 14 Abs. 4 Satz 1 Nr. 8 UStG). Dies gilt unabhängig davon, ob der leistende Unternehmer das Entgelt oder Teile des Entgelts vor dem 1. Oktober 2014 vereinnahmt hat oder nicht.

Hat der leistende Unternehmer das Entgelt oder Teile des Entgelts vor dem 1. Oktober 2014 vereinnahmt und hierfür jeweils eine Rechnung ausgestellt, in der er u. a. das (Netto-)Entgelt ohne gesonderten Steuerausweis und den Hinweis „Steuerschuldnerschaft des Leistungsempfängers" aufgenommen hat, hat er diese Rechnung(en) im Voranmeldungszeitraum der tatsächlichen Ausführung der Leistung zu berichtigen. Eine Berichtigung dieser Rechnungen kann unterbleiben, wenn der leistende Unternehmer in seiner Schlussrechnung beim Leistungsempfänger die Umsatzsteuer auf das Gesamtentgelt anfordert. Die geleisteten Anzahlungen sind dann in der Schlussrechnung nur mit ihrem Nettobetrag (ohne Umsatzsteuer) anzurechnen. Die Umsatzsteuer auf das Gesamtentgelt ist in diesem Fall in der Umsatzsteuer-Voranmeldung für den Zeitraum anzumelden, in dem die Leistung erbracht worden ist. Der Leistungsempfänger hat im selben Voranmeldungszeitraum die von ihm bisher nach § 13 b Abs. 5 Satz 2 i. V. m. Abs. 2 Nr. 4 Satz 1 UStG bzw. § 13 b Abs. 5 Satz 5 i. V. m. Abs. 2 Nr. 8 Satz 1 UStG angemeldete Umsatzsteuer auf Anzahlungen für bezogene Bauleistungen bzw. Gebäudereinigungsleistungen zu berichtigen.

Ist der Leistungsempfänger zum vollen Vorsteuerabzug berechtigt, wird es nicht beanstandet, wenn in der Schlussrechnung nur das um das vor dem

1. Oktober 2014 vom leistenden Unternehmer vereinnahmte Entgelt oder die vereinnahmten Teile des Entgelts geminderte Entgelt zugrunde gelegt wird (Nichtbeanstandungsregelung). Voraussetzung hierfür ist, dass diese Anzahlung(en) vom Leistungsempfänger in zutreffender Höhe versteuert (= in einer Voranmeldung oder in einer Umsatzsteuererklärung für das Kalenderjahr angemeldet) wurde(n). Auch in derartigen Fällen sind die Rechnungen, mit denen über die Anzahlungen abgerechnet wurde, nicht zu berichtigen. Die nach § 13 b Abs. 5 Satz 2 i. V. m. Abs. 2 Nr. 4 Satz 1 UStG bzw. § 13 b Abs. 5 Satz 5 i. V. m. Abs. 2 Nr. 8 Satz 1 UStG angemeldete Umsatzsteuer auf Anzahlungen für bezogene Bauleistungen bzw. Gebäudereinigungsleistungen ist nicht zu berichtigen.

**Beispiel:**

Der Dachdecker D ist vom Unternehmer A im März 2014 beauftragt worden, das Dach des Bürogebäudes des Unternehmers B neu zu decken. A führt nicht nachhaltig Bauleistungen im Sinne des § 13 b Abs. 2 Nr. 4 Satz 1 UStG aus. Die Bemessungsgrundlage für diese Werklieferung beträgt 50 000 €. A und D haben zwei Abschlagszahlungen in Höhe von jeweils 10 000 € vereinbart, die bei D fristgerecht nach Baubeginn am 21. Juli 2014 und am 20. August 2014 eingehen. D hat hierüber am 15. Juli 2014 bzw. am 18. August 2014 jeweils eine Rechnung ausgestellt, in der er das (Netto-)Entgelt ausgewiesen und auf die Steuerschuldnerschaft des A hingewiesen hat. A hat die Umsatzsteuer auf die Anzahlungen in seinen Umsatzsteuer-Voranmeldungen für Juli 2014 bzw. August 2014 angemeldet und diese Steuer gleichzeitig als Vorsteuer abgezogen. Die Dachdeckerarbeiten werden am 20. Oktober 2014 beendet.

Für die Dachdeckerleistung ist D Steuerschuldner, weil A als Leistungsempfänger nicht nachhaltig Bauleistungen erbringt. Da A hinsichtlich dieses Umsatzes zum vollen Vorsteuerabzug berechtigt ist, kann D in der Schlussrechnung auf die Bemessungsgrundlage von 50 000 € die gezahlten Anzahlungen als Nettobetrag anrechnen:

| | |
|---|---|
| Ausgeführte Dachdeckerarbeiten | 50 000 € |
| abzüglich Anzahlungen | 20 000 € |
| | 30 000 € |
| + Umsatzsteuer (19 %) | 5700 € |
| von A zu zahlen: | 35 700 €. |

Die Rechnungen über die geleisteten Anzahlungen müssen nicht berichtigt werden. A muss die Umsatzsteuer auf die Anzahlungen nicht berichtigen.

### b) Berichtigung einer vor dem 1. Oktober 2014 erstellten Rechnung über Anzahlungen, wenn die Zahlung erst nach dem 30. September 2014 erfolgt

#### aa) Leistungsempfänger ist zum Zeitpunkt der Leistung Steuerschuldner

Die Ausführungen zu Tz. II.1.1.b gelten sinngemäß, wenn der Leistungsempfänger ein Unternehmer ist, der nachhaltig Bau- oder Gebäudereinigungsleistungen erbringt, und die bezogene Bau- oder Gebäudereinigungsleistung nicht zur Erbringung einer derartigen Leistung verwendet.

#### bb) Leistender Unternehmer ist zum Zeitpunkt der Leistung Steuerschuldner

Werden für nach dem 30. September 2014 ausgeführte Bauleistungen bzw. Gebäudereinigungsleistungen, für die infolge der Änderung in § 13 b Abs. 5 Sätze 2 und 5 i. V. m. Abs. 2 Nr. 4 Satz 1 und Abs. 2 Nr. 8 Satz 1 UStG der leistende Unternehmer die Steuer schuldet, weil sein Leistungsempfänger ein Unternehmer ist, der nicht nachhaltig Bauleistungen bzw. Gebäudereinigungsleistungen erbringt, das Entgelt oder Teile des Entgelts vereinnahmt, bevor die Leistung oder die Teilleistung ausgeführt worden ist, entsteht die Steuer mit Ablauf des Voranmeldungszeitraums, in dem das Entgelt oder Teilentgelt vereinnahmt worden ist (§ 13 Abs. 1 Nr. 1 Buchst. a Satz 4, § 13 b Abs. 4 Satz 2 UStG). Entscheidend für die Steuerentstehung ist nicht, wann die Rechnung erstellt worden ist, sondern der Zeitpunkt der Vereinnahmung des entsprechenden Entgelts oder des Teilentgelts. Vereinnahmt der leistende Unternehmer das Entgelt oder Teilentgelt für nach dem 30. September 2014 ausgeführte Bauleistungen bzw. Gebäudereinigungsleistungen, für die nunmehr der leistende Unternehmer die Steuer schuldet, nach dem 30. September 2014, ist er Steuerschuldner (§ 13 a Abs. 1 Nr. 1 UStG). Ist die hierfür vom leistenden Unternehmer erstellte Rechnung vor dem 1. Oktober 2014 erstellt worden und wurde die Umsatzsteuer nicht gesondert ausgewiesen, sondern der Leistungsempfänger als Steuerschuldner behandelt, ist die Rechnung entsprechend zu berichtigen.

**Beispiel:**

Der Dachdecker D ist vom Unternehmer A im März 2014 beauftragt worden, das Dach des Bürogebäudes des Unternehmers B neu zu decken. A führt nicht nachhaltig Bauleistungen im Sinne des § 13 b Abs. 2 Nr. 4 Satz 1 UStG aus.

Die Bemessungsgrundlage für diese Werklieferung beträgt 30 000 €. A und D haben eine Abschlagszahlung in Höhe von 11 900 € vereinbart, die am 8. Oktober 2014 zu entrichten ist. D hat über die zu leistende Anzahlung bereits am 17. September 2014 eine Rechnung ausgestellt, in der er das Entgelt ausgewiesen und auf die Steuerschuldnerschaft des A hingewiesen hat. D hat am 29. September 2014 mit den Dachdeckerarbeiten begonnen. Die Anzahlung ist bei D fristgerecht am 8. Oktober 2014 eingegangen. Die Dachdeckerarbeiten wurden am 5. November 2014 beendet.

Für die Dachdeckerleistung ist D Steuerschuldner, weil A als Leistungsempfänger nicht nachhaltig Bauleistungen erbringt. Da die Anzahlung nach dem 30. September 2014 eingegangen ist und die Leistung nach diesem Datum erbracht wurde, hat D die ursprüngliche Anzahlungsrechnung zu berichtigen, indem er das bisherige Nettoentgelt als Bruttoentgelt ansieht und wie folgt abrechnet:

| | |
|---|---|
| Anzahlung für Dachdeckerarbeiten | 10 000 € |
| + Umsatzsteuer (19 %) | 1900 € |
| von A zu zahlen: | 11 900 €. |

### c) Abrechnungen nach dem 30. September 2014 über Leistungen, die vor dem 1. Oktober 2014 erbracht worden sind

#### aa) Leistungsempfänger ist zum Zeitpunkt der Leistung Steuerschuldner

Für Bauleistungen im Sinne des § 13 b Abs. 2 Nr. 4 Satz 1 UStG und Gebäudereinigungsleistungen im Sinne des § 13 b Abs. 2 Nr. 8 Satz 1 UStG, die vor dem 1. Oktober 2014 erbracht worden sind, ist der Leistungsempfänger Steuerschuldner nach § 13 b Abs. 5 Satz 2 bzw. Satz 5 UStG, wenn er ein Unternehmer ist, der die bezogene Bau- oder Gebäudereinigungsleistung zur Erbringung einer derartigen Leistung verwendet. Der leistende Unternehmer muss eine Rechnung ausstellen, in der das (Netto-)Entgelt anzugeben ist sowie der Hinweis „Steuerschuldnerschaft des Leistungsempfängers“ (§ 14 a Abs. 5 UStG).

**bb) Leistender Unternehmer ist zum Zeitpunkt der Leistung Steuerschuldner**

Für Bauleistungen im Sinne des § 13 b Abs. 2 Nr. 4 Satz 1 UStG und Gebäudereinigungsleistungen im Sinne des § 13 b Abs. 2 Nr. 8 Satz 1 UStG, die vor dem 1. Oktober 2014 erbracht worden sind, ist der leistende Unternehmer nach § 13 a Abs. 1 Nr. 1 UStG Steuerschuldner, wenn der Leistungsempfänger die bezogene Bau- oder Gebäudereinigungsleistung nicht zur Erbringung einer derartigen Leistung verwendet. § 13 b Abs. 2 Nr. 4 Satz 1 und Nr. 8 Satz 1 i. V. m. Abs. 5 UStG ist nicht anzuwenden. Der leistende Unternehmer muss entsprechend eine Rechnung ausstellen, die die in § 14 Abs. 4 Satz 1 UStG vorgeschriebenen Angaben enthält. Hierzu gehört auch die Angabe des anzuwendenden Steuersatzes sowie des auf das Entgelt entfallenden Steuerbetrags (§ 14 Abs. 4 Satz 1 Nr. 8 UStG).

**d) Berichtigung nach dem 30. September 2014 einer vor dem 1. Oktober 2014 erstellten und bezahlten Rechnung über Anzahlungen**

**aa) Leistungsempfänger ist zum Zeitpunkt der Leistung Steuerschuldner**

Die Ausführungen zu Tz. II.1.1.d gelten sinngemäß, wenn der Leistungsempfänger ein Unternehmer ist, der nachhaltig Bau- oder Gebäudereinigungsleistungen erbringt, und die bezogene Bau- oder Gebäudereinigungsleistung nicht zur Erbringung einer derartigen Leistung verwendet.

**bb) Leistender Unternehmer ist zum Zeitpunkt der Leistung Steuerschuldner**

Hat der leistende Unternehmer für nach dem 30. September 2014 ausgeführte Bauleistungen bzw. Gebäudereinigungsleistungen, für die er infolge der Änderung in § 13 b Abs. 5 Sätze 2 und 5 i. V. m. Abs. 2 Nr. 4 Satz 1 und Abs. 2 Nr. 8 Satz 1 UStG die Steuer schuldet, weil sein Leistungsempfänger ein Unternehmer ist, der nicht nachhaltig Bauleistungen bzw. Gebäudereinigungsleistungen erbringt, einen Teil des Entgelts vor dem 1. Oktober 2014 vereinnahmt und wurde die Leistung oder die Teilleistung danach ausgeführt, entsteht die Steuer mit Ablauf des Voranmeldungszeitraums, in dem das Teilentgelt vereinnahmt worden ist (§ 13 Abs. 1 Nr. 1 Buchst. a Satz 4 UStG, § 13 b Abs. 4 Satz 2 UStG). Ist der Leistungsempfänger Unternehmer und beabsichtigt er, die Bauleistung bzw. Gebäudereinigungsleistung zur Erbringung einer derartigen Leistung zu verwenden, ist er Schuldner der Steuer auf das Teilentgelt nach § 13 b Abs. 4 Satz 2 und Abs. 5 UStG.

Stellt sich nach dem 30. September 2014 heraus, dass die in Rechnung gestellte und vom leistenden Unternehmer vereinnahmte Anzahlung in der Höhe unrichtig war, ist die ursprüngliche Rechnung bei Inanspruchnahme der Nichtbeanstandungsregelung (vgl. Tz. II.1.2.a.bb) nur insoweit zu berichtigen (§ 17 Abs. 1 UStG), als der überzahlte Betrag zurückgezahlt wurde und insoweit die Grundlage für die Versteuerung der Anzahlung entfallen ist. In diesen Fällen bleibt der Leistungsempfänger Steuerschuldner.

Entsprechend wird der leistende Unternehmer bei Inanspruchnahme der Nichtbeanstandungsregelung hinsichtlich einer berichtigten Anzahlung nur dann Steuerschuldner nach § 13 Abs. 1 Nr. 1 Buchst. a Satz 4 UStG, soweit ein weiteres Teilentgelt nach dem 30. September 2014 von ihm vereinnahmt wird.

**Beispiel 1:**

Der Fensterputzer F ist vom Unternehmer A im Juli 2014 beauftragt worden, die Fenster des Bürogebäudes des Unternehmers B zu reinigen. A führt nicht nachhaltig Gebäudereinigungsleistungen im Sinne des § 13 b Abs. 2 Nr. 8 Satz 1 UStG aus. F und A geben monatlich Umsatzsteuer-Voranmeldungen ab. F stellt am 2. September 2014 eine Abschlagsrechnung über ein (Netto-)Entgelt von 1000 € aus und weist auf die Steuerschuldnerschaft des A hin. Die Rechnung wird von A noch im September 2014 bezahlt. A meldet den Umsatz, für den er als Leistungsempfänger die Steuer schuldet, in seiner Umsatzsteuer-Voranmeldung für September 2014 an und macht gleichzeitig den Vorsteuerabzug geltend. Im Oktober 2014 stellt sich heraus, dass der Anzahlung eine falsche Anzahl der zu reinigenden Fenster zugrunde gelegen hat. Danach hätte nur eine Anzahlung mit einem (Netto-)Entgelt von 400 € in Rechnung gestellt werden dürfen. Der überzahlte Betrag wird A zurückerstattet. Die Fensterreinigungsleistung wird im Dezember 2014 erbracht.
Bei Inanspruchnahme der Nichtbeanstandungsregelung (Tz. II.1.2.a.bb) hat F seine Rechnung dergestalt zu korrigieren, dass ein (Netto-)Entgelt in Höhe von 400 € auszuweisen ist. Die Änderung gegenüber der ursprünglichen Rechnung hat er in seiner Umsatzsteuer-Voranmeldung für Oktober 2014 entsprechend zu berücksichtigen. A hat den in der Umsatzsteuer-Voranmeldung für September 2014 angemeldeten Umsatz, für den er als Leistungsempfänger die Steuer schuldete, und den geltend gemachten Vorsteuerabzug in der Umsatzsteuer-Voranmeldung für Oktober 2014 entsprechend zu mindern.

**Beispiel 2:**

Sachverhalt wie in Beispiel 1, jedoch hätte eine Anzahlung mit einem (Netto-)Entgelt von 1100 € in Rechnung gestellt werden müssen. A zahlt den Mehrbetrag im November 2014.
Bei Inanspruchnahme der Nichtbeanstandungsregelung (Tz. II.1.2.a.bb) hat F seine Rechnung dergestalt zu korrigieren, dass sie ein Entgelt in Höhe von 1100 € enthält. Hinsichtlich der vor dem 1. Oktober 2014 geleisteten Anzahlung bleibt es bei der Steuerschuld des A, so dass insoweit in der Rechnung nur das (Netto-)Entgelt von 1000 € anzugeben ist. Die ursprüngliche Besteuerung (F erklärt den Umsatz, für den sein Leistungsempfänger die Steuer schuldet, in seiner Umsatzsteuer-Voranmeldung für September 2014; A meldet den Umsatz, für den er als Leistungsempfänger die Steuer schuldet, in seiner Umsatzsteuer-Voranmeldung für September 2014 an und macht gleichzeitig den Vorsteuerabzug geltend) bleibt unverändert. Für die (Rest-)Anzahlung, die im November 2014 geleistet wird, muss F das Entgelt von 100 € sowie die Steuer hierauf von 19 € in der Rechnung ausweisen und in seiner Umsatzsteuer-Voranmeldung für November 2014 anmelden. A kann die in Rechnung gestellte Steuer in Höhe von 19 € als Vorsteuer geltend machen (§ 15 Abs. 1 Satz 1 Nr. 1 UStG).

## 2. Übergangsregelung für Lieferungen von Tablet-Computern, Spielekonsolen, Edelmetallen, unedlen Metallen, Selen und Cermets

Bei Lieferungen von Tablet-Computern, Spielekonsolen, Edelmetallen (mit Ausnahme der Lieferungen von Gold, soweit sie bereits vor dem 1. Oktober 2014 unter § 13 b Abs. 2 Nr. 9 UStG fielen), unedlen Metallen, Selen und Cermets, die *nach dem 30. September 2014 und vor dem 1. Januar 2015*[1] ausgeführt werden, ist es beim leistenden Unternehmer und beim Leistungsempfänger nicht zu beanstanden, wenn die Vertragspartner einvernehmlich noch von der Steuerschuldnerschaft des leistenden Unternehmers nach § 13 a Abs. 1

[1] Siehe hierzu nunmehr Abschn. II Nr. 2 des BMF-Schreibens v. 13. 3. 2015, BStBl. I S. 234 (Nr. **500** § 13 b/6).

Nr. 1 UStG ausgegangen sind. Voraussetzung hierfür ist, dass der Umsatz vom leistenden Unternehmer in zutreffender Höhe versteuert wird.

Dies gilt entsprechend auch in den Fällen, in denen das Entgelt oder ein Teil des Entgelts *nach dem 30. September 2014 und vor dem 1. Januar 2015*[1] vereinnahmt wird und die Leistung erst nach der Vereinnahmung des Entgelts oder von Teilen des Entgelts ausgeführt wird. Abschn. II Nummer 1.1 gilt entsprechend.

---

[1] Siehe hierzu nunmehr Abschn. II Nr. 2 des BMF-Schreibens v. 13. 3. 2015, BStBl. I S. 234 (Nr. **500** § 13 b/6).

# **500** § 13 b/6. Schreiben betr. Steuerschuldnerschaft des Leistungsempfängers auf Lieferungen von Edelmetallen, unedlen Metallen und Cermets (§ 13 b Abs. 2 Nr. 11 UStG)

Vom 13. März 2015 (BStBl. I S. 234)

(BMF IV D 3 – S 7279/13/10003; DOK 2015/0230137)

– Auszug –

Durch Art. 11 i. V. m. Art. 16 Abs. 2 des Gesetzes zur Anpassung der Abgabenordnung an den Zollkodex der Union und zur Änderung weiterer steuerlicher Vorschriften – sog. Zollkodex-Anpassungsgesetz – vom 22. Dezember 2014 (BGBl. I S. 2417)[1] wurden § 13 b Abs. 2 Nr. 11 UStG und die Anlage 4 des UStG zum 1. Januar 2015 neu gefasst. So sind Selen und Gold sowie Draht, Stangen, Bänder, Folien, Bleche und andere flachgewalzte Erzeugnisse und Profile aus unedlen Metallen nicht mehr in der Anlage 4 des UStG enthalten. Außerdem wurde entsprechend der bereits bestehenden Regelung des § 13 b Abs. 2 Nr. 10 UStG zur Steuerschuldnerschaft des Leistungsempfängers u. a. für die Lieferung von Mobilfunkgeräten auch bei Lieferungen von in der Anlage 4 genannten Metallen die Betragsgrenze von 5000 € eingeführt.

Diese Änderungen haben zur Folge, dass bei nach dem 31. Dezember 2014 ausgeführten Lieferungen von Edelmetallen, unedlen Metallen und Cermets der Leistungsempfänger nur dann Steuerschuldner nach § 13 b Abs. 2 Nr. 11 in Verbindung mit Abs. 5 Satz 1 zweiter Halbsatz UStG ist, wenn er Gegenstände im Sinne der Anlage 4 des UStG in der Fassung von Art. 11 Nr. 2 des Zollkodex-Anpassungsgesetzes erwirbt und die Summe der für die steuerpflichtigen Lieferungen dieser Gegenstände in Rechnung zu stellenden Bemessungsgrundlagen im Rahmen eines wirtschaftlichen Vorgangs mindestens 5000 € beträgt. Werden nach dem 31. Dezember 2014 Gegenstände geliefert, die mit Wirkung vom 1. Januar 2015 nicht mehr in der Anlage 4 des UStG enthalten sind (z. B. Selen sowie Draht, Stangen, Bänder, Folien, Bleche und andere flachgewalzte Erzeugnisse und Profile aus unedlen Metallen) oder deren Summe der Bemessungsgrundlagen im Rahmen eines wirtschaftlichen Vorgangs weniger als 5000 € beträgt, ist der leistende Unternehmer Steuerschuldner.

Unter Bezugnahme auf das Ergebnis der Erörterungen mit den obersten Finanzbehörden der Länder gilt Folgendes:

---

[1] **[Amtl. Anm.:]** BStBl. 2015 I S. 58.

## I. Änderung des Umsatzsteuer-Anwendungserlasses

… (Änderung in Abschn. 13 b.1 Abs. 2 Satz 1 Nr. 13 Satz 1; 13 b.4; 13 b.6; 13 b.7 a; 13 b.18)

## II. Anwendungsregelungen

### 1. Anwendung

Die Regelungen sind auf Umsätze anzuwenden, die nach dem 31. Dezember 2014 ausgeführt werden.

### 1.1. Leistungsempfänger ist zum Zeitpunkt der Lieferung Steuerschuldner

#### a) Schlussrechnung über nach dem 31. Dezember 2014 erbrachte Lieferungen bei Abschlagszahlungen vor dem 1. Januar 2015

Bei nach dem 31. Dezember 2014 ausgeführten Metalllieferungen im Sinne des § 13 b Abs. 2 Nr. 11 UStG ist der Leistungsempfänger Steuerschuldner, wenn er ein Unternehmer ist. Entsprechend hat der leistende Unternehmer eine Rechnung auszustellen, in der das (Netto-)Entgelt anzugeben ist sowie der Hinweis „Steuerschuldnerschaft des Leistungsempfängers" (§ 14 a Abs. 5 UStG). Dies ist unabhängig davon, ob der leistende Unternehmer das Entgelt oder Teile des Entgelts vor dem 1. Januar 2015 vereinnahmt hat oder nicht.

Hat der leistende Unternehmer das Entgelt oder Teile des Entgelts vor dem 1. Januar 2015 vereinnahmt und hierfür auch eine Rechnung mit offenem Steuerausweis erstellt, hat er die Rechnung(en) über diese Zahlungen im Voranmeldungszeitraum der tatsächlichen Ausführung der Leistung zu berichtigen (§ 27 Abs. 1 Satz 3 UStG, § 14 c Abs. 1 Sätze 1 und 2 UStG). In der Schlussrechnung sind die gezahlten Abschlagszahlungen nur dann mit ihrem Bruttobetrag (einschließlich Umsatzsteuer) anzurechnen, wenn die Umsatzsteuer bis zum Zeitpunkt der Erteilung der Schlussrechnung nicht an den Leistungsempfänger zurückerstattet wurde.

Es ist jedoch nicht zu beanstanden, wenn bei der Anwendung der Steuerschuldnerschaft des Leistungsempfängers nur das um das vor dem 1. Januar 2015 vom leistenden Unternehmer vereinnahmte Entgelt oder die vereinnahmten Teile des Entgelts geminderte Entgelt zugrunde gelegt wird (Nichtbeanstandungsregelung). Voraussetzung hierfür ist, dass diese Anzahlung(en) vom leistenden Unternehmer in zutreffender Höhe versteuert (= in einer Voranmeldung oder in einer Umsatzsteuererklärung für das Kalenderjahr angemeldet) wurde(n). In derartigen Fällen sind die Rechnungen, mit denen über die Anzahlungen abgerechnet wurde, nicht zu berichtigen.

#### b) Berichtigung einer vor dem 1. Januar 2015 erstellten Rechnung über Anzahlungen, wenn die Zahlung erst nach dem 31. Dezember 2014 erfolgt

Wurden für Metalllieferungen im Sinne des § 13 b Abs. 2 Nr. 11 UStG Abschlagszahlungen oder Anzahlungen vereinnahmt, bevor die Leistung oder die Teilleistung ausgeführt worden ist, entsteht die Steuer mit Ablauf des Voranmeldungszeitraums, in dem das Entgelt oder Teilentgelt vereinnahmt worden ist (§ 13 Abs. 1 Nr. 1 Buchst. a Satz 4, § 13 b Abs. 4 Satz 2 UStG). Entscheidend für die Steuerentstehung ist nicht, wann die Rechnung erstellt worden ist, sondern der Zeitpunkt der Vereinnahmung des entsprechenden Entgelts oder des Teilentgelts. Vereinnahmt der leistende Unternehmer das Entgelt oder Teilentgelt für Metalllieferungen im Sinne des § 13 b Abs. 2 Nr. 11 UStG nach dem 31. Dezember 2014, ist hierfür der Leistungsempfänger Steuerschuldner (§ 13 b Abs. 2 Nr. 11 und Abs. 5 Satz 1 zweiter Halbsatz UStG). Ist die hierfür vom leistenden Unternehmer erstellte Rechnung vor dem 1. Januar 2015 erstellt worden und wurde die Umsatzsteuer offen ausgewiesen, ist die Rechnung entsprechend zu berichtigen.

**c) Abrechnungen nach dem 31. Dezember 2014 über Leistungen, die vor dem 1. Januar 2015 erbracht worden sind**

Bei Lieferungen von Edelmetallen (mit Ausnahme der Lieferungen von Gold, soweit sie bereits vor dem 1. Oktober 2014 unter § 13 b Abs. 2 Nr. 9 UStG fielen), unedlen Metallen, Selen und Cermets, die nach dem 30. September 2014 und vor dem 1. Januar 2015 ausgeführt wurden, wurde es beim leistenden Unternehmer und beim Leistungsempfänger nicht beanstandet, wenn die Vertragspartner einvernehmlich noch von der Steuerschuldnerschaft des leistenden Unternehmers nach § 13 a Abs. 1 Nr. 1 UStG ausgegangen sind (Nichtbeanstandungsregelung). Voraussetzung hierfür war, dass der Umsatz vom leistenden Unternehmer in zutreffender Höhe versteuert wurde.

Dies galt entsprechend auch in den Fällen, in denen das Entgelt oder ein Teil des Entgelts nach dem 30. September 2014 und vor dem 1. Januar 2015 vereinnahmt wurde und die Leistung erst nach der Vereinnahmung des Entgelts oder von Teilen des Entgelts ausgeführt wurde bzw. wird.

Haben die Vertragspartner die obige Nichtbeanstandungsregelung in Anspruch genommen und sind sie daher einvernehmlich noch von der Steuerschuldnerschaft des leistenden Unternehmers nach § 13 a Abs. 1 Nr. 1 UStG ausgegangen sind, gilt Folgendes:

Für Metalllieferungen im Sinne des § 13 b Abs. 2 Nr. 11 UStG, die vor dem 1. Januar 2015 erbracht worden sind, ist der leistende Unternehmer nach § 13 a Abs. 1 Nr. 1 UStG Steuerschuldner. § 13 b Abs. 2 Nr. 11 i. V. m. Abs. 5 UStG ist insoweit nicht anzuwenden. Der leistende Unternehmer muss entsprechend eine Rechnung ausstellen, die die in § 14 Abs. 4 Satz 1 UStG vorgeschriebenen Angaben enthält. Hierzu gehört auch die Angabe des anzuwendenden Steuersatzes sowie des auf das Entgelt entfallenden Steuerbetrags (§ 14 Abs. 4 Satz 1 Nr. 8 UStG).

**d) Berichtigung nach dem 31. Dezember 2014 einer vor dem 1. Januar 2015 erstellten und bezahlten Rechnung über Anzahlungen**

Haben die Vertragspartner die Nichtbeanstandungsregelung nach Abschn. II Nr. 1.1 Buchst. c in Anspruch genommen und sind sie daher für die vor dem 1. Januar 2015 erstellte und bezahlte Rechnung über Anzahlungen einvernehmlich noch von der Steuerschuldnerschaft des leistenden Unternehmers nach § 13 a Abs. 1 Nr. 1 UStG ausgegangen, gilt Folgendes:

Hat der leistende Unternehmer für Metalllieferungen im Sinne des § 13 b Abs. 2 Nr. 11 UStG einen Teil des Entgelts vor dem 1. Januar 2015 vereinnahmt und wurde die Leistung oder die Teilleistung danach ausgeführt, entsteht die Steuer mit Ablauf des Voranmeldungszeitraums, in dem das Teilentgelt vereinnahmt worden ist (§ 13 Abs. 1 Nr. 1 Buchst. a Satz 4 UStG). Steuerschuldner ist der leistende Unternehmer.

Stellt sich nach dem 31. Dezember 2014 heraus, dass die in Rechnung gestellte und vom leistenden Unternehmer vereinnahmte Anzahlung in der Höhe unrichtig war, ist die ursprüngliche Rechnung bei Inanspruchnahme der Nichtbeanstandungsregelung nach Abschn. II Nr. 1.1 Buchst. a nur insoweit zu berichtigen (§ 17 Abs. 1 UStG), als der überzahlte Betrag zurückgezahlt wurde und insoweit die Grundlage für die Versteuerung der Anzahlung entfallen ist.

Entsprechend wird der Leistungsempfänger bei Inanspruchnahme der Nichtbeanstandungsregelung nach Abschn. II Nr. 1.1 Buchst. a durch den leistenden Unternehmer hinsichtlich einer berichtigten Anzahlung nur dann Steuerschuldner nach § 13 b Abs. 4 Satz 2 und Abs. 5 UStG, soweit ein weiteres Teilentgelt nach dem 31. Dezember 2014 vom leistenden Unternehmer vereinnahmt wird.

**Beispiel 1:**

Unternehmer A und Unternehmer B vereinbaren eine Metalllieferung im Sinne des § 13 b Abs. 2 Nr. 11 UStG. A und B geben monatlich Umsatzsteuer-Voranmeldungen ab. A stellt am 2. Dezember 2014 eine Abschlagsrechnung über 10 000 € zuzüglich 1900 € Umsatzsteuer aus. Die Rechnung wird von B noch im Dezember 2014 bezahlt. Im Januar 2015 stellt sich heraus, dass der Anzahlung eine falsche Menge von Metallen zugrunde gelegen hat. Danach hätte nur eine Anzahlung mit einem Entgelt von 6000 € in Rechnung gestellt werden dürfen. Der überzahlte Betrag wird B zurückerstattet. Die Lieferung der Metalle wurde im Februar 2015 ausgeführt.
Bei Inanspruchnahme der Nichtbeanstandungsregelung nach Abschn. II Nr. 1.1 Buchst. a hat A seine Rechnung dergestalt zu korrigieren, dass nur noch ein Entgelt in Höhe von 6000 € zuzüglich 1140 € Umsatzsteuer auszuweisen ist. Die Änderungen gegenüber der ursprünglichen Rechnung hat er in seiner Umsatzsteuer-Voranmeldung für Januar 2015 entsprechend zu berücksichtigen. B hat den in der Umsatzsteuer-Voranmeldung für Dezember 2014 geltend gemachten Vorsteuerabzug in der Umsatzsteuer-Voranmeldung für Januar 2015 entsprechend zu mindern.

**Beispiel 2:**

Sachverhalt wie in Beispiel 1, jedoch hätte eine Anzahlung mit einem Entgelt von 11 000 € in Rechnung gestellt werden müssen. B zahlt den Mehrbetrag im Februar 2015.
Bei Inanspruchnahme der Nichtbeanstandungsregelung nach Abschn. II Nr. 1.1 Buchst. a hat A seine Rechnung dergestalt zu korrigieren, dass sie ein Entgelt in Höhe von 11 000 € enthält. Hinsichtlich der vor dem 1. Januar 2015 geleisteten Anzahlung bleibt es bei der Steuerschuld des A, so dass insoweit weiterhin eine Umsatzsteuer von 1900 € auszuweisen ist. Die ursprüngliche Besteuerung (A erklärt den Umsatz in seiner Umsatzsteuer-Voranmeldung für Dezember 2014, B hat den Vorsteuerabzug in seiner Umsatzsteuer-Voranmeldung für Dezember 2014 geltend gemacht) bleibt unverändert. Für die (Rest-)Anzahlung, die im Februar 2015 geleistet wird, ist in der Rechnung nur das (Netto-)Entgelt von 1000 € anzugeben. Außerdem muss A den B insoweit auf dessen Steuerschuldnerschaft hinweisen. B muss das (Netto-)Entgelt von 1000 € sowie die Steuer hierauf von 190 € in seiner Umsatzsteuer-Voranmeldung für Februar 2015 anmelden und kann gleichzeitig diese Steuer als Vorsteuer abziehen (§ 15 Abs. 1 Satz 1 Nr. 4 UStG).

### 1.2. Leistender Unternehmer ist zum Zeitpunkt der Lieferung Steuerschuldner

#### a) Schlussrechnung über nach dem 31. Dezember 2014 erbrachte Lieferungen bei Abschlagszahlungen vor dem 1. Januar 2015

Bei nach dem 31. Dezember 2014 ausgeführten Metalllieferungen, für die infolge der Änderung des § 13 b Abs. 2 Nr. 11 UStG und der Anlage 4 des UStG der leistende Unternehmer die Steuer schuldet, hat der leistende Unternehmer eine Rechnung auszustellen, in der er auch den anzuwendenden Steuersatz und den auf das Entgelt entfallenden Steuerbetrag anzugeben hat (§ 14 Abs. 4 Satz 1 Nr. 8 UStG). Dies gilt unabhängig davon, ob der leistende Unternehmer das Entgelt oder Teile des Entgelts vor dem 1. Januar 2015 vereinnahmt hat oder nicht.

Hat der leistende Unternehmer das Entgelt oder Teile des Entgelts vor dem 1. Januar 2015 vereinnahmt und hierfür jeweils eine Rechnung ausgestellt, in der er u. a. das (Netto-)Entgelt ohne gesonderten Steuerausweis und einen Hinweis auf die Steuerschuldnerschaft des Leistungsempfängers aufgenommen hat, hat er diese Rechnung(en) im Voranmeldungszeitraum der tatsächlichen Ausführung der Leistung zu berichtigen. Eine Berichtigung dieser Rechnungen kann unterbleiben, wenn der leistende Unternehmer in seiner Schlussrechnung beim Leistungsempfänger die Umsatzsteuer auf das Gesamtentgelt anfordert. Die geleisteten Anzahlungen sind dann in der Schlussrechnung nur mit ihrem Nettobetrag (ohne Umsatzsteuer) anzurechnen. Die Umsatzsteuer auf das Gesamtentgelt ist in diesem Fall in der Umsatzsteuer-Voranmeldung für den Zeitraum anzumelden, in dem die Leistung erbracht worden ist. Der Leistungsempfänger hat im selben Voranmeldungszeitraum die von ihm bisher nach § 13 b Abs. 5 Satz 1 zweiter Halbsatz i. V. m. Abs. 2 Nr. 11 UStG angemeldete Umsatzsteuer auf Anzahlungen für bezogene Metalllieferungen zu berichtigen.

Ist der Leistungsempfänger zum vollen Vorsteuerabzug berechtigt, wird es nicht beanstandet, wenn in der Schlussrechnung nur das um das vor dem 1. Januar 2015 vom leistenden Unternehmer vereinnahmte Entgelt oder die vereinnahmten Teile des Entgelts geminderte Entgelt zugrunde gelegt wird. Voraussetzung hierfür ist, dass diese Anzahlung(en) vom Leistungsempfänger in zutreffender Höhe versteuert (= in einer Voranmeldung oder in einer Umsatzsteuererklärung für das Kalenderjahr angemeldet) wurde(n). Auch in derartigen Fällen sind die Rechnungen mit denen über die Anzahlungen abgerechnet wurde, nicht zu berichtigen. Die nach § 13 b Abs. 5 Satz 1 zweiter Halbsatz i. V. m. Abs. 2 Nr. 11 UStG angemeldete Umsatzsteuer auf Anzahlungen für bezogene Metalllieferungen ist nicht zu berichtigen.

**Beispiel 1:**

Unternehmer A und Unternehmer B vereinbaren eine Lieferung von Profilen aus Kupfer. A und B geben monatlich Umsatzsteuer-Voranmeldungen ab. Die Bemessungsgrundlage für die Lieferung beträgt 50 000 €. A und B haben eine Abschlagszahlung in Höhe von 10 000 € vereinbart, die bei A fristgerecht am 15. Dezember 2014 eingeht. A hat hierüber am 3. Dezember 2014 eine Rechnung ausgestellt, in der er das Entgelt ausgewiesen und auf die Steuerschuldnerschaft des B hingewiesen hat. B hat die Umsatzsteuer auf die Anzahlung in seinen Umsatzsteuer-Voranmeldungen für Dezember 2014 angemeldet und diese Steuer gleichzeitig als Vorsteuer abgezogen. Die Kupferprofile wurden am 20. Januar 2015 geliefert.

Für die Lieferung der Kupferprofile ist A Steuerschuldner, weil Profile aus Kupfer seit dem 1. Januar 2015 nicht mehr in der Anlage 4 des UStG enthalten sind und die Steuerschuldnerschaft des Leistungsempfängers daher keine Anwendung findet. Da B hinsichtlich dieses Umsatzes zum vollen Vorsteuerabzug berechtigt ist, kann A in der Schlussrechnung auf die Bemessungsgrundlage von 50 000 € die gezahlte Anzahlung als Nettobetrag anrechnen:

| | |
|---|---|
| Ausgeführte Kupferprofillieferung | 50 000 € |
| abzüglich Anzahlungen | 10 000 € |
| | 40 000 € |
| + Umsatzsteuer (19 %) | 7600 € |
| von B zu zahlen: | 47 600 € . |

Die Rechnung über die geleistete Anzahlung muss nicht berichtigt werden. B muss die Umsatzsteuer auf die Anzahlung nicht berichtigen.

Leistender Unternehmer und Leistungsempfänger können in derartigen Fällen aber auch die Übergangsregelung für Metalllieferungen in Abschn. II Nr. 2 dritter Absatz anwenden.

**Beispiel 2:**

Sachverhalt wie Beispiel 1. Beide Unternehmer wenden einvernehmlich die o. g. Nichtbeanstandungsregelung an. Die Schlussrechnung kann dann wie folgt aussehen:

| | |
|---|---|
| Ausgeführte Kupferprofillieferung | 50 000 € |
| abzüglich Anzahlungen | 10 000 € |
| | 40 000 € |
| von B zu zahlen: | 40 000 € . |

In der Rechnung wird dabei ein Passus aufgenommen, nach dem A und B einvernehmlich davon ausgehen, dass B in Anwendung der bis zum 31. Dezember 2014 geltenden Fassung des § 13 b Abs. 2 Nr. 11 UStG und der Anlage 4 des UStG als Leistungsempfänger nach § 13 b Abs. 5 Satz 1 zweiter Halbsatz i. V. m. Abs. 2 Nr. 11 UStG auch Steuerschuldner der Schlusszahlung ist.

### b) Berichtigung einer vor dem 1. Januar 2015 erstellten Rechnung über Anzahlungen, wenn die Zahlung erst nach dem 31. Dezember 2014 erfolgt

Werden für nach dem 31. Dezember 2014 ausgeführte Metalllieferungen, für die infolge der Änderung des § 13 b Abs. 2 Nr. 11 UStG und der Anlage 4 des UStG der leistende Unternehmer die Steuer schuldet, das Entgelt oder Teile des Entgelts vereinnahmt, bevor die Leistung oder die Teilleistung ausgeführt worden ist, entsteht die Steuer mit Ablauf des Voranmeldungszeitraums, in dem das Entgelt oder Teilentgelt vereinnahmt worden ist (§ 13 Abs. 1 Nr. 1 Buchst. a Satz 4, § 13 b Abs. 4 Satz 2 UStG). Entscheidend für die Steuerentstehung ist nicht, wann die Rechnung erstellt worden ist, sondern der Zeitpunkt der Vereinnahmung des entsprechenden Entgelts oder des Teilentgelts. Vereinnahmt der leistende Unternehmer das Entgelt oder Teilentgelt für nach dem 31. Dezember 2014 ausgeführte Metalllieferungen, für die nunmehr der leistende Unternehmer die Steuer schuldet, nach dem 31. Dezember 2014, ist er Steuerschuldner (§ 13 a Abs. 1 Nr. 1 UStG). Ist die hierfür vom leistenden Unternehmer erstellte Rechnung vor dem 1. Januar 2015 erstellt worden und wurde die Umsatzsteuer nicht gesondert ausgewiesen, sondern der Leistungsempfänger als Steuerschuldner behandelt, ist die Rechnung entsprechend zu berichtigen.

**Beispiel:**

Unternehmer A und Unternehmer B vereinbaren eine Lieferung von Blechen aus Zink. A und B geben monatlich Umsatzsteuer-Voranmeldungen ab. Die Bemessungsgrundlage für die Lieferung beträgt 30 000 €. A und B haben eine Abschlagszahlung in Höhe von 11 900 € vereinbart, die am 19. Januar 2015 zu entrichten ist. A hat über die zu leistende Anzahlung bereits am 22. Dezember 2014 eine Rechnung ausgestellt, in der er das Entgelt ausgewiesen und auf die Steuerschuldnerschaft des B hingewiesen hat. Die Anzahlung ist bei A fristgerecht am 19. Januar 2015 eingegangen. Die Bleche wurden am 10. Februar 2015 geliefert.
Für die Lieferung der Zinkbleche ist A Steuerschuldner, weil Bleche aus Zink seit dem 1. Januar 2015 nicht mehr in der Anlage 4 des UStG enthalten sind und die Steuerschuldnerschaft des Leistungsempfängers daher keine Anwendung findet. Da die Anzahlung nach dem 31. Dezember 2014 eingegangen ist und die Leistung nach diesem Datum erbracht wurde, hat A die ursprüngliche Anzahlungsrechnung zu berichtigen, indem er das bisherige Nettoentgelt als Bruttoentgelt ansieht und wie folgt abrechnet:

| | |
|---|---|
| Anzahlung für Zinkblechlieferungen | 10 000 € |
| + Umsatzsteuer (19 %) | 1900 € |
| von B zu zahlen: | 11 900 € . |

Wenden leistender Unternehmer und Leistungsempfänger einvernehmlich die Übergangsregelung für Anzahlungen auf Metalllieferungen in Abschn. II Nr. 2 letzter Absatz an, muss die Anzahlungsrechnung nicht berichtigt werden.

## 2. Übergangsregelung

Bei Lieferungen von Edelmetallen (mit Ausnahme der Lieferungen von Gold, soweit sie bereits vor dem 1. Oktober 2014 unter § 13 b Abs. 2 Nr. 9 UStG fielen), unedlen Metallen, Selen und Cermets, die nach dem 30. September 2014 und vor dem 1. Juli 2015 ausgeführt werden, ist es beim leistenden Unternehmer und beim Leistungsempfänger nicht zu beanstanden, wenn die Vertragspartner einvernehmlich noch von der Steuerschuldnerschaft des leistenden Unternehmers nach § 13 a Abs. 1 Nr. 1 UStG ausgegangen sind. Voraussetzung hierfür ist, dass der Umsatz vom leistenden Unternehmer in zutreffender Höhe versteuert wird.

Dies gilt entsprechend auch in den Fällen, in denen das Entgelt oder ein Teil des Entgelts nach dem 30. September 2014 und vor dem 1. Juli 2015 vereinnahmt wird und die Leistung erst nach der Vereinnahmung des Entgelts oder von Teilen des Entgelts ausgeführt wird. Abschn. II Nr. 1.1 gilt entsprechend.

Bei Lieferungen von Edelmetallen, unedlen Metallen, Selen und Cermets, die nach dem 31. Dezember 2014 und vor dem 1. Juli 2015 ausgeführt werden, ist es beim leistenden Unternehmer und beim Leistungsempfänger nicht zu beanstanden, wenn die Vertragspartner einvernehmlich die Steuerschuldnerschaft des Leistungsempfängers angewendet haben, obwohl unter Berücksichtigung der Neufassung des § 13 b Abs. 2 Nr. 11 UStG und der Anlage 4 des UStG zum 1. Januar 2015 durch Artikel 11 i. V. m. Art. 16 Abs. 2 des Gesetzes zur Anpassung der Abgabenordnung an den Zollkodex der Union und zur Änderung weiterer steuerlicher Vorschriften vom 22. Dezember 2014 (BGBl. I S. 2417) der leistende Unternehmer Steuerschuldner wäre.

Dies gilt entsprechend auch in den Fällen, in denen das Entgelt oder ein Teil des Entgelts nach dem 31. Dezember 2014 und vor dem 1. Juli 2015 vereinnahmt wird und die Leistung erst nach der Vereinnahmung des Entgelts oder von Teilen des Entgelts ausgeführt wird. Abschn. II Nr. 1.2 gilt entsprechend.

### III. Schlussbemerkungen

Abschn. II Nr. 2 dieses Schreibens ersetzt die BMF-Schreiben vom 5. Dezember 2014 IV D 3 – S 7279/14/10002, DOK 2014/1071127, BStBl. I S. 1618, und vom 22. Januar 2015 IV D 3 – S 7279/14/10002, DOK 2015/0028521, BStBl. I S. 123.

# 500 § 13 b/7. Schreiben betr. Steuerschuldnerschaft des Leistungsempfängers bei Bauleistungen (§ 13 b Abs. 2 Nr. 4 Satz 1 UStG); BFH-Urteil vom 28. August 2014 V R 7/14 hinsichtlich der Abgrenzung des Begriffs des Bauwerks und der Betriebsvorrichtung

Vom 28. Juli 2015 (BStBl. I S. 623)

(BMF III C 3 – S 7279/14/10003; DOK 2015/0593552)

Der Bundesfinanzhof (BFH) hat mit Urteil vom 28. August 2014 V R 7/14, BStBl. 2015 II S. 682, entschieden, dass Betriebsvorrichtungen keine Bauwerke im Sinne von § 13 b Abs. 2 Nr. 4 Satz 1 UStG sind. In ein Bauwerk eingebaute Anlagen seien nur dann Bestandteil des Bauwerks, wenn sie für Konstruktion, Bestand, Erhaltung oder Benutzbarkeit des Bauwerks von wesentlicher Bedeutung sind. Die Anlage müsse hierfür eine Funktion für das Bauwerk selbst haben. Im Übrigen komme eine Auslegung des Begriffs des Bauwerks entsprechend der Baubetriebe-Verordnung nicht in Betracht.

Unter Bezugnahme auf das Ergebnis der Erörterungen mit den obersten Finanzbehörden der Länder ist das o. g. Urteil des BFH über den entschiedenen Einzelfall hinaus **nicht** anzuwenden[1].

Die vom BFH aufgestellte Schlussfolgerung, dass Betriebsvorrichtungen stets nicht zu den Bauwerken im Sinne des § 13 b Abs. 2 Nr. 4 Satz 1 UStG gehören, ist nicht zutreffend. Insbesondere kommt es auf die vom BFH vorgenommene Auslegung des Begriffs des Bauwerks anhand des Bewertungsrechts unionsrechtlich nicht an.

Nach ständiger Rechtsprechung des EuGH und der bisherigen Rechtsprechung des BFH sind die Begriffe der Richtlinie 2006/112/EG des Rates vom 28. November 2006 über das gemeinsame Mehrwertsteuersystem (MwStSystRL) eigenständige Begriffe des Unionsrechts, die in der gesamten Europäischen Union autonom und einheitlich auszulegen sind. Art. 199 Abs. 1 Buchst. a MwStSystRL, auf dem § 13 b Abs. 2 Nr. 4 UStG beruht, enthält den Begriff der Bauleistung. Dieser Begriff ist unionsrechtlich einheitlich und nicht nach nationalem Bewertungsrecht auszulegen.

Der Begriff der Bauleistung im Sinne von Art. 199 Abs. 1 Buchst. a MwStSystRL ist dabei nicht nur auf Leistungen im Zusammenhang mit einem Grundstück beschränkt, sondern weiter auszulegen. Denn die Angabe „im Zusammenhang mit Grundstücken" bezieht sich nur auf die Angabe „Reparatur-, Reinigungs-, Wartungs-, Umbau- und Abbruchleistungen". Bei Bauleistungen muss hingegen nicht zwingend ein Zusammenhang mit einem Grundstück gegeben sein.

---

[1] Vgl. entsprechende gesetzliche Regelung durch § 13 b Abs. 2 Nr. 4 Satz 2 UStG i. d. F. des StÄndG 2015 (BGBl. I S. 1834).

Weiter kann es sich bei Leistungen an Betriebsvorrichtungen auch um Bauleistungen im Zusammenhang mit einem Grundstück handeln. Die Auslegung des Begriffs der Bauleistung ist dabei unter Berücksichtigung der Auslegung des Grundstücksbegriffs sowie des Begriffs der Dienstleistung im Zusammenhang mit einem Grundstück, soweit deren Zweck in physischen Veränderungen an dem Grundstück besteht, anhand der unionsrechtlichen Vorgaben zu beurteilen (Art. 13 b und 31 a der MwSt-Durchführungsverordnung 282/2011 – MwStVO – in der durch die Durchführungsverordnung (EU) Nr. 1042/2013 geänderten Fassung)[1]. Art. 13 b MwStVO definiert den Grundstücksbegriff für Zwecke der Anwendung der (gesamten) MwStSystRL als

a) einen bestimmten über- oder unterirdischen Teil der Erdoberfläche, an dem Eigentum und Besitz begründet werden kann;

b) jedes mit oder in dem Boden über oder unter dem Meeresspiegel befestigte Gebäude oder jedes derartige Bauwerk, das nicht leicht abgebaut oder bewegt werden kann;

c) jede Sache, die einen wesentlichen Bestandteil eines Gebäudes oder eines Bauwerks bildet, ohne die das Gebäude oder das Bauwerk unvollständig ist, wie zum Beispiel Türen, Fenster, Dächer, Treppenhäuser und Aufzüge;

d) Sachen, Ausstattungsgegenstände oder Maschinen, die auf Dauer in einem Gebäude oder einem Bauwerk installiert sind, und die nicht bewegt werden können, ohne das Gebäude oder das Bauwerk zu zerstören oder zu verändern.

Entsprechend Art. 13 b Buchst. d MwStVO gelten Betriebsvorrichtungen unionsrechtlich nur dann **nicht** als Grundstück, wenn sie nicht auf Dauer installiert sind oder bewegt werden können, ohne das Gebäude oder das Bauwerk zu zerstören oder zu verändern.

Im Übrigen würde die Anwendung des o. g. Urteils des BFH erhebliche, in der Praxis nicht handhabbare Probleme bei der dann erforderlichen Abgrenzung zwischen Bauwerk und Betriebsvorrichtung verursachen. So ist es für den leistenden Unternehmer nicht bzw. nur schwer zu erkennen, ob die von ihm eingebaute Anlage eigenständigen Zwecken dient und mithin als Betriebsvorrichtung zu beurteilen ist oder ob die Anlage (z. B. Klima-, Kälte- oder Belüftungsanlage) für Konstruktion, Bestand, Erhaltung oder Benutzbarkeit des Bauwerks von wesentlicher Bedeutung ist. Nur in letzterem Fall könnte es nach dem BFH-Urteil zur Steuerschuldnerschaft des Leistungsempfängers kommen.

---

[1] Vgl. entsprechende gesetzliche Regelung durch § 13 b Abs. 2 Nr. 4 Satz 2 UStG i. d. F. des StÄndG 2015 (BGBl. I S. 1834).

# 500 § 14/4. Schreiben betr. Ausstellung von Rechnungen – Änderungen der §§ 14, 14 a UStG durch das Amtshilferichtlinie-Umsetzungsgesetz

Vom 25. Oktober 2013 (BStBl. I S. 1305)

(BMF IV D 2 – S 7280/12/10002; DOK 2013/0956687)

– Auszug –

## I. Änderungen der §§ 14, 14 a UStG durch das Amtshilferichtlinie-Umsetzungsgesetz

Durch die Änderungen der §§ 14 und 14 a UStG durch Art. 10 Nr. 7 und 8 des Gesetzes zur Umsetzung der Amtshilferichtlinie sowie zur Änderung steuerlicher Vorschriften (Amtshilferichtlinie-Umsetzungsgesetz – AmtshilfeRLUmsG) vom 26. Juni 2013, BGBl. I S. 1809[1], ist die Richtlinie 2010/45/EU des Rates vom 13. Juli 2010 zur Änderung der Richtlinie 2006/112/EG über das gemeinsame Mehrwertsteuersystem hinsichtlich der Rechnungsstellungsvorschriften (sog. Rechnungsstellungsrichtlinie) umgesetzt worden.

Die Änderungen der §§ 14 und 14 a UStG sind am 30. Juni 2013 in Kraft getreten und nach § 27 Abs. 1 UStG auf Umsätze im Sinne des § 1 Abs. 1 Nr. 1 UStG anzuwenden, die nach dem 29. Juni 2013 ausgeführt werden (Art. 31 Abs. 1 AmtshilfeRLUmsG).

### 1. Maßgeblich anzuwendendes Recht für die Rechnungserteilung (§ 14 Abs. 7 und § 14 a Abs. 1 Satz 1 UStG)

Grundsätzlich richtet sich das maßgeblich anzuwendende Recht für die Rechnungsstellung nach den Vorschriften des Mitgliedstaates, in dem der Umsatz ausgeführt wird (§ 14 Abs. 2 Satz 1 UStG, der auf Art. 219 a Nr. 1 MwStSystRL beruht). Von diesem Grundsatz werden mit der Einfügung des § 14 Abs. 7 UStG und der Neufassung des § 14 a Abs. 1 UStG die folgenden beiden Fälle ausgenommen, in denen u. a. keine Abrechnung per Gutschrift vereinbart worden ist (Umsetzung des Art. 219 a Nr. 2 Buchst. a sowie Art. 222 MwStSystRL).

#### a) Nicht im Inland ansässiger Unternehmer (§ 14 Abs. 7 UStG)

Ist ein Unternehmer zwar nicht im Inland, aber in einem anderen Mitgliedstaat ansässig und führt er einen nach § 1 Abs. 1 Nr. 1 UStG im Inland steuerbaren Umsatz aus, für den der Leistungsempfänger Steuerschuldner nach § 13 b Abs. 5 UStG ist, gelten für die Rechnungserteilung die Vorschriften des Mitgliedstaates, in dem der Unternehmer seinen Sitz, seine Geschäftsleitung, eine Betriebsstätte, von der aus der Umsatz ausgeführt wird, oder in Ermangelung eines Sitzes seinen Wohnsitz oder gewöhnlichen Aufenthalt hat (§ 14 Abs. 7 Satz 1 UStG). Der Unternehmer ist bei Anwendung des § 14

[1] **[Amtl. Anm.:]** BStBl. I S. 802.

Abs. 7 Satz 1 UStG nicht im Inland ansässig, wenn er weder seinen Sitz noch seine Geschäftsleitung, eine Betriebsstätte, von der aus der Umsatz ausgeführt wird oder die an der Erbringung dieses Umsatzes beteiligt ist, oder – in Ermangelung eines Sitzes – seinen Wohnsitz oder gewöhnlichen Aufenthalt im Inland hat; dies gilt auch, wenn der Unternehmer ausschließlich einen Wohnsitz oder gewöhnlichen Aufenthaltsort im Inland, aber seinen Sitz, den Ort der Geschäftsleitung oder eine Betriebsstätte im Ausland hat.

Vereinbaren die am Leistungsaustausch Beteiligten, dass der Leistungsempfänger über den Umsatz abrechnet (Gutschrift, § 14 Abs. 2 Satz 2 UStG), kommt § 14 Abs. 7 Satz 1 UStG nicht zur Anwendung; es verbleibt bei den allgemeinen Grundsätzen der Rechnungserteilung nach den §§ 14, 14 a UStG (§ 14 Abs. 7 Satz 2 und § 14 a Abs. 1 Satz 4 UStG, vgl. Abschnitt I Nr. 2 bis 4).

**Beispiel 1:**

Der französische Unternehmer F erbringt an den deutschen Unternehmer D eine Unternehmensberatungsleistung. F hat seinen Unternehmenssitz in Frankreich, von dem aus die Leistung erbracht wird.

F erbringt an D eine sonstige Leistung, die nach § 3 a Abs. 2 Satz 1 UStG im Inland steuerbar ist. Steuerschuldner für die steuerpflichtige Leistung ist D als Leistungsempfänger nach § 13 b Abs. 5 Satz 1 i. V. m. Abs. 1 UStG.

a) F erteilt die Rechnung.
F hat eine Rechnung nach den in Frankreich geltenden Vorgaben zur Rechnungserteilung auszustellen.

b) F und D vereinbaren, dass D mit Gutschrift abrechnet (§ 14 Abs. 2 Satz 2 UStG).
D hat die Gutschrift nach den in Deutschland geltenden Rechnungserteilungspflichten zu erstellen.

**Beispiel 2:**

Wie Beispiel 1. F weist in der Rechnung gesondert deutsche Umsatzsteuer aus.

F hat deutsche Umsatzsteuer gesondert ausgewiesen, obwohl er diese nach dem deutschen Umsatzsteuergesetz nicht schuldet. Solange F den unrichtigen Steuerbetrag gegenüber D nicht berichtigt, schuldet er den gesondert ausgewiesenen Steuerbetrag nach § 14 c Abs. 1 UStG. Auch ohne Rechnungsberichtigung durch F wird D von der Steuerschuldnerschaft des Leistungsempfängers nach § 13 b Abs. 5 Satz 1 i. V. m. Abs. 1 UStG nicht entbunden.

### b) Im Inland ansässiger Unternehmer (§ 14 a Abs. 1 Satz 1 UStG)

Führt ein im Inland ansässiger Unternehmer einen Umsatz in einem anderen Mitgliedstaat aus, an dem keine Betriebsstätte in diesem Mitgliedstaat beteiligt ist, und wird die Steuer in diesem Mitgliedstaat von dem Leistungsempfänger geschuldet, ist der Unternehmer zur Ausstellung einer Rechnung nach den §§ 14, 14 a UStG verpflichtet (§ 14 a Abs. 1 Satz 1 UStG). Vereinbaren die am Leistungsaustausch Beteiligten, dass der Leistungsempfänger über den Umsatz abrechnet (Gutschrift, § 14 Abs. 2 Satz 2 UStG), kommt § 14 a Abs. 1 Satz 1 UStG nicht zur Anwendung.

### 2. Rechnungsangabe „Gutschrift" (§ 14 Abs. 4 Satz 1 Nr. 10 UStG)

Die Pflichtangaben in der Rechnung nach § 14 Abs. 4 Satz 1 UStG sind um die Rechnungsangabe „Gutschrift" erweitert worden (§ 14 Abs. 4 Satz 1 Nr. 10 UStG, der Art. 226 Nr. 10 a MwStSystRL umsetzt).

Vereinbaren die am Leistungsaustausch Beteiligten, dass der Leistungsempfänger über den Umsatz abrechnet (Gutschrift, § 14 Abs. 2 Satz 2 UStG), muss die Rechnung die Angabe „Gutschrift" enthalten. Darüber hinaus kommt die Anerkennung von Formulierungen in Betracht, die in anderen Amtssprachen für den Begriff „Gutschrift" in Art. 226 Nr. 10 a MwStSystRL der jeweiligen Sprachfassung verwendet werden (z. B. „Self-billing", vgl. unter Abschnitt II). Die Verwendung anderer Begriffe entspricht nicht § 14 Abs. 4 Satz 1 Nr. 10 UStG. Gleichwohl ist der Vorsteuerabzug des Leistungsempfängers nicht allein wegen begrifflicher Unschärfen zu versagen, wenn die gewählte Bezeichnung hinreichend eindeutig ist (z. B. Eigenfaktura), die Gutschrift im Übrigen ordnungsgemäß erteilt wurde und keine Zweifel an ihrer inhaltlichen Richtigkeit bestehen.

Die im allgemeinen Sprachgebrauch bezeichnete Stornierung oder Korrektur der ursprünglichen Rechnung als Gutschrift (sog. kaufmännische Gutschrift) ist keine Gutschrift im umsatzsteuerrechtlichen Sinne. Wird in einem solchen Dokument der Begriff „Gutschrift" verwendet, obwohl keine Gutschrift im umsatzsteuerrechtlichen Sinne nach § 14 Abs. 2 Satz 2 UStG vorliegt, ist dies weiterhin umsatzsteuerrechtlich unbeachtlich. Die Bezeichnung als „Gutschrift" führt allein nicht zur Anwendung des § 14 c UStG.

Wird in einem Dokument sowohl über empfangene Leistungen (Gutschrift) als auch über ausgeführte Leistungen (Rechnung) zusammen abgerechnet, muss das Dokument die Rechnungsangabe „Gutschrift" enthalten. Zudem muss aus dem Dokument zweifelsfrei hervorgehen, über welche Leistung als Leistungsempfänger bzw. leistender Unternehmer abgerechnet wird. In dem Dokument sind Saldierung und Verrechnung der gegenseitigen Leistungen unzulässig.

### 3. Zeitpunkt der Rechnungsausstellung (§ 14 a Abs. 1 Satz 2 und Abs. 3 Sätze 1 und 2 UStG)

Nach § 14 Abs. 2 UStG ist eine Rechnung innerhalb von sechs Monaten nach Ausführung der Leistung auszustellen, sofern eine Verpflichtung zur Rechnungsausstellung besteht. In den folgenden Fällen gilt nunmehr eine kürzere Frist (Umsetzung des Art. 222 MwStSystRL):

Führt der Unternehmer eine innergemeinschaftliche Lieferung im Sinne des § 6 a UStG aus, ist er verpflichtet, spätestens am 15. Tag des Monats, der auf den Monat folgt, in dem die Lieferung ausgeführt worden ist, eine Rechnung auszustellen (§ 14 a Abs. 3 UStG). Die gleiche Frist gilt, wenn der Unternehmer eine sonstige Leistung im Sinne des § 3 a Abs. 2 UStG in einem anderen Mitgliedstaat ausführt, für die der Leistungsempfänger die Steuer schuldet (§ 14 a Abs. 1 Satz 2 UStG).

Eine Nichteinhaltung dieser Frist stellt keine Ordnungswidrigkeit nach § 26 a UStG dar. Zum zivilrechtlichen Anspruch auf Erteilung einer ordnungsgemäßen Rechnung vgl. Abschnitt 14.1 Abs. 5 UStAE.

### 4. Rechnungsangabe „Steuerschuldnerschaft des Leistungsempfängers" (§ 14 a Abs. 5 UStG)

In § 14 a Abs. 5 UStG wird die bisherige Hinweispflicht auf die Steuerschuldnerschaft des Leistungsempfängers nach § 13 b Abs. 5 UStG konkretisiert. Dies entspricht der unionsrechtlichen Vorgabe in Art. 226 Nr. 11 a MwStSystRL.

Führt der Unternehmer eine Leistung im Sinne des § 13 b Abs. 2 UStG aus, für die der Leistungsempfänger nach § 13 b Abs. 5 UStG die Steuer schuldet, ist er zur Ausstellung einer Rechnung mit der Angabe „Steuerschuldnerschaft des Leistungsempfängers" verpflichtet. Alternativ kommen Formulierungen in Betracht, die in anderen Amtssprachen für den Begriff „Steuerschuldnerschaft des Leistungsempfängers" in Art. 226 Nr. 11 a MwStSystRL der jeweiligen Sprachfassung verwendet werden (z. B. „Reverse charge", vgl. unter Abschnitt II). Zur Rechnungslegung bei in einem anderen Mitgliedstaat ansässigen Unternehmer vgl. § 14 Abs. 7 UStG.

Die Rechnungsangabe „Steuerschuldnerschaft des Leistungsempfängers" ist ebenfalls erforderlich, wenn der im Inland ansässige Unternehmer einen Umsatz in einem anderen Mitgliedstaat ausführt, an dem eine Betriebsstätte in diesem Mitgliedstaat nicht beteiligt ist, und er zur Ausstellung einer Rechnung nach § 14 a Abs. 1 Satz 1 UStG verpflichtet ist (vgl. vorstehend unter Nr. 1 Buchstabe b)).

Für den Vorsteuerabzug nach § 15 Abs. 1 Satz 1 Nr. 4 UStG aus Leistungen im Sinne des § 13 b Abs. 1 und 2 UStG ist der Besitz einer nach den §§ 14, 14 a UStG ausgestellten Rechnung weiterhin keine materiell-rechtliche Voraussetzung (Abschnitt 15.10 Abs. 1 UStAE).

### 5. Rechnungsangaben bei Sonderregelungen (§ 14 a Abs. 6 UStG)

§ 14 a Abs. 6 UStG wurde zur Umsetzung des Art. 226 Nr. 13 und 14 MwStSystRL dahingehend konkretisiert, dass die Rechnung in Fällen der Besteuerung von Reiseleistungen nach § 25 UStG die Angabe „Sonderregelung für Reisebüros" und in den Fällen der Differenzbesteuerung nach § 25 a UStG die Angabe „Gebrauchtgegenstände/Sonderregelung", „Kunstgegenstände/Sonderregelung" oder „Sammlungsstücke und Antiquitäten/Sonderregelung" enthalten muss.

Der Rechnungsaussteller kann anstelle der deutschen Begriffe auch Formulierungen verwenden, die in anderen Amtssprachen für die Rechnungsangaben nach Art. 226 Nr. 13 und 14 MwStSystRL der jeweiligen Sprachfassung verwendet werden (z. B. „Margin scheme – Travel agents" für „Sonderregelung für Reisebüros", „Margin scheme – Second-hand goods" für „Gebrauchtgegenstände/Sonderregelung", „Margin scheme – Works of art" für „Kunstgegenstände/Sonderregelung" oder „Margin scheme – Collector's items and antiques" für „Sammlungsstücke und Antiquitäten/Sonderregelung", vgl. Abschnitt II).

Ein gesonderter Steuerausweis ist in den Fällen des § 25 Abs. 3 und § 25 a Abs. 3 und 4 UStG unzulässig (§ 14 a Abs. 6 Satz 2 UStG) und ein Vorsteuerabzug aus diesen Rechnungen ausgeschlossen.

### 6. Gutschrift über eine sonstige Leistung im Sinne des § 3 a Abs. 2 UStG (§ 14 a Abs. 1 Satz 4 UStG)

Vereinbaren die am Leistungsaustausch Beteiligten, dass der Leistungsempfänger über eine sonstige Leistung im Sinne des § 3 a Abs. 2 UStG abrechnet (Gutschrift, § 14 Abs. 2 Satz 2 UStG), die im Inland ausgeführt wird und für die der Leistungsempfänger die Steuer nach § 13 b Abs. 1 und 5 UStG schuldet, ist § 14 a Abs. 1 Sätze 2 und 3 und Abs. 5 UStG entsprechend anzuwenden.

## II. Tabelle zu den in anderen Amtssprachen verwendeten Begriffen für Rechnungsangaben

| | „Gutschrift“ | „Steuerschuldnerschaft des Leistungsempfängers“ | „Sonderregelung für Reisebüros“ | „Gebrauchtgegenstände/Sonderregelung“ | „Kunstgegenstände/Sonderregelung“ | „Sammlungsstücke und Antiquitäten/Sonderregelung“ |
|---|---|---|---|---|---|---|
| **Bulgarisch** | самофактуриране | обратно начисляване | Режим на облагане на маржа – туристически агенти | Режим на облагане на маржа – стоки втора употреба | Режим на облагане на маржа – произведения на изкуството | Режим на облагане на маржа – колекционерски предмети и антикварни предмети |
| **Dänisch** | selvfakturering | omvendt betalingspligt | fortjenstmargenordning – rejsebureauer | fortjenstmargenordning – brugte genstande | fortjenstmargenordning – kunstgenstande | fortjenstmargenordning – samlerobjekter og antik |
| **Englisch** | Self-billing | Reverse charge | Margin scheme – Travel agents | Margin scheme – Second-hand goods | Margin scheme – Works of art | Margin scheme – Collector’s items and antiques |
| **Estnisch** | endale arve koostamine | pöördmaksustamine | kasuminormi maksustamise kord – reisibürood | kasuminormi maksustamise kord – kasutatud kaubad | kasuminormi maksustamise kord – kunstiteosed | kasuminormi maksustamise kord – kollektsiooni- ja antiikesemed |
| **Finnisch** | itselaskutus | käännetty verovelvollisuus | voittomarginaalijärjestelmä – matkatoimistot | voittomarginaalijärjestelmä – käytetyt tavarat | voittomarginaalijärjestelmä – taideesineet | voittomarginaalijärjestelmä – keräily- ja antiikkiesineet |
| **Französisch** | Autofacturation | Autoliquidation | Régime particulier – agences de voyage | Régime particulier – Biens d’occasion | Régime particulier – Objets d’art | Régime particulier – Objets de collection et d’antiquité |
| **Griechisch** | Αυτοτιμολόγηση | Αντίστροφη επιβάρυνση | Καθεστώς περιθωρίου Ταξιδιωτικά πρακτορεία | Καθεστώς περιθωρίου Μεταχειρισμένα αγαθά | Καθεστώς περιθωρίου έργα τέχνης | Καθεστώς περιθωρίου Αντικείμενα συλλεκτικής και αρχαιολογικής αξίας |
| **Italienisch** | autofatturazione | inversione contabile | regime del margine – agenzie di viaggio | regime del margine – beni di occasione | regime del margine – oggetti d’arte | regime del margine – oggetti da collezione e di antiquariato |
| **Lettisch** | pašaprēķins | nodokļa apgrieztā maksāšana | peļņas daļas režīms ceļojumuaģ entūrām | peļņas daļas režīms lietotām precēm | peļņas daļas režīms mākslas darbiem | peļņas daļas režīms kolekciju priekšmetiem un senlietām |
| **Litauisch** | Sąskaitų faktūrų išsirašymas | Atvirkštinis apmokestinimas | Maržos apmokestinimo schema. Kelionių agentūros | Maržos apmokestinimo schema. Naudotos prekės | Maržos apmokestinimo schema. Meno kūriniai | Maržos apmokestinimo schema. Kolekcionavimo objektai ir antikvariniai daiktai |

| | „Gutschrift“ | „Steuerschuldnerschaft des Leistungsempfängers“ | „Sonderregelung für Reisebüros“ | „Gebrauchtgegenstände/Sonderregelung“ | „Kunstgegenstände/ Sonderregelung“ | „Sammlungsstücke und Antiquitäten/Sonderregelung“ |
|---|---|---|---|---|---|---|
| **Maltesisch** | Awtofatturazzjoni | Inverżjoni tal-ħlas | Skema ta' marġini – Aġenti tal-ivvjaġġar | Skema ta' marġini – Merkanzija użata | Skema ta' marġini – xogħlijiet tal-arti | Skema ta' marġini – oġġetti tal-kollezzjoni u antikitajiet |
| **Niederländisch** | factuur uitgereikt door afnemer | Btw verlegd | Bijzondere regeling reisbureaus | Bijzondere regeling – gebruikte goederen | Bijzondere regeling – kunstvoorwerpen | Bijzondere regeling – voorwerpen voor verzamelingen of antiquiteiten |
| **Polnisch** | samofakturowanie | odwrotne obciążenie | procedura marży dla biur podróży | procedura marży – towary używane | procedura marży – dzieła sztuki | procedura marży – przedmioty kolekcjonerskie i antyki |
| **Portugiesisch** | Autofacturação | Autoliquidação | Regime da margem de lucro – Agências de viagens | Regime da margem de lucro – Bens em segunda mão | Regime da margem de lucro – Objectos de arte | Regime da margem de lucro – Objectos de colecção e antiguidades |
| **Rumänisch** | autofacturare | taxare inversă | regimul marjei – agenţii de turism | regimul marjei – bunuri second-hand | regimul marjei – obiecte de artă | regimul marjei – obiecte de colecţie şi antichităţi |
| **Schwedisch** | självfakturering | omvänd betalningsskyldighet | Vinstmarginalbeskattning för resebyråer | Vinstmarginalbeskattning för begagnade varor | Vinstmarginalbeskattning för konstverk | Vinstmarginalbeskattning för samlarföremål och antikviteter |
| **Slowakisch** | vyhotovenie faktúry odberateľom | prenesenie daňovej povinnosti | úprava zdaňovania prirážky – cestovné kancelárie | úprava zdaňovania prirážky – použitý tovar | úprava zdaňovania prirážky – umelecké diela | úprava zdaňovania prirážky – zberateľské predmety a starožitnosti |
| **Slowenisch** | Self-billing | Reverse Charge | Margin scheme – Travel agents | Margin scheme – Second-hand goods | Margin scheme – works of art | Margin scheme – collector's items and antiques |
| **Spanisch** | facturación por el destinatario | inversión del sujeto pasivo | Régimen especial – Agencias de viajes | Régimen especial – Bienes de ocasión | Régimen especial – Objetos de arte | Régimen especial – Objetos de colección o antigüedades |
| **Tschechisch** | vystaveno zákazníkem | daň odvede zákazník | zvláštní režim – cestovní kanceláře | zvláštní režim – použité zboží | zvláštní režim – umělecká díla | zvláštní režim – sběratelské předměty a starožitnosti |
| **Ungarisch** | önszámlázás | fordított adózás | Különbözet szerinti szabályozás – utazási irodák | Különbözet szerinti szabályozás – használt cikkek | Különbözet szerinti szabályozás – műalkotások | Különbözet szerinti szabályozás – gyűjteménydarabok és régiségek |

## III. Änderung des Umsatzsteuer-Anwendungserlasses

(…)

## IV. Anwendungsregelung

Die Grundsätze dieses Schreibens zur Ausstellung von Rechnungen gelten für Umsätze im Sinne des § 1 Abs. 1 Nr. 1 UStG, die nach dem 29. Juni 2013 ausgeführt werden (§ 27 Abs. 1 UStG i. V. m. Art. 31 Abs. 1 AmtshilfeRLUmsG).

Für Rechnungen, die bis einschließlich 31. Dezember 2013 ausgestellt werden, wird es nicht beanstandet, wenn die Rechnungsangabe nach § 14 Abs. 4 Satz 1 Nr. 10 UStG fehlt bzw. die Angaben in der Rechnung oder Gutschrift (§ 14 Abs. 2 Satz 2 UStG) nicht den Vorgaben nach § 14 a Abs. 1, 5 und 6 UStG entsprechen.

# 500 § 14c/1. Schreiben betr. Abrechnung über nicht ausgeführte sonstige Leistung mittels Gutschrift; Folgen aus dem BFH-Urteil vom 27. November 2019 V R 23/19 (V R 62/17)

Vom 19. August 2021

BMF III C 2 - S 7283/19/10001 :002; DOK 2021/0904800

(BStBl. I S. 1087)

**I.**

Nach § 14 Abs. 2 Satz 2 UStG kann eine Rechnung auch durch den Leistungsempfänger ausgestellt werden, sofern dies vorher vereinbart worden ist (Gutschrift).

Mit dem Urteil vom 27. November 2019 V R 23/19 (V R 62/17), BStBl. 2021 II S. 542, hat der BFH u.a. entschieden, dass eine Gutschrift, die nicht über eine Leistung eines Unternehmers ausgestellt ist, einer Rechnung nicht gleichsteht und keine Steuerschuld nach § 14c Abs. 2 UStG begründen kann (zweiter Leitsatz).

Unter Bezugnahme auf das Ergebnis der Erörterungen mit den obersten Finanzbehörden der Länder gilt nach dieser Entscheidung Folgendes:

**1. Abrechnung an Nichtunternehmer**

Nach der Entscheidung BFH V R 23/19 (V R 62/17), Rn. 22 ff, steht ein als Gutschrift verwendetes Abrechnungsdokument an einen Nichtunternehmer einer Rechnung nicht gleich. Dieses Abrechnungsdokument begründet daher keine Steuerschuld nach § 14c Abs. 2 UStG.

Ein Vorsteuerabzug aus diesem Abrechnungsdokument ist nicht möglich. Die Voraussetzungen nach § 15 Abs. 1 Satz 1 Nr. 1 UStG liegen nicht vor, da die abgerechnete Leistung nicht von einem Unternehmer ausgeführt worden ist.

**2. Abrechnung an Unternehmer über eine nicht erbrachte Leistung**

Wird hingegen eine Gutschrift zwischen zwei Unternehmern über eine nicht erbrachte Leistung ausgestellt, steht dieses Abrechnungsdokument einer Rechnung gleich und kann eine Steuerschuld nach § 14c Abs. 2 UStG begründen. Die Entscheidung BFH V R 23/19 (V R 62/17) ist auf diese Fälle nicht anwendbar, da es nicht an der vom BFH als ausschlaggebend angesehenen Unternehmerstellung des Gutschriftempfängers (Rn. 23) mangelt.

Ein Vorsteuerabzug aus einem solchen Abrechnungsdokument ist nicht möglich (Abschn. 15.2 Abs. 1 Satz 2 UStAE).

**3. Widerspruch gegen eine Gutschrift**

Durch einen wirksamen Widerspruch des Gutschriftempfängers nach § 14 Abs. 2 Satz 3 UStG gegen eine ihm erteilte Gutschrift liegt ab dem Besteuerungszeitraum des wirksamen Widerspruchs kein Rechnungsdokument mehr vor, siehe auch Abschn. 14.3 Abs. 4 UStAE. Dem Gutschriftaussteller liegt somit ab diesem Zeitpunkt keine Rechnung i.S.v. § 15 Abs. 1 Satz 1 Nr. 1 Satz 2 UStG mehr vor, so dass kein Vorsteuerabzug mehr möglich ist.

Allerdings führt alleine ein wirksamer Widerspruch gegen eine Gutschrift aufgrund der unterschiedlichen Rechnungsbegriffe nach § 14 und § 14c UStG (vgl. BFH-Urteil vom 17. Februar 2011 V R 39/09, BStBl. II S. 734) nicht zur Beseitigung der Steuergefährdung nach § 14c Abs. 2 UStG. Auch in diesem Fall schuldet der Gutschriftempfänger die ausgewiesene Steuer weiterhin nach § 14c Abs. 2 UStG, bis die Steuergefährdung beseitigt worden ist.

**4. Sonstiges**

Eine Billigkeitsmaßnahme aus persönlichen Billigkeitsgründen i.S.d. §§ 163 und 227 AO, die dazu führt, dass dem Gutschriftaussteller die als Vorsteuer abgezogene Steuer nach § 14c Abs. 2 UStG weiter verbleibt, führt nicht zu einer Beseitigung der Gefährdung des Steueraufkommens gem. § 14c Abs. 2 Satz 4 UStG.

**II.**

Die Grundsätze dieses Schreibens sind in allen offenen Fällen anzuwenden.

# 500 § 14c/2. Schreiben betr. Direktanspruch in der Umsatzsteuer; Veröffentlichung der BFH-Urteile vom 30. Juni 2015 VII R 30/14 und vom 22. August 2019 V R 50/16

Vom 12. April 2022

BMF III C 2 – S 7358/20/10001 :004; DOK 2022/0385137

(BStBl. I S. 652)

1. In der Rechtsprechung wurde das sich aus dem Unionsrecht ergebende Rechtsinstrument des Direktanspruchs in der Umsatzsteuer (auch „Reemtsma-Rechtsprechung") entwickelt. Danach kann unter bestimmten Voraussetzungen ein Leistungsempfänger die Erstattung einer rechtsgrundlos an den Leistenden gezahlten Umsatzsteuer direkt vom Fiskus (statt vom Leistenden) verlangen.

**I.**

2. Mit EuGH-Urteil vom 15. März 2007 C-35/05, Reemtsma Cigarettenfabriken, hat der EuGH entschieden, dass es grundsätzlich Sache der Mitgliedstaaten sei, die Voraussetzungen festzulegen, unter denen die Rückzahlung der rechtsgrundlos gezahlten Steuer erfolgen kann. Diese Voraussetzungen müssten jedoch den Grundsätzen der Gleichwertigkeit (Äquivalenz) und der Effektivität entsprechen. Ausgehend hiervon stellte der EuGH fest, dass ein Verfahren, nach dem (ähnlich wie in Deutschland) zunächst der Dienstleistungserbringer einen Anspruch gegenüber dem Fiskus und der Dienstleistungsempfänger einen entsprechenden zivilrechtlichen Anspruch gegen den Dienstleistungserbringer hat, mit dem Unionsrecht vereinbar sei. Allerdings erforderten der Grundsatz der Neutralität und Effektivität, dass in Fällen, in denen die Erstattung der Mehrwertsteuer vom Dienstleistungserbringer an den Dienstleistungsempfänger unmöglich oder übermäßig erschwert werde, insbesondere im Fall einer Zahlungsunfähigkeit des Dienstleistungserbringers, der Dienstleistungsempfänger seinen Antrag auf Erstattung unmittelbar an die Steuerbehörden richten kann. Die Mitgliedstaaten müssten deshalb die entsprechenden erforderlichen Mittel und Verfahrensmodalitäten vorsehen. Im Streitfall hatte der Dienstleistungserbringer für eine im Inland nicht steuerbare Leistung Mehrwertsteuer irrtümlich in Rechnung gestellt, diese vom Dienstleistungsempfänger erhalten und an den Fiskus entrichtet. Die oben genannten Grundsätze hat der EuGH auf Erstattungen im Zusammenhang mit der Lieferung von Gegenständen übertragen (vgl. EuGH-Urteil vom 31. Mai 2018 C-660/16 und C-661/16, Kollroß und Wirtl).

3. Der BFH entschied mit Urteil vom 11. Oktober 2007 V R 27/05, BStBl. 2008 II S. 438, dass der Direktanspruch nach dem EuGH-Urteil C-35/05 eine Zahlung des Leistenden an die Steuerbehörden voraussetze (Rn. 63 und 64 des Urteils).

Im Streitfall war für eine nicht steuerbare Geschäftsveräußerung Umsatzsteuer in Rechnung gestellt und in der Voranmeldung erklärt, aber nicht an den Fiskus gezahlt worden.

4. Auch in seinem weiteren Urteil vom 10. Dezember 2008 XI R 57/06, n.v., entschied der BFH, dass der Fiskus keine Steuer erstatten muss, die gar nicht an ihn entrichtet worden ist.

Im Streitfall lagen den Rechnungen keine Leistungen zugrunde. Außerdem wurde die Umsatzsteuer vom Rechnungsaussteller nicht entrichtet, weil neben den erklärten Umsätzen gleichzeitig Vorsteuerbeträge aus Rechnungen eines Dritten abgezogen wurden, denen ebenfalls keine Leistungen zugrunde lagen.

5. Zudem befasste sich der BFH im Urteil vom 30. Juni 2015 VII R 30/14, BStBl. 2022 II S. 246, mit dem EuGH-Urteil C-35/05. Neben verfahrensrechtlichen Fragen (Anwendbarkeit von § 37 AO) entschied der BFH, dass das deutsche Umsatzsteuer- und Abgabenrecht durch die Billigkeitsregelungen nach §§ 163 und 227 AO den Anforderungen des EuGH an eine systemgerechte Abwicklung zu Unrecht erhobener und gezahlter Umsatzsteuer grundsätzlich gerecht werde (Rn. 20 und 22 des Urteils). Ob die Notwendigkeit der Zahlung der Umsatzsteuer an den Fiskus auch auf den vorliegenden Fall einer Erstattung des Finanzamts des Rechnungsausstellers an dessen Insolvenzverwalter übertragen werden könnte, könne unter dem Gesichtspunkt der ungerechtfertigten Bereicherung davon abhängen, ob der Fiskus zu dieser Erstattung verpflichtet war. Eine Entscheidung sei aber nicht in dem Verfahren über den streitgegenständlichen Abrechnungsbescheid zu treffen, sondern in einem Billigkeitsverfahren (Rn. 26 des Urteils).

Im Streitfall war für im Inland nicht steuerbare Leistungen Umsatzsteuer in Rechnung gestellt worden, die sich der Rechnungsempfänger vom Finanzamt des Rechnungsausstellers erstatten lassen wollte.

6. In einem weiteren Urteil vom 30. Juni 2015 VII R 42/14, n.v., entschied der BFH weitgehend inhaltsgleich. Auch hier verwies er auf ein Billigkeitsverfahren nach §§ 163, 227 AO statt auf den klagebefangenen Abrechnungsbescheid nach § 37 Abs. 2 AO. Im Unterschied zur Entscheidung VII R 30/14 wies der BFH hier aber zusätzlich darauf hin, dass nicht unberücksichtigt bleiben dürfe, dass die Klägerin auf eine Rechnung ohne Leistung gezahlt habe, gegebenenfalls also kein Fall einer lediglich irrtümlichen Zahlung der Umsatzsteuer vorliege. Im Streitfall hatten den Rechnungen keine entsprechenden Leistungen zugrunde gelegen.

7. Weiterhin entschied der BFH mit Urteil vom 22. August 2019 V R 50/16, BStBl. 2022 II S. 290, dass ein Direktanspruch nach dem EuGH-Urteil C-35/05 voraussetze, dass der Rechnungsaussteller eine Leistung an den Rechnungsempfänger erbracht hat, für die er Umsatzsteuer in der Rechnung zu Unrecht ausgewiesen hat. Der V. Senat des BFH bestätigte dabei die Auffassung des VII. Senats aus dem Urteil VII R 30/14 (oben Rn. 5), dass über den Direktanspruch im Billigkeitsverfahren zu entscheiden sei, wobei er dessen Feststellung noch um die Voraussetzung ergänzte, dass die Rechnung ansonsten ordnungsgemäß sein müsse (Rn. 16 des Urteils). Damit genüge der bloße Steuerausweis in einer Rechnung für die Entstehung des Direktanspruchs nicht. Erforderlich sei vielmehr, dass der Rechnungsaussteller auch eine Leistung erbracht hat, für die mangels Steuerbarkeit oder aufgrund einer Steuerfreiheit oder Steuersatzermäßigung die in der Rechnung ausgewiesene Steuer nicht gesetzlich entstanden sei (Rn. 22 des Urteils). Da es sich im Streitfall, in dem den Rechnungen kein Leistungsaustausch zugrunde gelegen hatte, um einen unberechtigten Steuerausweis nach § 14c Abs. 2 UStG gehandelt hatte, fehlte es danach an den Voraussetzungen für einen Direktanspruch.

**II.**

8. Unter Bezugnahme auf das Ergebnis der Erörterungen mit den obersten Finanzbehörden der Länder wird zum Direktanspruch in der Umsatzsteuer folgende Auffassung vertreten:

9. Über einen Direktanspruch in der Umsatzsteuer ist im Rahmen eines Billigkeitsverfahrens nach den §§ 163, 227 AO zu entscheiden (vgl. BFH-Urteile vom 30. Juni 2015 VII R 30/14 und VII R 42/14, oben Rn. 5 und 6). Zuständig für die Entscheidung über diese Billigkeitsmaßnahme ist das für die Umsatzsteuerfestsetzung des Leistungsempfängers zuständige Finanzamt. Zu entscheiden ist regelmäßig darüber, ob ein Betrag in Höhe der in den fraglichen Rechnungen falsch ausgewiesenen Umsatzsteuer trotz Nichtvorliegens der materiell-umsatzsteuerlichen Voraussetzungen – jedenfalls im wirtschaftlichen Ergebnis – als Vorsteuer zu berücksichtigen bzw. ein entsprechender Steueranspruch zu erlassen ist.

10. Bei einer Billigkeitsmaßnahme handelt es sich stets um eine Entscheidung unter Berücksichtigung und Abwägung der besonderen Umstände des Einzelfalles, wobei hinsichtlich des Direktanspruchs neben den abgabenrechtlichen Regelungen (vgl. AEAO zu § 163) ergänzend die nachfolgenden Besonderheiten zu beachten sind. Ein vorliegendes Mitverschulden des Leistungsempfängers an der Erstellung der falschen Rechnung ist in die Entscheidung über die Billigkeitsmaßnahme mit einzubeziehen.

11. Der Leistungsempfänger hat seinen Anspruch auf Erstattung einer unzutreffend in Rechnung gestellten und rechtsgrundlos gezahlten Umsatzsteuer regelmäßig zunächst zivilrechtlich gegenüber dem Leistenden geltend zu machen. Der Direktanspruch kann daher nur nachrangig gegenüber dem Verfahren zur Steuerberichtigung nach § 14c Abs. 1 UStG zum Tragen kommen. Von einer von vornherein unmöglichen oder übermäßig erschwerten Erstattung durch den Leistenden ist regelmäßig nur im Fall eines bereits mangels Masse abgelehnten Insolvenzantrages über dessen Vermögen auszugehen. Die bloße Zahlungsunfähigkeit des Leistenden im Sinne der InsO genügt dafür nicht. Im Fall eines vorliegenden Insolvenzantrages bzw. eines laufenden Insolvenzverfahrens über das Vermögen des Leistenden besteht für den Leistungsempfänger noch Aussicht, den geltend gemachten Anspruch in Höhe der Quote teilweise zu erhalten. Ein Direktanspruch kann dann ggf. nur in Höhe der Differenz zwischen dem Erstattungsanspruch gegenüber dem Leistenden und der erhaltenen Quote entstehen. Über den Direktanspruch kann – unter Berücksichtigung der Rn. 17 und 18 unten – daher nach Anmeldung der Forderungen zur Tabelle erst entschieden werden, wenn das Insolvenzverfahren abgeschlossen und ggf. die Quote zugeteilt ist. Sofern in einem laufenden Insolvenzverfahren keine Anmeldung der Forderung zur Tabelle mehr möglich ist, sind die Gründe hierfür bei der Billigkeitsentscheidung über den Direktanspruch zu berücksichtigen.

12. Über einen geltend gemachten Direktanspruch kann nicht entschieden werden, solange noch eine Inanspruchnahme des Fiskus durch den Leistenden aufgrund einer Berichtigung des Steuerbetrages nach § 14c Abs. 1 Sätze 2 und 3 UStG rechtlich möglich ist. Daher kann z.B. im Insolvenzverfahren regelmäßig erst nach Abschluss des Insolvenzverfahrens über den Direktanspruch entschieden werden. Denn durch das Insolvenzverfahren bleibt der Schuldner (hier Leistender) weiterhin Steuerschuldner. Er verliert lediglich das Verfügungs- und Verwaltungsrecht über sein Vermögen, ihm verbleibt aber die Rechts-

inhaberschaft, und er ist im Fall einer Berichtigung Rechtsträger des Erstattungsanspruchs.

13. Der Direktanspruch gegenüber dem Fiskus ist in der Weise akzessorisch zu dem Anspruch des Leistungsempfängers gegenüber seinem Vertragspartner (dem Leistenden), dass ein Direktanspruch gegenüber dem Fiskus ausscheidet, wenn der Anspruch des Leistungsempfängers gegen den Leistenden aufgrund einer zivilrechtlichen Verjährung dieses Anspruchs (z.B. nach § 195 BGB) nicht mehr durchgesetzt werden kann.

Auch wenn eine Bruttopreisvereinbarung über die Leistung abgeschlossen worden ist, scheidet ein Direktanspruch aus, da es in diesem Fall schon grundlegend an einem Anspruch des Leistungsempfängers gegenüber dem Leistenden fehlt. Nach der ständigen Rechtsprechung des BGH ist zivilrechtlich der vom Unternehmer für seine Leistung geforderte und vom Leistungsempfänger geschuldete Preis grundsätzlich ein Bruttopreis, wenn die Vertragsparteien keinen Nettopreis vereinbart haben, wofür auch ein Handelsbrauch oder eine Verkehrssitte maßgeblich sein kann (vgl. BGH-Urteil vom 28. Februar 2002 I ZR 318/99, m.w.N.).

14. Es obliegt dem den Direktanspruch begehrenden Leistungsempfänger nachzuweisen, dass der zivilrechtliche Anspruch gegenüber dem Leistenden (weiterhin) besteht und es unmöglich oder übermäßig erschwert ist, die Erstattung der irrtümlich in Rechnung gestellten und rechtsgrundlos gezahlten Umsatzsteuer vom Leistenden zu erlangen.

15. Weiterhin kann ein Direktanspruch nur entstehen, wenn der Rechnungsaussteller tatsächlich eine Leistung erbracht hat (bzw. im Fall einer Anzahlungsrechnung zweifelsfrei erbringen wollte), für die mangels Steuerbarkeit oder aufgrund einer Steuerfreiheit oder Steuersatzermäßigung die in der Rechnung ausgewiesene Steuer (in dieser Höhe) nicht gesetzlich entstanden ist (vgl. BFH-Urteil vom 22. August 2019 V R 50/16, oben Rn. 7). Damit genügt für den Direktanspruch der bloße Steuerausweis in einer Rechnung nicht, er kann daher in Fällen des § 14c Abs. 2 UStG nicht entstehen (vgl. auch BFH-Urteil vom 30. Juni 2015 VII R 42/14, oben Rn. 6).

16. Außerdem müssen auch die übrigen für einen Vorsteuerabzug geltenden Voraussetzungen erfüllt sein. Insbesondere muss die Leistung für das Unternehmen des Unternehmers bezogen worden sein und die ausgestellte Rechnung muss – außerhalb des Steuerausweises – ansonsten nach den umsatzsteuerlichen Anforderungen (vgl. Abschn. 15.2a UStAE) ordnungsmäßig sein (vgl. BFH-Urteil vom 22. August 2019 V R 50/16, oben Rn. 7). Ein Ausschlussgrund für einen Vorsteuerabzug nach § 15 Abs. 2 bis 4 UStG ist allerdings für das Entstehen eines Direktanspruchs unbeachtlich, da der Leistungsempfänger bei einer korrekten Rechnungsstellung nicht mit Umsatzsteuer belastet gewesen wäre.

17. Weiterhin scheidet ein Direktanspruch in Fällen aus, in denen der Fiskus nicht oder nicht mehr bereichert ist. Hat der Fiskus den abgeführten Steuerbetrag etwa aufgrund einer Rechnungsberichtigung im Verfahren nach § 14c Abs. 1 Satz 2 UStG bereits an den Leistenden zurückgezahlt, kann der Leistungsempfänger jedenfalls in Fällen, in denen das Finanzamt zu dieser Erstattung verpflichtet gewesen ist, keinen eigenen Direktanspruch mehr erfolgreich geltend machen (vgl. hierzu auch BFH-Urteil vom 30. Juni 2015 VII R 30/14, oben Rn. 5).

18. Gleiches gilt, wenn und insoweit der Leistende die Umsatzsteuer nicht an das Finanzamt abgeführt hat (vgl. BFH-Urteil vom 11. Oktober 2007 V R 27/05, oben Rn. 3). Damit kann ein Direktanspruch nicht entstehen, wenn der Leistende die fragliche Umsatzsteuer nicht angemeldet hat (z.B. in Schätzungsfällen, in denen nicht sicher ist, ob die Schätzung auch den fraglichen Steuerbetrag umfasst) oder in Fällen von Steuerrückständen, bei denen unsicher ist, ob und inwieweit die geleisteten Zahlungen die Umsatzsteuer aus den fraglichen Rechnungen umfassen.

19. Auch soweit der Leistende im Fall einer Erklärung der Umsätze gleichzeitig Vorsteuerbeträge aus Rechnungen Dritter abzieht, denen keine Leistungen zugrunde lagen, scheidet ein Direktanspruch aus (vgl. BFH-Urteil vom 10. Dezember 2008 XI R 57/06, oben Rn. 4).

20. Unabhängig von den vorgenannten Anforderungen kann ein Direktanspruch nicht entstehen, sofern der Leistungsempfänger wusste oder hätte wissen müssen, dass er sich mit seinem Leistungsbezug an einem Umsatz i.S.v. § 25f UStG beteiligt.

## III.

Im Umsatzsteuer-Anwendungserlass (UStAE) vom 1. Oktober 2010, BStBl. I S. 846, der zuletzt durch das BMF-Schreiben vom 12. April 2022 III C 2 – S 7300/20/10001 :005, DOK 2022/0384459, BStBl. I S. 650, geändert worden ist, wird in Abschn. 15.11 nach Abs. 7 folgender Abs. 8 angefügt:

„(8) [1]In der Rechtsprechung wurde das sich aus dem Unionsrecht ergebende Rechtsinstrument des Direktanspruchs in der Umsatzsteuer entwickelt (vgl. EuGH-Urteil vom 15.3.2007 C-35/05, Reemtsma Cigarettenfabriken). [2]Danach kann ein Leistungsempfänger unter bestimmten Voraussetzungen über eine Billigkeitsmaßnahme die Erstattung einer rechtsgrundlos an den Leistenden gezahlten Umsatzsteuer direkt vom Fiskus (statt vom Leistenden) verlangen, vgl. BMF-Schreiben vom 12.4.2022, BStBl. I S. 652."

## IV.

Die Grundsätze dieses Schreibens sind in allen offenen Fällen anzuwenden.

# 500 § 15/6. Schreiben betr. umsatzsteuerrechtliche Beurteilung der Einschaltung von Personengesellschaften beim Erwerb oder der Errichtung von Betriebsgebäuden der Kreditinstitute

Vom 29. Mai 1992 (BStBl. I S. 378)

(BMF IV A 2 – S 7300 – 63/92)

Unternehmer, die nach § 4 Nr. 8 UStG steuerfreie Umsätze ausführen (insbesondere Kreditinstitute), sind insoweit vom Vorsteuerabzug ausgeschlossen (§ 15 Abs. 2 Nr. 1 UStG). Dies gilt auch hinsichtlich der Leistungsbezüge beim Erwerb oder der Errichtung von Betriebsgebäuden. Der Ausschluß vom Vorsteuerabzug tritt dagegen nicht ein, wenn ein Unternehmer ein von ihm angeschafftes oder errichtetes Gebäude unter Verzicht auf die Steuerbefreiung des § 4 Nr. 12 Buchst. a UStG an einen anderen Unternehmer vermietet.

Kreditinstitute gehen zunehmend dazu über, Betriebsgebäude von umsatzsteuerrechtlich selbständigen Personengesellschaften (z. B. GmbH & Co. KG), an denen die Kreditinstitute als Gesellschafter allein oder mehrheitlich beteiligt sind, erwerben oder errichten zu lassen. Die Personengesellschaften vermieten die Gebäude anschließend steuerpflichtig an die Kreditinstitute (s. auch 5.).

Unter Bezugnahme auf das Ergebnis der Erörterung mit den obersten Finanzbehörden der Länder gilt hierzu folgendes:

## 1. Leistungsbeziehungen

Zunächst ist zu prüfen, ob die Rechtsbeziehungen zwischen Kreditinstitut und Personengesellschaft **ernsthaft vereinbart** sind und diesen Vereinbarungen entsprechend auch **tatsächlich durchgeführt** werden. Ist dies nicht der Fall (z. B. bei fehlenden oder unregelmäßigen Mietzahlungen), kann die Personengesellschaft den Vorsteuerabzug mangels Unternehmereigenschaft oder mangels Ausführung steuerpflichtiger Vermietungsumsätze nicht in Anspruch nehmen. Das gleiche gilt, wenn die Leistungen (z. B. der Bauhandwerker) statt von der Personengesellschaft unmittelbar vom Kreditinstitut empfangen werden (vgl. *Abschn. 192 Abs. 13 UStR*[1]).

## 2. Entgelt für die Vermietungsleistung

Falls das Kreditinstitut der Personengesellschaft ein unverzinsliches Darlehen oder ein Darlehen zu marktunüblich niedrigen Zinsen gewährt, gehört neben der vereinbarten Miete auch der Vorteil, der der Personengesellschaft aus einem solchen Darlehen erwächst, zum Entgelt für die Vermietungsleistung (vgl. BFH-Beschluß vom 12. November 1987, BStBl. 1988 II S. 156). Die Bemessungsgrundlage für diesen tauschähnlichen Umsatz (§ 3 Abs. 12 Satz 2 UStG) mit Baraufgabe setzt sich zusammen aus der vereinbarten Miete und aus dem gemeinen Wert (§ 9 BewG) der Gegenleistung (§ 10 Abs. 2 Satz 2

[1] Jetzt Abschn. 15.2 Abs. 13 UStAE.

UStG). Der gemeine Wert der Gegenleistung bestimmt sich in diesen Fällen nach § 15 Abs. 1 BewG (vgl. BFH-Urteil vom 28. Februar 1991, BStBl. II S. 649). Danach ist der gemeine Wert (= Jahreswert der Nutzungsüberlassung der Darlehenssumme), wenn kein anderer Wert feststeht, mit 5,5 v. H. der Geldsumme anzunehmen.

**Beispiel 1:**

Eine Personengesellschaft errichtet ein Bankgebäude (Herstellungskosten 3 Mio. DM) und vermietet es für jährlich 90 000 DM zuzüglich 12 600 DM USt an ein Kreditinstitut. Zur Finanzierung des Gebäudes erhält die Personengesellschaft von dem Kreditinstitut ein mit 2 v. H. zu verzinsendes Darlehen über 2 Mio. DM. Für den Jahreswert der Nutzungsüberlassung steht kein Wert fest.

Das Entgelt für die Vermietungsleistung ist im Besteuerungszeitraum wie folgt zu ermitteln:

| | | | |
|---|---|---|---|
| 1. | Baraufgabe (tatsächlich vereinbarte Miete) | | 90 000 DM |
| 2. | gemeiner Wert gem. § 15 Abs. 1 BewG 5,5 v. H. von 2 Mio. DM | = 110 000 DM | |
| | abzüglich vereinbarte Kreditkosten 2 v. H. von 2 Mio. DM | = 40 000 DM | |
| | jährlicher Vorteil aus gewährtem Darlehen | 70 000 DM | |
| | abzüglich darin enthalten USt | 8 596 DM | 61 404 DM |
| | Entgelt für die steuerpflichtige Vermietungsleistung | | 151 404 DM |

## 3. Ansatz der Mindestbemessungsgrundlage

Die Anwendung der Mindestbemessungsgrundlage (§ 10 Abs. 5 Nr. 1 UStG i. V. m. § 10 Abs. 4 UStG) für die Vermietungsleistung der Personengesellschaft kommt in Betracht, wenn das Kreditinstitut Gesellschafter der Personengesellschaft ist.

Ist das für die Vermietungsleitung anzusetzende Entgelt (vgl. Nummer 2 dieses Schreibens) niedriger als die nach § 10 Abs. 4 Nr. 2 UStG maßgeblichen Kosten, so sind diese Kosten als Bemessungsgrundlage anzusetzen.

Die maßgeblichen Kosten sind nach den Regelungen in *Abschnitt 155 Abs. 2 UStR*[1] unter Beachtung von *Abschnitt 158 Abs. 3 UStR*[2] zu ermitteln.

**Beispiel 2:**

Sachverhalt wie Beispiel 1. Die laufenden Kosten für das Bankgebäude (Grundbesitzabgaben, Reparaturen, Versicherungen usw). betragen 20 000 DM jährlich.

Die maßgeblichen Kosten (§ 10 Abs. 4 Nr. 2 UStG) sind wie folgt zu ermitteln:

| | |
|---|---|
| AfA Gebäude (§ 7 Abs. 4 Nr. 1 EStG) 4 v. H. von 3 Mio. DM | 120 000 DM |
| Finanzierungskosten (nur tatsächlicher Aufwand) 2 v. H. von 2 Mio. DM | 40 000 DM |
| laufende Kosten | 20 000 DM |
| maßgebliche Kosten | 180 000 DM |

Die maßgeblichen Kosten (180 000 DM) sind als Mindestbemessungsgrundlage anzusetzen, weil sie das Entgelt für die steuerpflichtige Vermietungsleistung (151 404 DM) übersteigen.

[1] Jetzt Abschn. 10.6 Abs. 2 UStAE.
[2] Jetzt Abschn. 10.7 Abs. 4 UStAE.

**4. Mißbrauch rechtlicher Gestaltungsmöglichkeiten (§ 42 AO)**

Auch eine ernsthaft vereinbarte und tatsächlich durchgeführte Einschaltung einer Personengesellschaft beim Erwerb oder der Errichtung von Betriebsgebäuden für Kreditinstitute ist rechtsmißbräuchlich im Sinne des § 42 AO, wenn die gewählte rechtliche Gestaltung zur Erreichung des angestrebten Ziels unangemessen ist, der Steuerminderung dienen soll und durch wirtschaftliche oder sonst beachtliche außersteuerliche Gründe nicht zu rechtfertigen ist.

Von der Absicht der Steuerersparnis ist nur auszugehen, wenn durch die Gestaltung – im Vergleich zum Erwerb oder der Errichtung des Betriebsgebäudes durch das Kreditinstitut – ein steuerlicher Vorteil entsteht.

Ein steuerlicher Vorteil ist gegeben, wenn innerhalb des Berichtigungszeitraums nach § 15 a UStG (= zehn Jahre)

a) die abziehbaren Vorsteuern der Personengesellschaft (insbesondere aus dem Erwerb oder der Errichtung des Betriebsgebäudes) die Umsatzsteuer für die Vermietungsleistungen an das Kreditinstitut – berechnet nach den Ausführungen zu Nummer 2 und 3 dieses Schreibens – übersteigen und

b) eventuelle Aufkommensminderungen bei der Umsatzsteuer durch Mehraufkommen bei anderen Steuerarten (z. B. Körperschaftsteuer, Gewerbesteuer) nicht ausgeglichen werden.

Zur Feststellung eines eventuellen steuerlichen Vorteils ist deshalb überschlägig eine Gegenüberstellung der steuerlichen Auswirkungen bis zum Ablauf des Berichtigungszeitraums nach § 15 a UStG vorzunehmen.

Einige Kreditinstitute begründen die Einschaltung einer Personengesellschaft mit der Notwendigkeit der Beachtung des § 12 Kreditwesengesetz (KWG). Nach dieser Vorschrift dürfen die nach Buchwerten berechneten dauernden Anlagen eines Kreditinstituts (u. a. auch Anlagen in Grundstücken und Gebäuden) insgesamt das haftende Eigenkapital nicht übersteigen. Würde das Betriebsgebäude durch das Kreditinstitut selbst errichtet, bestünde die Gefahr, daß diese Grenze bald erreicht sei.

Die Beachtung des § 12 KWG kann im **Einzelfall** als beachtlicher außersteuerlicher Grund für die gewählte Gestaltung anerkannt werden (z. B. bei kleinen Kreditinstituten, die im Verhältnis zu ihrem haftenden Eigenkapital hohe Beträge für die Errichtung von Betriebsgebäuden aufzuwenden haben und keine Ausnahmegenehmigung nach § 12 Abs. 3 KWG erhalten). Eine **generelle** Heranziehung des § 12 KWG als Begründung für die ungewöhnliche Gestaltung ist jedoch nicht gerechtfertigt. Deshalb dürften bei der Einschaltung von Personengesellschaften beim Erwerb oder der Errichtung von Betriebsgebäuden für Kreditinstitute regelmäßig wirtschaftliche oder sonst beachtliche Gründe fehlen.

**5. Anwendung**

Nach den vorstehenden Ausführungen ist in allen nicht bestandskräftigen Fällen zu verfahren. Die Ausführungen gelten in ähnlich gelagerten Sachverhalten entsprechend (z. B. Versicherungsunternehmen errichten ein Betriebsgebäude unter Einschaltung einer Personengesellschaft oder Kreditinstitute veräußern ein Betriebsgebäude unter Verzicht auf die Steuerbefreiung des § 4

Nr. 9 Buchst. a UStG an eine Personengesellschaft und mieten das Gebäude anschließend an).

Dieses Schreiben tritt an die Stelle des BMF-Schreibens vom 20. Dezember 1990 IV A 2 – S 7300 – 65/90 (BStBl. I S. 924). Es wird in die USt-Kartei aufgenommen.

# 500 § 15/7. Schreiben betr. umsatzsteuerrechtliche Beurteilung der Einschaltung von Unternehmern in die Erfüllung hoheitlicher Aufgaben[1]

Vom 27. Dezember 1990 (BStBl. 1991 I S. 81)

(BMF IV A 2 – S 7300 – 66/90)

Unter Bezugnahme auf das Ergebnis der Erörterung mit den obersten Finanzbehörden der Länder gilt folgendes:

## I. Allgemeines

Juristische Personen des öffentlichen Rechts (z. B. Gebietskörperschaften, im folgenden: Hoheitsträger) können im Rahmen des geltenden Rechts zur Erfüllung ihrer gesetzlichen Pflichtaufgaben (z. B. Müll- und Abwasserbeseitigung) Unternehmer im Sinne des § 2 Abs. 1 UStG (z. B. privatrechtliche Gesellschaften) einschalten. Bei eigener Durchführung der Aufgaben würden die Hoheitsträger als Letztverbraucher mit der auf den Leistungsbezügen ruhenden Umsatzsteuer belastet, da im hoheitlichen Bereich keine Berechtigung zum Vorsteuerabzug besteht. Wenn jedoch der eingeschaltete Unternehmer statt des Hoheitsträgers die Leistungen bezieht, wird damit grundsätzlich die Möglichkeit des Vorsteuerabzugs beim eingeschalteten Unternehmer eröffnet. Andererseits sind die Leistungen des eingeschalteten Unternehmers an den Hoheitsträger steuerbar und steuerpflichtig. Bei der Einschaltung von Unternehmern in die Erfüllung hoheitlicher Aufgaben sind die nachfolgenden Grundsätze zu beachten. Diese Grundsätze gelten entsprechend, wenn sich mehrere Hoheitsträger zusammenschließen und einen Unternehmer einschalten.

## II. Beurteilung der Leistungen des eingeschalteten Unternehmers an den Hoheitsträger

### 1. Leistungsbeziehungen

Hoheitsträger können **die tatsächliche Durchführung** ihrer gesetzlichen Pflichtaufgaben auf Unternehmer übertragen, nicht jedoch diese Aufgaben selbst. Berechtigt und verpflichtet gegenüber den Bürgern bleibt der Hoheitsträger. Der eingeschaltete Unternehmer erbringt seine Leistungen insoweit an den Hoheitsträger, auch wenn er das Entgelt für seine Tätigkeit (z. B. Müll- oder Abwassergebühren für die Entsorgung der Haushalte) unter Abkürzung des Zahlungsweges unmittelbar von den Bürgern erhält. Der Hoheitsträger (Nichtunternehmer) erbringt nicht steuerbare Leistungen an die Bürger.

**Beispiel 1:**

Mehrere Gemeinden haben eine Müllbeseitigungs-GmbH gegründet und diese mit der Abfuhr des Hausmülls der Bürger beauftragt. Die Bürger zahlen die von den Gemeinden festgesetzten Müllgebühren auf ein Konto der GmbH ein.

---

[1] Zur umsatzsteuerrechlichen Behandlung, wenn der Unternehmer gegenüber dem Bürger im eigenen Namen auftritt, vgl. Abschn. 2.11 Abs. 3 UStAE.

Die Müllbeseitigungs-GmbH erbringt ihre Leistungen an die jeweiligen Gemeinden. Die Gemeinden erbringen nicht steuerbare Leistungen an ihre Bürger. Ein Leistungsaustausch unmittelbar zwischen Müllbeseitigungs-GmbH und Bürgern findet nicht statt.

Die eingeschalteten Unternehmer können daneben allerdings auch Umsätze an andere Leistungsempfänger (z. B. Lieferung von verwertbarem Schrott an Schrotthändler oder Beseitigung von Industriemüll durch eine Abfallbeseitigungs-GmbH) ausführen.

## 2. Art der Leistung und Steuersatz

Die Tätigkeit des eingeschalteten Unternehmers für den Hoheitsträger ist als sonstige Leistung im Sinne des § 3 Abs. 9 UStG steuerbar und steuerpflichtig. Diese Leistung unterliegt der Umsatzsteuer nach dem allgemeinen Steuersatz (§ 12 Abs. 1 UStG). Eingeschaltete Körperschaften (z. B. eine GmbH) sind wegen fehlender Selbstlosigkeit nicht gemeinnützig tätig. Der ermäßigte Steuersatz nach § 12 Abs. 2 Nr. 8 Buchst. a UStG ist daher nicht anzuwenden.

## 3. Abgrenzung von steuerbaren und nicht steuerbaren Leistungen

### a) Zahlungen des Hoheitsträgers an den eingeschalteten Unternehmer

Nach § 10 Abs. 1 Satz 2 UStG gehört zum Entgelt für die Leistung alles, was der Leistungsempfänger aufwendet, um die Leistung zu erhalten, jedoch abzüglich der Umsatzsteuer. Die Zahlungen der Hoheitsträger (= Leistungsempfänger) an den eingeschalteten Unternehmer werden regelmäßig – unabhängig von ihrer Bezeichnung (z. B. als Zuschuß, Investitionskostenzuschuß, Zuwendung, Beihilfe, Verlustabdeckung usw.) und dem Zeitpunkt ihrer Entrichtung – aufgrund des Leistungsaustauschverhältnisses zwischen dem Unternehmer und den Hoheitsträgern entrichtet und sind damit Entgelt für die jeweilige sonstige Leistung (vgl. *Abschnitt 150 Abs. 2 UStR*[1]) und deshalb weder echte Zuschüsse (vgl. *Abschnitt 150 Abs. 4 UStR*[2]) noch nicht steuerbare Gesellschafterbeiträge (vgl. *Abschnitt 6 Abs. 9 und 10 UStR*[3]).

Gleiches gilt unbeschadet der körperschaftsteuerrechtlichen Beurteilung, wenn Zahlungen (z. B. Zuschüsse eines Landes), auf die **nur der Hoheitsträger** (z. B. eine Gemeinde) einen gesetzlichen oder sonstigen **Anspruch** hat, unter Abkürzung des Zahlungsweges unmittelbar an den eingeschalteten Unternehmer geleistet werden. In diesem Fall liegt rechtlich und wirtschaftlich eine Zahlung an den Hoheitsträger und eine weitere Zahlung des Hoheitsträgers an den eingeschalteten Unternehmer vor.

**Beispiel 2:**

Mehrere Gemeinden haben eine GmbH gegründet und diese mit der Errichtung und dem Betrieb einer Müllverbrennungsanlage beauftragt. Die Gemeinden erhalten für den Bau auf Antrag Zuschüsse des Landes (Investitionskostenzuschüsse), die das Land auf Wunsch der Gemeinden unmittelbar auf das Konto der GmbH überweist.

Die Überweisung der Landeszuschüsse an die GmbH ist rechtlich und wirtschaftlich als Zahlung des Landes an die einzelnen Gemeinden und als weitere Zahlung der Gemeinden an die

---

[1] Jetzt: Abschn. 10.2 Abs. 2 UStAE.

[2] Jetzt: Abschn. 10.2 Abs. 4 UStAE.

[3] Jetzt: Abschn. 1.6 Abs. 3 und 4 UStAE.

GmbH anzusehen. Die Zahlungen der Gemeinden an die GmbH sind unabhängig von ihrer Bezeichnung als Investitionskostenzuschuß Entgelt für die sonstige Leistung der GmbH (tatsächliche Durchführung der Müllbeseitigung) an die Gemeinden.

### b) Zahlungen durch Dritte an den eingeschalteten Unternehmer

Nach § 10 Abs. 1 Satz 3 UStG gehört zum Entgelt auch, was ein anderer als der Leistungsempfänger dem Unternehmer für die Leistung gewährt (zusätzliches Entgelt eines Dritten). Dies kann hier nur in Betracht kommen, wenn **der eingeschaltete Unternehmer selbst** und nicht der Hoheitsträger (vgl. Buchstabe a Abs. 2 und Beispiel 2) einen **eigenen** gesetzlichen oder sonstigen **Anspruch auf die Zahlungen** hat. Ob diese Zahlungen dann nach § 10 Abs. 1 Satz 3 UStG als Entgelt eines Dritten anzusehen sind, ist im Einzelfall anhand von *Abschnitt 150 Abs. 3 und 4 UStR*[1] sowie der BFH-Rechtsprechung zu beurteilen.

## 4. Mindestbemessungsgrundlage

Die Anwendung der Mindestbemessungsgrundlage (§ 10 Abs. 5 Nr. 1 UStG i. V. m. § 10 Abs. 4 UStG) für die Leistung des eingeschalteten Unternehmers an den Hoheitsträger kommt in Betracht, wenn der Hoheitsträger Anteilseigner, Gesellschafter oder Mitglied des eingeschalteten Unternehmers ist. Ist das für die Leistung des eingeschalteten Unternehmers an den Hoheitsträger nach den vorstehenden Grundsätzen ermittelte Entgelt niedriger als die nach § 10 Abs. 4 Nr. 2 UStG maßgeblichen Kosten, so sind diese Kosten als Bemessungsgrundlage anzusetzen. Die maßgeblichen Kosten sind nach den Regelungen in *Abschnitt 155 Abs. 2 UStR*[2] unter Beachtung von *Abschnitt 158 Abs. 3 UStR*[3] zu ermitteln. Bei der Ermittlung der Abschreibungen ist zu beachten, daß die AfA-Bemessungsgrundlage nicht um ertragsteuerlich zulässige Abzüge (z. B. den Abzug nach § 6 b EStG) sowie nicht um eventuelle Zuschüsse gemindert werden darf.

**Beispiel 3:**

Eine Gemeinde ist alleiniger Anteilseigner einer GmbH, die mit der Errichtung und dem Betrieb einer Kläranlage (Abwasserbeseitigung) beauftragt wird. Die Herstellungskosten der Anlage (Nutzungsdauer lt. AfA-Tabelle 20 Jahre) betragen 4 Mio. DM zuzüglich 14% Umsatzsteuer. Die Gemeinde erhält einen Landeszuschuß zu den Baukosten von 200 000 DM, den sie an die GmbH weiterleitet. An laufenden Kosten fallen jährlich an: Finanzierungskosten 200 000 DM, Betriebskosten der Anlage 100 000 DM, sonstige Kosten 50 000 DM. Die GmbH erhält von der Gemeinde einen sog. Reinigungspreis von 300 000 DM zuzüglich 14% USt jährlich. Außerdem zahlt die Gemeinde für den laufenden Betrieb der Anlage einen Zuschuß von 50 000 DM jährlich.

Die GmbH erbringt gegenüber der Gemeinde eine steuerbare und steuerpflichtige sonstige Leistung im Sinne des § 3 Abs. 9 UStG, die in der tatsächlichen Durchführung der gemeindlichen Pflichtaufgabe „Abwasserbeseitigung" besteht. Zum Entgelt für diese Leistung gehören neben dem sog. Reinigungspreis von 300 000 DM auch der Investitionskostenzuschuß (netto 175 439 DM) sowie der laufende Zuschuß (netto 43 860 DM). Das Entgelt beträgt somit insgesamt 519 299 DM.

Außerdem ist zu prüfen, ob die Mindestbemessungsgrundlage das Entgelt nach § 10 Abs. 1 Satz 2 UStG übersteigt. Die Mindestbemessungsgrundlage ist wie folgt zu ermitteln:

---

[1] Jetzt: Abschn. 10.2 Abs. 3 und 4 UStAE.
[2] Jetzt: Abschn. 10.6 Abs. 2 UStAE.
[3] Jetzt: Abschn. 10.7 Abs. 4 UStAE.

| | |
|---|---|
| AfA Kläranlage 5 v. H. v. 4 Mio. DM = | 200 000 DM |
| Finanzierungskosten | 200 000 DM |
| Betriebskosten der Anlage | 100 000 DM |
| Sonstige Kosten | 50 000 DM |
| Mindestbemessungsgrundlage | 550 000 DM |

Da die Mindestbemessungsgrundlage nach § 10 Abs. 5 Nr. 1 UStG i. V. m. § 10 Abs. 4 Nr. 2 UStG (= 550 000 DM) das Entgelt nach § 10 Abs. 1 Satz 2 UStG (= 519 299 DM) übersteigt, ist sie als maßgebliche Bemessungsgrundlage für die sonstige Leistung der GmbH anzusetzen. Die GmbH kann die Vorsteuern aus der Errichtung der Anlage und den laufenden Kosten in voller Höhe abziehen.

Sind bei eingeschalteten Körperschaften die vereinbarten Leistungsentgelte nicht kostendeckend, so ist in körperschaftsteuerrechtlicher Hinsicht zu prüfen, ob eine verdeckte Gewinnausschüttung (§ 8 Abs. 3 KStG, *Abschnitt 31 KStR*[1]) vorliegt, und ggf. das Einkommen der Körperschaft entsprechend zu erhöhen.

## III. Anwendung des § 42 AO

Soweit nicht im Einzelfall Wirtschaftsgüter unmittelbar dem Hoheitsträger zuzurechnen sind, ist die Anwendung des § 42 AO zu prüfen. Die Einschaltung eines Unternehmers in die Erfüllung hoheitlicher Aufgaben ist rechtsmißbräuchlich, wenn für sie wirtschaftliche oder sonst beachtliche Gründe fehlen. Läßt sich die Einschaltung nur mit der Absicht der Steuerersparnis erklären, fehlt es auch an sonst beachtlichen Gründen. Von der Absicht der Steuerersparnis ist nur auszugehen, wenn durch die Gestaltung – im Vergleich zur eigenen Erledigung der Aufgabe durch den Hoheitsträger – ein steuerlicher Vorteil entsteht. Ein steuerlicher Vorteil kann nur dann angenommen werden, wenn langfristig

a) die abziehbaren Vorsteuern des eingeschalteten Unternehmers (insbesondere aus Investitionen) die Umsatzsteuer für die Umsätze an den Hoheitsträger übersteigen und

b) eventuelle Aufkommensminderungen bei der Umsatzsteuer durch Mehraufkommen bei anderen Steuerarten (z. B. der Körperschaftsteuer) nicht ausgeglichen werden.

Zur Feststellung eines eventuellen steuerlichen Vorteils ist deshalb überschlägig eine Gegenüberstellung der steuerlichen Auswirkungen für mehrere Besteuerungszeiträume (z. B. orientiert an der Laufzeit des Einschaltungsvertrags oder der Nutzungsdauer einer Anlage) vorzunehmen.

Liegt unter den weiteren Voraussetzungen des § 42 AO bei der Einschaltung eines Unternehmers in die Erfüllung hoheitlicher Aufgaben ein Mißbrauch von Gestaltungsmöglichkeiten des Rechts vor, so entsteht der Steueranspruch so, als ob der Hoheitsträger diese Aufgaben selbst erledigt hätte. Die Einschaltung des Unternehmers ist in diesem Fall unbeachtlich. Daraus folgt, daß

[1] Jetzt: R 8.5 und R 8.6 KStR 2015.

a) weder die eingeschaltete Person noch der Hoheitsträger den Vorsteuerabzug in Anspruch nehmen kann und

b) zwischen der eingeschalteten Person und dem Hoheitsträger ein Leistungsaustausch nicht stattfindet.

## IV. Anwendung

Dieses Schreiben tritt an die Stelle des BMF-Schreibens vom 22. August 1985 IV A 1 – S 7242 – 27/85 (BStBl. I S. 583). Soweit in Einschaltungsfällen die Entscheidung über die umsatzsteuerliche Behandlung zurückgestellt worden ist, sind die entsprechenden Veranlagungen vorzunehmen. Steuerbescheide unter dem Vorbehalt der Nachprüfung sind nach § 164 Abs. 2 AO zu überprüfen.

Dieses Schreiben wird in die USt-Kartei aufgenommen.

# 500 § 15/11. Schreiben betr. umsatzsteuerliche Behandlung der Überlassung sog. Firmenwagen an Arbeitnehmer, wenn diese Zuzahlungen leisten

Vom 30. Dezember 1997 (BStBl. 1998 I S. 110)

(BMF IV C 3 – S 7102 – 41/97)

In vielen Fällen müssen Arbeitnehmer sog. Zuzahlungen zu den Anschaffungskosten und/oder zu den Kosten des laufenden Unterhalts von Kraftfahrzeugen leisten, die der Unternehmer (Arbeitgeber) ihnen zur privaten Nutzung überläßt. Unter Bezugnahme auf das Ergebnis der Erörterungen mit den obersten Finanzbehörden der Länder gilt hierzu folgendes:

## I. Zuzahlungen zu den Anschaffungskosten

### 1. Vorsteuerabzug des Unternehmers

Mit dem Arbeitnehmer als Nutzer eines sog. Firmenwagens kann vereinbart werden, daß der Unternehmer (Arbeitgeber) im Innenverhältnis die Anschaffungskosten dieses Fahrzeugs lediglich bis zu einer festgelegten Obergrenze oder bis zu einer bestimmten Ausstattung des Fahrzeugs übernimmt. Den Teil der Anschaffungskosten, der diese Werte bzw. Grenzen übersteigt, muß in diesem Fall im Innenverhältnis der Arbeitnehmer tragen. Wenn der Unternehmer ein auf Wunsch des Arbeitnehmers höherwertiges oder besser ausgestattetes Fahrzeug im eigenen Namen bestellt, wird er Leistungsempfänger der späteren Lieferung dieses Fahrzeugs (vgl. *Abschn. 192 Abs. 13 UStR*[1]). Er kann somit unter den weiteren Voraussetzungen des § 15 UStG die für diese Lieferung gesondert ausgewiesene Umsatzsteuer als Vorsteuer abziehen.

Wenn dagegen der Arbeitnehmer im eigenen Namen Sonderausstattungen für das Fahrzeug (z. B. eine hochwertige Musikanlage) erwirbt und insoweit als Leistungsempfänger anzusehen ist, scheidet der Vorsteuerabzug des Unternehmers hierfür aus.

### 2. Bemessungsgrundlage für die Fahrzeugüberlassung

**a)** Wird die umsatzsteuerliche Bemessungsgrundlage für die Fahrzeugüberlassung **anhand der sog. 1-v. H.-Regelung** ermittelt *(vgl. Abschn. III Abs. 4 des BMF-Schreibens vom 11 März 1997 IV C 3 – S 7102 – 5/97, BStBl. I S. 324*[2]), ist hierfür vom Listenpreis des tatsächlich an den Unternehmer gelieferten Fahrzeugs (einschließlich eventueller Sonderausstattungen auf Wunsch des Arbeitnehmers) auszugehen. Dagegen bleiben vom Arbeitnehmer selbst erworbene Sonderausstattungen bei der Ermittlung des Listenpreises außer Betracht. Die Zuzahlung des Arbeitnehmers mindert nicht die umsatzsteuerliche Bemessungsgrundlage, und zwar auch dann nicht, wenn sie lohn-

[1] Jetzt Abschn. 15.2 b UStAE.
[2] Siehe nunmehr Abschn. 15.23 UStAE.

steuerlich nach *Abschn. 31 Abs. 7 Nr. 4 Satz 3 LStR*[1] auf den privaten Nutzungswert angerechnet werden kann. Andererseits ist die Zuzahlung nicht als Entgelt zu behandeln.

**b)** Die Zuzahlung des Arbeitnehmers zu den Anschaffungskosten eines Firmenwagens ist ein Zuschuß i. S. von *R 34 Abs. 1 EStR*[2]. Nach *R 34 Abs. 2 EStR*[3] hat der Unternehmer ein Wahlrecht, diesen Zuschuß erfolgswirksam als Betriebseinnahme anzusetzen; die Anschaffungskosten für das Kraftfahrzeug bleiben dadurch unberührt. Er kann das Kraftfahrzeug aber auch – erfolgsneutral – mit den um den Zuschuß verringerten Anschaffungskosten bewerten. In diesem Fall ergeben sich durch die niedrigere Bemessungsgrundlage geringere AfA-Beträge. Wird der private Nutzungswert der Fahrzeugüberlassung für Zwecke der Lohnsteuer und der Umsatzsteuer **mit Hilfe eines ordnungsgemäßen Fahrtenbuches** anhand der durch Belege nachgewiesenen Gesamtkosten ermittelt *(vgl. Abschn. III Abs. 5 des BMF-Schreibens vom 11. März 1997, BStBl. I S. 324*[4]), sind auch in den Fällen, in denen der Zuschuß erfolgsneutral behandelt wird, für Zwecke der Umsatzsteuer AfA-Beträge anhand der ungekürzten Anschaffungskosten des Fahrzeugs anzusetzen.

## II. Zuzahlungen zu den Unterhaltskosten

Zahlt der Arbeitnehmer für die Überlassung des Firmenwagens eine pauschale Nutzungsvergütung oder eine kilometerbezogene Vergütung oder muß er einen Teil der Kraftfahrzeugkosten übernehmen, so wird die umsatzsteuerliche Bemessungsgrundlage für die Fahrzeugüberlassung nicht gemindert. Andererseits sind die Zahlungen des Arbeitnehmers nicht als Entgelt zu behandeln.

Dieses Schreiben wird in die Umsatzsteuerkartei aufgenommen.

---

[1] Nunmehr R 8.1 Abs. 9 Nr. 4 Satz 4 LStR 2015.
[2] Jetzt: R 6.5 Abs. 1 EStR 2012.
[3] Jetzt: R 6.5 Abs. 2 EStR 2012.
[4] Siehe nunmehr Abschn. 15.23 UStAE.

# **500** § 15/14. Schreiben betr. umsatzsteuerrechtliche Behandlung von Erschließungsmaßnahmen; BFH-Urteile vom 20. Dezember 2005 V R 14/04, BStBl. 2012 II S. 424, vom 9. November 2006 V R 9/04, BStBl. 2007 II S. 285, vom 22. Juli 2010 V R 14/09, BStBl. 2012 II S. 428, und vom 13. Januar 2011 V R 12/08, BStBl. 2012 II S. 61

Vom 7. Juni 2012 (BStBl. I S. 621)

(BMF IV D 2 – S 7300/07/10001 :001; DOK 2012/0479016)

Mit Urteilen vom 20. Dezember 2005 V R 14/04, BStBl. 2012 II S. 424, vom 9. November 2006 V R 9/04, BStBl. 2007 II S. 285, vom 22. Juli 2010 V R 14/09, BStBl. 2012 II S. 428, und vom 13. Januar 2011 V R 12/08, BStBl. 2012 II S. 61, hat der BFH über Sachverhalte mit Erschließungsmaßnahmen entschieden. Unter Berücksichtigung dieser Urteile gilt für die umsatzsteuerrechtliche Behandlung von Erschließungsmaßnahmen durch Gemeinden oder eingeschaltete Erschließungsträger nach dem Ergebnis der Erörterung mit den obersten Finanzbehörden der Länder Folgendes:

## I. Erschließung durch die Gemeinde nach § 123 BauGB

Die Erschließung ist grundsätzlich Aufgabe der Gemeinden (§ 123 BauGB). Die Erschließung von Grundstücken dient u. a. dazu, diese an das öffentliche Verkehrs- und Versorgungsnetz anzuschließen. Sie umfasst die Herstellung von technischen, verkehrsmäßigen und sozialen Erschließungsanlagen auf den hierfür vorgesehenen öffentlichen Erschließungsflächen, insbesondere die Herstellung der öffentlichen Ver- und Entsorgungsnetze, der Entwässerungs- und Verkehrsanlagen (z. B. die dem öffentlichen Gemeingebrauch gewidmeten Straßen, Wege und Plätze), der Grünanlagen, Parkflächen und Kinderspielplätze sowie die Errichtung der Kommunikationsanlagen (z. B. für Telefon und Kabelfernsehen) und Anlagen zum Schutz vor schädlichen Umwelteinwirkungen (z. B. Lärmschutzwände). Nicht zur Erschließung gehören die auf den zu erschließenden Grundstücken selbst notwendigen (Einzel-)Anschlüsse, weil die gemeindliche Erschließungsaufgabe an der Grundstücksgrenze endet.

Führt die Gemeinde die Erschließungsmaßnahmen selbst im eigenen Namen und für eigene Rechnung durch oder bedient sie sich hierfür eines Unternehmers als Erfüllungsgehilfen (z. B. Bauunternehmer durch Werkvertrag), wird die Gemeinde hoheitlich und damit nichtwirtschaftlich im engeren Sinne tätig (vgl. Abschnitt 2.3 Abs. 1 a Satz 4 UStAE). Eingangsleistungen, die im direkten und unmittelbaren Zusammenhang mit diesen Erschließungsmaßnahmen stehen, berechtigen folglich nicht zum Vorsteuerabzug (vgl. Abschnitt 15.2 Abs. 15 a UStAE). Zur Deckung des Aufwands von der Gemeinde erhobene öffentlich-rechtliche Erschließungsbeiträge nach §§ 127 ff. BauGB stellen keine steuerbaren Entgelte dar.

Soweit allerdings die Gemeinde einen Betrieb gewerblicher Art (BgA) unterhält (z. B. Elektrizitäts-, Gas-, Wärme- oder Wasserversorgung), sind die hierauf entfallenden Anschluss- und Baukostenbeiträge, die die Grundstückseigentümer für die Herstellung des betreffenden öffentlichen Versorgungsnetzes entrichten, Entgelte für die steuerpflichtige Leistung „Verschaffung der Möglichkeit zum Anschluss des Grundstücks an das Versorgungsnetz" (vgl. BMF-Schreiben vom 7. April 2009, BStBl. I S. 531). Insoweit steht dem BgA aus den Erschließungsaufwendungen für die allgemeinen Elektrizitäts-, Gas-, Wärme- oder Wasserversorgungsanlagen unter den sonstigen Voraussetzungen des § 15 UStG der Vorsteuerabzug zu.

## II. Übertragung der Erschließungsaufgaben auf einen Erschließungsträger durch öffentlich-rechtlichen Vertrag nach § 124 BauGB

Die Gemeinde kann die ihr obliegenden Erschließungsaufgaben förmlich durch öffentlich-rechtlichen Vertrag nach § 124 Abs. 1 BauGB auf einen Erschließungsträger (z. B. private Erschließungsgesellschaft, Bauträger, einzelne Bauwillige) übertragen. Dabei sind zwei Fallkonstellationen denkbar:

### 1. (Rück-)Übertragung öffentlicher Flächen mit Erschließungsanlagen

Der Erschließungsträger ist oder wird Eigentümer der Grundstücke. Die Erschließung wird von ihm im eigenen Namen und für eigene Rechnung durchgeführt. Er nutzt die erschlossenen Grundstücke entweder für eigene Zwecke oder veräußert sie an Bauwillige unter ggf. Einkalkulierung der ihm entstandenen Erschließungsaufwendungen. Die öffentlichen Flächen mit Erschließungsanlagen werden vom Erschließungsträger nach Erschließung der Grundstücke auf die Gemeinde (zurück)übertragen oder durch Zustimmung zur öffentlich-rechtlichen Widmung für den Gemeingebrauch zugewendet. Auch wenn der Gemeinde im Fall der öffentlich-rechtlichen Widmung kein Eigentum übertragen wird, gelten die öffentlichen Flächen mit Erschließungsanlagen als geliefert, da diese durch die öffentlich-rechtliche Widmung für den Gemeingebrauch der privatrechtlichen Verfügungsmacht entzogen sind (vgl. BFH-Urteil vom 13. Januar 2011 V R 12/08, BStBl. 2012 II S. 61).

Die Erschließungsanlagen gehen als Baumaßnahmen an den übertragenen Grundstücken dinglich in diese ein und stehen deshalb in einem direkten und unmittelbaren Zusammenhang mit der Lieferung dieser Grundstücke an die Gemeinde. Diese Grundstückslieferungen unterliegen der Steuerbefreiung nach § 4 Nr. 9 Buchst. a UStG – ausgenommen Erschließungsanlagen, die Betriebsvorrichtungen sind –, auf die nach § 9 Abs. 1 UStG nicht verzichtet werden kann, wenn die Gemeinde die Grundstücke für den öffentlichen Bereich (zurück)erhält.

### 2. Durchführung von Erschließungsmaßnahmen

Die Gemeinde bleibt Eigentümer der öffentlichen Erschließungsflächen. Der Erschließungsträger verpflichtet sich gegenüber der Gemeinde lediglich zur Herstellung und Übertragung der Erschließungsanlagen. Er führt die Erschließung im eigenen Namen und für eigene Rechnung durch. Die öffentlichen Erschließungsanlagen werden vom Erschließungsträger nach Erschließung der Grundstücke auf die Gemeinde übertragen oder durch Zustimmung zur öffentlich-rechtlichen Widmung für den Gemeingebrauch zugewendet (vgl. Nr. 1).

Sofern der Erschließungsträger auf den dafür vorgesehenen öffentlichen Erschließungsflächen zur Herstellung der Erschließungsanlagen selbstbeschaffte Hauptstoffe verwendet, handelt es sich um eine Werklieferung nach § 3 Abs. 4 UStG (vgl. BFH-Urteil vom 22. Juli 2010 V R 14/09, BStBl. 2012 II S. 428).

## III. Besondere Sachverhaltsgestaltungen im Zusammenhang mit Erschließungsmaßnahmen

Hat sich der Erschließungsträger nicht nur gegenüber der Gemeinde, sondern zusätzlich auch gegenüber den Grundstückseigentümern im Erschließungsgebiet privatrechtlich zur Herstellung der Erschließungsanlagen auf den öffentlichen Erschließungsflächen verpflichtet, erbringt der Erschließungsträger gegenüber dem jeweiligen Eigentümer mit der Erschließung der öffentlichen Flächen keine weitere sonstige Leistung, da insoweit nur die Gemeinde Leistungsempfängerin ist. Die Zahlungen der Grundstückseigentümer an den Erschließungsträger sind in diesem Fall Entgelte von dritter Seite im Sinne des § 10 Abs. 1 Satz 3 UStG für die Erschließungsleistung an die Gemeinde (vgl. BFH-Urteil vom 22. Juli 2010 V R 14/09, BStBl. 2012 II S. 428). Hieraus folgt, dass der Erschließungsträger in seinen Abrechnungen gegenüber den bauwilligen Eigentümern keine Umsatzsteuer gesondert ausweisen darf. Geschieht dies dennoch, wird die ausgewiesene Umsatzsteuer gemäß § 14c Abs. 2 UStG geschuldet. Die Bauwilligen sind insoweit nicht zum Vorsteuerabzug berechtigt.

Ein Entgelt von dritter Seite liegt demgegenüber nicht vor, wenn ein Grundstückserwerber aufgrund eines Grundstückskaufvertrages für ein erschlossenes Grundstück einen höheren Kaufpreis zu zahlen hat; dieser ist nur Entgelt für die Übertragung des Grundstücks (vgl. BFH-Urteil vom 13. Januar 2011 V R 12/08, BStBl. 2012 II S. 61). Der Veräußerer kann unter den Voraussetzungen des § 9 Abs. 1 UStG auf die Steuerbefreiung nach § 4 Nr. 9 Buchstabe a UStG verzichten. Der Grundstückserwerber ist unter den Voraussetzungen des § 15 UStG zum Vorsteuerabzug berechtigt.

Von der Gemeinde als Zuschüsse oder Förderungsmittel bezeichnete Zahlungen können Entgelte sein, wenn sie im unmittelbaren Zusammenhang mit der nach § 124 BauGB geschuldeten Erschließungsleistung gewährt werden (vgl. BFH-Urteil vom 9. November 2006 V R 9/04, BStBl. 2007 II S. 285, und Abschnitt 10.2 UStAE).

Verzichtet die Gemeinde im Erschließungsvertrag auf die Erhebung von Erschließungsbeiträgen, da ihr durch die Übernahme der Kosten für die Herstellung der Erschließungsanlagen durch den Erschließungsträger kein Aufwand entsteht, der einen Anspruch auf Erschließungsbeiträge nach § 127 BauGB begründet, stellt dieser Verzicht kein Entgelt – in der Form eines Verzichts auf eine Forderung – für eine Leistung des Erschließungsträgers dar (vgl. BFH-Urteil vom 13. Januar 2011 V R 12/08, BStBl. 2012 II S. 61).

## IV. Vorsteuerabzug des Erschließungsträgers

Der Erschließungsträger ist zum Vorsteuerabzug berechtigt, soweit er Leistungen für sein Unternehmen im Sinne des § 2 Abs. 1 UStG und damit für seine unternehmerischen Tätigkeiten zur Erbringung entgeltlicher Leistungen zu verwenden beabsichtigt. Sofern eine direkte und unmittelbare Zurechnung zu einem beabsichtigten entgeltlichen Ausgangsumsatz möglich ist, entscheidet allein dessen umsatzsteuerrechtliche Behandlung über den Vorsteuerabzug der bezogenen Eingangsleistung. Beabsichtigt der Unternehmer bereits bei Leistungsbezug, die bezogene Leistung nicht für seine unternehmerische Tätigkeit, sondern ausschließlich und unmittelbar für eine unentgeltliche Entnahme im Sinne des § 3 Abs. 1 b oder 9 a UStG zu verwenden, ist er nicht zum Vorsteuerabzug berechtigt. Nur mittelbar verfolgte Zwecke sind unerheblich (BMF-Schreiben vom 2. Januar 2012, BStBl. I S. 60[1]); Abschnitt 15.2 Abs. 15 a UStAE).

Demnach ist für die Frage des Vorsteuerabzugs aus Eingangsleistungen für die Übertragung öffentlicher Flächen mit Erschließungsanlagen (vgl. II. Nr. 1) oder für Erschließungsmaßnahmen auf öffentlichen Grundstücken (vgl. II. Nr. 2) die umsatzsteuerrechtliche Behandlung der Veräußerung der anderen erschlossenen Grundstücke an Privatpersonen oder andere Unternehmer als mittelbarer Zweck grundsätzlich ohne Bedeutung (vgl. BFH-Urteile vom 20. Dezember 2005 V R 14/04, BStBl. 2012 II S. 424, vom 9. November 2006 V R 9/04, BStBl. 2007 II S. 285, und vom 13. Januar 2011 V R 12/08, BStBl. 2012 II S. 61). Etwas anderes gilt nur in den Fällen, in denen der Vorsteuerabzug nach der Gesamttätigkeit zu beurteilen ist (vgl. Nr. 2, unentgeltliche Werkleistung).

### 1. Entgeltliche Erschließung

Erbringt der Erschließungsträger seine Erschließungsleistungen gegenüber der Gemeinde gegen Entgelt im Leistungsaustausch, ist er unter den weiteren Voraussetzungen des § 15 Abs. 1 UStG dem Grunde nach zum Vorsteuerabzug aus seinen Eingangsleistungen berechtigt. Nach § 15 Abs. 2 UStG ist der Vorsteuerabzug jedoch der Höhe nach ausgeschlossen, soweit der Erschließungsträger die Erschließungsanlagen im Rahmen einer steuerfreien Grundstückslieferung im Sinne von § 4 Nr. 9 Buchst. a UStG zusammen mit den dazugehörenden öffentlichen Erschließungsflächen (vgl. II. Nr. 1) auf die Gemeinde überträgt. Ein Verzicht auf die Steuerfreiheit ist nur unter den Bedingungen des § 9 UStG zulässig. Soweit es sich bei den Erschließungsanlagen um Betriebsvorrichtungen im Sinne von § 2 Abs. 1 Satz 2 Nr. 1 GrEStG handelt, ist die Übertragung auf die Gemeinde steuerpflichtig und schließt den Vorsteuerabzug aus den in diesem Zusammenhang bezogenen Eingangsleistungen beim Erschließungsträger nicht aus. Zu den Betriebsvorrichtungen in diesem Sinne zählen insbesondere die öffentlichen Ver- und Entsorgungsleitungen für Trink-

[1] Nr. **500** § 15/22.

wasser, Strom, Wärme, Gas und Abwasser, weil sie zur Betriebsanlage des betreffenden Versorgungs- bzw. Entsorgungsbetriebes gehören.

Stehen die öffentlichen Erschließungsflächen nicht im Eigentum des Erschließungsträgers und beschränkt sich seine Leistung dementsprechend auf die entgeltliche Herstellung und Übertragung der Erschließungsanlagen (vgl. II. Nr. 2), ist dieser Umsatz steuerpflichtig und berechtigt unter den weiteren Voraussetzungen des § 15 UStG zum Vorsteuerabzug aus den Eingangsleistungen, die im unmittelbaren und direkten Zusammenhang stehen.

## 2. Unentgeltliche Erschließung

Überträgt der Erschließungsträger die öffentlichen Flächen mit Erschließungsanlagen (vgl. II. Nr. 1) unentgeltlich auf die Gemeinde (zurück), oder erbringt er eine unentgeltliche Werklieferung der Erschließungsanlagen an die Gemeinde, liegt tatbestandlich eine Wertabgabe nach § 3 Abs. 1 b Satz 1 Nr. 3 UStG vor. Die unentgeltliche Übertragung der erschlossenen öffentlichen Grundstücke oder der Erschließungsanlagen erfolgt in der Regel aus unternehmerischen Gründen, da diese Erschließung die Veräußerung der anliegenden Grundstücke an Privatpersonen oder andere Unternehmer begünstigt bzw. erst ermöglicht.

Sofern der Erschließungsträger Eingangsleistungen bezieht, die im unmittelbaren und direkten Zusammenhang mit der beabsichtigten unentgeltlichen Übertragung der öffentlichen Flächen mit Erschließungsanlagen oder der unentgeltlichen Werklieferung der Erschließungsanlagen stehen, ist der Vorsteuerabzug nach § 15 Abs. 1 UStG ausgeschlossen (vgl. BFH-Urteil vom 13. Januar 2011 V R 12/08, BStBl. 2012 II S. 61, und Abschnitt 15.15 UStAE). Eine Wertabgabenbesteuerung nach § 3 Abs. 1 b Satz 1 Nr. 3 UStG erfolgt aufgrund des fehlenden Vorsteuerabzugs in diesem Fall nicht (§ 3 Abs. 1 b Satz 2 UStG).

Ist die unentgeltliche Erschließung als Werkleistung zu qualifizieren, unterliegt diese unentgeltliche Dienstleistungsabgabe nicht der Wertabgabenbesteuerung nach § 3 Abs. 9 a Nr. 2 UStG, wenn sie aus unternehmerischen Gründen erfolgt. Da in diesem Fall ein unmittelbarer und direkter Zusammenhang zu einem besteuerten Ausgangsumsatz fehlt, ist für den Vorsteuerabzug des Erschließungsträgers die Gesamttätigkeit im betreffenden Erschließungsgebiet entscheidend, wenn die Kosten für die Eingangsleistungen zu seinen allgemeinen Aufwendungen gehören und – als solche – Bestandteil des Preises der von ihm erbrachten Leistungen sind. Tätigt der Erschließungsträger keine entgeltlichen zum Vorsteuerabzug berechtigenden Umsätze, ist auch der Vorsteuerabzug aus Leistungsbezügen, die in die unentgeltliche Werkleistung der Erschließung der öffentlichen Flächen eingehen, ausgeschlossen. Erbringt der Erschließungsträger sowohl steuerpflichtige als auch steuerfreie Umsätze, sind die Vorsteuerbeträge nach den Grundsätzen des § 15 Abs. 4 UStG entsprechend aufzuteilen.

**Beispiel:**

Die Gemeinde G überträgt die Erschließung eines Gebietes durch öffentlich-rechtlichen Vertrag nach § 124 Abs. 1 BauGB auf den Erschließungsträger E. Die öffentlichen Flächen bleiben im Eigentum von G. E wird nur Eigentümer der zu diesem Gebiet gehörenden Baugrundstücke. E erschließt die öffentlichen Flächen aus unternehmerischen Gründen unent-

geltlich – Voraussetzung für die Veräußerung der anliegenden Baugrundstücke – und bezieht hierfür Eingangsleistungen (Tiefbauarbeiten) in Höhe von 10 000 € zzgl. 1900 € Umsatzsteuer. Die Hauptstoffe für die Erschließung werden von G beigestellt. E verkauft 50 % der Fläche der erschlossenen Baugrundstücke steuerfrei an private Bauwillige (§ 4 Nr. 9 Buchst. a UStG). Die verbleibenden 50 % veräußert E nach zulässiger Option (§ 9 UStG) steuerpflichtig an andere Unternehmer.
Die Erschließung der öffentlichen Flächen ist als Werkleistung zu qualifizieren, da die Hauptstoffe von G gestellt werden. Die unentgeltliche Erschließung dieser Flächen erfolgt aus unternehmerischen Gründen und unterliegt deshalb nicht der Wertabgabenbesteuerung nach § 3 Nr. 9 a Nr. 2 UStG. Der Vorsteuerabzug aus Eingangsleistungen, die im unmittelbaren und direkten Zusammenhang mit dieser unentgeltlichen Erschließung stehen, ist nach der Gesamttätigkeit des E zu entscheiden. Da E sowohl steuerpflichtige als steuerfreie (Veräußerungs-)Umsätze ausführt, sind angefallene Vorsteuerbeträge nach den Grundsätzen des § 15 Abs. 4 UStG entsprechend aufzuteilen. Der Vorsteuerabzug des E beträgt somit 950 €.

## V. Anwendung

Dieses Schreiben tritt an die Stelle des BMF-Schreibens vom 31. Mai 2002 IV B 7 – S 7100 – 167/02 (BStBl. I S. 631) und ist in allen offenen Fällen anzuwenden.

# 500 § 16/6. Schreiben betr. Umsatzsteuer-Umrechnungskurse; Gesamtübersicht für das Jahr 2022

Vom 2. Februar 2023

BMF III C 3 - S 7329/19/10001 :004; DOK 2023/0045313

(BStBl. I S. 317)

**1 Anlage**

Hiermit übersende ich die Gesamtübersicht 2022 über die gemäß § 16 Abs. 6 UStG monatlich bekannt gegebenen Umsatzsteuer-Umrechnungskurse.

Diejenigen Währungen, für die keine Umrechnungskurse bekannt gegeben sind, sind jeweils nach dem Tageskurs umzurechnen.

Dieses Schreiben tritt an die Stelle der BMF-Schreiben vom:

| **Datum** | **Aktenzeichen**<br>**DOK-Nr.** | **Fundstelle** |
|---|---|---|
| 1. Februar 2022 | III C 3 – S 7329/19/10001 :004<br>2022/0106534 | BStBl. I S. 171 |
| 1. März 2022 | III C 3 – S 7329/19/10001 :004<br>2022/0217048 | BStBl. I S. 199 |
| 1. April 2022 | III C 3 – S 7329/19/10001 :004<br>2022/0354511 | BStBl. I S. 363 |
| 2. Mai 2022 | III C 3 – S 7329/19/10001 :004<br>2022/0451815 | BStBl. I S. 657 |
| 1. Juni 2022 | III C 3 – S 7329/19/10001 :004<br>2022/0573639 | BStBl. I S. 740 |
| 1. Juli 2022 | III C 3 – S 7329/19/10001 :004<br>2022/0682528 | BStBl. I S. 1008 |
| 1. August 2022 | III C 3 – S 7329/19/10001 :004<br>2022/0774502 | BStBl. I S. 1274 |
| 1. September 2022 | III C 3 – S 7329/19/10001 :004<br>2022/0873229 | BStBl. I S. 1348 |
| 4. Oktober 2022 | III C 3 – S 7329/19/10001 :004<br>2022/0976878 | BStBl. I S. 1430 |
| 1. November 2022 | III C 3 – S 7329/19/10001 :004<br>2022/1092650 | BStBl. I S. 1458 |
| 1. Dezember 2022 | III C 3 – S 7329/19/10001 :004<br>2022/1209575 | BStBl. I S. 1596 |
| 2. Januar 2023 | III C 3 – S 7329/19/10001 :004<br>2022/1290009 | BStBl. I S. 79 |

Anlage

## Gesamtübersicht 2022

Umsatzsteuer-Umrechnungskurse
Euro-Referenzkurse

| Land | Währung | Januar[1] | Februar[2] | März[3] | April[4] | Mai[5] | Juni[6] | Juli[7] | August[8] | September[9] | Oktober[10] | November[11] | Dezember[12] |
|---|---|---|---|---|---|---|---|---|---|---|---|---|---|
| **Australien** | 1 Euro | 1,5770 AUD | 1,5825 AUD | 1,4946 AUD | 1,4663 AUD | 1,4995 AUD | 1,5044 AUD | 1,4856 AUD | 1,4550 AUD | 1,4820 AUD | 1,5474 AUD | 1,5455 AUD | 1,5685 AUD |
| **Brasilien** | 1 Euro | 6,2673 BRL | 5,8903 BRL | 5,4884 BRL | 5,1342 BRL | 5,2460 BRL | 5,3209 BRL | 5,4718 BRL | 5,2111 BRL | 5,1791 BRL | 5,1658 BRL | 5,3846 BRL | 5,5589 BRL |
| **Bulgarien** | 1 Euro | 1,9558 BGN | 1,9558 BGN | 1,9558 BGN | 1,9558 BGN | 1,9558 BGN | 1,9558 BGN | 1,9558 BGN | 1,9558 BGN | 1,9558 BGN | 1,9558 BGN | 1,9558 BGN | 1,9558 BGN |
| **China (VR)** | 1 Euro | 7,1922 CNY | 7,1957 CNY | 6,9916 CNY | 6,9605 CNY | 7,0830 CNY | 7,0734 CNY | 6,8538 CNY | 6,8884 CNY | 6,9508 CNY | 7,0687 CNY | 7,3171 CNY | 7,3859 CNY |
| **Dänemark** | 1 Euro | 7,4411 DKK | 7,4408 DKK | 7,4404 DKK | 7,4391 DKK | 7,4405 DKK | 7,4392 DKK | 7,4426 DKK | 7,4393 DKK | 7,4366 DKK | 7,4389 DKK | 7,4387 DKK | 7,4377 DKK |
| **Großbritannien** | 1 Euro | 0,83503 GBP | 0,83787 GBP | 0,83638 GBP | 0,83655 GBP | 0,84969 GBP | 0,85759 GBP | 0,84955 GBP | 0,84499 GBP | 0,87463 GBP | 0,87058 GBP | 0,86892 GBP | 0,86950 GBP |
| **Hongkong** | 1 Euro | 8,8166 HKD | 8,8461 HKD | 8,6199 HKD | 8,4828 HKD | 8,3030 HKD | 8,2922 HKD | 7,9895 HKD | 7,9473 HKD | 7,7738 HKD | 7,7128 HKD | 7,9873 HKD | 8,2434 HKD |

1) **Amtl. Anm.:** Entsprechend BMF-Schreiben vom 1. Februar 2022 III C 3 – S 7329/19/10001 :004, DOK 2022/0106534.
2) **Amtl. Anm.:** Entsprechend BMF-Schreiben vom 1. März 2022 III C 3 – S 7329/19/10001 :004, DOK 2022/0217048.
3) **Amtl. Anm.:** Entsprechend BMF-Schreiben vom 1. April 2022 III C 3 – S 7329/19/10001 :004, DOK 2022/0354511.
4) **Amtl. Anm.:** Entsprechend BMF-Schreiben vom 2. Mai 2022 III C 3 – S 7329/19/10001 :004, DOK 2022/0451815.
5) **Amtl. Anm.:** Entsprechend BMF-Schreiben vom 1. Juni 2022 III C 3 – S 7329/19/10001 :004, DOK 2022/0573639.
6) **Amtl. Anm.:** Entsprechend BMF-Schreiben vom 1. Juli 2022 III C 3 – S 7329/19/10001 :004, DOK 2022/0682528.
7) **Amtl. Anm.:** Entsprechend BMF-Schreiben vom 1. August 2022 III C 3 – S 7329/19/10001 :004, DOK 2022/0774502.
8) **Amtl. Anm.:** Entsprechend BMF-Schreiben vom 1. September 2022 III C 3 – S 7329/19/10001 :004, DOK 2022/0873229.
9) **Amtl. Anm.:** Entsprechend BMF-Schreiben vom 4. Oktober 2022 III C 3 – S 7329/19/10001 :004, DOK 2022/0976878.
10) **Amtl. Anm.:** Entsprechend BMF-Schreiben vom 1. November 2022 III C 3 – S 7329/19/10001 :004, DOK 2022/1092650 .
11) **Amtl. Anm.:** Entsprechend BMF-Schreiben vom 1. Dezember 2022 III C 3 – S 7329/19/10001 :004, DOK 2022/1209575.
12) **Amtl. Anm.:** Entsprechend BMF-Schreiben vom 2. Januar 2023 III C 3 – S 7329/19/10001 :004, DOK 2022/1290009.

| Land | Währung | Januar | Februar | März | April | Mai | Juni | Juli | August | September | Oktober | November | Dezember |
|---|---|---|---|---|---|---|---|---|---|---|---|---|---|
| **Indien** | 1 Euro | 84,2273 INR | 85,0312 INR | 83,9933 INR | 82,4033 INR | 81,7828 INR | 82,5112 INR | 81,0182 INR | 80,5563 INR | 79,4558 INR | 80,9180 INR | 83,3384 INR | 87,3381 INR |
| **Indonesien** | 1 Euro | 16 227,12 IDR | 16 271,78 IDR | 15 802,12 IDR | 15 566,64 IDR | 15 422,62 IDR | 15 531,74 IDR | 15 258,22 IDR | 15 024,16 IDR | 14 847,40 IDR | 15 172,93 IDR | 15 975,07 IDR | 16 503,30 IDR |
| **Island** | 1 Euro | 146,09 ISK | 141,99 ISK | 143,39 ISK | 139,83 ISK | 138,46 ISK | 138,47 ISK | 139,05 ISK | 140,12 ISK | 140,35 ISK | 141,50 ISK | 146,98 ISK | 150,76 ISK |
| **Israel** | 1 Euro | 3,5487 ILS | 3,6452 ILS | 3,5710 ILS | 3,5106 ILS | 3,5758 ILS | 3,6038 ILS | 3,5309 ILS | 3,3408 ILS | 3,4181 ILS | 3,4823 ILS | 3,5488 ILS | 3,6562 ILS |
| **Japan** | 1 Euro | 130,01 JPY | 130,66 JPY | 130,71 JPY | 136,61 JPY | 136,24 JPY | 141,57 JPY | 139,17 JPY | 136,85 JPY | 141,57 JPY | 144,73 JPY | 145,12 JPY | 142,82 JPY |
| **Kanada** | 1 Euro | 1,4282 CAD | 1,4422 CAD | 1,3950 CAD | 1,3652 CAD | 1,3588 CAD | 1,3537 CAD | 1,3180 CAD | 1,3078 CAD | 1,3187 CAD | 1,3477 CAD | 1,3708 CAD | 1,4379 CAD |
| **Korea, Republik** | 1 Euro | 1353,61 KRW | 1358,53 KRW | 1345,66 KRW | 1337,58 KRW | 1340,10 KRW | 1351,47 KRW | 1332,00 KRW | 1337,90 KRW | 1381,71 KRW | 1403,51 KRW | 1384,19 KRW | 1370,59 KRW |
| **Kroatien** | 1 Euro | 7,5247 HRK | 7,5338 HRK | 7,5711 HRK | 7,5577 HRK | 7,5356 HRK | 7,5252 HRK | 7,5185 HRK | 7,5138 HRK | 7,5222 HRK | 7,5298 HRK | 7,5426 HRK | 7,5448 HRK |
| **Malaysia** | 1 Euro | 4,7405 MYR | 4,7492 MYR | 4,6277 MYR | 4,6208 MYR | 4,6344 MYR | 4,6496 MYR | 4,5197 MYR | 4,5233 MYR | 4,5005 MYR | 4,6127 MYR | 4,7002 MYR | 4,6721 MYR |
| **Mexiko** | 1 Euro | 23,1891 MXN | 23,1808 MXN | 22,6476 MXN | 21,7206 MXN | 21,1861 MXN | 21,1240 MXN | 20,8955 MXN | 20,3909 MXN | 19,8718 MXN | 19,6481 MXN | 19,8393 MXN | 20,7608 MXN |
| **Neuseeland** | 1 Euro | 1,6789 NZD | 1,6982 NZD | 1,6049 NZD | 1,5978 NZD | 1,6515 NZD | 1,6640 NZD | 1,6436 NZD | 1,6158 NZD | 1,6691 NZD | 1,7299 NZD | 1,6828 NZD | 1,6660 NZD |
| **Norwegen** | 1 Euro | 10,0070 NOK | 10,0544 NOK | 9,7367 NOK | 9,6191 NOK | 10,1453 NOK | 10,2972 NOK | 10,1823 NOK | 9,8309 NOK | 10,1697 NOK | 10,3919 NOK | 10,3357 NOK | 10,4480 NOK |
| **Philippinen** | 1 Euro | 58,000 PHP | 58,163 PHP | 57,415 PHP | 56,264 PHP | 55,421 PHP | 56,756 PHP | 56,917 PHP | 56,542 PHP | 57,074 PHP | 57,738 PHP | 58,655 PHP | 58,888 PHP |
| **Polen** | 1 Euro | 4,5522 PLN | 4,5487 PLN | 4,7522 PLN | 4,6485 PLN | 4,6485 PLN | 4,6471 PLN | 4,7682 PLN | 4,7233 PLN | 4,7414 PLN | 4,8040 PLN | 4,6964 PLN | 4,6832 PLN |
| **Rumänien** | 1 Euro | 4,9454 RON | 4,9458 RON | 4,9482 RON | 4,9442 RON | 4,9460 RON | 4,9444 RON | 4,9396 RON | 4,8943 RON | 4,9097 RON | 4,9259 RON | 4,9142 RON | 4,9224 RON |

| Land | Währung | Januar | Februar | März | April | Mai | Juni | Juli | August | September | Oktober | November | Dezember |
|---|---|---|---|---|---|---|---|---|---|---|---|---|---|
| **Russland** | 1 Euro | 86,5552 RUB | 88,8910 RUB | | | | | | | | | | |
| **Schweden** | 1 Euro | 10,3579 SEK | 10,5342 SEK | 10,5463 SEK | 10,3175 SEK | 10,4956 SEK | 10,6005 SEK | 10,5752 SEK | 10,5021 SEK | 10,7840 SEK | 10,9503 SEK | 10,8798 SEK | 10,9859 SEK |
| **Schweiz** | 1 Euro | 1,0401 CHF | 1,0461 CHF | 1,0245 CHF | 1,0211 CHF | 1,0355 CHF | 1,0245 CHF | 0,9876 CHF | 0,9690 CHF | 0,9640 CHF | 0,9791 CHF | 0,9842 CHF | 0,9865 CHF |
| **Singapur** | 1 Euro | 1,5286 SGD | 1,5274 SGD | 1,4972 SGD | 1,4775 SGD | 1,4621 SGD | 1,4624 SGD | 1,4211 SGD | 1,4016 SGD | 1,3999 SGD | 1,4003 SGD | 1,4144 SGD | 1,4313 SGD |
| **Südafrika** | 1 Euro | 17,5286 ZAR | 17,2663 ZAR | 16,5138 ZAR | 16,2796 ZAR | 16,8131 ZAR | 16,6961 ZAR | 17,1606 ZAR | 16,9182 ZAR | 17,3828 ZAR | 17,8214 ZAR | 17,8328 ZAR | 18,3036 ZAR |
| **Thailand** | 1 Euro | 37,607 THB | 37,014 THB | 36,648 THB | 36,559 THB | 36,392 THB | 36,928 THB | 37,028 THB | 36,306 THB | 36,670 THB | 37,286 THB | 37,087 THB | 36,817 THB |
| **Tschechien** | 1 Euro | 24,470 CZK | 24,437 CZK | 25,007 CZK | 24,435 CZK | 24,750 CZK | 24,719 CZK | 24,594 CZK | 24,568 CZK | 24,576 CZK | 24,528 CZK | 24,369 CZK | 24,269 CZK |
| **Türkei** | 1 Euro | 15,3525 TRY | 15,4901 TRY | 16,1233 TRY | 15,9311 TRY | 16,5412 TRY | 17,9599 TRY | 17,7896 TRY | 18,2701 TRY | 18,1465 TRY | 18,2655 TRY | 18,9877 TRY | 19,7613 TRY |
| **Ungarn** | 1 Euro | 358,68 HUF | 356,97 HUF | 376,64 HUF | 374,87 HUF | 384,45 HUF | 396,66 HUF | 404,10 HUF | 402,10 HUF | 404,19 HUF | 418,31 HUF | 406,68 HUF | 407,68 HUF |
| **USA** | 1 Euro | 1,1314 USD | 1,1342 USD | 1,1019 USD | 1,0819 USD | 1,0579 USD | 1,0566 USD | 1,0179 USD | 1,0128 USD | 0,9904 USD | 0,9826 USD | 1,0201 USD | 1,0589 USD |

**Hinweis:** Die EZB setzt die Veröffentlichung des Euro-Referenzkurses zum Rubel mit Wirkung vom 2. März 2022 bis auf Weiteres aus.

# 500 § 16/7. Umsatzsteuer-Umrechnungskurse für 2023[1]

Stand: 30. April 2023

BMF IV D 2 - S 7329 - 5/99

**Bezug:** BMF vom 1. Februar 1999 (BStBl. I S. 201)

(1) Ab 1. Januar 1999 ist der Euro die Währung der EU-Mitgliedstaaten Belgien, Deutschland, Spanien, Frankreich, Irland, Italien, Luxemburg, Niederlande, Österreich, Portugal und Finnland (*Art. 109 j EG-Vertrag*[2] i.V.m. der Verordnung (EG) Nr. 974/98 des Rates vom 3. Mai 1998 zur Einführung des Euro – ABl. EG 1998 Nr. L 139 S. 1 –).

Ebenfalls mit Wirkung vom 1. Januar 1999 sind unwiderrufliche Umrechnungskurse zwischen dem Euro und den Währungen dieser EU-Mitgliedstaaten festgelegt worden (Art. 1 der Verordnung (EG) Nr. 2866/98 des Rates vom 31. Dezember 1998 über die Umrechnungskurse zwischen dem Euro und den Währungen der Mitgliedstaaten, die den Euro einführen – ABl. EG 1998 Nr. L 359 S. 1 –)[3]. Sie lauten:

| | | | | |
|---|---|---|---|---|
| Belgien | 1 EUR | = | 40,3399 | BEF |
| Deutschland | 1 EUR | = | 1,95583 | DEM |
| Estland | 1 EUR | = | 15,6466 | EEK |
| Finnland | 1 EUR | = | 5,94573 | FIM |
| Frankreich | 1 EUR | = | 6,55957 | FRF |
| Griechenland | 1 EUR | = | 340,750 | GRD |
| Irland | 1 EUR | = | 0,787564 | IEP |
| Italien | 1 EUR | = | 1936,27 | ITL |
| Kroatien | 1 EUR | = | 7,53450 | HRK |
| Lettland | 1 EUR | = | 0,702804 | LVL |
| Litauen | 1 EUR | = | 3,4528 | LTL |
| Luxemburg | 1 EUR | = | 40,3399 | LUF |
| Malta | 1 EUR | = | 0,429300 | MTL |
| Niederlande | 1 EUR | = | 2,20371 | NLG |
| Österreich | 1 EUR | = | 13,7603 | ATS |
| Portugal | 1 EUR | = | 200,482 | PTE |
| Slowakei | 1 EUR | = | 30,1260 | SKK |
| Slowenien | 1 EUR | = | 239,640 | SIT |
| Spanien | 1 EUR | = | 166,386 | ESP |
| Zypern | 1 EUR | = | 0,585274 | CYP |

[1] **Red. Anm.:** Das Bundesfinanzministerium veröffentlicht monatlich die aktuellen Umrechnungskurse, die nachstehende Tabelle wird dementsprechend redaktionell ergänzt. Die jeweiligen Fundstellen für die monatlichen Umrechnungskurse befinden sich in der letzten Tabellenspalte.

[2] **Red. Anm.:** Jetzt Art. 140 AEUV v. 13.12.2007 (ABl. C 306 S. 1), zuletzt geänd. durch Beschl. v. 11.7.2012 (ABl. L 204 S. 131) (Vertrag von Lissabon).

[3] **Red. Anm.:** Ab 1. 1. 2001 auch **Griechenland**; ab 1. 1. 2007 auch **Slowenien**; ab 1. 1. 2008 auch **Malta** und **Zypern**; ab 1. 1. 2009 auch **Slowakei**; ab 1. 1. 2011 auch **Estland**; ab 1. 1. 2014 auch **Lettland**; ab 1. 1. 2015 auch **Litauen**; ab 1. 1. 2023 auch **Kroatien**.

(2) Ab 1. Januar 1999 entfällt die Berechnung von Durchschnittswerten für die nationalen Währungseinheiten der EU-Mitgliedstaaten, die den Euro eingeführt haben. Bei Umrechnungen von Euro-Beträgen in DM ist seit dem 1. Januar 1999 der Ausgangsbetrag mit dem sechsstelligen Umrechnungskurs ( DM) zu multiplizieren. Bei Umrechnung von DM-Beträgen in Euro ist der Ausgangsbetrag durch den sechsstelligen Umrechnungskurs ( DM) zu dividieren. Geldbeträge, die von einer nationalen Währungseinheit in eine andere umgerechnet werden, werden zunächst in einen auf die Euro-Einheit lautenden Geldbetrag umgerechnet, der auf nicht weniger als drei Dezimalstellen gerundet werden darf, und dann in die andere nationale Währungseinheit umgerechnet. Es dürfen keine anderen Berechnungsmethoden verwendet werden, es sei denn, sie führen zu denselben Ergebnissen (Art. 4 der Verordnung (EG) Nr. 1103/97 des Rates vom 17. Juni 1997 über bestimmte Vorschriften im Zusammenhang mit der Einführung des Euro, ABl. EG 1997 L 162 S. 1).

(3) Seit Januar 1999 veröffentlicht die Europäische Zentralbank täglich Euro-Referenzkurse für die nationalen Währungseinheiten der EU-Mitgliedstaaten, die nicht den Euro eingeführt haben, und für nationale Währungseinheiten wichtiger Drittstaaten. Für die Berechnung der Umsatzsteuer und der abziehbaren Vorsteuerbeträge werden die monatlichen Durchschnittswerte aus den von der Europäischen Zentralbank täglich veröffentlichten Euro-Referenzkursen gebildet.

Gemäß § 16 Abs. 6 UStG werden die Umsatzsteuer-Umrechnungskurse für den Monat **… 2023** wie folgt festgesetzt:

Euro-Referenzkurs …
…

***Vgl. die nachstehenden nach Ländern rubrizierten Tabellen für April 2023:***

Andere Währungen sind jeweils nach dem Tageskurs umzurechnen. Davon ausgenommen sind die nationalen Währungseinheiten der EU-Mitgliedstaaten, die den Euro eingeführt haben.

## Monatlich fortgeschriebene Übersicht 2023

### Umsatzsteuer-Umrechnungskurse

| Land | Währung | Januar[1] | Februar[2] | März[3] | April[4] | Mai | Juni | Juli | August | September | Oktober | November | Dezember |
|---|---|---|---|---|---|---|---|---|---|---|---|---|---|
| **Australien** | 1 Euro | 1,5523 AUD | 1,5514 AUD | 1,6034 AUD | 1,6389 AUD | AUD | AUD | AUD | AUD | AUD | AUD | AUD | AUD |
| **Brasilien** | 1 Euro | 5,6047 BRL | 5,5386 BRL | 5,5784 BRL | 5,4995 BRL | BRL | BRL | BRL | BRL | BRL | BRL | BRL | BRL |
| **Bulgarien** | 1 Euro | 1,9558 BGN | 1,9558 BGN | 1,9558 BGN | 1,9558 BGN | BGN | BGN | BGN | BGN | BGN | BGN | BGN | BGN |
| **China (VR)** | 1 Euro | 7,3173 CNY | 7,3244 CNY | 7,3807 CNY | 7,5561 CNY | CNY | CNY | CNY | CNY | CNY | CNY | CNY | CNY |
| **Dänemark** | 1 Euro | 7,4383 DKK | 7,4447 DKK | 7,4456 DKK | 7,4518 DKK | DKK | DKK | DKK | DKK | DKK | DKK | DKK | DKK |
| **Großbritannien** | 1 Euro | 0,88212 GBP | 0,88550 GBP | 0,88192 GBP | 0,88115 GBP | GBP | GBP | GBP | GBP | GBP | GBP | GBP | GBP |
| **Hongkong** | 1 Euro | 8,4217 HKD | 8,4077 HKD | 8,4026 HKD | 8,6093 HKD | HKD | HKD | HKD | HKD | HKD | HKD | HKD | HKD |
| **Indien** | 1 Euro | 88,1441 INR | 88,5004 INR | 88,1159 INR | 89,9311 INR | INR | INR | INR | INR | INR | INR | INR | INR |
| **Indonesien** | 1 Euro | 16 427,04 IDR | 16232,58 IDR | 16364,98 IDR | 16313,20 IDR | IDR | IDR | IDR | IDR | IDR | IDR | IDR | IDR |
| **Island** | 1 Euro | 154,06 ISK | 153,11 ISK | 149,89 ISK | 149,62 ISK | ISK | ISK | ISK | ISK | ISK | ISK | ISK | ISK |
| **Israel** | 1 Euro | 3,7126 ILS | 9,7975 ILS | 3,8742 ILS | 3,9877 ILS | ILS | ILS | ILS | ILS | ILS | ILS | ILS | ILS |
| **Japan** | 1 Euro | 140,54 JPY | 142,38 JPY | 143,01 JPY | 146,51 JPY | JPY | JPY | JPY | JPY | JPY | JPY | JPY | JPY |

[1] Entsprechend BMF-Schreiben v. 1. 2. 2023 (BStBl. I S. 209).
[2] Entsprechend BMF-Schreiben v. 1. 3. 2023 (BStBl. I S. 323).
[3] Entsprechend BMF-Schreiben v. 3. 4. 2023 (BStBl. I S. 603).
[4] Entsprechend BMF-Schreiben v. 2. 5. 2023 (BStBl. I S. 323).

| Land | Währung | Januar | Februar | März | April | Mai | Juni | Juli | August | September | Oktober | November | Dezember |
|---|---|---|---|---|---|---|---|---|---|---|---|---|---|
| **Kanada** | 1 Euro | 1,4474 CAD | 1,4400 CAD | 1,4649 CAD | 1,4792 CAD | CAD | CAD | CAD | CAD | CAD | CAD | CAD | CAD |
| **Korea, Republik** | 1 Euro | 1341,38 KRW | 1368,77 KRW | 1398,25 KRW | 1452,07 KRW | KRW | KRW | KRW | KRW | KRW | KRW | KRW | KRW |
| **Kroatien[1]** | 1 Euro | 7,53450 HRK | 7,53450 HRK | 7,53450 HRK | 7,53450 HRK | HRK | HRK | HRK | HRK | HRK | HRK | HRK | HRK |
| **Malaysia** | 1 Euro | 4,6589 MYR | 4,6794 MYR | 4,7816 MYR | 4,8561 MYR | MYR | MYR | MYR | MYR | MYR | MYR | MYR | MYR |
| **Mexiko** | 1 Euro | 20,4573 MXN | 19,9543 MXN | 19,7242 MXN | 19,8195 MXN | MXN | MXN | MXN | MXN | MXN | MXN | MXN | MXN |
| **Neuseeland** | 1 Euro | 1,6851 NZD | 1,7016 NZD | 1,7242 NZD | 1,7673 NZD | NZD | NZD | NZD | NZD | NZD | NZD | NZD | NZD |
| **Norwegen** | 1 Euro | 10,7149 NOK | 10,9529 NOK | 11,2858 NOK | 11,5187 NOK | NOK | NOK | NOK | NOK | NOK | NOK | NOK | NOK |
| **Philippinen** | 1 Euro | 59,162 PHP | 58,743 PHP | 58,5810 PHP | 60,8070 PHP | PHP | PHP | PHP | PHP | PHP | PHP | PHP | PHP |
| **Polen** | 1 Euro | 4,6974 PLN | 4,7415 PLN | 4,6893 PLN | 4,6320 PLN | PLN | PLN | PLN | PLN | PLN | PLN | PLN | PLN |
| **Rumänien** | 1 Euro | 4,9242 RON | 4,9087 RON | 4,9263 RON | 4,9365 RON | RON | RON | RON | RON | RON | RON | RON | RON |
| **Russland[2]** | 1 Euro | | | | | | | | | | | | |
| **Schweden** | 1 Euro | 11,2051 SEK | 11,1725 SEK | 11,2276 SEK | 11,3370 SEK | SEK | SEK | SEK | SEK | SEK | SEK | SEK | SEK |
| **Schweiz** | 1 Euro | 0,9961 CHF | 0,9905 CHF | 0,9908 CHF | 0,9846 CHF | CHF | CHF | CHF | CHF | CHF | CHF | CHF | CHF |

[1] **Amtl. Anm.:** Kroatien ist am 1. Januar 2023 dem Euroraum mit einem unwiderruflichen Euro-Umrechnungskurs von 1 EUR = 7,53450 HRK beigetreten.

[2] **Amtl. Anm.:** Die EZB hat die Veröffentlichung des Euro-Referenzkurses zum Rubel mit Wirkung vom 2. März 2022 bis auf Weiteres ausgesetzt.

| Land | Währung | Januar | Februar | März | April | Mai | Juni | Juli | August | September | Oktober | November | Dezember |
|---|---|---|---|---|---|---|---|---|---|---|---|---|---|
| **Singapur** | 1 Euro | 1,4283 SGD | 1,4262 SGD | 1,4354 SGD | 1,4609 SGD | SGD | SGD | SGD | SGD | SGD | SGD | SGD | SGD |
| **Südafrika** | 1 Euro | 18,4320 ZAR | 19,1765 ZAR | 19,5602 ZAR | 19,9205 ZAR | ZAR | ZAR | ZAR | ZAR | ZAR | ZAR | ZAR | ZAR |
| **Thailand** | 1 Euro | 35,840 THB | 36,486 THB | 36,9120 THB | 37,5490 THB | THB | THB | THB | THB | THB | THB | THB | THB |
| **Tschechien** | 1 Euro | 25,958 CZK | 23,712 CZK | 23,683 CZK | 23,437 CZK | CZK | CZK | CZK | CZK | CZK | CZK | CZK | CZK |
| **Türkei** | 1 Euro | 20,2312 TRY | 20,1981 TRY | 20,3491 TRY | 21,2267 TRY | TRY | TRY | TRY | TRY | TRY | TRY | TRY | TRY |
| **Ungarn** | 1 Euro | 396,03 HUF | 384,91 HUF | 385,01 HUF | 375,34 HUF | HUF | HUF | HUF | HUF | HUF | HUF | HUF | HUF |
| **USA** | 1 Euro | 1,0769 USD | 1,0715 USD | 1,0706 USD | 1,0968 USD | USD | USD | USD | USD | USD | USD | USD | USD |

# 500 § 18/2. Merkblatt zur Umsatzbesteuerung von grenzüberschreitenden Personenbeförderungen mit Omnibussen, die nicht in der Bundesrepublik Deutschland zugelassen sind

Vom 31. August 2020 (BStBl. I S. 929)

(BMF III C 3 – S 7327/19/10001 :001; DOK 2020/0858612)

**Bezug:** BMF-Schreiben vom 4. Februar 2014 (BStBl. I S. 220)

**1 Anlage**

Unter Bezugnahme auf das Ergebnis der Erörterung mit den obersten Finanzbehörden der Länder wird das „Merkblatt zur Umsatzbesteuerung grenzüberschreitender Personenbeförderungen mit Omnibussen, die nicht in der Bundesrepublik Deutschland zugelassen sind" nach dem Stand 1. September 2020 neu herausgegeben (Anlage).

Dieses Schreiben ersetzt das BMF-Schreiben vom 4. Februar 2014 IV D 3 – S 7327/07/10001 (BStBl. I S. 220), mit dem das o. g. Merkblatt nach dem Stand 1. Januar 2014 herausgegeben wurde.

**Anlage**

## Merkblatt zur Umsatzbesteuerung von grenzüberschreitenden Personenbeförderungen mit Omnibussen, die nicht in der Bundesrepublik Deutschland zugelassen sind

– Stand: 1. September 2020 –

### Inhaltsübersicht

Textziffer (Tz.)

## I. Vorbemerkung

1 (1) Dieses Merkblatt wird vom Bundesministerium der Finanzen (BMF) im Einvernehmen mit den obersten Finanzbehörden der Länder herausgegeben. Es informiert Unternehmer über die Umsatzbesteuerung und die damit verbundenen Verpflichtungen bei grenzüberschreitenden Personenbeförderungen mit Omnibussen, die nicht in der Bundesrepublik Deutschland zugelassen sind.

2 (2) Personenbeförderungen mit Omnibussen unterliegen wie jede andere Leistung, die ein Unternehmer gegen Entgelt ausführt, der Umsatzsteuer (Ausnahmen siehe Tz. 28 bis 31). Dies gilt unabhängig davon, ob die Beförderung von einem inländischen oder ausländischen Unternehmer ausgeführt wird, ob inländische oder ausländische Fahrgäste befördert werden und ob die Fahrgäste Jugendliche oder Erwachsene/Senioren sind. Dies gilt sowohl für Personenbeförderungen im Linienverkehr als auch für Personenbeförderungen im Gelegenheitsverkehr (vgl. Tz. 3 und 4). Erstreckt sich eine Personenbeförderung sowohl auf das Gebiet der Bundesrepublik Deutschland als auch auf andere Gebiete, ist in der Bundesrepublik Deutschland nur die Beförderung auf der im Inland zurückgelegten Strecke steuerpflichtig. Für steuerpflichtige Personenbeförderungen mit Omnibussen ist der leistende Unternehmer stets Steuerschuldner und die Besteuerung erfolgt im Grundsatz im allgemeinen Besteuerungsverfahren bei einem Finanzamt (vgl. Tz. 11 bis 19).

Nur die Beförderungseinzelbesteuerung an den Grenzen der Bundesrepublik Deutschland zu den nicht zur Europäischen Union gehörenden Staaten (Drittlandsgrenze, vgl. Tz. 5) wird beim Grenzübertritt durch eine Zolldienststelle durchgeführt (vgl. Tz. 20 bis 27).

## II. Begriffsbestimmungen

3 (1) Der Linienverkehr umfasst die regelmäßige Beförderung von Personen auf einer zwischen bestimmten Ausgangs- und Endpunkten eingerichteten und genehmigten Verkehrsverbindung, auf der Fahrgäste an bestimmten Haltestellen ein- oder aussteigen können. Mitzuführen ist die Genehmigung für jede Teilstrecke der von der jeweiligen Linie zu befahrenden Staaten.

4 (2) Der Gelegenheitsverkehr umfasst die nicht dem Linienverkehr zuzuordnenden Verkehrsarten, also Ausflugsfahrten, Ferienziel-Reisen und den Verkehr mit Mietomnibussen. Ausflugsfahrten sind Fahrten, die der Unternehmer nach einem bestimmten, von ihm aufgestellten Plan und zu einem für alle Teilnehmer gleichen und gemeinsam verfolgten Ausflugszweck anbietet und ausführt. Ferienziel-Reisen sind Reisen zu Erholungsaufenthalten, die der Unternehmer nach einem bestimmten, von ihm aufgestellten Plan zu einem Gesamtentgelt für Beförderung und Unterkunft mit oder ohne Verpflegung anbietet und ausführt. Verkehr mit Mietomnibussen ist die Beförderung von Personen mit angemieteten Kraftomnibussen, mit denen der Unternehmer Fahrten ausführt, deren Zweck, Ziel und Ablauf der Mieter bestimmt. Mitzuführen ist bei genehmigungspflichtigen Verkehrsdiensten die Genehmigung für die jeweilige Einzelfahrt, bei genehmigungsfreien Verkehrsdiensten ein vollständig ausgefülltes Fahrtenblatt. Bei den in bilateralen Abkommen mit Drittstaaten als Pendelverkehr bezeichneten Beförderungsleistungen handelt es sich um Gelegenheitsverkehr.

5 (3) Eine Drittlandsgrenze der Bundesrepublik Deutschland ist eine Grenze zu einem Staat, der nicht der Europäischen Union angehört (Grenze zwischen der Schweiz und Deutschland und an den Seehäfen).

## III. Personenbeförderungen mit nicht in der Bundesrepublik Deutschland straßenverkehrsrechtlich zugelassenen Omnibussen, die bei der Ein- oder Ausreise keine Drittlandsgrenze der Bundesrepublik Deutschland überqueren

Für die Besteuerung dieser Personenbeförderungen gelten grundsätzlich folgende Regelungen:

## 1. Anzeigepflicht

(1) Im Ausland ansässige Unternehmer, die grenzüberschreitende Personenbeförderungen mit nicht im Inland zugelassenen Kraftomnibussen durchführen, haben dies vor der erstmaligen Ausführung derartiger auf das Inland entfallender Umsätze bei dem für die Umsatzbesteuerung nach § 21 der Abgabenordnung (AO) zuständigen Finanzamt (vgl. Tz. 11) anzuzeigen. 6

(2) Die Anzeige über die erstmalige Ausführung grenzüberschreitender Personenbeförderungen mit nicht im Inland zugelassenen Kraftomnibussen ist an keine Form gebunden. Für die Anzeige sollte jedoch der Vordruck 7

**USt 1 TU –** Anzeige über die grenzüberschreitende Personenbeförderung mit Kraftomnibussen (§ 18 Abs. 12 Satz 1 UStG)

verwendet werden, der als Anlage 1 beigefügt ist oder bei dem nach § 21 AO zuständigen Finanzamt (vgl. Tz. 11) erhältlich ist.

(3) Wird der Vordruck nicht verwendet, sind jedoch die mit dem Vordruck verlangten Angaben zu machen.

## 2. Bescheinigungsverfahren

(1) Das für die Umsatzbesteuerung nach § 21 AO zuständige Finanzamt (vgl. Tz. 11) erteilt über die umsatzsteuerliche Erfassung des im Ausland ansässigen Unternehmers für jeden nicht im Inland zugelassenen Kraftomnibus, der für grenzüberschreitende Personenbeförderungen eingesetzt werden soll, eine gesonderte Bescheinigung (§ 18 Abs. 12 Satz 2 UStG). 8

(2) Die Bescheinigung nach § 18 Abs. 12 Satz 2 UStG ist während jeder Fahrt im Inland mitzuführen und auf Verlangen den für die Steueraufsicht zuständigen Zolldienststellen vorzulegen (§ 18 Abs. 12 Satz 3 UStG) Bei Nichtvorlage der Bescheinigung können diese Zolldienststellen eine Sicherheitsleistung nach den abgabenrechtlichen Vorschriften in Höhe der für die einzelne Beförderungsleistung voraussichtlich zu entrichtenden Steuer verlangen (§ 18 Abs. 12 Satz 4 UStG). Die entrichtete Sicherheitsleistung ist im Rahmen der Umsatzsteuererklärung für das Kalenderjahr (§ 18 Abs. 3 Satz 1 UStG) auf die zu entrichtende Steuer anzurechnen (§ 18 Abs. 12 Satz 5 UStG). 9

(3) Ordnungswidrig handelt, wer vorsätzlich oder leichtfertig entgegen § 18 Abs. 12 Satz 3 UStG die Bescheinigung nach § 18 Abs. 12 Satz 2 UStG nicht oder nicht rechtzeitig vorlegt (§ 26 a Abs. 1 Nr. 4 UStG). Diese Ordnungswidrigkeit kann mit einer Geldbuße bis zu 5000 Euro geahndet werden (§ 26 a Abs. 2 UStG). 10

## 3. Zuständiges Finanzamt

Wird das Beförderungsunternehmen von der Bundesrepublik Deutschland aus betrieben, ist für das Besteuerungsverfahren das Finanzamt zuständig, von dessen Bezirk aus der Unternehmer sein Unternehmen betreibt. Nach § 21 Abs. 1 Satz 2 AO in Verbindung mit der Umsatzsteuerzuständigkeitsverordnung ergeben sich für Unternehmer, die Wohnsitz, Sitz oder Geschäftsleitung im Ausland haben, die in der Anlage 2 aufgeführten Zuständigkeiten. 11

## 4. Bemessungsgrundlage und Steuersatz

Bemessungsgrundlage für die Umsatzsteuer ist der Teil des vereinbarten Fahrpreises abzüglich der Umsatzsteuer (Entgelt), der auf die im Inland zurückgelegte Strecke entfällt. Der auf den Streckenanteil im Inland entfallende Teil des Fahrpreises ist an Hand des Gesamtpreises zu ermitteln. Der Fahrpreis ist hiernach im Verhältnis der Längen der inländischen und ausländischen Streckenanteile aufzuteilen. Grundsätzlich findet der allgemeine Steuersatz Anwendung. Für den genehmigten Linienverkehr ist der ermäßigte Steuersatz anzuwenden, wenn die Beförderungsstrecke im Inland nicht mehr als 50 Kilometer beträgt. 12

## 5. Allgemeines Besteuerungsverfahren

Die auf den inländischen Streckenanteil der Beförderung entfallende Umsatzsteuer wird im allgemeinen Besteuerungsverfahren erhoben. Dazu hat der Beförderungsunternehmer Umsatzsteuer-Voranmeldungen und eine jährliche Umsatzsteuererklärung dem für ihn zuständigen Finanzamt nach den nachstehend beschriebenen Vorgehensweisen zu übersenden. 13

**a) Umsatzsteuer-Voranmeldungen**

14 (1) Der Beförderungsunternehmer hat bis zum 10. Tag nach Ablauf jedes Voranmeldungszeitraums eine Voranmeldung an das für ihn zuständige Finanzamt grundsätzlich elektronisch zu übermitteln, wobei der Datenübermittler authentifiziert sein muss (§ 18 Abs. 1 Satz 1 UStG). Weitere Auskünfte hierzu erteilt das zuständige Finanzamt (vgl. Tz. 11). Informationen zur elektronischen Übermittlung sind unter der Internet-Adresse www.elster.de erhältlich.

15 (2) Voranmeldungszeitraum ist regelmäßig das Kalendervierteljahr. Jedoch ist der Kalendermonat Voranmeldungszeitraum, wenn die Steuer für das vorangegangene Kalenderjahr mehr als 7500 Euro betragen hat. Beträgt die Umsatzsteuer für das vorangegangene Kalenderjahr nicht mehr als 1000 Euro, kann das Finanzamt den Beförderungsunternehmer von der Verpflichtung zur Abgabe der Voranmeldungen und Entrichtung der Vorauszahlungen befreien.

16 (3) In der Voranmeldung sind alle im Inland ausgeführten Umsätze anzugeben. Von der berechneten Umsatzsteuer sind die mit den Umsätzen im Zusammenhang stehenden Vorsteuerbeträge abzuziehen. Die danach berechnete Vorauszahlung ist am 10. Tag nach Ablauf des Voranmeldungszeitraums fällig.

17 (4) Die Frist für die Abgabe der Umsatzsteuer-Voranmeldungen und für die Entrichtung der Umsatzsteuer-Vorauszahlungen kann auf Antrag um einen Monat verlängert werden (§ 46 UStDV). Der Antrag auf Dauerfristverlängerung ist grundsätzlich auf elektronischem Weg zu übermitteln (§ 48 Abs. 1 Satz 2 UStDV) und ist bei monatlicher Abgabe der Voranmeldung (siehe Absatz 2) mit einer jährlichen Sondervorauszahlung (§ 47 UStDV) verbunden. Die Fristverlängerung kann nur in Anspruch genommen werden, wenn das Finanzamt den Antrag nicht ablehnt. Die Fristverlängerung gilt solange, bis der Unternehmer sie nicht mehr in Anspruch nehmen will oder das Finanzamt die Fristverlängerung widerruft (§ 46 UStDV).

**b) Umsatzsteuer-Jahreserklärung**

18 Nach Ablauf eines Kalenderjahres hat der Unternehmer bis zum 31. Juli des Folgejahres an das für ihn zuständige Finanzamt (vgl. Tz. 11) eine Umsatzsteuer-Jahreserklärung grundsätzlich elektronisch zu übermitteln, wobei der Datenübermittler authentifiziert sein muss (§ 18 Abs. 3 Satz 1 UStG). Informationen hierzu sind unter der Internet-Adresse www.elster.de erhältlich.

**6. Folgen der Verletzung steuerlicher Pflichten**

19 Wird eine Umsatzsteuer-Voranmeldung oder die Umsatzsteuer-Jahreserklärung nicht übermittelt, hat das Finanzamt die Umsatzsteuer durch Schätzung der Besteuerungsgrundlagen zu ermitteln. Hat der Unternehmer die Umsatzsteuer-Vorauszahlung oder die Jahresumsatzsteuer nicht richtig berechnet, wird das Finanzamt diese in zutreffender Höhe festsetzen.

Bei verspäteter Abgabe oder Nichtabgabe von Voranmeldungen kann das Finanzamt einen Verspätungszuschlag festsetzen (§ 152 Abs. 1 AO). Im Voranmeldungsverfahren bemisst sich der Verspätungszuschlag nach der Dauer und Häufigkeit der Fristüberschreitung sowie anhand der Höhe der Steuer (§ 152 Abs. 8 AO).

Auch bei einer verspäteten Abgabe oder Nichtabgabe einer Jahreserklärung kann das Finanzamt einen Verspätungszuschlag festsetzen (§ 152 Abs. 1 AO). Abweichend hiervon ist ein Verspätungszuschlag jedoch von Amts wegen festzusetzen, wenn die Steuererklärung nicht binnen 14 Monaten nach dem Ablauf des Kalenderjahres abgegeben wurde und keine Rückausnahme nach § 152 Abs. 3 AO greift (§ 152 Abs. 2 AO). Der Verspätungszuschlag beträgt für jeden angefangenen Monat der eingetretenen Verspätung 0,25 Prozent der um die Vorauszahlungen und die anzurechnenden Steuerabzugsbeträge verminderten festgesetzten Steuer, mindestens jedoch 25 Euro für jeden angefangenen Monat der eingetretenen Verspätung (§ 152 Abs. 5 Satz 2 AO).

Der Verspätungszuschlag darf höchstens 25 000 Euro betragen (§ 152 Abs. 10 AO). Bei verspäteter Zahlung wird für jeden angefangenen Monat 1 % Säumniszuschlag berechnet. Schuldhaftes Verhalten des Beförderungsunternehmers kann als Steuerhinterziehung bestraft oder als leichtfertige Steuerverkürzung mit Geldbuße geahndet werden. Wenn der Beförderungsunternehmer die sich aus seinem Unternehmen ergebenden steuerrechtlichen Verpflichtungen nicht erfüllt, kann geprüft werden, ob Genehmigungen (vgl. Tz. 3 und 4) zu widerrufen sind.

## IV. Personenbeförderungen mit nicht in der Bundesrepublik Deutschland straßenverkehrsrechtlich zugelassenen Omnibussen, die bei der Ein- oder Ausreise eine Drittlandsgrenze der Bundesrepublik Deutschland (Grenze zwischen der Schweiz und Deutschland und an den Seehäfen) überqueren

### 1. Linienverkehr

Für die Besteuerung von Beförderungen im Linienverkehr gelten hinsichtlich der Bemessungsgrundlage, des Steuersatzes, des zuständigen Finanzamtes und des Besteuerungsverfahrens die Ausführungen zu Tz. 6 bis 19 entsprechend. 20

### 2. Gelegenheitsverkehr

Für die Besteuerung von Beförderungen im Gelegenheitsverkehr mit nicht in der Bundesrepublik Deutschland straßenverkehrsrechtlich zugelassenen Omnibussen, die bei der Ein- oder Ausreise eine Drittlandsgrenze der Bundesrepublik Deutschland überqueren, gelten folgende Regelungen: 21

#### a) Zuständige Behörde

Die Besteuerung wird bei der Ein- oder Ausreise über eine Drittlandsgrenze der Bundesrepublik Deutschland an der Grenze durch die zuständige Zolldienststelle durchgeführt. Sie handelt hierbei für das Finanzamt, in dessen Bezirk sie liegt. 22

#### b) Bemessungsgrundlage und Steuersatz

Aus Vereinfachungsgründen wird die Umsatzsteuer im Verfahren der Beförderungseinzelbesteuerung auf der Grundlage eines Durchschnittsbeförderungsentgelts berechnet. Das Durchschnittsbeförderungsentgelt beträgt 4,43 Cent. Die zu entrichtende Umsatzsteuer beträgt bei einem Steuersatz von 19% daher 0,84 Cent für jeden in der Bundesrepublik Deutschland zurückgelegten Personenkilometer. Die maßgebliche Zahl der Personenkilometer ergibt sich durch Multiplikation der Anzahl der beförderten Personen mit der Anzahl der Kilometer der im Inland zurückgelegten Beförderungsstrecke (tatsächlich im Inland durchfahrene Strecke). 23

#### c) Besteuerungsverfahren

(1) Der Beförderungsunternehmer hat für jede einzelne Fahrt bei der Ein- oder Ausreise bei der Zolldienststelle an der Drittlandsgrenze eine Steuererklärung in zweifacher Ausfertigung abzugeben. Die Zolldienststelle, die auch die Steuererklärungsvordrucke vorrätig hält, setzt die Steuer auf beiden Ausfertigungen fest. Der Beförderungsunternehmer erhält nach der Entrichtung der Steuer eine Ausfertigung mit einer Steuerquittung zurück. Die Ausfertigung ist mit der Steuerquittung während der Fahrt mitzuführen. Bei der Ausreise aus der Bundesrepublik Deutschland über eine Drittlandsgrenze ist bei der Zolldienststelle eine weitere Steuererklärung abzugeben, wenn sich die Zahl der Personenkilometer geändert hat. 24

(2) Gegen die Steuerfestsetzung der Zolldienststelle kann innerhalb eines Monats Einspruch eingelegt werden. Hilft die Zolldienststelle dem Einspruch nicht oder nicht in vollem Umfang ab, erfolgt die weitere Bearbeitung durch das Finanzamt, in dessen Bezirk die Zolldienststelle liegt. 25

(3) Bei der Beförderungseinzelbesteuerung werden keine Vorsteuerbeträge berücksichtigt. Der Beförderungsunternehmer kann jedoch die Vergütung von Vorsteuerbeträgen im Vorsteuer-Vergütungsverfahren beantragen, wenn die Vorsteuern im Zusammenhang mit einer Personenbeförderung stehen, die der Beförderungseinzelbesteuerung unterlegen hat. Auskünfte über das Vorsteuer-Vergütungsverfahren erteilt das Bundeszentralamt für Steuern – Dienstsitz Schwedt/Oder –, Passower Chaussee 3b, 16303 Schwedt/Oder (Tel. (0228) 406-1200, Telefax (0228) 406-3200, Internetadresse: http://www.bzst.de). 26

(4) Beförderungsunternehmer können anstelle der Beförderungseinzelbesteuerung nach Ablauf eines Kalenderjahres ihre Personenbeförderungen im allgemeinen Besteuerungsverfahren beim zuständigen Finanzamt (vgl. Tz. 11) erneut erklären (Umsatzsteuererklärung; vgl. Tz. 18). In diesem Fall ist die Umsatzsteuer nach dem auf den inländischen Streckenanteil entfallenden Fahrpreis zu berechnen (vgl. Tz. 12). Von der errechneten Umsatzsteuer sind die im Zusammenhang mit den Personenbeförderungen stehenden Vorsteuerbeträge abzuziehen. Dies gilt nicht für Vorsteuerbeträge, die bereits im Vorsteuer-Vergütungsverfahren erstattet wurden. Auf den sich danach ergebenden Steuerbetrag wird die bei der Beförderungseinzel- 27

besteuerung an den Drittlandsgrenzen entrichtete Umsatzsteuer angerechnet. Ein sich eventuell ergebender Überschuss wird erstattet. Die Höhe der anzurechnenden Umsatzsteuer ist durch Vorlage aller im Verfahren der Beförderungseinzelbesteuerung ergangenen Steuerbescheide nachzuweisen.

## V. Ausnahmen von der Besteuerung als Personenbeförderung

28 (1) Personenbeförderungen unterliegen insbesondere nicht der Besteuerung, wenn diese unentgeltlich oder mit eigenen Omnibussen nicht im Rahmen eines Unternehmens durchgeführt werden. Werden z. B. Mitglieder ausländischer Vereine, kulturelle Gruppen (z. B. Theater- und Musikensembles, Chöre usw.) oder Schüler-, Studenten- und Jugendgruppen in Omnibussen befördert, die dem Verein, der Gruppe oder der Schule gehören, kann im Allgemeinen davon ausgegangen werden, dass die Personenbeförderung nicht im Rahmen eines Unternehmens durchgeführt wird. Dies ist an Hand der Zulassungsdokumente für den Omnibus nachzuweisen.

29 (2) Keine Personenbeförderung liegt vor, wenn der Verein, die Gruppe oder die Schule den Omnibus anmietet und anschließend die Personen mit eigenem Fahrer, im eigenen Namen, unter eigener Verantwortung und für eigene Rechnung befördert. Dies ist durch Belege und Unterlagen nachzuweisen, die insbesondere die gegenseitigen Rechtsbeziehungen eindeutig erkennen lassen. Dabei ist unter anderem auch von Bedeutung, ob der Fahrer des Omnibusses Angestellter des den Omnibus vermietenden Unternehmers ist und von diesem bezahlt wird bzw. ob im Rahmen eines Gestellungsvertrags ein bemanntes Beförderungsmittel angemietet wird. Ist dies der Fall, ist im Allgemeinen davon auszugehen, dass die Personenbeförderung durch diesen Busunternehmer ausgeführt wird und der Sachverhalt damit die Voraussetzungen einer steuerpflichtigen Personenbeförderung erfüllt.

30 (3) Die Frage, ob die angebotenen Nachweise über das Vorliegen einer nicht steuerbaren Personenbeförderung als ausreichend anzuerkennen sind, ist vor Ort vom abfertigenden Zollbeamten zu entscheiden. Um eine korrekte und zügige Abwicklung zu gewährleisten, muss deshalb der Mietvertrag – ggf. mit einer deutschen Übersetzung – mitgeführt werden. Aus diesem muss sich eindeutig ergeben, welche Leistungen von dem vermietenden Unternehmer erbracht werden. Wird dieser Nachweis gegenüber der Zolldienststelle nicht erbracht, wird die Umsatzsteuer durch Steuerbescheid festgesetzt. Der Mieter sollte deshalb zur Vereinfachung der Abfertigung den Sachverhalt vor der Durchführung der Personenbeförderung durch das zuständige Finanzamt prüfen lassen, um bei der abfertigenden Zolldienststelle eine Bescheinigung dieses Finanzamts zum Nachweis vorlegen zu können, dass es sich um eine nicht steuerbare Personenbeförderung handelt.

31 (4) Ist davon auszugehen, dass es sich um eine nicht steuerbare Personenbeförderung handelt, unterliegt allerdings die Vermietungsleistung des Unternehmers, der sein Unternehmen von einem im Drittland liegenden Ort aus betreibt, der Umsatzsteuer, soweit das vermietete Beförderungsmittel im Inland genutzt wird. Die Besteuerung erfolgt dann im allgemeinen Besteuerungsverfahren (vgl. Tz. 13 bis 18).

## VI. Ergänzende Auskünfte

32 Für Fragen, die dieses Merkblatt nicht beantwortet, stehen die Finanzämter und das Informations- und Wissensmanagement Zoll, Carusufer 3–5, 01099 Dresden (Tel.: 0351/44834-520, Fax: 0351/44834-590, E-Mail: info.gewerblich@zoll.de) zur Verfügung. Auf die Möglichkeit, den Rat eines Angehörigen der steuerberatenden Berufe in Anspruch zu nehmen, wird hingewiesen.

**Anlage 1**

Absender

PLZ, Ort, Datum

Straße, Nr.

Land

Telefon

Finanzamt

## Anzeige eines im Ausland ansässigen Unternehmers über die Ausführung grenzüberschreitender Personenbeförderungen mit nicht im Inland zugelassenen Kraftomnibussen (§ 18 Abs. 12 Satz 1 UStG)

Das nachstehend bezeichnete Unternehmen beabsichtigt, ab dem ____ grenzüberscheitende Personenbeförderungen mit nicht im Inland zugelassenen Kraftomnibussen in Deutschland durchzuführen:

| | | |
|---|---|---|
| Name und Vorname bzw. Firma | | |
| Anschrift | | |
| Telefon | Telefax | E-Mail-Adresse |
| Bankverbindung<br>Name des Geldinstituts (Zweigstelle und Ort) | | |
| IBAN | BIC | |
| Name und Anschrift des steuerlichen Vertreters (Steuerberater usw.) - falls vorhanden - | | |
| Werden Sie im Inland umsatzsteuerlich geführt?<br>☐ ja ☐ nein | Falls ja: Finanzamt | Steuernummer |
| Angaben über das/die Kraftfahrzeug/e<br>Anzahl der Fahrzeuge | amtliche/s Kennzeichen (ggf. Aufstellung beifügen) | |
| Voraussichtliche Höhe der Umsätze im laufenden Kalenderjahr (voraussichtliches Entgelt, das auf die in Deutschland zurückgelegten Beförderungsstrecken entfallen wird): ____ Euro | | |
| Bemerkungen: | | |
| Ort, Datum | | Unterschrift und Firmenstempel |

**USt 1 TU** - Anzeige über grenzüberschreitende Personenbeförderungen mit Kraftomnibussen (§ 18 Abs. 12 Satz 1 UStG) - (01.19)

- 9 -

**Datenschutzhinweis:**

Informationen über die Verarbeitung personenbezogener Daten in der Steuerverwaltung und über Ihre Rechte nach der Datenschutz-Grundverordnung sowie über Ihre Ansprechpartner in Datenschutzfragen entnehmen Sie bitte dem allgemeinen Informationsschreiben der Finanzverwaltung. Dieses Informationsschreiben finden Sie unter www.finanzamt.de (unter der Rubrik „Datenschutz") oder erhalten Sie bei Ihrem Finanzamt.

## Anlage 2

| Staat | Zuständiges Finanzamt | Staat | Zuständiges Finanzamt |
|---|---|---|---|
| Belgien | Finanzamt Trier<br>Hubert-Neuerburgstr. 1<br>54290 Trier<br>Telefon: 06 51/93 60-0<br>Telefax: 06 51/93 60-34900 | Kroatien | Finanzamt Kassel-Hofgeismar<br>Altmarkt 1<br>34125 Kassel<br>Telefon: 0 561/72 08-0<br>Telefax: 0 561/72 08-2152 |
| Bulgarien | Finanzamt Neuwied<br>Augustastr. 70<br>56564 Neuwied<br>Telefon: 0 26 31/910-0<br>Telefax: 0 26 31/910-29906 | Lettland | Finanzamt Bremen<br>Rudolf-Hilferding-Platz 1<br>28195 Bremen<br>Telefon: 04 21/361-94027<br>Telefax: 04 21/361-96205 |
| Dänemark | Finanzamt Flensburg<br>Duburger Str. 58-64<br>24939 Flensburg<br>Telefon: 04 61/8 13-0<br>Telefax: 04 61/8 13-2 54 | Liechtenstein | Finanzamt Konstanz<br>Byk-Gulden-Str. 2 a<br>78467 Konstanz<br>Telefon: 0 75 31/2 89-0<br>Telefax: 0 75 31/2 89-3 12 |
| Estland | Finanzamt Rostock<br>Möllner Str. 13<br>18109 Rostock<br>Telefon: 03 81/12845-0<br>Telefax: 03 81/12845-4300 | Litauen | Finanzamt Mühlhausen<br>Martinistraße 22<br>99974 Mühlhausen<br>Bis 30. 11. 2020<br>Telefon: 0 36 01/456-0<br>Telefax: 0 36 01/456-100<br>Ab 1. 12. 2020<br>Telefon: 0361/57 3613-000<br>Telefax: 0361/57 3613-100 |
| Finnland | Finanzamt Bremen<br>Rudolf-Hilferding-Platz 1<br>28195 Bremen<br>Telefon: 04 21/361 -94027<br>Telefax: 04 21/361 -96205 | Luxemburg | Finanzamt Saarbrücken Am Stadtgraben<br>Am Stadtgraben 2-4<br>66111 Saarbrücken<br>Telefon: 0 6 81/30 00-0<br>Telefax: 0 6 81/30 00-3 29 |
| Frankreich | Finanzamt Offenburg<br>Zeller Str. 1-3<br>77654 Offenburg<br>Telefon: 0 781/12026-0 | Mazedonien | Finanzamt Neukölln<br>Thiemannstr. 1<br>12059 Berlin<br>Telefon: 0 30/9024 16-0 |

| Staat | Zuständiges Finanzamt | Staat | Zuständiges Finanzamt |
|---|---|---|---|
| | Telefax: 0 781/12026-1999 | | Telefax: 0 30/9024 16-900 |
| Griechenland | Finanzamt Neukölln<br>Thiemannstr. 1<br>12059 Berlin<br>Telefon: 0 30/9024 16-0<br>Telefax: 0 30/9024 16-900 | Monaco | Finanzamt Offenburg<br>Zeller Str. 1-3<br>77654 Offenburg<br>Telefon: 0 781/– 12026-0<br>Telefax: 0 781/– 12026-1999 |
| Großbritannien und Nordirland | Finanzamt Hannover-Nord<br>Vahrenwalder Str. 206<br>30165 Hannover<br>Telefon: 05 11/67 90-0<br>Telefax: 05 11/67 90-6090 | Niederlande | Finanzamt Kleve<br>Emmericher Straße 182<br>47533 Kleve<br>Telefon: 0 28 21/8 03-1020<br>Telefax: 0 28 21/8 03-1201 |
| Irland | Finanzamt Hamburg-Nord<br>Borsteler Chaussee 45<br>22453 Hamburg<br>Telefon: 0 40/427310239<br>Telefax: 0 40/4 28 06-220 | Norwegen | Finanzamt Bremen<br>Rudolf-Hilferding-Platz 1<br>28195 Bremen<br>Telefon: 04 21/361-94027<br>Telefax: 04 21/361-96205 |
| Italien | Finanzamt München<br>Abt. II – Bearbeitungs-stelle Straubing<br>Postfach 0211<br>94302 Straubing<br>Telefon: 0 89/12 52-0<br>Telefax: 0 89/12 52-2222 | Österreich | Finanzamt München<br>Abt. II – Bearbeitungs-stelle Straubing<br>Postfach 0211<br>94302 Straubing<br>Telefon: 0 89/12 52-0<br>Telefax: 0 89/12 52-22 22 |
| Polen | <u>Anfangsbuchstaben A bis G</u><br>Finanzamt Hameln<br>Süntelstraße 2<br>31785 Hameln<br>Telefon: 05151/204-0<br>Telefax: 05151/204-200<br><u>Anfangsbuchstaben H bis L:</u><br>Finanzamt Oranienburg<br>Heinrich-Grüber-Platz 3<br>16515 Oranienburg<br>Telefon: 033 01/857-0<br>Telefax: 033 01/857-334<br><u>Anfangsbuchstaben M bis R:</u><br>Finanzamt Cottbus<br>Vom-Stein-Str. 29<br>03050 Cottbus<br>Telefon: 0355/4991-4100<br>Telefax: 0355/4991-4150 | Spanien | Finanzamt Kassel – Hof-geismar<br>Altmarkt 1<br>34125 Kassel<br>Telefon: 0 561/72 08-0<br>Telefax: 0 561/72 08-2152 |

| Staat | Zuständiges Finanzamt | Staat | Zuständiges Finanzamt |
|---|---|---|---|
| | Anfangsbuchstaben S bis Z<br>Finanzamt Nördlingen<br>Tändelmarkt 1<br>86720 Nördlingen<br>Telefon: 09081/215-0<br>Telefax: 09081/215-4010 | | |
| Portugal | Finanzamt Kassel-Hofgeismar<br>Altmarkt 1<br>34125 Kassel<br>Telefon 0 561/72 08-0<br>Telefax 0 561/72 08 - 2152 | Tschechische Republik | Finanzamt Chemnitz-Süd<br>Paul-Bertz-Straße 1<br>09120 Chemnitz<br>Telefon: 03 71/279-0<br>Telefax: 03 71/279-2049 |
| Rumänien | Finanzamt Chemnitz-Süd<br>Paul-Bertz-Straße 1<br>09120 Chemnitz<br>Telefon: 03 71/279-0<br>Telefax: 03 71/279-2049 | Türkei | Finanzamt Dortmund-Unna<br>Rennweg 1<br>44143 Dortmund<br>Telefon 02 31/51 88-1<br>Telefax 02 31/51 88-2796 |
| Russische Föderation | Finanzamt Magdeburg<br>Tessenowstraße 10<br>39114 Magdeburg<br>Telefon: 03 91/885-12<br>Telefax: 03 91/885-1000 | Ukraine | Finanzamt Magdeburg<br>Tessenowstraße 10<br>39114 Magdeburg<br>Telefon: 03 91/885-12<br>Telefax: 03 91/885-1000 |
| Schweden | Finanzamt Hamburg-Nord<br>Borsteler Chaussee 45<br>22453 Hamburg<br>Telefon 0 40/4 27310239<br>Telefax 0 40/4 28 06-220 | Ungarn | Zentralfinanzamt Nürnberg<br>Thomas-Mann-Straße 50<br>90471 Nürnberg<br>Telefon 09 11/53 93-0<br>Telefax 09 11/53 93-2000 |
| Schweiz | Finanzamt Konstanz<br>Byk-Gulden-Str. 2 a<br>78467 Konstanz<br>Telefon: 0 75 31/2 89-0<br>Telefax: 0 75 31/2 89-3 12 | Vereinigte Staaten von Amerika | Finanzamt Bonn-Innenstadt<br>Welschnonnenstr. 15<br>53111 Bonn<br>Telefon: 0228/718-0<br>Telefax: 0228/718-2990 |
| Slowakei | Finanzamt Chemnitz-Süd<br>Paul-Bertz-Straße 1<br>09120 Chemnitz<br>Telefon: 03 71/279-0<br>Telefax: 03 71/279-2049 | Weißrussland | Finanzamt Magdeburg<br>Tessenowstraße 10<br>39114 Magdeburg<br>Telefon: 03 91/885-12<br>Telefax: 03 91/885-1000 |
| Slowenien | Finanzamt Oranienburg<br>Heinrich-Grüber-Platz 3<br>16515 Oranienburg<br>Telefon: 033 01/857-0<br>Telefax: 033 01/857-334 | Übriges Ausland | Finanzamt Neukölln<br>Thiemannstr. 1<br>12059 Berlin<br>Telefon: 0 30/9024 16-0<br>Telefax: 0 30/9024 16-900 |

# 500 § 18/20. Schreiben betr. Vorsteuer-Vergütungsverfahren (§ 18 Abs. 9 UStG, §§ 59 bis 61a UStDV); Gegenseitigkeit (§ 18 Abs. 9 Satz 5 UStG)

Vom 9. November 2022
BMF III C 3 - S 7359/19/10005 :001; DOK 2022/1071370
(BStBl. I S. 1585)

**Bezug:** BMF-Schreiben vom 15. März 2021 (BStBl. I S. 381)

**2 Anlagen**

Mit dem o.g. BMF-Schreiben vom 15. März 2021 zum Vorsteuer-Vergütungsverfahren ist je ein Verzeichnis der Drittstaaten, zu denen die Gegenseitigkeit i.S.d. § 18 Abs. 9 Satz 5 UStG besteht, und der Drittstaaten, zu denen die Gegenseitigkeit nicht gegeben ist, herausgegeben worden.

Hiermit werden die Verzeichnisse durch die beiliegenden, geänderten Verzeichnisse ersetzt. Die Änderungen beruhen auf der Feststellung, dass die Gegenseitigkeit zu den Palästinensischen Gebieten seit dem 14. Juli 1998 gegeben ist. Ergänzungen und Änderungen sind durch Randstriche kenntlich gemacht[1)].

Unter Bezugnahme auf das Ergebnis der Erörterungen mit den obersten Finanzbehörden der Länder wird darüber hinaus im Umsatzsteuer-Anwendungserlasses (UStAE) vom 1. Oktober 2010, BStBl. I S. 846, der zuletzt durch das BMF-Schreiben vom 20. Oktober 2022 III C 2 – S 7306/19/10001 :003, DOK 2022/1029175, BStBl. I S. 1497, geändert worden ist, in Abschn. 18.11 Abs. 4 Satz 3 die Angabe „15.3.2021, BStBl. I S. 381," durch die Angabe „**9.11.2022, BStBl. I S. 1585,**" ersetzt.

Die Grundsätze dieses Schreibens sind in allen offenen Fällen anzuwenden.

---

[1)] **Red. Anm.:** Hier nicht wiedergegeben.

## Anlage 1

### Verzeichnis der Drittstaaten, bei denen die Voraussetzungen des § 18 Abs. 9 Satz 5 UStG vorliegen (Gegenseitigkeit gegeben)

Andorra
Antigua und Barbuda (bis 28. Januar 2007)
Australien
Bahamas
Bahrain
Bermuda
Bosnien und Herzegowina (seit 1. Januar 2006)
Britische Jungferninseln
Brunei Darussalam
Cayman-Inseln
China (Taiwan) (seit 1. Juli 2010)
Eswatini (Swasiland) (bis 31. März 2012)
Gibraltar
Grenada
Grönland
Guernsey
Hongkong (VR China)
Irak
Iran (bis 21. September 2008)
Island
Israel (seit 14. Juli 1998)
Jamaika
Japan
Jersey
Kanada
Katar
Korea, Dem. Volksrepublik
Korea, Republik (seit 1. Januar 1999)
Kuwait
Libanon
Liberia (bis 30. Juni 2001)
Libyen
Liechtenstein
Macau
Malediven
Marshallinseln
Neuseeland (seit 1. April 2014)
Nordmazedonien (seit 1. April 2000)
Norwegen
Oman
Pakistan (seit 1. Juli 2008)
Palästinensische Gebiete (seit 14. Juli 1998)
Salomonen
San Marino
Saudi-Arabien
Schweiz
Serbien (seit 1. Juli 2013)
St. Vincent und die Grenadinen
Vatikan
Vereinigte Arabische Emirate
Vereinigtes Königreich (seit 1. Januar 2021)
Vereinigte Staaten von Amerika (USA)

**Anlage 2**

## Verzeichnis der Drittstaaten, bei denen die Voraussetzungen des § 18 Abs. 9 Satz 5 UStG nicht vorliegen (Gegenseitigkeit nicht gegeben)

| | | |
|---|---|---|
| Ägypten | Indien | Pakistan (bis 30. Juni 2008) |
| Albanien | Indonesien | Panama |
| Algerien | Iran (seit 22. September 2008) | Paraguay |
| Angola | Israel (bis 13. Juli 1998) | Peru |
| Antigua und Barbuda (seit 29. Januar 2007) | Jemen | Philippinen |
| Argentinien | Jordanien | Puerto Rico |
| Armenien | Kasachstan | Russland |
| Aserbaidschan | Kenia | Sambia |
| Äthiopien | Kolumbien | Samoa |
| Bangladesch | Kongo, Demokratische Republik | Senegal |
| Barbados | Korea, Republik (bis 31. Dezember 1998) | Serbien (bis 30. Juni 2013) |
| Belize (seit 1. Juli 2006) | Kosovo (seit 1. Januar 2001) | Seychellen |
| Bolivien | Kuba | Sierra Leone |
| Bosnien und Herzegowina (bis 31. Dezember 2005) | Laos (seit 1. Januar 2010) | Simbabwe |
| Botsuana | Lesotho | Singapur |
| Brasilien | Liberia (seit 1. Juli 2001) | Sint Maarten (seit 10. Oktober 2010) |
| Chile | Madagaskar | Somalia |
| China (Taiwan) (bis 30. Juli 2010) | Malawi | Sri Lanka |
| China (Volksrepublik) | Malaysia | St. Kitts und Nevis (seit 1. November 2010) |
| Costa Rica | Marokko | Südafrika |
| Côte d'Ivoire (Elfenbeinküste) | Mauretanien (seit 1. Januar 1995) | Sudan |
| Curaçao (seit 10. Oktober 2010) | Mauritius | Syrien |
| Dominikanische Republik | Mexiko | Tansania |
| Ecuador | Moldawien | Thailand |
| El Salvador | Mongolei | Togo |
| Eritrea | Montenegro | Trinidad und Tobago |

| | | |
|---|---|---|
| Eswatini (Swasiland) (seit 1. April 2012) | Mosambik | Tunesien |
| Färöer-Inseln | Myanmar | Türkei |
| Fidschi | Namibia | Turkmenistan |
| Französisch Polynesien (Tahiti) | Nepal | Ukraine |
| Gambia (seit 1. Januar 2013) | Neuseeland (bis 31. März 2014) | Uruguay |
| Georgien | Nicaragua | Usbekistan |
| Ghana | Niederländische Antillen (1. Mai 1999 bis 9. Oktober 2010) | Venezuela |
| Guatemala | Niger | Vietnam |
| Haiti | Nigeria | Weißrussland |
| Honduras | Nordmazedonien (bis 31. März 2000) | |

# 500 § 22/1. Schreiben betr. Merkblatt zur erleichterten Trennung der Bemessungsgrundlagen (USt M 1)

Vom 6. Mai 2009 (BStBl. I S. 681)

(BMF IV B 8 – S 7390/09/10001; DOK 2009/0268914)

**1 Anlage**

Unter Bezugnahme auf das Ergebnis der Erörterungen mit den obersten Finanzbehörden der Länder wird das „Merkblatt zur erleichterten Trennung der Bemessungsgrundlagen" nach dem Stand Mai 2009 herausgegeben (siehe Anlage).

**Anlage**

## Merkblatt zur erleichterten Trennung der Bemessungsgrundlagen (§ 63 Abs. 4 der Umsatzsteuer-Durchführungsverordnung – UStDV)

Stand: Mai 2009

**Inhaltsverzeichnis**



## I. Vorbemerkung

(1) Unternehmer, deren Umsätze unterschiedlichen Steuersätzen unterliegen, müssen in ihren Aufzeichnungen ersichtlich machen, wie sich die Entgelte auf die einzelnen Steuersätze verteilen (§ 22 Abs. 2 Umsatzsteuergesetz – UStG). Dem Unternehmer, dem wegen der Art und des Umfangs des Geschäfts eine Trennung der Entgelte und Teilentgelte bzw. der Bemessungsgrundlagen nach Steuersätzen in seinen Aufzeichnungen nicht zuzumuten ist, kann das Finanzamt auf Antrag Erleichterungen gewähren (§ 63 Abs. 4 UStDV). Eine solche Erleichterung der Aufzeichnungspflichten kommt allerdings nicht in Betracht, wenn eine Registrierkasse mit Zählwerken für mehrere Warengruppen oder eine entsprechende andere Speichermöglichkeit eingesetzt wird.

(2) Das Finanzamt darf nur ein Verfahren zulassen, dessen steuerliches Ergebnis nicht wesentlich von dem Ergebnis einer nach Steuersätzen getrennten Aufzeichnung abweicht. Die Anwendung des Verfahrens kann auf einen in der Gliederung des Unternehmens gesondert geführten Betrieb beschränkt werden.

(3) Die Regelungen zur erleichterten Trennung im Einzelnen ergeben sich aus *Abschnitt 259 der Umsatzsteuerrichtlinien (UStR)*[1].

## II. Aufschlagsverfahren

### 1. Allgemeines

(1) Die Aufschlagsverfahren kommen vor allem für Unternehmer in Betracht, die nur erworbene Waren liefern, wie z. B. Lebensmitteleinzelhändler, Milchhändler, Drogisten, Buchhändler. Sie können aber auch von Unternehmern angewendet werden, die – wie z. B. Bäcker oder Fleischer – neben erworbenen Waren in erheblichem Umfang hergestellte Erzeugnisse liefern. Voraussetzung ist jedoch, dass diese Unternehmer, sofern sie für die von ihnen hergestellten Waren die Verkaufsentgelte oder die Verkaufspreise rechnerisch ermitteln, darüber entsprechende Aufzeichnungen führen.

(2) Eine Trennung der Bemessungsgrundlagen nach dem Verhältnis der Eingänge an begünstigten und an nichtbegünstigten Waren kann nur in besonders gelagerten Einzelfällen zugelassen werden. Die Anwendung brancheneinheitlicher Durchschnittsaufschlagsätze oder eines vom Unternehmer geschätzten durchschnittlichen Aufschlagsatzes kann nicht genehmigt werden. Die Berücksichtigung eines Verlustabschlags für Verderb, Bruch, Schwund, Diebstahl usw. bei der rechnerischen Ermittlung der nichtbegünstigten Umsätze auf Grund der Wareneingänge ist, sofern Erfahrungswerte oder andere Unterlagen über die Höhe der Verluste nicht vorhanden sind, von der Führung zeitlich begrenzter Aufzeichnungen über die eingetretenen Verluste abhängig zu machen.

(3) Die vom Unternehmer im Rahmen eines zugelassenen Verfahrens angewandten Aufschlagsätze unterliegen der Nachprüfung durch das Finanzamt.

(4) In Fällen, in denen ein Unternehmen oder ein Betrieb erworben wird, sind bei der Anwendung eines Aufschlagsverfahrens die übertragenen Warenbestände als Wareneingänge in die rechnerische Ermittlung der begünstigten und der nichtbegünstigten Umsätze einzubeziehen. Diese Berechnung ist für den Voranmeldungszeitraum vorzunehmen, der nach der Übertragung der Warenbestände endet. Der Unternehmer hat die bei dem Erwerb des Unternehmens oder Betriebs übernommenen Warenbestände aufzuzeichnen und dabei die Waren, deren Lieferungen nach § 12 Abs. 1 UStG dem allgemeinen Steuersatz unterliegen, von denen zu trennen, auf deren Lieferungen nach § 12 Abs. 2 Nr. 1 UStG der ermäßigte Steuersatz anzuwenden ist. Die Gliederung nach den auf die Lieferungen anzuwendenden Steuersätzen kann auch im Eröffnungsinventar vorgenommen werden.

(5) Dies gilt auch, wenn ein Unternehmen gegründet wird. In diesem Falle sind bei einer erleichterten Trennung der Bemessungsgrundlagen nach den Wareneingängen die vor der Eröffnung angeschafften Waren (Warenanfangsbestand) in die rechnerische Ermittlung der begünstigten und der nichtbegünstigten Umsätze für den ersten Voranmeldungszeitraum einzubeziehen. In den Fällen, in denen ein Verfahren zur Trennung der Bemessungsgrundlagen umgestellt wird, sind übertragene Warenbestände entsprechend zu behandeln.

[1] Jetzt Abschn. 22.6 UStAE.

(6) Wechselt der Unternehmer mit Zustimmung des Finanzamts das Aufschlagsverfahren oder innerhalb des genehmigten Aufschlagsverfahrens die aufzuzeichnende Umsatzgruppe oder wird das Verfahren zur erleichterten Trennung der Entgelte auf der Grundlage des Wareneingangs ganz oder teilweise eingestellt, sind die Warenendbestände von der Bemessungsgrundlage des letzten Voranmeldungszeitraums abzuziehen *(Abschnitt 259 Abs. 8 UStR[1])*.

**Beispiel 1:**

Unternehmer U ermittelt die Entgelte der Lebensmittelgeschäfte in A und B auf der Grundlage des Wareneingangs unter Anwendung des gewogenen Durchschnittsaufschlags i. H. v. 25 % auf die Einkaufsentgelte zu 7 %. Ab 1. 1. 09 beabsichtigt U, für die Filiale in B einen gewogenen Durchschnittsaufschlag auf die Einkaufsentgelte von 21 % anzuwenden. Die Filiale in B hat den Umsatz für den Voranmeldungszeitraum Dezember 08 wie folgt zu ermitteln:

| | | |
|---|---|---|
| | Wareneinkauf Dezember 08 zu 7 % | 30 000,00 |
| ./. | Warenendbestand 31. 12. 08 zu 7 % | 10 000,00 |
| | Zwischensumme | 20 000,00 |
| × | Durchschnittsaufschlagsatz 25 % | 5 000,00 |
| | Nettoumsatz Dezember 08 zu 7 % | 25 000,00 |

(7) Als Aufschlagsverfahren kommen in Betracht:
- Anwendung tatsächlicher oder üblicher Aufschläge (Nr. 2)
- Anwendung des gewogenen Durchschnittsaufschlags (Nr. 3)

## 2. Tatsächliche und übliche Aufschläge

(1) Die erworbenen Waren, deren Lieferungen dem ermäßigten Steuersatz unterliegen, sind im Wareneingangsbuch oder auf dem Wareneinkaufskonto getrennt von den übrigen Waren aufzuzeichnen, deren Lieferungen nach dem allgemeinen Steuersatz zu versteuern sind. Auf der Grundlage der Wareneingänge sind entweder die Umsätze der Waren, die dem allgemeinen Steuersatz unterliegen, oder die steuerermäßigten Umsätze rechnerisch zu ermitteln. Zu diesem Zweck ist im Wareneingangsbuch oder auf dem Wareneinkaufskonto für diese Waren neben der Spalte „Einkaufsentgelt" eine zusätzliche Spalte mit der Bezeichnung „Verkaufsentgelt" einzurichten. Die Waren der Gruppe, für die die zusätzliche Spalte „Verkaufsentgelt" geführt wird, sind grundsätzlich einzeln und mit genauer handelsüblicher Bezeichnung im Wareneingangsbuch oder auf dem Wareneinkaufskonto einzutragen. Statt der handelsüblichen Bezeichnung können Schlüsselzahlen oder Symbole verwendet werden, wenn ihre eindeutige Bestimmung aus der Eingangsrechnung oder aus anderen Unterlagen gewährleistet ist. Bei der Aufzeichnung des Wareneingangs sind auf Grund der tatsächlichen oder üblichen Aufschlagsätze die tatsächlichen bzw. voraussichtlichen Verkaufsentgelte für die betreffenden Waren zu errechnen und in die zusätzliche Spalte des Wareneingangsbuchs oder des Wareneinkaufskontos einzutragen. Nach Ablauf eines Voranmeldungszeitraums sind die in der zusätzlichen Spalte aufgezeichneten tatsächlichen oder voraussichtlichen Verkaufsentgelte zusammenzurechnen. Die Summe bildet den Umsatz an begünstigten bzw. nichtbegünstigten Waren und ist nach Hinzurechnung der Steuer unter Anwendung des in Betracht kommenden Steuersatzes von der Summe der im Voranmel-

[1] Jetzt Abschn. 22.6 Abs. 8 UStAE.

dungszeitraum vereinbarten oder vereinnahmten Entgelte zuzüglich Steuer (Bruttopreise) abzusetzen. Der Differenzbetrag stellt die Summe der übrigen Entgelte zuzüglich der Steuer nach dem anderen Steuersatz dar.

**Beispiel 2:**
Auszug aus dem Wareneingangsbuch/Wareneinkaufskonto

| **Rechnungs-Nr. und Datum der Eingangsrechnung** | **Rechnungsendbetrag** | **Vorsteuer** | **Einkaufsentgelte 7 %** | **Einkaufsentgelte 19 %** | | **Verkaufsentgelte 19 %** |
|---|---|---|---|---|---|---|
| **1** | **2** | **3** | **4** | **5** | | **6** |
| 8892 v. 3. 8. 08 | 178,40 | 18,40 | 100,00 | Ware Nr. Y 51 | 60,00 | 80,00 |
| 8998 v. 5. 8. 08 | 442,40 | 42,40 | 280,00 | Ware Nr. Y 12 | 120,00 | 150,00 |
| Summe Aug. 08 | 528 464,90 | 2634,90 | 18 940,00 | | 6890,00 | 9 250,00 |
| | | | | + 19 % Umsatzsteuer = | | 1 757,50 |
| | | | | Summe der Verkaufspreise (Bruttoumsatz) zu 19 % = | | 11 007,50 |

| | | | | |
|---|---|---|---|---|
| | Gesamtbetrag der vereinbarten (bzw. vereinnahmten) Entgelte zzgl. Umsatzsteuer (Bruttoumsatz) August 08 | 35 660,00 | | |
| + | Unentgeltliche Wertabgaben (ggf. pauschal) | 400,00 | | |
| | Zwischensumme | 36 060,00 | | |
| ./. | errechnete Verkaufspreise zu 19 % (siehe oben) | 11 007,50 | Umsatzsteuer = | 1757,50 |
| | verbleiben Verkaufspreise zu 7 % | 25 052,50 | Umsatzsteuer = | 1638,95 |
| ./. | Umsatzsteuer (7 %) | 1638,95 | | |
| | Verkaufsentgelte (Nettoumsatz) zu 7 % | 23 413,55 | | |
| + | Verkaufsentgelte zu 19 % (siehe oben Spalte 6) | 9250,00 | | |
| | Summe | 32 663,55 | Umsatzsteuer = | 3396,45 |

(2) Anstelle der Aufgliederung im Wareneingangsbuch oder auf dem Wareneinkaufskonto kann auch für eine der Warengruppen ein besonderes Buch geführt werden. Darin sind die begünstigten oder nichtbegünstigten Waren unter ihrer handelsüblichen Bezeichnung mit Einkaufsentgelt und tatsächlichem oder voraussichtlichem Verkaufsentgelt aufzuzeichnen. Statt der handelsüblichen Bezeichnung können Schlüsselzahlen oder Symbole verwendet werden. Die Aufzeichnungen müssen Hinweise auf die Eingangsrechnungen oder auf die Eintragungen im Wareneingangsbuch oder auf dem Wareneinkaufskonto enthalten.

(3) Die Verkaufsentgelte, die beim Wareneingang besonders aufzuzeichnen sind, können bereits auf den Rechnungen nach Warenarten zusammengestellt werden. Dabei genügt es, im Wareneingangsbuch, auf dem Wareneinkaufskonto oder in einem besonderen Buch die Sammelbezeichnungen für diese Waren anzugeben und die jeweiligen Summen der errechneten Verkaufsentgelte einzutragen. Zur weiteren Vereinfachung des Verfahrens können die Einkaufsentgelte von Waren mit gleichen Aufschlagsätzen in gesonderten Spalten zusammengefasst werden. Die aufgezeichneten Einkaufsentgelte für

diese Warengruppen sind am Schluss des Voranmeldungszeitraums zusammenzurechnen. Aus der Summe der Einkaufsentgelte für die einzelne Warengruppe sind durch Hinzurechnung der Aufschläge die Verkaufsentgelte und damit rechnerisch die Umsätze an diesen Waren zu ermitteln.

**Beispiel 3:**

Auszug aus dem Wareneingangsbuch/Wareneinkaufskonto

| Rechnung-Nr. und Datum der Eingangsrechnung | Rechnungsendbetrag | Vorsteuer | Einkaufsentgelte 7 % | Einkaufsentgelte zu 19 % mit einem tatsächlichen oder üblichen Aufschlagsatz von: 18 % (Warenuntergruppe A) | 23 % (Warenuntergruppe B) | 28 % (Warenuntergruppe C) | 33 % (Warenuntergruppe D) |
|---|---|---|---|---|---|---|---|
| 1 | 2 | 3 | 4 | 5 | 6 | 7 | 8 |
| 189 v. 3. 8. 08 | 392,50 | 42,50 | 200,00 | Ware 2 70,00 | Ware 8 10,00 | Ware 5 50,00 | Ware 6 20,00 |
| 211 v. 5. 8. 08 | 680,30 | 70,30 | 380,00 | | Ware 8 60,00 | | Ware 3 170,00 |
| 226 v. 9. 8. 08 | 349,70 | 39,70 | 160,00 | Ware 1 30,00 | | Ware 7 40,00 | Ware 6 80,00 |
| Summe Aug. 08 | 48 272,20 | 5412,20 | 22 760,00 | 5450,00 | 4600,00 | 3250,00 | 6800,00 |
| | | | | + 18 %: | + 23 %: | + 28 %: | + 33 %: |
| | | | | 981,00 | 1058,00 | 910,00 | 2244,00 |
| | | | Summe Verkaufsentgelte: | 6431,00 | 5658,00 | 4160,00 | 9044,00 |

| | |
|---|---|
| insgesamt: | 25 293,00 |
| + 19 % Umsatzsteuer = | 4805,67 |
| Summe der Verkaufspreise (Bruttoumsatz) zu 19 % = | 30 098,67 |

Die Entgelte für die mit 7 % zu versteuernden Umsätze werden dann entsprechend der Berechnung im Beispiel 2 ermittelt.

(4) Das Verfahren kann in der Weise abgewandelt werden, dass der Unternehmer beim Wareneingang sowohl für die begünstigten als auch für die nichtbegünstigten Waren die tatsächlichen bzw. voraussichtlichen Verkaufsentgelte gesondert aufzeichnet. Nach Ablauf des Voranmeldungszeitraums werden die gesondert aufgezeichneten Verkaufsentgelte für beide Warengruppen zusammengerechnet. Den Summen dieser Verkaufsentgelte wird die Steuer nach dem jeweils in Betracht kommenden Steuersatz hinzugesetzt. Der Gesamtbetrag der im Voranmeldungszeitraum vereinbarten oder vereinnahmten Entgelte zuzüglich Steuer (Bruttopreise) wird nach dem Verhältnis zwischen den rechnerisch ermittelten Verkaufspreisen beider Warengruppen aufgeteilt.

**Beispiel 4:**

Auszug aus dem Wareneingangsbuch/Wareneinkaufskonto

| Rechnung-Nr. und Datum der Eingangsrechnung | Rechnungsendbetrag | Einkaufspreise zu 7 % (einschl. Vorsteuer) | Verkaufspreise zu 7 % (einschl. Umsatzsteuer) | Einkaufspreise zu 19 % (einschl. Vorsteuer) | Verkaufspreise zu 19 % (einschl. Umsatzsteuer) |
|---|---|---|---|---|---|
| 1 | 2 | 3 | 4 | 5 | 6 |
| 6715 v. 2. 8. 08 | 300,00 | 180,00 | Ware Nr. X 31 200,00 | 120,00 | Ware Nr. Q 12 150,00 |
| 6802 v. 3. 8. 08 | 120,00 | 70,00 | Ware Nr. X 90,00 | 50,00 | Ware Nr. X 05 80,00 |
| 6827 v. 4. 8. 08 | 230,00 | 130,00 | Ware Nr. Z 54 160,00 | 100,00 | Ware Nr. R 61 130,00 |
| Summe Aug. 08 | 21 300,00 | 11 580,00 | 16 860,00 | 9720,00 | 13 490,00 |

Verhältnis der Verkaufspreise für beide Warengruppen:
16 860,00: 13 490,00 = 55,6 %: 44,4 %

| | | | | |
|---|---|---|---|---|
| | Gesamtbetrag der vereinbarten (bzw. vereinnahmten) Entgelte zuzüglich Umsatzsteuer (Bruttoumsatz) August 08 | 31 630,00 | | |
| + | Unentgeltliche Wertabgaben (ggf. pauschal) | 500,00 | | |
| | Zwischensumme | 32 130,00 | | |
| | 55,6 % von 32 130,00 | 17 864,28 | Bruttoumsatz zu 7 % | |
| ./. | Umsatzsteuer | 1168,69 | | |
| | ergibt Entgelte zu 7 % | 16 695,59 | | |
| | 44,4 % von 32 130,00 | 14 265,72 | Bruttoumsatz zu 19 % | |
| ./. | Umsatzsteuer | 2277,72 | | |
| | ergibt Entgelte zu 19 % | 11 988,00 | | |
| | Entgelte zu 7 % | 16 695,59 | Umsatzsteuer | 1168,69 |
| + | Entgelte zu 19 % | 11 988,00 | Umsatzsteuer | 2277,72 |
| | Gesamtbetrag der Entgelte (einschl. unentgeltliche Wertabgaben) | 28 683,59 | Umsatzsteuer | 3446,41 |

### 3. Gewogener Durchschnittsaufschlag

(1) Die erworbenen Waren, deren Lieferungen dem ermäßigten Steuersatz unterliegen, sind im Wareneingangsbuch oder auf dem Wareneinkaufskonto getrennt von den übrigen Waren aufzuzeichnen, deren Lieferungen nach dem allgemeinen Steuersatz zu versteuern sind. Die Umsätze der Waren, die dem allgemeinen Steuersatz unterliegen, oder die steuerermäßigten Umsätze sind auf der Grundlage der Einkaufsentgelte unter Berücksichtigung des gewogenen Durchschnittsaufschlagsatzes für die betreffende Warengruppe rechnerisch zu ermitteln. Diese rechnerische Ermittlung ist grundsätzlich für die Umsatzgruppe vorzunehmen, die den geringeren Anteil am gesamten Umsatz bildet. Zu der rechnerischen Umsatzermittlung sind am Schluss eines Voranmeldungszeitraums die Einkaufsentgelte der betreffenden Warengruppe zusammenzurechnen. Dem Gesamtbetrag dieser Einkaufsentgelte ist der gewogene Durchschnittsaufschlag hinzuzusetzen. Die Summe beider Beträge bildet den Umsatz der betreffenden Warengruppe und ist nach Hinzurechnung der Steuer unter Anwendung des in Betracht kommenden Steuersatzes von der Summe der im Voranmeldungszeitraum vereinbarten oder vereinnahmten Entgelte zuzüglich Steuer (Bruttopreise) abzusetzen. Der Differenzbetrag stellt die Summe der übrigen Entgelte zuzüglich der Steuer nach dem anderen Steuersatz dar.

**Beispiel 5:**

Auszug aus dem Wareneingangsbuch/Wareneinkaufskonto

| Rechnung-Nr. und Datum der Eingangsrechnung | Rechnungsendbetrag | Vorsteuer | Einkaufsentgelte 7 % | | Einkaufsentgelte 19 % |
|---|---|---|---|---|---|
| 1 | 2 | 3 | 4 | | 5 |
| 651 v. 2. 8. 08 | 502,00 | 62,00 | Ware Nr. XY 2 | 180,00 | 260,00 |
| 698 v. 4. 8. 08 | 159,40 | 19,40 | Ware Nr. RS 5 | 60,00 | 80,00 |

| Rechnung-Nr. und Datum der Eingangsrechnung | Rechnungsendbetrag | Vorsteuer | Einkaufsentgelte 7 % | | Einkaufsentgelte 19 % |
|---|---|---|---|---|---|
| 1 | 2 | 3 | 4 | | 5 |
| 715 v. 7. 8. 08 | 352,10 | 42,10 | Ware Nr. YZ 7 | 140,00 | 170,00 |
| Summe Aug. 08 | 42 581,60 | 5221,60 | | 15 640,00 | 21 720,00 |

Der Unternehmer hat nach den tatsächlichen Verhältnissen des 1. Kalendervierteljahres 08 für die begünstigten Waren, deren Anteil am Gesamtumsatz gegenüber den voll steuerpflichtigen Waren geringer ist, einen gewogenen Durchschnittsaufschlagsatz von 21,7 % festgestellt.

| | | | | |
|---|---|---|---|---|
| | Summe der Einkaufsentgelte zu 7 % lt. Spalte 4 | 15 640,00 | | |
| + | 21,7 % | 3393,88 | | |
| | Errechnete Verkaufspreise zu 7 % (netto) | 19 033,88 | | |
| + | Umsatzsteuer 7 % | 1332,37 | | |
| | errechnete Verkaufspreise zu 7 % (brutto) | 20 366,25 | | |
| | Gesamtbetrag der vereinbarten (bzw. vereinnahmten) Entgelte zuzüglich Umsatzsteuer (Bruttoumsatz) August 08 | 45 650,00 | | |
| + | Unentgeltliche Wertabgaben (ggf. pauschal) | 300,00 | | |
| | Zwischensumme | 45 950,00 | | |
| ./. | errechnete Verkaufspreise zu 7 % (brutto, s. o.) | 20 366,25 | | |
| | verbleiben: Verkaufspreise zu 19 % (brutto) | 25 583,75 | Umsatzsteuer = | 4084,80 |
| ./. | Umsatzsteuer | 4084,80 | | |
| | Verkaufsentgelte (netto) zu 19 % | 21 498,95 | | |
| + | Verkaufsentgelte zu 7 % (siehe oben) | 19 033,88 | Umsatzsteuer = | 1332,37 |
| | Summe | 40 532,83 | Umsatzsteuer = | 5417,17 |

(2) Der gewogene Durchschnittsaufschlagsatz ist vom Unternehmer festzustellen. Dabei ist von den tatsächlichen Verhältnissen in mindestens drei für das Unternehmen repräsentativen Monaten eines Kalenderjahrs auszugehen. Der Unternehmer ist – sofern sich die Struktur seines Unternehmens nicht ändert – berechtigt, den von ihm ermittelten gewogenen Durchschnittsaufschlagsatz für die Dauer von 5 Jahren anzuwenden. Nach Ablauf dieser Frist oder im Falle einer Änderung der Struktur des Unternehmens ist der Durchschnittsaufschlagsatz neu zu ermitteln. Als Strukturänderung ist auch eine wesentliche Änderung des Warensortiments anzusehen.

## III. Besondere Hinweise

(1) Von Filialunternehmen kann die Trennung der Bemessungsgrundlagen statt nach den vorbezeichneten Verfahren auch in der Weise vorgenommen werden, dass die tatsächlichen Verkaufsentgelte der Waren, deren Lieferungen

dem ermäßigten Steuersatz unterliegen oder nach dem allgemeinen Steuersatz zu versteuern sind, im Zeitpunkt der Auslieferung an den einzelnen Zweigbetrieb gesondert aufgezeichnet werden. Eine getrennte Aufzeichnung der Wareneingänge ist in diesem Falle entbehrlich. Nach Ablauf eines Voranmeldungszeitraums sind die Verkaufsentgelte für die in diesem Zeitraum an die Zweigbetriebe ausgelieferten Waren einer der gesondert aufgezeichneten Warengruppen zusammenzurechnen. Die Summe dieser Verkaufsentgelte ist nach Hinzurechnung der Steuer unter Anwendung des in Betracht kommenden Steuersatzes von der Summe der im Voranmeldungszeitraum vereinbarten oder vereinnahmten Entgelte zuzüglich Steuer (Bruttopreise) abzusetzen. Aus dem verbleibenden Differenzbetrag ist die Steuer unter Zugrundelegung des anderen Steuersatzes zu errechnen. Die Berechnung in Beispiel 2 gilt entsprechend.

(2) Unternehmer, für die eine erleichterte Trennung der Bemessungsgrundlagen zugelassen worden ist, sind berechtigt, nachträgliche Minderungen der Entgelte z. B. durch Skonti, Rabatte und sonstige Preisnachlässe nach dem Verhältnis zwischen den Umsätzen, die verschiedenen Steuersätzen unterliegen, sowie den steuerfreien und nicht steuerbaren Umsätzen eines Voranmeldungszeitraums aufzuteilen. Einer besonderen Genehmigung bedarf es hierzu nicht.

**Für Fragen, die dieses Merkblatt nicht beantwortet, stehen die Finanzämter zur Verfügung. Auf die Möglichkeit, den Rat eines Angehörigen der steuerberatenden Berufe in Anspruch zu nehmen, wird hingewiesen.**

# **500** § 25/2. Schreiben betr. umsatzsteuerliche Behandlung von Reiseleistungen; Berufungsrecht auf Art. 306 ff. MwStSystRL

Vom 30. November 2020 (BStBl. I S. 1338)

(BMF III C 2 – S 7419/19/10001 :001; DOK 2020/1233771)

**Bezug:** BFH-Urteile vom 21. November 2013 V R 11/11, vom 20. März 2014 V R 25/11, und vom 13. Dezember 2017 XI R 4/16

## I.

Mit BFH-Urteilen vom 21. November 2013 V R 11/11, BStBl. 2020 II S. 819, und vom 20. März 2014 V R 25/11, BStBl. 2020 II S. 821, wurde entschieden, dass sich ein Unternehmer für Reiseleistungen, die er an einen anderen Unternehmer für dessen Unternehmen erbringt, entgegen § 25 Abs. 1 Satz 1 UStG unmittelbar auf die unionsrechtlichen Bestimmungen über die Sonderregelung für Reisebüros (Margenbesteuerung) in den Artikeln 306 ff. MwStSystRL berufen kann.

Außerdem hat der BFH mit seinem Urteil vom 13. Dezember 2017 XI R 4/16, BStBl. 2020 II S. 823, entschieden, dass sich ein inländischer Reiseveranstalter hinsichtlich der von ihm für sein Unternehmen bezogenen Reiseleistungen eines in einem anderen Mitgliedstaat der EU ansässigen Reiseunternehmers, für die er als Leistungsempfänger nach § 13b UStG die Steuer schuldet, unmittelbar auf Art. 306 ff. MwStSystRL berufen kann, mit der Folge, dass er entgegen dem nationalen Recht keine Steuer für die erbrachten Leistungen schuldet, weil diese nach Art. 307 MwStSystRL im Inland nicht steuerbar sind.

Durch Art. 11 Nr. 9 Buchst. a sowie Art. 39 Abs. 1 des Gesetzes zur weiteren steuerlichen Förderung der Elektromobilität und zur Änderung weiterer steuerlicher Vorschriften vom 12. Dezember 2019 (BGBl. I S. 2451)[1] wurde § 25 Abs. 1 Satz 1 UStG geändert. Danach umfasst die Besteuerung von Reiseleistungen nach § 25 UStG seit Inkrafttreten zum 18. Dezember 2019 unter den weiteren Voraussetzungen dieser Regelung auch Reiseleistungen, die für das Unternehmen des Leistungsempfängers bestimmt sind.

## II.

Unter Bezugnahme auf das Ergebnis der Erörterungen mit den obersten Finanzbehörden der Länder gilt hierzu Folgendes:

Für vor dem 18. Dezember 2019 an einen anderen Unternehmer für dessen Unternehmen erbrachte Reiseleistungen kann sich der leistende Unternehmer nach den nachstehenden Grundsätzen unmittelbar auf die Sonderregelung der Art. 306 ff. MwStSystRL berufen. Außerdem kann sich ein Unternehmer für

[1] **[Amtl. Anm.:]** BStBl. 2020 I S. 17.

vor dem 18. Dezember 2019 im Inland für sein Unternehmen bezogene Reiseleistungen eines im übrigen Gemeinschaftsgebiet ansässigen Unternehmers ebenfalls nach den nachstehenden Grundsätzen unmittelbar auf die Art. 306 ff. MwStSystRL berufen.

Der Unternehmer kann sich für jede einzelne von ihm erbrachte bzw. bezogene Reiseleistung auf den Vorrang der Art. 306 ff. MwStSystRL berufen und somit transaktionsbezogen zwischen dem nationalen Recht und dem Unionsrecht wechseln (vgl. BFH-Urteil vom 13. Dezember 2017 XI R 4/16, BStBl. 2020 II S. 823). Dabei sind aber die übrigen Voraussetzungen für die Anwendung der Sonderregelung zu beachten, z. B. die Abgrenzung zwischen Reiseleistungen, Eigenleistungen und Vermittlungsleistungen. Für bezogene Reiseleistungen kann sich der Unternehmer nur dann auf die Art. 306 ff. MwStSystRL berufen, wenn auch der die Eingangsleistung erbringende Unternehmer die Voraussetzungen der Sonderregelung erfüllt. Die Rechtsfolgen der vom Unternehmer vorgenommenen unmittelbaren Berufung auf das Unionsrecht beschränken sich auf seine eigene Besteuerung. Sie wirken sich erst dann auf die Besteuerung des anderen Unternehmers aus, wenn dieser gleichfalls einen Anwendungsvorrang des Unionsrechts geltend machen kann. Der Unternehmer kann sich auf die Art. 306 ff. MwStSystRL berufen, ohne zugleich einheitlich für jede einzelne von ihm erbrachte Reiseleistung jeweils die Marge gemäß Art. 308 MwStSystRL ermitteln zu müssen. Vielmehr kann er die Marge für bestimmte Gruppen von Reiseleistungen nach § 25 Abs. 3 Satz 3 UStG in der bis 17. Dezember 2019 geltenden Fassung ermitteln. Hierbei können auch die Reiseleistungen berücksichtigt werden, für die sich der Unternehmer unmittelbar auf Art. 306 ff. MwStSystRL berufen hat.

**III.**

Die Regelungen dieses Schreibens sind in allen offenen Fällen anzuwenden.

# **500** § 25/5. Schreiben betr. Vorsteuerabzug auf Grund von Leistungen Dritter bei Flugunregelmäßigkeiten

Vom 7. September 1988 (BStBl. I S. 407)

(BMF IV A 2 – S 7419 – 19/88)

Im Luftverkehr kommt es häufig zu Flugunregelmäßigkeiten, die z. B. darauf beruhen können, daß ein Flugzeug aus wetterbedingten Gründen auf dem Zielflughafen nicht landen kann, sondern auf einen anderen Flughafen ausweichen muß. In solchen Fällen ergreifen die Fluggesellschaften je nach den Umständen des Einzelfalls folgende Maßnahmen:

- Die Fluggesellschaft transportiert die Fluggäste zum Teil in eigenen Bussen, häufiger aber in Bussen anderer Busunternehmer zum Zielflughafen.
- Die Fluggesellschaft transportiert die Fluggäste im Taxi zu ihrer Wohnung oder zu einem Hotel.
- Die Fluggesellschaft bringt die Fluggäste in einem Hotel unter, wo sie auch bewirtet werden.
- Die Fluggesellschaft ermöglicht den Fluggästen eine Bewirtung im Flughafenrestaurant.

Es ist die Frage aufgetreten, wie diese Leistungen umsatzsteuerlich zu behandeln sind.

Unter Bezugnahme auf das Ergebnis der Erörterung mit den obersten Finanzbehörden der Länder gilt folgendes:

Die Fluggesellschaft erbringt mit der Beförderung der Passagiere Beförderungsleistungen. Daran ändert sich nichts, wenn die Fluggesellschaft genötigt ist, die Fluggäste aus unvorhergesehenen Gründen mit einem anderen Verkehrsmittel an den Zielort oder an einen anderen Ort zu befördern. Die Leistung behält insgesamt den Charakter einer Beförderungsleistung. Auch wenn die Fluggesellschaft insoweit Beförderungsleistungen anderer Beförderungsunternehmer in Anspruch nimmt, handelt es sich nicht um eine Reiseleistung im Sinne des § 25 Abs. 1 UStG. Die Beförderungsleistungen anderer Unternehmer sind daher keine Reisevorleistungen im Sinne von § 25 Abs. 1 Satz 5 UStG.

Das gleiche gilt, wenn die Fluggesellschaft den Fluggästen in einem solchen Fall Verpflegung oder Unterkunft gewährt und mit der Ausführung dieser Leistungen andere Unternehmer beauftragt.

Die Fluggesellschaft ist berechtigt, die ihr als Leistungsempfänger von anderen Unternehmern in Rechnung gestellte Umsatzsteuer unter den Voraussetzungen des § 15 UStG als Vorsteuer abzuziehen. § 25 Abs. 4 Satz 1 UStG, der bei Reisevorleistungen den Ausschluß des Vorsteuerabzugs vorsieht, findet keine Anwendung, da die Leistungen Dritter keine Reisevorleistungen darstellen, sondern der Beförderungsleistung der Fluggesellschaft zuzuordnen sind.

Das Schreiben wird in die Umsatzsteuer-Kartei aufgenommen.

# 500 § 25c/1. Schreiben betr. Steuerbefreiung für Anlagegold; Einführung des § 25 c UStG durch das Steuerbereinigungsgesetz 1999

Vom 16. März 2000

BMF IV D 2-S 7423-5/00

(BStBl. I S. 456)

**Anlage:** Liste der Goldmünzen (ABl. EU 2020 Nr. C 381 S. 5)

Durch Art. 9 Nr. 13 des Gesetzes zur Bereinigung von steuerlichen Vorschriften (Steuerbereinigungsgesetz 1999 – StBereinG 1999) vom 22. Dezember 1999 (BGBl. I S. 2601, BStBl. 2000 I S. 13) ist § 25 c UStG – Besteuerung von Umsätzen mit Anlagegold – neu in das UStG eingefügt worden. Diese Änderung ist am 1. Januar 2000 in Kraft getreten (Art. 28 Abs. 1 StBereinG 1999).

Unter Bezugnahme auf das Ergebnis der Erörterungen mit den obersten Finanzbehörden der Länder gilt Folgendes:

## 1. Umfang der Steuerbefreiung

Steuerbefreit sind nach § 25 c Abs. 1 Satz 1 UStG die Lieferungen, die Einfuhr sowie der innergemeinschaftliche Erwerb von Anlagegold. Als Lieferungen von Anlagegold gelten auch

a) die Veräußerung von ideellen Miteigentumsanteilen an einem Goldbarrenbestand oder einem Goldmünzenbestand;

b) die Veräußerung von Gewichtsguthaben an einem Goldbarrenbestand, wenn die Gewichtskonten obligatorische Rechte ausweisen;

c) die Veräußerung von Goldbarrenzertifikaten oder Goldmünzenzertifikaten;

d) die Abtretung von Ansprüchen auf Lieferung von Goldbarren oder Goldmünzen;

e) die Veräußerung von Golddarlehen und Goldswaps, durch die ein Eigentumsrecht an Anlagegold oder ein schuldrechtlicher Anspruch auf Anlagegold begründet wird;

f) die Veräußerung von Terminkontrakten und im Freiverkehr getätigten Terminabschlüssen mit Anlagegold, die zur Übertragung eines Eigentumsrechts an Anlagegold oder eines schuldrechtlichen Anspruchs auf Anlagegold führen.

Steuerfrei ist auch die Vermittlung der Lieferung von Anlagegold (§ 25 c Abs. 1 Satz 2 UStG).

Optionsgeschäfte mit Anlagegold und die Vermittlung derartiger Dienstleistungen fallen unter die Steuerbefreiung nach § 4 Nr. 8 Buchst. e UStG.

Nicht unter die Befreiung des § 25 c Abs. 1 UStG fallen die – bis zum 31. Dezember 1999 nach § 4 Nr. 8 Buchst. k UStG steuerfreien Umsätze von unverarbeitetem Gold (Industriegold).

Die Vorschriften über Ausfuhrlieferungen (§ 4 Nr. 1 Buchst. a UStG i. V. m. § 6 UStG) und innergemeinschaftliche Lieferungen (§ 4 Nr. 1 Buchst. b UStG i. V. m. § 6 a UStG) gehen der Anwendung des § 25 c UStG vor.

## 2. Definition des Begriffs Anlagegold

§ 25 c Abs. 2 UStG definiert den Begriff Anlagegold:

Goldbarren und -plättchen bestehen aus Feingold von mindestens 995 Tausendsteln in firmenspezifischer typisierter eckiger Form mit eingestanzter oder geprägter Angabe des Herstellers, des Feingoldgehaltes und des Gewichtes; auf das Herstellungsverfahren kommt es nicht an. Die Barren können mit bildlichen Darstellungen geprägt sein.

Goldmünzen müssen einen Feingehalt von mindestens 900 Tausendsteln aufweisen, nach dem Jahr 1800 geprägt sein, im Ursprungsland gesetzliches Zahlungsmittel sein bzw. gewesen sein und üblicherweise zu einem Preis verkauft werden, der 180% des Goldgehaltes nicht übersteigt. Eine Mindestauflagenhöhe ist – im Gegensatz zur bis zum 31. Dezember. 1999 anzuwendenden Steuerbefreiung nach § 4 Nr. 8 Buchst. k UStG – nicht erforderlich.

Die Europäische Kommission veröffentlicht jedes Jahr vor dem 1. Dezember ein Verzeichnis der Goldmünzen, welche die Kriterien für die Steuerbefreiung erfüllen, in der Reihe C des Amtsblatts der Europäischen Gemeinschaften – ABl. EG –. Für Umsätze von Goldmünzen, die in dem Verzeichnis enthalten sind, gilt die Sonderregelung nach § 25 c UStG während des gesamten Jahres, das auf das Jahr der Veröffentlichung folgt. Das Verzeichnis der für das Jahr 2000 begünstigten Goldmünzen wurde von der Europäischen Kommission am 30. November 1999 veröffentlicht (ABl. EG 1999 Nr. C 342 S. 13).[1)]

Bei Münzen, die nicht in dem Verzeichnis enthalten sind, hat der Unternehmer im Einzelfall zu prüfen, ob die genannten Voraussetzungen für die Behandlung als Anlagegold erfüllt sind. Der Metallwert von Goldmünzen ist dabei grundsätzlich anhand des aktuellen Tagespreises für Gold zu ermitteln. Maßgeblich ist der von der Londoner Börse festgestellte Tagespreis (Nachmittagsfixing) für die Feinunze Gold (1 Unze = 31,1035 Gramm). Dieser in US-Dollar festgestellte Wert muß anhand der aktuellen Umrechnungskurse in EURO bzw. DM umgerechnet werden.

Aus Vereinfachungsgründen kann der Unternehmer auch den letzten im Monat November festgestellten Gold-Tagespreis (Nachmittagsfixing) für das gesamte folgende Kalenderjahr zu Grunde legen. Für das Kalenderjahr 2000 ist die Metallwertermittlung nach einem Goldpreis (ohne Umsatzsteuer) von 18 144 DM je Kilogramm (umgerechneter Tagespreis vom 30. November 1999) vorzunehmen.

Nicht zum Anlagegold gehört unverarbeitetes Gold (Industriegold). Unverarbeitetes Gold sind insbesondere Barren mit einem Feingoldgehalt von weniger als 995 Tausendsteln, sowie Granalien und Feingoldband in handelsüblicher Form.

## 3. Optionsmöglichkeiten

Zur Umsatzsteuerpflicht kann optieren:

- ein Unternehmer, der Anlagegold herstellt oder Gold in Anlagegold umwandelt, bei der Lieferung von Anlagegold;
- ein Unternehmer, der üblicherweise Gold zu gewerblichen Zwecken liefert, bei der Lieferung von Anlagegold in Barren- oder Plättchenform.

---

1) In der jeweils aktuellen Fassung als Anlage abgedruckt.

Voraussetzung für die Option ist, daß er diese Lieferung an einen anderen Unternehmer für dessen Unternehmen ausführt (§ 25 c Abs. 3 Sätze 1 und 2 UStG).

Kreditinstitute sind grundsätzlich als Unternehmer anzusehen, die üblicherweise Gold zu gewerblichen Zwecken liefern.

Vermittelt ein Unternehmer eine Lieferung von Anlagegold, kann er nur dann für die Vermittlungsleistung zur Steuerpflicht optieren, wenn der vermittelte Umsatz zuvor vom liefernden Unternehmer als steuerpflichtig behandelt worden ist.

Im Übrigen bleiben die Regelungen des § 18 Abs. 7 UStG i. V. m. § 49 UStDV unberührt.

### 4. Aufzeichnungspflichten

Angesichts der möglichen Verwendung von Gold sowohl zu gewerblichen als auch zu Anlagezwecken und um der Geldwäsche entgegenzuwirken, wurde in § 25 c Abs. 6 UStG die Verpflichtung eingeführt, bei Umsätzen mit Anlagegold zusätzlich zu den umsatzsteuerlichen Aufzeichnungspflichten nach § 22 UStG die Identifizierungs-, Aufzeichnungs- und Aufbewahrungspflichten des Geldwäschegesetzes (GwG) zu beachten. Allerdings ist die Identifizierungspflicht in Verdachtsfällen nach § 6 GwG ausgenommen worden.

Unternehmer haben demnach insbesondere für Umsätze mit Anlagegold, die einen Wert von 30 000 DM übersteigen, den Leistungsempfänger zu identifizieren (§§ 2 und 3 GwG). Es müssen mindestens Name, Geburtsdatum und Anschrift sowie Art, Nummer und ausstellende Behörde eines Ausweispapiers (z. B.: Reisepass, Personalausweis) aufgezeichnet werden. Dies hat regelmäßig durch Kopie der vorgelegten Dokumente zu erfolgen. Eine Abspeicherung auf Bild- oder Datenträgern ist möglich (§ 9 Abs. 2 GwG). Die Aufbewahrungsfrist beträgt 6 Jahre. Sie beginnt regelmäßig mit Ablauf des Kalenderjahres, in dem der aufzuzeichnende Umsatz stattgefunden hat (§ 9 Abs. 3 GwG).

### 5. Eintragung von steuerfreien Umsätzen von Anlagegold in den Vordrucken im Umsatzsteuer-Voranmeldungsverfahren für das Kalenderjahr 2000

In Ergänzung des BMF-Schreibens vom 29. September 1999 IV D 2 – S 7344 – 34/99 (BStBl. I S. 855) gilt Folgendes:

Steuerfreie Umsätze von Anlagegold hat der Unternehmer im Vordruckmuster USt 1 A wie folgt einzutragen:

- Die Bemessungsgrundlage der innergemeinschaftlichen Lieferungen von Anlagegold (§ 4 Nr. 1 Buchst. b UStG) in Zeile 21;
- die Bemessungsgrundlage der Ausfuhrlieferungen von Anlagegold (§ 4 Nr. 1 Buchst. a UStG i. V. m. § 25 c Abs. 4 UStG) und der steuerfreien Lieferungen von Anlagegold (§ 25 c Abs. 1 UStG), für die der Vorsteuerabzug nach § 25 c Abs. 4 UStG nicht ausgeschlossen ist, in Zeile 24;
- die Bemessungsgrundlage der steuerfreien Lieferungen von Anlagegold (§ 25 c Abs. 1 UStG), für die der Vorsteuerabzug ausgeschlossen ist, in Zeile 25;
- steuerfreie innergemeinschaftliche Erwerbe von Anlagegold (§ 25 c Abs. 1 UStG) in Zeile 35.

**6. Anwendung von BMF-Schreiben**

Die BMF-Schreiben vom 26. November 1993 IV C 4 – S 7160 – 66/93 (BStBl. I S. 1008) und vom 4. August 1994 IV C 4 – S 7160 – 118/94 (BStBl. I S. 534) sind auf nach dem 31. Dezember 1999 bewirkte Umsätze nicht mehr anzuwenden.

**Anlage**

## BEFREITES ANLAGEGOLD

### Liste der Goldmünzen, die die Kriterien von Art. 344 Abs. 1 Nr. 2 der Richtlinie 2006/112/EG des Rates vom 28. November 2006 (Sonderregelung für Anlagegold) erfüllen

### Gültig für das Jahr 2022

(2021/C 446/06)
ERLÄUTERUNG

a) Diese Liste berücksichtigt die Beiträge der Mitgliedstaaten, die innerhalb der in Art. 345 der Richtlinie 2006/112/EG des Rates vom 28. November 2006 über das gemeinsame Mehrwertsteuersystem[1)] gesetzten Frist bei der Kommission eingegangen sind.

b) Es wird davon ausgegangen, dass die in dieser Liste aufgeführten Münzen die Kriterien des Art. 344 erfüllen und in diesen Mitgliedstaaten deshalb als Anlagegold zu behandeln sind. Demzufolge ist ihre Lieferung während des gesamten Kalenderjahres 2021 von der Mehrwertsteuer befreit.

c) Die Steuerbefreiung gilt für alle Emissionen eines in dieser Liste verzeichneten Stücks, außer für Münzen mit einem Feingehalt von weniger als 900 Tausendsteln.

d) Die Lieferung einer nicht in dieser Liste verzeichneten Münze kann dennoch von der Mehrwertsteuer befreit werden, wenn die Münze die entsprechenden Kriterien der MwSt-Richtlinie erfüllt.

e) Die Liste ist in alphabetischer Reihenfolge der Länder und der Bezeichnungen der Münzen geordnet. Münzen der gleichen Kategorie sind in aufsteigender Reihenfolge ihres Werts geordnet.

f) Die Bezeichnung der Münzen entspricht der auf ihnen angegebenen Währung. In den Fällen, in denen die Währung auf den Münzen nicht in lateinischer Schrift angegeben ist, steht die Bezeichnung soweit möglich in Klammern.

---

[1)] **Amtl. Anm.:** ABl. L 347 vom 11. 12. 2006, S. 1.

| LAND DER AUSGABE | MÜNZEN |
|---|---|
| **AFGHANISTAN** | (20 AFGHANI) |
| | 10 000 AFGHANI |
| | (1/2 AMANI) |
| | (1 AMANI) |
| | (2 AMANI) |
| | (4 GRAMS) |
| | (8 GRAMS) |
| | 1 TILLA |
| | 2 TILLAS |
| **ALBANIEN** | 20 LEKE |
| | 50 LEKE |
| | 100 LEKE |
| | 200 LEKE |
| | 500 LEKE |
| | 10 FRANGA |
| | 20 FRANGA |
| | 50 FRANGA |
| | 100 FRANGA |
| **ALDERNEY** | QUARTER SOVER-EIGN |
| | HALF SOVEREIGN |
| | ONE SOVEREIGN |
| | DOUBLE SOVEREIGN |
| | FIVE SOVEREIGNS |
| | TWENTY SOVER-EIGNS |
| | 1 POUND |
| | 2 POUNDS |
| | 5 POUNDS |
| | 20 POUNDS |
| | 25 POUNDS |
| | 50 POUNDS |
| | 100 POUNDS |
| | 1000 POUNDS |
| **ANDORRA** | 5 CENTIMES |
| | 1 DINER |
| | 5 DINERS |
| | 20 DINERS |
| | 50 DINERS |
| | 100 DINERS |
| | 250 DINERS |
| | 1 SOVEREIGN |
| **ANGUILLA** | 5 DOLLARS |
| | 10 DOLLARS |
| | 20 DOLLARS |
| | 100 DOLLARS |
| **ÄQUATORIALGUI-NEA** | 250 PESETAS |
| | 500 PESETAS |
| | 750 PESETAS |
| | 1000 PESETAS |
| | 5000 PESETAS |
| **ARGENTINIEN** | 1 ARGENTINO |
| | 5 PESOS |
| | 25 PESOS |
| | 50 PESOS |
| **ARMENIEN** | 100 DRAM |
| | 10 000 DRAM |

| LAND DER AUSGABE | MÜNZEN |
|---|---|
| | 25 000 DRAM |
| | 50 000 DRAM |
| **ARUBA** | 10 FLORIN |
| | 25 FLORIN |
| | 50 FLORIN |
| | 100 FLORIN |
| **ÄTHIOPIEN** | 400 BIRR |
| | 600 BIRR |
| | 10 (DOLLARS) |
| | 20 (DOLLARS) |
| | 50 (DOLLARS) |
| | 100 (DOLLARS) |
| | 200 (DOLLARS) |
| **AUSTRALIEN** | 5 DOLLARS |
| | 10 DOLLARS |
| | 15 DOLLARS |
| | 25 DOLLARS |
| | 50 DOLLARS |
| | 100 DOLLARS |
| | 150 DOLLARS |
| | 200 DOLLARS |
| | 250 DOLLARS |
| | 500 DOLLARS |
| | 1000 DOLLARS |
| | 2500 DOLLARS |
| | 3000 DOLLARS |
| | 10 000 DOLLARS |
| | 1/2 SOVEREIGN (= 1/2 POUND) |
| | 1 SOVEREIGN (= 1 POUND) |
| **BAHAMAS** | 5 DOLLARS |
| | 10 DOLLARS |
| | 20 DOLLARS |
| | 25 DOLLARS |
| | 50 DOLLARS |
| | 100 DOLLARS |
| | 150 DOLLARS |
| | 200 DOLLARS |
| | 250 DOLLARS |
| | 2500 DOLLARS |
| **BARBADOS** | 10 DOLLARS |
| | 25 DOLLARS |
| | 50 DOLLARS |
| | 100 DOLLARS |
| | 200 DOLLARS |
| | 250 DOLLARS |
| **BELGIEN** | 10 ECU |
| | 20 ECU |
| | 25 ECU |
| | 50 ECU |
| | 100 ECU |
| | 12 1/2 EURO |
| | 25 EURO |
| | 50 EURO |
| | 100 EURO |
| | 10 FRANCS |

| LAND DER AUSGABE | MÜNZEN |
|---|---|
| | 20 FRANCS |
| | 5000 FRANCS |
| **BELIZE** | 25 DOLLARS |
| | 50 DOLLARS |
| | 100 DOLLARS |
| | 250 DOLLARS |
| | 500 DOLLARS |
| **BERMUDA** | 10 DOLLARS |
| | 25 DOLLARS |
| | 30 DOLLARS |
| | 50 DOLLARS |
| | 60 DOLLARS |
| | 100 DOLLARS |
| | 180 DOLLARS |
| | 200 DOLLARS |
| | 250 DOLLARS |
| **BHUTAN** | 1 SERTUM |
| | 2 SERTUMS |
| | 5 SERTUMS |
| **BIAFRA** | 1 POUND |
| | 2 POUNDS |
| | 5 POUNDS |
| | 10 POUNDS |
| | 25 POUNDS |
| **BOLIVIEN** | 4000 PESOS BOLIVIANOS |
| **BOTSUANA** | 5 PULA |
| | 150 PULA |
| | 10 THEBE |
| **BRASILIEN** | 300 CRUZEIROS |
| | (4000 REIS) |
| | (5000 REIS) |
| | (6400 REIS) |
| | (10 000 REIS) |
| | (20 000 REIS) |
| | 10 REAIS |
| | 20 REAIS |
| **BRITISCHE JUNGFERNINSELN** | 20 DOLLARS |
| | 100 DOLLARS |
| | 250 DOLLARS |
| | 500 DOLLARS |
| **BULGARIEN** | (1 LEV) |
| | (5 LEVA) |
| | (10 LEVA) |
| | (100 LEVA) |
| | 100 LEVA („Св. Първомъченик Стефан“) |
| | (125 LEVA) |
| | (1000 LEVA) |
| | (10 000 LEVA) |
| | (20 000 LEVA) |
| **BURUNDI** | 10 FRANCS |
| | 25 FRANCS |
| | 50 FRANCS |
| | 100 FRANCS |
| **CHILE** | 2 PESOS |
| | 5 PESOS |

| LAND DER AUSGABE | MÜNZEN |
|---|---|
| | 10 PESOS |
| | 20 PESOS |
| | 50 PESOS |
| | 100 PESOS |
| | 200 PESOS |
| | 500 PESOS |
| **CHINA** | 5/20 YUAN (1/20 oz) |
| | 10/50 YUAN (1/10 oz) |
| | 25/100 YUAN (1/4 oz) |
| | 50/200 YUAN (1/2 oz) |
| | 100/500 YUAN (1 oz) |
| | 5 (YUAN) |
| | 10 (YUAN) |
| | 20 (YUAN) |
| | 25 (YUAN) |
| | 50 (YUAN) |
| | 100 (YUAN) |
| | 150 (YUAN) |
| | 200 (YUAN) |
| | 250 (YUAN) |
| | 300 (YUAN) |
| | 400 (YUAN) |
| | 450 (YUAN) |
| | 500 (YUAN) |
| | 1000 (YUAN) |
| | 2000 (YUAN) |
| | 10 000 (YUAN) |
| **COOKINSELN** | 5 DOLLARS |
| | 10 DOLLARS |
| | 20 DOLLARS |
| | 25 DOLLARS |
| | 100 DOLLARS |
| | 200 DOLLARS |
| | 250 DOLLARS |
| **COSTA RICA** | 5 COLONES |
| | 10 COLONES |
| | 20 COLONES |
| | 50 COLONES |
| | 100 COLONES |
| | 200 COLONES |
| | 1500 COLONES |
| | 5000 COLONES |
| | 25 000 COLONES |
| | 100 000 COLONES |
| **CÔTE D'IVOIRE** | 10 FRANCS |
| | 25 FRANCS |
| | 50 FRANCS |
| | 100 FRANCS |
| **DÄNEMARK** | 10 KRONER |
| | 20 KRONER |
| | 1000 KRONER |
| **DEUTSCHLAND** | 1 DM |
| | 50 EURO |
| | 100 EURO |
| **DOMINIKANISCHE REPUBLIK** | 30 PESOS |
| | 100 PESOS |

| LAND DER AUSGABE | MÜNZEN |
|---|---|
| | 200 PESOS |
| | 250 PESOS |
| **ECUADOR** | 1 CONDOR |
| | 10 SUCRES |
| **EL SALVADOR** | 25 COLONES |
| | 50 COLONES |
| | 100 COLONES |
| | 200 COLONES |
| | 250 COLONES |
| **ESTLAND** | 100 KROONI |
| **FALKLANDINSELN** | 1/25 CROWN |
| **FIDSCHI** | 5 DOLLARS |
| | 10 DOLLARS |
| | 200 DOLLARS |
| | 250 DOLLARS |
| **FINNLAND** | 100 EURO |
| | 1 MARKKA |
| | 20 MARKKAA |
| | 1000 MARKKAA |
| | 2000 MARKKAA |
| **FRANKREICH** | 1/4 EURO |
| | 5 EURO |
| | 10 EURO |
| | 20 EURO |
| | 50 EURO |
| | 100 EURO |
| | 200 EURO |
| | 250 EURO |
| | 500 EURO |
| | 1000 EURO |
| | 5000 EURO |
| | 5 FRANCS |
| | 10 FRANCS |
| | 20 FRANCS |
| | 40 FRANCS |
| | 50 FRANCS |
| | 100 FRANCS |
| | 500 FRANCS |
| | 655.97 FRANCS |
| **GABUN** | 10 FRANCS |
| | 25 FRANCS |
| | 50 FRANCS |
| | 100 FRANCS |
| | 1000 FRANCS |
| | 3000 FRANCS |
| | 5000 FRANCS |
| | 10 000 FRANCS |
| | 20 000 FRANCS |
| **GAMBIA** | 200 DALASIS |
| | 500 DALASIS |
| | 1000 DALASIS |
| **GIBRALTAR** | 1/25 CROWN |
| | 1/10 CROWN |
| | 1/5 CROWN |
| | 1/2 CROWN |
| | 1 CROWN |
| | 2 CROWNS |

| LAND DER AUSGABE | MÜNZEN |
|---|---|
| | 50 PENCE |
| | 1 POUND |
| | 5 POUNDS |
| | 25 POUNDS |
| | 50 POUNDS |
| | 100 POUNDS |
| | 1/25 ROYAL |
| | 1/10 ROYAL |
| | 1/5 ROYAL |
| | 1/2 ROYAL |
| | 1 ROYAL |
| **GUATEMALA** | 5 QUETZALES |
| | 10 QUETZALES |
| | 20 QUETZALES |
| **GUERNSEY** | 1 POUND |
| | 5 POUNDS |
| | 10 POUNDS |
| | 25 POUNDS |
| | 50 POUNDS |
| | 100 POUNDS |
| **GUINEA** | 1000 FRANCS |
| | 2000 FRANCS |
| | 5000 FRANCS |
| | 10 000 FRANCS |
| **HAITI** | 20 GOURDES |
| | 50 GOURDES |
| | 100 GOURDES |
| | 200 GOURDES |
| | 500 GOURDES |
| | 1000 GOURDES |
| **HONDURAS** | 200 LEMPIRAS |
| | 500 LEMPIRAS |
| **HONGKONG** | 1000 DOLLARS |
| **INDIEN** | 1 MOHUR |
| | 15 RUPEES |
| | 1 SOVEREIGN |
| **INDONESIEN** | 2000 RUPIAH |
| | 5000 RUPIAH |
| | 10 000 RUPIAH |
| | 20 000 RUPIAH |
| | 25 000 RUPIAH |
| | 100 000 RUPIAH |
| | 200 000 RUPIAH |
| **INSEL MAN** | 1/20 ANGEL |
| | 1/10 ANGEL |
| | 1/4 ANGEL |
| | 1/2 ANGEL |
| | 1 ANGEL |
| | 5 ANGEL |
| | 10 ANGEL |
| | 15 ANGEL |
| | 20 ANGEL |
| | 1/25 CROWN |
| | 1/10 CROWN |
| | 1/5 CROWN |
| | 1/2 CROWN |
| | 1 CROWN |

| LAND DER AUSGABE | MÜNZEN |
|---|---|
| | 50 PENCE |
| | 1 POUND |
| | 2 POUNDS |
| | 5 POUNDS |
| | 50 POUNDS |
| | (1/2 SOVEREIGN) |
| | (1 SOVEREIGN) |
| | (2 SOVEREIGNS) |
| | (5 SOVEREIGNS) |
| **IRAK** | (5 DINARS) |
| | (50 DINARS) |
| | (100 DINARS) |
| **IRAN** | (1/2 AZADI) |
| | (1 AZADI) |
| | (1/4 PAHLAVI) |
| | (1/2 PAHLAVI) |
| | (1 PAHLAVI) |
| | (2 1/2 PAHLAVI) |
| | (5 PAHLAVI) |
| | (10 PAHLAVI) |
| | 50 POUND |
| | 500 RIALS |
| | 750 RIALS |
| | 1000 RIALS |
| | 2000 RIALS |
| **IRLAND** | 20 EURO (Prägejahr 2006-2009) |
| | 100 EURO |
| **ISLAND** | 500 KRONUR |
| | 10 000 KRONUR |
| **ISRAEL** | 20 LIROT |
| | 50 LIROT |
| | 100 LIROT |
| | 200 LIROT |
| | 500 LIROT |
| | 1000 LIROT |
| | 5000 LIROT |
| | 5 NEW SHEQALIM |
| | 10 NEW SHEQALIM |
| | 20 NEW SHEQALIM |
| | 5 SHEQALIM |
| | 10 SHEQALIM |
| | 500 SHEQEL |
| **ITALIEN** | 10 EURO |
| | 20 EURO |
| | 50 EURO |
| | 5 LIRE |
| | 10 LIRE |
| | 20 LIRE |
| | 40 LIRE |
| | 80 LIRE |
| | 100 LIRE |
| **JAMAIKA** | 100 DOLLARS |
| | 250 DOLLARS |
| **JAPAN** | 10 000 YEN |
| **JERSEY** | 1 POUND |
| | 2 POUNDS |

| LAND DER AUSGABE | MÜNZEN |
|---|---|
| | 5 POUNDS |
| | 10 POUNDS |
| | 20 POUNDS |
| | 25 POUNDS |
| | 50 POUNDS |
| | 100 POUNDS |
| | 1 SOVEREIGN |
| **JORDANIEN** | 2 DINARS |
| | 5 DINARS |
| | 10 DINARS |
| | 25 DINARS |
| | 50 DINARS |
| | 60 DINARS |
| **JUGOSLAWIEN** | 20 DINARA |
| | 100 DINARA |
| | 200 DINARA |
| | 500 DINARA |
| | 1000 DINARA |
| | 1500 DINARA |
| | 2000 DINARA |
| | 2500 DINARA |
| | 5000 DINARA |
| | 1 DUCAT |
| | 4 DUCATS |
| **KAIMANINSELN** | 25 DOLLARS |
| | 50 DOLLARS |
| | 100 DOLLARS |
| | 250 DOLLARS |
| **KANADA** | 1 DOLLAR |
| | 2 DOLLARS |
| | 5 DOLLARS |
| | 10 DOLLARS |
| | 20 DOLLARS |
| | 50 DOLLARS |
| | 100 DOLLARS |
| | 175 DOLLARS |
| | 200 DOLLARS |
| | 350 DOLLARS |
| | 1 SOVEREIGN |
| **KASACHSTAN** | 100 TENGE |
| **KATANGA** | 5 FRANCS |
| **KENIA** | 100 SHILLINGS |
| | 250 SHILLINGS |
| | 500 SHILLINGS |
| **KIRIBATI** | 150 DOLLARS |
| **KOLUMBIEN** | 1 PESO |
| | 2 PESOS |
| | 2 1/2 PESOS |
| | 5 PESOS |
| | 10 PESOS |
| | 20 PESOS |
| | 100 PESOS |
| | 200 PESOS |
| | 300 PESOS |
| | 500 PESOS |
| | 1000 PESOS |
| | 1500 PESOS |

| LAND DER AUSGABE | MÜNZEN |
|---|---|
| | 2000 PESOS |
| | 15 000 PESOS |
| **KONGO** | 10 FRANCS |
| | 20 FRANCS |
| | 25 FRANCS |
| | 50 FRANCS |
| | 100 FRANCS |
| **KROATIEN** | 1 KUNA |
| | 10 KUNA |
| | 20 KUNA |
| | 500 KUNA |
| | 1000 KUNA |
| **KUBA** | 4 PESOS |
| | 5 PESOS |
| | 10 PESOS |
| | 20 PESOS |
| | 50 PESOS |
| | 100 PESOS |
| **LESOTHO** | 1 LOTI |
| | 2 MALOTI |
| | 4 MALOTI |
| | 10 MALOTI |
| | 20 MALOTI |
| | 50 MALOTI |
| | 100 MALOTI |
| | 250 MALOTI |
| | 500 MALOTI |
| **LETTLAND** | 5 EURO („Zelta saktas. Ripsakta“) |
| | 5 EURO („Zelta atslēdziņa“) |
| | 20 EURO („Zelta saktas. Pakavsakta“) |
| | 75 EURO („Zelta saktas. Burbuļsakta“) |
| | 1 LATS („Ak, svētā Lestene!“) |
| | 1 LATS („Jūgendstils Rīgā“) |
| | 1 LATS („Zelta ābele“) |
| | 5 LATI („Pieclatnieks“) |
| | 10 LATU („Gafelšoneris 'Julia Maria'“) |
| | 10 LATU („Zelta vēsture“) |
| | 20 LATU („Latvijas monēta“) |
| | 100 LATU apgrozības monēta |
| **LIBERIA** | 12 DOLLARS |
| | 20 DOLLARS |
| | 25 DOLLARS |
| | 30 DOLLARS |
| | 50 DOLLARS |
| | 100 DOLLARS |
| | 200 DOLLARS |
| | 250 DOLLARS |
| | 500 DOLLARS |
| | 2500 DOLLARS |
| **LIECHTENSTEIN** | 10 FRANKEN |

| LAND DER AUSGABE | MÜNZEN |
|---|---|
| | 20 FRANKEN |
| | 25 FRANKEN |
| | 50 FRANKEN |
| | 100 FRANKEN |
| **LITAUEN** | 5 EURO |
| | 50 EURO |
| | 10 LITŲ |
| | 50 LITŲ |
| | 100 LITŲ |
| | 500 LITŲ |
| **LUXEMBURG** | 175 EURO CENT |
| | 2,5 EURO |
| | 5 EURO |
| | 10 EURO |
| | 15 EURO |
| | 20 EURO |
| | 25 EURO |
| | 100 EURO |
| | 250 EURO |
| | 20 FRANCS |
| **MACAU** | 250 PATACAS |
| | 500 PATACAS |
| | 1000 PATACAS |
| | 10 000 PATACAS |
| **MALAWI** | 250 KWACHA |
| **MALAYSIA** | 100 RINGGIT |
| | 200 RINGGIT |
| | 250 RINGGIT |
| | 500 RINGGIT |
| **MALI** | 10 FRANCS |
| | 25 FRANCS |
| | 50 FRANCS |
| | 100 FRANCS |
| **MALTA** | 15 EURO |
| | 50 EURO |
| | 5 (LIRI) |
| | 10 (LIRI) |
| | 20 (LIRI) |
| | 25 (LIRI) |
| | 50 (LIRI) |
| | 100 (LIRI) |
| | LM 25 |
| **MARSHALLINSELN** | 20 DOLLARS |
| | 50 DOLLARS |
| | 200 DOLLARS |
| **MAURITIUS** | 100 RUPEES |
| | 200 RUPEES |
| | 250 RUPEES |
| | 500 RUPEES |
| | 1000 RUPEES |
| **MEXIKO** | 1/20 ONZA |
| | 1/10 ONZA |
| | 1/4 ONZA |
| | 1/2 ONZA |
| | 1 ONZA |
| | 2 PESOS |
| | 2 1/2 PESOS |

| LAND DER AUSGABE | MÜNZEN |
|---|---|
| | 5 PESOS |
| | 10 PESOS |
| | 20 PESOS |
| | 50 PESOS |
| | 250 PESOS |
| | 500 PESOS |
| | 1000 PESOS |
| | 2000 PESOS |
| **MONACO** | 10 EURO |
| | 20 EURO |
| | 100 EURO |
| | 20 FRANCS |
| | 100 FRANCS |
| | 200 FRANCS |
| **MONGOLEI** | 750 (TUGRIK) |
| | 1000 (TUGRIK) |
| | 5000 (TUGRIK) |
| **NEPAL** | 1 ASARPHI |
| | 1000 RUPEES |
| **NEUSEELAND** | 50 CENTS |
| | 1 DOLLAR |
| | 2 DOLLARS |
| | 5 DOLLARS |
| | 10 DOLLARS |
| | 50 DOLLARS |
| | 100 DOLLARS |
| | 150 DOLLARS |
| | 1,56 grammes/1/20 ounce |
| | 3,11 grammes/1/10 ounce |
| | 7,77 grammes/1/4 ounce |
| | 15,56 grammes/1/2 ounce |
| **NICARAGUA** | 50 CORDOBAS |
| **NIEDERLANDE** | (1 DUKAAT) |
| | (2 DUKAAT) |
| | 10 EURO |
| | 20 EURO |
| | 50 EURO |
| | 1 GULDEN |
| | 5 GULDEN |
| | 10 GULDEN |
| **NIEDERLÄNDISCHE ANTILLEN** | 5 GULDEN |
| | 10 GULDEN |
| | 50 GULDEN |
| | 100 GULDEN |
| | 300 GULDEN |
| **NIGER** | 10 FRANCS |
| | 25 FRANCS |
| | 50 FRANCS |
| | 100 FRANCS |
| **NIUE** | 2 1/2 DOLLARS (250 CENTS) |
| | 5 DOLLARS |
| | 10 DOLLARS |
| | 25 DOLLARS |
| | 50 DOLLARS |
| | 100 DOLLARS |
| | 250 DOLLARS |
| | 500 DOLLARS |
| | 10 000 DOLLARS |
| **NÖRDLICHE MARIANEN** | 5 DOLLARS |
| **NORWEGEN** | 20 KRONER |
| | 1500 KRONER |
| **OMAN** | 25 BAISA |
| | 50 BAISA |
| | 100 BAISA |
| | 1/4 OMANI RIAL |
| | 1/2 OMANI RIAL |
| | OMANI RIAL |
| | 5 OMANI RIALS |
| | 10 OMANI RIALS |
| | 15 OMANI RIALS |
| | 20 OMANI RIALS |
| | 25 OMANI RIALS |
| | 75 OMANI RIALS |
| **ÖSTERREICH** | 10 CORONA (= 10 KRONEN) |
| | 20 CORONA (= 20 KRONEN) |
| | 100 CORONA (= 100 KRONEN) |
| | (4 DUKATEN) |
| | 4 EURO (1/25 oz „Philharmoniker") |
| | 10 EURO |
| | 25 EURO |
| | 50 EURO |
| | 100 EURO |
| | 2000 EURO |
| | 100 000 EURO |
| | 4 FLORIN = 10 FRANCS (= 4 GULDEN) |
| | 8 FLORIN = 20 FRANCS (= 8 GULDEN) |
| | 25 SCHILLING |
| | 100 SCHILLING |
| | 200 SCHILLING |
| | 200 SHILLING/ 10 EURO |
| | 500 SCHILLING |
| | 1000 SCHILLING |
| | 2000 SCHILLING |
| **OSTKARIBISCHE STAATEN** | 1 DOLLAR |
| | 2.50 DOLLARS |
| | 5 DOLLARS |
| | 10 DOLLARS |
| | 20 DOLLARS |
| | 50 DOLLARS |
| | 100 DOLLARS |
| | 200 DOLLARS |
| **PAKISTAN** | 3000 RUPEES |
| **PALAU** | 1 DOLLAR |
| **PANAMA** | 100 BALBOAS |
| | 500 BALBOAS |
| **PAPUA-NEUGUINEA** | 100 KINA |

| LAND DER AUSGABE | MÜNZEN |
|---|---|
| **PERU** | 1/5 LIBRA |
| | 1/2 LIBRA |
| | 1 LIBRA |
| | 5 SOLES |
| | 10 SOLES |
| | 20 SOLES |
| | 50 SOLES |
| | 100 SOLES |
| **PHILIPPINEN** | 1000 PISO |
| | 1500 PISO |
| | 5000 PISO |
| **POLEN** | 1 GROSZ |
| | 2 GROSZE |
| | 5 GROSZY |
| | 10 GROSZY |
| | 20 GROSZY |
| | 50 GROSZY |
| | 1 ZŁOTY |
| | 2 ZŁOTE |
| | 5 ZŁOTYCH |
| | 30 ZŁOTYCH |
| | 50 ZŁOTYCH |
| | 100 ZŁOTYCH (Ausnahme: 100 ZŁOTYCH „Beatyfikacja Jana Pawła II 1 V 2011“) |
| | 200 ZŁOTYCH (Ausnahme: 200 ZŁOTYCH „100-lecie Politechniki Warszawskiej“) |
| | 500 ZŁOTYCH |
| | 2018 ZŁOTYCH |
| **PORTUGAL** | 1 ESCUDO |
| | 100 ESCUDOS |
| | 200 ESCUDOS |
| | 500 ESCUDOS |
| | 5 EURO |
| | 8 EURO |
| | 10 000 REIS |
| **RHODESIEN** | 1 POUND |
| | 5 POUNDS |
| | 10 SHILLINGS |
| **RUANDA** | 10 FRANCS |
| | 25 FRANCS |
| | 50 FRANCS |
| | 100 FRANCS |
| | 200 FRANCS |
| **RUMÄNIEN** | 20 LEI (aus dem Jahr 1883) |
| **RUSSLAND** | 1 TSERVONETS (Prägejahr 1975) |
| | 7,5 ROUBLES (Prägejahr 1897) |
| | 10 (ROUBLES) |
| | 15 (ROUBLES) |
| | 25 (ROUBLES) |
| | 50 (ROUBLES) |
| | 100 (ROUBLES) |
| | 200 (ROUBLES) |

| LAND DER AUSGABE | MÜNZEN |
|---|---|
| | 1000 (ROUBLES) |
| | 10 000 (ROUBLES) |
| **SALOMONEN** | 10 DOLLARS |
| | 25 DOLLARS |
| | 50 DOLLARS |
| | 100 DOLLARS |
| **SAMBIA** | 250 KWACHA |
| | 500 KWACHA |
| **SAN MARINO** | 20 EURO |
| | 50 EURO |
| | 1 SCUDO |
| | 2 SCUDI |
| | 5 SCUDI |
| | 10 SCUDI |
| **SAUDI-ARABIEN** | 1 GUINEA (= 1 SAUDI POUND) |
| **SCHWEDEN** | 5 KRONOR |
| | 10 KRONOR |
| | 20 KRONOR |
| | 1000 KRONOR |
| | 2000 KRONOR |
| | 4000 KRONOR |
| **SCHWEIZ** | 10 FRANCS |
| | 20 FRANCS |
| | 50 FRANCS |
| | 100 FRANCS |
| **SENEGAL** | 10 FRANCS |
| | 25 FRANCS |
| | 50 FRANCS |
| | 100 FRANCS |
| | 250 FRANCS |
| | 500 FRANCS |
| | 1000 FRANCS |
| | 2500 FRANCS |
| **SERBIEN** | 10 DINARA |
| | 20 DINARA |
| **SEYCHELLEN** | 1000 RUPEES |
| | 1500 RUPEES |
| **SIERRA LEONE** | 10 DOLLARS |
| | 20 DOLLARS |
| | 50 DOLLARS |
| | 100 DOLLARS |
| | 250 DOLLARS |
| | 500 DOLLARS |
| | 2500 DOLLARS |
| | 1/4 GOLDE |
| | 1/2 GOLDE |
| | 1 GOLDE |
| | 5 GOLDE |
| | 10 GOLDE |
| | 1 LEONE |
| **SINGAPUR** | 1 DOLLAR |
| | 2 DOLLARS |
| | 5 DOLLARS |
| | 10 DOLLARS |
| | 20 DOLLARS |
| | 25 DOLLARS |

| LAND DER AUSGABE | MÜNZEN |
|---|---|
| | 50 DOLLARS |
| | 100 DOLLARS |
| | 150 DOLLARS |
| | 250 DOLLARS |
| | 500 DOLLARS |
| **SLOWAKISCHE REPUBLIK** | 100 EURO |
| | 5000 KORUN (5000 Sk) |
| | 10 000 KORUN (10 000 Sk) |
| **SLOWENIEN** | 100 EURO |
| | 5000 TOLARS |
| | 20 000 TOLARS |
| | 25 000 TOLARS |
| **SOMALIA** | 20 SHILLINGS |
| | 50 SHILLINGS |
| | 100 SHILLINGS |
| | 200 SHILLINGS |
| | 500 SHILLINGS |
| | 1500 SHILLINGS |
| **SPANIEN** | 2 (ESCUDOS) |
| | 10 (ESCUDOS) |
| | 20 EURO |
| | 100 EURO |
| | 200 EURO |
| | 400 EURO |
| | 10 PESETAS |
| | 20 PESETAS |
| | 25 PESETAS |
| | 5000 PESETAS |
| | 10 000 PESETAS |
| | 20 000 PESETAS |
| | 40 000 PESETAS |
| | 80 000 PESETAS |
| | 80 (REALES) |
| | 100 (REALES) |
| **ST. HELENA** | 1/16 GUINEA |
| | 1/8 GUINEA |
| | 1/4 GUINEA |
| | 1/2 GUINEA |
| | 1 GUINEA |
| | 2 GUINEAS |
| | 5 GUINEAS |
| | 2 POUNDS |
| | 5 POUNDS |
| | 1/16 SOVEREIGN |
| | 1/8 SOVEREIGN |
| | 1/4 SOVEREIGN |
| | 1/2 SOVEREIGN |
| | SOVEREIGN |
| **SÜDAFRIKA** | 1/10 KRUGERRAND |
| | 1/4 KRUGERRAND |
| | 1/2 KRUGERRAND |
| | 1 KRUGERRAND |
| | 1/10 oz NATURA |
| | 1/4 oz NATURA |
| | 1/2 oz NATURA |
| | 1 oz NATURA |

| LAND DER AUSGABE | MÜNZEN |
|---|---|
| | 1/2 POND |
| | 1 POND |
| | 1/10 PROTEA |
| | 1 PROTEA |
| | 1 RAND |
| | 2 RAND |
| | 5 RAND |
| | 25 RAND |
| | 1/2 SOVEREIGN (= ½ POUND) |
| | 1 SOVEREIGN (= 1 POUND) |
| **SUDAN** | 25 POUNDS |
| | 50 POUNDS |
| | 100 POUNDS |
| **SÜDGEORGIEN & SÜDLICHE SANDWICHINSELN** | 4 POUNDS |
| **SÜDKOREA** | 2500 WON |
| | 20 000 WON |
| | 25 000 WON |
| | 30 000 WON |
| | 50 000 WON |
| **SURINAME** | 20 DOLLARS |
| | 50 DOLLARS |
| | 100 GULDEN |
| **SWASILAND** | 2 EMALANGENI |
| | 5 EMALANGENI |
| | 10 EMALANGENI |
| | 20 EMALANGENI |
| | 25 EMALANGENI |
| | 50 EMALANGENI |
| | 100 EMALANGENI |
| | 250 EMALANGENI |
| | 1 LILANGENI |
| **SYRIEN** | (1/2 POUND) |
| | (1 POUND) |
| **TANSANIA** | 1500 SHILINGI |
| | 2000 SHILINGI |
| **THAILAND** | (150 BAHT) |
| | (300 BAHT) |
| | (400 BAHT) |
| | (600 BAHT) |
| | (800 BAHT) |
| | (1500 BAHT) |
| | (2500 BAHT) |
| | (3000 BAHT) |
| | (4000 BAHT) |
| | (5000 BAHT) |
| | (6000 BAHT) |
| **TOGO** | 1500 FRANCS |
| **TONGA** | 1/2 HAU |
| | 1 HAU |
| | 5 HAU |
| | 1/4 KOULA |
| | 1/2 KOULA |
| | 1 KOULA |
| **TRISTAN DA CUNHA** | 1/16 GUINEA |

| LAND DER AUSGABE | MÜNZEN |
|---|---|
| | 1/8 GUINEA |
| | 1/4 GUINEA |
| | 1/2 GUINEA |
| | 1 GUINEA |
| | 2 GUINEAS |
| | 5 GUINEAS |
| | 2 POUNDS |
| | 5 POUNDS |
| | 1/16 SOVEREIGN |
| | 1/8 SOVEREIGN |
| | QUARTER SOVEREIGN |
| | HALF SOVEREIGN |
| | SOVEREIGN |
| **TSCHAD** | 3000 FRANCS |
| | 5000 FRANCS |
| | 10 000 FRANCS |
| | 20 000 FRANCS |
| **TSCHECHISCHE REPUBLIK** | 1000 KORUN (1000 Kč) |
| | 2000 KORUN (2000 Kč) |
| | 2500 KORUN (2500 Kč) |
| | 5000 KORUN (5000 Kč) |
| | 10 000 KORUN (10 000 Kč) |
| **TSCHECHOSLOWAKEI** | 1 DUKÁT |
| | 2 DUKÁT |
| | 5 DUKÁT |
| | 10 DUKÁT |
| **TUNESIEN** | 2 DINARS |
| | 5 DINARS |
| | 10 DINARS |
| | 20 DINARS |
| | 40 DINARS |
| | 75 DINARS |
| | 10 FRANCS |
| | 20 FRANCS |
| | 100 FRANCS |
| | 5 PIASTRES |
| **TÜRKEI** | (25 KURUSH) (= 25 PIASTRES) |
| | (50 KURUSH) (= 50 PIASTRES) |
| | (100 KURUSH) (= 100 PIASTRES) |
| | (250 KURUSH) (= 250 PIASTRES) |
| | (500 KURUSH) (= 500 PIASTRES) |
| | 1/2 LIRA |
| | 1 LIRA |
| | 500 LIRA |
| | 1000 LIRA |
| | 10 000 LIRA |
| | 50 000 LIRA |
| | 100 000 LIRA |
| | 200 000 LIRA |
| | 1000 000 LIRA |
| | 60 000 000 LIRA |

| LAND DER AUSGABE | MÜNZEN |
|---|---|
| **TURKS- UND CAICOSINSELN** | 100 CROWNS |
| **TUVALU** | 50 DOLLARS |
| **UGANDA** | 50 SHILLINGS |
| | 100 SHILLINGS |
| | 500 SHILLINGS |
| | 1000 SHILLINGS |
| **UNGARN** | 1 DUKAT |
| | 4 FORINT = 10 FRANCS |
| | 8 FORINT = 20 FRANCS |
| | 50 FORINT |
| | 100 FORINT |
| | 200 FORINT |
| | 500 FORINT |
| | 1000 FORINT |
| | 5000 FORINT |
| | 10 000 FORINT |
| | 20 000 FORINT |
| | 50 000 FORINT |
| | 100 000 FORINT |
| | 500 000 FORINT |
| | 10 KORONA |
| | 20 KORONA |
| | 100 KORONA |
| **URUGUAY** | 5000 NUEVO PESOS |
| | 20 000 NUEVO PESOS |
| | 5 PESOS |
| **USA** | 2 1/2 DOLLARS |
| | 5 DOLLARS |
| | 10 DOLLARS (AMERICAN EAGLE) |
| | 20 DOLLARS |
| | 25 DOLLARS |
| | 50 DOLLARS |
| | 50 DOLLARS (AMERICAN BUFFALO) |
| | 50 DOLLARS (AMERICAN EAGLE) |
| **VATIKAN** | 20 EURO |
| | 50 EURO |
| | 10 LIRE |
| | 20 LIRE |
| **VENEZUELA** | (10 BOLIVARES) |
| | (20 BOLIVARES) |
| | (100 BOLIVARES) |
| | 1000 BOLIVARES |
| | 3000 BOLIVARES |
| | 5000 BOLIVARES |
| | 10 000 BOLIVARES |
| | 5 VENEZOLANOS |
| **VEREINIGTE ARABISCHE EMIRATE** | (500 DIRHHAMS) |
| | (750 DIRHHAMS) |
| | (1000 DIRHHAMS) |
| **VEREINIGTES KÖNIGREICH** | (1/3 GUINEA) |
| | (1/2 GUINEA) |
| | 1 PENNY |

| LAND DER AUSGABE | MÜNZEN |
|---|---|
| | 2 PENCE |
| | 5 PENCE |
| | 10 PENCE |
| | 20 PENCE |
| | 50 PENCE |
| | 1 POUND |
| | 2 POUNDS |
| | 5 POUNDS |
| | 10 POUNDS |
| | 25 POUNDS |
| | 50 POUNDS |
| | 100 POUNDS |
| | 200 POUNDS |
| | 500 POUNDS |
| | 800 POUNDS (30 OZ BRITANNIA) |

| LAND DER AUSGABE | MÜNZEN |
|---|---|
| | 1000 POUNDS |
| | 2000 POUNDS |
| | 5000 POUNDS |
| | 10 000 POUNDS |
| | QUARTER SOVER-EIGN |
| | 1/2 SOVEREIGN |
| | (1 SOVEREIGN) (= 1 POUND) |
| | 2 SOVEREIGNS |
| | (5 SOVEREIGNS) |
| **WESTSAMOA** | 50 TALA |
| | 100 TALA |
| **ZAIRE** | 100 ZAIRES |
| **ZYPERN** | 50 POUNDS |

# 500 § 26/1. Schreiben betr. Umsatzsteuer; Grenzüberschreitende Personenbeförderungen im Luftverkehr (§ 26 Abs. 3 UStG) – Verzeichnis der Länder, zu denen Gegenseitigkeit festgestellt ist (Stand: 1. April 2017)

Vom 18. April 2017 (BStBl. I S. 713)

(BMF III C 3 – S 7433/11/10005; DOK 2017/0343411)

**1 Anlage**

Hiermit übersende ich das Verzeichnis der Länder, zu denen die Gegenseitigkeit nach § 26 Abs. 3 UStG festgestellt ist, nach dem Stand vom 1. April 2017. Folgendes Land wurde neu in das Verzeichnis aufgenommen: Republik Moldau.

Das Verzeichnis tritt an die Stelle des mit BMF-Schreiben vom 19. Juli 2013 IV D 3 – S 7433/11/10005, DOK 2013/06984806, BStBl. I S. 923, bekannt gegebenen Verzeichnisses nach dem Stand vom 1. Juli 2013.

**Anlage**

## Verzeichnis der Länder, zu denen Gegenseitigkeit i. S. d. § 26 Abs. 3 UStG festgestellt ist

**(Stand: 1. April 2017)**

Ägypten
Äthiopien
Afghanistan
Algerien
Angola
Argentinien
Armenien
Australien
Bahrain
Bangladesh
Belgien
Brasilien
Brunei
Darussalam
Bulgarien
Chile
China (Volksrepublik)
Dänemark
Finnland
Frankreich
Georgien
Ghana
Griechenland
Großbritannien
Hongkong
Indien
Indonesien
Irak
Iran
Irland
Island
Israel
Italien
Jamaika
Japan
Jordanien
Kanada
Kasachstan
Katar
Kenia
Korea (Republik)
Kroatien
Kuba
Kuwait
Lettland
Libanon
Libyen
Liechtenstein
Litauen
Luxemburg
Malaysia
Malta
Marokko
Mauritius
Mazedonien
Moldau
Mongolei
Montenegro
Namibia
Nepal
Neuseeland
Niederlande
Nigeria
Norwegen
Österreich
Oman
Pakistan
Paraguay
Polen
Portugal
Rumänien
Russland
Sambia
Saudi-Arabien
Schweden
Schweiz
Serbien
Seychellen
Singapur
Slowakische Republik
Slowenien
Somalia
Spanien
Sudan
Südafrika
Syrien
Tadschikistan
Taiwan
Thailand
Tschechische Republik
Tunesien
Türkei
Turkmenistan
Ukraine
Ungarn
Usbekistan
Venezuela
Vereinigte Arabische Emirate
Vereinigte Staaten von Amerika
Vietnam
Weißrussland
Zimbabwe
Zypern (Republik)

# 500 § 28/1. Schreiben betr. Umsatzsteuer; Befristete Absenkung des Umsatzsteuersatzes für Lieferungen von Gas über das Erdgasnetz und Wärme über ein Wärmenetz im Zeitraum vom 1. Oktober 2022 bis 31. März 2024

Vom 25. Oktober 2022

BMF III C 2 - S 7030/22/10016 :005; DOK 2022/1014041

(BStBl. I S. 1455)

Unter Bezugnahme auf das Ergebnis der Erörterungen mit den obersten Finanzbehörden der Länder gilt Folgendes:

## 1. Umsatzsteuersatzsenkung

### 1.1. Befristete Absenkung des Umsatzsteuersatzes für Gaslieferungen über das Erdgasnetz und Wärme über ein Wärmenetz

Durch das Gesetz zur temporären Senkung des Umsatzsteuersatzes auf Gaslieferungen über das Erdgasnetz (BGBl. 2022 I S. 1743)[1] wird der Umsatzsteuersatz für Gaslieferungen über das Erdgasnetz und die Lieferung von Wärme über ein Wärmenetz befristet vom 1. Oktober 2022 bis zum 31. März 2024 von 19 Prozent auf 7 Prozent gesenkt. Die Änderung tritt am 1. Oktober 2022 in Kraft. **1**

### 1.2. Anwendungsregelung für Änderungen des Umsatzsteuergesetzes (§ 27 Abs. 1 UStG)

Soweit nichts anderes bestimmt ist, sind Änderungen des Umsatzsteuergesetzes auf Lieferungen, sonstige Leistungen und innergemeinschaftliche Erwerbe anzuwenden, die ab dem Inkrafttreten der jeweiligen Änderungsvorschrift ausgeführt werden (§ 27 Abs. 1 Satz 1 UStG). Werden statt einer Gesamtleistung Teilleistungen (§ 13 Abs. 1 Nr. 1 Buchst. a Satz 2 und 3 UStG) erbracht, kommt es für die Anwendung einer Änderungsvorschrift (z.B. der Absenkung und Anhebung der Umsatzsteuersätze) nicht auf den Zeitpunkt der Gesamtleistung, sondern darauf an, wann die einzelnen Teilleistungen ausgeführt werden. **2**

Änderungen des Umsatzsteuergesetzes sind nach § 27 Abs. 1 Satz 2 UStG auf die ab dem Inkrafttreten der jeweiligen Änderungsvorschrift ausgeführten Lieferungen und sonstigen Leistungen auch insoweit anzuwenden, als die Umsatzsteuer dafür – z.B. bei Anzahlungen, Abschlagszahlungen, Vorauszahlungen, Vorschüssen – in den Fällen der Istversteuerung nach § 13 Abs. 1 Nr. 1 Buchst. a Satz 4, Buchst. b oder § 13b Abs. 4 Satz 2 UStG bereits vor dem Inkrafttreten der betreffenden Änderungsvorschrift entstanden ist. Die Steuerberechnung ist in diesen Fällen erst in dem Voranmeldungszeitraum zu berichtigen, in dem die Leistung ausgeführt wird (§ 27 Abs. 1 Satz 3 UStG). **3**

Gas- und Wärmelieferungen sind erst mit Ablauf des jeweiligen Ablesezeitraums als ausgeführt zu behandeln. Die während des Ablesezeitraums geleisteten Abschlagszahlungen führen mit Ablauf des Voranmeldungszeitraums ihrer Vereinnahmung zum Entstehen der Steuer (Abschn. 13.1 Abs. 2 Sätze 4 und 5 **4**

[1] **Amtl. Anm.:** BStBl. I S. 1435.

Umsatzsteuer-Anwendungserlass – UStAE –). Die unter den Rzn. 2 und 3 genannten Grundsätze haben zur Folge, dass der Gas- oder Wärmeverbrauch eines Kunden auch dann in vollem Umfang dem Steuersatz unterliegt, der am Ende des Ablesezeitraums gilt, wenn zu Beginn dieses Zeitraums noch ein anderer Steuersatz gegolten hat.

## 2. Auswirkungen der befristeten Absenkung der Umsatzsteuersätze

### 2.1. Anwendungsbereich

5 Der ermäßigte Umsatzsteuersatz gilt für die Lieferung von Gas über das Erdgasnetz. Nicht entscheidend ist dabei, um welche Art von Gas es sich handelt (z.B. Biogas oder Erdgas). Ebenso erfasst sind Lieferungen von Gas, das vom leistenden Unternehmer per Tanklastwagen zum Leistungsempfänger für die Wärmeerzeugung transportiert wird. Ermäßigt besteuert wird auch die Einspeisung von Gas in das Erdgasnetz.

6 Als Lieferung von „Gas über das Erdgasnetz“ gilt auch das Legen eines Gas-Hausanschlusses. Die Grundsätze des BMF-Schreibens vom 4. Februar 2021 (BStBl. I S. 312) zu Hauswasseranschlüssen gelten für den Zeitraum vom 1. Oktober 2022 bis zum 31. März 2024 entsprechend. Ebenso umfasst die Steuersatzermäßigung die Mehr-/Mindermengen-Abrechnung von Gas auf Ebene des Ausspeisenetzbetreibers sowohl im Verhältnis zum Transportkunden als auch im Verhältnis zum Marktgebietsverantwortlichen.

7 Selbstständige sonstige Leistungen, die nicht Teil einer Gaslieferung sind, unterliegen dem Regelsteuersatz.

8 Die Einfuhr von Gas über das Erdgasnetz bleibt unter den Voraussetzungen des § 5 Abs. 1 Nr. 6 UStG weiterhin steuerfrei. Bei Lieferungen von Gas über das Erdgasnetz unter den Bedingungen von § 3g Abs. 1 oder Abs. 2 UStG liegt weder ein innergemeinschaftliches Verbringen noch ein innergemeinschaftlicher Erwerb vor (vgl. Abschn. 3g.1 Abs. 6 Satz 3 ff. UStAE).

9 Der ermäßigte Umsatzsteuersatz gilt auch für die Lieferung von Wärme über ein Wärmenetz. Begünstigt ist damit die Lieferung von Wärme aus einer Wärmeerzeugungsanlage.

### 2.2. Anwendungszeitraum

10 Der ermäßigte Umsatzsteuersatz gilt für Lieferungen von Gas über das Erdgasnetz und von Wärme über ein Wärmenetz, die vom 1. Oktober 2022 bis zum 31. März 2024 bewirkt werden (vgl. Rzn. 2 bis 4).

## 3. Vereinfachungsregelungen

### 3.1. Abrechnung auf Grundlage des Gastages

11 Aus Vereinfachungsgründen wird es nicht beanstandet, wenn der Unternehmer Abrechnungen zum 1. Oktober 2022 6 Uhr und zum 1. April 2024 6 Uhr so behandelt, als wäre die Abrechnung am Vortag um 24 Uhr erfolgt. Ein Unternehmer kann diese Vereinfachungsregelung in Bezug auf den jeweiligen Kunden nur einheitlich anwenden.

### 3.2. Abrechnung von Gas- und Wärmelieferungen

12 Die Lieferungen von Gas oder Wärme durch Versorgungsunternehmen an Kunden werden nach Ablesezeiträumen (z.B. vierteljährlich oder jährlich) abgerechnet. Sofern die Ablesezeiträume zu einem Zeitpunkt nach dem 30. September 2022 und vor dem 1. April 2024 enden, sind grundsätzlich die

Lieferungen des gesamten Ablesezeitraums dem ab 1. Oktober 2022 geltenden Umsatzsteuersatz von 7 Prozent zu unterwerfen. Sofern Ablesezeiträume nach dem 31. März 2024 enden, sind grundsätzlich die Lieferungen des gesamten Ablesezeitraums dem Umsatzsteuersatz von 19 Prozent zu unterwerfen. Werden nach dem 30. September 2022 und vor dem 1. April 2024 ausgeführte Lieferungen gesondert abgerechnet, gelten die Sätze 2 und 3 für die verkürzten Abrechnungszeiträume entsprechend. Umsatzsteuerrechtlich bestehen keine Bedenken dagegen, diese gesonderten Abrechnungen bei Kunden in der Weise vorzunehmen, dass die Ergebnisse der Ablesezeiträume, die regulär nach dem 30. September 2022 und/oder vor dem 1. April 2024 enden, im Verhältnis der Tage vor und ab dem 1. Oktober 2022 aufgeteilt werden. Für Ablesezeiträume, die regulär nach dem 31. März 2024 enden, können die gesonderten Abrechnungen im Verhältnis der Tage vor und ab dem 1. April 2024 vorgenommen werden. Ist der Ablesezeitraum länger als drei Monate, hat das Versorgungsunternehmen bei der Aufteilung grundsätzlich eine Gewichtung vorzunehmen, damit die Verbrauchsunterschiede in den Zeiträumen vor und ab dem Stichtag entsprechend berücksichtigt werden. Soweit wesentliche Verbrauchsunterschiede nicht bestehen, kann auf die Gewichtung verzichtet werden. Es bestehen keine Bedenken, wenn hinsichtlich eines Kunden teilweise Abrechnungszeiträume nach Satz 5 und teilweise Abrechnungszeiträume nach Satz 6 abgerechnet werden.

Zur Vermeidung von Übergangsschwierigkeiten können die Finanzämter auf **13** Antrag ein vereinfachtes Abrechnungsverfahren für solche Versorgungsunternehmen zulassen, die bei ihren Kunden ein manuelles direktes Inkassoverfahren anwenden. Sofern in diesem Inkassoverfahren bei Kunden mit gleichen Ablesezeiträumen zu unterschiedlichen Zeitpunkten abgelesen wird und sich die Ablesezeiträume unterschiedlich um den 1. Oktober 2022 verteilen, kann zum Ausgleich der unterschiedlichen Ablesezeitpunkte für die letzte Ablesung vor dem 1. Oktober 2022 ein mittlerer Ablesezeitpunkt gebildet werden.

Die Rechnungen an die Kunden sind anhand der nach den vorstehenden **14** Grundsätzen ermittelten Ergebnissen auszustellen. Spätere Entgeltberichtigungen sowie Änderungen der nach den vorstehenden Grundsätzen vorgenommenen Aufteilung der Lieferungen sind umsatzsteuerlich entsprechend zu berücksichtigen.

Zur Vermeidung von Übergangsschwierigkeiten wird es nicht beanstandet, **15** wenn Rechnungen über Abschlagszahlungen, die nach dem 30. September 2022 und vor dem 1. April 2024 fällig werden, nicht berichtigt werden, sofern dementsprechend Umsatzsteuer in Höhe von 19 Prozent abgeführt und erst in der Endabrechnung nach den vorstehenden Grundsätzen zutreffend abgerechnet wird. In diesem Fall wird es auch nicht beanstandet, wenn vorsteuerabzugsberechtigte Kunden aus den Abschlagsrechnungen einen Vorsteuerabzug auf der Grundlage von 19 Prozent geltend machen und der Vorsteuerabzug für die gesamte Leistung erst auf der Grundlage der vorstehenden Endabrechnung auf den zulässigen Wert korrigiert wird.

Es bestehen keine Bedenken dagegen, dass in Rechnungen, die vor dem **16** 1. Oktober 2022 über die vor diesem Zeitpunkt vereinnahmten Teilentgelte für nach dem 30. September 2022 erbrachte steuerpflichtige Leistungen oder Teilleistungen ausgestellt werden, die Umsatzsteuer nach dem 30. September 2022 und vor dem 1. April 2024 geltenden Umsatzsteuersatz von 7 Prozent ausgewiesen wird. Die ausgewiesene Umsatzsteuer wird vom Unternehmer geschuldet. Der Leistungsempfänger kann den angegebenen Umsatzsteuerbetrag unter den übrigen Voraussetzungen des § 15 UStG als Vorsteuer abziehen, nachdem die Rechnung vorliegt und soweit der Rechnungsbetrag gezahlt worden ist. Eine Berichtigung der Berechnung der vor dem 1. Oktober 2022 entstandenen Umsatzsteuer (§ 27 Abs. 1 Satz 3 UStG) scheidet in diesen Fällen aus. Ebenso wird es bei Anwendung der Steuerschuldnerschaft des Leistungsempfängers nach § 13b UStG nicht beanstandet, wenn eine vor dem 1. Oktober 2022 vereinnahmte Abschlagszahlung für eine nach dem 30. September 2022 ausgeführte Leistung dem Umsatzsteuersatz von 7 Prozent unterworfen wird.

### 3.3. Gewährung von Jahresboni, Jahresrückvergütungen und dergleichen

17 Die Absenkung des Umsatzsteuersatzes zum 1. Oktober 2022 ist bei der Berichtigung der Steuer- und Vorsteuerbeträge nach § 17 Abs. 1 UStG ebenfalls zu berücksichtigen, wenn die Entgelte für die in einem Jahreszeitraum ausgeführten Leistungen gemeinsam (z.B. durch Jahresrückvergütungen, Jahresboni, Treuerabatte und dergleichen) gemindert werden und dieser Jahreszeitraum vor dem 1. Oktober 2022 begonnen hat und nach dem 30. September 2022 endet (z.B. vom 1. Januar 2022 bis 31. Dezember 2022). Soweit die gemeinsamen Entgeltminderungen für die bis zum 30. September 2022 ausgeführten Umsätze gewährt werden, ist folglich bei der Anwendung des § 17 Abs. 1 UStG der Umsatzsteuersatz von 19 Prozent zugrunde zu legen. Auf den Anteil der gemeinsamen Entgeltminderungen, der auf die Umsätze nach dem 30. September 2022 (z.B. vom 1. Oktober 2022 bis zum 31. Dezember 2022) entfällt, ist auch für die Steuer- und Vorsteuerberichtigung der Umsatzsteuersatz 7 Prozent anzuwenden. Der Unternehmer hat nach § 17 Abs. 4 UStG den betreffenden Leistungsempfängern einen Beleg zu erteilen, aus dem hervorgeht, wie sich die gemeinsamen Entgeltminderungen auf die Umsätze in den beiden Zeiträumen entsprechend den anzuwendenden Steuersätzen verteilen.

Zur Vereinfachung kann bei der Aufteilung der gemeinsamen Entgeltminderungen wie folgt verfahren werden:

1. Der Unternehmer ermittelt das Verhältnis zwischen seinen steuerpflichtigen Umsätzen der anteiligen Jahreszeiträume vor und nach dem Stichtag 1. Oktober 2022. Er teilt nach diesem Verhältnis die gemeinsamen Entgeltminderungen auf, die er den einzelnen Leistungsempfängern für den über den 30. September 2022 hinausreichenden Jahreszeitraum gewährt.
2. Unterliegen die Umsätze des Unternehmers teils dem allgemeinen, teils dem ermäßigten Steuersatz, wird das Verhältnis zwischen den nichtbegünstigten und den begünstigten Umsätzen entweder für den über den 30. September 2022 hinausreichenden Jahreszeitraum insgesamt oder für die beiden anteiligen Zeiträume gesondert ermittelt. Der Unternehmer verteilt die den einzelnen Leistungsempfängern gewährten gemeinsamen Entgeltminderungen nach diesem Umsatzverhältnis auf die verschiedenen Steuersätze.
3. Eine Jahresrückvergütung für das gesamte Kalenderjahr 2022 kann zu 75 Prozent (Januar bis September) mit 19 Prozent und zu 25 Prozent (Oktober bis Dezember) mit 7 Prozent berücksichtigt werden, unabhängig davon, wann die zugrundeliegenden Umsätze ausgeführt wurden.

Der Leistungsempfänger hat bei der Berichtigung des Vorsteuerabzugs von der Aufteilung der gemeinsamen Entgeltminderungen auf die verschiedenen Steuersätze auszugehen, die der Unternehmer vorgenommen und in dem nach § 17 Abs. 4 UStG zu erteilenden Beleg angegeben hat.

Es ist außerdem nicht zu beanstanden, wenn ein Unternehmer von einer Aufteilung der gemeinsamen Entgeltminderungen absieht und der Steuerberichtigung nach § 17 Abs. 1 Satz 1 UStG ausnahmslos den allgemeinen Steuersatz von 19 Prozent zugrunde legt. Der Leistungsempfänger muss dann bei der Berichtigung des Vorsteuerabzugs nach § 17 Abs. 1 Satz 2 UStG entsprechend verfahren. 18

### 3.4. Zu hoher Umsatzsteuerausweis in der Unternehmerkette

Hat der leistende Unternehmer für eine nach dem 30. September 2022 und vor dem 1. November 2022 an einen anderen Unternehmer erbrachte Leistung in der Rechnung den Regelsteuersatz ausgewiesen und diesen Steuerbetrag abgeführt, wird es aus Vereinfachungsgründen nicht beanstandet, wenn der Unternehmer in den Rechnungen den Umsatzsteuerausweis nicht berichtigt. Einem zum Vorsteuerabzug berechtigten Leistungsempfänger wird aus Gründen der Praktikabilität aus einer Rechnung mit einem derartigen Steuerausweis, der i.S.v. § 14c Abs. 1 UStG unrichtig ist, auch für die nach dem 30. September 2022 und vor dem 1. November 2022 seitens eines Unternehmers erbrachte Leistung ein Vorsteuerabzug auf Grundlage des ausgewiesenen Steuersatzes gewährt. Für Umsätze, für die der Leistungsempfänger die Steuer nach § 13b UStG schuldet, gilt dies entsprechend für die vom Leistungsempfänger berechnete Steuer. 19

## 4. Wiederanwendung des Regelsteuersatzes zum 1. April 2024

Die vorgenannten Regelungen gelten für die Wiederanwendung des Regelsteuersatzes von 19 Prozent zum 1. April 2024 entsprechend. 20

# 500 § 134/1. Schreiben betr. Umsatzsteuer; Konsequenzen des Austritts des Vereinigten Königreichs Großbritannien und Nordirland aus der Europäischen Union

Vom 10. Dezember 2020

BMF III C 1 - S 7050/19/10001 :002; DOK 2020/1285153

(BStBl. I S. 1370)

Am 31. Januar 2020 ist das Vereinigte Königreich Großbritannien und Nordirland (im Folgenden: „Vereinigtes Königreich") aus der Europäischen Union ausgetreten. Nach den Regelungen des Abkommens über den Austritt des Vereinigten Königreichs Großbritannien und Nordirland aus der Europäischen Union und der Europäischen Atomgemeinschaft (ABl. EU Nr. L 29 vom 31. Januar 2020 S. 7; im Folgenden: „Austrittsabkommen") schloss sich ein Übergangszeitraum an, in dem u. a. das Mehrwertsteuerrecht der Union für das Vereinigte Königreich weiterhin Anwendung findet. Dieser Übergangszeitraum wird mit Ablauf des 31. Dezember 2020, UTC+1 (24.00 Uhr Brüsseler Zeit) enden. 1

Unter Bezugnahme auf das Ergebnis der Erörterungen mit den obersten Finanzbehörden der Länder gilt hierzu Folgendes:

## 1. Künftiger umsatzsteuerrechtlicher Status von Großbritannien und Nordirland

Grundsätzlich ist das Vereinigte Königreich, mithin Großbritannien und Nordirland, für umsatzsteuerrechtliche Zwecke nach dem 31. Dezember 2020 als Drittlandsgebiet i. S. d. § 1 Abs. 2 a Satz 3 UStG anzusehen. 2

Eine Ausnahme gilt für Nordirland, für das im „Protokoll zu Irland/Nordirland" zum Austrittsabkommen ein besonderer Status vereinbart wurde. Nach Art. 8 Abs. 1 i. V. m. Anhang 3 dieses Protokolls gelten für Nordirland folgende Bestimmungen fort, soweit sie die Umsatzbesteuerung des Warenverkehrs betreffen: 3

- Richtlinie 2006/112/EG des Rates vom 28. November 2006 über das gemeinsame Mehrwertsteuersystem,
- Richtlinie 2008/9/EG des Rates vom 12. Februar 2008 zur Regelung der Erstattung der Mehrwertsteuer gemäß der Richtlinie 2006/112/EG an nicht im Mitgliedstaat der Erstattung, sondern in einem anderen Mitgliedstaat ansässige Steuerpflichtige,
- Verordnung (EU) Nr. 904/2010 des Rates vom 7. Oktober 2010 über die Zusammenarbeit der Verwaltungsbehörden und die Betrugsbekämpfung auf dem Gebiet der Mehrwertsteuer,
- Richtlinie 2010/24/EU des Rates vom 16. März 2010 über die Amtshilfe bei der Beitreibung von Forderungen in Bezug auf bestimmte Steuern, Abgaben und sonstige Maßnahmen,
- Dreizehnte Richtlinie 86/560/EWG des Rates vom 17. November 1986 zur Harmonisierung der Rechtsvorschriften der Mitgliedstaaten über die Um-

satzsteuern – Verfahren der Erstattung der Mehrwertsteuer an nicht im Gebiet der Gemeinschaft ansässige Steuerpflichtige,
- Richtlinie 2007/74/EG des Rates vom 20. Dezember 2007 über die Befreiung der von aus Drittländern kommenden Reisenden eingeführten Waren von der Mehrwertsteuer und den Verbrauchsteuern,
- Richtlinie 2009/132/EG des Rates vom 19. Oktober 2009 zur Festlegung des Anwendungsbereichs von Art. 143 Buchst. b und c der Richtlinie 2006/112/EG hinsichtlich der Mehrwertsteuerbefreiung bestimmter endgültiger Einfuhren von Gegenständen,
- Richtlinie 2006/79/EG des Rates vom 5. Oktober 2006 über die Steuerbefreiungen bei der Einfuhr von Waren in Kleinsendungen nichtkommerzieller Art mit Herkunft aus Drittländern,
- Verpflichtungen aus der Übereinkunft zwischen der Europäischen Union und dem Königreich Norwegen über die Zusammenarbeit der Verwaltungsbehörden, die Betrugsbekämpfung und die Beitreibung von Forderungen auf dem Gebiet der Mehrwertsteuer und
- Verpflichtungen aus dem Abkommen über die Zusammenarbeit zwischen der Europäischen Gemeinschaft und ihren Mitgliedstaaten einerseits und der Schweizerischen Eidgenossenschaft andererseits zur Bekämpfung von Betrug und sonstigen rechtswidrigen Handlungen, die ihre finanziellen Interessen beeinträchtigen.

**4** Im Ergebnis ist bei der Umsatzbesteuerung des Warenverkehrs mit dem Vereinigten Königreich zwischen Großbritannien und Nordirland zu unterscheiden. Während Großbritannien auch insoweit als Drittlandsgebiet zu behandeln ist, wird Nordirland für die Umsatzbesteuerung des Warenverkehrs auch nach dem 31. Dezember 2020 als zum Gemeinschaftsgebiet gehörig behandelt. Innerhalb des Vereinigten Königreichs sind dessen Behörden für die Anwendung und Durchführung der für Nordirland weiter geltenden Vorschriften des Mehrwertsteuerrechts der Union zuständig. Für nordirische Umsatzsteuer-Identifikationsnummern findet das Präfix „XI" Anwendung. Entsprechende Umsatzsteuer-Identifikationsnummern gelten als von einem anderen Mitgliedstaat erteilt.

**5** Zusammengefasst unterliegen nach dem 31. Dezember 2020 ausgeführte Umsätze vorbehaltlich etwaiger Übergangsregelungen
- im Waren- und Dienstleistungsverkehr mit Großbritannien sowie im Dienstleistungsverkehr mit Nordirland den für das Drittlandsgebiet bzw.
- im Warenverkehr mit Nordirland den für den innergemeinschaftlichen Handel

geltenden Vorschriften zur Umsatzsteuer.

### 2. Behandlung von Lieferungen vor dem 1. Januar 2021, bei denen der gelieferte Gegenstand nach dem 31. Dezember 2020 nach Großbritannien oder von dort in das Inland gelangt

**6** Nach dem 31. Dezember 2020 unterliegt der Warenverkehr mit Großbritannien zollrechtlichen Förmlichkeiten. Dies hat zur Folge, dass die Waren sowohl bei der Einfuhr als auch bei der Ausfuhr zu gestellen und zum betreffenden Zollverfahren anzumelden sind sowie der Erhebung von Einfuhrabgaben (u. a. Zoll und Einfuhrumsatzsteuer) unterliegen. Der Warenverkehr zwischen der Europäischen Union und Nordirland ist hiervon nicht betroffen.

Art. 51 Abs. 1 des Austrittsabkommens enthält eine Übergangsregelung für Warenbewegungen zwischen einem Mitgliedstaat und Großbritannien, die vor dem 1. Januar 2021 beginnen und nach dem 31. Dezember 2020 enden. Auf entsprechende Umsätze sind die Regelungen für die Besteuerung des innergemeinschaftlichen Warenverkehrs anzuwenden. Dementsprechend ist für Lieferungen, die vor dem 1. Januar 2021 beginnen, eine Umsatzsteuer-Identifikationsnummer für im Vereinigten Königreich ansässige Unternehmer (Länderpräfix „GB") zu verwenden. **7**

Die Lieferung eines Gegenstands, bei der die Beförderung oder Versendung an den Abnehmer vor dem 1. Januar 2021 im Inland beginnt, ist bei Vorliegen der weiteren Voraussetzungen als steuerfreie innergemeinschaftliche Lieferung zu behandeln. Dies schließt das Führen des Buch- und Belegnachweises nach § 6 a Abs. 3 Satz 1 UStG i. V. m. §§ 17 a ff. UStDV sowie die Angabe der Lieferung in der Zusammenfassenden Meldung nach § 18 a UStG ein. Weist der Unternehmer nach, dass der Gegenstand nach dem 31. Dezember 2020 das Gebiet der Europäischen Union verlassen hat, ist die Lieferung bei Vorliegen der weiteren Voraussetzungen als steuerfreie Ausfuhr zu behandeln, sofern der Unternehmer die entsprechenden Nachweise vorlegt (§ 6 Abs. 4 Satz 1 UStG i. V. m. § 8 ff. UStDV). **8**

Endet eine vor dem 1. Januar 2021 in Großbritannien begonnene Beförderung oder Versendung eines Gegenstands nach dem 31. Dezember 2020 im Inland, handelt es sich bei Vorliegen der weiteren Voraussetzungen um einen innergemeinschaftlichen Erwerb (§ 1 a UStG). Aus Vereinfachungsgründen wird auf eine Umsatzbesteuerung des Erwerbs verzichtet, wenn der Unternehmer nachweist, dass der Vorgang nach dem 31. Dezember 2020 der Einfuhrumsatzbesteuerung unterlegen hat. **9**

Die Übergangsregelung ist bei der Bestimmung des Orts der Lieferung in besonderen Fällen (§ 3 c UStG) entsprechend anzuwenden. **10**

### 3. Behandlung von sonstigen Leistungen (Dauerleistungen), deren Erbringung vor dem 1. Januar 2021 beginnt und nach dem 31. Dezember 2020 endet

Der Austritt des Vereinigten Königreichs aus der Europäischen Union hat Auswirkungen auf sonstige Leistungen, deren Erbringung sich über den Austrittszeitpunkt hinweg erstreckt (Dauerleistungen). Hinsichtlich der umsatzsteuerrechtlichen Konsequenzen ist jedoch nicht zwischen Großbritannien und Nordirland zu unterscheiden. **11**

Für die umsatzsteuerrechtliche Behandlung ist der Zeitpunkt der Ausführung der Leistung maßgeblich. Bei zeitlich begrenzten Dauerleistungen ist die Leistung mit Beendigung des entsprechenden Rechtsverhältnisses ausgeführt (Abschn. 13.1 Abs. 3 UStAE). Beginnt die Erbringung einer sonstigen Leistung vor dem 1. Januar 2021 und endet nach dem 31. Dezember 2020, sind die Verhältnisse im Zeitpunkt der Beendigung für die Beurteilung der gesamten Leistung maßgeblich. **12**

Dies gilt für Teilleistungen i. S. d. § 13 Abs. 1 Nr. 1 Buchst. a Satz 2 und 3 UStG entsprechend. **13**

**4. Kleine einzige Anlaufstelle (Mini-One-Stop-Shop/VAT on e-Services) für bestimmte Dienstleistungen**

14 Umsätze nach § 3 a Abs. 5 UStG, die von einem im Inland ansässigen bzw. registrierten Unternehmer vor dem 1. Januar 2021 an private Kunden im Vereinigten Königreich erbracht werden, können in der Steuererklärung für das entsprechende Quartal im Rahmen der besonderen Besteuerungsverfahren nach § 16 Abs. 1 a i. V. m. § 18 Abs. 4 c sowie § 18 h UStG gegenüber dem Bundeszentralamt für Steuern (BZSt) erklärt werden. Die Steuererklärungen für Besteuerungszeiträume bis einschließlich 4. Quartal 2020 müssen jedoch bis zum Ablauf des 20. Januar 2021 beim BZSt eingehen, um eine Erklärung der Umsätze im Rahmen des Mini-One-Stop-Shop-Verfahrens zu bewirken. Für Erklärungen, die nicht rechtzeitig an das BZSt übermittelt wurden, sowie für nach dem 31. Dezember 2020 an private Kunden im Vereinigten Königreich erbrachte Leistungen nach § 3 a Abs. 5 UStG kann das Mini-One-Stop-Shop-Verfahren nicht mehr genutzt werden. Die betroffenen Umsätze müssen in Einklang mit den Steuergesetzen des Vereinigten Königreichs behandelt werden.

15 Umsätze nach § 3 a Abs. 5 UStG, die von einem im Vereinigten Königreich ansässigen bzw. registrierten Unternehmer vor dem 1. Januar 2021 an private Kunden im Inland erbracht werden, können in der Steuererklärung für das entsprechende Quartal im Rahmen der besonderen Besteuerungsverfahren nach § 16 Abs. 1 a i. V. m. § 18 Abs. 4 c und 4 d sowie § 16 Abs. 1 b i. V. m. § 18 Abs. 4 e UStG erklärt werden. Die Steuererklärungen für Besteuerungszeiträume bis einschließlich 4. Quartal 2020 müssen jedoch bis zum Ablauf des 20. Januar 2021 bei der zuständigen Behörde des Vereinigten Königreichs eingegangen sein, um eine Erklärung der Umsätze im Rahmen des Mini-One-Stop-Shop-Verfahrens zu bewirken. Für Erklärungen, die nicht rechtzeitig an die zuständige Behörde des Vereinigten Königreichs übermittelt wurden kann das Mini-One-Stop-Shop-Verfahren nicht mehr genutzt werden. Die betroffenen Umsätze müssen unmittelbar im allgemeinen Besteuerungsverfahren (§ 18 Abs. 1 bis 4 b und 6 bis 7 UStG sowie §§ 46 bis 48 UStDV) bei dem für im Vereinigten Königreich ansässige Unternehmer zuständigen Finanzamt Hannover-Nord erklärt werden. Dies gilt auch für nach dem 31. Dezember 2020 an private Kunden im Inland erbrachte Leistungen nach § 3 a Abs. 5 UStG, es sei denn, der Unternehmer nimmt das besondere Besteuerungsverfahren nach § 18 Abs. 4 c UStG im Inland oder in einem anderen EU-Mitgliedstaat in Anspruch. Für Registrierungen im Inland für das besondere Besteuerungsverfahren nach § 18 Abs. 4 c UStG ist das BZSt zuständig.

16 Berichtigungen von Steuererklärungen für Besteuerungszeiträume bis einschließlich 4. Quartal 2020 können bis spätestens 31. Dezember 2021 übermittelt werden, vorausgesetzt, dass sich die Berichtigung auf eine Steuererklärung bezieht, die ihrerseits bis spätestens 20. Januar 2021 übermittelt wurde.

17 Hinsichtlich der praktischen Behandlung von Steuererklärungen vor dem Austritt des Vereinigten Königreichs aus der Europäischen Union und Berichtigungen der Steuererklärungen nach dem Austritt wird auf die auf den Internetseiten des BZSt (https://www.bzst.de) unter der Rubrik Unternehmen – Umsatzsteuer – Mini One Stop Shop bereitgestellten Informationen hingewiesen. Informationen zum besonderen Besteuerungsverfahren nach § 18 Abs. 4 c UStG stehen ebenfalls auf den Internetseiten des BZSt (https://www.bzst.de)

unter der Rubrik Unternehmen – Umsatzsteuer – VAT on e-Services zur Verfügung.

**5. Vorsteuer-Vergütungsverfahren**

**Vorsteuerbeträge, die vor dem 1. Januar 2021 entstehen**

Nach den Vorschriften der Richtlinie 2008/9/EG des Rates vom 12. Februar 2008 zur Regelung der Erstattung der Mehrwertsteuer gemäß der Richtlinie 2006/112/EG an nicht im Mitgliedstaat der Erstattung, sondern in einem anderen Mitgliedstaat ansässige Steuerpflichtige (ABl. EU 2008 Nr. L 44 S. 23) sind die Mitgliedstaaten unter den dort genannten Voraussetzungen verpflichtet, den in anderen Mitgliedstaaten ansässigen Unternehmern die Vorsteuern zu erstatten. Abweichend von Art. 15 der Richtlinie 2008/9/EG sind Anträge auf Erstattung von Mehrwertsteuer, die vor dem 1. Januar 2021 von einem im Vereinigten Königreich ansässigen Unternehmer im Inland oder von einem im Inland ansässigen Unternehmer im Vereinigten Königreich gezahlt wurde, bis zum 31. März 2021 zu stellen (Art. 51 Abs. 3 des Austrittsabkommens). **18**

**Vorsteuerbeträge, die nach dem 31. Dezember 2020 entstehen**

Die Entlastung von Vorsteuern erfolgt – vorbehaltlich der Feststellung der Gegenseitigkeit (§ 18 Abs. 9 Satz 5 UStG) im Verhältnis zum Vereinigten Königreich durch ein separates BMF-Schreiben – grundsätzlich nach den Vorschriften der Richtlinie 86/560/EWG des Rates vom 17. November 1986 zur Harmonisierung der Rechtsvorschriften der Mitgliedstaaten über die Umsatzsteuern – Verfahren der Erstattung der Mehrwertsteuer an nicht im Gebiet der Gemeinschaft ansässige Steuerpflichtige (ABl. EG 1986 Nr. L 326 S. 40). Dies gilt für Vorsteuerbeträge, die im Waren- und Dienstleistungsverkehr mit Großbritannien oder im Dienstleistungsverkehr mit Nordirland entstanden sind. Ein im Inland ansässiger Unternehmer, dem entsprechende Vorsteuerbeträge entstanden sind, hat deren Vergütung unmittelbar bei der Erstattungsbehörde des Vereinigten Königreichs nach den dort geltenden Regelungen für Unternehmer, die außerhalb des Vereinigten Königreichs ansässig sind, zu beantragen. **19**

Dies gilt nicht hinsichtlich der Erstattung von Vorsteuern, die auf Warenbezüge durch inländische Unternehmer in Nordirland oder durch nordirische Unternehmer im Inland entfallen. Insoweit finden die Vorschriften der Richtlinie 2008/9/EG weiterhin Anwendung. Entsprechende Anträge im Inland ansässiger Unternehmer sind nach Maßgabe des § 18 g UStG an das BZSt zu übermitteln. **20**

Hinsichtlich der praktischen Behandlung von Anträgen auf Vorsteuervergütung vor und nach dem Austritt des Vereinigten Königreichs aus der Europäischen Union wird auf die auf den Internet-Seiten des BZSt (https://www.bzst.de) unter der Rubrik Unternehmen – Umsatzsteuer – Vorsteuervergütung bereitgestellten Informationen hingewiesen. **21**

**6. Bestätigungsverfahren nach § 18 e UStG**

Nach dem 31. Dezember 2020 wird eine Prüfung von Umsatzsteuer-Identifikationsnummern für im Vereinigten Königreich ansässige Unternehmer (Länderpräfix „GB“) durch inländische Unternehmer im Bestätigungsverfahren nach § 18 e UStG nicht mehr möglich sein. Bestätigungsanfragen für die betreffenden Unternehmer sollten daher noch vor dem 1. Januar 2021 durchgeführt werden. Ab dem 1. Januar 2021 können Umsatzsteuer-Identifikations- **22** nummern mit dem Länderpräfix „XI" (vgl. Rz. 4) im Bestätigungsverfahren nach § 18 e UStG geprüft werden.

**7. Haftung für die Umsatzsteuer beim Handel mit Waren im Internet (§§ 22 f, 25 e und 27 Abs. 25 UStG)**

**23** Unternehmer, die im Inland keine steuerbaren Umsätze ausführen und somit keiner steuerlichen Erfassung bedürfen, benötigen keine Bescheinigung über die Erfassung als Steuerpflichtiger (Unternehmer) i. S. d. § 22 f Abs. 1 Satz 2 UStG als Nachweis gegenüber dem Betreiber eines elektronischen Marktplatzes. Dies betrifft insbesondere Fälle, in denen Unternehmer im Gemeinschaftsgebiet ausschließlich Lieferungen ausführen, die unter § 3 c UStG fallen, die aber auf Grund der Anwendung der Lieferschwelle in § 3 c Abs. 3 UStG im Inland nicht steuerbar sind (vgl. Tz. 6 des BMF-Schreibens vom 28. Januar 2019, BStBl. I S. 106). Nach dem 31. Dezember 2020 findet die Vorschrift des § 3 c UStG für Unternehmer aus Großbritannien keine Anwendung mehr, so dass auch diese Unternehmer eine Bescheinigung über ihre steuerliche Erfassung in Deutschland i. S. d. § 22 f Abs. 1 Satz 2 UStG zur Vorlage beim Betreiber eines elektronischen Marktplatzes benötigen. Übergangsweise wird es bis zum 31. Januar 2021 nicht beanstandet, wenn dem Betreiber eines elektronischen Marktplatzes von einem in Großbritannien ansässigen Unternehmer keine Bescheinigung nach § 22 f Abs. 1 Satz 2 UStG vorliegt.

**24** Bis zum 31. Dezember 2020 an im Vereinigten Königreich ansässige Unternehmer erteilte Bescheinigungen über die Erfassung als Steuerpflichtiger (Unternehmer) i. S. d. § 22 f Abs. 1 Satz 2 UStG sind auch nach dem 31. Dezember 2020 gültig.

**25** Unternehmer mit Sitz in Großbritannien müssen gemäß § 22 f Abs. 1 Satz 4 UStG spätestens mit Stellen des Antrags auf Erteilung einer Bescheinigung über die umsatzsteuerliche Erfassung einen Empfangsbevollmächtigten im Inland benennen. Soweit eine Bescheinigung nach § 22 f Abs. 1 Satz 2 UStG bis zum 31. Dezember 2020 vom zuständigen Finanzamt bereits erteilt wurde, sind die betroffenen Unternehmer verpflichtet, ab dem 1. Januar 2021 einen Empfangsbevollmächtigten im Inland zu benennen. Hierfür gilt eine Übergangsfrist von einem Monat.

**8. Bearbeitung von Amtshilfeersuchen**

**26** *In Bezug auf vor dem 1. Januar 2021 ausgeführte sowie auf von der Übergangsregelung in Art. 51 Abs. 1 des Austrittsabkommens erfasste Umsätze finden die Regelungen der Verordnung (EU) Nr. 904/2010 des Rates vom 7. Oktober 2010 über die Zusammenarbeit der Verwaltungsbehörden und die Betrugsbekämpfung auf dem Gebiet der Mehrwertsteuer bis zum 31. Dezember 2024 weiterhin Anwendung (Art. 99 Abs. 1 des Austrittsabkommens).*

**27** *In Bezug auf nach dem 31. Dezember 2020 im Warenverkehr zwischen der Europäischen Union und Nordirland ausgeführte Umsätze sind die Regelungen der Verordnung (EU) Nr. 904/2010 weiterhin anwendbar.*

**28** *Darüber hinaus sind die Regelungen der Verordnung (EU) Nr. 904/2010 des Rates vom 7. Oktober 2010 über die Zusammenarbeit der Verwaltungsbehörden und die Betrugsbekämpfung auf dem Gebiet der Mehrwertsteuer nicht mehr anzuwenden. Entsprechende Amtshilfemaßnahmen erfolgen nach dem 31. Dezember 2020 auf Grundlage des Übereinkommens über die gegenseitige Amtshilfe in Steuersachen (Gesetz zu dem Übereinkommen vom 25. Januar 1988 über die gegenseitige Amtshilfe in Steuersachen* *und zu dem Protokoll vom 27. Mai 2010 zur Änderung des Übereinkommens über die gegenseitige Amtshilfe in Steuersachen, BGBl. 2015 II S. 966) und/oder des Doppelbesteuerungsabkommens zwischen Deutschland und dem Vereinigten Königreich (Gesetz zu dem Abkommen vom 30. März 2010 zwischen der Bundesrepublik Deutschland und dem Vereinigten Königreich Großbritannien und Nordirland zur Vermeidung der Doppelbesteuerung und zur Verhinderung der Steuerverkürzung auf dem Gebiet der Steuern vom Einkommen und vom Vermögen, BGBl. 2010 II S. 1333). Laufende Maßnahmen der Verwaltungszusammenarbeit sind ggf. auf Grundlage dieser Vorschriften möglichst umzudeuten.*[1]

## 9. Änderung des Umsatzsteuer-Anwendungserlasses

Notwendige Änderungen des Umsatzsteuer-Anwendungserlasses bleiben einem gesonderten Schreiben vorbehalten. Soweit einzelne Regelungen des Umsatzsteuer-Anwendungserlasses diesem Schreiben entgegenstehen, sind sie auf nach dem 31. Dezember 2020 ausgeführte Umsätze nicht mehr anzuwenden. **29**

[1] Rn. 26-28 ersetzt durch BMF v. 21.10.2021, BStBl. I S. 2136 (Nr. **500** § 134/2).

# 500 § 134/2. Schreiben betr. Umsatzsteuer; Konsequenzen des Austritts des Vereinigten Königreichs Großbritannien und Nordirland aus der Europäischen Union in Bezug auf die Verwaltungszusammenarbeit

Vom 21. Oktober 2021

BMF III C 5 - S 7420/20/10019 :001; DOK 2021/1073889

(BStBl. I S. 2136)

**Bezug:** BMF-Schreiben vom 10. Dezember 2020 (BStBl. I S. 1370)

Am 24. Dezember 2020 wurde ein Handels- und Kooperationsabkommen zwischen der EU und EURATOM einerseits und dem Vereinigten Königreich Großbritannien und Nordirland andererseits (im Folgenden „Abkommen EU/VK") abgeschlossen. Das Abkommen EU/VK wurde am 31. Dezember 2020 im Amtsblatt der EU veröffentlicht (ABl EU L 444 S. 1463 vom 31. Dezember 2020) und trat am 1. Januar 2021 vorläufig in Kraft. Nachdem das Europäische Parlament dem Abkommen EU/VK am 27. April 2021 zugestimmt hat, hat der Rat das Abkommen EU/VK abschließend am 29. April 2021 genehmigt (ABl EU L 149 vom 30. April 2021). Zentraler Inhalt des Abkommens EU/VK im Bereich der Umsatzsteuer ist das „Protokoll über die Zusammenarbeit der Verwaltungsbehörden und die Betrugsbekämpfung auf dem Gebiet der Mehrwertsteuer und über die Amtshilfe bei der Beitreibung von Forderungen in Bezug auf Steuern und Abgaben" (im Folgenden „Protokoll über die Zusammenarbeit der Verwaltungsbehörden und die Betrugsbekämpfung auf dem Gebiet der Mehrwertsteuer EU/VK", ABl EU L 444 vom 31. Dezember 2020, S. 1166–1187). **1**

Das BMF-Schreiben vom 10. Dezember 2020, BStBl. I S. 1370[1], enthält Ausführungen zu den Konsequenzen des Austritts des Vereinigten Königreichs. Die dort in den Randziffern 26 bis 28 getroffenen Regelungen zur Bearbeitung von Amtshilfeersuchen werden im Lichte des Abkommens EU/VK hiermit aufgehoben. Stattdessen gilt seit dem 1. Januar 2021 für die Bearbeitung von Amtshilfeersuchen im Verhältnis zum Vereinigten Königreich Großbritannien und Nordirland unter Bezugnahme auf das Ergebnis der Erörterungen mit den obersten Finanzbehörden der Länder Folgendes: **2**

In Bezug auf vor dem 1. Januar 2021 ausgeführte sowie auf von der Übergangsregelung in Art. 51 Abs. 1 des Austrittsabkommens erfasste Umsätze finden bis zum 31. Dezember 2024 die Regelungen der Verordnung (EU) Nr. 904/2010 des Rates vom 7. Oktober 2010 über die Zusammenarbeit der Verwaltungsbehörden und die Betrugsbekämpfung auf dem Gebiet der Mehrwertsteuer (im Folgenden „Verordnung (EU) Nr. 904/2010") weiterhin Anwendung (Art. 99 Abs. 1 des Abkommens über den Austritt des Vereinigten Königreichs Großbritannien und Nordirland aus der Europäischen Union und der Europäischen Atomgemeinschaft (ABl EU Nr. L 29 vom 31. Januar 2020 S. 7; im Folgenden: „Austrittsabkommen")). **3**

Ab dem 1. Januar 2025 gelten für die vorgenannten Umsätze die Regelungen des Abkommens EU/VK. Nach Art. 40 Abs. 1 des dortigen Protokolls über die **4**

[1] Nr. **500** § 134/1.

Zusammenarbeit der Verwaltungsbehörden und die Betrugsbekämpfung auf dem Gebiet der Mehrwertsteuer EU/VK sind die laufenden Ersuchen in diesem Zusammenhang, die bis zum 31. Dezember 2024 noch nicht abgeschlossen sind, entsprechend der Vorschriften des Protokolls über die Zusammenarbeit der Verwaltungsbehörden und die Betrugsbekämpfung auf dem Gebiet der Mehrwertsteuer EU/VK durch den ersuchten Staat zu erledigen.

**5** In Bezug auf nach dem 31. Dezember 2020 im Warenverkehr zwischen der Europäischen Union und Nordirland ausgeführte Umsätze gelten nach Art. 8 Abs. 1 i.V.m. Anhang 3 und Art. 18 des Protokolls zu Irland und Nordirland zum Austrittsabkommen (im Folgenden „Protokoll zu Irland/Nordirland") die Regelungen der Verordnung (EU) Nr. 904/2010 zunächst bis zum 31. Dezember 2024 fort. Über eine darüberhinausgehende Fortgeltung erfolgt gemäß Art. 18 des Protokolls zu Irland/Nordirland eine demokratische Einigung in Nordirland.

**6** Im Übrigen gelten ab dem 1. Januar 2021 ausschließlich die Regelungen des Protokolls über die Zusammenarbeit der Verwaltungsbehörden und die Betrugsbekämpfung auf dem Gebiet der Mehrwertsteuer EU/VK.

# 600 § 1/1. Erlass zu grundstücksbezogenen Treuhandgeschäften sowie zu Grundstückserwerben durch Auftragnehmer bzw. Geschäftsbesorger

Vom 12. Oktober 2007 (BStBl. I S. 757)

(Gleichlautender Ländererlass)

Treuhandgeschäfte sowie Erwerbsvorgänge durch Auftragnehmer bzw. Geschäftsbesorger erlangen für die Grunderwerbsteuer Bedeutung, wenn sie ein inländisches Grundstück betreffen.

Einen typischen Treuhandvertrag gibt es bürgerlich-rechtlich nicht. Infolgedessen muss der Inhalt der Treuhandabrede stets im Einzelfall sachverhaltsbezogen festgestellt und grunderwerbsteuerrechtlich gewürdigt werden.

Treuhänder bzw. Treunehmer ist grundsätzlich, wer von einem anderen, dem Treugeber, Vermögensrechte (z. B. an einem Grundstück) zu eigenem Recht erworben hat und diese Rechte zwar im eigenen Namen, aber nicht (ausschließlich) im eigenen Interesse ausübt.

Der unentgeltliche Auftrag (§ 662 BGB) sowie der entgeltliche Geschäftsbesorgungsvertrag (§ 675 Abs. 1 BGB) verpflichten den Auftragnehmer bzw. Geschäftsbesorger, ein ihm vom Auftraggeber bzw. Geschäftsherrn übertragenes Geschäft, z. B. den Erwerb und/oder die Verwertung eines Grundstücks, für diesen vorzunehmen. Ob ein solches Auftrags- bzw. Geschäftsbesorgungsverhältnis vorliegt, kann jeweils nur im Einzelfall festgestellt werden.

Zu den Grundfällen im Zusammenhang mit der Begründung, Übertragung oder Rückgängigmachung von Treuhand- und Auftrags- bzw. Geschäftsbesorgungsverhältnissen gilt Folgendes:

## 1. Der Eigentümer eines Grundstücks überträgt das Eigentum auf einen Treuhänder

**1.1.** Der Treuhänder wird Eigentümer des Grundstücks. Sein Erwerb unterliegt der Steuer nach § 1 Abs. 1 Nr. 1 GrEStG, wenn für ihn durch Rechtsgeschäft ein Anspruch auf Übereignung begründet wird. Das ist regelmäßig bei der im Interesse des Treuhänders begründeten sog. eigennützigen Treuhand der Fall (z. B. Sicherungstreuhand, eigennützige Verwaltungstreuhand im Interesse der Gläubiger des Treugebers). Handelt es sich aus der Sicht des Treuhänders um eine sog. uneigennützige Treuhand (z. B. Liquidationstreuhand), besteht regelmäßig auf Grund der Vereinbarung nur die Pflicht des Treuhänders aus Auftrag oder Geschäftsbesorgungsvertrag (§§ 662, 675 Abs. 1 BGB), die Übereignung entgegenzunehmen, nicht aber das Recht, diese zu verlangen. Mangels Übereignungsanspruchs des Treuhänders liegt kein grunderwerbsteuerbarer Vorgang nach § 1 Abs. 1 Nr. 1 GrEStG vor. Der Steuer unterliegt erst die Auflassung des Grundstücks an den Treuhänder nach § 1 Abs. 1 Nr. 2 GrEStG. Während bei der uneigennützigen Treuhand dem bisherigen Eigentümer (Treugeber) stets die Möglichkeit verbleibt, das Grundstück auf eigene Rechnung zu verwerten (Verwertungsmöglichkeit), kann in den Fällen der eigennützigen Treuhand durch den Inhalt der getroffenen Vereinbarungen die eigene Verwertungsmöglichkeit des bisherigen Eigentümers (Treugeber) ausgeschlossen sein.

**1.2.** Soweit bei eigennützigen Treuhandverhältnissen vertraglich eine aufschiebend bedingte Rückübereignungsverpflichtung begründet ist, entsteht die Steuer aus diesem nach § 1 Abs. 1 Nr. 1 GrEStG grunderwerbsteuerbaren Erwerbsvorgang erst mit dem Bedingungseintritt (§ 14 Nr. 1 GrEStG). Der Erwerb des nach § 667 BGB (ggf. in Verbindung mit § 675 Abs. 1 BGB) kraft Gesetzes entstehenden Anspruchs des Treugebers auf Rückübereignung des Grundstücks ist kein grunderwerbsteuerbarer Vorgang.

**1.3. Es kommen die folgenden weiteren Erwerbsvorgänge in Betracht:**

**1.3.1. Der Treuhänder überträgt das Eigentum an den Treugeber zurück**

**1.3.1.1.** Die Rückübertragung des Eigentums am Grundstück unterliegt der Steuer nach § 1 Abs. 1 Nr. 1 GrEStG, soweit sie auf aufschiebend bedingter Rückübereignungsverpflichtung beruht, im Übrigen nach § 1 Abs. 1 Nr. 2 GrEStG. Dies gilt auch dann, wenn das Verpflichtungsgeschäft auflösend bedingt ist (die Auflassung ist bedingungsfeindlich, § 925 Abs. 2 BGB), weil es durch den Eintritt der auflösenden Bedingung unwirksam geworden und deshalb ein Rückauflassungsanspruch entstanden ist.

**1.3.1.2.** Bei Vorliegen der Voraussetzungen des § 16 Abs. 2 GrEStG ist die Steuer für den Erwerb des Eigentums durch den Treuhänder und die Steuer für den Rückerwerb des Eigentums durch den Treugeber nicht festzusetzen oder die Steuerfestsetzung aufzuheben.

**1.3.1.3.** Sofern die Voraussetzungen des § 16 Abs. 2 GrEStG nicht erfüllt sind, ist nur der Rückerwerb des Grundstücks durch den Treugeber nach § 3 Nr. 8 GrEStG von der Besteuerung ausgenommen. Voraussetzung hierfür ist, dass für den Erwerb durch den Treuhänder die Steuer entrichtet worden ist. Die Befreiungsvorschrift ist somit nicht anzuwenden, wenn bei Begründung des Treuhandverhältnisses ein Befreiungstatbestand erfüllt und deshalb keine Steuer zu entrichten war.

**1.3.2. Der Treugeber verschafft dem Treuhänder auch die Verwertungsmöglichkeit**

Der Erwerb der Verwertungsmöglichkeit durch den Treuhänder unterliegt der Steuer nach § 1 Abs. 2 in Verbindung mit § 1 Abs. 6 Satz 1 GrEStG. Die Steuer wird nach § 1 Abs. 6 Satz 2 GrEStG nur insoweit erhoben, als die Bemessungsgrundlage den Betrag übersteigt, von dem die Steuer für den Erwerb des Eigentums berechnet worden ist.

**1.3.3. Der Treuhänder übereignet das Grundstück im Einvernehmen mit dem Treugeber einem Dritten; das Treuhandverhältnis erlischt**

**1.3.3.1.** Der Steuer unterliegt das Rechtsgeschäft, durch das der Dritte den Anspruch auf Übereignung des Grundstücks erwirbt (§ 1 Abs. 1 Nr. 1 GrEStG), oder der Übergang des Eigentums am Grundstück durch Auflassung

(§ 1 Abs. 1 Nr. 2 GrEStG). Zur Gegenleistung gehört in diesen Fällen neben dem Kaufpreis eine etwa gegenüber dem Treugeber unmittelbar zu erbringende Leistung.

**1.3.3.2.** Ein weiterer grunderwerbsteuerbarer Vorgang wird durch die Auflösung des Treuhandverhältnisses nicht verwirklicht. Auch die Abführung des vom Treuhänder erzielten Kaufpreises an den Treugeber löst keine Steuer aus.

**1.3.4. Der Treugeber verschafft die Verwertungsmöglichkeit einem anderen Treugeber oder tritt seinen aufschiebend bedingten rechtsgeschäftlich begründeten Rückübereignunganspruch an einen Dritten ab (Treugeberwechsel)**

Die Verschaffung der Verwertungsmöglichkeit an einen neuen Treugeber unterliegt der Steuer nach § 1 Abs. 2 GrEStG. Verpflichtet sich der ursprüngliche Eigentümer (Treugeber) gegenüber einem Dritten zur Abtretung seines aufschiebend bedingten Rückübereignungsanspruchs oder tritt er diesen Anspruch einem Dritten ab, so unterliegt der Vorgang der Steuer nach § 1 Abs. 1 Nr. 5 bzw. Nr. 7 GrEStG. Die Steuer entsteht nach § 14 Nr. 1 GrEStG erst mit Bedingungseintritt.

**1.3.5. Der Treuhänder übereignet das Grundstück im Einvernehmen mit dem Treugeber einem anderen Treuhänder (Treuhänderwechsel)**

Wird zwischen dem bisherigen und dem neuen Treuhänder ein schuldrechtlicher Anspruch auf Übereignung des Grundstücks begründet, unterliegt dieser Rechtsvorgang der Steuer nach § 1 Abs. 1 Nr. 1 GrEStG. Schließt der Treugeber mit einem neuen Treuhänder ein Treuhandverhältnis ab und überträgt der bisherige Treuhänder auf Weisung des Treugebers das Grundstück auf diesen, so unterliegt die Auflassung nach § 1 Abs. 1 Nr. 2 GrEStG der Steuer.

**2. Der Eigentümer eines Grundstücks verschafft einem Treugeber die Verwertungsmöglichkeit**

**2.1.** Der zivilrechtliche Eigentümer vereinbart mit einem Dritten, dass er dessen Treuhänder wird. Er erlangt hierdurch die Rechtsstellung eines Treuhänders, bleibt aber Eigentümer des Grundstücks. Der Erwerb der Verwertungsmöglichkeit durch den Dritten als Treugeber unterliegt der Steuer nach § 1 Abs. 2 GrEStG.

**2.2. Hier kommen die folgenden weiteren Erwerbsvorgänge in Betracht:**

**2.2.1. Der Treuhänder erwirbt die Verwertungsmöglichkeit von dem Treugeber zurück**

**2.2.1.1.** Der Rückerwerb durch den Treuhänder unterliegt der Steuer nach § 1 Abs. 2 GrEStG.

**2.2.1.2.** Bei Vorliegen der Voraussetzungen des § 16 Abs. 2 GrEStG ist die Steuer für den Erwerb der Verwertungsmöglichkeit durch den Treugeber und die Steuer für den Rückerwerb der Verwertungsmöglichkeit durch den Treuhänder nicht festzusetzen oder die Steuerfestsetzung aufzuheben. Eine Befreiung nach § 3 Nr. 8 GrEStG kommt nicht in Betracht, da mit der Rückübertragung der Verwertungsmöglichkeit kein Rückerwerb eines Grundstücks durch den Treugeber erfolgt.

**2.2.2. Der Treuhänder überträgt dem Treugeber auch das Eigentum**

Der Rechtsvorgang unterliegt der Steuer nach § 1 Abs. 1 Nr. 1 bzw. Nr. 2 in Verbindung mit Abs. 6 Satz 1 GrEStG. Die Steuer wird nach § 1 Abs. 6 Satz 2 GrEStG nur insoweit erhoben, als die Bemessungsgrundlage den Betrag übersteigt, von dem die Steuer für den Erwerb der Verwertungsmöglichkeit berechnet worden ist.

**2.2.3. Der Treuhänder übereignet das Grundstück im Einvernehmen mit dem Treugeber einem Dritten; das Treuhandverhältnis erlischt**

**2.2.3.1.** Der Steuer unterliegt das Rechtsgeschäft, durch das der Dritte den Anspruch auf Übereignung des Grundstücks erwirbt (§ 1 Abs. 1 Nr. 1 GrEStG), oder der Übergang des Eigentums am Grundstück durch Auflassung (§ 1 Abs. 1 Nr. 2 GrEStG). Zur Gegenleistung gehört in diesen Fällen neben dem Kaufpreis eine etwa gegenüber dem Treugeber unmittelbar zu erbringende Leistung.

**2.2.3.2.** Ein weiterer grunderwerbsteuerbarer Vorgang wird durch die Auflösung des Treuhandverhältnisses nicht verwirklicht. Auch die Abführung des vom Treuhänder erzielten Kaufpreises an den Treugeber löst keine Steuer aus.

**2.2.3.3.** Für den bei Begründung des Treuhandverhältnisses verwirklichten Erwerb durch den Treugeber kommt § 16 GrEStG nicht zur Anwendung, weil der Treuhänder die Verwertungsmöglichkeit nicht zurückerlangt.

**3. Erwerb des Eigentums auf Grund Auftrags oder Geschäftsbesorgungsvertrags für den Auftraggeber bzw. den Geschäftsherrn**

**3.1.** Der Auftragnehmer bzw. Geschäftsbesorger wird Eigentümer des Grundstücks. Gleichzeitig mit der Verwirklichung des Erwerbsvorgangs durch diesen erlangt der Auftraggeber bzw. der Geschäftsherr die Verwertungsmöglichkeit. Es liegen zwei Rechtsvorgänge vor; davon unterliegt der Erwerb durch den Auftragnehmer bzw. den Geschäftsbesorger nach § 1 Abs. 1 Nr. 1 GrEStG, der Erwerb durch den Auftraggeber bzw. den Geschäftsherrn nach § 1 Abs. 2 GrEStG der Steuer. In Fällen, in denen eine Gegenleistung vereinbart wurde, ist grundsätzlich zu beachten, dass für den Erwerb durch den Auftraggeber bzw. den Geschäftsherrn zur Gegenleistung alle Leistungen gehören, die ihm gegenüber dem Auftragnehmer bzw. dem Geschäftsbesorger nach § 670 BGB (ggf. in Verbindung mit § 675 Abs. 1 BGB) aus der Ausführung des Grundstücksbeschaffungsauftrags obliegen. Solche Leistungen sind die Erstattung des Erwerbspreises und der Erwerbskosten (z. B. Grunderwerbsteuer). Beim entgeltlichen Geschäftsbesorgungsvertrag im Sinne des § 675 Abs. 1 BGB gehört auch das vom Geschäftsherrn zu zahlende Entgelt zur Gegenleistung. Nicht in die Gegenleistung einzubeziehen sind jedoch Aufwendungen, die Folge weiterer Vereinbarungen zwischen dem Auftraggeber bzw. dem Geschäftsherrn und dem Auftragnehmer bzw. dem Geschäftsbesorger sind (z. B. Kosten der sich an den Erwerb anschließenden Verwaltung des Grundstücks, für sachliche Verbesserungen u.ä.).

**3.2. Hier kommen folgende weitere Erwerbsvorgänge in Betracht:**

**3.2.1. Der Auftragnehmer bzw. der Geschäftsbesorger übereignet das Grundstück dem Auftraggeber bzw. dem Geschäftsherrn**

Der Rechtsvorgang unterliegt der Steuer nach § 1 Abs. 1 Nr. 2 in Verbindung mit Abs. 6 Satz 1 GrEStG. Die Steuer wird nach § 1 Abs. 6 Satz 2 GrEStG nur insoweit erhoben, als die Bemessungsgrundlage den Betrag übersteigt, von dem die Steuer für den Erwerb der Verwertungsmöglichkeit berechnet worden ist.

**3.2.2. Der Auftraggeber bzw. der Geschäftsherr verschafft dem Auftragnehmer bzw. dem Geschäftsbesorger auch die Verwertungsmöglichkeit**

**3.2.2.1.** Die Verschaffung der Verwertungsmöglichkeit unterliegt der Steuer nach § 1 Abs. 2 GrEStG.

**3.2.2.2.** Bei Vorliegen der Voraussetzungen des § 16 Abs. 2 GrEStG ist die Steuer für den Erwerb und den Rückerwerb der Verwertungsmöglichkeit nicht festzusetzen oder die Steuerfestsetzung aufzuheben. Eine Befreiung nach § 3 Nr. 8 GrEStG kommt nicht in Betracht, da mit der Rückübertragung der Verwertungsmöglichkeit kein Rückerwerb eines Grundstücks durch den Auftraggeber bzw. Geschäftsherrn erfolgt.

**3.2.3. Der Auftragnehmer bzw. der Geschäftsbesorger übereignet das Grundstück im Einvernehmen mit dem Auftraggeber bzw. dem Geschäftsherrn einem Dritten; der Herausgabeanspruch aus § 667 BGB geht zufolge anderweitiger Erfüllung unter**

**3.2.3.1.** Der Steuer unterliegt das Rechtsgeschäft, durch das der Dritte den Anspruch auf Übereignung des Grundstücks erwirbt (§ 1 Abs. 1 Nr. 1 GrEStG), oder der Übergang des Eigentums am Grundstück durch Auflassung (§ 1 Abs. 1 Nr. 2 GrEStG). Zur Gegenleistung gehört in diesen Fällen neben dem Kaufpreis eine etwa gegenüber dem Auftraggeber bzw. Geschäftsherrn unmittelbar zu erbringende Leistung.

**3.2.3.2.** Ein weiterer grunderwerbsteuerbarer Vorgang wird durch die Auflösung des Auftrags- bzw. Geschäftsbesorgungsverhältnisses nicht verwirklicht. Auch die Abführung des vom Auftragnehmer bzw. Geschäftsbesorger erzielten Kaufpreises an den Auftraggeber bzw. Geschäftsherrn löst keine Steuer aus.

**3.2.3.3.** Für den bei Begründung des Auftrags- bzw. Geschäftsbesorgungsverhältnisses verwirklichten Erwerb durch den Auftraggeber bzw. Geschäftsherrn kommt § 16 GrEStG nicht zur Anwendung, weil der Auftragnehmer bzw. Geschäftsbesorger die Verwertungsmöglichkeit nicht zurückerlangt.

**4. Bemessungsgrundlage**

Ist für die Erwerbsvorgänge eine Gegenleistung vereinbart, bemisst sich die Steuer nach § 8 Abs. 1 GrEStG nach dem Wert der Gegenleistung. Ist eine Gegenleistung nicht vorhanden oder nicht zu ermitteln, bemisst sich die Steuer nach § 8 Abs. 2 Satz 1 Nr. 1 GrEStG nach den Werten im Sinne des § 138 des Bewertungsgesetzes.

Dieser Erlass ergeht im Einvernehmen mit den obersten Finanzbehörden der anderen Länder und tritt an die Stelle des Erlasses vom 25. Mai 1984, BStBl. I S. 380.

# 600 § 1/2. Gleich lautende Erlasse betr. Erwerbsvorgänge i. S. d. § 1 Abs. 3 GrEStG im Zusammenhang mit Treuhandgeschäften und Auftragserwerben bzw. Geschäftsbesorgungen

Vom 19. September 2018 (BStBl. I S. 1074)

(Oberste Finanzbehörden der Länder)

Treuhandgeschäfte sowie Erwerbsvorgänge durch Auftragnehmer bzw. Geschäftsbesorger erlangen für die Grunderwerbsteuer Bedeutung, wenn sie Anteile einer Gesellschaft mit inländischem Grundbesitz betreffen.

Einen typischen Treuhandvertrag gibt es bürgerlich-rechtlich nicht. Infolgedessen muss der Inhalt der Treuhandabrede stets im Einzelfall sachverhaltsbezogen festgestellt und grunderwerbsteuerrechtlich gewürdigt werden.

Treuhänder bzw. Treunehmer ist grundsätzlich, wer von einem anderen, dem Treugeber, Vermögensrechte (z. B. an Gesellschaftsanteilen) zu eigenem Recht erworben hat und diese Rechte zwar im eigenen Namen, aber nicht (ausschließlich) im eigenen Interesse ausübt.

Der unentgeltliche Auftrag (§ 662 BGB) sowie der entgeltliche Geschäftsbesorgungsvertrag (§ 675 Abs. 1 BGB) verpflichten den Auftragnehmer bzw. Geschäftsbesorger, ein ihm vom Auftraggeber bzw. Geschäftsherrn übertragenes Geschäft, z. B. den Erwerb und/oder die Verwertung von Gesellschaftsanteilen, für diesen vorzunehmen. Ob ein solches Auftrags- bzw. Geschäftsbesorgungsverhältnis vorliegt, kann jeweils nur im Einzelfall festgestellt werden.

Zu den Grundfällen im Zusammenhang mit der Begründung, Übertragung oder Rückgängigmachung von Treuhand- und Auftrags- bzw. Geschäftsbesorgungsverhältnissen gilt Folgendes:

**1.** Ein Gesellschafter überträgt mindestens 95 % der Anteile an einer Gesellschaft auf einen Treuhänder.

**1.1.** Der Treuhänder wird Inhaber des für eine Anteilsübertragung i. S. d. § 1 Abs. 3 GrEStG erforderlichen Quantums der Gesellschaftsanteile. Der Rechtsvorgang unterliegt der Steuer nach § 1 Abs. 3 Nr. 3 GrEStG, wenn für den Treuhänder durch Rechtsgeschäft ein Anspruch auf Übertragung begründet wird. Das ist regelmäßig bei der im Interesse des Treuhänders begründeten sog. eigennützigen Treuhand der Fall (z. B. Sicherungstreuhand, eigennützige Verwaltungstreuhand im Interesse der Gläubiger des Treugebers). Handelt es sich aus der Sicht des Treuhänders um eine sog. uneigennützige Treuhand (z. B. Liquidationstreuhand), besteht regelmäßig auf Grund der Vereinbarung nur die Pflicht des Treuhänders aus Auftrag oder Geschäftsbesorgungsvertrag (§§ 662, 675 Abs. 1 BGB), die Übertragung der Anteile anzunehmen, nicht aber das Recht, diese zu verlangen. Mangels Übertragungsanspruchs des Treuhänders unterliegt die Übertragung der Anteile bei der sog. uneigennützigen Treuhand daher der Steuer nach § 1 Abs. 3 Nr. 4 GrEStG.

**1.2.** Erwächst dem Treugeber bei einem uneigennützigen Treuhandverhältnis gleichzeitig mit der Übertragung der Anteile ein Rückübertragungsanspruch aus § 667 BGB, wird dadurch, dass dieser Anspruch nicht rechtsgeschäftlich begründet wurde, sondern kraft Gesetzes entsteht, der Tatbestand des § 1 Abs. 3 Nr. 3 GrEStG nicht erfüllt. Wird bei eigennützigen Treuhandverhältnissen rechtsgeschäftlich eine aufschiebend bedingte Rückübertragungsverpflichtung begründet, entsteht die Steuer aus § 1 Abs. 3 Nr. 3 GrEStG nach § 14 Nr. 1 GrEStG erst mit Bedingungseintritt.

**1.3.** Es kommen folgende weitere Erwerbsvorgänge in Betracht:

**1.3.1.** Der Treuhänder überträgt die Anteile auf den Treugeber zurück.

Beruht die Rückübertragung auf rechtsgeschäftlich begründeter aufschiebend bedingter Verpflichtung, entsteht die Steuer aus § 1 Abs. 3 Nr. 3 GrEStG (vgl. unter 1.2.). Erfolgt sie in Erfüllung des dem Treugeber zustehenden Herausgabeanspruchs (§ 667 BGB), so unterliegt der Vorgang der Steuer nach § 1 Abs. 3 Nr. 4 GrEStG, und zwar bezüglich aller der Gesellschaft gehörenden Grundstücke. Bei Erfüllung der jeweiligen Tatbestandsvoraussetzungen ist § 3 Nr. 8 Satz 1 GrEStG ebenso anwendbar wie § 16 Abs. 2 GrEStG, allerdings jeweils nur insoweit, als die Grundstücke bereits bei der Anteilsübertragung auf den Treuhänder zum Vermögen der Gesellschaft gehörten und in diesem verblieben waren.

**1.3.2.** Der Treugeber verzichtet auf seinen Herausgabeanspruch bzw. vor Bedingungseintritt auf den rechtsgeschäftlich begründeten Rückübertragungsanspruch.

Ein Rechtsvorgang i. S. d. § 1 Abs. 3 GrEStG wird dadurch nicht verwirklicht.

**1.3.3.** Der Treuhänder überträgt die ihm übertragenen mindestens 95 % der Anteile der Gesellschaft im Einvernehmen mit dem Treugeber auf einen Dritten; das Treuhandverhältnis erlischt.

**1.3.3.1.** Der Steuer nach § 1 Abs. 3 Nr. 3 GrEStG unterliegt das Rechtsgeschäft, durch das der Dritte den Anspruch auf Übertragung von mindestens 95 % der Anteile der Gesellschaft erwirbt. Beruht die Anteilsübertragung nicht auf einem hierauf gerichteten Rechtsgeschäft, so unterliegt sie der Steuer nach § 1 Abs. 3 Nr. 4 GrEStG.

**1.3.3.2.** Ein weiterer grunderwerbsteuerbarer Vorgang wird durch die Auflösung des Treuhandverhältnisses nicht verwirklicht.

**1.3.3.3.** Für den durch die Begründung des Treuhandverhältnisses verwirklichten Erwerbsvorgang kommt § 16 Abs. 2 GrEStG nicht zur Anwendung, weil keine Rückübertragung der Anteile auf den Treugeber erfolgt.

**1.3.4.** Der Treugeber überträgt seine Rückübertragungsansprüche in Bezug auf die treuhänderisch gehaltenen mindestens 95 % der Anteile auf einen Dritten (Treugeberwechsel).

Der Rechtsvorgang unterliegt der Steuer nach § 1 Abs. 3 Nr. 3 GrEStG.

**1.3.5.** Der Treuhänder überträgt die von ihm gehaltenen mindestens 95 % der Anteile auf einen anderen Treuhänder (Treuhänderwechsel).

Der Rechtsvorgang unterliegt der Steuer nach § 1 Abs. 3 Nr. 3 bzw. Nr. 4 GrEStG.

**2.** Ein Gesellschafter, der mindestens 95% der Anteile einer Gesellschaft innehat, verschafft einem Treugeber einen auf diese bezogenen Übertragungsanspruch.

**2.1.** Der Inhaber der Anteile vereinbart mit einem Dritten, dass er dessen Treuhänder wird. Er erlangt hierdurch die Rechtsstellung eines Treuhänders, bleibt aber Anteilsinhaber. Der Erwerb des Übertragungsanspruchs durch den Dritten als neuen Treugeber unterliegt der Steuer nach § 1 Abs. 3 Nr. 3 GrEStG.

**2.2.** Hier kommen die folgenden weiteren Erwerbsvorgänge in Betracht:

**2.2.1.** Der Treugeber verzichtet auf seinen Herausgabeanspruch oder vor Bedingungseintritt auf seinen rechtsgeschäftlich aufschiebend bedingten Rückübertragungsanspruch.

**2.2.1.1.** Ein Rechtsvorgang i. S. d. § 1 Abs. 3 GrEStG wird dadurch nicht verwirklicht.

**2.2.1.2.** Unter den Voraussetzungen des § 16 Abs. 1 GrEStG ist für den Erwerb durch den Treugeber bei Begründung des Treuhandverhältnisses keine Steuer festzusetzen oder die Steuerfestsetzung aufzuheben.

**2.2.2.** Der Treuhänder überträgt dem Treugeber auch die Anteile.

Nachdem bereits der Erwerb seiner Rechte als Treugeber hinsichtlich der bei Begründung des Treuhandverhältnisses zum Vermögen der Gesellschaft gehörenden Grundstücke der Steuer nach § 1 Abs. 3 Nr. 3 GrEStG unterlegen hat, unterliegt insoweit die Übertragung der Anteile keiner weiteren Steuer. Steuerpflicht nach § 1 Abs. 3 Nr. 4 GrEStG tritt jedoch insoweit ein, als durch die Gesellschaft seit Begründung des Treuhandverhältnisses Grundstücke hinzuerworben wurden; insoweit ist ein Rechtsgeschäft i. S. d. § 1 Abs. 3 Nr. 3 GrEStG nicht vorausgegangen.

**2.2.3.** Der Treuhänder überträgt die von ihm treuhänderisch gehaltenen mindestens 95% der Anteile im Einvernehmen mit dem Treugeber auf einen Dritten; das Treuhandverhältnis erlischt.

**2.2.3.1.** Der Steuer nach § 1 Abs. 3 Nr. 3 GrEStG unterliegt das Rechtsgeschäft, durch das der Dritte den Anspruch auf Übertragung von mindestens 95% der Anteile der Gesellschaft erwirbt. Beruht die Anteilsübertragung nicht auf einem hierauf gerichteten Rechtsgeschäft, so unterliegt sie der Steuer nach § 1 Abs. 3 Nr. 4 GrEStG.

**2.2.3.2.** Ein weiterer grunderwerbsteuerbarer Vorgang wird durch die Auflösung des Treuhandverhältnisses nicht verwirklicht.

**2.2.3.3.** Für den bei Begründung des Treuhandverhältnisses verwirklichten Erwerb durch den Treugeber kommt § 16 GrEStG nicht zur Anwendung, weil der Treuhänder den Übertragungsanspruch nicht wieder zurückerlangt.

**3.** Ein Auftragnehmer oder ein Geschäftsbesorger erwirbt mindestens 95% der Anteile einer Gesellschaft für den Auftraggeber bzw. den Geschäftsherrn.

**3.1.** Der Auftragnehmer bzw. der Geschäftsbesorger wird Inhaber von mindestens 95% der Anteile der Gesellschaft. Gleichzeitig mit dessen Erwerb erwirbt der Auftraggeber bzw. der Geschäftsherr den Anspruch auf Übertragung der Anteile aus § 667 BGB. Der Erwerb der Anteile durch den Auftragnehmer bzw. den Geschäftsbesorger unterliegt der Steuer nach § 1 Abs. 3 Nr. 3 GrEStG, wenn er mindestens 95% der Anteile von einem Dritten erwirbt. Erwirbt er die Anteile sukzessive von mehreren Personen, unterliegt die Anteilsvereinigung in seiner Hand bei Erreichung des Quantums von mindestens 95% der Steuer nach § 1 Abs. 3 Nr. 1 GrEStG. Der sich auf mindestens 95% der Anteile der Gesellschaft beziehende Herausgabeanspruch des Auftraggebers bzw. des Geschäftsherrn unterliegt der Steuer nach § 1 Abs. 3 Nr. 3 GrEStG.

**3.2.** Hier kommen die folgenden weiteren Erwerbsvorgänge in Betracht:

**3.2.1.** Der Auftragnehmer bzw. der Geschäftsbesorger überträgt die erworbenen Anteile von mindestens 95% auf den Auftraggeber bzw. den Geschäftsherrn.

**3.2.1.1.** Nachdem bereits der Erwerb seiner Rechte als Auftraggeber bzw. Geschäftsherr hinsichtlich der bei Begründung des Auftrags- bzw. Geschäftsbesorgungsverhältnisses zum Vermögen der Gesellschaft gehörenden Grundstücke der Steuer nach § 1 Abs. 3 Nr. 3 GrEStG unterlegen hat, entsteht insoweit durch die Übertragung der Anteile keine weitere Steuer. Steuerpflicht nach § 1 Abs. 3 Nr. 4 GrEStG tritt jedoch insoweit ein, als durch die Gesellschaft seit Begründung des Auftrags- bzw. Geschäftsbesorgungsverhältnisses Grundstücke hinzuerworben wurden; insoweit ist kein Rechtsgeschäft i. S. d. § 1 Abs. 3 Nr. 3 GrEStG vorausgegangen.

**3.2.2.** Der Auftraggeber bzw. der Geschäftsherr verzichtet vollständig auf seinen Übertragungsanspruch.

**3.2.2.1.** Ein Rechtsvorgang i. S. d. § 1 Abs. 3 GrEStG wird dadurch nicht verwirklicht.

**3.2.2.2.** Unter den Voraussetzungen des § 16 Abs. 1 GrEStG ist für den Erwerb durch den Auftraggeber bzw. Geschäftsherrn bei Begründung des Auftrags- bzw. Geschäftsbesorgungsverhältnisses keine Steuer festzusetzen oder die Steuerfestsetzung aufzuheben.

**3.2.3.** Der Auftragnehmer bzw. der Geschäftsbesorger überträgt die erworbenen mindestens 95% der Anteile der Gesellschaft im Einvernehmen mit dem Auftraggeber bzw. dem Geschäftsherrn auf einen Dritten; das Auftrags- bzw. Geschäftsbesorgungsverhältnis erlischt. Zudem erlischt der Herausgabeanspruch infolge anderweitiger Erfüllung.

**3.2.3.1.** Der Steuer nach § 1 Abs. 3 Nr. 3 GrEStG unterliegt das Rechtsgeschäft, durch das der Dritte den Anspruch auf Übertragung von mindestens 95% der Anteile der Gesellschaft erwirbt. Beruht die Anteilsübertragung nicht auf einem hierauf gerichteten Rechtsgeschäft, so unterliegt sie der Steuer nach § 1 Abs. 3 Nr. 4 GrEStG.

**3.2.3.2.** Ein weiterer grunderwerbsteuerbarer Vorgang wird durch die Auflösung des Auftrags- bzw. Geschäftsbesorgungsverhältnisses nicht verwirklicht.

**3.2.3.3.** Für den bei Begründung des Auftrags- bzw. Geschäftsbesorgungsverhältnisses verwirklichten Erwerb durch den Auftraggeber bzw. Geschäftsherrn kommt § 16 GrEStG nicht zur Anwendung, weil der Auftragnehmer bzw. Geschäftsbesorger den Übertragungsanspruch nicht erlangt.

## 4. Ergänzende Hinweise

**4.1.** Bei Personengesellschaften ist der Vorrang des § 1 Abs. 2 a GrEStG (§ 1 Abs. 3 erster Satzteil GrEStG) zu beachten.

Bei unmittelbaren Beteiligungen an grundbesitzenden Personengesellschaften ist die sachenrechtliche Beteiligung am Gesamthandsvermögen (gesamthänderische Mitberechtigung) maßgebend. Die gesamthänderische Mitberechtigung steht auch demjenigen zu, der (im Innenverhältnis) am Wert des Gesellschaftsvermögens nicht beteiligt ist. Bei Beteiligungen an zwischengeschalteten Personengesellschaften ist hingegen die Beteiligung am Gesellschaftsvermögen maßgebend (BFH-Urteil vom 27. September 2017 II R 41/15, BStBl. 2018 II S. 667).

**4.2.** Bei den unter Tz. 1 und 2 genannten Fällen wird unterstellt, dass das Treuhandverhältnis immer nur zwischen einem Treuhänder und einem Treugeber besteht und stets Erwerbsvorgänge i. S. d. § 1 Abs. 3 Nr. 3 bzw. Nr. 4 GrEStG verwirklicht werden. Entsprechendes gilt grundsätzlich auch für im Rahmen von Treuhandverhältnissen verwirklichte Erwerbsvorgänge i. S. d. § 1 Abs. 3 Nr. 1 oder Nr. 2 GrEStG (z. B. Vereinbarung eines Treuhandverhältnisses unter Gesellschaftern, die dazu führt, dass einem Mitgesellschafter die Rechtsposition eines Treugebers eingeräumt wird, in dessen Hand sich mindestens 95 % der Anteile an einer grundbesitzenden Gesellschaft vereinen). Sind die Anteile an einer grundbesitzenden Gesellschaft bereits dadurch i. S. d. § 1 Abs. 3 Nr. 1 und 2 GrEStG in der Hand einer Person vereinigt, dass diese mindestens 95 % der Anteile an der Gesellschaft teils unmittelbar, teils über einen Treuhänder oder Auftragnehmer bzw. Geschäftsbesorger hält, so führt die bloße Auswechslung des Treuhänders oder Auftragnehmers bzw. Geschäftsbesorgers – anders als in den Fällen der Tz. 1.3.5. – jedoch zu keinem Erwerbsvorgang i. S. d. § 1 Abs. 3 Nr. 1 und 2 GrEStG (vgl. BFH-Urteil vom 16. Juli 1997 II R 8/95, BFH/NV 1998 S. 81).

In den unter Tz. 3 dargestellten Fällen ist ebenfalls davon ausgegangen worden, dass jeweils nur ein Auftragnehmer bzw. Geschäftsbesorger einem Auftraggeber bzw. Geschäftsherrn gegenübersteht.

**4.3.** Sind mehrere Treuhänder oder Treugeber bzw. mehrere Auftragnehmer bzw. Geschäftsbesorger beteiligt, so ist zu beachten, dass ein grunderwerbsteuerbarer Vorgang jeweils nur vorliegt, wenn mindestens 95 % der Anteile in einer Hand vereinigt werden. Die Regelungen in Tz. 1 bis 3 sind daher nur eingeschränkt anwendbar, wie sich aus nachstehenden Beispielen ergibt.

**a)** Zu grunderwerbsteuerbaren Vorgängen führt in den Fällen der

- Tz. 1.2 nur die rechtsgeschäftliche Begründung einer Rückübertragungsverpflichtung zu Gunsten **eines** Treugebers,
- Tz. 1.3.4 nur die Abtretung der Rückübertragungsverpflichtung bzw. des Herausgabeanspruchs aus § 667 BGB an **einen** Treugeber und

– Tz. 1.1 und 1.3.5 nur die Übertragung der Anteile auf **einen** Treuhänder bzw. anderen Treuhänder.

Dagegen werden grunderwerbsteuerbare Vorgänge jeweils nicht verwirklicht, wenn die Rückübertragungsverpflichtung bzw. der Herausgabeanspruch auf mehrere Treugeber übergeleitet wird oder mehrere Treuhänder die Anteile erwerben.

**b)** Im Fall der Tz. 3 führt nur der Erwerb von mindestens 95% der Anteile durch einen Auftragnehmer bzw. Geschäftsbesorger zu zwei grunderwerbsteuerbaren Vorgängen. Erwerben mehrere Auftragnehmer bzw. Geschäftsbesorger Anteile für einen Auftraggeber bzw. Geschäftsherrn, die zusammengerechnet mindestens 95% der Anteile ausmachen, wird mit deren Erwerb bei Erreichung des Quantums nur beim Auftraggeber bzw. Geschäftsherrn ein grunderwerbsteuerbarer Vorgang verwirklicht. Dasselbe gilt, wenn durch einen Auftragnehmer oder Geschäftsbesorger weitere Anteile hinzuerworben werden, die dazu führen, dass mindestens 95% der Anteile in der Hand des Auftraggebers bzw. Geschäftsherrn vereinigt werden.

**4.4.** Die Anzahl der verwirklichten Erwerbsvorgänge hängt jeweils davon ab, wie viele Grundstücke zum Vermögen der Gesellschaft gehören.

**4.5.** Nach § 8 Abs. 2 Satz 1 Nr. 3 GrEStG ist Bemessungsgrundlage der Grundbesitzwert i. S. d. § 151 Abs. 1 Satz 1 Nr. 1 i. V. m. § 157 Abs. 1 bis 3 BewG (zur Bewertung siehe *Abschn. 151 ff. ErbStR*[1]). Die Besteuerungsgrundlagen sind ggf. gesondert festzustellen (§ 17 Abs. 3 Nr. 2 GrEStG).

## 5. Anwendung

Dieser Erlass tritt an die Stelle der gleich lautenden Erlasse zu Erwerbsvorgängen i. S. d. § 1 Abs. 3 GrEStG im Zusammenhang mit Treuhandgeschäften und Auftragserwerben bzw. Geschäftsbesorgungen vom 12. Oktober 2007 (BStBl. I S. 761). Er ist auf alle offenen Fälle anzuwenden.

[1] Jetzt R B 151.1 ff. ErbStR 2011.

# 600 § 1/3. Gleich lautende Erlasse betr. Anwendung des § 1 Abs. 2a GrEStG

Vom 10. Mai 2022
Oberste Finanzbehörden der Länder S 4500; S 4501; S 4445
(BStBl. I S. 801)

## 1. Allgemeines

Mit dem Gesetz zur Änderung des Grunderwerbsteuergesetzes vom 12. Mai 2021 (BGBl. I S. 986) wurde § 1 Abs. 2a GrEStG geändert. Die Beteiligungsgrenze wurde auf 90 % gesenkt und der Zeitraum auf zehn Jahre erweitert.

Bei einer Personengesellschaft, zu deren Vermögen ein inländisches Grundstück gehört, gilt nach § 1 Abs. 2a Satz 1 GrEStG die unmittelbare oder mittelbare Änderung des Gesellschafterbestandes dergestalt, dass innerhalb von zehn Jahren mindestens 90 % der Anteile am Gesellschaftsvermögen auf neue Gesellschafter übergehen, als ein auf die Übereignung eines Grundstücks auf eine neue Personengesellschaft gerichtetes Rechtsgeschäft.

Die Vorschrift fingiert die Übereignung eines zum Vermögen einer Personengesellschaft gehörenden Grundstücks auf eine fiktiv „neue" Personengesellschaft. Zivilrechtlich liegt kein Rechtsträgerwechsel vor.

Soweit sich aus der Sachverhaltsdarstellung nichts anderes ergibt, bilden die Beispiele die Rechtslage nach dem 30. Juni 2021 entsprechend § 23 Abs. 18 GrEStG ab.

Ausführungen zu § 23 Abs. 19 und 20 GrEStG enthalten die gleich lautenden Erlasse der obersten Finanzbehörden der Länder vom 29. Juni 2021 zu den Übergangsregelungen auf Grund des Gesetzes zur Änderung des Grunderwerbsteuergesetzes (BStBl. I S. 1006).

## 2. Personengesellschaft

Personengesellschaften i.S.d. § 1 Abs. 2a Satz 1 GrEStG sind insbesondere die Gesellschaft bürgerlichen Rechts, die offene Handelsgesellschaft, die Kommanditgesellschaft (einschließlich der GmbH & Co. KG) und die Partnerschaftsgesellschaft. Ausländische Personengesellschaften, deren rechtliche Struktur den inländischen Personengesellschaften entspricht, werden von der Vorschrift erfasst.

## 3. Vom Tatbestand erfasste Grundstücke

Die Vorschrift des § 1 Abs. 2a GrEStG ist grundstücksbezogen. Sie erfasst diejenigen Grundstücke, und zwar jedes für sich, die während des Zeitraums, in dem sich der Gesellschafterbestand ändert, durchgängig zum Vermögen der Personengesellschaft gehören. Zum Zehnjahreszeitraum vgl. Tz. 6.

Zum Vermögen einer Personengesellschaft gehören die Grundstücke, die ihr grunderwerbsteuerrechtlich zuzurechnen sind. Es kommt nicht auf das zivilrechtliche Eigentum oder die bewertungsrechtliche Zurechnung an.

Ein Grundstück gehört der Personengesellschaft, wenn es ihr im Zeitpunkt der Entstehung der Steuerschuld aufgrund eines unter § 1 Abs. 1, 2, 3 oder 3a GrEStG fallenden Erwerbsvorgangs grunderwerbsteuerrechtlich zuzurechnen ist.

Ein Grundstück gehört nicht mehr zum Vermögen der Personengesellschaft, wenn es zwar noch in ihrem Eigentum steht bzw. ihr bewertungsrechtlich zuzurechnen ist, es aber vor Entstehung der Steuerschuld Gegenstand eines Veräußerungsvorgangs i.S.d. § 1 Abs. 1, 3 oder 3a GrEStG war (vgl. BFH-Urteil vom 11.12.2014 – II R 26/12, BStBl. 2015 II S. 402). Grundstücke im Eigentum der Personengesellschaft, an denen sie einem anderen die Verwertungsbefugnis i.S.d. § 1 Abs. 2 GrEStG eingeräumt hat, gehören zu ihrem Vermögen.

### 4. Anteil am Vermögen der Personengesellschaft

Die von der Personengesellschaft erworbenen Grundstücke sind gemeinschaftliches Vermögen der Gesellschafter (gesamthänderische Mitberechtigung).

Unter Anteil am Vermögen ist

- die sachenrechtliche Mitberechtigung des Gesellschafters, die sich aus der Stellung als Gesamthänder ableitet, und
- die vermögensmäßige Beteiligung an dem Gesellschaftsgrundstück

zu verstehen. Maßgebend ist die gesellschaftsvertraglich vereinbarte Beteiligung am Vermögen (fest oder variabel), hilfsweise die §§ 722, 734 BGB bzw. §§ 120 bis 122 HGB. Es ist auf den Zeitpunkt der Verwirklichung des Erwerbsvorgangs i.S.d. § 23 GrEStG abzustellen.

Die vorstehenden Grundsätze gelten für vergleichbare ausländische Personengesellschaften entsprechend.

### 5. Für § 1 Abs. 2a GrEStG relevanter Gesellschafterwechsel

Ein steuerbarer Gesellschafterwechsel i.S.d. § 1 Abs. 2a GrEStG liegt vor, wenn es sich um einen Gesellschafterwechsel handelt (Tz. 5.1), der durch einen Neugesellschafter ausgelöst wird (Tz. 5.2), und sich dadurch das Verhältnis der Altgesellschafter zu den Neugesellschaftern zu Lasten der Altgesellschafter verändert (Tz. 5.3).

#### 5.1. Gesellschafterwechsel

Es sind unmittelbare und mittelbare Gesellschafterwechsel zu berücksichtigen.

#### 5.1.1. Unmittelbarer Gesellschafterwechsel

Eine unmittelbare Änderung des Gesellschafterbestandes einer grundbesitzenden Personengesellschaft liegt vor, wenn ein Mitgliedschaftsrecht an der Gesellschaft zivilrechtlich wirksam auf ein anderes oder neues Mitglied der Personengesellschaft übergeht (BFH-Urteil vom 25.11.2015 II R 18/14, BStBl. 2018 II S. 783).

#### 5.1.2. Mittelbarer Gesellschafterwechsel

Da es zivilrechtlich keine mittelbare Änderung eines Gesellschafterbestandes gibt und bei der mittelbaren Änderung des Gesellschafterbestandes zivilrechtlich kein Anteil an der grundbesitzenden Gesellschaft auf einen Neugesellschafter übergeht, scheidet eine Anknüpfung an das Zivilrecht aus. Aus grunderwerbsteuerrechtlicher Sicht ist maßgeblich, wer hinter dem an der grundbesitzenden Personengesellschaft unmittelbar beteiligten Gesellschafter steht.

Eine mittelbare Änderung des Gesellschafterbestandes der grundbesitzenden Personengesellschaft liegt vor, wenn

– ein Mitgliedschaftsrecht an einer Personengesellschaft, die unmittelbar oder mittelbar über eine oder mehrere Personengesellschaften an der grundbesitzenden Personengesellschaft beteiligt ist, zivilrechtlich wirksam auf ein anderes oder neues Mitglied übergeht,
– eine unmittelbar oder mittelbar über eine oder mehrere Personengesellschaften an der grundbesitzenden Personengesellschaft beteiligte Kapitalgesellschaft nach § 1 Abs. 2a Satz 3 bis 5 GrEStG fiktiv neue Gesellschafterin der grundbesitzenden Personengesellschaft wird oder
– sie sich aus schuldrechtlichen Bindungen der an der Personengesellschaft unmittelbar beteiligten Gesellschafter ergibt (z.B. Kaufoption (BFH-Urteil vom 9.7.2014 II R 49/12, BStBl. 2016 II S. 57), Vereinbarungstreuhand (BFH-Urteil vom 25.11.2015 II R 18/14, BStBl. 2018 II S. 783)).

Liegen lediglich schuldrechtliche Bindungen vor, kann für die nach wirtschaftlichen Gesichtspunkten vorzunehmende Zurechnungsentscheidung unter Beachtung grunderwerbsteuerrechtlicher Besonderheiten auf die Grundsätze des § 39 Abs. 2 Nr. 1 AO zurückgegriffen werden (BFH-Urteile vom 9.7.2014 II R 49/12, BStBl. 2016 II S. 57, und vom 25.11.2015 II R 18/14, BStBl. 2018 II S. 783). Dieser Rückgriff erlaubt eine entsprechende Anwendung der Grundsätze des § 1 Abs. 2 GrEStG bei der Zurechnung von Anteilen an grundbesitzenden Personengesellschaften. Entscheidend ist danach, dass über die schuldrechtliche Vereinbarung einem anderen als dem an der grundbesitzenden Personengesellschaft unmittelbar Beteiligten eine Wertteilhabe an den Grundstücken der Personengesellschaft vermittelt wird. Dazu müssen folgende Kriterien erfüllt sein:

– Der mittelbar Beteiligte hat aufgrund eines Rechtsgeschäfts bereits eine rechtlich geschützte, auf den Erwerb des Rechts gerichtete Position erworben, die ihm gegen seinen Willen nicht mehr entzogen werden kann (z.B. Herausgabeanspruch aufgrund einer Kaufoption oder eines Treuhandverhältnisses).
– Die mit dem Anteil verbundenen wesentlichen Rechte (z.B. Innehaben des Gewinnstammrechts, Befugnis zur Ausübung der Stimmrechte, Widerspruchs- und Kontrollrechte) sind auf den mittelbar Beteiligten übergegangen oder i.S.d. mittelbar Beteiligten auszuüben.
– Das Risiko einer Wertminderung und die Chance einer Wertsteigerung (z.B. Beteiligung am Gesellschaftsvermögen, an einem etwaigen Auseinandersetzungsguthaben sowie dem Liquidationserlös) sind auf den mittelbar Beteiligten übergegangen.

Entscheidend ist das Gesamtbild der tatsächlichen Verhältnisse im jeweiligen Einzelfall. Bei dieser Gesamtbildbetrachtung kann eine vom Zivilrecht abweichende Zurechnung des Anteils auch anzunehmen sein, wenn die vorstehenden Kriterien unterschiedlich stark ausgeprägt sind.

Die bloße Einräumung einer Vollmacht zur Ausübung der Rechte aus einem Gesellschaftsanteil sowie zur Veräußerung und Abtretung dieses Gesellschaftsanteils, selbst wenn sie unwiderruflich erteilt worden ist, reicht demgegenüber für die Annahme einer mittelbaren Änderung des Gesellschafterbestandes nicht aus. Durch eine derartige Vollmacht sind die wesentlichen Rechte des Gesellschafters (z.B. Stimmrechte und Gewinnstammrecht) nicht auf den Bevollmächtigten übergegangen (BFH-Urteil vom 30.8.2017 II R 39/15, BStBl. 2018 II S. 786).

### 5.2. Alt- und Neugesellschafter

Es muss zwischen Alt- und Neugesellschaftern unterschieden werden.

### 5.2.1. Altgesellschafter

#### 5.2.1.1. Unmittelbar beteiligter Altgesellschafter

Unmittelbar an der grundbesitzenden Personengesellschaft beteiligter Altgesellschafter ist unabhängig von seiner Rechtsform, wer

- Gründungsgesellschafter ist,
- vor dem Beginn des Zehnjahreszeitraums des § 1 Abs. 2a Satz 1 GrEStG beteiligt war,
- im Zeitpunkt des Erwerbs des jeweiligen Grundstücks beteiligt war oder
- bei einer früheren Verwirklichung des Tatbestands nach § 1 Abs. 2a GrEStG beteiligt war.

Ein unmittelbar beteiligter Altgesellschafter verliert die Eigenschaft als Altgesellschafter mit Aufgabe seiner Gesellschafterstellung. Erwirbt der ausgeschiedene (Alt-)Gesellschafter erneut einen Anteil an der Personengesellschaft, ist er Neugesellschafter i.S.d. § 1 Abs. 2a Satz 1 GrEStG. Dies gilt auch dann, wenn das Ausscheiden aus der Personengesellschaft und der Wiedereintritt innerhalb des Zehnjahreszeitraums des § 1 Abs. 2a Satz 1 GrEStG erfolgen (BFH-Urteil vom 16.5.2013 II R 3/11, BStBl. II S. 963).

#### 5.2.1.2. Mittelbar über eine Personengesellschaft beteiligter Altgesellschafter

Mittelbar an der grundbesitzenden Personengesellschaft beteiligter Altgesellschafter ist unabhängig von seiner Rechtsform, wer über eine oder mehrere Personengesellschaften

- im Zeitpunkt der Gründung der grundbesitzenden Personengesellschaft beteiligt war,
- vor dem Beginn des Zehnjahreszeitraums des § 1 Abs. 2a Satz 1 GrEStG beteiligt war,
- im Zeitpunkt des Erwerbs des jeweiligen Grundstücks beteiligt war oder
- bei einer früheren Verwirklichung des Tatbestands nach § 1 Abs. 2a Satz 1 GrEStG beteiligt war.

Eine Gesellschaftsstruktur, bei der eine Personengesellschaft an der grundbesitzenden Personengesellschaft beteiligt ist, wird als doppelstöckige Personengesellschaft bezeichnet. Ist oberhalb der beteiligten Personengesellschaft mindestens eine weitere Personengesellschaft beteiligt, liegt eine mehrstöckige Personengesellschaft vor.

Ein mittelbar beteiligter Altgesellschafter verliert die Eigenschaft als Altgesellschafter mit Aufgabe seiner Gesellschafterstellung. Erwirbt der ausgeschiedene (Alt-)Gesellschafter erneut unmittelbar oder mittelbar einen Anteil an der grundbesitzenden Personengesellschaft, ist er Neugesellschafter i.S.d. § 1 Abs. 2a Satz 1 GrEStG. Dies gilt auch dann, wenn das Ausscheiden aus der beteiligten Personengesellschaft und der unmittelbare oder mittelbare Wiedereintritt in die grundbesitzende Personengesellschaft innerhalb des Zehnjahreszeitraums des § 1 Abs. 2a Satz 1 GrEStG erfolgen (BFH-Urteil vom 16.5.2013 II R 3/11, BStBl. II S. 963).

Zusammenfassend vgl. Beispiele 5.3.1 und 5.3.2.

### 5.2.2. Neugesellschafter

### 5.2.2.1. Unmittelbar beteiligter Neugesellschafter

Unmittelbar an der grundbesitzenden Personengesellschaft beteiligter Neugesellschafter ist unabhängig von seiner Rechtsform, wer mit dem Erwerb der Gesellschafterstellung in die Mitberechtigung am Grundstück der Personengesellschaft

- durch Beitritt,
- infolge (Teil-)Abtretung eines Anteils am Gesellschaftsvermögen oder
- aufgrund von Umwandlungsvorgängen mit Ausnahme der identitätswahrenden formwechselnden Umwandlung (Tz. 5.2.5)

einrückt.

### 5.2.2.2. Mittelbar über eine Personengesellschaft beteiligter Neugesellschafter

Mittelbar an der grundbesitzenden Personengesellschaft beteiligter Neugesellschafter ist unabhängig von seiner Rechtsform, wer durch

- Eintritt,
- Abtretung eines Mitgliedschaftsrechts oder
- einen Vorgang nach dem Umwandlungsgesetz

einer Personengesellschaft beitritt, die unmittelbar oder mittelbar über eine oder mehrere Personengesellschaften am Vermögen der grundbesitzenden Personengesellschaft beteiligt ist, und dadurch in die Mitberechtigung am Grundstück einrückt.

### 5.2.3. Besonderheiten bei Kapitalgesellschaften

### 5.2.3.1. Alt- oder Neugesellschaftereigenschaft der Kapitalgesellschaft in Bezug auf die grundbesitzende Personengesellschaft

Nur Kapitalgesellschaften selbst können unmittelbare oder mittelbare Alt- oder Neugesellschafter in Bezug auf die grundbesitzende Personengesellschaft sein, deren Gesellschafter jedoch nicht.

Eine als Altgesellschafterin geltende unmittelbar oder mittelbar beteiligte Kapitalgesellschaft wird nach § 1 Abs. 2a Satz 3 bis 5 GrEStG in vollem Umfang zur fiktiven Neugesellschafterin, wenn sich die Beteiligungsverhältnisse an ihr unmittelbar oder mittelbar oder teils unmittelbar, teils mittelbar zu mindestens 90 % ändern. Dies gilt unabhängig davon, ob die Änderung der Beteiligungsverhältnisse bei der Kapitalgesellschaft den Tatbestand des § 1 Abs. 3 GrEStG erfüllen würde.

Bei mehrstufigen mittelbaren Beteiligungen ist die Prüfung, ob die 90 %-Grenze erreicht ist, für jede Beteiligungsebene gesondert vorzunehmen. Ist die 90 %-Grenze erreicht, ist die mittelbare Beteiligung in voller Höhe zu berücksichtigen (nicht nur in Höhe von 90 %; vgl. Beispiel 5.3.3).

Die Eigenschaft als Altgesellschafterin der unmittelbar oder mittelbar beteiligten Kapitalgesellschaft bleibt erhalten, wenn sich lediglich die Kette der an ihr beteiligten Kapitalgesellschaften verkürzt. Eine solche Beteiligungskette liegt vor, soweit Kapitalgesellschaften auf jeder Stufe über eine Beteiligung von mindestens 90 % miteinander verbunden sind. Das Gleiche gilt bei Beteiligungsketten, in denen sowohl Kapital als auch Personengesellschaften beteiligt sind. Bei Personengesellschaften in der Kette ist zu beachten, dass die 90 %ige

Beteiligung auf jeder Stufe bei der Durchrechnung noch vorhanden ist. Bei der Verkürzung der Kette muss die der grundbesitzenden Personengesellschaft am nächsten stehende Kapitalgesellschaft erhalten bleiben (vgl. Beispiel 5.3.8).

### 5.2.3.2. Alt- oder Neugesellschaftereigenschaft der Gesellschafter der Kapitalgesellschaft in Bezug auf die Kapitalgesellschaft

Die Gesellschafter der Kapitalgesellschaft sind nur in Bezug auf die Kapitalgesellschaft, an der sie unmittelbar beteiligt sind, Alt- oder Neugesellschafter, nicht jedoch in Bezug auf die grundbesitzende Personengesellschaft.

Neugesellschafter der Kapitalgesellschaft ist, wer Anteile an der Kapitalgesellschaft erwirbt.

Altgesellschafter der Kapitalgesellschaft ist, wer im Zeitpunkt

- der Gründung der grundbesitzenden Personengesellschaft Gesellschafter der Kapitalgesellschaft ist, wenn die Kapitalgesellschaft Gründungsgesellschafterin ist,
- des Erwerbs der Beteiligung am Vermögen der grundbesitzenden Personengesellschaft durch die Kapitalgesellschaft an der Kapitalgesellschaft beteiligt ist,
- des Grundstückserwerbs der Personengesellschaft an der Kapitalgesellschaft beteiligt ist oder
- der nach § 1 Abs. 2a Satz 3 bis 5 GrEStG erfolgenden Umqualifizierung der Kapitalgesellschaft in eine Neugesellschafterin der grundbesitzenden Personengesellschaft an der Kapitalgesellschaft beteiligt ist.

### 5.2.4. Besonderheiten bei Treuhandverhältnissen

Neugesellschafter ist:

- derjenige, der aufgrund Vereinbarungstreuhand mit einem Gesellschafter der grundbesitzenden Personengesellschaft nach deren Gründung bzw. nach einem Grundstückserwerb durch diese oder nach einer früheren Verwirklichung des Tatbestands des § 1 Abs. 2a GrEStG dessen Treugeber wird,
- der neue Treugeber eines Gesellschafters nach Treugeberwechsel,
- der Treugeber, auf den die treuhänderisch gehaltenen Anteile vom Treuhänder übertragen oder rückübertragen werden (zur anteiligen Steuerbefreiung in Höhe der rückübertragenen Anteile auf den Treugeber vgl. § 3 Nr. 8 GrEStG analog) oder
- der neue Treuhänder beim Wechsel des Treuhändergesellschafters.

### 5.2.5. Besonderheiten bei der identitätswahrenden formwechselnden Umwandlung

Die identitätswahrende formwechselnde Umwandlung einer grundbesitzenden Personengesellschaft ist nicht steuerbar. Das Gleiche gilt bei einer identitätswahrenden formwechselnden Umwandlung einer an der grundbesitzenden Personengesellschaft unmittelbar oder mittelbar beteiligten Personen- oder Kapitalgesellschaft.

### 5.2.5.1. Formwechselnde Umwandlung der grundbesitzenden Gesellschaft

Wird eine grundbesitzende Personengesellschaft in eine andere Personengesellschaft formwechselnd umgewandelt, führen die an ihr beteiligten Gesellschafter ihre bisherige Eigenschaft als Alt- oder Neugesellschafter in Bezug auf die grundbesitzende Personengesellschaft fort.

Wird eine grundbesitzende Kapitalgesellschaft in eine Personengesellschaft formwechselnd umgewandelt, führen die an ihr beteiligten Gesellschafter ihre Neu- oder Altgesellschafterstellung in Bezug auf die grundbesitzende Personengesellschaft fort. Relevante Gesellschafterwechsel bei der Kapitalgesellschaft gelten auch für die Personengesellschaft als zu erfassende Gesellschafterwechsel, wenn diese im Zehnjahreszeitraum und nach dem 30. Juni 2021 erfolgt sind.

**Beispiel:**

Am Kapital der grundbesitzenden A-GmbH sind A (Gründungsgesellschafter) zu 60 % und B zu 40 % beteiligt. B hat die Anteile im Jahr 01 erworben und ist Neugesellschafter i.S.d. § 1 Abs. 2b GrEStG.

Im Jahr 02 wird die A-GmbH durch Formwechsel in die A-KG umgewandelt.

Im Jahr 03 erwirbt C von A 50 % der Anteile am Vermögen der A-KG.

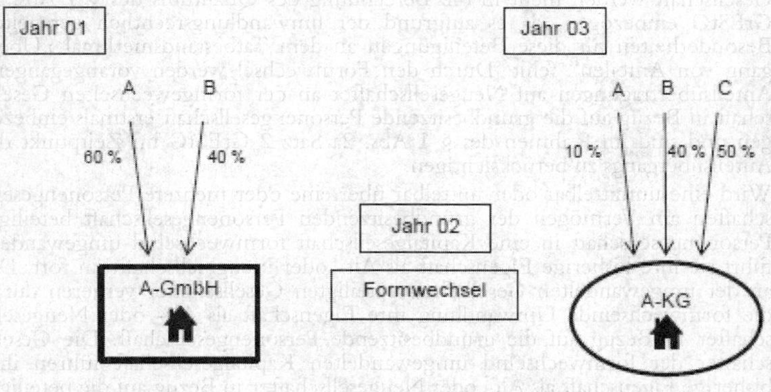


A ist als Gründungsgesellschafter der A-GmbH Altgesellschafter i.S.d. § 1 Abs. 2b GrEStG und gilt nach dem Formwechsel auch als Altgesellschafter i.S.d. § 1 Abs. 2a GrEStG bezogen auf die A-KG.

B ist seit dem Jahr 01 Neugesellschafter i.S.d. § 1 Abs. 2b GrEStG und führt die Neugesellschafterstellung i.S.d. § 1 Abs. 2a GrEStG bezogen auf die A-KG nach dem Formwechsel fort. Im Jahr 01 liegt eine unmittelbare Änderung im Gesellschafterbestand der A-GmbH in Höhe von 40 % der Anteile an der A-GmbH durch B vor. Durch den nicht steuerbaren Formwechsel im Jahr 02 ist dieser Gesellschafterwechsel bei der Anwendung des § 1 Abs. 2a GrEStG zu berücksichtigen.

Im Jahr 03 liegt eine unmittelbare Änderung im Gesellschafterbestand der A-KG in Höhe von 50 % am Vermögen der A-KG durch C vor. Der Tatbestand des § 1 Abs. 2a GrEStG ist verwirklicht, weil innerhalb von zehn Jahren mindestens 90 % der Anteile an der A-KG (01: 40 % + 03: 50 %) auf Neugesellschafter übergegangen sind.

### 5.2.5.2. Formwechselnde Umwandlung einer unmittelbar oder mittelbar beteiligten Gesellschaft

Wird eine unmittelbar oder mittelbar über eine oder mehrere Personengesellschaften am Vermögen der grundbesitzenden Personengesellschaft beteiligte Personengesellschaft in eine andere Personengesellschaft formwechselnd umgewandelt, führt sie ihre bisherige Eigenschaft als Alt- oder Neugesellschafterin in Bezug auf die grundbesitzende Personengesellschaft fort. Gleiches gilt für die an ihr beteiligten Gesellschafter.

Wird eine unmittelbar oder mittelbar über eine oder mehrere Personengesellschaften am Vermögen der grundbesitzenden Personengesellschaft beteiligte Kapitalgesellschaft in eine andere Kapitalgesellschaft formwechselnd umgewandelt, führt sie ihre bisherige Eigenschaft als Alt- oder Neugesellschafterin in Bezug auf die grundbesitzende Personengesellschaft fort. Die Gesellschafter der formwechselnd umgewandelten Kapitalgesellschaft führen ihre bisherige Eigenschaft als Alt- oder Neugesellschafter in Bezug auf die Kapitalgesellschaft fort.

Wird eine unmittelbar oder mittelbar über eine oder mehrere Personengesellschaften am Vermögen der grundbesitzenden Personengesellschaft beteiligte Kapitalgesellschaft in eine Personengesellschaft formwechselnd umgewandelt, führt sie ihre bisherige Eigenschaft als Alt- oder Neugesellschafterin fort. Die an der umgewandelten Gesellschaft beteiligten Gesellschafter werden durch die formwechselnde Umwandlung Neugesellschafter in Bezug auf die grundbesitzende Personengesellschaft. Die im Zeitpunkt der formwechselnden Umwandlung vorhandenen Beteiligungen der Gesellschafter an der formgewechselten Gesellschaft werden nicht in die Berechnung des Quantums des § 1 Abs. 2a GrEStG einbezogen, da es aufgrund der umwandlungsrechtlich geregelten Besonderheiten für diese Beteiligungen an dem Tatbestandsmerkmal „Übergang von Anteilen" fehlt. Durch den Formwechsel werden vorangegangene Anteilsübertragungen auf Neugesellschafter an der formgewechselten Gesellschaft in Bezug auf die grundbesitzende Personengesellschaft erstmals einbezogen und sind im Rahmen des § 1 Abs. 2a Satz 2 GrEStG im Zeitpunkt des Anteilsübergangs zu berücksichtigen.

Wird eine unmittelbar oder mittelbar über eine oder mehrere Personengesellschaften am Vermögen der grundbesitzenden Personengesellschaft beteiligte Personengesellschaft in eine Kapitalgesellschaft formwechselnd umgewandelt, führt sie ihre bisherige Eigenschaft als Alt- oder Neugesellschafterin fort. Die an der umgewandelten Gesellschaft beteiligten Gesellschafter verlieren durch die formwechselnde Umwandlung ihre Eigenschaft als Alt- oder Neugesellschafter in Bezug auf die grundbesitzende Personengesellschaft. Die Gesellschafter der formwechselnd umgewandelten Kapitalgesellschaft führen ihre bisherige Eigenschaft als Alt- oder Neugesellschafter in Bezug auf die beteiligte Kapitalgesellschaft fort. Relevante Gesellschafterwechsel bei der Personengesellschaft gelten auch für die Kapitalgesellschaft als zu erfassende Gesellschafterwechsel, wenn diese im Zehnjahreszeitraum erfolgt sind.

**Beispiel:**

Am Vermögen der grundbesitzenden A-OHG sind A zu 85 % und die B-GmbH zu 15 % beteiligt. Die B-GmbH ist in Bezug auf die A-OHG Altgesellschafterin. An der B-GmbH sind B und C in Höhe von jeweils 50 % beteiligt.

Im Jahr 01 wird die B-GmbH in die B-OHG umgewandelt.

Im Jahr 02 erwerben B von A 84,9 % und C von A 0,1 % der Anteile am Vermögen der A-OHG.

Im Jahr 03 erwirbt D 5 % der Anteile am Vermögen der A-OHG von der B-OHG.

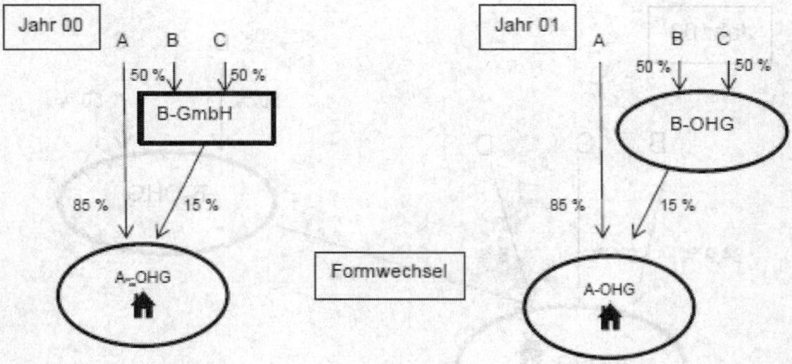


Formwechsel. Die formwechselnde Umwandlung der B-GmbH in die B-OHG ist nicht steuerbar. Die B-OHG führt die Eigenschaft als Altgesellschafterin fort. Die Gesellschafter B und C werden durch die formwechselnde Umwandlung Neugesellschafter in Bezug auf die A-OHG, da sie erstmals eine gesamthänderische Mitberechtigung an dieser erlangen. Aufgrund der umwandlungsrechtlich geregelten Besonderheiten gehen keine Anteile am Gesellschaftsvermögen über.

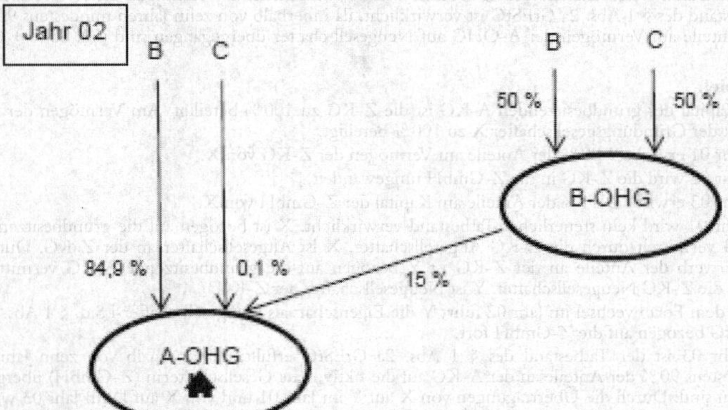


Die Übertragung der Beteiligung des A auf die Neugesellschafter B und C führt zu einem unmittelbaren Gesellschafterwechsel in Höhe von 85 % (84,9 % + 0,1 %) der Anteile am Vermögen der A-OHG. Der Tatbestand des § 1 Abs. 2a GrEStG ist nicht verwirklicht. Es liegt keine Anteilsvereinigung i.S.d. § 1 Abs. 3 GrEStG vor. Der Tatbestand des § 1 Abs. 3a GrEStG ist erfüllt, da B eine wirtschaftliche Beteiligung in Höhe von mindestens 90 % (92,4 % = 84,9 % + (15 % × 50 %) erstmals innehat.

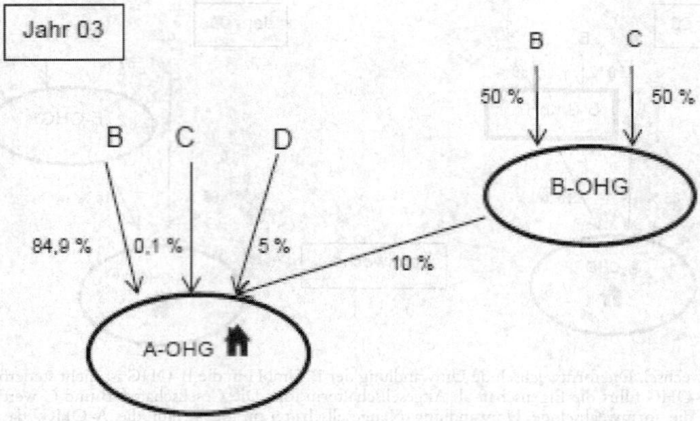


Die Übertragung der Beteiligung der B-OHG auf den Neugesellschafter D führt zu einem unmittelbaren Gesellschafterwechsel in Höhe von 5 % der Anteile am Vermögen der A-OHG. Der Tatbestand des § 1 Abs. 2a GrEStG ist verwirklicht, da innerhalb von zehn Jahren mindestens 90 % der Anteile am Vermögen der A-OHG auf Neugesellschafter übergegangen sind (02: 85 % + 03: 5 %).

**Beispiel:**

Am Kapital der grundbesitzenden A-KG ist die Z-KG zu 100 % beteiligt. Am Vermögen der Z-KG ist der Gründungsgesellschafter X zu 100 % beteiligt.

Im Jahr 01 erwirbt Y 89 % der Anteile am Vermögen der Z-KG von X.

Im Jahr 02 wird die Z-KG in die Z-GmbH umgewandelt.

Im Jahr 03 erwirbt D 11 % der Anteile am Kapital der Z-GmbH von X.

Im Jahr 01 wird kein steuerlicher Tatbestand verwirklicht. X ist bezogen auf die grundbesitzende A-KG vermittelt durch die Z-KG Altgesellschafter. X ist Altgesellschafter an der Z-KG. Durch den Erwerb der Anteile an der Z-KG ist Y bezogen auf die grundbesitzende A-KG vermittelt durch die Z-KG Neugesellschafter. Y ist Neugesellschafter der Z-KG.

Nach dem Formwechsel im Jahr 02 führt Y die Eigenschaft als Neugesellschafter i.S.d. § 1 Abs. 2a GrEStG bezogen auf die Z-GmbH fort.

Im Jahr 03 ist der Tatbestand des § 1 Abs. 2a GrEStG erfüllt, da innerhalb von zehn Jahren mindestens 90 % der Anteile an der A-KG auf die fiktiv neue Gesellschafterin (Z-GmbH) übergegangen sind. Durch die Übertragungen von X auf Y im Jahr 01 und von X auf D im Jahr 03 wird die Z-GmbH fiktive Neugesellschafterin der A-KG i.S.d. § 1 Abs. 2a Satz 4 GrEStG, da mindestens 90 % der Anteile an der Z-GmbH (89 % + 11 %) auf Neugesellschafter in Bezug auf die Z-GmbH (Y und D) übergegangen sind.

## 5.2.5.3. Gesellschaften eines Mitgliedstaates der Europäischen Union

Wird eine inländische Gesellschaft in eine Gesellschaft eines Mitgliedstaates der Europäischen Union oder umgekehrt formwechselnd umgewandelt, unterliegt dieser Rechtsvorgang mangels eines Rechtsträgerwechsels nicht der Grunderwerbsteuer und es gelten die oben genannten Grundsätze entsprechend. Voraussetzung ist, dass die rechtliche Struktur dieser Gesellschaft derjenigen einer inländischen Gesellschaft und die Regelung über den Formwechsel inhaltlich der Umwandlung gemäß § 1 Abs. 1 Nr. 4 UmwG entsprechen. Dasselbe gilt, wenn eine Gesellschaft eines Mitgliedstaates der Europäischen Union in eine andere Gesellschaft eines Mitgliedstaates der Europäischen Union formwechselnd umgewandelt wird.

### 5.3. Ermittlung des Vomhundertsatzes

Zur Ermittlung des Vomhundertsatzes i.S.d. § 1 Abs. 2a GrEStG ist auf das Verhältnis der Beteiligung der Neugesellschafter zu der fortbestehenden Beteiligung von Altgesellschaftern nach dem Gesellschafterwechsel abzustellen. Maßgebend ist hierfür der Anteil des einzelnen Gesellschafters am Gesellschaftsvermögen nach dem Gesellschafterwechsel. Für die Höhe des Anteils kommt es auf die Verhältnisse im Zeitpunkt der Wirkung der schuldrechtlichen (gesellschaftsrechtlichen) Vereinbarungen an. Die Wirkung tritt frühestens mit dem Vertragsabschluss ein. Der Zeitpunkt der Leistung der Einlagen ist unerheblich.

Stockt ein Neugesellschafter seine Beteiligung durch den Erwerb weiterer Anteile am Gesellschaftsvermögen nach dem erstmaligen Erwerb des Mitgliedschaftsrecht auf, werden sowohl der erstmalige Erwerb als auch die Hinzuerwerbe bei der Berechnung der Quote berücksichtigt (BFH-Urteil vom 17.5. 2017 II R 35/15, BStBl. II S. 966). Veränderungen der Vermögensbeteiligung von Neugesellschaftern durch Kapitalerhöhung bei deren Eintritt führen zum Übergang von Anteilen am Gesellschaftsvermögen und sind bei der Ermittlung des Vomhundertsatzes zu berücksichtigen. Gleiches gilt bei bloßen Kapitaländerungen zugunsten der Neugesellschafter im Verhältnis zu den Altgesellschaftern (Beispiel 5.3.9).

§ 1 Abs. 2a GrEStG erfasst keine Änderungen der Beteiligung am Gesellschaftsvermögen der Altgesellschafter im Verhältnis zueinander. Veränderungen der Vermögensbeteiligung zwischen Neugesellschaftern werden bei der Ermittlung des Vomhundertsatzes nicht erneut berücksichtigt. Gehen Anteile von Todes wegen auf Neugesellschafter über, bleibt der Erwerb dieser Anteile bei der Ermittlung des Vomhundertsatzes i.S.d. § 1 Abs. 2a GrEStG außer Ansatz (§ 1 Abs. 2a Satz 6 GrEStG).

Gesellschafterwechsel, die sich vor dem Grundstückserwerb vollziehen, sind zur Tatbestandserfüllung unbeachtlich.

Bei Gesellschaftsstrukturen mit Personen- und Kapitalgesellschaften ist durch Personengesellschaften durchzurechnen und auf der Ebene jeder Kapitalgesellschaft die 90 %-Grenze i.S.d. § 1 Abs. 2a Satz 3 bis 5 GrEStG zu prüfen:

– Änderungen im Gesellschafterbestand der an der grundbesitzenden Personengesellschaft beteiligten Personengesellschaften werden gemäß § 1 Abs. 2a Satz 2 GrEStG durch Multiplikation der Vomhundertsätze der Anteile an den Gesellschaftsvermögen anteilig berücksichtigt.

– Bei Beteiligungen von Kapitalgesellschaften an einer grundbesitzenden Personengesellschaft ist auf das erforderliche Quantum von 90 % der Anteile an der Kapitalgesellschaft abzustellen. Gehen bei einer Kapitalgesellschaft mindestens 90 % der Anteile auf Neugesellschafter in Bezug auf die Kapitalgesellschaft über, so gilt diese nach § 1 Abs. 2a Satz 4 GrEStG als Neugesellschafterin der grundbesitzenden Personengesellschaft. Die Beteiligung der Kapitalgesellschaft ist in voller Höhe bei der Ermittlung des Vomhundertsatzes i.S.d. § 1 Abs. 2a Satz 1 GrEStG zu berücksichtigen (nicht nur in Höhe von 90 %; vgl. Beispiel 5.3.3). Bei mehrstufigen Beteiligungen gelten diese Grundsätze nach § 1 Abs. 2a Satz 5 GrEStG auf der Ebene jeder Kapitalgesellschaft entsprechend.

  Führen Änderungen im Gesellschafterbestand mittelbar beteiligter Personengesellschaften bei einer nachgeordneten Kapitalgesellschaft nicht zu einem unmittelbaren oder mittelbaren oder teils unmittelbaren, teils mittelbaren

Übergang von mindestens 90 % ihrer Anteile am Kapital, gilt die Kapitalgesellschaft nicht als Neugesellschafterin i.S.d. § 1 Abs. 2a Satz 3 bis 5 GrEStG. Eigene Gesellschaftsanteile, die eine Kapitalgesellschaft als Zwischengesellschaft oder grundbesitzende Gesellschaft selbst hält, bleiben bei der Ermittlung des Vomhundertsatzes außer Betracht (vgl. BFH-Urteil vom 18.9.2013 – II R 21/12, BStBl. 2014 II S. 326). Maßgebend ist somit, dass mindestens 90 % der nicht von der Kapitalgesellschaft selbst gehaltenen Anteile auf neue Gesellschafter übergehen.

**Beispiele:**

### 5.3.1. Grundfall

In nachstehender Ausgangsstruktur wird die Beteiligung der A-GmbH am Vermögen der grundbesitzenden B-KG an die B-GmbH übertragen. Zeitgleich veräußert X 80 % seiner Beteiligung am Vermögen der A-KG an Y.

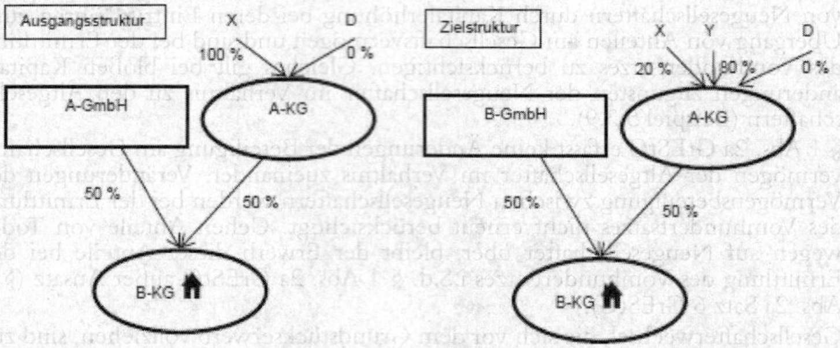


Der Tatbestand des § 1 Abs. 2a GrEStG ist erfüllt. Innerhalb von zehn Jahren gehen mindestens 90 % der Anteile am Gesellschaftsvermögen der grundbesitzenden B-KG (50 % unmittelbar und 80 % × 50 % = 40 % mittelbar) auf Neugesellschafter über.

### 5.3.2. Personengesellschaft als mittelbar beteiligte Altgesellschafterin

Am Vermögen der grundbesitzenden KG sind A zu 10 % und die Z-GmbH & Co. KG zu 90 % beteiligt. Am Vermögen der Z-GmbH & Co. KG sind die AB-OHG zu 100 % und die GmbH zu 0 % beteiligt. Am Vermögen der AB-OHG sind A und B zu jeweils 50 % beteiligt. Diese Ausgangsstruktur besteht seit mehr als zehn Jahren.

Die AB-OHG verkauft ihre Beteiligung an die AC-GbR, an der A und C zu jeweils 50 % beteiligt sind.

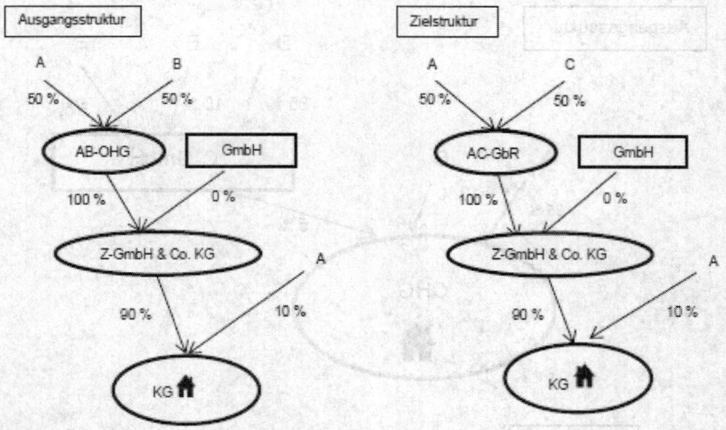


Die mittelbar beteiligte AC-GbR ist Neugesellschafterin in Bezug auf die grundbesitzende KG. Die Anteilsübertragung auf die AC-GbR erfüllt den Tatbestand des § 1 Abs. 2a Satz 1 GrEStG, da innerhalb von zehn Jahren mindestens 90 % der Anteile am Vermögen der KG (100 % × 90 %) auf Neugesellschafter der KG übergegangen sind. Die Steuer wird nach § 6 Abs. 3 Satz 1 i.V.m. Abs. 1 Satz 1 GrEStG i.H. der Deckungsgleiche der Beteiligung des A am Vermögen der fiktiv alten und der fiktiv neuen KG mithin zu 55 % nicht erhoben. Die Nachbehaltensfrist des § 6 Abs. 3 Satz 2 GrEStG ist zu beachten.

### 5.3.3. Änderung des Gesellschafterbestandes in Bezug auf beteiligte Kapitalgesellschaften

An einer grundbesitzenden OHG sind A zu 85 %, B zu 10 % und die C-GmbH zu 5 % beteiligt. Die Anteile der C-GmbH halten D zu 85 % und E zu 10 % und F zu 5 %.
Im Jahr 01 überträgt A seine Beteiligung an der OHG auf X.
Im Jahr 02 übertragen D und F ihre Anteile an der C-GmbH auf Y und Z.

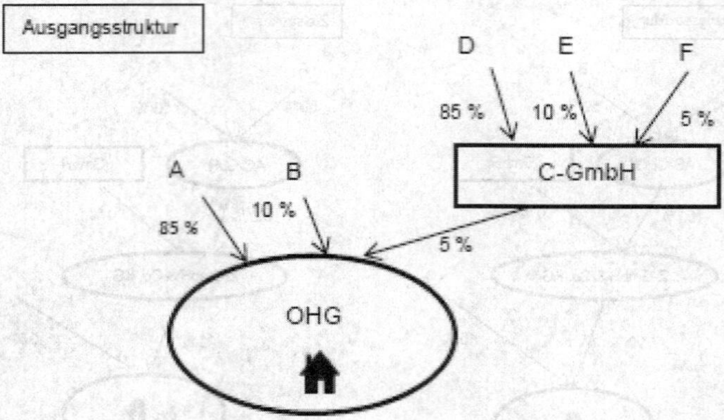


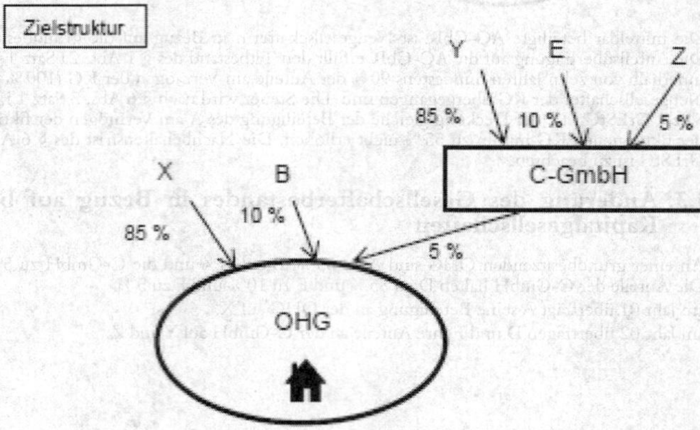


Die Übertragung der Beteiligung des A auf X führt im Jahr 01 zu einem unmittelbaren Gesellschafterwechsel in Höhe von 85 %.

Durch die Übertragungen von D auf Y und F auf Z im Jahr 02 wird die C-GmbH fiktive Neugesellschafterin der OHG nach § 1 Abs. 2a Satz 4 GrEStG, da mindestens 90 % der Anteile an der C-GmbH (85 % + 5 %) auf Neugesellschafter in Bezug auf die C-GmbH (Y und Z) übergegangen sind. Die mittelbare Anteilsänderung ist nicht anteilig (90 % von 5 %), sondern voll mit 5 % zu berücksichtigen.

Der Tatbestand des § 1 Abs. 2a GrEStG ist im Jahr 02 erfüllt, da innerhalb von zehn Jahren mindestens 90 % der Anteile am Vermögen der OHG (01: 85 % + 02: 5 %) auf Neugesellschafter in Bezug auf die OHG (X und C-GmbH) übergegangen sind. Die Steuer wird nach § 6 Abs. 3 Satz 1 i.V.m. Abs. 1 Satz 1 GrEStG i.H. der Deckungsgleiche der Beteiligung des B am Vermögen der fiktiv alten und der fiktiv neuen OHG mithin zu 10 % nicht erhoben. Die Nachbehaltensfrist des § 6 Abs. 3 Satz 2 GrEStG ist zu beachten.

## 5.3.4. Abwandlung zu 5.3.3

An einer grundbesitzenden OHG sind A zu 85 %, B zu 10 % und die C-GmbH zu 5 % beteiligt. Die Anteile der C-GmbH halten D zu 85 %, E zu 10 % und F zu 5 %. Im Jahr 01 überträgt A seine gesamte Beteiligung an der OHG auf X. Im Jahr 02 überträgt D seine Anteile an der C-GmbH auf Y.

Die Übertragung der Beteiligung des A auf X führt im Jahr 01 zu einem unmittelbaren Gesellschafterwechsel in Höhe von 85 %. Durch die Übertragung von D auf Y im Jahr 02 wird die C-GmbH nicht fiktive Neugesellschafterin der OHG nach § 1 Abs. 2a Satz 4 GrEStG, da nicht mindestens 90 % der Anteile an der C-GmbH (85 %) auf Neugesellschafter in Bezug auf die C-GmbH (Y) übergegangen sind. Die C-GmbH bleibt Altgesellschafterin der OHG. Der Tatbestand des § 1 Abs. 2a GrEStG ist im Jahr 02 nicht erfüllt, da innerhalb von zehn Jahren nicht mindestens 90 % der Anteile am Vermögen der OHG (01: 85 %) auf Neugesellschafter in Bezug auf die OHG übergegangen sind.

## 5.3.5. Teils unmittelbarer, teils mittelbarer Gesellschafterwechsel über eine beteiligte Kapitalgesellschaft

Am Vermögen der grundbesitzenden A-KG sind A zu 10 % und die E-GmbH zu 90 % beteiligt. Gesellschafter der E-GmbH sind B und die C-KG zu jeweils 50 %. Am Vermögen der C-KG sind C zu 80 % und D zu 20 % beteiligt.

Im Jahr 01 überträgt B seinen Anteil an der E-GmbH auf Z. Im Jahr 04 überträgt C seine Beteiligung an der C-KG auf Y.

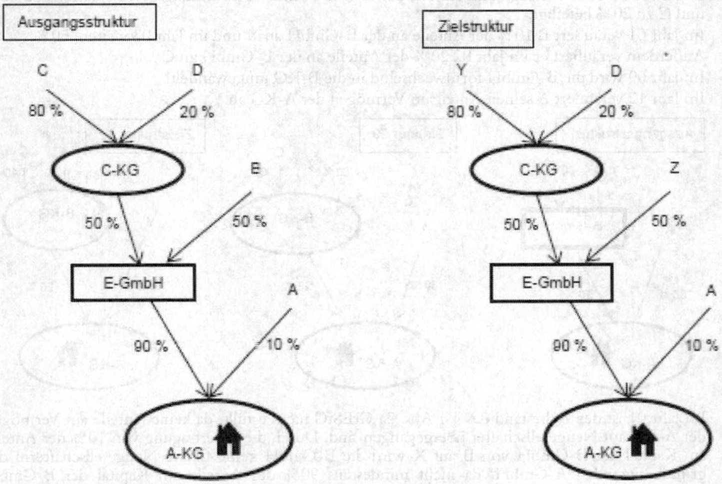


Durch die Übertragung von B auf Z im Jahr 01 gehen 50 % der Anteile an der E-GmbH auf Neugesellschafter der E-GmbH über. Die E-GmbH bleibt Altgesellschafterin der A-KG, da nicht mindestens 90 % der Anteile an ihr auf Neugesellschafter übergegangen sind.

Durch die Übertragung von C auf Y im Jahr 04 gehen weitere 40 % der Anteile an der E-GmbH (80 % × 50 %) auf Neugesellschafter der E-GmbH über. Die E-GmbH wird fiktive Neugesellschafterin der A-KG nach § 1 Abs. 2a Satz 4 GrEStG, da mindestens 90 % der Anteile an der E-GmbH (50 % + 40 %) auf Neugesellschafter übergegangen sind.

Der Tatbestand des § 1 Abs. 2a GrEStG ist erfüllt, da innerhalb von zehn Jahren mindestens 90 % der Anteile am Vermögen der A-KG (90 %) auf Neugesellschafter der A-KG übergegangen sind.

## 5.3.6. Formwechselnde Umwandlung von einer beteiligten Personengesellschaft in eine beteiligte Kapitalgesellschaft

Am Vermögen der grundbesitzenden A-KG sind A zu 50 % und die B-KG zu 50 % beteiligt. Am Vermögen der B-KG sind B zu 80 % und C zu 20 % beteiligt.

Im Jahr 01 überträgt B seinen Anteil an der B-KG auf D.

Im Jahr 02 wird die B-KG in die B-GmbH formwechselnd umgewandelt.

Im Jahr 03 veräußert A seinen Anteil am Vermögen der A-KG an E.

Im Jahr 01 ist der Tatbestand des § 1 Abs. 2a GrEStG nicht erfüllt, da nicht mindestens 90 % der Anteile (80 % × 50 %) am Vermögen der A-KG auf Neugesellschafter übergegangen sind. Durch die formwechselnde Umwandlung in die B-GmbH im Jahr 02 verlieren die Gesellschafter C und D ihre Eigenschaft als Alt- oder Neugesellschafter in Bezug auf die A-KG. Die Gesellschafter C und D führen ihre bisherige Eigenschaft als Alt- oder Neugesellschafter in Bezug auf die B-GmbH fort.

Im Jahr 03 ist der Tatbestand des § 1 Abs. 2a GrEStG erfüllt, da mindestens 90 % der Anteile am Vermögen der A-KG (01: 80 % × 50 % + 03: 50 %) auf Neugesellschafter in Bezug auf die A-KG übergegangen sind.

## 5.3.7. Formwechselnde Umwandlung von einer beteiligten Kapitalgesellschaft in eine beteiligte Personengesellschaft

Am Vermögen der grundbesitzenden A-KG sind die Gründungsgesellschafter A zu 80 % und die B-GmbH zu 20 % beteiligt. Am Kapital der B-GmbH sind als Gründungsgesellschafter B zu 80 % und C zu 20 % beteiligt.

Im Jahr 01 veräußert B 10 % der Anteile an der B-GmbH an X und im Jahr 03 weitere 50 %.

Außerdem veräußert er im Jahr 02 20 % der Anteile an der B-GmbH an C.

Im Jahr 09 wird die B-GmbH formwechselnd in die B-KG umgewandelt.

Im Jahr 12 veräußert A seinen Anteil am Vermögen der A-KG an Y.

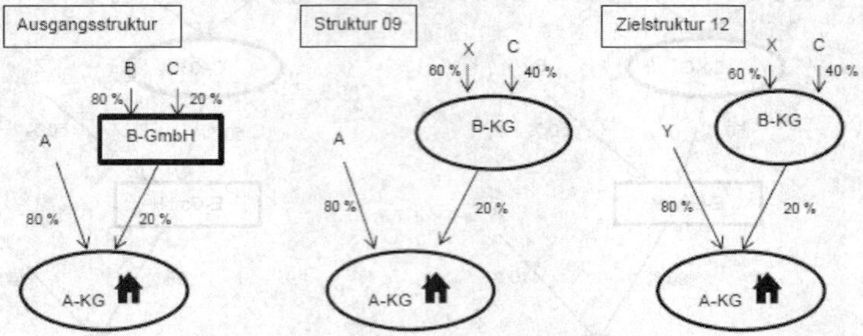


Im Jahr 01 ist der Tatbestand des § 1 Abs. 2a GrEStG nicht erfüllt, da keine Anteile am Vermögen der A-KG auf Neugesellschafter übergegangen sind. Durch die Übertragung von 10 % der Anteile am Kapital der B-GmbH von B auf X wird die B-GmbH keine fiktive Neugesellschafterin der grundbesitzenden A-GmbH, da nicht mindestens 90 % der Anteile am Kapital der B-GmbH (10 %) auf Neugesellschafter in Bezug auf die B-GmbH übergegangen sind (§ 1 Abs. 2b Satz 4 GrEStG).

Im Jahr 02 ist der Tatbestand des § 1 Abs. 2a GrEStG nicht erfüllt, da weder ein zu berücksichtigender Übergang von Anteilen am Vermögen der grundbesitzenden A-KG noch von Anteilen am Kapital der beteiligten B-GmbH von einem Altgesellschafter auf einen Neugesellschafter vorliegt.

Im Jahr 03 ist der Tatbestand des § 1 Abs. 2a GrEStG nicht erfüllt, da keine Anteile am Vermögen der grundbesitzenden A-KG auf Neugesellschafter übergegangen sind. Durch die Übertragung von 50 % der Anteile am Kapital der B-GmbH von B auf X wird die B-GmbH keine fiktive Neugesellschafterin der grundbesitzenden A-KG, da nicht mindestens 90 % der Anteile am Kapital der B-GmbH (01: 10 % + 03: 50 %) auf Neugesellschafter in Bezug auf die B-GmbH übergegangen sind (§ 1 Abs. 2b Satz 4 GrEStG).

Die formwechselnde Umwandlung der B-GmbH in die B-KG im Jahr 09 ist nicht steuerbar. In Bezug auf die grundbesitzende A-KG sind C und X Neugesellschafter. Auf Grund der wirksamen formwechselnden Umwandlung sind die bisher nach § 1 Abs. 2a Satz 3 GrEStG zu berücksichtigenden Gesellschafterwechsel bei der B-GmbH nach § 1 Abs. 2a Satz 2 GrEStG bezogen auf die grundbesitzende A-KG im Jahr des Anteilsübergangs zu erfassen. Der Tatbestand des § 1 Abs. 2a GrEStG wird im Jahr 03 nicht erfüllt, da nicht mindestens 90 % der Anteile am Vermögen der grundbesitzenden A-KG (12 % = mittelbar 01: 10 % × 20 % + 03: 50 % × 20 %) auf Neugesellschafter übergegangen sind.

Im Jahr 12 wird der Tatbestand des § 1 Abs. 2a GrEStG verwirklicht, da mindestens 90 % der Anteile am Vermögen der grundbesitzenden A-KG (90 % = mittelbar 03: 50 % × 20 % und unmittelbar 12: 80 %) auf Neugesellschafter übergegangen sind. Die Übertragung der Anteile am Kapital der damaligen B-GmbH im Jahr 01 ist nicht zu berücksichtigen, da diese außerhalb des Zehnjahreszeitraums erfolgte.

## 5.3.8. Beteiligungskette

Am Vermögen der grundbesitzenden T-GmbH & Co. KG ist als Kommanditistin die M-GmbH zu 100 % sowie die T-GmbH, deren Alleingesellschafterin die M-GmbH ist, zu 0 % beteiligt. 100 % der Anteile an der M-GmbH hält die Z-GmbH, deren Anteile in Höhe von 60 % von der H-GmbH gehalten werden. Nachdem die Beteiligungen mehr als zehn Jahre unverändert geblieben waren, überträgt die Z-GmbH ihre Anteile an der M-GmbH auf die H-GmbH.

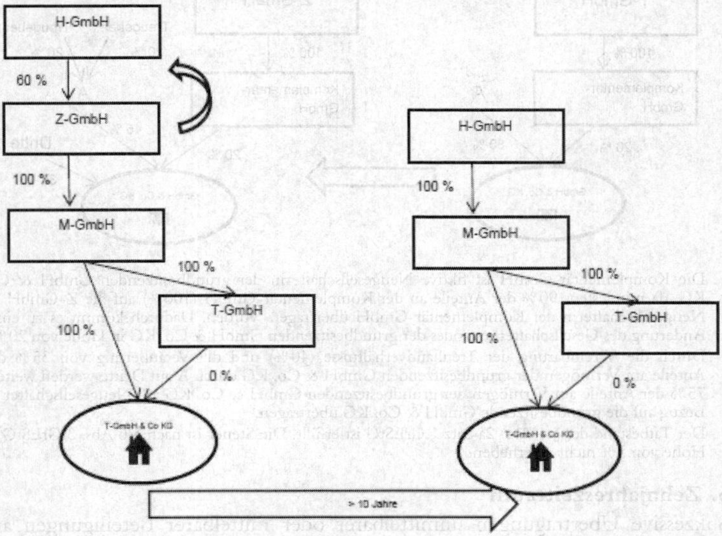


Durch die Übertragung von der Z-GmbH auf die H-GmbH wird die M-GmbH fiktive Neugesellschafterin der grundbesitzenden T-GmbH & Co. KG nach § 1 Abs. 2a Satz 4 GrEStG, da mindestens 90 % der Anteile an der M-GmbH (100 %) auf die H-GmbH als Neugesellschafterin der M-GmbH übertragen wurden. Eine Verkürzung der Beteiligungskette i.S.v. Tz. 5.2.3.1 liegt nicht vor, da die H-GmbH an der Z-GmbH nur zu 60 % beteiligt war.

Der Tatbestand des § 1 Abs. 2a GrEStG ist erfüllt, da innerhalb von zehn Jahren mindestens 90 % der Anteile am Vermögen der T-GmbH & Co. KG (100 %) auf Neugesellschafter in Bezug auf die T-GmbH & Co. KG (M-GmbH) übergegangen sind.

### 5.3.9. Kapitalerhöhung

Am Vermögen einer grundbesitzenden Personengesellschaft sind vier Gesellschafter zu jeweils 25 % beteiligt. Das Gesellschaftsvermögen beträgt 200 000 €. Zwei Gesellschafter übertragen ihre Anteile auf Neugesellschafter. Anschließend wird innerhalb des Zehnjahreszeitraums das Vermögen im Wege der Kapitalerhöhung auf 1 000 000 € aufgestockt, wobei das zusätzliche Kapital ausschließlich auf die Anteile der Neugesellschafter entfällt.

Die Altgesellschafter sind zusammen weiterhin nur zu 100 000 € (entspricht 10 %) am Vermögen der Gesellschaft beteiligt. Auf die Neugesellschafter sind insgesamt 90 % (900 000 €) der nunmehr bestehenden Anteile übergegangen.

Der Tatbestand des § 1 Abs. 2a GrEStG ist erfüllt. Die Steuer ist nach § 6 Abs. 3 GrEStG in Höhe von 10 % nicht zu erheben.

### 5.3.10. Treuhandverhältnis

Am Vermögen einer grundbesitzenden GmbH & Co. KG sind eine Komplementär-GmbH zu 20 % und A zu 80 % beteiligt. Alleingesellschafterin der Komplementär-GmbH ist die Y-GmbH.

Die Y-GmbH veräußert ihre Anteile an der Komplementär-GmbH auf die Z-GmbH. A vereinbart mit zwei Treugebern, für diese zukünftig jeweils 20 % der Kommanditanteile treuhänderisch zu halten. Außerdem veräußert er 35 % der Kommanditanteile an Dritte.

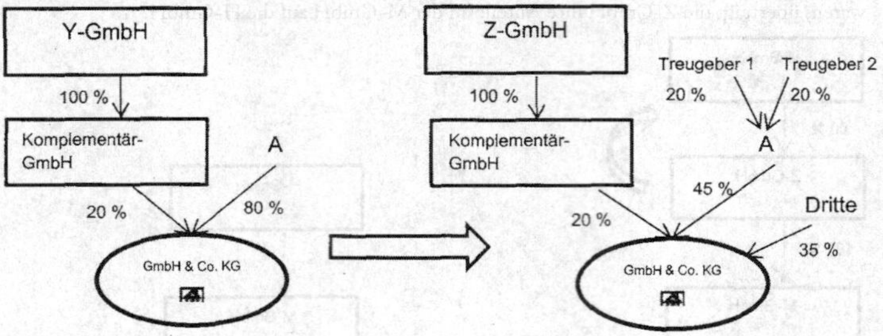


Die Komplementär-GmbH ist fiktive Neugesellschafterin der grundbesitzenden GmbH & Co. KG, da mindestens 90 % der Anteile an der Komplementär-GmbH (100 %) auf die Z-GmbH als Neugesellschafterin der Komplementär-GmbH übertragen wurden. Dadurch kommt es zu einer Änderung des Gesellschafterbestandes der grundbesitzenden GmbH & Co. KG in Höhe von 20 %.

Durch die Vereinbarung der Treuhandverhältnisse (40 %) und die Veräußerung von 35 % der Anteile am Vermögen der grundbesitzenden GmbH & Co. KG durch A auf Dritte werden weitere 75 % der Anteile am Vermögen der grundbesitzenden GmbH & Co. KG auf Neugesellschafter in Bezug auf die grundbesitzende GmbH & Co. KG übertragen.

Der Tatbestand des § 1 Abs. 2a Satz 1 GrEStG ist erfüllt. Die Steuer ist nach § 6 Abs. 3 GrEStG in Höhe von 5 % nicht zu erheben.

## 6. Zehnjahreszeitraum

Sukzessive Übertragungen unmittelbarer oder mittelbarer Beteiligungen am Vermögen der grundbesitzenden Personengesellschaft auf Neugesellschafter innerhalb von zehn Jahren sind zusammenzurechnen. Soweit ein Neugesellschafter einen Anteil am Vermögen der grundbesitzenden Personengesellschaft an einen weiteren Neugesellschafter oder Altgesellschafter veräußert, ist dieser bei der Ermittlung des Vomhundertsatzes nicht mitzuzählen. Übertragungen von mindestens 90 % der Anteile, die in einem Rechtsakt vollzogen werden, vollziehen sich in einer logischen Sekunde, also immer innerhalb eines Zeitraums von zehn Jahren. Der Zehnjahreszeitraum ist für jedes Grundstück im Vermögen der Personengesellschaft selbständig zu beurteilen.

**Beispiele:**

## 6.1.

Eine GbR erwirbt im Jahr 01 zwei Grundstücke (Grundstück I und Grundstück II). Zu diesem Zeitpunkt sind an ihrem Gesellschaftsvermögen A und B zu je 20 %, C zu 10 % sowie die D-OHG zu 50 % beteiligt. Gesellschafter der D-OHG sind zu diesem Zeitpunkt D und F zu je 10 % sowie G und H zu je 40 %. Im Jahr 02 veräußern A, B und C ihre Anteile an X. Im Jahr 08 veräußern D und G ihre Anteile an der D-OHG an Y. Im Januar 09 verkauft die GbR das Grundstück I. Ende desselben Jahres veräußert H seinen Anteil an der D-OHG an Z.

Da in Bezug auf das Grundstück I aufgrund dessen Veräußerung im Januar 09 nur insgesamt 75 % der Anteile am Gesellschaftsvermögen auf Neugesellschafter übergegangen sind, ist der Tatbestand des § 1 Abs. 2a GrEStG nur hinsichtlich des Grundstücks II erfüllt. Die Steuer wird nach § 6 Abs. 3 Satz 1 i.V.m. Abs. 1 Satz 1 GrEStG i.H. der Deckungsgleiche der Beteiligung des F am Vermögen der fiktiv alten und der fiktiv neuen GbR mithin zu 5 % (10 % × 50 %) nicht erhoben. Die Nachbehaltensfrist des § 6 Abs. 3 Satz 2 GrEStG ist zu beachten.

## 6.2.

Eine GmbH & Co. KG, an deren Vermögen nur die Kommanditisten A, B, C, D und E zu je 20 % beteiligt sind, kauft im Jahr 01 ein Grundstück (Grundstück I). Im Mai 02 überträgt A seine Kommanditbeteiligung auf W. Ende des Jahres 02 erwirbt die GmbH & Co. KG ein weiteres Grundstück (Grundstück II). Im Jahr 04 veräußern B und C ihre Anteile an X. Im Jahr 10 veräußert D seinen Anteil an Y und E drei Viertel seines Anteils (15 %) an Z. Bis Ende des Jahres 12 treten keine weiteren Änderungen im Gesellschafterbestand der GmbH & Co. KG ein.

Hinsichtlich des Grundstücks I ist im Jahr 10 der Tatbestand des § 1 Abs. 2a GrEStG erfüllt. Die Steuer wird nach § 6 Abs. 3 Satz 1 i.V.m. Abs. 1 Satz 1 GrEStG i.H. der Deckungsgleiche der Beteiligung des E am Vermögen der fiktiv alten und der fiktiv neuen GmbH & Co. KG mithin zu 5 % nicht erhoben. Die Nachbehaltensfrist des § 6 Abs. 3 Satz 2 GrEStG ist zu beachten.

In Bezug auf das Grundstück II ist der Tatbestand des § 1 Abs. 2a GrEStG nicht erfüllt, weil es erst nach dem Erwerb des Anteils des A durch den W in das Vermögen der GmbH & Co. KG gelangte.

## 6.3. Nichtberücksichtigung bei mehrfacher Anteilsübertragung

Am Vermögen einer grundbesitzenden OHG sind A, B, C und D zu je 25 % beteiligt. Im Jahr 01 veräußert A seinen Anteil an W. Im Jahr 09 veräußern B, C und W ihre Anteile an X, Y und Z.

Insgesamt sind innerhalb von zehn Jahren nur 75 % der Anteile am Gesellschaftsvermögen übergegangen (von A auf W 25 %, von B auf X 25 % und von C auf Y 25 %). Der Tatbestand des § 1 Abs. 2a GrEStG ist nicht erfüllt. Altgesellschafter D bleibt mit 25 % an der OHG beteiligt. Da die Veräußerung des 25 %igen Anteils von A an W bereits bei der Ermittlung des Vomhundertsatzes berücksichtigt wurde, kann die Weiterveräußerung desselben Anteils innerhalb des maßgeblichen Zehnjahreszeitraums von W auf Z nicht noch einmal bei der Ermittlung des Vomhundertsatzes berücksichtigt werden.

**Fortführung des Beispiels:**

Im Jahr 13 veräußert D seine 25 %ige Beteiligung an M.

Insgesamt sind innerhalb von zehn Jahren 100 % der Anteile am Gesellschaftsvermögen übergegangen (von W auf Z 25 %, von B auf X 25 %, von C auf Y 25 % und von D auf M 25 %). Der Tatbestand des § 1 Abs. 2a GrEStG ist verwirklicht.

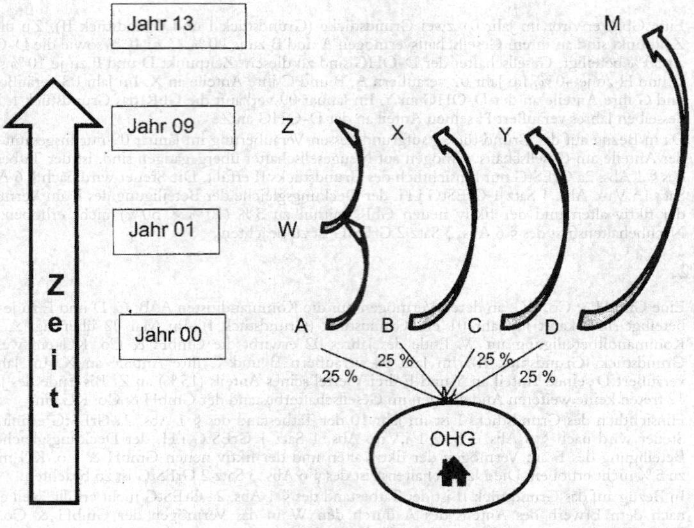


### 6.4.

Am Vermögen der GmbH & Co. KG sind die C-GmbH zu 89 % und X zu 11 % beteiligt. Alleingesellschafter der C-GmbH ist C. Im Jahr 01 erwirbt die GmbH & Co. KG ein Grundstück.
Im Jahr 02 veräußert C 50 % seiner Anteile an der C-GmbH an X.
Im Jahr 03 veräußert C 30 % seiner Anteile an der C-GmbH an Y.
Im Jahr 04 veräußert C weitere 10 % seiner Anteile an der C-GmbH an X.
Im Jahr 09 veräußert X 5 % seiner Beteiligung an der GmbH & Co. KG an A.

Im Jahr 02 sind durch den Übergang der Anteile an der C-GmbH von C auf X erstmalig 50 % der Anteile an der GmbH auf einen Neugesellschafter übergegangen, da X zum Zeitpunkt des Grundstückserwerbs nicht Gesellschafter der C-GmbH war. Unabhängig davon, dass X unmittelbarer Altgesellschafter der GmbH & Co. KG ist, ist er in Bezug auf die C-GmbH unmittelbarer Neugesellschafter. In Bezug auf die GmbH & Co KG ist X nicht mittelbar über die GmbH beteiligt, da nur die GmbH selbst und nicht deren Anteilseigner Gesellschafter der GmbH & Co. KG sind. Die Tatbestandsvoraussetzungen des § 1 Abs. 2a Satz 4 GrEStG sind nicht erfüllt, da nicht mindestens 90 % der Anteile an der C-GmbH auf Neugesellschafter übergegangen sind. Die C-GmbH gilt im Jahr 02 nicht als unmittelbare Neugesellschafterin der GmbH & Co. KG.

Im Jahr 03 sind durch den Übergang der Anteile an der C-GmbH von C auf Y 30 % der Anteile an der GmbH auf einen Neugesellschafter übergegangen, da Y zum Zeitpunkt des Grundstückserwerbs nicht Gesellschafter der C-GmbH war. Die Tatbestandsvoraussetzungen von § 1 Abs. 2a Satz 4 GrEStG sind nicht erfüllt, da nicht mindestens 90 % der Anteile an der C-GmbH auf Neugesellschafter übergegangen sind (02: 50 % + 03: 30 %). Die C-GmbH gilt im Jahr 03 weiterhin nicht als unmittelbare Neugesellschafterin der GmbH & Co. KG.

Im Jahr 04 sind durch den Übergang der Anteile an der C-GmbH von C auf X weitere 10 % der Anteile an der GmbH auf den Neugesellschafter der GmbH X übergegangen. Die Tatbestandsvoraussetzungen des § 1 Abs. 2a Satz 4 GrEStG sind erfüllt, da mindestens 90 % der Anteile an der C-GmbH auf Neugesellschafter in Bezug auf die C-GmbH übergegangen sind (Jahr 02: 50 % + Jahr 03: 30 % + Jahr 04: 10 %). Die C-GmbH gilt im Jahr 04 als unmittelbare Neugesellschafterin der GmbH & Co. KG.

Im Jahr 09 sind durch den Übergang der Anteile am Gesellschaftsvermögen der GmbH & Co. KG von X auf A 5 % der Anteile am Vermögen der GmbH & Co. KG auf den Neugesellschafter A übergegangen. Die Tatbestandsvoraussetzungen von § 1 Abs. 2a GrEStG sind erfüllt, da mindestens 90 % der Anteile am Vermögen der GmbH & Co. KG (Jahr 04: 89 % + Jahr 09: 5 %) innerhalb von zehn Jahren auf Neugesellschafter der GmbH & Co. KG (C-GmbH und A) übergegangen sind. Die Steuer wird nach § 6 Abs. 3 Satz 1 i.V.m. Abs. 1 Satz 1 GrEStG i.H. der Deckungsgleiche der Beteiligung des X am Vermögen der fiktiv alten und der fiktiv neuen GmbH & Co. KG mithin zu 6 % nicht erhoben. Die Nachbehaltensfrist des § 6 Abs. 3 Satz 2 GrEStG ist zu beachten.

## 6.5. Mehrfacher Gesellschafterwechsel an einer beteiligten Kapitalgesellschaft

Am Vermögen der grundbesitzenden GmbH & Co. KG sind eine GmbH zu 80 % und D zu 20 % beteiligt. Alleingesellschafter der GmbH ist A. Im Jahr 01 überträgt A seine Beteiligung an der GmbH auf B. Im Jahr 09 überträgt B seine Beteiligung an der GmbH auf C.

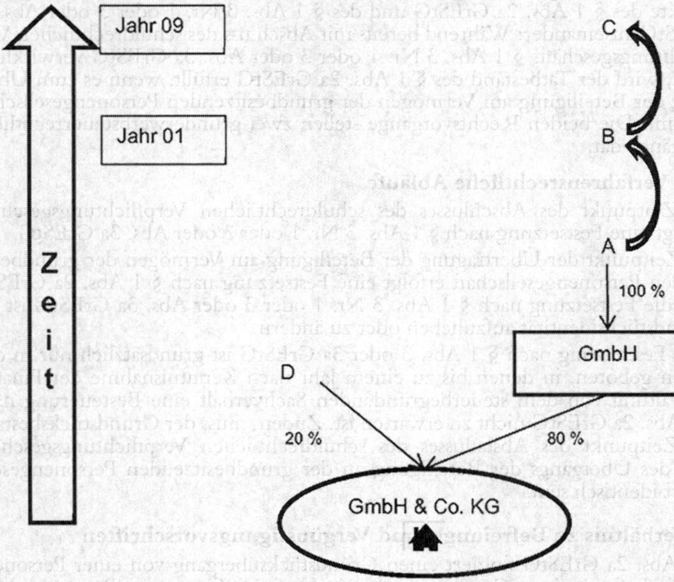


Im Jahr 01 gehen durch die Anteilsübertragung von A auf B mindestens 90 % der Anteile an der GmbH (100 %) auf Neugesellschafter der GmbH über. Die GmbH gilt gemäß § 1 Abs. 2a Satz 4 GrEStG als Neugesellschafterin der GmbH & Co. KG. Der Tatbestand des § 1 Abs. 2a GrEStG ist nicht erfüllt, da nicht mindestens 90 % der Anteile am Vermögen der GmbH & Co. KG (80 %) auf Neugesellschafter (GmbH & Co. KG) übergegangen sind.

Im Jahr 09 gehen durch die Anteilsübertragung von B auf C im Jahr 09 erneut mindestens 90 % der Anteile an der GmbH (100 %) auf Neugesellschafter der GmbH über. Die GmbH gilt seit dem Gesellschafterwechsel im Jahr 01 als Neugesellschafterin der GmbH & Co. KG. Diese Eigenschaft bleibt bei dem erneuten Gesellschafterwechsel im Jahr 09 erhalten. Der Tatbestand des § 1 Abs. 2a GrEStG ist weiterhin nicht erfüllt, da die Anteilsübertragung nicht zu einer weiteren Änderung der Beteiligungsverhältnisse zu Lasten der Altgesellschafter in Bezug auf die GmbH & Co. KG innerhalb des Zehnjahreszeitraums führt.

## 7. Verhältnis zu § 1 Abs. 2b GrEStG

§ 1 Abs. 2a und § 1 Abs. 2b GrEStG sind gleichrangig. Es besteht kein Vorrang.

## 8. Verhältnis zu § 1 Abs. 3 und 3a GrEStG

### 8.1. Allgemeines

§ 1 Abs. 2a GrEStG geht der Anwendung des § 1 Abs. 3 und 3a GrEStG vor. Dieser Vorrang ist auch dann gegeben, wenn auf Grund einer Befreiungsvorschrift die Steuer nach § 1 Abs. 2a GrEStG nicht erhoben wird.

Mit Übergang einer teils unmittelbaren teils mittelbaren Beteiligung können sowohl § 1 Abs. 2a GrEStG als auch § 1 Abs. 3 oder 3a GrEStG verwirklicht werden. Während die Tatbestände des § 1 Abs. 2a GrEStG und § 1 Abs. 3 Nr. 2 oder 4 GrEStG gleichzeitig verwirklicht werden, fallen die Besteuerungszeitpunkte des § 1 Abs. 2a GrEStG und des § 1 Abs. 3 Nr. 1 oder 3 oder Abs. 3a GrEStG auseinander: Während bereits mit Abschluss des schuldrechtlichen Verpflichtungsgeschäfts § 1 Abs. 3 Nr. 1 oder 3 oder Abs. 3a GrEStG verwirklicht wird, wird der Tatbestand des § 1 Abs. 2a GrEStG erfüllt, wenn es zum Übergang der Beteiligung am Vermögen der grundbesitzenden Personengesellschaft kommt. Die beiden Rechtsvorgänge stellen zwei grunderwerbsteuerrechtliche Vorgänge dar.

### 8.2. Verfahrensrechtliche Abläufe

Im Zeitpunkt des Abschlusses des schuldrechtlichen Verpflichtungsgeschäfts erfolgt eine Festsetzung nach § 1 Abs. 3 Nr. 1 oder 3 oder Abs. 3a GrEStG.

Im Zeitpunkt der Übertragung der Beteiligung am Vermögen der grundbesitzenden Personengesellschaft erfolgt eine Festsetzung nach § 1 Abs. 2a GrEStG und die Festsetzung nach § 1 Abs. 3 Nr. 1 oder 3 oder Abs. 3a GrEStG ist bei Grundstücksidentität aufzuheben oder zu ändern.

Eine Festsetzung nach § 1 Abs. 3 oder 3a GrEStG ist grundsätzlich nur in den Fällen geboten, in denen bis zu einem Jahr nach Kenntnisnahme der Finanzverwaltung von dem steuerbegründenden Sachverhalt eine Besteuerung nach § 1 Abs. 2a GrEStG nicht zu erwarten ist. Zudem muss der Grundstücksbestand im Zeitpunkt des Abschlusses des schuldrechtlichen Verpflichtungsgeschäfts und des Übergangs der Beteiligung an der grundbesitzenden Personengesellschaft identisch sein.

## 9. Verhältnis zu Befreiungs- und Vergünstigungsvorschriften

§ 1 Abs. 2a GrEStG fingiert einen Grundstücksübergang von einer Personengesellschaft mit altem Gesellschafterbestand auf eine fiktiv neue Personengesellschaft mit neuem Gesellschafterbestand. Die Steuerbefreiungen des § 3 GrEStG sind zu beachten.

**Beispiele:**

**9.1.**

Am Vermögen einer grundbesitzenden GmbH & Co. KG ist A als Kommanditist zu 100 % und eine Komplementär-GmbH zu 0 % beteiligt. A ist Alleingesellschafter der Komplementär-GmbH. A überträgt seine Kommanditbeteiligung und seine Anteile an der GmbH unentgeltlich auf einen Dritten.

Der Tatbestand des § 1 Abs. 2a GrEStG ist erfüllt, da mindestens 90 % der Anteile am Vermögen der GmbH & Co. KG (100 %) auf einen Neugesellschafter übergegangen sind. Der Vorgang ist nach § 3 Nr. 2 Satz 1 GrEStG steuerfrei. Zweck dieser Vorschrift ist, die doppelte Belastung mit Grunderwerbsteuer und Schenkungsteuer desselben Lebenssachverhalts zu vermeiden. Dies gilt auch, wenn Gegenstand der freigebigen Zuwendung ein Anteil an einer grundbesitzenden Personengesellschaft ist. § 3 Nr. 2 GrEStG ist immer anwendbar, wenn ein Vorgang unter das ErbStG fällt. Dies gilt unabhängig davon, ob tatsächlich Erbschaft- oder Schenkungsteuer entstanden ist. Die Anwendung des § 1 Abs. 3 GrEStG wird durch den Vorrang von § 1 Abs. 2a GrEStG auch dann ausgeschlossen, wenn auf Grund einer Befreiungsvorschrift die Steuer nicht erhoben wird.

**9.2.**

Am Vermögen der grundbesitzenden OHG sind A zu 89 %, B zu 9 % und C zu 2 % beteiligt. Innerhalb des Zehnjahreszeitraums überträgt A seinen Anteil auf seinen Sohn Y und B seinen Anteil auf den ihm fremden Z.

Der Tatbestand des § 1 Abs. 2a GrEStG ist erfüllt, da mindestens 90 % der Anteile am Vermögen der OHG (89 % + 9 %) auf Neugesellschafter übertragen werden. Der Vorgang ist zu 89 % nach § 3 Nr. 6 GrEStG befreit. Die Steuer wird nach § 6 Abs. 3 Satz 1 i.V.m. Abs. 1 Satz 1 GrEStG i.H. der Deckungsgleiche der Beteiligung des C am Vermögen der fiktiv alten und der fiktiv neuen OHG mithin zu 2 % nicht erhoben. Die Nachbehaltensfrist des § 6 Abs. 3 Satz 2 GrEStG ist zu beachten.

Ausführungen zu den Steuervergünstigungen enthalten die gleich lautenden Erlasse der obersten Finanzbehörden der Länder zur Anwendung der §§ 5 und 6 GrEStG.

## 10. Verhältnis zu § 16 GrEStG

§ 16 Abs. 2 GrEStG ist im Zusammenhang mit § 1 Abs. 2a GrEStG anzuwenden, wenn einer oder mehrere der Gesellschafterwechsel, die zur Verwirklichung des § 1 Abs. 2a GrEStG geführt haben, ganz oder teilweise rechtlich und tatsächlich i.S.d. § 16 GrEStG rückgängig gemacht wird oder werden und infolgedessen ein Übergang von mindestens 90 % der Anteile am Gesellschaftsvermögen im Ergebnis nicht mehr gegeben ist (BFH-Urteil 18.4.2012 II R 51/11, BStBl. 2013 II S. 830). Werden bei sukzessiver Tatbestandserfüllung nicht alle Rechtsvorgänge, die zur Verwirklichung des § 1 Abs. 2a GrEStG beigetragen haben, nach der Tatbestandsverwirklichung fristgemäß und in allen Teilen vollständig beim zuständigen Finanzamt angezeigt, scheidet die Anwendung des § 16 Abs. 2 GrEStG nach § 16 Abs. 5 GrEStG aus. Dies gilt auch für Beteiligungsaufstockungen (BFH-Urteil vom 17.5.2017 II R 35/15, BStBl. II S. 966).

**Beispiele:**

**10.1.**

Am Vermögen der grundbesitzenden OHG sind A zu 85 % und B zu 15 % beteiligt. Im Jahr 01 überträgt A seine Beteiligung auf X. Im Jahr 04 überträgt B 5 % der Anteile am Vermögen der OHG auf Y. Die OHG zeigt die Vorgänge im Jahr 04 fristgemäß und in allen Teilen vollständig nach § 19 Abs. 1 Satz 1 Nr. 3a GrEStG beim zuständigen Finanzamt an. Das Finanzamt setzt Grunderwerbsteuer nach § 1 Abs. 2a GrEStG fest. In der darauffolgenden Woche wird die Übertragung der Beteiligung von A auf X in Höhe von 0,1 % rückgängig gemacht.

Auf Grund der Rückgängigmachung eines Teils der Anteilsübertragung aus dem Jahr 01 wird die 90 %-Grenze unterschritten (89,9 %). Der Tatbestand des § 1 Abs. 2a GrEStG ist dadurch nicht mehr erfüllt. Die Anwendung des § 16 Abs. 2 Nr. 1 GrEStG ist nicht nach § 16 Abs. 5 GrEStG ausgeschlossen, da die Vorgänge fristgemäß und in allen Teilen vollständig beim zuständigen Finanzamt angezeigt wurden. Der Grunderwerbsteuerbescheid ist aufzuheben.

**10.2.**

Am Vermögen der grundbesitzenden OHG sind A zu 90 % und B zu 10 % beteiligt. Im Jahr 01 überträgt B seine Beteiligung auf X. Im Jahr 04 überträgt A 80 % der Anteile am Vermögen der OHG auf X (Aufstockung der Beteiligung des X). Die OHG zeigt die Vorgänge im Jahr 04 nicht fristgemäß und in allen Teilen vollständig nach § 19 Abs. 1 Satz 1 Nr. 3a GrEStG beim zuständigen Finanzamt an. Nach einer Außenprüfung im Jahr 05 erhält das Finanzamt von den Vorgängen Kenntnis und setzt Grunderwerbsteuer nach § 1 Abs. 2a GrEStG fest. In der darauffolgenden

Woche wird die Übertragung der Beteiligung von A auf X in Höhe von 0,1 % rückgängig gemacht.

Auf Grund der Rückgängigmachung eines Teils der Anteilsübertragung aus dem Jahr 01 wird die 90 %-Grenze unterschritten (89,9 %). Der Tatbestand des § 1 Abs. 2a GrEStG ist dadurch nicht mehr erfüllt. Die Anwendung des § 16 Abs. 2 Nr. 1 GrEStG ist nach § 16 Abs. 5 GrEStG ausgeschlossen, da die Vorgänge nicht fristgemäß und in allen Teilen vollständig beim zuständigen Finanzamt angezeigt wurden. Der Grunderwerbsteuerbescheid ist nicht aufzuheben.

## 11. Bemessungsgrundlage

Nach § 8 Abs. 2 Satz 1 Nr. 3 GrEStG ist die Bemessungsgrundlage in den Fällen des § 1 Abs. 2a GrEStG der Grundbesitzwert i.S.d. § 151 Abs. 1 Satz 1 Nr. 1 i.V.m. § 157 Abs. 1 bis 3 BewG. Die Bemessungsgrundlage ist nicht auf die Anteile der eintretenden Gesellschafter und der Altgesellschafter an der grundbesitzenden Personengesellschaft aufzuteilen. Auch bei einer Übertragung von weniger als 100 % der Anteile am Vermögen einer grundbesitzenden Personengesellschaft ist die Bemessungsgrundlage der volle Wert des Grundbesitzes.

Beruht die Änderung des Gesellschafterbestandes i.S.d. § 1 Abs. 2a GrEStG auf einem vorgefassten Plan zur Bebauung eines Grundstücks, ist gemäß § 8 Abs. 2 Satz 2 Alt. 2 GrEStG abweichend von § 157 Abs. 1 Satz 1 BewG als Bemessungsgrundlage auf den Grundbesitzwert zum Zeitpunkt der Fertigstellung des Gebäudes abzustellen. Auf die Wertverhältnisse zum Besteuerungszeitpunkt kommt es nicht an.

Ein solcher vorgefasster Plan liegt vor, wenn sich der Plan zur Bebauung bei der Gesellschaft in einer Weise verdichtet hat, dass sie sich im Regelfall nur noch unter wirtschaftlichen Schwierigkeiten oder Einbußen davon lösen kann und die Neugesellschafter die Anteile an der Personengesellschaft aufgrund des vorgefassten Plans erwerben. Ausreichend ist hierbei bereits die Kenntnis der Neugesellschafter über den vorgefassten Plan zur Bebauung eines Grundstücks. Der Plan muss nur die Bebauung eines Grundstücks, nicht auch die Änderung des Gesellschafterbestands der Personengesellschaft zum Gegenstand haben (BFH-Urteil vom 16.9.2020 II R 12/18, BStBl. 2021 II S. 632).

## 12. Steuerschuldner und Bekanntgabe des Steuerbescheids

Steuerschuldner ist in den Fällen des § 1 Abs. 2a GrEStG die grundbesitzende Personengesellschaft in ihrer jeweiligen Zusammensetzung (§ 13 Nr. 6 GrEStG). Der Steuerbescheid ist an sie als Inhaltsadressat zu richten (§ 157 Abs. 1 Satz 2 AO). Bekannt zu geben ist er an die im Zeitpunkt der Bekanntgabe vertretungsberechtigten Personen.

## 13. Anzeigepflicht

Gemäß § 19 Abs. 1 Satz 1 Nr. 3a GrEStG sind von der grundbesitzenden Personengesellschaft alle Rechtsvorgänge anzuzeigen, die zur Verwirklichung des Tatbestands des § 1 Abs. 2a GrEStG geführt haben. Die Anzeigepflicht besteht bei Tatbestandsverwirklichung. Bei sukzessiver Änderung des Gesellschafterbestandes der grundbesitzenden Personengesellschaft sind bei der Anzeige die vorausgegangenen Gesellschafterwechsel, die zur Tatbestandsverwirklichung beigetragen haben, anzugeben.

Die Anzeige ist nach Kenntniserlangung der grundbesitzenden Personengesellschaft von dem anzeigepflichtigen Vorgang innerhalb der in § 19 Abs. 3 GrEStG genannten Fristen zu erstatten.

Der Inhalt der Anzeige richtet sich nach § 20 GrEStG, insbesondere muss sie bei mehreren Beteiligten eine Beteiligungsübersicht enthalten (§ 20 Abs. 2 Nr. 3 GrEStG).

## 14. Grundsätze des BFH-Urteils vom 24. April 2013 II R 17/10, BStBl. II S. 833

Das BFH-Urteil vom 24. April 2013 II R 17/10 wurde im Bundessteuerblatt mit den gleich lautenden Erlassen der obersten Finanzbehörden der Länder vom 9. Oktober 2013, BStBl. I S. 1278, veröffentlicht und war deshalb zunächst nicht über den entschiedenen Einzelfall hinaus anzuwenden. Die Nichtanwendungserlasse vom 9. Oktober 2013 wurden durch die gleich lautenden Erlasse der obersten Finanzbehörden der Länder vom 16. September 2015, BStBl. I S. 822, aufgehoben. Durch das Steueränderungsgesetz 2015 vom 2. November 2015, BGBl. I S. 1834, wurde § 1 Abs. 2a GrEStG mit Wirkung ab 6. November 2015 geändert. In allen Fällen, bei denen der Tatbestand des § 1 Abs. 2a GrEStG vor dem 6. November 2015 verwirklicht wurde, sind die Rechtsgrundsätze des BFH-Urteils II R 17/10 anzuwenden. Für sukzessive Gesellschafterwechsel, bei denen nur ein Teil der Anteilsübertragungen vor dem 6. November 2015 stattgefunden hat, siehe Tz. 15 (Übergangsregelung).

Nach dem BFH-Urteil II R 17/10 liegt eine unmittelbare Änderung des Gesellschafterbestandes einer grundbesitzenden Personengesellschaft vor, wenn ein Mitgliedschaftsrecht an der Gesellschaft zivilrechtlich wirksam auf ein neues Mitglied der Personengesellschaft übergeht.

Ist eine Personen- oder Kapitalgesellschaft unmittelbar an der grundbesitzenden Personengesellschaft beteiligt, kann nur die Personen- oder Kapitalgesellschaft selbst Alt- oder Neugesellschafterin der grundbesitzenden Personengesellschaft sein, nicht jedoch deren Gesellschafter. Eine unmittelbar an der grundbesitzenden Personengesellschaft beteiligte Personen- oder Kapitalgesellschaft gilt nur dann als fiktiv neu, wenn an ihr auf der obersten Beteiligungsebene (natürliche und juristische Personen außer Kapitalgesellschaften – z.B. Stiftung, Bund, Land oder Kommune) ein 100 %iger Gesellschafterwechsel stattgefunden hat. Kapital- und Personengesellschaften werden gleich behandelt.

## 15. Übergangsregelung für sukzessive Gesellschafterwechsel über den 6. November 2015

Für Fälle, bei denen der Tatbestand des § 1 Abs. 2a GrEStG vor dem 6. November 2015 verwirklicht wurde, sind die Grundsätze des BFH-Urteils II R 17/10 anzuwenden (§ 1 Abs. 2a GrEStG a.F., vgl. Tz. 14). Für Fälle, bei denen der Tatbestand des § 1 Abs. 2a GrEStG nach dem 5. November 2015 verwirklicht wurde, findet § 1 Abs. 2a GrEStG in der Fassung des Steueränderungsgesetzes 2015 vom 2. November 2015, BGBl. I S. 1834 (§ 1 Abs. 2a GrEStG n.F.) gemäß § 23 Abs. 13 GrEStG Anwendung. Für sukzessive Gesellschafterwechsel, bei denen der Tatbestand des § 1 Abs. 2a GrEStG nach dem 5. November 2015 verwirklicht wurde, aber ein Teil der Anteilsübertragungen vor dem 6. November 2015 stattgefunden hat, gilt das Folgende:

Nach dem BFH-Urteil II R 17/10 führen mittelbare Änderungen bei Personen- und Kapitalgesellschaften nur dann zu einem Gesellschafterwechsel, wenn auf der obersten Beteiligungsebene ein 100 %iger Wechsel stattgefunden hat. Dies ist auf alle Anteilsübertragungen vor dem 6. November 2015 anzuwenden. Auf alle Anteilsübertragungen nach dem 5. November 2015 ist die neue Rechtslage anzuwenden, nach der bei Gesellschaftsstrukturen mit Personen- und Kapitalgesellschaften durch Personengesellschaften durchzurechnen und auf der Ebene jeder Kapitalgesellschaft die 95 %-Grenze zu prüfen ist.

Ein vor dem 5. November 2015 begonnener Fünfjahreszeitraum läuft regulär weiter und wird durch die gesetzliche Neuregelung nicht beendet.

Durch die Gesetzesänderung werden die Gesellschafter, die mittelbar über eine oder mehrere Personengesellschaften zu mindestens 95 % am Vermögen der grundbesitzenden Personengesellschaft beteiligt sind, Altgesellschafter in Bezug auf die grundbesitzende Personengesellschaft.

Gesellschafter einer Kapitalgesellschaft, die zu mindestens 95 % an der Kapitalgesellschaft beteiligt sind, werden durch die Gesetzesänderung Altgesellschafter in Bezug auf die Kapitalgesellschaft. Die Gesellschafter einer Kapitalgesellschaft sind weder mittelbare Altgesellschafter noch mittelbare Neugesellschafter in Bezug auf die grundbesitzende Personengesellschaft.

**16. Zeitlicher Anwendungsbereich**

Dieser Erlass tritt an die Stelle der gleich lautenden Erlasse der obersten Finanzbehörden der Länder zur Anwendung des § 1 Abs. 2a GrEStG vom 12. November 2018 (BStBl. I S. 1314). Er ist auf alle offenen Fälle anzuwenden.

Für Rechtsvorgänge, die vor dem 1. Juli 2021 verwirklicht werden oder die unter die Übergangsregelungen des § 23 Abs. 19 und 20 GrEStG fallen, gilt dieser Erlass mit der Maßgabe, dass die Beteiligungsgrenze von 95 % und ein Fünfjahreszeitraum anzuwenden sind.

Ausführungen zu § 23 Abs. 19 und 20 GrEStG enthalten die gleich lautenden Erlasse der obersten Finanzbehörden der Länder vom 29. Juni 2021 zu den Übergangsregelungen auf Grund des Gesetzes zur Änderung des Grunderwerbsteuergesetzes (BStBl. I S. 1006).

# **600** § 1/4. Gleich lautende Erlasse betr. mittelbare Änderung des Gesellschafterbestandes einer grundbesitzenden (Personen-)Gesellschaft i. S. d. § 1 Abs. 3 GrEStG

Vom 19. September 2018 (BStBl. I S. 1053)

(Oberste Finanzbehörden der Länder)

Mit BFH-Urteil vom 27. September 2017 II R 41/15, BStBl. 2018 II S. 667, hat der Bundesfinanzhof seine Rechtsprechung fortgeführt (BFH-Urteil vom 12. März 2014 II R 51/12, BStBl. 2016 II S. 356), die von der bisherigen Verwaltungsauffassung abwich. Danach ist bei einer zwischengeschalteten Personengesellschaft, die unmittelbar oder mittelbar an einer grundbesitzenden Gesellschaft beteiligt ist, als Anteil i. S. v. § 1 Abs. 3 Nr. 1 und Nr. 2 GrEStG – wie bei einer zwischengeschalteten Kapitalgesellschaft – die Beteiligung am Gesellschaftskapital und nicht die sachenrechtliche Beteiligung am Gesamthandsvermögen (gesamthänderische Mitberechtigung) maßgebend. Beim mittelbaren Anteilserwerb ist die zwischengeschaltete Personengesellschaft der Kapitalgesellschaft unter Berücksichtigung des allgemeinen Gleichheitssatzes gleichzustellen.

Ein Anteilserwerb kann bei einer zwischengeschalteten Personengesellschaft zu einer mittelbaren Anteilsvereinigung i. S. v. § 1 Abs. 3 Nr. 1 und Nr. 2 GrEStG beitragen oder führen, wenn dem Erwerber nach dem Anteilserwerb mindestens 95 % der Beteiligung am Gesellschaftskapital der Personengesellschaft zuzurechnen sind.

Unmittelbare Beteiligungen an grundbesitzenden Personen- und Kapitalgesellschaften werden weiterhin unterschiedlich behandelt. Bei unmittelbaren Beteiligungen an grundbesitzenden Personengesellschaften ist die sachenrechtliche Beteiligung am Gesamthandsvermögen und bei unmittelbaren Beteiligungen an grundbesitzenden Kapitalgesellschaften die Beteiligung am Gesellschaftskapital maßgebend.

Die vorstehenden Grundsätze gelten entsprechend für Übertragungen bereits vereinigter Anteile i. S. v. § 1 Abs. 3 Nr. 3 und Nr. 4 GrEStG.

**Beispiel 1:**
Am Kapital der grundbesitzenden A-GmbH sind eine OHG und A zu jeweils 50 % beteiligt. Am Vermögen der OHG sind A zu 5 % und B zu 95 % beteiligt. A überträgt seine Beteiligung am Kapital der A-GmbH und B seine Beteiligung am Vermögen der OHG an C.

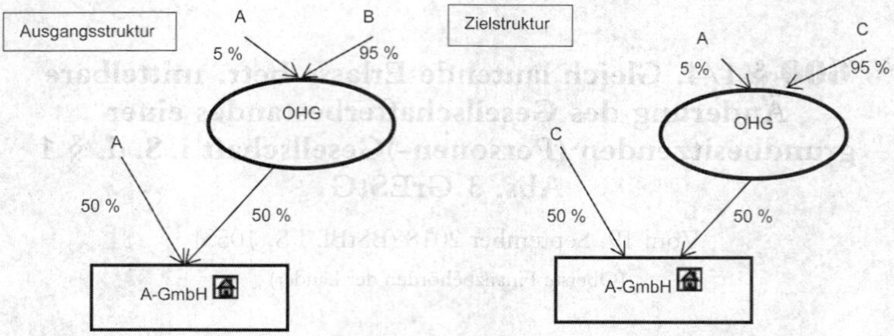


Der Tatbestand des § 1 Abs. 2 a GrEStG ist nicht eröffnet, da die A-GmbH keine Personengesellschaft ist.

Durch die Übertragungen der Beteiligungen von A und B an C ist der Tatbestand des § 1 Abs. 3 GrEStG verwirklicht, da teils unmittelbar, teils mittelbar mindestens 95 % der Anteile (100 % = 50 % + 50 %) an der grundbesitzenden A-GmbH in der Hand des C vereinigt werden. Die Beteiligung der OHG am Kapital der A-GmbH wird dem C in voller Höhe (50 %) zugerechnet, da C zu mindestens 95 % am Vermögen der OHG beteiligt ist.

**Beispiel 2:**

Am Kapital der grundbesitzenden A-GmbH sind eine OHG zu 50 %, eine KG zu 45 % und Z zu 5 % beteiligt. Am Vermögen der OHG sind A zu 95 % und B zu 5 % beteiligt. Am Vermögen der KG sind A zu 95 % und Y zu 5 % beteiligt. A überträgt seine Beteiligungen am Vermögen der KG und am Vermögen der OHG an C.

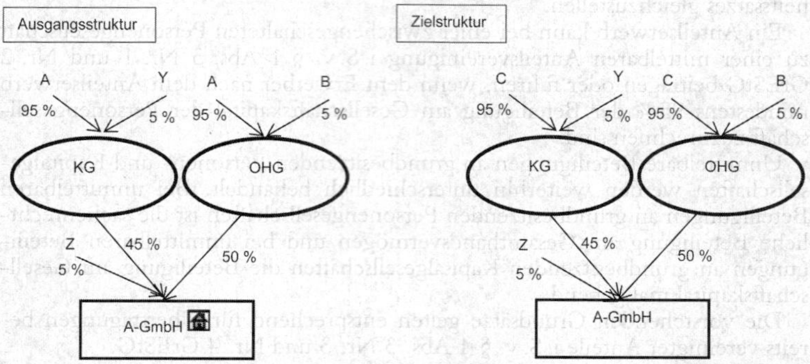


Der Tatbestand des § 1 Abs. 2 a GrEStG ist nicht eröffnet, da die A-GmbH keine Personengesellschaft ist.

Durch die Übertragung der Beteiligungen von A an C ist der Tatbestand des § 1 Abs. 3 GrEStG verwirklicht, da mittelbar mindestens 95 % der Anteile (95 % = 50 % + 45 %) an der grundbesitzenden A-GmbH auf C übertragen werden. Die Beteiligung der OHG am Kapital der A-GmbH wird dem C in voller Höhe (50 %) zugerechnet, da C zu mindestens 95 % am Vermögen der OHG beteiligt ist. Die Beteiligung der KG am Kapital der A-GmbH wird dem C in voller Höhe (45 %) zugerechnet, da C zu mindestens 95 % am Vermögen der KG beteiligt ist.

**Beispiel 3:**

Am Kapital der grundbesitzenden A-GmbH sind eine OHG und A zu jeweils 50% beteiligt. Am Vermögen der OHG sind A zu 94% und B zu 6% beteiligt. A überträgt seine Beteiligungen an der A-GmbH und am Vermögen der OHG an C.

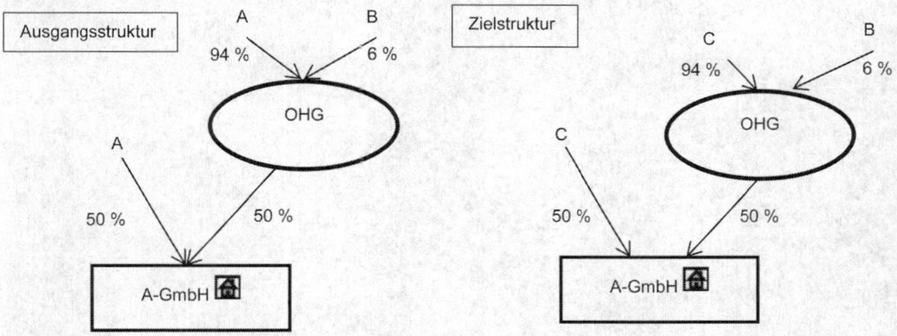


Der Tatbestand des § 1 Abs. 2a GrEStG ist nicht eröffnet, da die A-GmbH keine Personengesellschaft ist.

Der Tatbestand des § 1 Abs. 3 GrEStG ist nicht verwirklicht, da nicht mindestens 95% der Anteile an der A-GmbH unmittelbar oder mittelbar in der Hand des C vereinigt werden. Die Beteiligung der OHG am Kapital der A-GmbH wird dem C nicht zugerechnet, da C nicht zu mindestens 95% (94%) am Vermögen der OHG beteiligt ist.

Durch die Übertragung der Beteiligungen von A an C ist der Tatbestand des § 1 Abs. 3a GrEStG verwirklicht, da C teils unmittelbar, teils mittelbar eine wirtschaftliche Beteiligung in Höhe von mindestens 95% (97% = 50% + 94% × 50%) an der A-GmbH innehat.

Dieser Erlass ergeht im Einvernehmen mit den obersten Finanzbehörden der anderen Länder und ist auf alle offenen Fälle anzuwenden.

Die gleich lautenden Erlasse der obersten Finanzbehörden der Länder zur mittelbaren Änderung des Gesellschafterbestandes einer grundbesitzenden (Personen-)Gesellschaft i. S. d. § 1 Abs. 3 GrEStG, Konsequenzen aus dem BFH-Urteil vom 12. März 2014 II R 51/12 vom 9. Dezember 2015, BStBl. 2016 I S. 477, werden aufgehoben.

**Beispiel 3:**

Am Kapital der grundbesitzenden A-GmbH sind eine OHG und A zu jeweils 50% beteiligt. Am Vermögen der OHG sind A zu 94% und B zu 6% beteiligt. A überträgt seine Beteiligungen an der A-GmbH und am Vermögen der OHG an C.

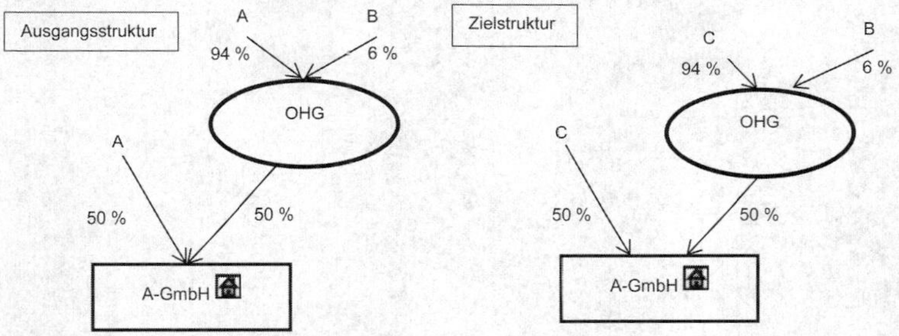


Der Tatbestand des § 1 Abs. 2a GrEStG ist nicht eröffnet, da die A-GmbH keine Personengesellschaft ist.

Der Tatbestand des § 1 Abs. 3 GrEStG ist nicht verwirklicht, da nicht mindestens 95% der Anteile an der A-GmbH unmittelbar oder mittelbar in der Hand des C vereinigt werden. Die Beteiligung der OHG am Kapital der A-GmbH wird dem C nicht zugerechnet, da C nicht zu mindestens 95% (94%) am Vermögen der OHG beteiligt ist.

Durch die Übertragung der Beteiligungen von A an C ist der Tatbestand des § 1 Abs. 3a GrEStG verwirklicht, da C teils unmittelbar, teils mittelbar eine wirtschaftliche Beteiligung in Höhe von mindestens 95% (97% = 50% + 94% × 50%) an der A-GmbH innehat.

Dieser Erlass ergeht im Einvernehmen mit den obersten Finanzbehörden der anderen Länder und ist auf alle offenen Fälle anzuwenden.

Die gleich lautenden Erlasse der obersten Finanzbehörden der Länder zur mittelbaren Änderung des Gesellschafterbestandes einer grundbesitzenden (Personen-)Gesellschaft i. S. d. § 1 Abs. 3 GrEStG, Konsequenzen aus dem BFH-Urteil vom 12. März 2014 II R 51/12 vom 9. Dezember 2015, BStBl. 2016 I S. 477, werden aufgehoben.

Die Umlegungsteilnehmer übertragen Grundstücke auf eine als GbR gegründete Umlegungsgesellschaft. Nach Durchführung der Umlegung werden die neu gebildeten Grundstücke von der Umlegungsgesellschaft wiederum auf die Umlegungsteilnehmer übertragen.

**3.2. Steuerbarkeit**

Die Übertragung der Grundstücke auf die Umlegungsgesellschaft und die Übertragung der neu gebildeten Grundstücke auf die Umlegungsteilnehmer unterliegen jeweils der Besteuerung nach § 1 Abs. 1 Nr. 1 GrEStG.

**3.3. Keine Ausnahme von der Besteuerung nach § 1 Abs. 1 Nr. 3 Satz 2 Buchst. b GrEStG**

Grundstücksübertragungen im Rahmen einer freiwilligen Baulandumlegung sind nicht nach § 1 Abs. 1 Nr. 3 Satz 2 Buchst. b GrEStG von der Besteuerung ausgenommen.

Die unterschiedliche grunderwerbsteuerliche Behandlung der gesetzlichen und der freiwilligen Baulandumlegung ist mit dem Gleichheitssatz nach Art. 3 Abs. 1 GG vereinbar (BVerfG-Beschluss vom 24. März 2015 1 BvR 2880/11, BStBl. II S. 622).

**3.4. Allgemeine Ausnahmen von der Besteuerung nach § 3 GrEStG**

Die Steuerbefreiungen des § 3 GrEStG sind zu beachten.

**3.5. Steuervergünstigungen**

Für die Grundstücksübertragung auf die Umlegungsgesellschaft ist die Grunderwerbsteuer nach § 5 Abs. 1 oder 2 GrEStG in Höhe des Anteils nicht zu erheben, zu dem der einzelne Umlegungsteilnehmer am Vermögen der Umlegungsgesellschaft beteiligt ist. Dieser Anteil entspricht in der Regel dem Verhältnis des Werts seines auf die Umlegungsgesellschaft übertragenen Grundstücks zum Wert aller die Umlegungsmasse bildenden Grundstücke.

Die Grundstücke bilden nach der Übertragung auf die Umlegungsgesellschaft nur noch ein Grundstück i.S.d. § 2 Abs. 3 GrEStG, wenn zwischen den Grundstücken ein räumlicher Zusammenhang besteht. Durch das Umlegungsgebiet verlaufende Straßen heben einen räumlichen Zusammenhang nicht auf. Wird ein im Umlegungsverfahren durch Teilung neu entstandenes Grundstück auf einen Umlegungsteilnehmer übertragen, wird die Grunderwerbsteuer nach § 7 Abs. 2 GrEStG nicht erhoben, soweit der Wert des Teilgrundstücks dem Anteil entspricht, mit dem der Umlegungsteilnehmer am Vermögen der Umlegungsgesellschaft beteiligt ist.

Die Steuervergünstigung des § 5 Abs. 2 GrEStG bei Einbringung der Grundstücke in eine Umlegungs-GbR ist nicht rückgängig zu machen, wenn die neu gebildeten Grundstücke nach Durchführung der Umlegung von der Umlegungs-GbR wieder auf die Umlegungsteilnehmer übertragen werden und die Umlegungs-GbR aufgelöst wird. In diesem Fall ist eine Missbrauchsgestaltung objektiv ausgeschlossen. § 5 Abs. 3 GrEStG führt deshalb nicht zum Versagen der Steuervergünstigung. Das Gleiche gilt für die Anwendung des § 7 Abs. 3 GrEStG.

Die Grunderwerbsteuer ist unter den Voraussetzungen des § 16 Abs. 2 Nr. 1 GrEStG weder für die Grundstücksübertragung auf die Umlegungsgesellschaft noch für die Übertragung der neu gebildeten Grundstücke auf die Umlegungsteilnehmer anteilig zu erheben, wenn das durch den Umlegungsteilnehmer erworbene Grundstück teilweise aus dem eigenen, in die Umlegungsmasse eingebrachten Grundstück gebildet wurde.

**Beispiel 1:**

Im Jahr 01 ist ein Umlegungsteilnehmer zu 1 % am Vermögen einer Umlegungs-GbR beteiligt, da zu ihrem Vermögen ein 21.000 qm großes Gesamtgrundstück gehört und der Umlegungsteilnehmer ein 210 qm großes Grundstück eingebracht hat. Der Grundbesitzwert für das eingebrachte Grundstück beträgt 31.500 € (Grundbesitzwert A). Der Grundbesitzwert für das von der Umlegungs-GbR zugeteilte Grundstück beträgt 34.500 € (Grundbesitzwert B). Der Verkehrswert des Grundstücks und damit das Vermögen der Gesellschaft beträgt (21.000 qm × 150 €/qm =) 3.150.000 €. Dem Umlegungsteilnehmer wird in 02 von der Umlegungs-GbR ein 230 qm großes Grundstück gegen eine entsprechende Ausgleichszahlung für die Mehrfläche von 20 qm zugeteilt.

**Beispiel 2:**

Wie Beispiel 1. Hinsichtlich 60 qm der auf den Umlegungsteilnehmer übertragenen 230 qm liegt ein Rückerwerb i.S.d. § 16 Abs. 2 Nr. 1 GrEStG vor.

**Lösung zu Beispiel 1 und 2:**

| **Grundstücksübertragung auf die Umlegungs-GbR** | **Beispiel 1** | **Beispiel 2** |
|---|---|---|
| Bemessungsgrundlage für die Grundstücksübertragung (Grundbesitzwert A nach § 8 Abs. 2 GrEStG): | 31.500 € | 31.500 € |
| Abzgl. Rückerwerb i.S.d. § 16 Abs. 2 Nr. 1 GrEStG (Grundbesitzwert A × 60 qm/210 qm): | –/– | 9.000 € |
| Verbleibender Grundbesitzwert: | 31.500 € | 22.500 € |
| Abzgl. Anteil des Grundbesitzwerts, für den nach § 5 Abs. 2 GrEStG die Grunderwerbsteuer nicht erhoben wird (1 %): | 315 € | 225 € |
| = Anteil des Grundbesitzwerts, für den die Grunderwerbsteuer zu erheben ist: | 31.185 € | 22.275 € |

| **Grundstücksübertragung auf den Umlegungsteilnehmer** | **Beispiel 1** | **Beispiel 2** |
|---|---|---|
| Bemessungsgrundlage für die Grundstücksübertragung (Grundbesitzwert B nach § 8 Abs. 2 GrEStG): | 34.500 € | 34.500 € |
| Abzgl. Rückerwerb i.S.d. § 16 Abs. 2 Nr. 1 GrEStG (Grundbesitzwert A × 60 qm/210 qm): | –/– | 9.000 € |
| Verbleibender Grundbesitzwert: | 34.500 € | 25.500 € |
| Abzgl. Anteil des Grundbesitzwerts, für den nach § 7 Abs. 2 GrEStG die Grunderwerbsteuer nicht erhoben wird (1 %): | | |
| Verkehrswert des auf die Umlegungs-GbR übertragenen Grundstücks: 210 qm × 150 € = 31.500 € | | |
| Verkehrswert des auf den Umlegungsteilnehmer übertragenen Grundstücks 230 qm × 150 € = 34.500 € | | |
| 34.500 € × 31.500 €/34.500 €: | 31.500 € | |
| 25.500 € × 31.500 €/34.500 €: | | 23.283 € |
| Anteil des Grundbesitzwerts, für den die Grunderwerbsteuer zu erheben ist: | 3.000 € | 2.217 € |
| Freigrenze nach § 3 Nr. 1 GrEStG: | 2.500 € | 2.500 € |

Im Beispiel 2 ist die Grundstücksübertragung auf den Umlegungsteilnehmer nach § 3 Nr. 1 GrEStG von der Besteuerung ausgenommen, da der Anteil des Grundbesitzwerts, für den die Grunderwerbsteuer zu erheben ist, die Freigrenze von 2.500 € (2.217 €) nicht übersteigt. Eine Versagung der Steuerbegünstigung nach § 5 Abs. 3 GrEStG bzw. § 7 Abs. 3 GrEStG scheidet aus, da eine Missbrauchsgestaltung objektiv ausgeschlossen ist.

## 4. Zeitlicher Anwendungsbereich

Dieser Erlass ergeht im Einvernehmen mit den obersten Finanzbehörden der anderen Länder und ist auf Erwerbsvorgänge anzuwenden, die nach dem 28. Dezember 2020 verwirklicht werden (vgl. § 23 Abs. 17 GrEStG). Insoweit tritt er an die Stelle der GLE vom 18. Februar 2020 (BStBl. I S. 282).

# 600 § 1/6. Gleich lautende Erlasse betr. Anwendung des § 1 Abs. 2b GrEStG ab dem 1. Juli 2021

Vom 10. Mai 2022

Oberste Finanzbehörden der Länder S 4500; S 4501; S 4430; S 4445

(BStBl. I S. 821)

## 1. Allgemeines und zeitlicher Anwendungsbereich

Mit dem Gesetz zur Änderung des Grunderwerbsteuergesetzes vom 12. Mai 2021 (BGBl. I S. 986) wurde in das Grunderwerbsteuergesetz (GrEStG) ein neuer Ergänzungstatbestand (§ 1 Abs. 2b GrEStG) eingeführt, der Anteilseignerwechsel in Höhe von mindestens 90 % im Gesellschafterbestand einer grundbesitzenden Kapitalgesellschaft innerhalb von zehn Jahren besteuert.

Die Vorschrift fingiert die Übereignung eines zum Vermögen einer Kapitalgesellschaft gehörenden Grundstücks auf eine fiktiv „neue" Kapitalgesellschaft. Zivilrechtlich liegt kein Rechtsträgerwechsel vor.

Die Änderungen sind nach § 23 Abs. 18 GrEStG für alle Erwerbsvorgänge anzuwenden, die nach dem 30. Juni 2021 verwirklicht werden. Die Beispiele des Erlasses beziehen sich nur auf Zeiträume nach dem 30. Juni 2021.

Ausführungen zu § 23 Abs. 18 und 23 GrEStG enthalten die gleich lautenden Erlasse der obersten Finanzbehörden der Länder vom 29. Juni 2021 zu den Übergangsregelungen auf Grund des Gesetzes zur Änderung des Grunderwerbsteuergesetzes (BStBl. I S. 1006).

## 2. Kapitalgesellschaft

Kapitalgesellschaften i.S.d. § 1 Abs. 2b GrEStG sind insbesondere die Gesellschaft mit beschränkter Haftung, die Unternehmergesellschaft, die Aktiengesellschaft, die Kommanditgesellschaft auf Aktien und die Europäische Gesellschaft (SE). Ausländische Kapitalgesellschaften, deren rechtliche Struktur den inländischen Kapitalgesellschaften entspricht, werden von der Vorschrift erfasst.

## 3. Vom Tatbestand erfasste Grundstücke

Die Vorschrift des § 1 Abs. 2b GrEStG ist grundstücksbezogen. Sie erfasst diejenigen Grundstücke, und zwar jedes für sich, die während des Zeitraums, in dem sich der Gesellschafterbestand ändert, durchgängig zum Vermögen der Kapitalgesellschaft gehören. Zum Zehnjahreszeitraum vgl. Tz. 6.

Zum Vermögen einer Kapitalgesellschaft gehören die Grundstücke, die ihr grunderwerbsteuerrechtlich zuzurechnen sind. Es kommt nicht auf das zivilrechtliche Eigentum oder die bewertungsrechtliche Zurechnung an.

Ein Grundstück gehört der Kapitalgesellschaft, wenn es ihr im Zeitpunkt der Entstehung der Steuerschuld aufgrund eines unter § 1 Abs. 1, 2, 3 oder 3a GrEStG fallenden Erwerbsvorgangs grunderwerbsteuerrechtlich zuzurechnen ist.

Ein Grundstück gehört nicht mehr zum Vermögen der Kapitalgesellschaft, wenn es zwar noch in ihrem Eigentum steht oder ihr bewertungsrechtlich zuzurechnen ist, es aber vor Entstehung der Steuerschuld Gegenstand eines Veräußerungsvorgangs i.S.d. § 1 Abs. 1, 3 oder 3a GrEStG war (vgl. BFH-Urteil vom 11.12.2014 II R 26/12, BStBl. 2015 II S. 402). Grundstücke im

Eigentum der Kapitalgesellschaft, an denen sie einem anderen die Verwertungsbefugnis i.S.d. § 1 Abs. 2 GrEStG eingeräumt hat, gehören zu ihrem Vermögen.

## 4. Anteil am Kapital der Kapitalgesellschaft

Die Vorschrift des § 1 Abs. 2b GrEStG setzt unter anderem voraus, dass mindestens 90 % der Anteile der grundbesitzenden Gesellschaft übergehen. Anteile der Gesellschaft sind bei Kapitalgesellschaften die Beteiligungen am Gesellschaftskapital, zum Beispiel bei einer Gesellschaft mit beschränkter Haftung die Geschäftsanteile (§ 5 und §§ 14 ff. GmbHG) und bei einer Aktiengesellschaft die Aktien (§§ 8 ff. AktG).

Der übergehende Anteil entspricht bei Gesellschaften mit beschränkter Haftung dem Anteil, den die übertragenden Geschäftsanteile am Stammkapital darstellen. Bei Aktiengesellschaften entspricht er dem Anteil, den die übertragenden Aktien am Grundkapital darstellen (s.a. Tz. 5.3). Die Vermögenseinlagen der persönlich haftenden Gesellschafter einer Kommanditgesellschaft auf Aktien sind Teil des Grundkapitals, wenn sie darauf geleistet wurden (§ 281 Abs. 2 AktG).

§ 1 Abs. 2b GrEStG stellt typisierend nur auf das Quantum von 90 % der Anteile am Kapital der grundbesitzenden Kapitalgesellschaft ab. Auf die mit den einzelnen Anteilen verbundene Rechtsmacht kommt es nicht an. Beispielsweise sind Vorzugsaktien (§ 12 AktG) nicht anders als die mit Stimmrecht ausgestatteten Aktien zu behandeln.

Die vorstehenden Grundsätze gelten für vergleichbare ausländische Kapitalgesellschaften entsprechend.

## 5. Für § 1 Abs. 2b GrEStG relevanter Gesellschafterwechsel

Ein relevanter Gesellschafterwechsel i.S.d. § 1 Abs. 2b GrEStG liegt vor, wenn es sich um einen Gesellschafterwechsel handelt (Tz. 5.1), der durch einen Neugesellschafter ausgelöst wird (Tz. 5.2), und sich dadurch das Verhältnis der Altgesellschafter zu den Neugesellschaftern zu Lasten der Altgesellschafter verändert (Tz. 5.3).

### 5.1. Gesellschafterwechsel

Es sind unmittelbare und mittelbare Gesellschafterwechsel zu berücksichtigen.

#### 5.1.1. Unmittelbarer Gesellschafterwechsel

Eine unmittelbare Änderung des Gesellschafterbestandes einer grundbesitzenden Kapitalgesellschaft liegt vor, wenn ein Anteil an ihrem Kapital zivilrechtlich wirksam auf einen neuen oder anderen Anteilseigner übergeht.

#### 5.1.2. Mittelbarer Gesellschafterwechsel

Da es zivilrechtlich keine mittelbare Änderung eines Gesellschafterbestandes gibt und bei der mittelbaren Änderung des Gesellschafterbestandes zivilrechtlich kein Anteil an der grundbesitzenden Gesellschaft auf einen Neugesellschafter übergeht, scheidet eine Anknüpfung an das Zivilrecht aus. Aus grunderwerbsteuerrechtlicher Sicht ist maßgeblich, wer hinter dem an der grundbesitzenden Kapitalgesellschaft unmittelbar beteiligten Gesellschafter steht.

Eine mittelbare Änderung des Gesellschafterbestandes der grundbesitzenden Kapitalgesellschaft liegt vor, wenn

- ein Mitgliedschaftsrecht an einer Personengesellschaft, die unmittelbar oder mittelbar über eine oder mehrere Personengesellschaften an der grundbesitzenden Kapitalgesellschaft beteiligt ist, zivilrechtlich wirksam auf ein anderes oder neues Mitglied übergeht,
- eine unmittelbar oder mittelbar über eine oder mehrere Personengesellschaften an der grundbesitzenden Kapitalgesellschaft beteiligte Kapitalgesellschaft nach § 1 Abs. 2b Satz 3 bis 5 GrEStG fiktiv neue Gesellschafterin der grundbesitzenden Kapitalgesellschaft wird oder
- sie sich aus schuldrechtlichen Bindungen der an der Kapitalgesellschaft unmittelbar beteiligten Gesellschafter ergibt (z.B. Kaufoption (vgl. BFH-Urteil vom 9.7.2014 II R 49/12, BStBl. 2016 II S. 57), Vereinbarungstreuhand (vgl. BFH-Urteil vom 25.11.2015 II R 18/14, BStBl. 2018 II S. 783)).

Liegen lediglich schuldrechtliche Bindungen vor, kann für die nach wirtschaftlichen Gesichtspunkten vorzunehmende Zurechnungsentscheidung unter Beachtung grunderwerbsteuerrechtlicher Besonderheiten auf die Grundsätze des § 39 Abs. 2 Nr. 1 AO zurückgegriffen werden (vgl. BFH-Urteile vom 9.7.2014 II R 49/12, BStBl. 2016 II S. 57, und vom 25.11.2015 II R 18/14, BStBl. 2018 II S. 783).

Dieser Rückgriff erlaubt eine entsprechende Anwendung der Grundsätze des § 1 Abs. 2 GrEStG bei der Zurechnung von Anteilen an grundbesitzenden Kapitalgesellschaften. Entscheidend ist danach, dass über die schuldrechtliche Vereinbarung einem anderen als dem an der grundbesitzenden Kapitalgesellschaft unmittelbar Beteiligten eine Wertteilhabe an den Grundstücken der Kapitalgesellschaft vermittelt wird. Dazu müssen folgende Kriterien erfüllt sein:

- Der mittelbar Beteiligte hat aufgrund eines Rechtsgeschäfts bereits eine rechtlich geschützte, auf den Erwerb des Rechts gerichtete Position erworben, die ihm gegen seinen Willen nicht mehr entzogen werden kann (z.B. Herausgabeanspruch aufgrund einer Kaufoption oder eines Treuhandverhältnisses).
- Die mit dem Anteil verbundenen wesentlichen Rechte (z.B. Innehaben des Gewinnstammrechts, Befugnis zur Ausübung der Stimmrechte, Widerspruchs- und Kontrollrechte) sind auf den mittelbar Beteiligten übergegangen oder i.S.d. mittelbar Beteiligten auszuüben.
- Das Risiko einer Wertminderung und die Chance einer Wertsteigerung (z.B. Beteiligung am Kapital der Gesellschaft oder an einem etwaigen Liquidationserlös) sind auf den mittelbar Beteiligten übergegangen.

Entscheidend ist das Gesamtbild der tatsächlichen Verhältnisse im jeweiligen Einzelfall. Bei dieser Gesamtbildbetrachtung kann eine vom Zivilrecht abweichende Zurechnung des Anteils auch anzunehmen sein, wenn die vorstehenden Kriterien unterschiedlich stark ausgeprägt sind.

Die bloße Einräumung einer Vollmacht zur Ausübung der Rechte aus einem Gesellschaftsanteil sowie zur Veräußerung und Abtretung dieses Gesellschaftsanteils, selbst wenn sie unwiderruflich erteilt worden ist, reicht demgegenüber für die Annahme einer mittelbaren Änderung des Gesellschafterbestandes nicht aus. Durch eine derartige Vollmacht sind die wesentlichen Rechte des Gesellschafters (z.B. Stimmrechte und Gewinnstammrecht) nicht auf den Bevollmächtigten übergegangen (vgl. BFH-Urteil vom 30.8.2017 II R 39/15, BStBl. 2018 II S. 786).

### 5.2. Alt- und Neugesellschafter

Es muss zwischen Alt- und Neugesellschaftern unterschieden werden.

#### 5.2.1. Altgesellschafter

##### 5.2.1.1. Unmittelbar beteiligter Altgesellschafter

Unmittelbar an der grundbesitzenden Kapitalgesellschaft beteiligter Altgesellschafter ist unabhängig von seiner Rechtsform, wer

- mit Ablauf des 30. Juni 2021 beteiligt war,
- Gründungsgesellschafter ist,
- vor dem Beginn des Zehnjahreszeitraums des § 1 Abs. 2b Satz 1 GrEStG beteiligt war,
- im Zeitpunkt des Erwerbs des jeweiligen Grundstücks beteiligt war oder
- bei einer früheren Verwirklichung des Tatbestands nach § 1 Abs. 2b GrEStG beteiligt war.

Ein unmittelbar beteiligter Altgesellschafter verliert die Eigenschaft als Altgesellschafter mit Aufgabe seiner Gesellschafterstellung. Erwirbt der ausgeschiedene (Alt-)Gesellschafter erneut einen Anteil an der Kapitalgesellschaft, ist er Neugesellschafter i.S.d. § 1 Abs. 2b Satz 1 GrEStG. Dies gilt auch dann, wenn das Ausscheiden eines Altgesellschafters aus der Kapitalgesellschaft und dessen Wiedereintritt innerhalb des Zehnjahreszeitraums des § 1 Abs. 2b Satz 1 GrEStG erfolgen (vgl. BFH-Urteil vom 16.5.2013 II R 3/11, BStBl. II S. 963).

##### 5.2.1.2. Mittelbar über eine Personengesellschaft beteiligter Altgesellschafter

Mittelbar an der grundbesitzenden Kapitalgesellschaft beteiligter Altgesellschafter ist unabhängig von seiner Rechtsform, wer über eine oder mehrere Personengesellschaften

- mit Ablauf des 30. Juni 2021 beteiligt war,
- im Zeitpunkt der Gründung der grundbesitzenden Kapitalgesellschaft beteiligt war,
- vor dem Beginn des Zehnjahreszeitraums des § 1 Abs. 2b Satz 1 GrEStG beteiligt war,
- im Zeitpunkt des Erwerbs des jeweiligen Grundstücks beteiligt war oder
- bei einer früheren Verwirklichung des Tatbestands nach § 1 Abs. 2b Satz 1 GrEStG beteiligt war.

Ein mittelbar beteiligter Altgesellschafter verliert die Eigenschaft als Altgesellschafter mit Aufgabe seiner Gesellschafterstellung. Erwirbt der ausgeschiedene (Alt-)Gesellschafter erneut unmittelbar oder mittelbar einen Anteil an der grundbesitzenden Personengesellschaft, ist er Neugesellschafter i.S.d. § 1 Abs. 2b Satz 1 GrEStG. Dies gilt auch dann, wenn das Ausscheiden aus der Kapitalgesellschaft und der unmittelbare oder mittelbare Wiedereintritt in die grundbesitzende Personengesellschaft innerhalb des Zehnjahreszeitraums des § 1 Abs. 2b Satz 1 GrEStG erfolgen (vgl. BFH-Urteil vom 16.5.2013 II R 3/11, BStBl. II S. 963).

Zusammenfassend vgl. Beispiele 5.3.1 und 5.3.2.

### 5.2.2. Neugesellschafter

#### 5.2.2.1. Unmittelbar beteiligter Neugesellschafter

Neugesellschafter der grundbesitzenden Kapitalgesellschaft ist, wer Inhaber von Gesellschaftsanteilen an der Kapitalgesellschaft wird.

#### 5.2.2.2. Mittelbar über eine Personengesellschaft beteiligter Neugesellschafter

Mittelbar an der grundbesitzenden Kapitalgesellschaft beteiligter Neugesellschafter ist unabhängig von seiner Rechtsform, wer durch

- Eintritt,
- Abtretung eines Mitgliedschaftsrechts oder
- einen Vorgang nach dem Umwandlungsgesetz

einer Personengesellschaft beitritt, die unmittelbar oder mittelbar über eine oder mehrere Personengesellschaften am Gesellschaftskapital der grundbesitzenden Kapitalgesellschaft beteiligt ist.

### 5.2.3. Besonderheiten bei beteiligten Kapitalgesellschaften

#### 5.2.3.1. Alt- oder Neugesellschaftereigenschaft der Kapitalgesellschaft in Bezug auf die grundbesitzende Kapitalgesellschaft

Für die Anwendung des § 1 Abs. 2b GrEStG sind nur solche Anteilsübergänge zu berücksichtigen, die nach dem 30. Juni 2021 erfolgen. Alle mit Ablauf des 30. Juni 2021 Beteiligten gelten als Altgesellschafter.

Ist eine Kapitalgesellschaft unmittelbar oder mittelbar an der grundbesitzenden Kapitalgesellschaft beteiligt, kann nur die beteiligte Kapitalgesellschaft selbst unmittelbare oder mittelbare Alt- oder Neugesellschafterin in Bezug auf die grundbesitzende Kapitalgesellschaft sein, die Gesellschafter der unmittelbar oder mittelbar an der grundbesitzenden Kapitalgesellschaft beteiligten Kapitalgesellschaft jedoch nicht.

Eine als Altgesellschafterin geltende unmittelbar oder mittelbar beteiligte Kapitalgesellschaft wird nach § 1 Abs. 2b Satz 3 bis 5 GrEStG in vollem Umfang zur fiktiven Neugesellschafterin, wenn sich die Beteiligungsverhältnisse an ihr unmittelbar oder mittelbar oder teils unmittelbar, teils mittelbar zu mindestens 90 % ändern. Dies gilt unabhängig davon, ob die Änderung der Beteiligungsverhältnisse bei der Kapitalgesellschaft den Tatbestand des § 1 Abs. 3 GrEStG erfüllen würde.

Bei mehrstufigen mittelbaren Beteiligungen ist die Prüfung, ob die 90 %-Grenze erreicht ist, für jede Beteiligungsebene gesondert vorzunehmen. Ist die 90 %-Grenze erreicht, ist die mittelbare Beteiligung in voller Höhe zu berücksichtigen (nicht nur in Höhe von 90 %; vgl. Beispiel 5.3.3).

Die Eigenschaft als Altgesellschafterin der unmittelbar oder mittelbar beteiligten Kapitalgesellschaft bleibt erhalten, wenn sich lediglich die Kette der an ihr beteiligten Kapitalgesellschaften verkürzt. Eine solche Beteiligungskette liegt vor, soweit Kapitalgesellschaften auf jeder Stufe über eine Beteiligung von mindestens 90 % miteinander verbunden sind. Das Gleiche gilt bei Beteiligungsketten, in denen sowohl Kapital- als auch Personengesellschaften beteiligt sind. Bei Personengesellschaften in der Kette ist zu beachten, dass die 90 %ige Beteiligung auf jeder Stufe bei der Durchrechnung noch vorhanden ist. Bei der Verkürzung der Kette muss die der grundbesitzenden Kapitalgesellschaft am nächsten stehende Kapitalgesellschaft erhalten bleiben (vgl. Beispiel 5.3.8).

### 5.2.3.2. Alt- und Neugesellschaftereigenschaft der Gesellschafter der beteiligten Kapitalgesellschaft in Bezug auf die grundbesitzende Kapitalgesellschaft

Die Gesellschafter der unmittelbar oder mittelbar an der grundbesitzenden Kapitalgesellschaft beteiligten Kapitalgesellschaft (beteiligte Kapitalgesellschaft) sind nur in Bezug auf die Kapitalgesellschaft, an der sie unmittelbar beteiligt sind, Alt- oder Neugesellschafter, nicht jedoch in Bezug auf die grundbesitzende Kapitalgesellschaft.

Neugesellschafter der beteiligten Kapitalgesellschaft ist, wer Inhaber von Gesellschaftsanteilen an der beteiligten Kapitalgesellschaft wird.

Altgesellschafter der beteiligten Kapitalgesellschaft ist, wer

- mit Ablauf des 30. Juni 2021 an ihr beteiligt war,
- im Zeitpunkt der Gründung der grundbesitzenden Kapitalgesellschaft Gesellschafter der beteiligten Kapitalgesellschaft ist, wenn die beteiligte Kapitalgesellschaft Gründungsgesellschafterin ist,
- im Zeitpunkt des Erwerbs der Beteiligung am Kapital der grundbesitzenden Kapitalgesellschaft durch die beteiligte Kapitalgesellschaft bereits Gesellschafter der beteiligten Kapitalgesellschaft ist,
- im Zeitpunkt des Grundstückserwerbs der grundbesitzenden Kapitalgesellschaft bereits Gesellschafter der beteiligten Kapitalgesellschaft ist oder
- im Zeitpunkt der nach § 1 Abs. 2b Satz 3 bis 5 GrEStG erfolgenden Umqualifizierung der beteiligten Kapitalgesellschaft in eine Neugesellschafterin der grundbesitzenden Kapitalgesellschaft bereits Gesellschafter der beteiligten Kapitalgesellschaft ist.

### 5.2.4. Besonderheiten bei Treuhandverhältnissen

Neugesellschafter ist:

- derjenige, der aufgrund Vereinbarungstreuhand mit einem Gesellschafter der grundbesitzenden Kapitalgesellschaft nach deren Gründung bzw. nach einem Grundstückserwerb durch diese oder nach einer früheren Verwirklichung des Tatbestands des § 1 Abs. 2b GrEStG dessen Treugeber wird,
- der neue Treugeber eines Gesellschafters nach Treugeberwechsel,
- der Treugeber, auf den die treuhänderisch gehaltenen Anteile vom Treuhänder übertragen oder rückübertragen werden (zur anteiligen Steuerbefreiung in Höhe der rückübertragenen Anteile auf den Treugeber vgl. § 3 Nr. 8 GrEStG analog) oder
- der neue Treuhänder beim Wechsel des Treuhändergesellschafters.

### 5.2.5. Besonderheiten bei der identitätswahrenden formwechselnden Umwandlung

Die identitätswahrende formwechselnde Umwandlung einer grundbesitzenden Kapitalgesellschaft ist nicht steuerbar. Das Gleiche gilt bei einer identitätswahrenden formwechselnden Umwandlung einer an der grundbesitzenden Kapitalgesellschaft unmittelbar oder mittelbar beteiligten Personen- oder Kapitalgesellschaft.

### 5.2.5.1. Formwechselnde Umwandlung der grundbesitzenden Gesellschaft

Wird eine grundbesitzende Kapitalgesellschaft in eine andere Kapitalgesellschaft formwechselnd umgewandelt, führen die an ihr beteiligten Gesellschafter ihre bisherige Eigenschaft als Alt- oder Neugesellschafter in Bezug auf die grundbesitzende Kapitalgesellschaft fort.

Wird eine grundbesitzende Personengesellschaft in eine Kapitalgesellschaft formwechselnd umgewandelt, führen die an ihr beteiligten Gesellschafter ihre Neu- oder Altgesellschafterstellung in Bezug auf die grundbesitzende Kapitalgesellschaft fort. Relevante Gesellschafterwechsel bei der Personengesellschaft gelten auch für die Kapitalgesellschaft als zu erfassende Gesellschafterwechsel, wenn diese im Zehnjahreszeitraum und nach dem 30. Juni 2021 erfolgt sind. Gesellschafterwechsel vor dem 1. Juli 2021 sind nicht zu berücksichtigen (§ 23 Abs. 23 GrEStG).

**Beispiel:**

Am Vermögen der grundbesitzenden A-KG sind A (Gründungsgesellschafter) zu 60 % und B zu 40 % beteiligt. B hat die Anteile im Jahr 01 erworben und ist Neugesellschafter i.S.d. § 1 Abs. 2a GrEStG.

Im Jahr 02 wird die A-KG durch Formwechsel in die A-GmbH umgewandelt. Im Jahr 03 erwirbt C von A 50 % der Anteile der A-GmbH.

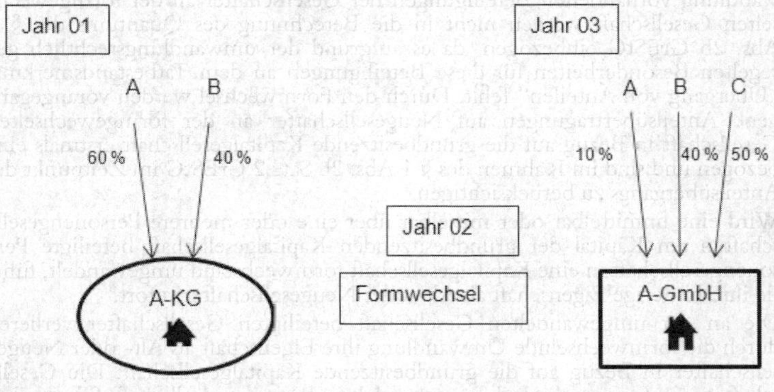


A ist als Gründungsgesellschafter der A-KG Altgesellschafter i.S.d. § 1 Abs. 2a GrEStG und gilt nach dem Formwechsel auch als Altgesellschafter i.S.d. § 1 Abs. 2b GrEStG bezogen auf die A-GmbH.

B ist seit dem Jahr 01 Neugesellschafter i.S.d. § 1 Abs. 2a GrEStG und führt die Neugesellschafterstellung i.S.d. § 1 Abs. 2b GrEStG bezogen auf die A-GmbH nach dem Formwechsel fort.

Im Jahr 01 liegt eine unmittelbare Änderung im Gesellschafterbestand der A-KG in Höhe von 40 % am Vermögen der A-KG durch B vor. Durch den nicht steuerbaren Formwechsel im Jahr 02 ist dieser Gesellschafterwechsel bei der Anwendung des § 1 Abs. 2b GrEStG zu berücksichtigen.

Im Jahr 03 liegt eine unmittelbare Änderung im Gesellschafterbestand der A-GmbH in Höhe von 50 % der Anteile an der A-GmbH durch C vor. Der Tatbestand des § 1 Abs. 2b GrEStG ist verwirklicht, weil innerhalb von zehn Jahren mindestens 90 % der Anteile an der A-GmbH (01: 40 % + 03: 50 %) auf Neugesellschafter übergegangen sind.

### 5.2.5.2. Formwechselnde Umwandlung einer unmittelbar oder mittelbar beteiligten Gesellschaft

Wird eine unmittelbar oder mittelbar über eine oder mehrere Personengesellschaften am Kapital der grundbesitzenden Kapitalgesellschaft beteiligte Personengesellschaft in eine andere Personengesellschaft formwechselnd umgewandelt, führt sie ihre bisherige Eigenschaft als Alt- oder Neugesellschafterin in Bezug auf die grundbesitzende Kapitalgesellschaft fort. Gleiches gilt für die an ihr beteiligten Gesellschafter.

Wird eine unmittelbar oder mittelbar über eine oder mehrere Personengesellschaften am Kapital der grundbesitzenden Kapitalgesellschaft beteiligte Kapitalgesellschaft in eine andere Kapitalgesellschaft formwechselnd umgewandelt, führt sie ihre bisherige Eigenschaft als Alt- oder Neugesellschafterin in Bezug auf die grundbesitzende Kapitalgesellschaft fort. Die Gesellschafter der formwechselnd umgewandelten Kapitalgesellschaft führen ihre bisherige Eigenschaft als Alt- oder Neugesellschafter in Bezug auf die beteiligte Kapitalgesellschaft fort.

Wird eine unmittelbar oder mittelbar über eine oder mehrere Personengesellschaften am Kapital der grundbesitzenden Kapitalgesellschaft beteiligte Kapitalgesellschaft in eine Personengesellschaft formwechselnd umgewandelt, führt sie ihre bisherige Eigenschaft als Alt- oder Neugesellschafterin fort.

Die an der umgewandelten Gesellschaft beteiligten Gesellschafter werden durch die formwechselnde Umwandlung Neugesellschafter in Bezug auf die grundbesitzende Kapitalgesellschaft. Die im Zeitpunkt der formwechselnden Umwandlung vorhandenen Beteiligungen der Gesellschafter an der formgewechselten Gesellschaft werden nicht in die Berechnung des Quantums des § 1 Abs. 2b GrEStG einbezogen, da es aufgrund der umwandlungsrechtlich geregelten Besonderheiten für diese Beteiligungen an dem Tatbestandsmerkmal „Übergang von Anteilen" fehlt. Durch den Formwechsel werden vorangegangene Anteilsübertragungen auf Neugesellschafter an der formgewechselten Gesellschaft in Bezug auf die grundbesitzende Kapitalgesellschaft erstmals einbezogen und sind im Rahmen des § 1 Abs. 2b Satz 2 GrEStG im Zeitpunkt des Anteilsübergangs zu berücksichtigen.

Wird eine unmittelbar oder mittelbar über eine oder mehrere Personengesellschaften am Kapital der grundbesitzenden Kapitalgesellschaft beteiligte Personengesellschaft in eine Kapitalgesellschaft formwechselnd umgewandelt, führt sie ihre bisherige Eigenschaft als Alt- oder Neugesellschafterin fort.

Die an der umgewandelten Gesellschaft beteiligten Gesellschafter verlieren durch die formwechselnde Umwandlung ihre Eigenschaft als Alt- oder Neugesellschafter in Bezug auf die grundbesitzende Kapitalgesellschaft. Die Gesellschafter der formwechselnd umgewandelten Personengesellschaft führen ihre bisherige Eigenschaft als Alt- oder Neugesellschafter in Bezug auf die beteiligte Kapitalgesellschaft fort. Relevante Gesellschafterwechsel bei der Personengesellschaft gelten auch für die Kapitalgesellschaft als zu erfassende Gesellschafterwechsel, wenn diese im Zehnjahreszeitraum und nach dem 30. Juni 2021 erfolgt sind. Gesellschafterwechsel vor dem 1. Juli 2021 sind nicht zu berücksichtigen (§ 23 Abs. 23 GrEStG).

**Beispiel:**

Am Kapital der grundbesitzenden A-GmbH sind A zu 85 % und die B-GmbH zu 15 % beteiligt. Die B-GmbH ist in Bezug auf die A-GmbH Altgesellschafterin. An der B-GmbH sind B und C in Höhe von jeweils 50 % beteiligt.

Im Jahr 01 wird die B-GmbH in die B-OHG umgewandelt.

Im Jahr 02 erwerben B von A 84,9 % und C von A 0,1 % der Anteile am Kapital der A-GmbH.

Im Jahr 03 erwirbt D 5 % der Anteile am Kapital der A-GmbH von der B-OHG.

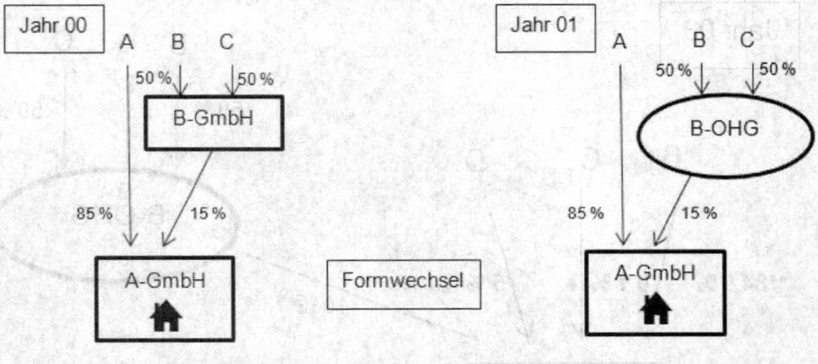


Die formwechselnde Umwandlung der B-GmbH in die B-OHG ist nicht steuerbar. Die B-OHG führt die Eigenschaft als Altgesellschafterin fort. Die Gesellschafter B und C werden durch die formwechselnde Umwandlung Neugesellschafter in Bezug auf die A-GmbH. Aufgrund der umwandlungsrechtlich geregelten Besonderheiten gehen keine Anteile am Gesellschaftsvermögen über.

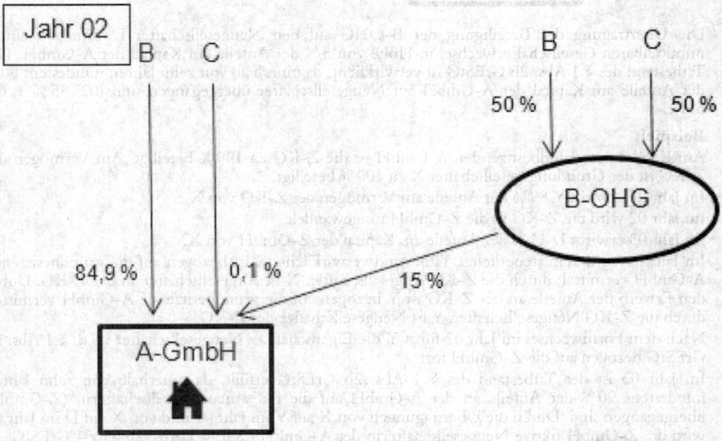


Die Übertragung der Beteiligung des A auf die Neugesellschafter B und C führt zu einem unmittelbaren Gesellschafterwechsel in Höhe von 85 % (84,9 % + 0,1 %) der Anteile am Kapital der A-GmbH. Der Tatbestand des § 1 Abs. 2b GrEStG ist nicht verwirklicht. Es liegt keine Anteilsvereinigung i.S.d. § 1 Abs. 3 GrEStG vor. Der Tatbestand des § 1 Abs. 3a GrEStG ist verwirklicht, da B erstmals eine wirtschaftliche Beteiligung in Höhe von mindestens 90 % (92,4 % = 84,9 % + [15 % × 50 %]) innehat.

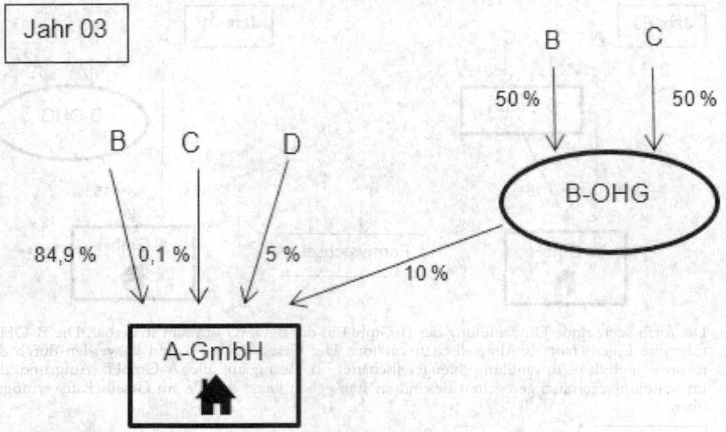


Die Übertragung der Beteiligung der B-OHG auf den Neugesellschafter D führt zu einem unmittelbaren Gesellschafterwechsel in Höhe von 5 % der Anteile am Kapital der A-GmbH. Der Tatbestand des § 1 Abs. 2b GrEStG ist verwirklicht, da innerhalb von zehn Jahren mindestens 90 % der Anteile am Kapital der A-GmbH auf Neugesellschafter übergegangen sind (02: 85 % + 03: 5 %).

**Beispiel:**

Am Kapital der grundbesitzenden A-GmbH ist die Z-KG zu 100 % beteiligt. Am Vermögen der Z-KG ist der Gründungsgesellschafter X zu 100 % beteiligt.

Im Jahr 01 erwirbt Y 89 % der Anteile am Vermögen der Z-KG von X.

Im Jahr 02 wird die Z-KG in die Z-GmbH umgewandelt.

Im Jahr 03 erwirbt D 11 % der Anteile am Kapital der Z-GmbH von X.

Im Jahr 01 wird kein steuerlicher Tatbestand verwirklicht. X ist bezogen auf die grundbesitzende A-GmbH vermittelt durch die Z-KG Altgesellschafter. X ist Altgesellschafter an der Z-KG. Durch den Erwerb der Anteile an der Z-KG ist Y bezogen auf die grundbesitzende A-GmbH vermittelt durch die Z-KG Neugesellschafter. Y ist Neugesellschafter der Z-KG.

Nach dem Formwechsel im Jahr 02 führt Y die Eigenschaft als Neugesellschafter i.S.d. § 1 Abs. 2b GrEStG bezogen auf die Z-GmbH fort.

Im Jahr 03 ist der Tatbestand des § 1 Abs. 2b GrEStG erfüllt, da innerhalb von zehn Jahren mindestens 90 % der Anteile an der A-GmbH auf die fiktiv neue Gesellschafterin (Z-GmbH) übergegangen sind. Durch die Übertragungen von X auf Y im Jahr 01 und von X auf D im Jahr 03 wird die Z-GmbH fiktive Neugesellschafterin der A-GmbH i.S.d. § 1 Abs. 2b Satz 4 GrEStG, da mindestens 90 % der Anteile an der Z-GmbH (89 % + 11 %) auf Neugesellschafter in Bezug auf die Z-GmbH (Y und D) übergegangen sind.

## 5.2.5.3. Gesellschaften eines Mitgliedstaates der Europäischen Union

Wird eine inländische Gesellschaft in eine Gesellschaft eines Mitgliedstaates der Europäischen Union oder umgekehrt formwechselnd umgewandelt, unterliegt dieser Rechtsvorgang mangels eines Rechtsträgerwechsels nicht der Grunderwerbsteuer und es gelten die oben genannten Grundsätze entsprechend. Voraussetzung ist, dass die rechtliche Struktur dieser Gesellschaft derjenigen einer inländischen Gesellschaft und die Regelung über den Formwechsel inhaltlich der Umwandlung gemäß § 1 Abs. 1 Nr. 4 UmwG entsprechen. Dasselbe gilt, wenn eine Gesellschaft eines Mitgliedstaates der Europäischen

Union in eine andere Gesellschaft eines Mitgliedstaates der Europäischen Union formwechselnd umgewandelt wird.

**5.3. Ermittlung des Vomhundertsatzes**

Für die Anwendung des § 1 Abs. 2b GrEStG sind nur solche Anteilsübergänge zu berücksichtigen, die nach dem 30. Juni 2021 erfolgen.

Zur Ermittlung des Vomhundertsatzes i.S.d. § 1 Abs. 2b GrEStG ist auf das Verhältnis der Beteiligung der Neugesellschafter zu der fortbestehenden Beteiligung von Altgesellschaftern nach dem Gesellschafterwechsel abzustellen. Maßgebend ist hierfür der Anteil des einzelnen Gesellschafters am Gesellschaftskapital nach dem Gesellschafterwechsel. Für die Höhe des Anteils kommt es auf die Verhältnisse im Zeitpunkt der Wirkung der schuldrechtlichen (gesellschaftsrechtlichen) Vereinbarungen an. Die Wirkung tritt frühestens mit dem Vertragsabschluss ein. Der Zeitpunkt der Leistung der Einlagen ist unerheblich.

Stockt ein Neugesellschafter seine Beteiligung durch den Erwerb weiterer Anteile am Gesellschaftskapital nach dem erstmaligen Erwerb des Gesellschaftsanteils auf, werden sowohl der erstmalige Erwerb als auch die Hinzuerwerbe bei der Berechnung der Quote berücksichtigt (vgl. BFH-Urteil vom 17.5.2017 II R 35/15, BStBl. II S. 966). Veränderungen der Kapitalbeteiligung von Neugesellschaftern durch Kapitalerhöhung bei deren Eintritt führen zum Übergang von Anteilen am Gesellschaftskapital und sind bei der Ermittlung des Vomhundertsatzes zu berücksichtigen. Gleiches gilt bei bloßen Kapitaländerungen zugunsten der Neugesellschafter im Verhältnis zu den Altgesellschaftern (Beispiel 5.3.9).

§ 1 Abs. 2b GrEStG erfasst keine Änderungen der Beteiligung am Gesellschaftskapital der Altgesellschafter im Verhältnis zueinander. Veränderungen der Kapitalbeteiligung zwischen Neugesellschaftern werden bei der Ermittlung des Vomhundertsatzes nicht erneut berücksichtigt. Gehen Anteile von Todes wegen auf Neugesellschafter über, bleibt der Erwerb dieser Anteile bei der Ermittlung des Vomhundertsatzes i.S.d. § 1 Abs. 2b GrEStG außer Ansatz (§ 1 Abs. 2b Satz 6 GrEStG). Gesellschafterwechsel, die sich vor dem Grundstückserwerb vollziehen, sind zur Tatbestandserfüllung unbeachtlich.

Eigene Gesellschaftsanteile, die eine Kapitalgesellschaft als Zwischengesellschaft oder grundbesitzende Gesellschaft selbst hält, bleiben bei der Ermittlung des Vomhundertsatzes außer Betracht (vgl. BFH-Urteil vom 18.9.2013 II R 21/12, BStBl. 2014 II S. 326). Maßgebend ist somit, dass mindestens 90 % der nicht von der Kapitalgesellschaft selbst gehaltenen Anteile auf neue Gesellschafter übergehen.

Bei Gesellschaftsstrukturen mit Personen- und Kapitalgesellschaften ist durch Personengesellschaften durchzurechnen und auf der Ebene jeder Kapitalgesellschaft die 90 %-Grenze i.S.d. § 1 Abs. 2b Satz 3 bis 5 GrEStG zu prüfen:

- Änderungen im Gesellschafterbestand der an der grundbesitzenden Kapitalgesellschaft beteiligten Personengesellschaften werden § 1 Abs. 2b Satz 2 GrEStG durch Multiplikation der Vomhundertsätze der Anteile am Kapital der Gesellschaft mit den Anteilen am Gesellschaftsvermögen anteilig berücksichtigt.
- Bei Beteiligungen von Kapitalgesellschaften an einer grundbesitzenden Kapitalgesellschaft ist auf das erforderliche Quantum von 90 % der Anteile an der beteiligten Kapitalgesellschaft abzustellen. Gehen bei einer beteiligten Kapitalgesellschaft mindestens 90 % der Anteile auf Neugesellschafter in Bezug auf

die beteiligte Kapitalgesellschaft über, so gilt diese nach § 1 Abs. 2b Satz 4 GrEStG als Neugesellschafterin der grundbesitzenden Kapitalgesellschaft. Die Beteiligung der Kapitalgesellschaft ist in voller Höhe bei der Ermittlung des Vomhundertsatzes i.S.d. § 1 Abs. 2b Satz 1 GrEStG zu berücksichtigen (nicht nur in Höhe von 90 %; vgl. Beispiel 5.3.3). Bei mehrstufigen Beteiligungen gelten diese Grundsätze nach § 1 Abs. 2b Satz 5 GrEStG auf der Ebene jeder Kapitalgesellschaft entsprechend.

Führen Änderungen im Gesellschafterbestand mittelbar beteiligter Personengesellschaften bei einer nachgeordneten Kapitalgesellschaft nicht zu einem unmittelbaren oder mittelbaren oder teils unmittelbaren, teils mittelbaren Übergang von mindestens 90 % ihrer Anteile am Kapital, gilt die Kapitalgesellschaft nicht als Neugesellschafterin i.S.d. § 1 Abs. 2b Satz 3 bis 5 GrEStG.

**Beispiele:**

## 5.3.1. Grundfall

In nachstehender Ausgangsstruktur wird die Beteiligung der A-GmbH am Kapital der grundbesitzenden B-GmbH an die C-GmbH übertragen. Zeitgleich veräußert X 80 % seiner Beteiligung am Vermögen der A-KG an Y.

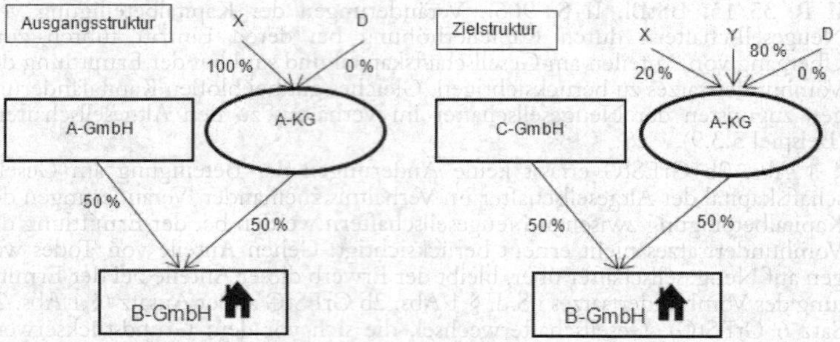


Der Tatbestand des § 1 Abs. 2b GrEStG ist erfüllt. Innerhalb von zehn Jahren gehen mindestens 90 % der Anteile am Kapital der grundbesitzenden Kapitalgesellschaft (50 % unmittelbar und 80 % × 50 % = 40 % mittelbar) auf Neugesellschafter über.

## 5.3.2. Personengesellschaft als mittelbar beteiligte Altgesellschafterin

Am Kapital der grundbesitzenden A-GmbH sind A zu 10 % und die Z-GmbH & Co. KG zu 90 % beteiligt. Am Vermögen der Z-GmbH & Co. KG sind die AB-OHG zu 100 % und die B-GmbH zu 0 % beteiligt. Am Vermögen der AB-OHG sind A und B zu jeweils 50 % beteiligt. Diese Ausgangsstruktur besteht bereits mit Ablauf des 30. Juni 2021.

Die AB-OHG verkauft ihre Beteiligung an die AC-GbR, an der A und C zu jeweils 50 % beteiligt sind.

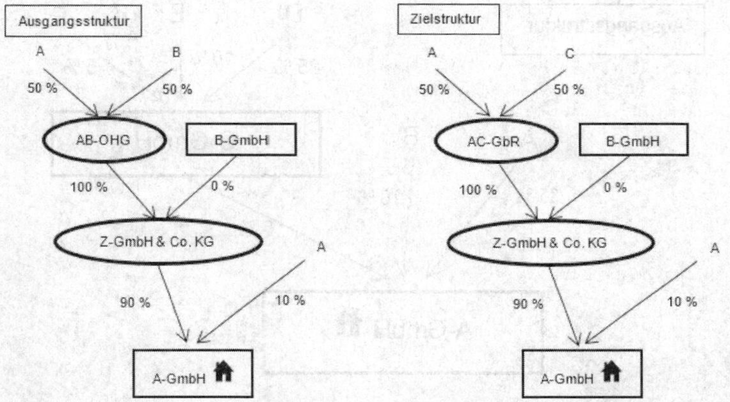


Die mittelbar beteiligte AC-GbR ist Neugesellschafterin in Bezug auf die grundbesitzende A-GmbH. Die Anteilsübertragung auf die AC-GbR erfüllt den Tatbestand des § 1 Abs. 2b GrEStG, da innerhalb von zehn Jahren mindestens 90 % der Anteile am Kapital der grundbesitzenden A-GmbH (100 % × 90 %) auf Neugesellschafter der A-GmbH übergegangen sind.

## 5.3.3. Änderung des Gesellschafterbestandes in Bezug auf beteiligte Kapitalgesellschaften

An einer grundbesitzenden A-GmbH sind A zu 85 %, B zu 10 % und die C-GmbH zu 5 % beteiligt. Die Anteile der C-GmbH halten D zu 85 %, E zu 10 % und F zu 5 %. Im Jahr 01 überträgt A seine Beteiligung an der A-GmbH auf X. Im Jahr 02 übertragen D und F ihre Anteile an der C-GmbH auf Y und Z.

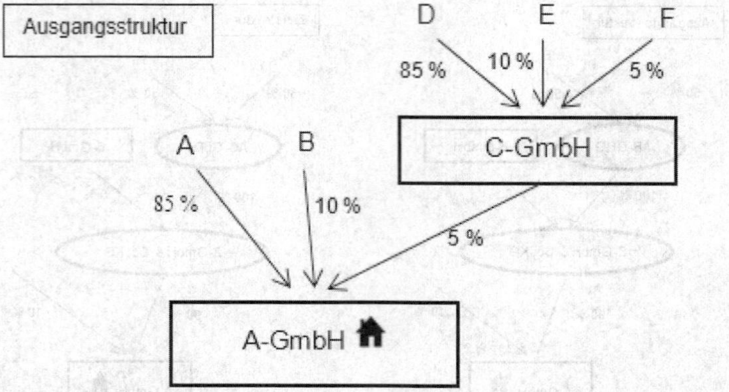


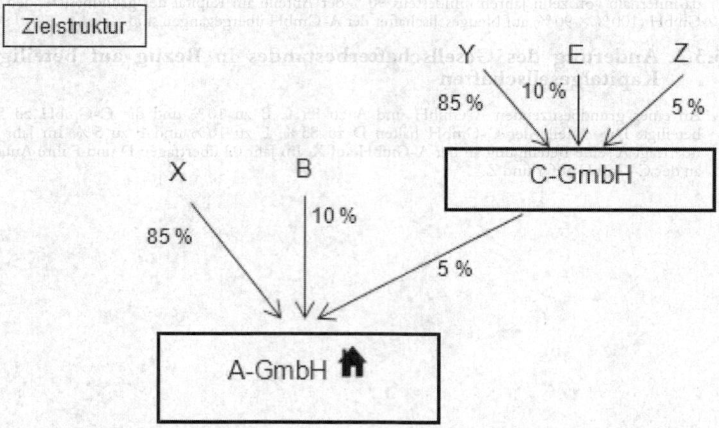


Die Übertragung der Beteiligung des A auf X führt im Jahr 01 zu einem unmittelbaren Gesellschafterwechsel in Höhe von 85 %.

Durch die Übertragungen von D auf Y und F auf Z im Jahr 02 wird die C-GmbH fiktive Neugesellschafterin der A-GmbH nach § 1 Abs. 2b Satz 4 GrEStG, da mindestens 90 % der Anteile an der C-GmbH (85 % + 5 %) auf Neugesellschafter in Bezug auf die C-GmbH (Y und Z) übergegangen sind. Die mittelbare Anteilsänderung ist nicht anteilig (90 % von 5 %), sondern voll mit 5 % zu berücksichtigen.

Der Tatbestand des § 1 Abs. 2b GrEStG ist im Jahr 02 erfüllt, da innerhalb von zehn Jahren mindestens 90 % der Anteile am Kapital der A-GmbH (01: 85 % + 02: 5 %) auf Neugesellschafter in Bezug auf die A-GmbH (X und C-GmbH) übergegangen sind.

### 5.3.4. Abwandlung zu 5.3.3

An einer grundbesitzenden A-GmbH sind A zu 85 %, B zu 10 % und die C-GmbH zu 5 % beteiligt. Die Anteile der C-GmbH halten D zu 85 %, E zu 10 % und F zu 5 %. Im Jahr 01 überträgt A seine gesamte Beteiligung an der A-GmbH auf X. Im Jahr 02 überträgt D seine Anteile an der C-GmbH auf Y.

Die Übertragung der Beteiligung des A auf X führt im Jahr 01 zu einem unmittelbaren Gesellschafterwechsel in Höhe von 85 %. Durch die Übertragung von D auf Y im Jahr 02 wird die C-GmbH nicht fiktive Neugesellschafterin der A-GmbH nach § 1 Abs. 2b Satz 4 GrEStG, da nicht mindestens 90 % der Anteile an der C-GmbH (85 %) auf Neugesellschafter in Bezug auf die C-GmbH (Y) übergegangen sind. Die C-GmbH bleibt Altgesellschafterin der A-GmbH. Der Tatbestand des § 1 Abs. 2b GrEStG ist im Jahr 02 nicht erfüllt, da innerhalb von zehn Jahren nicht mindestens 90 % der Anteile am Kapital der A-GmbH (01: 85 %) auf Neugesellschafter in Bezug auf die A-GmbH übergegangen sind.

### 5.3.5. Teils unmittelbarer, teils mittelbarer Gesellschafterwechsel über eine Kapitalgesellschaft

Am Kapital der grundbesitzenden A-GmbH sind A zu 10 % und die E-GmbH zu 90 % beteiligt. Gesellschafter der E-GmbH sind B und die C-KG zu jeweils 50 %. Am Vermögen der C-KG sind C zu 80 % und D zu 20 % beteiligt.

Im Jahr 01 überträgt B seinen Anteil an der E-GmbH auf Z. Im Jahr 04 überträgt C seine Beteiligung an der C-KG auf Y.

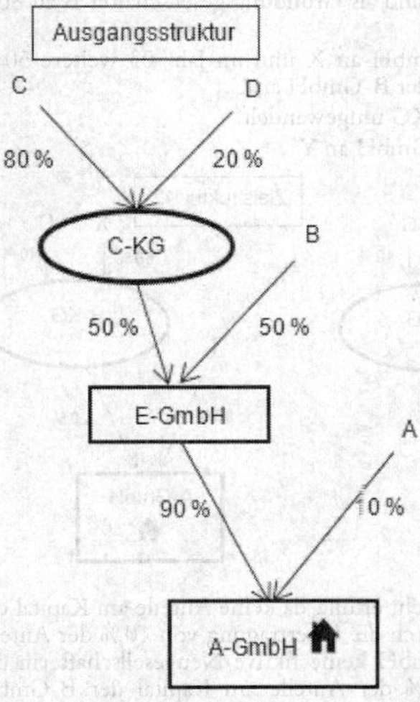


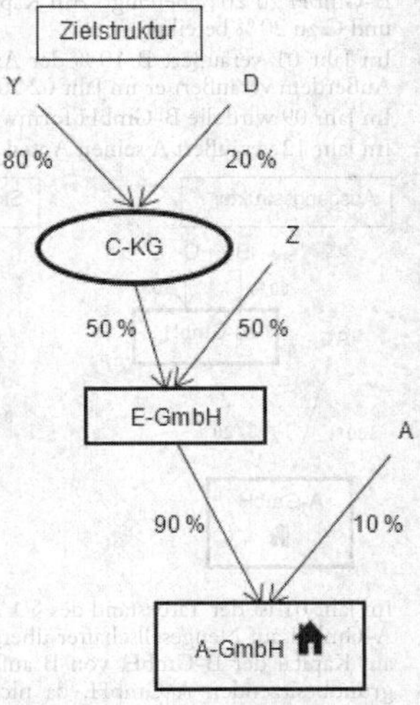


Durch die Übertragung von B auf Z im Jahr 01 gehen 50 % der Anteile an der E-GmbH auf Neugesellschafter der E-GmbH über. Die E-GmbH bleibt Altgesellschafterin der A-GmbH, da nicht mindestens 90 % der Anteile an ihr auf Neugesellschafter übergegangen sind.

Durch die Übertragung von C auf Y im Jahr 04 gehen weitere 40 % der Anteile an der E-GmbH (80 % × 50 %) auf Neugesellschafter der E-GmbH über. Die E-GmbH wird fiktive Neugesellschafterin der A-GmbH nach § 1 Abs. 2b Satz 4 GrEStG, da mindestens 90 % der Anteile an der E-GmbH (50 % + 40 %) auf Neugesellschafter übergegangen sind.

Der Tatbestand des § 1 Abs. 2b GrEStG ist erfüllt, da innerhalb von zehn Jahren mindestens 90 % der Anteile am Kapital der A-GmbH (90 %) auf Neugesellschafter der A-GmbH übergegangen sind.

## 5.3.6. Formwechselnde Umwandlung von einer beteiligten Personengesellschaft in eine beteiligte Kapitalgesellschaft

Am Kapital der grundbesitzenden A-GmbH sind A zu 50 % und die B-KG zu 50 % beteiligt.

Am Vermögen der B-KG sind B zu 80 % und C zu 20 % beteiligt.

Im Jahr 01 überträgt B seinen Anteil an der B-KG auf D.

Im Jahr 02 wird die B-KG in die B-GmbH formwechselnd umgewandelt.

Im Jahr 03 veräußert A seinen Anteil am Kapital der A-GmbH an E.

Im Jahr 01 ist der Tatbestand des § 1 Abs. 2b GrEStG nicht erfüllt, da nicht mindestens 90 % der Anteile (80 % × 50 %) am Kapital der A-GmbH auf Neugesellschafter übergegangen sind.

Durch die formwechselnde Umwandlung in die B-GmbH im Jahr 02 verlieren die Gesellschafter C und D ihre Eigenschaft als Alt- oder Neugesellschafter in Bezug auf die A-GmbH. Die Gesellschafter C und D führen ihre bisherige Eigenschaft als Alt- oder Neugesellschafter in Bezug auf die B-GmbH fort.

Im Jahr 03 ist der Tatbestand des § 1 Abs. 2b GrEStG erfüllt, da mindestens 90 % der Anteile am Kapital der A-GmbH (01: 80 % × 50 % und 03: 50 %) auf Neugesellschafter in Bezug auf die A-GmbH übergegangen sind.

## 5.3.7. Formwechselnde Umwandlung von einer beteiligten Kapitalgesellschaft in eine beteiligte Personengesellschaft

Am Kapital der grundbesitzenden A-GmbH sind die Gründungsgesellschafter A zu 80 % und die B-GmbH zu 20 % beteiligt. Am Kapital der B-GmbH sind als Gründungsgesellschafter B zu 80 % und C zu 20 % beteiligt.

Im Jahr 01 veräußert B 10 % der Anteile an der B-GmbH an X und im Jahr 03 weitere 50 %. Außerdem veräußert er im Jahr 02 20 % der Anteile an der B-GmbH an C.

Im Jahr 09 wird die B-GmbH formwechselnd in die B-KG umgewandelt.

Im Jahr 12 veräußert A seinen Anteil am Kapital der A-GmbH an Y.

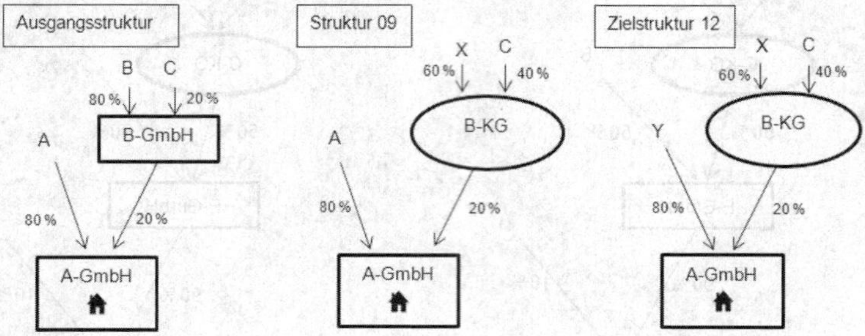


Im Jahr 01 ist der Tatbestand des § 1 Abs. 2b GrEStG nicht erfüllt, da keine Anteile am Kapital der A-GmbH auf Neugesellschafter übergegangen sind. Durch die Übertragung von 10 % der Anteile am Kapital der B-GmbH von B auf X wird die B-GmbH keine fiktive Neugesellschafterin der grundbesitzenden A-GmbH, da nicht mindestens 90 % der Anteile am Kapital der B-GmbH (10 %) auf Neugesellschafter in Bezug auf die B-GmbH übergegangen sind (§ 1 Abs. 2b Satz 4 GrEStG).

Im Jahr 02 ist der Tatbestand des § 1 Abs. 2b GrEStG nicht erfüllt, da weder ein zu berücksichtigender Übergang von Anteilen am Kapital der grundbesitzenden A-GmbH noch von Anteilen am Kapital der beteiligten B-GmbH von einem Altgesellschafter auf einen Neugesellschafter vorliegt.

Im Jahr 03 ist der Tatbestand des § 1 Abs. 2b GrEStG nicht erfüllt, da keine Anteile am Kapital der grundbesitzenden A-GmbH auf Neugesellschafter übergegangen sind. Durch die Übertragung von 50 % der Anteile am Kapital der B-GmbH von B auf X wird die B-GmbH keine fiktive Neugesellschafterin der grundbesitzenden A-GmbH, da nicht mindestens 90 % der Anteile am Kapital der B-GmbH (01: 10 % + 03: 50 %) auf Neugesellschafter in Bezug auf die B-GmbH übergegangen sind (§ 1 Abs. 2b Satz 4 GrEStG).

Die formwechselnde Umwandlung der B-GmbH in die B-KG im Jahr 09 ist nicht steuerbar. In Bezug auf die grundbesitzende A-GmbH sind C und X Neugesellschafter. Auf Grund der wirksamen formwechselnden Umwandlung sind die bisher nach § 1 Abs. 2b Satz 3 GrEStG zu berücksichtigenden Gesellschafterwechsel bei der B-GmbH nach § 1 Abs. 2b Satz 2 GrEStG bezogen auf die grundbesitzende A-GmbH im Jahr des Anteilsübergangs zu erfassen. Der Tatbestand des § 1 Abs. 2b GrEStG wird im Jahr 03 nicht erfüllt, da nicht mindestens 90 % der Anteile am Kapital der grundbesitzenden A-GmbH (12 % = mittelbar 01: 10 % × 20 % + 03: 50 % × 20 %) auf Neugesellschafter übergegangen sind.

Im Jahr 12 wird der Tatbestand des § 1 Abs. 2b GrEStG verwirklicht, da mindestens 90 % der Anteile am Kapital der grundbesitzenden A-GmbH (90 % = mittelbar 03: 50 % × 20 % und unmittelbar 12: 80 %) auf Neugesellschafter übergegangen sind. Die Übertragung der Anteile am Kapital der damaligen B-GmbH im Jahr 01 ist nicht zu berücksichtigen, da diese außerhalb des Zehnjahreszeitraums erfolgte.

5.3.8. Beteiligungskette

Am Kapital der grundbesitzenden X-GmbH ist die M-GmbH zu 100 % beteiligt. 100 % der Anteile an der M-GmbH hält die Z-GmbH, deren Anteile in Höhe von 60 % von der H-GmbH gehalten werden. Nachdem die Beteiligungen seit Ablauf des 30. Juni 2021 unverändert geblieben waren, überträgt die Z-GmbH ihre Anteile an der M-GmbH auf die H-GmbH.

Durch die Übertragung von der Z-GmbH auf die H-GmbH wird die M-GmbH fiktive Neugesellschafterin der grundbesitzenden X-GmbH nach § 1 Abs. 2b Satz 4 GrEStG, da mindestens 90 % der Anteile an der M-GmbH (100 %) auf die H-GmbH als Neugesellschafterin der M-GmbH übertragen wurden. Eine Verkürzung der Beteiligungskette liegt nicht vor, da die H-GmbH an der Z-GmbH nur zu 60 % beteiligt war.

Der Tatbestand des § 1 Abs. 2b GrEStG ist erfüllt, da innerhalb von zehn Jahren mindestens 90 % der Anteile am Kapital der X-GmbH (100 %) auf Neugesellschafter in Bezug auf die X-GmbH (M-GmbH) übergegangen sind.

5.3.9. Kapitalerhöhung

Am Kapital der grundbesitzenden A-GmbH ist A zu 100 % beteiligt. Das Kapital der A-GmbH beträgt 25 000 Euro.

Im Jahr 01 überträgt A 60 % seiner Beteiligung an B.

Im Jahr 02 tritt C in die A-GmbH ein und erhöht das Kapital auf 100 000 Euro (Einlage C 75 000 Euro), so dass nunmehr C zu 75 %, A zu 10 % und B zu 15 % an der A-GmbH beteiligt sind.

Durch die Übertragung von A auf B im Jahr 01 gehen 60 % der Anteile an der A-GmbH unmittelbar auf einen Neugesellschafter über.

Durch die Kapitalerhöhung durch C im Jahr 02 gehen 75 % der Anteile an der A-GmbH auf einen Neugesellschafter über. Der Übergang von 60 % im Jahr 01 entspricht nach der Kapitalerhöhung rechnerisch nunmehr 15 % (15 000 Euro zum neuen Kapital von 100 000 Euro).

Im Jahr 02 wird der Tatbestand des § 1 Abs. 2b GrEStG erfüllt, da innerhalb von zehn Jahren mindestens 90 % der Anteile am Kapital der grundbesitzenden A-GmbH (01: 15 % + 02: 75 %) auf neue Gesellschafter übergegangen sind.

5.3.10. Treuhandverhältnis

Am Kapital einer grundbesitzenden G-GmbH sind eine B-GmbH zu 20 % und A zu 80 % beteiligt. Alleingesellschafterin der B-GmbH ist die Y-GmbH.

Die Y-GmbH veräußert ihre Anteile an der B-GmbH auf die Z-GmbH. A vereinbart mit zwei Treugebern, für diese zukünftig jeweils 20 % der Anteile treuhänderisch zu halten. Außerdem veräußert er 35 % der Anteile an Dritte.

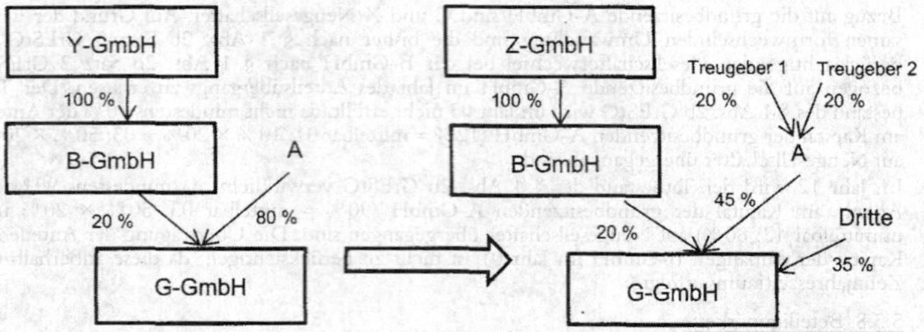


Die B-GmbH ist fiktive Neugesellschafterin der grundbesitzenden G-GmbH, da mindestens 90 % der Anteile an der B-GmbH (100 %) auf die Z-GmbH als Neugesellschafterin der B-GmbH übertragen wurden. Dadurch kommt es zu einer Änderung der Gesellschafter der grundbesitzenden G-GmbH in Höhe von 20 %.

Durch die Vereinbarung der Treuhandverhältnisse (40 %) und die Veräußerung von 35 % der Anteile am Kapital der grundbesitzenden G-GmbH durch A auf Dritte werden weitere 75 % der Anteile am Kapital der grundbesitzenden G-GmbH auf Neugesellschafter in Bezug auf die grundbesitzende GmbH übertragen.

Der Tatbestand des § 1 Abs. 2b Satz 1 GrEStG ist erfüllt.

## 6. Zehnjahreszeitraum

Sukzessive Übertragungen unmittelbarer oder mittelbarer Beteiligungen am Kapital der grundbesitzenden Kapitalgesellschaft auf Neugesellschafter innerhalb von zehn Jahren sind zusammenzurechnen. Soweit ein Neugesellschafter einen Anteil der grundbesitzenden Kapitalgesellschaft an einen weiteren Neugesellschafter oder Altgesellschafter veräußert, ist dieser bei der Ermittlung des Vomhundertsatzes nicht mitzuzählen. Übertragungen von mindestens 90 % der Anteile, die in einem Rechtsakt vollzogen werden, vollziehen sich in einer logischen Sekunde, also immer innerhalb eines Zeitraums von zehn Jahren. Der Zehnjahreszeitraum ist für jedes Grundstück im Vermögen der Kapitalgesellschaft selbständig zu beurteilen.

**Beispiele:**

6.1.

Eine GmbH erwirbt im Jahr 01 zwei Grundstücke (Grundstück I und Grundstück II). Zu diesem Zeitpunkt sind an der Gesellschaft A und B zu je 20 %, C zu 10 % sowie die D-OHG zu 50 % beteiligt. Gesellschafter der D-OHG sind zu diesem Zeitpunkt D und F zu je 10 % sowie G und H zu je 40 %. Im Jahr 02 veräußern A, B und C ihre Anteile an X. Im Jahr 08 veräußern D und G ihre Anteile an der D-OHG an Y. Im Januar 09 verkauft die GmbH das Grundstück I. Ende desselben Jahres veräußert H seinen Anteil an der D-OHG an Z.

Da in Bezug auf das Grundstück I aufgrund dessen Veräußerung im Januar 09 nur insgesamt 75 % der Anteile am Kapital der GmbH auf Neugesellschafter in Bezug auf die grundbesitzende GmbH übergegangen sind, ist der Tatbestand des § 1 Abs. 2b GrEStG nur hinsichtlich des Grundstücks II erfüllt.

6.2.

Eine GmbH, an deren Kapital die Gesellschafter A, B, C, D und E zu je 20 % beteiligt sind, kauft im Jahr 01 ein Grundstück (Grundstück I). Im Mai 02 überträgt A seine Anteile an der GmbH auf W. Ende des Jahres 02 erwirbt die GmbH ein weiteres Grundstück (Grundstück II). Im Jahr 04 veräußern B und C ihre Anteile an der GmbH an X. Im Jahr 10 veräußert D seinen Anteil an der GmbH an Y und E drei Viertel seines Anteils (15 %) an Z. Bis Ende des Jahres 12 treten keine weiteren Änderungen im Gesellschafterbestand der GmbH ein.

Hinsichtlich des Grundstücks I ist im Jahr 10 der Tatbestand des § 1 Abs. 2b GrEStG erfüllt. In Bezug auf das Grundstück II ist der Tatbestand des § 1 Abs. 2b GrEStG nicht erfüllt, weil es erst nach dem Erwerb des Anteils an der GmbH des A durch W durch die GmbH erworben wurde.

## 6.3. Nichtberücksichtigung bei mehrfacher Anteilsübertragung

Am Kapital einer grundbesitzenden GmbH sind A, B, C und D zu je 25 % beteiligt. Im Jahr 01 veräußert A seinen Anteil an W. Im Jahr 09 veräußern B, C und W ihre Anteile an X, Y und Z. Insgesamt sind innerhalb von zehn Jahren nur 75 % der Anteile am Gesellschaftskapital übergegangen (von A auf W 25 %, von B auf X 25 % und von C auf Y 25 %). Der Tatbestand des § 1 Abs. 2b GrEStG ist nicht erfüllt. Altgesellschafter D bleibt mit 25 % an der GmbH beteiligt. Da die Veräußerung des 25 %igen Anteils an der GmbH von A an W bereits bei der Ermittlung des Vomhundertsatzes berücksichtigt wurde, kann die Weiterveräußerung desselben Anteils innerhalb des maßgeblichen Zehnjahreszeitraums von W auf Z nicht noch einmal bei der Ermittlung des Vomhundertsatzes berücksichtigt werden.

**Fortführung des Beispiels:**

Im Jahr 13 veräußert D seine 25 %ige Beteiligung an der GmbH an M.

Insgesamt sind innerhalb von zehn Jahren 100 % der Anteile am Kapital der Gesellschaft übergegangen (von W auf Z 25 %, von B auf X 25 %, von C auf Y 25 % und von D auf M 25 %). Der Tatbestand des § 1 Abs. 2b GrEStG ist verwirklicht.

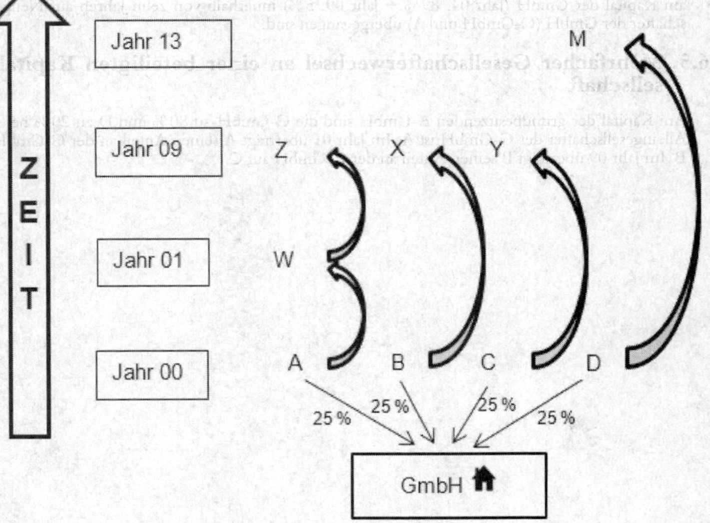


## 6.4.

Am Kapital der A-GmbH sind die C-GmbH zu 89 % und X zu 11 % beteiligt. Alleingesellschafter der C-GmbH ist C. Im Jahr 01 erwirbt die A-GmbH ein Grundstück.

Im Jahr 02 veräußert C 50 % seiner Anteile an der C-GmbH an X.

Im Jahr 03 veräußert C 30 % seiner Anteile an der C-GmbH an Y.

Im Jahr 04 veräußert C weitere 10 % seiner Anteile an der C-GmbH an X.

Im Jahr 09 veräußert X 5 % seiner Beteiligung an der A-GmbH an A.

Im Jahr 02 sind durch den Übergang der Anteile an der C-GmbH von C auf X erstmalig 50 % der Anteile an der C-GmbH auf einen Neugesellschafter übergegangen, da X zum Zeitpunkt des Grundstückserwerbs nicht Gesellschafter der C-GmbH war. Unabhängig davon, dass X unmittelbarer Altgesellschafter der A-GmbH ist, ist er in Bezug auf die C-GmbH unmittelbarer Neugesellschafter. In Bezug auf die A-GmbH ist X nicht mittelbar über die C-GmbH beteiligt, da nur die C-GmbH selbst und nicht deren Anteilseigner Gesellschafter der A-GmbH sind. Die Tatbestandsvoraussetzungen des § 1 Abs. 2b Satz 4 GrEStG sind nicht erfüllt, da nicht mindestens 90 % der Anteile an der C-GmbH auf Neugesellschafter in Bezug auf die A-GmbH übergegangen sind. Die C-GmbH gilt im Jahr 02 nicht als unmittelbare Neugesellschafterin der A-GmbH.

Im Jahr 03 sind durch den Übergang der Anteile an der C-GmbH von C auf Y 30 % der Anteile an der GmbH auf einen Neugesellschafter übergegangen, da Y zum Zeitpunkt des Grundstückserwerbs nicht Gesellschafter der C-GmbH war. Die Tatbestandsvoraussetzungen von § 1 Abs. 2b Satz 4 GrEStG sind nicht erfüllt, da nicht mindestens 90 % der Anteile an der C-GmbH auf Neugesellschafter übergegangen sind (02: 50 % + 03: 30 %). Die C-GmbH gilt im Jahr 03 weiterhin nicht als unmittelbare Neugesellschafterin der A-GmbH.

Im Jahr 04 sind durch den Übergang der Anteile an der C-GmbH von C auf X weitere 10 % der Anteile an der GmbH auf den Neugesellschafter der C-GmbH X übergegangen. Die Tatbestandsvoraussetzungen des § 1 Abs. 2b Satz 4 GrEStG sind erfüllt, da mindestens 90 % der Anteile an der C-GmbH auf Neugesellschafter in Bezug auf die C-GmbH übergegangen sind (Jahr 02: 50 % + Jahr 03: 30 % + Jahr 04: 10 %). Die C-GmbH gilt im Jahr 04 als unmittelbare Neugesellschafterin der A-GmbH.

Im Jahr 09 sind durch den Übergang der Anteile am Gesellschaftsvermögen der A-GmbH von X auf A 5 % der Anteile am Kapital der A-GmbH auf den Neugesellschafter A übergegangen. Die Tatbestandsvoraussetzungen von § 1 Abs. 2b GrEStG sind erfüllt, da mindestens 90 % der Anteile am Kapital der GmbH (Jahr 04: 89 % + Jahr 09: 5 %) innerhalb von zehn Jahren auf Neugesellschafter der GmbH (C-GmbH und A) übergegangen sind.

## 6.5. Mehrfacher Gesellschafterwechsel an einer beteiligten Kapitalgesellschaft

Am Kapital der grundbesitzenden A-GmbH sind die C-GmbH zu 80 % und D zu 20 % beteiligt. Alleingesellschafter der C-GmbH ist A. Im Jahr 01 überträgt A seinen Anteil an der C-GmbH auf B. Im Jahr 09 überträgt B seinen Anteil an der C-GmbH auf C.

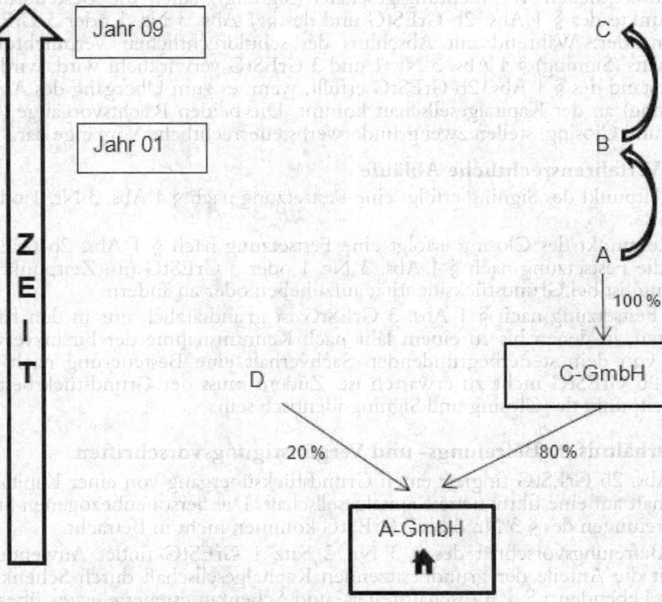


Im Jahr 01 gehen durch die Anteilsübertragung von A auf B mindestens 90 % der Anteile an der C-GmbH (100 %) auf Neugesellschafter der C-GmbH über. Die C-GmbH gilt gemäß § 1 Abs. 2b Satz 4 GrEStG als Neugesellschafterin der A-GmbH. Der Tatbestand des § 1 Abs. 2b GrEStG ist nicht erfüllt, da nicht mindestens 90 % der Anteile an der A-GmbH (80 %) auf Neugesellschafter (A-GmbH) übergegangen sind.

Im Jahr 09 gehen durch die Anteilsübertragung von B auf C erneut mindestens 90 % der Anteile an der C-GmbH (100 %) auf Neugesellschafter der C-GmbH über. Die C-GmbH gilt seit dem Gesellschafterwechsel im Jahr 01 als Neugesellschafterin der A-GmbH. Diese Eigenschaft bleibt bei dem erneuten Gesellschafterwechsel im Jahr 09 erhalten. Der Tatbestand des § 1 Abs. 2b GrEStG ist weiterhin nicht erfüllt, da die Anteilsübertragung nicht zu einer weiteren Änderung der Anteilsverhältnisse zu Lasten der Altgesellschafter in Bezug auf die A-GmbH innerhalb des Zehnjahreszeitraums führt.

## 7. Verhältnis zu § 1 Abs. 2a GrEStG

§ 1 Abs. 2a und § 1 Abs. 2b GrEStG sind gleichrangig. Es besteht kein Vorrang.

## 8. Verhältnis zu § 1 Abs. 3 und 3a GrEStG

### 8.1. Allgemeines

§ 1 Abs. 2b GrEStG geht der Anwendung des § 1 Abs. 3 und 3a GrEStG vor. Dieser Vorrang ist auch dann gegeben, wenn auf Grund einer Befreiungsvorschrift die Steuer nach § 1 Abs. 2b GrEStG nicht erhoben wird.

Mit Übergang der Anteile (Closing) werden sowohl § 1 Abs. 2b GrEStG als auch § 1 Abs. 3 Nr. 2 oder 4 GrEStG verwirklicht. Ändert sich der Gesellschafterbestand einer grundbesitzenden Kapitalgesellschaft im Nachgang eines schuldrechtlichen Verpflichtungsgeschäfts (Signing), fallen die Besteuerungszeitpunkte des § 1 Abs. 2b GrEStG und des § 1 Abs. 3 Nr. 1 oder 3 GrEStG auseinander: Während mit Abschluss des schuldrechtlichen Verpflichtungsgeschäfts (Signing) § 1 Abs. 3 Nr. 1 und 3 GrEStG verwirklicht wird, wird der Tatbestand des § 1 Abs. 2b GrEStG erfüllt, wenn es zum Übergang des Anteils (Closing) an der Kapitalgesellschaft kommt. Die beiden Rechtsvorgänge (Signing und Closing) stellen zwei grunderwerbsteuerrechtliche Vorgänge dar.

### 8.2. Verfahrensrechtliche Abläufe

Im Zeitpunkt des Signing erfolgt eine Festsetzung nach § 1 Abs. 3 Nr. 1 oder 3 GrEStG.

Im Zeitpunkt des Closing erfolgt eine Festsetzung nach § 1 Abs. 2b GrEStG und die Festsetzung nach § 1 Abs. 3 Nr. 1 oder 3 GrEStG (im Zeitpunkt des Signing) ist bei Grundstücksidentität aufzuheben oder zu ändern.

Eine Festsetzung nach § 1 Abs. 3 GrEStG ist grundsätzlich nur in den Fällen geboten, in denen bis zu einem Jahr nach Kenntnisnahme der Finanzverwaltung von dem steuerbegründenden Sachverhalt eine Besteuerung nach § 1 Abs. 2b GrEStG nicht zu erwarten ist. Zudem muss der Grundstücksbestand im Zeitpunkt des Closing und Signing identisch sein.

## 9. Verhältnis zu Befreiungs- und Vergünstigungsvorschriften

§ 1 Abs. 2b GrEStG fingiert einen Grundstücksübergang von einer Kapitalgesellschaft auf eine fiktiv neue Kapitalgesellschaft. Die personenbezogenen Steuerbefreiungen des § 3 Nr. 3 bis 7 GrEStG kommen nicht in Betracht.

Die Befreiungsvorschrift des § 3 Nr. 2 Satz 1 GrEStG findet Anwendung, soweit die Anteile der grundbesitzenden Kapitalgesellschaft durch Schenkung unter Lebenden i.S.d. Erbschaftsteuer- und Schenkungsteuergesetzes übertragen werden. Steuerbefreit nach § 3 Nr. 2 Satz 1 GrEStG sind sowohl die tatbestandsauslösende Anteilsübertragung von grundbesitzenden Kapitalgesellschaften als auch eine oder mehrere vorangegangene schenkweise Anteilsübertragungen an der grundbesitzenden Kapitalgesellschaft unabhängig von deren Schenkungszeitpunkten. Die Begünstigung vorangegangener schenkweiser Anteilsübertragungen an der Kapitalgesellschaft setzt voraus, dass das jeweilige Grundstück der Gesellschaft bereits zu den damaligen Schenkungszeitpunkten grunderwerbsteuerlich zuzurechnen war.

Der Erwerb von Anteilen von Todes wegen bleibt gemäß § 1 Abs. 2b Satz 6 GrEStG bei der Ermittlung des Vomhundertsatzes außer Betracht.

Die Steuervergünstigungen nach §§ 5, 6 und 7 GrEStG sind auf Kapitalgesellschaften nicht anzuwenden. Es liegen bei Anteilsübertragungen bei Kapitalgesellschaften keine Übergänge auf oder von einer Gesamthand vor.

## 10. Verhältnis zu § 16 GrEStG

§ 16 Abs. 2 GrEStG ist im Zusammenhang mit § 1 Abs. 2b GrEStG anzuwenden, wenn einer oder mehrere der Gesellschafterwechsel, die zur Verwirklichung des § 1 Abs. 2b GrEStG geführt haben, ganz oder teilweise rechtlich und tatsächlich i.S.d. § 16 GrEStG rückgängig gemacht wird oder werden und infolgedessen ein Übergang von mindestens 90 % der Anteile am Kapital der grundbesitzenden Kapitalgesellschaft im Ergebnis nicht mehr gegeben ist (vgl. BFH-Urteil 18.4.2012 II R 51/11, BStBl. 2013 II S. 830). Werden bei sukzessiver Tatbestandserfüllung nicht alle Rechtsvorgänge, die zur Verwirklichung des § 1 Abs. 2b GrEStG beigetragen haben, nach der Tatbestandsverwirklichung fristgemäß und in allen Teilen vollständig beim zuständigen Finanzamt angezeigt, scheidet die Anwendung des § 16 Abs. 2 GrEStG nach § 16 Abs. 5 GrEStG aus. Dies gilt auch für Beteiligungsaufstockungen (vgl. BFH-Urteil vom 17.5.2017 II R 35/15, BStBl. II S. 966).

## 11. Bemessungsgrundlage

Nach § 8 Abs. 2 Satz 1 Nr. 3 GrEStG ist die Bemessungsgrundlage in den Fällen des § 1 Abs. 2b GrEStG der Grundbesitzwert i.S.d. § 151 Abs. 1 Satz 1 Nr. 1 i.V.m. § 157 Abs. 1 bis 3 BewG. Die Bemessungsgrundlage ist nicht auf die Anteile der eintretenden Gesellschafter und der Altgesellschafter an der grundbesitzenden Kapitalgesellschaft aufzuteilen. Auch bei einer Übertragung von weniger als 100 % der Anteile am Kapital einer grundbesitzenden Kapitalgesellschaft ist die Bemessungsgrundlage der volle Wert des Grundbesitzes.

Beruht die Änderung des Gesellschafterbestandes i.S.d. § 1 Abs. 2b GrEStG auf einem vorgefassten Plan zur Bebauung eines Grundstücks, ist gemäß § 8 Abs. 2 Satz 2 Alt. 2 GrEStG abweichend von § 157 Abs. 1 Satz 1 BewG als Bemessungsgrundlage auf den Grundbesitzwert zum Zeitpunkt der Fertigstellung des Gebäudes abzustellen. Auf die Wertverhältnisse zum Besteuerungszeitpunkt kommt es nicht an.

Ein solcher vorgefasster Plan liegt vor, wenn sich der Plan zur Bebauung bei der Gesellschaft in einer Weise verdichtet hat, dass sie sich im Regelfall nur noch unter wirtschaftlichen Schwierigkeiten oder Einbußen davon lösen kann und die Neugesellschafter die Anteile an der Kapitalgesellschaft aufgrund des vorgefassten Plans erwerben. Ausreichend ist hierbei bereits die Kenntnis der Neugesellschafter über den vorgefassten Plan zur Bebauung eines Grundstücks. Der Plan muss nur die Bebauung eines Grundstücks, nicht auch die Änderung des Gesellschafterbestandes der Kapitalgesellschaft zum Gegenstand haben (vgl. BFH-Urteil vom 16.9.2020 II R 12/18, BStBl. 2021 II S. 632).

## 12. Steuerschuldner und Bekanntgabe des Steuerbescheids

Steuerschuldner ist in den Fällen des § 1 Abs. 2b GrEStG die grundbesitzende Kapitalgesellschaft (§ 13 Nr. 7 GrEStG). Der Steuerbescheid ist an sie als Inhaltsadressat zu richten (§ 157 Abs. 1 Satz 2 AO).

## 13. Anzeigepflicht

Gemäß § 19 Abs. 1 Satz 1 Nr. 3b GrEStG sind von der grundbesitzenden Kapitalgesellschaft alle Rechtsvorgänge anzuzeigen, die zur Verwirklichung des Tatbestands des § 1 Abs. 2b GrEStG geführt haben. Die Anzeigepflicht besteht bei Tatbestandsverwirklichung. Bei sukzessiver Änderung des Gesellschafterbestandes der grundbesitzenden Kapitalgesellschaft sind bei der Anzeige die vorausgegangenen Gesellschafterwechsel, die zur Tatbestandsverwirklichung beigetragen haben, anzugeben.

Die Anzeige ist nach Kenntniserlangung der grundbesitzenden Kapitalgesellschaft von dem anzeigepflichtigen Vorgang innerhalb der in § 19 Abs. 3 GrEStG genannten Fristen zu erstatten.

Der Inhalt der Anzeige richtet sich nach § 20 GrEStG, insbesondere muss sie bei mehreren Beteiligten eine Beteiligungsübersicht enthalten (§ 20 Abs. 2 Nr. 3 GrEStG).

# 600 § 1/7. Schreiben betr. Übergang von Grundstücken bei Umwandlungen, Einbringungen und anderen Erwerbsvorgängen auf gesellschaftsvertraglicher Grundlage

Vom 12. Dezember 1997

(FM Bayern 36 – S 4521 – 16/154 – 60 799; koord. Ländererlaß)
Geändert durch FM Bayern vom 2. 11. 1999 und vom 14. 2. 2000

## A. Umwandlungen

Nach dem Umwandlungsgesetz vom 28. Oktober 1994 (BGBl. I S. 3210; berichtigt: BGBl. I 1995 S. 428) – UmwG – und den nachfolgenden Änderungen dieses Gesetzes können Rechtsträger durch

1. Verschmelzung
2. Spaltung
3. Vermögensübertragung
4. Formwechsel

umgewandelt werden.

Umwandlungen unterliegen mit Ausnahme des Formwechsels nach § 1 Abs. 1 Nr. 3 GrEStG der Grunderwerbsteuer, soweit das Eigentum an Grundstücken aus dem Vermögen des übertragenden Rechtsträgers auf den übernehmenden Rechtsträger übergeht.

Die Bemessungsgrundlage bei derartigen Erwerbsvorgängen wurde im Rahmen des Jahressteuergesetzes 1997 neu geregelt (§ 8 Abs. 2 Nr. 2 GrEStG). Die Grunderwerbsteuer bemißt sich danach bei Umwandlungen im Sinne des Umwandlungsgesetzes, die nach dem 31. 12. 1996 verwirklicht werden (§ 23 Abs. 4 GrEStG), nach den Werten im Sinne des § 138 Abs. 2 oder 3 des Bewertungsgesetzes. Dies gilt nach Artikel 15 Nr. 4 und Nr. 11 Buchstabe c des Steuerentlastungsgesetzes 1999/2000/2002 vom 24. März 1999 (BGBl. I S. 402) auch für Umwandlungen auf Grund von anderen Bundesgesetzen oder Landesgesetzen, die nach dem 31. März 1999 verwirklicht werden.

Die nach dem UmwG in Betracht kommenden Fälle sind in der folgenden Zusammenstellung mit Hinweisen zur Entstehung der Steuer aufgeführt.

### I. Verschmelzung (§ 2–§ 122 UmwG)

**1. Verschmelzungsfähige Rechtsträger**

**1.1.** An Verschmelzungen können

– Personenhandelsgesellschaften (OHG, KG),
– Partnerschaftsgesellschaften,

- Kapitalgesellschaften (GmbH, AG, KGaA),
- eingetragene Genossenschaften,
- eingetragene Vereine,
- genossenschaftliche Prüfungsverbände,
- Versicherungsvereine auf Gegenseitigkeit

als übertragende, übernehmende oder neue Rechtsträger beteiligt sein.

**1.2.** An einer Verschmelzung können ferner beteiligt sein:

- wirtschaftliche Vereine, soweit sie übertragender Rechtsträger sind,
- natürliche Personen, die als Alleingesellschafter einer Kapitalgesellschaft deren Vermögen übernehmen.

**2. Entstehung der Steuer**

Maßgebend ist die Eintragung der Verschmelzung in das Register des Sitzes des übernehmenden Rechtsträgers (§ 20 Abs. 1 Nr. 1 UmwG).

## II. Spaltung (§ 123–§ 173 UmwG)

**1. Aufspaltung**

Bei einer Aufspaltung geht das Vermögen eines Rechtsträgers unter dessen Auflösung auf mindestens zwei bestehende oder dadurch gegründete neue Rechtsträger gegen Gewährung von Anteilen an diesen aufnehmenden Rechtsträgern an die bisherigen Anteilsinhaber über.

**1.1.** Spaltungsfähige Rechtsträger
entsprechend wie zu Tz. I.1.1.
Als übertragende Rechtsträger kommen auch wirtschaftliche Vereine in Betracht.

**1.2.** Entstehung der Steuer
Maßgebend ist die Eintragung der Spaltung in das Register des Sitzes des übertragenden Rechtsträgers (§§ 130, 131 Abs. 1 Nr. 1 UmwG).

**2. Abspaltung**

Bei einer Abspaltung geht ein Teil des Vermögens eines Rechtsträgers auf einen oder mehrere, schon bestehende oder neu gegründete Rechtsträger gegen Gewährung von Anteilen an den aufnehmenden Rechtsträgern an die bisherigen Anteilsinhaber über.

**2.1.** Spaltungsfähige Rechtsträger
entsprechend wie zu Tz. II.1.1.

**2.2.** Entstehung der Steuer
entsprechend wie zu Tz. II.1.2.

**3. Ausgliederung**

Bei einer Ausgliederung geht ein Teil des Vermögens eines Rechtsträgers auf einen oder mehrere, schon bestehende oder neu gegründete Rechtsträger gegen Gewährung von Anteilen an dem aufnehmenden Rechtsträger an den übertragenden Rechtsträger selbst über.

**3.1.** Spaltungsfähige Rechtsträger
entsprechend wie zu Tz. II.1.1.

Übertragende Rechtsträger können außerdem Einzelkaufleute, Stiftungen sowie Gebietskörperschaften oder Zusammenschlüsse von Gebietskörperschaften, die nicht Gebietskörperschaften sind, sein.

**3.2.** Entstehung der Steuer
entsprechend wie zu Tz. II.1.2.

Bei Ausgliederung aus dem Vermögen von Gebietskörperschaften oder Zusammenschlüssen von Gebietskörperschaften ist die Eintragung in das Register des Sitzes des übernehmenden Rechtsträgers oder die Eintragung des neuen Rechtsträgers maßgebend (§ 171 UmwG).

## III. Vermögensübertragung (§ 174–§ 189 UmwG)

### 1. Beteiligte Rechtsträger

Eine Übertragung ist nur möglich
- von einer Kapitalgesellschaft auf den Bund, ein Land, eine Gebietskörperschaft oder einen Zusammenschluß von Gebietskörperschaften,
- von einer Versicherungs-Aktiengesellschaft auf Versicherungsvereine auf Gegenseitigkeit oder auf öffentlich-rechtliche Versicherungsunternehmen,
- von einem Versicherungsverein auf Gegenseitigkeit auf Versicherungs-Aktiengesellschaften oder auf öffentlich-rechtliche Versicherungsunternehmen,
- von einem öffentlich-rechtlichen Versicherungsunternehmen auf Versicherungs-Aktiengesellschaften oder Versicherungsvereine auf Gegenseitigkeit.

### 2. Entstehung der Steuer

Maßgebend ist der Zeitpunkt der Eintragung der Vermögensübertragung in das Handelsregister des Sitzes des übertragenden Rechtsträgers (§ 176 Abs. 3 UmwG).

Bei kleineren Versicherungsvereinen auf Gegenseitigkeit und bei öffentlich-rechtlichen Versicherungsunternehmen als übertragende Rechtsträger tritt an die Stelle der Registereintragung die Bekanntmachung der Übertragung und ihrer Genehmigung im Bundesanzeiger (§ 186 und § 188 Abs. 3 UmwG).

## IV. Formwechsel (§ 190–§ 304 UmwG)

**1.** Ein Formwechsel ist möglich
- von Personenhandelsgesellschaften (KG, OHG) in Kapitalgesellschaften (GmbH, AG, KGaA) oder eingetragene Genossenschaften,
- von Partnerschaftsgesellschaften in Kapitalgesellschaften oder eingetragene Genossenschaften,
- von Kapitalgesellschaften in Gesellschaften des bürgerlichen Rechts, Personenhandelsgesellschaften, Partnerschaftsgesellschaften, andere Kapitalgesellschaften oder eingetragene Genossenschaften,

– von eingetragenen Genossenschaften in Kapitalgesellschaften,
– von rechtsfähigen Vereinen in Kapitalgesellschaften oder eingetragene Genossenschaften,
– von Versicherungsvereinen auf Gegenseitigkeit in Aktiengesellschaften,
– von Körperschaften und Anstalten des öffentlichen Rechts in Kapitalgesellschaften.

**2.** Formwechselnde Umwandlungen unterliegen mangels Rechtsträgerwechsels nicht der Grunderwerbsteuer (Hinweis auf BFH-Beschluß vom 4. 12. 1996 – II B 116/96 –, BStBl. 1997 II S. 661).

## B. Einbringungen und andere Erwerbsvorgänge auf gesellschaftsvertraglicher Grundlage

Bei Einbringungen oder anderen Erwerbsvorgängen auf gesellschaftsvertraglicher Grundlage (z.B. Liquidationen, Anwachsungen), die nach dem 31. 12. 1996 verwirklicht werden, bemißt sich die Grunderwerbsteuer nach den Werten im Sinne des § 138 Abs. 2 oder 3 Bewertungsgesetz.

Von Einbringungen und anderen Erwerbsvorgängen auf gesellschaftsvertraglicher Grundlage sind Grundstücksveräußerungen von Gesellschaftern an die Gesellschaft und umgekehrt gegen Kaufpreiszahlung zu unterscheiden. In diesen Fällen bemißt sich die Steuer nach dem Wert der Gegenleistung (§ 8 Abs. 1 GrEStG).

Dieses Schreiben ergeht im Einvernehmen mit den obersten Finanzbehörden der anderen Länder. Er ist – bis auf folgende Ausnahmen – auf alle Umwandlungsfälle anzuwenden. Dies gilt auch für entsprechende Steuerfestsetzungen, die noch nicht bestandskräftig sind.

Für Umwandlungen, zu deren Vorbereitung bereits vor dem 1. 1. 1995 ein Vertrag oder eine Erklärung beurkundet oder notariell beglaubigt oder eine Versammlung der Anteilsinhaber einberufen worden ist, bleibt es bei der Anwendung der bis zu diesem Tag geltenden Vorschriften (§ 318 UmwG). Entsprechend richtet sich die grunderwerbsteuerliche Beurteilung in diesen Fällen noch nach dem Schreiben vom 24. 7. 1984 – 37 – S 4511 – 4/250 – 44 127 – in der zuletzt durch Schreiben vom 25. 10. 1994 – 37 – S 4521 – 16/75 – 63 471 – geänderten Fassung.

Die Grundbesitzwerte nach § 138 Abs. 2 oder 3 des Bewertungsgesetzes sind als Bemessungsgrundlage erst Erwerbsvorgängen zu Grunde zu legen, die nach dem 31. Dezember 1996 bzw. 31. März 1999 verwirklicht wurden (§ 23 Abs. 4 Satz 1 und § 23 Abs. 6 Satz 1 GrEStG n. F.). Für Erwerbsvorgänge, die vor dem 1. 1. 1997 verwirklicht worden sind, ist das FMS vom 14. 7. 1995 – 37 – S 4521 – 16/117 – 41 733 –, ggf. auch das FMS vom 24. 7. 1984 (s.o.), weiter anzuwenden.

# 600 § 1/8. Gleich lautende Erlasse betr. Anwendung des § 1 Abs. 2c GrEStG

Vom 4. Oktober 2022

Oberste Finanzbehörden der LänderS 4500; S 4501

(BStBl. I S. 1451)

## 1. Allgemeines

Mit dem Gesetz zur Änderung des Grunderwerbsteuergesetzes (GrEStG) vom 12. Mai 2021 (BGBl. I S. 986)[1)] wurde in Ergänzung zu § 1 Abs. 2a und Abs. 2b GrEStG die Vorschrift des § 1 Abs. 2c GrEStG (sogenannte Börsenklausel) eingeführt. Danach bleiben bei der Ermittlung des Vomhundertsatzes i.S.v. § 1 Abs. 2a Satz 1 und Abs. 2b Satz 1 GrEStG Übergänge von Anteilen an Kapitalgesellschaften außer Betracht, wenn

- die Anteile zum Handel an einem organisierten Markt nach § 2 Abs. 11 Wertpapierhandelsgesetz (WpHG) (vgl. Tz. 3.3) oder an einem als gleichwertig anerkannten Drittlandhandelsplatz zugelassen sind (vgl. Tz. 3.4) und
- der Anteilsübergang auf Grund eines Geschäfts über einen begünstigten Wertpapierhandelsplatz erfolgt (vgl. Tz. 3.6).

## 2. § 1 Abs. 2a oder Abs. 2b GrEStG

Bei der Prüfung der relevanten mittelbaren Gesellschafterwechsel i.S.d. § 1 Abs. 2a GrEStG oder bei der Prüfung der relevanten unmittelbaren und mittelbaren Gesellschafterwechsel i.S.d. § 1 Abs. 2b GrEStG ist für die Ermittlung des Vomhundertsatzes § 1 Abs. 2c GrEStG zu beachten.

## 3. Voraussetzungen des § 1 Abs. 2c GrEStG

Die Vorschrift des § 1 Abs. 2c GrEStG kommt in Betracht, wenn

- Anteile an einer grundbesitzenden Kapitalgesellschaft unmittelbar übergehen (§ 1 Abs. 2b Satz 1 GrEStG) oder
- Anteile an einer Kapitalgesellschaft übergehen, die an einer grundbesitzenden Personengesellschaft oder Kapitalgesellschaft unmittelbar oder mittelbar beteiligt ist (§ 1 Abs. 2a Satz 3 bis 5 oder § 1 Abs. 2b Satz 3 bis 5 GrEStG).

### 3.1. Anteile an Kapitalgesellschaften

Unter § 1 Abs. 2c GrEStG fallende Kapitalgesellschaften sind Aktiengesellschaften, Kommanditgesellschaften auf Aktien und vergleichbare ausländische Kapitalgesellschaften, deren Anteile an Wertpapierhandelsplätzen zugelassen werden können. Bei diesen Anteilen handelt es sich regelmäßig um Aktien (vgl. beispielsweise §§ 8 ff. Aktiengesetz).

Keine Anteile i.S.d. § 1 Abs. 2c GrEStG sind Wertpapiere, die sich lediglich auf die Anteile an einer Kapitalgesellschaft beziehen ohne das Eigentum an diesen Anteilen zu vermitteln. Hierzu gehören beispielsweise American Depositary Receipts (ADR).

---

[1)] **Amtl. Anm.:** BStBl. I S. 838.

### 3.2. Zum Handel zugelassene Anteile

Von § 1 Abs. 2c GrEStG werden nur solche Anteile an Kapitalgesellschaften erfasst, die zugelassen sind zum Handel an einem

– organisierten Markt nach § 2 Abs. 11 Wertpapierhandelsgesetz (WpHG) oder

– einem gleichwertigen Drittlandhandelsplatz.

Der Umfang von Anteilen an einer Kapitalgesellschaft, die zum Handel zugelassen sind, hängt von der Entscheidung der Kapitalgesellschaft ab sowie vom Recht, das für den Wertpapierhandelsplatz maßgebend ist. Zum Handel zugelassene Anteile lassen sich über die Wertpapierhandelsplätze, an denen eine Zulassung erfolgt ist, identifizieren.

Anteile einer Kapitalgesellschaft können dabei an verschiedenen Wertpapierhandelsplätzen gehandelt werden. § 1 Abs. 2c GrEStG greift jedoch nur dann, wenn die Anteile an mindestens einem Wertpapierhandelsplatz zum Handel zugelassen wurden.

### 3.3. Organisierter Markt nach § 2 Abs. 11 WpHG

Organisierter Markt ist ein im Inland, in einem anderen Mitgliedstaat der Europäischen Union oder einem anderen Vertragsstaat des Abkommens über den Europäischen Wirtschaftsraum betriebenes oder verwaltetes, durch staatliche Stellen genehmigtes, geregeltes und überwachtes multilaterales (mehrseitiges) System, das die Interessen einer Vielzahl von Personen am Kauf und Verkauf von dort zum Handel zugelassenen Finanzinstrumenten innerhalb des Systems und nach nicht diskretionären (nicht dem Ermessen des Agierenden überlassenen) Bestimmungen in einer Weise zusammenbringt oder das Zusammenbringen fördert, die zu einem Vertrag über den Kauf dieser Finanzinstrumente führt.

In Deutschland stellt der regulierte Markt an einer Börse einen organisierten Markt nach § 2 Abs. 11 WpHG dar. Die wichtigste Wertpapierbörse in Deutschland befindet sich in Frankfurt am Main. Weitere regionale Wertpapierbörsen existieren in Berlin, Düsseldorf, Hamburg, Hannover, München und Stuttgart.

Keine organisierten Märkte nach § 2 Abs. 11 WpHG stellen multilaterale Handelssysteme (MTF) i.S.d. Art. 2 Abs. 1 Nr. 14 der Verordnung (EU) Nr. 600/2014 dar. MTF unterscheiden sich von organisierten Märkten formal dadurch, dass sie nicht als organisierter Markt öffentlich-rechtlich genehmigt, geregelt und überwacht werden. In Deutschland stellt der Freiverkehr (§ 48 des Börsengesetzes) ein MTF dar, an dem Wertpapiere nicht öffentlich-rechtlich zum Handel zugelassen, sondern auf privatrechtlicher Grundlage einbezogen werden.

### 3.4. Gleichwertiger Drittlandhandelsplatz

Drittlandhandelsplätze können von der Europäischen Kommission als gleichwertig erklärt werden (vgl. die auf der Grundlage des Art. 25 Abs. 4 Buchst. a der Richtlinie 2014/65/EU erlassenen Durchführungsbeschlüsse). Bisher sind nur geregelte Märkte mit Sitz in den Vereinigten Staaten von Amerika (EU 2017/2320), Hongkong (EU 2017/2319) und Australien (EU 2017/2318) anerkannt.

*Die Entscheidungen* der Europäischen Kommission können sich ändern und sind daher im Besteuerungszeitpunkt auf den aktuellen Stand zu prüfen.

### 3.5. Handelsplätze in der Schweiz und im Vereinigten Königreich Großbritannien und Nordirland

Die Schweiz und das Vereinigte Königreich Großbritannien und Nordirland sind keine Mitgliedstaaten der Europäischen Union oder des Europäischen Wirtschaftsraums.

Die Börsen in der Schweiz und im Vereinigten Königreich Großbritannien und Nordirland sind derzeit nicht als gleichwertiger Drittlandhandelsplatz anerkannt.

Der jeweilige Status kann sich ändern und ist daher im Besteuerungszeitpunkt auf den aktuellen Stand zu prüfen.

### 3.6. Geschäft an einem Markt nach § 1 Abs. 2c GrEStG

Der Anteilsübergang muss erfolgen auf Grund eines Geschäfts über

– einen organisierten Markt,
– einen gleichwertigen Drittlandhandelsplatz oder
– ein MTF.

Käufer und Verkäufer müssen über einen solchen Wertpapierhandelsplatz in einer Weise zusammengebracht werden, die zu einem Vertrag über den Kauf der Anteile an einer Kapitalgesellschaft führt.

Nicht auf Grund eines Geschäfts über einen organisierten Markt, einen gleichwertigen Drittlandhandelsplatz oder ein MTF erfolgen in der Regel u.a.:

– die erstmalige Ausgabe von Anteilen an einer Kapitalgesellschaft bei Börsengang („initial public offering" (IPO));
– die Ausgabe neuer Anteile an einer Kapitalgesellschaft in Folge einer Kapitalerhöhung;
– die Wertpapierleihe bzw. das Wertpapierdarlehen oder das Wertpapierpensionsgeschäft.

## 4. Anzeigepflicht

Gemäß § 19 Abs. 1 Satz 1 Nr. 3a und Nr. 3b GrEStG sind von der grundbesitzenden Personengesellschaft bzw. Kapitalgesellschaft alle Rechtsvorgänge anzuzeigen, die zur Verwirklichung des Tatbestands des § 1 Abs. 2a bzw. Abs. 2b GrEStG geführt haben. Die Anzeigepflicht besteht bei Tatbestandsverwirklichung. Anteilsübergänge i.S.d. § 1 Abs. 2c GrEStG unterliegen dabei nicht der Anzeigepflicht, da sie bei der Ermittlung des Vomhundertsatzes nicht zu berücksichtigen sind.

Führt die Nichtberücksichtigung von Anteilsübergängen nach § 1 Abs. 2c GrEStG dazu, dass das erforderliche Quantum von 90 % der Anteile nicht erreicht wird, besteht mangels Tatbestandsverwirklichung des § 1 Abs. 2a bzw. Abs. 2b GrEStG keine Anzeigepflicht.

## 5. Zeitlicher Anwendungsbereich

Dieser Erlass ist auf alle offenen Fälle anzuwenden.

# **600** § 1/9. Gleich lautende Erlasse betr. Anwendung der §§ 3 und 6 GrEStG in den Fällen des § 1 Abs. 3 GrEStG

Vom 19. September 2018 (BStBl. I S. 1069)

(Oberste Finanzbehörden der Länder)

## 1. Allgemeines

Nach der Rechtsprechung des Bundesfinanzhofs (BFH-Urteile vom 31. März 1982 II R 92/81, BStBl. II S. 424, und 8. Juni 1988 II R 143/86, BStBl. II S. 785) können personenbezogene Befreiungsvorschriften (unter anderem § 3 Nr. 6 GrEStG) in Fällen der Anteilsvereinigung (§ 1 Abs. 3 Nr. 1 und 2 GrEStG) grundsätzlich nicht angewendet werden. Der Bundesfinanzhof (BFH) hat dies damit begründet, dass beim Anteilserwerb derjenige, in dessen Hand sich alle Anteile an einer grundbesitzenden Gesellschaft vereinigen, grunderwerbsteuerrechtlich so behandelt werde, als habe er das jeweilige Grundstück von der Gesellschaft erworben. Dies gilt sinngemäß auch für die ab 1. Januar 2000 geltende Fassung des § 1 Abs. 3 GrEStG, nach der es ausreichend ist, wenn unmittelbar oder mittelbar mindestens 95 % der Anteile in einer Hand vereinigt werden.

Für die Fälle der Übertragung bereits vereinigter Anteile (§ 1 Abs. 3 Nr. 3 und 4 GrEStG) haben die Urteile keine Bedeutung. Da die Grundstücke einer Gesellschaft, deren Anteile zu mindestens 95 % in einer Hand vereinigt sind, grunderwerbsteuerrechtlich diesem Gesellschafter zugerechnet werden, ist bei einer Übertragung der Anteile davon auszugehen, dass der neue Gesellschafter die Grundstücke von dem früheren Gesellschafter und nicht von der Gesellschaft erwirbt. Für die Fälle, in denen mindestens 95 % der Anteile einer Gesellschaft von einem Gesellschafter auf einen anderen übertragen werden, steht somit der Anwendbarkeit personenbezogener Befreiungsvorschriften (z. B. § 3 Nr. 6 GrEStG) nichts entgegen. Dies gilt dem Grunde nach auch für die Vorschrift des § 3 Nr. 2 Satz 1 GrEStG.

Mit BFH-Urteil vom 23. Mai 2012 II R 21/10, BStBl. II S. 793, hat der BFH seine Rechtsprechung teilweise geändert. Danach findet in den Fällen des § 1 Abs. 3 Nr. 1 und 2 GrEStG die Befreiungsvorschrift des § 3 Nr. 2 Satz 1 GrEStG Anwendung, soweit die Vereinigung von Anteilen an einer grundbesitzenden Kapitalgesellschaft auf eine schenkweise Anteilsübertragung zurückzuführen ist. Nach Auffassung des BFH beruht in diesen Fällen der fiktive Erwerb der Gesellschaftsgrundstücke ebenso wie der Erwerb der Gesellschaftsanteile insoweit auf einer Schenkung. Der BFH stützt seine Rechtsauffassung dabei auf den Zweck des § 3 Nr. 2 Satz 1 GrEStG, die doppelte Belastung eines Lebenssachverhaltes mit Grunderwerbsteuer und Erbschaftsteuer bzw. Schenkungsteuer zu vermeiden.

Begünstigungsfähig nach § 3 Nr. 2 Satz 1 GrEStG sind sowohl die tatbestandsauslösende Anteilsübertragung als auch eine oder mehrere vorangegangene schenkweise Anteilsübertragungen unabhängig von deren Schenkungszeitpunkten. Die Begünstigung vorangegangener schenkweiser Anteilsübertragungen setzt voraus, dass das jeweilige Grundstück der Gesellschaft bereits zu den damaligen Schenkungszeitpunkten zuzurechnen war. Nur in diesen Fällen kann überhaupt erst eine steuerliche Doppelbelastung im Zeitpunkt der tatbestandsauslösenden Anteilsübertragung entstehen. Für Anteilserwerbe von Todes wegen im Sinne des Erbschaftsteuer- und Schenkungsteuergesetzes gilt dies entsprechend.

**Beispiele:**

**1. Übertragung vereinigter Anteile in Höhe von 100 %, unentgeltlich**

Vater V ist alleiniger Gesellschafter der grundbesitzenden V-GmbH. Die Gesellschaft verfügt über folgenden Grundbesitz: Grundstück 1 Anschaffung 1. 1. 1990, Grundstück 2 Anschaffung 1. 1. 2012. Mit Vertrag vom 1. 9. 2012 überträgt V unentgeltlich im Wege einer Schenkung einen Anteil in Höhe von 100 % an seinen Sohn S.
Mit Abschluss des Vertrags vom 1. 9. 2012 werden die vereinigten Anteile von V auf S übertragen. Der Vorgang ist grunderwerbsteuerbar nach § 1 Abs. 3 Nr. 3 GrEStG und nach § 3 Nr. 2 Satz 1 oder Nr. 6 GrEStG in voller Höhe von der Grunderwerbsteuer befreit.

**2. Anteilsvereinigung in Höhe von 100 % in zwei Rechtsakten, beide unentgeltlich**

Vater V ist alleiniger Gesellschafter der grundbesitzenden V-GmbH. Die Gesellschaft verfügt über folgenden Grundbesitz: Grundstück 1 Anschaffung 1. 1. 1990, Grundstück 2 Anschaffung 1. 1. 2012. Mit Vertrag vom 1. 9. 2002 überträgt V unentgeltlich im Wege einer Schenkung einen Anteil in Höhe von 45 % an seinen Sohn S. Mit Vertrag vom 1. 10. 2012 überträgt V seine restliche Beteiligung in Höhe von 55 % unentgeltlich im Wege einer Schenkung an S.
Mit Abschluss des Vertrags vom 1. 10. 2012 vereinigen sich alle Anteile an der grundbesitzenden V-GmbH in der Hand des S. Hierdurch wird für jedes der der V-GmbH zuzurechnenden Grundstücke der Tatbestand des § 1 Abs. 3 Nr. 1 GrEStG verwirklicht. Die Vereinigung aller Anteile beruht ausschließlich auf Erwerbsvorgängen, die dem Erbschaftsteuer- und Schenkungsteuergesetz unterliegen. Wegen der unterschiedlichen Anschaffungszeitpunkte der Grundstücke ist wie folgt zu differenzieren:
Das **Grundstück 1** ist der Gesellschaft sowohl im Zeitpunkt der vorangegangenen Schenkung als auch zum Zeitpunkt der tatbestandsauslösenden Schenkung zuzurechnen. Daher ist der Vorgang in voller Höhe nach § 3 Nr. 2 Satz 1 GrEStG von der Grunderwerbsteuer befreit.
Das **Grundstück 2** ist der Gesellschaft im Zeitpunkt der vorangegangenen Schenkung noch nicht, sondern erst zum Zeitpunkt der tatbestandsauslösenden Schenkung zuzurechnen. Daher ist der Vorgang nur soweit nach § 3 Nr. 2 Satz 1 GrEStG von der Grunderwerbsteuer befreit, als er auf der tatbestandsauslösenden Schenkung (55 %) beruht. Der Vorgang ist in Höhe von 45 % grunderwerbsteuerpflichtig.
Eine Anwendung der Befreiungsvorschrift des § 3 Nr. 6 GrEStG scheidet aus.

**3. Anteilsvereinigung in Höhe von 100 % in zwei Rechtsakten, davon einer unentgeltlich und einer entgeltlich**

Vater V ist alleiniger Gesellschafter der grundbesitzenden V-GmbH. Die Gesellschaft verfügt über folgenden Grundbesitz: Grundstück 1 Anschaffung 1. 1. 1990, Grundstück 2 Anschaffung 1. 1. 2012. Mit Vertrag vom 1. 9. 2002 überträgt V unentgeltlich im Wege einer Schenkung einen Anteil in Höhe von 45 % an seinen Sohn S. Mit Vertrag vom 1. 10. 2012 überträgt V seine restliche Beteiligung in Höhe von 55 % entgeltlich an S.
Mit Abschluss des Vertrags vom 1. 10. 2012 vereinigen sich alle Anteile an der grundbesitzenden V-GmbH in der Hand des S. Hierdurch wird für jedes der der V-GmbH zuzurechnenden Grundstücke der Tatbestand des § 1 Abs. 3 Nr. 1 GrEStG verwirklicht. Die Vereinigung aller Anteile beruht in Höhe von 45 % auf einem Erwerbsvorgang, der dem Erbschaftsteuer- und Schenkungsteuergesetz unterliegt. Wegen der unterschiedlichen Anschaffungszeitpunkte der Grundstücke ist wie folgt zu differenzieren:

Das **Grundstück 1** ist der Gesellschaft sowohl im Zeitpunkt der vorangegangenen Schenkung als auch zum Zeitpunkt der tatbestandsauslösenden Anteilsübertragung zuzurechnen. Daher ist der Vorgang nur soweit nach § 3 Nr. 2 Satz 1 GrEStG von der Grunderwerbsteuer befreit, als er auf der vorangegangenen Schenkung (45%) beruht. Der Vorgang ist in Höhe von 55% grunderwerbsteuerpflichtig.
Das **Grundstück 2** ist der Gesellschaft im Zeitpunkt der vorangegangenen Schenkung noch nicht, sondern erst zum Zeitpunkt der tatbestandsauslösenden Anteilsübertragung zuzurechnen. Der Vorgang ist in voller Höhe grunderwerbsteuerpflichtig.
Eine Anwendung der Befreiungsvorschrift des § 3 Nr. 6 GrEStG scheidet aus.

**4. Anteilsvereinigung in Höhe von 100% in zwei Rechtsakten, davon einer unentgeltlich und einer teilentgeltlich (gemischte Schenkung)**

Vater V ist alleiniger Gesellschafter der grundbesitzenden V-GmbH. Die Gesellschaft verfügt über folgenden Grundbesitz: Grundstück 1 Anschaffung 1. 1. 1990, Grundstück 2 Anschaffung 1. 1. 2012. Mit Vertrag vom 1. 9. 2002 überträgt V unentgeltlich im Wege einer Schenkung einen Anteil in Höhe von 45% an seinen Sohn S. Mit Vertrag vom 1. 10. 2012 überträgt V seine restliche Beteiligung in Höhe von 55% gegen eine monatliche Rente von 2500 € über einen Zeitraum von 15 Jahren an S. Der gemeine Wert des teilentgeltlich erworbenen Anteils beträgt 450 000 €.
Mit Abschluss des Vertrags vom 1. 10. 2012 vereinigen sich alle Anteile an der grundbesitzenden V-GmbH in der Hand des S. Hierdurch wird der Tatbestand des § 1 Abs. 3 Nr. 1 GrEStG verwirklicht. Die Vereinigung aller Anteile beruht ausschließlich auf Erwerbsvorgängen, die dem Erbschaftsteuer- und Schenkungsteuergesetz unterliegen.
Die Entgeltlichkeitsquote für den Anteilserwerb vom 1. 10. 2012 ermittelt sich wie folgt (Wertverhältnisse zum 1. 10. 2012):

| | | | |
|---|---|---|---|
| Wert der Verpflichtung | 10,314[1] × 30 000 €[2] | = | 309 420 € |
| Wert der erhaltenen Anteile | | | 450 000 € |
| Entgeltlichkeitsquote | 309 420 €/450 000 € | = | 68,76% |
| Unentgeltlicher Anteil | 100% – 68,76% | = | 31,24% |

Wegen der unterschiedlichen Anschaffungszeitpunkte der Grundstücke ist wie folgt zu differenzieren:
Das **Grundstück 1** ist der Gesellschaft sowohl im Zeitpunkt der vorangegangenen Schenkung als auch zum Zeitpunkt der tatbestandsauslösenden gemischten Schenkung zuzurechnen. Daher ist dieser Vorgang soweit nach § 3 Nr. 2 Satz 1 GrEStG befreit, als er auf der Schenkung (45%) und dem unentgeltlichen Anteil der gemischten Schenkung (31,24% von 55% = 17,18%) beruht. Vom festgestellten Bedarfswert des Grundstücks 1 zum Zeitpunkt der Anteilsvereinigung bleibt ein Anteil in Höhe von 62,18% (45% + 17,18%) nach § 3 Nr. 2 Satz 1 GrEStG grunderwerbsteuerfrei. Der Vorgang ist in Höhe von 37,82% grunderwerbsteuerpflichtig.
Das **Grundstück 2** ist der Gesellschaft im Zeitpunkt der vorangegangenen Schenkung noch nicht, sondern erst zum Zeitpunkt der tatbestandsauslösenden gemischten Schenkung zuzurechnen. Daher ist dieser Vorgang soweit nach § 3 Nr. 2 Satz 1 GrEStG von der Grunderwerbsteuer befreit, als er auf dem unentgeltlichen Anteil der gemischten Schenkung (31,24% von 55% = 17,18%) beruht. Vom festgestellten Bedarfswert des Grundstücks 2 zum Zeitpunkt der Anteilsvereinigung bleibt ein Anteil in Höhe von 17,18% nach § 3 Nr. 2 Satz 1 GrEStG grunderwerbsteuerfrei. Der Vorgang ist in Höhe von 82,82% grunderwerbsteuerpflichtig.
Eine Anwendung der Befreiungsvorschrift des § 3 Nr. 6 GrEStG scheidet aus.

## 2. Besonderheiten bei Kapitalgesellschaften

Bei einer Anteilsvereinigung i. S. d. § 1 Abs. 3 Nr. 1 und 2 GrEStG oder einer Übertragung vereinigter Anteile i. S. d. § 1 Abs. 3 Nr. 3 und 4 GrEStG

[1] **[Amtl. Anm.:]** Maßgeblicher Vervielfältiger nach dem Bewertungsgesetz für 15 Jahre.
[2] **[Amtl. Anm.:]** Jahreswert der Rente (12 × 2500 €).

von weniger als 100 % wird der Erwerbsvorgang nur insoweit nach § 3 Nr. 2 Satz 1 GrEStG befreit, als die Anteilsübertragungen zur Anteilsvereinigung beigetragen oder die Übertragung vereinigter Anteile stattgefunden hat und diese dem Erbschaftsteuer- und Schenkungsteuergesetz unterlegen haben.

**Beispiele:**

**5. Übertragung vereinigter Anteile in Höhe von 95 %, unentgeltlich**

Vater V ist alleiniger Gesellschafter der grundbesitzenden V-GmbH. Die Gesellschaft verfügt über folgenden Grundbesitz: Grundstück 1 Anschaffung 1. 1. 1990, Grundstück 2 Anschaffung 1. 1. 2012. Mit Vertrag vom 1. 9. 2012 überträgt V unentgeltlich im Wege einer Schenkung einen Anteil in Höhe von 95 % an seinen Sohn S.

Mit Abschluss des Vertrags vom 1. 9. 2012 werden vereinigte Anteile von V auf S übertragen. Der Vorgang ist steuerbar nach § 1 Abs. 3 Nr. 3 GrEStG. Da schenkweise nur 95 % der Anteile übertragen wurden, liegt eine Doppelbelastung nur insoweit vor. Der Vorgang ist nach § 3 Nr. 2 Satz 1 GrEStG in Höhe von 95 % steuerfrei. Da es sich um eine Übertragung vereinigter Anteile nach § 1 Abs. 3 Nr. 3 GrEStG handelt, liegt ebenso eine Grunderwerbsteuerbefreiung in voller Höhe nach § 3 Nr. 6 GrEStG vor.

**6. Anteilsvereinigung in Höhe von 95 % in zwei Rechtsakten, beide unentgeltlich**

Vater V ist alleiniger Gesellschafter der grundbesitzenden V-GmbH. Die Gesellschaft verfügt über folgenden Grundbesitz: Grundstück 1 Anschaffung 1. 1. 1990, Grundstück 2 Anschaffung 1. 1. 2012. Mit Vertrag vom 1. 9. 2002 überträgt V unentgeltlich im Wege einer Schenkung einen Anteil in Höhe von 45 % an seinen Sohn S. Mit Vertrag vom 1. 10. 2012 überträgt V eine weitere Beteiligung in Höhe von 50 % unentgeltlich im Wege einer Schenkung an S.

Mit Abschluss des Vertrags vom 1. 10. 2012 vereinigen sich die Anteile an der grundbesitzenden V-GmbH in der Hand des S. Hierdurch wird für jedes der der V-GmbH zuzurechnenden Grundstücke der Tatbestand des § 1 Abs. 3 Nr. 1 GrEStG verwirklicht. Die Vereinigung der Anteile beruht ausschließlich auf Erwerbsvorgängen, die dem Erbschaftsteuer- und Schenkungsteuergesetz unterliegen. Wegen der unterschiedlichen Anschaffungszeitpunkte der Grundstücke ist wie folgt zu differenzieren:

Das **Grundstück 1** ist der Gesellschaft sowohl im Zeitpunkt der vorangegangenen Schenkung als auch zum Zeitpunkt der tatbestandsauslösenden Schenkung zuzurechnen. Da schenkweise nur 95 % der Anteile übertragen wurden, liegt eine Doppelbelastung nur insoweit vor. Der Vorgang ist nach § 3 Nr. 2 Satz 1 GrEStG in Höhe von 95 % grunderwerbsteuerfrei und in Höhe von 5 % grunderwerbsteuerpflichtig.

Das **Grundstück 2** ist der Gesellschaft im Zeitpunkt der vorangegangenen Schenkung noch nicht, sondern erst zum Zeitpunkt der tatbestandsauslösenden Schenkung zuzurechnen. Da durch die tatbestandsauslösende Schenkung nur 50 % der Anteile übertragen wurden, liegt eine Doppelbelastung nur insoweit vor. Der Vorgang ist nach § 3 Nr. 2 Satz 1 GrEStG in Höhe von 50 % grunderwerbsteuerfrei und in Höhe von 50 % grunderwerbsteuerpflichtig.

Eine Anwendung der Befreiungsvorschrift des § 3 Nr. 6 GrEStG scheidet aus.

**7. Anteilsvereinigung in Höhe von 95 % in zwei Rechtsakten, davon einer unentgeltlich und einer entgeltlich**

Vater V ist alleiniger Gesellschafter der grundbesitzenden V-GmbH. Die Gesellschaft verfügt über folgenden Grundbesitz: Grundstück 1 Anschaffung 1. 1. 1990, Grundstück 2 Anschaffung 1. 1. 2012. Mit Vertrag vom 1. 9. 2002 überträgt V unentgeltlich im Wege einer Schenkung einen Anteil in Höhe von 45 % an seinen Sohn S. Mit Vertrag vom 1. 10. 2012 überträgt V eine weitere Beteiligung in Höhe von 50 % entgeltlich an S.

Mit Abschluss des Vertrags vom 1. 10. 2012 vereinigen sich die Anteile an der grundbesitzenden V-GmbH in der Hand des S. Hierdurch wird für jedes der der V-GmbH zuzurechnenden Grundstücke der Tatbestand des § 1 Abs. 3 Nr. 1 GrEStG verwirklicht. Die Vereinigung der Anteile beruht in Höhe von 45 % auf einem Erwerbsvorgang, der dem Erbschaftsteuer- und Schenkungsteuergesetz unterliegt. Wegen der unterschiedlichen Anschaffungszeitpunkte der Grundstücke ist wie folgt zu differenzieren:

Das **Grundstück 1** ist der Gesellschaft sowohl im Zeitpunkt der vorangegangenen Schenkung als auch zum Zeitpunkt der tatbestandsauslösenden Anteilsübertragung zuzurechnen.

Der Vorgang ist in Höhe von 45 % nach § 3 Nr. 2 Satz 1 GrEStG von der Grunderwerbsteuer befreit, da er insoweit auf der vorangegangenen Schenkung beruht. Er ist in Höhe von 55 % grunderwerbsteuerpflichtig.
Das **Grundstück 2** ist der Gesellschaft im Zeitpunkt der vorangegangenen Schenkung noch nicht, sondern erst zum Zeitpunkt der tatbestandsauslösenden, voll entgeltlichen Anteilsübertragung zuzurechnen. Der Vorgang ist in voller Höhe grunderwerbsteuerpflichtig.
Eine Anwendung der Befreiungsvorschrift des § 3 Nr. 6 GrEStG scheidet aus.

**8. Anteilsvereinigung in Höhe von 95 % in zwei Rechtsakten, davon einer unentgeltlich und einer teilentgeltlich (gemischte Schenkung)**

Vater V ist alleiniger Gesellschafter der grundbesitzenden V-GmbH. Die Gesellschaft verfügt über folgenden Grundbesitz: Grundstück 1 Anschaffung 1. 1. 1990, Grundstück 2 Anschaffung 1. 1. 2012. Mit Vertrag vom 1. 9. 2002 überträgt V unentgeltlich im Wege einer Schenkung einen Anteil in Höhe von 45 % an seinen Sohn S. Mit Vertrag vom 1. 10. 2012 überträgt V eine weitere Beteiligung in Höhe von 50 % gegen eine monatliche Rente von 2500 € über einen Zeitraum von 15 Jahren an S. Der gemeine Wert des teilentgeltlich erworbenen Anteils beträgt 450 000 €.
Mit Abschluss des Vertrags vom 1. 10. 2012 vereinigen sich die Anteile an der grundbesitzenden V-GmbH in der Hand des S. Hierdurch wird der Tatbestand des § 1 Abs. 3 Nr. 1 GrEStG verwirklicht. Die Vereinigung der Anteile beruht ausschließlich auf Erwerbsvorgängen, die dem Erbschaftsteuer- und Schenkungsteuergesetz unterliegen.
Die Entgeltlichkeitsquote für den Anteilserwerb vom 1. 10. 2012 ermittelt sich wie folgt (Wertverhältnisse zum 1. 10. 2012):

| | | | |
|---|---|---|---|
| Wert der Verpflichtung | 10,314[1] × 30 000 €[2] | = | 309 420 € |
| Wert der erhaltenen Anteile | | | 450 000 € |
| Entgeltlichkeitsquote | 309 420 €/450 000 € | = | 68,76 % |
| Unentgeltlicher Anteil | 100 % – 68,76 % | = | 31,24 % |

Wegen der unterschiedlichen Anschaffungszeitpunkte der Grundstücke ist wie folgt zu differenzieren:
Das **Grundstück 1** ist der Gesellschaft sowohl im Zeitpunkt der vorangegangenen Schenkung als auch zum Zeitpunkt der tatbestandsauslösenden gemischten Schenkung zuzurechnen. Daher ist dieser Vorgang soweit nach § 3 Nr. 2 Satz 1 GrEStG von der Grunderwerbsteuer befreit, als er auf der Schenkung (45 %) und dem unentgeltlichen Anteil der gemischten Schenkung (31,24 % von 50 % = 15,62 %) beruht. Vom festgestellten Bedarfswert des Grundstücks 1 zum Zeitpunkt der Anteilsvereinigung bleibt ein Anteil in Höhe von 60,62 % (45 % + 15,62 %) nach § 3 Nr. 2 Satz 1 GrEStG grunderwerbsteuerfrei. Der Vorgang ist in Höhe von 39,38 % grunderwerbsteuerpflichtig.
Das **Grundstück 2** ist der Gesellschaft im Zeitpunkt der vorangegangenen Schenkung noch nicht, sondern erst zum Zeitpunkt der tatbestandsauslösenden gemischten Schenkung zuzurechnen. Daher ist dieser Vorgang soweit nach § 3 Nr. 2 Satz 1 GrEStG von der Grunderwerbsteuer befreit, als er auf dem unentgeltlichen Anteil der gemischten Schenkung (31,24 % von 50 % = 15,62 %) beruht. Vom festgestellten Bedarfswert des Grundstücks 2 zum Zeitpunkt der Anteilsvereinigung bleibt ein Anteil in Höhe von 15,62 % nach § 3 Nr. 2 Satz 1 GrEStG grunderwerbsteuerfrei. Der Vorgang ist in Höhe von 84,38 % grunderwerbsteuerpflichtig.
Eine Anwendung der Befreiungsvorschrift des § 3 Nr. 6 GrEStG scheidet aus.

## 3. Besonderheiten bei Personengesellschaften

Zu den Gesellschaften i. S. d. § 1 Abs. 3 GrEStG gehören auch Personengesellschaften (BFH-Urteile vom 25. Februar 1969 II 142/63, BStBl. II S. 400; vom 11. 6. 1975 II R 38/69, BStBl. II S. 834, und vom 26. Juli 1995 II R 68/92, BStBl. II S. 736). Bei unmittelbaren Beteiligungen an grundbesitzen-

[1] **[Amtl. Anm.:]** Maßgeblicher Vervielfältiger nach dem Bewertungsgesetz für 15 Jahre.
[2] **[Amtl. Anm.:]** Jahreswert der Rente (12 × 2500 €).

den Personengesellschaften ist die sachenrechtliche Beteiligung am Gesamthandsvermögen (gesamthänderische Mitberechtigung) und bei Beteiligungen an zwischengeschalteten Personengesellschaften die Beteiligung am Gesellschaftsvermögen maßgebend (BFH-Urteil vom 27. September 2017 II R 41/15, BStBl. 2018 II S. 667). Nach § 1 Abs. 3 Satz 1 GrEStG ist § 1 Abs. 2a GrEStG vorrangig anzuwenden.

Ein Erwerbsvorgang i. S. d. § 1 Abs. 3 Nr. 1 oder 2 GrEStG ist beispielsweise gegeben, wenn bei einer GmbH & Co. KG mit Grundbesitz einer der Kommanditisten sowohl die anderen Kommanditanteile als auch mindestens 95 % der Anteile an der Komplementär-GmbH erwirbt.

Für Erwerbsvorgänge i. S. d. § 1 Abs. 3 Nr. 1 und 2 GrEStG bei Personengesellschaften sind die personenbezogenen Befreiungsvorschriften zu beachten. Die o. g. BFH-Urteile vom 31. März 1982 und vom 8. Juni 1988 sind jeweils zur Anteilsvereinigung bei einer Kapitalgesellschaft ergangen. Die Schlussfolgerungen aus diesen Urteilen können nicht gleichermaßen für Personengesellschaften gezogen werden. Personengesellschaften sind weder zivilrechtlich noch grunderwerbsteuerrechtlich (vgl. §§ 5, 6 GrEStG) uneingeschränkt als selbständig anzusehen. Eigentümer des Vermögens einer Personengesellschaft sind die Gesellschafter in ihrer gesamthänderischen Verbundenheit. Die besondere Rechtsnatur der Personengesellschaften rechtfertigt es daher auch, persönliche Eigenschaften der Gesellschafter im Grundstücksverkehr mit der Gesellschaft, d. h. mit der Gesamtheit der Gesellschafter, zu berücksichtigen (vgl. BFH-Urteil vom 21. November 1979 II R 96/76, BStBl. 1980 II S. 217, zu einem Erwerbsfall des § 1 Abs. 1 Nr. 1, § 3 Nr. 6 GrEStG, sowie den BFH-Beschluss vom 26. Februar 2003 II B 202/01, BStBl. II S. 528).

§ 6 Abs. 2 und 3 GrEStG ist anwendbar, da derjenige, in dessen Hand sich die Vereinigung der Anteile i. S. d. § 1 Abs. 3 Nr. 1 und 2 GrEStG vollzieht, grunderwerbsteuerrechtlich so behandelt wird, als habe er das Grundstück von der Gesellschaft erworben. Für den Anwendungsbereich des § 6 GrEStG liegen somit fiktive Grundstücksübertragungen von der GmbH & Co. KG auf den künftigen Alleinkommanditisten bzw. die Personengesellschaft vor. Erwerbsvorgänge nach § 1 Abs. 3 Nr. 1 bzw. 2 GrEStG können hiernach gleichzeitig sowohl nach einer personenbezogenen Befreiungsvorschrift als auch nach § 6 GrEStG (unter Beachtung der Beschränkungen des § 6 Abs. 4 GrEStG) begünstigt sein.

**4. Anwendung**

Dieser Erlass tritt an die Stelle der gleich lautenden Erlasse der obersten Finanzbehörden der Länder zur Anwendung der §§ 3 und 6 GrEStG in den Fällen des § 1 Abs. 3 GrEStG vom 6. März 2013 (BStBl. I S. 773). Er ist auf alle offenen Fälle anzuwenden.

# **600** § 1/10. Gleichlautender Erlass betr. Anwendung des § 1 Abs. 3 GrEStG in der Fassung der Bekanntmachung des Steuerentlastungsgesetzes 1999/2000/2002 hier: Mittelbare Beteiligung

Vom 2. Dezember 1999 (BStBl. I S. 991)

(Oberste Finanzbehörden der Länder)

## Anteilsvereinigungen nach § 1 Abs. 3 GrEStG

### 1. Vorbemerkung[1)]

Durch Artikel 15 des Steuerentlastungsgesetzes 1999/2000/2002 wird in § 1 Abs. 3 Nrn. 1 bis 4 GrEStG zur Vermeidung von Umgehungen durch Zurückhaltung von Zwerganteilen gesetzlich bestimmt, dass die Vereinigung oder der Übergang von mindestens 95 v. H. der Anteile Grunderwerbsteuer auslösen. Außerdem wird gesetzlich klargestellt, dass dies auch für mittelbare Anteilsvereinigungen und mittelbare Anteilsübertragungen gilt. Nach § 1 Abs. 3 GrEStG kann auch bei anderen Personengesellschaften als einer GmbH & Co. KG Grunderwerbsteuerpflicht eintreten, soweit § 1 Abs. 2a GrEStG nicht vorgeht.

Sind bis zum 31. Dezember 1999 bereits mindestens 95 v. H. oder mehr der Anteile einer Gesellschaft in einer Hand vereinigt und wird diese Beteiligung nach dem 31. Dezember 1999 ganz oder teilweise aufgestockt, kann dadurch § 1 Abs. 3 Nrn. 1 und 2 GrEStG nicht mehr verwirklicht werden, da am 1. Januar 2000, dem Anwendungszeitpunkt der Neuregelung des § 1 Abs. 3 GrEStG, die Anteilsvereinigung in Höhe von mindestens 95 v. H. bereits eingetreten war und der Erwerb eines weiteren Anteils keine erneute Verwirklichung des Tatbestandes des § 1 Abs. 3 GrEStG – und zwar auch nicht für die nach dem Überschreiten der 95-v. H.-Grenze hinzuerworbenen Grundstücke – zur Folge hat (BFH-Urteil vom 23. März 1977, BStBl. II S. 565).

### 2. Unmittelbare und mittelbare Anteilsvereinigung[1)]

Anteilsvereinigungen bzw. Anteilsübertragungen i. S. d. § 1 Abs. 3 Nrn. 1 bis 4 GrEStG lösen Grunderwerbsteuer schon dann aus, wenn mindestens 95 v. H. der Anteile unmittelbar oder mittelbar vereinigt oder übertragen werden. Vereinigungen in der Hand des Erwerbers i. S. d. § 1 Abs. 3 Nrn. 1 und 2 GrEStG können sowohl unmittelbar als auch mittelbar über eine andere Gesellschaft oder teilweise unmittelbar und teilweise mittelbar über eine andere Gesellschaft erfolgen.

---

[1)] Vgl. hierzu auch FM Baden-Württemberg v. 14. 2. 2000, DStR S. 430 (Nr. **600** § 1/12).

**Beispiel 1:**

An der X-AG, zu deren Vermögen 3 Grundstücke gehören, waren zunächst die Y-GmbH und die Z-GmbH zu je 50 v. H. beteiligt. Gesellschafter der Y-GmbH waren A und B je zur Hälfte, Gesellschafter der Z-GmbH andere Personen.
In 1997 erwarb A 95 v. H. der bis dahin von der Z-GmbH gehaltenen Anteile an der X-AG. Damit war er zu 47,5 v. H. (95 v. H. von 50 v. H.) unmittelbar und zu 25 v. H. mittelbar (über die von der Y-GmbH gehaltenen Anteile an der X-AG) beteiligt. In 2000 erwirbt A die bisher von B gehaltenen Anteile an der Y-GmbH. Durch diesen Erwerb werden 97,5 v. H. der Anteile an der X-AG teils unmittelbar (95 v. H. von 50 v. H. = 47,5 v. H.), teils mittelbar (50 v. H. über die Y-GmbH) i. S. d. § 1 Abs. 3 Nr. 1 oder 2 GrEStG in der Hand von A vereinigt mit der Folge, dass hinsichtlich der zum Vermögen der X-AG gehörenden Grundstücke 3 Grunderwerbsteuerfälle (s. dazu BFH-Urteil vom 28. Juni 1972, BStBl. II S. 719) vorliegen.

**Beispiel 2:**

Alleingesellschafterin der D-GmbH, zu deren Vermögen ein Grundstück gehört, ist die C-GmbH. Gesellschafter der C-GmbH sind A und B zu gleichen Anteilen.
In 2000 erwirbt A 90 v. H. der bisher von B gehaltenen Anteile an der C-GmbH. Damit werden 95 v. H. der Anteile an der D-GmbH mittelbar (über die C-GmbH) in der Hand von A vereinigt.

### 3. Verstärkung bestehender Beteiligungen

Die Verstärkung einer schon bestehenden Anteilsvereinigung (z. B. wenn im Beispielsfall 2 A anschließend 50 v. H. der von der C-GmbH gehaltenen Anteile an der D-GmbH erwirbt) löst den Besteuerungstatbestand des § 1 Abs. 3 Nr. 1 oder 2 GrEStG dagegen nicht aus (BFH-Urteil vom 20. Oktober 1993, BStBl. 1994 II S. 121).

Dies gilt bereits auch dann, wenn mindestens 95 v. H. der Anteile einer grundbesitzenden Gesellschaft teils mittelbar und teils unmittelbar von einer Person gehalten werden.

Die Ausnahme von der Besteuerung gilt nicht nur hinsichtlich derjenigen Grundstücke, die der Gesellschaft bereits in dem Zeitpunkt grunderwerbsteuerrechtlich zuzurechnen waren, in dem die teils unmittelbare, teils durch die beherrschte Gesellschaft vermittelte Anteilsvereinigung eintrat, sondern auch bezüglich weiterer in der Zwischenzeit erworbener Grundstücke. Unbeachtlich ist, ob die durch die vorausgegangene Anteilsvereinigung ausgelösten Erwerbsvorgänge besteuert oder durch diese Anteilsvereinigung Erwerbsvorgänge nicht verwirklicht wurden, weil die Gesellschaft zu diesem Zeitpunkt noch keinen Grundbesitz hatte oder das Beteiligungsverhältnis schon seit Gründung der Gesellschaft bestand (zu letzterem BFH-Urteil vom 12. Januar 1994, BStBl. II S. 408).

Durch die Urteile vom 20. Oktober 1993 (BStBl. 1994 II S. 121) und 12. Januar 1994 (BStBl. II S. 408) wurde nur entschieden, dass durch eine Verstärkung einer Anteilsvereinigung die Tatbestände des § 1 Abs. 3 Nrn. 1 und 2 GrEStG nicht verwirklicht werden. Die Urteile sind jedoch auch auf Rechtsgeschäfte, die den Anspruch auf Übertragung von mindestens 95 v. H. der Anteile einer Gesellschaft mit Grundbesitz begründen (§ 1 Abs. 3 Nr. 3 GrEStG), sowie auf den Übergang von mindestens 95 v. H. der Anteile einer Gesellschaft mit Grundbesitz (§ 1 Abs. 3 Nr. 4 GrEStG) anzuwenden, wenn dadurch eine in der Hand des Erwerbers schon bestehende Anteilsvereinigung lediglich verstärkt wird.

**Beispiel 3:**

Sachverhalt wie Beispiel 2, jedoch erwirbt A später alle bis dahin von der C-GmbH gehaltenen Anteile an der D-GmbH.
Mit dem Anteilserwerb wird die bisher zu 95 v. H. bestehende mittelbare Anteilsvereinigung lediglich zu einer ganz unmittelbaren verstärkt. Der Tatbestand des § 1 Abs. 3 Nr. 3 oder 4 GrEStG wird dadurch nicht ausgelöst.

## 4. Ausnahmen von Anteilsverstärkungen

Diese Grundsätze sind jedoch nicht sinngemäß anzuwenden

a) auf den Zuerwerb von Anteilen durch eine Konzerngesellschaft, wenn dadurch erstmalig unmittelbar und/oder mittelbar mindestens 95 v. H. der Anteile einer Gesellschaft mit Grundbesitz in der Hand einer Konzerngesellschaft i. S. d. § 1 Abs. 3 Nr. 1 oder 2 GrEStG vereinigt werden;

sowie

b) auf Rechtsvorgänge zwischen Konzerngesellschaften i. S. d. § 1 Abs. 1 und 2 GrEStG.

**Beispiel 4:**

Die Organmutter A ist zu 90 v. H. an der Organtochter B beteiligt. Die restlichen 10 v. H. sind Fremdanteile. B ist in A i. S. d. § 1 Abs. 4 Nr. 2 GrEStG finanziell, wirtschaftlich und organisatorisch eingegliedert. Außerdem ist A zu 40 v. H. und B zu 60 v. H. an der grundbesitzenden Gesellschaft C beteiligt. Es liegt somit hinsichtlich der Grundstücke der C eine Anteilsvereinigung im Konzern vor.
A erwirbt sodann die Anteile der B an der C. Es liegt ein Erwerbsvorgang gemäß § 1 Abs. 3 Nr. 1 oder 2 GrEStG vor (BFH-Urteil vom 30. März 1988, BStBl. II S. 682). Der Anteilsvereinigung in der Hand der Organmutter A geht keine mittelbare Anteilsvereinigung in ihrer Hand voraus. Der Grundbesitz der Gesellschaft C war nicht ihr, sondern dem Organkreis zuzurechnen. Durch den Erwerb der restlichen Anteile an der C vereinigen sich alle Anteile dieser Gesellschaft erstmals in der Hand der Organmutter. Die geänderte Zurechnung löst Steuer nach § 1 Abs. 3 Nr. 1 oder 2 GrEStG aus.

## 5. Grundstückserwerb von der Gesellschaft durch den Gesellschafter

**Beispiel 5:**

Wie Beispiel 4. Später erwirbt A von der Gesellschaft C ein Grundstück.
Es liegt ein Erwerbsvorgang i. S. d. § 1 Abs. 1 Nr. 1 GrEStG vor. Die Steuer für diesen Erwerbsvorgang wird jedoch gemäß § 1 Abs. 6 GrEStG nur insoweit erhoben, als die Bemessungsgrundlage für diesen späteren Erwerbsvorgang den Betrag übersteigt, von dem beim vorausgegangenen Erwerbsvorgang i. S. d. § 1 Abs. 3 Nr. 1 oder 2 GrEStG die Grunderwerbsteuer für das entsprechende Grundstück berechnet wurde.

## 6. Anzeigepflicht

Die Anzeigepflicht nach § 19 Abs. 1 Nrn. 4 bis 7 GrEStG trifft die zur Geschäftsführung befugten Personen.

## 7. Zeitlicher Anwendungsbereich

Dieser Erlass ist auf Erwerbsvorgänge anzuwenden, die nach dem 31. Dezember 1999 verwirklicht werden.

Anteilsvereinigungen nach § 1 Abs. 3 GrEStG.

# **600** § 1/12. Erlass betr. Anwendung des § 1 Abs. 3 GrEStG in der Fassung der Bekanntmachung des Steuerentlastungsgesetzes 1999/2000/2002; hier: Mittelbare Beteiligung

Vom 14. Februar 2000 (DStR S. 430)

(FM Baden-Württemberg 3 – S 4500/43; koord. Ländererlass)

**Bezug:** Gleichlautender Ländererlass vom 2. Dezember 1999 (BStBl. I S. 991)[1)]

Nach § 1 Abs. 3 GrEStG in der Fassung der Bekanntmachung des Steuerentlastungsgesetzes 1999/2000/2002 unterliegen der Grunderwerbsteuer bei nach dem 31. Dezember 1999 verwirklichten Erwerbsvorgängen auch die Vereinigung von **mittelbar** mindestens 95 v. H. der Anteile einer Gesellschaft oder die **mittelbare** Übertragung bzw. der **mittelbare** Übergang von mindestens 95 v. H. der Gesellschaftsanteile (vgl. Tzn. 1 und 2 des Bezugserlasses).

Es wurde die Frage aufgeworfen, ob im Rahmen des § 1 Abs. 3 GrEStG stets alle mittelbaren Beteiligungen an grundbesitzenden Gesellschaften zu berücksichtigen sind, die rein rechnerisch dazu führen, dass in der Hand des Erwerbers mittelbar oder teils unmittelbar und teils mittelbar über eine andere Gesellschaft mindestens 95 v. H. der Anteile vereinigt werden oder ob eine mittelbaren Beteiligung grundsätzlich nur dann angesetzt werden kann, wenn der Anteilseigner an der Gesellschaft zu mindestens 95 v. H. beteiligt ist.

Ich bitte, hierzu folgende Rechtsauffassung zu vertreten:

Der Bundesfinanzhof ist bei teils unmittelbaren und teils mittelbaren Beteiligungsverhältnissen an einer grundbesitzenden Gesellschaft bisher nur dann von einer Anteilsvereinigung ausgegangen, wenn die Anteile in der Hand einer Person in der Weise vereinigt worden sind, dass die Anteile an der grundbesitzenden Gesellschaft zum einen Teil unmittelbar und zum anderen Teil von einer Gesellschaft gehalten werden, an der diese Person zu 100 v. H. beteiligt ist. Dieser Rechtsprechung liegt die Überlegung zu Grunde, dass mittelbare Beteiligungen nur dann einem einzelnen Gesellschafter zuzurechnen sind, wenn dieser die Gesellschaft im Sinne des § 1 Abs. 3 GrEStG beherrscht. An diesem Grundgedanken hat sich aber durch das Herabsetzen der 100 v. H.-Grenze auf die 95 v. H.-Grenze und die Aufnahme der mittelbaren Anteilsvereinigung als Tatbestandsmerkmal des § 1 Abs. 3 GrEStG durch Artikel 15 des Steuerentlastungsgesetzes 1999/2000/2002 nichts geändert. Demzufolge sind bei Anwendung des § 1 Abs. 3 GrEStG nur solche mittelbare Beteiligungen zu berücksichtigen, die zu mindestens 95 v. H. gehalten werden.

Dieser Erlass ergeht im Einvernehmen mit den obersten Finanzbehörden der anderen Länder.

---

[1)] Nr. **600** § 1/10.

# 600 § 1/17. Gleich lautende Erlasse betr. Anwendung des § 1 Abs. 3 i. V. m. Abs. 4 GrEStG auf Organschaftsfälle

Vom 19. September 2018 (BStBl. I S. 1056)

(Oberste Finanzbehörden der Länder)

## 1. Allgemeiner Teil

Die Vereinigung von mindestens 95 % der Anteile einer Gesellschaft mit inländischem Grundbesitz in der Hand von herrschenden und abhängigen Unternehmen bzw. nur von abhängigen Unternehmen ist ein besonders geregelter Fall der mittelbaren Anteilsvereinigung (BFH-Urteil vom 16. Januar 1980 II R 52/76, BStBl. II S. 360). Das Abhängigkeitsverhältnis ersetzt dabei die sonst für die mittelbare Anteilsvereinigung in einer einzigen Hand erforderliche direkte oder indirekte mindestens 95 %ige Beteiligung des Erwerbers an zwischengeschalteten Gesellschaften (BFH-Urteil vom 8. August 2001 II R 66/98, BStBl. 2002 II S. 156).

Dem Rechtsinstitut der Organschaft kommt im Grunderwerbsteuerrecht keine besondere eigenständige Bedeutung zu. Die Unternehmen eines Organkreises bleiben grunderwerbsteuerrechtlich selbständige Rechtsträger. Grundstücksübertragungen zwischen Unternehmen des Organkreises unterliegen daher uneingeschränkt der Grunderwerbsteuer. Bedeutung erlangt die Organschaft allerdings im Rahmen des § 1 Abs. 3 GrEStG, weil mit dem Bestehen eines Organschaftsverhältnisses regelmäßig die finanzielle, wirtschaftliche und organisatorische Eingliederung von Unternehmen i. S. d. § 1 Abs. 4 Nr. 2 Buchst. b GrEStG verbunden ist. In derartigen Fällen werden das herrschende Unternehmen (Organträger) und das oder die abhängigen Unternehmen (Organgesellschaften), die einen Organkreis bilden, als „eine Hand" i. S. d. § 1 Abs. 3 GrEStG behandelt. Das Organschaftsverhältnis modifiziert lediglich das Kriterium der „einen Hand". Der Organkreis ist jedoch nicht als Einheit selbst grunderwerbsteuerlicher Rechtsträger.

Ob eine finanzielle, wirtschaftliche und organisatorische Eingliederung vorliegt, ist entsprechend den Grundsätzen aus § 2 Abs. 2 UStG zu beurteilen.

Als abhängige Unternehmen kommen in erster Linie juristische Personen des Zivil- und Handelsrechts in Betracht. Eine juristische Person gilt dann als abhängiges Unternehmen, wenn sie nach dem Gesamtbild der tatsächlichen Verhältnisse finanziell, wirtschaftlich und organisatorisch in ein Unternehmen eingegliedert ist (§ 1 Abs. 4 Nr. 2 Buchst. b GrEStG). Abhängiges Unternehmen kann auch eine Personengesellschaft sein, wenn deren Gesellschafter entweder das herrschende Unternehmen und abhängige juristische Personen oder nur abhängige juristische Personen sind (BFH-Urteil vom 8. August 2001 II R 66/98, BStBl. 2002 II S. 156).

Herrschendes Unternehmen kann jeder Unternehmer im umsatzsteuerrechtlichen Sinn sein. Die Anteile an den untergeordneten juristischen Personen dürfen bei einer natürlichen Person jedoch nicht im Privatvermögen gehalten werden (BFH-Urteil vom 20. März 1974 II R 185/66, BStBl. II S. 769).

Daraus ergibt sich, dass neben den Organgesellschaften auch der Organträger in einem grunderwerbsteuerlichen Organschaftsverhältnis zwingend Unternehmer sein muss. Anders als bei der Umsatzsteuer ist das grunderwerbsteuerliche Organschaftsverhältnis nicht auf das Inland beschränkt (BFH-Urteil vom 21. September 2005 II R 33/04, BFH/NV 2006 S. 609, und BFH-Beschluss vom 18. November 2005 II B 23/05, BFH/NV 2006 S. 612), sofern nur die Grundstücke, deren Erwerb bei den Rechtsvorgängen des § 1 Abs. 3 GrEStG fingiert wird, im Inland belegen sind.

Die bloße Begründung eines Organschaftsverhältnisses oder dessen Änderung, z. B. eine Erweiterung des Organkreises, löst keinen Rechtsträgerwechsel an Grundstücken und damit keine Steuerpflicht gemäß § 1 Abs. 3 GrEStG aus, wenn nicht zugleich ein auf den Erwerb von Anteilen gerichtetes Rechtsgeschäft (z. B. Anteilsübertragung) oder der Übergang von Anteilen (z. B. Verschmelzung) damit verknüpft ist. Von einer solchen Verknüpfung ist auch dann auszugehen, wenn zwischen dem Anteilserwerb bzw. -übergang und der Begründung des Organschaftsverhältnisses ein enger zeitlicher und sachlicher Zusammenhang im Sinne eines vorgefassten Plans vorliegt. Ob der Anteilserwerb bzw. -übergang und die Begründung eines Organschaftsverhältnisses aufgrund eines vorgefassten Plans erfolgen, kann nur nach den Umständen des Einzelfalls beurteilt werden.

Dem tatsächlichen Vollzug eines solchen Plans kommt dabei keine eigene tatbestandsbegründende, sondern indizielle Bedeutung für die Vorstellungen und Absichten (den Plan) der Beteiligten im Erwerbszeitpunkt zu. Erfolgt in einem zeitlichen Zusammenhang mit dem Anteilserwerb bzw. -übergang die Begründung eines Organschaftsverhältnisses, besteht eine tatsächliche (widerlegbare) Vermutung, dass beide Vorgänge auf einem vorgefassten auf ein einheitliches Ziel gerichteten Plan beruhen. Diese Vermutung kann der Steuerpflichtige allerdings dadurch widerlegen, dass er substantiiert belegbare Tatsachen vorträgt, die einen anderen Geschehensablauf möglich erscheinen lassen.

Ein zeitlicher Zusammenhang kann regelmäßig noch angenommen werden, wenn zwischen beiden Vorgängen ein Zeitraum von nicht mehr als 15 Monaten liegt.

Im Übrigen ist die Subsidiarität des Tatbestandes der Vereinigung der Anteile einer grundstücksbesitzenden Gesellschaft in der Hand des Organträgers und/oder von Organgesellschaften zu beachten. Die Zusammenfassung von juristisch selbständigen Unternehmen zu einem Organkreis im Rahmen des § 1 Abs. 3 Nr. 1 und Nr. 2 GrEStG ist nur dann zulässig, wenn die Anteile der grundstücksbesitzenden Gesellschaft nicht bereits zu mindestens 95 % unmittelbar oder mittelbar in der Hand des Organträgers oder einer Organgesellschaft vereinigt sind.

Nach Maßgabe dieser Entscheidungsgrundsätze gilt für die Anwendung des § 1 Abs. 3 i. V. m. Abs. 4 GrEStG auf Organschaftsfälle Folgendes:

## 2. Begründung eines Organschaftsverhältnisses

### 2.1. Begründung eines Organschaftsverhältnisses unter Beibehaltung der bestehenden Anteilsverhältnisse

**2.1.1. Beispiel:** Die M-GmbH ist zu 80 % an der grundstücksbesitzenden A-GmbH beteiligt. Zwischen der M-GmbH und der A-GmbH wird ein Organschaftsverhältnis begründet.

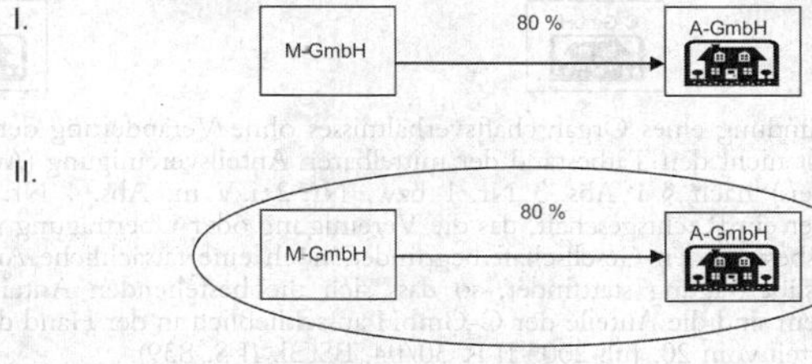


Die bloße Begründung eines Organschaftsverhältnisses ohne Veränderung der Zuordnung von Anteilen erfüllt nicht den Tatbestand der mittelbaren Anteilsvereinigung (Anteilsvereinigung im Organkreis) nach § 1 Abs. 3 Nr. 1 bzw. Nr. 2 i. V. m. Abs. 4 Nr. 2 Buchst. b GrEStG, weil weder ein Rechtsgeschäft, das die Vereinigung oder Übertragung von Anteilen an der grundstücksbesitzenden Gesellschaft begründet, noch eine tatsächliche Anteilsvereinigung bzw. Anteilsübertragung stattfindet, so dass sich die bestehenden Anteilsverhältnisse nicht ändern.

**2.1.2. Beispiel:** Die M-GmbH ist zu 80 % an der grundstücksbesitzenden A-GmbH sowie zu 50 % an der grundstücksbesitzenden B-GmbH beteiligt, an der die A-GmbH ihrerseits zu 46 % beteiligt ist. Zwischen der M-GmbH und der A-GmbH wird ein Organschaftsverhältnis begründet.

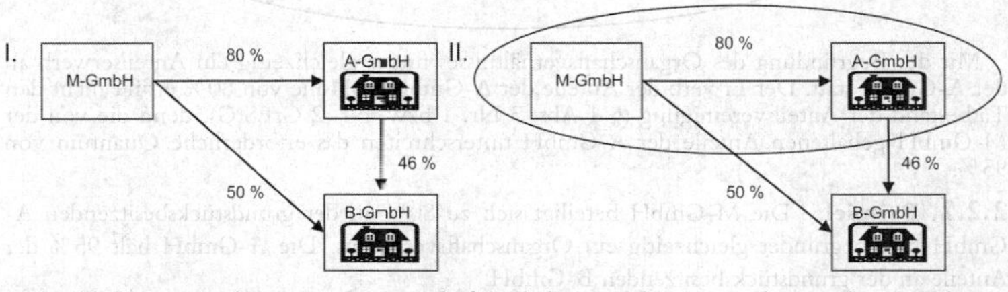


Die bloße Begründung eines Organschaftsverhältnisses ohne Veränderung der Zuordnung von Anteilen erfüllt nicht den Tatbestand der mittelbaren Anteilsvereinigung (Anteilsvereinigung im Organkreis) nach § 1 Abs. 3 Nr. 1 bzw. Nr. 2 i. V. m. Abs. 4 Nr. 2 Buchst. b GrEStG, weil weder ein Rechtsgeschäft, das die Vereinigung oder Übertragung von Anteilen an der grundstücksbesitzenden Gesellschaft begründet, noch eine tatsächliche Anteilsvereinigung bzw. Anteilsübertragung stattfindet, so dass sich die bestehenden Anteilsverhältnisse nicht ändern.

**2.1.3. Beispiel:** Die M-GmbH ist zu 80 % an der grundstücksbesitzenden A-GmbH beteiligt. Die A-GmbH hält 95 % der Anteile der grundstücksbesitzenden C-GmbH. Zwischen der M-GmbH und der A-GmbH wird ein Organschaftsverhältnis begründet.

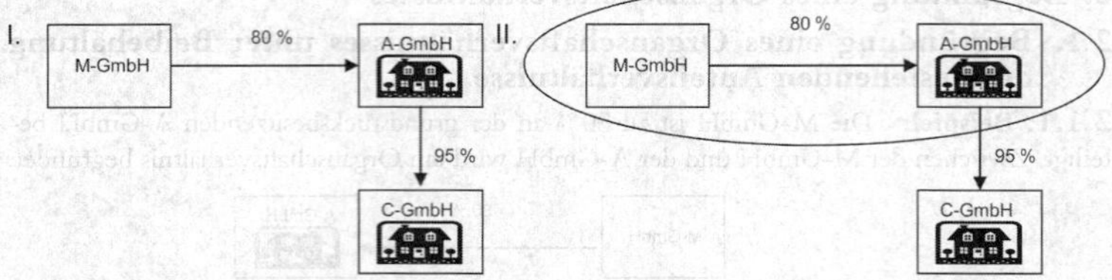


Die bloße Begründung eines Organschaftsverhältnisses ohne Veränderung der Zuordnung von Anteilen erfüllt nicht den Tatbestand der mittelbaren Anteilsvereinigung (Anteilsvereinigung im Organkreis) nach § 1 Abs. 3 Nr. 1 bzw. Nr. 2 i. V. m. Abs. 4 Nr. 2 Buchst. b GrEStG, weil weder ein Rechtsgeschäft, das die Vereinigung oder Übertragung von Anteilen an der grundstücksbesitzenden Gesellschaft begründet, noch eine tatsächliche Anteilsvereinigung bzw. Anteilsübertragung stattfindet, so dass sich die bestehenden Anteilsverhältnisse nicht ändern. Zudem sind die Anteile der C-GmbH ausschließlich in der Hand der A-GmbH vereinigt (BFH-Urteil vom 20. Juli 2005 II R 30/04, BStBl. II S. 839).

## 2.2. Begründung eines Organschaftsverhältnisses unter Veränderung der bestehenden Anteilsverhältnisse

**2.2.1. Beispiel:** Die M-GmbH beteiligt sich zu 80 % an der grundstücksbesitzenden A-GmbH und begründet gleichzeitig ein Organschaftsverhältnis.

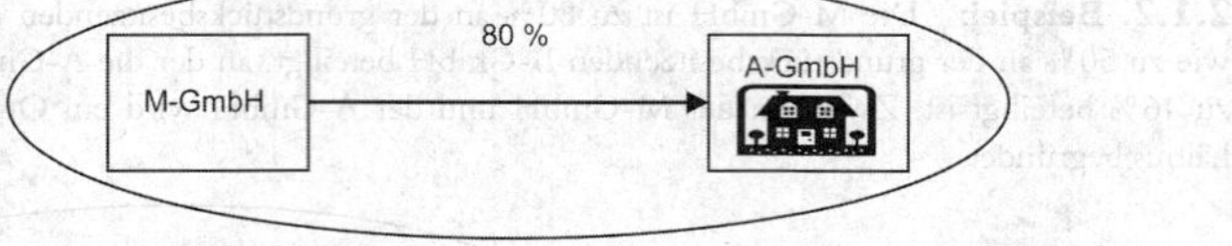


Mit der Begründung des Organschaftsverhältnisses findet gleichzeitig ein Anteilserwerb an der A-GmbH statt. Der Erwerb der Anteile der A-GmbH in Höhe von 80 % erfüllt nicht den Tatbestand der Anteilsvereinigung (§ 1 Abs. 3 Nr. 1 bzw. Nr. 2 GrEStG), denn die von der M-GmbH gehaltenen Anteile der A-GmbH unterschreiten das erforderliche Quantum von 95 %.

**2.2.2. Beispiel:** Die M-GmbH beteiligt sich zu 80 % an der grundstücksbesitzenden A-GmbH und begründet gleichzeitig ein Organschaftsverhältnis. Die A-GmbH hält 95 % der Anteile an der grundstücksbesitzenden B-GmbH.

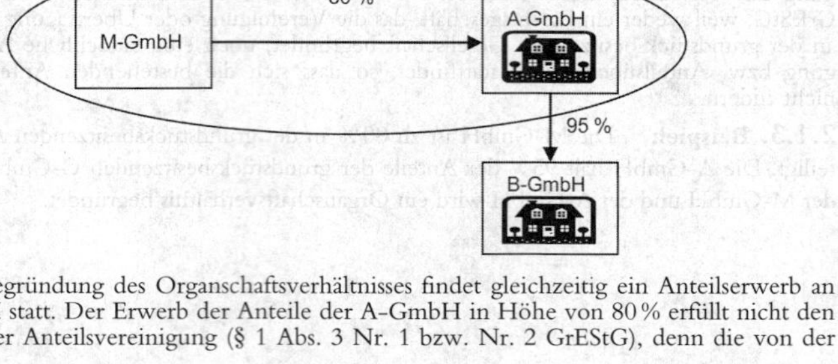


Mit der Begründung des Organschaftsverhältnisses findet gleichzeitig ein Anteilserwerb an der A-GmbH statt. Der Erwerb der Anteile der A-GmbH in Höhe von 80 % erfüllt nicht den Tatbestand der Anteilsvereinigung (§ 1 Abs. 3 Nr. 1 bzw. Nr. 2 GrEStG), denn die von der

M-GmbH gehaltenen Anteile der A-GmbH unterschreiten das erforderliche Quantum von 95%. In Bezug auf die B-GmbH wird der Tatbestand der mittelbaren Anteilsvereinigung (Anteilsvereinigung im Organkreis) nach § 1 Abs. 3 Nr. 1 bzw. Nr. 2 i. V. m. § 1 Abs. 4 Nr. 2 Buchst. b GrEStG nicht erfüllt, denn die Anteile der B-GmbH sind ausschließlich in der Hand der A-GmbH vereinigt (BFH-Urteil vom 20. Juli 2005 II R 30/04, BStBl. II S. 839).

**2.2.3. Beispiel:** An der grundstücksbesitzenden B-GmbH sind die M-GmbH zu 10% und die A-GmbH zu 90% beteiligt. Die M-GmbH erwirbt 80% der Anteile an der A-GmbH unter gleichzeitiger Begründung eines Organschaftsverhältnisses.

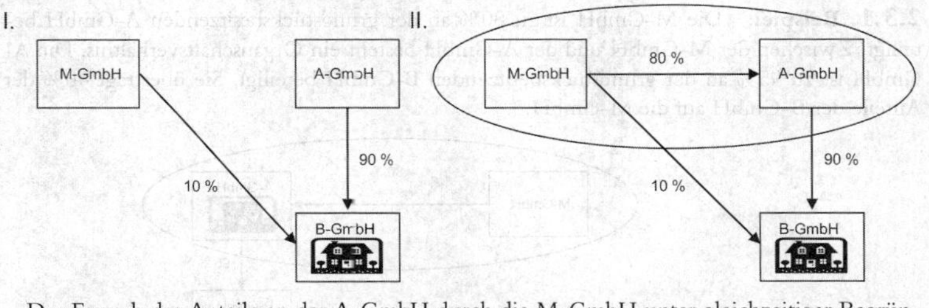


Der Erwerb der Anteile an der A-GmbH durch die M-GmbH unter gleichzeitiger Begründung eines Organschaftsverhältnisses ist darauf gerichtet, alle Anteile der B-GmbH in der Hand von herrschenden und abhängigen Unternehmen zu vereinigen. Das Abhängigkeitsverhältnis ersetzt lediglich den – andernfalls erforderlichen – Erwerb von 95% der Anteile der M-GmbH an der A-GmbH (vgl. BFH-Urteil vom 16. Januar 1980 II R 52/76, BStBl. II S. 360).

Durch den gleichzeitigen Erwerb der Anteile der A-GmbH durch die M-GmbH werden im Zuge der Begründung des Organschaftsverhältnisses erstmals die Anteile der B-GmbH in der Hand von herrschenden (M-GmbH: 10%) und abhängigen Unternehmen (A-GmbH: 90%) vereinigt. Der Tatbestand der mittelbaren Anteilsvereinigung (Anteilsvereinigung im Organkreis) nach § 1 Abs. 3 Nr. 1 bzw. Nr. 2 i. V. m. Abs. 4 Nr. 2 Buchst. b GrEStG ist erfüllt.

**2.2.4. Beispiel:** Die M-GmbH ist zu 80% an der grundstücksbesitzenden A-GmbH sowie zu 60% an der grundstücksbesitzenden B-GmbH beteiligt. Gleichzeitig mit dem Erwerb von 35% der Anteile der B-GmbH durch die A-GmbH wird zwischen der M-GmbH und den anderen Gesellschaften ein Organschaftsverhältnis begründet.

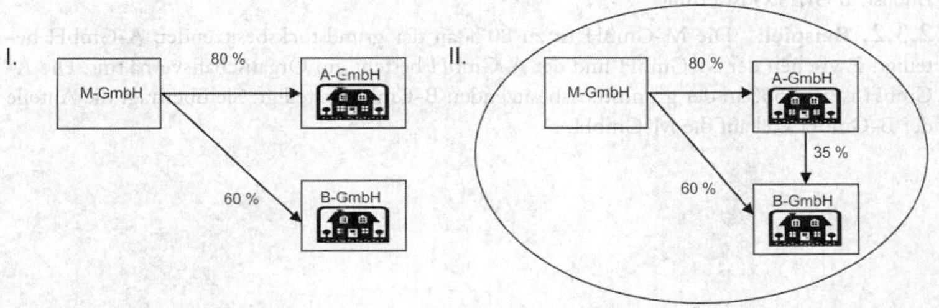


Die bloße Begründung eines Organschaftsverhältnisses ohne Veränderung der Zuordnung von Anteilen an der A-GmbH erfüllt nicht den Tatbestand der Anteilsvereinigung (§ 1 Abs. 3 Nr. 1 bzw. Nr. 2 i. V. m. Abs. 4 Nr. 2 Buchst. b GrEStG), weil weder ein Rechtsgeschäft, das die Vereinigung oder Übertragung von Anteilen an der grundstücksbesitzenden Gesellschaft begründet, noch eine tatsächliche Anteilsvereinigung bzw. Anteilsübertragung stattfindet, so dass sich die bestehenden Anteilsverhältnisse nicht ändern.

Durch den gleichzeitigen Erwerb der Anteile der B-GmbH durch die A-GmbH werden im Zuge der Begründung des Organschaftsverhältnisses jedoch erstmals die Anteile der B-GmbH in der Hand von herrschenden (M-GmbH: 60%) und abhängigen Unternehmen (A-GmbH: 35%) vereinigt. Der Tatbestand der mittelbaren Anteilsvereinigung (Anteilsvereinigung im Organkreis) nach § 1 Abs. 3 Nr. 1 bzw. Nr. 2 i. V. m. Abs. 4 Nr. 2 Buchst. b GrEStG ist erfüllt.

## 2.3. Veränderung der Anteilsverhältnisse bei bestehendem Organschaftsverhältnis

**2.3.1. Beispiel:** Die M-GmbH ist zu 80% an der grundstücksbesitzenden A-GmbH beteiligt. Zwischen der M-GmbH und der A-GmbH besteht ein Organschaftsverhältnis. Die A-GmbH ist zu 95% an der grundstücksbesitzenden B-GmbH beteiligt. Sie überträgt 40% der Anteile der B-GmbH auf die M-GmbH.

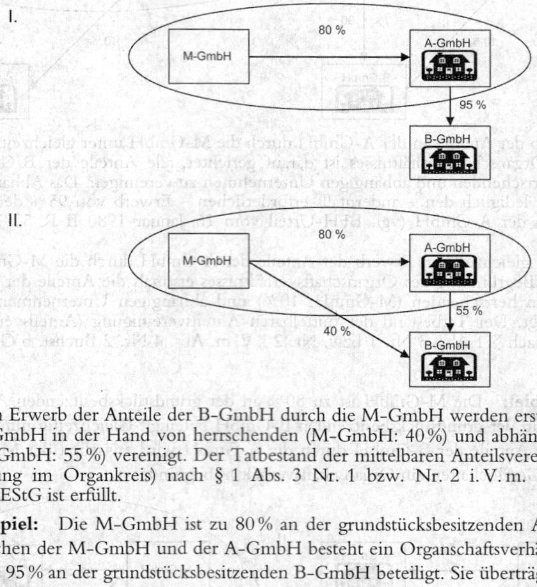


Durch den Erwerb der Anteile der B-GmbH durch die M-GmbH werden erstmals die Anteile der B-GmbH in der Hand von herrschenden (M-GmbH: 40%) und abhängigen Unternehmen (A-GmbH: 55%) vereinigt. Der Tatbestand der mittelbaren Anteilsvereinigung (Anteilsvereinigung im Organkreis) nach § 1 Abs. 3 Nr. 1 bzw. Nr. 2 i. V. m. Abs. 4 Nr. 2 Buchst. b GrEStG ist erfüllt.

**2.3.2. Beispiel:** Die M-GmbH ist zu 80% an der grundstücksbesitzenden A-GmbH beteiligt. Zwischen der M-GmbH und der A-GmbH besteht ein Organschaftsverhältnis. Die A-GmbH ist zu 95% an der grundstücksbesitzenden B-GmbH beteiligt. Sie überträgt die Anteile der B-GmbH voll auf die M-GmbH.

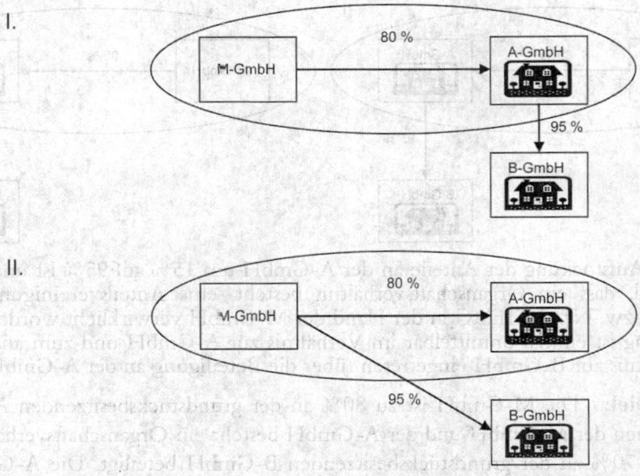


Durch die Übertragung der in Höhe von 95% in der Hand der A-GmbH vereinigten Anteile der B-GmbH in einem Rechtsakt auf die M-GmbH wird der Tatbestand der Anteilsübertragung (§ 1 Abs. 3 Nr. 3 bzw. 4 GrEStG) erfüllt. Das Organschaftsverhältnis ist insoweit grunderwerbsteuerrechtlich irrelevant.

**2.3.3. Beispiel:** Die M-GmbH ist zu 80% an der grundstücksbesitzenden A-GmbH beteiligt. Zwischen der M-GmbH und der A-GmbH besteht ein Organschaftsverhältnis. Die A-GmbH ist zu 95% an der grundstücksbesitzenden B-GmbH beteiligt. Die M-GmbH erhöht ihre Beteiligung an der A-GmbH auf 90%.

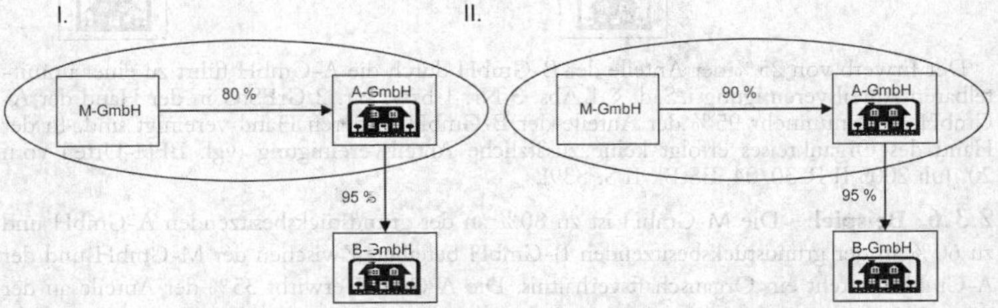


Durch die Erhöhung der Beteiligung der M-GmbH an der A-GmbH um 10% auf 90% wird keine Anteilsvereinigung verwirklicht, weil in Bezug auf die A-GmbH nicht das nach § 1 Abs. 3 Nr. 1 bzw. Nr. 2 GrEStG erforderliche Quantum von mindestens 95% der Anteile in der Hand der M-GmbH vereinigt wird. Hieran ändert auch das bestehende Organschaftsverhältnis nichts, weil dieses die fehlende Beteiligungshöhe von mindestens 95% nicht ersetzt. Auch in Bezug auf die B-GmbH ergibt sich keine anderweitige Beurteilung. Die Anteile der B-GmbH sind nicht im Organkreis vereinigt, weil die Anteile bereits in der Hand der A-GmbH als Organgesellschaft vereinigt sind (BFH-Urteil vom 20. Juli 2005 II R 30/04, BStBl. II S. 839). Dies hat zur Folge, dass die Grundstücke der B-GmbH nur der A-GmbH zuzurechnen sind.

**2.3.4. Beispiel:** Die M-GmbH ist zu 80% an der grundstücksbesitzenden A-GmbH beteiligt. Zwischen der M-GmbH und der A-GmbH besteht ein Organschaftsverhältnis. Die A-GmbH ist zu 95% an der grundstücksbesitzenden B-GmbH beteiligt. Die M-GmbH erhöht ihre Beteiligung an der A-GmbH auf 95%.

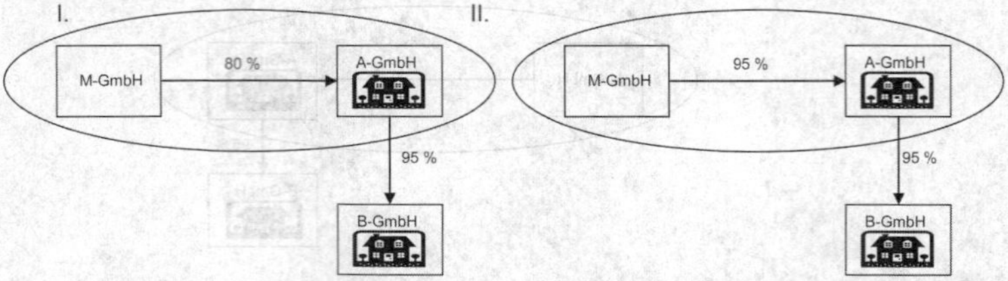


Durch die Aufstockung der Anteile an der A-GmbH um 15% auf 95% ist unabhängig von dem Umstand, dass ein Organschaftsverhältnis besteht, eine Anteilsvereinigung i. S. d. § 1 Abs. 3 Nr. 1 bzw. Nr. 2 GrEStG in der Hand der M-GmbH verwirklicht worden. Diese Anteilsvereinigung ist einmal unmittelbar im Verhältnis zur A-GmbH und zum anderen mittelbar im Verhältnis zur B-GmbH eingetreten (über die Beteiligung an der A-GmbH).

**2.3.5. Beispiel:** Die M-GmbH ist zu 80% an der grundstücksbesitzenden A-GmbH beteiligt. Zwischen der M-GmbH und der A-GmbH besteht ein Organschaftsverhältnis. Die A-GmbH ist zu 70% an der grundstücksbesitzenden B-GmbH beteiligt. Die A-GmbH erhöht ihre Beteiligung an der B-GmbH auf 95%.

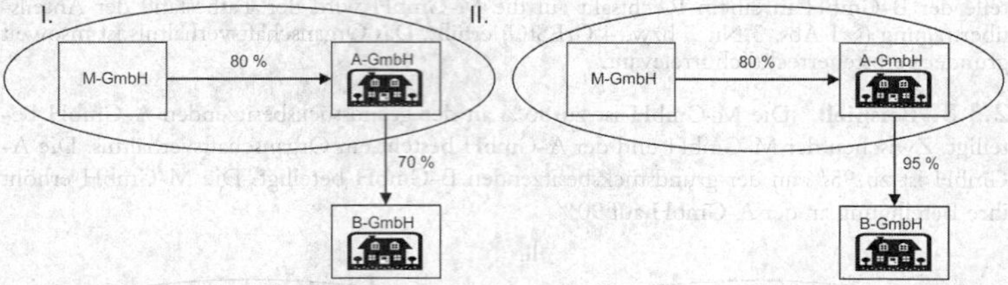


Der Erwerb von 25% der Anteile der B-GmbH durch die A-GmbH führt zu einer unmittelbaren Anteilsvereinigung i. S. d. § 1 Abs. 3 Nr. 1 bzw. Nr. 2 GrEStG in der Hand der A-GmbH, weil nunmehr 95% der Anteile der B-GmbH in deren Hand vereinigt sind. In der Hand des Organkreises erfolgt keine zusätzliche Anteilsvereinigung (vgl. BFH-Urteil vom 20. Juli 2005 II R 30/04, BStBl. II S. 839).

**2.3.6. Beispiel:** Die M-GmbH ist zu 80% an der grundstücksbesitzenden A-GmbH und zu 60% an der grundstücksbesitzenden B-GmbH beteiligt. Zwischen der M-GmbH und der A-GmbH besteht ein Organschaftsverhältnis. Die A-GmbH erwirbt 35% der Anteile an der B-GmbH.

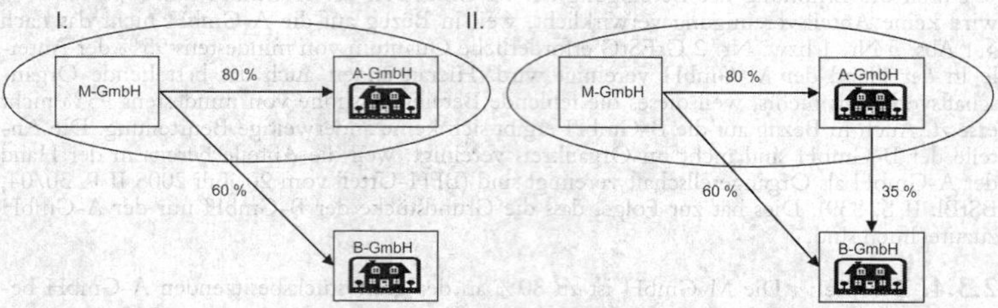


Durch den Erwerb der Anteile der B-GmbH durch die A-GmbH werden aufgrund des bestehenden Organschaftsverhältnisses erstmals die Anteile der B-GmbH in der Hand von herrschenden (M-GmbH: 60%) und abhängigen Unternehmen (A-GmbH: 35%) vereinigt.

Der Tatbestand der mittelbaren Anteilsvereinigung (Anteilsvereinigung im Organkreis) nach § 1 Abs. 3 Nr. 1 bzw. Nr. 2 i. V. m. Abs. 4 Nr. 2 Buchst. b GrEStG ist erfüllt.

**2.3.7. Beispiel:** Die M-GmbH beteiligt sich zu 80 % an der A-GmbH. Mit dem Anteilserwerb wird zugleich ein Organschaftsverhältnis zwischen diesen Gesellschaften vereinbart. Die A-GmbH ist zu 45 % an der grundstücksbesitzenden B-GmbH beteiligt. Die M-GmbH, die zu 50 % an der B-GmbH beteiligt ist, erwirbt später von der A-GmbH deren Anteile an der B-GmbH hinzu.

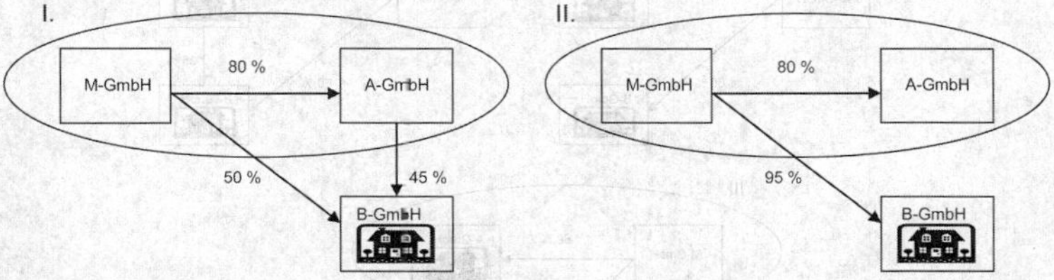


Mit dem Anteilserwerb und der Begründung des Organschaftsverhältnisses, die in einem zeitlichen und sachlichen Zusammenhang stehen, wird eine Anteilsvereinigung im Organkreis gem. § 1 Abs. 3 Nr. 1 bzw. Nr. 2 i. V. m. § 1 Abs. 4 Nr. 2 Buchst. b GrEStG bewirkt, denn im Organkreis vereinigen sich die Anteile der B-GmbH zu mindestens 95 %.

Durch den späteren Hinzuerwerb wird in der Person der M-GmbH der Tatbestand der unmittelbaren Anteilsvereinigung i. S. d. § 1 Abs. 3 Nr. 1 bzw. Nr. 2 GrEStG verwirklicht. Die vorangegangene mittelbare Anteilsvereinigung im Organkreis steht dem nicht entgegen, weil der Organkreis und seine Mitglieder nicht identisch sind.

## 2.4. Änderung der Anteilsverhältnisse und nachfolgende Begründung des Organschaftsverhältnisses

**2.4.1. Beispiel:** Die M-GmbH ist zu 80 % an der grundstücksbesitzenden A-GmbH beteiligt, die 95 % der Anteile an der grundstücksbesitzenden B-GmbH hält. Im November 01 erhöht die M-GmbH ihre Beteiligung an der A-GmbH auf 95 %. Im Dezember 01 wird zwischen der M-GmbH und der A-GmbH ein Organschaftsverhältnis begründet.

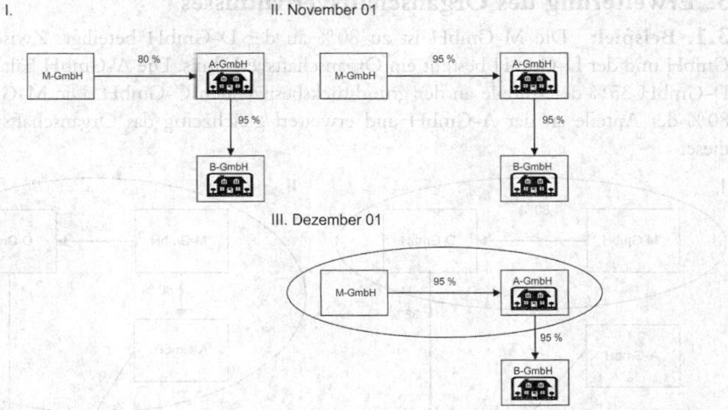


Durch die Aufstockung der Anteile an der A-GmbH ist der Tatbestand der Anteilsvereinigung i. S. d. § 1 Abs. 3 Nr. 1 bzw. Nr. 2 GrEStG in der Hand der M-GmbH verwirklicht worden. Diese Anteilsvereinigung ist einmal unmittelbar im Verhältnis zur A-GmbH und zum anderen mittelbar im Verhältnis zur B-GmbH eingetreten (über die Beteiligung der A-

GmbH). In der Hand des Organkreises erfolgt keine zusätzliche Anteilsvereinigung (vgl. BFH-Urteil vom 20. Juli 2005 II R 30/04, BStBl. II S. 839).

**2.4.2. Beispiel:** Die M-GmbH ist zu 80% an der grundstücksbesitzenden A-GmbH sowie zu 60% an der grundstücksbesitzenden B-GmbH beteiligt. Kurze Zeit nachdem die A-GmbH 35% der Anteile an der B-GmbH erworben hat, wird zwischen der M-GmbH und der A-GmbH ein Organschaftsverhältnis begründet.

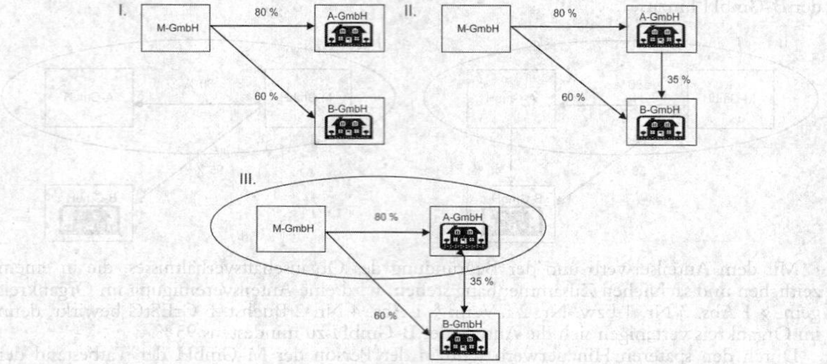


Weder der Erwerb der Anteile der B-GmbH durch die A-GmbH noch die bloße Begründung eines Organschaftsverhältnisses ohne Veränderung in der Zuordnung von Anteilen erfüllen je für sich allein den Tatbestand der mittelbaren Anteilsvereinigung (Anteilsvereinigung im Organkreis) nach § 1 Abs. 3 Nr. 1 bzw. Nr. 2 i. V. m. Abs. 4 Nr. 2 Buchst. b GrEStG.

Jedoch begründet der enge zeitliche und sachliche Zusammenhang zwischen dem Erwerb von 35% der Anteile der B-GmbH durch die A-GmbH und der Begründung des Organschaftsverhältnisses zwischen der M-GmbH und der A-GmbH die widerlegbare Vermutung, dass beide Vorgänge durch einen vorgefassten Plan, die Anteile der B-GmbH im Organkreis zu vereinigen, verknüpft sind. Dadurch erfolgt im Organkreis eine Anteilsvereinigung i. S. d. § 1 Abs. 3 Nr. 1 bzw. Nr. 2 i. V. m. § 1 Abs. 4 Nr. 2 Buchst. b GrEStG.

## 3. Erweiterung des Organschaftsverhältnisses

**3.1. Beispiel:** Die M-GmbH ist zu 80% an der D-GmbH beteiligt. Zwischen der M-GmbH und der D-GmbH besteht ein Organschaftsverhältnis. Die A-GmbH hält 60% und die D-GmbH 35% der Anteile an der grundstücksbesitzenden C-GmbH. Die M-GmbH erwirbt 80% der Anteile an der A-GmbH und erweitert gleichzeitig das Organschaftsverhältnis auf diese.

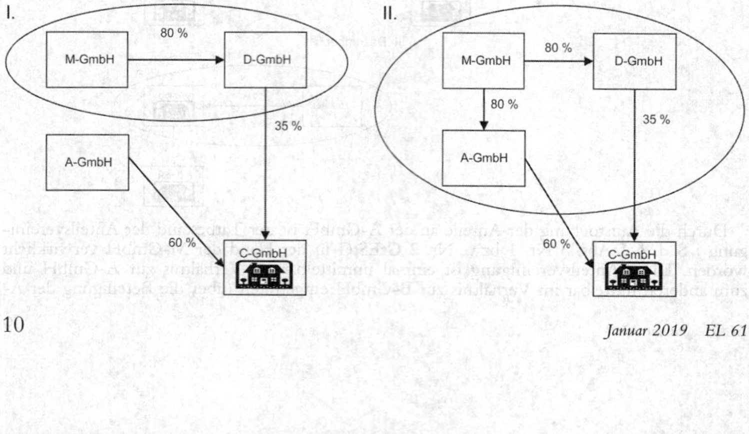

Der Erwerb der Anteile der A-GmbH durch die M-GmbH unter gleichzeitiger Begründung eines Abhängigkeitsverhältnisses und der daraus folgenden Erweiterung des Organschaftsverhältnisses ist darauf gerichtet, alle Anteile an der C-GmbH in der Hand von abhängigen Unternehmen zu vereinigen (vgl. BFH-Urteil vom 16. Januar 1980 II R 52/76, BStBl. II S. 360). In der Hand des Organkreises findet somit eine Anteilsvereinigung i. S. d. § 1 Abs. 3 Nr. 1 i. V. m. § 1 Abs. 4 Nr. 2 Buchst. b GrEStG in Bezug auf die C-GmbH statt, da mindestens 95 % der Anteile dieser Gesellschaft in der Hand von zwei abhängigen Gesellschaften (A-GmbH: 60 % und D-GmbH: 35 %) des Organkreises vereinigt werden.

**3.2. Beispiel:** Die M-GmbH ist zu je 80 % an der A-GmbH und an der D-GmbH beteiligt. Zwischen ihnen besteht ein Organschaftsverhältnis. An der grundstücksbesitzenden C-GmbH sind die A-GmbH zu 60 %, die D-GmbH zu 35 % sowie die X-GmbH zu 5 % beteiligt. Die M-GmbH erwirbt 70 % der Anteile an der X-GmbH und gleichzeitig wird die X-GmbH abhängiges Unternehmen der M-GmbH.

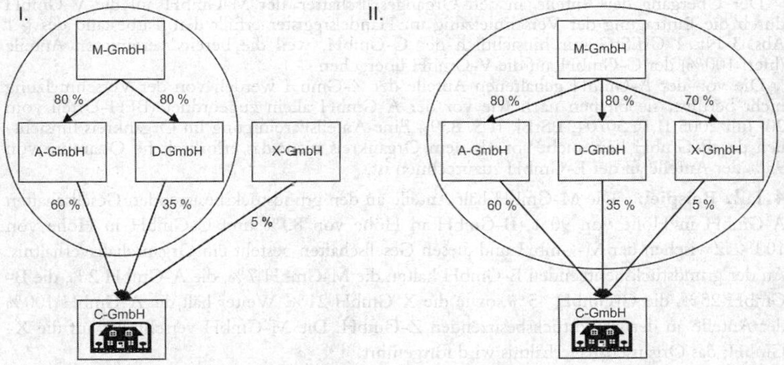


Da bereits 95 % der Anteile der C-GmbH in der Hand von abhängigen Unternehmen (A-GmbH: 60 % und D-GmbH: 35 %) vereinigt waren, handelt es sich um eine bloße Verstärkung der Beteiligung im Organkreis, die grunderwerbsteuerrechtlich unerheblich ist.

## 4. Verschmelzung des Organträgers

### 4.1. Verschmelzung des Organträgers auf eine Gesellschaft außerhalb des Organkreises unter Fortführung des Organschaftsverhältnisses

**4.1.1. Beispiel:** Die M-GmbH hält Anteile an den grundstücksbesitzenden Gesellschaften A-GmbH in Höhe von 90 %, B-GmbH in Höhe von 80 % und C-GmbH in Höhe von 100 %. Zwischen der M-GmbH und diesen Gesellschaften besteht ein Organschaftsverhältnis. An der grundstücksbesitzenden E-GmbH halten die M-GmbH 7 %, die A-GmbH 2 %, die B-GmbH 25 %, die C-GmbH 45 % sowie die X-GmbH 21 %. Weiter hält die A-GmbH 100 % der Anteile an der grundstücksbesitzenden Z-GmbH. Die M-GmbH verschmilzt auf die V-GmbH; das Organschaftsverhältnis wird fortgeführt.

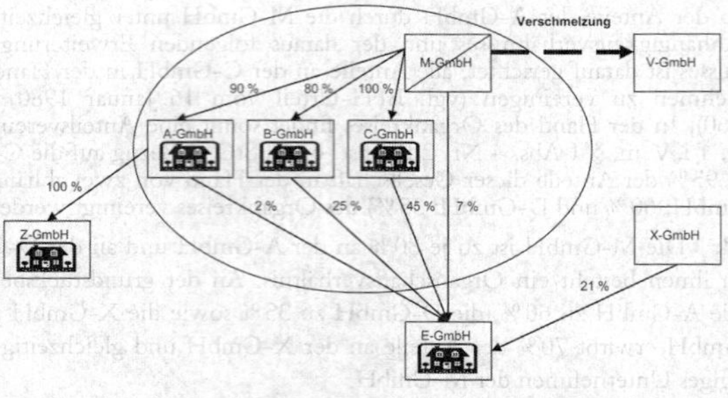


Der Übergang der Anteile an den Organgesellschaften der M-GmbH auf die V-GmbH durch die Eintragung der Verschmelzung im Handelsregister erfüllt den Tatbestand des § 1 Abs. 3 Nr. 4 GrEStG nur hinsichtlich der C-GmbH, weil die bereits vereinigten Anteile (hier: 100 %) der C-GmbH auf die V-GmbH übergehen.

Die von der A-GmbH gehaltenen Anteile der Z-GmbH werden von der Verschmelzung nicht berührt; sie bleiben nach wie vor der A-GmbH allein zugeordnet (BFH-Urteil vom 20. Juli 2005 II R 30/04, BStBl. II S. 839). Eine Anteilsvereinigung im Organkreis hinsichtlich der E-GmbH liegt nicht vor, da dem Organkreis nicht das erforderliche Quantum von 95 % der Anteile an der E-GmbH zuzurechnen ist.

**4.1.2. Beispiel:** Die M-GmbH hält Anteile an den grundstücksbesitzenden Gesellschaften A-GmbH in Höhe von 90 %, B-GmbH in Höhe von 80 % und C-GmbH in Höhe von 100 %. Zwischen der M-GmbH und diesen Gesellschaften besteht ein Organschaftsverhältnis. An der grundstücksbesitzenden E-GmbH halten die M-GmbH 7 %, die A-GmbH 2 %, die B-GmbH 25 %, die C-GmbH 45 % sowie die X-GmbH 21 %. Weiter hält die A-GmbH 100 % der Anteile an der grundstücksbesitzenden Z-GmbH. Die M-GmbH verschmilzt auf die X-GmbH; das Organschaftsverhältnis wird fortgeführt.

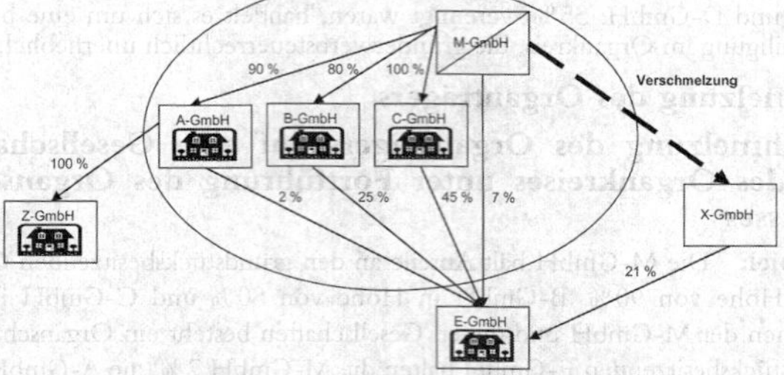


Der Übergang der Anteile an den Organgesellschaften der M-GmbH auf die X-GmbH durch die Eintragung der Verschmelzung im Handelsregister erfüllt den Tatbestand des § 1 Abs. 3 Nr. 4 GrEStG nur hinsichtlich der C-GmbH, weil die bereits vereinigten Anteile (hier: 100 %) der C-GmbH auf die X-GmbH übergehen.

Die von der A-GmbH gehaltenen Anteile der Z-GmbH werden von der Verschmelzung nicht berührt; sie bleiben nach wie vor der A-GmbH allein zugeordnet (BFH-Urteil vom 20. Juli 2005 II R 30/04, BStBl. II S. 839). Die von der M-GmbH gehaltenen Anteile an der E-GmbH sind auf die X-GmbH übergegangen, deren Anteilsbesitz damit auf 28 % aufgestockt wird. Da die restlichen Anteile der E-GmbH von den Organgesellschaften (C-GmbH: 45 %, B-GmbH: 25 % und A-GmbH: 2 %) gehalten werden, tritt in Bezug auf die Grundstücke der E-GmbH erstmalig eine Anteilsvereinigung im fortgeführten Organkreis ein (§ 1 Abs. 3 Nr. 1 bzw. Nr. 2 i. V. m. Abs. 4 Nr. 2 Buchst. b GrEStG).

**4.1.3. Beispiel:** Die M-GmbH hält 80 % der Anteile an der A-GmbH und 30 % der Anteile an der grundstücksbesitzenden E-GmbH. Zwischen der M-GmbH und der A-GmbH besteht ein Organschaftsverhältnis. Die A-GmbH hält ihrerseits 65 % der Anteile an der E-GmbH. Die M-GmbH verschmilzt auf die V-GmbH; das Organschaftsverhältnis wird fortgeführt.

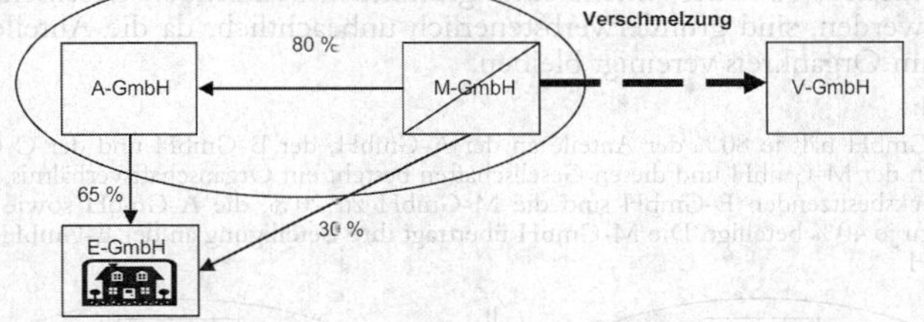


Durch den Übergang der 30 %igen Beteiligung der M-GmbH an der E-GmbH auf die V-GmbH mit der Eintragung der Verschmelzung im Handelsregister tritt eine Anteilsvereinigung im fortgeführten Organkreis ein (§ 1 Abs. 3 Nr. 2 i. V. m. Abs. 4 Nr. 2 Buchst. b GrEStG).

## 4.2. Verschmelzung des Organträgers auf eine Organgesellschaft unter Fortführung des Organschaftsverhältnisses

**Beispiel:**
Die M-GmbH ist zu 100 % an der B-GmbH, zu 60 % an der C-GmbH und zu 70 % an der D-GmbH beteiligt. An der C-GmbH ist des Weiteren die D-GmbH zu 40 % beteiligt. Die B-GmbH, die C-GmbH und die D-GmbH sind Organgesellschaften des Organträgers M-GmbH. Jede der Organgesellschaften verfügt über Grundbesitz. Die M-GmbH wird auf die B-GmbH verschmolzen.

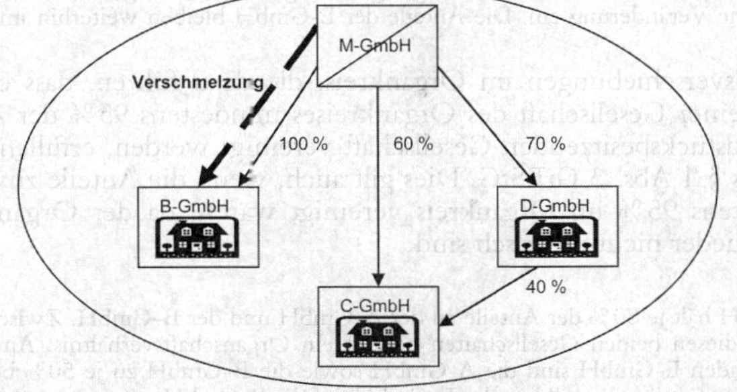


Durch die Verschmelzung findet ein Organträgerwechsel statt; die bisherige Organgesellschaft B-GmbH wird zum herrschenden Unternehmen im Organkreis. Diesem fortgeführten Organkreis sind die Grundstücke der C-GmbH im Rahmen des § 1 Abs. 3 Nr. 2 i. V. m. § 1 Abs. 4 Nr. 2 Buchst. b GrEStG zuzurechnen, weil 100 % der Anteile an der C-GmbH im Organkreis gehalten werden (B-GmbH: 60 % unmittelbar und D-GmbH: 40 % mittelbar). In Bezug auf die D-GmbH findet keine Anteilsvereinigung i. S. d. § 1 Abs. 3 Nr. 1 bzw. Nr. 2

i. V. m. § 1 Abs. 4 Nr. 2 Buchst. b GrEStG statt, weil dem Organkreis nicht das erforderliche Quantum von mindestens 95 % der Anteile der D-GmbH zuzurechnen ist. Hinsichtlich der Grundstücke der B-GmbH wird kein der Grunderwerbsteuer unterliegender Tatbestand verwirklicht, weil diese durch die Verschmelzung der M-GmbH auf die B-GmbH unberührt bleiben.

## 5. Umstrukturierung im Organkreis

**5.1.** Anteilsverschiebungen im Organkreis, die dazu führen, dass vorher wie nachher bei verschiedenen Gesellschaften des Organkreises zusammengerechnet mindestens 95 % der Anteile einer grundstücksbesitzenden Gesellschaft gehalten werden, sind grunderwerbsteuerlich unbeachtlich, da die Anteile weiterhin im Organkreis vereinigt bleiben.

**Beispiel:**

Die M-GmbH hält je 80 % der Anteile an der A-GmbH, der B-GmbH und der C-GmbH. Zwischen der M-GmbH und diesen Gesellschaften besteht ein Organschaftsverhältnis. An der grundstücksbesitzenden E-GmbH sind die M-GmbH zu 20 %, die A-GmbH sowie die B-GmbH zu je 40 % beteiligt. Die M-GmbH überträgt ihre Beteiligung an der E-GmbH auf die C-GmbH.

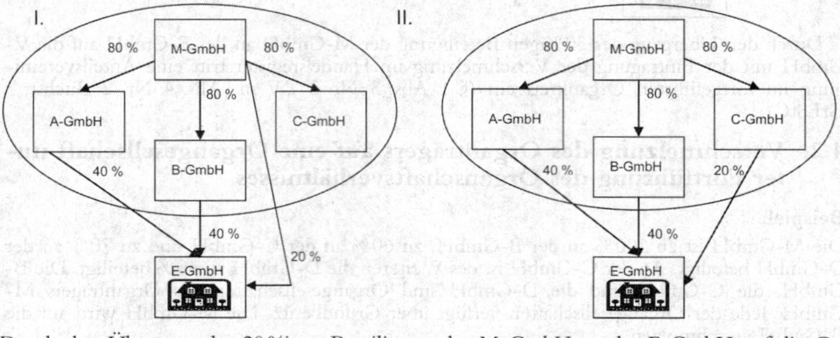


Durch den Übergang der 20 %igen Beteiligung der M-GmbH an der E-GmbH auf die C-GmbH tritt hinsichtlich der Anteilsvereinigung im Organkreis keine grunderwerbsteuerrechtlich erhebliche Veränderung ein. Die Anteile der E-GmbH bleiben weiterhin im Organkreis vereinigt.

**5.2.** Anteilsverschiebungen im Organkreis, die dazu führen, dass erstmals in der Hand einer Gesellschaft des Organkreises mindestens 95 % der Anteile an einer grundstücksbesitzenden Gesellschaft vereinigt werden, erfüllen den Tatbestand des § 1 Abs. 3 GrEStG. Dies gilt auch, wenn die Anteile zuvor bereits zu mindestens 95 % im Organkreis vereinigt waren, da der Organkreis und seine Mitglieder nicht identisch sind.

**Beispiel:**

Die M-GmbH hält je 80 % der Anteile an der A-GmbH und der B-GmbH. Zwischen der M-GmbH und diesen beiden Gesellschaften besteht ein Organschaftsverhältnis. An der grundstücksbesitzenden E-GmbH sind die A-GmbH sowie die B-GmbH zu je 50 % beteiligt. Die A-GmbH überträgt ihre Anteile an der E-GmbH auf die B-GmbH.

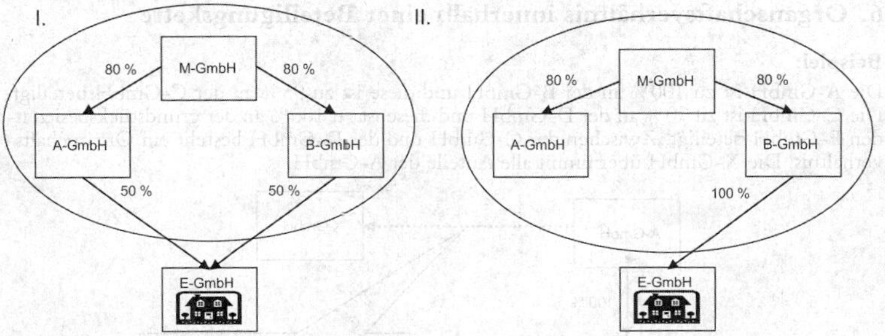


Das Gesetz behandelt den Organkreis als eine Hand. Eine der Anteilsvereinigung im Organkreis nachfolgende Anteilsvereinigung in der Hand nur eines Mitglieds des Organkreises führt zu einer Neuzuordnung der Grundstücke. Die Vereinigung der Anteile der E-GmbH in der Hand der B-GmbH unterliegt daher gemäß § 1 Abs. 3 Nr. 1 bzw. Nr. 2 GrEStG der Steuer.

**5.3.** Anteilsverschiebungen innerhalb des Organkreises, die dazu führen, dass die Anteile an einer grundstücksbesitzenden Gesellschaft nicht mehr durch eine einzelne Gesellschaft des Organkreises, sondern nunmehr von mehreren Gesellschaften dieses Organkreises gehalten werden, erfüllen den Tatbestand des § 1 Abs. 3 Nr. 1 bzw. Nr. 2 i. V. m. Abs. 4 Nr. 2 Buchst. b GrEStG, wenn dadurch erstmals mindestens 95 % der Anteile im Organkreis vereinigt werden.

**Beispiel:**
Die M-GmbH hält je 80 % der Anteile an der A-GmbH und der B-GmbH. Zwischen der M-GmbH und diesen Gesellschaften besteht ein Organschaftsverhältnis. An der grundstücksbesitzenden E-GmbH hält die B-GmbH 100 % der Anteile. Die B-GmbH überträgt 40 % der Anteile an der E-GmbH auf die M-GmbH.

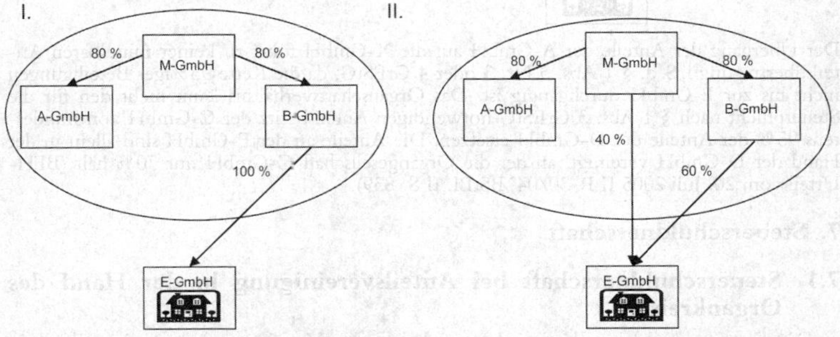


Durch den Übergang der Anteile in Höhe von 40 % an der E-GmbH auf die M-GmbH tritt erstmals eine Anteilsvereinigung in der Hand von herrschenden (M-GmbH: 40 %) und abhängigen Unternehmen (B-GmbH: 60 %) ein (§ 1 Abs. 3 Nr. 1 bzw. 2 i. V. m. § 1 Abs. 4 Nr. 2 Buchst. b GrEStG).

## 6. Organschaftsverhältnis innerhalb einer Beteiligungskette

**Beispiel:**

Die A-GmbH ist zu 100% an der B-GmbH und diese ist zu 95% an der C-GmbH beteiligt. Die C-GmbH ist zu 70% an der D-GmbH und diese ist zu 100% an der grundstücksbesitzenden E-GmbH beteiligt. Zwischen der C-GmbH und der D-GmbH besteht ein Organschaftsverhältnis. Die X-GmbH übernimmt alle Anteile der A-GmbH.

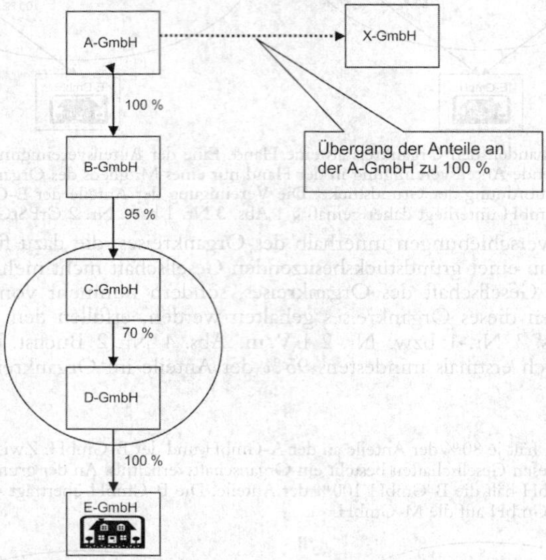


Der Übergang der Anteile der A-GmbH auf die X-GmbH führt zu keiner mittelbaren Anteilsübertragung i. S. d. § 1 Abs. 3 Nr. 3 oder 4 GrEStG, da die Kette 95%iger Beteiligungen nicht bis zur E-GmbH durchgängig ist. Das Organschaftsverhältnis kann nicht den für die Steuerpflicht nach § 1 Abs. 3 GrEStG notwendigen Anteilsbesitz der C-GmbH von mindestens 95% der Anteile der D-GmbH ersetzen. Die Anteile an der E-GmbH sind allein in der Hand der D-GmbH vereinigt, an der die Organgesellschaft C-GmbH nur 70% hält (BFH-Urteil vom 20. Juli 2005 II R 30/04, BStBl. II S. 839).

## 7. Steuerschuldnerschaft

### 7.1. Steuerschuldnerschaft bei Anteilsvereinigung in der Hand des Organkreises

Die Steuerschuldnerschaft richtet sich bei der Vereinigung von Anteilen einer grundstücksbesitzenden Gesellschaft in der Hand von herrschenden und abhängigen Unternehmen bzw. nur in der Hand von abhängigen Unternehmen nach § 13 Nr. 5 Buchst. b GrEStG. Steuerschuldner sind allein die an der Anteilsvereinigung Beteiligten, das heißt die Gesellschaften des Organkreises, deren Anteilsbesitz an der grundstücksbesitzenden Gesellschaft dazu beiträgt, dass das für eine Anteilsvereinigung erforderliche Quantum von 95% erreicht wird.

**Beispiel:**
Die M-GmbH ist je zu 80 % an der A-GmbH, B-GmbH und C-GmbH beteiligt. Zwischen der M-GmbH und diesen Gesellschaften besteht ein Organschaftsverhältnis. Die A-GmbH und die B-GmbH sind jede mit 40 % an der grundstücksbesitzenden E-GmbH beteiligt. 20 % der Anteile an der E-GmbH hält Z.

**Variante 1:**
Die M-GmbH erwirbt den 20 %igen Anteil an der E-GmbH von Z.

I.

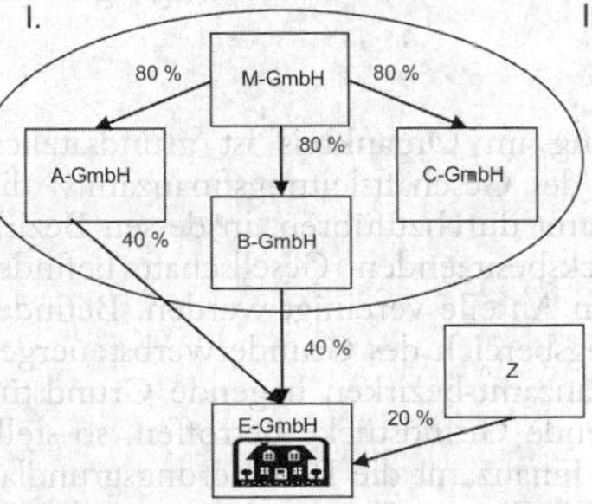


II.

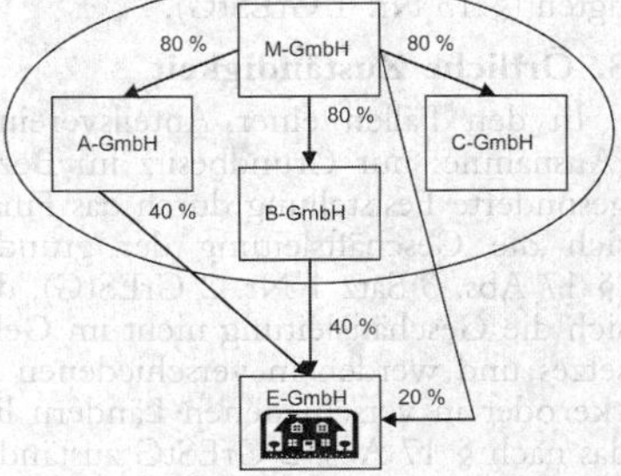


Steuerschuldner sind die an der Anteilsvereinigung beteiligten Unternehmen (§ 13 Nr. 5 Buchst. b GrEStG) M-GmbH, A-GmbH und B-GmbH als Gesamtschuldner (§ 44 AO); die Steuer kann von jedem an der Anteilsvereinigung im Organkreis Beteiligten in vollem Umfang erhoben werden. Die C-GmbH ist zwar auch Mitglied des Organkreises; sie nimmt jedoch nicht an der Anteilsvereinigung teil und scheidet deshalb als Steuerschuldner aus.

**Variante 2:**
Die C-GmbH erwirbt den 20 %igen Anteil an der E-GmbH von Z.

I.

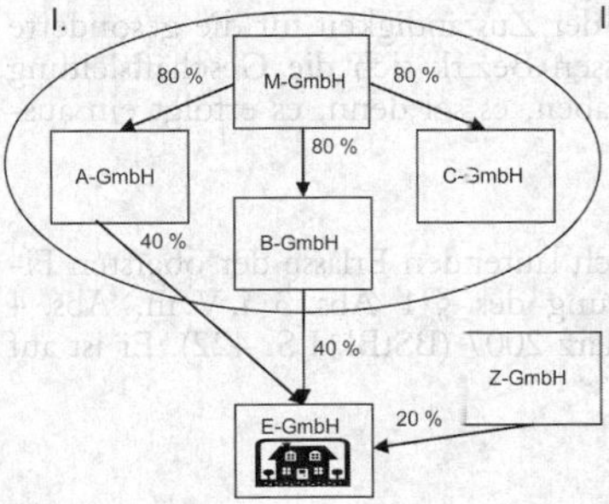


II.

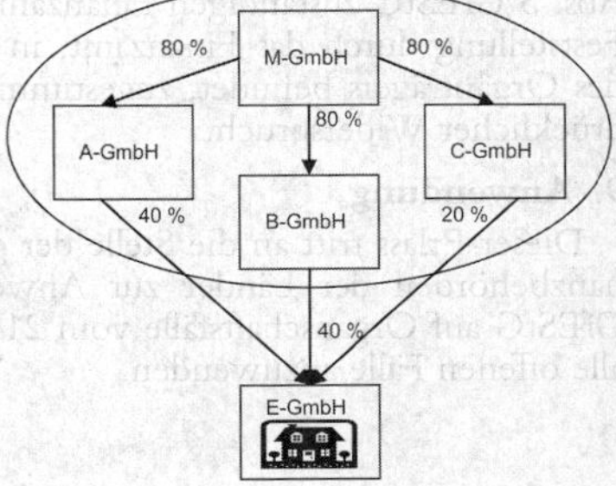


Steuerschuldner sind die an der Anteilsvereinigung beteiligten Unternehmen (§ 13 Nr. 5 Buchst. b GrEStG) A-GmbH, B-GmbH und C-GmbH als Gesamtschuldner (§ 44 AO). Ihr Abhängigkeitsverhältnis zur M-GmbH löst zwar die Anteilsvereinigung im Organkreis aus, doch ist die M-GmbH, die keine Anteile der E-GmbH hält, nicht selbst an der Anteilsvereinigung beteiligt und scheidet deshalb als Steuerschuldner aus.

**7.2. Steuerschuldnerschaft bei Anteilsvereinigung in der Hand eines Mitglieds des Organkreises**

Soweit eine Anteilsvereinigung (§ 1 Abs. 3 GrEStG) nur in der Hand eines Mitglieds des Organkreises eintritt, richtet sich die Steuerschuldnerschaft nach § 13 Nr. 5 Buchst. a GrEStG. Steuerschuldner ist der Erwerber (BFH vom 2. August 2006 II R 23/05, BFH/NV S. 2306). In den Fällen des § 1 Abs. 3 Nr. 3 und Nr. 4 GrEStG sind Steuerschuldner die am Erwerbsvorgang Beteiligten (§ 13 Nr. 1 GrEStG).

**8. Örtliche Zuständigkeit**

In den Fällen einer Anteilsvereinigung im Organkreis ist grundsätzlich (Ausnahme: nur Grundbesitz im Bezirk des Geschäftsleitungsfinanzamts) die gesonderte Feststellung durch das Finanzamt durchzuführen, in dessen Bezirk sich die Geschäftsleitung der grundstücksbesitzenden Gesellschaft befindet (§ 17 Abs. 3 Satz 1 Nr. 2 GrEStG), deren Anteile vereinigt werden. Befindet sich die Geschäftsleitung nicht im Geltungsbereich des Grunderwerbsteuergesetzes und werden in verschiedenen Finanzamtsbezirken liegende Grundstücke oder in verschiedenen Ländern liegende Grundstücke betroffen, so stellt das nach § 17 Abs. 2 GrEStG zuständige Finanzamt die Besteuerungsgrundlagen gesondert fest (§ 17 Abs. 3 Satz 2 GrEStG).

In Organschaftsfällen mit mittelbaren Anteilsvereinigungen (-übertragungen) führt dies zu einer Vielzahl von Zuständigkeiten. Im Einvernehmen mit den Steuerpflichtigen und dem Finanzamt, welches nach den Vorschriften örtlich zuständig ist, kann gemäß § 27 AO die gesonderte Feststellung das Finanzamt durchführen, in dessen Bezirk sich die Geschäftsleitung des Organträgers befindet. Es ist grundsätzlich davon auszugehen, dass die an der Anteilsvereinigung beteiligten Gesellschaften eines Organkreises und die nach § 17 Abs. 3 GrEStG zuständigen Finanzämter der Zuständigkeit für die gesonderte Feststellung durch das Finanzamt, in dessen Bezirk sich die Geschäftsleitung des Organträgers befindet, zugestimmt haben, es sei denn, es erfolgt ein ausdrücklicher Widerspruch.

**9. Anwendung**

Dieser Erlass tritt an die Stelle der gleich lautenden Erlasse der obersten Finanzbehörden der Länder zur Anwendung des § 1 Abs. 3 i. V. m. Abs. 4 GrEStG auf Organschaftsfälle vom 21. März 2007 (BStBl. I S. 422). Er ist auf alle offenen Fälle anzuwenden.

# 600 § 1/20. Gleich lautende Erlasse betr. Anwendung des § 1 Abs. 3 a GrEStG

Vom 19. September 2018 (BStBl. I S. 1078)

(Oberste Finanzbehörden der Länder)

## 1. Allgemeines

Durch Art. 26 Nr. 1 des Amtshilferichtlinie-Umsetzungsgesetzes vom 26. Juni 2013, BGBl. I S. 1809, wurde mit § 1 Abs. 3 a GrEStG ein neuer, eigenständiger Fiktionstatbestand eingeführt. Mit der Neuregelung werden insbesondere Erwerbsvorgänge mit sog. Real Estate Transfer Tax Blocker-Strukturen (RETT-Blocker) der Besteuerung unterworfen. RETT-Blocker zielten darauf ab, bei einem Rechtsträgerwechsel die grunderwerbsteuerrechtliche Zuordnung eines inländischen Grundstücks durch Zwischenschaltung einer Gesellschaft, an der ein Fremder wirtschaftlich nicht oder nur geringfügig beteiligt ist, zu verhindern.

Nach § 1 Abs. 3 a GrEStG gilt als Rechtsvorgang i. S. d. § 1 Abs. 3 Nr. 1 bis 4 GrEStG auch ein solcher, aufgrund dessen ein Rechtsträger insgesamt eine wirtschaftliche Beteiligung in Höhe von mindestens 95 % an einer Gesellschaft innehat, zu deren Vermögen inländischer Grundbesitz gehört. Die wirtschaftliche Beteiligung kann in allen Varianten des § 1 Abs. 3 GrEStG verwirklicht werden.

Folgt einem Erwerbsvorgang nach § 1 Abs. 3 GrEStG ein Rechtsvorgang, aufgrund dessen ein Rechtsträger erstmals eine wirtschaftliche Beteiligung in Höhe von mindestens 95 % innehat, so unterliegt dieser Vorgang der Besteuerung nach § 1 Abs. 3 a GrEStG auch dann, wenn dem Erwerber der Grundbesitz der Gesellschaft bereits aufgrund des vorangegangenen Erwerbs grunderwerbsteuerrechtlich zuzurechnen ist. Die Anrechnungsregelung des § 1 Abs. 6 GrEStG ist zu beachten.

Die Regelung gilt für Kapitalgesellschaften und Personengesellschaften gleichermaßen, da die neue Vorschrift bei Personengesellschaften auf die vermögensmäßige Beteiligung abstellt.

Die Grundsätze zu § 1 Abs. 3 GrEStG gelten, soweit nachfolgend nicht abweichend dargestellt, entsprechend.

## 2. Anwendungsbereich der Vorschrift

Gemäß § 23 Abs. 11 GrEStG ist § 1 Abs. 3 a GrEStG erstmals auf Erwerbsvorgänge anzuwenden, die nach dem 6. Juni 2013 verwirklicht werden. Mangels Rechtsvorgang löst daher allein das Inkrafttreten der Neuregelung keinen steuerbaren Tatbestand aus.

Sind bis zum 6. Juni 2013 bereits mindestens 95 % der Anteile einer Gesellschaft wirtschaftlich i. S. d. § 1 Abs. 3 a GrEStG in einer Hand vereinigt und wird diese Beteiligung nach dem 6. Juni 2013 ganz oder teilweise aufgestockt, kann dadurch § 1 Abs. 3 a GrEStG nicht mehr verwirklicht werden. Dies gilt auch für die nach dem Überschreiten der 95 %-Grenze hinzuerworbenen

Grundstücke. Die Besteuerung einer erstmaligen Verwirklichung des § 1 Abs. 2 a oder Abs. 3 GrEStG bleibt hiervon unberührt.

Wird die wirtschaftliche Beteiligung von mindestens 95 % auf einen anderen Rechtsträger übertragen, ist § 1 Abs. 3 a GrEStG verwirklicht.

**Beispiel 1:**

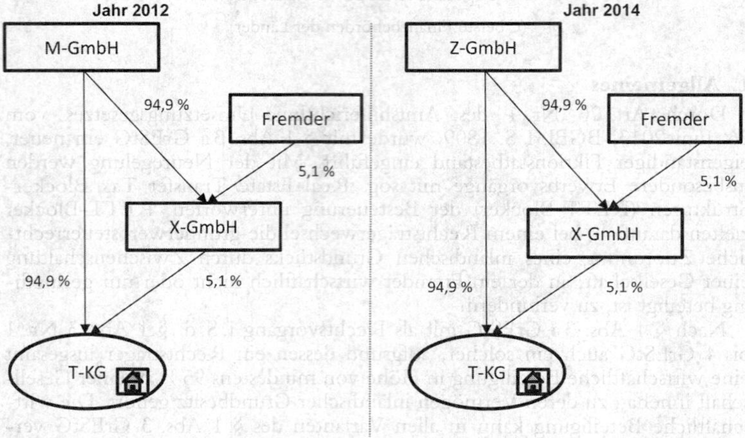


Die M-GmbH veräußert im Jahr 2014 sowohl ihre Anteile am Vermögen der grundbesitzenden T-KG als auch ihre Anteile an der X-GmbH an die Z-GmbH.
§ 1 Abs. 2 a GrEStG ist bei der grundbesitzenden T-KG nicht verwirklicht. Unmittelbar sind lediglich 94,9 % der Anteile am Vermögen auf die Z-GmbH übertragen worden. Mittelbar sind ebenso lediglich 94,9 % der Anteile an der X-GmbH übertragen worden, so dass die Altgesellschafterstellung der X-GmbH erhalten bleibt.
§ 1 Abs. 3 GrEStG ist nicht einschlägig. Wegen der Beteiligung des Fremden in Höhe von 5,1 % kann der Z-GmbH der Anteil der X-GmbH an der T-KG nicht zugerechnet werden.
Die Anteilsübertragung ist aber steuerbar gemäß § 1 Abs. 3 a GrEStG. Die Z-GmbH ist aufgrund der Übertragung der Anteile unmittelbar zu 94,9 % und mittelbar über die X-GmbH zu 4,834 % an der grundbesitzenden T-KG wirtschaftlich beteiligt. Die Besteuerung des Erwerbsvorgangs im Jahr 2014 wird nicht dadurch ausgeschlossen, dass bereits vor Inkrafttreten der Neuregelung die veräußernde M-GmbH in Höhe von mindestens 95 % an der grundbesitzenden T-KG als wirtschaftlich beteiligt zu betrachten gewesen wäre.
Die wirtschaftliche Gesamtbeteiligung der Z-GmbH ergibt sich aus der Summe der unmittelbaren und mittelbaren Beteiligungen:

| | | | |
|---|---|---|---|
| | Z-GmbH | (94,9 %) | 94,90 % |
| + | über die X-GmbH mit | (94,9 % × 5,1 %) | 4,83 % |
| = | **Wirtschaftliche Gesamtbeteiligung** | | **99,73 %** |

## 3. Nachrangigkeit

Mit § 1 Abs. 3 a GrEStG ist § 1 GrEStG um einen neuen Ergänzungstatbestand erweitert worden. § 1 Abs. 2 a und Abs. 3 GrEStG gehen ausdrücklich vor. D. h., die Besteuerung eines Rechtsvorgangs nach § 1 Abs. 3 a GrEStG ist nur dann zu prüfen, wenn eine Besteuerung nicht bereits nach § 1 Abs. 2 a oder Abs. 3 GrEStG in Betracht kommt. Die Anwendung des § 1 Abs. 3 a GrEStG wird durch § 1 Abs. 2 a und Abs. 3 GrEStG auch dann ausgeschlossen, wenn die Steuer nach § 1 Abs. 2 a Satz 7 GrEStG oder aufgrund einer Befreiungs- oder Vergünstigungsvorschrift nicht erhoben wird.

**Beispiel 2:**

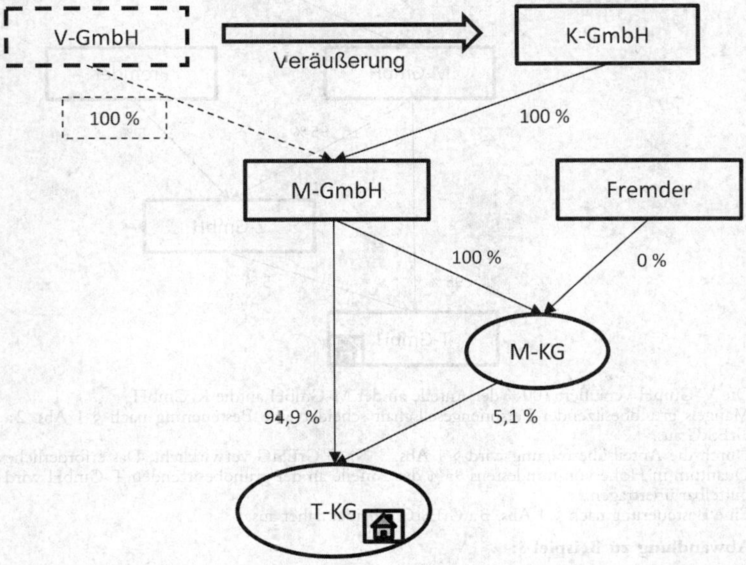


Die V-GmbH veräußert 100 % der Anteile an der M-GmbH an die K-GmbH.
Durch die Anteilsübertragung wird § 1 Abs. 2 a GrEStG verwirklicht, weil hierdurch insgesamt 100 % der Anteile am Vermögen der grundbesitzenden T-KG mittelbar auf neue Gesellschafter übergegangen sind.
Eine Besteuerung nach § 1 Abs. 3 und Abs. 3 a GrEStG scheidet daher aus.

**Beispiel 3:**

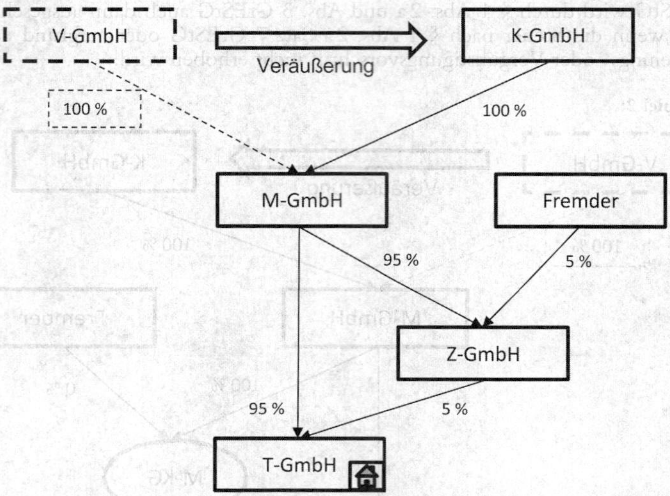


Die V-GmbH veräußert 100 % der Anteile an der M-GmbH an die K-GmbH.
Mangels grundbesitzender Personengesellschaft scheidet eine Besteuerung nach § 1 Abs. 2 a GrEStG aus.
Durch die Anteilsübertragung wird § 1 Abs. 3 Nr. 3 GrEStG verwirklicht. Das erforderliche Quantum in Höhe von mindestens 95 % der Anteile an der grundbesitzenden T-GmbH wird mittelbar übertragen.
Eine Besteuerung nach § 1 Abs. 3 a GrEStG scheidet daher aus.

**Abwandlung zu Beispiel 3:**

Die V-GmbH veräußert mit Vertrag vom 1. Juli die Anteile an der M-GmbH in Höhe von 100 % an die K-GmbH. Im Vertrag wurde geregelt, dass die Anteile an der M-GmbH mit Wirkung vom 15. September übergehen. Die grundbesitzende T-GmbH erwirbt mit notariellem Kaufvertrag vom 1. August zwei weitere Grundstücke.

1. Juli:

Mangels grundbesitzender Personengesellschaft scheidet eine Besteuerung nach § 1 Abs. 2 a GrEStG aus.
Durch die Anteilsübertragung wird § 1 Abs. 3 Nr. 3 GrEStG verwirklicht. Das erforderliche Quantum in Höhe von mindestens 95 % der Anteile an der grundbesitzenden T-GmbH wird mittelbar übertragen.
Eine Besteuerung nach § 1 Abs. 3 a GrEStG scheidet daher aus.

1. August:

Am 1. August verwirklicht die T-GmbH durch den Erwerb weiterer Grundstücke den Tatbestand des § 1 Abs. 1 Nr. 1 GrEStG.

15. September:

Durch die Übertragung der Anteile auf die K-GmbH am 15. September ist § 1 Abs. 3 Nr. 4 GrEStG verwirklicht, soweit die Grundstücke am 1. August hinzuerworben wurden. Hinsichtlich dieser Grundstücke ist kein schuldrechtliches Geschäft i. S. d. § 1 Abs. 3 Nr. 3 GrEStG vorausgegangen.
Eine Besteuerung nach § 1 Abs. 3 a GrEStG scheidet daher aus.

**Hinweis auf die Abwandlung zu Beispiel 5:**

§ 1 Abs. 3 a GrEStG wird in der Abwandlung zu Beispiel 5 in gleicher Weise verwirklicht, wenn zwischen Abschlussdatum und Übertragung des Anteils Grundstücke hinzuerworben werden.

## 4. Steuerbare Erwerbsvorgänge

Steuerbar gemäß § 1 Abs. 3 a GrEStG sind Rechtsvorgänge, die dazu führen, dass ein Rechtsträger erstmalig eine wirtschaftliche Beteiligung in Höhe von mindestens 95 % an einer grundbesitzenden Gesellschaft innehat. Dabei ist es unerheblich, ob der Rechtsträger diese wirtschaftliche Beteiligung unmittelbar, mittelbar oder teils unmittelbar, teils mittelbar hält. § 1 Abs. 3 a GrEStG ist wie § 1 Abs. 3 GrEStG stichtagsbezogen. Die Grundsätze zum Zeitpunkt der Verwirklichung des Tatbestands des § 1 Abs. 3 GrEStG gelten entsprechend.

**Beispiel 4:**

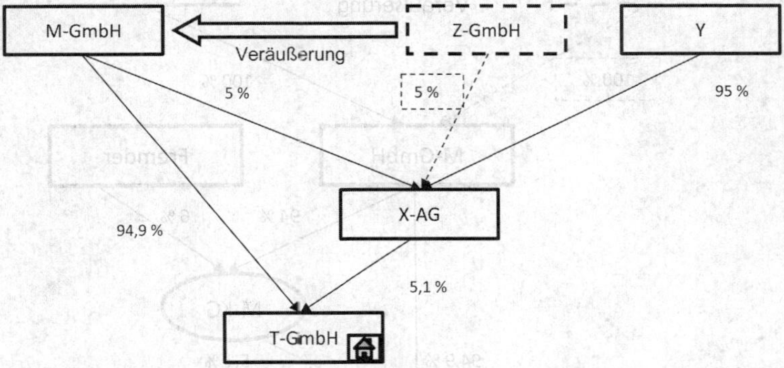


Die Z-GmbH veräußert 5 % der Anteile an der X-AG an die M-GmbH.

Durch die Anteilsübertragung wird § 1 Abs. 3 GrEStG nicht verwirklicht. Der M-GmbH kann weiterhin nur eine Beteiligung in Höhe von 94,9 % an der grundbesitzenden T-GmbH zugerechnet werden.

Die Anteilsübertragung ist aber steuerbar gemäß § 1 Abs. 3 a GrEStG. Die M-GmbH ist unmittelbar zu 94,9 % und aufgrund des Anteilserwerbs mittelbar über die X-AG zu 0,255 % an der grundbesitzenden T-GmbH wirtschaftlich beteiligt.

Die wirtschaftliche Gesamtbeteiligung der M-GmbH ergibt sich aus der Summe der unmittelbaren und mittelbaren Beteiligungen:

| | | | |
|---|---|---|---|
| | M-GmbH | (94,9 %) | 94,90 % |
| + | über die X-AG mit | (5 % × 5,1 %) | 0,25 % |
| = | **Wirtschaftliche Gesamtbeteiligung** | | **95,15 %** |

## 5. Wirtschaftliche Beteiligung

Mit der Einführung der wirtschaftlichen Beteiligung stellt die neue Regelung auf die unmittelbare und/oder mittelbare Beteiligung am Kapital oder am Vermögen einer Gesellschaft ab (§ 1 Abs. 3 a Satz 2 GrEStG). Die sachenrechtliche Betrachtungsweise gilt bei § 1 Abs. 3 a GrEStG nicht. Vielmehr sind alle Beteiligungen am Kapital oder am Vermögen einer Gesellschaft rechtsformneutral anteilig zu berücksichtigen.

Für die Ermittlung der mittelbaren Beteiligung am Kapital oder am Vermögen sind die Prozentsätze zu multiplizieren, d. h., es ist unabhängig von der Gesellschaftsform durch die verschiedenen Beteiligungsebenen „durchzurechnen". Die unmittelbaren und mittelbaren Beteiligungen eines Rechtsträgers an der Gesellschaft mit inländischem Grundstück werden für die Ermittlung der maßgeblichen wirtschaftlichen Beteiligung zusammengerechnet. Hat durch einen Rechtsvorgang i. S. d. § 1 Abs. 3 GrEStG ein Rechtsträger insgesamt eine wirtschaftliche Beteiligung von mindestens 95 % erstmals inne, ist § 1 Abs. 3 a GrEStG verwirklicht.

**Beispiel 5:**

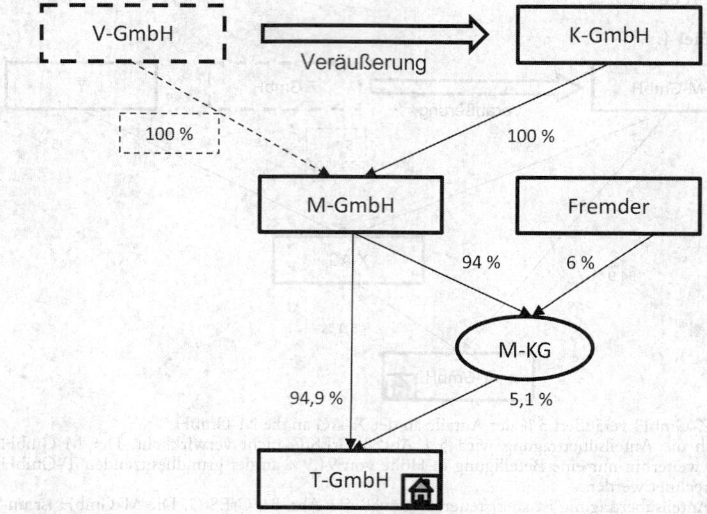


Die V-GmbH veräußert 100 % der Anteile an der M-GmbH an die K-GmbH.
Eine Besteuerung nach § 1 Abs. 3 GrEStG kommt nicht in Betracht, da nicht mindestens 95 % der Anteile an der T-GmbH unmittelbar oder mittelbar auf die K-GmbH übertragen werden. Die Beteiligung der M-KG am Kapital der T-GmbH wird der M-GmbH nicht zugerechnet, da die M-GmbH nicht zu mindestens 95 % (94 %) am Vermögen der M-KG beteiligt ist.
Die Anteilsübertragung ist aber steuerbar gemäß § 1 Abs. 3 a GrEStG. Die K-GmbH ist aufgrund des Anteilserwerbs mittelbar über die M-GmbH und die M-KG wirtschaftlich mit insgesamt 99,7 % an der grundbesitzenden T-GmbH beteiligt.
Die wirtschaftliche Gesamtbeteiligung ergibt sich aus der Summe der mittelbaren Beteiligungen über:

| | | | |
|---|---|---|---|
| | die M-GmbH mit | (100 % × 94,9 %) | 94,9 % |
| + | die M-GmbH und die M-KG mit | (100 % × 94 % × 5,1 %) | 4,8 % |
| = | **Wirtschaftliche Gesamtbeteiligung** | | **99,7 %** |

**Abwandlung zu Beispiel 5:**

Werden in der vorstehenden Struktur zwischen Abschlussdatum und Übertragung des Anteils Grundstücke hinzuerworben (vgl. Abwandlung zu Beispiel 3), so wird hier § 1 Abs. 3a GrEStG – anstelle von § 1 Abs. 3 GrEStG in der Abwandlung zu Beispiel 3 – verwirklicht.

**Beispiel 6:**

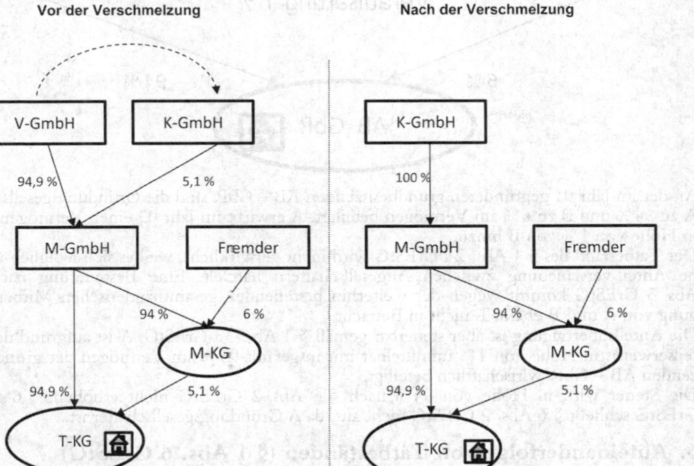


Durch die Verschmelzung der V-GmbH auf die K-GmbH erhöht sich deren Beteiligung an der M-GmbH von bisher 5,1 % auf nunmehr 100 %.

Der Tatbestand des § 1 Abs. 2a GrEStG wird nicht verwirklicht. Die M-GmbH bleibt Altgesellschafterin der grundbesitzenden T-KG, weil nur 94,9 % ihrer Anteile von der V-GmbH auf die K-GmbH übergehen.

Eine Besteuerung nach § 1 Abs. 3 Nr. 2 GrEStG kommt nicht in Betracht, da nicht mindestens 95 % der Anteile an der T-KG unmittelbar oder mittelbar in der Hand der K-GmbH vereinigt werden. Die Beteiligung der M-KG am Kapital der T-KG wird der M-GmbH nicht zugerechnet, da die M-GmbH nicht zu mindestens 95 % (94 %) am Vermögen der M-KG beteiligt ist.

Die Anteilsübertragung ist aber steuerbar gemäß § 1 Abs. 3a GrEStG. Die K-GmbH ist aufgrund des Anteilserwerbs mittelbar über die M-GmbH und die M-KG wirtschaftlich mit insgesamt 99,7 % an der grundbesitzenden T-KG beteiligt.

Die wirtschaftliche Gesamtbeteiligung ergibt sich aus der Summe der mittelbaren Beteiligungen über:

| | | | |
|---|---|---|---|
| | die M-GmbH mit | (100 % × 94,9 %) | 94,9 % |
| + | die M-GmbH und die M-KG mit | (100 % × 94 % × 5,1 %) | 4,8 % |
| = | **Wirtschaftliche Gesamtbeteiligung** | | **99,7 %** |

Die gleiche Beurteilung ergäbe sich, wenn sich in der Struktur anstelle der M-KG eine Kapitalgesellschaft befände.

**Beispiel 7:**

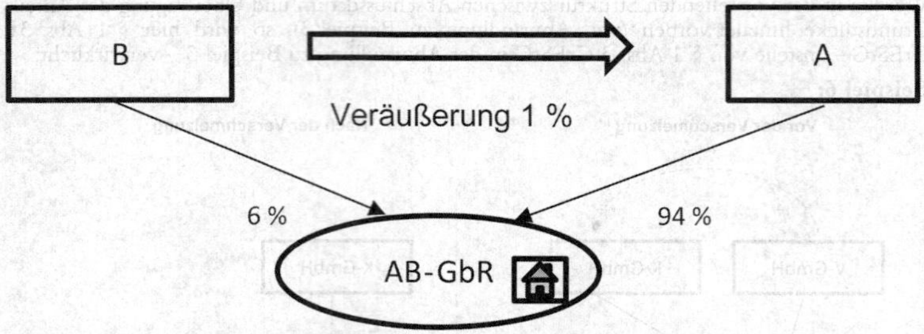


An der im Jahr 01 gegründeten grundbesitzenden AB – GbR sind die Gründungsgesellschafter A zu 94 % und B zu 6 % am Vermögen beteiligt. A erwirbt im Jahr 03 einen Vermögensanteil in Höhe von 1 % von B hinzu.
Der Tatbestand des § 1 Abs. 2 a GrEStG wird nicht verwirklicht, weil es sich lediglich um eine Anteilsverschiebung zwischen Altgesellschaftern handelt. Eine Besteuerung nach § 1 Abs. 3 GrEStG kommt wegen der weiterhin bestehenden gesamthänderischen Mitberechtigung von A und B ebenfalls nicht in Betracht.
Die Anteilsübertragung ist aber steuerbar gemäß § 1 Abs. 3 a GrEStG. A ist aufgrund des Anteilserwerbs in Höhe von 1 % unmittelbar mit insgesamt 95 % am Vermögen der grundbesitzenden AB – GbR wirtschaftlich beteiligt.
Die Steuer wird in Höhe von 94 % nach § 6 Abs. 2 GrEStG nicht erhoben. § 6 Abs. 4 GrEStG schließt § 6 Abs. 2 GrEStG nicht aus, da A Gründungsgesellschafter ist.

## 6. Aufeinanderfolge von Tatbeständen (§ 1 Abs. 6 GrEStG)

Ist einem steuerbaren Rechtsvorgang nach § 1 Abs. 3 a GrEStG ein anderer grunderwerbsteuerbarer Rechtsvorgang (§ 1 Abs. 1, 2 oder 3 GrEStG) vorausgegangen, wird die Steuer gemäß § 1 Abs. 6 Satz 2 GrEStG nur insoweit erhoben, als die Bemessungsgrundlage für den nachfolgenden Rechtsvorgang den Betrag übersteigt, von dem beim vorausgegangenen Rechtsvorgang die Steuer berechnet worden ist. Gleiches gilt, wenn ein steuerbarer Rechtsvorgang i. S. d. §§ 1 Abs. 1, 2 oder 3 GrEStG einem steuerbaren Rechtsvorgang nach § 1 Abs. 3 a GrEStG nachfolgt.

Voraussetzung ist, dass sowohl Grundstücks- als auch Erwerberidentität besteht.

**Beispiel 8:**

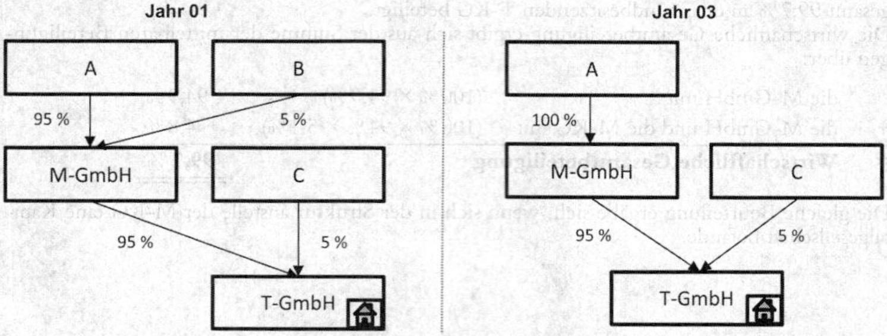

A erwarb im Jahr 01 von Z 50 % und von Y 45 % der Anteile an der M-GmbH. Im Jahr 03 erwarb A die restlichen 5 % der Anteile an der M-GmbH von B hinzu. Zum Vermögen der T-GmbH gehörte durchgehend dasselbe Grundstück.
Im Jahr 01 haben sich in der Hand des A 95 % der Anteile an der M-GmbH, die wiederum 95 % der Anteile an der grundstückbesitzenden T-GmbH innehat, vereinigt. Der Tatbestand des § 1 Abs. 3 Nr. 1 GrEStG ist verwirklicht.
Im Jahr 03 ist der Tatbestand des § 1 Abs. 3 GrEStG nicht verwirklicht, weil lediglich eine Aufstockung der bereits bestehenden Beteiligung von 95 % auf 100 % erfolgt. Die Aufstockung der Anteile auf der Ebene der M-GmbH (95 % + 5 % = 100 %) führt erstmalig zu einer wirtschaftlichen Beteiligung von 95 % an der grundbesitzenden T-GmbH. Der A ist aufgrund des Anteilserwerbs mittelbar über die M-GmbH wirtschaftlich mit 95 % an der grundbesitzenden T-GmbH beteiligt. § 1 Abs. 3 a GrEStG ist verwirklicht.
Die wirtschaftliche Gesamtbeteiligung ergibt sich aus der mittelbaren Beteiligung über:

| | | | |
|---|---|---|---|
| | die M-GmbH mit | (100 % × 95 %) | 95,0 % |
| = | **Wirtschaftliche Gesamtbeteiligung** | | **95,0 %** |

Wegen gegebener Grundstücks- und Erwerberidentität ist § 1 Abs. 6 GrEStG anzuwenden.

**Beispiel 9:**

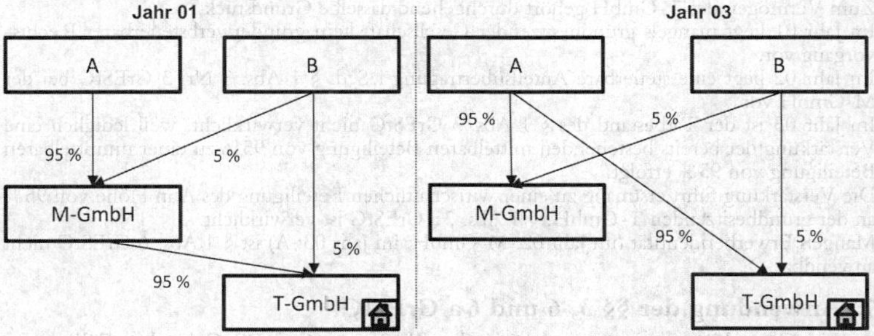


A erwarb im Jahr 01 von Z 50 % und von Y 45 % der Anteile an der M-GmbH. Im Jahr 03 erwarb A 95 % der Anteile der grundbesitzenden T-GmbH von der M-GmbH. Zum Vermögen der T-GmbH gehörte durchgehend dasselbe Grundstück.
Im Jahr 01 haben sich in der Hand des A 95 % der Anteile an der M-GmbH, die wiederum 95 % der Anteile an der grundbesitzenden T-GmbH innehat, vereinigt. Der Tatbestand des § 1 Abs. 3 Nr. 1 GrEStG ist verwirklicht.
Im Jahr 03 ist der Tatbestand des § 1 Abs. 3 GrEStG nicht verwirklicht, weil lediglich eine Verstärkung der bereits bestehenden mittelbaren Beteiligung von 95 % zu einer unmittelbaren Beteiligung von 95 % erfolgt. Die Verstärkung führt erstmalig zu einer wirtschaftlichen Beteiligung von 95 % an der grundbesitzenden T-GmbH. § 1 Abs. 3 a GrEStG ist verwirklicht. Insoweit ist unbeachtlich, dass der Grundbesitz der T-GmbH dem A bereits aufgrund der Anteilsvereinigung im Jahr 01 grunderwerbsteuerrechtlich zuzurechnen war.
Wegen gegebener Grundstücks- und Erwerberidentität ist § 1 Abs. 6 GrEStG anzuwenden.

**Beispiel 10:**

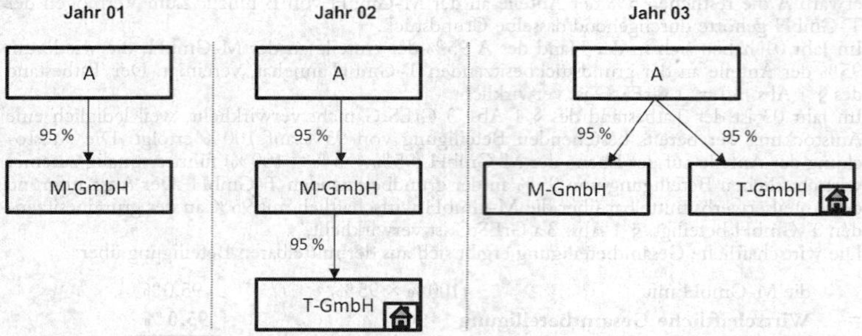


A erwarb im Jahr 01 95 % der Anteile an der M-GmbH. Im Jahr 01 gehört kein Grundstück zum Vermögen der M-GmbH. Im Jahr 02 erwarb die M-GmbH 95 % der Anteile an der grundbesitzenden T-GmbH. Im Jahr 03 erwirbt A 95 % der Anteile an der grundbesitzenden T-GmbH von der M-GmbH.
Zum Vermögen der T-GmbH gehört durchgehend dasselbe Grundstück.
Im Jahr 01 liegt mangels grundbesitzender Gesellschaft kein grunderwerbsteuerbarer Rechtsvorgang vor.
Im Jahr 02 liegt eine steuerbare Anteilsübertragung i. S. d. § 1 Abs. 3 Nr. 3 GrEStG bei der M-GmbH vor.
Im Jahr 03 ist der Tatbestand des § 1 Abs. 3 GrEStG nicht verwirklicht, weil lediglich eine Verstärkung der bereits bestehenden mittelbaren Beteiligung von 95 % zu einer unmittelbaren Beteiligung von 95 % erfolgt.
Die Verstärkung führt erstmalig zu einer wirtschaftlichen Beteiligung des A in Höhe von 95 % an der grundbesitzenden T-GmbH. § 1 Abs. 3 a GrEStG ist verwirklicht.
Mangels Erwerberidentität (im Jahr 02: M-GmbH; im Jahr 03: A) ist § 1 Abs. 6 GrEStG nicht anwendbar.

## 7. Anwendung der §§ 3, 6 und 6 a GrEStG

Die Grundsätze zur Anwendung der §§ 3 und 6 GrEStG in den Fällen des § 1 Abs. 3 GrEStG gelten entsprechend.

Unter den Voraussetzungen des § 6 a GrEStG sind Rechtsvorgänge i. S. d. § 1 Abs. 3 a GrEStG begünstigt.

**Beispiel 11:**

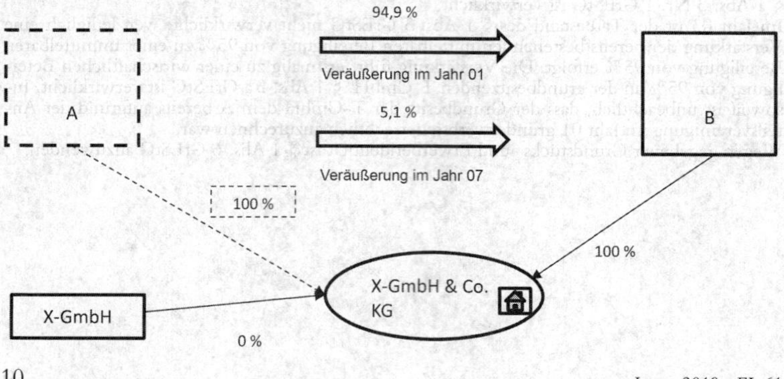

A veräußert im Jahr 01 zunächst 94,9 % und im Jahr 07 die restlichen 5,1 % der Anteile am Vermögen der X-GmbH & Co. KG an B.
Der Tatbestand des § 1 Abs. 2 a GrEStG wird weder im Jahr 01 noch im Jahr 07 verwirklicht, weil nicht mindestens 95 % der Anteile am Vermögen der X-GmbH & Co. KG innerhalb des Fünf-Jahres-Zeitraums übertragen wurden. Eine Besteuerung nach § 1 Abs. 3 GrEStG kommt wegen der gesamthänderischen Mitberechtigung der X-GmbH ebenfalls nicht in Betracht.
Durch die Übertragung der restlichen 5,1 % der Anteile am Vermögen der X-GmbH & Co. KG ist der B im Jahr 07 zu insgesamt 100 % an der grundbesitzenden Personengesellschaft i. S. d. § 1 Abs. 3 a GrEStG wirtschaftlich beteiligt.
Die Steuer wird in Höhe von 94,9 % nach § 6 Abs. 2 GrEStG nicht erhoben. § 6 Abs. 4 GrEStG schließt § 6 Abs. 2 GrEStG nicht aus, da der B seine gesamthänderische Mitberechtigung im Jahr 01 und damit vor mehr als fünf Jahren erworben hat.
Vgl. dazu auch das Beispiel 7, Tz. 5.

## 8. Steuerschuldnerschaft

Steuerschuldner ist der Rechtsträger, der aufgrund des steuerbaren Rechtsvorgangs die wirtschaftliche Beteiligung von mindestens 95 % an einer grundbesitzenden Gesellschaft innehat (§ 13 Nr. 7 GrEStG).

## 9. Verhältnis zu § 16 GrEStG

§ 16 GrEStG ist im Zusammenhang mit § 1 Abs. 3 a GrEStG anzuwenden. Die Grundsätze zur Anwendung des § 16 GrEStG in den Fällen des § 1 Abs. 3 GrEStG gelten entsprechend.

## 10. Anzeigepflicht und Inhalt der Anzeige

Gemäß § 19 Abs. 1 Satz 1 Nr. 7 a GrEStG sind Rechtsvorgänge i. S. d. § 1 Abs. 3 a GrEStG anzuzeigen. Nach § 20 Abs. 2 Nr. 3 GrEStG muss die Anzeige bei mehreren Beteiligten eine Beteiligungsübersicht enthalten.

## 11. Anwendung

Dieser Erlass tritt an die Stelle der gleich lautenden Erlasse der obersten Finanzbehörden der Länder zur Anwendung des § 1 Abs. 3 a GrESt vom 9. Oktober 2013 (BStBl. I S. 1364[1]). Er ist auf alle offenen Fälle anzuwenden.

---

[1] **Red. Anm.:** Fälschlich im BStBl.: S. 662.

1) Red. Anm.: Tatsächlich im BStBl. S. 602.

# **600** § 2/3. Gleich lautende Erlasse zur Beurteilung von Erbbaurechtsvorgängen

Vom 16. September 2015 (BStBl. I S. 827)

(Oberste Finanzbehörden der Länder)

**1. Allgemeines**

Das Erbbaurecht ist das veräußerliche und vererbliche Recht, auf oder unter der Oberfläche eines Grundstücks ein Bauwerk zu haben (§ 1 Abs. 1 Erbbaurechtsgesetz [ErbbauRG]). Es kann auf einen für das Bauwerk nicht erforderlichen Teil des Grundstücks erstreckt werden, sofern das Bauwerk wirtschaftlich die Hauptsache bleibt (§ 1 Abs. 2 ErbbauRG). Das Erbbaurecht stellt sich insofern als eine Beschränkung des Eigentums an dem Grundstück dar (BFH-Urteil vom 28. November 1967 II R 37/66, BStBl. 1968 II S. 223).

Erbbaurechte stehen nach § 2 Abs. 2 Nr. 1 GrEStG den Grundstücken gleich. Die auf Grundstücke bezogenen Vorschriften des Grunderwerbsteuerrechts gelten daher für Erbbaurechte und Untererbbaurechte entsprechend.

**2. Steuerbare Erbbaurechtsvorgänge**

Der Grunderwerbsteuer unterliegen nach § 1 Abs. 1 GrEStG die folgenden Rechtsvorgänge:

**2.1. nach § 1 Abs. 1 Nr. 1 GrEStG**

**2.1.1.** ein Vertrag, der den Anspruch auf Bestellung eines Erbbaurechts begründet (BFH-Urteile vom 5. Dezember 1979 II R 103/76, BStBl. 1980 II S. 135, und II R 122/76 BStBl. 1980 II S. 136, mit weiteren Nachweisen),

**2.1.2.** ein Vertrag, der den Anspruch auf Übertragung eines Erbbaurechts begründet (BFH-Urteil vom 5. Dezember 1979 II R 122/76, BStBl. 1980 II S. 136),

**2.1.3.** die Ausübung des Vorrechts auf Erneuerung des Erbbaurechts nach § 31 ErbbauRG,

**2.1.4.** eine Vereinbarung über die Verlängerung eines Erbbaurechts (BFH-Urteil vom 18. August 1993 II R 10/90, BStBl. II S. 766);

**2.2. nach § 1 Abs. 1 Nr. 2 GrEStG**

**2.2.1.** eine auf die Bestellung eines Erbbaurechts gerichtete Einigung, wenn kein Rechtsgeschäft i. S. der Tz. 2.1.1 vorausgegangen ist,

**2.2.2.** eine auf die Übertragung eines Erbbaurechts gerichtete Einigung, wenn kein Rechtsgeschäft i. S. der Tz. 2.1.2 vorausgegangen ist,

**2.2.3.** ein Rechtsgeschäft, durch das ein Erbbaurecht vor dem vereinbarten Zeitablauf aufgehoben oder auf ein Erbbaurecht verzichtet wird (BFH-Urteil vom 5. Dezember 1979 II R 122/76, BStBl. 1980 II S. 136),

**2.2.4.** der Heimfall eines Erbbaurechts nach § 32 ErbbauRG (BFH-Urteil vom 23. September 1969 II 113/64, BStBl. 1970 II S. 130),

**2.2.5.** eine auf die Verlängerung eines Erbbaurechts gerichtete Einigung, wenn kein Rechtsgeschäft i. S. der Tz. 2.1.4 vorausgegangen ist;

**2.3. nach § 1 Abs. 1 Nr. 3 GrEStG**

**2.3.1.** der Übergang eines Erbbaurechts kraft Gesetzes und die Übertragung eines Erbbaurechts durch behördlichen Ausspruch,

**2.3.2.** die vorzeitige Löschung eines nicht dem Grundstückseigentümer selbst zustehenden Erbbaurechts im Erbbaugrundbuch, wenn kein Rechtsgeschäft i. S. der Tz. 2.2.3 vorausgegangen ist (BFH-Urteil vom 5. Dezember 1979 II R 122/76, BStBl. 1980 II S. 136);

**2.4. nach § 1 Abs. 1 Nr. 4 GrEStG**

das Meistgebot im Zwangsversteigerungsverfahren über ein Erbbaurecht;

**2.5. nach § 1 Abs. 1 Nr. 5 GrEStG**

ein Rechtsgeschäft, das den Anspruch auf Abtretung eines Anspruchs auf Bestellung, Übertragung oder Verlängerung eines Erbbaurechts oder der Rechte aus einem Meistgebot begründet (BFH-Urteil vom 28. November 1967 II 1/64, BStBl. 1968 II S. 222);

**2.6. nach § 1 Abs. 1 Nr. 6 GrEStG**

ein Rechtsgeschäft, das den Anspruch auf Abtretung der Rechte aus einem Angebot zum Abschluss eines Vertrages begründet, kraft dessen die Bestellung, Übertragung oder Verlängerung eines Erbbaurechts verlangt werden kann;

**2.7. nach § 1 Abs. 1 Nr. 7 GrEStG**

die Abtretung eines der in den Tz. 2.5 und 2.6 bezeichneten Rechte, wenn kein Rechtsgeschäft vorausgegangen ist, das den Anspruch auf Abtretung der Rechte begründet.

## 3. Rechtsvorgänge im Zusammenhang mit dem Erbbaurecht

### 3.1. Rechtsvorgänge mit Gegenleistung

#### 3.1.1. Allgemeines

Die Grunderwerbsteuer bemisst sich in den Fällen der Bestellung, Übertragung, Erneuerung und Verlängerung eines Erbbaurechts nach dem Wert der Gegenleistung, soweit eine Gegenleistung vorhanden ist (§§ 8 Abs. 1 und 9 GrEStG).

Zur Gegenleistung gehören die Belastungen, die auf dem Erbbaurecht ruhen, soweit sie auf den Erwerber kraft Gesetzes übergehen und es sich nicht um dauernde Lasten handelt. Der Erbbauzins gilt nicht als dauernde Last. Zur Gegenleistung gehört damit grundsätzlich auch der Kapitalwert der Erbbauzinsverpflichtung (§ 9 Abs. 2 Nr. 2 GrEStG; BFH-Urteil vom 23. Oktober 2002 II R 81/00, BStBl. 2003 II S. 199). Der Kapitalwert bemisst sich nach dem von der Laufzeit des Erbbaurechts abhängigen Vielfachen des Jahreswerts des Erbbauzinses (§ 13 BewG i. V. m. Anlage 9 a zum BewG). Eine Beschränkung des Jahreswerts der Erbbauzinsverpflichtung auf den 18,6-ten Teil des nach den Vorschriften des Bewertungsgesetzes anzusetzenden Werts des

Grund und Bodens des mit dem Erbbaurecht belasteten Grundstücks kommt nicht in Betracht (§§ 16 und 17 Abs. 3 Satz 2 BewG). Einmalige Geldleistungen und sonstige Leistungen, zu denen sich der Erwerber anstelle oder neben einer Erbbauzinsverpflichtung verpflichtet, gehören ebenfalls zur Gegenleistung.

### 3.1.2. Einheitlicher Erwerbsgegenstand

Soweit eine Verpflichtung der Veräußererseite (Erbbaurechtsgeber und ggf. mit ihm verbundener Dritter) zur Herstellung eines Gebäudes besteht, kann Gegenstand des Erwerbsvorgangs das Erbbaurecht mit noch künftig zu errichtendem Gebäude sein. Dazu ist neben dem Abschluss des Erbbaurechtsvertrags auch der Abschluss eines Bauvertrags mit der Veräußererseite erforderlich (BFH-Urteil vom 24. April 2013 II R 53/10, BStBl. II S. 755). Es gelten die vom Bundesfinanzhof zum einheitlichen Erwerbsgegenstand entwickelten Grundsätze.

### 3.1.3. Eigennützige Erwerberleistungen

Verpflichtet sich ein Erbbauberechtigter im Rahmen der Bestellung eines Erbbaurechts zur Errichtung oder Sanierung eines Gebäudes auf dem Erbbaugrundstück und erhält er bei Erlöschen des Erbbaurechts eine Entschädigung nach dem Verkehrswert des Gebäudes, ist regelmäßig davon auszugehen, dass die Baumaßnahmen dem Erwerber als (zukünftigem) Inhaber des Erbbaurechts allein zugutekommen. Die entsprechenden Aufwendungen stellen eigennützige Erwerberleistungen und damit keine Gegenleistung i. S. des § 8 Abs. 1 GrEStG dar (BFH-Urteil vom 8. September 2010 II R 28/09, BStBl. 2011 II S. 227).

## 3.2. Rechtsvorgänge ohne Gegenleistung

Wenn keine Gegenleistung vorhanden oder ermittelbar ist (§ 8 Abs. 2 Satz 1 Nr. 1 GrEStG) sowie in den Fällen des § 8 Abs. 2 Satz 1 Nr. 2 und 3 GrEStG, ist die Steuer aus dem Wert des Erbbaurechts im Sinne des § 151 Abs. 1 Satz 1 Nr. 1 i. V. m. § 157 Abs. 1 bis 3 BewG zu berechnen.

Eine Gegenleistung ist z. B. nicht vorhanden bei Rechtsgeschäften i. S. der Tz. 2.6 sowie in Fällen der Tz. 2.7, in denen in Tz. 2.6 bezeichnete Rechte abgetreten werden (BFH-Urteile vom 6. Mai 1969 II 131/64, BStBl. II S. 595, und vom 31. Mai 1972 II R 162/66, BStBl. II S. 828).

## 3.3. Übertragung des Erbbaurechts auf den Eigentümer des erbbaurechtsbelasteten Grundstücks

Erwirbt der Eigentümer eines erbbaurechtsbelasteten Grundstücks das Erbbaurecht, gehört der kapitalisierte Wert der Erbbauzinsverpflichtung nicht zur grunderwerbsteuerrechtlichen Gegenleistung (BFH-Urteil vom 14. November 2007 II R 64/06, BStBl. 2008 II S. 486). Die Verpflichtung zur Zahlung des Erbbauzinses bleibt zwar als Eigentümerreallast bestehen, sie stellt aber keine echte Belastung für den Grundstückseigentümer dar. Dies gilt unabhängig davon, ob das Erbbaurecht bestehen bleibt oder aufgehoben wird.

## 3.4. Verlängerung des Erbbaurechts

Im Falle der Verlängerung eines Erbbaurechts bemisst sich die Gegenleistung nach dem auf die Laufzeit der Verlängerung des Erbbaurechts kapitalisierten Erbbauzins. Die Grunderwerbsteuer entsteht im Zeitpunkt des Abschlusses der rechtsgeschäftlichen Vereinbarung über die Verlängerung des Erbbaurechts. Die Besteuerung richtet sich nach der in diesem Zeitpunkt geltenden Rechtslage (BFH-Urteil vom 18. August 1993 II R 10/90, BStBl. II S. 766).

Bei der Verlängerung eines Erbbaurechts vor Vertragsablauf ist für die Berechnung der Bemessungsgrundlage der Grunderwerbsteuer der Kapitalwert des Erbbauzinsanspruchs von dem Zeitpunkt des Zahlungsbeginns auf den Zeitpunkt der Besteuerung nicht abzuzinsen. Denn sowohl der Grundstückseigentümer als auch der Erbbauberechtigte erfüllen beide ihre Leistungspflicht erst in der Zukunft, so dass der Grundstückseigentümer nicht vorleistungspflichtig ist.

### 3.5. Aufhebung eines Erbbaurechts

Bei Aufhebung eines Erbbaurechts gehören eine vereinbarte Entschädigung und etwaige sonstige Leistungen zur Gegenleistung. Hierzu rechnet insbesondere eine vom Grundstückseigentümer für die Übernahme eines vom Erbbauberechtigten errichteten oder erworbenen Bauwerks gezahlte Entschädigung (einschließlich z. B. der Übernahme der auf dem Erbbaurecht lastenden Hypotheken). Der kapitalisierte Wert der erlöschenden Erbbauzinsverpflichtung gehört dagegen nicht zur Gegenleistung.

Wenn der Grundstückseigentümer das ihm selbst zustehende Erbbaurecht im Grundbuch löschen bzw. aufheben lässt, ist dieser Vorgang mangels Rechtsträgerwechsel nicht steuerbar.

### 3.6. Heimfall eines Erbbaurechts

Heimfall ist die Verpflichtung des Erbbauberechtigten, das Erbbaurecht beim Eintreten bestimmter Voraussetzungen auf den Grundstückseigentümer oder auf einen von diesem zu bezeichnenden Dritten zu übertragen.

Zur Gegenleistung gehören die dem Erbbauberechtigten zu gewährende Vergütung und etwaige sonstige Leistungen, z. B. auf dem Erbbaurecht lastende und auf den Eigentümer übergehende Hypotheken. Wird das Erbbaurecht jedoch auf einen vom Grundstückseigentümer bezeichneten Dritten übertragen, ist dieser Fall wie die erstmalige Bestellung eines Erbbaurechts zu behandeln (vgl. Tz. 2.1.1).

Bei einem Heimfall eines Erbbaurechts ist § 16 Abs. 2 Nr. 3 GrEStG ausnahmsweise dann anzuwenden, wenn der Heimfallanspruch auf die Nichterfüllung von Vertragspflichten zurückgeht, die in einem schuldrechtlichen Vertrag übernommen wurden und zivilrechtlich eine Hauptleistung darstellen (BFH-Urteil vom 13. Juli 1983 II R 44/81, BStBl. II S. 683).

### 3.7. Erlöschen eines Erbbaurechts durch Zeitablauf

Erlischt das Erbbaurecht durch Zeitablauf, so hat der Grundstückseigentümer dem Erbbauberechtigten in der Regel eine Entschädigung für das Bauwerk zu leisten. Weder das Erlöschen des Erbbaurechts durch Zeitablauf noch der damit verbundene Übergang des Eigentums an dem auf dem Erbbaugrundstück von dem Erbbauberechtigten errichteten Bauwerk auf den Grundstückseigentümer unterliegen der Grunderwerbsteuer (BFH-Urteil vom 8. Februar 1995 II R 51/92, BStBl. II S. 334).

### 3.8. Rückerwerb des Erbbaurechts durch den Grundstückseigentümer

Erwirbt der Grundstückseigentümer das Erbbaurecht zurück, weil der Erbbauberechtigte vertraglich eingegangene Verpflichtungen aus wirtschaftlichen Gründen nicht erfüllen kann, oder wird der Vertrag aus diesem Grunde aufgehoben, kann ein Fall des § 16 Abs. 2 Nr. 3 GrEStG vorliegen (BFH-Urteil vom 13. Juli 1983 II R 44/81, BStBl. II S. 683).

## 4. Erwerb des mit einem Erbbaurecht belasteten Grundstücks

### 4.1. Grundstückserwerb mit Erwerb eines Erbbauzinsanspruches

Erwirbt ein Erbbauberechtigter oder ein Dritter das mit dem Erbbaurecht belastete Grundstück, unterliegt der mit dem Grundstückserwerb verbundene Erwerb des Erbbauzinsanspruchs nicht der Grunderwerbsteuer, da das Recht auf Erbbauzins – obwohl zivilrechtlich wesentlicher Bestandteil des erbbaurechtsbelasteten Grundstücks – nicht zum Grundstück gerechnet wird (§ 2 Abs. 1 Nr. 3 GrEStG). Der Grunderwerbsteuer unterliegt lediglich der nach Abzug des Kapitalwerts des Erbbauzinsanspruchs vom Kaufpreis verbleibende Unterschiedsbetrag. Der Kaufpreis ist nicht nach der sog. Boruttau'schen Formel aufzuteilen (BFH-Urteil vom 6. Mai 2015 II R 8/14, BStBl. II S. 853).

**Beispiel 1:**

A erwirbt von B ein Grundstück zum Gesamtkaufpreis in Höhe von 250 000 Euro. Das Grundstück ist zugunsten des C mit einem Erbbaurecht belastet, das eine Restlaufzeit von 40 Jahren hat. Der von C jährlich zu entrichtende Erbbauzins beträgt 5000 Euro.
Die Bemessungsgrundlage für den Erwerb des Grundstücks durch A berechnet sich wie folgt: Vom Gesamtkaufpreis in Höhe von 250 000 Euro ist der gemäß § 13 Abs. 1 Satz 1 BewG i. V. m. § 15 Abs. 1 BewG ermittelte Kapitalwert des Erbbauzinsanspruchs in Höhe von 82 435 Euro (Jahreswert 5000 Euro × Vervielfältiger 16,487) abzuziehen. Demnach verbleibt für das Grundstück eine Bemessungsgrundlage i. H. v. 167 565 Euro.

Ist der Kapitalwert des Erbbauzinsanspruchs höher als der vereinbarte Kaufpreis, entfällt der gesamte Kaufpreis auf den nicht der Grunderwerbsteuer unterliegenden Erwerb des Erbbauzinsanspruchs. Dem belasteten Grundstück ist kein Teil des Kaufpreises zuzurechnen. Die Grunderwerbsteuer ist in diesem Fall auf null Euro festzusetzen.

### 4.2. Grundstückserwerb ohne Erwerb eines Erbbauzinsanspruches

Erwirbt ein Erbbauberechtigter oder ein Dritter das mit dem Erbbaurecht belastete Grundstück und ist für die vorausgegangene Bestellung des Erbbaurechts statt eines Erbbauzinses eine einmalige Geldleistung an den vorherigen Grundstückseigentümer geleistet worden, unterliegt der Grunderwerbsteuer der vollständige Kaufpreis. Ein Abzug eines anteiligen Kapitalwerts des Erbbauzinses für den Zeitraum nach Erwerb kommt nicht in Betracht, da mit dem Erwerb des belasteten Grundstücks kein Erwerb eines Erbbauzinsanspruchs verbunden ist.

## 5. Gleichzeitiger Erwerb des erbbaurechtsbelasteten Grundstücks und des Erbbaurechts

Wird mit dem Grundstück gleichzeitig auch das Erbbaurecht erworben und ist bereits im Erwerbszeitpunkt die Aufhebung des Erbbaurechts beabsichtigt, ist die für den Erwerb eines erbbaurechtsbelasteten Grundstücks vereinbarte

Gegenleistung nicht um einen kapitalisierten Erbbauzinsanspruch zu kürzen. In diesem Fall ist der Wert des Erbbauzinsanspruchs mit null Euro anzusetzen (BFH-Urteil vom 11. Juni 2013[1] II R 30/11, BFH/NV S. 1632). In diesen Fällen ist der Grundstücks- und Erbbaurechtskaufvertrag von vornherein darauf gerichtet, dass der Käufer im Ergebnis das nicht mit dem Erbbaurecht belastete Grundstück erwirbt.

**Beispiel 2:**

A erwirbt gleichzeitig von B ein erbbaurechtsbelastetes Grundstück und von C das Erbbaurecht. Der Gesamtkaufpreis beträgt 500 000 Euro. Auf den Kauf des erbbaurechtsbelasteten Grundstücks entfällt ein Kaufpreis von 200 000 Euro und auf den Kauf des Erbbaurechts ein Kaufpreis von 300 000 Euro. A beabsichtigt im Erwerbszeitpunkt die Aufhebung des Erbbaurechts.

Die Bemessungsgrundlage für den Erwerb des Erbbaurechts beträgt 300 000 Euro, für den Erwerb des erbbaurechtsbelasteten Grundstücks 200 000 Euro. Der kapitalisierte Wert des Erbbauzinsanspruchs bzw. der Erbbauzinsverpflichtung ist weder der Bemessungsgrundlage für den Erwerb des Erbbaurechts hinzuzurechnen noch von der Bemessungsgrundlage für den Erwerb des erbbaurechtsbelasteten Grundstücks abzuziehen.

Ist die Aufhebung im Erwerbszeitpunkt dagegen nicht beabsichtigt, ist der Bemessungsgrundlage für den Erwerb des Erbbaurechts der kapitalisierte Wert der Erbbauzinsverpflichtung hinzuzurechnen und bei der Bemessungsgrundlage für den Erwerb des erbbaurechtsbelasteten Grundstücks der kapitalisierte Wert des Erbbauzinsanspruchs abzuziehen.

## 6. Zeitlicher Anwendungsbereich

Dieser Erlass ergeht im Einvernehmen mit den obersten Finanzbehörden der Länder und tritt an die Stelle der vorangegangenen Erlasse zur Beurteilung von Erbbaurechtsvorgängen. Er ist in allen offenen Fällen anzuwenden.

[1] **Red. Anm.:** Fälschlich im BStBl.: BFH-Urteil vom 6. Juni 2013.

# 600 § 2/4. Schreiben betr. Sicherungsübereignung von Gebäuden auf fremdem Boden

Vom 14. Juni 1985 (StEK GrEStG 1983 § 1 Nr. 20)

(FM Bayern 37 – S 4505 – 2/10 – 32 416; koord. Ländererlass)

Die Sicherungsübereignung eines Gebäudes auf fremdem Boden, das Scheinbestandteil (§ 95 Abs. 1 BGB) ist, unterliegt nach § 2 Abs. 2 Nr. 2 i. V. m. § 1 Abs. 1 Nr. 3 GrEStG der Grunderwerbsteuer (BFH-Urteile vom 22. 10. 1952, BStBl. III S. 310, und vom 1. 2. 1956, BStBl. III S. 93).

Hierfür ist ohne Bedeutung, daß die Sicherungsübereignungsverträge im allgemeinen Bestimmungen enthalten, nach denen

– das Gebäude nach vollständiger Rückzahlung des gewährten Kredits ohne weiteres an den Sicherungsgeber zurückfällt und
– der Sicherungsnehmer das Gebäude nur dann – und zwar für Rechnung und auf Kosten des Sicherungsgebers (ggf. auch in dessen Namen) – verwerten darf, wenn dieser seinen Zahlungsverpflichtungen aus dem Kreditverhältnis nicht pünktlich nachkommt.

## 1. Auflösend bedingter Erwerb

Fällt das Eigentum an dem Gebäude aufgrund der Vereinbarungen nach Erfüllung der Verpflichtungen des Sicherungsgebers ohne weiteres an diesen zurück, liegt ein auflösend bedingter Erwerb vor.

Die Steuerfestsetzung für die Sicherungsübereignung ist deshalb bei Eintritt der Bedingung aufzuheben (§ 5 Abs. 2 BewG, § 175 Abs. 1 Nr. 2 AO). Für den Rückerwerb des sicherungsübereigneten Gebäudes ist keine Grunderwerbsteuer festzusetzen, weil der ursprüngliche Erwerb als Auswirkung der Anwendung des § 5 Abs. 2 BewG so behandelt wird, als hätte er nicht stattgefunden und deshalb für die Besteuerung des Rückerwerbs kein Raum bleibt.

Erfüllt der Sicherungsgeber seine Verpflichtungen gegenüber dem Sicherungsnehmer, so wird im Ergebnis keine Grunderwerbsteuer erhoben. Sie ist allerdings für die Sicherungsübereignung im Hinblick auf §§ 169 ff. AO zunächst festzusetzen. Ich bitte jedoch, die festgesetzte Grunderwerbsteuer auf Antrag für die Laufzeit des Kredits unter dem Vorbehalt des Widerrufs zinslos zu stunden.

Verwertet der Sicherungsnehmer das Gebäude, weil der Sicherungsgeber seinen Zahlungsverpflichtungen nicht nachgekommen ist, so ist die Stundung zu widerrufen. Ein Erwerb seitens des Sicherungsnehmers i. S. des § 1 Abs. 2 GrEStG wird im Zusammenhang mit der Verwertung nicht verwirklicht, weil sie für Rechnung des Sicherungsgebers erfolgt und der Sicherungsnehmer nur befugt ist, sich aus dem Erlös wegen seiner Forderung zu befriedigen (BFH-Urteil vom 17. 2. 1960, BStBl. III S. 254). Die Abführung des Mehrerlöses an den Sicherungsgeber löst keine weitere Grunderwerbsteuer für die Sicherungsübereignung aus.

**2. Unbedingter Erwerb**

Steht die Sicherungsübereignung nicht unter einer auflösenden Bedingung, sondern ist vereinbart, daß der Sicherungsnehmer nach vollständiger Erfüllung der Verpflichtungen des Sicherungsgebers zur Rückübertragung des Gebäudes verpflichtet ist, so ist die Steuer sowohl für die Übereignung als auch für die spätere Rückübertragung zu erheben. Eine Nichterhebung bzw. Erstattung der Steuer kommt nur bei Einhaltung der 2-Jahresfrist nach § 16 Abs. 2 Nr. 1 GrEStG in Betracht.

**3. Bemessungsgrundlage**

Sowohl bei der auflösend bedingten als auch bei der unbedingten Sicherungsübereignung ist die Steuer gem. § 8 Abs. 2 Nr. 1 GrEStG vom Wert des Grundstücks zu bemessen, denn der Sicherungsnehmer will lediglich seine Forderungen absichern, eine Gegenleistung für den Erwerb des Gebäudes erbringt er nicht. Entsprechendes gilt bei der unbedingten Sicherungsübereignung auch für den Rückerwerb des Gebäudes durch den Sicherungsgeber aufgrund seines Rückübertragungsanspruchs nach Erfüllung der Verpflichtungen.

Erfüllt der Sicherungsgeber seine Verpflichtungen nicht, sieht der Sicherungsnehmer aber von einer Verwertung des Gebäudes für Rechnung des Sicherungsgebers ab und übernimmt das Gebäude vereinbarungsgemäß selbst unter Anrechnung eines Betrages in Höhe des Werts des Gebäudes, so liegt ein weiterer Erwerb des Sicherungsnehmers nach § 1 Abs. 2 GrEStG vor. Die Steuer wird vom Wert der Gegenleistung berechnet, die dem Anrechnungsbetrag entspricht. Sie wird nach § 1 Abs. 6 GrEStG jedoch nur insoweit erhoben, als sie den bei der vorausgegangenen Sicherungsübereignung der Steuerberechnung zugrunde gelegten Betrag übersteigt

Dieses Schreiben ergeht im Einvernehmen mit den obersten Finanzbehörden der anderen Länder.

# **600** § 2/5. Verfügung betr. Sicherungsübereignung von Gebäuden auf fremdem Boden

Vom 14. Januar 2004 (DStR S. 275)

(OFD Berlin III B 13 – S 4505 – 7/02)

Fraglich ist, ob die Regelungen zur grunderwerbsteuerlichen Behandlung einer auflösend bedingten Sicherungsübereignung von Gebäuden auf fremdem Boden (vgl. Bezugserlass)[1] in den Fällen entsprechend anwendbar sind, in denen der Sicherungsnehmer mit einem anderen Rechtsträger verschmolzen wird, so dass das Sicherungseigentum und die ihm zu Grunde liegenden Darlehensforderungen auf diesen übergehen.

Die für die Verkehrsteuern zuständigen Referatsleiter der obersten Finanzbehörden der Länder bejahten dies. Sie sehen auch in diesen Fallgestaltungen die Verschmelzung als einen grunderwerbsteuerbaren Vorgang nach § 1 Abs. 1 Nr. 3 GrEStG an, für den jedoch wie bei der ursprünglichen Sicherungsübereignung die Steuer zwar festgesetzt, aber nicht erhoben wird.

Übernimmt der neue Sicherungsnehmer das Gebäude auf fremdem Boden, liegt ein grunderwerbsteuerbarer Vorgang nach § 1 Abs. 2 GrEStG vor. Es erfolgt jedoch gemäß § 1 Abs. 6 GrEStG eine Anrechnung der Bemessungsgrundlage aus dem vorangegangenen Erwerbsvorgang der Verschmelzung. Die Erwerberidentität ist in der Person des neuen Sicherungsnehmers gegeben.

---

[1] Entspricht FM Bayern v. 14. 6. 1985 (Nr. **600** § 2/4).

# 600 § 3/1. Erlass betr. Übertragung von Grundstücken auf Stiftungen

Vom 20. Januar 2005 (DB S. 198)

(FM Baden-Württemberg 3 – S 4505/10; koord. Ländererlass)

Nach dem Bezugserlass waren bestimmte Grundstücksübertragungen von der öffentlichen Hand auf landesgesetzlich errichtete Stiftungen nach § 3 Nr. 2 GrEStG von der Grunderwerbsteuer ausgenommen, weil es für möglich erachtet wurde, dass die in Rede stehenden Grundstückszuwendungen Schenkungen unter Lebenden sind (§ 7 Abs. 1 Nr. 1 ErbStG). Dies wurde daraus abgeleitet, dass § 13 Abs. 1 Nr. 15 ErbStG Vermögensanfälle, die ausschließlich Zwecken einer Körperschaft dienen, von der Schenkungsteuer befreit. Es wurde davon ausgegangen, dass die Einbringung von Grundstücken aus Mitteln des Landes zwar der Schenkungsteuer unterliegt, jedoch nach § 13 Abs. 1 Nr. 15 ErbStG von dieser befreit ist. Infolgedessen waren derartige Grundstücksübertragungen nach § 3 Nr. 2 GrEStG von der Grunderwerbsteuer ausgenommen.

Die für die Erbschaftsteuer zuständigen Vertreter der obersten Finanzbehörden der Länder haben in ihrer Sitzung vom 22. bis 24. September 2004 die Frage erörtert, ob die unentgeltliche Übertragung eines Grundstücks auf eine steuerbegünstigten Zwecken dienende Stiftung des privaten Rechts nach § 3 Nr. 2 GrEStG von der Grunderwerbsteuer befreit sein kann, weil es sich dabei um eine Grundstücksschenkung unter Lebenden im Sinne des Erbschaftsteuer- und Schenkungsteuergesetzes handelt. Nach dem Ergebnis dieser Erörterung ist eine solche Grundstücksübertragung keine Schenkung im Sinne des Erbschaftsteuer- und Schenkungsteuergesetzes. Die Steuerpflicht einer freigebigen Zuwendung sei allein danach zu beurteilen, ob der gesetzliche Tatbestand des § 7 Abs. 1 Nr. 1 ErbStG verwirklicht werde. Neben der objektiven Unentgeltlichkeit der Zuwendung müsse dazu auch der notwendige subjektive Tatbestand einer freigebigen Zuwendung seitens des Zuwendenden erfüllt sein.

Aus Rechtsstaatsprinzipien, insbesondere aus dem Willkürverbot ergebe sich der Grundsatz, dass der Staat (die staatliche Verwaltung) nichts verschenken darf (vgl. BGH vom 30. Januar 1967 – III ZR 35/65 –, BGHZ 47 S. 30, DB 1967 S. 545). Aus haushaltsrechtlichen Gründen dürfe die Verwaltung nur solche Verpflichtungen eingehen, zu denen sie durch einen Haushaltsplan ermächtigt sei (siehe z. B. § 3 Abs. 1 BHO). Das gelte auch bei der unentgeltlichen Zuwendung eines Grundstücks. Die Verwaltung handele dann aber nicht freigebig, sondern in Erfüllung einer rechtlichen Verpflichtung. Die Tatsache, dass § 13 Abs. 1 Nr. 16 Buchstabe b ErbStG für der Schenkungsteuer unterliegende Zuwendungen an steuerbegünstigten Zwecken dienende Stiftungen des privaten Rechts eine Befreiung vorsieht, sei für die Prüfung der Steuerbarkeit einer Zuwendung ohne Bedeutung.

Vor diesem Hintergrund wird an der im Jahre 1995 vertretenen Auffassung nicht mehr festgehalten und der Bezugserlass hiermit aufgehoben.

Dieser Erlass ergeht im Einvernehmen mit den obersten Finanzbehörden der anderen Länder.

# 600 § 3/5. Schreiben betr. 1. Befreiung beim Erwerb durch Stiefkinder (§ 3 Nr. 6 Satz 2 GrEStG), 2. Grundstückserwerbe durch Schwiegerkinder (§ 3 Nr. 6 Satz 3 GrEStG)

Vom 20. Oktober 1989

(FM Bayern 37 – S 4505 – 5/12 – 60 896; koord. Ländererlaß)

**1.** Der Bundesfinanzhof hat mit Urteil vom 19. 4. 1989 (BStBl. II S. 627) entschieden, daß die Eigenschaft als Stiefkind i. S. von § 3 Nr. 6 Satz 2 GrEStG nicht vom Fortbestand der Ehe abhängig ist, durch welche das Stiefkindschaftsverhältnis begründet wurde. Als Stiefkinder i. S. dieser Vorschrift sind deshalb die leiblichen Kinder des anderen Ehepartners auch dann anzusehen, wenn die Ehe im Zeitpunkt des Erwerbsvorgangs infolge Tod oder Scheidung aufgelöst ist.

Ich bitte, das Urteil in allen dafür in Betracht kommenden Fällen anzuwenden. Soweit in der Vergangenheit eine hiervon abweichende Rechtsauffassung vertreten worden ist, wird daran nicht mehr festgehalten.

**2.** Abweichend von der bisher im Schreiben vom 26. 3. 1986 vertretenen Rechtsauffassung bitte ich aufgrund des BFH-Urteils vom 19. 4. 1989 (BStBl. II S. 627) in allen noch nicht bestandskräftigen Fällen Grundstückserwerbe durch Schwiegerkinder auch dann nach § 3 Nr. 6 Satz 3 GrEStG von der Grunderwerbsteuer auszunehmen, wenn die das Schwiegerkindschaftsverhältnis begründende Ehe im Zeitpunkt des Erwerbsvorgangs infolge Scheidung nicht mehr bestanden hat.

Dieses Schreiben ergeht im Einvernehmen mit den obersten Finanzbehörden der anderen Länder.

# 600 § 3/6. Erlass betr. Anwendung der Freigrenze des § 3 Nr. 1 GrEStG bei mehreren Veräußerern und Erwerbern; Anzahl der Erwerbsvorgänge beim Erwerb von Miteigentumsanteilen von Eheleuten durch Eheleute

Vom 16. Januar 2020 (DB S. 369)
(FM Sachsen-Anhalt 43 – S 4505 – 22)

Es ist die Frage gestellt worden, wie die Befreiungsvorschrift des § 3 Nr. 1 GrEStG in den Fällen anzuwenden ist, in denen mehrere Miteigentümer ein Grundstück an einen oder mehrere Erwerber zu Miteigentum veräußern.

Nach dem Ergebnis der Besprechung mit den zuständigen Vertretern der obersten Finanzbehörden der Länder bitte ich dazu folgende Auffassung zu vertreten:

Nach § 3 Nr. 1 GrEStG ist von der Besteuerung ausgenommen der Erwerb eines Grundstücks, wenn der für die Berechnung der Steuer maßgebende Wert 2500 € nicht übersteigt. Als Grundstück i. S. d. § 2 GrEStG gilt auch ein ideeller Miteigentumsanteil (Bruchteilseigentum) an einem Grundstück. Grundsätzlich erfüllt daher jeder Erwerb eines Miteigentumsanteils einen Grunderwerbsteuertatbestand und ist für die Freigrenze des § 3 Nr. 1 GrEStG als selbständiger Steuerfall zu betrachten. Mehrere Steuerfälle sind auch dann anzunehmen, wenn mehrere Miteigentümer sich verpflichten, das Grundstück auf einen Erwerber zu Alleineigentum zu übertragen.

Dies gilt auch für Eheleute, die im Güterstand der Zugewinngemeinschaft leben. Veräußern diese ein Grundstück an einen Dritten, so liegen zwei Erwerbsvorgänge unabhängig von der vertraglichen Gestaltung vor. Denn jeder Ehegatte einer Zugewinngemeinschaft kann nach § 1364 BGB sein Vermögen selbständig verwalten und hierüber verfügen. Jeder Verkäufer gibt in diesem Fall grunderwerbsteuerrechtlich nur seinen Anteil auf (FG Nürnberg vom 25. Oktober 2007 IV 265/2006).

Anders ist die Rechtslage bei in Gütergemeinschaft lebenden Eheleuten hinsichtlich eines zum Gesamtgut gehörenden Grundstücks, denn der einzelne Ehegatte kann nach § 1419 Abs. 1 BGB nicht allein über seinen Anteil am Gesamtgut und an den einzelnen Gegenständen, die zum Gesamtgut gehören, verfügen. Deshalb liegt beim Erwerb eines Grundstücks, das zum Gesamtgut von in Gütergemeinschaft lebenden Ehegatten gehört, durch einen Erwerber nur ein Erwerb vor (BFH-Urteil vom 28. März 2007 II R 15/06, BFH/NV S. 1349).

**Beispiel 1:**

Zwei Miteigentümer A und B verkaufen ein Grundstück durch Übertragung ihres jeweiligen Miteigentumsanteils zu einem Gesamtpreis von 4000 € an einen Erwerber C zu Alleineigentum.

Es liegen zwei Erwerbsvorgänge vor, auf die jeweils die Freigrenze des § 3 Nr. 1 GrEStG anzuwenden ist, selbst wenn beide Übertragungen in **einer** notariellen Urkunde erfolgen. Entsprechendes gilt, wenn die Miteigentümer A und B das Grundstück im Ganzen gemeinschaftlich (§ 747 Satz 2 BGB) auf den Erwerber C übertragen.

**Beispiel 2:**

Ein Veräußerer A verkauft sein Grundstück in einem Rechtsgeschäft zu einem Preis von 5000 € an zwei Erwerber B und C zu hälftigem Miteigentum.
Es liegen zwei Erwerbsvorgänge vor. Die Freigrenze des § 3 Nr. 1 GrEStG kommt zur Anwendung, weil die Gegenleistung mit jeweils 2500 € die Grenze nicht übersteigt.

**Beispiel 3.1:**

Die Ehegatten A und B sind je zur Hälfte Eigentümer eines Grundstücks. Sie übertragen das Grundstück in einem Rechtsgeschäft zu einem Kaufpreis von insgesamt 10 000 € auf die Eheleute C und D, die das Grundstück ebenfalls zu jeweils hälftigem Eigentum erwerben. Sämtliche Ehegatten leben im Güterstand der Zugewinngemeinschaft.
Es liegen nur zwei Erwerbsvorgänge vor. Die Eheleute C und D erhalten nicht je ein Viertel von jedem Veräußerer-Ehegatten A und B, sondern jeder Erwerber-Ehegatte erhält eine ideelle Grundstückshälfte. Es kann nicht bestimmt werden, von welchem Miteigentümer der jeweilige Anteil erworben wird.
Die Freigrenze des § 3 Nr. 1 GrEStG wird nicht berücksichtigt, weil sie bei einem Kaufpreis von jeweils 5000 € überschritten ist.

**Beispiel 3.2:**

Die Ehegatten A und B sind je zur Hälfte Eigentümer eines Grundstücks. Sie übertragen das Grundstück zu einem Kaufpreis von insgesamt 10 000 € auf die Eheleute C und D. Im notariell beurkundeten Kaufvertrag wird ausdrücklich vereinbart, dass A seinen hälftigen Miteigentumsanteil zu je ein Halb auf C und D und B seinen hälftigen Miteigentumsanteil zu je ein Halb auf C und D überträgt. Sämtliche Ehegatten leben im Güterstand der Zugewinngemeinschaft.
Es liegen vier Erwerbsvorgänge vor. Die Eheleute C und D erhalten je ein Viertel von den Veräußerer-Ehegatten A und B. Die Freigrenze des § 3 Nr. 1 GrEStG kommt bei jedem Erwerbsvorgang zur Anwendung, weil die Gegenleistung mit jeweils 2500 € die Freigrenze nicht übersteigt.

**Beispiel 4:**

Die Geschwister A, B und C sind zu je einem Drittel Miteigentümer eines Grundstücks. In gesonderten Rechtsgeschäften überträgt A ausdrücklich seinen Miteigentumsanteil an D, B seinen Miteigentumsanteil an E und C seinen Miteigentumsanteil an F zu einem Kaufpreis von jeweils 2500 €.
Es liegen drei Erwerbsvorgänge vor. Für jeden Erwerb kommt die Freigrenze des § 3 Nr. 1 GrEStG zur Anwendung, sodass keine Grunderwerbsteuer festzusetzen ist.

Dieser Erlass ergeht im Einvernehmen mit den obersten Finanzbehörden der anderen Länder. Er tritt an die Stelle des Erlasses FM Sachsen-Anhalt vom 19. August 2008 41 – S 4505 – 22[1] und ist in allen noch offenen Fällen anzuwenden.

[1] Entspricht FM Baden-Württemberg v. 6. 5. 2008 3-S450.5/25.

# 600 § 3/7. Erlass betr. Anwendung des § 3 Nr. 2 GrEStG bei Grundstückskaufrechtsvermächtnissen

Vom 22. Oktober 2020

FM Nordrhein-Westfalen S 4505-3-V A 6

(DStR S. 2736)

Der Bundesfinanzhof hat mit BFH-Urteil vom 16. 1. 2019 II R 7/16, BStBl. II S. 617, seine Rechtsprechung zur Frage der Grunderwerbsteuerpflicht für ein Kaufrechtsvermächtnis teilweise geändert. Es wird nicht mehr daran festgehalten, dass jeglicher Erwerb eines Grundstücks aufgrund eines Kaufrechtsvermächtnisses nach § 3 Nr. 2 Satz 1 GrEStG von der Grunderwerbsteuer befreit ist (so aber noch BFH-Urteil vom 21. 7. 1993 II R 118/90, BStBl. II S. 765).

Es wird gebeten, bei der grunderwerbsteuerlichen Beurteilung von Kaufrechtsvermächtnissen nunmehr folgende Rechtsauffassung zu vertreten:

Bei einem Vermächtnis ist dahingehend zu unterscheiden, ob es einen unmittelbaren Anspruch auf Übertragung eines Grundstücks beinhaltet (Grundstücksvermächtnis) oder nur einen Anspruch auf Abschluss eines Grundstückskaufvertrages (Kaufrechtsvermächtnis), denn danach richtet sich die Anwendung des § 3 Nr. 2 GrEStG.

In Zweifelsfällen ist durch Auslegung des Vermächtnisses (§§ 133, 157 BGB) zu ermitteln, ob es sich um ein Kaufrechtsvermächtnis oder ein Grundstücksvermächtnis handelt. Dabei kommt es nach der Rechtsprechung des BFH auf den Rechtsgrund des Erwerbs und nicht auf die Höhe des gezahlten Kaufpreises an.

Hierbei können folgende Indizien für ein Kaufrechtsvermächtnis sprechen:

- im Vermächtnis wird kein konkreter Kaufpreis für das Grundstück angeführt bzw. dieser ist noch zu ermitteln, sodass sich Beschwerter und Bedachter noch über den Kaufpreis einigen müssen;
- ein zeitlicher Rahmen für die Ausübung des Kaufrechts ist festgelegt.

**a) Kaufrechtsvermächtnis**

Erwirbt der Bedachte durch Vermächtnis nach § 2174 BGB lediglich das Recht, von dem Beschwerten den Abschluss eines Kaufvertrags zum Erwerb eines Grundstücks zu fordern, so handelt es sich um ein Kaufrechtsvermächtnis. Vermachter Gegenstand ist der schuldrechtliche Anspruch auf Abschluss des Kaufvertrags.

Der Abschluss eines Kaufvertrags auf Grund eines Kaufrechtsvermächtnisses bildet den der Grunderwerbsteuer zugrundeliegenden Rechtsvorgang nach § 1 Abs. 1 Nr. 1 GrEStG. Es handelt sich hierbei **nicht** um einen Erwerb von Todes wegen i. S. d. § 3 Abs. 1 Nr. 1 ErbStG, sondern um einen Erwerb unter Lebenden. Demnach ist der Grundstückserwerb nicht nach § 3 Nr. 2 Satz 1 GrEStG von der Grunderwerbsteuer befreit.

Ungeachtet dessen sind andere Befreiungsvorschriften einzelfallbezogen zu prüfen.

**b) Grundstücksvermächtnis**

Erwirbt der Bedachte durch Vermächtnis nach § 2174 BGB hingegen das Recht, unmittelbar die Übertragung eines bestimmten Grundstücks (ggf. gegen Zahlung eines Kaufpreises) aus dem Nachlass zu fordern, so handelt es sich um ein Grundstücksvermächtnis.

Für diesen Fall kommt eine Befreiung von der Grunderwerbsteuer nach § 3 Nr. 2 Satz 1 GrEStG in Betracht, denn Rechtsgrund des Übereignungsanspruchs ist das Vermächtnis, das nach § 1 Abs. 1 Nr. 2 GrEStG der Besteuerung unterliegt. Der verwirklichte Grundstückserwerb erfolgt demnach aufgrund des Vermächtnisses und damit von Todes wegen.

Hiervon unberührt bleibt die Rechtsprechung zum Pflichtteilsanspruch (siehe BFH-Urteil vom 10. 7. 2002 II R 11/01, BStBl. II S. 775).

Der Erlass tritt an die Stelle des Erlasses FM Nordrhein-Westfalen vom 28. 8. 2003 S 4505 – 3 – V A 2. Er ist auf alle noch offenen Fälle anzuwenden.

# **600** § 4/1. Erlaß betr. Grunderwerbsteuer; Gegenseitigkeit bei Grundstückserwerben für diplomatische und für kulturelle Zwecke (§ 4 Nr. 2 und 3 GrEStG)

Vom 10. Dezember 1997 (DStR 1998 S. 608)

(FM Niedersachsen S 4506 – 122 – 34 2)

Der Erwerb eines Grundstücks durch einen ausländischen Staat ist nach § 4 Nr. 2 GrEStG von der Grunderwerbsteuer befreit, wenn das Grundstück für Zwecke von Botschaften, Gesandtschaften oder Konsulaten dieses Staates bestimmt ist und Gegenseitigkeit gewährt wird. Dabei kann neben der rechtlichen auch die faktische Gegenseitigkeit Grundlage für die begehrte Steuerbefreiung sein. Dies gilt entsprechend in den Fällen des Grundstückserwerbs durch einen ausländischen Staat oder eine ausländische kulturelle Einrichtung für kulturelle Zwecke (§ 4 Nr. 3 GrEStG).

Die Begünstigung nach § 4 Nr. 2 GrEStG ist auch beim Erwerb von Grundbesitz durch ausländische Staaten für Wohnzwecke des Personals der diplomatischen Missionen und konsularischen Vertretungen anwendbar. Die Verordnung vom 11. 11. 1981 (BStBl. 1982 I S. 626) steht dem nicht entgegen.

Die Gewährung der Gegenseitigkeit wird jeweils vom Auswärtigen Amt über die Auslandsvertretungen geklärt. Nach Mitteilung des Auswärtigen Amts ist nicht grundsätzlich davon auszugehen, daß eine einmal getroffene Gegenseitigkeitsfeststellung auf Dauer Gültigkeit behält. Aufgrund von Gesetzesänderungen oder unterschiedlicher Auslegung der Gesetze durch die zuständigen ausländischen Behörden oder die deutschen Botschaften können sich jederzeit Änderungen ergeben.

Die Unbedenklichkeitsbescheinigung ist daher bei allen Grundstückserwerben i. S. des § 4 Nr. 2 und 3 GrEStG erst dann zu erteilen, wenn zu dem einzelnen Erwerbsvorgang das Auswärtige Amt die Gegenseitigkeit festgestellt hat. Zur Klärung der Frage der Gegenseitigkeit sind deshalb alle Erwerbsvorgänge i. S. des § 4 Nr. 2 und 3 GrEStG vorzulegen, damit die erforderlichen Feststellungen durch Rückfrage beim Auswärtigen Amt getroffen werden können.

Dieser Erlaß tritt an die Stelle des Erlasses FM Niedersachsen vom 29. 6. 1984 S 4506 – 122 – 32 3.

# **600** § 4/4. Erlass betr. Grunderwerbsteuerbefreiung bei Grundstücksübertragungen im Rahmen einer Öffentlich Privaten Partnerschaft – ÖPP (sog. Public Private Partnership – PPP)

Vom 4. April 2006 (StEd S. 270)

(FM Nordrhein-Westfalen S 4506 – 112 – V A 2; koord. Ländererlass)

Öffentlich Private Partnerschaften (ÖPP) sind eine neue Form der Zusammenarbeit zwischen öffentlichen Stellen und Privatunternehmen zwecks Finanzierung, Bau, Renovierung, Betrieb oder Unterhalt einer Infrastruktur oder der Bereitstellung einer Dienstleistung.

Um die gesetzlichen Rahmenbedingungen zur Erleichterung der Umsetzung von Öffentlich Privaten Partnerschaften zu schaffen, wurde das Gesetz zur Beschleunigung der Umsetzung von Öffentlich Privaten Partnerschaften und zur Verbesserung gesetzlicher Rahmenbedingungen für Öffentlich Private Partnerschaften beschlossen (BGBl. I S. 2676). Neben der Beseitigung von gebühren-, vergabe- und haushaltsrechtlichen Hemmnissen enthält das Gesetz in Artikel 5 Änderungen der §§ 4 und 19 des Grunderwerbsteuergesetzes.

Mit Artikel 5 wird in § 4 GrEStG eine Nummer 9 angefügt, die Grundstückserwerbe und -übergänge im Rahmen von ÖPP unter bestimmten Voraussetzungen von der Grunderwerbsteuer befreit. Die Befreiung erfolgt nur für die Fallkonstellation, dass die juristische Person des öffentlichen Rechts Eigentümerin von Grundstücken i. S. v. § 2 GrEStG ist und diese privaten Auftragnehmern im Rahmen einer ÖPP überträgt. Private Auftragnehmer sind auch Gesellschaften, an denen die juristische Person des öffentlichen Rechts zum Teil oder in vollem Umfang beteiligt ist. Die Grundstücke sollen nach der Herrichtung/nach der Errichtung von Gebäuden von der juristischen Person des öffentlichen Rechts für Verwaltungszwecke genutzt werden. Wesentliches Kriterium für die Befreiung ist, dass das Grundstück nach den vertraglichen Vereinbarungen am Ende der Vertragslaufzeit auf die juristische Person des öffentlichen Rechts rückübertragen wird.

Um sicherzustellen, dass nur förderungswürdige ÖPP-Projekte von der Steuerbefreiung profitieren können, ist die Befreiung an folgende Voraussetzungen gebunden:

– Das Grundstück wird dem privaten Unternehmer von der juristischen Person des öffentlichen Rechts zu Beginn des Vertragszeitraums übertragen.
– Der private Unternehmer überlässt der juristischen Person des öffentlichen Rechts das Grundstück während des Vertragszeitraums zur Nutzung für einen öffentlichen Dienst oder Gebrauch i. S. v. § 3 Abs. 2 GrStG.
– Die Rückübertragung des Grundstücks an die juristische Person des öffentlichen Rechts am Ende des Vertragszeitraums ist vereinbart worden (Nicht ausreichend ist die Einräumung eines bloßen Optionsrechts der juristischen Person des öffentlichen Rechts auf Rückübertragung des Grundstücks).

Bei Erwerbsvorgängen, bei denen der private Auftragnehmer das Grundstück auf dem freien Grundstücksmarkt erwirbt und in das ÖPP-Projekt einbringt, ist die Steuerbefreiung nach § 4 Nr. 9 GrEStG nicht zu gewähren.

Wegen der Voraussetzung, dass das Grundstück für einen öffentlichen Dienst oder Gebrauch (hoheitliche Zwecke) genutzt werden muss, folgt die Grunderwerbsteuerbefreiung den Regelungen der Grundsteuer (vgl. § 3 Abs. 2 und 3 GrStG). Über das Vorliegen der Voraussetzungen des § 3 Abs. 2 GrStG ist im Einvernehmen mit den Bewertungsstellen zu entscheiden.

Das Gesetz zur Beschleunigung der Umsetzung von Öffentlich Privaten Partnerschaften und zur Verbesserung gesetzlicher Rahmenbedingungen für Öffentlich Private Partnerschaften ist am 8. September 2005 in Kraft getreten. Die Steuerbefreiung nach § 4 Nr. 9 GrEStG ist daher auf Erwerbsvorgänge anzuwenden, die nach dem 7. September 2005 verwirklicht werden. Erfolgte die Übertragung des Grundstücks auf den privaten Auftragnehmer – unter Erfüllung der übrigen Voraussetzungen – vor dem In-Kraft-Treten des § 4 Nr. 9 GrEStG, ist gleichwohl die spätere Rückübertragung nach dieser Vorschrift befreit.

Die Steuerbefreiung für die Übertragung des Grundstücks auf den privaten Auftragnehmer entfällt rückwirkend, wenn die Nutzung für einen öffentlichen Dienst oder Gebrauch endet oder die Rückübertragung nicht mehr verlangt werden kann bzw. nicht vorgenommen wird. Es handelt sich um ein rückwirkendes Ereignis i. S. d. § 175 Abs. 1 Satz 1 Nr. 2 AO. Hierüber haben die Steuerschuldner gem. der in § 19 Abs. 2 GrEStG neu angefügten Nr. 5 dem Finanzamt Anzeige zu erstatten.

Die Fälle nach § 4 Nr. 9 GrEStG sind hinsichtlich der Erfüllung des begünstigten Zwecks in geeigneter Weise zu überwachen und im Hinblick auf die Vorschriften über die Festsetzungsverjährung im Abstand von 5 Jahren zu überprüfen.

In den Nullbescheiden sind die Steuerpflichtigen auf ihre Anzeigepflicht nach § 19 Abs. 2 Nr. 5 GrEStG ausdrücklich hinzuweisen.

Dieser Erlass ergeht im Einvernehmen mit den obersten Finanzbehörden der anderen Länder.

# **600** § 5/1. Gleich lautende Erlasse betr. Anwendung der §§ 5 und 6 GrEStG

Vom 12. November 2018 (BStBl. I S. 1334)

(Oberste Finanzbehörden der Länder)

## 1. Allgemeines

Gesamthandsgemeinschaften sind grunderwerbsteuerrechtlich selbständige Rechtsträger. Daher unterliegen auch Erwerbsvorgänge zwischen einer Gesamthandsgemeinschaft und den an ihr Beteiligten bzw. zwischen Gesamthandsgemeinschaften der Steuer. Anders als bei Kapitalgesellschaften tritt bei Gesamthandsgemeinschaften keine Verselbständigung des Gesellschaftsvermögens in der Hand der Personengesellschaft ein. Jeder Gesellschafter ist allein kraft seines Mitgliedschaftsrechts sachenrechtlich am Gesamthandsvermögen beteiligt (gesamthänderische Mitberechtigung).

Die Steuer für den Grundstücksübergang wird nach Maßgabe der §§ 5 und 6 GrEStG nicht erhoben, soweit der übertragende oder erwerbende Gesamthänder am Vermögen der Gesamthand beteiligt ist. Dies gilt entsprechend beim Übergang eines Grundstücks von einer Gesamthand auf eine andere Gesamthand, soweit deren Gesamthänder identisch sind und ihre Beteiligungshöhe übereinstimmt.

Ist für den Fall der Auflösung der Gesamthand eine abweichende Auseinandersetzungsquote vereinbart, ist diese grundsätzlich maßgebend (§ 6 Abs. 1 Satz 2 GrEStG).

Die Begünstigungsvorschriften erstrecken sich auf folgende Vorgänge:

- Übergang eines Grundstücks von mehreren Miteigentümern (§ 5 Abs. 1 GrEStG) oder von einem Alleineigentümer (§ 5 Abs. 2 GrEStG) auf eine Gesamthand.
  Dem Rechtsgedanken des § 5 Abs. 2 und des § 7 Abs. 1 GrEStG folgend, bei ähnlichen Konstellationen nur echte Wertverschiebungen zwischen Rechtsträgern grunderwerbsteuerlich zu erfassen, ist Grunderwerbsteuer ebenso nicht zu erheben, wenn mit der Aufhebung von Sondereigentum an Wohnungen und anschließender Realteilung jeder Beteiligte Eigentum entsprechend der bisherigen Aufteilung in Wohnungseigentum erwirbt;
- Übergang eines Grundstücks von einer Gesamthand in das Miteigentum mehrerer Gesamthänder (§ 6 Abs. 1 GrEStG) oder in das Alleineigentum eines Gesamthänders (§ 6 Abs. 2 GrEStG) und
- Übergang eines Grundstücks von einer Gesamthand auf eine andere Gesamthand (§ 6 Abs. 3 Satz 1 i. V. m. Abs. 1 Satz 1 GrEStG); dies gilt auch für Fälle, in denen die eine Gesamthand an der anderen Gesamthand beteiligt ist (vgl. BFH-Urteil vom 24. September 1985 II R 65/83, BStBl. II S. 714).

Die Steuervergünstigung nach § 5 Abs. 1 und Abs. 2 bzw. nach § 6 Abs. 3 Satz 1 i. V. m. Abs. 1 Satz 1 GrEStG bleibt nur erhalten, wenn bzw. soweit der grundstücksübertragende Gesamthänder seine – auf der Gesellschafterstellung beruhende – (Mit-)Berechtigung an dem auf die Gesamthand übergegangenen Grundstück und die Höhe seines Anteils am Vermögen der Gesamthand innerhalb von fünf Jahren nach dem Grundstücksübergang uneingeschränkt aufrechterhält (§ 5 Abs. 3 bzw. § 6 Abs. 3 Satz 2 GrEStG). Andernfalls ist die Vergünstigung rückwirkend ganz oder teilweise zu versagen. Zur verfahrensrechtlichen Behandlung wird auf Tz. 9 dieses Erlasses verwiesen.

Die Steuervergünstigung nach § 6 Abs. 1 bis 3 GrEStG gilt nicht, soweit

– ein Gesamthänder bzw. dessen Rechtsvorgänger seinen Anteil an der Gesamthand innerhalb von fünf Jahren vor dem Grundstücksübergang durch Rechtsgeschäft unter Lebenden erworben hat (§ 6 Abs. 4 Satz 1 GrEStG);
– eine vom Beteiligungsverhältnis abweichende Auseinandersetzungsquote innerhalb der letzten fünf Jahre vor der Auflösung der Gesamthand vereinbart worden ist (§ 6 Abs. 4 Satz 2 GrEStG).

## 2. Gesamthand

Zu den Gesamthandsgemeinschaften i. S. d. §§ 5 und 6 GrEStG gehören die Personenhandelsgesellschaften (OHG, KG), die Partnerschaftsgesellschaften, die Gesellschaften bürgerlichen Rechts (GbR), die Erbengemeinschaften sowie die (fortgesetzten) Gütergemeinschaften.

Ausländische Gesellschaften sind ebenfalls begünstigt, sofern deren rechtliche Struktur den inländischen Gesamthandsgemeinschaften entspricht. Der Rechtstypenvergleich hat grundsätzlich anhand des gesetzlichen Leitbilds der ausländischen Gesellschaft zu erfolgen. Zum Rechtstypenvergleich ausgewählter ausländischer Rechtsformen vgl. Tabellen 1 und 2 des BMF-Schreibens vom 24. Dezember 1999, BStBl. I S. 1076[1]. Zu maßgebenden Kriterien für den Rechtstypenvergleich vgl. BMF-Schreiben vom 19. März 2004, BStBl. I S. 411.

## 3. Anteil am Vermögen

Unter Anteil am Vermögen ist

– die sachenrechtliche Mitberechtigung des grundstücksübertragenden Gesellschafters, die sich aus der Stellung als Gesamthänder ableitet, und
– die vermögensmäßige Beteiligung an dem in das gesamthänderische Vermögen übergegangenen Grundstück

zu verstehen. Maßgebend ist die gesellschaftsvertraglich vereinbarte Beteiligung am Vermögen (fest oder variabel). Hierfür ist auf den Zeitpunkt der Verwirklichung des Erwerbsvorgangs i. S. v. § 23 GrEStG abzustellen.

Erfolgt die Grundstücksübertragung im Rahmen der Auflösung der Gesellschaft, ist eine eventuell abweichend vereinbarte Auseinandersetzungsquote maßgebend (§ 6 Abs. 1 Satz 2 GrEStG).

## 4. Anwendung der §§ 5 und 6 GrEStG in den Fällen des § 1 Abs. 2 a, Abs. 3 und Abs. 3 a GrEStG

### 4.1. Anwendung in den Fällen des § 1 Abs. 2 a GrEStG

In den Fällen des § 1 Abs. 2 a Satz 1 GrEStG ist § 6 Abs. 3 Satz 1 i. V. m. Abs. 1 Satz 1 GrEStG anwendbar. Die Steuer wird nicht erhoben, soweit der

[1] Nr. **800** § 12/1.

Anteil des in der fiktiv neuen Gesellschaft verbleibenden Gesellschafters dem Anteil entspricht, mit dem er am Vermögen der Gesamthand vor dem Gesellschafterwechsel beteiligt war. Das Ausmaß der Vergünstigung ist auf die Deckungsgleiche der ursprünglichen unmittelbaren oder mittelbaren Beteiligung am Vermögen der grundbesitzenden Personengesellschaft sowie der unmittelbaren oder mittelbaren Beteiligung am Vermögen der fiktiv neuen Personengesellschaft beschränkt.

Erfolgt die Änderung des Gesellschafterbestands in mehreren Teilakten, kommt es für das Ausmaß der Vergünstigung auf den Gesellschafterbestand vor dem ersten und nach dem letzten Teilakt an.

Bei Anwendung des § 1 Abs. 2a GrEStG verliert ein Gesellschafter, der zwischenzeitlich ausscheidet, seine Altgesellschafterstellung und ist beim Wiedereintritt zwingend als Neugesellschafter anzusehen. Im Rahmen des § 6 Abs. 3 Satz 1 i. V. m. Abs. 1 Satz 1 GrEStG ist ein zwischenzeitliches Ausscheiden des Altgesellschafters unbeachtlich. Maßgeblich ist, dass dieser seine Gesellschafterstellung mindestens bis zum ersten Teilakt innehatte und spätestens mit dem letzten Teilakt wieder erlangt. Das Gleiche gilt bei mehrstöckigen Personengesellschaften.

**Beispiel 1:**

Am Vermögen einer grundbesitzenden KG sind A und eine OHG seit zehn Jahren zu je 50% unverändert beteiligt. Am Vermögen der OHG sind B und C zu je 50% beteiligt.
Im Jahr 01 veräußert A 43% der Anteile am Gesellschaftsvermögen an die OHG und 7% der Anteile am Gesellschaftsvermögen an Z.
Im Jahr 02 veräußert die OHG ihre Anteile in Höhe von 93% an eine GmbH & Co. KG, deren einziger Kommanditist A ist. Die Komplementär-GmbH ist vermögensmäßig nicht an der KG beteiligt.

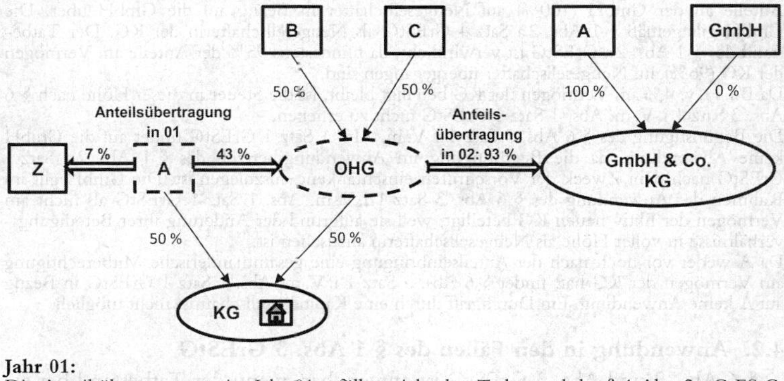


**Jahr 01:**
Die Anteilsübertragungen im Jahr 01 erfüllen nicht den Tatbestand des § 1 Abs. 2a GrEStG, da nicht mindestens 95% der Anteile am Vermögen der KG (A an Z 7%) auf Neugesellschafter übergegangen sind. Die Anteilsübertragung auf die OHG ist bei der Berechnung des maßgeblichen Quantums nicht zu berücksichtigen, da die OHG Altgesellschafterin der KG ist.

**Jahr 02:**
Die Anteilsübertragungen in den Jahren 01 und 02 erfüllen zusammen den Tatbestand des § 1 Abs. 2a Satz 1 GrEStG, da innerhalb von fünf Jahren mindestens 95% der Anteile am Vermögen der KG (01: A an Z 7% + 02: OHG an GmbH & Co. KG 93%) auf Neugesellschafter übergegangen sind.

Obwohl A durch die Anteilsübertragungen auf Z und die OHG im Jahr 01 seine Eigenschaft als Altgesellschafter der KG verloren hat, ist für diesen Erwerbsvorgang die Steuer gemäß § 6 Abs. 3 Satz 1 i. V. m. Abs. 1 Satz 1 GrEStG in Höhe von 50 % nicht zu erheben. Die Höhe der Steuervergünstigung ergibt sich aus der Deckungsgleiche der vor dem ersten Teilakt bestehenden unmittelbaren Beteiligung des A am Vermögen der KG (50 %) und seiner nach dem letzten Teilakt bestehenden mittelbaren Beteiligung am Vermögen der KG (100 % von 93 %). § 6 Abs. 4 Satz 1 GrEStG schließt die Vergünstigung nicht aus, weil A seine gesamthänderische Mitberechtigung am Vermögen der KG vor mehr als fünf Jahren erworben hat.

§ 6 Abs. 3 Satz 1 i. V. m. Abs. 1 Satz 1 GrEStG ist im Anwendungsbereich des § 1 Abs. 2 a Satz 1 GrEStG nach dem Zweck der Vorschriften einschränkend auszulegen. Kapitalgesellschaften, die durch die Änderung ihrer Beteiligungsverhältnisse in voller Höhe (vgl. BFH-Urteil vom 24. April 2013 II R 17/10, BStBl. II S. 833) bzw. um mindestens 95 % (ab 6. November 2015, StÄndG 2015, BGBl. I S. 1834) als Neugesellschafter anzusehen sind, gelten im Rahmen der Anwendung des § 6 Abs. 3 Satz 1 i. V. m. Abs. 1 Satz 1 GrEStG als nicht am Vermögen der fiktiv neuen Gesamthandsgemeinschaft beteiligt. Andernfalls würde die Besteuerung nach § 1 Abs. 2 a Satz 1 GrEStG, die auch mittelbare Änderungen im Gesellschafterbestand erfasst, entgegen dem gesetzgeberischen Willen neutralisiert (vgl. BFH-Urteil vom 29. Februar 2012 II R 57/09, BStBl. II S. 917).

**Beispiel 2:**

Am Vermögen einer grundbesitzenden KG sind eine GmbH zu 96 % und B zu 4 % beteiligt. A ist Alleingesellschafter der GmbH.

A bringt seine GmbH-Beteiligung in die AC-OHG ein. Am Vermögen der AC-OHG sind A und C zu je 50 % beteiligt.

Durch die Einbringung der GmbH-Beteiligung in die AC-OHG gehen mindestens 95 % der Anteile an der GmbH (100 %) auf Neugesellschafter in Bezug auf die GmbH über. Die GmbH gilt gemäß § 1 Abs. 2 a Satz 4 GrEStG als Neugesellschafterin der KG. Der Tatbestand des § 1 Abs. 2 a GrEStG ist verwirklicht, da mindestens 95 % der Anteile am Vermögen der KG (96 %) auf Neugesellschafter übergegangen sind.

Da B i. H. v. 4 % am Vermögen der KG beteiligt bleibt, ist die Steuer in dieser Höhe nach § 6 Abs. 3 Satz 1 i. V. m. Abs. 1 Satz 1 GrEStG nicht zu erheben.

Die Begünstigung des § 6 Abs. 3 Satz 1 i. V. m. Abs. 1 Satz 1 GrEStG findet auf die GmbH keine Anwendung, da die Begünstigung im Anwendungsbereich des § 1 Abs. 2 a Satz 1 GrEStG nach dem Zweck der Vorschriften einschränkend auszulegen ist. Die GmbH gilt im Rahmen der Anwendung des § 6 Abs. 3 Satz 1 i. V. m. Abs. 1 Satz 1 GrEStG als nicht am Vermögen der fiktiv neuen KG beteiligt, weil sie aufgrund der Änderung ihrer Beteiligungsverhältnisse in voller Höhe als Neugesellschafterin anzusehen ist.

Da A weder vor noch nach der Anteilseinbringung eine gesamthänderische Mitberechtigung am Vermögen der KG hat, findet § 6 Abs. 3 Satz 1 i. V. m. Abs. 1 Satz 1 GrEStG in Bezug auf A keine Anwendung. Ein Durchgriff durch eine Kapitalgesellschaft ist nicht möglich.

## 4.2. Anwendung in den Fällen des § 1 Abs. 3 GrEStG

§ 6 Abs. 2 und Abs. 3 GrEStG ist anwendbar, wenn der Tatbestand bei einer grundbesitzenden Personengesellschaft verwirklicht wird. Dies gilt sowohl im Fall der Anteilsvereinigung (§ 1 Abs. 3 Nr. 1 und Nr. 2 GrEStG) als auch im Fall der Anteilsübertragung (§ 1 Abs. 3 Nr. 3 und Nr. 4 GrEStG).

Ein Erwerbsvorgang i. S. d. § 1 Abs. 3 Nr. 1 oder Nr. 2 GrEStG ist beispielsweise gegeben, wenn bei einer GmbH & Co. KG mit Grundbesitz ein Kommanditist sowohl die anderen Kommanditanteile als auch mindestens 95 % der Anteile an der Komplementär-GmbH erwirbt.

§ 6 Abs. 2 und Abs. 3 GrEStG ist anwendbar, da der Kommanditist, in dessen Hand sich die Anteile i. S. d. § 1 Abs. 3 Nr. 1 oder Nr. 2 GrEStG vereinigen, grunderwerbsteuerrechtlich so behandelt wird, als habe er das Grundstück von der Gesellschaft erworben. Für den Anwendungsbereich des § 6 GrEStG liegen somit fiktive Grundstücksübertragungen von der GmbH & Co. KG auf den künftigen Alleinkommanditisten vor.

### 4.3. Anwendung in den Fällen des § 1 Abs. 3 a GrEStG

Wird bei einer Personengesellschaft der Tatbestand des § 1 Abs. 3 a GrEStG verwirklicht, ist § 6 Abs. 2 und Abs. 3 GrEStG anwendbar. Die Grundsätze zur Anwendung des § 6 GrEStG in den Fällen des § 1 Abs. 3 GrEStG gelten entsprechend.

## 5. Verhältnis zu den übrigen Steuervergünstigungen

Die allgemeinen Befreiungsvorschriften des § 3 GrEStG finden über die §§ 5 und 6 GrEStG bei Personengesellschaften Anwendung.

Erwerbsvorgänge nach § 1 Abs. 3 und Abs. 3 a GrEStG können gleichzeitig sowohl nach einer personenbezogenen Befreiungsvorschrift (§ 3 GrEStG) als auch nach § 6 GrEStG (unter Beachtung der Beschränkungen des § 6 Abs. 4 GrEStG) begünstigt sein.

Die Steuervergünstigungen der §§ 5, 6 und 6 a GrEStG stehen gleichrangig nebeneinander. Soweit die Voraussetzungen für eine Steuervergünstigung nicht vorliegen oder später entfallen, kann eine andere Steuervergünstigung von Amts wegen gewährt werden, sofern deren Voraussetzungen vorliegen.

## 6. Fünfjährige Behaltensfrist

Die Fünfjahresfrist beginnt mit dem Übergang des Grundstücks auf die Gesamthand. Maßgeblich ist der Zeitpunkt der Verwirklichung des Erwerbsvorgangs i. S. v. § 23 GrEStG für den Erwerbsvorgang. Die Fristberechnung richtet sich nach §§ 186 ff. BGB.

## 7. Versagung der Steuervergünstigung nach § 5 Abs. 3 GrEStG bzw. nach § 6 Abs. 3 Satz 2 GrEStG

### 7.1. Allgemeines

Zur Vermeidung von Steuerumgehungen regelt § 5 Abs. 3 bzw. § 6 Abs. 3 Satz 2 GrEStG, dass die gewährte Vergünstigung rückwirkend zu versagen ist, soweit sich innerhalb von fünf Jahren nach dem Übergang des Grundstücks auf die Gesamthand der Anteil des übertragenden Gesamthänders am Vermögen der erwerbenden Gesamthand vermindert.

Als Verminderung des Anteils des übertragenden Gesamthänders am Vermögen der Gesamthand ist z. B. das Ausscheiden aus der Gesellschaft, die Herabsetzung der Beteiligung durch Verkauf, Übertragung usw. auf andere Gesellschafter oder auf einen Treuhänder und die Aufnahme neuer Gesellschafter zu verstehen. Auch die Umwandlung des grundstücksübertragenden Gesamthänders sowie die formwechselnde Umwandlung der erwerbenden Gesamthand in eine Kapitalgesellschaft führt zum Wegfall der Steuervergünstigung für die Grundstücksübertragung.

Soweit eine Steuerumgehung objektiv ausgeschlossen ist, ist die Vorschrift des § 5 Abs. 3 GrEStG bzw. des § 6 Abs. 3 Satz 2 GrEStG ihrer Zielrichtung entsprechend einschränkend auszulegen (teleologische Reduktion).

### 7.2. Veräußerung des Grundstücks

Das Ausscheiden des Grundstücks aus dem Gesamthandsvermögen durch einen erneuten grunderwerbsteuerbaren Rechtsvorgang innerhalb der Frist des § 5 Abs. 3 GrEStG bzw. des § 6 Abs. 3 Satz 2 GrEStG führt nicht zur rückwirkenden Versagung der Steuervergünstigung, da eine Missbrauchsgestaltung objektiv ausgeschlossen ist. Die Überwachung nach § 5 Abs. 3 GrEStG bzw. nach § 6 Abs. 3 Satz 2 GrEStG endet.

### 7.3. Formwechselnde Umwandlung

#### 7.3.1. Formwechselnde Umwandlung der grundstückserwerbenden Gesamthand

##### 7.3.1.1. Homogene formwechselnde Umwandlung

Die homogene formwechselnde Umwandlung der grundstückserwerbenden Gesamthand in eine andere Gesamthand lässt die gesamthänderische Mitberechtigung unberührt. Der Tatbestand des § 5 Abs. 3 GrEStG ist nicht erfüllt. Der formgewechselte Rechtsträger führt eine bereits laufende Fünfjahresfrist fort.

##### 7.3.1.2. Heterogene formwechselnde Umwandlung

Die heterogene formwechselnde Umwandlung der grundstückserwerbenden Gesamthand in eine Kapitalgesellschaft führt zu einer rückwirkenden Versagung der Steuervergünstigung, da die gesamthänderische Mitberechtigung an dem Grundstück entfällt.

**Beispiel 3:**

Am Vermögen der grundbesitzenden OHG sind A und B zu jeweils 50 % beteiligt. A überträgt ein Grundstück auf die OHG. Innerhalb von fünf Jahren wird die OHG in eine GmbH formwechselnd umgewandelt.

Die Steuer für den Grundstücksübergang nach § 1 Abs. 1 Nr. 1 GrEStG wird gemäß § 5 Abs. 2 GrEStG i. H. v. 50 % nicht erhoben. Durch die formwechselnde Umwandlung geht die gesamthänderische Mitberechtigung verloren. Die Steuervergünstigung ist rückwirkend nach § 5 Abs. 3 GrEStG zu versagen. Die Steuerfestsetzung ist zu ändern.

#### 7.3.2. Formwechselnde Umwandlung des grundstücksübertragenden Gesamthänders

##### 7.3.2.1. Homogene formwechselnde Umwandlung

Die homogene formwechselnde Umwandlung des grundstücksübertragenden Gesamthänders führt nicht zur Anwendung des § 5 Abs. 3 GrEStG bzw. des § 6 Abs. 3 Satz 2 GrEStG. Der formgewechselte Rechtsträger führt eine bereits laufende Fünfjahresfrist fort. Nachfolgende mittelbare Gesellschafterwechsel sind nur bei doppelstöckigen Personengesellschaften von Bedeutung.

**Beispiel 4:**

Am Vermögen einer KG sind Z zu 10 % und eine grundbesitzende GbR zu 90 % beteiligt. Am Vermögen der GbR sind die Gesellschafter A zu 20 %, B zu 30 % und C zu 50 % beteiligt. Die GbR überträgt im Jahr 01 ein Grundstück auf die KG. Im Jahr 03 erfolgt eine formwechselnde Umwandlung der GbR in eine OHG. Im Jahr 04 überträgt C seinen Anteil an der OHG auf D.

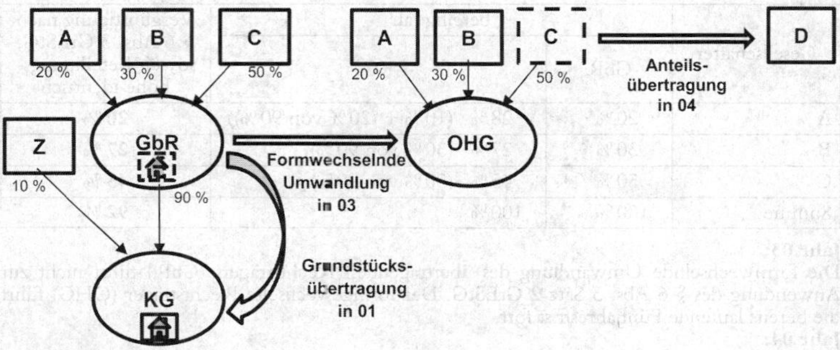


**Jahr 01:**
Für die nach § 1 Abs. 1 Nr. 1 GrEStG steuerbare Grundstücksübertragung wird die Steuer gemäß § 6 Abs. 3 Satz 1 i. V. m. Abs. 1 Satz 1 GrEStG i. H. v. 90% nicht erhoben.

**Jahr 03:**
Die formwechselnde Umwandlung des übertragenden Rechtsträgers (GbR) führt nicht zur Anwendung des § 6 Abs. 3 Satz 2 GrEStG. Der formgewechselte Rechtsträger (OHG) führt die bereits laufende Fünfjahresfrist fort.

**Jahr 04:**
Das Ausscheiden von C innerhalb des Fünfjahreszeitraums führt zu einer rückwirkenden Versagung der Steuervergünstigung gemäß § 6 Abs. 3 Satz 2 GrEStG i. H. v. 45% (50% von 90%). Die Steuerfestsetzung ist zu ändern.
Die Überwachung der Festsetzung ist in Bezug auf die unveränderte Beteiligung i. H. v. 45% bis zum Ablauf des verbleibenden Fünfjahreszeitraums fortzusetzen.

**Abwandlung:**
Am Vermögen der KG ist neben der GbR zu 90% nicht Z, sondern A, der auch zu 20% am Vermögen der GbR beteiligt ist, zu 10% beteiligt.

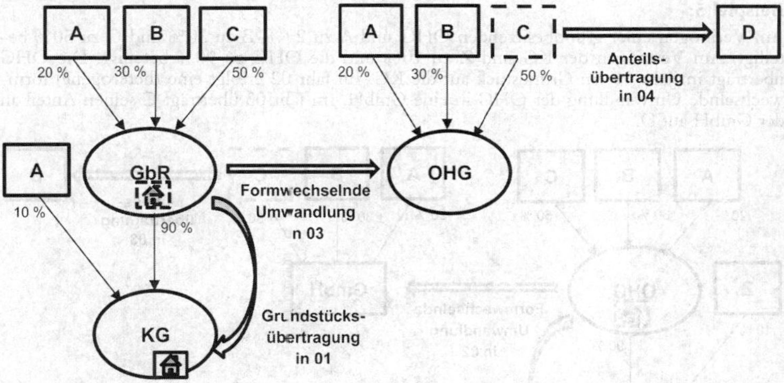


**Jahr 01:**
Für die nach § 1 Abs. 1 Nr. 1 GrEStG steuerbare Grundstücksübertragung wird die Steuer gemäß § 6 Abs. 3 i. V. m. Abs. 1 Satz 1 GrEStG i. H. v. 92% nicht erhoben, weil insoweit die Gesamthänder der GbR und der KG identisch sind und ihre Beteiligungshöhe übereinstimmt. Danach berechnet sich die Höhe der Vergünstigung wie folgt:

| Gesellschafter | beteiligt an | | Vergünstigung nach § 6 Abs. 3 GrEStG, soweit Beteiligungshöhe identisch |
|---|---|---|---|
| | GbR | KG | |
| A | 20 % | 28 % (10 % + (20 % von 90 %)) | **20 %** |
| B | 30 % | 27 % (30 % von 90 %) | **27 %** |
| C | 50 % | 45 % (50 % von 90 %) | **45 %** |
| Summe | 100 % | 100 % | **92 %** |

**Jahr 03:**
Die formwechselnde Umwandlung des übertragenden Rechtsträgers (GbR) führt nicht zur Anwendung des § 6 Abs. 3 Satz 2 GrEStG. Der formgewechselte Rechtsträger (OHG) führt die bereits laufende Fünfjahresfrist fort.
**Jahr 04:**
Das Ausscheiden von C innerhalb des Fünfjahreszeitraums führt zu einer rückwirkenden Versagung der Steuervergünstigung gemäß § 6 Abs. 3 Satz 2 GrEStG i. H. v. 45 % (50 % von 90 %). Die Steuerfestsetzung ist zu ändern.
Die Überwachung der Festsetzung ist in Bezug auf die unveränderte Beteiligung i. H. v. 47 % bis zum Ablauf des verbleibenden Fünfjahreszeitraums fortzusetzen.

## 7.3.2.2. Heterogene formwechselnde Umwandlung

Die heterogene formwechselnde Umwandlung des grundstücksübertragenden Gesamthänders führt zur Anwendung des § 5 Abs. 3 GrEStG bzw. des § 6 Abs. 3 Satz 2 GrEStG. In diesem Fall verliert der grundstücksübertragende Gesamthänder seine gesamthänderische Mitberechtigung am Vermögen der Gesellschaft und damit auch an dem Grundstück. Nach Maßgabe der spezifischen grunderwerbsteuerrechtlichen Zuordnung ändert sich als Folge einer heterogenen formwechselnden Umwandlung das grunderwerbsteuerliche Zuordnungssubjekt (analoge Anwendung des BFH-Urteils vom 25. September 2013 II R 17/12, BStBl. 2014 II S. 268).

**Beispiel 5:**
Am Vermögen einer grundbesitzenden OHG sind A zu 20 %, B zu 30 % und C zu 50 % beteiligt. Am Vermögen der KG sind Z zu 10 % und die OHG zu 90 % beteiligt. Die OHG überträgt im Jahr 01 ein Grundstück auf die KG. Im Jahr 02 erfolgt eine (heterogene) formwechselnde Umwandlung der OHG in eine GmbH. Im Jahr 03 überträgt C seinen Anteil an der GmbH auf D.

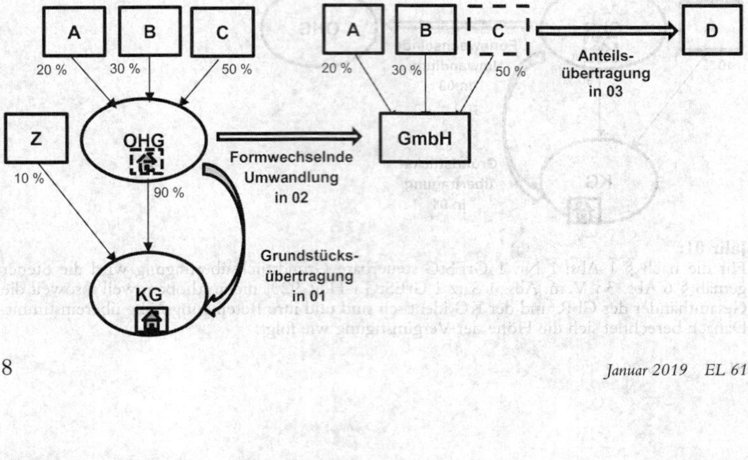

**Jahr 01:**
Für die nach § 1 Abs. 1 Nr. 1 GrEStG steuerbare Grundstücksübertragung wird die Steuer gemäß § 6 Abs. 3 i. V. m. Abs. 1 Satz 1 GrEStG i. H. v. 90% nicht erhoben.
**Jahr 02:**
Mit Eintragung des Formwechsels im Handelsregister (§ 198 Abs. 1 UmwG) führt die formwechselnde Umwandlung des übertragenden Rechtsträgers (OHG) zu einer rückwirkenden Versagung der Steuervergünstigung gemäß § 6 Abs. 3 Satz 2 GrEStG i. H. v. 90%. Die Steuerfestsetzung ist zu ändern und die Überwachung zu beenden.
**Jahr 03:**
Die Anteilsübertragung von C auf D ist für die Anwendung des § 6 Abs. 3 Satz 2 GrEStG unbeachtlich.

**Abwandlung 1:**
Bei der übertragenden Gesellschaft handelt es sich um eine Kapitalgesellschaft, die durch formwechselnde Umwandlung eine Gesamthand wird.
Die Lösung zu Beispiel 5 gilt entsprechend. Die zunächst gewährte Vergünstigung nach § 5 Abs. 2 GrEStG ist hier nach § 5 Abs. 3 GrEStG rückwirkend zu versagen.

**Abwandlung 2:**
Am Vermögen der KG ist neben der OHG zu 90% nicht Z, sondern A, der auch zu 20% am Vermögen der OHG beteiligt ist, zu 10% beteiligt.

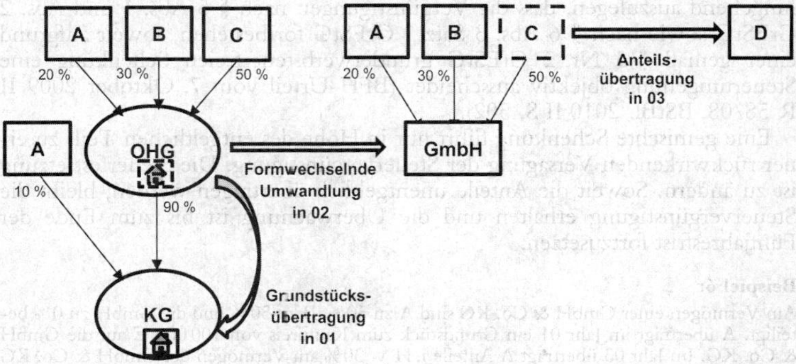


**Jahr 01:**
Für die nach § 1 Abs. 1 Nr. 1 GrEStG steuerbare Grundstücksübertragung wird die Steuer gemäß § 6 Abs. 3 i. V. m. Abs. 1 Satz 1 GrEStG i. H. v. 92% nicht erhoben, weil insoweit die Gesamthänder der OHG und der KG identisch sind und ihre Beteiligungshöhe übereinstimmt. Danach berechnet sich die Höhe der Vergünstigung wie folgt:

| Gesellschafter | beteiligt an | | Vergünstigung nach § 6 Abs. 3 GrEStG, soweit Beteiligungshöhe identisch |
|---|---|---|---|
| | OHG | KG | |
| A | 20% | 28% (10% + (20% von 90%)) | **20%** |
| B | 30% | 27% (30% von 90%) | **27%** |
| C | 50% | 45% (50% von 90%) | **45%** |
| Summe | 100% | 100% | **92%** |

**Jahr 02:**
Mit Eintragung des Formwechsels im Handelsregister (§ 198 Abs. 1 UmwG) führt die formwechselnde Umwandlung des übertragenden Rechtsträgers (OHG) zu einer rückwirkenden

Versagung der Steuervergünstigung gemäß § 6 Abs. 3 Satz 2 GrEStG i. H. v. 82%. Die bisher gewährte Vergünstigung bleibt i. H. der weiter bestehenden unmittelbaren Beteiligung des A an der KG i. H. v. 10% erhalten. Die Steuerfestsetzung ist zu ändern und die Überwachung insoweit fortzusetzen.

**Jahr 03:**
Die Anteilsübertragung von C auf D ist für die Anwendung des § 6 Abs. 3 Satz 2 GrEStG unbeachtlich.

### 7.4. Verhältnis zu den personenbezogenen Befreiungsvorschriften

Die Steuervergünstigungen des § 5 Abs. 1 und Abs. 2 GrEStG entfallen (rückwirkend) über § 5 Abs. 3 GrEStG nur, wenn eine Umgehungsmöglichkeit tatsächlich besteht. Daher kommt eine rückwirkende Versagung der Steuervergünstigung nicht in Betracht, soweit ein der Verminderung des Anteils am Vermögen der Gesamthand entsprechender Grundstückserwerb nach den allgemeinen Vorschriften des § 3 GrEStG von der Steuer ausgenommen wäre.

#### 7.4.1. Anwendung des § 3 Nr. 2 GrEStG

§ 5 Abs. 3 bzw. § 6 Abs. 3 Satz 2 GrEStG setzt die objektive Möglichkeit einer Steuerumgehung voraus. Die Vorschriften sind daher einschränkend dahingehend auszulegen, dass die Vergünstigungen nach § 5 Abs. 1 und Abs. 2 GrEStG sowie nach § 6 Abs. 3 Satz 1 GrEStG fortbestehen, soweit aufgrund einer gemäß § 3 Nr. 2 GrEStG grunderwerbsteuerfreien Schenkung eine Steuerumgehung objektiv ausscheidet (BFH-Urteil vom 7. Oktober 2009 II R 58/08, BStBl. 2010 II S. 302).

Eine gemischte Schenkung führt nur in Höhe des entgeltlichen Teils zu einer rückwirkenden Versagung der Steuervergünstigung. Die Steuerfestsetzung ist zu ändern. Soweit die Anteile unentgeltlich übertragen werden, bleibt die Steuervergünstigung erhalten und die Überwachung ist bis zum Ende der Fünfjahresfrist fortzusetzen.

**Beispiel 6:**
Am Vermögen einer GmbH & Co. KG sind A zu 50%, B zu 50% und die GmbH zu 0% beteiligt. A überträgt im Jahr 01 ein Grundstück zum Kaufpreis von 100 000 € auf die GmbH & Co. KG. Im Jahr 03 überträgt A Anteile i. H. v. 30% am Vermögen der GmbH & Co. KG (Verkehrswert 500 000 €) auf seine Nichte C gegen Zahlung eines Kaufpreises von 100 000 €.

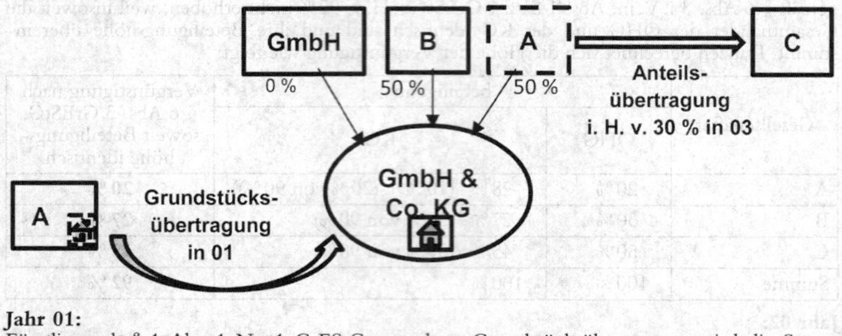


**Jahr 01:**
Für die nach § 1 Abs. 1 Nr. 1 GrEStG steuerbare Grundstücksübertragung wird die Steuer gemäß § 5 Abs. 2 GrEStG i. H. v. 50% nicht erhoben.

**Jahr 03:**
Da A innerhalb der Fünfjahresfrist seinen Anteil am Vermögen der Gesamthand vermindert hat, ist die rückwirkende Versagung der Steuervergünstigung gemäß § 5 Abs. 3 GrEStG zu prüfen. Die Anteilsübertragung erfolgte im Wege der gemischten Schenkung (Entgeltlichkeitsquote 100 000 €/500 000 € = 20 %). Soweit die Anteile entgeltlich übertragen worden sind, ist die Steuerfestsetzung zu ändern und die Steuer i. H. v. weiteren 6 % (20 % von 30 %), also insgesamt von 56 % festzusetzen. Soweit die Anteile unentgeltlich übertragen worden sind (24 %), bleibt es bei der Steuervergünstigung. Die Überwachung für die nicht übertragenen 20 % sowie die unentgeltlich übertragenen 24 % (= 44 %) ist bis zum Ende der Fünfjahresfrist fortzusetzen.
Soweit die Nichte C mit der Schenkung in die Rechtsposition des Schenkers A eingetreten ist, führt sie dessen bereits laufende Fünfjahresfrist fort.

**Fortsetzung des Beispiels:**
Die Nichte C veräußert innerhalb der Behaltensfrist des § 5 Abs. 3 GrEStG Anteile i. H. v. 10 % am Vermögen der GmbH & Co. KG (bisher: 30 %) an den fremden Dritten D.
Aufgrund des teilentgeltlichen Erwerbs der C entfällt die Steuervergünstigung für 80 % der von ihr weiterveräußerten Anteile gemäß § 5 Abs. 3 GrEStG, weil die Steuer für die restlichen 20 % bereits im vorangegangenen Änderungsbescheid nacherhoben wurde. Die gewährte Steuervergünstigung von 44 % ist um weitere 8 % (80 % von 10 %) rückwirkend zu versagen. Es verbleibt eine Steuervergünstigung nach § 5 Abs. 2 GrEStG von 36 % (20 % für die bei A verbliebenen Anteile und 16 % für die auf C übertragenen Anteile).

### 7.4.2. Anwendung des § 3 Nr. 4 bis 6 GrEStG

Bei der Verminderung des Anteils des Gesamthänders am Gesamthandsvermögen verbleibt es bei der Steuervergünstigung, soweit der Anteil auf Personen übergeht, die (ohnehin) Grundstücke vom Gesellschafter nach § 3 Nr. 4 bis Nr. 6 GrEStG steuerfrei erwerben können. Der Rechtsnachfolger führt die bereits laufende Fünfjahresfrist des Rechtsvorgängers fort.

**Beispiel 7:**
Am Vermögen einer OHG sind die Gesellschafter A und B zu je 50 % beteiligt. A überträgt ein Grundstück auf die OHG. Innerhalb von fünf Jahren überträgt A seinen Anteil an der OHG auf seine Kinder.
A gibt zwar seine gesamthänderische Mitberechtigung auf. Dies erfolgt aber nur zu Gunsten seiner Kinder. Da ein dem Anteilserwerb durch die Kinder entsprechender Grundstückserwerb nach § 3 Nr. 6 GrEStG von der Grunderwerbsteuer befreit wäre, ist die Anwendung des § 5 Abs. 3 GrEStG ausgeschlossen.
In diesen Fällen ist der Rechtsnachfolger an die fünfjährige Behaltensfrist des Rechtsvorgängers gebunden. Die Überwachung nach § 5 Abs. 3 GrEStG ist fortzusetzen.

### 7.5. Anteilsverminderung nach vorheriger Grundstücksveräußerung

Erfolgt eine Verminderung der Anteile nach vorheriger steuerbarer Grundstücksveräußerung (vgl. Tz. 7.2), ist § 5 Abs. 3 bzw. § 6 Abs. 3 Satz 2 GrEStG nicht anzuwenden, da eine Missbrauchsgestaltung objektiv ausgeschlossen ist. Die Überwachung nach § 5 Abs. 3 GrEStG bzw. nach § 6 Abs. 3 Satz 2 GrEStG endet bereits mit der Veräußerung des Grundstücks.

**Beispiel 8:**
Am Vermögen einer OHG sind die Gesellschafter A, B und C zu je 1/3 beteiligt. Im Jahr 01 übertragen A und B jeweils ein Grundstück auf die OHG. Im Jahr 02 veräußert die OHG das von B übertragene Grundstück an C. Im Jahr 03 überträgt A seinen Anteil an der OHG auf D und scheidet damit aus der OHG aus.

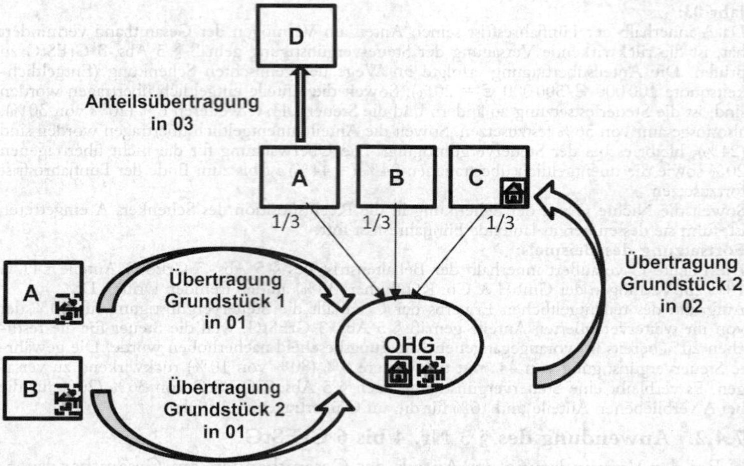


**Jahr 01:**
Für die nach § 1 Abs. 1 Nr. 1 GrEStG steuerbaren Grundstücksübertragungen wird die Steuer nach § 5 Abs. 2 GrEStG jeweils i. H. v. 1/3 nicht erhoben.
**Jahr 02:**
Für die nach § 1 Abs. 1 Nr. 1 GrEStG steuerbare Weiterveräußerung des von B übertragenen Grundstücks durch die OHG an C wird die Steuer nach § 6 Abs. 2 GrEStG in Höhe der Beteiligung des C am Vermögen der OHG (1/3) nicht erhoben.
Die Weiterveräußerung des von B auf die OHG übertragenen Grundstücks durch einen grunderwerbsteuerbaren Rechtsvorgang auf C führt nicht zur Anwendung des § 5 Abs. 3 GrEStG. Die Überwachung nach § 5 Abs. 3 GrEStG in Bezug auf B endet.
**Jahr 03:**
Da A durch die Anteilsveräußerung an D innerhalb von fünf Jahren nach der Übertragung seines Grundstücks aus der OHG ausscheidet und sich das Grundstück unverändert im Gesamthandsvermögen der OHG befindet, findet § 5 Abs. 3 GrEStG in Höhe seiner bis dahin bestehenden gesamthänderischen Mitberechtigung und seiner Beteiligung am Vermögen der OHG (1/3) Anwendung.
Die Steuerfestsetzung aus dem Jahr 01 ist zu ändern. Die Überwachung nach § 5 Abs. 3 GrEStG in Bezug auf A endet.

## 7.6. Anwachsung

Eine Anwendung des § 5 Abs. 3 GrEStG bzw. des § 6 Abs. 3 Satz 2 GrEStG scheidet aus, wenn das Grundstück innerhalb der Fünfjahresfrist im Rahmen einer Anwachsung übergeht auf:
- den grundstücksübertragenden Gesamthänder (in einem Rechtsakt [Beispiel 9] oder mehreren Rechtsakten),
- einen Gesellschafter, der das Grundstück nicht übertragen hat (in einem Rechtsakt [Beispiel 10]),
  oder
- einen fremden Dritten (in einem Rechtsakt).

In diesen Fällen liegt jeweils ein nach § 1 Abs. 1 Nr. 3 Satz 1 GrEStG steuerbarer Rechtsvorgang vor, der einen Missbrauch objektiv ausschließt.

In Fällen, in denen der grundstücksübertragende Gesamthänder seine Beteiligung an der Gesamthand innerhalb der Fünfjahresfrist verringert, ohne dass hierdurch zugleich eine steuerbare Anwachsung verwirklicht wird, findet § 5 Abs. 3 GrEStG bzw. § 6 Abs 3 Satz 2 GrEStG hingegen Anwendung. Hat ein Mitgesellschafter die Beteiligung in diesem Umfang übernommen, wird die Grunderwerbsteuer bei einer späteren Anwachsung in dessen Hand nicht erhoben, soweit es seinem Anteil am Vermögen der Gesamthand im Zeitpunkt der Anwachsung entspricht. Dieser umfasst sowohl die ursprüngliche als auch die hinzuerworbene Beteiligung (Beispiel 11).

Dem Grunde nach ist hinsichtlich der hinzuerworbenen Beteiligung der Tatbestand des § 6 Abs. 4 GrEStG erfüllt. Diese Norm dient in gleicher Weise wie § 5 Abs. 3 GrEStG der Missbrauchsvermeidung und soll erreichen, dass Anteilserhöhungen im Vorfeld einer Grundstücksübertragung ebenso wie Anteilsverminderungen nach einer Grundstücksübertragung zu einer Besteuerung führen. Soweit eine Steuerumgehung objektiv ausgeschlossen ist, ist die Vorschrift des § 5 Abs. 3 GrEStG bzw. des § 6 Abs. 3 Satz 2 GrEStG ihrer Zielrichtung entsprechend einschränkend auszulegen (teleologische Reduktion). Hat die Verminderung der Beteiligung des grundstücksübertragenden Gesellschafters bereits ganz oder teilweise zur rückwirkenden Versagung der Steuervergünstigung nach § 5 Abs. 3 GrEStG geführt, entfällt der Grund, auf die hinzuerworbenen Anteile die Sperrfrist des § 6 Abs. 4 GrEStG anzuwenden.

**Beispiel 9: Anwachsung auf den grundstücksübertragenden Gesamthänder in einem Rechtsakt**

Am Vermögen einer GbR sind A zu 40 % sowie B und C zu je 30 % beteiligt. A überträgt im Jahr 01 ein Grundstück auf die GbR. Im Jahr 04 übernimmt A die Anteile der anderen Gesellschafter der GbR (B und C) und führt das Unternehmen (nunmehr als Einzelunternehmen) fort.

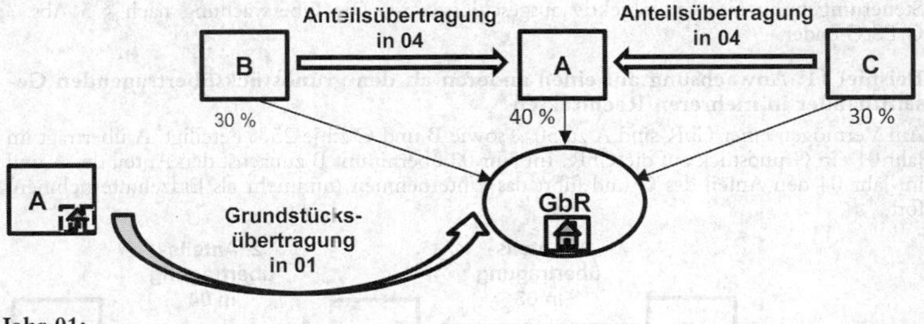


**Jahr 01:**
Für die nach § 1 Abs. 1 Nr. 1 GrEStG steuerbare Grundstücksübertragung wird die Steuer nach § 5 Abs. 2 GrEStG i. H. v. 40 % nicht erhoben.

**Jahr 04:**
Für die nach § 1 Abs. 1 Nr. 3 Satz 1 GrEStG steuerbare Anwachsung infolge der Übernahme der Gesellschaftsanteile der beiden ausscheidenden Gesellschafter B und C wird die Steuer nach § 6 Abs. 2 GrEStG zu 40 % nicht erhoben.
Die Anwachsung führt in Bezug auf die Übertragung im Jahr 01 nicht zur Anwendung des § 5 Abs. 3 GrEStG, weil A in Höhe seines bisherigen Anteils am Vermögen der GbR weiterhin am Wert des Grundstücks beteiligt ist. Die Überwachung nach § 5 Abs. 3 GrEStG endet.

**Beispiel 10: Anwachsung auf einen anderen als den grundstücksübertragenden Gesamthänder in einem Rechtsakt**

Am Vermögen einer GbR sind A zu 40 %, B zu 50 % und C zu 10 % beteiligt. A überträgt im Jahr 01 ein Grundstück auf die GbR. Im Jahr 04 übernimmt B in einem Rechtsakt die Anteile der anderen Gesellschafter der GbR (A und C) und führt das Unternehmen (nunmehr als Einzelunternehmen) fort.

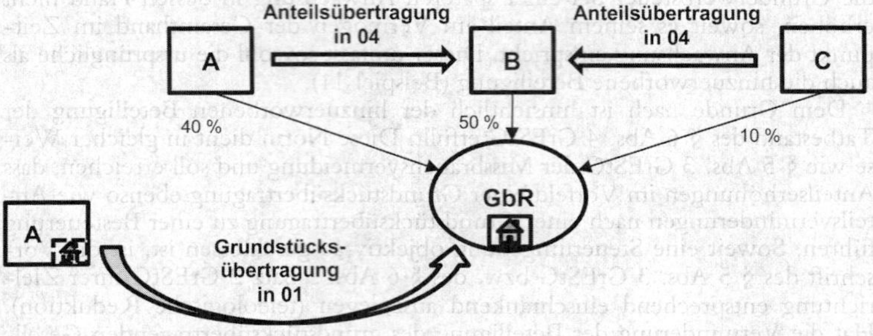


**Jahr 01:**
Für die nach § 1 Abs. 1 Nr. 1 GrEStG steuerbare Grundstücksübertragung wird die Steuer nach § 5 Abs. 2 GrEStG i. H. v. 40 % nicht erhoben.
**Jahr 04:**
Für die nach § 1 Abs. 1 Nr. 3 Satz 1 GrEStG steuerbare Anwachsung infolge der Übernahme der Gesellschaftsanteile der beiden ausscheidenden Gesellschafter A und C durch B wird die Steuer nach § 6 Abs. 2 GrEStG in Höhe des seit der Übertragung des Grundstücks im Jahr 01 unverändert bestehenden Anteils am Vermögen der GbR (50 %) nicht erhoben.
Die Anwachsung führt in Bezug auf die Übertragung im Jahr 01 nicht zur Anwendung des § 5 Abs. 3 GrEStG, weil die Verminderung der vermögensmäßigen Beteiligung des A an der GbR unmittelbar mit einem steuerbaren Rechtsvorgang im Zusammenhang steht und eine Steuerumgehung insoweit objektiv ausgeschlossen ist. Die Überwachung nach § 5 Abs. 3 GrEStG endet.

**Beispiel 11: Anwachsung auf einen anderen als den grundstücksübertragenden Gesamthänder in mehreren Rechtsakten**

Am Vermögen einer GbR sind A zu 50 % sowie B und C zu je 25 % beteiligt. A überträgt im Jahr 01 ein Grundstück auf die GbR. Im Jahr 03 übernimmt B zunächst den Anteil des A und im Jahr 04 den Anteil des C und führt das Unternehmen (nunmehr als Einzelunternehmen) fort.

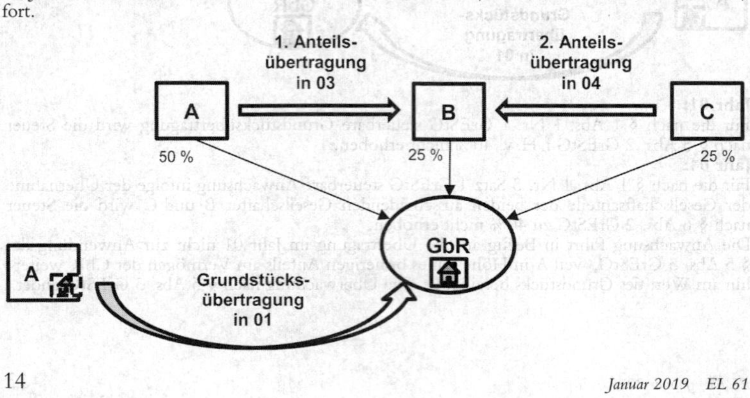

**Jahr 01:**
Für die nach § 1 Abs. 1 Nr. 1 GrEStG steuerbare Grundstücksübertragung wird die Steuer nach § 5 Abs. 2 GrEStG i. H. v. 50% nicht erhoben.

**Jahr 03:**
Durch sein Ausscheiden aus der GbR hat A die an die Vergünstigung seiner Grundstücksübertragung anknüpfende Fünfjahresfrist nicht eingehalten. Die bisher gewährte Steuervergünstigung von 50% ist nach § 5 Abs. 3 GrEStG rückwirkend zu versagen. Die Überwachung nach § 5 Abs. 3 GrEStG endet.

**Jahr 04:**
Für die nach § 1 Abs. 1 Nr. 3 Satz 1 GrEStG steuerbare Anwachsung infolge der Übernahme des Gesellschaftsanteils des vorletzten ausscheidenden Gesellschafters C wird die Steuer nach § 6 Abs. 2 GrEStG in Höhe der seit dem Anteilserwerb von A bestehenden gesamthänderischen Mitberechtigung des B an der GbR (75%) nicht erhoben.
§ 6 Abs. 4 GrEStG ist nicht anzuwenden, weil der Erwerb des Anteils des A durch B im Zusammenhang mit einer rückwirkenden Versagung einer Steuervergünstigung nach § 5 Abs. 3 GrEStG stand und damit der Grunderwerbsteuer unterlegen hat.

## 7.7. Umwandlung einer mittelbaren in eine unmittelbare Beteiligung bzw. einer unmittelbaren in eine mittelbare Beteiligung

§ 5 Abs. 3 bzw. § 6 Abs. 3 Satz 2 GrEStG findet keine Anwendung, wenn innerhalb der maßgeblichen Fünfjahresfrist die Beteiligung an der erwerbenden Gesamthand von einer, über eine oder mehrere Gesamthandsgemeinschaften bestehenden, mittelbaren zu einer unmittelbaren Beteiligung verstärkt wird. Eine Abschwächung von einer unmittelbaren zu einer mittelbaren Beteiligung führt zu einer rückwirkenden Versagung der Steuervergünstigung, soweit sich hierdurch der Anteil am Vermögen der erwerbenden Gesamthand vermindert. Für die Ermittlung der mittelbaren Beteiligung sind die Vomhundertsätze am Vermögen der Gesellschaften zu multiplizieren.

Mittelbare Beteiligungen über Kapitalgesellschaften bleiben unberücksichtigt, da deren Gesellschafter nicht an der Personengesellschaft beteiligt sind. Mit der Abschwächung einer unmittelbaren in eine mittelbare Beteiligung oder Verstärkung einer mittelbaren in eine unmittelbare Beteiligung endet nicht die Überwachung nach § 5 Abs. 3 GrEStG bzw. nach § 6 Abs. 3 Satz 2 GrEStG.

**Beispiel 12: Verstärkung einer mittelbaren in eine unmittelbare Beteiligung**

Am Vermögen einer OHG sind B und eine KG zu je 50% beteiligt. Am Vermögen der KG sind C und A zu je 50% beteiligt. A überträgt im Jahr 01 ein Grundstück auf die OHG. Im Jahr 04 erwirbt A von der KG deren Anteil an der OHG.

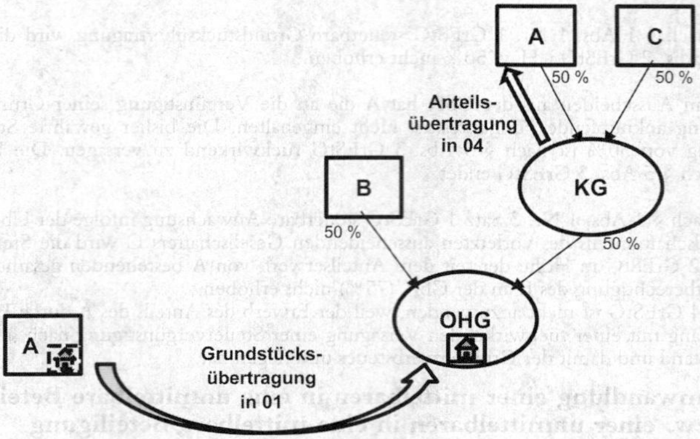


**Jahr 01:**
Für die nach § 1 Abs. 1 Nr. 1 GrEStG steuerbare Grundstücksübertragung wird die Steuer nach § 5 Abs. 2 GrEStG i. H. v. 25 % nicht erhoben, weil A in dieser Höhe mittelbar am Vermögen der OHG beteiligt ist.
**Jahr 04:**
Die Anteilsübertragung von der KG auf A stellt keinen steuerbaren Rechtsvorgang dar. § 5 Abs. 3 GrEStG ist nicht anzuwenden. A hat seine bisher mittelbare Beteiligung i. H. v. 25 % zu einer unmittelbaren Beteiligung i. H. v. 50 % verstärkt und bleibt somit weiterhin zu mindestens 25 % am Vermögen der OHG beteiligt.
Die Überwachung nach § 5 Abs. 3 GrEStG ist bis zum Ablauf der Fünfjahresfrist fortzuführen. Eine rückwirkende Versagung der Steuervergünstigung nach § 5 Abs. 3 GrEStG käme nur dann und soweit zur Anwendung, wie die Beteiligung des A innerhalb des verbleibenden Überwachungszeitraums 25 % unterschreitet.

**Beispiel 13: Abschwächung einer unmittelbaren zu einer mittelbaren Beteiligung**
Am Vermögen einer OHG sind A und B zu je 50 % beteiligt. A überträgt im Jahr 01 ein Grundstück auf die OHG. Im Jahr 04 überträgt A seinen OHG-Anteil auf eine KG. Am Vermögen der KG sind A und C zu je 50 % beteiligt.

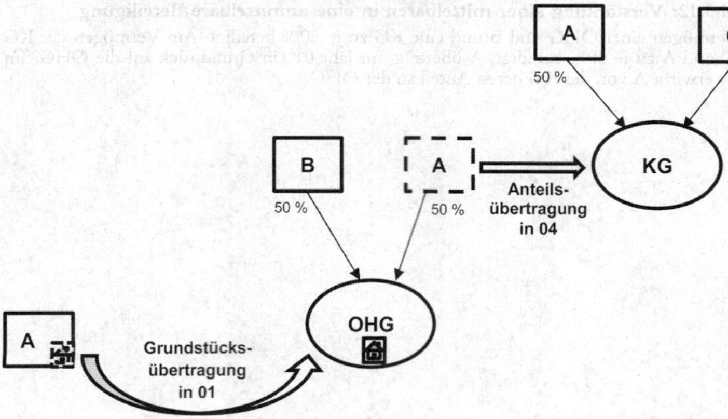

**Jahr 01:**
Für die nach § 1 Abs. 1 Nr. 1 GrEStG steuerbare Grundstücksübertragung wird die Steuer nach § 5 Abs. 2 GrEStG i. H. v. 50 % nicht erhoben, weil A in dieser Höhe unmittelbar am Vermögen der OHG beteiligt ist.

**Jahr 04:**
Die Anteilsübertragung von A auf die KG stellt keinen steuerbaren Rechtsvorgang dar. Nach § 5 Abs. 3 GrEStG ist die Steuervergünstigung für die Grundstücksübertragung im Jahr 01 rückwirkend zu versagen, soweit A seine bisherige Beteiligung i. H. v. 50 % unterschreitet. Durch die Abschwächung seiner unmittelbaren Beteiligung i. H. v. 50 % zu einer mittelbaren Beteiligung i. H. v. 25 % geht die gesamthänderische Mitberechtigung des A an der OHG i. H. v. 25 % verloren. Die Steuerfestsetzung ist zu ändern.
Die Überwachung nach § 5 Abs. 3 GrEStG ist bis zum Ablauf der Fünfjahresfrist in Bezug auf die verbleibende Beteiligung i. H. v. 25 % fortzuführen.

## 7.8. Verwirklichung der Tatbestände nach § 1 Abs. 2 a, Abs. 3 oder Abs. 3 a GrEStG

Eine Anwendung des § 5 Abs. 3 GrEStG bzw. des § 6 Abs. 3 Satz 2 GrEStG scheidet aus, wenn durch die Minderung des Anteils ein steuerbarer Rechtsvorgang i. S. d. § 1 Abs. 2 a, Abs. 3 oder Abs. 3 a GrEStG verwirklicht wird.

### 7.8.1. Verhältnis zu § 1 Abs. 2 a GrEStG

#### 7.8.1.1. Gesellschafterwechsel in einem Rechtsakt

Wird durch einen Gesellschafterwechsel der Tatbestand des § 1 Abs. 2 a Satz 1 GrEStG in einem Rechtsakt vollzogen, kommt § 5 Abs. 3 bzw. § 6 Abs. 3 Satz 2 GrEStG nicht zur Anwendung, da durch diesen steuerbaren Rechtsvorgang ein Missbrauch objektiv ausgeschlossen ist. Eine Anrechnung nach § 1 Abs. 2 a Satz 7 GrEStG scheidet daher aus.

Die Überwachung nach § 5 Abs. 3 GrEStG bzw. nach § 6 Abs. 3 Satz 2 GrEStG endet mit der Verwirklichung des § 1 Abs. 2 a Satz 1 GrEStG.

**Beispiel 14:**
Am Vermögen einer OHG sind A zu 95 % und B zu 5 % beteiligt. A überträgt im Jahr 01 ein Grundstück auf die OHG. Im Jahr 03 überträgt A einen OHG-Anteil i. H. v. 90 % und B seinen gesamten OHG-Anteil in einem Rechtsakt auf C.

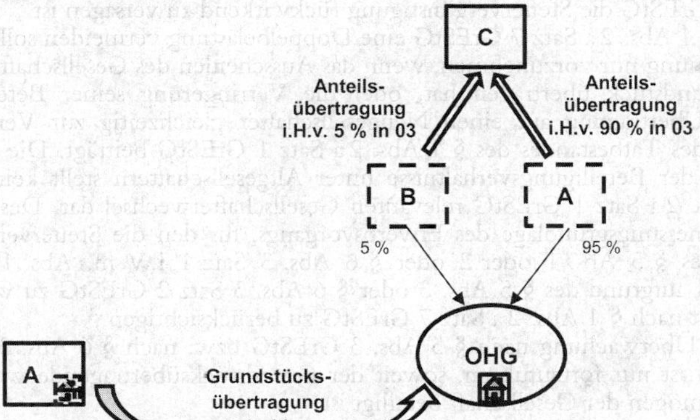

**Jahr 01:**
Für die nach § 1 Abs. 1 Nr. 1 GrEStG steuerbare Grundstücksübertragung wird die Steuer nach § 5 Abs. 2 GrEStG i. H. v. 95% nicht erhoben, weil A in dieser Höhe unmittelbar am Vermögen der OHG beteiligt ist.
**Jahr 03:**
Durch die Anteilsübertragungen von A und B auf C wird der Tatbestand des § 1 Abs. 2a Satz 1 GrEStG verwirklicht. Durch die Änderung des Gesellschafterbestandes i. H. v. 95% wird ein Grundstückserwerb durch eine neue OHG fingiert mit der Folge, dass § 6 Abs. 3 Satz 1 i. V. m. Abs. 1 Satz 1 GrEStG anzuwenden ist. Da A i. H. v. 5% an der OHG beteiligt bleibt, ist die Steuer in dieser Höhe nach § 6 Abs. 3 Satz 1 i. V. m. Abs. 1 Satz 1 GrEStG nicht zu erheben.
§ 5 Abs. 3 GrEStG ist auf den übertragenen Anteil des A i. H. v. 90% nicht anzuwenden, da die Verminderung seines Gesellschaftsanteils zu einem steuerbaren Vorgang beigetragen hat und deshalb eine Steuerumgehung objektiv ausgeschlossen ist. Eine Anrechnung nach § 1 Abs. 2a Satz 7 GrEStG scheidet aus.
Die Überwachung nach § 5 Abs. 3 GrEStG endet wegen der Verwirklichung des § 1 Abs. 2a Satz 1 GrEStG.
Eine neue fünfjährige Überwachungsfrist gemäß § 6 Abs. 3 Satz 2 GrEStG beginnt.

### 7.8.1.2. Gesellschafterwechsel in mehreren Rechtsakten

Erfolgt die nach § 1 Abs. 2a Satz 1 GrEStG steuerbare Änderung des Gesellschafterbestandes sukzessive (schrittweise), ist § 5 Abs. 3 oder § 6 Abs. 3 Satz 2 GrEStG sowohl auf die Gesellschafterwechsel, die zur Tatbestandsverwirklichung des § 1 Abs. 2a GrEStG beitragen, als auch auf solche, die den Tatbestand auslösen, anzuwenden. Eine teleologische Reduktion kommt nicht in Betracht, da jeder Teilakt für sich einen Missbrauch nicht objektiv ausschließt.

Zur Vermeidung einer möglichen Doppelbelastung enthält § 1 Abs. 2a Satz 7 GrEStG eine Anrechnungsregelung für die Fälle, in denen wegen der Verminderung des Anteils des übertragenden Gesellschafters am Vermögen der Gesamthand die Steuervergünstigung nach § 5 Abs. 3 GrEStG rückwirkend entfällt und wegen des Gesellschafterwechsels eine Besteuerung nach § 1 Abs. 2a Satz 1 GrEStG vorzunehmen ist. Danach ist auf die nach § 8 Abs. 2 Satz 1 Nr. 3 GrEStG ermittelte Bemessungsgrundlage (Grundbesitzwert) die Bemessungsgrundlage anzurechnen, von der nach § 5 Abs. 3 oder § 6 Abs. 3 Satz 2 GrEStG die Steuervergünstigung rückwirkend zu versagen ist.

Da § 1 Abs. 2a Satz 7 GrEStG eine Doppelbelastung vermeiden soll, ist die Anrechnung nur vorzunehmen, wenn das Ausscheiden des Gesellschafters, der das Grundstück übertragen hat, oder die Verringerung seiner Beteiligung durch Übertragung auf einen Neugesellschafter gleichzeitig zur Verwirklichung des Tatbestandes des § 1 Abs. 2a Satz 1 GrEStG beiträgt. Die Veränderung der Beteiligungsverhältnisse unter Altgesellschaftern stellt keinen für § 1 Abs. 2a Satz 1 GrEStG relevanten Gesellschafterwechsel dar. Deshalb ist die Bemessungsgrundlage des Erwerbsvorgangs, für den die Steuervergünstigung des § 5 Abs. 1 oder 2 oder § 6 Abs. 3 Satz 1 i. V. m. Abs. 1 Satz 1 GrEStG aufgrund des § 5 Abs. 3 oder § 6 Abs. 3 Satz 2 GrEStG zu versagen ist, nicht nach § 1 Abs. 2a Satz 7 GrEStG zu berücksichtigen.

Eine Überwachung nach § 5 Abs. 3 GrEStG bzw. nach § 6 Abs. 3 Satz 2 GrEStG ist nur fortzuführen, soweit der Grundstücksübertragende weiterhin am Vermögen der Gesellschaft beteiligt ist.

**Beispiel 15:**

Am Vermögen einer OHG sind A zu 95 % und B zu 5 % beteiligt. A überträgt im Jahr 01 ein Grundstück zu einem Kaufpreis von 200 000 € auf die OHG. Im Jahr 03 überträgt A einen OHG-Anteil i. H. v. 90 % an C und im Jahr 04 überträgt A 5 % seiner OHG-Anteile auf D. Der Grundbesitzwert im Jahr 04 beträgt 100 000 €.

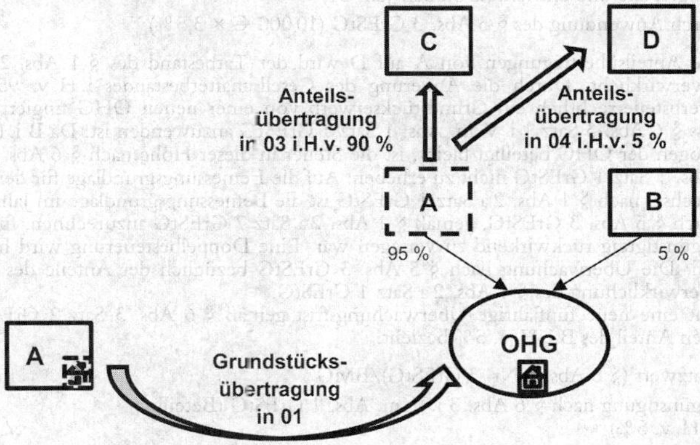


**Jahr 01:**

Für die nach § 1 Abs. 1 Nr. 1 GrEStG steuerbare Grundstücksübertragung wird die Steuer nach § 5 Abs. 2 GrEStG i. H. v. 95 % nicht erhoben, weil A in dieser Höhe unmittelbar am Vermögen der OHG beteiligt ist.

| | |
|---|---|
| Kaufpreis/Bemessungsgrundlage (BMG) | 200 000 € |
| Steuervergünstigung nach § 5 Abs. 2 GrEStG (Beteiligung des A i. H. v. 95 %) | ./. 190 000 € |
| Grunderwerbsteuerrechtliche BMG | 10 000 € |
| Zu entrichtende Steuer (hier 3,5 %) | 350 € |

**Jahr 03:**

Die Anteilsübertragung von A auf C stellt keinen steuerbaren Rechtsvorgang dar. Nach § 5 Abs. 3 GrEStG ist die Steuervergünstigung für die Grundstücksübertragung im Jahr 01 rückwirkend zu versagen, soweit sich der Anteil des A am Vermögen der Gesamthand i. H. v. 90 % vermindert.

Die Steuerfestsetzung ist zu ändern.

| | |
|---|---|
| Kaufpreis/BMG | 200 000 € |
| Steuervergünstigung nach § 5 Abs. 2 GrEStG (Beteiligung des A i. H. v. 5 %) | ./. 10 000 € |
| Grunderwerbsteuerrechtliche BMG | 190 000 € |
| Festzusetzende Steuer (hier 3,5 %) | 6650 € |
| Bereits festgesetzte und entrichtete Steuer (Jahr 01) | 350 € |
| Steuer durch Anwendung des § 5 Abs. 3 GrEStG (180 000 € × 3,5 %) | 6300 € |

**Jahr 04:**

Nach § 5 Abs. 3 GrEStG ist die Steuervergünstigung für die Grundstücksübertragung von A auf die OHG im Jahr 01 rückwirkend zu versagen, soweit sich der Anteil des A am Vermögen der Gesamthand i. H. v. 5 % vermindert.

Die Steuerfestsetzung ist zu ändern.

| | |
|---|---|
| Kaufpreis/BMG | 200 000 € |
| Steuervergünstigung nach § 5 Abs. 2 GrEStG (Beteiligung 0 %) | 0 € |
| Grunderwerbsteuerrechtliche BMG | 200 000 € |
| Festzusetzende Steuer (hier 3,5 %) | 7000 € |
| Bereits festgesetzte und entrichtete Steuer (Jahr 01) | 6650 € |
| Steuer durch Anwendung des § 5 Abs. 3 GrEStG (10 000 € × 3,5 %) | 350 € |

Durch die Anteilsübertragungen von A auf D wird der Tatbestand des § 1 Abs. 2 a Satz 1 GrEStG verwirklicht. Durch die Änderung des Gesellschafterbestandes i. H. v. 95 % wird grunderwerbsteuerrechtlich ein Grundstückserwerb von einer neuen OHG fingiert mit der Folge, dass § 6 Abs. 3 Satz 1 i. V. m. Abs. 1 Satz 1 GrEStG anzuwenden ist. Da B i. H. v. 5 % am Vermögen der OHG beteiligt bleibt, ist die Steuer in dieser Höhe nach § 6 Abs. 3 Satz 1 i. V. m. Abs. 1 Satz 1 GrEStG nicht zu erheben. Auf die Bemessungsgrundlage für den Gesellschafterwechsel nach § 1 Abs. 2 a Satz 1 GrEStG ist die Bemessungsgrundlage im Jahr 03 und Jahr 04 nach § 5 Abs. 3 GrEStG, gemäß § 1 Abs. 2 a Satz 7 GrEStG anzurechnen, für die die Steuervergünstigung rückwirkend zu versagen war. Eine Doppelbesteuerung wird hierdurch vermieden. Die Überwachung nach § 5 Abs. 3 GrEStG bezüglich der Anteile des A endet mit der Verwirklichung des § 1 Abs. 2 a Satz 1 GrEStG.
Es beginnt eine neue fünfjährige Überwachungsfrist gemäß § 6 Abs. 3 Satz 2 GrEStG, die sich auf den Anteil des B i. H. v. 5 % bezieht.

| | |
|---|---|
| Grundbesitzwert (§ 8 Abs. 2 Nr. 3 GrEStG)/BMG | 100 000 € |
| Steuervergünstigung nach § 6 Abs. 3 i. V. m. Abs. 1 GrEStG (Beteiligung B i. H. v. 5 %) | ./. 5000 € |
| Zwischensumme | 95 000 € |
| Anrechnung nach § 1 Abs. 2 a Satz 7 GrEStG | ./. 190 000 € |
| Grunderwerbsteuerrechtliche BMG | 0 € |

Eine Überwachung nach § 6 Abs. 3 Satz 2 GrEStG bezüglich der Anteile des B ist nicht erforderlich, weil der ungekürzte Grundbesitzwert für den nach § 1 Abs. 2 a Satz 1 GrEStG steuerbaren Rechtsvorgang insgesamt geringer ist als der Anrechnungsbetrag nach § 1 Abs. 2 a Satz 7 GrEStG.

### 7.8.2. Verhältnis zu § 1 Abs. 3 GrEStG

Wird durch die Minderung des Anteils in einem Rechtsakt ein Tatbestand des § 1 Abs. 3 GrEStG verwirklicht, kommt es nicht zu einer rückwirkenden Versagung der Steuervergünstigung nach § 5 Abs. 3 bzw. § 6 Abs. 3 Satz 2 GrEStG, da durch diesen steuerbaren Rechtsvorgang ein Missbrauch objektiv ausgeschlossen ist.

Die Überwachung nach § 5 Abs. 3 GrEStG bzw. nach § 6 Abs. 3 Satz 2 GrEStG endet mit der Verwirklichung des § 1 Abs. 3 GrEStG.

Sind einer Anteilsvereinigung eine oder mehrere Anteilsminderungen vorausgegangen, unterliegen diese hingegen der rückwirkenden Versagung der Steuervergünstigung. Eine Anrechnung ist gesetzlich nicht vorgesehen.

Wird nach der Grundstücksübertragung eine Anteilsvereinigung i. S. d. § 1 Abs. 3 Nr. 1 oder Nr. 2 GrEStG in der Hand des Grundstücksübertragenden verwirklicht, ist eine spätere Minderung seines Anteils unter das ursprüngliche Quantum unschädlich.

**Beispiel 16:**

Am Vermögen einer GmbH & Co. KG sind A und B zu je 50 % beteiligt. A überträgt im Jahr 01 ein Grundstück auf die GmbH & Co. KG. Die Komplementär-GmbH, an der A und B ebenfalls je 50 % der Anteile halten, ist nicht am Vermögen der KG beteiligt.
A überträgt im Jahr 02 seine Anteile an der GmbH & Co. KG und der GmbH auf B.

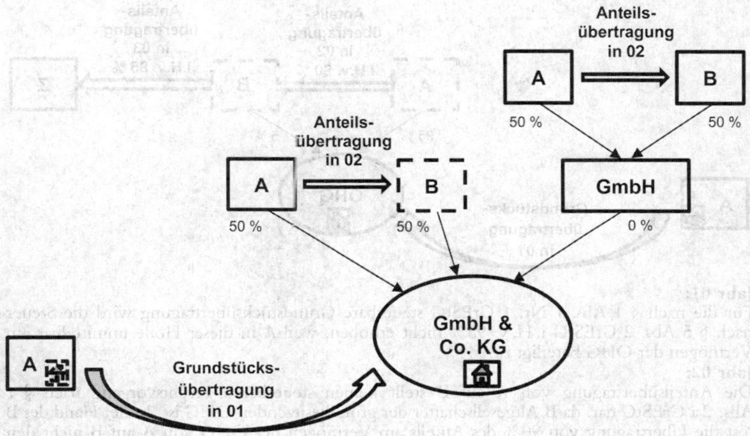


**Jahr 01:**
Für die nach § 1 Abs. 1 Nr. 1 GrEStG steuerbare Grundstücksübertragung wird die Steuer nach § 5 Abs. 2 GrEStG i. H. v. 50 % nicht erhoben, weil A in dieser Höhe unmittelbar am Vermögen der GmbH & Co. KG beteiligt ist.
**Jahr 02:**
Mit der Übertragung der Beteiligung am Vermögen der GmbH & Co. KG und der Anteile an der GmbH wird eine teils unmittelbare, teils mittelbare Anteilsvereinigung i. S. d. § 1 Abs. 3 Nr. 1 GrEStG in der Hand des B verwirklicht. Auf diesen Rechtsvorgang findet § 6 Abs. 2 GrEStG Anwendung, soweit dies durch § 6 Abs. 4 GrEStG nicht ausgeschlossen wird. Der Vorgang ist i. H. v. 50 % begünstigt.
Da der Anteil des A an der GmbH & Co. KG innerhalb der Fünfjahresfrist des § 5 Abs. 3 GrEStG übertragen wurde, wäre grundsätzlich die Steuervergünstigung rückgängig zu machen. Die Anteilsübertragung führt aber zu einem steuerbaren Rechtsvorgang, somit kommt § 5 Abs. 3 GrEStG nicht zur Anwendung. Die Überwachung nach § 5 Abs. 3 GrEStG endet mit der Verwirklichung des § 1 Abs. 3 Nr. 1 GrEStG.

## 7.8.3. Verhältnis zu § 1 Abs. 3 a GrEStG

Die Grundsätze zur Anwendung in den Fällen des § 1 Abs. 3 GrEStG gelten entsprechend.

**Beispiel 17:**
An einer OHG sind A zu 95 % und B zu 5 % beteiligt. A veräußert der OHG im Jahr 01 ein ihm gehörendes Grundstück. Im Jahr 02 überträgt A 90 % der Anteile am Vermögen der OHG an B. Im Jahr 03 überträgt B 95 % der Anteile am Vermögen der OHG an Z.

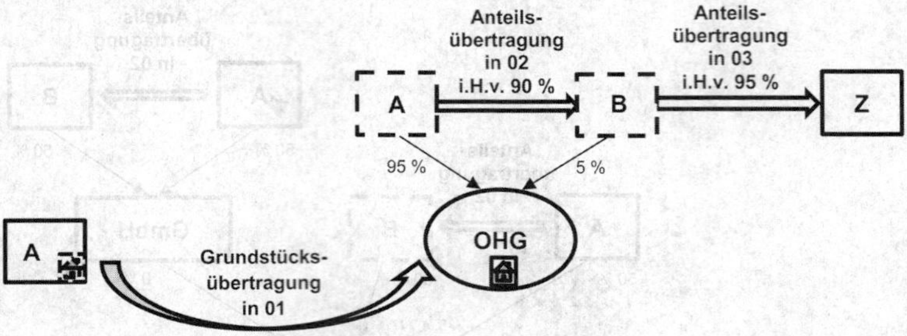


**Jahr 01:**
Für die nach § 1 Abs. 1 Nr. 1 GrEStG steuerbare Grundstücksübertragung wird die Steuer nach § 5 Abs. 2 GrEStG i. H. v. 95 % nicht erhoben, weil A in dieser Höhe unmittelbar am Vermögen der OHG beteiligt ist.
**Jahr 02:**
Die Anteilsübertragung von A auf B stellt keinen steuerbaren Rechtsvorgang nach § 1 Abs. 2 a GrEStG dar, da B Altgesellschafter der grundbesitzenden OHG ist. In der Hand des B löst die Übertragung von 90 % des Anteils am Vermögen der OHG von A auf B nicht den Tatbestand des § 1 Abs. 3 Nr. 1 GrEStG aus. Denn im Rahmen des § 1 Abs. 3 GrEStG ist bei Personengesellschaften auf der unmittelbaren Ebene unter „Anteil an der Gesellschaft" die gesamthänderische Mitberechtigung und nicht die vermögensmäßige Beteiligung am Gesellschaftsvermögen zu verstehen. Der Tatbestand des § 1 Abs. 3 a GrEStG ist auf der Ebene des B verwirklicht, da B erstmalig eine wirtschaftliche Beteiligung i. H. v. 95 % innehat.
Eine Anwendung des § 5 Abs. 3 GrEStG kommt nicht in Betracht, da der Tatbestand des § 1 Abs. 3 a GrEStG durch die Verminderung des Anteils des A am Vermögen der Gesamthand i. H. v. 90 % in einem Rechtsakt vollzogen wurde und deshalb eine Steuerumgehung objektiv ausgeschlossen ist.
Die Steuerfestsetzung für das Jahr 01 ist nicht zu ändern.
**Jahr 03:**
Durch die Anteilsübertragungen von B auf Z wird der Tatbestand des § 1 Abs. 2 a Satz 1 GrEStG verwirklicht.
Durch die Änderung des Gesellschafterbestandes i. H. v. 95 % wird grunderwerbsteuerrechtlich ein Grundstückserwerb von einer neuen OHG fingiert mit der Folge, dass § 6 Abs. 3 Satz 1 i. V. m. Abs. 1 Satz 1 GrEStG anzuwenden ist. Da A i. H. v. 5 % am Vermögen der OHG beteiligt bleibt, ist die Steuer in dieser Höhe nach § 6 Abs. 3 Satz 1 i. V. m. Abs. 1 Satz 1 GrEStG nicht zu erheben.
§ 1 Abs. 6 GrEStG kommt nicht zur Anwendung.

**Beispiel 18:**

Am Vermögen einer OHG sind A und B zu je 48 % und C zu 4 % beteiligt. A überträgt im Jahr 01 ein Grundstück auf die OHG. Im Jahr 02 überträgt A 10 % der Anteile am Vermögen der OHG auf B. Im Jahr 03 überträgt A die restlichen Anteile auf B.

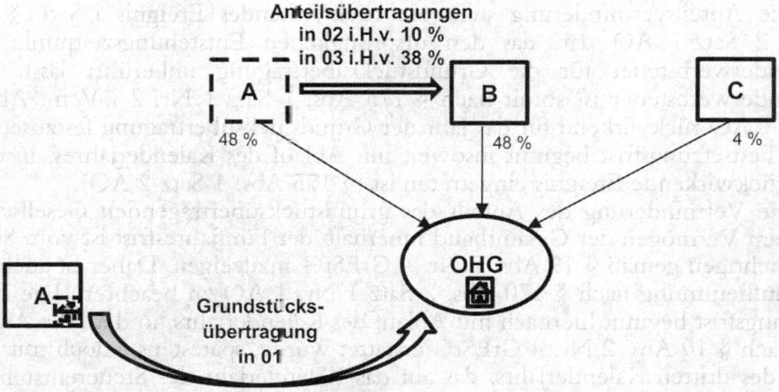


**Jahr 01:**
Für die nach § 1 Abs. 1 Nr. 1 GrEStG steuerbare Grundstücksübertragung wird die Steuer nach § 5 Abs. 2 GrEStG i. H. v. 48% nicht erhoben, weil A in dieser Höhe unmittelbar am Vermögen der OHG beteiligt ist.

**Jahr 02:**
Die Anteilsübertragung stellt eine Anteilsminderung dar, für die die Steuervergünstigung nach § 5 Abs. 3 GrEStG i. H. v. 10% rückwirkend zu versagen ist. Die Überwachung nach § 5 Abs. 3 GrEStG ist bezüglich der verbleibenden Anteile des A an der OHG (38%) fortzuführen.

**Jahr 03:**
§ 1 Abs. 2a Satz 1 GrEStG ist wegen der Altgesellschafterstellung des B nicht verwirklicht. § 1 Abs. 3 GrEStG wird durch die Anteilsübertragung aufgrund der gesamthänderischen Mitberechtigung des C nicht verwirklicht.
Aufgrund der Anteilsübertragung hat B erstmals eine wirtschaftliche Beteiligung i. S. d. § 1 Abs. 3a Satz 1 GrEStG von 96% inne. Der Vorgang ist in Höhe seiner seit mindestens fünf Jahren bestehenden Beteiligung i. H. v. 48% nach § 6 Abs. 2 GrEStG begünstigt.
Die Vergünstigung nach § 6 Abs. 2 GrEStG ist dem B auch für die in den Jahren 02 und 03 hinzuerworbenen Anteile i. H. v. 10% bzw. 38% zu gewähren. Die Vergünstigung ist nicht nach § 6 Abs. 4 Satz 1 GrEStG ausgeschlossen, da die Übertragung dieser Anteile nach § 5 Abs. 3 GrEStG zu einer Versagung der Vergünstigung bei A geführt hat (vgl. Tz. 7.6 letzter Absatz). Denn auch der Anteil des A am Vermögen der OHG wurde innerhalb der Fünfjahresfrist des § 5 Abs. 3 GrEStG übertragen, so dass auch die im Jahr 01 gewährte Steuervergünstigung i. H. v. 38% rückwirkend zu versagen ist.

## 8. Anzeigepflicht der Beteiligten nach § 19 Abs. 2 Nr. 4 GrEStG

Nach § 19 Abs. 2 Nr. 4 i. V. m. Abs. 3 GrEStG haben die Beteiligten Änderungen im Gesellschafterbestand einer Gesamthand bei Gewährung der Steuervergünstigung nach § 5 Abs. 1 und Abs. 2 oder § 6 Abs. 3 Satz 1 i. V. m. Abs. 1 Satz 1 GrEStG innerhalb von zwei Wochen anzuzeigen, nachdem sie von dem anzeigepflichtigen Vorgang Kenntnis erhalten haben.

## 9. Verfahrensrechtliche Folgen

§ 5 Abs. 3 bzw. § 6 Abs. 3 Satz 2 GrEStG versagt im Fall der Verminderung des Anteils des grundstücksübertragenden Gesellschafters am Vermögen der Gesamthand innerhalb der Fünfjahresfrist rückwirkend die Steuervergünstigung nach § 5 Abs. 1 und Abs. 2 bzw. § 6 Abs. 3 Satz 1 i. V. m. Abs. 1 Satz 1 GrEStG.

Die Anteilsverminderung stellt ein rückwirkendes Ereignis i. S. d. § 175 Abs. 2 Satz 1 AO dar, das den ursprünglichen Entstehungszeitpunkt der Grunderwerbsteuer für die Grundstücksübertragung unberührt lässt. Die Grunderwerbsteuer ist somit nach § 175 Abs. 1 Satz 1 Nr. 2 i. V. m. Abs. 2 Satz 1 AO rückwirkend für das Jahr der Grundstücksübertragung festzusetzen. Die Festsetzungsfrist beginnt insoweit mit Ablauf des Kalenderjahres, in dem das rückwirkende Ereignis eingetreten ist (§ 175 Abs. 1 Satz 2 AO).

Die Verminderung des Anteils des grundstücksübertragenden Gesellschafters am Vermögen der Gesamthand innerhalb der Fünfjahresfrist ist vom Steuerpflichtigen gemäß § 19 Abs. 2 Nr. 4 GrEStG anzuzeigen. Daher ist auch die Anlaufhemmung nach § 170 Abs. 2 Satz 1 Nr. 1 AO zu beachten. Die Festsetzungsfrist beginnt hiernach mit Ablauf des Kalenderjahrs, in dem die Anzeige nach § 19 Abs. 2 Nr. 4 GrEStG erstattet wurde, spätestens jedoch mit Ablauf des dritten Kalenderjahrs, das auf das Kalenderjahr der Steuerentstehung (Kalenderjahr der Grundstücksübertragung) folgt. Das gilt auch, wenn die Anzeige nach § 19 Abs. 2 Nr. 4 GrEStG nicht erstattet wurde.

Sofern die Voraussetzungen beider Anlaufhemmungen nebeneinander vorliegen, ist die längere Anlaufhemmung für den Beginn der Festsetzungsfrist maßgeblich.

Bei Verletzung der Anzeigepflicht kommt ggf. auch eine Verlängerung der Dauer der Festsetzungsfrist wegen Steuerhinterziehung oder leichtfertiger Steuerverkürzung nach § 169 Abs. 2 Satz 2 AO in Betracht.

## 10. Zeitlicher Anwendungsbereich

Dieser Erlass ergeht im Einvernehmen mit den obersten Finanzbehörden der anderen Länder und tritt an die Stelle der gleich lautenden Erlasse der obersten Finanzbehörden der Länder zur Anwendung der §§ 5 und 6 GrEStG vom 9. Dezember 2015 (BStBl. I S. 1029). Er ist auf alle offenen Fälle anzuwenden.

# **600** § 6 a/1. Gleich lautende Erlasse betr. Anwendung des § 6 a Grunderwerbsteuergesetz (GrEStG) nach den Urteilen des Bundesfinanzhofs vom 21. und 22. August 2019

Vom 22. September 2020 (BStBl. I S. 960)

(Oberste Finanzbehörden der Länder)

## 1. Allgemeines

Unter der Überschrift „Steuervergünstigung bei Umstrukturierungen im Konzern" gibt die Vorschrift eine eigenständige Beschreibung für die an einem begünstigungsfähigen Erwerbsvorgang beteiligten Rechtsträger. Der Kreis der an einem nach § 6 a GrEStG begünstigungsfähigen Erwerbsvorgang beteiligten Rechtsträger ist beschränkt auf das herrschende Unternehmen (Tz. 3.1) und/oder von diesem abhängige Gesellschaften (Tz. 3.2). Die beteiligten Rechtsträger behalten ihre Eigenschaft als eigenständige Rechtsträger bei.

Der BFH hat sich mit Datum vom 21. und 22. August 2019 in sieben Urteilen zur Anwendung des § 6 a GrEStG geäußert:

| Verfahren Az.: | Sachverhalt (Schlagworte in der Klammer) |
|---|---|
| **BFH II R 15/19 (II R 50/13) BStBl. 2020 II S. 329** | Verschmelzung einer abhängigen Gesellschaft (hier: GmbH) auf eine natürliche Person als herrschendes Unternehmen, welche die Anteile im Privatvermögen hielt (herrschendes Unternehmen; Nachbehaltensfrist) |
| **BFH II R 16/19 (II R 36/14) BStBl. 2020 II S. 333** | Ausgliederung zur Neugründung: abhängige Gesellschaft entsteht aus dem herrschenden Unternehmen neu (Vorbehaltensfrist) |
| **BFH II R 17/19 (II R 58/14) BStBl. 2020 II S. 348** | Verschmelzung mehrerer, von dem herrschenden Unternehmen abhängiger Gesellschaften, an denen die Muttergesellschaft weniger als fünf Jahre beteiligt war (Vorbehaltensfrist; Maßgabe der Beteiligungsverhältnisse) |
| **BFH II R 18/19 (II R 62/14) BStBl. 2020 II S. 352** | Verschmelzung einer abhängigen Gesellschaft auf das herrschende Unternehmen (Nachbehaltensfrist) |
| **BFH II R 19/19 (II R 63/14) BStBl. 2020 II S. 337** | Verschmelzung mehrerer, von einer gemeinnützigen Stiftung (kein Unternehmer i. S. d. § 2 Abs. 1 UStG) als herrschendes Unternehmen abhängiger Gesellschaften (herrschendes Unternehmen; Nachbehaltensfrist) |

| **Verfahren Az.:** | **Sachverhalt (Schlagworte in der Klammer)** |
|---|---|
| **BFH II R 20/19 (II R 53/15) BStBl. 2020 II S. 341** | Verschmelzung einer abhängigen Gesellschaft auf das herrschende Unternehmen – Verschmelzung durch Aufnahme (Nachbehaltensfrist) |
| **BFH II R 21/19 (II R 56/15) BStBl. 2020 II S. 344** | Abspaltung zur Neugründung: abhängige Gesellschaft entsteht aus einer anderen abhängigen Gesellschaft neu (Vorbehaltensfrist; Zuständigkeit) |

An der Verwaltungsauffassung zu dem Begriff „Verbund" (GLE zur Anwendung des § 6 a GrEStG vom 19. Juni 2012, BStBl. I S. 662 sowie GLE vom 9. Oktober 2013, BStBl. I S. 1375) wird nicht weiter festgehalten.

Die Steuervergünstigung des § 6 a GrEStG ist nicht grundstücksbezogen. § 6 a GrEStG stellt nicht auf den Verbleib der durch den Umwandlungsvorgang übergehenden Grundstücke, sondern allein auf die Beteiligungsverhältnisse ab (BFH-Urteil II R 17/19). Änderungen in der grunderwerbsteuerrechtlichen Zurechnung der Grundstücke in den Vor- und Nachbehaltensfristen (Tz. 3.2.2.1 und 3.2.2.2) sind somit unbeachtlich.

## 2. Begünstigungsfähige Erwerbsvorgänge

Die folgenden Erwerbsvorgänge sind begünstigungsfähig:

### 2.1. Umwandlungsvorgänge nach UmwG

Nach § 6 a Satz 1 Halbsatz 1 GrEStG wird für einen Erwerbsvorgang nach § 1 Abs. 1 Nr. 3 Satz 1, Abs. 2 a Satz 1, Abs. 3 Nr. 2 und Nr. 4 und Abs. 3 a GrEStG aufgrund einer Umwandlung i. S. d. § 1 Abs. 1 Nr. 1 bis 3 des Umwandlungsgesetzes (UmwG) die Steuer nicht erhoben. Die Begünstigung erfasst die verwirklichten steuerbaren Erwerbsvorgänge sowie die aufgrund einer derartigen Umwandlung übergehende Verwertungsbefugnis i. S. d. § 1 Abs. 2 GrEStG.

Begünstigte Umwandlungen i. S. d. § 1 Abs. 1 Nr. 1 bis 3 UmwG sind:

- Verschmelzung (§ 1 Abs. 1 Nr. 1 UmwG),
- Spaltung – Aufspaltung, Abspaltung, Ausgliederung – (§ 1 Abs. 1 Nr. 2 UmwG),
- Vermögensübertragung (§ 1 Abs. 1 Nr. 3 UmwG).

Die Vorschrift erfasst u. a. die Fälle,

- dass eine abhängige Gesellschaft auf das herrschende Unternehmen verschmolzen wird (BFH-Urteil II R 18/19; BFH-Urteil II R 20/19),
- dass eine abhängige Gesellschaft auf eine natürliche Person als herrschendes Unternehmen verschmolzen wird (BFH-Urteil II R 15/19) und
- dass eine abhängige Gesellschaft durch Ausgliederung aus dem herrschenden Unternehmen neu entsteht (BFH-Urteil II R 16/19).

§ 6 a Satz 1 GrEStG begünstigt alle dort genannten Umwandlungsvorgänge gleichermaßen. Es erfolgt keine Differenzierung, in welche Richtung, ob horizontal auf eine Schwestergesellschaft (Umwandlung in der Seitenlinie – sidestream-Merger) oder ob vertikal auf die Muttergesellschaft (Umwandlung von unten nach oben – upstream-Merger), eine Gesellschaft verschmolzen wird (BFH-Urteil II R 15/19). Auch die Umwandlung der Muttergesellschaft auf eine Tochtergesellschaft (Umwandlung von oben nach unten – downstream-Merger) wird begünstigt.

Darüber hinaus sind Umwandlungen i. S. d. § 1 Abs. 2 UmwG begünstigt, wenn sie durch ein anderes Bundesgesetz oder ein Landesgesetz ausdrücklich vorgesehen sind.

Die formwechselnde Umwandlung (§ 1 Abs. 1 Nr. 4 UmwG) ist nicht begünstigt.

In Fällen der Ausgliederung bzw. Aufnahme eines Einzelunternehmens auf eine neu zu gründende Kapitalgesellschaft ist die Steuervergünstigung in § 6 a GrEStG nicht einschlägig.[1]

### 2.2. Weitere Umwandlungsvorgänge

Die Begünstigung erfasst auch Umwandlungen i. S. d. Art. 17 Abs. 1, Abs. 2 Buchst. a VO (EG) 2157/2001 i. V. m. Art. 3 Abs. 1 der Richtlinie 78/855/EWG und § 1 Abs. 1 Nr. 1 bis 3 UmwG und entsprechende Umwandlungen aufgrund des Rechts eines Mitgliedstaates der Europäischen Union oder eines Staates, auf den das Abkommen über den Europäischen Wirtschaftsraum Anwendung findet.

Eine Umwandlung nach dem Recht eines Mitgliedstaates der Europäischen Union oder eines Staates, auf den das Abkommen über den Europäischen Wirtschaftsraum Anwendung findet, gilt als entsprechende Umwandlung i. S. d. § 6 a Satz 2 GrEStG wenn die Regelung inhaltlich mit den Umwandlungen gemäß § 1 Abs. 1 Nr. 1 bis 3 UmwG vergleichbar sind.

### 2.3. Einbringungen und andere Erwerbsvorgänge auf gesellschaftsvertraglicher Grundlage

Ebenfalls begünstigungsfähig nach § 6 a Satz 1 Halbsatz 2 GrEStG sind die nach § 1 Abs. 1 Nr. 3 Satz 1, Abs. 2, 2 a, 3 oder Abs. 3 a GrEStG steuerbaren Rechtsvorgänge aufgrund einer Einbringung oder eines anderen Erwerbsvorgangs auf gesellschaftsvertraglicher Grundlage. Darunter fallen u. a. die Erfüllung der Sacheinlageverpflichtung (§ 27 AktG oder § 5 Abs. 4 GmbHG) oder der Beitragspflicht (§ 706 BGB) sowie Rechtsvorgänge, durch die Vermögen von einer Gesellschaft auf einen Gesellschafter gegen Aufgabe oder Verringerung seiner Beteiligung übergehen, wie z. B. durch eine Sachkapitalherabsetzung, eine Verminderung der Beteiligungsquote sowie durch Liquidation der Gesellschaft und – auf gesellschaftsvertraglicher Grundlage beruhende – Anwachsungen.

Wird durch Einbringung von Anteilen oder durch andere Erwerbsvorgänge auf gesellschaftsvertraglicher Grundlage einer der in § 6 a Satz 1 GrEStG abschließend aufgeführten Tatbestände verwirklicht, wird die Steuer unter Beachtung der übrigen Voraussetzungen der Vorschrift nicht erhoben. Die Einbringung von Grundstücken unterliegt § 1 Abs. 1 Nr. 1 GrEStG und ist damit nicht vom Anwendungsbereich des § 6 a GrEStG erfasst.

Begünstigungsfähig sind auch Einbringungen und andere Erwerbsvorgänge auf gesellschaftsvertraglicher Grundlage aufgrund des Rechts eines Mitgliedstaates der Europäischen Union oder eines Staates, auf den das Abkommen über den Europäischen Wirtschaftsraum Anwendung findet.

---

[1] Abweichend: FG Münster v. 3.5.2022 – 8 V 246/22 GrE, DStR 2022, 1312.

## 2.4. Besonderheiten bei Fällen des § 1 Abs. 2 a Satz 1 GrEStG

Die Begünstigung nach § 6 a GrEStG ist in den Fällen des § 1 Abs. 2 a Satz 1 GrEStG insoweit anteilig zu gewähren, als durch den begünstigungsfähigen Vorgang der Tatbestand des § 1 Abs. 2 a Satz 1 GrEStG erfüllt wird oder der begünstigungsfähige Vorgang innerhalb der vorangehenden Fünfjahresfrist zur Erfüllung des Tatbestands beiträgt. Die Begünstigung ist hierbei auf die vermögensmäßige Beteiligung des übertragenden Rechtsträgers an der Personengesellschaft begrenzt.

**Beispiel 1:**

Am Vermögen der grundbesitzenden A-OHG sind seit mehr als fünf Jahren die T1-GmbH mit 90 % und B mit 10 % beteiligt. Sowohl an der T1-GmbH als auch an der T2-GmbH ist die M-GmbH seit mehr als 5 Jahren zu 100 % beteiligt. Im Januar 10 wird die T1-GmbH auf die T2-GmbH verschmolzen. Im Dezember 10 veräußert B seinen Anteil an der A OHG an den fremden Dritten C.

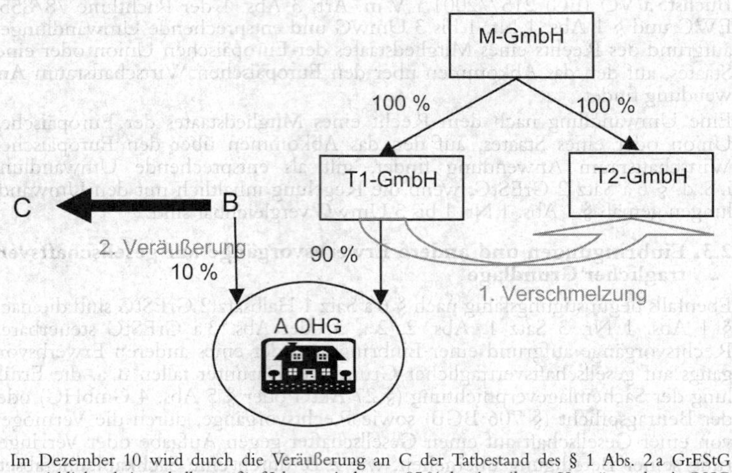


Im Dezember 10 wird durch die Veräußerung an C der Tatbestand des § 1 Abs. 2 a GrEStG verwirklicht, da innerhalb von fünf Jahren mindestens 95 % der Anteile am Vermögen der A-OHG auf Neugesellschafter übergegangen sind (100 % = 90 % und 10 %). § 6 a GrEStG ist für die Übertragung aus Januar 10 anteilig zu gewähren. Der Umwandlungsvorgang hat dazu beigetragen, dass die maßgebliche Grenze des § 1 Abs. 2 a GrEStG von 95 % überschritten wurde. Die Steuervergünstigung ist somit i. H. v. 90 % zu gewähren, da insoweit die T1-GmbH (als übertragender Rechtsträger beim Umwandlungsvorgang) an der A-OHG beteiligt war.

Während der Nachbehaltensfrist muss das herrschende Unternehmen (M-GmbH) ununterbrochen zu mind. 95 % an der verbleibenden abhängigen Gesellschaft (T2-GmbH) beteiligt bleiben.

## 2.5. Besonderheiten bei Fällen des § 1 Abs. 3 GrEStG

Anders als der Tatbestand des § 1 Abs. 2 a Satz 1 GrEStG sind die Tatbestände des § 1 Abs. 3 Nr. 2 und Nr. 4 GrEStG nicht zeitraumbezogen. Der Tatbestand des § 1 Abs. 3 Nr. 2 GrEStG ist in dem Zeitpunkt verwirklicht, in dem sich 95 % der Anteile in der Hand des Erwerbers vereinigen. Ist der Tatbestand des § 1 Abs. 3 Nr. 2 GrEStG durch einen begünstigten Umwandlungsvorgang erfüllt, dann wird die Steuer nach § 6 a GrEStG in vollem Umfang nicht erhoben. Unerheblich ist, wann und wodurch der Erwerber die ihm bereits zustehenden Anteile erworben hat.

**Beispiel 2:**

Am Kapital der grundbesitzenden E-GmbH sind seit mehr als 5 Jahren die T1- und T2-GmbH zu je 40 % und die natürliche Person A zu 20 % beteiligt. Alleinige Gesellschafterin der T1- und T2-GmbH ist seit mehr als fünf Jahren die M-AG. Im Jahre 10 veräußert A seine Beteiligung am Kapital der E-GmbH an die T2-GmbH. Im Jahre 11 wird die T1-GmbH auf die T2-GmbH verschmolzen.

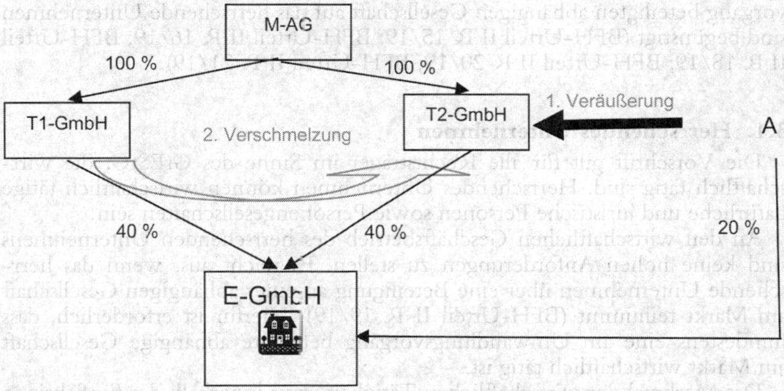


Aufgrund des Erwerbs des 20%-Anteils an der E-GmbH durch die T2-GmbH vereinigen sich alle Anteile an der grundbesitzenden E-GmbH in der Hand der M-AG i. S. v. § 1 Abs. 3 Nr. 1 GrEStG. Mangels Umwandlungsvorgang scheidet eine Anwendung von § 6 a GrEStG aus.

Durch die Verschmelzung der T1-GmbH auf die T2-GmbH vereinigt die T2-GmbH nunmehr erstmalig unmittelbar alle Anteile an der E-GmbH in ihrer Hand i. S. v. § 1 Abs. 3 Nr. 2 GrEStG. Dieser Rechtsvorgang ist zu 100 % nach § 6 a GrEStG begünstigt, da der Tatbestand durch einen Umwandlungsvorgang verwirklicht wurde und auch die übrigen Voraussetzungen nach § 6 a Satz 3 und 4 GrEStG erfüllt sind. Unmaßgeblich ist für den Umfang der Begünstigung, wann und wodurch die T2-GmbH die übrigen 60 % der Anteile an der E-GmbH erworben hatte. Herrschendes Unternehmen ist die M-AG, da sie der oberste Rechtsträger ist, in deren Person die Mindestbeteiligung i. H. v. 95 %, die wirtschaftliche Tätigkeit am Markt und die Vorbesitzzeit zu den am Umwandlungsvorgang beteiligten Gesellschaften (T1- und T2-GmbH) erfüllt wird. Während der Nachbehaltensfrist muss das herrschende Unternehmen (M-AG) ununterbrochen zu mindestens 95 % am Kapital der verbleibenden abhängigen Gesellschaft (T2-GmbH) beteiligt bleiben.

## 2.6. Besonderheiten bei Fällen des § 5 und 6 GrEStG

§ 6 a GrEStG umfasst nicht die durch einen Umwandlungsvorgang nach § 5 Abs. 3, § 6 Abs. 3 Satz 2 GrEStG ausgelöste Grunderwerbsteuer für den nach § 5 Abs. 1 oder 2 oder nach § 6 Abs. 3 Satz 1 i. V. m. Abs. 1 GrEStG begünstigten Erwerb eines Grundstücks durch eine Gesamthand. Denn diese Missbrauchsverhinderungsvorschriften betreffen keinen nach § 6 a GrEStG begünstigungsfähigen steuerbaren Rechtsvorgang aufgrund einer Umwandlung i. S. d. § 1 Abs. 1 Nr. 1 bis 3 UmwG, sondern einen dieser Umwandlung vorausgegangenen selbständigen Rechtsvorgang.

### 3. Beteiligte

Ein nach § 6 a GrEStG begünstigter Erwerbsvorgang setzt voraus, dass an einem Umwandlungsvorgang ausschließlich ein herrschendes Unternehmen und ein oder mehrere von diesem herrschenden Unternehmen abhängige Gesellschaften oder mehrere von einem herrschenden Unternehmen abhängige Gesellschaften beteiligt sind (§ 6 a Satz 3 GrEStG). Unerheblich ist, ob sich der Sitz der beteiligten Gesellschaften im Inland oder Ausland befindet.

Abspaltungen oder Ausgliederungen zur Neugründung aus dem herrschenden Unternehmen sowie die Verschmelzung der letzten am Umwandlungsvorgang beteiligten abhängigen Gesellschaft auf das herrschende Unternehmen sind begünstigt (BFH-Urteil II R 15/19; BFH-Urteil II R 16/19; BFH-Urteil II R 18/19; BFH-Urteil II R 20/19; BFH-Urteil II R 21/19).

### 3.1. Herrschendes Unternehmen

Die Vorschrift gilt für alle Rechtsträger im Sinne des GrEStG, die wirtschaftlich tätig sind. Herrschendes Unternehmen können wirtschaftlich tätige natürliche und juristische Personen sowie Personengesellschaften sein.

An den wirtschaftlichen Geschäftsbetrieb des herrschenden Unternehmens sind keine hohen Anforderungen zu stellen. Es reicht aus, wenn das herrschende Unternehmen über eine Beteiligung an einer abhängigen Gesellschaft am Markt teilnimmt (BFH-Urteil II R 19/19). Hierfür ist erforderlich, dass mindestens eine am Umwandlungsvorgang beteiligte abhängige Gesellschaft am Markt wirtschaftlich tätig ist.

Das Merkmal der wirtschaftlichen Tätigkeit muss innerhalb der fünfjährigen Vor- und Nachbehaltensfristen ununterbrochen vorliegen.

Es ist nicht erforderlich, dass der an der Umwandlung als herrschendes Unternehmen beteiligte Rechtsträger ein Unternehmer i. S. d. § 2 UStG ist. Unerheblich ist auch, ob das herrschende Unternehmen die Beteiligung an der abhängigen Gesellschaft im Privat- oder im Betriebsvermögen hält. Der Alleingesellschafter einer Kapitalgesellschaft kann herrschendes Unternehmen i. S. d. § 6 a GrEStG sein. Er ist über seine Beteiligung an der Gesellschaft wirtschaftlich tätig, sofern diese Gesellschaft selbst wirtschaftlich tätig ist.

Nicht wirtschaftlich tätige Gesellschaften sind z. B. Vorratsgesellschaften und reine Holdinggesellschaften.

Das herrschende Unternehmen ist der oberste Rechtsträger, der die Voraussetzungen des § 6 a Satz 4 GrEStG erfüllt. Zur Bestimmung des herrschenden Unternehmens ist wie folgt vorzugehen:

(1) Zunächst ist von unten nach oben der oberste (selbst oder abgeleitet) wirtschaftlich tätige Rechtsträger zu bestimmen, der ausgehend von den am Umwandlungsvorgang beteiligten Gesellschaften die Mindestbeteiligungshöhe (vgl. Tz. 3.2.1) an diesen erfüllt.

(2) Erfüllt der so ermittelte Rechtsträger die fünfjährige Vorbehaltensfrist (vgl. Tz. 3.2.2), ist dieser das herrschende Unternehmen. Andernfalls ist die Prüfung nach unten bis zu dem (selbst oder abgeleitet) wirtschaftlich tätigen Rechtsträger fortzusetzen, der als Erster die fünfjährige Vorbehaltensfrist erfüllt. Die Prüfung der Vorbehaltensfrist entfällt ausschließlich in den

Fällen, in denen sie aufgrund eines begünstigungsfähigen Umwandlungsvorgangs rechtlich nicht eingehalten werden kann.

Soweit kein Rechtsträger die vorstehenden Voraussetzungen erfüllt, ist eine Anwendung des § 6 a GrEStG ausgeschlossen.

Das im Zeitpunkt der Verwirklichung des Rechtsvorgangs herrschende Unternehmen hat die Mindestbeteiligungsquote innerhalb der Vor- und Nachbehaltensfristen (vgl. Tz. 3.2.2) ununterbrochen einzuhalten. Bei Gesamtrechtsnachfolge einer natürlichen Person hat der Gesamtrechtsnachfolger die Fristen einzuhalten.

**Beispiel 3:**

Die nachstehende Struktur besteht seit mehr als fünf Jahren. Die X-GmbH wurde durch einen Umwandlungsvorgang vor zwei Jahren zwischen die U-GmbH und den an der Verschmelzung beteiligten Gesellschaften (Y-GmbH und Z-GmbH) geschoben.

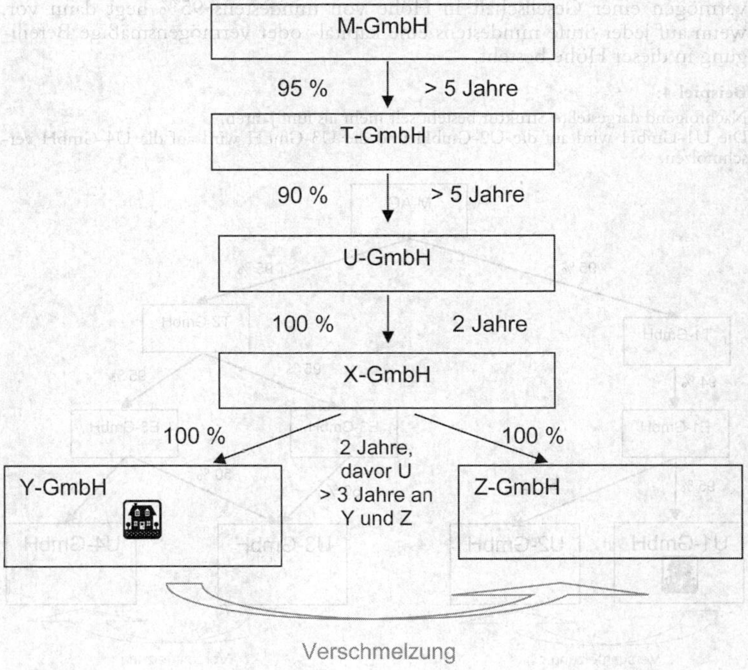


**Lösung:**

Ausgehend von dem Verschmelzungsvorgang zwischen der Y-GmbH und der Z-GmbH ist die U-GmbH das herrschende Unternehmen, da sie der oberste Rechtsträger ist, der die Mindestbeteiligungshöhe in Höhe von 95 % und die fünfjährige Vorbehaltensfrist erfüllt.
Es ist unerheblich, dass sich die Beteiligung der U-GmbH durch den Einschub der X-GmbH vor zwei Jahren von einer unmittelbaren zu einer mittelbaren abgeschwächt hat.

Die T-GmbH und die M-GmbH erfüllen nicht die Voraussetzungen i. S. d. § 6 a GrEStG, da die T-GmbH nur eine Beteiligung in Höhe von 90 % (< 95 %) hält.

### 3.2. Abhängige Gesellschaften

Abhängige Gesellschaften können sowohl Kapital- als auch Personengesellschaften sein. Abhängig ist nach § 6 a Satz 4 GrEStG eine Gesellschaft, an deren Kapital oder Gesellschaftsvermögen das herrschende Unternehmen innerhalb von fünf Jahren vor und nach dem Rechtsvorgang (vgl. Tz. 3.2.2) unmittelbar oder mittelbar oder teils unmittelbar, teils mittelbar zu mindestens 95 % ununterbrochen beteiligt ist (vgl. Tz. 3.2.1).

### 3.2.1. Beteiligung

Das herrschende Unternehmen muss am Kapital oder Gesellschaftsvermögen der abhängigen Gesellschaft unmittelbar oder mittelbar zu mindestens 95 % beteiligt sein. Eine mittelbare Beteiligung am Kapital oder Gesellschaftsvermögen einer Gesellschaft in Höhe von mindestens 95 % liegt dann vor, wenn auf jeder Stufe mindestens eine kapital- oder vermögensmäßige Beteiligung in dieser Höhe besteht.

**Beispiel 4:**

Nachfolgend dargestellte Struktur besteht seit mehr als fünf Jahren.
Die U1-GmbH wird auf die U2-GmbH und die U3-GmbH wird auf die U4-GmbH verschmolzen.

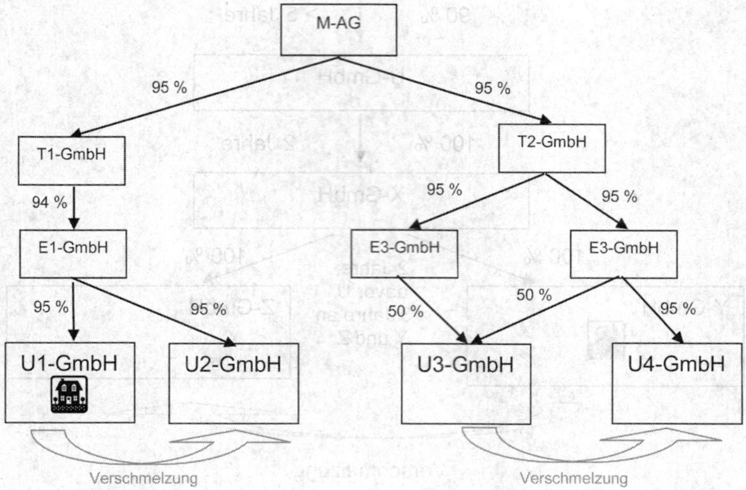


**Lösung:**

Beide Verschmelzungen unterliegen der Grunderwerbsteuer (§ 1 Abs. 1 Nr. 3 GrEStG).
Bei der Verschmelzung der U1-GmbH auf die U2-GmbH ist herrschendes Unternehmen die E1-GmbH, da sie der oberste Rechtsträger ist, der die Voraussetzungen des § 6 a Satz 3 und 4 GrEStG (Mindestbeteiligungshöhe und Vorbehaltensfrist) erfüllt. § 6 a GrEStG ist zu gewähren.

Bei der Verschmelzung der U3-GmbH auf die U4-GmbH ist herrschendes Unternehmen die M-GmbH, da sie der oberste Rechtsträger ist, der die Voraussetzungen des § 6 a Satz 3 und 4 GrEStG erfüllt. § 6 a GrEStG ist zu gewähren.

### 3.2.2. Fristen (§ 6 a Satz 4 GrEStG)

Die in § 6 a Satz 4 GrEStG genannten fünfjährigen Vor- und Nachbehaltensfristen müssen nur insoweit eingehalten werden, als sie aufgrund eines begünstigten Umwandlungsvorgangs auch rechtlich eingehalten werden können (BFH-Urteil II R 15/19; BFH-Urteil II R 16/19; BFH-Urteil II R 17/19; BFH-Urteil II R 18/19; BFH-Urteil II R 20/19; BFH-Urteil II R 21/19).

Abzustellen ist für die Berechnung der Fünfjahresfristen auf den Zeitpunkt der Verwirklichung des Erwerbsvorgangs. Bei Umwandlungsvorgängen ist der Erwerbsvorgang mit der Eintragung im Register verwirklicht. Für entsprechende Umwandlungen aufgrund des Rechts eines Mitgliedstaates der Europäischen Union oder eines Staates, auf den das Abkommen über den Europäischen Wirtschaftsraum Anwendung findet, ist regelmäßig die den Vermögensübergang bewirkende Eintragung in die nach den Rechtsvorschriften des jeweiligen Staates zuständigen Register maßgebend.

#### 3.2.2.1. Vorbehaltensfrist

Die Mindestbeteiligung des herrschenden Unternehmens (vgl. Tz. 3.2.1) in Höhe von 95 % am Kapital oder Gesellschaftsvermögen unmittelbar und/oder mittelbar an der am Rechtsvorgang beteiligten Gesellschaft bzw. an den am Rechtsvorgang beteiligten Gesellschaften muss bereits fünf Jahre vor dem Rechtsvorgang ununterbrochen bestanden haben.

Die Vorbehaltensfrist muss nicht eingehalten werden, soweit dies umwandlungsrechtlich nicht möglich ist. Die Einhaltung der Vorbehaltensfrist ist in Bezug auf die neu gegründete Gesellschaft in den nachfolgenden Fällen rechtlich nicht möglich und daher entbehrlich:
- Aufspaltung zur Neugründung (§ 123 Abs. 1 Nr. 2 UmwG),
- Abspaltung zur Neugründung (§ 123 Abs. 2 Nr. 2 UmwG),
- Ausgliederung zur Neugründung (§ 123 Abs. 3 Nr. 2 UmwG).

Die übertragende Gesellschaft muss die Vorbehaltensfrist von fünf Jahren jedoch einhalten.

Bei der Verschmelzung, Abspaltung und Ausgliederung zur Aufnahme einer von dem herrschenden Unternehmen abhängigen Gesellschaft auf eine andere abhängige Gesellschaft muss das herrschende Unternehmen fünf Jahre vor der Verschmelzung zu mindestens 95 % am Kapital oder Gesellschaftsvermögen an beiden abhängigen Gesellschaften ununterbrochen beteiligt gewesen sein (BFH-Urteil II R 17/19).

Bei der Verschmelzung einer abhängigen Gesellschaft auf das herrschende Unternehmen muss das herrschende Unternehmen innerhalb von fünf Jahren vor der Verschmelzung zu mindestens 95 % am Kapital oder Gesellschaftsvermögen der verschmolzenen abhängigen Gesellschaft ununterbrochen beteiligt gewesen sein (BFH-Urteile II R 15/19; BFH-Urteil II R 17/19; BFH-Urteil II R 18/19).

Gesellschaften, die weniger als fünf Jahre vor der zu begünstigenden Umwandlung und nicht durch die Umwandlung entstanden sind bzw. vom herrschenden Unternehmen erworben wurden, können keine abhängigen Gesellschaften sein.

Bei Umwandlungs- und Einbringungsvorgängen zur Aufnahme muss die aufnehmende Gesellschaft selbst die Vorbehaltensfrist erfüllen.

Das herrschende Unternehmen muss während der gesamten Vorbehaltensfrist ununterbrochen die Eigenschaften des herrschenden Unternehmens erfüllen.

Unschädlich ist der Formwechsel, wenn die kapital- oder vermögensmäßige Beteiligung von mindestens 95 % bestehen bleibt.

Jede Veränderung der Art der Beteiligung (z. B. vollständige oder teilweise Verkürzung oder Verlängerung der Beteiligungskette) ist unbeachtlich. Voraussetzung ist, dass die erforderliche Mindestbeteiligung des im Zeitpunkt der Verwirklichung des Erwerbsvorgangs durch einen begünstigungsfähigen Erwerbsvorgang bestimmten herrschenden Unternehmens von 95 % am Kapital oder Gesellschaftsvermögen erhalten bleibt.

**3.2.2.2. Nachbehaltensfrist**

Die Einhaltung der Nachbehaltensfrist setzt grundsätzlich voraus, dass die Mindestbeteiligungshöhe des herrschenden Unternehmens in Höhe von 95 % am Kapital oder Gesellschaftsvermögen der am Rechtsvorgang beteiligten abhängigen Gesellschaft bzw. an den am Rechtsvorgang beteiligten abhängigen Gesellschaften nach der Verwirklichung des Erwerbsvorgangs noch mindestens fünf Jahre fortbesteht.

Die Nachbehaltensfrist ist nicht eingehalten, wenn die Mindestbeteiligung des herrschenden Unternehmens in Höhe von 95 % am Kapital oder Gesellschaftsvermögen auch an nur einer am Rechtsvorgang beteiligten abhängigen Gesellschaft unterschritten wird oder nicht mehr besteht. Dabei ist auf dasjenige Unternehmen abzustellen, welches bei der Verwirklichung des nach § 6 a GrEStG begünstigten Erwerbsvorgangs herrschendes Unternehmen war.

Die Nachbehaltensfrist muss nur insoweit eingehalten werden, als dies umwandlungsrechtlich möglich ist. Die Einhaltung der Nachbehaltensfrist ist in Bezug auf die übertragenden Rechtsträger in den nachfolgenden Fällen rechtlich nicht möglich und daher unbeachtlich:

- Verschmelzung zur Aufnahme (§ 2 Nr. 1 UmwG),
- Verschmelzung zur Neugründung (§ 2 Nr. 2 UmwG),
- Aufspaltung zur Aufnahme (§ 123 Abs. 1 Nr. 1 UmwG),
- Aufspaltung zur Neugründung (§ 123 Abs. 1 Nr. 2 UmwG),
- Vollübertragung des gesamten Vermögens eines Rechtsträgers (§ 174 Abs. 1 UmwG),
- Vermögensübertragung durch Aufspaltung zur Aufnahme (§ 174 Abs. 2 Nr. 1 UmwG).

Der aufnehmende Rechtsträger muss die Nachbehaltensfrist von fünf Jahren jedoch einhalten.

Das herrschende Unternehmen muss während der gesamten Nachbehaltensfrist ununterbrochen die Eigenschaften des herrschenden Unternehmens erfüllen.

In den Fällen, in denen zwei von einem herrschenden Unternehmen abhängige Gesellschaften an der Abspaltung oder Ausgliederung zur Neugründung beteiligt sind, muss die Nachbehaltensfrist in Bezug auf beide abhängige Gesellschaften gewahrt bleiben, d. h. das durch den Umwandlungsvorgang begründete Abhängigkeitsverhältnis zu mindestens 95 % muss nach dem Vorgang mindestens fünf Jahre bestehen (BFH-Urteil II R 15/19).

Erlöschen die übertragende oder die übernehmende abhängige Gesellschaft innerhalb der Nachbehaltensfrist durch einen weiteren Umwandlungsvorgang (z. B. Kettenumwandlungen) ausschließlich mit anderen abhängigen Gesellschaften, sind die Behaltenszeiten zusammenzurechnen, sofern an diesen Gesellschaften die Mindestbeteiligung in Höhe von 95 % am Kapital oder Gesellschaftsvermögen besteht.

Unerheblich ist, ob der zur Nichteinhaltung der Nachbehaltensfrist führende Vorgang selbst der Grunderwerbsteuer unterliegt.

Die Veräußerung von Anteilen an Gesellschaften, die den übertragenden bzw. den übernehmenden Rechtsträgern nachgeordnet sind, ist unschädlich. Sie sind nicht Beteiligte des Umwandlungsvorgangs, sondern nur Gegenstand des Umwandlungsvorgangs.

**Beispiel 5:**

Die M-GmbH ist im Jahr 01 bereits seit mehr als fünf Jahren an der T1-GmbH und der T2-GmbH beteiligt. Die T1-GmbH wird im Jahr 01 auf die T2-GmbH verschmolzen. Im Jahr 03 wird die T2-GmbH auf die M-GmbH verschmolzen.

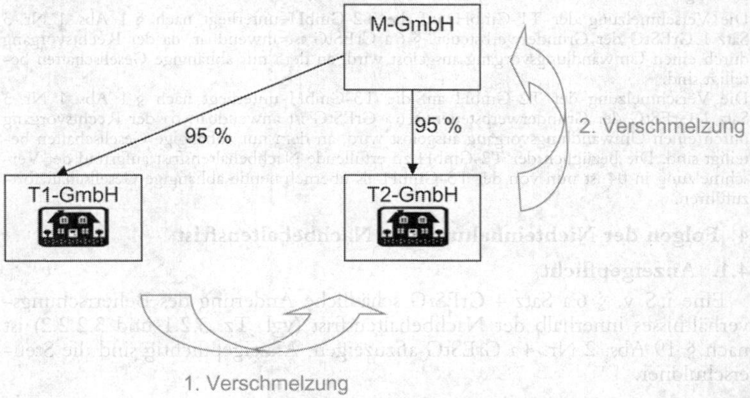


**Lösung:**

Die Verschmelzung der T1-GmbH auf die T2-GmbH unterliegt nach § 1 Abs. 1 Nr. 3 Satz 1 GrEStG der Grunderwerbsteuer. § 6 a GrEStG ist anwendbar, da der Rechtsvorgang durch einen Umwandlungsvorgang ausgelöst wird, an dem nur abhängige Gesellschaften beteiligt sind, die jeweils die Vorbehaltensfristen erfüllen.

Die Verschmelzung der T2-GmbH auf die M-GmbH unterliegt nach § 1 Abs. 1 Nr. 3 Satz 1 GrEStG der Grunderwerbsteuer. § 6 a GrEStG ist anwendbar. Die Verschmelzung der T2-GmbH auf die M-GmbH führt nicht zu einer Verletzung der Nachbehaltensfrist, da nur noch eine Gesellschaft in Form des herrschenden Unternehmens verbleibt.

**Beispiel 6:**

Seit dem Jahr 01 ist die M-GmbH zu 95 % am Kapital der T3-GmbH beteiligt. Die T1-GmbH wird im Jahr 04 auf die T2-GmbH verschmolzen. An diesen Gesellschaften ist die M-

GmbH seit mehr als fünf Jahren unmittelbar bzw. mittelbar mit 95% am Kapital beteiligt. Im Jahr 07 wird die T2-GmbH auf die T3-GmbH verschmolzen.

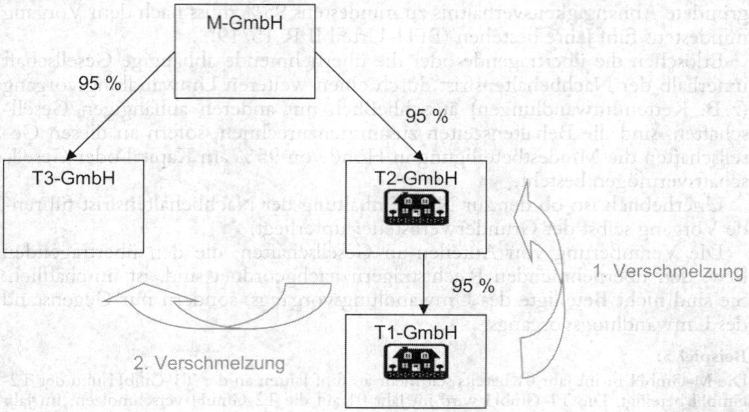


**Lösung:**

Die Verschmelzung der T1-GmbH auf die T2-GmbH unterliegt nach § 1 Abs. 1 Nr. 3 Satz 1 GrEStG der Grunderwerbsteuer. § 6 a GrEStG ist anwendbar, da der Rechtsvorgang durch einen Umwandlungsvorgang ausgelöst wird, an dem nur abhängige Gesellschaften beteiligt sind.
Die Verschmelzung der T2-GmbH auf die T3-GmbH unterliegt nach § 1 Abs. 1 Nr. 3 Satz 1 GrEStG der Grunderwerbsteuer. § 6 a GrEStG ist anwendbar, da der Rechtsvorgang durch einen Umwandlungsvorgang ausgelöst wird, an dem nur abhängige Gesellschaften beteiligt sind. Die bezüglich der T2-GmbH zu erfüllende Nachbehaltensfrist aufgrund der Verschmelzung in 04 ist nun von der T3-GmbH als übernehmende abhängige Gesellschaft fortzuführen.

## 4. Folgen der Nichteinhaltung der Nachbehaltensfrist

### 4.1. Anzeigepflicht

Eine i. S. v. § 6 a Satz 4 GrEStG schädliche Änderung des Beherrschungsverhältnisses innerhalb der Nachbehaltensfrist (vgl. Tz. 3.2.1 und 3.2.2.2) ist nach § 19 Abs. 2 Nr. 4 a GrEStG anzuzeigen. Anzeigepflichtig sind die Steuerschuldner.

### 4.2. Verfahrensrechtliche Folgen

Wird die Nachbehaltensfrist nicht eingehalten, entfällt die Begünstigung. Die Verletzung der Nachbehaltensfrist stellt ein rückwirkendes Ereignis i. S. d. § 175 Abs. 2 Satz 1 AO dar. Die Grunderwerbsteuer ist nach § 175 Abs. 1 Satz 1 Nr. 2 AO festzusetzen. Ein Freistellungsbescheid ist nach § 175 Abs. 1 Satz 1 Nr. 2 AO zu ändern.

Die Festsetzungsfrist beginnt nach § 175 Abs. 1 Satz 2 AO mit dem Ablauf des Kalenderjahres, in dem das Ereignis eintritt.

Ohne Bedeutung ist, ob dem oder den übernehmenden Rechtsträger(n) das Grundstück noch gehört bzw. grunderwerbsteuerrechtlich zuzuordnen ist (vgl. Tz. 1).

## 5. Verhältnis der §§ 5, 6 GrEStG zu § 6 a GrEStG

Die Steuervergünstigungen der §§ 5, 6 und § 6 a GrEStG bestehen gleichrangig nebeneinander. Soweit die Voraussetzungen für eine Steuervergünstigung nicht vorliegen oder später entfallen, kann eine andere Steuervergünstigung von Amts wegen gewährt werden, sofern die Voraussetzungen vorliegen.

## 6. Zusammenfassendes Beispiel

**Beispiel 7:**

Seit mehr als fünf Jahren besteht folgende Beteiligungsstruktur:
Das herrschende Unternehmen M-GmbH ist jeweils zu 100 % an der T1-GmbH und T2-GmbH beteiligt. Die T1-GmbH ist zu 95 % und die T2-GmbH ist zu 5 % am Vermögen der grundbesitzenden E2-KG beteiligt. Die T1-GmbH hält zudem 100 % der Anteile an der grundbesitzenden E1-GmbH. Die E1-GmbH ist wiederum zu 95 % an der grundbesitzenden U-KG beteiligt, an der auch der F zu 5 % beteiligt ist.
Vor drei Jahren entstand durch eine Ausgliederung die grundbesitzhaltende E3-KG, an deren Vermögen seither die E2-KG zu 95 % und die T2-GmbH zu 5 % beteiligt sind.
Im **Jahr 01** wird die T1-GmbH auf die T2-GmbH verschmolzen.
Die Verschmelzung hat in Bezug auf die einzelnen Gesellschaften folgende grunderwerbsteuerrechtliche Rechtsfolgen:
Da keine Grundstücke im Eigentum der T1-GmbH stehen, wird bei ihrer Verschmelzung auf die T2-GmbH insoweit kein grunderwerbsteuerbarer Vorgang verwirklicht.
Durch die Verschmelzung sind 100 % der Anteile an der E1-GmbH von der T1-GmbH auf die T2-GmbH übergegangen. Dieser Übergang bereits vereinigter Anteile unterliegt nach § 1 Abs. 3 Nr. 4 GrEStG der Grunderwerbsteuer.
Da infolge der Eintragung der Verschmelzung in das Register des Sitzes der T2-GmbH das Mitgliedschaftsrecht der T1-GmbH an der grundbesitzenden E2-KG auf die T2-GmbH unter gleichzeitiger Vollbeendigung der E2-KG übergeht, geht der Grundbesitz der E2-KG grunderwerbsteuerbar nach § 1 Abs. 1 Nr. 3 Satz 1 GrEStG auf die T2-GmbH im Wege der Anwachsung über. Entsprechendes gilt bezüglich der E3-KG.
Der Wechsel des Alleingesellschafters der E1-GmbH führt zu einem mittelbaren Gesellschafterwechsel bei der U-KG, so dass hierdurch 95 % der Anteile am Vermögen der U-KG auf neue Gesellschafter übergegangen sind und ein grunderwerbsteuerbarer Vorgang nach § 1 Abs. 2 a GrEStG vorliegt.
Da die vorgenannten grunderwerbsteuerbaren Rechtsvorgänge durch einen Umwandlungsvorgang ausgelöst werden, an dem nur abhängige Gesellschaften beteiligt sind, wird die Grunderwerbsteuer nach § 6 a GrEStG nicht erhoben – mit Ausnahme des im Bezug zur E3-KG verwirklichten Tatbestands nach § 1 Abs. 1 Nr. 3 Satz 1 GrEStG, da die erforderliche fünfjährige Vorbehaltensfrist nicht eingehalten wurde.
Für den nach § 1 Abs. 2 a GrEStG durch den Umwandlungsvorgang ausgelösten steuerbaren Gesellschafterwechsel liegen daneben die Voraussetzungen für eine Steuervergünstigung nach § 6 Abs. 3 i. V. m. Abs. 1 GrEStG in Höhe von 5 % vor, weil der Altgesellschafter F in dieser Höhe an der U-KG beteiligt bleibt.
Im **Jahr 02** verkauft die T2-GmbH ein Grundstück aus dem Grundbesitz, der durch Anwachsung auf sie übergegangen ist, an einen Dritten.
Die Veräußerung ist nach § 1 Abs. 1 Nr. 1 GrEStG steuerbar und steuerpflichtig. Da die Begünstigung nach § 6 a GrEStG nicht grundstücks-, sondern anteilsbezogen ist, hat die Veräußerung des Grundbesitzes auf die nach § 6 a GrEStG gewährte Steuervergünstigung keinen Einfluss.
Im **Jahr 03** veräußert die M-GmbH sämtliche Anteile an der T2-GmbH an die X-GmbH.
Der Übergang bereits vereinigter Anteile an der T2-GmbH unterliegt in Bezug auf sämtliche der T2-GmbH noch zuzurechnenden Grundstücke nach § 1 Abs. 3 Nr. 3 GrEStG der Grunderwerbsteuer.
Bei der X-GmbH findet durch den Erwerb der Anteile an der T2-GmbH eine mittelbare Übertragung der vereinigten Anteile in Bezug auf die E1-GmbH statt. Die Grundstücke der

E1-GmbH sind dabei im Rahmen des § 1 Abs. 3 Nr. 3 GrEStG grunderwerbsteuerrechtlich der T2-GmbH zuzurechnen.

Der Übergang der bereits vereinigten Anteile an der T2-GmbH, die alle Anteile an der E1-GmbH hält, führt mittelbar zu einem Gesellschafterwechsel bei der U-KG. Durch diesen Gesellschafterwechsel sind 95 % der Anteile an deren Vermögen auf neue Gesellschafter übergegangen. Der Tatbestand des § 1 Abs. 2 a GrEStG ist dadurch erfüllt.

Die vorstehenden der Grunderwerbsteuer unterliegenden Vorgänge im Jahr 03 sind auch steuerpflichtig, da die Anteile nicht durch einen nach § 6 a GrEStG begünstigten Erwerbsvorgang übergegangen sind. Für den nach § 1 Abs. 2 a GrEStG steuerbaren Vorgang wird die Grunderwerbsteuer nach § 6 Abs. 3 i. V. m. Abs. 1 GrEStG in Höhe von 5 % nicht erhoben, weil der Altgesellschafter F in dieser Höhe am Vermögen der U-KG beteiligt bleibt. Die Nachbehaltensfrist des § 6 Abs. 3 Satz 2 GrEStG ist zu beachten.

Für die Vorgänge im Jahr 01 wird mit der Veräußerung sämtlicher Anteile der T2-GmbH an die X-GmbH die Nachbehaltensfrist des § 6 a Satz 4 GrEStG verletzt, da die Mindestbeteiligungshöhe von 95 % nicht ununterbrochen fünf Jahre bestanden hat. Die Grunderwerbsteuerbegünstigung nach § 6 a GrEStG entfällt nachträglich für alle im Jahr 01 begünstigten Rechtsvorgänge. Die Nacherhebung der Steuer nach § 6 a Satz 4 GrEStG umfasst auch das im Jahr 02 von der T2-GmbH bereits veräußerte Grundstück. Das gilt unabhängig davon, dass der die Nacherhebung auslösende Rechtsvorgang (Veräußerung der Beteiligung) selbst grunderwerbsteuerpflichtig ist.

Für den im Jahr 01 steuerbaren Vorgang nach § 1 Abs. 2 a GrEStG lebt in Höhe von 5 % die gleichrangige Begünstigung nach § 6 Abs. 3 i. V. m. Abs. 1 GrEStG wieder auf, weil der Altgesellschafter F unverändert in dieser Höhe an der U-KG beteiligt ist.

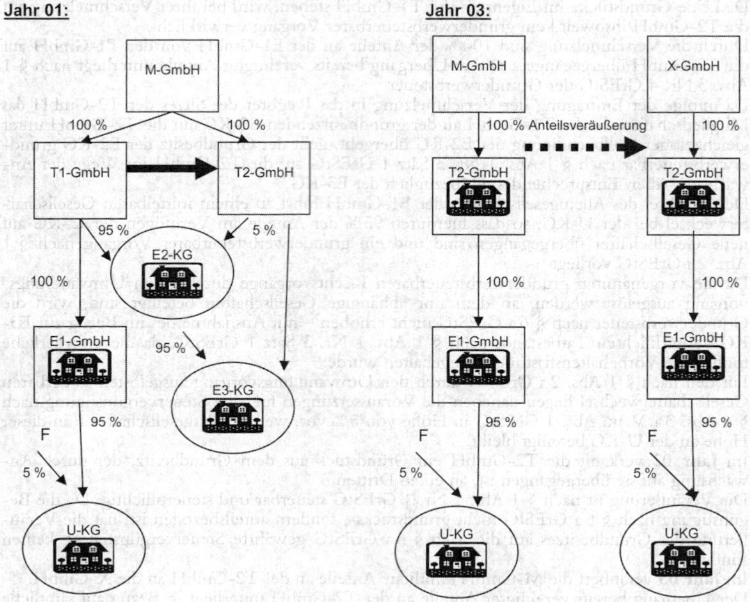

**7. Anwendungsbereich der Vorschrift**

Dieser Erlass tritt an die Stelle der GLE vom 19. Juni 2012 (BStBl. I S. 662) sowie der GLE vom 9. Oktober 2013 (BStBl. I S. 1375) und ist in allen offenen Fällen anzuwenden.

# 600 § 7/1. Schreiben betr. Steuerbefreiung nach § 7 GrEStG bei der Bestellung eines Erbbaurechts

Vom 17. September 1996

(FM Bayern 37 – S 4514 – 18/5 – 52 390; koord. Ländererlaß)

Es ist die Frage aufgeworfen worden, ob Steuerbefreiung nach § 7 GrEStG zu gewähren ist, wenn sich eine aus zwei Personen bestehende Gesamthandsgemeinschaft über ein Grundstück in der Weise auseinandersetzt, daß dem einen Gesellschafter ein Erbbaurecht an dem Grundstück eingeräumt wird und der andere Alleineigentümer des nunmehr belasteten Grundstücks wird. Im Einvernehmen mit den obersten Finanzbehörden der anderen Länder vertrete ich hierzu folgende Auffassung:

§ 7 Abs. 2 GrEStG ist anzuwenden, wenn ein Grundstück, das einer Gesamthand gehört, von den an der Gesamthand beteiligten Personen flächenweise geteilt wird. Eine flächenweise Teilung ist eine Teilung des Grundstücks in reale Teile. Bei der Bestellung eines Erbbaurechts kommt es nicht zur Realteilung eines Grundstücks in diesem Sinne. Zivilrechtlich handelt es sich lediglich um die Belastung eines Grundstücks mit dem Recht eines Dritten, auf oder unter der Oberfläche ein Bauwerk zu haben. Damit wird die Herrschaft über das Grundstück im Sinne der Grundfläche verstanden in zwei – allerdings grunderwerbsteuerlich gleichgestellte – Rechte aufgeteilt. Im Gegensatz zum Sondereigentum bei der Begründung von Wohnungseigentum nach dem WEG (vgl. BFH-Urteil vom 30. 7. 1980 BStBl. II S. 667) ist das Erbbaurecht aber nicht gleichermaßen real wie Flächeneigentum. Dies ergibt sich bereits aus der Tatsache, daß es allein durch Zeitablauf erlischt und damit die Belastung des eigentlichen Grundstücks im zivilrechtlichen Sinne ohne weiteres endet. Eine flächenweise Teilung, wie sie der Wortlaut des § 7 GrEStG fordert, liegt daher nicht vor.

Auch Sinn und Zweck der Vorschrift rechtfertigen es nicht, sie bei „Aufspaltung eines einheitlichen Grundstücks" in das Erbbaurecht und das belastete Grundstück anzuwenden. Ähnlich den §§ 5 und 6 GrEStG soll auch nach § 7 GrEStG die Steuer insoweit nicht festgesetzt werden, als sich zwar die Form, nicht aber Qualität und Wert der Berechtigung des Beteiligten an einem Grundstück ändern. Dessen flächenmäßige Aufteilung zwischen Personen, denen es bereits zu Miteigentum oder Gesamthandseigentum gehört, ändert die dingliche Berechtigung im Wege des gegenseitigen Tauschs (zwei eigenständige Rechtsvorgänge) gleichartiger Berechtigungen. Jeder Beteiligte erwirbt die Berechtigung der anderen Beteiligten an der ihm zugewiesenen Teilfläche und gibt dafür seine gleichartige Berechtigung an den restlichen Teilflächen auf.

Im Gegensatz dazu ändert sich bei einer Zuweisung des Erbbaurechts einerseits und des belasteten Grundstücks andererseits sowohl die Form als auch die Qualität der Berechtigung entscheidend. An die Stelle der vorherigen Gesamthandsberechtigung beider Gesellschafter an dem unbelasteten Grundstück tritt das Eigentum des einen an dem belasteten Grundstück und das Eigentum des anderen Gesellschafters an dem Erbbaurecht. Ein Tausch gleichartiger Berechtigungen im vorstehenden Sinne liegt nicht vor.

# **600** § 7/3. Erlass betr. Aufhebung von Sondereigentum

Vom 27. September 2005 (DB S. 2218)

(FM Baden-Württemberg 3 – S 4514/19)

Wohnungseigentum ist das Sondereigentum an einer Wohnung in Verbindung mit dem Miteigentumsanteil an dem gemeinschaftlichen Eigentum, zu dem es gehört (§ 1 Abs. 2 des Gesetzes über das Wohnungseigentum und das Dauerwohnrecht). Das Sondereigentum an einer Wohnung ist also ein Bestandteil des Wohnungseigentums und entsteht kraft Bestellung an den Räumen eines Gebäudes.

Es ist gefragt worden, ob GrESt bei Aufhebung des Sondereigentums anfällt. Im konkreten Fall ging es um ein mit mehreren Reihenhäusern bebautes Grundstück, an denen Sondereigentum besteht. Die Eigentümer wollten durch übereinstimmenden Beschluss das Sondereigentum aufheben und im Anschluss daran das gemeinschaftliche Grundstück real teilen in der Weise, die der bisherigen Aufteilung in Wohnungseigentum entspricht.

Im Einvernehmen mit den obersten Finanzbehörden der anderen Länder wird hierzu folgende Auffassung vertreten:

Mit der Aufhebung erwirbt jeder Beteiligte Miteigentum an den Reihenhäusern der übrigen Beteiligten. Dem Wortlaut nach greift für diesen Vorgang keine Befreiungsvorschrift. Dem Rechtsgedanken des § 5 Abs. 2 GrEStG und des § 7 Abs. 1 GrEStG folgend, bei ähnlichen Konstellationen nur echte Wertverschiebungen grunderwerbsteuerlich zu erfassen, ist jedoch im vorliegenden Fall mangels einer Wertverschiebung GrESt nicht zu erheben.

# **600** § 8/1. Erlass betr. Bemessungsgrundlage bei Erwerb kontaminierter Grundstücke und bei Übernahme von Investitions- und Beschäftigungsgarantien

Vom 12. April 2010

(FM Saarland S 4520 – 1#001, 2010/21795)

Zu der Frage, von welcher Bemessungsgrundlage die Grunderwerbsteuer zu erheben ist, wenn

1. Grundstückskaufverträge zugleich Regelungen über die Beseitigung von Altlasten enthalten,
2. der Erwerber sich verpflichtet, bestimmte Investitionen zu tätigen und/oder einen bestimmten Beschäftigungsstand aufzubauen bzw. beizubehalten,

bitte ich, folgende Auffassung zu vertreten:

**zu 1:** Nach § 9 Abs. 1 Nr. 1 GrEStG gelten bei einem Kauf der Kaufpreis einschließlich der vom Käufer übernommenen sonstigen Leistungen und der dem Verkäufer vorbehaltenen Nutzungen als Gegenleistung.

Grundsätzlich kann eine Gegenleistung für den Erwerb des Grundstücks auch darin liegen, dass der Erwerber vertraglich eine bereits durch Sanierungsverfügung konkretisierte Verpflichtung des Grundstücksverkäufers übernimmt. Unter „sonstige Leistungen" fallen nämlich alle Verpflichtungen des Käufers, die zwar nicht unmittelbar Kaufpreis für das Grundstück im bürgerlich-rechtlichen Sinne, aber gleichwohl Entgelt für den Erwerb des Grundstücks sind (BFH-Urteil vom 25. April 2002 II R 57/00, BFH/NV S. 1612, m. w. N.). Dazu gehört auch die Übernahme von Verpflichtungen des Veräußerers durch den Erwerber (BFH-Urteil vom 8. Juni 2005 II R 26/03, BFHE 210, 372, BStBl. II S. 613). Voraussetzung ist allerdings, dass die Verpflichtung bereits in der Person des Veräußerers entstanden ist.

Bei Vorliegen einer schädlichen Bodenveränderung oder Altlast entsteht eine öffentlich-rechtliche Sanierungsverpflichtung erst und ausschließlich dann, wenn sich die materielle, aus dem einschlägigen Bodenschutzrecht ergebende Sanierungsverantwortlichkeit durch Erlass einer formellen Sanierungsverfügung einzelfallbezogen konkretisiert hat (BFH-Urteil vom 30. März 2009 II R 62/06, BStBl. II S. 854). Liegt eine solche hinreichend konkretisierte Sanierungsverpflichtung vor, die auf den Erwerber übergeht, sind die Sanierungskosten in die Bemessungsgrundlage einzubeziehen.

Die Kosten für die Beseitigung der Altlasten gehören nicht zur Gegenleistung, wenn keine formelle Sanierungsverpflichtung vorliegt. In diesen Fällen ist Bemessungsgrundlage für die Grunderwerbsteuer der vereinbarte Kaufpreis.

Wird ein Grundstück übertragen, in dem Altlasten festgestellt worden sind oder vermutet werden und wird deswegen keine Gegenleistung oder nur ein symbolischer Kaufpreis vereinbart, so ist die Steuer nach dem Wert des

Grundstücks zu bemessen (§ 8 Abs. 2 Nr. 1 GrEStG). Die Anwendung des § 3 Nr. 2 GrEStG scheidet für einen derartigen Erwerbsvorgang aus, da nicht davon ausgegangen werden kann, dass der Veräußerer den Erwerber mit der Übertragung des Grundstücks aus seinem Vermögen bereichern will und daher eine Schenkung unter Lebenden im Sinne des Erbschaft- und Schenkungsteuerrechts nicht gegeben ist.

Jedoch kann auch ein niedriger Grundstückskaufpreis (z. B. sog. 1 € Verträge) im Vergleich zum höheren Wert nach § 8 Abs. 2 Nr. 1 GrEStG die Gegenleistung i. S. des § 8 Abs. 1 GrEStG bilden, wenn er ernsthaft vereinbart worden ist.

**zu 2:**

a) Werden mit der Grundstücksübertragung nur Investitions- und Beschäftigungsgarantien übernommen und ist eine Gegenleistung im grunderwerbsteuerlichen Sinne für das übertragene Grundstück nicht zu erbringen, so ist die Grunderwerbsteuer nach dem Wert des Grundstücks zu bemessen (§ 8 Abs. 2 Nr. 1 GrEStG).

b) Werden mit der Grundstücksübertragung Investitions- und Beschäftigungsgarantien übernommen und ist eine Gegenleistung im grunderwerbsteuerlichen Sinne für das übertragene Grundstück zu erbringen, so bemisst sich die Grunderwerbsteuer regelmäßig nach dem Wert der Gegenleistung (§ 8 Abs. 1 GrEStG). Die Grunderwerbsteuer berechnet sich auch dann nach dem Wert der Gegenleistung, wenn diese niedriger ist als der Wert des Grundstücks (§ 8 Abs. 2 Nr. 1 GrEStG). Ein symbolischer Kaufpreis kann aber nicht als grunderwerbsteuerlich maßgebliche Gegenleistung angesehen werden (vgl. auch BFH-Urteil vom 7. Dezember 1994 II R 9/92, BStBl. II 1995, 268).
In der späteren Zahlung einer Vertragsstrafe wegen Nichterfüllung oder nicht rechtzeitiger Erfüllung der Investitions- und Beschäftigungsgarantie ist keine zusätzliche Gegenleistung zu sehen. Die Vertragsstrafe wird nicht gezahlt, weil der Erwerber ein Grundstück erworben hat, sondern weil er nach dem Vertrag für die Nichterfüllung oder nicht rechtzeitige Erfüllung der Investitions- und Beschäftigungsgarantie einzustehen hat.
Dieser Erlass ergeht im Einvernehmen mit den obersten Finanzbehörden der anderen Länder und tritt an die Stelle der Bezugserlasse FM Saarland v. 14. 7. 1993 B/V-13-93 – S 4521 und FM Saarland v. 14. 8. 1996 B/5-332/96 – S 4521.

# **600** § 8/3. Schreiben betr. Grundstücksübertragungen im Zusammenhang mit Maßnahmen nach dem Eisenbahnkreuzungsgesetz

Vom 12. April 1999 (StEK GrEStG 1983 § 8 Nr. 20)

(FM Bayern 36 – S 4520 – 2/37 – 51 838/98; koord. Ländererlaß)

Beim Ausbau von Bahnstrecken ist es nach den Vorschriften des Eisenbahnkreuzungsgesetzes vom 21. 3. 1971 (BGBl. I S. 337) – EKrG –, zuletzt geändert durch Gesetz vom 9. 9. 1998 (BGBl. I S. 2858), unter bestimmten Voraussetzungen erforderlich, schienengleiche Bahnübergänge zu beseitigen bzw. durch den Bau von Überführungen zu ändern (vgl. § 5 EKrG). Dazu wird in der Regel zwischen den Beteiligten, zu denen die jeweiligen Träger der Straßenbaulast (z. B. das Land) gehören, eine „Vereinbarung über eine Maßnahme an einem Bahnübergang – § 13 EKrG" geschlossen. An den Gesamtkosten der Maßnahme werden die jeweiligen Träger der Straßenbaulast, ggf. auch der Bund, beteiligt. Nach Abschluss der vereinbarten Maßnahme wird das Eigentum an den errichteten Anlagen sowie den dazugehörigen Grundflächen auf die nach § 14 EKrG zur Erhaltung verpflichteten Beteiligten (Land, Gemeinde) übertragen, ohne dass dafür ein besonderer Kaufpreis vorgesehen ist.

Zu diesen Grundstücksübertragungen bitte ich im Einvernehmen mit den obersten Finanzbehörden der anderen Länder, folgende Auffassung zu vertreten:

Die Grundstücksverträge zur Übertragung der Straßenanlagen auf die Träger der Straßenbaulast unterliegen der Steuer nach § 1 Abs. 1 Nr. 1 GrEStG. Steuerbefreiung, insbesondere nach § 3 Nr. 2 GrEStG, kommt nicht in Betracht. Soweit nicht ausdrücklich ein besonderer Kaufpreis oder eine sonstige Gegenleistung vereinbart wird, scheidet eine Bemessung der Steuer nach § 8 Abs. 1 GrEStG aus. Als Kaufpreis kann auch der nach der oben genannten Vereinbarung zu tragende Kostenanteil nicht angesehen werden, weil dieser schematisch aus den Gesamtkosten der Maßnahme ermittelt wurde und aufgrund gesetzlicher Regelung (§ 13 EKrG) unabhängig von einer Eigentumsübertragung zu erbringen war. Er weist keinerlei inneren Zusammenhang mit der Größe oder dem Wert des auf den jeweiligen Baulastenträger übergehenden Grundstücks auf.

*Als Besteuerungsgrundlage kommt danach gemäß § 8 Abs. 2 Nr. 1 GrEStG der Wert im Sinne des § 138 Abs. 2 oder 3 BewG in Betracht*[1]. Es bestehen keine Bedenken, die gleichen Wertermittlungsgrundsätze anzuwenden wie im Falle der unentgeltlichen Übertragung von Grundstücken mit Erschließungsanlagen auf Gebietskörperschaften (vgl. *FM Bayern vom 26. 6. 1998 36 – S 4520 – 2/23 – 30 396*[2]).

---

[1] Jetzt § 151 Abs. 1 Satz 1 Nr. 1 i. V. m. § 157 Abs. 1–3 BewG.
[2] Vgl. jetzt GLE v. 16. 9. 2015, BStBl. I S. 823 (Nr. **600** § 8/6).

# **600** § 8/5. Erlass betr. Erfassung des Werts für grundeigene Bodenschätze

Vom 3. Januar 2006 (DB S. 305)

(FM Rheinland-Pfalz S 4520 A – 05-001-03 – 446; koord. Ländererlass)

In der Frage, wie der Wert für Bodenschätze in den Fällen des § 8 Abs. 2 GrEStG zu erfassen ist, bitte ich folgende Auffassung zu vertreten:

Ausgangspunkt für die Bestimmung des Grundstücks nach § 2 GrEStG ist der Grundstücksbegriff des bürgerlichen Rechts (Abs. 1 Satz 1). Dies hat zur Folge, dass grunderwerbsteuerlich dem Grundstück alles zuzurechnen ist, was zu ihm nach Maßgabe der §§ 93 bis 96 BGB gehört. Dazu gehören auch die Bodensubstanzen. Ausgenommen sind nach § 2 Abs. 1 Satz 2 Nr. 2 GrEStG die Mineralgewinnungsrechte. Es handelt sich dabei um Rechte an bergfreien Bodenschätzen (z. B. Aluminium, Blei, Eisen, Gold, Kupfer, Mangan, Nickel, Schwefel, Silber, Salze, Stein- und Braunkohle, Erdöl, Erdgas – vgl. § 3 Abs. 3 BBergG) aufgrund staatlicher Bewilligung oder Verleihung. Demgegenüber stehen grundeigene Bodenschätze (z. B. Bims, Dachschiefer, Kalkstein, Kies, Lehm, Sand, Ton, Torf – vgl. § 3 Abs. 4 BBergG) im Eigentum des Grundeigentümers. Da diese Bodenschätze Bestandteile des Grundstücks i. S. d. § 2 GrEStG sind, sind sie bei der Grunderwerbsteuer zu erfassen; der darauf entrichtete Kaufpreis ist Teil der Bemessungsgrundlage.

Wird die Grunderwerbsteuer nach § 8 Abs. 2 GrEStG bemessen, ist Bemessungsgrundlage der Bedarfswert im Sinne des § 138 Abs. 2 oder 3 BewG. Durch die Verweisung des § 138 Abs. 3 BewG auf die Regelung des § 68 Abs. 2 Nr. 1 BewG werden die (grundeigenen) Bodenschätze ausgeklammert. Sie gehören weder zum Grundvermögen noch zum Grundstücksbegriff im bewertungsrechtlichen Sinne und scheiden daher bei der Bedarfswertermittlung aus. Ein gesonderter Ansatz dieser grundeigenen Bodenschätze mit dem gemeinen Wert (§ 9 BewG) neben dem Bedarfswert kommt nach dem Wortlaut des § 8 Abs. 2 GrEStG nicht in Betracht.

Dieses Schreiben ergeht im Einvernehmen mit den obersten Finanzbehörden der anderen Länder und wird in die Grunderwerbsteuerkartei aufgenommen.

# 600 § 8/6. Gleich lautende Erlasse zur Behandlung von Erschließungs- und Folgekostenbeiträgen

Vom 16. September 2015 (BStBl. I S. 823)

(Oberste Finanzbehörden der Länder)

**1 Anlage**[1)]

## I. Erschließungsbeiträge

### 1. Allgemeines und Gegenstand

Voraussetzung für die Bebaubarkeit eines Grundstücks ist dessen Erschließung. Zu den Erschließungsanlagen gehören im Wesentlichen die Verkehrs- und Grünanlagen sowie die Anlagen zur Ableitung von Abwässern und zur Versorgung mit Elektrizität, Gas, Wärme und Wasser. Nicht zu den Erschließungsanlagen gehören die auf den (Privat-)Grundstücken selbst notwendigen Anschlüsse, wie Zufahrtswege und Anschlüsse an die Ver- und Entsorgungseinrichtungen (BFH-Urteil vom 15. März 2001 II R 39/99, BStBl. 2002 II S. 93).

Die Abgabe, die der Grundstückseigentümer für die Erschließung eines Grundstücks zahlen muss, ist der Erschließungsbeitrag. Erschließungsbeiträge für die in § 127 Abs. 2 des Baugesetzbuchs (BauGB) angegebenen Erschließungsanlagen (z. B. Sammelstraßen, Parkflächen, Grünanlagen) werden nach Maßgabe der Vorschriften des Baugesetzbuchs (§§ 127 ff. BauGB) erhoben.

Für alle anderen Erschließungsanlagen (z. B. Anlagen zur Ableitung von Abwasser oder zur Versorgung mit Elektrizität, Kinderspielplätze) kann nach § 127 Abs. 4 BauGB die Beitragserhebung nur nach Maßgabe der Kommunalabgabengesetze der Länder erfolgen.

Zudem sind die Satzungen der Gemeinden zu beachten.

### 2. Erschließungsträger

Die Erschließung ist nach § 123 Abs. 1 BauGB grundsätzlich Aufgabe der Gemeinde.

Gemeinden können die öffentlich-rechtliche Aufgabe der Erschließung von Grundstücken auf Zweckverbände oder auf der Grundlage städtebaulicher Verträge nach § 11 Abs. 1 Satz 2 Nr. 1 BauGB auf private Träger übertragen.

Ein Zweckverband ist – ebenso wie die an ihm beteiligten Gemeinden – eine Körperschaft des öffentlichen Rechts. Der Zweckverband tritt nach Aufgabenübertragung gemäß landesrechtlicher Grundlage in entsprechendem Umfang in die Rechtsstellung der einzelnen Gemeinden ein. Damit ist ein zur Erschließung eines Baugebiets gebildeter Zweckverband berechtigt, sowohl Erschließungsbeiträge nach dem Baugesetzbuch als auch Beiträge auf landesrechtlicher Grundlage zu erheben.

[1)] Hier nicht abgedruckt.

## 3. Entstehung der Beitragspflicht und endgültige Herstellung der Erschließungsanlagen

Nach § 133 Abs. 2 BauGB entsteht die Beitragspflicht mit der endgültigen Herstellung der Erschließungsanlagen. Die Merkmale der endgültigen Herstellung regeln die Gemeinden durch Satzung (§ 132 Nr. 4 BauGB). Maßgebend ist der Zeitpunkt der endgültigen Herstellung im jeweiligen gesamten Bau- und Erschließungsgebiet und nicht des einzelnen Grundstücks. Nur ein Grundstück, für das die Beitragspflicht vollständig entstanden ist, ist grunderwerbsteuerrechtlich als „erschlossenes" Grundstück anzusehen.

Die Erschließungsanlagen werden in vielen Baugebieten nicht in einem Zuge fertig gestellt, sondern schrittweise entsprechend dem Fortgang der Bautätigkeit im betroffenen Gebiet. Daher sind oftmals einige Grundstücke in einem Baugebiet vollständig erschlossen, während bei anderen erst ein Teil der oder keine Erschließungsanlagen fertig gestellt sind. Hierbei kann die Beitragspflicht für Teilbeträge entstehen, sobald die Maßnahmen, deren Aufwand hierdurch gedeckt werden soll, abgeschlossen sind. Grunderwerbsteuerrechtlich sind sämtliche Grundstücke jedoch als „nicht erschlossen" anzusehen, weil die Erschließungsanlagen im gesamten Bau- und Erschließungsgebiet noch nicht endgültig hergestellt worden sind.

## 4. Erschließungsbeiträge als Teil der Gegenleistung

In welchem Umfang bei einem Grundstückskauf Erschließungsbeiträge als sonstige Leistungen nach § 9 Abs. 1 Nr. 1 GrEStG in die Bemessungsgrundlage einzubeziehen sind, richtet sich danach, in welchem Zustand das Grundstück Gegenstand des Erwerbsvorgangs ist (vgl. Tz. 3).

### 4.1. Das Grundstück ist im Zeitpunkt des Erwerbsvorgangs als „erschlossen" anzusehen

Sind sämtliche nach dem örtlichen Baurecht vorgeschriebenen öffentlichen Erschließungsanlagen, die ein Grundstück zu einem „erschlossenen" Grundstück i. S. der Tz. 3 machen, im Zeitpunkt des Abschlusses des Erwerbsvorgangs bereits vorhanden, kann Vertragsgegenstand nur das „erschlossene" Grundstück sein. Dies gilt auch, wenn nach den Vertragserklärungen das Grundstück als „nicht erschlossen" erworben werden soll. Es ist nicht möglich, dass die Beteiligten ein Grundstück in einem Zustand zum Gegenstand des Erwerbsvorgangs machen, den es nicht mehr hat und auch nicht mehr erhalten soll.

Die vertragliche Verpflichtung des Erwerbers zur Tragung von Erschließungskosten gehört dann zur Gegenleistung, wenn die gesamte Beitragsschuld bereits vor dem Zeitpunkt der Verwirklichung des Erwerbsvorgangs entstanden und gegen den Veräußerer abgabenrechtlich geltend gemacht worden ist. Eine abgabenrechtliche Geltendmachung liegt vor, wenn ein entsprechender Verwaltungsakt (Beitragsbescheid) der betreffenden Gemeinde ergeht oder wenn zwischen der Gemeinde und dem Veräußerer ein öffentlich-rechtlicher (subordinationsrechtlicher) Vertrag über die Erschließungsbeiträge geschlossen wird. Dies gilt unabhängig davon, ob der auf die Erschließung entfallende Betrag im Kaufpreis enthalten ist oder neben dem Kaufpreis gesondert ausgewiesen wird. In beiden Fällen übernimmt der Erwerber eine geldwerte Verpflichtung des Veräußerers.

Eine Einbeziehung in die Bemessungsgrundlage scheidet hingegen aus, wenn eine Gemeinde eigene „erschlossene" Grundstücke veräußert und den Erschließungsbeitrag gegenüber dem Erwerber abgabenrechtlich geltend macht.

## 4.2. Das Grundstück ist im Zeitpunkt des Erwerbsvorgangs als „nicht erschlossen" anzusehen

### 4.2.1. Vertragsgegenstand ist das noch „nicht erschlossene" Grundstück

#### 4.2.1.1. Allgemeines

Wird ein im Zeitpunkt des Abschlusses des Erwerbsvorgangs „nicht erschlossenes" Grundstück als solches zum Vertragsgegenstand gemacht, ist die vom Erwerber eingegangene Verpflichtung, die zukünftige Erschließung zu bezahlen, nicht als Teil der Gegenleistung anzusehen. Dies gilt auch, wenn sie zusammen mit der Übereignungsverpflichtung beurkundet wird. Die Einbeziehung der Erschließungskosten nach den Grundsätzen zum Erwerb eines Grundstücks im zukünftig bebauten Zustand scheidet wegen des sich aus der öffentlich-rechtlichen Erschließungslast der Gemeinde ergebenden besonderen Charakters der Grundstückserschließung regelmäßig aus (BFH-Urteil vom 15. März 2001 II R 39/99, BStBl. 2002 II S. 93).

#### 4.2.1.2. Vorausleistungen auf Erschließungsbeiträge

Soweit eine Gemeinde nach § 133 Abs. 3 Satz 1 BauGB vom Eigentümer eines Grundstücks Vorausleistungen auf den Erschließungsbeitrag verlangt oder verlangt hat und diese Vorausleistungslast bei der Veräußerung des Grundstücks vom Veräußerer vertraglich auf den Grundstückserwerber abgewälzt wird, ist darin keine grunderwerbsteuerliche Gegenleistung zu sehen (vgl. BFH-Urteile vom 9. Mai 1979 II R 56/74, BStBl. II S. 577, und vom 30. Januar 1985 II R 6/83 BStBl. II S. 373). Die Entrichtung der Vorausleistung durch den Erwerber stellt im wirtschaftlichen Ergebnis eine Vorschussleistung auf die den Erwerber selbst treffende spätere endgültige Beitragsschuld dar. Dies gilt auch, wenn der Grundstückserwerber dem Veräußerer Vorauszahlungen erstattet, die dieser bereits geleistet hat.

#### 4.2.1.3. Ablösungsvereinbarungen über Erschließungsbeiträge

Nach § 133 Abs. 3 Satz 5 BauGB können die Gemeinden bereits vor der Entstehung der Beitragspflicht eine Ablösung des Erschließungsbeitrags im Ganzen zulassen. Mit der Ablösung wird die künftige Beitragslast vorweg und abschließend getilgt. Die Vereinbarung über die Ablösung des Erschließungsbeitrags stellt einen öffentlich-rechtlichen (subordinationsrechtlichen) Vertrag dar, der eine künftige Beitragsschuld für das jeweilige Grundstück selbst dann ausschließt, wenn das Grundstück später den Eigentümer wechselt.

Übernimmt der Erwerber eines Grundstücks vertraglich die noch nicht erfüllte Verpflichtung des Veräußerers aus einer Ablösungsvereinbarung mit der Gemeinde bzw. erstattet er dem Veräußerer einen von diesem darauf bereits gezahlten Betrag, gehören diese Leistungen nicht zur grunderwerbsteuerlichen Gegenleistung. Die Pflicht zur Erschließung des Grundstücks (öffentlich-rechtliche Erschließungslast) verbleibt trotz der vom Veräußerer geschlossenen Ablösungsvereinbarung bei der Gemeinde (vgl. BFH-Urteil vom 11. Februar 2004 II R 31/02, BStBl. II S. 521).

### 4.2.2. Vertragsgegenstand ist das „erschlossene" Grundstück

Hat der Verkäufer die Verpflichtung übernommen, das im Zeitpunkt des Abschlusses des Erwerbsvorgangs „nicht erschlossene" Grundstück im „erschlossenen" Zustand zu verschaffen, wird das Grundstück in diesem Zustand Gegenstand des Erwerbsvorgangs, mit der Folge, dass der auf die Erschließung entfallende Teil des Kaufpreises Gegenleistung für den Erwerb des Grundstücks darstellt.

Hat sich dagegen der Verkäufer durch eine weitere, rechtlich selbständige Vereinbarung (Werkvertrag, Geschäftsbesorgungsvertrag) neben der Grundstücksübertragung auch selbst zur Durchführung der Erschließung verpflichtet, ist das Entgelt hierfür nicht als Gegenleistung für die Grundstücksübertragung zu behandeln. Dies gilt auch, wenn beide Verpflichtungen zusammen beurkundet werden (vgl. BFH-Urteil vom 21. März 2007 II R 67/05, BStBl. II S. 614). Für die rechtliche Selbständigkeit beider Verpflichtungen sprechen folgende Indizien (vgl. BFH-Urteil vom 9. Mai 1979 II R 56/74, BStBl. II S. 577):

- zwei selbständige Geldforderungen,
- unterschiedliche Leistungspflichten des Veräußerers,
- selbständige Fälligkeiten beider Forderungen sowie
- rechtliche Unabhängigkeit des Kaufvertrags von der Durchführung der Erschließung.

## 5. Unentgeltliche Übertragung von Grundstücken auf eine Gemeinde bei Erschließung durch private Träger

Hat eine Gemeinde die Aufgabe zur Erschließung auf einen privaten Träger übertragen und hat sich dieser verpflichtet, die Erschließungsanlagen herzustellen und nach deren Fertigstellung die Grundstücke mit Erschließungsanlagen unentgeltlich auf die Gemeinde zu übertragen, ist für diesen Grundstückserwerb Bemessungsgrundlage gemäß § 8 Abs. 2 Nr. 1 GrEStG der Grundbesitzwert i. S. des § 151 Abs. 1 Satz 1 Nr. 1 in Verbindung mit § 157 Abs. 1 bis 3 BewG. Da die Grundstücke mit Erschließungsanlagen von der Gemeinde in Erfüllung ihrer öffentlich-rechtlichen Aufgaben übernommen werden und nur für den öffentlichen Gebrauch bestimmt sind, ist grundsätzlich von einem Grundbesitzwert i. H. v. null Euro auszugehen. Das gilt bereits dann, wenn mit der Errichtung der Erschließungsanlagen auf den der Gemeinde unentgeltlich zu übertragenden Grundstücken bereits begonnen wurde. Dies setzt den sichtbaren technischen Bau der Erschließungsanlagen voraus, d. h., es muss mindestens mit den wesentlichen Aushubarbeiten begonnen worden sein. Ein symbolischer Spatenstich ist nicht ausreichend.

Der Grundbesitzwert ist hingegen zu ermitteln, wenn auf die Gemeinde unentgeltlich Grundstücke ohne Erschließungsanlagen übertragen werden. Unerheblich ist, ob die Grundstücke in einem Bebauungsplan als für den öffentlichen Bedarf bestimmt ausgewiesen werden, da hier nicht grundsätzlich von einer Wertlosigkeit ausgegangen werden kann.

## II. Folgekostenbeiträge

Nach § 11 Abs. 1 Satz 2 Nr. 3 BauGB können Gemeinden im Rahmen eines städtebaulichen Vertrages Vereinbarungen mit Bauwilligen zur Übernahme von Kosten oder sonstigen Aufwendungen treffen, die der Gemeinde für städtebauliche Maßnahmen – wie die Errichtung von Schulen, Sportplätzen, Kindergärten, Krankenhäusern usw. – entstehen oder entstanden sind und die Voraussetzung oder Folge des vom Übernehmenden geplanten Vorhabens sind (Folgekostenvertrag). Sie dürfen dem Übernehmenden nur in dem Umfang auferlegt werden, in dem die Folgekosten durch das Vorhaben, insbesondere die Schaffung von Wohnraum, verursacht worden sind bzw. werden.

Anders als Erschließungskosten, die kraft Gesetzes entstehen und auf dem jeweiligen Grundstück als öffentliche Last ruhen, können Folgekosten nur auf der Grundlage eines zweiseitigen Folgekostenvertrages übernommen werden. Ihre Entstehung ist unabhängig von der Fertigstellung der kommunalen Einrichtungen, die durch die Erhebung der Folgekosten finanziert werden.

Bei der Verknüpfung einer derartigen Vereinbarung mit dem Erwerb eines Grundstücks sind die vom Erwerber übernommenen Folgekosten nur dann als sonstige Leistung Bestandteil der Gegenleistung gemäß § 9 Abs. 1 Nr. 1 GrEStG, wenn hierfür beim Veräußerer bereits eine Zahlungsverpflichtung aus dem Folgekostenvertrag entstanden ist (BFH-Urteil vom 18. Juni 2014 II R 12/13, BStBl. II S. 857).

## III. Zeitlicher Anwendungsbereich

Dieser Erlass ergeht im Einvernehmen mit den obersten Finanzbehörden der anderen Länder und tritt an die Stelle der vorangegangenen Erlasse zu den Erschließungskosten, die im Einvernehmen oder in Abstimmung mit den obersten Finanzbehörden der Länder ergangen sind. Dieser Erlass ist in allen offenen Fällen anzuwenden.

# 600 § 9/1. Schreiben betr. Gegenleistung bei Grundstückserwerben für Straßenbauzwecke, Grundstücksenteignungen und Grundstücksveräußerungen zur Vermeidung der Enteignung, Landbeschaffung für Zwecke der Verteidigung

Vom 27 Juli 2004 (DStR S. 1609)

(FM Baden-Württemberg 3 – S 4521/4; koord. Ländererlass)

**1.** Gegenleistung im Sinne des Grunderwerbsteuergesetzes ist jede Leistung, die der Erwerber als Entgelt für den Erwerb des Grundstücks gewährt, oder die der Veräußerer als Entgelt für die Veräußerung des Grundstücks empfängt. Dabei ist unerheblich, ob die Leistung auf freiwilliger oder gesetzlicher Grundlage beruht.

**1.1.** Bei einem Kauf gelten als Gegenleistung der Kaufpreis einschließlich der vom Käufer übernommenen sonstigen Leistungen und der dem Verkäufer vorbehaltenen Nutzungen (§ 9 Abs. 1 Nr. 1 GrEStG).

**1.1.1.** Als sonstige Leistungen kommen Leistungen aller Art in Betracht, die an sich der Verkäufer zur Erfüllung der ihm nach § 433 BGB obliegenden Pflicht, dem Käufer das Grundstück zu übergeben und das Eigentum daran zu verschaffen, aufzuwenden hätte, die aber vom Käufer getragen werden (RFH-Urteile vom 20. 3. 1923 und 18. 12. 1942, RFHE 12 S. 32 und 52 S. 291, BFH-Urteil vom 21. 11. 1974, BStBl. 1975 II S. 362).

**1.2.** Bei der Enteignung gilt als Gegenleistung die Entschädigung. Wird ein Grundstück enteignet, das zusammen mit anderen Grundstücken eine wirtschaftliche Einheit bildet, so gehört die besondere Entschädigung für eine Wertminderung der nicht enteigneten Grundstücke nicht zur Gegenleistung; dies gilt auch dann, wenn ein Grundstück zur Vermeidung der Enteignung freiwillig veräußert wird (§ 9 Abs. 1 Nr. 7 GrEStG).

**1.2.1.** Unter „Entschädigung" sind Leistungen zu verstehen, die im Enteignungsverfahren als Entschädigungen festgesetzt und dem Entschädigungsberechtigten zugesprochen werden (BFH-Urteil vom 5. 2. 1975, BStBl. II S. 454).

Sie werden gewährt für

a) den durch die Enteignung eintretenden Rechtsverlust und

b) andere durch die Enteignung eintretende Vermögensnachteile.

**1.2.2.** Zu den Entschädigungen im Sinne des § 9 Abs. 1 Nr. 7 GrEStG gehören außer der Barentschädigung oder einer Landentschädigung auch sonstige Leistungen, die der Enteignungsberechtigte dem Inanspruchgenommenen bzw. dem Verkäufer gegenüber für den Erwerb des Grundstücks erbringt. Zur grunderwerbsteuerlichen Bemessungsgrundlage gehören jedoch keine Leistungen, mit denen nicht der Erwerb des Grundstücks abgegolten wird.

**2.1.** Für eine freiwillige Veräußerung zur Vermeidung der Enteignung ist Voraussetzung, daß eine Enteignung ernstlich gedroht hat. Außerdem bedarf die besondere Entschädigung für die Wertminderung der nichtveräußerten Grundstücke der Vereinbarung im Kaufvertrag.

**2.1.1.** Eine freiwillige Veräußerung zur Vermeidung der Enteignung liegt dann vor, wenn bei Abschluß des Vertrages eine Enteignung formell und materiell möglich war (vgl. BFH-Urteil vom 30. 1. 1980, BStBl. II S. 362). Diese Voraussetzung ist ohne weitere Nachprüfung als erfüllt anzusehen, wenn die zuständige Enteignungsbehörde bestätigt, daß die Veräußerung zur Vermeidung der Enteignung erfolgte.

**2.1.2.** Grundstückserwerbe durch den Bund für Zwecke der Verteidigung setzen den Abschluß des in § 1 Abs. 2 und 3 des Landbeschaffungsgesetzes – LBG – vorgeschriebenen Verfahrens voraus. Da nach Abschluß dieses Verfahrens auch eine Enteignung zulässig wäre, erfolgen freiwillige Veräußerungen für Verteidigungszwecke stets zur Vermeidung der Enteignung. Einer Bestätigung im Sinne der vorstehenden Tz. 2.1.1 bedarf es deshalb nicht.

**2.1.3.** Grundstücksveräußerungen an die zuständigen Körperschaften des öffentlichen Rechts, ihre Zweckverbände oder Genossenschaften für Zwecke von Straßenbauvorhaben, Deichbau-, Hochwasser- oder Lawinenschutzmaßnahmen stellen stets eine Veräußerung zur Vermeidung einer Enteignung im Sinne des § 9 Abs. 1 Nr. 7 GrEStG dar, wenn nicht besondere Umstände eine andere Beurteilung rechtfertigen.

**3.1.** Zur Gegenleistung gehören daher nach § 9 Abs. 1 Nr. 1 oder Nr. 7 GrEStG zum Beispiel:
- dem Verkäufer gewährte Entschädigungen für die Räumung des Kaufgrundstücks und den etwaigen Erwerb eines Ersatzgrundstücks (z. B. Entschädigungen für Umzugs- und Verlegungskosten, Restbetriebsbelastungen, Erwerbsverluste; RFH-Urteil vom 18. 12. 1942, RFHE 52 S. 291; BFH-Urteil vom 1. 4. 1953 BStBl. III, 145),
- Entschädigungen für Aufwuchs (z. B. Holzbestand, Dauerkulturen) und Aufbauten,
- Entschädigungen, die der Veräußerer des Teils eines Betriebsgrundstücks für eine Betriebseinschränkung auf dem Restgrundstück erhält, wenn die Betriebseinschränkung unmittelbare Folge der Veräußerung des Grundstücksteils ist. Entsprechendes gilt für Vergütungen, die für den Abbruch von Gebäuden auf dem veräußerten Grundstücksteil geleistet werden (BFH-Urteil vom 24. 6. 1992, BStBl. II S. 986),
- die vom Enteignungsbegünstigten zu erstattenden Rechtsanwalts- und Gutachterkosten des von der Enteignung Betroffenen,
- die vom Erwerber übernommenen Kosten der Vermessung und Beschaffung von Katastermaterial, die als Kosten der Übergabe der verkauften Sache nach § 448 BGB dem Verkäufer zur Last fallen (BFH-Urteil vom 21. 11. 1974, BStBl. II 1975 S. 362) – wegen der Ausnahmen vgl. 3.2 –,

– Kostenübernahmen des Erwerbers z. B. nach § 5 LBG (auch wenn dies im Kaufvertrag selbst nicht vereinbart ist), z. B. für Ersatz oder Verlegung von Verkehrs-, Fernmelde- oder Versorgungseinrichtungen sowie von Einrichtungen und Anlagen der Abwasserwirtschaft,

**Beispiel:**

Die Gemeinde X veräußert ein Grundstück, über das ein Gemeindeweg verläuft, an den Bund. Dieser muß neben dem Kaufpreis die Kosten für die Anlage eines Ersatzweges übernehmen.

– Entschädigungen für Bodenvorkommen – z. B. Kies, Sand, Torf (BFH-Urteile vom 22. 6. 1966, BStBl. III S. 550 und 552),
– Entschädigungen für Ernteausfall und Vorratsdüngung,
– Entschädigungen für mit dem Boden festverbundene Anlagen (z. B. Zäune, Tränken, Pumpanlagen).

**3.2. Nicht** zur Gegenleistung gehören zum Beispiel:

– Entschädigungen für den bisherigen Pächter für die Freimachung (Räumung) von Liegenschaften (insbesondere Entschädigungen für eine vorzeitige Beendigung von Pachtverhältnissen oder für Aufwuchsentschädigungen),
– solche Vermessungs- und Katasterkosten, die ein Enteignungsberechtigter aufwenden muss, um das für die Enteignung vorgesehene Grundstück bezeichnen zu können (BFH-Urteil vom 5. 2. 1975, BStBl. II S. 454). Das gilt auch, wenn das Enteignungsverfahren durch eine freiwillige Veräußerung vermieden wird,
– Rechtsanwalts- und Gutachterkosten des von der Enteignung Betroffenen, wenn diese Kosten von dem Enteignungsbegünstigten oder im Falle einer freiwilligen Veräußerung des Grundstücks zur Vermeidung einer Enteignung vom Grundstückserwerber ohne Rücksicht auf den Ausgang des Enteignungsverfahrens zu übernehmen sind (BFH-Urteile vom 17. 10. 1990, BStBl. 1991 II S. 146 und vom 18. 12. 1991, BStBl. 1992 II S. 301),
– Leistungen des Grundstückserwerbers an Dritte, die nicht als Gegenleistung für den Verzicht auf den Grundstückserwerb anzusehen sind (z. B. Verlegungskosten nach § 5 LBG).

**Beispiel:**

Die Gemeinde X veräußert ein Grundstück an den Bund. Über das Grundstück verlaufen ein Fernmeldekabel der Deutschen Bundespost und die Wasserleitung eines Zweckverbandes. Beide Leitungen müssen im Interesse des Bundes verlegt werden. Der Bund zahlt den Kaufpreis an X und übernimmt gegenüber der Deutschen Bundespost und dem Zweckverband die Verlegungskosten.

– im Einzelfall festgesetzte besondere Entschädigungen für Wertminderungen der nicht enteigneten Grundstücke des Betroffenen – s. o. Nr. 1.2 (z. B. Resthofentschädigungen bei An- und Durchschneidungen, Umwegen). Die bei freihändigen Erwerben vereinbarten Entschädigungen sind in voller Höhe anzuerkennen, wenn sie von den zuständigen Behörden nach den geltenden Richtlinien für die Bemessung der Entschädigung (Entschädigungsrichtlinien Landwirtschaft – LandR 78 – oder *Waldwertermittlungsrichtlinien 1977 – WaldR 77*[1] –) berechnet worden sind,

[1] Siehe nunmehr Waldwertermittlungsrichtlinien 2000 – WaldR 2000 –.

– Kosten bestimmter Ersatzvornahmen, die der Erwerber durchführen lässt, falls sie für eine Wertminderung des nichtenteigneten Grundstücks aufgewendet werden;

**Beispiel:**

Vom Eigentümer eines bebauten Eckgrundstücks wird zur Verbreiterung der Straße ein Geländestreifen (wertvoller Teil des Ziergartens) erworben. Dadurch kann der Zugang zum Haus nur beibehalten werden, wenn – anstelle der bisher sanft ansteigenden Zuwegung – eine verhältnismäßig steile Eingangstreppe errichtet wird. Durch die unmittelbare Nähe zur Straße und den Treppenzugang wird das bebaute Grundstück jetzt eine Wertminderung erfahren.
Neben dem Kaufpreis für den Geländestreifen zahlt der Erwerber für die Wertminderung des Grundstücks eine Entschädigung in Geld und lässt auf seine Kosten die Eingangstreppe bauen.

**4.** Da die Vermessung der erworbenen Grundstücke einerseits häufig erst Jahre später erfolgt, die Vermessungsergebnisse andererseits von den angenommenen Flächengrößen jedoch z. T. erheblich abweichen, wird die öffentliche Hand im Hinblick darauf, dass nach Ablauf der Festsetzungsfrist eine Änderung nach § 173 Abs. 1 Nr. 2 AO nicht mehr möglich ist, keine endgültige Grunderwerbsteuerveranlagungen mit vorläufigen Bemessungsgrundlagen akzeptieren können.

Ich bitte daher, derartige Erwerbsvorgänge nach § 165 Abs. 1 AO vorläufig zu veranlagen. Tz. 2.3 des Erlasses FM Baden-Württemberg v. 21. 12. 1984 S 4521 A-9/82[1] in der zuletzt durch Erlass FM Baden-Württemberg v. 21. 2. 2003 3-02124M17 geänderten Fassung ist nicht anzuwenden.

Dieser Erlass ergeht im Einvernehmen mit den obersten Finanzbehörden der anderen Länder.

---

[1] Entspricht FM Bayern v. 13. 12. 1984 37 – S 4521 – 23/37 – 6 6350, Tz. II.3. (Nr. **600** § 9/8).

# **600** § 9/6. Schreiben betr. Übernahme von Darlehen, die aus Mitteln des Dritten Förderungsweges gewährt worden sind

Vom 29. Juli 1996

(FM Bayern 37 – S 4520 – 5 – 29 168)

Die Rechtsauffassung, daß die Übernahme von Darlehen, die aus Mitteln des Dritten Förderungsweges gewährt werden, nicht aufschiebend bedingt erfolgt, wird geteilt. Der Umstand, daß den Erwerbern nach Erfüllung der Belegungs- und Mietpreisbindungsverpflichtung das übernommene Darlehen erlassen wird, stellt vielmehr eine auflösende Bedingung dar. Das Urteil des Bundesfinanzhofs vom 22. 11. 1995 (BStBl. II 1996 S. 162) ist deshalb nicht einschlägig. Die Grundsätze dieses Urteils können auf Fälle, in denen ein Teil der Gesamtgegenleistung bei Eintritt einer auflösenden Bedingung entfällt, auch nicht entsprechend angewendet werden. Anders als beim Eintritt einer aufschiebenden Bedingung entsteht insoweit nämlich bei Nichteintritt der auflösenden Bedingung keine neue Grunderwerbsteuer, für die der Lauf der Festsetzungsfrist nach den allgemeinen Regeln erst mit ihrem Entstehen beginnt. Dies hätte zur Folge, daß häufig die Festsetzungsverjährung einer nachträglichen Änderung des GrESt-Bescheids (nach Bekanntwerden des Nichteintritts der auflösenden Bedingung) entgegenstehen würde.

Für den zur Entscheidung vorgelegten Sachverhalt ergibt sich danach folgendes:

**1.** Die übernommenen Darlehensschulden sind grundsätzlich Teil der Gesamtgegenleistung. Bei Eintritt der auflösenden Bedingung (Erlaß der Darlehensschuld) ist die Grunderwerbsteuerfestsetzung entsprechend zu berichtigen.

**2.** Da bei Grundstückserwerben, bei denen Darlehen aus Mitteln des Dritten Förderungsweges übernommen werden, nach den Erfahrungen in der Vergangenheit davon ausgegangen werden kann, daß die Voraussetzungen für den Erlaß des Darlehens regelmäßig erfüllt werden, bin ich jedoch damit einverstanden, daß die Grunderwerbsteuer zunächst aus der um das übernommene Darlehen gekürzten Gegenleistung festgesetzt wird. Wegen der Ungewißheit, ob der Darlehensbetrag tatsächlich erlassen wird, ist die Steuer – wie bisher – vorläufig festzusetzen. Diese Fälle sind auch weiterhin an Hand der Arbeitsliste bis zum Ablauf des Bindungszeitraums zu überwachen. Sofern sich die Steuerpflichtigen im Einspruchsverfahren gegen die Nebenbestimmung wenden, verbleibt nur die unter Ziff. 1 dargestellte Möglichkeit der endgültigen Steuerfestsetzung aus der Gesamtgegenleistung (der Darlehensbetrag ist dabei wegen der Unverzinslichkeit abzuzinsen).

## 600 § 9/6. Schreiben betr. Übernahme von Darlehen, die aus Mitteln des Dritten Förderungsweges gewährt worden sind

Vom 29. Juli 1996

(FM Bayern 37 – S 4520 – 5 – 29 165)

Die Rechtsauffassung, daß die Übernahme von Darlehen, die aus Mitteln des Dritten Förderungsweges gewährt werden, nicht aufschiebend bedingt erfolgt, wird geteilt. Der Umstand, daß dem Erwerber nach Erfüllung der Belegungs- und Mietpreisbindungsverpflichtung das übernommene Darlehen erlassen wird, stellt vielmehr eine auflösende Bedingung dar. Das Urteil des Bundesfinanzhofs vom 22. 11. 1995 (BStBl. II 1996 S. 162) ist deshalb nicht einschlägig. Die Grundsätze dieses Urteils können auf Fälle, in denen ein Teil der Gesamtgegenleistung bei Eintritt einer auflösenden Bedingung entfällt, auch nicht entsprechend angewendet werden. Anders als beim Eintritt einer aufschiebenden Bedingung entsteht insoweit nämlich bei Nichteintritt der auflösenden Bedingung keine neue Grunderwerbsteuer, für die der Lauf der Festsetzungsfrist nach den allgemeinen Regeln erst mit ihrem Entstehen beginnt. Dies hätte zur Folge, daß häufig die Festsetzungsverjährung einer nachträglichen Änderung des GrESt-Bescheids (nach Bekanntwerden des Nichteintritts der auflösenden Bedingung) entgegenstehen würde.

Für den zur Entscheidung vorgelegten Sachverhalt ergibt sich danach folgendes:

1. Die übernommenen Darlehensschulden sind grundsätzlich Teil der Gesamtgegenleistung. Bei Eintritt der auflösenden Bedingung (Erlaß der Darlehensschuld) ist die Grunderwerbsteuerfestsetzung entsprechend zu berichtigen.

2. Da bei Grundstückserwerben, bei denen Darlehen aus Mitteln des Dritten Förderungsweges übernommen werden, nach den Erfahrungen in der Vergangenheit davon ausgegangen werden kann, daß die Voraussetzungen für den Erlaß des Darlehens regelmäßig erfüllt werden, bin ich jedoch damit einverstanden, daß die Grunderwerbsteuer zunächst aus der um das übernommene Darlehen gekürzten Gegenleistung festgesetzt wird. Wegen der Ungewißheit, ob der Darlehensbetrag tatsächlich erlassen wird, ist die Steuer – wie bisher – vorläufig festzusetzen. Diese Fälle sind auch weiterhin an Hand der Arbeitsliste bis zum Ablauf des Bindungszeitraums zu überwachen. Sofern sich die Steuerpflichtigen im Einspruchsverfahren gegen die Nebenbestimmung wenden, verbleibt nur die unter Ziff. 1 dargestellte Möglichkeit der endgültigen Steuerfestsetzung aus der Gesamtgegenleistung (der Darlehensbetrag ist dabei wegen der Unverzinslichkeit abzuzinsen).

# 600 § 9/8. Erlass betr. Verwaltungsvereinfachung bei der Ermittlung der Gegenleistung

Vom 14. Januar 2020 (DB S. 313)

(FM Niedersachsen S 4521 – 56 – 351; koord. Ländererlass)

## I. Abstandnahme von Ermittlungen

**1.** Übernimmt der Erwerber eines Grundstücks die Kosten der Übergabe der verkauften Sache (§ 448 BGB, z. B. die Vermessungskosten) oder die Kosten für die Löschung von Hypotheken, Grundschulden, Rentenschulden, Dienstbarkeiten, Reallasten, Vorkaufs- und Wiederkaufsrechten, so gehören diese Kosten als „sonstige Leistungen" i. S. d. § 9 Abs. 1 Nr. 1 GrEStG zur grunderwerbsteuerlichen Gegenleistung. Zur Gegenleistung rechnen auch die dem Verkäufer vorbehaltenen Nutzungen, wie z. B. das kurzfristige unentgeltliche Weiterbewohnen eines veräußerten Grundstücks durch den Verkäufer oder das Recht des Veräußerers eines landwirtschaftlichen Grundstücks, dieses noch abernten zu dürfen.

Aus Gründen der Verwaltungsvereinfachung sind unabhängig von der Höhe der Hauptleistung Ermittlungen, die allein wegen des Werts dieser sonstigen Leistungen oder wegen des Werts vorbehaltener Nutzungen anzustellen wären, nicht durchzuführen, wenn angenommen werden kann, dass der Wert dieser sonstigen Leistungen oder vorbehaltenen Nutzungen nicht mehr als 2500,00 Euro beträgt. In diesen Fällen kann der Wert der sonstigen Leistungen oder der vorbehaltenen Nutzungen bei der Ermittlung des Werts der Gegenleistung außer Ansatz bleiben. Die Gründe für die Abstandnahme von Ermittlungen sind aktenkundig zu machen.

Werden jedoch zur Erledigung des Steuerfalls Ermittlungen aus anderen Gründen erforderlich, so sind auch Feststellungen wegen des Werts der „sonstigen Leistungen" oder der vorbehaltenen Nutzungen zu treffen.

**2.** Wird ein Grundstück zusammen mit anderen Gegenständen erworben, deren Erwerb nicht der Besteuerung nach dem Grunderwerbsteuergesetz unterliegt, so ist die Gesamtgegenleistung grundsätzlich nach dem Verhältnis des gemeinen Werts des Grundstücks zum gemeinen Wert z. B. des Zubehörs und der Betriebsvorrichtungen aufzuteilen.

Beim Erwerb eines Unternehmens im Ganzen, zu dem auch ein Grundstück gehört, ist die Gesamtgegenleistung nach dem Verhältnis des Teilwerts des Grundstücks zu dem Teilwert der sonstigen erworbenen Gegenstände zu verteilen, wenn der Betrieb fortgesetzt wird (BFH-Urteil vom 8. Februar 1978 II R 48/73, BStBl. II S. 320).

Von besonderen Ermittlungen zur Feststellung der Werte ist in der Regel abzusehen, wenn der von den an dem Rechtsvorgang Beteiligten angesetzte oder mitgeteilte Wert der nicht der Steuer unterliegenden Gegenstände 15 % der Gesamtgegenleistung, höchstens jedoch 50 000,00 Euro, nicht übersteigt. In diesen Fällen ist der Wert der sonstigen Gegenstände, deren Erwerb nicht steuerbar ist, von der Gesamtgegenleistung abzusetzen. Die Gründe für das vereinfachte Verfahren sind aktenkundig zu machen. Diese Ausnahmeregelung gilt nur, wenn der für die sonstigen Gegenstände angesetzte oder mitgeteilte Wert nicht offensichtlich unangemessen erscheint.

## II. Abstandnahme von Überwachungen

**1.** Enthält ein Rechtsvorgang die Bestimmung, dass sich die Gegenleistung bei Eintritt einer Bedingung erhöhen soll, so ist die Grunderwerbsteuer in jedem Fall sofort endgültig festzusetzen (BFH-Urteil vom 22. November 1995 II R 26/92, BStBl. 1996 II S. 162).

a) Sofern sich bei Eintritt der Bedingung die Gegenleistung voraussichtlich nicht um mehr als 2500,00 Euro erhöhen wird, ist von einer Überwachung abzusehen.

b) Bei Rechtsvorgängen mit aufschiebenden Bedingungen, die den Wert der grunderwerbsteuerlichen Gegenleistung voraussichtlich um mehr als 2500,00 Euro erhöhen werden, ist der Eintritt der Bedingung regelmäßig zehn Jahre lang zu überwachen. Mit dem Eintritt der aufschiebenden Bedingung wird die aufschiebend bedingt vereinbarte Gegenleistung zur nachträglichen zusätzlichen Gegenleistung i. S. d. § 9 Abs. 2 Nr. 1 GrEStG. Insoweit entsteht deshalb gemäß § 14 GrEStG mit dem Eintritt der Bedingung eine neue Grunderwerbsteuer mit eigener Festsetzungsfrist. Diese Steuer ist durch einen selbständigen Grunderwerbsteuerbescheid festzusetzen.

**2.** In Fällen, in denen die ganze Gegenleistung aufschiebend bedingt ist und § 3 Nr. 2 GrEStG nicht greift, ist der Erwerb gemäß § 8 Abs. 2 Nr. 1 GrEStG sofort endgültig aus dem Wert des Grundstücks zu besteuern. Bei Eintritt der aufschiebenden Bedingung ist die Grunderwerbsteuer dann nach dem Wert der Gegenleistung zu bemessen und festzusetzen. Der ursprüngliche Bescheid ist aufzuheben (§ 175 Abs. 1 Nr. 2 AO). Auch in diesen Fällen ist der Eintritt der Bedingung regelmäßig auf die Dauer von zehn Jahren zu überwachen.

**3.** Ist beim Erwerb eines Grundstücks die Flächengröße noch nicht bekannt und berechnet sich die Höhe der Gegenleistung nach der Fläche des Grundstücks, so ist die Grunderwerbsteuer sofort endgültig festzusetzen, wenn sich die Gegenleistung durch das Vermessungsergebnis voraussichtlich nicht um mehr als 2500,00 Euro erhöhen wird [Hinweis auf den zuvor an dieser Stelle angebrachten Verweis auf die GrESt-Kartei § 9 GrEStG Karte 14 Nr. 4]. Ansonsten ist die Steuer vorläufig festzusetzen und der Bescheid ist bei Vorliegen des genauen Vermessungsergebnisses zu ändern.

Wurde die Grunderwerbsteuer nach Satz 1 endgültig festgesetzt und ermäßigt sich die Gegenleistung aufgrund der Vermessung, so ist auf entsprechenden und vor Ablauf der Festsetzungsfrist gestellten Antrag der Grunderwerbsteuerbescheid nach § 173 Abs. 1 Nr. 2 AO zu ändern.

**4.** In den Fällen, in denen von einer Überwachung abgesehen wird, sind die Gründe dafür aktenkundig zu machen.

Dieser Erlass ergeht im Einvernehmen mit den obersten Finanzbehörden der anderen Länder.

# 600 § 9/11. Gleich lautende Erlasse zum Gegenstand des Erwerbsvorgangs (Einheitliches Vertragswerk/Einheitlicher Erwerbsgegenstand)

Vom 20. September 2017 (BStBl. I S. 1328)

(Oberste Finanzbehörden der Länder)



## 1. Allgemeines

Der Gegenstand des Erwerbsvorgangs wird durch das den Steuertatbestand des § 1 Abs. 1 Nr. 1 GrEStG erfüllende zivilrechtliche Verpflichtungsgeschäft bestimmt. Grunderwerbsteuerrechtlich ist maßgebend, in welchem tatsächlichen Zustand das Grundstück nach dem Willen der Vertragsparteien erworben werden soll (Gegenstand des Erwerbsvorgangs). Ist Gegenstand des Erwerbsvorgangs das Grundstück in (zukünftig) bebautem Zustand, werden in diesem Zusammenhang die Begriffe „einheitliches Vertragswerk" und „einheitlicher Erwerbsgegenstand" verwendet.

## 2. Maßgeblichkeit der vertraglichen Vereinbarungen

Ob Gegenstand des Erwerbsvorgangs das Grundstück in unbebautem oder (zukünftig) bebautem Zustand ist, richtet sich nach den Vereinbarungen der

Parteien. Haben diese das bebaute Grundstück zum Vertragsgegenstand gemacht, ist dieser Zustand der Besteuerung zugrunde zu legen, selbst wenn das Grundstück im Zeitpunkt des Abschlusses des Verpflichtungsgeschäfts noch unbebaut ist.

## 3. Künftiger Grundstückszustand als Gegenstand des Erwerbsvorgangs

### 3.1. Grundsätze

Die Frage, in welchem Zustand ein Grundstück Gegenstand des Erwerbsvorgangs ist, stellt sich, wenn getrennte Verträge über den Erwerb des Grundstücks und über Bauleistungen abgeschlossen werden.

Solche Verträge können zivilrechtlich verknüpft sein (Tz. 3.3 – rechtlicher Zusammenhang) oder nach den besonderen grunderwerbsteuerrechtlichen Grundsätzen als Einheit zu behandeln sein (Tz. 3.4 – objektiv enger sachlicher Zusammenhang).

Wird das Grundstück in einem Zustand zum Gegenstand des Erwerbsvorgangs gemacht, der vom tatsächlichen Zustand bei Abschluss des Kaufvertrags abweicht, kommen unter anderem folgende Fallkonstellationen in Betracht.

| Tatsächlicher Grundstückszustand | Künftiger Grundstückszustand |
|---|---|
| unbebaut | fertiggestellter Neubau |
| unbebaut | teilfertiggestellter Neubau (Fertigstellung durch Eigenleistungen des Erwerbers) |
| bebaut mit teilfertiggestelltem Gebäude | fertiggestellter Neubau |
| bebaut mit Altimmobilie | fertiggestellter Neubau (Veräußerer übernimmt Abriss und Neubau) |
| bebaut, Sanierungsimmobilie | sanierte Immobilie (Veräußerer übernimmt Sanierung) |
| bebaut, Sanierungsimmobilie | teilsanierte Immobilie (Fertigstellung durch Eigenleistungen des Erwerbers) |

### 3.2. Übersicht

| Rechtlicher Zusammenhang (= zivilrechtliche Verknüpfung der Verträge) | Objektiv enger sachlicher Zusammenhang (= tatsächliche Verknüpfung der Verträge) |
|---|---|
| Pflicht zur Grundstücksübereignung und Gebäudeerrichtung aufgrund eines Vertrags<br>oder<br>Ausdrückliche Bestandsverknüpfung mehrerer Verträge<br>oder | Einheitliches Vertragsangebot<br>und<br>Bindung des Erwerbers an das „Ob“ und „Wie“ der Bebauung im Zeitpunkt des Abschlusses des Grundstückskaufvertrages |

| Rechtlicher Zusammenhang (= zivilrechtliche Verknüpfung der Verträge) | Objektiv enger sachlicher Zusammenhang (= tatsächliche Verknüpfung der Verträge) |
|---|---|
| Vereinbarungen sind derart voneinander abhängig, dass sie miteinander „stehen und fallen“ | |

### 3.3. Rechtlicher Zusammenhang zwischen dem Erwerb des Grundstücks und der Erbringung der Bauleistungen

Treffen die Parteien selbständige Vereinbarungen über die Verpflichtung zur Grundstücksübertragung und über die Erbringung von Bauleistungen, ist für die Beurteilung entscheidend, ob sich aus den Gesamtumständen der Wille der Vertragsparteien ergibt, dass Gegenstand des Erwerbsvorgangs das bebaute Grundstück sein soll. Indizien für einen dahingehenden Willen der Vertragsparteien sind beispielsweise

- die Verknüpfung im Vertragstext,
- die Zusammenfassung der Vereinbarungen in einer Urkunde oder
- ein Gesamtpreis.

In einem solchen Fall ist Gegenstand des Erwerbsvorgangs das bebaute Grundstück (BFH-Urteil vom 9. Juni 1970 II 39/65, BStBl. II S. 749, sowie vom 13. April 1983 II R 53/81, BStBl. II S. 606).

Liegen zwei oder mehrere Verträge vor, sind sie als Einheit zu werten, wenn sie ausdrücklich voneinander abhängig sind (BGH-Urteil vom 24. November 1983 VII ZR 34/83, NJW 1984 S. 869). Dies gilt auch ohne ausdrückliche Bestandsverknüpfung, wenn sie nach dem Willen der Parteien derart voneinander abhängig sind, dass sie miteinander „stehen und fallen“ sollen.

Dabei reicht es aus, wenn nur eine der Vertragsparteien einen solchen Einheitswillen erkennen lässt und die andere Partei ihn anerkennt oder zumindest hinnimmt (BGH-Urteil vom 24. November 1983 VII ZR 34/83, NJW 1984 S. 869). Ob die Vereinbarungen miteinander „stehen und fallen“, ist unter Berücksichtigung der Interessenslage der Vertragsparteien, ihrem Verhalten vor und bei Vertragsabschluss und dem tatsächlichen Geschehensablauf zu ermitteln (BFH-Urteile vom 13. August 2003 II R 52/01, BFH/NV 2004 S. 663, und vom 21. September 2005 II R 49/04, BStBl. 2006 II S. 269).

Für eine Vertragsverknüpfung sprechen beispielsweise

- ein Baubeginn vor Vertragsabschluss (BFH-Urteil vom 21. Dezember 1981 II R 124/79, BStBl. 1982 II S. 330) oder
- eine Veräußerung des Grundstücks nur an Erwerber, die vorher eine Treuhandvollmacht zum Abschluss der übrigen Verträge erteilt haben (BFH-Urteil vom 28. Oktober 1998 II R 36/96, BFH/NV 1999 S. 667).

Der Vertragsverknüpfung steht nicht entgegen, dass

- die Vereinbarungen in unterschiedlichen Urkunden niedergelegt werden oder
- der Verkäufer und das mit der Erbringung der Bauleistungen beauftragte Unternehmen nicht identisch sind, wenn auf der Veräußererseite mehrere Personen beteiligt sind.

Die rechtliche Einheit mehrerer Verträge hat zur Folge, dass alle Verträge beurkundungspflichtig sind. Werden hiervon betroffene Bauverträge nicht beurkundet, wird deren Unwirksamkeit nach § 311 b Abs. 1 Satz 2 BGB durch Eintragung des Eigentümerwechsels im Grundbuch geheilt. Auch ein infolge unvollständiger Beurkundung unwirksames Rechtsgeschäft unterliegt der Steuer, wenn die Beteiligten ihren Erklärungen gemäß auf die Erfüllung hinwirken (§ 41 Abs. 1 AO i. V. m. § 1 Abs. 1 Nr. 1 GrEStG, BFH-Urteil vom 19. Januar 1994 II R 52/90, BStBl. II S. 409).

### 3.4. Objektiv enger sachlicher Zusammenhang zwischen dem Erwerb des Grundstücks und der Erbringung der Bauleistungen

Ein objektiv enger sachlicher Zusammenhang liegt vor, wenn der Erwerber (spätestens) bei Abschluss des Grundstückskaufvertrags in seiner Entscheidung über das „Ob" und „Wie" der Bebauung gegenüber der Veräußererseite nicht mehr frei ist. Dies kann sich aus einer bestimmten zeitlichen Abfolge der Verträge oder aus einem faktischen Zwang ergeben. Ferner kann ein objektiv enger sachlicher Zusammenhang vorliegen, wenn ein vorbereiteter Geschehensablauf hingenommen wird.

### 3.4.1. Zeitliche Abfolge der Verträge

Ein objektiv enger sachlicher Zusammenhang zwischen dem Grundstückskaufvertrag und dem Gebäudeerrichtungsvertrag liegt unter anderem bei folgenden Fallkonstellationen vor:

- Der Erwerber hat sich bereits vor Abschluss des Grundstückskaufvertrags oder zeitgleich durch den Abschluss eines Gebäudeerrichtungsvertrages an die Bebauung des Grundstücks durch die Veräußererseite gebunden (BFH-Urteil vom 12. März 1997 II R 86/94, BFH/NV 1998 S. 80).
- Der Erwerber hat einen mit dem Veräußerer vor Abschluss des Grundstückskaufvertrags geschlossenen Bauvertrag gekündigt und nach Abschluss des Grundstückskaufvertrags erneut mit dem Veräußerer einen seinem Inhalt nach unveränderten Bauvertrag abgeschlossen. In diesem Fall ist anzunehmen, dass das Angebot in tatsächlicher Hinsicht nach wie vor bestanden hat und das Grundstück im Zustand der späteren Bebauung Gegenstand des Erwerbsvorgangs ist. Eine rechtliche Wirksamkeit des Angebots ist insoweit nicht erforderlich (BFH-Urteil vom 1. Oktober 2014 II R 32/13, BFH/NV 2015 S. 230).

Wird der Bauvertrag nach dem Grundstückskaufvertrag abgeschlossen, ist ein objektiv enger sachlicher Zusammenhang beispielsweise gegeben, wenn

- ein faktischer Zwang vorliegt (Tz. 3.4.2) oder
- ein von der Veräußererseite vorbereiteter Geschehensablauf hingenommen wird (Tz. 3.4.3).

Ein derartiger Zusammenhang kann auch vorliegen, wenn ein längerer Zeitraum zwischen Abschluss des Kaufvertrags und der Angebotsannahme eines Werkvertrags liegt und besondere Umstände hinzutreten. Beispielsweise hat der BFH nach einem Zeitraum von 19 Monaten den objektiv engen sachlichen Zusammenhang mit einem Werkvertrag bejaht, weil das Grundstück im Erwerbszeitpunkt noch vermietet und der Beginn der geplanten Bauarbeiten vom Auszug des Mieters abhängig war (BFH-Urteil vom 28. März 2012 II R 57/10, BStBl. II S. 920).

### 3.4.2. Faktischer Zwang

Ein objektiv enger sachlicher Zusammenhang ist gegeben, wenn aufgrund objektiver Kriterien ein faktischer Zwang vorliegt. Auf das Vorliegen eines konkret ausgestalteten Angebots kommt es nicht an.

Ein faktischer Zwang kann unter anderem bei folgenden Fallkonstellationen vorliegen:

- Eine Eigentumswohnung kann auf einem unbebauten Grundstück nicht für sich allein, sondern nur durch Errichtung des betreffenden Gesamtgebäudes hergestellt werden.
- Bei Reihenhäusern und Doppelhaushälften kann die einzelne Einheit nicht bautechnisch unabhängig von den benachbarten Einheiten errichtet werden.
- Der Erwerber erleidet nennenswerte wirtschaftliche Nachteile bei Nichtabschluss des Bauvertrags, z. B. wenn der Veräußerer das Grundstück zu einem überhöhten Preis anbietet und so die Errichtung des Gebäudes sehr günstig anbieten kann.
- Ein Bauunternehmen veräußert Grundstücke nur an Interessenten, die mit ihm auch den Bauvertrag abschließen.

### 3.4.3. Hinnahme eines vorbereiteten Geschehensablaufs

Ein vorbereiteter Geschehensablauf ist anzunehmen, wenn der Grundstücksveräußerer dem Interessenten aufgrund einer konkreten und annähernd bis zur Baureife gediehenen Vorplanung bestimmte Bauleistungen auf einem bestimmten Grundstück zu einem im Wesentlichen feststehenden Preis anbietet und der Interessent dieses Angebot nur als einheitliches annehmen oder ablehnen kann. Für diese Beurteilung ist es unerheblich, ob die Vorplanung inhaltlich maßgebend von der Erwerberseite mit beeinflusst oder gar veranlasst worden ist (BFH-Urteil vom 21. September 2005 II R 49/04, BStBl. 2006 II S. 269). Ferner ist unbeachtlich, wenn das Angebot mit geringen Abweichungen angenommen wird (BFH-Urteil vom 3. März 2015 II R 9/14, BStBl. II S. 660).

Ein vorbereiteter Geschehensablauf ist dagegen nicht anzunehmen, wenn der von dem Grundstücksveräußerer ursprünglich angebotene Bauvertrag nach Abschluss des Grundstückskaufvertrags mit einer wesentlichen Abweichung bzw. Änderung angenommen wird. Dies gilt jedoch nur, wenn diese wesentliche Änderung den Charakter der Baumaßnahme verändert. Eine wesentliche Änderung des Bauvertrags kann vorliegen, wenn sich die Flächengrößen und/oder die Baukosten um mehr als 10 % verändern oder die Errichtung eines zusätzlichen Gebäudes vereinbart wird (BFH-Urteil vom 8. März 2017 II R 38/14, BStBl. II S. 1005). Eine Erhöhung der Baukosten um mehr als 10 %, die auf nachträglichen Ausstattungswünschen beruht, schließt nicht bereits für sich die Annahme eines vorbereiteten Geschehensablaufs aus. Denn allein der Einbau z. B. höherwertiger Fußbodenbeläge oder Badarmaturen ändert – im Gegensatz zur Errichtung eines Doppel- oder Mehrfamilienhauses anstatt eines Einfamilienhauses beispielsweise – nichts an dem Charakter der Baumaßnahme.

Die Hinnahme eines von der Veräußererseite vorbereiteten Geschehensablaufs durch den Erwerber indiziert – unabhängig von der zeitlichen Abfolge der Vertragsabschlüsse – einen objektiv engen sachlichen Zusammenhang zwischen dem Grundstückskaufvertrag und dem Bauvertrag (BFH-Urteil vom 23. November 1994 II R 53/94, BStBl. 1995 II S. 331).

Der Annahme eines vorbereiteten Geschehensablaufs stehen folgende Sachverhalte nicht entgegen:

– Der Bauvertrag steht unter der aufschiebenden Bedingung des Abschlusses des Grundstückskaufvertrags und der Finanzierungszusage einer Bank (BFH-Urteil vom 1. Oktober 2014 II R 20/13, BFH/NV 2015 S. 349).
– Dem Erwerber wird es nach dem Bauvertrag freigestellt, bestimmte Bauleistungen in Eigenarbeit zu erbringen oder anderweitig frei zu vergeben.
– Der Erwerber erledigt die verwaltungstechnischen Arbeiten selbst. Solche Arbeiten sind beispielsweise die Einholung der Baugenehmigung oder die Durchführung des Teilungsverfahrens.

### 3.5. Mehrere Personen auf der Veräußererseite

Treten auf der Veräußererseite mehrere Personen als Vertragspartner auf (Grundstückseigentümer, Makler, Bauunternehmen, Initiatoren, Bevollmächtigte, Treuhänder, Baubetreuer usw.), reicht für den objektiv engen sachlichen Zusammenhang die Bindung an eine bestimmte Bebauung nicht aus. Vielmehr muss
– eine enge personelle, wirtschaftliche oder gesellschaftsrechtliche Verbindung der Personen auf der Veräußererseite bestehen,
– eine Zusammenarbeit aufgrund von Abreden bei der Veräußerung erfolgen oder
– ein Hinwirken auf den Abschluss sowohl des Grundstückskaufvertrags als auch der Bauleistungsverträge durch abgestimmtes Verhalten gegeben sein.

Ein zu einem objektiv engen sachlichen Zusammenhang führendes Zusammenwirken der Personen auf der Veräußererseite liegt vor, wenn diese ihr Verhalten aufeinander abstimmen und dadurch bewirken, dass der Interessent das Grundstück nur erhält, wenn er auch die Verträge über die Erbringung von Bauleistungen abschließt. Ein schriftlicher Vertrag zwischen den auf der Veräußererseite verbundenen bzw. auftretenden Personen ist nicht erforderlich. Es genügt ein tatsächliches, einvernehmliches Zusammenwirken, das bereits dann gegeben ist, wenn der im Übrigen passive Grundstückseigentümer dem Bauunternehmen das Grundstück „an die Hand" gibt (BFH-Urteil vom 21. September 2005 II R 49/04, BStBl. 2006 II S. 269).

Das gilt auch, wenn für den Erwerber das Zusammenwirken auf der Veräußererseite nicht erkennbar ist. Ausreichend ist, wenn dieses Zusammenwirken anhand äußerer Merkmale objektiv festgestellt werden kann. Selbst wenn der Erwerber trotz des Zusammenwirkens auf der Veräußererseite davon ausgeht, ein unbebautes Grundstück zu erwerben und dieses eigenverantwortlich zu bebauen, erwirbt er das bebaute Grundstück, wenn er – unerkannt – das tatsächlich vorliegende, einheitliche Angebot der Veräußererseite auf Erwerb des bebauten Grundstücks annimmt (BFH-Urteil vom 19. Juni 2013 II R 3/12, BStBl. II S. 965).

Für ein Zusammenwirken auf der Veräußererseite sprechen insbesondere folgende Indizien:
– Der Grundstücksveräußerer und das Bauunternehmen werben in gemeinsamen Anzeigen, Prospekten oder Internetauftritten unter Angabe des zu veräußernden Grundstücks.
– Die von dem Grundstücksveräußerer verkauften Grundstücke eines Baugebiets werden von demselben oder einem ihm verbundenen Unternehmen bebaut.
– Der Grundstücksveräußerer benennt dem Erwerber Bauunternehmen, die bereits Interesse an der Bebauung des zu veräußernden Grundstücks bekun-

det haben und/oder den baurechtlichen Vorschriften entsprechende Haustypen für das Grundstück anbieten können. Nicht ausreichend ist insoweit der allgemeine Hinweis auf in der näheren Umgebung tätige Bauunternehmen, die noch nicht mit der möglichen Bebauung des zur Veräußerung bestimmten Grundstücks befasst waren.

Keiner weiteren Indizien für das Zusammenwirken mehrerer Personen auf der Veräußererseite bedarf es in den Fällen, in denen nur eine dieser Personen ein einheitliches Angebot abgibt, da dessen Abgabe kaum denkbar ist, ohne dass eine Abstimmung mit den übrigen Personen erfolgt ist (BFH-Urteil vom 2. März 2006 II R 47/04, BFH/NV S. 1509). Dabei kommt es nicht darauf an, ob der Erwerber das einheitliche Angebot der Veräußererseite unverändert annimmt oder ob er der Veräußererseite konkrete Vorgaben macht, die dann zur Grundlage für das einheitliche, vom Erwerber akzeptierte Angebot über den Erwerb von Grundstück und Gebäude werden (BFH-Urteil vom 21. September 2005 II R 49/04, BStBl. 2006 II S. 269).

### 3.6. Gebäudeherstellungsverpflichtung auf der Veräußererseite

Voraussetzung für die Annahme eines bebauten Grundstücks als Erwerbsgegenstand ist, dass die auf Veräußererseite handelnden Personen zur Veränderung des körperlichen Zustands des Grundstücks verpflichtet sind. Umfangreiche Vorplanungen durch die Veräußererseite (z. B. Bebauungsvorschläge, Baubeschreibungen, Teilungspläne für Wohnungseigentum, geschätzte Kostenberechnungen) begründen für sich allein nicht die Annahme, dass ein vorbereiteter Geschehensablauf hingenommen wird oder faktische Zwänge vorliegen (BFH-Urteil vom 27. November 2013 II R 56/12, BStBl. 2014 II S. 534). Dies gilt auch für eine im Grundstückskaufvertrag übernommene zivilrechtliche Bauverpflichtung des Erwerbers gegenüber der Veräußererseite und für die Bindung des Erwerbers an eine bestimmte bauliche Gestaltung („Wie“ der Bebauung), wenn die Veräußererseite nicht zur Gebäudeerrichtung verpflichtet ist. Auch ein Eigeninteresse der Veräußererseite daran, dass die Bebauung des erworbenen Grundstücks zeitnah und in der gestalterisch durch sie vorgegebenen Weise (etwa durch ein in den Grundstückskaufvertrag einbezogenes Gestaltungshandbuch) erfolgt, führt nicht zu einer der Veräußererseite zuzurechnenden zivilrechtlichen Herstellungspflicht (BFH-Urteil vom 6. Juli 2016 II R 5/15, BStBl. II S. 895).

Fehlt es an der Verpflichtung der Veräußererseite zur Herstellung des Gebäudes und wird das Gebäude stattdessen durch den Erwerber errichtet, liegt eine grunderwerbsteuerrechtlich nicht relevante eigennützige Leistung des Erwerbers an sich selbst vor.

Gegenstand des Erwerbsvorgangs ist dann nicht das bebaute Grundstück, sondern nur das unbebaute Grundstück. Das gilt auch dann, wenn der Veräußerer neben dem Grundstück Dienst- bzw. Sachleistungen anbietet, sich zur Lieferung beweglicher Gegenstände (z. B. Baumaterialien oder Fertighausteile) oder zur Bereitstellung von Planungsunterlagen verpflichtet (BFH-Urteil vom 27. Oktober 2004 II R 12/03, BStBl. 2005 II S. 220).

Indizien für eine derartige Konstellation sind insbesondere gegeben, wenn nach dem Grundstückserwerb Werkverträge mit den ausführenden Bauunternehmen und Handwerksbetrieben durch den Erwerber im eigenen Namen und auf eigene Rechnung abgeschlossen werden (BFH-Urteil vom 27. November 2013 II R 56/12, BStBl. 2014 II S. 534). Dem steht nicht entgegen, dass sich der Erwerber eines mit den Vorplanungen befassten Architekten, Projektanten oder Initiators bedient und Angebote über entsprechende Werkverträge vor dem Erwerb des Grundstücks vorlagen.

### 3.7. Erwerb eines (teil)bebauten Grundstücks

Ist ein Grundstück bei Abschluss des Grundstückskaufvertrags (teil)bebaut, ist Gegenstand der Besteuerung das Grundstück mindestens in diesem Zustand. Für die Grunderwerbsteuer kann ein Grundstück nicht in einem Zustand zum Erwerbsgegenstand gemacht werden, den es nicht mehr hat und nicht mehr erhalten soll (BFH-Urteile vom 21. Dezember 1981 II R 124/79, BStBl. 1982 II S. 330, und vom 16. Januar 2002 II R 16/00, BStBl. II S. 431).

### 3.8. Zusammenfassendes Schaubild

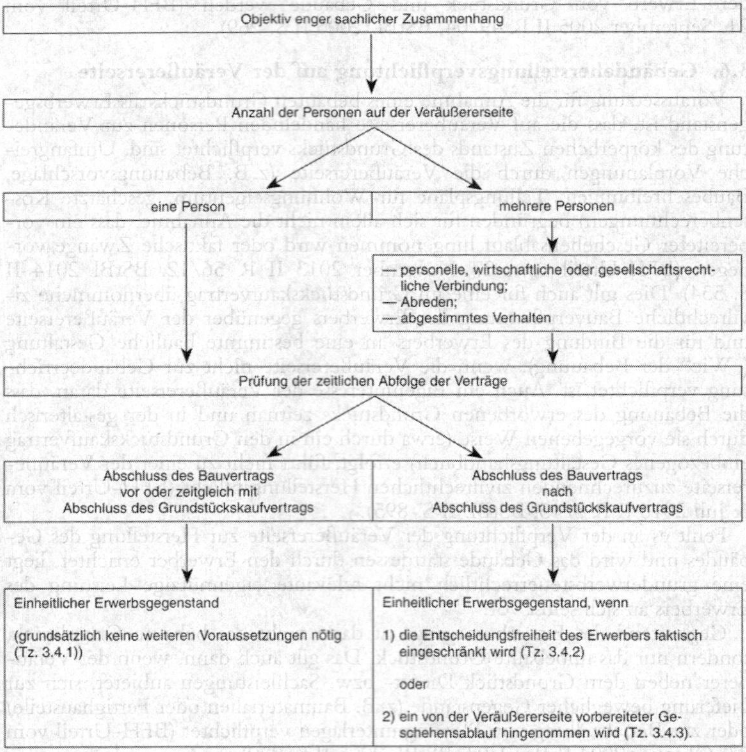

## 4. Sonderfälle

### 4.1. Erwerbe durch Funktionsträger (Treuhänder oder Projektanbieter)

Erwerben Funktionsträger mit bestimmendem Einfluss auf das „Ob" und „Wie" der Bebauung das Grundstück (z. B. weil sich nicht genügend Interessenten oder Treugeber gefunden haben), dann ist das Grundstück in dem Zustand zu besteuern, in dem es sich bei Vertragsabschluss befindet. Die künftig anfallenden Baukosten sind nicht in die Bemessungsgrundlage einzubeziehen.

### 4.2. Baubetreuung

Erbringt der Baubetreuer seine Tätigkeit ausschließlich im Interesse des Erwerbers und ist diese darauf ausgerichtet, die Veräußererseite zu überprüfen, dann sind die Kosten des Baubetreuers nicht in die Bemessungsgrundlage einzubeziehen.

### 4.3. Rohbau- und Ausbauarbeiten

Werden mehrere Vereinbarungen über die Erbringung verschiedener Bauleistungen – wie z. B. über die Erbringung der Rohbauarbeiten oder der Innenausbauarbeiten – geschlossen, gelten die Grundsätze zum Gegenstand des Erwerbsvorgangs für jede der Vereinbarungen entsprechend. Ein rechtlicher Zusammenhang (Tz. 3.3) oder ein objektiv enger sachlicher Zusammenhang (Tz. 3.4) zwischen der Vereinbarung über die Grundstücksübertragung und über die Erbringung der jeweiligen Bauleistungen ist für jede Bauleistungsvereinbarung gesondert zu prüfen (BFH-Urteil vom 3. März 2015 II R 9/14, BStBl. II S. 660).

### 4.4. Erbbaurechte

Die Grundsätze zum Gegenstand des Erwerbsvorgangs gelten für die Bestellung und den Erwerb von Erbbaurechten entsprechend. Voraussetzung ist ein rechtlicher Zusammenhang (Tz. 3.3) oder ein objektiv enger sachlicher Zusammenhang (Tz. 3.4) zwischen den Vereinbarungen über die Verpflichtung zur Erbbaurechtsbestellung bzw. –übertragung und über die Erbringung von Bauleistungen (BFH-Urteil vom 24. April 2013 II R 53/10, BStBl. II S. 755).

## 5. Umfang der Gegenleistung

### 5.1. Grundsätze

Ist Gegenstand des Erwerbsvorgangs ein (zukünftig) bebautes Grundstück, gehören zur Gegenleistung als Bemessungsgrundlage der Grunderwerbsteuer alle Leistungen des Erwerbers, die dieser an den Grundstücksveräußerer und an Dritte gewährt, um das Grundstück im (zukünftig) bebauten Zustand zu erwerben (BFH-Urteil vom 24 Januar 1990 II R 94/87, BStBl. II S. 590).

Zur Bemessungsgrundlage gehören beispielsweise
- der Grundstückskaufpreis,
- die Baukosten für das Gebäude, soweit die Bauleistungen von der Veräußererseite erbracht werden,
- die auf die Bauleistungen entfallende Umsatzsteuer oder
- alle sonstigen Aufwendungen, die die Durchführung der Baumaßnahme betreffen (z. B. vom Erwerber übernommene Makler- und Vermessungskosten des Veräußerers).

Nicht zur Bemessungsgrundlage zählen beispielsweise

– Eigenleistungen des Erwerbers,
– Aufwendungen für Leistungen, die der Erwerber zusätzlich (außerhalb der im rechtlichen oder objektiv engen sachlichen Zusammenhang stehenden Verträge) im Wege freier Auftragsvergabe bezogen hat, oder
– Leistungen, die dem Erwerber selbst aufgrund eigener Verpflichtung gegenüber Dritten entstanden sind (Grundbuch- und Notarkosten).

Die Frage, ob Erschließungskosten zur Bemessungsgrundlage hinzuzurechnen sind, ist nach den Grundsätzen der gleich lautenden Erlasse der obersten Finanzbehörden der Länder zur Behandlung von Erschließungs- und Folgekostenbeiträgen vom 16. September 2015 (BStBl. I S. 823) zu entscheiden.

### 5.2. Einbeziehung der auf die Bauleistungen entfallenden Umsatzsteuer

Für die Einbeziehung der auf die Bauleistungen entfallenden Umsatzsteuer in die grunderwerbsteuerliche Bemessungsgrundlage ist zu unterscheiden, ob die Veräußererseite aus einer Person oder aus mehreren Personen besteht.

#### 5.2.1. Eine Person auf der Veräußererseite

Richtet sich der Erwerbsvorgang auf ein bebautes Grundstück und besteht die Veräußererseite aus einer Person, ist umsatzsteuerrechtlicher Leistungsgegenstand das bebaute Grundstück. Die Leistungen des veräußernden Unternehmers (Grundstückslieferung und Bauerrichtung) sind nach § 4 Nr. 9 Buchst. a UStG insgesamt umsatzsteuerfrei. Dabei kommt es insbesondere nicht darauf an, ob die Vereinbarungen in einem oder mehreren Verträgen geschlossen werden.

Macht der Unternehmer bei Ausführung eines Umsatzes an einen anderen Unternehmer von der Möglichkeit der Option nach § 9 UStG für die Grundstückslieferung und Bauerrichtung Gebrauch, geht die Steuerschuldnerschaft für die Umsatzsteuer von dem veräußernden Unternehmer auf den Erwerber über (§ 13 b Abs. 2 Nr. 3 und Abs. 5 Satz 1 UStG). Damit stellt die auf die Grundstückslieferung und Bauerrichtung entfallende Umsatzsteuer keine in die grunderwerbsteuerliche Bemessungsgrundlage einzubeziehende Gegenleistung dar.

#### 5.2.2. Mehrere Personen auf der Veräußererseite

Richtet sich der Erwerbsvorgang auf ein bebautes Grundstück und besteht die Veräußererseite aus mehreren Personen, ist umsatzsteuerrechtlicher Leistungsgegenstand nicht das bebaute Grundstück. Nur die Leistung des grundstücksveräußernden Unternehmers ist nach § 4 Nr. 9 Buchst. a UStG umsatzsteuerfrei (Tz. 5.2.1). Die Bauleistungen der anderen Personen auf der Veräußererseite (z. B. Architekten, Bauunternehmer und -handwerker) unterliegen grundsätzlich der Umsatzsteuer.

Macht der grundstücksveräußernde Unternehmer bei Ausführung eines Umsatzes an einen anderen Unternehmer von der Möglichkeit der Option nach § 9 UStG Gebrauch, geht die Steuerschuldnerschaft für die Umsatzsteuer von dem Veräußerer auf den Erwerber über (§ 13 b Abs. 2 Nr. 3 und Abs. 5 Satz 1 UStG). Die auf die Leistung des grundstücksveräußernden Unternehmers entfallende Umsatzsteuer stellt dann keine in die grunderwerbsteuerliche Bemessungsgrundlage einzubeziehende Gegenleistung dar.

Die auf die Bauleistungen der anderen Personen auf der Veräußererseite (z. B. Architekten, Bauunternehmer und -handwerker) entfallende und von diesen geschuldete Umsatzsteuer ist als Gegenleistung mit in die grunderwerbsteuerrechtliche Bemessungsgrundlage einzubeziehen. Die Einbeziehung der auf die Bauleistungen entfallenden Umsatzsteuer ist weder verfassungsrechtlich zu beanstanden (Beschluss des BVerfG vom 27. Dezember 1991 2 BvR 72/90, BStBl. 1992 II S. 212) noch verstößt diese Einbeziehung gegen geltendes Unionsrecht (Beschluss des Gerichtshofs der Europäischen Union vom 27. November 2008 C-156/08, HFR 2009 S. 419; EuGH-Urteil vom 20. März 2014 C-139/12, HFR S. 465).

## 6. Anzeigepflichten

Die Anzeigepflicht der Notare nach § 18 Abs. 1 Satz 1 Nr. 1 GrEStG erstreckt sich sowohl auf den Grundstückskaufvertrag als auch auf Verträge, die zivilrechtlich mit diesem eine Einheit bilden. Dies gilt unabhängig davon, ob sie in derselben oder einer anderen Niederschrift beurkundet worden sind oder ob die Verträge mit dem Grundstückskaufvertrag im Wege einer Verknüpfungsabrede rechtlich verbunden sind (z. B. Treuhandvertrag, Baubetreuungsvertrag, Generalunternehmervertrag oder Bauvertrag).

Die Verletzung der Anzeigepflicht durch einen Notar führt nicht zur Anlaufhemmung i. S. v. § 170 Abs. 2 Satz 1 Nr. 1 AO (BFH-Urteil vom 16. Februar 1994 II R 125/90, BStBl. II S. 866). Die Verletzung der Anzeigepflicht kann jedoch zu einer Verlängerung der Festsetzungsfrist führen. Bei leichtfertiger Steuerverkürzung verlängert sich die Festsetzungsfrist von vier auf fünf Jahre und bei Steuerhinterziehung auf zehn Jahre (§ 169 AO).

Besteht keine zivilrechtliche Einheit zwischen Grundstückskaufvertrag und weiteren, nicht notariell beurkundeten Verträgen, sind die Beteiligten gemäß § 19 Abs. 2 Nr. 1 GrEStG zur Anzeige der weiteren Verträge verpflichtet. Es handelt sich um eine Steuererklärung (§ 19 Abs. 5 GrEStG). Die Verletzung der Anzeigepflicht der Beteiligten schiebt den Beginn der Festsetzungsfrist nach § 170 Abs. 2 Satz 1 Nr. 1 AO hinaus.

Sind sowohl der Notar als auch die Parteien des Erwerbsvorgangs zur Anzeige verpflichtet und hat der Notar seiner Anzeigepflicht nach § 18 GrEStG vollständig entsprochen, ist eine Anzeigepflichtverletzung der Beteiligten für § 170 AO ohne Bedeutung (BFH-Urteil vom 6. Juli 2005 II R 9/04, BStBl. II S. 780).

## 7. Schuldner der Grunderwerbsteuer

Besteht die Veräußererseite aus einer Person, sind Grundstückserwerber und Grundstücksveräußerer nach § 13 Nr. 1 GrEStG Gesamtschuldner der auf die Gegenleistung für den Erwerb des Grundstücks und die Bauleistungen entfallenden Grunderwerbsteuer.

Besteht die Veräußererseite aus mehreren Personen, gilt dies entsprechend. Der Bauunternehmer, der mit dem Grundstückserwerber nur einen Bauerrichtungsvertrag abschließt, ist nicht Schuldner der Grunderwerbsteuer (BFH-Urteil vom 27. Oktober 1999 II R 17/99, BStBl. 2000 II S. 34).

## 8. Verfahrensrechtliche Hinweise zur Änderung des Grunderwerbsteuerbescheids

Wird nachträglich bekannt, dass ein Grundstückskaufvertrag in einem engen sachlichen Zusammenhang mit einem Bauvertrag steht, und soll deshalb die Grunderwerbsteuerfestsetzung geändert werden, ist dem Steuerpflichtigen Gelegenheit zur Stellungnahme zu geben.

Eine bestandskräftige Steuerfestsetzung kann aufgrund nachträglich bekannt gewordener Tatsachen oder Beweismittel nach § 173 Abs. 1 Nr. 1 AO geändert werden. Voraussetzung hierfür ist, dass diese Tatsachen bei Erlass der Grunderwerbsteuerfestsetzung bereits vorhanden waren und bei Kenntnis vom Finanzamt hätten berücksichtigt werden können. Der Steuerpflichtige kann sich nicht auf eine Verletzung der Ermittlungspflichten des Finanzamts berufen, da er seine Anzeigepflicht nach § 19 Abs. 2 Nr. 1 GrEStG nicht erfüllt hat, wenn er eine die Gegenleistung erhöhende Tatsache nicht angezeigt hat. Ob der Steuerpflichtige weiß, dass ein solcher Vertrag grunderwerbsteuerrechtlich relevant ist, ist unerheblich (BFH-Urteile vom 25. März 1992 II R 46/89, BStBl. II S. 680; vom 14. Mai 2003 II R 25/01, BFH/NV S. 1395, und vom 25. Januar 2006 II R 61/04, BFH/NV S. 1059).

Entstehen Tatsachen wie z. B. der Abschluss eines Bauvertrages jedoch erst nach der Steuerfestsetzung, ist zu prüfen, ob ein rückwirkendes Ereignis vorliegt. Besteht zwischen dem Grundstückskaufvertrag und dem Bauvertrag ein objektiv enger sachlicher Zusammenhang, wird das erworbene unbebaute Grundstück erst dann im bebauten Zustand Gegenstand des Erwerbsvorgangs, wenn der Bauvertrag geschlossen wird. Der Abschluss des Bauvertrags, der nach der Steuerfestsetzung erfolgt, stellt ein rückwirkendes Ereignis i. S. des § 175 Abs. 1 Satz 1 Nr. 2 AO dar, welches die Bemessungsgrundlage der Grunderwerbsteuer auf den Zeitpunkt des Grundstückserwerbs dahingehend verändert, dass zu den Kosten des Grundstückserwerbs nunmehr auch die Baukosten hinzutreten (BFH-Urteil vom 25. Januar 2017 II R 19/15, BStBl. II S. 655). In diesen Fällen ist die Steuerfestsetzung, die auf den Erwerb eines unbebauten Grundstücks erfolgte, gemäß § 175 Abs. 1 Satz 1 Nr. 2 AO zu ändern.

## 9. Zeitlicher Anwendungsbereich

Dieser Erlass ergeht im Einvernehmen mit den obersten Finanzbehörden der anderen Länder und tritt an die Stelle der gleich lautenden Erlasse der obersten Finanzbehörden der Länder vom 14. März 2017 (BStBl. I S. 436) zum Gegenstand des Erwerbsvorgangs. Dieser Erlass ist in allen offenen Fällen anzuwenden.

# 600 § 9/13. Schreiben betr. Bemessungsgrundlage für Grundstückserwerbe in der Zwangsversteigerung unter Berücksichtigung der Befriedigungsfiktion des § 114 a ZVG

Vom 24. Juni 1987 (StEK GrEStG 1983 § 9 Nr. 34)

(FM Bayern 37 – S 4521 – 9/29 – 36 291; koord. Ländererlaß)

**1.** Beim Grundstückserwerb in der Zwangsversteigerung gehört auch der Betrag zur grunderwerbsteuerlichen Gegenleistung, in dessen Höhe der erwerbende Grundpfandgläubiger (Befriedigungsberechtigte) gemäß § 114 a ZVG aus dem Grundstück als befriedigt gilt (BFH-Urteil vom 16. Oktober 1985, BStBl. 1986 II S. 148). Die Befriedigungsfiktion ist gesetzliche Folge des Meistgebots und des anschließenden Zuschlags; im Zwangsversteigerungsverfahren ist über den Eintritt der Rechtsfolge aus § 114 a ZVG nicht zu entscheiden (BGH-Urteil vom 13. November 1986, NJW 1987 S. 503). Von den Vollstreckungsgerichten können daher in den von ihnen zu erstattenden Anzeigen keine Angaben über die Beträge verlangt werden, in deren Höhe die Erwerber aufgrund des § 114 a ZVG als befriedigt gelten. Die Beträge müssen somit im Rahmen der Besteuerung der Erwerbe ermittelt werden. Dabei ist von dem nach § 74 a Abs. 5 Satz 1 ZVG festgesetzten Grundstücks-Verkehrswert auszugehen, weil dieser für die Anwendung des § 114 a ZVG bindend bleibt (BGH-Urteil vom 13. November 1986, NJW 1987 S. 503).

**2.** Im Fall des BFH-Urteils vom 16. Oktober 1985, BStBl. 1986 II S. 148, war der Befriedigungsberechtigte Meistbietender und Ersteher, weil ihm auf sein Meistgebot auch der Zuschlag erteilt worden war (§ 81 Abs. 1 ZVG).

Die Fiktion des § 114 a ZVG gilt aber auch für den Befriedigungsberechtigten,

a) dem der Zuschlag nach § 81 Abs. 2 oder 3 ZVG erteilt wurde, weil der Meistbietende ihm das Recht aus dem Meistgebot abgetreten oder erklärt hatte, für ihn geboten zu haben (s. dazu auch *Zeller/Stöber, Kommentar zum ZVG, 12. Auflage, Randnr. 2.6 zu § 114 a*[1]);

b) dem der Zuschlag deswegen nicht erteilt wurde, weil er seine Rechte aus dem Meistgebot abgetreten hatte (s. dazu BFH-Urteil vom 16. Oktober 1985, BStBl. 1986 II S. 148 [150 links oben]).

**3.** In den Fällen der Nr. 2 Buchst. a und b liegen zwei Erwerbe vor, nämlich

a) der Erwerb durch den Meistbietenden nach § 1 Abs. 1 Nr. 4 GrEStG (s. dazu auch BFH-Urteil vom 13. Oktober 1965, BStBl. III S. 712, mit weiteren Nachweisen)

und zusätzlich

b) der Erwerb durch den Ersteher

aa) nach § 1 Abs. 2 GrEStG, wenn der Meistbietende für ihn geboten hatte (BFH-Urteil vom 26. März 1980, BStBl. II S. 523); hierunter fallen im

[1] Siehe nunmehr *Stöber*, Kommentar zum ZVG, 21. Aufl., Rn. 2.7 zu § 114 a.

allgemeinen die Fälle der vorstehenden Nr. 2 Buchst. a (s. dazu auch BFH-Urteil vom 19. November 1968, BStBl. 1969 II S. 92)
oder

bb) nach § 1 Abs. 1 Nr. 5 oder 7 GrEStG, wenn es sich um selbständige Abtretungen handelt, d. h. der Ersteher nicht schon einen Anspruch aus § 667 BGB hatte.

Auf den dem Erwerb i. S. d. § 1 Abs. 2 GrEStG nachfolgenden Erwerb i. S. d. § 1 Abs. 1 GrEStG ist dann § 1 Abs. 6 GrEStG anzuwenden.

Gilt der Befriedigungsberechtigte in einem Fall der unter Nr. 2 Buchst. a bezeichneten Art hinsichtlich seiner Rechte gemäß § 114 a ZVG ganz oder teilweise als befriedigt, so kann hierin keine Gegenleistung für den **Erwerb durch den Meistbietenden** nach § 1 Abs. 1 Nr. 4 GrEStG gesehen werden, weil die Rechtsfolge aus § 114 a ZVG nur den Befriedigungsberechtigten trifft und dieser keine Leistung i. S. d. § 9 Abs. 2 Nr. 4 GrEStG erbringt. Es liegt jedoch eine Gegenleistung für den **Erwerb durch den Befriedigungsberechtigten** vor, weil zur Gegenleistung jede – auch gegenüber Dritten erbrachte – Leistung gehört, die der Erwerber als Entgelt für den Erwerb des Grundstücks gewährt (s. dazu BFH-Urteil vom 16. Oktober 1985, BStBl. 1986 II S. 148).

**4.** Bei den sogenannten Auftragserwerben im Zwangsversteigerungsverfahren hat der Meistbietende oftmals den zusätzlichen Auftrag, das ersteigerte Grundstück auch zu Eigentum zu übernehmen und für den Auftraggeber zu verwalten und zu verwerten. Auch in diesen Fällen liegen zwei der Grunderwerbsteuer unterliegende Erwerbsvorgänge (die Abgabe des Meistgebots durch den Meistbietenden sowie der Erwerb der Verwertungsmöglichkeit durch den Auftraggeber) vor. Dem steht nicht entgegen, daß sich der Herausgabeanspruch des Auftraggebers aus § 667 BGB dann wegen des dem Meistbietenden zusätzlich erteilten Auftrags nicht auswirkt (s. dazu auch BFH-Urteil vom 28. Juni 1972, BStBl. II S. 719). Es kommt auch nicht darauf an, ob der Meistbietende das Grundstück nur auf besondere Weisung des Auftraggebers oder nach eigenem Ermessen für Rechnung des Auftraggebers verwerten kann. Ein Betrag aus § 114 a ZVG ist in diesen Fällen nur dann in die Gegenleistung für den Erwerb nach § 1 Abs. 2 GrEStG einzubeziehen, wenn (z. B. aufgrund einer Entscheidung des Prozeßgerichts) feststeht, daß der Erwerber insoweit als befriedigt gilt, obwohl er weder Meistbietender noch Ersteher war.

**5.** Nach der Rechtsprechung des Bundesfinanzhofs kann es im Einzelfall sachlich unbillig sein, die Grunderwerbsteuer sowohl für den Erwerb durch den Meistbietenden als auch für den Erwerb durch den von ihm Vertretenen zu erheben, wenn der Meistbietende den Grundstückserwerb weder wirtschaftlich noch rechtlich wollte (BFH-Urteile vom 7. November 1968, BStBl. 1969 II S. 41; vom 25. März 1969, BStBl. II S. 602 und vom 26. März 1980, BStBl. II S. 523). Hierunter fallen nicht die Fälle, in denen der Meistbietende nach dem ihm erteilten Auftrag im eigenen Namen bieten sollte (z. B. weil der Auftraggeber nicht als Bietender in Erscheinung treten wollte). In solchen Fällen ist die zweifache Erhebung von Grunderwerbsteuer ebenso gerechtfertigt wie bei Grundstückskäufen über eine Mittelsperson (s. dazu auch Beschluß des BVerfG vom 13. Juni 1983, HFR S. 532).

Dieses Schreiben ergeht im Einvernehmen mit den obersten Finanzbehörden der anderen Länder.

# 600 § 9/14. Verfügung betr. Bemessungsgrundlage für Grundstückserwerbe in der Zwangsversteigerung unter Berücksichtigung der Befriedigungsfiktion des § 114 a ZVG

Vom 6. Mai 1988

(OFD München S 4521 – 44/4 St 332)

Der Betrag, in dessen Höhe ein erwerbender Grundpfandgläubiger (Befriedigungsberechtigter) aufgrund des § 114 a ZVG als befriedigt gilt, gehört zusätzlich zur Gegenleistung aus § 9 Abs. 1 GrEStG nach § 9 Abs. 2 Nr. 1 GrEStG zur Bemessungsgrundlage.

**1.** Die Regelung des § 114 a ZVG greift ein, wenn der Befriedigungsberechtigte den Zuschlag auf ein Gebot erhält, das sich – ggf. einschl. bestehenbleibender Rechte – auf weniger als 70% des vom Gericht festgesetzten Grundstücks-Verkehrswerts beläuft. Der Ersteher gilt in diesem Fall maximal bis zu dieser Grenze von 7/10 des Verkehrswerts als befriedigt, und zwar genau in der Höhe, in der sein Anspruch über das abgegebene Meistgebot (ggf. einschl. bestehenbleibender Rechte) hinaus bis an diese Grenze reicht.

**Beispiele:**

| | | |
|---|---|---|
| Grundstücksverkehrswert 100 000 DM (7/10 = 70 000 DM) | | |
| Ansprüche des Befriedigungsberechtigten | 90 000 DM | |
| Meistgebot (des Befriedigungsberechtigten) | 60 000 DM | |
| Gegenleistung nach § 9 Abs. 1 Nr. 4 GrEStG: | | 60 000 DM |
| + Gegenleistung nach § 9 Abs. 2 Nr. 1 GrEStG: | 70 000 DM | |
| | ./. 60 000 DM | 10 000 DM |
| Bemessungsgrundlage | | 70 000 DM |

**2.** Hinweise auf das Eingreifen des § 114 a ZVG müssen sich nicht aus dem Zuschlagsbeschluß bzw. der Veräußerungsanzeige des Gerichts (§ 18 Abs. 1 GrEStG) ergeben. Auch kann es an der Erfüllung der Anzeigepflicht durch die Beteiligten mangeln, die ihnen nach § 19 Abs. 2 Nr. 1 GrEStG bezüglich der Befriedigungsfiktion obliegt.

Um eine zutreffende Besteuerung sicherzustellen, bitte ich, bei **allen** Grundstückserwerben in der Zwangsversteigerung – soweit nicht ohnehin Steuerfreiheit gegeben oder das Eingreifen des § 114 a ZVG erkennbar ist – den vom Gericht festgesetzten Grundstücks-Verkehrswert zu ermitteln und erforderlichenfalls sodann Ermittlungen dahin anzustellen, ob und inwieweit Befriedigungsfiktion nach § 114 a ZVG eingetreten ist.

# 600 § 9/15. Erlass betr. Berücksichtigung des Kapitalnutzungsvorteils des Veräußerers bei Vorleistungspflicht des Erwerbers als sonstige Leistung

Vom 16. September 2003 (DStR S. 1795)

(FM Baden-Württemberg 3 – S 4521/25; koord. Ländererlass)

Verzichtet der Käufer eines Grundstücks im Kaufvertrag auf das ihm durch die §§ 320, 322 BGB gewährte Recht, den Kaufpreis erst im Zuge der Erfüllung der Sachleistungsverpflichtung (Übereignung und Übergabe des Grundstücks) erbringen zu müssen, indem er sich einer Vorleistungspflicht unterwirft, so gewährt er dem Verkäufer einen als sonstige Leistung i. S. des § 9 Abs. 1 Nr. 1 GrEStG anzusehenden geldwerten Vorteil in Gestalt der vorzeitigen Kapitalnutzungsmöglichkeit. Der Jahreswert der Nutzung ist gemäß § 15 Abs. 1 BewG mit 5,5 v. H. des Kaufpreises anzusetzen (BFH-Urteil vom 12. Oktober 1994, BStBl. 1995 II S. 69).

Bei Teilzahlungsbeträgen, die bei Werkverträgen als Abschlagszahlungen nach der Makler- und Bauträgerverordnung – MaBV – vereinbart werden, kommt dagegen der Ansatz einer sonstigen Leistung in Gestalt der Überlassung der Kapitalnutzungsmöglichkeit an den Unternehmer nicht in Betracht (amtlich nicht veröffentlichtes BFH-Urteil vom 25. April 2002 – II R 57/00 –, BFH/NV 2002 S. 1612).

Etwas anderes gilt nach dem Urteil des Finanzgerichts Berlin vom 30. März 2000 (EFG S. 1027) für den Fall, dass der Erwerber unter Verzicht auf sein Recht nach der MaBV, den Kaufpreis nach Baufortschritt in Teilbeträgen zahlen zu können, diesen – unter Gewährung eines Preisnachlasses – in einem Betrag als Vorauszahlung leistet. In einem solchen Fall sei eine sonstige Leistung in Gestalt der Überlassung der Kapitalnutzungsmöglichkeit zu bejahen und mit dem Zinssatz von 5,5 v. H., in Anlehnung an § 3 Abs. 2 MaBV bezogen auf die einzelnen Baufortschritte/Fertigstellungszeitpunkte z. B. für Erdarbeiten, Rohbaufertigstellung etc., zu ermitteln.

Die Anwendung dieser Berechnungsmethode würde jedoch in der Praxis zu einem unverhältnismäßig hohen Ermittlungs- und Zeitaufwand führen. Es bestehen daher in Fällen mit derartigen Kaufpreisvereinbarungen keine Bedenken, den Kapitalnutzungsvorteil aus Vereinfachungsgründen in Höhe des im Kaufvertrag vereinbarten Preisnachlasses als sonstige Leistung anzusetzen. Führt die Berechnungsmethode jedoch zu einer offensichtlich zu niedrigen Steuer, z. B. bei sehr hoher Gegenleistung und einem Preisnachlass, der einer deutlich unter dem gesetzlichen Zinssatz von 5,5 v. H. liegenden Verzinsung entspricht, ist der Besteuerung die o. g. Berechnungsmethode des Finanzgerichts Berlin zugrunde zu legen.

Dieser Erlass ergeht im Einvernehmen mit den obersten Finanzbehörden der anderen Länder.

# **600** § 9/17. Erlass betr. Umfang der Gegenleistung bei Grundstücksveräußerungen mit Solaranlagen

Vom 14. April 2008 (StEd S. 350)

(LFD Thüringen S 4521 A – 24 – A 3.14)

**Bezug:** Erlass FM Thüringen vom 3. 4. 2008 S 4521 A – 20 – 202 (S)

Zu der Frage, ob Solaranlagen Betriebsvorrichtungen oder Gebäudebestandteile sind, wird gebeten, folgende Auffassung zu vertreten:

## 1. Allgemeine Abgrenzungsgrundsätze

Für die Abgrenzung des Grundvermögens von den Betriebsvorrichtungen sind § 68 BewG und in den neuen Ländern § 129 Abs. 2 Nr. 1 BewG i. V.m. § 50 Abs. 1 Satz 2 BewG-DDR maßgebend *(Gleichlautender Ländererlass vom 15. 3. 2006, BStBl. I S. 314*[1]*)*.

Nach § 68 Abs. 1 Nr. 1 BewG bzw. nach § 50 Abs. 1 Satz 1 BewG-DDR gehören zum Grundvermögen der Grund und Boden, die Gebäude, die sonstigen Bestandteile und das Zubehör. Maschinen und sonstige Vorrichtungen aller Art, die zu einer Betriebsanlage gehören (Betriebsvorrichtungen), werden nach § 68 Abs. 2 Satz 1 Nr. 2 BewG oder nach § 50 Abs. 1 Satz 2 BewG-DDR nicht in das Grundvermögen einbezogen. Das gilt selbst dann, wenn sie nach dem bürgerlichen Recht wesentliche Bestandteile des Grund und Bodens oder der Gebäude sind.

Auch bei der Erhebung der Grunderwerbsteuer spielt die Abgrenzung zwischen Grundvermögen und Betriebsvorrichtung eine Rolle. Steuergegenstand sind bei der Grunderwerbsteuer Rechtsvorgänge über inländische Grundstücke (§ 1 GrEStG). Darunter sind Grundstücke im Sinne des bürgerlichen Rechts zu verstehen (§ 2 Abs. 1 Nr. 1 GrEStG). Zum Grundstück gehören auch die Gebäudebestandteile (z. B. Heizungsanlagen, fest eingebaute Bad- und Sanitäreinrichtungen, Versorgungsleitungen für Strom, Wasser und Heizung sowie die Dacheindeckung).

Beim Erwerb eines bebauten Grundstücks rechnen Betriebsvorrichtungen nicht zu den Grundstücken, so dass der auf sie entfallende Teil des Entgelts nicht als Gegenleistung angesehen werden kann (und damit nicht der Grunderwerbsteuer unterliegt).

## 2. Solaranlagen

Eine Solaranlage ist eine technische Anlage zur Umwandlung von Sonnenenergie in eine andere Energieform. Eine (größere) Solaranlage zur Umwandlung von Sonnenenergie in elektrische Energie wird auch Solarkraftwerk genannt. Solaranlagen lassen sich nach dem Arbeitsprinzip und der gewonnenen Energieform in drei grundsätzliche Typen unterscheiden:

a) Thermische Solaranlagen

---

[1] Siehe nunmehr GLE v. 5. 6. 2013, BStBl. I S. 734 (Nr. **200** § 68/1).

b) Thermische Solarkraftwerke

c) Photovoltaikanlagen.

### 3. Abgrenzung Betriebsvorrichtung/Gebäudebestandteil

#### a) Thermische Solaranlagen/Solarkraftwerke

Solaranlagen dienen der Wärmegewinnung durch Sonnenlicht. Sie werden überwiegend zur Raumheizung oder auch zur Erwärmung von Wasser für den sanitären Bereich eingesetzt, d. h. die Anlagen ergänzen regelmäßig die Wärmeversorgung durch Erschließung einer zusätzlichen Energiequelle (BFH-Urteil vom 14. 7. 2004, BStBl. II S. 949). Heizungsanlagen sind regelmäßig Gebäudebestandteile.

#### b) Photovoltaikanlagen

Auf eine Trägerkonstruktion montierte Photovoltaik-Module sind stets Betriebsvorrichtungen. Photovoltaik-Module, die anstelle von Dachziegeln oder anstelle von Fassadenelementen (vorgehängte Fassade) verwendet werden, sind zwar Betriebsvorrichtungen, aber gleichzeitig auch Gebäudebestandteile.

### 4. Grunderwerbsteuer

Heizungsanlagen sind regelmäßig Gebäudebestandteile. Der auf eine Thermische Solaranlage entfallende Teil des Kaufpreises ist in die Gegenleistung einzubeziehen und unterliegt damit der Grunderwerbsteuer.

Photovoltaikanlagen, die nur der Energieversorgung des betroffenen Grundstücks dienen (Eigenbedarf), gehören als Bestandteile oder Zubehör zum Grundvermögen (§ 2 Abs. 1 Satz 1 Nr. 1 GrEStG) und sind damit mit dem für das Grundstück festzustellenden Wert zu erfassen. Das hierfür gezahlte Entgelt gehört zur steuerpflichtigen Gegenleistung.

Dienen Photovoltaikanlagen ausschließlich der Energieerzeugung und Einspeisung in öffentliche Energienetze (Lieferung an Energieversorger), unterhält der Grundstückseigentümer damit einen Gewerbebetrieb; die Photovoltaikanlagen sind als Betriebsvorrichtung (§ 68 BewG; § 50 BewG-DDR) nicht in das Grundvermögen einzubeziehen. Das auf die Photovoltaikanlage entfallende Entgelt unterliegt nicht der Grunderwerbsteuer.

Photovoltaikanlagen, die als Ersatz für eine ansonsten erforderliche Dacheindeckung oder als Fassadenteil, anstelle von Fassadenelementen oder Glasscheiben, eingebaut bzw. befestigt werden, sind zwar Betriebsvorrichtungen, jedoch in entsprechender Auslegung des § 68 BewG bzw. § 50 BewG-DDR als Gebäudebestandteil in das Grundvermögen einzubeziehen. Das Entgelt für die „Photovoltaik-Dacheindeckung“ bzw. für die „Photovoltaik-Fassade“ ist damit Bestandteil der grunderwerbsteuerlichen Gegenleistung.

Der Bezugserlass FM Thüringen vom 3. 4. 2008 S 4521 A – 20 – 202 (S) ergeht im Einvernehmen mit den obersten Finanzbehörden des Bundes und der Länder.

# **600** § 14/1. Schreiben betr. Behandlung von Erwerbsvorgängen, deren Wirksamkeit vom Eintritt einer aufschiebenden Zeitbestimmung abhängt

Vom 22. Oktober 1992 (StEK GrEStG 1983 § 14 Nr. 5)

(FM Bayern 37 – S 4400 – 7/5 – 65 684; koord. Ländererlass)

Die Vertreter der obersten Finanzbehörden des Bundes und der Länder haben zur grunderwerbsteuerlichen Behandlung von Erwerbsvorgängen, die unter einer Zeitbestimmung abgeschlossen wurden, folgendes festgestellt:

Nach § 14 GrEStG entsteht die Grunderwerbsteuer,

– wenn die Wirksamkeit eines Erwerbsvorgangs von dem Eintritt einer Bedingung abhängt, mit dem Eintritt der Bedingung,
– wenn ein Erwerbsvorgang einer Genehmigung bedarf, mit der Genehmigung.

Diese Regelung ist am 29. März 1940 in das Steueranpassungsgesetz 1934 eingefügt worden, damit die Grunderwerbsteuer nicht erstattet werden muß, wenn die Genehmigung nicht erteilt oder die Bedingung nicht erfüllt wird. Sie wurde bei der Einführung der Abgabenordnung 1977 in Art. 97 § 4 EGAO 1977 und von dort geringfügig geändert in § 14 GrEStG 1983 übernommen.

Nicht unter diese Regelung fallen Erwerbsvorgänge, die unter einer Zeitbestimmung (Befristung) abgeschlossen wurden. Die Steuerschuld entsteht in diesen wie in allen anderen Fällen, wenn die Tatbestandsmerkmale des § 1 GrEStG erfüllt sind. Die unterschiedliche Behandlung von Bedingung und Befristung im Grunderwerbsteuergesetz ist sachlich dadurch begründet, daß im Fall der Bedingung bereits das „Ob“ des Erwerbsvorgangs fraglich ist; demgegenüber stehen bei einer Befristung sowohl der Erwerb als solcher als auch der Zeitpunkt des Erwerbs fest.

# 600 § 16/3. Erlass betr. Formerfordernis bei Rückgängigmachung eines Erwerbsvorgangs nach § 16 GrEStG

Vom 6. Dezember 2002

(FM Bayern 36 – S 4543 – 003 – 50627/02; koord. Ländererlass)

## 1. Fälle des § 16 Abs. 1 GrEStG

**1.1.** Nach § 16 Abs. 1 Nr. 1 GrEStG wird die Grunderwerbsteuer auf Antrag, der formlos gestellt werden kann, nicht festgesetzt oder die Steuerfestsetzung aufgehoben, wenn ein Erwerbsvorgang durch Vereinbarung rückgängig gemacht wird, bevor das Eigentum am Grundstück auf den Erwerber übergegangen ist, und die Rückgängigmachung innerhalb von zwei Jahren seit der Entstehung der Steuer erfolgt. Die Vorschrift erfasst in erster Linie die auf einem freien Willensentschluss der Vertragsparteien beruhende und in deren gegenseitigem Einvernehmen erfolgende Aufhebung eines Erwerbsvorgangs durch einen Aufhebungsvertrag.

Zu der Frage, ob ein solcher Aufhebungsvertrag der notariellen Beurkundung nach § 311 b Abs. 1 BGB (entspricht § 313 BGB a. F.; vgl. Gesetz zur Modernisierung des Schuldrechts vom 26. November 2001, BGBl. 2001 I S. 3138) bedarf, bitte ich nachfolgende Auffassung zu vertreten:

Nach dem Wortlaut des § 16 Abs. 1 Nr. 1 GrEStG ist die Rückgängigmachung eines Rechtsgeschäfts durch Vereinbarung nicht von einer bestimmten formalen vertraglichen Gestaltung abhängig. Auch hat sich der Bundesfinanzhof in seinen bisher zu dieser Vorschrift ergangenen Entscheidungen nicht mit den Formerfordernissen der Vereinbarung über die Rückgängigmachung eines Grundstückskaufvertrages auseinandergesetzt. Da die Anwendung des § 16 Abs. 1 Nr. 1 GrEStG jedoch die zivilrechtlich wirksame Beseitigung des zur Grunderwerbsteuer führenden Rechtsvorgangs verlangt, kommt hinsichtlich der Frage, welche Form der Aufhebungsvertrag haben muss, der höchstrichterlichen Zivilrechtsprechung entscheidende Bedeutung zu.

Der Bundesgerichtshof hat seine frühere Rechtsprechung, nach der die Aufhebung und die Verpflichtung zur Aufhebung eines Grundstückskaufvertrages bis zur Umschreibung des Eigentums im Grundbuch formfrei war, mit Urteil vom 30. April 1982 (NJW S. 1639) aufgegeben. Nach dieser geänderten, inzwischen als gefestigt anzusehenden Rechtsprechung (BGH-Urteile vom 30. September 1993, NJW S. 3323, und vom 7. Oktober 1994, NJW S. 3346) stellt sich die Rechtslage derzeit wie folgt dar:

Liegt ein **Kaufvertrag ohne Auflassungserklärung und ohne** Eintragung einer **Auflassungsvormerkung** im Grundbuch vor, kann der Kaufvertrag **formfrei** aufgehoben werden. Die Aufhebung begründet in Bezug auf das veräußerte Grundstück keine wie auch immer geartete unmittelbare oder mittelbare Rückübertragungs- oder Erwerbsverpflichtung.

Bei einem **Kaufvertrag mit Auflassungserklärung und ohne** Eintragung einer **Auflassungsvormerkung** bzw. ohne Antrag auf Umschreibung des Eigentums im Grundbuch kann die Vertragsaufhebung ebenfalls **formfrei** vorgenommen werden. In derartigen Fällen befindet sich das Grundstück noch im Eigentum des Verkäufers, der es anderweitig veräußern oder belasten kann. Entsprechendes gilt, wenn der Veräußerer einen Eintragungsantrag zu Gunsten des Auflassungsempfängers gestellt hat, den er jederzeit wieder zurücknehmen kann.

Bei Vorliegen eines **Kaufvertrags und** eines **Anwartschaftsrechts** des Auflassungsempfängers besteht für den Aufhebungsvertrag **Beurkundungszwang.** Ein Anwartschaftsrecht des Auflassungsempfängers liegt vor, wenn er eine gesicherte Rechtsposition innehat, die der andere Vertragsbeteiligte (Veräußerer) nicht mehr einseitig zerstören kann. Der Erwerb eines Anwartschaftsrechts durch den Auflassungsempfänger ist in den Fällen zu bejahen, in denen er selbst den Antrag auf Umschreibung des Eigentums im Grundbuch gestellt hat oder eine Auflassungsvormerkung zu seinen Gunsten im Grundbuch eingetragen ist, die ihn nach den Vorschriften der §§ 883 ff. BGB vor einer anderweitigen Verfügung des Verkäufers schützt. Weitere Voraussetzung für das Entstehen eines Anwartschaftsrechts des Auflassungsempfängers ist, dass der Antrag auf Eintragung des Eigentums oder die Eintragung einer Auflassungsvormerkung nach der Auflassung erfolgt. Durch die Eintragung einer Auflassungsvormerkung vor der Auflassung entsteht daher noch kein derartiges Anwartschaftsrecht.

Wird ein bestehendes Anwartschaftsrecht wieder aufgegeben, z. B. durch formlose Aufhebung der Auflassung oder durch Rücknahme des Eintragungsantrags, entfällt das Formerfordernis bzw. der zunächst unwirksame Aufhebungsvertrag wird dadurch geheilt.

**1.2.** Nach § 16 Abs. 1 Nr. 2 GrEStG wird auf Antrag die Steuer nicht festgesetzt oder die Steuerfestsetzung aufgehoben, wenn die Vertragsbedingungen nicht erfüllt werden und der Erwerbsvorgang vor Eigentumsübergang auf Grund eines Rechtsanspruchs rückgängig gemacht wird.

In den Fällen des § 16 Abs. 1 Nr. 2 GrEStG erfolgt die Rückgängigmachung regelmäßig durch einseitige empfangsbedürftige Willenserklärung des Berechtigten. Sie ist **formfrei** möglich und kann auch konkludent erklärt werden *(Palandt, 61. Aufl., § 313 Rn. 17)*[1]. Andererseits besteht auch die Möglichkeit, einen Aufhebungsvertrag abzuschließen. Dieser bedarf ebenfalls nicht der Form des *§ 311 b Abs. 1 BGB (Palandt, 61. Aufl., § 313 Rn. 39)*[2]. Die Rechtsprechung verlangt aber, dass vor Abschluss der Vereinbarung das Vorliegen des gesetzlichen Rücktrittsrechts zwischen den Vertragsschließenden unbestritten feststehen muss (zuletzt FG Baden-Württemberg, Urteil vom 18. Februar 1998, EFG 1998 S. 1087). Hat der Erwerber nach Auflassung durch Stellung des Eintragungsantrags oder durch Eintragung einer Auflassungsvormerkung ein Anwartschaftsrecht erworben, ist die Verpflichtung zur Aufhebung des Anwartschaftsrechts **formbedürftig** *(Palandt, 61. Aufl., § 313 Rn. 40)*[3].

---

[1] Siehe nunmehr *Palandt,* 78. Aufl., § 313 Rn. 17.
[2] Siehe nunmehr *Palandt,* 78. Aufl., § 313 Rn. 39.
[3] Siehe nunmehr *Palandt,* 78. Aufl., § 313 Rn. 40.

**2. Fälle des § 16 Abs. 2 GrEStG**

**2.1.** Erwirbt der Veräußerer das Eigentum an dem veräußerten Grundstück zurück, so wird nach § 16 Abs. 2 Nr. 1 GrEStG auf Antrag sowohl für den Rückerwerb als auch für den vorausgegangenen Erwerbsvorgang die Steuer nicht festgesetzt oder die Steuerfestsetzung aufgehoben, wenn der Rückerwerb innerhalb von zwei Jahren seit der Entstehung der Steuer für den vorausgegangenen Erwerbsvorgang stattfindet.

§ 16 Abs. 2 Nr. 1 GrEStG verlangt nicht, dass der vorangegangene Vertrag aufgehoben wird. Der bloße Rückkauf reicht. Für das schuldrechtliche Rechtsgeschäft besteht **Beurkundungszwang** nach § 311 b Abs. 1 BGB.

**2.2.** Nach § 16 Abs. 2 Nr. 2 GrEStG treten die zu § 16 Abs. 2 Nr. 1 GrEStG beschriebenen Rechtsfolgen auch ein, wenn das dem Erwerbsvorgang zugrunde liegende Rechtsgeschäft nichtig oder infolge einer Anfechtung als von Anfang an nichtig anzusehen ist.

Die Vorschrift erfasst die Fälle, in denen die Eigentumsübertragung am Grundstück zivilrechtlich wirksam erfolgt ist, diese Eigentumsübertragung jedoch aufgrund einer objektiv nichtigen oder durch Anfechtung nichtig gewordenen schuldrechtlichen Verpflichtung vorgenommen wurde. In diesem Fall steht dem Veräußerer nach § 812 f BGB ein Anspruch auf Rückübertragung des Eigentums zu. § 16 Abs. 2 Nr. 2 GrEStG setzt einen einseitig und gegen den Willen des ursprünglichen Erwerbers durchsetzbaren Anspruch auf Rückerwerb voraus. Es ist nicht ausreichend, wenn die Parteien das Rechtsgeschäft für nichtig halten (BFH-Urteil vom 27. Januar 1999, BFH/NV S. 964).

**2.3.** § 16 Abs. 2 Nr. 3 GrEStG sieht eine Rückabwicklung bei Nichterfüllung der Vertragsbedingungen des Rechtsgeschäftes vor.

Hierzu ist die Einigung der Parteien über die Nichterfüllung der Vertragsbedingungen (ersatzweise ein rechtskräftiges Urteil über die Verpflichtung zur Rückübertragung) und die Rückauflassung erforderlich. Beide Voraussetzungen sind nach § 311 b Abs. 1 BGB **formbedürftig.**

**3. Fälle des § 16 Abs. 3 GrEStG**

**3.1.** Nach § 16 Abs. 3 Nr. 1 GrEStG wird auf Antrag die Steuer entsprechend niedriger festgesetzt oder die Steuerfestsetzung geändert, wenn die Gegenleistung innerhalb von zwei Jahren seit der Entstehung der Steuer herabgesetzt wird.

Die Herabsetzung der Gegenleistung unterliegt grundsätzlich dem **Beurkundungszwang** nach § 311 b Abs. 1 BGB, es sei denn, sie beruht auf einem berechtigten Minderungsverlangen oder die Änderung erfolgt erst nach der Auflassung bzw. nach der Grundbucheintragung (Palandt, 61. Aufl., § 313 Rn. 41 u. 44).

**3.2.** Nach der Änderung des § 16 Abs. 3 Nr. 2 GrEStG durch das Fünfte Gesetz zur Änderung des Steuerbeamten-Ausbildungsgesetzes und zur Änderung von Steuergesetzen vom 23. Juli 2002 (vgl. BGBl. 2002 I S. 2722) wird auf Antrag die Steuer entsprechend niedriger festgesetzt oder die Steuerfestsetzung geändert, wenn die Herabsetzung (Minderung) auf Grund des § 437 BGB n. F. (bisher der §§ 459 und 460 BGB a. F.) vollzogen wird. Gegen eine entsprechende Anwendung des § 437 BGB n. F. ab dem 1. Januar 2002 bestehen keine Bedenken.

§ 16 Abs. 3 Nr. 2 GrEStG setzt voraus, dass sich der Verkäufer auf Verlangen des Käufers mit der Minderung einverstanden erklärt oder dementsprechend verurteilt worden ist und die Minderung auch tatsächlich eingetreten ist. Bei einem berechtigten Minderungsverlangen besteht **kein Formzwang** nach § 311 b Abs. 1 BGB (siehe vorstehende Tz. 3.1, zweiter Absatz).

Nach der Neukonzeption des Kaufrechts wird nicht mehr zwischen Sach- und Rechtsmängeln unterschieden, so dass auch bei Rechtsmängeln eine vollzogene Minderung des Kaufpreises im Rahmen der Grunderwerbbesteuerung zu berücksichtigen ist.

**4. Verletzung der Anzeigepflicht (§ 16 Abs. 5 GrEStG)**

Nach § 16 Abs. 5 GrEStG gelten die Absätze 1 bis 4 dieser Vorschrift nicht, wenn einer der in § 1 Abs. 2, 2 a und 3 bezeichneten Erwerbsvorgänge rückgängig gemacht wird, der nicht nach den §§ 18, 19 GrEStG fristgerecht angezeigt war.

Dieser Erlass ergeht im Einvernehmen mit den obersten Finanzbehörden der anderen Länder.

# 600 § 17/2. Gleich lautende Erlasse betr. Durchführung der gesonderten Feststellung nach § 17 GrEStG

Vom 1. März 2016 (BStBl. I S. 282)

(Oberste Finanzbehörden der Länder)

## 1. Gesonderte Feststellungen von Besteuerungsgrundlagen nach § 17 Abs. 2 und Abs. 3 GrEStG

Gesonderte Feststellungen sind durchzuführen, wenn

– sich ein Rechtsvorgang auf mehrere Grundstücke bezieht, die in den Bezirken verschiedener Grunderwerbsteuer-Finanzämter liegen, oder ein Grundstück betrifft, das in den Bezirken verschiedener Länder liegt (§ 17 Abs. 2 GrEStG);

– in den Fällen der Umwandlung ein Grundstück außerhalb des Bezirks des Geschäftsleitungsfinanzamts des neuen Rechtsträgers belegen ist (§ 17 Abs. 3 Satz 1 Nr. 1 GrEStG) oder

– in den Fällen des § 1 Abs. 2a, Abs. 3 und Abs. 3a GrEStG ein Grundstück außerhalb des Bezirks des Geschäftsleitungsfinanzamts der Gesellschaft belegen ist (§ 17 Abs. 3 Satz 1 Nr. 2 GrEStG).

## 2. Örtliche Zuständigkeit in den Fällen des § 17 Abs. 2 GrEStG – Ermittlung des wertvollsten Grundstücks(-teils)

Örtlich zuständig für die gesonderte Feststellung nach § 17 Abs. 2 GrEStG ist dasjenige Finanzamt, in dessen Bezirk der wertvollste Grundstücksteil oder das wertvollste Grundstück oder der wertvollste Bestand an Grundstücksteilen oder Grundstücken liegt. Sind Verkehrswerte für den Grundbesitz nicht bekannt oder nur mit unverhältnismäßigem Aufwand zu ermitteln, kann zur Bestimmung der örtlichen Zuständigkeit aus Vereinfachungsgründen auf vorhandene Grundbesitzwerte oder die Einheitswerte zurückgegriffen werden. Der hilfsweise Rückgriff setzt jedoch die Vergleichbarkeit der Werte voraus. In Zweifelsfällen (z.B. wenn die betreffenden Finanzämter unterschiedlicher Auffassung sind) ist eine zügige Festlegung der örtlichen Zuständigkeit durch die vorgesetzten Dienststellen vorzunehmen. Diese sind in solchen Fällen frühzeitig zu unterrichten.

Wird der Rechtsvorgang einem im Sinne der vorstehenden Ausführungen offensichtlich örtlich unzuständigen Finanzamt angezeigt, hat dieses den Vorgang – sofern dort auch Grundbesitz belegen ist – mit Angabe des Einheitswertes, des Verkehrswertes oder des vorhandenen Grundbesitzwertes unmittelbar und umgehend an das zuständige Finanzamt mit der Bitte um Durchführung einer gesonderten Feststellung zu übersenden.

## 3. Aufteilungsmaßstab bei gesonderten Feststellungen nach § 17 Abs. 2 GrEStG

Ist eine Gesamtgegenleistung im Rahmen einer gesonderten Feststellung aufzuteilen, ist als Aufteilungsmaßstab grundsätzlich der gemeine Wert oder

der Teilwert (§§ 9, 10 BewG) maßgebend. Sind diese Werte nur mit unverhältnismäßigem Aufwand zu ermitteln, kann aus Gründen der Verwaltungsvereinfachung auf das Verhältnis der vorhandenen Grundbesitzwerte oder der Einheitswerte zueinander zurückgegriffen werden, wenn offensichtlich ist, dass sich hierdurch keine gravierenden Wertverschiebungen bei den festzustellenden Besteuerungsgrundlagen ergeben. Hiervon kann bei Einheitswerten nur ausgegangen werden, wenn der betroffene Grundbesitz entweder ausschließlich in den neuen oder ausschließlich in den alten Bundesländern belegen ist. In den anderen Fällen ist die Feststellung der Besteuerungsgrundlagen zeitnah unter dem Vorbehalt der Nachprüfung (§ 164 AO) mit den zur Verfügung stehenden Werten durchzuführen und später nach dem allgemeinen Aufteilungsmaßstab zu korrigieren, wenn sich ein anderer Aufteilungsmaßstab ergibt.

Wird Grundbesitz zusammen mit anderen Gegenständen übertragen, die nicht der Besteuerung nach dem Grunderwerbsteuergesetz unterliegen, sind die Grundsätze zur Verwaltungsvereinfachung bei der Ermittlung der Gegenleistung nach § 9 GrEStG zu beachten. Sind die Vereinfachungsregelungen nicht anwendbar, ist die Gesamtgegenleistung nach der sog. Boruttau'schen Formel unter Zugrundelegung der gemeinen Werte (Teilwerte) aufzuteilen.

**4. Örtliche Zuständigkeit – Abgrenzung zwischen § 17 Abs. 2 und Abs. 3 GrEStG bei gesellschaftsrechtlichen Vorgängen**

Bei Anwachsungen, Einbringungen gegen Gewährung von Gesellschaftsrechten und Liquidationen ist das Finanzamt örtlich zuständig, in dessen Bezirk der wertvollste Grundstücksteil oder das wertvollste Grundstück oder der wertvollste Bestand an Grundstücksteilen oder Grundstücken belegen ist (§ 17 Abs. 2 GrEStG).

Bei Grundstückserwerben durch Umwandlungen (Verschmelzung, Spaltung, Vermögensübertragung) ist nach § 17 Abs. 3 Satz 1 Nr. 1 GrEStG das Finanzamt örtlich zuständig, in dessen Bezirk sich die Geschäftsleitung des Erwerbers befindet.

In den Fällen des § 1 Absatz 2 a, 3 und 3 a GrEStG ist nach § 17 Abs. 3 Satz 1 Nr. 2 GrEStG das Finanzamt örtlich zuständig,

– in dessen Bezirk sich die Geschäftsleitung der grundbesitzenden Gesellschaft befindet, bei der sich der Gesellschafterwechsel vollzieht (§ 1 Abs. 2 a GrEStG);
– in dessen Bezirk sich die Geschäftsleitung der Gesellschaft befindet, deren Anteile vereinigt oder übertragen werden (§ 1 Abs. 3 GrEStG); dies gilt auch dann, wenn die Gesellschaft, deren Anteile vereinigt oder übertragen werden, nicht selbst zivilrechtlicher Grundstückseigentümer, sondern an der grundbesitzenden Gesellschaft lediglich unmittelbar und/oder mittelbar zu mindestens 95 % beteiligt ist (sog. mehrstufige mittelbare Anteilsvereinigung), weil auch dann die Grundstücke kraft der grunderwerbsteuerrechtlichen Zurechnung im Sinne des § 1 Abs. 3 GrEStG der Gesellschaft gehören, deren Anteile vereinigt oder übertragen werden sollen (BFH-Urteil vom 21. September 2005 II R 33/04, BFH/NV 2006 S. 609) oder

– in dessen Bezirk sich die Geschäftsleitung der grundbesitzenden Gesellschaft befindet, an der ein Rechtsträger eine wirtschaftliche Beteiligung innehat (§ 1 Abs. 3 a GrEStG).

Befindet sich die Geschäftsleitung nicht im Inland und sind in verschiedenen Grunderwerbsteuer-Finanzamtsbezirken liegende Grundstücke oder in verschiedenen Ländern liegende Grundstücke betroffen, so stellt das nach § 17 Abs. 2 GrEStG zuständige Finanzamt die Besteuerungsgrundlagen gesondert fest (§ 17 Abs. 3 Satz 2 GrEStG).

Wird im Rahmen einer Umwandlung auch ein Steuertatbestand nach § 1 Abs. 2 a, Abs. 3 oder Abs. 3 a GrEStG verwirklicht, bleibt es – vorbehaltlich der Ausführungen zu Tz. 5 – bei der unterschiedlichen Zuständigkeit aus § 17 Abs. 3 Satz 1 Nr. 1 und Nr. 2 GrEStG.

Diese Grundsätze gelten bei vergleichbaren Vorgängen im Ausland entsprechend.

## 5. Örtliche Zuständigkeit in den Fällen der mittelbaren Anteilsvereinigung(-übertragung) und der Organschaft (§ 17 Abs. 3 Satz 1 Nr. 2 GrEStG)

In den Fällen der mittelbaren Anteilsvereinigung(-übertragung) ist mit Ausnahme der nachfolgend aufgeführten Fälle (insbesondere Organschaftsfälle) die gesonderte Feststellung durch das Finanzamt durchzuführen, in dessen Bezirk sich die Geschäftsleitung der Gesellschaft befindet, deren Anteile vereinigt oder übertragen werden sollen und zu deren Vermögen das Grundstück gehört.

**Beispiel 1:**

An der A-AG, die in den Bezirken mehrerer Finanzämter Grundbesitz hat, ist die natürliche Person N zu 80 % beteiligt. N hält außerdem 100 % der Anteile an der H-GmbH, die ihrerseits 10 % der Anteile an der A-AG hält. N erwirbt nun von U 5 % der Anteile an der A-AG.

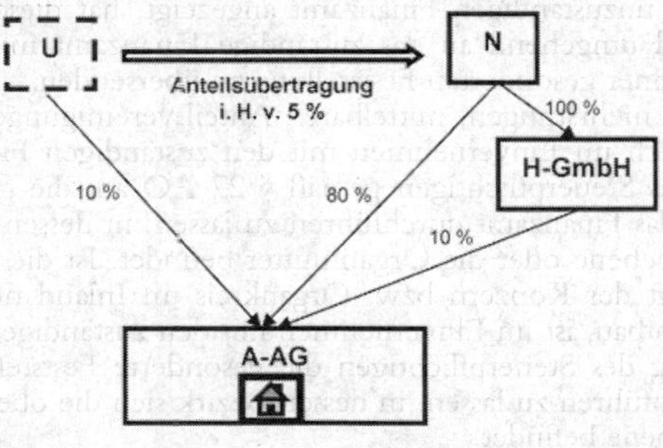


Zuständig für die gesonderte Feststellung ist das Finanzamt, in dessen Bezirk sich die Geschäftsleitung der Gesellschaft befindet, deren Anteile vereinigt oder übertragen werden, hier also das Finanzamt, in dessen Bezirk die A-AG ansässig ist.

**Beispiel 2:**

Die A-GmbH ist zu 100 % an der B-GmbH beteiligt. Diese ist wiederum zu 100 % an der grundbesitzenden C-GmbH beteiligt. Die C-GmbH hält 95 % der Anteile an der D-GmbH, die wiederum zu 95 % an der grundbesitzenden E-GmbH beteiligt ist. Die A-GmbH überträgt ihre Anteile an der B-GmbH auf die X-GmbH.

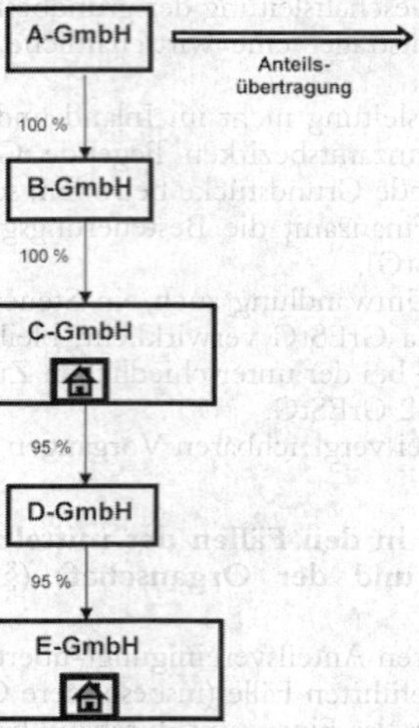


Bei der X-GmbH findet durch die unmittelbare Übertragung der Anteile an der B-GmbH eine mittelbare Übertragung der vereinigten Anteile in Bezug auf die C-GmbH und die E-GmbH statt. Die Grundstücke der E-GmbH und der C-GmbH sind dabei im Rahmen des § 1 Abs. 3 GrEStG grunderwerbsteuerrechtlich der B-GmbH zuzurechnen. Für die Übertragung der Anteile an der B-GmbH ist demnach nach § 17 Abs. 3 Satz 1 Nr. 2 GrEStG für die gesonderte Feststellung ausschließlich das Finanzamt örtlich zuständig, in dessen Bezirk sich die Geschäftsleitung der B-GmbH befindet.

Wird der Rechtsvorgang einem im Sinne des § 17 Abs. 3 Satz 1 Nr. 2 GrEStG örtlich unzuständigen Finanzamt angezeigt, hat dieses den Vorgang unmittelbar und umgehend an das zuständige Finanzamt mit der Bitte um Durchführung einer gesonderten Feststellung zu übersenden.

In Fällen mit mehrstufigen, mittelbaren Anteilsvereinigungen(-übertragungen) bietet es sich im Einvernehmen mit den zuständigen Finanzämtern bei Zustimmung des Steuerpflichtigen gemäß § 27 AO an, die gesonderte Feststellung durch das Finanzamt durchführen zu lassen, in dessen Bezirk sich die oberste Konzernebene oder die Organmutter befindet. Ist dieser Ort im Ausland und verfügt der Konzern bzw. Organkreis im Inland noch über einen mehrstufigen Aufbau, ist im Einvernehmen mit den zuständigen Finanzämtern bei Zustimmung des Steuerpflichtigen die gesonderte Feststellung durch das Finanzamt durchführen zu lassen, in dessen Bezirk sich die oberste inländische Entscheidungsebene befindet.

**Beispiel 3:**
Die H-GmbH ist zu 70% an der X-GmbH beteiligt. Zwischen diesen Gesellschaften besteht ein Orgaschaftsverhältnis. Die X-GmbH ist zu 75% an der grundbesitzenden G-GmbH beteiligt. Die W-AG hält 100% der Anteile an der Z-GmbH, welche zu 25% an der grundbesitzenden G-GmbH beteiligt ist. Die H-GmbH wird unter Fortführung des Organschaftsverhältnisses auf die W-AG verschmolzen.

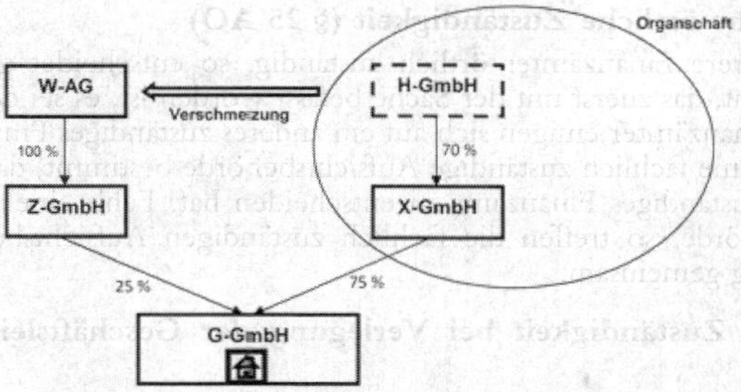


Zuständig für die gesonderte Feststellung ist nach § 17 Abs. 3 Satz 1 Nr. 2 GrEStG das Finanzamt, in dessen Bezirk sich die Geschäftsleitung der G-GmbH befindet. Stimmen das zuständige Finanzamt und der Steuerpflichtige gemäß § 27 AO zu, ist die gesonderte Feststellung durch das Finanzamt durchzuführen, in dessen Bezirk sich die Geschäftsleitung der W-AG befindet.

**Beispiel 4:**

Die H-GmbH ist zu 70% an der X-GmbH und zu 65% an der Y-GmbH beteiligt. Zusammen bilden sie eine Organschaft. An der grundbesitzenden G-GmbH sind die X-GmbH zu 50%, die H-GmbH zu 10% und die Y-GmbH zu 40% beteiligt. Die H-GmbH wird unter Fortführung des Organschaftsverhältnisses auf die W-AG verschmolzen.

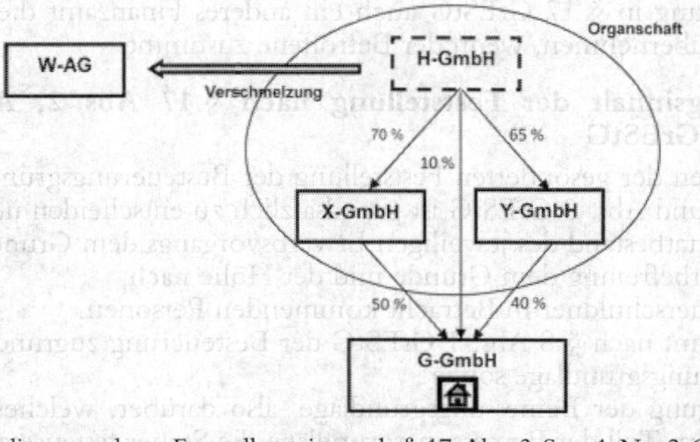


Zuständig für die gesonderte Feststellung ist nach § 17 Abs. 3 Satz 1 Nr. 2 GrEStG das Finanzamt, in dessen Bezirk sich die Geschäftsleitung der G-GmbH befindet. Stimmen das zuständige Finanzamt und der Steuerpflichtige gemäß § 27 AO zu, ist die gesonderte Feststellung durch das Finanzamt durchzuführen, in dessen Bezirk sich die Geschäftsleitung der W-AG befindet.

Wird der Rechtsvorgang in den vorgenannten Fällen dem i. S. d. § 17 Abs. 3 Satz 1 Nr. 2 GrEStG zuständigen Finanzamt angezeigt, hat dieses den Vorgang im Einvernehmen mit dem Steuerpflichtigen unverzüglich zwecks umgehender Durchführung der gesonderten Feststellung an das zuvor beschriebene Finanzamt weiterzuleiten oder – bei Ablehnung durch den Steuerpflichtigen – die gesonderte Feststellung selbst durchzuführen.

### 6. Mehrfache örtliche Zuständigkeit (§ 25 AO)

Sind mehrere Finanzämter örtlich zuständig, so entscheidet grundsätzlich das Finanzamt, das zuerst mit der Sache befasst worden ist, es sei denn, die zuständigen Finanzämter einigen sich auf ein anderes zuständiges Finanzamt oder die gemeinsame fachlich zuständige Aufsichtsbehörde bestimmt, dass ein anderes örtlich zuständiges Finanzamt zu entscheiden hat. Fehlt eine gemeinsame Aufsichtsbehörde, so treffen die fachlich zuständigen Aufsichtsbehörden die Entscheidung gemeinsam.

### 7. Örtliche Zuständigkeit bei Verlegung der Geschäftsleitung (§ 26 AO)

Geht die örtliche Zuständigkeit durch eine Verlegung der Geschäftsleitung von einem Finanzamt auf ein anderes Finanzamt über, so tritt der Wechsel der Zuständigkeit in dem Zeitpunkt ein, in dem eines der beiden Finanzämter hiervon erfährt. Das bisher zuständige Finanzamt kann ein Verwaltungsverfahren fortführen, wenn dies unter Wahrung der Interessen der Beteiligten der einfachen und zweckmäßigen Durchführung des Verfahrens dient und das nunmehr zuständige Finanzamt zustimmt.

### 8. Zuständigkeitsvereinbarung (§ 27 AO)

Im Einvernehmen mit dem Finanzamt kann abweichend von der Zuständigkeitsregelung in § 17 GrEStG auch ein anderes Finanzamt die gesonderte Feststellung übernehmen, wenn der Betroffene zustimmt.

### 9. Regelungsinhalt der Feststellung nach § 17 Abs. 2, Abs. 3 und Abs. 3 a GrEStG

Im Rahmen der gesonderten Feststellung der Besteuerungsgrundlagen nach § 17 Abs. 2 und Abs. 3 GrEStG ist grundsätzlich zu entscheiden über:
- den Steuertatbestand des jeweiligen Erwerbsvorgangs dem Grunde nach,
- eine Steuerbefreiung dem Grunde und der Höhe nach,
- die als Steuerschuldner in Betracht kommenden Personen,
- die insgesamt nach § 8 Abs. 1 GrEStG der Besteuerung zugrunde zu legende Bemessungsgrundlage sowie
- die Zerlegung der Bemessungsgrundlage, also darüber, welches Finanzamt aus welchem Teil der Bemessungsgrundlage die Steuer festzusetzen hat.

Die Bemessungsgrundlage einschließlich deren Zerlegung gehört in den Fällen des § 8 Abs. 2 GrEStG nicht zum Regelungsinhalt des Feststellungsbescheids, weil die maßgebenden Grundbesitzwerte nach § 151 Abs. 1 Satz 1 Nr. 1 i. V.m. § 157 Abs. 1 bis 3 BewG Gegenstand einer eigenen gesonderten Feststellung sind (§ 17 Abs. 3 a GrEStG).

Liegt der gesonderten Feststellung ein Rechtsvorgang zugrunde, dem ein Rechtsvorgang vorausgegangen ist, dessen Tatbestand in § 1 Abs. 1, Abs. 2, Abs. 3 oder Abs. 3 a GrEStG normiert ist, und ist eine Anrechnung der Bemessungsgrundlage, von der die Steuer für den vorausgegangenen Rechtsvorgang berechnet worden ist, gemäß § 1 Abs. 6 Satz 2 GrEStG vorzunehmen, so ist die Anrechnung nicht Bestandteil der gesonderten Feststellung, sondern hat durch das jeweilige Steuerfestsetzungsfinanzamt (Lagefinanzamt) zu erfolgen, das auch die Steuerfestsetzung für den vorausgegangenen Rechtsvorgang durchgeführt hat. Dies gilt auch für die Anrechnung nach § 1 Abs. 2a Satz 3 GrEStG.

Soweit dem für die gesonderte Feststellung zuständigen Finanzamt die Tatsache der Anrechnung nach § 1 Abs. 6 GrEStG bekannt wird, hat es das Lagefinanzamt entsprechend zu unterrichten.

Kommen als Steuerschuldner mehrere Personen als Gesamtschuldner nach § 44 AO in Betracht, muss die gesonderte Feststellung gemäß § 17 Abs. 2 und Abs. 3 GrEStG ihnen gegenüber nach § 179 Abs. 2 Satz 2 AO einheitlich erfolgen sowie eine bindende Entscheidung über den in Anspruch zu nehmenden Steuerschuldner enthalten (BFH-Urteile vom 31. März 2004 II R 54/01, BStBl. II S. 658, und vom 20. Oktober 2004 II R 27/03, BStBl. 2005 II S. 105).

Von der einheitlichen Feststellung kann jedoch abgesehen werden, wenn das zur Durchführung des Feststellungsverfahrens zuständige Finanzamt aufgrund der ihm obliegenden Ermessensentscheidung zu dem Ergebnis kommt, dass nur einer der Gesamtschuldner als Steuerschuldner in Anspruch zu nehmen ist, weil beispielsweise über das Vermögen des anderen ein Insolvenzverfahren eröffnet ist (BFH-Urteile vom 31. März 2004 II R 54/01, BStBl. II S. 658, und vom 6. Juli 2005 II R9/04, BStBl. 2005 II S. 780).

**10. Anwendung des § 17 Abs. 4 GrEStG**

Von der gesonderten Feststellung kann gemäß § 17 Abs. 4 Satz 1 Nr. 1 GrEStG abgesehen werden, wenn der Erwerb steuerfrei ist.

Dabei ist wie folgt zu verfahren:

Das für die gesonderte Feststellung zuständige Finanzamt hat verbindlich darüber zu entscheiden, in welchem Umfang Steuerfreiheit gegeben ist, auch wenn gemäß § 17 Abs. 4 Satz 1 Nr. 1 GrEStG von der gesonderten Feststellung abgesehen wird. Von einer gesonderten Feststellung ist jedoch nur dann abzusehen, wenn die Befreiung sofort erkennbar, klar und eindeutig ist und keiner weiteren Überprüfung bedarf. In allen anderen Fällen, insbesondere bei Befreiungen nach § 3 Nr. 2 Satz 2, Nr. 3, Nr. 8 GrEStG und nach §§ 5 bis 7 GrEStG, ist eine gesonderte Feststellung durchzuführen.

Die gesonderte Feststellung ist stets unter dem Vorbehalt der Nachprüfung (§ 164 Abs. 1 AO) vorzunehmen, um ggf. Einwendungen der für den Erlass der Folgebescheide zuständigen Finanzämter berücksichtigen zu können. Sieht das für die gesonderte Feststellung zuständige Finanzamt unter den o. g. Voraussetzungen von einer gesonderten Feststellung ab, übersendet es den für die Erteilung der Unbedenklichkeitsbescheinigung und des Freistellungsbescheids zuständigen Finanzämtern die dafür erforderlichen Unterlagen zur entsprechenden Veranlassung.

Ganz oder teilweise kann von der gesonderten Feststellung nach § 17 Abs. 4 Satz 1 Nr. 2 GrEStG abgesehen werden, wenn die anteilige Besteuerungsgrundlage für den Erwerb des in einem anderen Land liegenden Grundstücksteils 2500 Euro nicht übersteigt. Die 2500 Euro unterschreitende Bemessungsgrundlage ist nach § 17 Abs. 4 Satz 2 GrEStG den anderen für die Besteuerung zuständigen Finanzämtern nach dem Verhältnis ihrer Anteile zuzurechnen.

**11. Zeitlicher Anwendungsbereich**

Dieser Erlass ergeht im Einvernehmen mit den obersten Finanzbehörden der anderen Länder und tritt an die Stelle des Erlasses vom 18. Juli 2007 (BStBl. I S. 549). Er ist in allen offenen Fällen anzuwenden.

# 600 § 22/1. Verfügung betr. Erteilung der Unbedenklichkeitsbescheinigung im Falle einer Wiederversteigerung eines Grundstücks

Vom 7. August 2006 (StEK GrEStG 1983 § 22 Nr. 32)

(OFD Koblenz S 4540 A – St 35 3)

Weil die Erhebung der Grunderwerbsteuer von den Landkreisen und kreisfreien Städten auf das Land übergegangen ist, hat die bisher im Erlass FM Rheinland-Pfalz vom 29. 9. 1989 enthaltene Regelung ihre Bedeutung verloren.

Mit Erlass FM Rheinland-Pfalz vom 18. 7. 2006 S 4540 A – 05-001-02 – 446 wurde die bisherige, auf der Grundlage eines gemeinsamen Rundschreibens des JM, des ISM und des FM beruhende Regelung aufgehoben.

Zukünftig bitte ich, in solchen Fällen wie folgt zu verfahren:

Die Vorschrift des § 22 GrEStG macht die Eintragung des Erwerbers eines Grundstücks im Grundbuch von der Vorlage einer Unbedenklichkeitsbescheinigung abhängig. Das zuständige FA erteilt die Unbedenklichkeitsbescheinigung in der Regel nicht, solange die Steuerschuld nicht getilgt oder solange für die Steuerschuld keine Sicherheit geleistet worden ist.

Bei der Wiederversteigerung oder einer erneuten Versteigerung eines Grundstücks können Schwierigkeiten entstehen, wenn der Ersteher die Grunderwerbsteuer nicht gezahlt hat und daher die zum Fortgang des Zwangsversteigerungsverfahrens erforderliche Eintragung des Erwerbers im Grundbuch unterbleibt, so dass das Grundbuchamt gehindert ist, nach § 19 Abs. 2 ZVG zu verfahren.

Es kann deshalb, falls die Zwangsversteigerung eines Grundstücks betrieben werden soll

a) aus Forderungen gegen den Ersteher, die wegen Nichtberichtigung des Bargebots aus der vorangegangenen Versteigerung auf die Berechtigten übertragen worden sind (§§ 118, 132 Abs. 2 ZVG),

b) wegen eines Anspruchs auf Barzahlung infolge Nichtbestehens eines bei Feststellung des geringsten Gebots in dem vorangegangenen Versteigerungsverfahren berücksichtigten Rechts (§§ 50, 51 ZVG), oder

c) aufgrund eines Rechts an dem Grundstück, das gemäß § 91 ZVG bei der vorangegangenen Versteigerung bestehen geblieben ist,

wie folgt verfahren werden:

Handelt es sich um eine Wiederversteigerung (vorstehender Buchst. a), so erteilt die Grunderwerbsteuer-Stelle des Finanzamts auf Antrag des Vollstreckungsgerichts dem Grundbuchamt die Unbedenklichkeitsbescheinigung für die Eintragung aus dem vorangegangenen Versteigerungsverfahren, denn dieser Erwerbsvorgang gilt nach dem BFH-Urteil vom 14. 9. 1988 II R 76/86, BStBl. 1989 II S. 150, als rückgängig gemacht, sobald die Wiederversteigerung abgeschlossen ist. Die Grunderwerbsteuer-Stelle unterrichtet die Vollstreckungsstelle über die Sachlage mit der Bitte, auf weitere Maßnahmen zur Einziehung der Grunderwerbsteuer bis zum Abschluss der Wiederversteigerung zu verzichten. Nach Abschluss der Wiederversteigerung ist die Steuerfestsetzung für den Grundstückserwerb aus der vorangegangenen Versteigerung durch das FA von Amts wegen gemäß § 16 Abs. 2 Nr. 3 GrEStG aufzuheben.

Bei einer erneuten Versteigerung, vorstehende Buchst. b und c, gilt der Grundstückserwerb aus der vorangegangenen Versteigerung nicht als rückgängig gemacht; die Vorschrift des § 16 Abs. 2 Nr. 3 GrEStG ist daher nicht anwendbar. Bei dem neuen Versteigerungsverfahren erteilt das FA auf Antrag des Vollstreckungsgerichts dem Grundbuchamt die Unbedenklichkeitsbescheinigung; ggf. beantragt es zur Sicherung des Steueranspruchs die Eintragung einer Sicherungshypothek an bereitester Stelle und beteiligt sich an dem neuen Versteigerungsverfahren.

# **600** § 22/2. Schreiben betr. Erteilung der Unbedenklichkeitsbescheinigung bei Aussetzung der Vollziehung

Vom 11. März 1993 (StEK GrEStG 1983 § 22 Nr. 11)

(FM Bayern 37 – S 4540 – 5/11 – 15 288; koord. Ländererlass)

Nach § 22 Abs. 2 Satz 1 GrEStG hat das Finanzamt die Unbedenklichkeitsbescheinigung zu erteilen, wenn die Grunderwerbsteuer entrichtet, sichergestellt oder gestundet worden ist oder wenn Steuerfreiheit gegeben ist. Der BFH hatte in seinem Urteil vom 31. 7. 1985 II R 76/83 (BStBl. II S. 698) entschieden, bei Aussetzung der Vollziehung des Grunderwerbsteuerbescheides bestehe ebenfalls ein Rechtsanspruch auf Erteilung der Unbedenklichkeitsbescheinigung, weil dadurch die Fälligkeit des festgesetzten Steueranspruchs in vergleichbarer Weise hinausgeschoben werde wie bei Gewährung einer Stundung.

Hieran kann nach dem BFH-Urteil vom 17. 9. 1987 VII R 50–51/86 (BStBl. 1988 II S. 366) nicht mehr festgehalten werden. Danach läßt die Aussetzung der Vollziehung die Wirksamkeit und den Bestand des Verwaltungsaktes unberührt. Die Fälligkeit, die zum materiellen Regelungsinhalt des Verwaltungsaktes gehöre, werde durch die Aussetzung nicht berührt oder gar hinausgeschoben.

Das Finanzamt darf deshalb bei Aussetzung der Vollziehung eines Grunderwerbsteuerbescheides ohne Sicherheitsleistung die Unbedenklichkeitsbescheinigung nur dann erteilen, wenn nach seinem Ermessen die Steuerforderung nicht gefährdet ist (§ 22 Abs. 2 Satz 2 GrEStG).

Dieses Schreiben ergeht im Einvernehmen mit den obersten Finanzbehörden der anderen Länder.

# 600 § 22/3. Erlaß betr. Erteilung der Unbedenklichkeitsbescheinigung i. S. des § 22 GrEStG bei Nichtentrichtung von Säumniszuschlägen

Vom 9. Juni 1998 (DStR S. 1180)

(FM Baden-Württemberg 3 – S 4540/19; koord. Ländererlaß)

Zu der Frage, ob die Unbedenklichkeitsbescheinigung i. S. des § 22 GrEStG zu erteilen ist, wenn zwar die Grunderwerbsteuer, nicht aber dazu angefallene Säumniszuschläge entrichtet worden sind, ist folgende Auffassung zu vertreten:

Gemäß § 22 Abs. 2 GrEStG hat das FA die Unbedenklichkeitsbescheinigung zu erteilen, wenn **die Grunderwerbsteuer** entrichtet, sichergestellt oder gestundet ist. Da die AO in § 3 Abs. 3 zwischen Steuern und steuerlichen Nebenleistungen unterscheidet und teilweise unterschiedliche Rechtsfolgen an diese Unterscheidung knüpft (vgl. § 225, § 233 AO), ist auf den insoweit eindeutigen Wortlaut der Vorschrift abzustellen, wonach allein die Entrichtung der Grunderwerbsteuer ausreicht, um einen Rechtsanspruch auf Erteilung der Unbedenklichkeitsbescheinigung zu begründen.

Dieser Erlaß ergeht im Einvernehmen mit den obersten Finanzbehörden der anderen Länder.

# 725. Schreiben betr. Grundsätze zur Anwendung des Außensteuergesetzes

Vom 14. Mai 2004 (BStBl. I Sondernr. 1/2004 S. 3)

(BMF IV B 4 – S 1340 – 11/04)

## Inhaltsverzeichnis

Die einzelnen Textziffern und Überschriften sind bezogen auf die betreffende Vorschrift des AStG und die entsprechenden Absätze (z. B. Tz. 7.6 = § 7 Abs. 6 AStG; Tz. 8.1.5.1 = Unterpunkt zu § 8 Abs. 1 Nr. 5 AStG). Ist zu einem Paragraf oder einem Absatz keine Aussage gemacht worden fehlt auch die Textziffer (z. B. keine Aussage zu § 3 AStG und § 7 Abs. 5 AStG, somit auch keine Tz. 3 bzw. Tz. 7.5).

## 0. Verhältnis des Außensteuergesetzes zu anderen steuerlichen Vorschriften

Das Außensteuergesetz tritt ergänzend zu den Bestimmungen hinzu, die in der Abgabenordnung und den anderen Steuergesetzen die Besteuerung von Auslandsbeziehungen regeln. Die Abkommen zur Vermeidung der Doppelbesteuerung (Doppelbesteuerungsabkommen/DBA) stehen der Anwendung des Außensteuergesetzes nicht entgegen (vgl. Tz. 20).

## 1. Internationale Verflechtungen

### 1.0. Anwendung der Grundsätze für die Prüfung der Einkunftsabgrenzung bei international verbundenen Unternehmen (Verwaltungsgrundsätze)

**1.0.1.** Für den Begriff der „nahe stehenden Person“, den Berichtigungsmaßstab (Grundsatz des Fremdverhaltens) und die Behandlung von Berichtigungsbeträgen gelten die „Grundsätze für die Prüfung der Einkunftsabgrenzung bei international verbundenen Unternehmen (Verwaltungsgrundsätze)“ des BMF-Schreibens vom 23. Februar 1983 (BStBl. I S. 218). Wegen der Einkunftsabgrenzung bei international verbundenen Unternehmen vgl. auch die BMF-Schreiben zu Umlageverträgen (BMF v. 30. Dezember 1999, BStBl. I S. 1122[1]) und zur Arbeitnehmerentsendung (BMF v. 9. November 2001, BStBl. I S. 796[2]).

Bei der Anwendung dieser Grundsätze ist zu beachten, dass die Verflechtung durch Interessenidentität (Tz. 1.3.2.7 der Verwaltungsgrundsätze) nicht allein dadurch begründet wird, dass bei allen Teilnehmern ein gleichgerichtetes Interesse am Wirtschaftsverkehr besteht und der Steuerpflichtige und seine Geschäftspartner mit gleichen oder ähnlichen Tätigkeiten Gewinnerzielungsabsicht haben. Erforderlich ist vielmehr eine Interessenverbindung, kraft derer dem Steuerpflichtigen der Vorteil der nahe stehenden Person wie ein eigener Vorteil zufällt.

**1.0.2.** Die Verwaltungsgrundsätze sind nicht nur auf Geschäftsbeziehungen zwischen verbundenen Unternehmen anzuwenden, sondern auch auf alle anderen Geschäftsbeziehungen im Sinne des § 1 AStG. Die Abgrenzungsklauseln der DBA (Tz. 1.2 der Verwaltungsgrundsätze) sind zu beachten. Die Regelung zum nachträglichen Ausgleich von Einkunftsminderungen (Tz. 8.3 der Verwaltungsgrundsätze) ist auch auf die Fälle anzuwenden, in denen nicht zu

---

[1] Nr. **725** § 1/3.
[2] Nr. **725** § 1/4.

den Gewinneinkünften gehörende Einkünfte berichtigt werden und die Einkunftsminderung durch im Inland steuerpflichtige Vorgänge ausgeglichen wird (vgl. BFH-Urteil vom 30. Mai 1990, BStBl. II S. 875). Zum Verhältnis des § 1 AStG zu § 7 AStG vgl. das BFH-Urteil vom 19. März 2002, BStBl. II S. 644.

### 1.1. Berichtigung

**1.1.1.** § 1 Abs. 1 AStG enthält einen Rechtsgrund und den „Maßstab des Fremdverhaltens" für Berichtigungen von Einkünften bei grenzüberschreitenden Geschäftsbeziehungen („Grundsatz des Fremdverhaltens").

**1.1.2.** § 1 AStG lässt andere Bestimmungen über die Berichtigung unberührt und lässt ihnen den Vorrang. Dies gilt vor allem für verdeckte Gewinnausschüttungen und verdeckte Einlagen.

Als verdeckte Einlage ist die Zuführung von Wirtschaftsgütern allerdings nur dann zu behandeln, wenn auch nach ausländischem Gesellschaftsrecht Eigenkapital entsteht (vgl. BFH-Urteil vom 30. Mai 1990, BStBl. II S. 875).

Dagegen sind Berichtigungen ausschließlich auf § 1 AStG zu stützen, wenn ein inländischer Steuerpflichtiger einer ausländischen Tochtergesellschaft Nutzungen oder Dienstleistungen ohne ein angemessenes Entgelt gewährt. In diesem Fall kann die notwendige Berichtigung nach dem Maßstab des Fremdverhaltens nicht über eine verdeckte Einlage vorgenommen werden (vgl. BFH-Beschluss vom 26. Oktober 1987, BStBl. 1988 II S. 348).

Gegenüber den Vorschriften über die Entnahme (§ 4 Abs. 1 und § 6 Abs. 1 Nr. 4 EStG) und der verdeckten Einlage in eine Kapitalgesellschaft (§ 6 Abs. 6 Satz 2 EStG) steht § 1 AStG in einem Verhältnis der Idealkonkurrenz. Danach sind neben den Rechtsfolgen aus diesen Vorschriften weitergehende Berichtigungen von Einkünften nach § 1 AStG geboten, soweit diese notwendig sind, um dem Maßstab des Fremdverhaltens Rechnung zu tragen.

### 1.4. Geschäftsbeziehungen

**1.4.1.** Beziehungen zwischen Nahestehenden sind stets geschäftlich, wenn auf die zugrunde liegenden Tätigkeiten bei dem inländischen Steuerpflichtigen oder bei der nahe stehenden Person die in § 1 Abs. 4 AStG genannten Bestimmungen über die Besteuerung von Einkünften aus Land- und Forstwirtschaft, aus Gewerbebetrieb, aus selbständiger Arbeit und aus Vermietung und Verpachtung anzuwenden sind (Grundtätigkeiten). Hierunter fallen stets auch Tätigkeiten von Körperschaften, soweit deren Einkünfte nach § 8 Abs. 2 KStG als Einkünfte aus Gewerbebetrieb zu behandeln sind. Es ist nicht erforderlich, dass die nahe stehende Person im Sinne des § 1 Abs. 2 AStG mit diesen Einkünften beschränkt steuerpflichtig ist oder wäre.

**Beispiele:**

- Die Vergabe eines privaten Darlehens durch einen inländischen Steuerpflichtigen an eine ihm nahe stehende ausländische Immobiliengesellschaft fällt unter § 1 AStG. Keine Rolle spielt, ob sich deren Grundvermögen im In- oder Ausland befindet. Keine Rolle spielt auch, ob die Gesellschaft Einkünfte aus Vermietung und Verpachtung oder gewerbliche Einkünfte erzielt; bei beiden Einkunftsarten handelt es sich um Einkünfte aus Grundtätigkeiten.
- Die Vergabe von Darlehen aus privaten Mitteln zur privaten Verwendung oder zur Erzielung von Kapitaleinkünften fällt nicht unter § 1 AStG.

**1.4.2.** Eine Geschäftsbeziehung zwischen einem Steuerpflichtigen und einem Nahestehenden ist gegeben, wenn sie auf einer schuldrechtlichen Beziehung beruht. Eine solche Geschäftsbeziehung ist stets nach dem Grundsatz des Fremdverhaltens zu prüfen, unabhängig davon, ob sie durch betriebliche Vorgänge oder gesellschaftsrechtlich veranlasst ist (vgl. *BMF-Schreiben vom 17. Oktober 2002, BStBl. I S. 1025*[1]; für Veranlagungszeiträume ab 2003 siehe auch § 1 Abs. 4 AStG i. d. F. des Steuervergünstigungsabbaugesetzes (StVergAbG)). Das gilt auch dann, wenn die schuldrechtliche Vereinbarung in den Gesellschaftsvertrag aufgenommen wurde.

**Beispiel:**
Gewährt die Muttergesellschaft der Tochtergesellschaft ein zinsloses oder zinsgünstiges Darlehen, liegt eine nach dem Grundsatz des Fremdverhaltens zu würdigende Geschäftsbeziehung vor, selbst wenn die Unentgeltlichkeit oder Teilunentgeltlichkeit einen eigenkapitalersetzenden Zweck verfolgt.

Keine Geschäftsbeziehung sind die Beziehungen, die das Nahestehen begründen, d. h. die das Verhältnis zwischen Gesellschaft und Gesellschafter regeln, namentlich die Überlassung von Eigenkapital; denn sie erfolgt nicht aufgrund einer schuldrechtlichen, sondern einer gesellschaftsrechtlichen Vereinbarung.

**1.4.3.** Unter § 1 AStG fallen alle grenzüberschreitenden Geschäftsbeziehungen im Sinne des § 1 Abs 4 AStG. Es macht keinen Unterschied, ob der Steuerpflichtige und die Personen, zu denen diese Geschäftsbeziehungen bestehen, unbeschränkt oder beschränkt steuerpflichtig sind.

„Geschäftsbeziehungen zum Ausland" liegen auch vor bei Geschäften zwischen

– der inländischen Betriebsstätte eines unbeschränkt Steuerpflichtigen und der ausländischen Betriebsstätte eines ihm nahe stehenden anderen unbeschränkt Steuerpflichtigen;
– der inländischen Betriebsstätte eines unbeschränkt Steuerpflichtigen und der ausländischen Betriebsstätte einer Zwischengesellschaft, an der der unbeschränkt Steuerpflichtige beteiligt ist;
– der inländischen Betriebsstätte eines beschränkt Steuerpflichtigen und der ausländischen Betriebsstätte eines ihm nahe stehenden anderen beschränkt Steuerpflichtigen;
– inländischen und ausländischen, ganz oder teilweise beteiligungsidentischen Personengesellschaften, Gemeinschaften und ähnlichen Gebilden.

## 2. Wohnsitzwechsel in niedrig besteuernde Gebiete

### 2.0. Anwendungsbereich

### 2.0.1. Erweiterte beschränkte Steuerpflicht

**2.0.1.1.** Die §§ 2, 4 und 5 AStG erweitern die beschränkte Steuerpflicht für Personen, die ihren Wohnsitz in niedrig besteuernde Gebiete verlegt haben und nicht mehr unbeschränkt steuerpflichtig sind.

**2.0.1.2.** Wer die persönlichen Voraussetzungen des § 2 AStG erfüllt (vgl. Tz. 2.1), ist im Jahr des Wohnsitzwechsels und während der folgenden zehn

[1] Aufgeh. durch BMF v. 12. 1. 2010, BStBl. I S. 34.

Jahre erweitert beschränkt einkommensteuerpflichtig, soweit er während dieses Zeitraums

1. in einem ausländischen Gebiet ansässig ist und dort nicht oder nur niedrig besteuert wird oder in keinem Gebiet ansässig ist (Tz. 2.2) und
2. wesentliche wirtschaftliche Interessen im Inland hat.

Soweit in diesem Zeitraum die Voraussetzungen der Nr. 1 und 2 nicht gegeben sind, verbleibt es bei der beschränkten Steuerpflicht nach § 1 Abs. 4 EStG. Beschränkte und erweiterte beschränkte Steuerpflicht können auch wechseln, z. B. wenn ein Steuerpflichtiger seinen Wohnsitz zunächst in ein nicht niedrig besteuerndes Gebiet und später von dort aus in ein niedrig besteuerndes Gebiet verlegt.

**2.0.1.3.** Die erweiterte beschränkte Steuerpflicht kommt trotz Vorliegens der in Tz. 2.0.1.2 angeführten Voraussetzungen für solche Veranlagungszeiträume nicht zur Anwendung, in denen die insgesamt steuerpflichtigen Einkünfte 16 500 Euro nicht übersteigen. Steuerfrei bleibende Veräußerungsgewinne, mit Ausnahme der nach § 16 Abs. 4 EStG befreiten Gewinne (§ 50 Abs. 1 Satz 4 EStG), nach einem DBA oder dem Auslandstätigkeitserlass freigestellte Einkünfte sowie steuerfreie Einnahmen zählen nicht zu den insgesamt steuerpflichtigen Einkünften. Die nach § 50 Abs. 6 EStG abziehbaren Steuern sind bei der Ermittlung der insgesamt steuerpflichtigen Einkünfte zu berücksichtigen.

Ein Verlustausgleich zwischen positiven und negativen inländischen Einkünften ist insoweit zu berücksichtigen. Sonderausgaben, außergewöhnliche Belastungen und tarifliche Freibeträge im Sinne des § 50 Abs. 1 Satz 4 EStG können dagegen nicht abgezogen werden, es sei denn, es handelt sich um Arbeitnehmer, auf die § 50 Abs. 5 Satz 2 Nr. 2 EStG anzuwenden ist. Außerdem sind bei erweitert beschränkt steuerpflichtigen Arbeitnehmern, die Einkünfte aus nichtselbständiger Arbeit beziehen, § 50 Abs. 1 Satz 5 und 6 EStG zu beachten.

**2.0.1.4.** Erweitert beschränkt Steuerpflichtige unterliegen ab dem Veranlagungszeitraum 1995 auch der Abgabepflicht nach dem Solidaritätszuschlaggesetz (§ 2 Abs. 2 i. V. m. § 6 Abs. 1 SolzG).

### 2.0.2. Auswirkungen der Doppelbesteuerungsabkommen

**2.0.2.1.** Solange der Steuerpflichtige in einem ausländischen Gebiet ansässig ist, mit dem ein DBA besteht, gilt Folgendes:

1. Einkünfte und Vermögensteile, für die nach dem DBA dem betreffenden Gebiet (Wohnsitzstaat) das ausschließliche Besteuerungsrecht zusteht, unterliegen nicht der erweiterten beschränkten Steuerpflicht.
2. Begrenzt das Abkommen die deutsche Steuerberechtigung für bestimmte Einkünfte auf einen Höchstsatz (z. B. bei Dividenden), so darf auch bei der erweiterten beschränkten Steuerpflicht die Steuer von diesen Einkünften nur bis zu dieser Grenze erhoben werden.
3. Wird nach dem DBA die deutsche Steuerberechtigung nicht begrenzt (z. B. Einkünfte aus einer im Inland belegenen Betriebsstätte oder Einkünfte aus im Inland belegenem unbeweglichen Vermögen), so bemisst sich der Steuersatz für die erweitert beschränkt steuerpflichtigen Einkünfte auch in diesen Fällen nach dem Welteinkommen.

**Beispiel:**
Ein Steuerpflichtiger verlegt seinen Wohnsitz in einen niedrig besteuernden DBA-Staat, unterhält aber weiterhin eine gewerbliche Betriebsstätte im Inland. Die Voraussetzungen für eine erweiterte beschränkte Steuerpflicht liegen vor. Nach dem Betriebsstättenartikel dieses DBA hat die Bundesrepublik Deutschland ein Besteuerungsrecht für die Betriebsstätteneinkünfte. Bei der Bestimmung des auf die Betriebsstätteneinkünfte anzuwendenden Steuersatzes sind sämtliche Einkünfte des Steuerpflichtigen zugrunde zu legen (§ 2 Abs. 5 Satz 1 AStG).

**2.0.2.2.** Es ist stets zu prüfen, ob der Steuerpflichtige tatsächlich abkommensberechtigt ist, insbesondere, ob er in dem betreffenden Staat im Sinne des Abkommens ansässig ist. Zweifel können im Auskunftsverfahren *(BMF-Schreiben vom 3. Februar 1999, BStBl. I S. 228[1])*, ggf. im Verständigungsverfahren *(BMF-Schreiben vom 1. Juli 1997, BStBl. I S. 717[2])* geklärt werden.

**2.0.2.3.** Nach dem DBA-Schweiz ist Folgendes zu beachten:

1. Artikel 4 Abs. 4

Die Beschränkungen des Abkommens greifen für das Jahr des Wegzugs und für die folgenden fünf Jahre nicht ein. Dies gilt nicht bei Schweizer Staatsangehörigen und Personen, die im Sinne des Artikels 4 Abs. 4 letzter Satz des Abkommens ein Arbeitsverhältnis in der Schweiz unterhalten oder als Grenzgänger (Artikel 15 a DBA) wegen Heirat mit einem oder einer Schweizer Staatsangehörigen in die Schweiz gezogen sind (Verständigungsregelung mit der Schweiz; vgl. BMF-Schreiben vom 19. September 1994, BStBl. I S. 683, Tz. 41). Während des vorgenannten Zeitraums ist eine in der Schweiz erhobene Steuer nach Maßgabe des Artikels 4 Abs. 4 des Abkommens auf die Steuer anzurechnen, die über die Steuer hinaus erhoben wird, die ohne Anwendung des Artikels 4 Abs. 4 festzusetzen gewesen wäre.

2. Artikel 4 Abs. 6

Nicht als in der Schweiz ansässig gilt eine natürliche Person, die nach den Bestimmungen des Artikels 4 Abs. 1 bis 5 des Abkommens in der Schweiz ansässig wäre, wenn sie dort nicht mit allen nach dem Steuerrecht der Schweiz allgemein steuerpflichtigen Einkünften aus der Bundesrepublik Deutschland den allgemein erhobenen Steuern unterliegt („Vorzugsbesteuerung"). Das Abkommen ist daher auf eine solche Person nicht anzuwenden.

**2.0.2.4.** Nach Nr. 17 des Protokolls zu Artikel 24 und 6 bis 22 des DBA-Italien 1989 können bei deutschen Staatsangehörigen, die der erweiterten beschränkten Steuerpflicht nach § 2 AStG unterliegen, inländische Einkünfte und im Inland belegenes Vermögen unabhängig vom DBA nach den Vorschriften des deutschen Steuerrechts besteuert werden. Eine zeitliche Begrenzung besteht – abweichend von der vergleichbaren Regelung des DBA-Schweiz – nicht. Eine in Italien auf diese Einkünfte erhobene Steuer ist in entsprechender Anwendung der Vorschriften des deutschen Steuerrechts über die Anrechnung ausländischer Steuern auf die deutsche Steuer anzurechnen. Die Anrechnung erfolgt jedoch insoweit nicht, als die deutsche Steuer nach den allgemeinen Regeln des DBA erhoben werden könnte.

Die in der Italienischen Republik erhobene Einkommensteuer stellt für die Anwendung des § 2 AStG keine niedrige Besteuerung im Sinne des § 2

[1] Siehe nunmehr BMF v. 23. 11. 2015, BStBl. I S. 928 (Nr. **800** § 117/1).
[2] Siehe nunmehr BMF v. 13. 7. 2006, BStBl. I S. 461.

Abs. 2 Nr. 1 AStG dar. Das gilt jedoch nicht für Personen, die nur mit den Einkünften aus italienischen Quellen besteuert werden.

**2.1. Persönliche Voraussetzungen**

**2.1.1.** Zu den persönlichen Voraussetzungen der erweiterten beschränkten Steuerpflicht gehört, dass der Steuerpflichtige in den letzten zehn Jahren vor Ende seiner unbeschränkten Steuerpflicht als Deutscher insgesamt mindestens fünf Jahre unbeschränkt einkommensteuerpflichtig war. Die Fristen sind nach § 108 Abs. 1 AO i. V. m. §§ 187 ff. BGB zu berechnen. Es ist nur eine unbeschränkte Steuerpflicht nach § 1 Abs. 1 Satz 1 EStG zu berücksichtigen; eine unbeschränkte Steuerpflicht im Sinne des § 1 Abs. 2 und 3 und des § 1 a Abs. 1 Nr. 2 EStG ist unbeachtlich.

Im Einzelnen ist Folgendes zu beachten:

1. War der Steuerpflichtige während des maßgebenden Zehn-Jahres-Zeitraums mehrere Male im Inland unbeschränkt steuerpflichtig, sind die Zeiträume zusammenzurechnen, in denen unbeschränkte Steuerpflicht bestand. Inlandsaufenthalte, die die unbeschränkte Steuerpflicht nicht begründeten (z. B. weil sie nicht länger als sechs Monate dauerten, weil sie Besuchs-, Erholungs-, Kur- oder ähnlichen privaten Zwecken dienten oder weil der Steuerpflichtige diplomatische oder sonstige völkerrechtliche Privilegien genoss), sind nicht mitzuzählen. Andererseits sind kurzfristige Unterbrechungen eines Inlandsaufenthalts nicht abzuziehen.
2. Deutscher ist, wer die deutsche Staatsangehörigkeit besitzt oder zu den in Artikel 116 Abs. 1 Grundgesetz genannten Flüchtlingen, Vertriebenen und deren Angehörigen zählt. Die erweiterte beschränkte Steuerpflicht wird nicht dadurch ausgeschlossen, dass der Steuerpflichtige gleichzeitig die Staatsangehörigkeit eines anderen Staates besaß. Es ist unerheblich, dass er die deutsche Staatsangehörigkeit aufgegeben hat, nachdem er während des maßgeblichen Zehn-Jahres-Zeitraums als Deutscher fünf Jahre unbeschränkt steuerpflichtig war.
3. Verlegt ein Steuerpflichtiger seinen Wohnsitz mehrmals vom Inland in das Ausland und von dort in das Inland zurück, so ist bei jeder Beendigung der unbeschränkten Steuerpflicht zu prüfen, ob die persönlichen Voraussetzungen der erweiterten beschränkten Steuerpflicht nach den für diesen Wohnsitzwechsel maßgeblichen Verhältnissen gegeben sind.

**2.1.2.** Die beschränkte Steuerpflicht bezieht sich auf die einzelne Person. Daher sind Ehegatten einzeln zu veranlagen, es sei denn, es handelt sich um einen Fall im Sinne der Tz. 2.5.4.2 Satz 4. Es ist für jeden von ihnen gesondert zu ermitteln, ob die Voraussetzungen für die erweiterte beschränkte Steuerpflicht gegeben sind. Die Freibeträge oder Freigrenzen der §§ 2 und 4 AStG stehen jedem Ehegatten zu; sie können, falls ein Ehegatte sie nicht ausschöpft, nicht auf den anderen übertragen werden.

**2.2. Niedrige Besteuerung**

**2.2.1.** Die erweiterte beschränkte Steuerpflicht setzt voraus, dass der Steuerpflichtige

1. nur in niedrig besteuernden ausländischen Gebieten ansässig ist oder
2. in keinem Gebiet ansässig ist (z. B. weil er seinen Aufenthalt ständig wechselt).

Ansässig ist der Steuerpflichtige in solchen Gebieten, in denen er aufgrund eines Wohnsitzes, eines gewöhnlichen Aufenthalts oder eines anderen ähnlichen Merkmals nach dortigem Recht steuerpflichtig ist. Sofern der Steuerpflichtige nicht nach Maßgabe des § 90 Abs. 2 AO darlegt, dass er in dieser Weise in einem Gebiet steuerpflichtig ist, so ist davon auszugehen, dass er in keinem Gebiet ansässig ist.

**2.2.2.** Ein ausländisches Gebiet besteuert niedrig, wenn eine der beiden nachstehend bezeichneten Voraussetzungen gegeben ist:

1. Das ausländische Gebiet erhebt von einer unverheirateten Person bei einem Einkommen von 77 000 Euro eine Einkommensteuer, die um mehr als ein Drittel geringer ist als die deutsche Einkommensteuer (vgl. § 2 Abs. 2 Nr. 1 AStG). Nach dem Stand von 2003 trifft dies bei einem ausländischen Steuersatz von weniger als 23,78 v. H. zu. Der Betrag von 77 000 Euro ist für den Steuerbelastungsvergleich nach dem Kurs am Anfang eines Jahres in die maßgebliche ausländische Währung umzurechnen. Auf Antrag des Steuerpflichtigen kann auch der Jahresdurchschnittskurs für die Umrechnung zugrunde gelegt werden, wenn er nachweist, dass dies für ihn günstiger ist.
   Bei der in dem ausländischen Gebiet erhobenen Einkommensteuer sind die von dem ausländischen Staat oder seinen politischen Untergliederungen erhobenen Steuern vom Einkommen zu berücksichtigen. Zur deutschen Einkommensteuer zählt nicht der Solidaritätszuschlag (vgl. das zur Ergänzungsabgabe ergangene BFH-Urteil vom 30. November 1988, BStBl. 1989 II S. 365).
2. In dem ausländischen Gebiet kann dem Steuerpflichtigen eine wesentliche Vorzugsbesteuerung gewährt werden (vgl. § 2 Abs. 2 Nr. 2 AStG). Dies ist z. B. gegeben, wenn dort
   – aus dem Ausland zuziehende Personen einkommensteuerfrei sind;
   – Steuervergünstigungen (z. B. Besteuerung aufgrund ihres Verbrauchs, begünstigende Steuerverträge, Erlasse oder Steuerstundungen ohne Rücksicht auf die steuerliche Leistungsfähigkeit) erlangt werden können;
   – die Einkünfte aus den im Inland verbliebenen Wirtschaftsinteressen gegenüber anderen Einkünften bevorzugt besteuert werden.
   Es genügt, wenn die in Nr. 2 genannten Vorteile für wesentliche Teile des Einkommens gewährt werden.

Eine Vorzugsbesteuerung liegt auch vor, wenn der ausländische Staat, in dem die natürliche Person ansässig ist, nach seinem Rechtssystem gegenüber der allgemeinen Besteuerung eine Vorzugsbesteuerung einräumt, ohne dass es darauf ankommt, dass der jeweils betroffenen Person diese Vorzugsbesteuerung auch tatsächlich gewährt wird oder von Rechts wegen gewährt werden kann. Wegen der Anwendung des § 2 AStG bei Wohnsitzwechsel nach Österreich vgl. *BMF-Schreiben vom 15. März 1996, BStBl. I S. 161*[1]. Unterliegen nach dem Steuerrecht eines ausländischen Staates bei allen in seinem Gebiet ansässigen Personen die aus dem Ausland stammenden Einkünfte nicht der Besteuerung (sog. Territorialitätsprinzip), so ist hierin keine gegenüber der allgemeinen Besteuerung eingeräumte Vorzugsbesteuerung zu sehen. Das Gleiche kann gelten, wenn aus dem Ausland stammende Einkünfte allgemein, ohne weitere an die Ansässigkeit anknüpfende Voraussetzungen, nur besteuert werden, soweit sie in den Staat der Ansässigkeit überwiesen werden (Besteue-

[1] Aufgeh. durch Positivliste des BMF v. 23. 4. 2010, BStBl. I S. 391.

rung auf der sog. Remittance-Basis). Dagegen kann auch in Staaten, die die Besteuerung nach dem Territorialitätsprinzip bzw. nach der sog. Remittance-Basis durchführen, eine gegenüber der allgemeinen Besteuerung eingeräumte Vorzugsbesteuerung nicht ausgeschlossen werden.

Eine wesentliche Vorzugsbesteuerung liegt daher vor, wenn die Besteuerung nach der sog. Remittance-Basis von besonderen, an die Ansässigkeit anknüpfenden Voraussetzungen abhängig ist, z. B. bei Auslandseinkünften eines in Großbritannien ansässigen Ausländers, der zwar im Vereinigten Königreich ansässig ("resident") ist, jedoch nicht über ein britisches "domicile" verfügt.

Die Finanzverwaltung kann zur Prüfung, ob eine niedrige Besteuerung im Sinne von § 2 Abs. 2 AStG vorliegt, die Vorlage von Steuererklärungen, ausländischen Steuerbescheiden oder vergleichbaren Beweismitteln verlangen (§ 90 Abs. 2 AO). Dies gilt auch für den Steuerbelastungsvergleich nach § 2 Abs. 2 Nr. 1 AStG.

**2.2.3.** Verbleiben Zweifel, ob ein Gebiet mit niedriger Besteuerung im Sinne des § 2 Abs. 2 Nr. 1 und 2 AStG vorliegt, trifft das Bundesamt für Finanzen auf Anfrage die erforderlichen Feststellungen.

**2.2.4.** Auch bei Vorliegen der Voraussetzungen der Tz. 2.2.2 scheidet die niedrige Besteuerung aus, wenn der Steuerpflichtige nachweist, dass die bei deutscher beschränkter Steuerpflicht vom Einkommen insgesamt zu entrichtenden Steuern mindestens zwei Drittel der Einkommensteuer betragen, die der Steuerpflichtige bei unbeschränkter Steuerpflicht zu entrichten hätte. Hierbei ist Folgendes zu beachten:

1. Unter den bei deutscher beschränkter Steuerpflicht vom Einkommen insgesamt zu entrichtenden Steuern sind sowohl die Einkommensteuern, die in der Bundesrepublik Deutschland, als auch die Einkommensteuern, die im Ansässigkeitsstaat oder in Drittstaaten zu entrichten sind, zu verstehen (Istbesteuerung). Auch die nach dem Einkommen bemessene schweizerische Kirchensteuer zählt dazu.

2. Bei der Ermittlung der gesamten (deutschen und ausländischen) Einkommensteuer, die bei unbeschränkter Steuerpflicht zu entrichten wäre, sind fiktive Steuerberechnungen durchzuführen. Knüpfen bei der Ermittlung der deutschen Einkommensteuer Regelungen des innerstaatlichen deutschen Steuerrechts als Tatbestandsvoraussetzung ausdrücklich an das Inland an (Ehegattensplitting, Freibeträge nach § 32 Abs. 6 EStG, Haushaltsfreibetrag, Pflege-Pauschbetrag), so ist für Zwecke der Ermittlung der bei unbeschränkter Steuerpflicht zu entrichtenden Einkommensteuer von dem Sachverhalt auszugehen, der bei unbeschränkter Steuerpflicht des Steuerpflichtigen bestehen würde (Sollbesteuerung). Die Veranlagungswahlrechte für Ehegatten nach §§ 26 ff. EStG bleiben unberührt. Bei Ehegatten ist somit Voraussetzung, dass diese nicht dauernd getrennt leben. Ist hiernach bei unbeschränkter Steuerpflicht § 32 a Abs. 5 EStG anzuwenden, so ist zum Zwecke der Vergleichsrechnung die sich danach ergebende deutsche Einkommensteuer nach dem Verhältnis der Einkünfte des Steuerpflichtigen zu den Einkünften, die sich bei Einbeziehung der Einkünfte des Ehegatten ergeben, aufzuteilen.
   Die deutsche Steuer ist mit dem Betrag anzusetzen, der sich nach Anwendung von DBA oder des § 34 c EStG ergibt (vgl. BFH-Urteil vom 26. November 1986, BStBl. 1987 II S. 363).

3. Bei der Ermittlung der ausländischen Steuer ist nicht auf die tatsächlich entrichtete ausländische Steuer zurückzugreifen, sondern auf die ausländische Steuer, die angefallen wäre, wenn bei gleichen Einkünften der Steuerpflichtige nicht beschränkt, sondern unbeschränkt steuerpflichtig wäre, d. h. seinen Wohnsitz oder gewöhnlichen Aufenthalt im Inland hätte. Der Steuerpflichtige muss den Nachweis über die Höhe einer fiktiven ausländischen Steuer führen. Er hat den Nachteil zu tragen, wenn sich aufgrund des ausländischen Rechts nicht klären lässt, ob die für ihn günstige Rechtslage eintritt (vgl. BFH-Urteil vom 26. November 1986, BStBl. 1987 II S. 363).
4. Für die Umrechnung der ausländischen Steuerbeträge ist der amtliche Umrechnungskurs am Ende des Veranlagungszeitraums maßgebend.

Zur Vereinfachung kann bei den unter Nr. 2 und 3 genannten Vergleichsbeträgen von der fiktiven Ermittlung der ausländischen Steuer abgesehen werden. Stimmt der Steuerpflichtige einer solchen Vereinfachung zu oder ist er nicht in der Lage, den Nachweis der fiktiven ausländischen Besteuerung zu führen (vgl. oben Nr. 3), ist die deutsche Steuer anzusetzen, die für alle in- und ausländischen Einkünfte bei unbeschränkter Steuerpflicht zu entrichten wäre. Hierbei ist die deutsche Steuer vor Anrechnung ausländischer Steuern und vor Berücksichtigung von Steuerbefreiungen aufgrund von DBA zugrunde zu legen.

**2.2.5.** Weichen, wie im Falle der Schweizer Kantone Tessin, Waadt und Wallis[1], Steuererhebungszeitraum (Steuerperiode) und Steuerbemessungszeitraum voneinander ab, so gilt Folgendes:

Die erweitert beschränkt steuerpflichtigen Einkünfte sind denjenigen Steuern gegenüberzustellen, denen diese Einkünfte als Bemessungsgrundlage gedient haben. Wegen weiterer Einzelheiten wird auf Abschnitt II. Nr. 3 des zur Steuerbelastungsberechnung bei Zwischeneinkünften ergangenen *BMF-Schreibens vom 23. Mai 1980 (BStBl. I S. 282)*[2] verwiesen.

### 2.3. Wesentliche wirtschaftliche Inlandsinteressen

**2.3.1.** Ob wesentliche wirtschaftliche Inlandsinteressen im Sinne des § 2 Abs. 3 AStG bestehen, ist nach deutschem Steuerrecht zu beurteilen. Insbesondere sind bei der Prüfung, ob

1. die Einkunftsgrenze des § 2 Abs. 3 Nr. 2 AStG überschritten ist, die Grundsätze des deutschen Steuerrechts über die Ermittlung der Einkünfte anzuwenden;
2. die Vermögensgrenze des § 2 Abs. 3 Nr. 3 AStG überschritten ist, die Bestimmungen des Bewertungsgesetzes anzuwenden.

Einkünfte und Vermögenswerte, für die die deutschen Steuergesetze (DBA ausgenommen) eine Befreiung vorsehen, bleiben außer Ansatz.

**2.3.2.** Zu den Inlandsinteressen gehören grundsätzlich alle in Tz. 2.5.0.2 aufgeführten Einkünfte und in Tz. 3.1.2 i. d. F. des BMF-Schreibens vom 2. Dezember 1994 (BStBl. I Sondernummer 1/1995) aufgeführten Vermögensgegenstände. Anzusetzen sind danach insbesondere auch Dividenden, Zinsen und Lizenzgebühren, die von inländischen Schuldnern gezahlt werden, auch

---

[1] **[Amtl. Anm.:]** Alle anderen Schweizer Kantone haben auf Postnumerando-Besteuerung umgestellt (Steuerjahr = Bemessungsperiode).

[2] Aufgeh. durch Positivliste des BMF v. 23. 4. 2010, BStBl. I S. 391.

wenn sie einer ausländischen Betriebsstätte zufließen. Einkünfte aus selbständiger oder nichtselbständiger Arbeit sind nicht anzusetzen, wenn die Arbeit im Ausland ausgeübt und im Inland nur verwertet wird oder worden ist, es sei denn es handelt sich um eine Vergütung, die für eine Tätigkeit als Geschäftsführer, Prokurist oder als Vorstandsmitglied einer Gesellschaft mit Geschäftsleitung im Inland bezogen worden ist.

### 2.4. Mittelbare Inlandsinteressen

**2.4.1.** Bei der Prüfung, ob wesentliche wirtschaftliche Interessen in der Person des Wegzüglers vorliegen, sind nach § 2 Abs. 4 AStG auch Einkünfte und Vermögenswerte einer zwischengeschalteten Gesellschaft im Sinne des § 5 AStG entsprechend seiner Beteiligung einzubeziehen.

Im Unterschied zur Zurechnung nach § 5 AStG handelt es sich bei § 2 Abs. 4 AStG nicht nur um niedrig besteuerte passive Einkünfte im Sinne des § 8 AStG (vgl. Tz. 5.0.3).

**2.4.2.** Eine vergleichbare Regelung sieht das Gesetz für Einkünfte und Vermögenswerte einer Familienstiftung nach § 15 AStG nicht vor.

### 2.5. Umfang der erweiterten beschränkten Einkommensbesteuerung

### 2.5.0. Allgemeines

**2.5.0.1.** Die erweiterte beschränkte Einkommensteuerpflicht erstreckt sich über die in § 49 EStG genannten Einkünfte hinaus auf alle anderen Einkünfte, die nicht ausländische Einkünfte nach § 34 d EStG sind (sog. erweiterte Inlandseinkünfte). Dies sind, soweit nicht bereits im Rahmen des § 49 Abs. 1 EStG erfasst,

1. Einkünfte aus Gewerbebetrieb, die
   a) weder einer inländischen noch ausländischen Betriebsstätte zuzurechnen sind oder
   b) aus Bürgschafts- und Avalprovisionen erzielt werden, deren Schuldner unbeschränkt steuerpflichtig ist;
2. Einkünfte aus der Veräußerung von Wirtschaftsgütern, die zum Anlagevermögen eines ausländischen Betriebes gehören und im Inland belegen sind. Hierzu gehört auch ein nicht schon unter § 17 EStG fallender Gewinn aus der Veräußerung von Anteilen an einer Kapitalgesellschaft, die ihre Geschäftsleitung oder ihren Sitz im Inland hat;
3. Einkünfte aus Kapitalvermögen im Sinne des § 20 EStG, wenn der Schuldner unbeschränkt steuerpflichtig ist und es sich nicht um ausländische Einkünfte im Sinne des § 34 d Nr. 6 EStG handelt. Hierunter fallen z. B. Zinsen, die von Inländern auf Schuldscheindarlehen an erweitert beschränkt Steuerpflichtige gezahlt werden, wenn diese Darlehen nicht durch ausländischen Grundbesitz gesichert sind.
4. Einkünfte aus der Vermietung und Verpachtung von beweglichem Vermögen im Inland, sofern dieses nicht zu einem im Ausland belegenen Sachinbegriff gehört;

5. Einkünfte aus wiederkehrenden Bezügen im Sinne des § 22 Nr. 1 EStG, wenn der Verpflichtete unbeschränkt steuerpflichtig ist oder seinen Sitz im Inland hat;
6. Einkünfte aus privaten Veräußerungsgeschäften im Sinne des § 22 Nr. 2 EStG, wenn die veräußerten Wirtschaftsgüter nicht im Ausland belegen sind;
7. Einkünfte aus Leistungen, wenn der zur Vergütung der Leistung Verpflichtete unbeschränkt steuerpflichtig ist oder seinen Sitz im Inland hat;
8. andere Einkünfte, die das deutsche Steuerrecht (§§ 34 d, 49 EStG) weder dem Inland noch dem Ausland zurechnet (z. B. Erträge aus beweglichen Sachen, die nicht zum Anlagevermögen eines ausländischen Betriebes gehören);
9. Einkünfte, die dem Steuerpflichtigen nach § 5 AStG bzw. § 15 AStG zuzurechnen sind.

**2.5.0.2.** Unter Einbeziehung der schon im Rahmen des § 49 Abs. 1 EStG erfassten Einkünfte unterliegen damit der erweiterten beschränkten Steuerpflicht:

1. Einkünfte aus Land- und Forstwirtschaft (§§ 13 bis 14 EStG), soweit diese nicht im Ausland betrieben wird;
2. Einkünfte aus Gewerbebetrieb (§§ 15 bis 17 EStG), die erzielt werden
   a) durch eine im Inland unterhaltene Betriebsstätte oder einen im Inland bestellten ständigen Vertreter;
   b) durch den Betrieb eigener oder gecharterter Schiffe oder Luftfahrzeuge für Beförderungen zwischen inländischen Häfen oder von inländischen in ausländische Häfen (einschließlich der mit solchen Beförderungen zusammenhängenden, sich auf das Inland erstreckenden Beförderungsleistungen);
   c) aus Beförderungen und Beförderungsleistungen nach Buchstabe b von einem Unternehmen im Rahmen einer internationalen Betriebsgemeinschaft oder eines Pool-Abkommens, bei denen ein Unternehmen mit Sitz oder Geschäftsleitung im Inland die Beförderung durchführt;
   d) durch künstlerische, sportliche, artistische oder ähnliche Darbietungen im Inland oder durch deren Verwertung im Inland, einschließlich der Einkünfte aus anderen mit diesen Leistungen zusammenhängenden Leistungen, unabhängig davon, wem die Einnahmen zufließen, soweit die vorgenannten Leistungen nicht zu den Einkünften im Sinne der Nr. 3 und 4 gehören;
   e) durch die Veräußerung eines Anteils an einer Kapitalgesellschaft im Sinne des § 17 EStG, die ihren Sitz oder ihre Geschäftsleitung im Inland hat;
   f) durch die Veräußerung von unbeweglichem Vermögen, Sachinbegriffen oder Rechten im Sinne der Nr. 6, soweit sie nicht zu den Einkünften im Sinne des Buchstabens a gehören;
   g) in der in Tz. 2.5.0.1 Nr. 1 und 2 genannten Weise;
3. Einkünfte aus selbständiger Arbeit (§ 18 EStG), die im Inland ausgeübt oder verwertet wird oder worden ist, oder für die im Inland eine feste Einrichtung oder eine Betriebsstätte unterhalten wird;

4. Einkünfte aus nichtselbständiger Arbeit (§ 19 EStG), die
   a) im Inland ausgeübt oder verwertet wird;
   b) aus inländischen öffentlichen Kassen einschließlich der Kassen des Bundeseisenbahnvermögens und der Deutschen Bundesbank mit Rücksicht auf ein gegenwärtiges oder früheres Dienstverhältnis gewährt werden, ohne dass ein Zahlungsanspruch gegenüber der inländischen öffentlichen Kasse bestehen muss;
   c) als Vergütung für eine Tätigkeit als Geschäftsführer, Prokurist oder Vorstandsmitglied einer Gesellschaft mit Geschäftsleitung im Inland bezogen werden;
   d) als Entschädigung im Sinne des § 24 Nr. 1 EStG für die Auflösung eines Dienstverhältnisses gezahlt werden, soweit die für die zuvor ausgeübte Tätigkeit bezogenen Einkünfte der inländischen Besteuerung unterlegen haben;
5. Einkünfte aus Kapitalvermögen (§ 20 EStG), wenn
   a) der Schuldner unbeschränkt steuerpflichtig ist, es sei denn, es handelt sich um ausländische Einkünfte im Sinne des § 34 d Nr. 6 EStG, weil das Kapitalvermögen durch ausländischen Grundbesitz gesichert ist oder
   b) das Kapitalvermögen durch inländischen Grundbesitz, durch inländische Rechte, die den Vorschriften des bürgerlichen Rechts über Grundstücke unterliegen, oder durch Schiffe, die in ein inländisches Schiffsregister eingetragen sind, unmittelbar oder mittelbar gesichert ist;
6. Einkünfte aus Vermietung und Verpachtung (§ 21 EStG)
   a) von unbeweglichem Vermögen, wenn es im Inland belegen oder in ein inländisches öffentliches Buch oder Register eingetragen ist oder in einer inländischen Betriebsstätte verwertet oder sonst im Inland genutzt wird;
   b) von beweglichem Vermögen im Inland, sofern es nicht zu einem im Ausland belegenen Sachinbegriff gehört;
7. sonstige Einkünfte im Sinne des § 22 EStG, wenn
   a) bei wiederkehrenden Bezügen der zur Leistung Verpflichtete unbeschränkt steuerpflichtig ist;
   b) bei privaten Veräußerungsgeschäften im Sinne des § 23 EStG die veräußerten Wirtschaftsgüter nicht im Ausland belegen sind oder in einer Beteiligung an einer inländischen Kapitalgesellschaft bestehen;
   c) bei Einkünften aus Leistungen der zur Vergütung der Leistung Verpflichtete unbeschränkt steuerpflichtig ist;
8. die unter Tz. 2.5.0.1 Nr. 8 und 9 genannten Einkünfte;
9. die unter Nr. 5 bis 8 genannten Einkünfte, auch wenn sie zu einem ausländischen Betrieb gehören.

### 2.5.1. Ermittlung des zu versteuernden Einkommens

**2.5.1.1.** Auch Einkünfte, die von § 2 AStG über § 1 Abs. 4 EStG hinaus erfasst werden, sind nach deutschem Steuerrecht zu ermitteln. Hierbei dürfen Betriebsausgaben und Werbungskosten nur abgezogen werden, soweit sie mit diesen Einkünften im wirtschaftlichen Zusammenhang stehen (vgl. § 50 Abs. 1 EStG und BFH-Urteil vom 28. März 1984, BStBl. II S. 620).

**2.5.1.2.** Negative Einkünfte im Sinne des § 49 Abs. 1 EStG können sowohl mit positiven Einkünften im Sinne des § 49 Abs. 1 EStG als auch mit positiven erweitert beschränkt steuerpflichtigen Einkünften ausgeglichen werden. Negative erweitert beschränkt steuerpflichtige Einkünfte können sowohl mit positiven erweitert beschränkt steuerpflichtigen Einkünften als auch mit positiven Einkünften im Sinne des § 49 Abs. 1 EStG ausgeglichen werden. Ein Verlustabzug (§ 10 d EStG) ist sowohl gegenüber positiven erweitert beschränkt steuerpflichtigen Einkünften als auch gegenüber Einkünften im Sinne von § 49 Abs. 1 EStG zulässig, soweit die Voraussetzungen des § 50 Abs. 1 Satz 2 EStG erfüllt sind. Das Verlustausgleichsverbot nach § 50 Abs. 2 EStG gilt somit weder für Einkünfte, die dem Steuerabzug unterliegen, noch für Einkünfte im Sinne des § 20 Abs. 1 Nr. 5 und 7 EStG (BFH-Beschluss vom 3. November 1982, BStBl. 1983 II S. 259). Bei Verlustberücksichtigung darf die Mindeststeuer nach § 2 Abs. 5 Satz 3 AStG nicht unterschritten werden. Das schließt aber nicht aus, dass sich bei der erweiterten beschränkten Steuerpflicht eine niedrigere Steuer ergibt als bei beschränkter Steuerpflicht.

**2.5.1.3.** Auf Freibeträge und sonstige Abzüge finden im Übrigen die Bestimmungen über die beschränkte Steuerpflicht Anwendung (§ 50 EStG). Ehegatten werden einzeln veranlagt (§ 25 EStG), es sei denn, es handelt sich um einen Fall der Tz. 2.5.4.2 Satz 4.

### 2.5.2. In die Veranlagung einzubeziehende Einkünfte

**2.5.2.1.** In die Veranlagung zur erweiterten beschränkten Steuerpflicht sind auch Einkünfte einzubeziehen, die dem Steuerabzug vom Kapitalertrag oder dem Steuerabzug nach § 50 a EStG unterlegen haben.

**2.5.2.2.** Einkünfte, die dem Steuerabzug vom Arbeitslohn unterlegen haben, sind grundsätzlich nicht in die Veranlagung einzubeziehen; sie sind jedoch bei der Ermittlung des anzuwendenden Steuersatzes zu berücksichtigen (Tz. 2.5.3). § 39 d EStG bleibt unberührt. Ggf. ist § 50 Abs. 5 Satz 2 Nr. 2 EStG zu beachten.

### 2.5.3. Berechnung der Steuer und Anwendung des Progressionsvorbehalts

**2.5.3.1.** § 2 Abs. 5 AStG erweitert die beschränkte Steuerpflicht in der Weise, dass bei der Festsetzung des Steuersatzes neben den der erweiterten beschränkten Steuerpflicht unterliegenden Einkünften auch alle ausländischen Einkünfte des Steuerpflichtigen einzubeziehen sind (Progressionsvorbehalt; vgl. Beispiel zur Wirkung bei DBA in Tz. 2.0.2.1 Nr. 3).

**2.5.3.2.** Die zu berücksichtigenden ausländischen Einkünfte sind nach deutschem Steuerrecht zu ermitteln. Sonderausgaben – mit Ausnahme von Zuwendungen im Sinne des § 10 b EStG –, Abzüge wegen außergewöhnlicher Belastungen sowie Vergünstigungen, die nur bei unbeschränkter Steuerpflicht zu gewähren sind (z. B. Freistellung nach den DBA), werden bei der Ermittlung des anzuwendenden Steuersatzes nicht berücksichtigt. Bei der Ermittlung des Einkommensbetrags und der deutschen Steuer, die für die Berechnung des Steuersatzes maßgebend sind, dürfen ausländische Steuern nur im Rahmen des § 50 Abs. 6 EStG berücksichtigt werden.

**2.5.3.3.** Die Einkommensteuer ist nach § 32a Abs. 1 EStG zu ermitteln. Die Einkommensteuer beträgt mindestens 25 v. H. des erweitert beschränkt steuerpflichtigen Einkommens (§ 50 Abs. 3 Satz 2 EStG). Auf die Einkommensteuer sind die in Tz. 2.5.2.1 genannten Steuerabzugsbeträge anzurechnen. Da aber insgesamt die Steuerabzugsbeträge nicht unterschritten werden dürfen, kommt eine Erstattung nicht in Betracht.

### 2.5.4. Verfahrensfragen

**2.5.4.1.** Erweitert beschränkt Steuerpflichtige haben nach § 25 Abs. 3 Satz 1 EStG eine Steuererklärung über sämtliche im abgelaufenen Kalenderjahr bezogenen Einkünfte beim örtlich zuständigen Finanzamt abzugeben. Der Steuerpflichtige hat außerdem auf Verlangen des Finanzamts einen Empfangsbevollmächtigten zu benennen, wenn er die Zugangsfiktion des § 123 AO ausschließen will.

**2.5.4.2.** Beim Übergang von der unbeschränkten zur erweiterten beschränkten Steuerpflicht im Laufe eines Veranlagungszeitraums oder umgekehrt, ist nur eine Veranlagung durchzuführen (vgl. § 2 Abs. 7 Satz 3 EStG). Entsprechendes gilt beim Übergang von der beschränkten zur erweiterten beschränkten Steuerpflicht und umgekehrt. Dabei sind die im Rahmen der erweiterten beschränkten Steuerpflicht zu erfassenden Einkünfte mit einzubeziehen. In einem solchen Fall kann bei Vorliegen der entsprechenden Voraussetzungen auch eine Zusammenveranlagung von Ehegatten in Betracht kommen, wenn beide Ehegatten in einem Teil des Veranlagungszeitraums unbeschränkt steuerpflichtig waren.

## 2.6. Begrenzung auf die Steuer bei unbeschränkter Steuerpflicht

**2.6.1.** Nach § 2 Abs. 6 AStG ist die aufgrund der erweiterten beschränkten Steuerpflicht zu entrichtende Gesamtsteuer bei Nachweis durch den Steuerpflichtigen derart zu begrenzen, dass sie die bei unterstellter unbeschränkter Steuerpflicht und ausschließlichem inländischen Wohnsitz zu entrichtende deutsche Steuer nicht überschreitet.

Die bei beschränkter Steuerpflicht (d. h. die ohne Anwendung des § 2 AStG) entstehende Steuer darf allerdings nicht unterschritten werden.

**2.6.2.** Bei der Berechnung der Vergleichsbeträge ist zu beachten:

a) Die bei unbeschränkter Steuerpflicht zu entrichtende Steuer ist die Steuerschuld, die sich bei Heranziehung des gesamten Welteinkommens ergäbe. Hierbei sind auch die Steuerermäßigungen des § 34c EStG und der DBA sowie Sonderausgaben, außergewöhnliche Belastungen und tarifliche Freibeträge zu berücksichtigen, die bei alleinigem Wohnsitz im Inland abzuziehen oder zu gewähren wären. Bei Ehegatten bedeutet dies, dass bei Zusammenleben der Eheleute im Ausland der Splittingtarif anzuwenden ist. Die Veranlagungswahlrechte für Ehegatten der §§ 26ff. EStG bleiben unberührt. Die sich bei Zusammenveranlagung ergebende Steuer ist im Verhältnis der auf den jeweiligen Ehegatten entfallenden Einkünfte aufzuteilen.

b) Die bei beschränkter Steuerpflicht zu entrichtende Steuer ist grundsätzlich die ohne Anwendung des § 2 AStG zu veranlagende Steuer zuzüglich der deutschen Lohnsteuer sowie des deutschen Steuerabzugs vom Kapitalertrag und des Steuerabzugs im Sinne des § 50a EStG, es sei denn, § 50 Abs. 5 Satz 2 EStG findet Anwendung.

**2.6.3.** Bestand die erweiterte beschränkte Steuerpflicht nur für einen Teil des Jahres, so sind auch die Vergleichsberechnungen auf diesen Teil zu beziehen. Bei Ehegatten sind die Vergleichsberechnungen für jeden gesondert zu erstellen (Tz. 2.1.2). Ist in einem Fall im Sinne der Tz. 2.5.4.2 Satz 3 und 4 nur eine Veranlagung zur unbeschränkten Steuerpflicht durchzuführen, entfallen die Vergleichsberechnungen.

## 4. Erbschaft- und Schenkungsteuer

### 4.0. Erweiterte beschränkte Erbschaft- und Schenkungsteuerpflicht

Die nach § 4 AStG erweiterte beschränkte Steuerpflicht tritt ein, wenn die Steuerschuld bis zum Ablauf von zehn Jahren nach Ende des Jahres, in dem die unbeschränkte Einkommensteuerpflicht des Erblassers oder Schenkers geendet hat, entstanden ist und die Voraussetzungen des § 2 Abs. 1 Satz 1 AStG zum Zeitpunkt der Entstehung der Steuerschuld vorlagen.

Hierbei ist zu beachten, dass sich nach § 2 Abs. 1 Nr. 1 Buchstabe b ErbStG die unbeschränkte Erbschaftsteuerpflicht auch auf deutsche Staatsangehörige erstreckt, wenn diese sich zur Zeit der Ausführung der Zuwendung noch nicht länger als fünf Jahre dauernd im Ausland aufgehalten haben, ohne im Inland einen Wohnsitz zu haben (sog. erweiterte unbeschränkte Steuerpflicht). Eine erweiterte beschränkte Erbschaftsteuerpflicht kann daher erst dann eintreten, wenn der Zeitraum, in dem die erweiterte unbeschränkte Erbschaftsteuerpflicht eintreten kann, abgelaufen ist.

### 4.1. Umfang der erweiterten beschränkten Erbschaft- und Schenkungsteuerpflicht

**4.1.1.** Die erweiterte beschränkte Erbschaft- und Schenkungsteuerpflicht erstreckt sich über das in § 2 Abs. 1 Nr. 3 ErbStG i. V. m. § 121 BewG genannte Inlandsvermögen hinaus auf:

1. Kapitalforderungen gegen Schuldner im Inland;
2. Spareinlagen und Bankguthaben bei Geldinstituten im Inland;
3. Aktien und Anteile an Kapitalgesellschaften, Investmentfonds und offenen Immobilienfonds sowie Geschäftsguthaben bei Genossenschaften im Inland;
4. Ansprüche auf Renten und andere wiederkehrende Leistungen gegen Schuldner im Inland sowie Nießbrauchs- und Nutzungsrechte an Vermögensgegenständen im Inland;
5. Erfindungen und Urheberrechte, die im Inland verwertet werden;
6. Versicherungsansprüche gegen Versicherungsunternehmen im Inland;
7. bewegliche Wirtschaftsgüter, die sich im Inland befinden;
8. Vermögen, dessen Erträge nach § 5 AStG der erweiterten beschränkten Steuerpflicht unterliegen (Tz. 2.5.0.1 Nr. 9);
9. Vermögen, das nach § 15 AStG dem erweitert beschränkt Steuerpflichtigen zuzurechnen ist (Tz. 15.5).

**4.1.2.** Bei der Ermittlung der der erweiterten beschränkten Steuerpflicht unterliegenden Erwerbe kommt ein Abzug von Schulden und Lasten nur insoweit in Betracht, als diese in einer wirtschaftlichen Beziehung zu diesen Erwerben stehen (vgl. § 10 Abs. 6 ErbStG). Für die Berücksichtigung negativen Vermögens gilt Folgendes: Ergibt sich infolge des Abzugs der Schulden und Lasten ein negatives erweitertes Inlandsvermögen, so kann dieses mit dem positiven Inlandsvermögen (§ 121 BewG) verrechnet werden. Ein negatives Inlandsvermögen (§ 121 BewG) kann im umgekehrten Fall mit einem positiven erweiterten Inlandsvermögen verrechnet werden.

**4.1.3.** Der bei beschränkter Steuerpflicht vorgesehene Freibetrag in Höhe von 1100 Euro (vgl. § 16 Abs. 2 ErbStG) wird auch gewährt, wenn nur Erbschaftsteuerpflicht nach § 4 Abs. 1 AStG besteht.

### 4.2. Mindestbesteuerung

**4.2.1.** Die erweiterte beschränkte Erbschaft- oder Schenkungsteuerpflicht entfällt, wenn der Steuerpflichtige den Nachweis erbringt, dass im Ausland von dem Vermögen, das nach § 4 AStG zusätzlich besteuert wird, eine der deutschen Erbschaftsteuer entsprechende Steuer zu entrichten ist, die mindestens 30 v. H. der auf dieses Vermögen entfallenden deutschen Erbschaftsteuer beträgt. Es verbleibt dann bei der beschränkten Steuerpflicht nach § 2 Abs. 1 Nr. 3 ErbStG.

Ergibt sich nach § 2 AStG keine Steuerpflicht für den Erblasser oder Schenker, so ist § 4 Abs. 2 AStG gegenstandslos.
Bei der Berechnung der deutschen Steuer gilt bei früheren Erwerben § 14 ErbStG entsprechend.

**4.2.2.** Bei der Vergleichsberechnung sind sämtliche ausländische Steuern zu berücksichtigen, die der deutschen Erbschaft- und Schenkungsteuer entsprechen, auch soweit sie in anderen Staaten als dem ausländischen Wohnsitzstaat des Erblassers bzw. Schenkers zu entrichten sind (z. B. auch lokale Steuern von Kantonen und Gemeinden). Die auf den Teil des nach § 4 AStG zusätzlich steuerpflichtigen Erwerbs jeweils im Inland und im Ausland entfallenden Steuern sind in sinngemäßer Anwendung des § 21 Abs. 1 Satz 2 ErbStG zu ermitteln.

## 5. Zwischengeschaltete Gesellschaften

### 5.0. Allgemeines

**5.0.1.** § 5 AStG ergänzt die §§ 2 und 4 AStG. Die Vorschrift verhindert, dass die erweiterte beschränkte Steuerpflicht durch Einschaltung einer ausländischen Gesellschaft umgangen wird.

**5.0.2.** § 5 Abs. 1 AStG legt den Personenkreis fest, bei dem eine Zurechnung von Einkünften und Vermögen in Frage kommt. Daher wird nicht, wie in § 4 AStG, auf Personen im Sinne des § 2 Abs. 1 Satz 1 AStG abgestellt, sondern lediglich auf Personen, die unter § 2 Abs. 1 Satz 1 Nr. 1 AStG fallen. Es ist somit unerheblich, ob diese Personen wesentliche wirtschaftliche Interessen im Inland haben (vgl. hierzu Tz. 2.4).

**5.0.3.** Die in Tz. 5.0.2 genannten Personen müssen allein oder zusammen mit unbeschränkt Steuerpflichtigen an einer ausländischen Gesellschaft im Sinne des § 7 AStG beteiligt sein (vgl. hierzu Tz. 7). Ist diese Voraussetzung erfüllt, so werden diesen Personen die Einkünfte anteilig zugerechnet, die unter die §§ 8 und 14 AStG fallen (niedrig besteuerte passive Einkünfte) und nicht ausländische Einkünfte im Sinne des § 34 d EStG sind. Die Höhe der Einkünfte ist nach den Vorschriften des deutschen Steuerrechts zu ermitteln.

Nach § 5 Abs. 1 Satz 2 AStG wird die erweiterte beschränkte Steuerpflicht auch auf das Vermögen der ausländischen Gesellschaft ausgedehnt.

### 5.1. Zurechnung von Einkünften und Vermögenswerten

#### 5.1.1. Einkommensteuer

**5.1.1.1.** Ist eine Person im Sinne des § 2 AStG an einer ausländischen Gesellschaft im Sinne des § 7 AStG beteiligt, so sind ihr aufgrund dieser Beteiligung die von der zwischengeschalteten Gesellschaft erzielten Einkünfte, die unter Tz. 2.5.0.2 fallen und gleichzeitig Zwischeneinkünfte sind, so zuzurechnen, dass sie zwar als von der zwischengeschalteten Gesellschaft tatsächlich erzielt behandelt werden, die sich ergebenden Besteuerungsfolgen setzen jedoch bei der Person im Sinne des § 2 AStG ein. Auch negative Einkünfte sind entsprechend Tz. 2.5.1.2 zu berücksichtigen.

**5.1.1.2.** Die von der Gesellschaft erzielten Einkünfte werden der Person im Sinne des § 2 AStG als in der letzten logischen Sekunde des Wirtschaftsjahrs der Gesellschaft zugeflossen angesehen und zugerechnet.

**5.1.1.3.** Eine auf Einkünfte der Gesellschaft einbehaltene oder festgesetzte und gezahlte deutsche Steuer wird nach § 36 Abs. 2 EStG auf die nach den §§ 2 und 5 AStG zu entrichtende Einkommensteuer angerechnet.

#### 5.1.2. Erbschaftsteuer

Vermögen oder Vermögensteile, deren Erträge dem Steuerpflichtigen nach § 5 AStG zuzurechnen sind, unterliegen der erweiterten beschränkten Steuerpflicht. Das so zugerechnete Vermögen ist entsprechend der Regelung des § 97 BewG als Betriebsvermögen zu behandeln.

Liegt sowohl unter § 121 BewG fallendes Vermögen als auch erweitertes Inlandsvermögen der Gesellschaft vor, so ist es insgesamt dem erweiterten Inlandsvermögen der Person entsprechend ihrer Beteiligung zuzurechnen.

Eine auf die Vermögenswerte der Gesellschaft festgesetzte und gezahlte deutsche Erbschaftsteuer wird auf die nach den §§ 4 und 5 AStG zu entrichtende Erbschaftsteuer angerechnet.

### 5.2. Haftung des zugerechneten Vermögens

Das Vermögen, das den nach § 5 Abs. 1 AStG einer Person zuzurechnenden Einkünften zugrunde liegt, haftet nur für die von dieser Person für diese Einkünfte geschuldete Einkommensteuer.

### 5.3. Verfahren

Die Einkünfte und Vermögenswerte, die dem erweitert beschränkt Steuerpflichtigen zuzurechnen sind, sind in entsprechender Anwendung des § 18 AStG gesondert, ggf. auch einheitlich (wenn mehrere Auswanderer an der zwischengeschalteten Gesellschaft beteiligt sind), festzustellen (Tz. 18.1.1.1).

## *6. Behandlung einer Beteiligung im Sinne des § 17 EStG bei Wohnsitzwechsel ins Ausland*[1]

### *6.0. Steuerpflicht*

***6.0.1.*** *Nach § 6 AStG haben unbeschränkt Steuerpflichtige mit ihrem Übertritt in die beschränkte Steuerpflicht oder mit der Erfüllung gewisser anderer Tatbestände (§ 6 Abs. 3 AStG) den Vermögenszuwachs auf Beteiligungen an inländischen Kapitalgesellschaften nach den Grundsätzen des § 17 EStG zu versteuern. Können die stillen Reserven bereits nach anderen Bestimmungen besteuert werden (z. B. § 21 UmwStG), gehen diese dem § 6 AStG vor (vgl. BFH-Urteil vom 28. Februar 1990, BStBl. II S. 615).*

***6.0.2.*** *Die Begründung eines Zweitwohnsitzes im Ausland bei Weiterbestehen der unbeschränkten Steuerpflicht löst die Vermögenszuwachsbesteuerung nur in den Fällen des § 6 Abs. 3 Nr. 2 AStG aus.*

### *6.1. Persönliche und sachliche Voraussetzungen*

#### *6.1.1. Persönliche Voraussetzungen*

***6.1.1.1.*** *Die Anwendung des § 6 AStG setzt voraus, dass die unbeschränkte Steuerpflicht mindestens zehn Jahre bestanden hat. Es ist nicht erforderlich, dass die Person gleichzeitig auch die deutsche Staatsangehörigkeit besitzt.*

***6.1.1.2.*** *War der Steuerpflichtige bzw. sein Rechtsvorgänger (vgl. Tz. 6.2) mehrere Male im Inland ansässig, so sind die Zeiträume zusammenzuzählen, während deren unbeschränkte Steuerpflicht bestand. Zeiträume einer unbeschränkten Steuerpflicht, die vor dem 21. Juni 1948 endeten, sind aus Billigkeitsgründen hierbei nicht zu berücksichtigen.*

#### *6.1.2. Sachliche Voraussetzungen*

***6.1.2.1.*** *Die Wegzugsbesteuerung im Sinne des § 6 AStG erstreckt sich auf Anteile an inländischen Kapitalgesellschaften, für die im Zeitpunkt der Beendigung der unbeschränkten Steuerpflicht die Voraussetzungen des § 17 Abs. 1 EStG – ausgenommen die Veräußerung – erfüllt sind. Es ist danach erforderlich, dass der Steuerpflichtige an einer inländischen Gesellschaft innerhalb der letzten fünf Jahre vor dem Wegzug ins Ausland zu mindestens 1 v. H. unmittelbar oder mittelbar beteiligt war. Hierfür reicht es aus, wenn diese Beteiligung innerhalb des Fünf-Jahres-Zeitraums nur kurzfristig zu mindestens 1 v. H. bestanden hat. Im Zeitpunkt des Wegzugs können somit auch Anteile von 1 v. H. oder weniger eine Besteuerung nach § 6 AStG auslösen.*

***6.1.2.2.*** *Hat der Wegzügler die Anteile während des Fünf-Jahres-Zeitraums unentgeltlich erworben, so reicht es aus, wenn die Mindestbeteiligung in der Person des Rechtsvorgängers oder eines der Rechtsvorgänger erfüllt war.*

#### *6.1.3. Besteuerung des Vermögenszuwachses*

***6.1.3.1.*** *Der nach § 6 AStG steuerpflichtige Vermögenszuwachs unterliegt der unbeschränkten Steuerpflicht. Er ist zusammen mit anderen Einkünften, die dem Steuerpflichtigen in dem betreffenden Veranlagungszeitraum bis zum Zeitpunkt der Beendigung der unbeschränkten Steuerpflicht zugeflossen sind, zu veranlagen.*

[1] Tz. 6 nicht mehr anzuwenden; siehe BMF v. 8. 6. 2005, BStBl. I S. 714.

***6.1.3.2.*** *Bei der Ermittlung der Einkünfte sind die Vorschriften des § 17 EStG und des § 53 EStDV über die Ermittlung der Anschaffungskosten sowie 9 BewG über die Ermittlung eines gemeinen Wertes entsprechend anzuwenden. Auf den Vermögenszuwachs ist das Halbeinkünfteverfahren (§ 3 Nr. 40 Satz 1 Buchstabe c i. V. m. § 3 c Abs. 2 EStG) anzuwenden.*

***6.1.3.3.*** *§ 6 AStG gilt nur für Fälle, in denen der gemeine Wert der Anteile beim Wegzug die Anschaffungskosten übersteigt; die Bestimmung führt nicht zur Realisierung von Verlusten (vgl. BFH-Urteil vom 28. Februar 1990, BStBl. II S. 615).*

### *6.1.4. Veräußerung von Anteilen nach dem Wohnsitzwechsel*

***6.1.4.1.*** *Wird ein Anteil nach dem Wohnsitzwechsel veräußert, so unterliegt der dabei entstehende Veräußerungsgewinn nach § 49 Abs. 1 Nr. 2 Buchstabe e i. V. m. § 17 EStG der beschränkten Steuerpflicht. Hierbei ist auch der Wertzuwachs vor dem Wegzug ins Ausland in die Besteuerung einzubeziehen. Bei der Veranlagung ist der Veräußerungsgewinn um den bereits versteuerten Vermögenszuwachs zu kürzen.*

***Beispiel:***

*Der Steuerpflichtige ist am 1. Januar 1987 in das Bundesgebiet zugezogen und am 31. Dezember 1998 weggezogen. Eine Beteiligung im Sinne des § 17 EStG an einer inländischen Gesellschaft, die der Steuerpflichtige am 1. Januar 1985 für 1 Mio. DM erworben hatte, besaß am 1. Januar 1987 einen gemeinen Wert von 3 Mio. DM und am 31. Dezember 1998 von 10 Mio. DM. Sie wird am 1. Januar 2001 für 17 Mio. DM veräußert.*

*Für den Veranlagungszeitraum 1998 ist der Steuerpflichtige mit dem Wertzuwachs seit dem Zuzug in Höhe von 7 Mio. DM (= 10 Mio. DM ./. 3 Mio. DM) unbeschränkt steuerpflichtig (§ 6 AStG i. V. m. § 17 EStG). Im Veranlagungszeitraum 2001 unterliegt der gesamte Veräußerungsgewinn von 16 Mio. DM (17 Mio. DM ./. 1 Mio. DM) unter Abzug der bereits versteuerten 7 Mio. DM (§ 6 Abs. 1 letzter Satz AStG), insgesamt also 9 Mio. DM, der beschränkten Steuerpflicht (§ 49 Abs. 1 Nr. 2 Buchstabe e EStG).*

***6.1.4.2.*** *Bei einer späteren tatsächlichen Veräußerung kann sich auch bei Erzielung eines Gewinns durch die Kürzung um den bereits versteuerten Vermögenszuwachs ein Verlust ergeben.*

*Hat die Veräußerung tatsächlich zu einem Verlust geführt und war der Vermögenszuwachs bei Wegzug positiv, so ist dieser Verlust aus der tatsächlichen Veräußerung um den angesetzten positiven Vermögenszuwachs zu erhöhen.*

*War der Vermögenszuwachs bei Wegzug negativ, hat jedoch die tatsächliche Veräußerung zu einem positiven Ergebnis geführt, so ist bei Berechnung des Veräußerungsgewinns von den ursprünglichen Anschaffungskosten auszugehen (vgl. Tz. 6.1.3.3).*

***6.1.4.3.*** *§ 6 Abs. 4 und 5 AStG ist bei einer Veräußerung von Anteilen nicht anzuwenden.*

***6.1.4.4.*** *Ist der Steuerpflichtige wieder unbeschränkt steuerpflichtig geworden und veräußert er die Beteiligung im Sinne des § 17 EStG dann, so sind die Tz. 6.1.4.1 und 6.1.4.2 mit der Maßgabe anzuwenden, dass an die Stelle der beschränkten die unbeschränkte Steuerpflicht tritt. Wurde bei der Wiederbegründung der unbeschränkten Steuerpflicht eine Berichtigung nach § 6 Abs. 4 AStG durchgeführt, so entfällt die Kürzung des Veräußerungsgewinns nach Tz. 6.1.4.1.*

### *6.1.5. Auswirkung von Doppelbesteuerungsabkommen*

***6.1.5.1.*** *Die Besteuerung des Vermögenszuwachses nach § 6 AStG wird nicht dadurch ausgeschlossen, dass der Steuerpflichtige in einem Staat steuerlich ansässig wird, mit dem ein DBA besteht, und der Gewinn aus der späteren tatsächlichen Veräußerung* *des Anteils nach dem Abkommen in der Bundesrepublik Deutschland nicht besteuert werden könnte.*

***6.1.5.2.*** *Die Besteuerung des Gewinns aus der tatsächlichen Veräußerung des Anteils entfällt, wenn der Steuerpflichtige im Zeitpunkt der Veräußerung in einem Staat ansässig war, mit dem ein DBA besteht, das für diesen Gewinn das Besteuerungsrecht nur diesem Staat zuweist. Durch die Besteuerung des Gewinns aus der tatsächlichen Veräußerung im Wohnsitzstaat wird jedoch unter Umständen der nach § 6 Abs. 1 AStG bereits besteuerte Gewinn ein zweites Mal besteuert. Das kann vermieden werden, indem der Wohnsitzstaat*

*a) bei der Ermittlung des Veräußerungsgewinns an die Wertverhältnisse beim Wegzug anknüpft bzw. den Veräußerungsgewinn insoweit freistellt oder*

*b) auf seine Steuer die nach § 6 Abs. 1 AStG erhobene Steuer anrechnet.*

*Dies ist in einigen DBA ausdrücklich vorgesehen (z. B. Wertanknüpfung bei den DBA mit Italien, Kanada, Neuseeland, Österreich, der Schweiz und den USA sowie Steueranrechnung bei den DBA mit Dänemark und Schweden). Im Übrigen kann ein Verständigungsverfahren mit dem Ziel eingeleitet werden, die von einem DBA nicht beseitigte Doppelbesteuerung zu vermeiden.*

### *6.2. Unentgeltliches Rechtsgeschäft*

***6.2.1.*** *Hat ein Steuerpflichtiger Anteile durch ganz oder teilweise unentgeltliches Rechtsgeschäft (z. B. durch Schenkung, Erbvertrag, letztwillige Verfügung und Vermächtnis) erworben, so ist die Zeit, während der sein Rechtsvorgänger unbeschränkt steuerpflichtig war, nach Maßgabe des § 6 Abs. 2 AStG mit zu berücksichtigen.*

***6.2.2.*** *Sind die Anteile mehrmals nacheinander in der in § 6 Abs. 2 Satz 1 AStG bezeichneten Weise übertragen worden (z. B. in Fällen von sog. Kettenschenkungen), wird die gesamte Dauer der unbeschränkten Steuerpflicht eines jeden Rechtsvorgängers einbezogen. Dabei werden Zeiträume, in denen der Erwerber der Anteile oder ein oder mehrere Rechtsvorgänger gleichzeitig unbeschränkt steuerpflichtig waren, nach § 6 Abs. 2 Satz 3 AStG nur einmal angesetzt.*

*Ist eine Mehrheit von Personen gemeinschaftlich Inhaber der Anteile, so sind die jeweiligen Zeiträume ebenfalls nur einmal anzusetzen.*

### *6.3. Dem Wohnsitzwechsel gleichgestellte Tatbestände*

*Dem in § 6 Abs. 1 AStG geregelten Tatbestand der Beendigung der unbeschränkten Steuerpflicht durch Aufgabe des Wohnsitzes oder gewöhnlichen Aufenthalts werden folgende in § 6 Abs. 3 AStG genannte Tatbestände gleichgestellt:*

1. *Die Übertragung der Anteile an einer inländischen Kapitalgesellschaft durch ganz oder teilweise unentgeltliches Rechtsgeschäft unter Lebenden auf nicht unbeschränkt steuerpflichtige Personen. Empfänger der Anteile müssen somit beschränkt steuerpflichtige oder nicht steuerpflichtige Personen sein. Es kann sich auch um eine in- oder ausländische Personengesellschaft handeln, soweit daran nicht unbeschränkt Steuerpflichtige beteiligt sind. Auf Antrag kann die Steuer ermäßigt oder erlassen werden, wenn für die Übertragung der Anteile deutsche und/oder ausländische Erbschaftsteuer zu entrichten ist.*
2. *Die Begründung eines Wohnsitzes oder gewöhnlichen Aufenthalts oder die Erfüllung eines ähnlichen Merkmals in einem ausländischen Staat, wenn der Steuerpflichtige dadurch nach einem DBA als in diesem Staat ansässig gilt.*

*Hiervon sind die Fälle betroffen, in denen eine natürliche Person z. B. einen inländischen Wohnsitz beibehält und damit unbeschränkt steuerpflichtig bleibt, für Abkommenszwecke jedoch als im anderen Vertragsstaat ansässig gilt. Das gilt auch dann, wenn der Bundesrepublik Deutschland nach dem DBA das Besteuerungsrecht aus dem Anteilsverkauf verbleibt.*

3. *Die Einlage der Anteile an einer inländischen Kapitalgesellschaft in einen ausländischen Betrieb oder eine ausländische Betriebsstätte der unbeschränkt steuerpflichtigen Person, wenn das deutsche Besteuerungsrecht für einen etwaigen Veräußerungsgewinn nach einem DBA ausgeschlossen wird. Dabei ist es unerheblich, ob der ausländische Betrieb oder die ausländische Betriebsstätte bereits bestehen oder erst im Zeitpunkt der Einlage begründet werden. Im Einzelfall ist zu prüfen, ob nach dem jeweils maßgebenden DBA das deutsche Besteuerungsrecht für einen Gewinn aus der Veräußerung der Anteile nach deren Einlage in ein ausländisches Betriebsvermögen ausgeschlossen ist.*
4. *Der Tausch der Anteile an einer inländischen Kapitalgesellschaft gegen Anteile an einer ausländischen Kapitalgesellschaft. Ein grenzüberschreitender Anteilstausch in einen Mitgliedstaat der EU führt unter den Voraussetzungen des Umwandlungsteuergesetzes jedoch nicht zu einer Gewinnrealisierung. Bei DBA greift die Besteuerung des Vermögenszuwachses nach § 6 Abs. 3 Nr. 4 AStG ohne Rücksicht darauf ein, ob das deutsche Besteuerungsrecht für den Fall einer späteren Veräußerung der empfangenen Anteile nach einem DBA eingeschränkt ist oder nicht.*
   *Legt die steuerpflichtige Person die Anteile an einer inländischen Kapitalgesellschaft gegen Gewährung von Anteilen in eine ausländische Gesellschaft ein, deren Einkünfte beim Steuerpflichtigen der Hinzurechnungsbesteuerung nach den §§ 7ff. AStG unterliegen, so sind die übertragenen Anteile in der Hinzurechnungsbilanz der ausländischen Gesellschaft mit dem nach § 6 Abs. 1 AStG berücksichtigten gemeinen Wert anzusetzen.*

### *6.4. Vorübergehende Abwesenheit*

***6.4.1.*** *Eine vorübergehende Abwesenheit ist bei Rückkehr innerhalb von fünf Jahren nur anzunehmen, wenn bereits im Zeitpunkt des Wegzugs die Rückkehrabsicht bestand. Dies ist nach den Gesamtumständen des Einzelfalls zu beurteilen; bloße Absichtserklärungen reichen nicht aus.*

***6.4.2.*** *Wenn der Steuerpflichtige glaubhaft macht, dass berufliche Gründe für seine Abwesenheit maßgebend sind und seine Rückkehrabsicht unverändert fortbesteht, kann das Finanzamt diese Frist um bis zu fünf Jahre verlängern.*

***6.4.3.*** *Bei vorübergehender Abwesenheit wird die Steuerschuld, die sich nach § 6 Abs. 1 bis 3 AStG ergibt, endgültig oder vorläufig festgesetzt. Nach Rückkehr ist ein endgültiger Bescheid nach § 175 Abs. 1 Satz 1 Nr. 2 AO aufzuheben, ein vorläufiger Bescheid nach § 165 Abs. 2 AO zu ändern.*

### *6.5. Stundung*

***6.5.1.*** *Die Vorschrift des § 6 Abs. 5 AStG stellt eine besondere Stundungsregelung für die aus der Besteuerung des Vermögenszuwachses im Sinne des § 6 AStG geschuldete Einkommensteuer dar; insoweit wird die allgemeine Stundungsregelung des § 222 AO erweitert.*

*Bei einer Stundung nach § 6 Abs. 5 AStG können auch Zinsen nach § 234 Abs. 1 AO erhoben werden (BFH-Urteil vom 16. Oktober 1991, BStBl. 1992 II S. 321).*

***6.5.2.*** *In Fällen einer nur vorübergehenden Abwesenheit im Sinne des § 6 Abs. 4 AStG ist eine Stundung jeweils für die Dauer dieser Abwesenheit auszusprechen. Dies kann im Einzelfall auch eine Stundung von weniger als fünf Jahren bedeuten, wenn mit einer vorzeitigen Rückkehr der betreffenden Person zu rechnen ist. Umgekehrt kann der Stundungszeitraum im Einzelfall auch mehr als fünf Jahre betreffen, wenn die Frist der vorübergehenden Abwesenheit nach § 6 Abs. 4 zweiter Halbsatz AStG verlängert wurde, allerdings höchstens zehn Jahre.*

## 7. Beteiligung an ausländischen Zwischengesellschaften

### 7.0. Hinzurechnungsbesteuerung

**7.0.1.** Die §§ 7 bis 12 und 14 AStG (Hinzurechnungsbesteuerung) erstrecken die Steuerpflicht unbeschränkt Steuerpflichtiger auf Einkünfte, die durch passiven Erwerb ausländischer Gesellschaften anfallen und einer niedrigen Besteuerung unterliegen (Zwischeneinkünfte).

**7.0.2.** Im Verhältnis zu anderen Bestimmungen ist das Folgende zu beachten:

1. Die §§ 7 bis 12 und 14 AStG lassen eine eigene unbeschränkte Steuerpflicht ausländischer Gesellschaften im Inland unberührt (vgl. BFH-Urteil vom 23. Juni 1992, BStBl. II S. 972); die Hinzurechnungsbesteuerung greift dann nicht ein.
2. Die Hinzurechnungsbesteuerung erstreckt sich nicht auf Einkünfte, die bei dem Steuerpflichtigen infolge anderer Vorschriften zu erfassen sind (z. B. nach den §§ 39 oder 41 AO).
3. § 42 AO geht den §§ 7 bis 12 und 14 AStG vor, soweit sich der Missbrauch aus allgemeinen Merkmalen ergibt. Dies setzt allerdings voraus, dass die gewählte Gestaltung auch bei einer Bewertung am Gesetzeszweck der §§ 7 bis 12 und 14 AStG sich noch als Missbrauch von Gestaltungsmöglichkeiten des Rechts darstellt (BFH-Urteil vom 23. Oktober 1991, BStBl. 1992 II S. 1026). Um § 42 AO anwenden zu können, müssen deshalb weitere Umstände hinzutreten, die die Gestaltung als Manipulation kennzeichnen, z. B. das Fehlen einer eigenen wirtschaftlichen Funktion von nur formal in die Einkünfteerzielung eingeschalteten ausländischen Gesellschaften (insbesondere Briefkastengesellschaften). Das bloße Erzielen von

*(Fortsetzung nächste Seite)*

Einkünften aus passivem Erwerb löst hingegen für sich genommen nur eine Hinzurechnungsbesteuerung aus, rechtfertigt jedoch noch keinen Missbrauchsvorwurf. Im Ergebnis enthalten die §§ 7 bis 12 und 14 AStG innerhalb ihres Regelungsbereichs eine dem § 42 AO vorgehende Sonderregelung (vgl. BFH-Urteile vom 23. Oktober 1991, BStBl. 1992 II S. 1026, und vom 10. Juni 1992, BStBl. II S. 1029).

4. § 42 AO ist anwendbar, wenn durch den Missbrauch von Gestaltungsmöglichkeiten des Rechts die §§ 7 bis 12 und 14 AStG umgangen werden (vgl. auch die Klarstellung durch § 42 Abs. 2 AO i. d. F. des Steueränderungsgesetzes 2001).

**7.0.3.** Die §§ 7 bis 12 und 14 AStG lassen eine beschränkte Steuerpflicht der ausländischen Zwischengesellschaft hinsichtlich ihrer Inlandseinkünfte unberührt.

Die danach erhobene deutsche Steuer wird nach § 12 AStG auf die deutschen Steuern vom Hinzurechnungsbetrag angerechnet (vgl. Tz. 12.1.2).

**7.0.4.** Geschäfte anderer Personen mit einer Zwischengesellschaft (z. B. die Veräußerung eines Patents durch einen Inländer an eine ihm nahe stehende Zwischengesellschaft) sind nach den allgemeinen Vorschriften zu beurteilen.

## 7.1. Steuerpflicht inländischer Gesellschafter

**7.1.1.** Der Hinzurechnungsbesteuerung unterliegen unbeschränkt Steuerpflichtige, denen eine Beteiligung am Nennkapital einer ausländischen Gesellschaft unmittelbar gehört oder (z. B. aufgrund der §§ 39, 41 und 42 AO) steuerlich zuzurechnen ist (Inlandsbeteiligte). Diese Voraussetzung muss am Ende des maßgebenden Wirtschaftsjahrs der ausländischen Gesellschaft bestehen.

**7.1.2.** Sind unbeschränkt Steuerpflichtige an einer ausländischen Gesellschaft mittelbar, d. h. über eine andere ausländische Gesellschaft beteiligt (§ 7 Abs. 2 Satz 2 AStG), so werden die in der erstgenannten Gesellschaft anfallenden Zwischeneinkünfte der anderen Gesellschaft nach § 14 AStG zugerechnet (Tz. 14.1) und fallen damit bei den unbeschränkt Steuerpflichtigen in die Hinzurechnungsbesteuerung. Das setzt voraus, dass die Beteiligungen an beiden ausländischen Gesellschaften die Voraussetzungen des § 7 Abs. 2 AStG erfüllen.

## 7.2. Mindestbeteiligung

**7.2.1.** Zur Feststellung, ob die Mindestbeteiligung im Sinne des § 7 Abs. 2 AStG gegeben ist, sind anzusetzen:

1. Anteile (Stimmrechte), die unbeschränkt Steuerpflichtigen unmittelbar gehören oder ihnen (z. B. aufgrund der §§ 39, 41 und 42 AO) steuerlich zuzurechnen sind; dazu gehören auch Anteile von
   a) Körperschaften, Personenvereinigungen und Vermögensmassen, die persönlich nach § 5 KStG von der Körperschaftsteuer befreit sind;
   b) Personen, die auch in einem anderen Staat nach dem dortigen Recht unbeschränkt steuerpflichtig sind, selbst wenn sie nach dem anzuwendenden DBA in diesem anderen Staat als ansässig gelten;

2. Anteile (Stimmrechte) von Personen, bei denen die persönlichen Voraussetzungen des § 2 AStG (vgl. Tz. 2.1) gegeben sind und die in einem niedrig besteuernden Gebiet ansässig sind (Tz. 2.2), es sei denn, die Frist für die erweiterte beschränkte Steuerpflicht ist abgelaufen;
3. Mittelbare Beteiligungen, d. h. der nach § 7 Abs. 2 AStG zu ermittelnde Bruchteil von Anteilen (Stimmrechten) an der ausländischen Gesellschaft, die eine Person im Sinne der Nr. 1 und 2 über nicht unbeschränkt steuerpflichtige Körperschaften, Personenvereinigungen, Vermögensmassen oder Personengesellschaften hält;
4. Anteile (Stimmrechte), die von im Inland oder im Ausland errichteten Personengesellschaften gehalten werden, und zwar mit dem Teil, der auf die an ihnen unmittelbar oder mittelbar beteiligten Personen im Sinne der Nr. 1 und 2 entfällt.

**7.2.2.** Bei der Berechnung des Vomhundertsatzes, den die Beteiligungen der Inländer ausmachen, ist von den gesamten ausgegebenen Anteilen der ausländischen Gesellschaft auszugehen. Eigene Anteile, die die ausländische Gesellschaft selbst hält, sind wie nicht ausgegebene Anteile zu behandeln. Gleiches gilt für Anteile, durch die ausländische Gesellschaften wechselseitig oder im Ring aneinander beteiligt sind.

**Beispiel:**

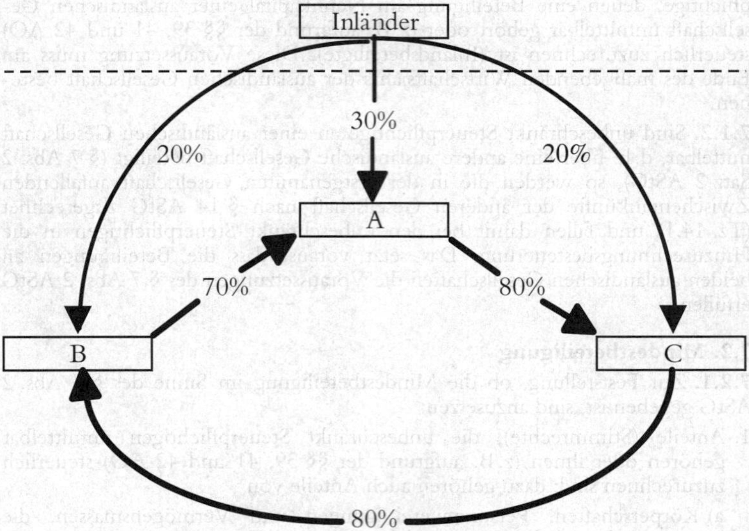


Nach den vorstehenden Grundsätzen liegt eine volle Beteiligung durch den Inländer vor.

### 7.3. Beteiligungen über Personengesellschaften

Sind unbeschränkt Steuerpflichtige an einer Personengesellschaft beteiligt, die ihrerseits an einer ausländischen Gesellschaft beteiligt ist, so gelten sie als an der ausländischen Gesellschaft beteiligt (§ 7 Abs. 3 AStG). Dies gilt auch für Beteiligungen, die über ausländische Personengesellschaften gehalten werden (vgl. BFH-Urteil vom 30. August 1995, BStBl. 1996 II S. 122). Die Zwischeneinkünfte sind der Personengesellschaft hinzuzurechnen (vgl. Tz. 18.1.1.2).

### 7.4. Weisungsgebundenheit

**7.4.1.** Ob einem Steuerpflichtigen Anteile an einer ausländischen Gesellschaft zuzurechnen sind, richtet sich grundsätzlich nach Zivilrecht. Es sind jedoch die §§ 39 bis 42 AO zu beachten.

**7.4.2.** Die Voraussetzungen für eine Zurechnung nach § 7 Abs. 1 AStG i.V.m. § 39 AO können insbesondere dann gegeben sein, wenn ein Inländer Anteile von einem Rechtsanwalt, Notar, einem Kreditinstitut oder einer anderen Zwischenstelle aufgrund eines Treuhandverhältnisses oder einer anderen Beziehung so halten lässt, dass er selbst die tatsächliche Herrschaft über die Beteiligung in der Weise ausübt, dass er den formalen Eigentümer im Regelfall für die gewöhnliche Nutzungsdauer von der Einwirkung auf das Wirtschaftsgut wirtschaftlich ausschließen kann. Unerheblich ist, ob der Inländer den formalen Eigentümer von dieser Einwirkung tatsächlich ausgeschlossen hat. Eine Zurechnung nach § 7 Abs. 1 AStG i.V.m. § 42 AO ist begründet, wenn auf die Einschaltung des formalen Eigentümers § 42 AO anzuwenden ist. Sind hierzu natürliche Personen eingeschaltet, so ist die Rechtsprechung des BFH über die Einschaltung von Gesellschaften entsprechend heranzuziehen.

**7.4.3.** Bei der Berechnung der Mindestbeteiligung nach § 7 Abs. 2 AStG sind über die nach Tz. 7.4.1 und 7.4.2 zuzurechnenden Beteiligungen hinaus auch Anteile oder Stimmrechte zu berücksichtigen, die eine Person hält, die den Weisungen des unbeschränkt Steuerpflichtigen so zu folgen hat oder so folgt, dass ihr kein eigener wesentlicher Entscheidungsspielraum bleibt. Es ist erforderlich, aber auch genügend, dass die Weisungsbefugnis oder das Weisungsverhalten sich auf die Beteiligung selbst bezieht (z.B. auf die Ausübung des Stimmrechts bei Hauptversammlungen). Für die Hinzurechnung der Einkünfte ist jedoch die Beteiligung am Nennkapital maßgebend (vgl. BFH-Urteil vom 26. Oktober 1983, BStBl. 1984 II S. 258).

### 7.6. Kapitalanlagegesellschaften

**7.6.1.** Neben den Fällen des § 7 Abs. 1 AStG unterliegen Einkünfte mit Kapitalanlagecharakter, für die die ausländische Gesellschaft Zwischengesellschaft ist, bereits dann der Hinzurechnungsbesteuerung, wenn ein unbeschränkt Steuerpflichtiger mindestens zu 1 v.H. an der Zwischengesellschaft beteiligt ist. Tz. 7.2 gilt sinngemäß. Eine Beherrschung der ausländischen Gesellschaft durch unbeschränkt Steuerpflichtige und Personen im Sinne des § 2 AStG ist dann nicht erforderlich. Eine Hinzurechnungsbesteuerung entfällt nur im Rahmen der Bagatellregelung des § 7 Abs. 6 Satz 2 AStG. Dabei ist auf das Verhältnis der Bruttoerträge mit Kapitalanlagecharakter zu den Bruttoerträgen aus allen Zwischeneinkünften abzustellen. Für die Ermittlung der Bruttoerträge gilt Tz. 9.0.1. Die Freigrenze des § 9 AStG bei gemischten Einkünften bleibt unberührt.

**7.6.2.** Die Hinzurechnungsbesteuerung greift auch bei einer Beteiligung von weniger als 1 v. H., wenn die ausländische Gesellschaft ausschließlich oder fast ausschließlich Bruttoerträge erzielt, die Zwischeneinkünften mit Kapitalanlagecharakter zugrunde liegen, es sei denn, dass mit der Hauptgattung der Aktien der ausländischen Gesellschaft ein wesentlicher und regelmäßiger Handel an einer anerkannten Börse stattfindet (Börsenklausel). Das Tatbestandsmerkmal „fast ausschließlich" ist erfüllt, wenn die Bruttoerträge, die den Zwischeneinkünften mit Kapitalanlagecharakter zugrunde liegen, 90 v. H. der gesamten Bruttoerträge übersteigen (vgl. BFH-Urteil vom 30. August 1995, BStBl. 1996 II S. 122). Unter Hauptgattung der Aktien sind die Aktien zu verstehen, die das Aktienkapital repräsentieren und in der Regel auch Stimmrechte verleihen. Von diesen Aktien muss ein nicht unbedeutender Teil an einer anerkannten Börse ohne weiteres gehandelt werden können. Von einer anerkannten Börse ist auszugehen, wenn sie die Genehmigung der zuständigen Aufsichtsbehörde hat. Der Steuerpflichtige muss im Zweifelsfall im Rahmen seiner erhöhten Mitwirkungspflicht (§ 90 Abs. 2 AO) das Vorliegen der im letzten Halbsatz genannten Voraussetzungen nachweisen, wenn er sich auf die Börsenklausel beruft.

**7.6.3. Die Zwischeneinkünfte mit Kapitalanlagecharakter sind nach § 10 Abs. 1 bis 4 AStG zu ermitteln.**

**7.6.4.** Nach § 7 Abs. 6a AStG handelt es sich bei den Zwischeneinkünften mit Kapitalanlagecharakter um niedrig besteuerte Einkünfte aus passivem Erwerb einer ausländischen Gesellschaft, die aus dem Halten, der Verwaltung, Werterhaltung oder Werterhöhung von Zahlungsmitteln, Forderungen, Wertpapieren, Beteiligungen (mit Ausnahme der in § 8 Abs. 1 Nr. 8 und 9 AStG genannten Einkünfte) oder ähnlichen Vermögenswerten stammen. Dies sind Einkünfte im Sinne des § 20 EStG. Dazu zählen u. a. auch Einkünfte aus Finanzierungsleasing (Hinweis auf Tz. 8.1.6.4), soweit es sich nicht um eine Vermietungstätigkeit handelt, Factoring, Finanzinnovationen und Termingeschäften, es sei denn, der Steuerpflichtige weist das Vorliegen der Ausnahme in § 7 Abs. 6a 2. Halbsatz AStG nach. Zu den Einkünften mit Kapitalanlagecharakter gehören auch entsprechende Veräußerungsgewinne und -verluste, ebenso wie den Einkünften mit Kapitalanlagecharakter funktional zuzuordnende Nebenerträge, z. B. aus Sicherungsgeschäften.

Keine Zwischeneinkünfte mit Kapitalanlagecharakter sind Einkünfte im Sinne des § 8 Abs. 1 Nr. 3 AStG aus Kapitalanlagen der Kreditinstitute oder Versicherungsunternehmen, ausgenommen aus Tätigkeiten im Sinne des § 1 Abs. 1 Nr. 6 Kreditwesengesetz (KWG). Das Gleiche gilt für Einkünfte im Sinne des § 8 Abs. 1 Nr. 7 AStG.

Die Grundsätze der funktionalen Betrachtungsweise (Tz. 8.0.2) gelten entsprechend.

### 7.7. Vorrang des Auslandinvestment-Gesetzes[1)]

Einkünfte, für die die ausländische Gesellschaft Zwischengesellschaft ist, unterliegen nicht der Hinzurechnungsbesteuerung, wenn auf sie die steuerlichen Vorschriften des Auslandinvestment-Gesetzes in der jeweils geltenden Fassung anzuwenden sind. Die Vorschriften über die Hinzurechnungsbesteuerung bleiben jedoch unberührt, wenn die Anwendung der Vorschriften des Auslandinvestment-Gesetzes dazu führen, dass die nach diesem Gesetz zu erfassenden Ausschüttungen oder ausschüttungsgleichen Erträge von der Bemessungsgrundlage auszunehmen sind, weil Steuerbefreiung aufgrund eines DBA beansprucht werden kann (DBA-Schachtelprivileg).[2)]

### 8. Einkünfte von Zwischengesellschaften

### 8.0. Aktive Tätigkeit und passiver Erwerb

**8.0.1.** Als Einkünfte aus passivem Erwerb unterliegen der Hinzurechnungsbesteuerung solche Einkünfte, die nicht aus aktiven Tätigkeiten im Sinne des § 8 Abs. 1 Nr. 1 bis 9 AStG stammen und die einer niedrigen Besteuerung unterliegen. Die Frage, welche Tätigkeiten einer ausländischen Gesellschaft zuzurechnen sind, ist nach den allgemeinen ertragsteuerlichen Grundsätzen zu beurteilen. Danach ist eine Tätigkeit demjenigen zuzurechnen, für dessen Rechnung sie ausgeübt wird (BFH-Urteil vom 1. Juli 1992, BStBl. 1993 II S. 222). Die Qualifizierung der Einkünfte ist nach den tatsächlichen Verhältnissen vorzunehmen. Es ist dabei ohne Bedeutung, zu welcher Einkunftsart im Sinne des § 2 Abs. 1 EStG die Einkünfte gehören.

**8.0.2.** Bei einer ausländischen Gesellschaft, die aktiver Tätigkeit nachgeht, können Einkünfte anfallen, die – für sich betrachtet – Einkünfte aus passivem Erwerb sind. Wirtschaftlich zusammengehörende Tätigkeiten sind dann einheitlich zu subsumieren (funktionale Betrachtungsweise). Dabei ist die Tätigkeit maßgebend, auf der nach allgemeiner Verkehrsauffassung das wirtschaftliche Schwergewicht liegt (vgl. BFH-Urteil vom 16. Mai 1990, BStBl. II S. 1049). Danach sind im Rahmen einer aktiven Gesamttätigkeit anfallende betriebliche Nebenerträge den Einkünften aus der aktiven Tätigkeit zuzuordnen (vgl. *Abschn. 76 Abs. 9 KStR 1995*[3)]). Diese Tatsachen sind vom Steuerpflichtigen nach § 90 Abs. 2 AO darzulegen. Betriebliche Nebenerträge in diesem Sinne sind gegeben, wenn die Einkünfte nach der Verkehrsauffassung zu einer aktiven Tätigkeit gehören und bei dieser das wirtschaftliche Schwergewicht liegt (z. B. Einkünfte aus für die aktive Tätigkeit notwendigen Finanzmitteln, Einkünfte aus der Vermietung von Werkswohnungen oder der

---

1) **[Amtl. Anm.:]** Für Zwischeneinkünfte, die in Wirtschaftsjahren der ausländischen Gesellschaft entstanden sind, die nach dem 31. Dezember 2003 begonnen haben, gilt der Vorrang des Investmentsteuergesetzes (§ 21 Abs. 12 AStG). Danach unterliegen Einkünfte, für die die ausländische Gesellschaft Zwischengesellschaft ist, nicht der Hinzurechnungsbesteuerung, wenn die Einkünfte nach den Vorschriften des Investmentsteuergesetzes steuerpflichtig sind. Satz 2 bleibt unberührt mit der Maßgabe, dass an die Stelle des Auslandinvestment-Gesetzes das Investmentsteuergesetz tritt.

2) **[Amtl. Anm.:]** Satz 2 bezieht sich auf die Gesetzesfassung, die für Zwischeneinkünfte anzuwenden ist, die in Wirtschaftsjahren der ausländischen Gesellschaft entstanden sind, die nach dem 31. Dezember 2002 begonnen haben (§ 21 Abs. 11 AStG).

3) Abschn. 76 entfallen seit KStR 2004.

Verpachtung von Vorratsgelände eines ausgeübten Gewerbebetriebs). Einkünfte sind in vollem Umfang dem passiven Erwerb zuzurechnen, wenn sie zwar durch eine aktive Tätigkeit mitverursacht sind, die passive Tätigkeit aber nach der Verkehrsauffassung einen Bereich mit eigenständigem wirtschaftlichen Schwergewicht darstellt.

**8.0.3.** Wird die ausländische Gesellschaft im Rahmen eines einheitlichen Vertrages tätig, so sind die darunter von ihr erbrachten Leistungen im Einzelnen nach Tz. 8.0.1 und 8.0.2 zu qualifizieren. Eine einheitliche Behandlung ist nur insoweit möglich, als sich die einzelnen Leistungen nach allgemeiner Verkehrsauffassung als Einheit darstellen.

**8.0.4.** Ist die ausländische Gesellschaft an einer Personengesellschaft beteiligt, so sind für die Zwecke des § 8 AStG die aus dem Beteiligungsverhältnis fließenden Einkünfte so zu behandeln, als habe die ausländische Gesellschaft die Tätigkeiten selbst ausgeübt, aus denen der maßgebliche Gewinn der Personengesellschaft stammt (vgl. BFH-Urteil vom 16. Mai 1990, BStBl. II S. 1049).

## 8.1. Zwischeneinkünfte

### 8.1.1. Land- und Forstwirtschaft

Die Land- und Forstwirtschaft im Sinne des § 8 Abs. 1 Nr. 1 AStG umfasst die land- und forstwirtschaftliche Tätigkeit der ausländischen Gesellschaft einschließlich der Veräußerung des dafür eingesetzten Vermögens.

### 8.1.2. Industrielle Tätigkeit

**8.1.2.1.** Die Herstellung, Bearbeitung, Verarbeitung oder Montage von Sachen, die Erzeugung von Energie sowie das Aufsuchen und die Gewinnung von Bodenschätzen (industrielle Tätigkeit) stehen als aktive Tätigkeit außerhalb der Hinzurechnungsbesteuerung. Tz. 8.1.1 gilt für sie entsprechend.

**8.1.2.2.** Hat die ausländische Gesellschaft Waren erworben, be- oder verarbeitet und weiterveräußert, so liegt in vollem Umfang industrielle Tätigkeit vor, wenn durch die Be- oder Verarbeitung nach der Verkehrsauffassung ein Gegenstand anderer Marktgängigkeit entstanden ist und die Ware von der ausländischen Gesellschaft nicht nur geringfügig behandelt worden ist; eine Aufspaltung in industrielle Tätigkeit und Handel (§ 8 Abs. 1 Nr. 4 AStG) kommt nicht in Betracht. Kennzeichnen, Umpacken, Umfüllen, Sortieren, das Zusammenstellen von erworbenen Gegenständen zu Sachgesamtheiten und das Anbringen von Steuerzeichen gelten hierbei nicht als Be- oder Verarbeitung. Sind die vorstehend genannten Voraussetzungen nicht erfüllt, so liegt in vollem Umfang Handel vor (Tz. 8.1.4).

### 8.1.3. Kreditinstitute und Versicherungsunternehmen

**8.1.3.1.** Kreditinstitute sind gewerbliche Unternehmen, die Geschäfte im Sinne des § 1 Abs. 1 KWG und andere, nach der Verkehrsauffassung der Kreditwirtschaft zuzurechnende Geschäfte in kreditwirtschaftlicher Weise betreiben.

**8.1.3.2.** Versicherungsunternehmen sind gewerbliche Unternehmen, die Versicherungsgeschäfte im Sinne des § 1 Versicherungsaufsichtsgesetz in versicherungswirtschaftlicher Weise betreiben.

**8.1.3.3.** Die Holdingtätigkeit, die Vermögensverwaltung sowie die Übernahme von Finanzaufgaben innerhalb eines Konzerns, insbesondere zum Zwecke des Risikoausgleichs, und vergleichbare Tätigkeiten sind keine Bank- oder Versicherungsgeschäfte. Der Ankauf und die Einziehung von Forderungen (Factoring) ist dann nicht als Betrieb eines Kreditinstituts zu werten, wenn der Forderungserwerb ausschließlich oder überwiegend von verbundenen Unternehmen erfolgt, denn eine kreditwirtschaftliche Tätigkeit setzt typischerweise eine Verbindung verschiedener Geschäfts- und Kundenrisiken voraus. Zum Betrieb von Kreditinstituten gehören nicht Tätigkeiten im Sinne des § 1 Abs. 1 Nr. 6 KWG.

**8.1.3.4.** Werden im Zusammenhang mit dem Betrieb von Bank- und Versicherungsgeschäften Mittel in Grundstücken, Beteiligungen und ähnlichen Vermögenswerten angelegt, so sind die Einkünfte daraus als Nebenerträge im Sinne der Tz. 8.0.2 zu behandeln, soweit eine bank- oder versicherungsübliche Kapitalanlage unter Beachtung des Grundsatzes der Risikostreuung vorliegt.

**8.1.3.5.** Kreditinstitute oder Versicherungsunternehmen unterhalten einen für ihre Geschäfte in kaufmännischer Weise eingerichteten Betrieb, wenn die Unternehmen sachlich und personell so ausgestattet sind, dass sie mit Fremden Bank- oder Versicherungsgeschäfte in einem ein Kreditinstitut oder Versicherungsunternehmen begründenden Umfang abschließen und ausführen können. Eine aktive Tätigkeit scheidet jedoch auch in diesem Fall aus, wenn die in Betracht stehenden Bank- oder Versicherungsgeschäfte überwiegend (d. h. zu mehr als 50 v. H.) betrieben werden mit

a) unbeschränkt Steuerpflichtigen, die nach § 7 AStG an dem Unternehmen beteiligt sind, oder/und
b) unbeschränkt oder beschränkt steuerpflichtigen Personen, die dem unbeschränkt Steuerpflichtigen im Sinne des Buchstabens a nahe stehen.

**8.1.3.6.** Bank- oder Versicherungsgeschäfte werden insbesondere dann überwiegend mit diesem Personenkreis betrieben, wenn entweder das Aktiv- oder Passivgeschäft oder beide mit diesem Personenkreis betrieben werden. Untergeordnete Geschäfte mit Dritten bleiben außer Ansatz, wenn sie für sich ein Kreditinstitut oder Versicherungsunternehmen nicht tragen können. Versicherungsunternehmen, die Risiken des Konzerns versichern, betreiben selbst dann das damit zusammenhängende Gesamtgeschäft mit Nahestehenden, wenn sie die damit übernommenen Risiken bei Fremden rückversichern. Wird das Aktiv- oder Passivgeschäft in nicht nur unerheblichem Maße mit Dritten betrieben, so ist nach den Umständen des Einzelfalls festzustellen, ob die Geschäfte mit Dritten oder mit Inlandsbeteiligten oder diesen nahe stehenden Personen überwiegen. Hierbei sind die Geschäfte nach wirtschaftlichen Gesichtspunkten zu gewichten, wobei auf die Bedeutung der mit ihnen zusammenhängenden Wirtschaftsgüter in der Bilanz zurückgegriffen werden kann. Die Geschäfte mit dem in Tz. 8.1.3.5 genannten Personenkreis sind stets schädlich, wenn sie nicht der Mischung von Geschäfts- und Kundenrisiken oder dem Grundsatz der Risikomischung entsprechen, die die Verkehrsauffassung bei einer kredit- oder versicherungswirtschaftlichen Tätigkeit voraussetzt. Das gilt insbesondere dann, wenn eine Zwischengesellschaft Bank- oder Versicherungsgeschäfte fast ausschließlich mit ihren Gesellschaftern oder denen nahe stehenden Personen betreibt.

**8.1.3.7.** Durch Zwischenschaltung fremder Dritter können Einkünfte aus passivem Erwerb nicht vermieden werden. Dies ist z. B. der Fall, wenn die

Zwischengesellschaft Risiken des Konzerns rückversichert, die sie von einem konzernfremden Erstversicherer übernimmt.

### 8.1.4. Handel

#### 8.1.4.1. Handel als passiver Erwerb

**8.1.4.1.1.** Nach Maßgabe des § 8 Abs. 1 Nr. 4 AStG gehört der Handel zum passiven Erwerb, soweit die Verfügungsmacht an der Ware der ausländischen Gesellschaft von einem inländischen Gesellschafter oder einer diesem nahe stehenden Person, die mit ihren Einkünften hieraus im Inland steuerpflichtig ist, verschafft wird. Entsprechendes gilt, soweit die Verfügungsmacht an der Ware von der ausländischen Gesellschaft einem inländischen Gesellschafter oder einer solchen nahe stehenden Person verschafft wird.[1]

Auch in diesen Fällen liegt kein passiver Erwerb vor, wenn nachgewiesen wird, dass

1. das Handelsgeschäft von der ausländischen Gesellschaft im Rahmen eines „qualifizierten Geschäftsbetriebs“ (Tz. 8.1.4.2) getätigt worden ist und
2. bei diesem Handelsgeschäft keine „schädliche Mitwirkung“ eines Inlandsbeteiligten oder einer nahe stehenden Person (Tz. 8.1.4.3) vorgelegen hat (Warenvertrieb oder -bezug über ausländische Vertriebs- bzw. Einkaufsgesellschaften).

**8.1.4.1.2.** Als Handel gilt auch die Tätigkeit des Kommissionärs. Ist die ausländische Gesellschaft als Makler oder als Handelsvertreter tätig, so sind die Bestimmungen über die Dienstleistungen anzuwenden (Tz. 8.1.5).

**8.1.4.1.3.** Eine nahe stehende Person ist mit ihren Einkünften aus dem Handel mit der Zwischengesellschaft im Inland steuerpflichtig, wenn sie mit diesen Einkünften unbeschränkt oder beschränkt steuerpflichtig ist (vgl. BFH-Urteil vom 29. August 1984, BStBl. 1985 II S. 120). Das gilt auch im Falle erweiterter beschränkter Steuerpflicht nach § 2 AStG.

#### 8.1.4.2. Kaufmännischer Geschäftsbetrieb und Teilnahme am allgemeinen wirtschaftlichen Verkehr

**8.1.4.2.1.** Die ausländische Gesellschaft unterhält einen in kaufmännischer Weise eingerichteten Geschäftsbetrieb („qualifizierter Geschäftsbetrieb“), wenn sie sachlich und personell so ausgestattet ist, dass sie unter Teilnahme am allgemeinen wirtschaftlichen Verkehr die in Betracht stehenden Handelsgeschäfte vorbereiten, abschließen und ausführen kann. Die Teilnahme am allgemeinen Wirtschaftsverkehr muss von dem Geschäftsbetrieb der ausländischen Gesellschaft selbst ausgehen, der zu den Einkünften führt. Eine mittelbare Teilnahme am Wirtschaftsverkehr über abhängige Konzerngesellschaften genügt nicht (vgl. das zum Dienstleistungsbereich ergangene BFH-Urteil vom 29. August 1984, BStBl. 1985 II S. 120).

**8.1.4.2.2.** Eine Teilnahme am allgemeinen wirtschaftlichen Verkehr liegt vor, wenn sich die Gesellschaft in ihrem Geschäftsbetrieb bei den in Betracht stehenden Handelsgeschäften in nicht nur unerheblichem Umfang an eine unbestimmte Anzahl von Personen wendet. Dabei genügt es, wenn sich die

[1] **[Amtl. Anm.:]** Für Wirtschaftsjahre, die bis einschließlich 31. Dezember 2002 begonnen haben, ist das Schreiben vom 2. Dezember 1994, BStBl. I Sondernummer 1/1995 anzuwenden.

Gesellschaft nur beim Verkauf oder beim Einkauf der Ware an eine unbestimmte Anzahl von Personen wendet, die Waren aber ausschließlich von einem ihr nahe stehenden Unternehmen bezieht oder an ein solches Unternehmen liefert.

**8.1.4.2.3.** Eine Teilnahme am allgemeinen wirtschaftlichen Verkehr liegt auch vor, wenn sich die unbestimmte Anzahl der Kunden aufgrund des Gegenstands der in Betracht stehenden Geschäftstätigkeit auf einen engen Personenkreis beschränkt. Ebenso ist die Begrenzung auf einen engen Kundenkreis unschädlich, wenn sich die ausländische Gesellschaft nicht auf einen fest begrenzten Personenkreis festlegt, sondern ihr Geschäftsbetrieb auf Kundenwechsel angelegt ist (vgl. BFH-Urteil vom 29. August 1984, BStBl. 1985 II S. 120). Unschädlich ist es, wenn der Kundenkreis einer ausländischen Gesellschaft, die Ersatzteile liefert, sich auf Personen beschränkt, die Abnehmer eines der Gesellschaft nahe stehenden Unternehmens sind.

**8.1.4.3. Eigene Mitwirkung**

**8.1.4.3.1.** Eine Person wirkt an einem Handelsgeschäft der ausländischen Gesellschaft mit, wenn sie Tätigkeiten ausübt, die nach ihrer Funktion Teil der Vorbereitung, des Abschlusses oder der Ausführung der in Betracht stehenden Geschäfte dieser Gesellschaft sind. Dies gilt auch dann, wenn das Entgelt für diese Leistungen wie unter unabhängigen Dritten bemessen worden ist. Fallen im Rahmen einer aktiven Handelstätigkeit einzelne Geschäfte von untergeordneter Bedeutung an, an denen ein Inlandsbeteiligter oder eine nahe stehende Person mitwirkt, kann insoweit eine Prüfung, ob passiver Erwerb vorliegt, unterbleiben. Es ist jedoch § 1 AStG zu beachten.

Eine Person wirkt mit, wenn sie z.B. für die ausländische Gesellschaft den Vertrieb übernimmt, den Vertretereinsatz leitet, deren Finanzierungsaufgaben übernimmt oder deren Handelsrisiko trägt.

**8.1.4.3.2.** Eine Mitwirkung liegt z.B. nicht vor, wenn ein Hersteller oder Lieferant bei Geschäften, deren Vorbereitung, Abschluss oder Ausführung im Übrigen von der ausländischen Gesellschaft wahrgenommen wird, in einer zwischen voneinander unabhängigen Handelsunternehmen geübten Weise

1. Waren allgemein oder im Einzelfall unmittelbar an Abnehmer der ausländischen Gesellschaft versendet (Streckengeschäft) oder der ausländischen Gesellschaft Waren, die in seinem Eigentum verbleiben, zur Weiterveräußerung überlässt (z.B. Lieferung an ein bei der ausländischen Gesellschaft unterhaltenes Konsignationslager);
2. den Abnehmern der ausländischen Gesellschaft Nebenleistungen erbringt, die nach der Verkehrsauffassung zur sachgerechten Lieferung notwendig sind (z.B. technische Einweisung der Kunden durch den Hersteller);
3. für die von dem Hersteller oder Lieferanten hergestellten oder gelieferten Waren allgemein wirbt, ohne hierbei mit den Kunden der Handelsgesellschaft Kontakt aufzunehmen (z. B. Werbekampagnen bei Markenartikeln).

Eine handelsübliche Tätigkeit als Zulieferer, wie die unmittelbare Auslieferung durch den Hersteller oder die Sicherstellung zeitlicher Liefervorgaben durch die Abnehmer (z.B. bei „Just-in-time-Lieferung"), ist unschädlich; § 1 AStG ist zu beachten.

### 8.1.5. Dienstleistungen

### 8.1.5.1. Dienstleistungen als passiver Erwerb

**8.1.5.1.1.** Nach Maßgabe des § 8 Abs. 1 Nr. 5 AStG gehört das Bewirken von Dienstleistungen durch die ausländische Gesellschaft zum passiven Erwerb, soweit

1. die Leistung erbracht wird, indem die ausländische Gesellschaft sich eines Inlandsbeteiligten oder einer nahe stehenden Person bedient (Tz. 8.1.5.2.1). Dabei ist es unerheblich, ob die ausländische Gesellschaft einen „qualifizierten Geschäftsbetrieb" unterhält, oder
2. ein Inlandsbeteiligter oder eine nahe stehende Person die Leistung empfängt. Soweit nur dieser Tatbestand in Betracht steht, scheidet passiver Erwerb aus, wenn nachgewiesen wird, dass die Leistungen im Rahmen eines „qualifizierten Geschäftsbetriebs" der Gesellschaft erbracht sind und der Inlandsbeteiligte oder die nahe stehende Person nicht mitgewirkt hat. Finanzdienstleistungen innerhalb eines Konzerns führen zu passivem Erwerb, es sei denn, sie fallen unter § 8 Abs. 1 Nr. 3 oder Nr. 7 AStG.

Einkünfte aus dem Ankauf und der Einziehung von Forderungen (echtes Factoring) erfüllen nicht den Tatbestand der Dienstleistung im Sinne des § 8 Abs. 1 Nr. 5 AStG, denn der Einzug von gekauften Forderungen stellt die bloße Verwaltung eigenen Vermögens dar. Die Einkünfte sind damit solche aus passivem Erwerb.

**8.1.5.1.2.** Auf die Dienstleistungserbringung in Fällen des § 8 Abs. 1 Nr. 5 Buchstabe b AStG ist Tz. 8.1.4.2 entsprechend anzuwenden.

**8.1.5.2.** Leistungserbringung durch Dienste Anderer

**8.1.5.2.1.** Die ausländische Gesellschaft bedient sich einer Person für die in Betracht stehende Dienstleistung, wenn sie diese Person heranzieht, um eigene Verpflichtungen zum Erbringen oder zum Verschaffen dieser Dienstleistung ganz oder zu einem nicht nur unwesentlichen Teil zu erfüllen. Es genügt, wenn die herangezogene Person nicht selbst, sondern durch den Einsatz von Personal oder von Einrichtungen an der Dienstleistung mitwirkt. Die Person kann als Arbeitnehmer oder auf andere Weise (z.B. als Selbständiger) herangezogen werden; es kann sich bei ihr auch um eine Kapitalgesellschaft handeln.

**8.1.5.2.2.** Eine nahe stehende Person ist mit ihren Einkünften aus der von ihr beigetragenen Leistung im Inland steuerpflichtig, wenn sie mit den Einkünften aus ihrem Leistungsbeitrag für die ausländische Gesellschaft unbeschränkt oder beschränkt steuerpflichtig ist (vgl. BFH-Urteil vom 29. August 1984, BStBl. 1985 II S. 120). Das gilt auch im Falle erweiterter beschränkter Steuerpflicht nach § 2 AStG.

### 8.1.5.3. Eigene Mitwirkung

**8.1.5.3.1.** Eine ausländische Gesellschaft erbringt einer Person eine Dienstleistung, wenn die Person die Leistung unmittelbar empfängt oder einem Dritten erbringen lässt.

**8.1.5.3.2.** Eine Mitwirkung an den zur Dienstleistung gehörenden Tätigkeiten liegt vor, wenn eine Person Tätigkeiten ausübt, die nach ihrer Funktion zum Bewirken dieser Leistung gehören, insbesondere indem sie sich durch das Zurverfügungstellen von Personal oder Einrichtungen an der Leistung beteiligt oder indem sie die Planung der Leistung ganz oder zu einem nicht nur unwesentlichen Teil übernimmt. Dies gilt auch dann, wenn das Entgelt für diese Leistung wie unter unabhängigen Dritten bemessen worden ist. Fallen im Rahmen einer aktiven Tätigkeit einzelne Geschäfte von untergeordneter Bedeutung an, an denen ein Inlandsbeteiligter oder eine nahe stehende Person mitwirkt, kann insoweit eine Prüfung, ob passiver Erwerb vorliegt, unterbleiben. Es ist jedoch § 1 AStG zu beachten.

**8.1.6. Vermietung und Verpachtung**

**8.1.6.1.** Nach Maßgabe des § 8 Abs. 1 Nr. 6 AStG gehören Vermietung und Verpachtung zum passiven Erwerb, wenn nicht eine der drei folgenden Ausnahmen vorliegt:

1. die Verwertung eigener Forschungs- oder Entwicklungsarbeit, die ohne schädliche Mitwirkung unternommen wurde;
2. die Vermietung und Verpachtung von Grundbesitz, wenn die Einkünfte daraus bei unmittelbarem Bezug durch den Steuerpflichtigen aufgrund eines DBA steuerfrei wären und
3. die Vermietung und Verpachtung beweglicher Sachen im Rahmen eines „qualifizierten Geschäftsbetriebs", ohne dass eine schädliche Mitwirkung vorliegt.

**8.1.6.2.** Auf Vermietung und Verpachtung beweglicher Sachen ist Tz. 8.1.4.2 entsprechend anzuwenden.

**8.1.6.3.** Eine Person wirkt an der Vermietung oder Verpachtung von beweglichen Sachen der ausländischen Gesellschaft mit, wenn sie Tätigkeiten ausübt, die nach ihrer Funktion Teil der gewerbsmäßigen Vermietung oder Verpachtung sind. So ist z.B. eine Mitwirkung gegeben, wenn eine Person für eine ausländische Gesellschaft deren Bestandhaltung und Finanzierungsaufgaben übernimmt oder den Abschluss der Miet- oder Pachtverträge vermittelt. Tz. 8.1.5.3.2 Satz 2 und 3 gelten entsprechend.

**8.1.6.4.** Finanzierungs-Leasing ist keine Vermietung und Verpachtung, sondern ein Kreditgeschäft, soweit der Leasing-Gegenstand nach den bestehenden Grundsätzen dem Leasing-Nehmer zuzurechnen ist.

**8.1.7. Aufnahme und Ausleihe von Auslandskapital**

**8.1.7.1.** Kapitalaufnahme und Kapitalausleihe sind nur dann aktiver Erwerb, wenn die ausländische Gesellschaft das Kapital nachweislich ausschließlich auf ausländischen Kapitalmärkten aufgenommen und als Darlehen im Ausland gelegenen Betrieben (Betriebsstätten), die ausschließlich oder fast ausschließlich Bruttoerträge aus aktivem Erwerb beziehen, oder im Inland gelegenen Betrieben (Betriebsstätten) unmittelbar zugeführt hat. Andernfalls liegt passiver Erwerb vor.

**8.1.7.2.** Das Kapital ist im Sinne des § 8 Abs. 1 Nr. 7 AStG auf ausländischen Kapitalmärkten aufgenommen, wenn es

1. aus der Emission von Anleihen ausschließlich auf ausländischen Kapitalmärkten stammt,
2. durch Aufnahme von Darlehen bei ausländischen Kreditsammelstellen beschafft ist oder
3. sonst auf ausländischen Kapitalmärkten von Personen zur Verfügung gestellt ist, die im Ausland ansässig sind,

und keine mittelbare Kreditaufnahme auf dem inländischen Kapitalmarkt vorliegt. Bei der Kapitalaufnahme muss die aufnehmende Gesellschaft selbst an den ausländischen Kapitalmarkt herangetreten sein. Es genügt nicht, wenn Nahestehende im Sinne des § 1 AStG als Treuhänder oder Vertreter in die Kapitalaufnahme eingeschaltet sind, ohne dass diese den Kapitalgebern offen legen, in wessen Interesse sie tätig werden. Kapital, das von Personen, die dem Steuerpflichtigen oder der ausländischen Gesellschaft nahe stehen, zur Verfügung gestellt wird, gilt nicht als auf ausländischen Kapitalmärkten aufgenommen. Wirkt bei der Emission von Anleihen ein Anleihekonsortium, dem Inländer angehören, in banküblicher Weise mit, so ist dies unschädlich, sofern die Anleihe tatsächlich auf den ausländischen Kapitalmärkten untergebracht wird.

**8.1.7.3.** Eine Kapitalzuführung im Sinne des § 8 Abs. 1 Nr. 7 AStG liegt vor, wenn die ausländische Gesellschaft das Kapital einem(r) im Inland unterhaltenen Betrieb (Betriebsstätte) oder einem(r) im Ausland unterhaltenen Betrieb (Betriebsstätte) darlehensweise überlässt, im letzteren Fall unter der zusätzlichen Voraussetzung, dass die Einrichtung ihre Bruttoerträge nachweislich ausschließlich oder fast ausschließlich aus Tätigkeiten im Sinne des § 8 Abs. 1 Nr. 1 bis 6 AStG bezieht. Eine darlehensweise Zuführung ist nicht gegeben, wenn das Kapital von der ausländischen Gesellschaft zum Erwerb von Beteiligungen oder diesen gleichstehenden Rechten oder für Einlagen verwendet wird.

Ist die darlehensweise Zuführung nach der direkten Methode dem aufgenommenen Kapital nicht zuzuordnen, ist die Gesamtsumme der nicht zuzuordnenden Darlehen im Verhältnis von Eigenkapital einschließlich angesammelter Erträge zu Fremdkapital nach der indirekten Methode aufzuteilen und der dem Fremdkapital entsprechende Anteil der begünstigten Kapitalvergabe zuzuordnen.

Nach § 8 Abs. 1 Nr. 7 AStG ist Voraussetzung, dass das Kapital im Ausland unterhaltenen Betrieben oder Betriebsstätten zugeführt wird, die ihre Bruttoerträge ausschließlich oder fast ausschließlich aus aktiver Tätigkeit erzielen. Dabei ist auf die Verhältnisse des Wirtschaftsjahrs abzustellen, in dem die ausländische Gesellschaft als Darlehensgeber die entsprechenden Einkünfte aus der Hingabe des Kapitals erzielt. Das bedeutet, dass im Einzelfall die Qualifizierung der Einkünfte aus der Darlehenshingabe von Wirtschaftsjahr zu Wirtschaftsjahr beim Darlehensgeber wechseln kann, je nach dem, ob der Darlehensnehmer in seinem Betrieb oder seiner Betriebsstätte Bruttoerträge ausschließlich oder fast ausschließlich aus aktiven Tätigkeiten erzielt.

### 8.1.8. Gewinnausschüttungen

Gewinnausschüttungen im Sinne des § 8 Abs. 1 Nr. 8 AStG sind Ausschüttungen (einschließlich verdeckter Gewinnausschüttungen) einer Kapitalgesellschaft. Dazu gehören auch Einnahmen aus der Veräußerung von Dividendenscheinen im Sinne des § 20 Abs. 2 Satz 1 Nr. 2 Buchstabe a EStG. Kapitalgesellschaften sind die in § 1 Abs. 1 Nr. 1 KStG genannten inländischen Kapitalgesellschaften und die ihnen entsprechenden ausländischen Rechtsgebilde (vgl. BFH-Urteil vom 23. Juni 1992, BStBl. II S. 972). Die §§ 3c Abs. 1 EStG und 8b Abs. 5 KStG sind nicht anzuwenden, weil nicht steuerfreie bzw. außer Ansatz zu lassende Einnahmen zu ermitteln, sondern Einkünfte dem aktiven oder passiven Bereich zuzuordnen sind. Aufwendungen, die mit aktiven Gewinnausschüttungen im Sinne des § 8 Abs. 1 Nr. 8 AStG in wirtschaftlichem Zusammenhang stehen, z. B. Schuldzinsen für ein Darlehen zum Erwerb der Beteiligung, sind bei der Ermittlung der Einkünfte aus passivem Erwerb nicht zu berücksichtigen (§ 10 Abs. 4 AStG, Tz. 10.1.3).

### 8.1.9. Veräußerungen, Auflösungen und Kapitalherabsetzungen

Gewinne aus der Veräußerung von Anteilen an einer nachgeschalteten Gesellschaft sind grundsätzlich aktive Einkünfte, soweit der Steuerpflichtige nachweist, dass der Gewinn Wirtschaftsgütern der nachgeschalteten Gesellschaft zuzuordnen ist, die nicht der Erzielung von Zwischeneinkünften mit Kapitalanlagecharakter dienen. Nachzuweisen ist insbesondere die Zusammensetzung der Wirtschaftsgüter bezogen auf die Tätigkeitsbereiche und Einkunftsquellen der nachgeordneten Gesellschaft. Dies gilt entsprechend, wenn der Veräußerungsgewinn Wirtschaftsgütern einer Gesellschaft zuzuordnen ist, an der die nachgeschaltete Gesellschaft ihrerseits beteiligt ist. Wird der Nachweis nicht erbracht, fällt der Veräußerungsgewinn in voller Höhe in die Hinzurechnungsbesteuerung.

Verluste aus der Veräußerung von Anteilen an einer nachgeschalteten Gesellschaft können bei der Ermittlung des Hinzurechnungsbetrages nur berücksichtigt werden, wenn der Steuerpflichtige nachweist, dass der Verlust Wirtschaftsgütern der nachgeordneten Gesellschaft zuzuordnen ist, die der Erzielung von Zwischeneinkünften mit Kapitalanlagecharakter dienen.

## 8.3. Niedrige Besteuerung

### 8.3.1. Ertragsteuerbelastung

**8.3.1.1.** Die Einkünfte der ausländischen Gesellschaft aus passivem Erwerb unterliegen der Hinzurechnungsbesteuerung, wenn die Gesamtbelastung durch Ertragsteuern (Ertragsteuerbelastung) unter 25 v. H. liegt (§ 8 Abs. 3 AStG). Zur Ertragsteuerbelastung gehören alle zu Lasten der ausländischen Gesellschaft im Staat ihres Sitzes, ihrer Geschäftsleitung oder einem Drittstaat (z. B. Steuern einer Betriebsstätte) erhobenen Ertragsteuern.

**Beispiel:**
Eine niedrige Besteuerung kann sich dadurch ergeben, dass die ausländische Gesellschaft in einem hoch besteuernden Land für passive Einkünfte gezielte Steuervergünstigungen in Anspruch nimmt (vgl. BFH-Urteil vom 20. April 1988, BStBl. II S. 986). Bloße zeitliche Verlagerungen der Steuerpflicht durch im Ausland allgemein übliche Abschreibungssätze oder ähnliche Regelungen, die sich in überschaubarer Zeit ausgleichen, können außer Ansatz bleiben.

**8.3.1.2.** Ertragsteuern im Sinne des § 8 Abs. 3 AStG sind alle Steuern vom Gesamteinkommen oder von Teilen des Einkommens, einschließlich der Steuern vom Gewinn aus der Veräußerung beweglichen oder unbeweglichen Vermögens sowie der Steuern vom Vermögenszuwachs. Zu berücksichtigen sind derartige Steuern auch dann, wenn sie nach § 34 c EStG oder § 26 KStG nicht angerechnet werden können, z. B. weil sie nach den Gesetzen einer Provinz, eines Kantons oder einer anderen Gebietskörperschaft erhoben werden. Steuern, die bei der ausländischen Gesellschaft zu Lasten Dritter einbehalten werden (z. B. Kapitalertragsteuern von ihren Gewinnausschüttungen), bleiben außer Ansatz. Die besonderen Verhältnisse in der Schweiz werden im

*BMF-Schreiben vom 23. Mai 1980, BStBl. I S. 282*[1], behandelt (siehe auch BFH-Urteil vom 15. März 1995, BStBl. II S. 502). Wegen der inzwischen eingetretenen Änderungen im Schweizer Steuerrecht Hinweis auf Tz. 2.2.5.

Eine ausländische Gesellschaft, die Zwischeneinkünfte erzielt, wird nicht deshalb niedrig besteuert, weil ihre Einkünfte im Rahmen einer Gruppenbesteuerung (z. B. Organschaft, Konsolidierung) bei einer anderen Gesellschaft besteuert werden. Erzielt eine ausländische Gesellschaft, die einem Konsolidierungskreis angehört, Zwischeneinkünfte, ist die auf die Zwischeneinkünfte entfallende anteilige Ertragsteuerbelastung für diese Gesellschaft gesondert zu ermitteln. Dabei gelten die Grundsätze der Tz. 8.3.2 entsprechend.

**8.3.2. Ermittlung der Ertragsteuerbelastung**

**8.3.2.1.** Die Ertragsteuerbelastung ist durch die Gegenüberstellung der nach deutschem Steuerrecht ermittelten Zwischeneinkünfte und den von der ausländischen Gesellschaft entrichteten Steuern zu ermitteln (vgl. Tz. 10.1.1.1). Freiwillige Steuerzahlungen sind nicht zu berücksichtigen. Die Ertragsteuerbelastung entspricht in der Regel dem Satz der Ertragsteuer des Sitzstaats. Bei der Feststellung der Ertragsteuerbelastung ist nicht nur der allgemeine Tarif, sondern es sind auch in Betracht kommende Vorzugssätze und Befreiungen für Einkünfte aus passivem Erwerb oder für Gesellschaften ohne aktive Tätigkeit und die Steuerbemessungsgrundlage zu berücksichtigen.

**8.3.2.2.** Das Bundesministerium der Finanzen ermittelt im Einvernehmen mit den obersten Finanzbehörden der Länder die für die Anwendung des § 8 Abs. 3 AStG in Betracht kommenden Gebiete, in denen Steuersätze oder Vorzugssätze unter 25 v. H. oder Steuerbefreiungen im Sinne der Tz. 8.3.2.1 bestehen.

Anlage 1 — Die Anlage 1 enthält eine Zusammenstellung der Sätze der Ertragsteuern, der Steuervergünstigungen und Privilegien in Gebieten, die für die Anwendung der §§ 7 bis 12 und 14 AStG besonders in Betracht kommen.

Anlage 2 — Einen Überblick über weitere Gebiete enthält die Anlage 2.

**8.3.2.3.** Beträgt der nach Tz. 8.3.2.1 zugrunde zu legende Satz weniger als 25 v. H., so kann die Ertragsteuerbelastung gleichwohl über dieser Grenze liegen, insbesondere weil

1. die ausländische Gesellschaft mögliche Vorzugssätze oder Befreiungen nicht beansprucht hat oder
2. die in Betracht kommenden Einkünfte in einem ausländischen Staat mit einem Betrag in die Steuerbemessungsgrundlage einbezogen worden sind, der höher ist, als er bei Anwendung des deutschen Steuerrechts anzusetzen wäre.

In diesen Fällen ist die Ertragsteuerbelastung durch eine Belastungsberechnung (Tz. 8.3.2.1 Satz 1) zu ermitteln.

**8.3.2.4.** Beträgt der nach Tz. 8.3.2.1 zugrunde zu legende Satz 25 v. H. oder mehr, so kann die Ertragsteuerbelastung gleichwohl unter dieser Grenze liegen, insbesondere weil

1. die ausländische Gesellschaft besondere Ermäßigungen und Befreiungen erhalten hat (z. B. auf der Grundlage von Steuerverträgen) oder

[1] Aufgeh. durch Positivliste des BMF v. 23. 4. 2010, BStBl. I S. 391.

2. die in Betracht kommenden Einkünfte im Ausland mit einem Betrag in die Steuerbemessungsgrundlage einbezogen worden sind, der niedriger ist, als er bei Anwendung des deutschen Steuerrechts anzusetzen wäre.

In diesen Fällen ist die Ertragsteuerbelastung durch eine Belastungsberechnung (Tz. 8.3.2.1 Satz 1) zu ermitteln.

**8.3.2.5.** Bei der Belastungsberechnung bleibt außer Betracht, dass die ausländische Steuer deshalb unter der Mindestgrenze des § 8 Abs. 3 AStG liegt, weil bei der Besteuerung eines Jahres Verluste desselben Jahres oder früherer oder späterer Jahre berücksichtigt worden sind (Verlustabzug, -vortrag oder -rücktrag).

**8.3.2.6.** Für Zwecke der Belastungsberechnung ist nicht zu beanstanden, wenn Wirtschaftsgüter, die einem von der ausländischen Gesellschaft unter Teilnahme am allgemeinen wirtschaftlichen Verkehr unterhaltenen „qualifizierten Geschäftsbetrieb" (Tz 8.1.4.2) des Handels, der Dienstleistungserbringung oder der Vermietung oder Verpachtung von beweglichen Sachen dienen, nach Vorschriften des ausländischen Steuerrechts bewertet worden sind, die den allgemeinen deutschen Gewinnermittlungsvorschriften entsprechen und im Ausland allgemein der dortigen Besteuerung zugrunde gelegt werden. Dies darf nicht zu einem offensichtlich unzutreffenden Ergebnis bei der Belastungsberechnung führen.

### 8.3.3. Niedrige Besteuerung bei gemischten Einkünften

Bei ausländischen Gesellschaften mit gemischten Einkünften gelten die vorstehenden Regelungen entsprechend. Für eine Belastungsberechnung sind die Steuern der ausländischen Staaten zu ermitteln, die auf die Einkünfte aus passivem Erwerb entfallen. Bei der dazu notwendigen Aufteilung der Steuern ist folgendermaßen zu verfahren:

1. Sind im Ausland bestimmte Einkünfte freigestellt, begünstigt oder erhöht besteuert worden, so ist hinsichtlich dieser Einkünfte die ausländische Steuer mit dem Betrag anzusetzen, der unter Berücksichtigung dieser Vorteile/Nachteile tatsächlich auf sie entfällt.
2. Für die verbleibenden Einkünfte ist die Reststeuer anteilig zu berücksichtigen.

Bei der Aufteilung sind die Einkünfte aus aktiver Tätigkeit und aus passivem Erwerb in der Höhe zu berücksichtigen, in der sie der Besteuerung im Ausland zugrunde liegen.

## 9. Freigrenze bei gemischten Einkünften

### 9.0.1. Freigrenze nach dem Bruttoertrag

Unter Bruttoerträgen sind die Solleinnahmen ohne durchlaufende Posten und ohne eine evtl. gesondert ausgewiesene Umsatzsteuer zu verstehen. Sie sind aus der Gewinn- und Verlustrechnung der ausländischen Gesellschaft abzuleiten. Ermittelt diese ihren Gewinn nach § 4 Abs. 3 EStG, ist auf die Isteinnahmen abzustellen. Verdeckte Einlagen lösen keine Bruttoerträge aus Tätigkeiten im Sinne des § 8 Abs. 1 Nr. 1 bis 7 AStG aus (BFH-Urteil vom 1. Juli 1992, BStBl. 1993 II S. 222).

### 9.0.2. Absolute Freigrenze von 62 000 Euro

**9.0.2.1.** Die absolute Freigrenze des § 9 AStG bezieht sich auf den Hinzurechnungsbetrag im Sinne des § 10 Abs. 1 AStG, der anzusetzen wäre, wenn die Freigrenze nicht bestünde. Dabei sind Zwischeneinkünfte einer nachgeschalteten Zwischengesellschaft, die einer ausländischen Gesellschaft nach § 14 AStG zuzurechnen sind, mit zu berücksichtigen.

**9.0.2.2.** Die Freigrenze wird überschritten

1. hinsichtlich der Gesellschaft als solcher, falls die Hinzurechnungsbeträge für sämtliche Inlandsbeteiligte den Betrag von 62 000 Euro übersteigen;
2. hinsichtlich eines Inlandsbeteiligten, wenn die Hinzurechnungsbeträge für alle ausländischen Gesellschaften, an denen er beteiligt ist, den Betrag von 62 000 Euro übersteigen. Dies schließt nicht aus, dass andere Inlandsbeteiligte, die an der Gesellschaft beteiligt sind, die Freigrenze in Anspruch nehmen können.

**9.0.2.3.** Die absolute Freigrenze richtet sich, soweit sie sich auf die Gesellschaft bezieht, nach dem für sie maßgebenden Wirtschaftsjahr, soweit sie sich auf einen Inlandsbeteiligten bezieht, richtet sie sich nach dem Veranlagungszeitraum, in dem die in Betracht stehenden Hinzurechnungsbeträge anzusetzen sind.

## 10. Hinzurechnungsbetrag

### 10.0. Übersicht

**10.0.1.** Bei der Ermittlung der Bemessungsgrundlage für die Anwendung der §§ 7 bis 12 und 14 AStG sind

1. die gesamten Einkünfte der Zwischengesellschaft aus passivem Erwerb (abzüglich Steuern) zu ermitteln; Verluste sind abzuziehen (§ 10 Abs. 3 Satz 5 AStG);
2. die nach § 12 AStG anrechenbaren Steuern zu ermitteln;
3. die sich daraus ergebenden Beträge auf die einzelnen Inlandsbeteiligten (Hinzurechnungsverpflichteten) aufzuteilen.

Zur Berücksichtigung von Einkünften, die nach § 14 AStG anzusetzen sind, vgl. Tz. 14.

**10.0.2.** Die Einzelschritte bei Ermittlung der Besteuerungsgrundlagen für die Anwendung der §§ 7 bis 12 und 14 AStG ergeben sich aus den Berechnungsübersichten in Anlage 3.

**10.0.3.** Über die für die Anwendung der §§ 7 bis 12 und 14 AStG wesentlichen Rechtsfolgen ist durch einheitliche und gesonderte Feststellung nach § 18 AStG zu entscheiden (vgl. hierzu Tz. 18).

### 10.1. Ermittlung des Hinzurechnungsbetrags

#### 10.1.1. Ermittlung der Einkünfte aus passivem Erwerb

**10.1.1.1.** Für die Hinzurechnungsbesteuerung sind die gesamten Einkünfte der ausländischen Zwischengesellschaft zu ermitteln, die aus passivem Erwerb stammen. Für die Ermittlung der Einkünfte gelten die Vorschriften des deutschen Steuerrechts entsprechend (§ 10 Abs. 3 AStG). Dabei ist § 8 a KStG nicht anzuwenden. Auf die Ermittlung der dem Hinzurechnungsbetrag zugrunde liegenden Einkünfte findet § 1 AStG keine Anwendung (vgl. BFH-Urteil vom 20. April 1988, BStBl. II S. 868). Soweit aus Geschäftsbeziehungen zu der ausländischen Zwischengesellschaft beim Inlandsbeteiligten eine Einkunftsberichtigung nach § 1 AStG erfolgt, ist bei der Ermittlung der Einkünfte der Zwischengesellschaft eine entsprechende Gegenberichtigung vorzunehmen (vgl.

Tz. 1.5.2 des BMF-Schreibens vom 23. Februar 1983, BStBl. I S. 218[1]; bestätigt durch das BFH-Urteil vom 19. März 2002, BStBl. II S. 644).

**10.1.1.2.** Entspricht die ausländische Gesellschaft nach Rechtsform und Betätigung den in § 8 Abs. 2 KStG genannten Steuerpflichtigen, so sind die gesamten Einkünfte grundsätzlich als Einkünfte aus Gewerbebetrieb zu behandeln. Betreibt die Gesellschaft nur Vermögensverwaltung und werden die Anteile an der Gesellschaft im Privatvermögen gehalten, sind die Zwischeneinkünfte nach § 2 Abs. 2 Nr. 2 EStG zu ermitteln. Unter diesen Voraussetzungen löst der Gewinn aus einer Grundstücksveräußerung keine Zwischeneinkünfte aus (vgl. BFH-Urteil vom 21. Januar 1998, BStBl. II S. 468).

**10.1.1.3.** Ist ein Steuerinländer an mehreren ausländischen Zwischengesellschaften unmittelbar beteiligt, so dürfen Verluste einer Zwischengesellschaft nicht mit positiven Hinzurechnungsbeträgen einer anderen Zwischengesellschaft ausgeglichen werden (Folge aus § 10 Abs. 1 Satz 3 AStG). Zum Ausgleich von Verlusten nachgeschalteter Gesellschaften oder Zwischengesellschaften mit positiven Einkünften der Obergesellschaft wird auf Tz. 14.1.6 und 14.1.7 hingewiesen.

**10.1.1.4.** Werden die Einkünfte aus passivem Erwerb zunächst in ausländischer Währung ermittelt (vgl. Tz. 10.3.2.3), sind sie nach dem Kurs zu dem Zeitpunkt umzurechnen, an dem der Hinzurechnungsbetrag als zugeflossen gilt. Ist ein Kurs zu diesem Zeitpunkt nicht festzustellen, so ist von der amtlichen Kursfeststellung für den Zeitpunkt, der dem Ablauf des maßgebenden Wirtschaftsjahrs der ausländischen Gesellschaft am nächsten liegt, auszugehen. Es ist nicht zu beanstanden, wenn für die Umrechnung ein Jahresdurchschnittskurs zugrunde gelegt wird. Der für die Umrechnung gewählte Kurs ist für alle bei der Anwendung der §§ 7 bis 11 und 14 AStG zu berücksichtigenden und in ausländischer Währung angefallenen Beträge zu beachten. Dabei gelten jedoch für den Abzug der ausländischen Steuern die für § 34 c Abs. 1 EStG und § 26 Abs. 1 KStG entwickelten Grundsätze. Die einmal gewählte Methode der Umrechnung soll nicht ohne hinreichenden Grund geändert werden.

### 10.1.2. Abzug von Steuern

**10.1.2.1.** Nach § 10 Abs. 1 AStG können abgezogen werden

1. die von den Einkünften der ausländischen Gesellschaft erhobenen Steuern;
2. die von dem diesen Einkünften zugrunde liegenden Vermögen erhobenen Steuern, Abschn. 102 Abs. 1 VStR 1995 gilt entsprechend.

Freiwillige Steuerzahlungen sind nicht zu berücksichtigen.

*Steuern, die auf Zwischeneinkünfte mit Kapitalanlagecharakter im Sinne von § 10 Abs. 7 AStG entfallen, sind entsprechend der verminderten Berücksichtigung dieser Einkünfte bei der Hinzurechnung nur zu einem Anteil von 60 v. H. abzuziehen (zur zeitlichen Anwendung dieses Satzes siehe den Einleitungssatz zu Tz. 10.5).*

Abzugsfähig sind neben den Steuern im Quellenstaat der Einkünfte – einschließlich deutscher Quellensteuer – auch die Steuern des Sitzstaats und von Drittstaaten; Tz. 8.3.1.2 gilt entsprechend.

**10.1.2.2.** Hat die Gesellschaft gemischte Einkünfte, so ist der Teil der ausländischen Ertrag- und Vermögensteuern abzuziehen, der auf die der Hinzurechnungsbesteuerung unterliegenden Einkünfte bzw. das diesen Einkünften zu-

[1] Nr. **725** § 1/1.

grunde liegende Vermögen entfällt. Die Ertragsteuern sind hierbei in entsprechender Anwendung der Tz. 8.3.3 aufzuteilen. Es ist nicht zu beanstanden, wenn das sich dabei ergebende Verhältnis auch bei der Aufteilung der Vermögensteuern zugrunde gelegt wird.

**10.1.3. Betriebsausgaben**

Nach § 10 Abs. 4 AStG dürfen bei der Ermittlung der Zwischeneinkünfte nur die mit diesen in wirtschaftlichem Zusammenhang stehenden Betriebsausgaben abgezogen werden. Dazu gehören nicht die für das Aufstellen der Hinzurechnungsbilanz (Tz. 10.3.2.1) anfallenden Aufwendungen (BFH-Urteil vom 15. März 1995, BStBl. II S. 502).

Teilwertabschreibungen auf Anteile an anderen Gesellschaften sind bei der Ermittlung der Zwischeneinkünfte nur abzugsfähig, soweit die Wertminderung nachweislich auf Wirtschaftsgüter der anderen Gesellschaft entfällt, die der Erzielung von Zwischeneinkünften mit Kapitalanlagecharakter dienen (vgl. Tz. 8.1.9).

**10.3. Gewinnermittlung bei reinen Zwischengesellschaften**

**10.3.1. Gewinnermittlungsarten**

**10.3.1.1.** Außerhalb des Bereichs vermögensverwaltender Zwischengesellschaften (vgl. Tz. 10.1.1.2) können die der Hinzurechnung unterliegenden Gewinne nach § 10 Abs. 3 Satz 2 AStG ermittelt werden durch

1. einen Betriebsvermögensvergleich nach § 4 Abs. 1, § 5 EStG oder
2. eine Einnahmen-Überschussrechnung nach § 4 Abs. 3 EStG.

Das Wahlrecht ist bis zur Abgabe der Erklärung für die einheitliche und gesonderte Feststellung nach § 18 AStG auszuüben. Üben die Inlandsbeteiligten das Wahlrecht nicht oder nicht einheitlich aus, so sind die Gewinne durch Betriebsvermögensvergleich zu ermitteln.

**10.3.1.2.** Bei einer Änderung der Gewinnermittlungsart ist *R 17 Abs. 1 und 2 EStR 2003*[1] entsprechend anzuwenden. Eine Änderung darf nicht willkürlich vorgenommen werden.

**10.3.1.3.** Werden Zwischeneinkünfte nach § 4 Abs. 3 EStG ermittelt, so ist ein Zufluss an die ausländische Zwischengesellschaft stets anzunehmen, wenn ein Beteiligter, eine diesem nahe stehende Person oder – im Interesse dieser Personen – ein Dritter der Gesellschaft Beträge gutschreibt oder die Beträge in anderer Weise verfügbar sind. Weitergehende Bestimmungen bleiben unberührt.

**10.3.2. Ermittlung nach § 4 Abs. 1, § 5 EStG**

**10.3.2.1.** Die dem Hinzurechnungsbetrag zugrunde liegenden Einkünfte nach § 4 Abs. 1, § 5 EStG sind durch eine für alle Inlandsbeteiligten maßgebende „Hinzurechnungsbilanz" zu ermitteln. Ihr ist das gesamte Vermögen der ausländischen Gesellschaft zugrunde zu legen, auch wenn nicht alle Anteile oder Stimmrechte Inländern zuzurechnen sind. Die Hinzurechnungsbilanz kann nach Maßgabe der nach deutschem Steuerrecht zu beachtenden Bilanzierungsvorschriften aus der Bilanz der ausländischen Gesellschaft abgeleitet werden. Im Übrigen gilt § 60 EStDV entsprechend.

**10.3.2.2.** Für die Hinzurechnungsbilanz gelten die deutschen Grundsätze auch dann, wenn das ausländische Recht abweichende Bilanzansätze zulässt.

[1] Entspricht R 17 Abs. 1 und 2 EStR 2012.

Der Grundsatz des Bilanzenzusammenhangs ist auch dann zu wahren, wenn die ausländische Zwischengesellschaft bei ihrer eigenen Bilanzierung nicht daran gebunden ist oder während einzelner Jahre keine Hinzurechnungen vorzunehmen sind.

**10.3.2.3** Die Hinzurechnungsbilanz kann in derjenigen Währung erstellt werden, in der die Bücher der ausländischen Gesellschaft geführt werden. Ist dies eine ausländische Währung, so gilt für die Umrechnung Tz. 10.1.1.4.

**10.3.2.4.** Unterliegen die Einkünfte aus einem von der ausländischen Gesellschaft unter Teilnahme am allgemeinen wirtschaftlichen Verkehr unterhaltenen „qualifizierten Geschäftsbetrieb" (vgl. Tz. 8.1.4.2) des Handels, der Dienstleistungserbringung oder der Vermietung oder Verpachtung von beweglichen Sachen der Gewinnermittlung, so kann zugelassen werden, dass Vorschriften des ausländischen Steuerrechts zugrunde gelegt werden, die den allgemeinen deutschen Gewinnermittlungsvorschriften entsprechen und im Sitzstaat allgemein der dortigen Besteuerung zugrunde gelegt werden. Dies darf nicht zu einem offensichtlich unzutreffenden Ergebnis führen. Würde die Anwendung des ausländischen Steuerrechts dazu führen, dass der Hinzurechnungsbesteuerung unterliegende Zwischeneinkünfte nach Tz. 10.3.2.2 wegen des Endens der Hinzurechnungsbesteuerung, der Betriebsaufgabe oder ähnlicher Vorgänge aus der Hinzurechnungsbesteuerung herausfallen, so sind sie in dem letzten dafür in Betracht kommenden maßgebenden Wirtschaftsjahr zu versteuern.

### 10.3.3. Eröffnungsbilanz

**10.3.3.1.** Sind im Hinblick auf eine ausländische Gesellschaft die Voraussetzungen für eine Hinzurechnung erstmals gegeben, so ist auf den Beginn des betreffenden Wirtschaftsjahrs eine „eröffnende Hinzurechnungsbilanz" zu erstellen. Die in ihr angesetzten Werte gelten für Wirtschaftsjahre, die nach dem Stichtag der Eröffnungsbilanz enden, als fortgeführte Anschaffungs- oder Herstellungskosten.

**10.3.3.2.** Für die einzelnen Wirtschaftsgüter, die als Betriebsvermögen anzusetzen sind, gilt das Folgende:

1. Wirtschaftsgüter des Anlagevermögens sind mit ihren ursprünglichen Anschaffungs- oder Herstellungskosten anzusetzen (vgl. BFH-Urteil vom 12. Juli 1989, BStBl. 1990 II S. 113). Bei abnutzbaren Anlagegütern sind diese Beträge um die nach § 7 EStG zu bemessenden Absetzungen für Abnutzung oder Substanzverringerung zu vermindern. Ist der Teilwert am Stichtag der Eröffnungsbilanz niedriger, so darf höchstens dieser Wert angesetzt werden, wenn eine erhebliche, voraussichtlich dauernde Wertminderung vorliegt. Für immaterielle Anlagegüter darf ein Wert nur angesetzt werden, wenn sie entgeltlich erworben wurden.
2. Wirtschaftsgüter des Umlaufvermögens sind mit ihren Anschaffungs- oder Herstellungskosten, höchstens jedoch mit dem Teilwert am Stichtag der Eröffnungsbilanz anzusetzen, wenn dieser niedriger ist als die Anschaffungs- oder Herstellungskosten.
3. Verbindlichkeiten sind grundsätzlich mit ihrem Rückzahlungsbetrag anzusetzen (siehe auch Abzinsungsregelungen in § 6 Abs. 1 Nr. 3 EStG).
4. Rechnungsabgrenzungsposten sind anzusetzen, soweit Betriebsausgaben vor dem Bilanzstichtag Aufwand und Betriebseinnahmen vor dem Bilanzstich-

tag Ertrag für eine bestimmte Zeit nach dem Stichtag der Eröffnungsbilanz sind.

5. Bei Wirtschaftsgütern, die bereits am 21. Juni 1948 vorhanden waren, ist es nicht zu beanstanden, wenn von dem Wert ausgegangen wird, mit dem die Wirtschaftsgüter in der ersten, nach diesem Zeitpunkt erstellten Bilanz der ausländischen Gesellschaft geführt wurden. Dies darf jedoch nicht zu offensichtlich unrichtigen Ergebnissen führen.

**10.3.3.3.** Anschaffungskosten eines Wirtschaftsguts sind die Aufwendungen, die die Gesellschaft für den Erwerb des Wirtschaftsguts geleistet hat. Hierbei ist insbesondere Folgendes zu beachten:

1. Anschaffungskosten eines Wirtschaftsguts, das tauschweise erworben wurde, sind mit dem gemeinen Wert des hingegebenen Wirtschaftsguts anzusetzen. Ist darüber hinaus ein Wertausgleich gezahlt worden, so erhöhen sich die Anschaffungskosten um den Wertausgleich.
2. Bei einem unentgeltlich erworbenen Wirtschaftsgut sind die Anschaffungskosten mit dem gemeinen Wert im Zeitpunkt des unentgeltlichen Erwerbs anzusetzen. Tz. 10.3.3.2 Nr. 1 Satz 4 sowie Tz. 10.3.3.4 bleiben unberührt.
3. Anschaffungskosten eines Wirtschaftsguts, das gegen die Gewährung von Gesellschaftsrechten in die Gesellschaft eingebracht wurde, sind in der Regel mit dem gemeinen Wert im Zeitpunkt der Einbringung anzusetzen.
4. Bei Wirtschaftsgütern, die die Gesellschaft im Rahmen der unentgeltlichen Übertragung eines Betriebs oder Teilbetriebs erworben hat, gilt als Anschaffungskosten der Betrag, der bei der Ermittlung des Gewinns des bisherigen (inländischen) Unternehmens angesetzt worden ist.
5. Bei Wirtschaftsgütern, die gegen Einräumung einer Leibrente erworben sind, stellt der Barwert der Rentenverpflichtung, ggf. erhöht um eine etwaige Kaufpreiszahlung, die Anschaffungskosten dar. Herstellungskosten eines Wirtschaftsguts sind die Aufwendungen, die durch den Verbrauch von Gütern und die Inanspruchnahme von Diensten für die Herstellung des Wirtschaftsguts entstanden sind (vgl. *R 33 EStR 2003*[1]).

**10.3.3.4.** Wurden Wirtschaftsgüter der ausländischen Gesellschaft von einem inländischen Beteiligten oder einer ihm nahe stehenden Person aus einem Betriebsvermögen übertragen, so ist als Anschaffungs- oder Herstellungskosten oder als gemeiner Wert der Betrag zugrunde zu legen, den diese Personen beim Ausscheiden des Wirtschaftsguts aus ihrem Betriebsvermögen der Besteuerung zugrunde gelegt haben. Wird dargetan, dass dieser Ansatz unrichtig ist, so kann dies berücksichtigt werden, sofern auch der Ansatz bei dem Übertragenden nach den Grundsätzen über die Bilanzberichtigung noch geändert werden kann (vgl. *R 15 EStR 2003*[2]). Dies gilt entsprechend

*(Fortsetzung nächstes Blatt)*

---

[1] Jetzt R 6.3 EStR 2012.
[2] Jetzt R 4.4 EStR 2012.

1. für Beteiligungen im Sinne des § 17 EStG, die aus einem Privatvermögen auf die ausländische Gesellschaft übertragen worden sind;
2. für Wirtschaftsgüter, die vor der Übertragung einem inländischen Betriebsvermögen entnommen oder sonst in ein Privatvermögen oder ein ausländisches Betriebsvermögen überführt worden sind.

**10.3.4. Einnahmen-Überschussrechnung**

**10.3.4.1.** Werden die Zwischeneinkünfte einer ausländischen Gesellschaft nach § 4 Abs. 3 EStG ermittelt, so ist der Gewinn der Überschuss der Betriebseinnahmen über die Betriebsausgaben. Diese Art der Gewinnermittlung kann nur für die Einkünfte aus passivem Erwerb insgesamt gewählt werden. Das gesamte dem passiven Erwerb dienende Vermögen der ausländischen Gesellschaft ist als notwendiges Betriebsvermögen zu behandeln.

**10.3.4.2.** Zu den Betriebsausgaben gehören auch die Absetzungen für Abnutzung nach § 7 EStG.

**10.3.4.3.** Der Verlustabzug ist auch bei einer Gewinnermittlung nach § 4 Abs. 3 EStG zuzulassen.

**10.3.5. Verluste**

**10.3.5.1.** Von den dem Hinzurechnungsbetrag zugrunde liegenden Einkünften können in entsprechender Anwendung des § 10 d EStG die Verluste anderer maßgeblicher Wirtschaftsjahre aus passivem Erwerb abgezogen werden. *Verluste, die bei Zwischeneinkünften im Sinne von § 10 Abs. 7 AStG entstanden sind, sind entsprechend der verminderten Berücksichtigung dieser Einkünfte bei der Hinzurechnung nur zu einem Anteil von 60 v. H. abzuziehen (zur zeitlichen Anwendung dieses Satzes siehe der Einleitungssatz zu Tz. 10.5).* Der Verlustabzug ist nach Abzug der Steuern, die zu Lasten der ausländischen Gesellschaft von diesen Einkünften sowie von dem diesen Einkünften zugrunde liegenden Vermögen erhoben worden sind, und vor Anwendung der absoluten Freigrenze des § 9 AStG vorzunehmen.

In die Verlustermittlung sind die abzugsfähigen Steuern des Verlustjahrs einzubeziehen, soweit sie nicht angerechnet worden sind; Hinweis auf Tz. 10.1.1.3.

**10.3.5.2.** Der Verlustvortrag wird nicht dadurch ausgeschlossen, dass in einem auf das Jahr der Entstehung des Verlustes folgenden Jahr keine Einkünfte aus passivem Erwerb angefallen sind.

**10.3.5.3.** Ein Wechsel der Gesellschafter der ausländischen Gesellschaft berührt die Höhe des abzugsfähigen Verlustrückträgs bzw. -vortrags bei der Gesellschaft nicht.

**10.3.5.4.** Zur gesonderten Feststellung negativer Zwischeneinkünfte für Zwecke des Verlustabzugs vgl. Tz. 18.1.2.7.

**10.4. Gewinnermittlung bei Gesellschaften mit gemischten Einkünften**

**10.4.1.** Hat die ausländische Gesellschaft gemischte Einkünfte, so sind die Einkünfte aus passivem Erwerb wie folgt abzugrenzen:

1. Vom Gesamtbetrag der nach deutschem Steuerrecht ermittelten Einkünfte der Gesellschaft ist die Summe der darin enthaltenen Einkünfte aus aktiver Tätigkeit abzuziehen (Gesamtermittlung).

2. Abweichend von Nr. 1 können die Einkünfte für sich allein durch eine gesonderte Teilbilanz bzw. Einnahmen-Überschussrechnung ermittelt werden, wenn sie gesondert von den übrigen Einkünften aufgrund der Buchführung der Zwischengesellschaft leicht und eindeutig zu erfassen sind (Sonderermittlung).

**10.4.2.** Sind aktive Tätigkeiten und passiver Erwerb so eng verbunden (z.B. aktiver und passiver Handel), dass die Einkünfte aus aktiver Tätigkeit nicht gesondert ausgewiesen werden können, so sind die gesamten Einkünfte nach dem Umsatz aufzuteilen, wenn geeignetere Aufteilungsmaßstäbe nicht gegeben sind.

**10.4.3.** Bei der Sonderermittlung sowie der Aufteilung der Einkünfte nach Tz. 10.4.2 sind die Beteiligten verpflichtet, auf Verlangen alle diejenigen Angaben über die aktive Tätigkeit zu machen und alle Nachweise zu erbringen, die zur vollen Erfassung und zur Abgrenzung der Einkünfte aus passivem Erwerb notwendig sind.

**10.4.4. Beispiele:**

1. Bezieht eine ausländische Vermögensverwaltungsgesellschaft außer Einkünften aus passivem Erwerb auch Zinsen, die unter § 8 Abs. 1 Nr. 7 AStG fallen, so sind bei der Gesamtermittlung zunächst die Gesamteinkünfte zu ermitteln und sodann davon die genannten Zinsen, gekürzt um die damit im Zusammenhang stehenden Betriebsausgaben bzw. Werbungskosten, abzuziehen.
2. Erzielt eine ausländische Gesellschaft Gewinne aus Produktionstätigkeit und daneben davon leicht abzusondernde Einkünfte aus passivem Erwerb, wie Wertpapier- oder Beteiligungserträge, so kann von der Ermittlung der gesamten Einkünfte Abstand genommen werden. Es genügt in diesem Fall die gesonderte Ermittlung der Einkünfte aus passivem Erwerb.
3. Veräußert eine ausländische Gesellschaft Waren im aktiven Handel zu anderen Handelsspannen als im passiven Handel, so ist im Fall der Tz. 10.4.2 für die Ermittlung der Einkünfte aus passivem Erwerb der Gesamtgewinn nach Maßgabe der jeweiligen Umsätze unter Berücksichtigung der Handelsspannen aufzuteilen, es sei denn, die Anwendung einer anderen Methode führt zu einem zutreffenderen Ergebnis.

### *10.5. Anwendung von Doppelbesteuerungsabkommen*

***§ 10 Abs. 5 bis 7 AStG sind durch Artikel 11 des StVergAbG aufgehoben worden; die nachfolgenden, kursiv gedruckten Textziffern beziehen sich deshalb auf die Gesetzesfassung, die für Zwischeneinkünfte anzuwenden ist, die in Wirtschaftsjahren der Zwischengesellschaft oder der Betriebsstätte entstanden sind, die in der Zeit vom 1. Januar 2001 bis einschließlich 31. Dezember 2002 begonnen haben (§ 21 Abs. 7 Satz 4 und Abs. 11 Satz 2 AStG).***

***10.5.1.*** *Für die Anwendung eines DBA zwischen der Bundesrepublik Deutschland und dem Sitzstaat der Zwischengesellschaft wird der Hinzurechnungsbetrag wie eine Gewinnausschüttung behandelt (§ 10 Abs. 5 AStG). Er unterliegt danach grundsätzlich uneingeschränkt der deutschen Besteuerung.*

***10.5.2.*** *Sieht das DBA für Gewinnausschüttungen, die einer wesentlich beteiligten deutschen Kapitalgesellschaft von einer Gesellschaft des anderen Landes zufließen, die Freistellung von der deutschen Steuer vor (DBA-Schachtelprivileg), so ist der Hinzurechnungsbetrag nach Maßgabe des im Verhältnis zum Sitzstaat der ausländischen Gesellschaft anzuwendenden Abkommens freizustellen. Hierbei ist zu beachten, dass viele Abkommen das DBA-Schachtelprivileg auf die Ausschüttung von aktiv tätigen Gesellschaften beschränken. Erstreckt sich das DBA-Schachtelprivileg nur auf die*

*Körperschaftsteuer, so ist der Hinzurechnungsbetrag nur bei der Gewerbesteuer anzusetzen.*

***10.5.3.*** *Sind Anteile an einer ausländischen Zwischengesellschaft nicht dem bürgerlichrechtlichen Eigentümer, sondern einem unbeschränkt steuerpflichtigen Dritten zuzurechnen (z. B. nach §§ 39, 41 oder 42 AO), so bestimmt sich aus dem Verhältnis dieses Dritten zu der Zwischengesellschaft, ob ein DBA-Schachtelprivileg entsprechend anzuwenden ist.*

***10.5.4.*** *Bestehen Zweifel, ob ein DBA-Schachtelprivileg nach den Verhältnissen im Sitzstaat der ausländischen Gesellschaft für deren Ausschüttungen zu gewähren ist, so sind sie im Auskunftsverfahren, ggf. im Verständigungsverfahren, zu klären.*

***10.5.5.*** *Sind in dem Hinzurechnungsbetrag Einkünfte nachgeschalteter Zwischengesellschaften im Sinne des § 14 AStG enthalten, so gilt dafür die Freistellung nur unter den Einschränkungen des § 14 Abs. 4 AStG, wenn sie auch bei direkter Beteiligung des Steuerpflichtigen an der Untergesellschaft nach DBA steuerbefreit wären; vgl. hierzu Tz. 14.4.*

***10.5.6.*** *Gehört ein Anteil an einer ausländischen Gesellschaft zum Betriebsvermögen einer in einem DBA-Staat belegenen Betriebsstätte, so erstreckt sich die nach dem betreffenden DBA zu gewährende Freistellung nach § 10 Abs. 5 AStG auch auf den Hinzurechnungsbetrag. Voraussetzung ist, dass der Anteil tatsächlich der Betriebsstätte zuzurechnen ist (vgl. BFH-Urteil vom 26. Februar 1992, BStBl. II S. 937). Im Verhältnis zur Schweiz ist in solchen Fällen nach Artikel 24 Abs. 1 Nr. 1 Buchstabe a DBA-Schweiz keine Freistellung zu gewähren (vgl. BFH-Urteil vom 7. August 2002, BStBl. II S. 848).*

*Handelt es sich bei der Betriebsstätte um eine Kontroll- oder Koordinierungsstelle, so sind die Grundsätze der Tz. 4.4 der Betriebsstätten-Verwaltungsgrundsätze (BMF-Schreiben vom 24. Dezember 1999, BStBl. I S. 1076) entsprechend anzuwenden.*

***10.6. Zwischeneinkünfte mit Kapitalanlagecharakter***

***10.6.1.*** *Nach § 10 Abs. 6 AStG werden Zwischeneinkünfte mit Kapitalanlagecharakter auch bei Vorliegen eines DBA der Besteuerung unterworfen. Hierbei ist zu unterscheiden zwischen Einkünften mit Kapitalanlagecharakter im Sinne des § 10 Abs. 6 Satz 2 und denen im Sinne des § 10 Abs. 7 AStG; letztere sind nur in Höhe von 60 v. H. bei der Ermittlung des Hinzurechnungsbetrags zu berücksichtigen (Hinweis auf Tz. 10.7).*

***10.6.2.*** *Nach § 10 Abs. 6 Satz 2 AStG handelt es sich bei den Zwischeneinkünften mit Kapitalanlagecharakter um Einkünfte aus passivem Erwerb einer ausländischen Gesellschaft, die aus dem Halten, der Verwaltung, Werterhaltung oder Werterhöhung von Zahlungsmitteln, Forderungen, Wertpapieren, Beteiligungen (mit Ausnahme der in § 8 Abs. 1 Nr. 8 und 9 AStG genannten Einkünfte, vgl. Tz 8.1.8 und 8.1.9) oder ähnlichen Vermögenswerten stammen. Dies sind Einkünfte im Sinne des § 20 EStG. Dazu zählen u. a. auch Einkünfte aus Finanzierungsleasing (Hinweis auf Tz. 8.1.6.4), soweit es sich nicht um eine Vermietungstätigkeit handelt, Factoring, Finanzinnovationen und Termingeschäften, es sei denn, der Steuerpflichtige weist das Vorliegen einer der Ausnahmen in § 10 Abs. 6 Satz 2 zweiter Halbsatz und Abs. 7 AStG nach. Zu den Einkünften mit Kapitalanlagecharakter gehören auch entsprechende Veräußerungsgewinne und -verluste, ebenso wie den Einkünften mit Kapitalanlagecharakter funktional zuzuordnende Nebenerträge, z. B. aus Sicherungsgeschäften.*

***10.6.3.*** *Keine Zwischeneinkünfte mit Kapitalanlagecharakter sind Einkünfte im Sinne des § 8 Abs. 1 Nr. 3 AStG aus Kapitalanlagen der Kreditinstitute oder Versicherungsunternehmen, ausgenommen aus Tätigkeiten im Sinne des § 1 Abs. 1 Nr. 6 KWG. Das Gleiche gilt für Einkünfte im Sinne des § 8 Abs. 1 Nr. 7 AStG. Einkünfte, die an sich Kapitalanlagecharakter haben, sind Einkünften aus aktiver Tätigkeit zuzuordnen, wenn sie in unmittelbarem wirtschaftlichen Zusammenhang mit der aktiven Tätigkeit stehen (Hinweis auf Tz. 8.0.2).*

***10.6.4.*** *Die Rechtsfolge des § 10 Abs. 6 AStG tritt nur ein, soweit im Hinzurechnungsbetrag Zwischeneinkünfte mit Kapitalanlagecharakter enthalten sind. Besteht der Hinzurechnungsbetrag sowohl aus Zwischeneinkünften mit Kapitalanlagecharakter als auch aus anderen Einkünften, so ist er in einen nach § 10 Abs. 5 AStG freizustellenden und einen nach § 10 Abs. 6 AStG nicht befreiten Teil aufzuteilen. Hierbei ist nach den Grundsätzen der Tz. 10.4 zu verfahren.*

*Haben Zwischeneinkünfte mit Kapitalanlagecharakter zum Hinzurechnungsbetrag geführt und wird dieser gemindert, z. B. durch einen Verlustabzug nach § 10 d EStG oder durch Zurechnung negativer Zwischeneinkünfte mit Kapitalanlagecharakter von Untergesellschaften, so ist – wenn eine direkte Zuordnung nicht möglich ist – davon auszugehen, dass die Minderung anteilig auf die unterschiedlichen Zwischeneinkünfte mit Kapitalanlagecharakter entfällt.*

***10.7. Konzernfinanzierung***

*Bei entsprechendem Nachweis sind Zwischeneinkünfte mit Kapitalanlagecharakter nach § 10 Abs. 7 AStG nur mit 60 v. H. anzusetzen, wenn sie aus der innerkonzernlichen Finanzierung ausländischer Betriebsstätten und konzernzugehöriger Gesellschaften stammen, ohne Rücksicht darauf, woher die Mittel kommen. Voraussetzung ist, dass die im Ausland befindlichen Betriebsstätten oder Gesellschaften ihre Bruttoerträge ausschließlich oder fast ausschließlich aus Tätigkeiten im Sinne des § 8 Abs. 1 Nr. 1 bis 6 AStG oder aus unter § 8 Abs. 1 Nr. 8 und 9 AStG fallenden Einkünften beziehen. Der nur in Höhe von 60 v. H. anzusetzende Anteil der Zwischeneinkünfte mit Kapitalanlagecharakter im Sinne des § 10 Abs. 7 AStG unterliegt auch der Gewerbesteuer.*

## 11. Veräußerungsgewinne

**11.1.** § 11 Abs. 1 AStG ist auf Gewinne der ausländischen Gesellschaft aus der Veräußerung von Anteilen an einer nachgeschalteten Gesellschaft im Sinne des § 14 AStG anzuwenden, die nicht als aktive Einkünfte im Sinne des § 8 Abs. 1 Nr. 9 AStG gelten und die damit in die Hinzurechnung fallen (vgl. Tz. 8.1.9). Diese Veräußerungsgewinne sind vom Hinzurechnungsbetrag auszunehmen, soweit die nachgeschaltete Gesellschaft oder eine dieser Gesellschaft nachgeordnete Gesellschaft Einkünfte mit Kapitalanlagecharakter erzielt hat, die bei dem Steuerpflichtigen für das gleiche Kalender- oder Wirtschaftsjahr oder für die vorangegangenen sieben Kalender- oder Wirtschaftsjahre der Hinzurechnungsbesteuerung unterlegen haben. Weitere Voraussetzung ist, dass keine Ausschüttung dieser Einkünfte erfolgt ist. Der Steuerpflichtige hat die Voraussetzungen für die Ausnahme vom Hinzurechnungsbetrag nachzuweisen. Die Tz. 18.1.5.1 bis 18.1.5.3 und 18.1.5.5 sind entsprechend anzuwenden.

## 12. Steueranrechnung

### 12.1. Anrechnungsfähige Steuern

**12.1.1.** Nach § 12 AStG können alle nicht als Betriebsausgaben zu behandelnden Steuern angerechnet werden, zu denen die ausländische Gesellschaft mit den der Hinzurechnungsbesteuerung unterliegenden Einkünften sowie mit dem diesen Einkünften zugrunde liegenden Vermögen herangezogen worden ist. Anrechnungsfähig sind die in Tz. 10.1.2.1 genannten Steuern.

**12.1.2.** Im Rahmen des § 12 AStG sind auch deutsche Steuern vom Einkommen und Ertrag anzurechnen, die die ausländische Gesellschaft entrichtet hat (z. B. die von Gewinnausschüttungen deutscher Gesellschaften erhobene Kapitalertragsteuer).

**12.1.3.** Bei der Anrechnung wird der Gesamtbetrag der anrechnungsfähigen Steuern auf die gesamte Einkommen(Körperschaft-)steuer vom Hinzurechnungsbetrag angerechnet; es ist dafür unerheblich, wie sich die Zwischeneinkünfte nach Herkunft und Belastung zusammensetzen.

**12.1.4.** Die besonderen Verhältnisse bei den schweizerischen Steuern behandelt das *BMF-Schreiben vom 23. Mai 1980, BStBl. I S. 282*[1]. Auf die BFH-Urteile vom 9. November 1983, BStBl. 1984 II S. 468, und vom 12. Juli 1989, BStBl. 1990 II S. 113 wird verwiesen. Wegen der inzwischen eingetretenen Änderungen im Schweizer Steuerrecht Hinweis auf Tz. 2.2.5.

### 12.2. Sonderfälle

**12.2.1.** Hat die Gesellschaft gemischte Einkünfte, so ist der Teil der ausländischen Steuer anrechenbar, der auf die der Hinzurechnungsbesteuerung unterliegenden Einkünfte entfällt (§ 34 c EStG in Verbindung mit § 12 Abs. 2 AStG). Die Steuern sind hierbei in entsprechender Anwendung der Tz. 8.3.4 aufzuteilen.

**12.2.2.** Die Pauschalierungsvorschrift des § 34 c Abs. 5 EStG ist auf die der Hinzurechnungsbesteuerung unterliegenden Zwischeneinkünfte nicht anwendbar (BFH-Urteil vom 20. April 1988, BStBl. II S. 983).

### 12.3. Anrechnung bzw. Abzug der Steuern von den nach § 3 Nr. 41 EStG befreiten Gewinnausschüttungen[2]

**12.3.1.** Der Antrag nach § 12 Abs. 3 AStG ist im Rahmen der Feststellung nach § 18 AStG zu stellen. Dabei ist auch anzugeben, ob die Anrechnung der Steuern (entsprechend § 34 c Abs. 1 EStG) oder der Abzug der Steuern (entsprechend § 34 c Abs. 2 EStG) beantragt wird. Der Steuerabzug erfolgt im Feststellungsverfahren.

**12.3.2.** Für die zeitliche Zuordnung von Quellensteuern ist davon auszugehen, dass eine Gewinnausschüttung zuerst aus dem Hinzurechnungsbetrag gespeist wird, der dem ältesten Jahr im Sinne des § 3 Nr. 41 Buchstabe a EStG entstammt, danach aus dem Hinzurechnungsbetrag des zweitältesten Jahres im Sinne des § 3 Nr. 41 Buchstabe a EStG usw.

**Beispiel:**
Eine ausländische Zwischengesellschaft schüttet im Kalenderjahr 09 eine Dividende von umgerechnet 100 000 Euro an einen Gesellschafter aus, der seine Anteile im Privatvermögen hält.

---

[1] Aufgeh. durch Positivliste des BMF v. 23. 4. 2010, BStBl. I S. 391.
[2] **[Amtl. Anm.:]** Zur zeitlichen Anwendung vgl. Tz. 21.1.

Hierauf wird eine ausländische Quellensteuer in Höhe von 10 v. H. erhoben. Folgende Hinzurechnungsbeträge unterlagen bei diesem Gesellschafter der Einkommensteuer:

| | |
|---|---|
| Hinzurechnungsbetrag für Wirtschaftsjahr 01, gilt als zugeflossen am 01. 01. 02 (Feststellungsjahr 02) | 20 000 Euro |
| Hinzurechnungsbetrag für Wirtschaftsjahr 02, gilt als zugeflossen am 01. 01. 03 (Feststellungsjahr 03) | 40 000 Euro |
| Hinzurechnungsbetrag für Wirtschaftsjahr 03, gilt als zugeflossen am 01. 01. 04 (Feststellungsjahr 04) | 10 000 Euro |
| Hinzurechnungsbetrag für Wirtschaftsjahr 04, gilt als zugeflossen am 01. 01. 05 (Feststellungsjahr 05) | 30 000 Euro |
| Hinzurechnungsbetrag für Wirtschaftsjahr 05, gilt als zugeflossen am 01. 01. 06 (Feststellungsjahr 06) | 20 000 Euro |
| Hinzurechnungsbetrag für Wirtschaftsjahr 06, gilt als zugeflossen am 01. 01. 07 (Feststellungsjahr 07) | 70 000 Euro |
| Hinzurechnungsbetrag für Wirtschaftsjahr 07, gilt als zugeflossen am 01. 01. 08 (Feststellungsjahr 08) | 30 000 Euro |
| Hinzurechnungsbetrag für Wirtschaftsjahr 08, gilt als zugeflossen am 01. 01. 09 (Feststellungsjahr 09) | 80 000 Euro |

- Die Dividendenausschüttung ist nach § 3 Nr. 41 EStG steuerfrei. „Verbraucht" ist der Hinzurechnungsbetrag, der in 02, 03, 04 und 05 als zugeflossen gilt.
- Die hierauf entfallende ausländische Quellensteuer wird
  im Veranlagungszeitraum 02 i. H. v. 2000 Euro
  im Veranlagungszeitraum 03 i. H. v. 4000 Euro
  im Veranlagungszeitraum 04 i. H. v. 1000 Euro
  im Veranlagungszeitraum 05 i. H. v. 3000 Euro
  angerechnet oder abgezogen.

Bei einer Gesellschaft mit gemischten Einkünften kommt es nicht darauf an, ob die Dividende auf aktive oder passive Einkunftsquellen zurückzuführen ist.

**12.3.3.** Jeder Gesellschafter kann sowohl für die Anwendung des § 12 Abs. 1 AStG als auch des § 12 Abs. 3 AStG unabhängig von der Handhabung der Mitgesellschafter wählen, ob die Steuer anzurechnen oder bei der Ermittlung der Einkünfte abzuziehen ist.

**12.3.4.** § 12 Abs. 3 AStG gilt entsprechend für körperschaftsteuerpflichtige Beteiligte. Tz. 12.3.1 bis 12.3.3 sind sinngemäß anzuwenden.

## 14. Nachgeschaltete Zwischengesellschaften

### 14.0. Anwendungsbereich

**14.0.1.** Die übertragende Zurechnung nach § 14 AStG greift ein, wenn eine ausländische Gesellschaft (Obergesellschaft) an einer ausländischen Zwischengesellschaft (Untergesellschaft) beteiligt ist und an beiden Gesellschaften unbeschränkt Steuerpflichtige oder Personen im Sinne des § 2 AStG am Ende des maßgebenden Wirtschaftsjahrs dieser Untergesellschaften unmittelbar oder mittelbar zu mehr als der Hälfte (vgl. Tz. 7.2.1) oder im Sinne des § 7 Abs. 6 AStG (vgl. Tz. 14.0.4) beteiligt sind. Es ist nicht erforderlich, dass die Obergesellschaft selbst niedrig besteuerte Zwischeneinkünfte erzielt. Es braucht sich bei beiden Gesellschaften nicht um dieselben Inlandsbeteiligten zu handeln.

Die Beteiligung der jeweiligen Obergesellschaft ist dabei mit dem Anteil zu berücksichtigen, zu dem Steuerinländer an ihr selbst unmittelbar oder mittelbar beteiligt sind. § 7 Abs. 4 AStG ist zu beachten, soweit es um die Feststellung der Mehrheitsbeteiligung geht. Für die Durchführung der übertragenden Zurechnung haben so berücksichtigte Anteile aber keine Wirkung (vgl. Tz. 7.4).

**14.0.2.** § 14 AStG ist nicht anzuwenden, wenn eine Beteiligung an der Untergesellschaft einem unbeschränkt Steuerpflichtigen unmittelbar zuzurechnen ist (z. B. aufgrund der §§ 39, 41 oder 42 AO). In diesem Fall unterliegt dieser der Hinzurechnungsbesteuerung nach den §§ 7 bis 12 und 14 AStG unmittelbar.

**14.0.3.** Die Voraussetzungen für die übertragende Zurechnung nach § 14 AStG sind für jede Untergesellschaft gesondert zu prüfen. Zu den Feststellungserfordernissen im Falle nachgeschalteter Zwischengesellschaften vgl. Tz. 18.1.4.

**14.0.4.** Soweit Zwischeneinkünfte mit Kapitalanlagecharakter vorliegen, erfolgt eine Zurechnung im Sinne des § 14 Abs. 1 AStG bereits ab einer Beteiligungshöhe von 1 v. H. (§ 7 Abs. 6 Satz 1 AStG) bzw. ohne dass eine Mindestbeteiligungshöhe gegeben ist (§ 7 Abs. 6 Satz 3 AStG).

### 14.1. Einkünfte aus Zwischengesellschaften

**14.1.1.** Der übertragenden Zurechnung nach § 14 AStG unterliegen alle Zwischeneinkünfte (Tz. 7.0.1, 8.0, 8.1).

**14.1.2.** Die übertragende Zurechnung erstreckt sich nicht auf die der nachgeschalteten Gesellschaft zugeflossenen Einkünfte aus Tätigkeiten, die einer unter § 8 Abs. 1 Nr. 1 bis 6 AStG fallenden eigenen Tätigkeit der vorgeschalteten Gesellschaft dienen oder soweit es sich um Einkünfte im Sinne des § 8 Abs. 1 Nr. 8 oder 9 AStG handelt und der Steuerpflichtige dies nachweist.

Tätigkeiten können der vorgeschalteten Gesellschaft nur dann dienen, wenn diese Tätigkeiten in einem unmittelbaren Zusammenhang mit deren eigener Tätigkeit stehen. Dies erfordert, dass zwischen beiden Gesellschaften ein aufeinander abgestimmtes Geschäft betrieben wird. Einkünfte mit Kapitalanlagecharakter (§ 7 Abs. 6 a AStG) gelten nach § 14 Abs. 1 Satz 2 AStG nicht als Einkünfte, die einer eigenen Tätigkeit der vorgeschalteten Gesellschaft dienen können.[1]

**14.1.3.** Ob eine niedrige Besteuerung vorliegt, ist für jede Untergesellschaft gesondert zu prüfen. Gleiches gilt für die in § 9 AStG vorgesehene Freigrenze nach dem Bruttoertrag (Tz. 9.0.1) und die absolute Freigrenze von 62 000 Euro, soweit sie sich auf die Gesellschaft als solche beziehen. Für die Anwendung der absoluten Freigrenze von 62 000 Euro hinsichtlich der einzelnen Inlandsbeteiligten sind bei einem Inlandsbeteiligten alle unmittelbar und über § 14 AStG in die Hinzurechnung gelangenden Zwischeneinkünfte zusammenzurechnen. Die Tz. 8.3 und 9 sind entsprechend anzuwenden.

---

[1] **[Amtl. Anm.:]** Satz 4 bezieht sich auf die Gesetzesfassung, die für Zwischeneinkünfte anzuwenden ist, die in Wirtschaftsjahren der ausländischen Gesellschaft entstanden sind, die nach dem 31. Dezember 2002 begonnen haben (§ 21 Abs. 11 AStG).

**14.1.4.** Die Einkünfte der Untergesellschaft aus passivem Erwerb, die der Zurechnung nach § 14 AStG unterliegen, sind nach § 10 AStG zu ermitteln. Hierbei ist Folgendes zu beachten:

1. Für die Untergesellschaft ist grundsätzlich eine eigene Gewinnermittlung nach Maßgabe der Tz. 10.3.1.1 vorzunehmen. Hierfür sind eigene Zurechnungsbilanzen der Untergesellschaft zu erstellen.
2. Bei der Ermittlung sind die zu Lasten der Untergesellschaft erhobenen Steuern im Sinne des § 10 Abs. 1 Satz 1 AStG zu berücksichtigen.
3. § 10 Abs. 1 Satz 3 AStG findet auf die Zurechnung nach § 14 Abs. 1 AStG keine Anwendung (BFH-Urteil vom 20. April 1988, BStBl. II S. 868).

**14.1.5.** Das nach Tz. 14.1.4 ermittelte Ergebnis der Untergesellschaft ist der Obergesellschaft zuzurechnen und gelangt bei ihr unmittelbar in die Hinzurechnung nach den §§ 7 bis 12 und 14 AStG. Die Zurechnung erfolgt im Zeitpunkt ihrer Entstehung, d. h. in der letzten logischen Sekunde vor Ablauf des Wirtschaftsjahrs der Untergesellschaft (vgl. BFH-Urteil vom 28. September 1988, BStBl. 1989 II S. 13). Besteht im Land der vorgeschalteten Zwischengesellschaft ebenfalls eine Hinzurechnungsbesteuerung (zurzeit u. a. in Dänemark, Finnland, Frankreich, Großbritannien, Italien, Japan, Kanada, Norwegen, Portugal, Schweden, Spanien, USA), so ist wie folgt zu verfahren:

- Die Frage, ob eine niedrige Besteuerung vorliegt, richtet sich nach § 8 Abs. 3 AStG lediglich nach der Steuer, die die nachgeschaltete Zwischengesellschaft zu tragen hat (Tz. 8.3.1.1); eine in dem Land der vorgeschalteten Gesellschaft erhobene Hinzurechnungssteuer ist nicht zu berücksichtigen;
- die im Land der vorgeschalteten Zwischengesellschaft erhobene Hinzurechnungssteuer kann nach § 12 AStG auf die deutsche Hinzurechnungssteuer angerechnet werden.

**14.1.6.** Der Obergesellschaft sind nicht nur positive, sondern auch negative Einkünfte der Untergesellschaft zuzurechnen; § 10 Abs. 1 Satz 3 AStG gilt für die übertragende Zurechnung nicht (vgl. BFH-Urteil vom 20. April 1988, BStBl. II S. 868). Ebenso können negative Einkünfte der Obergesellschaft, die nicht nach § 10 Abs. 3 Satz 5 AStG von deren Gewinnen abzuziehen sind, mit positiven Einkünften der Untergesellschaft ausgeglichen werden.

**14.1.7.** Positive und negative Einkünfte der Ober- und Untergesellschaften können nur einmal bei der Hinzurechnung erfasst bzw. abgezogen werden. Demgemäß ist

1. ein Gewinn der Untergesellschaft, der durch deren Verlustabzug aufgezehrt wird, der Obergesellschaft nicht zuzurechnen;
2. ein Verlust der Untergesellschaft, der durch Verlustabzug bei deren Gewinnen berücksichtigt wird, bei der Obergesellschaft nicht absetzbar.

Da die Zurechnung im Sinne des § 14 Abs. 1 AStG als selbständige Rechtsfolge ausgestaltet ist, hat hierbei der Abzug bei der Untergesellschaft Vorrang. Wird ein Verlust nachträglich (d. h. im Vortragswege) mit einem Gewinn ausgeglichen, so entfällt rückwirkend die Voraussetzung für seinen Abzug bei der Obergesellschaft. Die Feststellungen bei der Obergesellschaft sind entsprechend zu berichtigen. Zur Vereinfachung kann zugelassen werden, dass es bei dem Verlustabzug bei der Obergesellschaft verbleibt und dafür vom Abzug des Verlustes von den Einkünften der Untergesellschaft abgesehen wird. Voraussetzung hierfür ist, dass sich keine wesentlichen steuerlichen Auswirkungen ergeben. Bei Verlustrücktrag ist sinngemäß zu verfahren.

**14.1.8.** Die übertragende Zurechnung unterbleibt, wenn der Anteil an der Untergesellschaft bereits nach den §§ 39, 41 oder 42 AO einem unbeschränkt Steuerpflichtigen zugerechnet worden ist.

**14.1.9.** Auf Zwischeneinkünfte einer Untergesellschaft, die aufgrund des § 14 AStG bei einem Steuerpflichtigen der Hinzurechnung nach § 7 AStG unterliegen, ist § 12 Abs. 1 und 2 AStG anzuwenden. Anzurechnen sind hierbei folgende Steuern:

1. Einkommen- und Vermögensteuern, die die Untergesellschaft in ihrem Sitzstaat oder in anderen Staaten zahlt;
2. Einkommen- und Vermögensteuern im Staat der Obergesellschaft.

Die Anrechnung ist so vorzunehmen, als ob es sich um eigene Steuern der Obergesellschaft handelte. Der Hinzurechnungsbetrag des Inlandsbeteiligten ist um diese Steuern zu erhöhen (§ 12 Abs. 1 Satz 2 AStG).

**14.3. Nachschaltung weiterer ausländischer Gesellschaften**

Sind mehrere Untergesellschaften einander nachgeschaltet, so vollzieht sich die Zurechnung nach § 14 Abs. 1 und 3 AStG in der letzten logischen Sekunde des jeweiligen Wirtschaftsjahrs der untersten nachgeschalteten Untergesellschaft durch alle vorgeschalteten Untergesellschaften hindurch bis zur Obergesellschaft. Es ist jedoch nicht zu beanstanden, wenn bei abweichendem Wirtschaftsjahr der untereinanderstehenden Gesellschaften die Weiterverrechnung von der unteren auf die obere Stufe jeweils in der letzten logischen Sekunde des Wirtschaftsjahrs der übergeordneten Gesellschaft zugelassen wird. Voraussetzung ist, dass dies nicht zu schwerwiegenden zeitlichen Verschiebungen führt.

***14.4. Bestimmungen der Doppelbesteuerungsabkommen***

***§ 14 Abs. 4 AStG ist durch Artikel 11 des StVergAbG aufgehoben worden; die nachfolgenden, kursiv gedruckten Textziffern beziehen sich deshalb auf die Gesetzesfassung, die für Zwischeneinkünfte anzuwenden ist, die in Wirtschaftsjahren der Zwischengesellschaft oder der Betriebsstätte entstanden sind, die in der Zeit vom 1. Januar 2001 bis einschließlich 31. Dezember 2002 begonnen haben (§ 21 Abs. 7 Satz 4 und Abs. 11 Satz 2 AStG).***

***14.4.1.*** *Zwischeneinkünfte nachgeschalteter Zwischengesellschaften gehen nach der Zurechnung an die Obergesellschaft in den Hinzurechnungsbetrag ein. Auf ihn sind die Bestimmungen des DBA mit dem Land des Sitzes der Obergesellschaft entsprechend anzuwenden (§ 10 Abs. 5 AStG); dies kann zur Freistellung des Hinzurechnungsbetrags nach Maßgabe einer DBA-Schachtelvergünstigung führen. § 14 Abs. 4 AStG schränkt diese Freistellung ein, soweit der Hinzurechnungsbetrag Zwischeneinkünfte enthält, die der Obergesellschaft nach § 14 Abs. 1 und 3 AStG zuzurechnen sind. Insoweit ist die Freistellung des Hinzurechnungsbetrags nur dann zu gewähren, wenn er auch bei direkter Beteiligung des Steuerpflichtigen an der Untergesellschaft nach DBA steuerbefreit wäre.*

***14.4.2.*** *Einkünfte, die der übertragenden Zurechnung unterliegen, sind nach § 10 Abs. 5 AStG freizustellen, wenn eine Schachtelvergünstigung sowohl hinsichtlich der Obergesellschaft als auch hinsichtlich der Gesellschaft besteht, bei der die Zwischeneinkünfte tatsächlich angefallen sind. Ob auch für weitere zwischengeschaltete Gesellschaften (§ 14 Abs. 3 AStG) Schachtelvergünstigungen bestehen, ist unerheblich.*

***14.4.3.*** *Besteht eine Schachtelvergünstigung nur mit dem Staat der Obergesellschaft, so ist nur der Teil des Hinzurechnungsbetrags nach § 10 Abs. 5 AStG freizustellen, der aus eigenen Einkünften der Obergesellschaft stammt. Nicht freizustellen ist dagegen der Teil des Hinzurechnungsbetrags, der aus der übertragenden Zurechnung der Untergesellschaft stammt. Besteht eine Schachtelvergünstigung nur mit dem Staat der Untergesellschaft, so kommt eine Freistellung nach § 10 Abs. 5 AStG weder für die eigenen Einkünfte der Obergesellschaft noch für die Einkünfte der nachgeschalteten Untergesellschaft in Betracht.*

## 15. Familienstiftungen

### 15.1. Zurechnung von Einkommen

**15.1.1.** Nach § 15 AStG ist das Einkommen ausländischer Familienstiftungen unbeschränkt steuerpflichtigen Stiftern, Bezugs- oder Anfallsberechtigten gemäß ihrem Anteil unmittelbar zuzurechnen. Die Vorschriften der DBA stehen einer Zurechnung nicht entgegen.

§ 15 AStG und § 20 EStG schließen sich tatbestandsmäßig wechselseitig aus. § 15 Abs. 1 und 4 AStG ist gegenüber § 22 Nr. 1 EStG vorrangig (BFH-Urteil vom 2. Februar 1994, BStBl. II S. 727).

Unter Einkommen ist dasjenige zu verstehen, das sich bei unterstellter unbeschränkter Steuerpflicht der Familienstiftung ergeben würde. Die Ermittlung des Einkommens bestimmt sich nach den Grundsätzen des deutschen Steuerrechts, dazu gehört auch die Gewährung von Pausch- und Freibeträgen (vgl. BFH-Urteile vom 5. November 1992, BStBl. 1993 II S. 388 und vom 2. Februar 1994, BStBl. II S. 727).

**15.1.2.** Dem unbeschränkt Steuerpflichtigen ist für die Zwecke der Einkommensteuer das Einkommen zuzurechnen, das der Familienstiftung während des betreffenden Veranlagungszeitraums zugeflossen ist.

**15.1.3.** Die Zurechnung nach § 15 AStG erfolgt auch dann, wenn

a) der Stifter bei der Errichtung beschränkt steuerpflichtig war,

b) der unbeschränkt Steuerpflichtige lediglich anfalls-, aber nicht bezugsberechtigt ist.

**15.1.4.** Das Einkommen der Familienstiftung ist dem Stifter während seiner unbeschränkten oder erweiterten beschränkten Steuerpflicht voll, nach ihrem Wegfall (z. B. durch Tod) den Bezugs- und Anfallsberechtigten anteilig zuzurechnen. Die §§ 34 und 35 EStG finden keine Anwendung.

**15.1.5.** Wendet die Familienstiftung einem Stifter, Bezugs- oder Anfallsberechtigten Einkommen zu, das dieser Person schon nach § 15 AStG zugerechnet worden ist, so unterliegt diese Zuwendung insoweit nicht der Einkommensteuer.

### 15.2. Stifter, Bezugsberechtigter, Anfallsberechtigter

**15.2.1.** Stifter ist, wer die Stiftung errichtet hat, d.h., für dessen Rechnung das Stiftungsgeschäft abgeschlossen worden ist (BFH-Urteil vom 5. November 1992, BStBl. 1993 II S. 388), oder wer in der Art des Stifters Vermögen auf die Stiftung überträgt bzw. die Person, der das Stiftungsgeschäft bei wirtschaftlicher Betrachtung zuzurechnen ist.

Bezugsberechtigter ist eine Person, die nach der Satzung der Familienstiftung in der Gegenwart oder Zukunft Vermögensvorteile aus der Stiftung erhält oder erhalten wird oder bei der nach der Satzung damit gerechnet werden kann, dass sie Vermögensvorteile erhalten wird. Eine Bezugsberechtigung setzt nicht voraus, dass ein Rechtsanspruch der bezugsberechtigten Person auf die Erträge des Stiftungsvermögens besteht. Anfallsberechtigter ist eine Person, die die Übertragung des Stiftungsvermögens rechtlich verlangen oder tatsächlich bewirken kann. Bei Zufallsdestinatären entfällt eine Zurechnung. Eine Anfallsberechtigung setzt nicht voraus, dass ein Rechtsanspruch der anfallsberechtigten Person auf den Anfall des Vermögens besteht. Die Hinzurechnung wird nicht dadurch ausgeschlossen, dass der Anfallsberechtigte bis zum Anfall des Vermögens bei Erreichen eines bestimmten Lebensalters keine Zuwendungen von der Stiftung erhält.

**15.2.2.** Eine Zurechnung erfolgt, wenn der Stifter, seine Angehörigen und deren Abkömmlinge zu mehr als der Hälfte bezugs- oder anfallsberechtigt sind. Es genügt, wenn ein oder mehrere Abkömmlinge allein oder zusammen zu mehr als der Hälfte bezugs- oder anfallsberechtigt sind (BFH-Urteil vom 5. November 1992, BStBl. 1993 II S. 388).

**15.2.3.** Sind mehrere Personen bezugs- oder anfallsberechtigt, so ist das Verhältnis ihrer Berechtigungen untereinander für die Grenze des § 15 Abs. 2 und 3 AStG und für die Aufteilung des Einkommens maßgebend.

### 15.4. Gleichstellung sonstiger Vermögen und Vereinigungen

Ein im Ausland errichteter nicht rechtsfähiger Trust kann Vermögensmasse sein (BFH-Urteil vom 5. November 1992, BStBl. 1993 II S. 388), ebenso kann ein Trust im Sinne des US-amerikanischen Rechts Zweckvermögen im Sinne des § 15 Abs. 4 AStG sein (BFH-Urteil vom 2. Februar 1994, BStBl. II S. 727).

### 15.5. Erweitert beschränkt Steuerpflichtige, Steueranrechnung, Nachschaltung von Zwischengesellschaften

**15.5.1.** Ist eine Person im Sinne des § 2 Abs. 1 Satz 1 Nr. 1 AStG (vgl. § 5 Abs. 1 Satz 1 AStG) allein oder zusammen mit anderen Stifter, Anfalls- oder Bezugsberechtigter, so ist ihr in entsprechender Anwendung des § 5 AStG das erweitert beschränkt steuerpflichtige Einkommen der Stiftung (vgl. Tz. 2.5) entsprechend ihrem Anteil zuzurechnen. Die Bezugs- oder Anfallsberechtigung dieser Person ist bei der Grenze des § 15 Abs. 2 und 3 AStG zu berücksichtigen.

**15.5.2.** Die Anrechnung in- und ausländischer Steuern der Familienstiftung auf die deutschen Steuern der Stifter, Bezugs- oder Anfallsberechtigten richtet sich nach § 12 AStG i.V.m. § 34c EStG und § 10 Abs. 1 AStG. Tz. 12 ist entsprechend anzuwenden. Bei der nach § 34c Abs. 1 Satz 2 EStG anzustellenden Höchstbetragsberechnung tritt das zuzurechnende Einkommen an die Stelle der „ausländischen Einkünfte" im Sinne der Vorschrift. Steuern können nur für die Jahre angerechnet werden, in denen sie entrichtet wurden. Ist die Bemessungsgrundlage der ausländischen Einkünfte im Inland niedriger als im Ausland, so ist die anzurechnende ausländische Steuer dennoch ungekürzt bei der Höchstbetragsberechnung nach § 34c Abs. 1 Satz 2 EStG anzusetzen, wenn in ihre ausländische Bemessungsgrundlage keine nicht ausländischen Einkünfte eingegangen sind (BFH-Urteil vom 2. Februar 1994, BStBl. II S. 727).

**15.5.3.** Ist die Familienstiftung an einer ausländischen Zwischengesellschaft beteiligt, so ist die Beteiligung den Stiftern, Bezugs- oder Anfallsberechtigten entsprechend ihrem Anteil zuzurechnen. Die §§ 7, 8 und 14 AStG sind auf die Beteiligung an der Zwischengesellschaft so anzuwenden, als hielte jede dieser Personen den auf sie entfallenden Anteil unmittelbar.

## 16. Mitwirkungspflicht

### 16.0. Allgemeines

§ 16 AStG legt eine umfassende Offenlegungspflicht des Steuerpflichtigen bei Geschäftsbeziehungen zu nicht oder nur unwesentlich besteuerten Personen im Ausland fest. Die Vorschrift erweitert bei grenzüberschreitenden Sachverhalten die Benennungspflicht nach § 160 AO. Nur bei völliger Offenlegung auch der bestehenden Beziehungen zu der Person im Ausland können Schulden, andere Lasten, Betriebsausgaben oder Werbungskosten abgezogen werden. Bei der Offenlegungspflicht des § 16 AStG ist auch § 90 Abs. 2 AO zu berücksichtigen. Der Steuerpflichtige muss die Sachverhalte aufklären und alle erforderlichen Beweismittel beschaffen; er muss vor allem auch seiner Pflicht zur Beweisvorsorge nachkommen. Das Verlangen der Finanzbehörde nach § 16 AStG zur Offenlegung stellt keinen Verwaltungsakt dar (vgl. BFH-Urteil vom 20. April 1988, BStBl. II S. 927).

### 16.1. Offenlegung von Auslandsbeziehungen

**16.1.1.** Zur Offenlegung sind alle Steuerpflichtigen verpflichtet, die Schulden oder Aufwendungen im Zusammenhang mit Geschäftsbeziehungen zu ausländischen Personen steuerlich geltend machen, die mit den aus diesen Geschäftsbeziehungen zusammenhängenden Einkünften nicht oder nur unwesentlich besteuert werden. Zum Begriff der „Geschäftsbeziehungen" gelten die Ausführungen in Tz. 1.4 entsprechend. Die Geschäftsbeziehungen können zu einer ausländischen Gesellschaft (vgl. § 7 Abs. 1 AStG) oder einer im Ausland ansässigen Person oder Personengesellschaft bestehen. Es ist nicht erforderlich, dass es sich um nahe stehende Personen (z.B. im Sinne der §§ 1 Abs. 2 oder 7 AStG) handelt.

**16.1.2.** Eine unwesentliche Besteuerung der Einkünfte der ausländischen Personen aus ihren Geschäftsbeziehungen zu dem Steuerpflichtigen ist gegeben, wenn eine Ertragsteuerbelastung von weniger als 25 v.H. besteht (vgl. Tz. 8.3). Es genügt, dass die unwesentliche Besteuerung nur für einen Teil der Einkünfte besteht, wenn die Einkünfte aus der fraglichen Geschäftsbeziehung hierzu gehören. Es ist nicht erforderlich, dass die Einkünfte aus passivem Erwerb im Sinne des § 8 Abs. 1 AStG stammen.

**16.1.3.** Der Steuerpflichtige ist seiner Mitwirkungspflicht erst dann nachgekommen, wenn er alle unmittelbaren oder mittelbaren Beziehungen, die zur Person im Ausland bestehen oder bestanden haben, offen gelegt hat. Hierzu gehören alle Tatsachen, die für eine steuerliche Beurteilung von Bedeutung sein können. Der Steuerpflichtige hat hierbei alle für ihn bestehenden rechtlichen und tatsächlichen Möglichkeiten auszuschöpfen (vgl. BFH-Urteil vom 13. März 1985, BStBl. 1986 II S. 318). Er muss auch im Rahmen der ihm obliegenden Beweisvorsorgepflicht Beweismittel schaffen, beschaffen und sichern (BFH-Urteil vom 16. April 1980, BStBl. 1981 II S. 492). Die Offenlegungspflicht umfasst auch Tatsachen über die hinter dem ausländischen Geschäftspartner stehenden Interessenten. Die Benennung einer Domizilgesellschaft als Geschäftspartner genügt ebenso wenig wie die Erklärung des Steuerpflichtigen, nicht er, sondern ein fremder Dritter stehe hinter der ausländischen Gesellschaft (vgl. BFH-Beschluss vom 25. August 1986, BStBl. 1987 II S. 481).

Ungewissheiten hinsichtlich der Person des Gläubigers oder Empfängers gehen zu Lasten des Steuerpflichtigen (vgl. BFH-Urteil vom 13. März 1985, BStBl. 1986 II S. 318, und BFH-Beschluss vom 9. Juli 1986, BStBl. 1987 II S. 487). Ausländische Verbotsnormen führen nicht dazu, dass ein Offenlegungsverlangen von vornherein unverhältnismäßig oder unzumutbar wird (vgl. BFH-Urteil vom 16. April 1980, BStBl. 1981 II S. 492).

**16.1.4.** Erfüllt der Steuerpflichtige seine Offenlegungspflicht nicht, so ist der geltend gemachte Ansatz von Schulden oder Lasten bzw. der Abzug von Betriebsausgaben oder Werbungskosten nach § 160 AO nicht anzuerkennen; der Finanzbehörde erwachsen aus der Verletzung der Mitwirkungspflichten keine weitergehenden Amtsermittlungspflichten (vgl. BFH-Beschluss vom 9. Juli 1986, BStBl. 1987 II S. 487).

Bei aktivierungspflichtigen Anschaffungs- oder Herstellungsvorgängen sind als Betriebsausgaben die Anschaffungs- oder Herstellungskosten anzusehen. Der Umstand, dass Aufwendungen tatsächlich entstanden sind, ändert nichts an der Rechtsfolge der Nichtanerkennung (vgl. BFH-Urteil vom 29. November 1978, BStBl. 1979 II S. 587).

### 16.2. Eidesstattliche Versicherung

Auf Verlangen der Finanzbehörde kann der Steuerpflichtige seine Offenlegungspflicht dadurch erfüllen, dass er eine Versicherung an Eides statt darüber abgibt, dass er nicht oder nur in begrenztem Umfang in der Lage ist, Tatsachen offen zu legen sowie darüber, dass seine Angaben über bestimmte Tatsachen richtig und vollständig sind. Ein Anspruch zur Abgabe einer Versicherung an Eides statt besteht nicht. Ohne Verlangen der Finanzbehörde abgegebene Versicherungen an Eides statt oder Eigenerklärungen sind für sich allein kein ausreichendes Mittel zur Glaubhaftmachung.

## 17. Sachverhaltsaufklärung

### 17.1. Anwendungsbereich

**17.1.1.** Im Unterschied zu § 16 AStG, der nur an § 160 AO anknüpft, bezieht sich § 17 AStG lediglich auf die Anwendung der §§ 5, 7 bis 12, 14 und 15 AStG. Das Aufklärungsverlangen nach § 17 AStG ist ein Verwaltungsakt.

**17.1.2.** Zur Anwendung der §§ 7 bis 12 und 14 AStG ist jeder an der Zwischengesellschaft beteiligte unbeschränkt oder erweitert beschränkt Steuerpflichtige verpflichtet, den Sachverhalt aufzuklären und die erforderlichen Beweismittel, insbesondere die in § 17 Abs. 1 AStG genannten Unterlagen, zu beschaffen (§ 90 Abs. 2 AO). Er hat dafür alle ihm tatsächlich und rechtlich zugänglichen Unterlagen vorzulegen. Insbesondere hat er alles zu tun, um durch Ausübung seiner Gesellschafterrechte oder seiner sonstigen rechtlichen und tatsächlichen Möglichkeiten von den Gesellschaften, deren Organen oder dritten Personen über den Sachverhalt Aufklärung zu erlangen. Sind mehrere beteiligt, so haben sie dabei zusammenzuwirken, vor allem indem sie ihre Stimmrechte zweckentsprechend ausüben. Die Vorlage von Bilanzen und Erfolgsrechnungen nach § 17 Abs. 1 AStG kann auch zur Bestimmung und zur Überprüfung einer behaupteten Niedrigbesteuerung angebracht sein (BFH-Urteil vom 16. April 1986, BStBl. II S. 736).

**17.1.3.** Die Beteiligten können sich nicht darauf berufen, dass sie ihrer Mitwirkungspflicht nicht nachkommen können, wenn sie sich nach Lage des Falles bei der Gestaltung ihrer Verhältnisse die Möglichkeit dazu hätten verschaffen oder einräumen lassen können (§ 90 Abs. 2 AO).

**17.1.4.** Die Finanzbehörde kann unter den Voraussetzungen der §§ 93 ff. und § 200 AO Dritte als Auskunftsperson vernehmen, z. B. Personen, die für die ausländische Gesellschaft tätig geworden sind oder mit ihr in Geschäftsverbindung gestanden haben oder im Auftrag oder Interesse eines inländischen Beteiligten bei der Einschaltung der ausländischen Gesellschaft mitgewirkt haben. Die Auskunftspersonen haben nach §§ 97 ff. AO die erforderlichen Unterlagen vorzulegen. Sind solche Personen im Ausland ansässig, so kann zwischenstaatliche Amtshilfe in Anspruch genommen werden (§ 117 AO).

**17.1.5.** Die Finanzbehörde kann nach den §§ 94 und 95 AO verlangen, dass die inländischen Beteiligten oder die Auskunftspersonen über ihre Angaben eine Versicherung an Eides statt abgeben bzw. ihre Aussage durch Eid bekräftigen (vgl. Tz. 16.2).

**17.1.6.** Die Finanzbehörden können zur Sachverhaltsaufklärung zwischenstaatliche Amtshilfe in Anspruch nehmen (vgl. *BMF-Schreiben vom 3. Februar 1999, BStBl. I S. 228, 974*[1])).

### 17.2. Schätzung

Sind die Einkünfte der Zwischengesellschaft zu schätzen, so ist auch der Schätzungsrahmen in § 17 Abs. 2 AStG zu beachten (vgl. BFH-Urteil vom 20. Dezember 2000, BStBl. 2001 II S. 381).

## 18. Gesonderte Feststellung

### 18.1. Verfahren, Inhalt und Zeitraum

#### 18.1.1. Verfahren

**18.1.1.1.** Die Besteuerungsgrundlagen für die Anwendung der §§ 7 bis 12 und 14 AStG sowie des § 3 Nr. 41 EStG werden gesondert und ggf. auch

[1]) Siehe nunmehr BMF v. 23. 11. 2015, BStBl. I S. 928 (Nr. **800** § 117/1).

einheitlich festgestellt (§ 18 AStG). Ebenso ist hinsichtlich der Besteuerungsgrundlagen für die Anwendung des § 5 AStG zu verfahren.

**18.1.1.2.** Sind in dem nach § 14 KStG dem Organträger zuzurechnenden Einkommen nach den §§ 7 ff AStG steuerpflichtige Einkünfte enthalten, ist der Bescheid nach § 18 AStG an die Organgesellschaft zu richten (BFH-Urteil vom 29. August 1984, BStBl. 1985 II S. 119).

Sind Inlandsbeteiligte über eine in- oder ausländische Personengesellschaft an einer ausländischen Zwischengesellschaft beteiligt, so sind Zwischeneinkünfte der Personengesellschaft hinzuzurechnen; der Feststellungsbescheid (Hinzurechnungsbescheid) ist jedoch an die Inlandsbeteiligten zu richten (BFH-Urteil vom 30. August 1995, BStBl. 1996 II S. 122). Dabei sind in den Feststellungsbescheiden für die Inlandsbeteiligten auch Feststellungen zu § 3 Nr. 41 EStG (Tz. 18.1.2.2 Nr. 6 und 18.1.2.3 Buchstabe c) und zu § 12 Abs. 3 AStG (Tz. 18.1.2.3 Buchstabe a) zu treffen.

**18.1.1.3.** Die beteiligten Steuerpflichtigen sind verpflichtet, einen im Inland wohnenden gemeinschaftlichen Empfangsbevollmächtigten im Sinne der §§ 179 und 183 AO zu bestellen. Falls ein solcher nicht bestellt ist, kann nach § 183 Abs. 1 Satz 3 AO verfahren werden.

**18.1.1.4.** Jeder der beteiligten Steuerpflichtigen kann gegen den Feststellungsbescheid einen Rechtsbehelf einlegen (vgl. § 352 Abs. 1 Nr. 2 AO und § 48 Abs. 2 FGO). Haben die Beteiligten einen Empfangsbevollmächtigten benannt oder wird die Beteiligung über eine Personengesellschaft gehalten (§ 7 Abs. 3 AStG), so ist die gegenüber den Beteiligten/Gesellschaftern getroffene gesonderte Feststellung nur nach § 352 Abs. 2 AO (§ 48 Abs. 1 FGO) anfechtbar. Auf die Notwendigkeit, Beteiligte nach § 360 Abs. 3 AO bzw. § 60 Abs. 3 FGO beizuziehen, wird hingewiesen (vgl. BFH-Urteil vom 28. Februar 1990, BStBl. II S. 696).

### 18.1.2. Inhalt der gesonderten Feststellung

**18.1.2.1.** Es sind alle Steuerbemessungsgrundlagen festzustellen, die für das Besteuerungsverfahren des Inlandsbeteiligten selbständig von Bedeutung sein können. Eine besondere Feststellung für die Gewerbesteuer ist nicht erforderlich, soweit sich die Besteuerungsgrundlagen für diese Steuer aus festgestellten Beträgen ergeben.

**18.1.2.2.** Im Bescheid über die gesonderte Feststellung (Hinzurechnungsbescheid) ist festzustellen (vgl. BFH-Urteil vom 6. Februar 1985, BStBl. II S. 410),

1. ob eine Hinzurechnung vorzunehmen ist;
2. welchen Personen nach § 7 Abs. 1 AStG hinzuzurechnen ist;
3. welches die zuzurechnenden Steuerbemessungsgrundlagen für die einzelnen Steuerpflichtigen sind;
4. für welchen Zeitpunkt die Hinzurechnung nach den §§ 7 bis 12 und 14 AStG begründet ist;
5. welchen vorgeschalteten Obergesellschaften Zwischeneinkünfte nachgeschalteter Gesellschaften zuzurechnen sind (ggf. ist ein negativer Zurechnungsbescheid zu erlassen);

6. ob Hinzurechnungsbeträge der Einkommensteuer unterlegen haben (§ 3 Nr. 41 EStG).

**18.1.2.3.** Im Hinzurechnungsbescheid sind nach § 18 Abs. 1 Satz 1 AStG u. a. gesondert festzustellen (vgl. BFH-Urteile vom 17. Juli 1985, BStBl. 1986 II S. 129, und vom 15. März 1995, BStBl. II S. 502):

a) die nach § 7 Abs. 1 oder Abs. 6 AStG steuerpflichtigen Einkünfte;

b) die nach § 10 Abs. 1 Satz 1 AStG abziehbaren Steuern/nach § 12 Abs. 1 AStG anzurechnenden Steuern;

c) die nach § 3 Nr. 41 EStG steuerfreien Beträge und die Summe der verbleibenden Hinzurechnungsbeträge;

d) die nach § 12 Abs. 3 AStG i. V. m. § 34 c Abs. 1 EStG anrechenbaren Steuern;

e) die nach § 12 Abs. 3 AStG i. V. m. § 34 c Abs. 2 EStG abzuziehenden Steuern. Diese sind zwar bereits bei der Ermittlung der festzustellenden Einkünfte abzuziehen. Da das Feststellungsjahr der Ausschüttung aber zeitlich nach dem Jahr der Feststellung der zugrunde liegenden Einkünfte liegt, muss im Ausschüttungsjahr eine gesonderte Feststellung der abzuziehenden Steuern erfolgen. Der entsprechende Feststellungsbescheid ist dann Grundlagenbescheid für die Änderung des Feststellungsbescheids in dem die steuerpflichtigen Einkünfte angesetzt worden sind, die jetzt um die abzuziehenden Steuern zu mindern sind. Im Jahr des Abzugs sind die abzuziehenden Steuern dagegen nicht gesondert festzustellen, da der Abzug bereits bei der Ermittlung der festzustellenden steuerpflichtigen Einkünfte erfolgt;

f) die nach § 11 Abs. 1 AStG vom Hinzurechnungsbetrag auszunehmenden Gewinne.

**18.1.2.4.** Im Hinzurechnungsbescheid ist der Hinzurechnungsbetrag nachrichtlich auszuweisen (vgl. BFH-Urteil vom 15. März 1995, BStBl. II S. 502).

**18.1.2.5.** Auf die Einkommen- oder Körperschaftsteuer können im Veranlagungsverfahren auf Antrag die deutschen und ausländischen Steuern der Zwischengesellschaft nach § 12 Abs. 1 AStG angerechnet werden; auf die Einkommensteuer können darüber hinaus die Steuern von den nach § 3 Nr. 41 EStG befreiten Gewinnausschüttungen angerechnet werden, für die kein Antrag nach § 34 c Abs. 2 EStG gestellt wurde (§ 12 Abs. 3 AStG).

Die Steuern sind im Veranlagungsverfahren wie eine ausländische Steuer anzurechnen, die vom anzusetzenden Hinzurechnungsbetrag erhoben worden ist (§ 12 Abs. 2 und 3 AStG i. V. m. § 34 c Abs. 1 EStG oder § 26 Abs. 1 KStG). Die auf den Hinzurechnungsbetrag entfallende deutsche Steuer ist für jeden Hinzurechnungsbetrag als ganzen und getrennt von anderen Auslandseinkünften zu ermitteln. Wird der Antrag auf Anrechnung der Steuern im Sinne des § 12 Abs. 1 AStG gestellt, ist der Hinzurechnungsbetrag um die anzurechnenden Steuern zu erhöhen. Eine Steueranrechnung nach § 12 Abs. 3 AStG löst dagegen keine Erhöhung des Hinzurechnungsbetrags aus.

**18.1.2.6.** Ergibt sich bei einer ausländischen Gesellschaft mit gemischten Einkünften, dass sowohl die relative als auch die absolute Freigrenze nach § 9 AStG nicht überschritten wird, so kann gleichwohl bei einem beteiligten Steuerinländer die absolute Freigrenze von 62 000 Euro überschritten sein, wenn dieser an mehreren ausländischen Gesellschaften beteiligt ist. In diesem Fall soll im Feststellungsbescheid die Anwendung des § 9 AStG vorbehalten werden (vgl. BFH-Urteil vom 20. April 1988, BStBl. II S. 868). Im Fall des § 7 Abs. 6 Satz 2 AStG ist sinngemäß zu verfahren.

**18.1.2.7.** Erzielt die ausländische Gesellschaft negative Zwischeneinkünfte, so sind die Verluste gesondert festzustellen (§ 10 Abs. 3 Satz 5 AStG i. V. m. § 10 d Abs. 4 EStG). Diese Feststellung erfolgt in einem eigenständigen Verfahren durch das Finanzamt, das die Besteuerungsgrundlagen nach § 18 AStG feststellt.

**18.1.2.8.** Über Fragen, die die Besteuerung des Inlandsbeteiligten nach den Vorschriften des Einkommen-, Körperschaft- und Gewerbesteuergesetzes betreffen (§ 3 Nr. 40 EStG, § 8 b KStG), ist grundsätzlich nicht im Verfahren nach § 18 AStG, sondern in dem Besteuerungsverfahren zu entscheiden, in das die festgestellten Besteuerungsgrundlagen nach § 182 Abs. 1 AO eingehen (vgl. BFH-Urteil vom 20. April 1988, BStBl. II S. 868).

**Beispiele sind:**

– der Zufluss von Gewinnanteilen (einschließlich verdeckter Gewinnausschüttungen),
– die Zugehörigkeit von Anteilen an der ausländischen Gesellschaft zum Betriebsvermögen oder zum Privatvermögen,
– der Umfang, in dem Betriebsausgaben oder Werbungskosten abzugsfähig sind (§ 3 c Abs. 2 EStG), oder
– die Feststellung des Gewinnermittlungszeitraums, in den der festgestellte Hinzurechnungsbetrag fällt.

Dagegen ist über die Summe der geltend gemachten Steuerbefreiungen nach § 3 Nr. 41 EStG und die Summe der verbleibenden Hinzurechnungsbeträge im Feststellungsverfahren nach § 18 AStG zu entscheiden (vgl. Tz. 18.1.2.2 Nr. 6 und Tz. 18.1.2.3 Buchstabe c).

### 18.1.3. Maßgebendes Wirtschaftsjahr, Feststellungsjahr, Veranlagungszeitraum

**18.1.3.1.** Die gesonderte Feststellung erfolgt für das Kalenderjahr, in dem der Hinzurechnungsbetrag nach § 10 Abs. 2 AStG als zugeflossen gilt (Feststellungsjahr). Die Zwischeneinkünfte einer ausländischen Gesellschaft für

1. ein mit dem Kalenderjahr übereinstimmendes Wirtschaftsjahr sind für das diesem folgende Kalenderjahr zu erklären und festzustellen (Beispiel: Wirtschaftsjahr 2002 ist maßgebend für das Feststellungsjahr 2003);
2. ein vom Kalenderjahr abweichendes Wirtschaftsjahr sind für das Kalenderjahr zu erklären und festzustellen, in dem das betreffende Wirtschaftsjahr endet (Beispiel: Wirtschaftsjahr 2001/02 ist maßgebend für das Feststellungsjahr 2002).

**18.1.3.2.** Das Verhältnis zwischen maßgebendem Wirtschaftsjahr, Feststellungsjahr und Veranlagungszeitraum des Steuerpflichtigen verdeutlicht folgende Übersicht:

| Besteuerungsgrundlagen nach §§ 7 bis 12 und 14 AStG | | | | | Besteuerungsgrundlagen nach § 5 AStG | |
|---|---|---|---|---|---|---|
| Wirtschaftsjahr des Inlandsbeteiligten Wirtschaftsjahr der Zwischengesellschaft | Wirtschaftsjahr = Kalenderjahr | | Abweichendes Wirtschaftsjahr | | Besteuerung stets nach Kalenderjahr | |
| Wirtschaftsjahr = Kalenderjahr | Wj | 2002 | Wj | 2002 | Wj | 2002 |
| | Fstj | 2003 | Fstj | 2003 | Fstj | 2002 oder 2003[1] |
| | VZ | 2003 | VZ | 2003 | VZ | 2002 |
| Abweichendes Wirtschaftsjahr | Wj | 2001/02 | Wj | 2001/2002 | Wj | 2001/02 |
| | Fstj | 2002 | Fstj | 2002 | Fstj | 2002 |
| | VZ | 2002 | VZ | 2002 oder 2003[2] | VZ | 2002 |

## 18.1.4. Nachgeschaltete Zwischengesellschaften

**18.1.4.1.** Nach § 18 AStG werden auch die Besteuerungsgrundlagen einer nachgeschalteten Zwischengesellschaft (Untergesellschaft), deren Zwischeneinkünfte nach § 14 AStG einer anderen ausländischen Gesellschaft (Obergesellschaft) zuzurechnen sind, gesondert festgestellt. Die Tz. 18.1.2.2 ff. gelten entsprechend.

**18.1.4.2.** Einkünfte einer nachgeschalteten Zwischengesellschaft im Sinne des § 14 AStG dürfen nicht in dem Bescheid festgestellt werden, in dem über die Hinzurechnung von Einkünften der Obergesellschaft bei dem inländischen Anteilseigner entschieden wird (Hinzurechnungsbescheid). Vielmehr ist hierüber ein eigenständiger Feststellungsbescheid (Zurechnungsbescheid) zu erlassen, der Grundlagenbescheid für den Hinzurechnungsbescheid ist (BFH-Urteil vom 18. Juli 2001, BStBl. 2002 II S. 334).

Für jede Untergesellschaft ist eine gesonderte Feststellung durchzuführen. Dabei wird u. a. festgestellt, welche positiven oder negativen Zwischeneinkünfte der Obergesellschaft zugerechnet werden (vgl. BFH-Urteil vom 6. Februar 1985, BStBl. II S. 410) und, wenn Inländer an der Untergesellschaft auch unmittelbar beteiligt sind, welche positiven Zwischeneinkünfte Inländern hinzuzurechnen sind. Beteiligte am Verfahren sind die der Hinzurechnungsbesteuerung unterliegenden Steuerpflichtigen, die an der Untergesellschaft mittelbar oder unmittelbar beteiligt sind; Tz. 18.1.1.1 bis Tz. 18.1.1.4 gelten entsprechend.

**18.1.4.3.** In den Fällen des § 14 Abs. 3 AStG ist entsprechend zu verfahren.

## 18.1.5. Steuerfreie Ausschüttungen (§ 3 Nr. 41 Buchstabe a EStG)

**18.1.5.1.** Gewinnausschüttungen sind steuerfrei, soweit für das Kalenderjahr oder Wirtschaftsjahr, in dem sie bezogen werden, oder für die vorausgegangenen sieben Kalenderjahre oder Wirtschaftsjahre aus einer Beteiligung an der

---

[1] **[Amtl. Anm.:]** 2002, falls nur erweitert beschränkt Steuerpflichtige beteiligt sind; 2003 bei gleichzeitiger Beteiligung von unbeschränkt Steuerpflichtigen.

[2] **[Amtl. Anm.:]** 2003, falls das Wirtschaftsjahr der ausländischen Gesellschaft nach dem Ende des Wirtschaftsjahres der Inlandsbeteiligten endet oder beide Wirtschaftsjahre übereinstimmen. Andernfalls 2002.

selben ausländischen Gesellschaft Hinzurechnungsbeträge der Einkommensteuer unterlegen haben, § 11 Abs. 1 und 2 AStG a. F. nicht anzuwenden war und der Steuerpflichtige dies nachweist (§ 3 Nr. 41 Buchstabe a EStG). Dabei kommt es nicht darauf an, ob eine ausländische Gesellschaft neben den Zwischeneinkünften auch ausschüttungsfähige Einkünfte aus aktiver Tätigkeit bezogen hat. Für eine zeitliche Zuordnung ist davon auszugehen, dass eine Gewinnausschüttung zuerst aus dem Hinzurechnungsbetrag gespeist wird, der dem ältesten Jahr im Sinne des § 3 Nr. 41 EStG entstammt, danach aus dem Hinzurechnungsbetrag des zweitältesten Jahres usw. Die steuerfreien Gewinnausschüttungen sind mit dem Tageskurs im Zeitpunkt der Vereinnahmung umzurechnen.

**18.1.5.2.** Hinzurechnungsbeträge haben der Einkommensteuer unterlegen, wenn sie bei der Ermittlung der Einkünfte angesetzt worden sind. Eine effektive Belastung mit festgesetzter Einkommensteuer ist nicht erforderlich.

**18.1.5.3** Die vom Steuerpflichtigen zu erbringenden Nachweise müssen Angaben zur steuerlichen Erfassung der Hinzurechnungsbeträge (Wohnsitzfinanzamt oder Betriebsfinanzamt, Datum des Steuerbescheids) enthalten.

**18.1.5.4.** Besteht die Ausschuttung in einer verdeckten Gewinnausschüttung, so kann es vorkommen, dass sie in einem Jahr bezogen wird, in dem wegen der Regelung des § 10 Abs. 2 AStG ein Hinzurechnungsbetrag noch nicht als zugeflossen gilt. Die nicht steuerbefreite Dividende ist in diesen Fällen im Zuflussjahr vorläufig nach § 165 AO zu erfassen. Billigkeitshalber kann später unter Nachweis der Besteuerung des Hinzurechnungsbetrages die Steuerbefreiung nach § 3 Nr. 41 Buchstabe a EStG gewährt werden.

Entsprechendes gilt für Vorabausschüttungen und für Fälle, in denen es durch die Aktivierung des künftigen Gewinnanspruchs zu einer früheren Erfassung der Ausschüttung kommt.

**18.1.5.5.** § 3 Nr. 41 EStG ist auch in den Fällen der Gesamtrechtsnachfolge und der unentgeltlichen Einzelrechtsnachfolge anwendbar.

**18.1.6. Steuerfreie Veräußerungsgewinne (§ 3 Nr. 41 Buchstabe b EStG)**

**18.1.6.1.** Veräußerungsgewinne sind steuerfrei, soweit für das Kalenderjahr oder Wirtschaftsjahr, in dem sie bezogen werden, oder für die vorausgegangenen sieben Kalenderjahre oder Wirtschaftsjahre aus einer Beteiligung an derselben ausländischen Gesellschaft Hinzurechnungsbeträge der Einkommensteuer unterlegen haben, § 11 Abs. 1 und 2 AStG a. F. nicht anzuwenden war, der Steuerpflichtige dies nachweist und der Hinzurechnungsbetrag ihm nicht als Gewinnanteil zugeflossen ist (§ 3 Nr. 41 Buchstabe b EStG). Dabei kommt es nicht darauf an, ob eine ausländische Gesellschaft neben den Zwischeneinkünften auch Einkünfte aus aktiver Tätigkeit bezogen hat. Für eine zeitliche Zuordnung ist davon auszugehen, dass ein Veräußerungsgewinn zuerst aus dem Hinzurechnungsbetrag stammt, der dem ältesten Jahr im Sinne des § 3 Nr. 41 EStG entspricht, danach aus dem Hinzurechnungsbetrag des zweitältesten Jahres usw. Der Veräußerungserlös ist ggf. mit dem Tageskurs im Zeitpunkt der Vereinnahmung umzurechnen.

**18.1.6.2.** Die Tz. 18.1.5.2, 18.1.5.3 und 18.1.5.5 gelten entsprechend.

**18.1.6.3.** Ein Veräußerungsgewinn ist nur insoweit steuerfrei, als Hinzurechnungsbeträge noch nicht durch Freistellung von Gewinnausschüttungen derselben Gesellschaft nach § 3 Nr. 41 Buchstabe a EStG verbraucht sind.

**18.1.7. Feststellung der nach § 12 Abs. 3 AStG zu berücksichtigenden Steuern**

Die nach § 12 Abs. 3 AStG anzurechnenden oder abzuziehenden Steuern sind für das Jahr festzustellen, in dem die nach § 3 Nr. 41 EStG befreite Gewinnausschüttung erfolgt ist. Der Gesamtbetrag der anzurechnenden/abziehbaren Steuern ist den Veranlagungszeiträumen zuzuordnen, in denen die zugrunde liegenden Zwischeneinkünfte als Hinzurechnungsbeträge erfasst worden sind (vgl. Beispiel in Tz. 12.3.2).

**18.2. Örtlich zuständiges Finanzamt**

Sind an der ausländischen Gesellschaft im Sinne der §§ 7 bis 12 und 14 AStG mehrere Personen beteiligt und halten sich mehrere Finanzämter für örtlich zuständig oder für örtlich unzuständig oder bestehen sonst Zweifel über die örtliche Zuständigkeit für die einheitliche und gesonderte Feststellung, so bestimmen die zuständigen Landesfinanzbehörden in Zusammenarbeit mit dem Bundesamt für Finanzen das für die Feststellung nach § 18 AStG örtlich zuständige Finanzamt (vgl. *BMF-Schreiben vom 29. April 1997, BStBl. I S. 541*[1])).

**18.3. Erklärung über die gesonderte und ggf. einheitliche Feststellung**

**18.3.1.** Jeder der an der ausländischen Gesellschaft beteiligten unbeschränkt Steuerpflichtigen und erweitert beschränkt Steuerpflichtigen ist zur Abgabe einer Erklärung für die gesonderte und ggf. einheitliche Feststellung verpflichtet. Diese Verpflichtung kann durch Abgabe einer gemeinsamen Erklärung erfüllt werden.

**18.3.2.** Die Aufforderung zur Abgabe einer Erklärung erfolgt in der allgemeinen Aufforderung zur Abgabe der Jahressteuererklärungen. Das zuständige Finanzamt kann ihm bekannte Beteiligte auch besonders zur Abgabe einer Erklärung auffordern.

**18.3.3.** Im Verfahren über die gesonderte Feststellung nach § 18 AStG sind alle zur Feststellung der Besteuerungsgrundlagen erforderlichen Angaben zu machen und die erforderlichen Anträge zu stellen.

**20. Verhältnis zu Doppelbesteuerungsabkommen**

***§ 20 Abs. 2 AStG ist durch Artikel 11 des StVergAbG geändert worden; die nachfolgend in der Textziffer 20.2 kursiv gedruckten Passagen beziehen sich auf die Gesetzesfassung, die für Zwischeneinkünfte anzuwenden ist, die in Wirtschaftsjahren der Betriebsstätte entstanden sind, die in der Zeit bis einschließlich 31. Dezember 2002 begonnen haben (§ 21 Abs. 11 Satz 2 AStG).***

**20.1.** Der Anwendung der Hinzurechnungsbesteuerung nach den §§ 7 ff. AStG und der Regelung über Familienstiftungen in § 15 AStG stehen die von der Bundesrepublik Deutschland abgeschlossenen DBA nicht entgegen.

---

[1]) Siehe nunmehr BMF v. 6. 2. 2012, BStBl. I S. 241 (Nr. **803** § 5/3).

**20.2.** § 20 Abs. 2 AStG stellt ausländische Betriebsstätten und Personengesellschaften, die Zwischeneinkünfte erzielen, einer ausländischen Gesellschaft gleich (*, soweit bei ihnen Einkünfte mit Kapitalanlagecharakter anfallen)*. Insoweit wird eine Freistellung nach den DBA durch die Anrechnung ausländischer Steuern ersetzt. § 20 Abs. 2 AStG ist danach anzuwenden, wenn die Betriebsstätte oder Personengesellschaft Einkünfte aus passivem Erwerb (*mit Kapitalanlagecharakter*) erzielt, die Einkünfte einer Ertragsteuerbelastung von weniger als 25 v. H. unterliegen und diese aufgrund eines DBA in der Bundesrepublik Deutschland freigestellt sind. *Soweit die Einkünfte aus Finanzierungstätigkeiten im Sinne des § 10 Abs. 7 AStG stammen, gilt der Übergang von der Freistellung zur Anrechnung nur für 60 v. H. dieser Einkünfte.* Für die Anrechnung sind die Vorschriften des § 34 c EStG und § 26 Abs. 1 KStG entsprechend anzuwenden.

**21. Anwendungsvorschriften**

§ 3 Nr. 41 Buchstabe a EStG ist erstmals auf Gewinnausschüttungen anzuwenden, die ohne diese Befreiungsvorschrift dem Halbeinkünfteverfahren im Sinne des § 3 Nr. 40 Satz 1 Buchstabe a, b, c und d EStG i. d. F. des Artikels 3 des Gesetzes vom 23. Oktober 2000 (BGBl. I S. 1433, BStBl. I S. 1428) unterliegen würden (§ 52 Abs. 4 c EStG).

Für Auslandsdividenden ist § 3 Nr. 40 Satz 1 Buchstabe a, b, c und d EStG i. d. F. des Artikels 3 des Gesetzes vom 23. Oktober 2000 ab Veranlagungszeitraum 2001 erfüllt; § 3 Nr. 41 Buchstabe a EStG greift bereits ab diesem Jahr.

Der Hinzurechnungsbetrag unterliegt ab Veranlagungszeitraum 2001 in vollem Umfang der Einkommensbesteuerung, die darauf beruhende Gewinnausschüttung ist steuerfrei; die Kürzungsvorschrift nach § 11 AStG a. F. tritt ab Veranlagungszeitraum 2001 außer Kraft (§ 21 Abs. 7 Satz 4, 7 AStG).

In den Fällen der übertragenden Zurechnung ist bei Zwischeneinkünften der Untergesellschaft des Jahres 2000, die im Jahr 2001 an die Obergesellschaft ausgeschüttet werden und gem. § 8 Abs. 1 Nr. 8 AStG aktive Einkünfte sind, eine Kürzung nach § 14 Abs. 2 i. V. m. § 11 AStG a. F. nicht mehr vorzunehmen.

Ist der Anteilseigner eine juristische Person, so ist der Systemwechsel grundsätzlich (§ 34 Abs. 1 bzw. 2 KStG) ab Veranlagungszeitraum 2001 zu beachten. Lediglich bei einem abweichenden Wirtschaftsjahr auf Seite des Anteilseigners findet das neue Recht erst ab Veranlagungszeitraum 2002 Anwendung.

Die besondere Anwendungsvorschrift des § 34 Abs. 7 KStG greift nicht, da eine ausländische Körperschaft nie dem Anrechnungsverfahren (Vierter Teil des KStG a. F.) unterlegen hat (BMF-Schreiben vom 28. April 2003, BStBl. I S. 292[1]).

Zur Anwendung der Tz. 10.5, 10.6 und 20.2 Hinweis auf die Einleitungssätze zu diesen Textziffern.

Die nachfolgende Tabelle enthält eine Übersicht über die zeitlichen Anwendungen der Vorschriften des Außensteuergesetzes:

[1] Nr. **100** § 8 b/3.

| §§ | Fassung des | für | | | | | Anwendung |
|---|---|---|---|---|---|---|---|
| | | ESt | KSt | VSt | ErbSt | GewSt | |
| 1 | – | x | x | | | | ab VZ 1972 |
| | | | | x | | | ab 1. 1. 1973 |
| | | | | | x | | Erw. nach 12. 9. 1972 |
| | | | | | | x | ab EZ 1972 |
| 1 Abs. 4 | StÄndG '92 | x | x | | | | ab VZ 1992 |
| | | | | | | x | ab EZ 1992 |
| | StVergAbG | x | x | | | | ab VZ 2003 |
| | | | | | | x | ab EZ 2003 |
| 2 und 4 bis 5 | – | x | | | | | ab VZ 1972★ |
| | | | | | x | | Erw. nach 12. 9. 1972★ |
| 3 | | | | x | | | ab 1. 1. 1973★ |
| | JStG 1997 | | | x | | | aufgehoben – zum 1. 1. 1997 |
| 6 | | x | | | | | ab VZ 1972 |
| 6 Abs. 1 | UntStFG | x | | | | | C 1 |
| 6 Abs. 3 Nr. 4 | StMBG | x | | | | | nach 31. 12. 1991 |
| 7 bis 14 | – | x | x | | | | ab VZ 1972 |
| | | | | | | x | ab EZ 1972 |
| 7 Abs. 6 | StÄndG '92 | x | x | | | x | A 2 |
| | StMBG | x | x | | | x★★ | B 2 |
| | UntStFG | x | x | | | x | C 2 |
| 7 Abs. 6 a | StVergAbG | x | x | | | x | D 1 |
| 7 Abs. 7 | UntStFG | x | x | | | x | C 3 |
| | Korb II | x | x | | | x | D 1 |
| | InvestmModG | x | x | | | x | D 3 |
| 8 Abs. 1 Nr. 4 | Korb II | x | x | | | x | D 1 |
| 8 Abs. 1 Nr. 7 | StandOG | x | x | | | x | A 1 |
| 8 Abs. 1 Nr. 8 + 9 | UntStFG | x | x | | | x | C 3 |
| 8 Abs. 1 Nr. 9 | StVergAbG | x | x | | | x | D 1 |
| 8 Abs. 2 | UntStFG | x | x | | | x | C 5 |
| 8 Abs. 3 | UntStFG | x | x | | | x | C 3 |
| 9 | UntStFG | x | x | | | x | C 3 |
| 10 Abs. 2 | UntStFG | x | x | | | x | C 3 |
| 10 Abs. 3 S. 1 | StMBG | x | x | | | x | B 1 |
| | InvestmModG | x | x | | | x | D 3 |
| 10 Abs. 3 S. 4 | UntStFG | x | x | | | x | C 3 |
| 10 Abs. 3 S. 6 | StandOG | x | x | | | x | A 1 |
| 10 Abs. 6 | StÄndG '92 | x | x | | | x | A 2 |
| | StMBG | x | x | | | x★★ | B 2 |
| | UntStFG | x | x | | | x | C 3 |
| 10 Abs. 7 | UntStFG | x | x | | | x | C 3 |
| 10 Abs. 5–7 | StVergAbG | x | x | | | x | aufgehoben – D 2 |
| 11 | StMBG | x | x | | | x | C 6 |

| §§ | Fassung des | für | | | | | Anwendung |
|---|---|---|---|---|---|---|---|
| | | ESt | KSt | VSt | ErbSt | GewSt | |
| | UntStFG | x | x | | | x | C 3 |
| | StVergAbG | x | x | | | x | D 1 |
| 11 Abs. 4 | StÄndG '92 | x | x | | | x | A 2 |
| 11 Abs. 4 S. 1 | StMBG | x | x | | | x** | B 2 |
| 12 Abs. 1 | UntStFG | x | x | | | x | C 3 |
| 12 Abs. 2 | StSenkG | x | x | | | x | C 3 |
| 12 Abs. 3 | StÄndG '92 | x | x | | | x | A 2 |
| | UntStFG | x | x | | | | C 4 |
| 13 Abs. 1 S. 1 | StÄndG '92 | x | x | | | | ab VZ 1992 |
| Nr. 1 b) u. S. 2 | | | | | | x | ab EZ 1992 |
| 13 Abs. 2 Nr. 2 | – | | x | | | | ab VZ 1984 |
| | | | | | | x | ab EZ 1984 |
| 13 | UntStFG | x | x | | | x | C 5 |
| 14 Abs. 1 | Korb II | | | | | x | D 1 |
| 14 Abs. 2 S. 2, Abs. 4 S. 1, ltz. Hs. u. S. 5 | StÄndG '92 | x | x | | | x | A 2 |
| 14 Abs. 4 S. 5 | StMBG | x | x | | | x** | B 2 |
| 14 | UntStFG | x | x | | | x | C 3 |
| 14 Abs. 4 | StVergAbG | x | x | | | x | aufgehoben – D 2 |
| 15 | – | x | x | | | | ab VZ 1972 |
| | | | | x | | | ab 1. 1. 1973 |
| 16 | | x | x | | | | ab VZ 1972 |
| | | | | x | | | ab 1. 1. 1973 |
| | | | | | x | | Erw. nach 12. 9. 1972 |
| | | | | | | x | ab EZ 1972 |
| 17 | – | x | x | | | | ab VZ 1972 |
| | | | | x | | | ab 1. 1. 1973 |
| | | | | | x | | Erw. nach 12. 9. 1972 |
| | | | | | | x | ab EZ 1972 |
| 18 | – | x | x | | | | ab VZ 1972 |
| | | | | | | x | ab EZ 1972 |
| 18 Abs. 1 | UntStFG | x | x | | | x | C 4 |
| 18 Abs. 3 | – | x | x | | | | auch für VZ/EZ vor 1985, |
| | | | | | | x | wenn Erkl. noch nicht abgegeben sind |
| 19 | – | x | x | | | x | 1. 1. 1972 bis 31. 12. 1975 |
| 20 | StÄndG '92 | x | x | | | x*** | A 2 |
| 20 Abs. 2 u. 3 i. V. m. 10 Abs. 6 | StMBG | x | x | | | | B 2 |
| 20 Abs. 2 | UntStFG | x | x | | | x | C 3 |
| | StVergAbG | x | x | | | x | D 1 |

| §§ | Fassung des | für | | | | | Anwendung |
|---|---|---|---|---|---|---|---|
| | | ESt | KSt | VSt | ErbSt | GewSt | |
| 20 Abs. 3 | StÄndG '92<br>StMBG<br>JStG 1997 | | | x<br>x | | | ab 1. 1. 1993<br>ab 1. 1. 1995<br>aufgehoben zum 1. 1. 1997 |

**Erläuterungen:**

| | |
|---|---|
| * | auch für das Beitrittsgebiet anzuwenden |
| ** | für die der Teil des Hinzurechnungsbetrags, dem Einkünfte mit Kapitalanlagecharakter im Sinne des § 10 Abs. 6 Satz 3 AStG zugrunde liegen, außer Ansatz bleibt |
| *** | mit Ausnahme des § 20 Abs. 2 und 3 AStG |
| A 1 | für VZ/EZ, für den Zwischeneinkünfte hinzuzurechnen sind, die in einem Wirtschaftsjahr der Zwischengesellschaft entstanden sind, das nach dem **31. Dezember 1991** beginnt (§ 21 Abs. 9 Satz 1 AStG) |
| A 2 | für VZ/EZ, für den Zwischeneinkünfte mit Kapitalanlagecharakter im Sinne des § 10 Abs. 6 Satz 2 AStG hinzuzurechnen sind, die in einem Wirtschaftsjahr der Zwischengesellschaft oder der Betriebsstätte entstanden sind, das nach dem **31. Dezember 1991** beginnt (§ 21 Abs. 7 Satz 1 AStG) |
| B 1 | für VZ/EZ, für den Zwischeneinkünfte hinzuzurechnen sind, die in einem Wirtschaftsjahr der Zwischengesellschaft entstanden sind, das nach dem **31. Dezember 1993** beginnt (§ 21 Abs. 9 Satz 2 AStG) |
| B 2 | für VZ/EZ, für den Zwischeneinkünfte mit Kapitalanlagecharakter im Sinne des § 10 Abs. 6 Satz 2 und 3 AStG hinzuzurechnen sind, die in einem Wirtschaftsjahr der Zwischengesellschaft oder der Betriebsstätte entstanden sind, das nach dem **31. Dezember 1993** beginnt (§ 21 Abs. 7 Satz 2 AStG) |
| C 1 | erstmals anzuwenden, wenn im Zeitpunkt der Beendigung der unbeschränkten Steuerpflicht auf Veräußerungen im Sinne des § 17 EStG § 3 Nr. 40 Satz 1 Buchstabe c EStG anzuwenden wäre (§ 21 Abs. 7 Satz 2 AStG) |
| C 2 | für VZ/EZ, für den Zwischeneinkünfte hinzuzurechnen sind, die in einem Wirtschaftsjahr der Zwischengesellschaft entstanden sind, das nach dem **15. August 2001** beginnt (§ 21 Abs. 7 Satz 3 AStG) |
| C 3 | für VZ/EZ, für den Zwischeneinkünfte hinzuzurechnen sind, die in einem Wirtschaftsjahr der Zwischengesellschaft oder der Betriebsstätte entstanden sind, das nach dem **31. Dezember 2000** beginnt (§ 21 Abs. 7 Satz 4 AStG) |
| C 4 | erstmals anzuwenden, wenn auf Gewinnausschüttungen § 3 Nr. 41 des EStG in der Fassung des UntStFG anwendbar ist (§ 21 Abs. 7 Satz 5 AStG) |
| C 5 | letztmals anzuwenden für VZ/EZ, für den Zwischeneinkünfte hinzuzurechnen sind, die in einem Wirtschaftjahr der Zwischengesellschaft entstanden sind, das vor dem **1. Januar 2001** beginnt (§ 21 Abs. 7 Satz 6 AStG) |
| C 6 | ist auf Gewinnausschüttungen der Zwischengesellschaft oder auf Gewinne aus der Veräußerung der Anteile an der Zwischengesellschaft nicht anzuwenden, wenn auf die Ausschüttungen oder auf die Gewinne aus der Veräußerung § 8 b Abs. 1 oder 2 des KStG i. d. F. des StSenkG oder § 3 Nr. 41 EStG i. d. F. des UntStFG anwendbar ist (§ 21 Abs. 7 Satz 7 AStG) |
| D 1 | für VZ/EZ für den Zwischeneinkünfte hinzuzurechnen oder in einer Betriebsstätte angefallen sind, die in einem Wirtschaftsjahr der Zwischengesellschaft oder der Betriebsstätte entstanden sind, das nach dem **31. Dezember 2002** beginnt (§ 21 Abs. 11 AStG) |
| D 2 | letztmals anzuwenden für VZ/EZ für den Zwischeneinkünfte hinzuzurechnen oder in einer Betriebsstätte angefallen sind, die einem Wirtschaftsjahr der Zwischengesellschaft oder der Betriebsstätte entstanden sind, das **bis zum 31. Dezember 2002** begonnen hat (§ 21 Abs. 11 AStG) |
| D 3 | für VZ/EZ für den Zwischeneinkünfte hinzuzurechnen oder in einer Betriebsstätte angefallen sind, die in einem Wirtschaftsjahr der Zwischengesell- |

| | |
|---|---|
| | schaft oder der Betriebsstätte entstanden sind, das nach dem 31. Dezember 2003 beginnt (§ 21 Abs. 12 AStG) |
| StÄndG 1992 | Gesetz zur Entlastung der Familien und zur Verbesserung der Rahmenbedingungen für Investitionen und Arbeitsplätze (Steueränderungsgesetz 1992) vom 25. Februar 1992<br>BGBl. I S. 297, BStBl. I S. 146 |
| StandOG | Gesetz zur Verbesserung der steuerlichen Bedingungen zur Sicherung des Wirtschaftsstandortes Deutschland im Europäischen Binnenmarkt (Standortsicherungsgesetz) vom 13. September 1993<br>BGBl. I S. 1569, BStBl. I S. 774 |
| StMBG | Gesetz zur Bekämpfung des Mißbrauchs und zur Bereinigung des Steuerrechts (Mißbrauchsbekämpfungs- und Steuerbereinigungsgesetz) vom 21. Dezember 1993<br>BGBl. I S. 2310, BStBl. 1994 I S. 50 |
| JStG 1997 | Jahressteuergesetz 1997 vom 20. Dezember 1996<br>BGBl. I S. 2049, BStBl. I S. 1523, 1547 |
| StSenkG | Gesetz zur Senkung der Steuersätze und zur Reform der Unternehmensbesteuerung (Steuersenkungsgesetz) vom 23. Oktober 2000<br>BGBl. I S. 1433, BStBl. I S. 1428, 1459 |
| UntStFG | Gesetz zur Fortentwicklung des Unternehmenssteuerrechts (Unternehmenssteuerfortentwicklungsgesetz) vom 20. Dezember 2001<br>BGBl. I S. 3858, BStBl. 2002 I S. 35 |
| StVergAbG | Gesetz zum Abbau von Steuervergünstigungen und Ausnahmeregelungen (Steuervergünstigungsabbaugesetz) vom 16. Mai 2003<br>BGBl. I S. 660, BStBl. I S. 321 |
| InvestmModG | Gesetz zur Modernisierung des Investmentwesens und zur Besteuerung von Investmentvermögen (Investmentmodernisierungsgesetz) vom 15. Dezember 2003<br>BGBl. I S. 2676, BStBl. 2004 I S. 5 |
| Korb II | Gesetz zur Umsetzung der Protokollerklärung der Bundesregierung zur Vermittlungsempfehlung zum Steuervergünstigungsabbaugesetz vom 22. Dezember 2003<br>BGBl. I S. 2840, BStBl. 2004 I. S. 14 |
| Abs. | Absatz |
| Erkl. | Steuererklärung |
| Erw. | Erwerbe |
| EZ | Erhebungszeitraum |
| ltz. Hs. | letzter Halbsatz |
| i. d. F. | in der Fassung |
| i. V. m. | in Verbindung mit |
| u. | und |
| VZ | Veranlagungszeitraum |

## Anlage 1: Feststellungen über wichtige Gebiete mit niedrigen Steuersätzen und Steuervergünstigungen für juristische Personen – 2003 –

**Europäischer Raum**
**(einschl. Hoheitsgebiete und abhängige oder assoziierte Gebiete nach EG-Vertrag)**

| Gebiet | Niedrige Ertragsteuerbelastung / Steuervergünstigungen |
|---|---|
| Andorra | Keine Körperschaftsteuer |
| Aruba | Offshore-Gesellschaften; internationale Finanz- und Handelsgesellschaften; konzerneigene Versicherungsgesellschaften; Sonderzonen<br>Regime für Offshore-Gesellschaften und konzerneigene Versicherungsgesellschaften sind aufgehoben mit Bestandsfrist bis 1. Juli 2008 |
| Belgien | Koordinierungs-, Vertriebs- und Dienstleistungszentren<br>Regime sind aufgehoben; Bestandsfrist für Koordinierungszentren bis 2010 |
| Britische Jungferninseln | Internationale Finanz- und Handelsgesellschaften |
| Britische Kanalinseln (Alderney, Guernsey, Jersey, Herm, Sark) | Steuerbefreite Unternehmen; internationale Finanz- und Handelsgesellschaften; Offshore- und konzerneigene Versicherungsgesellschaften |
| Estland | Keine Körperschaftsteuer bei Thesaurierung (26 v. H. Körperschaftsteuer bei Ausschüttung) |
| Frankreich | 19,6 v. H. Körperschaftsteuersatz auf Lizenzgebühren aus Patenten; Sonderzonen (wirtschaftsschwache Gebiete) |
| Gibraltar | Gesellschaften nach dem Gesetz von 1992;<br>Offshore- und konzerneigene Versicherungsgesellschaften |
| Griechenland | Zweigniederlassungen ausländischer Gesellschaften<br>Regime ist aufgehoben mit Bestandsschutz bis 2005 |
| Irland | 12,5 v. H. Körperschaftsteuer; 10 v. H. Körperschaftsteuersatz für das verarbeitende Gewerbe; Steuerfreiheit von Auslandseinkünften; Sonderzonen (Internationales Finanzdienstleistungszentrum Dublin und Shannon Airport)<br>Regime für das verarbeitende Gewerbe und Steuerfreiheit von Auslandseinkünften sind aufgehoben mit Bestandsschutz bis 2010; die Regime zu den Sonderzonen sind aufgehoben mit Bestandsfrist bis 2005 |
| Island | 18 v. H. Körperschaftsteuer; 5 v. H. Körperschaftsteuersatz für internationale Handelsgesellschaften<br>(inzwischen aufgehoben mit Bestandsfrist bis 2008) |
| Isle of Man | Internationale Finanz- und Handelsgesellschaften; Offshore- und Versicherungsgesellschaften |
| Lettland | 19 v. H. (15 v. H. 2004) Körperschaftsteuer; Sonderzonen |
| Liechtenstein | Verwaltungs-, Dienstleistungs- und Holdinggesellschaften |
| Litauen | 15 v. H. Körperschaftsteuer; Sonderzonen |
| Luxemburg | Holdinggesellschaften nach dem Gesetz von 1929 |
| Malta | Internationale Finanz- und Handelsgesellschaften; Offshore- und Holdinggesellschaften |
| Mazedonien | 15 v. H. Körperschaftsteuersatz; Sonderzonen |

| Gebiet | Niedrige Ertragsteuerbelastung / Steuervergünstigungen |
|---|---|
| Monaco | Trusts |
| Niederlande | Internationale Finanzgesellschaften<br>Regime ist aufgehoben mit Bestandsfrist bis 2010 |
| Niederländische Antillen | Offshore-Gesellschaften; konzerneigene Versicherungsgesellschaften; Sonderzonen<br>Regime für Offshore-Gesellschaften ist aufgehoben mit Bestandsschutz bis 2019;<br>Regime für konzerneigene Versicherungsgesellschaften ist aufgehoben mit Bestandsschutz bis 2011 oder 2019 |
| Polen | 19 v. H. Körperschaftsteuer (2004); Sonderzonen |
| Portugal | Sonderzonen (Madeira und Santa Maria)<br>Regime sind aufgehoben mit Bestandsschutz bis 2011 |
| San Marino | Steuerbefreite Gesellschaften |
| Schweiz | Im Kanton Zürich (als Beispiel) 16,4 v. H. – 29,2 v. H. (renditeabhängiger) Körperschaftsteuersatz von Bund, Kanton und Gemeinde; Verwaltungs-, Dienstleistungs- und Holdinggesellschaften |
| Slowakei | 19 v. H. Körperschaftsteuer (2004); Neugründungen |
| Tschechische Republik | 15 v. H. Körperschaftsteuersatz für Großinvestitionen; Neugründungen |
| Türkei | Sonderzonen |
| Ungarn | 18–20 v. H. Körperschaftsteuer; Offshore-Gesellschaften (Regime ist aufgehoben mit Bestandsschutz bis 2005); Großinvestitionen |
| Zypern | 15 v. H. Körperschaftsteuer (2004); 4,25 v. H. Körperschaftsteuersatz für internationale Handels- und Offshore-Gesellschaften |

**Außereuropäischer Raum**

| Gebiet | Niedrige Ertragsteuerbelastung / Steuervergünstigungen |
|---|---|
| Amerikanische Jungferninseln | Internationale Finanz- und Handelsgesellschaften |
| Anguilla | Keine Körperschaftsteuer |
| Antigua | Internationale Finanz- und Handelsgesellschaften |
| Ascension | Keine Körperschaftsteuer |
| Australien | Offshore-Banken |
| Bahamas | Keine Körperschaftsteuer |
| Bahrain | Körperschaftsteuer nur für Erdölunternehmen |
| Barbados | Internationale Finanz- und Handelsgesellschaften |
| Barbuda | Internationale Finanz- und Handelsgesellschaften |
| Belarus | Sonderzonen |
| Belize | Internationale Finanz- und Handelsgesellschaften |
| Bermudas | Keine Körperschaftsteuer |
| Botswana | 15 v. H. Körperschaftsteuersatz im Internationalen Finanzdienstleistungszentrum |
| Brunei | Internationale Finanz- und Handelsgesellschaften und Neugründungen |
| Chile | 16,5 v. H. Körperschaftsteuer |

| Gebiet | Niedrige Ertragsteuerbelastung / Steuervergünstigungen |
|---|---|
| China | 20 v. H. Körperschaftsteuersatz für ausländische Investoren ohne Betriebsstätte |
| Cook-Inseln | 20 v. H. Körperschaftsteuer |
| Costa Rica | Sonderzonen: Steuerfreiheit von Veräußerungsgewinnen |
| Dominica | Internationale Finanz- und Handelsgesellschaften |
| Dominikanische Republik | Internationale Finanz- und Handelsgesellschaften |
| Dschibuti | Sonderzonen |
| Ecuador | Sonderzonen |
| Fidschi | Sonderzonen; steuerbefreite Gesellschaften |
| Französisch-Polynesien | Steuerbefreite Gesellschaften |
| Grenada | Internationale Finanz- und Handelsgesellschaften |
| Guam | Sonderzonen: Offshore-Banken |
| Guyana | Steuerbefreite Gesellschaften |
| Haiti | Sonderzonen |
| Hongkong (China) | 17,5 v. H. Steuersatz auf Gewinne; Steuerfreiheit von Veräußerungsgewinnen |
| Indien | Sonderzonen |
| Jamaika | Internationale Finanz- und Handelsgesellschaften |
| Jemen | Ausländische Investoren |
| Gebiet | Niedrige Ertragsteuerbelastung / Steuervergünstigungen |
| Kaiman-Inseln | Keine Körperschaftsteuer |
| Kanada | Internationales Finanzzentrum Montreal |
| Kasachstan | Sonderzone und für Erdöl- und Erdgasgesellschaften |
| Katar | Ausländische Investoren |
| Kiribati | Steuerbefreite Gesellschaften; Neugründungen |
| Korea, Republik | Ausländische Investoren |
| Korea, Demokratische Volksrepublik | Sonderzonen |
| Kuwait | Ausländische Investoren |
| Labuan (Malaysia) | Internationale Finanz- und Handelsgesellschaften |
| Laos | Ausländische Investoren |
| Libanon | Offshore- und Holdinggesellschaften |
| Liberia | Internationale Finanz- und Handelsgesellschaften |
| Macao (China) | 15 v. H. Körperschaftsteuer; Offshore-Banken |
| Malediven | Keine Körperschaftsteuer |
| Marshallinseln | 12 v. H. Körperschaftsteuersatz; Internationale Finanz- und Handelsgesellschaften |
| Mauritius | Internationale Finanz- und Handelsgesellschaften |
| Mikronesien | 3 v. H. Körperschaftsteuer |
| Montserrat | Internationale Finanz- und Handelsgesellschaften |
| Myanmar | Steuerbefreite Gesellschaften |
| Namibia | Sonderzonen |
| Nauru | Keine Körperschaftsteuer |
| Niue | Internationale Finanz- und Handelsgesellschaften |
| Nördliche Marianen | Steuerbefreite Gesellschaften |
| Norfolk-Inseln | Offshore-Gesellschaften |
| Oman | 12 v. H. Körperschaftsteuer |
| Palau | 4 v. H. Körperschaftsteuer |
| Panama | Internationale Finanz- und Handelsgesellschaften; Sonderzone Colón |
| Philippinen | Sonderzonen; steuerbefreite Gesellschaften |
| Puerto Rico | Steuerbefreite Gesellschaften |
| Russland | 24 v. H. Körperschaftsteuer |
| Salomonen | Steuerbefreiungen für Gesellschaften nach Investmentgesetz 1990 |

| Gebiet | Niedrige Ertragsteuerbelastung / Steuervergünstigungen |
|---|---|
| Samoa | Internationale Finanz- und Handelsgesellschaften |
| Sáo Tomé und Principe | Internationale Finanz- und Handelsgesellschaften |
| Seychellen | Internationale Finanz- und Handelsgesellschaften; Sonderzonen |
| Singapur | 22 v. H. Körperschaftsteuer; internationale Finanz- und Handelsgesellschaften |
| Sri Lanka | Offshore-Banken |
| St. Kitts-Nevis | Internationale Finanz- und Handelsgesellschaften |
| St. Lucia | Internationale Finanz- und Handelsgesellschaften |
| St. Vincent und die Grenadinen | Internationale Finanz- und Handelsgesellschaften |
| Swasiland | Neugründungen |
| Taiwan | Offshore-Banken |
| Thailand | Steuerbefreite Gesellschaften |
| Tonga | Internationale Finanz- und Handelsgesellschaften |
| Trinidad und Tobago | Sonderzonen |
| Tristan da Cunha | Keine Körperschaftsteuer |
| Tunesien | Sonderzonen |
| Turks- und Caicos-Inseln | Keine Körperschaftsteuer |
| Tuvalu | Ausländische Investoren |
| Uruguay | Offshore-Banken und Holdinggesellschaften |
| Usbekistan | 18 v. H. Körperschaftsteuer |
| Vanuatu | Keine Körperschaftsteuer |
| Vereinigte Arabische Emirate | Körperschaftsteuer nur für Erdöl- und Erdgasunternehmen; Sonderzonen. 20 v. H. Körperschaftsteuersatz für Banken (Dubai) |
| Vereinigte Staaten von Amerika | Exportumsätze |

## Anlage 2: Feststellungen über Gebiete mit einem Normalsatz der Ertragsteuer für juristische Personen – 2003 –

| EU-Staaten (einschl. EU-Beitrittstaaten) | Tarifliche Belastung des Gewinns von Kapitalgesellschaften mit Körperschaftsteuer, Gewerbeertragsteuer und vergleichbaren andern Steuern des Zentralstaats und der Gebietskörperschaften |
|---|---|
| Belgien[1] | 34 v. H. |
| Dänemark | 30 v. H. |
| Finnland | 29 v. H. |
| Frankreich[1] | 35,4 v. H. |
| Griechenland | 35/25[2] v. H. |
| Italien | 34 v. H. |
| Luxemburg[1] | 30,4 v. H. |
| Malta | 35 v. H. |
| Niederlande[1] | 34,5 v. H. |
| Österreich | 34 v. H. |
| Polen | 27 v. H. |
| Portugal[1] | 33 v. H. |
| Schweden | 28 v. H. |
| Slowakei | 25 v. H. |
| Slowenien | 25 v. H. |
| Spanien[1] | 35 v. H. |
| Tschechische Republik | 31 v. H. |
| Vereinigtes Königreich[1] | 30 v. H. |
| **Andere Staaten** | |
| Japan[1] | 40,9 v. H. |
| Kanada (Ontario) | 36,6/33,1 v. H. |
| Norwegen | 28 v. H. |
| Ukraine | 30 v. H. |
| Vereinigte Staaten von Amerika (New York)[1] | 39,9 v. H. |

[1] **[Amtl. Anm.:]** Diese Staaten wenden ermäßigte Tarifeingangssätze an.

[2] **[Amtl. Anm.:]** 25 v. H. für Personengesellschaften, die in Griechenland körperschaftsteuerpflichtig sind; 35 v. H. für Aktiengesellschaften (Anonymous Etaira), Gesellschaften mit begrenzter Haftung und Kreditinstitute.

## Anlage 3: Schemata zur Ermittlung der Besteuerungsgrundlagen für die Anwendung der §§ 7–12 und 14 AStG

### Für Einkommen-, Körperschaft- und Gewerbesteuer

**Schema I** (bei **einstufigem** Beteiligungsaufbau)

| Zeile | | |
|---|---|---|
| 1 | | Gesamteinkünfte (vor Personensteuern) |
| 2 | – | Einkünfte aus aktiver Tätigkeit (§ 8 Abs. 1 AStG) |
| 3 | – | Steuerabzug nach § 12 Abs. 3 AStG i. V. m. § 34 c Abs. 2 EStG |
| 4 | = | Einkünfte aus passivem Erwerb (§ 10 Abs. 3 AStG)[1] |
| 5 | – | vom Hinzurechnungsbetrag auszunehmende Gewinne (§ 11 AStG)[1] |
| 6 | – | entrichtete Steuern vom Einkommen und Vermögen (§ 10 Abs. 1 AStG)[1] |
| 7 | – | Verlustabzug (§ 10 Abs. 3 Satz 5 AStG i. V. m. § 10 d EStG)[1] |
| 8 | = | Hinzurechnungsbetrag (wenn negativ, Abzug nach Maßgabe des § 10 Abs. 3 Satz 5 AStG)[2] |
| 9 | | Gesamtbetrag anrechnungsfähiger Steuern im Sinne des § 12 Abs. 1 AStG[1] |
| 10 | | Steuern von den nach § 3 Nr. 41 EStG befreiten Gewinnausschüttungen i. S. d. § 12 Abs. 3 AStG[1] |
| 11 | | Feststellung, ob bei der ausländischen Gesellschaft die Freigrenzen des § 9 AStG überschritten oder nicht überschritten sind[1] |
| 12 | | In Fällen, in denen die Freigrenzen des § 9 AStG nicht überschritten sind: Feststellung der gesamten Bruttoerträge der ausländischen Gesellschaft und der Bruttoerträge, die den Zwischeneinkünften zugrunde liegen.[1] |
| 13 | | Ausschüttungen, Veräußerungsgewinne und verbleibende Hinzurechnungsbeträge (§ 3 Nr. 41 EStG)[1] |

[1] **[Amtl. Anm.:]** Festzustellende Besteuerungsgrundlagen nach § 18 Abs. 1 AStG.

[2] **[Amtl. Anm.:]** Festzustellender Verlust nach § 10 Abs. 3 Satz 5 AStG i. V. m. § 10 d Abs. 4 EStG.

**725** 

**Schema II** (bei **mehrstufigem** Beteiligungsaufbau für **Untergesellschaften** im Sinne des § 14 AStG)

| Zeile | | |
|---|---|---|
| 1 | | Gesamteinkünfte (vor Personensteuern) |
| 2 | – | Einkünfte aus aktiver Tätigkeit (§ 8 Abs. 1 AStG) |
| 3 | – | Einkünfte aus Tätigkeiten, die nachweislich einer unter § 8 Abs. 1 Nr. 1–6 AStG fallenden Tätigkeit der unmittelbar vorgeschalteten Gesellschaft dienen |
| 4 | = | Einkünfte aus passivem Erwerb (§ 10 Abs. 3 AStG)[1] |
| 5 | + | übertragende Zurechnung nachgeschalteter Zwischengesellschaften (Untergesellschaften)[1] |
| 6 | – | vom Zurechnungsbetrag auszunehmende Gewinne (§ 11 AStG)[1] |
| 7 | = | Gesamtbetrag |
| 8 | – | entrichtete Steuern vom Einkommen und Vermögen (§ 10 Abs. 1 AStG)[1] |
| 9 | = | Zurechnungsbetrag (positiv oder negativ) |
| *10*[2] | | *Gliederung des Zurechnungsbetrags*<br>a) *Zurechnungsbetrag, für den nach den Verhältnissen der Untergesellschaft oder weiterer nachgeschalteter Gesellschaften beim inländischen Gesellschafter eine Freistellung nach § 10 Abs. 5 i. V. m. § 14 Abs. 4 AStG in Betracht kommen kann.*[1]<br>b) *übriger Zurechnungsbetrag*[1] |
| 11 | | Gesamtbetrag anrechnungsfähiger Steuern (§ 12 Abs. 1 AStG)[1] |
| 12 | | Feststellung, ob bei der ausländischen Gesellschaft die Freigrenzen des § 9 AStG überschritten sind.[1] |
| 13 | | Feststellung, in welcher Höhe die in Zeile 5 zugerechneten Beträge die Freigrenzen des § 9 AStG nicht überschritten haben.[1] |

[1] **[Amtl. Anm.:]** Festzustellende Besteuerungsgrundlagen nach § 18 Abs. 1 AStG.

[2] **[Amtl. Anm.:]** § 14 Abs. 4 AStG ist durch Artikel 11 des StVergAbG aufgehoben worden; die Zeile 10 bezieht sich deshalb auf die Gesetzesfassung, die für Zwischeneinkünfte anzuwenden ist, die in Wirtschaftsjahren der Zwischengesellschaft entstanden sind, die in der Zeit bis einschließlich 31. Dezember 2002 begonnen haben (§ 21 Abs. 11 Satz 2 AStG).

**Schema III** (für **Obergesellschaften** in Fällen des **mehrstufigen** Beteiligungsaufbaus)

| Zeile | | |
|---|---|---|
| 1 | | Gesamteinkünfte (vor Personensteuern) |
| 2 | – | Einkünfte aus aktiver Tätigkeit (§ 8 Abs. 1 AStG) |
| 3 | – | Steuerabzug nach § 12 Abs. 3 AStG i. V. m. § 34 c Abs. 2 EStG |
| 4 | = | Einkünfte aus passivem Erwerb (§ 10 Abs. 3 AStG)[1] |
| 5 | + | übertragende Zurechnung nachgeschalteter Zwischengesellschaften (Untergesellschaften)[1] |
| 6 | = | Gesamtbetrag |
| 7 | – | vom Hinzurechnungsbetrag auszunehmende Gewinne (§ 11 AStG)[1] |
| 8 | – | entrichtete Steuern vom Einkommen und Vermögen (§ 10 Abs. 1 AStG)[1] |
| 9 | – | Verlustabzug (§ 10 Abs. 3 Satz 5 AStG i. V. m. § 10 d EStG)[1] |
| 10 | = | Hinzurechnungsbetrag (wenn negativ, Abzug nach Maßgabe des § 10 Abs. 3 Satz 5 AStG)[2] |
| 11 | | Gesamtbetrag anrechnungsfähiger Steuern im Sinne des § 12 Abs. 1 AStG[1] |
| 12 | | Steuern von den nach § 3 Nr. 41 EStG befreiten Gewinnausschüttungen im Sinne des § 12 Abs. 3 AStG[1] |
| 13 | | Feststellung, ob bei der ausländischen Gesellschaft die Freigrenzen des § 9 AStG überschritten oder nicht überschritten sind.[1] |
| 14 | | In Fällen, in denen die Freigrenzen des § 9 AStG nicht überschritten sind: Feststellung der gesamten Bruttoerträge der ausländischen Gesellschaft und der Bruttoerträge, die den Zwischeneinkünften zugrunde liegen.[1] |
| 15 | | Ausschüttungen, Veräußerungsgewinne und verbleibende Hinzurechnungsbeträge (§ 3 Nr. 41 EStG)[1] |

[1] **[Amtl. Anm.:]** Festzustellende Besteuerungsgrundlagen nach § 18 Abs. 1 AStG.

[2] **[Amtl. Anm.:]** Festzustellender Verlust nach § 10 Abs. 3 Satz 5 AStG i. V. m. § 10 d Abs. 4 EStG.

# 725 § 1/1. Schreiben betr. Verwaltungsgrundsätze Verrechnungspreise; Grundsätze für die Korrektur von Einkünften gemäß § 1 AStG

Vom 14. Juli 2021

BMF IV B 5 – S 1341/19/10017 :001; DOK 2021/0770780

(BStBl. I S. 1098)

Nach der Erörterung mit den obersten Finanzbehörden der Länder gelten folgende Grundsätze für die internationale Einkunftsabgrenzung nach dem Maßstab des Fremdvergleichs in den Regelungen des innerstaatlichen Rechts und der Doppelbesteuerungsabkommen:

**[Inhaltsübersicht]**

## Kapitel I. Grundsätze der Einkünftekorrektur

### A. Regelungen zur Einkünftekorrektur und Konkurrenzverhältnis

**1.1** Bei Geschäftsbeziehungen zum Ausland eines Steuerpflichtigen zu ihm nahestehenden Personen ist zu prüfen, ob die darauf beruhenden Einkünfte unter Berücksichtigung des Fremdvergleichsgrundsatzes ermittelt worden sind. Bei Einzelunternehmen und Personengesellschaften sind dabei die Regelungen zur

– Einlage (§ 4 Abs. 1 Satz 8 Einkommensteuergesetz – EStG) und

– Entnahme (§ 4 Abs. 1 Satz 2 ff. EStG)

zu berücksichtigen. Bei Körperschaften können die Regelungen zur

– verdeckten Gewinnausschüttung (§ 8 Abs. 3 Satz 2 Körperschaftsteuergesetz – KStG) und

– verdeckten Einlage (§ 8 Abs. 3 Satz 3 ff. KStG)

Anwendung finden.

Unabhängig von der Rechtsform des Steuerpflichtigen ist zusätzlich § 1 Außensteuergesetz (AStG) zu beachten, um die zutreffenden inländischen Einkünfte zu ermitteln.

**1.2** In Betriebsstättensachverhalten sind § 1 Abs. 5 AStG sowie die Betriebsstättengewinnaufteilungsverordnung (BsGaV) zu beachten. Danach werden Betriebsstätten für Zwecke des Fremdvergleichsgrundsatzes weitgehend wie eigenständige und unabhängige Unternehmen behandelt. Auf die Verwaltungsgrundsätze Betriebsstättengewinnaufteilung (VWG BsGa) vom 22. Dezember 2016, BStBl. I 2017 S. 182[1], sowie auf das BMF-Schreiben vom 17. Dezember 2019 IV B 5 – S 1341/19/10010 :003, BStBl. I 2020 S. 84 zu Betriebsstätten ohne Personalfunktion wird in diesem Zusammenhang verwiesen.

**1.3** Die Einkünftekorrekturvorschriften sind grundsätzlich voneinander unabhängig und nebeneinander anwendbar. Aus der Formulierung „unbeschadet anderer Vorschriften" in § 1 Abs. 1 Satz 1 AStG ergibt sich kein Wahlrecht für die Anwendung des § 1 AStG oder einer daneben anwendbaren anderen Einkünftekorrekturnorm. § 1 AStG ist ergänzend (vergleiche insbesondere Rn. 1.4) oder in besonderen Fällen anstelle der anderen Korrekturnormen anzuwenden, soweit durch diese Korrekturnormen die Erfassung des zutreffenden Inlandsgewinns nicht sichergestellt wird. Die Höhe des zutreffenden Inlandsgewinns ist in einer Gesamtschau unter Berücksichtigung von Korrekturen und Gegenkorrekturen zu ermitteln, wobei die Auswirkungen auf die Einkünfte i.S.d. § 20 Abs. 1 Nr. 1 Satz 2 EStG außer Betracht zu lassen sind. Ist danach die Erfassung des zutreffenden Inlandsgewinns bereits durch die Regelungen zur verdeckten Gewinnausschüttung oder verdeckten Einlage sichergestellt, er-

[1] Nr. **725** § 1/11.

übrigt sich die Anwendung des § 1 AStG. Sofern sich Korrektur und Gegenkorrektur (Vorteilsverbrauch) im Inland kompensieren, ist ausschließlich § 1 AStG anzuwenden und die Anwendung der anderen Korrekturnormen – auch auf Gesellschafterebene – wird suspendiert. Ein solcher Fall ist gegeben, wenn ein aus einer Korrektur nach § 8 Abs. 3 Satz 2 KStG resultierender Vorteilsverbrauch wiederum im Inland zu berücksichtigen wäre, da sich die verdeckte Gewinnausschüttung und der sich daraus ergebende Vorteilsverbrauch insoweit neutralisieren (vgl. BFH vom 27. November 2019 I R 40/19 [ehem. I R 14/16], BFH/NV 2020 S. 1307).

Sollten sich im Einzelfall nur der Höhe nach weitergehende Rechtsfolgen aus der Anwendung des § 1 AStG ergeben, sind die weitergehenden Berichtigungen neben den Rechtsfolgen der anderen Vorschriften durchzuführen (§ 1 Abs. 1 Satz 4 AStG). 1.4

**Beispiel (verdeckte Gewinnausschüttung):**

Die M-AG (Sitz im Ausland) liefert an ihre Tochtergesellschaft, die T-AG (Sitz im Inland), Waren zu einem Preis von zehn Millionen Euro. Festgestellt wird eine Bandbreite fremdüblicher Preise für diese Waren von fünf Millionen Euro bis sieben Millionen Euro. Der gemeine Wert soll sieben Millionen Euro betragen. Sämtliche Waren wurden sofort weiterveräußert, weitergehende innerbilanzielle Anpassungen sind daher nicht veranlasst. Im Rahmen der Regelungen zur verdeckten Gewinnausschüttung erfolgt nun eine Einkünftekorrektur auf den gemeinen Wert (hier sieben Millionen Euro), sodass eine Einkünftekorrektur in Höhe von drei Millionen Euro bei der T-AG nach § 8 Abs. 3 Satz 2 KStG vorzunehmen ist. Da der von der Steuerpflichtigen angesetzte Wert außerhalb der fremdüblichen Bandbreite liegt und die Steuerpflichtige keinen anderen dem Fremdvergleichsgrundsatz entsprechenden Wert glaubhaft gemacht hat, erfolgt eine weitergehende Berichtigung nach § 1 AStG auf den Median (§ 1 Abs. 3a Satz 4 AStG); hier annahmegemäß sechs Millionen Euro. Die weitergehende Berichtigung nach § 1 AStG beträgt damit eine Million Euro.

**Beispiel (verdeckte Entnahme):**

Die M-AG (Sitz im Ausland) liefert an ihre Tochterpersonengesellschaft, die T-GmbH & Co KG (Verwaltungssitz im Inland), Waren zu einem Preis von zehn Millionen Euro. Festgestellt wird eine Bandbreite fremdüblicher Preise für diese Waren von fünf Millionen Euro bis sieben Millionen Euro. Der Teilwert soll sieben Millionen Euro betragen. Sämtliche Waren wurden sofort weiterveräußert, weitergehende innerbilanzielle Anpassungen sind daher nicht veranlasst. Im Rahmen der Regelungen zur verdeckten Entnahme erfolgt nun eine Einkünftekorrektur auf den Teilwert (hier sieben Millionen Euro), sodass eine Einkünftekorrektur in Höhe von drei Millionen Euro bei der T-GmbH & Co KG nach § 4 Abs. 1 Satz 2 EStG vorzunehmen ist. Da der von der Steuerpflichtigen angesetzte Wert außerhalb der fremdüblichen Bandbreite liegt und die Steuerpflichtige keinen anderen dem Fremdvergleichsgrundsatz entsprechenden Wert glaubhaft gemacht hat, erfolgt eine weitergehende Berichtigung nach § 1 AStG auf den Median (§ 1 Abs. 3a Satz 4 AStG); hier annahmegemäß sechs Millionen Euro. Die weitergehende Berichtigung nach § 1 AStG beträgt damit eine Million Euro.

Weitere Beispiele zur Anwendungskonkurrenz dem Grunde nach:

**Beispiel (Nutzungsvorteil):**

Die M-AG (Sitz im Inland) ist Alleingesellschafterin sowohl der T1 GmbH (Sitz im Inland) als auch der T2 s.r.o. mit Sitz und Ort der Geschäftsleitung in Tschechien. Die T1 GmbH gewährt der T2 s.r.o. ein zinsloses Darlehen. Der angemessene Zins beträgt zehn Millionen Euro p. a.

Ungeachtet von Art. 9 DBA-Tschechien ist das Einkommen der T1 GmbH nach § 8 Abs. 3 Satz 2 KStG außerbilanziell um zehn Millionen Euro zu erhöhen. Als Folge dieser verdeckten Gewinnausschüttung erzielt die M-AG sonstige Bezüge i.S.d. § 20 Abs. 1 Nr. 1 Satz 2 EStG, § 8 Abs. 1 KStG in Höhe von zehn Millionen Euro, die innerhalb der Bilanz grundsätzlich als Ertrag zu erfassen sind. Da dem aber in gleicher Höhe auf der Aufwandsseite ein Vorteilsverbrauch gegenübersteht, ändert sich die Steuerbilanz nicht. Mangels Einlagefähigkeit des Vermögensvorteils erhöhen sich die Anschaffungskosten der Beteiligung an der T2 s.r.o. nicht. Außerhalb der Bilanz ist das Einkommen der M-AG um die steuerfreien Bezüge nach § 8b Abs. 1 Satz 1 KStG und unter Berücksichtigung der nichtabziehbaren Betriebsausgaben nach § 8b Abs. 5 KStG um insgesamt -9,5 Millionen Euro zu korrigieren.

Aufgrund von Art. 9 DBA-Tschechien hat die Gegenberichtigung bei der T2 s.r.o. als Vorteilsempfängerin und nicht bei der M-AG zu erfolgen. Insofern hat nun § 1 AStG gegenüber § 8 Abs. 3

Satz 2 KStG Vorrang, so dass es insgesamt nur noch zu einer außerbilanziellen Einkünfteberichtigung nach § 1 AStG in Höhe von zehn Millionen Euro bei der T1 GmbH kommt.

**Beispiel (einlagefähiges Wirtschaftsgut):**

Die M-AG (Sitz im Inland) ist Alleingesellschafterin sowohl der T1 GmbH (Sitz im Inland) als auch der T2 s.r.o. mit Sitz und Ort der Geschäftsleitung in Tschechien. Die T1 GmbH überträgt der T2 s.r.o. unentgeltlich ein Wirtschaftsgut. Der gemeine Wert entspricht dem Fremdvergleichspreis und beträgt zehn Millionen Euro.

Ungeachtet von Art. 9 DBA-Tschechienist das Einkommen der T1 GmbH nach § 8 Abs. 3 Satz 2 KStG außerbilanziell um zehn Millionen Euro zu erhöhen. Als Folge dieser verdeckten Gewinnausschüttung erzielt die M-AG sonstige Bezüge i.S.d. § 20 Abs. 1 Satz 2 Nr. 1 EStG, § 8 Abs. 1 KStG in Höhe von zehn Millionen Euro, die innerhalb der Bilanz grundsätzlich als Ertrag zu erfassen sind. Außerhalb der Bilanz ist das Einkommen der M-AG um die steuerfreien Bezüge nach § 8b Abs. 1 Satz 1 KStG und unter Berücksichtigung der nichtabziehbaren Betriebsausgaben gemäß § 8b Abs. 5 KStG um insgesamt -9,5 Millionen Euro zu korrigieren. Da es sich um einen einlagefähigen Vermögensvorteil handelt, liegt eine verdeckte Einlage vor und es erhöhen sich die Anschaffungskosten der Beteiligung an der T2 s.r.o. entsprechend. Ein Vorteilsverbrauch ist somit nicht als Aufwand bei der M-AG zu erfassen. Bei der T2 s.r.o. liegt eine verdeckte Einlage in Höhe von zehn Millionen Euro vor, die – wäre sie mit ihrem Einkommen im Inland steuerpflichtig – bei der Einkommensermittlung nach § 8 Abs. 3 Satz 3 KStG abzuziehen und dem steuerlichen Einlagekonto nach § 27 KStG zuzuführen wäre.

Aufgrund von Art. 9 DBA-Tschechien hat die Gegenberichtigung bei der T2 s.r.o. als Vorteilsempfängerin zu erfolgen. Da bei ihr eine verdeckte Einlage vorliegt, findet nur § 8 Abs. 3 Satz 2 KStG Anwendung. Zu einer weitergehenden außerbilanziellen Einkünfteberichtigung nach § 1 AStG kommt es somit nicht.

**1.5** Der Fremdvergleichsgrundsatz ist in jedem von Deutschland abgeschlossenen Abkommen zur Vermeidung der Doppelbesteuerung (DBA) enthalten (entsprechend Art. 9 Abs. 1 OECD-/UN-Musterabkommen [MA]). Die Art. 9 Abs. 1 OECD-/UN-MA nachgebildeten Artikel im jeweiligen DBA erlauben damit eine Berichtigung der Einkünfte auf Basis des Fremdvergleichsgrundsatzes. Rechtsgrundlage für die Berichtigung der Einkünfte sind die Regelungen zur Einkünftekorrektur des nationalen deutschen Steuerrechts. § 1 AStG setzt den internationalen Fremdvergleichsgrundsatz um (vgl. BT-Drs. VI/2883, 23 ff.). Dabei bezieht sich die Anwendung des Fremdvergleichsgrundsatzes auch auf den Grund und die weiteren Bedingungen einer Geschäftsbeziehung und nicht allein auf die Korrektur eines Verrechnungspreises.

**1.6** Die Regelungen zur Einkünftekorrektur des nationalen deutschen Steuerrechts bleiben dabei auch in den Fällen der Interessenverflechtung anwendbar, die in den DBA nicht genannt sind. Die Anwendung wird auch diesbezüglich nicht durch ein DBA gesperrt.

## B. Konkurrenz zur Hinzurechnungsbesteuerung

**1.7** Die Regelungen zur Einkünftekorrektur, mit grundsätzlicher Ausnahme des § 1 AStG (vgl. BFH vom 20. April 1988 I R 41/82, BStBl. II S. 868), gelten auch für Geschäftsbeziehungen zu zwischengeschalteten Gesellschaften i.S.d. § 5 AStG oder zu Zwischengesellschaften i.S.d. §§ 7 ff. AStG.

**Beispiel:**

Die M-AG (Sitz im Inland) ist zu 100 Prozent an der T-AG im niedrig besteuernden Ausland beteiligt. Diese ist Zwischengesellschaft i.S.d. §§ 7 ff. AStG; ihre gesamten Einkünfte sind als passiv zu qualifizieren. Die T-AG steht mit der E-AG (ansässig in einem anderen ausländischen Staat) in einer Geschäftsbeziehung. Die T-AG begibt an die E-AG ein Darlehen in Höhe von einer Million Euro zu einem unangemessen niedrigen Zinssatz (ein Prozent, fremdüblich wären zehn Prozent). Eine Korrektur seitens der ausländischen Finanzverwaltung wurde nicht vorgenommen. Im Rahmen der Anwendung der Regelungen über die Hinzurechnungsbesteuerung wird eine Einkommenserhöhung in Höhe von 90 000 Euro bei der T-AG nicht vorgenommen, da § 1 AStG bei der Ermittlung der dem Hinzurechnungsbetrag zugrundeliegenden Einkünfte keine Anwendung findet. Die Voraussetzungen für eine Einkommenskorrektur nach den Grundsätzen der verdeckten

Einlage oder der verdeckten Gewinnausschüttung liegen ebenfalls nicht vor. Damit werden bei der M-AG nur 10 000 Euro aus dem Darlehensverhältnis hinzugerechnet.

Eine etwaige hieraus resultierende doppelte Besteuerung derselben Einkünfte ist sachgerecht aufzulösen. So ist bei der Ermittlung der hinzurechnungspflichtigen Einkünfte der Zwischengesellschaft (§ 10 Abs. 3 AStG) ggf. eine Gegenberichtigung vorzunehmen (vgl. BFH vom 19. März 2002, I R 4/01, BStBl. II S. 644). 1.8

**Beispiel:**

Die M-AG (Sitz im Inland) steht in Geschäftsbeziehung zu ihrer Tochtergesellschaft (T-AG) im Ausland. Diese ist Zwischengesellschaft i.S.d. §§ 7 ff. AStG; ihre gesamten Einkünfte sind als passiv zu qualifizieren. Sollten die Einkünfte der M-AG aufgrund dieser Geschäftsbeziehung gemindert sein, sind diese zunächst nach dem Fremdvergleichsgrundsatz zu korrigieren.

**Variante 1 (Nutzungsüberlassung):**

Die M-AG vergibt ein Darlehen in Höhe von einer Million Euro an die T-AG zu einem fremdunüblich niedrigen Zinssatz (ein Prozent, fremdüblich wären zehn Prozent). Die Berichtigung nach § 1 AStG führt zu einer Einkommenserhöhung in Höhe von 90 000 Euro bei der M-AG. Im Ausland wurde bei der T-AG keine Gegenberichtigung nachvollzogen. Für Zwecke der Anwendung der Hinzurechnungsbesteuerung ist eine fiktiv korrespondierende Gegenberichtigung in Form eines Zinsabzugs bei der T-AG vorzunehmen, um eine Doppelbesteuerung der Einkünfte der Zwischengesellschaft im Rahmen der Anwendung der Regelungen über die Hinzurechnungsbesteuerung zu vermeiden. Die nach § 10 AStG a.F. abziehbaren oder nach § 12 AStG anzurechnenden Steuern sind entsprechend zu kürzen, auch wenn im Ausland keine Gegenberichtigung stattfindet.

Sollte die Erstberichtigung in einem anschließenden Verständigungs- oder Schiedsverfahren rückgängig gemacht werden, kann die fiktiv korrespondierende Gegenberichtigung insoweit rückgängig zu machen und bei der Hinzurechnungsbesteuerung entsprechend zu berücksichtigen sein; auf §§ 174, 175a Abgabenordnung (AO) wird hingewiesen. Sofern der ausländische Staat eine Gegenberichtigung vornimmt, sind auch die anrechenbaren Steuern zu berichtigen.

**Variante 2:**

Die M-AG überträgt unentgeltlich ein Wirtschaftsgut mit einem Teilwert in Höhe von 900 000 Euro an die T-AG. Der Fremdvergleichspreis beträgt eine Million Euro. Die Berichtigung nach § 1 AStG führt zu einer Einkommenserhöhung in Höhe von 100 000 Euro bei der M-AG (900 000 Euro haben schon innerbilanziell die Anschaffungskosten der Beteiligung an der T-AG erhöht, da es sich um eine verdeckte Einlage des Wirtschaftsguts gehandelt hat). Im Ausland wurde bei der T-AG das Wirtschaftsgut mit 900 000 Euro ergebnisneutral erfasst, und es wird linear über zehn Jahre abgeschrieben. Für Zwecke der Anwendung der Hinzurechnungsbesteuerung ist eine fiktiv korrespondierende Gegenberichtigung in Form eines zusätzlichen jährlichen AfA-Betrags in Höhe von einem Zehntel von 100 000 Euro = 10 000 Euro bei der T-AG vorzunehmen, um eine Doppelbesteuerung der Einkünfte der Zwischengesellschaft im Rahmen der Anwendung der Regelungen über die Hinzurechnungsbesteuerung zu vermeiden. Die nach § 10 AStG a.F. abziehbaren beziehungsweise nach § 12 AStG anzurechnenden Steuern sind entsprechend zu kürzen, auch wenn im Ausland keine Gegenberichtigung stattfindet.

## C. Nahestehende Personen (§ 1 Abs. 2 AStG)

Eine Einkünfteberichtigung gemäß § 1 AStG setzt voraus, dass dieser eine Geschäftsbeziehung des Steuerpflichtigen mit einer ihm nahestehenden Person zugrunde liegt (§ 1 Abs. 2 AStG). Dem Steuerpflichtigen nahestehende Personen in diesem Sinne können natürliche und juristische Personen sein sowie gemäß § 1 Abs. 1 Satz 2 Halbsatz 2 AStG auch Personengesellschaften oder Mitunternehmerschaften. 1.9

Die Verflechtung durch beherrschenden Einfluss (vgl. § 1 Abs. 2 Nr. 2 und Abs. 3 Buchst. c AStG) kann auf rechtlicher oder tatsächlicher Grundlage oder dem Zusammenwirken beider beruhen. Unter beherrschendem Einfluss anderer können auch natürliche Personen stehen. Die Verflechtung wird bereits durch die Möglichkeit begründet, einen beherrschenden Einfluss auszuüben. 1.10

**1.11** Unmittelbare und mittelbare Beteiligungen eines Steuerpflichtigen sind für die Beurteilung, ob ein Nahestehen i.S.d. § 1 Abs. 2 AStG vorliegt, zusammenzurechnen (vgl. BFH vom 28. Juni 1978 I R 90/76, BStBl. II S. 590).

**Beispiel:**

A ist zu 15 Prozent an der ausländischen Gesellschaft T1 unmittelbar beteiligt. Ferner erwirbt A eine weitere unmittelbare Beteiligung in Höhe von 20 Prozent an der ausländischen Gesellschaft T2, die ihrerseits mit zehn Prozent an der Gesellschaft T1 beteiligt ist. Somit ist A sowohl unmittelbar als auch mittelbar an T1 beteiligt. Die Ermittlung der Beteiligungsquote folgt einer wirtschaftlichen Betrachtungsweise. Das bedeutet, dass die Beteiligungsquoten der mittelbaren Beteiligungen anteilsmäßig berechnet werden. 10 Prozent × 20 Prozent/100 Prozent = zwei Prozent. Die unmittelbare und mittelbare Beteiligung des A an der T1 beträgt somit bei einer wirtschaftlichen Betrachtungsweise insgesamt 17 Prozent.

**1.12** Für das Vorliegen eines Einflusses außerhalb der Geschäftsbeziehung (vgl. § 1 Abs. 2 Nr. 4 erste Alternative AStG) ist kein beherrschender Einfluss erforderlich. Die nahestehende Person oder der Steuerpflichtige müssen aber tatsächlich dazu imstande sein, einen allgemeinen außerhalb der Geschäftsbeziehung begründeten Einfluss auf den jeweils anderen auszuüben. Es muss also eine Möglichkeit bestehen, dass bei der Gestaltung der jeweiligen Geschäftsbeziehungen aufgrund des Einflusses kein für die fremdübliche Aushandlung von deren Bedingungen genügender Interessengegensatz besteht.

**1.13** Ein eigenes Interesse an der Erzielung der Einkünfte eines anderen (vgl. § 1 Abs. 2 Nr. 4 zweite Alternative AStG) kann sowohl wirtschaftlicher als auch persönlicher Natur sein (vgl. BFH vom 19. Januar 1994 I R 93/93, BStBl. II S. 725). Das Interesse muss sich auf die zu überprüfenden Einkünfte selbst beziehen.

**1.14** Von einem eigenen Interesse an der Erzielung der Einkünfte des anderen kann auch bei allen Beteiligten an Netzwerken und deren Organisationseinheiten auszugehen sein. Ein Netzwerk liegt vor, wenn Personen bei ihrer Berufsausübung zur Verfolgung gemeinsamer wirtschaftlicher Interessen für eine gewisse Dauer zusammenwirken (vgl. § 319b Handelsgesetzbuch). Mithin können auch rechtlich selbständige Unternehmen in einem globalen Netzwerk, die sich insbesondere durch eine engestrategische und fachliche Vernetzung dieses Netzwerks ausweisen, einander nahestehende Personen sein.

**1.15** Ebenso kann im Einzelfall von dem Vorliegen eines eigenen Interesses an den Einkünften eines anderen bei pyramidalen Organisationsstrukturen ausgegangen werden. Pyramidale Organisationen zeichnen sich beispielsweise dadurch aus, dass die Mitglieder sich einem einheitlichen Regelwerk beziehungsweise Statuten unterwerfen und ein gemeinsames Ziel verfolgen (zum Beispiel die Durchführung eines Wettbewerbs). Dabei ist es grundsätzlich für alle Mitglieder von Interesse, dass das in der Hierarchie beziehungsweise im pyramidalen Aufbau höchste Mitglied insbesondere finanziell gut gestellt ist, da dies wiederum positive Auswirkungen auf alle anderen Mitglieder haben kann.

### D. Geschäftsbeziehung (§ 1 Abs. 4 AStG)

**1.16** Geschäftsbeziehungen sind einzelne oder mehrere zusammenhängende wirtschaftliche Vorgänge (Geschäftsvorfälle) zwischen einem Steuerpflichtigen und einer ihm nahestehenden Person (vgl. § 1 Abs. 4 AStG). Hierunter fallen beispielsweise Warenlieferungen, Dienstleistungen, Finanzierungsbeziehungen, die Überlassung oder Übertragung von immateriellen Werten, Arbeitnehmerüberlassungen und Umlagen. Maßgebend ist eine wirtschaftliche Betrachtung. Es kommt dabei nicht darauf an, ob ein angemessenes, ein unangemessenes oder kein Entgelt vereinbart worden ist.

Geschäftsbeziehungen zum Ausland zwischen einander nahestehenden Personen können auch mittels inländischer oder ausländischer Betriebsstätten bestehen. 1.17

**Beispiel 1:**

Eine inländische Gesellschaft unterhält zu einer ihr nahestehenden inländischen Gesellschaft Geschäftsbeziehungen, die steuerlich einer ausländischen Betriebsstätte der nahestehenden Gesellschaft zuzuordnen sind.

**Beispiel 2:**

Eine ausländische Gesellschaft unterhält zu einer ihr nahestehenden ausländischen Gesellschaft Geschäftsbeziehungen, die steuerlich einer inländischen Betriebsstätte der nahestehenden Gesellschaft zuzuordnen sind.

**Beispiel 3:**

Eine ausländische Gesellschaft unterhält zu einer ihr nahestehenden ausländischen Gesellschaft eine Geschäftsbeziehung, die steuerlich einer inländischen Betriebsstätte der ausländischen Gesellschaft zuzuordnen ist.

**Beispiel 4:**

Eine inländische Gesellschaft unterhält zu einer ihr nahestehenden inländischen Gesellschaft eine Geschäftsbeziehung, die steuerlich einer ausländischen Betriebsstätte der inländischen Gesellschaft zuzuordnen ist.

Geschäftsbeziehungen zum Ausland können auch bestehen, wenn ein Geschäftsvorfall zwischen ausländischen einander nahestehenden Personen vorliegt, der sich auf die Höhe der inländischen Einkünfte einer der Personen auswirkt (zum Beispiel im Fall der Vermietung inländischen Grundbesitzes). 1.18

Gesellschaftsvertragliche Vereinbarungen sind keine Geschäftsbeziehungen. Unter einer gesellschaftsvertraglichen Vereinbarung i.S.d. § 1 Abs. 4 AStG ist eine Vereinbarung zu verstehen, die unmittelbar zu einer rechtlichen Änderung der Gesellschafterstellung führt (zum Beispiel der Beteiligungshöhe oder der Beteiligungsrechte); mithin eine Vereinbarung, die das Verhältnis zwischen Gesellschaft und Gesellschafter regelt. 1.19

Die formale Aufnahme eines Geschäftsvorfalls oder einer Geschäftsbeziehung in den Gesellschaftsvertrag führt als solche nicht zu einer gesellschaftsvertraglichen Vereinbarung, die den Anwendungsbereich des § 1 AStG ausschließt, es sei denn, der Geschäftsvorfall oder die Geschäftsbeziehung führt zu einer tatsächlichen Änderung der materiellen Gesellschafterstellung. Die bloße Aufnahme in den Gesellschaftsvertrag kann bereits deshalb nicht genügen, weil sie das Merkmal der Geschäftsbeziehungen und damit den Tatbestand des § 1 Abs. 4 AStG in das Belieben der Beteiligten stellen würde. Entscheidend ist vielmehr, ob der Geschäftsvorfall unter Heranziehung des für die nahestehende Person geltenden Gesellschaftsrechts auf einer gesellschaftsvertraglichen Abrede beruht, die mit einer Änderung der materiellen Gesellschafterstellung verbunden ist (vgl. BFH vom 27. April 2000 I R 58/99, BStBl. II 2001 S. 168, zur „Kapitalrücklage" im ausländischen Handels- und Gesellschaftsrecht). 1.20

Die Übertragung von Stimmrechten kann eine Geschäftsbeziehung darstellen, wenn mit ihr ein wirtschaftlicher Vorteil einhergeht, der unter fremden Dritten vergütet werden würde. 1.21

**Beispiel:**

Die A GmbH ist an der im Ausland ansässigen B Corp. zu sechs Prozent und an der im Ausland ansässigen C Corp. zu 30 Prozent beteiligt. Die C Corp. wiederum ist zu 24 Prozent an der B Corp. beteiligt. Die C Corp. benötigt zur Erzielung bestimmter steuerlicher und wirtschaftlicher Vorteile eine Sperrminorität der Stimmrechte an der B Corp. Die C Corp. könnte sich daher mit der A GmbH zu einem Aktionärspool zusammenschließen und einen Stimmbindungsvertrag abschließen.

1.22 Im Rahmen der Geschäftsbeziehungen werden Bedingungen vereinbart oder auferlegt, die dem Fremdvergleich zugänglich sind. Zu diesen Bedingungen gehören insbesondere Vereinbarungen über Preise, Vertragslaufzeiten, (Rück-) Zahlungsmodalitäten, Durchführungsbedingungen, Rabatte oder Boni, Preisanpassungsklauseln, Sicherheiten sowie Vertragsänderungs- und -kündigungsmöglichkeiten. Die aufgrund der fehlenden Fremdüblichkeit einzelner Bedingungen veranlassten Einkunftsminderungen unterfallen dem Berichtigungsbefehl von § 1 AStG. Allein die Fremdunüblichkeit einzelner Bedingungen führt aber nicht dazu, dass die Geschäftsbeziehung als solche als fremdunüblich zu qualifizieren ist. Es bedarf der Würdigung aller Gesamtumstände im Einzelfall.

1.23 Nicht zu diesen Bedingungen gehören Umstände, die nicht von den einander nahestehenden Personen vereinbart werden können. Sie sind als gegeben hinzunehmen. Ihre Auswirkungen auf den Preis sind zu beachten. Hierzu gehören zum Beispiel gesetzliche Rahmenbedingungen oder die Gegebenheiten des jeweiligen Marktes.

## Kapitel II. Bedeutung der OECD-Verrechnungspreisleitlinien für die Prüfung der grenzüberschreitenden Geschäftsbeziehungen

2.1 Für die Prüfung der Einkunftsabgrenzung wird auf die Anlage 1 verwiesen, um eine internationale Ausrichtung und eine Orientierung an den OECD-Verrechnungspreisleitlinien (OECD Transfer Pricing Guidelines for Multinational Enterprises and Tax Administration) zu gewährleisten. Nur auf diese Weise kann sichergestellt werden, dass eine international einheitliche Umsetzung des Fremdvergleichsgrundsatzes erfolgt und hierdurch eine Doppelbesteuerung sowie (doppelte) Nichtbesteuerung vermieden werden.

2.2 Die OECD-Verrechnungspreisleitlinien unterstützen sowohl die Steuerpflichtigen als auch Finanzverwaltungen, um den jeweiligen Einzelfall einer im internationalen Kontext sachgerechten Lösung zuzuführen. Entsprechend orientiert sich die deutsche Finanzverwaltung im Rahmen des geltenden innerstaatlichen Rechts grundsätzlich an den OECD-Verrechnungspreisleitlinien, und zwar unabhängig davon, ob es sich um einen Sachverhalt handelt, bei dem ein DBA anwendbar ist, das mit einem OECD-Mitgliedstaat oder Nicht-OECD-Mitgliedstaat vereinbart wurde, oder ob kein DBA anwendbar ist.

2.3 Ob eine statische oder dynamische Auslegung Art. 9 Abs. 1 OECD-MA oder UN-MA nachgebildeter Artikel im jeweiligen DBA zu erfolgen hat (allgemein für eine statische Auslegung von Abkommensvorschriften etwa BFH vom 11. Juli 2018 I R 44/16, BFH/NV 2019 S. 149 m.w.N.), ist in Bezug auf den Fremdvergleichsgrundsatz nicht entscheidungserheblich (diese Annahme zugrunde legend BFH vom 17. Oktober 2001 I R 103/00, BStBl. 2004 II S. 171). Der Fremdvergleichsgrundsatz basiert vor allem auf der Anwendung von ökonomischen Prinzipien, die zeit- und kontextabhängig sind. Der Fremdvergleichsgrundsatz enthält daher genügend Flexibilität, um auf aktuelle Entwicklungen, wie die fortschreitende Digitalisierung der Wirtschaft, zu reagieren und diese, ohne weitere gesetzliche Maßnahmen, berücksichtigen zu können. Entsprechend ist auch die fortwährende Entwicklung der OECD-Verrechnungspreisleitlinien zu verstehen. Die fortlaufende Überarbeitung der OECD-Verrechnungspreisleitlinien erfolgt im Rahmen der Auslegungsmöglichkeiten des Artikels 9 Abs. 1 OECD-MA und stellt damit nicht jeweils eine neue Interpretation dieses Artikels dar.

Die nachfolgenden Randnummern enthalten gegenüber den OECD-Verrechnungspreisleitlinien weitergehende Konkretisierungen, die zur Sicherstellung einer gleichmäßigen Besteuerung notwendig sind. 2.4

Darüber hinaus können für die Prüfung von grenzüberschreitenden Geschäftsbeziehungen auch die Verlautbarungen des Gemeinsamen EU-Verrechnungspreisforums (EU Joint Transfer Pricing Forum – JTPF) hilfreich sein, insbesondere wenn ein Sachverhalt in Bezug zu einem EU-Mitgliedstaat zu würdigen ist. 2.5

Insbesondere in Bezug zu Entwicklungs- und Schwellenländern enthält auch das Verrechnungspreishandbuch der Vereinten Nationen für Entwicklungsländer (United Nations Practical Manual on Transfer Pricing for Developing Countries) unterstützende, praktische und hilfreiche, aber nicht bindende Leitlinien. 2.6

## Kapitel III. Leitlinien

### A. Fremdvergleichsgrundsatz

Geschäftsbeziehungen zwischen einem Steuerpflichtigen und einer ihm nahestehenden Person sind steuerlich danach zu beurteilen, ob sich die Beteiligten wie voneinander unabhängige Dritte verhalten haben oder verhalten (Fremdvergleich). Zugrunde zu legen ist die verkehrsübliche Sorgfalt eines ordentlichen und gewissenhaften Geschäftsleiters gegenüber Fremden (vgl. BFH vom 16. März 1967 I 261/63, BStBl. III S. 626; BFH vom 10. Mai 1967 I 187/64, BStBl. III S. 498). Ein ordentlicher und gewissenhafter Geschäftsleiter wird mit der gebotenen Sorgfalt den Fremdvergleichspreis aus den verfügbaren oder ihm zugänglichen Daten ableiten. Ob eine Vergütung zu entrichten und ggf. in welcher Höhe ein Fremdvergleichspreis anzusetzen ist, richtet sich dabei stets nach der Denkfigur des doppelten ordentlichen und gewissenhaften Geschäftsleiters. 3.1

Maßgebend für die Betrachtung der Geschäftsbeziehungen zwischen einem Steuerpflichtigen und einer ihm nahestehenden Person sind gemäß § 1 Abs. 3 Satz 1 AStG die dem jeweiligen Geschäftsvorfall zugrundeliegenden tatsächlichen Verhältnisse nach ihrem wirtschaftlichen Gehalt (vgl. BFH vom 30. Juli 1965 VI 288/63 U, BStBl. III S. 613; vom 26. Februar 1970 I R 42/68, BStBl. II S. 419, und vom 15. Januar 1974 VIII R 63/68, BStBl. II S. 606), also die tatsächlich durchgeführte Geschäftsbeziehung. Die Anwendung des Fremdvergleichsgrundsatzes erfordert daher die umfassende Sachverhaltsaufklärung und -würdigung im Einzelfall. 3.2

Der Fremdvergleichsgrundsatz als solcher ist im In- und Outboundfall einheitlich anzuwenden. 3.3

Die Zugehörigkeit des Steuerpflichtigen zu einer multinationalen Unternehmensgruppe ist bei der Prüfung der Verrechnungspreise in dem nachfolgend dargestellten Rahmen zu berücksichtigen. Es sind nicht die Gewinne zu ermitteln, die der Steuerpflichtige erzielt hätte, wenn er gänzlich unabhängig gewesen wäre, sondern diejenigen, die er als ein einer Unternehmensgruppe zugehöriges Unternehmen bei Vereinbarung von Bedingungen wie zwischen voneinander unabhängigen Dritten erzielt hätte. Umstände, die auf die Tatsache der Konzernzugehörigkeit oder der Zugehörigkeit zu einer multinationalen Unternehmensgruppe zurückzuführen sind, berechtigen allein nicht zu einer Einkünfteberichtigung; siehe beispielsweise Rn. 3.71 und 3.94 zum Konzernrückhalt. In diesem Zusammenhang sind auch die rechtlichen Gege- 3.4

benheiten als Umstand hinzunehmen, die den Preis zwischen einander nahestehenden Personen beeinflussen können, aber nicht auf Bedingungen beruhen, die zwischen den nahestehenden Personen vereinbart worden sind. Sieht zum Beispiel das Insolvenzrecht eines Staates es vor, dass nahestehende Personen stets nachrangig zu befriedigen sind, ist dieser Umstand bei der Bepreisung des Geschäftsvorfalls sachgerecht zu berücksichtigen.

**3.5** Bei der Durchführung des Fremdvergleichs ist in einem ersten Schritt eine Funktions- und Risikoanalyse der an dem Geschäftsvorfall Beteiligten vorzunehmen, § 1 Abs. 3 Satz 2 AStG. Den Kern bildet hierbei der Risikokontrollansatz, wonach eine Zuordnung von Risiken auf Grundlage von (Personal-)Funktionen zur Kontrolle der Risiken erfolgt sowie von den finanziellen Mitteln zur Übernahme von Risiken abhängt. Kontrolle wird dabei definiert als die Fähigkeit, darüber zu entscheiden, Risiken einzugehen und Risiken zu managen, und diese Entscheidungsfunktionen auch auszuüben (Tz. 1.65 der Anlage 1).

**3.6** Es gilt daher zu analysieren, welche an dem Geschäftsvorfall Beteiligten (insbesondere Unternehmen) die personellen Ressourcen sowie die tatsächliche Möglichkeit zur Kontrolle von Risiken und die finanziellen Mittel zur Tragung von Risiken haben (Tz. 1.61 der Anlage 1). Voraussetzung hierfür ist grundsätzlich, dass die Entscheidungsträger die notwendigen Erfahrungen und Kompetenzen haben und über eine ausreichende Informationsbasis verfügen (Tz. 1.66 der Anlage 1).

**3.7** Die nach dieser Analyse einem Unternehmen zugeordneten Funktionen, Risiken und eingesetzten Vermögenswerte sind ein Maßstab für die Wertigkeit der Tätigkeit im Rahmen der Gesamttätigkeit der multinationalen Unternehmensgruppe. Auf der Basis der Beschreibung des Wertschöpfungsprozesses der multinationalen Unternehmensgruppe kann eine Wertschöpfungsanalyse durchgeführt werden. Diese ist Grundlage für die funktions- und risikoadäquate Zuordnung des anteiligen Gewinns am Gesamtgewinn der multinationalen Unternehmensgruppe.

**3.8** Bei der Durchführung des Fremdvergleichs sind die realistischerweise zur Verfügung stehenden Handlungsalternativen einzubeziehen. Die Anerkennung und Beachtung der Zugehörigkeit zu einer Unternehmensgruppe sowie geschäftspolitische Strategien der multinationalen Unternehmensgruppe stehen dem Fremdvergleichsgrundsatz nicht entgegen.

## B. Verrechnungspreismethoden und Bewertungstechniken

**3.9** Für die Ermittlung und Prüfung von Verrechnungspreisen sind die Grundsätze des Kapitels II der Anlage 1 anzuwenden. Verrechnungspreismethoden sind insbesondere die

a) Preisvergleichsmethode,

b) Wiederverkaufspreismethode,

c) Kostenaufschlagsmethode,

d) geschäftsvorfallbezogene Nettomargenmethode und

e) geschäftsvorfallbezogene Gewinnaufteilungsmethode (vgl. hierzu insbesondere als praktische Prüfungshilfe auch das Arbeitspapier zur Anwendung des Profit Split in der EU „The application of the profit split method within the EU, DOC: JTPF/002/2019/EN des JTPF)".

Die angeführten Methoden stellen keine abschließende Aufzählung dar. Zwar führt auch die OECD nur diese fünf Methoden als Verrechnungspreismethoden an, jedoch kann auch eine Kombination der Methoden im Einzelfall angebracht sein. 3.10

Bei der Verwendung von Nettogewinnindikatoren zur Bestimmung von Fremdvergleichspreisen mittels der geschäftsvorfallbezogenen Nettomargenmethode ist zu beachten, dass nicht betriebliche Elemente wie Zinserträge und Zinsaufwendungen, Erträge und Aufwendungen aus Beteiligungen, Wertpapieren und anderen Finanzanlagen sowie Ertragsteuern grundsätzlich bei der Bestimmung des Nettogewinns ausgeschlossen werden (Tz. 2.86 der Anlage 1). Im Einzelfall können bestimmte Finanzierungserträge oder -aufwendungen sachgerecht zu berücksichtigen sein (vgl. Tz. 2.87 der Anlage 1). Auch rechnerische Finanzierungsanteile betrieblicher Einnahmen und Aufwendungen (zum Beispiel Zinsanteil der Zuführungen zu Pensionsrückstellungen) können bei der Ermittlung des Nettogewinns einzubeziehen sein. Dies erfordert eine genaue Sachverhaltsermittlung hinsichtlich der Gründe für den Finanzierungsbedarf und der Auswirkung auf die Preisgestaltung. Hinsichtlich der Kriterien zur Ermittlung der geeigneten Bezugsgröße für den Nettogewinn vgl. Tz. 2.92 ff. der Anlage 1. 3.11

Können für die Bestimmung eines Fremdvergleichspreises keine Vergleichswerte festgestellt werden, ist der Fremdvergleichspreis nach dem hypothetischen Fremdvergleich i.S.d. § 1 Abs. 3 Satz 7 AStG unter Beachtung des § 1 Abs. 1 Satz 3 AStG zu bestimmen. Hiervon ist grundsätzlich auszugehen, 3.12

a) wenn immaterielle Werte oder Rechte Gegenstand eines Geschäftsvorfalls sind,

b) wenn eine Funktionsverlagerung stattfindet oder

c) soweit bei Anwendung der in Rn. 3.9 Buchst. e genannten Methode keine Vergleichswerte für die Ermittlung von Werten festgestellt werden können.

Beim hypothetischen Fremdvergleich wird auf ökonomisch anerkannte Bewertungsmethoden abgestellt. Solche anerkannten Methoden sind insbesondere die Ertragswertmethoden und Discounted-Cashflow-Methoden, die auf dem abgezinsten Wert prognostizierter zukünftiger Einnahmeströme oder Cashflows des Bewertungsobjekts basieren. Grundsätzlich erfordern alle anerkannten Bewertungsmethoden u.a. realistische und verlässliche Werte in Bezug auf finanzielle Prognosen, Wachstumsraten, Abzinsungssätze, Lebens- oder Nutzungsdauern und steuerliche Effekte. 3.13

Bei der Prüfung einer Bewertungsmethode sollen der Bewertungszweck sowie ggf. die Annahmen und Bewertungsparameter in vom Steuerpflichtigen für nichtsteuerliche Zwecke durchgeführten anderen Bewertungen berücksichtigt werden. Bei Inkonsistenzen zwischen den Annahmen in einer für Verrechnungspreiszwecke durchgeführten Bewertung und den Annahmen in einer für andere Zwecke durchgeführten Bewertung, die in einem zeitlich zusammenhängenden Kontext steht, soll vom Steuerpflichtigen eine Erklärung verlangt werden. 3.14

Ein nach §§ 9, 11 Abs. 2 Satz 2 Bewertungsgesetz (BewG) ermittelter gemeiner Wert für Anteile an Kapitalgesellschaften, Beteiligungen an Personengesellschaften oder Vermögensmassen kann als Anhaltspunkt für den Fremdvergleichspreis dienen. Der Substanzwert nach § 11 Abs. 2 Satz 3 BewG ist regelmäßig kein Fremdvergleichspreis. Das vereinfachte Ertragswertverfahren 3.15

nach §§ 199 ff. BewG ist ein stark vereinfachtes Bewertungsmodell, bei dem die Ergebnisse der Vergangenheit als Anhaltspunkt für die voraussichtlichen künftigen Ergebnisse dienen. Es kann zum Beispiel bei Schätzungen wegen mangelnder Mitwirkung des Steuerpflichtigen, bei erheblichen Schwierigkeiten bei der Ermittlung von künftigen Ergebnissen auf den Zeitpunkt des Geschäftsvorfalls oder nicht plausiblen Prognoserechnungen im Rahmen des Fremdvergleichsgrundsatzes angewandt werden.

**3.16** Auf den Bericht des JTPF über den Einsatz von Methoden zur wirtschaftlichen Bewertung von Verrechnungspreisen „Report on the use of economic valuation techniques in transfer pricing (DOC: JTPF/003/2017/FINAL/EN)" und Kapitel VI der Anlage 1, insbesondere D.2.6.3 – D.2.6.4.5 wird verwiesen.

**3.17** Ist der bei der Anwendung des hypothetischen Fremdvergleichs bestimmte Mindestpreis des Leistenden höher als der Höchstpreis des Leistungsempfängers, ist zu prüfen, ob die Ursache hierfür in einer weiteren Geschäftsbeziehung begründet liegt. Ist dies nicht der Fall, ist die Differenz zwischen den am Geschäftsvorfall beteiligten Unternehmen aufzuteilen (Tz. 28 des Berichts des JTPF über den Einsatz von Methoden zur wirtschaftlichen Bewertung von Verrechnungspreisen, a.a.O.).

## C. Vergleichbarkeitsanalyse

### C.1. Grundsatz

**3.18** Für die Prüfung der Vergleichbarkeit nach § 1 Abs. 3 Satz 3 AStG sind die Grundsätze des Kapitels III der Anlage 1 anzuwenden. Auf den Bericht des JTPF zur Nutzung von Vergleichswerten in der EU „Report on the use of comparables in the EU (DOC: JTPF/007/2016/FINAL/EN)" wird besonders hingewiesen.

**3.19** Ein Vergleich der Geschäftsbeziehungen, wie sie einerseits zwischen fremden Dritten und andererseits zwischen einander nahestehenden Personen zustande kommen, und ein Vergleich der Ergebnisse unabhängiger Unternehmen mit denen des geprüften Unternehmens sind nur dann aussagefähig, wenn die Verhältnisse, die den Geschäftsbeziehungen jeweils zugrunde liegen identifiziert wurden und vergleichbar sind. Für die Vergleichbarkeitsprüfung sind alle Faktoren heranzuziehen, die sich auf die Preisgestaltung auswirken könnten. Dazu gehören

a) die vertraglichen Bedingungen, die dem Geschäftsvorfall zugrunde liegen (vgl. Tz. 1.42 bis 1.50 der Anlage 1),

b) die von den einzelnen am Geschäftsvorfall beteiligten Unternehmen ausgeübten Funktionen unter Berücksichtigung der genutzten Vermögenswerte und übernommenen Risiken, einschließlich der Zusammenhänge zwischen diesen Funktionen und der allgemeinen Wertschöpfung der multinationalen Unternehmensgruppe, der die Beteiligten angehören, der Begleitumstände des Geschäftsvorfalls und der branchenüblichen Gepflogenheiten (Funktions- und Risikoanalyse, (vgl. Tz. 1.51 ff. der Anlage 1),

c) die Eigenschaften des übertragenen Wirtschaftsguts oder der geleisteten Dienste (vgl. Tz. 1.107 bis 1.109 der Anlage 1),

d) die wirtschaftlichen Verhältnisse der Beteiligten und des Markts, auf dem sie tätig sind (vgl. Tz. 1.110 bis 1.113 der Anlage 1) sowie

e) die von den Beteiligten verfolgten Geschäftsstrategien (vgl. Tz. 1.114 bis 1.118 der Anlage 1).

Insbesondere diese Faktoren sind im Rahmen der Aufzeichnungspflicht nach § 90 Abs. 3 AO zu erfassen (vgl. Verwaltungsgrundsätze 2020 des BMF vom 3. Dezember 2020, BStBl. I S. 1325).

Die sachgerechte Durchführung der Vergleichbarkeitsanalyse erfordert **3.20**

a) eine Bestimmung der Jahre, die erfasst werden;
b) eine sorgfältige Analyse der Umstände des Steuerpflichtigen;
c) eine Funktions- und Risikoanalyse;
d) eine Bewertung von existierenden internen Vergleichswerten;
e) eine Feststellung von zugänglichen Informationsquellen zu externen Vergleichswerten;
f) eine Auswahl der am besten geeigneten Verrechnungspreismethode;
g) eine Identifizierung von potenziellen Vergleichswerten;
h) Feststellungen und Durchführung von Vergleichbarkeitsanpassungen;
i) eine Interpretation und Nutzung der erfassten Daten.

Bei der Analyse greift grundsätzlich das Prinzip der Abschnittsbesteuerung. Um **3.21** die wirtschaftlichen Auswirkungen von Geschäfts-, Produkt- und Konjunkturzyklen sowie Sondereffekte zu berücksichtigen, kann es jedoch zweckmäßig sein, Mehrjahresanalysen durchzuführen. Durchschnittswerte von Vergleichswerten mehrerer Vorjahre dürfen daher verwendet werden, wenn dies zu einer besseren Qualität der Vergleichswerte führt als die Betrachtung von Vergleichswerten nur eines Wirtschaftsjahrs (vgl. Buchst. e) bis i) der Empfehlung 6 des Berichts des JTPF zur Nutzung von Vergleichswerten in der EU, a.a.O.).

Eine Vergleichbarkeit ist nicht gegeben, wenn Geschäftsbedingungen oder **3.22** Umstände eines zum Vergleich herangezogenen Geschäftsvorfalls, die eine nicht unwesentliche Auswirkung auf den Preis oder den Gewinn haben, sich so erheblich voneinander unterscheiden, dass die Unterschiede durch Anpassungsrechnungen nicht beseitigt werden können. Dies gilt insbesondere, wenn spezielle, besonders wertvolle immaterielle Werte oder Rechte daran Gegenstand der Geschäftsbeziehung sind oder sich die maßgeblichen Funktionen oder Risiken im Rahmen von Geschäftsbeziehungen erheblich unterscheiden. Gleiches gilt, wenn für einen zum Vergleich herangezogenen Geschäftsvorfall die für die Beurteilung seiner Vergleichbarkeit relevanten Daten so lückenhaft, unüberprüfbar oder im Hinblick auf ihre Qualität so unzuverlässig sind, dass ihnen keine Aussagekraft beigemessen werden kann. In diesen Fällen sind verwendbare Vergleichswerte nicht feststellbar.

### C.2. Zusammenfassung von Geschäftsvorfällen

Die Vergleichbarkeitsanalyse ist grundsätzlich für den einzelnen Geschäftsvorfall **3.23** vorzunehmen. Sind einzelne Geschäftsvorfälle eines Steuerpflichtigen so eng miteinander verbunden oder folgen so eng aufeinander, dass eine sachgerechte Beurteilung jedes einzelnen Geschäftsvorfalls nicht möglich ist, sollten diese unter Anwendung der am besten geeigneten Verrechnungspreismethode zusammen beurteilt werden (Tz. 3.9 der Anlage 1). Dies gilt insbesondere in Fällen

a) langfristiger Verträge über Warenlieferungen und Dienstleistungen,
b) einheitlicher Preisgestaltung für im Hinblick auf Art, Produktion oder Vertrieb eng miteinander verbundener Produkte (Palettenbetrachtung).

Entspricht es der Geschäftsstrategie des Steuerpflichtigen, bestimmte Geschäftsvorfälle zu bündeln, um über die Gesamtheit der Geschäftsvorfälle und nicht unbedingt durch ein bestimmtes Produkt innerhalb dieses Portfolios einen angemessenen Gewinn zu erzielen (Portfolioansatz), sind diese Geschäftsvorfälle ebenfalls zusammen zu analysieren (Tz. 2.96 und 3.10 der Anlage 1). Dies bedeutet aber nicht, dass für diese bei einem Steuerpflichtigen zusammengefassten Geschäftsvorfälle immer eine einheitliche Verrechnungspreismethode anzuwenden ist. Zudem ist es nicht fremdvergleichskonform, wenn bei Anwendung des Portfolioansatzes auf Ebene der Unternehmensgruppe ein Steuerpflichtiger eine unter dem fremdvergleichsüblichen Niveau liegende Vergütung erhält, um einem anderen Unternehmen dieser Unternehmensgruppe Vorteile zu verschaffen (Tz. 3.10, Tz. 1.130 der Anlage 1).

**3.24** Werden mehrere unterschiedliche Leistungen im Rahmen eines Vertrags als Gesamtpaket zur Verfügung gestellt (Paketbetrachtung, Tz. 3.11 der Anlage 1) und wird hierfür ein Gesamtpreis vereinbart, kann von der Bestimmung von Einzelpreisen für die einzelnen Leistungen nur dann abgesehen werden, wenn für das Gesamtpaket verlässliche Fremddaten vorgelegt werden oder ein Wert auf Basis des hypothetischen Fremdvergleichs verlässlich bestimmt werden kann.

### C.3. Vorteilsausgleich

**3.25** Ein Ausgleich von Vorteilen mit Nachteilen aus Geschäftsvorfällen ist grundsätzlich nur dann fremdüblich, wenn der Steuerpflichtige bei Geschäftsvorfällen mit der ihm nahestehenden Person nachteilige Bedingungen im Hinblick darauf vereinbart hat, dass er von dieser nahestehenden Person im Rahmen der in Betracht stehenden Geschäftsbeziehung im Gegenzug Vorteile erhält (Tz. 3.13 bis 3.16 der Anlage 1).

**3.26** Der Vorteilsausgleich setzt voraus, dass

a) die Geschäfte in einem inneren Zusammenhang zueinander stehen,

b) die Vor- und Nachteile bei den einzelnen Geschäftsvorfällen quantifiziert werden können und

c) die Vorteilsverrechnung bewusst vereinbart war oder zur Geschäftsgrundlage des nachteiligen Geschäfts gehörte.

**3.27** Ergibt sich für einen Geschäftsvorfall bereits im Rahmen der Preisbestimmung ein Verlust oder ein unangemessen niedriger Gewinn, ist dieser Nachteil nur anzuerkennen, wenn er durch einen anderen Geschäftsvorfall mit demselben Vertragspartner ausgeglichen wird.

**3.28** Sind die nachteiligen Bedingungen nicht während des Wirtschaftsjahres, in dem sie sich ausgewirkt haben, ausgeglichen worden, so verhindert ein Ausgleich nur dann die eigentlich vorzunehmende Einkünfteberichtigung, wenn spätestens zum Ende dieses Wirtschaftsjahres bestimmt ist, wann und durch welche Vorteile die Nachteile ausgeglichen werden. Die Nachteile müssen innerhalb eines überschaubaren Zeitraums ausgeglichen werden (Tz. 3.14 der Anlage 1; siehe auch Grundsätze im Zusammenhang mit Verlusten Kapitel III; C.5). Ein Ausgleich ist auch dann gegeben, wenn die den Vorteil begründende Leistung aktiviert wird.

### C.4. Bandbreitenbetrachtung

**3.29** Die Anwendung des Fremdvergleichsgrundsatzes führt regelmäßig zu einer Bandbreite von Vergleichswerten, von denen alle mehr oder minder gleich zuverlässig sind (Tz. 3.55 bis 3.62 der Anlage 1). Sofern feststellbar ist, dass manche dieser Werte auf Geschäftsvorfällen beruhen, die einen geringeren Grad an Vergleichbarkeit aufweisen als andere, sollten diese ausgeschlossen werden, § 1 Abs. 3a Satz 2 AStG. Hierdurch soll erreicht werden, dass nur Werte in der Bandbreite verbleiben, die für einen Vergleich am besten geeignet sind.

Geben die danach verbleibenden Werte selbst keinen Anhaltspunkt für eine bestimmte Einengung und verbleibt eine Anzahl von Werten, die es zulassen, statistische Methoden zur Einengung von Bandbreiten sinnvoll anzuwenden, ist gemäß § 1 Abs. 3a Satz 3 AStG zur Einengung der Bandbreite die sog. Interquartilsmethode zu verwenden. **3.30**

## C.5. Verluste

Unabhängige Unternehmen würden verlustbringende Geschäftsaktivitäten einstellen, wenn keine vernünftige, betriebswirtschaftlich fundierte Erwartung besteht, innerhalb eines überschaubaren Zeitraums einen angemessenen Totalgewinn erzielen zu können (vgl. BFH vom 17. Februar 1993 I R 3/92, BStBl. II S. 457; BFH vom 17. Oktober 2001 I R 103/00, BStBl. 2004 II S. 171; BFH vom 6. April 2005 I R 22/04, BStBl. 2007 II S. 658; Tz. 3.64 der Anlage 1). Im Gegensatz dazu kann es für eine multinationale Unternehmensgruppe ökonomisch sinnvoll sein, wenn ein zur Unternehmensgruppe zugehöriges Unternehmen seinen unwirtschaftlichen Geschäftsbetrieb fortführt (Tz. 1.129 der Anlage 1). In solchen Fällen ist dieses Unternehmen von den davon profitierenden Unternehmen zu vergüten. Maßgebend ist das Jahresergebnis vor Steuern und ggf. vor Ergebnisabführung. **3.31**

Die Organisation der betrieblichen Abläufe liegt in der unternehmerischen Dispositionsfreiheit. Im Falle von Verlusten ist es erforderlich, neben den tatsächlich ausgeübten Funktionen, übernommenen Risiken und eingesetzten Vermögenswerten auch die Verlustursachen (beispielsweise lokales Missmanagement oder Markteroberung im Unternehmensgruppeninteresse) festzustellen. Verfügt ein Unternehmen weder über die maßgeblichen Entscheidungskompetenzen, Risiken einzugehen oder zu vermindern, noch über die finanzielle Kapazität, solche Risiken übernehmen zu können, ist eine steuerliche Zuweisung von Risiken mit den daraus resultierenden Aufwendungen zu diesem Unternehmen fremdunüblich. **3.32**

Nicht als Strategieträger zu qualifizierende unabhängige Unternehmen dürften daher im Regelfall keine länger andauernde Verlustperiode hinnehmen (Tz. 3.64 der Anlage 1), ohne einen angemessenen Totalgewinn innerhalb eines bestimmten überschaubaren Kalkulationszeitraums zu erwarten. Erzielt ein solches vergleichbares abhängiges Unternehmen aus einer Geschäftsbeziehung innerhalb von fünf Wirtschaftsjahren keinen angemessenen Gesamtgewinn, ist grundsätzlich davon auszugehen, dass **3.33**

a) die Verrechnungspreise unangemessen sind,

b) Geschäftsvorfälle nicht identifiziert und bepreist wurden, oder

c) Aufwendungen durch Interessen anderer Gruppenmitglieder mitverursacht sind (zum Beispiel Markenwerbung, Statthalterfunktion in einem bestimmten Markt). In solchen Fällen bemisst sich die Höhe einer Berichtigung nach einem Aufwendungsersatz zuzüglich Gewinnaufschlag und nicht etwa nach den an andere Gruppenmitglieder ggf. entrichteten Leistungsentgelten (zum Beispiel Lizenzen, Zinsen, Wareneinkauf).

**Beispiel (Anfangsverluste):**
Die T1 GmbH erzielt nach Beginn ihrer Geschäftstätigkeit Verluste in den Jahren 01 bis 03. Um einen angemessenen Totalgewinn über den Zeitraum der Jahre 01 bis 05 vorzuweisen, ist ein ausreichend kompensierender Gewinn in den Jahren 04 und 05 erforderlich.

**Abwandlung:**
Die T-GmbH erzielt aus ihrer Geschäftstätigkeit Gewinne in den Jahren 01 bis 10 und Verluste in den Jahren 11 bis 13 (zum Beispiel infolge der Einführung eines neuen Produkts). Um einen angemessenen Totalgewinn über den Zeitraum der Jahre 11 bis 15 vorzuweisen, ist ein ausreichend kompensierender Gewinn in den Jahren 14 und 15 erforderlich.

**3.34** Der Zeitraum kann aufgrund besonderer Umstände länger (zum Beispiel bei Geschäftsmodellen, die zu Beginn hohe Anfangsinvestitionen erfordern oder in Zeiten schwieriger, von der Unternehmensgruppe nicht beeinflussbarer Marktbedingungen) oder kürzer (zum Beispiel bei Produkten mit kurzem Lebenszyklus) als fünf Jahre sein. Ist im Zeitpunkt der Prüfung noch ungewiss, ob ein angemessener Totalgewinn erzielt werden kann, sollten die Steuerfestsetzungen vorläufig durchgeführt werden (§ 165 Abs. 1 Satz 1 AO).

**3.35** Die Prüfung, ob ein Unternehmen aus der Ausübung von Routinefunktionen innerhalb eines überschaubaren Zeitraums einen angemessenen (Total-)Gewinn erzielt, umfasst auch die Frage, ob der erzielte Gewinn gemessen am Funktions- und Risikoprofil des Unternehmens angemessen hoch ist. Grundsätzlich ist das angemessene handelsrechtliche Jahresergebnis vor Steuern und ggf. Ergebnisabführung maßgebend, wobei bei Vorliegen mehrerer Geschäftsbeziehungen das Ergebnis jeder einzelnen Geschäftsbeziehung zu betrachten ist; es sei denn, es liegen die Voraussetzungen von Rn. 3.23 vor.

**3.36** Eine Berichtigung der vom Steuerpflichtigen angesetzten Verrechnungspreise kann auch dann erfolgen, wenn eine Vertriebsgesellschaft zu gleichen Preisen beliefert wird wie fremde Dritte, sich die sonstigen Geschäftsbedingungen aber unterscheiden (zum Beispiel Marktverhältnisse, Umsatz- oder Kostensituation oder vertragliche Verhältnisse, wie zum Beispiel Verpflichtung zur Abnahme des gesamten Sortiments).

**3.37** Werden Verluste eines Unternehmens durch Kapitalzuführungen oder kapitalersetzende Maßnahmen (zum Beispiel Forderungsverzicht, Patronatserklärung) anderer gruppenzugehöriger Unternehmen ausgeglichen, ist dies ein Indiz dafür, dass die Fortführung der unrentablen Geschäftstätigkeit im (Mit-)Interesse der multinationalen Unternehmensgruppe liegt.

## C.6. Zeitpunkt des Fremdvergleichs

**3.38** Maßgebender Zeitpunkt für den Fremdvergleich ist grundsätzlich der Abschluss des Vertrags, nicht der Erfüllungszeitpunkt (vgl. BFH vom 9. März 1983 I R 182/78, BStBl. II S. 744; § 1 Abs. 3 Satz 4 AStG). Hierfür hat der Steuerpflichtige alle zu diesem Zeitpunkt verfügbaren, zur Preisbestimmung notwendigen Informationen zu ermitteln und nur diese zu berücksichtigen. Der Steuerpflichtige kann sich auf nachträglich bekannt gewordene externe Vergleichswerte stützen, soweit sich diese auf den Zeitpunkt der Vereinbarung des Geschäftsvorfalls beziehen.

**3.39** Ein ordentlicher und gewissenhafter Geschäftsleiter würde bei der Verhandlung von Verträgen auch die Vereinbarung etwaiger Kündigungs- und Änderungsoptionen eruieren und entsprechend auch insbesondere Vereinbarungen mit längerer Laufzeit daraufhin überprüfen, ob eine Änderung der Vereinbarung rechtlich möglich und für sein Unternehmen wirtschaftlich vorteilhaft ist oder andere realistisch zur Verfügung stehende Handlungsalternativen bestehen. In derartigen Fällen ist für den Fremdvergleich grundsätzlich auf den Zeitpunkt abzustellen, an dem ein ordentlicher und gewissenhafter Geschäftsleiter eine bestehende Geschäftsbeziehung neu ausgestaltet hätte oder auf Basis einer anderen realistisch zur Verfügung stehenden Handlungsalternative eine neue Geschäftsbeziehung eingegangen wäre.

Steuerpflichtige können Verrechnungspreise unter Berücksichtigung inner- **3.40** betrieblicher Plandaten (zum Beispiel Absatzzahlen und Umsatzerlöse, Stückzahlen und Produktionskosten, Vertriebskosten und sonstige betriebliche Kosten) und vorsichtiger Gewinnprognosen festlegen (Planrechnungen). Die Verwendung von Planrechnungen kommt insbesondere in Betracht, wenn mit der jeweiligen Verrechnungspreismethode nicht unmittelbar Fremdvergleichspreise ermittelt werden, sondern lediglich angemessene Werte für bestimmte Renditekennziffern (zum Beispiel Rohgewinnmarge, Kostenaufschlagsatz, operative Marge, Kapital- oder Anlagenrendite).

Planrechnungen sind anhand der Erfahrungen bereits abgelaufener Zeiträume **3.41** und kaufmännischer, betriebswirtschaftlich fundierter, vorsichtiger Prognosen zu begründen (vgl. BFH vom 17. Februar 1993 I R 3/92, BStBl. II S. 457). Die tatsächliche Entwicklung der zugrundeliegenden Plandaten und Renditekennziffern sollte unterjährig abgeglichen werden (Soll-Ist-Vergleich), um rechtzeitig auf einen geänderten Geschäftsverlauf reagieren zu können. Wird unterjährig kein Soll-Ist-Vergleich durchgeführt, ist zumindest zum Abschluss des Wirtschaftsjahres ein Vergleich der Planrechnung mit dem tatsächlichen Ergebnis durchzuführen.

Liegt das tatsächliche Ergebnis außerhalb der Bandbreite angemessener Ergeb- **3.42** nisse für die jeweilige Renditekennziffer, ist insoweit eine nachträgliche Anpassung des Ergebnisses vorzunehmen.

Planrechnungen sollen fremdübliches Verhalten widerspiegeln. Die Planrech- **3.43** nungen sollen als Element der Vergleichbarkeitsanalyse dazu beitragen, die Bedingungen zu identifizieren, die bei Preisvereinbarungen unter voneinander unabhängigen Unternehmen zustande kommen würden. Bei Geschäftsvorfällen zwischen voneinander unabhängigen Unternehmen hat jedes Unternehmen, auch wenn es nur Routinefunktionen ausübt, die Chance und das Risiko, aufgrund der eigenen Geschäftstätigkeit in einem bestimmten Rahmen bessere oder schlechtere Ergebnisse zu erzielen. Mit den festgesetzten Verrechnungspreisen und den prognostizierten Plandaten sollte daher bei einer vorsichtigen Gewinnprognose ein mittlerer Wert innerhalb einer Bandbreite für die jeweilige Renditekennziffer erreicht werden.

Führen nachträgliche Anpassungen nach Vornahme des Soll-Ist-Vergleichs da- **3.44** zu, dass ein Unternehmen bevorzugt oder benachteiligt wird (zum Beispiel durch das stetige Abstellen auf den obersten oder untersten Wert einer Bandbreite angemessener Ergebnisse), deuten solche Anpassungen grundsätzlich auf fremdunübliche (Vertrags-)Bedingungen hin.

## D. Verwaltungsansätze zur Vermeidung und Beilegung von Verrechnungspreiskonflikten

Es wird auf das Merkblatt zum internationalen Verständigungs- und Schieds- **3.45** verfahren auf dem Gebiet der Steuern vom Einkommen und vom Vermögen des BMf vom 9. Oktober 2018 (BStBl. I S. 1122), das Merkblatt für bilaterale oder multilaterale Vorabverständigungsverfahren auf der Grundlage der Doppelbesteuerungsabkommen zur Erteilung verbindlicher Vorabzusagen über Verrechnungspreise zwischen international verbundenen Unternehmen (sog. „Advance Pricing Agreements" – APAs) des BMF vom 5. Oktober 2006 (BStBl. I S. 594) sowie das Merkblatt über koordinierte steuerliche Außenprüfungen mit Steuerverwaltungen anderer Staaten und Gebiete des BMF vom 9. Januar 2017 (BStBl. I S. 89) hingewiesen.

### E. Dokumentation

**3.46** Auf die Verwaltungsgrundsätze 2020 vom 3. Dezember 2020 (a.a.O.) und den Anwendungserlass zur Abgabenordnung insbesondere zu §§ 90, 138a und 162 wird hingewiesen.

### F. Immaterielle Werte

#### F.1. Grundsatz

**3.47** Für die Prüfung der Einkunftsabgrenzung bezüglich der Übertragung oder Überlassung von immateriellen Werten zwischen nahestehenden Personen sind die Grundsätze des Kapitels VI der Anlage 1 anzuwenden. Immaterielle Werte sind im Einklang mit Kapitel VI der Anlage 1 Vermögenswerte,

a) die weder materielle Wirtschaftsgüter oder Beteiligungen noch Finanzanlagen sind,
b) die Gegenstand eines Geschäftsvorfalls sein können, ohne einzeln übertragbar sein zu müssen, und
c) die einer Person eine tatsächliche oder rechtliche Position über diesen Vermögenswert vermitteln können.

**3.48** Die Übertragung oder Überlassung zur Nutzung eines immateriellen Werts ist zu vergüten, wenn diese auf der Grundlage einer Geschäftsbeziehung erfolgt und hiermit eine finanzielle Auswirkung für den Übernehmer, den Nutzenden, den Übertragenden oder den Überlassenden verbunden ist.

**3.49** Eine Entgeltfähigkeit der Höhe nach ist daher nur dann anzunehmen, wenn der Nutzende aus einer tatsächlichen oder rechtlichen Einräumung der Nutzung, zum Beispiel der Nutzung eines Unternehmenskennzeichens, einer Firma oder einer Marke, einen wirtschaftlichen Vorteil erwarten kann (vgl. BFH vom 21. Januar 2016 I R 22/14, BStBl. II 2017 S. 336 konkret auf die unternehmerische Tätigkeit bezogene Analyse der Vorteilhaftigkeit), unabhängig davon, ob dieser Vorteil tatsächlich eintritt (Ex-ante-Betrachtung). Die Bewertung richtet sich dann nach dem voraussichtlich eintretenden Nutzen. Tritt der erwartete wirtschaftliche Vorteil nicht ein, so würden voneinander unabhängige Dritte ihre Vereinbarungen überprüfen (Rn. 3.39).

**3.50** Die Verrechnung von Nutzungsentgelten entspricht nicht dem Fremdvergleichsgrundsatz, wenn die Nutzungsüberlassung im Zusammenhang mit Lieferungen oder Leistungen steht, bei denen unter Fremden die Überlassung des immateriellen Werts im Preis der Lieferung oder Leistung mit abgegolten sein würde. Dies kann insbesondere bei immateriellen Werten angenommen werden, die lediglich in Zusammenhang mit Vertriebsaktivitäten eines Unternehmens einer multinationalen Unternehmensgruppe genutzt werden, welches ausschließlich und erkennbar Produkte der multinationalen Unternehmensgruppe vertreibt. Ein Ausgleich von Vor- und Nachteilen bei gesonderter Inrechnungstellung von Lieferungen und Leistungen einerseits und für derartige Nutzungsüberlassungen andererseits ist anzuerkennen.

**3.51** Ein Entgelt wird von einem ordentlichen Geschäftsleiter nur bis zu der Höhe gezahlt, bei der für ihn ein angemessener Betriebsgewinn aus der Nutzung des immateriellen Werts verbleibt.

Die in Tz. 6.186 bis 6.195 der Anlage 1 vorgenommene Differenzierung von immateriellen Werten in schwer zu bewertende immaterielle Werte und andere immaterielle Werte ist unbeachtlich, da § 1a AStG eine eigenständige Preisanpassungsklausel normiert. 3.52

## F.2. DEMPE-Funktionen

Grundsätzlich erfolgt die Zuordnung von Erträgen aus immateriellen Werten nach den übernommenen Funktionen und Risiken und deren Kontrolle und folgt damit nicht alleine dem Eigentum oder der Inhaberschaft. Es ist daher auf die Wertschöpfungsbeiträge, die aus der Ausübung von sog. DEMPE-Funktionen resultieren, abzustellen. Für diese beschreibende Betrachtung ist eine eigene Funktions- und Risikoanalyse erforderlich. Maßgebend ist, welche Gesellschaften in Bezug auf die Entwicklung (**d**evelopment), Verbesserung (**e**nhancement), Erhaltung (**m**aintenance), den Schutz (**p**rotection) und die Verwertung (**e**xploitation) immaterieller Werte die maßgeblichen (Personal-) Funktionen ausüben, die personellen und finanziellen Kapazitäten zur Übernahme und Kontrolle der damit verbundenen Risiken haben und in welchem Umfang sie wertvolle immaterielle Werte einsetzen (Tz. 6.32 der Anlage 1). Dies führt dazu, dass der Inhaber oder Eigentümer eines immateriellen Werts nicht zwingend berechtigt ist, die Erträge aus einem immateriellen Wert abschließend zu vereinnahmen. Übernehmen andere Unternehmen DEMPE-Funktionen im Hinblick auf den immateriellen Wert, steht diesen ein fremdüblicher Anteil an den aus dem immateriellen Wert erzielten Erträgen zu (vgl. zur funktionsorientierten Vergütung auch BFH vom 9. August 2000 I R 12/99, BStBl. 2001 II S. 140). Eine bestimmte Verrechnungspreismethode ist damit nicht verbunden. Es ist stets die am besten geeignete Verrechnungspreismethode anzuwenden. 3.53

Die allgemeinen Bestimmungen über die Zurechnung von Vermögenswerten und Einkünften sowie über die Ermittlung der Steuerbemessungsgrundlage (zum Beispiel §§ 39 bis 42 AO) bleiben hiervon unberührt. 3.54

## F.3. Nutzung von Unternehmenskennzeichen und Marken

Die bloße Nutzung eines Unternehmenskennzeichens innerhalb einer multinationalen Unternehmensgruppe ohne die Überlassung von Markenrechten oder anderen immateriellen Werten ist grundsätzlich nicht entgeltfähig. Dies gilt nicht, wenn sich allein aus der Nutzung von Unternehmenskennzeichen wirtschaftliche Vorteile ergeben und Dritte von dieser Nutzung ausgeschlossen werden können. 3.55

Die Nutzung eines Markenrechts innerhalb einer multinationalen Unternehmensgruppe ist zu entgelten, wenn sich aus der Nutzung des Markenrechts wirtschaftliche Vorteile ergeben und Dritte von dieser Nutzung nach einer für ein geographisches Gebiet, in dem die Nutzung erfolgt, geltenden Rechtsordnung ausgeschlossen werden könnten. 3.56

Auch in den Fällen, in denen die Marke mit dem Unternehmenskennzeichen identisch oder nach wirtschaftlichen Aspekten untrennbar verbunden ist, kann die Nutzung des Markenrechts unter den genannten Voraussetzungen dem Grunde nach entgeltfähig sein. 3.57

**Beispiel:**
Die A-GmbH (ansässig im Inland) räumt der Konzerngesellschaft B-SARL (ansässig in Frankreich) ein Nutzungsrecht an der Marke A ein, sodass die B-SARL dieses auf dem französischen Markt nutzen darf.

**Variante 1:**

Der Markenrechtsschutz für die Marke A gilt nur in Deutschland. Dem Grunde nach ist die Einräumung des Nutzungsrechts schon nicht entgeltfähig, da die B-SARL die Marke auf dem französischen Markt auch frei nutzen könnte.

**Variante 2:**

Der Markenrechtsschutz für die Marke A gilt auch in Frankreich. Dem Grunde nach ist die Einräumung des Nutzungsrechts entgeltfähig, da die B-SARL die Marke auf dem französischen Markt nicht frei nutzen dürfte. Die A-GmbH könnte die B-SARL von der Nutzung ausschließen.

**Variante 3:**

Wie Variante 2, allerdings folgt aus der Nutzung der Marke A auf dem französischen Markt kein wirtschaftlicher Vorteil für die B-SARL, da die Marke in Frankreich gänzlich unbekannt ist. Die B-SARL muss die Marke erst noch mittels Marketingmaßnahmen bekannt machen. Damit vermag die Nutzungsüberlassung dem Grunde nach entgeltfähig sein, sie ist aber nicht werthaltig.

**3.58** Beim Vertrieb von Markenerzeugnissen ist die Benutzung von Marken und Unternehmenskennzeichen regelmäßig nicht separat zu vergüten, da der wirtschaftliche Vorteil hieraus bereits im Abgabepreis für diese Erzeugnisse berücksichtigt wurde.

**3.59** Die Höhe einer etwaigen Lizenzgebühr bemisst sich im Regelfall nach dem hypothetischen Fremdvergleich.

**3.60** Der Ansatz eines Schadensersatzanspruchs für eine ggf. vorliegende Rechtsverletzung genügt dem Fremdvergleichsgrundsatz im Regelfall nicht, da

a) sonst ignoriert würde, dass die Nutzungsmöglichkeit im Regelfall vom Berechtigten ermöglicht wird, und

b) sonst lediglich eine einseitige Betrachtung vorgenommen und ein Preisbildungsprozess nicht abgebildet würde.

**3.61** Als Ausgangspunkt der vorzunehmenden Einzelfallprüfung können die vom Bundesgerichtshof (vgl. BGH vom 29. Juli 2009 I ZR 169/07, GRUR 2010, S. 239) anerkannten Grundsätze der Lizenzanalogie dienen. Etwaige Verletzerzuschläge sind herauszurechnen.

## G. Warenlieferungen und Dienstleistungen

### G.1. Warenlieferungen

**3.62** Werden im Zusammenhang mit der Lieferung von Gütern oder Waren Finanzierungsleistungen (zum Beispiel nicht handelsübliche Zahlungsziele, Kundenfinanzierung), Beistellungen oder Nebenleistungen vereinbart, hat der Fremdvergleichspreis dies zu berücksichtigen. Soweit über diese Leistungen gesonderte Verträge abgeschlossen werden, kann ein Vorteilsausgleich zulässig sein.

**3.63** Sind Güter oder Waren unter Nutzung eines immateriellen Werts (zum Beispiel eines gewerblichen Schutzrechts, eines Geschmacksmusterrechts, eines Urheberrechts, einer nicht geschützten Erfindung oder einer sonstigen die Technik bereichernden Leistung, eines Sortenschutzrechts, eines Geschäfts- oder Betriebsgeheimnisses oder eines ähnlichen Rechts oder Wertes) hergestellt worden, liegt in deren Erwerb und dem anschließenden Gebrauch oder Verbrauch durch den Erwerber regelmäßig keine entgeltfähige und entgeltpflichtige Nutzung des immateriellen Werts.

### G.2. Dienstleistungen

#### G.2.1. Grundsatz

**3.64** Für die Prüfung der Einkunftsabgrenzung bei Dienstleistungen zwischen einander nahestehenden Personen sind die Grundsätze des Kapitels VII der Anlage 1 anzuwenden.

Eine Dienstleistung ist nur dann entgeltfähig (Tz. 7.6 bis 7.8 der Anlage 1), wenn 3.65

a) ein unabhängiger Dritter als Leistender dazu bereit wäre, diese Dienstleistung gegen Entgelt zu erbringen und ein unabhängiger Dritter bereit wäre, eine Vergütung für diese Dienstleistung zu entrichten, oder

b) ein unabhängiger Dritter im eigenen Unternehmen die Dienstleistung als Eigenleistung erbringen würde.

Die Vermittlung einer Dienstleistung stellt eine eigenständige Dienstleistung dar. Es sind nur die Kosten der Vermittlungstätigkeit zu berücksichtigen. Die Kosten der vermittelten Dienstleistung bleiben unberücksichtigt. 3.66

Die Leistungen müssen tatsächlich erbracht und benötigt worden sein. Das bloße Angebot in einer multinationalen Unternehmensgruppe genügt nicht. Es ist nicht zu beanstanden, wenn bei schwankendem Leistungsfluss Durchschnittsentgelte verrechnet werden, die der tatsächlichen Abnahme innerhalb eines mehrjährigen Zeitraumes entsprechen. 3.67

Die Vergütungsfähigkeit von Dienstleistungen auf Abruf ist nur dann gegeben, wenn auch ein unabhängiger Dritter für die Möglichkeit einer Verfügbarkeit im Bedarfsfall ein Entgelt zu entrichten bereit gewesen wäre (Optionswert). Ein unabhängiger Dritter würde eine Vergütung für auf Abruf zur Verfügung stehende Dienstleistungen grundsätzlich nicht entrichten, wenn 3.68

a) die Wahrscheinlichkeit, dass die Dienstleistung benötigt wird, gering ist,

b) der Vorteil von auf Abruf zur Verfügung stehenden Dienstleistungen unerheblich ist oder

c) die fraglichen Dienstleistungen zeitnah aus anderen Quellen bezogen werden könnten und die Vergütungen hierfür in der Summe geringer wären als die für den Abruf.

Gesellschafteraufwand ist nicht entgeltfähig. Gesellschafteraufwand ist der durch die Tätigkeit oder Leistung eines Unternehmens der multinationalen Unternehmensgruppe veranlasste Aufwand, der aufgrund der Stellung oder der Pflichten einer kapital- oder vermögensmäßigen Beteiligung verursacht ist, Tz. 7.9 der Anlage 1. Insbesondere sind dies Tätigkeiten oder Leistungen 3.69

a) des Vorstands oder des Aufsichtsrats oder vergleichbarer ausländischer Leitungs- oder Kontrollgremien;

b) im Zusammenhang mit Gesellschafterversammlungen, der Ausgabe von Anteilen am Kapital und der Börsennotierung des Gesellschafters;

c) im Zusammenhang mit der rechtlichen Organisation der multinationalen Unternehmensgruppe als solcher;

d) im Zusammenhang mit dem Schutz und der Verwaltung der Beteiligungen einschließlich Führungs- und Kontrolltätigkeiten;

e) im Zusammenhang mit der Unternehmensgruppenführung.

Eine Dienstleistung, die ein Unternehmen im Interesse des Gesellschafters erbringt, ist vom Gesellschafter gegenüber dem Leistungserbringer fremdüblich zu vergüten. 3.70

Vorteile, die sich aus der Zugehörigkeit zur multinationalen Unternehmensgruppe und ohne aktives Zutun ergeben, wie etwa ein Rückhalt in der multinationalen Unternehmensgruppe, sind nicht vergütungsfähig. 3.71

**3.72** Für die Bestimmung von Fremdvergleichspreisen von Dienstleistungen ist grundsätzlich die Kostenaufschlagsmethode unter Einbezug aller hierfür notwendigen direkten und indirekten Kosten anzuwenden, wenn die Anwendung der Preisvergleichsmethode nicht die geeignetste Methode ist. Dies gilt grundsätzlich auch für Finanzierungsdienstleistungen und Versicherungs- und Rückversicherungsdienstleistungen.

**3.73** Stehen Dienstleistungen im Zusammenhang mit Warenlieferungen, können sie nicht gesondert verrechnet werden, wenn sie üblicherweise zwischen Dritten durch den Warenpreis abgegolten sind (zum Beispiel Garantie-, Wartungs- oder branchenübliche Kulanzleistungen).

### G.2.2. Routinedienstleistungen mit geringer Wertschöpfung

**3.74** Für eine entgeltfähige Routinedienstleistung mit geringer Wertschöpfung innerhalb einer multinationalen Unternehmensgruppe ist der Fremdvergleichspreis grundsätzlich nach der Kostenaufschlagsmethode zu bestimmen. Ein Kostenaufschlag in Höhe von fünf Prozent kann im Regelfall als fremdüblich angesehen werden, wenn dies in der multinationalen Unternehmensgruppe nachweislich einheitlich tatsächlich umgesetzt wird (Tz. 7.61 der Anlage 1).

**3.75** Eine Routinedienstleistung mit geringer Wertschöpfung (Tz. 7.45 der Anlage 1) ist eine Dienstleistung, die von einem oder mehreren Mitgliedern einer multinationalen Unternehmensgruppe im Auftrag eines oder mehrerer anderer Gruppenmitglieder ausgeübt wird, und

a) die einen unterstützenden Charakter aufweist,

b) die nicht Gegenstand der Haupttätigkeit der multinationalen Unternehmensgruppe im Außenverhältnis zu Dritten ist,

c) zu deren Erbringung weder einzigartige noch wertvolle immaterielle Werte verwendet oder geschaffen werden,

d) die für den Leistenden weder mit der Übernahme oder der Kontrolle wesentlicher Risiken verbunden ist noch die Entstehung wesentlicher Risiken zur Folge hat.

**3.76** Routinedienstleistungen mit geringer Wertschöpfung können demzufolge beispielsweise Dienstleistungen im Bereich des Rechnungswesens (u.a. Buchhaltung) oder der Erfüllung öffentlich-rechtlicher Verpflichtungen (zum Beispiel der Erstellung von Steuererklärungen) sowie Aufgaben des Personalwesens (u.a. Personaleinstellung) sein (Tz. 7.49 der Anlage 1).

**3.77** Keine Routinedienstleistung mit geringer Wertschöpfung sind insbesondere folgende Tätigkeiten (Tz. 7.47 der Anlage 1):

a) Forschung und Entwicklung,

b) Herstellung und Produktion,

c) Verkauf, Marketing und Vertrieb.

### G.2.3. Konzernumlagen

**3.78** Bei Konzernumlagen gelten die bisher in diesem Kapitel dargelegten allgemeinen Grundsätze zu Dienstleistungen. Werden durch ein Unternehmen einer multinationalen Unternehmensgruppe zentral wahrgenommene Lenkungs- und Verwaltungsaufgaben für andere gruppeninterne Unternehmen erbracht, kann die Zuordnung der in diesem Zusammenhang entstandenen Einzel- und Gemeinkosten (zum Beispiel allgemeine Konzernverwaltung, zentrales Finanzmanagement) gegenüber den die Leistungen empfangenden Unternehmen anhand eines sachgerechten Verteilungsschlüssels (indirekte Abrechnung, Konzernumlage) anerkannt werden, wenn eine direkte Zuordnung den beteiligten Unternehmen nur mit unverhältnismäßigem Aufwand möglich gewesen wäre (Tz. 7.24 der Anlage 1). Ein sachgerechter Verteilungsschlüssel kann in Abhängigkeit von der jeweiligen Aufgabe beispielsweise der Umsatz, die Anzahl der Mitarbeiter oder die Anzahl der Computerarbeitsplätze sein (Tz. 7.25 der Anlage 1). Um der Finanzbehörde eine Beurteilung der Sachgerechtigkeit der Konzernumlage und des Umlageschlüssels zu ermöglichen, sind insbesondere der Umfang der tatsächlich im Interesse des jeweiligen Empfängers erbrachten Dienstleistungen sowie die Angemessenheit der hierfür dem Steuerpflichtigen oder von dem Steuerpflichtigen in Rechnung gestellten Verrechnungspreise vom Steuerpflichtigen im Rahmen seiner Mitwirkungspflichten darzulegen.

Die Berechnung hat auf Istkostenbasis zu erfolgen. Sollte zunächst eine Berechnung auf Plankostenbasis vorgenommen worden sein, ist spätestens zum Jahresende ein Abgleich mit den Istkosten und eine entsprechende Aufteilung vorzunehmen. **3.79**

### G.3. Arbeitnehmerentsendungen

Auf das BMF-Schreiben betreffend „Grundsätze für die Prüfung der Einkunftsabgrenzung zwischen international verbundenen Unternehmen in Fällen der Arbeitnehmerentsendung" vom 9. November 2001 (BStBl. I S. 796)[1)] wird verwiesen. **3.80**

## H. Kostenumlagen

Für die Prüfung der Einkunftsabgrenzung durch Umlageverträge zwischen nahestehenden Personen sind die Grundsätze des Kapitels VIII der Anlage 1 anzuwenden. **3.81**

Wirken mehrere Unternehmen einer multinationalen Unternehmensgruppe im gemeinsamen Interesse zusammen, übernehmen gemeinsam Risiken und leisten Beiträge, **3.82**

a) um Vermögenswerte gemeinsam zu entwickeln (Entwicklungskostenumlage) oder

b) um Dienstleistungen in Anspruch zu nehmen (Dienstleistungskostenumlage),

sind die Beiträge zu Fremdvergleichspreisen zu bewerten und von den Unternehmen anhand der jeweils zu erwartenden Vorteile zu vergüten (Tz. 8.12 und 8.13 der Anlage 1). Kapitel I der Anlage 1 ist daher auch für die Bewertung der jeweiligen Beiträge anzuwenden (Tz. 8.4 der Anlage 1). Rein kostenbasierte Bewertungen der Beiträge sind grundsätzlich nicht fremdüblich.

Auf die möglichen Ausnahmen hiervon, die in Tz. 8.27 und 8.28 der Anlage 1 beschrieben werden, wird besonders hingewiesen. Die Voraussetzungen hierfür können insbesondere dann vorliegen, wenn **3.83**

a) die Kosten-Wert-Differenz marginal ist (etwa bei der Erbringung von Dienstleistungen mit geringer Wertschöpfung),

b) der administrative Aufwand erheblich wäre, oder

c) die Werte der Beiträge betragsmäßig korrespondieren und damit ausgewogen sind.

---

[1)] Nr. **725** § 1/4.

**3.84** Als Teilnehmer einer Entwicklungskostenumlage kann nur anerkannt werden, wer

a) über eine berechtigte Erwartung verfügt, einen Vorteil aus der Entwicklungskostenumlage zu erzielen (Tz. 8.14 der Anlage 1), und

b) die Möglichkeit besitzt, die Risiken, die mit einer solchen Entwicklungskostenumlage für ihn verbunden sind, zu kontrollieren (Tz. 8.15 der Anlage 1).

**3.85** Beenden Unternehmen die Entwicklungskostenumlage, steht diesen jeweils ein fremdüblicher Anteil an den Ergebnissen der Tätigkeit zu (Tz. 8.49 der Anlage 1). Dies gilt entsprechend, wenn ein Unternehmen aus der Entwicklungskostenumlage austritt (Tz. 8.46 der Anlage 1). Beteiligt sich ein Unternehmen an einer schon bestehenden Entwicklungskostenumlage, hat dieses ein fremdübliches Entgelt für die Beteiligung an den bisher entwickelten Vermögenswerten an die übrigen Teilnehmer der Entwicklungskostenumlage zu entrichten (Tz. 8.44 der Anlage 1). Es kann auch dem Fremdvergleich entsprechen, signifikante Veränderungen bei der Zuordnung der Vorteile nach dem gleichen Prinzip auszugleichen.

**3.86** Die Umlageverträge sollten regelmäßig auf mögliche notwendige Anpassungen der Umlageschlüssel hin überprüft werden (Tz. 8.22 der Anlage 1).

### I. Funktionsverlagerung

**3.87** Auf § 1 Abs. 3b AStG und die Verwaltungsgrundsätze Funktionsverlagerung vom 13. Oktober 2010 (BStBl. I S. 774)[1)] wird hingewiesen.

### J. Finanzierungsbeziehungen

#### J.1. Allgemein

**3.88** Für die Prüfung der Einkunftsabgrenzung bei Finanzierungsbeziehungen zwischen nahestehenden Personen sind die Grundsätze des Kapitels X der Anlage 1 anzuwenden.

**3.89** Wie auch bei anderen unternehmensgruppeninternen Geschäftsbeziehungen hat die sachgerechte Abgrenzung der Geschäftsvorfälle im Zusammenhang mit Finanzierungsaktivitäten auf Basis einer Funktions- und Risikoanalyse zu erfolgen.

**3.90** Bei Finanzierungsleistungen ist in einem ersten Schritt zu prüfen, ob es sich steuerrechtlich um Fremdkapital handelt.

**3.91** Damit ein Darlehensverhältnis und damit auch die diesbezüglichen Zinszahlungen als fremdüblich anerkannt werden können, muss die Finanzierung auch wirtschaftlich benötigt worden sein. Ein ordentlicher und gewissenhafter Geschäftsleiter wird kein Fremdkapital am Markt aufnehmen, wenn damit nicht wenigstens eine begründete Aussicht auf eine Rendite besteht, die die Finanzierungskosten deckt. Die Verwendung des Fremdkapitals soll im Einklang mit dem Unternehmenszweck stehen. Ein ordentlicher und gewissenhafter Geschäftsleiter wird bemüht sein, das Kapital für den Zweck des Unternehmens einzusetzen und beispielsweise nicht als Anlage auf dem Tagesgeldkonto oder als Einlage in einen unternehmensgruppeninternen Cash Pool.

**3.92** Stellt eine gruppenzugehörige Finanzierungsgesellschaft einem Steuerpflichtigen Kapital zur Verfügung und verfügt diese Finanzierungsgesellschaft nicht

---

1) Nr. **725** § 1/7.

über die Fähigkeit und die Befugnis, das Risiko von Investitionen in einen finanziellen Vermögenswert zu kontrollieren oder es zu tragen, steht ihr als Vergütung für die Hingabe des Kapitals nur ein Entgelt bis zur Höhe einer risikolosen Rendite zu (Tz. 1.100, 1.103, 1.108 bis 1.116 der Anlage 1). Das Entgelt ist grundsätzlich anhand der Kostenaufschlagsmethode auf der Grundlage der nachgewiesenen und direkt zurechenbaren Betriebskosten anzusetzen; Refinanzierungskosten sind grundsätzlich nicht in die Kostenbasis einzubeziehen. Daneben sind Refinanzierungskosten mit einer risikolosen Rendite zu berücksichtigen.

**Beispiel:**
Die M-AG (ansässig im Inland) stattet die FinCo. (ansässig im Ausland) zu 100 Prozent mit Eigenkapital aus. Die FinCo. leitet dieses Geld, ohne die Kontrolle oder Übernahme von Risiken, an die T-AG (ansässig im Inland) weiter. Das Entgelt für diese Tätigkeit beschränkt sich grundsätzlich auf die direkt zurechenbaren Betriebskosten, wie etwa den Personaleinsatz. Die Refinanzierungskosten sind begrenzt auf die risikofreie Rendite. Mithin ist es fremdunüblich, wenn die FinCo. der T-AG einen Zinssatz in Rechnung stellt, der über den risikofreien Zins hinausgeht.

Bei der Prüfung kann von an sich gebotenen Beanstandungen abgesehen **3.93**
werden, wenn wegen zwingender Rechtsvorschriften im Ansässigkeitsstaat der nahestehenden Person oder aus ähnlichen Gründen, die außerhalb des Kreditverhältnisses liegen, statt einer an sich gebotenen Zuführung von Eigenkapital ein zinsloses oder zinsgünstiges Darlehen gewährt wird. Wird von dieser Regelung Gebrauch gemacht, kann die Zinslosigkeit oder niedrige Verzinslichkeit als solche keine Teilwertabschreibung des Darlehens begründen.

Der Konzernrückhalt beschreibt lediglich den rechtlichen und wirtschaftlichen **3.94**
Rahmen der Unternehmensverflechtung. Der Konzernrückhalt stellt damit keine rechtlich durchsetzbare Sicherheit dar und ist auch nicht stellvertretend hierfür heranzuziehen. Dem Konzernrückhalt kommt jedoch bei der Bemessung der subjektiven Ausfallwahrscheinlichkeit des Darlehensnehmers Bedeutung zu und er wirkt sich damit de facto auf dessen Bonität aus. Je nach der wirtschaftlichen Stellung und Bedeutung des jeweiligen Darlehensnehmers innerhalb der Unternehmensgruppe – auch unter Berücksichtigung des Zwecks der Darlehensgewährung – würde dieser für den Fall, dass er eine wirtschaftliche Schieflage erleidet, gestützt werden. Je bedeutender also der Darlehensnehmer für die Unternehmensgruppe ist, desto eher würde dieser eine Stützung seitens der Unternehmensgruppe erfahren. Im gleichen Maße tritt die isolierte Betrachtung des Darlehensnehmers bei der Beurteilung der Bonität in den Hintergrund. Das Ausmaß und die Auswirkungen des Konzernrückhalts sind im jeweiligen Einzelfall sachgerecht zu prüfen.

Eine Besicherung ist grundsätzlich fremdüblich. Inwieweit eine Nichtbesiche- **3.95**
rung zwischen Nahestehenden fremdüblich sein kann, hängt von den Umständen des jeweiligen Einzelfalls ab. Bei der Beurteilung sind folgende Aspekte im Rahmen einer Gesamtschau von besonderer Bedeutung:

– Verhalten der Unternehmensgruppe gegenüber fremden Dritten: Werden Verbindlichkeiten im Außenverhältnis grundsätzlich besichert, so erscheint eine Nichtbesicherung innerhalb der Unternehmensgruppe fremdunüblich.
– Wirtschaftliche Vorteilhaftigkeit: Sollte die Vereinbarung einer Sicherheit aus wirtschaftlicher Sicht vorteilhaft sein, um beispielsweise einen niedrigeren Zinssatz zu erreichen, so würde ein fremder Dritter, um seinen Gewinn zu maximieren, auf eine Sicherheit nicht verzichten.
– Realistisch zur Verfügung stehende Handlungsalternativen: Würde beispielsweise der Darlehensnehmer zeitgleich noch ein Darlehen eines fremden

Dritten benötigen und die Begebung der Sicherheit an den fremden Dritten zu einer gegenüber der nahestehenden Person erhöhten Kostenreduktion führen, so wäre es wirtschaftlich vorteilhafter, dieses Darlehen zu besichern. Eine Sicherheit stünde damit für das Darlehen zwischen den nahestehenden Personen nicht mehr realistisch zur Verfügung (vorausgesetzt, der Darlehensnehmer hätte sonst keine weiteren Vermögenswerte, die sich zur Besicherung eignen würden).

- Erwartete Befriedigung von Ansprüchen: Es ist von Bedeutung, ob ausreichend Vermögenswerte vorhanden sind bzw. im Rahmen einer etwaigen Insolvenz genügend Masse zur Verfügung stünde, um die entsprechenden Ansprüche zu befriedigen (vgl. u.a. § 39 InsO).
- Darlehenssumme: Nicht jede Kapitalüberlassung wird zwischen fremden Dritten besichert. Entscheidende Kriterien sind dabei auch die Höhe des Darlehensbetrags, der seitens des Darlehensgebers gewährt wird, und die Risikotragfähigkeit des Darlehensgebers.
- Geschäftsstrategie des Darlehensgebers: Verfolgt der Darlehensgeber im Rahmen seiner gewöhnlichen Geschäftstätigkeit typischerweise nicht (riskante) Finanzinvestitionen, so wird dieser regelmäßig versuchen, sein Risiko aufgrund dieser Tätigkeit zu minimieren. Hierzu kann es entsprechend gehören, dass Kapitalüberlassungen besichert vorzunehmen sind.

### J.2. Vergütung für eine erhöhte Kreditwürdigkeit

3.96 Für die Vorteile einer nachgewiesenen erhöhten Kreditwürdigkeit eines Unternehmens ist ein dem Fremdvergleichsgrundsatz entsprechender Verrechnungspreis anzusetzen. Die Vorteile können sich daraus ergeben, dass mindestens ein Mitglied der multinationalen Unternehmensgruppe die Verpflichtung gegenüber einem fremden Dritten übernimmt, die Zahlungsverpflichtungen des Unternehmens sicherzustellen. Dies kann insbesondere durch eine Garantie, eine Bürgschaft, einen Kreditauftrag, eine harte Patronatserklärung oder durch Realsicherheiten erfolgen. Ein Verrechnungspreis ist nur anzusetzen, wenn der Verpflichtete eine tatsächliche Risikoposition übernimmt. Bei der Bestimmung des anzusetzenden Fremdvergleichspreises ist grundsätzlich davon auszugehen, dass sich die Vorteile einer erhöhten Kreditwürdigkeit auf die Differenz zwischen den Bedingungen für die multinationale Unternehmensgruppe als solche und den Bedingungen für das die Verpflichtung übernehmende Unternehmen beschränken.

3.97 Wird ein Unternehmen erst durch die Verpflichtung der multinationalen Unternehmensgruppe oder eines Mitglieds dieser multinationalen Unternehmensgruppe gegenüber einem fremden Dritten in die Lage versetzt, Kapital aufnehmen zu können, handelt es sich in EU/EWR-Fällen bei der Verpflichtungsübernahme um einen Gesellschafterbeitrag (Rn. 3.69), wenn ein wirtschaftlicher Grund im Sinne des EuGH-Urteils vom 31. Mai 2018 in der Rechtssache C-382/16 (Hornbach) vorliegt.

### J.3. Cash Pool als Finanzierungsbeziehung innerhalb einer multinationalen Unternehmensgruppe

3.98 Cash Pooling stellt eine Liquiditätsbündelung in multinationalen Unternehmensgruppen dar. Der Cash Pool-Leiter erbringt dabei grundsätzlich lediglich eine funktions- und risikoarme Dienstleistung (Tz. 10.130 der Anlage 1), wobei im jeweiligen Einzelfall das Funktions- und Risikoprofil entscheidend ist. Die Vergütung des Cash Pool-Leiters bestimmt sich entsprechend im

Regelfall auf Basis einer kostenorientierten Methode. Es ist nicht zu beanstanden, wenn der Kostenaufschlag auf die direkt zuzurechnenden Kosten zwischen fünf Prozent und zehn Prozent beträgt. Finanzierungskosten gehen nicht in die Bemessungsgrundlage ein.

Die am Cash Pool beteiligten Unternehmen haben im Verhältnis zur Gesamtanzahl der Teilnehmer den Verrechnungspreis anteilig zu übernehmen. Cash Pooling-Strukturen sind ein Beispiel für die Generierung von Synergieeffekten in multinationalen Unternehmensgruppen (Tz. 1.157 ff. der Anlage 1). Gerade aber die Aufteilung dieser Synergieeffekte auf die einzelnen Unternehmenseinheiten ist nicht verursachungsgerecht möglich. Entsprechend ist hier eine besondere Würdigung im Einzelfall unter Berücksichtigung der Akzeptanz der Struktur im Ausland vorzunehmen. 3.99

**Beispiel:**
Die M-AG (ansässig im Inland) stattet die FinCo. (ansässig im Ausland) zu 100 Prozent mit Eigenkapital aus. Die FinCo. agiert als Cash Pool Leiter und organisiert den Cash Pool innerhalb der multinationalen Unternehmensgruppe ohne die Kontrolle oder Übernahme von Risiken. Die Vergütung hängt von dem Ergebnis der Funktions- und Risikoanalyse ab. Das Entgelt für die Tätigkeit eines Cash Pool Leiters beschränkt sich dabei grundsätzlich auf die direkt zurechenbaren Betriebskosten, wie etwa den Personaleinsatz, samt einem fremdüblichen Gewinnaufschlag. Die Umlage der Kosten inklusive des Gewinnaufschlages könnte insbesondere im Wege einer Konzernumlage quotal auf Basis der Anzahl der Teilnehmer erfolgen.

Handelt es sich bei den jeweiligen Geldeinlagen und -aufnahmen der Cash Pool Teilnehmer nicht um kurzfristige Geldeinlagen und -aufnahmen, handelt es sich wirtschaftlich betrachtet nicht um einen Cash Pool, sondern um einzelne langfristige Darlehensbeziehungen, die entsprechend zu behandeln sind (Tz. 10.122 der Anlage 1). 3.100

### J.4. Sonstige Finanzierungsinstrumente und Eigenversicherer

Der Einsatz von Finanzinstrumenten i.S.d. § 1 Abs. 11 des Kreditwesengesetzes innerhalb von multinationalen Unternehmensgruppen ist entsprechend den am Markt zum Zeitpunkt des Geschäftsabschlusses bestehenden Gegebenheiten und entsprechend dem Fremdvergleichsgrundsatz unter Beachtung der Risikoverteilung zwischen den Vertragsparteien zu vergüten. 3.101

Ein Eigenversicherer ist für die Übernahme seiner Tätigkeit entsprechend den am Markt zum Zeitpunkt des Geschäftsabschlusses bestehenden Gegebenheiten und entsprechend dem Fremdvergleichsgrundsatz unter Beachtung der Risikoübernahme, der Kapitalausstattungsanforderungen und der Synergieeffekte aufgrund der Gruppenzugehörigkeit zu vergüten. 3.102

## Kapitel IV. Weitere allgemeine Grundsätze

### A. Erstkorrektur

Auf die Verwaltungsgrundsätze 2020 vom 3. Dezember 2020 (a.a.O.) wird verwiesen. 4.1

Eine Korrektur ist für den Veranlagungszeitraum vorzunehmen, in dem die jeweilige Einkünfteminderung eingetreten ist. Der Korrekturbetrag ist derselben Einkunftsart zuzurechnen wie die korrigierten Einkünfte. 4.2

### B. Behandlung von Ausgleichszahlungen

Gleichen die Beteiligten in Verrechnungspreisfällen eine von der deutschen Finanzbehörde vorgenommene Korrektur dadurch aus, dass sie durch Ausgleichszahlungen den Zustand herbeiführen, der bei Beachtung des Grundsatzes des Fremdvergleichs eingetreten wäre, ist dieser Ausgleich 4.3

a) bei einer Korrektur wegen der Annahme einer verdeckten Gewinnausschüttung einer inländischen Körperschaft grundsätzlich als Einlage zu behandeln (vgl. BFH vom 29. Mai 1996 I R 118/93, BStBl. 1997 II S. 92),

b) bei einer Korrektur wegen der Annahme einer verdeckten Einlage in eine ausländische Körperschaft grundsätzlich als Leistung zu behandeln, die beim Gesellschafter zu Bezügen i.S.d. § 20 Abs. 1 Nummer 1 EStG führt,

c) bei einer Korrektur wegen der Annahme einer Entnahme als Einlage und bei der Berichtigung wegen einer Einlage als Entnahme zu behandeln,

d) bei Vorgängen, die zu einer auf § 1 AStG zu stützenden Berichtigung geführt haben, aus Billigkeitsgründen außerhalb der Bilanz mit dem zu Zwecken der Berichtigung vorgenommenen Zuschlag zu verrechnen (vgl. BFH vom 30. Mai 1990 I R 97/88, BStBl. II S. 875). Dies gilt nur, wenn die Ausgleichszahlungen innerhalb eines Jahres nach Bekanntgabe des berichtigten Steuerbescheids tatsächlich geleistet worden sind.

**4.4** Wird eine Beteiligung an einer nahestehenden ausländischen Gesellschaft veräußert oder wird eine solche Gesellschaft liquidiert und haben Vorgänge früherer Veranlagungszeiträume beim Gesellschafter zu einer Berichtigung nach § 1 AStG geführt, die noch nicht verrechnet worden ist (Rn. 4.3 Buchst. d), ist das Vermögen der ausländischen Gesellschaft höher als es wäre, wenn die Gesellschaft einen dem Fremdvergleich entsprechenden Preis an den Gesellschafter gezahlt hätte. Zur Vermeidung einer Doppelbesteuerung kann in diesen Fällen der außerhalb der Bilanz angesetzte Berichtigungsbetrag aus Billigkeitsgründen (§ 163 AO) abgezogen werden. Die Kürzung kann auch zu einem Negativbetrag führen. Unterliegt ein nach dieser Billigkeitsregelung um den Berichtigungsbetrag nach § 1 AStG verminderter Veräußerungs- oder Liquidationsgewinn der Vorschrift des § 8b KStG, so sind die pauschalen nichtabziehbaren Betriebsausgaben i.S.d. § 8b Abs. 3 Satz 1 und Abs. 5 Satz 1 KStG nur vom verminderten Gewinn zu ermitteln. Ein sich durch die Anwendung dieser Billigkeitsregelung ergebender oder erhöhender Veräußerungs- oder Liquidationsverlust ist insgesamt nach § 8b Abs. 3 Satz 3 KStG außerbilanziell hinzuzurechnen, sodass sich im Verlustfall trotz Anwendung der Billigkeitsregelung keine Auswirkung auf das Einkommen der Anteilseigner-Kapitalgesellschaft ergibt. Ist auf Ebene des Anteilseigners das Teileinkünfteverfahren (§§ 3 Nr. 40c, 3c Abs. 2 EStG) anzuwenden, so kann der Berichtigungsbetrag nach § 1 AStG unter analoger Anwendung des § 3c Abs. 2 EStG nur zu 60 Prozent bei der Ermittlung des Gewinns oder Verlusts berücksichtigt werden. Entsprechendes gilt auch beim Gesellschafter, sofern die Berichtigung nach § 1 AStG nicht beim Gesellschafter selber, sondern bei dessen Tochtergesellschaft erfolgte und sofern § 1 AStG Vorrang gegenüber § 8 Abs. 3 Satz 2 KStG hat.

**4.5** Im Fall der Liquidation ist die Kürzung in dem Veranlagungszeitraum vorzunehmen, in dem nach den Grundsätzen ordnungsmäßiger Buchführung ein etwaiger Liquidationserlös erfolgswirksam zu vereinnahmen ist. Eine Kürzung im Zeitpunkt des Liquidationsbeschlusses kommt deshalb nur in Betracht, wenn eine Abwicklung mangels Masse nicht stattfindet und ein Liquidationserlös nicht anfällt.

### C. Gegenberichtigung

**4.6** Eine Berichtigung der Einkünfte durch eine ausländische Steuerverwaltung kann zu einer Doppelbesteuerung im Hinblick auf die Einkünfte des inländischen nahestehenden Steuerpflichtigen führen. Passt der Steuerpflichtige daraufhin seine künftigen Verrechnungspreise an, unterliegt der Vorgang der Aufzeichnungspflicht gemäß § 90 Abs. 3 AO. Eine nachträgliche Gegenberichtigung ist nur anzuerkennen, soweit sie nach deutschem Steuerrecht materiell- und verfahrensrechtlich zulässig ist. Die Gegenberechtigung ist nach deutschem Steuerrecht materiell-rechtlich in der Weise durchzuführen, in der der Fremdvergleichsgrundsatz von Beginn an zutreffend berücksichtigt worden wäre; dementsprechend sind nationale Abzugsbeschränkungen wie beispielsweise die Zinsschranke (§ 4h EStG, § 8a KStG) bei der Gegenberichtigung zu beachten. Der Grundsatz der Abschnittbesteuerung ist zu beachten. Abkommensrechtlich eröffnen die Art. 9 OECD-MA (insbesondere Art. 9 Abs. 2 OECD-MA) nachgebildeten Artikel im jeweiligen DBA einen Anspruch auf Gegenberichtigung im anderen Vertragsstaat, soweit die Erstkorrektur nach Auffassung der Steuerverwaltung dieses anderen Vertragsstaats berechtigt ist. Als Änderungsvorschrift können innerhalb dieses Rahmens auf deutscher Seite neben den innerstaatlichen Abgrenzungsregelungen auch §§ 164 Abs. 2, 173 Abs. 1 Nr. 2 AO zur Anwendung kommen, ohne dass zuvor ein Verständigungs- oder Schiedsverfahren durchgeführt worden ist (einseitige Abhilfe). Zwecks Umsetzung einer Verständigungsvereinbarung oder eines Schiedsspruchs, die ggf. auch zu einer weitergehenden Gegenberichtigung führen können, ist insoweit § 175a AO anzuwenden.

### D. Zoll

Der für die Einkunftsabgrenzung maßgebliche Fremdvergleichspreis kann von dem der Verzollung zu Grunde liegenden Zollwert i.S.d. Artikels 70 Unionszollkodex (UZK; VO (EU) 952/2013 des Europäischen Parlaments vom 9. Oktober 2013, ABl. L 269, S. 1) oder von dem zur Erhebung der Einfuhrumsatzsteuer zu Grunde liegenden Einfuhrumsatzsteuerwert abweichen. Ungeachtet dessen kann die Zollwertermittlung eine ergänzende Hilfestellung bei der Bestimmung von Fremdvergleichs preisen leisten. **4.7**

Nachträgliche Verrechnungspreisanpassungen in Form von Nachbelastungen durch den Verkäufer sind vom Anmelder dem zuständigen Hauptzollamt unverzüglich anzuzeigen (§ 153 AO). Bei nachträglichen Verrechnungspreisanpassungen in Form von Gutschriften des Verkäufers besteht mitunter ein Erstattungsanspruch. Voraussetzung ist jedoch, dass die Anpassung zwischen den Kaufvertragsparteien vor den Einfuhren dem Grunde und der Höhe nach vertraglich vereinbart wurde und produktbezogen erfolgt. **4.8**

## Kapitel V. Glossar

Auf das Glossar in der Anlage 2 sowie das Glossar der OECD über steuerliche Begriffe (Glossary of Tax Terms) wird hingewiesen. **5.1**

## Kapitel VI. Aufhebung von BMF-Schreiben und Anwendungsvorschrift

Die folgenden BMF-Schreiben werden mit Veröffentlichung dieses Schreibens im BStBl. aufgehoben: **6.1**

- BMF-Schreiben betr. „Grundsätze für die Prüfung der Einkunftsabgrenzung bei international verbundenen Unternehmen“ vom 23. Februar 1983 IV C 5 – S 1341 – 4/83, BStBl. I S. 218;
- BMF-Schreiben betr. „Grundsätze für die Prüfung der Einkunftsabgrenzung zwischen nahestehenden Personen mit grenzüberschreitenden Geschäfts-

beziehungen in Bezug auf Ermittlungs- und Mitwirkungspflichten, Berichtigungen sowie auf Verständigungs- und EU-Schiedsverfahren (Verwaltungsgrundsätze-Verfahren)" vom 12. April 2005 IV B 4 – S 1341 – 1/05, BStBl. I S. 570;

- BMF-Schreiben betr. „Anwendung des § 1 AStG auf Fälle von Teilwertabschreibungen und anderen Wertminderungen auf Darlehen an verbundene ausländische Unternehmen" vom 29. März 2011 IV B 5 – S 1341/09/10004, BStBl. I S. 277;
- BMF-Schreiben betr. „Glossar ‚Verrechnungspreise'" vom 19. Mai 2014 IV B 5 – S 1341/07/10006-01, BStBl. I S. 838;
- BMF-Schreiben betr. „Namensnutzung im Konzern" vom 7. April 2017 IV B 5 – S 1341/16/10003, BStBl. I S. 701;
- BMF-Schreiben betr. „Grundsätze für die Prüfung der Einkunftsabgrenzung durch Umlageverträge zwischen international verbundenen Unternehmen" vom 5. Juli 2018 IV B 5 – S 1341/0 :003, BStBl. I S. 743;
- BMF-Schreiben betr. „Wirtschaftliche Gründe, die den Abschluss eines Geschäfts unter nicht „fremdüblichen Bedingungen" rechtfertigen – EuGH-Urteil vom 31. Mai 2018 in der Rechtssache C-382/16" vom 6. Dezember 2018 IV B 5 – S 1341/11/10004-09, BStBl. I S. 1305.

**6.2** Darüber hinaus wird die Textziffer 1 der Grundsätze zur Anwendung des Außensteuergesetzes (IV B 4 – S 1340 – 11/04, BStBl. I Sondernummer 1/2004 S. 3)[1] aufgehoben.

**6.3** Dieses Schreiben ist auf alle offenen Fälle anzuwenden; siehe insbesondere Rn. 2.3.

[1] Nr. **725**.

# 725 § 1/2. Erlaß betr. Einkunftsabgrenzung bei international verbundenen Unternehmen und im Rahmen der Betriebsstättengewinnermittlung; Prüfhinweis für die Prüfung der „Verrechnungspreise" inländischer Unternehmen/Betriebsstätten mit verbundenen Unternehmen/Stammhaus im Ausland

Vom 31. Juli 1995 (IStR S. 539)

(FM Baden-Württemberg S 1300 – 20)

Im Vorgriff auf die Überarbeitung der „Verwaltungsgrundsätze[1)]" gelten zur **formellen Abwicklung** von „Verrechnungspreiskorrekturen" nachfolgende Grundsätze:

Im Verlauf einer Außenprüfung werden im Rahmen des Prüfungsschwerpunktes „Auslandsbeziehungen" auch die Geschäftsbeziehungen des geprüften inländischen Unternehmens mit ihm nahestehenden ausländischen Unternehmen geprüft. Hierbei sind Folgewirkungen zu bedenken, die sich für die nahestehenden Unternehmen bei der Besteuerung im Ausland ergeben können.

## I. Allgemeine Verfahrenshinweise

**1.** Die Geschäftsbeziehungen sind nach innerstaatlichem deutschen Recht und nach den DBA unter Beachtung des Grundsatzes des Fremdverhaltens zu überprüfen (Hinweis auf die „Verwaltungsgrundsätze[1)]", dort insbesondere Tz. 1.1.2 bis 1.2.2 und Art. 9 Abs. 1 OECD-MA). Die Verwaltungsgrundsätze (Tz. 1.2.1 Satz 3) erlauben eine international übereinstimmende Anwendung des in den DBA vereinbarten Maßstabs des Fremdverhaltens. Eine Abhängigkeit von Maßnahmen ausländischer Steuerverwaltungen (z. B. Bindung an deren tatsächliche und rechtliche Feststellungen oder an Schätzungen) besteht aber nicht.

**2.** Den Beteiligten ist rechtzeitig, zweckmäßigerweise im Rahmen einer Zwischenbesprechung, Gelegenheit zu geben, die im Ausland Betroffenen von einer beabsichtigten inländischen Berichtigung zu unterrichten und die Haltung der ausländischen Steuerverwaltung festzustellen (Tz. 1.2.5 der Verwaltungsgrundsätze). Bestätigungen, die im Ausland erforderlich sind, sind zu erteilen.

**3.** Die Möglichkeit eines Verständigungsverfahrens (vgl. hierzu *Merkblatt über das internationale Verständigungsverfahren in Steuersachen*[2)]), der Antrag auf Eröffnung oder die Eröffnung eines solchen Verfahrens im Laufe der Außenprüfung entbindet die Beteiligten nicht von ihren Mitwirkungspflichten nach

[1)] Nr. **725** § 1/1.

[2)] Siehe nunmehr Merkblatt zum internationalen Verständigungs- und Schiedsverfahren auf dem Gebiet der Steuern vom Einkommen und vom Vermögen v. 13. 7. 2006, BStBl. I S. 461.

Maßgabe deutschen Rechts. Dies gilt insbesondere für die erhöhte Mitwirkungs- und Aufklärungspflicht der Beteiligten gem. § 90 Abs. 2 AO (vgl. Tz. 9 der Verwaltungsgrundsätze).

**4.** Ein Antrag auf Eröffnung eines Verständigungsverfahrens sowie dessen Eröffnung hindern den weiteren Fortgang und den Abschluß der Außenprüfung nicht. Während der Außenprüfung sind aber die für die Durchführung des Verständigungsverfahrens notwendigen Feststellungen zu treffen.

**5.** Stellen die Beteiligten während der Außenprüfung einen Verständigungsantrag, ist dieser unverzüglich, spätestens nach Abschluß der Außenprüfung auf dem Dienstweg dem Finanzministerium vorzulegen.

Der Antrag auf Eröffnung des Verständigungsverfahrens bei einer inländischen Finanzbehörde ist gleichzeitig als Antrag auf Änderung des Steuerbescheides anzusehen und hemmt den Ablauf der Festsetzungsfrist nach Maßgabe des § 171 Abs. 3 AO. Wird der Antrag während der Außenprüfung gestellt und liegen die Voraussetzungen des § 165 Abs. 1 AO vor, sind die sich auf Grund einer Außenprüfung ergebenden Steuern vorläufig festzusetzen.

Eine Verständigungsvereinbarung kann nach § 175 a AO ungeachtet der Bestandskraft deutscher Bescheide umgesetzt werden; die Festsetzungsfrist endet nicht vor Ablauf des Kalenderjahres, das nach dem Wirksamwerden der Verständigungsvereinbarung beginnt.

## II. Inländische Berichtigungen und ihre Folgewirkungen auf die ausländische Besteuerung

**1.** Soweit die deutsche Finanzverwaltung die Einkünfte berichtigt, indem sie die Verrechnungspreise korrigiert, kann dies Auswirkungen auf die Besteuerung der nahestehenden Unternehmen im Ausland haben. Hierzu gehören die Fälle, in denen die betroffene Unternehmensgruppe auf eine deutsche Berichtigung hin eine Gegenberichtigung bei dem ausländischen nahestehenden Unternehmen vornimmt, z. B. durch Einbuchung von Verbindlichkeiten.

Für ein sich möglicherweise ergebendes Verständigungsverfahren ist darauf zu achten, daß inländische Berichtigungen gegenüber den ausländischen Steuerverwaltungen in erhöhtem Maß begründet werden müssen. Hierzu sind im Betriebsprüfungsbericht die tatsächliche und die rechtliche Grundlage für die Berichtigung darzustellen; eine Verweisung auf Anlagen oder Unterlagen, die den Beteiligten bekannt sind, ist zulässig. Eine Kurzdarstellung kann gewählt werden, wenn während der Außenprüfung nach Tz. 1.2.5 der Verwaltungsgrundsätze[1] verfahren (vgl. I.2.) und eine Einigung mit den Beteiligten erzielt wurde und sich auch sonst ein Verständigungsverfahren nicht abzeichnet.

**2.** In den nachstehend genannten Fällen soll die Betriebsprüfungsbehörde die Beteiligten spätestens im Rahmen einer Schlußbesprechung auf ihnen möglicherweise entstehende Nachteile hinweisen:

**a)** Die Beteiligten kommen den ihnen obliegenden Mitwirkungspflichten nicht in dem gebotenen Umfang nach. Im Rahmen der Außenprüfung erfolgt eine Berichtigung durch Schätzung.

---

[1] Nr. **725** § 1/1.

**b)** Während der Außenprüfung wird mit den Beteiligten vereinbart, daß die Steuerverwaltung auf an sich gebotene Nachweise verzichtet oder auf Schätzungen zurückgreift (z. B. im Rahmen von Kompromissen).

Nachteilige Folgen können die Ablehnung der Einleitung eines Verständigungsverfahrens oder die Minderung der Erfolgsaussichten bei der Durchführung eines Verständigungsverfahrens sein.

## III. Ausländische Berichtigungen und ihre Folgewirkungen auf die inländische Besteuerung

**1.** Die Berichtigung der Einkünfte durch die ausländische Steuerverwaltung kann zu Auswirkungen auf die inländische Besteuerung bei dem inländischen nahestehenden Unternehmen führen. Hierzu gehören Fälle, in denen die betroffene Unternehmensgruppe auf eine Berichtigung im Ausland hin eine Gegenberichtigung beim deutschen nahestehenden Unternehmen vornimmt, z. B. durch Einbuchung von Verbindlichkeiten. Solche Vorgänge sind stets zu prüfen. Dazu ist das Unternehmen bei der Prüfung seiner Auslandsbeziehungen aufzufordern, derartige Vorgänge anzuzeigen. Die Auswirkungen auf die deutsche Besteuerung der Beteiligten sind detailliert zu überprüfen; einer Gegenberichtigung ist zuzustimmen, soweit diese nach deutschen materiell- und verfahrensrechtlichen Vorschriften zulässig und gerechtfertigt ist. Hinsichtlich der Wirkungen von Gegenberichtigungen aufgrund Erstkorrekturen im Inland wird auf Tz. 8.3. der Verwaltungsgrundsätze[1] verwiesen. Verdeckte Gewinnausschüttungen können z. B. hiernach nicht durch eine Gegenberichtigung beseitigt werden. Es handelt sich vielmehr um Einlagen.

**2.** In den nachstehend genannten Fällen soll die Betriebsprüfungsbehörde die Beteiligten spätestens im Rahmen der Schlußbesprechung auf ihnen möglicherweise entstehende Nachteile hinweisen:

**a)** Die ausländischen nahestehenden Unternehmen haben gegenüber der ausländischen Steuerverwaltung die erforderlichen Nachweise nicht erbracht. Die ausländische Steuerverwaltung nimmt eine Berichtigung durch Schätzung vor.

**b)** Die ausländische Steuerverwaltung führt im Einvernehmen mit dem ausländischen nahestehenden Unternehmen eine Berichtigung durch, indem sie auf an sich gebotene Nachweise verzichtet oder auf Schätzungen zurückgreift.

Nachteilige Folgen können die Ablehnung der Einleitung eines Verständigungsverfahrens oder die Minderung der Erfolgsaussichten bei der Durchführung eines Verständigungsverfahrens sein.

**3.** Unterrichtet eine ausländische Steuerverwaltung das ausländische verbundene Unternehmen über eine beabsichtigte Berichtigung, ist nach Tz. 1.2.6 der Verwaltungsgrundsätze[1] zu verfahren. Die dabei den Beteiligten obliegende Mitwirkungs- und Aufklärungspflicht ergibt sich aus § 90 Abs. 2 AO.

---

[1] Nr. **725** § 1/1.

## IV. Beweisvorsorge bei Prüfung der Geschäftsbeziehungen ohne Beanstandung

Bleibt die Prüfung der Geschäftsbeziehungen bei den Beteiligten ohne Beanstandungen, kann dennoch eine ausländische Steuerverwaltung aufgrund ihrer eigenen Prüfung bei den nahestehenden ausländischen Unternehmen zu einer Berichtigung kommen. Dies kann zur Eröffnung eines Verständnisverfahrens führen. Ist während des inländischen Steuerermittlungsverfahrens erkennbar, daß ein Steuerfall zur Einleitung eines Verständigungsverfahrens führen wird, soll die inländische Steuerverwaltung (in der Regel der Außenprüfer) schon im Rahmen der Außenprüfung alle Argumente und Beweismittel in den Arbeitsbögen oder BP-Handakten festhalten und darstellen, die es ihr ermöglichen, ihren Standpunkt in einem späteren Verständigungsverfahren zu dokumentieren.

## V. Entsprechende Anwendung bei der Gewinnabgrenzung von Betriebsstätten

Die vorstehenden Grundsätze gelten sinngemäß bei Fragen der Einkunftsabgrenzung zwischen in- und ausländischen Betriebsstätten. Betriebsstättenspezifische Unterschiede, die sich bei der Gewinnaufteilung und Kostenzuordnung ergeben, sind zu beachten.

## VI. Materielle Rechtsgrundlagen

Ergänzend wird in diesem Zusammenhang aufgrund verschiedener Anfragen darauf hingewiesen, daß die „materielle" Beurteilung von Verrechnungspreiskorrekturen weiterhin nur auf der Grundlage der Verwaltungsgrundsätze aus dem Jahr 1983 zu erfolgen hat. *Bei der neuen „OECD-Guideline" handelt es sich um einen vorläufigen Entwurf. Der endgültige OECD-Bericht wird erst für 1996 erwartet und dürfte entsprechend dem Vorgängerbericht auch nicht uneingeschränkt als deutsche Verwaltungsauffassung übernommen werden*[1]).

---

1) Siehe nunmehr „OECD Transfer Pricing Guidelines for Multinational Enterprises and Tax Administrations 2010".

# 725 § 1/3. Schreiben betr. steuerliche Einordnung der nach dem Recht der Bundesstaaten der USA gegründeten Limited Liability Company

Vom 19. März 2004
BMF IV B 4-S 1301 USA-22/04
(BStBl. I S. 411)

Für die Frage, ob die Limited Liability Company (LLC) US-amerikanischen Rechts für Zwecke der deutschen Besteuerung als Körperschaft oder als Personengesellschaft einzuordnen ist, gilt im Einvernehmen mit den obersten Finanzbehörden der Länder Folgendes:

## I. Vorbemerkung

In den USA wird die Rechtsform der Limited Liability Company (wörtlich: Gesellschaft mit beschränkter Haftung) in erheblichem Umfang genutzt. Grund ihrer Beliebtheit sind in erster Linie die zivilrechtliche Flexibilität in der gesellschaftsvertraglichen Gestaltung und die beschränkte Haftung der Gesellschafter. Als Vorteil wird es auch gewertet, dass die LLC für Besteuerungszwecke regelmäßig als Personengesellschaft behandelt werden kann. Dadurch lässt sich die, dem klassischen Körperschaftsteuersystem der USA innewohnende, wirtschaftliche Doppelbelastung ausgeschütteter Gewinne vermeiden; außerdem können Verluste der Gesellschaft durch die Gesellschafter verwertet werden. Die LLC wird von kleinen und mittleren Unternehmen, aber auch bei der Gestaltung von Konzernstrukturen eingesetzt. Tätigkeiten in bestimmten Geschäftszweigen – z. B. das Bank- und Versicherungsgeschäft – dürfen nicht in der Rechtsform der LLC ausgeübt werden

## II. Die LLC im Gesellschaftsrecht der USA

### 1. Allgemeines

Der rechtliche Aufbau der LLC bestimmt sich nach dem Gesellschaftsrecht des US-Bundesstaates, in dem die Gesellschaft gegründet wurde. Alle 50 Bundesstaaten und der District of Columbia verfügen über LLC-Gesetze. Diese folgen sämtlich den beiden veröffentlichten Mustergesetzen (*Uniform Limited Liability Company Act* – ULLCA und *ABA Prototype LLC ACT*). Sie sind daher in weiten Bereichen, jedoch nicht vollständig, vereinheitlicht. Die LLC-Gesetze der Einzelstaaten sind entsprechend den Vorschlägen der Modellgesetze in großen Teilen dispositives Recht. Ihre Vorschriften können daher regelmäßig gesellschaftsvertraglich abbedungen werden. Es bestehen somit vielfältige Möglichkeiten der Ausgestaltung einer LLC. Infolge dessen ist es weder möglich, ein gesetzliches Leitbild der LLC aus den bundesstaatlichen Regelungen abzuleiten, noch finden sich in der Praxis vorherrschende typische Vertragsgestaltungen einer LLC.

### 2. Rechtlicher Status und Gründung

Die LLC ist stets mit eigener Rechtspersönlichkeit ausgestattet, obwohl sie keine Körperschaft *(corporation)* ist. Sie entsteht nicht allein durch Vertrag, sondern bedarf zusätzlich der Registrierung durch die Behörden des Gründungsstaates. Sie muss dazu eine Satzung einreichen *(articles of organization),* die namentlich Angaben u. a. über die Firma, Zeitdauer, den Gesellschafts- und Geschäftszweck zu enthalten hat. Die Gründung einer LLC muss i. d. R. durch mindestens zwei Gesellschafter erfolgen. Dagegen wird vielfach der Betrieb der LLC nach der Gründung durch nur einen Gesellschafter gestattet. Die Rechte und Pflichten der Gesellschafter im Innenverhältnis (z. B. zur Geschäftsführung und Vertretung, Gewinnverteilung) werden im Gesellschaftsvertrag *(operating agreement)* geregelt. Der Gesellschaftsvertrag kann formfrei vereinbart werden und ist nicht öffentlich zugänglich.

### 3. Geschäftsführung und Vertretung

Die Befugnis zur Führung der Geschäfte der LLC liegt grundsätzlich bei allen Gesellschaftern. Abweichend hiervon kann aber vereinbart werden, dass die Geschäftsführungsbefugnisse einigen Gesellschaftern oder nur einem von ihnen zusteht oder auf ein gesellschaftsfremdes Management *(Board of Managers)* übertragen wird. Von der Geschäftsführungsbefugnis im Verhältnis der Gesellschafter zueinander, ist die Vertretungsbefugnis im Außenverhältnis zu trennen. Sie wird meist übereinstimmend mit der Geschäftsführungsbefugnis geregelt. Führt ein fremdes Management die Geschäfte, haben die Manager Alleinvertretungsmacht, es sei denn, sie ist im Gesellschaftsvertrag den Gesellschaftern vorbehalten.

### 4. Einlagen, Kapitalaufbringung und Gewinnverteilung

Einlagen der Gesellschafter können als Geld- oder Sacheinlagen, aber auch in Form von Dienstleistungen (z. T. auch künftigen Diensten) erbracht werden. Ein Mindestkapital wird nicht gefordert. Auf die Verpflichtung zur Leistung von Einlagen kann u. U. durch Beschluss der Gesellschafter verzichtet werden.

Die Gewinn- und Verlustverteilung wird i. d. R. im Gesellschaftsvertrag geregelt. Bei Fehlen besonderer Vereinbarungen bestimmt sie sich i. d. R. nach der Höhe der Einlagen. Gesellschaftsrechtlich ist aber jede beliebige andere Aufteilung zulässig.

### 5. Haftung

Es besteht grundsätzlich keine Haftungspflicht der Gesellschafter gegenüber Dritten; regelmäßig besteht auch keine Nachschusspflicht. Eine Haftung gegenüber Dritten kommt nur in Betracht aufgrund besonderer Vereinbarung (z. B. Bürgschaft) und u. U. in Fällen des Missbrauchs der Haftungsbegrenzung.

### 6. Auflösung und Beendigung der LLC

Die bundesstaatlichen Gesetze beinhalten regelmäßig keine Befristung der Lebensdauer der LLC. Diese kann aber vertraglich vereinbart werden. Sind im Gesellschaftsvertrag keine abweichenden Abreden getroffen worden, wird die LLC durch Einigung aller Gesellschafter sowie bei Ausscheiden eines Gesellschafters durch Tod, Austritt, Ausschluss oder Konkurs aufgelöst, wenn nicht die anderen Gesellschafter die Fortsetzung der Gesellschaft beschließen. Die Fortsetzung kann von vornherein im Gesellschaftsvertrag festgelegt sein.

### 7. Übertragbarkeit der Anteile

Hinsichtlich der Rechte aus einem Gesellschaftsanteil wird unterschieden zwischen dem Vermögensrecht (Recht auf Gewinnanteil, auf Ausschüttungen und Rückzahlung der Einlage) und dem Mitgliedschaftsrecht (Recht zur Führung und Kontrolle der Gesellschaft). Ein Gesellschafter kann die Vermögensrechte ohne Beschränkungen auf Dritte übertragen. Dagegen bedarf die Übertragung der Mitgliedschaftsrechte grundsätzlich der Zustimmung der anderen Gesellschafter. Erst mit diesen Rechten erlangt der Dritte die volle Rechtsstellung als Gesellschafter. Auf das Zustimmungserfordernis kann aber im Gesellschaftsvertrag verzichtet werden.

## III. Die Behandlung der LLC im Steuerrecht der USA

Seit 1997 können die Gesellschafter der LLC wählen, ob die Gesellschaft für Zwecke der US-Besteuerung als Personengesellschaft oder als Körperschaft behandelt werden soll. An die einmal getroffene Wahl sind die Gesellschafter für einen Zeitraum von fünf Jahren gebunden. Wird nicht ausdrücklich für die Einordnung als Körperschaft optiert, gilt die LLC steuerlich als Personengesellschaft. Hat die Gesellschaft nur einen Gesellschafter, wird sie als Einzelunternehmen des Inhabers und, wenn dieser ein Steuerausländer ist, als dessen unselbständige Niederlassung *(Branch)* behandelt. Die Wahlmöglichkeit enthebt die Gesellschafter des nach den früheren steuerlichen Einordnungsregeln bestehenden Zwanges, zur Erreichung einer Besteuerung als Personengesellschaft gesellschaftsvertragliche Vereinbarungen so zu treffen, dass sie zur steuerlichen Einordnung als Personengesellschaft führen.

## IV. Einordnung der LLC für Zwecke der deutschen Besteuerung

### Allgemeine Grundsätze

Eine LLC kann für deutsche Besteuerungszwecke als eigenständiges Steuersubjekt (körperschaftsteuerpflichtiges Gebilde) oder als Personengesellschaft und ggf. als unselbständige Niederlassung (Betriebsstätte) des einzigen Gesellschafters der LLC einzuordnen sein. Die Einordnung hat insbesondere Bedeutung für die Besteuerung der Gewinnanteile, Gewinnausschüttungen und Vorabvergütungen eines im Inland unbeschränkt steuerpflichtigen Gesellschafters und für die Frage der Abkommensberechtigung einer LLC, die inländische Einkünfte im Sinne des § 49 EStG bezieht.

Die Einordnung der LLC für Zwecke der deutschen Besteuerung einschließlich der Anwendung des deutsch-amerikanischen Doppelbesteuerungsabkommens (DBA) richtet sich ausschließlich nach innerstaatlichem deutschen Steuerrecht. Das Abkommen bestimmt nicht, dass über die Einordnung eines Rechtsgebildes das Recht des Sitzstaates entscheidet. Jeder Vertragsstaat nimmt vielmehr die Einordnung bei der Anwendung des Abkommens nach seinem eigenen Recht vor. Deshalb ist die Einordnung der LLC nach dem Steuerrecht der USA und ihrer Bundesstaaten unbeachtlich. Es ist mithin auch ohne Bedeutung, in welchem Sinne die Gesellschafter einer LLC ihr Wahlrecht für die steuerliche Behandlung der LLC in den USA ausgeübt haben.

Für die Einordnung der LLC sind die von der Rechtsprechung des RFH und des BFH entwickelten Grundsätze eines zweistufigen Rechtstypenvergleichs anzuwenden. Diese Grundsätze stellen darauf ab, ob ein nach ausländischem Recht errichtetes Gebilde einer inländischen Körperschaft im Sinne des § 1 Abs. 1 Nr. 1 KStG oder einer sonstigen juristischen Person im Sinne des § 1 Abs. 1 Nr. 4 KStG gleicht (RFH vom 12. Februar 1930, RStBl. S. 444; BFH vom 17. Juli 1968, BStBl. II S. 695; vom 3. Februar 1988, BStBl. II S. 588; vom 23. Juni 1992, BStBl. II S. 972; vom 16. Dezember 1992, BStBl. 1993 II S. 399). Ein ausländisches Gebilde ist hiernach als Körperschaft einzuordnen, wenn sich bei einer Gesamtbetrachtung der einschlägigen ausländischen Bestimmungen und der getroffenen Vereinbarung über die Organisation und die

Struktur des Gebildes ergibt, dass dieses rechtlich und wirtschaftlich einer inländischen Körperschaft oder sonstigen juristischen Person gleicht. Für den Vergleich sind alle Elemente heranzuziehen, die nach deutschem Recht die wesentlichen Strukturmerkmale einer Körperschaft ausmachen. Die neuere zivilrechtliche Rechtsprechung (BGH-Urteil vom 29. Januar 2003, VIII ZR 155/02, DB 2003 S. 818), nach der aufgrund des Freundschafts-, Handels- und Schifffahrtsvertrages zwischen der Bundesrepublik Deutschland und den Vereinigten Staaten von Amerika vom 29. Oktober 1954 (BGBl. 1956 II S. 487) eine US-corporation entsprechend der Gründungstheorie als solche anzuerkennen ist, berührt das Erfordernis der Einordnung nach dem Typenvergleich nicht.

**Aus der Rechtsprechung zum Rechtstypenvergleich lassen sich folgende, für den Vergleich maßgebende Kriterien ableiten:**

**1. Zentralisierte Geschäftsführung und Vertretung**

Als körperschaftliches Merkmal gilt die Zentralisierung von Geschäftsführung und Vertretung. Sie liegt dann vor, wenn eine Person oder mehrere Personen – jedoch nicht alle Gesellschafter – auf Dauer ausschließlich befugt sind, die zur Durchführung des Gesellschaftszwecks erforderlichen Entscheidungen ohne Zustimmung aller – ggf. der übrigen – Gesellschafter zu treffen.

Dies ist der Fall, wenn Geschäftsführung und Außenvertretung der Gesellschaft von fremden Dritten oder durch ein eigenständiges Gremium (Board of Managers) wahrgenommen werden, dem neben Gesellschaftern auch Nichtgesellschafter angehören können (Fremdorganschaft, vgl. z. B. §§ 76-78 AktG, §§ 6, 35 GmbHG).

Führen die Gesellschafter die Geschäfte der Gesellschaft dagegen selbst und sind sie allein vertretungsberechtigt (Eigengeschäftsführung und -vertretung, vgl. z. B. §§ 114, 125 HGB), liegt eine Zentralisierung nicht vor. Sie fehlt in jedem Fall dann, wenn die Geschäftsführung und die Vertretung von sämtlichen Gesellschaftern wahrgenommen werden. Ist ein Teil der Gesellschafter von der Geschäftsführung ausgeschlossen, steht dies der Annahme einer dezentralisierten Eigengeschäftsführung nicht entgegen, wenn die Gesellschaft – ähnlich wie bei einer deutschen KG – von den geschäftsführenden Gesellschaftern nur in deren Eigenschaft als Gesellschafter und nicht durch ernannte oder gewählte Geschäftsführer geleitet wird. Eine zentralisierte Geschäftsführung kann auch vorliegen, wenn die ernannten und gewählten Geschäftsführer nach der Satzung aus dem Gesellschafterbestand stammen müssen. Das gilt nicht, wenn nur ohnehin gesetzlich zur Geschäftsführung berufene Gesellschafter ernannt oder gewählt werden dürfen. Sind an der Gesellschaft ein oder mehrere zur Geschäftsführung (und Vertretung) berufene Gesellschafter in der Rechtsform einer Körperschaft beteiligt und können deren Geschäftsleitungsorganen (z. B. Board of Directors) auch Gesellschaftsfremde angehören, ist von einer zentralisierten Geschäftsführung auszugehen.

**2. Beschränkte Haftung**

Die für eine Körperschaft typische Haftungsbeschränkung ist gegeben, wenn keiner der Gesellschafter für die Schulden der Gesellschaft oder Ansprüche gegen diese persönlich mit seinem Vermögen haftet.

**3. Freie Übertragbarkeit der Anteile**

Die ungehinderte Übertragbarkeit der Anteile an der Gesellschaft auf Nichtgesellschafter (vgl. z. B. § 15 GmbHG, § 68 AktG) bildet eine wesentliche Eigenschaft der Körperschaft. Demgegenüber ist die Übertragbarkeit von Anteilen an Personengesellschaften regelmäßig ausgeschlossen oder doch nur eingeschränkt bzw. nur mit Zustimmung der Gesellschafter möglich. Die freie Übertragbarkeit der Anteile ist gegeben, wenn nach den maßgebenden gesetzlichen Bestimmungen oder aufgrund des Gesellschaftsvertrages die Vermögens- und Mitgliedschaftsrechte aus der Beteiligung ohne Zustimmung der anderen Gesellschafter auf Dritte übertragen werden können, so dass der Erwerber in vollem Umfang in die Gesellschafterstellung des Veräußerers eintritt. Die freie Übertragbarkeit liegt dagegen nicht vor, wenn zur Übertragung der Anteile die Zustimmung aller oder bestimmter Gesellschafter erforderlich ist.

**4. Gewinnzuteilung**

Bei einer Körperschaft hängt die Zuteilung eines Gewinnanteils an den Gesellschafter von einem jährlich zu fassenden Beschluss der Gesellschafterversammlung ab. Bei Personengesellschaften bedarf es grundsätzlich keines Ausschüttungsbeschlusses, damit der Gesellschafter über seinen Gewinnanteil verfügen kann.

**5. Kapitalaufbringung**

Bei einer Körperschaft sind die Gesellschafter verpflichtet, das Gesellschaftskapital durch Einlage aufzubringen. Dagegen wird bei einer Personengesellschaft die Bereitstellung von Eigenkapital nicht gesetzlich gefordert. Wird im Gesellschaftsvertrag auf Einlagen verzichtet oder dürfen danach diese in Form von Dienstleistungen erbracht werden, ist dies ein Merkmal, das für eine Personengesellschaft spricht.

**6. Unbegrenzte Lebensdauer der Gesellschaft**

Ein Wesensmerkmal der Körperschaft ist die grundsätzlich unbegrenzte – d. h. vom Gesellschafterbestand unabhängige – Lebensdauer der Gesellschaft. Seit dem In-Kraft-Treten des Handelsrechtsreformgesetzes vom 22. Juni 1998 (BGBl. I S. 1474) führen auch bei einer Personenhandelsgesellschaft der Tod, die Kündigung oder die Insolvenz eines Gesellschafters nicht mehr zur Auflösung der Gesellschaft, sondern zum Ausscheiden des betreffenden Gesellschafters aus der Gesellschaft (vgl. § 131 HGB). Dieses Kriterium lässt sich deshalb zur Einordnung nur noch begrenzt verwenden, nämlich dann, wenn die Lebensdauer nach ausländischem Recht oder nach dem Gesellschaftsvertrag begrenzt ist oder es sich bei der Gesellschaft nicht um eine Personenhandelsgesellschaft handelt. Von der unbegrenzten Lebensdauer der Gesellschaft ist dann auszugehen, wenn das ausländische Gesellschaftsrecht zwar die Auflösung der Gesellschaft aus den genannten oder vergleichbaren Gründen bestimmt, die Gesellschafter aber trotz Vorliegens eines Auflösungsgrundes die Fortsetzung der Gesellschaft vereinbaren können und diese Fortsetzung im Gesellschaftsvertrag von vornherein ohne weitere Bedingungen festgelegt ist. Die Annahme einer begrenzten Lebensdauer setzt voraus, dass die Gesellschaft bei Eintritt bestimmter Ereignisse ohne weiteres Zutun der Gesellschafter aufgelöst wird. Sie ist deshalb anzunehmen, wenn bei Vorliegen eines Auflösungsgrundes die Fortführung der Gesellschaft mit den übrigen Gesellschaftern von einem gesondert zu fassenden Gesellschafterbeschluss abhängt. Für die Annahme einer begrenzten Lebensdauer reicht es aus, wenn das ausländische Recht oder der

Gesellschaftsvertrag nur ein Ereignis als Auflösungsgrund benennt. Ist der Eintritt eines solchen Ereignisses jedoch realistischerweise nicht zu erwarten, ist es nicht als Auflösungsgrund anzuerkennen.

**7. Gewinnverteilung**

Der Gewinnanteil des Gesellschafters bemisst sich bei einer Körperschaft i. d. R. nach dem Verhältnis der Aktiennennbeträge (vgl. bei der AG § 60 Abs. 1 AktG) bzw. nach den Geschäftsanteilen (vgl. bei der GmbH § 29 Abs. 3 GmbHG). Im Fall von Personengesellschaften erfolgt die Verteilung i. d. R. nach Maßgabe der Einlagen und im Übrigen nach Köpfen (§§ 121, 168 HGB). Die Verteilbarkeit eines Teils des Gewinns unabhängig von der Einlage berücksichtigt den persönlichen Einsatz des Gesellschafters in einer Personengesellschaft, während bei dem Gesellschafter einer Körperschaft die Stellung als Kapitalgeber im Vordergrund steht.

**8. Formale Gründungsvoraussetzungen**

Die Entstehung der AG, KGaA und der GmbH setzt deren Eintragung in das Handelsregister voraus. Die Eintragung erfolgt erst nach einer Prüfung der Ordnungsmäßigkeit der Errichtung und Anmeldung. Zur Errichtung einer Kapitalgesellschaft muss somit der Gesellschaftsvertrag zu seiner Durchführbarkeit durch eine „öffentliche Instanz“ bestätigt werden (vgl. BFH vom 23. Juni 1992, BStBl. II S. 972). Der Abschluss eines Gesellschaftsvertrages allein genügt also nicht. Personenhandelsgesellschaften entstehen dagegen bereits durch den Gesellschaftsvertrag. Die Eintragung im Handelsregister hat nur Bedeutung für die Wirksamkeit gegenüber Dritten.

**9. Sonstige Kriterien**

Neben den genannten Merkmalen kommt der vorhandenen oder fehlenden Rechtsfähigkeit des ausländischen Gebildes im Ausland für die Einordnung keine entscheidende Bedeutung zu (RFH vom 12. Februar 1930, RStBl. S. 444; BFH vom 3. Februar 1988, BStBl. II S. 588). Ebenso eignet sich die Anzahl der Gesellschafter nicht als Merkmal für die Unterscheidung zwischen Körperschaft und Personengesellschaft (BFH vom 25. Juni 1984, BStBl. II S. 751).

## V. Einordnung der LLC im Einzelfall

Im Hinblick auf die weitreichenden Wahlmöglichkeiten für die Ausgestaltung einer LLC nach dem Recht der US-Bundesstaaten ist keine generelle Aussage über ihre Einordnung für deutsche Besteuerungszwecke möglich. Der Beurteilung ist deshalb die konkrete Gestaltung nach den Gesetzesbestimmungen und den Vereinbarungen im Gesellschaftsvertrag im Einzelfall zugrunde zu legen.

Da für die Einordnung entscheidend ist, ob die bei einer LLC vorhandenen Merkmale in ihrem Gesamtbild eher für eine Körperschaft oder für eine Personengesellschaft typisch sind, müssen bei der Beurteilung die Einzelmerkmale gewichtet werden. Dabei kann keinem der Merkmale eine allein ausschlaggebende Bedeutung zukommen. Deshalb können z. B. die beschränkte Haftung oder eine unbegrenzte Lebensdauer der LLC als körperschaftliche Merkmale für sich allein nicht zur Einstufung der LLC als Körperschaft führen. Führt die Prüfung im Einzelfall zu keinem eindeutigen Gesamtbild, ist die Gesellschaft als Körperschaft einzustufen, wenn bei ihr die Mehrzahl der unter IV. 1. bis 5. genannten Kriterien, die für eine Körperschaft sprechen, vorhanden ist. Das unter IV. 6. genannte Kriterium (unbegrenzte Lebensdauer) ist nur unter den dort genannten Voraussetzungen einzubeziehen.

## VI. Hinweise zu den Rechtsfolgen der Einordnung einer LLC

Aus der Einordnung der LLC sind alle steuerlichen Folgerungen zu ziehen. Dabei ist insbesondere zu beachten:

### 1. Deutsches Steuerrecht

a) Wird die LLC als Körperschaft eingeordnet, sind die Einkünfte der Gesellschaft zuzurechnen. Ihre inländischen Gesellschafter unterliegen nur mit den Gewinnausschüttungen in Form von Dividenden im Sinne des § 20 Abs. 1 Nr. 1 EStG der deutschen Besteuerung. Ggf. sind § 3 Nr. 40 EStG und § 8 b KStG anzuwenden. Die Gewinnausschüttungen unterliegen in den USA dem Quellensteuerabzug, wenn die LLC dort als Körperschaft behandelt wird.

b) Wird die LLC als Personengesellschaft eingeordnet, ist der für die LLC ermittelte Gewinn den Gesellschaftern zuzurechnen und in deren persönlicher Einkommensteuerveranlagung etwa als Einkünfte aus Gewerbebetrieb (§ 15 EStG) oder aus selbständiger Arbeit (§ 18 EStG) zu erfassen. Die „Gewinnausschüttungen" sind dann lediglich steuerlich irrelevante Entnahmen.

### 2. Abkommensrecht

a) Beziehen im Inland ansässige Gesellschafter Einkünfte von der LLC, richtet sich die deutsche Besteuerungsbefugnis nach Artikel 23 Abs. 2 DBA. Ist die LLC sowohl aus der Sicht des deutschen als auch des US-Steuerrechts als Körperschaft einzuordnen, beziehen die Gesellschafter Dividenden im Sinne der Artikel 10 und 23 Abs. 2 DBA. Sie sind unter den Voraussetzungen des Artikels 23 Abs. 2 Buchstabe a DBA von der Bemessungsgrundlage auszunehmen; § 8 b Abs. 1 und 5 KStG bleibt unberührt. Liegen die Voraussetzungen des Artikels 23 Abs. 2 Buchstabe a DBA nicht vor und ist auch § 8 b Abs. 1 KStG nicht anzuwenden, ist auf die deutsche Steuer, die auf die Dividenden entfällt, eine von den USA erhobene Quellensteuer nach Artikel 23 Abs. 2 Buchstabe b, aa DBA anzurechnen. Ist die LLC dagegen als Personengesellschaft (Mitunternehmerschaft) zu behandeln, die in den USA über eine Betriebsstätte verfügt, sind die auf die im Inland ansässigen Gesellschafter entfallenden Gewinne, die der Betriebsstätte zuzurechnen sind, nach Artikel 23 Abs. 2 Buchstabe a DBA von der Bemessungsgrundlage, ggf. unter Progressionsvorbehalt, auszunehmen.

b)[1] Bezieht eine LLC inländische Einkünfte, ist zu prüfen, ob und in welchem Umfang sie in Deutschland Abkommensvorteile beanspruchen kann. Die Abkommensberechtigung setzt voraus, dass die LLC eine in den USA ansässige Person ist. Dies ist unabhängig von der Wertung nach deutschem Steuerrecht nicht der Fall, wenn die USA sie als Personengesellschaft einordnen. In diesem Fall ist vielmehr auf die Ansässigkeit und die Abkommensberechtigung der Gesellschafter abzustellen (Artikel 4 Abs. 1 Buchstabe b DBA). Ebenso kommt es auf die Abkommensberechtigung der

[1] Zur Nichtanwendung siehe BMF v. 26. 9. 2014, BStBl. I S. 1258, Abschn. 2.1.2 mit Fn. 4.

Gesellschafter an, wenn die USA die LLC als Körperschaft behandeln, sie aber nach deutschem Steuerrecht als Personengesellschaft einzuordnen ist.

### 3. Unterschiedliche Einordnung der LLC in Deutschland und in den USA

Die Einordnung einer LLC für deutsche und amerikanische Besteuerungszwecke kann, insbesondere wegen des in den USA bestehenden Wahlrechts, unterschiedlich ausfallen. Die unterschiedliche Einordnung kann auch eine unterschiedliche abkommensrechtliche Qualifikation von Einkünften zur Folge haben. Dabei ist zu beachten, dass jeder Vertragsstaat die abkommensrechtliche Einordnung von Einkünften gemäß Artikel 3 Abs. 2 DBA nach seinem eigenen Recht vornimmt, soweit das Abkommen nichts anderes vorsieht.

a) Wird die LLC in den USA als Körperschaft behandelt, ist sie aber nach deutschem Steuerrecht als Mitunternehmerschaft anzusehen, erzielen die im Inland ansässigen Gesellschafter gewerbliche Gewinne (Unternehmenseinkünfte) im Sinne des Artikels 7 DBA; sie sind gemäß Artikel 23 Abs. 2 Buchstabe a DBA von der Bemessungsgrundlage auszunehmen, soweit sie einer US-Betriebsstätte der LLC zuzurechnen sind. Dagegen besteuern die USA den Gewinn der LLC und erheben im Ausschüttungsfall eine Quellensteuer (Artikel 10 Abs. 2 DBA). Eine Anrechnung der Quellensteuer entfällt, da die Ausschüttungen als steuerlich nicht relevante Entnahmen nicht besteuert werden.

b) Behandeln die USA die LLC als Personengesellschaft, gilt sie aber nach deutschem Steuerrecht als Körperschaft, führt dies in den USA zur Besteuerung der Gesellschafter mit ihrem Anteil am Gewinn der LLC. Nach deutschem Steuerrecht werden ebenfalls die Gesellschafter besteuert, jedoch nur mit den Ausschüttungen der LLC (vgl. oben Nr. 1 Buchstabe a). Die Ausschüttungen sind abkommensrechtlich Einkünfte im Sinne des Artikels 21 Abs. 1 DBA, da die LLC keine in den USA ansässige Gesellschaft ist (Artikel 4 Abs. 1, 10 Abs. 1 DBA). Eine US-Quellensteuer fällt nicht an, da nach der amerikanischen Wertung die Verteilung des Gewinns kein Steuertatbestand ist.

# 725 § 1/4. Schreiben betr. Grundsätze für die Prüfung der Einkunftsabgrenzung zwischen international verbundenen Unternehmen in Fällen der Arbeitnehmerentsendung (Verwaltungsgrundsätze – Arbeitnehmerentsendung)

Vom 9. November 2001 (BStBl. I S. 796)

(BMF IV B 4 – S 1341 – 20/01)

Unter Bezugnahme auf das Ergebnis der Erörterung mit den Vertretern der obersten Finanzbehörden der Länder gilt für die Prüfung der Einkunftsabgrenzung zwischen international verbundenen Unternehmen in Fällen der grenzüberschreitenden Arbeitnehmerentsendung im Unternehmensverbund Folgendes:

**Inhaltsverzeichnis**



## 1. Ausgangslage und Zielsetzung

Die zunehmende industrielle Verflechtung und Globalisierung führen dazu, dass zwischen international verbundenen Unternehmen in großem Umfang Arbeitnehmer entsendet werden. Hierdurch kann z. B. ein Mangel an qualifizierten Fachkräften behoben, die einheitliche Unternehmenspolitik vor Ort durchgesetzt, der internationale Erfahrungsaustausch gefördert und Auslandserfahrung gesammelt werden. Das Interesse kann sowohl von dem entsendenden, als auch von dem aufnehmenden Unternehmen ausgehen. Zeitraum und Zweck einer Arbeitnehmerentsendung variieren in der Praxis erheblich.

Der Personalpolitik einer multinationalen Unternehmensgruppe kann es entsprechen, dass auch ein übergeordnetes Konzernunternehmen ein eigenes betriebliches Interesse an der Entsendung von Arbeitnehmern zu verbundenen Unternehmen hat. Dieses Eigeninteresse spiegelt sich in zahlreichen Tätigkeitserwartungen und ggf. in zusätzlichen Berichtspflichten wider und dokumentiert sich darüber hinaus häufig auch darin, dass den Wünschen der Arbeitnehmer nachgegeben wird, die Arbeitsverträge während der Zeit der Entsendung nicht aufzulösen, sondern aufrecht zu erhalten, auch wenn sie während dieser Zeit üblicherweise ruhen.

Für die Arbeitnehmer ist eine Auslandstätigkeit regelmäßig mit finanziellen und persönlichen Belastungen verbunden. Um sie dennoch zu einer Auslandstätigkeit zu bewegen, werden an sie daher neben der bisherigen Entlohnung und ggf. Altersversorgung zusätzliche Zahlungen geleistet, wie z.B. erhöhtes Grundgehalt, Ersatz der Mehraufwendungen für doppelte Haushaltsführung, Umzugskostenerstattung, Auslandszulagen.

Ziel dieses Schreibens ist es, Regelungen zur Anwendung des Grundsatzes des Fremdvergleichs bei der Prüfung von inländischen bzw. im Inland tätigen verbundenen Unternehmen in den Fällen der grenzüberschreitenden Arbeitnehmerentsendung zu treffen. Anhand der Regelungen soll bestimmbar sein, ob und in welchem Umfang das entsendende und/oder das aufnehmende Unternehmen jeweils ein betriebliches Interesse an der Arbeitnehmerentsendung hat und demzufolge den Aufwand bzw. Teile davon für den entsandten Arbeitnehmer tragen muss.

## 2. Begriffe

### 2.1. Arbeitnehmerentsendung

Eine Arbeitnehmerentsendung im Sinne dieses Schreibens liegt grundsätzlich dann vor, wenn ein Arbeitnehmer mit seinem bisherigen Arbeitgeber (entsendendes Unternehmen) vereinbart, für eine befristete Zeit bei einem verbundenen Unternehmen (aufnehmendes Unternehmen) tätig zu werden und das aufnehmende Unternehmen entweder eine arbeitsrechtliche Vereinbarung mit dem Arbeitnehmer abschließt oder als wirtschaftlicher Arbeitgeber anzusehen ist.

Keine Arbeitnehmerentsendung im Sinne dieses Schreibens liegt demnach vor, wenn ein Arbeitnehmer zur Erfüllung einer Dienst- oder Werkleistungsverpflichtung des entsendenden Unternehmens bei einem anderen verbundenen Unternehmen tätig wird und sein Arbeitslohn Preisbestandteil der Dienst- bzw. Werkleistung ist (z.B. beim gewerblichen Arbeitnehmerverleih oder beim Anlagenbau). In diesen Fällen ist zu prüfen, ob die Leistungen des entsendenden Unternehmens zu marktüblichen Preisen, d.h. regelmäßig unter Einschluss einer Gewinnkomponente vergütet worden sind und ob durch die Tätigkeit des Arbeitnehmers eine Betriebsstätte des entsendenden Unternehmens begründet worden ist.

### 2.2. Arbeitgeber

Der Arbeitgeberbegriff wird im Abkommensrecht, Lohnsteuerrecht, Arbeitsrecht, Zivil- und Sozialversicherungsrecht unterschiedlich definiert. Auf diese Unterschiede ist bei der Anwendung dieses Schreibens zu achten. Für Zwecke dieses Schreibens ist vom Arbeitergeberbegriff im arbeitsrechtlichen bzw. wirtschaftlichen Sinne auszugehen.

Demnach ist – u. U. neben dem entsendenden Unternehmen – als Arbeitgeber anzusehen, wer entweder eine arbeitsrechtliche Vereinbarung mit dem

Arbeitnehmer abschließt oder den Arbeitnehmer in seinen Geschäftsbetrieb integriert, weisungsbefugt ist und die Vergütungen für die ihm geleistete unselbständige Arbeit wirtschaftlich trägt, sei es, dass er die Vergütung unmittelbar dem betreffenden Arbeitnehmer auszahlt oder dass ein anderes Unternehmen für ihn mit der Arbeitsvergütung in Vorlage tritt (BFH vom 21. August 1985, BStBl. 1986 II S. 4).

Bei einer Entsendung von mehr als drei Monaten ist regelmäßig von einer Integration in das aufnehmende Unternehmen auszugehen.

Ist der Arbeitnehmer zwar weniger als drei Monate für das aufnehmende Unternehmen tätig, wiederholt sich dies aber mehrfach, wird das aufnehmende Unternehmen für diese Zeiten ebenfalls regelmäßig zum wirtschaftlichen Arbeitgeber.

Ist das aufnehmende Unternehmen nicht als Arbeitgeber anzusehen, ist zu prüfen, ob eine Dienstleistung seitens des entsendenden Unternehmens vorliegt.

## 2.3. Aufwand der Arbeitnehmerentsendung

Der Arbeitnehmerentsendung sind alle direkten und indirekten Aufwendungen zuzuordnen, soweit sie das Ergebnis des aufnehmenden und/oder des entsendenden Unternehmens gemindert haben und im wirtschaftlichen Zusammenhang mit der Tätigkeit im Entsendezeitraum stehen. Dies gilt unabhängig davon, ob sie zum steuerpflichtigen Lohn des Arbeitnehmers gehören oder nicht. Zum Aufwand gehört z.B.:

- Grundgehalt,
- laufende und einmalige Bezüge des Arbeitnehmers (z.B. Abfindungen, Boni),
- Prämien, Urlaubs- und Weihnachtsgeld,
- übernommene Steuern,
- Zuführungen zur Pensionsrückstellung,
- Sozialversicherungsbeiträge im Tätigkeitsstaat und im Heimatstaat,
- Auslandszulagen,
- Sachbezüge und sonstige Anreize (z.B. Firmenwagen, Aktienoptionen),
- Ausgleichszahlungen für höhere Lebenshaltungskosten und höhere Abgaben,
- Umzugs- und Reisebeihilfen (einschließlich Beihilfen für Angehörige),
- Ersatz der Aufwendungen im Rahmen der doppelten Haushaltsführung, Schulgeld und Internatskosten.

Da bei einer Arbeitnehmerentsendung im Sinne dieses Schreibens der Aufwand der Arbeitnehmerentsendung nach dem Veranlassungsprinzip originären Aufwand des jeweiligen wirtschaftlichen Arbeitgebers bildet, sind Gewinnzuschläge hierauf steuerlich nicht zulässig.

## 3. Beurteilungskriterien für die Einkunftsabgrenzung

### 3.1. Veranlassungsprinzip und Fremdvergleich

Ausgangspunkt für die zutreffende Einkunftsabgrenzung ist die Frage, ob die Übernahme des Aufwands für den jeweiligen Arbeitnehmer dem Fremdvergleich entspricht.

Danach ist der Aufwand von dem Unternehmen zu tragen, in dessen Interesse die Entsendung erfolgt.

Zu prüfen ist

a) dem Grunde nach die Frage, ob die Tätigkeit im ausschließlichen betrieblichen Interesse des aufnehmenden Unternehmens liegt oder ob die Tätigkeit des entsandten Arbeitnehmers ganz oder teilweise durch das Interesse des entsendenden oder eines übergeordneten Unternehmens verursacht ist, und

b) der Höhe nach die Frage, ob der ordentliche und gewissenhafte Geschäftsleiter eines unabhängigen Unternehmens für einen vergleichbaren Arbeitnehmer Aufwendungen in gleicher Höhe getragen hätte.

### 3.1.1. Interesse des entsendenden Unternehmens

Bei der Prüfung eines entsendenden Unternehmens ist regelmäßig davon auszugehen, dass der Arbeitnehmer im Interesse und für Rechnung des aufnehmenden Unternehmens tätig wird (BFH vom 3. Februar 1993, BStBl. II S. 462).

Es bleibt aber zu berücksichtigen, dass auch ein Interesse des entsendenden Unternehmens bestehen kann, insbesondere dann, wenn dem betreffenden Arbeitnehmer eine Vergütung gezahlt wird, die über dem Lohnniveau im Ansässigkeitsstaat des aufnehmenden Unternehmens liegt. Dieses Interesse kann sich z.B. darin zeigen, dass der entsandte Arbeitnehmer Planungs-, Koordinierungs- oder Kontrollfunktionen für das entsendende Unternehmen wahrnimmt und diese nicht gesondert abgegolten werden oder nach Rückkehr des Arbeitnehmers dessen gesammelte Auslandserfahrungen im Rahmen seiner weiteren Beschäftigung beim entsendenden Unternehmen genutzt oder Arbeitsplätze bei Tochtergesellschaften im Rotationsverfahren ständig mit Arbeitnehmern der Konzernobergesellschaft besetzt werden.

Für die Berücksichtigung von Aufwendungen beim entsendenden inländischen Unternehmen ist es erforderlich, dass es sein wirtschaftliches Interesse (siehe Tz. 3.3) für die Entsendung nachweist.

### 3.1.2. Interesse des aufnehmenden Unternehmens

Bei der Prüfung eines inländischen bzw. im Inland tätigen aufnehmenden verbundenen Unternehmens ist zu berücksichtigen, dass der ordentliche und gewissenhafte Geschäftsleiter eines unabhängigen Unternehmens nur Personal beschäftigen würde, das er für seinen Betrieb benötigt und nur den Aufwand tragen würde, der ihm für die Beschäftigung eines vergleichbaren Arbeitnehmers bei sonst gleichen Verhältnissen entstehen würde.

Abzustellen ist auf den gesamten Aufwand, der das Ergebnis des aufnehmenden Unternehmens gemindert hat, unabhängig davon, ob und inwieweit der Arbeitnehmer selbst von der Entsendung einen finanziellen Vorteil hat. Die ausschließliche Tätigkeit eines entsandten Arbeitnehmers für das aufnehmende verbundene Unternehmen bedeutet nicht notwendigerweise, dass stets der volle Aufwand (Tz. 2.3) als Betriebsausgabe des aufnehmenden Unternehmens zu behandeln ist. Verursacht der entsandte Arbeitnehmer beim aufnehmenden Unternehmen höhere Aufwendungen als lokale Arbeitnehmer mit vergleichbaren Funktionen und Aufgaben, so hat das aufnehmende Unternehmen nachzuweisen, dass der höhere Teil des Gesamtaufwands in seinem Interesse gezahlt wird, z. B. weil der Arbeitnehmer über Spezialwissen verfügt, das es dem aufnehmenden Unternehmen ermöglicht, über den Ausgleich des Mehraufwands hinausgehende höhere Erlöse zu erzielen (siehe auch Tz. 3.2.3). Kann dieser Nachweis nicht geführt werden, ist davon auszugehen, dass der gesamte Mehraufwand durch das Nahestehen veranlasst und vom entsendenden Unternehmen zu tragen ist.

## 3.2. Fremdvergleichsmethoden

Der Fremdvergleich ist vorrangig nach der Preisvergleichsmethode vorzunehmen. Hierbei wird der angemessene Aufwand durch betriebsinternen oder betriebsexternen Fremdvergleich ermittelt. Sind keine Vergleichsdaten verfügbar, ist ein hypothetischer Fremdvergleich durchzuführen.

### 3.2.1. Betriebsinterner Fremdvergleich

Beim betriebsinternen Fremdvergleich wird auf der Ebene des aufnehmenden Unternehmens untersucht, welchen Aufwand dieses für vergleichbare, nicht entsandte Arbeitnehmer trägt.

### 3.2.2. Betriebsexterner Fremdvergleich

Beim betriebsexternen Fremdvergleich wird untersucht, welchen Aufwand unabhängige Unternehmen, die unter gleichen Bedingungen in demselben Staat wie das aufnehmende Unternehmen tätig sind, für einen vergleichbaren Arbeitnehmer tragen.

### 3.2.3. Hypothetischer Fremdvergleich

Beim hypothetischen Fremdvergleich ist festzustellen, ob der ordentliche und gewissenhafte Geschäftsleiter eines unabhängigen Unternehmens bei gleichen Geschäftsbedingungen den Aufwand für den entsandten Arbeitnehmer überhaupt oder in vollem Umfang allein getragen oder ob er eine Kostenbeteiligung des entsendenden Unternehmens gefordert hätte. Dabei ist zu berücksichtigen, dass ein Unternehmen beispielsweise wegen der Eigenart seines Geschäftsbetriebes speziell ausgebildete Arbeitnehmer mit besonderen Kenntnissen benötigen kann. Sind diese Arbeitnehmer auf seinem lokalen Arbeitsmarkt nicht verfügbar, würde ein ordentlicher und gewissenhafter Geschäftsleiter die mit einer Arbeitnehmerentsendung regelmäßig einhergehenden Mehraufwendungen gleichwohl nur dann übernehmen, wenn er hierdurch in einem überschaubaren Zeitraum einen wirtschaftlich nachweisbaren höheren Nutzen erwarten kann (z. B. weil er aufgrund der besonderen Eigenart der von den entsandten Arbeitnehmern geschaffenen Produkte bzw. erbrachten Leistungen die notwendigen Mehraufwendungen über entsprechend höhere Erlöse mehr als ausgleichen kann). Ein Zeitraum von drei Jahren kann regelmäßig als überschaubar angesehen werden.

Bei dem Vergleich mit fremdüblichem Verhalten sind die Möglichkeiten einer Direktanwerbung von Arbeitnehmern aus dem Entsendestaat oder die Ausbildung von Ortskräften in Betracht zu ziehen.

### 3.3. Indizien für die Feststellung der Interessenlage

Beurteilungskriterien für die Interessenlage bei der Arbeitnehmerentsendung sind z. B.:

- die ausgeübte Funktion,
- die benötigten Kenntnisse,
- die üblichen Aufwendungen im Arbeitsmarkt des Tätigkeitsstaats für einen vergleichbaren Arbeitnehmer,
- der Zusammenhang zwischen den Aufwendungen für den entsandten Arbeitnehmer und seinem Beitrag zum wirtschaftlichen Erfolg des Unternehmens,
- der Tätigkeitsort,
- von welchem Unternehmen die Initiative für die Arbeitnehmerentsendung ausging,
- ob die Tätigkeit des entsandten Arbeitnehmers einzelprojektbezogen ist,
- ob im Arbeitsmarkt des aufnehmenden Unternehmens ein Angebot an Arbeitskräften mit der nach objektiven Maßstäben erforderlichen Qualifikation nicht vorhanden und auch nicht im Rahmen betrieblicher Ausbildung oder Qualifizierung zu schaffen ist,
- ob gleichwertig qualifizierte Arbeitnehmer im lokalen Arbeitsmarkt des aufnehmenden Unternehmens verfügbar sind und einen geringeren Aufwand verursachen,
- ob der Arbeitnehmer Koordinierungs- bzw. Kontrolltätigkeiten ausübt,
- ob der Arbeitnehmer im Rahmen eines Rotationssystems entsandt worden ist,
- der prozentuale Anteil der entsandten Arbeitnehmer an der Gesamtbelegschaft,
- objektives Erfordernis von Sprachkenntnissen oder persönlichen Beziehungen in Verbindung mit der ausgeübten Funktion.

### 3.4. Besondere Fallgestaltungen

#### 3.4.1. Expertenentsendung

Im Einzelfall kommt es, insbesondere bei projektbezogener Entsendung, dem anfordernden Unternehmen auf das besondere Fachwissen des entsandten Arbeitnehmers an. Ist ein vergleichbarer Arbeitnehmer nicht oder nur mit erheblichem Aufwand zu rekrutieren, so ist davon auszugehen, dass das aufnehmende Unternehmen den gesamten Aufwand für den Arbeitnehmer zu tragen hat.

#### 3.4.2. Rotationsverfahren

Besetzt das entsendende Unternehmen ständig Arbeitsplätze beim aufnehmenden Unternehmen im Rotationsverfahren, so ist davon auszugehen, dass die Entsendung auch den Interessen des entsendenden Unternehmens dient und es deshalb den Aufwand, der über den für einen vergleichbaren heimischen Arbeitnehmer des aufnehmenden Unternehmens hinausgeht, zu tragen hat. Dies kann auch bei Expertenentsendung der Fall sein.

Ein so genanntes Rotationssystem liegt typischerweise vor, wenn ein Personaleinsatz- und Entwicklungskonzept der Konzernspitze dergestalt zugrunde liegt, dass das aufnehmende Unternehmen bei Stellenbesetzungen nicht frei entscheiden kann, sondern bestimmte Positionen mit Arbeitnehmern des entsendenden Unternehmens zu besetzen hat. Ob ein solches Rotationssystem vorliegt, entscheidet sich nach dem Gesamtbild der Verhältnisse. Anhaltspunkte für das Vorliegen eines derartigen Rotationssystems sind u. a.:

– die Entsendungen erfolgen einseitig von der Konzernobergesellschaft an nachgeordnete Gesellschaften, nicht aber wechselseitig zwischen den verbundenen Unternehmen,
– die Entsendungen sind von typischer Dauer (3 bis 5 Jahre),
– bestimmte Führungspositionen oder technische Schlüsselfunktionen bei der aufnehmenden Gesellschaft werden ständig mit Arbeitnehmern anderer Konzerngesellschaften besetzt,
– die aufnehmende Gesellschaft unternimmt keine ernsthaften Versuche (z. B. durch Schaltung von Stellenanzeigen), diese Arbeitsplätze mit Arbeitnehmern des lokalen Stellenmarktes, einschließlich selbst ausgebildeten Personals, zu besetzen.

### 3.4.3. Entsendung zu Ausbildungs- oder Fortbildungszwecken

Werden Arbeitnehmer ausschließlich zu Aus- oder Fortbildungszwecken entsandt, hat das entsendende Unternehmen den Mehraufwand (siehe Tz. 3.1.2) zu tragen.

### 3.5. Einheitlicher Aufteilungsmaßstab

Wird im Rahmen einer Außenprüfung festgestellt, dass die Entsendung zahlreicher Arbeitnehmer sowohl den Interessen des aufnehmenden, als auch des entsendenden Unternehmens dient, kann ein in Zusammenarbeit mit dem Steuerpflichtigen nach einer Funktionsanalyse für die entsandten Arbeitnehmer gefundener sachgerechter einheitlicher Aufteilungsmaßstab für alle Arbeitnehmerentsendungen im Rahmen einer typisierenden Betrachtung angewandt werden. Dieser Aufteilungsmaßstab kann von den Finanzbehörden in Abstimmung mit dem Unternehmen der steuerlichen Beurteilung im Prüfungszeitraum und für alle bis zum Prüfungsende abgelaufenen Wirtschaftsjahre zugrunde gelegt werden, wenn keine wesentliche Änderung der Verhältnisse eingetreten ist.

Auf Antrag des Steuerpflichtigen kann dieser einheitliche Aufteilungsmaßstab auch für künftige Wirtschaftsjahre angewendet werden. Die Angemessenheit des einheitlichen Aufteilungsmaßstabs ist in regelmäßigen Abständen zu überprüfen und bei Veränderungen der maßgeblichen Verhältnisse unverzüglich anzupassen.

Die Zugrundelegung eines einheitlichen Aufteilungsmaßstabs sollte mit der oder den ausländischen Finanzverwaltung(en) abgestimmt werden.

## 4. Steuerliche Behandlung

### 4.1. Unzutreffende Einkunftsabgrenzung

Sind die Aufwendungen einer Arbeitnehmerentsendung den beteiligten Unternehmen nicht sachgerecht, d. h. nicht der jeweiligen betrieblichen Interessenlage folgend zugeordnet worden, sind die Einkünfte nach den maßgeblichen Vorschriften zu berichtigen.

### 4.2. Know how-Transfer

Durch die Tätigkeit entsandter Experten werden dem aufnehmenden Unternehmen regelmäßig auch Kenntnisse und Erfahrungen dieser Personen übermittelt. Soweit dem aufnehmenden Unternehmen durch die bloße Tätigkeit der an sie entsandten Experten Kenntnisse und Erfahrungen vermittelt werden (z. B. durch Vorbildwirkung), ist dies Bestandteil und Grund der Entsendung und üblicherweise nicht gesondert zu vergüten.

Es ist jedoch zu beachten, dass darüber hinaus auch noch ein mit der Einräumung von Nutzungsrechten verbundener konkreter Transfer von Knowhow (Pläne, Muster, Verfahren, Formeln, Patente, etc.) stattfinden kann, der zwischen fremden Dritten gesondert vergütet würde.

### 4.3. Vorteilsausgleich

Macht ein Unternehmen geltend, dass die Aufwendungen für entsandte Arbeitnehmer bei der Verrechnungspreisbildung, z. B. für den konzerninternen Warenverkehr, berücksichtigt worden sind, ist für die steuerliche Anerkennung eines Vorteilsausgleichs zu prüfen, ob die hierfür erforderlichen Voraussetzungen erfüllt sind. Tz. 2.3 der Verwaltungsgrundsätze 1983 ist zu beachten.

### 4.4. Hinweise zur Besteuerung der Einkünfte aus unselbständiger Arbeit

Falls der Fremdvergleich ergibt, dass der Aufwand für den entsandten Arbeitnehmer zwischen dem entsendenden und dem aufnehmenden Unternehmen aufzuteilen ist, hat nach den DBA in der Regel der Staat, in dem sich der Arbeitnehmer zur Ausführung seiner Tätigkeit persönlich aufhält, das Besteuerungsrecht für den auf diese Zeit entfallenden vollen Arbeitslohn.

Das Besteuerungsrecht für den Arbeitslohn der Arbeitnehmer richtet sich nach den einschlägigen Bestimmungen der jeweiligen DBA entsprechend Art. 15 OECD-Musterabkommen und den nationalen Vorschriften. Zu den näheren Einzelheiten wird insbesondere auf die BMF-Schreiben vom 31. Oktober 1983 (BStBl. I S. 470)[1], *vom 5. Januar 1994 (BStBl. I S. 11)*[2], *vom 5. Juli 1995 (BStBl. I S. 373)*[2] *und vom 20. April 2000 (BStBl. I S. 483)*[2] hingewiesen.

## 5. Verfahren, Mitwirkung und Nachweise

Bei einer grenzüberschreitenden Arbeitnehmerentsendung im Unternehmensverbund beziehen sich die Auskunfts- und Beweismittelbeschaffungspflichten im Sinne des § 90 Abs. 2 AO auf den Gesamtaufwand (siehe Tz. 2.3) und auf die Interessenlage, nach der sich die Zuordnung der Tätigkeit des entsandten Arbeitnehmers sowie eine ggfs. vorzunehmende Aufteilung des Gesamtaufwandes richtet.

Die Interessenlage ist vom Steuerpflichtigen darzulegen und durch geeignete Nachweise zu belegen. Hierfür kommen z. B. in Betracht:

---

[1] Nr. **20** § 34 c/1.

[2] Siehe nunmehr BMF v. 12. 11. 2014, BStBl. I S. 1467.

- Entsendevertrag,
- zusätzlicher Dienstleistungsvertrag,
- Beschreibung der Tätigkeit des aufnehmenden Unternehmens sowie seiner Produkte bzw. Dienstleistungen,
- Schriftverkehr zur Begründung der Entsendung,
- Tätigkeitsbeschreibungen für die entsandten Arbeitnehmer,
- konkrete Tätigkeitsnachweise, z. B. Berichte, Protokolle, die der entsandte Arbeitnehmer für das entsendende Unternehmen angefertigt hat,
- Stellenanzeigen,
- Untersuchungen über Vergleichsgehälter im lokalen Arbeitsmarkt,
- Gewinnprognosen des aufnehmenden Unternehmens,
- Arbeitsverträge des Arbeitnehmers mit dem entsendenden und aufnehmenden Unternehmen,
- Nachweis über die Höhe der Lohnaufwendungen vor der Entsendung,
- Kosten/Nutzen-Analyse (benefit test) bezüglich Lohnaufwand und Erfolgsbeitrag des entsandten Arbeitnehmers,
- Zeitnachweise für Art und Umfang der Tätigkeit,
- Reisekostenabrechnungen,
- funktionsorientiertes Arbeitnehmerorganigramm oder ähnliche Unterlagen.

**6. Anwendung bei der Einkunftsaufteilung zwischen Betriebsstätten**

Die vorstehenden Grundsätze gelten sinngemäß bei Prüfung der Aufteilung der Einkünfte bei Betriebsstätten international tätiger Unternehmen.

**7. Anwendungsvorschriften**

Dieses Schreiben ergänzt das Schreiben vom 23. Februar 1983, BStBl. I S. 218 ff.[1] und ist in allen noch offenen Fällen anzuwenden.

---

[1] Nr. **725** § 1/1.

# 725 § 1/6. Schreiben betr. Geschäftsbeziehung zum Ausland i. S. v. § 1 Abs. 1 und 4 AStG; BFH-Urteil vom 28. April 2004 I R 5,6/02 (BStBl. 2005 II S. 516)

Vom 22. Juli 2005 (BStBl. I S. 818)

(BMF IV B 4 – S 1341 – 4/05)

Nach dem o. g. Urteil des BFH vom 28. April 2004 setzt die Annahme einer Geschäftsbeziehung „zum Ausland" im Sinne von § 1 Abs. 1 und 4 Außensteuergesetz (AStG) eine personale Beziehung eines inländischen Steuerpflichtigen zu einer ausländischen nahe stehenden Person voraus. Unter einer personalen Beziehung versteht der BFH namentlich eine schuldrechtliche Beziehung (im entschiedenen Fall ein Darlehensvertrag). An einer solchen Beziehung zum Ausland fehlt es nach Meinung des Senats, wenn ein inländischer Steuerpflichtiger einer inländischen nahe stehenden Person ein zinsloses Darlehen gewährt, auch dann, wenn die überlassenen Finanzmittel den Zwecken einer in einem ausländischen Staat belegenen Betriebsstätte der nahe stehenden Person dienen und für diese tatsächlich verwendet werden. Auf diese Verwendung der Finanzmittel soll es nicht ankommen. Die durch die Unverzinslichkeit des Darlehens verursachte Einkünfteminderung sei in ihrer Auswirkung allein auf das Inland beschränkt, da der damit korrespondierende Vorteil beim Darlehensempfänger im Inland besteuert werde. Der Vorgang werde deshalb von § 1 Abs. 1 und 4 AStG nicht erfasst.

Aufgrund der Erörterung mit den Vertretern der obersten Finanzbehörden der Länder ist das Urteil über den entschiedenen Fall hinaus nicht anzuwenden:

Geht ein Steuerpflichtiger mit einer ihm nahe stehenden Person eine Geschäftsbeziehung ein, indem er ihr ein Darlehen gewährt, liegt eine Geschäftsbeziehung im Sinne des § 1 AStG zwischen dem Steuerpflichtigen und der nahe stehenden Person vor.

Auch wenn die schuldrechtliche Beziehung zu einer inländischen (unbeschränkt steuerpflichtigen) nahe stehenden Person besteht, kann es sich um eine Geschäftsbeziehung zum Ausland im Sinne des § 1 AStG handeln. Dies ist dann der Fall, wenn die Person eine ausländische Betriebsstätte unterhält und die Geschäftsbeziehung nicht dem inländischen Stammhaus, sondern der ausländischen Betriebsstätte zuzuordnen ist. Die Zuordnung erfolgt funktional nach der sog. direkten Methode und ergibt sich regelmäßig aus der Verwendung der Darlehensmittel. § 1 AStG stellt darauf ab, ob die Geschäftsbeziehung „zum Ausland" besteht, nicht darauf, ob zivilrechtlich eine personale (z. B. schuldrechtliche) Beziehung mit einer ausländischen (nicht unbeschränkt steuerpflichtigen) nahe stehenden Person vereinbart wurde. Entgegen der Meinung des BFH liegt deshalb dem § 1 Abs. 1 und 4 AStG der sachliche Bezug einer Geschäftsbeziehung zum Ausland und nicht zu einer ausländischen Person zugrunde.

## Abkürzungsverzeichnis

| | |
|---|---|
| AEAStG | Grundsätze zur Anwendung des Außensteuergesetzes vom 14. Mai 2004 (BStBl. I 2004 Sondernummer 1) |
| AO | Abgabenordnung |
| AStG | Außensteuergesetz |

| | |
|---|---|
| BFH | Bundesfinanzhof |
| BGB | Bürgerliches Gesetzbuch |
| BGBl. I | Bundesgesetzblatt Teil I |
| BGH | Bundesgerichtshof |
| BGHZ | Entscheidungen des Bundesgerichtshofes in Zivilsachen |
| BMF | Bundesministerium der Finanzen |
| BStBl. I/II | Bundessteuerblatt Teil I/Teil II |
| BT-Drs. | Bundestagsdrucksache |
| bzw. | beziehungsweise |
| DBA | Doppelbesteuerungsabkommen |
| d. h. | das heißt |
| EGAO | Einführungsgesetz zur Abgabenordnung |
| EStG | Einkommensteuergesetz |
| f./ff. | folgende/fortfolgende |
| FVerlV | Funktionsverlagerungsverordnung |
| GAufzV | Gewinnabgrenzungsaufzeichnungsverordnung |
| gem. | gemäß |
| ggf. | gegebenenfalls |
| HFR | Höchstrichterliche Finanzrechtsprechung |
| HGB | Handelsgesetzbuch |
| IFRS | International Financial Reporting Standards |
| i. d. F. | in der Fassung |
| IDW S 1 | IDW Standard „Grundsätze zur Durchführung von Unternehmensbewertungen" (IDW S 1) vom 2. April 2008 |
| IDW S 5 | IDW Standard „Grundsätze zur Bewertung immaterieller Vermögenswerte" (IDW S 5) vom 25. Mai 2010 |
| i. H. v. | in Höhe von |
| i. S. d. | im Sinne des/der |
| ISO 10668 | International Organisation for Standardisation: Requirements for monetary brand valuation |
| i. V. m. | in Verbindung mit |
| KStG | Körperschaftsteuergesetz |
| m. w. N. | mit weiteren Nachweisen |
| NJW | Neue Juristische Wochenschrift |
| OECD | Organisation für wirtschaftliche Zusammenarbeit und Entwicklung |
| OECD Betriebsstättenbericht | Bericht der OECD „Attribution of Profits to Permanent Establishments" vom 22. Juli 2010 |
| OECD Leitlinien | Die OECD „Transfer Pricing Guidelines for Multinational Enterprises and Tax Administrations" wurden vom Steuerausschuss am 27. Juni 1995 und vom Rat der OECD am 13. Juli 1995 gebilligt und seither mehrfach ergänzt und aktualisiert. Die letzte Aktualisierung wurde vom Rat der OECD am 22. Juli 2010 gebilligt und veröffentlicht. |
| OECD-MA | OECD-Musterabkommen |
| OECD-MK | Kommentar zum OECD-Musterabkommen |
| Rn. | Randnummer/Randnummern |
| S. | Seite |

| | |
|---|---|
| Tz. | Textziffer/Textziffern |
| u. a. | unter anderem |
| US-GAAP | United States Generally Accepted Accounting Principles |
| VWG | Verwaltungsgrundsätze |
| VWG Arbeitnehmerentsendung | Grundsätze für die Prüfung der Einkunftsabgrenzung zwischen international verbundenen Unternehmen in Fällen der Arbeitnehmerentsendung (Verwaltungsgrundsätze Arbeitnehmerentsendung) vom 9. November 2001 (BStBl. I S. 796) |
| VWG Betriebsstätten | Grundsätze der Verwaltung für die Prüfung der Aufteilung der Einkünfte bei Betriebsstätten international tätiger Unternehmen (Betriebsstätten Verwaltungsgrundsätze) vom 24. Dezember 1999 (BStBl. I S. 1076) |
| VWG Umlageverträge | Grundsätze für die Prüfung der Einkunftsabgrenzung durch Umlageverträge zwischen international verbundenen Unternehmen vom 30. Dezember 1999 (BStBl. I S. 1122) |
| VWG Verfahren | Grundsätze für die Prüfung der Einkunftsabgrenzung zwischen nahe stehenden Personen mit grenzüberschreitenden Geschäftsbeziehungen in Bezug auf Ermittlungs- und Mitwirkungspflichten, Berichtigungen sowie auf Verständigungs- und EU-Schiedsverfahren (Verwaltungsgrundsätze Verfahren) vom 12. April 2005 (BStBl. I S. 570) |
| VWG 1983 | Grundsätze für die Prüfung der Einkunftsabgrenzung bei international verbundenen Unternehmen (Verwaltungsgrundsätze) vom 23. Februar 1983 (BStBl. I S. 218) |
| vgl. | vergleiche |
| z. B. | zum Beispiel |
| zzgl. | zuzüglich |

## 1. Allgemeines

### 1.1. Regelungsziel

Dieses Schreiben regelt die Grundsätze der Verwaltung für die Prüfung der Einkunftsabgrenzung von im Inland Steuerpflichtigen in den Fällen grenzüberschreitender Funktionsverlagerungen i. S. d. § 1 Absatz 3 Satz 9 und 10 AStG und für die Anwendung des Fremdvergleichsgrundsatzes in diesen Fällen. Der Fremdvergleichsgrundsatz ist der international anerkannte Standard für die Bestimmung von Verrechnungspreisen für grenzüberschreitende Geschäftsbeziehungen zwischen verbundenen Unternehmen (nahe stehende Personen i. S. d. § 1 Absatz 2 AStG). Die Bestimmung von Verrechnungspreisen ist keine „exakte Wissenschaft", sondern erfordert eine angemessene Beurteilung im einzelnen Fall (Tz. 1.13 OECD Leitlinien). Die Grundsätze dieses Schreibens sollen unter Respektierung der unternehmerischen Dispositionsfreiheit (Rn. 145 ff.) vor allem auch dazu beitragen, Doppelbesteuerung in Übereinstimmung mit den internationalen Grundsätzen zu vermeiden oder Besteuerungskonflikte zu lösen. 1

Wenn Steuerpflichtige bei ihrer Einkünfteermittlung die Grundsätze dieses Schreibens beachten, kommt es zu keiner Berichtigung der Einkünfte nach § 1 AStG. Die Wirkungen innerstaatlicher Vorschriften werden durch die Geltung des Fremdvergleichsgrundsatzes, den Deutschland in seinen DBA – entsprechend Artikel 9 OECD-MA – niedergelegt hat, ggf. begrenzt. 2

3 Die Grundsätze dieses Schreibens gelten auch für Funktionsverlagerungen ins Inland.

## 1.2. Regelungsrahmen

### 1.2.1. § 1 AStG

4 § 1 AStG regelt für grenzüberschreitende Geschäftsbeziehungen die Anwendung des Fremdvergleichsgrundsatzes als Maßstab für Einkünftekorrekturen und ist damit die nationale Rechtsgrundlage für die Wahrnehmung der Deutschland international durch DBA eingeräumten Besteuerungsrechte. Zum Verhältnis zu anderen innerstaatlichen Vorschriften vgl. Rn. 8 und zu den von Deutschland abgeschlossenen DBA vgl. Rn. 9.

5 § 1 Absatz 3 AStG regelt für Geschäftsbeziehungen i. S. d. § 1 Absatz 1 Satz 1 AStG, zu denen auch Funktionsverlagerungen gehören, wie fremdübliche Verrechnungspreise zu bestimmen sind. Eine Geschäftsbeziehung kann einen oder mehrere Geschäftsvorfälle umfassen. Für eng miteinander verknüpfte oder wirtschaftlich zusammenhängende Geschäftsvorfälle ist es nicht sachgerecht, sie isoliert zu betrachten, weil auch voneinander unabhängige fremde Dritte einen solchen Zusammenhang für die Preisbestimmung berücksichtigen würden (Tz. 3.9 ff. OECD Leitlinien).

6 In Fällen von Funktionsverlagerungen sind die Verrechnungspreise grundsätzlich auf der Grundlage einer Verlagerung der Funktion als Ganzes (Transferpaket) zu bestimmen (§ 1 Absatz 3 Satz 9 AStG i. V. m. § 1 Absatz 2 FVerlV). Einem fremden Dritten in der Situation des übernehmenden Unternehmens käme es auf die Übernahme der Funktion (und auf die damit verbundenen Gewinnaussichten) an und nicht vorrangig auf den Erwerb oder die Nutzung einzelner Wirtschaftsgüter. In bestimmten Fällen ist nach § 1 Absatz 3 Satz 10 AStG eine Einzelpreisbestimmung für die betroffenen Wirtschaftsgüter und Vorteile zulässig (Rn. 69 ff.).

7 Sind ausreichend zuverlässige Fremdvergleichswerte für das Transferpaket ermittelbar, gilt § 1 Absatz 3 Satz 1 bis 4 AStG. Anderenfalls ist ein hypothetischer Fremdvergleich nach § 1 Absatz 3 Satz 5 bis 8 AStG durchzuführen (Rn. 62 ff.).

### 1.2.2. Verhältnis des § 1 AStG zu anderen innerstaatlichen Vorschriften

8 Führt die Anwendung des Fremdvergleichsgrundsatzes i. S. d. § 1 AStG in Fällen von Funktionsverlagerungen zu weitergehenden Berichtigungen als die Anwendung anderer Einkünfteermittlungs- oder Korrekturvorschriften (z. B. § 8 Absatz 3 KStG für die verdeckte Gewinnausschüttung und die verdeckte Einlage, § 4 Absatz 1 EStG für Entnahmen und Einlagen), sind die weitergehenden Berichtigungen zusätzlich neben den Rechtsfolgen der anderen Vorschriften durchzuführen (§ 1 Absatz 1 Satz 1 und 3 AStG).

### 1.2.3. DBA-Vorschriften, die Artikel 9 OECD-MA entsprechen

9 Der in Artikel 9 OECD-MA (sowie in Artikel 7 OECD-MA) niedergelegte Fremdvergleichsgrundsatz, der in § 1 AStG seine innerstaatliche Ausprägung erfahren hat, ist in allen von Deutschland abgeschlossenen DBA enthalten. Die DBA begrenzen einerseits die Besteuerungsrechte Deutschlands und

definieren andererseits den Rahmen, innerhalb dessen Deutschland Besteuerungsrechte aufgrund seiner innerstaatlichen Rechtsgrundlagen – international anerkannt – ausüben kann. Die Auslegung des Inhalts des Fremdvergleichsgrundsatzes – sowohl für die DBA als auch für § 1 AStG – folgt regelmäßig dem OECD Musterkommentar zu Artikel 9 und Artikel 7 sowie den OECD Veröffentlichungen zum Fremdvergleichsgrundsatz (OECD Leitlinien und OECD Betriebsstättenbericht).

Funktionsverlagerungen sind entsprechend der allgemeinen Systematik der OECD zur Anwendung des Fremdvergleichsgrundsatzes zu beurteilen. Folgende Aussagen der OECD sind hierfür insbesondere von Bedeutung: 10

– die Überlegungen zu immateriellen Wirtschaftsgütern (Kapitel VI, insbesondere Tz. 6.13 ff. OECD Leitlinien),
– die Aussagen zur Zusammenfassung mehrerer Geschäftsvorfälle, wenn einzelne Geschäfte so eng miteinander verbunden sind oder so dicht aufeinander folgen, dass eine Beurteilung jedes einzelnen Geschäfts nicht sachgerecht ist (Tz. 3.9 bis 3.12 OECD Leitlinien, u. a. zur möglichen Bildung von Transferpaketen – „package deal").

Auch die Aussagen der OECD zu „Business Restructurings" in Kapitel IX[1], insbesondere in Tz. 9.48 ff. OECD Leitlinien (Teil II „Arm's length compensation for the restructuring itself"), sind für die Beurteilung von Funktionsverlagerungen von Bedeutung. Der Begriff „Business Restructurings" beinhaltet die grenzüberschreitende Verlagerung von Funktionen, Wirtschaftsgütern und/oder Risiken (Tz. 9.1 OECD Leitlinien).

### 1.3. Allgemeine Grundsätze zur Anwendung des Fremdvergleichsgrundsatzes auf Funktionsverlagerungen

Die Anwendung des Fremdvergleichsgrundsatzes auf Fälle von Funktionsverlagerungen macht es erforderlich, die dafür wesentlichen wirtschaftlichen Gründe zu verstehen (Tz. 9.50 ff. OECD Leitlinien). Dazu gehört eine Überprüfung der Geschäftsbeziehung auf der Ebene aller daran beteiligten verbundenen Unternehmen (Tz. 9.63 OECD Leitlinien). Es ist zu unterscheiden zwischen 11

– den Geschäftsbeziehungen der nahe stehenden Personen vor einer Funktionsverlagerung; daraus kann u. a. die ursprüngliche Zuordnung von Chancen und Risiken abgeleitet werden,
– der Funktionsverlagerung selbst,
– den Geschäftsbeziehungen nach einer Funktionsverlagerung (Rn. 174 f.).

Für die Beurteilung ist es wichtig, einerseits nachzuvollziehen, warum eine grenzüberschreitende Funktionsverlagerung aus Sicht des Konzerns wirtschaftlich sinnvoll ist (§ 3 Absatz 2 Satz 2 FVerlV), z. B. um Synergieeffekte auf Konzernebene zu nutzen (Tz. 9.57 OECD Leitlinien). Ist die Funktionsverlagerung für den Konzern wirtschaftlich vernünftig, kann grundsätzlich davon ausgegangen werden, dass zum Zeitpunkt der Funktionsverlagerung (Rn. 156) Verrechnungspreise bestimmt werden können, die für alle beteiligten Unter- 12

[1] **[Amtl. Anm.:]** Der Bericht der OECD zu „Transfer Pricing Aspects of Business Restructuring" wurde durch Beschluss des Rats der OECD vom 22. Juli 2010 als neues Kapitel IX der Leitlinien der OECD für Verrechnungspreise 1995 veröffentlicht.

nehmen zu einem, dem Fremdvergleichsgrundsatz entsprechenden Ergebnis führen (Tz. 9.179 OECD Leitlinien).

13 Andererseits würden unabhängige Dritte in der Situation der einzelnen beteiligten Unternehmen ihr Verhalten anlässlich einer zwischen ihnen erfolgten Funktionsverlagerung u. a. von folgenden Faktoren abhängig machen:

– wirtschaftlich eindeutig vorteilhaftere Alternativen, die den beteiligten Unternehmen – wären sie voneinander unabhängig – jeweils realistischerweise zur Verfügung stehen (Rn. 96). Dazu gehört z. B. auch die Möglichkeit des verlagernden Unternehmens, die Zustimmung zu einer Vereinbarung über eine Funktionsverlagerung zu verweigern oder für die Zustimmung einen besonderen Ausgleich oder eine Entschädigung zu verlangen, bzw. die Möglichkeit des übernehmenden Unternehmens, eine Funktionsverlagerung ohne Zustimmungserfordernis, z. B. durch eine ordnungsgemäße Vertragskündigung, herbeizuführen (Rn. 131 ff., Tz. 9.59 ff. OECD Leitlinien),
– zu erwartende Gewinnpotenziale der beteiligten Unternehmen nach und aufgrund einer Funktionsverlagerung (Rn. 30), wobei die Berechnung des jeweiligen Grenzpreises nur nach den Verhältnissen des jeweils betroffenen Unternehmens erfolgt. Die tatsächliche Übernahme von höheren Risiken geht regelmäßig mit höheren Gewinnerwartungen einher (Tz. 9.10 OECD Leitlinien),
– Höhe der Vergütung, die das verlagernde Unternehmen für die Übertragung der für die Funktionsausübung notwendigen Wirtschaftsgüter und sonstigen Vorteile sowie für den Verzicht auf die zukünftige Nutzung des Gewinnpotenzials erhält (Tz. 9.72 f. OECD Leitlinien).

## 2. Erläuterungen zu § 1 Absatz 3 Satz 9 bis 12 AStG und zur FVerlV

### 2.1. Begriffsbestimmungen

#### 2.1.1. Funktion (§ 1 Absatz 1 FVerlV)

14 Eine Funktion ist eine Geschäftstätigkeit, die aus einer Zusammenfassung gleichartiger betrieblicher Aufgaben besteht, die von Personal in bestimmten Stellen oder Abteilungen eines Unternehmens erledigt werden. Eine Funktion ist ein organischer Teil eines Unternehmens, ohne dass ein Teilbetrieb im steuerlichen Sinne vorliegen muss. Einzelne Funktionen sind das Ergebnis der Aufgabenteilung innerhalb eines Unternehmens. Die jeweiligen Aufgaben müssen nicht sämtliche für die Wertschöpfung wichtigen Elemente umfassen.

15 Als Funktionen kommen in Betracht: Geschäftstätigkeiten, die zur Geschäftsleitung, Forschung und Entwicklung, Materialbeschaffung, Lagerhaltung, Produktion, Verpackung, Vertrieb, Montage, Bearbeitung oder Veredelung von Produkten, Qualitätskontrolle, Finanzierung, Transport, Organisation, Verwaltung, Marketing, Kundendienst usw. gehören.

16 Zur eindeutigen Abgrenzung einer Funktion von der übrigen Geschäftstätigkeit ist es in Verlagerungsfällen notwendig, die betreffende Funktion anhand der verwendeten Wirtschaftsgüter (insbesondere der immateriellen Wirtschaftsgüter) und Vorteile sowie der mit der bestimmten Geschäftstätigkeit konkret verbundenen Chancen und Risiken tätigkeitsbezogen **und** objektbezogen zu definieren. Dieses Verständnis liegt § 1 Absatz 2 Satz 1 FVerlV für

die Verlagerung von Funktionen und §§ 3 und 4 Absatz 1 FVerlV für deren Bewertung zugrunde. Eine Funktion kann insoweit z. B. die Produktion eines bestimmten Produkts oder einer bestimmten Produktgruppe, der Vertrieb eines bestimmten Produkts, einer bestimmten Produktgruppe oder eine bestimmte Geschäftstätigkeit für eine bestimmte Region sein. Nur wenn eine Einschränkung der Geschäftstätigkeit (Rn. 22 ff.) festgestellt wird, kommt es darauf an, ob diese Einschränkung auf der Verlagerung einer „Funktion" beruht.

**2.1.1.1. Geschäftstätigkeit (§ 1 Absatz 1 Satz 1 FVerlV)**

Eine Geschäftstätigkeit liegt auch vor, wenn diese nur konzernintern erbracht wird. Ein Tätigwerden gegenüber unverbundenen Marktteilnehmern ist nicht erforderlich. 17

**2.1.1.2. Organischer Teil (§ 1 Absatz 1 Satz 2 FVerlV)**

Eine Funktion ist ein organischer Teil eines Unternehmens, wenn sie sich entweder beim verlagernden oder beim übernehmenden Unternehmen als eine zweckgerichtete, abgrenzbare Tätigkeit unter Nutzung von bestimmten Wirtschaftsgütern, insbesondere immateriellen Wirtschaftsgütern, und Vorteilen zur Erwirtschaftung von Ergebnisbeiträgen darstellt. Aus betriebswirtschaftlicher Sicht reicht es aus, dass die betroffenen Teilaufgaben einen inneren wirtschaftlichen und organisatorischen Zusammenhang erkennen lassen, d. h. dass für die fragliche Geschäftstätigkeit (Funktion) im Falle der Verlagerung für die beteiligten Unternehmen konkrete Zahlungsflüsse bzw. sachgerecht abgrenzbare Gewinnauswirkungen festgestellt werden können. Dies bedeutet, dass eine Funktion über eine gewisse betriebswirtschaftliche Eigenständigkeit verfügen muss, die es insbesondere erlaubt, ihr bestimmte Erträge und Aufwendungen sowie bestimmte Chancen und Risiken zuzuordnen. 18

**2.1.2. Funktionsverlagerung (§ 1 Absatz 3 Satz 9 AStG, § 1 Absatz 2 FVerlV)**

Eine Funktionsverlagerung liegt vor, wenn ein Unternehmen (verlagerndes Unternehmen) einem anderen nahe stehenden Unternehmen (übernehmendes Unternehmen) Wirtschaftsgüter und sonstige Vorteile sowie die damit verbundenen Chancen und Risiken überträgt oder zur Nutzung überlässt, damit das übernehmende Unternehmen eine Funktion ausüben kann, die bisher von dem verlagernden Unternehmen ausgeübt worden ist, und dadurch die Ausübung der betreffenden Funktion durch das verlagernde Unternehmen eingeschränkt wird (zur Abgrenzung siehe § 1 Absatz 6 und 7 FVerlV). Werden mehrere Einzelfunktionen verlagert, liegt ein einheitlicher Verlagerungsvorgang vor, wenn die Verlagerungen der Einzelfunktionen in wirtschaftlichem Zusammenhang stehen (Rn. 5). 19

Der Tatbestand einer Funktionsverlagerung stellt nicht darauf ab, ob durch einen entsprechenden Vorgang die Gewinnerwartungen des verlagernden Unternehmens steigen (z. B. Verlagerung einer Teilefertigung auf einen Lohnfertiger mit Vergütung nach der Kostenaufschlagsmethode) oder ob sie gemindert werden (z. B. bei Umstellung vom Eigenhändler zum Kommissionär). Für die Tatbestandsverwirklichung ist es unerheblich, ob das verlagernde Unternehmen zum Zeitpunkt der Funktionsverlagerung aus tatsächlichen oder 20 rechtlichen Gründen in der Lage war, die betreffende Funktion in Zukunft uneingeschränkt selbst auszuüben. Solche Umstände können Einfluss auf die Preisbestimmung haben (vgl. Beispiel in Rn. 120).

### 2.1.2.1. Fallgruppen

21 Funktionsverlagerungen i. S. d. § 1 Absatz 2 Satz 1 FVerlV treten in der Form der Funktionsaufgabe und der Funktionseinschränkung auf. Typische Beispiele (vgl. Rn. 201 ff.) sind:
– Beendigung der Tätigkeit eines Eigenproduzenten und damit verbundene Verlagerung,
– Umstellung eines Eigenproduzenten zum Lohnfertiger,
– Auslagerung der Produktion auf einen Lohnfertiger,
– Umstellung eines Lohnfertigers zum Eigenproduzenten,
– Beendigung der Tätigkeit eines Eigenhändlers und damit verbundene Verlagerung,
– Umstellung eines Eigenhändlers zum Kommissionär,
– Umstellung eines Kommissionärs zum Eigenhändler.

### 2.1.2.2. Einstellung bzw. Einschränkung der Funktion beim verlagernden Unternehmen

22 Eine Funktionsverlagerung liegt nur vor, wenn das verlagernde Unternehmen aufgrund des Verlagerungsvorgangs die betreffende Funktion einstellt oder zumindest einschränkt (vgl. Rn. 48 f. und 58).

**Beispiel (Einstellung):**

Ein Produkt A, das bisher ausschließlich von der inländischen Konzernmuttergesellschaft (M) hergestellt und vertrieben wurde, wird zukünftig nur noch von ihrer ausländischen Tochtergesellschaft (T) hergestellt und vertrieben. Die materiellen und die immateriellen Wirtschaftsgüter werden auf T übertragen. M entlässt das betreffende Personal.
Die Herstellung und der Vertrieb des Produkts A erfüllt den Tatbestand der Funktion (Rn. 14 ff.). Das Tatbestandsmerkmal „Einstellung der Funktion" i. S. d. § 1 Absatz 2 FVerlV ist erfüllt, da die Funktion „Produktion und Vertrieb von Produkt A" durch M aufgrund des Vorgangs entfällt.

**Beispiel (Einschränkung):**

Das Produkt A wird zukünftig auch von T im Ausland selbständig hergestellt und an bisherige und neue Kunden vertrieben. Für M führt dies zu einem erheblichen Produktionsrückgang und zu entsprechenden Umsatzeinbußen.
Das Tatbestandsmerkmal „Einschränkung der Funktion" i. S. d. § 1 Absatz 2 FVerlV ist erfüllt, da die Funktion „Produktion und Vertrieb von Produkt A" durch M aufgrund des Vorgangs reduziert wird.

23 Ein Personalabbau und/oder der Wegfall einzelner Debitoren können wichtige Anhaltspunkte für den Einstieg in die Prüfung sein, ob eine Funktionsverlagerung vorliegt (Rn. 159 f.). Das Tatbestandsmerkmal der „Einstellung" oder „Einschränkung" der Funktion bezieht sich auf den mit der konkreten Funktion erzielten Umsatz und erfasst auch Fälle der Substitution einer Funktion durch eine andere.

**Beispiel (Variante):**

Wie oben (Beispiel Einstellung), aber: Die Muttergesellschaft (M) produziert und vertreibt in Zukunft das von ihr entwickelte Nachfolgeprodukt B, das im Wesentlichen auf anderen immateriellen Wirtschaftsgütern beruht. Sie erzielt damit bei unverändertem Personaleinsatz einen höheren Umsatz als mit dem Vorgängerprodukt A.

Das Tatbestandsmerkmal der Funktionseinstellung i. S. d. § 1 Absatz 2 FVerlV ist erfüllt, da die konkrete Funktion „Produktion und Vertrieb von Produkt A" im Inland entfällt. M erzielt aus dieser Funktion keinen Umsatz mehr. Bei der Produktion und dem Vertrieb von Produkt A und der Produktion und dem Vertrieb von Produkt B handelt es sich um verschiedene Funktionen, da im Wesentlichen andere immaterielle Wirtschaftsgüter eingesetzt werden (Rn. 16). Unerheblich ist, dass M keinen Personalabbau vornimmt und mit Produkt B sogar einen höheren Umsatz erzielt (zur ggf. möglichen Bewertung in solchen Substitutionsfällen vgl. Rn. 119).

**Hinweis:**

Beruht das Produkt B im Wesentlichen auf denselben immateriellen Wirtschaftsgütern wie das Produkt A, kann es sich um eine Funktionsverdoppelung handeln, die allerdings im Fall einer späteren Einschränkung der Produktion von M zu einer Funktionsverlagerung führen kann.

Es kommt nicht darauf an, ob das übernehmende Unternehmen mit den übertragenen oder zur Nutzung überlassenen Wirtschaftsgütern und Vorteilen die Funktion in gleicher Weise wie das verlagernde Unternehmen ausübt. 24

## 2.1.2.3. Zeitweise Übernahme (§ 1 Absatz 2 Satz 2 FVerlV)

Eine Funktionsverlagerung kann auch vorliegen, wenn ein Unternehmen die betreffende Geschäftstätigkeit nur zeitweise ausübt, z. B. in Fällen der zeitweisen Übertragung des Vertriebsrechts für einzelne Produkte, Märkte oder Kunden oder in Fällen der befristeten Versetzung einzelner Mitarbeiter mit ihrem Aufgabenbereich. Wegen der Abgrenzung zur Personalentsendung siehe Rn. 54 ff. 25

## 2.1.2.4. Zusammenfassung von Geschäftsvorfällen (5 Jahresfrist) (§ 1 Absatz 2 Satz 3 FVerlV)

Der Vorgang einer Funktionsverlagerung kann sich über mehrere Wirtschaftsjahre erstrecken. Beabsichtigt der Steuerpflichtige von vornherein eine Funktionsverlagerung, hat er die Verrechnungspreise für alle betroffenen Geschäftsvorfälle unter diesem Gesichtspunkt festzusetzen (Tz. 3.9 OECD Leitlinien). Darüber hinaus sind nach § 1 Absatz 2 Satz 3 FVerlV Geschäftsvorfälle zusammenzufassen, die innerhalb von fünf Wirtschaftsjahren verwirklicht werden und sich wirtschaftlich als Bestandteile eines einheitlichen Verlagerungsvorgangs darstellen. 26

**Beispiel:**

Das inländische Unternehmen (P) ist führender Hersteller von bestimmten elektronischen Bauteilen. Im November 01 entscheidet die Geschäftsführung, dass für den asiatischen Markt vor Ort ein neuer Produktionsstandort für eine bestimmte Produktreihe errichtet werden soll, die bisher – auch für den Absatz in Asien – ausschließlich im Inland produziert wurde. Es ist beabsichtigt, dem neuen ausländischen Tochterunternehmen (T) die erforderlichen immateriellen Wirtschaftsgüter (Namensrechte, Patente, Kundenstamm) zur Nutzung zu überlassen. Im Januar 02 werden verschiedene Fremdfirmen beauftragt, Entscheidungsgrundlagen für die Standortwahl zu erarbeiten. Im Dezember 02 wird der Bauauftrag für ein neues Werk in Asien erteilt. Die Produktion in Asien wird im Februar 04 gleichzeitig mit deren Einstellung im Inland aufgenommen.

Da sich die Funktionsverlagerung über mehrere Wirtschaftsjahre erstreckt, ist eine zusammenfassende Betrachtung notwendig. Das ergibt sich schon aus der Planung von P. Soweit einzelne Geschäftsvorfälle für sich betrachtet keine Funktionsverlagerung darstellen, führt die wirtschaftliche Verknüpfung zu einer – einheitlichen – Funktionsverlagerung. Die Funktionsverlagerung ist in 04 verwirklicht, da der Tatbestand der Verlagerung in diesem Jahr erfüllt ist, selbst wenn sich noch weitere Geschäftsvorfälle anschließen, die wirtschaftlich zur Funktionsverlagerung gehören. Es liegt im Übrigen keine Funktionsverdoppelung vor, da Produktion und Vertrieb für den asiatischen Markt bei P wegfallen.

27 Soweit nachträglich festgestellt wird, dass eine Funktionsverlagerung vorliegt, ist diese zu dem Zeitpunkt verwirklicht, zu dem die Tatbestandsvoraussetzungen (§ 1 Absatz 2 Satz 1 FVerlV) durch ihre gemeinsame Verwirklichung wirtschaftlich erfüllt sind, d. h. der Tatbestand vollendet ist. Für die Annahme eines einheitlichen, sich über mehrere Veranlagungszeiträume erstreckenden Verlagerungsvorgangs ist auf objektive Kriterien abzustellen, nicht auf die Absicht in den beteiligten Unternehmen.

### 2.1.3. Transferpaket (§ 1 Absatz 3 Satz 9 AStG, § 1 Absatz 3 FVerlV)

28 Ein Transferpaket besteht aus einer Funktion und den mit dieser Funktion zusammenhängenden Chancen und Risiken sowie den Wirtschaftsgütern und Vorteilen, die das verlagernde Unternehmen dem übernehmenden Unternehmen zusammen mit der Funktion überträgt oder zur Nutzung überlässt, und den in diesem Zusammenhang erbrachten Dienstleistungen. Das Transferpaket mit seinen Bestandteilen muss dem verlagernden Unternehmen vor Verlagerung rechtlich oder wirtschaftlich zuzuordnen gewesen sein. Kriterien für die Zuordnung sind z. B.:

- Das verlagernde Unternehmen hat im Hinblick auf das entstandene Gewinnpotenzial Kosten getragen, für die ihm keine fremdübliche Vergütung gezahlt wurde.
- Das verlagernde Unternehmen verfügte vor der Funktionsverlagerung über alle oder zumindest die wesentlichen Wirtschaftsgüter (vor allem immaterielle Wirtschaftsgüter) und das Personal, um das Gewinnpotenzial – ggf. auch unter Einschaltung Dritter – selbst realisieren zu können.

29 Das Transferpaket ist regelmäßig Ausgangspunkt für die Verrechnungspreisbestimmung in Fällen von Funktionsverlagerungen. Auf die Öffnungsklauseln des § 1 Absatz 3 Satz 10 AStG wird hingewiesen (Rn. 69 ff.). Der einheitliche Vorgang einer Funktionsverlagerung umfasst regelmäßig mehrere Geschäftsvorfälle, die so eng miteinander verbunden sind, dass die Beurteilung jedes einzelnen Geschäftsvorfalls nicht sachgerecht ist (Rn. 5, Tz. 3.9 ff. OECD Leitlinien). Vorteile, die im Rahmen einer Einzelpreisbestimmung für die übertragenen bzw. zur Nutzung überlassenen Wirtschaftsgüter häufig nur schwer erkennbar sind, können aufgrund der Betrachtung der insgesamt übergehenden Funktion mit ihren Chancen und Risiken identifiziert werden. Fremde Dritte wären bereit, ein Entgelt unter angemessener Berücksichtigung dieser Vorteile zu vereinbaren, ohne dass sich diese bereits zu einem Wirtschaftsgut konkretisiert haben müssen. Entsprechende Vorteile können z.B. geschäftswertbildende Faktoren wie guter Ruf, gut ausgebildete Arbeitnehmer oder eine eingespielte Betriebsorganisation sein (Tz. 9.93 f. OECD Leitlinien).

### 2.1.4. Gewinnpotenziale (§ 1 Absatz 3 Satz 6 AStG, § 1 Absatz 4 FVerlV)

30 Funktionsverlagerungen sind regelmäßig mit einer Veränderung der Gewinnsituation und der Gewinnverteilung in einem international tätigen Unternehmen verbunden (Tz. 9.6 OECD Leitlinien). Die für die Anwendung des Fremdvergleichsgrundsatzes zu quantifizierenden Gewinnerwartungen der beiden ordentlichen und gewissenhaften Geschäftsleiter (Gewinnpotenziale,

Tz. 9.65 ff. OECD Leitlinien) entsprechen den Barwerten der aus der verlagerten Funktion jeweils zu erwartenden Reingewinne nach Steuern (Zukunftserfolgswert, Tz. 5 IDW S 1). Auf solche Gewinnerwartungen würde ein ordentlicher und gewissenhafter Geschäftsleiter i. S. d. § 1 Absatz 1 Satz 2 AStG aus der Sicht des verlagernden Unternehmens nicht unentgeltlich verzichten (Tz. 9.67, 9.72 f. OECD Leitlinien). Aus der Sicht des übernehmenden Unternehmens wäre ein solcher Geschäftsleiter bereit, hierfür ein Entgelt zu zahlen (Tz. 9.93 OECD Leitlinien). Dieser Ansatz simuliert auf der Grundlage der Informationstransparenz (§ 1 Absatz 1 Satz 2 AStG, Rn. 149) eine Verhandlungssituation zwischen dem verlagernden und dem übernehmenden Unternehmen, der die unterschiedlichen Verhandlungspositionen und die jeweilige Verhandlungsstärke aufgrund der individuellen geschäftlichen Verhältnisse aus Sicht der beiden ordentlichen und gewissenhaften Geschäftsleiter mit einbezieht. Zur Wertermittlung siehe Rn. 82 ff.

### 2.1.4.1. Reingewinn nach Steuern

Grundsätzlich sind für die Ermittlung des Reingewinns nach Steuern (§ 1 31
Absatz 4 FVerlV) nur die finanziellen Überschüsse nach Fremdkapitalkosten und Steuern aus dem Transferpaket wertrelevant, die als Nettoeinnahmen während der erwarteten wirtschaftlichen Nutzungsdauer des Transferpakets in den Verfügungsbereich des jeweiligen ordentlichen und gewissenhaften Geschäftsleiters gelangen (direkte Methode bezogen auf die Funktion). Diese werden regelmäßig aus den für die Zukunft geplanten Jahresergebnissen abgeleitet. Die dabei zugrunde liegende Planungsrechnung kann – je nach Üblichkeit im betreffenden Unternehmen (Konzern) – nach handelsrechtlichen, steuerrechtlichen oder nach anderen Vorschriften (z.B. IFRS, US-GAAP) aufgestellt sein. Das Jahresergebnis ist um nicht zahlungswirksame Ergebnisbeiträge sachgerecht zu korrigieren. Eine ordnungsgemäße Ableitung der bewertungsrelevanten Zahlungsströme setzt aufeinander abgestimmte Plan-Bilanzen, Plan-Gewinn- und Verlustrechnungen sowie Finanzplanungen voraus (Tz. 27 IDW S 1). Gegebenenfalls sind ergänzende Berechnungen zur Ermittlung der steuerlichen Bemessungsgrundlagen erforderlich. Ob die finanziellen Überschüsse unter Beachtung der gesellschaftsrechtlichen Umstände ausgeschüttet werden können, ist dagegen nicht von Bedeutung.

Statt der direkten Methode kann der Steuerpflichtige – wenn die Berech- 32
nungen betriebswirtschaftlich nachvollziehbar sind – auch die „indirekte Methode" anwenden. Nach dieser Methode wird für das verlagernde und für das übernehmende Unternehmen eine Bewertung jeweils vor und nach Funktionsverlagerung nach entsprechenden Grundsätzen vorgenommen.

### 2.1.4.2. Definition: „Steuern"

Die bei der Ermittlung des Barwerts zu berücksichtigenden Steuern sind die 33
voraussichtlich festzusetzenden oder tatsächlich festgesetzten und gezahlten und um einen voraussichtlich entstehenden oder entstandenen Ermäßigungsanspruch gekürzten Steuern. Dazu gehören auch die steuerlichen Auswirkungen aus den jeweils anzusetzenden Werten des Transferpakets für das verlagernde und das übernehmende Unternehmen (Rn. 118 bzw. Rn. 125). Die Höhe des nominalen Steuersatzes ist unerheblich.

34 Typisierend kann bei Kapitalgesellschaften davon ausgegangen werden, dass die Nettozuflüsse aus dem Transferpaket und die Nettozuflüsse aus einer vergleichbaren Alternativinvestition im Falle einer Ausschüttung auf Anteilseignerebene einer vergleichbaren persönlichen Besteuerung unterliegen, so dass auf eine unmittelbare Berücksichtigung dieser Steuerfolgen verzichtet werden kann (vgl. Tz. 30 und 45 IDW S 1). Steuern i. S. d. § 1 Absatz 4 FVerlV sind in diesen Fällen nur die Ertragsteuern des Unternehmens. Dem Steuerpflichtigen steht es frei, die persönlichen Ertragsteuern der Anteilseigner aufgrund der Ausschüttung entsprechender Gewinne zu ermitteln und einzubeziehen.

35 Bei Personenunternehmen kann auf die Berücksichtigung der persönlichen Ertragsteuern grundsätzlich nicht verzichtet werden (Tz. 47 IDW S 1). Typisierend können die anzusetzenden Steuern jedoch in Höhe der Ertragsteuern angesetzt werden, die entstanden wären, wenn statt Personenunternehmen Kapitalgesellschaften an der Funktionsverlagerung beteiligt gewesen wären. In diesem Fall sind fiktive persönliche Ertragsteuern der fiktiven Anteilseigner aufgrund Ausschüttungen entsprechender Gewinne nicht zu berücksichtigen. Dem Unternehmen steht es frei, die tatsächlichen persönlichen Ertragsteuern, die aufgrund der Gewinne des Unternehmens für die (Mit-)Unternehmer entstehen, zu ermitteln und einzubeziehen.

36 Bezieht der Steuerpflichtige die persönliche Ertragsteuerbelastung in die Berechnung des Reingewinns nach Steuern ein, ist diese beim Kapitalisierungszinssatz ebenfalls zu berücksichtigen, um Äquivalenz zu gewährleisten (Rn. 108).

#### 2.1.4.3. Abgrenzung des Gewinnpotenzials von Geschäftschancen

37 Der Begriff „Gewinnpotenzial“ ist von dem Begriff der „Geschäftschance“ zu unterscheiden: Während eine Geschäftschance selbst ein Wirtschaftsgut ist oder dazu geeignet ist, sich zu einem Wirtschaftsgut zu entwickeln, bezeichnet der Begriff „Gewinnpotenzial“ in den Fällen des hypothetischen Fremdvergleichs die jeweiligen Gewinnerwartungen als Ausgangspunkt für die Ermittlung des Werts für ein Wirtschaftsgut bzw. für ein Transferpaket.

### 2.1.5. Definition: „wesentlich“ (§ 1 Absatz 3 Satz 10 AStG, § 1 Absatz 5 FVerlV)

#### 2.1.5.1. Maßstäbe

38 In Fällen von Funktionsverlagerungen sind immaterielle Wirtschaftsgüter und Vorteile wesentlich i. S. d. § 1 Absatz 3 Satz 10 AStG, wenn sie für die verlagerte Funktion erforderlich sind (qualitativer Maßstab) und ihr Fremdvergleichspreis insgesamt mehr als 25 % der Summe der Einzelpreise aller Wirtschaftsgüter und Vorteile des Transferpakets beträgt (quantitativer Maßstab).

39 Für die Bestimmung, ob der quantitative Maßstab erfüllt ist, sind die Bestandteile des Transferpakets (ggf. einschließlich der geschäftswertbildenden Faktoren) unabhängig von deren Ausweis als Wirtschaftsgut zu berücksichtigen.

#### 2.1.5.2. Glaubhaftmachung

40 Soweit eine „Glaubhaftmachung“ erforderlich ist, hat der Steuerpflichtige darzulegen, dass für die behauptete Tatsache eine überwiegende Wahrscheinlichkeit gegeben ist. Die behauptete Tatsache ist nur zugrunde zu legen, wenn

ihr Bestehen wahrscheinlicher ist als ihr Nichtbestehen, ansonsten ist die Behauptung schon begrifflich nicht „glaubhaft" gemacht.

Für die Glaubhaftmachung der Wesentlichkeit immaterieller Wirtschaftsgüter (25 %) hat der Steuerpflichtige die Unterlagen nach § 90 Absatz 3 AO i. V. m. § 3 Absatz 2 GAufzV auf Anforderung vorzulegen. Aus den Unterlagen müssen die für die Unternehmensentscheidung maßgeblichen Gründe für die Durchführung der Funktionsverlagerung hervorgehen. Insbesondere hat der Steuerpflichtige die Angaben über die im Rahmen der Funktionsverlagerung übertragenen bzw. zur Nutzung überlassenen immateriellen Wirtschaftsgüter und Vorteile und deren relativen Wert im Verhältnis zum Wert der Summe der Bestandteile des Transferpakets glaubhaft zu machen. 41

### 2.1.6. Funktionsverdoppelung (§ 1 Absatz 6 FVerlV)

#### 2.1.6.1. Abgrenzung zur Funktionsverlagerung

Eine Funktionsverlagerung nach § 1 Absatz 2 FVerlV liegt nicht vor, wenn die Aufnahme einer Funktion durch ein Unternehmen zu keiner Einschränkung der Ausübung dieser Funktion für das bisher tätige Unternehmen führt. Dies gilt auch, wenn alle übrigen Voraussetzungen des § 1 Absatz 2 FVerlV erfüllt sind. In diesen Fällen liegt allenfalls eine Funktionsverdoppelung vor, auf die § 1 Absatz 3 Satz 9 AStG (Transferpaket) nicht anzuwenden ist. 42

Die Verdoppelung einer ausgeübten Funktion liegt z. B. vor, wenn trotz Aufnahme einer Produktion im Ausland die bisherige Produktions- und Vertriebstätigkeit des inländischen Unternehmens unverändert ausgeübt wird. Eine Funktionsverlagerung liegt dagegen vor, wenn im Ausland die Vertriebsfunktion neu aufgenommen wird und dadurch die Vertriebsfunktion des verlagernden Unternehmens eingeschränkt wird (Indikator: Umsatz), z. B. weil das übernehmende Unternehmen bisherige Kunden des verlagernden Unternehmens beliefert. 43

**Beispiel:**

Der ausländische Produktionskonzern (K) sieht in Europa kaum mehr Wachstumschancen und gründet deshalb in Asien die Vertriebstochtergesellschaft VA, die den dortigen Markt erschließen soll. Das Vermarktungskonzept für den asiatischen Markt stammt von der inländischen Vertriebsgesellschaft VI, die u. a. Vertriebskontakte nach Asien unterhält. VI beliefert auch nach Gründung der VA weiter ihre Kunden in Asien.

Es liegt eine Funktionsverdoppelung vor. Das überlassene Vermarktungskonzept ist fremdüblich zu vergüten. Es kommt allerdings zu einer Funktionsverlagerung, wenn im Laufe der nächsten fünf Jahre der Kundenstamm der VI teilweise von der VA übernommen wird und dadurch der Umsatz von VI in Asien erheblich (Rn. 49) eingeschränkt wird.

Für sämtliche zum Zweck der Funktionsverdoppelung übertragenen oder zur Nutzung überlassenen Wirtschaftsgüter und Vorteile und für alle in diesem Zusammenhang erbrachten Dienstleistungen sind in Anwendung des Fremdvergleichsgrundsatzes angemessene Verrechnungspreise anzusetzen. Im Unterschied zu Funktionsverlagerungen ist bei Funktionsverdoppelungen davon auszugehen, dass die Summe der Einzelpreise der übertragenen bzw. zur Nutzung überlassenen Wirtschaftsgüter und Vorteile sowie der erbrachten Dienstleistungen dem Preis für das Transferpaket entspricht. Diese Annahme beruht vor allem darauf, dass keine Einschränkung der Funktionsausübung des bisher schon tätigen Unternehmens eintritt (§ 1 Absatz 2 Satz 1 FVerlV) und deshalb typisierend davon ausgegangen werden kann, dass in diesem Zusam- 44 menhang immaterielle Wirtschaftsgüter allenfalls zur Nutzung überlassen werden und bestimmte, wichtige immaterielle Wirtschaftsgüter, z. B. der Kundenstamm oder Teile davon, nicht Gegenstand des Vorgangs sind.

### 2.1.6.2. Funktionsverdoppelungen, die zu Funktionsverlagerungen werden

#### 2.1.6.2.1. Maßgeblicher Zeitpunkt

45 Eine Funktionsverdoppelung wird gem. § 1 Absatz 6 Satz 2 FVerlV in dem Zeitpunkt zu einer Funktionsverlagerung, in dem das noch fehlende Tatbestandsmerkmal der Funktionseinschränkung verwirklicht ist. Zu diesem Zeitpunkt hat sich die Funktionsverlagerung „ereignet" (§ 3 Absatz 1 GAufzV, Rn. 156). Es handelt sich nicht um eine „rückwirkende" Funktionsverlagerung, auch wenn bereits vorher abgeschlossene Geschäftsvorfälle, die ursprünglich eine Funktionsverdoppelung beinhalteten, wegen des wirtschaftlichen Zusammenhangs von der Funktionsverlagerung erfasst werden.

#### 2.1.6.2.2. Funktionseinschränkung aus anderen Gründen

46 Eine Funktionsverlagerung liegt nach § 1 Absatz 6 Satz 2 FVerlV nicht vor, obwohl es innerhalb von fünf Jahren nach einer Funktionsverdoppelung zu einer Funktionseinschränkung des schon zuvor tätigen Unternehmens kommt, wenn der Steuerpflichtige glaubhaft macht, dass die Einschränkung nicht in unmittelbarem wirtschaftlichen Zusammenhang mit der Funktionsverdoppelung steht. Die Glaubhaftmachung (Rn. 40) erfordert in diesem Zusammenhang eine plausible Darlegung aller tatsächlichen, objektiven Umstände, die den Rückschluss zulassen, dass kein unmittelbarer wirtschaftlicher Zusammenhang zwischen der (späteren) Einschränkung der betreffenden Funktion des ursprünglich tätigen Unternehmens und der Aufnahme dieser Funktion durch das andere Unternehmen gegeben ist.

**Beispiel:**

Die inländische Gesellschaft (P) produziert ausschließlich im Inland und vertreibt ihre Produkte in Europa. P beschließt den Aufbau einer neuen Produktion in Asien. Von dort soll der Vertrieb in Asien erfolgen. Für diesen Neuaufbau überlässt P der in Asien neu gegründeten Tochtergesellschaft (T) Patente und Produktions-Know-how zur Nutzung.

Die Funktionsverdoppelung hat keinen Einfluss auf die Ausübung der Funktion im Inland. Eine Einschränkung der Funktion liegt nicht vor. Das gilt auch dann, wenn die Produktion im Inland ohne einen unmittelbaren wirtschaftlichen Zusammenhang mit der Funktionsverdoppelung innerhalb von fünf Jahren erheblich (Rn. 49) eingeschränkt würde (z. B. bei einem „Markteinbruch in Europa"). Dagegen liegt eine Funktionsverlagerung vor, wenn z. B. die in Asien hergestellten Produkte von P in Europa vertrieben werden und es deshalb zu einer Einschränkung der inländischen Produktion bei P kommt.

#### 2.1.6.2.3. Unmittelbarkeit

47 Ein unmittelbarer wirtschaftlicher Zusammenhang (vgl. BFH-Urteil vom 29. Januar 1986, BStBl. II S. 479) ist anzunehmen, wenn die (spätere) Einschränkung der betroffenen Funktion durch dasselbe Ereignis, d. h. durch die ursprüngliche Funktionsverdoppelung, verursacht worden ist (vgl. BFH-Urteil vom 11. Oktober 1989, BStBl. 1990 II S. 88). Die maßgeblichen Bezugsgrößen, auf die sich die Kausalität bezieht, sind die wegfallenden Umsätze des verlagernden Unternehmens und die aufgrund des Vorgangs entstehenden Umsätze des übernehmenden Unternehmens.

### 2.1.6.2.4. Bagatellregelung

Führt eine Funktionsverdoppelung für das verlagernde Unternehmen hinsichtlich der betreffenden Funktion lediglich zu einer geringfügigen Einschränkung, entfällt die Anwendung der Regelungen für Funktionsverlagerungen nach § 1 Absatz 3 Satz 9 AStG (entsprechende Anwendung des § 1 Absatz 7 Satz 2 zweite Alternative FVerlV). In diesen Fällen bleibt es bei einer Funktionsverdoppelung (Hinweis auf Rn. 44). Eine Glaubhaftmachung, dass die Einschränkung nicht in unmittelbarem wirtschaftlichen Zusammenhang mit der Funktionsverdoppelung steht, ist nicht erforderlich. 48

Eine Einschränkung (Rn. 22) ist erheblich (keine Geringfügigkeit), wenn der Umsatz aus der Funktion, den das ursprünglich tätige Unternehmen i. S. d. § 1 Absatz 2 FVerlV im letzten vollen Wirtschaftsjahr vor der Funktionsänderung erzielt hat, innerhalb des Fünfjahreszeitraums i. S. d. § 1 Absatz 6 FVerlV in einem Wirtschaftsjahr um mehr als 1 000 000 € absinkt. 49

**Beispiel:**

Das Unternehmen P produziert Erfrischungsgetränke im Inland und vertreibt diese in Europa. Der Umsatz wächst seit Jahren kontinuierlich. P möchte auch den amerikanischen Markt erschließen und beauftragt ein unabhängiges, ausländisches Vertriebsunternehmen (Kommissionär) mit dem Vertrieb in Amerika. Durch diesen Kommissionär werden die im Inland produzierten Erfrischungsgetränke ab dem Jahr 01 auch auf dem amerikanischen Markt abgesetzt. Nach zwei Jahren, im Jahr 03, beschließt P aufgrund der positiven Verkaufszahlen eine Produktionsstätte in Amerika aufzubauen und gründet hierzu eine Tochtergesellschaft (T). Produktionsbeginn ist im Jahr 04.

T beliefert im Jahr 04 den Kommissionär zusammen mit P, ab dem Jahr 05 ausschließlich allein.

Im Jahr 04 wurde die Funktion von P nicht eingeschränkt.

Im Jahr 05 verringert sich der Umsatz von P um 2 000 000 €, jedoch werden weder Produktionsanlagen stillgelegt noch Personal abgebaut. P geht davon aus, spätestens im Jahr 07 den Umsatz wieder auf 14 000 000 € zu erhöhen.

Die Umsatzzahlen entwickelten sich wie folgt:

| Jahr | Gesamtumsatz | Umsatz von P | Umsatz von T | Export nach Amerika |
|---|---|---|---|---|
| 01 | 10 000 000 € | 10 000 000 € | 0 € | 200 000 € |
| 02 | 12 000 000 € | 12 000 000 € | 0 € | 1 000 000 € |
| 03 | 14 000 000 € | 14 000 000 € | 0 € | 3 000 000 € |
| 04 | 15 000 000 € | 14 000 000 € | 1 000 000 € | 3 000 000 € |
| 05 | 16 000 000 € | 12 000 000 € | 4 000 000 € | 0 € |

Das Absinken des Umsatzes von P im Jahr 05 stellt eine erhebliche Einschränkung dar: Der Umsatz ist gegenüber dem Umsatz des Jahres 03 um mehr als 1 000 000 € zurückgegangen. Der Umsatzrückgang beruht – mangels anderer Angaben im Sachverhalt – unmittelbar auf der Produktions- und Vertriebstätigkeit von T in Amerika. Es kommt in diesem Zusammenhang nicht darauf an, ob im Inland Produktionsanlagen stillgelegt wurden oder Personal abgebaut wurde. Unerheblich ist auch, ob der Umsatz in den folgenden Jahren wieder steigt. P bleibt es unbenommen, andere Gründe für den Umsatzrückgang glaubhaft zu machen.

### 2.1.7. Negativabgrenzung (§ 1 Absatz 7 FVerlV)

Funktionsverlagerungen sind von Funktionsverdoppelungen (Rn. 42 ff.) und von Fällen der Neuaufnahme einer Geschäftstätigkeit (Rn. 57) zu unterscheiden. Auch die Erbringung von Dienstleistungen (Rn. 51 ff.) oder die Teilnahme an einem Umlagevertrag (vgl. VWG Umlageverträge), insbesonde- 50 re im Bereich der Forschung und Entwicklung, oder die Personalentsendung (Rn. 54 ff.) stellen – für sich betrachtet – keine Funktionsverlagerung dar. In diesen Fällen sind grundsätzlich für alle einzelnen Geschäftsvorfälle, insbesondere für die Übertragung oder Überlassung von immateriellen Wirtschaftsgütern und Vorteilen, fremdübliche Verrechnungspreise zu bestimmen, es sei denn eine Zusammenfassung mit anderen Geschäftsvorfällen ist wegen eines bestehenden, engen wirtschaftlichen Zusammenhangs sachgerecht (Rn. 5). Entsprechendes gilt auch für Sachverhalte, die aufgrund von Bagatellregelungen nicht wie Funktionsverlagerungen behandelt werden.

**2.1.7.1. Abgrenzung zur Erbringung von Dienstleistungen bzw. zur Veräußerung oder Überlassung von Wirtschaftsgütern (§ 1 Absatz 7 Satz 1 FVerlV)**

**51** Die Veräußerung oder die Nutzungsüberlassung von Wirtschaftsgütern jeder Art oder die Erbringung von Dienstleistungen führt allein noch nicht zu einer Funktionsverlagerung nach § 1 Absatz 2 FVerlV. Solche Geschäftsvorfälle können aber Teil einer Funktionsverlagerung sein (vgl. Rn. 26 f.) und sind dann Teil des Transferpakets.

**52** Werden z. B. Arbeitnehmer des verlagernden Unternehmens im wirtschaftlichen Zusammenhang mit einer Funktionsverlagerung für das übernehmende Unternehmen tätig, ist im Regelfall davon auszugehen, dass sie im Auftrag des verlagernden Unternehmens Dienstleistungen erbringen. Derartige Dienstleistungen und die damit verbundenen Vorteile für das übernehmende Unternehmen sind Teil des Transferpakets. Zu den Vorteilen können z. B. gehören: Kenntnisse des Produkt- oder Prozess-Know-hows, Kenntnisse über Forschungsprojekte, Kenntnisse über die Betriebsorganisation, persönliche Netzwerkbeziehungen zu anderen Konzernunternehmen, Markt- oder Branchenkenntnisse, personengebundene Aufträge im Beratungsgeschäft.

**53** Für Geschäftsvorfälle, die lediglich in rein zeitlichem Zusammenhang mit einer Funktionsverlagerung stehen (kein wirtschaftlicher Zusammenhang), sind die Verrechnungspreise nach den allgemeinen Grundsätzen zu bestimmen.

**2.1.7.2. Abgrenzung zur Personalentsendung (§ 1 Absatz 7 Satz 2 erster Halbsatz FVerlV)**

**54** Die Entsendung von Personal im Konzern i. S. d. VWG Arbeitnehmerentsendung ist als solche regelmäßig keine Funktionsverlagerung i. S. d. § 1 Absatz 2 FVerlV.

**55** Allerdings kann es im wirtschaftlichen Zusammenhang mit einer tatsächlich verwirklichten Funktionsverlagerung zu einer Entsendung von Personal kommen. In solchen Fällen sind die VWG Arbeitnehmerentsendung nicht anzuwenden, weil die Entsendung Teil des Transferpakets ist. Die Einbeziehung der Personalentsendung erfolgt unabhängig davon, ob in den betreffenden Arbeitsverträgen Entschädigungsansprüche, Wettbewerbsverbote usw. für den Fall geregelt sind, dass Arbeitnehmer zu Fremdunternehmen wechseln.

**Beispiel:**

Der inländische, weltweit agierende Automobilzulieferer P gründet im Jahr 01 im Ausland eine Tochtergesellschaft (T). T errichtet ein neues Werk zur Herstellung von Klimaanlagen für PKW. Damit die Produktion zeitnah aufgenommen werden kann, erhält T von P einige Produktionsmaschinen. Außerdem werden bei T im Wege der Personalentsendung zehn Mitarbeiter (Ingenieure, Techniker) von P für vier Monate eingesetzt, um die neuen Mitarbeiter vor Ort einzuarbeiten. Für die Produktion verwendet T Patente von P. Die Klimaanlagen werden von T unter Verwendung der Namens- und Markenrechte unmittelbar an bisherige Kunden von P im Ausland verkauft. Das führt zu einer Einschränkung der Geschäftstätigkeit bei P.

T erhält ein Leistungspaket aus materiellen Wirtschaftsgütern (Maschinen) und immateriellen Wirtschaftgütern (Patente, Rechte, Kundenstamm). Durch die Entsendung der Experten findet zudem ein Technologietransfer statt, da T Produktionswissen (Know-how) überlassen wird (Tz. 4.2 VWG Arbeitnehmerentsendung). Es liegt eine Funktionsverlagerung i. S. d. § 1 Absatz 3 Satz 9 AStG vor. Im Rahmen des Transferpakets ist auch die Überlassung des Produktionswissens (Know-how) einzubeziehen.

**Fortsetzung:**

Aufgrund hoher Auslastung benötigt T weiteres Personal und erhält im Jahr 02 zur „Geschäftsaushilfe" für zwei Monate zehn Mitarbeiter (angelernte Fachkräfte) von P für den Einsatz am Fließband. Hierzu schließen die beiden Gesellschaften einen Dienstleistungsvertrag, nach dem T dem P alle Personalkosten mit einem fremdüblichen Gewinnaufschlag (Kostenaufschlagsmethode) vergütet.

Es liegt keine Arbeitnehmerentsendung vor, denn die Leistungen werden zur Erfüllung des Dienstleistungsvertrags erbracht (Tz. 2.1 VWG Arbeitnehmerentsendung). T wird schon deswegen kein wirtschaftlicher Arbeitgeber, weil die Entsendung nicht für mehr als drei Monate (Tz. 2.2 VWG Arbeitnehmerentsendung) erfolgt. Eine Vergütung nach der Kostenaufschlagsmethode ist angemessen (Tz. 3.2.3.2 VWG 1983). Aufgrund der ausgeübten Tätigkeit der angelernten Fachkräfte ist kein Technologietransfer erkennbar. Eine Funktionsverlagerung liegt nicht vor.

Eine Funktionsverlagerung kann in Personalentsendungsfällen z. B. dann **56** vorliegen, wenn das entsandte Personal seinen bisherigen Zuständigkeitsbereich aus dem entsendenden Unternehmen mitnimmt und nach der Entsendung im übernehmenden Unternehmen die gleiche Tätigkeit ausübt. Dies führt in der Regel zu einer Einschränkung der Geschäftstätigkeit des entsendenden Unternehmens (Rn. 22 ff.), es werden Wirtschaftsgüter und Vorteile übertragen oder zur Nutzung überlassen bzw. es gehen Chancen und Risiken über. In solchen Fällen gelten vorrangig die Regelungen zur Funktionsverlagerung.

### 2.1.7.3. Neuaufnahme einer Geschäftstätigkeit

Von Funktionsverlagerungen abzugrenzen sind auch Fälle, in denen eine **57** Geschäftstätigkeit neu aufgenommen wird, die bisher noch nicht durchgeführt wurde.

**Beispiel:**

Der inländische Autozulieferer (P) hat ein neues Getriebe N, das auf einer neuen Technologie beruht, produktionsreif entwickelt. Für die Produktion und den Vertrieb dieses Getriebes gründet P eine Tochtergesellschaft (T) im Ausland, wo T unter Nutzung des Produktions- und Prozess-Know-hows von P ein neues Werk aufbaut.

Es handelt sich weder um eine Funktionsverlagerung noch um eine Funktionsverdoppelung, denn die Tätigkeit „Produktion und Vertrieb des Getriebes N" wurde bisher von P nicht ausgeübt. Es liegt keine Einschränkung der Tätigkeit bei P vor. Ungeachtet dessen sind die überlassenen immateriellen Wirtschaftsgüter fremdüblich zu vergüten. Da es sich um neues und einzigartiges Wissen handelt, sind ausreichend verlässliche Vergleichswerte nicht zu erwarten, so dass der hypothetische Fremdvergleich zur Bestimmung des Verrechnungspreises anzuwenden sein wird.

### 2.1.7.4. Drittvergleich (§ 1 Absatz 7 Satz 2 zweiter Halbsatz FVerlV)

58 Vorgänge, die von fremden Dritten nicht als Veräußerung oder Erwerb einer Funktion angesehen würden, sind nicht nach den Grundsätzen der Funktionsverlagerung zu behandeln. Es kann sich um geringfügige oder zeitlich begrenzte Verlagerungen handeln (z. B. Bagatellfälle mit Umsatzeinbußen von weniger als 1 000 000 €, vgl. Rn. 49) oder um die Übertragung eines einzelnen Auftrags.

**Beispiel:**

M ist ein führender Hersteller von Arzneimitteln im Inland. Aufgrund der hohen aktuellen Kapazitätsauslastung könnte ein neuer Auftrag am inländischen Produktionsstandort z. B. nur durch zusätzliche Sonderschichten ausgeführt werden. Stattdessen wird der Kapazitätsengpass dadurch ausgeglichen, dass eine ausländische Tochtergesellschaft (T) für drei Monate in die Auftragsabwicklung eingebunden wird. Vereinbarungsgemäß wird der Kunde unmittelbar und eigenständig von T beliefert.

Formal liegt eine Funktionsverlagerung vor, die aber zeitlich begrenzt ist (Rn. 25). Ergibt die Prüfung, dass keine relevante Auswirkung auf den Umsatz bei M (Indikator) eingetreten ist, greift schon deshalb die Transferpaketbetrachtung für eine Funktionsverlagerung nicht (Bagatellregelung). Die Überlassung des Auftrags an T ist aber fremdüblich zu vergüten.

59 Auch Vorgänge, die formal den Tatbestand einer Funktionsverlagerung erfüllen, aber entsprechend dem Fremdvergleichsgrundsatz tatsächlich so abgewickelt werden, dass sie nach allgemeiner Verkehrsanschauung nicht als Funktionsverlagerung anzusehen sind, werden aus dem Anwendungsbereich der Transferpaketbetrachtung ausgenommen.

**Beispiel:**

Eine Muttergesellschaft steuert zentral die Produktion, die weltweit in verschiedenen Produktionsstätten auf gleicher technologischer Grundlage bei verschiedenen rechtlich selbständigen Tochtergesellschaften stattfindet. Diese zentrale Dienstleistung wird den Tochtergesellschaften nach der Kostenaufschlagsmethode belastet. Die von allen Konzerngesellschaften akquirierten Aufträge werden je nach logistischen Gegebenheiten und der aktuellen Produktionsauslastung der Produktionsstätten an die Tochtergesellschaften vergeben. Hierdurch wird eine optimale Gesamtauslastung aller Produktionsstätten erreicht, auch wenn es im Einzelfall zu temporären Produktionseinschränkungen kommt, die die Bagatellgrenze der Rn. 49 überschreiten.

Die zentrale, optimierte Steuerung der Produktion und die damit verbundene Zuteilung der eingehenden Aufträge ist keine Verlagerung einer Funktion, soweit insgesamt alle Teilnehmer in einem überschaubaren Zeitraum davon profitieren. Werden einzelne Teilnehmer nicht angemessen durch die Zentralsteuerung begünstigt, ist zu prüfen, ob für die Benachteiligung im Fremdvergleich eine Ausgleichszahlung zu erwarten wäre.

60 Auch fristgerechte Kündigungen von Verträgen oder das Auslaufen einer Vertragsbeziehung sind z. B. keine Funktionsverlagerungen. In diesen Fällen ist § 8 FVerlV zu beachten (Tz. 9.100 ff. OECD Leitlinien).

## 2.2. Regelungen zum Transferpaket (§ 2 FVerlV)

### 2.2.1. Allgemeines zur Preisbestimmung (§ 2 Absatz 1 FVerlV)

### 2.2.1.1. Standardmethoden zur Bestimmung des Verrechnungspreises

61 Zur Bestimmung der Verrechnungspreise für das Transferpaket ist vorrangig § 1 Absatz 3 Satz 1 bis 4 AStG anzuwenden. Der hypothetische Fremdvergleich (§ 1 Absatz 3 Satz 5 bis 8 AStG) ist auch für Funktionsverlagerungen – wie in allen Verrechnungspreisfällen – grundsätzlich nur nachrangig anzuwenden.

### 2.2.1.2. Hypothetischer Fremdvergleich

Für ein Transferpaket, das ein Bündel von materiellen und immateriellen Wirtschaftsgütern und Vorteilen usw. umfasst, wird es – ungeachtet Rn. 61 – regelmäßig nicht möglich sein, uneingeschränkt oder eingeschränkt vergleichbare Fremdvergleichswerte i. S. d. § 1 Absatz 3 Satz 1 und 2 AStG festzustellen. Transferpakete setzen sich regelmäßig individuell zusammen und enthalten häufig einzigartige immaterielle Wirtschaftsgüter und Vorteile (z. B. Synergieeffekte), die nicht ohne weiteres erkennbar sind und besondere Merkmale aufweisen, welche die Suche nach Vergleichswerten fremder Dritter erschweren (Tz. 6.13 OECD Leitlinien). Die bereits für einzelne immaterielle Wirtschaftsgüter vorhandenen, erheblichen Schwierigkeiten bei der Suche nach Vergleichspreisen treten verstärkt auf, wenn mehrere immaterielle Wirtschaftsgüter und Vorteile zusammen Bestandteile eines Transferpakets sind. Dies gilt umso mehr, wenn hochwertige und einzigartige immaterielle Wirtschaftsgüter betroffen sind (Tz. 6.26 OECD Leitlinien). Für derartige Geschäftsvorfälle fehlt es schon wegen der enthaltenen immateriellen Wirtschaftsgüter an einem „aktiven Markt“, auf dem homogene Güter angeboten werden, auf dem regelmäßig jederzeit vertragswillige Käufer und Verkäufer gefunden werden können und auf dem die Preise öffentlich bekannt sind (Tz. 19 ff. IDW S 5). Das bedeutet aber nicht, dass Geschäftsvorfälle, die zwischen fremden Dritten nicht stattfinden, schon aus diesem Grund nicht dem Fremdvergleichsgrundsatz entsprechen (Tz. 1.11, 9.52 und 9.173 OECD Leitlinien). 62

Aus den genannten Gründen wird in Fällen von Funktionsverlagerungen im Ergebnis regelmäßig der hypothetische Fremdvergleich nach § 1 Absatz 3 Satz 5 bis 8 AStG anzuwenden sein. Für die Verrechnungspreisbestimmung in diesen Fällen ist insbesondere der zukünftig zu erwartende finanzielle Nutzen aus dem Transferpaket (bzw. aus den betreffenden immateriellen Wirtschaftsgütern) maßgebend, der sich aufgrund einer betriebswirtschaftlichen Bewertung nach einem kapitalwertorientierten Verfahren ergibt, das national (z. B. IDW S 1 oder IDW S 5) oder international (z. B. ISO 10668) anerkannt ist (Rn. 82 ff., insbesondere Rn. 87 ff.). 63

Sollen für Funktionsverlagerungen Preise und Daten aus vergleichbaren Geschäftsvorfällen verwendet werden, ist eine schlüssige und detaillierte Begründung für die Auswahl der Vergleichsdaten und der daraus abgeleiteten Kennziffern unerlässlich (siehe Tz. 21 IDW S 5). Sind die verwendeten Daten weder uneingeschränkt noch eingeschränkt vergleichbar, können sie nicht berücksichtigt werden. Sie können jedoch in einzelnen Fällen dazu verwendet werden, das im hypothetischen Fremdvergleich ermittelte Ergebnis ergänzend zu stützen. 64

Im hypothetischen Fremdvergleich können Elemente eines tatsächlichen Fremdverhaltens zu berücksichtigen sein. Das gilt z. B. wenn ein internes Berechnungs- bzw. Kalkulationsschema in vergleichbaren Situationen vom Steuerpflichtigen sowohl gegenüber verbundenen als auch gegenüber nicht verbundenen Unternehmen für Funktionsverlagerungen (bzw. für die Nutzungsüberlassung von immateriellen Wirtschaftsgütern) verwendet wird, z. B. ein am erwarteten Ertrag des Lizenznehmers anknüpfendes Lizenzsystem, das betriebswirtschaftlichen Grundsätzen genügt (z. B. IDW S 5). Das bedeutet aber 65 keineswegs, dass im hypothetischen Fremdvergleich Lizenzraten aus Datenbanken abgeleitet werden können.

### 2.2.2. Routineunternehmen (§ 2 Absatz 2 FVerlV)

#### 2.2.2.1. Funktionsverlagerung auf ein Routineunternehmen (§ 2 Absatz 2 Satz 1 FVerlV)

66 Übt das übernehmende Unternehmen die übergehende Funktion ausschließlich gegenüber dem verlagernden Unternehmen aus (Tz. 9.99 OECD Leitlinien zu „Outsourcing") und ist es sachgerecht, das Entgelt, das für die Ausübung der Funktion und die Erbringung der entsprechenden Leistungen anzusetzen ist, nach der Kostenaufschlagsmethode zu ermitteln (z. B. Lohnfertiger, Rn. 206 f.), ist davon auszugehen, dass mit dem Transferpaket keine wesentlichen immateriellen Wirtschaftsgüter und Vorteile übertragen oder entgeltlich zur Nutzung überlassen werden, so dass § 1 Absatz 3 Satz 10 erste Alternative AStG anwendbar ist (Rn. 71). Die Kostenaufschlagsmethode ist vor allem anzuwenden, wenn das übernehmende Unternehmen i. S. d. Tz. 3.4.10.2 Buchstabe a VWG Verfahren lediglich „Routinefunktionen" ausübt und nur geringe Risiken trägt. In solchen Fällen erschöpft sich die laufende Vergütung für die Leistungen des übernehmenden Unternehmens in einem bloßen Tätigkeitsentgelt.

67 Entsprechendes gilt, wenn ein übernehmendes Unternehmen, das i. S. d. Rn. 66 tätig wird, für die Ermittlung der Verrechnungspreise nach Durchführung einer Funktionsverlagerung zulässigerweise eine auf den Kosten basierende, geschäftsvorfallbezogene Nettomargenmethode anwendet oder wenn ein solches Unternehmen eine das niedrige Risiko berücksichtigende Provision erhält. Voraussetzung ist, dass dies zu vergleichbaren Ergebnissen führt und das übernehmende Unternehmen die übergehende Funktion ausschließlich gegenüber dem verlagernden Unternehmen ausübt.

#### 2.2.2.2. Funktionsverlagerung durch Ausweitung einer Funktion (§ 2 Absatz 2 Satz 2 FVerlV)

68 Erbringt ein übernehmendes Unternehmen i. S. d. Rn. 66 f. die bisher ausschließlich gegenüber dem verlagernden Unternehmen erbrachten Routineleistungen in Zukunft auch als eigenständiger Vertragspartner, ganz oder teilweise, gegenüber anderen Unternehmen, sind zwei Alternativen zu unterscheiden:

- Das übernehmende Unternehmen nutzt für seine Leistungen keine vom verlagernden Unternehmen beigestellten immateriellen Wirtschaftsgüter und Vorteile. Indiz dafür ist, dass die von fremden Dritten gezahlte Vergütung dem entspricht, was bisher vom verlagernden Unternehmen nach Rn. 66 f. für die erbrachten Leistungen vergütet worden ist. Die Regelungen zu Funktionsverlagerungen sind nicht anzuwenden.
- Das übernehmende Unternehmen erzielt gegenüber den anderen Unternehmen Preise, die höher sind als das Entgelt nach Rn. 66 f., bzw. die Preise wären entsprechend dem Fremdvergleichsgrundsatz höher anzusetzen. Zum Zeitpunkt der erstmaligen Erbringung gegenüber den anderen Unternehmen ist im Hinblick auf die Umsätze mit diesen Unternehmen für bisher unentgeltlich vom verlagernden Unternehmen für die Leistungserbringung zur Verfügung gestellte Wirtschaftsgüter und Vorteile ein Entgelt zu

verrechnen. Die betreffenden Wirtschaftsgüter und Vorteile gelten als ein Transferpaket, soweit hierfür im Einzelfall die Voraussetzungen gegeben sind, z. B. wenn ein bisheriger Lohnfertiger zum Eigenfertiger wird (vgl. Rn. 208 f.).

## 2.2.3. Öffnungsklauseln (§ 1 Absatz 3 Satz 10 AStG)

Sind die Tatbestandsmerkmale für eine Funktionsverlagerung erfüllt, erfolgt 69
die Bestimmung der Verrechnungspreise nach § 1 Absatz 3 Satz 9 AStG regelmäßig auf Grundlage der Bewertung des Transferpakets (vgl. Rn. 82 ff.). Liegen jedoch die Voraussetzungen einer der drei eigenständigen Öffnungsklauseln des § 1 Absatz 3 Satz 10 AStG vor, die jeweils unabhängig voneinander zu prüfen sind, kann der Steuerpflichtige von der Transferpaketbetrachtung absehen. In diesem Fall sind Einzelverrechnungspreise für die von der Funktionsverlagerung betroffenen Bestandteile des Transferpakets entsprechend den allgemeinen Regelungen (§ 1 Absatz 3 Satz 1 bis 8 AStG) zu bestimmen. Soweit es sich um hochwertige und einzigartige immaterielle Wirtschaftsgüter und Vorteile handelt, wird für diese der hypothetische Fremdvergleich (Rn. 62 ff.) anzuwenden sein. Zu dessen Durchführung ist der zukünftig zu erwartende finanzielle Nutzen aus dem betreffenden immateriellen Wirtschaftsgut maßgebend, der sich aufgrund einer betriebswirtschaftlichen Bewertung nach einem kapitalwertorientierten Verfahren (z. B. IDW S 5 bzw. ISO 10668 für Marken) ergibt.

Die Möglichkeit, nach § 1 Absatz 3 Satz 10 AStG auf die Transferpaketbe- 70
trachtung zu verzichten, ändert nichts daran, dass der Tatbestand einer Funktionsverlagerung erfüllt ist. Insbesondere sind weiterhin die Aufzeichnungspflichten (Rn. 155 ff.) zu beachten, d. h. es sind die Unterlagen vorzulegen, aus denen sich quantifiziert die wirtschaftlichen Gründe für die Funktionsverlagerung, insbesondere die konkreten Vor- bzw. Nachteile ergeben, sowohl für den Gesamtkonzern als auch für die betroffenen verbundenen Unternehmen (Tz. 9.57, 9.81, 9.178 OECD Leitlinien).

### 2.2.3.1. Öffnungsklausel (§ 1 Absatz 3 Satz 10 erste Alternative AStG)

Von der Transferpaketbetrachtung kann der Steuerpflichtige absehen, wenn 71
er glaubhaft macht (Rn. 40 f.), dass keine wesentlichen immateriellen Wirtschaftsgüter und Vorteile Gegenstand der Funktionsverlagerung waren (§ 1 Absatz 3 Satz 10 erste Alternative AStG, § 1 Absatz 5 FVerlV). Nach der Definition des Begriffs „wesentlich" (§ 1 Absatz 5 FVerlV) ist dies – abgesehen von der Frage der Erforderlichkeit des immateriellen Wirtschaftsgutes oder Vorteils für die verlagerte Funktion – der Fall, wenn der Fremdvergleichspreis weder für ein immaterielles Wirtschaftsgut oder einen Vorteil allein noch für mehrere von der Funktionsverlagerung betroffene immaterielle Wirtschaftsgüter und Vorteile gemeinsam die quantitative Grenze (25 %) übersteigt (Rn. 38 f.). Eine präzise Wertberechnung für das Transferpaket ist nicht erforderlich.

**Beispiel (siehe auch Rn. 80):**

Im Rahmen einer Funktionsverlagerung macht der Steuerpflichtige glaubhaft, dass neben verschiedenen materiellen Wirtschaftsgütern drei immaterielle Wirtschaftsgüter betroffen sind, die jeweils 20 % der Summe der Einzelwerte aller Bestandteile des Transferpakets ausmachen.

Da die Summe der Werte der immateriellen Wirtschaftsgüter 25 % der Summe der Einzelwerte aller Bestandteile des Transferpakets übersteigt, ist die erste Öffnungsklausel nicht anwendbar (Zusammenrechnung). Der Steuerpflichtige hat den Verrechnungspreis auf der Grundlage einer Transferpaketbetrachtung zu bestimmen.

### 2.2.3.2. Öffnungsklausel (§ 1 Absatz 3 Satz 10 zweite Alternative AStG, § 2 Absatz 3 FVerlV)

72 Die Verrechnungspreisbestimmung auf Grundlage des Transferpakets ist dann nicht maßgeblich, wenn der Steuerpflichtige glaubhaft macht (Rn. 40), dass die Summe der Einzelverrechnungspreise für die Bestandteile des Transferpakets, gemessen am Wert für das Transferpaket dem Fremdvergleichsgrundsatz entspricht (§ 1 Absatz 3 Satz 10 zweite Alternative AStG). Nach § 2 Absatz 3 FVerlV sind in diesen Fällen sowohl der Einigungsbereich als auch der Wert des Transferpakets nach § 1 Absatz 3 Satz 9 AStG i. V. m. § 1 Absatz 3 Satz 7 AStG zu ermitteln, so dass für diese Öffnungsklausel präzise Berechnungen auf der Grundlage des Transferpakets erforderlich sind. Die nach § 1 Absatz 3 Satz 1 bis 8 AStG ermittelte Summe der Einzelverrechnungspreise für die Bestandteile des Transferpakets darf nur angesetzt werden, wenn sie im Einigungsbereich liegt (siehe auch Gesetzesbegründung zu § 1 Absatz 3 Satz 10 AStG, BT-Drs. 16/4841 S. 86). Die Anwendung dieser Öffnungsklausel kann sinnvoll sein, um einen bestimmten Punkt im Einigungsbereich glaubhaft zu machen (Rn. 128).

73 Für die Glaubhaftmachung ist es vor allem erforderlich, dass der Steuerpflichtige die Differenz zwischen der Summe der Einzelverrechnungspreise und dem Wert für das Transferpaket aufklärt und begründet, warum die Summe der Einzelverrechnungspreise dem Fremdvergleichsgrundsatz entspricht.

### 2.2.3.3. Öffnungsklausel (§ 1 Absatz 3 Satz 10 dritte Alternative AStG)

74 Macht der Steuerpflichtige anhand der nach § 90 Absatz 3 AO i. V. m. § 3 Absatz 2 GAufzV nach Aufforderung vorzulegenden Aufzeichnungen glaubhaft, dass zumindest ein wesentliches immaterielles Wirtschaftsgut Gegenstand der Funktionsverlagerung ist, und bezeichnet er es genau, sind Einzelverrechnungspreise für die Bestandteile des Transferpakets anzuerkennen (§ 1 Absatz 3 Satz 10 dritte Alternative AStG).

75 Ein immaterielles Wirtschaftsgut ist „wesentlich“, wenn, bezogen auf dieses Wirtschaftsgut, in sinngemäßer Anwendung des § 1 Absatz 5 FVerlV sowohl das qualitative Merkmal erfüllt als auch die quantitative Grenze (25 %) überschritten ist (entsprechend Rn. 38 f.). Die Glaubhaftmachung (Rn. 40) erfordert keine präzise Wertberechnung für das Transferpaket.

76 Ein wesentliches immaterielles Wirtschaftsgut wird häufig hochwertig und einzigartig sein (Rn. 62), sodass insoweit der hypothetische Fremdvergleich anzuwenden ist. Über die hierzu notwendige Einbeziehung der Gewinnerwartungen der betroffenen Unternehmen können sich geschäftswertbildende Faktoren und Standortvorteile auf die Verrechnungspreisbestimmung auswirken, wenn voneinander unabhängige Unternehmen sie für ihre Preisbestimmung berücksichtigen würden (Tz. 9.94 OECD Leitlinien). Es kann nicht unterstellt werden, dass dies regelmäßig der Fall ist.

77 Das Wort „zumindest“ macht deutlich, dass für die Anwendung dieser Öffnungsklausel auch mehrere (wesentliche) immaterielle Wirtschaftsgüter Ge-

genstand einer Funktionsverlagerung sein können, die auf Grundlage der Mitwirkungs- und Aufzeichnungspflichten nach § 90 Absatz 3 AO i. V. m. der GAufzV (Rn. 150 ff.) vollständig und genau bezeichnet werden müssen.

Ein immaterielles Wirtschaftsgut ist genau bezeichnet, wenn es aufgrund der Angaben des Steuerpflichtigen so eindeutig identifiziert werden kann, dass entweder ausreichende Vergleichswerte ermittelt werden können (§ 1 Absatz 3 Satz 1 bis 4 AStG) oder eine sachgerechte Preisbestimmung nach dem hypothetischen Fremdvergleich (§ 1 Absatz 3 Satz 5 bis 8 AStG) möglich ist. Die Verrechnungspreisbestimmung erfolgt ausgehend von den Unterlagen des Unternehmens, die für dessen Entscheidung maßgebend waren, die Funktionsverlagerung durchzuführen. 78

Die dritte Öffnungsklausel ist auch auf Funktionsverlagerungen, die einen Betrieb oder Teilbetrieb betreffen, anzuwenden, da der Wortlaut insoweit keine Einschränkung enthält. Auch in diesen Fällen ist eine Einzelpreisbestimmung für die Bestandteile des Transferpakets nach § 1 Absatz 3 Satz 10 AStG möglich mit der Folge, dass ggf. für mehrere immaterielle Wirtschaftsgüter (einschließlich eines tatsächlich enthaltenen Geschäfts- oder Firmenwerts) jeweils einzeln der hypothetische Fremdvergleich durchgeführt werden muss. Wird ein Betrieb oder Teilbetrieb verlagert, kann sich die Verpflichtung zu einer Gesamtbewertung allerdings aus anderen Vorschriften ergeben, hinter die § 1 AStG ggf. zurücktritt (Rn. 8). 79

Sind mehrere immaterielle Wirtschaftsgüter Bestandteile des Transferpakets, die jedes für sich die Voraussetzungen der Wesentlichkeit des § 1 Absatz 3 Satz 10 dritte Alternative AStG nicht erfüllen, greift die Öffnungsklausel nicht ein. Dies gilt auch, wenn die Summe der Einzelwerte der betroffenen immateriellen Wirtschaftsgüter die quantitative Grenze insgesamt überschreitet. 80

**Beispiel (siehe auch Rn. 71):**

Im Rahmen der Prüfung einer Funktionsverlagerung ergibt sich, dass davon drei immaterielle Wirtschaftsgüter betroffen sind, die je 20 % der Summe der Einzelwerte der Bestandteile des Transferpakets betragen.

Da der Steuerpflichtige kein immaterielles Wirtschaftsgut identifiziert hat, dessen Wert mehr als 25 % der Summe aller Einzelwerte der Bestandteile des Transferpakets beträgt, ist die dritte Öffnungsklausel nicht anwendbar (keine Zusammenrechnung). Der Steuerpflichtige hat die Verrechnungspreise auf der Grundlage einer Transferpaketbetrachtung zu bestimmen.

Fasst der Steuerpflichtige mehrere immaterielle Wirtschaftsgüter zusammen, deren gemeinsame Bewertung in Anwendung anerkannter betriebswirtschaftlicher Methoden sachgerecht ist (z. B. im Einzelfall Patent und Produktions-Know-how, das der Herstellung derselben Wirtschaftsgüter dient, vgl. Rn. 5) und wird damit die Grenze von 25 % überschritten, ist dies nicht zu beanstanden, wenn die so zusammengefassten immateriellen Wirtschaftsgüter für die Verrechnungspreisbestimmung (und die entsprechende Bewertung) wie ein einheitliches immaterielles Wirtschaftsgut behandelt werden. 81

## 2.3. Wertermittlung für das Transferpaket (§ 3 FVerlV)

### 2.3.1. Barwertermittlung (§ 3 Absatz 1 FVerlV)

Für das Transferpaket ist in den Fällen des hypothetischen Fremdvergleichs (Rn. 62 ff.) ein betriebswirtschaftlich begründeter Gesamtwert (Barwert) zu bestimmen (Rn. 29 f. und Rn. 63). Für die Beurteilung der Werthaltigkeit 82 des Transferpakets ist auf die tatsächlichen Verhältnisse sowie die Erkenntnismöglichkeiten und Ermessensspielräume der beiden gedachten ordentlichen und gewissenhaften Geschäftsleiter (sowohl des verlagernden als auch des übernehmenden Unternehmens) im Zeitpunkt der Funktionsverlagerung abzustellen. Maßgeblich ist der Zeitpunkt, in dem sich die Funktionsverlagerung ereignet hat und der Tatbestand (Rn. 19) vollständig verwirklicht ist. Alle Umstände, die den beteiligten Unternehmen (einschließlich der Konzernzentrale) zu diesem Zeitpunkt tatsächlich bekannt waren oder von denen unterstellt werden kann, dass sie von ordentlichen und gewissenhaften Geschäftsleitern berücksichtigt worden wären, sind nach § 1 Absatz 1 Satz 3 AStG heranzuziehen, soweit sie Rückschlüsse auf die Werthaltigkeit des Transferpakets zum maßgeblichen Zeitpunkt erlauben. Hinsichtlich der Mitwirkungspflichten der beteiligten Unternehmen und ggf. der Konzernzentrale siehe Rn. 150 ff.

### 2.3.2. Berechnung der Gewinnpotenziale (§ 3 Absatz 2 FVerlV)

83 Zur Bestimmung der Gewinnpotenziale ist sowohl für das verlagernde als auch für das übernehmende Unternehmen eine Funktions- und Risikoanalyse, bezogen auf die mit der Funktion jeweils zusammenhängenden Geschäftstätigkeiten, jeweils vor und nach der Funktionsverlagerung durchzuführen (zur Anwendung der „direkten" bzw. „indirekten Methode" vgl. Rn. 32).

84 Für die Barwertberechnung der Gewinnpotenziale sind vor allem drei Faktoren wesentlich:

- Als Erstes sind die Reingewinne nach Steuern – jeweils aus der Sicht der beiden ordentlichen und gewissenhaften Geschäftsleiter i. S. d. § 1 Absatz 1 Satz 2 AStG – zu berechnen, die aus der verlagerten Funktion zu erwarten sind. Dazu ist für das verlagernde und das übernehmende Unternehmen der gleiche Maßstab anzuwenden.
- Als Zweites ist der Kapitalisierungszeitraum festzulegen, der in Abhängigkeit von den konkreten Umständen der Funktionsausübung zu bestimmen ist (§ 6 FVerlV und Rn. 109 ff.).
- Als Drittes sind die jeweiligen Reingewinne nach Steuern mit einem angemessenen Kapitalisierungszinssatz zu diskontieren, der die jeweils mit der Funktion zusammenhängenden Chancen und Risiken berücksichtigt (§ 5 FVerlV und Rn. 104 ff.).

85 Die Gewinnpotenziale aus der verlagerten Funktion können, z. B. aufgrund einer Kostenstellenrechnung, einer Produktergebnisrechnung oder einer Kostendeckungsbeitragsrechnung, aus dem Gesamtgewinn des Unternehmens herausgerechnet werden. Tatsächlich bestehende, eindeutig vorteilhaftere Handlungsalternativen (Rn. 96), jeweilige Standortvorteile bzw. -nachteile und zu erwartende Synergieeffekte (Rn. 93) beeinflussen aus der Sicht voneinander unabhängiger Dritter die Gewinnerwartung und damit auch die Preisbestimmung. Auf die Fälle des § 7 Absatz 2 FVerlV, in denen der Mindestpreis des verlagernden Unternehmens dem Liquidationswert entspricht (Rn. 120), wird hingewiesen.

86 Die Unterlagen, die auf den unternehmensinternen, allgemein angewandten, betriebswirtschaftlichen Bewertungsgrundlagen und -methoden beruhen (§ 3 Absatz 2 Satz 2 FVerlV), kann der Steuerpflichtige als Grundlage für die

zu erstellenden Planrechnungen verwenden (Tz. 3.4.12.6 VWG Verfahren). Dies gilt, soweit die Unterlagen selbst und die darauf basierenden Berechnungen plausibel sind.

### 2.3.2.1. Bewertungsverfahren

Grundsätzlich ist im hypothetischen Fremdvergleich ein Bewertungsverfahren (kapitalwertorientiertes Verfahren, z. B. nach IDW S 1 oder IDW S 5) anzuwenden, das den jeweiligen Barwert auf der Grundlage des jeweils zu erwartenden „Reingewinns nach Steuern" (§ 1 Absatz 4 FVerlV, Rn. 31) ermittelt. Grundlage hierfür ist die Annahme, dass sich der Wert einer verlagerten Funktion aus deren Eigenschaft ergibt, künftige Erfolgsbeiträge in Form von Einnahmeüberschüssen zu erwirtschaften. 87

Davon ausgehend ist der Einigungsbereich zu ermitteln (§ 7 FVerlV) und der maßgebliche Wert im Einigungsbereich zu bestimmen (Rn. 128 ff.). Die Anwendung eines betriebswirtschaftlich begründeten Discounted Cashflow-Verfahrens zur Ermittlung des maßgebenden Barwerts ist zulässig, da sowohl das Ertragswertverfahren als auch die Discounted Cashflow-Verfahren grundsätzlich auf derselben konzeptionellen Grundlage beruhen und bei gleichen Bewertungsannahmen bzw. -vereinfachungen zu gleichen Bewertungsergebnissen führen (Tz. 101 IDW S 1). 88

Ob ein Bewertungsverfahren anzuwenden ist, das dem IDW S 1 oder dem IDW S 5 (Tz. 22 bis 47) oder einem anderen betriebswirtschaftlich anerkannten Verfahren entspricht und steuerlich für die betreffende Fallgestaltung anzuerkennen ist, hängt von dem Charakter und der Bedeutung der Funktionsverlagerung ab. Werden von der Funktionsverlagerung vor allem immaterielle Wirtschaftsgüter betroffen, liegt die Anwendung eines Bewertungsverfahrens, das IDW S 5 entspricht, nahe. Stellt sich im Einzelfall eine Funktionsverlagerung als Verlagerung eines Unternehmens oder eines Betriebsteils dar, der über eine eigene Lebensfähigkeit verfügt, ist ein Bewertungsverfahren sachgerecht, das IDW S 1 entspricht. 89

Der Wert einer Funktion bestimmt sich aus betriebswirtschaftlicher Sicht nach dem erwarteten zukünftigen finanziellen Nutzen, der aus der Funktion gezogen bzw. nicht mehr gezogen werden kann. Wesentlicher Ausgangspunkt für die Bewertung ist die Identifikation der spezifischen Einnahmen und Ausgaben, die der zu bewertenden Funktion zuzurechnen sind (entsprechend Tz. 24 IDW S 5). Hierfür bilden die Unterlagen, auf deren Grundlage das Unternehmen insgesamt über die Funktionsverlagerung entschieden hat (§ 3 Absatz 2 Satz 2 FVerlV), den entscheidenden Ausgangspunkt. Aus diesen Unterlagen ist abzuleiten, von welchen Annahmen ausgegangen worden ist, vor allem welche Einnahmen und Ausgaben aufgrund der Funktionsverlagerung einerseits für das verlagernde Unternehmen voraussichtlich wegfallen und welche Einnahmen und Ausgaben aufgrund der Funktionsverlagerung andererseits für das übernehmende Unternehmen voraussichtlich entstehen. Im Regelfall entspricht es betriebswirtschaftlichen Grundsätzen, für die ersten Jahre detaillierte Prognoserechnungen aufzustellen und für die weiteren Jahre diese Werte pauschal fortzuschreiben. 90

Der Wert des Transferpakets ergibt sich unter Berücksichtigung der Gewinnpotenziale, die sich sowohl aus der Veränderung (im Regelfall Min- 91 derung) des Ertragswerts des verlagernden Unternehmens als auch aus dem Zuwachs des Ertragswerts des übernehmenden Unternehmens ergeben und aus denen jeweils die Preisuntergrenze bzw. die Preisobergrenze der Unternehmen (Entscheidungswerte) errechnet werden kann. Dies führt zu einer fiktiven Verhandlungssituation und ermöglicht die Bestimmung eines Werts für das Transferpaket (Barwert) im Einigungsbereich.

**92** Zur Aufteilung des Barwerts auf die Wirtschaftsgüter und Vorteile des Transferpakets (unabhängig von ihrer Bilanzierbarkeit beim verlagernden Unternehmen) vgl. Rn. 98 f. und Anlage, Beispiel 1 (I. Abwandlung zu Fall A).

### 2.3.2.2. Standortvorteile und Synergieeffekte

**93** Die jeweiligen Ertragswerte beinhalten alle Standortvorteile bzw. -nachteile und Synergieeffekte aller beteiligten Unternehmen. Welches Unternehmen durch seine Tätigkeit das Entstehen dieser Vorteile/Nachteile bewirkt, ist zwar ein Indiz, aber letztlich nicht entscheidend. Es kommt darauf an, welches Unternehmen diese Vorteile/Nachteile in den fiktiven Preisverhandlungen in Anspruch nehmen könnte bzw. tragen müsste. Dies hängt von den konkreten Handlungsalternativen (Rn. 96) und der jeweiligen Verhandlungsstärke (Tz. 9.57, 9.148 ff. OECD Leitlinien) ab, die sich aus den objektiven Umständen ergibt. Beispiele für mögliche Standortvorteile oder -nachteile des übernehmenden Unternehmens können Unterschiede bei Lohn- oder Materialkosten, Finanzierungskonditionen, die Qualität der Infrastruktur oder die Zuverlässigkeit und Qualifizierung des Personals und der Materiallieferungen sein. Auch Steuerbelastungsunterschiede und Investitionshilfen, die für die Preisbestimmung zu berücksichtigen sind, können Standortvorteile oder -nachteile begründen, ohne dass dies bereits die Annahme eines steuerlichen Missbrauchs rechtfertigt (Tz. 9.181 ff. OECD Leitlinien).

### 2.3.2.3. Grad der Fremdfinanzierung

**94** Für die Wertermittlung des Transferpakets kann aus Vereinfachungsgründen typisierend davon ausgegangen werden, dass der Grad der Fremdkapitalfinanzierung hinsichtlich der betreffenden Funktion für das übernehmende Unternehmen genauso hoch ist wie für das verlagernde Unternehmen. Beruft sich der Steuerpflichtige auf einen unterschiedlichen Grad der Fremdkapitalisierung, hat er den Sachverhalt aufzuzeichnen und darzulegen, inwieweit sich die Unterschiede in der Finanzierung des übernehmenden Unternehmens gegenüber der des verlagernden Unternehmens auf den anzuwendenden Kapitalisierungszinssatz auswirken. Es ist zu berücksichtigen, dass ein Investor im Fall einer höheren Fremdkapitalfinanzierung wegen des höheren Risikos regelmäßig eine höhere Eigenkapitalrendite erwarten wird.

### 2.3.2.4. Unternehmensstrategisch motivierte Funktionsverlagerungen

**95** Soweit der Funktionsverlagerung unternehmensstrategische und weniger ertragsorientierte Überlegungen zugrunde liegen, sind trotzdem in jedem Fall die Ertragsauswirkungen (bzw. Cashflow Auswirkungen) zu ermitteln und die wirtschaftlichen Folgen der unternehmensstrategischen Entscheidung unter Anwendung des Fremdvergleichsgrundsatzes zu bewerten (vgl. Tz. 26 IDW S 5), um sachgerechte Verrechnungspreise bestimmen zu können.

#### 2.3.2.5. Handlungsalternativen

Für den anzustellenden Fremdvergleich ist die rechtliche und wirtschaftliche Position der beteiligten Vertragspartner zu berücksichtigen, die einen wichtigen Anhaltspunkt für die angemessene Preisgestaltung gibt (vgl. BFH-Urteil vom 28. Januar 2004, HFR S. 552, m. w. N.). Stehen z. B. dem übernehmenden Unternehmen – als fiktiv selbständigem Unternehmen – konkrete, realistische und eindeutig vorteilhaftere Möglichkeiten offen, die ihm angebotene Leistung zu erlangen (Tz. 9.59, 9.64 OECD Leitlinien), wird ein ordentlicher und gewissenhafter Geschäftsleiter versuchen, seinen infolge der Handlungsalternativen bestehenden Verhandlungsvorteil zu nutzen, um den Preis zu reduzieren. Andererseits wird der ordentliche und gewissenhafte Geschäftsleiter des verlagernden Unternehmens nicht bereit sein, einen wirtschaftlichen Vorteil ganz oder teilweise unentgeltlich abzugeben, wenn z. B. konkret die Möglichkeit bestünde, einen höheren Preis für die Abgabe der Funktion zu erzielen. Er wird vielmehr versuchen, ein optimales Ergebnis für das von ihm vertretene, verlagernde Unternehmen zu erreichen. In welchem Umfang er Erfolg hätte, ist abhängig von seiner Verhandlungsposition und seinen Handlungsalternativen, z B. die Funktion selbst weiter auszuüben und ggf. mit dem übernehmenden Unternehmen in Konkurrenz zu treten, die Funktion auf einen Lohnfertiger zu verlagern oder ein günstigeres Angebot anzunehmen. Es ist Aufgabe des Fremdvergleichsgrundsatzes, für den fiktiven Interessengegensatz unter den konkreten Gegebenheiten (ggf. auch unter Einbeziehung anderer Konzernunternehmen) eine Lösung zu finden, ohne die tatsächlich verwirklichten und rechtlich verbindlichen Geschäftsvorfälle zu ignorieren. Wer sich zu seinen Gunsten auf das Vorliegen von konkreten, realistischen und eindeutig vorteilhafteren Handlungsalternativen beruft, hat deren Voraussetzungen nachzuweisen und die sich aus diesen Handlungsalternativen ergebenden steuerlichen Auswirkungen glaubhaft zu machen. 96

### 2.4. Bestandteile des Transferpakets

Die rechtliche und vertragliche Strukturierung einer Funktionsverlagerung liegt in der unternehmerischen Dispositionsfreiheit (Rn. 145 ff.). Die Entscheidungen sind von der Finanzbehörde dem Grunde nach anzuerkennen, soweit sie dem Fremdvergleichsgrundsatz entsprechen. Aus Nachweisgründen sollte die Ausübung der Dispositionsfreiheit – gerade für komplexe Geschäftsvorfälle wie Funktionsverlagerungen – in Form von im Voraus abgeschlossenen, klaren und eindeutigen (möglichst schriftlichen) Verträgen erfolgen (Rn. 151). Fehlen solche Verträge, sind Nachweisprobleme mit den beteiligten Finanzbehörden nicht auszuschließen. 97

#### 2.4.1. Aufteilung des Werts des Transferpakets (§ 4 Absatz 1 FVerlV)

Im Rahmen einer Funktionsverlagerung werden häufig gesonderte Verträge (Rn. 97) für die Übertragung von Wirtschaftsgütern (Verkauf), für die Nutzungsüberlassung von Wirtschaftsgütern (z. B. Miete, Lizenzierung) und für die Erbringung von Dienstleistungen (z. B. Personalüberlassung) vorliegen oder entsprechend dem Fremdvergleichsgrundsatz anzunehmen sein (Tz. 3.12 OECD Leitlinien). Die Summe der Einzelverrechnungspreise muss jedoch 98 unter Berücksichtigung der jeweiligen Gewinnpotenziale (einschließlich der Chancen, Risiken und Vorteile) insgesamt dem Wert des Transferpakets nach § 3 FVerlV (Barwert) entsprechen.

99 Legt der Steuerpflichtige nur eine Wertberechnung für das Transferpaket – ohne Aufteilung dieses Werts auf die einzelnen Wirtschaftsgüter, Vorteile und Dienstleistungen (§ 4 Absatz 1 FVerlV) – vor, kann die Finanzbehörde in begründeten Einzelfällen den Barwert für das Transferpaket mit den Verrechnungspreisen für die einzelnen Wirtschaftsgüter, sonstigen Vorteile und erbrachten Dienstleistungen verproben und den Steuerpflichtigen ggf. zur Aufklärung von Abweichungen auffordern. Dies gilt z. B. wenn Anhaltspunkte dafür vorliegen, dass der vom Steuerpflichtigen berechnete Wert für das Transferpaket niedriger ist als die Summe der Fremdvergleichspreise für alle Bestandteile des Transferpakets.

### 2.4.2. Vermutung für Nutzungsüberlassung (§ 4 Absatz 2 FVerlV)

100 Wurden im Rahmen einer Funktionsverlagerung keine schriftlichen Vereinbarungen getroffen, ist anhand einer Analyse der Gesamtumstände des Einzelfalles zu prüfen, ob und inwieweit bezogen auf die einzelnen Wirtschaftsgüter eine endgültige Übertragung oder eine zeitlich befristete Nutzungsüberlassung vorliegt. Für die Beurteilung ist der erkennbare Wille der Beteiligten im Zeitpunkt der Funktionsverlagerung von erheblicher Bedeutung (BFH-Urteil vom 7. Dezember 1977, BStBl. 1978 II S. 355), soweit dieser eindeutig festgestellt bzw. nachgewiesen werden kann. Zum Nachweis können z. B. zeitnah erstellte Buchhaltungsunterlagen dienen.

101 Kann der übereinstimmende Wille mangels schriftlicher Unterlagen oder anderer Beweismittel nicht zweifelsfrei festgestellt werden, sind der tatsächliche Ablauf und die Handhabung durch die Beteiligten maßgeblich. Der Ablauf wird regelmäßig erkennen lassen, ob die betreffenden Wirtschaftsgüter und das Gewinnpotenzial jedenfalls bis zur Funktionsverlagerung dem verlagernden Unternehmen zuzuordnen waren und in dessen Eigentum standen, und wenn ja, ob die betreffenden Wirtschaftsgüter und das Gewinnpotenzial nach der Funktionsverlagerung tatsächlich von dem übernehmenden Unternehmen genutzt worden sind.

102 Im Zweifel ist – im Einverständnis mit dem Steuerpflichtigen – eine Nutzungsüberlassung einzelner Wirtschaftsgüter und Vorteile des Transferpakets anzunehmen und nicht von einer Übertragung auszugehen (§ 4 Absatz 2 FVerlV).

### 2.4.3. Nachträgliche Barwertberechnung (§ 4 Absatz 3 FVerlV)

103 In Fällen von Funktionsverdoppelungen (§ 1 Absatz 6 Satz 1 FVerlV, Rn. 42 ff.), die nachträglich zu einer Funktionsverlagerung werden (§ 1 Absatz 6 Satz 2 FVerlV, Rn. 45), sind die Verrechnungspreise für die zuletzt verwirklichten Geschäftsvorfälle dem Fremdvergleichsgrundsatz entsprechend so anzusetzen, dass sie zusammen mit den zuerst verwirklichten Geschäftsvorfällen in der Summe dem Wert des Transferpakets entsprechen (§ 3 FVerlV). Dadurch können Änderungen der Verrechnungspreise für die zuerst verwirklichten Geschäftsvorfälle und damit internationale Doppelbesteuerungskonflikte vermieden werden. Entsprechendes gilt in Fällen von Funktionsverlagerungen i. S. d. § 1 Absatz 2 Satz 3 FVerlV (Rn. 26 f.).

## 2.5. Kapitalisierungszinssatz (§ 5 FVerlV)

### 2.5.1. Basiszins

Ausgangspunkt für die Bestimmung des angemessenen Kapitalisierungszinssatzes ist der landesübliche Zins für eine „quasi-risikolose" Investition (Basiszins, Tz. 116 IDW S 1), der jeweils für das verlagernde und das übernehmende Unternehmen zu ermitteln und zu dokumentieren ist (z. B. Zins für laufzeitäquivalente öffentliche Anleihen im jeweiligen Land, für das Inland die Zinsstrukturkurve der Deutschen Bundesbank, www.bundesbank.de). Zuschläge für Länderrisiken sind nicht vorzunehmen. Dem Steuerpflichtigen bleibt es unbenommen, auch für das ausländische Unternehmen den inländischen risikolosen Zinssatz zu verwenden, wenn bestehende Länderrisiken im Wege eines angemessenen Zuschlags berücksichtigt werden. 104

### 2.5.2. Laufzeit

Die Zinssätze für risikolose Investitionen sind laufzeitabhängig. Für den Regelfall eines von den Umständen der Funktionsausübung abhängigen Kapitalisierungszeitraums (§ 6 FVerlV), sind risikolose Investitionen heranzuziehen, deren Laufzeit z. B. zu der voraussichtlichen Dauer der Funktionsausübung oder der Nutzungsdauer der wesentlichen immateriellen Wirtschaftsgüter äquivalent ist. Ist nach § 6 FVerlV ein unbegrenzter Kapitalisierungszeitraum zugrunde zu legen, ist von einer möglichst langfristigen Vergleichsinvestition auszugehen. Der Basiszinssatz kann in diesen Fällen auch auf Grundlage einer Hochrechnung ausgehend von der Zinsstrukturkurve bestimmt werden. 105

### 2.5.3. Funktions- und risikoadäquate Zuschläge

Auf den Basiszinssatz sind funktions- und risikoadäquate Zuschläge vorzunehmen, um die zukünftigen Chancen und Risiken, die mit der verlagerten Funktion zusammenhängen im Vergleich zu denjenigen, die mit einer risikolosen Investition verbunden sind, zu berücksichtigen. Die Zuschläge für beide Unternehmen sollen sich an den marktüblichen Renditen orientieren, die für die Ausübung vergleichbarer Funktionen erzielt werden, wenn ausreichend vergleichbare Renditeerwartungen ermittelt werden können. Ist das nicht der Fall, ist der funktions- und risikoadäquate Zuschlag für die betroffenen Unternehmen aus den Gewinnerwartungen des Konzerns bzw. der Unternehmensgruppe abzuleiten und der verlagerten Funktion ein angemessener Anteil am zu erwartenden Gesamtgewinn zuzuordnen (Wertschöpfungsanalyse, vgl. Tz. 3.4.12.6 Buchstabe b, dritter Spiegelstrich VWG Verfahren). Für das verlagernde und für das übernehmende Unternehmen ist die Risikobeurteilung anzunehmen, die sich aus der übrigen Geschäftstätigkeit des jeweiligen Unternehmens bzw. der Unternehmensgruppe (des Konzerns) ergibt. 106

Der für das übernehmende Unternehmen anzuwendende Kapitalisierungszinssatz stellt sicher, dass bei diesem voraussichtlich ein funktions- und risikoadäquater Mindestgewinn verbleibt. 107

### 2.5.4. Berücksichtigung von Steuern

Wenn die erwarteten Gewinne aus dem Transferpaket (bei Kapitalgesellschaften) um die Steuern der Gesellschafter gekürzt werden, ist der Kapitalisierungszinssatz auch um die Steuern des Gesellschafters zu reduzieren (Äquiva- 108 lenzprinzip). Werden die erwarteten Gewinne aus dem Transferpaket nur um die Steuern des Unternehmens gekürzt, ist der Kapitalisierungszinssatz nicht zu reduzieren (Tz. 122 IDW S 1). Gleiches gilt für Personenunternehmen, wenn die Vereinfachungsregelung der Rn. 35 in Anspruch genommen wird. Ansonsten sind die persönlichen Steuern zu berücksichtigen.

**2.6. Kapitalisierungszeitraum (§ 6 FVerlV)**

**109** Ein unbegrenzter Kapitalisierungszeitraum kommt regelmäßig zur Anwendung, wenn es sich bei der verlagerten Funktion um einen ganzen Betrieb, einen Teilbetrieb oder wenigstens um eine Einheit handelt, die wirtschaftlich eigenständig lebensfähig ist und weitgehend einem Teilbetrieb entspricht (vgl. Tz. 85 IDW S 1). Je weiter dagegen die verlagerte Funktion unterhalb der Schwelle eines Teilbetriebs liegt, umso eher kann ein begrenzter Kapitalisierungszeitraum sachgerecht sein. Da die Dauer des Kapitalisierungszeitraums erhebliche Auswirkungen auf den Mindestpreis und den Höchstpreis hat, ist dieser Aspekt ein wesentlicher Prüfungsschwerpunkt.

**110** Einen von den Umständen der Funktionsausübung abhängigen Kapitalisierungszeitraum (z. B. gestützt auf den Umstand, dass die Funktion nur für einen begrenzten Zeitraum überlassen worden ist oder dass ein Patent nur noch eine begrenzte Laufzeit hat) hat derjenige glaubhaft zu machen, der sich darauf beruft, es sei denn, solche Umstände sind ersichtlich. Anhaltspunkte für die Bestimmung der Dauer des Kapitalisierungszeitraums können z. B. sein: der Technologiezyklus, der Produktlebenszyklus, die Dauer eines Patentschutzes, die Dauer eines Vertriebsrechts oder die garantierte Dauer der Funktionsausübung. Haben einzelne Bestandteile eines Transferpakets eine unterschiedliche Nutzungsdauer (z. B. Patente mit unterschiedlicher Restlaufzeit), ist eine Orientierung an der längsten Nutzungsdauer – unter Berücksichtigung einer ggf. erforderlichen Gewichtung – sachgerecht.

**111** Sind bei der Ermittlung der Gewinnerwartungen des übernehmenden Unternehmens eigene Aufwendungen für den Erhalt bzw. Ersatz immaterieller Wirtschaftsgüter berücksichtigt worden, spricht dies für einen längeren Nutzungs- und damit Kapitalisierungszeitraum der Funktion. Unabhängig davon, ob in den Gewinnerwartungen solche Aufwendungen berücksichtigt worden sind, kann es sachgerecht sein, für betroffene wesentliche immaterielle Wirtschaftsgüter innerhalb der Nutzungsdauer von sinkenden Gewinnerwartungen auszugehen. Sind in den Gewinnerwartungen des übernehmenden Unternehmens keine Aufwendungen für den Erhalt bzw. Ersatz immaterieller Wirtschaftsgüter enthalten, führt dies nicht zwingend zu einem kurzen Kapitalisierungszeitraum.

**Beispiel:**

Wird die Produktion eines Staubsaugermodells verlagert, darf der Kapitalisierungszeitraum nicht ohne Weiteres auf die voraussichtliche Produktionsdauer eines bestimmten Staubsaugermodells begrenzt werden, wenn davon auszugehen ist, dass im Rahmen der Produktionsverlagerung die Technologie für die Herstellung von Staubsaugern insgesamt – nicht nur für ein bestimmtes Modell – überlassen wurde. In diesem Fall ist in der Zukunft auf gleicher Basis mit der Herstellung von modernisierten Nachfolgeprodukten durch das übernehmende Unternehmen zu rechnen, denn es handelt sich um ein technisch ausgereiftes Produkt, für das Innovationen nicht zu erwarten sind (keine Nutzung von im Wesentlichen neuen immateriellen Wirtschaftsgütern).

### 2.6.1. Einheitlicher Kapitalisierungszeitraum für beide Unternehmen

Sowohl für das verlagernde als auch für das übernehmende Unternehmen kann aus Vereinfachungsgründen typisierend von einem einheitlichen Kapitalisierungszeitraum ausgegangen werden. Wer sich darauf beruft, dass für die betroffenen Unternehmen kein einheitlicher Kapitalisierungszeitraum gilt, hat die Voraussetzungen dafür nachzuweisen. 112

### 2.6.2. Besonderheiten bei endlichem Kapitalisierungszeitraum

Wird von einem endlichen Kapitalisierungszeitraum ausgegangen, ist in Lizenzierungsfällen am Ende des Kapitalisierungszeitraums zu prüfen, ob die betreffenden immateriellen Wirtschaftsgüter weiter verwendet werden bzw. auf welcher Basis das übernehmende Unternehmen weiter arbeitet. Werden immaterielle Wirtschaftsgüter im Rahmen einer Funktionsverlagerung veräußert, ist ggf. § 1 Absatz 3 Satz 11 und 12 AStG anzuwenden (Rn. 138 ff.), z. B. wenn der angesetzte Kapitalisierungszeitraum erheblich von der tatsächlichen Nutzungsdauer abweicht. Wird die Geschäftstätigkeit des übernehmenden Unternehmens über den Kapitalisierungszeitraum hinaus fortgesetzt, ist zu prüfen, auf welcher Grundlage dies erfolgt und ob eine neue Funktionsverlagerung vorliegt. 113

### 2.7. Berechnung des Einigungsbereichs (§ 7 FVerlV)

Bei der Ermittlung des Mindestpreises des verlagernden Unternehmens und des Höchstpreises des übernehmenden Unternehmens zur Bestimmung des Einigungsbereichs (§ 1 Absatz 3 Satz 6 AStG) müssen die zugrunde gelegten Gewinnerwartungen aus der verlagerten Funktion realistisch sein. Für die Berechnung ist es wesentlich, dass die Verrechnungspreise für ggf. vorhandene Geschäftsbeziehungen vor der Funktionsverlagerung (für den Mindestpreis) und für ggf. vorhandene Geschäftsbeziehungen nach der Funktionsverlagerung (für den Höchstpreis) dem Fremdvergleichsgrundsatz entsprechen. 114

Für das verlagernde Unternehmen können die in der Vergangenheit aus der Funktion erzielten Ergebnisse erste Anhaltspunkte für das wegfallende Gewinnpotenzial bieten. Für den Mindestpreis des verlagernden Unternehmens kann es außerdem von Bedeutung sein, ob es zum Zeitpunkt der Funktionsverlagerung aus tatsächlichen oder rechtlichen Gründen in der Lage war, die betreffende Funktion selbst in Zukunft uneingeschränkt auszuüben (vgl. Beispiel in Rn. 120 sowie Rn. 127). 115

### 2.7.1. Mindestpreis in Gewinnfällen (§ 7 Absatz 1 FVerlV)

Hatte das verlagernde Unternehmen aus der verlagerten Funktion in Zukunft Gewinne zu erwarten, ist für die Berechnung der Untergrenze des Einigungsbereichs, d. h. für den Mindestpreis dieses Unternehmens (Grenzpreis), zu berücksichtigen, dass ein unabhängiges verlagerndes Unternehmen mindestens einen Ausgleich für das ganz oder teilweise wegfallende Gewinnpotenzial und Ersatz für ggf. anfallende Schließungskosten verlangen würde. Ohne einen solchen Ausgleich ist die Aufgabe der Funktion aus der Sicht des verlagernden Unternehmens betriebswirtschaftlich nicht sinnvoll. Die Berechnung des Mindestpreises (Rn 87 ff.) für das verlagernde Unternehmen erfolgt einseitig aus der Sicht dieses Unternehmens (Rn. 13). 116

117 Realistischerweise verfügbare und eindeutig vorteilhaftere Handlungsalternativen (Rn. 96, Tz. 9.59, 9.64 OECD Leitlinien), die in der unternehmerischen Dispositionsfreiheit des verlagernden Unternehmens begründet sind, müssen für die Preisbestimmung berücksichtigt werden, weil diese Einfluss auf den Mindestpreis dieses Unternehmens haben können. Grenze dieser Dispositionsbefugnis ist die Verrechnungspreisbestimmung aus der Sicht von zwei ordentlichen und gewissenhaften Geschäftsleitern i. S. d. § 1 Absatz 1 Satz 2 AStG, deren vollständige Informationen über alle wesentlichen Umstände der Geschäftsbeziehung unterstellt werden muss, um den Einigungsbereich und das Ergebnis bestimmen zu können, innerhalb dessen voneinander unabhängige Dritte verhandeln würden.

118 Für die Berechnung des Mindestpreises des verlagernden Unternehmens ist auch dessen Steuerbelastung auf den Ertrag aus der Veräußerung von Bestandteilen des Transferpakets der verlagerten Funktion zu berücksichtigen (vgl. Anlage, Beispiel 1).

119 In Fällen der Substitution eines technisch oder wirtschaftlich veralteten Produkts (Rn. 23) ist es nicht zu beanstanden, wenn unter folgenden, kumulativ vorliegenden Voraussetzungen für das verlagernde Unternehmen von einem Mindestpreis von Null ausgegangen wird:

- Das Produkt wird wegen eines Nachfolgeprodukts auf den bisher hauptsächlich belieferten Märkten nicht mehr abgesetzt.
- Die Verlagerung war erforderlich um die Produktion eines direkten Nachfolgeprodukts mit höherer Gewinnerwartung im Inland aufnehmen zu können.
- Die für die verlagerte Produktion notwendigen immateriellen Wirtschaftsgüter, einschließlich des Prozess-Know-hows, werden nicht veräußert, sondern lizenziert.

### 2.7.2. Mindestpreis und Liquidationswert (§ 7 Absatz 2 FVerlV)

120 Ist das verlagernde Unternehmen nicht mehr wie bisher dazu in der Lage, die verlagerte Funktion in Zukunft betriebswirtschaftlich sinnvoll auszuüben, z. B. weil ein Kunde die Verlagerung zwingend verlangt oder weil wegen der räumlichen Entfernung zum Markt eine direkte Belieferung durch das verlagernde Unternehmen zukünftig nicht mehr sinnvoll ist, entspricht der Mindestpreis des verlagernden Unternehmens regelmäßig dem Liquidationswert der nicht mehr benötigten Wirtschaftsgüter; für Verlustfälle vgl. Rn. 121 ff. Bei der Ermittlung des Liquidationswerts sind auch die Schließungskosten zu berücksichtigen, daher kann er auch negativ sein.

**Beispiel:**

P betreibt eine Druckerei und beliefert mit den im Inland hergestellten Druckerzeugnissen Kunden in aller Welt. Bestimmte ausländische Kunden drohen mit Vertragskündigung, weil ihnen der Zeitraum zwischen Auftragserteilung und Auslieferung der Druckerzeugnisse zu lang ist. P will diese Kunden nicht verlieren und gründet daher eine Tochtergesellschaft (T) im Ausland, die selbständig auf dem ausländischen Markt tätig wird. P schließt eine inländische Produktionsstätte, verkauft deren Druckmaschinen an T, überträgt den betreffenden ausländischen Teil des Kundenstamms, erbringt Dienstleistungen beim Aufbau der Druckerei und überlässt T die notwendigen immateriellen Wirtschaftsgüter.

Obwohl P aufgrund der angedrohten Kündigungen die Funktion „Produktion und Vertrieb für den betreffenden ausländischen Markt" zukünftig nicht mehr betriebswirtschaftlich sinnvoll ausüben kann, liegt eine Funktionsverlagerung vor. Der Mindestpreis (Barwert) entspricht in diesem Fall dem Liquidationswert.

### 2.7.3. Mindestpreis in Verlustfällen (§ 7 Absatz 3 FVerlV)

In Verlustfällen wird die Untergrenze des Einigungsbereichs des verlagernden Unternehmens entweder durch die zu erwartenden Verluste oder durch die Schließungskosten begrenzt. Auch ein unabhängiges Unternehmen stünde vor der Alternative, die Funktion entweder mit laufenden Verlusten fortzuführen oder sie einzustellen und die Schließungskosten hinzunehmen. Anzunehmen ist der für das verlagernde Unternehmen weniger belastende Betrag als Untergrenze des Verhandlungsrahmens, da auch ein unabhängiges Unternehmen seinem Handeln die Alternative zugrunde legen würde, die aus seiner Sicht betriebswirtschaftlich am wenigsten nachteilig ist (Tz. 9.59, 9.64 OECD Leitlinien). **121**

Zwei Ergebnisse einer Funktionsverlagerung in Verlustfällen sind in § 7 Absatz 3 FVerlV erwähnt, ohne dass dies eine abschließende Regelung wäre: **122**

- Erstens kann ein Entgelt vereinbart werden, das die ggf. anfallenden Schließungskosten nur teilweise ausgleicht, weil der Vorteil des übernehmenden Unternehmens geringer ist als die Schließungskosten des verlagernden Unternehmens. Aus Sicht des verlagernden Unternehmens wird durch das Entgelt zumindest teilweise ein Ausgleich für die Schließungskosten erreicht.
- Zweitens kann das verlagernde Unternehmen auf ein Entgelt verzichten und sogar darüber hinaus dem übernehmenden Unternehmen eine Ausgleichszahlung für die Übernahme der Verlustquelle zahlen, soweit durch die Funktionsverlagerung Schließungskosten für das verlagernde Unternehmen vermieden werden, die die Ausgleichszahlung an das übernehmende Unternehmen übersteigen (Tz. 9.96 f. OECD Leitlinien).

Das vereinbarte Entgelt bzw. die vom verlagernden Unternehmen geleistete Ausgleichszahlung ist aus Sicht des verlagernden Unternehmens betriebswirtschaftlich sinnvoll und entspricht dem Handeln eines ordentlichen und gewissenhaften Geschäftsleiters, wenn die um das vereinbarte Entgelt geminderten bzw. die um die Ausgleichszahlung erhöhten Schließungskosten niedriger sind als die zukünftig zu erwartenden Verluste aus der verlagerten Funktion. **123**

**Beispiel:**

Die inländische Tochtergesellschaft (T) eines Konzerns (M) produziert mit selbst entwickelten immateriellen Wirtschaftsgütern technische Produkte und vertreibt diese auf eigene Rechnung. Wegen der hohen Kosten (z.B. Löhne, Mieten) werden seit einigen Jahren Verluste erzielt, ohne dass für die Zukunft eine Besserung erwartet werden kann. M beschließt daher, die Produktion und den Vertrieb auf ein anderes, ausländisches Konzernunternehmen (U) zu verlagern. U arbeitet mit niedrigeren Produktionskosten und rechnet daher mit Gewinnen.

Ein unabhängiger Dritter in der Situation von T würde versuchen, seine Verluste mit Hilfe der erzielbaren Erlöse für die Funktion zu mindern, auch wenn seine Verhandlungsposition nicht als stark anzusehen ist. Auf der anderen Seite wäre ein fremder Übernehmer in der Position von M oder von U durchaus dazu bereit, ein Entgelt für das Transferpaket (Maschinen, Know-how, Kundenstamm, sonstige immaterielle Wirtschaftsgüter usw.) zu zahlen, sofern er in die Lage versetzt wird, kurzfristig Gewinne zu erzielen. Er würde auch in Betracht ziehen, das verlagernde Unternehmen ggf. an seinen Standortvorteilen zu beteiligen, sofern er sonst keine gleichwertige wirtschaftliche Position erreichen könnte. Dies gilt nur, sofern die Zahlungen für das Transferpaket nicht höher sind als die Kosten für die Schaffung gleichwertig rentabler, eigener immaterieller Werte (Kundenstamm, Know-how etc.) und soweit dem Übernehmer ein funktionsangemessener Gewinn verbleibt.

### 2.7.4. Höchstpreis (§ 7 Absatz 4 FVerlV)

124 Für das übernehmende Unternehmen ist das für die Funktion aus seiner Sicht ermittelte Gewinnpotenzial (Rn. 13) der entscheidende Faktor für seine Preisberechnungen (Rn. 87 ff.). Auf dieser Grundlage ergibt sich die Obergrenze im Einigungsbereich (Grenzpreis) aus der Sicht eines ordentlichen und gewissenhaften Geschäftsleiters. Zur Bilanzierung beim übernehmenden Unternehmen siehe Rn. 172 f.

125 Für die Berechnung des Höchstpreises des übernehmenden Unternehmens sind auch die steuerlichen Auswirkungen der Aufwendungen für den Erwerb von Bestandteilen des Transferpakets der verlagerten Funktion (Abschreibungen auf erworbene Wirtschaftsgüter) zu berücksichtigen (siehe Anlage, Beispiel 1).

126 Realistischerweise verfügbare und eindeutig vorteilhaftere Handlungsalternativen (Rn. 96, Tz. 9.59 und 9.64 OECD Leitlinien), die das übernehmende Unternehmen als unabhängiger Dritter hätte und die auf seiner unternehmerischen Dispositionsfreiheit beruhen, sind zu berücksichtigen, weil diese Einfluss auf den von diesem Unternehmen noch zu akzeptierenden Höchstpreis haben können. Grenze dieser Dispositionsbefugnis ist die Verrechnungspreisbestimmung aus der Sicht von zwei ordentlichen und gewissenhaften Geschäftsleitern i. S. d. § 1 Absatz 1 Satz 2 AStG, deren vollständige Information über alle wesentlichen Umstände der Geschäftsbeziehung unterstellt werden muss, um den Einigungsbereich bestimmen zu können, innerhalb dessen voneinander unabhängige Dritte verhandeln würden.

### 2.7.5. Verrechnungspreis in den besonderen Fällen des § 7 Absatz 5 FVerlV

127 Ein Entgelt kann auch dann zu verrechnen sein, wenn das verlagernde Unternehmen die Funktion aus den Gründen des § 7 Absatz 2 und 3 FVerlV überträgt oder einschränkt, z. B. wegen drohender Kapazitätsüberlastung oder weil ein wichtiger Kunde zur Funktionsverlagerung drängt, und der Mindestpreis bei Null oder darunter liegt. Auch in dieser Situation wäre ein unabhängiger Dritter als verlagerndes Unternehmen grundsätzlich nicht dazu bereit, das Transferpaket unentgeltlich zur Verfügung zu stellen (vgl. Beispiel in Rn. 120); auf die Sonderfälle der Produktsubstitution (Rn. 119) wird hingewiesen. Andererseits wäre ein unabhängiger Dritter als übernehmendes Unternehmen bereit, ein Entgelt zu bezahlen, wenn er damit ein Gewinnpotenzial erschließen kann, auf das er sonst keinen Zugriff hat.

### 2.7.6. Wert im Einigungsbereich, Mittelwert (§ 1 Absatz 3 Satz 7 AStG)

128 Für das Transferpaket ist der Wert im Einigungsbereich zugrunde zu legen, der dem Fremdvergleichsgrundsatz mit höchster Wahrscheinlichkeit entspricht (Tz. 3.61 f. OECD Leitlinien). Der Steuerpflichtige hat dies anhand nachvollziehbarer und plausibler Gesichtspunkte glaubhaft darzulegen (Rn. 40). Bei der Bestimmung dieses Werts bleibt das bestehende gesellschaftsrechtliche Verhältnis unberücksichtigt. Hingegen sind alle Umstände des Falls, z. B. die jeweiligen Marktpositionen, das betriebliche Eigeninteresse des verlagernden Unternehmens an der Verlagerung, das Angewiesensein des übernehmenden

Unternehmens auf die Wirtschaftsgüter und Vorteile, die Kapitalausstattung und Ertragslage der beteiligten Unternehmen, die Entstehung von Synergieeffekten, die jeweiligen Standortvorteile sowie die Höhe der ersparten Anlaufkosten des übernehmenden Unternehmens, grundsätzlich zu berücksichtigen. Insbesondere sind auch die Handlungsalternativen beider Unternehmen (Rn. 96) zu beachten (Tz. 1.34, 9.59 ff. OECD Leitlinien).

**Beispiel:**

Ein Unternehmen (P) verlagert Produktion und Vertrieb für bestimmte Produkte auf eine ausländische Tochtergesellschaft (T) Der betriebswirtschaftlich ermittelte Einigungsbereich, der alle Steuervorteile, Standortvorteile und Synergieeffekte berücksichtigt, liegt zwischen 100 (Mindestbarwert) und 200 (Höchstbarwert), woraus sich ein Mittelwert von 150 ergibt. P legt glaubhaft dar, dass die Gewinnerwartungen von T (200) ohne Nutzung des von T selbst entwickelten Vertriebskonzepts nur 170 betragen würden. Dieses Konzept könne auch in einem anderen Vertriebszusammenhang genutzt werden.

Es ist glaubhaft, dass ein fremder Dritter von ihm selbst entwickelte Vorteile (Vertriebskonzept), die selbst nicht Gegenstand der Transaktion sind und die er auch anderweitig nutzen könnte, nicht über den Preis zur Disposition stellen würde. Deswegen kann ein Verrechnungspreis von 135 anerkannt werden, der insoweit von einer abweichenden Aufteilung des Einigungsbereichs (100 – 30 = 70, davon ½ = 35 + Mindestbarwert 100 = 135) ausgeht.

### 2.7.6.1. Mittelwert

Kann der Steuerpflichtige keinen anderen Wert im Einigungsbereich glaubhaft machen (Rn. 40), ist nach § 1 Absatz 3 Satz 7 zweiter Halbsatz AStG der Mittelwert des Einigungsbereichs zugrunde zu legen. 129

### 2.7.6.2. Verzicht auf eine Berichtigung

Hat der Steuerpflichtige seiner Einkünfteermittlung den Mittelwert eines unzutreffend berechneten Einigungsbereichs zugrunde gelegt, ist der Verrechnungspreis grundsätzlich zu berichtigen (§ 1 Absatz 3 Satz 8 AStG). Auf eine Berichtigung kann jedoch verzichtet werden, wenn der vom Steuerpflichtigen angenommene Verrechnungspreis im zutreffend ermittelten Einigungsbereich liegt. Dabei ist z. B. darauf abzustellen, ob die Abweichung vom Mittelwert im zutreffenden Einigungsbereich erheblich ist oder ob dem Steuerpflichtigen die Fehlerhaftigkeit der Ermittlung des Einigungsbereichs bekannt war oder bekannt sein musste (z. B. wegen einer entsprechenden Beanstandung bei einer vorhergehenden Prüfung). 130

## 2.8. Schadenersatz-, Entschädigungs- und Ausgleichsansprüche (§ 8 FVerlV)

Werden Funktionsverlagerungen in der Form der Entziehung oder Reduzierung einer Funktion durchgeführt, wird häufig geltend gemacht, dass auch einem fremden Dritten als verlagerndem Unternehmen kein Anspruch auf ein Entgelt zustünde, sondern allenfalls ein gesetzlicher oder vertraglicher Anspruch auf Schadenersatz oder sonstige Entschädigungs- und Ausgleichsansprüche (Tz. 9.69, 9.100 ff. OECD Leitlinien). In diesen Fällen ist regelmäßig zu prüfen, ob (schriftliche) Verträge bestehen (Rn. 151), ob diese dem Fremdvergleichsgrundsatz entsprechen und ob die beteiligten Unternehmen sich tatsächlich entsprechend den vertraglichen Bestimmungen verhalten haben (vgl. Rn. 146). 131

Schadenersatz-, Entschädigungs- und Ausgleichsansprüche sind beispielsweise: 132

– gesetzliche Ausgleichsansprüche des Handelsvertreters, Kommissionärs, Agenten oder Vertragshändlers aus § 89 b HGB bzw. aus dessen analoger Anwendung,
– vertraglich vereinbarter Schadenersatz, z. B. für nicht amortisierte Investitionen eines Vertragshändlers, die auf Veranlassung des Herstellers vorgenommen wurden,
– vertraglich vereinbarter Schadenersatz, z. B. für entgangene Gewinne und für entstandene Schließungskosten (z. B. weiterlaufende Miete) bei vorzeitiger Vertragsauflösung,
– Ansprüche aufgrund eines Verstoßes gegen ein Wettbewerbsverbot.

**133** Daneben sind auch Ansprüche aus einem vertraglichen oder tatsächlichen Ausschluss von bestehenden Handlungsalternativen für eines der beteiligten Unternehmen – wie zwischen voneinander unabhängigen Dritten – denkbar. In diesen Fällen ist eine zweiseitige Betrachtung notwendig (Tz. 9.116 OECD Leitlinien).

**134** Die Begrenzung auf einen Schadenersatz-, Entschädigungs- oder sonstigen Ausgleichsanspruch ist steuerlich anzuerkennen, wenn der Steuerpflichtige glaubhaft macht (Rn. 40), dass voneinander unabhängige Dritte unter vergleichbaren Umständen lediglich diese Ansprüche geltend gemacht hätten und dass im Zusammenhang mit der Entziehung oder Reduzierung der Funktion keine wesentlichen immateriellen Wirtschaftsgüter und Vorteile übertragen oder zur Nutzung überlassen worden sind, es sei denn, die Übertragung oder Nutzungsüberlassung ist zwingende Folge fremdüblichen, vertragsgemäßen Verhaltens. Andernfalls ist das Entgelt für die Funktionsverlagerung nach den allgemeinen Regeln zu bestimmen, d. h. grundsätzlich Transferpaketbetrachtung mit Ermittlung des Einigungsbereichs auf Grundlage der jeweiligen Gewinnpotenziale und ggf. Ansatz des Mittelwerts.

**Beispiel:**
Eine ausländische Konzernobergesellschaft (K) hat mit ihrer inländischen Tochtergesellschaft (T) einen Lohnveredelungsvertrag abgeschlossen und darin für einen Zeitraum von zehn Jahren die Abnahme bestimmter Mindestmengen zu einem kostenorientierten Entgelt garantiert. T hat dabei die Investitions- und Personalrisiken nach Ablauf der Mindestvertragszeit im Gewinnaufschlag ausreichend berücksichtigt. Wird die Mindestmenge in der Vertragszeit nicht erreicht, ist K verpflichtet, den dadurch entgangenen Gewinn zu vergüten. Nach Ablauf von sieben Jahren wird der Vertrag vorzeitig beendet. T werden der entgangene Gewinn für die restlichen Jahre sowie die durch die vorzeitige Beendigung verursachten Kosten erstattet.
Die Vertragsbedingungen und die tatsächlich geleisteten Entschädigungszahlungen halten einem Drittvergleich stand. Immaterielle Wirtschaftsgüter oder sonstige Vorteile sind nicht übertragen worden. Das vereinbarte Entgelt ist daher fremdüblich und auch steuerlich anzuerkennen.

## 2.9. Anpassungsregelungen (§ 1 Absatz 3 Satz 11 AStG, § 9 FVerlV)

**135** Ordentliche und gewissenhafte Geschäftsleiter können bei einer Funktionsverlagerung zu dem Ergebnis kommen, dass die Wertermittlung für das Transferpaket zuverlässig genug ist, um den Preis endgültig festzusetzen, ohne sich dabei das Recht vorzubehalten, spätere Preisanpassungen vorzunehmen (Tz. 6.29 OECD Leitlinien). Derartige Erwägungen sind zeitnah aufzuzeichnen (§ 3 GAufzV). Hingegen vereinbaren ordentliche und gewissenhafte Geschäftsleiter Preisanpassungsklauseln, wenn die Wertbestimmung für das Transferpaket zum Zeitpunkt des Vertragsschlusses mit erheblichen Unsicherheiten behaftet ist (Tz. 3.72 f., 9.88 OECD Leitlinien).

Die Regelung des § 1 Absatz 3 Satz 11 und 12 AStG, die der Finanzbehörde unter bestimmten Voraussetzungen eine nachträgliche Anpassung ermöglicht, ist nur anzuwenden, wenn die beteiligten Unternehmen für die Veräußerung eines Transferpakets (bzw. eines darin enthaltenen immateriellen Wirtschaftsguts) zu einem Festpreis (Einmalzahlung oder Ratenzahlung) keine fremdübliche Anpassungsregelung getroffen haben. Nur in diesem Fall sind gesetzlich zehn Jahre für eine einmal in diesem Überprüfungszeitraum mögliche Anpassung festgelegt. Wird eine gewinn- bzw. umsatzabhängige Lizenz oder eine Kombination von beidem vereinbart, ist § 1 Absatz 3 Satz 11 und 12 AStG nicht anzuwenden. 136

Wird eine Preisanpassungsklausel vereinbart, ist zu prüfen, ob sie dem Fremdvergleichsgrundsatz entspricht. Sind keine Vergleichsfälle feststellbar, ist ein betriebswirtschaftlich ausgewogener Interessenausgleich Maßstab für die Prüfung einer entsprechenden Klausel. Ist eine sachgerechte Preisanpassungsklausel vereinbart, bestehen die gesetzlichen Anpassungsmöglichkeiten nach § 1 Absatz 3 Satz 11 und 12 AStG nicht. Im Einzelfall tatsächlich vereinbarte, dem Fremdvergleichsgrundsatz entsprechende Fristen für Preisanpassungsklauseln sind auch dann anzuerkennen, wenn diese kürzer als zehn Jahre sind. 137

### 2.10. Erhebliche Abweichungen der Gewinnentwicklung in Veräußerungsfällen (§ 1 Absatz 3 Satz 11 AStG, § 10 FVerlV)

Im Rahmen einer Berichtigung nach § 1 Absatz 1 Satz 1 AStG ist eine den ursprünglichen Erwartungen nicht entsprechende Abweichung der Gewinnentwicklung des übernehmenden Unternehmens aus der verlagerten Funktion „erheblich" i. S. d. § 1 Absatz 3 Satz 11 AStG, wenn in Veräußerungsfällen der unter Berücksichtigung der tatsächlich eingetretenen Gewinnentwicklung zutreffende Verrechnungspreis für die Funktion außerhalb des ursprünglich angenommenen Einigungsbereichs liegt. Dies kann z. B. auch vorliegen, wenn der tatsächliche Nutzungszeitraum vom angenommenen Kapitalisierungszeitraum abweicht (Rn. 113). 138

Der „neue" Einigungsbereich, der die tatsächliche Gewinnentwicklung berücksichtigt, bestimmt sich wie folgt: 139

– Der ursprüngliche Mindestpreis des verlagernden Unternehmens bleibt unverändert, denn insoweit können nach der Funktionsverlagerung keine Veränderungen eingetreten sein.
– Der Höchstpreis des übernehmenden Unternehmens ist anhand der tatsächlich erzielten Gewinne neu zu berechnen, da insoweit erhebliche Abweichungen eingetreten sind. Für die Berechnung sind die Gewinnerwartungen des übernehmenden Unternehmens hinsichtlich der zukünftigen Jahre des Kapitalisierungszeitraums auf der Grundlage der Gewinnentwicklung in den bereits abgelaufenen Jahren hochzurechnen.

Eine „erhebliche" Abweichung liegt auch dann vor, wenn die tatsächliche Gewinnentwicklung des übernehmenden Unternehmens aus der übernommenen Funktion entgegen den ursprünglichen Erwartungen so ungünstig verläuft, dass sich kein Einigungsbereich mehr ergibt. Dies ist der Fall, wenn der 140 ursprüngliche Mindestpreis des verlagernden Unternehmens höher ist als der „neue" Höchstpreis des übernehmenden Unternehmens.

141 Der Steuerpflichtige hat nach § 1 Absatz 3 Satz 11 AStG die Möglichkeit, die gesetzliche Vermutung zu widerlegen, dass voneinander unabhängige Dritte wegen bestehender Unsicherheiten eine vertragliche Anpassungsregelung getroffen hätten. Dazu kann er z. B. den Nachweis erbringen, dass wegen langjährig erzielter, stabiler Ergebnisse des verlagernden Unternehmens aus der Funktion zum Zeitpunkt der Verlagerung tatsächlich keine wesentlichen Unsicherheiten bestanden oder dass die tatsächliche Gewinnentwicklung durch unvorhergesehene Ereignisse beeinflusst worden ist, die voneinander unabhängige Dritte nicht hätten vorhersehen können.

### 2.11. Angemessene Anpassungen (§ 1 Absatz 3 Satz 12 AStG, § 11 FVerlV)

142 Im Fall des § 10 Satz 1 FVerlV ist der angesichts der tatsächlichen Gewinnentwicklung zutreffende „neue" Verrechnungspreis für die Funktionsverlagerung nach den allgemeinen Regeln zu ermitteln (neuer Einigungsbereich; Mittelwert, falls kein anderer Wert glaubhaft gemacht wird).

143 Im Fall des § 10 Satz 3 FVerlV ist der Mittelwert zwischen dem ursprünglichen Mindestpreis des verlagernden Unternehmens und dem neuen Höchstbetrag des übernehmenden Unternehmens zu errechnen. Dieser Wert ist niedriger als der ursprüngliche Mindestpreis und höher als der neue Höchstpreis.

144 In beiden Fällen ist die Differenz zum ursprünglichen Verrechnungspreis als Anpassungsbetrag in dem Wirtschaftsjahr zu erfassen, das dem Wirtschaftsjahr folgt, in dem die Abweichung eingetreten ist.

## 3. Ergänzende Hinweise und Einzelfragen

### 3.1. Unternehmerische Dispositionsfreiheit; Maßgeblichkeit der abgeschlossenen Geschäfte

145 Unternehmen können frei entscheiden, ob und in welchem Umfang sie Funktionen ausüben, Risiken und Gewinnchancen übernehmen und welche Ressourcen sie dafür einsetzen (unternehmerische Dispositionsfreiheit, Tz. 9.163 OECD Leitlinien). Die unternehmerische Dispositionsfreiheit umfasst auch Entscheidungen darüber, ob Funktionen selbst wahrgenommen, bei einem anderen (Konzern-)Unternehmen konzentriert, auf mehrere Unternehmen aufgeteilt werden oder ein Subunternehmer damit beauftragt wird. Weiterhin gehört die Entscheidung, ob anlässlich einer Funktionsverlagerung Wirtschaftsgüter übertragen oder zur Nutzung überlassen werden und Dienstleistungen erbracht werden, zur unternehmerischen Dispositionsfreiheit, deren Ausübung aus den abgeschlossenen Verträgen (Rn. 97 und 151) abzuleiten ist. Die Finanzbehörde hat diese Entscheidungen bei der Anwendung des Fremdvergleichsgrundsatzes i. S. d. § 1 AStG regelmäßig anzuerkennen, da sie im Regelfall wirtschaftliche Gründe haben (Tz. 9.57 OECD Leitlinien). Die unternehmerische Dispositionsfreiheit hindert andererseits die Finanzbehörde nicht daran, dem Fremdvergleichsgrundsatz entsprechende Konsequenzen aus der Ausübung dieser Freiheit zu ziehen (Tz. 9.163 OECD Leitlinien).

Der Einkünfteermittlung ist grundsätzlich der tatsächlich verwirklichte Sachverhalt zugrunde zu legen, dessen Würdigung im Regelfall durch die abgeschlossenen Verträge bestimmt wird. Stimmen allerdings die abgeschlossenen Verträge nicht mit dem tatsächlichen Verhalten der Beteiligten überein, ist auf den wirtschaftlichen Gehalt des tatsächlichen Verhaltens abzustellen (Tz. 1.48 ff. OECD Leitlinien). Maßgebend sind die tatsächlichen Verhältnisse nach ihrem wirtschaftlichen Gehalt (Tz. 2.1.2 VWG 1983, Tz. 1.64 OECD Leitlinien). 146

Die Tatsache, dass innerhalb einer Unternehmensgruppe Leistungen erbracht werden, die zwischen fremden Dritten unüblich sind oder tatsächlich nicht vorkommen, z. B. eine Verlagerung von Entrepreneur-Funktionen (Tz. 3.4.10.2 Buchstabe b VWG Verfahren) oder eine Personalentsendung (VWG Arbeitnehmerentsendung), führt für sich allein nicht dazu, solche Geschäftsbeziehungen dem Grunde nach nicht anzuerkennen. Vielmehr ist auch in solchen Fällen zu entscheiden, welches Entgelt zwischen fremden Dritten vereinbart worden wäre („hypothetischer Fremdvergleich", § 1 Absatz 3 Satz 5 bis 8 AStG, Tz. 3.4.12.6 Buchstabe b VWG Verfahren, Tz. 2.4.6 VWG 1983, Tz. 1.11, 9.19 und 9.52 OECD Leitlinien). 147

Die Finanzbehörde kann in Ausnahmefällen die vom Steuerpflichtigen gewählte rechtliche Gestaltung von Geschäftsbeziehungen nach § 1 AStG außer Acht lassen, wenn sich der wirtschaftliche Gehalt von seiner vereinbarten äußeren Form unterscheidet oder wenn zwar Form und Gehalt übereinstimmen, die getroffenen Vereinbarungen aber von jenen abweichen, die fremde Dritte in wirtschaftlich vernünftiger Weise getroffen hätten und die tatsächlich gewählte Gestaltung der Finanzbehörde im Ergebnis die Möglichkeit nimmt, einen angemessenen Verrechnungspreis zu bestimmen (Tz. 1.65, 9.168 f. OECD Leitlinien). 148

### 3.2. Informationstransparenz

Insbesondere zur Durchführung des hypothetischen Fremdvergleichs, der regelmäßig im Zusammenhang mit Funktionsverlagerungen mit wesentlichen immateriellen Wirtschaftsgütern anzuwenden sein wird (Rn. 62 ff.), muss Informationstransparenz unterstellt werden (Tz. 9.81, 9.85 OECD Leitlinien, „zweiseitige Betrachtung"). Ohne die gesetzliche Fiktion des § 1 Absatz 1 Satz 2 AStG könnte der Verhandlungsspielraum, der sich aus den jeweiligen Gewinnerwartungen ergibt, in vielen Fällen nicht festgestellt werden. Die Feststellung des Verhandlungsspielraums spiegelt die besonderen Umstände von Geschäftsbeziehungen zwischen nahe stehenden Unternehmen (im Konzern) wider, ermöglicht die Bestimmung betriebswirtschaftlich sachgerechter Verrechnungspreise entsprechend dem hypothetischen Fremdvergleich und entspricht damit insgesamt dem Fremdvergleichsgrundsatz. Dessen Anwendung erfordert, dass der Besteuerung ein Handeln des Steuerpflichtigen und der nahe stehenden Person zugrunde gelegt wird, das dem Handeln ordentlicher und gewissenhafter Geschäftsleiter entspricht. Fremde Dritte stehen sich als unabhängige Geschäftspartner gegenüber, die jeweils ihre eigenen Interessen verfolgen und den gegebenen Verhandlungsspielraum nutzen, um für ihr Unternehmen die bestmöglichen Ergebnisse zu erzielen. Das international anerkannte (Tz. 5.4 OECD Leitlinien) und durch den BFH in ständiger Recht- 149 sprechung bestätigte Prinzip des doppelten ordentlichen und gewissenhaften Geschäftsleiters (z. B. BFH-Urteil vom 19. Mai 1998, BStBl. II S. 689) simuliert den zwischen nahe stehenden Personen regelmäßig fehlenden Interessengegensatz (Tz. 9.13 OECD Leitlinien). Für die Bestimmung der jeweiligen Verhandlungspositionen sind auch die wirtschaftlichen Überlegungen des Konzerns bzw. der Unternehmensgruppe zu berücksichtigen (Rn. 11 ff.).

### 3.3. Mitwirkungs- und Aufzeichnungspflichten

150 Über die allgemeinen Mitwirkungspflichten der Beteiligten nach § 90 Absatz 1 AO hinaus ist der Steuerpflichtige bei grenzüberschreitenden Vorgängen, d. h. auch bei Funktionsverlagerungen, dazu verpflichtet, den von ihm verwirklichten Sachverhalt aufzuklären, die erforderlichen Beweismittel zu beschaffen und Beweisvorsorge zu treffen (§ 90 Absatz 2 AO).

151 Ein Steuerpflichtiger hat außerdem über die Art und den Inhalt seiner grenzüberschreitenden Geschäftsbeziehungen mit nahe stehenden Personen i. S. d. § 1 AStG Aufzeichnungen zu erstellen (§ 90 Absatz 3 AO). Art, Inhalt und Umfang der zu erstellenden Aufzeichnungen regelt die Gewinnabgrenzungsaufzeichnungsverordnung. Zu den notwendigen Aufzeichnungen gehören insbesondere auch alle eine Funktionsverlagerung betreffenden (schriftlichen) Verträge (Rn. 97), weil sie von erheblicher Bedeutung für die Bestimmung von Verrechnungspreisen sind (Tz. 9.57, 9.164 OECD Leitlinien). Können solche Verträge nicht vorgelegt werden, trifft den Steuerpflichtigen nach allgemeinen Grundsätzen eine erhöhte Darlegungslast hinsichtlich des Umstands, dass dem Grunde nach Verträge abgeschlossen worden sind und konkret mit welchem Inhalt, § 90 Absatz 2 AO. Im Zweifel sind Verträge zu unterstellen, die dem konkreten Verhalten der beteiligten Unternehmen entsprechen (Tz. 9.11 OECD Leitlinien).

152 Näheres zu den Aufzeichnungspflichten erläutern die VWG Verfahren (insbesondere Tz. 3). Bei der Durchsetzung der Mitwirkungs- und Aufzeichnungspflichten ist der Verhältnismäßigkeitsgrundsatz zu beachten (vgl. Tz. 5.28 OECD Leitlinien). Zu den Rechtsfolgen der Verletzung von Mitwirkungspflichten allgemein vgl. Tz. 4 VWG Verfahren.

153 Zu den Rechtsfolgen des § 162 Absatz 3 Satz 3 AO in Fällen der Verletzung von Mitwirkungspflichten durch eine beteiligte nahe stehende Person siehe Rn. 198 ff.

154 Hinsichtlich der Mitwirkungspflichten in Fällen von Funktionsverlagerungen für Veranlagungszeiträume vor 2008 siehe Rn. 188.

#### 3.3.1. Aufzeichnungspflichten für Funktionsverlagerungen (außerordentliche Geschäftsvorfälle)

155 Eine Funktionsverlagerung wird üblicherweise durchgeführt, um den Gewinn innerhalb einer Unternehmensgruppe zu verlagern und zu steigern (Tz. 9.6 OECD Leitlinien), z. B. durch die Erzielung von Synergieeffekten oder das Ausschöpfen von Standortvorteilen in bestimmten Ländern. Sie ist deshalb regelmäßig mit der Änderung von Geschäftsstrategien, d. h. mit wesentlichen Funktions- und Risikoänderungen verbunden – unabhängig davon, ob sie durch das verlagernde oder das übernehmende Unternehmen oder durch die Unternehmensgruppe veranlasst werden. Funktionsverlagerungen

sind deshalb außergewöhnliche Geschäftsvorfälle i. S. d. § 90 Absatz 3 Satz 3 AO i. V. m. § 3 Absatz 2 GAufzV, für die der Steuerpflichtige zeitnah Aufzeichnungen zu erstellen hat.

### 3.3.1.1. Zeitpunkt, in dem sich eine Funktionsverlagerung „ereignet" hat

Eine Funktionsverlagerung hat sich in dem Wirtschaftsjahr „ereignet" (§ 3 Absatz 1 GAufzV), in dem der Tatbestand entsprechend § 1 Absatz 2 FVerlV vollständig verwirklicht wurde. Dieser Zeitpunkt ist wichtig für die Feststellung, ob entsprechende Aufzeichnungen „zeitnah" i. S. d. § 3 Absatz 2 GAufzV erstellt wurden. Dies gilt unabhängig davon, dass ggf. weitere Geschäftsvorfälle, die erst später folgen, wirtschaftlich zur Funktionsverlagerung gehören und deshalb in die Transferpaketbetrachtung einzubeziehen sind (Rn. 26 f.). **156**

### 3.3.1.2. Hinweise für die Anforderung von Aufzeichnungen

Sind Funktionsverlagerungen Gegenstand einer Außenprüfung, sollen die entsprechenden Aufzeichnungen frühzeitig angefordert werden. Die nach § 90 Absatz 3 AO dafür zu erstellenden und vorzulegenden Aufzeichnungen umfassen insbesondere: **157**

- Aufzeichnungen über den verwirklichten Sachverhalt, insbesondere die Veränderungen der operativen Konzernstruktur, der Personalstruktur und der Verträge, die den Geschäftsbeziehungen mit den Nahestehenden zugrunde liegen (§ 4 Nummer 1 Buchstabe c und Nummer 2 GAufzV). Hierzu gehören auch Informationen über die Änderung von Geschäftsstrategien (§ 5 Satz 2 Nummer 1 GAufzV). Eine sachgerechte Dokumentation berücksichtigt die Positionen der beteiligten Unternehmen (§ 1 Absatz 1 Satz 2 AStG) und stellt die betriebswirtschaftlichen Bewertungsgrundlagen und -methoden sowie die eintretenden Vorteile bzw. Nachteile der Funktionsverlagerung sowohl aus Sicht der Unternehmensgruppe als auch aus Sicht der betroffenen Unternehmen dar, die Grundlage für die Entscheidung waren, die Funktionsverlagerung durchzuführen (§ 3 Absatz 2 Satz 2 FVerlV, vgl. Tz. 9.57 OECD Leitlinien). Dies gilt auch für Funktionsverlagerungen, bei denen unter Anwendung einer Öffnungsklausel nach § 1 Absatz 3 Satz 10 AStG auf die Transferpaketbetrachtung verzichtet werden kann und stattdessen für die betroffenen Einzelwirtschaftsgüter und Vorteile Einzelverrechnungspreise zu bestimmen sind (Rn. 69 ff.); siehe ergänzend auch § 1 Absatz 1 GAufzV sowie Tz. 3.4.8.2 und Tz. 3.4.12.6 VWG Verfahren.
- Eine Verrechnungspreisanalyse (§ 4 Nummer 4 GAufzV), aus der sich die Angemessenheit des Verrechnungspreises für das Transferpaket bzw. für die betroffenen Wirtschaftsgüter und Vorteile aus Sicht der beteiligten Unternehmen, ausgehend von deren Gewinnprognosen (vgl. Tz. 3.4.12.6 VWG Verfahren), ergibt.
- Aufzeichnungen über die angewandten Verrechnungspreismethoden (Tz. 3.4.10 VWG Verfahren) für den laufenden Liefer- und Leistungsverkehr vor und nach der Funktionsverlagerung, die die geänderte Funktionsaufteilung berücksichtigen.
- Aufzeichnungen über Forschungsvorhaben und Forschungstätigkeiten (§ 5 Satz 2 Nummer 6 GAufzV); diese können Hinweise dafür enthalten, dass immaterielle Wirtschaftsgüter von einer Funktionsverlagerung betroffen sind.

### 3.3.2. Andere Funktionsänderungen

158 Funktionsverdoppelungen (Rn. 42 ff.) und die Neuaufnahme von Funktionen (Rn. 57) können als Funktionsänderungen i. S. d. § 3 Absatz 2 GAufzV außergewöhnliche Geschäftsvorfälle i. S. d. § 90 Absatz 3 Satz 3 AO darstellen. Dies gilt insbesondere, wenn wesentliche immaterielle Wirtschaftsgüter und sonstige Vorteile von einer Funktionsänderung betroffen sind.

## 3.4. Ermittlungsmöglichkeiten der Finanzbehörde

### 3.4.1. Vorliegen einer Funktionsverlagerung dem Grunde nach

159 Anhaltspunkte, ob in einem Prüfungszeitraum eine Funktionsverlagerung im Unternehmen erfolgt ist, kann die Finanzbehörde u. a. aus den für außergewöhnliche Geschäftsvorfälle zeitnah zu erstellenden Aufzeichnungen (Rn. 155) gewinnen. Darauf aufbauend kann eine mehrere Jahre umfassende Funktions- und Risikoanalyse (§ 4 Nummer 3 GAufzV, Tz. 3.4.11.4 VWG Verfahren) und eine Analyse der Wertschöpfungsprozesse (Tz. 3.4.11.5 VWG Verfahren) zusätzliche Erkenntnisse ermöglichen. Anhaltspunkte für eine Funktionsverlagerung ergeben sich im Übrigen häufig aus einer Analyse von Personalorganigrammen und deren Veränderung und Fortschreibung über einen mehrjährigen Zeitraum.

160 Weitere Anhaltspunkte können sich z. B. aus folgenden Unterlagen und Umständen ergeben:
- Gründungsunterlagen, Jahresabschlüsse, Wirtschaftsprüfungsberichte und Abhängigkeitsberichte von verbundenen Unternehmen,
- verringerte Umsätze oder Gewinne,
- geringere Lohnaufwendungen infolge einer verringerten Mitarbeiterzahl, Sozialpläne; Rückstellungen für Sozialpläne,
- geringere Aufwendungen für Raum- oder Lagermieten, bzw. Veräußerung von Betriebsgrundstücken,
- Erlöse aus der Übertragung bzw. Überlassung von Wirtschaftsgütern des Anlagevermögens (z. B. Maschinen, Patente) und des Umlaufvermögens (Rohmaterial, Forderungen),
- gestiegene Aufwendungen für die Inanspruchnahme von Dienstleistungen,
- gestiegene Aufwendungen für Reisen zu verbundenen Unternehmen,
- Aufzeichnungen über Forschungsprojekte und über die Verwendung der Ergebnisse,
- bei Kreditinstituten eingereichte Unterlagen zur Kreditgewährung.

### 3.4.2. Folgen der Verletzung von Mitwirkungs- und Aufzeichnungspflichten

161 Verletzt der Steuerpflichtige seine Mitwirkungspflichten nach § 90 Absatz 1 bis 3 AO, können insbesondere folgende Konsequenzen eintreten:
- Minderung der Ermittlungspflichten der Finanzbehörde (§ 88 AO, Tz. 4.3 VWG Verfahren).
- Beweismaßreduzierung (Tz. 4.4 VWG Verfahren).
- Beweisrisikoverlagerung zu Lasten des Steuerpflichtigen (z. B. widerlegbare Vermutung nach § 162 Absatz 3 AO, Tz. 4.6.1 VWG Verfahren).
- Schätzung der Besteuerungsgrundlagen durch die Finanzbehörde (§ 162 Absatz 1 bis 3 AO, Tz. 4.6.2 VWG Verfahren). Erfolgt eine Schätzung

nach § 162 Absatz 3 AO, weil der Steuerpflichtige seine Mitwirkungspflichten nach § 90 Absatz 3 AO dadurch verletzt hat, dass er z. B. Aufzeichnungen nicht vorlegt oder vorgelegte Unterlagen im Wesentlichen unverwertbar sind, und können die Einkünfte nur innerhalb eines bestimmten Rahmens (z. B. Einigungsbereich) bestimmt werden, kann dieser Rahmen zu Lasten des Steuerpflichtigen ausgeschöpft werden.

– Festsetzung eines Zuschlags (§ 162 Absatz 4 AO, Tz. 4.6.3 VWG Verfahren).

### 3.4.3. Wertermittlung für das Transferpaket in Schätzungsfällen

Die Bestimmung des Werts für das Transferpaket erfolgt auch in Schätzungsfällen vorrangig aufgrund uneingeschränkt oder eingeschränkt vergleichbarer Fremdvergleichswerte nach § 1 Absatz 3 Satz 1 bis 4 AStG. Können solche Werte nicht festgestellt werden, ist der Wert für das Transferpaket entsprechend dem hypothetischen Fremdvergleich nach § 1 Absatz 3 Satz 5 bis 8 AStG im Wege der Schätzung zu bestimmen. Die dafür notwendigen Informationen zu Gewinnerwartungen, Kapitalisierungszinssätzen und Kapitalisierungszeitraum sind auch in Schätzungsfällen vorrangig aus den vorhandenen Unterlagen abzuleiten, die Grundlage für die Unternehmensentscheidung waren, die Funktion zu verlagern. 162

Für Zwecke der Schätzung können andere Werte, abweichend von Rn. 165 ff. und Rn. 170, angesetzt werden, wenn der Steuerpflichtige diese anderen Werte nachweist oder wenn sie mit zumutbarem Aufwand ermittelt werden können. Unterschiede in den Finanzierungsstrukturen (Rn. 94) bleiben aus Vereinfachungsgründen unberücksichtigt. Zur Vereinfachung kann die steuerliche Auswirkung der Berücksichtigung des Entgelts, das für die Funktionsverlagerung anzusetzen ist (Rn. 33, 118 und 125), im Schätzungswege pauschal mit jeweils 15 % auf die Grenzpreise bemessen werden, soweit der Steuerpflichtige keine sachgerechten Berechnungen vorlegt. 163

#### 3.4.3.1. Barwertermittlung

Zur Schätzung des Wertes des Transferpakets auf Basis des hypothetischen Fremdvergleichs ist zunächst der Einigungsbereich im Schätzungswege zu bestimmen. Der Mindestpreis des verlagernden und der Höchstpreis des übernehmenden Unternehmens können dazu unter Anwendung des für Unternehmensbewertungen üblicherweise verwendeten Ertragswertverfahrens bestimmt werden. Nach § 1 Absatz 4 FVerlV sind die zu erwartenden Reingewinne nach Steuern auf den Bewertungsstichtag zu diskontieren. Für diese Diskontierung ist nach § 5 FVerlV ein angemessener Kapitalisierungszinssatz zu verwenden (Rn. 170) und gem. § 6 FVerlV von einem unbegrenzten Kapitalisierungszeitraum auszugehen (Rn. 171), wenn keine Gründe für einen abweichenden Kapitalisierungszeitraum glaubhaft gemacht werden oder ersichtlich sind (vgl. Anlage, Beispiel 2). 164

#### 3.4.3.2. Bestimmung des Gewinnpotenzials der verlagerten Funktion

Die jeweiligen Gewinnpotenziale sind auch in Schätzungsfällen unter Berücksichtigung aller feststellbaren Umstände des Einzelfalles auf der Grundlage einer Funktions- und Risikoanalyse vor und nach der Funktionsverlagerung 165 bezogen auf die betreffende Funktion (direkte Methode) zu bestimmen (§ 3 Absatz 2 FVerlV).

166 Für die Isolierung der auf die verlagerte Funktion entfallenden bzw. erwarteten Gewinne können folgende unternehmensinterne Unterlagen wichtige Hinweise geben:
- Sparten-/Segmentrechnungen, Kosten- und Leistungsrechnungen, Buchungskreise,
- Profitcenterrechnungen, auch soweit sie für Zwecke von gewinn- oder umsatzorientierten Vergütungssystemen erstellt wurden,
- Finanzierungsunterlagen zur Vorlage bei Kreditinstituten.

167 Liegen keine geeigneten Unterlagen für die Isolierung des Gewinnpotenzials des verlagernden Unternehmens vor, kann die Schätzung der Gewinnerwartungen auf Grundlage des in vergangenen Wirtschaftsjahren aus der verlagerten Funktion erzielten Umsatzes erfolgen, von dem die ggf. im Schätzungswege zugeordneten Kosten der Funktion abzuziehen sind. Bei der Verwendung von Vergangenheitszahlen sind die Gewinnerwartungen anzupassen, soweit Umstände ersichtlich sind oder vorgetragen werden, die nur in der Vergangenheit ergebniswirksam waren oder voraussichtlich erst in der Zukunft ergebniswirksam werden.

168 Für das übernehmende Unternehmen kann das Gewinnpotenzial aus der verlagerten Funktion im Zeitpunkt der Verlagerung in Höhe des im Zeitpunkt der Durchführung der Prüfung bekannten, tatsächlich erwirtschafteten Reingewinns nach Steuern geschätzt werden. Ist dies nicht möglich oder erscheint das nicht sachgerecht, kann das aufgegebene Gewinnpotenzial des verlagernden Unternehmens als Ausgangsgröße für eine Schätzung des Gewinnpotenzials des übernehmenden Unternehmens herangezogen werden. Diese Ausgangsgröße ist an die besonderen, gewinnwirksamen Umstände beim übernehmenden Unternehmen (z. B. Standortvorteile und Synergieeffekte) anzupassen.

169 Die Schätzung der jeweiligen Gewinnpotenziale kann in geeigneten Fällen auch entsprechend der indirekten Methode erfolgen (Rn. 32).

### 3.4.3.3. Kapitalisierungszinssatz

170 Die der Schätzung zugrunde gelegten Reingewinne nach Steuern (Rn. 31) sind auf den Zeitpunkt der Funktionsverlagerung zu diskontieren. Der Kapitalisierungszinssatz soll nach Möglichkeit der Rendite aus einer Vergleichsinvestition entsprechen und hinsichtlich Laufzeit, Risiko und Besteuerung äquivalent sein. Entsprechende Renditen lassen sich in einen Basiszinssatz und in eine Risikoprämie für die Übernahme unternehmerischen Risikos teilen. Abweichend von Rn. 104 ff. gilt – unter Beachtung der Rn. 163 – Folgendes:
- **Basiszinssatz**
  Der Basiszinssatz bildet die Rendite einer „quasi-risikolosen" Geldanlage ab. Im Schätzungsfall kann für beide Unternehmen auf den inländischen Zinssatz für eine möglichst laufzeitäquivalente Rendite öffentlicher Anleihen mit ausgezeichneter Bonität abgestellt werden (z. B. Zinsstrukturkurve der Deutschen Bundesbank).
- **Risikozuschlag**
  Das Funktionsrisiko ist nach § 5 Satz 1 FVerlV für beide Unternehmen durch einen Zuschlag auf den Zins für eine risikolose Investition zu berück-

sichtigen. In Schätzungsfällen kann der Zuschlag typisierend mit 50% des inländischen Basiszinssatzes, mindestens jedoch mit 3 Prozentpunkten, angenommen werden. Durch diesen Zuschlag sind alle Risiken (z. B. Währungsrisiken, Wachstumsrisiken) abgegolten.

– **Steuern**

Der Basiszinssatz zuzüglich des Risikozuschlags ist für das verlagernde und das übernehmende Unternehmen in Höhe des jeweiligen nominellen Steuersatzes für Unternehmensgewinne zu verringern (Beispiel für das Inland: Basiszinssatz 5,0% + Zuschlag 3,0% (Mindestrisikozuschlag); Steuersatz 30%; anzusetzender Zinssatz nach Steuern: 5,6%).

### 3.4.3.4. Kapitalisierungszeitraum

Abweichend von Rn. 109 ff. ist in Schätzungsfällen von einem unbegrenzten Kapitalisierungszeitraum auszugehen, wenn keine Gründe für einen bestimmten, von den Umständen der Funktionsausübung abhängigen Kapitalisierungszeitraum ersichtlich sind. 171

### 3.5. Bilanzsteuerrechtliche Folgen einer Funktionsverlagerung

Wird ein Transferpaket verlagert, hat der Steuerpflichtige u. a. für Bilanzierungszwecke festzustellen, welche einzelnen materiellen und immateriellen Wirtschaftsgüter und sonstigen Vorteile im Rahmen des Transferpakets übergegangen sind. Beim verlagernden Unternehmen müssen die betreffenden, bilanzierten Wirtschaftsgüter aus der Bilanz ausscheiden, beim übernehmenden Unternehmen sind die Wirtschaftsgüter und sonstigen Vorteile in der Bilanz zu aktivieren. Liegen dem Fremdvergleich entsprechende Vereinbarungen vor, gehen daraus für die betreffenden Wirtschaftsgüter, zu denen eventuell auch bisher nicht bilanzierte, selbst hergestellte immaterielle Wirtschaftsgüter des Anlagevermögens des verlagernden Unternehmens gehören, die Werte für die Bilanzierung beim übernehmenden Unternehmen hervor. Die Bilanzierung richtet sich nach dem Recht des Staates des übernehmenden Unternehmens. 172

Soweit der dem Fremdvergleich entsprechende Wert (Barwert) des Transferpakets nicht einzelnen Wirtschaftsgütern zugeordnet werden kann bzw. nicht zu Betriebsausgaben (z. B. Dienstleistungsentgelt, Entgelt für eine Nutzungsüberlassung) führt, kann es für das übernehmende Unternehmen notwendig sein, einen rechnerisch verbleibenden Restbetrag ggf. als Geschäftswert auszuweisen, wenn das für das übernehmende Unternehmen geltende Bilanzsteuerrecht dies zulässt (für das deutsche Bilanzsteuerrecht vgl. BFH-Urteil vom 27. März 2001, BStBl. II S. 771). Es kann nicht generell davon ausgegangen werden, dass im Rahmen einer Funktionsverlagerung regelmäßig ein Restbetrag verbleibt, der als Geschäftswert auszuweisen wäre. 173

### 3.6. Lieferungs- und Leistungsverkehr nach der Funktionsverlagerung

Die steuerliche Prüfung einer Funktionsverlagerung erstreckt sich sowohl auf die Angemessenheit der Entgelte für die Verlagerung selbst, als auch auf die Angemessenheit der Entgelte für einen ggf. vorher und nachher stattfindenden laufenden Geschäftsverkehr. 174

175 Die Verrechnungspreise für den Liefer- und Leistungsverkehr nach der Funktionsverlagerung werden in der Regel nach anderen Grundsätzen zu bestimmen sein als vorher, denn die Änderungen, die durch die Funktionsverlagerung entstanden sind, müssen berücksichtigt werden. Die Änderungen erfordern Aufzeichnungen zur Angemessenheit der vereinbarten Preise vor und nach Funktionsverlagerung, die der Steuerpflichtige entsprechend § 90 Absatz 3 Satz 2 AO, § 1 Absatz 1 und 3 GAufzV und Tz. 3.4.12 VWG Verfahren ggf. zeitnah zu erstellen und auf Anforderung vorzulegen hat.

### 3.7. Kapitalertragsteuer, Steuerabzug bei beschränkt Steuerpflichtigen und Umsatzsteuer

176 Für Geschäftsvorfälle, die Teil einer Funktionsverlagerung sind und für die nach § 4 Absatz 1 FVerlV gesonderte Verrechnungspreise angesetzt werden, gelten für Zwecke der Kapitalertragsteuer (§§ 43 ff. EStG), des Steuerabzugs bei beschränkt Steuerpflichtigen (§ 50 a EStG) bzw. der Umsatzsteuer die allgemeinen Besteuerungsregeln. Diese gelten auch, wenn für ein Transferpaket eine einheitliche Lizenz angesetzt wird.

### 3.8. Hinweise für Funktionsverlagerungen bei Personengesellschaften

177 Eine Personengesellschaft kann nahe stehende Person i. S. d. § 1 Absatz 2 AStG sein (vgl. Tz. 1.4.3 AEAStG). Die Regelungen des § 1 AStG und damit auch die Regelungen zu Funktionsverlagerungen sind daher auch auf Personengesellschaften, sei es als verlagerndes Unternehmen oder als übernehmendes Unternehmen, anzuwenden, soweit die sonstigen Voraussetzungen gegeben sind. Eine entsprechende Anwendung des Fremdvergleichsgrundsatzes ergibt sich auch aus Artikel 7 und Artikel 9 OECD-MA.

### 3.9. Hinweise für Funktionsverlagerungen zwischen Betriebsstätten

178 Für die Gewinnaufteilung zwischen Betriebsstätten gilt nach den von Deutschland abgeschlossenen DBA, die inhaltlich Artikel 7 OECD-MA folgen, ebenfalls der Fremdvergleichsgrundsatz. Dieser Grundsatz wird durch den OECD Betriebsstättenbericht international abgestimmt interpretiert, ohne Funktionsverlagerungen gesondert anzusprechen (Tz. 9.7 OECD Leitlinien). Die OECD Leitlinien sind grundsätzlich für die Betriebsstättengewinnaufteilung entsprechend anzuwenden (Teil I Tz. 51 ff. OECD Betriebsstättenbericht).

179 Ergeben sich aufgrund von DBA-Regelungen, die Artikel 7 OECD-MA entsprechen, Einschränkungen für die deutsche Besteuerung, sind diese zu beachten.

### 3.10. Behandlung von Funktionsverlagerungen bis einschließlich Veranlagungszeitraum 2007

180 Nach § 21 Absatz 16 AStG gelten die Vorschriften des § 1 Absatz 1, 3 und 4 AStG i. d. F. des Unternehmensteuerreformgesetzes 2008 (Artikel 7 des Gesetzes vom 14. August 2007 (BGBl. I S. 1912, BStBl. I S. 630) erstmals für den Veranlagungszeitraum 2008. Für Vorjahre sind dementsprechend nicht anwendbar:

– § 1 Absatz 1 Satz 2 AStG (Informationstransparenz, d. h. die Annahme, „dass die voneinander unabhängigen Dritten alle wesentlichen Umstände der Geschäftsbeziehung kennen"),

– § 1 Absatz 3 Satz 7 AStG (Mittelwert im Einigungsbereich),
– § 1 Absatz 3 Satz 9 AStG (regelmäßige Transferpaketberechnung),
– § 1 Absatz 3 Satz 11 und 12 AStG (gesetzliche Fiktion einer Preisanpassungsklausel).

Nach der Gesetzesbegründung zu Artikel 7 (§ 1 AStG) des Unternehmensteuerreformgesetzes 2008 (BT-Drs. 16/4841 S. 84) hat die Gesetzesänderung aber vor allem klarstellende und präzisierende Wirkung, soweit die neuen Regelungen (auch zu Funktionsverlagerungen) Ausfluss des seit jeher geltenden Fremdvergleichsgrundsatzes sind und lediglich eine ausdrückliche Regelung dieses Grundsatzes erfolgt ist. Für Funktionsverlagerungen, die in Veranlagungszeiträumen bis einschließlich 2007 durchgeführt wurden, sind insoweit die Ausführungen in Rn. 182 bis 200 zu beachten. **181**

### 3.10.1. Prinzip des doppelten ordentlichen und gewissenhaften Geschäftsleiters (§ 1 Absatz 1 Satz 2 AStG)

Dem Fremdvergleichsgrundsatz entspricht es, die Situation beider Unternehmen (Vertragspartner) für die Bestimmung der Verrechnungspreise anhand eines objektiven Maßstabs einzubeziehen („Prinzip des doppelten ordentlichen und gewissenhaften Geschäftsleiters"). Beide nehmen (zumindest fiktiv) am Marktgeschehen teil, das die zugrunde zu legenden Bedingungen, insbesondere die Preise, bestimmt. Nur unter dieser Voraussetzung kommt es für Zwecke der Besteuerung zu marktkonformen und ausgewogenen Verrechnungspreisen. **182**

Das Prinzip des doppelten ordentlichen und gewissenhaften Geschäftsleiters ist gängige Besteuerungspraxis und entspricht der ständigen Rechtsprechung (Rn. 149). Die Gesetzesänderung hat insoweit nur klarstellende Bedeutung. **183**

### 3.10.2. Ertragswertorientierte Gesamtbewertung (§ 1 Absatz 3 Satz 5 ff. AStG)

Für die Anwendung des Fremdvergleichsgrundsatzes in Fällen einer Funktionsverlagerung ist es erforderlich, den wirtschaftlichen Gehalt des Vorgangs festzustellen. Ordentliche und gewissenhafte Geschäftsleiter beurteilen für Zwecke der Preisbestimmung eine Funktionsverlagerung – auch für Veranlagungszeiträume vor 2008 – regelmäßig als wirtschaftlich einheitlichen Vorgang und bemessen das Entgelt sowohl für die Verlagerung insgesamt, als auch für die einzelnen Wirtschaftsgüter und Vorteile auf der Grundlage der betreffenden Gewinnpotenziale (zum Leistungspaket oder „package deal" vgl. Tz. 3.9 ff., 9.67 OECD Leitlinien, vgl. Rn. 4 ff. und Rn 9 f.). Insofern ist es sachgerecht, die steuerliche Behandlung von Funktionsverlagerungen auf einer ertragswertorientierten Gesamtbewertung (Transferpaketbetrachtung) aufzubauen. **184**

Auch in Veranlagungszeiträumen vor 2008 sind deshalb in diesen Fällen die Unterlagen des Unternehmens, auf deren Grundlage die Entscheidung für die Funktionsverlagerung getroffen wurde, anzufordern und vom Steuerpflichtigen vorzulegen, weil sie wesentlicher Ausgangspunkt für die steuerliche Behandlung und Bewertung des Vorgangs und für die Preisbestimmung der einzelnen Geschäftsvorfälle sind, aus denen sich die Funktionsverlagerung zusammensetzt. Die in § 1 Absatz 3 Satz 10 AStG vorgesehenen Öffnungsklauseln (Rn. 69 ff.) gelten auch für Veranlagungszeiträume vor 2008. **185**

186 Kann ein Unternehmen für Veranlagungszeiträume vor 2008, trotz Erfüllung seiner Mitwirkungs- und Aufzeichnungspflichten nach § 90 AO, für die Fälle einer Funktionsverlagerung keine Unterlagen über die Gewinnerwartungen bzw. für deren Berechnung vorlegen, ist es zum Zweck der Schätzung nach § 162 Absatz 1 AO nicht zu beanstanden, die tatsächliche Gewinnsituation des verlagernden Unternehmens vor der Funktionsverlagerung und die tatsächliche Gewinnsituation des übernehmenden Unternehmens nach der Funktionsverlagerung für die Preisbestimmung zugrunde zu legen, es sei denn, der Steuerpflichtige macht glaubhaft, dass zum Zeitpunkt der Entscheidung über die Funktionsverlagerung andere Gewinnerwartungen aus der verlagerten Funktion für eines oder beide Unternehmen bestanden, die von den tatsächlich entstandenen Gewinnen abweichen.

187 Die Beweislast für eine Berichtigung der Verrechnungspreise aufgrund einer ertragswertorientierten Gesamtbewertung für das Transferpaket trägt für Veranlagungszeiträume vor 2008 die Finanzbehörde.

188 Hinsichtlich der Mitwirkungs- und Aufzeichnungspflichten nach § 90 AO, die für Veranlagungszeiträume vor 2008 zu beachten sind, ist zu berücksichtigen, dass § 90 Absatz 3 AO erstmals für Wirtschaftsjahre gilt, die nach dem 31. Dezember 2002 beginnen (Artikel 97 § 22 Satz 1 EGAO). Die GAufzV wurde am 13. November 2003 mit Wirkung vom 30. Juni 2003 erlassen. Die Mitwirkungs- und Aufzeichnungspflichten werden in den VWG Verfahren näher konkretisiert.

### 3.10.3. Wert im Einigungsbereich, Mittelwert (§ 1 Absatz 3 Satz 7 AStG)

189 Zwischen einer Bandbreite aus tatsächlichen Fremdvergleichsdaten und einem Einigungsbereich bei Anwendung des hypothetischen Fremdvergleichs, der sich aus zwei Grenzpreisberechnungen ergibt (keine tatsächlichen Fremdvergleichsdaten), bestehen grundlegende Unterschiede, die zu grundsätzlich anderen Rechtsfolgen führen. So sind z. B. Bandbreiten nach § 1 Absatz 3 Satz 3 AStG im Regelfall einzuengen (Tz. 3.4.12.5 VWG Verfahren), während für einen Einigungsbereich nach § 1 Absatz 3 Satz 7 AStG ggf. der Mittelwert anzusetzen ist. Die ausdrückliche gesetzliche Regelung, dass mangels Glaubhaftmachung eines anderen Werts der Mittelwert des Einigungsbereichs der Einkünfteermittlung zugrunde zu legen ist, besteht erst für Veranlagungszeiträume ab 2008 (Rn. 180).

190 Für Veranlagungszeiträume vor 2008, ist bei Anwendung des hypothetischen Fremdvergleichs auf Funktionsverlagerungen für die Bestimmung des Werts im Einigungsbereich, der dem Fremdvergleichsgrundsatz am besten entspricht und der deshalb für die Verrechnungspreise maßgeblich ist, von dem Erfahrungssatz auszugehen, dass sich fremde Dritte auf einen mittleren Wert einigen. Dies gilt insbesondere, wenn auf beiden Seiten ein gleichermaßen hohes Interesse am Zustandekommen des Geschäftes und gleichermaßen starke Verhandlungspositionen bestehen und wenn keine konkreten Anhaltspunkte für einen bestimmten Wert innerhalb des Einigungsbereiches erkennbar sind (vgl. BFH-Urteile vom 19. Januar 1994, BStBl. II S. 725, und vom 28. Februar 1990, BStBl. II S. 649). Im Übrigen gelten die allgemeinen Regeln zur Beweis- bzw. Darlegungslast (vgl. Tz. 2.1 i. V. m. Tz. 4 VWG Verfahren).

### 3.10.4. Preisanpassungsklauseln

Eine vereinbarte Preisanpassungsklausel der beteiligten Unternehmen, die dem Fremdvergleichsgrundsatz entspricht, ist grundsätzlich sowohl zugunsten wie auch zuungunsten des inländischen Unternehmens anzuerkennen. Hat der Steuerpflichtige seine Einkünfte nicht entsprechend der vereinbarten Preisanpassungsklausel ermittelt, ist eine Verrechnungspreiskorrektur in dem Jahr geboten, in dem die vereinbarten Voraussetzungen eingetreten sind. 191

Die gesetzliche Fiktion einer Preisanpassungsklausel nach § 1 Absatz 3 Satz 11 und 12 AStG gilt erstmalig für Veranlagungszeiträume ab 2008 (Rn. 180). 192

Eine Verrechnungspreiskorrektur ist jedoch für Veranlagungszeiträume vor 2008 vorzunehmen, wenn sich fremde Dritte mit Erfolg auf eine Störung der Geschäftsgrundlage nach § 313 BGB oder, soweit nicht die Geltung deutschen Rechts vereinbart wurde, auf eine vergleichbare Regelung ausländischen Zivilrechts hätten berufen können. Wurde die Anwendung ausländischen Zivilrechts vereinbart und enthält dieses keine dem § 313 BGB vergleichbare Norm, kann unterstellt werden, dass sich ein ordentlicher und gewissenhafter Geschäftsleiter für den Fall einer Störung der Geschäftsgrundlage eine Preisanpassung ausdrücklich vorbehalten hätte. 193

Das zivilrechtlich allgemein geltende Rechtsinstitut des „Wegfalls bzw. der Störung der Geschäftsgrundlage", das Ausfluss des Grundsatzes von Treu und Glauben ist, gilt auch im Rahmen des Fremdvergleichsgrundsatzes nach § 1 AStG. Die Voraussetzungen für seine Anwendung sind erfüllt, wenn sich die Umstände, die Grundlage des Vertrages waren, schwerwiegend verändern und einem Vertragspartner insbesondere unter Berücksichtigung der vertraglichen oder gesetzlichen Risikoverteilung nach Treu und Glauben ein Festhalten am unveränderten Vertrag nicht zugemutet werden kann. Bei gegenseitigen Verträgen gehört die Vorstellung der Gleichwertigkeit von Leistung und Gegenleistung immer zur Geschäftsgrundlage. Dies gilt auch dann, wenn diese Vorstellung bei den Vertragsverhandlungen nicht besonders zum Ausdruck gekommen ist. Für beiderseits bereits vollständig erfüllte Verträge kommt eine Anwendung des § 313 BGB in der Regel nicht in Betracht. Da die Zumutbarkeit entscheidet, kann aber bei abgewickelten Verträgen ausnahmsweise eine Anpassung in Frage kommen, z. B. wenn die Geschäftsgrundlage von Anfang an gefehlt hat (BGH-Urteil vom 15. November 2001, NJW S. 1204) oder wenn das Festhalten am bisherigen Vertragsinhalt trotz der beiderseitigen Erfüllung nicht zumutbar ist (BGH-Urteile vom 1. Juni 1979, BGHZ 74, 373, und vom 24. November 1995, BGHZ 131, 209). 194

Wann eine schwerwiegende Störung der Geschäftsgrundlage i. S. d. § 313 BGB bzw. nach Treu und Glauben vorliegt, ist entsprechend der zivilrechtlichen Rechtsprechung nach Maßgabe des Einzelfalls zu beurteilen. Weichen die prognostizierten Gewinne erheblich von den tatsächlich realisierten Gewinnen ab, ist davon auszugehen, dass sich fremde Dritte mit Erfolg auf eine Störung der Geschäftsgrundlage nach § 313 BGB hätten berufen können und auch tatsächlich berufen hätten. 195

Liegt ein solcher Fall vor, ist zu unterscheiden: 196

– Wirkt sich die Fehlprognose zu Lasten des deutschen Steueraufkommens aus, nimmt die Finanzbehörde eine Gewinnerhöhung in dem Jahr vor, in dem der ordentliche und gewissenhafte Geschäftsleiter eines unabhängigen Unternehmens eine Störung der Geschäftsgrundlage geltend gemacht hätte (Tz. 6.33 f. OECD Leitlinien).

– Wirkt sich die Fehlprognose zugunsten des deutschen Steueraufkommens aus, ist eine Korrektur auf der Grundlage des § 1 AStG nicht möglich. Ergeben sich keine Korrekturmöglichkeiten nach anderen Rechtsnormen, verbleibt dem Steuerpflichtigen die Möglichkeit, einen Antrag auf Durchführung eines Verständigungsverfahrens nach den DBA zu stellen (§ 89 AO und Merkblatt zum internationalen Verständigungs- und Schiedsverfahren, BMF-Schreiben vom 13. Juli 2006, BStBl. I S. 461).

197 Eine Verrechnungspreiskorrektur auf der Grundlage einer Störung der Geschäftsgrundlage nach § 313 BGB ist hinsichtlich der Voraussetzungen und der Rechtsfolgen nicht mit einer typisierenden Korrektur aufgrund der Preisanpassungsklausel des § 1 Absatz 1 Satz 11 und 12 AStG vergleichbar.

#### 3.10.5. Ausschöpfung des Schätzungsrahmens wegen Verletzung der Mitwirkungspflichten einer ausländischen nahe stehenden Person (§ 162 Absatz 3 Satz 3 AO)

198 Beruft sich ein Beteiligter darauf, dass er in Fällen von Funktionsverlagerungen, die regelmäßig eine zweiseitige Betrachtung (Tz. 9.81 und 9.85 OECD Leitlinien) erfordern (insbesondere wenn wesentliche immaterielle Wirtschaftsgüter und Vorteile betroffen sind), Informationen nicht geben oder Aufzeichnungen nicht vorlegen kann, weil ausschließlich eine ausländische nahe stehende Person darüber verfügt und die Herausgabe verweigert, liegt kein Verstoß dieses Beteiligten gegen seine Mitwirkungspflichten vor, wenn er weder rechtlich (z. B. gesellschaftsrechtlich) noch tatsächlich die Möglichkeiten hat, die Informationen oder Unterlagen bei dem Nahestehenden zu beschaffen und ihm auch eine Beweisvorsorge nicht möglich oder nicht zumutbar war (Tz. 3.3.2 Buchstabe b VWG Verfahren).

199 § 162 Absatz 3 Satz 3 AO ermöglicht der Finanzbehörde in diesen Fällen eine Schätzung auf den für den Steuerpflichtigen ungünstigsten Punkt eines sich ergebenden Schätzungsrahmens, wenn der Sachverhalt wegen Verletzung der Mitwirkungspflichten nach § 90 Absatz 2 AO oder der Auskunftspflichten nach § 93 Absatz 1 AO durch eine ausländische nahe stehende Person nicht ausreichend aufgeklärt werden kann.

200 § 162 Absatz 3 Satz 3 AO wurde durch Artikel 6 Nummer 5 Buchstabe b des Unternehmensteuerreformgesetzes 2008 mit Wirkung vom 18. August 2007 eingefügt. Die erweiterte Schätzungsbefugnis nach § 162 Absatz 3 Satz 3 AO ist für Fälle von Funktionsverlagerungen anzuwenden, die sich nach dem 31. Dezember 2007 i. S. d. Rn. 156 „ereignet“ haben.

## 4. Besondere Aspekte bestimmter Funktionsverlagerungen

### 4.1. Verlagerung der Produktion

#### 4.1.1. Verlagerung der Produktion auf einen Eigenproduzenten

201 Wesentliche Merkmale eines Eigenproduzenten sind, dass das Unternehmen die Produktionsfunktionen (z. B. Fertigung, Produktentwicklung, Produktauswahl, Einkauf, Lagerhaltung, Forschung und Entwicklung usw.) sowie die Vermarktungsfunktionen (z. B. Werbung, Vertrieb usw.) ausübt und über

die entsprechenden Entscheidungskompetenzen verfügt. Der Eigenproduzent ist regelmäßig im Besitz der wesentlichen Betriebsgrundlagen (materielle und insbesondere immaterielle Wirtschaftsgüter) und trägt die mit der Ausübung der Funktionen verbundenen Chancen und Risiken (z. B. Marktrisiko, Qualitätsrisiko, Absatzrisiko usw.).

Ist das verlagernde Unternehmen als Eigenproduzent tätig und wird die 202
Produktion – als Ganzes oder Teile davon (Rn. 14 ff.) – zusammen mit den zugehörigen Vermarktungsfunktionen auf ein übernehmendes Unternehmen übertragen, wird regelmäßig auch das übernehmende Unternehmen als Eigenproduzent tätig.

### 4.1.2. Umstellung von Eigenproduktion auf Lohnfertigung

Ist das verlagernde Unternehmen als Eigenproduzent (Rn. 201) tätig und 203
werden die Vermarktungsfunktionen und die Produktionsrisiken auf ein nahe stehendes Unternehmen übertragen, liegt eine Funktionsverlagerung vor, bei der das verlagernde Unternehmen zum Lohnfertiger wird. In diesen Fällen besteht das Transferpaket regelmäßig aus den Wirtschaftsgütern, die der bisherige Eigenproduzent als Lohnfertiger nicht mehr selbständig nutzt, z. B. aus dem eigenständigen Marktzugang, dem Kundenstamm, der Vertriebsorganisation, dem Produkt-Know-how und anderen immateriellen Wirtschaftsgütern und Vorteilen. Mit der Vermarktungsfunktion und den wesentlichen Produktionsrisiken (einschließlich der Forschung und Entwicklung) gehen die damit verbundenen Chancen und Risiken auf das übernehmende Unternehmen über.

Typische Merkmale für einen Lohnfertiger sind, dass er auf vertraglicher 204
Grundlage oder tatsächlicher Übung

- keine Produktionsrisiken (z. B. Qualitätsrisiko, Auslastungsrisiko, Absatzrisiko, Lagerrisiko, usw.) trägt,
- die Produkte nicht selbst entwickelt und kein Eigentum an den für die Produktion erforderlichen immateriellen Wirtschaftsgütern besitzt oder erwirbt,
- keine Vermarktungsfunktionen wahrnimmt und keine Marktrisiken trägt,
- über keine entsprechenden Entscheidungskompetenzen verfügt und
- die notwendigen Roh-, Hilfs- und Betriebsstoffe, aber auch ganz oder teilweise die Produktionsanlagen vom Auftraggeber erhält (Beistellung).

**Beispiel:**

Der ausländische Getränkekonzern (K), zu dem auch die inländische Tochtergesellschaft (T) gehört, ist durch den Erwerb mehrerer Konkurrenzunternehmen stark gewachsen. Bis Ende 04 war der Konzern dezentral aufgestellt, d. h. alle Landesgesellschaften (auch T) nahmen Forschung, Produktion, Management, Vertrieb und Marketing eigenverantwortlich wahr. Im Jahr 05 wird die Steuerung der Entwicklung, der Produktion sowie des Vertriebs bei K zentralisiert, um Kosten einzusparen. Die einzelnen Landesgesellschaften werden nur noch als Lohnfertiger und Handelsvertreter für K tätig. Dadurch werden die Gewinne der Landesgesellschaften signifikant geschmälert. Eine Übertragung immaterieller Wirtschaftsgüter auf K wird weder besonders vereinbart noch vergütet. Allerdings legen die Landesgesellschaften die Rezepturen der einzelnen Getränke gegenüber K offen und übertragen K auch die Markenrechte und Warenzeichen.
Eine Funktionsverlagerung liegt vor, da die wesentlichen immateriellen Wirtschaftsgüter (Rezepturen, Markenrechte, Warenzeichen etc.) von T auf K übertragen wurden und die Funktion von T eingeschränkt wurde, denn T ist nicht mehr als selbständiger Eigenproduzent tätig.

205 Neben den Grundformen des Eigenproduzenten und des Lohnfertigers können in Abhängigkeit von der vertraglichen Ausgestaltung der einzelnen Merkmale auch verschiedene Mischformen vorliegen. Eine dieser Mischformen ist beispielsweise der Auftragsfertiger, der sich vom Lohnfertiger dadurch unterscheidet, dass er die Rohstoffe und das Material im eigenen Namen und auf eigene Rechnung beschafft, ohne dass dadurch im Regelfall die vom Auftragsfertiger übernommenen Risiken wesentlich größer wären als beim Lohnfertiger.

### 4.1.3. Verlagerung einer Produktion auf einen Lohnfertiger

206 Überträgt ein als Eigenproduzent (Rn. 201) tätiges Unternehmen nur die Produktionsfunktion ganz oder teilweise (z. B. für ein bestimmtes Produkt oder eine Produktgruppe, vgl. Rn. 14 ff.) auf ein anderes, nahe stehendes Unternehmen, wird das übernehmende Unternehmen als Lohnfertiger tätig, wenn die entsprechenden Merkmale (Rn. 204) erfüllt sind.

207 Eine Funktionsverlagerung liegt auch dann vor, wenn für das übernehmende Unternehmen (Lohnfertiger) der Verrechnungspreis für die hergestellten Produkte – dem Fremdvergleichsgrundsatz entsprechend – nach der Kostenaufschlagsmethode oder nach einer auf den Kosten basierenden, geschäftsvorfallbezogenen Nettomargenmethode ermittelt wird. Allerdings ist § 2 Absatz 2 FVerlV zu beachten (Rn. 66 f.). Die Anwendung der Kostenaufschlagsmethode darf im Übrigen nicht dazu führen, dass die Kosten für vom Auftraggeber beigestellte Rohstoffe und Materialien in die Kostenbasis des Lohnfertigers einfließen. Dies gilt auch, wenn der Lohnfertiger zivilrechtlich Eigentum erwirbt, denn er erbringt insoweit regelmäßig keinen eigenen Wertschöpfungsbeitrag.

### 4.1.4. Umstellung vom Lohnfertiger zum Eigenproduzenten

208 Wird ein bisher als Lohnfertiger tätiges Unternehmen mit den vom verlagernden, nahe stehenden Unternehmen beigestellten immateriellen Wirtschaftsgütern und sonstigen Vorteilen selbständig „am Markt" (d. h. gegenüber fremden Dritten, aber auch gegenüber anderen Konzerngesellschaften) zu Preisen tätig, die höher sind als das Entgelt nach den in Rn. 66 f. genannten Verrechnungspreismethoden, ist zum Zeitpunkt der erstmaligen Erbringung am Markt für die bisher beigestellten Wirtschaftsgüter (Know-how, Maschinen usw.) und Vorteile ein dem Fremdvergleichsgrundsatz entsprechendes Entgelt zu verrechnen, denn das bisher als Lohnfertiger tätige Unternehmen nutzt diese Wirtschaftsgüter nunmehr zur eigenen Marktteilnahme (§ 2 Absatz 2 Satz 2 FVerlV und Rn. 68).

209 In Fällen von Lohnfertigern ist fortlaufend zu prüfen, ob und ggf. ab wann weitergehende Funktionen (erster Ausgangsumsatz, der nicht gegenüber dem verlagernden Unternehmen getätigt wird) ausgeübt werden, damit rechtzeitig die steuerlichen Konsequenzen gezogen werden können.

**Beispiel:**

Ein inländischer Automobilzulieferer (P) hat unter Einschaltung einer ausländischen Tochtergesellschaft (T), die als Lohnfertiger für ihn fungiert, Auspuffanlagen an mehrere fremde Automobilhersteller vertrieben. Das Produktions-Know-how, die Rohstoffe und Maschinen wurden T bisher unentgeltlich beigestellt. Nach mehreren Jahren beliefert T Kunden von P eigenständig zu Marktpreisen.

Da T das Produktions-Know-how usw. von P für die eigene Marktteilnahme nutzt, liegt mit Beginn der eigenständigen Belieferung der Kunden von P durch T zu Marktpreisen eine Funktionsverlagerung (Einschränkung der Vertriebsfunktion bei P) vor.

### 4.2. Verlagerung des Vertriebs

#### 4.2.1. Verlagerung des Vertriebs auf einen Eigenhändler (bzw. Vertragshändler)

Ein Unternehmen ist ein typischer Eigenhändler, wenn es die Vermarktungsfunktionen (z. B. Werbung, Vertrieb usw.) ausübt und über die entsprechenden Entscheidungskompetenzen verfügt und wenn ihm auch die für die Tätigkeit eines Eigenhändlers wesentlichen Betriebsgrundlagen (z. B. Kundenstamm) und die Chancen und Risiken (z. B. Lagerrisiko) zuzurechnen sind. 210

Eine Funktionsverlagerung liegt vor, wenn der Vertrieb (als Ganzes oder Teile davon, vgl. Rn. 14 ff.) auf ein übernehmendes Unternehmen übertragen wird. In diesen Fällen wird regelmäßig auch das übernehmende Unternehmen als Eigenhändler tätig. 211

Bei der Bestimmung des Mindestpreises des verlagernden Unternehmens ist zu berücksichtigen, dass ein fremder Eigenhändler in vielen Fällen seine Vertriebsfunktion auch unabhängig von der Produktionsgesellschaft auf der Grundlage der eigenen Marktposition (u. a. Kundenstamm) weiter ausüben (Handlungsalternative, Rn. 96) und ernsthaft konkurrieren könnte (z. B. Entgelt für Verzicht auf Konkurrenz). 212

Vergleichbares gilt für Vertragshändler. Merkmale für einen Vertragshändler sind u. a. die Zuweisung eines bestimmten Absatzgebietes, Einräumung eines Alleinvertriebsrechtes, Berichtspflicht, Wettbewerbsbeschränkungen sowie die Einbeziehung in Preisbindungen und in Werbemaßnahmen des Herstellers. Allerdings ist zu beachten, dass ein Vertragshändler – im Gegensatz zum Eigenhändler – regelmäßig über keinen eigenen Vertriebskundenstamm verfügt, weil er in die Absatzorganisation seines Herstellers eingegliedert ist. Jedoch kann ein Vertragshändler über einen eigenen Kundenstamm verfügen, soweit er außer dem Vertrieb weitere Leistungen am Markt erbringt, z. B. Service und Reparaturen. 213

#### 4.2.2. Umstellung eines Eigenhändlers zum Kommissionär oder Agenten

Wird durch eine Funktionsänderung ein Eigenhändler zum Kommissionär, Handelsvertreter oder Agenten umgestellt, ist zu prüfen, ob Wirtschaftsgüter und Vorteile übertragen oder zur Nutzung überlassen werden, für die ein fremder Dritter ein Entgelt zahlen würde. Insbesondere ist zu prüfen, wem der Kundenstamm bisher gehörte, ob und wann und zu welchem Entgelt er ggf. übertragen bzw. zur Nutzung überlassen wurde und ob das Eigentum an dem Kundenstamm bei der Bestimmung der Verrechnungspreise zutreffend berücksichtigt wurde. Eine dem Fremdvergleichsgrundsatz entsprechende, vertragskonforme Funktionsänderung (z. B. Ablauf des Vertriebsvertrags, fristgerechte Kündigung) und die damit einhergehende Verminderung von Chancen und Risiken für den betroffenen Eigenhändler wird als solche für sich allein nicht als Funktionsverlagerung behandelt (Rn. 131 ff.). 214

**Beispiel:**

Eigenhändler (H) vertreibt seit Jahren im Inland Büromaschinen für seine ausländische Konzernobergesellschaft (K). Eine vertragliche Vereinbarung zur Geschäftsabwicklung wurde bisher nicht getroffen. H hat seinen Kundenstamm im Laufe der Zeit selbst aufgebaut. Die Kunden sind überwiegend staatliche Einrichtungen und Großunternehmen mit ausgezeichneter Bonität, so dass bisher keine Forderungsausfälle zu verzeichnen waren. Die angemessene durchschnittliche Rohgewinnmarge, die zu fremdüblichen Gewinnen führt, betrug in den letzten fünf Jahren 30%. Zum 1.1.06 schließt K mit H einen Kommissionärsvertrag ab. Im Zuge dessen gibt H die Kundenbuchhaltung und die eigene Lagerhaltung auf. H überträgt die entsprechenden Wirtschaftsgüter auf K und baut das betroffene Personal ab. Im Vertrag wird ein Provisionssatz von 20% der vermittelten Umsätze festgelegt. Die geringere Marge wird vor allem damit begründet, dass H als Kommissionär (im Gegensatz zum Eigenhändler) in Zukunft keine Vertriebsrisiken, insbesondere kein Forderungsausfall- und kein Lagerhaltungsrisiko mehr trägt.

Es liegt eine Funktionsverlagerung vor, da H Wirtschaftsgüter überträgt, obwohl H als unabhängiger Dritter dazu nicht gezwungen wäre, und in seiner Geschäftstätigkeit eingeschränkt wird. Zu klären ist insbesondere das rechtliche Schicksal des bisherigen Kundenstamms von H, den H entweder übertragen oder überlassen haben kann. Dies hat H aufzuklären, damit die notwendigen steuerlichen Folgen (Kaufpreis, Lizenzierung oder angemessene Berücksichtigung beim neuen Provisionssatz) gezogen werden können. Sollen die Gewinne von H in Zukunft aus Datenbanken abgeleitet werden, ist für die Vergleichbarkeit zu beachten, wem das Eigentum am Kundenstamm zusteht. Die Nutzung des Kundenstamms erlaubt dazu keine abschließende Aussage.

**Abwandlung (zur Abgrenzung):**

Zum 1.1.06 wurden lediglich der Übergang des Forderungsausfallrisikos auf K und der abgesenkte Provisionssatz vertraglich vereinbart. H übt im Übrigen seine Geschäftstätigkeit unverändert weiter aus.

Es liegt keine Funktionsverlagerung vor, da weder eine Geschäftsaktivität eingeschränkt noch Wirtschaftsgüter oder Vorteile, insbesondere kein Kundenstamm übertragen oder zur Nutzung überlassen wurden. Allerdings ist der Verrechnungspreis für die Geschäftsvorfälle nach Vertragsabschluss zu prüfen. Im Hinblick auf die Kundenstruktur und weil nach den Erfahrungen der Vergangenheit auch zukünftig nicht mit Forderungsausfällen zu rechnen ist, trägt die Begründung von H für die Absenkung des Provisionssatzes jedenfalls im Beispielsfall nicht. Denn voneinander unabhängige Dritte würden es nicht hinnehmen, dass ihre Gewinnaussichten wegen des Wegfalls unerheblicher Risiken erheblich geschmälert werden (Tz. 9.41 OECD Leitlinien).

215 Unter bestimmten Umständen kann ein Kommissionär oder Agent für seinen Geschäftsherrn eine Vertreterbetriebsstätte begründen (Tz. 1.2.2 VWG Betriebsstätten). Der Gewinn einer Vertreterbetriebsstätte (beschränkte Steuerpflicht des Geschäftsherrn) ist unabhängig von dem Gewinn des Vertreters (unbeschränkte Steuerpflicht) eigenständig zu ermitteln (vgl. Teil I Tz. 227 bis 247 OECD Betriebsstättenbericht). Derartige Fallgestaltungen sind nicht Gegenstand dieses Schreibens (entsprechend Tz. 9.7 OECD Leitlinien).

### 4.3. Verlagerung von Forschung und Entwicklung

216 Die Forschungs- und Entwicklungstätigkeit kann auf verschiedene Art und Weise organisiert sein, z. B.:

- Das Unternehmen forscht ausschließlich für eigene Zwecke (Eigenforschung).
- Das Unternehmen gibt Forschung und Entwicklung bei einem anderen verbundenen Unternehmen in Auftrag (Auftragsforschung).

– Das Unternehmen forscht differenziert nach verschiedenen Projekten gleichzeitig für eigene Zwecke und als Dienstleistung für andere Unternehmen.
– Das Unternehmen forscht gemeinsam mit anderen Unternehmen im Rahmen eines Pools (Umlagevertrag, vgl. VWG Umlageverträge).

Eine Funktionsverlagerung liegt vor, wenn die Funktion „Forschung und Entwicklung" zusammen mit den entsprechenden Wirtschaftsgütern und Vorteilen auf ein anderes nahe stehendes Unternehmen verlagert wird. Ob das übernehmende Unternehmen als Eigenforscher oder als Auftragsforscher für das verlagernde Unternehmen tätig wird, hängt von den Umständen des Einzelfalls ab. Wird das übernehmende Unternehmen als Auftragsforscher tätig, ist die Anwendbarkeit von § 2 Absatz 2 FVerlV zu prüfen (Rn. 66 ff.). Für die Fälle der Verlagerung von Forschung und Entwicklung wird insbesondere auf § 5 Nummer 6 GAufzV hingewiesen. 217

**Beispiel:**

Parallel zur Forschungsabteilung der P (Inland) wird eine neue Tochtergesellschaft (T) als Forschungsunternehmen im Ausland gegründet. Das erforderliche Personal, insbesondere die Forscher, werden von P zu T versetzt. Die Forschungsaktivitäten von P reduzieren sich fortlaufend (Personalabbau, keine weiteren Geldmittel usw.), während T erfolgreiche Forschung und Anschlussforschung betreibt (Patente).

Eine Funktionsverlagerung liegt vor. Das Transferpaket umfasst z. B. das Forschungs-Knowhow und Kenntnisse über laufende Forschungsprojekte.

## 4.4. Verlagerung von Dienstleistungen

Eine Funktionsverlagerung liegt vor, wenn das übernehmende Unternehmen eine Dienstleistungsfunktion (z. B. Buchhaltung, Marketing, Werbung) vom verlagernden Unternehmen übernimmt (Rn. 19). 218

Hat das verlagernde Unternehmen die Dienstleistung bisher nur für sich selbst erbracht, liegt nach der Funktionsverlagerung häufig ein Fall des § 2 Absatz 2 FVerlV (Rn. 66 ff.) vor, wenn das übernehmende Unternehmen diese Dienstleistung nur gegenüber dem verlagernden Unternehmen erbringt. 219

Von der Verlagerung von Dienstleistungen sind häufig keine wesentlichen immateriellen Wirtschaftsgüter und Vorteile betroffen, sodass die Öffnungsklausel nach § 1 Absatz 3 Satz 10 erste Alternative AStG (Rn. 71) anwendbar ist. 220

## 4.5. Verlagerung des Einkaufs

Die Verlagerung des Einkaufs eines Unternehmens kann z. B. erfolgen, um durch einen zentralen Einkauf Vorteile (z. B. Rabatte) zu erlangen, die allen beteiligten Unternehmen, die bislang ihren Einkauf selbständig getätigt haben, zugute kommen (Tz. 9.154 ff. OECD Leitlinien). Wird der Einkauf als konzerninterne Dienstleistung erbracht, ist für die Einkaufsgesellschaft ein angemessener Kostenaufschlag zu berücksichtigen (Rn. 66 f.). Realisierte Einkaufsvorteile können auch im Rahmen eines Pools an die beteiligten Unternehmen weitergegeben werden (vgl. VWG Umlageverträge). 221

Im konkreten Einzelfall kann allerdings eine Funktionsverlagerung vorliegen, für die grundsätzlich die Transferpaketbetrachtung nach § 1 Absatz 3 Satz 9 AStG anzuwenden ist (siehe aber Öffnungsklauseln in § 1 Absatz 3 Satz 10 AStG, Rn. 69 ff.). Dies ist der Fall, wenn das verlagernde Unterneh- 222 men dem übernehmenden Unternehmen wesentliche immaterielle Wirtschaftsgüter und Vorteile (z. B. Lieferantenkontakte, Marktkenntnisse) überträgt oder zur Nutzung überlässt. Dies kann z. B. durch Versetzung des im Einkauf des verlagernden Unternehmens tätigen Personals erfolgen (Rn. 56).

## Anlage

**Beispiel 1[1] zur Wertermittlung für Funktionsverlagerungen:**

Ein inländisches Unternehmen (Mutterkapitalgesellschaft – MG –) hat ein Transferpaket auf eine neu gegründete ausländische Tochterkapitalgesellschaft (TG) übertragen. Die Öffnungsklauseln des § 1 Absatz 3 Satz 10 AStG kommen nicht zur Anwendung. Der nachhaltig erzielbare jährliche Reingewinn nach Steuern (R) aus der übertragenen Funktion aus Sicht der verlagernden MG beträgt voraussichtlich 600 000 € (Umsatz 28 Mio. €). Die übernehmende TG rechnet mit einem nachhaltig erzielbaren Reingewinn nach Steuern von 900 000 € (Umsatz 34 Mio. €). Für beide Unternehmen beträgt der quasi-risikolose Zins (p) 4 %, der angemessene Risikozuschlag (z) auf den Zinssatz 5 Prozentpunkte. Der anzusetzende Zinssatz (i) beträgt somit 9 %. Die inländische Steuerbelastung beträgt 30 %, die ausländische 20 %. Persönliche Ertragsteuern bleiben im Beispiel unberücksichtigt (Rn. 34 f.).

A) Von folgenden weiteren Annahmen wird ausgegangen: Der Kapitalisierungszeitraum ist unbegrenzt; das Transferpaket bzw. dessen Bestandteile sind im Ausland steuerlich nicht abschreibungsfähig; sämtliche Wirtschaftsgüter des Transferpakets sind beim inländischen verlagernden Unternehmen bereits auf Null abgeschrieben.

**Lösung:**

Der Ertragswert beträgt, ausgehend von einem jährlich gleich bleibenden Reingewinn (R):

$$\text{Ertragswert (ohne Steuer auf Transferpaket – Stufe 1)} = \frac{R}{i}$$

| **Mindestpreis (Stufe 1)** | **Höchstpreis (Stufe 1)** |
|---|---|
| $\frac{600\,000\ €}{0{,}09}$ | $\frac{900\,000\ €}{0{,}09}$ |
| **= 6 666 667 €** | **= 10 000 000 €** |

Der Ertragswert berechnet sich unter Berücksichtigung der Besteuerungswirkungen des Entgelts für das Transferpaket (Rn. 118 für den Mindestpreis; Rn. 125 für den Höchstpreis) wie folgt:

$$\text{Ertragswert (Stufe 2)} = \frac{\text{Ertragswert (ohne Steuer auf Transferpaket)}}{1 - \text{Steuerbelastung}}$$

| **Mindestpreis (Stufe 2)** | **Höchstpreis (Stufe 2)** |
|---|---|
| $\frac{6\,666\,667\ €}{1 - 30\,\%}$ | Unverändert, da mangels AfA keine steuerliche Auswirkung |
| **= 9 523 810 €** | **= 10 000 000 €** |

B) Von folgenden weiteren Annahmen wird ausgegangen: Der Kapitalisierungszeitraum (t) ist auf fünf Jahre begrenzt. Das Transferpaket kann im Ausland steuerlich innerhalb von fünf Jahren abgeschrieben werden. Die Buchwerte der Wirtschaftsgüter des Transferpakets betragen beim abgebenden Unternehmen 1 372 818 €.

C) Von folgenden weiteren Annahmen wird ausgegangen: Der Kapitalisierungszeitraum (t) ist auf zehn Jahre begrenzt. Das Transferpaket kann im Ausland steuerlich innerhalb von sieben Jahren abgeschrieben werden. Die Buchwerte der Wirtschaftsgüter des Transferpakets betragen beim abgebenden Unternehmen 2 265 056 €.

**Lösung:**

Der Ertragswert beträgt, ausgehend von einem jährlich gleich bleibenden Reingewinn (R):

$$\text{Ertragswert} = \sum_{t=1}^{T} \frac{R_t}{(1+i)^t}$$

[1] **[Amtl. Anm.:]** Die Berechnungen in allen Beispielen erfolgen jeweils exakt; Ergebnisse werden in ganzen Euro-Beträgen ausgewiesen.

| | | |
|---|---|---|
| Ertragswert | = | Summe aller abgezinsten Periodenerfolge der Jahre 1 – T |
| T | = | Kalkulationszeitraum |
| t | = | Periodenindex |
| $R_t$ | = | Reingewinn nach Steuern des Jahres t, t = 1, 2, …, T |

Nach dem Ertragswertverfahren beträgt der **Mindestpreis** (Stufe 1) der verlagernden MG:

**Fall B** / **Fall C**

$$\text{Mindestpreis (Stufe 1)} = \sum_{t=1}^{T} \frac{R_t}{(1+i)^t} \qquad \sum_{t=1}^{T} \frac{R_t}{(1+i)^t}$$

$$\text{Mindestpreis (Stufe 1)} = \sum_{t=1}^{5} \frac{600.000\text{ €}}{(1+0{,}09)^t} \qquad \sum_{t=1}^{10} \frac{600.000\text{ €}}{(1+0{,}09)^t}$$

**Mindestpreis (Stufe 1)** = **2.333.791 €** **3.850.595 €**

Der Ertragswert bezogen auf den Mindestpreis berechnet sich unter Berücksichtigung der Besteuerungswirkungen des Entgelts (Mindestpreis Stufe 2) für das Transferpaket (Rn. 118) wie folgt:

$$\text{Mindestpreis (Stufe 2)} = \frac{\text{Mindestpreis (Stufe 1)} - \text{Steuersatz} \times \text{Buchwert}}{1 - \text{Steuersatz}}$$

**Fall B** / **Fall C**

$$\text{Mindestpreis (Stufe 2)} = \frac{2\,333\,791\text{ €} - 30\,\% \times 1\,372\,818\text{ €}}{1 - 30\,\%} \qquad \frac{3\,850\,595\text{ €} - 30\,\% \times 2\,265\,056\text{ €}}{1 - 30\,\%}$$

**Mindestpreis (Stufe 2)** = **2 745 636 €** **4 530 111 €**

Nach dem Ertragswertverfahren errechnet sich der Höchstpreis (Stufe 1) der übernehmenden TG wie folgt:

**Fall B** / **Fall C**

$$\text{Höchstpreis (Stufe 1)} = \sum_{t=1}^{T} \frac{R_t}{(1+i)^t} \qquad \sum_{t=1}^{T} \frac{R_t}{(1+i)^t}$$

$$\text{Höchstpreis (Stufe 1)} = \sum_{t=1}^{5} \frac{900.000\text{ €}}{1{,}09^t} \qquad \sum_{t=1}^{10} \frac{900.000\text{ €}}{1{,}09^t}$$

**Höchstpreis (Stufe 1)** = **3.500.686 €** **5.775.892 €**

Der Ertragswert bezogen auf den Höchstpreis berechnet sich unter Berücksichtigung der Besteuerungswirkungen des Entgelts (Höchstpreis Stufe 2) für das Transferpaket (Rn. 125) wie folgt:

| **Fall B** | **01** | **02** | **03** | **04** | **05** |
|---|---|---|---|---|---|
| Abschreibungsquote (20 %) | 0,200 | 0,200 | 0,200 | 0,200 | 0,200 |
| Zinssatz | 9 % | 9 % | 9 % | 9 % | 9 % |
| Barwertfaktor | 0,917 | 0,842 | 0,772 | 0,708 | 0,650 |
| Barwert der Abschreibungsquote | 0,183 | 0,168 | 0,154 | 0,142 | 0,130 |
| Unternehmenssteuer (Ausland) | 20 % | 20 % | 20 % | 20 % | 20 % |
| Steuerersparnis der Abschreibung | 0,037 | 0,034 | 0,031 | 0,028 | 0,026 |
| Steuerersparnis (gesamt) | 0,1556 | | | | |

Die Steuerersparnis (gesamt) ist wie folgt in einen Aufschlagssatz auf den Höchstpreis (Stufe 1) zur Ermittlung des Höchstpreises (Stufe 2) umzurechnen:

| | | |
|---|---|---|
| Aufschlagsfaktor | = | 1 / (1 – Steuerersparnis [gesamt]) |
| | = | 1 / (1 –0,1556) |
| | = | 1,1843 |
| Höchstpreis (Stufe 1) | | 3 500 686 € |
| × Aufschlagsfaktor | | × 1,1843 |
| **Höchstpreis (Stufe 2)** | | **4 145 699 €** |

| Fall C | 01 | 02 | 03 | 04 | 05 | 06 | 07 |
|---|---|---|---|---|---|---|---|
| Abschreibungsquote (14,3 %) | 0,143 | 0,143 | 0,143 | 0,143 | 0,143 | 0,143 | 0,143 |
| Zinssatz | 9 % | 9 % | 9 % | 9 % | 9 % | 9 % | 9 % |
| Barwertfaktor | 0,917 | 0,842 | 0,772 | 0,708 | 0,650 | 0,596 | 0,547 |
| Barwert der Abschreibungsquote | 0,131 | 0,120 | 0,110 | 0,101 | 0,093 | 0,085 | 0,078 |
| Unternehmenssteuer (Ausland) | 20 % | 20 % | 20 % | 20 % | 20 % | 20 % | 20 % |
| Steuerersparnis der Abschreibung | 0,026 | 0,024 | 0,022 | 0,020 | 0,019 | 0,017 | 0,016 |
| Steuerersparnis (gesamt) | 0,1439 | | | | | | |

Die Steuerersparnis (gesamt) ist wie folgt in einen Aufschlagssatz auf den Höchstpreis (Stufe 1) zur Ermittlung des Höchstpreises (Stufe 2) umzurechnen:

| | | |
|---|---|---|
| Aufschlagsfaktor | = | 1 / (1 – Steuerersparnis [gesamt]) |
| | = | 1 / (1 –0,1439) |
| | = | 1,1681 |
| Höchstpreis (Stufe 1) | | 5 775 892 € |
| × Aufschlagsfaktor | | × 1,1679 |
| **Höchstpreis (Stufe 2)** | | **6 745 951 €** |

Mangels anderer Anhaltspunkte soll der Mittelwert des Einigungsbereiches anzusetzen sein (Rn. 129).

| | | **Fall A** | **Fall B** | **Fall C** |
|---|---|---|---|---|
| Mindestpreis (Stufe 2) | = | 9 523 810 € | 2 745 636 € | 4 530 111 € |
| Höchstpreis (Stufe 2) | = | 10 000 000 € | 4 145 699 € | 6 745 951 € |
| Mittelwert | = | 9 761 905 € | 3 445 688 € | 5 638 031 € |

**I. Abwandlung zu Fall A (Ermittlung des Lizenzsatzes, Aufteilung entsprechend Rn. 98)**

Das Transferpaket besteht aus drei Fertigungsanlagen und vier einzelnen Maschinen sowie zwei immateriellen Wirtschaftsgütern. Der fremdvergleichskonforme Marktpreis für die Fertigungsanlagen und einzelnen Maschinen beträgt unstreitig 761 905 €. Die materiellen Wirtschaftgüter sollen auf das übernehmende Unternehmen übertragen werden. Die immateriellen Wirtschaftsgüter werden hingegen nur zur Nutzung überlassen. Aus Vereinfachungsgründen wird für die Berechnung unterstellt, dass der Kapitalisierungszinssatz von 9 % (sowohl für die Berechnung des Einigungsbereichs als auch für die Berechnung des Lizenzsatzes) das Risikoprofil für Lizenzgeber und Lizenznehmer zutreffend abbildet (Rn. 104 ff.).

Zur Ermittlung des Lizenzsatzes für die immateriellen Wirtschaftsgüter sind vom festgestellten Mittelwert im Fall A (9 761 905 €) die fremdvergleichskonformen Marktpreise für die Fertigungsanlagen und einzelnen Maschinen zum Zeitpunkt der Funktionsverlagerung (761 905 €) abzuziehen, da diese übertragen wurden. Somit ergibt sich im Zeitpunkt der Funktionsverlagerung eine jährlich zu fordernde Lizenzzahlung i. H. v. 810 000 € (Barwert der Lizenz von 9 000 000 € × Kapitalisierungszinssatz von 9 %). Bezogen auf einen dauerhaft zu erwartenden Umsatz von 34 Mio. € (siehe Sachverhalt) ergibt sich daraus ein Lizenzsatz i. H. v. gerundet 2,4 % (810 000 € / 34 000 000 € = 0,024).

**II. Abwandlung zu Fall B (Preisanpassungsklausel)**

Bei der Prüfung der Jahre 01 bis 05 stellt der Betriebsprüfer fest, dass die TG – abweichend von den ursprünglichen Planungsunterlagen – einen tatsächlichen Reingewinn nach Steuern i. H. v. jährlich 1 300 000 € erzielt hat. Die Parteien (MG und TG) hatten weder eine Preisanpassungsklausel noch eine Lizenzvereinbarung getroffen. Die gesetzliche Vermutung (§ 1 Absatz 3 Satz 11 AStG), dass zum Zeitpunkt des Geschäftsabschlusses Unsicherheiten im Hinblick auf die Preisvereinbarung bestanden und unabhängige Dritte eine sachgerechte Anpassungsregelung vereinbart hätten, konnte der Steuerpflichtige nicht widerlegen. Aufgrund der tatsächlichen Gewinnentwicklung der TG ergibt sich ein neuer Höchstpreis (Stufe 2) von 5 988 232 € (Berechnung entsprechend der obigen Darstellung zu Fall B). Der Mittelwert des neuen Einigungsbereichs (2 745 636 € bis 5 988 232 €) beträgt 4 366 934 € und liegt somit außerhalb des ursprünglichen Einigungsbereichs (2 745 636 € bis 4 145 699 €). Damit ist eine erhebliche Abweichung (Rn. 138 ff.) gegeben.

**Beispiel 2[1] Wertermittlung für Funktionsverlagerungen in Schätzungsfällen:**

Die inländische Gesellschaft (P) unterhält in Deutschland zwei Produktionsstätten, eine für Papiertaschentücher und eine für Toilettenpapier. Die Produkte werden weltweit vertrieben.
Bei der steuerlichen Außenprüfung im Jahr 05 (Prüfungszeitraum 02 bis 04) stellt der Betriebsprüfer fest, dass die Produktionsstätte, in der bisher Papiertaschentücher hergestellt worden sind, zum 31. 12. 03 geschlossen wurde. Seit dem 1.1.4 werden die Papiertaschentücher von der neu gegründeten ausländischen Tochterkapitalgesellschaft (TG) produziert und weltweit vertrieben. Die Herstellung und der Vertrieb von Toilettenpapier erfolgt auch in 04 weiterhin vom Inland aus.
Ausweislich der dem Betriebsprüfer vorgelegten Jahresabschlüsse hat sich der Reingewinn nach Steuern von P wie folgt entwickelt:

| | 01 | 02 | 03 | 04 |
|---|---|---|---|---|
| Reingewinn nach Steuern | 2 000 000 € | 2 000 000 € | 1 900 000 € | 1 000 000 € |

In dem Reingewinn nach Steuern (R) sind Schließungskosten enthalten (im Jahr 03 100 000 €). Der Reingewinn nach Steuern von TG stellt sich nach den Ermittlungen des Betriebsprüfers wie folgt dar:

| | 04 |
|---|---|
| in Landeswährung | 12 500 000 |
| in Euro | 1 250 000 |

Weitere Unterlagen wurden von P nicht zur Verfügung gestellt.
Da P trotz erkennbarer Kooperationsbereitschaft und Vorlage aller für sie verfügbaren Unterlagen, die insgesamt verwertbare Aufzeichnungen darstellen, keine ausreichenden Berechnungen zur Bewertung vorlegen kann, schätzt der Betriebsprüfer den Wert der Funktionsverlagerung zum 1. 1. 04 nach § 162 Absatz 2 AO. Anhand der vorgefundenen tatsächlichen Zahlen stellt er die nachfolgenden Überlegungen an:

**Mindestpreis des verlagernden Unternehmens:**

| | |
|---|---|
| Reingewinn nach Steuern vor Funktionsverlagerung, bereinigt um Schließungskosten | 2 000 000 € |
| Reingewinn nach Steuern nach Funktionsverlagerung | 1 000 000 € |
| Saldo: Reingewinn der Funktion (R) | 1 000 000 € |

Mangels weiterer Informationen geht der Betriebsprüfer davon aus, dass die Differenz i. H. v. 1 000 000 €, die durch die Funktionsverlagerung entstanden ist, in der Zukunft so fortgeschrieben werden kann. In Schätzungsfällen ist mangels anderer Anhaltspunkte von einem unbegrenzten Kapitalisierungszeitraum auszugehen (Rn. 171). Den risikolosen Basiszinssatz (p) zum 1. 1. 04 entnimmt der Betriebsprüfer der Zinsstrukturkurve der deutschen Bundesbank für Zerobondanleihen (hier 3,14 %). Der Risikozuschlag (z) entspricht in Schätzungsfällen vereinfachend 50 % des risikolosen Zinssatzes, mindestens jedoch 3 Prozentpunk-

[1] **[Amtl. Anm.:]** Die Berechnungen in allen Beispielen erfolgen jeweils exakt; Ergebnisse werden in ganzen Euro-Beträgen ausgewiesen.

te (Rn. 170). 50% von 3,14% sind 1,57%, somit ist der Mindestrisikozuschlag von 3% anzusetzen. Damit sind alle Risiken, auch politische Risiken, Währungs- und Inflationsrisiken abgedeckt. Von der sich ergebenden Ausgangsgröße (6,14%) ist der inländische nominelle Steuersatz von 30% (Rn. 170) abzuziehen, so dass sich ein anzusetzender Zinssatz (i) i. H. v. 4,298% ergibt.
Der Mindestpreis des verlagernden Unternehmens (P) berechnet sich wie folgt:

| | | |
|---|---|---|
| Mindestpreis ohne Schließungskosten | $\frac{R}{i}$ | $\frac{1\,000\,000\text{ €}}{4{,}298\,\%}$ |
| Mindestpreis ohne Schließungskosten | = | 23 266 636 € |
| Zuzüglich Schließungskosten | + | 100 000 € |
| Mindestpreis unter Einbeziehung der Schließungskosten | = | 23 366 636 € |

Da das verlagernde Unternehmen in seine Grenzpreisbetrachtung auch die steuerliche Belastung des Entgelts für das Transferpaket einkalkulieren muss (Rn. 118), erhöht sich der Mindestpreis pauschal um 15% (Rn. 163), da entsprechende Nachweise durch den Steuerpflichtigen nicht erbracht wurden. Der Mindestpreis unter Berücksichtigung der Steuerbelastung für das Entgelt des Transferpakets beträgt demnach 26 871 631 € (23 366 636 € zzgl. 15%).

**Höchstpreis des übernehmenden Unternehmens:**

Um den Grenzpreis von TG zu bestimmen, kann der Betriebsprüfer den inländischen risikolosen Zins und den entsprechenden Risikozuschlag verwenden, nachdem der ausländische Reingewinn in Euro umgerechnet wurde (Rn. 170). Im Zeitpunkt der Funktionsverlagerung sollen nach amtlichem Umrechnungskurs 10 Einheiten der Landeswährung 1 € entsprechen. Dies soll auch dem durchschnittlichen Umrechnungskurs des Jahres 04 entsprechen.
Der Höchstpreis des übernehmenden Unternehmens (TG) berechnet sich wie folgt:

| | | |
|---|---|---|
| Höchstpreis | $\frac{R}{i}$ | $\frac{1\,250\,000\text{ €}}{4{,}298\,\%}$ |
| Höchstpreis | = | 29 083 295 € |

Da auch das übernehmende Unternehmen in seine Grenzpreisbetrachtung die steuerlichen Vorteile durch die Abschreibungsmöglichkeit des Entgelts für das Transferpaket einzukalkulieren hat (Rn. 125), erhöht sich der Höchstpreis pauschal um 15% (Rn. 163), da insofern weitere Nachweise durch den Steuerpflichtigen nicht erbracht wurden. Der Höchstpreis unter Berücksichtigung der Steuerbelastung für das Entgelt des Transferpakets beträgt demnach 33 445 789 € (29 083 295 € zzgl. 15%).

**Einigungsbereich:**

Somit ergibt sich ein Einigungsbereich von 26 871 631 € (Mindestpreis) bis 33 445 789 € (Höchstpreis). Da Gründe für einen bestimmten Wert im Einigungsbereich weder glaubhaft gemacht wurden noch sonst ersichtlich sind, ist der Mittelwert des Einigungsbereiches 30 158 710 € der Schätzung zugrunde zu legen (Rn. 129).

**Abwandlung (Schätzung nach § 162 Absatz 3 Satz 3 AO):**

Die inländische P und die ausländische TG sind jeweils 100%ige Tochtergesellschaften des ausländischen Konzerns (K) Der Sachverhalt ist im Übrigen unverändert, mit der Ausnahme, dass P keine Unterlagen über den Reingewinn nach Steuern von TG vorlegt. P trägt vor, K stelle ihr keine Unterlagen zur Verfügung, lediglich der Reingewinn nach Steuern i. H. v. 12 500 000 in Landeswährung sei telefonisch mitgeteilt worden. Das Finanzamt fordert K erfolglos zur Mitwirkung auf (§ 93 Absatz 1 AO).
Der Betriebsprüfer ermittelt (wie vorstehend) den Mindestpreis von P mit 26 859 186 € und den Höchstpreis von TG mit 33 430 232 €. Weil K keine Unterlagen für TG vorgelegt hat, bestehen erhebliche Zweifel, dass der Reingewinn nach Steuern von TG zutreffend ist. Hierfür ist Ursache, dass K seine Mitwirkungspflichten nach § 90 Absatz 2 AO nicht erfüllt hat (§ 162 Absatz 3 Satz 3 AO).
Der Wert des Transferpakets ist nach § 162 Absatz 3 Satz 2 AO mit dem Höchstpreis im Einigungsbereich zu schätzen, d. h. mit 33 445 789 €.

# 725 § 1/9. Schreiben betr. Anwendung des § 1 Abs. 4 Außensteuergesetz

Vom 4. Juni 2014 (BStBl. I S. 834)

(BMF IV B 5 – S 1341/07/10009; DOK 2014/0423765)

Im Einvernehmen mit den obersten Finanzbehörden der Länder ist § 1 Abs. 4 Außensteuergesetz (AStG) wie folgt anzuwenden:

Nach § 1 Abs. 4 Nr. 1 Buchst. a AStG sind Geschäftsbeziehungen wirtschaftliche Vorgänge, die Teil einer Tätigkeit sind, auf die die §§ 13, 15, 18 oder 21 des Einkommensteuergesetzes (EStG) anzuwenden sind oder im Fall einer ausländischen nahe stehenden Person anzuwenden wären, wenn sich der Geschäftsvorfall im Inland ereignet hätte.

Zur Prüfung der Voraussetzungen der zweiten Alternative dieser Vorschrift ist für sämtliche Tatbestandsmerkmale wegzudenken, dass sie im Ausland verwirklicht wurden. Folglich ist zu fragen, ob auf die Tätigkeit die §§ 13, 15, 18 oder 21 EStG anzuwenden wären, wenn der Geschäftsvorfall in vollem Umfang im Inland stattgefunden hätte.

Insbesondere im Hinblick auf eine ausländische nahe stehende Person ist anzunehmen, dass statt einer ausländischen nahe stehenden Person fiktiv eine inländische nahe stehende Person, die sich im Übrigen in der Situation der ausländischen nahe stehenden Person befindet, an dem Geschäftsvorfall beteiligt ist. Unter Annahme dieser Fiktion ist zu prüfen, ob auf die Tätigkeit die §§ 13, 15, 18 oder 21 EStG anzuwenden sind.

Dieses Verständnis gilt sinngemäß auch für die Anwendung der bis zum 31. Dezember 2012 anzuwendenden Fassung des § 1 Abs. 5 AStG.

# 725 § 1/11. Schreiben betr. Grundsätze für die Anwendung des Fremdvergleichsgrundsatzes auf die Aufteilung der Einkünfte zwischen einem inländischen Unternehmen und seiner ausländischen Betriebsstätte und auf die Ermittlung der Einkünfte der inländischen Betriebsstätte eines ausländischen Unternehmens nach § 1 Abs. 5 des Außensteuergesetzes und der Betriebsstättengewinnaufteilungsverordnung (Verwaltungsgrundsätze Betriebsstättengewinnaufteilung – VWG BsGa)

Vom 22. Dezember 2016 (BStBl. 2017 I S. 182)

(BMF IV B 5 – S 1341/12/10001 – 03; DOK 2016/1066571)
Geändert durch BMF v. 17. 12. 2019 (BStBl. 2020 I S. 84)

Unter Bezugnahme auf das Ergebnis der Erörterung mit den Vertretern der obersten Finanzbehörden der Länder gilt für die Prüfung der Aufteilung der Einkünfte zwischen einem inländischen Unternehmen und seiner ausländischen Betriebsstätte und für die Prüfung der Ermittlung der Einkünfte der inländischen Betriebsstätte eines ausländischen Unternehmens Folgendes:

**Inhaltsverzeichnis**

## 1. Allgemeines

### 1.1. Regelungsziel

1 § 1 Abs. 5 AStG und die BsGaV[1] setzen den Inhalt des OECD-Betriebsstättenberichts in innerstaatliches Recht um. Der OECD-Betriebsstättenbericht beruht auf den international entwickelten Grundsätzen (Authorised OECD Approach – AOA) zur Anwendung des Fremdvergleichsgrundsatzes auf die grenzüberschreitende Ermittlung der Einkünfte einer Betriebsstätte, wenn die Betriebsstätte eines Unternehmens ihre Geschäftstätigkeit in einem anderen Staat ausübt als dem, in dem das Unternehmen ansässig ist. Nach dem AOA sind einer Betriebsstätte die Gewinne (dies schließt begrifflich Verluste mit ein) zuzurechnen, die sie – insbesondere in ihren wirtschaftlichen Beziehungen (sog. Dealings) mit dem übrigen Unternehmen – erzielen würde, wenn sie ein selbständiges und unabhängiges Unternehmen wäre (OECD-Betriebsstättenbericht, Teil I Tz. 8). Der Begriff „übriges Unternehmen" bezeichnet alle Teile des Unternehmens mit Ausnahme der betreffenden Betriebsstätte.

2 Die Besteuerung grenzüberschreitender Geschäftsvorfälle (§ 1 Abs. 4 AStG) zwischen einer Betriebsstätte und dem übrigen Unternehmen erfolgt nach den gleichen Grundsätzen wie die Besteuerung entsprechender Geschäftsvorfälle zwischen nahe stehenden Personen (siehe insbesondere § 1 Abs. 1 und 3 AStG). Damit wird eine Betriebsstätte für die Gewinnaufteilung im Verhältnis zu dem Unternehmen, zu dem sie gehört, weitgehend einem diesem nahe stehenden Unternehmen gleich gestellt. Zu diesem Zweck ist es erforderlich zu entscheiden, welche Funktionen, Vermögenswerte, Chancen und Risiken des Unternehmens der Betriebsstätte zuzuordnen sind und welcher Anteil des Eigenkapitals des Unternehmens (Dotationskapital) der Betriebsstätte zuzuordnen ist (§ 1 Abs. 5 Satz 3 AStG und §§ 4 bis 15 BsGaV). Zu den zuzuordnenden Chancen und Risiken gehören ggf. auch bestimmte Geschäftsvorfälle des Unternehmens (§ 9 BsGaV).

3 Zur weitgehenden Annäherung der steuerlichen Behandlung von Betriebsstätten im Verhältnis zu nahe stehenden Personen gehört darüber hinaus auch, dass zwischen einer Betriebsstätte und dem übrigen Unternehmen Geschäftsvorfälle (§ 1 Abs. 4 Satz 1 AStG) stattfinden können, die dazu führen, Vertragsbeziehungen jeder Art zu fingieren (anzunehmende schuldrechtliche Beziehungen i. S. d. § 1 Abs. 4 und 5 AStG, § 16 BsGaV, siehe Rn. 164 ff.), die auch zwischen nahe stehenden Unternehmen denkbar sind. Der Unterschied zwischen dem Betriebsstättenfall und dem Fall nahe stehender Personen besteht darin, dass zwischen nahe stehenden Personen im Regelfall ein gültiger zivilrechtlicher Vertrag vorliegt, während im Betriebsstättenfall ein solcher Vertrag nicht mit zivilrechtlicher Wirkung abgeschlossen werden kann, so dass in diesem Fall auf einen wirtschaftlichen Vorgang abgestellt werden muss, der dann eine anzunehmende schuldrechtliche Beziehung auslöst.

4 Die konkrete Qualifikation der anzunehmenden schuldrechtlichen Beziehung (z. B. fiktiver Kauf-, Dienstleistungs- oder Nutzungsüberlassungsvertrag) hängt von der durchzuführenden Funktions- und Risikoanalyse des wirt-

[1] Abgedruckt in Loseblattsammlung **Steuergesetze** Nr. **725 b**.

schaftlichen Vorgangs im Verhältnis der Betriebsstätte zum übrigen Unternehmen ab, die von den jeweils ausgeübten Personalfunktionen ausgeht. Die Qualifikation der anzunehmenden schuldrechtlichen Beziehung erfolgt unabhängig davon, ob im Einzelfall entsprechend dem Fremdvergleichsgrundsatz der Verrechnungspreis für die anzunehmende schuldrechtliche Beziehung (§ 16 BsGaV) zu korrigieren ist.

Weil grundsätzlich alle Arten von Vertragsbeziehungen fingiert werden können (siehe aber einschränkend Rn. 174 f. zu fiktiven Darlehen), sind für Betriebsstätten auch Verrechnungssysteme anzuerkennen, die auf vergleichbaren Grundsätzen beruhen wie Kostenumlagen (OECD-Betriebsstättenbericht, Teil I Tz. 211 ff.), wenn in der Sache die Voraussetzungen dafür vorliegen (siehe VWG Umlageverträge; anstelle der dort geforderten schriftlichen Verträge reichen klare unternehmensinterne Aufzeichnungen [siehe Rn. 63] und die entsprechende Durchführung in der Hilfs- und Nebenrechnung aus). 5

Trotz der weitgehenden Annäherung von Betriebsstätten (Art. 7 OECD-MA, § 1 Abs. 5 AStG) und verbundenen Unternehmen bzw. nahe stehenden Personen (Art. 9 OECD-MA, § 1 Abs. 1 AStG) bei der Gewinnaufteilung bzw. Gewinnermittlung verbleiben Unterschiede, die darauf beruhen, dass eine Betriebsstätte zivilrechtlich unverändert ein untrennbarer Teil des Unternehmens ist, zu dem sie gehört. Diese Unterschiede erfordern es, die Betriebsstätte nicht völlig uneingeschränkt wie ein eigenständiges und unabhängiges Unternehmen zu behandeln, § 1 Abs. 5 Satz 2 letzter Halbsatz AStG. Die Unterschiede sind abschließend in der BsGaV geregelt. Wegen dieser Unterschiede sind für Betriebsstätten z. B. 6

– die Zuordnungsregelungen der §§ 5 bis 11 BsGaV erforderlich, um der Betriebsstätte die Zuordnungsgegenstände – unabhängig von deren Erfassung als Bestandteile der Hilfs- und Nebenrechnung (§ 3 BsGaV) – zuordnen zu können,
– die Bestandteile der Passivseite der Hilfs- und Nebenrechnung nach §§ 12 ff. BsGaV (insbesondere Dotationskapital) zu bestimmen und
– die übrigen Passivposten ggf. nach § 14 Abs. 3 BsGaV indirekt zuzuordnen.

Im Fall einer Betriebsstätte ohne maßgebliche Personalfunktion (z. B. Wind-, Solarkraftanlagen usw.) kann die Zugehörigkeit der Betriebsstätte zum Unternehmen ebenfalls eine andere Behandlung erfordern. Für die Frage der Zuordnung von Wirtschaftsgütern und der Gewinnaufteilung können die 6a[1)]

*(Fortsetzung nächste Seite)*

[1)] Rz. 6a eingef. durch BMF v. 17. 12. 2019, BStBl. 2020 I S. 84.

Grundsätze der Textziffern 66[1] und 75[2] des Berichtes über die Zurechnung von Gewinnen zu Betriebsstätten der OECD vom 22. Juli 2010[3] angewandt werden.

7 Eine Betriebsstätte teilt die Kreditwürdigkeit (sog. Rating) des Unternehmens, zu dem sie gehört (OECD-Betriebsstättenbericht, Teil I Tz. 99). Dem-

---

[1] **[Amtl. Anm.:]** Ein interessanter Fall kann sich im Bereich des E-Commerce unter Bedingungen ergeben, bei denen anerkannt ist, dass der Standort eines Servers an sich bereits als Betriebsstätte gilt, da an diesem Standort Funktionen ohne Personal wahrgenommen werden können. Es sind jedoch dieselben Grundsätze anzuwenden, und bei der Funktionsanalyse wird ermittelt, welche automatisierten Funktionen von der Server-Betriebsstätte wahrgenommen werden sowie welche Vermögenswerte eingesetzt und welche Risiken übernommen werden. Der Diskussionsentwurf der Business Profits Technical Advisory Group mit dem Titel „Attribution of Profit to a Permanent Establishment Involved in Electronic Commerce Transactions" von 2001 wie auch der 2004 fertiggestellte Abschlussbericht dieser Arbeitsgruppe mit dem Titel „Are the Current Treaty Rules for Taxing Business Profits Appropriate for E-Commerce?" kamen zu dem Schluss, dass der Automatisierungsaspekt der Funktionen bedeutet, dass es sich bei den der Betriebsstätte zugerechneten Vermögenswerten und zugeordneten Risiken wahrscheinlich nur um diejenigen handelt, die direkt mit der Server-Hardware verbunden sind. Da eine Server-Betriebsstätte angesichts des Fehlens von für das Unternehmen tätigem Personal keine für die Zurechnung des Eigentums an Wirtschaftsgütern oder Vermögenswerten und/oder die Zuordnung von Risiken wesentlichen Personalfunktionen wahrnimmt, könnten dieser Betriebsstätte im Rahmen des AOA tatsächlich keine Vermögenswerte oder Risiken zugeordnet werden, was die Schlussfolgerung bestätigt, dass einer solchen Betriebsstätte nur ein geringer bzw. gar kein Gewinn zugerechnet würde.

[2] **[Amtl. Anm.:]** Bei den Beratungen der OECD-Mitgliedstaaten über die Zuordnung materieller Wirtschaftsgüter im Gesamtunternehmen wurden unterschiedliche Auffassungen zum Ausdruck gebracht. An einem Ende des Spektrums der geäußerten Ansichten wurde befürwortet, auf materielle Wirtschaftsgüter die in Abschnitt B-3 Tz. 3 (i) dargelegten allgemeinen Grundsätze anzuwenden, d. h. materielle Wirtschaftsgüter auf der Basis einer Bestimmung der für das wirtschaftliche Eigentum an den besagten Gütern relevanten wesentlichen Personalfunktionen mittels einer Funktions- und Sachverhaltsanalyse des jeweiligen Falls zuzuordnen. Am anderen Ende des Spektrums wurde die Ansicht vertreten, dass der Ort der Nutzung der materiellen Wirtschaftsgüter das einzige Kriterium sein solle, um sie einer Betriebsstätte zuzuordnen, vor allem in den Fällen, in denen eine feste Geschäftseinrichtung (Art. 5 Abs. 1) gerade wegen des Vorhandenseins dieser materiellen Wirtschaftsgüter im Betriebsstättenstaat existiere. Nach Erörterung der praktischen Auswirkungen jeder dieser beiden Optionen zogen die OECD-Mitgliedstaaten den Schluss, dass sie in der Praxis in den meisten Fällen mit beiden Optionen zu denselben bzw. nicht wesentlich unterschiedlichen Ergebnissen gelangen dürften, d. h.:

– Wenn eine Betriebsstätte als wirtschaftlicher Eigentümer des materiellen Wirtschaftsguts behandelt wird, hat sie in der Regel Anspruch auf Steuerabzüge auf Grund von Wertminderung (im Fall abschreibbarer Güter) und Zinszahlungen (im Fall ganz oder teilweise durch Schuldenaufnahme finanzierter Güter).
– Wenn eine Betriebsstätte wie der Mieter/Pächter eines materiellen Wirtschaftsguts behandelt wird, hat sie in der Regel Anspruch auf bestimmte Abzüge, z. B. für Mietzahlungen.

Die während der wirtschaftlichen Lebensdauer des Vermögenswerts gewährten Abzüge dürften zwar in der Praxis in beiden Fällen nicht wesentlich voneinander abweichen, doch können natürlich beide Fälle in einem bestimmten Jahr oder über mehrere Jahre hinweg zu recht unterschiedlichen Gewinnzurechnungen führen. Auf Grund dieser Tatsache herrschte unter den OECD-Mitgliedstaaten allgemeines Einvernehmen darüber, dass für die Zuordnung des wirtschaftlichen Eigentums an materiellen Wirtschaftsgütern die Nutzung als Grundlage dienen sollte, soweit nicht in einem besonderen Fall Umstände gegeben sind, die eine andere Auffassung rechtfertigen würden. Dies wird als pragmatische Lösung für die Zuordnung des wirtschaftlichen Eigentums an materiellen Wirtschaftsgütern im Rahmen des AOA betrachtet.

[3] **[Amtl. Anm.:]** Englischer Titel: „Report on the attribution of profits to permanent establishments, 22. July 2010".

gegenüber kann für ein rechtlich selbständiges verbundenes Unternehmen bzw. eine nahestehende Person nicht davon ausgegangen werden, dass in jedem Fall dieselbe Kreditwürdigkeit besteht wie für die betreffende Obergesellschaft oder die Unternehmensgruppe.

**1.2. Regelungsrahmen**

**1.2.1. § 1 Abs. 5 AStG**

Dieses BMF-Schreiben regelt die Grundsätze der Finanzverwaltung für die Prüfung der Anwendung des Fremdvergleichsgrundsatzes im Regelungsrahmen des § 1 Abs. 1 AStG in allen grenzüberschreitenden Fällen „einfacher Betriebsstätten" (siehe Rn. 13), unabhängig davon, ob im jeweiligen Fall ein DBA anwendbar ist oder nicht (siehe aber § 1 Abs. 5 Satz 8 AStG, der ggf. die Anwendbarkeit von § 1 Abs. 5 Satz 1 bis 7 AStG in DBA-Fällen einschränkt, und Rn. 427 ff.). Grenzüberschreitend sind Betriebsstättensachverhalte (§ 1 Abs. 5 AStG), wenn 8

- die Einkünfte zwischen einem inländischen Unternehmen und seiner ausländischen Betriebsstätte aufzuteilen sind (Betriebsstättengewinnaufteilung) oder
- die Einkünfte einer inländischen Betriebsstätte eines ausländischen Unternehmens zu ermitteln sind (Betriebsstättengewinnermittlung).

In diesem BMF-Schreiben wird für beide Fälle aus Vereinfachungsgründen der Begriff „Betriebsstättengewinnermittlung" verwendet.

Besteht in Fällen ausländischer Betriebsstätten inländischer Unternehmen und in Fällen inländischer Betriebsstätten ausländischer Unternehmen zwar eine Betriebsstätte nach § 12 AO, aber nicht nach dem jeweils anzuwendenden DBA (entsprechend Art. 5 OECD-MA, z. B. Einkaufsbüro, Auslieferungslager, Bauausführungen unterhalb der im DBA geregelten Frist), so sind § 1 Abs. 5 AStG, die BsGaV und die Vorschriften dieses BMF-Schreibens nicht anzuwenden, da mangels DBA-Betriebsstätte keine Betriebsstättengewinnermittlung durchzuführen ist. 9

§ 1 Abs. 5 AStG und die BsGaV sind Einkünftekorrekturvorschriften (siehe § 1 Abs. 1 Satz 1 AStG, auf den § 1 Abs. 5 AStG Bezug nimmt), die nur zu einer Erhöhung der inländischen Einkünfte eines beschränkt Steuerpflichtigen oder zur Minderung der ausländischen Einkünfte eines unbeschränkt Steuerpflichtigen führen können. 10

Die Grundsätze dieses BMF-Schreibens gelten auch, wenn zu entscheiden ist, inwieweit die Anwendung der Vorschrift eines geltenden DBA, die inhaltlich Art. 7 Abs. 2 OECD-MA (Fremdvergleichsgrundsatz) entspricht, zu einer Erhöhung der ausländischen Einkünfte eines unbeschränkt Steuerpflichtigen bzw. zu einer Minderung der inländischen Einkünfte eines beschränkt Steuerpflichtigen führt. Denn insoweit entfalten die DBA eine Sperrwirkung gegenüber einem anderen Wertansatz, der sich nach den sonstigen innerstaatlichen Vorschriften ergeben kann. Das ist z. B. von Bedeutung, wenn ein Steuerpflichtiger seine Einkünfte entsprechend Art. 7 Abs. 2 OECD-MA ermittelt oder wenn eine Einkünfteminderung bzw. Einkünfteerhöhung aufgrund einer Gegenberichtigung entsprechend Art. 7 Abs. 3 OECD-MA nach diesen Grundsätzen durchzuführen ist. Zur Anwendung dieses BMF-Schreibens auf 11

Sachverhalte, für die ein DBA anzuwenden ist, das dem OECD-MA 2008 entspricht (siehe Rn. 427 ff. und Rn. 430 ff.).

12 Die Grundsätze dieses BMF-Schreibens gelten auch für die Ermittlung der Einkünfte aus einem freien Beruf oder aus sonstiger selbständiger Arbeit, die einer Betriebsstätte zuzurechnen sind, wenn die Betriebsstätte einer Person gehört, die in einem anderen Staat ansässig ist als dem, in dem die Betriebsstätte ihre Geschäftstätigkeit ausübt (siehe Art. 14 OECD-MA vor 2000, der statt von einer „Betriebsstätte" von einer „festen Geschäftseinrichtung" spricht). Dieser Artikel ist zwar aufgehoben, eine entsprechende Regelung besteht aber noch in vielen DBA fort.

13 Dieses BMF-Schreiben gilt nur für Betriebsstätten i. S. d. § 1 Abs. 5 AStG, die Bestandteil eines Unternehmens sind (sog. einfache Betriebsstätten). Die Regelungen gelten dagegen nicht für Betriebsstätten, die angenommen werden, weil einem Mitunternehmer steuerlich Einkünfte einer einfachen Betriebsstätte der Mitunternehmerschaft nach § 49 Abs. 1 Nr. 2 Buchst. a bzw. § 34 d Nr. 2 Buchst. a EStG anteilig zuzurechnen sind (sog. Mitunternehmer-

*(Fortsetzung nächstes Blatt)*

betriebsstätte); zur Behandlung von Sondervergütungen, § 15 Abs. 1 Satz 1 Nr. 2 EStG, und Sonderbetriebsvermögen siehe Rn. 18.

Andererseits kann eine Mitunternehmerschaft – ebenso wie eine Kapitalgesellschaft oder eine natürliche Person – selbst eine einfache Betriebsstätte in einem anderen Staat haben. 14

**Fall – Einfache Betriebsstätte einer Personengesellschaft:**

Die inländische A/B-OHG (OHG), an der die Inländer A und B beteiligt sind, hat im Staat Y eine Betriebsstätte.

**Lösung:**

Nur die OHG hat eine einfache Betriebsstätte in Y, auf die § 1 Abs. 5 AStG anzuwenden ist. Diese einfache Betriebsstätte Y ist gleichzeitig auch eine Mitunternehmerbetriebsstätte für A und B – vermittelt durch die OHG. Das führt aber nicht dazu, dass A und B gleichzeitig auch eine einfache Betriebsstätte haben (siehe § 1 Abs. 5 Satz 7 AStG).

Da einem Geschäftsvorfall zwischen einem Mitunternehmer und seiner Mitunternehmerschaft im Regelfall eine schuldrechtliche Beziehung zugrunde liegt, ist die Besteuerung eines solchen Geschäftsvorfalls ggf. nach § 1 Abs. 1 AStG zu berichtigen, nicht nach § 1 Abs. 5 AStG (siehe § 1 Abs. 5 Satz 7 AStG), der BsGaV und diesem BMF-Schreiben. 15

**Fall – Lieferbeziehung:**

Das inländische Unternehmen X-GmbH (X) ist zu 50 % an der ausländischen X-Y-KG (KG) in Staat Y beteiligt. Die KG vertreibt Produkte, die X herstellt. X liefert an die KG Produkte für 100 (= Herstellungskosten), die X unter vergleichbaren Umständen für 120 an fremde Dritte liefert.

**Lösung:**

Der Gewinn von X ist nach § 1 Abs. 1 Satz 1 und 2 AStG um 20 zu erhöhen. Eine Anwendung des § 1 Abs. 5 AStG ist ausgeschlossen (siehe § 1 Abs. 5 Satz 7 AStG).

Eine Mitunternehmerschaft kann unter bestimmten Voraussetzungen auch dort eine einfache Betriebsstätte haben, wo einer der Mitunternehmer entweder Wohnsitz, Sitz oder Geschäftsleitung hat (z. B. eine Geschäftsleitungsbetriebsstätte der Mitunternehmerschaft). Auf eine solche Betriebsstätte sind § 1 Abs. 5 AStG und die Regelungen der BsGaV anwendbar. 16

**Fall – Geschäftsleitungsbetriebsstätte beim Mitunternehmer:**

Die inländische D-GmbH (D) ist an einer ausländischen Personengesellschaft P (P) in Staat Y beteiligt. P produziert und vertreibt in Y in eigenen Geschäftsräumen Waren. Einer der Geschäftsführer von P arbeitet in einem Büro in den Räumlichkeiten der D im Inland.

**Lösung:**

P hat im Inland eine Betriebsstätte (Teil der Geschäftsleitung). § 1 Abs. 5 AStG ist auf diese Betriebsstätte anwendbar.

Eine Mitunternehmerschaft hat allerdings nicht zwingend dort, wo ein Mitunternehmer unbeschränkt steuerpflichtig ist, eine Betriebsstätte. 17

**Fall – Nur Beteiligung:**

Der Inländer D ist an der ausländischen A/B/C/D-KG (KG) in Staat Y beteiligt, die nur eine Betriebsstätte in Y hat und ausschließlich dort tätig wird.

**Lösung:**

Die KG hat in D keine Betriebsstätte nach § 12 AO, auch wenn dort der inländische Mitunternehmer D wohnt.

18 Sonderbetriebsvermögen des einzelnen Mitunternehmers ist nicht Eigentum der Mitunternehmerschaft und kann deshalb weder einer Betriebsstätte der Mitunternehmerschaft noch der (anteiligen) Mitunternehmerbetriebsstätte des betreffenden Mitunternehmers nach § 1 Abs. 5 AStG und der BsGaV zugeordnet werden. Die Zurechnung von Sondervergütungen (ebenso wie die Zurechnung von Sonderbetriebsvermögen und der Gewinne aus dessen Veräußerung) erfolgt nach § 15 Abs. 1 Satz 1 Nr. 2 bzw. nach § 49 Abs. 1 Nr. 2 Buchst. a EStG und damit unabhängig und getrennt von der Zuordnung der Vermögenswerte und von Einkünftekorrekturen nach § 1 Abs. 5 AStG und den DBA.

**Fall – Darlehen:**

Der Inländer D ist an der ausländischen A/B/C/D-KG (KG) in Staat Y beteiligt, an der auch die Ausländer A, B, und C beteiligt sind. Die KG hat Betriebsstätten in den Staaten Y und Z. D schließt mit der KG einen Darlehensvertrag über 100 ab, der keine Verzinsung vorsieht.

**Lösung:**

Der Darlehensanspruch von D gegen die KG gehört zivilrechtlich nicht zum Betriebsvermögen der KG, denn der Darlehensanspruch kann weder den Betriebsstätten der KG in Y noch in Z zugeordnet werden. Er kann deshalb auch nicht den anteiligen Mitunternehmerbetriebsstätten des D in Y und Z zugeordnet werden. Der Sachverhalt enthält keinen Hinweis, dass die KG eine Betriebsstätte in D hat. § 1 Abs. 5 AStG ist insoweit nicht anwendbar. Für das Darlehen ist nach § 1 Abs. 1 Satz 1 und 2 AStG eine dem Fremdvergleichsgrundsatz entsprechende Verzinsung anzusetzen, die Einkünfte von D sind zu erhöhen. Für die KG ist zunächst eine entsprechende gewinnmindernde Gegenberichtigung durchzuführen. Allerdings gehört das Darlehen zum Sonderbetriebsvermögen des D hinsichtlich seiner Beteiligung an der KG, die Zinsen führen nach deutschem Steuerrecht (§ 15 Abs. 1 Satz 1 Nr. 2 EStG) zu Einkünften aus Gewerbebetrieb des D, so dass sich durch die Korrektur für D die im Inland steuerpflichtigen Einkünfte aus Gewerbebetrieb erhöhen.

**HINWEIS:**

Diese Zinseinkünfte können – auch wenn ein DBA zu beachten ist, das dem OECD-MA entspricht – unter den Voraussetzungen des § 50 d Abs. 9 Satz 1 Nr. 1 EStG in Deutschland besteuert werden.

19 Die Grundsätze dieses BMF-Schreibens gelten auch für ständige Vertreter i. S. d. § 13 AO und für Vertreterbetriebsstätten i. S. d. Artikels 5 Abs. 5 OECD-MA (siehe § 39 BsGaV und Rn. 418 ff.).

### 1.2.2. Verhältnis des § 1 Abs. 5 AStG zu anderen innerstaatlichen Vorschriften, insbesondere zu den Entstrickungs-/Verstrickungsregelungen

20 Führt die Anwendung des Fremdvergleichsgrundsatzes entsprechend § 1 Abs. 5 AStG zu weitergehenden Berichtigungen als andere Einkünfteermittlungs- oder Korrekturvorschriften (z. B. § 4 Abs. 1 Satz 3 und 4 EStG oder § 12 Abs. 1 KStG in Entstrickungssachverhalten; § 4 Abs. 1 Satz 8 Halbsatz 2 EStG in Verstrickungssachverhalten; § 49 i. V. m. § 50 Abs. 1 EStG hinsichtlich der Beschränkung des Betriebsausgabenabzugs), ist § 1 Abs. 5 AStG neben den Rechtsfolgen der anderen Vorschriften anzuwenden. Einkünftekorrekturen nach § 1 AStG sind nur zugunsten des deutschen Steueraufkommens durchzuführen (siehe § 1 Abs. 1 Satz 1 und 4 AStG). Dies gilt auch in Fällen, in denen kein DBA anzuwenden ist. Auch soweit die Entstrickungs-/Verstrickungsvorschriften anwendbar sind, liegt gleichzeitig eine anzunehmende

schuldrechtliche Beziehung nach § 16 BsGaV vor (siehe auch Rn. 62 zum Verhältnis der Hilfs- und Nebenrechnung nach § 3 BsGaV zur Bilanz).

**Fall (1) – Überführung eines Wirtschaftsguts ins Ausland (Entstrickung):**

Die inländische X-GmbH (X) hat eine ausländische Betriebsstätte A (A) im Staat A (kein DBA). Ein Wirtschaftsgut, das bisher dem übrigen Unternehmen (hier: der inländischen Geschäftsleitungsbetriebsstätte X) zugeordnet war, wird auf Dauer zu A verbracht. Der Buchwert des Wirtschaftsguts beträgt 1000, der gemeine Wert/Fremdvergleichspreis beträgt 1200.

**Lösung:**

Nach innerstaatlichem Recht, das gem. § 1 Abs. 5 Satz 1 i. V. m. Abs. 1 Satz 1 AStG vorrangig anzuwenden ist, liegt gem. § 12 Abs. 1 KStG ein Vorgang vor, der einer Veräußerung gleich steht (Entstrickung), die mit dem gemeinen Wert anzusetzen ist. Der fiktive Veräußerungsgewinn beträgt 200 (= 1200 – 1000). Gleichzeitig kommt es in der Steuerbilanz zu einer Aufstockung des Buchwerts auf den gemeinen Wert um 200. Eine Berichtigung nach § 1 Abs. 5 AStG erfolgt nicht, da diese keine weitergehenden Folgen hätte. Daneben liegt eine fiktive Veräußerung des übrigen Unternehmens an A vor (§ 16 Abs. 1 Nr. 1 BsGaV), die für A als fiktiver Anschaffungsvorgang mit 1200 zu erfassen ist.

**Abwandlung zu Fall (1) – Nutzungsüberlassung I (vom Inland ins Ausland):**

Wie Fall (1), jedoch wird das Wirtschaftsgut nur vorübergehend von A genutzt. Wegen der Nutzung werden A 100 belastet. Dies entspricht den tatsächlichen Kosten („Selbstkosten"). Der gemeine Wert/Fremdvergleichspreis für die Nutzungsüberlassung beträgt 110.

**Lösung:**

Die vorübergehende Nutzung führt zu keiner Zuordnungsänderung, weder nach § 5 BsGaV (siehe Fall Rn. 78) noch nach § 4 Abs. 1 Satz 3 und 4 EStG (keine Entstrickung des Wirtschaftsguts), so dass das Wirtschaftsgut dem übrigen Unternehmen zugeordnet bleibt. Nach R 4.3. Abs. 2 Satz 3 EStR gilt als Entnahme i. S. d. § 4 Abs. 1 Satz 3 EStG auch die Nutzung eines Wirtschaftsguts durch eine ausländische Betriebsstätte (Entnahme der Nutzung). Diese Nutzungsüberlassung ist mit dem gemeinen Wert anzusetzen. Das Ergebnis des übrigen Unternehmens ist daher um 10 (gemeiner Wert 110, bisheriger Ansatz 100) zu erhöhen, das Ergebnis von A ist entsprechend zu mindern, so dass der Gewinn von X insgesamt unverändert bleibt.

**Fall (2) – Nutzungsüberlassung II (vom Ausland ins Inland):**

Das ausländische Unternehmen Y (Y) im Staat Y hat im Inland eine Betriebsstätte D (D). Ein dem übrigen Unternehmen (hier: der ausländischen Geschäftsleitungsbetriebsstätte Y) zuzuordnendes Wirtschaftsgut wird D vorübergehend zur Nutzung überlassen. Dafür werden D 100 belastet. Die tatsächlichen Kosten von Y betragen 100, der Fremdvergleichspreis für eine vergleichbare Nutzungsüberlassung beträgt 90.

**Lösung:**

Die vorübergehende Nutzung führt zu keiner Zuordnungsänderung nach § 5 BsGaV (siehe Fall Rn. 78), so dass das Wirtschaftsgut dem übrigen Unternehmen zugeordnet bleibt. Das ausländische Unternehmen ist mit seinen durch D erzielten Einkünften beschränkt steuerpflichtig. Zur Ermittlung des Gewinns von D nach § 49 Abs. 1 Nr. 2 Buchst. a EStG ist nach § 4 Abs. 4 EStG von den tatsächlichen Kosten i. H. v. 100 auszugehen. Nach § 1 Abs. 5 AStG ist wegen der fiktiven Nutzungsüberlassung höchstens der Fremdvergleichspreis von 90 als fiktive Betriebsausgabe für D anzusetzen, sodass die Einkünfte von D um 10 zu erhöhen sind (tatsächliche Kosten 100 – Fremdvergleichspreis 90).

**Fall (3) – Dienstleistung:**

Das ausländische Unternehmen Y (Y) im Staat Y hat im Inland eine Betriebsstätte D (D). Personal von D erstellt für Y die Buchhaltung. D sind für die Erstellung der Buchhaltung Kosten von 200 entstanden. D verrechnet 200. Der Fremdvergleichspreis für eine vergleichbare Dienstleistung beträgt 220 (Kosten 200 zzgl. eines fremdvergleichsüblichen Kostenaufschlags von 10 %).

**Lösung:**

Y ist beschränkt steuerpflichtig. Zur Ermittlung des inländischen Betriebsstättengewinns von D nach § 49 Abs. 1 Nr. 2 Buchst. a EStG ist für die fiktive Dienstleistung (§ 16 Abs. 1 Nr. 2 Buchst. a BsGaV) nach § 16 Abs. 2 BsGaV der Fremdvergleichspreis von 220 als fiktive Betriebseinnahme anzusetzen. Der Gewinn von D ist daher nach § 1 Abs. 5 AStG um 20 (Fremdvergleichspreis 220, bisheriger Ansatz 200) zu erhöhen.

**Fall (4) – Überführung eines Wirtschaftsguts ins Inland (Verstrickung):**

Das ausländische Unternehmen Y (Y) der natürlichen Person Y in Staat Y hat eine inländische Betriebsstätte D. Mit Staat Y besteht kein DBA. Ein Wirtschaftsgut, das bisher dem übrigen Unternehmen (hier: der ausländischen Geschäftsleitungsbetriebsstätte Y) zugeordnet war, wird auf Dauer in das Betriebsvermögen von D überführt. Der Buchwert des Wirtschaftsguts beträgt 1000, der gemeine Wert/Fremdvergleichspreis beträgt 1200.

**Lösung:**

Nach innerstaatlichem Recht, das gem. § 1 Abs. 5 Satz 1 i. V. m. Abs. 1 Satz 1 AStG vorrangig anzuwenden ist, liegt gem. § 4 Abs. 1 Satz 8 Halbsatz 2 EStG ein Vorgang vor, der einer Einlage gleich steht (Verstrickung), die mit dem gemeinen Wert, d. h. mit 1200, anzusetzen ist (§ 6 Abs. 1 Nr. 5 a EStG i. V. m. § 9 Abs. 2 BewG). Falls Y das Wirtschaftsgut mit einem höheren Wert als 1200 ansetzt, erfolgt die Korrektur nach den genannten Vorschriften. Daneben liegt eine fiktive Veräußerung des übrigen Unternehmens an D vor (§ 16 Abs. 1 Nr. 1 BsGaV), die als fiktiver Anschaffungsvorgang mit 1200 zu erfassen ist. Eine Korrektur nach § 1 Abs. 5 AStG kommt nicht in Betracht.

**HINWEIS:**

Für diese Lösung ist es nach dem Gesetzeswortlaut unerheblich, ob der Gewinn i. H. v. 200 im Ausland erklärt oder besteuert wird. In Zweifelsfällen ist der ausländische Staat über den Vorgang und seine steuerlichen Auswirkungen zu informieren, damit im Ausland ggf. die erforderlichen Konsequenzen gezogen werden können. Auf die Regelungen des Merkblatts zur zwischenstaatlichen Amtshilfe durch Auskunftsaustausch in Steuersachen vom 23. November 2015 (BStBl I S. 928) wird hingewiesen.

## 1.2.3. Verhältnis des § 1 Abs. 5 AStG zu den DBA-Regelungen

21 Die Anwendung des Fremdvergleichsgrundsatzes entsprechend dem AOA kann sich im Rahmen der DBA (Art. 7 OECD-MA) – anders als § 1 Abs. 5 AStG selbst – auch zu Lasten des deutschen Steueraufkommens auswirken. Denn DBA-Regelungen, die inhaltlich Art. 7 OECD-MA entsprechen, begrenzen das deutsche Besteuerungsrecht.

**Fall – Kostenaufschlag:**

Das inländische Unternehmen X hat im Staat A (DBA entsprechend dem OECD-MA) eine Betriebsstätte A (A). Für eine fiktive Dienstleistung, die A dem übrigen Unternehmen (hier: der inländischen Geschäftsleitungsbetriebsstätte X) erbringt (anzunehmende schuldrechtliche Beziehung, § 16 Abs. 1 Nr. 2 Buchst. a BsGaV), entstehen A Kosten von 100, die mit einem Aufschlag von 10% (110), der dem Fremdvergleichsgrundsatz entspricht, gegenüber X verrechnet werden.

**Lösung:**

Obwohl nach innerstaatlichem Steuerrecht (§ 4 Abs. 4 EStG, ungeachtet der DBA) nur die tatsächlichen Kosten der fiktiven Dienstleistung als Betriebsausgaben für X anzusetzen sind, ist eine Einkünftekorrektur durch die Finanzverwaltung nicht durchzuführen. Denn das DBA, das entsprechend Art. 7 Abs. 2 OECD-MA den Ansatz des Fremdvergleichspreises für die fiktive Dienstleistung von A gegenüber dem übrigen Unternehmen anordnet, enthält zugunsten von X eine Änderungssperre.

**HINWEIS:**

§ 1 Abs. 5 AStG ist schon tatbestandlich nicht anzuwenden.

**Abwandlung – Zu geringer Kostenaufschlag:**

Das inländische Unternehmen X, das eine Betriebsstätte A (A) im Staat A hat (DBA entsprechend dem OECD-MA), setzt für eine Dienstleistung, die A dem übrigen Unternehmen gegenüber erbringt, einen Kostenaufschlag von 5 % an, 10 % wären angemessen. Staat A nimmt eine entsprechende Korrektur entsprechend Art. 7 Abs. 2 OECD-MA vor, die zur Doppelbesteuerung führt.

**Lösung:**

§ 1 Abs. 5 AStG kommt nicht zur Anwendung, da sich die denkbare Korrektur nach dem Fremdvergleichsgrundsatz zu Lasten des deutschen Steueraufkommens auswirken würde (siehe Rn. 10). Die entstandene Doppelbesteuerung ist entsprechend Art. 7 Abs. 3 OECD-MA durch eine Gegenberichtigung in Deutschland zu beseitigen.

### 1.3. Auswirkungen des § 1 Abs. 5 AStG und der BsGaV auf die Anrechnung aufgrund DBA, § 34 c EStG bzw. § 26 KStG

Besteht ein anzuwendendes DBA mit einer Regelung, die Art. 7 Abs. 2 OECD-MA entspricht, so sind die ausländischen Einkünfte für Zwecke der Steueranrechnung nach DBA i. V. m. § 34 c Abs. 6 EStG bzw. § 26 Abs. 1 KStG nach Maßgabe dieses BMF-Schreibens zu ermitteln (zur Ermittlung der ausländischen Einkünfte in Sachverhalten, auf die ein DBA anzuwenden ist, das dem OECD-MA 2008 entspricht, siehe Rn. 427 ff., 430 ff.). 22

In Fällen ausländischer Betriebsstätten inländischer Unternehmen, in denen kein DBA anzuwenden ist, gelten für die Anrechnung nach § 34 c Abs. 1 EStG und § 26 Abs. 1 KStG die VWG Betriebsstätten, es sei denn die Anwendung dieses BMF-Schreibens führt zu niedrigeren ausländischen Einkünften. 23

Die Fiktion des § 16 BsGaV führt nicht zum Einbehalt oder zur Anrechnung von Quellensteuern (vgl. OECD-Betriebsstättenbericht, Teil I Tz. 6). 24

### 1.4. Auswirkungen des § 1 Abs. 5 und der BsGaV auf die Gewerbesteuer

Für die Ermittlung des Kürzungsbetrags nach § 9 Nr. 3 GewStG gilt Rn. 22 f. entsprechend. 25

## 2. Vorschriften der BsGaV

### 2.1. Zurechnung von Einkünften zu einer Betriebsstätte (§ 1 BsGaV)

#### 2.1.1. Funktions- und Risikoanalyse, Vergleichbarkeitsanalyse (§ 1 Abs. 1 BsGaV)

Für die steuerliche Zurechnung von Einkünften zu einer Betriebsstätte eines Unternehmens ist eine Funktions- und Risikoanalyse der Geschäftstätigkeit der Betriebsstätte als Teil des Unternehmens durchzuführen (§ 1 Abs. 1 BsGaV). Auf der Grundlage der Funktions- und Risikoanalyse werden die Betriebsstätte und das übrige Unternehmen so behandelt, als wären sie verbundene Unternehmen, die Funktionen ausüben, über Vermögenswerte verfügen, Risiken übernehmen sowie miteinander und mit anderen verbundenen und fremden Unternehmen Geschäfte tätigen (siehe OECD-Betriebsstättenbericht, Teil I Tz. 10 und Tz. 13 bis Tz. 38). 26

Nach der Funktions- und Risikoanalyse ist für die Geschäftstätigkeit der Betriebsstätte eine Vergleichbarkeitsanalyse durchzuführen (§ 1 Abs. 1 BsGaV), um für die Geschäftsvorfälle der Betriebsstätte mit nahe stehenden Personen und mit dem übrigen Unternehmen Verrechnungspreise zu bestim- 27 men, die dem Fremdvergleichsgrundsatz entsprechen (siehe auch OECD-Betriebsstättenbericht, Teil I Tz. 39 bis Tz. 43). Für die Bestimmung der Verrechnungspreise sind alle innerstaatlichen und international anerkannten Verrechnungspreisregeln anwendbar (siehe § 1 Abs. 3 AStG und OECD-Leitlinien), einschließlich der Grundsätze für Kostenumlagen (siehe Rn. 5).

### 2.1.2. Gegenstand der Zuordnung (§ 1 Abs. 2 BsGaV)

28 Die Funktions- und Risikoanalyse ist die Grundlage dafür, der Betriebsstätte zu Beginn des Wirtschaftsjahrs und während des Wirtschaftsjahrs alle in § 1 Abs. 2 Nr. 2 bis 5 BsGaV aufgeführten Zuordnungsgegenstände zuzuordnen, die im konkreten Fall für die steuerliche Behandlung der Betriebsstätte wie ein eigenständiges und unabhängiges Unternehmen erforderlich sind (OECD-Betriebsstättenbericht, Teil I Tz. 15). Eine Zuordnung ist auch dann notwendig, wenn Zuordnungsgegenstände nicht als Bestandteile der Hilfs- und Nebenrechnung zu erfassen sind (siehe Rn. 29). Grundlage und Ausgangspunkt für die Zuordnung auch solcher, nicht in der Hilfs- und Nebenrechnung zu erfassender Zuordnungsgegenstände, sind die der Betriebsstätte zuzuordnenden Personalfunktionen, die eine solche Zuordnung funktional rechtfertigen (OECD-Betriebsstättenbericht, Teil I Tz. 15). Dies bedeutet umgekehrt, dass einer Betriebsstätte ein Zuordnungsgegenstand i. S. d. §§ 5 bis 10 BsGaV jedenfalls dann nicht (mehr) zugeordnet werden kann, wenn

- die Betriebsstätte hinsichtlich dieses Zuordnungsgegenstands keine Personalfunktionen ausübt und
- zu diesem Zeitpunkt im übrigen Unternehmen Personalfunktionen ausgeübt werden, die eine Zuordnung zum übrigen Unternehmen rechtfertigen.

29 Zu den Zuordnungsgegenständen gehören auch selbstgeschaffene immaterielle Werte unabhängig davon, ob sie in der Hilfs- und Nebenrechnung der Betriebsstätte oder in der Bilanz des Unternehmens als deren Bestandteile zu erfassen sind.

**Fall – Erfassung selbstgeschaffener immaterieller Werte:**

Unternehmen X (X) in Staat A hat eine Betriebsstätte B (B) in Staat B, deren Aufgabe die Herstellung und der Verkauf der Produkte von X ist. Bei der Produktion entwickelt B einen (technischen) immateriellen Wert, der zum Patent eingetragen wird. Der immaterielle Wert wird weder in der Bilanz von X noch in der Hilfs- und Nebenrechnung von B erfasst. Ein Jahr später überlässt B den immateriellen Wert dem übrigen Unternehmen zur (Mit-)Nutzung.

**Lösung:**

Der immaterielle Wert ist B zuzuordnen, weil B ihn geschaffen hat (§ 6 Abs. 1 BsGaV). Für die fiktive Nutzungsüberlassung an das übrige Unternehmen (§ 16 Abs. 1 Nr. 2 Buchst. a BsGaV) ist ein dem Fremdvergleichsgrundsatz entsprechender Betrag (§ 16 Abs. 2 BsGaV) zu verrechnen. Das gilt unabhängig davon, ob der immaterielle Wert zu Recht weder in der Bilanz von X noch in der Hilfs- und Nebenrechnung von B als Bestandteil erfasst wird. Die Identifizierung des immateriellen Werts ist in jedem Fall sowohl für die Zuordnung der Betriebsausgaben, die in Zusammenhang mit der Schaffung des immateriellen Werts durch B stehen, als auch für die zutreffende Zuordnung und Bemessung der fiktiven Betriebseinnahmen und Betriebsausgaben für B bzw. das übrige Unternehmen wegen der fiktiven Nutzungsüberlassung erforderlich.

30 Außerdem sind der Betriebsstätte auf der Grundlage ihrer Personalfunktionen Geschäftsvorfälle (§ 9 BsGaV) des Unternehmens, zu dem sie gehört, zuzuordnen.

Schließlich sind auf der Grundlage der jeweils ausgeübten Personalfunktionen die anzunehmenden schuldrechtlichen Beziehungen (§ 16 BsGaV) zu identifizieren, die jeweils zwischen einer Betriebsstätte und dem übrigen Unternehmen bestehen (OECD-Betriebsstättenbericht, Teil I Tz. 17). Die Fiktion schuldrechtlicher Beziehungen ist notwendig, weil zwischen einer Betriebsstätte und dem übrigen Unternehmen keine rechtlichen Beziehungen bestehen, die Grundlage für die eindeutige Zuordnung eines Zuordnungsgegenstands oder für die Vergütung einer Leistung wären. 31

## 2.2. Begriffsbestimmungen (§ 2 BsGaV)

### 2.2.1. Inländisches Unternehmen (§ 2 Abs. 1 BsGaV)

Ein Unternehmen ist – unabhängig von der Rechtsform – inländisch, wenn sich der Ort seiner tatsächlichen Geschäftsleitung im Inland befindet (§ 2 Abs. 1 BsGaV). 32

### 2.2.2. Ausländisches Unternehmen (§ 2 Abs. 2 BsGaV)

Ein Unternehmen ist – unabhängig von der Rechtsform – ausländisch, wenn sich der Ort seiner tatsächlichen Geschäftsleitung im Ausland befindet (§ 2 Abs. 2 BsGaV). 33

### 2.2.3. Personalfunktion (§ 2 Abs. 3 BsGaV)

Eine Personalfunktion ist eine Geschäftstätigkeit, die von eigenem Personal des Unternehmens für das Unternehmen ausgeübt wird (§ 1 Abs. 5 Satz 3 Nr. 1 AStG, § 2 Abs. 3 Satz 1 BsGaV). Die Auflistung von Geschäftstätigkeiten in § 2 Abs. 3 Satz 2 BsGaV ist beispielhaft und nicht abschließend. 34

Einer Betriebsstätte werden Personalfunktionen des Unternehmens zugeordnet, nicht Personal des Unternehmens. 35

Eine natürliche Person, die zum Personal des Unternehmens gehört, kann nacheinander mehrere Personalfunktionen ausüben, die ggf. unterschiedlichen Betriebsstätten eines Unternehmens zuzuordnen sind. Eine Personalfunktion, die von einer bestimmten Person, die zum eigenen Personal gehört, ausgeübt wird, kann aber nicht gleichzeitig mehreren Betriebsstätten zugeordnet werden. Dagegen kann eine Personalfunktion hinsichtlich eines Zuordnungsgegenstands gleichzeitig von verschiedenen Personen, die zum eigenen Personal gehören, in verschiedenen Betriebsstätten ausgeübt werden (siehe Funktionsaufteilung, Rn. 42). 36

**Fall – Verschiedene Personalfunktionen eines Mitarbeiters:**

Ein Consultingunternehmen X in Staat A hat in verschiedenen anderen Staaten Betriebsstätten. Ein Mitarbeiter reist nacheinander in diese anderen Staaten und berät dort die Kunden der jeweiligen Betriebsstätte an jeweils mindestens 40 Tagen.

**Lösung:**

Der Mitarbeiter übt nacheinander jeweils eine Personalfunktion für die betreffende Betriebsstätte aus. Die jeweilige Personalfunktion ist jeweils der betreffenden Betriebsstätte zuzuordnen.

### 2.2.4. Eigenes Personal (§ 2 Abs. 4 BsGaV)

Als „eigenes Personal" des Unternehmens gilt eine natürliche Person, 37

– die mit dem Unternehmen, für das sie tätig wird, einen Arbeitsvertrag abgeschlossen hat (§ 2 Abs. 4 Satz 1 BsGaV – so auch OECD-Betriebsstättenbericht, Teil I Tz. 62),
– die aufgrund eines Personalüberlassungsvertrags mit einem anderen Unternehmen für das Unternehmen tätig wird, ungeachtet dessen, dass der Arbeitsvertrag mit dem anderen Unternehmen (überlassendes Unternehmen) abgeschlossen wurde (§ 2 Abs. 4 Satz 2 BsGaV); ein Überlassungsvertrag liegt vor, wenn sich das überlassende Unternehmen lediglich zur Überlassung der Arbeitskraft des überlassenen Arbeitnehmers verpflichtet,
– die auf gesellschaftsvertraglicher Basis (siehe § 1 Abs. 4 AStG) für das Unternehmen tätig wird (§ 2 Abs. 4 Satz 1 BsGaV),
– die ohne vertragliche Vereinbarung für das Unternehmen tätig wird, sofern diese natürliche Person Unternehmer oder Gesellschafter des Unternehmens ist (§ 2 Abs. 4 Satz 3 Nr. 1 BsGaV) oder
– die ohne vertragliche Vereinbarung für das Unternehmen tätig wird, sofern diese natürliche Person dem Unternehmen oder den Gesellschaftern des Unternehmens i. S. d. § 1 Abs. 2 AStG nahe steht (§ 2 Abs. 4 Satz 3 Nr. 2 BsGaV).

**Fall – Personalüberlassung:**

Das Unternehmen Y (Y) schließt mit dem inländischen Unternehmen X (X) einen Personalüberlassungsvertrag ab. Auf Grundlage dieses Vertrags wird die natürliche Person N (N), die lediglich einen Arbeitsvertrag mit Y abgeschlossen hat, in der zu X gehörenden Betriebsstätte B (B) im Staat B tätig.

**Lösung:**

Obwohl N keinen Arbeitsvertrag mit X abgeschlossen hat, gilt N wegen des Tätigwerdens für B als eigenes Personal von B (§ 2 Abs. 4 Satz 2 BsGaV). Denn Y hat sich gegenüber X vertraglich lediglich dazu verpflichtet, X Personal (hier N) zu überlassen. N übt eine Personalfunktion von B aus, obwohl N arbeitsrechtlich Personal von Y ist.

38 Eine natürliche Person, die für ein Unternehmen tätig wird, gehört dagegen nicht zum eigenen Personal des Unternehmens, wenn das Tätigwerden nicht auf einem Arbeitsvertrag, sondern auf einem Dienstleistungs- oder Werkvertrag der natürlichen Person mit dem Unternehmen beruht. Ein Dienstleistungs- oder Werkvertrag ist von einem Personalüberlassungsvertrag (siehe Rn. 37) zu unterscheiden. Bei einem Dienstleistungs- oder Werkvertrag wird die vereinbarte Dienstleistung oder die vereinbarte Werkleistung geschuldet, nicht nur die Überlassung der Arbeitskraft des Arbeitnehmers.

### 2.2.5. Maßgebliche Personalfunktionen (§ 2 Abs. 5 BsGaV)

39 „Maßgebliche Personalfunktionen" i. S. d. § 2 Abs. 5 BsGaV sind für die Betriebsstättengewinnermittlung von zentraler Bedeutung (siehe auch OECD-Betriebsstättenbericht, Teil I Tz. 15 und Tz. 16), da sie grundlegend für die Ausgestaltung der Fiktion einer Betriebsstätte als selbständiges Unternehmen sind. Denn auf der Grundlage der maßgeblichen Personalfunktion werden einer Betriebsstätte jeweils Vermögenswerte (§§ 5 ff. BsGaV), Chancen und Risiken (§ 10 BsGaV) und Geschäftsvorfälle (§ 9 BsGaV) zugeordnet. Wird z. B. eine maßgebliche Personalfunktion, die bisher in einer Betriebsstätte ausgeübt wurde, ab einem bestimmten Zeitpunkt in einer anderen Betriebsstätte ausgeübt, kann dies zu einer Änderung der Zuordnung des betreffenden Zuord-

nungsgegenstands führen, z. B. mit der Folge des fiktiven Eigentumsübergangs eines materiellen Wirtschaftsguts nach § 16 Abs. 1 Nr. 1 BsGaV (fiktive Veräußerung aufgrund dauerhaft geänderter Nutzung als anzunehmende schuldrechtliche Beziehung, siehe Fall in Rn. 77). Die Zuordnung der maßgeblichen Personalfunktionen ist deshalb ausschlaggebend dafür, welche Zuordnungsgegenstände einer Betriebsstätte zuzuordnen sind und welche Bestandteile in der Hilfs- und Nebenrechnung einer Betriebsstätte zu erfassen sind (§ 3 BsGaV). Die Zuordnung ist damit auch für die Betriebsstättengewinnermittlung von entscheidender Bedeutung.

Ob eine Personalfunktion, die in einer Betriebsstätte ausgeübt wird, als maßgeblich anzusehen ist, ist im Einzelfall zu entscheiden (siehe auch OECD-Betriebsstättenbericht, Teil I Tz. 16). Hierbei kommt es auf den konkreten Bezug dieser Personalfunktion zum Zuordnungsgegenstand an, nicht darauf, auf welcher Hierarchiestufe formal eine Entscheidung getroffen wird. Als nicht maßgeblich sind daher insbesondere Personalfunktionen anzusehen, die bezogen auf den Zuordnungsgegenstand **40**

– lediglich unterstützenden Charakter haben (siehe auch OECD-Betriebsstättenbericht, Teil I Tz. 62),
– ausschließlich die allgemeine Geschäftspolitik des Unternehmens (Strategiefunktion) betreffen oder
– lediglich formal durch Personal einer Betriebsstätte ausgeübt werden.

**Fall – Formale Entscheidung:**

Unternehmen X (X) in Staat A will ein Projekt in seiner bereits bestehenden Betriebsstätte B (B) im Staat B durchführen. Das Projekt wird von B geplant. Auf Grundlage dieser Planung wird das Projekt durch den Vorstand von X beschlossen.

**Lösung:**

Das Projekt einschließlich der entstehenden Betriebsausgaben und Betriebseinnahmen ist B zuzuordnen, denn maßgebliche Personalfunktion ist nicht der (formale) Vorstandsbeschluss von X. Maßgebliche Personalfunktionen für das Projekt sind vielmehr die Planungsarbeiten und die operative Umsetzung des Projekts durch B.

Für die Zuordnung von Vermögenswerten (§§ 5 bis 8 BsGaV), Geschäftsvorfällen (§ 9 BsGaV) sowie Chancen und Risiken des Unternehmens (§ 10 BsGaV) gelten vorrangig die grundsätzlichen Zuordnungsregelungen gem. § 5 Abs. 1, § 6 Abs. 1, § 7 Abs. 1, § 8 Abs. 1, § 9 Abs. 1 sowie § 10 Abs. 1 und 2 BsGaV, die eine Zuordnungsvermutung enthalten, welche Personalfunktion jeweils als maßgeblich anzusehen ist. **41**

Eine für die Zuordnung eines Zuordnungsgegenstands maßgebliche Personalfunktion (z. B. Nutzung eines immateriellen Werts) kann im Einzelfall auch gleichzeitig von verschiedenen Personen in verschiedenen Betriebsstätten ausgeübt werden (Funktionsaufteilung, ausdrücklich angesprochen im OECD-Betriebsstättenbericht, Teil II Tz. 159 – Banken, Teil III Tz. 206 – Global Trading – und Teil IV Tz. 94 – Versicherungen). Eine Funktionsaufteilung ist aber nicht nur für die Geschäftstätigkeit von Banken oder Versicherungen möglich. In Fällen einer Funktionsaufteilung ist darauf abzustellen, in welcher Betriebsstätte nach qualitativen Gesichtspunkten der bedeutendste Teil der maßgeblichen Personalfunktion ausgeübt wird. Die Entscheidung des Unternehmens kann zur besseren Nachvollziehbarkeit anhand einer Übersicht veranschaulicht werden (entsprechend Rn. 294 f. zu Versicherungsbetriebsstät- **42** ten), die sämtliche Personalfunktionen umfasst, die für eine Zuordnung von Bedeutung sein können. Erfolgt die Ausübung der maßgeblichen Personalfunktion in verschiedenen Betriebsstätten qualitativ gleichwertig, ist es ausnahmsweise möglich, nach quantitativen Gesichtspunkten zu entscheiden, z. B. nach den jeweiligen Kosten der Personalfunktionen (ggf. unter Berücksichtigung von Korrekturen wegen des jeweiligen Lohnniveaus), in welcher Betriebsstätte die maßgebliche Personalfunktion ausgeübt wird.

43 Werden verschiedene Personalfunktionen hinsichtlich eines Zuordnungsgegenstands gleichzeitig von eigenem Personal des Unternehmens, das in verschiedenen Betriebsstätten arbeitet, ausgeübt (Personalfunktionenkonkurrenz), ist der Zuordnungsgegenstand nach den vorrangigen Zuordnungsregelungen (z. B. § 5 Abs. 1, § 6 Abs. 1 BsGaV) zuzuordnen. Eine davon abweichende Zuordnung zu einer anderen Betriebsstätte ist nur möglich, wenn dort andere Personalfunktionen ausgeübt werden, denen in Bezug auf den Zuordnungsgegenstand eindeutig eine größere wirtschaftliche Bedeutung zukommt (siehe z. B. § 6 Abs. 2 BsGaV). Ob eine größere wirtschaftliche Bedeutung gegeben ist, kann nur anhand von qualitativen (siehe Rn. 42), d. h. an den jeweiligen Erfolgsbeiträgen orientierten, Gesichtspunkten (Wertschöpfung) entschieden werden, da qualitativ unterschiedliche Personalfunktionen nicht nach quantitativen Gesichtspunkten beurteilt werden können. Derjenige, der sich darauf beruft, dass ein Zuordnungsgegenstand entgegen den grundsätzlichen Zuordnungsregelungen zuzuordnen ist, hat die Gründe dafür nachzuweisen bzw. glaubhaft zu machen, wenn ein Nachweis nicht möglich ist.

44 Sowohl in Fällen der Funktionsaufteilung (siehe Rn. 42) als auch in Fällen der Personalfunktionenkonkurrenz (siehe Rn. 43) ist im Einzelfall eine Betrachtung, die über ein Wirtschaftsjahr hinausgeht, vergangene Wirtschaftsjahre und Prognosen berücksichtigt, sachgerecht. Das gilt auch, wenn zu entscheiden ist, ob ein Vermögenswert einer anderen Betriebsstätte zuzuordnen ist (mit der Folge des § 16 Abs. 1 Nr. 1 BsGaV, siehe z. B. Fall in Rn. 79).

45 §§ 5 bis 10 BsGaV räumen in Zweifelsfällen dem Unternehmen einen Beurteilungsspielraum ein, wenn sonst keine eindeutige Zuordnung möglich ist (z. B. § 5 Abs. 4 BsGaV). Die Finanzverwaltung hat die Zuordnungsentscheidung des Unternehmens anzuerkennen, wenn sich diese aus der Hilfs- und Nebenrechnung (§ 3 BsGaV bzw. aus den Aufzeichnungen des Unternehmens nach § 90 Abs. 3 AO, siehe auch Rn 63) ergibt. Dies gilt auch für über das einzelne Wirtschaftsjahr hinausgehende Betrachtungen (siehe Rn. 44), wenn die daraus folgende Entscheidung des Unternehmens zum Entscheidungszeitpunkt (§ 3 BsGaV) sachlich begründet erscheint. Die Finanzverwaltung darf die vom Unternehmen im Rahmen des Beurteilungsspielraums vorgenommene und entsprechend dokumentierte Zuordnung nur ändern, wenn diese den verbindlichen Zuordnungsregeln widerspricht (z. B. § 5 Abs. 1 bis 3 BsGaV). Der Beurteilungsspielraum des Unternehmens ist insoweit eingeschränkt. Eine anteilige Zuordnung ist – außer für immaterielle Werte (siehe § 6 Abs. 4 Satz 2 BsGaV und Rn. 101) – grundsätzlich nicht anzuerkennen.

46 Wird ein wirtschaftlicher Vorgang i. S. d. § 1 Abs. 4 AStG festgestellt, kann dies eine Änderung der Zuordnung eines Zuordnungsgegenstands erforderlich machen. Dies ist der Fall, wenn die für die Zuordnung maßgebliche Personalfunktion ab dem Vorgang in einer anderen Betriebsstätte (im übrigen Unter-

nehmen) ausgeübt wird. Als Folge ist eine fiktive Veräußerung anzunehmen (§ 16 Abs. 1 Nr. 1 BsGaV, siehe Rn. 169). Anderenfalls bleibt die Zuordnung trotz des festgestellten wirtschaftlichen Vorgangs, der lediglich zu einer fiktiven Leistungsbeziehung führt (§ 16 Abs. 1 Nr. 2 BsGaV, siehe Rn. 171), unverändert.

Eine Änderung der Zuordnung eines Zuordnungsgegenstands ist z. B. notwendig, wenn **47**

- die maßgebliche Personalfunktion nach einem wirtschaftlichen Vorgang nicht mehr in der bisherigen Betriebsstätte sondern im übrigen Unternehmen, d. h. in einer anderen Betriebsstätte, ausgeübt wird (z. B. § 5 Abs. 1 BsGaV: Nutzung (siehe Fall Rn. 77) oder
- die Ausübung der bisher maßgeblichen Personalfunktion einer Betriebsstätte beendet wird und in Folge des wirtschaftlichen Vorgangs eine andere Personalfunktion, die im übrigen Unternehmen, d. h. in einer anderen Betriebsstätte, ausgeübt wird, als maßgebliche anzusehen ist (z. B. § 6 BsGaV: Erwerb eines immateriellen Werts und Beginn der Nutzung in einer anderen Betriebsstätte, wenn die Nutzung eindeutig von größerer Bedeutung ist als der Erwerb).

Zu einzelnen Fallkonstellationen siehe die Beispiele zu §§ 5 ff. BsGaV (siehe Rn. 76 ff.) und zu § 16 Abs. 1 Nr. 1 BsGaV (siehe Rn. 169).

Für das Ergebnis einer Betriebsstätte sind allerdings nicht nur die maßgeblichen, sondern alle der Betriebsstätte zuzuordnenden Personalfunktionen zu berücksichtigen (siehe auch OECD-Betriebsstättenbericht, Teil I Tz. 17). Denn zwischen der Betriebsstätte, der die maßgebliche Personalfunktion bezüglich eines Bestandteils der Hilfs- und Nebenrechnung zugeordnet wird, und dem übrigen Unternehmen, das auch Personalfunktionen im Hinblick auf diesen Bestandteil ausübt, liegen anzunehmende schuldrechtliche Beziehungen nach § 16 Abs. 1 Nr. 2 Buchst. a BsGaV vor (z. B. fiktive Nutzungsüberlassungen, fiktive Dienstleistungen), für die ein angemessener Verrechnungspreis anzusetzen ist, § 16 Abs. 2 BsGaV. **48**

### 2.2.6. Vermögenswert (§ 2 Abs. 6 BsGaV)

„Vermögenswerte" i. S. d. § 2 Abs. 6 BsGaV sind Wirtschaftsgüter und Vorteile, insbesondere materielle Wirtschaftsgüter, immaterielle Werte einschließlich immaterieller Wirtschaftsgüter, Beteiligungen und Finanzanlagen. Auf Definitionen der nationalen und internationalen Bilanzierungsstandards kommt es ebenso wenig an wie auf die Erfassung in der Hilfs- und Nebenrechnung, d. h., ein Vermögenswert in diesem Sinne kann einer Betriebsstätte auch dann zuzuordnen sein, wenn er nicht als Bestandteil der Hilfs- und Nebenrechnung zu erfassen ist (siehe Fall in Rn. 29). Die tatsächliche Bilanzierung und die Bilanzierbarkeit von Wirtschaftsgütern sind für die Zwecke der Betriebsstättengewinnermittlung nicht entscheidend, denn auch nicht bilanzierte oder nach § 248 Abs. 1 HGB nicht bilanzierungsfähige Wirtschaftsgüter können für anzunehmende schuldrechtliche Beziehungen und für die entstehenden Einkünfte von Bedeutung sein. **49**

Vorteile können für die Preisbestimmung von anzunehmenden schuldrechtlichen Beziehungen i. S. d. § 1 Abs. 4 Nr. 2 AStG und für die daraus entstehenden Einkünfte von erheblicher Bedeutung sein. Zu den Vorteilen **50** gehören auch Finanzinstrumente i. S. d. § 254 HGB, die keine Wirtschaftsgüter sind, aber der Sicherung von Vermögenswerten i. S. d. § 11 BsGaV dienen.

## 2.3. Hilfs- und Nebenrechnung (§ 3 BsGaV)

### 2.3.1. Erstellung der Hilfs- und Nebenrechnung (§ 3 Abs. 1 BsGaV)

51 Die Hilfs- und Nebenrechnung dient der steuerlichen Ergebnisberechnung der Betriebsstätte. Sie ist nach § 3 Abs. 1 Satz 1 BsGaV jeweils zum Beginn des Wirtschaftsjahrs entsprechend §§ 5 bis 17 BsGaV aufzustellen. Für die Zuordnung von Dotationskapital und übrigen Passivposten enthält die BsGaV von den inländischen Regeln für die steuerliche Gewinnermittlung abweichende Regelungen (vgl. §§ 12 bis 14 BsGaV, siehe Rn. 129 ff.), die einen Bilanzzusammenhang für die Passivposten der Hilfs- und Nebenrechnung ausschließen.

52 Die Hilfs- und Nebenrechnung ist entsprechend den Regeln, die für die steuerliche Gewinnermittlung gelten, laufend fortzuschreiben und zum Ende des Wirtschaftsjahrs abzuschließen. Sie ist nach § 3 Abs. 1 Satz 3 BsGaV spätestens zum Zeitpunkt der Abgabe der Steuererklärung (Einkommensteuererklärung, Körperschaftsteuererklärung oder Erklärung zur gesonderten und einheitlichen Feststellung) zu erstellen. § 148 AO ist anwendbar.

53 Ist ein ausländisches Unternehmen für seine inländische Betriebsstätte buchführungspflichtig oder führt es freiwillig Bücher, so können diese Unterlagen Ausgangspunkt für die Hilfs- und Nebenrechnung sein oder unter Berücksichtigung der Umstände des Einzelfalls der Hilfs- und Nebenrechnung entsprechen.

54 Die Regelung der Rn. 53 gilt entsprechend für ein inländisches Unternehmen, das aufgrund ausländischen Rechts für seine ausländische Betriebsstätte buchführungspflichtig ist oder freiwillig Bücher führt und die Ergebnisse der dortigen Buchführung für die deutsche Besteuerung übernimmt (§ 146 Abs. 2 Satz 3 AO).

55 Wird das Ergebnis einer ausländischen Betriebsstättenbuchführung (ggf. nach den Anpassungen i. S. d. § 146 Abs. 2 Satz 4 AO) in ausländischer Währung ermittelt, so ist es nicht zu beanstanden, wenn dieses Ergebnis unter Berücksichtigung des zum Bilanzstichtag geltenden Umrechnungskurses umgerechnet wird, d. h. ohne Berücksichtigung der Umrechnungskurse einzelner Geschäftsvorfälle und der historischen Anschaffungskosten. Diese Handhabung entspricht der weitgehenden Gleichstellung von Betriebsstätten mit Kapitalgesellschaften und damit dem Fremdvergleichsgrundsatz.

56 Hat ein Unternehmen mehrere Betriebsstätten in einem Staat, ist grundsätzlich für jede Betriebsstätte eine gesonderte Hilfs- und Nebenrechnung zu erstellen. Es ist jedoch nicht zu beanstanden, wenn für die Betriebsstätten in einem Staat eine zusammengefasste Hilfs- und Nebenrechnung erstellt wird, es sei denn, die Beachtung steuerlicher Vorschriften (z. B. § 2 a EStG oder die Regelungen der DBA) erfordern eine getrennte Ermittlung der jeweiligen Betriebsstätteneinkünfte. Für jede einzelne Bau- und Montagebetriebsstätte und für jede einzelne Förderbetriebsstätte ist stets eine gesonderte Hilfs- und Nebenrechnung zu erstellen (siehe Rn. 341).

Besteht im Inland zwar eine Betriebsstätte nach § 12 AO, können deren Einkünfte aber aufgrund einer Art. 8 OECD-MA entsprechenden DBA-Regelung in Deutschland nicht besteuert werden, so ist es aus Vereinfachungsgründen nicht erforderlich, für diese Betriebsstätte eine Hilfs- und Nebenrechnung zu erstellen. Dies gilt nicht, wenn durch eine Betriebsstätte neben Einkünften, die unter eine Art. 8 OECD-MA entsprechende DBA-Regelung fallen, auch andere Einkünfte erzielt werden, die nicht als Nebeneinkünfte anzusehen sind. In diesem Fall ist für diese anderen Einkünfte eine Hilfs- und Nebenrechnung zu erstellen. Um die in Deutschland steuerpflichtigen Betriebsstätteneinkünfte sachgerecht ermitteln zu können, sind diese von den in Deutschland nicht zu besteuernden Einkünften sachgerecht abzugrenzen. Zur Feststellung, ob im Inland zu besteuernde Einkünfte erzielt werden, ist nach § 90 Abs. 1 AO vom ausländischen Unternehmen insbesondere offen zu legen, welche Personalfunktionen (§ 3 Abs. 3 BsGaV) in der Betriebsstätte (§ 4 Abs. 1 Satz 1 BsGaV) oder für die Betriebsstätte (§ 4 Abs. 2 BsGaV) ausgeübt werden. 57

### 2.3.2. Bestandteile der Hilfs- und Nebenrechnung (§ 3 Abs. 2 BsGaV)

In der Hilfs- und Nebenrechnung sind die der Betriebsstätte zuzuordnenden Vermögenswerte, ihr Dotationskapital und die übrigen Passivposten zu erfassen (siehe auch OECD-Betriebsstättenbericht, Teil I Tz. 72 ff. und Tz. 224 ff.). 58

Ein selbst geschaffener immaterieller Wert, der bisher weder in der Bilanz noch in der Hilfs- und Nebenrechnung zu erfassen war, wird dann Bestandteil der Hilfs- und Nebenrechnung, wenn wegen einer Änderung der Zuordnung im Verhältnis zwischen der Betriebsstätte und dem übrigen Unternehmen ein fiktiver Erwerb i. S. d. § 16 Abs. 1 Nr. 1 BsGaV anzunehmen ist. Zu erfassen ist demnach ein immaterieller Wert, der im übrigen Unternehmen selbst geschaffen wurde und anschließend der Betriebsstätte zuzuordnen ist (siehe Fallabwandlung 2 in Rn. 95) bzw. umgekehrt. Hingegen kann ein selbst geschaffener immaterieller Wert, der zwar der Betriebsstätte zuzuordnen ist, nach § 3 Abs. 2 Satz 2 Nr. 1 BsGaV nicht Bestandteil der Hilfs- und Nebenrechnung sein, wenn ein rechtlich selbständiges Unternehmen in der Situation der Betriebsstätte diesen immateriellen Wert in seiner steuerlichen Gewinnermittlung nicht erfassen würde. 59

Nach § 3 Abs. 2 Satz 2 Nr. 4 BsGaV sind auch die Betriebseinnahmen und Betriebsausgaben mit einzubeziehen, die zur Betriebsstätte gehören, weil sie in Zusammenhang mit Bestandteilen der Hilfs- und Nebenrechnung stehen, die aufgrund der ausgeübten Personalfunktion der Betriebsstätte zuzuordnen sind. 60

Auch die fiktiven Betriebseinnahmen und Betriebsausgaben, die aufgrund anzunehmender schuldrechtlicher Beziehungen nach den §§ 16 und 17 BsGaV entstehen, sind nach § 3 Abs. 2 Satz 3 BsGaV in der Hilfs- und Nebenrechnung zu erfassen, da voneinander unabhängige Unternehmen in vergleichbaren Fällen Verträge abschließen würden, die entsprechende Auswirkungen auf ihre Gewinnermittlung hätten (siehe auch § 1 Abs. 4 Satz 2 AStG). Zu den fiktiven Betriebseinnahmen und Betriebsausgaben gehören auch fiktive Veräußerungsgewinne und -verluste. 61

**Fall – Dienstleistung:**

Die inländische X-GmbH hat in Staat A (DBA, das den AOA beinhaltet) eine Betriebsstätte A (A). Das übrige Unternehmen erbringt mit Personalfunktionen im Inland eine Dienstleistung für A. Die Dienstleistung verursacht Kosten von 90 und wird vom übrigen Unternehmen zum angemessenen Fremdvergleichspreis von 100 gegenüber A verrechnet.

**Lösung:**

A weist in der Hilfs- und Nebenrechnung fiktive Betriebsausgaben i. H. v. 100 aus. Das übrige Unternehmen erzielt fiktive Betriebseinnahmen von 100, d. h., es entsteht für das übrige Unternehmen ein Gewinn von 10.

62 Soweit eine Entstrickung nach § 4 Abs. 1 Satz 3 und 4 EStG oder eine fiktive Veräußerung nach § 12 Abs. 1 KStG vorliegt, die in der inländischen Steuerbilanz des Unternehmens im Wege einer Aufstockung zu erfassen ist, sind entsprechende Ansätze in der Hilfs- und Nebenrechnung der betreffenden ausländischen Betriebsstätte erforderlich.

**Fall (1) – Überführung eines materiellen Wirtschaftsguts:**

Die inländische X-GmbH (X) überführt einen Kran (Buchwert 100, gemeiner Wert/Fremdvergleichspreis 150) in ihre Betriebsstätte A (A) im Staat A (DBA, das den AOA beinhaltet).

**Lösung:**

Nach § 12 Abs. 1 KStG gilt die Überführung als fiktive Veräußerung des Krans zum gemeinen Wert/Fremdvergleichspreis von 150. Da der Kran unverändert Betriebsvermögen von X ist, muss er in derselben logischen Sekunde mit dem gemeinen Wert/Fremdvergleichspreis in deren Steuerbilanz angesetzt werden. Folge ist eine gewinnwirksame Erhöhung des Bilanzwerts des Krans (sog. Step up) in der Bilanz von X. Dieser Vorgang führt zwischen A und dem übrigen Unternehmen nach § 16 Abs. 1 Nr. 1 BsGaV zu einer fiktiven Veräußerung (anzunehmende schuldrechtliche Beziehung) des übrigen Unternehmens an A, so dass der Kran in der Hilfs- und Nebenrechnung von A mit den fiktiven Anschaffungskosten von 150 zu aktivieren und anschließend ausgehend von diesem Wert nach den allgemeinen Regeln abzuschreiben ist. Im Zeitpunkt der Überführung/fiktiven Veräußerung entsteht für das übrige Unternehmen ein Gewinn von 50. Dieser Gewinn neutralisiert sich für X infolge der erhöhten Abschreibung für A (fiktive Anschaffungskosten 150) im Laufe der Nutzungsdauer. Die Gewinnrealisierung wirkt sich letztlich – zeitlich verschoben – nur auf die Gewinnaufteilung zwischen A und dem übrigen Unternehmen aus (einmaliger Gewinn im übrigen Unternehmen von 50, erhöhte Abschreibung bezogen auf die Nutzungsdauer für A von 50).

**HINWEIS:**

Im umgekehrten Fall (ausländisches Unternehmen mit inländischer Betriebsstätte) liegt eine fiktive Einlage gem. § 8 Abs. 1 KStG, § 4 Abs. 1 Satz 8 Halbsatz 2 EStG vor, die mit dem gemeinen Wert (§ 6 Abs. 1 Nr. 5 a EStG) zu bewerten ist. Eine entsprechend Art. 7 OECD-MA vom Unternehmen vorgenommene Aktivierung zu 150 in der Hilfs- und Nebenrechnung der inländischen Betriebsstätte ist anzuerkennen, von dieser Basis sind Abschreibungen vorzunehmen. Im Ausland kommt es zu einer entsprechenden Gewinnrealisierung.

**Fall (2) – Überführung eines immateriellen Werts:**

Die inländische X-GmbH (X) hat in Staat A eine Betriebsstätte A (A). Die inländische Forschungseinrichtung von X entwickelt einen immateriellen Wert und lässt ihn zum Patent eintragen. Das Patent ist nach Fertigstellung im Jahr 05 ab dem Jahr 06 unstreitig A zuzuordnen, weil A den immateriellen Wert nutzt und das übrige Unternehmen keine Personalfunktionen mehr hinsichtlich des Patents ausübt (siehe Rn. 28).

**Lösung:**

Der immaterielle Wert (Patent, bzw. das zukünftige Patent) ist in den Jahren 01 bis 05 dem übrigen Unternehmen zuzuordnen, denn dort sind die maßgeblichen Personalfunktionen, die zur Schaffung des Patents führten, ausgeübt worden (Vermutungsregelung des § 6 Abs. 1 BsGaV). Die Zuordnung zu A im Jahr 06 stellt eine Zuordnungsänderung dar. Es ist ein fiktiver Anschaffungsvorgang des Patents durch A anzunehmen (fiktiver Erwerb i. S. d. § 16

Abs. 1 Nr. 1 BsGaV). Das Patent ist ab dem Jahr 06 nach § 3 Abs. 2 Nr. 1 BsGaV in der Hilfs- und Nebenrechnung von A als Aktivposten mit den fiktiven Anschaffungskosten (d. h. mit einem dem Fremdvergleichsgrundsatz entsprechenden Preis, § 16 Abs. 2 BsGaV) zu erfassen. Dass X das Patent ohne diesen fiktiven Anschaffungsvorgang nach deutschem Steuerrecht nicht in seiner inländischen Bilanz ansetzen darf (Bilanzierungsverbot, § 5 Abs. 2 EStG), ist unerheblich. Gleichzeitig handelt es sich für das übrige Unternehmen um eine fiktive Veräußerung an A i. S. d. § 12 Abs. 1 KStG.

**HINWEIS:**

Ist im umgekehrten Fall (ausländisches Unternehmen mit inländischer Betriebsstätte) ein selbstgeschaffener (auch halbfertiger) immaterieller Wert nach ausländischem Steuerrecht in der Bilanz des ausländischen Unternehmens auszuweisen (anders als nach deutschem Steuerrecht), so hat dies keinen Einfluss auf die Behandlung in der Hilfs- und Nebenrechnung der Betriebsstätte.

### 2.3.3. Hinweis auf die Aufzeichnungspflichten (§ 3 Abs. 3 BsGaV)

Das Unternehmen muss nach § 3 Abs. 3 BsGaV sicherstellen, dass es im Rahmen des § 90 Abs. 3 Satz 4 AO (siehe auch § 7 GAufzV) auf Anforderung durch die Außenprüfung Aufzeichnungen über die Gründe für die jeweilige Zuordnungsentscheidung hinsichtlich der Bestandteile der Hilfs- und Nebenrechnung und für die anzunehmenden schuldrechtlichen Beziehungen vorlegen kann. Zu den Aufzeichnungen gehören insbesondere auch Unterlagen, aus denen sich ergibt, wie die betreffenden Bestandteile der Hilfs- und Nebenrechnung und die anzunehmenden schuldrechtlichen Beziehungen im Ausland steuerlich zugeordnet und behandelt werden. Werden bei einer Außenprüfung Aufzeichnungen, die nach § 90 Abs. 3 Satz 4 AO auf Anforderung zu erstellen und vorzulegen sind, nicht fristgerecht oder nur in unverwertbarer Qualität vorgelegt, können Schätzungen und Zuschläge nach § 162 Abs. 3 und 4 AO notwendig werden. 63

### 2.3.4. Begründung und Beendigung einer Betriebsstätte (§ 3 Abs. 4 BsGaV)

#### 2.3.4.1. Begründung einer Betriebsstätte

Wird eine Betriebsstätte begründet, ist nach § 3 Abs. 4 Satz 1 BsGaV zu diesem Zeitpunkt erstmals eine Hilfs- und Nebenrechnung zu erstellen. Dies gilt auch, wenn sich erst nachträglich herausstellt, dass eine Betriebsstätte begründet wurde (z. B. Fristüberschreitung für Bau- und Montagebetriebsstätten, unbeabsichtigte und unerkannte Betriebsstättenbegründung). Für den fiktiven Erwerb bzw. die fiktive Überlassung von Vermögenswerten sowie für die Zuordnung von Passivposten gelten auch in diesen Fällen die allgemeinen Grundsätze. 64

In den Fällen, in denen die Begründung einer Betriebsstätte, d. h. ihr tatsächliches Entstehen, nicht erkannt wurde und eine Hilfs- und Nebenrechnung nicht nachträglich erstellt werden kann, kann eine Schätzung nach § 162 AO notwendig werden. 65

Aufwendungen, die vor der Begründung einer Betriebsstätte aber in einem zeitlichen und sachlichen Zusammenhang mit ihrem Entstehen und im Hinblick auf ihre Tätigkeit anfallen (Vorlaufkosten), sind dem übrigen Unternehmen zuzuordnen, denn einer Betriebsstätte können vor ihrem Entstehen keine Personalfunktionen zugeordnet werden (siehe Rn. 71). 66

67 Dienen Vorlaufkosten der Erzielung von im Inland nach DBA-Regelungen freigestellten Betriebsstätteneinkünften, so sind sie nach dem Veranlassungsprinzip (§ 4 Abs. 4 EStG) im Inland nicht abziehbar (BFH vom 28. 4. 1983 IV R 122/79, BStBl. II S. 566; BFH vom 17. 12. 1998 I B 80/98, BStBl. II 1999 S. 293; vgl. OECD-Betriebsstättenbericht, Teil I Tz. 221 ff.). Dies gilt auch dann, wenn es gar nicht zum Entstehen der geplanten ausländischen Betriebsstätte kommt (BFH vom 26. 2. 2014 I R 56/12, BStBl. II S. 703). Weist das Unternehmen allerdings nach, dass Vorlaufkosten der Erbringung von anzunehmenden schuldrechtlichen Beziehungen (§ 16 BsGaV) dienen, die für das übrige Unternehmen zu steuerpflichtigen Einkünften führen, sind sie insoweit beim übrigen Unternehmen abziehbar.

### 2.3.4.2. Beendigung einer Betriebsstätte

68 Wird eine Betriebsstätte beendet, ist die Hilfs- und Nebenrechnung nach § 3 Abs. 4 Satz 2 BsGaV zu diesem Zeitpunkt abzuschließen. Alle noch vorhandenen Vermögenswerte und Passivposten der Betriebsstätte gelten fiktiv als an das übrige Unternehmen zu Fremdvergleichswerten veräußert (§ 16 Abs. 1 Nr. 1 BsGaV), der fiktive Veräußerungserlös ist nach § 3 Abs. 4 Satz 2 BsGaV in der Hilfs- und Nebenrechnung zu erfassen. Eine entsprechende Anwendung des § 11 KStG auf eine Betriebsstätte scheidet auch in den Fällen aus, in denen das Unternehmen, dessen Teil die Betriebsstätte ist, nach § 1 Abs. 1 Nr. 1 bis 3 KStG unbeschränkt körperschaftsteuerpflichtig ist.

**Fall – Beendigung einer Betriebsstätte:**

Unternehmen X im Staat A hat in Staat B eine Betriebsstätte B (B), die in der Hilfs- und Nebenrechnung eine Maschine ausweist. B wird beendet.

**Lösung:**

Mit der Beendigung von B ist eine fiktive Veräußerung der Maschine an das übrige Unternehmen (§ 16 Abs. 1 Nr. 1 BsGaV) anzunehmen, unabhängig davon, ob die Maschine in Staat B verbleibt oder nicht.

69 Betriebseinnahmen und Betriebsausgaben in Zusammenhang mit der Geschäftstätigkeit der Betriebsstätte, die zu einem Zeitpunkt anfallen, zu dem die Betriebsstätte nicht mehr besteht, gehören nicht zu den Einkünften der Betriebsstätte, sondern zu den Einkünften des übrigen Unternehmens. Denn nach § 3 Abs. 4 Satz 2 BsGaV gelten die zugrunde liegenden Geschäftsvorfälle und Vermögenswerte zum Zeitpunkt der Beendigung der Betriebsstätte als fiktiv an das übrige Unternehmen veräußert (§ 16 Abs. 1 Nr. 1 BsGaV).

### 2.3.5. Hilfs- und Nebenrechnung für die Betriebsstätte eines nicht bilanzierenden Unternehmens (§ 3 Abs. 5 BsGaV)

70 In Fällen, in denen das Unternehmen, zu dem die Betriebsstätte gehört, weder nach inländischem noch nach ausländischem Recht buchführungspflichtig ist und tatsächlich auch keine Bücher führt, ist die Hilfs- und Nebenrechnung nach § 3 Abs. 5 BsGaV entsprechend einer Einnahmenüberschussrechnung i. S. d. § 4 Abs. 3 EStG zu erstellen. § 6 Abs. 7 EStG ist entsprechend anzuwenden, d. h., die Abschreibungen sind ausgehend von den fiktiven Anschaffungskosten zu bemessen. Entsprechend § 3 Abs. 4 BsGaV ist auch in diesen Fällen zum Zeitpunkt der Begründung der Betriebsstätte mit der Hilfs- und Nebenrechnung zu beginnen. Im Zeitpunkt der Beendigung der Betriebsstätte ist die Hilfs- und Nebenrechnung so abzuschließen, dass sie

den Übergang der Vermögenswerte und Passivposten zu Werten enthält, die dem Fremdvergleichsgrundsatz entsprechen.

## 2.4. Zuordnung von Personalfunktionen (§ 4 BsGaV)

### 2.4.1. Grundsatz (§ 4 Abs. 1 BsGaV)

Für die Zuordnung einer Personalfunktion kommt es nach § 4 Abs. 1 Satz 1 BsGaV in erster Linie darauf an, in welcher Betriebsstätte die Personalfunktion ausgeübt wird (Vermutungsregelung). Die Zuordnung ist grundsätzlich unabhängig von der Dauer der Ausübung. 71

Eine Personalfunktion, die in einer Betriebsstätte ausgeübt wird, ist ihr nach § 4 Abs. 1 Satz 2 BsGaV jedoch nicht zuzuordnen, wenn die Personalfunktion keinen sachlichen Bezug zur Geschäftstätigkeit der Betriebsstätte aufweist und wenn die Personalfunktion dort nur kurzfristig, d. h. an weniger als 30 Arbeitstagen innerhalb eines Wirtschaftsjahrs, ausgeübt wird. 72

**Grundfall – Vorbereitende Tätigkeit:**

Unternehmen X in Staat A hat in Staat B Betriebsstätte B (B) und in Staat C Betriebsstätte C (C). Ein Arbeitnehmer N (N) von X reist für drei Wochen zu B, um sich dort für eine Tätigkeit in Staat C für C vorzubereiten. Es besteht keine sachliche Verbindung zwischen seiner (vorbereitenden) Tätigkeit im Staat B und der Geschäftstätigkeit von B.

**Lösung:**

Die Tätigkeit von N ist nach § 4 Abs. 1 Satz 2 BsGaV keine Personalfunktion von B, sondern gem. § 4 Abs. 2 Satz 1 1. Alternative BsGaV eine Personalfunktion von C. Die Nutzung der Infrastruktur von B ist ggf. vom übrigen Unternehmen (hier im Ergebnis von C) zu vergüten (§ 16 Abs. 1 Nr. 2 Buchst. a BsGaV).

**Abwandlung (zur Abgrenzung):**

N ist länger als 30 Tage, d. h. nicht nur kurzfristig, bei B tätig.

**Lösung:**

Die Tätigkeit von N ist nach § 4 Abs. 1 Satz 2 BsGaV eine Personalfunktion von B, da N die Infrastruktur von B nicht nur kurzfristig nutzt. Die Ergebnisse der vorbereitenden Tätigkeit von N in B sind vom übrigen Unternehmen (hier im Ergebnis von C) angemessen zu vergüten (§ 16 Abs. 1 Nr. 2 Buchst. a BsGaV).

Als Folge der Zuordnung einer Personalfunktion zu einer Betriebsstätte sind der Betriebsstätte neben dem zugehörigen Personalaufwand auch die durch die Personalfunktion verursachten Erträge zuzuordnen. Aus der Zuordnung einer Personalfunktion zu einer Betriebsstätte können sich auch Gründe für die Zuordnung z. B. von Vermögenswerten ergeben. 73

### 2.4.2. Besondere Fälle der Zuordnung von Personalfunktionen (§ 4 Abs. 2 BsGaV)

Gibt die örtliche Ausübung einer Personalfunktion keine Entscheidung für die Zuordnung vor, weil 74

- die Personalfunktion weder in der Betriebsstätte noch im übrigen Unternehmen ausgeübt wird (z. B. Reisetätigkeit) oder
- das Personal des Unternehmens die Funktion nur kurzfristig in einer Betriebsstätte ausübt, zu der die Personalfunktion sonst keinen sachlichen Bezug aufweist (§ 4 Abs. 1 Satz 2 BsGaV),

so ist die Personalfunktion nach § 4 Abs. 2 BsGaV der Betriebsstätte zuzuordnen, zu der die Personalfunktion sachlich den engsten Bezug aufweist (siehe Rn. 72 Grundfall).

### 2.4.3. Zuordnung einer Personalfunktion in Zweifelsfällen (§ 4 Abs. 3 BsGaV)

75 Kann eine Personalfunktion weder nach § 4 Abs. 1 noch nach § 4 Abs. 2 BsGaV zugeordnet werden, so räumt § 4 Abs. 3 BsGaV dem Unternehmen einen Beurteilungsspielraum für die Zuordnung der Personalfunktion ein. Die Zuordnung der Personalfunktion muss sich aber so weit wie möglich an den Kriterien des § 4 Abs. 1 und 2 BsGaV orientieren. Die Zuordnung der Personalfunktion muss spätestens mit Erstellung der Hilfs- und Nebenrechnung nachvollziehbar erfolgt sein und ggf. anhand eindeutiger Aufzeichnungen (§ 90 Abs. 3 AO, siehe auch Rn. 63) begründet werden können (§ 3 Abs. 2 Satz 4 BsGaV). Anderenfalls kann eine Schätzung nach § 162 AO erforderlich werden. Die anteilige Zuordnung einer Personalfunktion ist nicht anzuerkennen.

**Fall – Keine eindeutige Zuordnung einer Personalfunktion:**

Das Produktionsunternehmen X (X) in Staat A hat in Staat B Betriebsstätte B (B) und in Staat C Betriebsstätte C (C). X betreibt einen Messestand im Staat M. Der Angestellte N, der üblicherweise im Staat A für X arbeitet, berät und bedient auf der Messe die Kunden von B und C. Der Messestand erfüllt selbst nicht den Tatbestand einer Betriebsstätte.

**Lösung:**

Da es nicht möglich ist, die auf dem Messestand von N ausgeübte Personalfunktion eindeutig einer der Betriebsstätten zuzuordnen (§ 4 Abs. 1 oder 2 BsGaV) hat X einen Beurteilungsspielraum (§ 4 Abs. 3 BsGaV): X kann die in M von N erbrachte Personalfunktion entweder der inländischen Betriebsstätte oder B oder C zuordnen. X hat sicherzustellen, dass die Aufzeichnungspflichten (siehe Rn. 63) erfüllt werden können. Fiktiv erbrachte Dienstleitungen sind nach § 16 Abs. 1 Nr. 2 Buchst. a BsGaV angemessen zu verrechnen.

## 2.5. Zuordnung von materiellen Wirtschaftsgütern (§ 5 BsGaV)

### 2.5.1. Grundsatz (§ 5 Abs. 1 BsGaV)

76 Ein materielles Wirtschaftsgut ist nach der Vermutungsregelung des § 5 Abs. 1 Satz 1 BsGaV der Betriebsstätte zuzuordnen, in der es genutzt wird, da die Nutzung materieller Wirtschaftsgüter insofern als maßgebliche Personalfunktion gilt (siehe auch OECD-Betriebsstättenbericht, Teil I Tz. 75). Unter Nutzung i. S. d. § 5 Abs. 1 Satz 1 BsGaV ist der unmittelbare Verbrauch des materiellen Wirtschaftsguts, d. h. dessen Wertverzehr, zu verstehen. Besonderheiten gelten im Zusammenhang mit Beteiligungen, Finanzanlagen und ähnlichen Vermögenswerten (§ 7 BsGaV). Da die Nutzung eines materiellen Vermögenswerts immer nur an einem Ort (in einer bestimmten Betriebsstätte) möglich ist, sind Fälle von Funktionsaufteilungen (siehe Rn. 42) im Regelfall nicht möglich (siehe aber Rn. 79).

**Fall (1) – Grundfall:**

Unternehmen X in Staat A hat in Staat B eine Betriebsstätte B (B). Eine Maschine wird von Personal von B für eigene betriebliche Zwecke angeschafft und anschließend genutzt.

**Lösung:**

Die Maschine ist B nach § 5 Abs. 1 BsGaV zuzuordnen und als Bestandteil der Hilfs- und Nebenrechnung von B (§ 3 BsGaV) auszuweisen.

**Fall (2) – Nutzung durch Nutzungsüberlassung:**

Unternehmen X (X) in Staat A hat in Staat B eine Betriebsstätte B (B). Eine Maschine wird von Personal von B angeschafft, und anschließend an ein unabhängiges Unternehmen Y (Y) vermietet.

**Lösung:**

Die Maschine ist B aufgrund der Nutzung (Vermietung) nach § 5 Abs. 1 BsGaV zuzuordnen.

**Fallfortführung zu Fall (2):**

X hat in Staat C die Betriebsstätte C (C). Nach der Vermietung an Y (dieser Geschäftsvorfall ist B nach § 9 Abs. 1 BsGaV zuzuordnen) wird die Maschine auf Dauer von C genutzt.

**Lösung:**

Die Maschine ist dem übrigen Unternehmen (hier C) zuzuordnen, denn die tatsächliche Nutzung durch C hat wegen der Vermutungsregelung des § 5 Abs. 1 BsGaV Vorrang gegenüber der denkbaren fiktiven Nutzungsüberlassung von B an C.

**Fall (3) – Herstellung; Behandlung eines unternehmensinternen fiktiven Anschaffungsvorgangs:**

Geschäftszweck des Unternehmens X (X) in Staat A ist u. a. die Herstellung von Spezialmaschinen. X hat in Staat B eine Betriebsstätte B (B). Im Jahr 01 beginnt im übrigen Unternehmen die Fertigung einer Maschine, die für B vorgesehen ist. Die Maschine wird in 02 ausgeliefert und anschließend von B genutzt.

**Lösung:**

Die Maschine ist B mit Beginn der Nutzung in 02 zuzuordnen (§ 5 Abs. 1 BsGaV – Vermutungsregelung). In der Zeit davor ist das unfertige Erzeugnis dem übrigen Unternehmen zuzuordnen, da bis zur Nutzung die Herstellung nach § 5 Abs. 2 BsGaV die maßgebliche Personalfunktion ist. Mit Beginn der Nutzung in 02 durch B gilt die Maschine als fiktiv an diese veräußert (§ 16 Abs. 1 Nr. 1 BsGaV). Für die fiktive Veräußerung ist ein Verrechnungspreis anzusetzen, der dem Fremdvergleichsgrundsatz entspricht (§ 16 Abs. 2 BsGaV).

Wechselt die Nutzung eines materiellen Wirtschaftsguts auf Dauer, d. h. unbefristet, von einer Betriebsstätte zu einer anderen, führt das nach § 5 Abs. 1 Satz 2 BsGaV zum Zeitpunkt der Nutzungsänderung zu einer geänderten Zuordnung (fiktive Veräußerung, § 16 Abs. 1 Nr. 1 BsGaV), weil die maßgebliche Personalfunktion (Nutzung) nicht mehr in der bisher nutzenden Betriebsstätte, sondern in der anderen Betriebsstätte ausgeübt wird. 77

**Fall – Dauerhafter Nutzungswechsel:**

Unternehmen X in Staat A hat in Staat B eine Betriebsstätte B (B), die für ihre betrieblichen Zwecke einen PKW erwirbt. Nach einem Jahr wird der PKW nicht mehr für B benötigt. Er wird auf Dauer für die betrieblichen Zwecke des übrigen Unternehmens (hier für die der Geschäftsleitungsbetriebsstätte im Staat A) verwendet. Der PKW wird weiterhin in der Hilfs- und Nebenrechnung von B erfasst und ein fremdübliches Entgelt für die fiktive Nutzungsüberlassung von B an X angesetzt.

**Lösung:**

B ist der PKW wegen des Erwerbs und der anschließenden Nutzung zuzuordnen (§ 5 Abs. 1 Satz 1 BsGaV). Nach Beendigung der Nutzung durch B ist der PKW nach § 5 Abs. 1 Satz 2 BsGaV dem übrigen Unternehmen zuzuordnen, da ihn das übrige Unternehmen (hier die Geschäftsleitungsbetriebsstätte) auf Dauer nutzt. Der Nutzungsübergang führt zu einer fiktiven Veräußerung an das übrige Unternehmen (§ 16 Abs. 1 Nr. 1 BsGaV), für die nach § 16 Abs. 2 BsGaV ein dem Fremdvergleichsgrundsatz entsprechender Betrag zu verrechnen ist. Die steuerliche Behandlung des Vorgangs durch X ist entsprechend zu berichtigen.

Wechselt die Nutzung vorübergehend zu einer anderen Betriebsstätte, führt dies zu einer fiktiven Nutzungsüberlassung (§ 16 Abs. 1 Nr. 2 Buchst. a BsGaV) ohne Änderung der Zuordnung, wenn die bisher nutzende Betriebsstätte weiterhin Personalfunktionen hinsichtlich des materiellen Wirtschaftsguts ausübt oder absehbar ist, dass sie das Wirtschaftsgut in Zukunft wieder nutzen wird. 78

**Abwandlung 1 zu Fall Rn. 77 – Vorübergehender Nutzungswechsel:**

Der PKW wird nicht auf Dauer, sondern nur für vier Monate für betriebliche Zwecke des übrigen Unternehmens (hier der Geschäftsleitungsbetriebsstätte im Staat A) verwendet, danach wird er wieder von B genutzt. X hat den PKW weiterhin in der Hilfs- und Nebenrechnung von B erfasst und ein fremdübliches Entgelt für die fiktive Nutzungsüberlassung an das übrige Unternehmen angesetzt.

**Lösung:**

Da die Nutzung des PKW nur vorübergehend wechselt und absehbar ist, dass B den PKW in Zukunft wieder nutzen wird, ist keine Änderung der Zuordnung vorzunehmen. Es ist eine fiktive Nutzungsüberlassung (§ 16 Abs. 1 Nr. 2 Buchst. a BsGaV) an das übrige Unternehmen anzunehmen, die dem Fremdvergleichsgrundsatz entsprechend zu vergüten ist (§ 16 Abs. 2 BsGaV).

79 Wechselt die Nutzung eines materiellen Wirtschaftsguts häufig, d. h. mehr als zweimal innerhalb eines Kalenderjahrs zwischen verschiedenen Betriebsstätten, ist nach § 5 Abs. 1 Satz 3 BsGaV für die Zuordnung des materiellen Wirtschaftsguts darauf abzustellen, in welcher Betriebsstätte es überwiegend genutzt wird. Dies ist anhand einer Prognose (siehe Rn. 44), die sich auf die betriebsgewöhnliche Nutzungsdauer bezieht, zu entscheiden. Dadurch wird vermieden, dass häufig fiktive Veräußerungen (§ 16 Abs. 1 Nr. 1 BsGaV) anzunehmen sind, die dazu führen, dass die vorhandenen stillen Reserven jeweils festgestellt und versteuert werden müssten. Im Verhältnis der Betriebsstätte, der das materielle Wirtschaftsgut zuzuordnen ist, zu anderen Betriebsstätten, die das materielle Wirtschaftsgut nutzen, liegen fiktive Nutzungsüberlassungen vor (§ 16 Abs. 1 Nr. 2 Buchst. a BsGaV).

**Abwandlung 2 zu Fall Rn. 77 – Häufiger Nutzungswechsel:**

Der PKW wird über das Jahr abwechselnd in verschiedenen Betriebsstätten von X genutzt, auf Dauer überwiegend von B.

**Lösung:**

Für die Zuordnung ist darauf abzustellen, dass das Fahrzeug voraussichtlich überwiegend von B genutzt wird (§ 5 Abs. 1 Satz 3 BsGaV). Eine Betrachtung, die über ein Wirtschaftsjahr hinausgeht und Prognosen berücksichtigt, kann auch in derartigen Fällen sachgerecht sein (siehe auch Rn. 44). Zu Lasten der übrigen Betriebsstätten, die das Fahrzeug auch nutzen, sind dem Fremdvergleichsgrundsatz entsprechende, fiktive Nutzungsentgelte anzusetzen (§ 16 Abs. 2 BsGaV).

## 2.5.2. Abweichende Zuordnung eines materiellen Wirtschaftsguts (§ 5 Abs. 2 BsGaV)

80 Überwiegt die Bedeutung einer anderen, im übrigen Unternehmen ausgeübten Personalfunktion für ein materielles Wirtschaftsgut eindeutig gegenüber der Nutzung (Personalfunktionenkonkurrenz, siehe Rn. 43), so ist die betreffende andere Personalfunktion nach § 5 Abs. 2 Satz 1 BsGaV entgegen der Vermutungsregelung des § 5 Abs. 1 BsGaV für die Zuordnung des materiellen Wirtschaftsguts maßgeblich. Andere Personalfunktionen, die die Bedeutung der Nutzung im Einzelfall überwiegen können, sind insbesondere solche, die in Zusammenhang mit der Anschaffung, Herstellung, Verwaltung oder Veräußerung des materiellen Wirtschaftsguts stehen. Die Verwaltung allein wird im Regelfall kaum die Zuordnung eines materiellen Wirtschaftsguts (wie auch anderer Zuordnungsgegenstände) rechtfertigen.

**Fall – Lohnfertiger:**

Ein Produktionsunternehmen X (X) in Staat A hat eine Produktionsbetriebsstätte B (B) in Staat B, die ausschließlich Erzeugnisse für X fertigt. In der Geschäftsleitungsbetriebsstätte in Staat A wird darüber entschieden, welche Maschinen für B angeschafft werden, wie und wann sie von wem gewartet werden, wie sie weiterverwertet oder ob sie verschrottet werden. Das Personal des übrigen Unternehmens gibt auch vor, welches Material von B verwendet wird. Sämtliche von B hergestellten Produkte werden von Personal des übrigen Unternehmens weiterverwertet bzw. vermarktet.

**Lösung:**

Die von B ausgeübten Personalfunktionen (Nutzung) sind für die Zuordnung der verwendeten Maschinen, des Produktionsmaterials und der hergestellten Produkte nicht maßgeblich, da von B keine Entscheidungen im Hinblick auf diese Zuordnungsgegenstände getroffen werden. Die Bedeutung der Nutzung tritt entgegen der Vermutungsregelung des § 5 Abs. 1 BsGaV nach qualitativen Gesichtspunkten (siehe Rn. 43) eindeutig hinter die Bedeutung der Personalfunktionen, die im übrigen Unternehmen ausgeübt werden, zurück. Die Maschinen sind gem. § 5 Abs. 2 BsGaV dem übrigen Unternehmen zuzuordnen. Ungeachtet dessen sind die tatsächlich von B ausgeübten Funktionen (fiktiver Lohnfertiger) angemessen zu vergüten (im Regelfall nach der Kostenaufschlagsmethode oder nach einer kostenorientierten transaktionsbezogenen Nettomargen-Methode).

Ein materielles Wirtschaftsgut kann einer Betriebsstätte auch aufgrund einer anderen Personalfunktion i. S. d. § 5 Abs. 2 BsGaV zuzuordnen sein, ohne dass die Nutzung eine Rolle spielt. Es kann darüber hinaus auch aufgrund anderer Personalfunktionen, die in verschiedenen Betriebsstätten ausgeübt werden, zu einer Zuordnungsänderung kommen. 81

**Fall – Zuordnung aufgrund anderer Personalfunktionen:**

Das inländische Unternehmen X (X) hat in Staat P eine Produktionsbetriebsstätte P (P), in der Waren zum Verkauf für eine Vertriebsbetriebsstätte V (V) in Staat V gefertigt und dorthin geliefert werden.

**Lösung:**

Die Waren sind nach § 5 Abs. 2 BsGaV wegen der Herstellung P zuzuordnen. Werden die Waren an V geliefert, liegt eine fiktive Veräußerung von P an das übrige Unternehmen vor (§ 16 Abs. 1 Nr. 1 BsGaV), denn P übt im Regelfall nach der Lieferung keine Personalfunktionen hinsichtlich der Waren mehr aus (siehe Rn. 47). Nach der Lieferung an V übt nur noch V eine Personalfunktion i. S. d. § 5 Abs. 2 BsGaV aus: Vermarktung der Waren. Deshalb sind V die Waren nach der Lieferung zuzuordnen, sie gelten als vom übrigen Unternehmen an V fiktiv veräußert. Dafür ist ein Verrechnungspreis anzusetzen, der dem Fremdvergleichsgrundsatz entspricht (§ 16 Abs. 2 BsGaV).

Unbewegliches Vermögen, in dem die Geschäftstätigkeit der Betriebsstätte ausgeübt wird, ist nach § 5 Abs. 2 Satz 3 BsGaV immer dieser Betriebsstätte zuzuordnen, da das Besteuerungsrecht für unbewegliches Vermögen dem Staat zusteht, in dem die Betriebsstätte liegt (siehe auch Art. 6 OECD-MA). 82

**Fall – Grundvermögen der Betriebsstätte:**

Das inländische Unternehmen X hat eine Betriebsstätte A (A) in Staat A, die in eigenen Räumlichkeiten Produkte des Unternehmens X vertreibt.

**Lösung:**

Die zum Vertrieb genutzten eigenen Räumlichkeiten in Staat A sind nach § 5 Abs. 2 Satz 3 BsGaV der A zuzuordnen.

### 2.5.3. Zuordnung eines materiellen Wirtschaftsguts, wenn andere Personalfunktionen gleichzeitig in verschiedenen anderen Betriebsstätten ausgeübt werden (§ 5 Abs. 3 BsGaV)

83 Sind andere Personalfunktionen (nicht die Nutzung), die gleichzeitig in verschiedenen anderen Betriebsstätten ausgeübt werden, im Einzelfall eindeutig von größerer Bedeutung für ein materielles Wirtschaftsgut als die Nutzung (Personalfunktionenkonkurrenz, siehe Rn. 43), so ist das materielle Wirtschaftsgut nach § 5 Abs. 3 BsGaV der Betriebsstätte zuzuordnen, in der die andere Personalfunktion mit der größten Bedeutung ausgeübt wird.

**Fall (1) – Andere Personalfunktionen von größerer Bedeutung:**

Das inländische Unternehmen X ist Eigentümer eines Fahrzeugs, das von der Geschäftsleitungsbetriebsstätte D erworben wurde und – soweit absehbar – nach einer begrenzten kurzfristig wechselnden Nutzung in verschiedenen, zu X gehörenden ausländischen Betriebsstätten von D veräußert wird. Die gesamte Wartung (Reparatur, Service, TÜV usw.) wird von einer Betriebsstätte R in Staat R erledigt.

**Lösung:**

Die Funktions- und Risikoanalyse führt zu dem Ergebnis, dass die kurzfristig abwechselnde Nutzung durch verschiedene ausländische Betriebsstätten entgegen der Vermutungsregelung des § 5 Abs. 1 BsGaV eindeutig von untergeordneter Bedeutung ist, sowohl gegenüber dem Erwerb und der Veräußerung durch D einerseits, als auch gegenüber der Wartung durch R andererseits. Im Verhältnis zwischen Erwerb/Veräußerung und Wartung überwiegen in der Bedeutung Erwerb/Veräußerung. Das Dienstfahrzeug ist D nach § 5 Abs. 3 BsGaV zuzuordnen.

**Fall (2) – Nur andere Personalfunktionen als die Nutzung:**

Das inländische Handelsunternehmen X (X) hat in Staat A die Betriebsstätte A (A), die Waren erwirbt, die anschließend von der inländischen Geschäftsleitungsbetriebsstätte X (X) vertrieben werden. A hat für die Beschaffung die Vorgaben (Qualität, Quantität) von X einzuhalten.

**Lösung:**

Die von X ausgeübten Personalfunktionen (Veräußerung, Vorgaben von X für A, keine Nutzung, siehe Rn. 76) sind eindeutig von größerer Bedeutung als die bloße Beschaffungsfunktion durch A. Die erworbenen Waren sind X nach § 5 Abs. 3 BsGaV zuzuordnen.

### 2.5.4. Zweifelsfälle der Zuordnung eines materiellen Wirtschaftsguts (§ 5 Abs. 4 BsGaV)

84 Kann ein materielles Wirtschaftsgut nicht eindeutig nach § 5 Abs. 1 bis 3 BsGaV zugeordnet werden (Hinweis insbesondere auf Rn. 43), steht dem Unternehmen ein Beurteilungsspielraum für die Zuordnung des materiellen Wirtschaftsguts zu. Die Zuordnung muss sich aber so weit wie möglich an den Grundsätzen des § 5 Abs. 1 bis 3 BsGaV orientieren. Das bedeutet, dass in Zweifelsfällen vorrangig die Vermutungsregelung des § 5 Abs. 1 BsGaV greift. Der Beurteilungsspielraum kommt vor allem in Fällen der Personalfunktionenkonkurrenz zwischen anderen Personalfunktionen i. S. d. § 5 Abs. 2 BsGaV in Betracht (siehe Rn. 43). Die Entscheidung über die Zuordnung des materiellen Wirtschaftsguts nach § 5 Abs. 4 BsGaV muss

- nach § 3 Abs. 3 BsGaV spätestens mit Erstellung der Hilfs- und Nebenrechnung nachvollziehbar erfolgen,
- auch im jeweils anderen Staat der Besteuerung zugrunde gelegt werden und
- anhand eindeutiger Aufzeichnungen (siehe Rn. 63) nach § 90 Abs. 3 AO begründet werden können.

Sind diese Voraussetzungen nicht erfüllt, kann eine Schätzung nach § 162 AO erforderlich werden. Eine anteilige Zuordnung ist – anders als für immaterielle Werte (siehe Rn. 101) – nicht anzuerkennen

## 2.6. Zuordnung von immateriellen Werten (§ 6 BsGaV)

### 2.6.1. Grundsatz (§ 6 Abs. 1 BsGaV)

Die maßgebliche Personalfunktion für die Zuordnung von immateriellen Werten (Patent, Marke, Know-how, Geschäftswert usw.) ist nach § 6 Abs. 1 Satz 1 BsGaV vorrangig deren Schaffung (erste Vermutungsregelung) oder deren Erwerb (zweite Vermutungsregelung). 85

Unter Schaffung (bzw. Herstellung) eines immateriellen Werts (§ 6 Abs. 1 Satz 1 BsGaV) ist die Ausübung einer Personalfunktion zu verstehen, die für die Entstehung des immateriellen Werts entscheidend ist. Zur Schaffung eines immateriellen Werts gehören nicht nur die eigentlichen Forschungs- und Entwicklungstätigkeiten. Mit umfasst werden z. B. auch (siehe auch OECD-Betriebsstättenbericht, Teil I Tz. 88): 86

- die Gestaltung der Prüfanforderungen und Prüfverfahren, die den Rahmen für die konkrete Forschungs- und Entwicklungstätigkeit bilden,
- die Analyse der aus diesen Prüfungen stammenden Daten,
- die Bestimmung von Entwicklungsphasen (sog. Meilensteine) für das jeweilige Projekt sowie
- die Entscheidung, insbesondere wenn die jeweiligen Entwicklungsphasen abgeschlossen werden, ob das konkrete Projekt weiterfinanziert oder aufgegeben wird.

Unter Erwerb (bzw. Anschaffung) eines immateriellen Werts (§ 6 Abs. 1 Satz 1 BsGaV) ist die Ausübung einer Personalfunktion zu verstehen, die für den Erwerb des immateriellen Werts entscheidend ist. Zum Erwerb eines immateriellen Werts gehört nicht nur die Durchführung des eigentlichen Erwerbsvorgangs. Mit umfasst werden z. B. auch (siehe auch OECD-Betriebsstättenbericht, Teil I Tz. 93 bis Tz. 94): 87

- die Prüfung, ob Bedarf für einen solchen immateriellen Wert besteht,
- der Entscheidungsprozess, einen immateriellen Wert zu erwerben und nicht selbst zu entwickeln,
- die Prüfung des zu erwerbenden bzw. des erworbenen immateriellen Werts,
- die Wahrnehmung einer etwa erforderlichen Folgeentwicklungstätigkeit sowie
- die Entscheidung über die Verwendung des immateriellen Werts.

Von besonderer Bedeutung für die Zuordnung sind die in einer Betriebsstätte ausgeübten maßgeblichen Personalfunktionen mit Bezug zur aktiven und qualifizierten unternehmerischen Entscheidung hinsichtlich der Übernahme der mit der Schaffung bzw. dem Erwerb des immateriellen Werts verbundenen Risiken und des aktiven Risikomanagements (siehe auch OECD-Betriebsstättenbericht, Teil I Tz. 84 bis Tz. 97). 88

Nicht entscheidend ist, wer formal die Entscheidung trifft, insbesondere wenn der betreffende Entscheidungsträger selbst nicht über die Qualifikation für eine verantwortliche Entscheidung verfügt (siehe Rn. 40). Andererseits begründet die Wahrnehmung der unmittelbar mit dem Erwerb oder der technischen Entwicklung eines immateriellen Werts verbundenen Funktion durch 89 eine Betriebsstätte allein nicht zwingend eine entsprechende Zuordnung des immateriellen Werts, wenn die inhaltliche Entscheidung hinsichtlich der Risikoübernahme und des Risikomanagements in einer anderen Betriebsstätte getroffen wird (siehe auch OECD-Betriebsstättenbericht, Teil I Tz. 84).

**Fall – Formale Entscheidung:**

Das Produktionsunternehmen X (X) in Staat A will einen immateriellen Wert in seiner Betriebsstätte B (B) im Staat B entwickeln. Personal von B plant das Projekt (einschließlich der Planung der Meilensteine und des Budgets). Auf Grundlage dieser Planung beschließt der Vorstand von X in Staat A, das Projekt durchzuführen. Die Budgetkontrolle und die Kontrolle der Erreichung der Meilensteine erfolgen durch B.

**Lösung:**

Der immaterielle Wert ist nach § 6 Abs. 1 Satz 1 BsGaV B zuzuordnen, denn maßgebliche Personalfunktion ist nicht der formale Vorstandsbeschluss in Staat A, sondern vielmehr die Planungsarbeiten einschließlich Budgetplanung und die operative Umsetzung des Projekts durch B.

**Abwandlung – Zur Abgrenzung:**

Sachverhalt unverändert, aber das aktive Management nach Abschluss der Planungsarbeiten durch B (z. B. Budgetkontrolle, Kontrolle der Erreichung der Meilensteine) wird in Staat A durchgeführt.

**Lösung:**

Personalfunktionen im Hinblick auf die Schaffung des immateriellen Werts werden sowohl von X im Staat A als auch von B ausgeübt. Der immaterielle Wert ist nach § 6 Abs. 1 Satz 2 BsGaV dem übrigen Unternehmen zuzuordnen, da dessen Personalfunktionen (aktives Management) qualitativ (siehe Rn. 42) größere Bedeutung zukommt als den Personalfunktionen von B.

90 Wird die betreffende Personalfunktion i. S. d. § 6 Abs. 1 BsGaV (Schaffung bzw. Erwerb des immateriellen Werts) gleichzeitig von zwei oder mehreren Personen, die zum eigenen Personal des Unternehmens gehören, in zwei oder mehreren Betriebsstätten ausgeübt (Funktionsaufteilung, siehe Rn. 42), so ist der immaterielle Wert der Betriebsstätte zuzuordnen, die die betreffende Personalfunktion mit der größten Bedeutung ausübt (§ 6 Abs. 1 Satz 2 BsGaV). Im Regelfall kommt es auf qualitative Kriterien an.

**Fall – Qualitative Entscheidung (1):**

Das Unternehmen X (X) im Staat X hat in Staat A eine Forschungs- und Entwicklungsbetriebsstätte A (A). Für die erfolgreiche Schaffung eines bestimmten immateriellen Werts ist der sachliche Beitrag von zwei Wissenschaftler-Teams ausschlaggebend, die gemeinsam an dem Projekt arbeiten. Eines der Teams arbeitet im Staat X (Personalkosten 100), das andere im Staat A (Personalkosten 40). Die maßgeblichen Entscheidungen, die mit der Entwicklung des immateriellen Werts verbundenen Risiken, insbesondere die finanziellen Risiken, zu übernehmen sowie das Management der Entwicklung des immateriellen Werts, werden gemeinsam von Personal in Staat X und von Personal von A getroffen. X trägt vor, dass für die erfolgreiche Schaffung des immateriellen Werts der Beitrag des Wissenschaftlers W ausschlaggebend sei, der in A tätig ist. A ist im Übrigen an den unternehmerischen Entscheidungen, die mit der Entwicklung des immateriellen Werts verbundenen Risiken, insbesondere die finanziellen Risiken, zu übernehmen sowie am Management der Entwicklung des immateriellen Werts beteiligt.

**Lösung:**

Sowohl von A als auch vom übrigen Unternehmen werden Personalfunktionen im Hinblick auf die Schaffung des immateriellen Werts ausgeübt. Über die Zuordnung des immateriellen Werts ist in Fällen von Funktionsaufteilung nach § 6 Abs. 1 Satz 2 BsGaV vorrangig nach qualitativen Gesichtspunkten zu entscheiden (siehe Rn. 42). Wird nachgewiesen, dass die in

A ausgeübten Personalfunktionen nach qualitativen Gesichtspunkten überwiegen, ist der immaterielle Wert A zuzuordnen. Die im übrigen Unternehmen (im Staat X) erbrachten Forschungs- und Entwicklungsleistungen (fiktive Dienstleistung, § 16 Abs. 1 Nr. 2 Buchst. a BsGaV) sind dem übrigen Unternehmen von A dem Fremdvergleichsgrundsatz entsprechend zu vergüten (§ 16 Abs. 2 BsGaV).

**HINWEIS – Quantitative Entscheidung:**

Kann der Nachweis des qualitativen Überwiegens nicht geführt werden, z. B. weil beide Wissenschaftler-Teams qualitativ vergleichbare Beiträge erbringen, ist ausnahmsweise (siehe Rn. 42) auf quantitative Gesichtspunkte abzustellen, z. B. auf die jeweiligen Personalkosten der Wissenschaftler-Teams.

**Fall – Qualitative Entscheidung (2):**

Unternehmen X (X) in Staat A hat im Staat B eine Betriebsstätte B (B). Die technische Forschungs- und Entwicklungstätigkeit zur Schaffung eines immateriellen Werts wird ganz überwiegend im Staat B geleistet, in deutlich geringerem Umfang im übrigen Unternehmen im Staat X. Allerdings ist die Entwicklung des immateriellen Werts Teil einer Forschungs- und Entwicklungsstrategie, die die Geschäftsleitungsbetriebsstätte im Staat X durch eigene Tätigkeit und durch Beauftragung anderer Betriebsstätten verwirklicht, d. h. die maßgeblichen Entscheidungen, die mit der Entwicklung des immateriellen Werts verbundenen Risiken, insbesondere die finanziellen Risiken, zu übernehmen sowie das Management der Entwicklung des immateriellen Werts erfolgen ausschließlich im Staat X.

**Lösung:**

Für die Zuordnung des immateriellen Werts nach § 6 Abs. 1 Satz 2 BsGaV ist nach qualitativen Gesichtspunkten (siehe Rn. 42) die Personalfunktion des übrigen Unternehmens maßgeblich i. S. d. § 2 Abs. 5 BsGaV (siehe OECD-Betriebsstättenbericht, Teil I Tz. 84 und Tz. 85). Die Leistungen der Forschungs- und Entwicklungsbetriebsstätte im Staat B (fiktive Auftragsforschung, § 16 Abs. 1 Nr. 2 Buchst. a BsGaV) sind dem Fremdvergleichsgrundsatz entsprechend vom übrigen Unternehmen zu vergüten (§ 16 Abs. 2 BsGaV).

Wegen der vielfältigen Zuordnungsmöglichkeiten für immaterielle Werte wird über die Zuordnung in vielen Fällen nicht eindeutig entschieden werden können. Im Regelfall der Personalfunktionenkonkurrenz (siehe Rn. 43) zwischen Personalfunktionen nach § 6 Abs. 1 BsGaV und anderen Personalfunktionen (§ 6 Abs. 2 BsGaV) greift die Vermutungsregelung des § 6 Abs. 1 BsGaV ein, d. h., es bleibt jedenfalls so lange bei der Zuordnung nach der Vermutungsregelung, wie in der betreffenden Betriebsstätte, in der der immaterielle Wert geschaffen oder angeschafft wurde, noch Personalfunktionen (auch untergeordnete) ausgeübt werden. Solange dies der Fall ist, ist über die Zuordnung des immateriellen Werts nach den insgesamt über den gesamten Entwicklungs- und Nutzungszeitraum ausgeübten Personalfunktionen (teilweise Prognose) zu entscheiden (siehe Rn. 44). Kann kein eindeutiges Überwiegen der Bedeutung einer anderen Personalfunktion i. S. d. § 6 Abs. 2 BsGaV festgestellt werden, so bleibt es bei der Vermutungsregelung des § 6 Abs. 1 BsGaV, d. h., es kommt zu keinem Zuordnungswechsel nach § 16 Abs. 1 Satz 1 BsGaV. 91

**Fall – Vermutungsregelung:**

Unternehmen X (X) in Staat A hat in Staat B eine Betriebsstätte B (B) und in Staat C eine Betriebsstätte C (C). B entwickelt einen immateriellen Wert, der nach Abschluss der Forschungs- und Entwicklungsarbeiten ausschließlich von C genutzt wird. B entwickelt den immateriellen Wert weiter.

**Lösung:**

Wenn – was zu vermuten ist – nicht eindeutig festgestellt werden kann, dass die Forschung und Entwicklung einschließlich der Weiterentwicklung durch B von geringerer Bedeutung für den immateriellen Wert ist als die Nutzung durch C, greift die Vermutungsregelung des § 6 Abs. 1 BsGaV ein. Es kommt zu keiner Zuordnungsänderung (keine fiktive Veräußerung nach § 16 Abs. 1 Nr. 1 BsGaV). Es liegt eine fiktive Lizenzierung von B an C vor (§ 16 Abs. 1 Nr. 2 Buchst. a BsGaV), die entsprechend dem Fremdvergleichsgrundsatz zu vergüten ist.

**Alternative – Zur Abgrenzung:**

Nicht B, sondern C entwickelt den immateriellen Wert weiter und nutzt und verwertet ihn (eigene Produktion, Lizenzierung an andere Unternehmen). B übernimmt für den immateriellen Wert nur noch die allgemeine Verwaltung.

**Lösung:**

Nach den Umständen des konkreten Falls kommt den Personalfunktionen von C qualitativ insgesamt eindeutig die größere Bedeutung zu. Zu berücksichtigen ist, dass die Vermutungsregelung des § 6 Abs. 1 Satz 1 BsGaV wegen der Weiterentwicklung durch C nicht von ausschlaggebender Bedeutung zugunsten von B ist und dass die allgemeine Verwaltung im Regelfall allein keine Zuordnung rechtfertigt (siehe Rn. 80).

92 Ist eine Zuordnung nach § 6 Abs. 1 BsGaV nicht möglich, weil die Betriebsstätte, die den immateriellen Wert geschaffen hat, keine Personalfunktionen hinsichtlich des immateriellen Werts mehr ausübt (siehe Rn. 47), muss der immaterielle Wert allerdings nach § 6 Abs. 2 bis 4 BsGaV zugeordnet werden (Zuordnungsänderung, § 16 Abs. 1 Nr. 1 BsGaV). In diesem Fall greift keine Vermutungsregelung ein.

### 2.6.2. Abweichende Zuordnung eines immateriellen Werts (§ 6 Abs. 2 BsGaV)

93 Die abweichende Zuordnung eines immateriellen Werts nach § 6 Abs. 2 BsGaV aufgrund anderer Personalfunktionen i. S. d. § 6 Abs. 2 Satz 2 BsGaV, insbesondere aufgrund der Nutzung, der Verwaltung, der Weiterentwicklung, dem Schutz oder der Veräußerung des immateriellen Werts, ist nur dann möglich, wenn diesen anderen Personalfunktionen im Einzelfall einzeln oder zusammen nachweislich – ggf. auch bei veranlagungszeitraumübergreifender Betrachtung – qualitativ eine eindeutig überwiegende Bedeutung zukommt und sie deshalb als maßgeblich anzusehen sind (siehe auch Rn. 43). Die Vermutungsregelung des § 6 Abs. 1 BsGaV hat jedoch im Regelfall Vorrang (siehe Rn. 91).

94 Der Nachweis der eindeutig überwiegenden Bedeutung einer anderen Personalfunktion wird bei einem immateriellen Wert, der von einer Betriebsstätte selbst geschaffen wurde (erste Vermutungsregelung des § 6 Abs. 1 BsGaV), eher schwer zu erbringen sein, da die Schaffung eines immateriellen Werts im Regelfall einen erheblichen Einsatz von Personalfunktionen verursacht. Aus diesem Grund wird es häufig dabei bleiben, dass der betreffende immaterielle Wert der Betriebsstätte, die ihn geschaffen hat, auf Dauer zuzuordnen ist. Ein anderes Ergebnis kommt nur in Betracht, wenn die Betriebsstätte, die den immateriellen Wert geschaffen hat, ab einem festzustellenden Zeitpunkt keine Personalfunktionen hinsichtlich des immateriellen Werts mehr ausübt und eine andere Betriebsstätte Personalfunktionen übernimmt, die ab diesem Zeitpunkt als maßgeblich anzusehen sind.

**Fall – Schaffung eines immateriellen Werts und weitere Personalfunktionen:**

Unternehmen X in Staat A hat in Staat B eine Betriebsstätte B (B). Ein von der Forschungs- und Entwicklungsbetriebsstätte in Staat A in den Jahren 01 bis 03 geschaffener immaterieller

Wert wird ab dem Jahr 04 (Fertigstellung) ausschließlich von B genutzt. Das übrige Unternehmen übt nach Nutzungsbeginn durch B keine Personalfunktionen mehr hinsichtlich des immateriellen Werts aus, d.h. Weiterentwicklung, Verwaltung und Schutz erfolgen durch Personalfunktionen von B.

**Lösung:**

Der immaterielle Wert ist nach § 6 Abs. 1 BsGaV zunächst dem übrigen Unternehmen zuzuordnen, das ihn geschaffen hat. Dem übrigen Unternehmen sind auch die betreffenden Betriebsausgaben für die Schaffung zuzuordnen. Der Beginn der Nutzung durch die Betriebsstätte A im Jahr 04 ist ein wirtschaftlicher Vorgang, der zu einer fiktiven Veräußerung nach § 16 Abs. 1 Nr. 1 BsGaV führt, da das übrige Unternehmen nach Schaffung des immateriellen Werts insoweit keine Personalfunktionen mehr ausübt (siehe Rn. 47). Mit Beginn der Nutzung ist der immaterielle Wert B nach § 6 Abs. 2 BsGaV mit den Folgen des § 16 Abs. 2 BsGaV zuzuordnen.

**Abwandlung – Zur Abgrenzung:**

Nach Beginn der Nutzung durch A wird der immaterielle Wert vom übrigen Unternehmen weiter verwertet (Lizenzierung an andere Unternehmen), verwaltet und geschützt.

**Lösung:**

Der Beginn der Nutzung des immateriellen Werts durch B ist ein wirtschaftlicher Vorgang. Die Bedeutung der vom übrigen Unternehmen insgesamt (vor und nach dem wirtschaftlichen Vorgang) ausgeübten Personalfunktionen (insbesondere die Schaffung – Vermutungsregelung des § 6 Abs. 1 BsGaV) überwiegen (über den gesamten Zeitraum der Schaffung und Nutzung gesehen) die Nutzung durch B. Für eine Zuordnungsänderung zu B wäre aber nötig, dass die Bedeutung der Nutzung gegenüber der Schaffung, § 6 Abs. 2 BsGaV, eindeutig überwiegt. Daran fehlt es. Aus diesem Grunde erfolgt keine Zuordnungsänderung vom übrigen Unternehmen zu B. Der wirtschaftliche Vorgang ist nach § 16 Abs. 1 Nr. 2 Buchst. a BsGaV als fiktive Lizenzierung zu werten und entsprechend dem Fremdvergleichsgrundsatz zu verrechnen (§ 16 Abs. 2 BsGaV).

**HINWEIS:**

Eine andere Lösung wäre nur in Betracht zu ziehen, wenn von vornherein feststeht, dass B den immateriellen Wert nutzen wird und B die Forschung und Entwicklung von X steuert (fiktive Auftragsforschung, dann § 16 Abs. 1 Nr. 2 Buchst. a BsGaV).

Der Nachweis wird bei einem immateriellen Wert, der von einer Betriebsstätte erworben wird (zweite Vermutungsregelung des § 6 Abs. 1 BsGaV), eher zu erbringen sein, da der Erwerb eines immateriellen Werts im Regelfall keinen erheblichen Einsatz von Personalfunktionen verursacht. 95

**Grundfall – Erwerb eines immateriellen Werts:**

Unternehmen X in Staat A hat in Staat B die Betriebsstätte B (B). Die Geschäftsleitungsbetriebsstätte in Staat A erwirbt einen immateriellen Wert, der nach Erwerb ausschließlich von B genutzt wird. B war nicht am Erwerbsvorgang beteiligt. Das übrige Unternehmen übt nach Erwerb keine weiteren Personalfunktionen aus.

**Lösung:**

Der immaterielle Wert ist B von Anfang an nach § 6 Abs. 2 BsGaV zuzuordnen, wenn B durch die Nutzung des immateriellen Werts Personalfunktionen ausübt, die qualitativ (siehe Rn. 43) insgesamt eine eindeutig größere Bedeutung für die Zuordnung des immateriellen Werts haben als die Personalfunktion des Erwerbs durch das übrige Unternehmen. Ist das der Fall, liegt im Erwerb des immateriellen Werts durch das übrige Unternehmen eine fiktive Dienstleistung (§ 16 Abs. 1 Nr. 2 Buchst. a BsGaV) gegenüber B vor, die entsprechend dem Fremdvergleichsgrundsatz zu vergüten ist (§ 16 Abs. 2 BsGaV).

**Abwandlung (1) – Weitere Funktionen der erwerbenden Betriebsstätte:**

Nach Erwerb übt das übrige Unternehmen weitere Personalfunktionen bezüglich Verwertung (z.B. Lizenzierung), Schutz und Verwaltung des immateriellen Werts aus, während B ausschließlich nutzt.

**Lösung:**

Der immaterielle Wert ist dem übrigen Unternehmen nach § 6 Abs. 1 BsGaV zuzuordnen, weil es den immateriellen Wert erworben hat (Vermutungsregelung). § 6 Abs. 2 BsGaV ist nicht anzuwenden, da der erforderliche Nachweis, dass die Bedeutung der Nutzung durch B eindeutig größer ist als die des Erwerbs und der nach Nutzungsbeginn weiter von X ausgeübten Personalfunktionen, im Zweifel (Umstände des Einzelfalls) nicht erbracht werden kann. Der Beginn der Nutzung durch B ist ein wirtschaftlicher Vorgang, der zu einer fiktiven Lizenzierung (§ 16 Abs. 1 Nr. 2 Buchst. a BsGaV) von X gegenüber B führt und entsprechend dem Fremdvergleichsgrundsatz zu vergüten ist (§ 16 Abs. 2 BsGaV).

**Abwandlung (2) – Zuordnung zur erwerbenden Betriebsstätte, anschließend dort keine Funktionen mehr:**

X erwirbt im Jahr 01 auf Vorrat einen immateriellen Wert, der zunächst nicht genutzt wird. Im Jahr 03 entsteht die zu X gehörende Betriebsstätte B (B) in Staat B, die den immateriellen Wert ausschließlich nutzt. Das übrige Unternehmen übt nach Beginn der Nutzung durch B hinsichtlich des immateriellen Werts keine Personalfunktionen mehr aus.

**Lösung:**

Der immaterielle Wert ist anfangs X zuzuordnen (§ 6 Abs. 1 BsGaV), denn eine Zuordnung zu B von Anfang an ist mangels Bestehens zum Erwerbszeitpunkt nicht möglich (anders als im Grundfall). Da das übrige Unternehmen nach Beginn der Nutzung durch B keine Funktionen hinsichtlich des immateriellen Werts mehr ausübt (siehe Rn. 47), muss dieser nach § 6 Abs. 2 bis 4 BsGaV B zugeordnet werden, denn lt. Sachverhalt besteht nur diese Zuordnungsmöglichkeit. Es liegt eine fiktive Veräußerung (§ 16 Abs. 1 Nr. 1 BsGaV) des übrigen Unternehmens an B vor, für die ein angemessener Verrechnungspreis anzusetzen ist (§ 16 Abs. 2 BsGaV).

### 2.6.3. Gleichzeitige Ausübung anderer Personalfunktionen in verschiedenen Betriebsstätten (§ 6 Abs. 3 BsGaV)

96 Ist eine andere Personalfunktion (d.h. keine Personalfunktion nach § 6 Abs. 1 BsGaV), die in anderen Betriebsstätten ausgeübt wird, von größerer Bedeutung für einen immateriellen Wert als die Personalfunktionen, die in § 6 Abs. 1 Satz 1 BsGaV genannt sind, so ist der immaterielle Wert nach § 6 Abs. 3 BsGaV der Betriebsstätte zuzuordnen, in der die andere Personalfunktion mit der größten Bedeutung ausgeübt wird (siehe Personalfunktionenkonkurrenz, Rn. 43). Dieser Fall kann – anders als für andere Zuordnungsgegenstände – für immaterielle Werte häufiger auftreten, insbesondere da ein immaterieller Wert gleichzeitig von verschiedenen Betriebsstätten genutzt, verwertet und verwaltet werden kann.

**Fall – Schaffung, Nutzung und Verwaltung in verschiedenen Betriebsstätten:**

Unternehmen X in Staat A hat eine Betriebsstätte B (B) in Staat B und eine Betriebsstätte C (C) in Staat C. Die Geschäftsleitungsbetriebsstätte X (X) in Staat A erwirbt unter Mitwirkung von B einen immateriellen Wert. Anschließend nutzt B den immateriellen Wert, C verwaltet ihn. Nach Beginn der Nutzung durch B übt X keine Personalfunktionen mehr aus.

**Lösung:**

Der immaterielle Wert ist von Anfang an B zuzuordnen, wenn einerseits die Bedeutung der Nutzung und die Mitwirkung beim Erwerb durch B eindeutig gegenüber der Bedeutung des Erwerbs durch X überwiegt (Umstände des Einzelfalls, § 6 Abs. 2 BsGaV) und wenn andererseits die Bedeutung der Nutzung gegenüber der Bedeutung der Verwaltung überwiegt, wofür vieles spricht (siehe auch Rn. 80). Dies vorausgesetzt, liegen zwei fiktive Dienstleistungen vor (§ 16 Abs. 1 Nr. 2 Buchst. a BsGaV): einmal der Erwerb durch X für B und zum anderen die Verwaltung des immateriellen Werts durch C, jeweils mit den Folgen des § 16 Abs. 2 BsGaV.

### 2.6.4. Zuordnung eines immateriellen Werts in Zweifelsfällen, anteilige Zuordnung (§ 6 Abs. 4 BsGaV)

Anders als andere Zuordnungsgegenstände haben immaterielle Werte die Besonderheit, dass für sie potentiell maßgebliche Personalfunktionen nicht selten (gleichzeitig) von mehreren Betriebsstätten ausgeübt werden. In Fällen der Personalfunktionenkonkurrenz (siehe Rn. 43) ist – soweit möglich – in erster Linie auf die Vermutungsregelung des § 6 Abs. 1 Satz 1 BsGaV abzustellen (siehe Rn. 85). **97**

Führt die Vermutungsregelung zu keiner eindeutigen Entscheidung, weil z. B. die Vermutungsregelung im Hinblick auf zwei Betriebsstätten anwendbar ist oder weil – mangels anwendbarer Vermutungsregelung – die Abwägung zwischen zwei anderen Personalfunktionen zu keinem eindeutigen Ergebnis führt mit der Folge, dass über die Zuordnung des immateriellen Werts zu zwei oder ggf. sogar mehreren Betriebsstätten nicht eindeutig entschieden werden kann, so hat das Unternehmen nach § 6 Abs. 4 BsGaV einen Beurteilungsspielraum. Aber auch dann muss sich die Zuordnung an den Grundsätzen des § 6 Abs. 1 bis 3 BsGaV orientieren. Der Beurteilungsspielraum kommt vor allem in Fällen der Personalfunktionenkonkurrenz (siehe Rn. 43) zwischen anderen Personalfunktionen i. S. d. § 6 Abs. 2 BsGaV in Betracht. Die Zuordnung des immateriellen Werts nach § 6 Abs. 4 BsGaV muss nach § 3 Abs. 3 BsGaV spätestens mit Erstellung der Hilfs- und Nebenrechnung nachvollziehbar erfolgen und anhand eindeutiger Aufzeichnungen (§ 90 Abs. 3 AO, siehe Rn. 63) begründet werden können. Sonst kann eine Schätzung nach § 162 AO erforderlich werden. **98**

**Fall – Zuordnung im Zweifelsfall:**

Die Geschäftsleitungsbetriebsstätte des Unternehmens X (X) in Staat A und die zu X gehörende Betriebsstätte B (B) in Staat B erwerben gemeinsam einen immateriellen Wert, der anschließend von beiden genutzt wird. Es kann nicht festgestellt werden, in welcher Betriebsstätte die Bedeutung der Nutzung überwiegt, denn bei mehrjähriger Betrachtung ist die Nutzung in etwa gleich groß.

**Lösung:**

Eine eindeutige Zuordnung nach § 6 Abs. 1 bis 3 BsGaV ist nicht möglich, weil die Vermutungsregelung des § 6 Abs. 1 Satz 1 BsGaV (Erwerb) kein eindeutiges Ergebnis bringt und weil nicht festgestellt werden kann, dass die Bedeutung einer anderen Personalfunktion (Nutzung, § 6 Abs. 2 und 3 BsGaV) für eine Betriebsstätte überwiegt. In einem derartigen Fall kann der immaterielle Wert vom Unternehmen nach § 6 Abs. 4 Satz 1 BsGaV entweder X oder B zugeordnet werden; dann Lizenzierung gegenüber der Betriebsstätte, der der immaterielle Wert nicht zugeordnet wird (§ 16 Abs. 1 Nr. 2 Buchst. a BsGaV). Nach § 6 Abs. 4 Satz 2 BsGaV ist unter bestimmten Umständen auch eine anteilige Zuordnung möglich (siehe Rn. 101).

Wegen der häufig hohen Werthaltigkeit von immateriellen Werten kann eine fiktive Veräußerung zu erheblichen steuerlichen Liquiditätsbelastungen führen. Hinzu kommt, dass im Regelfall der hypothetische Fremdvergleich nach § 1 Abs. 3 Satz 8 und 9 AStG anzuwenden ist, für den die Gewinnaussichten eines Geschäftsvorfalls zu prognostizieren sind. Die Unsicherheiten, die sich daraus ergeben, können im Falle einer fiktiven Veräußerung erheblich belastender sein als im Fall einer fiktiven Nutzungsüberlassung (Lizenzierung). Diese Belastungen sind im Betriebsstättenfall seitens des Unternehmens nur schwer rechtssicher auszuschließen, da zwischen dem übrigen Unternehmen **99** und der betreffenden Betriebsstätte keine rechtlich verbindlichen Verträge denkbar sind. Um Realisationsvorgänge nach § 16 Abs. 1 Nr. 1 BsGaV zu vermeiden, sieht § 6 Abs. 4 BsGaV vor, dass das Unternehmen in Zweifelsfällen der Zuordnung eines immateriellen Werts eine Zuordnung vornehmen kann, die zu keiner Aufdeckung von stillen Reserven führt, solange die Zuordnung den Regelungen des § 6 Abs. 1 bis 3 BsGaV nicht widerspricht.

**100** Für Funktionsverlagerungen stellt Tz. 2.4.2 VWG Funktionsverlagerungen in verbleibenden Zweifelsfällen (unter Bezugnahme auf § 4 FVerlV) die widerlegbare Vermutung auf, dass von der Lizenzierung eines immateriellen Werts, der Teil einer Funktionsverlagerung ist, auszugehen ist, wenn der Steuerpflichtige zustimmt. Von dieser Vermutung (fiktive Lizenzierung nach § 16 Abs. 1 Nr. 2 Buchst. a BsGaV) ist auch im Rahmen der BsGaV auszugehen. Dies gilt insbesondere dann, wenn

– sich aus der Hilfs- und Nebenrechnung keine anderen eindeutigen Hinweise ergeben,
– die Substanzerfordernisse (Personalfunktionen) beim fiktiv Überlassenden so ausgeprägt sind, dass die Anerkennung der Lizenzierung nach dem Fremdvergleichsgrundsatz berechtigt erscheint, und
– die Zuordnungsentscheidung auch im jeweils anderen Staat der Besteuerung zugrunde gelegt wird (siehe Rn. 63).

In diesen Fällen kommt den entsprechenden Aufzeichnungen des Unternehmens und der Hilfs- und Nebenrechnung der Betriebsstätte hinsichtlich der konkreten Umstände des wirtschaftlichen Vorgangs i. S. d. § 1 Abs. 4 AStG eine besondere Bedeutung zu (§ 3 Abs. 3 BsGaV), um die jeweils ausgeübten Personalfunktionen und ihre Bedeutung erkennen zu können (siehe auch OECD-Betriebsstättenbericht, Teil I Tz. 35 f. und Tz. 177 ff.).

**101** Ein immaterieller Wert kann unter den Voraussetzungen des § 6 Abs. 4 Satz 1 BsGaV nach Satz 2 den betreffenden Betriebsstätten auch anteilig zugeordnet werden, wenn dies nach objektiven, voraussichtlich mehrjährig unveränderten Kriterien möglich ist. Entspricht die anteilige Zuordnung dauerhaft der Bedeutung der jeweiligen Personalfunktionen, so können anzunehmende schuldrechtliche Beziehungen i. S. d. § 16 Abs. 1 Nr. 1 BsGaV (anteilige fiktive Veräußerung) trotz der anteiligen Zuordnung vermieden werden.

## 2.7. Zuordnung von Beteiligungen, Finanzanlagen und ähnlichen Vermögenswerten (§ 7 BsGaV)

### 2.7.1. Grundsatz (§ 7 Abs. 1 BsGaV)

**102** Für die Zuordnung von Beteiligungen, Finanzanlagen und ähnlichen Vermögenswerten (Vermögenswerte i. S. d. § 7 BsGaV) ist deren Nutzung nach § 7 Abs. 1 BsGaV vorrangig die maßgebliche Personalfunktion (Vermutungsregelung).

**103** Eine Nutzung i. S. d. § 7 Abs. 1 Satz 1 BsGaV liegt – abweichend vom Nutzungsbegriff des § 5 Abs. 1 BsGaV – vor, wenn ein funktionaler Zusammenhang des Vermögenswerts i. S. d. § 7 BsGaV mit der sonstigen Geschäftstätigkeit der Betriebsstätte gegeben ist, d. h., wenn der Vermögenswert i. S. d. § 7 BsGaV der sonstigen Geschäftstätigkeit der Betriebsstätte dient (vgl. Art. 10 Abs. 4 und Art. 11 Abs. 4 OECD-MA, Ziff. 31 bis 32.2 OECD-MK zu Art. 10 Abs. 4 OECD-MA und Ziff. 24 bis 25.2 OECD-MK zu Art. 11 Abs. 4 OECD-MA).

**Fall – Funktionale Nutzung:**

Unternehmen X (X) in Staat A hat eine Produktionsbetriebsstätte B (B) in Staat B und eine Vertriebstochtergesellschaft Y (Y) in Staat C, die ausschließlich die Produkte von B vermarktet.

**Lösung:**

Die Beteiligung von X an Y ist B zuzuordnen, da der Vertrieb in einem engen funktionalen Zusammenhang mit der Produktion von B steht, d. h., die Geschäftstätigkeit von Y dient der Geschäftstätigkeit von B.

Steht ein Vermögenswert i. S. d. § 7 BsGaV in funktionalem Zusammenhang zur Geschäftstätigkeit mehrerer Betriebsstätten (Funktionsaufteilung, siehe Rn. 42), so ist dieser Vermögenswert nach § 7 Abs. 1 Satz 3 BsGaV derjenigen Betriebsstätte zuzuordnen, zu der der überwiegende funktionale Zusammenhang besteht. Hierbei sind im Regelfall vorrangig qualitative Gesichtspunkte maßgebend, d. h., es kommt darauf an, in welcher Betriebsstätte die Personalfunktion ausgeübt wird, der die größte Bedeutung für die mit dem Vermögenswert i. S. d. § 7 BsGaV verbundenen Chancen und Risiken zukommt (vgl. § 10 Abs. 4 BsGaV). **104**

**Fall – Überwiegende funktionale Nutzung:**

Unternehmen X (X) in Staat A hat zwei Vertriebsbetriebsstätten, eine in Staat B, die andere in Staat C. B und C vertreiben ausschließlich Produkte, die in der X gehörenden Tochtergesellschaft Y in Staat D hergestellt werden. B nimmt voraussichtlich auf Dauer ca. 40 % der Produkte von Y ab, ca. 25 % vertreibt C, der Rest der Produkte wird anderweitig verkauft. C steuert darüber hinaus die Weiterentwicklung der Produkte.

**Lösung:**

Die Beteiligung von X an Y steht nach qualitativen Gesichtspunkten (bedeutende Produktweiterentwicklung, siehe Rn. 42) funktional überwiegend mit der Geschäftstätigkeit von C im Zusammenhang. Die Beteiligung ist daher C zuzuordnen. Nicht entscheidend ist, dass B die Produkte von Y quantitativ zu einem größeren Anteil vertreibt.

**HINWEIS:**

Auf den jeweiligen quantitativen Anteil am Vertrieb der Produkte von Y könnte es nur ankommen, wenn sich der funktionale Zusammenhang von B und C auf den Vertrieb der Produkte beschränkt.

**Fallabwandlung – Zuordnung zum übrigen Unternehmen:**

Die Vertriebsfunktionen von B und C sind schwach ausgeprägt, beschränken sich auf den Vertrieb als solchen und werden außerdem weitgehend durch Personalfunktionen der Geschäftsleitungsbetriebsstätte X in Staat A gesteuert, die auch die Produktionsaktivitäten von Y (Lohnfertiger) steuern.

**Lösung:**

Der stärkste funktionale Zusammenhang der Beteiligung an Y besteht zur Geschäftsleitungsbetriebsstätte X, eine Zuordnung zu B oder C scheidet deshalb aus.

## 2.7.2. Abweichende Zuordnung (§ 7 Abs. 2 BsGaV)

Überwiegt für einen Vermögenswert i. S. d. § 7 BsGaV die Bedeutung einer anderen Personalfunktion, die im übrigen Unternehmen ausgeübt wird, eindeutig gegenüber der Nutzung (Personalfunktionenkonkurrenz, siehe Rn. 43), so ist die betreffende andere Personalfunktion nach § 7 Abs. 2 Satz 1 BsGaV für die Zuordnung dieses Vermögenswerts maßgeblich. Als andere **105**

Personalfunktionen können insbesondere die Anschaffung, die Verwaltung, die Risikosteuerung oder die Veräußerung eines Vermögenswerts i. S. d. § 7 BsGaV maßgeblich sein (vgl. auch Rn. 80). Im Hinblick auf das Kriterium der Anschaffung kommt es darauf an, aufgrund welcher Personalfunktionen die Mittel zur Anschaffung erwirtschaftet wurden (siehe auch OECD-Betriebsstättenbericht, Teil I Tz. 20). Auf die Anschaffung ist insbesondere abzustellen, wenn kein funktionaler Zusammenhang i. S. d. § 7 Abs. 1 BsGaV zur Geschäftstätigkeit des Unternehmens besteht oder ein solcher Zusammenhang nur schwer festzustellen ist. Die Verwaltung allein rechtfertigt im Regelfall keine Zuordnung (siehe Rn. 80).

**Fall – Zuordnung allein aufgrund der Verwaltung:**

Unternehmen X (X) in Staat X hat in Staat A eine Betriebsstätte A, die die Personalfunktionen eines Lohnfertigers ausübt. X hält darüber hinaus mehrere Beteiligungen an Kapitalgesellschaften als Kapitalanlagen (Streubesitz), die über die Jahre aus den Gewinnen des übrigen Unternehmens finanziert wurden. X ordnet die Beteiligungen A zu.

**Lösung:**

Ein funktionaler Zusammenhang i. S. d. § 7 Abs. 1 BsGaV zu A besteht nicht. Einziger Anknüpfungspunkt für eine Zuordnung der Beteiligungen ist die Herkunft der Mittel (übriges Unternehmen), die für deren Erwerb eingesetzt wurden. Die Zuordnung zu A ist rückgängig zu machen.

### 2.7.3. Gleichzeitige Ausübung anderer Personalfunktionen in verschiedenen Betriebsstätten (§ 7 Abs. 3 BsGaV)

106 Sind mehrere andere Personalfunktionen, die in verschiedenen Betriebsstätten ausgeübt werden (Personalfunktionenkonkurrenz, siehe Rn. 43), von größerer Bedeutung für einen Vermögenswert i. S. d. § 7 BsGaV als die funktionale Nutzung, so ist dieser nach § 7 Abs. 3 BsGaV der Betriebsstätte zuzuordnen, in der die andere Personalfunktion mit der größten Bedeutung ausgeübt wird. Die ist insbesondere dann denkbar, wenn kein funktionaler Zusammenhang festzustellen ist.

**Fall – Konkurrierende andere Personalfunktionen (Beteiligungsverwaltung):**

Unternehmen X in Staat A hat in Staat B eine Betriebsstätte B, in der verschiedene Beteiligungen, die X hält, verwaltet werden. Die Mittel zum Erwerb der Beteiligungen sind nicht durch B, sondern vom übrigen Unternehmen erwirtschaftet worden. X ordnet die Beteiligungen B zu.

**Lösung:**

Die Verwaltung der Beteiligungen durch B begründet keinen funktionalen Zusammenhang i. S. d. § 7 Abs. 1 BsGaV, da kein Zusammenhang zu einer anderen Geschäftstätigkeit von B besteht (siehe auch Rn. 80). Für die Zuordnung der Beteiligungen ist vorrangig darauf abzustellen, aufgrund welcher Personalfunktionen die Mittel zum Erwerb erwirtschaftet wurden (OECD-Betriebsstättenbericht, Teil I Tz. 20). Da diese Mittel vom übrigen Unternehmen stammen, können die Beteiligungen B nicht zugeordnet werden. Die Verwaltung der Beteiligungen ist als fiktive Dienstleistung (§ 16 Abs. 1 Nr. 2 Buchst. a BsGaV) von B gegenüber dem übrigen Unternehmen zu behandeln, für die ein dem Fremdvergleichsgrundsatz entsprechender Betrag zu verrechnen ist (§ 16 Abs. 2 BsGaV).

### 2.7.4. Zuordnung in Zweifelsfällen (§ 7 Abs. 4 BsGaV)

107 Kann ein Vermögenswert i. S. d. § 7 BsGaV nach § 7 Abs. 1 bis 3 BsGaV nicht eindeutig einer Betriebsstätte zugeordnet werden, so räumt § 7 Abs. 4 BsGaV dem Unternehmen einen Beurteilungsspielraum für die Zuordnung des Vermögenswerts i. S. d. § 7 BsGaV ein. Die Zuordnung des Vermögens-

werts i. S. d. § 7 BsGaV muss sich aber so weit wie möglich an den Grundsätzen des § 7 Abs. 1 bis 3 BsGaV orientieren. Ggf. greift die Vermutung des § 7 Abs. 1 BsGaV ein. Der Beurteilungsspielraum kommt vor allem in Fällen der Personalfunktionenkonkurrenz (siehe Rn. 43) zwischen anderen Personalfunktionen i. S. d. § 7 Abs. 2 BsGaV in Betracht. Die Entscheidung über die Zuordnung nach § 7 Abs. 4 BsGaV muss

- nach § 3 Abs. 3 BsGaV spätestens mit Erstellung der Hilfs- und Nebenrechnung nachvollziehbar erfolgen,
- auch im jeweils anderen Staat der Besteuerung zugrunde gelegt werden und
- anhand eindeutiger Aufzeichnungen (siehe Rn. 63) nach § 90 Abs. 3 AO begründet werden können.

Sind diese Voraussetzungen nicht erfüllt, kann eine Schätzung nach § 162 AO erforderlich werden. Eine anteilige Zuordnung ist – anders als für immaterielle Werte (siehe Rn. 101) – nicht anzuerkennen.

**Fall – Gleichwertiger funktionaler Zusammenhang:**

Unternehmen X (X) in Staat A hat zwei Vertriebsbetriebsstätten, B in Staat B und C in Staat C. B und C vertreiben jeweils ganz überwiegend Produkte einer Produktionstochtergesellschaft Y (Y). B und C nehmen jährlich wechselnd in unterschiedlichem Umfang Produkte von Y ab. X ordnet B die Beteiligung an Y zu und zieht in der Hilfs- und Nebenrechnung die entsprechenden Konsequenzen.

**Lösung:**

Ist eine eindeutige Zuordnung im Rahmen einer mehrjährigen Betrachtung und unter Berücksichtigung von Zukunftsprognosen (siehe Rn. 44) nicht möglich, ist die Zuordnung zu B nicht zu beanstanden (§ 7 Abs. 4 BsGaV).

## 2.8. Zuordnung von sonstigen Vermögenswerten (§ 8 BsGaV)

### 2.8.1. Grundsatz (§ 8 Abs. 1 BsGaV)

Für die Zuordnung von sonstigen Vermögenswerten, die nicht zu einer ausdrücklich in den §§ 5 bis 7 BsGaV genannten Gruppe von Vermögenswerten gehören, ist deren Schaffung oder Erwerb nach § 8 Abs. 1 Satz 1 BsGaV die maßgebliche Personalfunktion (Vermutungsregelung). Die Regelung zu den sonstigen Vermögenswerten ist eine Auffangregelung. **108**

### 2.8.2. Abweichende Zuordnung von sonstigen Vermögenswerten (§ 8 Abs. 2 BsGaV)

Ist eine im übrigen Unternehmen ausgeübte, andere als die in § 8 Abs. 1 BsGaV genannte Personalfunktion im Zusammenhang mit dem sonstigen Vermögenswert so bedeutend, dass sie eindeutig eine Zuordnung des sonstigen Vermögenswerts zu dieser erforderlich macht (Personalfunktionenkonkurrenz, siehe Rn. 43), ist diese andere Personalfunktion für den sonstigen Vermögenswert maßgeblich i. S. d. § 2 Abs. 4 BsGaV. Die anderen Personalfunktionen können insbesondere die Nutzung, die Verwaltung (siehe aber Rn. 80), die Risikosteuerung oder die Veräußerung des sonstigen Vermögenswerts sein, wenn diese Personalfunktionen im Einzelfall die Bedeutung der in § 8 Abs. 1 BsGaV genannten Funktionen eindeutig überwiegen. **109**

### 2.8.3. Gleichzeitige Ausübung anderer Personalfunktionen in verschiedenen Betriebsstätten (§ 8 Abs. 3 BsGaV)

110 Sind mehrere andere Personalfunktionen (Personalfunktionenkonkurrenz, siehe Rn. 43), die in anderen Betriebsstätten ausgeübt werden, von größerer Bedeutung für den sonstigen Vermögenswert als die Personalfunktionen, die in § 8 Abs. 1 Satz 1 BsGaV genannt sind, so bestimmt § 8 Abs. 3 BsGaV, dass der sonstige Vermögenswert der Betriebsstätte zuzuordnen ist, in der die andere Personalfunktion mit der größten Bedeutung ausgeübt wird. Diese andere Personalfunktion ist für den sonstigen Vermögenswert maßgeblich i. S. d. § 2 Abs. 4 BsGaV.

### 2.8.4. Zuordnung in Zweifelsfällen (§ 8 Abs. 4 BsGaV)

111 Kann ein sonstiger Vermögenswert nach § 8 Abs. 1 bis 3 BsGaV nicht eindeutig einer Betriebsstätte zugeordnet werden, räumt § 8 Abs. 4 BsGaV dem Unternehmen einen Beurteilungsspielraum für die Zuordnung des sonstigen Vermögenswerts ein. Die Zuordnung des sonstigen Vermögenswerts muss sich aber so weit wie möglich an den Grundsätzen des § 8 Abs. 1 bis 3 BsGaV orientieren. Ggf. greift die Vermutung des § 8 Abs. 1 BsGaV ein (siehe Rn. 108). Der Beurteilungsspielraum kommt vor allem in Fällen der Personalfunktionenkonkurrenz (siehe Rn. 43) zwischen anderen Personalfunktionen i. S. d. § 8 Abs. 2 BsGaV in Betracht. Die Entscheidung über die Zuordnung des sonstigen Vermögenswerts nach § 8 Abs. 4 BsGaV muss

- nach § 3 Abs. 3 BsGaV spätestens mit Erstellung der Hilfs- und Nebenrechnung nachvollziehbar erfolgen,
- auch im jeweils anderen Staat der Besteuerung zugrunde gelegt werden und
- anhand eindeutiger Aufzeichnungen (siehe Rn. 63) nach § 90 Abs. 3 AO begründet werden können.

Sind diese Voraussetzungen nicht erfüllt, kann eine Schätzung nach § 162 AO erforderlich werden. Eine anteilige Zuordnung ist – anders als für immaterielle Werte (siehe Rn. 101) – nicht anzuerkennen.

## 2.9. Zuordnung von Geschäftsvorfällen des Unternehmens (§ 9 BsGaV)

### 2.9.1. Grundsatz (§ 9 Abs. 1 BsGaV)

112 Für die Zuordnung eines Geschäftsvorfalls des Unternehmens mit einem unabhängigen Dritten oder mit einer nahe stehenden Person (einschließlich der damit in Zusammenhang stehenden Betriebseinnahmen und Betriebsausgaben) kommt es in erster Linie auf die Ausübung der Personalfunktion an, die dafür maßgeblich ist, dass das Unternehmen den betreffenden Geschäftsvorfall abgeschlossen und die damit verbundenen Risiken übernommen hat (Vermutungsregelung). Die Rechnungsstellung oder die Bezeichnung der Vertragspartner (z. B. die Nennung einer eingetragenen Zweigniederlassung mit eigener Handelsregisternummer) ist lediglich ein Indiz.

**Fall – Anschaffung:**

Unternehmen X in Staat A hat in Staat B eine Produktionsbetriebsstätte B (B). Die Geschäftsleitungsbetriebsstätte in Staat A erwirbt eine Maschine, deren Einsatz von vornherein speziell für Zwecke von B vorgesehen ist. Die Maschine wird entsprechend unmittelbar an B geliefert und anschließend ausschließlich von B genutzt.

**Lösung:**

Der Geschäftsvorfall (Kauf der Maschine) ist B nach § 9 Abs. 2 Satz 1 BsGaV zuzuordnen, wenn B entscheidend in den Erwerbsvorgang eingebunden war. Entsprechend dem Geschäftsvorfall ist auch die Maschine selbst nach § 5 Abs. 1 BsGaV B zuzuordnen.

Werden Personalfunktionen i. S. d. § 9 Abs. 1 Satz 1 BsGaV gleichzeitig in mehreren Betriebsstätten des Unternehmens ausgeübt, kommt es nach § 9 Abs. 1 Satz 2 BsGaV für die Zuordnung eines Geschäftsvorfalls darauf an, in welcher Betriebsstätte die Personalfunktion mit der größten Bedeutung für den Geschäftsvorfall ausgeübt wird (Funktionsaufteilung, siehe Rn. 42). Diese Personalfunktion ist für den Geschäftsvorfall maßgeblich i. S. d. § 2 Abs. 4 BsGaV. 113

**Fall – Funktionsaufteilung:**

Unternehmen X im Staat A hat in Staat B eine Produktionsbetriebsstätte B (B). In der Geschäftsleitungsbetriebsstätte in Staat A wird entschieden, dass ein immaterieller Wert erworben werden soll, um bestimmte Schwierigkeiten, die die Produktionstätigkeit von B erschweren, zu lösen. B wird beauftragt, einen entsprechenden immateriellen Wert auf dem Markt zu suchen und möglichst preisgünstig zu erwerben. B ist erfolgreich; der Erwerb wird in Staat A genehmigt.

**Lösung:**

Der Geschäftsvorfall (Erwerb) ist B nach § 9 Abs. 1 Satz 2 BsGaV zuzuordnen, da dort die Personalfunktionen mit der größten Bedeutung im Hinblick auf die Anschaffung des immateriellen Werts ausgeübt werden (Auswahl, Verhandlungsführung). Die Personalfunktion mit der größten Bedeutung für den Geschäftsvorfall ist grundsätzlich nach qualitativen Gesichtspunkten zu bestimmen (siehe Rn. 42). Eine Zuordnung auf Grundlage einer Quantifizierung der Kosten der Personalfunktionen, die mit dem Erwerb des immateriellen Werts im Zusammenhang stehen, kommt nur ausnahmsweise in Betracht, wenn eine Zuordnung nach qualitativen Gesichtspunkten nicht möglich ist (siehe Rn. 42).

## 2.9.2. Abweichende Zuordnung von Geschäftsvorfällen (§ 9 Abs. 2 BsGaV)

Ist eine im übrigen Unternehmen ausgeübte, andere als die in § 9 Abs. 1 BsGaV genannte Personalfunktion für den Geschäftsvorfall so bedeutend (Personalfunktionenkonkurrenz, siehe Rn. 43), dass eindeutig eine Zuordnung erforderlich wird, die von § 9 Abs. 1 BsGaV abweicht, so ist diese andere Personalfunktion nach § 9 Abs. 2 Satz 1 BsGaV für den Geschäftsvorfall maßgeblich i. S. d. § 2 Abs. 4 BsGaV. Andere Personalfunktionen können insbesondere die Erfüllung von Verpflichtungen aus dem Geschäftsvorfall, dessen Verwaltung (siehe aber Rn. 80) oder dessen Risikosteuerung sein. Im Regelfall wird hierdurch ein Gleichklang der Zuordnung von Geschäftsvorfällen mit der Zuordnung der damit im Zusammenhang stehenden Vermögenswerte erreicht. 114

**Fall (1) – Funktionsaufteilung:**

Unternehmen X in Staat A hat in Staat B eine Betriebsstätte B (B). Die Geschäftsleitungsbetriebsstätte in Staat A erwirbt eine Maschine, deren Einsatz von vornherein für B vorgesehen ist. B war maßgeblich in den Erwerbsvorgang (Auswahl der Maschine usw.) eingebunden. Die Maschine wird unmittelbar an B geliefert und anschließend ausschließlich von B genutzt.

**Lösung:**

Die Maschine ist nach § 5 Abs. 1 BsGaV B zuzuordnen. Der Geschäftsvorfall (Kauf der Maschine) ist B nach § 9 Abs. 2 Satz 1 BsGaV zuzuordnen, da B maßgeblich in den Erwerbsvorgang eingebunden war. Darüber hinaus wird durch die Zuordnung des Geschäftsvorfalls zu B ein Gleichklang der Zuordnung des Geschäftsvorfalls mit der Zuordnung des damit im Zusammenhang stehenden Vermögenswerts (Maschine) erreicht. Für die fiktive Dienstleistung des übrigen Unternehmens (§ 16 Abs. 1 Nr. 2 Buchst. a BsGaV) gegenüber B ist ein Betrag anzusetzen, der dem Fremdvergleichsgrundsatz entspricht (§ 16 Abs. 2 BsGaV).

**Fall (2) – Personalfunktionenkonkurrenz:**

Unternehmen X in Staat A hat in Staat B eine Betriebsstätte B (B). Die Geschäftsleitungsbetriebsstätte in Staat A schließt auf Anforderung von B mit einem unabhängigen Dritten einen Vertrag über eine Dienstleistung ab, die dieser ausschließlich für B erbringt.

**Lösung:**

Maßgebliche Personalfunktion für das Zustandekommen des Geschäftsvorfalls (Dienstvertrag) mit dem unabhängigen Dritten und für die Übernahme der damit verbundenen Risiken sind grundsätzlich die Tätigkeiten, die für den Vertragsabschluss entscheidend sind, wie Auswahl des Auftragnehmers, Vertragsverhandlungen, Vertragsabschluss. Der Geschäftsvorfall wäre daher nach § 9 Abs. 1 Satz 1 BsGaV grundsätzlich der Geschäftsleitungsbetriebsstätte zuzuordnen. Da die Anforderung der Dienstleistung durch B jedoch ursächlich für den Abschluss des Vertrags war und die Dienstleistung ausschließlich B dient, überwiegt die Bedeutung der von B ausgeübten Personalfunktion die Bedeutung des formalen Vertragsabschlusses durch die Geschäftsleitungsbetriebsstätte (§ 9 Abs. 2 BsGaV). Für die fiktive Dienstleistung von X (§ 16 Abs. 1 Nr. 2 Buchst. a BsGaV) gegenüber B ist ein Betrag anzusetzen, der dem Fremdvergleichsgrundsatz entspricht (§ 16 Abs. 2 BsGaV).

**Fall (3) – Beschaffung von Handelsware (siehe Fall Rn. 83):**

Das inländische Handelsunternehmen X hat in Staat A die Betriebsstätte A (A), die Verträge über den Erwerb von Waren abschließt. Die Waren werden anschließend von der inländischen Geschäftsleitungsbetriebsstätte X (X) vertrieben. B hat für die Beschaffung die Vorgaben (Qualität, Quantität) von X einzuhalten.

**Lösung:**

Die von X ausgeübten Personalfunktionen (Veräußerung, Anschaffung nach Vorgaben von X) sind von größerer Bedeutung als der formale Vertragsabschluss durch A. Die Geschäftsvorfälle sind X nach § 9 Abs. 2 BsGaV zuzuordnen. Dadurch entsteht auch ein Gleichklang zwischen der Zuordnung der Verträge und der Waren (siehe Rn. 83).

### 2.9.3. Gleichzeitige Ausübung anderer Personalfunktionen in verschiedenen Betriebsstätten (§ 9 Abs. 3 BsGaV)

**115** Sind mehrere andere Personalfunktionen, die in anderen Betriebsstätten ausgeübt werden, von größerer Bedeutung für einen Geschäftsvorfall als die Personalfunktion, die in § 9 Abs. 1 Satz 1 BsGaV genannt ist (Personalfunktionenkonkurrenz, siehe Rn. 43), so ist der Geschäftsvorfall nach § 9 Abs. 3 BsGaV der Betriebsstätte zuzuordnen, in der die andere Personalfunktion mit der größten Bedeutung für den Geschäftsvorfall ausgeübt wird. Diese Personalfunktion ist für den Geschäftsvorfall maßgeblich i. S. d. § 2 Abs. 4 BsGaV.

### 2.9.4. Zuordnung in Zweifelsfällen (§ 9 Abs. 4 BsGaV)

**116** Kann ein Geschäftsvorfall nach § 9 Abs. 1 bis 3 BsGaV nicht eindeutig zugeordnet werden, so räumt § 9 Abs. 4 BsGaV dem Unternehmen einen Beurteilungsspielraum für die Zuordnung des Geschäftsvorfalls ein. Die Zuordnung des Geschäftsvorfalls muss sich aber so weit wie möglich an den Grundsätzen des § 9 Abs. 1 bis 3 orientieren. Ggf. greift die Vermutung des § 9 Abs. 1 BsGaV ein (siehe Rn. 112). Der Beurteilungsspielraum kommt vor allem in Fällen der Personalfunktionenkonkurrenz (siehe Rn. 43) zwischen anderen Personalfunktionen i. S. d. § 9 Abs. 2 BsGaV in Betracht. Die Entscheidung über die Zuordnung des sonstigen Vermögenswerts nach § 9 Abs. 4 BsGaV muss

– nach § 3 Abs. 3 BsGaV spätestens mit Erstellung der Hilfs- und Nebenrechnung nachvollziehbar erfolgen,
– auch im jeweils anderen Staat der Besteuerung zugrunde gelegt werden und
– anhand eindeutiger Aufzeichnungen (siehe Rn. 63) nach § 90 Abs. 3 AO begründet werden können.

Sind diese Voraussetzungen nicht erfüllt, kann eine Schätzung nach § 162 AO erforderlich werden. Eine anteilige Zuordnung ist – anders als für immaterielle Werte (siehe Rn. 101) – nicht anzuerkennen.

## 2.10. Zuordnung von Chancen und Risiken (§ 10 BsGaV)

### 2.10.1. Zuordnung von Chancen und Risiken eines Vermögenswerts oder Geschäftsvorfalls (§ 10 Abs. 1 BsGaV)

Die Chancen und Risiken eines Vermögenswerts oder eines Geschäftsvorfalls sind nach § 10 Abs. 1 BsGaV der Betriebsstätte zuzuordnen, der der betreffende Vermögenswert oder Geschäftsvorfall nach den allgemeinen Zuordnungsregeln zuzuordnen ist (§§ 5 ff. BsGaV). Denn mit dem fiktiven Eigentum an einem Vermögenswert bzw. der Zuordnung eines Geschäftsvorfalls sind einer Betriebsstätte auch die damit im unmittelbaren Zusammenhang stehenden Chancen und Risiken zuzuordnen. **117**

**Fall – Zuordnung von Chancen und Risiken eines Vermögenswerts:**

Unternehmen X in Staat A hat in Staat B eine Betriebsstätte B (B). Die Geschäftsleitungsbetriebsstätte in Staat A erwirbt eine Maschine, die ausschließlich und auf Dauer von B genutzt wird. Die Maschine wird durch die fehlerhafte Nutzung durch B zerstört.

**Lösung:**

Die Maschine ist nach § 5 Abs. 1 BsGaV wegen der Nutzung B zuzuordnen. Damit ist auch das Risiko des Untergangs B zuzuordnen.

### 2.10.2. Zuordnung von Chancen und Risiken aus der Geschäftstätigkeit (§ 10 Abs. 2 BsGaV)

Für Chancen und Risiken, die mit der unternehmerischen Geschäftstätigkeit im Zusammenhang stehen (nicht unmittelbar mit einem Vermögenswert oder Geschäftsvorfall), ist nach § 10 Abs. 2 Satz 1 BsGaV in erster Linie darauf abzustellen, in welcher Betriebsstätte die maßgebliche Personalfunktion ausgeübt wird, die zur Übernahme der betreffenden Chancen und Risiken durch das Unternehmen führt. Für die Geschäftstätigkeit können im Einzelfall verschiedene Chancen und Risiken von Bedeutung sein, z. B. Lagerrisiken, Ausfallrisiken, Wechselkursrisiken, Zinsrisiken, Marktrisiken, Haftungsrisiken (siehe auch OECD-Betriebsstättenbericht, Teil I Tz. 22 und Tz. 68). **118**

**Fall – Zuordnung von Chancen und Risiken der unternehmerischen Geschäftstätigkeit:**

Unternehmen X in Staat A hat in Staat B eine Betriebsstätte B (B). Die Geschäftsleitungsbetriebsstätte in Staat A überlässt B ein Wirtschaftsgut zur vorübergehenden Nutzung. Das Wirtschaftsgut bleibt dem übrigen Unternehmen zugeordnet. Die Nutzung durch B führt aufgrund einer Fehlbedienung durch B zu einem Haftungsfall gegenüber einem unabhängigen Dritten.

**Lösung:**

Da der Haftungsfall durch eine Fehlbedienung von B verursacht wurde (nicht durch einen Materialfehler der Maschine oder Ähnliches), sind die entsprechenden Kosten (z. B. Schadensersatz gegenüber dem unabhängigen Dritten oder Ersatzbeschaffung gegenüber dem übrigen Unternehmen) B zuzuordnen.

119 Wird eine Personalfunktion i. S. d. § 10 Abs. 2 Satz 1 BsGaV infolge einer Funktionsaufteilung (siehe Rn. 42) gleichzeitig in mehreren Betriebsstätten ausgeübt, so ist nach § 10 Abs. 2 Satz 2 BsGaV für die Zuordnung der betreffenden Chancen und Risiken darauf abzustellen, in welcher Betriebsstätte die Personalfunktion mit der größten Bedeutung für die Übernahme der Chancen und Risiken ausgeübt wird. Diese Personalfunktion ist für die Zuordnung dieser Chancen und Risiken maßgeblich i. S. d. § 2 Abs. 4 BsGaV.

### 2.10.3. Abweichende Zuordnung von Chancen und Risiken (§ 10 Abs. 3 BsGaV)

120 Ist eine im übrigen Unternehmen ausgeübte andere Personalfunktion für die Zuordnung von Chancen und Risiken im Zusammenhang mit der unternehmerischen Geschäftstätigkeit so bedeutend, dass eindeutig eine Zuordnung erforderlich wird, die von § 10 Abs. 2 BsGaV abweicht (Personalfunktionenkonkurrenz, siehe Rn. 43), so ist diese andere Personalfunktion für die betreffenden Chancen und Risiken maßgeblich i. S. d. § 2 Abs. 4 BsGaV. Die anderen Personalfunktionen können nach § 10 Abs. 3 Satz 2 BsGaV insbesondere die Risikosteuerung, die Realisation, die Entscheidung, Änderungen hinsichtlich von Chancen und Risiken vorzunehmen, oder die Verwaltung von Chancen und Risiken sein (siehe auch Rn. 80), wenn diese Personalfunktionen im Einzelfall von besonderer Bedeutung für die Chancen und Risiken sind. Im Regelfall bleibt es bei der Zuordnung nach der Vermutungsregelung des § 10 Abs. 1 und 2 BsGaV (siehe Rn. 117 und 118).

### 2.10.4. Gleichzeitige Ausübung anderer Personalfunktionen in verschiedenen Betriebsstätten (§ 10 Abs. 4 BsGaV)

121 Sind mehrere andere Personalfunktionen, die in anderen Betriebsstätten ausgeübt werden, von größerer Bedeutung für bestimmte Chancen und Risiken als die Personalfunktion, die in § 10 Abs. 2 Satz 1 BsGaV genannt ist (Personalfunktionenkonkurrenz, siehe Rn. 43), so sind nach § 10 Abs. 4 BsGaV die Chancen und Risiken der Betriebsstätte zuzuordnen, in der die andere Personalfunktion mit der größten Bedeutung für die Chancen und Risiken ausgeübt wird. Diese andere Personalfunktion ist für die Zuordnung der betreffenden Chancen und Risiken maßgeblich i. S. d. § 2 Abs. 4 BsGaV.

### 2.10.5. Zuordnung in Zweifelsfällen (§ 10 Abs. 5 BsGaV)

122 Können Chancen und Risiken nach § 10 Abs. 1 bis 4 BsGaV mangels klarer Kriterien nicht eindeutig zugeordnet werden, räumt § 10 Abs. 5 BsGaV dem Unternehmen einen Beurteilungsspielraum für die Zuordnung der Chancen und Risiken ein. Die Zuordnung der Chancen und Risiken muss sich aber so weit wie möglich an den Grundsätzen des § 10 Abs. 1 bis 4 BsGaV orientieren. Ggf. greifen die Vermutungsregelungen des § 10 Abs. 1 und 2 BsGaV ein (siehe Rn. 117, 118). Der Beurteilungsspielraum kommt vor allem in Fällen der Personalfunktionenkonkurrenz (siehe Rn. 43) zwischen anderen Personalfunktionen i. S. d. § 10 Abs. 3 BsGaV in Betracht. Die Entscheidung über die Zuordnung von Chancen und Risiken nach § 10 Abs. 5 BsGaV muss

– nach § 3 Abs. 3 BsGaV spätestens mit Erstellung der Hilfs- und Nebenrechnung nachvollziehbar erfolgen,
– auch im jeweils anderen Staat der Besteuerung zugrunde gelegt werden und
– anhand eindeutiger Aufzeichnungen (siehe Rn. 63) nach § 90 Abs. 3 AO begründet werden können.

Sind diese Voraussetzungen nicht erfüllt, kann eine Schätzung nach § 162 AO erforderlich werden. Eine anteilige Zuordnung ist – anders als für immaterielle Werte (siehe Rn. 101) – nicht anzuerkennen.

## 2.11. Zuordnung von Sicherungsgeschäften (§ 11 BsGaV)

### 2.11.1. Unmittelbarer Sicherungszusammenhang (§ 11 Abs. 1 BsGaV)

Nach § 11 Abs. 1 BsGaV richtet sich die Zuordnung eines konkreten Si- 123
cherungsgeschäfts – abweichend von den sonstigen Zuordnungsregeln – im Regelfall nach der Zuordnung des zu sichernden Zuordnungsgegenstands (Risiken einer Personalfunktion, Risiken eines Vermögenswerts, Risiken eines Geschäftsvorfalls).

**Fall – Grundfall:**

Unternehmen X in Staat A hat in Staat B eine Betriebsstätte B (B). Eine B zuzuordnende Forderung gegen einen fremden Dritten in US-Dollar wird durch ein Währungsgeschäft abgesichert, das die zu X gehörende Betriebsstätte C (C) in Staat C für X abschließt.

**Lösung:**

Das Sicherungsgeschäft ist B zuzuordnen. C erbringt nach § 11 Abs. 1 BsGaV gegenüber dem übrigen Unternehmen (hier gegenüber B) eine Dienstleistung, für die nach § 16 Abs. 2 BsGaV ein dem Fremdvergleichsgrundsatz entsprechender Betrag zu verrechnen ist.

Mit der entsprechenden Zuordnung der Sicherungsgeschäfte (zu denen 124
z. B. auch Finanzinstrumente i. S. d. § 254 HGB gehören) und der zugehörigen Vermögenswerte sind auch die dazugehörigen Betriebseinnahmen und Betriebsausgaben einschließlich Veräußerungsgewinne und -verluste entsprechend zuzuordnen.

### 2.11.2. Mittelbarer Sicherungszusammenhang (§ 11 Abs. 2 BsGaV)

Ein mittelbarer Sicherungszusammenhang besteht, wenn zwar eindeutig ein 125
Sicherungszusammenhang zwischen den Risiken aus bestimmten Personalfunktionen, Vermögenswerten und Geschäftsvorfällen einerseits und bestimmten Sicherungsgeschäften andererseits feststellbar ist, eine konkrete und präzise Zuordnung der Sicherungsgeschäfte zu den Betriebsstätten, deren Risiken abgesichert werden, jedoch unmöglich ist oder einen unangemessen hohen Aufwand verursacht, z. B. wegen Inkongruenz der jeweiligen Beträge oder Laufzeiten. § 11 Abs. 2 Satz 3 BsGaV lässt es in diesen Fällen zu, die Zuordnung der Sicherungsgeschäfte und der zugehörigen Vermögenswerte anteilig vorzunehmen. Der jeweilige Anteil ist nach einem sachgerechten Aufteilungsschlüssel zu bestimmen (§ 11 Abs. 2 Satz 4 BsGaV), d. h., der Aufteilungsschlüssel ist im konkreten Einzelfall nach Möglichkeit aus den abgesicherten Risiken und den Sicherungsgeschäften abzuleiten.

**Fall – Versicherungsprämien (indirekte Zuordnung):**

Das Unternehmen X in Staat A hat verschiedene Betriebsstätten in anderen Staaten. Die Geschäftsleitungsbetriebsstätte in Staat A schließt eine Haftpflichtversicherung ab, die allgemein die Handlungsrisiken von X umfasst und damit auch Handlungsrisiken der ausländischen Betriebsstätten. Der Vertrag ist nach § 9 Abs. 1 BsGaV wegen der ausgeübten Personalfunktionen unstreitig der Geschäftsleitungsbetriebsstätte zuzuordnen.

**Lösung:**

Die entstehenden Aufwendungen (Versicherungsprämien) sind nach § 11 Abs. 2 BsGaV entsprechend einem sachgerechten Schlüssel indirekt den betreffenden Betriebsstätten zuzuordnen. Für die fiktive Dienstleistung (§ 16 Abs. 1 Nr. 2 Buchst. a BsGaV) ist zugunsten der Geschäftsleitungsbetriebsstätte ein dem Fremdvergleichsgrundsatz entsprechender Betrag zu verrechnen. Konkret eintretende Schadensfälle sind jeweils einzeln zu verrechnen.

### 2.11.3. Abweichende Zuordnung von Sicherungsgeschäften (§ 11 Abs. 3 BsGaV)

126 Führt eine abweichende Zuordnung eines Sicherungsgeschäfts einschließlich der aufgrund des Sicherungsgeschäfts ggf. entstehenden Vermögenswerte zu einem Ergebnis der Betriebsstätte, das dem Fremdvergleichsgrundsatz in diesem Einzelfall auch aus Sicht des übrigen Unternehmens besser entspricht, ermöglicht § 11 Abs. 3 BsGaV eine abweichende Zuordnung.

127 Zu einer Änderung der Zuordnung, die von der ursprünglichen Zuordnung abweicht, kann es kommen, wenn sich der Sicherungszusammenhang zwingend ändert.

**Fallfortsetzung zu Rn. 123 – Zwingende Änderung des Sicherungszusammenhangs:**

Die B zuzuordnende Forderung gegen den fremden Dritten in US-Dollar wird fällig und getilgt, während das Währungsgeschäft von C (ursprüngliches Sicherungsgeschäft) weiter fortbesteht. Das ursprüngliche Sicherungsgeschäft wird nach der Tilgung über das Risikomanagement des von C betriebenen Geld- und Devisenhandels abgesichert.

**Lösung:**

Ein funktionaler Zusammenhang zwischen der Geschäftstätigkeit von B und dem ursprünglichen Sicherungsgeschäft ist nach Tilgung der B zuzuordnenden Forderung nicht mehr denkbar. Die weitere Zuordnung einer offenen Risikoposition zu B entspricht nicht den funktionalen Gegebenheiten der Risikosteuerung von X, d. h., das Ergebnis für B entspräche nicht dem Fremdvergleichsgrundsatz, wenn B die offene Risikoposition zugeordnet würde (siehe § 11 Abs. 3 BsGaV). Mit dem Wegfall der B zuzuordnenden Forderung ist das ursprüngliche Sicherungsgeschäft C zuzuordnen. Das noch nicht realisierte Ergebnis aus dem ursprünglichen Sicherungsgeschäft im Zeitpunkt der Beendigung des Sicherungszusammenhangs ist allerdings endgültig B zuzurechnen.

### 2.11.4. Fehlende Sicherungsabsicht (§ 11 Abs. 4 BsGaV)

128 Besteht keine Sicherungsabsicht bzw. ist eine Sicherungsabsicht nicht feststellbar, sind die jeweiligen Geschäftsvorfälle nach den allgemeinen Regeln zuzuordnen.

**Fall – Fehlende Sicherungsabsicht:**

Das Unternehmen X in Staat A hat mehrere Betriebsstätten in verschiedenen Staaten, die Geschäfte in verschiedenen Währungen tätigen. Die entstehenden Forderungen werden nicht durch Kurssicherungsgeschäfte abgesichert. Bei der Bilanzerstellung für X stellt sich heraus, dass einige der Forderungen, die verschiedenen Betriebsstätten zuzuordnen sind, das Kursrisiko gegenseitig absichern, ohne dass dies bezweckt war.

**Lösung:**

Alle Forderungen sind nach den allgemeinen Regeln der jeweiligen Betriebsstätte zuzuordnen.

## 2.12. Dotationskapital inländischer Betriebsstätten ausländischer Unternehmen (§ 12 BsGaV)

### 2.12.1. Grundsatz: funktions- und risikobezogene Kapitalaufteilungsmethode (§ 12 Abs. 1 BsGaV)

Nach § 12 Abs. 1 BsGaV ist einer inländischen Betriebsstätte eines nach ausländischem Recht buchführungspflichtigen oder tatsächlich Bücher führenden, ausländischen Unternehmens zu Beginn eines Wirtschaftsjahrs ein Dotationskapital nach der funktions- und risikobezogenen Kapitalaufteilungsmethode (Kapitalaufteilungsmethode) zuzuordnen, das zur Absicherung der ihr zuzuordnenden Vermögenswerte sowie der ihr zuzuordnenden Chancen und Risiken entsprechend der Eigenart der Geschäftstätigkeit der Betriebsstätte im Verhältnis zum übrigen Unternehmen erforderlich ist (siehe auch OECD-Betriebsstättenbericht, Teil I Tz. 28, Tz. 107 und Tz. 121 ff.). Das Dotationskapital wird dadurch ermittelt, dass die Kapitalquote (§ 12 Abs. 3 BsGaV, siehe Rn. 135 ff.) der Betriebsstätte auf das festzustellende Eigenkapital (§ 12 Abs. 2 BsGaV, siehe Rn. 133 ff.) des ausländischen Unternehmens angewandt wird. Ein zu geringes Dotationskapital führt zu einer höheren Zuordnung von Verbindlichkeiten des Unternehmens zur inländischen Betriebsstätte. Demzufolge wird der inländischen Betriebsstätte ein unangemessen höherer Zinsaufwand zugeordnet. 129

**Fall (1) – Vereinfachter Grundfall:**

Am 1. 1. 01 beträgt das Eigenkapital des ausländischen Unternehmens Y (Y) 1000. Die Vermögenswerte von Y belaufen sich auf 2000, auf die inländische Betriebsstätte B (B) entfallen davon 500. Nennenswerte Rückstellungen hat Y nicht gebildet. Es sind keine immateriellen Werte vorhanden. Bewertungsunterschiede im Verhältnis zum Ausland bestehen nicht.

**Lösung:**

Das Dotationskapital von B ist zum 1. 1. 01 nach der Kapitalaufteilungsmethode (§ 12 Abs. 1 BsGaV) wie folgt zu berechnen:

| | |
|---|---|
| Eigenkapital von Y | 1000 |
| Kapitalquote für B: 500/2000 = 25 % | |
| Dotationskapital von B: 25 % von 1000 = | 250 |

**HINWEIS:**

Zur Aufteilung der übrigen Passivposten siehe Rn. 152 ff.

**Fall (2) – Zuordnung des Dotationskapitals jeweils zu Beginn des Wirtschaftsjahrs:**

Der inländischen Betriebsstätte B (B) eines ausländischen Unternehmens Y (Y) wird zum 1. 1. 01 nach der Kapitalaufteilungsmethode ein Dotationskapital von 100 (10 % von 1000 Eigenkapital von Y) zugeordnet. Im Laufe des Jahrs 01 erzielt B lt. Hilfs- und Nebenrechnung einen Gewinn von 20. Im Jahr 01 erzielt Y insgesamt einen Verlust von 200. Zum 31. 12. 01 beträgt das Dotationskapital von B lt. Hilfs- und Nebenrechnung 120 (100 zuzüglich 20 Gewinn). Am 1. 1. 02 beträgt der Anteil von B am Gesamtkapital nach der weiterhin anzuwendenden Kapitalaufteilungsmethode unverändert 10 %.

**Lösung:**

Unabhängig vom Gewinn von 20 im Jahr 01 ist B nach der Kapitalaufteilungsmethode (§ 12 Abs. 1 BsGaV) zum 1. 1. 02 ein Dotationskapital von 80 (10 % von 800) zuzuordnen, das als Ausgangsbasis für die Hilfs- und Nebenrechnung des Jahrs 02 dient.

Entsteht zum Ende des Wirtschaftsjahrs eine sog. Überdotierung oder eine sog. Unterdotierung der Betriebsstätte, die erst durch die Bestimmung des 130

Dotationskapitals zu Beginn des neuen Wirtschaftsjahrs erkennbar wird, und sorgt das Unternehmen dafür, dass das in der Hilfs- und Nebenrechnung auszuweisende Dotationskapital den tatsächlich der Betriebsstätte zuzuordnenden Aktivposten und Passivposten entspricht, so ist es nicht zu beanstanden, dass das Unternehmen eine Korrektur des zuzuordnenden Zinsaufwands für den bereits abgelaufenen Zeitraum des neuen Wirtschaftsjahrs unterlässt, wenn

- die Bestimmung des neu zuzuordnenden Dotationskapitals unverzüglich nach Ablauf des vorangehenden Wirtschaftsjahrs erfolgt und
- das Dotationskapital für das neue Wirtschaftsjahr unverzüglich angepasst wird.

131 Eine im Ausland steuerlich anerkannte Dotation der inländischen Betriebsstätte kann ein Anhaltspunkt für ein angemessenes Dotationskapital sein, soweit die Dotation ausgehend von der Kapitalaufteilungsmethode begründet werden kann. Hierzu hat das Unternehmen nachzuweisen, welches Dotationskapital die ausländische Finanzverwaltung für die inländische Betriebsstätte angesetzt bzw. anerkannt hat.

132 Zum Zinsabzug für inländische Betriebsstätten von ausländischen Unternehmen, die weder buchführungspflichtig sind noch Bücher führen, siehe § 15 Abs. 4 BsGaV und Rn. 161.

### 2.12.2. Höhe des Eigenkapitals des ausländischen Unternehmens (§ 12 Abs. 2 BsGaV)

133 Zur Anwendung der Kapitalaufteilungsmethode ist grundsätzlich die Höhe des Eigenkapitals des ausländischen Unternehmens (§ 12 Abs. 2 BsGaV) nach deutschem Steuerrecht zu bestimmen. Die exakte Ableitung des Eigenkapitals nach deutschem Steuerrecht aus dem Ansatz in der ausländischen Bilanz kann im Einzelfall unangemessenen Aufwand verursachen. Deshalb ist es aus Vereinfachungsgründen anzuerkennen, wenn das in der ausländischen Bilanz ausgewiesene Kapital als Ausgangspunkt zugrunde gelegt wird. Eine vollständige Umrechnung der ausländischen Bilanzansätze nach deutschem Steuerrecht führt im Regelfall zu unverhältnismäßigem Aufwand und ist deshalb nicht durchzuführen (siehe Rn. 133). Dem Eigenkapital in der ausländischen Bilanz hinzuzurechnen sind allerdings alle sonstigen Positionen, denen nach deutschem Steuerrecht Eigenkapitalcharakter zukommt. Vom Eigenkapital in der ausländischen Bilanz sind alle Positionen zu kürzen, die nach deutschem Steuerrecht keinen Eigenkapitalcharakter haben. Es ist unbeachtlich, nach welchem Rechnungslegungsstandard die ausländische Bilanz aufgestellt wurde. Sind mehrere Bilanzen verfügbar, ist die Bilanz zu verwenden, die einer deutschen Steuerbilanz am ehesten entspricht.

134 Die Anwendung der Vereinfachungsregelung setzt voraus, dass das Unternehmen durch Vorlage geeigneter Unterlagen und Berechnungen glaubhaft macht,

- dass das Eigenkapital entsprechend der ausländischen Bilanz nicht erheblich von dem Eigenkapital abweicht, das nach deutschem Steuerrecht anzusetzen wäre, oder
- dass Abweichungen durch Anpassungen nachvollziehbar rechnerisch so ausgeglichen werden, dass das Ergebnis nicht erheblich von dem Eigenkapital

des ausländischen Unternehmens abweicht, das nach deutschem Steuerrecht ermittelt würde.

Dazu ist es grundsätzlich erforderlich, die Bilanzpositionen nach ausländischem Recht zunächst auf entsprechende Wertansätze nach deutschem Steuerrecht anzupassen. Verbleibende Unsicherheiten in Bezug auf unterschiedliche Wertansätze gelten als nicht erheblich i. S. d. § 12 Abs. 2 Satz 2 Nr. 2 BsGaV, wenn diese nach überschlägiger Berechnung voraussichtlich weniger als 10% des Eigenkapitals in der ausländischen Bilanz (nach Durchführung erforderlicher Anpassungen) ausmachen. Die Finanzverwaltung kann die Glaubhaftmachung des Unternehmens durch eigene Berechnungen, aus denen sich ergibt, dass die Erheblichkeitsgrenze überschritten wird, widerlegen.

**Fall – Anpassungen an das deutsche Steuerrecht:**

Das ausländische Unternehmen Y (Y) unterhält eine Betriebsstätte B (B) im Inland. Für das Dotationskapital von B ist die Kapitalaufteilungsmethode anzuwenden (§ 12 Abs. 1 BsGaV). Das Eigenkapital von Y beträgt 250. Abweichungen von Ansätzen, die nach deutschem Steuerrecht vorgeschrieben sind, sind nicht ersichtlich: Die vorgenommenen Abschreibungen auf Vermögenswerte entsprechen den Vorgaben der §§ 7 ff. bzw. des § 6 Abs. 1 Nr. 1 Satz 2 und Nr. 2 Satz 2 EStG. Die gebildeten Rückstellungen entsprechen den Anforderungen des § 6 Abs. 1 Nr. 3 a und § 5 Abs. 2 a bis 4 b und § 6 a EStG. Soweit notwendig, wurden in der ausländischen Bilanz ausgewiesene Verbindlichkeiten entsprechend § 6 Abs. 1 Nr. 2 EStG abgezinst.

**Lösung:**

Das nach ausländischem Recht ermittelte Eigenkapital von Y i. H. v. 250 kann der Ermittlung des Dotationskapitals von B nach der Kapitalaufteilungsmethode zugrunde gelegt werden.

**Abwandlung:**

Y hat in der ausländischen Bilanz eine Ausschüttungsverbindlichkeit von 30 passiviert, die nach inländischem Recht Eigenkapital darstellt. Weiterhin ist aus der Bilanz von Y ersichtlich, dass ein immaterieller Wert „Kosten für die Ingangsetzung des Geschäftsverkehrs" mit 10 aktiviert ist. Darüber hinaus ergeben sich überschlägig ermittelte Wertabweichungen bei Bilanzposten von 30 (z. B. bei Pensionsrückstellungen, wegen anderweitiger Abschreibungen von Wirtschaftsgütern).

**Lösung:**

Hinsichtlich der als Eigenkapital zu qualifizierenden Verbindlichkeit ist das Eigenkapital von Y um 30 zu erhöhen. Da in einer deutschen Steuerbilanz der genannte immaterielle Wert nicht aktiviert werden darf, ergibt sich eine Minderung des Eigenkapitals um 10.
Das angepasste Eigenkapital von Y beträgt danach:

| | |
|---|---|
| Eigenkapital lt. ausländischer Bilanz | 250 |
| + Anpassung | 20 |
| = nach deutschem Steuerrecht angepasstes Eigenkapital | 270 |

Die nach dieser Anpassung in den Bilanzansätzen der Wirtschaftsgüter verbleibenden Unsicherheiten (30) übersteigen 10% des angepassten Eigenkapitals (27). Deswegen darf das nach ausländischem Recht ermittelte Eigenkapital von Y nicht der Ermittlung des Dotationskapitals zugrunde gelegt werden, § 12 Abs. 2 Satz 2 BsGaV. Y muss nach § 12 Abs. 2 Satz 1 BsGaV eine detaillierte Überleitung des Eigenkapitals in einen nach deutschem Steuerrecht ermittelten Betrag vorlegen.

### 2.12.3. Bestimmung der Kapitalquote der inländischen Betriebsstätte (§ 12 Abs. 3 BsGaV)

Die Kapitalquote der inländischen Betriebsstätte, die auf das nach § 12 Abs. 1 und 2 BsGaV zu ermittelnde Eigenkapital des ausländischen Unterneh- 135 mens anzuwenden ist, ergibt sich aus dem Verhältnis der Vermögenswerte sowie der Chancen und Risiken, die der Betriebsstätte zuzuordnen sind, zu den Vermögenswerten sowie den Chancen und Risiken des Unternehmens. Die Vermögenswerte sind mit Werten anzusetzen, die dem Fremdvergleichsgrundsatz entsprechen (§ 12 Abs. 3 Satz 1 BsGaV). Zu berücksichtigen sind alle Chancen und Risiken, sowohl diejenigen, die in der Bilanz des Unternehmens und in der Hilfs- und Nebenrechnung der Betriebsstätte ausgewiesen sind, als auch diejenigen, die nicht bilanziert und/oder in der Hilfs- und Nebenrechnung ausgewiesen sind (siehe auch die Vereinfachungsregelung in Rn. 138).

136 Chancen und Risiken, die mit Vermögenswerten in unmittelbarem Zusammenhang stehen, sind in den Fremdvergleichspreisen der Vermögenswerte enthalten. Es ist nicht zu beanstanden, dass Chancen und Risiken, die nicht einzelnen Vermögenswerten oder Geschäftsvorfällen zugeordnet werden können (z. B. Gewährleistungsrückstellungen), pauschal berücksichtigt werden. Die Pauschalierung soll unverhältnismäßigen Aufwand vermeiden, der ansonsten erforderlich wäre.

137 Das Bestehen von Chancen und Risiken, die weder in der Bilanz noch in der Hilfs- und Nebenrechnung erfasst sind, die aber für die Ermittlung der Kapitalquote zu berücksichtigen sind (z. B. Geschäfts- und Firmenwert), hat derjenige glaubhaft zu machen, der sich darauf beruft.

**Fall – Nicht erfasste Chancen und Risiken:**

Das Eigenkapital des ausländischen Unternehmens Y (Y) beträgt 1200. Die Fremdvergleichspreise der bilanzierten Vermögenswerte belaufen sich auf 1700, davon entfallen auf die inländische Betriebsstätte B (B) 500. In der Bilanz von Y ist eine pauschale Gewährleistungsrückstellung i. H. v. 400 ausgewiesen, davon entfallen auf B 100. Y verfügt über nicht bilanzierungsfähige immaterielle Werte i. H. v. 200, davon entfallen auf B 100.

**Lösung:**

Das Dotationskapital von B ermittelt sich wie folgt:
Zunächst ist die auf das aufzuteilende Eigenkapital i. H. v. 1200 anzuwendende Kapitalaufteilungsquote zu ermitteln:

| | | |
|---|---|---|
| | bilanzierte Vermögenswerte | 1700 |
| + | nicht bilanzierte immaterielle Wirtschaftsgüter | 200 |
| – | Gewährleistungsrückstellungen | 400 |
| = | Ergebnis | 1500 |

Davon entfallen auf B:

| | | |
|---|---|---|
| | bilanzierte Vermögenswerte | 500 |
| + | nicht bilanzierte immaterielle Wirtschaftsgüter | 100 |
| – | Gewährleistungsrückstellungen | 100 |
| = | Ergebnis | 500 |

Die Kapitalquote für B beträgt damit 500/1500 (1/3). Die Anwendung der Kapitalquote auf das Eigenkapital von Y (1200) führt zu einem Dotationskapital für B i. H. v. 400.

**Abwandlung:**

Die Gewährleistungsrückstellung beträgt 200, wovon 100 auf B entfallen. Zusätzlich ist in der Bilanz von Y eine Kontaminierungsrückstellung i. H. v. 200 ausgewiesen, die im Zusammenhang mit einem Grundstück steht, das dem übrigen Unternehmen zuzuordnen ist. Der Fremdvergleichspreis der Vermögenswerte beträgt wegen der Kontaminierung 1500.

**Lösung:**

Das Dotationskapital von B ermittelt sich wie folgt:

| | | |
|---|---|---|
| bilanzierte Vermögenswerte von Y | | 1500 |
| + | nicht bilanzierte immaterielle Wirtschaftsgüter | 200 |
| – | Gewährleistungsrückstellungen | 200 |
| – | Kontaminierungsrückstellung (in den Vermögenswerten bereits enthalten) | 0 |
| = | Ergebnis | 1500 |

Davon entfallen auf B:

| | | |
|---|---|---|
| bilanzierte Vermögenswerte | | 500 |
| + | nicht bilanzierte immaterielle Wirtschaftsgüter | 100 |
| – | Gewährleistungsrückstellungen | 100 |
| = | Ergebnis | 500 |

Die Kapitalquote für B beträgt 500/1500. Die Anwendung der Kapitalquote auf das Eigenkapital von Y (1200) führt zu einem Dotationskapital für B i. H. v. 400.

Aus Vereinfachungsgründen können die Buchwerte der Aktivposten des ausländischen Unternehmens und die Werte in der Hilfs- und Nebenrechnung der inländischen Betriebsstätte zur Bestimmung der Kapitalquote der inländischen Betriebsstätte herangezogen werden. Der Ansatz von im Ausland vorhandenen Werten, die Buchwerten vergleichbar sind, ist anzuerkennen, wenn das Unternehmen glaubhaft macht, 138

– dass nach überschlägiger Berechnung der Ansatz von Buchwerten oder von im Ausland vorhandenen Werten, die Buchwerten entsprechen, zu einer Kapitalquote führt, die nicht erheblich von der Kapitalquote abweicht, die sich ergäbe, wenn Werte entsprechend dem Fremdvergleichsgrundsatz angesetzt würden, oder

– dass erkennbare Abweichungen durch Anpassungen nachvollziehbar so ausgeglichen werden, dass das Ergebnis nicht erheblich von dem Ergebnis nach § 12 Abs. 3 Satz 1 BsGaV abweicht; Anpassungsrechnungen können z. B. erforderlich werden, wenn bisher nicht bilanzierte immaterielle Vermögenswerte zu berücksichtigen sind.

Eine nach den Buchwerten ermittelte Kapitalquote ist nicht zu beanstanden, wenn sich keine Anhaltspunkte dafür ergeben, dass die Kapitalquote nach Fremdvergleichswerten um mehr als 10 Prozentpunkte von der Kapitalquote nach Buchwerten abweicht. 139

**Fall – Nichtbeanstandungsklausel:**

Das Eigenkapital des ausländischen Unternehmens Y (Y) beträgt 1000. Die Buchwerte der Aktivposten belaufen sich insgesamt auf 2000, davon entfallen auf die inländische Betriebsstätte B (B) 500.

**Lösung:**

Das Dotationskapital von B nach Buchwerten ist wie folgt zu berechnen:

| | |
|---|---|
| Eigenkapital von Y | 1000 |
| Kapitalquote für B: 500/2000 = 25 % | |
| Dotationskapital von B: 25 % von 1000 = | 250 |

Diese Berechnung ist anzuerkennen, wenn keine Anhaltspunkte vorliegen, dass eine Berechnung nach Fremdvergleichswerten zu einer Kapitalquote führt, die unter 15 % oder über 35 % liegt.

## 2.12.4. Unterkapitalisierung des ausländischen Unternehmens (§ 12 Abs. 4 BsGaV)

140 Die Regelung des § 12 Abs. 4 BsGaV gilt ausschließlich für Unternehmensgruppen, die einem Konzern i. S. d. § 18 AktG entsprechen. Betroffen sind Fälle, in denen das nach der Kapitalaufteilungsmethode zugewiesene Dotationskapital dauerhaft zu einem Ergebnis für die inländische Betriebsstätte führt, das ein ordentlicher und gewissenhafter Geschäftsleiter unter vergleichbaren Umständen nicht hinnehmen würde. Ist aufgrund der Unterkapitalisierung des Unternehmens bei der Betriebsstätte nach Abzug der Zinsaufwendungen innerhalb eines Zeitraums von fünf Jahren nicht mit einem positiven Gesamtergebnis zu rechnen (betriebswirtschaftliche Prognoserechnung), ist das Dotationskapital von Anfang an nach § 12 Abs. 4 BsGaV zu ermitteln.

141 Das Dotationskapital für die inländische Betriebsstätte ist dadurch zu bestimmen, dass zunächst das konsolidierte Eigenkapital der Unternehmensgruppe, zu dem das Unternehmen gehört, entsprechend § 12 Abs. 2 BsGaV ermittelt wird. Die auf das konsolidierte Eigenkapital der Unternehmensgruppe anzuwendende Kapitalquote ist entsprechend § 12 Abs. 1 bis 3 BsGaV zu ermitteln. Die in Rn. 138 enthaltene Vereinfachungsregelung (Verwendung der Buchwerte der Aktivposten nach Konsolidierung) kann angewendet werden, wenn die dort genannten Voraussetzungen vorliegen.

**Beispiel:**

Die inländische Betriebsstätte B (B) produziert und vertreibt an fremde Dritte (keine Geschäftsbeziehungen zum übrigen Unternehmen). B gehört zum ausländischen Unternehmen T, das zum ausländischen Konzern Y gehört. T weist ein Eigenkapital von 40 aus. Nach der Kapitalaufteilungsmethode (§ 12 Abs. 1 bis 3 BsGaV) wäre B ein Dotationskapital von 10 (25 % vom Eigenkapital von T) zuzuordnen. Aufgrund des hohen Zinsaufwandes weist B trotz der positiven operativen Ergebnisse dauerhaft Verluste von jährlich 20 aus. Das konsolidierte Eigenkapital von Y beträgt 1000. Die Kapitalquote von B beträgt nach § 12 Abs. 1 bis 3 BsGaV bezogen auf das konsolidierte Eigenkapital von Y 10 %.

**Lösung:**

Da aufgrund der Unterkapitalisierung von T, die sich bei Anwendung des § 12 Abs. 1 BsGaV auch auf das Dotationskapital von B auswirkt, dauerhafte Verluste eintreten, die ein ordentlicher und gewissenhafter Geschäftsleiter nicht hinnehmen würde, bestimmt sich das Dotationskapital nach § 12 Abs. 4 BsGaV auf Grundlage des konsolidierten Eigenkapitals von Y. B ist ein Dotationskapital von 100 (10 % von 1000) zuzuweisen.

## 2.12.5. Untergrenze: handelsrechtliches Kapital der inländischen Betriebsstätte (§ 12 Abs. 5 BsGaV)

142 In Fällen, in denen das ausländische Unternehmen für seine inländische Betriebsstätte eine Handelsbilanz erstellt und darin ein bestimmtes Dotationskapital ausweist, darf dieser Betriebsstätte für steuerliche Zwecke kein niedrigeres Dotationskapital zugeordnet werden. Denn durch die Entscheidung des ausländischen Unternehmens, seiner inländischen Betriebsstätte tatsächlich (durch den Ausweis in der Handelsbilanz dokumentiert) ein bestimmtes Dotationskapital zur Verfügung zu stellen, macht das ausländische Unternehmen deutlich,

dass es dieses Dotationskapital betriebswirtschaftlich für erforderlich hält, um auf dem inländischen Markt wirtschaftlich tätig zu sein.

### 2.12.6. Unterjährige Anpassung des Dotationskapitals einer inländischen Betriebsstätte (§ 12 Abs. 6 BsGaV)

Das Dotationskapital einer inländischen Betriebsstätte ist innerhalb eines Wirtschaftsjahrs anzupassen, wenn sich die Zuordnung von Personalfunktionen, von Vermögenswerten oder von Chancen und Risiken zu einem bestimmten Zeitpunkt gegenüber den Verhältnissen zu Beginn des Wirtschaftsjahrs ändert und dies zu einer erheblichen Veränderung des zuzuordnenden Dotationskapitals führt. Eine sich ergebende Änderung des Dotationskapitals einer inländischen Betriebsstätte ist erheblich, wenn das wegen der geänderten Zuordnung von Personalfunktionen, von Vermögenswerten oder von Chancen und Risiken zuzuordnende Dotationskapital zu Beginn des folgenden Wirtschaftsjahrs um mehr als 30 % vom Dotationskapital zu Beginn des Wirtschaftsjahrs abweicht, aber nur dann, wenn die Abweichung mindestens 2 Mio. Euro beträgt. Für die unterjährige Ermittlung des Dotationskapitals kann aus Vereinfachungsgründen das Dotationskapital zu Beginn des folgenden Wirtschaftsjahrs (ggf. mit entsprechenden Anpassungen) verwendet werden. Von einer unterjährigen Erhöhung des Dotationskapitals kann abgesehen werden, wenn diese nicht sachgerecht wäre, z. B. weil die Veränderung erst am Ende des Jahrs eintritt und die steuerlichen Auswirkungen deshalb gering sind. Eine Verringerung des Dotationskapitals einer inländischen Betriebsstätte ist allerdings steuerlich nur anzuerkennen, wenn nachgewiesen wird, dass das ausländische Unternehmen im Ausland die entsprechenden steuerlichen Konsequenzen gezogen hat. Auf die Beschränkung der Änderungsmöglichkeit durch die Finanzverwaltung nach § 1 Abs. 1 AStG wird hingewiesen (vgl. Rn. 10). 143

## 2.13. Dotationskapital ausländischer Betriebsstätten inländischer Unternehmen (§ 13 BsGaV)

### 2.13.1. Grundsatz: Mindestkapitalausstattungsmethode (§ 13 Abs. 1 BsGaV)

Ausländischen Betriebsstätten inländischer buchführungspflichtiger oder tatsächlich Bücher führender Unternehmen wird zu Beginn eines Wirtschaftsjahrs Dotationskapital grundsätzlich nur zugeordnet, soweit das Unternehmen glaubhaft macht, dass diese Zuordnung aus betriebswirtschaftlichen Gründen für die Betriebsstätte erforderlich ist (Mindestkapitalausstattungsmethode). Das Unternehmen hat das Erfordernis einer höheren Dotation auf Basis eines Vergleichs der Funktionen und Risiken der Betriebsstätte mit denen des übrigen Unternehmens darzustellen und anhand von betriebswirtschaftlichen Kennziffern zu belegen. Das vom Betriebsstättenstaat nachweislich geforderte Dotationskapital für eine ausländische Betriebsstätte kann als Indiz für eine angemessene Dotation angesehen werden (siehe aber Rn. 146 ff.). Ein höheres Dotationskapital führt zu einer geringeren Zuordnung von Verbindlichkeiten des Unternehmens zur ausländischen Betriebsstätte, so dass der ausländischen Betriebsstätte ein geringerer Zinsaufwand zugeordnet wird. 144

**Fall – Höheres Dotationskapital als nach der Mindestkapitalausstattungsmethode:**
Die ausländische Betriebsstätte A (A) ist Teil des inländischen Unternehmens X. A erbringt einfache Dienstleistungen an das übrige Unternehmen. A sind keinerlei Vermögenswerte zuzuordnen und A trägt auch keine nennenswerten Risiken.

**Lösung:**
Nach der Mindestkapitalausstattungsmethode ist A kein Dotationskapital zuzuordnen. Betriebswirtschaftliche Gründe für ein höheres Dotationskapital liegen nicht vor bzw. sind nicht ersichtlich (siehe auch Rn. 368 zu Bau- und Montagebetriebsstätten).

**Abwandlung:**
A sind zur Erbringung der Dienstleistung mehrere Vermögenswerte zugeordnet.

**Lösung:**
Nach der Mindestkapitalausstattungsmethode ist A kein Dotationskapital zuzuordnen. Soweit betriebswirtschaftliche Gründe glaubhaft gemacht werden (z. B. Risiken aus den zugeordneten Vermögenswerten), ist A ein angemessenes (Mindest-)Dotationskapital zuzuordnen.

**145** Entsteht zum Ende des Wirtschaftsjahrs eine Überdotierung oder Unterdotierung der Betriebsstätte, die erst durch die Bestimmung des Dotationskapitals zu Beginn des neuen Wirtschaftsjahrs erkennbar wird, und sorgt das Unternehmen dafür, dass das in der Hilfs- und Nebenrechnung auszuweisende Dotationskapital den tatsächlich der Betriebsstätte zuzuordnenden Aktivposten und Passivposten entspricht, so ist es nicht zu beanstanden, wenn das Unternehmen eine Korrektur des zuzuordnenden Zinsaufwands für den bereits abgelaufenen Zeitraum des neuen Wirtschaftsjahrs unterlässt, wenn
– die Bestimmung des neu zuzuordnenden Dotationskapitals unverzüglich nach Ablauf des vorangehenden Wirtschaftsjahrs erfolgt und
– das Dotationskapital für das neue Wirtschaftsjahr anschließend unverzüglich angepasst wird.

### 2.13.2. Obergrenze: Anwendung der Kapitalaufteilungsmethode (§ 13 Abs. 2 BsGaV)

**146** Ein höheres Dotationskapital, als es nach § 13 Abs. 1 BsGaV erforderlich ist, ist anzuerkennen, soweit dies im Einzelfall zu einem Ergebnis der Betriebsstätte führt, das dem Fremdvergleichsgrundsatz besser entspricht. Dies kann z. B. anhand betriebswirtschaftlicher Kennziffern dargestellt werden. Jeder höhere Ansatz – über das erforderliche Dotationskapital hinaus (Mindestkapitalausstattungsmethode) – ist zu begründen.

**147** Das nach § 13 Abs. 1 oder Abs. 2 Satz 1 BsGaV ermittelte Dotationskapital darf jedoch den Höchstbetrag nicht übersteigen, der sich ergibt, wenn die Kapitalaufteilungsmethode nach § 12 Abs. 1 bis 3 BsGaV entsprechend auf die ausländische Betriebsstätte angewendet wird.

**148** Für die Berechnung des Höchstbetrags nach Rn. 147 sind die für die Besteuerung maßgeblichen Bilanzansätze des inländischen Unternehmens anzusetzen, es sei denn, der Ansatz einzelner Fremdvergleichswerte entsprechend § 12 Abs. 3 Satz 1 BsGaV führt im Einzelfall zu einem erheblich abweichenden Ergebnis der Betriebsstätte, das dem Fremdvergleichsgrundsatz besser entspricht. Von den Bilanzansätzen abweichende Fremdvergleichswerte sind von demjenigen nachzuweisen, der sie behauptet.

**Fall – Höchstbetragsberechnung:**

Das inländische Unternehmen X (X) hat im Staat A die Betriebsstätte A (A). X besitzt neben bilanzierten Wirtschaftsgütern selbstgeschaffene immaterielle Werte, die zutreffend nicht in der Steuerbilanz von X ausgewiesen sind. Die vereinfachte Bilanz von X stellt sich wie folgt dar:

| | | | |
|---|---|---|---|
| Grundstück | 100 | Eigenkapital | 400 |
| Sonstiges Anlagevermögen | 400 | Fremdkapital | 600 |
| Umlaufvermögen | 500 | | |
| | 1000 | | 1000 |

A sind auf Basis der Buchwerte 20% des sonstigen Anlagevermögens und 20% des Umlaufvermögens sowie ein selbstgeschaffener immaterieller Wert mit einem Wert von 220 zuzuordnen. Der Fremdvergleichswert des Grundstücks beträgt 480. Im sonstigen Anlagevermögen und im Umlaufverlauf sind keine stillen Reserven enthalten. X ordnet A unter Berufung auf die einzubeziehenden Fremdvergleichswerte ein Dotationskapital von 180 zu. In der Prüfung wird auf Basis von Unterlagen von X festgestellt, dass A nach der Mindestkapitalausstattungsmethode ein Dotationskapital von 40 als betriebswirtschaftlich mindestens erforderlich zuzuordnen ist (§ 13 Abs. 1 BsGaV).

**Lösung:**

§ 13 Abs. 2 Satz 1 BsGaV lässt den Ansatz eines höheren Dotationskapitals als nach der Mindestkapitalausstattungsmethode zu, wenn dies dem Fremdvergleichsgrundsatz besser entspricht. Das höhere Dotationskapital ist jedoch begrenzt auf den Betrag, der sich bei Anwendung der Kapitalaufteilungsmethode ergibt. Auf Basis der Buchwerte sind A 20% von 900 Vermögenswerten (sonstiges Anlagevermögen 400 und Umlaufvermögen 500) zuzuordnen. Somit betragen die Aktivposten der Hilfs- und Nebenrechnung von A 180. Dies entspricht 18% der Aktivposten von X. Der Höchstbetrag des Dotationskapitals nach der Kapitalaufteilungsmethode nach § 12 Abs. 3 Satz 2 BsGaV auf der Grundlage der Buchwerte beträgt folglich 18% des Eigenkapitals von 400 = 72 (gleiche Kapitalausstattung von X und A). Die Berechnung unter Einbeziehung der Fremdvergleichswerte, die in diesem Fall für alle Vermögenswerte anzusetzen sind, ergibt folgenden Höchstbetrag:

| Fremdvergleichswerte | X insgesamt | Betriebsstätte A |
|---|---|---|
| Grundstück | 480 | 0 |
| + Sonstiges Anlagevermögen | 400 | 80 |
| + Umlaufvermögen | 500 | 100 |
| + immaterieller Wert | 220 | 220 |
| = Werte insgesamt | 1600 | 400 |
| Anteil von A am tatsächlichen Wert der Aktivposten | | 25% |
| Dotationskapital A höchstens: 25% von 400 | | 100 |

Das von X angesetzte Dotationskapital von 180 ist deshalb in jedem Fall zu korrigieren. Unabhängig davon, welcher Höchstbetrag sich für das Dotationskapital ergibt, kann ein 40 übersteigender Betrag nach § 13 Abs. 2 Satz 1 BsGaV nur anerkannt werden, soweit X glaubhaft macht, dass der höhere Betrag dem Fremdvergleichsgrundsatz besser entspricht als 40. Allerdings können im konkreten Fall höchstens 100 angesetzt werden, wobei jede Erhöhung des Werts von 40 zu begründen ist (siehe Rn. 146). Unbeachtlich ist, dass der Höchstbetrag auf Grundlage der Fremdvergleichswerte (25%) den Höchstbetrag auf Grundlage der Buchwerte (18%) nur um 7 Prozentpunkte übersteigt, denn Rn. 139 enthält lediglich eine Nichtbeanstandungsregelung, die X nicht bindet.

**HINWEIS:**

Grund für den Ansatz eines höheren Dotationskapitals als 40 können z. B. die hohe Eigenkapitalausstattung von X oder ein besonderes Risikoprofil von A sein.

### 2.13.3. Ausnahmeregelung: nichtsteuerrechtliche Anforderungen im Ausland (§ 13 Abs. 3 BsGaV)

149 Ein höheres Dotationskapital als nach § 13 Abs. 1 und 2 BsGaV ist anzuerkennen, soweit außersteuerliche ausländische Vorschriften dieses erhöhte Dotationskapital vorschreiben. In diesem Fall kann zugunsten des Unternehmens auch ein die Kapitalaufteilungsmethode überschreitender Betrag angesetzt werden, soweit dadurch ein internationaler Besteuerungskonflikt vermieden wird (siehe Rn. 262 für Banken und Rn. 328 für Versicherungen). Beruht das erhöhte Dotationskapitalerfordernis dagegen auf steuerrechtlichen Vorschriften des Auslands, werden diese Vorschriften nach deutschem Rechtsverständnis durch die DBA überschrieben (vgl. Art. 7 OECD-MA).

### 2.13.4. Obergrenze: handelsrechtliches Kapital der ausländischen Betriebsstätte (§ 13 Abs. 4 BsGaV)

150 Durch die Entscheidung des inländischen Unternehmens, seiner ausländischen Betriebsstätte tatsächlich (durch den Ausweis in der ausländischen Handelsbilanz dokumentiert) ein bestimmtes Dotationskapital zur Verfügung zu stellen, macht das inländische Unternehmen deutlich, dass es dieses Dotationskapital für betriebswirtschaftlich ausreichend hält, um auf dem ausländischen Markt wirtschaftlich tätig zu sein.

### 2.13.5. Unterjährige Anpassung des Dotationskapitals einer ausländischen Betriebsstätte (§ 13 Abs. 5 BsGaV)

151 Das Dotationskapital einer ausländischen Betriebsstätte ist innerhalb eines Wirtschaftsjahrs anzupassen, wenn sich die Zuordnung von Personalfunktionen, von Vermögenswerten oder von Chancen und Risiken gegenüber den Verhältnissen zu Beginn des Wirtschaftsjahrs ändert und dies zu einer erheblichen Veränderung des Dotationskapitals führt. Eine sich ergebende Änderung des Dotationskapitals einer inländischen Betriebsstätte ist erheblich, wenn das wegen der geänderten Zuordnung von Personalfunktionen, von Vermögenswerten oder von Chancen und Risiken zuzuordnende Dotationskapital zu Beginn des folgenden Wirtschaftsjahrs um mehr als 30 % vom Dotationskapital zu Beginn des Wirtschaftsjahrs abweicht, aber nur dann, wenn die Abweichung mindestens 2 Mio. Euro beträgt. Rn. 143 ist sinngemäß anzuwenden. Eine Erhöhung des Dotationskapitals einer ausländischen Betriebsstätte ist allerdings nur anzuerkennen, wenn nachgewiesen wird, dass das inländische Unternehmen im Ausland die entsprechenden steuerlichen Konsequenzen gezogen hat. Auf die Beschränkung der Änderungsmöglichkeit durch die Finanzverwaltung nach § 1 Abs. 1 AStG wird hingewiesen (vgl. Rn. 10).

## 2.14. Zuordnung übriger Passivposten (§ 14 BsGaV)

### 2.14.1. Direkte Methode (§ 14 Abs. 1 BsGaV)

152 Nach Abzug der in der Hilfs- und Nebenrechnung auszuweisenden Risiken (§§ 10 und 11 BsGaV) und des Dotationskapitals (§§ 12 und 13 BsGaV) müssen der Betriebsstätte im Regelfall übrige Passivposten des Unternehmens zugeordnet werden, um die Hilfs- und Nebenrechnung auszugleichen. Diese Passivposten sind der Betriebsstätte vorrangig nach der direkten Methode zuzuordnen. Der Betriebsstätte direkt zuordenbar sind die übrigen Passivposten

des Unternehmens, die mit den Vermögenswerten sowie den Chancen und Risiken der Betriebsstätte im unmittelbaren Zusammenhang stehen.

**Fall – Direkte Methode:**

Unternehmen X (X) in Staat A hat in Staat B eine Betriebsstätte B (B). Eine Maschine wird von B für eigene betriebliche Zwecke angeschafft und anschließend genutzt. Die Maschine ist zu 100 % über ein Bankdarlehen von X finanziert worden.

**Lösung:**

Die Maschine ist B nach § 5 Abs. 1 BsGaV zuzuordnen und als Bestandteil der Hilfs- und Nebenrechnung von B (§ 3 BsGaV) auszuweisen. Das Bankdarlehen steht in unmittelbarem Zusammenhang mit der Maschine. Es ist deshalb der B nach § 14 Abs. 1 BsGaV (vorbehaltlich § 14 Abs. 2 BsGaV, siehe Rn. 153) ebenfalls zu 100 % zuzuordnen und Bestandteil deren Hilfs- und Nebenrechnung.

## 2.14.2. Kürzung eines Überhangs an direkt zuordnungsfähigen übrigen Passivposten (§ 14 Abs. 2 BsGaV)

Übersteigen die direkt zuordnungsfähigen übrigen Passivposten in ihrer 153
Summe den Betrag, der auf der Passivseite der Hilfs- und Nebenrechnung nach Zuordnung der Risiken und des Dotationskapitals verbleibt, sind die übrigen Passivposten anteilig zu kürzen. Der nach der Kürzung verbleibende Teil ist der Betriebsstätte zuzuordnen. In Höhe des Kürzungsbetrags sind die übrigen Passivposten dem übrigen Unternehmen zuzuordnen.

**Fall (1) – Kürzung der direkt zuordenbaren Passivposten:**

Unternehmen X (X) in Staat A hat in Staat B eine Produktionsbetriebsstätte B (B). B sind zutreffend Vermögenswerte nach §§ 5 ff. BsGaV, Risiken nach §§ 10 f. BsGaV und Dotationskapital nach §§ 12 bzw. 13 BsGaV zugeordnet worden. Es ergeben sich folgende Positionen, die in der Hilfs- und Nebenrechnung von B zwingend zu erfassen sind:

vorläufige Hilfs- und Nebenrechnung

| | | | |
|---|---|---|---|
| Maschine | 1000 | Dotationskapital | 300 |
| Rohstoffe | 300 | Gewährleistungsrückstellung | 300 |

Zur allgemeinen Unternehmensfinanzierung besteht für X ein Bankdarlehen (I) i. H. v. 300. Für den Erwerb der von B genutzten und B zuzuordnenden Maschine hat X ein weiteres Bankdarlehen (II) i. H. v. 900 aufgenommen.

**Lösung:**

Das Bankdarlehen (I) steht in keinem unmittelbaren Zusammenhang mit B zuzuordnenden Vermögenswerten und kann B daher grundsätzlich nicht nach § 14 Abs. 1 BsGaV zugeordnet werden (vorbehaltlich § 14 Abs. 3 BsGaV). Dagegen steht das Bankdarlehen (II) in unmittelbarem Zusammenhang mit der zuzuordnenden Maschine und ist B daher nach § 14 Abs. 1 BsGaV grundsätzlich wie die Maschine zu 100 % zuzuordnen. Die direkte Zuordnung des Bankdarlehens (II) führt allerdings zu einem Passivüberhang, der nach § 14 Abs. 2 BsGaV durch eine entsprechende Kürzung auszugleichen ist. Das Bankdarlehen (II) kann B daher nur im Umfang von 700, d. h. anteilig, zugeordnet werden. Der restliche Darlehensbetrag von 200 ist dem übrigen Unternehmen zuzuordnen. Es ergibt sich folgende endgültige Hilfs- und Nebenrechnung:

Hilfs- und Nebenrechnung

| | | | |
|---|---|---|---|
| Maschine | 1000 | Dotationskapital | 300 |
| Rohstoffe | 300 | Gewährleistungsrückstellung | 300 |
| | | Bankdarlehen (II) | 700 |
| | 1300 | | 1300 |

**Fallvariante (1) – Anteilige Kürzung der direkt zuordenbaren Passivposten:**
Gleicher Sachverhalt, aber zur Finanzierung der B zuzuordnenden Rohstoffe hat X ein weiteres Bankdarlehen (III) i. H. v. 100 aufgenommen.

**Lösung:**
Beide Bankdarlehen (II und III) stehen in unmittelbarem Zusammenhang mit den B zuzuordnenden Vermögenswerten und sind daher nach § 14 Abs. 1 BsGaV grundsätzlich ebenfalls B zuzuordnen. Die direkte Zuordnung der beiden Bankdarlehen führt zu einem Passivüberhang, der nach § 14 Abs. 2 BsGaV durch eine anteilige Kürzung auszugleichen ist. Beide Bankdarlehen sind B daher nur im Umfang von insgesamt 700 (Berücksichtigungsquote: 70 %) zuzuordnen. Die restlichen Darlehensbeträge sind dem übrigen Unternehmen zuzuordnen. Es ergibt sich folgende endgültige Hilfs- und Nebenrechnung:

endgültige Hilfs- und Nebenrechnung

| | | | |
|---|---|---|---|
| Maschine | 1000 | Dotationskapital | 300 |
| Rohstoffe | 300 | Gewährleistungsrückstellung | 300 |
| | | Bankdarlehen (II) 70 % v. 900 | 630 |
| | | Bankdarlehen (III) 70 % v. 100 | 70 |
| | 1300 | | 1300 |

**Fall (2) – Kürzung der direkt zuordenbaren Passivposten und Aufstockung um liquide Mittel:**
Gleicher Sachverhalt wie Grundfall, aber für B ergibt sich aufgrund zwingend anzusetzender Werte folgende vorläufige Hilfs- und Nebenrechnung:

vorläufige Hilfs- und Nebenrechnung

| | | | |
|---|---|---|---|
| Rohstoffe | 300 | Dotationskapital | 200 |
| Maschine | 100 | Gewährleistungsrückstellung | 300 |

Für den Erwerb der Rohstoffe ist ein Bankdarlehen i. H. v. 200 aufgenommen worden. Im Übrigen bestehen keine weiteren Darlehen.

**Lösung:**
Das Bankdarlehen steht zwar in unmittelbarem Zusammenhang mit den B zuzuordnenden Rohstoffen und ist B daher grundsätzlich nach § 14 Abs. 1 BsGaV zu 100 % zuzuordnen. Die direkte Zuordnung führt allerdings zu einem Passivüberhang, der nach § 14 Abs. 2 BsGaV durch eine entsprechende Kürzung (hier: zu 100 %) auszugleichen ist. Das Bankdarlehen ist daher nicht B, sondern dem übrigen Unternehmen zuzuordnen. Die darüber hinaus bestehende Differenz zwischen den zwingend in der Hilfs- und Nebenrechnung von B zu erfassenden Vermögenswerten und der Summe von Dotationskapital und den ebenfalls zwingend zu erfassenden Risiken ist durch Zuordnung von liquiden Mitteln (z. B. Kasse oder Bank) zu schließen. Es ergibt sich folgende endgültige Hilfs- und Nebenrechnung:

endgültige Hilfs- und Nebenrechnung

| | | | |
|---|---|---|---|
| Rohstoffe | 300 | Dotationskapital | 200 |
| Bank/Kasse | 100 | Gewährleistungsrückstellung | 300 |
| Maschine | 100 | | |
| | 500 | | 500 |

## 2.14.3. Indirekte Methode (§ 14 Abs. 3 BsGaV)

154 Verbleibt nach der direkten Zuordnung der übrigen Passivposten nach § 14 Abs. 1 BsGaV ein Fehlbetrag an Passivposten in der Hilfs- und Nebenrechnung, so ist dieser Fehlbetrag zum Ausgleich der Aktiv- und Passivseite der Hilfs- und Nebenrechnung mit übrigen Passivposten des Unternehmens aufzufüllen. Dazu sind vorrangig die Passivposten des übrigen Unternehmens zu

verwenden, die nicht direkt einem Vermögenswert des übrigen Unternehmens zugeordnet werden können, soweit dies ohne unverhältnismäßigen Aufwand feststellbar ist.

**Fall – Indirekte Methode:**

Unternehmen X (X) in Staat A hat in Staat B eine Produktionsbetriebsstätte B (B). B sind zutreffend Vermögenswerte nach §§ 5 ff. BsGaV, Risiken nach §§ 10 f. BsGaV und Dotationskapital nach §§ 12 bzw. 13 BsGaV zugeordnet worden. Es ergeben sich folgende Positionen, die in der Hilfs- und Nebenrechnung von B zwingend zu erfassen sind:

vorläufige Hilfs- und Nebenrechnung

| | | | |
|---|---|---|---|
| Maschine | 1000 | Dotationskapital | 300 |
| Rohstoffe | 300 | Gewährleistungsrückstellung | 300 |

Für den Erwerb der von B genutzten und B zuzuordnenden Maschine hat X ein Bankdarlehen (I) i. H. v. 500 aufgenommen. Für den Erwerb eines LKW, der zutreffend dem übrigen Unternehmen zugeordnet ist, hat X ein Bankdarlehen (II) i. H. v. 800 aufgenommen. Zur allgemeinen Unternehmensfinanzierung besteht für X ein Bankdarlehen (III) i. H. v. 3000. Weitere Verbindlichkeiten bestehen nicht.

**Lösung:**

Das Bankdarlehen (I) steht in unmittelbarem Zusammenhang mit der B zuzuordnenden Maschine und ist B daher nach § 14 Abs 1 BsGaV zuzuordnen. Weder das Bankdarlehen zur Finanzierung des LKW (II) noch das zur allgemeinen Unternehmensfinanzierung (III) stehen in unmittelbarem Zusammenhang mit B zuzuordnenden Vermögenswerten. Diese Bankdarlehen können B daher nicht direkt nach § 14 Abs. 1 BsGaV zugeordnet werden. Die Zuordnung nur der direkt zuordenbaren Passivposten führt zu einem Aktivüberhang. Dieser Überhang ist nach § 14 Abs. 3 BsGaV durch die weitere Zuordnung von übrigen Passivposten auszugleichen. Hierzu sind vorrangig die übrigen Passivposten heranzuziehen, die nicht in unmittelbarem Zusammenhang mit Vermögenswerten, Chancen und Risiken stehen, die dem übrigen Unternehmen zuzuordnen sind. B ist daher vorrangig ein Teil des Bankdarlehens (III) zuzuordnen, das der allgemeinen Unternehmensfinanzierung dient. Es ergibt sich folgende endgültige Hilfs- und Nebenrechnung:

endgültige Hilfs- und Nebenrechnung

| | | | |
|---|---|---|---|
| Maschine | 1000 | Dotationskapital | 300 |
| Rohstoffe | 300 | Gewährleistungsrückstellung | 300 |
| | | Bankdarlehen (I) | 500 |
| | | Bankdarlehen (III) | 200 |
| | 1300 | | 1300 |

**HINWEIS:**

Reicht das Bankdarlehen (III) zum Auffüllen der Passivseite nicht aus, so ist B nach § 14 Abs. 3 BsGaV auch der für den Ausgleich erforderliche Teil des Bankdarlehens (II) zuzuordnen.

## 2.15. Zuordnung von Finanzierungsaufwendungen (§ 15 BsGaV)

### 2.15.1. Direkte Zuordnung von Finanzierungsaufwendungen (§ 15 Abs. 1 BsGaV)

Finanzierungsaufwendungen die mit Passivposten zusammenhängen, die der Betriebsstätte nach § 14 Abs. 1 BsGaV direkt zuzuordnen sind, sind ebenfalls der Betriebsstätte zuzuordnen. 155

**Fallfortsetzung – Direkte Methode (siehe Rn. 152):**

Für das Bankdarlehen „Allgemeine Unternehmensfinanzierung“ (I) fallen jährlich Zinsen i. H. v. 50 an.

**Lösung:**

Da das Bankdarlehen (I) nach § 14 Abs. 1 BsGaV B zuzuordnen ist, sind B auch die Finanzierungsaufwendungen i. H. v. 50 zuzuordnen und in der Hilfs- und Nebenrechnung (§ 3 BsGaV) zu berücksichtigen.

**HINWEIS (zur Abgrenzung):**

Finanzierungsaufwendungen, die nach § 16 Abs. 3 Satz 2 und 3 BsGaV anfallen, sind der Betriebsstätte zuzuordnen, die die Finanzmittel nutzt (siehe Fall Rn. 174 zu § 16 Abs. 3 BsGaV).

## 2.15.2. Kürzung von Finanzierungsaufwendungen bei Überhang an übrigen Passivposten (§ 15 Abs. 2 BsGaV)

156 Sind die direkt zuordnungsfähigen übrigen Passivposten der Betriebsstätte nach § 14 Abs. 2 BsGaV nur anteilig zuzuordnen, so sind auch die mit diesen Passivposten in unmittelbarem Zusammenhang stehenden Finanzierungsaufwendungen nur anteilig anzusetzen, d. h., auch sie müssen entsprechend gekürzt werden.

**Fortsetzung Fall (1), siehe Rn. 153 – Kürzung der direkt zuordenbaren Passivposten:**

Für das Bankdarlehen (II) „Maschine" fallen jährlich Zinsen i. H. v. 90 an.

**Lösung:**

Da das Bankdarlehen (II) nach § 14 Abs. 2 BsGaV B nur im Umfang von 7/9 zugeordnet werden kann, können B auch nur Finanzierungsaufwendungen i. H. v. 7/9 von 90 = 70 zugeordnet und in der Hilfs- und Nebenrechnung (§ 3 BsGaV) berücksichtigt werden.

**Fortsetzung Fallvariante (1), siehe Rn. 153 – anteilige Kürzung der direkt zuordenbaren Passivposten:**

Für das Bankdarlehen (II) „Maschine" fallen jährlich Zinsen i. H. v. 90 an, für das Bankdarlehen (III) „Rohstoffe" jährlich 10.

**Lösung:**

Da beide Bankdarlehen B nach § 14 Abs. 2 BsGaV B nur im Umfang von 70 % zuzuordnen sind, können B auch nur Finanzierungsaufwendungen i. H. v. 70 % von 90 = 63 und 70 % von 10 = 7, d. h. insgesamt Finanzierungsaufwand von 70 zugeordnet und in der Hilfs- und Nebenrechnung (§ 3 BsGaV) berücksichtigt werden.

## 2.15.3. Indirekte Zuordnung von Finanzierungsaufwendungen (§ 15 Abs. 3 BsGaV)

### 2.15.3.1. Indirekte Zuordnung von Finanzierungsaufwendungen (§ 15 Abs. 3 Satz 1 und 2 BsGaV)

157 § 15 Abs. 3 Satz 1 BsGaV bestimmt, dass Finanzierungsaufwendungen des Unternehmens in den Fällen der indirekten Zuordnung der Passivposten nach § 14 Abs. 3 BsGaV der Betriebsstätte anteilig zuzuordnen sind. Eine anteilige Zuordnung der Finanzierungsaufwendungen ist auch vorzunehmen, wenn eine direkte Zuordnung einen unverhältnismäßigen Aufwand verursachen würde.

**Fallfortsetzung – Indirekte Methode (siehe Rn. 154):**

Für das Bankdarlehen (I) „Maschine" fallen jährlich insgesamt Zinsen i. H. v. 50 an, für das Bankdarlehen (III) zur allgemeinen Unternehmensfinanzierung jährlich insgesamt 300.

**Lösung:**

Da B das Bankdarlehen (I) nach § 14 Abs. 1 BsGaV zuzuordnen ist, sind B auch die Finanzierungsaufwendungen i. H. v. 50 zuzuordnen und in der Hilfs- und Nebenrechnung (§ 3 BsGaV) auszuweisen. Das Bankdarlehen (III) ist B nach § 14 Abs. 3 BsGaV nur zu 200/3000 zuzuordnen. Daher sind auch nur 200/3000 von 300 = 20 als Finanzierungsaufwand B zuzuordnen und in der Hilfs- und Nebenrechnung auszuweisen.

In den Fällen mehrerer nicht direkt zuordnungsfähiger übriger Passivposten sind zur Ermittlung der anteiligen Finanzierungsaufwendungen der Betriebsstätte nach § 15 Abs. 3 Satz 2 BsGaV die übrigen Passivposten, die der Betriebsstätte nach § 14 Abs. 3 BsGaV indirekt zuzuordnen sind, ins Verhältnis zu setzen zu den übrigen Passivposten des Unternehmens. Für diese Quote ist aus Vereinfachungsgründen auf die Beträge abzustellen, die sich zu Beginn des jeweiligen Wirtschaftsjahrs ergeben. **158**

**Fall – Quotale Zuordnung:**

Unternehmen X (X) in Staat A, dessen Wirtschaftsjahr mit dem Kalenderjahr übereinstimmt, hat in Staat B eine Produktionsbetriebsstätte B (B). Die in der Bilanz von X ausgewiesenen übrigen Passivposten setzen sich aus verschiedenen Bankdarlehen zusammen, die konkret keinen Vermögenswerten zugeordnet werden können. Für diese Bankdarlehen fällt ein jährlicher Zinsaufwand von insgesamt 350 an. Zum 1. 1. 01 beträgt die Höhe der Bankdarlehen von X 3000 und schwankt während des Jahrs. Zum 31. 12. 01 belaufen sich die Bankdarlehen auf 2800. B sind zum 1. 1. 01 nach § 14 Abs. 3 BsGaV 300 der übrigen Passivposten von X zuzuordnen.

**Lösung:**

Da B nach § 14 Abs. 3 BsGaV teilweise Bankdarlehen zuzuordnen sind, ist B nach § 15 Abs. 3 Satz 1 BsGaV auch der entsprechende Teil der Finanzierungsaufwendungen dieser Bankdarlehen zuzuordnen. Zur Aufteilung sind nach § 15 Abs. 3 Satz 2 BsGaV die B zuzuordnenden Bankdarlehen ins Verhältnis zu dem Stand der Gesamtdarlehen von X am 1. 1. 01 zu setzen. Das Verhältnis beträgt 300/3000 = 10 %. Diese Berechnung gilt aus Vereinfachungsgründen unabhängig von den Schwankungen der Darlehenshöhe für das ganze laufende Jahr 01. B sind deshalb – unabhängig von den Zinskonditionen der einzelnen Bankdarlehen – Finanzierungsaufwendungen i. H. v. 10 % = 35 zuzuordnen (durchschnittliche Zinsbelastung) und in der Hilfs- und Nebenrechnung (§ 3 BsGaV) zu berücksichtigen.

### 2.15.3.2. Abweichende Zuordnung von Finanzierungsaufwand (§ 15 Abs. 3 Satz 3 BsGaV)

Nach § 15 Abs. 3 Satz 3 BsGaV ist der Finanzierungsaufwand des Unternehmens abweichend von § 15 Abs. 3 Satz 1 und 2 BsGaV zuzuordnen, wenn diese Zuordnung im Einzelfall zu einem Ergebnis der Betriebsstätte führt, das dem Fremdvergleichsgrundsatz besser entspricht. **159**

In den Fällen einer unterjährigen Anpassung des Dotationskapitals nach § 12 Abs. 6 und § 13 Abs. 5 BsGaV ist § 15 Abs. 3 Satz 3 BsGaV ebenfalls anzuwenden. **160**

**Fall – Anpassung Dotationskapital:**

Unternehmen X in Staat A, dessen Wirtschaftsjahr mit dem Kalenderjahr übereinstimmt, hat in Staat B eine Produktionsbetriebsstätte B (B). Zum 1. 1. 01 sind B nach § 14 Abs. 3 BsGaV übrige Passivposten von X i. H. v. 500 zuzuordnen. Zum 1. 7. 01 erfolgt eine Anpassung des Dotationskapitals von B, welche zur Folge hat, dass B keine übrigen Passivposten von X mehr zugeordnet werden können. Die Finanzierungsaufwendungen für die übrigen Passivposten von X betragen 400, die Quote nach § 15 Abs. 3 Satz 2 BsGaV beträgt zum 1. 1. 01 10 %.

**Lösung:**

Nach § 15 Abs. 3 Satz 1 BsGaV sind B die Finanzierungsaufwendungen für die B nach § 14 Abs. 3 BsGaV zuzuordnenden übrigen Passivposten von X zuzuordnen. Hierzu ist aus Vereinfachungsgründen die nach § 15 Abs. 3 Satz 2 BsGaV ermittelte Quote heranzuziehen. Danach wären B Finanzierungsaufwendungen i. H. v. 10 % von 400 = 40 zuzuordnen. Da B nur für 6 Monate übrige Passivposten zugeordnet werden können, sind B nach § 15 Abs. 3 Satz 3

BsGaV entsprechend dem Fremdvergleichsgrundsatz auch nur die anteiligen Finanzierungsaufwendungen für 6 Monate (1/2 von 40 = 20) zuzuordnen.

### 2.15.4. Zuordnung von Finanzierungsaufwand für inländische Betriebsstätten nichtbilanzierender ausländischer Unternehmen (§ 15 Abs. 4 BsGaV)

161 Der inländischen Betriebsstätte eines nichtbilanzierenden ausländischen Unternehmens kann Finanzierungsaufwand des ausländischen Unternehmens nur zugeordnet werden, soweit er im unmittelbaren Zusammenhang mit der Geschäftstätigkeit der Betriebsstätte steht. Die Zuordnung ist nur anzuerkennen, soweit das Ergebnis der Betriebsstätte aus ihrer Geschäftstätigkeit dem Fremdvergleichsgrundsatz entspricht.

**Fall – Inländische Betriebsstätte eines nichtbilanzierenden Unternehmens:**

Unternehmen X (X) in Staat A hat im Inland eine Produktionsbetriebsstätte B (B). X ist weder nach den Vorschriften des Staats A noch nach deutschen Regelungen – für seine Betriebsstätte – zur Buchführung verpflichtet. Für die B zuzuordnenden Vermögenswerte hat X ein Bankdarlehen (I) i. H. v. 1000 aufgenommen. Hierfür fallen Zinsaufwendungen i. H. v. 50 an. Für allgemeine Geschäftszwecke hat X ein Bankdarlehen (II) i. H. v. 200 aufgenommen, für das Zinsaufwendungen von 10 anfallen.

**Lösung:**

Eine Zuordnung von übrigen Passivposten nach § 14 BsGaV erfolgt mangels Buchführungspflicht nicht. Als Finanzierungsaufwendungen sind nach § 15 Abs. 4 Satz 1 BsGaV B die Zinsaufwendungen zuzuordnen, die im unmittelbaren Zusammenhang mit der Geschäftstätigkeit von B stehen, d. h. nur die Zinsaufwendungen für die Darlehen zur Anschaffung der B zuzuordnenden Vermögenswerte i. H. v. 50. Nicht zuzuordnen sind die Zinsaufwendungen für das Bankdarlehen zur Finanzierung der allgemeinen Geschäftszwecke von X.

### 2.15.5. Zuordnung von Finanzierungsaufwand für ausländische Betriebsstätten nichtbilanzierender inländischer Unternehmen (§ 15 Abs. 5 BsGaV)

162 Der ausländischen Betriebsstätte eines nicht buchführungspflichtigen und auch tatsächlich keine Bücher führenden inländischen Unternehmens ist Finanzierungsaufwand des Unternehmens zuzuordnen, soweit er im unmittelbaren Zusammenhang mit der Geschäftstätigkeit der Betriebsstätte steht. Der Betriebsstätte ist mindestens der Anteil des Finanzierungsaufwands des Unternehmens zuzuordnen, der dem Anteil der Betriebsstätte an den Außenumsätzen des Unternehmens entspricht.

**Fall – Ausländische Betriebsstätte eines nichtbilanzierenden Unternehmens:**

Das inländische Unternehmen X (X) hat in Staat B eine Produktionsbetriebsstätte B (B). X ist weder nach deutschen Regelungen noch nach den Vorschriften des Staats B für B zur Führung von Büchern verpflichtet. Für die B zuzuordnenden Vermögenswerte hat X ein Bankdarlehen (I) i. H. v. 1000 aufgenommen. Hierfür fallen Zinsaufwendungen i. H. v. 50 an. Für allgemeine Geschäftszwecke hat X ein Bankdarlehen (II) i. H. v. 200 aufgenommen, für das Zinsaufwendungen von 10 anfallen. Der weltweite Umsatz von X beträgt 10 000, von dem 20 % (2000) auf B entfallen. Die gesamten Finanzierungsaufwendungen von X betragen 1000.

**Lösung:**

Eine Zuordnung von übrigen Passivposten nach § 14 BsGaV erfolgt mangels Buchführungspflicht nicht. Als Finanzierungsaufwendungen sind B nach § 15 Abs. 5 Satz 1 BsGaV nur die Zinsaufwendungen zuzuordnen, die im unmittelbaren Zusammenhang mit der Geschäftstätigkeit von B stehen, d. h. nur die Zinsaufwendungen für das Bankdarlehen (I) zur Anschaffung der B zuzuordnenden Vermögenswerte i. H. v. 50. Nicht zuzuordnen sind die Zinsaufwendungen für das Bankdarlehen (II) zur Finanzierung der allgemeinen Geschäftszwecke von X.

Nach § 15 Abs. 5 Satz 2 BsGaV sind B aber mindestens 20% der Finanzierungsaufwendungen von X zuzuordnen, d. h. mindestens 20% von 1000 = 200.

Nach § 15 Abs. 5 Satz 3 BsGaV ist der Finanzierungsaufwand des Unternehmens abweichend von § 15 Abs. 5 Satz 1 und 2 BsGaV zuzuordnen, wenn die abweichende Zuordnung im Einzelfall zu einem Ergebnis der Betriebsstätte führt, das dem Fremdvergleichsgrundsatz besser entspricht. 163

## 2.16. Anzunehmende schuldrechtliche Beziehung (§ 16 BsGaV)

### 2.16.1. Grundsatz (§ 16 Abs. 1 BsGaV)

Schuldrechtliche Beziehungen zwischen einer Betriebsstätte und dem übrigen Unternehmen sind rechtlich nicht möglich. Stattdessen werden schuldrechtliche Beziehungen fingiert, die entsprechend der Funktions- und Risikoanalyse vorliegen würden, wenn die Betriebsstätte und das übrige Unternehmen rechtlich selbständige Unternehmen wären (§ 1 Abs. 4 Satz 1 Nr. 2 AStG). Grundsätzlich können schuldrechtliche Beziehungen jeder Art fingiert werden (siehe Rn. 5). Es ist die schuldrechtliche Beziehung anzunehmen, die den jeweils ausgeübten Personalfunktionen und übernommenen Risiken am besten entspricht. 164

Eine anzunehmende schuldrechtliche Beziehung setzt ein tatsächliches und identifizierbares Ereignis voraus (wirtschaftlicher Vorgang), das im Regelfall die jeweils ausgeübten Personalfunktionen betrifft. Es muss eine Schwelle überschritten werden, die es rechtfertigt, für dieses Ereignis anzunehmen, dass rechtlich selbständige, unabhängige Unternehmen in einer vergleichbaren Situation eine schuldrechtliche Vereinbarung abgeschlossen oder eine bestehende Rechtsposition geltend gemacht hätten (§ 1 Abs. 4 Satz 2 AStG, siehe auch OECD-Betriebsstättenbericht, Teil I Tz. 35 und Tz. 176). 165

Eine anzunehmende schuldrechtliche Beziehung i. S. d. § 1 Abs. 4 Satz 1 Nr. 2 AStG liegt insbesondere vor, 166

- wenn sich Personalfunktionen im Hinblick auf Vermögenswerte verändern (fiktiver Verkauf oder fiktive Nutzungsüberlassung), dazu gehören auch die wirtschaftlichen Vorgänge bei Beginn und Beendigung einer Betriebsstätte (siehe § 3 Abs. 4 BsGaV),
- wenn eine unterstützende Personalfunktion für eine andere Betriebsstätte erbracht wird (fiktive Dienstleistung), z. B. wenn eine Personalfunktion im Hinblick auf Risiken (z. B. Überwachung, Management) von einer Betriebsstätte ausgeübt wird, die nicht die maßgebliche Personalfunktion für die betreffenden Zuordnungsgegenstände ist (§§ 5 bis 11 BsGaV),
- wenn voneinander unabhängige Dritte Rechtspositionen geltend machen würden.

Die Gründe für das Vorliegen anzunehmender schuldrechtlicher Beziehungen und für die Art der anzunehmenden schuldrechtlichen Beziehungen sind aufzuzeichnen (siehe § 3 BsGaV, Rn. 63). Die Aufzeichnungen des Unternehmens bilden im Regelfall den Ausgangspunkt für die Charakterisierung einer anzunehmenden schuldrechtlichen Beziehung i. S. d. § 1 Abs. 4 Satz 1 Nr. 2 AStG i. V. m. § 16 BsGaV (siehe auch OECD-Betriebsstättenbericht, Teil I Tz. 177 und Tz. 181). Für die Betriebsstättengewinnermittlung kommt der unternehmerischen Dispositionsfreiheit allerdings nur eine eingeschränkte Bedeutung zu, da die Zuordnungsgegenstände auf Grundlage der ausgeübten 167

Personalfunktionen nach objektiven Kriterien zuzuordnen sind, wie z. B. materielle Wirtschaftsgüter nach der Nutzung. Deshalb haben die Aufzeichnungen nicht die gleiche Bedeutung wie rechtsgültige Verträge in Fällen des § 1 Abs. 1 AStG.

168 Im Rahmen der Regelungen zur Zuordnung von Zuordnungsgegenständen sind bereits eine Reihe von Fallgestaltungen angesprochen worden (siehe Rn. 76 ff.), die auch für die Anwendung des § 16 BsGaV von Bedeutung sind. Zur Vermeidung von Wiederholungen wird in folgender Übersicht auf verschiedene Beispielsfälle hingewiesen:

| Vorgang | Beispielsfall |
|---|---|
| Entstrickung (allgemein) | Rn. 20 |
| Fiktive Veräußerung bei Zuordnungsänderung | |
| – eines materiellen Wirtschaftsguts | Rn. 62 (Fall 1) – Überführung |
| | Rn. 68 – Beendigung |
| | Rn. 76 (Fall 3) – Herstellung |
| | Rn. 77 – Nutzungswechsel |
| | Rn. 81 – Lieferung |
| – eines immateriellen Vermögenswerts | Rn. 62 (Fall 2) und Rn. 94 – Schaffung, danach keine Personalfunktionen mehr |
| | Rn. 95 (Abwandlung 2) – ausschließliche Nutzung durch andere Betriebsstätte |
| Nutzungsüberlassung | |
| – eines materiellen Wirtschaftsguts | Rn. 78 – vorübergehende Nutzung |
| | Rn. 79 – häufiger Nutzungswechsel |
| – eines immateriellen Vermögenswerts | Rn. 29 – Mitnutzung |
| | Rn. 94 – Abgrenzungsfall |
| Erbringung von Dienstleistungen | |
| – Forschungsleistung | Rn. 90 (Fall 1) |
| – Auftragsforschung | Rn. 90 (Fall 2), Hinweis auf Rn. 94 |
| – Beteiligungsverwaltung | Rn. 106 |
| – Lohnfertigung | Rn. 80 |
| – Einkaufsleistung | Rn. 366 – aber Beistellung |
| – Schulungsleistung | Rn. 391, Rn. 410 |
| – Treasury-Leistung | Rn. 180 |
| – kurzfristiges Darlehen | Rn. 176, Rn. 191 (Fallvariante) |
| – langfristiges bankinternes Darlehen | Rn. 230 |

### 2.16.1.1. Zuordnungsänderung (§ 16 Abs. 1 Nr. 1 BsGaV)

Eine Änderung der Zuordnung, die nach § 16 Abs. 1 Nr. 1 BsGaV zu einem Übergang des fiktiven Eigentums an einem Zuordnungsgegenstand führt, tritt ein, wenn ein wirtschaftlicher Vorgang i. S. d. § 1 Abs. 4 AStG stattfindet, der zur Folge hat, dass ein Zuordnungsgegenstand, der bisher aufgrund der ausgeübten maßgeblichen Personalfunktion einer Betriebsstätte nach §§ 5 ff. BsGaV zuzuordnen war, ab einem bestimmten Zeitpunkt dem übrigen Unternehmen zuzuordnen ist oder umgekehrt (Zuordnungsänderung). 169

Erfolgt ein Wechsel der Zuordnung eines Vermögenswerts von einer Betriebsstätte zu einer anderen Betriebsstätte in einem anderen Staat, gilt der Vermögenswert zunächst als von der fiktiv veräußernden Betriebsstätte an das übrige Unternehmen und in derselben logischen Sekunde von diesem an die fiktiv erwerbende Betriebsstätte übertragen. Eine unmittelbare Gewinnabgrenzung zwischen den beiden Betriebsstätten kommt grundsätzlich nicht in Betracht. Entsprechendes gilt für fiktive Dienstleistungen und fiktive Nutzungsüberlassungen. 170

**Fall – Dauerhafte Nutzungsänderung zwischen Betriebsstätten:**

Unternehmen X in Staat A hat in Staat B eine Betriebsstätte B (B) und in Staat C eine Betriebsstätte C (C). B erwirbt für ihre betrieblichen Zwecke einen PKW. Nach einem Jahr wird der PKW nicht mehr für B benötigt. Er wird auf Dauer für die betrieblichen Zwecke von C verwendet.

**Lösung:**

B ist der PKW wegen des Erwerbs und der anschließenden Nutzung zuzuordnen (§ 5 Abs. 1 Satz 1 BsGaV). Nach der dauerhaften Nutzungsänderung auf C ist der PKW nach § 5 Abs. 1 Satz 2 BsGaV C zuzuordnen. Der Nutzungsübergang führt zunächst zu einer fiktiven Veräußerung von B an das übrige Unternehmen (§ 16 Abs. 1 Nr. 1 BsGaV), für die nach § 16 Abs. 2 BsGaV ein dem Fremdvergleichsgrundsatz entsprechender Betrag zu verrechnen ist. Unmittelbar danach wird der PKW vom übrigen Unternehmen zum selben Betrag fiktiv an C veräußert und ist in der Hilfs- und Nebenrechnung von C zu erfassen.

**HINWEIS:**

Aus Vereinfachungsgründen ist nicht zu beanstanden, derartige wirtschaftliche Vorgänge als anzunehmende schuldrechtliche Beziehungen unmittelbar zwischen den beteiligten Betriebsstätten, d. h. ohne Beteiligung des betreffenden Unternehmens, zu behandeln, wenn sich dadurch keine Auswirkungen für die deutsche Besteuerung ergeben (Auswirkungen können sich z. B. ergeben, wenn gleichzeitig Freistellungs- bzw. Anrechnungsbetriebsstätten beteiligt sind). Auch diese Vereinfachungsregelung ändert nichts an der rechtlichen Struktur, die von den DBA vorgegeben und in Verständigungsverfahren grundsätzlich zu beachten ist (siehe Lösung).

### 2.16.1.2. Vergütung für fiktive Dienstleistungen, Nutzungsüberlassungen usw. (§ 16 Abs. 1 Nr. 2 BsGaV)

Hätten voneinander unabhängige Dritte für eine Tätigkeit, die durch die Personalfunktion einer Betriebsstätte ausgeübt wird (fiktive Dienstleistung), oder für die Überlassung eines Vermögenswerts, der einer Betriebsstätte zugeordnet ist (fiktive Nutzungsüberlassung), eine schuldrechtliche Vereinbarung getroffen, so ist eine derartige Vereinbarung auch zwischen dem übrigen Unternehmen und der Betriebsstätte zu fingieren. Gleiches gilt auch für fiktive Dienstleistungen oder für fiktive Nutzungsüberlassungen des übrigen Unternehmens gegenüber einer Betriebsstätte. Hätte ein unabhängiger Dritter eine Rechtsposition, z. B. einen Schadensersatzanspruch oder einen Gewährleistungsanspruch, geltend gemacht (fiktive Geltendmachung von Rechtspositio- 171 nen), so ist eine derartige Geltendmachung auch zwischen dem übrigen Unternehmen und der Betriebsstätte anzunehmen.

**Fall (1) – Fiktive Dienstleistung:**

Das Unternehmen X (X) in Staat A hat in Staat B eine Betriebsstätte B (B). B übt unterstützende Personalfunktionen für Vermögenswerte aus, die dem übrigen Unternehmen (hier: der Geschäftsleitungsbetriebsstätte in Staat A) zuzuordnen sind.

**Lösung:**

Voneinander unabhängige Dritte hätten für die Unterstützung einen Dienstvertrag vereinbart. Ein gleichartiger Vertrag ist zwischen B und dem übrigen Unternehmen zu fingieren (§ 16 Abs. 1 Nr. 2 Buchst. a BsGaV). Nach § 16 Abs. 2 BsGaV ist dafür ein Betrag zu verrechnen, der dem Fremdvergleichsgrundsatz entspricht.

**Fall (2) – Fiktive Nutzungsüberlassung:**

Das Unternehmen X (X) in Staat A hat in Staat B eine Betriebsstätte B (B). Ein materielles Wirtschaftsgut, das nach § 5 Abs. 2 BsGaV B zugeordnet ist, wird vorübergehend durch das übrige Unternehmen (hier: durch die Geschäftsleitungsbetriebsstätte in Staat A) genutzt.

**Lösung:**

Voneinander unabhängige Dritte hätten für die Überlassung einen Mietvertrag abgeschlossen. Deshalb ist ein Mietvertrag zwischen B und dem übrigen Unternehmen zu fingieren (§ 16 Abs. 1 Nr. 2 Buchst. a BsGaV). Nach § 16 Abs. 2 BsGaV ist dafür ein Betrag zu verrechnen, der dem Fremdvergleichsgrundsatz entspricht.

**Fall (3) – Gewährleistungsanspruch:**

Das Unternehmen X (X) in Staat A hat in Staat B eine Produktionsbetriebsstätte B (B). B beliefert sowohl das übrige Unternehmen als auch unabhängige Dritte. Wegen Produktionsfehlern, die durch eigenes Personal von B verursacht werden, ist die gesamte Produktion mangelhaft. Ein unabhängiger Dritter macht gegenüber X einen berechtigten Gewährleistungsanspruch geltend. Durch die Belieferung des übrigen Unternehmens durch B ist auch ein entsprechender Schaden bei X entstanden.

**Lösung:**

Da der Gewährleistungsfall durch Fehler von B verursacht wurde, sind die entstehenden Kosten (Schadensersatz gegenüber dem unabhängigen Dritten) B zuzuordnen (§ 10 Abs. 1 BsGaV). Die entsprechende Schadensersatzforderung des übrigen Unternehmens gegenüber B ist zu fingieren (§ 16 Abs. 1 Nr. 1 Buchst. b BsGaV). Die Höhe des Schadensersatzanspruchs richtet sich nach Zivilrecht.

**Fall (4) – Schadensersatz:**

Unternehmen X (X) in Staat A hat in Staat B eine Betriebsstätte B (B). Das übrige Unternehmen (hier die Geschäftsleitungsbetriebsstätte in Staat A) überlässt B ein materielles Wirtschaftsgut, das dem übrigen Unternehmen zugeordnet bleibt, zur vorübergehenden Nutzung. Die Nutzung durch B führt aufgrund einer Fehlbedienung durch eigenes Personal von B zu einer erheblichen Beschädigung des Wirtschaftsguts.

**Lösung:**

Ein unabhängiger Dritter würde als Eigentümer des Wirtschaftsguts gegenüber dem Verursacher des Schadens seine Rechtsposition geltend machen und Schadensersatz verlangen. Gleiches ist für das übrige Unternehmen zu fingieren (§ 16 Abs. 1 Nr. 1 Buchst. b BsGaV).

## 2.16.2. Verrechnungspreise für anzunehmende schuldrechtliche Beziehungen (§ 16 Abs. 2 BsGaV)

172 Für anzunehmende schuldrechtliche Beziehungen sind Verrechnungspreise anzusetzen, die entsprechend den OECD-Leitlinien und § 1 AStG sowie den dazu ergangenen Rechtsverordnungen und BMF-Schreiben dem Fremdvergleichsgrundsatz entsprechen. Es sind alle Verrechnungspreismethoden, die

auch zwischen nahe stehenden Personen (bzw. verbundenen Unternehmen) anwendbar sind, in Betracht zu ziehen (zu Kostenumlagen siehe Rn. 5).

Der Ansatz von Verrechnungspreisen für anzunehmende schuldrechtliche Beziehungen führt zu fiktiven Betriebseinnahmen und fiktiven Betriebsausgaben, die in der Hilfs- und Nebenrechnung zu erfassen sind (§ 3 Abs. 2 Satz 3 BsGaV). 173

## 2.16.3. Nutzung von finanziellen Mitteln (§ 16 Abs. 3 BsGaV)

Die Nutzung von finanziellen Mitteln des übrigen Unternehmens durch eine Betriebsstätte begründet im Regelfall keine anzunehmende schuldrechtliche Beziehung (fiktives Darlehen). Die Zuordnung der entsprechenden Passivposten erfolgt nach den §§ 12 ff. BsGaV, insbesondere nach § 14 BsGaV. Die Spezialregelung des § 19 Abs. 6 BsGaV gilt nur für Bankbetriebsstätten. 174

**Fall – Finanzielle Mittel für eine Anschaffung:**

Eine Kapitalgesellschaft Y (Y) mit Sitz und Geschäftsleitung im Staat Y hat im Inland eine Produktionsbetriebsstätte D (D). Y ist zu 100 % mit Eigenkapital ausgestattet. D weist ein Dotationskapital aus, das nach der Kapitalaufteilungsmethode angemessen ist. Für die eigene Geschäftstätigkeit erwirbt D von E (fremder Dritter) eine Maschine. Für die Zahlung des Kaufpreises stehen D keine ausreichenden liquiden Mittel zur Verfügung. Deshalb überweist Y den erforderlichen Betrag auf das von D für ihre Geschäfte genutzte Bankkonto. Anschließend überweist D den Kaufpreis an E. Der interne Vorgang wird über ein Verrechnungskonto von D gebucht.

**Lösung:**

Der Zahlungsvorgang begründet nach § 16 Abs. 3 Satz 1 BsGaV keine anzunehmende schuldrechtliche Beziehung zwischen Y und D (kein fiktives Darlehen). Eine Verrechnung fiktiver Zinsen kommt nicht in Betracht. Ggf. ist das Dotationskapital von D nach dem Erwerb der Maschine nach § 12 Abs. 6 BsGaV anzupassen.

**HINWEIS:**

Gleiches gilt, wenn D Finanzmittel an Y überlässt. § 16 Abs. 3 Satz 1 BsGaV ist insoweit analog anzuwenden.

Eine anzunehmende schuldrechtliche Finanzierungsbeziehung ist nach § 16 Abs. 3 Satz 2 und 3 BsGaV nur anzunehmen, wenn 175
– die Betriebsstätte eine Finanzierungsfunktion innerhalb des Unternehmens ausübt (siehe Sonderregelung des § 17 BsGaV), die im Regelfall als fiktive Dienstleistung anzusehen ist, oder
– aufgrund der Geschäftstätigkeit der Betriebsstätte im laufenden Wirtschaftsjahr finanzielle Mittel der Betriebsstätte entstehen, die nachweislich für bestimmte Zwecke im übrigen Unternehmen genutzt werden. In diesen Fällen ist nach § 16 Abs. 3 Satz 3 BsGaV von einer fiktiven kurzfristigen Darlehensbeziehung auszugehen.

Eine solche fiktive kurzfristige Darlehensbeziehung endet spätestens 176
– mit dem Ende des laufenden Wirtschaftsjahrs oder
– zu dem Zeitpunkt, zu dem das Dotationskapital der Betriebsstätte nach § 12 Abs. 6 oder § 13 Abs. 5 BsGaV anzupassen ist. Auf die Sonderregelung des § 19 Abs. 6 BsGaV für Bankbetriebsstätten wird hingewiesen.

**Fall – Liquiditätsüberschuss:**

Unternehmen X (X) in Staat A hat in Staat B eine Vertriebsbetriebsstätte B (B). Durch die Veräußerung von Anlagevermögen, das B zuzuordnen ist, erwirtschaftet B Anfang des Wirtschaftsjahrs einen hohen Liquiditätsüberschuss. Diesen Liquiditätsüberschuss stellt B dem übrigen Unternehmen (hier der Geschäftsleitungsbetriebsstätte im Staat A) zur Verfügung, die damit neue Maschinen für die eigene Geschäftstätigkeit kauft.

**Lösung:**

§ 16 Abs. 3 Satz 1 BsGaV untersagt grundsätzlich anzunehmende schuldrechtliche Beziehungen zwischen einer Betriebsstätte und dem übrigen Unternehmen für die Nutzung liquider Mittel, die im Unternehmen vorhanden sind. Wird nachgewiesen, dass die finanziellen Mittel in B entstanden sind und von X für die Anschaffung neuer Maschinen für das übrige Unternehmen genutzt wurden, und wird glaubhaft gemacht, dass voneinander unabhängige Dritte für die Überlassung des Liquiditätsüberschusses einen Darlehensvertrag vereinbart hätten, so ist nach § 16 Abs. 1 Nr. 2 Buchst. a und § 16 Abs. 3 Satz 2 Nr. 2 BsGaV ein gleichartiger Vertrag zwischen B und dem übrigen Unternehmen anzunehmen. Nach § 16 Abs. 2 BsGaV ist dafür ein Betrag, der dem Fremdvergleichsgrundsatz entspricht, zu verrechnen. Das fiktive Darlehensverhältnis endet mit der Neubestimmung des Dotationskapitals, spätestens mit dem Ende des Wirtschaftsjahrs (§ 16 Abs. 3 Satz 3 BsGaV). Daher ist der dem Fremdvergleichsgrundsatz entsprechende Zinssatz aus kurzfristigen Darlehensverhältnissen zwischen Parteien gleicher Bonität abzuleiten.

**177** In Betriebsstättensachverhalten ist – anders als bei selbständigen verbundenen Unternehmen – zivilrechtlich keine Trennung von Kapital und Risiko denkbar, die z. B. ein externer Darlehensgeber berücksichtigen würde (siehe auch OECD-Betriebsstättenbericht, Teil I Tz. 33 und Tz. 99 ff.). Daher können Bürgschaften, Garantien und ähnliche Rechtsverhältnisse zwischen Betriebsstätte und übrigem Unternehmen nicht fingiert werden. Dies betrifft sowohl den Fall der Risikoübernahme des übrigen Unternehmens für Ansprüche der Betriebsstätte gegenüber externen Anspruchsberechtigten (interne Garantie) als auch den Fall der Risikoübernahme des übrigen Unternehmens für Ansprüche Externer gegen die Betriebsstätte (externe Garantie). Eine steuerliche Anerkennung derartiger Garantien widerspräche § 10 Abs. 1 BsGaV, denn die Trennung von Vermögenswerten i. S. d. §§ 5 ff. BsGaV und den damit verbundenen Risiken würde ermöglicht.

### 2.17. Finanzierungsfunktion innerhalb eines Unternehmens (§ 17 BsGaV)

#### 2.17.1. Definition der Finanzierungsfunktion innerhalb eines Unternehmens (§ 17 Abs. 1 BsGaV)

**178** § 17 Abs. 1 Satz 1 BsGaV definiert für Zwecke der BsGaV die Begriffe „Finanzierungsbetriebsstätte" und „Finanzierungsfunktion innerhalb eines Unternehmens". § 17 BsGaV ist eine Spezialregelung, die anderen Regelungen des Abschnitts 1 der BsGaV vorgeht.

**179** § 17 Abs. 1 Satz 2 BsGaV regelt, was unter dem Begriff „Liquiditätssteuerung" zu verstehen ist. Liquiditätsüberhänge, die u. a. Gegenstand der Liquiditätssteuerung sind und von der Finanzierungsbetriebsstätte für andere Betriebsstätten verwaltet werden, sind die Mittel, die für die laufende Geschäftstätigkeit der anderen Betriebsstätte aktuell nicht benötigt werden und deshalb anderweitig verwendet werden können.

#### 2.17.2. Finanzierungsfunktion als Dienstleistung (§ 17 Abs. 2 BsGaV)

**180** Die Ausübung einer Finanzierungsfunktion innerhalb eines Unternehmens ist im Regelfall als Dienstleistung (anzunehmende schuldrechtliche Beziehung) der Finanzierungsbetriebsstätte für das übrige Unternehmen anzusehen und nicht als Zurverfügungstellung eigener finanzieller Mittel der Finanzierungsbetriebsstätte, die zur Annahme einer fiktiven Darlehensvereinbarung zwischen der Finanzierungsbetriebsstätte und einer anderen Betriebsstätte desselben Unternehmens führen würde. Auf die Öffnungsklausel des § 17 Abs. 7 BsGaV wird hingewiesen.

**Fall – Grundfall Finanzierung:**

Unternehmen X in Staat A hat in angemieteten Räumen in Staat B eine Finanzierungsbetriebsstätte B (B). Eigenes Personal von B organisiert die Kreditaufnahme für den Erwerb von Vermögenswerten im übrigen Unternehmen.

**Lösung:**

B übt die übliche Geschäftstätigkeit einer Finanzierungsbetriebsstätte aus (§ 17 Abs. 1 Satz 1 BsGaV). Es sind keine Anhaltspunkte erkennbar, die für eine Anwendung der Ausnahmeregelung des § 17 Abs. 7 BsGaV sprechen. Die weitergereichten Darlehen sind B nicht als Vermögenswerte (Forderungen) nach §§ 7 oder 8 BsGaV zuzuordnen. Die aufgenommenen Kredite sind B nicht als übrige Passivposten nach § 14 BsGaV zuzuordnen. Für die Dienstleistung steht B eine Vergütung gem. § 17 Abs. 2 BsGaV zu. Die beschafften Vermögenswerte sind B nicht zuzuordnen.

Für die Ausübung der Finanzierungsfunktion, die im Regelfall risikoarm ist, ist nach § 16 Abs. 2 Satz 1 BsGaV ein Verrechnungspreis anzusetzen, der dem Fremdvergleichsgrundsatz entspricht. **181**

Zur Ermittlung des Verrechnungspreises ist eine kostenorientierte Verrechnungspreismethode anzuwenden. Hierzu gehören insbesondere die Kostenaufschlagsmethode (OECD-Leitlinien, Tz. 2.39 ff.) und die geschäftsvorfallbezogene Nettomargenmethode, wenn ihre Anwendung sich an den Kosten orientiert (OECD-Leitlinien, Tz. 2.92 ff.). Für die Anwendung der Methoden sind Finanzierungsaufwendungen und Finanzierungserträge des Unternehmens, die durch die Tätigkeiten der Finanzierungsbetriebsstätte verursacht werden, nicht als Bestandteil der Kostenbasis der Finanzierungsbetriebsstätte anzusehen (siehe auch OECD-Betriebsstättenbericht, Teil I Tz. 159). Sie sind den Betriebsstätten zuzuordnen, die die Finanzierungsfunktion nutzen, weil ihnen auch die Vermögenswerte, die der Finanzierungsfunktion innerhalb des Unternehmens dienen, zugeordnet werden. **182**

Für die Anwendung der Methoden sind jeweils nur die erforderlichen Kosten der Finanzierungsbetriebsstätte zu berücksichtigen. **183**

**Fall – Grundfall (Kostenbasis):**

Unternehmen X (X) in Staat A hat in Staat B eine Finanzierungsbetriebsstätte B (B). B beschäftigt fünf Arbeitnehmer zur Liquiditätssteuerung. Die Lohnkosten betragen 8000.

**Lösung:**

B ist eine Finanzierungsbetriebsstätte i. S. d. § 17 Abs. 1 Satz 1 BsGaV. Für die Anwendbarkeit der Ausnahmeregelung des § 17 Abs. 7 BsGaV liegen keine Anhaltspunkte vor. B stellt dem übrigen Unternehmen keine finanziellen Mittel zur Verfügung, sondern übt eine Dienstleistung für das übrige Unternehmen aus. Diese Dienstleistung ist nach § 17 Abs. 2 Satz 2 BsGaV entsprechend dem Fremdvergleichsgrundsatz zu vergüten. In Betracht kommt im Regelfall die Kostenaufschlagsmethode. Für die Anwendung dieser Methode sind als Kostenbasis vor allem die Personalkosten heranzuziehen, die unmittelbar durch die eigenen Personalfunktionen von B verursacht werden (z. B. Lohnkosten). Allgemeine Verwaltungs- oder Geschäftskosten, die aufgrund von Personalfunktionen des übrigen Unternehmens entstehen, gehören nicht zur Kostenbasis.

### 2.17.3. Indirekte Kostenverrechnung (§ 17 Abs. 3 BsGaV)

184 Zur Bestimmung der Verrechnungspreise für die Dienstleistung der Finanzierungsbetriebsstätte sind die Kosten der Finanzierungsbetriebsstätte zuzüglich eines angemessenen Aufschlags grundsätzlich direkt auf die nutzenden Betriebsstätten zu verteilen.

185 Ist es nicht möglich oder wäre es unverhältnismäßig aufwendig, die Kosten der Finanzierungsbetriebsstätte, die von der jeweiligen Betriebsstätte verursacht werden, direkt zuzuordnen, kommt auch eine verursachungsgerechte indirekte Aufteilung in Betracht. Der Aufteilungsschlüssel ist nach anderen Kriterien festzulegen als nach den Kriterien, die für die Verteilung des Finanzierungsaufwands und der Finanzierungserträge anzuwenden sind. Je nach den Verhältnissen im Einzelfall ist ein Aufteilungsschlüssel sachgerecht, der auf die Inanspruchnahme der Finanzierungsbetriebsstätte durch die nutzenden Betriebsstätten abstellt.

**Fall – Direkte/indirekte Kostenverrechnung:**

Unternehmen X (X) in Staat A hat in Staat B eine Finanzierungsbetriebsstätte B (B). B nimmt ein Bankdarlehen (I) für Zwecke der Geschäftsleitungsbetriebsstätte in Staat A auf sowie ein weiteres Bankdarlehen (II), das bei Bedarf von den drei Produktionsbetriebsstätten von X in den Ländern C, D und E abgerufen wird.

**Lösung:**

Die B durch die Aufnahme und Verwaltung von Bankdarlehen (I) entstehenden Kosten sind dem übrigen Unternehmen (Geschäftsleitungsbetriebsstätte) mit einem entsprechenden Gewinnaufschlag als fiktive Dienstleistung zu belasten. Die Kosten für die Aufnahme und Verwaltung von Bankdarlehen (II) sind – mit einem angemessenen Gewinnaufschlag – nach einem verursachungsgerechten Verteilungsschlüssel anteilig C, D und E zu belasten. Hierfür kommt z. B. die Häufigkeit der Inanspruchnahme von B in Frage.

### 2.17.4. Zuordnung von Vermögenswerten aus Liquiditätsüberhängen und Erträgen aus diesen Vermögenswerten (§ 17 Abs. 4 BsGaV)

186 Vermögenswerte, die der externen Anlage von Liquiditätsüberhängen dienen oder die aufgrund der externen Anlage von Liquiditätsüberhängen entstehen, sowie die Erträge aus diesen Vermögenswerten sind nicht der Finanzierungsbetriebsstätte, sondern den anderen Betriebsstätten verursachungsgerecht zuzuordnen. Die Finanzierungsfunktion innerhalb eines Unternehmens führt daher weder zu fiktiven Darlehensverhältnissen innerhalb des Unternehmens noch zu einer veränderten Zuordnung von Vermögenswerten.

187 Ist eine direkte Zuordnung der Vermögenswerte und Erträge, die aufgrund der Finanzierungsfunktion entstehen, nicht möglich oder würde eine direkte Zuordnung zu einem unverhältnismäßigen Aufwand führen, so sind diese Vermögenswerte und deren Erträge den anderen Betriebsstätten anteilig zuzuordnen. Die Aufteilung der zuzuordnenden Vermögenswerte bestimmt sich nach der Herkunft der Liquiditätsüberhänge, da die jeweiligen Betriebsstätten, von denen die Liquiditätsüberhänge stammen, im entsprechenden Umfang die Mittel für diese Vermögenswerte bereitgestellt haben.

**Fall – Investition von Liquiditätsüberschüssen:**

Die Geschäftsleitungsbetriebsstätte des inländischen Unternehmens X (X) investiert die Liquiditätsüberhänge sämtlicher zu X gehörender Betriebsstätten (u. a. auch der ausländischen Betriebsstätte A (A) im Staat A) in festverzinsliche Finanzanlagen. Die Zinserträge erhöhen jeweils das Investitionsvermögen. A hat 15 % der Mittel für diese Vermögenswerte erwirtschaftet.

**Lösung:**

Das übrige Unternehmen erbringt für A eine fiktive Finanzierungsdienstleistung (§ 17 Abs. 1 und 2 BsGaV), für die gem. § 17 Abs. 2 BsGaV ein dem Fremdvergleichsgrundsatz entsprechender Betrag zu berücksichtigen ist. Die Vermögenswerte und Erträge, die aufgrund der Finanzierungsfunktion des übrigen Unternehmens aus den Finanzanlagen entstehen, sind A unmittelbar anteilig im Rahmen des Anteils von 15 % zuzuordnen (§ 17 Abs. 4 BsGaV).

### 2.17.5. Zuordnung von Passivposten (§ 17 Abs. 5 BsGaV)

Passivposten, die aufgrund der Finanzierungsfunktion entstehen, sind soweit möglich direkt und verursachungsgerecht den Betriebsstätten zuzuordnen, die die Finanzierungsfunktion nutzen (siehe Fall Rn. 180). Die Zuordnung der entstehenden Finanzierungsaufwendungen bestimmt sich nach § 15 BsGaV (im Regelfall nach § 15 Abs. 3 BsGaV, d. h. indirekte Zuordnung, siehe Rn. 157). 188

### 2.17.6. Entstehende Salden auf Verrechnungskonten (§ 17 Abs. 6 BsGaV)

Die Ausübung der Finanzierungsfunktion innerhalb eines Unternehmens führt im Regelfall zu einem Saldo auf dem entstehenden Verrechnungskonto, das allein für Zwecke der internen Abrechnung besteht. Positive Salden auf derartigen Verrechnungskonten sind keine zuordnungsfähigen Vermögenswerte i. S. d. §§ 7, 8 BsGaV. Die auf diesen Konten ausgewiesenen Salden sind daher für steuerliche Zwecke nicht zu verzinsen. 189

**Fall – Zinssaldo auf einem Verrechnungskonto:**

Unternehmen X in Staat A hat eine Finanzierungsbetriebsstätte F im Staat F. F führt ein Verrechnungskonto für ihre Geschäftstätigkeit für die Produktionsbetriebsstätten von X, die in verschiedenen Ländern tätig sind. Auf diesem Verrechnungskonto werden sowohl die Guthaben (1000) der Betriebsstätte B (B) als auch die Ausleihungen (800) der Betriebsstätte C (C) gebucht. Hieraus entsteht bei F ein positiver Saldo, da die Guthaben von B die Ausleihungen von C übersteigen.

**Lösung:**

Der resultierende positive Saldo auf dem von F geführten Verrechnungskonto stellt keinen Vermögenswert dar, der F zuzuordnen wäre. Dieser Saldo führt nicht zu Zinserträgen (bzw. zu Zinsaufwand) von F, denn die entsprechenden Zinsen betreffen unmittelbar B und C.

### 2.17.7. Abweichende Zuordnung von Vermögenswerten und Passivposten (§ 17 Abs. 7 BsGaV)

§ 17 Abs. 7 BsGaV enthält eine Öffnungsklausel gegenüber der widerlegbaren Annahme des § 17 Abs. 2 BsGaV, dass die Finanzierungsfunktion einer Betriebsstätte gegenüber dem übrigen Unternehmen eine fiktive Dienstleistung darstellt und ihr die betreffenden Vermögenswerte und Passivposten nicht zuzuordnen sind. Eine von § 17 Abs. 2 bis 6 BsGaV abweichende Zuordnung von Vermögenswerten und Passivposten ist vorzunehmen, wenn im Einzelfall 190

- die Zuordnung zur Finanzierungsbetriebsstätte aus funktionalen Gründen, insbesondere wegen der wirtschaftlichen Substanz der Personalfunktionen, die im Hinblick auf entstehende Vermögenswerte und Passivposten sowie auf die damit zusammenhängenden Chancen und Risiken ausgeübt werden, sachgerecht ist und

– die entsprechend anzuwendende Verrechnungspreismethode zu einem Ergebnis führt, das dem Fremdvergleichsgrundsatz besser entspricht.

191 Ein Indiz dafür, dass diese Voraussetzungen erfüllt sind, kann darin liegen, dass anhand von Unterlagen glaubhaft gemacht wird (siehe Rn. 63), dass voneinander unabhängige Dritte in vergleichbarer Situation die betreffenden Vermögenswerte und Passivposten übertragen hätten (siehe auch OECD-Betriebsstättenbericht, Teil I Tz. 36). Aber auch in einem solchen Fall ist zu berücksichtigen, dass eine Betriebsstätte im Regelfall dasselbe Kreditrating hat wie das Unternehmen, zu dem sie gehört (siehe auch OECD-Betriebsstättenbericht, Teil I Tz. 33 und Tz. 99 ff.).

**Fall – Zur Abgrenzung:**

Die Geschäftsleitungsbetriebsstätte des inländischen Unternehmens X (X) verwaltet die Liquiditätsüberhänge sämtlicher zu X gehörender ausländischer Vertriebs- und Produktionsbetriebsstätten in verschiedenen Staaten. Die inländische Geschäftsleitungsbetriebsstätte übernimmt die unternehmensinterne Finanzierungsfunktion, d. h. sie gleicht die Liquidität innerhalb des Unternehmens aus: Liquiditätsüberschüsse, die in den ausländischen Betriebsstätten entstehen, werden gesammelt und stehen anderen ausländischen Betriebsstätten mit Liquiditätsbedarf zur Verfügung. In geringem Umfang werden kurzfristig entstehende Überschüsse auch extern angelegt, kurzfristiger Finanzierungsbedarf der ausländischen Betriebsstätten wird mit vorhandener Liquidität von X gedeckt.

**Lösung:**

Es liegt kein Fall des § 17 Abs. 7 BsGaV vor, denn die Finanzierungsfunktion, die die Geschäftsleitungsbetriebsstätte übernimmt, ist mit keinen externen Risiken von X verbunden (ausschließlich oder fast ausschließlich interne Finanzierungsverhältnisse). Die von der Geschäftsleitungsbetriebsstätte ausgeübten Personalfunktionen führen nicht dazu, ihr die entstehenden Liquiditätsüberschüsse zuzuordnen. Diese bleiben den ausländischen Betriebsstätten zugeordnet. Die Geschäftsleitungsbetriebsstätte erhält für die Finanzierungssteuerung ein dem Fremdvergleichsgrundsatz entsprechendes fiktives Dienstleistungsentgelt (§ 16 Abs. 1 Nr. 2 Buchst. a und § 16 Abs. 2 BsGaV).

**Fallvariante – Finanzierungsrisiko:**

Die ausländischen Vertriebs- und Produktionsbetriebsstätten von X stellen der Geschäftsleitungsbetriebsstätte ihre Liquiditätsüberschüsse zur Verfügung, die diese in Handelsportfolien investiert, in denen die unterschiedlichsten Finanzprodukte, z. B. Zinsinstrumente (Anleihen und auf Zinsen gerichtete Derivate) und Aktieninstrumente (Aktien und auf Aktien gerichtete Derivate) miteinander verknüpft werden. Die ausländischen Vertriebs- und Produktionsbetriebsstätten entscheiden, der Geschäftsleitungsbetriebsstätte die Liquiditätsüberschüsse zur Verfügung zu stellen, die Geschäftsleitungsbetriebsstätte steuert das Risikomanagement dieser Portfolien und entscheidet selbständig, in welche Produkte im Rahmen der Risikosteuerung investiert wird. Das Handelsergebnis wird in das Portfolio, das der Geschäftsleitungsbetriebsstätte zugeordnet wird, reinvestiert.

**Lösung:**

Die Handelsportfolien (und damit die liquiden Mittel) sind der Geschäftsleitungsbetriebsstätte zuzuordnen, wenn nachgewiesen wird,

- dass sie die maßgeblichen Personalfunktionen im Hinblick auf die entstehenden Vermögenswerte und die mit dem Handel verbundenen Chancen und Risiken ohne Beteiligung der anderen Betriebsstätten trifft (§ 17 Abs. 7 BsGaV) und
- dass die Entscheidung, ihr die Liquiditätsüberschüsse zu überlassen, jeweils in den ausländischen Betriebsstätten getroffen wird.

Gelingt der Nachweis, so gelten die liquiden Mittel fiktiv als der Geschäftsleitungsbetriebsstätte von den ausländischen Betriebsstätten durch ein kurzfristiges Darlehen zur Verfügung gestellt (§ 16 Abs. 1 Nr. 2 Buchst. a BsGaV). In diesem Fall sind zwischen der Geschäftsleitungsbetriebsstätte und den ausländischen Betriebsstätten fiktive Zinsen zu berücksichtigen (§ 16 Abs. 3 Satz 2 Nr. 2 BsGaV). Zu Beginn des Folgejahrs entfallen die kurzfristigen fiktiven Darlehen (§ 16 Abs. 3 Satz 3 BsGaV), denn die Ausstattung der ausländischen Betriebsstätten mit Dotationskapital erfolgt nach § 13 BsGaV, wodurch die fiktiven internen Darlehensverhältnisse entfallen.

## 2.18. Allgemeines zu Bankbetriebsstätten (§ 18 BsGaV)

Abschnitt 2 der BsGaV (§§ 18 bis 22 BsGaV) ist speziell auf Bankbetriebsstätten anzuwenden (siehe auch OECD-Betriebsstättenbericht, Teil II Tz. 1). Der Begriff „Bankbetriebsstätte" ist unter Bezugnahme auf § 1 Abs. 1 KWG in § 18 BsGaV definiert. Im KWG sind auch Finanzdienstleistungsinstitute genannt. Auf Finanzdienstleistungsinstitute, die keine Bankgeschäfte tätigen, sind die Regelungen des Abschnitts 2 der BsGaV nicht anzuwenden. 192

Zu den Bankgeschäften i. S. d. § 18 Nr. 2 BsGaV gehören auch Geschäfte einer Bankbetriebsstätte, die mit Bankgeschäften in wirtschaftlichem Zusammenhang stehen, auch wenn diese Geschäfte – isoliert betrachtet – keine Bankgeschäfte i. S. d. § 1 Abs. 1 KWG sind (Bankgeschäfte), z. B.: 193
– Finanzdienstleistungen i. S. d. § 1 Abs. 1 a KWG, die von einem Kreditinstitut i. S. d. § 1 Abs. 1 KWG erbracht werden, und
– die Anlage von Vermögen in Wertpapieren, Beteiligungen und anderen Vermögenswerten durch ein Kreditinstitut, wenn eine bankübliche Kapitalanlage unter Beachtung des Grundsatzes der Risikostreuung vorliegt.

**Fall – Bankgeschäfte:**

Die inländische Bankbetriebsstätte B (B) des ausländischen Kreditinstituts Y nimmt Kundengelder als Einlagen herein (Einlagengeschäft nach § 1 Abs. 1 Satz 2 Nr. 1 KWG). Soweit diese Gelder nicht für das Kreditgeschäft von B benötigt werden, werden sie durch Mitarbeiter von B in banküblicher Weise in Wertpapieren angelegt.

**Lösung:**

Zu den Bankgeschäften von B gehören neben dem Einlage- und dem Kreditgeschäft auch die von B getätigten Wertpapiergeschäfte.

Werden von einer Bankbetriebsstätte auch andere Geschäftstätigkeiten ausgeübt oder sind für Bankbetriebsstätten in den §§ 18 bis 22 BsGaV keine besonderen Regelungen getroffen worden, so gelten die allgemeinen Regelungen der §§ 1 bis 11 und §§ 14 bis 17 BsGaV. Insbesondere ist auf die Rn. 177 (unternehmensinterne Risikoübernahme) hinzuweisen, die auch für Bankbetriebsstätten anzuwenden ist. Hinzuweisen ist insbesondere auf die Rn. 63 (Aufzeichnungspflichten), die u. a. auch den Zweck verfolgen, internationale Besteuerungskonflikte (Doppelbesteuerung bzw. Nichtbesteuerung) zu erkennen und nach Möglichkeit zu vermeiden. Das Dotationskapital einer Bankbetriebsstätte ist auch in den Fällen einer gemischten Tätigkeit nach §§ 20 und 21 BsGaV zu bestimmen. 194

Hat ein Kreditinstitut eine Betriebsstätte in einem anderen Staat, die keine Bankgeschäfte betreibt und deshalb keine Bankbetriebsstätte i. S. d. § 18 BsGaV ist, so gelten für diese Betriebsstätte insgesamt nur die Vorschriften der §§ 1 bis 17 BsGaV. 195

**Fall – Betriebsstätte eines Kreditinstituts, die keine Bankbetriebsstätte ist:**

Ein inländisches Kreditinstitut X hat in Staat A eine Betriebsstätte A (A), in der IT-Leistungen für das übrige Unternehmen erbracht werden. In Staat B besteht eine Bankbetriebsstätte B (B), die das Kreditgeschäft (§ 1 Abs. 1 Nr. 2 KWG) betreibt.

**Lösung:**

Für A gelten die allgemeinen Vorschriften (§§ 1 bis 17 BsGaV), für B gilt ergänzend und überlagernd Abschnitt 2 der BsGaV.

196 Hat ein ausländisches Kreditinstitut eine inländische Betriebsstätte, die keine Bankbetriebsstätte ist (siehe Rn. 195), und ist für diese Betriebsstätte nach § 12 Abs. 1 BsGaV die Kapitalaufteilungsmethode anzuwenden, so kann für die Ermittlung des Dotationskapitals dieser Betriebsstätte aus Vereinfachungsgründen das nach Rn. 233 ff. ermittelte Eigenkapital des Kreditinstituts zugrunde gelegt werden.

### 2.19. Besondere Zuordnungsregelungen für Bankbetriebsstätten (§ 19 BsGaV)

#### 2.19.1. Zuordnung von Vermögenswerten, die Gegenstand von Bankgeschäften sind (§ 19 Abs. 1 BsGaV)

197 Die Terminologie für Bankbetriebsstätten weicht von der allgemeinen Terminologie in § 2 Abs. 4 BsGaV ab („maßgebliche Personalfunktionen" – OECD: „Significant People Functions"). Die Personalfunktionen, die für die Zuordnung von Vermögenswerten, die durch den Abschluss von Bankgeschäften entstehen, entscheidend sind, werden im Zusammenhang mit Bankbetriebsstätten als „unternehmerische Risikoübernahmefunktionen" bezeichnet (OECD: „Key Entrepreneurial Risk Taking Function" – „KERT Function").

198 Ein Vermögenswert des Bankgeschäfts (finanzieller Vermögenswert) kann einer Bankbetriebsstätte nur zugeordnet werden, wenn in dieser Betriebsstätte die unternehmerische Risikoübernahmefunktion im Hinblick auf den Vermögenswert ausgeübt wird, durch die die mit dem betreffenden Vermögenswert verbundenen Chancen und Risiken für das Kreditinstitut entstehen (siehe auch OECD-Betriebsstättenbericht, Teil I Tz. 16 und Teil II Tz. 8 und Tz. 18 ff.).

199 Anders als für Chancen und Risiken anderer Vermögenswerte (siehe § 10 Abs. 1 und 2 BsGaV) erfordert nach Auffassung der OECD die Zuordnung eines finanziellen Vermögenswerts die Zuordnung sämtlicher mit diesem Vermögenswert zusammenhängender Chancen und Risiken, d. h. sowohl der Chancen und Risiken des finanziellen Vermögenswerts selbst als auch der Chancen und Risiken der unternehmerischen Verwendung des Vermögenswerts.

200 Für die Zuordnung eines finanziellen Vermögenswerts kommt es darauf an, in welcher Bankbetriebsstätte die unternehmerische Risikofunktion hinsichtlich des betreffenden Vermögenswerts bis zu dessen Entstehen ausgeübt wird. Diese Zuordnung ist anschließend auch beizubehalten, weshalb Personalfunktionen, die nach dem Entstehen des finanziellen Vermögenswerts ausgeübt werden, grundsätzlich keinen Einfluss auf eine einmal zutreffend erfolgte Zuordnung haben (zu möglichen Ausnahmen zu dieser Grundregel siehe § 19 Abs. 4 BsGaV).

201 Für die Zuordnung eines finanziellen Vermögenswerts ist zu unterscheiden zwischen

– dem Kreditgeschäft (siehe auch OECD-Betriebsstättenbericht, Teil II Tz. 6 bis Tz. 11) und

– dem Handelsgeschäft (siehe auch OECD-Betriebsstättenbericht, Teil III Tz. 39 bis Tz. 85); der Begriff „Handelsgeschäft" umfasst den Eigenhandel nach § 1 Abs. 1a Satz 2 Nr. 4 KWG und das Eigengeschäft nach § 1 Abs. 1a Satz 3 KWG.

Das BaFin-Rundschreiben 10/2012 vom 14. Dezember 2012 (Mindestanforderungen an das Risikomanagement – MaRisk – BA 54-FR 2210-2012/0002 –, AT 2.3, Tz. 3) definiert, dass Geschäfte, mit denen ein Kreditinstitut im eigenen Namen und für eigene Rechnung finanzielle Vermögenswerte erwirbt oder veräußert, Handelsgeschäfte i. S. d. Bankenaufsichtsrechts sind. Wird eine Bank lediglich für Kunden tätig, so liegt kein Handelsgeschäft in diesem Sinne vor. Auf Geschäfte, die keine Handelsgeschäfte sind, ist § 9 BsGaV (siehe Rn. 112 ff.) anzuwenden, es sei denn, es liegt globaler Handel mit Finanzinstrumenten (Global Trading) vor, der nach § 22 Abs. 3 BsGaV gesondert geregelt ist.

Im Kreditgeschäft sind die Personalfunktionen, die der Schaffung eines neuen finanziellen Vermögenswerts (Kredit) dienen, zu unterscheiden von den Personalfunktionen, die der Verwaltung eines existierenden finanziellen Vermögenswerts (z. B. Kredit) dienen (siehe auch Rn. 80). 202

Folgende Personalfunktionen sind im Regelfall im Kreditgeschäft für die Schaffung eines neuen finanziellen Vermögenswerts von Bedeutung (siehe auch OECD-Betriebsstättenbericht, Teil II Tz. 6): 203

– Sales/Marketing: dazu gehören vor allem die Akquisition von Neukunden, die Betreuung von bestehenden Kundenbeziehungen, die Erörterung des Finanzierungsbedarfs des Kunden und der Finanzierungsprodukte der Bank;
– Sales/Trading: dazu gehören vor allem das Aushandeln der Vertragsbedingungen, die Bewertung der Risiken (Kreditausfall-, Währungs-, Markt- und andere Risiken), die Entscheidung über die Kreditvergabe und über deren Bedingungen (z. B. Preisbestimmung);
– Treasury: dazu gehören vor allem die Beschaffung von Refinanzierungsmitteln und die Liquiditätssteuerung;
– Sales/Support: dazu gehören vor allem die Überprüfung von Vertragsentwürfen und der vom Kunden angebotenen Sicherheiten, der formelle Abschluss des Vertrags, die Auszahlung des Kredits und seine Verbuchung.

Folgende Personalfunktionen sind im Regelfall im Kreditgeschäft für die Verwaltung eines existierenden finanziellen Vermögenswerts von Bedeutung (siehe auch OECD-Betriebsstättenbericht, Teil II Tz. 7): 204

– Loan Support: dazu gehören vor allem die Kreditverwaltung und die Überwachung von Zins- und Tilgungszahlungen;
– Monitoring Risk: dazu gehören vor allem die Bonitätsüberwachung und die Kontrolle der Risiko- und Zinspositionen;
– Managing Risk: dazu gehören vor allem die Entscheidung über die Absicherung bestehender Risiken (z. B. Hedging), über den Verkauf und über die Verbriefung von Krediten bzw. von Kreditausfallrisiken;
– Treasury: dazu gehört vor allem die Liquiditätssteuerung für das Kreditinstitut;
– Sales/Trading: dazu gehören vor allem die Entscheidungen über die Prolongation von Krediten und die Durchführung von Verbriefungsprozessen.

Werden Risiken aus dem Kreditgeschäft erstmalig übernommen (Schaffung eines finanziellen Vermögenswerts), so ist Sales/Trading im Regelfall die unternehmerische Risikoübernahmefunktion (siehe auch OECD-Betriebsstättenbericht, Teil II Tz. 9). Denn in Ausübung dieser Funktion fällt die aktive Entscheidung, das Risiko für das Kreditinstitut zu übernehmen und anschließend zu tragen. Zeitlich nachgelagerte Funktionen wie z. B. die Verwaltung von Risiken des Kreditinstituts (siehe Rn. 199 und allgemein zu Verwaltung Rn. 80) können im Zeitpunkt der Schaffung keine unternehmerischen Risikoübernahmefunktionen sein. Allerdings kann die Verwaltung von Risiken unter den Voraussetzungen des § 19 Abs. 4 BsGaV ab einem bestimmten Zeitpunkt ausnahmsweise die unternehmerische Risikoübernahmefunktion für einen existierenden finanziellen Vermögenswert sein (siehe Rn. 224 ff., OECD-Betriebsstättenbericht, Teil II Tz. 9). 205

206 Folgende Personalfunktionen sind im Regelfall für die Übernahme und das Management von Risiken aus Handelsgeschäften mit finanziellen Vermögenswerten von Bedeutung (siehe auch OECD-Betriebsstättenbericht, Teil III Tz. 39 bis Tz. 85):

– Sales/Marketing: dazu gehören vor allem die Akquisition von Neukunden, die Betreuung von bestehenden Kundenbeziehungen, die Erörterung des Bedarfs an Finanzmarktprodukten und entsprechende Angebote des Kreditinstituts und die Preisbestimmung in Abstimmung mit dem verantwortlichen Händler;
– Trading & Day-to-day Risk Management: dazu gehören vor allem die Bewertung von Markt-, Währungs- und anderen Risiken und die Entscheidung über den Abschluss von Handelstransaktionen und über deren Bedingungen;
– Treasury: dazu gehören vor allem die effiziente Beschaffung von Refinanzierungsmitteln und die Liquiditätssteuerung für das Kreditinstitut;
– Support, back office, middle office: dazu gehören vor allem die Überprüfung, Verbuchung und Abwicklung von Handelsgeschäften.

207 Im Handelsgeschäft ist im Regelfall Trading & Day-to-day Risk Management die unternehmerische Risikoübernahmefunktion, da durch die Käufe und Verkäufe die aktive Entscheidung fällt, das Risiko zu tragen.

208 Die Festsetzung von Entscheidungsparametern durch das höhere Management, z. B. die Festlegung von Limits, und die Überprüfung dieser Entscheidungsparameter durch bankinterne Gremien sind keine unternehmerische Risikoübernahmefunktionen hinsichtlich konkreter finanzieller Vermögenswerte. Denn die Festsetzung von Entscheidungsparametern führt nicht zu einer aktiven Entscheidung über die Risikoübernahme im Einzelfall, sondern hat strategische Bedeutung (siehe Rn. 40 sowie OECD-Betriebsstättenbericht, Teil II Tz. 10, Teil III Tz. 76). Wird allerdings durch ein Gremium im Einzelfall eine individuelle Entscheidung getroffen (z. B. über eine konkrete Kreditvergabe und deren Bedingungen oder über einen konkreten finanziellen Vermögenswert), kann diese Entscheidung im Verhältnis zu Personalfunktionen, die in anderen Bankbetriebsstätten ausgeübt werden, die unternehmerische Risikoübernahmefunktion sein. Die Zuordnungsentscheidung zu einem solchen Gremium kann nur anerkannt werden, wenn diese Entscheidung eindeutig aus der Hilfs- und Nebenrechnung des betreffenden Wirtschaftsjahrs

hervorgeht und die Gründe für diese Zuordnung unter Berücksichtigung aller Personalfunktionen, die für diese Zuordnungsentscheidung von Bedeutung sein können, in den erforderlichen ergänzenden Aufzeichnungen enthalten sind (siehe Rn. 63). Die Zuordnung muss darüber hinaus unter vergleichbaren Umständen für gleichartige finanzielle Vermögenswerte nachweislich konsistent und nach gleichen Grundsätzen erfolgen.

Setzen Kreditinstitute zur Risikoeinschätzung im Massenkundengeschäft zentral entwickelte, standardisierte, mathematisch-statistische Verfahren ein (Credit-Scoring), um z. B. die Zahlungsfähigkeit und -willigkeit von Kreditantragstellern zu prognostizieren, so dient dies der einheitlichen Anwendung von Bewertungsstandards und gleichzeitig der Effizienzsteigerung in Routineverfahren. Solche Risikoeinstufungen und Kreditzusagen, die automatisiert erfolgen (z. B. Scorecard-Verfahren), können keine Personalfunktionen sein. Weder die Entscheidung, ein solches System anzuwenden, noch dessen Entwicklung bzw. dessen spätere Anpassung ist eine unternehmerische Risikoübernahmefunktion, weil diese Personalfunktionen mit keinem konkreten finanziellen Vermögenswert im Zusammenhang stehen. 209

Für standardisierte Kreditangebote mit automatisierter Kreditzusage ist die individuelle Entscheidung über die Kreditvergabe als unternehmerische Risikoübernahmefunktion ersetzt durch die aktive Entscheidung (§ 19 Abs. 1 BsGaV), einen Kredit faktisch verbindlich durch die jeweilige Bankbetriebsstätte anzubieten (Sales/Trading), wenn der Kunde die Bedingungen erfüllt. Das Angebot ist in diesen Fällen die einzig feststellbare Personalfunktion, die zur Übernahme der Chancen und Risiken des Kredits führt. 210

Sofern in einem automatisierten Prüfungssystem eine individuelle Kreditentscheidung durch Personal einer Bankbetriebsstätte notwendig wird, ist diese die unternehmerische Risikoübernahmefunktion. 211

Die Nutzung eines automatisierten Prüfungssystems, das von einer anderen Bankbetriebsstätte entwickelt wurde, ist eine anzunehmende schuldrechtliche Beziehung, die entsprechend dem Fremdvergleichsgrundsatz von der Bankbetriebsstätte zu vergüten ist, der der finanzielle Vermögenswert zuzuordnen ist. 212

### 2.19.2. Konkurrenz von unternehmerischen Risikoübernahmefunktionen in zwei oder mehr Bankbetriebsstätten (§ 19 Abs. 2 BsGaV)

Wird z. B. infolge einer Funktionsaufteilung (siehe auch OECD-Betriebsstättenbericht, Teil II Tz. 159 und Rn. 42) eine Personalfunktion, die die unternehmerische Risikoübernahmefunktion hinsichtlich eines finanziellen Vermögenswerts ist, in zwei oder mehr Bankbetriebsstätten ausgeübt, so ist für die Zuordnung des betreffenden Vermögenswerts zu entscheiden, welchem Teil dieser Personalfunktion für den finanziellen Vermögenswert die größte Bedeutung zukommt. Dabei ist vorrangig auf qualitative Kriterien abzustellen (siehe Rn. 42). Die Gründe für die Zuordnung sind aufzuzeichnen (siehe Rn. 63). 213

Für den anderen Teil der Personalfunktion ist entsprechend dem Fremdvergleichsgrundsatz eine angemessene Vergütung zu berücksichtigen (§ 16 Abs. 1 Nr. 2 Buchst. a BsGaV). Dies gilt sowohl für Kreditgeschäfte als auch für Handelsgeschäfte. 214

215 Im Kreditgeschäft ist Sales/Trading die unternehmerische Risikoübernahmefunktion (siehe Rn. 202). Werden verschiedene Teile des Sales/Trading in verschiedenen Bankbetriebsstätten ausgeübt, ist im Regelfall die Personalfunktion, durch die die Vertragsbedingungen mit den Kunden inhaltlich (unabhängig vom formalen Vertragsschluss) festgelegt werden, die unternehmerische Risikoübernahmefunktion. Werden die Vertragsbedingungen mit dem Kunden durch die Personalfunktion einer Bankbetriebsstätte ausgehandelt und ist es erforderlich, dass eine Zustimmung durch Personalfunktionen einer anderen Bankbetriebsstätte erfolgt, kann eine solche Zustimmung die unternehmerische Risikoübernahmefunktion sein, wenn eine erneute eigene Kreditprüfung, eine Weisung für die weitere Verhandlung und inhaltlich die abschließende Kreditentscheidung durch die andere Betriebsstätte erfolgt. Für die Zuordnung ist auf die konkreten Umstände des einzelnen Kreditinstituts und auf den jeweiligen Vertragsabschluss abzustellen. Die Zuordnungsentscheidung muss eindeutig in der Hilfs- und Nebenrechnung des betreffenden Wirtschaftsjahrs ausgewiesen werden, die Gründe für diese Zuordnung müssen sich unter Berücksichtigung aller Personalfunktionen, die dafür von Bedeutung sein können, aus den erforderlichen ergänzenden Aufzeichnungen (siehe Rn. 63) ergeben. Die Zuordnung finanzieller Vermögenswerte muss außerdem unter vergleichbaren Umständen für gleichartige finanzielle Wirtschaftsgüter konsistent und nach gleichen Grundsätzen erfolgen.

216 Im Handelsgeschäft ist Trading & Day-to-day Risk Management die unternehmerische Risikoübernahmefunktion (siehe Rn. 205). Werden Personalfunktionen des Trading & Day-to-day Risk Management in verschiedenen Bankbetriebsstätten ausgeübt, ist im Regelfall die Personalfunktion, durch die die Entscheidung über den Abschluss einer Handelstransaktion und deren Bedingungen getroffen werden, die Personalfunktion mit der größten Bedeutung und damit die unternehmerische Risikoübernahmefunktion. Für den globalen Handel mit Finanzinstrumenten (Global Trading) ist die Sonderregelung in § 22 BsGaV zu beachten.

### 2.19.3. Zuordnung aufgrund der Kundenbeziehung (§ 19 Abs. 3 BsGaV)

217 Die Zuordnung eines finanziellen Vermögenswerts aufgrund einer Kundenbeziehung nach § 19 Abs. 3 BsGaV ist nur durchzuführen, wenn keine eindeutige Entscheidung nach § 19 Abs. 2 BsGaV getroffen werden kann. Hauptanwendungsfälle, in denen eine qualitative Entscheidung (siehe Rn. 43) nicht möglich ist, sind komplexe Entscheidungsvorgänge im Kreditgeschäft (siehe Rn. 202). Der Begriff der Kundenbeziehung ist geschäftsvorfallbezogen unterschiedlich auszulegen:

– Im Kreditgeschäft besteht nach Abschluss des Kreditvertrags die Kundenbeziehung fort.
– Im Handelsgeschäft bietet die Kundenbeziehung im Regelfall keinen Anhaltspunkt für eine von § 19 Abs. 2 BsGaV abweichende Zuordnung, da die Kundenbeziehung im Handelsgeschäft nicht dauerhaft ist, sondern mit dessen Abschluss endet.

218 Eine Kundenbeziehung gehört zu einer Bankbetriebsstätte, wenn die Personalfunktion im Zusammenhang mit der Betreuung des Kunden, der Pflege der

Kundenbeziehung, der Akquisition von Neukunden usw. in dieser Bankbetriebsstätte ausgeübt wird.

**Fall – Kundenbeziehung als Zuordnungskriterium bei Funktionsaufteilung:**
Ein inländisches Kreditinstitut X hat im Staat A die Bankbetriebsstätte A (A) und im Staat B die Bankbetriebsstätte B (B). Beschäftigte von A und Beschäftigte von B entwickeln und verhandeln gemeinsam die Vertragsbedingungen mit einem Kreditkunden K und arbeiten gemeinsam die Kreditvorlage mit Entscheidungsvorschlag aus. In der Geschäftsleitungsbetriebsstätte von X im Inland erfolgt die Zustimmung zum Kreditvertrag nach einer Schlüssigkeitsprüfung. K wurde von A akquiriert, A übernimmt die laufende Kundenbetreuung.

**Lösung:**
Der Kreditvertrag ist wegen der Kundenbeziehung A zuzuordnen. A und B sind zwar gleichwertig an der unternehmerischen Risikoübernahmefunktion beteiligt, so dass keine Entscheidung nach qualitativen Kriterien möglich ist (siehe Rn. 42 – Funktionsaufteilung). Nur in diesen Fällen entscheidet nach § 19 Abs. 3 BsGaV über die Zuordnung des Vermögenswerts, zu welcher Bankbetriebsstätte die betreffende Kundenbeziehung gehört. Der formalen Zustimmung durch die Geschäftsleitungsbetriebsstätte ist keine entscheidende Bedeutung für die Zuordnung beizumessen (siehe Rn. 40).

In den Fällen des § 19 Abs. 3 BsGaV darf von der Zuordnung des finanziellen Vermögenswerts nach der Kundenbeziehung nur abgewichen werden (§ 19 Abs. 3 Satz 2 BsGaV), wenn dies angesichts der ausgeübten Personalfunktionen sowie der Chancen und Risiken zu einem Ergebnis der Bankbetriebsstätte führt, das im Einzelfall aus der Sicht der beiden gedachten ordentlichen und gewissenhaften Geschäftsleiter dem Fremdvergleichsgrundsatz besser entspricht (Öffnungsklausel). 219

Für die Anwendung des § 19 Abs. 3 Satz 2 BsGaV sind gleichartige finanzielle Wirtschaftsgüter konsistent und nach gleichen Grundsätzen zuzuordnen. 220

## 2.19.4. Änderung einer einmal erfolgten, zutreffenden Zuordnung (§ 19 Abs. 4 BsGaV)

Die Änderung einer ursprünglich sachgerechten Zuordnung eines finanziellen Vermögenswerts nach § 19 Abs. 4 BsGaV ist nur in Ausnahmefällen möglich. Kommt es in den Ausnahmefällen des § 19 Abs. 4 BsGaV zu einer Zuordnungsänderung eines finanziellen Vermögenswerts, ist diese nach § 16 Abs. 2 BsGaV entsprechend dem Fremdvergleichsgrundsatz zu vergüten. 221

§ 19 Abs. 4 Nr. 1 BsGaV ermöglicht dem Unternehmen eine Änderung der einmal zutreffend vorgenommenen Zuordnung eines finanziellen Vermögenswerts zu der Bankbetriebsstätte, zu der die bestehende Kundenbeziehung gehört. Weitere Voraussetzung ist, dass in der Bankbetriebsstätte, der dieser Vermögenswert zugeordnet war, ab einem bestimmten Zeitpunkt keine Personalfunktionen im Hinblick auf den Vermögenswert mehr ausgeübt werden. Nur zu diesem Zeitpunkt kann die geänderte Zuordnung hinsichtlich einer fiktiven Veräußerung dieses finanziellen Vermögenswerts angenommen werden (§ 16 Abs. 1 Nr. 1 BsGaV). 222

**Fall – Zuordnungsänderung zur Betriebsstätte der Kundenbeziehung:**
Ein inländisches Kreditinstitut X hat im Staat A die Bankbetriebsstätte A (A) und im Staat B die Bankbetriebsstätte B (B). Personal von B entwickelt und verhandelt die Vertragsbedingungen mit einem Kreditkunden K und arbeitet die Kreditvorlage mit Entscheidungsvorschlag aus. A stimmt dem Kreditvertrag nach einer Schlüssigkeitsprüfung zu. A hat den Kunden akquiriert, dort findet auch die laufende Kundenbetreuung statt. Nach der Zustimmung zum

Kreditvertrag übt B keinerlei Personalfunktionen mehr aus. Das Risikomanagement wird danach ausschließlich von A ausgeübt.

**Lösung:**

Die erstmalige Zuordnung erfolgte nach § 19 Abs. 2 BsGaV aus qualitativen Gründen zu B. Sobald B keine Personalfunktionen in Zusammenhang mit dem finanziellen Vermögenswert mehr ausübt, ist von X zu entscheiden, ob eine geänderte Zuordnung nach § 19 Abs. 4 Nr. 1 BsGaV vorgenommen wird. Nur zu diesem Zeitpunkt ist nach § 16 Abs. 1 Nr. 1 BsGaV eine Zuordnungsänderung möglich, da die Beendigung der Aktivitäten von B das einzige Sachverhaltselement ist, das als wirtschaftlicher Vorgang eine fiktive Veräußerung i. S. d. § 16 Abs. 1 Nr. 1 BsGaV auslösen kann (fiktive Veräußerung an A). Erfolgt zu diesem Zeitpunkt keine Zuordnungsänderung, ist gem. § 16 Abs. 1 Nr. 2 BsGaV danach eine fiktive Dienstleistung von A an B anzunehmen.

223 Eine Zuordnungsänderung nach § 19 Abs. 4 Nr. 1 BsGaV kann unter den genannten Voraussetzungen gesondert für jeden finanziellen Vermögenswert erfolgen (z. B. auch für eine verbriefte Forderung). Die Änderung der Zuordnung ist als außergewöhnlicher Geschäftsvorfall nach § 90 Abs. 3 Satz 3 AO aufzuzeichnen (siehe Rn. 63) und muss in der Hilfs- und Nebenrechnung des betreffenden Wirtschaftsjahrs ausgewiesen werden.

224 Die Änderung einer ursprünglich sachgerechten Zuordnung eines finanziellen Vermögenswerts nach § 19 Abs. 4 Nr. 2 BsGaV kommt nur in Betracht, wenn

– die verbleibende Risikoübernahmefunktion (siehe Rn. 197, hier das konkrete Risikomanagement bezogen auf den finanziellen Vermögenswert) ab einem bestimmten Zeitpunkt nicht mehr von der Bankbetriebsstätte durchgeführt wird, der der finanzielle Vermögenswert ursprünglich zu Recht zugeordnet war, sondern von einer anderen Bankbetriebsstätte und
– das konkrete Risikomanagement in der anderen Betriebsstätte die Bedeutung der Personalfunktion, die zur ursprünglichen Zuordnung geführt hat, eindeutig überwiegt (z. B. in Fällen von Leistungsstörungen).

225 Dagegen berechtigt ein Risikomanagement, das zwar Teil einer ordnungsgemäßen Geschäftsorganisation eines Kreditinstituts i. S. d. § 25 a KWG ist, sich aber nicht auf einen einzelnen, konkreten finanziellen Vermögenswert bezieht, nicht zu einer Änderung der Zuordnung dieses Vermögenswerts. Denn ein solches Risikomanagement stellt lediglich eine strategische Personalfunktion dar (siehe Rn. 39 und Rn. 208).

**Fall – Risikomanagement als Zuordnungsgrund:**

Ein inländisches Kreditinstitut X (X) hat im Staat A die Bankbetriebsstätte A (A) und im Staat B die Bankbetriebsstätte B (B). Die unternehmerische Risikoübernahmefunktion für die Übernahme von Risiken aus einem Kreditvertrag von X mit dem Kunden K wurde von A ausgeübt, zu der auch die Kundenbeziehung mit K gehört. Die Kreditforderung wird A im Jahr 01 nach § 19 Abs. 2 BsGaV zugeordnet. Das Risikomanagement für die Kreditforderung gegen K wird von Personal von A durchgeführt. Ab dem Jahr 03 wird das Risikomanagement für die Forderungen von A aus Gründen der Steigerung der Effizienz von B übernommen (wirtschaftlicher Vorgang). Hinsichtlich des Kredits, der K gewährt wurde, ist im Jahr 03 keine Leistungsstörung eingetreten.

**Lösung:**

Nach § 19 Abs. 4 Nr. 2 BsGaV kommt ausnahmsweise die Änderung der Zuordnung einer Kreditforderung zu einer anderen Bankbetriebsstätte als zu der, zu der die Kundenbeziehung besteht, in Betracht, wenn dies zu einem Ergebnis führt, das aus der Sicht der beiden gedachten ordentlichen und gewissenhaften Geschäftsleiter dem Fremdvergleichsgrundsatz besser entspricht. Das ist nach der Systematik der Vorschrift nur anzunehmen, wenn das Risikomanagement durch B qualitativ (siehe auch Rn. 43) die Bedeutung der ursprünglichen von A ausgeübten Personalfunktion überwiegt und zu diesem Zeitpunkt der Kundenbeziehung zwischen A und K keine Bedeutung mehr zukommt, weil sich die Kundenbeziehung tatsächlich weitgehend auf das Risikomanagement der Kreditforderung reduziert (z. B. Insolvenz des Darlehensschuldners). Da das allgemeine Risikomanagement durch B qualitativ nicht die Bedeutung der von A unverändert ausgeübten Personalfunktion (Kundenbeziehung) überwiegt, berechtigt ein solches Risikomanagement nicht zu einer Änderung der Zuordnung des finanziellen Vermögenswerts. Stattdessen ist die anzunehmende schuldrechtliche Beziehung (fiktive Dienstleistung, die B gegenüber A erbringt, § 16 Abs. 1 Nr. 2 Buchst. a BsGaV) angemessen zu vergüten (§ 16 Abs. 2 BsGaV).

**Alternative – Zuordnungsänderung:**

Sachverhalt unverändert, aber hinsichtlich des Kredits mit K ist im Jahr 03 eine konkrete Leistungsstörung eingetreten. Deshalb wird die übrige Kundenbeziehung zwischen A und K beendet. Das Risikomanagement wird im Jahr 03 von B übernommen (wirtschaftlicher Vorgang), da B im Kreditinstitut für derartige Fälle zentral zuständig ist.

**Lösung:**

Überwiegt wegen der eingetretenen Leistungsstörung das Risikomanagement durch B unter qualitativen Gesichtspunkten (siehe auch Rn. 43) eindeutig die Bedeutung der ursprünglichen von A ausgeübten Personalfunktion (Kundenbeziehung), so ist nach § 19 Abs. 4 Nr. 2 BsGaV unter diesen besonderen Umständen (keine Bedeutung der Kundenbeziehung mehr) eine Änderung der Zuordnung der Kreditforderung zu B möglich (fiktive Veräußerung). Die Kreditforderung ist dem Fremdvergleichsgrundsatz entsprechend unter Berücksichtigung der Leistungsstörung zu bewerten. Unterbleibt zu diesem Zeitpunkt die Zuordnungsänderung, ist die anzunehmende schuldrechtliche Beziehung (fiktive Dienstleistung, die B gegenüber A erbringt) angemessen zu vergüten (§ 16 Abs. 2 BsGaV).

Im Regelfall führt die Veräußerung eines finanziellen Vermögenswerts, der einer Bankbetriebsstätte zuzuordnen ist, durch eine andere Bankbetriebsstätte an einen Dritten zu keiner Zuordnungsänderung, sondern ist als fiktive Dienstleistung anzusehen (§ 16 Abs. 1 Nr. 2 BsGaV). Eine Zuordnungsänderung ist nur ausnahmsweise aufgrund eines gesonderten wirtschaftlichen Vorgangs – nicht aufgrund der Veräußerung – anzuerkennen, wenn anhand schlüssiger Aufzeichnungen (siehe Rn. 63) glaubhaft gemacht wird, dass eine andere Handhabung, d. h. ein zwischenzeitlicher fiktiver Verkauf des finanziellen Vermögenswerts der Bankbetriebsstätte an die andere Bankbetriebsstätte (§ 16 Abs. 1 Nr. 1 BsGaV), im Einzelfall aus der Sicht der beiden gedachten ordentlichen und gewissenhaften Geschäftsleiter dem Fremdvergleichsgrundsatz besser entspricht (§ 19 Abs. 4 Nr. 2 BsGaV). 226

Für die Anwendung des § 19 Abs. 4 BsGaV sind gleichartige finanzielle Wirtschaftsgüter konsistent und nach gleichen Grundsätzen zuzuordnen. Da die Zuordnungsänderungen nach § 19 Abs. 4 BsGaV außergewöhnliche Geschäftsvorfälle sind, sind neben diesen Geschäftsvorfällen auch die entsprechenden Grundsätze nach § 90 Abs. 3 Satz 3 AO zeitnah aufzuzeichnen. 227

## 2.19.5. Zuordnung zu einer Bankbetriebsstätte bei Funktionsaufteilung (§ 19 Abs. 5 BsGaV)

In Fällen von Funktionsaufteilungen (siehe auch OECD-Betriebsstättenbericht, Teil II Tz. 159 und Rn. 421) und in Fällen von Personalfunktionskonkurrenz (unterstützende Personalfunktionen, siehe auch OECD-Betriebsstättenbericht, Teil II Tz. 187) ist entsprechend § 16 Abs. 2 BsGaV für die Ausübung der unterstützenden Personalfunktionen i. S. d. § 19 Abs. 5 Satz 2 BsGaV, die andere Bankbetriebsstätten gegenüber der Bankbetriebsstätte mit 228 der unternehmerischen Risikoübernahmefunktion ausüben, ein Verrechnungspreis anzusetzen, wie er zwischen voneinander unabhängigen Unternehmen angesetzt worden wäre.

### 2.19.6. Kreditinstitutsinterne Darlehensverhältnisse (§ 19 Abs. 6 BsGaV)

229 § 19 Abs. 6 BsGaV erweitert für Kreditinstitute die Möglichkeit, fiktive kreditinstitutsinterne Darlehensverhältnisse i. S. d. § 16 Abs. 3 Satz 2 Nr. 2 BsGaV mit einer längeren Laufzeit anzunehmen, als § 16 Abs. 3 Satz 3 BsGaV dies vorsieht (Beendigung mit Ende des Wirtschaftsjahrs). Die Anerkennung solcher fiktiver kreditinstitutsinterner Darlehensverhältnisse ist von dem Nachweis abhängig, dass

- dies sowohl aufgrund der Geschäftspolitik des Kreditinstituts als auch aufgrund der ausgeübten Personalfunktionen, die im Zusammenhang mit der Zurverfügungstellung und der Entgegennahme von finanziellen Mitteln ausgeübt werden, sachgerecht ist und
- die Ergebnisse der Bankbetriebsstätte, die auf der Anerkennung solcher kreditinstitutsinterner Darlehensverhältnisse beruhen, dem Fremdvergleichsgrundsatz entsprechen.

230 Werden solche fiktiven kreditinstitutsinternen Darlehensverhältnisse angenommen, ist hierfür ein Zins zu verrechnen, der dem Fremdvergleichsgrundsatz entspricht (siehe Rn. 172). Für die Ermittlung dem Fremdvergleichsgrundsatz entsprechender Zinsen für kreditinstitutsinterne Darlehensverhältnisse sind die Kreditwürdigkeit des Kreditinstituts sowie die Währung und die Laufzeit der Mittelüberlassung zu beachten. Die Laufzeit für das kreditinstitutsinterne Darlehen muss mit der kreditinstitutsexternen Mittelverwendung übereinstimmen. Darüber hinaus muss ggf. der Aufwand für die Refinanzierung berücksichtigt werden. Die Faktoren, die zur Bestimmung der kreditinstitutsinternen Verzinsung verwendet wurden, sind nach § 90 Abs. 3 Satz 2 AO aufzuzeichnen (siehe Rn. 63).

**Fall – Fiktives kreditinstitutsinternes Darlehensverhältnis:**

Die ausländische Bankbetriebsstätte A (A) in Staat A des inländischen Kreditinstituts X (X) bietet dort mit entsprechender Personalausstattung alle Arten von Bankgeschäften an (Universalbank). A erhält von ihren Kunden Einlagen, die sie für ihre Bankgeschäfte verwendet. Zeitweise entsteht ein Mittelüberhang, der von der Geschäftsleitungsbetriebsstätte von X im Inland dafür verwendet wird, Kredite an Kunden des übrigen Unternehmens zu gewähren. Diese Kredite sind zutreffend nach § 19 Abs. 1 BsGaV der Geschäftsleitungsbetriebsstätte zugeordnet worden.

**Lösung:**

Die Verwendung der von A erwirtschafteten Mittel ist nach § 19 Abs. 6 BsGaV als anzunehmende schuldrechtliche Beziehung (§ 16 Abs. 3 Satz 2 Nr. 2 BsGaV, fiktives Darlehen) über die in § 16 Abs. 3 Satz 3 BsGaV genannte Laufzeit hinaus anzuerkennen, da die Gewährung und Entgegennahme von finanziellen Mitteln in einem engen Zusammenhang mit der üblichen Geschäftstätigkeit der Bank steht. Für das fiktive Darlehen ist ein angemessener Zins anzusetzen.

231 Betriebsstätten, deren Geschäftszweck lediglich darin besteht, Einlagen von Kunden entgegenzunehmen, um diese an das übrige Unternehmen weiterzuleiten (z. B. an eine andere Bankbetriebsstätte des Kreditinstituts), damit dieses sie für seine Bankgeschäfte nutzt, erbringen eine fiktive Dienstleistung (anzu-

nehmende schuldrechtliche Beziehung nach § 16 Abs. 1 Nr. 2 BsGaV), die angemessen zu vergüten ist. Das Funktions- und Risikoprofil der Betriebsstätte, die die fiktive Dienstleistung erbringt, rechtfertigt es nicht, fiktive Darlehensverhältnisse nach § 16 Abs. 3 BsGaV anzunehmen. Ihr können deshalb keine finanziellen Vermögenswerte zugeordnet werden.

**Fall – Einlagensammelstelle:**

Ein inländisches Kreditinstitut X hat im Staat A die Bankbetriebsstätte A (A). A übt außer der Annahme von Spareinlagen von Privatkunden in A keine nennenswerten Geschäftstätigkeiten aus. Die inländische Geschäftsleitungsbetriebsstätte von X (X) verwendet die finanziellen Mittel, die A erhält, für ihre eigene Geschäftstätigkeit und steuert die Rückzahlungsverpflichtungen, da das übrige Unternehmen die dafür erforderlichen finanziellen Mittel erwirtschaftet.

**Lösung:**

Die Geschäftsvorfälle mit den Privatkunden sind dem übrigen Unternehmen zuzuordnen, nicht A. Denn das übrige Unternehmen übernimmt funktional die Erfüllung der Rückzahlungsverpflichtung (unternehmerische Risikoübernahmefunktion). Zudem überwiegt die Bedeutung der Personalfunktion der Verwendung der Mittel und der Steuerung der Rückzahlung eindeutig gegenüber der Annahme der Spareinlagen durch A (§ 9 Abs. 2 BsGaV). Im Ergebnis übt A lediglich eine Kapitalbeschaffungsfunktion als fiktive Dienstleistung innerhalb des Kreditinstituts aus (§ 17 Abs. 2 BsGaV). A steht für die fiktive Dienstleistung eine nach dem Fremdvergleichsgrundsatz angemessene Vergütung zu.

Zur Abgrenzung der in Rn. 229 ff. genannten Geschäftstätigkeit ist darauf 232
abzustellen, ob die hereingenommenen Kundeneinlagen den Finanzbedarf für eigene Geschäfte der Bankbetriebsstätte dauerhaft übersteigen. Ein dauerhafter Liquiditätsüberhang ist dem übrigen Unternehmen zuzuordnen mit der Folge, dass der Bankbetriebsstätte nur ein Entgelt für eine fiktive Dienstleistung zusteht (Kapitalbeschaffung), es sei denn, es wird nachgewiesen, dass der Liquiditätsüberhang der eigenen Geschäftstätigkeit der Betriebsstätte dienen sollte. Gelingt der Nachweis, z. B. weil in der Bankbetriebsstätte Personal vorhanden ist, das dazu dienen kann, die Fremdmittel in der aufgenommenen Höhe dauerhaft für die Funktionalität einer Universalbank zu verwenden, ist ein fiktives Darlehensverhältnis zum übrigen Unternehmen anzuerkennen.

## 2.20. Dotationskapital inländischer Bankbetriebsstätten ausländischer Kreditinstitute, Bankenaufsichtsrecht (§ 20 BsGaV)

### 2.20.1. Funktions- und risikogewichtete Kapitalaufteilungsmethode für die inländische Bankbetriebsstätte eines ausländischen Kreditinstituts (§ 20 Abs. 1 BsGaV)

Ausgangspunkt für die Zuordnung von Dotationskapital zu inländischen 233
Bankbetriebsstätten ist das Eigenkapital des ausländischen Kreditinstituts, denn auch für inländische Bankbetriebsstätten ist grundsätzlich die funktions- und risikogewichtete Kapitalaufteilungsmethode anzuwenden, die wegen bestimmter Besonderheiten aus dem Bankenaufsichtsrecht in § 20 Abs. 1 Satz 1 BsGaV als „Kapitalaufteilungsmethode für Bankbetriebsstätten" bezeichnet wird (siehe auch OECD-Betriebsstättenbericht, Teil II Tz. 98 und Tz. 99). Eine Besonderheit ist, dass für die Risikogewichtung von finanziellen Vermögenswerten von Kreditinstituten, die für die Zuordnung von Dotationskapital zu einer inländischen Bankbetriebsstätte wichtig sind, bankenaufsichtsrechtliche Vorschriften bestehen, auf die auch für die Besteuerung aus Gründen des Fremdvergleichsgrundsatzes sowie aus Vereinfachungs-, Transparenz- und

Gleichbehandlungsgründen so weit wie möglich zurückgegriffen wird (siehe z. B. den Bezug zu den „risikogewichteten Positionsbeträgen" und zum ausländischen Bankenaufsichtsrecht allgemein; für den Bereich der EU/des EWR siehe insbesondere Art. 92 ff. der Verordnung (EU) Nr. 575/2013). Denn diese Grundsätze sind im Ansässigkeitsstaat des Kreditinstituts allgemein anerkannt, von steuerlichen Überlegungen grundsätzlich unabhängig (siehe auch OECD-Betriebsstättenbericht, Teil II Tz. 86) und gelten für alle Marktteilnehmer. Diese Grundsätze gehen von betriebswirtschaftlichen Überlegungen aus und stehen in keinem Widerspruch zu den Regeln des KWG. Risikogewichtete Positionsbeträge können einer Bankbetriebsstätte nur wegen Vermögenswerten zugerechnet werden, die der Bankbetriebsstätte nach § 19 BsGaV zutreffend zugeordnet sind und entsprechend in der Hilfs- und Nebenrechnung erfasst werden.

**Fall (1) – Unwiderrufliche Kreditzusage:**

Das Kreditinstitut A in Staat A hat eine Bankbetriebsstätte B (B) in Staat B. Die Geschäftsleitungsbetriebsstätte von A (A) hat einem Kunden K in Staat B eine unwiderrufliche Kreditzusage erteilt. Die Einbuchung erfolgt bei B, B wird ausschließlich als Intermediär und Buchungsstelle tätig.

**Lösung:**

Die unwiderrufliche Kreditzusage ist A zuzuordnen, denn B übt hinsichtlich des Kredits an K keine unternehmerische Risikoübernahmefunktionen aus (keine Übernahme von Risiken oder Risikosteuerung). Deswegen ist die unwiderrufliche Kreditzusage für B nicht bei den risikogewichteten Positionsbeträgen zu berücksichtigen (Auswirkungen auf das Dotationskapital).

**Fall (2) – Halten von Wertpapieren:**

Das Kreditinstitut A in Staat A hat eine Bankbetriebsstätte B (B) in Staat B. Die Geschäftsleitungsbetriebsstätte von A (A) überträgt B ein Wertpapier, das sie wertmäßig zutreffend auf der Aktivseite unter Forderungen verbucht. B erhält von A eine Provision für das Halten des Wertpapiers (administrative fee) und wird ausschließlich als Intermediär und Buchungsstelle tätig. Abschreibungen auf das Wertpapier macht B steuerlich nicht geltend.

**Lösung:**

Das Wertpapier kann B nach § 19 BsGaV nicht zugeordnet werden, da die Entscheidung, das Wertpapier zu erwerben, es auf B zu übertragen und die Einschätzung der Risiken aus dem Wertpapier (Trading & Day-to-day Risk Management) nicht durch B erfolgt. Das Wertpapier ist A zuzuordnen. Für B ist es beim Ansatz der risikogewichteten Positionsbeträge nicht zu berücksichtigen (Auswirkungen auf das Dotationskapital).

234 Im Regelfall setzt sich das Eigenkapital eines ausländischen Kreditinstituts aus dem gezeichneten Kapital (Nennkapital), den einbehaltenen Gewinnen und den offenen Rücklagen zusammen (bankenaufsichtsrechtliches Kernkapital). Zum Eigenkapital gehört auch ein nach ausländischem Recht gebildeter Fonds für allgemeine Bankrisiken oder eine vergleichbare Form der Risikovorsorge. Diese Beträge können der ausländischen Handelsbilanz entnommen werden.

235 Kreditinstitutsinterne Positionsbeträge, die aus anzunehmenden schuldrechtlichen Beziehungen entstanden sind (z. B. § 19 Abs. 6 BsGaV), bleiben für die Risikogewichtung außer Ansatz, denn sie beinhalten kein Risiko im Außenverhältnis. Folge ist, dass einer inländischen Bankbetriebsstätte, die eine Forderung gegenüber dem übrigen Unternehmen hat, bei sonst gleichen Verhältnissen weniger Dotationskapital zuzuweisen ist.

**Fall – Kapitalaufteilungsmethode für Bankbetriebsstätten:**

Ein ausländisches Kreditinstitut Y (Y) hat die inländische Bankbetriebsstätte A (A). Das Eigenkapital von Y beläuft sich auf 500. Sowohl dem übrigen Unternehmen im Ausland als auch A sind kreditinstitutsexterne risikogewichtete Positionsbeträge i. H. v. je 100 zuzuordnen.

**Lösung:**

Das Dotationskapital von A ist nach der Kapitalaufteilungsmethode für Bankbetriebsstätten (§ 20 Abs. 1 Satz 1 BsGaV) mit 250 anzusetzen.

**Abwandlung:**

A weist in der Hilfs- und Nebenrechnung Forderungen gegen Kreditinstitute i. H. v. 120 aus, in denen Forderungen gegen das übrige Unternehmen i. H. v. 20 enthalten sind. In die Berechnung der risikogewichteten Positionsbeträge (Bankenaufsichtsrecht) für A gehen auch Forderungen gegen das übrige Unternehmen ein.

**Lösung:**

Kreditinstitutsinterne risikogewichtete Positionsbeträge sind nach § 20 Abs. 1 Satz 2 BsGaV für die Dotation nicht zu berücksichtigen, so dass auch in diesem Fall für A ein Dotationskapital von 250 anzusetzen ist.

Bestimmt ein ausländischer Bankkonzern, zu dem eine inländische Bankbetriebsstätte eines ausländischen Kreditinstituts gehört, sein Eigenkapital ausschließlich auf konsolidierter Konzernbasis, weil das anzuwendende ausländische Bankenaufsichtsrecht dies zulässt, so kann für die Berechnung das konsolidierte Eigenkapital des Bankkonzerns angesetzt werden. Voraussetzung ist, dass eine Bescheinigung eines Wirtschaftsprüfers vorgelegt wird, aus der sich ergibt, dass das Eigenkapital nicht auf Einzelinstitutsbasis errechnet worden ist und auch nicht ohne unverhältnismäßigen Aufwand errechnet werden kann (siehe auch Rn. 249: in Waiver-Fällen ist zwingend das konsolidierte Eigenkapital anzusetzen). 236

## 2.20.2. Niedrigeres Dotationskapital für die inländische Bankbetriebsstätte eines ausländischen Kreditinstituts (§ 20 Abs. 2 BsGaV)

In Fällen, in denen es im Einzelfall für die inländische Bankbetriebsstätte nach der Kapitalaufteilungsmethode zu einem unangemessen hohen Dotationskapital käme, enthält § 20 Abs. 2 BsGaV eine Öffnungsklausel. Für eine Abweichung von der Kapitalaufteilungsmethode für Bankbetriebsstätten nach Abs. 1 ist es allerdings erforderlich, dass 237

- jeder niedrigere Ansatz begründet wird und
- das geringere Dotationskapital zu einem Ergebnis der Bankbetriebsstätte führt, das im Einzelfall aus der Sicht der beiden gedachten ordentlichen und gewissenhaften Geschäftsleiter dem Fremdvergleichsgrundsatz besser entspricht.

**Fall – Abweichende Zuordnung von Dotationskapital:**

Ein ausländisches Kreditinstitut Y (Y) in Staat A plant die Übernahme eines Konkurrenzunternehmens im Staat B. Aus diesem Grund wird der inländischen Bankbetriebsstätte D (D), die mit der Übernahme nichts zu tun hat, im Jahr 01 von dem vorhandenen Eigenkapital von Y ein Dotationskapital zugeordnet, das niedriger ist, als es sich nach der Kapitalaufteilungsmethode für Bankbetriebsstätten rechnerisch ergeben würde.

**Lösung:**

Für die Anwendung des § 20 Abs. 2 BsGaV ist das Eigenkapital von Y – nach Minderung um den für den Erwerb des Konkurrenzunternehmens erforderlichen Betrag – aufzuteilen (Rn. 240 ist zu beachten).

238 Wird die Öffnungsklausel für eine inländische Bankbetriebsstätte genutzt, ist jede Abweichung von der Kapitalaufteilungsmethode für Bankbetriebsstätten zu begründen.

239 Zumindest muss jedoch ein Dotationskapital berücksichtigt werden, das den bankenaufsichtsrechtlichen Mindestanforderungen für ein selbständiges Kreditinstitut in der wirtschaftlichen Situation der inländischen Bankbetriebsstätte entspricht (OECD-Betriebsstättenbericht, Teil II Tz. 112 ff. – Quasi Thin Capitalisation Approach). Dadurch wird die Zuweisung eines zu geringen Dotationskapitals verhindert.

240 Wird für eine inländische Bankbetriebsstätte ein geringeres Dotationskapital angesetzt, als es sich nach der Kapitalaufteilungsmethode für Bankbetriebsstätten ergibt, so ist jedoch mindestens ein Betrag (Untergrenze) anzusetzen, der sich unter Anwendung der Mindestkapitalausstattungsmethode für Bankbetriebsstätten ergibt (siehe § 20 Abs. 2 Satz 2 und 3 BsGaV). Der Mindestbetrag bestimmt sich danach, welches Eigenkapital (Kernkapital) ein vergleichbares inländisches Kreditinstitut nach inländischem Bankenaufsichtsrecht auszuweisen hätte, zuzüglich eines Zuschlags von 0,5 % der Summe der (kreditinstitutsexternen) risikogewichteten Positionsbeträge der Bankbetriebsstätte (nach Bankenaufsichtsrecht). Der Zuschlag ist notwendig und sachgerecht, da sonst die Bankbetriebsstätte, wäre sie ein selbständiges Kreditinstitut, keine weiteren Geschäfte tätigen könnte. Die risikogewichteten Positionsbeträge i. S. d. § 20 BsGaV entsprechen dem Gesamtforderungsbetrag i. S. d. Artikels 92 Abs. 3 Verordnung EU Nr. 575/2013. Nach § 20 Abs. 3 Nr. 2 BsGaV ist mindestens ein Dotationskapital von 5 Mio. Euro auszuweisen.

**Fall – Rechnerische Untergrenze für inländische Bankbetriebsstätten:**

Die inländische Bankbetriebsstätte D (D) eines ausländischen Kreditinstituts Y weist in der Hilfs- und Nebenrechnung Forderungen von 100 aus. Das entspricht nach inländischem Bankenaufsichtsrecht risikogewichteten Positionsbeträgen von 80.

**Lösung:**

Nach bankenaufsichtsrechtlichen Grundsätzen beträgt das Kernkapital eines mit D vergleichbaren inländischen Kreditinstituts mindestens 6 % der risikogewichteten Positionsbeträge (Gesamtforderungsbetrag). Zusätzlich sind nach § 20 Abs. 2 Satz 3 BsGaV 0,5 % der risikogewichteten Positionsbeträge von D anzusetzen. Demnach sind mindestens 5,2 als Dotationskapital von D auszuweisen.

241 Ein anderer Zuschlag ist anzusetzen, wenn dieser zu einem Ergebnis der Bankbetriebsstätte führt, das im Einzelfall aus der Sicht der beiden gedachten ordentlichen und gewissenhaften Geschäftsleiter dem Fremdvergleichsgrundsatz besser entspricht. Macht das Unternehmen geltend, dass ein anderer Zuschlag anzusetzen ist, hat es die Berechnung und die Begründung dafür mit der Hilfs- und Nebenrechnung nach § 3 BsGaV vorzulegen.

### 2.20.3. Vereinfachungsregelung für inländische Bankbetriebsstätten ausländischer Kreditinstitute (§ 20 Abs. 3 BsGaV)

Nimmt eine inländische Bankbetriebsstätte eines ausländischen Kreditinstituts die Geschäftstätigkeit neu auf, ist § 20 Abs. 3 BsGaV anzuwenden, der eine Dotierung i. H. v. 3 % der Summe der Aktivposten vorschreibt, mindestens aber ein Dotationskapital von 5 Mio. Euro. Denn zu diesem Zeitpunkt besteht im Regelfall keine Möglichkeit, der Bankbetriebsstätte risikogewichtete Positionsbeträge zuzuordnen. 242

**Fall – Neuaufnahme bei Umwandlung:**

Ein inländisches Kreditinstitut X (X) das mit einem ausländischen Kreditinstitut Y (Y) verbunden ist, wird in eine inländische Bankbetriebsstätte A (A) von Y umgewandelt. Die Bilanzsumme von X beträgt zum Umwandlungszeitpunkt 500 Mio. Euro. Nach der Umwandlung beträgt die Summe der Aktivposten von A ebenfalls 500 Mio. Euro.

**Lösung:**

Wendet Y die Vereinfachungsregelung des § 20 Abs. 3 BsGaV an, so beträgt das Dotationskapital von A 3 % der Summe der Aktivposten = 15 Mio. Euro (nicht 5 Mio. Euro), denn A sind unmittelbar ab Umwandlung Aktivposten (500 Mio. Euro) zuzuordnen.

Für inländische Bankbetriebsstätten eines ausländischen Kreditinstituts, deren Summe der Aktivposten in der Hilfs- und Nebenrechnung 1 Mrd. Euro nicht übersteigt, ist die Vereinfachungsregelung ebenfalls anzuwenden. Dazu ist von der Bezugsgröße Bilanzsumme, d. h. dem Betrag der Hilfs- und Nebenrechnung, auszugehen. Aus Vereinfachungsgründen kann statt der Summe der Aktivposten in der Hilfs- und Nebenrechnung die Summe aus der Bilanzstatistischen Meldung an die Deutsche Bundesbank (BISTA-Meldung), die die Zahlen der inländischen Bankbetriebsstätten auf den letzten Bilanzstichtag vor Beginn des Wirtschaftsjahrs enthält, zugrunde gelegt werden. Als Dotationskapital sind 3 % dieser Summe zuzuordnen. 243

**Rechenbeispiel:**

Die Summe der Aktivposten in der Hilfs- und Nebenrechnung einer inländischen Bankbetriebsstätte beträgt 400 Mio. Euro. Ihr ist nach § 20 Abs. 3 Nr. 2 BsGaV ein Dotationskapital von 12 Mio. Euro zuzuordnen.

Eine niedrigere Dotierung als 3 % der Summe der Aktivposten ist nur dann anzuerkennen, wenn die Vereinfachungsregelung nicht in Anspruch genommen wird und sich die niedrigere Dotierung aus der Anwendung der allgemeinen Grundsätze ergibt. Als Dotationskapital sind jedoch in jedem Fall mindestens 5 Mio. Euro zuzuordnen. 244

**Rechenbeispiel:**

Die Summe der Aktivposten in der Hilfs- und Nebenrechnung einer inländischen Bankbetriebsstätte beträgt 100 Mio. Euro. Ihr ist nach § 20 Abs. 3 Nr. 2 BsGaV ein Mindestdotationskapital von 5 Mio. Euro zuzuordnen (3 % wären nur 3 Mio. Euro).

### 2.20.4. Unterkapitalisierung des ausländischen Kreditinstituts (§ 20 Abs. 4 BsGaV)

Besteht im Sitzstaat (EU- bzw. EWR-Mitgliedstaat) eines ausländischen Kreditinstituts, zu dem die Bankbetriebsstätte gehört, eine Regelung entsprechend § 2 a KWG (Waiver, siehe auch Art. 7 der Verordnung (EU) Nr. 575/2013), ist es bankenaufsichtsrechtlich möglich, dass das notwendige Kernkapital nicht in jedem einzelnen Kreditinstitut vorgehalten, sondern dass hierfür 245 auf die Kreditinstitutsgruppe abgestellt wird. Eine Übernahme der bankenaufsichtsrechtlichen Erleichterungen für die Bestimmung des steuerlichen Eigenkapitals von Kreditinstituten könnte zu Ergebnissen der Besteuerung von inländischen Bankbetriebsstätten ausländischer Kreditinstitute führen, die mit dem Fremdvergleichsgrundsatz, dessen Anwendung durch § 1 Abs. 5 AStG angeordnet ist, nicht entsprechen. § 20 Abs. 4 BsGaV ordnet daher in Fällen, in denen das ausländische Bankenaufsichtsrecht eine Unterkapitalisierung des Kreditinstituts erlaubt, unter bestimmten Bedingungen eine modifizierte Berechnung des Dotationskapitals von inländischen Bankbetriebsstätten an, um den Erfordernissen des Fremdvergleichsgrundsatzes nachkommen zu können. Die modifizierte Berechnung ist nicht durchzuführen, wenn alternativ eine der beiden in § 20 Abs. 4 Satz 1 BsGaV genannten Voraussetzungen erfüllt ist.

246 § 20 Abs. 4 Satz 1 BsGaV, erste Alternative: das ausländische Kreditinstitut mit Sitz in einem EU- bzw. EWR-Mitgliedstaat hat vom Waiver keinen Gebrauch gemacht.

**Fall – Waiver-Regelung 1:**

Ein ausländisches Kreditinstitut Y (Y) mit Sitz in einem EU- bzw. EWR-Mitgliedstaat hat eine inländische Bankbetriebsstätte A (A). Y verfügt zum 1. 1. 01 über Kernkapital von 1100, die risikogewichteten Positionsbeträge betragen 10 000 Einheiten. Auf A entfallen hiervon 2000 Einheiten. Y nimmt nachweislich die ausländische Variante der Waiver-Regelung nicht in Anspruch.

**Lösung:**

§ 20 Abs. 4 Satz 2 BsGaV ist wegen des Nachweises nicht anzuwenden. Das Dotationskapital von A ist nach § 20 Abs. 1 BsGaV zu ermitteln (Kapitalaufteilungsmethode für Bankbetriebsstätten). Danach beträgt das zutreffende Dotationskapital 1100 steuerliches Eigenkapital × 2000/10 000 Einheiten = 220. Ein niedrigeres Dotationskapital ist nur unter den Voraussetzungen des § 20 Abs. 2 Satz 1 BsGaV anzusetzen.

247 § 20 Abs. 4 Satz 1 BsGaV, zweite Alternative: das ausländische Kreditinstitut mit Sitz in einem EU- bzw. EWR-Mitgliedstaat hat zwar vom Waiver Gebrauch gemacht, aber das Kreditinstitut verfügt über ausreichendes Eigenkapital, um die Voraussetzungen der ausländischen bankenaufsichtsrechtlichen Regelungen zu erfüllen, auch wenn der Waiver dort nicht eingeführt wäre.

**Fall – Waiver-Regelung 2:**

Wie Fall Rn. 246, Y nimmt aber die Waiver-Regelung in Anspruch. Allerdings weist Y ungeachtet dessen ein bankenaufsichtsrechtliches Kernkapital von 1100 aus.

**Lösung:**

Gleiches Ergebnis wie im Fall Waiver-Regelung 1.

248 In beiden Alternativen des § 20 Abs. 4 Satz 1 BsGaV ist davon auszugehen, dass das ausländische Kreditinstitut mit Sitz in einem EU- bzw. EWR-Mitgliedstaat über genügend Eigenkapital verfügt, um der inländischen Bankbetriebsstätte, wäre sie ein selbständiges Kreditinstitut, einen ausreichenden Anteil zuzuordnen. Deshalb bedarf es der Anwendung der besonderen Regelungen des § 20 Abs. 4 Satz 2 BsGaV nicht.

249 Sind die genannten Alternativen nicht gegeben, ist nach § 20 Abs. 4 Satz 2 BsGaV zu vermuten, dass das ausländische Kreditinstitut mit Sitz in einem EU- bzw. EWR-Mitgliedstaat, zu dem die inländische Bankbetriebsstätte gehört, ein zu geringes Eigenkapital ausweist. Dementsprechend wird auch die

inländische Bankbetriebsstätte zu wenig Dotationskapital ausweisen, jedenfalls weniger, als sie bankenaufsichtsrechtlich als selbständiges Kreditinstitut – ohne Waiver-Regelung – ausweisen müsste. In solchen Fällen ist für das Eigenkapital, das nach der Kapitalaufteilungsmethode für Bankbetriebsstätten aufzuteilen ist, nicht auf das Kernkapital des ausländischen Kreditinstituts abzustellen, sondern auf das konsolidierte Kernkapital der ausländischen Kreditinstitutsgruppe, zu der das ausländische Kreditinstitut gehört (siehe auch Rn. 236). Für die Bestimmung des Anteils der inländischen Bankbetriebsstätte an diesem Kapital ist die Summe der risikogewichteten Positionsbeträge der Bankbetriebsstätte zur Summe der risikogewichteten Positionsbeträge der ausländischen Kreditinstitutsgruppe ins Verhältnis zu setzen. Da es sich um eine konsolidierte Betrachtung handelt, sind alle gruppeninternen Risiken (auch die gegenüber gruppenzugehörigen Kreditinstituten) außer Ansatz zu lassen.

**Fall – Dotationskapital auf Grundlage der Waiver-Gruppe:**
Das ausländische Kreditinstitut Y (Y) mit Sitz in einem EU- bzw. EWR-Mitgliedstaat nimmt die im EU-Staat Y geltende Waiver-Regelung in Anspruch. Es weist zum 1. 1. 01 risikogewichtete Positionsbeträge i. H. v. 10 000 Einheiten aus. Das unter Ausnutzung der Waiver-Regelung für Y ausgewiesene Kernkapital beträgt 400. Ohne Waiver-Regelung wäre nach ausländischem Bankenaufsichtsrecht für Y ein Mindesteigenkapital von 1100 erforderlich gewesen. Y hat eine inländische Bankbetriebsstätte A (A) mit risikogewichteten Positionsbeträgen (ohne gruppeninterne Risiken) von 2000 Einheiten. A wird nach der Kapitalaufteilungsmethode für Bankbetriebsstätten ein Dotationskapital von 400 × 2000/10 000 = 80 zugeordnet. Die Waiver-Gruppe, zu der Y gehört, verfügt insgesamt über ein bankenaufsichtsrechtliches Kernkapital von 2000. Ihre risikogewichteten Positionsbeträge betragen 20 000 Einheiten (ohne gruppeninterne Risiken).

**Lösung:**
Die Dotierung von A richtet sich nach § 20 Abs. 4 Satz 2 BsGaV, der Nachweis nach § 20 Abs. 4 Satz 1 Nr. 2 BsGaV entfällt. Ausgangspunkt der Berechnung ist das bankenaufsichtsrechtliche Kernkapital der Waiver-Gruppe (2000). Der Anteil von A entspricht dem Verhältnis der gewichteten Risiken von A zu den gewichteten Risiken der gesamten Gruppe. Das zutreffende Dotationskapital von A beträgt 2000 × 2000/20 000 = 200. Dieses Dotationskapital ist der deutschen Besteuerung zugrunde zu legen. Die auf die Unterdotierung von 120 entfallenden Fremdkapitalzinsen sind bei der Ermittlung des Gewinns von A für das Wirtschaftsjahr 01 nicht abzugsfähig.

### 2.20.5. Erfordernisse des inländischen Bankenaufsichtsrechts (§ 20 Abs. 5 BsGaV)

Nach § 20 Abs. 5 BsGaV ist die Regelung des § 12 BsGaV entsprechend anzuwenden, allerdings ist hinsichtlich des § 12 Abs. 6 BsGaV auch das inländische Bankenaufsichtsrecht zu berücksichtigen. Denn im Rahmen der Faktoren, die steuerlich Grund für eine Änderung des Dotationskapitals inländischer Bankbetriebsstätten während des laufenden Geschäftsjahrs sein können, ist ggf. auch das inländische Bankenaufsichtsrecht für inländische Kreditinstitute von Bedeutung, das nach dem Fremdvergleichsgrundsatz auch für inländische Bankbetriebsstätten zu berücksichtigen ist. **250**

Die entsprechende Anwendung des § 12 BsGaV betrifft insbesondere die Vereinfachungsregelungen des § 12 Abs. 2 Satz 2 BsGaV (Berechnung des Eigenkapitals des Unternehmens) und § 12 Abs. 3 Satz 2 BsGaV (Berechnung der Quote der Betriebsstätte), die für die Berechnung des Dotationskapitals inländischer Bankbetriebsstätten entsprechend anzuwenden sind. **251**

Die entsprechende Anwendung der Regelungen des § 12 BsGaV umfasst auch die zeitlich begrenzte Nichtbeanstandung der Über- oder Unterdotierung einer inländischen Bankbetriebsstätte (vgl. Rn. 130 zu § 12 Abs. 1 BsGaV) aufgrund der Neubestimmung des Dotationskapitals jeweils zum Beginn des Wirtschaftsjahrs (siehe Rn. 129). Voraussetzung für die Nichtbeanstandung ist, dass die zum Ende des Vorjahrs entstandene Über- bzw. Unterdotierung unverzüglich beseitigt wird, nachdem das Unternehmen sie erkannt hat oder erkennen musste. Die Berechnungen, die die Über- bzw. Unterdotierung erkennbar gemacht haben, und die Buchung, die Über- bzw. Unterdotierung beseitigt, sind in der Hilfs- und Nebenrechnung nach § 3 BsGaV aufzuzeichnen (siehe Rn. 63). **252**

**253** § 20 Abs. 5 BsGaV ordnet über § 12 Abs. 6 BsGaV hinaus eine Änderung des Dotationskapitals einer inländischen Bankbetriebsstätte innerhalb des Wirtschaftsjahrs an, wenn die rechtlichen Anforderungen des inländischen Bankenaufsichtsrechts geändert werden und dies im konkreten Fall eine Anpassung des Dotationskapitals erfordert. Daneben ist nach § 12 Abs. 6 BsGaV allerdings auch eine Anpassung des Dotationskapitals aufgrund von Änderungen der Zuordnung von Personalfunktionen, von Vermögenswerten oder von Chancen und Risiken durchzuführen, wenn die sich daraus ergebende Veränderung des zuzuordnenden Dotationskapitals erheblich ist (siehe Rn. 143, die sinngemäß auch für inländische Bankbetriebsstätten gilt). Eine Veränderung ist erheblich, wenn das Dotationskapital zu Beginn des folgenden Wirtschaftsjahrs um mehr als 30 % vom Dotationskapital zu Beginn des Wirtschaftsjahrs abweicht, aber nur dann, wenn die Abweichung mindestens 2 Mio. Euro beträgt. Indikator für eine erhebliche Veränderung des Dotationskapitals ist insbesondere die Veränderung der jeweils der inländischen Bankbetriebsstätte zuzuordnenden Summe der risikogewichteten Positionsbeträge, denn hiervon wird im Regelfall das bankenaufsichtsrechtlich zuzuordnende Dotationskapital maßgeblich beeinflusst.

**Fall – Erhebliche Veränderung durch neues Geschäftsfeld:**

Das ausländische Kreditinstitut Y (Y) hat eine inländische Bankbetriebsstätte A (A). Die risikogewichteten Positionsbeträge von A zum 31. 12. 01 betragen 1000 Einheiten. Sie verändern sich in den Monatsabschlüssen bis April 02 nicht. Ab Mai 02 beginnt A mit Geschäftsaktivitäten für ein neues Geschäftsfeld. Dies führt zu einer Erhöhung der risikogewichteten Positionsbeträge von A auf 1900 Einheiten, bei der es bis zum 31. 12. 02 bleibt.

**Lösung:**

Die Gesamtjahressumme der risikogewichteten Positionsbeträge von A für 02 beträgt 19 200 Einheiten (= 4 × 1000 + 8 × 1900). Dies ergibt einen monatlichen Durchschnitt von 1600 Einheiten. Dieser Durchschnitt übersteigt den Stichtagswert zum 31. 12. 01 um mehr als 30 %. Aus diesem Grund ist eine Schätzung des Dotationskapitals von A für 02 auf der Basis von 1600 Einheiten erforderlich. Ergänzend ist anzumerken, dass für 03 die Stichtagsgröße von 1900 Einheiten zum 31. 12. 02 entscheidend ist, ihre Überprüfung erfolgt anhand der Monatsbilanzen 03.

**254** Auch wenn ein Unternehmen die Vereinfachungsregelung des § 20 Abs. 3 BsGaV in Anspruch nimmt, ist § 20 Abs. 5 BsGaV zu beachten. Hat das Unternehmen der Ermittlung des Dotationskapitals die Werte laut BISTA-Meldung auf den letzten Bilanzstichtag zugrunde gelegt, ist für die Prüfung einer unterjährigen Anpassung des Dotationskapitals ebenfalls auf den Durchschnitt der Werte laut den BISTA-Meldungen des laufenden Jahrs abzustellen.

Auch für eine inländische Bankbetriebsstätte ergibt sich aus § 12 Abs. 5 BsGaV eine Untergrenze für die Dotation, d. h. ungeachtet der Regelung in § 20 Abs. 1 bis 4 BsGaV ist der inländischen Bankbetriebsstätte mindestens das in einer inländischen Handelsbilanz tatsächlich ausgewiesene Kapital als Dotationskapital zuzuordnen. 255

### 2.20.6. Ausschluss von inländischen Betriebsstätten ausländischer Finanzdienstleistungsinstitute, die nicht der Bankenaufsicht unterliegen (§ 20 Abs. 6 BsGaV)

§ 20 Abs. 1 bis 5 BsGaV, der auf das Bankenaufsichtsrecht abstellt, gilt nicht für ausländische Finanzdienstleistungsinstitute und ihre inländischen Betriebsstätten, wenn keine bankenaufsichtsrechtlichen Eigenkapitalanforderungen zu erfüllen sind. Durch diese Regelung wird die Rechtsfolge des § 18 BsGaV verdeutlicht, dass ein Finanzdienstleistungsinstitut nicht in den Anwendungsbereich des Abschnitts 2 der BsGaV fällt, weil es keine Bankgeschäfte betreibt (siehe Rn. 193). 256

### 2.21. Dotationskapital ausländischer Bankbetriebsstätten inländischer Kreditinstitute, Bankenaufsichtsrecht (§ 21 BsGaV)

### 2.21.1. Mindestkapitalmethode für ausländische Bankbetriebsstätten eines inländischen Kreditinstituts (§ 21 Abs. 1 BsGaV)

§ 21 Abs. 1 Satz 1 BsGaV bestimmt (ähnlich wie § 13 BsGaV für ausländische Betriebsstätten allgemein), dass für ausländische Bankbetriebsstätten die Mindestkapitalausstattungsmethode für Bankbetriebsstätten (OECD-Betriebsstättenbericht, Teil II Tz. 112 ff. – Quasi Thin Capitalisation Approach) anzuwenden ist, die im Übrigen als Untergrenze für die Kapitalausstattung inländischer Bankbetriebsstätten in § 20 Abs. 2 Satz 2 BsGaV genannt worden ist. Die Besonderheiten, die sich aus den ausländischen bankenaufsichtsrechtlichen Vorschriften ergeben, sind aus folgenden Gründen so weit wie möglich für die Besteuerung zu berücksichtigen: 257

- zur Vermeidung von internationalen Besteuerungskonflikten,
- aus Vereinfachungs- und Gleichbehandlungsgründen und
- aus Gründen des Fremdvergleichsgrundsatzes.

Die bankenaufsichtsrechtlichen Mindestanforderungen gelten für alle im ausländischen Staat tätigen Kreditinstitute. Die Mindestkapitalausstattungsmethode für Bankbetriebsstätten ist zur Bestimmung der unteren Grenze der Dotierung einer ausländischen Bankbetriebsstätte zu beachten, auch wenn diese Methode für Bankbetriebsstätten international nicht als eigenständige, dem Fremdvergleichsgrundsatz vollumfänglich entsprechende Methode anerkannt ist (siehe auch OECD-Betriebsstättenbericht, Teil II Tz. 113). Eine Mindestdotation der ausländischen Bankbetriebsstätte, die den Kapitalanforderungen des ausländischen Bankenaufsichtsrechts für selbständige Kreditinstitute entspricht, ist in den Grenzen des § 21 Abs. 2 Satz 2 und Abs. 3 Satz 2 BsGaV anzuerkennen. Die Grundsätze der Mindestkapitalausstattungsmethode für Bankbetriebsstätten gehen von betriebswirtschaftlichen Überlegungen aus und stehen in keinem Widerspruch zu den Regeln des KWG. 258

**Fall – Vorgaben des ausländischen Bankenaufsichtsrechts:**

Ein inländisches Kreditinstitut X (X) unterhält eine ausländische Bankbetriebsstätte A (A) im Staat Y. Das nach deutschen Vorschriften ermittelte Kernkapital von X beträgt 2000. Die gewichteten Risiken von X betragen insgesamt 10 000 Einheiten. Auf A entfallen hiervon 2500 Einheiten. Nach dem Bankenaufsichtsrecht des Staats Y ist A ein Mindestdotationskapital von 250 zuzuweisen.

**Lösung:**

Nach der Mindestkapitalausstattungsmethode für Bankbetriebsstätten wäre A rechnerisch ein Mindestdotationskapital von 6,5 % von 2000 = 130 zuzuordnen. Der Prozentsatz von 6,5 % entspricht der Summe aus der Kernkapitalquote von 6 % nach Art. 92 Abs. 1 Buchst. b Verordnung (EU) Nr. 575/2013 und des Zuschlags von 0,5 % nach § 20 Abs. 2 Satz 3 BsGaV, der entsprechend anzuwenden ist. Allerdings ist – dem ausländischen Bankenaufsichtsrecht folgend – nach § 21 Abs. 1 Satz 1 BsGaV auch steuerlich das im Ausland für das übrige Unternehmen bankenaufsichtsrechtlich zwingend erforderliche Dotationskapital (hier 250) zuzuweisen.

259 Ordnet ein inländisches Kreditinstitut seiner ausländischen Bankbetriebsstätte Dotationskapital zu, das höher ist, als es sich nach der Mindestkapitalausstattungsmethode für Bankbetriebsstätten ergibt, so hat es nach § 21 Abs. 1 Satz 2 BsGaV die Gründe dafür nachzuweisen.

### 2.21.2. Höheres Dotationskapital für die ausländische Bankbetriebsstätte eines inländischen Kreditinstituts (§ 21 Abs. 2 BsGaV)

260 Der über die Mindestkapitalausstattungsmethode hinausgehende Ansatz von Dotationskapital ist nach § 21 Abs. 2 BsGaV nur anzuerkennen, wenn und soweit dieser höhere Ansatz dem Fremdvergleichsgrundsatz besser entspricht. Das höhere Dotationskapital muss zu einem Ergebnis der Bankbetriebsstätte führen, das im Einzelfall aus der Sicht der beiden gedachten ordentlichen und gewissenhaften Geschäftsleiter dem Fremdvergleichsgrundsatz besser entspricht.

261 Nach § 21 Abs. 2 Satz 2 BsGaV darf Dotationskapital unter den Voraussetzungen des § 21 Abs. 2 Satz 1 BsGaV höchstens mit dem Betrag angesetzt werden, der sich aus der Kapitalaufteilungsmethode für Bankbetriebsstätten ergibt (§ 20 Abs. 1 Satz 1 BsGaV). Die Kapitalaufteilungsmethode für Bankbetriebsstätten ist grundsätzlich nicht für ausländische Bankbetriebsstätten anzuwenden, sie beschreibt vielmehr lediglich eine Obergrenze für die Zuordnung von Dotationskapital. Das für eine solche Höchstbetragsberechnung nach der Kapitalaufteilungsmethode für Bankbetriebsstätten aufzuteilende Eigenkapital i. S. d. § 21 Abs. 2 i. V. m. § 20 Abs. 1 BsGaV entspricht dem bankenaufsichtsrechtlichen Kernkapital i. S. d. KWG (siehe auch Rn. 234).

**Fall – Obergrenze des Dotationskapitals:**

Ein inländisches Kreditinstitut X (X) hat eine ausländische Bankbetriebsstätte A (A) im Staat Y. Das nach deutschen Vorschriften ermittelte Kernkapital von X beträgt 2000. Die gewichteten Risiken von X betragen insgesamt 10 000 Einheiten. Auf A entfallen hiervon 2000 Einheiten. Für A bestehen nachweislich besondere Risiken, die die Zuordnung eines Dotationskapitals rechtfertigen, das höher ist als das nach ausländischem Bankenaufsichtsrecht vorgeschriebene Mindestkapital von 200.

**Lösung:**

In welchem Umfang A ein höheres Dotationskapital zuzuweisen ist, hängt von den Umständen des Einzelfalls und einem entsprechenden Nachweis ab. Nach der Kapitalaufteilungsmethode für Bankbetriebsstätten liegt die Obergrenze (§ 21 Abs. 2 Satz 2 BsGaV) bei 2000 × 2000/10 000 Einheiten = 400.

### 2.21.3. Erfordernisse des ausländischen Bankenaufsichtsrechts (§ 21 Abs. 3 BsGaV)

§ 21 Abs. 3 Satz 1 BsGaV geht auf einen im Einzelfall denkbaren Konflikt ein, der entstehen kann, wenn das ausländische Bankenaufsichtsrecht zwingend eine höhere Dotation für die ausländische Bankbetriebsstätte vorschreibt, als dies die Öffnungsklausel des § 21 Abs. 2 BsGaV höchstens zulässt. Die bankenaufsichtsrechtlichen Vorschriften des Auslands sind nach dem Fremdvergleichsgrundsatz zu beachten, denn sie sind eine der generellen Voraussetzungen dafür, dass das inländische Kreditinstitut durch seine ausländische Bankbetriebsstätte auf dem ausländischen Markt tätig werden kann. In diesen Fällen kann sogar ein Betrag angesetzt werden, der den Betrag, der sich nach der Kapitalaufteilungsmethode für Bankbetriebsstätten nach § 21 Abs. 2 Satz 2 BsGaV ergibt, überschreitet, wenn dadurch ein internationaler Besteuerungskonflikt vermieden wird. 262

Nach § 21 Abs. 3 Satz 2 BsGaV muss dem übrigen Unternehmen allerdings rechnerisch nach Abzug des der ausländischen Bankbetriebsstätte zugewiesenen Dotationskapitals mindestens ein Eigenkapital verbleiben, das nach den Kriterien des inländischen Bankenaufsichtsrechts für das übrige Unternehmen, wäre es ein selbständiges Kreditinstitut, ausreichen würde. Denn sonst entspräche die Kapitalausstattung für das übrige Unternehmen, wäre es ein selbständiges Kreditinstitut, nicht den im Inland geltenden, bankenaufsichtsrechtlichen Vorgaben. 263

**Fall – Höchstgrenze für Dotationskapital ausländischer Bankbetriebsstätten:**
Ein inländisches Kreditinstitut X (X) hat eine ausländische Bankbetriebsstätte A (A) im Staat Y. Das nach deutschen Vorschriften ermittelte Kernkapital von X beträgt 2000 Einheiten. Die gewichteten Risiken von X betragen insgesamt 10 000 Einheiten. Auf A entfallen hiervon 2000 Einheiten. X weist A ein Dotationskapital von 800 Einheiten zu, weil nach dem Bankenaufsichtsrecht des Staats A mindestens Dotationskapital in dieser Höhe zuzuweisen ist. Nach deutschem Bankenaufsichtsrecht wäre für das übrige Unternehmen, wäre es ein inländisches Kreditinstitut, mindestens Eigenkapital von 1500 Einheiten erforderlich.

**Lösung:**
Nach § 21 Abs. 3 Satz 1 BsGaV (Sonderfall der Mindestkapitalausstattungsmethode für Bankbetriebsstätten) ist A grundsätzlich auch steuerlich – entsprechend dem ausländischen Bankenaufsichtsrecht – das zwingend erforderliche Dotationskapital zuzuweisen, auch wenn dieses höher ist, als es sich nach der Kapitalaufteilungsmethode für Bankbetriebsstätten (§ 21 Abs. 1 BsGaV) ergibt. Allerdings darf A nach § 21 Abs. 3 Satz 2 BsGaV nur so viel Dotationskapital zugeordnet werden, dass dem übrigen Unternehmen genügend Kernkapital verbleibt (Mindestkapital nach deutschem Bankenaufsichtsrecht). Vorliegend übersteigt die Summe des jeweiligen Mindestkapitals (800 Einheiten für A und 1500 Einheiten für das übrige Unternehmen) das vorhandene Kernkapital von X. Deshalb kann A steuerlich höchstens ein Dotationskapital von 2000 – 1500 = 500 Einheiten zugeordnet werden.

### 2.21.4. Unterkapitalisiertes inländisches Kreditinstitut (§ 21 Abs. 4 BsGaV)

Im Fall eines unterkapitalisierten inländischen Kreditinstituts mit einer ausländischen Bankbetriebsstätte kann der Fremdvergleichsgrundsatz des § 1 Abs. 5 AStG Modifikationen bei der Ermittlung des steuerlich anzusetzenden Dotationskapitals für die ausländische Bankbetriebsstätte erfordern (siehe auch Rn. 245 zu § 20 Abs. 4 BsGaV). § 21 Abs. 4 BsGaV regelt zwei relevante Fallgruppen, die im Zusammenhang mit der Anwendung von Waiver-Regel- 264 ungen auftreten können, die es zulassen, dass die bankenaufsichtsrechtlichen Eigenkapitalanforderungen insgesamt auf einen Bankkonzern angewendet werden und nicht mehr auf das einzelne Kreditinstitut (z. B. § 2 a KWG):

– Die erste Fallgruppe betrifft Sachverhalte, in denen ein inländisches Kreditinstitut, zu dem eine ausländische Bankbetriebsstätte gehört, Teil einer inländischen Kreditinstitutsgruppe ist, auf die § 2 a KWG angewendet wird.
– Die zweite Fallgruppe betrifft Sachverhalte, in denen auf ein inländisches Kreditinstitut, zu dem eine ausländische Bankbetriebsstätte gehört, eine Regelung angewendet wird, die Art. 7 der Verordnung (EU) Nr. 575/2013 entspricht, weil das inländische Kreditinstitut Teil einer ausländischen Kreditinstitutsgruppe eines Staats der Europäischen Union oder des Europäischen Wirtschaftsraums ist.

**265** In beiden Fallgruppen kann die Folge sein, dass das inländische Kreditinstitut – isoliert betrachtet – über ein geringeres Kernkapital verfügt, als es nach bankenaufsichtsrechtlichen Grundsätzen für die Summe der risikogewichteten Positionsbeträge erforderlich wäre (Unterkapitalisierung), wenn entweder § 2 a KWG oder die Bestimmungen einer Regelung eines anderen Staats der Europäischen Union oder des Europäischen Wirtschaftsraums (Waiver), die Art. 7 der Verordnung (EU) Nr. 575/2013 entspricht, nicht anwendbar wären.

**266** Verfügt das inländische Kreditinstitut wegen einer Waiver-Regelung nur über ein geringes Kernkapital und macht es oder eine ausländische Finanzverwaltung geltend, dass für eine ausländische Bankbetriebsstätte ein Mindestdotationskapital entsprechend § 21 Abs. 1 Satz 1 BsGaV zu berücksichtigen ist, so kommt es zu Besteuerungskonflikten, wenn nach Zuordnung dieses Mindestkapitals bankenaufsichtsrechtlich kein ausreichendes Kernkapital für das übrige Unternehmen, wäre es selbständig, verbleibt. Denn Kernkapital muss nach dem Fremdvergleichsgrundsatz auch für das übrige Unternehmen mindestens in Höhe des Betrags zur Verfügung stehen, den das übrige Unternehmen, wäre es ein selbständiges Kreditinstitut, bankenaufsichtsrechtlich nachweisen müsste, um in Deutschland Bankgeschäfte tätigen zu können.

**Fall – Konfliktfall Waiver:**

Ein inländisches Kreditinstitut X (X) gehört zu einer inländischen Waiver-Gruppe (§ 2 a KWG) und hat eine ausländische Bankbetriebsstätte A (A) im Staat Y. Das nach deutschem Bankenaufsichtsrecht ohne Berücksichtigung der Waiver-Regelung zur Deckung aller gewichteten Risiken mindestens erforderliche Kernkapital von X beträgt 1000 Einheiten. Das Kernkapital, das X innerhalb der Waiver-Gruppe tatsächlich zugeordnet ist, beträgt 900 Einheiten. Die gewichteten Risiken von X betragen 10 000 Einheiten. Auf A entfallen hiervon 2000 Einheiten. Nach dem Bankenaufsichtsrecht des Staats Y ist A mindestens ein Dotationskapital von 200 Einheiten zuzuordnen. Nach deutschem Bankenaufsichtsrecht – ohne Waiver – wäre dem übrigen Unternehmen mindestens Kernkapital i. H. v. 800 Einheiten zuzuordnen.

**Lösung:**

Die Summe der Mindestkapitalausstattung für A und für das übrige Unternehmen beträgt 1000 Einheiten. X verfügt tatsächlich aber nur über ein Kernkapital von 900 Einheiten. Nach § 21 Abs. 4 BsGaV kann A in diesem Fall lediglich so viel Dotationskapital zugeordnet werden, dass dem übrigen Unternehmen das nach deutschem Bankenaufsichtsrecht mindestens notwendige Kernkapital (800 Einheiten) verbleibt. Für A steht somit Dotationskapital lediglich i. H. v. 100 Einheiten zur Verfügung. Der daraus entstehende internationale Besteuerungskonflikt ist durch die Entscheidungen der Waiver-Gruppe verursacht worden, den Waiver zu nutzen und X lediglich ein Kernkapital von 900 Einheiten zur Verfügung zu stellen.

**Abwandlung:**
Wie der Grundfall, aber X gehört zu einer ausländischen Waiver-Gruppe.

**Lösung:**
Wie der Grundfall.

### 2.21.5. Auswirkungen ausländischen Bankenaufsichtsrechts (§ 21 Abs. 5 BsGaV)

§ 21 Abs. 5 Satz 1 BsGaV bestimmt, dass § 13 Abs. 5 BsGaV entsprechend anzuwenden ist, allerdings unter Hinweis auf das ausländische Bankenaufsichtsrecht. Im Rahmen der Faktoren, die steuerlich Grund für eine Änderung des Dotationskapitals ausländischer Bankbetriebsstätten während des laufenden Geschäftsjahrs sein können, ist ggf. auch das ausländische Bankenaufsichtsrecht für ausländische Kreditinstitute von Bedeutung, das nach dem Fremdvergleichsgrundsatz auch für ausländische Bankbetriebsstätten zu berücksichtigen ist. Auf die Beschränkung der Änderungsmöglichkeit durch die Finanzverwaltung nach § 1 Abs. 5 AStG wird hingewiesen. 267

Nach § 21 Abs. 5 Satz 2 BsGaV ist § 13 BsGaV sinngemäß auf ausländische Bankbetriebsstätten anzuwenden, denn § 21 BsGaV enthält lediglich ergänzend besondere Regelungen, vor allem im Hinblick auf das Bankenaufsichtsrecht. 268

§ 21 Abs. 5 BsGaV ordnet über § 13 Abs. 5 BsGaV hinaus eine Änderung des Dotationskapitals einer ausländischen Bankbetriebsstätte innerhalb des Wirtschaftsjahrs an, wenn die rechtlichen Anforderungen des ausländischen Bankenaufsichtsrechts geändert werden und dies im konkreten Fall eine Anpassung des Dotationskapitals erfordert. Daneben ist nach § 13 Abs. 5 BsGaV allerdings auch eine Anpassung des Dotationskapitals einer ausländischen Bankbetriebsstätte aufgrund von Änderungen der Zuordnung von Personalfunktionen, von Vermögenswerten oder von Chancen und Risiken durchzuführen, wenn die sich daraus ergebende Veränderung des zuzuordnenden Dotationskapitals erheblich ist (siehe Rn. 151, die sinngemäß auch für ausländische Bankbetriebsstätten gilt) Eine Veränderung ist erheblich, wenn das Dotationskapital zu Beginn des folgenden Wirtschaftsjahrs um mehr als 30% vom Dotationskapital zu Beginn des Wirtschaftsjahrs abweicht, aber nur dann, wenn die Abweichung mindestens 2 Mio. Euro beträgt. Indikator für eine erhebliche Veränderung des Dotationskapitals ist insbesondere die Veränderung der jeweils der ausländischen Bankbetriebsstätte zuzuordnenden Summe der risikogewichteten Positionsbeträge, denn hiervon wird im Regelfall das bankenaufsichtsrechtlich zuzuordnende Dotationskapital maßgeblich beeinflusst. 269

Die entsprechende Anwendung des § 13 BsGaV umfasst auch die zeitlich begrenzte Nichtbeanstandung der Über- oder Unterdotierung einer ausländischen Bankbetriebsstätte (vgl. Rn. 144 zu § 13 Abs. 1 BsGaV) aufgrund der Neubestimmung des Dotationskapitals jeweils zum Beginn des Wirtschaftsjahrs (siehe Rn. 129). Voraussetzung für die Nichtbeanstandung ist, dass die zum Ende des Vorjahrs entstandene Über- bzw. Unterdotierung unverzüglich beseitigt wird, nachdem das Unternehmen sie erkannt hat oder erkennen musste. Die Berechnungen, die die Über- bzw. Unterdotierung erkennbar gemacht haben, und die Buchungen, die die Über- bzw. Unterdotierung be- 270 seitigen, sind im Rahmen der Hilfs- und Nebenrechnung nach § 3 BsGaV aufzuzeichnen (siehe Rn. 63).

### 2.21.6. Ausschluss für ausländische Betriebsstätten inländischer Finanzdienstleistungsinstitute, die nicht der Bankenaufsicht unterliegen (§ 21 Abs. 6 BsGaV)

271 Nach § 21 Abs. 6 BsGaV gilt § 21 Abs. 1 bis 5 BsGaV, der ausdrücklich auf das Bankenaufsichtsrecht abstellt, nicht für ein inländisches Finanzdienstleistungsinstitut und seine ausländischen Betriebsstätten, wenn das inländische Finanzdienstleistungsinstitut keine bankenaufsichtsrechtlichen Eigenkapitalanforderungen erfüllen muss. Durch diese Regelung wird die Rechtsfolge des § 18 BsGaV verdeutlicht, dass ein Finanzdienstleistungsinstitut nicht in den Anwendungsbereich des Abschnitts 2 der BsGaV fällt, weil es keine Bankgeschäfte betreibt (siehe Rn. 192).

## 2.22. Globaler Handel mit Finanzinstrumenten (§ 22 BsGaV)

### 2.22.1. Grundsatz für die Zuordnung von Finanzinstrumenten zu Bankbetriebsstätten (§ 22 Abs. 1 BsGaV)

272 § 22 Abs. 1 Satz 1 BsGaV verweist für die Zuordnung von Finanzinstrumenten auf die Vorschrift für finanzielle Vermögenswerte von Kreditinstituten in § 19 BsGaV, die grundsätzlich auch im Bereich des globalen Handels mit Finanzinstrumenten anzuwenden ist. Ergänzend kommt über die Regelung des § 18 BsGaV auch die Anwendung der allgemeinen Vorschriften des Abschnitts 1 Unterabschnitt 2 der BsGaV in Betracht. § 22 BsGaV ist insofern eine Spezialvorschrift zu § 19 BsGaV, so wie § 19 BsGaV eine Spezialvorschrift für Abschnitt 1 Unterabschnitt 2 der BsGaV ist. § 22 Abs. 1 Satz 1 BsGaV enthält die allgemeine Definition für den globalen Handel mit Finanzinstrumenten (siehe auch OECD-Betriebsstättenbericht, Teil III Tz. 7).

273 § 22 Abs. 1 Satz 2 BsGaV enthält eine beispielhafte, nicht abschließende Aufzählung von Geschäftsaktivitäten, die unter den globalen Handel mit Finanzinstrumenten fallen. Zur weiteren Klarstellung wird in der BsGaV auch auf innerstaatliche Rechtsgrundlagen Bezug genommen.

### 2.22.2. Aufteilung des Ergebnisses (§ 22 Abs. 2 BsGaV)

274 § 22 Abs. 2 Satz 1 BsGaV lässt für den globalen Handel mit Finanzinstrumenten eine anteilige Aufteilung der steuerlich realisierten und nichtrealisierten Ergebnisse nach einem sachgerechten Aufteilungsschlüssel zu, wenn die unternehmerischen Risikoübernahmefunktionen bezogen auf verschiedene Finanzinstrumente über ein globales Buch in mehreren Bankbetriebsstätten ausgeübt werden. Denn Finanzinstrumente im globalen Handel, die über ein globales Buch gehandelt werden, auf das häufig mehrere Bankbetriebsstätten in verschiedenen Ländern abwechselnd oder gleichzeitig Zugriff haben, lassen sich meist nicht oder nur mit unverhältnismäßigem Aufwand einzeln bestimmten Bankbetriebsstätten zuordnen. In diesem Bereich kommen häufig Funktionsaufteilungen (siehe Rn. 42) vor, die komplex ausgestaltet sind (siehe auch OECD-Betriebsstättenbericht, Teil III Tz. 206). Sind noch nicht realisierte Ergebnisse aus dem globalen Handel mit Finanzinstrumenten der Besteuerung zugrunde zu legen (§ 5 Abs. 1 a EStG i. V. m. § 254 HGB bzw. § 6

Abs. 1 Nr. 2 b EStG), so gelten diese Grundsätze auch für die Aufteilung der noch nicht realisierten Ergebnisse.

**Fall – Zur Abgrenzung:**

Das ausländische Kreditinstitut Y (Y) in Staat A unterhält in den Staaten B und C die Bankbetriebsstätten B (B) und C (C). Im Staat A befindet sich auch die Handelsabteilung von Y, die alle Trading-Funktionen (Trading & Day-to-day Risk Management gem. Rn. 205 und Rn. 206) für die gehandelten Vermögenswerte ausübt. Die Kundenbetreuer von A, B und C erbringen die Sales-/Marketing-Funktion (siehe Rn. 204), d. h., sie vertreiben die Finanzprodukte auf Basis der von der Trading-Abteilung in A aufgestellten Vorgaben an die Kunden der Bank.

**Lösung:**

Die Finanzprodukte und die aus den Handelsaktivitäten erzielten Ergebnisse sind aufgrund der in A ausgeübten unternehmerischen Risikoübernahmefunktionen A zuzuordnen. Für die Übernahme der Sales-/Marketing-Funktionen ist für B und C ein dem Fremdvergleichsgrundsatz entsprechendes Entgelt anzusetzen.

**Fallabwandlung – Globaler Handel:**

In den Betriebsstätten B (B), C (C) und D (D) des ausländischen Kreditinstituts Y (Y) in Staat A bestehen jeweils Handelsabteilungen, die eigenständig die Vermögenswerte von Y handeln. Für bestimmte Finanzprodukte existieren globale Handelsbücher, die (formal) von A geführt werden. Die Händler aller Bankbetriebsstätten verfügen über eine uneingeschränkte Handelserlaubnis für alle Positionen der weltweiten Handelsbücher.

**Lösung:**

Eine konkrete Zuordnung der einzelnen Vermögenswerte und der jeweils erzielten Ergebnisse zu den in den jeweiligen Bankbetriebsstätten ausgeübten Personalfunktionen ist nicht möglich. Die Vermögenswerte und Ergebnisse sind nach einem sachgerechten Schlüssel auf die beteiligten Bankbetriebsstätten B, C und D aufzuteilen.

§ 22 Abs. 2 Satz 2 BsGaV lässt zur Erleichterung der Handhabung eine Buchung der Finanzinstrumente (finanzielle Vermögenswerte) zu, die von der anteiligen Aufteilung der Einkünfte abweicht, wenn die anteilige Zuordnung der Chancen und Risiken für die Zuordnung des jeweiligen Dotationskapitals berücksichtigt und das Ergebnis der betreffenden Bankbetriebsstätten nicht beeinflusst wird. Denn häufig ist in einem Kreditinstitut eine Bankbetriebsstätte bestimmt, in der aus Vereinfachungsgründen zentral die Buchungen für den globalen Handel durchgeführt werden (Booking Location, siehe z. B. OECD-Betriebsstättenbericht, Teil III Tz. 201 und Tz. 215). Durch Satz 2 werden die Anforderungen des Fremdvergleichsgrundsatzes ausreichend zur Geltung gebracht. Die Erleichterungen stehen unter dem Vorbehalt, dass die Handhabung transparent und konsistent in den Hilfs- und Nebenrechnungen der betreffenden Bankbetriebsstätte dargestellt wird. 275

**Fall – Abweichende Zuordnung im globalen Handel:**

Das ausländische Kreditinstitut Y (Y) unterhält im Inland und in seinen ausländischen Bankbetriebsstätten in den Staaten A, B und C Handelsabteilungen, die gemeinsam das Vermögen von Y verwalten. Für bestimmte Finanzprodukte existierten gemeinsame, globale Handelsbücher, die (formal) von der ausländischen Betriebsstätte A (A) geführt werden. Die Händler aller Bankbetriebsstätten verfügen über eine uneingeschränkte Handelserlaubnis für alle Positionen der weltweiten Handelsbücher. Alle Buchungen erfolgen dabei auf Depots bzw. Konten, die intern der Betriebsstätte A zugeordnet sind (Booking Location).

**Lösung:**

Eine konkrete Zuordnung der einzelnen Vermögenswerte und der jeweils erzielten Ergebnisse zu den in den jeweiligen Bankbetriebsstätten ausgeübten Personalfunktionen ist nicht möglich. Nach § 22 Abs. 2 Satz 2 BsGaV kann die Zuordnung der Vermögenswerte zu A grundsätzlich anerkannt werden. Dies gilt jedoch nicht für die Ermittlung des Dotationskapitals: In der Berechnung für die inländische Bankbetriebsstätte müssen gem. § 20 BsGaV die Risikopositionen aus den der deutschen Bankbetriebsstätte anteilig zuzurechnenden Vermögenswerten berücksichtigt werden. Hierfür ist ein sachgerechter Schlüssel, der die im Inland ausgeübten Personalfunktionen angemessen berücksichtigt, anzuwenden. Nach diesem Schlüssel sind die Ergebnisse aus den Handelsaktivitäten auf die beteiligten Bankbetriebsstätten aufzuteilen.

### 2.22.3. Anzuwendende Verrechnungspreismethode (§ 22 Abs. 3 BsGaV)

276 § 22 Abs. 3 BsGaV enthält eine widerlegbare Vermutung, dass in Fällen des globalen Handels mit Finanzinstrumenten auf der Grundlage der übernommenen unternehmerischen Risikoübernahmefunktionen vorrangig die Restgewinnaufteilungsmethode (siehe auch OECD-Leitlinien, Tz. 2.121 ff. – Residual Profit Split) anzuwenden ist. Denn diese Methode ist am besten geeignet, den funktionalen Verhältnissen des globalen Handels mit Finanzinstrumenten gerecht zu werden. Andere Methoden sind anwendbar, wenn sie zu einem Ergebnis der beteiligten Bankbetriebsstätten führen, das im Einzelfall aus der Sicht der beiden gedachten ordentlichen und gewissenhaften Geschäftsleiter dem Fremdvergleichsgrundsatz besser entspricht.

**Fall – Verrechnungspreismethode**

Ein inländisches Kreditinstitut X (X) unterhält globale Bücher, in denen es den auf eigene Rechnung betriebenen Handel mit Zinsprodukten in der jeweiligen Währung weltweit zentral erfasst. Die Handelsaktivitäten werden in den ausländischen Bankbetriebsstätten A (A) und B (B) ausgeübt. B übernimmt dabei ausschließlich An- und Verkaufsleistungen im Segment börsengehandelter Euro-Anleihen. Vergleichbare An- und Verkaufsleistungen erbringt B auch an Kunden, denen hierfür eine volumenabhängige Transaktionsgebühr in Rechnung gestellt wird.

**Lösung:**

Das Ergebnis von B aus den Eigenhandelsaktivitäten kann auf Basis der Preisvergleichsmethode durch eine fiktive Transaktionsgebühr zu Lasten von A ermittelt werden. Das Ergebnis von A ergibt sich entsprechend dem Fremdvergleichsgrundsatz aus dem tatsächlichen Ergebnis der Handelsaktivitäten aus dem Handelsbuch „Euro-Zinsprodukte" abzüglich der B zugewiesenen Transaktionsgebühren.

277 Andere Leistungen einer Bankbetriebsstätte, die dem übrigen Unternehmen im Rahmen einer anzunehmenden schuldrechtlichen Beziehung (§ 16 Abs. 1 Nr. 1 BsGaV) erbracht werden, sind vorab zu Lasten der Bankbetriebsstätten, denen die unternehmerischen Risikoübernahmefunktionen für die betreffenden Vermögenswerte zuzuordnen sind, zu vergüten (deshalb wird in § 22 Abs. 3 BsGaV der Begriff „Restgewinn" verwendet). Diese vorab zu vergütenden Leistungen sind im Einzelfall auf Basis einer Funktions- und Risikoanalyse (§ 4 Nr. 3 i. V. m. § 7 GAufzV) daraufhin zu untersuchen, ob eine sachgerechte Verrechnungspreismethode verwendet wird.

278 § 22 Abs. 3 BsGaV ist auch anwendbar auf Geschäftsvorfälle im globalen Handel mit Finanzinstrumenten, soweit der Handel für Kunden ausgeübt wird, und tritt insoweit an die Stelle einer Zuordnung der Geschäftsvorfälle nach § 9 BsGaV.

### 2.23. Allgemeines zu Versicherungsbetriebsstätten (§ 23 BsGaV)

279 Abschnitt 3 der BsGaV (§§ 23 bis 29 BsGaV) ist speziell auf Betriebsstätten anzuwenden, die das Versicherungsgeschäft betreiben (Versicherungsbetriebs-

stätten – siehe auch OECD-Betriebsstättenbericht, Teil IV Tz. 1). Der Begriff „Versicherungsbetriebsstätte“ ist unter Bezugnahme auf § 1 Abs. 1 Nr. 1 VAG (§ 1 Abs. 1 Nr. 1 VAG a. F.) in § 23 BsGaV definiert.

Versicherungsgeschäfte sind gesetzlich nicht definiert. Üblicherweise werden darunter Geschäfte verstanden, bei denen gegen Prämienzahlung für den Fall eines ungewissen Ereignisses bestimmte Leistungen versprochen werden, wobei das übernommene Risiko auf eine Vielzahl von Personen verteilt wird. Der Risikoübernahme liegt eine auf dem Gesetz der großen Zahlen beruhende Kalkulation zugrunde (siehe auch OECD-Betriebsstättenbericht, Teil IV Tz. 5). 280

Werden von einer Versicherungsbetriebsstätte auch andere Geschäftstätigkeiten ausgeübt oder sind für Versicherungsbetriebsstätten im Abschnitt 3 der BsGaV (§§ 23 bis 28 BsGaV) keine besonderen Regelungen getroffen worden, so gelten die allgemeinen Regelungen der §§ 1 bis 11 und §§ 14 bis 17 BsGaV. Hinzuweisen ist auf die Rn. 63 (Aufzeichnungspflichten), die u. a. den Zweck verfolgt, internationale Besteuerungskonflikte (Doppelbesteuerung bzw. Nichtbesteuerung) zu erkennen und nach Möglichkeit zu vermeiden. Das Dotationskapital einer Versicherungsbetriebsstätte ist auch in den Fällen einer gemischten Tätigkeit nach §§ 25 und 26 BsGaV zu bestimmen. 281

Hat ein Versicherungsunternehmen in einem anderen Staat eine Betriebsstätte, die keine Versicherungsgeschäfte betreibt, so gelten für diese Betriebsstätte insgesamt nur die Vorschriften der §§ 1 bis 17 BsGaV. 282

## 2.24. Besondere Zuordnungsregelungen für Versicherungsbetriebsstätten (§ 24 BsGaV)

### 2.24.1. Grundsatz: Zuordnung von Vermögenswerten, die durch den Abschluss eines Versicherungsvertrags entstehen (§ 24 Abs. 1 BsGaV)

Die Terminologie für Versicherungsbetriebsstätten weicht von der allgemeinen Terminologie in § 2 Abs. 4 BsGaV („maßgebliche Personalfunktionen“ – OECD: „Significant People Functions“) ab. Die Personalfunktionen, die für die Zuordnung von Vermögenswerten, die durch den Abschluss eines Versicherungsvertrags entstehen, entscheidend sind, werden im Zusammenhang mit Versicherungsbetriebsstätten als unternehmerische Risikoübernahmefunktion (OECD: „KERT Function“, siehe auch Rn. 197) bezeichnet. Die Zuordnung eines Vermögenswerts im Versicherungsbereich erfordert die Zuordnung sämtlicher, mit dem Vermögenswert zusammenhängender Chancen und Risiken, d. h. sowohl der Chancen und Risiken des Vermögenswerts selbst als auch der Chancen und Risiken der unternehmerischen Verwendung des Vermögenswerts. Andere Vermögenswerte und Geschäftsvorfälle sowie Chancen und Risiken sind entsprechend der allgemeinen Regeln der §§ 5 bis 11 BsGaV zuzuordnen. 283

Im Versicherungsgeschäft ist für die Übernahme des Versicherungsrisikos die Personalfunktion des Zeichnungsprozesses entscheidend (siehe auch OECD-Betriebsstättenbericht, Teil IV Tz. 94). Die Personalfunktion des Zeichnungsprozesses ist die Funktion, durch die die mit dem Versicherungsvertrag verbundenen Chancen und Risiken, insbesondere das versicherungstechnische Risiko, für das Versicherungsunternehmen entstehen. Ziel des 284

Zeichnungsprozesses ist, die versicherten Risiken im Verhältnis zur Preisgestaltung der entsprechenden Versicherungsverträge sachgerecht einzustufen (siehe auch OECD-Betriebsstättenbericht, Teil IV Tz. 35). Der Zeichnungsprozess (siehe auch OECD-Betriebsstättenbericht, Teil IV Tz. 69) ist somit die unternehmerische Risikoübernahmefunktion für Versicherungsunternehmen (§ 24 Abs. 1 Satz 2 BsGaV).

**285** Der Zeichnungsprozess besteht aus folgenden fünf Schritten (§ 24 Abs. 1 Satz 3 BsGaV (siehe auch OECD-Betriebsstättenbericht, Teil IV Tz. 34 und Tz. 35):

**a) Festlegung der Zeichnungsstrategie (§ 24 Abs. 1 Satz 3 Nr. 1 BsGaV)**

Die Festlegung der Zeichnungsstrategie, die von dem für die Zeichnungsentscheidung im Versicherungsgeschäft oder Rückversicherungsgeschäft zuständigen Personal einzuhalten ist, ist Teil des Risikomanagements und muss auf die fachlichen Fähigkeiten und Kompetenzen des Personals des Versicherungsunternehmens zugeschnitten sein. Die Zeichnungsstrategie

– definiert die Parameter für die Höhe des zu versichernden Risikos, die sowohl allgemein, aber auch detailliert gehalten sein können,
– bestimmt Art und Umfang der Geschäftstätigkeit des Versicherungsunternehmens und
– ist nach den Umständen des Einzelfalls ein wichtiger Faktor für die Rentabilität des Versicherungsgeschäfts.

Für die Bedeutung der Festlegung der Zeichnungsstrategie kommt es entscheidend darauf an, in welchem Ausmaß diese aktiv zum Zeichnungsprozess beiträgt (siehe OECD-Betriebsstättenbericht, Teil IV Tz. 70 und Tz. 94).

**b) Risikoklassifizierung und Risikoauswahl (§ 24 Abs. 1 Satz 3 Nr. 2 BsGaV)**

Der Prozess der Klassifizierung und Auswahl des versicherten Risikos ist der Zeichnungsprozess im engeren Sinne. Dieser Prozess umfasst die Analyse des spezifischen Risikos und der diesbezüglichen Risikokategorie. Je nach Risiko, Kosten und Marktbedingungen bestimmt dieser Prozess den Preis (die Prämie), ggf. unter Anwendung entsprechender Prämientabellen. Der Prozess der Risikoklassifizierung und Risikoauswahl kann darüber hinaus die Aufgabe beinhalten, das Risiko auszuwählen und die Kapazitätsgrenzen zu überprüfen. Grundanforderungen sind die Klassifizierung von Risiken auf der Basis ausgewählter Kriterien und der Verwendung einschlägiger Statistiken.

**c) Preisgestaltung (§ 24 Abs. 1 Satz 3 Nr. 3 BsGaV)**

Die Preis- und Konditionengestaltung der Prämien für einen Vertrag kann ein wesentlicher Bestandteil des Zeichnungsprozesses sein. Handelt es sich um ein standardisiertes Produkt und werden die Prämien mit Bezugnahme auf anwendbare Prämientabellen festgelegt, hat die Preisgestaltung des Vertrags – wenn die Klassifizierung des Risikos abgeschlossen ist – für den Zeichnungsprozess keine Bedeutung. Im Lebensversicherungsgeschäft wird die Preisgestaltung des versicherten Risikos von Aktuaren i. S. d. § 141 VAG (§ 11 a VAG a. F.) vorgenommen, auch hier hat die Preisgestaltung für den Zeichnungsprozess keine Bedeutung.

**d) Analyse der Risikoweitergabe (§ 24 Abs. 1 Satz 3 Nr. 4 BsGaV)**

Im Rahmen des Zeichnungsprozesses kann auch entschieden werden, welcher Teil des versicherten Risikos (durch das Versicherungsunternehmen) selbst getragen werden sollte und welcher Teil an einen Rückversicherer abgegeben wird und zu welchen Bedingungen.

**e) Annahme der versicherten Risiken (§ 24 Abs. 1 Satz 3 Nr. 5 BsGaV)**

Die Entscheidung, einen Versicherungsvertrag abzuschließen, ist der Teil des Zeichnungsprozesses, der das Versicherungsunternehmen dem Versicherungsrisiko aussetzt. Für die Gewichtung dieses Teils des Zeichnungsprozesses ist der Entscheidungsspielraum des dafür zuständigen Personals entscheidend. Das Personal kann einerseits über ein erhebliches Maß an Unabhängigkeit und Kompetenzen verfügen oder andererseits nach detaillierten Vorgaben – ohne wesentliche eigene Entscheidungsbefugnisse – arbeiten.

Die Klassifizierung der versicherten Risiken erfolgt im Regelfall auf der Basis ausgewählter Kriterien und unter Verwendung einschlägiger Statistiken (siehe auch OECD-Betriebsstättenbericht, Teil IV Tz. 36). Bei standardisierten Produkten im Massengeschäft (z. B. Reisegepäckversicherung, Auslandsreisekrankenversicherung) kann dieses Verfahren weitgehend automatisiert sein. Bei komplexen bzw. individuell gestalteten Versicherungsverträgen (z. B. Produkthaftpflichtversicherung, Betriebsunterbrechungsversicherung, Rückversicherung) erfordert der Prozess eine umfassende Prüfung der versicherten Risiken sowie eine ausgeprägte Fachkompetenz, insbesondere in den Bereichen Risikostrukturierung sowie der rechtlichen, medizinischen und physischen Implikationen. 286

Die Vertragsausfertigung umfasst insbesondere die Angebotsbearbeitung, die Zeichnung der Risiken, die Vertragserstellung und die Auftragsvergabe. 287

Für die Bestimmung der unternehmerischen Risikoübernahmefunktion sind nur die Schritte der Personalfunktion des Zeichnungsprozesses i. S. d. Rn. 285 heranzuziehen, die durch eigenes Personal des Versicherungsunternehmens i. S. d. § 2 Abs. 4 BsGaV ausgeübt werden (siehe Rn. 74 ff.). Ausgegliederte Schritte der Personalfunktion des Zeichnungsprozesses, d. h. Funktionen, die aufgrund eines Ausgliederungsvertrags i. S. d. § 32 VAG (Funktionsausgliederungsvertrag i. S. d. § 5 Abs. 3 Nr. 4, § 119 Abs. 2 Satz 2 Nr. 6 VAG a. F. oder Dienstleistungsvertrag i. S. d. § 64 a Abs. 4 VAG a. F.) durch unabhängige Dritte oder durch nahe stehende Unternehmen erbracht werden, sind für die Bestimmung der unternehmerischen Risikoübernahmefunktion nicht heranzuziehen. 288

Übt ein Versicherungsunternehmen das Versicherungsgeschäft in einem anderen Staat durch eine Versicherungsbetriebsstätte aus, die nicht über eigenes Personal i. S. d. § 2 Abs. 4 BsGaV verfügt, so liegt ein Fall des ständigen Vertreters vor, wenn das Versicherungsgeschäft im Betriebsstättenstaat durch Personal eines nahestehenden Unternehmens, das im selben Staat ansässig ist, in der Weise betrieben wird, dass das nahestehende Unternehmen die unternehmerische Risikoübernahmefunktion für die Versicherungsbetriebsstätte ausübt und die Versicherungsverträge im Namen und für Rechnung der Versicherungsbetriebsstätte abschließt (Ständiger Vertreter i. S. d. § 13 AO; siehe § 39 289

BsGaV, Art. 5 Abs. 5 OECD-MA). In diesem Fall wird die unternehmerische Risikoübernahmefunktion in der Versicherungsbetriebsstätte ausgeübt, der die Versicherungsverträge zuzuordnen sind.

**Fall – Ständiger Vertreter:**

Ein Versicherungsunternehmen X (X) mit Sitz im Inland übt das Versicherungsgeschäft in einem EU- bzw. EWR-Mitgliedstaat durch eine Niederlassung A (A) aus. A verfügt über kein eigenes Personal. Mit der Betriebsführung von A ist vertraglich das nahestehende Unternehmen Y (Y), eine Tochtergesellschaft der X, beauftragt. Y übt nachweislich die unternehmerische Risikoübernahme für die von ihr im Namen und für Rechnung der Niederlassung abgeschlossenen Versicherungsverträge aus.

**Lösung:**

A verfügt über kein eigenes Personal i. S. d. § 2 Abs. 4 BsGaV. Auch eine Personalüberlassung i. S. d. § 2 Abs. 4 Satz 2 BsGaV durch Y liegt nicht vor, da die Leistungsverpflichtung der Y über die bloße Personalgestellung hinausgeht. Y ist daher ständiger Vertreter i. S. d. § 13 AO für X. Nach § 39 Abs. 2 BsGaV sind die vom Personal des ständigen Vertreters ausgeübten Personalfunktionen, insbesondere die unternehmerische Risikoübernahmefunktion bezüglich der im Namen und für Rechnung der Niederlassung abgeschlossen Versicherungsverträge, als eigene Personalfunktion der Niederlassung anzusehen. Damit sind die von Y abgeschlossenen Versicherungsverträge ebenfalls der Niederlassung zuzuordnen.

### 2.24.2. Maßgeblichkeit der unternehmerischen Risikoübernahmefunktion für Versicherungsbetriebsstätten (§ 24 Abs. 2 BsGaV)

290 Die Ausübung der unternehmerischen Risikoübernahmefunktion in einer Versicherungsbetriebsstätte entscheidet nach § 24 Abs. 2 BsGaV über die Zuordnung der Vermögenswerte, aber auch über die Zuordnung der Betriebseinnahmen und Betriebsausgaben sowie über die Zuordnung der Chancen und Risiken, insbesondere der versicherungstechnischen Risiken, die mit dem Versicherungsvertrag im Zusammenhang stehen (siehe auch OECD-Betriebsstättenbericht, Teil IV Tz. 73).

### 2.24.3. Funktionsaufteilung bei Versicherungsbetriebsstätten (§ 24 Abs. 3 BsGaV)

291 Die einzelnen Schritte, die zur Personalfunktion des Zeichnungsprozesses gehören (siehe Rn. 285), können in zwei oder mehr Versicherungsbetriebsstätten ausgeübt werden (Funktionsaufteilung, siehe Rn. 42). In diesen Fällen muss es sich aus der Funktions- und Sachverhaltsanalyse ergeben, welchen Schritten der Personalfunktion des Zeichnungsprozesses (bis zum Abschluss des Versicherungsvertrags) die größte Bedeutung zukommt, wo die einzelnen Schritte der Personalfunktion des Zeichnungsprozesses ausgeübt werden und welche qualitative Bedeutung die jeweiligen Schritte unter den jeweiligen Gegebenheiten haben (siehe auch OECD-Betriebsstättenbericht, Teil IV Tz. 37). Hierzu sind insbesondere die Personalfunktionen zu identifizieren, die eine aktive unternehmerische Entscheidung für die Übernahme des Versicherungsrisikos erfordern (siehe auch OECD-Betriebsstättenbericht, Teil IV Tz. 94). Eine solche aktive unternehmerische Entscheidung kann auch in der Entscheidung bestehen, bestimmte Funktionen auszugliedern und anschließend zu kontrollieren.

292 Die relative qualitative Bedeutung eines bestimmten Schritts der Personalfunktion des Zeichnungsprozesses hängt von den Umständen des Einzelfalls

ab, insbesondere von Faktoren wie der Art des Versicherungsgeschäfts oder dem Geschäftsmodell. Der Zeichnungsprozess ist für komplexe Risiken (wie z. B. Lebensversicherungsrisiken oder Erdbebenversicherungsrisiken) viel schwieriger und für die Zuordnung bedeutungsvoller als für standardisierte Produkte (wie z. B. für über das Internet verkaufte Reiseversicherungen, siehe auch OECD-Betriebsstättenbericht, Teil IV Tz. 48 ff. und Tz. 69).

Folgende Faktoren sind bei der qualitativen Gewichtung der fünf Schritte des Zeichnungsprozesses, unter Beachtung der Besonderheiten der einzelnen Versicherungszweige, zu beachten: 293

– die Finanzkraft des Versicherungsunternehmens,
– die versicherungsaufsichtsrechtlichen Rahmenbedingungen in Bezug auf die maximale Risikokapazität,
– die fachlichen Kompetenzen und Fähigkeiten des Personals,
– die Verfügbarkeit und die Kosten einer Rückversicherung durch unverbundene Dritte sowie
– die strategischen Geschäftsziele des Versicherungsunternehmens.

Die Personalfunktion des Zeichnungsprozesses überwiegt, wenn die in einer Versicherungsbetriebsstätte ausgeübten Schritte der Personalfunktion des Zeichnungsprozesses i. S. d. § 24 Abs. 1 Satz 3 Nr. 1 bis 5 BsGaV (siehe Rn. 285) gegenüber den im übrigen Unternehmen ausgeübten Schritten der Personalfunktion des Zeichnungsprozesses qualitativ überwiegen (siehe Rn. 42). Die qualitative Gewichtung der einzelnen Schritte der Personalfunktion des Zeichnungsprozesses hat anhand von sachgerechten Zuordnungskriterien zu erfolgen, insbesondere unter Beachtung der in Rn. 293 genannten Faktoren, z. B. mittels einer Skala von 1 bis 5, wobei 1 für „geringe Bedeutung" und 5 für „hohe Bedeutung" steht. 294

Kann ein qualitatives Überwiegen der in einer Versicherungsbetriebsstätte ausgeübten Schritte der Personalfunktion des Zeichnungsprozesses nicht festgestellt werden, so können ausnahmsweise die entstandenen Personalkosten der geeignete Maßstab für die Aufteilung i. S. d. § 24 Abs. 3 Satz 2 BsGaV sein (siehe Rn. 42). Hierzu hat das Versicherungsunternehmen die Aufteilung der Personalkosten für den Zeichnungsprozess, gesondert nach den fünf Schritten des Zeichnungsprozesses (siehe Rn. 285) nachzuweisen. Der Nachweis ist durch Vorlage einer Kostenstellenrechnung, die nach Versicherungszweigen und Versicherungsbetriebsstätten gegliedert ist, oder durch vergleichbare Unterlagen zu führen. 295

**Fall – Überwiegen der Personalfunktion des Zeichnungsprozesses:**

Das in Staat A ansässige Versicherungsunternehmen X (X) betreibt in Staat B durch seine Versicherungsbetriebsstätte B (B) das Versicherungsgeschäft im Versicherungszweig Kraftfahrzeugversicherung. X macht glaubhaft, dass die Personalfunktion des Zeichnungsprozesses in der Versicherungsbetriebsstätte und im übrigen Unternehmen unter qualitativen Gesichtspunkten wie folgt ausgeübt wird:

| Zeichnungsprozess | Gewichtung (siehe Rn. 294) | X | B |
|---|---|---|---|
| Festlegung der Zeichnungsstrategie | 3 | 3 | |
| Risikoklassifizierung und Risikoauswahl | 3 | | 3 |
| Preisgestaltung | 2 | 2 | |
| Analyse der Risikoweitergabe | 2 | 1 | 1 |

| Zeichnungsprozess | Gewichtung (siehe Rn. 294) | X | B |
|---|---|---|---|
| Annahme der versicherten Risiken | 2 | | 2 |
| Summe: | 12 | 6 | 6 |

Außerdem legt X eine Kostenstellenrechnung vor, aus der sich folgende Aufteilung der Personalkosten ergibt:

| Zeichnungsprozess | Personalkosten X | Personalkosten B |
|---|---|---|
| Festlegung der Zeichnungsstrategie | 300 | 0 |
| Risikoklassifizierung und Risikoauswahl | 0 | 400 |
| Preisgestaltung | 150 | 0 |
| Analyse der Risikoweitergabe | 75 | 100 |
| Annahme der versicherten Risiken | 0 | 175 |
| Summe: | 525 | 675 |

**Lösung:**

Nach qualitativen Gesichtspunkten kann kein Überwiegen der von B ausgeübten Schritte der Personalfunktion des Zeichnungsprozesses gegenüber den von X ausgeübten Schritten (jeweils Faktor 6) i. S. d. § 24 Abs. 3 Satz 1 BsGaV festgestellt werden. Nach quantitativen Gesichtspunkten überwiegen die Personalkosten von B, weshalb die unternehmerische Risikoübernahmefunktion im vorliegenden Fall von B ausgeübt wird.

**296** In Fällen einer Funktionsaufteilung ist nur die im Hinblick auf einen Versicherungsvertrag in einer Versicherungsbetriebsstätte ausgeübte Personalfunktion des Zeichnungsprozesses mit der qualitativ größten Bedeutung (siehe auch Rn. 42) die unternehmerische Risikoübernahmefunktion (§ 24 Abs. 3 Satz 2 BsGaV).

**297** Sachgerechter Anknüpfungspunkt für die Zuordnung ist, in welcher Versicherungsbetriebsstätte bis zum Abschluss des Versicherungsvertrags die unternehmerische Risikoübernahmefunktion ausgeübt wurde (§ 24 Abs. 3 Satz 3 BsGaV). Personalfunktionen, die nach Abschluss des Versicherungsvertrags ausgeübt werden, gehören nicht zum Zeichnungsprozess und haben keinen Einfluss auf die Zuordnung.

### 2.24.4. Zuordnungsregelung im Rückversicherungsgeschäft (§ 24 Abs. 4 BsGaV)

**298** Im Rückversicherungsgeschäft gilt die Personalfunktion der Risikoklassifizierung und der Risikoauswahl im Regelfall als unternehmerische Risikoübernahmefunktion (widerlegbare Vermutung § 24 Abs. 4 BsGaV). Unter Rückversicherungsgeschäft versteht man die Versicherung der von einem Versicherungsunternehmen übernommenen Gefahren, d. h. Rückversicherungsgeschäfte sind Versicherungsgeschäfte, mit denen versicherte Risiken von einem Versicherungsunternehmen auf ein anderes Versicherungsunternehmen übertragen werden (zu den Formen des Rückversicherungsgeschäfts siehe auch OECD-Betriebsstättenbericht, Teil IV Tz. 21).

**299** Grundsätzlich gelten für die Risikoklassifizierung und die Risikoauswahl (siehe Rn. 286) im Rückversicherungsgeschäft keine Besonderheiten. Da es sich aber bei Rückversicherungsverträgen im Regelfall um individuelle Deckungszusagen handelt, erfordern die Risikoklassifizierung und die Risikoauswahl in der Rückversicherung bestimmte zentrale Funktionen. Dazu gehören z. B. die Grundlagenforschung bezüglich bestimmter Risiken (z. B. für Elementarrisiken, für bestimmte Branchenrisiken im Industriegeschäft etc.) und die Führung langjähriger Statistiken. Diese zentralen Funktionen erfordern sowohl in materieller als auch in personeller Hinsicht eine umfangreiche Geschäftsausstattung. Das für die Risikoklassifizierung und die Risikoauswahl in der Rückversicherung zuständige Personal verfügt über die für diese Aufgabe erforderliche Qualifikation (im Regelfall ist ein Hochschulabschluss erforderlich, der entsprechende Kenntnisse für den betreffenden Versicherungszweig vermittelt). Für die qualitative Beurteilung (siehe Rn. 42) der Personalfunktion der Risikoklassifizierung und der Risikoauswahl sind die Ausübung dieser zentralen Funktionen und die Qualifikation des zuständigen Personals einzubeziehen.

Anzunehmende schuldrechtliche Beziehungen (Leistungsbeziehungen) zwischen der Versicherungsbetriebsstätte und dem übrigen Unternehmen können einen Hinweis darauf geben, wo die Personalfunktion der Risikoklassifizierung und Risikoauswahl ausgeübt werden. 300

### 2.24.5. Sonderregelung für Niederlassungen ausländischer Versicherungsunternehmen nach Versicherungsaufsichtsrecht (§ 24 Abs. 5 BsGaV)

Für ausländische Versicherungsunternehmen, die im Inland das Versicherungsgeschäft betreiben, gelten folgende versicherungsaufsichtsrechtliche Regelungen: 301

- Versicherungsunternehmen mit Sitz in einem EU- bzw. EWR-Mitgliedstaat können im Inland das Versicherungsgeschäft im Dienstleistungsverkehr oder durch eine Niederlassung ausüben (§ 61 Abs. 1 VAG [§ 110 a Abs. 1 VAG a. F.] bzw. für Rückversicherungsunternehmen § 169 Abs. 1 VAG [§ 121 h Abs. 1 VAG a. F.])
- Erstversicherungsunternehmen mit Sitz in einem Drittstaat können das Versicherungsgeschäft nur durch eine Niederlassung ausüben (§ 67 Abs. 1 Satz 1 i. V. m. § 68 Abs. 1 Satz 1 VAG [§ 106 Abs. 2 VAG a. F.]);
- Rückversicherungsunternehmen mit Sitz in einem Drittstaat dürfen das Versicherungsgeschäft im Inland durch eine Niederlassung (§ 67 Abs. 1 Satz 1 i. V. m. § 68 Abs. 1 Satz 1 VAG) oder unter bestimmten Voraussetzungen auch von ihrem Sitz aus betreiben (§ 67 Abs. 1 Satz 2 VAG [§ 121 i Abs. 1 Satz 3 VAG a. F.]).

Begründet ein ausländisches Versicherungsunternehmen im Inland nach versicherungsaufsichtsrechtlichen Regelungen eine Niederlassung, gilt die widerlegbare Vermutung des § 24 Abs. 5 Satz 1 BsGaV, dass die unternehmerische Risikoübernahmefunktion hinsichtlich derjenigen Versicherungsverträge, die durch die Niederlassung abgeschlossen werden, in der Versicherungsbetriebsstätte ausgeübt wird (siehe auch OECD-Betriebsstättenbericht, Teil IV Tz. 96). 302

Die widerlegbare Vermutung des § 24 Abs. 5 Satz 1 BsGaV gilt nicht, wenn ein Versicherungsunternehmen mit Sitz in einem EU- bzw. EWR-Mitgliedstaat das Versicherungsgeschäft im Inland im Dienstleistungsverkehr ausübt. Begründet das ausländische Unternehmen in diesen Fällen eine inländi- 303 sche Versicherungsbetriebsstätte, gelten die Zuordnungsregelungen des § 24 Abs. 1 bis 4 BsGaV (siehe Rn. 283 bis 300).

**Fall – Dienstleistungsverkehr:**

Das in der EU ansässige Versicherungsunternehmen X (X) betreibt im Inland das Versicherungsgeschäft im Versicherungszweig Feuer im Dienstleistungsverkehr gem. § 61 Abs. 3 VAG (§ 110 a Abs. 2 a VAG a. F.). Eine Niederlassung nach § 61 Abs. 1 i. V. m. § 68 Abs. 2 VAG (§ 110 a Abs. 1 i. V. m. § 106 Abs. 2 VAG a. F.) besteht nicht.

**Lösung:**

Die widerlegbare Vermutung des § 24 Abs. 5 Satz 1 BsGaV ist nicht anzuwenden.

**Fallvariante – Dienstleistungsverkehr:**

Das in der EU ansässige Versicherungsunternehmen X (X) betreibt im Inland das Versicherungsgeschäft im Versicherungszweig Feuer im Dienstleistungsverkehr gem. § 61 Abs. 3 VAG (§ 110 a Abs. 2 a VAG a. F.). Außerdem hat X im Inland eine Niederlassung A (A) nach § 61 Abs. 1 i. V. m. § 68 Abs. 2 VAG (§ 110 a Abs. 1 i. V. m. § 106 Abs. 2 VAG a. F.) errichtet und einen Hauptbevollmächtigten ernannt. A betreibt das Versicherungsgeschäft in den Versicherungszweigen Allgemeine Unfall und Kraftfahrt.

**Lösung:**

Die widerlegbare Vermutung des § 24 Abs. 5 Satz 1 BsGaV ist für A anzuwenden, soweit das Versicherungsgeschäft in den Versicherungszweigen Allgemeine Unfall und Kraftfahrt betroffen ist. Die im Dienstleistungsverkehr durch X abgeschlossenen Versicherungsverträge im Versicherungszweig Feuer sind der Niederlassung nicht zuzurechnen, da diese nicht als vom Hauptbevollmächtigten abgeschlossen gelten.

**304** Zur Unterscheidung zwischen der Ausübung des Versicherungsgeschäfts im Dienstleistungsverkehr oder durch eine Niederlassung wird auf die Mitteilung der Kommission 2000/C 43/03 vom 16. Februar 2000 zu Abgrenzungsfragen zwischen Dienstleistungsfreiheit und Niederlassungsrecht in den Versicherungsrichtlinien hingewiesen.

**305** Die Vermutung des § 24 Abs. 5 Satz 1 BsGaV (siehe Rn. 302) kann widerlegt werden, wenn das ausländische Versicherungsunternehmen nachweist, dass die unternehmerische Risikoübernahmefunktion für den unter Beteiligung der inländischen Versicherungsbetriebsstätte erfolgten Abschluss eines Versicherungsvertrags tatsächlich nicht in der inländischen Versicherungsbetriebsstätte ausgeübt wird. Vor dem Hintergrund, dass die Ausübung des Versicherungsgeschäfts mittels einer Niederlassung das Vorhandensein eines Mittelpunkts der geschäftlichen Tätigkeit erfordert, bedeutet dies, dass das ausländische Versicherungsunternehmen nachweist, welche Personalfunktionen des Zeichnungsprozesses mit Bezug zum Versicherungsvertrag einerseits in der inländischen Versicherungsbetriebsstätte (Niederlassung) und welche andererseits im übrigen Versicherungsunternehmen ausgeübt werden.

**306** Weiterhin hat das ausländische Versicherungsunternehmen nachzuweisen,

– dass den in der Versicherungsbetriebsstätte ausgeübten Personalfunktionen des Zeichnungsprozesses – entsprechend § 24 Abs. 3 BsGaV – nicht die größte Bedeutung für den Abschluss des Versicherungsvertrags zukommt (siehe Rn. 294),
– dass die Ausgliederung einer Personalfunktion des Zeichnungsprozesses aus der Versicherungsbetriebsstätte ohne Beteiligung des Hauptbevollmächtigten aufgrund einer aktiven unternehmerischen Entscheidung, die im übrigen Unternehmen ausgeübt und im Folgenden auch im übrigen Unternehmen kontrolliert wurde, erfolgt ist und

– wo stattdessen und von wem die entsprechende unternehmerische Risikoübernahmefunktion ausgeübt wurde.

Dem Nachweis hat ein ausländisches Versicherungsunternehmen mit Sitz in einem Drittstaat entsprechend § 69 Abs. 1 VAG den Geschäftsplan nach § 9 Abs. 2 und 3 VAG sowie die in § 9 Abs. 4 genannten Angaben und Unterlagen (den Geschäftsplan i. S. d. § 106 b VAG a. F. bzw. den Tätigkeitsbericht i. S. d. § 119 Abs. 2 VAG a. F. i. V. m. § 121 i VAG a. F.), ggf. ergänzt um Änderungsanzeigen nach § 12 VAG (§ 13 VAG a. F.) beizufügen. Ausländische Versicherungsunternehmen mit Sitz in einem EU- bzw. EWR-Mitgliedstaat haben den nach ausländischem Versicherungsaufsichtsrecht einzureichenden Tätigkeitsbericht (entsprechend Art. 145 Abs. 2 der RL 2009/138/EG), ggf. ergänzt um Änderungsanzeigen (entsprechend Art. 145 Abs. 4 der RL 2009/138/EG) beizufügen.

Außerdem hat das ausländische Versicherungsunternehmen nachzuweisen, 307
dass es den Sachverhalt, der der Finanzbehörde vorgetragen wird, übereinstimmend sowohl der deutschen Versicherungsaufsichtsbehörde als auch der ausländischen Versicherungsaufsichtsbehörde mitgeteilt hat. Der Nachweis kann nur durch Vorlage einer schriftlichen Mitteilung mit Nachweis des Zugangs bei den beteiligten Versicherungsaufsichtsbehörden erbracht werden.

Zu den notwendigen Angaben in der Mitteilung an die beteiligten Versi- 308
cherungsaufsichtsbehörden gehört die Darlegung,

– welche Funktionen in der Niederlassung, insbesondere vom Hauptbevollmächtigten tatsächlich ausgeübt werden,
– wo und von wem die unternehmerische Risikoübernahmefunktion, d. h. die Personalfunktion des Zeichnungsprozesses, ausgeübt wird,
– dass und warum die Versicherungsverträge, die durch die Niederlassung abgeschlossen wurden, dem übrigen Unternehmen zuzuordnen sind und
– dass das übrige Unternehmen – entsprechend § 1 Abs. 1 Nr. 1 VVG-InfoV – im Versicherungsvertrag als die Versicherung ausgewiesen wird, über die der Versicherungsvertrag abgeschlossen wurde.

### 2.24.6. Ergänzende Regelung für ausländische Versicherungsbetriebsstätten inländischer Versicherungsunternehmen (§ 24 Abs. 6 BsGaV)

Ein Versicherungsvertrag kann einer ausländischen Versicherungsbetriebs- 309
stätte eines inländischen Versicherungsunternehmens nur zugeordnet werden, wenn das Versicherungsunternehmen nachweist, dass die unternehmerische Risikoübernahmefunktion tatsächlich in der ausländischen Versicherungsbetriebsstätte ausgeübt wird. Auf die Bestellung eines ausländischen Hauptbevollmächtigten oder eines sonstigen ausländischen Bevollmächtigten, der einem Hauptbevollmächtigten i. S. d. § 68 Abs. 2 VAG (§ 106 Abs. 3 VAG a. F.) vergleichbar ist, kommt es nicht an. Daher ist unbeachtlich, dass

– ein inländisches Versicherungsunternehmen, das in einem EU- bzw. EWR-Mitgliedstaat das Versicherungsgeschäft durch eine Niederlassung (Versicherungsbetriebsstätte) betreibt, nach § 58 VAG (§ 13 b VAG a. F.) für die ausländische Niederlassung einen Hauptbevollmächtigten zu bestellen hat, und
– es auch für eine Niederlassung in einem Drittstaat aufgrund dortiger versicherungsaufsichtsrechtlicher Vorgaben notwendig sein kann, einen Bevoll-

mächtigten zu bestellen, der einem Hauptbevollmächtigten i. S. d. § 68 Abs. 2 VAG (§ 106 Abs. 3 VAG a. F.) vergleichbar ist.

310 Für die Zuordnung eines Versicherungsvertrags zu einer ausländischen Versicherungsbetriebsstätte reicht es nicht aus, dass dort lediglich die Personalfunktionen ausgeübt werden, die im unmittelbaren Zusammenhang mit der Annahme des versicherten Risikos i. S. d. § 24 Abs. 1 Satz 3 Nr. 5 BsGaV stehen, da dies eine bloß formale Aktivität sein kann, z. B. lediglich eine rechtsförmliche Unterschrift (siehe Rn. 39). Werden über eine bloß formale Aktivität hinaus keine weiteren Personalfunktionen des Zeichnungsprozesses in der ausländischen Versicherungsbetriebsstätte ausgeübt, muss für eine Zuordnung zusätzlich eine der folgenden Personalfunktionen, die nicht zum Zeichnungsprozess gehören, in der ausländischen Versicherungsbetriebsstätte ausgeübt werden:

– Produktmanagement und Produktentwicklung (siehe auch OECD-Betriebsstättenbericht, Teil IV Tz. 26 bis Tz. 28),
– Verkauf und Marketing (siehe auch OECD-Betriebsstättenbericht, Teil IV Tz. 29 bis Tz. 33) oder
– Risikomanagement und Rückversicherung, d. h. Entscheidung über die Weitergabe eines Teilrisikos (Zession) (siehe auch OECD-Betriebsstättenbericht, Teil IV Tz. 38 bis Tz. 41).

311 Kommt der Ausübung der Personalfunktion in einer ausländischen Versicherungsbetriebsstätte, die im unmittelbaren Zusammenhang mit der Annahme des versicherten Risikos i. S. d. § 24 Abs. 1 Satz 3 Nr. 5 BsGaV steht, ggf. zusammen mit anderen Personalfunktionen die überwiegende Bedeutung zu, folgt daraus, dass die unternehmerische Risikoübernahmefunktion für den Versicherungsvertrag insgesamt in dieser ausländischen Versicherungsbetriebsstätte ausgeübt wird.

### 2.24.7. Sonderregelung für unterstützende Personalfunktionen von Versicherungsbetriebsstätten (§ 24 Abs. 7 BsGaV)

312 In Fällen von unterstützenden Personalfunktionen (§ 24 Abs. 7 i. V. m. § 19 Abs. 5 BsGaV) ist entsprechend § 16 Abs. 2 BsGaV für die Ausübung der Personalfunktionen anderer Versicherungsbetriebsstätten gegenüber der Versicherungsbetriebsstätte mit der unternehmerischen Risikoübernahmefunktion, der der Versicherungsvertrag nach § 24 Abs. 1 bis 6 BsGaV zuzuordnen ist, ein Verrechnungspreis anzusetzen, wie er zwischen voneinander unabhängigen Unternehmen angesetzt worden wäre (siehe auch OECD-Betriebsstättenbericht, Teil I Tz. 219). Der Verrechnungspreis ist im Regelfall unter Verwendung einer kostenorientierten Verrechnungspreismethode zu bestimmen.

313 Zu den unterstützenden Personalfunktionen gehören (siehe auch OECD-Betriebsstättenbericht, Teil IV Tz. 42 und Tz. 43)

– Personalfunktionen, die der Sache nach zur unternehmerischen Risikoübernahmefunktion gehören können, aber in einer Betriebsstätte des Versicherungsunternehmens ausgeübt werden, der die unternehmerische Risikoübernahmefunktion nicht zuzuordnen ist,
– Personalfunktionen, die der Verwaltung des Versicherungsvertrags nach dessen Abschluss dienen, sowie

– andere unterstützende Personalfunktionen, insbesondere die Vertragsverwaltung und die Schadensbearbeitung.

**Fall – Zeichnungsstrategie als Hilfsfunktion:**

Im Sachverhalt des Falls in Rn. 295 wird die unternehmerische Risikoübernahmefunktion von der Versicherungsbetriebsstätte E ausgeübt. Die Funktion Festlegung der Zeichnungsstrategie (siehe Rn. 284) wird von X ausgeübt.

**Lösung:**

Die Ausübung der Funktion „Festlegung der Zeichnungsstrategie" ist ein wirtschaftlicher Vorgang, der eine anzunehmende schuldrechtliche Beziehung i. S. d. § 16 Abs. 1 Nr. 2 Buchst. b BsGaV darstellt (fiktive Dienstleistung von X gegenüber B). Für diese fiktive Dienstleistung ist nach § 16 Abs. 2 BsGaV ein dem Fremdvergleichsgrundsatz entsprechender Verrechnungspreis anzusetzen.

## 2.25. Dotationskapital inländischer Versicherungsbetriebsstätten ausländischer Versicherungsunternehmen, Versicherungsaufsichtsrecht (§ 25 BsGaV)

### 2.25.1. Grundsatz: Zuordnung der Kapitalanlagen zu inländischen Versicherungsbetriebsstätten (§ 25 Abs. 1 BsGaV)

Ausgangspunkt für die Zuordnung von Dotationskapital zu inländischen 314
Versicherungsbetriebsstätten sind die Vermögenswerte, die insgesamt der Bedeckung der versicherungstechnischen Rückstellungen und des Eigenkapitals des ausländischen Versicherungsunternehmens dienen (siehe auch OECD-Betriebsstättenbericht, Teil IV Tz. 75). Für die Berechnung sind die Werte zugrunde zu legen, die in der Bilanz des ausländischen Versicherungsunternehmens ausgewiesen sind.

Für Zwecke der Bestimmung des Dotationskapitals inländischer Versiche- 315
rungsbetriebsstätten ausländischer Versicherungsunternehmen mit Sitz in einem EU- oder EWR-Staat sind als Vermögenswerte, die der Bedeckung der versicherungstechnischen Rückstellungen und des Eigenkapitals dienen, die Vermögenswerte anzusehen, die den Vermögenswerten entsprechen, die nach Art. 6 der Richtlinie des Rats vom 19. Dezember 1991 über den Jahresabschluss und den konsolidierten Abschluss von Versicherungsunternehmen (91/674/EWG) auf der Aktivseite der Bilanz unter den Buchstaben C (Kapitalanlagen), D (Kapitalanlagen für Rechnung und Risiko von Inhabern von Lebensversicherungspolicen) und E I. (Forderungen aus dem selbst abgeschlossenen Versicherungsgeschäft) auszuweisen sind (gleichlautend Formblatt I der RechVersV). Für inländische Versicherungsbetriebsstätten ausländischer Versicherungsunternehmen mit Sitz in einem Drittstaat sind als Vermögenswerte, die der Bedeckung der versicherungstechnischen Rückstellungen und des Eigenkapitals dienen, die Vermögenswerte anzusehen, die nach den aufsichtsrechtlichen Vorschriften des Sitzstaats als bedeckungsfähige Vermögenswerte anzusetzen sind. Liegen entsprechende aufsichtsrechtliche Vorschriften des Sitzstaats nicht vor, ist Satz 1 sinngemäß anzuwenden.

**Fall 1 – Schaden-Versicherungsunternehmen:**

Das Versicherungsunternehmen X (X) mit Sitz in einem EU- bzw. EWR-Mitgliedstaat betreibt das Schaden- und Unfallversicherungsgeschäft im Inland durch eine Niederlassung (Versicherungsbetriebsstätte). Die Bilanz von X weist (vereinfacht) folgende Positionen aus:

| | | | | | |
|---|---|---|---|---|---|
| B. | Immaterielle Vermögenswerte | 70 | A. | Eigenkapital | 700 |
| C. | Kapitalanlagen (KA): | | E. | Versicherungstechnische Rückstellungen (R): | |
| | I. Grundstücke | 150 | | I. Beitragsüberträge | 450 |
| | II. KA verbundene Unternehmen | 470 | | II. Deckungsrückstellung | 2000 |
| | III. Sonstige KA | 7470 | | III. Schadenrückstellung | 4900 |
| | IV. Depotforderung RV | 100 | | IV. R für Beitragsrückerstattung | 250 |
| | | | | VI. Sonstige R | 10 |
| E. | Forderungen (F): | | G. | Andere Rückstellungen | 150 |
| | I. F selbst abgeschlossenes Versicherungsgeschäft | 80 | | | |
| | II. Abrechnungs-F Rückversicherung | 140 | | | |
| | III. Sonstige F | 300 | | | |
| F. | Sonstige Vermögensgegenstände | 120 | I. | Andere Verbindlichkeiten (Vblk): | |
| | | | | I. Vblk selbstabgeschlossenes Versicherungsgeschäft | 250 |
| | | | | II. Abrechnungs-Vblk Rückversicherung | 10 |
| | | | | III. Sonstige Vblk | 280 |
| G. | Rechnungsabgrenzungsposten | 100 | | | |
| | | 9000 | | | 9000 |

**Lösung:**

Die Vermögenswerte, die der Bedeckung der versicherungstechnischen Rückstellungen und des Eigenkapitals dienen, betragen 8270 (Summe von C.I. [150], C.II. [470], C.III. [7470], C.IV [100] und E.I. [80]).

**Fall 2 – Lebensversicherungsunternehmen:**

Das Versicherungsunternehmen X (X) mit Sitz in einem EU- bzw. EWR-Mitgliedstaat betreibt das Lebensversicherungsgeschäft im Inland durch eine Niederlassung (Versicherungsbetriebsstätte). Die Bilanz von X weist (vereinfacht) folgende Positionen aus:

| | | | | | |
|---|---|---|---|---|---|
| B. | Immaterielle Vermögenswerte | 10 | A. | Eigenkapital | 400 |
| C. | Kapitalanlagen (KA): | | E. | Versicherungstechnische Rückstellungen (R): | |
| | I. Grundstücke | 500 | | I. Beitragsüberträge | 260 |
| | II. KA verbundene Unternehmen | 1200 | | II. Deckungsrückstellung | 38 000 |
| | III. Sonstige KA | 40 000 | | III. Schadenrückstellung | 170 |
| | | | | IV. R für Beitragsrückerstattung | 3200 |
| D. | KA auf Rechnung und Risiko Versicherungsnehmer | 800 | F. | R auf Rechnung und Risiko Versicherungsnehmer | 800 |
| E. | Forderungen (F): | | G. | Andere Rückstellungen | 150 |
| | I. F selbst abgeschlossenes Versicherungsgeschäft | 250 | | | |
| | III. Sonstige F | 500 | | | |

| | | | | | |
|---|---|---|---|---|---|
| F. | Sonstige Vermögensgegenstände | 300 | I. | Andere Verbindlichkeiten (Vblk) | |
| | | | | I. Vblk selbstabgeschlossenes Versicherungsgeschäft | 900 |
| | | | | II. Abrechnungs-Vblk Rückversicherung | 10 |
| | | | | III Sonstige Vblk | 100 |
| G. | Rechnungsabgrenzungsposten | 440 | K. | Rechnungsabgrenzungsposten | 10 |
| | | 44 000 | | | 44 000 |

**Lösung:**
Die Vermögenswerte, die der Bedeckung der versicherungstechnischen Rückstellungen und des Eigenkapitals dienen, betragen 42 750 (Summe von C.I. [500], C.II. [1200], C.III. [40 000], D. [800] und E.I. [250]).

Im Ergebnis ist einer inländischen Versicherungsbetriebsstätte ein Anteil an den Vermögenswerten des ausländischen Versicherungsunternehmens zuzuordnen, denn diese Vermögenswerte dienen insgesamt der Bedeckung der versicherungstechnischen Rückstellungen und des Eigenkapitals des ausländischen Versicherungsunternehmens (einschließlich der inländischen Versicherungsbetriebsstätte). Die Berechnung des Anteils der inländischen Versicherungsbetriebsstätte erfolgt auf Basis der in der handelsrechtlichen Bilanz des ausländischen Versicherungsunternehmens ausgewiesenen Vermögenswerte. Aus der Bilanz zum Ende eines Wirtschaftsjahrs ergibt sich der Wert für den Beginn des folgenden Wirtschaftsjahrs. 316

Der anzuwendende Aufteilungsschlüssel ergibt sich aus dem Verhältnis der versicherungstechnischen Rückstellungen für Versicherungsverträge, die der inländischen Versicherungsbetriebsstätte zuzuordnen sind, zu den in der Bilanz des ausländischen Versicherungsunternehmens insgesamt ausgewiesenen versicherungstechnischen Rückstellungen (siehe auch OECD-Betriebsstättenbericht, Teil IV Tz. 147). 317

**Fall 1 – Schaden-Versicherungsunternehmen:**
Sachverhalt wie Fall 1 zu Rn. 315. In der Bilanz des ausländischen Versicherungsunternehmens X sind versicherungstechnische Rückstellungen i. H. v. 7610 ausgewiesen. Darin sind für die der inländischen Versicherungsbetriebsstätte zuzuordnenden Versicherungsverträge folgende, nach ausländischem Recht ermittelte Beträge enthalten: Beitragsüberträge 70, Deckungsrückstellung 450, Schadenrückstellung 875, Rückstellung für Beitragsrückerstattung 50.

**Lösung:**
Die versicherungstechnischen Rückstellungen für die der inländischen Versicherungsbetriebsstätte zuzuordnenden Versicherungsverträge betragen 1445. Das entspricht einem Anteil von 19%. Folglich sind der Versicherungsbetriebsstätte Vermögenswerte i. H. v. 19% der Vermögenswerte des ausländischen Versicherungsunternehmens X zuzuordnen, d. h. 19% von 8270 = 1571.

**Fall 2 – Lebensversicherungsunternehmen:**
Sachverhalt wie Fall 2 zu Rn. 315. In der Bilanz des ausländischen Versicherungsunternehmens X sind versicherungstechnische Rückstellungen i. H. v. 41 630 ausgewiesen. Darin sind für die der inländischen Versicherungsbetriebsstätte zuzuordnenden Versicherungsverträge folgende, nach ausländischem Recht ermittelte Beträge enthalten: Beitragsüberträge 70, Deckungsrückstellung 9500, Schadenrückstellung 40, Rückstellung für Beitragsrückerstattung 800.

**Lösung:**

Die versicherungstechnischen Rückstellungen für die der inländischen Versicherungsbetriebsstätte zuzuordnenden Versicherungsverträge betragen 10 410. Das entspricht einem Anteil von 25 %. Folglich sind der Versicherungsbetriebsstätte Vermögenswerte i. H. v. 25 % der Vermögenswerte des ausländischen Versicherungsunternehmens X zuzuordnen, d. h. 25 % von 42 750 = 10 688.

## 2.25.2. Zuordnung von Dotationskapital bei Versicherungsbetriebsstätten ausgehend von den Kapitalanlagen (§ 25 Abs. 2 BsGaV)

318 Die der inländischen Versicherungsbetriebsstätte zuzuordnenden Vermögenswerte bestimmen, in welcher Höhe der Versicherungsbetriebsstätte Dotationskapital zuzuordnen ist (§ 25 Abs. 2 Satz 1 BsGaV). Für die Berechnung sind für die Versicherungsverträge, die der Versicherungsbetriebsstätte zuzuordnen sind, die versicherungstechnischen Rückstellungen und die aus Versicherungsverhältnissen entstandenen Verbindlichkeiten und Rechnungsabgrenzungsposten wie für ein selbständiges Versicherungsunternehmen nach deutschem Handelsrecht zu bestimmen (§§ 341 ff. HGB und RechVersV). Das der Versicherungsbetriebsstätte zuzuordnende Dotationskapital errechnet sich dadurch, dass von den nach § 25 Abs. 1 BsGaV zuzuordnenden Vermögenswerten die versicherungstechnischen Rückstellungen und die aus Versicherungsverhältnissen entstandenen Verbindlichkeiten und Rechnungsabgrenzungsposten abgezogen werden. Im Grundsatz entspricht diese Berechnung der funktions- und risikobezogenen Kapitalaufteilungsmethode für Bankbetriebsstätten (§ 20 BsGaV) und für Betriebsstätten allgemein (§ 12 BsGaV). Aufgrund der abweichenden Struktur des Berechnungsverfahrens für Versicherungsbetriebsstätten wird die Methode als „modifizierte Kapitalaufteilungsmethode für Versicherungsbetriebsstätten" bezeichnet (§ 25 Abs. 2 Satz 2 BsGaV). Andere Aufteilungsschlüssel sind nicht anzuwenden, da diese nach internationaler Auffassung nicht zu sachgerechten Ergebnissen führen (siehe OECD-Betriebsstättenbericht, Teil IV Tz. 149 f.).

**Fall 1 – Schaden-Versicherungsunternehmen:**

Sachverhalt wie Fall 1 zu Rn. 315 und Rn. 317.

**Lösung:**

Nach dem Ergebnis zu Fall 1 der Rn. 317 sind der inländischen Versicherungsbetriebsstätte Vermögenswerte i. H. v. 1571 zuzuordnen. Zur Bestimmung des Dotationskapitals der inländischen Versicherungsbetriebsstätte sind folgende, nach inländischem Handelsrecht ermittelte versicherungstechnische Rückstellungen und die aus Versicherungsverhältnissen entstandenen Verbindlichkeiten und Rechnungsabgrenzungsposten abzuziehen:

| | | |
|---|---|---|
| Vermögenswerte | | 1571 |
| – | Beitragsüberträge | 71 |
| – | Deckungsrückstellung | 440 |
| – | Schadenrückstellung | 800 |
| – | Schwankungsrückstellung | 100 |
| – | Rückstellung für Beitragsrückerstattung | 50 |
| – | Verbindlichkeiten und Rechnungsabgrenzungsposten aus Versicherungsverträgen | 10 |
| = | Dotationskapital | 100 |

**Fall 2 – Lebensversicherungsunternehmen:**
Sachverhalt wie Fall 2 zu Rn. 315 und Rn. 317.

**Lösung:**

Nach dem Ergebnis zu Fall 2 der Rn. 317 sind der inländischen Versicherungsbetriebsstätte Vermögenswerte i. H. v. 10 688 zuzuordnen. Zur Bestimmung des Dotationskapitals der inländischen Versicherungsbetriebsstätte sind folgende, nach inländischem Handelsrecht ermittelte versicherungstechnische Rückstellungen und die aus Versicherungsverhältnissen entstandenen Verbindlichkeiten und Rechnungsabgrenzungsposten abzuziehen:

| | | |
|---|---|---|
| Vermögenswerte | | 10 688 |
| – | Beitragsüberträge | 71 |
| – | Deckungsrückstellung | 9500 |
| – | Schadenrückstellung | 42 |
| – | Rückstellung für Beitragsrückerstattung | 800 |
| – | Verbindlichkeiten und Rechnungsabgrenzungsposten aus Versicherungsverträgen | 75 |
| = | Dotationskapital | 200 |

## 2.25.3. Öffnungsklausel für Versicherungsbetriebsstätten (§ 25 Abs. 3 BsGaV)

§ 25 Abs. 3 Satz 1 BsGaV lässt den Ansatz eines – im Verhältnis zur modifizierten Kapitalaufteilungsmethode für Versicherungsbetriebsstätten – niedrigeren Dotationskapitals zu, wenn und soweit nachgewiesen wird, dass aufgrund der Funktions- und Risikostruktur ein geringeres Dotationskapital zu einem Ergebnis der inländischen Versicherungsbetriebsstätte führt, das im Verhältnis zum übrigen Unternehmen dem Fremdvergleichsgrundsatz im Einzelfall besser entspricht. 319

Das Mindesteigenkapital, das ein selbständiges Versicherungsunternehmen in der Situation der Versicherungsbetriebsstätte im Inland versicherungsaufsichtsrechtlich ausweisen müsste, darf allerdings durch die inländische Versicherungsbetriebsstätte nicht unterschritten werden (§ 25 Abs. 3 Satz 2 BsGaV). Denn ein unabhängiges Versicherungsunternehmen könnte ohne ein solches Mindesteigenkapital in Deutschland kein Versicherungsgeschäft betreiben. Deshalb ist für inländische Versicherungsbetriebsstätten neben der modifizierten Kapitalaufteilungsmethode für Versicherungsbetriebsstätten auch die Mindestkapitalausstattungsmethode für Versicherungsbetriebsstätten (siehe § 26 Abs. 1 Satz 1 BsGaV) für die Zuordnung von Dotationskapital von Bedeutung (siehe auch OECD-Betriebsstättenbericht, Teil IV Tz. 153 ff.: Thin Capitalisation/Adjusted Regulatory Minimum Approach), da sie die Untergrenze für die rechnerische Ausstattung mit Dotationskapital festlegt. Dem Fremdvergleichsgrundsatz entsprechend gilt § 25 Abs. 3 Satz 2 BsGaV auch für die modifizierte Kapitalaufteilungsmethode für Versicherungsbetriebsstätten nach § 25 Abs. 1 und 2 BsGaV. 320

## 2.25.4. Anpassung der zuzuordnenden Vermögenswerte bei inländischen Versicherungsbetriebsstätten (§ 25 Abs. 4 BsGaV)

Die Systematik für die Bestimmung des Dotationskapitals für inländische Versicherungsbetriebsstätten erfordert (§ 25 Abs. 1 und 2 BsGaV), dass jede davon abweichende Zuordnung von Dotationskapital auch eine Anpassung 321 der nach § 25 Abs. 1 BsGaV zuzuordnenden Vermögenswerte zur Folge hat (§ 25 Abs. 4 BsGaV).

**Fall:**

Das Versicherungsunternehmen X (X) mit Sitz in einem Drittstaat betreibt das inländische Versicherungsgeschäft durch eine Niederlassung. Nach der modifizierten Kapitalaufteilungsmethode für Versicherungsbetriebsstätten sind der Versicherungsbetriebsstätte Vermögenswerte i. H. v. 4000 zuzuordnen, nach Abzug der versicherungstechnischen Rückstellungen von 3700 ergibt sich ein Dotationskapital von 300. X weist nach, dass nach § 25 Abs. 3 BsGaV ein Dotationskapital von 100 dem Fremdvergleichsgrundsatz besser entspricht.

**Lösung:**

Folge der Kürzung des Dotationskapitals um 200 (300 abzüglich 100) ist, dass nach § 25 Abs. 4 BsGaV die zuzuordnenden Vermögenswerte um 200 zu kürzen sind. Danach sind die Vermögenswerte nur mit 3800 in der Hilfs- und Nebenrechnung anzusetzen.

### 2.25.5. Erfordernisse des inländischen Versicherungsaufsichtsrechts (§ 25 Abs. 5 BsGaV)

322 § 25 Abs. 5 BsGaV ordnet über § 12 Abs. 6 BsGaV hinaus eine Änderung des Dotationskapitals einer inländischen Versicherungsbetriebsstätte innerhalb des Wirtschaftsjahrs an, wenn die rechtlichen Anforderungen des inländischen Versicherungsaufsichtsrechts eine unterjährige Anpassung des Dotationskapitals erfordern. Daneben ist nach § 12 Abs. 6 BsGaV allerdings auch eine Anpassung des Dotationskapitals einer inländischen Versicherungsbetriebsstätte durchzuführen, wenn die sich ergebende Veränderung des zuzuordnenden Dotationskapitals erheblich ist (siehe Rn. 143, die sinngemäß auch für inländische Versicherungsbetriebsstätten gilt). Eine Veränderung ist erheblich, wenn das Dotationskapital zu Beginn des folgenden Wirtschaftsjahrs um mehr als 30% vom Dotationskapital zu Beginn des Wirtschaftsjahrs abweicht, aber nur dann, wenn die Abweichung mindestens 2 Mio. Euro beträgt.

323 Nach § 25 Abs. 5 Satz 2 BsGaV ist § 12 BsGaV sinngemäß auf inländische Versicherungsbetriebsstätten anzuwenden, soweit § 25 Abs. 1 bis 4 BsGaV keine besondere Regelung enthält. Dies gilt insbesondere für die Regelung des § 12 Abs. 5 BsGaV. Deshalb ist einer inländischen Versicherungsbetriebsstätte ungeachtet der Regelung in § 25 Abs. 1 bis 4 BsGaV mindestens das in einer inländischen Handelsbilanz tatsächlich ausgewiesene Kapital als Dotationskapital zuzuordnen.

### 2.26. Dotationskapital ausländischer Versicherungsbetriebsstätten inländischer Versicherungsunternehmen, Versicherungsaufsichtsrecht (§ 26 BsGaV)

### 2.26.1. Grundsatz: Mindestkapitalausstattung für Versicherungsbetriebsstätten (§ 26 Abs. 1 BsGaV)

324 Ausländischen Versicherungsbetriebsstätten ist nur Dotationskapital zuzuordnen, soweit dies nach § 13 Abs. 1 Satz 1 BsGaV notwendig ist. Ein höheres Dotationskapital ist anzuerkennen, wenn zwingende Regelungen zur Mindestkapitalausstattung nach ausländischem Versicherungsaufsichtsrecht bestehen und befolgt werden, die für die ausländische Versicherungsbetriebsstätte anzuwenden wären, wenn sie ein selbständiges Versicherungsunternehmen wäre. Denn eine solche, für alle im ausländischen Staat tätigen Versicherungsunternehmen geltende Mindestanforderung für das Dotationskapital ist – dem

Fremdvergleichsgrundsatz entsprechend – eine notwendige Voraussetzung dafür, in dem betreffenden Staat Versicherungsgeschäfte zu tätigen.

Das inländische Versicherungsunternehmen hat nach § 26 Abs. 1 Satz 2 BsGaV nachzuweisen, in welcher Höhe Dotationskapital für die ausländische Versicherungsbetriebsstätte anzusetzen ist, d. h. in welcher Höhe ein vergleichbares ausländisches Versicherungsunternehmen mit Eigenkapital ausgestattet sein müsste, und in welcher Höhe tatsächlich Dotationskapital für die ausländische Versicherungsbetriebsstätte angesetzt worden ist. 325

### 2.26.2. Höheres Dotationskapital für die ausländische Versicherungsbetriebsstätte eines inländischen Unternehmens (§ 26 Abs. 2 BsGaV)

Um zu vermeiden, dass für eine ausländische Versicherungsbetriebsstätte im Einzelfall ein unangemessen niedriges Dotationskapital angesetzt wird, sieht § 26 Abs. 2 Satz 1 BsGaV den Ansatz eines höheren Dotationskapitals vor, als nach der Mindestkapitalausstattungsmethode für Versicherungsbetriebsstätten vorgesehen ist. Jeder höhere Ansatz ist zu begründen. Das höhere Dotationskapital muss zu einem Ergebnis der ausländischen Versicherungsbetriebsstätte führen, das den von ihr ausgeübten Personalfunktionen, den ihr zuzuordnenden Vermögenswerten sowie den ihr zuzuordnenden Chancen und Risiken im Verhältnis zum übrigen Unternehmen nach dem Fremdvergleichsgrundsatz im Einzelfall betriebswirtschaftlich besser entspricht. 326

Das Dotationskapital einer ausländischen Versicherungsbetriebsstätte darf nach § 26 Abs. 2 Satz 2 BsGaV nicht den Betrag übersteigen, der sich bei Anwendung der modifizierten Kapitalaufteilungsmethode für Versicherungsbetriebsstätten ergibt (§ 25 Abs. 1 und 2 BsGaV), um eine Überdotierung der ausländischen Versicherungsbetriebsstätte im Verhältnis zum übrigen Unternehmen zu vermeiden. Insofern ist die modifizierte Kapitalaufteilungsmethode keine für die Bestimmung des Dotationskapitals für eine ausländische Versicherungsbetriebsstätte anzuwendende Methode, sie beschreibt lediglich eine Obergrenze für die Zuordnung von Dotationskapital. 327

### 2.26.3. Erfordernisse des ausländischen Versicherungsaufsichtsrechts (§ 26 Abs. 3 BsGaV)

§ 26 Abs. 3 Satz 1 BsGaV geht auf einen im Einzelfall denkbaren Konflikt ein, der entstehen kann, wenn das ausländische Versicherungsaufsichtsrecht zwingend eine höhere Dotation verlangt, als dies die Öffnungsklausel des § 26 Abs. 2 BsGaV zulässt. Abzustellen ist dabei auf die Summe des Dotationskapitals und der versicherungstechnischen Rückstellungen. Nur wenn diese Summe nach ausländischem Versicherungsaufsichtsrecht die Summe nach inländischem Versicherungsaufsichtsrecht übersteigt, ist § 26 Abs. 3 Satz 1 BsGaV anzuwenden. Ausländische versicherungsaufsichtsrechtliche Vorschriften sind nach dem Fremdvergleichsgrundsatz zu beachten, denn sie sind eine der generellen Voraussetzungen dafür, dass die ausländische Versicherungsbetriebsstätte auf dem ausländischen Markt tätig werden kann. In diesen Fällen kann sogar ein Betrag angesetzt werden, der den Betrag überschreitet, der sich nach der modifizierten Kapitalaufteilungsmethode für Versicherungsbetriebsstätten nach 328

§ 26 Abs. 2 Satz 2 BsGaV ergibt, wenn dadurch ein internationaler Besteuerungskonflikt vermieden wird.

329 Nach § 26 Abs. 3 Satz 2 BsGaV muss dem übrigen Unternehmen allerdings rechnerisch nach Abzug der Dotierung für die ausländische Versicherungsbetriebsstätte mindestens ein Kapital verbleiben, das nach den Kriterien des inländischen Versicherungsaufsichtsrechts für das übrige Unternehmen, wäre es ein selbständiges Versicherungsunternehmen, erforderlich wäre, um die Kapitalerfordernisse für das übrige Unternehmen zu erfüllen. Denn sonst entspräche die Kapitalausstattung für das übrige Unternehmen, wäre es ein selbständiges Versicherungsunternehmen, nicht den im Inland geltenden versicherungsaufsichtsrechtlichen Vorgaben.

### 2.26.4. Auswirkungen des ausländischen Versicherungsaufsichtsrechts (§ 26 Abs. 4 BsGaV)

330 § 26 Abs. 4 Satz 1 BsGaV ordnet über § 13 Abs. 5 BsGaV hinaus eine Änderung des Dotationskapitals einer ausländischen Versicherungsbetriebsstätte innerhalb des Wirtschaftsjahrs an, wenn die rechtlichen Anforderungen des ausländischen Versicherungsaufsichtsrechts eine unterjährige Anpassung des Dotationskapitals erfordern. Daneben ist nach § 13 Abs. 5 BsGaV allerdings auch eine Anpassung des Dotationskapitals einer ausländischen Versicherungsbetriebsstätte durchzuführen, wenn die sich ergebende Veränderung des zuzuordnenden Dotationskapitals erheblich ist (siehe Rn. 151, die sinngemäß auch für ausländische Versicherungsbetriebsstätten gilt). Eine Veränderung ist erheblich, wenn das Dotationskapital zu Beginn des folgenden Wirtschaftsjahrs um mehr als 30% vom Dotationskapital zu Beginn des Wirtschaftsjahrs abweicht, aber nur dann, wenn die Abweichung mindestens 2 Mio. Euro beträgt.

331 Nach § 26 Abs. 4 Satz 2 BsGaV ist § 13 BsGaV sinngemäß auf ausländische Versicherungsbetriebsstätten anzuwenden, soweit § 26 Abs. 1 bis 3 BsGaV keine besonderen Regelungen enthält. Dies gilt insbesondere für die Regelung des § 13 Abs. 4 BsGaV. Deshalb ist einer ausländischen Versicherungsbetriebsstätte ungeachtet der Regelung in § 26 Abs. 1 bis 3 BsGaV höchstens das in einer ausländischen Handelsbilanz tatsächlich ausgewiesene Kapital als Dotationskapital zuzuordnen.

## 2.27. Zuordnung von Einkünften aus Vermögenswerten bei Versicherungsbetriebsstätten (§ 27 BsGaV)

### 2.27.1. Direkte Zuordnung von Einkünften aus Kapitalanlagen (§ 27 Abs. 1 BsGaV)

332 Sind bestimmte Vermögenswerte einer Versicherungsbetriebsstätte direkt zuzuordnen, so sind ihr auch die Einkünfte aus diesen Vermögenswerten zuzuweisen.

333 Eine direkte Zuordnung ist möglich, wenn bestimmte Vermögenswerte der Bedeckung der versicherungstechnischen Rückstellungen, der aus Versicherungsverhältnissen entstandenen Verbindlichkeiten und Rechnungsabgrenzungsposten oder des Dotationskapitals dienen. Eine direkte Zuordnung ist insbesondere dann möglich, wenn die Vermögenswerte in einer aus handelsrechtlichen oder versicherungsaufsichtsrechtlichen Gründen für die Versiche-

rungsbetriebsstätte erstellten Bilanz entsprechend ausgewiesen sind. Dann besteht ein unmittelbarer Bezug der Einkünfte zur Geschäftstätigkeit der Versicherungsbetriebsstätte. Für die direkte Zuordnung kommt es nicht darauf an, ob ein Vermögenswert der Bedeckung eines oder mehrerer der in § 27 Abs. 1 Nr. 1 bis 3 BsGaV genannten Zwecke dient.

**Fall – Direkte Zuordnung:**

Sachverhalt wie Fall 1 (Schaden-Versicherungsunternehmen) in Rn. 315, Rn. 317 und Rn. 318. Die inländische Versicherungsbetriebsstätte betreibt die Niederlassung in einem Bürogebäude, das in der Bilanz des Versicherungsunternehmens X mit 50 ausgewiesen ist. Weiterhin wird im Inland ein Bankdepot geführt und von der Niederlassung verwaltet, in dem Vermögenswerte i. H. v. 521 enthalten sind.

**Lösung:**

Das Bürogebäude (50) und das inländische Bankdepot (521) sind der Versicherungsbetriebsstätte direkt zuzuordnen. Somit können die durch das Bürogebäude und das Bankdepot erzielten Einkünfte der Versicherungsbetriebsstätte direkt zugeordnet werden.

## 2.27.2. Indirekte Zuordnung von Einkünften aus Kapitalanlagen (§ 27 Abs. 2 BsGaV)

Ist eine direkte Zuordnung von Vermögenswerten und von entsprechenden Kapitalerträgen zu einer Versicherungsbetriebsstätte nicht möglich, so ist – ggf. ergänzend zur direkten Zuordnung nach § 27 Abs. 1 BsGaV – eine indirekte Zuordnung der Kapitaleinkünfte durchzuführen. 334

Eine indirekte Zuordnung ist z. B. erforderlich, wenn von der Versicherungsbetriebsstätte direkt keine bzw. keine ausreichenden Vermögenswerte gehalten werden. Dies gilt insbesondere, wenn für die Versicherungsbetriebsstätte weder aus handelsrechtlichen noch aus versicherungsaufsichtsrechtlichen Gründen eine Bilanz erstellt wird oder in einer tatsächlich erstellten Bilanz keine bzw. keine ausreichenden Vermögenswerte ausgewiesen werden. 335

Für die indirekte Zuordnung von Kapitaleinkünften ist auf die durchschnittliche Kapitalanlagerendite des Versicherungsunternehmens abzustellen. Die durchschnittliche Kapitalanlagerendite ist ein Prozentwert, der im Rechnungsabschluss jedes Versicherungsunternehmens ausgewiesen wird. Der Wert ist ein Nettowert, der die Erträge und Aufwendungen aus Kapitalanlagen berücksichtigt, einschließlich der direkten und indirekten Kosten der Kapitalanlageverwaltung. Die durchschnittliche Kapitalanlagerendite führt zu einer sachgerechten, pauschalen Zuordnung der Einkünfte aus Vermögenswerten zur Versicherungsbetriebsstätte, ohne dass es einer aufwendigen Untergliederung bedarf (z. B. in Zinsen, Dividenden, Mieten). 336

Einer Versicherungsbetriebsstätte direkt zuzuordnende und in der Bilanz ausgewiesene Vermögenswerte sind nicht an die Kapitalstruktur des Versicherungsunternehmens, zu der die Versicherungsbetriebsstätte gehört, anzupassen. 337

**Fall – Indirekte Zuordnung:**

Sachverhalt wie Fall in Rn. 333. Nach Abzug der direkt zuzuordnenden Vermögenswerte verbleiben noch indirekt zuzuordnende Vermögenswerte i. H. v. 1000. Die vom Versicherungsunternehmen X in der Bilanz ausgewiesene durchschnittliche Kapitalanlagerendite beträgt 4,75 %.

**Lösung:**

Der Versicherungsbetriebsstätte sind, neben den direkt zuzuordnenden Einkünften (siehe Rn. 333) noch 4,75 % von 1000, somit Einkünfte i. H. v. 47,5 indirekt zuzuordnen.

**338** Die Zuordnung von Einkünften aus zuzuordnenden Vermögenswerten ist ausschließlich für die Zurechnung von Gewinnen zur Versicherungsbetriebsstätte relevant und hat keine weiterreichenden Folgen, z. B. für die Einkommensermittlung oder die Anrechnung von Steuern (siehe auch OECD-Betriebsstättenbericht, Teil IV Tz. 166).

### 2.28. Rückversicherung innerhalb eines Unternehmens (§ 28 BsGaV)

**339** Eine Rückversicherung innerhalb eines Unternehmens (Internal Reinsurance), d. h. eine Rückversicherung zwischen einer Versicherungsbetriebsstätte und dem übrigen Unternehmen, ist gem. § 28 BsGaV nicht als anzunehmende schuldrechtliche Beziehung anzuerkennen (siehe auch OECD-Betriebsstättenbericht, Teil IV Tz. 179). Dagegen schließt § 28 BsGaV die Zuordnung eines Rückversicherungsvertrags, den das Versicherungsunternehmen mit einem nahe stehenden Versicherungsunternehmen oder mit einem unverbundenen Versicherungsunternehmen abschließt, zu einer Versicherungsbetriebsstätte nicht aus. Die Zuordnung solcher Rückversicherungsverträge erfolgt nach § 9 BsGaV.

### 2.29. Pensionsfonds und Versicherungs-Zweckgesellschaften (§ 29 BsGaV)

**340** Auf Betriebsstätten von Pensionsfonds i. S. d. § 1 Abs. 1 Nr. 5 VAG (§ 112 VAG a. F.) sowie von Versicherungs-Zweckgesellschaften i. S. d. § 1 Abs. 1 Nr. 3 VAG (§ 121 g VAG a. F.) sind die Regelungen des Abschnitts 3 der BsGaV sinngemäß anzuwenden. Gleiches gilt für Betriebsstätten von Sicherungsfonds i. S. d. § 1 Abs. 1 Nr. 4 VAG.

### 2.30. Allgemeines zu Bau- und Montagebetriebsstätten (§ 30 BsGaV)

**341** Abschnitt 4 der BsGaV (§§ 30 bis 34 BsGaV) ist speziell auf Bau- und Montagebetriebsstätten anzuwenden. Bau- und Montagebetriebsstätten i. S. d. § 30 Satz 1 BsGaV entstehen zur Erfüllung von Bau- und Montageverträgen, die im Regelfall das Bau- und Montageunternehmen abgeschlossen hat. Bau- und Montagebetriebsstätten weisen die Besonderheit auf, dass sie von vornherein zeitlich begrenzt sind und ihnen im Regelfall außer der Geschäftsbeziehung zum übrigen Unternehmen (anzunehmende schuldrechtliche Beziehung, §§ 16, 32 und 33 BsGaV) keine bzw. nur wenige Geschäftsbeziehungen zuzuordnen sind. Aus diesem Grunde sind Sonderregelungen für diese Art von Betriebsstätten notwendig, obwohl im OECD-Betriebsstättenbericht hierfür kein gesonderter Teil vorgesehen ist. Auf Bau- und Montagebetriebsstätten sind die allgemeinen Vorschriften des Abschnitts 1 der BsGaV anzuwenden, es sei denn, Abschnitt 4 der BsGaV enthält besondere Regelungen. Hinzuweisen ist auf die Rn. 63 (Aufzeichnungspflichten), die u. a. den Zweck verfolgt, internationale Besteuerungskonflikte (Doppelbesteuerung bzw. Nichtbesteuerung) zu erkennen und nach Möglichkeit zu vermeiden.

**342** Besteht eine Bau- und Montagebetriebsstätte in einem Staat und schließt das Bau- und Montageunternehmen einen Folgevertrag im selben Staat ab (kein örtlicher und sachlicher Zusammenhang mit der bestehenden Bau- und Montagebetriebsstätte, deshalb kein Anschlussvertrag, siehe Rn. 343), so sind für den Folgevertrag die Voraussetzungen für das Entstehen einer Bau- und

Montagebetriebsstätte eigenständig zu prüfen. Es entsteht ggf. eine neue, selbständig zu beurteilende Bau- und Montagebetriebsstätte (siehe Rn. 56). Der Folgevertrag ist im Regelfall dem übrigen Unternehmen zuzuordnen (zu möglichen Ausnahmen siehe § 31 Abs. 4 BsGaV und Rn. 354).

**Fall – Folgevertrag:**

Im Anschluss an die Errichtung eines Einkaufzentrums (Voraussetzungen für eine Bau- und Montagebetriebsstätte erfüllt) im Staat Y erhält ein inländisches Bauunternehmen X den Auftrag für die Errichtung eines Bürogebäudes im Staat Y. Dieser Auftrag steht mit dem Einkaufszentrum in keinem sachlichen Zusammenhang.

**Lösung:**

Erfüllt auch die Errichtung des Bürogebäudes die Voraussetzungen für eine Bau- und Montagebetriebsstätte, so liegen zwei getrennt voneinander zu beurteilende Bau- und Montagebetriebsstätten (Einkaufszentrum/Bürogebäude) vor.

Liegt ein Anschlussvertrag vor (d. h. örtlicher und sachlicher Zusammenhang mit einer vorher bereits bestehenden Bau- und Montagebetriebsstätte, z. B. Gesamtprojekt mit demselben Kunden), so entsteht dadurch keine neue, selbständig zu beurteilende Bau- und Montagebetriebsstätte. Der Anschlussvertrag ist Teil der bestehenden Bau- und Montagebetriebsstätte. Er ist im Regelfall ebenfalls dem übrigen Unternehmen zuzuordnen (zu möglichen Ausnahmen siehe § 31 Abs. 4 BsGaV und Rn. 354). **343**

**Fall – Anschlussvertrag:**

Nach Fertigstellung der Erdarbeiten für ein größeres Gebäude im Staat Y (Voraussetzungen für eine Bau- und Montagebetriebsstätte erfüllt), erhält das inländische Bauunternehmen X den Auftrag, den Rohbau des Gebäudes zu errichten.

**Lösung:**

Es handelt sich wegen des örtlichen und sachlichen Zusammenhangs um einen Anschlussvertrag und damit nur um eine Bau- und Montagebetriebsstätte. Dies gilt unabhängig davon, ob die Errichtung des Rohbaus, isoliert betrachtet, die Voraussetzungen für eine Bau- und Montagebetriebsstätte erfüllt.

Wird eine Geschäftstätigkeit ausgeübt, die nicht in unmittelbarem Zusammenhang mit der Erledigung eines Bau- und Montagevertrags steht, so ist diese Geschäftstätigkeit nicht einer ggf. vorliegenden Bau- und Montagebetriebsstätte zuzuordnen. Besteht neben einer eigenständig zu beurteilenden Bau- und Montagebetriebsstätte eine feste Geschäftseinrichtung des Bau- und Montageunternehmens (§ 12 Satz 1 AO bzw. Art. 5 Abs. 1 OECD-MA), die die Arbeiten der verschiedenen Bau- und Montagebetriebsstätten koordiniert, so ist der Gewinn dieser festen Geschäftseinrichtung (Betriebsstätte) nach den allgemeinen Regeln zu ermitteln (§§ 1 bis 17 BsGaV). **344**

Bilden Bau- und Montageunternehmen eine Arbeitsgemeinschaft (ARGE), ist diese im Regelfall (vorbehaltlich einer abweichenden Vereinbarung) eine Mitunternehmerschaft nach § 15 Abs. 1 Satz 1 Nr. 2 EStG. Allerdings ist für die Frage, ob eine Mitunternehmerschaft vorliegt, die Bezeichnung unerheblich. Für eine ARGE, deren alleiniger Zweck in der Erfüllung eines einzigen Werkvertrags oder Werklieferungsvertrags besteht, ist weder eine gesonderte und einheitliche Feststellung durchzuführen (§ 180 Abs. 4 AO) noch ist eine solche ARGE gewerbesteuerpflichtig (§ 2 a GewStG). Der Bau- und Montagevertrag mit dem Auftraggeber wird im Regelfall durch die ARGE abgeschlossen. Die ARGE wird anschließend durch die ARGE-Partner tätig. Es **345** können ggf. neben ihrer eigenen Bau- und Montagebetriebsstätte zusätzlich Betriebsstätten der ARGE bei den ARGE-Partnern entstehen. Um in derartigen Fällen Abgrenzungsprobleme zwischen der Anwendung von § 1 Abs. 1 AStG und der Anwendung von § 1 Abs. 5 AStG zu vermeiden, ist es aus Vereinfachungsgründen nicht zu beanstanden, den Bau- und Montagevertrag nicht der ARGE, sondern den ARGE-Partnern unmittelbar zuzuordnen, wenn durch diese Vereinfachung keine internationalen Besteuerungskonflikte mit anderen Staaten entstehen. Wird diese Vereinfachungsregel angewandt, ist davon auszugehen, dass die ARGE-Partner jeweils eine eigene Bau- und Montagebetriebsstätte haben, deren Gewinn ggf. jeweils nach §§ 30 ff. BsGaV zu ermitteln ist (insbesondere nach § 32 BsGaV). Soweit die ARGE daneben selbst eine andere Betriebsstätte zur Verwaltung und Koordination hat (keine Bau- und Montagebetriebsstätte), ist deren Gewinn nach §§ 1 bis 17 BsGaV zu ermitteln und nach dem im ARGE-Vertrag vereinbarten Gewinnverteilungsschlüssel aufzuteilen (siehe Rn. 344).

346 Konsortien bilden keine Mitunternehmerschaft nach § 15 Abs. 1 Satz 1 Nr. 2 EStG, wenn es ihnen, wie im Regelfall, an einer eigenen Gewinnerzielungsabsicht fehlt. Für die Frage, ob eine Mitunternehmerschaft vorliegt, ist die Bezeichnung unerheblich (z. B. Dach-ARGE). Deshalb ist ein Bau- und Montagevertrag im Regelfall nicht dem Konsortium, sondern den Konsortialpartnern zuzuordnen. Ob die Voraussetzungen für eine Bau- und Montagebetriebsstätte erfüllt sind und inwieweit dieser ein Gewinn zuzurechnen ist, ist für jeden Konsortialpartner jeweils gesondert zu ermitteln – nicht für das Konsortium.

347 Werden in diesem BMF-Schreiben (bzw. in den §§ 30 ff. BsGaV) Begriffe verwendet, die in den Tz. 4.3.1 bis 4.3.5 VWG Betriebsstätten definiert sind, so gelten diese Definitionen, soweit in diesem BMF-Schreiben (bzw. in den §§ 30 ff. BsGaV) keine davon abweichende Regelung enthalten ist.

348 Ob eine Bau- und Montagebetriebsstätte i. S. d. § 30 Satz 1 BsGaV entsteht, richtet sich nach § 12 Satz 2 Nr. 8 AO und der entsprechenden Regelung im anzuwendenden DBA (siehe Art. 5 Abs. 3 OECD-MA).

349 Jedes Unternehmen, zu dem eine Bau- und Montagebetriebsstätte gehört, ist nach § 30 Satz 2 BsGaV ein Bau- und Montageunternehmen, unabhängig davon, welchen Anteil die Bau- und Montagetätigkeit an der Geschäftstätigkeit des Unternehmens ausmacht.

**Fall – Einmalige Bau- und Montagebetriebsstätte:**

Ein inländisches Unternehmen X produziert und vertreibt Baumaschinen. Im Jahr 05 betreibt es mit eigenem Personal einmalig eine Bau- und Montagebetriebsstätte A in Staat A.

**Lösung:**

Auch wenn X nur einmalig eine Bau- und Montagebetriebsstätte hat, ist X für die Gewinnaufteilung zwischen A und dem übrigen Unternehmen ein Bau- und Montageunternehmen i. S. d. § 30 Satz 2 BsGaV.

## 2.31. Besondere Zuordnungsregelungen für Bau- und Montagebetriebsstätten (§ 31 BsGaV)

### 2.31.1. Zuordnung eines materiellen Wirtschaftsguts zur Bau- und Montagebetriebsstätte (§ 31 Abs. 1 BsGaV)

Nach § 31 Abs. 1 Satz 1 BsGaV gilt die Nutzung eines materiellen Wirt- 350
schaftsguts durch eine Bau- und Montagebetriebsstätte abweichend von § 5 Abs. 1 Satz 1 BsGaV nur dann als maßgebliche Personalfunktion, wenn zusätzlich zur Nutzung auch Personalfunktionen durch die Bau- und Montagebetriebsstätte ausgeübt werden, die im Zusammenhang mit der Anschaffung, der Herstellung, der Veräußerung oder der Verwertung des materiellen Wirtschaftsguts stehen. Die Zuordnung eines materiellen Wirtschaftsguts zur Bau- und Montagebetriebsstätte setzt voraus, dass die Bedeutung der genannten Personalfunktionen, die in der Bau- und Montagebetriebsstätte im Hinblick auf das materielle Wirtschaftsgut ausgeübt werden, gegenüber der Bedeutung der insoweit im übrigen Unternehmen ausgeübten Personalfunktionen qualitativ eindeutig überwiegt.

**Fall – Sonderfall der Zuordnung von materiellen Wirtschaftsgütern:**

Ein inländisches Bau- und Montageunternehmen X (X) hat eine Bau- und Montagebetriebsstätte A (A) in Staat A. Ein von X ohne Mitwirkung von A angeschaffter Kran wird ausschließlich von A genutzt. Über die Wartung, Weiterverwendung und Veräußerung entscheidet allein eigenes Personal von A.

**Lösung:**

Die Personalfunktionen von A überwiegen qualitativ eindeutig (siehe Rn. 42 und Rn. 43) die Personalfunktion der Anschaffung durch das übrige Unternehmen. Deshalb ist der Kran A zuzuordnen (§ 31 Abs. 1 BsGaV).

### 2.31.2. Zuordnung zum übrigen Unternehmen (§ 31 Abs. 2 BsGaV)

Ein materielles Wirtschaftsgut des Bau- und Montageunternehmens, das in 351
einer Bau- und Montagebetriebsstätte genutzt wird, dieser aber nicht nach § 31 Abs. 1 BsGaV zuzuordnen ist, muss nach § 31 Abs. 2 BsGaV dem übrigen Unternehmen zugeordnet werden. Es gilt als der Bau- und Montagebetriebsstätte vom übrigen Unternehmen unentgeltlich beigestellt. Da in den Fällen der unentgeltlichen Beistellung durch das übrige Unternehmen die ursprüngliche Zuordnung des materiellen Wirtschaftsguts nicht geändert wird, führt z. B. die Nutzung eines materiellen Wirtschaftsguts durch eine ausländische Bau- und Montagebetriebsstätte weder zu einer Entstrickung des Wirtschaftsguts i. S. d. § 4 Abs. 1 Satz 3 und 4 EStG beim inländischen Bau- und Montageunternehmen noch zu einer fiktiven Veräußerung oder entgeltlichen Nutzungsüberlassung i. S. d. § 16 Abs. 1 BsGaV.

**Fall – Unentgeltliche Beistellung eines materiellen Wirtschaftsguts:**

Das Bau- und Montageunternehmen Y (Y) in Staat A hat im Inland eine Bau- und Montagebetriebsstätte B (B). Dort wird eine Spezialmaschine, die von Y angeschafft wurde, für 4 Monate für die Bauarbeiten genutzt und nach Ablauf der 4 Monate auf anderen Baustellen eingesetzt. B setzt die Maschine lediglich für den B betreffenden Bauauftrag ein und übt keine Personalfunktionen hinsichtlich der Anschaffung, Veräußerung oder Verwertung der Maschine aus.

**Lösung:**

Die Maschine ist nach § 31 Abs. 1 BsGaV dem übrigen Unternehmen zuzuordnen. Sie gilt B nach § 31 Abs. 2 BsGaV als unentgeltlich beigestellt.

### 2.31.3. Entsprechende Anwendung auf andere Vermögenswerte (§ 31 Abs. 3 BsGaV)

352 Die Grundsätze des § 31 Abs. 1 und 2 BsGaV gelten für die Zuordnung von Vermögenswerten nach den §§ 6 bis 8 BsGaV entsprechend.

**Fall – Unentgeltliche Beistellung eines immateriellen Werts:**

Das ausländische Bau- und Montageunternehmen Y (Y) hat im Inland eine Bau- und Montagebetriebsstätte B (B). Von B wird ein Patent, welches vom übrigen Unternehmen selbst geschaffen wurde und bei verschiedenen Projekten eingesetzt wird, zur Durchführung des Projekts genutzt. B setzt das Patent lediglich für den B betreffenden Bauauftrag ein und übt keine Personalfunktionen hinsichtlich der Schaffung, Veräußerung oder Verwertung des Patents aus.

**Lösung:**

Das Patent ist ein immaterieller Wert i. S. d. § 6 BsGaV. Es ist nach § 31 Abs. 3 i. V. m. Abs. 1 BsGaV dem übrigen Unternehmen zuzuordnen. Es gilt B nach § 31 Abs. 2 BsGaV als unentgeltlich beigestellt.

### 2.31.4. Zuordnung des Bau- und Montagevertrags (§ 31 Abs. 4 BsGaV)

353 Ein Bau- und Montagevertrag mit dem Auftraggeber ist ein Geschäftsvorfall i. S. d. § 1 Abs. 4 Satz 1 Nr. 1 AStG, der im Regelfall der Geschäftsleitungsbetriebsstätte zuzuordnen ist. Dies gilt auch für einen Anschluss- bzw. für einen Folgeauftrag (siehe Rn. 342 f.). Der Bau- und Montagevertrag kann im Einzelfall aber auch einer anderen Betriebsstätte i. S. d. § 12 Satz 1 AO bzw. Art. 5 Abs. 1 bzw. 5 OECD-MA zuzuordnen sein.

**Fall – Zuordnung des Bau- und Montagevertrags zu einer Betriebsstätte:**

Ein inländisches Bauunternehmen X (X) hat im Staat A eine Betriebsstätte A (A), die die Voraussetzungen einer festen Geschäftseinrichtung i. S. d. § 12 Satz 1 AO bzw. Art. 5 Abs. 1 OECD-MA erfüllt. A akquiriert laufend verschiedene Bauaufträge in A und koordiniert die Bauarbeiten (teilweise Bau- und Montagebetriebsstätten), ohne selbst an den Bauarbeiten mitzuwirken.

**Lösung:**

A ist selbst keine Bau- und Montagebetriebsstätte, da sie nicht zur Durchführung eines einzelnen Bau- und Montagevertrags besteht (§ 30 BsGaV). X ist ein Bau- und Montageunternehmen, da es mehrere Bau- und Montagebetriebsstätten unterhält. Die Bau- und Montageverträge sind A zuzuordnen, da die dort ausgeübten Personalfunktionen für die Zuordnung der Verträge maßgeblich sind (§ 9 BsGaV). Dafür, dass Zuordnungsänderungen (mit den Folgen des § 16 Abs. 1 Nr. 1 BsGaV) von A an das übrige Unternehmen oder an Bau- und Montagebetriebsstätten vorzunehmen wären, sind keine Anhaltspunkte ersichtlich. Die Gewinne von A sind nach den allgemeinen Regelungen der §§ 1 bis 17 BsGaV zu ermitteln.

354 Die Zuordnung eines Bau- und Montagevertrags zum übrigen Unternehmen ist nach § 31 Abs. 4 Satz 2 BsGaV nur in den beiden Ausnahmefällen des § 31 Abs. 4 Satz 2 Nr. 1 und 2 BsGaV zu ändern, wenn dies den jeweils in der Bau- und Montagebetriebsstätte und im übrigen Unternehmen ausgeübten Personalfunktionen entspricht. In diesen Ausnahmefällen gilt im Hinblick auf das betreffende Projekt die Bau- und Montagebetriebsstätte als das eigentliche Bau- und Montageunternehmen. Das übrige Unternehmen erbringt in diesen Fällen Dienstleistungen für die Bau- und Montagebetriebsstätte, die nach § 16 Abs. 2 BsGaV entsprechend dem Fremdvergleichsgrundsatz zu vergüten sind.

355 Eine Zuordnungsänderung eines Bau- oder Montagevertrags vom übrigen Unternehmen zu einer Bau- und Montagebetriebsstätte gilt nach § 16 Abs. 1

Nr. 1 BsGaV als fiktive Veräußerung des Bau- und Montagevertrags, für die nach § 16 Abs. 2 BsGaV ein fremdvergleichsüblicher Verrechnungspreis anzusetzen ist. Erbringt das übrige Unternehmen nach der fiktiven Veräußerung des Bau- und Montagevertrags an die Bau- und Montagebetriebsstätte dieser gegenüber fiktive Dienstleistungen (§ 16 Abs. 1 Nr. 2 BsGaV), ist dafür ein dem Fremdvergleichsgrundsatz entsprechender Verrechnungspreis anzusetzen (§ 16 Abs. 2 BsGaV).

## 2.32. Anzunehmende schuldrechtliche Beziehung, die als Dienstleistung anzusehen ist (§ 32 BsGaV)

### 2.32.1. Grundsatz: Anwendung einer kostenorientierten Verrechnungspreismethode (§ 32 Abs. 1 BsGaV)

Nach § 32 Abs. 1 Satz 1 BsGaV gilt die Mitwirkung einer Bau- und Mon- 356
tagebetriebsstätte an der Erfüllung des vom Bau- und Montageunternehmen abgeschlossenen Bau- und Montagevertrags im Regelfall (Ausnahme siehe § 33 BsGaV) als fiktive Dienstleistung (§ 16 Abs. 1 Nr. 2 BsGaV) gegenüber dem übrigen Unternehmen, für die der Verrechnungspreis nach § 32 Abs. 1 Satz 2 BsGaV im Regelfall durch Anwendung der Kostenaufschlagsmethode zu bestimmen ist, wenn die von der Bau- und Montagebetriebsstätte erbrachte fiktive Dienstleistung eine Routinetätigkeit ist. Von einer Routinetätigkeit ist auszugehen, wenn die Bau- und Montagebetriebsstätte lediglich die eigentlichen Bau- und Montagearbeiten erbringt, auch wenn diese technisch schwierig und anspruchsvoll sind, während die eigentliche Wertschöpfung im übrigen Unternehmen erfolgt.

**Fall (1) – Routinetätigkeit:**

Das inländische Bau- und Montageunternehmen X (X) übernimmt die Erstellung eines technisch schwierigen Bauvorhabens in Staat A, sodass eine Bau- und Montagebetriebsstätte A (A) entsteht. Bei der Durchführung des Bauvorhabens treten erhebliche Schwierigkeiten auf. Die technischen Lösungen werden ganz überwiegend von Spezialisten im Inland erarbeitet und anschließend von A auf der Baustelle erfolgreich umgesetzt.

**Lösung:**

Auch wenn die Umsetzung der im übrigen Unternehmen erarbeiteten Lösungen durch A technisch schwierig und anspruchsvoll ist, rechtfertigt dies nach § 32 Abs. 1 BsGaV kein Abweichen von der Anwendung der Kostenaufschlagsmethode, solange die eigentliche Wertschöpfung im Inland erfolgt. Dies gilt auch, wenn A in untergeordnetem Umfang an der Erarbeitung von Lösungen mitwirkt.

**Fall (2) – Keine Routinetätigkeit:**

Das inländische Bau- und Montageunternehmen verpflichtet sich, im Staat A eine schlüsselfertige Fabrikanlage mit vertraglich vereinbarten Leistungsmerkmalen zu erstellen. Die Arbeiten zur Realisierung des Projekts führen zur Entstehung der Bau- und Montagebetriebsstätte A (A). Anders als ursprünglich geplant, entscheidet die inländische Geschäftsleitungsbetriebsstätte X (X), eigene inländische Spezialisten zu A zu schicken, um wesentliche Planungs- und Ingenieursarbeiten vor Ort im Staat A durchzuführen.

**Lösung:**

Die von A geschaffene Wertschöpfung, zu der die von X auf die Baustelle geschickten Spezialisten wesentlich beigetragen haben (Personalfunktionen von A, § 4 Abs. 1 Satz 1 BsGaV), lässt es nicht zu, A als Routineunternehmen mit geringen Risiken zu qualifizieren. Deshalb kommt neben der Anwendung des § 32 BsGaV (ggf. mit entsprechend höherem Kostenaufschlag) unter bestimmten Umständen auch die Anwendung des § 33 BsGaV in Betracht (zu Einzelheiten siehe dort Rn. 370 ff.).

357 Die Grundsätze des § 32 Abs. 1 BsGaV sind entsprechend heranzuziehen für funktions- und risikoähnliche Betriebsstätten, auch wenn sie keine Bau- und Montagebetriebsstätten i. S. d. § 30 BsGaV sind, wenn sie

- im Wesentlichen nur eine Geschäftsbeziehung (fiktive Dienstleistung) zum übrigen Unternehmen haben und
- lediglich Routinetätigkeiten ausüben (siehe auch Tz. 3.4.10.2 VWG Verfahren).

**Fall – Funktionsähnliche Betriebsstätte:**

Die inländische X-GmbH (X) hat im Staat A eine Betriebsstätte A (A). X schließt mit einem Kunden K im Staat A einen Wartungsvertrag über 5 Jahre ab. Aufgrund des Vertrags ist X verpflichtet, Wartungen und etwaige notwendige Reparaturen durchzuführen. Die Arbeiten werden von Personal von A erledigt.

**Lösung:**

A ist eine Betriebsstätte i. S. d. § 12 Satz 1 AO bzw. Art. 5 Abs. 1 OECD-MA, keine Bau- und Montagebetriebsstätte i. S. d. § 12 Satz 2 Nr. 8 AO bzw. Art. 5 Abs. 3 OECD-MA. Da A eine funktions- und risikoarme Tätigkeit ausübt, sind die Grundsätze des § 32 BsGaV entsprechend anzuwenden, denn die Anwendung des Fremdvergleichsgrundsatzes erfolgt aufgrund einer Funktions- und Risikoanalyse, die zu vergleichbaren Lösungen führt.

358 Für die Anwendung einer kostenorientierten Verrechnungspreismethode nach § 32 Abs. 1 Satz 3 BsGaV gehören zur Kostenbasis vor allem die Personalkosten, die unmittelbar durch die eigenen Personalfunktionen der Bau- und Montagebetriebsstätte verursacht werden (z. B. eigene Montagetätigkeit, selbst durchgeführte Bauüberwachung, Integration von Subunternehmern durch eigenes Personal usw.). Als unmittelbare Kosten gelten alle direkten Kosten der Personalfunktionen (z. B. Bruttolöhne, Sozialabgaben, Zuführungen zu Pensionsrückstellungen, Reisekosten), die der Bau- und Montagebetriebsstätte nach § 4 BsGaV zuzuordnen sind.

359 Werden darüber hinaus durch die Ausübung von Personalfunktionen einer Bau- und Montagebetriebsstätte selbst weitere Kosten verursacht (z. B. Materialbeschaffung, Einschaltung von Subunternehmern usw.), so gehören diese Kosten dann zur maßgeblichen Kostenbasis, wenn der jeweilige Vertrag der Bau- und Montagebetriebsstätte nach § 9 BsGaV zuzuordnen ist. Dabei sind folgende Fallgruppen zu unterscheiden:

- In der Bau- und Montagebetriebsstätte wird in Bezug auf die Subunternehmer oder das Material keine Personalfunktion ausgeübt.
- In der Bau- und Montagebetriebsstätte wird in Bezug auf die Subunternehmer oder das Material eine Personalfunktion ausgeübt.
- Das Personal der Bau- und Montagebetriebsstätte beauftragt selbständig die Subunternehmer und bestellt selbständig das Material von den Lieferanten.

**Fall (1) – Keine Mitwirkung der Bau- und Montagebetriebsstätte:**

Das inländische Bauunternehmen X (X) errichtet einen Rohbau im Staat A. Dadurch entsteht die Baubetriebsstätte A (A). Auf der Baustelle wird auch Subunternehmer S (S) tätig. Die Auswahl von S und die Koordination der Zusammenarbeit mit S erfolgt durch Personal des übrigen Unternehmens.

**Lösung:**

Da A hinsichtlich des S keine Personalfunktionen ausübt, ist der Vertrag mit S nach § 9 Abs. 1 BsGaV dem übrigen Unternehmen zuzuordnen. Die Kosten, die X für die Beauftragung von S entstehen, sind nicht in die Kostenbasis für die für A anzuwendende Kostenaufschlagsmethode einzubeziehen.

sprechend § 32 Abs. 3 Satz 1 BsGaV jährlich in Rechnung. Der Auftrag erbringt für X insgesamt einen Gewinn von 100. Für A werden die entstandenen verrechenbaren Kosten von 100 jährlich mit einem Aufschlag i. H. v. jeweils 5 % verrechnet. Daraus ergeben sich folgende steuerliche Auswirkungen:

| | 01 | 02 | 03 | Summe 01–03 |
|---|---|---|---|---|
| steuerlicher Gewinn von X | 0 | 0 | 100 | 100 |
| Freistellung A | + 5 | + 5 | + 5 | 15 |
| | | | | |
| Einkünfte übriges Unternehmen | – 5 | – 5 | + 95 | 85 |
| Einkünfte A | + 5 | + 5 | + 5 | 15 |

Im Ergebnis wird für A in den Jahren 01 bis 03 ein kumulierter Gewinn von 15 und im übrigen Unternehmen (nach Freistellung) ein kumulierter Gewinn von 85 versteuert (Gesamtgewinn 100).

**Abwandlung – Anrechnung:**

Die Bau- und Montagebetriebsstätte B (B) von X befindet sich im Staat B (DBA mit Anrechnung) bzw. Bau- und Montagebetriebsstätte C (C) im Staat C, mit dem Deutschland kein DBA vereinbart hat.

**Lösung:**

Ausländische Steuer kann erst im Jahr der Abnahme (hier: 03) angerechnet werden. Eine frühere Anrechnung (hier: 01 und 02) ist mangels in Deutschland steuerpflichtiger ausländischer Einkünfte nicht möglich. Für die Bestimmung des Anrechnungshöchstbetrags nach § 34 c Abs. 1 EStG bzw. § 26 KStG im Jahr 03 ist von 15 auszugehen. Die Steuern der Jahre 01 und 02 sind im Jahr 03 anrechenbar.

§ 32 Abs. 3 Satz 2 BsGaV ermöglicht eine gegenüber Rn. 364 frühere oder spätere Abrechnung der fiktiven Dienstleistung, wenn dies dem Verhalten unabhängiger Unternehmen und damit dem Fremdvergleichsgrundsatz besser entspricht, z. B. Annahme einer fiktiven Teilabnahme wie bei der Einschaltung von unabhängigen Subunternehmen häufig üblich. 365

**Fall – Gewinnrealisierung bei Fertigstellung:**

Die Bau- und Montagebetriebsstätte A (A) in Staat A (DBA mit Freistellung) des inländischen Bau- und Montageunternehmens X errichtet über mehrere Jahre eine Staumauer. Es ist branchenüblich, für Subunternehmer mit entsprechenden Leistungen Abschlagszahlungen nach Baufortschritt und ohne Gewinnaufschlag zu vereinbaren und erst bei Abnahme eine Endabrechnung mit Gewinnaufschlag vorzunehmen.

**Lösung:**

Da die Tätigkeit von A so abgerechnet wird wie die eines fremden Subunternehmers, kann die Öffnungsklausel des § 32 Abs. 3 Satz 2 BsGaV angewendet werden, die eine entsprechende Gewinnermittlung für A zulässt.

## 2.32.4. Leistungen des übrigen Unternehmens (§ 32 Abs. 4 BsGaV)

Für Leistungsbeiträge, die im übrigen Unternehmen zur Erledigung des Bau- und Montagevertrags erbracht werden, ist nach § 32 Abs. 4 BsGaV nicht die Bau- und Montagebetriebsstätte der Leistungsempfänger. Derartige Leistungsbeiträge des übrigen Unternehmens werden im Regelfall im eigenen Interesse zur Erfüllung des Bau- und Montagevertrags, der dem übrigen Unternehmen zuzuordnen ist, erbracht. Für diese Leistungsbeiträge stehen dem übrigen Unternehmen die Zahlungen des Auftraggebers zu (abzüglich der Vergütung für die fiktive Dienstleistung der Bau- und Montagebetriebsstätte). 366

Solche Leistungsbeiträge des übrigen Unternehmens gelten als unentgeltlich beigestellt, auch wenn sie in einem sachlichen Zusammenhang mit den Personalfunktionen der Bau- und Montagebetriebsstätte stehen.

**Fall – Leistungsbeiträge von Nahestehenden:**

Das inländische Bau- und Montageunternehmen X (X) hat im Ausland A eine Bau- und Montagebetriebsstätte A (A), deren Aufgabe es ist, ein Gebäude schlüsselfertig zu errichten (Fall des § 32 BsGaV). Auf der Baustelle wird Software einer anderen Konzerngesellschaft Z (Z) genutzt, um eine 3D-Darstellung des Gebäudes für die Arbeiten auf der Baustelle zu ermöglichen. Die Bereitstellung der Software würde von Personal des übrigen Unternehmens veranlasst.

**Lösung:**

Die Nutzung der Software beruht auf einem Vertrag von X mit Z, der X die Nutzung erlaubt. Dieser Vertrag kann A mangels ausgeübter Personalfunktionen (§ 9 BsGaV) nicht zugeordnet werden. Die tatsächliche Nutzung durch A gilt als vom übrigen Unternehmen unentgeltlich beigestellt (§ 32 Abs. 4 BsGaV), d. h. nach § 32 Abs. 4 BsGaV liegt kein entgeltpflichtiger Leistungsbeitrag des übrigen Unternehmens gegenüber A vor (§ 16 Abs. 1 Nr. 2 BsGaV).

367 Vorlaufkosten im Zusammenhang mit einem Bau- und Montagevertrag, d. h. die Kosten vor Auftragserteilung, insbesondere die Akquisitionskosten (z. B. Kosten für die Ausschreibung), die Planungskosten und die Kosten der Auftragskalkulation werden im Regelfall durch die Ausübung von Personalfunktionen im übrigen Unternehmen (meistens durch die Geschäftsleitungsbetriebsstätte) verursacht. Sie sind daher dem übrigen Unternehmen zuzuordnen, denn eine Bau- und Montagebetriebsstätte entsteht im Regelfall erst nach Vereinbarung eines konkreten Auftrags (siehe Rn. 66). Die Akquisitionskosten dienen nicht der Erzielung von im Ansässigkeitsstaat des Bau- und Montageunternehmens abkommensrechtlich freigestellten Einkünften, sondern von dort steuerpflichtigen Einkünften des Bau- und Montageunternehmens. Denn die Akquisitionskosten werden dadurch kompensiert, dass dem übrigen Unternehmen die Vergütungen zugerechnet werden, die der Auftraggeber an das Bau- und Montageunternehmen zahlt und die im Ansässigkeitsstaat zu besteuern sind (abzüglich der Vergütung für die fiktive Dienstleistung der Bau- und Montagebetriebsstätte).

### 2.32.5. Hilfs- und Nebenrechnung für Bau- und Montagebetriebsstätten i. S. d. § 32 BsGaV (insbesondere Dotationskapital)

368 Für ausländische Bau- und Montagebetriebsstätten gilt die Mindestkapitalmethode nach § 13 BsGaV ohnehin. Ungeachtet der Regelungen des § 12 BsGaV ist es auch für eine inländische Bau- und Montagebetriebsstätte mit dem Funktions- und Risikoprofil entsprechend § 32 BsGaV nicht zu beanstanden, wenn für die Bestimmung des Dotationskapitals die Mindestkapitalausstattungsmethode des § 13 BsGaV angewandt wird. Voraussetzung hierfür ist, dass

– einer inländischen Bau- und Montagebetriebsstätte keine Vermögenswerte und keine Geschäftsvorfälle (§ 9 BsGaV) des Bau- und Montageunternehmens zuzuordnen sind,
– einer inländischen Bau- und Montagebetriebsstätte nur Risiken zuzuordnen sind, die denen eines Routineunternehmens mit geringen Risiken entsprechen (Tz. 3.4.10.2 Buchst. a VWG Verfahren), und

– in der Hilfs- und Nebenrechnung für eine inländische Bau- und Montagebetriebsstätte keine Verbindlichkeiten ausgewiesen werden, die zu einer Zuordnung von Zinsaufwand des Bau- und Montageunternehmens zur Bau- und Montagebetriebsstätte führen.

In diesen Fällen kann für die Hilfs- und Nebenrechnung einer inländischen 369
Bau- und Montagebetriebsstätte, ebenso wie für die Hilfs- und Nebenrechnung einer ausländischen Bau- und Montagebetriebsstätte, von der Kosten- und Leistungsrechnung für das Bau- und Montageprojekt ausgegangen werden. Aus den Unterlagen müssen sich aber in jedem Fall eindeutig die genaue Bemessungsgrundlage und der jeweils verwendete Gewinnaufschlag bzw. die verwendeten Gewinnaufschläge ergeben.

## 2.33. Anzunehmende schuldrechtliche Beziehung in besonderen Fällen (§ 33 BsGaV)

### 2.33.1. Anwendung von Gewinnaufteilungsmethoden (§ 33 Abs. 1 BsGaV)

Nach § 33 Abs. 1 BsGaV sind unter den dort alternativ genannten Voraus- 370
setzungen die Verrechnungspreise für die anzunehmenden schuldrechtlichen Beziehungen zwischen der Bau- und Montagebetriebsstätte und dem übrigen Unternehmen nicht nach einer kostenorientierten Verrechnungspreismethode, sondern nach einer geschäftsvorfallbezogenen Gewinnaufteilungsmethode zu bestimmen. Die Voraussetzungen für die Anwendung von geschäftsvorfallbezogenen Gewinnaufteilungsmethoden müssen vorliegen (OECD-Leitlinien, Tz. 2.108 ff.).

Nach der ersten Alternative des § 33 Abs. 1 BsGaV müssen einer Bau- und 371
Montagebetriebsstätte einerseits und dem übrigen Unternehmen andererseits aufgrund der jeweils ausgeübten maßgeblichen Personalfunktionen Chancen und Risiken zuzuordnen sein, die sowohl der Bau- und Montagebetriebsstätte als auch dem übrigen Unternehmen einen Entrepreneur-Status zuweisen (§ 33 Abs. 1 Nr. 1 BsGaV, Tz. 3.4.10.2 Buchst. b VWG Verfahren).

**Fall – Gleichwertige Funktionen:**
Das inländische Bau- und Montageunternehmen X (X), das im Anlagenbau tätig ist, erhält den Auftrag, eine komplexe Fertigungsanlage A (Projekt) mit konkreten Leistungsanforderungen in Staat A zu errichten. Hierdurch entsteht in Staat A die Bau- und Montagebetriebsstätte A (A). Die Ausschreibung, das Basis-Engineering und ein Teil des Detail-Engineerings erfolgen im Inland. A übernimmt den restlichen Teil des Detail-Engineerings sowie die Überwachung, die Koordination und die Inbetriebnahme. A stellt außerdem die Funktionsfähigkeit der Anlage (lt. Anforderungskatalog) sicher.

**Lösung:**
Aufgrund der Übernahme eines Teils des Detail-Engineerings, der Koordination, der Überwachung und der Inbetriebnahme durch eigenes Personal von A und wegen der Sicherstellung der Funktionsfähigkeit der Fertigungsanlage durch A handelt es sich nicht um eine bloße Routinetätigkeit von A. Wird durch die Dokumentation und die Hilfs- und Nebenrechnung nachgewiesen, dass die Chancen und Risiken von A mit denen des übrigen Unternehmens vergleichbar sind, so kann die Anwendung der geschäftsvorfallbezogenen Gewinnaufteilungsmethode sachgerecht sein (§ 33 Abs. 1 Nr. 1 BsGaV).

Nach der zweiten Alternative § 33 Abs. 1 BsGaV müssen sowohl von der 372
Bau- und Montagebetriebsstätte als auch vom übrigen Unternehmen einzigartige immaterielle Werte verwendet werden, die jeweils für das konkrete Pro-

jekt selbst entwickelt oder erworben wurden (§ 33 Abs. 1 Nr. 2 BsGaV). Ein der Bau- und Montagebetriebsstätte zuzuordnender einzigartiger immaterieller Wert liegt nur dann vor, wenn das betreffende Know-how von der Bau- und Montagebetriebsstätte speziell für das konkrete Bau- und Montageprojekt geschaffen oder erworben wurde.

**Fall – Schaffung von einzigartigen immateriellen Werten in der Bau- und Montagebetriebsstätte:**

Das inländische Bau- und Montageunternehmen X (X), das im Anlagenbau tätig ist, erhält den Auftrag für die Errichtung einer neuartigen Fertigungsanlage in Staat A. Hierdurch entsteht die Bau- und Montagebetriebsstätte A (A). Diese Anlage unterscheidet sich von den bisher errichteten Anlagen sowohl bezüglich der Größe als auch bezüglich der Geeignetheit für die konkreten klimatischen Umstände im Staat A, die für die technische Funktionsfähigkeit der Anlage von Bedeutung sind. Für die Planung und Errichtung der Anlage ist deshalb eine intensive Zusammenarbeit zwischen dem Personal des übrigen Unternehmens und den von A eingesetzten Spezialisten erforderlich.

**Lösung:**

Die Entwicklung einer neuartigen Technologie durch das übrige Unternehmen und durch A führt zur Schaffung von einzigartigem und neuem Know-how. Die Anwendung der geschäftsvorfallbezogenen Gewinnaufteilungsmethode (§ 33 Abs. 1 Nr. 2 BsGaV) ist dem Grunde nach sachgerecht. Die vom übrigen Unternehmen zur Verfügung gestellten immateriellen Werte gelten als dessen Beitrag, der nach § 33 Abs. 2 Satz 3 Nr. 1 BsGaV für die Berechnung des anzuwendenden Aufteilungsschlüssels zu berücksichtigen ist (siehe Rn. 375).

**373** Ausgangspunkt für eine Aufteilung des Ergebnisses des Bau- und Montagevertrags (Projekt) zwischen der Bau- und Montagebetriebsstätte und dem übrigen Unternehmen ist zunächst die Ermittlung des Projektergebnisses auf der Grundlage der dafür zu erstellenden Kostenrechnung, in der sowohl die Kosten der Bau- und Montagebetriebsstätte als auch die Kosten des übrigen Unternehmens enthalten sind. Für diese Ermittlung sind alle Kosten, die mit dem Projekt in Zusammenhang stehen, unabhängig davon, wann sie entstanden sind, zu berücksichtigen (z. B. Akquisitionskosten, Ausschreibungskosten, Kosten für Pre-Engineering sowie für Forschung und Entwicklung).

**Fall – Fehlmaßnahmen:**

Zum inländischen Bau- und Montageunternehmen X (X) gehört eine Bau- und Montagebetriebsstätte A (A) in Staat A, die die Voraussetzungen des § 33 BsGaV erfüllt. In der Kostenrechnung für das Projekt sind u. a. auch Kosten für die Beseitigung einer Fehlmaßnahme enthalten.

**Lösung:**

Die Kosten für die Beseitigung der Fehlmaßnahme sind in die Ermittlung des Projektergebnisses mit einzubeziehen, mindern das Projektergebnis und sind im Regelfall nach dem allgemeinen Aufteilungsschlüssel aufzuteilen. Wird allerdings festgestellt, dass es aufgrund der Personalfunktionen von A zu der Fehlmaßnahme gekommen ist, sind A diese Kosten nach § 33 Abs. 2 Satz 4 BsGaV vorab gewinnmindernd zuzurechnen und werden nicht aufgeteilt.

**HINWEIS:**

Kam es umgekehrt aufgrund von Personalfunktionen des übrigen Unternehmens zu Fehlmaßnahmen, sind die dadurch verursachten zusätzlichen Kosten nach § 33 Abs. 2 Satz 4 BsGaV dem übrigen Unternehmen vorab gewinnmindernd zuzurechnen.

**374** Das aufzuteilende Projektergebnis bestimmt sich nach den allgemein geltenden Grundsätzen über die steuerliche Gewinnermittlung in Deutschland, ausländische Gewinnermittlungsvorschriften oder -grundsätze sind für die Besteuerung in Deutschland unbeachtlich.

**Fall – Abweichende Gewinnermittlung im Ausland:**

Zum inländischen Bau- und Montageunternehmen X (X) gehört eine Bau- und Montagebetriebsstätte A (A) in Staat A (DBA mit Freistellung), die die Voraussetzungen des § 33 BsGaV erfüllt. In Staat A wird der Gewinn von A nach der PoC-Methode (Percentage of Completion) ermittelt.

**Lösung:**

Obwohl der Gewinn im Staat A nach der PoC-Methode ermittelt wird, ist der Gewinn von A für die deutsche Besteuerung nach deutschem Steuerrecht nach der CC-Methode (Completed Contract) zu ermitteln. Die Freistellung des Betriebsstättengewinns von X in Deutschland kann erst nach Realisation des Gewinns aus dem Bau- und Montageauftrag erfolgen.

**HINWEIS:**

Ist hinsichtlich des Betriebsstättenstaats die Anrechnungsmethode anzuwenden, so gilt für Zeitinkongruenzen Rn. 364 (siehe Abwandlung des Falls).

## 2.33.2. Anzuwendender Aufteilungsschlüssel (§ 33 Abs. 2 BsGaV)

Ausgangspunkt für den auf das Projektergebnis anzuwendenden Auftei- 375
lungsschlüssel sind nach § 33 Abs. 2 Satz 1 BsGaV die jeweils von der Bau- und Montagebetriebsstätte und dem übrigen Unternehmen erbrachten Leistungsbeiträge. Vor Entstehen der Bau- und Montagebetriebsstätte erbrachte Leistungsbeiträge (siehe Rn. 367) sind als Leistungsbeitrag des übrigen Unternehmens zu berücksichtigen.

Für den anzuwendenden Aufteilungsschlüssel kommt es nach § 33 Abs. 2 376
Satz 2 BsGaV auf die Kosten an, die für die maßgeblichen Personalfunktionen jeweils entstanden sind. Kosten für Personalfunktionen, die nicht maßgeblich sind (Hilfstätigkeiten wie z. B. Werkschutz, Kantine, Fahrdienste), die aber für die Ermittlung des Projektergebnisses zu berücksichtigen sind (siehe Rn. 48), scheiden für Zwecke der Aufteilung aus.

**Fall – Für die Aufteilung zu berücksichtigende Kosten:**

Das inländische Bau- und Montageunternehmen X (X), das im Anlagenbau tätig ist, erhält den Auftrag für die Errichtung einer neuartigen Fertigungsanlage in Staat A. Infolge der Errichtung entsteht eine Bau- und Montagebetriebsstätte A (A), auf die § 33 BsGaV anzuwenden ist. Es fallen Kosten für die Ausschreibung, für Basis- und Detail-Engineering, Montage, Überwachung und die Inbetriebnahme an (sowohl für A als auch für das übrige Unternehmen). Darüber hinaus entstehen sowohl A als auch dem übrigen Unternehmen Kosten für Hilfstätigkeiten.

**Lösung:**

Für die Berechnung des Aufteilungsschlüssels sind nach § 33 Abs. 2 Satz 2 BsGaV die Kosten für die maßgeblichen Personalfunktionen zu berücksichtigen (Teilnahme an der Ausschreibung, Basis- und Detail-Engineering, Montage, Überwachung und Inbetriebnahme). Daneben ist noch der angemessene Anteil der in § 33 Abs. 2 Satz 3 BsGaV genannten Kosten (Forschung und Entwicklung, vergebliche Akquisition) zu berücksichtigen. Die Kosten für Personalfunktionen, die nicht maßgeblich sind (Hilfstätigkeiten), sind zwar auszugleichen, bleiben aber für den Aufteilungsschlüssel unberücksichtigt.

Für den Aufteilungsschlüssel ist nach § 33 Abs. 2 Satz 3 Nr. 1 BsGaV ein 377
angemessener Anteil an der Forschungs- und Entwicklungskosten der eingesetzten immateriellen Werte zu berücksichtigen. Zu den anzusetzenden Forschungs- und Entwicklungskosten gehören insbesondere Kosten für in Vorjahren geschaffene immaterielle Werte, die anteilig und pauschaliert zu berücksichtigen sind. Für den Aufteilungsschlüssel nach § 33 Abs. 2 Satz 3 Nr. 2 BsGaV ist daneben auch ein angemessener Anteil der vergeblichen Akquisiti-

onskosten anderer gescheiterter Bau- und Montageaufträge zu berücksichtigen.

**Fall (1) – Forschungs- und Entwicklungskosten und vergebliche Akquisitionskosten:**

Das inländische Bau- und Montageunternehmen X (X), das im Anlagenbau tätig ist, ermittelt die Selbstkosten der in- und ausländischen Projekte (auch Bau- und Montagebetriebsstätten) mittels einer Vollkostenrechnung auf Plankostenbasis. Unterstellt werden eine normale Auslastung der Anlagen und eine Normalbeschäftigung unter Berücksichtigung der Erfahrungswerte der Vergangenheit. Die auf die Projekte verrechneten Einzelkosten der Mitarbeiter, die den direkten Kosten entsprechen, werden erhöht um anteilige Unternehmensgemeinkosten (Overheadkosten: allgemeine Verwaltungskosten, z. B. Personalabteilung, Controlling usw., und Vertriebskosten, z. B. Kosten für Angebote, Marketing, Vertreter). Zu den Einzelkosten der Mitarbeiter gehören insbesondere die Lohnkosten und die Lohnnebenkosten. Es ergibt sich folgende vereinfachte Übersicht:

| | Einzelkosten | Gemeinkosten |
|---|---|---|
| Stundensätze | 100 | |
| + FuE-Kosten aus Vorjahren (pauschal) | | 6 |
| + vergebliche Akquisitionskosten (pauschal) | | 5 |
| + Vertriebskosten | | 8 |
| + sonstige Verwaltungskosten | | 11 |
| = Gesamt | 100 | 30 |

Die Forschungs- und Entwicklungskosten der letzten fünf Jahre betrugen durchschnittlich 4. Für ein konkretes Projekt ist das Ergebnis einer Bau- und Montagebetriebsstätte A (A) im Staat A gem. § 33 BsGaV zu ermitteln und dazu die Berechnung der Parameter für den anzuwendenden Aufteilungsschlüssel vorzunehmen.

**Lösung:**

Für eine im Einzelfall zutreffende, pauschalisierte Ermittlung der Forschungs- und Entwicklungskosten sowie der vergeblichen Akquisitionskosten, die nach § 33 Abs. 2 Satz 3 BsGaV zur Berechnung des Aufteilungsschlüssels anzusetzen sind, müssen die Forschungs- und Entwicklungskosten der Vergangenheit mittels Vollkostenrechnung berücksichtigt werden. Aus Vereinfachungsgründen können im konkreten Fall die durchschnittlichen Forschungs- und Entwicklungskosten der vorhergehenden fünf Jahre herangezogen werden. Von diesen Kosten von 20 (5 × 4) kann nur ein angemessener Teil (im konkreten Fall aus Vereinfachungsgründen pauschal 50 % × 20 = 10) berücksichtigt werden. Der Zuschlagssatz für vergebliche Akquisitionskosten beträgt 5 %, der Zuschlagssatz für Forschungs- und Entwicklungskosten 10 %. Zur Ermittlung des für das konkrete Projekt anzuwendenden Aufteilungsschlüssels sind die unmittelbaren Kosten der maßgeblichen Personalfunktionen des übrigen Unternehmens um die vergeblichen Akquisitions- sowie die Forschungs- und Entwicklungskosten zu erhöhen (100 zuzüglich 15 % Aufschlag = 115), da A diese Kosten mangels insofern ausgeübter Personalfunktionen nicht zugeordnet werden können. Die Kosten der maßgeblichen Personalfunktionen von A können deshalb nicht erhöht werden, d. h. es gehen – anders als hinsichtlich der betreffenden maßgeblichen Personalfunktionen des übrigen Unternehmens (mit Aufschlag) – nur die direkten Kosten der maßgeblichen Personalfunktionen von A (ohne Aufschlag) in den Aufteilungsschlüssel ein.

**HINWEIS:**

Die konkreten Pauschalierungen sind im jeweiligen Einzelfall vom Bau- und Montageunternehmen zu dokumentieren und zu begründen. Das gilt auch für andere Aufteilungsschlüssel, die dem Fremdvergleichsgrundsatz besser entsprechen sollen.

**Fall (2) – Ermittlung des Aufteilungsschlüssels nach maßgeblichen Personalfunktionen:**

Das inländische Bau- und Montageunternehmen X (X), das im Anlagenbau tätig ist, erhält den Auftrag für die Errichtung einer Fertigungsanlage in Staat A. Hierdurch entsteht in Staat

A eine Bau- und Montagebetriebsstätte A (A), die die Voraussetzungen des § 33 Abs. 1 BsGaV erfüllt. Das Projektergebnis beträgt 100. Für die Aufteilung sind folgende Faktoren zu berücksichtigen:

– Der Aufschlag für die vergeblichen Akquisitionskosten beträgt 5 %.
– Der Aufschlag für Forschungs- und Entwicklungskosten beträgt laut Vollkostenrechnung 10 %.
– Die Personalkosten des Projekts betragen 100 (übriges Unternehmen: 70, hierin sind Akquisitionskosten von 10 enthalten/A: 30).
– Von den Personalkosten entfallen 15 auf nicht maßgebliche Personalfunktionen (übriges Unternehmen: 10/A: 5).
– Die Materialkosten betragen 40 (übriges Unternehmen: 30/A: 10).
– Die Kosten für Subunternehmer betragen 30 (übriges Unternehmen: 10/A: 20).

**Lösung nach § 33 Abs. 2 Satz 2 BsGaV:**

| Kosten | übriges Unternehmen | Bau- und Montagebetriebsstätte A |
|---|---|---|
| Personal inklusive Akquisition | 70 | 30 |
| – nicht maßgebliche Personalfunktionen | 10 | 5 |
| = maßgebliche Personalfunktionen | 60 | 25 |
| + Anteil vergebliche Akquisition (5 %) | 3 | |
| + Anteil F+E (10 %) | 6 | |
| = Kostenanteil | 69 | 25 |
| Aufteilungsschlüssel | 73 % (69/94) | 27 % (25/94) |

**HINWEIS:**

Die Anwendung eines anderen Aufteilungsschlüssels ist vom Bau- und Montageunternehmen zu dokumentieren und zu begründen (§ 33 Abs. 2 Satz 4 BsGaV).

Nach § 33 Abs. 2 Satz 4 BsGaV ist die Gewinnaufteilung nach alternativen Aufteilungsschlüsseln (nicht nach den Kosten der jeweils ausgeübten maßgeblichen Personalfunktionen) durchzuführen, wenn das Ergebnis dem Fremdvergleichsgrundsatz besser entspricht. Alternative Aufteilungsmethoden sind anzuwenden, wenn sie **378**

– dem Fremdvergleichsgrundsatz besser entsprechen als eine Aufteilung nach den Kosten für die jeweils ausgeübten maßgeblichen Personalfunktionen (z. B. Aufteilung unter Berücksichtigung aller Kosten oder Aufteilung nach Wertschöpfungsbeiträgen, siehe auch OECD-Leitlinien, Tz. 2.135),
– rechnerisch nachvollziehbar sind und
– entsprechend der Systematik der zweiseitigen geschäftsvorfallbezogenen Gewinnaufteilungsmethode betriebswirtschaftlich konsistente Ergebnisse erbringen.

Unter diesen Voraussetzungen sind alternative Aufteilungsmethoden auch dann anzuwenden, wenn einzelne Parameter der Aufteilung zu berichtigen sind. **379**

**Fall (1) – Modifizierte Aufteilungsmethode:**

Sachverhalt, siehe Fall (2) Rn. 377

**Lösung:**

Alternative nach § 33 Abs. 2 Satz 4 BsGaV (Einbeziehung der Kosten aller Personalfunktionen):

| | Kosten | übriges Unternehmen | Bau- und Montagebetriebsstätte A |
|---|---|---|---|
| | Personalkosten inkl. Akquisition | 70 | 30 |
| + | Anteil vergebliche Akquisition (5 %) | 3,5 | |
| + | Anteil F+E (10 %) | 7 | |
| + | Materialkosten | 30 | 10 |
| + | Kosten für Subunternehmer | 10 | 20 |
| = | Kostenanteil | 120,5 | 60 |
| Aufteilungsschlüssel | | 67 % (120,5/180,5) | 33 % (60/180,5) |

**Fall (2) – Gewinnaufteilung aufgrund einer Wertschöpfungsanalyse:**

Das inländische Bau- und Montageunternehmen X (X), das im Anlagenbau tätig ist, erhält den Auftrag für die Errichtung einer Fertigungsanlage in Staat A. Hierdurch entsteht die Bau- und Montagebetriebsstätte A (A), die die Voraussetzungen des § 33 Abs. 1 BsGaV erfüllt. X ermittelt die Leistungsbeiträge anhand einer Wertschöpfungsanalyse, die auf Basis der erbrachten Wertschöpfungsbeiträge erstellt wird (ausgeübte Funktionen unter besonderer Berücksichtigung des eingesetzten Know-hows, der entstandenen Kosten sowie der Chancen und Risiken). Aus dem Auftrag wird ein Projektergebnis von 200 erzielt.

**Lösung:**

Nach Korrekturen stimmt das zuständige Finanzamt folgender Aufteilung zu:

| Wertschöpfungsanteil | insgesamt | davon A |
|---|---|---|
| Vertrieb | 5 % | 0 % |
| Forschung und Entwicklung | 10 % | 0 % |
| Planung und Basis-Engineering | 15 % | 0 % |
| Detail-Engineering und Einkauf | 50 % | 15 % |
| Montage | 15 % | 15 % |
| Inbetriebnahme | 5 % | 5 % |
| = Summe | 100 % | 35 % |

Summe Bau- und Montagebetriebsstätte: 35 % = 70 Gewinn
Summe übriges Unternehmen: 65 % = 130 Gewinn

380 Ist in den ersten Jahren eines mehrjährigen Bau- und Montagevorhabens aufgrund des Funktions- und Risikoprofils von einer Bau- und Montagebetriebsstätte mit Routinefunktionen ausgegangen worden und hat sich das Funktions- und Risikoprofil aufgrund der Tätigkeit der Bau- und Montagebetriebsstätte nachweislich in einem späteren Jahr so erheblich geändert, dass die Voraussetzungen für die Anwendung einer geschäftsvorfallbezogenen Gewinnaufteilungsmethode vorliegen (z. B. wegen der Übernahme von entsprechend qualifizierten Tätigkeiten auf der Baustelle), so ist § 33 BsGaV für die gesamte Dauer der Bau- und Montagebetriebsstätte anzuwenden (siehe auch Rn. 356 Fall 2).

**Fall – Korrektur eines unzutreffenden Teilergebnisses:**

Das inländische Bau- und Montageunternehmen X (X) hat im Ausland A (DBA mit Freistellung) eine ausländische Bau- und Montagebetriebsstätte A (A). Das Ergebnis (Jahre 01 bis 03) von A ist in den Jahren 01 bis 03 durch die Anwendung der Kostenaufschlagsmethode ermittelt worden (§ 32 Abs. 1 BsGaV). Bei der Erstellung der Steuererklärung für das Jahr 03 im Jahr 05 stellt sich nachträglich heraus, dass sich der Sachverhalt im Jahr 03 so verändert hat, dass für den Bau- und Montageauftrag § 33 Abs. 1 BsGaV anzuwenden ist (geschäftsvorfallbezogene Gewinnaufteilungsmethode). Im Ergebnis ist der Gewinn aus dem Auftrag von 100 zu je 50 % auf A und das übrige Unternehmen aufzuteilen.

**Lösung:**

Nach den Grundsätzen des § 33 BsGaV hat A den Gewinn entsprechend dem Fremdvergleichsgrundsatz – wie X selbst – erst im Jahr 03 auszuweisen. Da dieses Funktions- und Risikoprofil aber erst im Jahr 03 entstanden ist und erst im Jahr 05 erkannt wurde, ist das Ergebnis von A aus den Jahren 01 und 02 (Anwendung Kostenaufschlagsmethode) nach dem Fremdvergleichsgrundsatz zwar zunächst anzuerkennen, es ist aber durch den Ansatz eines entsprechend höheren Gewinns im Jahr 03 (ermittelt nach der geschäftsvorfallbezogenen Gewinnaufteilungsmethode) richtig zu stellen.

| | 01 | 02 | 03 | Summe 01 – 03 |
|---|---|---|---|---|
| steuerlicher Gewinn von X | 0 | 0 | 100 | 100 |
| Freistellung Betriebsstätte (cost plus) | + 5 | + 5 | | |
| Freistellung Betriebsstätte (profit split) | | | + 50 | |
| – bereits in 01/02 freigestellt | | | – 10 | |
| verbleibende Freistellung 03 | | | + 40 | |
| Summe Freistellung Betriebsstätte | | | | 50 |
| Einkünfte übriges Unternehmen | – 5 | – 5 | + 60 | 50 |

**HINWEIS:**

Ergibt sich in vergleichbaren Fällen für ein Gesamtprojekt nachträglich ein Verlust und kann dieser Verlust nachweislich im Ausland nicht rückwirkend geltend gemacht werden, ist es zur Vermeidung von Doppelbesteuerung aus Billigkeitsgründen nicht zu beanstanden, dass die Einkünfte nach der Kostenaufschlagsmethode erklärt werden (§ 32 Abs. 1 BsGaV), wenn das Bau- und Montageunternehmen davon ausgehen konnte, dass es die ursprünglich gewählte Methode anwenden durfte.

War ursprünglich davon auszugehen, dass die Voraussetzungen des § 33 BsGaV für eine Bau- und Montagebetriebsstätte vorliegen, stellt sich aber nachträglich heraus, dass sie nur Routinefunktionen mit keinen bzw. geringen Risiken ausgeübt hat (§ 32 BsGaV), so gelten die Grundsätze der Rn. 380 entsprechend. 381

## 2.34. Übergangsregelung für Bau- und Montagebetriebsstätten (§ 34 BsGaV)

Es ist nicht zu beanstanden, wenn ein Bau- und Montageunternehmen das Ergebnis einer in- oder ausländischen Bau- und Montagebetriebsstätte nach den Regelungen des § 1 Abs. 5 AStG, der BsGaV und dieses BMF-Schreibens auch für Jahre ermittelt, die vor dem 1. Januar 2013 beginnen. Voraussetzung dafür ist, dass 382

- die Regelungen insgesamt auf den gesamten Zeitraum des Bestehens der Bau- und Montagebetriebsstätte angewendet werden und
- dadurch international weder eine Doppelbesteuerung noch eine Nichtbesteuerung von Einkünften der Bau- und Montagebetriebsstätte entsteht.

### 2.34.1. Begründung der Bau- und Montagebetriebsstätte vor dem 1. Januar 2013 (§ 34 Abs. 1 BsGaV)

§ 34 Abs. 1 BsGaV lässt zu, das Ergebnis einer Bau- und Montagebetriebsstätte i. S. d. § 30 Satz 1 BsGaV bis zu ihrer Beendigung nach den bisher von 383 der Finanzverwaltung anerkannten Grundsätzen zu ermitteln, wenn die Bau- und Montagebetriebsstätte schon vor dem 1. Januar 2013 bestand.

**Fall (1) – Übergangsregelung und neuer Anschlussvertrag:**

Für ein Bauvorhaben im Staat A schließt ein inländisches Bau- und Montageunternehmen X (X) im Jahr 2012 mit dem Kunden K den Vertrag über Erdarbeiten im ausländischen Staat ab. Die Bauarbeiten beginnen im Jahr 2012 und führen zur Bau- und Montagebetriebsstätte A (A). Im Jahr 2013 schließt X mit K einen neuen Vertrag über die Rohbauarbeiten für dasselbe Bauvorhaben ab. Zum zusätzlichen Vertragsabschluss über Rohbauarbeiten im Jahr 2013 ist es gekommen, weil K mit der Ausführung des Vertrags aus dem Jahr 2012 zufrieden ist.

**Lösung:**

Wegen des wirtschaftlichen und örtlichen Zusammenhangs handelt es sich bei dem Vertrag über den Rohbau um einen Anschlussvertrag (siehe Rn. 343). Deshalb führt die Durchführung beider Verträge (Erdarbeiten und Rohbau) zu einer einheitlichen Bau- und Montagebetriebsstätte (Gesamtprojekt). Diese Bau- und Montagebetriebsstätte A entstand vor dem 1. 1. 2013. Die Übergangsregelung ist nach § 34 Abs. 1 BsGaV auf das Gesamtprojekt anwendbar.

**Fall (2) – Unterschiedliche Behandlung derselben Bau- und Montagebetriebsstätte:**

Für das inländische Bau- und Montageunternehmen X (X) entsteht im Jahr 2012 eine ausländische Bau- und Montagebetriebsstätte A (A) im Staat A. Sie hat voraussichtlich eine Laufzeit von 3 Jahren. Für A wird der Gewinn für die Jahre 2012 und 2013 entsprechend den VWG Betriebsstätten ermittelt. Für das Jahr 2014 möchte X die neue Regelung anwenden.

**Lösung:**

Da sich das Wahlrecht nach dem Wortlaut des § 34 BsGaV jeweils auf eine (einheitliche) Bau- und Montagebetriebsstätte bezieht, kann das Wahlrecht nur einheitlich und insgesamt für A ausgeübt werden. Es besteht kein unterschiedliches Wahlrecht für einzelne Jahre des Bestehens einer Bau- und Montagebetriebsstätte.

### 2.34.2. Anwendung auf später begründete Bau- und Montagebetriebsstätten (§ 34 Abs. 2 BsGaV)

384 Die bisher von der Finanzverwaltung anerkannten Grundsätze können trotz § 1 Abs. 5 AStG unter den kumulativen Voraussetzungen des § 34 Abs. 2 BsGaV auch für Bau- und Montagebetriebsstätten angewendet werden, die in den Jahren 2013 oder 2014 entstehen (§ 40 BsGaV). An die Glaubhaftmachung nach § 34 Abs. 2 Nr. 2 BsGaV sind keine hohen Anforderungen zu stellen, wenn der Bau- oder Montagevertrag – unabhängig vom Entstehen der Bau- und Montagebetriebsstätte – vor dem 1. Januar 2013 abgeschlossen wurde.

385 Entsteht eine Bau- und Montagebetriebsstätte zwar nach dem 31. Dezember 2014, aber vor dem Ablauf des abweichenden Wirtschaftsjahrs des Bau- und Montageunternehmens 2014/2015, so können die bisher von der Finanzverwaltung anerkannten Grundsätze nach § 34 Abs. 2 BsGaV auch für dieses Wirtschaftsjahr angewendet werden.

**Fall – Abweichendes Wirtschaftsjahr:**

Das inländische Bau- und Montageunternehmen X (X) hat ein abweichendes Wirtschaftsjahr vom 1. 10. bis zum 30. 9. Im Jahr 2015 entsteht für X in Staat A vor dem 1. 10. eine ausländische Bau- und Montagebetriebsstätte A (A).

**Lösung:**

Für A können die Einkünfte unter den in § 34 Abs. 2 BsGaV genannten Voraussetzungen nach den bisher von der Finanzverwaltung anerkannten Grundsätzen ermittelt werden. § 34

Abs. 2 BsGaV gilt für alle Bau- und Montagebetriebsstätten von X, die vor dem 1. 10. 2015 entstehen.

## 2.35. Allgemeines zu Förderbetriebsstätten (§ 35 BsGaV)

### 2.35.1. Definition Förderbetriebsstätte, Bergbauunternehmen, Erdöl- oder Erdgasunternehmen (§ 35 Abs. 1 BsGaV)

Abschnitt 5 der BsGaV (§§ 35 bis 38 BsGaV) ist speziell auf Förderbetriebs- 386
stätten anzuwenden. § 35 Abs. 1 Satz 1 BsGaV definiert den Begriff Förderbetriebsstätte: Darunter fallen Betriebsstätten, die zur Förderung von Bodenschätzen entstehen und nach Abschluss der Fördertätigkeit enden. Jedes Unternehmen, zu dem eine Förderbetriebsstätte gehört, ist ein Bergbau- bzw. ein Erdöl- oder Erdgasunternehmen i. S. d. § 35 Abs. 1 Satz 2 BsGaV, unabhängig davon, ob die Fördertätigkeit einen wesentlichen Teil oder den Hauptteil der Geschäftstätigkeit dieses Unternehmens ausmacht.

**Fall – Kontraktor:**

Das inländische Unternehmen Y (Y), das nicht auf eigenes Risiko in der Erdöl-/Erdgasförderung tätig ist, übernimmt vom inländischen Unternehmen X (X) den Auftrag, als Kontraktor (Auftragnehmer) seismologische Untersuchungen und das Abteufen einer Bohrung im Staat A durchzuführen. Die Ergebnisse von Y stehen X zu. X verwertet sie im Rahmen eines Explorationsrechts, das X vom Staat A durch einen Produktionsteilungsvertrag (Production Sharing Agreement – PSA) erhält.

**Lösung:**

Nur X ist Erdöl- oder Erdgasunternehmen i. S. d. § 35 Abs. 1 Satz 2 BsGaV, nicht Y. Denn Y wird lediglich als Dienstleister tätig. Führen die Arbeiten von Y zu einer Betriebsstätte in Staat A, sind darauf die allgemeinen Vorschriften der §§ 1 bis 17 BsGaV anzuwenden. Es handelt es sich nicht um eine Förderbetriebsstätte i. S. d. § 35 Abs. 1 Satz 1 BsGaV.

Ein Explorationsrecht (siehe Rn. 394) wird u. a. durch den Abschluss eines 387
Production Sharing Agreement (PSA) begründet. Ein PSA, das verschiedentlich auch als Production Sharing Contract (PSC) oder Exploration and Production Sharing Agreement (EPSA) bezeichnet wird, ist ein zivilrechtlicher/öffentlich-rechtlicher Vertrag, in dem in erster Linie folgende Rechte und Pflichten vereinbart werden:

- Ein Förderstaat, dem Bodenschätze (meist Kohlenwasserstoffe) rechtlich zuzuordnen sind, erteilt einem oder mehreren Erdöl- oder Erdgasunternehmen eine oder mehrere Erdöl- oder Erdgaskonzessionen.
- Im Erfolgsfall verpflichtet sich das Erdöl- oder Erdgasunternehmen (bzw. verpflichten sich die beteiligten Erdöl- oder Erdgasunternehmen), die Erdöl- bzw. Erdgasproduktion nach einem festgelegten Schlüssel mit dem Förderstaat zu teilen.

Vertragspartner auf Seiten des Förderstaats sind im Regelfall dessen staatliche Organe und/oder seine staatliche Erdöl-/Erdgasgesellschaft. Anstelle der sonstigen allgemein gültigen Steuerregelungen des Förderstaats wendet dieser die speziellen (steuerlichen) Regelungen eines PSA an bzw. die PSA-Regelungen ergänzen die allgemein gültigen Steuerregelungen.

Die konkreten Voraussetzungen für das Entstehen oder die Beendigung ei- 388
ner Förderbetriebsstätte richten sich nach § 12 AO bzw. den anzuwendenden DBA (siehe Tz. 4.7 VWG Betriebsstätten). Grundsätzlich ist darauf hinzuweisen, dass eine Förderbetriebsstätte zu dem Zeitpunkt entsteht, zu dem die Fördertätigkeit aufgenommen wird (§ 36 Abs. 3 BsGaV). Die Fördertätigkeit

wird mit Beginn des Aufbaus der Förderanlagen aufgenommen (siehe Tz. 4.7 Satz 5 und 6 VWG Betriebsstätten). Durch den Aufbau der Förderanlagen macht das Bergbau- bzw. Erdöl- oder Erdgasunternehmen deutlich, dass es von der wirtschaftlichen Fündigkeit (siehe Tz. 4.7.2 VWG Betriebsstätten) des betreffenden Explorationsrechts (siehe Rn. 394) ausgeht.

**Fall – Entstehungszeitpunkt einer Förderbetriebsstätte:**

Das inländische Erdölunternehmen X (X) besitzt ein Explorationsrecht für ein Gebiet im Staat A. Zur Durchführung der Förderung werden im Inland Planungstätigkeiten ausgeführt. Am 1. 5. 02 beginnen Mitarbeiter von X im Staat A die Förderanlage aufzubauen.

**Lösung:**

Der Förderbetrieb wird am 1. 5. 02 aufgenommen, da der Beginn des Aufbaus der Förderanlagen nach § 36 Abs. 3 BsGaV als Zeitpunkt der Aufnahme der Fördertätigkeit und damit als Beginn der Förderbetriebsstätte F gilt.

**389** Die vor dem Zeitpunkt des Beginns des Aufbaus der Förderanlagen im Förderstaat ausgeübte Geschäftstätigkeit ist vorbereitender Art (siehe Art. 5 Abs. 4 Buchst. e OECD-MA) und führt im DBA-Fall weder zu einer Betriebsstätte noch zu einer Förderbetriebsstätte. In Fällen ohne DBA kann im Einzelfall vor Begründung einer Förderbetriebsstätte nach § 12 Satz 2 Nr. 7 AO eine Betriebsstätte nach § 12 Satz 2 Nr. 8 AO entstehen (Bau- und Montagebetriebsstätte, siehe Rn. 341 ff.), auf die unter den Voraussetzungen der Rn. 23 die entsprechenden Regelungen der BsGaV und dieses BMF-Schreibens anzuwenden sind.

**390** Entfällt die wirtschaftliche Fündigkeit später wieder, weil sich herausstellt, dass das Explorationsrecht (siehe Rn. 394) nicht wirtschaftlich sinnvoll ausgebeutet werden kann, so wird die entstandene Förderbetriebsstätte zu diesem Zeitpunkt beendet. Eine zeitliche Verzögerung der bereits begonnenen Einrichtung der Förderbetriebsstätte (Beginn des Aufbaus der Förderanlagen, siehe Rn. 388) hat dagegen keinen Einfluss auf das Bestehen der Förderbetriebsstätte. Soweit in derartigen Fällen das Explorationsrecht der Förderbetriebsstätte zuzurechnen ist, sind die Konsequenzen des § 37 Abs. 2 und 3 BsGaV zu ziehen.

**391** Auf Förderbetriebsstätten sind die allgemeinen Vorschriften des Abschnitts 1 der BsGaV anzuwenden, es sei denn, Abschnitt 5 der BsGaV enthält besondere Regelungen. Wird in einer Förderbetriebsstätte auch eine andere Geschäftstätigkeit ausgeübt, die nicht in unmittelbarem Zusammenhang mit ihrer Fördertätigkeit steht, so sind ihre Einkünfte aus der anderen Geschäftstätigkeit nach den allgemeinen Vorschriften der §§ 1 bis 17 BsGaV zu ermitteln.

**Fall – Andere Geschäftstätigkeit:**

Das inländische Bergbauunternehmen X (X) fördert im Staat A in der Förderbetriebsstätte F (F) im Jahr 01 Bodenschätze auf Grundlage eines PSA. Im Jahr 02 führt Personal von F vor Ort eine Schulung von Personal des übrigen Unternehmens hinsichtlich bohrtechnischer Fragen durch.

**Lösung:**

Das bereits bestehende Explorationsrecht ist unter den Voraussetzungen des § 36 Abs. 3 BsGaV mit Beginn der Errichtung der Produktionsanlagen F zuzurechnen. Die Schulung für das Personal des übrigen Unternehmens stellt daneben eine (risikoarme) fiktive Dienstleistung von F i. S. d. § 16 Abs. 1 Nr. 2 BsGaV dar, für die die Kostenaufschlagsmethode anzuwenden ist.

Hinzuweisen ist auf die Rn. 63 (Aufzeichnungspflichten), die u. a. den Zweck verfolgt, internationale Besteuerungskonflikte (Doppelbesteuerung bzw. Nichtbesteuerung) zu erkennen und nach Möglichkeit zu vermeiden.

Beteiligen sich zwei oder mehr Bergbau- bzw. Erdöl- oder Erdgasunternehmen gemeinsam an einem Explorationsrecht (siehe Rn. 394), so bilden diese im Regelfall ein Konsortium (siehe auch Konsortien von Bau- und Montageunternehmen, die im Regelfall keine Mitunternehmerschaft begründen, siehe Rn. 346). Folge ist, dass die Förderbetriebsstätte der Konsorten keine gemeinsame Förderbetriebsstätte ist, sondern dass es sich im Regelfall steuerrechtlich um jeweils eine (anteilige) Förderbetriebsstätte jedes einzelnen Konsorten handelt. Ein Konsortium ist nur dann eine Mitunternehmerschaft, wenn die Konsorten die geförderten Rohstoffe gemeinsam vermarkten. 392

**Fall (1) – Konsortial-Förderbetriebsstätten:**

Zwei inländische Erdölunternehmen X (X) und Y (Y) schließen einen Explorationsvertrag mit einer staatlichen Gesellschaft in Staat A (DBA entsprechend OECD-MA) über ein dortiges Explorationsgebiet ab. Mit Abschluss dieses Vertrags gründen X und Y ein Konsortium. X übernimmt die Betriebsführerschaft (Operatorship; Operator ist, wer die Explorations- und Förderarbeiten durchführt), Y leistet finanzielle Beiträge (Kostenbeteiligung), schickt aber kein eigenes Personal zum Zwecke der Exploration (oder auch der späteren Förderung) in den Staat A. Den jeweiligen Anteil an den ggf. geförderten Rohstoffen vermarkten X und Y selbständig. Nach 14 Monaten Explorationstätigkeit durch Personal des Operators X im Staat A beginnt das Konsortium (der Operator) mit der Aufstellung der Förderanlagen.

**Lösung:**

Mangels gemeinsamer Vermarktung der geförderten Rohstoffe ist das Konsortium-X/Y keine Mitunternehmerschaft. In Staat A bestehen bis zum Beginn der Aufstellung der Förderanlagen im Regelfall weder eine Betriebsstätte von X noch von Y, da X lediglich Tätigkeiten vorbereitender Art (Exploration) durchführt, die keine DBA-Betriebsstätte begründen (siehe Art. 5 Abs. 4 OECD-MA) und Y keinerlei physische Präsenz in Staat A hat. Die entstehenden anteiligen Aufwendungen von X und Y sind entsprechend dem abgeschlossenen Konsortialvertrag aufzuteilen und im Inland jeweils abzugsfähige Betriebsausgaben. Erst mit Beginn der Aufstellung der Förderanlagen entsteht in Staat A die Förderbetriebsstätte F des Konsortiums, die steuerrechtlich aus zwei Förderbetriebsstätten der einzelnen Konsorten besteht. Das Personal von X, das Personalfunktionen für die beiden Förderbetriebsstätten ausübt (d. h. anteilig auch für die Förderbetriebsstätte F von Y), gilt i. S. d. § 2 Abs. 4 Satz 2 BsGaV als von X an die Förderbetriebsstätte F von Y überlassen.

**Fall (2) – Konsortial-Förderbetriebsstätten, vorher eigenständige Geschäftstätigkeit der Konsorten:**

Im Jahr 01 erwirbt das inländische Bergbauunternehmen X (X) 30 % eines Explorationsrechts im Staat A (DBA entsprechend OECD-MA), das bisher zu 100 % vom ausländischen Unternehmen Z (Z) aus Staat B gehalten wird. X und Z bilden ein Konsortium mit getrennter Verwertung der geförderten Rohstoffe. Z bleibt Betriebsführer (Operator). Non-Operator X mietet Büroräume im Staat A an, in denen mehrere Mitarbeiter arbeiten, die sich während der Explorationsphase vor Ort mit dem Personal von Z abstimmen bzw. laufende Überwachungsarbeiten für X durchführen. Im Jahr 05 werden die Explorationsarbeiten erfolgreich abgeschlossen und ab dem Jahr 06 die Produktionsanlagen errichtet. Zu Beginn des Jahres 08 beginnt die auf Dauer angelegte Förderung.

**Lösung:**

Mangels gemeinsamer Vermarktung der geförderten Rohstoffe ist das Konsortium-X/Z keine Mitunternehmerschaft, die selbst eine Betriebsstätte haben könnte. Die Aktivitäten von X und Z bis zum Jahr 05 führen als Tätigkeiten vorbereitender Art i. S. d. Art. 5 Abs. 4

Buchst. e OECD-MA im Staat A zu keiner Betriebsstätte (erst recht zu keiner Förderbetriebsstätte). Mit Beginn der Errichtung der Produktionsanlagen im Jahr 06 entstehen gem. Art. 5 Abs. 2 Buchst. f OECD-MA jeweils die Förderbetriebsstätten F 1 und F 2 der Konsorten X und Z.

**Abwandlung (1) – Nicht-DBA-Staat:**

Im Unterschied zu Fall 2 erwirbt X das 30%ige Explorationsrecht von Z, der im Nicht-DBA-Staat C unbeschränkt steuerpflichtig ist. Als Non-Operator benötigt X im Staat C weder Geschäftsräume noch Personal.

**Lösung:**

Mangels geplanter gemeinsamer Vermarktung der geförderten Rohstoffe ist das Konsortium-X/Z keine Mitunternehmerschaft, die eine Bau- und Montagebetriebsstätte entsprechend § 12 Satz 2 Nr. 8 AO oder eine Förderbetriebsstätte entsprechend § 12 Satz 2 Nr. 7 AO haben könnte. Führen die Aktivitäten von Z in den Jahren bis einschließlich 05 zu einer Bau- und Montagebetriebsstätte (entsprechend § 12 Satz 2 Nr. 8 AO), gilt dies nicht für X. Für X als Non-Operator ist grundsätzlich gesondert zu prüfen, ob er ebenfalls aufgrund seiner eigenen unternehmerischen Tätigkeit vor Ort die Voraussetzungen für das Entstehen einer Bau- und Montagebetriebsstätte erfüllt (siehe Rn. 346). Wird allerdings das Personal von Z später so behandelt, dass dieses Personal i. S. d. § 2 Abs. 4 Satz 2 BsGaV als von Z an die spätere Förderbetriebsstätte von X überlassen gilt (siehe Lösung Fall 1), sind konsequenterweise auch zwei Bau- und Montagebetriebsstätten von Z und X anzunehmen. Z überlässt X dann entsprechend Personal für dessen Bau- und Montagebetriebsstätte.

**Abwandlung (2):**

X mietet im Nicht-DBA-Staat C für die Explorationszeit Büroräume an, in denen mehrere Mitarbeiter arbeiten, die hauptsächlich Repräsentationsaufgaben und Überwachungstätigkeiten wahrnehmen und sich außerdem vor Ort mit Personal des Operators Z abstimmen.

**Lösung:**

X begründet im Staat C die Betriebsstätte C (§ 12 Satz 2 Nr. 3 AO), die fiktive Dienstleistungen für das übrige Unternehmen i. S. d. § 16 Abs. 1 Nr. 2 BsGaV erbringt. Diese fiktiven Dienstleistungen sind mit Preisen, die dem Fremdvergleichsgrundsatz entsprechen, zu verrechnen (§ 16 Abs. 2 BsGaV).

393 Derjenige, der das Explorationsrecht (siehe Rn. 394) gewährt (im Regelfall der ausländische Staat bzw. eine seiner Untergliederungen oder Organe), gehört weder zu einem Konsortium noch bildet er mit einem oder mehreren Bergbau- bzw. Erdöl- oder Erdgasunternehmen eine Mitunternehmerschaft.

### 2.35.2. Definition Explorationsrecht (§ 35 Abs. 2 BsGaV)

394 Das Explorationsrecht umfasst nach § 35 Abs. 2 BsGaV sowohl Rechte zur Suche von Bodenschätzen als auch Rechte zur Förderung von Bodenschätzen. Ein Explorationsrecht wird von einem Bergbau- bzw. von einem Erdöl- oder Erdgasunternehmen im Regelfall entgeltlich erworben. Es ist möglich, dass mehrere Explorationsrechte, die örtlich voneinander zu unterscheidende Rechte zur Suche oder Förderung von Bodenschätzen gewähren, in einem PSA, einem PSC oder einem EPSA (siehe Rn. 387) enthalten sind.

## 2.36. Besondere Zuordnungsregelungen für Förderbetriebsstätten (§ 36 BsGaV)

### 2.36.1. Grundsatz (§ 36 Abs. 1 BsGaV)

395 § 36 Abs. 1 Satz 1 BsGaV geht davon aus, dass im Regelfall ein Explorationsrecht, das Gegenstand der Geschäftstätigkeit der Förderbetriebsstätte ist, zum Zeitpunkt der Anschaffung bzw. Herstellung nicht der Förderbetriebsstätte zugeordnet werden kann, denn das Explorationsrecht wird von einem

Bergbau- bzw. von einem Erdöl- oder Erdgasunternehmen zu einem Zeitpunkt angeschafft, zu dem die Förderbetriebsstätte noch nicht besteht. Die Förderbetriebsstätte entsteht erst mit dem Beginn des Aufbaus der Förderanlagen (siehe Rn. 388). Die vorhergehenden Arbeiten sind lediglich vorbereitender Natur.

Beschränken sich die späteren Aktivitäten der Förderbetriebsstätte darauf, aufgrund des Explorationsrechts lediglich Bodenschätze zu fördern, ohne den Vertrieb der gewonnenen Bodenschätze oder deren Verwertung durch eine eigene maßgebliche Personalfunktion durchzuführen, so stellt eine solche Nutzung des Explorationsrechts allein nicht die maßgebliche Personalfunktion für die Zuordnung des Explorationsrechts dar. Deshalb ist grundsätzlich eine der Voraussetzungen dafür, der Förderbetriebsstätte das Explorationsrecht zuzuordnen, dass die Förderbetriebsstätte die in § 36 Abs. 1 Satz 1 Nr. 1 oder 2 BsGaV genannten Personalfunktionen der Anschaffung des Explorationsrechts ausübt (siehe aber § 36 Abs. 3 BsGaV). 396

Von der Herstellung eines Explorationsrechts durch das Bergbau- bzw. das Erdöl- oder Erdgasunternehmen ist nur auszugehen, wenn das Explorationsrecht ohne Gegenleistung entsteht, z. B. ausschließlich durch Registrierung. Eine Gegenleistung – und damit eine Anschaffung des Explorationsrechts – liegt dagegen insbesondere dann vor, wenn eine Zahlung für die Übertragung bzw. Einräumung des Explorationsrechts geleistet wird, aber auch, wenn bewertbare Gegenleistungen vereinbart werden. Die Regelungen in Tz. 4.7.3 der VWG Betriebsstätten zur steuerlichen Behandlung der Explorationsaufwendungen im Anschaffungs- bzw. Herstellungsfall sind unverändert anzuwenden. 397

§ 36 Abs. 1 Satz 2 BsGaV macht die Zuordnung des Explorationsrechts zur Förderbetriebsstätte zusätzlich davon abhängig, dass die Bedeutung der in § 36 Abs. 1 Satz 1 Nr. 1 oder 2 BsGaV genannten Personalfunktionen, die in der Förderbetriebsstätte ausgeübt werden, gegenüber der Bedeutung der betreffenden Personalfunktionen, die im übrigen Unternehmen ausgeübt werden, eindeutig überwiegt. Damit kommt der Nutzung des Explorationsrechts durch die Förderbetriebsstätte für die Zuordnung letztlich keine entscheidende Bedeutung zu, da diese Nutzung im Regelfall nur der Erfüllung ihrer fiktiven Dienstleistung gegenüber dem übrigen Unternehmen dient. 398

**Fall – Zuerwerb eines Explorationsrechts mit Hilfe von Personal einer bestehenden Förderbetriebsstätte:**

Das inländische Bergbauunternehmen X (X) fördert in Staat A Erdöl. In der deswegen entstehenden Förderbetriebsstätte F (F) sind zahlreiche Mitarbeiter beschäftigt. X erwirbt zusätzlich 40 % der Anteile an einem weiteren Explorationsrecht im gleichen Staat. Der Erwerbsvorgang wird von den Fachabteilungen des übrigen Unternehmens verhandelt. Sporadisch hilft Personal, das sonst F zuzuordnen ist, mit logistischer Hilfe aus. Der Erwerbsvertrag wird von Personal des übrigen Unternehmens im Inland unterzeichnet (hier: inländische Geschäftsleitungsbetriebsstätte).

**Lösung:**

Die maßgeblichen Personalfunktionen im Zusammenhang mit dem Erwerb des neuen Explorationsrechts werden durch das Personal des übrigen Unternehmens ausgeübt, so dass das Explorationsrecht gem. § 36 Abs. 1 Satz 1 Nr. 1 BsGaV bis zum späteren Entstehen einer Förderbetriebsstätte dem übrigen Unternehmen zuzurechnen ist. Die sporadische Inanspruchnahme von Personal, das sonst F zuzuordnen ist, ist eindeutig nicht maßgeblich für den Erwerb, da die Bedeutung der vom übrigen Unternehmen in Bezug auf den Anschaffungsvorgang ausgeübten Personalfunktionen eindeutig überwiegt. Die Kosten, die für die Hilfe des Personals, das sonst F zuzuordnen ist, anfallen, sind gesondert zu ermitteln, denn diese Kosten sind keine Kosten von F, sondern Kosten für Personalfunktionen von X.

**Fallvariante 1 – Formale Unterschrift von Personal einer bestehenden Förderbetriebsstätte:**

Der Erwerbsvertrag wird vom Geschäftsführer der ausländischen Förderbetriebsstätte F unterzeichnet.

**Lösung:**

Da es auf den rein formellen Akt der Vertragsunterzeichnung für die Frage, welche Personalfunktionen für die Anschaffung des Explorationsrechts maßgeblich sind, nicht ankommt (siehe Rn. 40), bleibt es dabei, dass das Explorationsrecht dem übrigen Unternehmen zuzuordnen ist. Die im Rahmen des Anschaffungsvorgangs für den Geschäftsführer von F entstandenen Kosten sind keine Kosten von F, sondern Kosten für Personalfunktionen von X.

**Fallvariante 2:**

Im Jahr 03 nimmt der Geschäftsführer von F im Rahmen eines Bieterkonsortiums, in enger Absprache mit Personal des übrigen Unternehmens, an einer Ausschreibung von Explorationsrechten im gleichen Staat teil und erhält den Zuschlag i. H. v. 60 % für ein neues Explorationsrecht. Die für dieses Explorationsrecht erforderlichen Operatortätigkeiten werden durch das Personal wahrgenommen, das bislang für F tätig ist.

**Lösung:**

Das neue Explorationsrecht ist gem. § 36 Abs. 1 Nr. 1 BsGaV dem übrigen Unternehmen zuzuordnen (hier: der inländischen Geschäftsleitungsbetriebsstätte), da dessen Personal die maßgeblichen Personalfunktionen ausgeübt hat. Die Tätigkeit für das neue Explorationsrecht, die von Personal durchgeführt wird, das bislang für F tätig war, ist als Hilfstätigkeit anzusehen, die weder zur Begründung einer Betriebsstätte noch einer Förderbetriebsstätte führt. Da diese Tätigkeit keine Geschäftstätigkeit von F ist, kann sie F auch nicht zugeordnet werden. An der Zuordnung des neuen Explorationsrechts zum übrigen Unternehmen ändert sich nichts. Kosten der Operatortätigkeit für das neue Explorationsrecht, die durch Personal verursacht werden, das bisher F zugeordnet war, sind dem übrigen Unternehmen und nicht F zuzuordnen.

## 2.36.2. Zuordnung zum übrigen Unternehmen (§ 36 Abs. 2 BsGaV)

**399** Nach § 36 Abs. 2 BsGaV ist das Explorationsrecht dem übrigen Unternehmen zuzuordnen, wenn es der ausländischen Förderbetriebsstätte nicht nach § 36 Abs. 1 BsGaV zugeordnet werden kann. Das Explorationsrecht gilt als vom übrigen Unternehmen für die Dienstleistung der ausländischen Förderbetriebsstätte unentgeltlich zur Verfügung gestellt (Beistellung). Da in den Fällen der Beistellung die ursprüngliche Zuordnung des Explorationsrechts zum Bergbau- bzw. zum Erdöl- oder Erdgasunternehmen, in dem die maßgebliche Personalfunktion für den Erwerb ausgeübt wurde, nicht geändert wird, findet keine Entstrickung i. S. d. § 4 Abs. 1 Satz 3 und 4 EStG statt. Es liegt auch keine Nutzungsentnahme nach § 4 Abs. 1 Satz 3 und 4 EStG vor, denn die Nutzung als solche erfolgt nicht für betriebsfremde Zwecke (für Zwecke der ausländischen Förderbetriebsstätte), sie dient vielmehr unmittelbar den betrieblichen Zwecken des übrigen Unternehmens und kommt ihm zugute.

## 2.36.3. Sonderregelung: Verknüpfung der Zuordnung mit der Behandlung im Staat, in dem die Förderbetriebsstätte liegt (§ 36 Abs. 3 BsGaV)

**400** Das Explorationsrecht ist nach § 36 Abs. 3 BsGaV abweichend von § 36 Abs. 2 BsGaV zum Zeitpunkt des Beginns der Errichtung der Produktionsanlagen (siehe Rn. 388) der Förderbetriebsstätte zuzuordnen, wenn das Unternehmen nachweist, dass der Staat, in dem die Förderbetriebsstätte liegt, ebenfalls von dieser Zuordnung ausgeht. Der Nachweis kann z. B. durch Vorlage eines PSA (siehe Rn. 387) zwischen dem Unternehmen und diesem Staat erbracht werden.

Die Zuordnung nach § 36 Abs. 3 BsGaV ist in den Folgejahren – unabhängig von den sonstigen Zuordnungsregeln – beizubehalten, solange der Staat, in dem die Förderbetriebsstätte liegt, von der Zuordnung des Explorationsrechts zur Förderbetriebsstätte ausgeht. 401

**Fall (1) – Nachweis der Besteuerung durch Vorlage des PSA:**

Das inländische Bergbauunternehmen X (X) nimmt die auf Dauer angelegte Förderung im Nicht-DBA-Staat A auf der Grundlage eines PSA auf. Dadurch entsteht die Förderbetriebsstätte F (F).

**Lösung:**

Staat A nimmt für F sein Besteuerungsrecht wahr. Dies auch dann, wenn keine Besteuerung i. S. d. deutschen Steuerrechts durchgeführt wird, sondern z. B. entsprechend dem konkret abgeschlossenen PSA ein Anteil der Förderung abgeführt werden muss. Gem. § 36 Abs. 3 Satz 1 BsGaV ist das Explorationsrecht ab dem Zeitpunkt des Beginns des Aufbaus der Förderanlagen und der gleichzeitig gem. § 12 Satz 2 Nr. 7 AO begründeten Förderbetriebsstätte F dem Staat A zuzurechnen. Als Nachweis i. S. d. § 36 Abs. 3 Satz 1 BsGaV ist die Vorlage einer Kopie des ggf. auszugsweise zu übersetzenden PSA vorzulegen (siehe Tz. 3.2.5 VWG Verfahren).

**Fall (2) – Nachweis der Zuordnung des Explorationsrechts durch einen Wirtschaftsprüfer:**

Das Bergbauunternehmen X (X) beginnt im Jahr 01 mit dem Aufbau der Förderanlagen im Staat A (DBA entsprechend OECD-MA) auf Grundlage eines Explorationsrechts. Dadurch entsteht die Förderbetriebsstätte F (F). X legt die Bestätigung eines Wirtschaftsprüfers vor, der die im Inland gestellten Anforderungen an einen Wirtschaftsprüfer erfüllt, dass Staat A von einer Zuordnung des Explorationsrechts zu F ausgeht.

**Lösung:**

Als Nachweis i. S. d. § 36 Abs. 3 Satz 1 BsGaV genügt die Bestätigung eines Wirtschaftsprüfers, der die im Inland gestellten Anforderungen an einen Wirtschaftsprüfer erfüllt.

## 2.36.4. Entsprechende Anwendung des § 31 Abs. 1 bis 3 BsGaV (§ 36 Abs. 4 BsGaV)

Nach § 36 Abs. 4 Satz 1 BsGaV ist im Regelfall des § 36 Abs. 2 BsGaV für die Zuordnung aller anderen Vermögenswerte § 31 Abs. 1 bis 3 BsGaV sinngemäß anzuwenden. Die Geschäftstätigkeit einer Förderbetriebsstätte ist als risikoarme fiktive Dienstleistung für das übrige Unternehmen anzusehen, vor allem wenn der Förderbetriebsstätte wegen der Beistellung des Explorationsrechts durch das übrige Unternehmen nach § 36 Abs. 2 BsGaV keine besonders werthaltigen Vermögenswerte zuzuordnen sind. 402

Ist das Explorationsrecht zum Zeitpunkt der Aufnahme der Fördertätigkeit nach § 36 Abs. 3 BsGaV der Förderbetriebsstätte zuzuordnen, so sind für die Zuordnung der Vermögenswerte nach § 36 Abs. 4 Satz 2 BsGaV die allgemeinen Zuordnungsvorschriften anzuwenden (§§ 5 bis 8 BsGaV). § 35 Abs. 1 Satz 1 BsGaV bleibt im Übrigen unberührt. 403

**Fall – Fremdfinanzierung einer Förderanlage:**

Das inländische Erdöl-/Erdgasunternehmen X (X) beginnt am 1. 1. 10 mit dem Aufbau der Förderanlagen im Nicht-DBA-Staat A auf Grundlage eines PSA. Infolge dessen entsteht im

Staat A die Förderbetriebsstätte F (F) mit umfangreichen Produktionsanlagen (Anschaffungs- und Herstellungskosten von 2000). X weist nach, dass für diese Investition eine Bankfinanzierung von 1500 in Anspruch genommen wurde. Dafür fallen im Jahr 10 Zinsen von 60 an. Der Betrieb der Förderanlagen im Staat A erfolgt ausschließlich durch Personal von F.

**Lösung:**

Das der Förderung zugrunde liegende Explorationsrecht ist mit Beginn der auf Dauer angelegten Förderung am 1. 1. 10 gem. § 36 Abs. 3 Satz 1 BsGaV F zuzurechnen. Die Produktionsanlagen sind ebenfalls gem. § 36 Abs. 4 Satz 2 i. V. m. § 5 Abs. 1 BsGaV mit dem Anschaffungs- bzw. Herstellungswert von 2000 in der Hilfs- und Nebenrechnung von F zu erfassen. Die unmittelbar zum Aufbau der Produktionsanlagen eingegangenen Darlehensverbindlichkeiten i. H. v. 1500 sind F gem. § 35 Abs. 1 Satz 1 i. V. m. § 14 Abs. 1 BsGaV zuzuordnen. Diese Zuordnung bedingt gem. § 35 Abs. 1 Satz 1 i. V. m. § 15 Abs. 1 BsGaV im Regelfall auch die Zuordnung der hiermit zusammenhängenden Zinsen von 60 zu F.

## 2.37. Anzunehmende schuldrechtliche Beziehung bei Förderbetriebsstätten (§ 37 BsGaV)

### 2.37.1. Grundsatz (§ 37 Abs. 1 BsGaV)

404 Nach § 37 Abs. 1 Satz 1 BsGaV gilt die Mitwirkung einer Förderbetriebsstätte an der Nutzung des vom Bergbau- bzw. vom Erdöl- oder Erdgasunternehmen erworbenen Explorationsrechts im Regelfall als fiktive Dienstleistung (§ 16 Abs. 1 Nr. 2 BsGaV) gegenüber dem übrigen Unternehmen (Ausnahme: siehe § 36 Abs. 3 und § 37 Abs. 2 BsGaV), für die der Verrechnungspreis nach § 37 Abs. 1 Satz 2 BsGaV im Regelfall durch Anwendung der Kostenaufschlagsmethode zu bestimmen ist, wenn die von der Förderbetriebsstätte erbrachte fiktive Dienstleistung eine Routinetätigkeit ist. Von einer Routinetätigkeit ist auszugehen, wenn die Förderbetriebsstätte lediglich die eigentlichen Förderarbeiten erbringt, auch wenn diese technisch schwierig und anspruchsvoll sind, während die eigentliche Wertschöpfung im übrigen Unternehmen erfolgt.

405 Für die Anwendung einer kostenorientierten Verrechnungspreismethode nach § 37 Abs. 1 Satz 2 BsGaV gehören zur Kostenbasis der Förderbetriebsstätte vor allem die Personalkosten, die unmittelbar durch ihre eigenen Personalfunktionen verursacht werden. Als unmittelbare Kosten gelten alle direkten Kosten der Personalfunktionen, die der Förderbetriebsstätte nach § 4 BsGaV zuzuordnen sind (z. B. Bruttolöhne, Sozialabgaben, Zuführungen zu Pensionsrückstellungen, Reisekosten).

406 Soweit darüber hinaus durch die Ausübung von Personalfunktionen einer Förderbetriebsstätte selbst weitere Kosten verursacht werden (z. B. Materialbeschaffung), gehören diese Kosten dann zur maßgeblichen Kostenbasis, wenn der jeweilige Vertrag der Förderbetriebsstätte nach § 9 BsGaV zuzuordnen ist.

407 Fehlmaßnahmen, die durch Personalfunktionen einer Förderbetriebsstätte verursacht werden, sind von ihr zu tragen (ohne Vergütung der entstehenden Kosten). Das Risiko der Förderbetriebsstätte ist durch ihren Gewinnaufschlag abgegolten. Daher gehören Kosten, die dadurch entstehen, dass es aufgrund von eigenen Personalfunktionen der Förderbetriebsstätte zu Fehlmaßnahmen kommt oder dass die Förderbetriebsstätte eigene Fehler beseitigt, nicht zur Kostenbasis der Förderbetriebsstätte. In solchen Fällen kann eine Förderbetriebsstätte, die Routinetätigkeiten ausübt, auch Verluste erzielen.

Fehlmaßnahmen, die durch Personalfunktionen des übrigen Unternehmens verursacht werden, dürfen den Gewinn einer Förderbetriebsstätte nicht beeinflussen. Entstehen einer Förderbetriebsstätte Kosten aufgrund von Fehlmaßnahmen, die durch Personalfunktionen des übrigen Unternehmens verursacht werden, sind diese Kosten in die Kostenbasis einzubeziehen. **408**

Zur Kostenbasis einer Förderbetriebsstätte gehören in den Fällen des § 37 Abs. 1 BsGaV keine mittelbaren Kosten, wie z. B. die allgemeinen Verwaltungs- oder Geschäftskosten, die aufgrund von Personalfunktionen des übrigen Unternehmens entstehen. **409**

## 2.37.2. Änderung der Zuordnung des Förderrechts als anzunehmende schuldrechtliche Beziehung (§ 37 Abs. 2 BsGaV)

Ändert sich die Zuordnung des Explorationsrechts nach § 36 Abs. 3 BsGaV, so liegt eine anzunehmende schuldrechtliche Beziehung i. S. d. § 16 Abs. 1 Nr. 1 BsGaV vor (fiktive Veräußerung), für die grundsätzlich ein Verrechnungspreis anzusetzen ist, der dem Fremdvergleichsgrundsatz entspricht (§ 16 Abs. 2 BsGaV). Ist für die fiktive Veräußerung des Explorationsrechts – wie im Regelfall – der hypothetische Fremdvergleich anzuwenden (§ 1 Abs. 3 Satz 5 ff. AStG), sind die Ertragsaussichten aus der Ausbeutung des Explorationsrechts jeweils aus Sicht der Förderbetriebsstätte und aus Sicht des übrigen Unternehmens entscheidend (fiktive Vertragspartner). **410**

**Fall – Unterschiedliche Entwicklung von Explorationsrechten:**

Das inländische Erdöl-/Erdgasunternehmen X (X) unterhält im Staat A auf Grundlage jeweils rechtswirksam abgeschlossener PSA zwei Explorationsrechte: das Explorationsrecht (ER-1) und das Explorationsrecht (ER-2). Für das ER-1 ist die Explorations-/Entwicklungsphase abgeschlossen. Es wird bereits eine nachhaltige Förderung von Erdöl/Erdgas aufgenommen, so dass die Förderbetriebsstätte F (F) entsteht. Die Explorations-/Entwicklungsphase für das ER-2 dauert noch an.

**Lösung:**

Gem. § 37 Abs. 2 Satz 1 BsGaV liegt zum Zeitpunkt des Beginns des Aufbaus der Förderanlagen eine fiktive Veräußerung des ER-1 vom übrigen Unternehmen an F vor (§ 36 Abs. 3 Satz 1 BsGaV). Für die fiktive Veräußerung ist nach § 36 Abs. 2 BsGaV grundsätzlich ein Preis anzusetzen, der dem Fremdvergleichsgrundsatz entspricht (§ 16 Abs. 2 BsGaV). Der Verrechnungspreis ist im Regelfall nach dem hypothetischen Fremdvergleich zu ermitteln (§ 1 Abs. 3 Satz 5 ff. AStG). Das ER-2 ist unverändert dem übrigen Unternehmen zuzurechnen.

Erbringt das übrige Unternehmen nach Zuordnung des Explorationsrechts zur Förderbetriebsstätte ihr gegenüber fiktive Leistungen jeder Art (z. B. Geschäftsführung, Personalverwaltung usw.), sind diese zu Preisen zu verrechnen, die dem Fremdvergleichsgrundsatz entsprechen (siehe § 16 Abs. 2 BsGaV). **411**

**Fall – Dienstleistung durch das übrige Unternehmen:**

Das inländische Erdöl-/Erdgasunternehmen X (X) hat zu 100% ein Explorationsrecht im Staat A. Die Explorations-/Entwicklungsphase ist abgeschlossen. Es wird bereits mit dem Aufbau der Förderanlagen begonnen, so dass die Förderbetriebsstätte F (F) entsteht, der das Explorationsrecht unter den Voraussetzungen des § 36 Abs. 3 und 4 BsGaV zuzuordnen ist. Das übrige Unternehmen führt für das Personal von F im Inland Ausbildungs- und Schulungsmaßnahmen durch.

**Lösung:**

Die Ausbildungstätigkeit des übrigen Unternehmens ist eine fiktive Dienstleistung i. S. d. § 16 Abs. 1 Nr. 2 Buchst. a BsGaV für F. Diese fiktive Dienstleistung ist nach § 16 Abs. 2 BsGaV dem Fremdvergleichsgrundsatz entsprechend zu verrechnen (Anwendung der Kostenaufschlagsmethode auf Basis der vom übrigen Unternehmen für die Schulungsmaßnahmen aufgewendeten Personalkosten).

### 2.37.3. Voraussetzungen für die Anerkennung eines niedrigeren Verrechnungspreises (§ 37 Abs. 3 BsGaV)

412 § 37 Abs. 3 Satz 1 BsGaV ermöglicht den Ansatz eines Verrechnungspreises für die fiktive Veräußerung des Explorationsrechts, der von dem nach § 37 Abs. 2 Satz 2 i. V. m. § 16 Abs. 2 Satz 1 BsGaV anzusetzenden Betrag abweicht. Voraussetzung hierfür ist, dass das Bergbau- bzw. das Erdöl- oder Erdgasunternehmen

– nachweist, dass durch den niedrigeren Ansatz nach Satz 1 eine Doppelbesteuerung vermieden wird, und
– mindestens einen Verrechnungspreis in Höhe der Aufwendungen ansetzt, die im Hinblick auf das Explorationsrecht bis zur Aufnahme der Fördertätigkeit entstanden sind.

**Fall – Verrechnungspreis nach § 37 Abs. 3 BsGaV:**

Das inländische Erdölunternehmen X (X) verfügt über ein Explorationsrecht für ein Gebiet im Staat A. Mit der Aufstellung der Förderanlagen wird am 1. 3. 01 begonnen, wodurch die Förderbetriebsstätte F (F) entsteht. Der Wert des an F fiktiv veräußerten Explorationsrechts am 1. 3. 01, der sich aus den Ertragsaussichten aus der Ausbeutung des Explorationsrechts ableitet (§ 1 Abs. 3 Satz 5 ff. AStG), beträgt 3000 (§ 16 Abs. 2 BsGaV). Die bis zur Aufnahme der Fördertätigkeit angefallenen Aufwendungen von X betragen 200. Staat A misst nach eigenem Recht dem Explorationsrecht zum 1. 3. 01 einen von den angefallenen Aufwendungen abhängigen Wert von 200 bei.

**Lösung:**

Zur Vermeidung einer Doppelbesteuerung ist die Bewertung durch Staat A für die inländische Besteuerung anzuerkennen, wenn sie von X nachgewiesen wird (§ 37 Abs. 3 Satz 2 Nr. 1 BsGaV) und wenn zumindest die angefallenen Aufwendungen von 200 als Ausgleich angesetzt werden (§ 37 Abs. 3 Satz 2 Nr. 2 BsGaV).

**Abwandlung 1 – Besteuerungskonflikt:**

Staat A misst dem Explorationsrecht einen Wert von 150 bei.

**Lösung:**

Nach § 37 Abs. 3 Satz 2 Nr. 2 BsGaV ist mindestens ein Betrag in der Höhe der angefallenen Aufwendungen von 200 anzusetzen, auch wenn dadurch Doppelbesteuerung eintritt. Ggf. ist ein Verständigungsverfahren mit Staat A entsprechend Art. 25 Abs. 1 OECD-MA durchzuführen, sonst bleibt es bei der Doppelbesteuerung.

**Abwandlung 2 – Höherer Wert des Explorationsrechts im Förderstaat:**

Staat A misst dem Explorationsrecht einen Wert von 500 bei.

**Lösung:**

Der nach § 37 Abs. 3 Satz 2 Nr. 2 BsGaV anzusetzende Wert beträgt 500, da dieser Wert zwar über dem Betrag der Aufwendungen bis zur Aufnahme der Fördertätigkeit liegt, aber immer noch niedriger ist als 3000.

413 Der Betrag, der sich nach § 37 Abs. 2 Satz 2 BsGaV ergibt, ist der Betrag, der höchstens anzusetzen ist, auch wenn der Betrag, der sich rechnerisch nach § 37 Abs. 3 Satz 2 Nr. 2 BsGaV ergibt, ausnahmsweise höher sein sollte.

**Fallabwandlung zu Fall Rn. 411:**

Das Explorationsrecht hat einen Wert von 400; ermittelt entsprechend dem hypothetischen Fremdvergleichsgrundsatz nach § 1 Abs. 3 Satz 5 ff. AStG (§ 37 Abs. 2 Satz 2 BsGaV). Der Wert, der sich nach § 37 Abs. 3 Satz 2 Nr. 2 ergibt, beträgt 500.

**Lösung:**

Es ist höchstens der Preis, der sich nach den allgemeinen Regeln des Fremdvergleichsgrundsatzes ergibt, anzusetzen, d. h. 400. Auf die Beschränkung der Änderungsmöglichkeiten des § 1 AStG durch die Finanzverwaltung wird hingewiesen.

Zum Nachweis sind die entsprechende Besteuerung bzw. die entsprechende Belastung und die Zuordnung des Explorationsrechts durch den Staat, in dem die Förderbetriebsstätte liegt, anhand entsprechender Dokumente und Aufzeichnungen nachzuweisen (siehe Rn. 63). Dazu kann u. a. auch die Vorlage des Vertrags (z. B. PSA, EPSA oder PSC, siehe Rn. 387) dienen, der zwischen dem Staat, in dem die Förderbetriebsstätte liegt, und dem Bergbau- bzw. dem Erdöl- oder dem Erdgasunternehmen abgeschlossen wurde. 414

**Fall – Nachweis der Vorkosten:**

Das inländische Bergbauunternehmen X (X) erbringt nach Entstehen der Förderbetriebsstätte F (F) auf Grundlage der Regelungen des PSA für ein Explorationsrecht den Nachweis, dass Staat A die geförderten Erdgas- bzw. Erdölmengen besteuert und lediglich die in der Explorations- und Entwicklungsphase angefallenen Aufwendungen (Vorkosten) steuerlich zum Abzug zulässt. Deshalb erfasst X die angefallenen, steuerlich geltend gemachten Aufwendungen separat in der Buchführung für das Explorationsrecht von F (z. B. in einem separaten Buchungskreis oder unter einer bestimmten Projektnummer).

**Lösung:**

Gem. § 37 Abs. 3 Satz 2 BsGaV ist Voraussetzung für den Ansatz eines von § 16 Abs. 2 BsGaV abweichenden, niedrigeren Verrechnungspreises für den Übergang des Explorationsrechts auf F, dass X den Nachweis führt, dass durch die Anwendung des § 37 Abs. 3 Satz 2 BsGaV eine Doppelbesteuerung vermieden wird. Weitere Voraussetzung ist, dass der angesetzte Betrag mindestens den Vorkosten entspricht. Die erforderlichen Nachweise kann X durch verschiedene Unterlagen erbringen:

- Vorlage des PSA,
- Kopie der in Staat A eingereichten Steuererklärung,
- Bestätigung eines Wirtschaftsprüfers, der die im Inland gestellten Anforderungen erfüllt, dass Staat A von einer Zuordnung des Explorationsrechts zu F ausgeht und welcher Wert in Staat A angesetzt wurde,
- Unterlagen, aus denen hervorgeht, dass Staat A bei seiner Besteuerung lediglich die bis zur Aufnahme der Förderung entstandenen tatsächlichen Aufwendungen als Betriebsausgaben von F anerkennt.

### 2.37.4. Folgewirkung der Zuordnung nach § 36 Abs. 3 BsGaV (§ 37 Abs. 4 BsGaV)

In den Fällen des § 36 Abs. 3 BsGaV ist im Hinblick auf die Funktions- und Risikoanalyse für die Ermittlung der Verrechnungspreise und des Ergebnisses der Geschäftstätigkeit der Förderbetriebsstätte zu beachten, dass das Explorationsrecht der Förderbetriebsstätte zuzuordnen ist. Die Förderbetriebsstätte gilt in diesen Fällen entgegen § 37 Abs. 1 BsGaV nicht als bloßer fiktiver Dienstleistungserbringer für das übrige Unternehmen, sondern als Eigentümer des Explorationsrechts, der fiktiv wesentliche Unternehmensfunktionen ausübt. Die Einkünfteermittlung für die Förderbetriebsstätte nach Satz 1 und 2 ist beizubehalten, solange der Staat, in dem die Förderbetriebsstätte liegt, von der Zuordnung des Explorationsrechts zur Förderbetriebsstätte 415 ausgeht und dies bei der Ermittlung der Einkünfte der Förderbetriebsstätte entsprechend berücksichtigt wird (§ 37 Abs. 4 Satz 2 BsGaV).

## 2.38. Übergangsregelung für Förderbetriebsstätten (§ 38 BsGaV)

### 2.38.1. Begründung der Förderbetriebsstätte vor dem 1. Januar 2013 (§ 38 Abs. 1 BsGaV)

416 § 38 Abs. 1 BsGaV lässt die Ermittlung der Einkünfte einer Förderbetriebsstätte i. S. d. § 34 BsGaV bis zur Beendigung der Förderbetriebsstätte nach den bisher von der Finanzverwaltung anerkannten Grundsätzen zu (Tz. 4.7 VWG Betriebsstätten), wenn die Förderbetriebsstätte schon vor dem 1. Januar 2013 bestand. Die Begründung einer Förderbetriebsstätte hängt vom Zeitpunkt des Eintritts ihrer wirtschaftlichen Fündigkeit ab (Tz. 4.7.2 VWG Betriebsstätten und Rn. 388). Die Übergangsregelung nach § 38 Abs. 1 BsGaV ist auch auf Fälle anzuwenden, in denen das Explorationsrecht vor dem 1. Januar 2013 angeschafft oder hergestellt, eine Förderbetriebsstätte nach den bisher von der Finanzverwaltung anerkannten Grundsätzen jedoch bis zum 1. Januar 2013 noch nicht begründet wurde. Durch die Übergangsregelung des § 38 Abs. 1 BsGaV wird es den Unternehmen ermöglicht, die bisherige Besteuerung beizubehalten und Umstellungsschwierigkeiten zu vermeiden.

**Fall – Altfall und Fall des § 38 Abs. 2 BsGaV:**

Das inländische Erdöl-/Erdgasunternehmen X (X) erwirbt im Jahr 2005 im Staat A (DBA entsprechend OECD-MA) das Explorationsrecht (ER-1) und im Jahr 2014 ein weiteres Explorationsrecht (ER-2). Die wirtschaftliche Fündigkeit des ER-1 (siehe Tz. 4.7.2 VWG Betriebsstätten) trat im Jahr 2012 ein. Das erworbene ER-2 befindet sich unverändert noch in der Explorations-/Entwicklungsphase. Ein Beginn der Fördertätigkeit (Aufstellung der Förderanlagen) ist nicht absehbar.

**Lösung:**

ER-1 ist in der Explorationsphase (2005 – 2012) bis zum Zeitpunkt des Eintritts der wirtschaftlichen Fündigkeit im Jahr 2012 gem. Tz. 4.7.2 VWG Betriebsstätten i. V. m. der Übergangsregelung des § 38 Abs. 1 BsGaV dem übrigen Unternehmen zuzurechnen (hier: der inländischen Geschäftsleitungsbetriebsstätte von X). Für die Abgrenzung der Einkünfte zwischen F und dem übrigen Unternehmen in der Zeit nach Eintritt der wirtschaftlichen Fündigkeit gelten für eine Förderbetriebsstätte, die nach damaliger Rechtslage (siehe Tz. 4.7.2 VWG Betriebsstätten) mit Eintritt der wirtschaftlichen Fündigkeit, d. h. vor dem 1. 1. 2013, entsteht, gem. der Übergangsregelung des § 34 Abs. 1 BsGaV die nach Tz. 4.3. der VWG Betriebsstätten anzuwendenden Grundsätze. In Hinblick auf die steuerliche Behandlung des im Jahr 2014 hinzuerworbenen ER-2 kommt die Übergangsregelung gem. § 38 Abs. 2 Satz 2 BsGaV nach Eintritt der „wirtschaftlichen Fündigkeit" nur zur Anwendung, wenn die Grundsätze der BsGaV der Wirtschaftlichkeitsrechnung von X in Bezug auf ER-2 die Grundlage entziehen. Das bedeutet, dass die Regelungen der BsGaV und dieses BMF-Schreibens im Regelfall in vollem Umfang anzuwenden sind.

**HINWEIS:**

Das gilt erst recht und ohne die Einschränkung des § 38 Abs. 2 Satz 2 BsGaV für alle nach dem 31. 12. 2014 erworbenen Explorationsrechte.

**Abwandlung – Wirtschaftliche Fündigkeit vor dem 31. 12. 2014:**

Im Unterschied zum Grundfall entsteht für das ER-1 die Förderbetriebsstätte F (wirtschaftliche Fündigkeit i. S. d. VWG Betriebsstätten) erst im Jahr 2014.

**Lösung:**

Der Fall ist wegen des schon länger zurückliegenden Erwerbs des ER-1 (2005) entsprechend den Regelungen in den VWG Betriebsstätten zu lösen.

**HINWEIS:**

Das gilt bei Erwerb eines Explorationsrechts vor dem 1. 1. 2013 auch für Fälle, in denen die Förderbetriebsstätte nach dem 31. 12. 2014 entsteht (siehe Rn. 388).

### 2.38.2. Anwendung der bisher anerkannten Grundsätze auf später begründete Förderbetriebsstätten (§ 38 Abs. 2 BsGaV)

Die bisher von der Finanzverwaltung anerkannten Grundsätze können nach § 38 Abs. 2 BsGaV auch auf Förderbetriebsstätten angewendet werden, für die das Explorationsrecht im Jahr 2013 oder 2014 angeschafft oder hergestellt wurde, wenn: 417
- das Bergbau- bzw. das Erdöl- oder Erdgasunternehmen nachweist, dass es für seine Kalkulation von den Grundsätzen ausgegangen ist, die die Finanzverwaltung bisher anerkannt hat, und
- das Bergbau- bzw. das Erdöl- oder Erdgasunternehmen glaubhaft macht, dass die neuen Regelungen seiner bisherigen Kalkulation die Grundlage entziehen.

**Fall – Wegfallende Wirtschaftlichkeitsrechnung aufgrund der BsGaV:**

Gleicher Sachverhalt wie Grundsachverhalt Rn. 416 mit der Abweichung, dass X nachweist, dass die Anwendung der Grundsätze der BsGaV zum Zeitpunkt des Entstehens der Förderbetriebsstätte F der Wirtschaftlichkeitsrechnung für das ER-2 die Grundlage entziehen.

**Lösung:**

Für die Behandlung von ER-1 gelten die Ausführungen zum Grundfall Rn. 416 entsprechend. Im Hinblick auf die steuerliche Behandlung des in 2014 hinzuerworbenen ER-2 kann die Übergangsregelung gem. § 38 Abs. 2 Nr. 2 BsGaV angewendet werden, da die Grundsätze der BsGaV der Wirtschaftlichkeitsrechnung von X für das ER-2 die Grundlage entziehen. Den erforderlichen Nachweis hierfür hat X durch Vorlage entsprechender Wirtschaftlichkeitsrechnungen oder interner Kalkulationsunterlagen zu erbringen.

## 2.39. Ständige Vertreter

### 2.39.1. Ständige Vertreter (§ 39 Abs. 1 BsGaV)

Nach § 39 Abs. 1 BsGaV ist die BsGaV sinngemäß auch auf ständige Vertreter i. S. d. § 13 AO anzuwenden (siehe § 1 Abs. 5 Satz 5 AStG). Dies ist sachgerecht, da der ständige Vertreter zwar in § 13 AO gesondert geregelt wird, jedoch auch in den Anwendungsbereich der DBA fällt, da ein ständiger Vertreter i. S. d. § 13 AO im Regelfall als abhängiger Vertreter eine Betriebsstätte begründet (Vertreterbetriebsstätte, siehe Art. 5 Abs. 5 OECD-MA). Die Regelung des § 39 trägt für den internationalen Bereich zu einer Gleichbehandlung von Betriebsstätten i. S. d. § 12 AO und ständigen Vertretern i. S. d. § 13 AO bei. 418

Wird eine natürliche Person als Vertreter für ein Unternehmen tätig, so kann daraus für das Unternehmen ein abgrenzbarer Betriebsstättengewinn/-verlust eines ständigen Vertreters/einer Vertreterbetriebsstätte entstehen, wenn die Aufwendungen für den Vertreter selbst höher oder niedriger sind, als das Ergebnis, das dem ständigen Vertreter/der Vertreterbetriebsstätte als fiktiv selbständigem Unternehmen nach den Grundsätzen dieses BMF-Schreibens zuzurechnen ist. Ein abzugrenzender Betriebsstättengewinn/-verlust des ständigen Vertreters/der Vertreterbetriebsstätte kann insbesondere dann eintreten, wenn der Vertreter ein Arbeitnehmer des Unternehmens ist. 419

**Fall – Natürliche Person als ständiger Vertreter:**

Das Unternehmen X (X) in Staat A hat einen Arbeitnehmer (AN) als Vertreter im Staat B, der auch die Voraussetzungen für einen ständigen Vertreter (§ 13 AO) und für eine DBA-Vertreterbetriebsstätte entsprechend Art. 5 Abs. 5 OECD-MA erfüllt. Für seine (Routine-)Tätigkeit in Staat B erhält AN im Jahr 01 eine Vergütung von 100. Ein selbständiger Vertreter entsprechend Art. 5 Abs. 5 OECD-MA hätte eine Vergütung von 110 erhalten.

**Lösung:**

Die Einnahmen der Vertreterbetriebsstätte hätten entsprechend dem Fremdvergleichsgrundsatz 110 betragen. Davon hätte der Vertreter AN bezahlt werden müssen (100), so dass dem ständigen Vertreter i. S. d. § 13 AO bzw. der Vertreterbetriebsstätte i. S. d. Art. 5 Abs. 5 OECD-MA ein Gewinn von 10 verbleibt, der in Staat B zu versteuern ist.

420 Ist eine natürliche Person selbstständig unternehmerisch als ständiger Vertreter tätig, gelten die Grundsätze der Rn. 421 ff.

### 2.39.2. Besonderheiten bei der Anwendung auf einen ständigen Vertreter, der ein rechtlich eigenständiges Unternehmen ist (§ 39 Abs. 2 BsGaV)

421 Wird ein rechtlich eigenständiges Unternehmen für eine nahestehende Person als Vertreter in einem anderen Staat tätig und entsteht dadurch ein ständiger Vertreter bzw. eine Vertreterbetriebsstätte, so werden im Regelfall im Staat der Vertreterbetriebsstätte entsprechend Art. 5 Abs. 5 OECD-MA Personalfunktionen vom Personal des Vertreters für den Vertretenen ausgeübt. In diesen Fällen ist es nicht notwendig, dass eigenes Personal des Vertretenen i. S. d. § 2 Abs. 3 BsGaV im anderen Staat in der Vertreterbetriebsstätte tätig ist. Deshalb muss nach Abs. 2 die Ausübung von Personalfunktionen durch das Personal des Vertreters dem vertretenen Unternehmen abweichend von § 2 Abs. 3 BsGaV zugerechnet werden. Sonst könnten in diesen Fällen dem vertretenen Unternehmen mangels Ausübung von Personalfunktionen durch eigenes Personal im Ausland nach den §§ 5 ff. BsGaV grundsätzlich weder Vermögenswerte noch Chancen und Risiken noch Geschäftsvorfälle zugeordnet werden, noch könnten für das vertretene Unternehmen Einkünfte entstehen, die durch einen ständigen Vertreter erzielt werden (§ 34 d Nr. 2 Buchst. a EStG) oder für die ein ständiger Vertreter bestellt ist (§ 49 Abs. 1 Nr. 2 Buchst. a EStG).

**Fall – Kapitalgesellschaft als ständiger Vertreter/Vertreterbetriebsstätte:**

Unternehmen X (X) in Staat A beauftragt eine nahestehende Person, die Kapitalgesellschaft Y (Y) mit Sitz und Geschäftsleitung in Staat B, dort Waren, die X produziert hat, namens und im Auftrag von X zu verkaufen. Eigenes Personal von X ist nicht im Staat B tätig.

**Lösung:**

Y ist ständiger Vertreter (§ 13 AO) von X und gleichzeitig Grundlage für die Annahme einer Vertreterbetriebsstätte von X in B. Da in dieser Vertreterbetriebsstätte mangels dort tätigem eigenem Personal von X keine Personalfunktionen von X ausgeübt werden, kann X nach den allgemeinen Vorschriften (§§ 5 ff. BsGaV) nichts zugeordnet werden. Nach § 39 Abs. 2 BsGaV sind aber alle Personalfunktionen, die von Personal des ständigen Vertreters (hier: Y) für den Vertretenen (hier: X) ausgeübt werden, als eigene Personalfunktionen des Vertretenen zu behandeln.

422 In vielen Fällen wird es trotz der Zurechnung der Personalfunktionen des Vertreters zum ständigen Vertreter bzw. zur Vertreterbetriebsstätte des Vertretenen zu keinem Ergebnis des ständigen Vertreters bzw. der Vertreterbetriebs-

stätte kommen, das über das Ergebnis des Vertreters selbst hinausgeht. Denn der für den ständigen Vertreter bzw. die Vertreterbetriebsstätte entstehende Ertrag muss im Regelfall vollständig an den Vertreter weitergegeben werden (Null-Summen-Theorie).

**Fortsetzung der Lösung des Falls in Rn. 421 – Lösung nach der Null-Summen-Theorie:**

Aufgrund von § 39 Abs. 2 BsGaV sind alle Vermögenswerte und Passivposten, Chancen und Risiken, die Y für seine Vertretertätigkeit braucht und die X oder Y gehören, zunächst der Vertreterbetriebsstätte/dem ständigen Vertreter (X) zuzuordnen. Das in der Hilfs- und Nebenrechnung der Vertreterbetriebsstätte/des ständigen Vertreters errechnete Ergebnis steht im Regelfall in vollem Umfang dem Vertreter Y zu (unbeschränkte Steuerpflicht in B), so dass für den ständigen Vertreter/die Vertreterbetriebsstätte kein Gewinn verbleibt (beschränkte Steuerpflicht von X in B).

Etwas anderes gilt aber insbesondere dann, wenn der Vertreter Risiken verwaltet, die rechtlich allein das vertretene Unternehmen, d. h. die Vertreterbetriebsstätte, zu tragen hat, d. h., die für die Risiken maßgeblichen Personalfunktionen werden von Personal des ständigen Vertreters ausgeübt, nicht von eigenem Personal des vertretenen Unternehmens, das aber allein das Risiko trägt. In diesen Fällen ist die entsprechende Risikoprämie wegen der ausgeübten Personalfunktionen der Vertreterbetriebsstätte zuzuordnen (das sind gleichzeitig die Personalfunktionen des Vertreters). Diese Risikoprämie kann entsprechend dem Fremdvergleichsgrundsatz nicht dem ständigen Vertreter selbst, der das Risiko zivilrechtlich nicht trägt, zugutekommen. Dem Vertreter steht nur ein Dienstleistungsentgelt für die Verwaltung der Risiken zu. In diesen Fällen entsteht ein Ergebnis der Vertreterbetriebsstätte, das von dem des Vertreters abweicht (siehe auch OECD-Betriebsstättenbericht, Teil I Tz. 230 ff.). 423

**Fortsetzung Fall Rn. 421:**

Für die Verkaufstätigkeit unterhält X im Staat B bei Y ein eigenes Lager für die Waren, die bis zur Veräußerung im Eigentum von X bleiben. Personal von Y kümmert sich um das Lagergebäude, fordert die Waren bei X an, lagert sie im Lager ein und liefert die Waren aus. Eigenes Personal von X übt keine Personalfunktionen hinsichtlich des Lagers aus. Im Jahr 03 entsteht wegen eines Unwetters ein Schaden von 1000 am Gebäude und von 500 an den eingelagerten Waren (nach Verrechnung mit Versicherungsleistungen wegen des Schadens). Y erzielt aus der Vertriebstätigkeit einen Gewinn von 200.

**Lösung:**

Y versteuert ihren Gewinn von 200 im Rahmen der unbeschränkten Steuerpflicht. X erzielt aus der Tätigkeit der Vertreterbetriebsstätte einen Verlust von 1500 (verbleibender Schaden wegen des Unwetters), den X im Rahmen der beschränkten Steuerpflicht in B erzielt (nach Ermittlung des Gewinns aus der Vertriebstätigkeit). Der Schaden betrifft Y nicht, da Y weder Eigentum an dem Lagergebäude noch an den eingelagerten Waren hat. Y trifft auch kein Verschulden am eingetretenen Schaden. Sowohl das Gebäude als auch die Waren sind aber wegen der Personalfunktionen von Y, die der Vertreterbetriebsstätte nach § 39 Abs. 2 BsGaV zuzuordnen sind, im Rahmen der beschränkten Steuerpflicht von X in B anzusetzen.

### 3. Auswirkungen des § 1 Abs. 5 Satz 8 AStG für die Anwendung von DBA und Auswirkungen des AOA auf Zeiträume vor dem 1. Januar 2013

424 Für die Beantwortung der Frage, ob und mit welcher Wirkung § 1 Abs. 5 AStG international anzuwenden ist, sind die verschiedenen Konstellationen zu beachten.

### 3.1. DBA, die eine Regelung enthalten, die Art. 7 OECD-MA entspricht

425 In Fällen, in denen die anzuwendende Regelung im konkret geltenden DBA dem Wortlaut von Art. 7 OECD-MA entspricht (z. B. DBA-Liechtenstein, DBA-Luxemburg, DBA-Norwegen) oder in denen der andere Staat hat erkennen lassen, dass er die Grundätze des AOA in seinem DBA mit Deutschland für anwendbar hält (z. B. USA), ist davon auszugehen, dass der andere Staat der Handhabung nach § 1 Abs. 5 AStG, nach der BsGaV und nach diesem BMF-Schreiben folgt. Das Unternehmen hat deshalb seine Betriebsstätteneinkünfte entsprechend § 1 Abs. 5 AStG und der BsGaV zu ermitteln. § 1 Abs. 5 Satz 8 AStG ist nicht anzuwenden.

426 Entsteht trotz eines DBA, dessen Regelung Art. 7 OECD-MA entspricht, hinsichtlich der Betriebsstättengewinnermittlung ein Doppelbesteuerungskonflikt, ist dieser in einem Verständigungsverfahren auf der Grundlage des OECD-Betriebsstättenberichts zu lösen.

### 3.2. DBA mit OECD-Mitgliedstaaten, die eine Regelung enthalten, die Art. 7 OECD-MA 2008 entspricht (alte Abkommen)

427 In Fällen, in denen die anzuwendende Regelung im konkret geltenden DBA dem Wortlaut des Art. 7 OECD-MA 2008 entspricht, ist davon auszugehen, dass der andere Staat (OECD-Mitgliedstaat) der Handhabung nach § 1 Abs. 5 AStG, nach der BsGaV und nach diesem BMF-Schreiben auf der Grundlage der Regelung zu den Unternehmensgewinnen im konkreten DBA folgt. Denn unter den OECD-Mitgliedstaaten ist weithin anerkannt, dass eine Interpretation der betreffenden Regelung in dem von diesen Staaten abgeschlossenen DBA entsprechend dem OECD-Betriebsstättenbericht zu erfolgen hat, weil eine solche Interpretation deren Sinn und Zweck besser entspricht als der damalige OECD-Musterkommentar. Das Unternehmen hat deshalb in Fällen mit OECD-Mitgliedstaaten mit altem Abkommen seine Betriebsstätteneinkünfte entsprechend § 1 Abs. 5 AStG und der BsGaV zu erklären. Eine dementsprechende Erklärung im anderen Staat wird im Regelfall nicht zur Doppelbesteuerung führen.

**Fall – Dienstleistung mit Kostenaufschlag:**

Das inländische Unternehmen X (X) hat im Staat A (DBA entsprechend dem OECD-MA 2008) eine Betriebsstätte A (A). Für eine Dienstleistung, die A dem übrigen Unternehmen (hier: der inländischen Geschäftsleitungsbetriebsstätte X) im Jahr 2008 (Alternative: 2016) erbringt, entstehen A Kosten von 100, die mit einem Aufschlag von 10% (110) dem Fremdvergleichsgrundsatz entsprechend gegenüber X verrechnet werden.

**Lösung:**

Obwohl nach innerstaatlichem Steuerrecht (§ 4 Abs. 4 EStG) für die Dienstleistung nur die Kosten anzusetzen wären, ist keine Einkünftekorrektur durch die Finanzverwaltung hinsichtlich der Dienstleistung von 110 auf 100 durchzuführen. Die OECD-Staaten haben sich darauf verständigt, den AOA in Fällen wie dem vorliegenden auch für Art. 7 OECD-MA 2008 anzuwenden. Zur Verhinderung weißer Einkünfte ist der ausländische Steuerbescheid vorzulegen. Alternative: Für das Jahr 2016 ergeben sich keine Abweichungen.

**Abwandlung – Zu geringer Kostenaufschlag:**

Das inländische Unternehmen X (X), das im Staat A eine Betriebsstätte A (A) hat (DBA entsprechend dem OECD-MA 2008) setzt für eine Dienstleistung, die A dem übrigen Unternehmen gegenüber erbringt, einen Kostenaufschlag von 5% an. 10% wären angemessen gewesen. Staat A nimmt eine entsprechende Korrektur unter Berufung auf Art. 7 Abs. 2 OECD-MA 2008 vor, die zur Doppelbesteuerung führt.

**Lösung:**

Die entstandene Doppelbesteuerung ist nach den Änderungsvorschriften der AO – ggf. nach § 175 a AO – durch eine Gegenkorrektur Deutschlands zu beseitigen. Für die Alternative (siehe Grundfall: 2016) ergeben sich keine Abweichungen.

Kommt es in Betriebsstättensachverhalten mit OECD-Mitgliedstaaten mit einem dem OECD-MA 2008 entsprechenden Abkommen zu einer Doppelbesteuerung, ist § 1 Abs. 5 Satz 8 AStG im Regelfall nicht anzuwenden, da der andere Staat den AOA mitgetragen hat. Auf Antrag des Steuerpflichtigen ist ein Verständigungsverfahren zu eröffnen, in dem eine Lösung des entstandenen Besteuerungskonflikts auf der Grundlage OECD-Betriebsstättenbericht anzustreben ist. **428**

Wird ein immaterieller Wert fiktiv zur Nutzung überlassen, so gelten für DBA, die dem OECD-MA 2008 entsprechen, Grundsätze, die von den nach dem AOA allgemein geltenden Grundsätzen abweichen (siehe Verweis in Rn. 425). Denn – anders als nach dem AOA – enthält der OECD-Kommentar 2008, Tz. 34 für immaterielle Werte, die (auch) in einer Betriebsstätte genutzt werden, die ausdrückliche Aussage, dass **429**

- lediglich die entstandenen Kosten – ggf. anteilig – abzuziehen sind und
- die Verrechnung einer fiktiven Lizenzgebühr nicht in Betracht kommt.

In diesem Fall hat das Unternehmen seine Betriebsstätteneinkünfte entsprechend dem damaligen Abkommensverständnis (deutsche Auffassung: siehe VWG Betriebsstätten) – ggf. unter Vorlage der Steuererklärung, die er im anderen Staat abgegeben hat, und des betreffenden Steuerbescheids – zu erklären (siehe Rn. 430). Er muss in seiner Erklärung auf die Abweichung hinweisen und diese quantifizieren (§ 1 Abs. 5 Satz 8 AStG). Das zuständige Finanzamt klärt, ob der andere Staat ebenfalls eine Besteuerung entsprechend dem OECD-Betriebsstättenbericht vorsieht (offizielle öffentliche Äußerungen), oder es stellt eine entsprechende Anfrage an das für Verständigungsverfahren zuständige Referat des BZSt (Competent Authority).

**Fall – Fiktive Lizenzierung ins Inland:**

Das inländische Unternehmen X (X) hat in Staat A (DBA entsprechend dem OECD-MA 2008) eine Betriebsstätte A (A). A schafft eigenständig einen immateriellen Wert (Kosten in den Jahren 2000 bis 2006: 400), den A auch nach Schaffung weiter entwickelt. Der immaterielle Wert wird ausschließlich vom übrigen Unternehmen (hier: Geschäftsleitungsbetriebsstätte X) im Jahr 2009 genutzt. X erzielt im Jahr 2009 aus der Nutzung des immateriellen Werts einen Gewinn von 100 (ohne Verrechnung gegenüber A). Eine fiktive Lizenzierung hätte für das übrige Unternehmen eine an A zu zahlende fiktive Lizenzgebühr von 20 ergeben. Die A für den immateriellen Wert im Jahr 2009 entstandenen Kosten für den immateriellen Wert (Weiterentwicklung) betragen 5. X berücksichtigt die Kosten von 5 bei A. Die von X für A unter Berufung auf den OECD-Betriebsstättenbericht 2008 beantragte Freistellung umfasst die

Differenz zwischen der fiktiven Lizenzgebühr von 20 und den entstandenen Kosten von 5 = freizustellender Gewinn von A von 15.

**Lösung:**

Nach Tz. 2.7 VWG Betriebsstätten sind nur die X im Jahr 2009 entstandenen Kosten von 5, die – wie die Entwicklungskosten der Jahre 2000 bis 2006 – tatsächlich bei A angefallen sind, abzuziehen. Diese Kosten von 5 sind im Jahr 2009 zugunsten von A gegenüber dem übrigen Unternehmen zu verrechnen, so dass sich für X ein Gewinn aus der Nutzung im Jahr 2009 (nach Verrechnung gegenüber A) von 100 – 5 = 95 ergibt. Ein fiktiver Gewinn von A aus einer fiktiven Lizenzgebühr (20 – 5 = 15) ist nicht freizustellen. Das gemeinsame Verständnis des DBA, das Deutschland damals mit Staat A abgeschlossen hat (entsprechend Art. 7 OECD-MA 2008/OECD-MK 2008), lässt keine weitere Freistellung zu, da es keinen fiktiven Gewinn aus einer fiktiven Lizenzierung kennt und nur eine Kostenverrechnung vorsieht. Die Finanzverwaltung hat eine entsprechende Korrektur durchzuführen.

**Abwandlung – Fiktive Lizenzierung ins Ausland:**

Wie Grundfall, aber die inländische Betriebsstätte D, die Teil des ausländischen Unternehmens Y in Staat B ist, überlässt den immateriellen Wert im Jahr 2009 dem übrigen Unternehmen.

**Lösung:**

Nach § 4 Abs. 1 Satz 3 EStG liegt eine Nutzungsentstrickung vor, die nach § 6 Abs. 1 Nr. 4 Satz 1 Halbsatz 2 EStG mit dem gemeinen Wert, der dem Fremdvergleichspreis entspricht, anzusetzen ist. Im Ergebnis wäre wegen der Nutzungsüberlassung an das übrige Unternehmen ein Betriebsstättengewinn von 15 anzusetzen. Das Verständnis des DBA mit Staat Y (entsprechend Art. 7 OECD-MA 2008 und OECD-MK 2008) lässt jedoch keinen entsprechenden Ansatz zu, da es nur eine Kostenverrechnung vorsieht (s. o.).

**HINWEIS:**

Ab 2013 ist zwar eine Geschäftsbeziehung i. S. d. § 1 Abs. 4 und 5 AStG (§ 16 BsGaV) anzunehmen, allerdings ist nach § 1 Abs. 5 Satz 8 AStG das gemeinsame Abkommensverständnis der betreffenden Staaten ausschlaggebend. § 1 Abs. 5 AStG und die BsGaV treten ggf. zurück. Erst wenn ein DBA anzuwenden ist, das dem OECD-MA entspricht (oder wenn beide Vertragsstaaten ihr altes DBA einvernehmlich entsprechend auslegen), kommt der Ansatz eines Gewinns von D i. H. v. 15 in Betracht.

## 3.3. DBA mit Nicht-Mitgliedstaaten der OECD, die eine Regelung enthalten, die Art. 7 OECD-MA 2008 bzw. Art. 7 UN-MA entspricht

430 In Fällen, in denen die anzuwendende Regelung im konkret geltenden DBA mit einem Nicht-Mitgliedstaat der OECD dem Wortlaut des Art. 7 OECD-MA 2008 bzw. des Art. 7 UN-MA entspricht, ist im Regelfall davon auszugehen, dass der andere Staat der Handhabung nach § 1 Abs. 5 AStG, nach der BsGaV und nach diesem BMF-Schreiben auf der Grundlage der betreffenden Regelung im konkreten DBA nicht folgt. Das Unternehmen kann in diesem Fall seine Betriebsstätteneinkünfte entsprechend dem damaligen Abkommensverständnis (unabhängig vom OECD-Betriebsstättenbericht) erklären. Das damalige deutsche Abkommensverständnis ergibt sich aus den VWG Betriebsstätten. Mit der Abgabe der Steuererklärung in Deutschland sind auch die Steuererklärung, die das Unternehmen im anderen Staat abgegeben hat, und der Steuerbescheid des anderen Staats vorzulegen, soweit diese vorliegen. Liegen die ausländische Steuererklärung oder der ausländische Steuerbescheid noch nicht vor, sind sie unverzüglich nachzureichen. Das Unternehmen muss in seiner Erklärung unter Hinweis auf das dem Art. 7 OECD-MA 2008 bzw. Art. 7 UN-MA entsprechende Abkommen auf die Abwei-

chung von § 1 Abs. 5 AStG hinweisen und die Höhe der Abweichung quantifizieren.

Das zuständige Finanzamt klärt, ob der andere Staat eine Besteuerung entsprechend dem OECD-Betriebsstättenbericht vorsieht (offizielle öffentliche Äußerungen), oder es stellt eine entsprechende Anfrage an das BZSt (Competent Authority). Über das Ergebnis wird das Unternehmen informiert. 431

Die Veranlagung erfolgt entsprechend dem damaligen Abkommensverständnis, d. h., § 1 Abs. 5 Satz 1 bis 7 AStG tritt nach § 1 Abs. 5 Satz 8 AStG gegenüber dem damaligen Abkommensverständnis zurück. Ein Verständigungsverfahren mit dem anderen Staat ist nicht erforderlich, wenn 432

- der andere Staat der Betriebsstättenbesteuerung eine Auffassung zugrunde legt, die vom OECD-Betriebsstättenbericht abweicht,
- diese Auffassung mit der deutschen Auffassung, die zum Zeitpunkt des Abschlusses des DBA bestand, übereinstimmt und
- die steuerliche Behandlung in beiden Staaten im konkreten Fall zu keiner Doppelbesteuerung führt.

### 3.4. Hinweis: Vorlagepflichten nach § 90 Abs. 2 AO, wenn von § 1 Abs. 5 AStG abgewichen wird

Für eine Abweichung von § 1 Abs. 5 AStG hat das Unternehmen in jedem Fall die Steuererklärung, die es im anderen Staat abgegeben hat und in der die betreffenden Betriebsstätteneinkünfte enthalten sind, und den betreffenden Steuerbescheid des anderen Staats vorzulegen bzw. unverzüglich nachzureichen. Auf Anfrage hat es anhand von Unterlagen und Aufzeichnungen zu erläutern (siehe Rn. 63), nach welchen Grundsätzen, ausgehend von seiner Steuererklärung, die Besteuerung dieser Einkünfte im anderen Staat erfolgt ist. 433

## 4. Regelungen des § 1 Abs. 4 und 5 AStG und der BsGaV in Wirtschaftsjahren, die nach dem 31. Dezember 2012 bzw. schon vor dem 1. Januar 2015 anzuwenden sind

§ 1 Abs. 4 und 5 AStG ist nach § 21 Abs. 20 AStG erstmals für Wirtschaftsjahre anzuwenden, die nach dem 31. Dezember 2012 beginnen. Die BsGaV ist nach § 40 BsGaV erstmals für Wirtschaftsjahre anzuwenden, die nach dem 31. Dezember 2014 beginnen. Das bedeutet, dass für Wirtschaftsjahre, die nach dem 31. Dezember 2012, aber vor dem 1. Januar 2015, beginnen, zwar § 1 Abs. 4 und 5 AStG anzuwenden ist, nicht aber die BsGaV, die in diesen Jahren allerdings für die Auslegung des § 1 Abs. 4 und 5 AStG herangezogen werden kann. Für diese Jahre gilt für die Wirksamkeit der Regelungen des § 1 Abs. 4 und 5 AStG und der BsGaV Folgendes: 434

### 4.1. Inhaltliche Regelungen in § 1 Abs. 4 AStG, die in Wirtschaftsjahren gelten, die nach dem 31. Dezember 2012 beginnen

In § 1 Abs. 4 Satz 1 AStG ist definiert, dass eine Geschäftsbeziehung i. S. d. Vorschrift einzelne oder mehrere zusammenhängende wirtschaftliche Vorgänge (Geschäftsvorfälle) beinhaltet. Auf das Vorliegen einer schuldrechtlichen Beziehung (§ 1 Abs. 5 AStG a. F.) wird nicht mehr abgestellt, insbesondere auch weil schuldrechtliche Beziehungen zwischen einer Betriebsstätte und dem übrigen Unternehmen rechtlich nicht bestehen können. Das bedeutet, dass in allen Wirtschaftsjahren, die nach dem 31. Dezember 2012 beginnen, 435 unter den Voraussetzungen des § 1 Abs. 4 Satz 2 AStG grundsätzlich anzunehmende schuldrechtliche Beziehungen jeder Art vorkommen können (siehe aber auch Rn. 5).

### 4.2. Inhaltliche Regelungen in § 1 Abs. 5 AStG, die in Wirtschaftsjahren gelten, die nach dem 31. Dezember 2012 beginnen

#### 4.2.1. Anwendung des Fremdvergleichsgrundsatzes auf Betriebsstättensachverhalte

436 In § 1 Abs. 5 Satz 1 AStG ist erstmalig ausdrücklich und allgemein verbindlich im innerstaatlichen Recht geregelt, dass der Fremdvergleichsgrundsatz in Fällen von Unternehmen eines Staates mit Betriebsstätten in einem anderen Staat zur Berichtigung von Einkünften im Rahmen des § 1 AStG anzuwenden ist. Für Wirtschaftsjahre, die vor dem 1. Januar 2013 beginnen, sind weiterhin die VWG Betriebsstätten von Bedeutung, die das bis zur Regelung in § 1 Abs. 5 AStG geltende Verständnis der Finanzverwaltung zur Anwendung des Fremdvergleichsgrundsatzes enthalten.

437 Allerdings ist nicht zu beanstanden, wenn ein Unternehmen die Grundsätze des § 1 Abs. 5 AStG schon für vor dem 1. Januar 2013 beginnende Wirtschaftsjahre anwendet, wenn

– die Regelungen für den ganzen Zeitraum ab dem früheren Zeitpunkt auf die Betriebsstätte angewendet werden und
– dadurch international weder eine Doppelbesteuerung noch eine Nichtbesteuerung von Einkünften der Betriebsstätte entsteht.

#### 4.2.2. Fiktion eines eigenständigen und unabhängigen Unternehmens

438 Nach § 1 Abs. 5 Satz 2 und 3 AStG ist eine in einem anderen Staat gelegene Betriebsstätte grundsätzlich wie ein eigenständiges und unabhängiges Unternehmen zu behandeln (zu Einschränkungen, siehe z. B. Rn. 3 ff. insbesondere Rn. 6 f.). Das bedeutet, dass eine Zuordnung und Aufteilung von Aufwendungen und Erträgen – entsprechend Art. 7 Abs. 3 OECD-MA 2008 – in Wirtschaftsjahren, die nach dem 31. Dezember 2012 beginnen, grundsätzlich nicht mehr möglich ist (siehe aber § 1 Abs. 5 Satz 8 AStG und insbesondere Rn. 430 ff. für dem OECD-MA entsprechende DBA mit Nicht-OECD-Mitgliedstaaten).

#### 4.2.3. Geschäftsbeziehungen der Betriebsstätte als fiktiv eigenständiges und unabhängiges Unternehmen

439 Nach § 1 Abs. 5 Satz 3 Nr. 3 AStG sind der Betriebsstätte die Chancen und Risiken des Unternehmens, dessen Teil sie ist, zuzuordnen, die sie aufgrund der von ihr ausgeübten Funktionen und zuzuordnenden Vermögenswerte übernimmt. Damit sind in erster Linie die Geschäftsvorfälle des Unternehmens angesprochen, die der Betriebsstätte zu Beginn des Wirtschaftsjahrs, das nach dem 31. Dezember 2012 beginnt, zuzuordnen sind. Es liegt nahe, dass die Zuordnung der Geschäftsvorfälle entsprechend den ausgeübten Personalfunktionen (siehe §§ 9 und 10 BsGaV) der Zuordnung entspricht, die schon vorher nach funktionalen Grundsätzen erforderlich gewesen ist.

Nach § 1 Abs. 4 Satz 1 Nr. 2 AStG sind Geschäftsvorfälle jeder Art zwischen dem übrigen Unternehmen und seiner Betriebsstätte möglich und als anzunehmende schuldrechtliche Beziehungen zu werten, wenn zwischen voneinander unabhängigen Dritten schuldrechtliche Beziehungen entstanden wären (siehe auch Rn. 164 ff.). Das Unternehmen hat glaubhaft zu machen, dass voneinander unabhängige Dritte keine schuldrechtlichen Beziehungen vereinbart hätten, wenn es davon absehen will, solche Beziehungen anzunehmen. 440

### 4.3. Regelungen der BsGaV, die erst in Wirtschaftsjahren, die nach dem 31. Dezember 2014 beginnen, wirken

Die BsGaV ist erstmals für Wirtschaftsjahre anzuwenden, die nach dem 31. Dezember 2014 beginnen. Eine Anwendung der Grundsätze auf vorhergehende Wirtschaftsjahre ist nicht zu beanstanden. Soweit § 1 Abs. 5 AStG auslegungsfähige Begriffe enthält, ist auch der OECD-Betriebsstättenbericht zu berücksichtigen, denn es war ausdrückliche Vorstellung des Gesetzgebers (siehe BT-Drs. 17/10 000, S. 61), mit § 1 Abs. 5 AStG und anschließend mit der BsGaV die Grundlage dafür zu schaffen, den AOA innerstaatlich umzusetzen. 441

#### 4.3.1. Definitionen (§ 2 BsGaV)

Soweit sich die Definitionen für bestimmte Begriffe in § 2 BsGaV nicht unmittelbar aus dem Wortlaut von § 1 Abs. 5 AStG ergeben, fehlt es an einer gesetzlichen Grundlage, diese Definitionen zu verwenden. Diese Begriffe sind für die Jahre 2013 und 2014 entsprechend den Aussagen im OECD-Betriebsstättenbericht auszulegen. 442

#### 4.3.2. Hilfs- und Nebenrechnung (§ 3 BsGaV)

§ 1 Abs. 5 AStG enthält keine ausdrückliche Rechtsgrundlage, für Wirtschaftsjahre, die vor dem 1. Januar 2015 beginnen, eine Hilfs- und Nebenrechnung nach den Regeln des § 3 BsGaV zu erstellen. Davon unabhängig besteht die allgemeine Verpflichtung, eine wahrheitsgemäße Steuerklärung abzugeben (§ 150 Abs. 2 AO), in der die betreffenden Betriebsstätteneinkünfte enthalten sind (z. B. steuerpflichtige inländische Einkünfte nach § 49 Abs. 1 Nr. 2 Buchst. a EStG oder nach DBA freizustellende Einkünfte einer ausländischen Betriebsstätte). Die konkrete Einkünfteermittlung kann für die betreffende Betriebsstätte in jeder Form geschehen. Die Mitwirkungspflichten des Steuerpflichtigen nach § 90 AO, insbesondere die Aufzeichnungspflichten des § 90 Abs. 3 Satz 4 AO und der GAufzV (siehe Rn. 63), sind zu beachten. 443

#### 4.3.3. Zuordnungsregeln (§§ 4 bis 11 BsGaV)

§ 1 Abs. 5 AStG enthält keine ausdrückliche Rechtsgrundlage dafür, wie einer Betriebsstätte konkret Personalfunktionen, Vermögenswerte usw. zuzuordnen sind. Die Vorschrift ordnet jedoch an, 444
- ausgehend von den ausgeübten Funktionen des Unternehmens festzustellen, welche Personalfunktionen von der Betriebsstätte ausgeübt werden,
- davon ausgehend die Vermögenswerte des Unternehmens zu bestimmen, die der Betriebsstätte zuzuordnen sind,

– ausgehend von den zuzuordnenden Personalfunktionen und Vermögenswerten die Chancen und Risiken des Unternehmens zu bestimmen, die der Betriebsstätte zuzuordnen sind, und
– ausgehend von den der Betriebsstätte zuzuordnenden Personalfunktionen, Vermögenswerten und Chancen und Risiken einen angemessenen Anteil des Eigenkapitals des Unternehmens für die Betriebsstätte zu bestimmen (Dotationskapital).

**445** Zur Technik der Zuordnung enthält § 1 Abs. 5 AStG erste Hinweise, die für die Anwendung der Vorschrift in den Jahren 2013 und 2014 unter Berücksichtigung des OECD-Betriebsstättenberichts zu beachten sind. Ergänzend kommen auch die Vorschriften der VWG Betriebsstätten in Betracht, soweit der Wortlaut des § 1 Abs. 5 AStG und die Aussagen des OECD-Betriebsstättenberichts dem nicht entgegenstehen.

### 4.3.4. Dotationskapital (§§ 12 und 13 BsGaV)

**446** § 1 Abs. 5 AStG enthält keine ausdrückliche Rechtsgrundlage dafür, wie Betriebsstätten Dotationskapital zuzuordnen ist. Insoweit bleibt es bis zur Wirksamkeit der BsGaV bei den Regelungen in Tz. 2.5.1. der VWG Betriebsstätten.

### 4.3.5. Zuordnung von Passivposten und Finanzierungsaufwendungen (§§ 14 und 15 BsGaV)

**447** § 1 Abs. 5 AStG enthält keine ausdrückliche Rechtsgrundlage dafür, wie Betriebsstätten ein Anteil an den Passivposten des Unternehmens, dessen Teil sie sind, zuzuordnen ist. Der zuzuordnende Anteil ist abhängig vom zugeordneten Dotationskapital. Die zu berücksichtigenden Finanzierungsaufwendungen hängen davon ab, in welchem Umfang der Betriebsstätte Passivposten des Unternehmens (insbesondere Verbindlichkeiten) zugeordnet werden. Insoweit bleibt es bis zur Wirksamkeit der BsGaV bei den Regelungen in Tz. 2.5.1 der VWG Betriebsstätten.

### 4.3.6. Anzunehmende schuldrechtliche Beziehung (§ 16 BsGaV)

**448** In § 1 Abs. 4 Satz 1 Nr. 2 AStG werden die Geschäftsvorfälle zwischen einer Betriebsstätte und dem übrigen Unternehmen i. S. d. § 16 BsGaV ausdrücklich angesprochen (anzunehmende schuldrechtliche Beziehungen). Offen bleibt allerdings, unter welchen tatsächlichen Umständen welche schuldrechtliche Beziehung konkret zu fingieren ist. Insofern kommt es darauf an, festzustellen, welche funktionalen Umstände zwischen der Betriebsstätte und dem übrigen Unternehmen tatsächlich vorliegen, und daraus abzuleiten, welche schuldrechtliche Beziehung zwischen voneinander unabhängigen Dritten abgeschlossen worden wäre.

### 4.3.7. Finanzierungsfunktion (§ 17 BsGaV)

**449** § 1 Abs. 5 AStG enthält keine ausdrückliche Rechtsgrundlage dafür, wie Finanzierungsfunktionen zwischen einer Betriebsstätte und dem übrigen Unternehmen steuerlich zu behandeln sind.

## 5. Übergangsregelung für Fälle, in denen zu Beginn des Wirtschaftsjahrs, das nach dem 31. Dezember 2014 beginnt, Zuordnungsgegenstände der §§ 5 ff. BsGaV anders zuzuordnen sind, als sie bisher zugeordnet waren, ohne dass zu diesem Zeitpunkt ein wirtschaftlicher Vorgang (§ 1 Abs. 4 Satz 1 AStG) i. S. d. § 16 Abs. 1 Nr. 1 BsGaV vorliegt

Soweit bis zum Inkrafttreten der BsGaV keine verbindlichen Zuordnungsregeln bestanden (siehe Rn. 444), ist widerleglich davon auszugehen, dass die bisher vom Unternehmen vorgenommene und von der Finanzverwaltung nicht beanstandete Zuordnung zutreffend war, so dass wegen der BsGaV für die Zeit vor deren Inkrafttreten keine Zuordnungsänderungen durchgeführt werden müssen. **450**

Aufgrund der Regelungen dieses BMF-Schreibens kann es ungeachtet Rn. 450 erforderlich sein, zu Beginn des ersten, nach dem 31. Dezember 2014 beginnenden Wirtschaftsjahrs Zuordnungsgegenstände anders zuzuordnen, als es bis zum Ende des vorhergehenden Wirtschaftsjahrs geschehen ist. Das gilt, obwohl zu Beginn des ersten, nach dem 31. Dezember 2014 beginnenden Wirtschaftsjahrs im Regelfall keine anzunehmende schuldrechtliche Beziehung i. S. d. § 16 Abs. 1 Nr. 1 BsGaV vorliegt. Denn die Änderung der Zuordnungsregelungen durch die BsGaV ist kein wirtschaftlicher Vorgang i. S. d. § 1 Abs. 4 AStG. Eine solche Zuordnungsänderung kann aber ggf. eine Entstrickung bzw. eine Verstrickung auslösen. Sie gilt als **451**

- fiktive Entnahme (§ 4 Abs. 1 Satz 3 und 4 EStG – Entstrickung) bzw. fiktive Veräußerung (§ 12 KStG), z. B. falls ein Vermögenswert nicht mehr dem inländischen Teil des Unternehmens zuzuordnen ist, sondern einem ausländischen Teil, oder
- fiktive Einlage (§ 4 Abs. 1 Satz 8 Halbsatz 2 EStG ggf. i. V. m. § 8 Abs. 1 Satz 1 KStG – Verstrickung), z. B. falls ein Vermögenswert nicht mehr dem ausländischen Teil des Unternehmens zuzuordnen ist, sondern einem inländischen Teil.

### 5.1. Zuordnungsänderung vom Inland ins Ausland

#### 5.1.1. Zuordnungsänderung zu einer ausländischen Betriebsstätte eines inländischen Unternehmens

Sind Zuordnungsgegenstände i. S. d. §§ 5 ff. BsGaV zum Zeitpunkt der erstmaligen Anwendung der BsGaV vom übrigen inländischen Unternehmen dessen ausländischer Betriebsstätte zuzuordnen, liegt eine fiktive Entnahme i. S. d. § 4 Abs. 1 Satz 3 und 4 EStG bzw. eine fiktive Veräußerung nach § 12 Abs. 1 KStG vor. Zum Entnahme- bzw. Veräußerungszeitpunkt ist der Zuordnungsgegenstand nach § 6 Abs. 1 Nr. 4 EStG bzw. § 12 Abs. 1 Satz 1 KStG grundsätzlich mit seinem gemeinen Wert anzusetzen. **452**

**Fall – Entstrickung wegen Rechtsänderung:**

Die inländische X-GmbH (X) hat eine ausländische Betriebsstätte A (A) in einem EU-Mitgliedstaat A. X ist Eigentümer eines Vermögenswerts (Buchwert 100, gemeiner Wert/Fremdvergleichspreis 150), der keiner ausländischen Betriebsstätte zugeordnet ist. Die Zuordnung war bisher nicht zu beanstanden. Aufgrund des Inkrafttretens der BsGaV ist der Vermögenswert zum Zeitpunkt der erstmaligen Anwendung A zuzuordnen.

**Lösung:**

Aufgrund der bisherigen Zuordnung des Vermögenswerts ist wegen der Zuordnungsänderung zu A gem. § 12 Abs. 1 KStG eine fiktive Veräußerung des Vermögenswerts zum gemeinen Wert (Fremdvergleichspreis) von 150 anzunehmen. Im Zeitpunkt dieser fiktiven Veräußerung entsteht für das übrige Unternehmen ein Gewinn von 50. Da Staat A ein EU-Mitgliedstaat ist, ist § 4 g EStG anwendbar.

**HINWEIS:**

Mangels eines tatsächlichen wirtschaftlichen Vorgangs liegt keine anzunehmende schuldrechtliche Beziehung nach § 16 Abs. 1 Nr. 1 BsGaV vor.

### 5.1.2. Zuordnungsänderung von einer inländischen Betriebsstätte eines ausländischen Unternehmens zum übrigen Unternehmen

453 Sind Zuordnungsgegenstände i. S. d. §§ 5 ff. BsGaV zum Zeitpunkt der erstmaligen Anwendung der BsGaV von einer inländischen Betriebsstätte dem übrigen ausländischen Unternehmen, zu dem die Betriebsstätte gehört, zuzuordnen, liegt eine fiktive Entnahme i. S. d. § 4 Abs. 1 Satz 3 und 4 EStG bzw. eine fiktive Veräußerung nach § 12 Abs. 1 KStG vor, auch wenn zu diesem Zeitpunkt kein wirtschaftlicher Vorgang i. S. d. § 16 Abs. 1 Nr. 1 BsGaV feststellbar ist. Zum Entnahme- bzw. Veräußerungszeitpunkt ist der Zuordnungsgegenstand nach § 6 Abs. 1 Nr. 4 EStG bzw. § 12 Abs. 1 Satz 1 KStG grundsätzlich mit seinem gemeinen Wert anzusetzen.

**Fall – Entstrickung wegen Rechtsänderung:**

Die Y Ltd. (Y, einer deutschen Kapitalgesellschaft vergleichbar) mit Sitz und Geschäftsleitung in einem EU-Mitgliedstaat hat die inländische Betriebsstätte B (B), der bisher ein Vermögenswert (Buchwert 100, gemeiner Wert/Fremdvergleichspreis 150) zuzuordnen ist. Aufgrund der erstmaligen Anwendung der BsGaV ist dieser Vermögenswert dem übrigen ausländischen Unternehmen zuzuordnen.

**Lösung:**

Aufgrund der erstmaligen Zuordnung des Vermögenswerts zum übrigen Unternehmen ist gem. § 12 Abs. 1 KStG eine fiktive Veräußerung des Vermögenswerts zum gemeinen Wert (Fremdvergleichspreis) von 150 anzunehmen. Im Zeitpunkt dieser fiktiven Veräußerung entsteht für B ein Gewinn von 50. Ein Ausgleichsposten gem. § 12 Abs. 1 Satz 1 Halbsatz 2 KStG i. V. m. § 4 g Abs. 1 EStG kann nach dem Gesetzeswortlaut nicht gebildet werden, da die Y Ltd. nicht unbeschränkt körperschaftsteuerpflichtig ist. Aus Billigkeitsgründen ist die Bildung eines solchen Ausgleichspostens jedoch zuzulassen (siehe Rn. 457).

**HINWEIS:**

Mangels eines tatsächlichen wirtschaftlichen Vorgangs liegt keine anzunehmende schuldrechtliche Beziehung nach § 16 Abs. 1 Nr. 1 BsGaV vor.

## 5.2. Zuordnungsänderung vom Ausland ins Inland

454 Fallkonstellationen, die mit denen der Rn. 453 vergleichbar sind, können vorliegen, wenn ein bisher einer ausländischen Betriebsstätte (z. B. auch der ausländischen Geschäftsleitungsbetriebsstätte) zugeordneter Zuordnungsgegenstand zum Zeitpunkt der erstmaligen Anwendung der BsGaV einer inländischen Betriebsstätte (z. B. auch der inländischen Geschäftsleitungsbetriebsstätte) desselben Unternehmens zuzuordnen ist. Es liegt eine Verstrickung i. S. d. § 4 Abs. 1 Satz 8 Halbsatz 2 EStG vor. Zum Verstrickungszeitpunkt ist der Zuordnungsgegenstand nach § 6 Abs. 1 Nr. 5 a EStG grundsätzlich mit seinem gemeinen Wert anzusetzen. Die Regelungen gelten nach § 8 Abs. 1

Satz 1 KStG in gleicher Weise für Körperschaftsteuerpflichtige. Auf Rn. 20 (siehe Hinweis zu Fall 4 zum Auskunftsaustausch) wird hingewiesen.

### 5.3. Billigkeitsmaßnahmen zur Milderung von Liquiditätsbelastungen für die Unternehmen bei Entstrickung sowie besondere Maßnahmen zur Vermeidung internationaler Besteuerungskonflikte

Sind Billigkeitsmaßnahmen nach § 163 AO in Betracht zu ziehen, weil wegen des Inkrafttretens der BsGaV erstmals ein Zuordnungsgegenstand einer ausländischen Betriebsstätte zuzuordnen ist (Entstrickung), so ist für eine Billigkeitsmaßnahme in jedem Fall Voraussetzung, dass die grundsätzlich aufzudeckenden stillen Reserven festgestellt werden. 455

Ist der ausländischen Betriebsstätte eines inländischen Unternehmens wegen des Inkrafttretens der BsGaV erstmals ein Zuordnungsgegenstand zuzuordnen und gehört diese Betriebsstätte nicht zu einem anderen EU-Mitgliedstaat, so ist der Tatbestand des § 4 g Abs. 1 Satz 1 EStG nicht erfüllt. Aus Billigkeitsgründen wird jedoch zugelassen, dass auch in diesen Fällen ein Ausgleichsposten entsprechend § 4 g EStG gebildet wird. 456

Ein beschränkt Steuerpflichtiger kann grundsätzlich keinen Ausgleichsposten i. S. d. § 4 g EStG bilden, wenn ein Vermögenswert, der bisher einer inländischen Betriebsstätte zugeordnet war, infolge einer Zuordnungsänderung wegen des Inkrafttretens der BsGaV einer ausländischen Betriebsstätte desselben Unternehmens zuzuordnen ist (z. B. auch der Geschäftsleitungsbetriebsstätte). Auch in diesen Fällen wird die Bildung eines Ausgleichspostens entsprechend § 4 g EStG aus Billigkeitsgründen zugelassen. 457

Zieht ein Unternehmen in den Fällen der erstmaligen Anwendung der BsGaV entgegen Rn. 451 ff. keine steuerlichen Konsequenzen aus einer erfolgten Entstrickung, so ist dies aus Billigkeitsgründen nicht zu beanstanden, wenn das Unternehmen einen entsprechenden ausdrücklichen Antrag stellt und nachträglich tatsächliche Verhältnisse herstellt, die die Zuordnung, die bis zum Zeitpunkt der erstmaligen Anwendung der BsGaV zu Recht bestand, rechtfertigen (z. B. durch die Schaffung neuer Personalfunktionen). Entsprechende tatsächliche Veränderungen müssen bis zum Ende des Wirtschaftsjahrs durchgeführt werden, in dem der Sachverhalt, der eine Zuordnungsänderung wegen der erstmaligen Anwendung der BsGaV notwendig macht, erkannt wurde oder hätte erkannt werden müssen. Dadurch kann eine Aufdeckung und Versteuerung von stillen Reserven wegen der erstmaligen Anwendung der BsGaV vermieden werden Es ist zu prüfen, ob der Steuerbescheid, der dem Antrag des Steuerpflichtigen entspricht, insoweit nach § 165 Abs. 1 AO vorläufig erlassen wird. Er ist ggf. nach § 165 Abs. 2 AO zu ändern, wenn dadurch, dass dem Antrag entsprochen wird, internationale Besteuerungskonflikte mit anderen Staaten (Doppelbesteuerung bzw. Nichtbesteuerung) entstehen. 458

Auch wenn die ursprüngliche Zuordnungsentscheidung, die vor Inkrafttreten der BsGaV getroffen wurde und die nach der in dieser Zeit maßgeblichen Rechtslage zutreffend ist oder von der Finanzverwaltung nicht beanstandet wurde, nicht den Regelungen der BsGaV entspricht und nach Rn. 451 eine Änderung der Zuordnung durchzuführen wäre, kann es auf ausdrücklichen 459

Antrag des Unternehmens auch über Rn. 458 hinaus für die Zeit nach Inkrafttreten der BsGaV aus Billigkeitsgründen bei der ursprünglichen Zuordnungsentscheidung bleiben. Dies gilt insbesondere auch für Fälle, in denen es sonst zur Entstrickung bisher anders zugeordneter Vermögenswerte kommt. Voraussetzung ist, dass das Unternehmen glaubhaft macht, dass dadurch, dass dem Antrag entsprochen wird, voraussichtlich internationale Besteuerungskonflikte wegen der erstmaligen Anwendung der BsGaV (Entstrickung bzw. Verstrickung) vermieden werden. Für den Steuerbescheid, der dem Antrag des Unternehmens entspricht, ist Rn. 458 zu beachten.

### 6. Weitgehende Überlagerung der VWG Betriebsstätten[1] und der VWG Dotationskapital durch § 1 Abs. 5 AStG, durch die BsGaV und durch dieses BMF-Schreiben

**460** Die VWG Betriebsstätten[1] sind nicht mehr anzuwenden, soweit sie von § 1 Abs. 5 AStG, den Regelungen der BsGaV, diesem BMF-Schreiben (Erhöhung der steuerlichen Bemessungsgrundlage durch § 1 Abs. 5 AStG bzw. niedrigerer Anrechnungshöchstbetrag, § 34 c EStG) und den Regelungen der DBA (Minderung der steuerlichen Bemessungsgrundlage in Deutschland, siehe Art. 7 OECD-MA) überlagert werden.

**461** In Fällen, in denen weder § 1 Abs. 5 AStG noch die Regelungen der BsGaV anzuwenden sind (z. B. weil deren Anwendung zu keiner höheren Bemessungsgrundlage in Deutschland führt), sind die VWG Betriebsstätten weiterhin anzuwenden, weil sie die bis zur Neuregelung geltende, vor allem auch auf der Rechtsprechung beruhende Auffassung der Finanzverwaltung darstellen.

**462** Die VWG Betriebsstätten[1] sind auch nach Inkrafttreten des § 1 Abs. 5 AStG und vor Inkrafttreten der BsGaV anzuwenden, soweit eine Anwendung der VWG Betriebsstätten nicht im Widerspruch zu § 1 Abs. 5 AStG steht.

**463** Die Regelungen der VWG Betriebsstätten[1] gelten vor allem weiter für die Frage, wann nach deutschem Rechtsverständnis eine Betriebsstätte vorliegt.

**464** Die VWG Dotationskapital sind für Wirtschaftsjahre, die nach dem 31. Dezember 2014 beginnen, nicht mehr anzuwenden.

---

[1] BMF v. 24. 12. 1999, BStBl. I S. 1076 (Nr. **800** § 12/1).

# 725 § 8/1. Schreiben betr. Anwendung des § 8 Abs. 2 AStG; Veröffentlichung der BFH-Urteile vom 22. Mai 2019 I R 11/19 und vom 18. Dezember 2019 I R 59/17

Vom 17. März 2021

BMF IV B 5 – S 1351/19/10002 :001; DOK 2021/0290319

(BStBl. I S. 342)

Unter Bezugnahme auf die Erörterungen mit den obersten Finanzbehörden der Länder gilt für die Anwendung des § 8 Abs. 2 AStG, auch unter Berücksichtigung der Rechtsprechung des Bundesfinanzhofs (BFH) zur Reichweite der Kapitalverkehrsfreiheit im Rahmen der §§ 7 bis 14 AStG, Folgendes:

## I. Rechtsprechung des BFH

Mit Urteil vom 22. Mai 2019 I R 11/19 (vormals I R 80/14), BStBl. 2021 II S. 265, hat der BFH entschieden, dass die aufgrund des Steuersenkungsgesetzes vom 23. Oktober 2000 am 1. Januar 2001 in Kraft getretenen Änderungen des Systems der Hinzurechnungsbesteuerung dazu geführt haben, dass die sog. Standstill-Klausel des Art. 57 Abs. 1 EGV (jetzt: Art. 64 Abs. 1 AEUV) keine Anwendung mehr findet. Daher muss sich die sog. erweiterte Hinzurechnungsbesteuerung nach § 7 Abs. 6 und 6 a AStG auch im Zusammenhang mit Direktinvestitionen hinsichtlich einer in einem Drittstaat ansässigen Zwischengesellschaft fortan an der Kapitalverkehrsfreiheit (Art. 56 Abs. 1 EGV, jetzt: Art. 63 Abs. 1 AEUV) messen lassen. Die in der Hinzurechnung von Zwischeneinkünften mit Kapitalanlagecharakter liegende Beschränkung der Kapitalverkehrsfreiheit kann aber aus zwingenden Gründen des Allgemeininteresses, insbesondere der Verhinderung von Steuerhinterziehung und Steuerumgehung, gerechtfertigt werden. Das gilt jedoch nicht, wenn der Steuerpflichtige nachweist, dass die Beteiligung an dieser Gesellschaft nicht auf einer künstlichen Gestaltung beruht (Entlastungsbeweis). Diese Nachweismöglichkeit muss dem Steuerpflichtigen jedoch nur dann gewährt werden, wenn rechtliche, insbesondere vertragliche Verpflichtungen des Drittstaates gegenüber den deutschen Steuerbehörden bestehen, die es tatsächlich ermöglichen, gegebenenfalls die Richtigkeit dieser Angaben zu überprüfen.

Mit BFH-Urteil vom 18. Dezember 2019 I R 59/17, BStBl. 2021 II S. 270, wurde u. a. entschieden, dass nicht nur die Hinzurechnung von Einkünften mit Kapitalanlagecharakter nach § 7 Abs. 6 und 6 a AStG, sondern auch die allgemeine Hinzurechnungsbesteuerung nach § 7 Abs. 1 AStG in Drittstaatenkonstellationen an der Kapitalverkehrsfreiheit zu messen ist und insofern gleichermaßen die Grundsätze des Urteils des BFH vom 22. Mai 2019 I R 11/19 gelten. Der Anwendungsbereich der Kapitalverkehrsfreiheit wird nicht schon aufgrund des Vorrangs der Niederlassungsfreiheit gesperrt, weil für § 7 Abs. 1 AStG auch die Beteiligung an der Zwischengesellschaft zu mehr als der Hälfte durch mehrere vertraglich nicht verbundene und auch sonst einander nicht nahestehende Steuerpflichtige tatbestandsmäßig ist.

## II. Anwendung des § 8 Abs. 2 AStG (Entlastungsbeweis)

Nach der BFH-Rechtsprechung muss der Steuerpflichtige nachweisen, dass es sich bei der gewählten Gestaltung nicht um eine künstliche Gestaltung handelt, um damit die Anwendung der §§ 7 bis 14 AStG auszuschließen. Im Fall der Beteiligung an Gesellschaften, die in einem EU-Mitgliedstaat oder in einem Vertragsstaat des EWR-Abkommens (EU-/EWR-Staaten) ansässig sind, wird diese Nachweismöglichkeit durch § 8 Abs. 2 AStG konkretisiert. Bei Beteiligung an Gesellschaften, die in Drittstaaten ansässig sind, ist § 8 Abs. 2 AStG bei Vorliegen der unter III. dargestellten weiteren Voraussetzungen darüber hinaus ebenfalls sinngemäß anzuwenden.

Dies gilt auch für in EU-/EWR-Staaten ansässige Kapitalanlagegesellschaften i. S. d. § 7 Abs. 6 AStG; die Kapitalverkehrsfreiheit geht der Anwendung des § 21 Abs. 21 Satz 3 AStG (zeitliche Einschränkung für Wirtschaftsjahre nach dem 31. Dezember 2012) vor.

Der Steuerpflichtige hat gemäß § 8 Abs. 2 AStG nachzuweisen, dass die Zwischengesellschaft einer tatsächlichen wirtschaftlichen Tätigkeit im Aufnahmestaat nachgeht, vgl. BT-Drucksache 16/6290 S. 92.

Für den Nachweis einer tatsächlichen wirtschaftlichen Tätigkeit nach § 8 Abs. 2 AStG gilt, dass

– eine gezielte Nutzziehung der Ressourcen im Aufnahmestaat vorliegen muss, z. B. gut ausgebildetes Personal oder günstige Produktionsbedingungen im Rahmen der Beschaffungsmarktaktivität oder z. B. besondere Kundennähe im Rahmen der Absatzmarktaktivität. Die Ausübung der Geschäftstätigkeit im Aufnahmestaat muss hierbei einen relevanten Umfang erfordern und erreichen. Die Teilnahme am dortigen Marktgeschehen muss aktiv, ständig und nachhaltig sein. Für Kapitalanlagegesellschaften bedeutet dies, dass der Kapitalbeschaffungs- oder Investitionsmarkt im Aufnahmestaat liegt. Nicht ausreichend ist beispielsweise die Anmietung von Büroräumlichkeiten bzw. eine nur geringfügige Wahrnehmung von Funktionen, insbesondere wenn die Wahrnehmung dieser Funktionen nicht ortsgebunden ist;
– die Zwischengesellschaft nicht nur personell, sondern auch sachlich angemessen ausgestattet sein muss, so dass sie in der Lage ist, die angestrebten wirtschaftlichen Kernfunktionen selbständig auszuüben;
– die wesentlichen unternehmerischen Entscheidungen durch die ausländische Gesellschaft selbst getroffen werden müssen. Die Gesellschaft muss ihre wirtschaftliche Kernfunktion selbst ausüben. Dies ist nicht der Fall, wenn die Gesellschaft ihre wesentliche wirtschaftliche Tätigkeit durch Dritte besorgen lässt.

Die Substanzerfordernisse des § 8 Abs. 2 AStG müssen im Hinblick auf die jeweiligen passiven Einkünfte (§ 8 Abs. 1 AStG) erfüllt werden.

Des Weiteren hat der Steuerpflichtige nachzuweisen, dass die Beteiligung an der ausländischen Gesellschaft keine rein künstliche Gestaltung darstellt. Eine solche rein künstliche Gestaltung liegt allgemein in jeder Vorkehrung, deren Hauptziel oder eines derer Hauptziele darin besteht, durch Tätigkeiten im Hoheitsgebiet eines Mitgliedstaats erzielte Gewinne künstlich in Drittstaaten oder Gebiete mit niedrigem Besteuerungsniveau zu transferieren (vgl. Urteil des EuGH vom 26. Februar 2019 in der Rs. C-135/17, „X-GmbH", ECLI: EU:C:2019:136, Rz. 84, sowie Urteile der Großen Kammer vom 26. Februar 2019 in den verbundenen Rechtssachen C-115/16, C-118/16, C-119/16 und C-299/16, „N Luxembourg 1 u. a.", ECLI:EU:C:2019:134, sowie in den verbundenen Rechtssachen C-116/16 und C-117/16, „T Danmark u. a.", ECLI: EU:C:2019:135).

Folglich sind über die vorgenannten Substanzerfordernisse hinaus triftige wirtschaftliche, d. h. außersteuerliche, Gründe für die Beteiligung an der ausländischen Gesellschaft darzulegen und nachzuweisen. Dazu gehört der Nachweis, dass keiner der Hauptzwecke der Beteiligung die Erlangung eines steuerlichen Vorteils ist.

### III. Anforderungen an die Amtshilfe in Drittstaatenfällen

Sind die Voraussetzungen unter II. erfüllt, kann eine Anwendung der §§ 7 bis 14 AStG in Drittstaatensachverhalten nur dann unterbleiben, wenn darüber hinaus rechtliche, insbesondere vertragliche Verpflichtungen des Drittstaates gegenüber den deutschen Steuerbehörden bestehen, die es tatsächlich ermöglichen, gegebenenfalls die Richtigkeit dieser Angaben zu überprüfen. Ist das nicht der Fall, ist es unionsrechtlich nicht geboten, dem Steuerpflichtigen einen entsprechenden Nachweis zu ermöglichen. Die Hinzurechnungsbesteuerung kommt insoweit unabhängig vom Vorbringen des Steuerpflichtigen zur Anwendung.

Rechtliche Verpflichtungen eines Drittstaates sind für das betroffene Wirtschaftsjahr nur dann als hinreichend in diesem Sinne anzusehen, wenn diese

- einen rechtlichen Rahmen für die Zusammenarbeit und Mechanismen zum Austausch von Informationen zwischen den betreffenden nationalen Behörden begründen, aus denen ein Informationsanspruch zugunsten der Bundesrepublik Deutschland folgt, und
- es den deutschen Steuerbehörden tatsächlich ermöglichen, gegebenenfalls die Richtigkeit der Informationen im Einzelfall zu überprüfen (tatsächliche Verifikationsmöglichkeit).

Ein hinreichender Informationsanspruch zugunsten der Bundesrepublik Deutschland setzt voraus, dass dieser sich inhaltlich auf die Anwendung des deutschen Ertragsteuerrechts (Einkommen-, Körperschaft- und Gewerbesteuerrecht) bezieht. Das ist insbesondere dann nicht der Fall, wenn sich die Regelung im Falle von Informationsaustauschklauseln in Doppelbesteuerungsabkommen nur auf die Durchführung des Abkommens selbst beschränkt (sog. kleiner Informationsaustausch).

Die Voraussetzungen für einen hinreichenden Informationsanspruch erfüllen

- Art. 5 der Richtlinie 2011/16/EU, soweit er aufgrund EU-Beitritts rückwirkende Anwendung findet (vgl. BFH-Urteil vom 18. Dezember 2019 I R 59/17);
- Regelungen in Doppelbesteuerungsabkommen, welche Art. 26 Abs. 1 OECD-MA 2017 (OECD-Musterabkommen 2017 zur Vermeidung der Doppelbesteuerung auf dem Gebiet der Steuern vom Einkommen und vom Vermögen) entsprechen (sog. großer bzw. umfassender Informationsaustausch);
- Regelungen in Abkommen über den steuerlichen Informationsaustausch (Tax Information Exchange Agreement – TIEA), welche Art. 5 TIEA-MA (TIEA-Musterabkommen der OECD) entsprechen;
- Art. 4 ff. des Übereinkommens vom 25. Januar 1988 über die gegenseitige Amtshilfe in Steuersachen in der Fassung des Änderungsprotokolls vom 27. Mai 2010 in Verbindung mit einer Erklärung/Hinterlegung des anderen Vertragsstaates zu Art. 2 Abs. 1 Buchst. a Ziffer i (Einkommensteuer, Körperschaftsteuer) und/oder Buchst. b Ziffer i (Gewerbesteuer) oder

– zwischenstaatliche Vereinbarungen mit vergleichbaren Regelungen, vgl. hierzu auch Anlage 1 des Merkblatts zur zwischenstaatlichen Amtshilfe durch Informationsaustausch in Steuersachen (BMF-Schreiben vom 29. Mai 2019, BStBl. I S. 480).

Das Bestehen eines hinreichenden Informationsanspruchs setzt weiter voraus, dass der ausländische Staat die jeweilige Regelung wirksam in innerstaatliches Recht umgesetzt hat und die Regelung im Einzelfall zeitlich anwendbar ist. Hierbei ist zu beachten, dass der in einem Doppelbesteuerungsabkommen vorgesehene Informationsaustausch in der Regel erst für das Wirtschaftsjahr nach dessen Inkrafttreten gilt.

Dem erforderlichen rechtlichen Rahmen steht es nicht entgegen, wenn dem ersuchten Staat punktuelle, abstrakt existierende Auskunftsverweigerungsrechte (wie z. B. Art. 26 Abs. 2 und 3 OECD-MA 2017, Art. 21 Abs. 2 und 3 des Übereinkommens über die gegenseitige Amtshilfe in Steuersachen) zustehen.

Eine hinreichende tatsächliche Verifikationsmöglichkeit im Einzelfall liegt nur vor, wenn aufgrund der Regelung tatsächlich allgemein eine störungsfreie Zusammenarbeit gewährleistet ist.

Sofern ein Auskunftsersuchen in einem Einzelfall gestellt wird, muss die Richtigkeit der vom Steuerpflichtigen vorgelegten Informationen von der zuständigen Behörde des anderen Staates innerhalb einer angemessenen Frist tatsächlich zumindest insoweit bestätigt werden, als diese entscheidungserheblich sind. Eine Aussage des Inhalts, dass im Hinblick auf für die Nachweisführung notwendige Aspekte der zuständigen Behörde des anderen Staates keine abweichenden Erkenntnisse vorliegen, ist demgegenüber nicht ausreichend.

Eine tatsächliche Verifikationsmöglichkeit liegt in der Regel auch dann nicht vor, wenn der Steuerpflichtige der Durchführung eines solchen Auskunftsersuchens widerspricht.

Dieses Schreiben ist in allen noch nicht bestandskräftigen Fällen anzuwenden.

# 740/1. Schreiben betr. Gewährung von Investitionszulage nach dem Investitionszulagengesetz (InvZulG) 2007

Vom 8. Mai 2008 (BStBl. I S. 590)

(BMF IV C 3 – InvZ 1015/07/0001; DOK 2008/0237881)

Geändert durch BMF v. 23. 7. 2009 (BStBl. I S. 810) und BMF v. 8. 7. 2010 (BStBl. I S. 600)

**1 Anlage**[1)]

**Inhaltsübersicht**



[1)] Hier nicht abgedruckt.

Das Investitionszulagengesetz 2007 (InvZulG 2007) in der Fassung der Bekanntmachung vom 23. Februar 2007 (BGBl. I S. 282), zuletzt geändert durch Artikel 8 a des Gesetzes zur weiteren Stärkung des bürgerschaftlichen Engagements vom 10. Oktober 2007 (BGBl. I S. 2332), sieht Investitionszulagen für betriebliche Investitionen gem. § 2 in Betrieben des verarbeitenden Gewerbes, der produktionsnahen Dienstleistungen und des Beherbergungsgewerbes im Fördergebiet vor.

Fördergebiet sind die Länder Berlin, Brandenburg, Mecklenburg-Vorpommern, Sachsen, Sachsen-Anhalt und Thüringen. Ab 1. Januar 2007 sind Teile des Landes Berlin aus dem Fördergebiet ausgeschlossen (Anlage 1 des Gesetzes). Details der Förderung im Land Berlin sind den Randziffern 11, 146 bis 154 zu entnehmen.

Die Investitionszulage gehört nicht zu den Einkünften i. S. d. EStG. Sie mindert nicht die steuerlichen Anschaffungs- und Herstellungskosten. Da es sich auch nicht um steuerfreie Einnahmen handelt, steht § 3 c EStG dem Abzug von Betriebsausgaben und Werbungskosten, die im Zusammenhang mit der Investitionszulage stehen, nicht entgegen.

Die im InvZulG 2007 verwendeten Begriffe, die dem Einkommensteuerrecht entnommen worden sind, sind nach den für die Einkommensbesteuerung maßgebenden Grundsätzen auszulegen, soweit sich nicht aus dem InvZulG 2007, seinem Zweck und seiner Entstehungsgeschichte etwas anderes entnehmen lässt (BFH vom 18. 5. 1999, BStBl. II S. 619). Die Gewährung der Investitionszulage hängt aber nicht von der konkreten ertragsteuerlichen Behandlung ab. Beide Regelungsbereiche stehen verfahrensrechtlich selbstständig nebeneinander (BFH vom 9. 12. 1999, BStBl. 2001 II S. 311). Soweit das InvZulG 2007 mit Vorschriften früherer Investitionszulagengesetze und anderer Fördergesetze übereinstimmt, sind höchstrichterliche Entscheidungen auch für das InvZulG 2007 anzuwenden.

Unter Bezugnahme auf das Ergebnis der Erörterungen mit den obersten Finanzbehörden der Länder gelten für die Anwendung des InvZulG 2007 die folgenden Grundsätze:

## Erster Teil Materiell-rechtliche Vorschriften

### I. Anspruchsberechtigter

#### 1. Allgemeines

1 Zur Inanspruchnahme der Investitionszulage nach § 2 InvZulG 2007 sind unbeschränkt und beschränkt Steuerpflichtige i. S. d. Einkommensteuergesetzes (EStG) und des Körperschaftsteuergesetzes (KStG) sowie Personengesellschaften und Gemeinschaften berechtigt, die bestimmte betriebliche Investitionen im Fördergebiet vornehmen. Investitionszulagenberechtigt i. S. d. § 1 Abs. 1 InvZulG 2007 ist grundsätzlich der Investor, der bürgerlich-rechtlicher Eigentümer des Wirtschaftsguts ist. Fallen bürgerlich-rechtliches Eigentum und wirtschaftliches Eigentum auseinander, ist investitionszulagenberechtigter Investor der wirtschaftliche Eigentümer nach § 39 AO (BFH vom 9. 12. 1999, BStBl. 2001 II S. 311); vgl. auch Rz. 31. Der Hersteller eines Gebäudes i. S. des § 2 Abs. 2 InvZulG 2007 kann auch dann Anspruch auf Investitionszulage haben, wenn er weder bürgerlich-rechtlicher noch wirtschaftlicher Eigentümer des Gebäudes ist (BFH vom 28. 6. 2006, BStBl. 2007 II S. 131; vgl. Rz. 95).

#### 2. Steuerpflichtige im Sinne des Einkommensteuergesetzes und des Körperschaftsteuergesetzes

2 (1) Die Anspruchsberechtigung setzt nicht voraus, dass der Steuerpflichtige zur Einkommensteuer oder Körperschaftsteuer veranlagt wird. Im Ausland ansässige Steuerpflichtige sind nicht anspruchsberechtigt, wenn ihre inländischen Betriebsstätten nicht als Betriebsstätten im Sinne eines Doppelbesteuerungsabkommens gelten und die Steuerpflichtigen deshalb nicht der deutschen Einkommen- oder Körperschaftsteuer unterliegen (BFH vom 14. 8. 1997, BStBl. 1998 II S. 355).

3 (2) Von der Körperschaftsteuer befreite Körperschaften, Personenvereinigungen und Vermögensmassen sind nur anspruchsberechtigt, soweit sie einen steuerpflichtigen wirtschaftlichen Geschäftsbetrieb unterhalten (BFH vom 8. 7. 1994, BStBl. II S. 869; vgl. Rz. 28).

4 (3) Juristische Personen des öffentlichen Rechts sind nur anspruchsberechtigt, soweit sie einen Betrieb gewerblicher Art unterhalten (§ 1 Abs. 1 Nr. 6 und § 4 KStG). Wegen des Begriffs eines Betriebs gewerblicher Art wird auf R 6 KStR 2004 hingewiesen.

### 3. Personengesellschaften und Gemeinschaften

(1) Zu den anspruchsberechtigten Personengesellschaften gehören auch Innengesellschaften, die Mitunternehmerschaften sind, z. B. atypisch stille Gesellschaften. Zur Antragsberechtigung von atypisch stillen Gesellschaften wird auf Rz. 250 hingewiesen. 5

(2) Bei Wirtschaftsgütern, die zum Sonderbetriebsvermögen eines Gesellschafters oder mehrerer Gesellschafter gehören, ist die Personengesellschaft anspruchsberechtigt (BFH vom 7. 12. 2000, BStBl. 2001 II S. 316). Bei einer mitunternehmerischen Betriebsaufspaltung zwischen Schwesterpersonengesellschaften ist die Besitzpersonengesellschaft für die an die Betriebspersonengesellschaft überlassenen Wirtschaftsgüter anspruchsberechtigt (vgl. BMF vom 28. 4. 1998, BStBl. I S. 583, Tz. 2 f)[1]. 6

(3) Arbeitsgemeinschaften sind bei der Investitionszulage auch dann selbstständig anspruchsberechtigt, wenn bei ihnen eine gesonderte Feststellung der einkommensteuerpflichtigen oder körperschaftsteuerpflichtigen Einkünfte nicht vorzunehmen ist (§ 180 Abs. 4 AO und § 2 a GewStG). 7

(4) Bei Gesellschaften und Gemeinschaften ohne Gewinnerzielungsabsicht, z. B. Laborgemeinschaften i. S. d. Verordnung zu § 180 Abs. 2 AO, ist die Gesellschaft oder Gemeinschaft für die Investitionszulage für Investitionen i. S. v. § 2 Abs. 2 InvZulG 2007 anspruchsberechtigt. Nimmt eine Gesellschaft oder Gemeinschaft ohne Gewinnerzielungsabsicht eine Investition i. S. v. § 2 Abs. 1 InvZulG 2007 vor, ist aber jeder Miteigentümer anteilig zur Inanspruchnahme der Investitionszulage berechtigt. Es ist aus Vereinfachungsgründen nicht zu beanstanden, wenn in diesen Fällen die Gesellschaft oder Gemeinschaft die Investitionszulage beansprucht. 8

(5) Grundstücksgemeinschaften sind zur Inanspruchnahme der Investitionszulage nach § 2 Abs. 2 InvZulG 2007 für Gebäudeneubauten im Privatvermögen berechtigt, die in Betrieben des verarbeitenden Gewerbes, der produktionsnahen Dienstleistungen oder des Beherbergungsgewerbes genutzt werden. 9

### 4. Rechtsnachfolge

In den Fällen der Gesamtrechtsnachfolge (z. B. Erbfall, Vermögensübergang i. S. d. Umwandlungsgesetzes) tritt der Rechtsnachfolger hinsichtlich der Anspruchsberechtigung in die Stellung seines Rechtsvorgängers ein. Dies gilt auch dann, wenn ein Betrieb oder Teilbetrieb unentgeltlich übertragen (§ 6 Abs. 3 EStG) oder nach § 20 oder § 24 UmwStG in eine Kapital- oder eine Personengesellschaft eingebracht wird. Bei Einbringung eines Betriebs oder Teilbetriebs im Wege der Einzelrechtsnachfolge in eine Kapitalgesellschaft gegen Gewährung von Gesellschaftsrechten oder in eine Personengesellschaft übernimmt der Rechtsnachfolger die Anspruchsberechtigung nicht, wenn das eingebrachte Betriebsvermögen mit dem gemeinen Wert angesetzt wird (§ 23 Abs. 4 erster Teilsatz und § 24 Abs. 4 UmwStG). Der Rechtsnachfolger kann in den Fällen der Übernahme der Anspruchsberechtigung die Investitionszulage beanspruchen, soweit sie nicht der Rechtsvorgänger zulässigerweise bean- 10

[1] Nr. **1** § 15/4.

tragt hat. Er kann die Investitionszulage auch dann beanspruchen, wenn die Voraussetzungen teilweise von ihm und teilweise von seinem Rechtsvorgänger erfüllt werden.

### 5. Fördergebiet

11 (1) Zum Fördergebiet gehören nach § 1 Abs. 2 InvZulG 2007 die Länder Berlin, Brandenburg, Mecklenburg-Vorpommern, Sachsen, Sachsen-Anhalt und Thüringen. Ab dem 1. Januar 2007 gehört ein Teil des Landes Berlin nach der deutschen Fördergebietskarte 2007–2013 nicht mehr zum Fördergebiet i. S. d. Leitlinien für staatliche Beihilfen mit regionaler Zielsetzung 2007 – 2013 (ABl. EU 2006 Nr. C 54 S. 13; Regionalleitlinien 2007–2013 – § 1 Abs. 2 Satz 2 InvZulG 2007). Der Teil des Landes Berlin, der nicht mehr zum Fördergebiet gehört (sog. D-Fördergebiet), ist in der Anlage 1 zum InvZulG 2007 aufgeführt. Diesen in der Anlage 1 aufgeführten Verkehrszellen sind bestimmte Straßen und Hausnummern zugeordnet. Eine eindeutige Zuordnung der Gebiete ist im Internet unter www.Gewerbeflaechenatlas.Berlin.de unter der Rubrik „Förderung und Finanzierung Berlin" – „Fördergebietskarte"[1] möglich. Diese Seite wird von der Senatsverwaltung für Wirtschaft, Technologie und Frauen Berlin und dem Statistischen Landesamt Berlin fortlaufend gepflegt und ist für die Abgrenzung der Gebiete für Zwecke der Investitionszulage verbindlich.

12 (2) Da die neue Fördergebietskarte 2007–2013 nur auf solche Erstinvestitionsvorhaben Anwendung findet, die nach dem 31. Dezember 2006 begonnen werden, gehört das Land Berlin für Erstinvestitionsvorhaben, die bis einschließlich 31. Dezember 2006 begonnen wurden, vollständig zum Fördergebiet. Da für die Förderbarkeit eines Erstinvestitionsvorhabens immer das Beihilferecht Anwendung findet, das zum Zeitpunkt des Beginns des Vorhabens Gültigkeit hat, sind Erstinvestitionsvorhaben, die der Anspruchsberechtigte vor dem 1. Januar 2007 begonnen hat, auch in dem in der Anlage 1 genannten Gebiet uneingeschränkt förderbar. Alle zu einem solchen Erstinvestitionsvorhaben gehörenden Einzelinvestitionen sind förderbar, auch wenn diese nach dem 31. Dezember 2006 durchgeführt werden.

**Beispiel 1:**

Ein Investor beginnt im Oktober 2006 mit der Errichtung eines Hotelgebäudes im D-Fördergebiet. Das Gebäude wird im Oktober 2008 fertig gestellt und als Hotel ausgestattet. Alle Investitionen sind – soweit begünstigt nach § 2 InvZulG 2007 – ohne Einschränkungen in Bezug auf das Fördergebiet förderbar.

**Beispiel 2:**

Ein Werbedesigner hat sein Büro im D-Fördergebiet von Berlin. Er kauft im November 2006 eine Druckmaschine und im Februar 2007 eine Aufbügelmaschine. Beide Investitionen wurden einheitlich geplant und sind wirtschaftlich notwendig, um den Betrieb auszuüben. Beide Investitionen sind förderbar.

---

[1] **[Amtl. Anm.:]** http://www.businesslocationcenter.de/de/C/i/3/seite0.jsp?nav1=open&nav2=open.

## II. Begünstigte Investitionen

### 1. Erstinvestitionsvorhaben[1)]

### 1.1. Allgemeines

(1) Die Anschaffung und Herstellung neuer beweglicher Wirtschaftsgüter des Anlagevermögens (§ 2 Abs. 1 Satz 1 InvZulG 2007) sowie die Anschaffung und Herstellung neuer Gebäude (§ 2 Abs. 2 InvZulG 2007) sind nur begünstigt, wenn sie zu einem Erstinvestitionsvorhaben gehören. 13

(2) Ein Erstinvestitionsvorhaben ist die Summe von im Zusammenhang stehenden Maßnahmen, die der Erlangung eines der in Rz. 17 genannten Vorhaben dienen. Über Art und Umfang der Maßnahmen entscheidet der Unternehmer selbst. Ob die Maßnahmen im Einzelnen für das Vorhaben notwendig, wirtschaftlich sinnvoll und zweckmäßig sind, liegt ebenfalls ausschließlich in der Entscheidung des Unternehmens. Daher ist auch vom Unternehmen selbst zu bestimmen, ob das Erstinvestitionsvorhaben eine Vielzahl von einzelnen Investitionen oder auch nur eine Investition umfasst. Allerdings sind hierbei vom Unternehmen die Grundsätze der Regionalleitlinien 2007 bis 2013 bzw. des Multisektoralen Regionalbeihilferahmens für große Investitionsvorhaben im Hinblick auf die Notifizierungspflicht von großen Investitionsvorhaben zu beachten (vgl. Rz. 201, 214). 14

(3) Grundsätzlich ist jedes Erstinvestitionsvorhaben für sich zu beurteilen. Es ist nicht zu beanstanden, wenn zeitgleich mehrere Erstinvestitionsvorhaben durchgeführt werden. Verschiedene Erstinvestitionsvorhaben liegen u. a. vor, wenn z. B. unterschiedliche Investitionspläne, Finanzpläne, Investitionsgegenstände, Produkte, Abnehmer oder ein abweichender Zeitpunkt der Beschlussfassung über die Investition und deren Finanzierung vorliegen; eine räumliche Trennung, eine teilweise unterschiedliche Infrastruktur, eine technische Unabhängigkeit oder eine sachlich-organisatorische Trennung sprechen ebenfalls für die Verschiedenheit der Investitionsvorhaben. Die Maßnahmen (Investitionen) sind dem jeweiligen Erstinvestitionsvorhaben nach ihrem zeitlichen, sachlichen und räumlichen Zusammenhang zuzuordnen. Ein sachlicher Zusammenhang kann insbesondere bei technischer, funktionaler oder strategischer Verknüpfung bestehen. 15

(4) Es ist bei der Beurteilung eines Erstinvestitionsvorhabens ohne Bedeutung, ob vergleichbare Wirtschaftsgüter bereits im Betrieb vorhanden waren oder sind und durch die angeschafften oder hergestellten Wirtschaftsgüter ersetzt werden. Ausschlaggebend ist, ob das Erstinvestitionsvorhaben insgesamt dazu geeignet ist, einen der begünstigten Vorgänge im Sinne der Rz. 17 umzusetzen. 16

### 1.2. Arten eines Erstinvestitionsvorhabens

(1) Unter Erstinvestitionsvorhaben sind Investitionen bei 17

1. Errichtung einer neuen Betriebsstätte,
2. Erweiterung einer bestehenden Betriebsstätte,

---

1) Rz. 13 bis 23 aufgeh., neue Rz 13 bis 23 t eingef. durch BMF v. 23. 7. 2009, BStBl. I S. 810.

3. Diversifizierung der Produktion einer Betriebsstätte in neue, zusätzliche Produkte,
4. grundlegender Änderung des Gesamtproduktionsverfahrens einer bestehenden Betriebsstätte

zu verstehen.

18 (2) Die Übernahme eines Betriebs, der geschlossen worden ist oder ohne die Übernahme geschlossen worden wäre, gilt ebenfalls als Erstinvestitionsvorhaben, wenn die Übernahme durch einen unabhängigen Investor erfolgt. Da allerdings ausschließlich der Erwerb von unmittelbar mit der Betriebsstätte verbundenen Vermögenswerten zum Erstinvestitionsvorhaben zählt, ist die Übernahme des Betriebs als solches für die Investitionszulage nicht von Bedeutung.

### 1.2.1. Errichtung einer Betriebsstätte

19 (1) Die Errichtung einer Betriebsstätte erfordert, dass ein Betrieb der begünstigten Wirtschaftszweige eine Betriebsstätte im Sinne von § 12 AO neu schafft, zu deren Anlagevermögen die beweglichen Wirtschaftsgüter gehören und in der sie verbleiben oder die Gebäude verwendet werden. Um eine Errichtung einer Betriebsstätte handelt es sich auch, wenn eine aufgegebene Betriebsstätte an einer anderen Stelle neu angesiedelt wird. Das Erstinvestitionsvorhaben „Errichtung einer neuen Betriebsstätte" umfasst alle Investitionen des Anspruchsberechtigten, die bis zur jeweiligen ursprünglich geplanten betrieblichen Nutzung in dieser Betriebsstätte erfolgen.

20 (2) Wird eine ursprünglich beabsichtigte Baumaßnahme nach Aufnahme der Bauarbeiten oder nach Abschluss eines Lieferungs- und Leistungsvertrages mit einem Bauunternehmer geändert, ohne dass sich die ursprünglich geplante betriebliche Tätigkeit verändert (z. B. bei Hotelerrichtung von vorgesehenen 4 auf 5 Sterne Kategorie), führt dies nicht zu einem neuen Erstinvestitionsvorhaben. Dagegen können nach Baubeginn eintretende Änderungen hinsichtlich der Nutzung des Gebäudes zu einem neuen Erstinvestitionsvorhaben führen.

**Beispiel 1:**

Ein Betrieb plant die Errichtung eines neuen Produktionsgebäudes einschließlich dessen Ausstattung mit Produktionsanlagen.

Ein Architektenbüro wird im Mai 2009 mit der Planung des Gebäudes beauftragt. Der Antrag auf Baugenehmigung für das Gebäude wird am 15. Juli 2009 eingereicht. Im September 2009 beauftragt das Unternehmen ein Bauunternehmen mit der Errichtung des Produktionsgebäudes. Das Gebäude wird im September 2010 fertiggestellt, die ersten Bestellungen für die Maschinen erfolgen im Februar 2010.

Das Erstinvestitionsvorhaben „Errichtung einer neuen Betriebsstätte" umfasst die Errichtung des Gebäudes und die gesamte Ausstattung bis zur Aufnahme der betrieblichen Tätigkeit.

Das Erstinvestitionsvorhaben beginnt mit dem Abschluss des der Ausführung dienenden Lieferungs- oder Leistungsvertrages im September 2009 (§ 3 Abs. 2 Satz 5 InvZulG 2007). Die Investitionszulage beträgt 12,5 % der Herstellungskosten des Gebäudes (einschließlich der Planungskosten, die vor Beginn des Erstinvestitionsvorhabens entstanden sind) und 12,5 % bzw. bei KMU-Betrieben 25 % der Anschaffungs- oder Herstellungskosten der begünstigten beweglichen Wirtschaftsgüter (§ 5 Abs. 1 Nr. 1 und § 5 Abs. 2 Nr. 1 InvZulG 2007; § 4 Abs. 1 Nr. 1 i. V. m. § 6 Abs. 1 Nr. 1 und § 6 Abs. 2 Nr. 1 InvZulG 2010).

21 (3) Wird ein Gebäude durch den Gebäudeeigentümer errichtet, um es einem begünstigten Betrieb zur Nutzung zu überlassen und der Nutzer stattet

das Gebäude für seine betrieblichen Zwecke aus, liegen sowohl beim Gebäudeeigentümer als auch beim Nutzer jeweils eigenständige Erstinvestitionsvorhaben vor. Entsprechendes gilt, wenn das Gebäude veräußert wird und der bisherige Gebäudeeigentümer die Investitionszulage für die Errichtung des Gebäudes zulässigerweise beantragt.

**Beispiel 2:**

Ein Bauträger beginnt im Jahr 2009 in Rostock mit der Errichtung eines Hotelgebäudes, das im Jahr 2011 fertiggestellt wird. Ein Hotelbetrieb erwirbt mit notariellem Kaufvertrag im August 2010 das vom Bauträger fertigzustellende Gebäude (Übergang Nutzen und Lasten nach Fertigstellung im Jahr 2011). Er bestellt im Januar 2011 die notwendigen Einrichtungsgegenstände.

Das Erstinvestitionsvorhaben des Bauträgers „Errichtung einer Betriebsstätte" umfasst die Herstellung des Gebäudes. Der Bauträger hat Anspruch auf Investitionszulage in Höhe von 12,5 % der Herstellungskosten (§ 5 Abs. 1 Nr. 1 InvZulG 2007; § 4 Abs. 1 Nr. 1 i. V. m. § 6 Abs. 1 Nr. 1 InvZulG 2010).

Das Erstinvestitionsvorhaben des Erwerbers „Errichtung einer Betriebsstätte" umfasst die Anschaffung des Gebäudes und dessen Ausstattung zum Hotel. Es beginnt mit Abschluss des Gebäudekaufvertrags. Der Erwerber hat Anspruch auf Investitionszulage in Höhe von 10 % für die Anschaffungskosten des Gebäudes, wenn der Bauträger für das Gebäude keine Investitionszulage beansprucht, und in Höhe von 10 % bzw. bei KMU-Betrieb 20 % der Anschaffungs- oder Herstellungskosten der begünstigten beweglichen Wirtschaftsgüter (§ 4 Abs. 1 Nr. 2 i. V. m. § 6 Abs. 1 Nr. 3 und § 6 Abs. 2 Nr. 2 InvZulG 2010).

**Abwandlung:**

Der Hotelbetrieb pachtet nach Fertigstellung das Gebäude und stattet es entsprechend aus. Das Erstinvestitionsvorhaben des Betriebs beginnt mit der ersten verbindlichen Bestellung von Einrichtungsgegenständen im Januar 2011; die Investitionszulage beträgt 7,5 % bzw. bei KMU-Betrieben 15 % der Anschaffungs- oder Herstellungskosten der begünstigten beweglichen Wirtschaftsgüter (§ 4 Abs. 1 Nr. 3 i. V. m. § 6 Abs. 1 Nr. 4 und § 6 Abs. 2 Nr. 4 InvZulG 2010).

(4) Übersteigen die Investitionskosten des Bauträgers und des Nutzenden zusammen 100 Mio. Euro ist allerdings vor Vorhabensbeginn des Bauträgers eine mögliche Notifizierungspflicht von großen Investitionsvorhaben zu prüfen (beachte hierzu Dritter Teil des BMF-Schreibens vom 8. Mai 2008)[1]. **22**

## 1.2.2. Erweiterung einer bestehenden Betriebsstätte

(1) Die Erweiterung einer bestehenden Betriebsstätte setzt voraus, dass die wirtschaftliche Tätigkeit des Betriebes ausgeweitet wird. Dies muss sich nach außen dokumentieren, d. h., das Erstinvestitionsvorhaben muss die Möglichkeit schaffen, die Produktion von Waren oder die Dienstleistungen qualitativ oder quantitativ zu steigern. Hierzu gehört neben der Möglichkeit zur Steigerung der Ausbringungsmenge auch die Möglichkeit zur Steigerung der Ausbringungsgüte. **23**

**Beispiel 1:**

Ein Hotelbetrieb erneuert die Einrichtungen der Hotelzimmer vollständig.

Eine Erweiterung der Betriebsstätte liegt nur dann vor, wenn in Folge der Maßnahmen eine Höherklassifizierung nach dem Kriterienkatalog der deutschen Hotelklassifizierung erfolgt.

(2) Für die Annahme eines Erstinvestitionsvorhabens kommt es nicht darauf an, dass die Erweiterung der Betriebsstätte eine wesentliche ist. **23 a**

---

[1] Rz. 196 ff.

23 b (3) Wird im zeitlichen und sachlichen Zusammenhang mit den zum Erstinvestitionsvorhaben gehörenden Investitionen mindestens ein zusätzlicher Arbeitsplatz geschaffen, ist stets von der Erweiterung einer Betriebsstätte auszugehen.

23 c (4) Für die Beurteilung, ob die Investitionen zur Erweiterung der Betriebsstätte führen, kommt es auf das gesamte Erstinvestitionsvorhaben an und nicht darauf, ob das einzelne Wirtschaftsgut für sich gesehen die Erweiterung bewirkt. Werden im zeitlichen, sachlichen und räumlichen Zusammenhang mit einem Erstinvestitionsvorhaben Investitionen getätigt, die für sich allein genommen keine Erweiterung der Betriebsstätte darstellen würden, sind diese ebenfalls dem Erstinvestitionsvorhaben zuzuordnen. Ein sachlicher Zusammenhang kann insbesondere bei technischer, funktionaler oder strategischer Verknüpfung bestehen (vgl. Rz. 15).

**Beispiel 2:**

Eine Fleischerei schafft für alle Filialen ein neues Verbundkassensystem an. In den Kassen ist ein automatisches Bestellsystem integriert.
Die Anschaffung führt zur Verbesserung des Warenflusses und bietet damit die Möglichkeit, mehr Waren zu verkaufen. Es liegt eine Erweiterung der bestehenden Betriebsstätte vor.

**Beispiel 3:**

Eine Bäckerei wird um weitere Filialen erweitert. Im Zusammenhang mit der Einrichtung der neuen Filialen werden auch die Verkaufstresen in den bestehenden Filialen ausgetauscht. Aufgrund der einheitlichen wirtschaftlichen Entscheidung des Unternehmers gehört die im Zusammenhang mit der Erweiterung des Betriebs um neue Filialen vorgenommenen Neuausstattung der bestehenden Filialen mit neuen Tresen zum Erstinvestitionsvorhaben dazu.

**Beispiel 4:**

Ein Hotelbetrieb richtet erstmalig einen Wellnessbereich ein. In diesem Zusammenhang werden die gesamten Zimmereinrichtungen allergikertauglich erneuert. Es liegt insgesamt eine Erweiterung der Betriebsstätte vor. Die Zimmereinrichtungen gehören mit zu dem Erstinvestitionsvorhaben, auch wenn keine Höherklassifizierung nach der Hotelkategorie erfolgt (Steigerung der Ausbringungsgüte).

23 d (5) Als Erweiterung der Betriebsstätte gilt in jedem Fall ein Vorhaben, das Wirtschaftsgüter umfasst, die erstmalig oder zusätzlich zu bereits im Unternehmen vorhandenen Wirtschaftsgütern angeschafft oder hergestellt werden und unmittelbar für die Produktion oder die Erbringung von Dienstleistungen bestimmt sind.

23 e (6) Im Bereich des verarbeitenden Gewerbes dienen Wirtschaftsgüter unmittelbar der Produktion, wenn sie bei der Herstellung des Produkts vom Ausgangsmaterial bis zum verkaufsfähigen Produkt (einschließlich der Verpackung) verwendet werden.

**Beispiel 5:**

Bisher hat ein Unternehmen die Verpackung seiner selbst hergestellten Produkte durch ein anderes Unternehmen durchführen lassen. Zukünftig soll die Verpackung im eigenen Unternehmen erfolgen. Dafür schafft das Unternehmen eine Verpackungsmaschine an. Die Anschaffung der Maschine stellt ein Erstinvestitionsvorhaben im Sinne der Erweiterung der Betriebsstätte dar.

**Beispiel 6:**

Ein Getränkehersteller hat bisher seine Getränke in Tetrapacks abgefüllt. Der Absatz für Getränke in dieser Verpackung ist eingebrochen, weil die Abnehmer diese Produkte aus ihrem Sortiment gestrichen haben. Der Getränkehersteller kauft deshalb eine neue Mehrweg-Flaschenabfüllanlage. Die Flaschenabfüllanlage dient unmittelbar der Produktion und wird erstmalig im Unternehmen angeschafft. Es liegt ein Erstinvestitionsvorhaben vor.

(7) Erstinvestitionsvorhaben, die nur den Vertrieb betreffen, führen nur dann zur Erweiterung der Betriebsstätte, wenn sie zur Steigerung der Ausbringungsmenge getätigt werden oder der Vertriebsbereich erstmalig im Unternehmen aufgebaut wird. **23 f**

(8) Schafft ein Unternehmen zusätzliche Wirtschaftsgüter für seinen Auslieferungsbereich (Transportlogistik, Lagerkapazitäten) an, dienen diese Wirtschaftsgüter der Erweiterung der Betriebsstätte. **23 g**

(9) Werden Wirtschaftsgüter im Bereich der produktionsnahen Dienstleistungen oder dem Beherbergungsgewerbe erstmalig oder zusätzlich zu bereits im Unternehmen vorhandenen Wirtschaftsgütern angeschafft oder hergestellt, so dienen diese dann der Erweiterung der Betriebsstätte, wenn sie in unmittelbarem Zusammenhang mit der Erbringung der wirtschaftlichen Tätigkeit stehen. **23 h**

**Beispiel 7:**

Ein Ingenieurbüro für bautechnische Gesamtplanung schafft zusätzlich einen Drucker für die selbst erstellten Planungsunterlagen an; weitere Investitionen werden nicht getätigt. Es handelt sich um ein Erstinvestitionsvorhaben, weil das Ausdrucken der Planungsunterlagen unmittelbar mit der Erbringung der Dienstleistung im Zusammenhang steht.

**Beispiel 8:**

Ein Hotel schafft zusätzlich zwei neue Drucker an, für Rezeption und Verwaltung. Es liegt keine Erweiterung der Betriebsstätte vor, weil die Drucker nicht unmittelbar der Erbringung der Beherbergungsleistung zuzurechnen sind.

**Beispiel 9:**

In einem Hotel werden in allen Zimmern die alten Fernsehgeräte durch moderne Flachbildschirme ersetzt. Dieses Investitionsvorhaben stellt kein Erstinvestitionsvorhaben dar, da es nicht zur Erweiterung der Betriebsstätte führt.

(10) Die Anschaffung oder Herstellung eines neuen Gebäudes dient der Erweiterung einer bestehenden Betriebsstätte, es sei denn, es wird ein baugleiches Gebäude ersetzt. **23 i**

(11) Werden im Zusammenhang mit der Anschaffung eines begünstigten Wirtschaftsgutes Ersatz- und/oder Reserveteile angeschafft, die zu den Anschaffungs- oder Herstellungskosten dieses Wirtschaftsgutes rechnen, gehören diese nur im üblichen Umfang zum begünstigten Erstinvestitionsvorhaben. **23 j**

(12) Die Anschaffung von bau- und funktionsgleichen maschinengebundenen Werkzeugen stellt ein Erstinvestitionsvorhaben dar, es sei denn, es handelt sich um vorgezogene Ersatzbeschaffungen. **23 k**

### 1.2.3. Diversifizierung der Produktion einer Betriebsstätte in neue, zusätzliche Produkte

(1) Diversifizierung ist die Aufnahme neuer oder andersartiger Produkte/Dienstleistungsbereiche in das Sortiment. **23 l**

(2) Keine Diversifizierung in diesem Sinne ist etwa die Änderung des Designs eines Produkts. **23 m**

**Beispiel:**

Ein Automobilhersteller stellt seine Produktion auf ein neues Modell um (z. B. bisher Modell 3 danach Modell 4). Dafür ist es erforderlich, die gesamte Produktionslinie umzurüsten. Die Umstellung der Produktionslinie dient der Herstellung eines neuen Produktes. Es liegt ein Erstinvestitionsvorhaben vor.

### 1.2.4. Grundlegende Änderung des Gesamtproduktionsverfahrens einer bestehenden Betriebsstätte

23 n (1) Die grundlegende Änderung des Gesamtproduktionsverfahrens einer bestehenden Betriebsstätte liegt vor, wenn das Erstinvestitionsvorhaben zu wesentlichen Änderungen im bisherigen Verfahrensablauf führt. Dabei ist es nicht erforderlich, dass diese Änderungen durch die Anschaffung oder Herstellung der zulagenbegünstigten Wirtschaftsgüter unmittelbar verursacht werden.

23 o (2) Eine vollständige oder zumindest überwiegende Rationalisierung oder Modernisierung eines (Teil-)Produktionsverfahrens gilt stets als grundlegende Änderung des Gesamtproduktionsverfahrens mit der Folge, dass die in diesem Zusammenhang angeschafften oder hergestellten Wirtschaftsgüter als ein Erstinvestitionsvorhaben gelten. Dies gilt auch, wenn die Investitionen wegen der Änderung eines Produkts erforderlich sind. Bei einem nur geringfügigen Rationalisierungseffekt bezogen auf das Gesamtproduktionsverfahren liegt jedoch noch kein Erstinvestitionsvorhaben vor.

23 p (3) Werden Investitionen getätigt, die darauf ausgerichtet sind, den Betriebsablauf zu optimieren, z. B. durch eine Verbesserung der Energieeffizienz oder zur Verringerung des Schadstoffausstoßes, wird allein dadurch keine grundlegende Änderung des Gesamtproduktionsverfahrens erreicht.

### 1.3. Beschreibung und Umfang des Erstinvestitionsvorhabens

23 q (1) Der Antragsteller hat das Erstinvestitionsvorhaben im Antrag auf Investitionszulage zu beschreiben. Im Investitionszulagenantrag für das Jahr des Beginns des Erstinvestitionsvorhabens ist es dabei nicht zwingend erforderlich, alle zum Vorhaben gehörenden Einzelinvestitionen genau zu bezeichnen. Der Anspruchsberechtigte kann die Angaben auch nach Antragstellung berichtigen, solange über den Antrag noch nicht bestandskräftig beschieden wurde.

23 r (2) Gemäß § 88 Abgabenordnung ermittelt die Finanzbehörde den Sachverhalt von Amts wegen. Sie bestimmt Art und Umfang der Ermittlungen; an das Vorbringen und an die Beweisanträge der Beteiligten ist sie nicht gebunden. Die Finanzbehörde hat dabei alle für den Einzelfall bedeutsamen, auch die für die Beteiligten günstigen Umstände zu berücksichtigen.

**Beispiel 1:**

Ein Antragsteller führt im Antrag auf Investitionszulage folgende zwei Erstinvestitionsvorhaben auf:

– Schaffung eines weiteren Computerarbeitsplatzes (bestehend aus der Anschaffung einer Workstation mit Monitor und eines Switch) (Beginn 13. Juli 2007/Abschluss 22. August 2007)

und

– Anschaffung eines 5-Achsen-Hochgeschwindigkeitsfräszentrums mit Erstausstattung (Beginn 24. Oktober 2007/Abschluss 30. März 2008).

Für das erste Vorhaben wurde die Gewährung von Investitionszulage versagt, da es ausschließlich Wirtschaftsgüter enthält, die nicht unmittelbar für die Produktion von Waren und Dienstleistungen verwendet werden und somit kein Erstinvestitionsvorhaben vorliegt. Bei dem zweiten Vorhaben handelt es sich unstreitig um ein Erstinvestitionsvorhaben, da die Maschine erstmalig im Unternehmen angeschafft wird. Im Einspruchsverfahren begründet die Firma die Anspruchsberechtigung für die im ersten Vorhaben aufgeführten Wirtschaftsgüter mit der Verwendung des Computerarbeitsplatzes zur Erstellung von CNC-Programmen, die an die Fräsmaschinen weitergeleitet werden. Die Anschaffung des zusätzlichen Rechners stehe im Zusammenhang mit dem ebenfalls in 2007 neu angeschafften Fräszentrum, da die 5-Achsen-Bearbeitung des neuen Fräszentrums einen höheren und komplexeren Programmieraufwand erfordert. Auf Grund notwendiger Schulungsmaßnahmen erfolgte die Anschaffung der Workstation vor der Anschaffung des Fräszentrums.

Die beiden separat beschriebenen Erstinvestitionsvorhaben stellen wirtschaftlich zusammenhängende Investitionen dar. Es liegt insgesamt ein Erstinvestitionsvorhaben „Neues Fräszentrum" vor, das die Anschaffung des Computerarbeitsplatzes und des 5-Achsen-Hochgeschwindigkeitsfräszentrums umfasst. Für die Wirtschaftsgüter des Computerarbeitsplatzes kann somit auch Investitionszulage gewährt werden.

(3) Wird festgestellt, dass Investitionen in ihrer Gesamtheit einem Erstinves- **23 s**
titionsvorhaben zugerechnet werden, so ist danach für jede zum Vorhaben gehörende einzelne Investition zu prüfen, ob es sich um eine begünstigte Investition im Sinne von § 2 Abs. 1 Satz 1 Nr. 2 und Satz 2 und Abs. 2 InvZulG 2007 handelt. Allein die Feststellung, dass ein Erstinvestitionsvorhaben anzunehmen ist, führt nicht zur grundsätzlichen Förderbarkeit aller durchgeführten Investitionen.

**Beispiel 2:**

Ein Unternehmen erweitert sein bestehendes Betriebsgebäude um einen unselbständigen Anbau und richtet hier neue Büros ein. Es wird ein zusätzlicher Arbeitsplatz geschaffen. Die Maßnahmen führen insgesamt zur Erweiterung der Betriebsstätte. Inwieweit die getätigten Investitionen investitionszulagebegünstigt sind, ist für jede einzelne Investition gesondert zu prüfen. So sind die nachträglichen Herstellungskosten des Gebäudes nicht förderbar, bei der Büroausstattung kommt eine Förderung von z. B. geringwertigen Wirtschaftsgütern oder Software auch nicht in Betracht.

(4) Ein gegenüber der GRW-Behörde erklärtes Erstinvestitionsvorhaben ist **23 t**
grundsätzlich auch für die Beantragung der Investitionszulage zugrunde zu legen. Die GRW-Förderung (Förderung aus Mitteln der „Gemeinschaftsaufgabe regionale Wirtschaftsförderung") ist als Förderinstrument aber teilweise an andere Kriterien geknüpft als die Investitionszulage. Es ist daher nicht zu beanstanden, wenn der Anspruchsberechtigte mit einer wirtschaftlich sinnvollen Begründung hiervon abweicht.

**Beispiel 3:**

Ein Betrieb der Textilindustrie erwirbt mit notariellem Kaufvertrag vom 1. März 2006 sämtliche bewegliche Wirtschaftsgüter, Patente und das Gebäude einer von der Schließung bedrohten anderen Textil-GmbH und übernimmt gleichzeitig sämtliche Mitarbeiter. Der Erwerb einer Betriebsstätte der Textilindustrie wurde laut Zuwendungsbescheid mit Mitteln aus der Gemeinschaftsaufgabe „Verbesserung der regionalen Wirtschaftsförderung" gefördert. Im November 2006 bestellt der Betrieb mehrere neue Maschinen, die der Erweiterung der bestehenden Betriebsstätte dienen. Die Maschinen werden im Zeitraum von Mai 2007 bis Januar 2008 geliefert.

Der Erwerb einer (von der Schließung bedrohten) bestehenden Betriebsstätte stellt ein Erstinvestitionsvorhaben im Sinne des § 2 Abs. 3 InvZulG 2007 dar. Das vom investierenden Betrieb vorgenommene Erstinvestitionsvorhaben „Erwerb einer bestehenden Betriebsstätte" war mit Abschluss des Kaufvertrages aber abgeschlossen, da hierzu ausschließlich der Erwerb von unmittelbar mit der Betriebsstätte verbundenen Vermögenswerten zählt. Danach durchgeführte Investitionen dienen nicht mehr dem Vorhaben „Erwerb". Bei der Anschaffung diverser Maschinen handelt es sich um ein selbständiges Erstinvestitionsvorhaben im Sinne des § 2 Abs. 3 Nr. 2 InvZulG 2007. Da der Beginn des Erstinvestitionsvorhabens nach dem

20. Juli 2006 liegt, sind die dem Erstinvestitionsvorhaben zuzurechnenden Investitionen begünstigt.

**Beispiel 4:**

Ein Mehrproduktbetrieb des verarbeitenden Gewerbes hat innerhalb einer Betriebsstätte drei verschiedene Produktionsbereiche (1, 2 und 3) mit jeweils eigenständigen Produktionslinien (I, II, und III). Im Produktionsbereich 1 wird das Produkt A, im Produktionsbereich 2 das Produkt B und im Produktionsbereich 3 das Produkt C hergestellt.
Im September 2009 bestellt der Betrieb zwei Maschinen, die im Januar bzw. März 2010 geliefert werden. Diese dienen der Erweiterung des Betriebs im Produktionsbereich 1, in dem die Ausstoßmenge der Produktionslinie I durch entsprechende Verbesserungsmaßnahmen im Produktionsprozess erhöht wird. Von Dezember 2009 bis April 2010 wird auf ähnliche Weise auch der Produktionsbereich 2 erweitert. Von Januar bis August 2009 (Zeitraum von Bestellung bis Anschaffung der Maschinen) errichtet der Betrieb im Produktionsbereich 1 eine zusätzliche Produktionslinie (Produktionslinie Ia), auf der ebenfalls das Produkt A hergestellt wird, die aber unabhängig von der schon vorhandenen Produktionslinie I im Bereich 1 arbeitet.

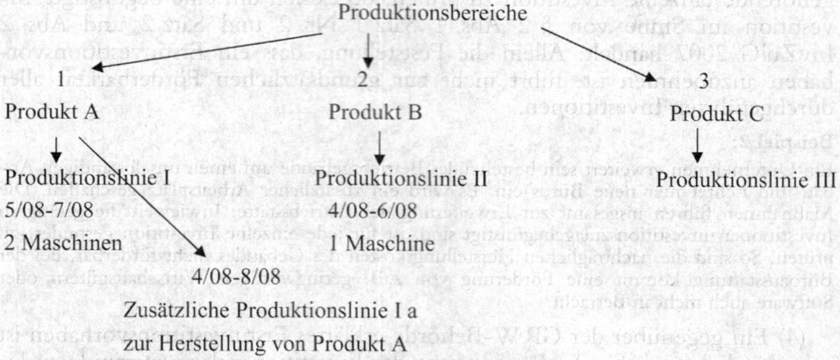


Da die jeweiligen Erstinvestitionsvorhaben jeweils eigenständige Produktionslinien betreffen und weder funktional noch technisch eng aufeinander abgestimmt oder voneinander abhängig sind, können die Investitionen – auch sofern es sich um Investitionen in demselben Produktionsbereich handelt – jeweils eigenständige Erstinvestitionsvorhaben darstellen. Begründet der Unternehmer das Vorliegen eines einheitlichen Vorhabens dagegen mit einem einheitlichen Investitions- und Finanzierungsplan, kann dem gefolgt werden.

**Beispiel 5:**

Ein mittelständisches im Druckereigewerbe tätiges Unternehmen hat zu Beginn des Jahres 2006 einen GRW-Antrag für die Erweiterung einer bestehenden Betriebsstätte gestellt, der im April 2006 bewilligt wird. Nach dem Bewilligungsbescheid werden Investitionen im Zeitraum von Mai 2006 bis Dezember 2007 gefördert. Der Bescheid umfasst im Einzelnen den Umbau eines bestehenden Betriebsgebäudes, die Anschaffung einer neuen Druckmaschine sowie die Anschaffung eines neuen Servers. Der Umbau des Betriebsgebäudes wurde im Mai 2006 begonnen und noch in 2006 abgeschlossen. Die Bestellung der Druckmaschine erfolgte im März 2007, die des Servers im April 2007. Beide Wirtschaftsgüter wurden in 2007 angeschafft. Der Umbau des Betriebsgebäudes war seit vielen Jahren geplant und daher nicht durch die geplante Anschaffung der neuen Druckmaschine veranlasst. Die Anschaffung der Druckmaschine stellt in der konkreten Ausstattung eine zeitnahe Reaktion auf neue Kundenwünsche und eine veränderte Marktsituation dar.
Zwischen den Baumaßnahmen und der Anschaffung der neuen Wirtschaftsgüter besteht kein technischer oder funktionaler Zusammenhang. Zwischen den Entscheidungen über die jeweiligen Einzelinvestitionen besteht auch keine strategische Verknüpfung. Die Zusammenfassung der Einzelmaßnahmen im GRW-Bescheid ist für Zwecke der Investitionszulage insoweit

nicht maßgebend, als die Einzelinvestitionen sich wirtschaftlich sinnvoll trennen lassen und damit auch zulagenrechtlich getrennt zu beurteilen sind. Da der Investitionsbeginn für die Druckmaschine und den Server nach dem 20. Juli 2006 erfolgt, kann für beide Wirtschaftsgüter ein Anspruch auf Investitionszulage nach dem InvZulG 2007 geltend gemacht werden.

## 2. Begünstigung beweglicher Wirtschaftsgüter

(1) Begünstigt sind 24
- die Anschaffung oder Herstellung (Rz. 176 bis 181)
- abnutzbarer beweglicher Wirtschaftsgüter des Anlagevermögens (Rz. 26 bis 36),
- die neu sind (Rz. 37 bis 40).
- die zu einem Erstinvestitionsvorhaben gehören (Rz. 13 bis 23),
- die keine geringwertigen Wirtschaftsgüter sind (Rz. 41 bis 45),
- die keine Personenkraftwagen (Rz. 46 bis 49) und keine Luftfahrzeuge sind (Rz. 50),
- die mindestens fünf Jahre bestimmte Zugehörigkeits-, Nutzungs- und Verbleibensvoraussetzungen erfüllen (Rz. 51 bis 82),
- die innerhalb bestimmter Investitionszeiträume angeschafft, hergestellt, bestellt, herzustellen begonnen oder geliefert werden (Rz. 119 bis 138, 170 bis 181).

(2) Die Gewährung der Investitionszulage wird nicht dadurch ausgeschlossen, dass das Wirtschaftsgut außerhalb des Fördergebiets hergestellt worden ist. 25

## 2.1. Anlagevermögen

(1) Anlagevermögen haben nur Steuerpflichtige, die Gewinneinkünfte erzielen (§ 2 Abs. 2 Nr. 1 EStG). Einkommensteuerrechtlich kann ein Wirtschaftsgut nur dann zum Anlagevermögen gehören, wenn es dem Betriebsvermögen des Steuerpflichtigen zuzuordnen ist und damit kein Privatvermögen darstellt. Wirtschaftsgüter, die der Erzielung von Einkünften aus Vermietung und Verpachtung oder aus Kapitalvermögen dienen oder deren Verwendung nicht über die private Vermögensverwaltung hinaus geht, erfüllen daher nicht die Voraussetzung der Zugehörigkeit zum Anlagevermögen nach § 2 Abs. 1 Satz 1 InvZulG 2007 (BFH vom 18. 5. 1999, BStBl. II S. 619). 26

(2) Bei Körperschaften, Personenvereinigungen und Vermögensmassen i. S. d. § 1 Abs. 1 Nr. 4 bis 6 KStG kann Anlagevermögen nur vorliegen, wenn dieses im wirtschaftlichen Zusammenhang mit Einkünften i. S. d. § 2 Abs. 1 Satz 1 Nr. 1 bis 3 EStG steht. Juristische Personen des öffentlichen Rechts können Anlagevermögen nur in ihren Betrieben gewerblicher Art (§ 1 Abs. 1 Nr. 6, § 4 KStG, R 6 KStR 2004) haben, soweit diese steuerpflichtig sind. 27

(3) Von der Körperschaftsteuer befreite Körperschaften, Personenvereinigungen und Vermögensmassen können Anlagevermögen nur haben, soweit sie einen steuerpflichtigen wirtschaftlichen Geschäftsbetrieb mit Einkünften i. S. d. § 2 Abs. 1 Satz 1 Nr. 1 bis 3 EStG unterhalten. Voraussetzung für die Inanspruchnahme der Investitionszulage nach § 2 Abs. 1 InvZulG 2007 ist daher, dass die beweglichen Wirtschaftsgüter dem Anlagevermögen dieses Geschäftsbetriebs zuzurechnen sind. 28

29 (4) Zum Anlagevermögen gehören im Unterschied zum Umlaufvermögen nur solche Wirtschaftsgüter, die dazu bestimmt sind, einem Betrieb dauernd zu dienen (§ 247 Abs. 2 HGB, vgl. im Einzelnen auch BFH vom 7. 11. 2000, BStBl. 2001 II S. 200). Ist die Zweckbestimmung eines Wirtschaftsguts nicht eindeutig feststellbar, kann die Bilanzierung ein Anhaltspunkt für die Zuordnung zum Anlagevermögen sein (R 6.1 Abs. 1 Satz 3 EStR 2005).

30 (5) Für vor Betriebseröffnung angeschaffte oder hergestellte Wirtschaftsgüter kommt eine Investitionszulage nur in Betracht, wenn sie objektiv erkennbar zum unmittelbaren Einsatz im Betrieb selbst bestimmt sind und der Betrieb zügig errichtet und alsbald eröffnet wird (BFH vom 7. 11. 2000, BStBl. 2001 II S. 256). Davon ist regelmäßig auszugehen, wenn zwischen der Anschaffung oder Herstellung der Wirtschaftsgüter und der Eröffnung des Betriebs nicht mehr als 12 Monate liegen.

31 (6) Zum Anlagevermögen des Investors können nur solche Wirtschaftsgüter gehören, die ihm aufgrund zivilrechtlichen oder zumindest wirtschaftlichen Eigentums zuzurechnen sind (BFH vom 20. 11. 2003, BStBl. 2004 II S. 305).

## 2.2. Abnutzbare bewegliche Wirtschaftsgüter

32 (1) Der Begriff des Wirtschaftsguts setzt dessen selbstständige Bewertbarkeit voraus; auf die selbstständige Nutzungsfähigkeit i. S. d. § 6 Abs. 2 EStG kommt es hierbei nicht an. Werden Wirtschaftsgüter mit anderen Wirtschaftsgütern verbunden oder vermischt, ist nach der allgemeinen Verkehrsanschauung zu entscheiden, ob sie noch ein eigenes selbstständiges Wirtschaftsgut oder nur ein unselbstständiger Teil des anderen Wirtschaftsguts sind. Die Verkehrsanschauung wird dabei durch mehrere Kriterien bestimmt. In erster Linie von Bedeutung sind die Festigkeit der Verbindung (vgl. § 93 BGB), die Zeitdauer, auf die die Verbindung angelegt ist, sowie das äußere Erscheinungsbild vor und nach der Verbindung. Die selbstständige Bewertbarkeit einer selbstständigen Sache, die einer anderen beweglichen Sache dient, geht regelmäßig verloren, wenn die Hauptsache ohne die Verbindung mit der dienenden Sache unvollständig erscheint oder gar ein negatives Gepräge hat. Maßgebend für die Beurteilung ist der Zeitpunkt der bestimmungsgemäßen Verwendung. Nachträgliche Herstellungs- und Erhaltungsarbeiten an einem bereits bestehenden Wirtschaftsgut sind nach § 2 Abs. 1 InvZulG 2007 nicht begünstigt (BFH vom 15. 7. 2004, BStBl. II S. 1081).

33 (2) Ein Wirtschaftsgut ist abnutzbar, wenn sich sein Wert durch Zeitablauf infolge technischer oder wirtschaftlicher Abnutzung verzehrt (vgl. H 7.1 [Wirtschaftliche oder technische Abnutzung] EStH 2007).

34 (3) Der Begriff des beweglichen Wirtschaftsguts im Investitionszulagenrecht bestimmt sich in Anlehnung an das Einkommensteuerrecht, das eine Abgrenzung der beweglichen von den unbeweglichen Wirtschaftsgütern auf der Grundlage des bürgerlichen Rechts über wesentliche Grundstücksbestandteile und Scheinbestandteile (§§ 93 ff. BGB) und des Bewertungsrechts vornimmt (BFH vom 28. 9. 2000, BStBl. 2001 II S. 137). Danach gehören zu den beweglichen Wirtschaftsgütern bewegliche Sachen (§ 90 BGB), Tiere (§ 90 a BGB), Betriebsvorrichtungen und Scheinbestandteile (§ 95 BGB – vgl. R 7.1 Abs. 2 bis 4 EStR 2005). Zum Begriff der Betriebsvorrichtung wird auf den

*gleichlautenden Erlass der obersten Finanzbehörden der Länder vom 15. 3. 2006 (BStBl. I S. 314)*[1] sowie auf die BFH-Urteile vom 7. 9. 2000 (BStBl. 2001 II S. 253), vom 25. 5. 2000 (BStBl. 2001 II S. 365) und vom 9. 8. 2001 (BStBl. 2002 II S. 100) hingewiesen. Zum Begriff des Scheinbestandteils vgl. R 7.1 Abs. 4 EStR 2005 und BFH vom 28. 10. 1999 (BStBl. 2000 II S. 150). Unbewegliche Wirtschaftsgüter sind Grund und Boden, Gebäude sowie wesentliche Grundstücks- oder Gebäudebestandteile, die keine Betriebsvorrichtungen und keine Scheinbestandteile sind.

(4) Werden bewegliche Sachen in Grundstücke (Grund und Boden, Gebäude) eingebaut, z. B. bei Mietereinbauten, hängt ihre Beurteilung als bewegliches Wirtschaftsgut davon ab, ob sie nach §§ 93, 94 BGB wesentliche Grundstücksbestandteile geworden sind. Ist dies der Fall, handelt es sich nur dann um bewegliche Wirtschaftsgüter, wenn die Ein- oder Anbauten Scheinbestandteile oder Betriebsvorrichtungen sind (BFH vom 28. 10. 1999, BStBl. 2000 II S. 150, BMF vom 15. 1. 1976, BStBl. I S. 66)[2]. **35**

(5) Immaterielle Wirtschaftsgüter gehören nicht zu den beweglichen und unbeweglichen Wirtschaftsgütern und sind damit nicht investitionszulagenbegünstigt. Zu Computerprogrammen vgl. R 5.5 Abs. 1 EStR 2005 sowie BFH vom 28. 11. 2002 (BStBl. 2003 II S. 365). **36**

### 2.3. Neue Wirtschaftsgüter

(1) Der Anspruchsberechtigte schafft ein neues Wirtschaftsgut an, wenn er ein neu hergestelltes Wirtschaftsgut im ungebrauchten Zustand erwirbt (siehe auch R 7 g Abs. 6 EStR 2005 und BFH vom 15. 7. 2004, BStBl. II S. 1081). Eine schädliche Ingebrauchnahme ist z. B. die Nutzung zu Vorführzwecken (BFH vom 13. 3. 1979, BStBl. II S. 287) und die vorherige mietweise Nutzung (BFH vom 24. 5. 1968, BStBl. II S. 571). Ein Wirtschaftsgut ist ohne Rücksicht auf eine fehlende Ingebrauchnahme dann nicht neu i. S. d. § 2 Abs. 1 Satz 1 InvZulG 2007, wenn es vor dem Erwerb durch den Anspruchsberechtigten zum Anlagevermögen eines anderen Betriebs gehört hat und von diesem i. S. v. § 2 Abs. 1 Satz 1 InvZulG 2007 angeschafft oder hergestellt worden ist (BFH vom 23. 3. 1999, BStBl. II S. 613). Eine Erprobung des Wirtschaftsguts zur Prüfung der Funktionsfähigkeit ist unschädlich, wenn sie über das notwendige Maß nicht hinaus geht und eine angemessene Zeit nicht übersteigt. **37**

(2) Bei Verwendung gebrauchter Teile wird ein neues Wirtschaftsgut nur hergestellt, wenn die neuen Teile dem Gesamtbild das Gepräge geben und die verwendeten Altteile wertmäßig von untergeordneter Bedeutung sind. Eine Prägung durch die neuen Teile setzt voraus, dass im Unterschied zur Generalüberholung ein anderes, bisher nicht existentes Wirtschaftsgut hergestellt wird. Das Entstehen eines andersartigen Wirtschaftsguts ist nicht erforderlich. Eine wertmäßig untergeordnete Bedeutung ist anzunehmen, wenn der Teilwert der bei der Herstellung verwendeten gebrauchten Wirtschaftsgüter 10% des Teilwertes des hergestellten neuartigen Wirtschaftsgutes nicht überschreitet. Wieder verwendete neuwertige Bauteile, die dem Standard neuer Bauteile entsprechen oder verschleißfrei sind und nach Fertigstellung des Wirtschafts- **38**

---

[1] Siehe jetzt Gleichlt. Erl. v. 5. 6. 2013, BStBl. I S. 734 (Nr. **200** § 68/1).

[2] Nr. **1** § 7/1.

gutes nicht von neuen Bauteilen unterschieden werden können, sind jedoch als neuwertig zu behandeln und nicht in die 10%-Regelung einzubeziehen (BFH vom 17. 11. 2005, BStBl. 2006 II S. 769). Der Teilwert der im Betrieb vorhandenen Altteile bestimmt sich nach dem Betrag, den ein Erwerber des ganzen Betriebs im Rahmen des Gesamtkaufpreises für das einzelne Wirtschaftsgut unter der Annahme, dass er den Betrieb fortführt, ansetzen würde. Diese Definition des Teilwerts in § 6 Abs. 1 Nr. 1 Satz 3 EStG gilt auch bei der Bemessung des Werts der in ein hergestelltes Wirtschaftsgut eingebauten Altteile für die Frage der Neuheit im Rahmen der Zulagenförderung. Die Aufwendungen für die Demontage, die Aufarbeitung und den Zusammenbau (die Montage) der Altteile sind nicht in den Teilwert einzubeziehen (BFH vom 25. 1. 2007, BStBl. II S. 410).

**39** (3) Bei Verwendung gebrauchter Teile von mehr als 10 v. H. des gesamten Wertes wird ein neues Wirtschaftsgut i. S. d. Investitionszulagenrechts nur dann hergestellt, wenn der Anspruchsberechtigte unter Verwirklichung einer neuen Idee ein andersartiges Wirtschaftsgut schafft. Die Herstellung aufgrund einer neuen Idee setzt weder eine patentfähige Erfindung noch eine weltweit neue Idee voraus. Es reicht aus, dass der Anspruchsberechtigte auf der Grundlage eines bereits bekannten technischen Verfahrens eine Anlage für die Zwecke seines Betriebs entwickelt und errichtet, die modernen technischen Anforderungen entspricht und die Wettbewerbsfähigkeit des Betriebs stärkt (BFH vom 17. 11. 2005, BStBl. 2006 II S. 769).

**40** (4) Sollen neue bewegliche Wirtschaftsgüter dazu verwendet werden, mit bereits vorhandenen gebrauchten beweglichen Wirtschaftsgütern verbunden oder vermischt zu werden, ist die Neuheit für den Zeitpunkt nach dem Ein- oder Anbau zu beurteilen (BFH vom 28. 9. 1990, BStBl. 1991 II S. 361). Wird ein neues bewegliches Wirtschaftsgut angeschafft, um mit einem bereits vorhandenen gebrauchten beweglichen Wirtschaftsgut verbunden oder vermischt zu werden, kommt eine Begünstigung nach § 2 Abs. 1 InvZulG 2007 nur dann in Betracht, wenn das verbundene neue Wirtschaftsgut seine Eigenschaft als eigenständiges Wirtschaftsgut nicht verliert (vgl. Rz. 32) oder durch den Umbau ein neues Wirtschaftsgut hergestellt wird.

### 2.4. Ausschluss von geringwertigen Wirtschaftsgütern, kein Ausschluss kurzlebiger Wirtschaftsgüter

**41** (1) Für geringwertige Wirtschaftsgüter i. S. d. § 6 Abs. 2 EStG wird eine Investitionszulage auch dann nicht gewährt, wenn die Bewertungsfreiheit nicht in Anspruch genommen wird. Wegen des Begriffs des geringwertigen Wirtschaftsguts wird auf R 6.13 Abs. 1 bis 4 EStR 2005 hingewiesen (vgl. auch BFH vom 7. 9. 2000, BStBl. 2001 II S. 41, und vom 9. 8. 2001, BStBl. 2002 II S. 100).

**42** (2) Nach § 2 Abs. 1 Satz 2 InvZulG 2007 sind – abweichend von § 6 Abs. 2 EStG i. d. F. des Unternehmensteuerreformgesetzes vom 14. August 2007 (BGBl. I S. 1912) – selbstständig nutzungsfähige Wirtschaftsgüter mit Anschaffungs- oder Herstellungskosten von nicht mehr als 410 € für den gesamten Anwendungszeitraum des InvZulG 2007 als geringwertige Wirtschaftsgüter anzusehen und damit nicht investitionszulagenbegünstigt.

(3) Die Neuregelung zur Bildung von Sammelposten nach § 6 Abs. 2a EStG hat keine Auswirkungen auf die Beurteilung der einzelnen nach dem InvZulG 2007 begünstigten Wirtschaftsgüter. Wird Investitionszulage für ein Wirtschaftsgut mit Anschaffungs- oder Herstellungskosten von mehr als 410 € und nicht mehr als 1000 € beantragt, ist dieses ebenfalls gemäß § 6 Abs. 2 Satz 2 InvZulG 2007 im Antrag auf Investitionszulage so genau zu bezeichnen, dass seine Feststellung bei einer Nachprüfung möglich ist. Die Einhaltung der Anspruchs-, Zugehörigkeits-, Nutzungs- und Verbleibensvoraussetzungen ist für begünstigte Wirtschaftsgüter bis 1000 € – wie für alle anderen begünstigten Wirtschaftsgüter auch – durch geeignete Unterlagen nachzuweisen (vgl. Rz. 51). **43**

(4) Ein von der Investitionszulage ausgeschlossenes geringwertiges Wirtschaftsgut entsteht nicht, wenn die Anschaffungs- oder Herstellungskosten eines selbstständig nutzbaren Wirtschaftsguts erst infolge des Abzugs eines Zuschusses aus öffentlichen oder privaten Mitteln (vgl. R 6.5 EStR 2005) oder der Übertragung aufgedeckter stiller Reserven (z. B. auf Grund des § 6b EStG) oder durch eine gewinnmindernde Herabsetzung der Anschaffungs- oder Herstellungskosten nach § 7g Abs. 2 Satz 2 EStG i. d. F. des Unternehmensteuerreformgesetzes (a. a. O.) nicht mehr als 410 € betragen (BFH vom 17. 6. 1999, BStBl. 2000 II S. 9). **44**

(5) Die Gewährung einer Investitionszulage wird nicht deshalb ausgeschlossen, weil die Nutzungsdauer eines Wirtschaftsguts nicht mehr als ein Jahr beträgt (BFH vom 13. 3. 1979, BStBl. II S. 578 und vom 6. 10. 1995, BStBl. 1996 II S. 166). **45**

## 2.5. Ausschluss von Personenkraftwagen

(1) Die Investitionszulage nach § 2 InvZulG 2007 wird nicht für Personenkraftwagen gewährt. Personenkraftwagen i. S. v. § 2 Abs. 1 Satz 2 InvZulG 2007 sind Kraftfahrzeuge, die objektiv nach Bauart und Einrichtung dazu geeignet und bestimmt sind, Personen zu befördern (BFH vom 16. 5. 2002, BStBl. II S. 667). **46**

(2) Im Regelfall können die Finanzbehörden für die Abgrenzung der Personenkraftwagen von anderen Fahrzeugen den tatsächlichen Feststellungen und der rechtlichen Würdigung durch die Zulassungsstellen und damit der ersten Eintragung in der Zulassungsbescheinigung Teil II (Fahrzeugbrief) folgen. Es besteht jedoch keine Bindung an deren Entscheidung. **47**

(3) Ein Fahrzeug, das nach seiner ursprünglichen Konzeption zur Personenbeförderung geeignet und bestimmt ist, kann durch eine im zeitlichen Zusammenhang mit der Anschaffung vorgenommene Umgestaltung zu einem Fahrzeug anderer Art (z. B. Lastkraftwagen) seine Eigenschaft als Personenkraftwagen i. S. d. Investitionszulagenrechts verlieren, wenn die Umgestaltung auf Dauer angelegt ist, d. h. wenn die Wiederherstellung des früheren Zustandes mit einem nicht unbeträchtlichen Aufwand an Arbeit und Kosten verbunden ist. Ein zeitlicher Aufwand von vier Stunden ist dabei als nicht unbeträchtlich anzusehen (BFH vom 11. 11. 1999, BStBl. 2000 II S. 501; vgl. auch BFH vom 16. 5. 2002, BStBl. II S. 667). **48**

(4) Wohnmobile und Wohnwagenanhänger sind stets als von der Investitionszulage nach § 2 InvZulG 2007 ausgeschlossene Personenkraftwagen anzusehen (BFH vom 17. 12. 1997, BStBl. 1999 II S. 498). **49**

### 2.6. Ausschluss von Luftfahrzeugen

50 Für Luftfahrzeuge wird eine Investitionszulage nach § 2 InvZulG 2007 nicht gewährt. Luftfahrzeuge sind Flugzeuge, Drehflügler, Luftschiffe, Segelflugzeuge, Motorsegler, Frei- und Fesselballone, Drachen, Fallschirme, Flugmodelle und sonstige frei für die Benutzung des Luftraums bestimmte Geräte (§ 1 Abs. 2 Luftverkehrsgesetz).

### 2.7. Zugehörigkeits-, Verbleibens-, Nutzungs- und weitere Voraussetzungen

51 Der Anspruchsberechtigte trägt die Feststellungslast für die in § 2 Abs. 1 InvZulG 2007 genannten Zugehörigkeits-, Verbleibens-, Nutzungs-, und weiteren Voraussetzungen. Er muss daher nachweisen, dass sie erfüllt werden (BFH vom 6. 4. 1990, BStBl. II S. 752). Dies gilt insbesondere, wenn ein gefördertes Wirtschaftsgut innerhalb des Verbleibenszeitraums veräußert oder einem anderen zur Nutzung überlassen wird.

#### 2.7.1. Bindungszeitraum

52 (1) Der Zugehörigkeits-, Verbleibens- und Nutzungszeitraum beträgt grundsätzlich fünf Jahre. Der Zeitraum verkürzt sich für nach dem 31. Dezember 2006 begonnene Erstinvestitionsvorhaben auf drei Jahre, wenn der Anspruchsberechtigte zu Beginn des Erstinvestitionsvorhabens die Begriffsdefinition für kleine und mittlere Unternehmen i. S. d. Empfehlung der Kommission vom 6. Mai 2003 betreffend die Definition der Kleinstunternehmen sowie der kleinen und mittleren Unternehmen (vgl. Rz. 158 bis 169) erfüllt.

53 (2) Für vor dem 1. Januar 2007 begonnene Erstinvestitionsvorhaben beträgt der Bindungszeitraum auch in KMU-Betrieben fünf Jahre.

54 (3) Wurde die KMU-Eigenschaft eines Betriebes für den Zeitpunkt des Beginns des Erstinvestitionsvorhabens festgestellt, findet der Bindungszeitraum von drei Jahren für alle dem Erstinvestitionsvorhaben zuzurechnenden Investitionen Anwendung. Dies gilt auch dann, wenn der Betrieb während der Durchführung des Erstinvestitionsvorhabens oder während der Bindungsfrist seinen Status als KMU-Betrieb verliert.

55 (4) Der Bindungszeitraum beginnt nicht bereits mit Abschluss der einzelnen Investition, sondern erst am Tag nach der Beendigung des Erstinvestitionsvorhabens.

#### 2.7.2. Zugehörigkeit zum Anlagevermögen eines begünstigten Betriebs des Anspruchsberechtigten im Fördergebiet

56 (1) Die Voraussetzung der Zugehörigkeit zum Anlagevermögen eines Betriebs oder einer Betriebsstätte eines Betriebs des verarbeitenden Gewerbes, der produktionsnahen Dienstleistungen oder des Beherbergungsgewerbes des Anspruchsberechtigten im Fördergebiet erfordert, dass das bewegliche Wirtschaftsgut während des Zugehörigkeitszeitraums von fünf bzw. drei Jahren ununterbrochen zum Anlagevermögen eines Betriebs oder einer Betriebsstätte des Anspruchsberechtigten im Fördergebiet gehören muss und der Betrieb während des Zugehörigkeitszeitraums den begünstigten Wirtschaftszweigen zugerechnet wird (BFH vom 12. 4. 1994, BStBl. II S. 576).

57 (2) Jede Veräußerung eines begünstigten Wirtschaftsguts oder ein Vermögensübergang i. S. d. Umwandlungssteuergesetzes innerhalb des Bindungszeit-

raumes, bei dem die übergegangenen Wirtschaftsgüter als angeschafft gelten, ist deshalb grundsätzlich schädlich (Ausnahme vgl. Rz. 79-83).

(3) Wegen des Begriffs des Betriebs wird auf § 15 Abs. 2 EStG i. V. m. § 13 Abs. 7 und § 18 Abs. 4 EStG verwiesen. Werden nebeneinander verschiedene Tätigkeiten ausgeübt, so ist von eigenständigen Gewerbebetrieben dann auszugehen, wenn nach dem Gesamtbild der Verhältnisse die Betriebe sachlich, insbesondere wirtschaftlich, finanziell oder organisatorisch getrennt geführt werden. Anhaltspunkte für die Beurteilung dieser Frage sind die Gleichartigkeit/Ungleichartigkeit der Betätigungen und die räumliche Nähe/Entfernung (vgl. BFH vom 9. 8. 1989, BStBl. II S. 901; *Abschn. 16 Abs. 1 und 2 GewStR 1998*[1]*). Das gilt auch für Personengesellschaften und Kapitalgesellschaften (BMF vom 22. 4. 2005, BStBl. I S. 626)*[2]. **58**

(4) Für den Begriff der Betriebsstätte ist § 12 AO maßgebend (BFH vom 4. 12. 2003, BStBl. 2004 II S. 250, vgl. auch *Abschnitt 22 GewStR 1998*[3]). Zu den Betriebsstätten i. S. d. § 12 AO gehören beispielsweise auch Verkaufs- und Fotoautomaten. Verpachtete Anlagen und Einrichtungen begründen keine Betriebsstätte des Verpächters. Anlagen oder Einrichtungen, die in räumlicher, organisatorischer, technischer und wirtschaftlicher Hinsicht ein einheitliches Ganzes bilden, sind eine einheitliche Betriebsstätte (BFH vom 20. 4. 1999, BStBl. II S. 542). Fehlt es bei einer Anlage oder Einrichtung an einem dieser Merkmale, handelt es sich jeweils um eine selbstständige Betriebsstätte. Dies ist insbesondere der Fall, wenn die Verbindung einer Anlage mit anderen Anlagen nur über öffentliche Straßen gewährleistet ist (BFH vom 25. 9. 1968, BStBl. II S. 827). Liegt eine Anlage, die eine einheitliche Betriebsstätte bildet, innerhalb und außerhalb des Fördergebiets, stellt nur der im Fördergebiet belegene Teil der Anlage eine Betriebsstätte im Fördergebiet dar. **59**

(5) Hat ein Anspruchsberechtigter Betriebsstätten innerhalb und außerhalb des Fördergebiets, setzt die Zuordnung eines Wirtschaftsguts zum Anlagevermögen einer Betriebsstätte im Fördergebiet voraus, dass dieses Wirtschaftsgut dieser Betriebsstätte zu dienen bestimmt ist. Zum Anlagevermögen einer Betriebsstätte im Fördergebiet gehören insbesondere Wirtschaftsgüter, die dieser Betriebsstätte räumlich zugeordnet werden können. Ein Wirtschaftsgut, das außerhalb des Fördergebiets mit der Zweckbestimmung angeschafft oder hergestellt worden ist, einer Betriebsstätte des Anspruchsberechtigten im Fördergebiet zu dienen, und erstmals dort genutzt wird, ist bereits im Zeitpunkt der Anschaffung oder Herstellung Anlagevermögen dieser Betriebsstätte. Das gilt allerdings nicht, wenn die Betriebsstätte im Fördergebiet erst nach Anschaffung des Wirtschaftsguts gegründet wird (BFH vom 4. 12. 2003, BStBl. 2004 II S. 250). Allein die Zulassung eines Kraftfahrzeugs außerhalb des Fördergebiets schließt die Zugehörigkeit dieses Kraftfahrzeugs zum Anlagevermögen einer Betriebsstätte im Fördergebiet nicht aus. **60**

(6) Bewegliche Wirtschaftsgüter des Anlagevermögens, die nicht körperlich in einer Betriebsstätte des Anspruchsberechtigten im Fördergebiet bleiben, **61**

---

[1] Nunmehr H 2.4 Abs. 2 „Gleichartigkeit von Betrieben" GewStH.

[2] Rdnr. 58 Satz 4 aufgeh. durch BMF v. 8. 7. 2010, BStBl. I S. 600.

[3] Nunmehr R 2.9 Abs. 1 GewStR 2009.

z. B. Transportmittel, Baugeräte oder bewegliche Wirtschaftsgüter, die anderen zur Nutzung überlassen werden, sind dem Anlagevermögen der Betriebsstätte zuzuordnen, zu der die engeren Beziehungen bestehen (BFH vom 4. 12. 2003, BStBl. 2004 II S. 250). Entscheidend für die Zuordnung zum Anlagevermögen einer Betriebsstätte im Fördergebiet ist insbesondere, dass die Erträge aus diesen Wirtschaftsgütern durch diese Betriebsstätte erwirtschaftet werden. Diese Voraussetzung ist i. d. R. erfüllt, wenn Mitarbeiter dieser Betriebsstätte die Werbung, Akquisition einschließlich Preis- und Vertragsverhandlungen, Vorbereitung des Vertrags und Einholung der Unterschrift des Vertragspartners durchführen (Vertragsvorbereitung) sowie den Vertrag – insbesondere den Zahlungsverkehr – abwickeln und die Kunden später betreuen. Dabei ist die Mitwirkung der Hauptniederlassung bei einzelnen Tätigkeiten, z. B. die Verwendung einer zentralen EDV-Anlage zur Durchführung des Zahlungsverkehrs, unschädlich, wenn die übrigen Tätigkeiten von Mitarbeitern der Betriebsstätte im Fördergebiet ausgeübt werden.

62 (7) Im Fall einer Betriebsaufspaltung, bei der das Besitz- und das Betriebsunternehmen für die Dauer des Zugehörigkeitszeitraums betriebsvermögensmäßig miteinander verbunden sind, gilt die Voraussetzung der Zugehörigkeit zum Anlagevermögen einer Betriebsstätte eines begünstigten Wirtschaftszweiges des Anspruchsberechtigten im Fördergebiet als erfüllt, wenn das Betriebsunternehmen, in dem die begünstigten Wirtschaftsgüter verbleiben, zu den begünstigten Wirtschaftszweigen gehört. Die Voraussetzung ist auch dann erfüllt, wenn das Besitzunternehmen außerhalb des Fördergebiets ein bewegliches Wirtschaftsgut anschafft oder herstellt und es dem Betriebsunternehmen im Fördergebiet zur Nutzung überlässt (BFH vom 10. 12. 1998, BStBl. 1999 II S. 607, und vom 30. 10. 2002, BStBl. 2003 II S. 272). In diesem Fall können auch bewegliche Wirtschaftsgüter, die ein Besitzunternehmen außerhalb des Fördergebiets vor Begründung der Betriebsaufspaltung anschafft oder herstellt, die Zugehörigkeitsvoraussetzung erfüllen, wenn der zeitliche und sachliche Zusammenhang zur Begründung der Betriebsaufspaltung gewahrt ist (BFH vom 16. 3. 2000, BStBl. II S. 700). Eine Zuordnung beim Betriebsunternehmen ist allerdings ausgeschlossen, wenn das Besitzunternehmen originär gewerbliche Einkünfte erzielt und die Investitionen den eigenen gewerblichen Betrieb betreffen (BFH vom 20. 3. 2003, BStBl. II S. 613).

63 (8) Die Zugehörigkeitsvoraussetzung wird verletzt, wenn das Wirtschaftsgut in das Anlagevermögen einer Betriebsstätte außerhalb des Fördergebiets, in das Umlaufvermögen, in das Privatvermögen sowie in den hoheitlichen oder ideellen Bereich überführt wird. Dabei ist bereits eine nur vorübergehende Überführung in das Umlaufvermögen eines Händlers investitionszulagenschädlich (BFH vom 12. 4. 1994, BStBl. II S. 576). Das begünstigte bewegliche Wirtschaftsgut muss für die Dauer des Zugehörigkeitszeitraums die Eigenschaft eines einer selbstständigen Bewertung zugänglichen Wirtschaftsguts behalten (vgl. Rz. 32). Geht diese Eigenschaft während des Zugehörigkeitszeitraums verloren, ist dies investitionszulagenschädlich (BFH vom 25. 5. 2000, BStBl. II S. 628).

(9) Die Bindung des Wirtschaftsguts an das Anlagevermögen des begünstigten Betriebes schließt die Förderung von solchen Leasingfällen aus, in denen dem Leasinggeber das Wirtschaftsgut zuzurechnen ist. Wird nach steuerlichen Grundsätzen (BMF vom 19. 4. 1971, BStBl. I S. 264)[1] aufgrund der Vertragsgestaltung das wirtschaftliche Eigentum dem Leasingnehmer zugerechnet, ist der Leasingnehmer anspruchsberechtigt, da das Wirtschaftsgut zu seinem Anlagevermögen gehört. Diese Regelung betrifft ausschließlich nur bewegliche Wirtschaftsgüter. Zu den Verwendungsvoraussetzungen für Gebäude siehe Rz. 96-101. **64**

### 2.7.3. Verbleiben in einer Betriebsstätte im Fördergebiet

(1) Die Voraussetzung des Verbleibens erfordert, dass das bewegliche Wirtschaftsgut während des Verbleibenszeitraums von fünf bzw. drei Jahren einer Betriebsstätte des Anspruchsberechtigten im Fördergebiet räumlich zuzuordnen ist, in der die Anspruchsvoraussetzungen erfüllt werden, und dass es räumlich im Fördergebiet verbleibt (BFH vom 7. 2. 2002, BStBl. II S. 312). **65**

(2) Bewegliche Wirtschaftsgüter, die einem anderen zur Nutzung überlassen werden, sind der Betriebsstätte desjenigen i. S. d. Verbleibensvoraussetzung zuzuordnen, der die Nutzung überlässt, wenn die Nutzungsüberlassung kurzfristig ist, d. h. nicht länger als jeweils drei Monate dauert (BFH vom 23. 5. 1986, BStBl. II S. 916) oder wenn sie im Rahmen eines Dienstverhältnisses erfolgt (BFH vom 23. 5. 1986, BStBl. II S. 919). Für die Grenze von drei Monaten ist nicht die formale Vertragsgestaltung, sondern die tatsächliche Durchführung entscheidend. **66**

(3) Im Fall einer langfristigen Nutzungsüberlassung sind die beweglichen Wirtschaftsgüter dagegen der Betriebsstätte des Nutzenden i. S. d. Verbleibensvoraussetzung zuzuordnen (BFH vom 2. 3. 1990, BStBl. II S. 750). Da die begünstigten Wirtschaftsgüter in diesen Fällen nicht beim Anspruchsberechtigten verbleiben, führt die langfristige Nutzungsüberlassung für den Überlassenden zu einer investitionszulagenschädlichen Verwendung (zu Ausnahmen vgl. Rz. 79–83). **67**

(4) Betriebsvorrichtungen, die ein Anspruchsberechtigter in fremde Grundstücke oder Gebäude im Fördergebiet einbaut und gewerblich betreibt und die keine Betriebsstätte sind, sind dem Betrieb/der Betriebsstätte des Anspruchsberechtigten i. S. d. Verbleibensvoraussetzung zuzuordnen, wenn ihm die tatsächliche Sachherrschaft über die Anlagen zusteht (BFH vom 25. 5. 2000, BStBl. 2001 II S. 365). Erforderlich ist in diesen Fällen, dass sich die Betriebsstätte des Anspruchsberechtigten, der die Anlagen zuzuordnen sind, im Fördergebiet befindet. **68**

(5) Begünstigt ist nur der Verbleib in einer Betriebsstätte, die aktiv am Wirtschaftsleben teilnimmt (BFH vom 27. 4. 1999, BStBl. II S. 615, vom 7. 9. 2000, BStBl. 2001 II S. 37, und vom 7. 2. 2002, BStBl. II S. 312). Nicht erforderlich ist eine ununterbrochene aktive Nutzung des Wirtschaftsguts in der Betriebsstätte. Das Wirtschaftsgut muss im Betrieb jedoch entsprechend seiner Zweckbestimmung verwendet werden können. Allein die Eröff- **69**

[1] Nr. **1** § 6/1.

nung eines Insolvenzverfahrens ohne Einstellung der werbenden Tätigkeit ist unschädlich. Dagegen erfüllt ein nur noch abzuwickelnder Betrieb oder ein stillgelegter Betrieb nicht mehr die Verbleibensvoraussetzung (BFH vom 7. 3. 2002, BStBl. II S. 582).

70 (6) Die Verbleibensvoraussetzung erfordert nicht, dass das bewegliche Wirtschaftsgut im räumlich abgegrenzten Bereich einer Betriebsstätte bleiben muss (BFH vom 23. 5. 1986, BStBl. II S. 916). Schädlich für den Verbleib im Fördergebiet ist grundsätzlich, wenn ein bewegliches Wirtschaftsgut auch nur kurzfristig außerhalb des Fördergebiets eingesetzt wird (BFH vom 7. 2. 2002, BStBl. II S. 312). Bei Wirtschaftsgütern, die ihrer Art nach nicht dazu bestimmt und geeignet sind, im räumlich abgegrenzten Bereich einer Betriebsstätte eingesetzt zu werden, gelten die in den Rz. 71 bis 73 dargestellten Ausnahmeregelungen.

71 (7) Bei Transportmitteln ist die Verbleibensvoraussetzung im Fördergebiet erfüllt, wenn sie in jedem Jahr des Verbleibenszeitraums überwiegend und regelmäßig im Fördergebietsverkehr eingesetzt werden (BFH vom 28. 11. 2002, BStBl. 2003 II S. 365). Transportmittel sind insbesondere Kraftfahrzeuge, Kraftfahrzeuganhänger sowie See- und Binnenschiffe. Als Transportmittel in diesem Sinne gelten außerdem Frachtcontainer und Wechselaufbauten. Nicht dazu gehören die nach § 3 Nr. 1 KraftStG steuerbefreiten Fahrzeuge, die vom Bundesministerium für Verkehr, Bau und Stadtentwicklung als selbstfahrende Arbeitsmittel i. S. d. § 18 Abs. 2 Nr. 1 StVZO anerkannt sind, z. B. Bagger, Straßenwalzen, Straßenkehrmaschinen und Maschinen, die für land- und forstwirtschaftliche Arbeiten bestimmt sind. Als Einsatz im Fördergebietsverkehr sind Fahrten anzusehen, die innerhalb des Fördergebiets sowie von einem Ort im Fördergebiet zu einem Ort außerhalb des Fördergebiets und umgekehrt durchgeführt werden. Befördert ein Transportmittel auf einer derartigen Fahrt keine Güter oder Personen (Leerfahrt), handelt es sich dabei nur dann um eine Fördergebietsfahrt, wenn die nächste Fahrt, bei der Güter oder Personen befördert werden, eine Fördergebietsfahrt ist. Fahrten zwischen Orten außerhalb des Fördergebiets gehören auch dann nicht zum Fördergebietsverkehr, wenn sie im Zusammenhang mit Fahrten von und nach dem Fördergebiet, z. B. zur Aufnahme von Zwischenfrachten, durchgeführt werden. Transportmittel werden überwiegend im Fördergebietsverkehr eingesetzt, wenn sie in jedem Jahr des Verbleibenszeitraums in mehr als der Hälfte der Betriebstage für diese Fahrten eingesetzt werden. Aus Vereinfachungsgründen ist dies dann anzunehmen, wenn das Transportmittel mindestens 183 Tage im Fördergebietsverkehr eingesetzt wird. Zu den Tagen des Einsatzes gehören nur die tatsächlichen Betriebstage des Transportmittels. Zeiten, in denen ein Transportmittel, z. B. wegen fehlender Aufträge oder für Wartungs- und Reparaturzwecke, ruht (Standtage), sind bei der Berechnung der Betriebstage nicht zu berücksichtigen. Wird ein Transportmittel zu nicht mehr als der Hälfte der Betriebstage im Fördergebietsverkehr eingesetzt, sind die Verbleibensvoraussetzungen auch dann nicht erfüllt, wenn die Betriebstage im Fördergebietsverkehr und die Standtage im Fördergebiet zusammen in jedem Jahr des Verbleibenszeitraums überwiegen (BFH vom 11. 4. 1990, BStBl. II S. 783). Zu den Betriebstagen gehören auch die Tage, an denen eine Fahrt beginnt oder endet und an denen das Transportmittel beladen oder

entladen wird. Transportmittel werden regelmäßig im Fördergebietsverkehr eingesetzt, wenn sie ohne größere zeitliche Unterbrechung für diese Fahrten eingesetzt werden. Eine größere zeitliche Unterbrechung liegt nicht vor, wenn bei einem Lastkraftwagen der Zeitraum zwischen der Ausfahrt aus dem Fördergebiet und der Wiedereinfahrt in dieses Gebiet nicht mehr als 14 Tage beträgt. Ein Überschreiten der 14-Tage-Frist ist in diesen Fällen ausnahmsweise unschädlich, wenn der längere Aufenthalt außerhalb des Fördergebiets durch unvorhersehbare fahrtbedingte Umstände (z. B. einen technischen Defekt) begründet ist (BFH vom 28. 8. 1997, BStBl. II S. 827).

(8) Bei Baugeräten ist die Voraussetzung des Verbleibens im Fördergebiet er- **72**
füllt, wenn sie innerhalb des Fördergebiets oder nur kurzfristig außerhalb des Fördergebiets eingesetzt werden. Zu den Baugeräten in diesem Sinne gehören insbesondere Baumaschinen, Baubaracken und Baufahrzeuge, z. B. Bagger, Radlader, Betonmischfahrzeuge, Kräne, Teleskopkranwagen, Betonpumpen u. Ä. Ein kurzfristiger Einsatz in diesem Sinne liegt vor, wenn die Baugeräte in jedem Jahr des Verbleibenszeitraums nicht länger als insgesamt fünf Monate außerhalb des Fördergebiets eingesetzt werden und nicht einer Betriebsstätte außerhalb des Fördergebiets zuzurechnen sind. Da die Fünfmonatsfrist für jedes Jahr des Verbleibenszeitraums gilt, kann auch ein längeres ununterbrochenes Verlassen des Fördergebiets in Betracht kommen (Jahreswechsel). Dabei ist jedoch zu beachten, dass Baustellen i. d. R. nach Ablauf von sechs Monaten zu einer Betriebsstätte des Bauausführenden werden und Wirtschaftsgüter, die auf solchen Baustellen eingesetzt werden, regelmäßig zum Anlagevermögen dieser Baustelle zählen und damit ggf. ihre Investitionszulagenbegünstigung verlieren.

(9) Bei anderen Wirtschaftsgütern, die ihrer Art nach nicht dazu bestimmt **73**
und geeignet sind, im räumlich abgegrenzten Bereich einer Betriebsstätte eingesetzt zu werden, ist die Voraussetzung des Verbleibens im Fördergebiet erfüllt, wenn sie innerhalb des Fördergebiets oder nur kurzfristig außerhalb des Fördergebiets eingesetzt werden. Wirtschaftsgüter dieser Art sind z. B. Messestände, Geräte von Schaustellern, Messgeräte sowie Film- und Fernsehkameras. Ein kurzfristiger Einsatz in diesem Sinne liegt vor, wenn diese Wirtschaftsgüter in jedem Jahr des Verbleibenszeitraums nicht länger als 30 Tage außerhalb des Fördergebiets eingesetzt werden. Mehrmalige Einsätze außerhalb des Fördergebiets innerhalb eines Jahres werden zusammengerechnet.

(10) Im Fall einer Betriebsaufspaltung, bei der das Besitz- und Betriebs- **74**
unternehmen für die Dauer des Verbleibenszeitraums betriebsvermögensmäßig miteinander verbunden sind und das Betriebsunternehmen zu den begünstigten Betrieben gehört, gilt die Voraussetzung des Verbleibens in einem begünstigten Betrieb des Anspruchsberechtigten im Fördergebiet als erfüllt, wenn das Besitzunternehmen ein bewegliches Wirtschaftsgut anschafft oder herstellt und es dem Betriebsunternehmen im Fördergebiet zur Nutzung überlässt. Unter der Voraussetzung der betriebsvermögensmäßigen Verflechtung wird die an sich gegebene rechtliche Selbstständigkeit von Besitz- und Betriebsunternehmen vernachlässigt und dem Prinzip der wirtschaftlichen Einheit der verflochtenen Unternehmen im Investitionszulagenrecht der Vorrang eingeräumt (BFH vom 28. 1. 1999, BStBl. II S. 610). Eine schädliche Nutzungsüberlassung liegt allerdings vor, wenn das Besitzunternehmen originär gewerbliche

Einkünfte erzielt und die Investitionen den eigenen gewerblichen Betrieb betreffen (BFH vom 20. 3. 2003, BStBl. II S. 613).

### 2.7.4. Unschädliches vorzeitiges Ausscheiden

75 (1) Unschädlich ist das vorzeitige Ausscheiden eines Wirtschaftsguts aus dem Anlagevermögen und die Verletzung der Verbleibensvoraussetzung nur dann, wenn dies infolge höherer Gewalt wie Brand, Hochwasser, Diebstahl oder Unfall, infolge wirtschaftlichen Verbrauchs (BFH vom 15. 10. 1976, BStBl. 1977 II S. 59) oder infolge eines Totalschadens (BFH vom 1. 7. 1977, BStBl. II S. 793) geschieht oder das Wirtschaftsgut wegen Mangelhaftigkeit gegen ein anderes Wirtschaftsgut gleicher oder auch besserer Qualität umgetauscht wird (BFH vom 8. 3. 1968, BStBl. II S. 430). Ein unschädliches vorzeitiges Ausscheiden liegt auch vor, wenn die betriebsgewöhnliche Nutzungsdauer des Wirtschaftsguts im Zeitpunkt des Ausscheidens bereits abgelaufen ist (§ 2 Abs. 1 Satz 7 InvZulG 2007, BFH vom 9. 3. 1967, BStBl. III S. 238); dies gilt selbst dann, wenn der Bindungszeitraum im Zeitpunkt des Ausscheidens noch nicht begonnen hat. Beruht die Verschrottung eines Wirtschaftsguts nicht darauf, dass es (technisch oder wirtschaftlich) verbraucht ist, stellt die Verschrottung eine betriebswirtschaftlich begründete Entsorgungsmaßnahme dar, die innerhalb des Zugehörigkeits- und Verbleibenszeitraums investitionszulagenschädlich ist (BFH vom 27. 4. 1999, BStBl. II S. 615, vom 7. 9. 2000, BStBl. 2001 II S. 37, und vom 19. 9. 2001, BStBl. 2002 II S. 106). Ein investitionszulagenunschädliches vorzeitiges Ausscheiden eines Wirtschaftsguts kommt in diesen Fällen nur in Betracht, wenn der erzielte Veräußerungserlös nicht mehr als 10 % der der Investitionszulage zugrunde gelegten Anschaffungs- oder Herstellungskosten beträgt (BFH vom 9. 12. 1999, BStBl. 2000 II S. 434). Bei Ausscheiden des Wirtschaftsguts nach Ablauf der betriebsgewöhnlichen Nutzungsdauer ist der Veräußerungserlös aber unerheblich.

76 (2) Scheidet ein bewegliches Wirtschaftsgut innerhalb des Zugehörigkeits- und Verbleibenszeitraums wegen rascher technischer Veränderungen aus dem Anlagevermögen eines Betriebs oder einer Betriebsstätte im Fördergebiet aus, ist dies unschädlich, wenn das Wirtschaftsgut durch ein in technischer Hinsicht höherwertiges neues abnutzbares bewegliches Wirtschaftsgut ersetzt wird (§ 2 Abs. 1 Satz 6 InvZulG 2007). In diesen Fällen ist die Höhe des Veräußerungserlöses unerheblich. Das Ersatzwirtschaftsgut muss in der verbleibenden Zeit des Fünf- bzw. Dreijahreszeitraums die Zugehörigkeits-, Verbleibens- und Verwendungsvoraussetzungen anstelle des ersetzten Wirtschaftsguts erfüllen. Ein ausreichender zeitlicher Zusammenhang ist gewahrt, wenn das Ersatzwirtschaftsgut vor Ablauf von drei Monaten nach dem Ausscheiden des geförderten beweglichen Wirtschaftsguts angeschafft oder hergestellt wird. Für das Ersatzwirtschaftsgut kommt eine Investitionszulage in diesen Fällen nicht in Betracht. Gehört das Wirtschaftsgut jedoch zu einem nach dem InvZulG 2007 begünstigten Erstinvestitionsvorhaben, kann der Anspruchsberechtigte wählen, ob er es als Ersatzwirtschaftsgut behandeln will.

### 2.7.5. Private Nutzung von nicht mehr als 10 %

77 (1) Die Nutzungsvoraussetzung muss in jedem Jahr des Nutzungszeitraums erfüllt sein. Bei Körperschaften tritt an die Stelle der privaten Nutzung die

Nutzung für außerbetriebliche Zwecke (BFH vom 6. 4. 1990, BStBl. II S. 752), insbesondere auch im hoheitlichen oder ideellen Bereich. Als private Nutzung bei Körperschaften gilt auch die außerbetriebliche Verwendung von Wirtschaftsgütern, die zu einer verdeckten Gewinnausschüttung i. S. d. § 8 Abs. 3 KStG führt (vgl. § 2 Abs. 1 Satz 8 InvZulG 2007).

(2) Ist ein Wirtschaftsgut der Betriebsstätte des Anspruchsberechtigten **78** i. S. d. Verbleibensvoraussetzung zuzuordnen und beruht seine Nutzungsüberlassung nicht auf privaten Erwägungen, liegt in der Nutzungsüberlassung eine betriebliche Nutzung. In diesen Fällen ist es unerheblich, wie das Wirtschaftsgut durch den Nutzenden genutzt wird. Die private Nutzung von kurzfristig vermieteten Kraftfahrzeugen oder Freizeitgegenständen ist deshalb unschädlich. Das Gleiche gilt, wenn ein Wirtschaftsgut an einen Arbeitnehmer des eigenen Betriebs zur Nutzung überlassen wird. In diesen Fällen ist es aber erforderlich, dass die Nutzungsüberlassung aufgrund eines Dienstvertrags außerhalb eines gesellschaftsrechtlichen Verhältnisses erfolgt (BFH vom 6. 4. 1990, BStBl. II S. 752).

### 2.7.6. Ausnahme von der Bindung des Wirtschaftsguts an den Anspruchsberechtigten

(1) Der Anspruch auf Investitionszulage geht ausnahmsweise dann nicht **79** verloren, wenn das begünstigte bewegliche Wirtschaftsgut innerhalb des Bindungszeitraums in das Anlagevermögen eines mit dem Anspruchsberechtigten verbundenen Unternehmens eines begünstigten Wirtschaftszweigs im Fördergebiet übergeht oder in einem mit dem Anspruchsberechtigten verbundenen Unternehmen eines begünstigten Wirtschaftszweigs im Fördergebiet verbleibt. Die Übertragung (Veräußerung oder Nutzungsüberlassung) ist aber in beiden Fällen nur dann unschädlich, wenn dadurch das Wirtschaftsgut dem geförderten Erstinvestitionsvorhaben weiterhin eindeutig zugeordnet bleibt.

(2) Sofern ein Wirtschaftsgut unmittelbar nach Anschaffung oder Herstel- **80** lung an das verbundene Unternehmen übertragen oder vom verbundenen Unternehmen selbst angeschafft oder hergestellt wird, fällt dies nicht unter den Ausnahmetatbestand.

(3)[1] Als verbundenes Unternehmen gilt für Zwecke der Bindung des Wirt- **81** schaftsgutes an den Anspruchsberechtigten ein Unternehmen, an dem der Anspruchsberechtigte im Zeitpunkt der Übertragung des Wirtschaftsgutes zu mindestens 25 % mittelbar oder unmittelbar beteiligt ist, oder das Unternehmen hält mittelbar oder unmittelbar mindestens 25 % der Stimmrechte am Unternehmen des Anspruchsberechtigten. Als verbundene Unternehmen gelten auch die über eine Obergesellschaft miteinander verbundenen Schwestergesellschaften, soweit jeweils eine mindestens 25 %-Beteiligung zur Obergesellschaft besteht.

(4) Das Wirtschaftsgut bleibt dem geförderten Erstinvestitionsvorhaben zu- **82** geordnet, wenn es zwar körperlich aus dem bestehenden wirtschaftlichen Zusammenhang herausgenommen wird, aber weiterhin in einem vergleichbaren technischen und funktionellen Zusammenhang steht und eine gewisse räumliche Nähe gegeben ist. Der strategische Zusammenhang bleibt erhalten, wenn

[1] Rz. 81 Satz 2 angef. durch BMF v. 23. 7. 2009, BStBl. I S. 810.

die Entscheidung über den Einsatz des Wirtschaftsguts zentral innerhalb der verbundenen Unternehmen erfolgt.

83 (5) Wird ein begünstigtes Wirtschaftsgut im Rahmen dieser Ausnahmeregelung innerhalb des Zugehörigkeits- und Verbleibenszeitraums an ein begünstigtes verbundenes Unternehmen übertragen, hängt der Anspruch auf die erhöhte Investitionszulage davon ab, in welcher Höhe das verbundene Unternehmen Investitionszulage erhalten hätte, wenn es an Stelle des Anspruchsberechtigten die Investition vorgenommen hätte (BFH vom 2. 3. 1990, BStBl. II S. 750). Maßgebend ist dabei der Zeitpunkt der Übertragung des Wirtschaftsguts durch den Anspruchsberechtigten. Dies bedeutet, dass der Anspruch auf erhöhte Investitionszulage nur dann erhalten bleibt, wenn der Betrieb, in den das bewegliche Wirtschaftsgut überführt wird, ebenfalls ein KMU-Betrieb ist.

## 3. Begünstigung betrieblich genutzter Gebäudeneubauten

### 3.1. Gebäude

84 (1) Für den Begriff des Gebäudes i. S. v. § 2 Abs. 2 InvZulG 2007 sind die Abgrenzungsmerkmale des Bewertungsrechts maßgebend (vgl. R 7.1 Abs. 5 EStR 2005, *gleichlautender Erlass der obersten Finanzbehörden der Länder vom 15. 3. 2006, BStBl. I S. 314*[1]). Unter Gebäuden i. S. v. § 2 Abs. 2 InvZulG 2007 sind auch Eigentumswohnungen, im Teileigentum stehende Räume und andere Gebäudeteile, die selbstständige Wirtschaftsgüter sind, zu verstehen, wenn sie den bewertungsrechtlichen Gebäudebegriff und die übrigen Tatbestandsmerkmale des § 2 Abs. 2 InvZulG 2007 erfüllen. Mietereinbauten und Ladeneinbauten, die abnutzbare unbewegliche Wirtschaftsgüter darstellen, erfüllen nicht den bewertungsrechtlichen Gebäudebegriff und sind daher nach § 2 Abs. 2 InvZulG 2007 nicht investitionszulagenbegünstigt.

85 (2) Ein Gebäude ist nach § 2 Abs. 2 InvZulG 2007 nicht investitionszulagenbegünstigt, wenn es entgegen den baurechtlichen Vorschriften errichtet worden ist (BFH vom 8. 2. 1980, BStBl. II S. 474).

86 (3) Außenanlagen, z. B. Hofbefestigungen, Befestigungen für Stellplätze, Einfriedungen, Zäune, Straßen, Brücken, Regenwasserauffanganlagen sind bei betrieblich genutzten Gebäuden keine Gebäudebestandteile, sondern selbstständige unbewegliche Wirtschaftsgüter (BFH vom 1. 7. 1983, BStBl. II S. 686) und daher nach § 2 Abs. 2 InvZulG 2007 nicht investitionszulagenbegünstigt. Dasselbe gilt für bewegliche Wirtschaftsgüter, z. B. Einrichtungsgegenstände, die keine wesentlichen Gebäudebestandteile sind, oder Mietereinbauten, die Betriebsvorrichtungen oder Scheinbestandteile sind. Allerdings kann für diese selbstständigen beweglichen Wirtschaftsgüter eine Begünstigung nach § 2 Abs. 1 InvZulG 2007 in Betracht kommen (vgl. Rz. 32 ff.).

87 (4) Dem Grund und Boden zuzurechnen und damit nicht investitionszulagenbegünstigt sind Kosten für die Grundstückserschließung, z. B. für Straßen, Versorgungsleitungen und Entsorgungsanlagen außerhalb des Grundstücks. Hiervon zu unterscheiden sind Anschlüsse des Gebäudes an Versorgungsnetze (Strom, Gas, Wasser, Wärme). Diese Anschlüsse vom Gebäude bis zur Grundstücksgrenze sind dem Gebäude zuzurechnen. Werden sie zusammen mit dem

[1] Siehe jetzt Gleichlt. Erl. v. 5. 6. 2013, BStBl. I S. 734 (Nr. **200** § 68/1).

Gebäude neu hergestellt, kommt für sie als unselbstständiger Gebäudebestandteil eine Investitionszulage nach § 2 Abs. 2 InvZulG 2007 in Betracht.

### 3.2. Neues Gebäude

(1) Ein neues Gebäude i. S. v. § 2 Abs. 2 Satz 1 InvZulG 2007 entsteht, wenn es erstmals hergestellt wird. Ein neues Gebäude kann durch Umbauten, Ausbauten und Modernisierungsmaßnahmen dann entstehen, wenn die eingefügten Teile dem Gebäude das Gepräge geben, so dass es in bautechnischer Hinsicht neu ist. Das ist insbesondere der Fall, wenn verbrauchte Teile ersetzt werden, die für die Nutzungsdauer des Gebäudes bestimmend sind, wie z. B. Fundamente, tragende Außen- und Innenwände, Geschossdecken und die Dachkonstruktion (BFH vom 31. 3. 1992, BStBl. II S. 808). Für die Investitionszulage genügt es nicht, wenn sich durch die Umbau-, Ausbau- und Modernisierungsarbeiten die Zweckbestimmung des Gebäudes ändert oder der Anspruchsberechtigte aufgrund der Höhe des Bauaufwands nach R 7.3 Abs. 5 EStR 2005 von der Herstellung eines anderen Gebäudes ausgehen kann. **88**

(2) Nachträgliche Herstellungsarbeiten und Erhaltungsarbeiten sind nach § 2 Abs. 2 InvZulG 2007 nicht investitionszulagenbegünstigt. **89**

(3) Ob die Herstellung eines neuen Gebäudes i. S. v. § 2 Abs. 2 Satz 1 InvZulG 2007 vorliegt, ist für das jeweilige Wirtschaftsgut gesondert zu entscheiden (BFH vom 7. 7. 1998, BStBl. II S. 625). Befinden sich auf einem Grundstück mehrere Gebäude, sind diese grundsätzlich selbstständige Wirtschaftsgüter. **90**

(4) Wird ein Gebäude teils eigenbetrieblich, teils fremdbetrieblich, teils zu eigenen und teils zu fremden Wohnzwecken genutzt, ist jeder der vier unterschiedlich genutzten Gebäudeteile ein gesondertes Wirtschaftsgut (R 4.2 Abs. 4 EStR 2005, BFH vom 30. 1. 1995, BStBl. II S. 281, unter C. II). Mehrere verschiedene Wirtschaftsgüter bestehen auch dann, wenn in einem Gebäude Wohnungs- oder Teileigentum begründet wurde (BFH vom 29. 9. 1994, BStBl. 1995 II S. 72). **91**

(5) Ein Anbau oder Ausbau ist ein selbständiges Wirtschaftsgut, wenn er auf Grund unterschiedlicher Nutzung nicht im Nutzungs- und Funktionszusammenhang mit dem bereits vorhandenen Gebäude steht oder an ihm gesondertes Wohnungs- oder Teileigentum besteht. **92**

(6)[1] Ob ein Anbau ein gegenüber dem bestehenden Gebäude selbstständiges Wirtschaftsgut darstellt, ist – unabhängig vom Nutzungs- und Funktionszusammenhang – nach bautechnischen Kriterien zu beurteilen. Entscheidend hierfür sind die statische Standfestigkeit der Gebäudeteile und die dazu getroffenen Baumaßnahmen, z. B. eigene tragende Mauern und eigene Fundamente. Ein Anbau, der keine eigene Standfestigkeit besitzt, ist kein selbstständiges Wirtschaftsgut. Ein Neubau kann bei einem Anbau auch dann vorliegen, wenn er mit dem bestehenden Gebäude verschachtelt ist und die Neubauteile dem Gesamtgebäude das Gepräge geben; hierfür sind regelmäßig die Größen- und Wertverhältnisse der Alt- und Neubauteile maßgebend (vgl. H 7.4 [Neubau] EStH 2008; BFH vom 5. 12. 1974, BStBl. 1975 II S. 344, vom 21. 7. **93**

[1] Rz. 93 Satz 1 geänd., Beispiel 4 neu gef. durch BMF v. 23. 7. 2009, BStBl. I S. 810.

1977, BStBl. 1978 II S. 78, und vom 15. 9. 1978, BStBl. II S. 123). Auf die Höhe der Bauaufwendungen, die erforderlich sind, um im Fall der Trennung den Gebäudeteil (Anbau) standfest zu machen, kommt es nicht an (BFH vom 25. 1. 2007, BStBl. II S. 586).

**Beispiel 1:**

Im Jahr 2006 baut eine GmbH eine Produktionshalle mit einer Grundfläche von 844 m². Im Jahr 2007 errichtete sie einen Anbau mit einer Grundfläche von 1284 m². Der Anbau war mit Baugenehmigung vom 28. Januar 2007 genehmigt und dort als „Anbau an Produktionshalle" bezeichnet worden. Die Produktionshalle wurde als Stahlrahmenhalle mit Wandelementen aus Gasbetonplatten errichtet. Der Dachaufbau besteht aus Stahlträgern und Trapezblech-Mineralsteinwolle-Stahltrapezblech. Die aus Fertigteilsockelplatten und Gasbetonplatten bestehende abschließende Giebelwand der Produktionshalle wurde bei der Errichtung des Anbaus abgerissen. Auch der Anbau ist eine Stahlrahmenhalle mit Wandelementen aus Gasbetonplatten an den Längsseiten und einer Isopaneelwand als Gebäudeabschluss an der Giebelwand. Das Dach ist ebenfalls als Stahltragwerk mit Mehrschichtendach aus Trapezblech konstruiert. Die Längswände wurden an die Stützen der Produktionshalle montiert. Zusätzliche Stützen wurden nicht errichtet, obwohl Hülsenfundamente hergestellt worden waren. Das Dach wurde im Verbindungsbereich auf die Stahlträger der Produktionshalle aufgelegt. Mit dem Bau des Anbaus entstand eine durchgehende Halle mit einer Gesamtlänge von 110 m. Durch die gesamte Halle führt eine Kranbahn mit zwei Kränen. Der (Industrie-)Fußboden enthält zwischen Halle und Anbau eine Trennungsfuge (Dehnungsfuge). Der Anbau besitzt eigene Sektionaltore, eine eigene Energieversorgung und Entsorgung zur Dachentwässerung sowie technische Versorgungseinrichtungen. Die Stromkreise, die Druckluftanlage und die Heizkreisläufe sind getrennt.

Durch den Anbau ist ein neues Gebäude unter Einbeziehung des Altgebäudes entstanden, weil die Neubauteile dem Gesamtgebäude das Gepräge geben. Die bauliche Verschachtelung der Halle mit dem Anbau ergibt sich daraus, dass die Standfestigkeit des Anbaus von der Halle abhängt. Die Längswände wurden an die Stützen der Halle montiert. Auch wurde das Dach im Verbindungsbereich auf die Stahlträger der Halle aufgelegt; zusätzliche Stützen wurden nicht errichtet. Ein Abriss der Halle würde daher ohne Sicherungsmaßnahmen zum Einsturz des Anbaus führen. Das durch den Anbau an die Halle entstandene einheitliche Gebäude wird aufgrund der Größen- und Wertverhältnisse durch den Anbau geprägt. Maßgeblich sind die Größen- und Wertverhältnisse der Halle zum Anbau.

**Beispiel 2:**

Ein Einfamilienhaus wird von einem Rentnerehepaar zu eigenen Wohnzwecken genutzt. Der Sohn errichtet an dem bestehenden Haus einen Anbau unter Einbeziehung tragender Wände und der Dachkonstruktion des Einfamilienhauses auf eigene Kosten. Den Anbau nutzt der Sohn als Ingenieurbüro für bautechnische Gesamtplanung. Der Anbau steht in einem von der übrigen Nutzung des Gebäudes unterschiedlichen Nutzungs- und Funktionszusammenhang und stellt daher einen selbständigen Gebäudeteil dar. Der Sohn hat daher Anspruch auf Investitionszulage.

**Beispiel 3:**

Eine alte Scheune wird von einem Ehepaar um- und ausgebaut. Die Scheune wird zu einer Wohnung ausgebaut. Gleichzeitig wird die Scheune um einen Aufbau (2. Geschoss) ergänzt und durch einen Anbau erweitert. Der Aufbau wird gemeinsam mit dem ausgebauten Teil der Scheune zu eigenen Wohnzwecken genutzt. In dem Anbau wird ein Sozialtrakt (WC, Waschräume, Duschen, Aufenthaltsraum, Küche) errichtet, der ausschließlich für die Gäste des angrenzenden Campingplatzes zur Verfügung steht. Zusätzlich wird eine Biokläranlage gebaut, die die Nutzung des Sozialtraktes erst ermöglicht, ein Anschluss an die Wohnung erfolgt nicht. Das angrenzende Gelände wurde für die Nutzung als Campingplatz hergerichtet. Mit den Um- und Ausbauarbeiten wurde im Januar 2007 begonnen, der Campingplatz wurde von Mai bis September 2007 errichtet, der Sozialtrakt und die Kläranlage werden im März 2008 fertiggestellt. Das Ehepaar eröffnet seinen Betrieb „Campingplatz" im April 2008.

Der Sozialtrakt stellt einen neuen selbstständigen Gebäudeteil dar, weil er in unterschiedlichem Nutzungs- und Funktionszusammenhang zur übrigen Nutzung des Gebäudes steht. Der

Neubau ist auch ein investitionszulagenbegünstigtes Gebäude, da es von einem begünstigten Betrieb verwendet wird.

**Beispiel 4:**[1]

Ein Hotelbetrieb baut an ein bestehendes, als Hotel genutztes Gebäude eine neue Küche für das Restaurant, Aufenthaltsräume für das Personal und ein Schwimmbad an.
Der Anbau ist aufgrund des einheitlichen Nutzungs- und Funktionszusammenhanges mit dem Hotel ein unselbständiger Teil des Hotelgebäudes. Auch nach bautechnischen Kriterien liegt kein selbständiger Gebäudeteil vor. Er ist mit dem bestehenden Gebäude verschachtelt, jedoch geben die Neubauteile dem Gesamtgebäude nicht das Gepräge. Das Schwimmbad stellt auch keine Betriebsvorrichtung dar. Bei den Bauaufwendungen handelt es sich um nachträgliche Herstellungskosten. Investitionszulage kann für den Anbau nicht gewährt werden.

(7) Im Fall der Anschaffung gilt ein Gebäude als neu i. S. d. § 2 Abs. 2 Satz 1 InvZulG 2007, wenn es bis zum Ende des Jahres der Fertigstellung angeschafft wird. Zur Unterscheidung zwischen Anschaffung und Herstellung vgl. Rz. 176 bis 178. Ein betrieblich genutztes Gebäude ist fertiggestellt, wenn es in all seinen wesentlichen Bestandteilen und entsprechend der ursprünglichen Planung dem Betrieb zur Verfügung steht (BFH vom 21. 7. 1989, BStBl. II S. 906). Der Zeitpunkt der Anschaffung eines Gebäudes ist regelmäßig der Zeitpunkt der Erlangung der wirtschaftlichen Verfügungsmacht; das ist i. d. R. der Fall, wenn Eigenbesitz, Gefahr, Nutzen und Lasten auf den Erwerber übergehen (BFH vom 26. 1. 1999, BStBl. II S. 589). 94

(8) Der Hersteller eines Gebäudes i. S. d. § 2 Abs. 2 InvZulG 2007 kann auch dann Anspruch auf Investitionszulage haben, wenn er weder bürgerlichrechtlicher noch wirtschaftlicher Eigentümer des Gebäudes ist (BFH vom 28. 6. 2006, BStBl. 2007 II S. 131; vgl. Rz. 19). 95

## 3.3. Verwendungsvoraussetzung

(1) Die Investitionszulage kommt nur in Betracht, soweit das Gebäude mindestens fünf Jahre nach der Anschaffung oder Herstellung in einem Betrieb des verarbeitenden Gewerbes, einem Betrieb der produktionsnahen Dienstleistungen oder einem Betrieb des Beherbergungsgewerbes im Fördergebiet verwendet wird. Der Fünfjahreszeitraum verkürzt sich auf drei Jahre, wenn das Gebäude zu einem nach dem 31. Dezember 2006 begonnenen Erstinvestitionsvorhaben gehört und wenn der Betrieb, in dem das Gebäude verwendet wird, zu Beginn des Erstinvestitionsvorhabens die Begriffsdefinition für kleine und mittlere Unternehmen i. S. d. Empfehlung der Kommission vom 6. Mai 2003 betreffend die Definition der Kleinstunternehmen sowie der kleinen und mittleren Unternehmen (vgl. Rz. 158 bis 169) erfüllt. 96

(2) Der Verwendungszeitraum beginnt am Tag nach der Beendigung des Erstinvestitionsvorhabens. 97

(3) Ohne Bedeutung ist, ob der Anspruchsberechtigte das im Fördergebiet belegene Gebäude im Privatvermögen, im Anlagevermögen einer Betriebsstätte im Fördergebiet, im Anlagevermögen einer Betriebsstätte außerhalb des Fördergebiets oder im Umlaufvermögen hält. Die Investitionszulage knüpft lediglich an die entsprechende Verwendung des Gebäudes an. Das im Fördergebiet belegene Gebäude muss während des Verwendungszeitraums ununter- 98

[1] Rz. 93 Beispiel 4 neu gef. durch BMF v. 23. 7. 2009, BStBl. I S. 810.

brochen von einem Betrieb des verarbeitenden Gewerbes, der produktionsnahen Dienstleistungen oder des Beherbergungsgewerbes tatsächlich eigenbetrieblich verwendet werden (R 4.2 Abs. 4 EStR 2005). Unschädlich ist daher auch die entgeltliche oder unentgeltliche Nutzungsüberlassung oder die Veräußerung soweit das Gebäude von einem begünstigten Betrieb eigenbetrieblich verwendet wird. Ein Leerstand des Gebäudes nach der Anschaffung oder Herstellung sowie während der weiteren Dauer des Verwendungszeitraums ist unschädlich, wenn eine begünstigte Verwendung beabsichtigt ist und der Leerstand i. d. R. nicht länger als drei Monate dauert. Als eigenbetriebliche Verwendung gilt auch der Zeitraum, in dem ein Gebäude für die Nutzung zu begünstigten Zwecken hergerichtet wird.

**Beispiel:**

Ein Bauträger errichtet am Hauptbahnhof von Berlin (Fördergebiet) ein neues Gebäude, das er nach Fertigstellung im November 2008 an eine große Hotelkette vermietet. Dieses Unternehmen Hotelkette stattet das Gebäude mit den notwendigen Einrichtungsgegenständen aus und eröffnet das Hotel im Juli 2009. Der Bauträger hat Anspruch auf Investitionszulage für die Errichtung des Gebäudes, da dieses von einem begünstigten Hotelbetrieb nach Fertigstellung ununterbrochen zu eigenbetrieblichen Zwecken verwendet wird.

**99** (4) An Arbeitnehmer vermietete Wohnräume können die Verwendungsvoraussetzung nur erfüllen, wenn die Wohnräume notwendiges Betriebsvermögen eines begünstigten Betriebs sind, der sie an die eigenen Arbeitnehmer zur Nutzung überlässt. Für die Vermietung gerade an die Arbeitnehmer müssen betriebliche Gründe maßgebend sein (BFH vom 1. 12. 1976, BStBl. 1977 II S. 315). Ist ein Arbeitnehmer oder eine ihm nahe stehende Person gleichzeitig Gesellschafter der Kapitalgesellschaft, die Inhaber des Betriebs der begünstigten Wirtschaftszweige ist, ist die Verwendungsvoraussetzung nicht erfüllt, wenn die Vermietung nicht betrieblich, sondern durch das Gesellschaftsverhältnis begründet ist. Die Feststellungslast hierfür trägt die Kapitalgesellschaft (BFH vom 6. 4. 1990, BStBl. II S. 752).

**100** (5) Wird ein Gebäude teils begünstigt und teils nicht begünstigt verwendet, sind nur die Anschaffungs- oder Herstellungskosten begünstigt, die auf die begünstigt verwendete Gebäudefläche im Zeitpunkt der Anschaffung oder Herstellung entfallen. Die Anschaffungs- oder Herstellungskosten sind im Verhältnis der Nutzflächen aufzuteilen, soweit eine unmittelbare Zuordnung nicht möglich ist. Die Nutzfläche ist in sinngemäßer Anwendung der Verordnung zur Berechnung der Wohnfläche (Wohnflächenverordnung) vom 25. 11. 2003 (BGBl. I S. 2346) zu ermitteln. Gemeinschaftsflächen, d. h. Nutzflächen, die von mehreren Nutzungsberechtigten genutzt werden (z. B. Flure und Treppen), sind im Flächenverhältnis der Räume, die die Verwendungsvoraussetzung erfüllen, und der Räume, die die Verwendungsvoraussetzung nicht erfüllen, der jeweiligen Verwendung zuzuordnen. Aus Vereinfachungsgründen ist für die Berechnung der Flächenanteile auf das jeweilige Gebäude, die im Teileigentum stehenden Räume oder die jeweilige Eigentumswohnung abzustellen. Eine Unterteilung der begünstigt verwendeten Gebäudefläche nach eigenbetrieblich und fremdbetrieblich genutzten Gebäudeteilen ist nicht vorzunehmen. Vermindert sich die begünstigt verwendete Gebäudefläche während des Verwendungszeitraums, entfällt die Begünstigung für diesen Flächenanteil.

**Beispiel 1:**

Die A-GmbH, ein Betrieb der Werbung, errichtet in Magdeburg ein Gebäude, das nach Fertigstellung im Jahr 2007 wie folgt genutzt wird:

1. Etage:

100 m² Nutzung für eigenbetriebliche Zwecke und 50 m² Vermietung an den Rechtsanwalt B

2. Etage:

100 m² Vermietung an C, einen Betrieb der Markt- und Meinungsforschung, und 50 m² Vermietung an D zu Wohnzwecken

Die Gemeinschaftsflächen betragen 30 m², die gesamte Nutzfläche des Gebäudes beträgt 330 m².

Von den Herstellungskosten des Gebäudes i. H. v. 710 000 € entfallen unstreitig 50 000 € ausschließlich auf den von der A-GmbH genutzten Gebäudeteil, die übrigen Baukosten verteilen sich gleichmäßig auf die Nutzflächen des Gebäudes.

**Investitionszulage für 2007**

Investitionszulagenbegünstigt nach § 2 Abs. 2 InvZulG 2007 sind 200 m² (100 m² Werbebetrieb, 100 m² Betrieb der Markt- und Meinungsforschung); 100 m² sind nach § 2 Abs. 2 InvZulG 2007 nicht begünstigt. Die Gemeinschaftsflächen von 30 m² sind im Verhältnis 200: 100 ebenfalls dem begünstigten (20 m²) und dem nicht begünstigten (10 m²) Bereich zuzuordnen. Von den Herstellungskosten sind folglich begünstigt:

50 000 € + 220/330 von 660 000 € = 490 000 €.

**Änderung der Verwendung des Gebäudes im Jahr 2008**

Im Jahr 2008 einigen sich A, B und C, dass ab sofort B und C wegen geänderter wirtschaftlicher Gegebenheiten die Räumlichkeiten tauschen.

**Änderung der Investitionszulage**

2008 werden nur noch 150 m² zuzüglich 15 m² Gemeinschaftsfläche im begünstigten Bereich genutzt. Die Bemessungsgrundlage beträgt nunmehr 50 000 € + 165/330 von 660 000 € = 380 000 €. Die Investitionszulage auf den Differenzbetrag von 110 000 € ist zurückzuzahlen.

**Änderung der Verwendung des Gebäudes im Jahr 2009**

Im Jahr 2009 zieht D aus. Die von ihm bisher genutzte Wohnung mietet nunmehr E, der darin ein Ingenieurbüro für technische Fachplanung betreibt.

**Änderung der Investitionszulage**

Die begünstigte Nutzung von weiteren 50 m² ab dem Jahr 2009 führt nicht zu einer Erhöhung der Investitionszulage, weil insoweit nicht ununterbrochen seit der Herstellung eine begünstigte Verwendung vorliegt.

**Beispiel 2**

In einem neu errichteten Gebäude befinden sich ein Hotel, ein Restaurant mit Küche, eine Sauna, ein öffentlicher Fitnessraum und mehrere Konferenz- und Seminarräume, die auch ohne Hotelübernachtungen gebucht werden können. Das Gebäude wurde von einer internationalen Hotelkette errichtet und betrieben. Es liegt eine einheitliche Nutzung durch einen investitionszulagenbegünstigten Hotelbetrieb vor. Eine Aufteilung der Herstellungskosten erfolgt nicht, diese sind in vollem Umfang begünstigungsfähig.

(6) Der Anspruchsberechtigte trägt die Feststellungslast für die Verwen- **101**
dungsvoraussetzung und muss daher nachweisen, dass sie erfüllt wird (BFH vom 6. 4. 1990, BStBl. II S. 752). Dies gilt insbesondere, wenn ein gefördertes Gebäude innerhalb des Verwendungszeitraums veräußert oder einem anderen zur Nutzung überlassen wird.

## 3.4. Kumulationsverbot

(1) Ein Gebäude ist nur begünstigt, wenn im Fall der Anschaffung kein an- **102**
derer Anspruchsberechtigter Investitionszulage für das Gebäude in Anspruch nimmt (§ 2 Abs. 2 Satz 2 InvZulG 2007).

103 (2) Der Erwerber hat daher nur Anspruch auf Investitionszulage, wenn der Hersteller des Gebäudes seinen Anspruch auf Investitionszulage nicht geltend macht. Der Anspruch des Herstellers geht dem Anspruch des Erwerbers vor. Macht der Hersteller seinen Anspruch erst später geltend, führt dies zur Rückforderung der Investitionszulage beim Erwerber (rückwirkendes Ereignis i. S. d. § 175 Abs. 1 Satz 1 Nr. 2 AO).

## 4. Abgrenzung der begünstigten Wirtschaftszweige

104 (1) Die Abgrenzung der nach dem InvZulG 2007 begünstigten Betriebe des verarbeitenden Gewerbes, der produktionsnahen Dienstleistungen sowie des Beherbergungsgewerbes untereinander und von den übrigen Wirtschaftszweigen erfolgt mangels einer eigenen Begriffsbestimmung nach ständiger Rechtsprechung auf der Grundlage der jeweils gültigen vom Statistischen Bundesamt herausgegebenen Verzeichnisse der Wirtschaftszweige, in denen die Einschätzung der Wirtschaft über die Zuordnung von Tätigkeiten zu Wirtschaftsbereichen dokumentiert ist (BFH vom 23. 10. 2002, BStBl. 2003 II S. 360, v. 23. 3. 2005, BStBl. II S. 497, und vom 25. 1. 2007, BFH/NV S. 1187).

105 [1](2) Die Abgrenzung der begünstigten Tätigkeiten erfolgt für den gesamten Anwendungsbereich des InvZulG 2007 nach der Klassifikation der Wirtschaftszweige, Ausgabe 2003 (WZ 2003). Gehört ein Betrieb nach der WZ 2008 erstmals zu einem begünstigten Wirtschaftszweig, ist diese Einordnung nach der WZ 2008 bereits für solche Erstinvestitionsvorhaben vorzunehmen, die nach dem 31. Dezember 2007 begonnen werden (vgl. BMF-Schreiben vom 19. Dezember 2008 – BStBl. I 2009 S. 27).

106 (3) In der WZ 2003 sind aufgeführt

- das verarbeitende Gewerbe in Abschnitt D Unterabschnitte DA bis DN Abteilungen 15 bis 37.
- die produktionsnahen Dienstleistungen gem. § 2 Abs. 1 Satz 9 InvZulG 2007, d. h.
  - Datenverarbeitung und Datenbanken in Abschnitt K Unterabschnitt KA Abteilung 72,
  - Forschung und Entwicklung in Abschnitt K Unterabschnitt KA Abteilung 73,
  - Markt- und Meinungsforschung in Abschnitt K Unterabschnitt KA Abteilung 74 Gruppe 74.1 Klasse 74.13,
  - Ingenieurbüros für bautechnische Gesamtplanung in Abschnitt K Unterabschnitt KA Abteilung 74 Gruppe 74.2 Klasse 74.20 Unterklasse 74.20.4,
  - Ingenieurbüros für technische Fachplanung in Abschnitt K Unterabschnitt KA Abteilung 74 Gruppe 74.2 Klasse 74.20 Unterklasse 74.20.5,
  - Büros für Industrie-Design in Abschnitt K Unterabschnitt KA Abteilung 74 Gruppe 74.2 Klasse 74.20 Unterklasse 74.20.6,
  - die technische, physikalische und chemische Untersuchung in Abschnitt K Unterabschnitt KA Abteilung 74 Gruppe 74.3,

[1] Rz. 105 neu gef. durch BMF v. 23. 7. 2009, BStBl. I S. 810.

– Werbung in Abschnitt K Unterabschnitt KA Abteilung 74 Gruppe 74.4 sowie
– fotografisches Gewerbe in Abschnitt K Unterabschnitt KA Abteilung 74 Gruppe 74.8 Klasse 74.81 Unterklasse 74.81.1.

– das Beherbergungsgewerbe gemäß § 2 Abs. 1 Satz 10 InvZulG 2007 in Abschnitt H Unterabschnitt HA Abteilung 55
– Betriebe der Hotellerie in Gruppe 55.1
– Jugendherbergen und Hütten in Gruppe 55.2 Klasse 55.21 Unterklasse 55.21.0
– Campingplätze in Gruppe 55.2 Klasse 55.22 Unterklasse 55.22.0 und
– Erholungs- und Ferienheime in Gruppe 55.2 Klasse 55.23 Unterklasse 55.23.1.

[1](4) *In der WZ 2008 sind aufgeführt:* **107**

*– Das verarbeitende Gewerbe in Abschnitt C Abteilungen 10 bis 33.*

*– Die produktionsnahen Dienstleistungen gemäß § 2 Abs. 1 Satz 9 InvZulG 2007:*
*– Datenverarbeitung und Datenbanken in Abschnitt J Abteilungen 58 (Verlagswesen), 62 (Erbringung von Dienstleistungen der Informationstechnologie) und 63.1 (Datenverarbeitung, Hosting und damit verbundene Tätigkeiten; Webportale),*
*– Forschung und Entwicklung in Abschnitt M Abteilung 72,*
*– Markt- und Meinungsforschung in Abschnitt M Abteilung 73 Gruppe 73.2,*
*– Ingenieurbüros für bautechnische Gesamtplanung in Abschnitt M Abteilung 71 Gruppe 71.1 Klasse 71.12 Unterklasse 71.12.1,*
*– Ingenieurbüros für technische Fachplanung in Abschnitt M Abteilung 71 Gruppe 71.1 Klasse 71.12 Unterklasse 71.12.2,*
*– Büros für Industrie-Design in Abschnitt M Abteilung 71 Gruppe 71.1 Klasse 71.12 Unterklasse 71.12.2,*
*– die technische, physikalische und chemische Untersuchung in Abschnitt M Abteilung 71 Gruppe 71.2,*
*– Werbung in Abschnitt M Abteilung 73 Gruppe 73.1 sowie*
*– fotografisches Gewerbe in Abschnitt M Abteilung 74 Gruppe 74.2 Klasse 74.20 Unterklasse 74.20.1.*

*– Das Beherbergungsgewerbe gemäß § 2 Abs. 1 Satz 10 InvZulG 2007:*
*– Betriebe der Hotellerie in Abschnitt I Abteilung 55 Gruppe 55.1,*
*– Jugendherbergen und Hütten in Abschnitt I Abteilung 55 Gruppe 55.2 Klasse 55.20 Unterklasse 55.20.4,*
*– Campingplätze in Abschnitt I Abteilung 55 Gruppe 55.3 und*
*– Erholungs- und Ferienheime in Abschnitt I Abteilung 55 Gruppe 55.2 Klasse 55.20 Unterklasse 55.20.1.*

(5) Eine Gliederung der WZ 2003 sowie der WZ 2008 ist auf der Internetseite des Statistischen Bundesamts veröffentlicht[2]. Bei Zuordnungsfragen kann ein internetgestütztes Suchsystem für Wirtschaftsklassifikationen des Bayerischen Landesamts für Statistik und Datenverarbeitung verwendet werden[3]. Dieses enthält neben der WZ 2003 auch das Güterverzeichnis für Produkti- **108**

[1] Rz. 107 aufgeh. durch BMF v. 23. 7. 2009, BStBl. I S. 810.
[2] **[Amtl. Anm.:]** Internet-Adresse: http://www.destatis.de/-Klassifikationen.
[3] **[Amtl. Anm.:]** Internet-Adresse: http://w3 gewan.bayern.de/klass/index.htm.

onsstatistiken, Ausgabe 2002 (GP 2002), das als Hilfsmittel zur WZ 2003 verwendet werden kann, um die Einordnung anhand des jeweiligen Produkts vorzunehmen (BFH vom 23. 3. 2005, BStBl. II S. 497). Für die WZ 2008 gibt es gegenwärtig noch kein vergleichbares Suchsystem.

**109** (6) Die Entscheidung über die Einordnung des Betriebs trifft grundsätzlich das Finanzamt. Hat das Statistische Bundesamt oder ein Statistisches Landesamt einen Betrieb entsprechend der jeweils gültigen WZ nach dem Schwerpunkt seiner unternehmerischen Tätigkeit in einen bestimmten Wirtschaftszweig eingeordnet, kommt dieser Einordnung erhebliche Bedeutung zu. Zwar hat sie nicht die Qualität eines Grundlagenbescheids i. S. d. § 171 Abs. 10 AO, sie ist nach ständiger Rechtsprechung des BFH jedoch von den Finanzämtern in aller Regel bei der Entscheidung über die Gewährung der Investitionszulage zu übernehmen, soweit sie nicht zu einem offensichtlich falschen Ergebnis führt (BFH vom 23. 3. 2005, BStBl. II S. 497, und vom 23. 10. 2002, BStBl. 2003 II S. 360). Eine Umgruppierung des Betriebs zu einem nicht begünstigten Wirtschaftszweig vor Ablauf des Verbleibenszeitraums darf sich aus Gründen des Vertrauensschutzes nicht auf eine abgeschlossene Investition auswirken. Dies gilt sowohl für Umgruppierungen aufgrund neuer statistischer Verzeichnisse als auch für Umgruppierungen aufgrund der geänderten Auffassung der Behörde, es sei denn, die ursprüngliche Zuordnung war offensichtlich unzutreffend oder die für die Zuordnung maßgebenden Verhältnisse haben sich geändert. Daher hat die Eingruppierung nach der WZ 2003 für vor dem 1. Januar 2009 begonnene Erstinvestitionsvorhaben für alle Investitionen Bestand, die zu diesem Erstinvestitionsvorhaben gehören. Eine nach der WZ 2008 geänderte Zuordnung wirkt sich weder auf die Beurteilung des Erstinvestitionsvorhabens noch auf die Beurteilung der Einhaltung der Zugehörigkeits-, Verbleibens-, Nutzungs- und Verwendungsvoraussetzungen aus.

**110** (7) Es obliegt dem Antragsteller, sich vor Investitionsbeginn über die zutreffende Eingruppierung des Betriebs nach der jeweils aktuellen WZ zu informieren. Ändert sich die Zuordnung eines Betriebs aufgrund geänderter statistischer Verzeichnisse, ist es unerheblich, ob das Statistische Bundesamt oder das Statistische Landesamt die geänderte Zuordnung dem Investor vor Beginn seiner Investition tatsächlich mitgeteilt haben (BFH vom 23. 3. 2005, BStBl. II S. 497). Ohne Bedeutung sind die Rechtsform des Betriebs und die Einkunftsart (BFH vom 23. 2. 1979, BStBl. II S. 455).

**111** (8) Übt ein Betrieb mehrere nach der Klassifikation der Wirtschaftszweige unterschiedlich einzuordnende Tätigkeiten aus (Mischbetrieb), ist die Einordnung nach dem Schwerpunkt der wirtschaftlichen Tätigkeit vorzunehmen, d. h. i. d. R. nach der Tätigkeit, auf die der größte Teil der entstandenen Wertschöpfung entfällt (BFH vom 20. 9. 1999, BStBl. 2000 II S. 208, vom 16. 3. 2003, BStBl. II S. 444, und 23. 10. 2002, BStBl. 2003 II S. 360). Sind die unterschiedlichen Tätigkeiten verschiedenen Abschnitten der Klassifikation der Wirtschaftszweige zuzuordnen, ist für die Einordnung des Betriebs der Abschnitt maßgebend, auf den der höchste Anteil der Wertschöpfung entfällt. Entfallen z. B. nach der WZ 2003 40 % der Wertschöpfung auf das verarbeitende Gewerbe (Abschnitt D), 30 % auf das Baugewerbe (Abschnitt F) und 30 % auf den Handel (Abschnitt G), ist der Betrieb im Abschnitt „verarbeitendes Gewerbe" einzuordnen. Betriebe, die sowohl die Tätigkeit eines Restaurants (Verkauf von Speisen und Getränken i. S. d. Gruppe 55.3 und 55.4 der WZ 2003) als auch die Tätigkeit der Beherbergung (Gewährung von Unterkunft i. S. d. Gruppe 55.1, 55.21 und 55.23.1[1]) ausüben, werden als Beherbergungsstätten angesehen und zugeordnet, wenn deren Beherbergungskapazität aus neun oder mehr Betten besteht. Bei einer niedrigeren Bettenzahl ist die Haupttätigkeit nach der Wertschöpfungsberechnungsmethode zu ermitteln.

**Beispiel:**

Ein KMU-Betrieb des verarbeitenden Gewerbes (Druckerei) in Dessau errichtet auf dem Dach des Betriebsgebäudes eine Photovoltaikanlage. Der gesamte erzeugte Strom wird an ein Energieversorgungsunternehmen veräußert. Durch die enge räumliche Nähe beider Tätigkeitsbereiche liegt insgesamt nur ein Gewerbebetrieb vor. Da die Tätigkeit der Druckerei und die Tätigkeit der Stromerzeugung unterschiedlichen Abteilungen der Klassifikation der Wirtschaftszweige zugeordnet werden, liegt ein Mischbetrieb vor. Der Umsatz aus der Druckerei beträgt 85 %, der Umsatz aus der Stromerzeugung beträgt 15 %. Somit entfällt der größere Teil der Wertschöpfung auf das verarbeitende Gewerbe. Der Betrieb ist insgesamt als Betrieb des verarbeitenden Gewerbes einzustufen.

Die Investition in eine Photovoltaikanlage auf dem Gelände eines Betriebes des verarbeitenden Gewerbes stellt ein Erstinvestitionsvorhaben i. S. d. Diversifizierung der Produktion einer Betriebsstätte in neue, zusätzliche Produkte (§ 2 Abs. 3 Nr. 3 InvZulG 2007) dar, da der Betrieb bisher nur Druckerzeugnisse hergestellt hat und jetzt zusätzlich das neue Produkt Strom produziert. Die Investition ist begünstigt, da sie in einem Betrieb des verarbeitenden Gewerbes erfolgt. Es ist unerheblich, dass die Investition einer für sich gesehen nicht begünstigten Tätigkeit dient. Nach dem InvZulG 2007 ist es nicht erforderlich, dass die Erstinvestitionsvorhaben auch tatsächlich eine begünstigte Tätigkeit betreffen. Es reicht aus, dass der Betrieb insgesamt nach der Klassifikation der Wirtschaftszweige zum verarbeitenden Gewerbe (oder einem anderen begünstigten Wirtschaftszweig) gehört.

(9) Anhaltspunkt für die Wertschöpfungsanteile der verschiedenen Tätigkeiten ist der jeweilige steuerbare Umsatz nach § 1 Abs. 1 Nr. 1, § 3 Abs. 1 b und § 3 Abs. 9 a UStG. Der Anspruchsberechtigte kann die Wertschöpfungsanteile jedoch auch genau berechnen. Sie sind dann wie folgt zu ermitteln: **112**

| | |
|---|---|
| | Umsätze nach § 1 Abs. 1 Nr. 1 und § 3 Abs. 1 b und 9 a UStG |
| + | nicht steuerbare Lieferungen und sonstige Leistungen |
| +/– | Veränderungen des Bestands an fertigen und unfertigen Erzeugnissen |
| + | selbsterstellte Anlagen zu Herstellungskosten |
| – | Vorleistungen (Roh-, Hilfs- und Betriebsstoffe, Wareneinsatz, Fremdleistungen – nicht jedoch Löhne und Gehälter, Mieten und Pachten, Fremdkapitalzinsen) |
| – | lineare und degressive AfA |
| = | Wertschöpfung |

(10) Die Wertschöpfungsanteile sind jeweils für das Wirtschaftsjahr des Betriebs zu ermitteln, dem die beweglichen Wirtschaftsgüter zugehörig sind (vgl. Rz. 56 bis 74) oder in dem die Gebäude verwendet werden (vgl. Rz. 96 bis 101). Die Voraussetzung des Verbleibens oder der Verwendung in einem Betrieb der begünstigten Wirtschaftszweige muss grundsätzlich un- **113**

[1] Rz. 111 Zitat geänd. durch BMF v. 23. 7. 2009, BStBl. I S. 810.

unterbrochen während des Verbleibens- und Verwendungszeitraums erfüllt werden.

114 (11) Befindet sich ein Betrieb in einem Strukturwandel zu einem begünstigten Wirtschaftszweig, gilt dieser begünstigte Wirtschaftszweig auch für die beweglichen Wirtschaftsgüter und Gebäude, die im Wirtschaftsjahr der Beendigung des Strukturwandels und im vorhergehenden Wirtschaftsjahr angeschafft oder hergestellt werden und den Strukturwandel bewirken. Sind bis zum Abschluss des Strukturwandels z. B. langfristige Testläufe der Produktion erforderlich oder verzögert sich der Abschluss des Strukturwandels durch Umstände, die der Anspruchsberechtigte nicht zu verantworten hat (z. B. Wasserschäden, technische Störungen), können auch Wirtschaftsgüter früherer Jahre förderbar sein, soweit diese den Strukturwandel bewirken.

115 (12) Bei Wirtschaftsgütern, die vor dem Beginn der betrieblichen Tätigkeit angeschafft oder hergestellt werden, ist die Abgrenzung der Wirtschaftszweige in dem Jahr nach Beginn der betrieblichen Tätigkeit maßgebend. Es ist zusätzlich erforderlich, dass der zeitliche und sachliche Zusammenhang zur Betriebseröffnung gewahrt ist. Dies ist der Fall, wenn die Wirtschaftsgüter objektiv erkennbar zum unmittelbaren Einsatz im Betrieb selbst bestimmt sind und der Betrieb zügig errichtet und alsbald eröffnet wird (BFH vom 7. 3. 2002, BStBl. II S. 582). Davon ist regelmäßig auszugehen, wenn zwischen der Anschaffung oder Herstellung der Wirtschaftsgüter und der Eröffnung des Betriebs nicht mehr als zwölf Monate liegen.

116 (13) Werden im Jahr der Betriebseröffnung noch keine Umsätze durch die zum begünstigten Wirtschaftszweig zählende Tätigkeit erzielt, ist dies für die Einordnung in einen begünstigten Wirtschaftszweig nicht schädlich, wenn umfassende Investitionen zur Vorbereitung dieser Tätigkeit vorgenommen werden (BFH vom 7. 3. 2002, BStBl. II S. 545).

117 (14) Für die Einordnung des Betriebs in das verarbeitende Gewerbe, in die produktionsnahen Dienstleistungen oder das Beherbergungsgewerbe werden nur die Tätigkeiten der Betriebsstätten im Fördergebiet berücksichtigt. Betriebsstätten außerhalb des Fördergebiets bleiben außer Betracht (§ 2 Abs. 1 Satz 11 InvZulG 2007). Deshalb kann die Gesamtheit aller Betriebsstätten im Fördergebiet einen begünstigten Betrieb darstellen, auch wenn der gesamte Betrieb einschließlich der Betriebsstätten außerhalb des Fördergebiets insgesamt nicht zu einem begünstigten Gewerbe gehört.

118 (15) Die Investitionszulage kommt – sofern Rz. 58 nicht einschlägig ist – auch für Investitionen in Betriebsstätten eines begünstigten Betriebs im Fördergebiet in Betracht, die für sich betrachtet nicht zum verarbeitenden Gewerbe, den produktionsnahen Dienstleistungen oder dem Beherbergungsgewerbe gehören würden. Investitionszulagenbegünstigt sind auch Investitionen, die einer – untergeordneten – nicht begünstigten Tätigkeit innerhalb eines begünstigten Betriebs dienen.

### 5. Investitionsfristen

119 (1) Investitionen sind nur begünstigt, wenn sie zu einem Erstinvestitionsvorhaben gehören, mit dem der Anspruchsberechtigte nach dem 20. Juli 2006

und vor dem 1. Januar 2010 beginnt und die Investitionen nach dem 31. Dezember 2006 abgeschlossen werden.

(2) Wird ein Erstinvestitionsvorhaben nach dem 20. Juli 2006 und vor dem 120
1. Januar 2010 begonnen und nach dem 31. Dezember 2009 abgeschlossen, sind die dazu gehörenden Einzelinvestitionen begünstigt, die bis zum 31. Dezember 2009 abgeschlossen werden. Soweit sie nach dem 31. Dezember 2009 abgeschlossen werden, sind die vor dem 1. Januar 2010 erfolgten Teillieferungen und entstandenen Teilherstellungskosten begünstigt.

(3) Das Erstinvestitionsvorhaben ist begonnen, wenn mit der ersten hierzu 121
gehörenden Einzelinvestition begonnen worden ist. Es ist beendet, wenn die letzte zum Vorhaben gehörende Einzelinvestition abgeschlossen ist. Bei der Bestimmung des Zeitpunkts, wann eine Investition begonnen und abgeschlossen wird, ist auf das einzelne Wirtschaftsgut abzustellen (BFH vom 14. 7. 1989, BStBl. II S. 1024, und vom 7. 11. 2000, BStBl. 2001 II S. 200).

(4) Wurde das Erstinvestitionsvorhaben vor dem 21. Juli 2006 begonnen, 122
dann sind – vorbehaltlich Rz. 123 bis 125 – die hierzu gehörenden Investitionen, die nach dem 31. Dezember 2006 abgeschlossen werden, nach dem InvZulG 2007 nicht begünstigt.

**Übersicht:**

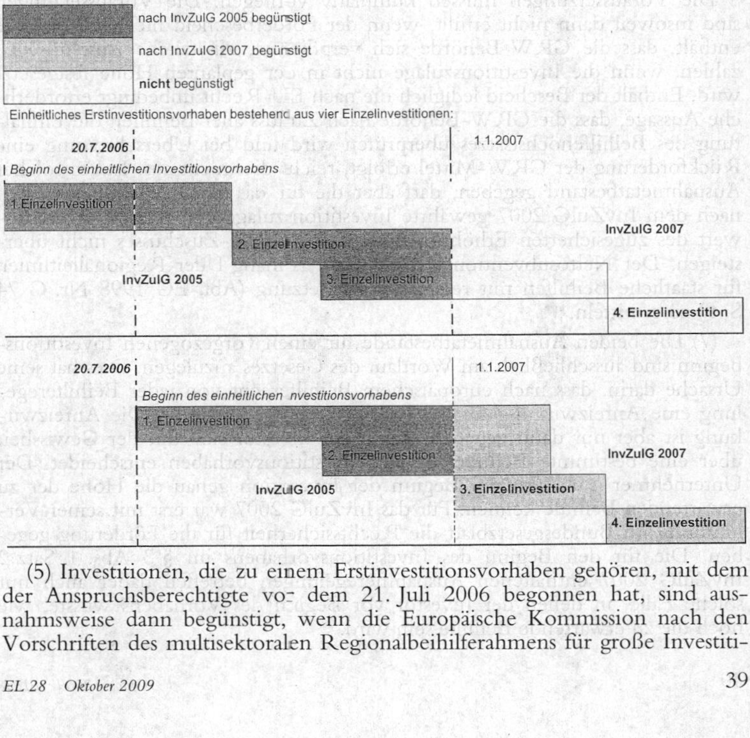


(5) Investitionen, die zu einem Erstinvestitionsvorhaben gehören, mit dem 123
der Anspruchsberechtigte vor dem 21. Juli 2006 begonnen hat, sind ausnahmsweise dann begünstigt, wenn die Europäische Kommission nach den Vorschriften des multisektoralen Regionalbeihilferahmens für große Investiti-

onsvorhaben vom 13. 2. 2002 (ABl. EG Nr. C 70 S. 8), geändert durch die Mitteilung der Kommission vom 1. 11. 2003 (ABl. EU Nr. C 263 S. 3), eine Förderung nach dem InvZulG 2007 ausdrücklich genehmigt hat. Die erforderliche Notifizierung des Erstinvestitionsvorhabens konnte nur vor Beginn der Maßnahme bei der Kommission angemeldet werden, also vor dem 21. Juli 2006. Eine nachträgliche Genehmigung für bereits erfolgte Investitionen und somit eine nachträgliche Schaffung der Voraussetzungen für die Ausnahmeregelung ist nicht möglich.

**124** (6) Investitionen, die zu einem Erstinvestitionsvorhaben gehören, mit dem der Anspruchsberechtigte vor dem 21. Juli 2006 begonnen hat, sind ausnahmsweise auch dann begünstigt, wenn der Anspruchsberechtigte für dieses Erstinvestitionsvorhaben einen Förderbescheid der zuständigen Bewilligungsbehörde für die Gewährung von Investitionszuschüssen im Rahmen der Gemeinschaftsaufgabe „Verbesserung der regionalen Wirtschaftsstruktur" (GRW) vor dem 21. Juli 2006 erhalten hat, der

– den Gesamtbetrag der Förderung aus öffentlichen Mitteln und
– die Höhe des GRW-Zuschusses unter Berücksichtigung einer erwarteten Investitionszulage auch nach dem InvZulG 2007 ausweist und
– eine Erhöhung des GRW-Zuschusses insoweit vorsieht, als eine Investitionszulage nach dem InvZulG 2007 nicht gewährt wird.

Die Voraussetzungen müssen kumulativ vorliegen. Die Voraussetzungen sind insoweit dann nicht erfüllt, wenn der Förderbescheid nicht die Aussage enthält, dass die GRW-Behörde sich verpflichtet, zusätzliche Zuschüsse zu zahlen, wenn die Investitionszulage nicht in der geplanten Höhe festgesetzt wird. Enthält der Bescheid lediglich die nach EU-Recht unbedingt erforderliche Aussage, dass die GRW-Behörde nach Zufluss aller Beihilfen die Einhaltung des Beihilfehöchstsatzes überprüfen wird und bei Überschreitung eine Rückforderung der GRW-Mittel erfolgt, reicht dies nicht aus. Ist ein solcher Ausnahmetatbestand gegeben, darf aber die für das Erstinvestitionsvorhaben nach dem InvZulG 2007 gewährte Investitionszulage den Nettosubventionswert des zugesicherten Erhöhungsbetrags des GRW-Zuschusses nicht übersteigen. Der Nettosubventionswert ist nach Anhang I der Regionalleitlinien für staatliche Beihilfen mit regionaler Zielsetzung (Abl. EG 1998 Nr. C 74 S. 9) zu ermitteln.

**125** (7) Die beiden Ausnahmetatbestände für einen vorgezogenen Investitionsbeginn sind ausschließlich am Wortlaut des Gesetzes auszulegen. Dies hat seine Ursache darin, dass nach europäischem Beihilferecht von jeder Beihilferegelung eine Anreizwirkung für die Investoren ausgehen muss. Die Anreizwirkung ist aber nur dann gegeben, wenn der Investor sich mit der Gewissheit über eine bestimmte Beihilfe für ein Investitionsvorhaben entscheidet. Der Unternehmer muss also vor Beginn der Investition genau die Höhe der zu erwartenden Beihilfe kennen. Für das InvZulG 2007 war erst mit seiner Verkündung im Bundesgesetzblatt die Rechtssicherheit für die Förderung gegeben. Die für den Beginn des Investitionsvorhabens im § 3 Abs. 1 Satz 2 InvZulG 2007 enthaltenen Ausnahmeregelungen betreffen daher auch nur solche Fälle, in denen der Investor vor Beginn des Vorhabens wusste, wie hoch die zu erwartende Beihilfe sein wird.

## 6. Investitionsbeginn

(1) Investitionen sind in dem Zeitpunkt begonnen, in dem die Wirtschaftsgüter bestellt worden sind oder mit ihrer Herstellung begonnen worden ist. 126

(2) Der Begriff der Bestellung ist nach steuerrechtlichen und nicht nach zivilrechtlichen Grundsätzen auszulegen (BFH vom 12. 11. 1982, BStBl. 1983 II S. 29). Unter Bestellung ist sowohl das Angebot des Bestellers zum Abschluss eines Vertrags auf Lieferung eines Wirtschaftsguts als auch die Annahme eines ihm vom Lieferanten gemachten Angebots zu verstehen. Ein bewegliches Wirtschaftsgut ist jedenfalls dann bestellt, wenn ein rechtswirksamer Vertrag über die Lieferung des Wirtschaftsguts abgeschlossen worden ist (BFH vom 1. 6. 1979, BStBl. II S. 580 und 638). Das gilt auch, wenn der Vertrag unter einem Rücktrittsvorbehalt oder einer Bedingung abgeschlossen worden ist, auf dessen/deren Eintritt der Anspruchsberechtigte keinen Einfluss hat (BFH vom 1. 6. 1979, BStBl. II S. 580, und vom 9. 11. 1990, BStBl. 1991 II S. 425). 127

(3) Die Bestellung eines beweglichen Wirtschaftsguts ist in dem Zeitpunkt vorgenommen worden, in dem das Auftragsschreiben an den Lieferanten nachweislich zur Post gegeben worden ist (BFH vom 6. 6. 1986, BStBl. 1987 II S. 37). Hat der Verkäufer einen Vertragsantrag abgelehnt und der Anspruchsberechtigte daraufhin ein Gegenangebot des Verkäufers angenommen, ist der Zeitpunkt der neuen Bestellung maßgebend. Bei einer Änderung der Bestellung ist grundsätzlich der Zeitpunkt der Änderung maßgebend (BFH vom 14. 3. 1980, BStBl. II S. 476). Wird eine Bestellung annulliert und anschließend dasselbe Wirtschaftsgut erneut bestellt, bleibt die ursprüngliche Bestellung maßgebend (BFH vom 12. 11. 1982, BStBl. 1983 II S. 29). 128

(4) Gebäude gelten in dem Zeitpunkt als bestellt, in dem über ihre Anschaffung ein rechtswirksam abgeschlossener obligatorischer Vertrag oder ein gleichstehender Rechtsakt vorliegt (§ 3 Abs. 2 Satz 4 InvZulG 2007). 129

(5) Tritt ein Anspruchsberechtigter in einen Vertrag über die Anschaffung eines beweglichen Wirtschaftsguts oder Gebäudes ein, ist – vorbehaltlich des § 42 AO – als Investitionsbeginn nicht der Zeitpunkt des ursprünglichen Vertragsabschlusses, sondern der Zeitpunkt des Eintritts in den Vertrag maßgebend. 130

(6) Das bestellte und das gelieferte Wirtschaftsgut müssen identisch sein. Dies gilt insbesondere bei einer Änderung der Bestellung (BFH vom 12. 11. 1982, BStBl. 1983 II S. 29). Ein Wechsel des Lieferanten führt grundsätzlich dazu, dass das bestellte und das gelieferte Wirtschaftsgut nicht mehr identisch sind und dass daher als Beginn der Investition der Zeitpunkt der Bestellung beim neuen Lieferanten anzusehen ist. Wird jedoch ein Lieferantenwechsel aus Gründen notwendig, die ausschließlich außerhalb des Einflussbereichs des Investors liegen und von ihm nicht zu vertreten sind, kann in Ausnahmefällen vom Zeitpunkt der ursprünglichen Bestellung ausgegangen werden. Den Anspruchsberechtigten trifft die Darlegungs- und Beweislast für die Gründe zum Lieferantenwechsel (BFH vom 22. 4. 1982, BStBl. II S. 571). Entsprechendes gilt, wenn das zunächst bestellte Wirtschaftsgut vom gleichen Lieferanten aus Gründen, die vom Anspruchsberechtigten nicht zu vertreten sind, nicht mehr geliefert werden kann. 131

132 (7) Die Herstellung eines beweglichen Wirtschaftsguts beginnt grundsätzlich an dem Tag, an dem mit den eigentlichen Herstellungsarbeiten begonnen wird. Als Beginn der Herstellung kann jedoch ein früherer Zeitpunkt in Betracht kommen, wenn der Anspruchsberechtigte Material, das er für die Herstellung des Wirtschaftsguts benötigt, bestellt (BFH vom 13. 7. 1990, BStBl. II S. 923, und vom 9. 11. 1990, BStBl. 1991 II S. 425) oder wenn er einen Dritten mit der Herstellung des Wirtschaftsguts beauftragt. Planungsarbeiten sind unabhängig davon, ob der Anspruchsberechtigte sie in seiner Betriebsstätte ausführt oder ob er damit einen Dritten beauftragt, nicht als Beginn der Herstellung eines Wirtschaftsguts anzusehen. Wird ein Generalunternehmer beauftragt, im eigenen Namen und für eigene Rechnung eine Anlage herzustellen, die aus mehreren Wirtschaftsgütern besteht, ist für alle Wirtschaftsgüter, die Gegenstand des Auftrags sind, grundsätzlich der Zeitpunkt der Bestellung bei dem Generalunternehmer maßgebend. Der Auftrag muss so genau beschrieben sein, dass der Anspruchsberechtigte nach Fertigstellung der gesamten Anlage den Zusammenhang zwischen den angeschafften oder hergestellten Wirtschaftsgütern und dem Auftrag nachweisen kann.

133 (8) Bei der Herstellung von Gebäuden gilt ebenfalls als Investitionsbeginn der Abschluss eines der Ausführung zuzurechnenden Lieferungs- oder Leistungsvertrags oder die Aufnahme von Bauarbeiten (§ 3 Abs. 2 Satz 5 InvZulG 2007). Planungs- und Architektenarbeiten zählen wie bei der Herstellung beweglicher Wirtschaftsgüter nicht als Herstellungsbeginn. Auch der Grundstückserwerb ist nicht als Investitionsbeginn anzusehen. Bei Erwerb eines bebauten Grundstücks in Abbruchabsicht beginnt das Erstinvestitionsvorhaben mit dem Gebäudeabriss. Auf den Zeitpunkt, in dem der ggf. erforderliche Bauantrag gestellt worden ist, kommt es dagegen nicht an.

134 (9) Erwirbt ein Anspruchsberechtigter einen Rohbau, den er fertigstellt, ist als Investitionsbeginn der Zeitpunkt des rechtswirksamen Abschlusses des Vertrags über den Erwerb des Rohbaus oder eines gleichstehenden Rechtsakts maßgebend. Rz. 130 gilt entsprechend.

**Beispiel 1:**

Ein Betrieb plant die Errichtung eines neuen Produktionsgebäudes auf dem Gelände der bestehenden Betriebsstätte einschließlich deren Ausstattung mit Produktionsanlagen.

Ein Architektenbüro wird im Mai 2006 mit der Planung des Gebäudes beauftragt. Das Unternehmen beginnt parallel dazu im Mai 2006 mit Flächenräumungsarbeiten. Unter anderem werden ein gemieteter Gastank versetzt und bestehende Parkplätze zurückgebaut. Der Antrag auf Baugenehmigung für das Gebäude wird am 15. Juli 2006 eingereicht. Im September 2006 errichtet das Unternehmen neue Stellplätze für PKW. Im Januar 2007 beauftragt das Unternehmen ein Bauunternehmen mit der Errichtung des Produktionsgebäudes. Das Gebäude wird im September 2007 fertiggestellt, die ersten Bestellungen für die Maschinen sind im Februar 2007 erfolgt.

Das Erstinvestitionsvorhaben zur Erweiterung einer bestehenden Betriebsstätte umfasst die Errichtung des Gebäudes und die entsprechende Ausstattung, die zur Aufnahme der Produktion erforderlich ist. Das Erstinvestitionsvorhaben beginnt mit dem Abschluss eines der Ausführung zuzurechnenden Lieferungs- oder Leistungsvertrages im Januar 2007. Die vorbereitenden Arbeiten zur Beräumung der Fläche, auf der das Gebäude errichtet werden soll, sind, soweit sie der Gebäudeherstellung unmittelbar zugerechnet werden können, den Herstellungskosten zuzurechen. Sie stellen jedoch noch nicht den Beginn der Herstellung dar.

**Beispiel 2:**

Ein Investor erwirbt mit Kaufvertrag vom 20. Oktober 2006 im D-Fördergebiet von Berlin ein unfertiges Gebäude (Rohbau). Mit den Bauarbeiten zur Fertigstellung des Gebäudes beginnt der Investor am 5. März 2007. Das Gebäude wird für die Nutzung als Hotel im Oktober 2008 fertig gestellt. Die Ausstattung des Hotels wird im Juli 2009 abgeschlossen. Das Hotel öffnet am 1. August 2009.

Das Investitionsvorhaben „Errichtung einer neuen Betriebsstätte" beginnt am 20. Oktober 2006 und endet im Juli 2009. Die einzelnen Investitionen sind auch im D-Fördergebiet von Berlin ohne Einschränkungen förderbar (vgl. Rz. 12).

**Beispiel 3:**

Ein Bauträger beginnt mit der Errichtung eines Hotelgebäudes in Rostock am 10. Juni 2006. Das Gebäude wird im Mai 2007 fertig gestellt. Ein Hotelbetrieb erwirbt mit Kaufvertrag vom 20. September 2007 dieses Gebäude und stattet es bis Mitte 2008 mit den notwendigen Einrichtungsgegenständen aus.

Die Anschaffung eines neuen Gebäudes durch den Hotelbetrieb erfolgt innerhalb des Begünstigungszeitraums und ist daher investitionszulagenbegünstigt. Das Investitionsvorhaben „Errichtung einer Betriebsstätte" beginnt mit Abschluss des Kaufvertrages am 20. September 2007 und endet Mitte 2008 mit der Anschaffung der letzten Einrichtung. Der Bauträger hat dagegen keinen Anspruch auf Investitionszulage, weil er die Investition bereits vor dem 20. Juli 2006 begonnen hat.

## 7. Investitionsabschluss

(1) Investitionen sind in dem Zeitpunkt abgeschlossen, in dem die Wirtschaftsgüter angeschafft oder hergestellt worden sind. **135**

(2) Ein Wirtschaftsgut ist investitionszulagenrechtlich in dem Zeitpunkt angeschafft, in dem der Erwerber nach dem Willen der Vertragsparteien darüber wirtschaftlich verfügen kann und in dem es betriebsbereit ist (BFH vom 25. 9. 1996, BStBl. 1998 II S. 70). Wirtschaftliche Verfügungsmacht hat der Erwerber i. d. R., wenn Eigenbesitz, Gefahr, Nutzen und Lasten auf ihn übergehen. Die Übergabe des Wirtschaftsguts kann nicht durch die Vereinbarung eines Besitzmittlungsverhältnisses i. S. v. § 868 BGB ersetzt werden (BFH vom 7. 12. 1990, BStBl. 1991 II S. 377, und vom 19. 6. 1997, BStBl. 1998 II S. 72). Ein vom Veräußerer zur Abholung bereitgestelltes Wirtschaftsgut ist daher erst zu dem Zeitpunkt investitionszulagenrechtlich angeschafft, in dem der Anspruchsberechtigte oder einer seiner Betriebsangehörigen es abholt. Schafft der Investor ein Wirtschaftsgut aufgrund eines Werklieferungsvertrages an, kann er wirtschaftlich ab dem Zeitpunkt über das Wirtschaftgut verfügen, zu dem nach den vertraglichen Vereinbarungen die Gefahr des zufälligen Untergangs des Wirtschaftguts auf ihn übergeht. Nur soweit vertragliche Vereinbarungen fehlen, ist auf die zivilrechtlichen Regelungen insbesondere über die Gefahrtragung abzustellen. Sind für die Nutzbarkeit eines Wirtschaftsguts zunächst noch Montagearbeiten erforderlich, gilt das Wirtschaftsgut erst zu dem Zeitpunkt als angeschafft, zu dem es nach Beendigung der Montagearbeiten betriebsbereit ist (BFH vom 2. 9. 1988, BStBl. II S. 1009). Bagatellmontagen sind jedoch ohne Bedeutung (BFH vom 25. 9. 1996, BStBl. 1998 II S. 70). **136**

(3) Die Herstellung eines Wirtschaftsguts ist in dem Zeitpunkt abgeschlossen, in dem es fertiggestellt ist. Ein Wirtschaftsgut ist fertiggestellt, sobald es seiner Zweckbestimmung entsprechend genutzt werden kann. Ein Gebäude ist fertiggestellt, wenn die wesentlichen Bauarbeiten abgeschlossen sind und der Bau so weit errichtet ist, dass das Gebäude für den Betrieb in all seinen **137**

wesentlichen Bereichen nutzbar ist (BFH vom 21. 7. 1989, BStBl. II S. 906). Gebäudeteile, die auf Grund ihrer unterschiedlichen Funktionen selbstständige Wirtschaftsgüter sind, sind fertiggestellt, sobald diese Teile bestimmungsgemäß nutzbar sind (BFH vom 9. 8. 1989, BStBl. 1991 II S. 132).

138 (4) Ist für den Einsatz eines beweglichen Wirtschaftsguts eine behördliche Genehmigung (z. B. TÜV-Abnahme) erforderlich, ist das Wirtschaftsgut erst betriebsbereit und die Investition abgeschlossen, wenn die Genehmigung vorliegt. Lastkraftwagen müssen über eine Betriebserlaubnis nach § 20 oder § 21 StVZO verfügen. Eine Zulassung für den öffentlichen Straßenverkehr ist nicht erforderlich (BFH vom 25. 9. 1996, BStBl. 1998 II S. 70, und vom 19. 6. 1997, BStBl. 1998 II S. 72).

## 8. Investitionszulagensätze

139 (1) Von Bedeutung für die Höhe der Investitionszulage ist, ob es sich um ein bewegliches Wirtschaftsgut oder ein Gebäude, eine Investition in einer Betriebsstätte im Fördergebiet oder im Randgebiet des Fördergebiets handelt und ob der Betrieb des Anspruchsberechtigten zusätzlich die Begriffsdefinition für kleine und mittlere Unternehmen i. S. d. Empfehlung der Europäischen Kommission vom 6. Mai 2003 erfüllt.

140 (2) Begünstigte bewegliche Wirtschaftsgüter, die zum Anlagevermögen eines begünstigten Betriebs oder einer Betriebsstätte eines begünstigten Betriebs des Anspruchsberechtigten im Fördergebiet außerhalb des Randgebiets gehören und auch dort verbleiben, und Gebäude, die im Fördergebiet außerhalb des Randgebiets durch einen begünstigten Betrieb oder eine Betriebsstätte eines begünstigten Betriebs verwendet werden, sind mit einer Investitionszulage i. H. v. 12,5 % der Bemessungsgrundlage (§ 5 Abs. 1 Satz 1 Nr. 1 InvZulG 2007; Grundzulage) förderbar.

141 (3) Die Investitionszulage erhöht sich für begünstigte bewegliche Wirtschaftsgüter im Fördergebiet außerhalb des Randgebiets auf 25 % der Bemessungsgrundlage, wenn der anspruchsberechtigte begünstigte Betrieb zusätzlich die Begriffsdefinition für kleine und mittlere Unternehmen (KMU) i. S. d. Empfehlung der Europäischen Kommission vom 6. Mai 2003 (§ 5 Abs. 2 Satz 1 Nr. 1 InvZulG 2007; vgl. Rz. 158 bis 169) erfüllt. Für nach dem 31. Dezember 2006 begonnene große Erstinvestitionsvorhaben (vgl. Rz. 204) in Betriebsstätten in dem Teil des Landes Berlin, das zum Fördergebiet gehört, vermindert sich der erhöhte Fördersatz auf 15 % (§ 5 Abs. 2 Satz 1 Nr. 3 InvZulG 2007; vgl. Rz. 147 und 148). Für vor dem 1. Januar 2007 begonnene große Erstinvestitionsvorhaben in Betriebsstätten in Berlin (gesamtes Land) beträgt der Zulagensatz grundsätzlich 25 % für alle dem Vorhaben zuzurechnenden beweglichen Wirtschaftsgüter. Für die Anschaffung und Herstellung von Gebäuden kommt die erhöhte Investitionszulage nicht in Betracht.

142 (4) Investitionen in Betriebsstätten im Randgebiet (vgl. Rz. 144 bis 147) des Fördergebiets werden im Vergleich zu Investitionen in Betriebsstätten im übrigen Fördergebiet mit einem jeweils um 2,5 Prozentpunkte erhöhten Investitionszulagensatz (§ 5 Abs. 1 Satz 1 Nr. 2 InvZulG 2007 – 15 % Grundzulage; § 5 Abs. 2 Satz 1 Nr. 2 InvZulG 2007 – 27,5 % erhöhte Zulage) gefördert.

**Übersicht:**

| | | **Fördergebiet ohne Randgebiet** | **Randgebiet** |
|---|---|---|---|
| Kein KMU | Bewegliche Wirtschaftsgüter und Gebäude | 12,5 % | 15 % |
| KMU | Bewegliche Wirtschaftsgüter | 25 % (große Vorhaben im Fördergebiet Berlin ab 1. 1. 2007: 15 %) | 27,5 % |
| | Gebäude | 12,5 % | 15 % |

(5) Bei Investitionen in sensiblen Sektoren kann sich aus EU-Vorschriften 143
ergeben, dass die Förderung der Höhe nach zu begrenzen ist. Dies gilt insbesondere für Investitionen in der Kfz-Industrie für vor dem 1. Januar 2007 begonnene Erstinvestitionsvorhaben. Eine Beschränkung der Höhe nach kann auch bei Investitionen bestehen, die zu einem großen Investitionsvorhaben gehören, auf das der multisektorale Regionalbeihilferahmen für große Investitionsvorhaben vom 13. 2. 2002 (ABl. EG Nr. C 70 S. 8), geändert durch die Mitteilung der Kommission vom 1. 11. 2003 (ABl. EU Nr. C 263 S. 3), oder die Leitlinien für staatliche Beihilfen mit regionaler Zielsetzung 2007–2013 (ABl. EU 2006 Nr. C 54 S. 13) Anwendung finden. Der Vorrang des EU-Rechts bei der Bemessung der Förderhöhe ist in § 5 Abs. 1 Satz 2 und Abs. 2 Satz 2 InvZulG 2007 geregelt (vgl. Rz. 206 bis 220)

## 8.1. Höhere Förderung von Investitionen im Randgebiet des Fördergebiets

(1) Die Landkreise, kreisfreien Städte und Gemeinden, die das Randgebiet 144
des Fördergebiets bilden, sind in der Anlage 3 zum InvZulG 2007 genannt. Bei Gebiets- und Namensänderungen nach dem 1. Januar 2004 bleibt der Gebietsstand vom 1. Januar 2004 maßgebend. Liegt eine Betriebsstätte gebietsübergreifend innerhalb und außerhalb des Randgebiets, gilt sie als Betriebsstätte im Randgebiet, wenn sie sich überwiegend im Randgebiet befindet.

(2) Die um 2,5 Prozentpunkte höheren Investitionszulagen (15 % und 145
27,5 %) erfordern, dass bewegliche Wirtschaftsgüter während des Zugehörigkeits- und Verbleibenszeitraums dem Anlagevermögen einer Betriebsstätte des Anspruchsberechtigten im Randgebiet zuzurechnen sind und in einer Betriebsstätte des Anspruchsberechtigten im Randgebiet verbleiben (vgl. Rz. 56 bis 74). Daher kann ein Unternehmen für bewegliche Wirtschaftsgüter, die es im Anlagevermögen einer Betriebsstätte im Fördergebiet außerhalb des Randgebiets hält, die erhöhte Investitionszulage für Investitionen in Betriebsstätten im Randgebiet nicht beanspruchen. Für die Zuordnung zu einer Betriebsstätte im Randgebiet ist unschädlich, wenn bewegliche Wirtschaftsgüter, die ihrer Art nach nicht dazu bestimmt und geeignet sind, im räumlich abgegrenzten Bereich einer Betriebsstätte eingesetzt zu werden (z. B. Transportmittel), au-

ßerhalb des Randgebiets in der Weise eingesetzt werden, dass sie die Voraussetzungen der Rz. 71 bis 73 erfüllen.

146 (3) Hat ein Betrieb Betriebsstätten innerhalb und außerhalb des Randgebiets, erfordern die um 2,5 Prozentpunkte erhöhten Investitionszulagen, dass die beweglichen Wirtschaftsgüter nur der Betriebsstätte im Randgebiet zugerechnet werden und in den Betriebsstätten im Randgebiet verbleiben, d. h. nur diesen Betriebsstätten i. S. d. Zugehörigkeits- und Verbleibensvoraussetzung zuzuordnen sind. Bewegliche Wirtschaftsgüter, die nicht im räumlich abgegrenzten Bereich einer Betriebsstätte verwendet werden, wie z. B. Transportmittel, sind der Betriebsstätte zuzuordnen, zu der die engeren wirtschaftlichen Beziehungen bestehen. Wird ein bewegliches Wirtschaftsgut innerhalb des Zugehörigkeits- und Verbleibenszeitraums in eine Betriebsstätte des Anspruchsberechtigten außerhalb des Randgebiets überführt, mindert sich die Investitionszulage auf den Investitionszulagensatz, der bestanden hätte, wenn das bewegliche Wirtschaftsgut von vornherein in der Betriebsstätte außerhalb des Randgebiets verblieben wäre.

### 8.2. Einschränkung der erhöhten Förderung von Investitionen in Berlin

147 (1) Für vor dem 1. Januar 2007 begonnene Erstinvestitionsvorhaben gelten für große Erstinvestitionsvorhaben die Einschränkungen des multisektoralen Regionalbeihilferahmens für große Investitionsvorhaben vom 13. 2. 2002 (ABl. EG Nr. C 70 S. 8), geändert durch die Mitteilung der Kommission vom 1. 11. 2003 (ABl. EU Nr. C 263 S. 3), auch für Investitionen in Berlin (Absenkung Fördersatz bei über 100 Mio. Euro Investitionskosten des Vorhabens; vgl. Rz. 200 bis 202).

148 (2) Für nach dem 31. Dezember 2006 begonnene große Erstinvestitionsvorhaben gelten die Einschränkungen der Leitlinien für staatliche Beihilfen mit regionaler Zielsetzung 2007–2013 (ABl. EU 2006 Nr. C 54 S. 13). Danach darf in Gebieten i. S. v. Art. 87 Abs. 3 Buchst. c EG-Vertrag (C-Fördergebiet von Berlin i. S. d. Fördergebietskarte 2007/2013) ein Beihilfehöchstsatz von 15 % nicht überschritten werden. Da nach Fußnote 61 der Leitlinien bei großen Investitionsvorhaben keine KMU-Zuschläge gewährt werden können, gilt auch in KMU-Betrieben die Beihilfehöchstsintensität von 15 %. Das bedeutet, dass die erhöhte Investitionszulage für nach dem 31. Dezember 2006 begonnene große Investitionsvorhaben in Berlin maximal 15 % betragen darf.

## 9. Begünstigte Investitionen, Investitionszeitraum und Höhe der Investitionszulage in dem nicht zum Fördergebiet i. S. d. § 1 Abs. 2 gehörenden Teil des Landes Berlin

149 (1) Das in der Anlage 1 zum InvZulG aufgeführte Gebiet von Berlin wurde zum 1. Januar 2007 aus dem Fördergebiet nach § 1 Abs. 2 InvZulG 2007 herausgenommen (vgl. Rz. 11 und 12). In diesem sog. D-Fördergebiet ist nach § 5 a InvZulG 2007 eine eingeschränkte Förderung dennoch möglich. Für die Förderung mit Investitionszulage gelten Besonderheiten hinsichtlich des Begünstigungszeitraums, der Größe des Betriebs, der Höhe der zulagenfähigen Aufwendungen und der Zulagensätze.

(2) Förderbar sind nur solche Erstinvestitionsvorhaben i. S. d. § 2 Abs. 3 InvZulG 2007, mit denen der Anspruchsberechtigte nach dem 16. Oktober 2007 und vor dem 1. Januar 2009 im D-Fördergebiet von Berlin begonnen hat. Die zu einem solchen Erstinvestitionsvorhaben gehörenden Investitionen müssen die Voraussetzungen des § 2 Abs. 1 und 2 InvZulG 2007 erfüllen. **150**

(3) Die Regelungen zur Abgrenzung der Anspruchsberechtigten (§ 1 Abs. 1 InvZulG 2007), zur Abgrenzung der begünstigten von den nicht begünstigten Investitionen (§ 2 InvZulG 2007), die Vorschriften zur Ermittlung der Bemessungsgrundlage (§ 4 InvZulG 2007) sowie die Regelungen zur Antragstellung, Festsetzung und Beachtung von Rechtsvorschriften der EU (§§ 6 bis 9, 10 Abs. 3 und 4 sowie §§ 11 bis 14 InvZulG 2007) gelten uneingeschränkt auch für die Förderung im D-Fördergebiet von Berlin. Das bedeutet, dass nur solche Erstinvestitionsvorhaben förderbar sind, die die Voraussetzungen des § 2 Abs. 1 bis 3 InvZulG 2007 erfüllen. **151**

(4) Förderbar im D-Fördergebiet sind ausschließlich Investitionen in solchen begünstigten Betrieben, die zusätzlich die Begriffsdefinition für kleine und mittlere Betriebe i. S. d. Empfehlung der Kommission vom 6. 5. 2003 (vgl. Rz. 158 bis 169) erfüllen. Bei beweglichen begünstigten Wirtschaftsgütern i. S. d. § 2 Abs. 1 InvZulG 2007 muss der anspruchsberechtigte Betrieb selbst die Voraussetzung eines KMU-Betriebs erfüllen. Bei begünstigten Gebäudeinvestitionen i. S. d. § 2 Abs. 2 InvZulG 2007 muss der Investor selbst, im Fall einer Nutzungsüberlassung oder Veräußerung der nutzende oder erwerbende Betrieb ein KMU-Betrieb sein. Die KMU-Eigenschaft muss zu Beginn des Erstinvestitionsvorhabens vorliegen. Verliert oder erwirbt ein Betrieb den KMU-Status nach Beginn des Erstinvestitionsvorhabens oder während des Bindungszeitraums, hat das auf die Förderung keinen Einfluss (vgl. Rz. 54). Investitionen in Großbetrieben können im D-Fördergebiet von Berlin nicht gefördert werden. **152**

(5) Ein Anspruch auf Investitionszulage besteht im D-Fördergebiet von Berlin nicht, wenn die Kosten des Erstinvestitionsvorhabens insgesamt 25 Mio. € oder mehr betragen. In diesen Fällen ist eine Investitionszulage vollständig ausgeschlossen. **153**

(6) Auch nicht förderbar sind Investitionen in den Sektoren Herstellung, Verarbeitung und Vermarktung landwirtschaftlicher Produkte i. S. d. Anhangs I des EG-Vertrags. **154**

(7) Die Investitionszulage beträgt für begünstigte Investitionen im D-Fördergebiet von Berlin 7,5 % der Bemessungsgrundlage, wenn der begünstigte Betrieb ein mittleres Unternehmen i. S. d. Empfehlung der Kommission vom 6. Mai 2003 ist. **155**

(8) Die Investitionszulage beträgt für begünstigte Investitionen im D-Fördergebiet von Berlin 15 % der Bemessungsgrundlage, wenn der begünstigte Betrieb ein kleines Unternehmen i. S. d. Empfehlung der Kommission vom 6. Mai 2003 ist. **156**

(9) Für dieselben förderbaren Kosten eines Erstinvestitionsvorhabens dürfen keine weiteren Beihilfen i. S. d. Artikels 87 Abs. 1 des EG-Vertrags und keine anderen Gemeinschaftsmittel gewährt werden. **157**

## 10. Abgrenzung der kleinen und mittleren Unternehmen im Sinne der Empfehlung der Europäischen Kommission (KMU)

158 (1) Für die Verkürzung des Bindungszeitraums von fünf auf drei Jahre, für die erhöhte Investitionszulage und für die Förderung in den in der Anlage 1 zum Gesetz aufgeführten Teilen des Landes Berlin (D-Fördergebiet von Berlin) muss der anspruchsberechtigte Betrieb selbst und/oder der Betrieb, in dem die Gebäude verwendet werden (vgl. Rz. 52, 96, 139, 152), zusätzlich den Begriff eines kleinen oder mittleren Unternehmens i. S. d. Empfehlung der Europäischen Kommission (KMU) erfüllen. Der KMU-Begriff ist in der Empfehlung der Kommission vom 6. Mai 2003 betreffend die Definition der Kleinstunternehmen sowie der kleinen und mittleren Unternehmen (ABl. EU Nr. L 124 S. 36) festgelegt.

159 (2) KMU i. S. d. Empfehlung vom 6. Mai 2003 sind Unternehmen mit weniger als 250 Beschäftigten und einem Jahresumsatz von höchstens 50 Mio. € oder einer Jahresbilanzsumme von höchstens 43 Mio. €. Zudem wird für die Zusammenrechnung mit vorgeschalteten und nachgeschalteten Unternehmen unterschieden zwischen einer Beteiligung unter 25 %, von 25 % bis einschließlich 50 % (Partnerunternehmen) und von mehr als 50 % (verbundene Unternehmen). Bei einer Beteiligung unter 25 % erfolgt grundsätzlich keine Zusammenrechnung. Um zu entscheiden, ob ein Unternehmen ein unabhängiges Unternehmen ist oder mit anderen Unternehmen eine wirtschaftliche Gruppe bildet („verbundene" Unternehmen oder „Partnerunternehmen"), sind verschiedene Faktoren zu prüfen. In Art. 3 des Anhangs zur KMU-Empfehlung wird beschrieben, welche Unternehmenstypen (verbundene Unternehmen oder Partnerunternehmen) bei der Berechnung der Mitarbeiterzahlen und der finanziellen Schwellenwerte zu berücksichtigen sind. Die Daten verbundener Unternehmen werden bei der Berechnung der Schwellenwerte vollständig hinzugerechnet, während die Daten von Partnerunternehmen proportional zu dem Anteil der Beteiligung am Kapital oder an den Stimmrechten angerechnet werden. Die Feststellung der Unternehmensbeziehungen beschränkt sich dabei nicht auf inländische Unternehmen. Es sind alle Unternehmensbeziehungen weltweit zu berücksichtigen.

160 (3) Die Zahl der Beschäftigten wird in Jahresarbeitseinheiten (JAE) ermittelt. Personen, die nicht das ganze Jahr beschäftigt oder im Rahmen einer Teilzeitregelung tätig sind, werden mit dem Anteil berücksichtigt, der der Arbeitszeit eines während des Jahres Vollbeschäftigten entspricht. Zu den Beschäftigten zählen:

- Lohn- und Gehaltsempfänger;
- für das Unternehmen tätige Personen, die in einem Unterordnungsverhältnis zu diesem stehen und nach nationalem Recht als Arbeitnehmer gelten;
- mitarbeitende Eigentümer;
- Teilhaber, die eine regelmäßige Tätigkeit in dem Unternehmen ausüben und finanzielle Vorteile aus dem Unternehmen ziehen.

Auszubildende oder in der beruflichen Ausbildung stehende Personen, die einen Lehr- bzw. Berufsausbildungsvertrag haben, sind nicht als Mitarbeiter zu zählen. Unberücksichtigt bleiben auch Personen im Mutterschafts- oder Elternurlaub sowie Leiharbeitnehmer. Jede Vollzeitarbeitskraft, die während des gesamten Berichtsjahres im Unternehmen oder für das Unternehmen tätig war, zählt als eine Einheit. Für Teilzeit- und Saisonarbeitskräfte sowie für Personen, die nicht das gesamte Jahr gearbeitet haben, ist jeweils der entsprechende Bruchteil einer Einheit zu zählen.

(4) Ein eigenständiges Unternehmen ist anzunehmen, wenn folgende Vo- **161**
raussetzungen erfüllt sind:

– Das Unternehmen ist völlig unabhängig, d. h. es ist nicht an anderen Unternehmen beteiligt und es gibt keine Beteiligung anderer Unternehmen an diesem Unternehmen.
– Das Unternehmen hält weniger als 25 % des Kapitals oder der Stimmrechte (unter Berücksichtigung des jeweils höheren Anteils) an einem oder mehreren anderen Unternehmen, und/oder Außenstehende halten weniger als 25 % des Kapitals oder der Stimmrechte (unter Berücksichtigung des jeweils höheren Anteils) an dem Unternehmen.

Eigenständigkeit bedeutet, dass das Unternehmen weder Partner eines anderen Unternehmens noch mit einem anderen Unternehmen verbunden ist.

(5) Das Unternehmen ist ein Partnerunternehmen, wenn es mindestens **162**
25 % des Kapitals oder der Stimmrechte an einem anderen Unternehmen hält und/oder ein anderes Unternehmen einen Anteil von mindestens 25 % an dem Unternehmen hält. Dies gilt auch, wenn mehrere miteinander verbundene Unternehmen unmittelbar insgesamt mindestens 25 % des Kapitals oder der Stimmrechte an einem anderen Unternehmen halten. Das Unternehmen ist dann nicht mit einem anderen Unternehmen verbunden, wenn der Anteil an den Stimmrechten in dem anderen Unternehmen (oder umgekehrt) höchstens 50 % beträgt.

(6) Das Unternehmen ist ein verbundenes Unternehmen, wenn es **163**

– mehr als 50 % der Stimmrechte der Aktionäre oder Gesellschafter in einem anderen Unternehmen hält und/oder ein anderes Unternehmen mehr als 50 % an dem Unternehmen hält;
– berechtigt ist, die Mehrheit der Mitglieder des Verwaltungs-, Leitungs- oder Aufsichtsgremiums eines anderen Unternehmens zu bestellen oder abzuberufen;
– aufgrund eines zwischen den Unternehmen geschlossenen Vertrags oder durch eine Klausel in der Satzung eines der Unternehmen einen beherrschenden Einfluss auf das andere Unternehmen ausüben kann;
– kraft einer Vereinbarung die alleinige Kontrolle über die Mehrheit der Stimmrechte der Aktionäre oder Gesellschafter in einem anderen Unternehmen ausüben kann.

Unternehmen, die einen konsolidierten Abschluss erstellen oder in den konsolidierten Abschluss eines anderen Unternehmens einbezogen werden, gelten i. d. R. als verbundene Unternehmen. Konsolidierung bedeutet, dass Transaktionen innerhalb der Unternehmens-Gruppe neutralisiert werden (konzerninterne Lieferungen und Dienstleistungen).

(7) Unternehmen, die über natürliche Personen oder eine Gruppe von ge- **164**
meinsam handelnden natürlichen Personen einen dominanten Einfluss auf andere Unternehmen ausüben, gelten als verbundene Unternehmen, sofern diese Unternehmen ganz oder teilweise in demselben Markt oder benachbarten

Märkten tätig sind. Faktoren wie die Beteiligungsstruktur, die Identität der Geschäftsführer, der Grad der wirtschaftlichen Verflechtung und sämtliche anderen Beziehungen der betroffenen Unternehmen sind bei der Beurteilung, ob es sich um verbundene Unternehmen handelt, zu Grunde zu legen (Entscheidung der Kommission vom 7. 6. 2006 – ABl. EU 2006 L 353 S. 60).

165 (8) Die Europäische Kommission hat auf ihrer Internetseite[1] ein Benutzerhandbuch zur neuen KMU-Definition eingestellt, in dem Angaben und Erläuterungen zur KMU-Definition sowie eine Mustererklärung enthalten sind. Des Weiteren wird auf die Erläuterungen zur KMU-Erklärung verwiesen.

166 (9) Die KMU-Eigenschaft des zu beurteilenden Unternehmens ist zu Beginn des Erstinvestitionsvorhabens zu beurteilen. Das bedeutet, dass die Beteiligungsverhältnisse an diesem Stichtag zu Grunde zu legen sind. Ist der Betrieb zu Beginn des Erstinvestitionsvorhabens mit anderen Unternehmen verbunden und/oder sind an dem Betrieb Partnerunternehmen beteiligt, sind bei allen zu betrachtenden Unternehmen für die Berechnung der Mitarbeiterzahl und der finanziellen Schwellenwerte die Angaben des Rechnungsabschlusses des dem Beginn des Erstinvestitionsvorhabens vorangegangenen Wirtschaftsjahres heranzuziehen, die auf Jahresbasis berechnet werden. Bei neu gegründeten Unternehmen, die noch keinen Jahresabschluss vorlegen können, werden die entsprechenden Daten im Laufe des Geschäftsjahres nach Treu und Glauben geschätzt. Der KMU-Status wird erworben oder geht verloren, wenn ein Unternehmen an einem Bilanzstichtag die Schwellenwerte für die Mitarbeiterzahl und die finanziellen Schwellenwerte in zwei aufeinander folgenden Geschäftsjahren unter- oder überschreitet.

167 (10) Ändern sich bei einem Betrieb die Beteiligungsverhältnisse, z. B. aufgrund des Ausstiegs eines verbundenen Unternehmens, und erfüllt der Betrieb daraufhin erstmalig die Kriterien für ein kleines und mittleres Unternehmen i. S. d. Empfehlung der Kommission vom 6. Mai 2003, so sind zur Berechnung der Zweijahresgrenze die Beteiligungsverhältnisse zum Beginn des Erstinvestitionsvorhabens maßgebend. Die Angaben von nicht mehr beteiligten Unternehmen sind bei dieser Ermittlung auch dann nicht mit einzubeziehen, wenn das Unternehmen in den letzten zwei Jahren als verbundenes Unternehmen galt. Entsprechendes gilt, wenn ein Unternehmen erstmalig als verbundenes oder Partnerunternehmen zu betrachten ist.

**Beispiel:**

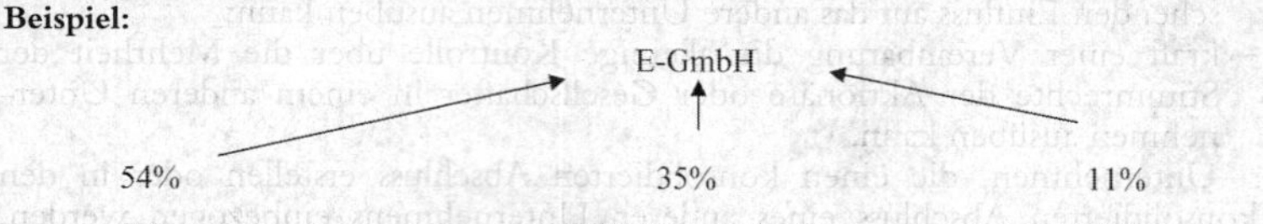


[1] **[Amtl. Anm.:]** Internet-Adresse: http://ec.europa.eu/enterprise/enterprise_policy/sme_definition/sme_user_guide_de.pdf.

Die E-GmbH beginnt am 1. März 2007 ein Investitionsvorhaben in Halle (Saale). An der anspruchsberechtigten E-GmbH sind zum Zeitpunkt des Investitionsvorhabensbeginns drei Unternehmen beteiligt. Die B-AG besitzt einen Anteil von 11% des Kapitals und der Stimmrechte der E-GmbH, dieses Unternehmen ist daher weder verbundenes Unternehmen noch Partnerunternehmen. Die R-E-Corporation hält einen Anteil von 35% und ist daher als Partnerunternehmen prozentual entsprechend des Anteils i. H. v. 35% zu berücksichtigen. Die S-Inc. besitzt die Mehrheit der Stimmrechte an der E-GmbH. Gemäß Art. 3 Abs. 3 des Anhangs zur KMU Empfehlung werden die Unternehmen daher als verbundene Unternehmen betrachtet. An der S-Inc. ist die E-S-GmbH zu 100% beteiligt, die E-S-GmbH wird daher auch als verbundenes Unternehmen betrachtet. Die Mitarbeiterzahl und die finanziellen Werte der S-Inc sowie der E-S-GmbH fließen daher zu 100% in die Berechnung der Schwellenwerte der E-GmbH ein. Ferner hält die G-GmbH 16% der Anteile an der B-AG sowie 39% an der R-E-Corporation. Damit ist die G-GmbH zwar Partnerunternehmen der R-E-Corporation, sie wird aber bei der Berechnung der Schwellenwerte der E-GmbH nicht berücksichtigt. Für die Berechnung der Schwellenwerte sind die entsprechenden Angaben des Rechnungsabschlusses des vorangegangenen Wirtschaftsjahres zu Grunde zu legen.
Die S-Inc. (einschließlich der E-S-GmbH) hatte im Jahr 2006 215 Mitarbeiter, einen Jahresumsatz von 18,9 Mio. EUR und eine Bilanzsumme von 36,5 Mio. €. Die R-E-Corporation beschäftigt 20 Mitarbeiter und hat einen Jahresumsatz 10,2 Mio € und eine Bilanzsumme von 20 Mio € – diese Werte gehen zu 35% in die Berechnung der E-GmbH ein. 2006 zählte die E-GmbH keine Mitarbeiter und erwirtschaftete keinen Umsatz; die Bilanzsumme betrug 25 000 €.

**Berechnung der Schwellenwerte für die Beurteilung der KMU-Eigenschaft der E-GmbH**

| | **E-GmbH eigene Daten** | **R-E-Corporation** | **S-Inc. einschließlich E-S-GmbH** | **bei der E-GmbH anzusetzende Werte** |
|---|---|---|---|---|
| | | Partnerunternehmen (35% Anteil) | verbundene Unternehmen (100%) | |
| Mitarbeiter | 0 | 20 × 35% = 7 | 215 | 222 |
| Umsatz | 0 | 10,2 Mio. € × 35% = 3,57 Mio. € | 18,9 Mio. € | 22,47 Mio. € |
| Bilanzsumme | 0,025 Mio. € | 20 Mio. € × 35% = 7 Mio. € | 36,5 Mio. € | 43,525 Mio. € |

Der in der KMU-Empfehlung vorgesehene Schwellenwert von 250 Mitarbeitern wird nicht überschritten. Der Schwellenwert der KMU-Empfehlung für den Umsatz (höchstens 50 Mio. €) wird eingehalten, der Schwellenwert für die Bilanzsumme (höchstens 43 Mio. €) wird dagegen nicht eingehalten. Für die KMU-Eigenschaft ist es ausreichend, wenn die Mitarbeiterzahl und entweder der Schwellenwert des Umsatzes oder der Bilanzsumme eingehalten werden. Der Betrieb ist als KMU zu beurteilen.

(11) Werden im Laufe der Durchführung des Erstinvestitionsvorhabens die Schwellenwerte bezüglich Mitarbeiterzahl und Finanzangaben überschritten, so hat dies keine Auswirkungen auf die Einstufung des Unternehmens. Der zu Beginn des Erstinvestitionsvorhabens bestehende KMU-Status bleibt für alle Investitionen, die zum Erstinvestitionsvorhaben gehören, erhalten. Das Unternehmen verliert diesen Status für ein Erstinvestitionsvorhaben auch dann nicht, wenn die Schwellenwerte in zwei aufeinander folgenden Rechnungslegungszeiträumen überschritten werden. Im umgekehrten Fall erwirbt ein Unternehmen den KMU-Status auch nicht rückwirkend für ein laufendes Erstinvestitionsvorhaben, wenn es als ehemals großes Unternehmen die Schwellenwerte in zwei aufeinander folgenden Rechnungslegungsperioden unterschreitet. 168

169 (12) Verliert der investierende Betrieb innerhalb des Verbleibenszeitraums den Status eines KMU, ist dies für die erhöhte Investitionszulage, den abgekürzten Bindungszeitraum von drei Jahren und die Förderung im D-Fördergebiet von Berlin ohne Bedeutung.

## Zweiter Teil Bemessungsgrundlage der Investitionszulage

### 1. Allgemeines

170 (1) Die Investitionszulage wird für die begünstigten Investitionen eines Wirtschaftsjahres gewährt. Bemessungsgrundlage ist die Summe aus den Anschaffungs- oder Herstellungskosten für begünstigte Investitionen eines Wirtschaftsjahres. In die Bemessungsgrundlage können außerdem die im Wirtschaftsjahr geleisteten Anzahlungen auf Anschaffungskosten und entstandene Teilherstellungskosten für begünstigte Wirtschaftsgüter einbezogen werden. In diesen Fällen gehören im Wirtschaftsjahr der Anschaffung oder Herstellung der Wirtschaftsgüter nur die um die Anzahlungen oder Teilherstellungskosten verminderten Anschaffungs- oder Herstellungskosten zur Bemessungsgrundlage.

171 (2) Wegen der Aufteilung der Anschaffungs- oder Herstellungskosten bei Gebäuden, die teils begünstigt und teils nicht begünstigt verwendet werden, wird auf die Rz. 100 hingewiesen.

172 (3) Werden Wirtschaftsgüter zulässigerweise mit einem Festwert angesetzt, sind bei der Ermittlung der Bemessungsgrundlage die Anschaffungs- oder Herstellungskosten dieser Wirtschaftsgüter und nicht der Festwert zu berücksichtigen (BFH vom 29. 7. 1966, BStBl. 1967 III S. 151).

173 (4) Die Vorschrift des § 4 Abs. 5 Satz 1 Nr. 7 EStG ist bei der Ermittlung der Bemessungsgrundlage zu berücksichtigen (BFH vom 19. 6. 1975, BStBl. 1976 II S. 97). Das bedeutet, dass bei der Investitionszulage der Teil der Anschaffungs- oder Herstellungskosten eines die Lebensführung berührenden Wirtschaftsguts in die Bemessungsgrundlage nicht einbezogen werden darf, der nach der allgemeinen Verkehrsauffassung als unangemessen anzusehen und deshalb nach § 4 Abs. 5 Satz 1 Nr. 7 EStG eine nicht abziehbare Betriebsausgabe ist. Auf die BFH-Urteile vom 2. 2. 1979 (BStBl. II S. 387) und vom 2. 2. 1979 (BStBl. 1980 II S. 340) wird hingewiesen.

174 (5) Die Anschaffungs- und Herstellungskosten sowie die Anzahlungen auf Anschaffungskosten und die Teilherstellungskosten werden durch Zuschüsse aus öffentlichen oder privaten Mitteln (vgl. R 6.5 EStR 2005) und durch die Übertragung aufgedeckter stiller Reserven (z. B. auf Grund des § 6 b EStG oder der R 6.6 EStR 2005) oder durch die gewinnmindernde Herabsetzung der Anschaffungs- oder Herstellungskosten nach § 7 g Abs. 2 Satz 2 EStG i. d. F. des Unternehmensteuerreformgesetzes (a. a. O.) nicht gemindert (BFH vom 17. 6. 1999, BStBl. 2000 II S. 9).

175 (6) Für die Frage, ob die Umsatzsteuer zu den Anschaffungs- oder Herstellungskosten gehört, ist § 9 b EStG zu beachten. Nach § 9 b Abs. 2 EStG führt eine Vorsteuerberichtigung nicht zu einer Änderung der Anschaffungs- oder Herstellungskosten. Eine Vorsteuerberichtigung gem. § 15 a UStG bewirkt daher keine Änderung der Bemessungsgrundlage der Investitionszulage.

## 2. Anschaffung oder Herstellung

(1) Anschaffung ist der entgeltliche Erwerb eines Wirtschaftsguts durch Lieferung. Ist Liefergegenstand ein erst herzustellendes Wirtschaftsgut, liegt nur dann eine Anschaffung vor, wenn unter wirtschaftlichen Gesichtspunkten nicht der Abnehmer, sondern der Lieferant oder ein von diesem beauftragter Dritter als Hersteller des Wirtschaftsguts zu beurteilen ist (BFH vom 5. 3. 1992, BStBl. II S. 725). Für die Zurechnung ist die Begründung des wirtschaftlichen Eigentums maßgebend (§ 39 Abs. 2 Nr. 1 AO). Ein Wirtschaftsgut ist deshalb z. B. bereits dann angeschafft worden, wenn es unter Eigentumsvorbehalt verkauft und übergeben worden ist. Auch in den Fällen der Nutzungsüberlassung kann eine Anschaffung durch den Nutzenden in Betracht kommen. Fälle dieser Art sind Leasingverträge, bei denen der Leasinggegenstand dem Leasingnehmer zuzurechnen ist (vgl. z. B. BMF vom 19. 4. 1971, BStBl. I S. 264). Entsprechendes gilt bei Mietkaufverträgen, bei denen der Mietgegenstand dem Mieter zuzurechnen ist, z. B. weil er ihm für eine unkündbare Dauer überlassen wird, wobei dem Mieter sämtliche Gefahren auferlegt und die Mietzahlungen auf den späteren Kaufpreis angerechnet werden (BFH vom 12. 9. 1991, BStBl. 1992 II S. 182). **176**

(2) Die Überführung eines Wirtschaftsguts aus dem Umlaufvermögen oder aus dem Privatvermögen in das Anlagevermögen ist keine Anschaffung (BFH vom 29. 7. 1966, BStBl. 1967 III S. 62). Die Anschaffung oder Herstellung eines Wirtschaftsguts kann jedoch dann angenommen werden, wenn ein für das Umlaufvermögen angeschafftes oder hergestelltes Wirtschaftsgut eindeutig noch vor Ablauf desselben Kalender- oder Wirtschaftsjahres in das Anlagevermögen überführt wird (BFH vom 7. 11. 2000, BStBl. 2001 II S. 200). **177**

(3) Herstellung ist die Schaffung eines bisher noch nicht vorhandenen Wirtschaftsguts. Werden Wirtschaftsgüter mit der Bestimmung angeschafft, mit anderen Wirtschaftsgütern zur Herstellung eines Wirtschaftsguts vermischt oder verbunden zu werden, liegt insgesamt ein Herstellungsvorgang vor (BFH vom 20. 3. 1981, BStBl. II S. 785, vom 27. 11. 1981, BStBl. 1982 II S. 176, und vom 9. 11. 1990, BStBl. 1991 II S. 425). Hersteller eines Gebäudes (Bauherr) ist, wer auf eigene Rechnung und Gefahr baut oder bauen lässt und das Baugeschehen beherrscht (BFH vom 13. 9. 1989, BStBl. II S. 986 und vom 14. 11. 1989, BStBl. 1990 II S. 299). Der Bauherr muss das umfassend zu verstehende Bauherrenwagnis haben, d. h. wirtschaftlich das für die Durchführung des Bauvorhabens auf seinem Grundstück typische Risiko tragen, sowie rechtlich und tatsächlich die Planung und Ausführung in der Hand haben (vgl. BMF vom 20. 10. 2003, BStBl. I S. 546)[1]. Dieser Voraussetzung kommt insbesondere bei Beauftragung eines Generalunternehmers Bedeutung zu. **178**

## 3. Teillieferung

(1) Für eine Teillieferung i. S. d. § 3 Satz 1 Halbsatz 2 InvZulG 2007 reicht es aus, wenn bewegliche Wirtschaftsgüter oder Teile eines aus mehreren unselbständigen Wirtschaftsgütern bestehenden Wirtschaftsguts im Fall der An- **179**

[1] Nr. **1** § 21/4.

schaffung in den Betrieb des Anspruchsberechtigten gelangt sind oder der Anspruchsberechtigte die Verfügungsmacht erlangt hat.

180 (2) Auf die Vollständigkeit der Lieferung, auf den Einbau oder auf Montagearbeiten kommt es bei Teillieferungen nicht an. Die gelieferten Teile müssen sich nicht in einem betriebsbereiten Zustand befinden.

181 (3) Beauftragt ein Unternehmer ein Generalunternehmen mit der Errichtung eines Gebäudes, das erst nach Fertigstellung an den Auftraggeber übergeht (Anschaffungsvorgang) und wird das Gebäude erst nach dem 31. Dezember 2009 fertiggestellt, so kann der Auftraggeber Investitionszulage für den Teil des Gebäudes beantragen, der bis zum 31. Dezember 2009 errichtet worden ist. Eine Bauabnahme oder der Übergang von Nutzen und Lasten ist nicht erforderlich. Beantragt der Bauträger zulässigerweise Investitionszulage für Teilherstellungskosten, hat der Auftraggeber allerdings keinen Anspruch auf Investitionszulage (vgl. Rz. 103).

### 4. Anschaffungskosten

182 (1) Anschaffungskosten sind alle Aufwendungen, die geleistet werden, um ein Wirtschaftsgut zu erwerben und es in einen betriebsbereiten Zustand zu versetzen (vgl. § 255 Abs. 1 HGB, H 6.2 EStH 2007). Dazu gehören der Anschaffungspreis und die Nebenkosten der Anschaffung, soweit sie dem Wirtschaftsgut einzeln zugeordnet werden können. Nicht zu den Anschaffungskosten gehören die Finanzierungs- (Geldbeschaffungs-)kosten, z. B. Kreditkosten und Teilzahlungszuschläge (BFH vom 24. 5. 1968, BStBl. II S. 574).

183 (2) Anschaffungskosten für ein Wirtschaftsgut, die nach Ablauf des Wirtschaftsjahres seiner Lieferung entstehen, sind grundsätzlich bei der Bemessung der Investitionszulage für das Wirtschaftsjahr der Lieferung zu berücksichtigen. Es ist jedoch nicht zu beanstanden, wenn solche Anschaffungskosten erst für das Wirtschaftsjahr ihrer Entstehung geltend gemacht werden.

184 (3) Die Anschaffungskosten werden durch Preisnachlässe (Skonti, Rabatte o. Ä.) gemindert (BFH vom 22. 4. 1988, BStBl. II S. 901, und vom 27. 2. 1991, BStBl. II S. 456). Freiwillig zurückgewährte Preisnachlässe erhöhen nicht die Anschaffungskosten (BFH vom 12. 3. 1976, BStBl. II S. 527).

### 5. Herstellungskosten

185 (1) Wegen des Begriffs der Herstellungskosten wird auf § 255 Abs. 2 HGB hingewiesen (vgl. auch R 6.3 EStR 2005). Herstellungskosten sind danach alle Aufwendungen, die durch den Verbrauch von Gütern und die Inanspruchnahme von Diensten für die Herstellung eines Wirtschaftsguts entstehen (BFH vom 4. 7. 1990, BStBl. II S. 830). Zu den Herstellungskosten eines Wirtschaftsguts gehören deshalb auch die Anschaffungskosten beweglicher Wirtschaftsgüter, soweit sie bestimmungsgemäß zur Herstellung eines Wirtschaftsguts angeschafft werden. Zur Behandlung von Abbruchkosten wird auf H 6.4 EStH 2007 (Abbruchkosten) hingewiesen.

186 (2) Aufwendungen, die nach R 6.3 EStR 2005 zu den Herstellungskosten gerechnet werden können, aber nicht müssen, gehören für die Bemessung der Investitionszulage zu den Herstellungskosten, wenn sie vom Anspruchsberechtigten bei der Einkommensbesteuerung als Teil der Herstellungskosten

behandelt worden sind. Das Wahlrecht, ob Aufwendungen in die Herstellungskosten eines Wirtschaftsguts einbezogen oder nicht einbezogen werden sollen, kann für die Investitionszulage und für die Ertragsbesteuerung mithin nur einheitlich ausgeübt werden.

(3) Wird ein Rohbau angeschafft und fertiggestellt, gehören zu den Herstellungskosten die Anschaffungskosten für den Rohbau und die Summe der nach der Anschaffung bis zur Fertigstellung entstandenen Herstellungskosten (BFH vom 19. 1. 1990, BStBl. 1993 II S. 136). **187**

## 6. Anzahlungen auf Anschaffungskosten

Wegen des Begriffs der Anzahlungen auf Anschaffungskosten und wegen des Zeitpunkts, in dem eine Anzahlung geleistet worden ist, wird auf R 7 a Abs. 5 EStR 2005 (ohne Satz 8, vgl. BFH vom 14. 1. 2004, BStBl. II S. 750) und auf § 7 a Abs. 2 Satz 3 bis 5 EStG hingewiesen. Die Höhe der Anzahlungen auf Anschaffungskosten wird durch die Höhe der tatsächlichen Anschaffungskosten begrenzt. **188**

## 7. Teilherstellungskosten

Wegen des Begriffs der Teilherstellungskosten wird auf R 7 a Abs. 6 EStR 2005 hingewiesen. Anzahlungen auf Teilherstellungskosten sind nicht begünstigt (BFH vom 10. 3. 1982, BStBl. II S. 426). Teilherstellungskosten sind die Aufwendungen, die bis zum Stichtag durch den Verbrauch von Gütern und die Inanspruchnahme von Diensten für die Herstellung eines Wirtschaftsguts entstanden sind (BFH vom 4. 7. 1990, BStBl. II S. 830). Teilherstellungskosten setzen voraus, dass die Investition als Herstellung durch den Anspruchsberechtigten anzusehen ist. **189**

**Beispiel:**

Ein Betrieb des verarbeitenden Gewerbes, der den Gewinn für das Kalenderjahr ermittelt, beginnt im Juli 2008 mit der Errichtung einer Produktionshalle. Die Fertigstellung der Halle erfolgt im März 2010. Von den Gesamtherstellungskosten von 550 000 € entfallen 450 000 € auf teilfertige Bauten, die am 31. Dezember 2009 vorhanden sind.
Als Teilherstellungskosten begünstigt sind 450 000 €, für die die Investitionszulage für 2009 beantragt werden kann. Auf im Jahr 2008 und 2009 evtl. geleistete Zahlungen für die teilfertigen Bauten kommt es somit nicht an.

## 8. Anschaffungskosten bei Teillieferung

(1) Werden im Fall eines Anschaffungsvorgangs Investitionen nach dem 31. Dezember 2009 abgeschlossen und erfolgen vor dem 1. Januar 2010 Teillieferungen (vgl. Rz. 179), sind die Anschaffungskosten entsprechend dem Wert der gelieferten Teile zu ermitteln. **190**

**Beispiel:**

Ein Betrieb des verarbeitenden Gewerbes erwirbt mit Kaufvertrag vom 17. Mai 2009 eine Produktionsanlage, die auf dem eigenen Gelände schlüsselfertig durch den Lieferanten errichtet wird.

a) Die Anlage wird vollständig vor dem 1. Januar 2010 geliefert. Die Montage, der Probebetrieb und die Abnahme durch den TÜV erfolgen Anfang 2010.
b) Die Anlage wird nur zur Hälfte vor dem 1. Januar 2010 geliefert. Restlieferung, Montage, Probebetrieb und Abnahme durch den TÜV erfolgen im Jahr 2010.

Im Fall a) Die Lieferung erfolgte vollständig vor dem 1. Januar 2010. Die gesamten Anschaffungskosten einschließlich der Montagekosten sind im Jahr 2009 begünstigt.

Im Fall b) Der Teil der Anschaffungskosten, der auf die vor dem 1. Januar 2010 gelieferten Teile entfällt, ist investitionszulagenbegünstigt. Die Montagekosten sind im Verhältnis der Aufteilung der Anschaffungskosten anteilig zuzuordnen und in die Bemessungsgrundlage aufzunehmen.

191 (2) Bei nach dem 31. Dezember 2009 abgeschlossenen Investitionen sind die vor dem 1. Januar 2010 geleisteten Anzahlungen auf Anschaffungskosten nicht investitionszulagenbegünstigt, soweit sie den Wert der Teillieferung übersteigen.

## 9. Ermittlung der Anschaffungs- und Herstellungskosten bei vor dem 1. 1. 2007 begonnenen Investitionen

192 (1) In die Bemessungsgrundlage dürfen solche Aufwendungen nicht einbezogen werden, die bereits nach dem InvZulG 2005 begünstigt sind.

193 (2) Anschaffungs- und Herstellungskosten von begünstigten Investitionen in Betrieben des Beherbergungsgewerbes sind vollständig nach dem InvZulG 2007 begünstigt. Vor dem 1. Januar 2007 geleistete Anzahlungen oder entstandene Teilherstellungskosten können in diesen Fällen bereits für das Kalenderjahr 2006 beantragt werden oder im Jahr des Abschlusses der Investition in die Bemessungsgrundlage einbezogen werden.

194 (3) Die Anschaffungskosten für vor dem 1. Januar 2007 erfolgte Teillieferungen und die vor dem 1. Januar 2007 entstandenen Teilherstellungskosten für nach dem 31. Dezember 2006 abgeschlossene Investitionen in Betrieben des verarbeitenden Gewerbes und der produktionsnahen Dienstleistungen sind nach dem InvZulG 2007 nicht begünstigt. In diesen Fällen kann für die begünstigten Anschaffungs- und Herstellungskosten die Investitionszulage nach dem InvZulG 2005 beantragt werden. Ein Wahlrecht, die vor dem 1. Januar 2007 entstandenen Teilherstellungskosten oder erfolgten Teillieferungen in die Bemessungsgrundlage im Jahr der Beendigung der Investition einzubeziehen, besteht nicht.

195 (4) Werden vor dem 1. Januar 2007 Anzahlungen auf Anschaffungskosten geleistet und übersteigen diese Anzahlungen den Wert der bis zum 31. Dezember 2006 erfolgten Teillieferungen, so ist der übersteigende Betrag nach dem InvZulG 2007 begünstigt.

### Anschaffung/Herstellung eines Wirtschaftsguts in Betrieben des verarbeitenden Gewerbes und der produktionsnahen Dienstleistungen

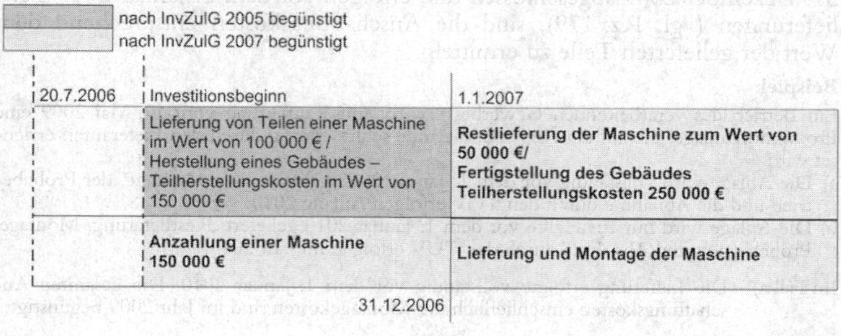

# Dritter Teil Vorbehalte aufgrund EU-rechtlicher Vorschriften

## I. Das Investitionszulagengesetz als Beihilfevorschrift

### 1. Genehmigungsvorbehalt nach Art. 88 Abs. 3 EG-Vertrag

(1) Die im InvZulG 2007 vorgesehenen Investitionszulagen stellen staatliche Beihilfen i. S. v. Art. 87 Absatz 1 EG-Vertrag und Art. 61 Absatz 1 EWR-Abkommen dar, da sie die Erstinvestitionsvorhaben von bestimmten Unternehmen mit Betrieb oder Betriebsstätte im Fördergebiet mit staatlichen Mittel fördern, indem Investitionskosten um den Betrag der Investitionszulage reduziert werden. **196**

(2) Art. 88 Abs. 3 EG-Vertrag entsprechend hat die Europäische Kommission das InvZulG 2007 am 6. Dezember 2006 hinsichtlich der Anwendung auf Beihilfen zu Erstinvestitionsvorhaben, die vor 2007 eingeleitet werden, genehmigt. **197**

### 2. Freistellungsverordnung für regionale Investitionsbeihilfen

(1) Für Erstinvestitionsvorhaben, mit denen der Anspruchsberechtigte nach dem 31. Dezember 2006 beginnt, findet die Verordnung (EG) Nr. 1628/2006 der Kommission vom 24. Oktober 2006 über die Anwendung der Art. 87 und 88 EG-Vertrag auf regionale Investitionsbeihilfen der Mitgliedstaaten (ABl. EU Nr. L 302 S. 29) Anwendung. Damit gilt das InvZulG 2007 seit 2007 gem. Art. 87 Abs. 3 EG-Vertrag als mit dem Gemeinsamen Markt vereinbar und ist von der Anmeldepflicht nach Art. 88 Abs. 3 EG-Vertrag freigestellt. **198**

(2) Beihilfen größeren Umfangs müssen allerdings vor ihrer Gewährung weiterhin von der Europäischen Kommission einzeln geprüft werden. Dementsprechend gilt die Freistellungsverordnung nicht für Beihilfen, die einen bestimmten Schwellenwert zugunsten eines einzelnen Unternehmens überschreiten. Danach müssen Regionalbeihilfen zugunsten großer Investitionsvorhaben einzeln bei der Europäischen Kommission angemeldet werden, wenn der Gesamtförderbetrag aus sämtlichen Quellen 75% des Beihilfehöchstbetrags überschreitet, den eine Investition mit förderbaren Ausgaben i. H. v. 100 Mio. € erhalten könnte, wenn die in der genehmigten Fördergebietskarte 2007–2013 festgelegte Standardbeihilfeobergrenze für große Unternehmen angewandt würde (vgl. Rz. 207, 214). **199**

## II. Große Investitionsvorhaben

### 1. Rechtsgrundlage

### 1.1. Anwendung des Multisektoralen Regionalbeihilferahmens für große Investitionsvorhaben vom 13. Februar 2002

(1) Für Investitionen, die zu einem Investitionsvorhaben gehören, das die Anmeldevoraussetzungen des Multisektoralen Regionalbeihilferahmens für große Investitionsvorhaben vom 13. 2. 2002 (ABl. EG Nr. C 70 S. 8), geändert durch Mitteilung der Kommission vom 1. 11. 2003 (ABl. EU Nr. C 263 S. 3), erfüllt, darf eine Investitionszulage nach dem InvZulG 2007 erst fest- **200**

gesetzt werden, wenn die EU-Kommission die höchstzulässige Beihilfeintensität festgelegt hat (§ 8 Abs. 3 InvZulG 2007). Für Zwecke des InvZulG 2007 sind Investitionsvorhaben nach dem Multisektoralen Regionalbeihilferahmen vom 13. Februar 2002 (MSR 2002) zu beurteilen, wenn das Vorhaben bis zum 31. Dezember 2006 bei der Europäischen Kommission angemeldet wurde.

**201** (2) Ob ein Investitionsvorhaben in den Anwendungsbereich des MSR 2002 fällt, richtet sich nach der Höhe der Gesamtkosten eines Erstinvestitionsvorhabens und der Höhe der zu gewährenden Beihilfe. Investitionsbeihilfen für ein Investitionsvorhaben sind danach einzeln bei der Europäischen Kommission anzumelden, wenn die vorgeschlagene Beihilfe den Beihilfehöchstbetrag überschreitet, der für ein Investitionsvorhaben von 100 Mio. € gewährt werden kann.

**202** (3) Zu den Einzelheiten der Anwendung des MSR 2002 auf große Erstinvestitionsvorhaben, die vor dem 1. Januar 2007 bei der Europäischen Kommission angemeldet wurden, wird auf die Rz. 160 bis 170 des BMF-Schreibens vom 20. Januar 2006 (BStBl. I S. 119)[1] verwiesen.

### 1.2. Leitlinien für staatliche Beihilfen mit regionaler Zielsetzung 2007–2013

**203** Große Investitionsvorhaben, die nicht in den zeitlichen Anwendungsbereich des MSR 2002 fallen, weil sie nach dem 31. Dezember 2006 bei der Europäischen Kommission angemeldet werden, sind nach den Leitlinien für staatliche Beihilfen mit regionaler Zielsetzung 2007–2013 (ABl. EU 2006 Nr. C 54 S. 13; Regionalleitlinien 2007–2013) zu beurteilen. Im Interesse der Vereinfachung und Transparenz hat die Europäische Kommission die Bestimmungen des MSR 2002 in die Regionalleitlinien für den Zeitraum 2007–2013 übernommen. Dabei wurden die Grundsätze des MSR 2002 in den Regionalleitlinien 2007–2013 grundsätzlich fortgeschrieben.

### 2. Allgemeine Regelungen

**204** (1) Ein „großes Investitionsvorhaben" i. S. d. Regionalleitlinien 2007–2013 ist ein Erstinvestitionsvorhaben i. S. d. Rz. 14 mit förderbaren Ausgaben über 50 Mio. €.

**205** (2) Um zu verhindern, dass ein großes Investitionsvorhaben künstlich in Teilvorhaben untergegliedert wird, gilt ein großes Investitionsvorhaben als einheitliches Vorhaben, wenn die Erstinvestitionen in einem Zeitraum von drei Jahren von einem oder mehreren Unternehmen vorgenommen werden und festes Vermögen betreffen, das eine wirtschaftlich unteilbare Einheit bildet. Bei der Beurteilung der wirtschaftlichen Unteilbarkeit berücksichtigt die Europäische Kommission die technischen, funktionellen und strategischen Verbindungen sowie die unmittelbare räumliche Nähe. Die wirtschaftliche Unteilbarkeit wird unabhängig von den Eigentumsverhältnissen beurteilt. Bei der Prüfung, ob ein großes Investitionsvorhaben ein einheitliches Investitionsvorhaben darstellt, spielt es daher keine Rolle, ob das Vorhaben von einem Unternehmen oder von mehreren Unternehmen durchgeführt wird, die sich

[1] BeckVerw 071996.

die Investitionskosten teilen oder die Kosten separater Investitionen innerhalb des gleichen Investitionsvorhabens tragen (beispielsweise bei einem Gemeinschaftsunternehmen).

**Beispiel:**

Ein Unternehmen hat 2004 ein großes Investitionsvorhaben durchgeführt, welches durch die Europäische Kommission genehmigt worden ist. Nunmehr plant das Unternehmen im Jahr 2006 am selben Standort ein weiteres großes Investitionsvorhaben und möchte hierfür Investitionszulage beantragen. Das Vorhaben wird bei der Kommission zur Genehmigung angemeldet. Der Zeitraum zwischen diesem und dem derzeit angemeldeten Investitionsvorhaben beträgt weniger als drei Jahre. Beide Betriebsstätten sind 1,5 km voneinander entfernt und es gibt keine direkten physischen Verbindungen zwischen ihnen. Die Beförderung zwischen beiden Betriebsstätten erfolgt – wenn überhaupt – über das öffentliche Straßennetz, jedoch nicht über interne Transportbänder o. ä. Die Erzeugnisse und Komponenten werden bei jedem Investitionsvorhaben in getrennten Verfahren gefertigt. So gibt es insbesondere keine Verbindung derart, dass ein halbfertiges Produkt von einer Betriebsstätte zur anderen befördert, dort weiter bearbeitet und zur abschließenden Fertigung zur ersten Betriebsstätte zurückgebracht würde. Es gibt ferner keinerlei Hinweise darauf, dass das neue Investitionsvorhaben ohne das vorlaufende Projekt unmöglich gewesen wäre. Beide Investitionsvorhaben betreffen eigene Grundstücke, Gebäude und Ausrüstungen und werden getrennt verwaltet. Lediglich die Führung des strategischen und betrieblichen Bereichs soll für beide Betriebsstätten gemeinsam erfolgen. Beide Investitionsvorhaben sind in Bezug auf Zulieferungen unabhängig. Das neue Vorhaben ist ohne das vorlaufende Investitionsvorhaben funktionsfähig. Die Teilbarkeit der Investitionen wird durch die geschäftliche Realität in diesem weltweiten und sich schnell entwickelnden Markt bestätigt. Obwohl die Investitionsvorhaben scheinbar denselben technischen Zweck und ein und dasselbe Ziel, nämlich die Fertigung desselben Produkts, verfolgen, sind andere Kriterien, die zur Definition einer Betriebsstätte herangezogen werden, wie wirtschaftliche Unteilbarkeit sowie physische und funktionale Verbindung, nicht erfüllt. Nach Auffassung der Europäischen Kommission stellen dieses Investitionsvorhaben und das vorlaufende Vorhaben kein Gesamtinvestitionsvorhaben dar.

## 3. Absenkung der Fördersätze und Genehmigungsvorbehalt der EU-Kommission

(1) Durch die Regionalleitlinien 2007–2013 wird der zulässige Regional- **206**
beihilfehöchstsatz für große Investitionsvorhaben in Abhängigkeit von der Höhe des durch die Fördergebietskarte 2007–2013 festgelegten regionalen Beihilfehöchstsatzes und der Höhe der beihilfefähigen Kosten gesenkt.

(2) Nach der von der Kommission am 9. November 2006 genehmigten **207**
Fördergebietskarte für 2007 bis 2013 wurden die regionalen Beihilfehöchstsätze wie folgt festgelegt:

| Art des Fördergebiets | Sonstige Betriebsstätten | Kleine Unternehmen | Mittlere Unternehmen |
|---|---|---|---|
| A-Fördergebiete (gesamtes Fördergebiet des InvZulG 2007 mit Ausnahme von Berlin) | 30 % | 50 % | 40 % |
| C-Fördergebiet (nicht zum D-Fördergebiet gehörende Teile von Berlin) | 15 % | 35 % | 25 % |

| Art des Fördergebiets | Sonstige Betriebsstätten | Kleine Unternehmen | Mittlere Unternehmen |
|---|---|---|---|
| D-Fördergebiet (vgl. Anlage 1 des InvZulG 2007) | | 15 % (bis Ende 2008) | 7,5 % (bis Ende 2008) |

Diese Beihilfehöchstintensitäten schließen alle Regionalbeihilfen ein (z. B. Investitionszulagen und GRW und Bürgschaften). Investitionsvorhaben von Großbetrieben sind im D-Fördergebiet nicht förderbar (vgl. Rz. 153).

208 (3) Betragen die Investitionskosten für ein Investitionsvorhaben nicht mehr als 50 Mio. €, ergeben sich aus den Regionalleitlinien 2007–2013 keine Einschränkungen für die Gewährung der Investitionszulage.

209 (4) Betragen die Investitionskosten für ein großes Investitionsvorhaben zwischen 50 Mio. € und 100 Mio. €, können die Regionalbeihilfen (Summe aller regionalen Beihilfen einschließlich Investitionszulage) für die ersten 50 Mio. € der Investitionskosten bis zum maximalen Beihilfehöchstsatz uneingeschränkt gewährt werden. Für die restlichen Investitionskosten ist der beihilferechtliche Regionalfördersatz zu halbieren, darf also im A-Fördergebiet nicht über 15 % und im C-Fördergebiet nicht über 7,5 % liegen.

210 (5) Betragen die Investitionskosten für ein großes Erstinvestitionsvorhaben mehr als 100 Mio. €, dann ist die Beihilfehöchstintensität der 100 Mio. € übersteigenden förderbaren Kosten auf 34 % des regionalen Beihilfehöchstsatzes abzusenken.

211 (6) Der zulässige Beihilfehöchstsatz für ein Vorhaben über 50 Mio. € wird anhand folgender Formel berechnet:

maximale Beihilfe = R × (50 + 0,50 × B + 0,34 × C).

R= ungekürzter regionaler Beihilfehöchstsatz

B= beihilfefähige Kosten zwischen 50 Mio. € und 100 Mio. €

C= ggf. die beihilfefähigen Kosten über 100 Mio. €.

Beihilfehöchstsatz = maximale Beihilfe/beihilfefähige Kosten* 100 %

212 (7) Für ein großes Investitionsvorhaben beträgt der Beihilfehöchstsatz auch für KMU-Betriebe maximal 30 % (im A-Fördergebiet) oder maximal 15 % (im C-Fördergebiet). Der Zuschlag für kleine und mittlere Unternehmen kommt hierfür nach den Regionalleitlinien 2007–2013 nicht in Betracht. Dies gilt auch für den Teil des KMU-Vorhabens, der unter 50 Mio. € Investitionskosten liegt.

213 (8) Die nachfolgende Übersicht zeigt für große Investitionsvorhaben die Kürzung der regionalen Beihilfehöchstintensitäten in Fördergebieten mit 30 % Beihilfehöchstintensität:

| Beihilfefähige Kosten | Beihilfesatz | Beihilfehöchstsatz (bei 30 % Beihilfehöchstintensität) |
|---|---|---|
| ≤ 50 Mio. € | 100 % des regionalen Beihilfehöchstsatzes | 30 % Beihilfesatz |

| Beihilfefähige Kosten | Beihilfesatz | Beihilfehöchstsatz (bei 30 % Beihilfehöchstintensität) |
|---|---|---|
| zwischen 50 Mio. € und 100 Mio. € | 50 % des regionalen Beihilfehöchstsatzes | 15 % Beihilfesatz |
| ≥ 100 Mio. € | 34 % des regionalen Beihilfehöchstsatzes | 10,2 % Beihilfesatz |

Bei einem Investitionsvolumen von 500 Mio. € und einem regionalen Förderhöchstsatz von 30 % ist nur eine Förderung von max. 12,66 % zulässig.

(9) Nach den Regionalleitlinien 2007–2013 und nach der Freistellungsverordnung für regionale Investitionsbeihilfen ist ein großes Erstinvestitionsvorhaben ab einer förderbaren Investitionssumme von 100 Mio. € einzeln bei der Europäischen Kommission anzumelden, wenn die Beihilfe einen Betrag von 22,5 Mio. € (bei einem maximalen Fördersatz von 30 % in den entsprechenden Gebieten gem. Art. 87 Abs. 3 Buchstabe a EG-Vertrag = Fördergebiet nach § 1 Abs. 2 InvZulG 2007 ohne Berlin) bzw. von 11,25 Mio. € (bei einem maximalen Fördersatz von 15 % in den entsprechenden Gebieten gem. Art. 87 Abs. 3 Buchst. c EG-Vertrag = Berlin soweit Fördergebiet nach § 1 Abs. 2 InvZulG 2007) überschreitet. Unterhalb dieser Schwellen bleibt es bei der für Regionalbeihilfen nach der Freistellungsverordnung geltenden Freistellung von der Pflicht zur Einzelfallanmeldung. 214

(10) Bei den genannten Beihilfen von 22,5 Mio. € (bei 30 % maximalem Fördersatz) und 11,25 Mio. € (bei 15 % maximalem Fördersatz) handelt es sich um den abgezinsten Wert der Beihilfe im prozentualen Verhältnis zum abgezinsten Wert der beihilfefähigen Kosten. Für die Abzinsung ist jeweils der Referenzzinssatz zu Grunde zu legen, der für Deutschland zum Zeitpunkt des Investitionsbeginns des Vorhabens gemäß Veröffentlichung im Amtsblatt der EU (aktuell: ABl. C 205 S. 2) gilt (Definition des Investitionsbeginns vgl. Rz. 121, 127 bis 134). Abgezinst wird nach der regelmäßigen Praxis der Europäischen Kommission auf den 31. 12. des Jahres, in dem das Vorhaben begann. Demnach hat die Abzinsung im ersten Jahr des Erstinvestitionsvorhabens keine Auswirkung (nominale = abgezinste Investition). 215

(11) Für die Berechnung des nominell auszuzahlenden Förderbetrags und die Kontrolle der Einhaltung der Schwelle für Einzelanmeldungen müssen die abgezinste förderbare Gesamtinvestitionssumme sowie der abgezinste Förderbetrag ermittelt werden. Hierfür werden Gesamtinvestitionssumme und Investitionszulage nach den geplanten Jahresscheiben dargestellt. Für die Investitionszulage richtet sich dabei die nominale Höhe der jährlichen Förderung nach § 5 InvZulG 2007. Die Gesamtinvestitionskosten und die hierauf entfallenden Förderbeträge werden auf den Zeitpunkt des Beginns des Erstinvestitionsvorhabens abgezinst und in ein prozentuales Verhältnis gesetzt. Solange der Höchstfördersatz eingehalten und die abgezinste Summe des Förderbetrages unter 22,5 Mio. € bzw. 11,25 Mio. € bleibt, ist das Vorhaben von der Pflicht zur Einzelfallanmeldung freigestellt. Bewilligt und ausgezahlt werden kann unter den genannten Voraussetzungen der der Abzinsungsrechnung zu Grunde liegende Nominalbetrag, auch wenn dieser die genannten Schwellen- 216

werte überschreitet. Da die Einzelnotifizierungspflicht nicht an das Investitionsvolumen (mehr als 100 Mio. €) anknüpft, sondern an die insgesamt zu gewährende Beihilfe (22,5 Mio. € bzw. 11,25 Mio. €), kann eine „Selbstbeschränkung" des Unternehmens auf die notifizierungsfreie Beihilfe auch bei Kosten von über 100 Mio. € zum Entfallen der Anmeldepflicht führen.

**Beispiel 1:**

Ein Unternehmen in Tangermünde (Fördergebiet i. S. d. Art. 87 Abs. 3 Buchst. a EG-Vertrag; A-Fördergebiet) stellt sein Produktionsverfahren grundlegend um und erwirbt dazu in den Jahren 2007 bis 2009 Maschinen und Anlagen im Wert von 205 017 630 € (netto). Die Investitionen werden in den Jahren 2007 bis 2009 wie in der Tabelle beschrieben durchgeführt. Für das Erstinvestitionsvorhaben wird ausschließlich Investitionszulage gewährt. Das Erstinvestitionsvorhaben wurde durch eine erste Bestellung einer Maschine am 1. Oktober 2007 begonnen, so dass der Referenzzinssatz von 5,42 % für Deutschland zugrunde zu legen ist. Danach entspricht die Investitionszulage für die Investitionskosten von nominal 205 Mio. € im Nettobarwert (abgezinster Wert) genau 22 500 000 €. Die nominale Investitionszulage beträgt 25 627 204 €. Die Investitionszulage kann verteilt über die dreijährige Investitionszeit nach Durchführung der Investitionen bis zu einer Höhe des berechneten Nominalwertes (hier: 25 627 204 €) gewährt werden, ohne dass eine Notifizierungspflicht bei der Europäischen Kommission entsteht. Die Berechnung der Abzinsung ist im Antrag zu dokumentieren.

| **Investitionsjahr** | **2007** | **2008** | **2009** | **2010** | **Summe** | |
|---|---|---|---|---|---|---|
| | | | | | **diskontiert auf den 31. 12. 2007** | **nominal** |
| Förderbare Kosten in € | 4 000 000 | 100 000 000 | 101 017 630 | 0 | 189 755 996 | 205 017 630 |
| Investitionszulage in € | 0 | 500 000 | 12 500 000 | 12 627 204 | 22 500 000 | 25 627 204 |

**Beispiel 2:**

Ein Unternehmen errichtet in Leipzig eine neue Betriebsstätte. In der Zeit von 2007 bis 2009 fallen hierfür Anschaffungs- und Herstellungskosten i. H. v. 254 Mio. € an. Aufgrund der Höhe der Investitionskosten und der hierfür zulässigen Investitionszulage von 12,5 % wäre die vorgenannte Notifizierungsschwelle eigentlich überschritten. Der Investor müsste, wenn er Investitionszulage in der gesetzlich zulässigen Höhe erhalten möchte, vor Beginn des Investitionsvorhabens sein Vorhaben bei der Europäischen Kommission zur Genehmigung anmelden. Der Antragsteller kann hier jedoch eine Verpflichtungserklärung zur Beschränkung gem. Artikel 7 Abs. e der Freistellungsverordnung für regionale Investitionsbeihilfen (VO [EG] 1628/2006 vom 24. 10. 2006) abgeben, um eine Einzelfallanmeldung bei der Europäischen Kommission zu vermeiden. Die Übersicht in der Tabelle zeigt für ein Projekt mit 254 Mio. € Investitionskosten (233,8 Mio. € abgezinst), dass der Investor sich freiwillig auf die abgezinste Fördersumme von 22,5 Mio. € (nominal 25,6 Mio. €) beschränken kann. Im Jahr 2010 wäre für dieses Vorhaben eigentlich eine Investitionszulage von 18,75 Mio. € (=12,5 % von 150 Mio. €) auszuzahlen. Durch die freiwillige Beschränkung auf abgezinste 22,5 Mio. € ist im Jahr 2010 die Investitionszulage auf 12 627 204 € (nominaler Wert) festzusetzen. Durch diese Beschränkung bleibt die Förderung notifizierungsfrei.

| **Investitionsjahr** | **2007** | **2008** | **2009** | **2010** | **Summe** | |
|---|---|---|---|---|---|---|
| | | | | | **diskontiert auf den 31. 12. 2007** | **nominal** |
| Förderbare Kosten in € | 4 000 000 | 100 000 000 | 150 000 000 | 0 | 233 831 143 | 254 000 000 |
| Investitionszulage in € | 0 | 500 000 | 12 500 000 | 12 627 204 | 22 500 000 | 25 627 204 |

217 (12) Die entsprechenden Berechnungen sind vom antragstellenden Unternehmen bei erstmaliger Beantragung der Investitionszulage für ein derartiges Vorhaben vorzunehmen und dem Antrag beizufügen. Zur Berechnung der nominalen und der abgezinsten Werte und zur Kontrolle der Schwelle für Einzelanmeldungen kann eine im Internet auf den Seiten des Bundesministe-

riums der Finanzen in der Rubrik Wirtschaft und Verwaltung unter „Steuern – Veröffentlichung zu Steuerarten – Investitionszulage" zur Verfügung stehende Excel-Tabelle genutzt werden.

(13) Wird auf der Grundlage des InvZulG 2007 Investitionszulage für nicht anmeldepflichtige große Investitionsvorhaben gewährt, sind der Europäischen Kommission mit dem Musterformular gem. Anhang II der Freistellungsverordnung 1628/2006 (Anlage 1)[1] binnen 20 Arbeitstagen ab Festsetzung der Investitionszulage die angeforderten Angaben zu übermitteln. Die Frist beginnt dabei zum Zeitpunkt der ersten Festsetzung der Investitionszulage für ein großes Investitionsvorhaben zu laufen. Erstreckt sich das große Erstinvestitionsvorhaben über mehrere Jahre und erfolgt für mehr als ein Jahr eine Festsetzung der Investitionszulage, ist für jede Festsetzung eine gesonderte Mitteilung erforderlich. Wurde dasselbe Erstinvestitionsvorhaben auch mit GRW-Zuschüssen gefördert, ist die Meldung mit der zuständigen GRW-Behörde abzustimmen. Die Kommission veröffentlicht diese zusammenfassenden Angaben im Internet. **218**

(14) Ist ein Erstinvestitionsvorhaben einzelnotifizierungspflichtig, weil die insgesamt festzusetzende Investitionszulage den Wert von 22,5 Mio. € bzw. 11,25 Mio. € überschreiten wird, darf die Investitionszulage erst nach einer Einzelfallgenehmigung durch die Europäische Kommission gewährt werden. In diesen Fällen ist für die betroffenen Investitionen bis zum Ergehen der Entscheidung der Europäischen Kommission die Investitionszulage vorläufig nach § 165 AO mit 0 € festzusetzen. Liegt die Entscheidung der Europäischen Kommission vor, ist die Festsetzung entsprechend zu ändern. Dabei darf die für das Investitionsvorhaben insgesamt zu gewährende Beihilfe einschließlich der Investitionszulage den in der Entscheidung der Kommission genehmigten Höchstfördersatz nicht überschreiten. **219**

(15) Wird ein Großvorhaben, das der Einzelnotifizierungspflicht unterliegt, auch mit anderen öffentlichen Mitteln (insbesondere GRW-Zuschüssen) gefördert, erfolgt die Vorlage bei der EU-Kommission regelmäßig im Rahmen des Genehmigungsverfahrens der anderen Fördermittel. Wird ein Vorhaben der Kommission zur Genehmigung vorgelegt, kann die Investitionszulage erst nach der Entscheidung der Kommission festgesetzt werden. **220**

## III. Einzelnotifizierungspflichten und Genehmigungsvorbehalte der Europäischen Kommission

### 1. Genehmigungsvorbehalt der EU-Kommission nach den Leitlinien der Gemeinschaft für staatliche Beihilfen zur Rettung und Umstrukturierung von Unternehmen in Schwierigkeiten

(1) Die Investitionszulage nach § 2 InvZulG 2007 ist gem. § 8 Abs. 6 InvZulG 2007 der EU-Kommission zur Genehmigung vorzulegen und erst nach deren Genehmigung festzusetzen, wenn sie für ein Unternehmen bestimmt ist, das **221**

1. kein kleines Unternehmen i. S. d. Empfehlung der Kommission vom 6. Mai 2003 ist,

---

[1] Hier nicht abgedruckt.

2. als Unternehmen in Schwierigkeiten Umstrukturierungsbeihilfen i. S. d. „Leitlinien der Gemeinschaft für staatliche Beihilfen zur Rettung und Umstrukturierung von Unternehmen in Schwierigkeiten"
   a) vom 8. 7. 1999 (ABl. EG Nr. C 288 S. 2, 2000 Nr. C 121 S. 29) oder
   b) vom 1. 10. 2004 (ABl. EU Nr. C 244 S. 2)
   erhalten hat und
3. sich in der Umstrukturierungsphase befindet; diese beginnt mit der Genehmigung des Umstrukturierungsplans i. S. d. „Leitlinien der Gemeinschaft für staatliche Beihilfen zur Rettung und Umstrukturierung von Unternehmen in Schwierigkeiten" und endet mit der vollständigen Durchführung des Umstrukturierungsplans.

**222** (2) Nach den Leitlinien sind die Rettungs- und Umstrukturierungsbeihilfen, die auf der Grundlage eines Umstrukturierungsplans einem Unternehmen in Schwierigkeiten gewährt werden sollen, der EU-Kommission zur Genehmigung vorzulegen. Dies erfolgt bereits im Zuge der Erarbeitung des Umstrukturierungsplans. Die Investitionszulage ist bei der EU-Kommission nur dann einzeln zur Genehmigung einzureichen, wenn die Investitionszulage zum Zeitpunkt der Entscheidung der Kommission über die Umstrukturierungsbeihilfen im Umstrukturierungsplan nicht aufgeführt war und sich das Unternehmen zum Zeitpunkt der Gewährung der Investitionszulage noch in der Umstrukturierungsphase befindet. Das gilt für mittlere Unternehmen auch dann, wenn sie Rettungs- und Umstrukturierungsbeihilfen nach den alten Leitlinien zur Rettung und Umstrukturierung von Unternehmen in Schwierigkeiten erhalten haben.

**223** (3) Beihilfen an kleine Unternehmen i. S. d. EU-rechtlichen KMU-Begriffs (vgl. Rz. 159) bedürfen nicht der Genehmigung der Europäischen Kommission.

### 2. Gewährleistung der Umsetzung von Rückforderungsentscheidungen der Kommission

**224** Hat ein Unternehmen aufgrund einer Entscheidung der Europäischen Kommission eine Rückforderungsanordnung über die Rückzahlung einer Beihilfe erhalten, darf eine Investitionszulage erst festgesetzt werden, wenn das Unternehmen den Rückforderungsbetrag vollständig zurückgezahlt hat (§ 8 Abs. 5 InvZulG 2007).

## IV. Einschränkung der Förderung in sensiblen Sektoren

### 1. Allgemeines

**225** Die Investitionszulage nach § 2 InvZulG 2007 kann nur gewährt werden, soweit in den sensiblen Sektoren (Anlage 2 zum InvZulG 2007) die Förderbarkeit nicht eingeschränkt oder ausgeschlossen ist (§ 2 Abs. 1 Satz 3 und Abs. 2 Satz 3 InvZulG 2007). Wird ein begünstigtes Gebäude einem Betrieb der begünstigten Wirtschaftszweige langfristig zur Nutzung überlassen, sind für die Beurteilung der Förderbarkeit innerhalb der sensiblen Sektoren die Verhältnisse des nutzenden Betriebs maßgebend.

**2. Stahlindustrie**

Beihilfen für Erstinvestitionsvorhaben in der Stahlindustrie sind gem. Rz. 27 des Multisektoralen Regionalbeihilferahmens für große Investitionsvorhaben vom 13. Februar 2002 sowie gem. Rz. 8 der Regionalleitlinien 2007–2013 nicht zulässig. Zur Definition der Stahlindustrie vgl. Anhang 1 der Regionalleitlinien 2007–2013. **226**

**3. Schiffbau**

(1) Rechtsgrundlage sind die Rahmenbestimmungen für Beihilfen an den Schiffbau (ABl. EU 2003 Nr. C 317 S. 11) und die Mitteilung der Kommission betreffend die Verlängerung der Geltungsdauer der Rahmenbestimmungen über staatliche Beihilfen an den Schiffbau (ABl. EU 2006 Nr. C 260 S. 7). Die Bestimmungen gelten für den Schiffbau, Schiffumbau und die Schiffsreparatur. **227**

(2) Beihilfen für den Schiffbau sind staatliche Beihilfen, die einer Werft, einer verbundenen Einheit, einem Schiffseigner und Dritten direkt oder indirekt für den Bau, die Reparatur oder den Umbau von Schiffen gewährt werden. Zur Definition der Begriffe siehe Anlage 6 des BMF-Schreibens vom 20. 1. 2006 (BStBl. I S. 119)[1]. **228**

(3) Sämtliche Vorhaben zur Gewährung von Beihilfen für den Schiffbau, die Schiffsreparatur oder den Schiffsumbau sind bei der EU-Kommission vor Gewährung der Beihilfe anzumelden. **229**

(4) Beihilfen für den Schiffbau können nur genehmigt werden, wenn sie die folgenden Voraussetzungen erfüllen: **230**

a) Die Beihilfen werden für Investitionen zur Sanierung oder Modernisierung bestehender Werften gewährt, die nicht mit deren finanzieller Umstrukturierung verknüpft sind, um die Produktivität der vorhandenen Anlagen zu erhöhen;

b) Die Beihilfe ist auf die förderbaren Ausgaben gem. der Definition in den anwendbaren gemeinschaftlichen Leitlinien für Regionalbeihilfen beschränkt.

**4. Kraftfahrzeug-Industrie**

(1) Beihilfen für Investitionsvorhaben in der Kfz-Industrie, die 5 Mio. € übersteigen, sind gem. Rz. 42 a des Multisektoralen Regionalbeihilferahmens für große Investitionsvorhaben vom 13. Februar 2002 nur mit einer Beihilfehöchstintensität von 30 % des durch die Fördergebietskarte 2004–2006 festgelegten regionalen Beihilfehöchstsatzes zulässig. Zur Definition der Kfz-Industrie vgl. Anhang C des Multisektoralen Regionalbeihilferahmens für große Investitionsvorhaben (Anlage 7 des BMF-Schreibens vom 20. 1. 2006, BStBl. I S. 119[1]). **231**

(2) Da der Multisektorale Regionalbeihilferahmen nur bis zum 31. Dezember 2006 Anwendung findet und die Regionalleitlinien 2007–2013 keine Einschränkungen für Beihilfen in der Kfz-Industrie enthalten, gilt die Einschrän- **232**

[1] BeckVerw 071996.

kung nur noch für vor dem 1. Januar 2007 begonnene Erstinvestitionsvorhaben.

### 5. Kunstfaserindustrie

233 Beihilfen für Investitionsvorhaben in der Kunstfaserindustrie sind gem. Rz. 42 b des Multisektoralen Regionalbeihilferahmens für große Investitionsvorhaben vom 13. Februar 2002 sowie gem. Rz. 8 der Regionalleitlinien 2007–2013 nicht zulässig. Zur Definition der Kunstfaserindustrie vgl. Anhang II der Regionalleitlinien.

### 6. Landwirtschaftssektor

234 (1) Rechtsgrundlage für den Landwirtschaftssektor ist der Gemeinschaftsrahmen für staatliche Beihilfen im Agrarsektor (ABl. EG 2000 Nr. C 28 S. 2). Der Gemeinschaftsrahmen ist zum 31. Dezember 2006 ausgelaufen, daher gilt die Vorschrift nur noch für Erstinvestitionsvorhaben, mit denen der Investor vor dem 1. Januar 2007 begonnen hat.

235 (2) Seit dem 1. Januar 2007 gilt im Bereich der Landwirtschaft die Rahmenregelung der Gemeinschaft für staatliche Beihilfen im Agrar- und Forstsektor (ABl. EU 2006 C 319 S. 1). Gemäß Rz. 42 dieser Rahmenregelung werden Beihilfen zugunsten von Betrieben des Sektors Verarbeitung und Vermarktung landwirtschaftlicher Erzeugnisse als mit Art. 87 Abs. 3 Buchst. a oder c des EG-Vertrags vereinbar erklärt, wenn alle Bedingungen einer der folgenden Vorschriften erfüllt sind:

a) Art. 4 der Verordnung (EG) Nr. 70/2001;

b) Verordnung (EG) Nr. 1628/2006 der Kommission;

c) Leitlinien der Kommission für staatliche Beihilfen mit regionaler Zielsetzung 2007–2013.

236 (3) Nicht unter die Regionalleitlinien 2007–2013 (vgl. deren Rz. 8) fällt im Bereich der Landwirtschaft die Herstellung der landwirtschaftlichen Erzeugnisse, die in Anhang I zum EG-Vertrag aufgeführt sind. Sie gelten jedoch für die Verarbeitung und Vermarktung dieser Erzeugnisse, aber nur in dem im Gemeinschaftsrahmen für staatliche Beihilfen im Agrarsektor oder in einer Nachfolgefassung festgelegten Ausmaß (vgl. Rz. 235).

237 (4) Da das InvZulG 2007 alle nach der Rahmenregelung im Agrarsektor erforderlichen Vorschriften erfüllt, sind im Sektor Verarbeitung und Vermarktung landwirtschaftlicher Produkte nicht die Bestimmungen der Rahmenregelung, sondern die der Regionalleitlinien 2007–2013 und der Freistellungsverordnung zu beachten. Investitionen im Bereich Herstellung landwirtschaftlicher Produkte fallen nicht unter die vom InvZulG 2007 begünstigten Tätigkeiten. Die Rahmenregelung im Agrarsektor findet daher im InvZulG 2007 keine Anwendung. Gleichwohl sollten Erstinvestitionsvorhaben im Bereich der Verarbeitung und Vermarktung landwirtschaftlicher Produkte, die nach den Regionalleitlinien notifizierungspflichtig sind, vorsorglich erst begonnen werden, wenn die Europäische Kommission dies ausdrücklich genehmigt hat.

(5) Zur Anwendung des Gemeinschaftsrahmens für staatliche Beihilfen im Agrarsektor für vor dem 1. Januar 2007 begonnene Investitionsvorhaben wird auf die Ausführungen in den Rz. 184 bis 192 des BMF-Schreibens vom 20. 1. 2006 (BStBl. I S. 119[1]) verwiesen. Insbesondere ist für solche Erstinvestitionsvorhaben zu beachten, dass vor Investitionsbeginn die beihilferechtliche Genehmigung der Maßnahme bei der Kommission einzuholen ist, wenn die beihilfefähigen Kosten höher als 25 Mio. € oder der Gesamtbetrag der gewährten Beihilfe (z. B. GRW-Mittel und Investitionszulage) höher als 12 Mio. € ist. Ausgaben, die vor der Genehmigung durch die Kommission getätigt werden, sind nach dem InvZulG 2007 nicht förderbar. Unter getätigten Ausgaben sind alle bis zum Stichtag, hier dem Tag der Genehmigung, gezahlten oder überwiesenen Rechnungs- oder Abschlagsbeträge zu verstehen. Als Nachweis hierfür können die entsprechenden Kontoauszüge dienen. **238**

### 7. Fischerei und Aquakulturen

(1) Investitionszulage im Fischereisektor ist nur dann gerechtfertigt, wenn sie mit den Zielen der Wettbewerbspolitik und der gemeinsamen Fischereipolitik im Einklang steht, so wie es in den Leitlinien für die Prüfung der einzelstaatlichen Beihilfen im Fischerei- und Aquakultursektor (ABl. EU 2004 Nr. C 229 S. 5), insbesondere i. S. d. Verordnung (EG) Nr. 2371/2002 des Rates vom 20. Dezember 2002 über die Erhaltung und nachhaltige Nutzung der Fischereiressourcen im Rahmen der gemeinsamen Fischereipolitik und der Verordnungen (EG) Nr. 2792/1999 und (EG) Nr. 104/2000, niedergelegt ist. **239**

(2) Folgende Bereiche, in denen danach Investitionen förderbar sind, können investitionszulagenrechtlich von Bedeutung sein: **240**

a) Verarbeitung und Vermarktung von Erzeugnissen der Fischerei und der Aquakultur:
Hierunter fallen sämtliche Vorgänge von der Anlandung oder der Ernte bis zum Stadium des Endprodukts, z. B. der Umgang mit den Erzeugnissen, die Behandlung, die Produktion und die Verteilung. Nicht förderbar sind Investitionen für Erzeugnisse der Fischerei und der Aquakultur, die zu anderen Zwecken als dem menschlichen Konsum genutzt und verarbeitet werden sollen, es sei denn, es handelt sich ausschließlich um die Behandlung, Verarbeitung und Vermarktung von Abfällen von Fischerei- und Aquakulturerzeugnissen. Auch nicht förderbar sind Investitionen für den Handel.
Eine Verkaufseinrichtung, die in einem fischverarbeitenden Betrieb sowohl dem Verkauf im Betrieb verarbeiteter Produkte als auch nicht selbst hergestellter Handelsware an private Haushalte dient, ist investitionszulagenbegünstigt, wenn der Einsatz für den Verkauf der selbst verarbeiteten Produkte überwiegt. Von der Investitionszulage ausgeschlossener Einzelhandel im Fischerei- und Aquakultursektor ist die Beschaffung von Gütern durch ein Unternehmen und deren Veräußerung ohne wesentliche Veränderung an private Haushalte (BFH vom 19. 10. 2006, BStBl. 2007 II S. 329).

[1] BeckVerw 071996.

b) Ausrüstung von Fischereihäfen:
Förderbar sind Investitionen, die vor allem Anlagen und Ausrüstungen mit folgender Zielsetzung betreffen:
– Verbesserung der Bedingungen für die Anlandung, Behandlung und Lagerung der Fischereierzeugnisse in den Häfen;
– Unterstützung des Einsatzes der Fischereifahrzeuge (Versorgung mit Treibstoff, Eis und Wasser, Instandhaltung und Reparatur der Schiffe);
– Ausbau der Kaianlagen zur Verbesserung der Sicherheit beim Anlanden und beim Ein- und Ausladen der Erzeugnisse.

Der Neubau von Fischereifahrzeugen ist nicht förderbar.

**8. Verkehrssektor**

**241** (1) Rechtsgrundlagen sind die Verordnung (EWG) Nr. 1107/70 des Rates vom 4. 6. 1970 über Beihilfen im Eisenbahn-, Straßen- und Binnenschiffsverkehr in der Fassung der Verordnung (EG) Nr. 543/97 des Rates vom 17. 3. 1997 (ABl. EG Nr. L 84 S. 6), die Leitlinien der Gemeinschaft für staatliche Beihilfen im Seeverkehr (ABl. EU Nr. C 13 S. 3) und die Anwendung der Art. 92 und 93 des EG-Vertrags sowie des Art. 61 des EWR-Abkommens auf staatliche Beihilfen im Luftverkehr (ABl. EG Nr. C 350 S. 5).

**242** (2) Grundsätzlich dürfen im Verkehrssektor keine Beihilfen gewährt werden. Beihilfen im Verkehrsbereich sind daher einzelnotifizierungspflichtig. Da Verkehrsunternehmen nicht zu den begünstigten Wirtschaftszweigen nach dem InvZulG 2007 gehören, haben die Bestimmungen daher nur geringe Bedeutung für die Investitionszulage. Ob Investitionen in Anlagegüter ggf. unter die Beihilfebeschränkungen des Verkehrssektors fallen und somit vor Gewährung der Investitionszulage zu notifizieren wären, ist im Einzelfall zu prüfen. Nähere Auskünfte kann das für Verkehr zuständige Ministerium des Landes, in dem die Investition durchgeführt wird, erteilen.

## V. Kumulierungsvorschriften

**243** (1) Werden für ein Erstinvestitionsvorhaben neben der Investitionszulage noch andere Beihilfen gewährt, darf die Summe aller Beihilfen den für das jeweilige Fördergebiet nach der Fördergebietskarte zulässigen Beihilfehöchstsatz (vgl. Rz. 207) nicht überschreiten.

**244** (2) Die Einhaltung des Beihilfehöchstsatzes hat der jeweils andere Beihilfegeber (z. B. die GRW-Behörde) sicherzustellen. Die Sicherstellung dieser Bedingung ist Voraussetzung dafür, dass die Investitionszulage mit anderen Regionalbeihilfen kumuliert werden darf. Der Anspruch auf Investitionszulage bleibt hiervon aber unberührt, d. h. im Falle einer Überschreitung des Beihilfehöchstsatzes ist die jeweils andere beihilfegebende Stelle für die Rückforderung der Beihilfe verantwortlich. Die Investitionszulage wird in diesen Fällen immer in der gesetzlich vorgesehenen Höhe gewährt.

**245** (3) Trifft die Investitionszulage mit anderen Regionalbeihilfen zusammen, hat der Antragsteller entsprechend den Leitlinien für staatliche Beihilfen mit regionaler Zielsetzung (ABl. EG 1998 Nr. C 74 S. 9) oder den Regionalleitlinien 2007–2013 einen beihilfefreien Eigenanteil i. H. v. mindestens 25% der

Kosten des Erstinvestitionsvorhabens zu erbringen. Dieser beihilfefreie Eigenanteil muss nicht zwangsläufig durch Eigenmittel des Unternehmens erbracht werden. 25 % der Gesamtinvestitionskosten müssen lediglich frei von einer Förderung mit Beihilfen sein. Kredite zu marktüblichen Bedingungen sind daher zulässig. Für die Einhaltung dieser Auflage ist wiederum der jeweils andere Beihilfegeber verantwortlich. Auch hier ist die Einhaltung der Bedingung Voraussetzung dafür, dass die Investitionszulage überhaupt mit anderen Regionalbeihilfen zusammentreffen darf.

(4) Wurden für ein nach dem 31. Dezember 2006 begonnenes Erstinvesti- **246**
tionsvorhaben Fördermittel nach der Verordnung (EG) Nr. 1998/2006 der Kommission vom 15. Dezember 2006 über die Anwendung der Art. 87 und 88 EG-Vertrag auf „De-minimis"-Beihilfen (ABl. EU Nr. L 379 S. 59) gezahlt, darf in Bezug auf dieselben förderbaren Ausgaben keine Investitionszulage gewährt werden, soweit hierdurch eine Überschreitung des nach der Fördergebietskarte 2007–2013 zulässigen Beihilfehöchstsatzes eintritt. Diese Kumulierungsvorschrift bedeutet, dass auch Beihilfen, die aufgrund der De-minimis-Verordnung gewährt werden, in die Berechnung der nach der Fördergebietskarte zulässigen Beihilfehöchstsätze einbezogen werden müssen. Die Summe der Regionalbeihilfen und der De-minimis-Beihilfen darf den zulässigen Beihilfehöchstsatz nicht überschreiten.

(5) Gemäß § 10 Abs. 4 InvZulG 2007 ist der Anspruchsberechtigte ver- **247**
pflichtet, im Rahmen der Beantragung der Investitionszulage Angaben darüber zu tätigen, in welchem Umfang er für die beantragten Investitionsvorhaben weitere Beihilfen erhalten hat. Um die Beachtung der Kumulierungsvorschriften zu gewährleisten, müssen die Finanzämter den jeweils anderen Beihilfebehörden die Höhe der festgesetzten Investitionszulage mitteilen (vgl. Rz. 281 bis 284).

## Vierter Teil Verfahrensrechtliche Vorschriften

## I. Antragstellung

### 1. Allgemeines

Gehören die Wirtschaftsgüter, für die Investitionszulage nach § 2 InvZulG **248**
2007 beansprucht wird, zu einem Betriebsvermögen, ist Antrags- und Festsetzungszeitraum das Wirtschaftsjahr. Ansonsten ist Antrags- und Festsetzungszeitraum das Kalenderjahr.

### 2. Antragsberechtigung

(1) Antragsberechtigt ist grundsätzlich der Anspruchsberechtigte (vgl. Rz. 1 **249**
bis 9). Werden Wirtschaftsgüter von einer Vorgründungsgesellschaft angeschafft oder hergestellt, kann die nachfolgende GmbH die Investitionszulage beantragen, wenn die Vorgründungsgesellschaft lediglich auf die Errichtung der GmbH ausgerichtet war und diese selbst zügig errichtet sowie in das Handelsregister eingetragen wurde und alsbald den Geschäftsbetrieb aufgenommen

hat (BFH vom 5. 2. 1998, BStBl. 1999 II S. 836; vgl. auch BMF vom 20. 12. 1999, BStBl. I S. 1135)[1].

250 (2) Bei einer atypisch stillen Gesellschaft ist abweichend von der Anspruchsberechtigung (Rz. 5) der Inhaber des Handelsgeschäfts antragsberechtigt.

### 3. Antragsfrist

251 (1) Das InvZulG 2007 sieht keine Antragsfrist vor. Die für Steuervergütungen geltenden Vorschriften der AO sind entsprechend anzuwenden. Damit kann der Antrag auf Investitionszulage nach dem InvZulG 2007 bis zum Ablauf der Festsetzungsfrist gestellt werden. Diese beträgt grundsätzlich vier Jahre (§ 169 Abs. 2 Satz 1 Nr. 2 AO). Sie beginnt mit Ablauf des Kalenderjahrs, in dem die Investitionen abgeschlossen worden sind. Wird Investitionszulage für Anzahlungen auf Anschaffungskosten, Teilherstellungskosten oder Teillieferungen beantragt, ist das Kalenderjahr maßgebend, in dem die Anzahlungen auf Anschaffungskosten geleistet worden, Teilherstellungskosten entstanden oder die Teillieferungen erfolgt sind. Bei einem vom Kalenderjahr abweichenden Wirtschaftsjahr beginnt die Festsetzungsfrist mit Ablauf des Kalenderjahrs, in dem das Wirtschaftsjahr endet. Diese Grundsätze gelten auch in Fällen eines Feststellungsverfahrens nach § 7 InvZulG 2007 (vgl. Rz. 263). Wird ein wirksamer Antrag innerhalb der Festsetzungsfrist gestellt, läuft diese nicht ab, bevor über den Antrag unanfechtbar entschieden worden ist (§ 171 Abs. 3 AO).

252 (2) Für begünstigte Investitionen, die bereits vor Betriebseröffnung vorgenommen worden sind, ist der Antrag ebenfalls innerhalb der Festsetzungsfrist zu stellen. Maßgebend ist hierbei allein das Kalenderjahr, in dem die Investition abgeschlossen worden ist. Der Antrag kann rechtswirksam auch schon vor Ablauf des maßgebenden Wirtschafts- oder Kalenderjahres gestellt werden (BFH vom 23. 7. 1976, BStBl. II S. 759); vgl. jedoch Rz. 266. Ist die Festsetzungsfrist abgelaufen, führt dies zum Verlust des Antragsrechts. Auch eine Wiedereinsetzung in den vorigen Stand gem. § 110 AO ist nicht möglich, da § 110 AO für die Festsetzungsfrist nicht einschlägig ist (BFH vom 19. 8. 1999, BStBl. 2000 II S. 330).

253 (3) Der Antrag auf Investitionszulage nach dem InvZulG 2007 muss wirksam bis zum Ablauf der Festsetzungsfrist bei dem für die Gewährung der Investitionszulage zuständigen Finanzamt (vgl. Rz. 261 und 262) eingereicht werden.

### 4. Form und Inhalt des Antrags

254 (1) Ein Antrag auf Investitionszulage ist nur wirksam, wenn er nach amtlichem Vordruck gestellt wird. Ein Antrag auf Investitionszulage ist grundsätzlich nicht nach amtlichem Vordruck gestellt und deshalb unwirksam, wenn ein für ein anderes Antragsjahr vorgesehener Vordruck verwendet wird (BFH vom 16. 7. 1997, BStBl. 1998 II S. 31, und vom 4. 8. 1999, BStBl. II S. 791).

---

[1] BeckVerw 027455.

(2) Bei der Verwendung nichtamtlicher Vordrucke sind die Grundsätze des BMF-Schreibens vom 27. 12. 1999 (BStBl. I S. 1049)[1] zur Verwendung von Steuererklärungsvordrucken auf Anträge auf Investitionszulage entsprechend anwendbar. Die Textziffern 1.2 und 3 des o. g. BMF-Schreibens sowie die Regelungen des BMF-Schreibens vom 5. 2. 2003 (BStBl. I S. 160)[2] über die elektronische Übermittlung von Steuererklärungsdaten gelten jedoch insoweit nicht. Der Antragsteller muss mit seiner Unterschrift bestätigen, dass er die im amtlichen Vordruck erwähnten Anzeigepflichten erfüllen wird und dass ihm mögliche strafrechtliche Folgen einer Verletzung der Anzeigepflichten bekannt sind. **255**

[3](3) Ein Antrag auf Investitionszulage ist nur wirksam, wenn er vom Anspruchsberechtigten oder seinem gesetzlichen Vertreter unterschrieben worden ist. Ein nicht vom Geschäftsführer einer GmbH, sondern einem anderen Angestellten unterschriebener Antrag auf Investitionszulage ist deshalb unwirksam (BFH vom 15. 10. 1998, BStBl. 1999 II S. 237 und vom 16. 5. 2002, BStBl. II S. 668). Ebenfalls unwirksam ist ein nur durch Telefax übermittelter Antrag (BFH vom 17. 12. 1998, BStBl. 1999 II S. 313). Anträge einer Personengesellschaft auf Investitionszulage haben deren „besonders Beauftragte" zu unterschreiben. Als „besonders Beauftragter" einer GmbH & Co. KG kommt neben der Komplementär-GmbH – vertreten durch ihren Geschäftsführer als gesetzlichen Vertreter – auch ein Kommanditist in Betracht, dem die Wahrnehmung der steuerlichen Vertretung der KG wirksam übertragen wurde (BFH vom 30. Oktober 2008 – BStBl. 2009 II S. 352). **256**

(4) In dem Antrag auf Investitionszulage müssen die Wirtschaftsgüter, für die eine Investitionszulage beansprucht wird, innerhalb der Festsetzungsfrist so genau bezeichnet werden, dass ihre Feststellung bei einer Nachprüfung möglich ist (BFH vom 29. 9. 1994, BStBl. 1995 II S. 73, vom 7. 11. 2000, BStBl. 2001 II S. 200, und vom 21. 3. 2002, BStBl. II S. 547). Das gilt auch für den Fall, dass eine Investitionszulage für Anzahlungen auf Anschaffungskosten, für Teilherstellungskosten oder Teillieferungen beantragt wird (BFH vom 30. 3. 1979, BStBl. II S. 450). **257**

(5) In dem Antrag sind außerdem alle weiteren Anspruchsvoraussetzungen, insbesondere die Anschaffungskosten, Herstellungskosten, Anzahlungen auf Anschaffungskosten und Teilherstellungskosten der begünstigten Investitionen anzugeben, für die eine Investitionszulage beantragt wird. **258**

(6) Ein Antrag auf Investitionszulage ist für das Jahr des Abschlusses der Investition auch dann zu stellen, wenn die Anschaffungskosten oder Herstellungskosten nicht über die Anzahlungen auf Anschaffungskosten oder Teilherstellungskosten hinausgehen, für die bereits eine Investitionszulage gewährt worden ist (BFH vom 26. 5. 2003, BStBl. II 2004, S. 22). Das gilt nicht für Investitionen, die nach dem 31. Dezember 2009 abgeschlossen werden, und Investitionszulage für vor dem 1. Januar 2010 erfolgte Teillieferungen oder entstandene Teilherstellungskosten gewährt worden ist. **259**

[1] Nr. **800** § 150/1.
[2] Jetzt BMF v. 15. 1. 2007, BStBl. I S. 95 (Nr. **800** § 150/2).
[3] Rz. 256 Satz 4 angef. durch BMF v. 23. 7. 2009, BStBl. I S. 810.

260 (7) Die für die Wirksamkeit des Antrags erforderlichen Voraussetzungen sowie die Angaben zu den übrigen Anspruchsvoraussetzungen können nachgeholt, ergänzt oder berichtigt werden, solange die Festsetzungsfrist nicht abgelaufen ist und für das Wirtschafts- oder Kalenderjahr ein Investitionszulagenbescheid noch nicht erteilt ist oder nach den verfahrensrechtlichen Vorschriften noch geändert werden kann (BFH vom 19. 10. 1984, BStBl. 1985 II S. 63). Für Wirtschaftsgüter des maßgebenden Wirtschafts- oder Kalenderjahres, die in dem Antrag nicht aufgeführt worden sind, kann unter diesen Voraussetzungen daher auch ein Antrag nachgeholt werden.

## II. Gewährung und Festsetzung der Investitionszulage

### 1. Zuständiges Finanzamt

261 (1) Zuständiges Finanzamt für die Gewährung der Investitionszulage nach dem InvZulG 2007 ist

1. bei Steuerpflichtigen i. S. d. EStG und des KStG das für die Besteuerung nach dem Einkommen zuständige Finanzamt (§§ 19, 20 AO),
2. bei Personengesellschaften und bei Gemeinschaften mit Einkünften aus Vermietung und Verpachtung das für die einheitliche und gesonderte Feststellung der Einkünfte zuständige Finanzamt (§ 18 Abs. 1 Nr. 1 bis 4 i. V.m. § 180 Abs. 1 Nr. 2 Buchst. a AO).

Satz 1 Nr. 1 gilt auch bei Anspruchsberechtigten, deren Einkünfte aus Land- und Forstwirtschaft, Gewerbebetrieb oder selbstständiger Arbeit nach § 180 Abs. 1 Nr. 2 Buchst. b AO gesondert festzustellen sind und für die daher ein Feststellungsverfahren nach § 7 InvZulG 2007 durchzuführen ist. Satz 1 Nr. 2 gilt auch, wenn die Investitionszulage für Wirtschaftsgüter beantragt wird, die Sonderbetriebsvermögen sind (vgl. Rz. 6), oder wenn Anspruchsberechtigter eine atypisch stille Gesellschaft ist.

262 (2) Arbeitsgemeinschaften, bei denen keine gesonderten Feststellungen vorzunehmen sind (vgl. Rz. 7), ist die Investitionszulage von dem für die Umsatzbesteuerung der Gemeinschaft zuständigen Finanzamt (§ 21 AO) zu gewähren. Den für die Beteiligten zuständigen Finanzämtern ist die Gewährung der Investitionszulage mitzuteilen.

### 2. Gesondertes Feststellungsverfahren

263 (1) Werden beim Anspruchsberechtigten Einkünfte aus Land- und Forstwirtschaft, Gewerbebetrieb oder selbstständiger Arbeit nach § 180 Abs. 1 Nr. 2 Buchst. b AO gesondert festgestellt, sind die Bemessungsgrundlage und der Prozentsatz der Investitionszulage für Wirtschaftsgüter, die zum Anlagevermögen des betroffenen Betriebs gehören, von dem für die gesonderte Feststellung zuständigen Finanzamt ebenfalls gesondert festzustellen (§ 7 InvZulG 2007). Das Feststellungsverfahren ist von Amts wegen auf Grund des Antrags auf Investitionszulage durchzuführen. Hierzu hat das für die Besteuerung nach dem Einkommen zuständige Finanzamt den Antrag und die zum Nachweis beigefügten Unterlagen an das für die Feststellung zuständige Finanzamt unverzüglich weiterzuleiten. Unterliegt die Investitionszulage auf Grund von gemeinschaftsrechtlichen Bestimmungen Beschränkungen (vgl. Rz. 196

bis 247), sind darüber auch Angaben in den Feststellungsbescheid aufzunehmen.

(2) Der Feststellungsbescheid ist Grundlagenbescheid für den Investitionszulagenbescheid. Der Anspruchsberechtigte kann Einwände gegen die festgestellte Bemessungsgrundlage und die Investitionszulagensätze daher nur im Einspruchsverfahren gegen den Feststellungsbescheid vorbringen (§ 351 Abs. 2 AO). 264

## 3. Investitionszulagenbescheid

(1) Die für die Steuerfestsetzung geltenden Vorschriften der AO sind sinngemäß anzuwenden (§ 13 InvZulG 2007 i. V.m. § 155 Abs. 4 AO). 265

(2) Eine Investitionszulage darf nicht vor Ablauf des maßgeblichen Wirtschafts- oder Kalenderjahres festgesetzt werden. Wirtschaftsgüter, die der Anspruchsberechtigte nicht genau bezeichnet hat oder für die der Anspruchsberechtigte das Vorliegen der weiteren für die Begünstigung erforderlichen Voraussetzungen nicht nachweist oder glaubhaft macht, sind bei der Bemessung der Investitionszulage nicht zu berücksichtigen. 266

(3) Sind bei der Ermittlung der Bemessungsgrundlage Anzahlungen auf Anschaffungskosten, Teilherstellungskosten oder Anschaffungskosten für gelieferte Teile berücksichtigt worden, ist die Investitionszulage insoweit nach § 165 AO vorläufig festzusetzen. In diesen Fällen ist zu überwachen, ob die Wirtschaftsgüter auch angeschafft oder fertig gestellt werden. Wird festgestellt, dass Anzahlungen auf Anschaffungskosten, Teilherstellungskosten oder Anschaffungskosten für gelieferte Teile ganz oder teilweise zu Unrecht berücksichtigt worden sind, z. B. weil die entsprechenden Wirtschaftsgüter nicht angeschafft oder fertig gestellt worden sind, ist der Investitionszulagenbescheid zu ändern oder aufzuheben (§ 165 Abs. 2 AO). 267

(4) Bei einer atypischen stillen Gesellschaft ist der Bescheid abweichend von der Anspruchsberechtigung (Rz. 5) dem Inhaber des Handelsgeschäfts bekannt zu geben (BFH vom 20. 5. 1988, BStBl. II S. 961). Der Anspruchsberechtigte ist im Bescheid anzugeben. 268

## 4. Aufhebung und Änderung des Investitionszulagenbescheids

(1) Die Rückforderung der Investitionszulage setzt die Aufhebung oder eine Änderung des Investitionszulagenbescheids, die zu einer Herabsetzung der festgesetzten Investitionszulage führt, voraus (BFH vom 16. 1. 1986, BStBl. II S. 467). Die für die Berichtigung, Aufhebung und Änderung von Steuerbescheiden geltenden Vorschriften der §§ 129 und 172 bis 177 AO sind entsprechend anzuwenden. Ein Investitionszulagenbescheid ist insbesondere aufzuheben oder zu ändern, wenn Wirtschaftsgüter die Zugehörigkeits-, Verbleibens-, Nutzungs- und Verwendungsvoraussetzungen nicht erfüllen. Ist der Bescheid in diesen Fällen bereits bestandskräftig, ist er nach § 175 Abs. 1 Satz 1 Nr. 2 i. V.m. Abs. 2 AO aufzuheben oder zu ändern. Werden die Zugehörigkeits-, Verbleibens-, Nutzungs- und Verwendungsvoraussetzungen in mehreren Jahren der Frist nicht eingehalten, beginnt die Festsetzungsfrist für die Änderung nach § 175 Abs. 1 Satz 1 Nr. 2 AO am Ende eines jeden Ka- 269

lenderjahres, in dem das schädliche Ereignis eingetreten ist, jeweils neu zu laufen (BFH vom 25. 9. 1996, BStBl. 1997 II S. 269).

270 (2) Ein Investitionszulagenbescheid, der unter dem Vorbehalt der Nachprüfung erlassen worden ist, kann ohne Einschränkung aufgehoben oder geändert werden, solange der Vorbehalt wirksam ist (§ 164 AO) und soweit § 176 AO der Aufhebung oder Änderung nicht entgegensteht (BFH vom 21. 3. 2002, BStBl. II S. 547). Entsprechendes gilt, wenn ein Investitionszulagenbescheid als vorläufiger Bescheid erlassen worden ist, soweit und solange die Vorläufigkeit reicht (§ 165 AO).

271 (3) Der Anspruch auf Investitionszulage entsteht mit Ablauf des Wirtschafts- oder Kalenderjahres, in dem die begünstigten Investitionen vorgenommen worden, die Anzahlungen geleistet, die Teilherstellungskosten entstanden oder die Teillieferungen erfolgt sind (vgl. BFH vom 20. 9. 1999, BStBl. 2000 II S. 208). Die Festsetzungsfrist beginnt mit Ablauf des Kalenderjahres, in dem der Anspruch entstanden ist (§ 170 Abs. 1 AO). Die Festsetzungsfrist beträgt vier Jahre (§ 169 Abs. 2 Satz 1 Nr. 2 AO). In Fällen des Subventionsbetrugs oder Betrugs (vgl. Rz. 278 bis 280) gilt die verlängerte Frist nach § 169 Abs. 2 Satz 2 AO von fünf oder zehn Jahren (BFH vom 28. 8. 1997, BStBl. II S. 827). Die Festsetzungsfrist läuft nicht ab, bevor über den Antrag unanfechtbar entschieden worden ist (§ 171 Abs. 3 AO). Die Frist für die Aufhebung oder Änderung der Festsetzung der Investitionszulage beginnt nicht vor Ablauf des Kalenderjahres, in dem der Antrag gestellt wurde (§ 170 Abs. 3 AO; BFH vom 29. 3. 2001, BStBl. II S. 432).

## III. Weitere Verfahrensvorschriften

### 1. Zulässigkeit von Billigkeitsmaßnahmen

272 Eine entsprechende Anwendung des § 163 AO auf die Investitionszulage ist nicht zulässig (§ 13 InvZulG 2007). Das bedeutet, dass eine Investitionszulage aus Billigkeitsgründen nicht gewährt und nicht höher festgesetzt werden darf, als dies aus Rechtsgründen möglich ist (BFH vom 2. 12. 1977, BStBl. 1978 II S. 272). Dagegen sind die Vorschriften über Stundung und Erlass (§§ 222, 227 AO) auf die Investitionszulage entsprechend anwendbar. Hieraus folgt, dass im Einzelfall aus Billigkeitsgründen bei Ansprüchen auf Rückzahlung einer Investitionszulage Stundung gewährt oder auf die Rückzahlung ganz oder teilweise verzichtet werden kann. Wegen des Zuschusscharakters der Investitionszulage kommt jedoch ein Erlass aus sachlichen Billigkeitsgründen grundsätzlich nicht in Betracht (BFH vom 27. 4. 1978, BStBl. II S. 657, und vom 17. 12. 1997, BStBl. 1998 II S. 277). Aus Vereinfachungsgründen kann auf die Rückzahlung auch in der Weise verzichtet werden, dass von der Änderung eines Investitionszulagenbescheids zum Zwecke der Herabsetzung der Investitionszulage abgesehen wird (BFH vom 10. 6. 1975, BStBl. II S. 789).

### 2. Stundung fälliger Steuern im Hinblick auf später fällig werdende Investitionszulagenansprüche

273 Eine Aufrechnung durch den Steuerpflichtigen mit noch nicht festgesetzter Investitionszulage gegen fällige Steuern kommt nicht in Betracht (§ 226 Abs. 3 AO). Dagegen können im Hinblick auf eine zu erwartende Investiti-

onszulage fällige Steuern auf Antrag nach § 222 AO gestundet werden. Voraussetzung hierfür ist, dass ein fristgerecht gestellter Antrag auf Investitionszulage und alle für die Festsetzung der Investitionszulage erforderlichen Angaben und Unterlagen (vgl. Rz. 254 bis 260) vorliegen. In diesen Fällen soll gem. § 234 Abs. 2 AO auch auf die Festsetzung von Stundungszinsen verzichtet werden, soweit hierfür innerhalb des Stundungszeitraums keine Erstattungszinsen nach § 233 a AO anfallen. Eine Stundung aus sachlichen Billigkeitsgründen vor Ablauf des nach Rz. 271 maßgebenden Wirtschaftsjahres ist auch dann nicht möglich, wenn der Investitionszulagenantrag vor diesem Zeitpunkt gestellt worden ist.

### 3. Abtretung, Pfändung und Verpfändung von Ansprüchen auf Investitionszulage

Ein Anspruch auf Investitionszulage kann nach Maßgabe des § 46 AO ab- 274
getreten, verpfändet und gepfändet werden. Die Abtretung wird jedoch nur wirksam, wenn sie nach Entstehung des Anspruchs auf Investitionszulage dem zuständigen Finanzamt angezeigt wird (§ 46 Abs. 2 AO). Ein Pfändungs- und Überweisungsbeschluss oder eine Pfändungs- und Einziehungsverfügung dürfen erst ab Entstehung des Anspruchs erlassen werden (§ 46 Abs. 6 Satz 1 AO). Zur Entstehung des Anspruchs auf Investitionszulage vgl. Rz. 271.

### 4. Zinsen und Säumniszuschläge

(1) Für die Rückzahlung einer Investitionszulage ist i. d. R. eine Frist von 275
einem Monat nach Bekanntgabe des Aufhebungs- oder Änderungsbescheids zu bestimmen. Der Rückforderungsanspruch ist zu verzinsen (§ 11 InvZulG 2007). Der Zinslauf beginnt am Tag der Auszahlung der Investitionszulage, in den Fällen einer Verletzung der Zugehörigkeits-, Verbleibens-, Nutzungs- oder Verwendungsvoraussetzungen am Tag des Eintritts dieses Ereignisses. Der Zinslauf endet mit Ablauf des Fälligkeitstages. Wird vor dem Fälligkeitstag gezahlt, endet der Zinslauf mit dem Tag der Zahlung. Die Zinsen betragen für jeden vollen Monat 0,5 % des auf volle 50 € abgerundeten Rückzahlungsbetrags (§ 238 AO). Sie sind auf volle Euro-Beträge abgerundet festzusetzen; Beträge unter 10 € werden nicht festgesetzt (§ 239 Abs. 2 AO).

(2) Wird die Investitionszulage nicht bis zum Ablauf des Fälligkeitstages zu- 276
rückgezahlt, entstehen Säumniszuschläge (§ 240 AO). Bei Stundung des Rückzahlungsanspruchs werden Stundungszinsen nach § 234 AO erhoben; vgl. aber Rz. 273 Satz 4. Im Falle der Aussetzung der Vollziehung richtet sich die Zinspflicht nach § 237 AO. Wird aufgrund einer rechtskräftigen gerichtlichen Entscheidung eine Investitionszulage gewährt oder ein Aufhebungs- oder Änderungsbescheid zugunsten des Anspruchsberechtigten aufgehoben oder geändert, ist die zu gewährende Investitionszulage oder der wieder auszuzahlende Betrag nach § 236 AO zu verzinsen.

### 5. Haftung

Wer den Tatbestand des Subventionsbetrugs nach § 264 StGB oder des Be- 277
trugs nach § 263 StGB erfüllt, haftet im Rahmen des entsprechend anzuwendenden § 71 AO für die zu Unrecht gewährte Investitionszulage. Darüber hi-

naus erstreckt sich die Haftung auch auf Zinsen gem. § 235 AO (BFH vom 27. 4. 1999, BStBl. II S. 670).

**6. Verfolgung von Straftaten**

278 (1) Die unrechtmäßige Erlangung von Investitionszulagen nach dem InvZulG 2007 kann den Straftatbestand des Subventionsbetrugs (§ 264 StGB) oder des Betrugs (§ 263 StGB) erfüllen. Für die Verfolgung einer solchen Straftat, die sich auf die Investitionszulage bezieht, sowie der Begünstigung einer Person, die eine solche Straftat begangen hat, gelten nach § 14 InvZulG die Vorschriften der AO über die Verfolgung von Steuerstraftaten (§§ 385 ff. AO) entsprechend.

279 (2) Strafbarkeit nach §§ 263 und 264 StGB kann gegeben sein, wenn

– unrichtige oder unvollständige Angaben zur Erlangung der Investitionszulage gemacht werden,
– der Anspruchsberechtigte seiner Verpflichtung nicht nachkommt, dem Finanzamt unverzüglich anzuzeigen, wenn die Zugehörigkeits-, Verbleibens-, Nutzungs- oder Verwendungsvoraussetzungen verletzt werden, wenn sich bei Anzahlungen auf Anschaffungskosten, bei Teilherstellungskosten oder bei Teillieferungen der angenommene Investitionsabschluss mit Auswirkung auf die Investitionszulage ändert oder nicht eintritt oder wenn sich bei Wirtschaftsgütern die Anschaffungs- oder Herstellungskosten nachträglich mindern (BFH vom 28. 8. 1997, BStBl. II S. 827).

280 (3) Für eine Straftat nach § 264 StGB gilt die Vorschrift des § 371 AO über die strafbefreiende Selbstanzeige nicht. Beim Straftatbestand des Subventionsbetrugs eröffnet § 264 Abs. 5 StGB unter bestimmten Voraussetzungen eine Strafbefreiung.

**7. Mitteilungspflichten gem. § 31 a AO**

281 (1) Wurden Investitionen durch Investitionszulage und darüber hinaus auch mit Mitteln der GRW-Förderung oder mit anderen öffentlichen Fördermitteln gefördert, ist gem. § 10 InvZulG i. V.m. § 31 a AO den jeweils zuständigen Stellen die Höhe der festgesetzten Investitionszulage zur Prüfung der Einhaltung der subventionserheblichen Tatsachen (z. B. Einhaltung der regionalen Förderhöchstsätze und des beihilfefreien Eigenanteils) mitzuteilen.

282 (2) Der Anspruchsberechtigte hat dafür im Investitionszulagenantrag entsprechende Angaben zu machen, ob die Investitionen zu einem Investitionsvorhaben gehören, das auch mit Mitteln der GRW-Förderung oder mit anderen öffentlichen Fördermitteln gefördert worden ist.

283 (3) Für die Mitteilungsverpflichtung gem. § 31 a AO genügt die Möglichkeit, dass die gewährte Beihilfe von der anderen Bewilligungsbehörde zurückgefordert werden kann. Die Entscheidung hierüber trifft die informierte Stelle.

284 (4) Die Mitteilung über die festgesetzte Investitionszulage erfolgt formlos durch Übersendung des Investitionszulagenbescheids unter Bezugnahme auf die von dieser Behörde genehmigte Förderung. Eine Information über das Ergebnis einer ggf. erfolgten Überprüfung durch die andere Behörde erfolgt grundsätzlich nicht.

# 800 § 12/1. Schreiben betr. Grundsätze der Verwaltung für die Prüfung der Aufteilung der Einkünfte bei Betriebsstätten international tätiger Unternehmen (Betriebsstätten-Verwaltungsgrundsätze)[1)]

Vom 24. Dezember 1999 (BStBl. I S. 1076)

(BMF IV B 4 – S 1300 – 111/99)

Geändert durch BMF v. 20. 11. 2000 (BStBl. I S. 1509), BMF v. 25. 8. 2009 (BStBl. I S. 888), BMF v. 16. 4. 2010 (BStBl. I S. 354), BMF v. 20. 6. 2013 (BStBl. I S. 980), BMF v. 26. 9. 2014 (BStBl. I S. 1258) und BMF v. 22. 12. 2016 (BStBl. 2017 I S. 182)

**Inhaltsübersicht**



---

1) **Red. Anm.:** Teilweise aufgeh.; vgl. BMF v. 22. 12. 2016, BStBl. 2017 I S. 182, Tz. 460 ff. (Nr. **725** § 1/11).

*(Fortsetzung nächstes Blatt)*

Unter Bezugnahme auf das Ergebnis der Erörterungen mit den obersten Finanzbehörden der Länder gilt für die Frage, nach welchen Grundsätzen das Betriebsvermögen und die Einkünfte eines Unternehmens zwischen dem Stammhaus in einem Staat und seiner/seinen Betriebsstätte/n in dem anderen Staat oder anderen Staaten nach innerstaatlichem Recht und den Abkommen zur Vermeidung der Doppelbesteuerung (DBA) aufzuteilen sind, Folgendes:

## 1. Rechtsgrundlagen zur Besteuerung von gewerblichen Betriebsstätten

### 1.1. Nationales Steuerrecht

Bei der Prüfung und Anwendung von nationalen Vorschriften zur Besteuerung von Betriebsstätten gewerblich tätiger Unternehmen ist zunächst zu untersuchen, ob die DBA das Besteuerungsrecht der Bundesrepublik Deutschland einschränken, denn die DBA werden durch das jeweilige Zustimmungsgesetz gem. Art. 59 GG für in der Bundesrepublik Deutschland gesetzlich verbindlich erklärt und gehen gem. § 2 AO als speziellere Vorschrift dem nationalen Steuerrecht vor. Folglich sind Geltungsbereich, Begriffsbestimmungen und die zwischenstaatlichen Besteuerungsrechtszuordnungen des betreffenden DBA zu beachten. Dies gilt nicht bei Einkünften beschränkt Steuerpflichtiger, die dem Steuerabzug vom Kapitalertrag oder dem Steuerabzug nach § 50 a Abs. 4 EStG unterliegen (vgl. § 50 d Abs. 1 Satz 1 EStG).

Aus nationaler Sicht sind vor allem folgende Rechtsgrundlagen zur Besteuerung von Betriebsstätten gewerblicher Unternehmen von Bedeutung:

Beschränkt steuerpflichtige Einkünfte aus Gewerbebetrieb liegen vor, wenn im Inland eine Betriebsstätte (§ 12 AO) unterhalten wird oder ein ständiger Vertreter (§ 13 AO) für den Gewerbebetrieb bestellt ist (§ 49 Abs. 1 Nr. 2 Buchstabe a EStG). Zum Begriff „Inland" wird auf Tz. 4.6.1 verwiesen. Im Rahmen der unbeschränkten Steuerpflicht liegen ausländische Einkünfte aus Gewerbebetrieb u. a. vor, wenn sie durch eine in einem ausländischen Staat belegene Betriebsstätte (§ 12 AO) oder durch einen in einem ausländischen Staat tätigen ständigen Vertreter (§ 13 AO) erzielt werden (§ 34 d Nr. 2 EStG). Für die Anwendung von Doppelbesteuerungsabkommen ist der Begriff der Betriebsstätte und des ständigen Vertreters jedoch – wie oben bereits erwähnt – dem jeweiligen DBA zu entnehmen (§ 2 AO), s. a. Tz.1.2.1.

### 1.1.1. Betriebsstätte

#### 1.1.1.1. Feste Geschäftseinrichtung

Eine Betriebsstätte i. S. d. § 12 Satz 1 AO ist jede feste Geschäftseinrichtung oder Anlage, die der Tätigkeit eines Unternehmens dient. Sie muss örtlich fixiert sein und der Unternehmer muss darin seine eigene gewerbliche Tätigkeit ausüben (BFH vom 10. Februar 1988, BStBl. II S. 653). Eine feste Verbindung mit der Erdoberfläche oder ihre Sichtbarkeit ist jedoch nicht erforderlich (BFH vom 30. Oktober 1996, BStBl. 1997 II S. 12). Der Unternehmer muss eine gewisse, nicht nur vorübergehende Verfügungsmacht über diese Einrichtung haben (BFH vom 11. Oktober 1989, BStBl. 1990 II S. 166 und BFH vom 3. Februar 1993, BStBl. II S. 462). Eine feste Geschäftseinrichtung ist auf gewisse Dauer angelegt. Sie ist immer dann auf Dauer angelegt, wenn sie länger als sechs Monate besteht (BFH vom 19. Mai 1993, BStBl. II S. 655). Die Katalogaufzählung in § 12 Satz 2 AO ist nicht abschließend. Während § 12 Satz 1 AO als Grundtatbestand eine feste Einrichtung oder Anlage verlangt, setzen die Tatbestände des § 12 Satz 2 Nrn. 1–8 AO dies nicht notwendigerweise voraus (BFH vom 28. Juli 1993, BStBl. 1994 II S. 148). Der Begriff der Zweigniederlassung i. S. d. § 12 Satz 2 Nr. 2 AO bestimmt sich nach Handelsrecht (§ 13 d HGB).

#### 1.1.1.2. Bauausführungen und Montagen

Durch Bauausführungen und Montagen wird eine Betriebsstätte nur dann begründet, wenn ihre Dauer 6 Monate übersteigt (§ 12 Satz 2 Nr. 8 AO). Besteht zwischen dem Staat, in dem die Bauausführungen und Montagen erbracht werden und dem Staat des Sitzes des ausführenden Unternehmens ein DBA, ist zu beachten, dass für dessen Anwendung der Betriebsstättenbegriff abweichend von § 12 Satz 2 Nr. 8 AO bestimmt sein kann; für den Regelfall wird eine Dauer von mehr als sechs Monaten vorausgesetzt. Wegen weiterer Einzelheiten siehe Tz. 4.3, Anlage II.

### 1.1.2. Ständiger Vertreter

Der ständige Vertreter i. S. d. § 13 AO hat die Geschäfte des Unternehmers nachhaltig zu besorgen und unterliegt dessen Sachanweisungen; er muss nicht Arbeitnehmer des Unternehmens sein, sondern nur an Stelle des Unternehmers tätig werden.

Ist der ständige Vertreter ein Kommissionär oder Makler, der Geschäftsbeziehungen für das ausländische Unternehmen im Rahmen seiner ordentlichen Geschäftstätigkeit unterhält, und die Besteuerung des ausländischen Unternehmens nicht durch ein DBA geregelt, so sind die Einkünfte des ausländischen Unternehmens insoweit nicht der Besteuerung zu unterwerfen. Das gilt auch, wenn der ständige Vertreter ein Handelsvertreter (§ 84 HGB) ist, der weder eine allgemeine Vollmacht zu Vertragsverhandlungen und Vertragsabschlüssen für das ausländische Unternehmen besitzt noch über ein Warenlager dieses Unternehmens verfügt, von dem er regelmäßig Bestellungen für das Unternehmen ausführt (vgl. *R 222 Abs. 1 Satz 2 und 3 EStR*[1]).

[1] Jetzt R 49.1 Abs. 1 Satz 2 und 3 EStR 2012.

Zur Begründung der Gewerbesteuerpflicht durch einen ständigen Vertreter vgl. *Abschn. 22 Abs. 5 und 6 GewStR 1998*[1].

Wird der inländische Gewerbebetrieb eines beschränkt steuerpflichtigen Ausländers im Ganzen verpachtet, bezieht der Verpächter nur dann inländische Einkünfte aus Gewerbebetrieb, wenn er dafür im Inland einen ständigen Vertreter bestellt und während dieser Zeit weder eine Betriebsaufgabe erklärt noch eine Betriebsveräußerung vorgenommen hat (BFH vom 12. April 1978, BStBl. II S. 494).

### 1.1.3. Besteuerung bei Bestehen einer inländischen Betriebsstätte

#### 1.1.3.1. Maßgebliche Vorschriften

Unterhält ein beschränkt Steuerpflichtiger eine Betriebsstätte im Inland oder ist er dort durch einen ständigen Vertreter tätig, sind für die Besteuerung vor allem folgende Vorschriften maßgebend:

**a) für die Einkommensteuer/Körperschaftsteuer:**

§ 1 Abs. 4 i. V. m. § 49 EStG; § 2 Nr. 1 KStG (beschränkte Steuerpflicht); § 15 EStG (Einkünfte aus Gewerbebetrieb); § 49 Abs. 1 Nr. 2 Buchstabe a und § 50 Abs. 1 EStG (Abgrenzungsvorschriften); § 50 Abs. 3 EStG, § 23 Abs. 2 und 3 KStG (Steuersatz); §§ 4 bis 7 k EStG, § 8 Abs. 1 KStG (Gewinnermittlung); § 50 Abs. 5 Satz 3 EStG, § 50 Abs. 1 Nr. 2 KStG (keine Abgeltungswirkung von Abzugsteuern); § 36 Abs. 2 Satz 2 Nr. 3 EStG, § 50 Abs. 5 Satz 3 EStG, § 49 Abs. 1 KStG (Anrechnung deutscher Körperschaftsteuer); § 50 Abs. 6 EStG, § 26 Abs. 6 KStG (Anrechnung ausländischer Ertragsteuern).

**b) für die Gewerbesteuer:**

§ 2 Abs. 1 GewStG; § 9 Nr. 3 Satz 1 GewStG.

#### 1.1.3.2. Aufzeichnungs- und Mitwirkungspflichten

Nach § 138 Abs. 1 AO sind die Gründung, Verlegung oder Auflösung einer Betriebsstätte innerhalb eines Monats der Gemeinde anzuzeigen.

Mit Aufnahme des Geschäftsbetriebs ergeben sich handelsrechtliche Buchführungspflichten (§§ 238 ff. HGB, § 140 AO), wenn die jeweilige Betriebsstätte eine nach § 13 d HGB eingetragene oder eintragungspflichtige Zweigniederlassung ist. Falls die Betriebsstätten handelsrechtlich keine Zweigniederlassungen darstellen, entsteht die Buchführungspflicht erst nach Aufforderung durch das Finanzamt gemäß § 141 AO. Die Aufforderung kann in einem Steuer- oder Feststellungsbescheid bzw. in einem besonderen Verwaltungsakt ergehen; sie soll dem Steuerpflichtigen mindestens einen Monat vor Beginn des Wirtschaftsjahres bekannt gegeben werden, von dessen Beginn ab die Buchführungsverpflichtung zu erfüllen ist (AEAO Nr. 4 zu § 140 AO). Außerdem ergeben sich Aufzeichnungspflichten aus § 143, § 144 AO und § 22 UStG.

Beteiligen sich ausländische Steuerpflichtige an einer inländischen Betriebsstätte in der Form der GbR (ARGE, Konsortium), kann eine handels- und steuerrechtliche (§§ 2, 238 ff. HGB, § 140 AO) Buchführungspflicht bestehen, auch wenn diese BGB-Gesellschaften nach § 180 Abs. 4 AO von dem Verfahren der einheitlichen und gesonderten Feststellung ausgenommen sind.

Die Bücher sind im Inland zu führen (§ 146 Abs. 2 AO). Erleichterungen können nach § 148 AO gewährt werden. Zu den Vorlagepflichten von Bü-

---

[1] Siehe nunmehr R 2.9 Abs. 4 GewStR 2009 und H 2.9 Abs. 4 EStH 2016.

chern, Aufzeichnungen, Urkunden und sonstigen Geschäftspapieren vgl. §§ 97, 200 AO.

Die erhöhten Aufklärungs- und Mitwirkungspflichten bei Auslandssachverhalten (§ 90 Abs. 2 AO) und die Offenlegungs- und Mitwirkungspflicht bei Geschäftsbeziehungen zu niedrig besteuernden Gebieten (§ 16 AStG) gelten auch für beschränkt Steuerpflichtige. Wegen weiterer Einzelheiten siehe Tz. 5.

### 1.1.4. Besteuerung bei Bestehen einer ausländischen Betriebsstätte oder Bestellung eines ständigen Vertreters im Ausland

#### 1.1.4.1. Maßgebliche Vorschriften

Unterhält ein unbeschränkt Steuerpflichtiger eine Betriebsstätte im Ausland oder ist er dort durch einen ständigen Vertreter tätig, sind für die Besteuerung vor allem folgende Vorschriften maßgebend:

**a) für die Einkommen-(Körperschaft-)steuer:**

§§ 34 d EStG, 8 Abs. 1 KStG (Begriff der ausländischen Einkünfte, hier § 34 d Nr. 2 Buchstabe a EStG, der Bedeutung für die berücksichtigungsfähigen ausländischen Steuern hat, §§ 34 c EStG, 26 Abs. 7 KStG [indirekte und fiktive Steueranrechnung]);

**b) für die Gewerbesteuer:**

§ 9 Nr. 3 Satz 1 GewStG (Nichtberücksichtigung des Gewerbeertrags ausländischer Betriebsstätten).

Erzielt der Steuerpflichtige aus einer ausländischen Betriebsstätte Verluste, so sind die Verlustausgleichs- und Verlustabzugsbeschränkungen des § 2 a Abs. 1 und 2 EStG zu beachten.

Für die pauschale Besteuerung von Einkünften aus einer im ausländischen Staat befindlichen Betriebsstätte wird auf das BMF-Schreiben vom 10. April 1984 (BStBl. I S. 252),[1] den so genannten Pauschalierungserlass, verwiesen.

#### 1.1.4.2. Aufzeichnungs- und Mitwirkungspflichten

Es gelten die allgemeinen Buchführungs-, Aufzeichnungs-, Anzeige- und Aufbewahrungspflichten nach HGB und AO. Die Gründung und der Erwerb von Betrieben und Betriebsstätten im Ausland ist dem zuständigen Finanzamt spätestens dann mitzuteilen, wenn nach dem meldepflichtigen Ereignis eine Einkommen- oder Körperschaftsteuererklärung oder eine Erklärung zur gesonderten Gewinnfeststellung einzureichen ist (§ 138 Abs. 2 AO). Wird dieser Mitteilungspflicht nicht, nicht vollständig oder nicht rechtzeitig nachgekommen, kann unter den Voraussetzungen von § 379 AO eine Ahndung als Ordnungswidrigkeit erfolgen.

Die Buchführungspflicht nach Handels- und Steuerrecht umfasst stets das gesamte Unternehmen einschließlich der ausländischen Betriebsstätten. Sie ist grundsätzlich ohne Rücksicht auf eine Steuerfreistellung der ausländischen Betriebsstätteneinkünfte nach einem DBA und etwaige Buchführungs- und Aufzeichnungspflichten im Betriebsstättenstaat im Inland zu erfüllen.

Ist die Betriebsstätte nach dem Recht des Betriebsstättenstaates verpflichtet, Bücher und Aufzeichnungen zu führen, und kommt sie dieser Verpflichtung auch nach, so genügt es, dass das Ergebnis dieser Buchführung in die Buch-

[1] Nr. **1** § 34 c/1.

führung des inländischen Unternehmens übernommen wird (§ 146 Abs. 2–4 AO). Anpassungen an die deutschen steuerlichen Vorschriften sind vorzunehmen und kenntlich zu machen. Auf eine sachgerechte Währungsumrechnung ist zu achten (Tz. 2.8).

Werden für die Betriebsstätte die Bücher nicht gesondert geführt, so sind deren Geschäftsvorfälle im Inland einzeln zu erfassen und kenntlich zu machen (§ 145 Abs. 2 i. V. m. § 146 Abs. 2 AO).

Zu den Vorlagepflichten von Büchern, Aufzeichnungen und sonstigen Geschäftspapieren vgl. §§ 97, 200 AO; es gelten die erhöhte Mitwirkungspflicht bei Auslandssachverhalten (§ 90 Abs. 2 AO) und die Offenlegungs- und Mitwirkungspflichten bei Geschäftsbeziehungen zu niedrig besteuernden Gebieten (§ 16 AStG).

### 1.1.5. Gewerbliche Personengesellschaft

#### *1.1.5.1. Beteiligung an einer Personengesellschaft*[1)]

*Nach deutschem Rechtsverständnis werden Beteiligungen einer unbeschränkt steuerpflichtigen Person an einer (ausländischen) Personengesellschaft grundsätzlich als Unternehmen dieser Person i. S. d. Art. 7 OECD-MA 92 behandelt.*

*Die mitunternehmerische Beteiligung an einer Personengesellschaft durch einen unbeschränkt Steuerpflichtigen an einer im Inland ansässigen (inländischen) Personengesellschaft, die eine Betriebsstätte unterhält, sowie die Beteiligung eines unbeschränkt Steuerpflichtigen an einer im Ausland bestehenden (ausländischen) Personengesellschaft, die eine Betriebsstätte unterhält, führt dazu, dass die Betriebsstätte jeweils – anteilig – dem Gesellschafter zuzurechnen ist (BFH vom 26. Februar 1992, BStBl. II S. 937), es sei denn, es handelt sich um eine ausschließlich vermögensverwaltende oder selbständig bzw. land- und forstwirtschaftlich tätige Personengesellschaft, die nicht gewerblich geprägt ist. Entsprechendes gilt auch für den umgekehrten Fall, dass ein beschränkt Steuerpflichtiger an einer inländischen Personengesellschaft beteiligt ist, die im Inland eine Betriebsstätte unterhält.*

#### *1.1.5.2. Einstufung einer ausländischen Gesellschaft*[1)]

*Die Frage, ob eine ausländische Gesellschaft als Mitunternehmerschaft einzustufen ist, bestimmt sich nach deutschem Steuerrecht aufgrund eines Vergleichs der Gesellschaftsstruktur (Abschnitt 2 Abs. 1 KStR; BFH vom 23. Juni 1992, BStBl. II S. 972).*

*Dies führt in Bezug auf Staaten, in denen Personengesellschaften als juristische Personen – also als nicht transparent – behandelt werden, dazu, dass eine besondere Prüfung der Aufteilung des Besteuerungsrechts vorzunehmen ist (vgl. hierzu die BMF-Schreiben zum DBA-Jugoslawien (betr. Slowenien) vom 21. Juli 1997, BStBl. I S. 724, zum DBA-Rumänien vom 1. Oktober 1997, BStBl. I S. 863, zum DBA-Spanien vom 28. Mai 1998, BStBl. I S. 557, zum DBA-Tschechoslowakei vom 13. Januar 1997, BStBl. I S. 97, zum DBA-Tunesien vom 25. August 1997, BStBl. I S. 796 und zum DBA-Ungarn vom 29. April 1993, BStBl. I S. 342). Eine Übersicht der Rechtsformen internationaler Unternehmen enthält der Anhang, Tabellen 1 und 2.*

---

[1)] Tz. 1.1.5.1 und 1.1.5.2 ersetzt durch BMF v. 26. 9. 2014, BStBl. I S. 1258, abgedruckt in der Loseblatt-Textausgabe **Doppelbesteuerungsabkommen.**

### 1.1.5.3. Aufzeichnungs- und Mitwirkungspflichten

Der Gesellschafter ist grundsätzlich verpflichtet, die Buchführung, die Abschlüsse und – soweit erforderlich – weitere Geschäftspapiere vorzulegen und die notwendigen Auskünfte zu erteilen (§§ 90 Abs. 2, 97, 200 AO). Die Grenzen dieser Verpflichtung bestimmen sich nach den Grundsätzen der Zumutbarkeit und Verhältnismäßigkeit.

### 1.1.5.4. Gewinnanteil eines unbeschränkt Steuerpflichtigen

Sind unbeschränkt steuerpflichtige Personen an einer ausländischen Personengesellschaft beteiligt, die im Inland weder eine Betriebsstätte unterhält noch einen ständigen Vertreter bestellt hat, ist der Gewinn der Personengesellschaft zur Ermittlung der Höhe der Gewinnanteile der unbeschränkt steuerpflichtigen Person nach § 4 Abs. 1 oder 3 EStG zu ermitteln (BFH vom 13. September 1989, BStBl. 1990 II S. 57). Bei der Gewinnermittlung nach § 4 Abs. 1 EStG sind alle Geschäftsvorfälle unter Beachtung der Grundsätze ordnungsmäßiger Buchführung zu berücksichtigen, auch wenn sie in einer ausländischen Währung ausgewiesen sind. Grundlage ist die nach ausländischem Recht geführte Buchführung der Personengesellschaft, aus der unter Anpassung an die deutschen steuerrechtlichen Vorschriften der Gewinn i. S. d. §§ 4 Abs. 1, 15 Abs. 1 Nr. 2 EStG abzuleiten ist.

Unterhält die ausländische Personengesellschaft eine Betriebsstätte im Inland, ist der dafür nach § 4 Abs. 1, § 5 EStG ermittelte Gewinn maßgebend.

### 1.1.5.5. Gewinnanteil eines beschränkt Steuerpflichtigen

Der Gewinnanteil an einer inländischen Personengesellschaft ist gemäß § 49 Abs. 1 Nr. 2 Buchstabe a, § 15 Abs. 1 Satz 1 Nr. 2 EStG auf der Grundlage der Steuerbilanz der Gesellschaft und etwaiger Ergänzungsbilanzen und Sonderbilanzen des Gesellschafters zu ermitteln. Entsprechend ist bei einer ausländi schen Personengesellschaft mit inländischer Betriebsstätte zu verfahren. Der Anteil, der von dem Gewinn/Verlust einer inländischen Personengesellschaft aus einer ausländischen Betriebsstätte auf einen beschränkt steuerpflichtigen Gesellschafter entfällt, ist mangels Zugehörigkeit zur inländischen Betriebsstätte im Inland nicht steuerbar (BFH vom 24. Februar 1988, BStBl. II S. 663).

### 1.1.6. Inländische gewerbliche Einkünfte ohne Betriebsstätte oder ständigen Vertreter im Inland

Hat ein ausländisches Unternehmen keine Betriebsstätte und keinen ständigen Vertreter im Inland, kann es gleichwohl beschränkt steuerpflichtige Einkünfte i. S. d. § 49 Abs. 1 EStG erzielen. Dabei kann es sich – abhängig von der jeweiligen Sachverhaltsgestaltung – um Einkünfte aus Gewerbebetrieb (§ 49 Abs. 1 Nr. 2 Buchstabe b bis f EStG) oder um andere Einkünfte i. S. d. § 49 Abs. 1 EStG handeln.

## 1.2. Doppelbesteuerungsabkommen[1)]

### 1.2.1. Betriebsstätte

Die Anknüpfung der DBA an den Begriff der Betriebsstätte dient der Aufteilung des Besteuerungsrechts der Vertragsstaaten und damit der Aufteilung

---

[1)] OECD-Musterabkommen und sämtliche DBA abgedruckt in der Loseblattsammlung **Doppelbesteuerungsabkommen.**

der Unternehmensgewinne und des Unternehmensvermögens *(Art. 7, 22 Abs. 2 Musterabkommen der OECD auf dem Gebiet der Steuern vom Einkommen und vom Vermögen 1992, OECD-MA 92*[1]*)*, der Zuordnung von Dividenden, Zinsen und Lizenzgebühren zu einer Betriebsstätte *(Art. 10 Abs. 4, 11 Abs. 4, 12 Abs. 4 OECD-MA 92*[2]*)*, der Zuweisung des Besteuerungsrechtes aus der Veräußerung von Betriebsstättenvermögen *(Art. 13 Abs. 2 OECD-MA 92*[3]*)* und für andere Einkünfte *(Art. 21 Abs. 2 OECD-MA 92*[4]*)*.

**1.2.1.1. Feste Geschäftseinrichtung**

Die Betriebsstätte ist definiert in *Art. 5 Abs. 1, 2 OECD-MA 92*[5], ebenso in den meisten DBA, als feste Geschäftseinrichtung, in der die Tätigkeit des Unternehmens ganz oder teilweise ausgeübt wird. Zum Begriff der festen Geschäftseinrichtung siehe Tz. 1.1.1.1.

Eine Geschäftsleitungsbetriebsstätte setzt abkommensrechtlich immer eine Geschäftseinrichtung voraus (vgl. Tz. 12 des Kommentars zu *Art. 5 Abs. 2 OECD-MA 92*[6]).

Während nach dem Wortlaut des *Art. 5 Abs. 1 OECD-MA 92*[7] durch die feste Geschäftseinrichtung die Tätigkeit des Unternehmens ausgeübt werden muss, liegt nach § 12 AO eine Betriebsstätte vor, wenn die feste Geschäftseinrichtung (oder Anlage) der Tätigkeit des Unternehmens dient. Der abkommensrechtliche Begriff der Betriebsstätte stimmt aber inhaltlich mit dem des § 12 AO überein. Hinsichtlich der ausgeübten Tätigkeiten ist er allerdings regelmäßig enger. Die Geschäftseinrichtung muss jedoch dem Unternehmen mit einer gewissen Beständigkeit zu dienen bestimmt sein (siehe Tz. 1.1.1.1), d. h. länger als 6 Monate, jedoch ohne Rücksicht auf die Frist für Bauausführungen und Montagen in den einzelnen DBA. Nach *Art. 5 Abs. 4 OECD-MA 92*[8] gelten Geschäftseinrichtungen unterstützender oder vorbereitender Art, wie z. B. Warenlager oder Einkaufs- und Informationsstellen, wegen ihres bloßen Hilfscharakters nicht als Betriebsstätten (vgl. Anhang, IV).

Vorbereitende Tätigkeiten sind solche, die zeitlich vor der Haupttätigkeit ausgeübt werden (BFH vom 23. Januar 1985, BStBl. II S. 47). Hilfstätigkeiten begleiten die Haupttätigkeiten und folgen ihnen zeitlich nach. Sie sind jedoch ihrer Art nach von der Haupttätigkeit verschieden. Die Haupttätigkeit eines Unternehmens ergibt sich aus dessen Aufgabenstellung. Eine Tätigkeit ist Bestandteil der Haupttätigkeit, wenn sie einen wesentlichen und maßgeblichen Teil der Tätigkeit des Gesamtunternehmens ausmacht, z. B. die Forschung eines Pharmaunternehmens.

Wird ein Betrieb an ein anderes Unternehmen verpachtet, wird dadurch allein für den Verpächter keine Betriebsstätte begründet (Tz. 11 des OECD-Kommentars zu *Art. 5 OECD-MA 92*[9]; BFH vom 28. Juli 1982, BStBl. 1983 II S. 77). Soweit unbewegliches Vermögen verpachtet wird, ist

[1] **Red. Anm.:** Jetzt Art. 7, 22 Abs. 2 OECD-MA 2017.
[2] **Red. Anm.:** Jetzt Art. 10 Abs. 4, 11 Abs. 4, 12 Abs. 4 OECD-MA 2017.
[3] **Red. Anm.:** Jetzt Art. 13 Abs. 2 OECD-MA 2017.
[4] **Red. Anm.:** Jetzt Art. 21 Abs. 2 OECD-MA 2017.
[5] **Red. Anm.:** Jetzt Art. 5 Abs. 1 und 2 OECD-MA 2017.
[6] **Red. Anm.:** Jetzt Art. 5 Abs. 2 OECD-MA 2017.
[7] **Red. Anm.:** Jetzt Art. 5 Abs. 1 OECD-MA 2017.
[8] **Red. Anm.:** Jetzt Art. 5 Abs. 4 OECD-MA 2017.
[9] **Red. Anm.:** Jetzt Art. 5 OECD-MA 2017.

nach *Art. 6 OECD-MA 92*[1], im Übrigen nach *Art. 21 OECD-MA 92*[2] zu verfahren.

Verpachtet oder vermietet eine im Ausland ansässige Person im Inland belegene wesentliche Betriebsgrundlagen an eine von ihr beherrschte inländische Kapitalgesellschaft (Betriebsaufspaltung über die Grenze), begründet sie dadurch allein keine Betriebsstätte (Tz. 8 des OECD- Kommentars zu *Art. 5 OECD-MA 92*[3]). Das Besitzunternehmen kann nur durch einen ständigen Vertreter oder eine feste Geschäftseinrichtung, z. B. am Ort der Betriebsgesellschaft, eine Betriebsstätte unterhalten. Liegt keine Betriebsstätte im Sinne eines DBA vor, ist, soweit unbewegliches Vermögen verpachtet wird, nach *Art. 6 OECD-MA 92*[1] und nicht nach *Art. 7 OECD-MA 92*[4] zu verfahren. Wegen der isolierenden Betrachtungsweise des § 49 Abs. 2 EStG sind die Pachteinnahmen des ausländischen Besitzunternehmens als inländische Einkünfte aus Vermietung und Verpachtung i. S. d. § 49 Abs. 1 Nr. 6 EStG anzusehen.

### 1.2.1.2. Bauausführungen und Montagen

Bauausführungen und Montagen erfüllen nach *Art. 5 Abs. 3 OECD-MA 92*[5] nur dann den Betriebsstättenbegriff, wenn ihre Dauer eine gewisse Zeit überschreitet, vgl. Anhang II. Eine Bauausführung besteht von dem Zeitpunkt an, an dem das Unternehmen mit den Arbeiten – einschließlich aller vorbereitenden Arbeiten – in dem Staat beginnt, in dem das Bauwerk errichtet werden soll, also z.B. mit der Errichtung eines Bauplanungsbüros (vgl. Tz. 19 des *OECD-Kommentars zu Art. 5 des OECD-MA 92*[5]).

Bauausführungen und Montagen, die diese Voraussetzung nicht erfüllen, sind für sich allein keine Betriebsstätten, auch wenn zu ihnen eine feste Geschäftseinrichtung gehört (z.B. Baucontainer als Geschäftsstelle), die mit der Bau- und Montagetätigkeit zusammenhängt (vgl. Tzn. 16, 17 des OECD-Kommentars zu *Art. 5 des OECD-MA 92*[5]). Sofern in der festen Geschäftseinrichtung aber eine Tätigkeit nicht bloß unterstützender oder vorbereitender Art ausgeübt wird und sie während der in Art. 5 Abs. 3 OECD-MA vorgesehenen Zeit besteht, liegt eine Betriebsstätte i. S. von Art. 5 Abs. 1, 2 OECD-MA vor.

Wird die Leitung von mehreren kurzfristigen Bauausführungen und Montagen in einer festen Geschäftseinrichtung ausgeübt, so bestimmt sich die Frage, ob eine Betriebsstätte vorliegt, nach *Art. 5 Abs. 1 OECD-MA 92*[5].

Wegen weiterer Einzelheiten siehe Tz. 4.3.

### 1.2.2. Abhängiger Vertreter, unabhängiger Vertreter

Ein Vertreter muss nach *Art. 5 Abs. 5 OECD-MA 92*[5] ein abhängiger Vertreter des Unternehmens sein und – einschränkend gegenüber § 13 AO – seine Vollmacht gewöhnlich ausüben und nicht nur Tätigkeiten unterstützender Art i. S. d. *Art. 5 Abs. 4 OECD-MA 92*[5] durchführen (vgl. Anhang, I-II). Die Abhängigkeit setzt kein persönliches Abhängigkeitsverhältnis (z. B. ein Angestelltenverhältnis) voraus. Trägt der Vertreter das wirtschaftliche Risiko seiner Tätigkeit nicht, ist dies ein Indiz für seine wirtschaftliche Abhängigkeit.

---

[1] **Red. Anm.:** Jetzt Art. 6 OECD-MA 2017.
[2] **Red. Anm.:** Jetzt Art. 21 OECD-MA 2017.
[3] **Red. Anm.:** Jetzt Art. 5 OECD-MA 2017.
[4] **Red. Anm.:** Jetzt Art. 7 OECD-MA 2017.
[5] **Red. Anm.:** Jetzt Art. 5 OECD-MA 2017 (jeweiliger Absatz).

Eine Abschlussvollmacht liegt vor, wenn das Unternehmen rechtlich oder wirtschaftlich von dem Vertreter gebunden werden kann; eine mittelbare Stellvertretung ist möglich. Ist eine Person bevollmächtigt, alle Einzelheiten eines Vertrags verbindlich für das Unternehmen auszuhandeln, so kann davon ausgegangen werden, dass das Unternehmen wirtschaftlich gebunden wird. Die von der Bundesrepublik Deutschland abgeschlossenen DBA übernehmen in der Regel die Bestimmungen des *OECD-MA 92*[1)] zu dem Begriff des abhängigen Vertreters. Einige DBA weichen aber von dem *OECD-MA 9*[1)]*2* ab oder enthalten Sonderregelungen (z. B. für Versicherungsunternehmen), vgl. im Übrigen Anhang III.

Auch ein Makler, Kommissionär oder sonstiger unabhängiger Vertreter kann nach Art. 5 Abs. 6 OECD-MA 92 eine betriebsstättenbegründende Funktion haben, wenn er außerhalb seiner ordentlichen Geschäftstätigkeit handelt. Ein unabhängiger Vertreter handelt außerhalb des Rahmens seiner ordentlichen Geschäftstätigkeit, wenn seine Tätigkeit nach der Verkehrsanschauung außerhalb des Berufsbildes und des Geschäftszweiges liegt (BFH vom 14. September 1994, BStBl. 1995 II S. 238).

Eine Tochtergesellschaft kann grundsätzlich nicht als eine Betriebsstätte begründender Vertreter angesehen werden. Sie ist nur dann abhängiger Vertreter der Muttergesellschaft, wenn sich die Vertreterstellung aus Umständen außerhalb der Beherrschung ergibt (Art. 5 Abs. 7 OECD-MA 92) und nicht in ihrer ordentlichen Geschäftstätigkeit begründet ist.

Die Vertreterbetriebsstätte tritt hinter Art. 5 Abs. 1, 2 OECD-MA 92 zurück. Sofern die Tätigkeit des Vertreters losgelöst und außerhalb der festen Geschäftseinrichtung ausgeübt wird, liegen zwei Betriebsstätten vor.

Ausländische Kapitalgesellschaften können eine Betriebsstätte (oder das Stammhaus) auch insoweit begründen, als in einer inländischen Wohnung oder in einem Baucontainer die zu ihrer Vertretung befugten Personen die Geschäftsführertätigkeit entfalten bzw. die Tagesgeschäfte vornehmen (vgl. BFH vom 16. Dezember 1998, BStBl. 1999 II S. 437).

### 1.2.3. Beteiligung an einer Personengesellschaft (Sondervergütungen)

Sondervergütungen eines inländischen Gesellschafters einer ausländischen Personengesellschaft und eines ausländischen Gesellschafters einer inländischen Personengesellschaft sind als Unternehmensgewinne im Sinne der DBA (vgl. Art. 7 OECD-MA 92) zu behandeln, auch wenn das DBA keine ausdrückliche Regelung in diesem Sinne enthält. Im ersten Fall werden sie jedoch nach dem Methodenartikel des anzuwendenden DBA nicht von der deutschen Bemessungsgrundlage ausgenommen, wenn der andere Staat sie abweichend vom deutschen Steuerrecht qualifiziert, z. B. als Zinsen oder Lizenzgebühren, und sich auf Grund dieser Qualifikation nach dem DBA gehalten sieht, sie von der Steuer zu befreien oder nur zu einem einen bestimmten Vomhundertsatz der Einnahmen nicht übersteigenden Satz zu besteuern (vgl. im Ergebnis ebenso BFH vom 27. Februar 1991, BStBl. II S. 444, BFH vom 14. Juli 1993, BStBl. 1994 II S. 91). Bezüglich der in Art. 10 bis 13 und 21 OECD-MA 92 vorgesehenen Möglichkeit der Rückverweisung auf Art. 7 OECD-MA 92 ist darauf abzustellen, ob die den Dividenden, Zinsen oder Lizenzgebühren zugrunde liegenden Vermögenswerte tatsächlich zu der Betriebsstätte der Perso-

---

1) **Red. Anm.:** Jetzt: OECD-MA 2017.

nengesellschaft und damit zu der Betriebsstätte ihrer/s Gesellschafter/s gehören (BFH vom 26. Februar 1992, BStBl. II S. 937; BFH vom 31. Mai 1995, BStBl. II S. 683; BFH vom 30. August 1995, BStBl. 1996 II S. 563; BFH vom 17. Dezember 1997, BStBl. 1998 II S. 296).

### 1.2.4. Rechtsfolgen eines DBA

Die DBA sehen vor, dass

a) die Einkünfte und das Vermögen der Betriebsstätte in dem von dem DBA vorgesehenen Umfang im Betriebsstättenstaat besteuert werden können;

b) die dem Betriebsstättenstaat zur Besteuerung zugewiesenen Einkünfte und das Vermögen im Ansässigkeitsstaat zu entlasten sind; ist die Bundesrepublik Deutschland Ansässigkeitsstaat, werden die Einkünfte und das Vermögen im Regelfall von den inländischen Besteuerungsgrundlagen ausgenommen (Freistellung). Dabei ist der Progressionsvorbehalt (§ 32 b Abs. 1 Nr. 3 EStG) zu beachten. Die in einigen DBA enthaltenen Aktivitätsklauseln sind zu berücksichtigen. Soweit die Betriebsstätte nicht aktiv i. S. d. jeweiligen DBA tätig ist, kommt es zur Besteuerung der Einkünfte im Inland unter Anrechnung/Abzug der ausländischen Steuer (§ 34 c Abs. 6 i. V. m. Abs. 1 und 2 EStG, § 26 Abs. 6 KStG).

Im Übrigen ist zu beachten:

- Dividenden, Zinsen und Lizenzgebühren zählen nur dann zu den Unternehmensgewinnen,
  - wenn die Beteiligung, für die Ausschüttungen vorgenommen wurden, oder
  - wenn die Forderung, für die Zinsen gezahlt werden, bzw.
  - wenn das Recht oder der Vermögenswert, für den die Lizenzgebühren gezahlt werden,

  tatsächlich zu der Betriebsstätte gehören (BFH vom 30. August 1995, BStBl. 1996 II S. 563);
- bei Bezug von im Ausland niedrig besteuerten Einkünften mit Kapitalanlagecharakter i. S. d. § 10 Abs. 6 Satz 2 AStG ist nach § 20 Abs. 2 AStG die Doppelbesteuerung abweichend von den Vorschriften des jeweiligen DBA nicht durch Freistellung, sondern durch Anrechnung der auf diese Einkünfte entfallenden ausländischen Steuern zu vermeiden;
- die Einschränkung des Verlustausgleichs und -abzugs nach § 2 a Abs. 1 und 2 EStG; bei nach DBA steuerfreien Einkünften wirken sich diese Regelungen im Rahmen des Progressionsvorbehalts aus;
- der Verlustabzug nach § 2 a Abs. 3 i. V. m. Abs. 2 EStG (bis einschließlich VZ 1998) bei nach DBA steuerfreien gewerblichen Betriebsstättenverlusten und Nachversteuerung bei späteren Gewinnen nach § 2 a Abs. 3 Satz 3, Abs. 4 EStG (bis einschließlich VZ 2008).

### 1.2.5. Schutz des Steuerpflichtigen

Die DBA ermöglichen es der deutschen und der ausländischen Finanzverwaltung, zur Gewinn-(Vermögens-)aufteilung Konsultationsverfahren und im Einzelfall auf Antrag des Steuerpflichtigen Verständigungsverfahren einzuleiten (vgl. *Merkblatt über das internationale Verständigungsverfahren und Schiedsverfahren in Steuersachen vom 1. Juli 1997, BStBl. I S. 717*[1]).

---

[1] **Red. Anm.:** Siehe nunmehr Merkblatt des BMF v. 13. 7. 2006, BStBl. I S. 461.

### *1.2.6.[1] Rückfallklauseln eines DBA[2]*

*Einige DBA enthalten sog. Rückfallklauseln, nach denen das Besteuerungsrecht für Gewinne oder Einkünfte aus dem anderen Staat auf den Wohnsitz- bzw. Ansässigkeitsstaat zurückfällt, wenn die Gewinne oder Einkünfte dort tatsächlich nicht besteuert werden. Derartige Rückfallklauseln sind derzeit in Art. 24 Abs. 3 DBA-Dänemark 1995, Art. 23 Abs. 3 DBA-Kanada 1981, Art. 23 Abs. 3 DBA-Neuseeland 1978, Art. 23 Abs. 3 DBA-Norwegen 1991, Art. 23 Abs. 1 letzter Satz DBA-Schweden 1992, Art. 23 Abs. 2 letzter Satz DBA-USA 1989 sowie in Nr. 16 d des Schlussprotokolls zum DBA-Italien 1989 enthalten. Sie sind als subject-to-tax-Klauseln auszulegen (siehe BFH vom 11. Juni 1996, BStBl. 1997 II S. 117; offengelassen in BFH vom 27. August 1997, BStBl. 1998 II S. 58). Eine Reihe von DBA enthalten im Übrigen auch „subject-to-tax-Klauseln", die nur für einzelne (abkommensrechtliche) Einkunftsarten Anwendung finden (z. B. Art. 15 Abs. 4 DBA-Schweiz für einen Teil der nichtselbständigen Tätigkeit).*

*Werden Gewinne oder Einkünfte im Rahmen einer der Einkunftsarten des DBA der ausländischen Besteuerung unterworfen, so ist es für die Freistellung von der deutschen Besteuerung unbeachtlich, in welchem Umfang sie von der ausländischen Besteuerung erfasst werden oder ob dort alle Einkunftsteile im Rahmen der ausländischen Veranlagung zu einer konkreten Steuerzahlungspflicht führen (BFH vom 27. August 1997, BStBl. 1998 II S. 58). Eine ausländische Besteuerung ist auch noch anzunehmen, wenn die ausländische Steuer nur aufgrund von Freibeträgen, eines Verlustausgleichs oder Verlustabzugs entfällt oder die betreffenden Einkünfte als negative Einkünfte bei der ausländischen Besteuerung berücksichtigt werden.*

*Bei Bestehen solcher Klauseln muss der Steuerpflichtige im Rahmen seiner erhöhten Mitwirkungspflicht nach § 90 Abs. 2 AO spätestens im Veranlagungsverfahren den Nachweis erbringen, dass die Einkünfte im Ausland der Besteuerung unterworfen wurden. Wird der Nachweis nicht erbracht, sind die ausländischen Einkünfte grundsätzlich in die Besteuerung im Inland einzubeziehen (BFH vom 11. Juni 1996, BStBl. 1997 II S. 117). Sollte später der Nachweis der Besteuerung erbracht werden, so ist der ESt-Bescheid gem. § 175 Abs. 1 Satz 1 Nr. 2 AO zu ändern (BFH vom 11. Juni 1996, BStBl. 1997 II S. 117).*

## 2. Aufteilung des Betriebsvermögens und der Einkünfte

### 2.1. Allgemeines

Der Gewinn der inländischen bzw. ausländischen Betriebsstätte ist nach den Grundsätzen des deutschen Steuerrechts zu ermitteln. Bei der Anwendung der nachfolgenden Grundsätze für die Aufteilung der Einkünfte und des Vermögens zwischen in-/ausländischem Stammhaus (Betriebsstätte, bei der sich die geschäftliche Oberleitung des Unternehmens befindet) und aus-/inländischer Betriebsstätte sind alle Umstände des Einzelfalls zu beachten; dazu gehören besondere Verhältnisse, die z. B. in der Struktur der Märkte und des Unternehmens oder in bestehenden Handelsbräuchen begründet sind.

Die Ausführungen zur Aufteilung der Einkünfte gelten für die Aufteilung des Vermögens entsprechend.

[1] Tz. 1.2.6 aufgeh. durch BMF v. 20. 6. 2013, BStBl. I S. 980, Tz. 5.

[2] **Red. Anm.:** Sämtliche DBA abgedruckt in der Loseblattsammlung **Doppelbesteuerungsabkommen.**

### 2.2. Grundsätze der Aufteilung[1]

Für die Zuordnung der im Betriebsstättenstaat zu versteuernden und im Wohnsitzstaat zu entlastenden Einkünfte enthalten die DBA regelmäßig eine besondere Regelung. Danach sind der Betriebsstätte die Gewinne zuzurechnen, „die sie hätte erzielen können, wenn sie eine gleiche oder ähnliche Tätigkeit unter gleichen oder ähnlichen Bedingungen als selbständiges Unternehmen ausgeübt hätte und im Verkehr mit dem Unternehmen, dessen Betriebsstätte sie ist, völlig unabhängig gewesen wäre" (vgl. Art. 7 Abs. 2 OECD-MA 92, Grundsatz des Fremdvergleichs, dealing at arm's length-Prinzip).

Ziel der Aufteilung ist es, der Betriebsstätte den Teil des Gewinnes des Gesamtunternehmens zuzuordnen, den sie nach den Grundsätzen des Fremdvergleichs erwirtschaftet hat. Zu diesem Zweck sind der Betriebsstätte die Wirtschaftsgüter nach dem Prinzip der wirtschaftlichen Zugehörigkeit und die mit den Wirtschaftsgütern im Zusammenhang stehenden Betriebseinnahmen und -ausgaben nach dem Veranlassungsprinzip zuzuordnen.

Da das Stammhaus und seine Betriebsstätte eine rechtliche und tatsächliche Einheit bilden, sind schuldrechtliche Vereinbarungen zwischen Stammhaus und Betriebsstätte, wie z. B. Darlehens-, Miet- und Lizenzverträge, rechtlich nicht möglich (Tz. 16 ff. des Kommentars zu Art. 7 OECD-MA 92, BFH v. 27. Juli 1965 I 110/63 S, BStBl. 1966 III S. 24; BFH v. 20. Juli 1988, BStBl. 1989 II S. 140).

Die Aufteilung zwischen Stammhaus und Betriebsstätte ist dagegen nach dem Grundsatz des Fremdvergleichs vorzunehmen, wenn die Aufteilung Leistungen betrifft, die Gegenstand der ordentlichen Geschäftstätigkeit der leistenden Unternehmenseinheit sind und wenn die Aufteilung auf der Grundlage der Funktionsaufteilung zwischen Stammhaus und Betriebsstätte zu einer sachgerechten Einkommensabgrenzung führt.

Für Vorgänge i. S. von § 4 Abs. 1 Satz 3 EStG und § 12 Abs. 1 KStG ist der gemeine Wert nach § 6 Abs. 1 Nr. 4 Satz 1 2. Halbsatz EStG anzusetzen, der regelmäßig dem Fremdvergleichspreis entspricht (siehe BFH v. 18. 10. 1967 I 262/63, BStBl. 1968 II S. 105 und v. 27. 11. 1974 I R 250/72, BStBl. 1975 II S. 306, in denen der BFH vom gemeinen Wert für die Bemessung von verdeckten Gewinnausschüttungen ausgeht, sowie BFH v. 17. 10. 2001 I R 103/00, BStBl. 2004 II S. 171, in dem der BFH den Fremdvergleichspreis für die Bemessung von verdeckten Gewinnausschüttungen ansetzt; siehe auch BMF-Schreiben v. 12. 4. 2005 IV B 4 – S 1341 – 1/05, BStBl. I S. 570, Tz. 5.3.1[2]).

Die vorstehenden Ausführungen gelten auch, wenn kein DBA mit dem Staat der ausländischen Betriebsstätte oder des ausländischen Stammhauses besteht.

### 2.3. Methoden der Gewinnaufteilung

Die Betriebsstätte ist nur ein Teil des Gesamtunternehmens. Deswegen ist ihr immer nur ein Teil des Ergebnisses des Gesamtunternehmens zuzurechnen. Die danach erforderliche Aufteilung des Gesamtergebnisses auf Stamm-

---

[1] Tz. 2.2 neu gef. mW für nach dem 31. 12. 2005 endende Wj. durch BMF v. 25. 8. 2009, BStBl. I S. 888.

[2] Nr. **725** § 1/5.

haus und Betriebsstätte erfolgt entweder nach der direkten oder der indirekten Methode der Gewinnabgrenzung (vgl. Art. 7 Abs. 4 OECD-MA 92 und dessen Kommentar). Art. 7 OECD-MA 92 und das deutsche Steuerrecht räumen der direkten Gewinnermittlung den Vorrang ein (BFH vom 28. März 1985, BStBl. II S. 405, BFH vom 25. Juni 1986, BStBl. II S. 785, und BFH vom 29. Juli 1992, BStBl. 1993 II S. 63). Sie ist damit die Normal- bzw. Regelmethode. Ein willkürlicher Methodenwechsel ist nicht zulässig (vgl. Art. 7 Abs. 6 OECD-MA 92).

### 2.3.1. Direkte Methode

Bei der direkten Methode wird der Gewinn der Betriebsstätte gesondert aufgrund der Buchführung und der deutschen Gewinnermittlungsvorschriften ermittelt (vgl. Tz. 1.1.3 und 1.1.4).

Die direkte Methode ist insbesondere dann anzuwenden, wenn Stammhaus und Betriebsstätte unterschiedliche Funktionen ausüben. Maßgeblich sind hierfür jeweils die tatsächlichen Verhältnisse.

Dafür sind insbesondere zu berücksichtigen:

- die Struktur, Organisation und Aufgabenteilung im Unternehmen sowie der Einsatz von Wirtschaftsgütern;
- die einzelnen Funktionen der Betriebsstätte, z. B. Herstellung, Montage, Forschung und Entwicklung, verwaltungsbezogene Leistungen, Absatz, sonstige Dienstleistungen, und
- in welcher Eigenschaft die Betriebsstätte als selbständiges Unternehmen diese Funktion erfüllt hätte, z. B. wie ein Eigenhändler, Agent.

Bei Übernahme von Hilfsfunktionen sind Korrekturen vorzunehmen.

Betriebseinnahmen oder Betriebsausgaben, die nicht eindeutig dem Stammhaus oder der Betriebsstätte zugerechnet werden können, sind im Wege der Schätzung sachgerecht aufzuteilen.

Bei der Zuordnung von Aufwendungen können auch die Gesichtspunkte berücksichtigt werden, die bei Beziehungen zwischen nahe stehenden Personen für die Annahme eines Vorteilsausgleichs maßgeblich sind, s. a. Tz. 2.3 der Grundsätze für die Prüfung der Einkunftsabgrenzung bei international verbundenen Unternehmen (Verwaltungsgrundsätze), BMF-Schreiben v. 23. Februar 1983, BStBl. I S. 218[1].

### 2.3.2. Indirekte Methode

Bei der indirekten Methode ist der Gesamtgewinn des Unternehmens aufgrund eines sachgerechten Schlüssels zwischen Stammhaus und Betriebsstätte aufzuteilen.

Bei Funktionsgleichheit und gleicher innerer Struktur können z. B. im Handels- und Dienstleistungsbereich die Umsätze, im Versicherungsbereich die Prämieneinnahmen, im Bankenbereich der Anteil am gesamten Betriebskapital und im Produktionsbereich die Lohn- und/oder Materialkosten als Schlüssel dienen.

Wird der Gesamtgewinn durch außerordentliche Aufwendungen oder Erträge oder durch sonstige betriebliche Aufwendungen oder Erträge, die nicht alle Betriebsteile betreffen, beeinflusst, werden diese Aufwendungen oder Erträge vor der Schlüsselung beim Gesamtgewinn hinzugerechnet oder abgezo-

[1] Nr. **725** § 1/1.

gen und nach der Schlüsselung bei den Betriebsstätten, die sie betreffen, berücksichtigt.

### 2.4. Zuordnung der Wirtschaftsgüter[1)]

Wirtschaftsgüter können nur entweder dem Stammhaus oder der Betriebsstätte zugeordnet werden.

Einer Betriebsstätte sind die positiven und negativen Wirtschaftsgüter zuzuordnen, die der Erfüllung der Betriebsstättenfunktion dienen (BFH v. 29. 7. 1992 II R 39/89, BStBl. 1993 II S. 63). Dazu zählen vor allem die Wirtschaftsgüter, die zur ausschließlichen Verwertung und Nutzung durch die Betriebsstätte bestimmt sind. Der Betriebsstätte sind auch solche Wirtschaftsgüter zuzuordnen, aus denen Einkünfte erzielt werden, zu deren Erzielung die Tätigkeit der Betriebsstätte überwiegend beigetragen hat. Maßgeblich sind immer die tatsächlichen Verhältnisse und insbesondere Struktur, Organisation und Aufgabenstellung der Betriebsstätte im Unternehmen.

Wenn die Wirtschaftsgüter die ihnen im Rahmen des Gesamtunternehmens zugewiesene Funktion sowohl als Bestandteil des Betriebsvermögens des Stammhauses als auch einer Betriebsstätte erfüllen, hängt es entscheidend vom erkennbaren Willen der Geschäftsleitung ab, welchem Betriebsvermögen sie zuzuordnen sind (BFH v. 1. 4. 1987 II R 186/80, BStBl. II S. 550); der buchmäßige Ausweis kann nur Indiz, nicht Voraussetzung der Zuordnung sein (BFH v. 29. 7. 1992 II R 39/89, BStBl. 1993 II S. 63).

Bei der Zuordnung ist die Zentralfunktion des Stammhauses zu beachten. Dem Stammhaus sind deshalb in der Regel zuzurechnen

a) das Halten der dem Gesamtunternehmen dienenden Finanzmittel und

b) Beteiligungen, wenn sie nicht einer in der Betriebsstätte ausgeübten Tätigkeit dienen (BFH v. 30. 8. 1995, BStBl. 1996 II S. 563).

Die von einer Betriebsstätte erwirtschafteten Finanzierungsmittel gehören grundsätzlich zu deren Betriebsvermögen, soweit sie zur Absicherung der Geschäftstätigkeit der Betriebsstätte erforderlich sind oder bei ihr zur Finanzierung von beschlossenen oder in absehbarer Zeit vorgesehenen Investitionen dienen sollen. Die darüber hinausgehenden, überschüssigen Mittel sind dem Stammhaus zuzurechnen.

Eine Zuordnung von Wirtschaftsgütern bei der nutzenden Betriebsstätte kann unterbleiben, wenn

a) die Wirtschaftsgüter der Betriebsstätte nur vorübergehend überlassen werden und die Überlassung unter Fremden aufgrund eines Miet-, Pacht- oder ähnlichen Rechtsverhältnisses erfolgt wäre oder

b) es sich um Wirtschaftsgüter handelt, die von mehreren Betriebsstätten gleichzeitig oder nacheinander genutzt werden.

### 2.5. Anteil der Betriebsstätte am Eigenkapital des Gesamtunternehmens (Dotation)

#### 2.5.1. Dotationskapital von Betriebsstätten

Eine Betriebsstätte muss über das zur Erfüllung ihrer Funktion notwendige Dotationskapital verfügen, das dem Grundsatz des Fremdvergleichs entspre-

1) Tz. 2.4 neu gef. mW für nach dem 31. 12. 2005 endende Wj. durch BMF v. 25. 8. 2009, BStBl. I S. 888.

chen muss. Dies gilt auch dann, wenn die Betriebsstätte Verluste erwirtschaftet und dies zu einer wesentlichen Minderung des Dotationskapitals führt. Entspricht das Dotationskapital nicht diesen Voraussetzungen, so sind der Gewinn und das Vermögen der Betriebsstätte so zu ermitteln, als ob ihr angemessenes Dotationskapital zur Verfügung gestellt wurde. Daraus folgt, dass das Fremdkapital der Betriebsstätte bis zur Höhe des steuerlich angemessenen Dotationskapitals als Eigenkapital zu behandeln ist. Ist danach nur ein Teil des Fremdkapitals als Dotationskapital zu behandeln und besteht das Fremdkapital aus unterschiedlich hoch verzinslichen Verbindlichkeiten, so ist für die Umwidmung als Dotationskapital auf die zeitliche Reihenfolge der Aufnahme der Verbindlichkeiten abzustellen. Eine Ausnahme kommt nur dann in Betracht, wenn die anderen Betriebsteile ebenfalls unzureichend ausgestattet sind.

Bei der Entscheidung, inwieweit die interne Kapitalausstattung der Betriebsstätte aus Eigenkapital oder aus vom Stammhaus weitergeleitetem Fremdkapital besteht, kommt der unternehmerischen Entscheidung des Stammhauses besondere Bedeutung zu (BFH vom 25. Juni 1986, BStBl. II S. 785). Diese Entscheidung ist nicht maßgebend, wenn sie im Widerspruch zu kaufmännischen und wirtschaftlichen Erfordernissen steht (vgl. BFH vom 1. April 1987, BStBl. II S. 550) und damit gegen Fremdvergleichsmaßstäbe verstößt.

Für die Bemessung eines ausreichenden Dotationskapitals der Betriebsstätte ist grundsätzlich nach der direkten Methode ein äußerer Fremdvergleich anzustellen (BFH vom 27. Juli 1965, BStBl. 1966 III S. 24 und vom 25. Juni 1986, BStBl. II S. 785). Dies bedeutet, dass im Rahmen des Fremdvergleichs auf unabhängige Unternehmen abzustellen ist, die vergleichbare Marktchancen haben bzw. vergleichbaren Marktrisiken unterliegen. Unter Umständen sind wegen betriebsspezifischer Unterschiede Anpassungsrechnungen vorzunehmen.

Ist dieser äußere Fremdvergleich mangels vergleichbarer Unternehmen nicht durchführbar, bestehen keine Bedenken, das Eigenkapital des Gesamtunternehmens im Schätzungswege entsprechend den ausgeübten Funktionen auf Stammhaus und Betriebsstätte aufzuteilen (interner Fremdvergleich).

Üben Stammhaus und Betriebsstätte die gleichen Funktionen aus, kann für die Eigenkapitalausstattung der Betriebsstätte die Eigenkapitalquote des Stammhauses ein geeigneter Anhaltspunkt sein (Kapitalspiegel). Geht die Funktion der Betriebsstätte in ihrem Kapitalbedarf über die Funktion des Stammhauses in seinem Kapitalbedarf hinaus bzw. umgekehrt, so ist das Eigenkapital des Gesamtunternehmens angemessen aufzuteilen. Der Entscheidungsspielraum der Geschäftsleitung ist somit begrenzt. Eine Dotierung der ausländischen Betriebsstätte, die über die wirtschaftlichen Erfordernisse hinausgeht, ist nicht anzuerkennen.

Zum Umfang des Dotationskapitals bei Banken- und Versicherungsbetriebsstätten siehe Tzn. 4.1.3, 4.2.2, 4.2.3 und 4.2.4.

### 2.5.2. Gesellschafterwechsel bei Personengesellschaften

Beim Erwerb von Anteilen an deutschen Personengesellschaften durch beschränkt Steuerpflichtige kann die Eigenkapitalausstattung nach dem Erwerb nicht willkürlich zu Lasten der Betriebsstätte des beschränkt Steuerpflichtigen verringert werden, da die bisherige Dotation durch die Altgesellschafter als betriebsnotwendiger Vergleichsmaßstab heranzuziehen ist.

## 2.6. Überführung von Wirtschaftsgütern

### 2.6.1. Überführung in eine ausländische Betriebsstätte des inländischen Stammhauses[1]

Bei der Überführung von Wirtschaftsgütern des inländischen Stammhauses in dessen ausländische Betriebsstätte erfolgt die Aufdeckung der stillen Reserven grundsätzlich mit dem Fremdvergleichspreis[2] im Zeitpunkt der Überführung, d. h. mit dem Preis, den unabhängige Dritte unter gleichen oder ähnlichen Bedingungen vereinbart hätten.

Im Einzelnen gilt in diesen Fällen Folgendes:

**a) Anlagevermögen**

Bei Wirtschaftsgütern des Anlagevermögens ist als Gewinn (Verlust) der Unterschiedsbetrag zwischen dem Fremdvergleichspreis[2] des Wirtschaftsgutes und dem Wert zu erfassen, den das Wirtschaftsgut nach § 6 EStG (Buchwert) im Zeitpunkt seiner Überführung hat. Maßgebend sind Preis und Wert im Zeitpunkt seiner Überführung. Eingetretene voraussichtlich dauernde Wertminderungen im Zeitpunkt der Überführung sind zu beachten. Auf die Möglichkeit zur Bildung eines Ausgleichspostens nach § 4 g EStG wird hingewiesen.

**b) Umlaufvermögen**

Auch bei Wirtschaftsgütern des Umlaufvermögens ist als Gewinn (Verlust) der Unterschiedsbetrag zwischen dem Fremdvergleichspreis[2] im Zeitpunkt der Überführung des Wirtschaftsgutes und dem Wert zu erfassen, den das Wirtschaftsgut nach § 6 EStG (Buchwert) im Zeitpunkt seiner Überführung hat. Eingetretene voraussichtlich dauernde Wertminderungen im Zeitpunkt seiner Überführung sind zu beachten.

**c) Immaterielle Wirtschaftsgüter**

Bei selbst geschaffenen immateriellen Wirtschaftsgütern gelten die Buchstaben a) und b) entsprechend. Die Überführung eines solchen Wirtschaftsgutes liegt vor, soweit es zur Nutzung oder Verwertung durch die Betriebsstätte bestimmt ist. Darunter fällt auch Fertigungs- und Produktions-Know-how, das bei der Verlagerung von Produkten oder Produktionslinien in der ausländischen Betriebsstätte Verwendung findet.

**d) Überführung von Wirtschaftsgütern aus einer Anrechnungsbetriebsstätte (DBA oder nicht-DBA) in eine Freistellungsbetriebsstätte (DBA).**

Die vorstehenden Grundsätze gelten auch, wenn Wirtschaftsgüter von einer Betriebsstätte, deren Ergebnisse der inländischen Besteuerung unterliegen, in eine Betriebsstätte überführt werden, deren Ergebnisse nach Maßgabe eines DBA von der inländischen Besteuerung freizustellen sind.

---

[1] **Red. Anm.:** Tz. 2.6.1 neu gef. mW für nach dem 31. 12. 2005 endende Wj. durch BMF v. 25. 8. 2009, BStBl. I S. 888. Merkposten, die für vor dem 1. 1. 2006 endende Wj. gem. Tz. 2.6 gebildet wurden, bleiben hiervon unberührt.

[2] **[Amtl. Anm.:]** Siehe Tz. 2.2, wonach der Fremdvergleichspreis regelmäßig dem gemeinen Wert entspricht.

### 2.6.2. Überführung/Rückführung von Wirtschaftsgütern in das Inland[1)]

Bei der Überführung eines von einer Betriebsstätte in einem DBA-Staat angeschafften bzw. hergestellten Wirtschaftsgutes in das inländische Stammhaus ist der gemeine Wert anzusetzen, wenn nach dem DBA für diese Betriebsstätte die Freistellungsmethode anzuwenden ist (§ 4 Abs. 1 Satz 7 und § 6 Abs. 1 Nr. 5 a EStG).

Das gilt nicht bei der Überführung oder der Rückführung eines Wirtschaftsgutes aus einer Betriebsstätte, die entweder in einem Nicht-DBA-Staat unterhalten wird oder für die nach einem DBA die Anrechnungsmethode gilt, in das inländische Stammhaus.

In Fällen der Rückführung von Wirtschaftsgütern aus einer Betriebsstätte in einem Mitgliedstaat der Europäischen Union ins Inland ist § 4 g Abs. 3 EStG anzuwenden.

### 2.6.3. Überführungen zwischen inländischer Betriebsstätte und ausländischem Stammhaus oder dessen ausländischer Betriebsstätte

Wirtschaftsgüter, die bei beschränkter Steuerpflicht aus der inländischen Betriebsstätte in das ausländische Stammhaus oder dessen ausländische Betriebsstätte überführt werden, scheiden aus der deutschen Besteuerungshoheit aus. Deshalb sind die stillen Reserven im Zeitpunkt der Überführung zu besteuern; der Überführungswert entspricht dem Fremdvergleichspreis im Zeitpunkt der Überführung.

Werden Wirtschaftsgüter aus dem ausländischen Stammhaus oder dessen ausländischer Betriebsstätte in die inländische Betriebsstätte überführt, sind sie mit dem Fremdvergleichspreis im Zeitpunkt der Überführung anzusetzen.

### 2.6.4. Überführungen in eine ausländische Personengesellschaft

Bei der Überführung eines Wirtschaftsgutes aus einem inländischen Betriebsvermögen in eine ausländische Personengesellschaft (einschließlich des Sonderbetriebsvermögens) ist der Fremdvergleichspreis anzusetzen. Eine aufgeschobene Besteuerung kommt nicht in Betracht.

### 2.7. Aufwands-/Ertragsaufteilung

Aufwendungen des Stammhauses für die Betriebsstätte, die nicht direkt zugeordnet werden können (z. B. Finanzierungs-, Geschäftsführungs- und allgemeine Verwaltungskosten, wie u. a. Kosten der Organe einer Gesellschaft, der Hauptversammlung der Gesellschaft, der Koordination und der Kontrolle), werden ggf. anteilig der Betriebsstätte zugeordnet, soweit sie nicht bereits in anderweitig verrechneten Beträgen enthalten sind. Unerheblich ist, ob die Aufwendungen im Inland oder im Ausland anfallen; entscheidend ist die unmittelbare oder mittelbare betriebliche Veranlassung (BFH vom 20. Juli 1988, BStBl. 1989 II S. 140).

Bei der Zuordnung von Aufwendungen des Gesamtunternehmens sind Erkenntnisse einer betrieblichen Kostenrechnung heranzuziehen. Die Kosten-

---

[1)] **Red. Anm.:** Tz. 2.6.2 neu gef. mW für nach dem 31. 12. 2005 endende Wj. durch BMF v. 25. 8. 2009, BStBl. I S. 888. Merkposten, die für vor dem 1. 1. 2006 endende Wj. gem. Tz. 2.6 gebildet wurden, bleiben hiervon unberührt.

rechnung des Stammhauses und der Betriebsstätte sollte nach gleichen oder vergleichbaren Kriterien erfolgen.

Vom Steuerpflichtigen vorzulegende Unterlagen über seine Aufwandszuordnung sollten

a) differenziert und leicht überprüfbar sein,

b) das Betriebsstättenergebnis vollständig erfassen und

c) in ihren Vorgaben und Daten in angemessenen Zeitabständen überprüft und den veränderten Verhältnissen angepasst worden sein.

Eine solche Kostenrechnung ist auf ihre Schlüssigkeit und sachgerechte Anwendung auf die einzelnen Geschäfte zu überprüfen.

Die Aufwendungen/Erträge können auch pauschal oder nach Kostenblöcken aufgeteilt werden, wenn

a) eine derartige Aufteilung einer funktionsgerechten, den vorstehenden Grundsätzen entsprechenden Aufteilung dient und mit angemessener Genauigkeit zu den Ergebnissen führt, die sich bei einer Einzelaufteilung von Erträgen und Aufwendungen ergeben würden, oder

b) eine Einzelaufteilung nicht möglich oder unangemessen schwierig ist.

Korrekturen des Ergebnisses ergeben sich häufig bei der Übertragung von Wirtschaftsgütern des Anlage- und Umlaufvermögens.

Aufwandskorrekturen können notwendig sein bei

a) Betriebsausgaben, die zu Lasten der Erfolgsrechnung eines inländischen Betriebsteils gebucht worden sind, in Wirklichkeit aber die ausländische Betriebsstätte betreffen,

b) angemessenen Teilen der Verwaltungskosten des inländischen Stammhauses (Regiekosten),

c) Teilen des Werbeaufwands, wenn die Werbung zentral durch das Stammhaus erfolgte und die ausländische Betriebsstätte nicht oder nicht ausreichend im Wege des internen Kostenausgleichs belastet wurde,

d) den auf die ausländische Betriebsstätte entfallenden anteiligen Aufwendungen einer zentralen Forschungs- und Entwicklungsabteilung, sofern nicht bereits eine ausreichende Kostenbeteiligung im Wege der internen Verrechnung erfolgte, wobei die Ausführungen zu den verwaltungsbezogenen Leistungen im Konzern zu beachten sind,

e) Zinsanteilen für Kredite, soweit sie der ausländischen Betriebsstätte zuzuordnen sind.

Gleiches gilt auch für eine inländische Betriebsstätte eines ausländischen Stammhauses.

### 2.8. Umrechnung des Betriebsstättenergebnisses

Das durch Betriebsvermögensvergleich oder Einnahmenüberschussrechnung in ausländischer Währung ermittelte ausländische Betriebsstättenergebnis ist in DM bzw. Euro umzurechnen.

#### 2.8.1. Umrechnung bei Gewinnermittlung durch Betriebsvermögensvergleich gem. § 4 Abs. 1 i. V. m. § 5 EStG

Da der steuerliche Gewinn gem. § 4 Abs. 1 i. V. m. § 5 EStG (Sonderfall siehe Tz. 1.1.5.4) aus der Handelsbilanz abgeleitet wird, darf die Umrechnung von Fremdwährungspositionen nicht im Widerspruch zu den inländischen handelsrechtlichen Grundsätzen ordnungsgemäßer Buchführung und sonstiger steuerlicher Vorschriften stehen.

Dies setzt grundsätzlich voraus, dass jeder einzelne Geschäftsvorfall mit dem maßgebenden Tageskurs (amtlich festgesetzter Devisenkurs, z. B. veröffentlicht im Bundesanzeiger) umgerechnet wird (sogenannte Zeitbezugsmethode; BFH vom 13. September 1989, BStBl. 1990 II S. 57; BFH vom 9. August 1989, BStBl. 1990 II S. 175). Es ist nicht zu beanstanden, wenn für die Umrechnung der Geschäftsvorfälle auf das Stichtagskursverfahren bei nicht wesentlichen Kursschwankungen zwischen den Stichtagen zurückgegriffen wird, z. B. die Umrechnung mit dem monatlichen amtlichen USt-Umrechnungskurs oder mit dem Jahresdurchschnittskurs der amtlichen monatlichen USt-Umrechnungskurse erfolgt (BFH vom 13. September 1989, a. a. O. und vom 9. August 1989, a. a. O.). Unter diesen Voraussetzungen und unter Berücksichtigung der nachfolgenden Besonderheiten ist es nicht zu beanstanden, wenn der Gewinn der Betriebsstätte nach dem Kurswert umgerechnet wird, der für den Bilanz- und Bewertungsstichtag gilt. Von einer einmal gewählten Methode kann nur in begründeten Ausnahmefällen abgewichen werden. Ergeben sich bei der Umrechnung Währungsgewinne oder -verluste, so stehen diese im wirtschaftlichen Zusammenhang mit den ausländischen Einkünften und sind infolgedessen auch diesen zuzuordnen (BFH vom 16. Februar 1996, BStBl. II S. 588, und vom 16. Februar 1996, BStBl. 1997 II S. 128).

Für die Ermittlung des steuerlichen Betriebsstättenergebnisses ergibt sich im Einzelnen:

**a) Anlage- und Umlaufvermögen**

Die Umrechnung erfolgt bei Anschaffungen mit dem Briefkurs im Zeitpunkt des Zugangs, bei der Herstellung von Wirtschaftsgütern fortschreitend entsprechend dem Fertigstellungsprozess. Die so ermittelten Werte sind die Anschaffungs- oder Herstellungskosten dieser Wirtschaftsgüter. Ein Verlust, der sich nach Umrechnung der Buchwerte zu verschiedenen Stichtagen ergibt, rechtfertigt für sich allein keine Teilwertabschreibung, weil dem scheinbaren Wertverlust regelmäßig ein entsprechend gestiegener Teilwert im Betriebsstättenstaat gegenübersteht. Bei Forderungen, Geldbeständen u. ä. ist zu prüfen, ob eine voraussichtlich dauernde Wertminderung eingetreten ist.

**b) Verbindlichkeiten und Rückstellungen**

Verbindlichkeiten sind bei voraussichtlich dauerhaft gestiegenem Wechselkurs mit dem höheren Briefkurs anzusetzen. Rückstellungen sind zu dem jeweiligen Briefkurs umzurechnen.

**c) Anzahlungen und Rechnungsabgrenzungsposten (RAP)**

Erhaltene Anzahlungen und passive RAP sind mit dem Geldkurs bei Zahlungseingang, geleistete Anzahlungen und aktive RAP sind mit dem Briefkurs bei Zahlungsausgang umzurechnen.

**d) Dotationskapital**

Währungsschwankungen des Dotationskapitals einer ausländischen Betriebsstätte wirken sich auf den Gewinn des inländischen Stammhauses dieser Betriebsstätte nicht aus. Die Verluste und Gewinne aus Währungsschwankungen des Dotationskapitals der Betriebsstätte sind durch die Existenz der Betriebsstätte bedingt und daher dieser zuzuordnen (BFH vom 16. Februar 1996, BStBl. II S. 588 und vom 16. Februar 1996, BStBl. 1997 II S. 128). Sie realisieren sich erst bei Beendigung der Betriebsstätte. Die Währungsschwankungen haben damit, soweit für Betriebsstätteneinkünfte die Freistellungsmethode Anwendung findet, nur Auswirkungen auf den Progressionsvorbehalt nach § 32 b Abs. 1 Nr. 2 EStG und ggf. bei Anwendung des § 2 a Abs. 3 EStG (bis einschließlich VZ 1998).

**e) Umrechnungsdifferenzen**

Sofern Unternehmen von Vereinfachungen der Zeitbezugsmethode Gebrauch machen, entstehen Abweichungen zwischen dem Betriebsvermögensvergleich und dem Ergebnis aufgrund der G+V-Rechnung (BFH vom 16. Februar 1996, BStBl. 1997 II S. 128). Solche Umrechnungsdifferenzen sind erfolgswirksam mit dem Eigenkapital der Betriebsstätte zu verrechnen.

**f) Deckungsgeschäfte**

Wechselkursbedingte Wertänderungen bei betrags- und fristenkongruent abgeschlossenen Geschäften sind miteinander zu verrechnen; insoweit entsteht kein Verlust, wenn das Kursrisiko von mehreren in einer Fremdwährung abgeschlossenen Grundgeschäften durch den Abschluss eines gegenläufigen Devisentermingeschäftes (Deckungsgeschäftes) beseitigt ist (Hess. FG vom 24. November 1982, EFG 1983 S. 337; FG Köln vom 19. November 1990, EFG 1991 S. 452).

### 2.8.2. Umrechnung bei Gewinnermittlung durch Einnahmenüberschussrechnung nach § 4 Abs. 3 EStG

#### 2.8.2.1. Betriebseinnahmen

Zugeflossene Beträge sind bei ihrem Eingang umzurechnen. Behält der Steuerpflichtige die Fremdwährungsvaluta, erfolgt die Umrechnung am Tag des Zuflusses zum Geldkurs. Der Ansatz des Mittelkurses kommt nicht in Betracht.

#### 2.8.2.2. Betriebsausgaben

Fallen Betriebsausgaben in Fremdwährung an, sind sie nach dem Briefkurs des Tages der Zahlung umzurechnen.

Bei Wirtschaftsgütern des Anlagevermögens ist auf den Briefkurs im Zeitpunkt der Anschaffung oder Herstellung abzustellen. Spätere Kursschwankungen haben auf den Betrag der Anschaffungs- oder Herstellungskosten und damit auch auf die Höhe der Abschreibung keinen Einfluss.

#### 2.8.2.3. Zeitpunkt der Bewertung

Die Umrechnung erfolgt im Zeitpunkt des Zu- und Abflusses. Es ist aber nicht zu beanstanden, wenn bei minimalen Kursschwankungen der Umrechnung der monatliche amtliche USt-Umrechnungskurs oder der Jahresdurchschnittskurs der amtlichen monatlichen USt-Umrechnungskurse zugrunde gelegt wird.

### 2.8.3. Umrechnung in Sonderfällen

#### 2.8.3.1. Überführung von Wirtschaftsgütern aus der ausländischen in eine inländische Betriebsstätte

Bei Überführungen ist für Zwecke der Umrechnung auf den Briefkurs im Zeitpunkt der Überführung abzustellen.

#### 2.8.3.2. Gesellschafterforderungen/-verbindlichkeiten

Nicht realisierte wechselkursbedingte Wertänderungen von Forderungen eines inländischen Gesellschafters gegen eine ausländische Personengesellschaft können in der eigenen Steuerbilanz des Gewerbebetriebes des inländischen Gesellschafters nicht gewinnmindernd geltend gemacht werden, weil wegen § 15 Abs. 1 Satz 1 Nr. 2 EStG die Darlehensforderung nicht in der Steuerbilanz des Gesellschafters ausgewiesen werden kann, sondern Sonderbetriebsvermögen der das Darlehen empfangenden Personengesellschaft (Mitunternehmerschaft) darstellt und die Darlehensforderung in der Gesamtbilanz dieser Mitunternehmerschaft Eigenkapital darstellt. Erst im Zeitpunkt der Realisierung (z. B. Beendigung der Gesellschafterstellung) wirkt sich eine Wechselkursveränderung auf den steuerlichen Gewinnanteil des Gesellschafters in der Sonderbilanz aus, vgl. Tz. 2.8.1 Buchstabe d (BFH vom 12. Juli 1990, BStBl. 1991 II S. 64; BFH vom 19. Mai 1993, BStBl. II S. 714). § 15 Abs. 1 Satz 1 Nr. 2 EStG und die Rechtsprechung zur steuerlichen Behandlung von Sonderbetriebsvermögen ist grundsätzlich auch für grenzüberschreitende Beteiligungen anwendbar (BFH vom 19. Mai 1993, BStBl. II S. 714).

Entstehen zwischen der Aktivierung einer Zinsforderung und der Zahlung der Zinsen wechselkursbedingte Wertsteigerungen, so unterliegen diese Gewinne der Einkommensteuer (BFH vom 31. Mai 1995, BStBl. II S. 683).

## 2.9. Gründung und Auflösung der Betriebsstätte

### 2.9.1. Gründungsaufwand und vorangehende Aufwendungen

Gründungsaufwand und Aufwendungen im Hinblick auf eine Betriebsstätte vor ihrer Errichtung sind zu Lasten des Betriebsstättenergebnisses anzusetzen, weil sie in einem Veranlassungszusammenhang mit ihr stehen.

Die entstehenden Aufwendungen führen zu negativen Betriebsstätteneinkünften. Bei Bestehen eines DBA handelt es sich um negative Einkünfte i. S. d. Art. 7 OECD-MA 1992 aus dem Staat, in dem die Betriebsstätte begründet werden soll. Sieht dieses DBA die Freistellung der Betriebsstätteneinkünfte von der inländischen Besteuerung vor, so ist auf Antrag für die Berücksichtigung der Verluste bei Vorliegen der weiteren Voraussetzungen nach § 2 a Abs. 3 EStG (bis einschließlich VZ 1998) zu verfahren. Sollte § 2 a Abs. 3 EStG nicht anzuwenden sein, ist § 32 b EStG zu beachten (BFH vom 25. Mai 1970, BStBl. II S. 660; BFH vom 17. Oktober 1990, BStBl. 1991 II S. 136). § 2 a Abs. 1 und 2 EStG steht dem nicht entgegen, wenn z. B. keine Betriebsstätte i. S. d. § 12 AO gegeben ist.

Die vorstehenden Ausführungen gelten auch dann, wenn die Betriebsstättenbegründung scheitert, da die Aufwendungen in einem unmittelbaren wirtschaftlichen Zusammenhang mit den Einnahmen stehen, die aus der zu errichtenden Betriebsstätte erzielt werden sollten (BFH vom 28. April 1983, BStBl. II S. 566). Aufwendungen der Auftragsakquisition, die nur bei Erfolg zu einer Betriebsstättenbegründung führt, sind stets vom Stammhaus zu tragen.

### 2.9.2. Betriebsstättenauflösung[1)]

Eine Auflösung einer Betriebsstätte ist erfolgt, wenn keine feste Geschäftseinrichtung, Anlage oder Bauausführung mehr besteht. Eine vorübergehende Unterbrechung des Betriebs gilt jedoch nicht als Stilllegung bzw. Auflösung.

---

[1)] Tz. 2.9.2 neu gef. mW für nach dem 31. 12. 2005 endende Wj. durch BMF v. 25. 8. 2009, BStBl. I S. 888.

Das längerfristige Ruhenlassen einer Betriebsstätte steht dagegen einer Auflösung gleich.

### 2.10. Einbringung einer Betriebsstätte in eine Kapitalgesellschaft[1]

Die Einbringung einer Betriebsstätte in eine Kapitalgesellschaft gegen Gewährung von Anteilen an der aufnehmenden Kapitalgesellschaft ist ein tauschähnlicher Vorgang. Dieser ist steuerrechtlich im Grundsatz wie ein Veräußerungsvorgang zu behandeln. Für einen daraus entstehenden Gewinn (Verlust) ist das Besteuerungsrecht nach Art. 13 Abs. 2 OECD-MA 92 dem Betriebsstättenstaat zugewiesen.

## 3. Einzelfragen zur Aufteilung des Betriebsvermögens und der Einkünfte

### 3.1. Dienstleistungen

#### 3.1.1. Allgemeines

Der hier verwendete Begriff „Dienstleistungen" bezieht sich in der Regel nur auf gewerbliche Dienstleistungen. Darunter fallen grundsätzlich alle wirtschaftlichen Verrichtungen, die nicht in der Erzeugung von Sachgütern, sondern in persönlichen Leistungen bestehen. Als gewerbliche Dienstleistungen sind insbesondere der gesamte Bereich des Transportwesens, der Nachrichtenverkehr, die Baubetreuung, Instandhaltung und Übernahme von bestimmten Arbeiten zu qualifizieren. Auch die Tätigkeit der Handelsvertreter, Makler, Spediteure, Lagerhalter, Frachtführer, Versicherungsvertreter, Treuhänder und das sonstige Mitwirken zu gewerblichen Tätigkeiten ist im Allgemeinen als gewerbliche Dienstleistung anzusehen. Die Dienstleistungen sind von der Vermögensverwaltung abzugrenzen.

#### 3.1.2. Dienstleistungen als Haupttätigkeit der Betriebsstätte

Dienstleistungen (außer Leistungen i. S. der Tz. 3.4) sind mit dem Fremdvergleichspreis aus dem Staat der leistenden Unternehmenseinheit anzusetzen, wenn die Erbringung von Dienstleistungen die Haupttätigkeit der Betriebsstätte ist. Ist ein Fremdvergleichspreis nicht festzustellen, ist es nicht zu beanstanden, wenn der Gewinn der Betriebsstätte nach der Kostenaufschlagsmethode unter Berücksichtigung eines Gewinns von 5 v. H. bis 10 v. H. ermittelt wird. Dies gilt auch dann, wenn die Aufwendungen nach Art einer Umlage den anderen Betriebsteilen zugeordnet werden. Soweit die Dienstleistungen Nebentätigkeiten darstellen, kommt ein Gewinnaufschlag nicht in Betracht.

#### 3.1.3. Lohnfertigung durch Betriebsstätten

Ist eine Produktion einer ausländischen Betriebsstätte wirtschaftlich als Lohnfertigung für das inländische Stammhaus anzusehen, stehen der ausländischen Betriebsstätte nur die Gewinne zu, die ein fremder Lohnfertiger in dem betreffenden Staat erzielt hätte. Dies gilt auch für Leistungen einer inländischen Betriebsstätte für das ausländische Stammhaus.

---

[1] **Red. Anm.:** Tz. 2.10 neu gef. mW für nach dem 31. 12. 2005 endende Wj. durch BMF v. 25. 8. 2009, BStBl. I S. 888.

### 3.1.4. Oberleitung der Betriebsstätten durch das Stammhaus

Beschränkt sich die Tätigkeit des Stammhauses auf die geschäftliche Oberleitung von Betriebsstätten, so ist dem Stammhaus ein angemessener Anteil vom Gesamtergebnis zuzurechnen (BFH-Urteil vom 28. Juli 1993, BStBl. 1994 II S. 148). Über den Aufteilungsmaßstab müssten im Einzelfall geeignete Feststellungen getroffen werden. Sollte es in diesen Fällen zu einer Doppelbesteuerung kommen, z. B. wenn der Staat, in dem sich die Geschäftsleitungsbetriebsstätte befindet, dem Stammhaus einen gewissen Vomhundertsatz des Gewinns des Gesamtunternehmens für die Geschäftsführung zurechnet, während der Staat, in dem sich die Betriebsstätte befindet, dies nicht vornimmt, sollte der Staat, in dem sich das Stammhaus befindet, von sich aus veranlassen, dass bei der Ermittlung der Steuer die Berichtigungen vorgenommen werden, die zur Vermeidung von Doppelbesteuerungen notwendig sind (vgl. Tz. 23 des OECD-Kommentars zu Art. 7 OECD-MA 92).

## 3.2. Werbung und Markterschließung

### 3.2.1. Aufwendungen für Werbung

Die Aufwendungen für eine Werbemaßnahme sind von dem Betriebsteil (Stammhaus oder Betriebsstätte) zu tragen, für dessen Aufgabenbereich durch diese Maßnahme geworben wird.

Soweit Betriebsteile mit Herstellungs- und Vertriebsfunktionen auch Werbemaßnahmen für andere Betriebsteile durchführen, ist der Werbeaufwand zwischen den Unternehmensteilen sachgerecht und ohne Gewinnaufschlag aufzuteilen.

Es ist nicht zu beanstanden, wenn die Kostenaufteilung im Unternehmen aufgrund eines mittel- oder längerfristigen Werbekonzeptes durch unternehmensinterne Umlagefestlegungen geregelt wird. Führt ein Betriebsteil Aufgaben der Werbung für einen anderen Betriebsteil durch, so können die hierbei erbrachten Leistungen als Dienstleistungen verrechnet werden (Tz. 3.1.1), soweit die Werbeleistungen die Haupttätigkeit des Betriebsteils darstellen.

### 3.2.2. Aufwendungen für Markterschließung

Für die Einführung von Produkten entstehen Betriebsteilen mit Herstellungs- und Vertriebsfunktionen während des Einführungszeitraumes häufig erhebliche Aufwendungen oder Mindererlöse. Unter Fremden werden sie in der Regel von dem Betriebsteil mit Vertriebsfunktion nur insoweit getragen, als ihm aus der Geschäftsverteilung ein angemessener Betriebsgewinn verbleibt. Solche Aufwendungen oder Erlösminderungen werden unter Fremden auch derart aufgeteilt, dass

a) der Vertreiber diese Aufwendungen oder Erlösminderungen in größerem Umfang trägt und ihm dafür Lieferpreise eingeräumt werden, durch die er spätestens nach Ablauf von drei Jahren seine Gewinnausfälle in überschaubarer Zeit ausgleichen kann (BFH v. 17. 2. 1993, BStBl. II S. 457), oder

b) der Hersteller diese Aufwendungen oder Erlösminderungen in größerem Umfang trägt und seine Gewinnausfälle spätestens nach Ablauf von drei Jahren in überschaubarer Zeit (BFH v. 17. 2. 1993, BStBl. II S. 457), ggf. durch höhere Lieferpreise, ausgleichen kann.

Der hierbei vorzusehende Ausgleich zwischen Herstellungs- und Vertriebsunternehmen ist im Vorhinein aus Rentabilitätsprognosen abzuleiten und schriftlich zu dokumentieren. Unter diesen Voraussetzungen kann eine derartige Aufteilung auch zwischen Betriebsteilen zugrunde gelegt werden.

Aufwendungen und Erlösminderungen, die dadurch entstehen, dass der Betriebsteil mit Vertriebsfunktionen durch „Kampfpreise" oder ähnliche Mittel seinen Marktanteil wesentlich erhöhen oder verteidigen will, sind grundsätzlich vom Betriebsteil mit Herstellungsfunktionen zu tragen.

### 3.3. Zinsen und ähnliche Vergütungen

Der Betriebsstätte sind Zinszahlungen des Unternehmens insoweit zuzuordnen, als sie mit Krediten zusammenhängen, die das Unternehmen nachweislich für die Zwecke der Betriebsstätte aufgenommen hat (direkte Zuordnung; Hinweis auf Tz. 2.5.1).

Soweit Zinszahlungen des Unternehmens dem Stammhaus und der Betriebsstätte nicht direkt zugeordnet werden können, sind sie im Verhältnis aufzuteilen, das für die Zuordnung des Eigenkapitals des Gesamtunternehmens auf Stammhaus und Betriebsstätte gilt.

Erfolgte die Aufnahme des Kredits durch die Betriebsstätte, um dem Stammhaus Finanzmittel zu verschaffen, sind die Zinszahlungen dem Stammhaus zuzuordnen, da der zugrunde liegende Kredit dem Stammhaus dient.

Nutzt die Betriebsstätte Eigenmittel des Unternehmens, so können ihr keine fiktiven Zinsen belastet werden (BFH vom 27. Juli 1965, BStBl. 1966 III S. 24).

### 3.4. Geschäftsführungsaufwendungen, allgemeine Verwaltungsaufwendungen und ähnlicher Aufwand

#### 3.4.1. Zuordnung der Aufwendungen zur Betriebsstätte

Geschäftsführungs- und allgemeine Verwaltungsaufwendungen des Stammhauses (vgl. BFH vom 20. Juli 1988, BStBl. 1989 II S. 140) sind der Betriebsstätte zuzuordnen, soweit

1. die Aufwendungen durch eine Leistung des Stammhauses gegenüber der Betriebsstätte ausgelöst sind oder
2. den Aufwendungen eine Dienstleistung von Dritten gegenüber dem Stammhaus zugrunde liegt, die auch der Betriebsstätte dient.

Aufwendungen, die durch das Unternehmen als Ganzes entstehen (z. B. Aufwendungen der rechtlichen Organisation des Unternehmens), sind sachgerecht aufzuteilen.

Bei schwankenden Leistungen kann ein durchschnittlicher Aufwand zugeordnet werden.

#### 3.4.2. Beispiele

Als derartige Aufwendungen können in Betracht kommen:

– die Erbringung von Leistungen auf dem Gebiet der Buchführung, der Rechtsberatung sowie des Revisions- und Prüfungswesens,
– Kontroll-, Regie- und vergleichbare Leistungen des Stammhauses, wenn diese Tätigkeiten gegenüber der Betriebsstätte ausgeübt werden,
– zeitlich begrenzte Überlassungen von Arbeitskräften, einschließlich solcher im Führungsbereich des Stammhauses und
– die Aus- und Fortbildung sowie die soziale Sicherung von Personal, das im Stammhaus im Interesse der Betriebsstätte tätig ist.

## 4. Betriebsstätten in Sonderfällen

### 4.0. Allgemeines

Die allgemeinen Ausführungen der Tz. 1 bis 3 gelten in vollem Umfang auch für die genannten Betriebsstätten in den nachfolgenden Textziffern, soweit dort keine abweichenden Regelungen getroffen werden. Insbesondere gelten hierfür die allgemeinen Grundsätze über die Gewinnermittlung.

### 4.1. Bankbetriebsstätte

#### 4.1.1. Inländische Betriebsstätte

Nach § 53 Abs. 1 KWG gelten Zweigstellen von Unternehmen mit Sitz in einem anderen Staat, die Bankgeschäfte i. S. d. § 1 Abs. 1 KWG betreiben, als Kreditinstitute.

Inländische Zweigstellen ausländischer Kreditinstitute sind daneben als Zweigniederlassungen i. S. d. § 13 HGB und damit als Betriebsstätten i. S. d. § 12 Satz 2 Nr. 2 AO anzusehen.

**Buchführungs- und Bilanzierungspflicht**

Die Buchführungs- und Bilanzierungspflicht ergibt sich aus den §§ 238 und 340 ff. HGB.

Neben den Vorschriften des HGB gelten für Bankbetriebsstätten besondere Rechnungslegungsvorschriften (§ 53 Abs. 2 Nrn. 2 bis 4 KWG).

Ab 1. Januar 1993 ist § 53 KWG auf Bankbetriebsstätten von Unternehmen mit Sitz in einem anderen Mitgliedstaat der EU unter bestimmten Voraussetzungen nicht anwendbar (§ 53 b KWG).

Die Sondervorschriften des KWG über ausländische Unternehmen mit Sitz in einem Mitgliedstaat der EU können durch Rechtsverordnung auch auf Unternehmen mit Sitz außerhalb der EU übertragen werden (§ 53 c KWG).

#### 4.1.2. Zuordnung von Forderungen und Margenanteilen

Für die steuerliche Zuordnung von Forderungen und Margenanteilen aus Kreditausreichung ist entscheidend, welche beteiligte Bankstelle (Stammhaus, Betriebsstätte) die wesentlichen Hauptttätigkeiten für das Zustandekommen des Geschäftes überwiegend erbracht hat. Zu den Hauptttätigkeiten zählen die Akquisition, die Bewertung des Kreditnehmers und des Kreditrisikos, Tragen des Kreditrisikos, Übernahme der Refinanzierung, die Entscheidung über die Kreditvergabe, der Abschluss des Vertrages und die Kreditverwaltung, -überwachung und -abwicklung.

Werden die vorgenannten wesentlichen Stufen der Kredithingabe von der Betriebsstätte erbracht, so ist die Forderung regelmäßig deren Betriebsvermögen zuzurechnen. Etwaiger Wertberichtigungsaufwand ist von der Betriebsstätte zu tragen, sofern nicht eine andere Bankstelle das Kreditrisiko vor Kreditvergabe durch interne Vereinbarung und gegen Vergütung, wie sie gegenüber Dritten üblich ist, übernommen hat. Haben das Stammhaus oder eine andere Betriebsstätte an der Kreditvergabe mitgewirkt, kann die Marge entsprechend dem Leistungsbeitrag aufgeteilt oder mit dem marktüblichen Kostenersatz vergütet werden.

Eine spätere Zuordnungsänderung ist regelmäßig nicht möglich, es sei denn, wirtschaftlich beachtliche Gründe, z. B. Änderung der wesentlichen Funktionsbeiträge, sind für den Wechsel entscheidend. Diese sind nicht gegeben, wenn der Wechsel lediglich aus steuerlichen Gründen vorgenommen wird (Tz. 15.2 des OECD-Kommentars zu Art. 7 OECD-MA 92). Die Forderungsübertragung hat zu Marktpreisen zu erfolgen. Die mit der Forderung zusammenhängenden Haupt- und Nebenleistungsfunktionen (Management, Verbuchung, Mahnwesen, laufende Risikoüberwachung etc.) sind ebenfalls zu übertragen.

### *4.1.3. Dotationskapital*[1]

*Inländische Betriebsstätten ausländischer Kreditinstitute müssen über ein Dotationskapital verfügen, das der Eigenart ihrer Geschäfte entspricht.*

***Inländische Betriebsstätten von EU-Kreditinstituten***

*Es ist nicht zu beanstanden, wenn die inländische Betriebsstätte eines Kreditinstituts mit Sitz in einem Mitgliedstaat der Europäischen Union ein Dotationskapital ansetzt, das nicht geringer ist als das aus der nachfolgenden Tabelle abgeleitete Dotationskapital.*

| ***Bilanzsumme*** | ***Dotationskapital*** |
|---|---|
| *0–100 Mio. DM* | *2 Mio. DM* |
| *ab 100 Mio.–500 Mio. DM* | *2,0% der Bilanzsumme* |
| *ab 500 Mio.–1 Mrd. DM* | *10 Mio. DM* |
| *ab 1 Mrd.–2 Mrd. DM* | *1% der Bilanzsumme* |
| *ab 2 Mrd.–5 Mrd. DM* | *1% von 2 Mrd. DM zusätzlich 0,5% auf den erhöhten Betrag* |
| *ab 5 Mrd. DM* | *1% von 2 Mrd. DM zusätzlich 0,5% von 3 Mrd. DM und zusätzlich 0,25% auf den 5 Mrd. DM übersteigenden Betrag* |

*Für die Bilanzsumme ist auf den Jahresabschluss des vorangegangenen Wirtschaftsjahres abzustellen. Zur Vermeidung von Zufallswerten ist aber die durchschnittliche Bilanzsumme der letzten 12 BISTA-Meldungen (= Bilanzstatistische Meldungen an das Bundesaufsichtsamt für das Kreditwesen) des vorangegangenen Wirtschaftsjahres zu errechnen. Weicht diese um mehr als 20 v. H. vom Schlussbilanzwert nach oben ab, ist die Durchschnittsbilanzsumme des vorangegangenen Wirtschaftsjahres für die Bemessung des Dotationskapitals maßgebend.*

*Laufende Schwankungen innerhalb des Wirtschaftsjahres bleiben unberücksichtigt.*

*Wurde die Geschäftstätigkeit erst während des Veranlagungszeitraums aufgenommen, ist ein Dotationskapital von mindestens 2 Mio. DM anzusetzen.*

*Wird das Dotationskapital, das aus der oben aufgeführten Tabelle abgeleitet wird, unterschritten, so ist ein entsprechender Zinsanteil für die Fremdmittel nicht zum Abzug als Betriebsausgabe zuzulassen. Der Ansatz eines Schuldpostens entfällt insoweit.*

*Diese Regelung ist erstmals anzuwenden*
*– für Wirtschaftsjahre, die nach dem 31. Dezember 1995 enden,*
*– für Feststellungszeitpunkte ab dem 1. Januar 1996.*

*Soweit für frühere als für die genannten Wirtschaftsjahre bzw. Feststellungszeitpunkte ein höheres als nach den Abs. 1 und 2 vorgeschriebenes Dotationskapital angesetzt wurde, kann dieses nicht rückwirkend herabgesetzt werden.*

[1] **Red. Anm.:** Tz. 4.1.3. ersetzt mW für Wj. ab 1. 1. 2005 durch BMF v. 29. 9. 2004, BStBl. I S. 917; siehe dort auch die Übergangsregelung; aufgeh. durch Positivliste des BMF v. 21. 3. 2017 BStBl. I S. 486.

*Diese Regelung endet mit Ablauf des 31. Dezember 2000.*

***Betriebsstätten von ausländischen Kreditinstituten, die denen von EU-Banken gleichgestellt sind***

**1.** *Zweigstellen von Kreditinstituten mit Sitz in den USA sind nach der 1. KWGFreistV vom 21. April 1994 (BGBl. I S. 887) den Betriebsstätten von EU-Kreditinstituten grundsätzlich gleichgestellt. Für diese Unternehmen gilt die obige Regelung für inländische Betriebsstätten von EU-Kreditinstituten mit folgender Maßgabe:*

**a)** *Es ist ein Mindestkapital von 5 Mio. ECU anzusetzen. Dieser Betrag wird zum 1. Januar 1999 im Verhältnis 1 : 1 in EURO umgerechnet.*

**b)** *Diese Regelung gilt für Zeiträume ab dem 4. Mai 1995.*

**2.** *Für Betriebsstätten von Kreditinstituten in Japan gilt diese Regelung mit der Maßgabe, dass sie für Zeiträume ab dem 21. Dezember 1995 anzuwenden ist.*

*(Fortsetzung nächstes Blatt)*

***Betriebsstätten von ausländischen Kreditinstituten, die denen von EU-Banken nicht gleichgestellt sind***

*Für Betriebsstätten von ausländischen Kreditinstituten, die denen von EU-Banken nicht gleichgestellt sind, ist mindestens das nach dem KWG aufsichtsrechtlich notwendige Dotationskapital anzusetzen.*

***Ausländische Bankbetriebsstätte***

***a) Hingabe***

*Eine Dotierung der ausländischen Betriebsstätte, die über die wirtschaftlichen Erfordernisse hinausgeht, ist nicht anzuerkennen. Die Angemessenheitsprüfung hat auf der Grundlage des Fremdvergleichs zu erfolgen (siehe Tz. 2.5.1). Die Dotierung steht insbesondere insoweit nicht im Widerspruch zu kaufmännischen und wirtschaftlichen Erfordernissen, als das Dotationskapital den Maßstäben aufsichtsrechtlich gebotener Eigenkapitalausstattung des Landes der Betriebsstätte oder des § 10 KWG[1] entspricht.*

*Ferner ist es nicht zu beanstanden, wenn das über das aufsichtsrechtlich gebotene Eigenkapital hinausgehende Eigenkapital des Gesamtunternehmens nach billigem Ermessen im Rahmen vernünftiger kaufmännischer Beurteilung höchstens zu dem Teil der ausländischen Betriebsstätte, der dem Anteil dieser Betriebsstätte am aufsichtsrechtlich gebotenen Eigenkapital des Gesamtunternehmens entspricht, zugewiesen wird und die Betriebsstätte tatsächlich darüber verfügen kann.*

***b) Refinanzierung***

*Mit dem Kapitaltransfer wird bisher im Inland vorhandenes Eigenkapital des Kreditinstituts auf die ausländische Zweigstelle übertragen. Hat das Kreditinstitut im nachweisbar unmittelbaren Zusammenhang Fremdmittel aufgenommen oder ergibt sich aus anderen Umständen zwingend, dass Fremdmittel eingesetzt wurden, so sind diese und der hierfür anfallende Refinanzierungsaufwand im Inland nicht berücksichtigungsfähig, da er den ausländischen Einkünften zuzuordnen ist.*

### 4.1.4. Zinsverrechnungen

Vom Stammhaus bzw. von Schwesterbetriebsstätten zur Verfügung gestellte Gelder sind, soweit sie das Dotationskapital übersteigen, als verzinsliche Kredite anzuerkennen, da Geld als Handelsware von Kreditinstituten anzusehen ist (vgl. BFH vom 27. Juli 1965, BStBl. 1966 III S. 24 und Tz. 18.3 sowie Tzn. 19 und 20 des OECD-Kommentars zu Art. 7 OECD-MA 92). Gleiches gilt für die Geldüberlassung der Betriebsstätte an das Stammhaus oder Schwesterfilialen.

Für Aufnahmen von Geld und Kapital durch eine inländische Betriebsstätte ist von den Zinssätzen auszugehen, die unter vergleichbaren Bedingungen zwischen Fremden in der jeweiligen Währung vereinbart worden wären. Sind die Aufnahmen beim Stammhaus oder bei einer ausländischen Schwesterfiliale – im Gegensatz zu gleichartigen Aufnahmen im Inland – mindestreservefrei, so steht dieser Vorteil steuerlich der inländischen Zweigstelle zu. Er kann nicht an das Stammhaus bzw. die ausländische Schwester-

[1] Loseblattsammlung **Wirtschaftsgesetze** Nr. **145**.

betriebsstätte weitergegeben werden (z. B. in Form eines höheren Aufnahmesatzes).

Zinsen für Ausleihungen einer inländischen Betriebsstätte an ihr Stammhaus sind grundsätzlich nach den inländischen Marktgegebenheiten zu bemessen. Ist der Zinssatz im Ausland jedoch höher, ist der höhere ausländische Zins zugrunde zu legen und der Zinsvorteil auf Stammhaus und Betriebsstätte aufzuteilen.

### 4.2. Versicherungsbetriebsstätte

Inländische Niederlassungen i. S. d. Versicherungsaufsichtsgesetzes (VAG)[1] ausländischer Versicherungsunternehmen (VU) sind Zweigniederlassungen i. S. d. § 13 d HGB.

#### 4.2.1. Inländische Betriebsstätte

Versicherungsrechtlich bestehen folgende Regelungen zum Betreiben von Versicherungsgeschäften durch Versicherungsunternehmen mit Sitz im Ausland:

VU mit Sitz außerhalb der Mitgliedstaaten der EU oder des EWR, die im Inland das Direktversicherungsgeschäft durch Mittelspersonen betreiben wollen, bedürfen hierzu der Erlaubnis durch die deutsche Versicherungsaufsichtsbehörde (§ 105 VAG) und haben nach § 106 VAG eine Niederlassung zu errichten.

VU mit Sitz innerhalb der Mitgliedstaaten der EU oder des EWR dürfen hingegen nach §§ 110 a, 110 d VAG das Direktversicherungsgeschäft im Inland durch eine Niederlassung oder eine Mittelsperson betreiben. Eine Erlaubnis der inländischen Versicherungsaufsicht ist nicht mehr erforderlich. Die Finanzaufsicht über die Geschäftstätigkeit obliegt der Aufsichtsbehörde des Herkunftsmitgliedstaates (§ 110 a Abs. 3 VAG).

Sollte versicherungsrechtlich keine Niederlassung vorliegen, wird nach Tz. 1.2.2 durch einen abhängigen Vertreter eine Betriebsstätte begründet, wenn er im Inland Vollmacht hat, Verträge im Namen des ausländischen VU abzuschließen (Abschlussvollmacht) und diese regelmäßig ausübt.

Ebenso begründet ein Makler (Kommissionär) oder sonstiger unabhängiger Vertreter mit Abschlussvollmacht eine Betriebsstätte, wenn er außerhalb seines gewöhnlichen Geschäftsbetriebs handelt.

Ausländische Rückversicherungsunternehmen, die im Inland das Rückversicherungsgeschäft durch eine Niederlassung oder Mittelsperson betreiben, bedürfen hierzu keiner Erlaubnis. Sie sind nach § 1 Abs. 2 VAG nur eingeschränkt rechnungslegungs- und berichtspflichtig. Zur Frage des Vorliegens einer Betriebsstätte wird auf Tz. 1.2.2 hingewiesen.

#### 4.2.2. Inländische Betriebsstätten, die der Versicherungsaufsicht durch das Bundesaufsichtsamt für das Versicherungswesen (BAV) unterliegen

**Buchführungs- und Bilanzierungspflicht**

Buchführungspflichtig sind die inländischen Betriebsstätten ausländischer Versicherungsunternehmen, die dem inländischen Handels- und Versiche-

[1] Loseblattsammlung **Wirtschaftsgesetze** Nr. **90**.

rungsaufsichtsrecht unterliegen. Die den inländischen Betriebsstätten ausländischer Versicherungsunternehmen obliegenden Buchführungspflichten nach HGB und VAG gelten nach § 140 AO auch für das Steuerrecht.

### Gewinnermittlung

Für die Gewinnermittlung ist das Bilanzergebnis der inländischen Betriebsstätte maßgebend, das sich nach Handels- und Steuerrecht ergibt. Die Sondervorschriften für Versicherungsunternehmen nach §§ 20 und 21 KStG sind zusätzlich zu beachten.

Bei der Ermittlung des Bilanzergebnisses sind alle dem inländischen Betrieb zurechenbaren Aufwendungen einschließlich eines Anteils an den Generalkosten des Gesamtunternehmens (Kosten der zentralen Verwaltung) abzuziehen, soweit dieser Anteil den Bilanzgewinn noch nicht gemindert hat.

Für die Aufteilung wird auf Tz. 2.2 und Tz. 2.3 verwiesen.

Sind bei der Ermittlung von steuerlich abziehbaren versicherungstechnischen Rückstellungen bzw. der Berechnung von Zuführungen oder Entnahmen Aufwendungen für den Versicherungsbetrieb anzusetzen, müssen diese Aufwendungen auch die anteiligen Generalkosten enthalten.

Wird Rückversicherung (RV) des Betriebsstättengeschäfts durch die ausländische Hauptverwaltung abgeschlossen, sind bei allen in Betracht kommenden Positionen der Bilanz sowie der Gewinn- und Verlustrechnung die Anteile der Rückversicherer mit ihren auf das inländische Versicherungsgeschäft entfallenden Beträgen zu berücksichtigen. Die Ansätze sind durch geeignete Unterlagen (RV-Verträge, RV-Abrechnungen) nachzuweisen. Rückversicherungsverträge zwischen Stammhaus und Betriebsstätte sind entsprechend Tz. 2.2 als Innentransaktionen steuerlich nicht anzuerkennen.

### Zurechnung von Wirtschaftsgütern

Der inländischen Betriebsstätte sind mindestens Kapitalanlagen zuzurechnen in Höhe

1. der versicherungstechnischen Rückstellungen (einschließlich Beitragsüberträge) und der Depotverbindlichkeiten, weil die Tätigkeiten des inländischen Betriebs zur Erzielung der hieraus resultierenden Einkünfte beigetragen haben, zuzüglich
2. der Mindesteigenmittel in Höhe einer Solvabilitätsspanne (§§ 53 c, 106 b Abs. 2 VAG sowie Kapitalausstattungs-Verordnung) bezogen auf den Umfang des Versicherungsgeschäfts der Betriebsstätte oder der Mindestbetrag des Garantiefonds im Sinne der §§ 2 und 5 Kapitalausstattungs-Verordnung, falls dieser höher ist.

Die Höhe der Solvabilitätsspanne ergibt sich aus den dem BAV einzureichenden Unterlagen. Andernfalls ist sie unter sinngemäßer Anwendung der Kapitalausstattungs-Verordnung und den dazu ergangenen BAV-Rundschreiben gesondert zu ermitteln.

Übersteigt der bei der Zurechnung von Wirtschaftsgütern ermittelte Mindestbetrag (arithmetisches Mittel zu Beginn und Ende des Wirtschaftsjahres) das arithmetische Mittel der zu Beginn und Ende des Wirtschaftsjahres bilanzierten Kapitalanlagen, ist der Differenzbetrag der inländischen Betriebsstätte zuzurechnen.

Dem Gewinn der inländischen Betriebsstätte sind zusätzlich Erträge aus Kapitalanlagen in Höhe der Durchschnittsrendite des Gesamtvermögens bezogen auf den Differenzbetrag zuzurechnen.

**Dotationskapital**

Der Betriebsstätte sind die Eigenkapitalien zuzurechnen, die als aufsichtsrechtlich gebotene Mindesteigenkapitalausstattung anzusehen sind (BFH vom 18. September 1996, IStR 1997 S. 145).

### 4.2.3. Inländische Betriebsstätten, die nicht der Versicherungsaufsicht durch das BAV unterliegen

**Buchführungspflicht**

Die Verpflichtung Bücher zu führen ergibt sich aus §§ 238 Abs. 1 und 242 HGB.

**Gewinnermittlung**

Die von der Niederlassung nach den ergänzenden Vorschriften für Versicherungsunternehmen der §§ 341 b–341 h HGB ermittelten Bilanzansätze sind – unter Beachtung der §§ 20 und 21 KStG – steuerlich zu übernehmen.

**Zurechnung von Wirtschaftsgütern**

Tz. 4.2.2 gilt entsprechend; dabei ist hinsichtlich der Mindesteigenmittel auf die aufsichtsrechtlichen Regelungen des Sitzstaates des Stammhauses abzustellen.

**Dotationskapital**

Das tatsächlich verfügbare Eigenkapital des Gesamtunternehmens ist in entsprechendem Umfang nach den Grundsätzen des Fremdvergleichs auf das Stammhaus und auf dessen Betriebsstätten aufzuteilen (BFH vom 18. September 1996, IStR 1997 S. 145). Dies bedeutet, dass der inländischen Betriebsstätte zumindest die Eigenkapitalien zuzuordnen sind, die nach dem Aufsichtsrecht des Sitzstaates des Stammhauses für die Tätigkeit der Betriebsstätten mindestens benötigt werden.

### 4.2.4. Ausländische Betriebsstätten inländischer Versicherungsunternehmen

**Gewinnermittlung**

Die Ausführungen in Tz. 4.2.2 gelten sinngemäß.

**Dotationskapital**

Die Dotierung der ausländischen Betriebsstätte ist anzuerkennen, wenn sie nach den dortigen aufsichts- oder steuerrechtlichen Vorschriften gefordert wird, sofern nicht dadurch dem inländischen Stammhaus das für die Ausübung seiner Funktion im Rahmen des Gesamtunternehmens erforderliche Eigenkapital (Tz. 2.5.1) entzogen wird.

### 4.3. Bauausführungen und Montagen

#### 4.3.1. Allgemeines

Unter Bauausführung versteht man die Errichtung eines Bauwerkes, einer Anlage oder von Teilen davon (BFH vom 22. September 1977, BStBl. 1978 II S. 140; BFH vom 21. Oktober 1981, BStBl. 1982 II S. 241).

Montagen sind das endgültige Zusammenfügen oder der Um-/Einbau vorgefertigter Teile zu einem Ganzen, nicht aber bloße Reparatur-/Instandsetzungsarbeiten (BFH vom 16. Mai 1990, BStBl. II S. 983).

Die Zeitgrenze bei Bau- und Montagestellen wird von Beginn und Ende der Bau- und Montagetätigkeit bestimmt (vgl. Anlage II).

Eine Bauausführung besteht von dem Zeitpunkt an, an dem das Unternehmen mit den Arbeiten – einschließlich aller vorbereitenden Arbeiten – in dem Staat beginnt, in dem das Bauwerk errichtet werden soll, also z. B. mit der Einrichtung eines Bauplanungsbüros. Im Allgemeinen bleibt die Bauausführung so lange bestehen, bis die Arbeit abgeschlossen oder endgültig eingestellt wird. Sofern auf der Baustelle nur noch Material oder Geräte lagern, liegt keine Bauausführung mehr vor.

Eine Montage beginnt mit dem Eintreffen der ersten Person, die vom Montageunternehmen mit den vorzunehmenden Montagearbeiten betraut worden ist. Als „Montagearbeiten" in diesem Sinne sind auch solche Arbeiten anzusehen, die der unmittelbaren Vorbereitung der eigentlichen Montage dienen. Ist eine Montage Bestandteil eines Werklieferungsvertrages und ist in diesem Vertrag eine Abnahme des fertigen Werks unter Mitwirkung des Montageunternehmens vorgesehen, so endet die Montage frühestens mit der Abnahme (BFH vom 21. April 1999, BStBl. II S. 694).

Jahreszeitlich bedingte oder andere vorübergehende kurzfristige Arbeitsunterbrechungen, z. B. wegen schlechter Witterung, Streiks, und Unterbrechungen aus im Betriebsablauf liegenden Gründen, z. B. wegen Materialmangels oder anderer bautechnischer Gründe hemmen die Frist nicht.

#### 4.3.2. Bau- und Montageüberwachung als Bauausführung

Zur Bauausführung oder Montage, die als Betriebsstätte nach § 12 Satz 2 Nr. 8 AO und Art. 5 Abs. 3 OECD-MA 92 anzusehen ist, gehört regelmäßig auch die als Teilleistung ausgeführte Planungs- und Überwachungstätigkeit. Dies gilt auch dann, wenn ein Generalunternehmer, der die Herstellung eines Werkes schuldet, nur die Überwachung mit eigenem Personal durchführt und er ansonsten die Herstellung Subunternehmern überlässt (Tz. 17 OECD-Kommentar zu Art. 5 Abs. 3 OECD-MA 92; BFH vom 13. November 1962, BStBl. 1963 III S. 71). Wird die Bau- und Montagetätigkeit, einschließlich Planung und Überwachung dagegen vollständig auf Subunternehmer übertragen, oder – innerhalb eines Konsortiums –, die Verantwortung für die ordnungsgemäße Fertigstellung überwiegend von einem anderen Partner getragen, begründet der Generalunternehmer mit den ihm verbleibenden Koordinierungsaufgaben keine Betriebsstätte im Sinne des § 12 Satz 2 Nr. 8 AO und Art. 5 Abs. 3 OECD-MA 92. Eine reine Bau- und Montageüberwachung kann grundsätzlich nur eine Betriebsstätte im Sinne des Art. 5 Abs. 1 OECD-MA 92 begründen. Hinsichtlich der DBA, in denen eine isolierte Überwachungstätigkeit ausdrücklich als Betriebsstätte festgelegt wurde, vgl. Anlage II.

**4.3.3. Einschaltung von Subunternehmern**

Werden von einem Generalunternehmer Teile des Auftrags an Subunternehmer vergeben, so werden die Zeiten, in denen die Subunternehmer auf der Bau- oder Montagestelle tätig sind, dem Generalunternehmer zugerechnet (BFH vom 13. November 1962, BStBl. 1963 III S. 71). Ein Subunternehmer unterhält eine eigene Betriebsstätte, wenn seine Tätigkeit den in dem jeweiligen DBA vorgesehenen Zeitraum überschreitet.

**4.3.4. Bau- und Montageausführung durch ein Konsortium oder eine Arbeitsgemeinschaft (ARGE)**

Wird ein Bau- oder Montageauftrag durch ein Konsortium ausgeführt

– sei es als Außenkonsortium, bei dem sämtliche Partner gegenüber dem Auftraggeber als selbständige Partner mit festgelegtem Arbeitsumfang auftreten und einzeln und gemeinsam die Gesamtverantwortung für die Vertragserfüllung und die Funktionsgarantie übernehmen (gesamtschuldnerische Haftung),
– sei es als Innenkonsortium, bei dem gegenüber dem Auftraggeber nur ein Partner als Vertragschließender auftritt,

ist beiden Vertragsverhältnissen gemeinsam, dass im Innenverhältnis jeder Partner nur für seinen Lieferungs- und Leistungsanteil haftet.

Bei einem Konsortium kann die Tätigkeit des einen Partners daher dem anderen Partner nicht zugerechnet werden. Ob eine Bau- oder Montageausführung i. S. d. Art. 5 Abs. 3 OECD-MA 92 gegeben ist und damit eine Betriebsstätte begründet wird, muss für jeden einzelnen Konsorten geprüft werden.

Bei einer ARGE handelt es sich um eine Gesellschaft bürgerlichen Rechts, die aus steuerlicher Sicht als Gesellschaft im Sinne des § 15 Abs. 1 Nr. 2 EStG zu qualifizieren ist. Die Gesellschafter sind als Mitunternehmer anzusehen, und zwar unabhängig davon, ob für die ARGE ein Gewinnfeststellungsverfahren nach § 180 Abs. 1 Nr. 2 Buchstabe a AO durchzuführen ist (vgl. § 180 Abs. 4 AO). Die ARGE haftet im Außenverhältnis in der Regel gesamtschuldnerisch gegenüber dem Auftraggeber. Im Innenverhältnis werden die Leistungsver-pflichtungen zwar genau aufgeteilt (insoweit besteht kein Unterschied zu einem Konsortium), aber die Eigenverantwortlichkeit besteht nur im Innenverhältnis und nicht auch gegenüber dem Auftraggeber. Der Auftrag wird einheitlich durchgeführt und das Gesamtergebnis unter den ARGE-Partnern aufgeteilt. Die Tätigkeiten der ARGE-Partner sind daher in sachlicher als auch in zeitlicher Hinsicht als Einheit anzusehen, so dass die Frage, ob eine Betriebsstätte vorliegt oder nicht, nur einheitlich für die ARGE beurteilt werden kann.

Da bei schuldrechtlichen Leistungsbeziehungen zwischen einem Konsortium bzw. einer ARGE und den Partnern diese sich wie fremde Dritte gegenüberstehen, sind die Partnerleistungen wie Fremdleistungen gegenüber einer außenstehenden Gesamthandsgemeinschaft zu behandeln. Die Realisierung des Gewinns bei dem Partner tritt somit bereits bei Erbringung der Leistung ein, siehe auch BMF-Schreiben vom 27. Januar 1998, BStBl. I S. 251.

### 4.3.5. Beurteilung von Bauausführungen

Zeitlich nebeneinander oder aufeinander folgende Bauausführungen sind nach Art. 5 Abs. 3 OECD-MA 92 – im Gegensatz zu § 12 Satz 2 Nr. 8 AO – getrennt zu beurteilen. Mehrere Bauausführungen können nur dann als Einheit angesehen werden, wenn sie wirtschaftlich und geographisch zusammenhängen.

Ein wirtschaftlicher Zusammenhang liegt beispielsweise dann vor, wenn verschiedene Bauausführungen als Gesamtprojekt angesehen werden können, wie z. B. bei der Auslegung eines Funknetzes oder beim Aufbau eines Computer-Netzwerks.

Eine geographische Einheit liegt nur vor, wenn die räumliche Entfernung der Bauausführungen 50 km Luftlinie nicht überschreitet.

**Beispiel:**

Ein Unternehmen soll für einen Auftraggeber aufgrund eines einheitlichen Vertrages ein Netz von Baumärkten errichten, und zwar in Köln, Bonn, Düsseldorf, Emmerich, Arnheim (NL) und Groningen (NL). Zwischen den einzelnen Bauausführungen besteht ein wirtschaftlicher Zusammenhang.

Der geographische Zusammenhang ist nach der zeitlichen Reihenfolge der Errichtung der Betriebsstätten zu bestimmen. Im Ausland belegene Betriebsstätten sind nicht zu berücksichtigen.

Je nach dem Zeitpunkt ihrer Errichtung sind entweder Bonn und Köln oder Köln und Düsseldorf zusammenzurechnen. Eine doppelte Berücksichtigung eines Ortes ist nicht vorzunehmen.

Die Bauausführung in Emmerich bildet aufgrund der größeren Entfernung eine eigene Betriebsstätte.

Die vorgenannten Grundsätze gelten auch für grenzüberschreitende Bauausführungen und Montagearbeiten.

Im Einzelnen wird auf Folgendes hingewiesen:

– Selbständige Bauausführungen oder Montagearbeiten sind für die Berechnung der Zeitdauer nicht zusammenzurechnen;
– als selbständige Projekte können grundsätzlich solche angesehen werden, die für verschiedene Auftraggeber ausgeführt werden, es sei denn, die Projekte bilden wirtschaftlich gesehen, eine Einheit (s. o.);
– verschiedene Projekte für Rechnung eines Einzelauftraggebers werden generell als Einheit behandelt, wenn sie aufgrund eines einheitlichen Vertrages ausgeführt werden und ein geographischer Zusammenhang besteht;
– werden Arbeiten für Rechnung desselben Auftraggebers aufgrund mehrerer Verträge ausgeführt, werden diese zusammengerechnet, wenn ein Fall einer einheitlichen Ausführung vorliegt. Eine solche Einheit kann bestehen
  - in zeitlicher Hinsicht, wenn die verschiedenen Aufträge gleichzeitig oder unmittelbar hintereinander ohne Unterbrechungen ausgeführt werden und
  - in räumlicher Hinsicht, wenn die Arbeiten, auch bei Ausführungen an verschiedenen Orten innerhalb des geographischen Zusammenhangs, nur einen Teil eines größeren Ganzen bilden;

– die Tatbestände nach Art. 5 Abs. 3 und Art. 5 Abs. 5 OECD-MA 92 sind selbständig zu prüfen. Liegen die Voraussetzungen für eine Vertreterbetriebsstätte nach Art. 5 Abs. 5 OECD-MA 92 vor, so wird das Unternehmen so behandelt, als habe es eine Betriebsstätte, auch wenn die Bauausführung oder Montage selbst nicht die Voraussetzungen einer Betriebsstätte erfüllt.

Örtlich fortschreitende Bauausführungen (z. B. Arbeiten an einem Schienen- oder Straßennetz) oder schwimmende Bauausführungen sind in der Regel wirtschaftlich und geographisch als Einheit anzusehen (Tz. 20 des Kommentars zu Art. 5 OECD-MA 92) ohne Rücksicht auf die 50-km-Grenze.

### 4.3.6. Gewinn- und Verlustaufteilung zwischen Stammhaus und Betriebsstätte

Nach den allgemeinen Grundsätzen über die steuerliche Gewinnermittlung wird der Gewinn aus der Bau- oder Montagebetriebsstätte in der Regel erst mit der Abnahme des Bauvorhabens realisiert. Gewinn oder Verlust (= das Auftragsergebnis) ist bei Bau- und Montageleistungen zwischen Stammhaus und Betriebsstätte so aufzuteilen, dass die Betriebsstätte erhält, was ein fremder selbständiger Unternehmer für die Ausführung der Bau- oder Montageleistung unter gleichen oder ähnlichen Bedingungen erhalten hätte. Die Fiktion, beim Stammhaus handele es sich um den General- und bei der Betriebsstätte um den Subunternehmer, bietet einen brauchbaren Ansatz für den Fremdvergleich. Bei komplexen Leistungsbeziehungen kann eine Zuordnung des Auftragsergebnisses entsprechend den Tätigkeiten, Funktionen und der Risikoverteilung zwischen Stammhaus und Montagebetriebsstätte sachgerecht sein, wenn sich auch fremde Dritte die Risiken und Chancen aus dem Auftrag geteilt hätten.

### 4.3.7. Materiallieferungen bei Bau- oder Montageleistungen der Betriebsstätte

Regelmäßig enthält der mit dem Auftraggeber vereinbarte Endpreis sowohl den Gewinnaufschlag auf die Materiallieferung, z. B. Baustoffe oder Maschinen, als auch den auf die Bau- und Montageleistung. Der Gewinn aus der Materiallieferung ist dem Stammhaus zuzurechnen.

Der Endpreis umfasst daneben aber weitere Leistungen, die von einem hoch qualifizierten Mitarbeiterstab im Stammhaus erbracht worden sind, z. B. die Auftragsbeschaffung (Akquisition), Planung und Entwicklung, das „Know-how", die Auswahl von Subunternehmen, die Vertragsgestaltung mit diesen, ihre Überwachung und insoweit die Risikotragung im Außenverhältnis. Der auf diese Leistungen entfallende Gewinn ist folglich dem Stammhaus zuzuordnen, wobei zu berücksichtigen ist, dass aus diesem Gewinn auch die Aufwendungen für vergebliche Akquisition zu decken sind.

Der Betriebsstätte ist regelmäßig ein auf ihre Bau- oder Montageleistung entfallender angemessener Teil des Gewinns nach der Kostenaufschlagsmethode ohne Berücksichtigung der Kosten für Subunternehmerleistungen zuzuordnen. Soweit die Betriebsstätte allerdings selbst die zum Bau oder zur Montage notwendigen Materialien oder Subunternehmerleistungen an Ort und Stelle beschafft, steht ihr entsprechend dem Umfang der kaufmännischen und technischen Abwicklung ein anteiliger Gewinn aus der Materiallieferung oder Subunternehmerleistung zu (BFH vom 13. November 1990, BStBl. 1991 II S. 94). Die vorstehenden Ausführungen gelten entsprechend für Bauüberwachungsstellen, wenn sie als Betriebsstätten anzusehen sind.

### 4.3.8. Zuordnung von Baustoffen und Montageteilen zur Betriebsstätte

Sowohl die in der Betriebsstätte zur Verarbeitung lagernden Baustoffe und Montageteile sowie die Rechte, die aus den von der Betriebsstätte bereits verbauten Stoffen oder montierten Teilen entstanden sind, sind Vermögen des Stammhauses und nicht der Betriebsstätte. Dies gilt jedoch nicht, soweit die Betriebsstätte selbst Baustoffe oder andere Materialien beschafft hat.

### 4.3.9. Zuordnung von Finanzierungsaufwendungen und -erträgen

Finanziert ein Unternehmen dem Auftraggeber die Auftragssumme, sind die Finanzierungserlöse abzüglich eventueller Refinanzierungsaufwendungen in der Regel dem Stammhaus zuzuordnen, da dieses die entsprechenden Leistungen erbringt und Risiken trägt. Ein eventueller Leistungsbeitrag der Betriebsstätte bei der Abwicklung der Finanzierung ist zugunsten ihres Ergebnisses anteilig zu berücksichtigen.

So genannte „Bauzinsen" (also die beim Auftragnehmer, unabhängig vom Finanzierungsgeschäft, angefallenen Refinanzierungsaufwendungen) sind der Betriebsstätte entsprechend ihrem Anteil an der Bau- und Montageleistung zuzuordnen. Im Fall einer Mischkalkulation (zu hohe Finanzierungserlöse bei gleichzeitig reduzierter Auftragssumme oder umgekehrt) sind entsprechende Erlöskorrekturen bei der Bau- oder Montagebetriebsstätte bis zur Höhe eines angemessenen Entgelts nach der Kostenaufschlagsmethode vorzunehmen. Legt der Auftragnehmer vom Auftraggeber geleistete Vorauszahlungen verzinslich an, sind die Erträge dem Stammhaus und der Betriebsstätte entsprechend ihrem Anteil an der Bau- und Montageleistung zuzuordnen.

## 4.4. Kontroll- und Koordinierungsstellen

### 4.4.1. Allgemeines

Konzernspitzen (Muttergesellschaften) errichten gelegentlich in einem anderen Staat Geschäftseinrichtungen, die Tochtergesellschaften und Betriebsstätten des betreffenden Konzerns in dem anderen Staat oder anderen Ländern überwachen und/oder deren Tätigkeiten koordinieren, während die wesentlichen Funktionen einer geschäftsleitenden Holding (BFH vom 17. Dezember 1969, BStBl. 1970 II S. 257) von einer anderen Konzerneinrichtung ausgeübt werden.

Eine solche Geschäftsstelle kann z. B.

- das Rechnungswesen und die Berichterstattung der Tochtergesellschaften bzw. Betriebsstätten überwachen und koordinieren sowie deren Jahresabschlüsse konsolidieren;
- Programme, Einkauf, Produktionspläne, Arbeitsmethoden, Marketing und/oder Forschung koordinieren;

- Leitlinien der Konzernspitze an die örtlichen Verhältnisse anpassen, in diese umsetzen und ihre Einhaltung kontrollieren oder Fragen von regional begrenzter Bedeutung für die Entscheidung der Konzernspitze vorbereiten;
- satzungsgemäße oder in allgemeinen Konzernrichtlinien festgelegte Vorbehalte der Zustimmung der Konzernspitze zu Entscheidungen der Tochtergesellschaften ausüben sowie die Vertretung in Gesellschafterversammlungen oder überwachenden Organen wahrnehmen oder Personen in solche Gremien entsenden;
- andere verwaltungsbezogene Leistungen erbringen.

Die Geschäftsstelle ist meist als Einrichtung der Konzernspitze organisiert. Die genannten Aufgaben können auch von inländischen Konzerngesellschaften oder von inländischen Betriebsstätten ausländischer Konzerngesellschaften für die Konzernspitze wahrgenommen werden. Die Wahrnehmung dieser Aufgaben kann ausschließlich Geschäftsgegenstand sein.

### 4.4.2. Betriebsstätteneigenschaft der Kontroll- und Koordinierungsstellen

Die Kontroll- und Koordinierungsstellen in Form von Einrichtungen der Konzernspitze sind grundsätzlich Betriebsstätten im Sinne des § 12 AO. Sie sind auch feste Geschäftseinrichtungen im Sinne des Betriebsstättenbegriffs der DBA (Art. 5 OECD-MA 92). Im Einzelfall können sie jedoch Tätigkeiten ausüben, die nach dem anzuwendenden DBA keine Betriebsstätte (Art. 5 Abs. 4 OECD-MA 92) begründen. Dies kann insbesondere der Fall sein, wenn sie

- nur der Beschaffung von Informationen für die Konzernspitze dienen;
- für die Konzernspitze lediglich vorbereitende Tätigkeiten oder Hilfstätigkeiten ausüben; solche sind insbesondere gegeben, soweit die Geschäftsstelle lediglich Weisungen der Konzernspitze übermittelt, vorbereitet oder durch Ermittlungen in ihrem Zuständigkeitsbereich unterstützt.

Die Kontroll- und Koordinierungsstellen begründen keine Betriebsstätten für die von ihnen unterstützten oder von ihnen koordinierten Tochtergesellschaften, soweit sie nicht Sondertatbestände, z. B. den des Ortes der Geschäftsleitung oder des ständigen Vertreters erfüllen.

Ist eine Kontroll- oder Koordinierungsstelle einer anderen Betriebsstätte der Konzernspitze angegliedert, so gilt sie nicht als deren Bestandteil, wenn sie organisatorisch getrennt und leicht abgrenzbar ist.

### 4.4.3. Zurechnung von Anteilen und Wirtschaftsgütern sowie daraus fließenden Einkünften

Der Umstand, dass die Kontroll- und Koordinierungsstellen im Sinne von Tz. 4.4.1 tätig werden, führt nicht dazu, dass Anteile an den Tochtergesellschaften, Darlehen, Patente oder sonstige vergleichbare Wirtschaftsgüter der Konzernspitze sowie die daraus fließenden Einkünfte tatsächlich zu der in dem betreffenden Staat unterhaltenen Betriebsstätte gehören. Wegen der Einheitlichkeit der Abkommensregelung setzt dies voraus, dass diese Wirtschaftsgüter bzw. Einkünfte der Konzernspitze zugeordnet werden; soweit dies nicht der Fall ist, ist die Angelegenheit im Verständigungsverfahren nach dem jeweiligen DBA (Art. 25 OECD-MA 92) oder ggf. in einem Schiedsverfahren zu klären.

#### 4.4.4.[1] Betriebsstättengewinn

Der Betriebsstätte gebührt ein angemessener Gewinn. Bei der Abgrenzung ihrer Einkünfte sind in der Regel kostenorientierte Entgelte zu berücksichtigen. Es ist daher nicht zu beanstanden, wenn der Gewinn der Betriebsstätte nach der Kostenaufschlagsmethode unter Berücksichtigung eines dem Fremdvergleich entsprechenden Gewinnzuschlags ermittelt wird.

#### 4.4.5. Betriebsstättenvermögen

Der Betriebsstätte sind alle Wirtschaftsgüter zuzurechnen, die ihr dienen. Für Anteile an den Tochtergesellschaften und die anderen in Tz. 4.4.3 genannten Wirtschaftsgüter gilt die dort getroffene Regelung.

### 4.5. Betriebsstätten beim Einsatz von Seeschiffen und Binnenschiffen

#### 4.5.1. Allgemeines

Das fahrende Schiff, ob Seeschiff oder Binnenschiff, begründet für den Schifffahrtsunternehmer selbst keine Betriebsstätte (BFH vom 13. Februar 1974, BStBl. II S. 361; BFH vom 9. Oktober 1974, BStBl. 1975 II S. 203).

Bei Binnenschiffen besteht die Vermutung, dass sich durch die Eintragung des Schiffes im Schiffsregister des Heimatortes, von dem die Schifffahrt aus tatsächlich betrieben wird, dort eine Betriebsstätte des Schifffahrtsunternehmens befindet. Diese Vermutung kann jedoch widerlegt werden, wenn nachgewiesen wird, dass die Schifffahrt von einem anderen Ort aus betrieben wird und dass sich dort eine entsprechende Geschäftseinrichtung befindet. Der Mittelpunkt der geschäftlichen Oberleitung kann sich in den Geschäftsräumen eines ausländischen Managers oder Korrespondenzreeders befinden. Maßgeblich sind die tatsächlichen Umstände (BFH vom 3. Juli 1997, BStBl. 1998 II S. 86). Die gleichen Grundsätze gelten auch für Seeschiffe.

Das schließt nicht aus, dass Schifffahrtsunternehmen in anderen Ländern Betriebsstätten in Form von Geschäftseinrichtungen unterhalten, die der Tätigkeit des Unternehmens dienen. Diesen Betriebsstätten können Einkünfte aus der Schifffahrt aber nur zugerechnet werden, wenn und soweit sie selbst Schifffahrt betreiben und nicht nur Hilfstätigkeiten ausüben, die in keinem unmittelbaren Zusammenhang mit dem Betrieb von Seeschiffen stehen (z. B. Tätigkeiten von Linienagenten des Unternehmens; vgl. hierzu und in diesem Zusammenhang auch zur Gewinnaufteilung BFH vom 28. Juni 1972, BStBl. II S. 785).

#### 4.5.2. Sonderregelung für ausländische Einkünfte aus dem Betrieb von Handelsschiffen im internationalen Verkehr

Anstelle der Steueranrechnung nach § 34 c Abs. 1 EStG oder des Abzugs einer ausländischen Steuer nach § 34 c Abs. 2 und 3 EStG ist bis Veranlagungszeitraum 1998 bei unbeschränkt Steuerpflichtigen auf Antrag die auf ausländische Einkünfte aus dem Betrieb von Handelsschiffen im internationalen Verkehr entfallende Einkommensteuer nach dem ermäßigten Steuersatz zu bemessen (§ 34 c Abs. 4 EStG).

Nach dem ab 1999 geltenden § 5 a EStG ist anstelle der Gewinnermittlung nach § 4 Abs. 1 oder § 5 EStG bei einem Gewerbebetrieb mit Geschäftsleitung im Inland der Gewinn, soweit er auf den Betrieb von Handelsschiffen im internationalen Verkehr entfällt, auf Antrag nach der im Betrieb geführten

[1] Tz. 4.4.4. geändert durch BMF v. 20. 11. 2000, BStBl. I S. 1509.

Tonnage zu ermitteln, wenn die Bereederung dieser Handelsschiffe im Inland durchgeführt wird. § 34 c Abs. 1 bis 3 EStG ist nicht anzuwenden.

§ 34 c Abs. 4 EStG und § 5 a EStG sind auch anzuwenden, wenn ein DBA eingreift.

Einkünfte aus Handelsschiffen im internationalen Verkehr werden bis einschließlich Erhebungszeitraum 1992 auch bei der Gewerbesteuer begünstigt besteuert (vgl. § 11 Abs. 3 Nr. 2 GewStG, Abschn. 71 GewStR 1990, § 13 Abs. 3 GewStG, Abschn. 84 a GewStR 1998, § 36 Abs. 6 a GewStG). Für die Erhebungszeiträume 1997 und 1998 sind die Vergünstigungen nach § 9 Nr. 3 GewStG zu beachten. Ab Erhebungszeitraum 1999 gilt der nach § 5 a EStG ermittelte Gewinn als Gewerbeertrag. Zu Einzelfragen der Gewinnermittlung nach § 5 a EStG vgl. BMF-Schreiben v. 24. 6. 1999, BStBl. I S. 669[1].

### 4.5.3. Sondervereinbarungen für Schifffahrtsunternehmen nach DBA

Das Betriebsstättenprinzip ist im Abkommensrecht für Unternehmen der See- und Binnenschifffahrt durch das Schifffahrtsprinzip überlagert. Nach Art. 8 Abs. 1 OECD-MA 92 können Gewinne eines Unternehmens aus dem Betrieb von Seeschiffen im internationalen Verkehr nur in dem Vertragsstaat besteuert werden, in dem sich der Ort der tatsächlichen Geschäftsleitung befindet. Internationaler Verkehr ist nach Art. 3 Abs. 1 Buchst. d OECD-MA 92 „jede Beförderung mit einem Seeschiff …, das von einem Unternehmen mit tatsächlicher Geschäftsleitung in einem Vertragsstaat betrieben wird, es sei denn, das Seeschiff … wird ausschließlich zwischen Orten im anderen Vertragsstaat betrieben". Befindet sich der Ort der tatsächlichen Geschäftsleitung eines Seeschifffahrtsunternehmens jedoch an Bord eines Schiffes – dies ist insbesondere bei kleineren Küstenschifffahrtsbetrieben der Fall – so fingiert Art. 8 Abs. 3 OECD-MA 92 den Sitz im Heimathafen des Schiffes. Existiert ein solcher nicht, so gilt ersatzweise der Vertragsstaat als Sitzstaat, in dem die Person ansässig ist, die das Schiff betreibt.

Zu den Gewinnen aus dem Betrieb von Seeschiffen zählen nach Art. 8 OECD-MA 92 auch solche Gewinnbestandteile, die im unmittelbaren Zusammenhang mit der Beförderungsleistung stehen, z. B. Werbetätigkeiten, Schiffskartenverkauf für andere Unternehmen und Landtransfers vom Hafen zu einem Lager und eine nur gelegentliche Vermietung von Containern, auch wenn diese für Binnentransporte eingesetzt werden. Dazu zählt auch die Vermietung eines vollständig ausgerüsteten Schiffes. Baggerarbeiten und Schleppdienste fallen unter die Schifffahrtseinkünfte jedoch nur, wenn dies ausdrücklich vereinbart wurde. Soweit die Unternehmen über ihre Transportaufgaben hinaus noch andere Haupttätigkeiten ausüben, gilt nicht die spezielle Regelung für Schifffahrtseinkünfte, sondern – wenn es sich um gewerbliche Einkünfte handelt – das Betriebsstättenprinzip.

## 4.6. Bodenschatzsuche und -gewinnung in internationalen Gewässern

### 4.6.1. Steuerliches Inland

Das Küstenmeer gehört völkerrechtlich zum Inland und damit regelmäßig auch zum geographischen Bereich jedes Staates (vgl. Teil II Abschnitte I und

[1] Siehe nunmehr BMF v. 12. 6. 2002, BStBl. I S. 614 (Nr. **1** § 5a/1).

II des Seerechtsübereinkommens der Vereinten Nationen vom 10. Dezember 1982 – UN-Seerechtsübereinkommen –, BGBl. 1994 II S. 1798 ff.). Unternehmen, die außerhalb der Zwölfmeilenzone (Küstenmeer) Bodenschätze im Festlandsockel aufsuchen und gewinnen, halten sich in internationalen Gewässern auf. Internationale Gewässer gehören nicht zum Hoheitsgebiet eines Staates und damit staatsrechtlich nicht zu seinem Inland. Auch der Festlandsockel selbst gehört völkerrechtlich nicht zum Inland.

Den Küstenstaaten steht jedoch nach Art. 2 des Genfer Übereinkommens vom 29. April 1958 eine auf die Erforschung und Ausbeutung der Bodenschätze begrenzte Souveränität zu. Von diesem Recht hat die Bundesrepublik Deutschland in einer Proklamation vom 20. Januar 1964, BGBl. II S. 104, I S. 497 (Gesetz zur vorläufigen Regelung der Rechte am Festlandsockel), geändert durch Gesetz vom 2. September 1974, BGBl. I S. 2149, Gebrauch gemacht. Nach § 1 Abs. 1 Satz 2 EStG und § 1 Abs. 3 KStG gehört der Festlandsockel daher zum steuerrechtlichen Inland, soweit in diesem Gebiet Naturschätze des Meeresgrundes und des Meeresuntergrundes erforscht und ausgebeutet werden. Dasselbe gilt für die Auslegung des Begriffs des Inlandes i. S. der DBA.

Das Recht, unterseeische Kabel und Rohrleitungen auf dem Festlandsockel sowie in der ausschließlichen Wirtschaftszone zu verlegen, steht allen Staaten zu, so dass der Festlandsockel insoweit nicht zum steuerlichen Inland gehört (Art. 58 Abs. 1 und Art. 79 UN-Seerechtsübereinkommen). Dagegen gehören künstliche Inseln, Anlagen, Bauwerke und ähnliche Einrichtungen in der ausschließlichen Wirtschaftszone zum steuerlichen Inland, soweit damit Naturschätze des Meeresgrundes und des Meeresuntergrundes erforscht und ausgebeutet werden (Art. 60 UN-Seerechtsübereinkommen).

### 4.6.2. Betriebsstätte

Erfolgt die Explorationstätigkeit auf See von Schiffen aus, z. B. bei seismischen Messungen zur Erforschung von Bodenschätzen des Meeresuntergrundes, so ist nicht das Schiff die Betriebsstätte des Forschungsunternehmens, sondern die Betriebsstätte wird erst durch die Messtätigkeit begründet.

Fährt das Mess- oder Forschungsschiff unter der Flagge der Bundesrepublik Deutschland und befindet es sich nicht in Hoheitsgewässern eines anderen Staates, so wird die gewerbliche Tätigkeit des Forschungsunternehmens im Inland betrieben (BFH vom 13. Februar 1974, BStBl. II S. 361). Fährt das Mess- oder Forschungsschiff unter der Flagge eines anderen Staates und bewegt sich das Schiff nicht über dem der Bundesrepublik Deutschland zustehenden Festlandsockel, so handelt es sich um eine ausländische Betriebsstätte.

## 4.7. Betriebsstätten bei Explorationen

Das Geschäft der Aufsuchung und Förderung von Bodenschätzen besteht aus drei wesentlichen Phasen: In der ersten Phase (Projektverfolgung oder Akquisition) werden Länder hinsichtlich geologischer, wirtschaftlicher und politischer Grundlagen analysiert. Diese Phase endet im positiven Fall mit dem Abschluss eines Explorations- und/oder Produktionsvertrages. In der zweiten Phase (Exploration) erfolgen zunächst umfangreiche geologische Analysen, insbesondere werden seismische Messungen und, bei positiven Resultaten, Explorationsbohrungen durchgeführt. Wenn Bohrungen fündig sind, wird zusätzlich geprüft, ob die gefundenen Reserven auch wirtschaftlich rentabel gefördert und transportiert werden können. Die Explorationsphase endet mit Eintritt der wirtschaftlichen Fündigkeit. Die dritte Phase (Entwicklung und Produktion) besteht aus dem Aufbau der Förder-, Aufbereitungs- und Transportanlagen und der Aufnahme des Förder-/Abbaubetriebs.

Die Aufsuchung und Förderung von Bodenschätzen werden von den Unternehmen (Bergbauunternehmen, Erdöl-/Erdgasunternehmen) selbst, von Zusammenschlüssen derartiger Unternehmen oder in deren Auftrag von darauf spezialisierten Unternehmen ausgeführt. Die Frage, ob Explorationsarbeiten außerhalb der Bundesrepublik Deutschland für das tätig werdende Unternehmen Betriebsstätten im Ausland begründen, ist in allen Fällen bei Anwendung deutschen Rechts gleich zu beantworten. Bei Anwendung eines DBA ist zwischen den Fallgruppen zu unterscheiden. Außerdem ergeben sich Unterschiede bei der Ermittlung der Betriebsstättenergebnisse.

### 4.7.1. Besteuerung in der Explorationsphase

#### 4.7.1.1. Betriebsstätte nach nationalem Recht

Die Explorationstätigkeit ist i. S. v. § 12 Satz 2 Nr. 8 AO als Betriebsstätte anzusehen, wenn

- die einzelne Exploration oder
- eine von mehreren zeitlich nebeneinander durchgeführten Explorationen oder
- mehrere ohne Unterbrechung aufeinander folgende Explorationen

länger als sechs Monate dauern (Nr. 3 des *Einführungserlasses zu § 12 AO*[1] und Abschn. 22 Abs. 3 Satz 20 GewStR 1998).[2]

#### 4.7.1.2. Betriebsstätte nach DBA

Exploriert das Unternehmen (Bergbauunternehmen, Erdöl-/Erdgasunternehmen) in einem DBA-Land selbst, so begründet diese Tätigkeit für das Unternehmen regelmäßig in dem betreffenden Land auch dann keine Betriebsstätte, wenn die Tätigkeit in diesem Land in Verbindung mit einer festen Geschäftseinrichtung ausgeübt wird. Die Explorationstätigkeit ist grundsätzlich eine Tätigkeit „vorbereitender Art", die nach Art. 5 Abs. 4 OECD-MA 92 selbst bei Bestehen einer festen Geschäftseinrichtung nicht zu der Annahme einer Betriebsstätte führt (Ausnahme: DBA-Österreich 1954/92).

Die Übernahme der Betriebsführerschaft (Operatorship) für ein Konsortium, das die Exploration für die beteiligten Unternehmen (Bergbauunternehmen, Erdöl-/Erdgasunternehmen) übernommen hat, führt unter den allgemeinen Voraussetzungen zur Begründung einer Betriebsstätte. Die Funktion der Betriebsstätte beschränkt sich allerdings auf die Erbringung von Dienstleistungen gegenüber den Konsorten; das Explorationsrecht verbleibt im Stammhaus.

Die Exploration ist keine Tätigkeit vorbereitender Art, wenn sie für Dritte betrieben wird.

---

[1] Jetzt **AEAO**, Loseblattsammlung **Steuerrichtlinien** Nr. **800**.
[2] **Steuerrichtlinien** Nr. **450**.

#### 4.7.2. Besteuerung bei Übergang in die Entwicklungs- und Produktionsphase

Mit Eintritt der wirtschaftlichen Fündigkeit begründet das Unternehmen (Bergbauunternehmen, Erdöl-/Erdgasunternehmen) auch nach DBA-Grundsätzen eine Betriebsstätte in dem anderen DBA-Staat. Das bis zu diesem Zeitpunkt dem inländischen Stammhaus zuzurechnende immaterielle Wirtschaftsgut (Abbaurecht; Erdöl-/Erdgasgewinnungsrecht) gilt als in die ausländische Betriebsstätte überführt, da es zur ausschließlichen Nutzung und Verwertung in der ausländischen Betriebsstätte bestimmt ist. Es gelten die allgemeinen Grundsätze für die Überführung von Wirtschaftsgütern (Tz. 2.6.1). Als Fremdvergleichspreis für das selbstgeschaffene immaterielle Wirtschaftsgut gilt sämtlicher Aufwand, der bis zum Beginn der Entwicklungs- und Produktionsphase für das jeweilige im ausländischen Staat belegene Konzessionsgebiet beim inländischen Stammhaus angefallen ist. Soweit der ausländische Staat für seine Besteuerung dem übertragenen Recht einen höheren Wert als die vorstehenden Aufwendungen beimisst, ist dieser Wert maßgeblich.

Entsprechendes gilt für grenzüberschreitende Explorationen.

#### 4.7.3. Besonderheiten bei der Behandlung des Betriebsstättenergebnisses

Ziel der Exploration für das Unternehmen (Bergbauunternehmen, Erdöl-/Erdgasunternehmen) ist der Erwerb von Aufsuchungs- und/oder Ausbeuterechten (Konzessionen). Sofern das Unternehmen die Exploration selbst betreibt, können die Aufwendungen nach § 5 Abs. 2 EStG nicht aktiviert werden. Sie sind sofort abzugsfähige Betriebsausgaben. Begründet die Exploration für das bergbautreibende Unternehmen im Ausland eine Betriebsstätte, sind die Aufwendungen der Betriebsstätte zuzurechnen.

Der durch Übernahme der Betriebsführerschaft für ein Konsortium (Tz.4.7.2) begründeten (Dienstleistungs-)Betriebsstätte des Operators werden keine Aufwendungen für die Exploration zugerechnet. Diese Aufwendungen sind der Tätigkeit des inländischen Stammhauses zuzurechnen. Zwischen der ausländischen (Dienstleistungs-)Betriebsstätte und dem inländischen Stammhaus ist die Verrechnung eines Gewinnaufschlags auf die Aufwendungen der Betriebsstätte (z. B. Lohnkosten) ausgeschlossen.

### 4.8. Transportanlagen

Gleisanlagen, Untertageanlagen von Bergbaubetrieben und Versorgungsleitungen begründen gem. § 12 AO Betriebsstätten des sie unterhaltenden Unternehmens (vgl. BFH vom 30. Oktober 1996, BStBl. 1997 II S. 12, zur Pipeline als Betriebsstätte). Derartige Anlagen sind „feste" Geschäftseinrichtungen, wenn eine feste Verbindung zum Erdboden besteht bzw. die Geschäftseinrichtung oder Anlage sich für eine gewisse Dauer an einem bestimmten Ort befindet. Dabei kann sich die örtliche Fixierung aus mechanischer Verbindung mit der Erde oder aus bloßer Belegenheit an derselben Stelle ergeben. Der Betriebsstättenbegriff der DBA knüpft in der Regel vor allem an die feste Geschäftseinrichtung an und ist insoweit mit dem entsprechenden Begriff des § 12 Satz 1 AO identisch. Im Einzelfall sind Ausnahmetatbestände des in Frage stehenden DBA zu prüfen.

Transportleistungen (z. B. das Durchleiten flüssiger oder gasförmiger Stoffe) sind grundsätzlich keine Hilfsleistungen i. S. d. Art. 5 Abs. 4 OECD-MA 92 (BFH vom 30. Oktober 1996, a. a. O.).

Teilstücke einer Transportleitung sind in der Regel dem Eigentümer der gesamten Transportleitung bzw. der transportierenden Ware zuzuordnen. Teilstücke einer Transportleitung, die nach den Ausnahmetatbeständen eines DBA keine Betriebsstätten sind, sind der nächsten sich im gleichen Gebiet als Betriebsstätte qualifizierenden Entnahmestation zuzurechnen. Entsprechend ist bei Gleisanlagen zu verfahren.

Der Einsatz von Personen in oder an der Geschäftseinrichtung (Transportleitung) ist nicht in jedem Fall erforderlich, vielmehr reicht – insbesondere bei vollautomatisch arbeitenden Einrichtungen – das Tätigwerden des Unternehmens mit der Geschäftseinrichtung (Transportleitung) aus (BFH vom 30. Oktober 1996, a. a. O.).

Werden Transportleitungen, die nur der Weiterleitung fester, flüssiger oder gasförmiger Stoffe bzw. der Weiterleitung elektrischer Energie dienen, als Betriebsstätten qualifiziert, ist der ihnen nach dem Fremdvergleichsgrundsatz zuzuordnende Ergebnisanteil nach der Transportleistung zu ermitteln. Dasselbe gilt für Gleisanlagen. Erfolgt in dem betreffenden Gebiet auch eine Abgabe aus den Transportleitungen, z. B. von Wasser oder elektrischer Energie, so ist die jeweilige Abgabemenge ein geeigneter Aufteilungsmaßstab.

## 5. Verfahren

### 5.1. Mitwirkungs- und Nachweispflichten

#### 5.1.1. Mitwirkung nach § 90 Abs. 2 AO

An den Ermittlungen zur zutreffenden Einkunftsaufteilung wirken die Beteiligten nach Maßgabe der allgemeinen Bestimmungen (insbesondere § 90 Abs. 2 AO) mit. Sie haben hierbei auch

**a)** Sachverhalte im Ausland selbst aufzuklären und

**b)** Beweismittel, die sich im Ausland befinden, zu beschaffen.

Sie haben dabei alle für sie bestehenden rechtlichen und tatsächlichen Möglichkeiten auszuschöpfen.

#### 5.1.2. Mitwirkungspflicht von Unternehmensteilen

Zur Mitwirkung ist der Unternehmer als solcher verpflichtet, soweit seine inländische Steuerpflicht in Frage steht. Diese Mitwirkungspflicht ist nicht auf unselbständige Unternehmensteile, wie sie Betriebsstätten bilden, beschränkt. Insbesondere erstreckt sich die Ermittlungs- und Nachweispflicht auch auf solche für die inländische Besteuerung bedeutsamen Sachverhalte und Beweismittel, die in den Büchern und Unterlagen ausländischer Unternehmensteile festgehalten und dokumentiert sind.

#### 5.1.3. Nachweisvorsorge

Nach § 90 Abs. 2 Satz 3 AO kann sich ein Beteiligter nicht darauf berufen, dass er Sachverhalte nicht aufklären oder Beweismittel nicht beschaffen kann, wenn er sich nach Lage des Falles und bei der Gestaltung seiner Verhältnisse die Möglichkeit dazu hätte beschaffen oder einräumen lassen können

(Nachweisvorsorge; BFH vom 16. April 1980, BStBl. 1981 II S. 492). Bei Beziehungen zwischen Stammhaus und Betriebsstätte gilt dies insbesondere auch für die zur Einkunftsaufteilung notwendigen Ermittlungen und Nachweise. Ein Steuerpflichtiger kann sich deshalb nicht darauf berufen, seine ausländische Betriebsstätte oder sein ausländisches Stammhaus stelle ihm die erforderlichen Nachweise oder Unterlagen nicht zur Verfügung.

**5.1.4. Erweiterte Mitwirkungspflicht**

Sind für die Einkunftsaufteilung Verhältnisse bei dem anderen Unternehmensteil heranzuziehen, so erstreckt sich die erweiterte Mitwirkungspflicht nach § 90 Abs. 2 AO auch auf diese Verhältnisse. Der Steuerpflichtige muss hierfür ggf. Nachweisvorsorge nach Tz. 5.1.3 treffen.

**5.2. Umfang der Mitwirkungspflicht**

Die Mitwirkungspflicht erstreckt sich auf alle Umstände, die für die Bildung und Beurteilung der Einkunfts- und Vermögensaufteilung maßgeblich sind. Dies sind insbesondere die zur Prüfung der Aufteilung erforderlichen Daten, die verfügbar sind oder die bei der gebotenen Nachweisvorsorge zugänglich wären, z. B. betriebliche Kostenrechnungen, Unterlagen für die Zuordnung von Wirtschaftsgütern und für die Wertermittlung beim Waren- und Leistungsverkehr zwischen Stammhaus und Betriebsstätte, Unterlagen und Informationen des gesamten Unternehmens.

Bei ausländischen Betriebsstätten von unbeschränkt Steuerpflichtigen sind zur Kontrolle einer dem Grunde nach übereinstimmenden Ergebnis- und Vermögenszuordnung im Inland und im Ausland in der Regel auch die dem Betriebsstättenstaat eingereichten Steuererklärungen und die Steuerbescheide vorzulegen.

**5.3. Rechtsfolgen bei unzureichender Mitwirkung**

Verletzt ein Steuerpflichtiger seine Pflichten gemäß § 90 Abs. 2 AO und ist der Sachverhalt nicht anderweitig aufklärbar, so kann das Finanzamt zum Nachteil des Steuerpflichtigen bei der Schätzung der Besteuerungsgrundlagen (§ 162 AO) von einem Sachverhalt ausgehen, für den unter Berücksichtigung der Beweisnähe des Steuerpflichtigen und seiner Verantwortung für die Aufklärung des Sachverhalts eine gewisse Wahrscheinlichkeit spricht (BFH vom 15. Februar 1989, BStBl. II S. 462).

## 6. Sonstiges

**6.1. Selbständig Tätige i. S. d. Art. 14 OECD-MA**

Für selbständig Tätige, die in einem Staat ansässig sind und denen in einem anderen Staat eine feste Einrichtung zur Verfügung steht, gelten die gleichen Grundsätze wie für Einkünfte aus Betriebsstätten gewerblich tätiger Unternehmen. Die Bestimmungen des Artikels 7 OECD-MA 92 sowie der Kommentar dazu können als Richtlinien zur Auslegung und Anwendung des Artikels 14 OECD-MA 92 dienen. So lassen sich z. B. die Grundsätze des Artikels 7 OECD-MA 92 über die Aufteilung des Gewinns zwischen Hauptsitz und Betriebsstätte auch auf die Aufteilung der Einkünfte zwischen dem Wohnsitzstaat einer Person, die eine selbständige Arbeit ausübt, und dem

Staat, in dem die Arbeit durch eine feste Einrichtung ausgeübt wird, anwenden. Ebenso sind die für eine feste Einrichtung entstandenen Aufwendungen einschließlich der Geschäftsführungs- und der allgemeinen Kosten bei der Ermittlung der einer festen Einrichtung zuzurechnenden Einkünfte in gleicher Weise zum Abzug zuzulassen wie derartige Aufwendungen, die für eine Betriebsstätte entstanden sind. Auch in sonstiger Hinsicht können Artikel 7 OECD-MA 92 und der dazugehörige Kommentar für die Auslegung von Artikel 14 OECD-MA 92 von Nutzen sein, z. B. für die Frage, ob Vergütungen für Software als Einkünfte im Sinne des Artikels 7 oder 14 OECD-MA 92 oder als Lizenzgebühren im Sinne des Artikels 12 OECD-MA 92 zu qualifizieren sind (vgl. Tz. 12 ff. OECD-Kommentar zu Art. 12 Abs. 2 OECD-MA 92).

### 6.2. Erstmalige Anwendung

Die vorliegenden Grundsätze sind ab dem Veranlagungszeitraum 2000 anzuwenden. Es ist nicht zu beanstanden, wenn bis dahin nach der bisherigen Praxis verfahren wird.

### 6.3. Aufhebung anderer Verwaltungsregelungen

Die BMF-Schreiben zur Überführung von Wirtschaftsgütern in eine ausländische Betriebsstätte, deren Einkünfte durch ein DBA freigestellt sind, und ihre Rückführung ins Inland vom 12. Februar 1990 (BStBl. I S. 72) und zur Überführung von Wirtschaftsgütern aus einer inländischen Betriebsstätte in das ausländische Stammhaus vom 3. Juni 1992 (IV B 2-S 2135–4/92; DB 1992 S. 1655) sind ab Veranlagungszeitraum 2000 nicht mehr anzuwenden. Das Gleiche gilt für die BMF-Schreiben vom 31. Mai 1979 (BStBl. I S. 306) zur körperschaftsteuerlichen Behandlung der beschränkt steuerpflichtigen Versicherungsunternehmen, vom 24. August 1984 (BStBl. I S. 458) zur Behandlung von Kontroll- und Koordinierungsstellen ausländischer Konzerne in der Bundesrepublik Deutschland und vom 29. November 1996 (BStBl. 1997 I S. 136) zum Dotationskapital von inländischen Betriebsstätten ausländischer Kreditinstitute.

## Anhang: DBA – Übersichten

(zum Anwendungszeitpunkt der DBA vgl. BStBl. 1999 I S. 122 bzw. 2000 I S. 37)

### Anlage I: Grundtatbestandsmerkmal (Betriebsstätteneigenschaft)

| Lfd. Nr. | DBA-Land | Als Betriebsstätte gelten: feste Geschäftseinrichtungen, durch die die Tätigkeit eines Unternehmens ganz oder teilweise ausgeübt wird | insbesondere: Ort der Leitung, Zweigniederlassung, Geschäftsstelle, Fabrikationsstätte, Werkstätte, (Ladengeschäft oder eine andere Verkaufseinrichtung) | Lagerhaus | Dauernde Verkaufsausstellung | Einkaufs- u. Verkaufsstellen, Lager und andere Handelsstätten, die den Charakter einer ständigen Geschäftseinrichtung haben | Bergwerk, Steinbruch oder andere Stätte zur Ausbeutung von Bodenschätzen |
|---|---|---|---|---|---|---|---|
| 1 | Ägypten (VAR) | × | × | | | | × |
| 2 | Argentinien | × | × | | | | × |
| 3 | Australien | × | × | × | | | × |
| 4 | Bangladesch | × | × | × | | | × |
| 5 | Belgien | × | × | | | | × |
| 6 | Bolivien | ×[1] | × | | | | × |
| 7 | Brasilien | × | × | | | | × |
| 8 | Bulgarien | × | × | | | | × |
| 9 | China (Volksrepublik, ohne Hongkong) | × | × | | | | × |
| 10 | Dänemark | × | × | | | | × |
| 11 | Ecuador | ×[2] | × | | | | × |
| 12 | Elfenbeinküste | × | × | | | | × |
| 13 | Estland | × | × | | | | × |
| 14 | Finnland | × | × | | | | × |
| 15 | Frankreich | × | × | | | | × |
| 16 | Griechenland | × | × | | | | × |
| 17 | Großbritannien | × | × | | | | × |
| 18 | Indien | × | × | × | × | | × |
| 19 | Indonesien | × | × | | | | × |
| 20 | Iran | × | × | | | | × |
| 21 | Irland | × | × | | | | × |
| 22 | Island | × | × | | | | × |
| 23 | Israel | × | × | | | | × |
| 24 | Italien | ×[2] | × | | | × | |

1) Besonders erwähnt, dass die Geschäftseinrichtung der Erzielung von Einkommen dienen muss.

2) „Feste Geschäftseinrichtung, **in der** die Tätigkeit ... ausgeübt wird".

| Lfd. Nr. | DBA-Land | Als Betriebsstätte gelten: feste Geschäftseinrichtungen, durch die die Tätigkeit eines Unternehmens ganz oder teilweise ausgeübt wird | insbesondere: Ort der Leitung, Zweigniederlassung, Geschäftsstelle, Fabrikationsstätte, Werkstätte, (Ladengeschäft oder eine andere Verkaufseinrichtung) | Lagerhaus | Dauernde Verkaufsausstellung | Einkaufs- u. Verkaufsstellen, Lager und andere Handelsstätten, die den Charakter einer ständigen Geschäftseinrichtung haben | Bergwerk, Steinbruch oder andere Stätte zur Ausbeutung von Bodenschätzen |
|---|---|---|---|---|---|---|---|
| 25 | Jamaika | × | × | | | | × |
| 26 | Japan | × | × | | | | × |
| 27 | Jugoslawien[1] | × | × | | | | × |
| 28 | Kanada | × | × | | | | × |
| 29 | Kasachstan | × | × | | | | × |
| 30 | Kenia | × | × | | | | × |
| 31 | Korea (Rep.) | × | × | | | | × |
| 32 | Kuwait | × | × | | | | × |
| 33 | Lettland | × | × | | | | × |
| 34 | Liberia | × | × | | | | × |
| 35 | Litauen | × | × | | | | × |
| 36 | Luxemburg | × | × | | | | × |
| 37 | Malaysia | × | × | | | | × |
| 38 | Malta | × | × | | | | × |
| 39 | Marokko | × | × | | | | × |
| 40 | Mauritius | × | × | | | | × |
| 41 | Mexiko | × | × | | | | × |
| 42 | Mongolei | × | × | | | | × |
| 43 | Namibia | × | × | | | | × |
| 44 | Neuseeland | × | × | | | | × |
| 45 | Niederlande | × | × | | | | × |
| 46 | Norwegen | × | | | | | × |
| 47 | Österreich | ×[2] | × | × | × | | × |
| 48 | Pakistan | × | × | × | | | × |
| 49 | Philippinen | × | × | | | | × |
| 50 | Polen | × | × | | | | × |
| 51 | Portugal | × | × | | | | × |
| 52 | Rumänien | × | × | | | | × |
| 53 | Russische Föderation | × | × | | | | × |
| 54 | Sambia | × | × | | | | × |
| 55 | Schweden | × | × | | | | × |
| 56 | Schweiz | × | × | | | | × |
| 57 | Simbabwe | × | × | | | | × |

[1] Das DBA mit Jugoslawien vom 26. März 1987 gilt für die Republik Bosnien und Herzegowina, die Republik Kroatien, die Republik Slowenien, die Republik Mazedonien und die Bundesrepublik Jugoslawien bis auf weiteres fort.

[2] „**Ständige** Geschäftseinrichtung des gewerblichen Unternehmens, **in der** die Tätigkeit … ausgeübt wird".

| Lfd. Nr. | DBA-Land | Als Betriebsstätte gelten: feste Geschäftseinrichtungen, durch die die Tätigkeit eines Unternehmens ganz oder teilweise ausgeübt wird | insbesondere: | | | | |
|---|---|---|---|---|---|---|---|
| | | | Ort der Leitung, Zweigniederlassung, Geschäftsstelle, Fabrikationsstätte, Werkstätte, (Ladengeschäft oder eine andere Verkaufseinrichtung) | Lagerhaus | Dauernde Verkaufsausstellung | Einkaufs- u. Verkaufsstellen, Lager und andere Handelsstätten, die den Charakter einer ständigen Geschäftseinrichtung haben | Bergwerk, Steinbruch oder andere Stätte zur Ausbeutung von Bodenschätzen |
| 58 | Singapur | × | × | × | | | × |
| 59 | Spanien | × | × | | | | × |
| 60 | Sri Lanka | × | × | | | | × |
| 61 | Südafrika | × | × | | | | × |
| 62 | Thailand | × | × | | | | × |
| 63 | Trinidad u. Tobago | × | × | × | | | × |
| 64 | Tschechoslowakei[1] | × | × | | | | × |
| 65 | Türkei | ×[2] | × | | | | × |
| 66 | Tunesien | × | × | | | | × |
| 67 | UdSSR (außer Nrn. 53 und 68) | ×[3] | | | | | |
| 68 | Ukraine | × | × | | | | × |
| 69 | Ungarn | × | × | | | | × |
| 70 | Uruguay | ×[4] | × | | | | × |
| 71 | USA | ×[5] | × | | | | × |
| 72 | Venezuela | × | × | | | | × |
| 73 | Vereinigte Arabische Emirate | × | × | | | | |
| 74 | Vietnam | × | × | | | | × |
| 75 | Zypern | × | × | | | | × |

[1] Das DBA mit der Tschechoslowakischen Sozialistischen Republik vom 19. Dezember 1980 gilt sowohl für die Tschechische Republik als auch für die Slowakische Republik bis auf weiteres fort.

[2] „Feste Geschäftseinrichtung, **in der** die Tätigkeit ... ausgeübt wird".

[3] „Jede feste **Einrichtung**, durch die eine in einem Vertragsstaat ansässige Person ihre **Geschäftstätigkeit** im anderen Vertragsstaat ganz oder teilweise ausübt"; die Geschäftstätigkeit umfasst **unternehmerische** und **selbständige** Tätigkeit.

[4] Besonders erwähnt, dass die Geschäftseinrichtung der Erzielung von Einkommen dienen muss.

[5] Sonderbestimmung für Konzerte, Theater und sonstige künstlerische Veranstaltungen.

## Anlage II: Bauausführungen und Montagen

| Lfd. Nr. | DBA-Land | Als Betriebsstätte gelten Bauausführungen und Montagen deren Dauer übersteigt: 3 Monate | 6 Monate | 183 Tage | 9 Monate | 12 Monate | Bau- und Montageüberwachung als Betriebsstätte |
|---|---|---|---|---|---|---|---|
| 1 | Ägypten (VAR) | | × | | | | × |
| 2 | Argentinien | | × | | | | |
| 3 | Australien | | × | | | | × |
| 4 | Bangladesch | | | × | | | |
| 5 | Belgien | | | | × | | |
| 6 | Bolivien | | × | | | | |
| 7 | Brasilien | | | | | × | |
| 8 | Bulgarien | | | | | × | |
| 9 | China (Volksrepublik, ohne Hongkong) | | × | | | | × |
| 10 | Dänemark | | | | | × | |
| 11 | Ecuador | | | | | × | |
| 12 | Elfenbeinküste | | × | | | | |
| 13 | Estland | | | | × | | |
| 14 | Finnland | | | | | × | |
| 15 | Frankreich | | | | | × | |
| 16 | Griechenland | | | | | × | |
| 17 | Großbritannien | | | | | × | |
| 18 | Indien | | × | | | | |
| 19 | Indonesien | | × | | | | |
| 20 | Iran | | × | | | | |
| 21 | Irland | | | | | × | |
| 22 | Island | | | | | × | |
| 23 | Israel | | | | | × | |
| 24 | Italien | | | | | | |
| 25 | Jamaika | | × | | | | |
| 26 | Japan | | | | | × | |
| 27 | Jugoslawien[1)] | | | | | × | |
| 28 | Kanada | | | | | × | |
| 29 | Kasachstan | | | | | × | |
| 30 | Kenia | | × | | | | × |
| 31 | Korea (Rep.) | | × | | | | × |
| 32 | Kuwait | | | | × | | |
| 33 | Lettland | | | | × | | |
| 34 | Liberia | | × | | | | |
| 35 | Litauen | | | | × | | |
| 36 | Luxemburg | | × | | | | |
| 37 | Malaysia | | × | | | | × |

[1)] Das DBA mit Jugoslawien vom 26. März 1987 gilt für die Republik Bosnien und Herzegowina, die Republik Kroatien, die Republik Slowenien, die Republik Mazedonien und die Bundesrepublik Jugoslawien bis auf weiteres fort.

Als Betriebsstätte gelten Bauausführungen und Montagen

| Lfd. Nr. | DBA-Land | deren Dauer übersteigt: 3 Monate | 6 Monate | 183 Tage | 9 Monate | 12 Monate | Bau- und Montageüberwachung als Betriebsstätte |
|---|---|---|---|---|---|---|---|
| 38 | Malta | | | | | × | |
| 39 | Marokko | | × | | | | |
| 40 | Mauritius | | × | | | | |
| 41 | Mexiko | | × | | | | × |
| 42 | Mongolei | | × | | | | |
| 43 | Namibia | | × | | | | |
| 44 | Neuseeland | | | | | × | × |
| 45 | Niederlande | | | | | × | |
| 46 | Norwegen | | | | | × | × |
| 47 | Österreich | | | | | × | |
| 48 | Pakistan | | × | | | | |
| 49 | Philippinen | | × | | | | × |
| 50 | Polen | | | | | × | |
| 51 | Portugal | | × | | | | |
| 52 | Rumänien | | | | | × | |
| 53 | Russische Föderation | | | | | × | |
| 54 | Sambia | | | | × | | × |
| 55 | Schweden | | | | | × | |
| 56 | Schweiz | | | | | × | |
| 57 | Simbabwe | | × | | | | |
| 58 | Singapur | | × | | | | × |
| 59 | Spanien | | | | | × | |
| 60 | Sri Lanka | | | × | | | |
| 61 | Südafrika | | | | | × | |
| 62 | Thailand | × | × | | | | |
| 63 | Trinidad u. Tobago | | × | | | | |
| 64 | Tschechoslowakei[1] | | | | | × | |
| 65 | Türkei | | × | | | | × |
| 66 | Tunesien | | × | | | | × |
| 67 | UdSSR (außer Nrn. 53 und 68) | | | | | × | |
| 68 | Ukraine | | | | | × | |
| 69 | Ungarn | | | | | × | |
| 70 | Uruguay | | | | | × | |
| 71 | USA | | | | | × | |
| 72 | Venezuela | | × | | | | |
| 73 | Vereinigte Arabische Emirate | | | | × | | |
| 74 | Vietnam | | × | | | | |
| 75 | Zypern | | × | | | | × |

[1] Das DBA mit der Tschechoslowakischen Sozialistischen Republik vom 19. Dezember 1980 gilt sowohl für die Tschechische Republik als auch für die Slowakische Republik bis auf weiteres fort.

## Anlage III: Ständiger Vertreter

| | | Als Betriebsstätte gelten (Vertreter o. Angestellte ausländ. Unternehmen mit Ausnahme von Maklern, Kommissionären o. and. unabh. Vertretern, die i. R. ihrer ordentl. Geschäftstätigk. f. d. Untern. tätig werden) | | | Sonstige | |
|---|---|---|---|---|---|---|
| Lfd. Nr. | DBA-Land | Personen, die eine Vollmacht besitzen, im Namen d. Untern. Verträge abzuschließen u. d. Vollmacht gewöhnl. ausüben, es sei denn, dass sich ihre Tätigkeit auf den Einkauf von Gütern o. Waren f. d. Unternehmen beschränkt | Personen, die einen dem Unternehmen gehörenden Warenbestand unterhalten, von dem aus sie regelmäßig Bestellungen f. d. Unternehmen ausführen | Besondere Fälle | Vertreter von Versicherungsgesellschaften | Feste Geschäftseinricht. o. Vertrt. f. e. Einkauf v. Erzeugn. d. Landw. oder Viehzucht |
| 1 | Ägypten (VAR) | × | × | | | |
| 2 | Argentinien | × | | | | × |
| 3 | Australien | × | | × | | |
| 4 | Bangladesch | × | × | × | | |
| 5 | Belgien | × | | | × | |
| 6 | Bolivien | × | | | | |
| 7 | Brasilien | × | | | × | |
| 8 | Bulgarien | × | | | | |
| 9 | China (Volksrepublik, ohne Hongkong) | × | | | | |
| 10 | Dänemark | × | | | | |
| 11 | Ecuador | × | | | | |
| 12 | Elfenbeinküste | × | | | | |
| 13 | Estland | × | | | | |
| 14 | Finnland | × | | | | |
| 15 | Frankreich | × | | | × | |
| 16 | Griechenland | × | | | | |
| 17 | Großbritannien | × | | | | |
| 18 | Indien | × | × | × | | |
| 19 | Indonesien | × | × | | | |
| 20 | Iran | × | | | | |
| 21 | Irland | × | | | | |
| 22 | Island | × | | | | |
| 23 | Israel | × | | | | |
| 24 | Italien | × | | | | |
| 25 | Jamaika | × | × | | | |
| 26 | Japan | × | | | | |
| 27 | Jugoslawien[1] | × | | | | |

[1] Das DBA mit Jugoslawien vom 26. März 1987 gilt für die Republik Bosnien und Herzegowina, die Republik Kroatien, die Republik Slowenien, die Republik Mazedonien und die Bundesrepublik Jugoslawien bis auf weiteres fort.

| | | Als Betriebsstätte gelten (Vertreter o. Angestellte ausländ. Unternehmen mit Ausnahme von Maklern, Kommissionären o. and. unabh. Vertretern, die i. R. ihrer ordentl. Geschäftstätigk. f. d. Untern. tätig werden) | | | Sonstige | |
|---|---|---|---|---|---|---|
| Lfd. Nr. | DBA-Land | Personen, die eine Vollmacht besitzen, im Namen d. Untern. Verträge abzuschließen u. d. Vollmacht gewöhnl. ausüben, es sei denn, dass sich ihre Tätigkeit auf den Einkauf von Gütern o. Waren f. d. Unternehmen beschränkt | Personen, die einen dem Unternehmen gehörenden Warenbestand unterhalten, von dem aus sie regelmäßig Bestellungen f. d. Unternehmen ausführen | Besondere Fälle | Vertreter von Versicherungsgesellschaften | Feste Geschäftseinricht. o. Vertrt. f. e. Einkauf v. Erzeugn. d. Landw. oder Viehzucht |
| 28 | Kanada | × | | | | |
| 29 | Kasachstan | × | | | | |
| 30 | Kenia | × | × | | | |
| 31 | Korea (Rep.) | × | × | | | |
| 32 | Kuwait | × | | | | |
| 33 | Lettland | × | | | | |
| 34 | Liberia | × | × | | | |
| 35 | Litauen | × | | | | |
| 36 | Luxemburg | × | | | | |
| 37 | Malaysia | × | | | | |
| 38 | Malta | × | | | | |
| 39 | Marokko | × | | | | |
| 40 | Mauritius | × | × | | | |
| 41 | Mexiko | × | | | × | |
| 42 | Mongolei | × | | | | |
| 43 | Namibia | × | | | | |
| 44 | Neuseeland | × | | | | |
| 45 | Niederlande | × | | | | |
| 46 | Norwegen | × | | | | |
| 47 | Österreich | × | × | × | | |
| 48 | Pakistan | × | × | | | |
| 49 | Philippinen | × | × | | | |
| 50 | Polen | × | | | | |
| 51 | Portugal | × | | | | |
| 52 | Rumänien | × | | | | |
| 53 | Russische Föderation | × | | | | |
| 54 | Sambia | × | | | | |
| 55 | Schweden | × | | | | |
| 56 | Schweiz | × | | | | |
| 57 | Simbabwe | × | | | | |
| 58 | Singapur | × | × | | | |
| 59 | Spanien | × | | | | |
| 60 | Sri Lanka | × | | | | |
| 61 | Südafrika | × | | | | |
| 62 | Thailand | × | × | × | | |

| | | Als Betriebsstätte gelten (Vertreter o. Angestellte ausländ. Unternehmen mit Ausnahme von Maklern, Kommissionären o. and. unabh. Vertretern, die i. R. ihrer ordentl. Geschäftstätigk. f. d. Untern. tätig werden) | | | Sonstige | |
|---|---|---|---|---|---|---|
| Lfd. Nr. | DBA-Land | Personen, die eine Vollmacht besitzen, im Namen d. Untern. Verträge abzuschließen u. d. Vollmacht gewöhnl. ausüben, es sei denn, dass sich ihre Tätigkeit auf den Einkauf von Gütern o. Waren f. d. Unternehmen beschränkt | Personen, die einen dem Unternehmen gehörenden Warenbestand unterhalten, von dem aus sie regelmäßig Bestellungen f. d. Unternehmen ausführen | Besondere Fälle | Vertreter von Versicherungsgesellschaften | Feste Geschäftseinricht. o. Vertrt. f. e. Einkauf v. Erzeugn. d. Landw. oder Viehzucht |
| 63 | Trinidad u. Tobago | × | × | | | |
| 64 | Tschechoslowakei[1] | × | | | | |
| 65 | Türkei | × | × | × | | |
| 66 | Tunesien | × | | | × | |
| 67 | UdSSR (außer Nrn. 53 und 68) | × | | | | |
| 68 | Ukraine | × | × | | | |
| 69 | Ungarn | × | | | | |
| 70 | Uruguay | × | | | | |
| 71 | USA | × | | | | |
| 72 | Venezuela | × | | | | |
| 73 | Vereinigte Arabische Emirate | × | | | | |
| 74 | Vietnam | × | | | | |
| 75 | Zypern | × | | | | |

[1] Das DBA mit der Tschechoslowakischen Sozialistischen Republik vom 19. Dezember 1980 gilt sowohl für die Tschechische Republik als auch für die Slowakische Republik bis auf weiteres fort.

## Anlage IV: Nicht als Betriebsstätten geltende Einrichtungen

| Lfd. Nr. | DBA-Land | Einrichtungen, d. ausschl. z. Lagerung, Ausstellung o. Auslieferung v. Waren d. Unternehmens benutzt werden | Bestände d. Unternehmens, die ausschließlich | | Feste Geschäftseinrichtung, d. ausschließlich z. d. Zweck unterhalten wird f. d. Unternehmen | | |
|---|---|---|---|---|---|---|---|
| | | | z. Lagerung, Ausstellung o. Auslieferung unterhalten werden | z. d. Zweck unterhalten werden, durch ein anderes Untern. bearbeitet o. verarbeitet zu werden | Güter o. Waren einzukaufen o. Informationen zu beschaffen | z. werben, Informationen z. erteilen, wissenschaftliche Forschung zu betreiben o. ä. Tätigkeiten auszuüben, d. vorber. Art sind oder eine Hilfstätigkeit darstellen | Besondere Fälle |
| 1 | Ägypten (VAR) | × | × | | × | × | |
| 2 | Argentinien | × | × | × | × | × | |
| 3 | Australien | × | × | × | × | × | |
| 4 | Bangladesch | × | × | × | × | × | |
| 5 | Belgien | × | × | × | × | × | |
| 6 | Bolivien | × | × | × | × | × | |
| 7 | Brasilien | × | × | × | × | × | |
| 8 | Bulgarien | × | × | × | × | × | × |
| 9 | China (Volksrepublik, ohne Hongkong) | × | × | × | × | × | |
| 10 | Dänemark | × | × | × | × | × | |
| 11 | Ecuador | × | × | × | × | × | |
| 12 | Elfenbeinküste | × | × | × | | × | |
| 13 | Estland | × | × | × | × | × | |
| 14 | Finnland | × | × | × | × | × | |
| 15 | Frankreich | × | × | × | × | × | |
| 16 | Griechenland | × | × | × | × | × | |
| 17 | Großbritannien | × | × | × | × | × | |
| 18 | Indien | × | × | × | × | × | |
| 19 | Indonesien | × | × | × | × | × | |
| 20 | Iran | × | × | × | × | × | |
| 21 | Irland | × | × | × | × | × | |
| 22 | Island | × | × | × | × | × | |
| 23 | Israel | × | × | × | × | × | |
| 24 | Italien | × | × | × | × | × | |
| 25 | Jamaika | × | × | × | × | × | |
| 26 | Japan | × | × | × | × | × | |

| Lfd. Nr. | DBA-Land | Einrichtungen, d. ausschl. z. Lagerung, Ausstellung o. Auslieferung v. Waren d. Unternehmens benutzt werden | Bestände d. Unternehmens, die ausschließlich | | Feste Geschäftseinrichtung, d. ausschließlich z. d. Zweck unterhalten wird f. d. Unternehmen | | |
|---|---|---|---|---|---|---|---|
| | | | z. Lagerung, Ausstellung o. Auslieferung unterhalten werden | z. d. Zweck unterhalten werden, durch ein anderes Untern. bearbeitet o. verarbeitet zu werden | Güter o. Waren einzukaufen o. Informationen zu beschaffen | z. werben, Informationen z. erteilen, wissenschaftliche Forschung zu betreiben o. ä. Tätigkeiten auszuüben, d. vorber. Art sind oder eine Hilfstätigkeit darstellen | Besondere Fälle |
| 27 | Jugoslawien [1] | × | × | × | × | × | |
| 28 | Kasachstan | × | × | × | × | × | |
| 29 | Kanada | × | × | × | × | × | |
| 30 | Kenia | × | × | × | × | × | |
| 31 | Korea (Rep.) | × | × | × | × | × | |
| 32 | Kuwait | × | × | × | × | | |
| 33 | Lettland | × | × | × | × | × | |
| 34 | Liberia | × | × | × | × | × | |
| 35 | Litauen | × | × | × | × | × | |
| 36 | Luxemburg | × | × | × | × | × | |
| 37 | Malaysia | × | × | × | × | × | |
| 38 | Malta | × | × | × | × | × | |
| 39 | Marokko | × | × | × | × | × | |
| 40 | Mauritius | × | × | × | × | × | |
| 41 | Mexiko | × | × | × | × | × | × |
| 42 | Mongolei | × | × | × | × | | × |
| 43 | Namibia | × | × | × | × | | |
| 44 | Neuseeland | × | × | × | × | × | |
| 45 | Niederlande | × | × | × | × | × | |
| 46 | Norwegen | × | × | × | × | × | |
| 47 | Österreich | | | | × | | × |
| 48 | Pakistan | × | × | × | × | | |
| 49 | Philippinen | × | × | × | × | × | |
| 50 | Polen | × | × | × | × | × | |
| 51 | Portugal | × | × | × | × | × | |
| 52 | Rumänien | × | | × | × | × | |
| 53 | Russische Föderation | × | × | × | × | | |
| 54 | Sambia | × | × | × | × | × | |

[1] Das DBA mit Jugoslawien vom 26. März 1987 gilt für die Republik Bosnien und Herzegowina, die Republik Kroatien, die Republik Slowenien, die Republik Mazedonien und die Bundesrepublik Jugoslawien bis auf weiteres fort.

| Lfd. Nr. | DBA-Land | Einrichtungen, d. ausschl. z. Lagerung, Ausstellung o. Auslieferung v. Waren d. Unternehmens benutzt werden | Bestände d. Unternehmens, die ausschließlich | | Feste Geschäftseinrichtung, d. ausschließlich z. d. Zweck unterhalten wird f. d. Unternehmen | | |
|---|---|---|---|---|---|---|---|
| | | | z. Lagerung, Ausstellung o. Auslieferung unterhalten werden | z. d. Zweck unterhalten werden, durch ein anderes Untern. bearbeitet o. verarbeitet zu werden | Güter o. Waren einzukaufen o. Informationen zu beschaffen | z. werben, Informationen z. erteilen, wissenschaftliche Forschung zu betreiben o. ä. Tätigkeiten auszuüben, d. vorber. Art sind oder eine Hilfstätigkeit darstellen | Besondere Fälle |
| 55 | Schweden | × | × | × | × | × | |
| 56 | Schweiz | × | × | × | × | × | |
| 57 | Simbabwe | × | × | × | × | | |
| 58 | Singapur | × | × | × | × | × | |
| 59 | Spanien | × | × | × | × | × | |
| 60 | Sri Lanka | × | × | × | × | × | |
| 61 | Südafrika | × | × | × | × | × | |
| 62 | Thailand | × | × | × | × | × | |
| 63 | Trinidad u. Tobago | × | × | × | × | × | |
| 64 | Tschechoslowakei[1] | × | × | × | × | × | |
| 65 | Türkei | × | × | × | × | | |
| 66 | Tunesien | × | × | × | × | × | |
| 67 | UdSSR (außer Nrn. 53 und 68) | × | × | × | × | × | |
| 68 | Ukraine | × | × | × | × | | |
| 69 | Ungarn | × | × | × | × | × | |
| 70 | Uruguay | × | × | × | × | × | |
| 71 | USA | × | × | × | × | × | |
| 72 | Venezuela | × | × | × | × | | |
| 73 | Vereinigte Arabische Emirate | × | × | × | × | | |
| 74 | Vietnam | × | × | × | × | | |
| 75 | Zypern | × | × | × | × | × | |

[1] Das DBA mit der Tschechoslowakischen Sozialistischen Republik vom 19. Dezember 1980 gilt sowohl für die Tschechische Republik als auch für die Slowakische Republik bis auf weiteres fort.

## Tabelle 1: Rechtsformen internationaler Unternehmen (außer Osteuropa)

| Staat | Abk. | Rechtsform | Vergleichbar mit |
|---|---|---|---|
| Argentinien | | Sociedad de responsabilidad limitada | GmbH |
| | | Sociedad Anónima | AG |
| | | Sociedad en comandita por acciones | KGaA |
| | | Sociedad en comandita | KG |
| | | Sociedad colectiva | OHG |
| | | Sociedad cooperativa | Gen. |
| | | Sociedad accidental o en participación | Keine vergleichbare Gesellschaftsform |
| Australien | Pty Ltd | Proprietary limited Company | GmbH |
| | PC Ltd | Public Company limited by shares | AG |
| | | Limited Partnership | KG |
| | | Partnership | OHG |
| Belgien | SPRL oder BVBA | Société privée a responsabilité limitée oder Besloten vennootschap met beperkte aansprakelijkheid | GmbH |
| | SPRLU | Société d'une personne a responsabilité limitée | Einmann-GmbH |
| | S. A. oder N. V. | Société anonyme oder Naamloze Vennootschap | AG |
| | | Société Coopérative oder Kooperative Vennootschap | Keine vergleichbare Gesellschaftsform |
| | | Société en commandite par actions | KGaA |
| | | Société en commandite simple oder Kommanditaire Vennootschap | KG |
| | | Société en nom collectif | OHG |
| Brasilien | Ltda | Sociedade por Quotas de Responsabilidade Limitada | GmbH |
| | SA | Sociedade Anonima | AG |
| | Compania aberta | Sociedade Anomina de Capital Aberta | offene AG |
| | Compania fechada | Sociedade Anonima de Capital Fechada | geschl. AG |
| | | Sociedade em Comandita | KG |
| | | Sociedade em Nome Colectivo | OHG |
| | | Sociedade em Conta de Participacao | Stille Gesellschaft |
| Dänemark | Aps | Anpartsselskab | GmbH |
| | A/S | Aktieslskab | AG |
| | K/S | Kommanditselskab | KG |
| | | Kommanditselskab (mit AG als Kommanditist) | KGaA |
| | I/S | Interessentskab | OHG |
| | AmbA | Andelsselskab | eingetr. Genossenschaft mbH |

| Staat | Abk. | Rechtsform | Vergleichbar mit |
|---|---|---|---|
| Finnland | OY | Osakeyhtiö | AG |
| | | Kommandittiyhiö | KG |
| | | Avoin Ightiö | OHG |
| | | Osuuskunta | Genossenschaft |
| Frankreich | SARL | Société de responsabilité limitée | GmbH |
| | SA | Société anonyme | AG |
| | | Société en commandite simple | KG |
| | | Société en commandite par actions | KGaA |
| | SNC | Société en nom collectif | OHG |
| | GIE | Groupement d' intérêt économique | ARGE |
| | | Société coopérative | Genossenschaft |
| | SP | Société en participation | Stille Gesellschaft |
| | SC | Société civile | GbR |
| | | Société crée de fait | Keine vergleichbare Gesellschaftsform |
| | EURL | Entreprise unipersonnelle a responsabilité limitée | Einmann-GmbH |
| Griechenland | EPE | Etairia periorismenis evthinis | GmbH |
| | AG | Anonynos Etairia | AG |
| | EE | Eterrorrythmos | KG |
| | O.E. | Omorrythmos | OHG |
| Großbritannien | Ltd. | Private company limited by shares | GmbH |
| | Plc | Public company limited by shares | AG |
| | | Limited Partnership | KG |
| | | Partnership | OHG |
| | | (Private)Unlimited company | KapGes |
| | | Cooperative society | Genossenschaft |
| | | Company limited by guarantee | Gemein. Körperschaft |
| | | Statuary company | Keine vergleichbare Gesellschaftsform |
| Irland | PrC | Private Company limited by shares | GmbH |
| | PLC | Public Company limited by shares | AG |
| | Ltd. | Limited Partnership | KG |
| | | Partnership | OHG |
| | | Cooperative Society | Genossenschaft |
| | | Company limited by Guarantees | Gemein. Körperschaft |
| | | Statuary Company | Keine vergleichbare Gesellschaftsform |
| | | Chartered Company | |
| | | Oversea Company | |
| | | Unlimited Company | KapGes. |
| Italien | S. r. l. | Società a responsabilità limitata | GmbH |
| | S. p. A. | Società per azioni | AG |
| | S. a. | Società a accomandita | KG |
| | S. u. p. a. | Società a accomandita per azioni | KGaA |
| Japan | | Mitsubishi Kaisha | GmbH |
| | | Kabushiki Kaisha | AG |
| | | Goshi Kaisha | KG |

| Staat | Abk. | Rechtsform | Vergleichbar mit |
|---|---|---|---|
| | | Gomai Kaisha | OHG |
| Kanada | Ltd. Inc. od. and. | Corporation | AG |
| | | Limited Partnership | KG |
| | | General Partnership | OHG |
| Liechtenstein | GmbH | Gesellschaft mit beschränkter Haftung | GmbH |
| | AG | Aktiengesellschaft | AG |
| | | Anstalt | jur. Person |
| | | Stiftung | |
| | | Treuunternehmen | |
| Luxemburg | S. a. r. l. | Société a responsabilite limitée | GmbH |
| | S. A. | Société anonyme | AG |
| | | Société en commandite | KG |
| | | Société en commandite par actions | KGaA |
| Niederlande | BV | Besloten Vennootschap met beperkte aansprakelijkheid | GmbH |
| | NV | Naamloze Vennootschap | AG |
| | CVoA | Commanditaire Vennootschap op Andelen | KGaA |
| | CV | Commanditaire Vennootschap | KG |
| | VoF | Vennootschap onder Firma | OHG |
| Österreich | GmbH oder Ges. m. b.H. | Gesellschaft mit beschränkter Haftung | GmbH |
| | AG | Aktiengesellschaft | AG |
| | KG | Kommanditgesellschaft | KG |
| | OHG | Offene Handelsgesellschaft | OHG |
| Portugal | L.da | sociedade por quontas (Firmenzusatz: sociedade com responsabilidade limitada oder limitada – lda) | GmbH |
| | EIRL | estabelecimento mercantil individual de responsabilidade limitada | Einzelhandelsunternehmen mit beschr. Haftung |
| | S. A. (SARL) | sociedade anonima (sociedade anonima responsabilidade limitada) | AG |
| | | sociedade em comandita | KG |
| | | sociedade em nome colectivo | OHG |
| | | sociedade civil | GbR |
| | | parcarias maritimas | Partenreederei |
| Schweden | AB | Aktiebolag | AG |
| | | Handelsbolag | OHG |
| | | Kommanditbolag | KG |
| | | Enkeltbolag | GbR |
| | | Enskild Firma | Einzelkaufmann |
| | | Kreditavtel med delta gande vid vinst och forlust | Stille Gesellschaft |
| Schweiz | GmbH | Gesellschaft mit beschränkter Haftung | GmbH |

| Staat | Abk. | Rechtsform | Vergleichbar mit |
|---|---|---|---|
| | AG/SA | Aktiengesellschaft | AG |
| | | Kommanditaktiengesellschaft | KGaA |
| | KG | Kommanditgesellschaft | KG |
| | | Einfache Gesellschaft | GbR |
| | | Genossenschaft | Genossenschaft |
| Singapur | | Private Company Limited by Shares (als Private oder Public Company möglich) | GmbH |
| | | Company Limited by Guarantee Unlimited Company | |
| | | Limited Partnership | KG |
| | | Partnership | OHG |
| Spanien | SRL | Sociedad de Responsabilidad Limitada (Sociedad Limitada) | GmbH |
| | SA | Sociedad Anonima | AG |
| | SC | Sociedad en Comandita | KG |
| | SrC | Sociedad Regular Colectiva Compania | OHG |
| | | Sociedad commanditaria por acciones | KGaA |
| Südafrika | (Pty) Ltd | Private oder Propriety Company (Limited by shares) | GmbH |
| | Ltd oder BpK | Public Company (Limited by shares) | AG |
| | | Company limited by Guarantee | Mitunternehmerschaft |
| | | Partnership | OHG |
| Türkei | A. S. | Anonim Sirket | AG |
| | | Limited Sirket | GmbH |
| | Kol.SrK. | Kollektiv Sirket | OHG |
| | Kom.SrK. | Komandit Sirket | KG |
| | | Hisseli Komandit Sirket | KGaA |
| USA | Corp.<br>Inc. Ltd. | Business Corparation (Public Corporation, Close Corporation) | AG |
| | JSA | Joint Stock Association (Company) | Mischform KapGes. PersGes. |
| | | Limited Partnership | KG |
| | | General Partnership | OHG |
| | | Unincorporated Joint Venture | Gelegenh.Ges.: GbR |
| | | Business Trust | keine vergleichbare Ges.-Form |
| | PTLP | Public Traded Limited | KG mit Börsenzulassung (Kap.Ges.) |

## Tabelle 2: Rechtsformen osteuropäischer Unternehmen

| Staat und Rechtsform | Abk. | Vergleichbare Rechtsform |
|---|---|---|
| Polen | | |
| 1. Spólka Akcyjna | S. A. | AG |
| 2. Spólka z ograniczona odpowiedzialnoscia | Sp. z. o.o. | GmbH |
| 3. Spólka komandytowa | S. K. | KG |
| 4. Spólka prawa cywilnego (Spolka cywilna) | S. c. | GbR |
| 5. Spólka handlowa jawna | | OHG |
| Tschechische/Slowakische Republik | | |
| 1. Spolecnost s rucen im, omezenim oder s rucenim omezenim | spol.s.r.o. | GmbH |
| 2. Akiová spulecnost | a.s. | AG |
| 3. Verejná obchodni spolecnost | ver.obch.spol. oder v. o. s. | OHG |
| 4. Komanditni spolecnost | kom.spol. oder k.s. | KG |
| Ungarn | | |
| 1. Részvénytársaság | rt | AG |
| 2. Korlátolt felelözségü társaság | kft | GmbH |
| 3. Közkereseti társaság | kkt | OGH |
| 4. Betéti társaság | bt | KG |
| 5. Ipari Szövetkezet | keine Abkürzung | Industriegenossenschaften |
| Bulgarien | | |
| 1. Zabiratelno drushestwo | | OHG |
| 2. Komanditno drushestwo | KD | KG |
| 3. Drushestwo s organitschena otgowornost | ocD | GmbH |
| 4. Aktionierno drushestwo | AD | AG |
| 5. Komanditno drushestwo s. akzii | KDA | KGaA |
| Kroatien | | |
| 1. Akzomarskoje Obtschestwo | | AG |
| 2. Obtschestwo oder Organisazia za Organitschenom otgowomosti | | GmbH |
| Slowenien (ab dem 10. Juni 1993): | | |
| 1. Delniska druzba | d.d. | AG |
| 2. Druz z omejeno odgovornostjo | d.o.o. | GmbH |
| 3. Komanditna druzba | k.d. | KG |
| 4. Komanditna delniska druzba | k.d.d. | KGaA |
| 5. Tilna druzba | t.d. | Stille Gesell. |
| 6. Gospordarsko interesno zdruzenje | g.i.z. | Entspricht der franz.wirtsch. Interessenvereinigung |
| 7. Druzba z neomenjeno odgovornostjo | d.n.o. | OHG |

| Staat und Rechtsform | Abk. | Vergleichbare Rechtsform |
|---|---|---|
| Rumänien | | |
| 1. societate pe actiuni | S.A. | AG |
| 2. societate cu raspundere limitada | S.R.L. | GmbH |
| 3. societate in comandita simpla | S.C.S. | KG |
| 4. societate in nume colectiv | S.N.C. | OHG |
| 5. societate in comandita pe actiuni | S.C.A. | KGaA |

# 800 § 30/1. Schreiben betr. Datenschutz im Steuerverwaltungsverfahren seit dem 25. Mai 2018; Neuregelungen durch die Datenschutz-Grundverordnung und Änderungen der AO durch das Gesetz zur Änderung des Bundesversorgungsgesetzes und anderer Vorschriften vom 17. Juli 2017

Vom 13. Januar 2020

BMF IV A 3 - S 0130/19/10017 :004; DOK 2019/1129406

(BStBl. I S. 143)

Geändert durch BMF v. 17. 6. 2021 (BStBl. I S. 809)

**1 Anlage**

Seit dem 25. Mai 2018 ist die Verordnung (EU) 2016/679 des Europäischen Parlaments und des Rates vom 27. April 2016 zum Schutz natürlicher Personen bei der Verarbeitung personenbezogener Daten, zum freien Datenverkehr und zur Aufhebung der Richtlinie 95/46/EG (Datenschutz-Grundverordnung) (ABl. L 119 vom 4. Mai 2016, S. 1; L 314 vom 22. November 2016, S. 72) – im Folgenden: DSGVO – unmittelbar geltendes Recht in allen Mitgliedstaaten der Europäischen Union. Ziel der DSGVO ist ein gleichwertiges Schutzniveau für die Rechte und Freiheiten von natürlichen Personen bei der Verarbeitung von Daten in allen Mitgliedstaaten.

**Inhaltsverzeichnis**

## I. Anwendungsbereich der DSGVO und der Datenschutzvorschriften der AO sowie der Steuergesetze

### 1. Unmittelbare Anwendung der DSGVO

Die DSGVO gilt in ihrem Anwendungsbereich (vgl. Art. 2 DSGVO) unmittelbar. Dies bedeutet, dass ihre Regelungen in den Mitgliedstaaten der EU verbindlich sind, ohne dass es einer nationalen Umsetzung bedarf. Sie gehen nationalen Rechtsvorschriften vor. Dies ergibt sich aus Art. 288 des Vertrages über die Arbeitsweise der Europäischen Union (AEUV). Darin heißt es: „Die Verordnung hat allgemeine Geltung. Sie ist in allen ihren Teilen verbindlich und gilt unmittelbar in jedem Mitgliedstaat." Dies ist in § 2 a Abs. 3 AO nochmals ausdrücklich als Hinweis aufgenommen worden (Anwendungsvorrang). Die Regelungen der DSGVO dürfen im nationalen Recht grundsätzlich nicht wiederholt werden (Wiederholungsverbot). 1

Die Regelungen der DSGVO sind auch im Verwaltungsverfahren in Steuersachen nach der AO unmittelbar anzuwenden. Sie gelten damit insbesondere für 2
- Bundesfinanzbehörden, soweit sie bundesgesetzlich geregelte Steuern verwalten (§ 1 Abs. 1 Satz 1 AO) oder den grenzüberschreitenden Warenverkehr überwachen (§ 2 a Abs. 2 AO),
- Landesfinanzbehörden, soweit sie bundesgesetzlich geregelte Steuern verwalten (§ 1 Abs. 1 Satz 1 AO) und
- Gemeinden, soweit sie Realsteuern verwalten (§ 1 Abs. 2 Nr. 1 AO).

Zum Verwaltungsverfahren in Steuersachen nach der AO gehören insbesondere die Ermittlung der Steuerpflichtigen und der steuerrelevanten Sachverhalte (ggf. auch im Rahmen einer Außenprüfung, Lohnsteuer-Außenprüfung, Umsatzsteuer-Sonderprüfung, Lohnsteuer-Nachschau, Umsatzsteuer-Nachschau oder Kassen-Nachschau), die Festsetzung und Erhebung von Steuern, Steuervergütungen und steuerlichen Nebenleistungen einschließlich der Vollstreckung dieser Ansprüche, die Inanspruchnahme von Haftungsschuldnern sowie das außergerichtliche Rechtsbehelfsverfahren. 3

Die AO und die Steuergesetze enthalten ergänzende bereichsspezifische Regelungen zur Rechtmäßigkeit der Verarbeitung und Weiterverarbeitung personenbezogener Daten durch Finanzbehörden sowie andere öffentliche oder nicht-öffentliche Stellen (vgl. § 2 a Abs. 1 Satz 1 AO). Außerdem enthält die AO Beschränkungen der Rechte der Betroffenen nach Kapitel III der DSGVO (siehe Rn. 29 ff.). 4

Die Regelungen des BDSG gelten für Finanzbehörden im Anwendungsbereich der AO nur, soweit dies in der AO ausdrücklich bestimmt ist (§ 2 a Abs. 1 Satz 2 AO). Landesdatenschutzgesetze gelten im Anwendungsbereich der AO nicht. 5

### 2. Entsprechende Anwendung der DSGVO – § 2 a Abs. 5 AO

Die DSGVO gilt unmittelbar nur für personenbezogene Daten lebender natürlicher Personen. § 2 a Abs. 5 AO erweitert diesen Anwendungsbereich. Hiernach gelten die datenschutzrechtlichen Vorschriften der DSGVO, der AO und der Steuergesetze über die Verarbeitung personenbezogener Daten 6 (lebender) natürlicher Personen des Weiteren entsprechend für Informationen, die sich auf identifizierte oder identifizierbare (vgl. Rn. 9)

1. verstorbene natürliche Personen oder
2. Körperschaften, rechtsfähige oder nicht rechtsfähige Personenvereinigungen oder Vermögensmassen

beziehen.

Soweit die AO (z. B. in § 30 Abs. 2 AO) oder dieses Schreiben die Begriffe „personenbezogene Daten" oder „betroffene Person" verwendet, gelten die jeweiligen Bestimmungen somit auch für Informationen entsprechend, die sich auf eine verstorbene natürliche Person oder auf eine Körperschaft, rechtsfähige oder nicht rechtsfähige Personenvereinigung oder Vermögensmasse beziehen.

### 3. Keine Anwendung der DSGVO in Steuerstraf- und -bußgeldverfahren – § 2 a Abs. 4 AO

7 Die DSGVO gilt nicht für die Verarbeitung personenbezogener Daten zum Zweck der Verhütung, Ermittlung, Aufdeckung, Verfolgung oder Ahndung von Steuerstraftaten oder Steuerordnungswidrigkeiten (Art. 2 Abs. 2 Buchst. d DSGVO). Insoweit gelten die Vorschriften des Ersten und des Dritten Teils des BDSG, soweit gesetzlich nichts anderes bestimmt ist (§ 2 a Abs. 4 AO). Abweichende gesetzliche Regelungen können sich z. B. aus der AO, der StPO oder über § 1 Abs. 1 Nr. 2 BDSG aus den Landesdatenschutzgesetzen ergeben.

## II. Verarbeitung und Weiterverarbeitung personenbezogener Daten durch Finanzbehörden

### 1. Begriffsdefinitionen – Art. 4 und 9 Abs. 1 DSGVO

8 Soweit die AO oder die Steuergesetze Begriffe i. S. d. Art. 4 DSGVO verwenden (z. B. „personenbezogene Daten", „Verarbeitung", „Verantwortlicher" oder „Dateisystem"), sind die Legaldefinitionen der DSGVO verbindlich.

9 „Personenbezogene Daten" definiert Art. 4 Nr. 1 DSGVO als Informationen, die sich auf eine identifizierte oder identifizierbare (lebende) natürliche Person (= „betroffene Person") beziehen. Als identifizierbar wird eine natürliche Person angesehen, die direkt oder indirekt, insbesondere mittels Zuordnung zu einer Kennung wie einem Namen, zu einer Kennnummer, zu Standortdaten, zu einer Online-Kennung oder zu einem oder mehreren besonderen Merkmalen, die Ausdruck der physischen, physiologischen, genetischen, psychischen, wirtschaftlichen, kulturellen oder sozialen Identität dieser natürlichen Person sind, identifiziert werden kann.

10 „Besondere Kategorien personenbezogener Daten" definiert Art. 9 Abs. 1 DSGVO als Daten, aus denen die rassische und ethnische Herkunft, politische Meinungen, religiöse oder weltanschauliche Überzeugungen oder die Gewerkschaftszugehörigkeit hervorgeht, sowie genetische oder biometrische Daten zur eindeutigen Identifizierung einer natürlichen Person, Gesundheitsdaten oder Daten zum Sexualleben oder der sexuellen Orientierung einer natür-

lichen Person. Laut Erwägungsgrund 10 Satz 5 der DSGVO werden besondere Kategorien personenbezogener Daten auch als sensible Daten bezeichnet. Im Folgenden sollen diese Daten der besseren Lesbarkeit halber als „sensible Daten" bezeichnet werden.

Die „Verarbeitung personenbezogener Daten" ist der Oberbegriff und umfasst nach Art. 4 Nr. 2 DSGVO insbesondere folgende Vorgänge oder Vorgangsreihen: 11

– das Erheben (vgl. Rn. 12),
– das Erfassen,
– die Organisation,
– das Ordnen,
– die Speicherung,
– die Anpassung oder Veränderung,
– das Auslesen,
– das Abfragen,
– die Verwendung,
– die Offenlegung (vgl. Rn. 13),
– den Abgleich oder die Verknüpfung,
– die Einschränkung, das Löschen oder die Vernichtung.

Dabei ist es unbeachtlich, ob diese Verarbeitung mit Hilfe automatisierter Verfahren oder manuell ausgeführt werden.

Unter „Erheben" ist das Beschaffen von personenbezogenen Daten zu verstehen, wenn die erhebende Stelle Kenntnis von den personenbezogenen Daten oder Verfügungsmacht über die Daten erlangt, beispielweise durch die Steuererklärung, eine Auskunft nach § 93 AO, eine Außenprüfung, eine gesetzlich vorgeschriebene Anzeige/Mitteilung oder eine Recherche in Zeitungen oder in elektronischen Medien/Abrufverfahren. 12

Die „Offenlegung" kann durch Übermittlung, Verbreitung oder eine andere Form der Bereitstellung erfolgen. Sie umfasst jeden bewussten Vorgang, durch den personenbezogene Daten vom Bereich des Verantwortlichen in den Bereich eines Dritten gelangen können. Anlass, Zweck und Rechtsgrundlage des Offenlegens sind unerheblich. Der im Steuerrecht verwendete Begriff des Offenbarens i. S. d. § 30 AO ist eine Form des Offenlegens geschützter Daten i. S. d. Art. 4 Nr. 2 DSGVO (vgl. Nr. 3 des AEAO zu § 30). 13

„Verantwortlicher" ist nach Art. 4 Nr. 7 DSGVO die natürliche oder juristische Person, Behörde, Einrichtung oder andere Stelle, die allein oder gemeinsam mit anderen über die Zwecke und Mittel der Verarbeitung von personenbezogenen Daten entscheidet. Soweit im Folgenden die „verantwortliche Finanzbehörde" angesprochen wird, ist die Finanzbehörde gemeint, die jeweils über die Zwecke und Mittel der Verarbeitung von personenbezogenen Daten entscheidet. Im Regelfall ist dies die im Einzelfall sachlich und örtlich zuständige Finanzbehörde. Stellen, die nach § 20 Abs. 3 FVG technische Hilfstätigkeiten für die sachlich und örtlich zuständigen Finanzbehörden erbringen, sind nicht „Verantwortliche" i. S. d. Art. 4 Nr. 7 DSGVO, sondern „Auftragsverarbeiter" i. S. d. Art. 4 Nr. 8 DSGVO. In den Fällen des § 29 a AO bleibt also verantwortliche Finanzbehörde das örtlich zuständige Finanzamt und nicht das unterstützende Finanzamt. 14

## 2. Allgemeine Grundsätze für die Verarbeitung personenbezogener Daten – Art. 5 DSGVO

15 Art. 5 DSGVO bestimmt folgende Grundsätze für die Verarbeitung personenbezogener Daten:
- Rechtmäßigkeit,
- Verarbeitung nach Treu und Glauben,
- Transparenz,
- Zweckbindung,
- Datenminimierung,
- Richtigkeit,
- Speicherbegrenzung,
- Integrität und Vertraulichkeit sowie
- Rechenschaftspflicht des Verantwortlichen.

## 3. Zulässigkeit der Verarbeitung personenbezogener Daten durch Finanzbehörden – § 29 b AO

16 Die DSGVO ist gesetzestechnisch als „Verbot mit Erlaubnisvorbehalt“ konzipiert worden. Deswegen benötigen rechtmäßige Datenverarbeitungen immer eine Erlaubnis, andernfalls sind sie „datenschutzwidrig“ und damit rechtswidrig. Im öffentlichen Bereich (d. h. auch in Verwaltungsverfahren in Steuersachen nach der AO) ist die Verarbeitung personenbezogener Daten nur rechtmäßig, wenn die Verarbeitung
- zur Erfüllung einer rechtlichen Verpflichtung erforderlich ist, der der Verantwortliche unterliegt (Art. 6 Abs. 1 Satz 1 Buchst. c DSGVO), oder
- für die Wahrnehmung einer Aufgabe erforderlich ist, die im öffentlichen Interesse liegt oder in Ausübung öffentlicher Gewalt erfolgt, die dem Verantwortlichen übertragen wurde (Art. 6 Abs. 1 Satz 1 Buchst. e DSGVO).

17 Die Rechtsgrundlage für Verarbeitungen gem. Art. 6 Abs. 1 Satz 1 Buchst. c und e DSGVO muss durch Unionsrecht (z. B. EU-Verordnungen wie die Zusammenarbeitsverordnung – VO EU 904/2010) oder das Recht der Mitgliedstaaten, dem der Verantwortliche unterliegt, festgelegt sein (Art. 6 Abs. 3 Satz 1 DSGVO).

18 § 29 b Abs. 1 AO ist die nationale Rechtsgrundlage für die Verarbeitung personenbezogener Daten i. S. d. Art. 6 Abs. 3 Satz 1 DSGVO durch Finanzbehörden in Verwaltungsverfahren in Steuersachen nach der AO. Hiernach dürfen Finanzbehörden personenbezogene Daten verarbeiten, wenn dies zur Erfüllung der ihnen obliegenden Aufgaben oder in Ausübung öffentlicher Gewalt, die ihnen übertragen wurde, erforderlich ist. Die den Finanzbehörden obliegenden Aufgaben und öffentlich-rechtlichen Befugnisse ergeben sich aus der AO (vgl. § 85 AO) und den Steuergesetzen. Die Zulässigkeit der Verarbeitung personenbezogener Daten zu anderen Zwecken durch Finanzbehörden richtet sich nach § 29 c AO (siehe Rn. 23 ff.).

19 Sensible Daten (siehe Rn. 10) dürfen nur in den in Art. 9 Abs. 2 DSGVO genannten Fällen verarbeitet werden.

20 § 29 b Abs. 2 AO ist die nationale Rechtsgrundlage für die Verarbeitung sensibler Daten i. S. d. Art. 9 Abs. 2 Buchst. g DSGVO in Verwaltungsverfahren in Steuersachen nach der AO durch Finanzbehörden. Die Verarbeitung sensibler Daten durch eine Finanzbehörde ist hiernach zulässig, soweit die

Verarbeitung aus Gründen eines erheblichen öffentlichen Interesses erforderlich ist und soweit die Interessen des Verantwortlichen an der Datenverarbeitung die Interessen der betroffenen Person überwiegen. Ein erhebliches öffentliches Interesse liegt insbesondere vor, wenn Steuergesetze ausdrücklich an sensible Daten anknüpfen (sei es z. B. beim Abzug von Werbungskosten, Sonderausgaben oder außergewöhnlichen Belastungen).

In diesem Fall sind angemessene und spezifische Maßnahmen zur Wahrung der Interessen der betroffenen Person vorzusehen. § 22 Abs. 2 Satz 2 BDSG ist dabei entsprechend anzuwenden (§ 29 b Abs. 2 Satz 2 2. HS AO). Im Hinblick auf den Schutz personenbezogener Daten nach § 30 AO und § 355 StGB ist sowohl für sensible Daten als auch für die übrigen personenbezogenen Daten das gleiche Datenschutzniveau zu wählen und es sind entsprechende Maßnahmen zu treffen. Das Datenschutzniveau orientiert sich am Schutzniveau für die Verarbeitung sensibler Daten. 21

Bei Verarbeitungstätigkeiten im Anwendungsbereich der AO ist daher aus rechtlicher Sicht keine zusätzliche Einteilung in datenschutzrechtliche Schutzstufen erforderlich.

Art. 6 Abs. 4 DSGVO i. V. m. § 29 b AO gestattet die Verarbeitung der Daten lediglich zu dem Zweck, zu dem sie erhoben worden sind. Zweck ist die Durchführung des jeweiligen Verwaltungsverfahrens in Steuersachen nach der AO (vgl. Rn. 2 und 3), differenziert nach Abgabeart (Steuer zuzüglich steuerliche Nebenleistungen), Besteuerungszeitraum/-zeitpunkt und Steuerschuldner. Für gesonderte und gesonderte und einheitliche Feststellungen gilt Entsprechendes. 22

So ist z. B. Zweck der Verarbeitung der im Rahmen der Einkommensteuererklärung erhobenen personenbezogenen Daten für das Jahr 2017 die Festsetzung und Erhebung der Einkommensteuer für 2017 (ggf. einschließlich der Ermittlung der Besteuerungsgrundlagen durch eine Außenprüfung oder durch ein Auskunftsersuchen gegenüber einem Dritten, der Vollstreckung, der Haftungsinanspruchnahme eines Dritten oder der Durchführung eines außergerichtlichen Rechtsbehelfsverfahrens).

### 4. Weiterverarbeitung personenbezogener Daten durch Finanzbehörden – § 29 c AO

Personenbezogene Daten, die zu einem bestimmten Zweck erhoben wurden, dürfen nicht einfach für andere Zwecke weiterverwendet werden. Werden personenbezogene Daten zu einem anderen Zweck als zu demjenigen, zu dem sie erhoben oder erfasst wurden, verarbeitet (sog. Weiterverarbeitung), muss eine entsprechende Ermächtigung durch eine Rechtsvorschrift der Union (z. B. EU-Verordnungen wie die Zusammenarbeitsverordnung – VO EU 904/2010) oder der Mitgliedstaaten, die in einer demokratischen Gesellschaft eine notwendige und verhältnismäßige Maßnahme zum Schutz der in Art. 23 Abs. 1 DSGVO genannten Ziele darstellt, vorhanden sein (Art. 6 Abs. 4 DSGVO). 23

§ 29 c Abs. 1 AO ist die nationale Rechtsgrundlage für die Weiterverarbeitung personenbezogener Daten i. S. d. Art. 6 Abs. 4 DSGVO durch Finanzbehörden. 24

25 Die Weiterverarbeitung personenbezogener Daten durch Finanzbehörden ist im Rahmen ihrer Aufgabenerfüllung insbesondere in folgenden Fällen zulässig:
- Die Weiterverarbeitung dient einem
  - anderen Verwaltungsverfahren in Steuersachen,
  - Rechnungsprüfungsverfahren in Steuersachen,
  - gerichtlichen Verfahren in Steuersachen,
  - Strafverfahren wegen einer Steuerstraftat oder
  - Bußgeldverfahren wegen einer Steuerordnungswidrigkeit

  (§ 29 c Abs. 1 Satz 1 Nr. 1 AO).
- Es liegen die gesetzlichen Voraussetzungen vor, die nach § 30 Abs. 4 oder 5 AO eine Offenbarung der Daten zulassen würden, oder es ist zu prüfen, ob diese Voraussetzungen vorliegen (§ 29 c Abs. 1 Satz 1 Nr. 2 AO).
- Die Weiterverarbeitung ist für die Wahrnehmung von Aufsichts-, Steuerungs- und Disziplinarbefugnissen der Finanzbehörde erforderlich (§ 29 c Abs. 1 Satz 1 Nr. 6 1. Alt. AO). Hierbei dürfen die Daten nur durch Personen verarbeitet werden, die nach § 30 AO zur Wahrung des Steuergeheimnisses verpflichtet sind (§ 29 c Abs. 1 Satz 3 AO). Eine Weiterverarbeitung für die Wahrnehmung von Disziplinarbefugnissen anderer Behörden ist unter den Voraussetzungen des § 29 c Abs. 1 Satz 1 Nr. 2 AO i. V. m. § 30 Abs. 4 Nr. 5 AO zulässig.
- Die Veränderung oder Nutzung personenbezogener Daten ist zu Ausbildungs- und Prüfungszwecken durch die Finanzbehörde erforderlich und überwiegende schutzwürdige Interessen der betroffenen Person stehen dem nicht entgegen (§ 29 c Abs. 1 Satz 1 Nr. 6 2. Alt. AO). Hierbei dürfen die Daten nur durch Personen verarbeitet werden, die nach § 30 AO zur Wahrung des Steuergeheimnisses verpflichtet sind (§ 29 c Abs. 1 Satz 3 AO).

26 Eine Weiterverarbeitung i. S. d. § 29 c Abs. 1 AO liegt auch dann vor, wenn sie durch denselben Amtsträger erfolgt, der die ursprüngliche Verarbeitung i. S. d. § 29 b AO ausgeführt hat (z. B. Daten aus der ESt-Veranlagung werden durch denselben Amtsträger i. R. d. USt-Festsetzung verwendet). Sofern die Daten darüber hinaus einem Dritten offenbart werden sollen, muss eine Befugnis i. S. d. § 30 Abs. 4 oder 5 AO gegeben sein.

27 Die Weiterverarbeitung sensibler Daten ist unter den Voraussetzungen des § 29 c Abs. 2 AO zulässig.

## III. Steuergeheimnis – § 30 AO

28 Auf die Regelungen im AEAO zu § 30 (vgl. BMF-Schreiben vom 12. Januar 2018, BStBl. I S. 175) wird verwiesen.

## IV. Rechte der betroffenen Person – Art. 12 bis 22 DSGVO, §§ 32 a bis 32 f AO

29 Die von der Datenverarbeitung betroffenen Personen haben nach Art. 12 bis 22 DSGVO verschiedene Rechte, bzw. den Verantwortlichen obliegen hiernach gegenüber den betroffenen Personen bestimmte Pflichten. Der nationale Gesetzgeber hat im Anwendungsbereich der AO von der ihm eingeräumten Regelungsbefugnis Gebrauch gemacht und die Betroffenenrechte

modifiziert. Die Betroffenenrechte werden ergänzend zur DSGVO durch §§ 32 a bis 32 f AO eingeschränkt.

**1. Transparente Information, Kommunikation und Modalitäten für die Ausübung der Rechte der betroffenen Person – Art. 12 DSGVO, § 32 d AO**

Die verantwortliche Finanzbehörde muss nach Art. 12 Abs. 1 Satz 1 DSGVO der betroffenen Person alle Informationen gem. den Art. 13 und 14 DSGVO und alle Mitteilungen gem. den Art. 15 bis 22 und Art. 34 DSGVO, die sich auf die Verarbeitung beziehen, in präziser, transparenter, verständlicher und leicht zugänglicher Form in einer klaren und einfachen Sprache übermitteln. 30

Die Übermittlung der Informationen erfolgt nach Art. 12 Abs. 1 Satz 2 DSGVO schriftlich oder in anderer Form, ggf. auch elektronisch. Bei der elektronischen Übermittlung personenbezogener Daten ist § 87 a Abs. 7 oder 8 AO entsprechend anzuwenden (§ 32 d Abs. 3 AO). 31

Soweit der Erteilung der Information oder Auskunft keine Rechtsgründe entgegenstehen, bestimmt die Finanzbehörde die Form der Informations- oder Auskunftserteilung gem. § 32 d AO grundsätzlich nach pflichtgemäßem Ermessen. Wenn sie es für zweckmäßig hält, kann die Information oder Auskunft auch im Wege der Akteneinsicht erteilt werden. 32

Hat die betroffene Person einen Bevollmächtigten i. S. d. § 80 Abs. 1 AO bestellt, soll die Information bzw. die Auskunft dem Bevollmächtigten erteilt werden, sofern keine Anhaltspunkte für einen abweichenden Willen der betroffenen Person zu erkennen sind. Von einem abweichenden Willen der betroffenen Person ist z. B. auszugehen, wenn sie persönlich einen Auskunftsantrag nach Art. 15 DSGVO gestellt hat. 33

Die verantwortliche Finanzbehörde muss der betroffenen Person nach Art. 12 Abs. 3 Satz 1 DSGVO Informationen über die auf Antrag gem. den Art. 15 bis 22 DSGVO ergriffenen Maßnahmen unverzüglich, in jedem Fall aber innerhalb eines Monats nach Eingang des Antrags zur Verfügung stellen. 34

Kann diese Frist wegen der Komplexität und der Anzahl der Anträge nicht eingehalten werden, sind die Informationen innerhalb von zwei weiteren Monaten zur Verfügung zu stellen (Art. 12 Abs. 3 Satz 2 DSGVO). Die betroffene Person ist hierüber innerhalb eines Monats nach Eingang des Antrags, zusammen mit den Gründen für die Verzögerung, zu unterrichten (Art. 12 Abs. 3 Satz 3 DSGVO). 35

Wird die verantwortliche Finanzbehörde auf den Antrag der betroffenen Person hin nicht tätig, muss sie die betroffene Person ohne Verzögerung, spätestens aber innerhalb eines Monats nach Eingang des Antrags über die Gründe hierfür und über die Möglichkeit unterrichten, Beschwerde bei der Datenschutzaufsichtsbehörde (vgl. Art. 77 DSGVO) oder einen gerichtlichen Rechtsbehelf (vgl. Art. 79 DSGVO) einzulegen (Art. 12 Abs. 4 DSGVO). 36

Informationen gem. Art. 13 und 14 DSGVO sowie alle Mitteilungen und Maßnahmen gem. Art. 15 bis 22 und Art. 34 DSGVO werden grundsätzlich unentgeltlich zur Verfügung gestellt (Art. 12 Abs. 5 Satz 1 DSGVO). 37

38 Bei offenkundig unbegründeten oder – insbesondere im Fall von häufiger Wiederholung – exzessiven Anträgen einer betroffenen Person kann die verantwortliche Finanzbehörde nach Art. 12 Abs. 5 Satz 2 Buchst. b DSGVO sich weigern, aufgrund des Antrags tätig zu werden. Die verantwortliche Finanzbehörde hat den Nachweis für den offenkundig unbegründeten oder exzessiven Charakter des Antrags zu erbringen (Art. 12 Abs. 5 Satz 3 DSGVO).

### 2. Informationspflicht bei Erhebung von personenbezogenen Daten

39 Nach Art. 13 und 14 DSGVO obliegen der verantwortlichen Finanzbehörde Informationspflichten gegenüber der betroffenen Person, wenn sie personenbezogene Daten zu dieser Person erhebt oder beabsichtigt, diese weiterzuverarbeiten. Siehe dazu auch die Übersicht in Anlage 1.

#### a) Bei der betroffenen Person erhobene personenbezogene Daten – Art. 13 DSGVO, § 32 a AO

#### aa) Informationspflicht von Amts wegen

40 Im Fall der Erhebung personenbezogener Daten bei der betroffenen Person muss die verantwortliche Finanzbehörde nach Art. 13 Abs. 1 und 2 DSGVO der betroffenen Person die in diesen Regelungen genannten Daten und Informationen spätestens im Zeitpunkt der Erhebung von Amts wegen mitteilen.

41 Mitzuteilen sind hiernach insbesondere:
- der Name und die Kontaktdaten der verantwortlichen Finanzbehörde sowie ggf. ihres Vertreters oder ihres Datenschutzbeauftragten;
- die Zwecke, für die die personenbezogenen Daten verarbeitet werden sollen (vgl. Rn. 25);
- die Rechtsgrundlage für die Verarbeitung;
- ggf. die Empfänger oder Kategorien von Empfängern der personenbezogenen Daten;
- die Dauer, für die die personenbezogenen Daten gespeichert werden, oder, falls dies nicht möglich ist, die Kriterien für die Festlegung dieser Dauer;
- das Bestehen eines Rechts auf Auskunft über die betreffenden personenbezogenen Daten sowie auf Berichtigung oder Löschung oder auf Einschränkung der Verarbeitung oder eines Widerspruchsrechts gegen die Verarbeitung;
- das Bestehen eines Beschwerderechts bei der oder dem Bundesbeauftragen für den Datenschutz und die Informationsfreiheit (BfDI);
- ggf. das Bestehen einer gesetzlichen Pflicht zur Bereitstellung der personenbezogenen Daten durch die betroffene Person;
- ggf. welche mögliche Folgen die Nichtbereitstellung hätte.

42 Beabsichtigt die verantwortliche Finanzbehörde, die personenbezogenen Daten für einen anderen Zweck weiterzuverarbeiten als den, für den die personenbezogenen Daten erhoben wurden, muss sie der betroffenen Person vor dieser Weiterverarbeitung von Amts wegen Informationen über diesen anderen Zweck und alle anderen maßgeblichen Informationen zur Verfügung stellen (Art. 13 Abs. 3 DSGVO).

43 Diese Informationspflichten (Rn. 40 bis 42) können soweit möglich auch in allgemeiner Form (beispielsweise durch ein allgemeines Informationsschreiben mit Hinweis auf ein – z. B. im Internet – veröffentlichtes Merkblatt) er-

füllt werden (§ 32 d Abs. 2 AO). Im Fall elektronischer Übermittlung der Information ist § 87 a Abs. 7 oder 8 AO entsprechend anzuwenden (§ 32 d Abs. 3 AO).

**bb) Ausnahmen von der Informationspflicht**

Die o. g. Informationspflichten gem. Art. 13 Abs. 1 bis 3 DSGVO bestehen nach Art. 13 Abs. 4 DSGVO nicht, wenn und soweit die betroffene Person bereits über die Informationen verfügt. Hiervon ist auszugehen, soweit ein allgemeines Informationsschreiben gem. § 32 d Abs. 2 AO mit Hinweis auf ein – z. B. im Internet – veröffentlichtes Merkblatt übermittelt worden ist. **44**

Darüber hinaus besteht die Informationspflicht bei beabsichtigter Weiterverarbeitung (vgl. Art. 13 Abs. 3 DSGVO) nach Art. 23 Abs. 1 DSGVO i. V. m. § 32 a Abs. 1 AO in folgenden Fällen nicht: **45**

- die Erteilung der Information würde die ordnungsgemäße Erfüllung der in der Zuständigkeit der Finanzbehörden liegenden Aufgaben gefährden (vgl. Rn. 50 und 51) und die Interessen der Finanzbehörden an der Nichterteilung der Information überwiegen die Interessen der betroffenen Person (§ 32 a Abs. 1 Nr. 1 i. V. m. Abs. 2 AO), **46**
- die Erteilung der Information würde die öffentliche Sicherheit oder Ordnung gefährden oder sonst dem Wohl des Bundes oder eines Landes Nachteile bereiten und die Interessen der Finanzbehörde an der Nichterteilung der Information überwiegen die Interessen der betroffenen Person (§ 32 a Abs. 1 Nr. 2 AO), **47**
- die Erteilung der Information würde den Rechtsträger der Finanzbehörde (d. h. Bund, Land oder Gemeinde) in der Geltendmachung, Ausübung oder Verteidigung zivilrechtlicher Ansprüche oder in der Verteidigung gegen ihn geltend gemachter zivilrechtlicher Ansprüche (z. B. Amtshaftungsansprüche, Schadenersatzansprüche, Insolvenzanfechtungsansprüche) beeinträchtigen (§ 32 a Abs. 1 Nr. 3 AO); diese Ausnahme gilt allerdings nicht, wenn die Finanzbehörde nach dem Zivilrecht zur Information verpflichtet ist, oder **48**
- die Erteilung der Information würde eine vertrauliche Offenbarung geschützter Daten gegenüber öffentlichen Stellen gefährden (§ 32 a Abs. 1 Nr. 4 AO). **49**

**Beispiele:**
- Mitteilungen zur Bekämpfung der illegalen Beschäftigung und des Leistungsmissbrauchs (§ 31 a AO),
- Mitteilungen zur Bekämpfung der Geldwäsche und der Terrorismusfinanzierung (§ 31 b AO) und
- Mitteilungen an Strafverfolgungsbehörden.

Die ordnungsgemäße Erfüllung der in der Zuständigkeit der Finanzbehörden liegenden Aufgaben wird nach § 32 a Abs. 2 Nr. 1 AO insbesondere gefährdet, wenn die Erteilung der Information den Betroffenen oder Dritte in die Lage versetzen könnte, **50**

a) steuerlich bedeutsame Sachverhalte zu verschleiern,

b) steuerlich bedeutsame Spuren zu verwischen oder

c) Art und Umfang der Erfüllung steuerlicher Mitwirkungspflichten auf den Kenntnisstand der Finanzbehörden einzustellen, und damit die Aufdeckung steuerlich bedeutsamer Sachverhalte wesentlich erschwert würde.

**Beispiele:**

- Mitteilungen an die Steuerfahndung,
- Mitteilungen an die für Steuerstrafverfahren und Steuerordnungswidrigkeitenverfahren zuständigen Stellen,
- Kontrollmitteilungen,
- Verwendung von Informationen (Bankverbindung, Vermögen usw.) für die Vollstreckung anderer Steuern derselben betroffenen Person.

51 Die ordnungsgemäße Erfüllung der in der Zuständigkeit der Finanzbehörden liegenden Aufgaben wird nach § 32 a Abs. 2 Nr. 2 AO insbesondere auch dann gefährdet, wenn die Erteilung der Information Rückschlüsse auf die Ausgestaltung automationsgestützter Risikomanagementsysteme oder auf geplante Kontroll- oder Prüfungsmaßnahmen zulassen und damit die Aufdeckung steuerlich bedeutsamer Sachverhalte wesentlich erschwert würde.

52 Unterbleibt eine Information der betroffenen Person nach § 32 a Abs. 1 Nr. 1 bis 4 AO, muss die verantwortliche Finanzbehörde nach § 32 a Abs. 3 AO geeignete Maßnahmen zum Schutz der berechtigten Interessen der betroffenen Person (Recht auf Information) treffen (z. B. Wiedervorlage und erneute Prüfung bei einem nur vorübergehenden Hinderungsgrund). Die Gründe für die Entscheidung, die betroffene Person nicht zu informieren, sind zu dokumentieren.

53 Im Fall eines vorübergehenden Hinderungsgrundes muss die verantwortliche Finanzbehörde der Informationspflicht unter Berücksichtigung der spezifischen Umstände der Verarbeitung innerhalb einer angemessenen Frist nach Fortfall des Hinderungsgrundes (z. B. Durchführung der Vollstreckungsmaßnahme) nachkommen, spätestens jedoch innerhalb von zwei Wochen (§ 32 a Abs. 4 AO).

54 Bezieht sich die Informationserteilung auf die Übermittlung personenbezogener Daten durch Finanzbehörden an Verfassungsschutzbehörden, den Bundesnachrichtendienst, den Militärischen Abschirmdienst und, soweit die Sicherheit des Bundes berührt wird, andere Behörden des Bundesministeriums der Verteidigung, ist sie nach § 32 a Abs. 5 AO nur mit Zustimmung dieser Stellen zulässig.

### b) Bei Dritten erhobene personenbezogene Daten – Art. 14 DSGVO, § 32 b AO

#### aa) Informationspflicht von Amts wegen

55 Im Fall der Erhebung personenbezogener Daten bei Dritten muss die verantwortliche Finanzbehörde nach Art. 14 Abs. 1 und 2 DSGVO der betroffenen Person die in diesen Regelungen genannten Daten und Informationen von Amts wegen mitteilen.

56 Ergänzend zu den nach Art. 13 DSGVO mitzuteilenden Daten und Informationen (vgl. Rn. 40 ff.) müssen der betroffenen Person hiernach insbesondere auch folgende Daten und Informationen mitgeteilt werden:

- die Kategorien personenbezogener Daten,
- aus welcher Quelle die personenbezogenen Daten stammen und
- ggf. ob sie aus öffentlich zugänglichen Quellen stammen.

Die verantwortliche Finanzbehörde muss die vorgenannten Informationen grundsätzlich innerhalb einer angemessenen Frist nach Erlangung der personenbezogenen Daten, spätestens jedoch innerhalb eines Monats mitteilen (Art. 14 Abs. 3 Buchst. a DSGVO). Falls die personenbezogenen Daten zur Kommunikation mit der betroffenen Person verwendet werden sollen, müssen die vorgenannten Informationen spätestens zum Zeitpunkt der ersten Mitteilung an sie mitgeteilt werden (Art. 14 Abs. 3 Buchst. b DSGVO). Falls die Offenlegung an einen anderen Empfänger beabsichtigt ist, müssen die vorgenannten Informationen spätestens zum Zeitpunkt der ersten Offenlegung mitgeteilt werden (Art. 14 Abs. 3 Buchst. c DSGVO). 57

Im Fall elektronischer Übermittlung der Information ist § 87 a Abs. 7 oder 8 AO entsprechend anzuwenden (§ 32 d Abs. 3 AO). 58

Beabsichtigt die verantwortliche Finanzbehörde, die personenbezogenen Daten für einen anderen Zweck weiterzuverarbeiten als den, für den die personenbezogenen Daten erhoben wurden, muss sie der betroffenen Person vor dieser Weiterverarbeitung von Amts wegen Informationen über diesen anderen Zweck und alle anderen maßgeblichen Informationen zur Verfügung stellen (Art. 14 Abs. 4 DSGVO). 59

**bb) Ausnahmen von der Informationspflicht**

Die o. g. Informationspflichten gem. Art. 14 Abs. 1 bis 4 DSGVO bestehen nach Art. 14 Abs. 5 DSGVO nicht, wenn und soweit 60

a) die betroffene Person bereits über die Informationen verfügt (hiervon ist auszugehen, soweit ein allgemeines Informationsschreiben gem. § 32 d Abs. 2 AO mit Hinweis auf ein – z. B. im Internet – veröffentlichtes Merkblatt übermittelt worden ist);

b) die Erteilung dieser Informationen sich als unmöglich erweist oder einen unverhältnismäßigen Aufwand erfordern würde (vgl. dazu im Einzelnen Art. 14 Abs. 5 Buchst. b DSGVO);

c) die Erlangung der Information durch die Finanzbehörde oder die Offenlegung der Information gegenüber Dritten durch Rechtsvorschriften der Union oder der Mitgliedstaaten ausdrücklich geregelt ist (z. B. § 22 a EStG i. V. m. § 93 c AO) oder

d) die personenbezogenen Daten gem. dem Unionsrecht oder dem Recht der Mitgliedstaaten dem Berufsgeheimnis, einschließlich einer satzungsmäßigen Geheimhaltungspflicht, unterliegen und daher vertraulich behandelt werden müssen.

Darüber hinaus besteht nach Art. 23 Abs. 1 DSGVO i. V. m. § 32 b Abs. 1 AO in folgenden Fällen keine Informationspflicht: 61

– soweit die Erteilung der Information

a) die ordnungsgemäße Erfüllung der in der Zuständigkeit der Finanzbehörden (vgl. dazu § 32 a Abs. 2 AO sowie Rn. 50 und 51) oder anderer öffentlicher Stellen liegenden Aufgaben i. S. d. Art. 23 Abs. 1 Buchst. d bis h DSGVO gefährden würde oder

b) die öffentliche Sicherheit oder Ordnung gefährden oder sonst dem Wohl des Bundes oder eines Landes Nachteile bereiten würde

oder
– wenn die Daten, ihre Herkunft, ihre Empfänger oder die Tatsache ihrer Verarbeitung nach § 30 AO oder einer anderen Rechtsvorschrift oder ihrem Wesen nach, insbesondere wegen überwiegender berechtigter Interessen eines Dritten i. S. d. Art. 23 Abs. 1 Buchst. i DSGVO, geheim gehalten werden müssen

und deswegen das Interesse der betroffenen Person an der Informationserteilung zurücktreten muss.

62 Bezieht sich die Informationserteilung auf die Übermittlung personenbezogener Daten durch Finanzbehörden an Verfassungsschutzbehörden, den Bundesnachrichtendienst, den Militärischen Abschirmdienst und, soweit die Sicherheit des Bundes berührt wird, andere Behörden des Bundesministeriums der Verteidigung, ist sie nur mit Zustimmung dieser Stellen zulässig (§ 32 b Abs. 2 AO).

63 Unterbleibt eine Information der betroffenen Person nach § 32 b Abs. 1 Nr. 1 und 2 AO, gelten die Regelungen in Rn. 52 entsprechend.

### 3. Auskunftsrecht der betroffenen Person – Art. 15 DSGVO, § 32 c AO

#### a) Auskunftspflicht auf Antrag

64 Die betroffene Person hat das Recht, von der verantwortlichen Finanzbehörde eine Bestätigung darüber zu verlangen, ob sie betreffende personenbezogene Daten von der Finanzbehörde verarbeitet werden; ist dies der Fall, hat sie ein Recht auf Auskunft über diese personenbezogenen Daten und auf die in Art. 15 Abs. 1 Buchst. a bis h DSGVO genannten Informationen (Auskunft auf Antrag). Der Antrag kann formlos gestellt werden und bedarf keiner Begründung (zur Benennung der Daten, über die Auskunft erteilt werden soll, vgl. Rn. 69).

65 Soweit sich aus dem Antrag nicht etwas anderes ergibt, sind der betroffenen Person neben den verarbeiteten personenbezogenen Daten insbesondere folgende Informationen mitzuteilen:
– die Zwecke der Verarbeitung (vgl. Rn. 25);
– die Empfänger, gegenüber denen die personenbezogenen Daten offengelegt worden sind oder noch offengelegt werden, insbesondere Empfänger in Drittländern oder internationale Organisationen;
– falls möglich die geplante Dauer, für die die personenbezogenen Daten gespeichert werden, oder, falls dies nicht möglich ist, die Kriterien für die Festlegung dieser Dauer (vgl. hierzu § 17 BuchO i. V. m. AufbewBest-FV).

66 Die verantwortliche Finanzbehörde muss der betroffenen Person eine Zusammenstellung der personenbezogenen Daten, die Gegenstand der Verarbeitung sind, unentgeltlich zur Verfügung stellen (Art. 15 Abs. 3 Satz 1 DSGVO). Die Rechte Dritter – insbesondere auf Wahrung des Steuergeheimnisses – sind hierbei zu schützen (Art. 15 Abs. 4 DSGVO).

Die Pflicht nach Art. 15 Abs. 3 Satz 1 DSGVO ist nicht mit einem allgemeinen Akteneinsichtsrecht gleichzusetzen. Ein grundsätzlicher Anspruch auf Akteneinsicht besteht im Verwaltungsverfahren in Steuersachen nach der AO nicht. Hält die Finanzbehörde es für zweckmäßig, kann sie eine Auskunft im Wege der Akteneinsicht erteilen (§ 32 d Abs. 1 AO, vgl. Rn. 32).

§ 78 FGO, wonach die Beteiligten im finanzgerichtlichen Verfahren das Recht haben, die dem Gericht vorgelegten Akten einzusehen, bleibt unberührt. Zu diesen Akten gehören die den Streitfall betreffenden Akten, die die Finanzbehörde nach Empfang der Klageschrift an das Gericht zu übermitteln hat (§ 71 Abs. 2 FGO).

Stellt die betroffene Person den Auskunftsantrag elektronisch, sind die Informa- **67**
tionen in einem gängigen elektronischen Format zur Verfügung zu stellen, sofern sie nichts anderes angibt (Art. 15 Abs. 3 Satz 3 DSGVO). Hierbei ist § 87 a Abs. 7 oder 8 AO entsprechend anzuwenden (§ 32 d Abs. 3 AO).

**b) Ausnahmen von der Auskunftspflicht**

Der nationale Gesetzgeber hat Ausnahmen von diesem Auskunftsrecht fest- **68**
gelegt. Nach Art. 23 Abs. 1 DSGVO i. V. m. § 32 c Abs. 1 AO besteht insbesondere kein Auskunftsrecht der betroffenen Person, soweit

- die betroffene Person nach § 32 b Abs. 1 Nr. 1 oder 2 oder Abs. 2 AO nicht zu informieren ist (vgl. dazu im Einzelnen Rn. 61 f.),
- die Auskunftserteilung den Rechtsträger der Finanzbehörde in der Geltendmachung, Ausübung oder Verteidigung zivilrechtlicher Ansprüche oder in der Verteidigung gegen ihn geltend gemachter zivilrechtlicher Ansprüche i. S. d. Art. 23 Abs. 1 Buchst. j DSGVO beeinträchtigen würde; Auskunftspflichten der Finanzbehörde nach dem Zivilrecht bleiben hiervon allerdings unberührt (vgl. Rn. 48),
- die personenbezogenen Daten ausschließlich Zwecken der Datensicherung oder der Datenschutzkontrolle dienen (vgl. z. B. § 6 StDAV) und die Auskunftserteilung einen unverhältnismäßigen Aufwand erfordern würde und eine Verarbeitung zu anderen Zwecken durch geeignete technische und organisatorische Maßnahmen ausgeschlossen ist.

Pauschal gestellte Auskunftsanträge müssen im Regelfall durch die betroffene **69**
Person präzisiert werden. Denn die betroffene Person soll in dem Auskunftsantrag die Art der personenbezogenen Daten, über die Auskunft erteilt werden soll, näher bezeichnen (§ 32 c Abs. 2 AO i. V. m. Erwägungsgrund 63 Satz 7 der DSGVO). Ein präzisierter Auskunftsantrag ist erforderlich, weil die Finanzbehörde zu einer betroffenen Person i. d. R. eine große Menge personenbezogener Daten verarbeitet.

Macht die betroffene Person auch auf Nachfrage keine sachdienlichen Angaben, kann ein Fall des Art. 12 Abs. 5 Satz 2 DSGVO vorliegen (vgl. Rn. 38).

Die Ablehnung der Auskunftserteilung ist gegenüber der betroffenen Person zu **70**
begründen. Eine Begründung unterbleibt, soweit der mit der Auskunftsablehnung verfolgte Zweck gefährdet würde (§ 32 c Abs. 4 Satz 1 AO).

Die zum Zweck der Auskunftserteilung an die betroffene Person und zu deren **71**
Vorbereitung gespeicherten Daten dürfen nur für diesen Zweck sowie für Zwecke der Datenschutzkontrolle verarbeitet werden; für andere Zwecke ist die Verarbeitung nach Maßgabe des Art. 18 DSGVO einzuschränken (§ 32 c Abs. 4 Satz 2 AO; vgl. Rn. 83 f.).

Soweit eine Finanzbehörde die Erteilung einer Auskunft ablehnt, ist die Aus- **72**
kunft auf Verlangen der betroffenen Person grundsätzlich der oder dem BfDI zu erteilen. Dies gilt nicht, soweit die jeweils zuständige oberste Finanzbehörde

im Einzelfall feststellt, dass dadurch die Sicherheit des Bundes oder eines Landes gefährdet würde (§ 32 c Abs. 5 Satz 1 AO).

73 Die Mitteilung der oder des BfDI an die betroffene Person über das Ergebnis der datenschutzrechtlichen Prüfung der Auskunftsverweigerung darf keine Rückschlüsse auf den Erkenntnisstand der Finanzbehörde zulassen, sofern diese nicht einer weitergehenden Auskunft zustimmt (§ 32 c Abs. 5 Satz 2 AO).

### 4. Auskunfts- und Informationsrechte nach dem Informationsfreiheitsgesetz (IFG) oder entsprechenden Landesgesetzen – § 32 e AO

74[1)] Soweit die betroffene Person oder ein Dritter nach dem IFG oder nach entsprechenden Gesetzen der Länder gegenüber der Finanzbehörde einen Anspruch auf Zugang zu geschützten Daten i. S. d. § 30 Abs. 2 AO hat, gelten Art. 12 bis 15 DSGVO i. V. m. §§ 32 a bis 32 d AO entsprechend (§ 32 e Satz 1 AO). Weitergehende Informationsansprüche über geschützte Daten sind insoweit ausgeschlossen. Damit soll sichergestellt werden, dass anderweitige Informationszugangsansprüche insoweit nicht weitergehen als die Rechte der betroffenen Personen nach der DSGVO und der AO. Zum Rechtsweg siehe Rn. 106.

### 5. Recht auf Berichtigung – Art. 16 DSGVO, § 32 f Abs. 1 AO

75 Nach Art. 16 DSGVO hat die betroffene Person das Recht, von der verantwortlichen Finanzbehörde unverzüglich die Berichtigung sie betreffender unrichtiger personenbezogener Daten zu verlangen. Unter Berücksichtigung der Zwecke der Verarbeitung hat die betroffene Person außerdem das Recht, die Vervollständigung unvollständiger personenbezogener Daten – auch mittels einer ergänzenden Erklärung – zu verlangen.

76 Bestreitet die betroffene Person die Richtigkeit sie betreffender personenbezogener Daten und lässt sich weder die Richtigkeit noch die Unrichtigkeit der Daten feststellen, bewirkt dies nach § 32 f Abs. 1 AO keine Einschränkung der Verarbeitung (vgl. Art. 4 Nr. 3 DSGVO), soweit die Daten einem Verwaltungsakt zugrunde liegen, der nicht mehr aufgehoben, geändert oder berichtigt werden kann. Die ungeklärte Sachlage ist in diesem Fall allerdings in geeigneter Weise festzuhalten (z. B. schriftlicher oder elektronischer Aktenvermerk). Die bestrittenen Daten dürfen nur mit einem Hinweis hierauf verarbeitet werden.

### 6. Recht auf Löschung – Art. 17 DSGVO, § 32 f Abs. 2 AO

77 Die betroffene Person hat das Recht, von der verantwortlichen Finanzbehörde zu verlangen, dass sie betreffende personenbezogene Daten unverzüglich gelöscht werden, und der Verantwortliche ist dann verpflichtet, personenbezogene Daten unverzüglich zu löschen, sofern einer der in Art. 17 Abs. 1 Buchst. a bis f DSGVO genannten Gründe zutrifft. In Betracht kommen insbesondere folgende Gründe:

– Die personenbezogenen Daten sind für die Zwecke, für die sie erhoben oder auf sonstige Weise verarbeitet wurden, nicht mehr notwendig. Anhaltspunkte für die Dauer der Notwendigkeit der Datenspeicherung ergeben sich aus § 17 BuchO i. V. m. AufbewBest-FV.
– Die betroffene Person legt gem. Art. 21 Abs. 1 DSGVO Widerspruch gegen die Verarbeitung ein und es liegen keine vorrangigen berechtigten Gründe für die Verarbeitung vor (vgl. Rn. 88).

[1)] Rn. 74 letzter Satz angef. durch BMF v. 17. 6. 2021, BStBl. I S. 809.

– Die personenbezogenen Daten wurden unrechtmäßig verarbeitet.

Das Recht der betroffenen Person, die Löschung personenbezogener Daten verlangen zu dürfen, und die damit verbundene Pflicht der verantwortlichen Finanzbehörde zur Löschung nach Art. 17 Abs. 1 DSGVO gelten nach Art. 17 Abs. 3 DSGVO allerdings insbesondere nicht, soweit die Verarbeitung erforderlich ist 78

– zur Erfüllung einer rechtlichen Verpflichtung, die die Verarbeitung nach dem Recht der Union oder der Mitgliedstaaten durch die verantwortliche Finanzbehörde erfordert,
– zur Wahrnehmung einer Aufgabe, die im öffentlichen Interesse liegt oder in Ausübung öffentlicher Gewalt erfolgt, die der verantwortlichen Finanzbehörde übertragen wurde, oder
– zur Geltendmachung, Ausübung oder Verteidigung von Rechtsansprüchen.

Sind die personenbezogenen Daten für die Zwecke, für die sie erhoben oder auf sonstige Weise verarbeitet wurden, nicht mehr notwendig, oder wurden sie unrechtmäßig verarbeitet, ist anstelle ihrer Löschung die Verarbeitung einzuschränken, 79

a) soweit die Daten einem Verwaltungsakt zugrunde liegen, der nicht mehr aufgehoben, geändert oder berichtigt werden kann, und
b) die Finanzbehörde Grund zu der Annahme hat, dass durch eine Löschung schutzwürdige Interessen der betroffenen Person beeinträchtigt würden

(§ 32 f Abs. 3 Satz 1 AO). Dies ist in geeigneter Weise festzuhalten (z. B. schriftlicher oder elektronischer Aktenvermerk). Die Finanzbehörde unterrichtet außerdem die betroffene Person über die Einschränkung der Verarbeitung, sofern sich die Unterrichtung nicht als unmöglich erweist oder einen unverhältnismäßigen Aufwand erfordern würde.

Im Fall nicht automatisierter Datenverarbeitung besteht das Recht der betroffenen Person auf und die Pflicht der Finanzbehörde zur Löschung personenbezogener Daten nicht, wenn eine Löschung wegen der besonderen Art der Speicherung nicht oder nur mit unverhältnismäßig hohem Aufwand möglich (z. B. Verfilmung) und das Interesse der betroffenen Person an der Löschung als gering anzusehen ist (§ 32 f Abs. 2 Satz 1 AO). In diesem Fall tritt an die Stelle einer Löschung die Einschränkung der Verarbeitung gem. Art. 18 DSGVO (§ 32 f Abs. 2 Satz 2 AO). Die Sätze 1 und 2 gelten nach § 32 f Abs. 2 Satz 3 AO allerdings nicht, wenn die personenbezogenen Daten unrechtmäßig verarbeitet wurden. 80

### 7. Recht auf Einschränkung der Verarbeitung – Art. 18 DSGVO

Die betroffene Person hat nach Art. 18 Abs. 1 DSGVO das Recht, von der verantwortlichen Finanzbehörde die Einschränkung der Verarbeitung zu verlangen, wenn eine der in Art. 18 Abs. 1 Buchst. a bis d DSGVO genannten Voraussetzungen gegeben ist. Die Einschränkung der Verarbeitung bedeutet die Markierung gespeicherter personenbezogener Daten mit dem Ziel, ihre künftige Verarbeitung einzuschränken (Art. 4 Nr. 3 DSGVO). 81

Eine Einschränkung der Verarbeitung kommt nach Art. 18 Abs. 1 DSGVO insbesondere in Betracht, wenn 82

a) die Richtigkeit der personenbezogenen Daten von der betroffenen Person bestritten wird (vgl. Rn. 75), und zwar für eine Dauer, die es der verantwortlichen Finanzbehörde ermöglicht, die Richtigkeit der personenbezogenen Daten zu überprüfen,

b) die Verarbeitung unrechtmäßig ist und die betroffene Person die Löschung der personenbezogenen Daten nach Art. 17 DSGVO ablehnt und stattdessen die Einschränkung der Nutzung der personenbezogenen Daten verlangt,

c) die verantwortliche Finanzbehörde die personenbezogenen Daten für die Zwecke der Verarbeitung nicht länger benötigt, die betroffene Person sie jedoch zur Geltendmachung, Ausübung oder Verteidigung von Rechtsansprüchen benötigt, oder

d) die betroffene Person Widerspruch gegen die Verarbeitung gem. Art. 21 Abs. 1 DSGVO eingelegt hat, solange noch nicht feststeht, ob die berechtigten Gründe der verantwortlichen Finanzbehörde gegenüber denen der betroffenen Person überwiegen.

83 Wurde die Verarbeitung personenbezogener Daten gem. Art. 18 Abs. 1 DSGVO eingeschränkt, dürfen diese Daten – von ihrer Speicherung abgesehen – nach Art. 18 Abs. 2 DSGVO nur

- zur Geltendmachung, Ausübung oder Verteidigung von Rechtsansprüchen oder zum Schutz der Rechte einer anderen natürlichen oder juristischen Person oder
- aus Gründen eines wichtigen öffentlichen Interesses der Union oder eines Mitgliedstaats

verarbeitet werden. Ein wichtiges öffentliches Interesse in diesem Sinne ist die gesetzmäßige und gleichmäßige Besteuerung (vgl. Art. 23 Abs. 1 Buchst. e DSGVO).

84 Die betroffene Person, die eine Einschränkung der Verarbeitung gem. Art. 18 Abs. 1 DSGVO erwirkt hat, wird von der verantwortlichen Finanzbehörde unterrichtet, bevor die Einschränkung der Verarbeitung aufgehoben wird (Art. 18 Abs. 3 DSGVO).

### 8. Mitteilungspflicht der verantwortlichen Finanzbehörde im Zusammenhang mit der Berichtigung oder Löschung personenbezogener Daten oder der Einschränkung der Verarbeitung – Art. 19 DSGVO

85 Die verantwortliche Finanzbehörde muss nach Art. 19 DSGVO allen Empfängern, denen personenbezogene Daten offengelegt wurden, jede auf Verlangen der betroffenen Person nach Art. 16, Art. 17 Abs. 1 und Art. 18 DSGVO erfolgte Berichtigung oder Löschung der personenbezogenen Daten oder Einschränkung ihrer Verarbeitung mitteilen, es sei denn, dies erweist sich als unmöglich oder ist mit einem unverhältnismäßigen Aufwand verbunden. Die verantwortliche Finanzbehörde muss die betroffene Person über diese Empfänger informieren, wenn die betroffene Person dies verlangt.

### 9. Recht auf Datenübertragbarkeit – Art. 20 DSGVO

86 Art. 20 DSGVO ist im Verwaltungsverfahren in Steuersachen nach der AO nicht anzuwenden, da die Verarbeitung personenbezogener Daten nicht auf Grundlage einer Einwilligung erfolgt (vgl. Erwägungsgrund 68 Satz 3 ff. der DSGVO).

### 10. Widerspruchsrecht – Art. 21 DSGVO, § 32 f Abs. 5 AO

87 Die betroffene Person hat nach Art. 21 Abs. 1 Satz 1 DSGVO das Recht, aus Gründen, die sich aus ihrer besonderen Situation ergeben, jederzeit gegen die

Verarbeitung sie betreffender personenbezogener Daten, die aufgrund von Art. 6 Abs. 1 Buchst. e oder f DSGVO erfolgt, Widerspruch einzulegen. Die betroffene Person muss spätestens zum Zeitpunkt der ersten Kommunikation mit ihr ausdrücklich auf das Widerspruchsrecht hingewiesen werden; dieser Hinweis hat in einer verständlichen und von anderen Informationen getrennten Form zu erfolgen (Art. 21 Abs. 4 DSGVO), beispielsweise durch Aufnahme in ein allgemeines Informationsschreiben gem. § 32 d Abs. 2 AO mit Hinweis auf ein – z. B. im Internet – veröffentlichtes Merkblatt.

Die verantwortliche Finanzbehörde verarbeitet nach Eingang eines solchen **88**
Widerspruchs die personenbezogenen Daten nicht mehr, es sei denn, sie kann zwingende schutzwürdige Gründe für die Verarbeitung nachweisen, die die Interessen, Rechte und Freiheiten der betroffenen Person überwiegen, oder die Verarbeitung dient der Geltendmachung, Ausübung oder Verteidigung von Rechtsansprüchen (Art. 21 Abs. 1 Satz 2 DSGVO).

Das Recht auf Widerspruch gem. Art. 21 Abs. 1 DSGVO gegenüber einer **89**
Finanzbehörde besteht nach § 32 f Abs. 5 AO außerdem nicht, soweit

- an der Verarbeitung ein zwingendes öffentliches Interesse besteht, das die Interessen der betroffenen Person überwiegt, oder
- eine Rechtsvorschrift zur Verarbeitung verpflichtet.

Ein zwingendes öffentliches Interesse liegt insbesondere in den Fällen des § 30 Abs. 4 Nr. 5 AO vor. Rechtsvorschriften, die zur Verarbeitung verpflichten, sind z. B. §§ 85, 88 AO, aber auch gesetzliche Regelungen, die die Finanzbehörde zur Offenbarung verpflichten (z. B. §§ 31 a, 31 b AO).

### 11. Automatisierte Entscheidungen im Einzelfall – Art. 22 DSGVO

Die betroffene Person hat nach Art. 22 Abs. 1 DSGVO das Recht, nicht einer **90**
ausschließlich auf einer automatisierten Verarbeitung beruhenden Entscheidung unterworfen zu werden, die ihr gegenüber rechtliche Wirkung entfaltet oder sie in ähnlicher Weise erheblich beeinträchtigt. Art. 22 Abs. 1 DSGVO gilt nach Art. 22 Abs. 2 DSGVO allerdings nicht, wenn die Entscheidung aufgrund von Rechtsvorschriften der Union oder der Mitgliedstaaten, denen die verantwortliche Finanzbehörde unterliegt, zulässig ist und diese Rechtsvorschriften angemessene Maßnahmen zur Wahrung der Rechte und Freiheiten sowie der berechtigten Interessen der betroffenen Person enthalten (vgl. § 155 Abs. 4 AO).

Nach Art. 22 Abs. 2 DSGVO zulässige, auf einer automatisierten Verarbeitung **91**
beruhende Entscheidungen dürfen auch auf der Verarbeitung sensibler Daten beruhen, sofern Art. 9 Abs. 2 Buchst. g DSGVO i. V. m. § 29 b Abs. 2 AO gilt und angemessene Maßnahmen zum Schutz der Rechte und Freiheiten sowie der berechtigten Interessen der betroffenen Person getroffen wurden (Art. 22 Abs. 4 DSGVO i. V. m. § 155 Abs. 4 AO).

## V. Datenschutzaufsicht

### 1. Datenschutzbeauftragte der Finanzbehörden – Art. 37 ff. DSGVO, § 32 g AO, §§ 5 ff. BDSG

Alle öffentlichen Stellen, die personenbezogene Daten verarbeiten – mit Aus- **92**
nahme der Gerichte, soweit sie im Rahmen ihrer justiziellen Tätigkeit handeln –, müssen nach Art. 37 Abs. 1 DSGVO einen Datenschutzbeauftragten bestimmen.

93 Nach § 32 g AO sind für die Benennung, Stellung und Aufgaben des Datenschutzbeauftragten der Finanzbehörden im Anwendungsbereich der AO § 5 Abs. 2 bis 5 sowie §§ 6 und 7 des BDSG entsprechend anzuwenden.

94 In diesem Zusammenhang gilt u. a. das Folgende:

– Für mehrere Finanzbehörden kann unter Berücksichtigung ihrer Organisationsstruktur und ihrer Größe ein gemeinsamer Datenschutzbeauftragter benannt werden (§ 5 Abs. 2 BDSG).
– Der Datenschutzbeauftragte kann gem. Art. 37 Abs. 6 DSGVO Beschäftigter des Verantwortlichen bzw. des Auftragsverarbeiters sein oder seine Aufgaben auf der Grundlage eines Dienstleistungsvertrags erfüllen (§ 5 Abs. 4 BDSG).
– Der Verantwortliche oder der Auftragsverarbeiter hat die Kontaktdaten des Datenschutzbeauftragten zu veröffentlichen und diese der Datenschutzaufsichtsbehörde mitzuteilen (§ 5 Abs. 5 BDSG).
– Die Finanzbehörde hat sicherzustellen, dass der Datenschutzbeauftragte bei der Erfüllung seiner Aufgaben keine Anweisungen bezüglich der Ausübung dieser Aufgaben erhält (§ 6 Abs. 3 BDSG). Er handelt insoweit weisungsfrei.

**2. Datenschutzaufsicht über Finanzbehörden – Art. 51 ff. DSGVO, § 32 h Abs. 1 AO**

95 Für die datenschutzrechtliche Aufsicht über die Finanzbehörden hinsichtlich der Verarbeitung personenbezogener Daten im Anwendungsbereich der AO ist die oder der BfDI nach § 8 BDSG zuständig. Die §§ 13 bis 16 des BDSG gelten entsprechend (§ 32 h Abs. 1 AO).

**3. Datenschutzaufsicht über andere öffentliche sowie nicht-öffentliche Stellen**

96 Nach § 9 BDSG ist die oder der BfDI für die Aufsicht über die anderen öffentlichen Stellen des Bundes zuständig, auch soweit sie als öffentlich-rechtliche Unternehmen am Wettbewerb teilnehmen. Dies gilt auch für Auftragsverarbeiter, soweit sie nicht-öffentliche Stellen sind, bei denen dem Bund die Mehrheit der Anteile gehört oder die Mehrheit der Stimmen zusteht und der Auftraggeber eine öffentliche Stelle des Bundes ist.

97 Die Datenschutzaufsicht über andere öffentliche Stellen der Länder sowie nicht-öffentliche Stellen regeln die jeweiligen Landesdatenschutzgesetze. Dies gilt auch, soweit diese anderen öffentlichen und nicht-öffentlichen Stellen gem. § 2 a Abs. 1 Satz 1 AO die Vorschriften der AO und der Steuergesetze über die Verarbeitung personenbezogener Daten zu beachten haben.

**4. Datenschutz-Folgenabschätzung – Art. 35 DSGVO, § 32 h Abs. 2 AO**

98 Die bisherige Vorabkontrolle wird durch die Datenschutz-Folgenabschätzung ersetzt. Die Datenschutz-Folgenabschätzung hat die Funktion, besonders gelagerte Datenverarbeitungsvorgänge bereits im Vorfeld auf mögliche Folgen hin zu untersuchen. Die Vorschriften sind Ausfluss des technischen und organisatorischen Datenschutzes. Sie richten sich nicht nur an die Verantwortlichen, sondern beziehen ebenso den Datenschutzbeauftragten und die Datenschutzaufsicht mit ein. Verantwortlicher ist insoweit nicht das örtlich zuständige Finanzamt, sondern die nach landesrechtlichen Bestimmungen für die datenschutzrechtliche Freigabe von automatisierten Datenverarbeitungsprogrammen zuständige Stelle.

Hat eine Form der Verarbeitung, insbesondere bei Verwendung neuer Technologien, aufgrund der Art, des Umfangs, der Umstände und der Zwecke der Verarbeitung voraussichtlich ein hohes Risiko für die Rechte und Freiheiten potentiell betroffener Personen zur Folge, so führt der Verantwortliche vorab eine Abschätzung der Folgen der vorgesehenen Verarbeitungsvorgänge für den Schutz personenbezogener Daten durch. Eine Datenschutz-Folgenabschätzung ist nach Art. 35 Abs. 3 Buchst. b DSGVO immer erforderlich, wenn eine umfangreiche Verarbeitung besonderer Kategorien von personenbezogenen Daten erfolgt. **99**

Für die Untersuchung mehrerer ähnlicher Verarbeitungsvorgänge mit ähnlich hohen Risiken kann eine einzige Datenschutz-Folgenabschätzung vorgenommen werden (Art. 35 Abs. 1 DSGVO). **100**

Der Verantwortliche holt bei der Durchführung einer Datenschutz-Folgenabschätzung gem. Art. 35 Abs. 2 DSGVO den Rat des Datenschutzbeauftragten ein. **101**

Eine Pflicht zur Durchführung einer Datenschutz-Folgenabschätzung kann darüber hinaus durch die Datenschutzaufsichtsbehörde begründet werden. Diese kann besondere Verarbeitungsvorgänge in eine Liste aufnehmen, für die eine Datenschutz-Folgenabschätzung durchzuführen ist. Die Liste wird veröffentlicht. **102**

Nach Art. 35 Abs. 7 DSGVO muss die Datenschutz-Folgenabschätzung zumindest Folgendes enthalten: **103**

- eine systematische Beschreibung der geplanten Verarbeitungsvorgänge und der Zwecke der Verarbeitung, ggf. einschließlich der von dem Verantwortlichen verfolgten berechtigten Interessen;
- eine Bewertung der Notwendigkeit und Verhältnismäßigkeit der Verarbeitungsvorgänge in Bezug auf den Zweck;
- eine Bewertung der Risiken für die Rechte und Freiheiten der betroffenen Personen und
- die zur Bewältigung der Risiken geplanten Abhilfemaßnahmen, einschließlich Garantien, Sicherheitsvorkehrungen und Verfahren, durch die der Schutz personenbezogener Daten sichergestellt und der Nachweis dafür erbracht wird, dass diese Verordnung eingehalten wird, wobei den Rechten und berechtigten Interessen der betroffenen Personen und sonstiger Betroffener Rechnung getragen wird.

Entwickelt eine Finanzbehörde automatisierte Verfahren zur Verarbeitung personenbezogener Daten im Anwendungsbereich dieses Gesetzes für Finanzbehörden anderer Länder oder des Bundes, so ist von ihr die Datenschutz-Folgenabschätzung nach Art. 35 DSGVO durchzuführen. Soweit die Verfahren, insbesondere bundeseinheitliche Programmbestandteile, von den Finanzbehörden der Länder und des Bundes im Hinblick auf die datenschutzrelevanten Funktionen unverändert übernommen werden, gilt diese Datenschutz-Folgenabschätzung auch für die übernehmenden Finanzbehörden (§ 32 h Abs. 2 AO). In der Finanzverwaltung betrifft dies maßgeblich den Einsatz neuer IT-Verfahren, welche i. d. R. durch die Finanzbehörde eines Landes für den bundeseinheitlichen Einsatz entwickelt werden (§ 4 Abs. 1 KONSENS-Gesetz). Gleiches gilt für wesentliche Änderungen bereits eingesetzter IT-Verfahren. **104**

## VI. Rechtsschutz

### 1. Beschwerdemöglichkeit – Art. 77 DSGVO

105 Jede betroffene Person, die der Ansicht ist, dass die Verarbeitung sie betreffender personenbezogener Daten gegen das steuerliche Datenschutzrecht verstößt, kann sich unbeschadet eines anderweitigen verwaltungsrechtlichen oder gerichtlichen Rechtsbehelfs mit ihrem Anliegen an die nach Art. 77 Abs. 1 DSGVO zuständige Datenschutzaufsichtsbehörde wenden (Beschwerderecht).

### 2. Gerichtliches Rechtsbehelfsverfahren – Art. 78 und 79 DSGVO, § 32 i AO

#### a) Verfahrensrechtliche Regelungen

106[1] Für Streitigkeiten, die das steuerliche Datenschutzrecht betreffen, ist grundsätzlich der Finanzrechtsweg gegeben. Dies gilt gleichermaßen für Klagen von betroffenen Personen (Steuerpflichtigen oder Dritten) gegenüber der verantwortlichen Finanzbehörde (z. B. auf Auskunft) oder zuständigen Datenschutzaufsichtsbehörde, wie für die gerichtliche Überprüfung von Anordnungen der Datenschutzaufsichtsbehörden gegenüber den Finanzbehörden oder einer anderen öffentlichen oder nicht-öffentlichen Stelle. Der Finanzrechtsweg ist ebenso für Auskunfts- und Informationszugangsansprüche gegeben, deren Umfang nach § 32e AO begrenzt wird. Es ist insoweit aber zu beachten, dass diese mit dem Jahressteuergesetz 2020 (BGBl. I S. 3096) geänderte Rechtswegzuweisung keine Auswirkung auf am 29. Dezember 2020 bereits anhängige Verfahren hat, da die Zulässigkeit des beschrittenen Rechtsweges nicht durch eine nach Rechtshängigkeit eintretende Veränderung der sie begründenden Umstände berührt wird (§ 17 Abs. 1 Satz 1 GVG).

Der Finanzrechtsweg ist darüber hinaus auch hinsichtlich Streitigkeiten über Schadenersatzansprüche nach Art. 82 DSGVO gegeben, soweit diese die Verarbeitung personenbezogener Daten durch Finanzbehörden im Anwendungsbereich der AO betreffen (Art. 82 Abs. 6 und Art. 79 Abs. 2 DSGVO i. V. m. § 32 i Abs. 2 AO).

107 Für sämtliche Verfahren ist die Finanzgerichtsordnung (FGO) nach Maßgabe des § 32 i Abs. 5 bis 10 AO, d. h. unter Berücksichtigung der Rn. 110 ff. anzuwenden (§ 32 i Abs. 4 AO).

108[2] Für datenschutzrechtliche Streitigkeiten i. S. d. § 32 i Abs. 1 bis 3 AO findet gem. § 32 i Abs. 9 AO kein Vorverfahren (z. B. in Form eines außergerichtlichen Rechtsbehelfsverfahrens) statt. Daher ist z. B. gegen die Ablehnung einer Auskunft nach Art. 15 DSGVO (Rn. 70) kein Einspruch gegeben. Auseinandersetzungen sind ausschließlich gerichtlich zu klären. Dies gilt jedoch nicht für Auskunfts- und Informationszugangsansprüche, deren Umfang nach § 32e AO begrenzt wird.

#### b) Klage gegen den Beschluss einer Datenschutzaufsichtsbehörde – Art. 78 DSGVO, § 32 i Abs. 1 AO

109 Nach Art. 78 Abs. 1 und 2 DSGVO i. V. m. § 32 i Abs. 1 AO kann gegen einen rechtsverbindlichen Beschluss einer Datenschutzaufsichtsbehörde ein gerichtlicher Rechtsbehelf eingelegt werden. Rechtsbehelfsbefugt sind die betroffene Finanzbehörde oder ihr Rechtsträger sowie jede betroffene Person. Es kann

[1] Rn. 106 Abs. 1 Sätze 3 und 4 angef. durch BMF v. 17. 6. 2021, BStBl. I S. 809.
[2] Rn. 108 letzter Satz angef. durch BMF v. 17. 6. 2021, BStBl. I S. 809.

daher künftig auch Klageverfahren zwischen öffentlichen Stellen zur Streitbeilegung geben.

Nach § 32 i Abs. 5 Satz 1 AO ist das Finanzgericht örtlich zuständig, in dessen Bezirk die jeweils zuständige Datenschutzaufsichtsbehörde ihren Sitz hat. Da nach § 32 h Abs. 1 AO die Datenschutzaufsicht über Finanzbehörden der oder dem BfDI mit Sitz in Bonn obliegt, ist das Finanzgericht Köln örtlich zuständig. **110**

Beteiligte in dem o. g. Verfahren sind gem. § 32 i Abs. 6 AO **111**

- die öffentliche oder nicht-öffentliche Stelle oder die betroffene Person als Klägerin oder Antragstellerin,
- die zuständige Datenschutzaufsichtsbehörde des Bundes oder eines Landes als Beklagte oder Antragsgegnerin,
- der nach § 60 FGO Beigeladene sowie
- die oberste Bundes- oder Landesfinanzbehörde, die dem Verfahren nach § 122 Abs. 2 FGO beigetreten ist.

Eine Klage oder ein Antrag in dem o. g. Verfahren haben aufschiebende Wirkung. **112**

Die Datenschutzaufsichtsbehörde kann nach § 32 i Abs. 10 Satz 2 AO gegenüber einer Finanzbehörde oder ihrem Rechtsträger nicht die sofortige Vollziehung anordnen. **113**

**c) Klage der betroffenen Person gegen Finanzbehörden oder gegen deren Auftragsverarbeiter wegen eines Verstoßes gegen datenschutzrechtliche Bestimmungen – Art. 79 DSGVO, § 32 i Abs. 2 AO**

Jede betroffene Person hat gem. Art. 79 Abs. 1 DSGVO das Recht auf einen gerichtlichen Rechtsbehelf, wenn sie der Ansicht ist, dass die ihr aufgrund dieser Verordnung zustehenden Rechte infolge einer nicht im Einklang mit dieser Verordnung stehenden Verarbeitung ihrer personenbezogenen Daten verletzt wurden. **114**

Nach § 32 i Abs. 5 Satz 2 AO ist das Finanzgericht örtlich zuständig, in dessen Bezirk die beklagte Finanzbehörde ihren Sitz oder der beklagte Auftragsverarbeiter seinen Sitz hat. **115**

Beteiligte in dem o. g. Verfahren sind gem. § 32 i Abs. 7 AO **116**

- die betroffene Person als Klägerin oder Antragstellerin,
- die Finanzbehörde oder der Auftragsverarbeiter als Beklagte oder Antragsgegnerin,
- der nach § 60 FGO Beigeladene sowie
- die oberste Bundes- oder Landesfinanzbehörde, die dem Verfahren nach § 122 Abs. 2 FGO beigetreten ist.

**d) Feststellungsklage gegen einen Beschluss der Datenschutzaufsicht gegenüber einer anderen öffentlichen Stelle oder einer nicht-öffentlichen Stelle – § 32 i Abs. 3 AO**

Die datenschutzrechtliche Aufsicht über öffentliche Stellen, die keine Finanzbehörden sind, sowie über nicht-öffentliche Stellen obliegt den nach dem BDSG oder den entsprechenden Landesgesetzen zuständigen Datenschutzaufsichtsbehörden. Dies gilt auch für Datenschutzfragen hinsichtlich steuerlicher Mitwirkungspflichten. **117**

118 Vertritt die Datenschutzaufsichtsbehörde in einem solchen Fall eine andere Rechtsauffassung als die jeweils zuständige Finanzbehörde, kann diese nach § 32 i Abs. 3 AO auf Feststellung des Bestehens einer Mitwirkungspflicht klagen, wenn die zuständige Datenschutzaufsichtsbehörde einen rechtsverbindlichen Beschluss erlassen hat, der eine Mitwirkungspflicht nach der AO oder den Einzelsteuergesetzen ganz oder teilweise verneint.

119 Die Feststellungsklage hat keine aufschiebende Wirkung.

120 Beteiligte in dem o. g. Verfahren sind gem. § 32 i Abs. 8 AO

- die zuständige Finanzbehörde als Klägerin oder Antragstellerin,
- die Datenschutzaufsichtsbehörde des Bundes oder eines Landes, die den rechtsverbindlichen Beschluss erlassen hat, als Beklagte oder Antragsgegnerin,
- die Stelle, deren Pflicht zur Mitwirkung die Finanzbehörde geltend macht, als Beigeladene und
- die oberste Bundes- oder Landesfinanzbehörde, die dem Verfahren nach § 122 Abs. 2 FGO beigetreten ist.

121 Klagen vor dem Finanzgericht können – die o. g. Rechte betreffend – beispielsweise in folgender Fallkonstellation auftreten:

- Vertritt die zuständige Datenschutzaufsichtsbehörde die Auffassung, dass ein zur Datenübermittlung nach den Steuergesetzen verpflichteter Arbeitgeber (z. B. bzgl. der Lohndaten der betroffenen Person) mit seiner Mitteilung gegen das Datenschutzrecht verstößt, kann er diesem die Datenübermittlung an die Finanzbehörde untersagen. Damit in diesem Zusammenhang rechtsverbindlich geklärt wird, ob eine steuerliche Mitwirkungspflicht besteht, kann die zuständige Finanzbehörde im finanzgerichtlichen Verfahren Klage auf Feststellung des Bestehens einer Mitwirkungspflicht erheben.

122 Nach § 32 i Abs. 5 Satz 1 AO ist das Finanzgericht örtlich zuständig, in dessen Bezirk die zuständige Datenschutzaufsichtsbehörde ihren Sitz hat.

## VII. Informationspflichten bei Verletzung des Schutzes personenbezogener Daten – Art. 33 und 34 DSGVO

### 1. Verletzung des Schutzes personenbezogener Daten

123 Nach Art. 4 Nr. 12 DSGVO ist eine „Verletzung des Schutzes personenbezogener Daten" eine Verletzung der Sicherheit, die, ob unbeabsichtigt oder unrechtmäßig, zur Vernichtung, zum Verlust, zur Veränderung, oder zur unbefugten Offenlegung von bzw. zum unbefugten Zugang zu personenbezogenen Daten führt, die übermittelt, gespeichert oder auf sonstige Weise verarbeitet wurden.

### 2. Meldepflicht gegenüber der oder dem BfDI

124 Im Falle einer solchen Verletzung des Schutzes personenbezogener Daten muss die verantwortliche Finanzbehörde nach Art. 33 Abs. 1 DSGVO unverzüglich und möglichst binnen 72 Stunden, nachdem ihr die Verletzung bekannt wurde, diese der oder dem BfDI melden. Ausgenommen sind nur die Fälle, in denen die Verletzung des Schutzes personenbezogener Daten voraussichtlich nicht zu einem Risiko für die Rechte und Freiheiten betroffener Personen führt. Erfolgt die Meldung nicht binnen 72 Stunden, ist ihr eine Begründung für die Verzögerung beizufügen.

Diese Meldung muss nach Art. 33 Abs. 4 DSGVO zumindest folgende Informationen enthalten: 125

a) eine Beschreibung der Art der Verletzung des Schutzes personenbezogener Daten, soweit möglich mit Angabe der Kategorien und der ungefähren Zahl der betroffenen Personen, der betroffenen Kategorien und der ungefähren Zahl der betroffenen personenbezogenen Datensätze;
b) den Namen und die Kontaktdaten des Datenschutzbeauftragten oder einer sonstigen Anlaufstelle für weitere Informationen;
c) eine Beschreibung der wahrscheinlichen Folgen der Verletzung des Schutzes personenbezogener Daten;
d) eine Beschreibung der von der verantwortlichen Finanzbehörde ergriffenen oder vorgeschlagenen Maßnahmen zur Behebung der Verletzung des Schutzes personenbezogener Daten und ggf. Maßnahmen zur Abmilderung ihrer möglichen nachteiligen Auswirkungen.

Wenn und soweit diese Informationen nicht zur gleichen Zeit bereitgestellt werden können, kann die verantwortliche Finanzbehörde diese Informationen ohne unangemessene weitere Verzögerung schrittweise zur Verfügung stellen (Art. 33 Abs. 4 DSGVO).

Die verantwortliche Finanzbehörde muss nach Art. 33 Abs. 5 DSGVO Verletzungen des Schutzes personenbezogener Daten einschließlich aller im Zusammenhang mit der Verletzung des Schutzes personenbezogener Daten stehenden Fakten, die Auswirkungen der Schutzverletzung und die ergriffenen Abhilfemaßnahmen dokumentieren. Diese Dokumentation muss der oder dem BfDI die Überprüfung der Einhaltung der Bestimmungen dieses Artikels ermöglichen. 126

Wird dem Auftragsverarbeiter einer Finanzbehörde eine Verletzung des Schutzes personenbezogener Daten bekannt, muss er ihr diese unverzüglich melden (Art. 33 Abs. 2 DSGVO). 127

### 3. Benachrichtigung der betroffenen Person

Hat die Verletzung des Schutzes personenbezogener Daten voraussichtlich ein hohes Risiko für die persönlichen Rechte und Freiheiten betroffener Personen zur Folge, muss die verantwortliche Finanzbehörde über die Meldung nach Art. 33 DSGVO hinaus auch die betroffene Person unverzüglich von der Verletzung benachrichtigen (Art. 34 Abs. 1 DSGVO). 128

Die Benachrichtigung muss in klarer und einfacher Sprache die Art der Verletzung des Schutzes personenbezogener Daten beschreiben und zumindest die in Art. 33 Abs. 3 Buchst. b, c und d DSGVO genannten Informationen und Maßnahmen enthalten (Art. 34 Abs. 2 DSGVO).

Eine Benachrichtigung der betroffenen Person ist nach Art. 34 Abs. 3 DSGVO allerdings nicht erforderlich, wenn eine der folgenden Bedingungen erfüllt ist: 129

a) die verantwortliche Finanzbehörde hat geeignete technische und organisatorische Sicherheitsvorkehrungen getroffen und diese Vorkehrungen wurden auf die von der Verletzung betroffenen personenbezogenen Daten angewandt, insbesondere solche, durch die die personenbezogenen Daten für alle Personen, die nicht zum Zugang zu den personenbezogenen Daten befugt sind, unzugänglich gemacht werden, etwa durch Verschlüsselung;
b) die verantwortliche Finanzbehörde hat durch zeitlich nachfolgende Maßnahmen sichergestellt, dass das hohe Risiko für die Rechte und Freiheiten

der betroffenen Personen gem. Art. 34 Abs. 1 DSGVO aller Wahrscheinlichkeit nach nicht mehr besteht;

c) die Benachrichtigung wäre mit einem unverhältnismäßigen Aufwand verbunden. In diesem Fall hat stattdessen eine öffentliche Bekanntmachung oder eine ähnliche Maßnahme zu erfolgen, durch die die betroffenen Personen vergleichbar wirksam informiert werden.

**130** Wenn die verantwortliche Finanzbehörde die betroffene Person nicht bereits über die Verletzung des Schutzes personenbezogener Daten benachrichtigt hat, kann die oder der BfDI nach Art. 34 Abs. 4 DSGVO unter Berücksichtigung der Wahrscheinlichkeit, mit der die Verletzung des Schutzes personenbezogener Daten zu einem hohen Risiko führt, von der verantwortlichen Finanzbehörde verlangen, dies nachzuholen, oder sie kann mit einem Beschluss feststellen, dass bestimmte der in Art. 34 Abs. 3 DSGVO genannten Voraussetzungen erfüllt sind.

Dieses Schreiben tritt mit sofortiger Wirkung an die Stelle des BMF-Schreibens vom 12. Januar 2018 (BStBl. I S. 185). Die materiellen Änderungen gegenüber diesem Schreiben sind durch einen Randstrich gekennzeichnet[1].

---

[1] **Red. Anm.**: Hier nicht wiedergegeben.

**Anlage**

**Informationspflicht der Finanzbehörden im Fall der Erhebung personenbezogener Daten**

| | Datenerhebung bei der betroffenen Person (Art. 13 DSGVO + § 32 a AO) | Datenerhebung bei Dritten (Art. 14 DSGVO + § 32 b AO) |
|---|---|---|
| **Zeitpunkt der Mitteilung** | bei Erhebung der Daten | a) innerhalb einer angemessenen Frist nach Erlangung der personenbezogenen Daten, längstens jedoch innerhalb eines Monats,<br>b) falls die personenbezogenen Daten zur Kommunikation mit der betroffenen Person verwendet werden sollen, spätestens zum Zeitpunkt der ersten Mitteilung an sie,<br>c) falls die Offenlegung an einen anderen Empfänger beabsichtigt ist, spätestens zum Zeitpunkt der ersten Offenlegung. |

| **Mitzuteilende Daten:** | **Datenerhebung bei der betroffenen Person (Art. 13 DSGVO + § 32 a AO)** | **Datenerhebung bei Dritten (Art. 14 DSGVO + § 32 b AO)** |
|---|---|---|
| – Name und die Kontaktdaten des Verantwortlichen sowie ggf. seines Vertreters | Ja | Ja |
| – Ggf. die Kontaktdaten des Datenschutzbeauftragten | Ja | Ja |
| – die Zwecke, für die die personenbezogenen Daten verarbeitet werden sollen | Ja | Ja |
| – Rechtsgrundlage für die Verarbeitung | Ja | Ja |
| – die Kategorien personenbezogener Daten, die verarbeitet werden | Nein | Ja |
| – Ggf. die Empfänger oder Kategorien von Empfängern der personenbezogenen Daten | Ja | Ja |
| – Ggf. die Absicht der Finanzbehörde, die personenbezogenen Daten an ein Drittland oder eine internationale Organisation zu übermitteln, sowie das Vorhandensein oder das Fehlen eines Angemessenheitsbeschlusses der Kommission oder im Falle von Übermittlungen gem. Art. 46 oder Art. 47 oder Art. 49 Abs. 1 Unterabs. 2 DSGVO einen Verweis auf die geeigneten oder angemessenen Garantien und die Möglichkeit, wie eine Kopie von ihnen zu erhalten ist, oder wo sie verfügbar sind. | Ja | Ja |
| – die Dauer, für die die personenbezogenen Daten gespeichert werden oder, falls dies nicht möglich ist, die Kriterien für die Festlegung dieser Dauer | Ja | Ja |

| **Mitzuteilende Daten:** | **Datenerhebung bei der betroffenen Person (Art. 13 DSGVO + § 32 a AO)** | **Datenerhebung bei Dritten (Art. 14 DSGVO + § 32 b AO)** |
|---|---|---|
| – das Bestehen eines Rechts auf Auskunft seitens des Verantwortlichen über die betreffenden personenbezogenen Daten sowie auf Berichtigung oder Löschung oder auf Einschränkung der Verarbeitung und eines Widerspruchsrechts gegen die Verarbeitung sowie des Rechts auf Datenübertragbarkeit; | Ja | Ja |
| – das Bestehen eines Beschwerderechts bei einer Datenschutzaufsichtsbehörde | Ja | Ja |
| – aus welcher Quelle die personenbezogenen Daten stammen und ggf. ob sie aus öffentlich zugänglichen Quellen stammen | Nein | Ja |
| – ob die Bereitstellung der personenbezogenen Daten gesetzlich oder vertraglich vorgeschrieben oder für einen Vertragsabschluss erforderlich ist, ob die betroffene Person verpflichtet ist, die personenbezogenen Daten bereitzustellen, und welche mögliche Folgen die Nichtbereitstellung hätte | Ja | Nein |
| – das Bestehen einer automatisierten Entscheidungsfindung | Ja | Ja |
| – beabsichtigt die Finanzbehörde, die personenbezogenen Daten für einen anderen Zweck weiterzuverarbeiten als den, für den die personenbezogenen Daten erhoben wurden, so stellt er der betroffenen Person vor dieser Weiterverarbeitung Informationen über diesen anderen Zweck und alle anderen maßgeblichen Informationen gem. Art. 13 Abs. 2 bzw. Art. 14 Abs. 2 DSGVO zur Verfügung | Ja | Ja |

| **Keine Information der betroffenen Person, wenn und soweit** | **Datenerhebung bei der betroffenen Person (Art. 13 DSGVO + § 32 a AO)** | **Datenerhebung bei Dritten (Art. 14 DSGVO + § 32 b AO)** |
|---|---|---|
| – die betroffene Person bereits über die Informationen verfügt | Ja | Ja |
| – die Erteilung dieser Informationen sich als unmöglich erweist oder einen unverhältnismäßigen Aufwand erfordern würde | Nein | Ja |
| – die Erlangung oder Offenlegung durch Rechtsvorschriften der Union oder der Mitgliedstaaten, denen der Verantwortliche unterliegt und die geeignete Maßnahmen zum Schutz der berechtigten Interessen der betroffenen Person vorsehen, ausdrücklich geregelt ist oder | Nein | Ja |

| Keine Information der betroffenen Person, wenn und soweit | | Datenerhebung bei der betroffenen Person (Art. 13 DSGVO + § 32 a AO) | Datenerhebung bei Dritten (Art. 14 DSGVO + § 32 b AO) |
|---|---|---|---|
| – | die personenbezogenen Daten gemäß dem Unionsrecht oder dem Recht der Mitgliedstaaten dem Berufsgeheimnis, einschließlich einer satzungsmäßigen Geheimhaltungspflicht, unterliegen und daher vertraulich behandelt werden müssen. | Nein | Ja |
| – | die beabsichtigte Weiterverarbeitung oder Offenbarung würde die ordnungsgemäße Erfüllung der in der Zuständigkeit der Finanzbehörden liegenden Aufgaben i. S. d. Art. 23 Abs. 1 Buchst. d bis h DSGVO gefährden und die Interessen der Finanzbehörden an der Nichterteilung der Information überwiegen die Interessen der betroffenen Person, | Ja | Nein |
| – | die Erteilung der Information würde die ordnungsgemäße Erfüllung der in der Zuständigkeit der Finanzbehörden oder anderer öffentlicher Stellen liegenden Aufgaben i. S. d. Art. 23 Abs. 1 Buchst. d bis h DSGVO gefährden | Nein | Ja |
| – | die beabsichtigte Weiterverarbeitung oder Offenbarung würde die öffentliche Sicherheit oder Ordnung gefährden oder sonst dem Wohl des Bundes oder eines Landes Nachteile bereiten und die Interessen der Finanzbehörde an der Nichterteilung der Information überwiegen die Interessen der betroffenen Person | Ja | Nein |
| – | die beabsichtigte Weiterverarbeitung oder Offenbarung würde die öffentliche Sicherheit oder Ordnung gefährden oder sonst dem Wohl des Bundes oder eines Landes Nachteile bereiten und das Interesse der betroffenen Person an der Informationserteilung muss deswegen zurücktreten | Nein | Ja |
| – | die Erteilung der Information würde die öffentliche Sicherheit oder Ordnung gefährden oder sonst dem Wohl des Bundes oder eines Landes Nachteile bereiten | Nein | Ja |
| – | die beabsichtigte Weiterverarbeitung oder Offenbarung würde den Rechtsträger der Finanzbehörde in der Geltendmachung, Ausübung oder Verteidigung zivilrechtlicher Ansprüche oder in der der Verteidigung gegen ihn geltend gemachter zivilrechtlicher Ansprüche i. S. d. Art. 23 Abs. 1 Buchst. j DSGVO beeinträchtigen und die Finanzbehörde ist nach dem Zivilrecht nicht zur Information verpflichtet, | Ja | Nein |
| – | die beabsichtigte Weiterverarbeitung oder Offenbarung würde eine vertrauliche Offenbarung geschützter Daten gegenüber öffentlichen Stellen gefährden | Ja | Nein |
| – | die Daten, ihre Herkunft, ihre Empfänger oder die Tatsache ihrer Verarbeitung müssen nach § 30 AO oder einer anderen Rechtsvorschrift oder ihrem Wesen nach, insbesondere wegen überwiegender berechtigter Interessen ei- | Nein | Ja |

| Keine Information der betroffenen Person, wenn und soweit | | Datenerhebung bei der betroffenen Person (Art. 13 DSGVO + § 32 a AO) | Datenerhebung bei Dritten (Art. 14 DSGVO + § 32 b AO) |
|---|---|---|---|
| | nes Dritten i. S. d. Art. 23 Abs. 1 Buchst. i DSGVO, geheim gehalten werden | | |
| – | Bezieht sich die Informationserteilung auf die Übermittlung personenbezogener Daten durch Finanzbehörden an Verfassungsschutzbehörden, den Bundesnachrichtendienst, den Militärischen Abschirmdienst und, soweit die Sicherheit des Bundes berührt wird, andere Behörden des Bundesministeriums der Verteidigung, ist sie nur mit Zustimmung dieser Stellen zulässig. | Ja | Ja |

# **800** § 30/11. Schreiben betr. Auskünfte an Gewerbebehörden in gewerberechtlichen Verfahren und Mitteilungen bei Betriebsaufgaben und Betriebsveräußerungen

Vom 19. Dezember 2013 (BStBl. 2014 I S. 19)

(BMF IV A 3 – S 0130/10/10019; DOK 2013/1173005)

Unter Bezugnahme auf das Ergebnis der Erörterungen mit den obersten Finanzbehörden der Länder gilt Folgendes:

## 1. Mitteilungen an Gewerbebehörden von Amts wegen

**1.1.** Das Gewerberecht sieht die Versagung, Rücknahme oder den Widerruf einer gewerberechtlichen Erlaubnis sowie die Untersagung eines Gewerbes bei gewerberechtlicher Unzuverlässigkeit vor (z. B. §§ 33 c, 34 a bis 34 f, 35, 38 GewO, § 15 GastG bzw entsprechende landesrechtliche Vorschriften). Die gewerberechtliche Unzuverlässigkeit kann auch aus steuerrechtlichen Sachverhalten hergeleitet werden. Die Gewerbebehörden sind verpflichtet, mit den Mitteln der Gewerbeuntersagung gegen solche Gewerbetreibende einzuschreiten, die ihre steuerlichen Pflichten nicht erfüllen, um so das Vertrauen der Allgemeinheit auf die Redlichkeit des Geschäftsverkehrs und die ordnungsgemäße Arbeit der Gewerbebehörden zu bewahren.

**1.2.** Die gewerberechtlichen Vorschriften über die Versagung, Rücknahme oder den Widerruf einer gewerberechtlichen Erlaubnis sowie die Untersagung eines Gewerbes bei gewerberechtlicher Unzuverlässigkeit rechtfertigen keine Durchbrechung des Steuergeheimnisses nach § 30 Abs. 4 Nr. 2 AO. Die Finanzbehörden sind aber aufgrund eines zwingenden öffentlichen Interesses an der Durchbrechung des Steuergeheimnisses zur Offenbarung von steuerlichen Verhältnissen im Hinblick auf diejenigen Tatsachen befugt, aus denen sich die Unzuverlässigkeit des Gewerbetreibenden im Sinne des Gewerberechts ergeben kann (vgl. BFH-Urteile vom 10. Februar 1987 VII R 77/84, BStBl. II S. 545, und vom 29. Juli 2003 VII R 39/02, VII R 43/02, BStBl. II S. 828). Die richtige Auslegung und Anwendung des Gewerberechts in einem gewerberechtlichen Erlaubnis- oder Untersagungsverfahren obliegt dabei den Gewerbebehörden, nicht den Finanzbehörden. Die Finanzbehörde hat aber nach § 30 Abs. 4 Nr. 5 AO in eigener Verantwortung zu prüfen, ob ein zwingendes öffentliches Interesse die Durchbrechung des Steuergeheimnisses rechtfertigt.

**1.3.** Das von § 30 Abs. 4 Nr. 5 AO verlangte zwingende öffentliche Interesse ist dabei nicht davon abhängig, ob die Voraussetzungen des Gewerberechts (z. B. §§ 33 c, 34 a bis § 34 f, 35, 38 GewO, § 15 GastG bzw. entsprechende landesrechtliche Regelungen) tatsächlich vorliegen. Das zu beurteilen gestattet § 30 Abs. 4 Nr. 5 AO der Finanzbehörde nicht, die damit vielmehr dem Vollzug des Gewerberechts, der allein der Gewerbebehörde obliegt, unzulässig vorgreifen würde. Tatsachen, die eindeutig nicht geeignet sind, alleine oder in Verbindung mit anderen Tatsachen eine Versagung, Rücknahme oder den Widerruf einer gewerberechtlichen Erlaubnis oder eine Gewerbeuntersagung zu rechtfertigen, dürfen nicht mitgeteilt werden. Dabei muss die Finanzbehörde die Maßstäbe anlegen, die von den Verwaltungsbehörden und -gerichten aufgestellt worden sind (BFH-Urteil vom 29. Juli 2003 VII R 39/02, VII R 43/02, BStBl. II S. 828).

**1.4.** Ein zwingendes öffentliches Interesse an der Mitteilung von steuerlichen Verhältnissen gegenüber den Gewerbebehörden liegt grundsätzlich nur vor, soweit es sich um Steuern handelt, die durch die gewerbliche Tätigkeit ausgelöst wurden (insbesondere Lohnsteuer, Umsatzsteuer – vgl. BFH-Urteil vom 10. Februar 1987 VII R 77/84, BStBl. II S. 545). Bei Personensteuern (insbesondere Einkommensteuer, Kirchensteuer) besteht ein solcher Zusammenhang, soweit diese Steuern durch die gewerbliche Tätigkeit ausgelöst wurden. Unabhängig davon ist ein zwingendes öffentliches Interesse an der Mitteilung hinsichtlich der Personensteuern auch dann zu bejahen, wenn Versagung, Rücknahme oder Widerruf einer gewerberechtlichen Erlaubnis oder Gewerbeuntersagung wegen Unzuverlässigkeit infolge wirtschaftlicher Leistungsunfähigkeit im Raume stehen (z. B. hohe Schuldenlast, kein Sanierungskonzept – vgl. OVG Münster vom 2. September 1987 4 A 152/87).

**1.5.** Zu Mitteilungen in den Fällen des § 14 Abs. 4 GewO siehe Tz. 6.

## 2. Voraussetzungen der Unzuverlässigkeit

Die Verletzung steuerrechtlicher Pflichten, die mit der Ausübung des Gewerbes im Zusammenhang stehen, begründet die gewerberechtliche Unzuverlässigkeit nicht in jedem Fall, wohl aber dann, wenn das Verhalten des Steuerpflichtigen darauf schließen lässt, dass er nicht willens oder in der Lage ist, seine öffentlichen Berufspflichten zu erfüllen. Wegen der weittragenden Bedeutung, die die Versagung einer Erlaubnis oder die Unterbindung der gewerblichen Tätigkeit für den Betroffenen hat, muss es sich um erhebliche Verstöße handeln. Wann jeweils Unzuverlässigkeit vorliegt, kann nur unter Würdigung aller Umstände des Einzelfalles entschieden werden. Anhaltspunkte für die Entscheidung bieten folgende Kriterien:

### 2.1. Nichtabgabe von Steuererklärungen

Die Nichtabgabe von Steuererklärungen begründet für sich allein eine Unzuverlässigkeit nur dann, wenn die Erklärungen trotz Erinnerung hartnäckig über längere Zeit nicht abgegeben werden (vgl. BVerwG-Urteil vom 16. März 1982 1 C 124/80). Die Nichtabgabe von Lohnsteueranmeldungen oder von Umsatzsteuer-Voranmeldungen hat in der Regel besonderes Gewicht. Die Nichtabgabe von Steuererklärungen in den übrigen Fällen wird regelmäßig nur in Verbindung mit der Nichtentrichtung von Steuern nach Tz. 2.2 von Belang sein.

Der bloße Erlass von Schätzungsbescheiden infolge Nichterfüllung steuerlicher Erklärungspflichten reicht noch nicht aus, um eine Unzuverlässigkeitsprognose gemäß § 35 GewO zu begründen. Eine gemäß § 162 AO schätzungsweise festgesetzte Steuerschuld ist im Übrigen aber im Rahmen des § 35 GewO grundsätzlich nicht anders zu würdigen als eine solche, die sich aus ermittelten Besteuerungsgrundlagen ergibt (BVerwG-Beschluss vom 26. September 1991 1 B 115/91).

### 2.2. Nichtentrichtung von Steuern

Die Nichtentrichtung von Steuern, insbesondere ein erheblicher Steuerrückstand, wird vielfach die Unzuverlässigkeit begründen. Mitgeteilt werden können dabei nicht nur bestandskräftig festgesetzte Steuerforderungen, sondern auch fällige, aber noch nicht bestandskräftig festgesetzte Steuerforderungen (BFH-Urteil vom 29. Juli 2003, BStBl. II S. 828). Nur wenn die Vollziehung eines Steuerbescheides nach § 361 AO oder § 69 FGO ausgesetzt ist, darf die Nichtzahlung der festgesetzten Steuer im gewerberechtlichen Untersagungsverfahren nicht berücksichtigt werden (vgl. BVerwG-Beschluss vom 30. September 1998 1 B 100/98, mit Hinweis auf den Beschluss vom 5. März 1997 1 B 56/97).

In diesem Zusammenhang sind folgende Gesichtspunkte zu berücksichtigen:

#### 2.2.1. Umfang und Art der Steuerrückstände

Erforderlich ist in jedem Fall ein für die Verhältnisse des Betriebes erheblicher Steuerrückstand. Beträge unter 5000 € reichen in aller Regel nicht aus.

Von Bedeutung ist ferner die Entwicklung der Steuerrückstände – getrennt nach Steuerarten – über längere Zeit. Ständig schleppender Zahlungseingang kann auch bei verhältnismäßig geringen Steuerrückständen die Unzuverlässigkeit begründen, während etwa eine hohe Steuerschuld im Anschluss an eine Außenprüfung nicht ohne weiteres auf steuerliche Unzuverlässigkeit schließen lässt.

Beruhen die Steuerrückstände ganz oder teilweise darauf, dass einbehaltene Steuerabzugsbeträge (insbesondere Lohnsteuerbeträge) mehrfach nicht abgeführt worden sind, so begründet dies in der Regel Unzuverlässigkeit.

#### 2.2.2. Vollstreckungsversuch

Ein Vollstreckungsversuch des Finanzamts ist in aller Regel unabdingbare Voraussetzung für die Einleitung eines gewerberechtlichen Untersagungsverfahrens wegen Steuerrückständen.

### 2.3. Subjektive und objektive Seite der Verstöße

Unzuverlässigkeit ist u. a. anzunehmen, wenn der Gewerbetreibende nicht willens ist, seine steuerrechtlichen Verpflichtungen zu erfüllen. Hierauf lässt eine ständige Missachtung der ihm obliegenden Verpflichtungen schließen, z. B. die Weigerung, Steuererklärungen abzugeben, Steuerrückstände zu begleichen, einen Abzahlungsplan zu vereinbaren oder einzuhalten sowie der Versuch, Vollstreckungsmaßnahmen des Finanzamts zu vereiteln.

Aber auch eine unverschuldet eingetretene Notlage, die z. B. auf allgemeine oder strukturelle wirtschaftliche Schwierigkeiten zurückzuführen ist, kann die Annahme der Unzuverlässigkeit rechtfertigen. Unzuverlässigkeit setzt weder ein Verschulden im Sinne eines moralischen oder ethischen Vorwurfs noch einen Charaktermangel voraus. Die gewerberechtlichen Bestimmungen über die Versagung, die Rücknahme oder den Widerruf einer Erlaubnis sowie über die Untersagung eines Gewerbes sind wertneutral und keine Strafvorschriften. Der Schutz der Allgemeinheit gebietet es, bei unzuverlässigen Gewerbetreibenden die weitere Ausübung des Gewerbes zu unterbinden, wobei es im Hinblick auf etwaige Schädigungen des zu schützenden Personenkreises belanglos ist, ob Verschulden vorliegt oder nicht (BVerwG-Beschluss vom 12. Juli 1990 1 B 110/90). Die Unzuverlässigkeit kann auch allein durch wirtschaftliche Leistungsunfähigkeit begründet werden. Eine Gewerbeuntersagung setzt damit kein Verschulden des Gewerbetreibenden oder sonst einen ihn persönlich treffenden Vorwurf der Unredlichkeit voraus, sondern ist nach der verwaltungsgerichtlichen Rechtsprechung auch dann gerechtfertigt, wenn der Gewerbetreibende lediglich objektiv nicht in der Lage ist, seinen steuerlichen Zahlungspflichten zumindest im Rahmen eines realistischen Planes zur finanziellen Sanierung seines Gewerbebetriebes nachzukommen (vgl. BVerwG-Urteil vom 2. Februar 1982 1 C 146/80, BVerwGE 65, 1; BVerwG-Beschluss vom 11. November 1996 1 B 226/96).

### 2.4. Steuerliche Straf- und Bußgeldverfahren

Wichtige Anhaltspunkte für die Unzuverlässigkeit können steuerliche Straf- oder Bußgeldverfahren sein, die im Zusammenhang mit der Ausübung eines Gewerbebetriebes stehen. Für die Prüfung der Zuverlässigkeit des Gewerbetreibenden sind sowohl der Sachverhalt, der zur Einleitung des Verfahrens geführt hat, als auch das Ergebnis des Verfahrens sowie das Verhalten des Steuerpflichtigen nach dem Verfahren erheblich.

### 2.5. Künftiges Verhalten

Maßgebend für die Beurteilung der gewerberechtlichen Unzuverlässigkeit ist stets, ob der Gewerbetreibende keine Gewähr dafür bietet, dass er das Gewerbe künftig ordnungsgemäß ausüben wird. Steuerrechtliche Sachverhalte sind nur dann gewerberechtlich von Bedeutung, wenn aus ihnen auf ein künftiges nicht ordnungsmäßiges Verhalten geschlossen werden kann.

### 2.6. Sondervorschriften

Besondere gesetzliche Bestimmungen über die Berücksichtigung steuerlichen Verhaltens (z. B. § 3 Abs. 5 des Güterkraftverkehrsgesetzes, § 25 Abs. 3 des Personenbeförderungsgesetzes) bleiben unberührt.

## 3. Auskunftsersuchen der Gewerbebehörde an das Finanzamt

### 3.1. Anwendungsbereich

Ergeben sich im Rahmen eines Verfahrens auf Erteilung einer Erlaubnis, eines Verfahrens auf Rücknahme oder Widerruf einer Erlaubnis oder auf Gewerbeuntersagung Anhaltspunkte für eine Verletzung steuerrechtlicher Pflichten, so bittet die Gewerbebehörde das zuständige Finanzamt um Auskunft, soweit nicht die Erteilung einer Bescheinigung an den Betroffenen über seine steuerlichen Verhältnisse vorgesehen ist.

Anhaltspunkte für die Verletzung steuerrechtlicher Pflichten bestehen insbesondere dann, wenn ein Gewerbetreibender sonstige öffentlich-rechtliche Zahlungsverpflichtungen, z. B. zur Abführung von Sozialversicherungsbeiträgen, nicht erfüllt. Die Gewerbebehörde muss in ihrer Anfrage das Vorliegen derartiger Anhaltspunkte darlegen.

### 3.2. Voraussetzungen der Auskunft

Die gewerberechtlichen Bestimmungen enthalten keine ausdrückliche Auskunftsermächtigung im Sinne des § 30 Abs. 4 Nr. 2 AO (siehe Tz. 1.2).

Auskünfte der Finanzämter an die Gewerbebehörden, die in gewerberechtlichen Verfahren für die Versagung einer beantragten Erlaubnis, die Rücknahme oder den Widerruf einer Erlaubnis oder eine Gewerbeuntersagung mitentscheidend sein können, sind daher nur in folgenden Fällen zulässig:

a) Der Gewerbetreibende stimmt einer Auskunft durch das Finanzamt zu (§ 30 Abs. 4 Nr. 3 AO).

b) Die Auskunftserteilung liegt im zwingenden öffentlichen Interesse (§ 30 Abs. 4 Nr. 5 AO). Dies ist der Fall, wenn die Voraussetzungen der Tz. 1, 2, 2.1 bis 2.6 erfüllt sind.

### 3.3. Erteilung der Auskunft

**3.3.1.** Liegen die Voraussetzungen für eine Offenbarung vor, hat das Finanzamt der Gewerbebehörde die steuerlichen Verhältnisse des Steuerpflichtigen mitzuteilen, die für das gewerberechtliche Verfahren von Bedeutung sein können (vgl. Tz. 2.1 ff.). Tatsachen, die eindeutig nicht geeignet sind, alleine oder in Verbindung mit anderen Tatsachen eine Versagung, Rücknahme oder den Widerruf einer gewerberechtlichen Erlaubnis oder eine Gewerbeuntersagung zu rechtfertigen, dürfen nicht mitgeteilt werden.

Vergleiche aber Tz. 5.

**3.3.2.** Ist der Betroffene steuerlich zuverlässig oder fallen seine steuerlichen Verhältnisse bei der Beurteilung seiner gewerberechtlichen Zuverlässigkeit nicht ins Gewicht, teilt das Finanzamt der Gewerbebehörde lediglich mit, dass eine Offenbarung mangels zwingenden öffentlichen Interesses im Sinne des § 30 Abs. 4 Nr. 5 AO nicht zulässig ist, soweit keine Zustimmung des Steuerpflichtigen im Sinne des § 30 Abs. 4 Nr. 3 AO vorliegt.

## 4. Anregung des Finanzamts an die Gewerbebehörde auf Einleitung eines Untersagungsverfahrens

### 4.1. Anwendungsbereich

Vor Ausübung seiner Befugnis, die Rücknahme oder den Widerruf einer gewerberechtlichen Erlaubnis oder die Untersagung eines Gewerbes bei der zuständigen Behörde anzuregen und dazu die steuerlichen Verhältnisse des Betroffenen zu offenbaren, soll das Finanzamt wegen des Gebotes der Verhältnismäßigkeit der Mittel zunächst prüfen, ob das Besteuerungsverfahren auch mit anderen, den Steuerpflichtigen weniger hart treffenden Maßnahmen gefördert werden kann (Zwangsvollstreckung in das bewegliche oder unbewegliche Vermögen, Festsetzung von Zwangsgeld, Inanspruchnahme von Haftungsschuldnern). Ist dies nicht der Fall, ist abzuwägen, ob die Pflichtverstöße des Steuerpflichtigen oder seine Rückstände derart schwer wiegen, dass ihm die Möglichkeit eigener wirtschaftlicher Betätigung ganz oder teilweise entzogen werden muss.

### 4.2. Voraussetzungen für die Mitteilung steuerlicher Verhältnisse

Die Auskunftserteilung ist nur zulässig, wenn neben den unter Tz. 4.1 dargestellten Voraussetzungen auch die in Tz. 3.2 genannten Bedingungen erfüllt sind.

**5. Auswirkungen der Insolvenzordnung (InsO) auf gewerberechtliche Maßnahmen**

Nach § 12 GewO finden Vorschriften, welche die Untersagung eines Gewerbes oder die Rücknahme oder den Widerruf einer Zulassung wegen Unzuverlässigkeit des Gewerbetreibenden, die auf ungeordnete Vermögensverhältnisse zurückzuführen ist, ermöglichen, während eines Insolvenzverfahrens, während der Zeit, in der Sicherungsmaßnahmen nach § 21 InsO angeordnet sind, und während der Überwachung der Erfüllung eines Insolvenzplans (§ 260 InsO) keine Anwendung in Bezug auf das Gewerbe, das zurzeit des Antrags auf Eröffnung des Insolvenzverfahrens ausgeübt wurde. Innerhalb der in § 12 GewO genannten Zeiträume ist die Anregung einer Gewerbeuntersagung bezüglich des insolvenzbefangenen Gewerbes daher nicht zulässig und die Offenbarung entsprechender Daten nicht durch § 30 Abs. 4 Nr. 5 AO (zwingendes öffentliches Interesse) gestattet. Tritt in einem Fall, in dem das Finanzamt die Gewerbeuntersagung angeregt hat, einer der Tatbestände des § 12 GewO ein, soll das Finanzamt die Gewerbebehörde entsprechend informieren.

Dies gilt nicht für eine nach § 35 Abs. 2 Satz 1 InsO freigegebene selbstständige Tätigkeit des Gewerbetreibenden, wenn dessen Unzuverlässigkeit mit Tatsachen begründet wird, die nach der Freigabe eingetreten sind.

**6. Mitteilung bei Betriebsaufgabe und Betriebsveräußerung**

Nach § 14 Abs. 4 GewO teilen die Finanzbehörden den zuständigen Behörden die nach § 30 AO geschützten Verhältnisse von Unternehmen im Sinne des § 5 GewStG mit, wenn deren Steuerpflicht erloschen ist; mitzuteilen sind lediglich Name und Anschrift des Unternehmers und der Tag, an dem die Steuerpflicht endete. Die Mitteilungspflicht besteht nicht, soweit ihre Erfüllung mit einem unverhältnismäßigen Aufwand verbunden wäre.

Solange ein automationsunterstützter Mitteilungsdienst noch nicht eingerichtet ist, ist regelmäßig davon auszugehen, dass die gesonderte Übermittlung der Daten mit einem unverhältnismäßigen Aufwand verbunden ist. Eine Verpflichtung der Finanzbehörden, für die Gewerbebehörden weitere als die aus steuerlichen Gründen notwendigen Nachforschungen anzustellen, besteht nicht.

Dieses Schreiben tritt an die Stelle des BMF-Schreibens vom 14. Dezember 2010 IV A 3 – S 0130/10/10019, BStBl. I S. 1430.

# 800 § 30/12. Gleich lautende Erlasse betr. Übermittlung von Daten nach § 10 StBerG

Vom 1. September 2021
Oberste Finanzbehörden der Länder
(BStBl. I S. 1521)

§ 10 StBerG ist durch das Gesetz zur Neuregelung des Berufsrechts der anwaltlichen und steuerberatenden Berufsausübungsgesellschaften sowie zur Änderung weiterer Vorschriften im Bereich der rechtsberatenden Berufe vom 7. Juli 2021 (BGBl. I S. 2363) neu gefasst worden und hat die Überschrift „Übermittlung von Daten" erhalten.

## I. Allgemein

Nach § 10 Abs. 1 StBerG haben Gerichte und Behörden einschließlich der Berufskammern der zuständigen Stelle Daten über Personen und Berufsausübungsgesellschaften zu übermitteln, deren Kenntnis für die in den dortigen Nrn. 1 bis 6 StBerG aufgeführten Verfahren bzw. Prüfungen erforderlich sind. Ob Daten zu übermitteln sind, ist aus Sicht der übermittelnden Stelle zu beurteilen.

Ein Ermessensspielraum besteht nicht. Das Steuergeheimnis steht der Mitteilungspflicht nach § 10 Abs. 2 Satz 2 StBerG nicht entgegen (§ 30 Abs. 4 Nr. 2 AO; vgl. Abschn. III.).

Der Begriff der Behörden umfasst auch die Finanzbehörden. Im Interesse einer einheitlichen Handhabung erfolgen die Mitteilungen nach § 10 StBerG durch die Oberfinanzdirektionen oder durch die durch die Landesregierung bestimmte Landesfinanzbehörde. Diesen bleibt es überlassen zu regeln, in welcher Weise die nachgeordneten Dienststellen über bekannt gewordene Tatsachen i.S.d. § 10 StBerG zu berichten haben.

Zu den Berufskammern zählen alle berufsständischen Körperschaften des öffentlichen Rechts (z.B. Steuerberaterkammern, Rechtsanwaltskammern, Notarkammern, Wirtschaftsprüferkammer, Patentanwaltskammer).

## II. Anwendungsbereich des § 10 Abs. 1 StBerG

### 1. Zulassung zur Prüfung/Befreiung von der Prüfung zum Steuerberater

Die Daten, die nach § 10 Abs. 1 Nr. 1 StBerG zu übermitteln sind, müssen aus Sicht der übermittelnden Stelle für die Beurteilung der Voraussetzungen der §§ 36 und 38 StBerG erforderlich sein.

Die Bestellung zum Steuerberater kann nur mit einer bestandenen Prüfung oder einer Befreiung von der Prüfung erfolgen. Über die Anträge auf Zulassung zur Prüfung bzw. auf Befreiung von der Prüfung entscheidet die zuständige Steuerberaterkammer. Die persönlichen Voraussetzungen für die Zulassung zur Prüfung ergeben sich aus § 36 StBerG, der bestimmte Aus- und Vorbildungen sowie eine mehrjährige praktische Tätigkeit voraussetzt. Wer von der Steuerberaterprüfung befreit werden kann, bestimmt § 38 StBerG. Diese Regelung betrifft Professoren, ehemalige Finanzrichter, ehemalige Beamte des höheren und des gehobenen Dienstes und vergleichbare Angestellte.

Zuständige Stelle, an die die Daten zu übermitteln sind, ist die jeweils zuständige Steuerberaterkammer.

**2. Bestellung/Wiederbestellung/Rücknahme der Bestellung/Widerruf der Bestellung als Steuerberater oder Steuerbevollmächtigter**

Nach § 10 Abs. 1 Nr. 2 StBerG hat eine Datenübermittlung zu erfolgen, sofern diese für die Bestellung (§ 40 StBerG), die Wiederbestellung (§ 48 StBerG), die Rücknahme oder den Widerruf (§ 46 StBerG) als Steuerberater oder Steuerbevollmächtigter erforderlich ist.

Für die Beurteilung der Erforderlichkeit sind insbesondere die jeweiligen Voraussetzungen zu betrachten. Die Bestellung als Steuerberater ist nach § 40 Abs. 2 und 3 StBerG u.a. zu versagen, wenn der Bewerber

- nicht in geordneten wirtschaftlichen Verhältnissen lebt,
- infolge strafgerichtlicher Verurteilung die Fähigkeit zur Bekleidung öffentlicher Ämter nicht besitzt,
- aus gesundheitlichen Gründen nicht nur vorübergehend unfähig ist, den Beruf des Steuerberaters ordnungsgemäß auszuüben,
- sich so verhalten hat, dass die Besorgnis begründet ist, er werde den Berufspflichten als Steuerberater nicht genügen, oder
- eine Tätigkeit ausübt, die mit dem Beruf des Steuerberaters oder Steuerbevollmächtigten unvereinbar ist.

Diese Versagungsgründe decken sich inhaltlich zum Teil mit den Widerrufsgründen nach § 46 Abs. 2 StBerG.

Als relevante Daten kommen beispielsweise in Betracht:

- Vermögensverfall,
- Ermittlungsverfahren wegen des Verdachts der Steuerhinterziehung, sofern die öffentliche Klage erhoben wird oder das Verfahren nach § 153a StPO eingestellt wird,
- Sucht oder lang andauernde Erkrankung oder
- Verstoß gegen Pflichten eines Steuerberaters oder Steuerbevollmächtigten als Mitglied des Geschäftsführungs- oder Aufsichtsorgans einer Berufsausübungsgesellschaft durch sog. Strohmannverhältnisse.

Zuständige Stelle, an die die Daten zu übermitteln sind, ist die jeweils zuständige Steuerberaterkammer. Soweit ein Steuerberater oder Steuerbevollmächtigter gleichzeitig Rechtsanwalt, Notar, Patentanwalt, Wirtschaftsprüfer und/oder vereidigter Buchprüfer ist, sind die Daten aufgrund der in der Bundesrechtsanwaltsordnung, der Bundesnotarordnung, der Patentanwaltsordnung oder Wirtschaftsprüferordnung enthaltenen, dem § 10 StBerG vergleichbaren Vorschriften (vgl. dazu unter IV.) in der Regel auch an die für diese Berufe zuständige Berufskammer zu übermitteln.

**3. Anerkennung/Rücknahme der Anerkennung/Widerruf der Anerkennung als Berufsausübungsgesellschaft oder als Lohnsteuerhilfeverein**

Die Datenübermittlung nach § 10 Abs. 1 Nr. 3 StBerG bezieht sich auf Lohnsteuerhilfevereine und Berufsausübungsgesellschaften. Beiden ist gemeinsam, dass sie ein Anerkennungsverfahren durchlaufen müssen und die Anerkennung zurückgenommen oder widerrufen werden kann.

Die Daten müssen im Zusammenhang stehen mit der Anerkennung nach § 14 bzw. § 53 StBerG oder der Rücknahme oder dem Widerruf nach § 20 bzw. § 55 StBerG.

Als relevante Daten im Zusammenhang mit Lohnsteuerhilfevereinen kommen beispielsweise in Betracht:

- wiederholter Verstoß gegen § 4 Nr. 11 StBerG,
- Vermögensverfall (Eröffnung eines Insolvenzverfahrens gegen den Verein oder Eintragung des Vereins in das Schuldnerverzeichnis),
- Ausübung einer anderen wirtschaftlichen Tätigkeit in Verbindung mit der Hilfeleistung in Steuersachen (z.B. Mitwirkung bei der Vorfinanzierung von Steuererstattungsansprüchen),
- steuerliche Pflichtverletzungen des Lohnsteuerhilfevereins,
- Beratung/Erklärungsabgabe durch einen Verein/eine Beratungsstelle, ohne im Verzeichnis eingetragen zu sein (§ 14 Abs. 3, § 23 Abs. 6 StBerG),
- Zahlung von Honorar lt. Rechnung/Quittung in Zusammenhang mit Beratung (leistungsabhängige Mitgliedsbeiträge),
- fehlende Berufshaftpflichtversicherung (keine Versicherungsbeiträge in der Gewinnermittlung ersichtlich) oder
- Leitung von mehr als zwei Beratungsstellen durch den Beratungsstellenleiter (Einkünfte aus mehreren „Filialen" erklärt).

Im Zusammenhang mit Berufsausübungsgesellschaften kommen beispielsweise als relevante Daten in Betracht:

- Vermögensverfall der Berufsausübungsgesellschaft,
- Handlungen eines Mitglieds des Geschäftsführungs- oder Aufsichtsorgans der Berufsausübungsgesellschaft, die einen der Versagungstatbestände des § 40 Abs. 2 StBerG erfüllen (vgl. Ausführungen zu Nr. 2), oder
- Halten von Anteilen an einer Berufsausübungsgesellschaft für fremde Rechnung (§ 50a Abs. 1 Nr. 2 StBerG).

Zuständige Stelle bezüglich Berufsausübungsgesellschaften ist die jeweils zuständige Steuerberaterkammer, bezüglich Lohnsteuerhilfevereinen die jeweils zuständige Aufsichtsbehörde (§ 27 StBerG).

**4. Einleitung oder Durchführung eines berufsaufsichtlichen Verfahrens**

§ 10 Abs. 1 Nr. 4 StBerG entspricht inhaltlich weitestgehend § 10 Abs. 1 StBerG und § 10 Abs. 2 Satz 1 Nr. 3 StBerG in seiner bisherigen Fassung. Der Terminus des „berufsaufsichtlichen Verfahrens" wurde im Sinne eines Gleichklangs mit § 92 Satz 1 Nr. 1, § 93 Abs. 2 Nr. 2 und § 110 StBerG und den entsprechenden Vorschriften in den anderen Berufsgesetzen verwendet, ohne dass damit eine inhaltliche Änderung zur bisherigen Formulierung verbunden ist. Die zu übermittelnden Daten können sich demnach weiterhin sowohl auf ein etwaiges Rügeverfahren (§§ 81 ff. StBerG) als auch auf ein mögliches berufsgerichtliches Verfahren (§§ 89 ff. StBerG) beziehen. Erweiternd sollen der zuständigen Stelle künftig auch solche Daten übermittelt werden, die für die Durchführung eines laufenden berufsaufsichtlichen Verfahrens von Bedeutung sein können.

Die Daten müssen grundsätzlich solche Tatsachen betreffen, die den Verdacht begründen, dass eine der in den §§ 3, 3a, 3d oder 4 Nr. 1 oder 2 StBerG genannte Person oder Gesellschaft eine Berufspflicht verletzt hat. Hierbei ist zu berücksichtigen, dass nicht jede berufliche Fehlleistung eine Berufspflichtverletzung darstellt. Vielmehr muss der konkrete Verdacht bestehen, dass der Berufsangehörige seine Berufspflichten schuldhaft verletzt hat. In der Regel ist das der Fall, wenn der Berufsangehörige unter Berücksichtigung der gebotenen Sorgfalt fahrlässig, leichtfertig oder gar vorsätzlich gehandelt hat. Der Verdacht muss so stark sein, dass er aus Sicht der übermittelnden Stelle die Einleitung eines Verfahrens durch die zuständige Stelle rechtfertigen würde. Eine darüber hinausgehende Sicherheit ist nicht erforderlich; insbesondere kann die Ermittlung weiteren Sachverhalts der zuständigen Stelle überlassen bleiben.

Ein außerhalb des Berufs liegendes Verhalten des Steuerberaters oder des Steuerbevollmächtigten kann nur dann eine berufsgerichtlich zu ahndende Pflichtverletzung darstellen, wenn es nach den Umständen des Einzelfalls in besonderem Maße geeignet ist, Achtung und Vertrauen in einer für die Ausübung der Berufstätigkeit oder für das Ansehen des Berufs bedeutsamen Weise zu beeinträchtigen.

Die Pflicht zur Unabhängigkeit kann z.B. durch wiederkehrende oder nicht beitreibbare Steuerrückstände, häufige Zwangsvollstreckungen, Vermögensverfall, die Eintragung ins Schuldnerverzeichnis (§ 284 Abs. 9 Satz 1 AO), den Erlass eines Haftbefehls zur Erzwingung einer solchen Maßnahme, bei wirtschaftlicher Beteiligung an Geschäften des Auftraggebers (z.B. Gesellschaftsbeteiligung, auch stille Gesellschaft, Darlehen), bei der Übernahme von Bürgschaften für Verpflichtungen des Auftraggebers oder bei Zusicherung wirtschaftlicher Vorteile, um Mandanten an sich zu binden, gefährdet sein.

Ein Verstoß gegen die Pflicht zur Gewissenhaftigkeit kann z.B. bei der Nichtanmeldung und Nichtabführung der Lohnsteuer für die Angestellten vorliegen. Dies stellt eine berufliche Verfehlung dar, die dem Ansehen des Berufsstandes schadet. Entsprechendes gilt für Verfehlungen in eigenen Steuerangelegenheiten (z.B. Steuerrückstände, Steuerhinterziehung oder Nichtabgabe von Steuererklärungen).

Sofern die übermittelnde Behörde eine Finanzbehörde ist, müssen sich die den Verdacht begründenden Tatsachen oder Umstände aus Feststellungen der Finanzbehörde im Besteuerungsverfahren oder sonstigen in ihre Zuständigkeit fallende Angelegenheiten ergeben.

Es ist nicht Aufgabe der Finanzbehörde, aufgrund von Anzeigen und Beschwerden von Steuerpflichtigen und anderen Berufsangehörigen tätig zu werden. Vielmehr sind diese an die zuständige Berufskammer zu verweisen.

Die Berufspflichten sind in den jeweiligen Berufsgesetzen und den ggf. hierzu ergangenen Berufsordnungen geregelt.

Zu den wesentlichen Berufspflichten gehören:

a) Steuerberater, Steuerbevollmächtigte (§§ 57 bis 69 StBerG, § 86 Abs. 2 Nr. 2 StBerG in Verbindung mit der Berufsordnung der Bundessteuerberaterkammer, BOStB):
   - Pflicht zur Unabhängigkeit (§ 57 Abs. 1 StBerG, § 2 BOStB)
   - Pflicht zur Eigenverantwortlichkeit (§ 57 Abs. 1, § 60 StBerG, § 3 BOStB)
   - Pflicht zur Gewissenhaftigkeit (§ 57 Abs. 1 StBerG, § 4 BOStB)
   - Pflicht zur Verschwiegenheit (§ 57 Abs. 1 StBerG, § 5 BOStB)
   - Verbot von Interessenkollisionen (§ 57 Abs. 1a und 1b StBerG, § 6 BOStB)

- Pflicht zur Sachlichkeit (§ 7 BOStB)
- Verzicht auf berufswidrige Werbung (§ 57 Abs. 1, § 57a StBerG, § 9 BOStB)
- Pflicht zur Wahrung des Ansehens des Berufs (§ 57 Abs. 2 StBerG)
- Pflicht zur Wahrung fremder Vermögensinteressen (§ 86 Abs. 4 Nr. 8 StBerG, § 8 BOStB)
- Pflicht zur Fortbildung (§ 57 Abs. 2a StBerG)
- Verbot einer gewerblichen Tätigkeit (außer bei Ausnahmegenehmigung der zuständigen Steuerberaterkammer) oder einer Tätigkeit als Arbeitnehmer mit Ausnahme der Fälle des § 57 Abs. 3 Nr. 4 sowie der §§ 58 und 59 StBerG (§ 57 Abs. 4 StBerG, § 16 BOStB)
- Pflicht zur unverzüglichen Mitteilung der Ablehnung eines Auftrags (§ 63 StBerG)
- Pflicht zur Aufbewahrung der Handakten bzw. zur Herausgabe bei Beendigung des Auftrags (§ 66 StBerG, § 13 Abs. 4 BOStB)
- Pflicht zum Abschluss einer Berufshaftpflichtversicherung (§ 67 StBerG)
- Pflicht zur Bestellung eines allgemeinen Vertreters bei Verhinderung der Berufsausübung (§ 69 StBerG)
- Pflicht zur Begründung und Unterhaltung einer beruflichen Niederlassung, mit Ausnahme der Personenkreise der §§ 3a und 3d StBerG (§ 34 StBerG)

Personen i.S.d. § 3a oder § 3d StBerG unterliegen bei ihrer Tätigkeit im Inland denselben Berufsregeln wie Steuerberater und Steuerbevollmächtigte.

b) Berufsausübungsgesellschaften im Sinne des Steuerberatungsgesetzes:
- Berufspflichten bei beruflicher Zusammenarbeit (§ 51 StBerG)
- Berufspflichten der Berufsausübungsgesellschaft (§ 52 StBerG)
- Pflicht zur beruflichen Niederlassung (§ 55e StBerG)
- Pflicht zum Abschluss einer Berufshaftpflichtversicherung (§ 55f StBerG)
- Verbot von Interessenkollisionen (§ 57 Abs. 1c StBerG)

c) Rechtsanwälte (§§ 43 bis 59 der Bundesrechtsanwaltsordnung (BRAO)); § 59b BRAO in Verbindung mit der Berufsordnung für Rechtsanwälte (BORA):
- Pflicht zur gewissenhaften Berufsausübung und zum würdigen Auftreten innerhalb und außerhalb des Berufes (§ 43 BRAO)
- Pflicht zur Unabhängigkeit (§ 43a Abs. 1 BRAO)
- Pflicht zur Verschwiegenheit (§ 43a Abs. 2 BRAO, § 2 BORA)
- Tätigkeitsverbot bei widerstreitenden Interessen (§ 43a Abs. 4 bis 6 BRAO, § 3 BORA)
- Pflicht zur Wahrung fremder Vermögensinteressen (§ 43a Abs. 7 BRAO)
- Pflicht zur unverzüglichen Zurückweisung eines Mandats, welches der Rechtsanwalt nicht übernehmen möchte (§ 44 BRAO)
- Tätigkeitsverbote bei nichtanwaltlicher Vorbefassung (§ 45 BRAO)
- Pflicht zur Führung von Handakten (§ 50 Abs. 1 BRAO)
- Pflicht zum Abschluss einer Berufshaftpflichtversicherung (§ 51 Abs. 1 und 4 BRAO)

– Pflicht, für eine Vertretung zu sorgen, wenn der Rechtsanwalt länger als eine Woche daran gehindert ist, seinen Beruf auszuüben oder sich länger als zwei Wochen von seiner Kanzlei entfernen will (§ 53 Abs. 1 BRAO)

– Pflicht, den Mandanten über alle für den Fortgang der Sache wesentlichen Vorgänge und Maßnahmen, insbesondere über alle wesentlichen erhaltenen oder versandten Schriftstücke, unverzüglich zu unterrichten (§ 11 BORA)

d) Berufsausübungsgesellschaften im Sinne der Bundesrechtsanwaltsordnung:

– Berufspflichten bei beruflicher Zusammenarbeit (§ 59d BRAO)

– Berufspflichten der Berufsausübungsgesellschaft (§ 59e BRAO)

– Pflicht zur Unterhaltung einer Kanzlei (§ 59m BRAO)

– Pflicht, eine Berufshaftpflichtversicherung abzuschließen und während der Dauer seiner Zulassung aufrechtzuerhalten (§§ 59n, 59o BRAO)

– Tätigkeitsverbot bei widerstreitenden Interessen (§ 43a Abs. 4 Satz 2 BRAO)

– Pflichten für ausländische Berufsausübungsgesellschaften (§ 207a BRAO)

e) Wirtschaftsprüfer und vereidigte Buchprüfer (§§ 43 bis 55a, 130 Wirtschaftsprüferordnung (WPO); § 57 Abs. 3 und 4 WPO in Verbindung mit der Berufssatzung der Wirtschaftsprüferkammer über die Rechte und Pflichten bei der Ausübung der Berufe des Wirtschaftsprüfers und des vereidigten Buchprüfers):

– Pflicht zur Unabhängigkeit (§ 43 Abs. 1 Satz 1 WPO, § 2 der Berufssatzung)

– Pflicht zur Gewissenhaftigkeit (§ 43 Abs. 1 Satz 1 WPO, § 4 der Berufssatzung)

– Pflicht zur Verschwiegenheit (§ 43 Abs. 1 Satz 1 WPO, § 10 der Berufssatzung)

– Pflicht zur Eigenverantwortlichkeit (§ 43 Abs. 1 Satz 1 WPO, § 12 der Berufssatzung)

– Pflicht zur Wahrung des Ansehens des Berufs (§ 43 Abs. 2 Satz 1 und 3 WPO, § 1 Abs. 1 Satz 3 der Berufssatzung)

– Pflicht zum Abschluss einer Berufshaftpflichtversicherung (§ 54 WPO, § 23 der Berufssatzung)

– Tätigkeitsverbot bei widerstreitenden Interessen (§ 53 WPO, § 3 der Berufssatzung)

– Pflicht zur Unparteilichkeit und Unbefangenheit (§ 43 Abs. 1 Satz 2 WPO, §§ 28, 29 der Berufssatzung)

– Pflicht zur Wahrung fremder Vermögensinteressen (§ 57 Abs. 4 Nr. 1 Buchst. g WPO, § 9 der Berufssatzung)

Die Berufspflichten gelten sinngemäß für Vorstandsmitglieder, Geschäftsführer und persönlich haftende Gesellschafter von Wirtschaftsprüfungs- und Buchprüfungsgesellschaften, die nicht Wirtschaftsprüfer oder vereidigte Buchprüfer sind (§ 56 Abs. 1, §§ 71, 130 WPO).

f) Notare (§§ 14 bis 19, 25 bis 32 der Bundesnotarordnung (BNotO))

– Pflicht zur Unabhängigkeit und Unparteilichkeit (§ 14 Abs. 1 Satz 2 BNotO)

- Pflicht, sich durch sein Verhalten innerhalb und außerhalb seines Amts der Achtung und des Vertrauens, die dem Notaramt entgegengebracht werden, würdig zu zeigen (§ 14 Abs. 3 BNotO)
- Verschwiegenheitspflicht (§ 18 Abs. 1 BNotO)
- Pflicht zur Wahrung fremder Vermögensinteressen (§ 67 Abs. 2 Nr. 3 BNotO)
- Pflicht zum Abschluss einer Berufshaftpflichtversicherung (§ 19a Abs. 1 BNotO)
- Prüfungs- und Belehrungspflichten (§§ 17 bis 21 BeurkG)
- Anzeigepflicht gegenüber dem Finanzamt (§ 18 GrEStG, § 34 Abs. 1 und 2 Nr. 2 und 3 ErbStG)

g) Patentanwälte (§§ 39 bis 52 der Patentanwaltsordnung (PAO); § 52b PAO in Verbindung mit der Berufsordnung der Patentanwälte)

- Pflicht zur gewissenhaften Berufsausübung und zum würdigen Auftreten innerhalb und außerhalb des Berufs (§ 39 PAO)
- Pflicht zur Unabhängigkeit (§ 39a Abs. 1 PAO, § 1 der Berufsordnung)
- Pflicht zur Verschwiegenheit (§ 39a Abs. 2 PAO, § 4 der Berufsordnung)
- Pflicht zur Sachlichkeit (§ 39a Abs. 3 PAO)
- Tätigkeitsverbot bei widerstreitenden Interessen (§ 39a Abs. 4 PAO, § 5 der Berufsordnung)
- Pflicht zur Wahrung fremder Vermögensinteressen (§ 39a Abs. 5 PAO)
- Pflicht zur unverzüglichen Mitteilung bei Ablehnung eines Auftrags (§ 40 PAO)
- Pflicht zum Führen von Handakten (§ 44 PAO, § 12 der Berufsordnung)
- Pflicht zum Abschluss und zur Aufrechterhaltung einer Berufshaftpflichtversicherung (§ 45 PAO)
- Pflicht zur Bestellung eines allgemeinen Vertreters bei Verhinderung der Berufsausübung (§ 46 PAO)

h) Berufsausübungsgesellschaften im Sinne der Patentanwaltsordnung:

- Berufspflichten bei beruflicher Zusammenarbeit (§ 52d PAO)
- Berufspflichten der Berufsausübungsgesellschaft (§ 52e PAO)
- Pflicht zur Unterhaltung einer Kanzlei (§ 52l PAO)
- Pflicht, eine Berufshaftpflichtversicherung abzuschließen und während der Dauer seiner Zulassung aufrechtzuerhalten (§ 52m, 52n PAO)
- Tätigkeitsverbot bei widerstreitenden Interessen (§ 41 Abs. 2 PAO)
- Pflichten für ausländische Berufsausübungsgesellschaften (§ 159 PAO)

**Zuständige Stelle:**

Die den Verdacht einer Berufspflichtverletzung begründenden Tatsachen sind der zuständigen Stelle mitzuteilen. Das sind zum einen die Berufskammern, zum anderen die für das berufsgerichtliche Verfahren oder das Disziplinarverfahren zuständigen Stellen Grundsätzlich ist die Mitteilung an die zuständige Berufskammer zu richten, damit diese prüfen kann, ob zunächst eine außergerichtliche Maßnahme ausreichend ist oder ob die Einleitung eines berufsgerichtlichen Verfahrens wegen schwerwiegender oder weiterer ihr bekannt gewordener Pflichtverletzungen durch die Staatsanwaltschaft beim Oberlandesgericht angezeigt ist. Ist erkennbar, dass bereits ein berufsgerichtliches Verfahren oder ein Disziplinarverfahren bei der hierfür zuständigen Stelle anhängig ist, so erfolgt die Mitteilung unmittelbar auch dieser gegenüber.

Vor Erlass eines Bußgeldbescheides wegen einer begangenen Steuerordnungswidrigkeit und vor Erlass eines Haftungsbescheids nach § 69 AO gegen eine Person oder Gesellschaft i.S.d. §§ 3, 3a, 3d, 4 Nr. 1 oder 2 StBerG ist die zuständige Berufskammer nach § 411 bzw. § 191 Abs. 2 AO zu hören, auch wenn ihr die zugrundeliegende Pflichtverletzung bereits nach § 10 Abs. 1 Nr. 4 StBerG von der Finanzbehörde mitgeteilt wurde.

Zuständige Stellen sind

- die Steuerberaterkammer, in deren Bezirk der Berufsangehörige seine berufliche Niederlassung bzw. die Berufsausübungsgesellschaft ihren Sitz hat (§ 74 StBerG), bzw. die für Personen nach den §§ 3a und 3d StBerG zuständige Steuerberaterkammer i.S.d. §§ 3a Abs. 2 Satz 2 und 3d Abs. 2 StBerG,
- die Rechtsanwaltskammer, in deren Bezirk der Rechtsanwalt oder die Berufsausübungsgesellschaft zugelassen ist (§ 60 BRAO),
- die Wirtschaftsprüferkammer (§ 58 WPO),
- bei Notaren die Aufsichtsbehörde (§ 92 BNotO, in der Regel das Landgericht) und die Notarkammer (§ 65 BNotO), in deren Bezirk der Notar jeweils bestellt ist, und
- die Patentanwaltskammer (§ 53 PAO).

### 5. Überprüfung der Voraussetzungen für die Bestellung eines Beratungsstellenleiters i.S.d. § 23 Abs. 3 StBerG

Nach § 10 Abs. 1 Nr. 5 StBerG hat eine Datenübermittlung zu erfolgen, sofern diese für die Überprüfung der Voraussetzungen nach § 23 Abs. 3 StBerG erforderlich ist. Neben der fachlichen Qualifikation und der praktischen Berufserfahrung verlangt § 23 Abs. 3 Satz 2 StBerG auch die persönliche Integrität des Beratungsstellenleiters. Zum Leiter einer Beratungsstelle darf demnach nicht bestellt werden, wer sich so verhalten hat, dass die Besorgnis begründet ist, er werde die Pflichten des Lohnsteuerhilfevereins nicht erfüllen.

Als relevante Daten kommen beispielsweise in Betracht:

- Vermögensverfall (bestehende Steuerschulden, Vollstreckungsmaßnahmen, Eröffnung eines Insolvenzverfahrens oder Eintragung in das Schuldnerverzeichnis),
- Steuerhinterziehung zu Gunsten eines Vereinsmitglieds oder zu eigenen Gunsten,
- andere gewerbliche Tätigkeiten des Beratungsstellenleiters in personellem, räumlichem oder organisatorischem Zusammenhang mit der Tätigkeit für den Lohnsteuerhilfeverein,
- Verstöße gegen berufsrechtliche Pflichten,
- Verstöße gegen die Beratungsbefugnis nach § 4 Nr. 11 StBerG,
- bekannt gewordene Verurteilungen wegen Straftaten, die bei oder im Zusammenhang mit der Ausübung eines Gewerbes etc. begangen worden sind,
- Erteilung eines Berufsverbots,
- wiederholt verspätete Zahlungen oder
- verspätete oder fehlende Erklärungsabgaben, Dauerschätzungen.

Zuständige Stelle ist die jeweils zuständige Aufsichtsbehörde (§ 27 StBerG).

### 6. Untersagung nach § 3f StBerG

Unter den Voraussetzungen des § 3d StBerG kann die zuständige Steuerberaterkammer eine Person partiell zulassen, d.h., dieser Person wird die Erlaubnis zu beschränkter geschäftsmäßiger Hilfeleistung in Steuersachen (partieller Zugang) erteilt. Sofern ein Untersagungsgrund nach § 3f StBerG vorliegt, kann die zuständige Steuerberaterkammer die weitere beschränkte geschäftsmäßige Hilfeleistung in Steuersachen einer partiell zugelassenen Person untersagen.

Zu den Untersagungsgründen nach § 3f StBerG gehören:

- Der partiell zugelassenen Person wird die Ausübung der Tätigkeit im Herkunftsmitgliedstaat untersagt (§ 3f Nr. 1 StBerG).
- Die partiell zugelassene Person verfügt nicht über die erforderlichen deutschen Sprachkenntnisse, die zur Ausführung der beschränkten geschäftsmäßigen Hilfeleistungen in Steuersachen erforderlich sind (§ 3f Nr. 2 StBerG).
- Die partiell zugelassene Person führt entgegen ihrer Pflicht nach § 3e Abs. 1 Satz 2 StBerG wiederholt eine unrichtige Berufsbezeichnung (§ 3f Nr. 3 StBerG).
- Die partiell zugelassene Person überschreitet die Befugnis zu beschränkter geschäftsmäßiger Hilfeleistung in Steuersachen nach § 3e Abs. 1 Satz 1 StBerG (§ 3f Nr. 4 StBerG).
- Die partiell zugelassene Person verstößt wiederholt gegen die Pflicht, u.a. den Auftraggeber über den Umfang des Tätigkeitsbereichs vor Leistungsbeginn zu informieren. Untersagungsgründe sind auch Pflichtverstöße gegen die Berufspflichten, die sich aus dem Dritten Abschnitt des Zweiten Teils des StBerG ergeben (§ 3f Nr. 5 StBerG).

Daten, die im Zusammenhang mit den Untersagungsgründen nach § 3f StBerG stehen, sind nach § 10 Abs. 1 Nr. 6 StBerG der zuständigen Stelle zu übermitteln. Zuständige Stelle ist die Steuerberaterkammer, die die Erlaubnis zum partiellen Zugang erteilt hat (vgl. § 3d Abs. 2 i.V.m. § 3a Abs. 2 StBerG).

## III. Unterbleiben einer Übermittlung von Daten nach § 10 Abs. 2 StBerG

Die Regelung des § 10 Abs. 2 StBerG entspricht inhaltlich § 10 Abs. 2 Satz 2 StBerG in seiner alten Fassung.

Eine Übermittlung der Daten hat nach § 10 Abs. 2 Satz 1 Nr. 1 StBerG zu unterbleiben, soweit die Übermittlung schutzwürdige Interessen einer betroffenen Person beeinträchtigen würde und das Informationsinteresse des Empfängers das Interesse der betroffenen Person an dem Unterbleiben der Übermittlung nicht überwiegt. Unter schutzwürdigen Interessen sind insbesondere die Intim- und Privatsphäre zu verstehen. Erforderlich ist aber stets eine einzelfallbezogene Abwägung. Je erheblicher die Maßnahme der zuständigen Stelle sein wird, desto eher wird das Informationsinteresse des Empfängers das Interesse der betroffenen Person überwiegen.

Ein weiterer Hinderungsgrund für die Übermittlung von Daten liegt nach § 10 Abs. 2 Satz 1 Nr. 2 StBerG vor, soweit besondere gesetzliche Verwendungsregelungen entgegenstehen (z.B. Berufs- oder Amtsgeheimnisse). Nach § 10 Abs. 2 Satz 2 StBerG sind hiervon allerdings ausdrücklich ausgenommen:

- die Verschwiegenheitspflichten der für eine Berufskammer eines freien Berufs im Geltungsbereich des Steuerberatungsgesetzes tätigen Personen sowie

– das Steuergeheimnis nach § 30 AO.

Bei Akteneinsicht ist zu beachten, dass nur die die Berufspflichtverletzung betreffenden Vorgänge eingesehen werden dürfen.

**IV. Datenübermittlungen aufgrund anderer Rechtsvorschriften**

Eine Verpflichtung zur Übermittlung von Daten kann sich auch aus folgenden Vorschriften ergeben:

– § 36 BRAO (Ermittlung des Sachverhalts und Übermittlung von Daten)

– §§ 36a, 130 WPO (Untersuchungsgrundsatz, Mitwirkungspflicht, Datenübermittlung)

– § 64d BNotO (Übermittlung von Daten)

– § 34 PAO (Ermittlung des Sachverhalts und Übermittlung von Daten)

Das Steuergeheimnis nach § 30 AO steht einer Übermittlung von Daten nach den vorgenannten Vorschriften nicht entgegen (§ 30 Abs. 4 Nr. 2 AO).

Diese Erlasse treten mit Inkrafttreten des neugefassten § 10 StBerG am 1. August 2022 (vgl. Art. 4 Nr. 7 i.V.m. Art. 36 Abs. 1 des Gesetzes zur Neuregelung des Berufsrechts der anwaltlichen und steuerberatenden Berufsausübungsgesellschaften sowie zur Änderung weiterer Vorschriften im Bereich der rechtsberatenden Berufe vom 7. Juli 2021, BGBl. I S. 2363) an die Stelle der Erlasse der obersten Finanzbehörden der Länder zu Mitteilungen der Finanzbehörden über Pflichtverletzungen und andere Informationen gemäß § 10 StBerG vom 22. Juli 2014 (BStBl. I S. 1195).

# 800 § 30/13. Schreiben betr. Steuergeheimnis; Mitteilungen der Finanzbehörden zur Durchführung dienstrechtlicher Maßnahmen bei Beamten und Richtern

Vom 12. Januar 2018

BMF IV A 3 - S 0130/08/10006; DOK 2018/0002992

(BStBl. I S. 201)

Geändert durch BMF v. 13.1.2023 (BStBl. I S. 182)

Unter Bezugnahme auf das Ergebnis der Erörterungen mit den obersten Finanzbehörden der Länder gilt ab dem 25. Mai 2018 Folgendes:

## 1. Mitteilungen im Zusammenhang mit einem Strafverfahren

### 1.1.

Nach § 49 Abs. 1 i. V. m. Abs. 6 Satz 1 Beamtenstatusgesetz (BeamtStG) sowie nach § 115 Abs. 1 i. V. m. Abs. 6 Satz 1 Bundesbeamtengesetz (BBG) ist die Strafverfolgungsbehörde verpflichtet, in Strafverfahren – einschl. Steuerstrafverfahren – gegen Beamte zur Sicherstellung der erforderlichen dienstrechtlichen Maßnahmen im Fall der Erhebung der öffentlichen Klage die Anklageschrift oder eine an ihre Stelle tretende Antragsschrift, den Antrag auf Erlass eines Strafbefehls und die einen Rechtszug abschließende Entscheidung mit Begründung der für die Durchführung dienstrechtlicher Maßnahmen zuständigen Stelle zu übermitteln, auch soweit sie Daten enthalten, die dem Steuergeheimnis unterliegen.

### 1.2.

Nach § 49 Abs. 2 i. V. m. Abs. 6 Satz 1 BeamtStG sowie nach § 115 Abs. 2 i. V. m. Abs. 6 Satz 1 BBG besteht eine Verpflichtung zur Übermittlung der in Nr. 1.1 genannten Unterlagen in Verfahren wegen fahrlässig begangener Straftaten nur bei schweren Verstößen (genannt sind Trunkenheit im Straßenverkehr und fahrlässige Tötung) oder in sonstigen Fällen, wenn die Kenntnis der Daten aufgrund der Umstände des Einzelfalls erforderlich ist, um zu prüfen, ob dienstrechtliche Maßnahmen zu ergreifen sind, auch soweit sie Daten enthalten, die dem Steuergeheimnis unterliegen.

### 1.3.

Nach § 49 Abs. 3 i. V. m. Abs. 6 Satz 1 BeamtStG sowie nach § 115 Abs. 3 i. V. m. Abs. 6 Satz 1 BBG sollen Entscheidungen über Verfahrenseinstellungen, auch soweit sie Daten enthalten, die dem Steuergeheimnis unterliegen und die nicht bereits nach Nr. 1.1 und 1.2 zu übermitteln sind, übermittelt werden, wenn die Kenntnis der Daten auf Grund der Umstände des Einzelfalls erforderlich ist, um zu prüfen, ob dienstrechtliche Maßnahmen zu ergreifen sind. Hierbei ist zu berücksichtigen, wie gesichert die zu übermittelnden Erkenntnisse sind.

Von der Strafverfolgungsbehörde ist keine vorweggenommene Prüfung der gebotenen disziplinarrechtlichen Behandlung des Falles gefordert, sondern nur die Abwägung, ob die Daten für eine solche disziplinarrechtliche Prüfung von Belang sein können und deshalb für den Dienstherrn des Beamten von Interesse sind (vgl. BFH-Beschluss vom 15. 1. 2008 VII B 149/07, BStBl. II S. 337).

Dies gilt auch für Fälle, in denen das Strafverfahren nach § 153 StPO, nach § 170 Abs. 2 StPO i. V. m. § 371 AO oder nach § 153 a StPO eingestellt wurde. Im Falle des Entschlusses zur Übermittlung sind der Gegenstand des Verfahrens, die damit unmittelbar zusammenhängenden Erkenntnisse und die Verfahrenseinstellung als solche mitzuteilen.

**1.4.**

Darüber hinaus dürfen nach § 49 Abs. 4 i. V. m. Abs. 6 Satz 2 BeamtStG sowie nach § 115 Abs. 4 i. V. m. Abs. 6 Satz 1 BBG sonstige Tatsachen, die dem Steuergeheimnis unterliegen und in einem Steuerstrafverfahren bekannt geworden sind, mitgeteilt werden, wenn

– ihre Kenntnis aufgrund besonderer Umstände des Einzelfalls für dienstrechtliche Maßnahmen gegen einen Beamten erforderlich ist (erforderlich ist die Kenntnis der Daten auch dann, wenn diese Anlass zur Prüfung bieten, ob dienstrechtliche Maßnahmen zu ergreifen sind)

und

– eine Offenbarung innerhalb der Finanzverwaltung nach § 49 Satz 2 BDSG i. V. m. § 30 Abs. 4 Nr. 1 a und § 29 c Abs. 1 Satz 1 Nr. 6 Satz 1 AO zulässig ist (vgl. Nr. 1.5)
  oder
  an der Mitteilung ein zwingendes öffentliches Interesse i. S. d. § 49 Satz 2 BDSG i. V. m. § 30 Abs. 4 Nr. 5 AO besteht (vgl. Nr. 1.6) und für die Strafverfolgungsbehörde erkennbar ist, dass schutzwürdige Interessen des Beamten an dem Ausschluss der Übermittlung nicht überwiegen.

**1.5.**

Eine Offenbarung ist nach § 30 Abs. 4 Nr. 1 a i. V. m. § 29 c Abs. 1 Satz 1 Nr. 6 AO zulässig, wenn sie für die Wahrnehmung von Disziplinarbefugnissen durch Finanzbehörden erforderlich ist (vgl. dazu Nr. 5.1 des AEAO zu § 30). In diesem Fall dürfen die nach § 30 Abs. 2 AO geschützten Daten nur durch Personen verarbeitet werden, die nach § 30 AO zur Wahrung des Steuergeheimnisses verpflichtet sind (vgl. § 29 c Abs. 1 Satz 3 AO).

**1.6.**

Ein zwingendes öffentliches Interesse an der Übermittlung i. S. v. § 30 Abs. 4 Nr. 5 AO besteht insbesondere, wenn die mitteilende Stelle zur Überzeugung gelangt ist, dass ein schweres Dienstvergehen vorliegt, der Sachverhalt mithin nach ihrer Auffassung geeignet erscheint, eine im Disziplinarverfahren zu verhängende Maßnahme von Gewicht, das heißt grundsätzlich eine Zurückstufung oder die Entfernung aus dem Dienst, zu tragen (vgl. BVerfG-Beschluss vom 6. 5. 2008 2 BvR 336/07, NJW S. 3489).

Ein relevanter Verstoß gegen Dienstpflichten und damit ein zwingendes öffentliches Interesse an einer Datenübermittlung kann auch darin liegen, dass das in Rede stehende Delikt das Ansehen und die Funktionsfähigkeit des Beamtentums nachhaltig schädigen könnte (BVerwG-Beschluss vom 5. 3. 2010 2 B 22/09, NJW S. 2229). Dies kann der Fall sein, wenn der Kernbereich der dienstlichen Pflichten betroffen ist oder wenn es um Bereiche der öffentlichen Verwaltung geht, die – wie insbesondere die Finanzverwaltung – für das Vertrauen der Öffentlichkeit in die Integrität der Verwaltung von besonders hoher Bedeutung sind. Für diese Prüfung sind nicht allein der Umfang der Steuerhinterziehung (Höhe der verkürzten Steuern), sondern auch Art und Dauer der Straftat(en) zu berücksichtigen. Ein zwingendes öffentliches Interesse kann z. B. auch bei einem geringen Steuerausfallschaden dann vorliegen, wenn die Steuerhinterziehung durch Beamte der Finanzverwaltung begangen und von weiteren Delikten, insbesondere von geschäftsmäßiger Hilfeleistung in Steuersachen, begleitet wird, die über einen längeren Zeitraum begangen wurden (vgl. BVerwG-Beschluss vom 5. 3. 2010, a. a. O.).

**1.7.**

Die vorstehenden Regelungen gelten für Richter entsprechend, soweit nichts anderes bestimmt ist (vgl. §§ 46, 71 DRiG).

## 2. Mitteilungen außerhalb eines Strafverfahrens

**2.1.**

Werden außerhalb eines Strafverfahrens, d. h. in einem sonstigen Verfahren nach § 30 Abs. 4 Nr. 1 AO (z. B. im Besteuerungsverfahren), Verfehlungen eines Beamten oder Richters festgestellt, die dieser im Zusammenhang mit seiner dienstlichen Tätigkeit begangen hat, z. B. Straftaten im Amt (§§ 331 ff. StGB), ist die Zulässigkeit einer Mitteilung zu prüfen.

**2.2.**

Auch das Verhalten eines Beamten außerhalb des Dienstes stellt ein Dienstvergehen dar, wenn es nach den Umständen des Einzelfalles in besonderem Maße geeignet ist, Achtung und Vertrauen in einer für sein Amt oder das Ansehen des Beamtentums bedeutsamen Weise zu beeinträchtigen (vgl. § 77 Abs. 1 Satz 2 BBG).

**2.3.**[1]

Eine Offenbarung ist insbesondere geboten, wenn ein Beamter oder Richter – innerhalb oder außerhalb des Dienstes – seine Verfassungstreuepflicht nachhaltig verletzt. Dies kann z.B. vorliegen, wenn er das Bestehen der Bundesrepublik Deutschland nachhaltig leugnet (Urteil des BVerwG vom 2.12.2021 2 A 7/21, NVwZ 2022 S. 1379).

**2.4.**[2]

Bei einem Beamten der Finanzverwaltung oder einem Richter stellt eine Steuerstraftat in eigener Sache ein Dienstvergehen dar, das eine Weitergabe der Daten an die für die Durchführung eines Disziplinarverfahrens oder sonstiger dienstrechtlicher Maßnahmen zuständige Stelle nach § 30 Abs. 4 Nr. 1 a und § 29 c Abs. 1 Satz 1 Nr. 6 Satz 1 AO oder nach § 30 Abs. 4 Nr. 5 AO rechtfertigen kann.

**2.5.**[2]

Ein Dienstvergehen stellt auch die unerlaubte Hilfeleistung in Steuersachen durch Beamte der Finanzverwaltung dar.

**2.6.**[2]

Bei den unter Nr. 2.1 bis 2.5 genannten Sachverhalten ist zu prüfen, ob ein schweres Dienstvergehen vorliegt. Die Regelungen in Nr. 1.5 und 1.6 gelten

[1] Nr. 2.3 hinzugef. durch BMF v. 13.1.2023, BStBl. I S. 182.
[2] Nr. 2.4 bis 2.6 geänd. durch BMF v. 13.1.2023, BStBl. I S. 182.

entsprechend. Ist dies zur Überzeugung der mitteilenden Stelle nicht der Fall, ist eine Offenbarung der in einem Verfahren nach § 30 Abs. 2 Nr. 1 AO bekannt gewordenen Daten nicht zulässig.

**3. Dritte**

Die steuerlichen Verhältnisse Dritter dürfen anlässlich einer Mitteilung nach Nr. 1 oder 2 nur mitgeteilt werden, soweit dienstrechtliche Maßnahmen gegen den Beamten oder Richter ohne die Mitteilung dieser Daten nicht ergriffen werden können.

Dieses Schreiben tritt mit Wirkung ab 25. Mai 2018 an die Stelle des BMF-Schreibens vom 12. März 2010 (BStBl. I S. 222) und des BMF-Schreibens vom 20. Juni 2011 (BStBl. I S. 574).

# 800 § 37/1. Schreiben betr. Erstattungsanspruch nach § 37 Abs. 2 AO bei der Einkommensteuer; Erstattungsberechtigung und Reihenfolge der Anrechnung in Nachzahlungsfällen

Vom 14. Januar 2015 (BStBl. I S. 83)

(BMF IV A 3 – S 0160/11/10001; DOK 2014/1156789)

Unter Bezugnahme auf das Ergebnis der Erörterung mit den obersten Finanzbehörden der Länder richtet sich die Ermittlung von Einkommensteuer-Erstattungsansprüchen nach § 37 Abs. 2 AO bzw. die Erstattungsberechtigung – einschließlich der Reihenfolge der Anrechnung – nach folgenden Grundsätzen:

**Inhaltsverzeichnis**



## 1. Allgemeines

### 1.1. Öffentlich-rechtlicher Erstattungsanspruch

§ 37 Abs. 2 AO enthält eine allgemeine Umschreibung des öffentlich-rechtlichen Erstattungsanspruchs, der einem Steuerpflichtigen dadurch erwächst, dass eine Leistung aus dem Steuerschuldverhältnis ohne rechtlichen

Grund erfolgt ist oder der Grund hierfür später wegfällt (vgl. dazu AEAO zu § 37, Nr. 2).

### 1.2. Einkommensteuer-Erstattungsanspruch

Im Bereich der Einkommensteuer können sich Erstattungsansprüche nach § 37 Abs. 2 AO insbesondere ergeben

- infolge der Anrechnung von Einkommensteuer-Vorauszahlungen (§ 36 Abs. 2 Nr. 1 EStG),
- infolge der Anrechnung von Steuerabzugsbeträgen (z. B. Lohnsteuer, Kapitalertragsteuer, vgl. § 36 Abs. 2 Nr. 2 EStG) sowie
- im Falle der Aufhebung der Einkommensteuerfestsetzung oder der Durchführung von Änderungs- bzw. Berichtigungsveranlagungen, wenn die ursprünglich festgesetzte Steuer bereits entrichtet war.

### 1.3. Annexsteuern

Die Ausführungen dieses Schreibens gelten für Annexsteuern entsprechend.

### 1.4. Lebenspartner und Lebenspartnerschaften

Die nachfolgenden Ausführungen gelten bei Lebenspartnern und Lebenspartnerschaften entsprechend (§ 2 Abs. 8 EStG).

### 1.5. Getrennte Veranlagung nach § 26 a EStG a. F.

Soweit im Folgenden Ausführungen zur Einzelveranlagung nach § 26 a EStG gemacht werden, gelten sie bis Veranlagungszeitraum 2012 für getrennte Veranlagungen nach § 26 a EStG a. F. entsprechend.

## 2. Erstattungsberechtigung bei zusammen veranlagten Ehegatten

### 2.1. Wirkung einer Erstattung nach § 36 Abs. 4 Satz 3 EStG

§ 36 Abs. 4 Satz 3 EStG, wonach die Auszahlung des Erstattungsbetrags (Überschuss im Sinne des § 36 Abs. 4 Satz 2 EStG) aus der Einkommensteuer-Zusammenveranlagung an einen Ehegatten auch für und gegen den anderen Ehegatten wirkt, lässt die materielle Rechtslage hinsichtlich der Erstattungsberechtigung zusammen veranlagter Ehegatten unberührt. In Bezug auf den Erstattungsanspruch sind zusammen veranlagte Ehegatten weder Gesamtgläubiger i. S. d. § 428 BGB noch Mitgläubiger i. S. d. § 432 BGB (BFH-Beschluss vom 17. 2. 2010 VII R 37/08, BFH/NV S. 1078). Die Regelung, der die Annahme zugrunde liegt, dass bei einer intakten Ehe die Erstattung an einen Ehegatten vom anderen Ehegatten gebilligt wird, will dem Finanzamt für Fälle, in denen diese Annahme zutrifft, Nachforschungen zur Erstattungsberechtigung der Ehegatten ersparen (BFH-Urteil vom 5. 4. 1990 VII R 2/89, BStBl. II S. 719). Sie findet ihre Rechtfertigung darin, dass sich Ehegatten, die die Zusammenveranlagung beantragen, durch ihre beiderseitigen Unterschriften auf der Steuererklärung gegenseitig bevollmächtigen können, nicht nur den Steuerbescheid, sondern auch einen etwaigen Erstattungsbetrag in Empfang zu nehmen. Die Vorschrift des § 36 Abs. 4 Satz 3 EStG enthält demnach eine widerlegbare gesetzliche Vermutung hinsichtlich einer Einziehungsvollmacht.

### 2.2. Ausnahmen von § 36 Abs. 4 Satz 3 EStG

**2.2.1.** Bei zusammen veranlagten Ehegatten kann es trotz der Vorschrift des § 36 Abs. 4 Satz 3 EStG, wonach die Auszahlung an einen Ehegatten auch für und gegen den anderen Ehegatten wirkt, erforderlich werden, Entscheidungen zur Erstattungsberechtigung der beiden Ehegatten zu treffen und ggf. die Höhe des auf jeden entfallenden Erstattungsbetrags zu ermitteln. Soweit das Finanzamt nach Aktenlage erkennt oder erkennen musste, dass ein Ehegatte aus beachtlichen Gründen nicht mit der Auszahlung des gesamten Erstattungsbetrags an den anderen Ehegatten einverstanden ist, darf es nicht mehr an den anderen Ehegatten auszahlen. Das ist z. B. dann der Fall, wenn die Ehegatten inzwischen geschieden sind oder getrennt leben oder wenn dem Finanzamt aus sonstigen Umständen bekannt ist, dass ein Ehegatte die Erstattung an den anderen nicht billigt (BFH-Urteile vom 5. 4. 1990 VII R 2/89, BStBl. II S. 719, und vom 8. 1. 1991 VII R 18/90, BStBl. II S. 442).

**2.2.2.** § 36 Abs. 4 Satz 3 EStG ist aber auch dann nicht anzuwenden,
- wenn das Finanzamt mit Abgabenrückständen eines der beiden Ehegatten aufrechnen will oder
- wenn der Erstattungsanspruch nur eines der beiden Ehegatten abgetreten, gepfändet oder verpfändet worden ist.

In solchen Fällen muss die materielle Anspruchsberechtigung nach § 37 Abs. 2 AO selbst dann geprüft werden, wenn die Ehegatten übereinstimmend davon ausgehen, dass der steuerliche Erstattungsanspruch ihnen gemeinsam zusteht (BFH-Beschluss vom 12. 3. 1991 VII S 30/90, BFH/NV 1992 S. 145). Zahlt das Finanzamt bei der Zusammenveranlagung aufgrund des gegenüber einem Ehegatten ergangenen Pfändungs- und Überweisungsbeschlusses auch den auf den anderen Ehegatten entfallenden Erstattungsbetrag an den Pfändungsgläubiger aus, kann es von diesem jedoch die Rückzahlung dieses ohne Rechtsgrund gezahlten Betrages verlangen (BFH-Urteil vom 13. 2. 1996 VII R 89/95, BStBl. II S. 436).

### 2.3. Ermittlung des Erstattungsberechtigten

Der Erstattungsanspruch steht demjenigen Ehegatten zu, auf dessen Rechnung die Zahlung bewirkt worden ist (vgl. BFH-Urteil vom 30. 9. 2008 VII R 18/08, BStBl. 2009 II S. 38 m. w. N.). Unerheblich ist dagegen, welcher der Ehegatten den Steuerermäßigungstatbestand verwirklicht hat, der im Rahmen des Veranlagungsverfahrens zu der Steuererstattung geführt hat. Dies gilt auch in Fällen des Verlustabzugs nach § 10 d EStG (BFH-Urteile vom 19. 10. 1982 VII R 55/80, BStBl. II S. 162, und vom 18. 9. 1990 VII R 99/89, BStBl. 1991 II S. 47). Unerheblich ist auch, auf wessen Einkünften die festgesetzten Steuern (Vorauszahlungen und Jahressteuer) beruhen.

### 2.4. Tilgungsbestimmung

**2.4.1.** Liegen keine Anhaltspunkte oder ausdrücklichen Absichtsbekundungen für eine Tilgungsbestimmung vor, kann das Finanzamt als Zahlungsempfänger, solange die Ehe besteht und die Ehegatten nicht dauernd getrennt leben (§ 26 Abs. 1 EStG), aufgrund der zwischen ihnen bestehenden Lebens- und Wirtschaftsgemeinschaft allerdings davon ausgehen, dass derjenige Ehegatte, der auf die gemeinsame Steuerschuld zahlt, mit seiner Zahlung auch die Steuerschuld des anderen mit ihm zusammen veranlagten Ehegatten begleichen will (vgl. BFH-Urteil vom 15. 11. 2005 VII R 16/05, BStBl. 2006 II S. 453, m. w. N.); das gilt grundsätzlich auch dann, wenn über das Vermögen des anderen Ehegatten das Insolvenzverfahren eröffnet worden ist (BFH-Urteil vom 30. 9. 2008 VII R 18/08, BStBl. 2009 II S. 38).

Ob die Ehegatten sich später trennen oder einer der Ehegatten nachträglich die Einzelveranlagung nach § 26 a EStG beantragt, ist für die Beurteilung der Tilgungsabsicht nicht maßgeblich, denn es kommt nur darauf an, wie sich die Umstände dem Finanzamt zum Zeitpunkt der Zahlung darstellten (vgl. BFH-Urteil vom 26. 6. 2007 VII R 35/06, BStBl. II S. 742). Haben sich die Ehegatten vor der Zahlung getrennt, war dies dem Finanzamt zum Zeitpunkt der Zahlung aber noch nicht bekannt, kann das Finanzamt weiterhin davon ausgehen, dass der Ehegatte, der ohne individuelle Tilgungsbestimmung auf die gemeinsame Steuerschuld (Vorauszahlungsschuld) gezahlt hat, mit seiner Zahlung auch die Steuerschuld des anderen Ehegatten begleichen wollte.

**2.4.2.** Die Angabe einer Tilgungsbestimmung muss dabei nicht „ausdrücklich" erfolgen, sondern kann sich aus den Umständen des Einzelfalls ergeben (als Indiz z. B. Angabe des eigenen Namens im Feld „Verwendungszweck" einer Überweisung; vgl. BFH-Urteil vom 25. 7. 1989 VII R 118/87, BStBl. 1990 II S. 41). Eine spätere „Interpretation" (d. h. eine nachträglich geltend gemachte Tilgungsbestimmung) durch den zahlenden Ehegatten kann keine Berücksichtigung finden.

Rechnet ein Ehegatte mit einem ihm allein zustehenden Erstattungsanspruch gegen die gemeinsame ESt-Schuld auf, kann das Finanzamt davon ausgehen, dass der Ehegatte, der ohne individuelle Tilgungsbestimmung auf die gemeinsame Steuerschuld geleistet hat, mit seiner Zahlung auch die Steuerschuld des anderen Ehegatten begleichen wollte. Im Fall der Aufrechnung durch das Finanzamt ergibt sich die Tilgungsbestimmung wegen der nach § 387 BGB erforderlichen Gegenseitigkeit dagegen nach der individuellen Gläubigerschaft des Steuererstattungsanspruchs.

Bei Zahlungen im Wege des Lastschrifteinzugs ist das Finanzamt gesondert über den Tilgungswillen zu informieren. Wird ein Verrechnungsvertrag geschlossen (vgl. AEAO zu § 226, Nr. 5), ergibt sich die Tilgungsbestimmung aus den vertraglichen Vereinbarungen.

**2.4.3.** Die von einem Ehegatten im Vollstreckungsweg beigetriebene Steuerforderung kann nicht als eine auch auf Rechnung des anderen Ehegatten bewirkte Zahlung angesehen werden (vgl. BFH-Beschluss v. 18. 4. 2013 VII B 66/12, BFH/NV S. 1217). Sie ist wie eine Zahlung mit individueller Tilgungsbestimmung zugunsten des Vollstreckungsschuldners zu behandeln.

### 2.5. Zahlungsanweisung

Bitten die Ehegatten zu einem späteren Zeitpunkt, zum Beispiel bei Abgabe der Steuererklärung, um Überweisung des Erstattungsanspruchs an einen bestimmten Zahlungsempfänger, liegt lediglich eine Zahlungsanweisung vor, die den materiell-rechtlichen Erstattungsanspruch unberührt lässt. Die auf Wunsch eines der Ehegatten erfolgte Auszahlung des ihm materiell-rechtlich zustehenden Erstattungsanspruchs an den anderen Ehegatten oder einen Dritten führt ihm gegenüber zum Erlöschen seines Erstattungsanspruchs. Denn auch in einem derartigen Fall erbringt die Finanzbehörde ihre Leistung mit dem Willen, eine Forderung gegenüber dem Rechtsinhaber zu erfüllen.

### 2.6. Bedeutung von Einkommensteuer-Vorauszahlungen

Einkommensteuer-Vorauszahlungen sind nach § 37 Abs. 1 EStG – unabhängig davon, wer sie zahlt oder von wessen Konto sie abgebucht werden – auf die für den laufenden Veranlagungszeitraum voraussichtlich geschuldete Einkommensteuer zu entrichten. Bei Vorauszahlungen ohne Tilgungsbestimmung ist davon auszugehen, dass sich der Ehegatte, der auf einen an ihn und seinen Ehegatten gerichteten Vorauszahlungsbescheid leistet, nicht nur bewusst ist, dass seine Zahlungen in Höhe der später festgesetzten Einkommensteuer endgültig beim Fiskus verbleiben sollen, sondern dass er die – wenn auch unmittelbar zur Erfüllung der Gesamtschuld aus dem Vorauszahlungsbescheid entrichteten – Zahlungen auch leistet, um damit die zu erwartende Einkommensteuer beider Ehegatten zu tilgen. Ist die im Zeitpunkt der Vorauszahlungen nach Kenntnisstand des Finanzamts noch bestehende Wirtschaftsgemeinschaft hinreichender Anknüpfungspunkt dafür, die Vorauszahlungen als für Rechnung beider Ehegatten geleistet zu unterstellen, dann ist daraus auch der in diesem Zeitpunkt übereinstimmende Wille abzuleiten, dass diese Vorauszahlungen später dafür verwendet werden sollen, die auf beide Ehegatten später entfallenden Steuerschulden auszugleichen (vgl. BFH-Urteil vom 22. 3. 2011 VII R 42/10, BStBl. II S. 607).

## 3. Aufteilung eines Einkommensteuer-Erstattungsanspruchs bei Ehegatten

Übersteigen die anzurechnenden Steuerabzugsbeträge, die geleisteten Vorauszahlungen und die sonstigen Zahlungen der Ehegatten die Summe der gegen die beiden Ehegatten insgesamt (im Wege der Zusammenveranlagung oder im Wege der Einzelveranlagung nach § 26 a EStG) festgesetzten Steuern, ist wie folgt zu verfahren:

Zunächst sind für jeden Ehegatten die bei ihm anzurechnenden Steuerabzugsbeträge sowie seine mit individueller Tilgungsbestimmung geleisteten Vorauszahlungen und sonstigen Zahlungen zu ermitteln. Daneben sind alle übrigen Zahlungen zu ermitteln die beiden Ehegatten gemeinsam zuzurechnen sind. Die auf diese Weise ermittelten Zahlungen sind dem jeweiligen Ehegatten gemäß den Nrn. 3.1 bis 3.4 anhand der materiellen Erstattungsberechtigung zuzuordnen.

Bei der weiteren Bearbeitung ist zwischen der Zusammenveranlagung (Nr. 3.5) und der Einzelveranlagung nach § 26 a EStG (Nr. 3.6) zu unterscheiden.

### 3.1. Steuerabzugsbeträge

Hinsichtlich einbehaltener Steuerabzugsbeträge (insbesondere Lohnsteuer, Kapitalertragsteuer) ist derjenige Ehegatte erstattungsberechtigt, von dessen Einnahmen (z. B. Arbeitslohn oder Kapitaleinnahme) die Abzugssteuer einbehalten wurde (vgl. BFH-Urteil vom 19. 10. 1982 VII R 55/80, BStBl. 1983 II S. 162); denn diese Steuer ist für seine Rechnung an das Finanzamt abgeführt worden (BFH-Urteil vom 5. 4. 1990 VII R 2/89, BStBl. II S. 719). Wurden

(5) Die Aufteilung des Erstattungsanspruchs (9000€) auf die Ehegatten erfolgt im Verhältnis der Summe der dem einzelnen Ehegatten zuzurechnenden Zahlungen zur Summe aller Zahlungen:

→ M: 9000 € × (19 000/29 000) = 5896,55 €

→ F: 9000 € × (10 000/29 000) = 3103,45 €

## 3.6. Reihenfolge der Anrechnung bei Einzelveranlagung nach § 26 a EStG

### 3.6.1. Erstattungsüberhang

Übersteigen die im Rahmen von Einzelveranlagungen nach § 26 a EStG anzurechnenden Steuerabzugsbeträge (Nr. 3.1), geleisteten Vorauszahlungen (Nrn. 3.2 und 3.3) und sonstigen Zahlungen (Nr. 3.4) der Ehegatten die Summe der gegen beide Ehegatten individuell festgesetzten Steuern, ist wie folgt zu verfahren:

a) Wurden **ausschließlich** Steuerabzugsbeträge einbehalten und Zahlungen geleistet, die individuell zuzurechnen sind, sind bei jedem Ehegatten die jeweiligen Steuerabzugsbeträge und Zahlungen anzurechnen.

b) Wurden **ausschließlich** Vorauszahlungen aufgrund eines an beide Ehegatten gemeinsam gerichteten Vorauszahlungsbescheids ohne Tilgungsbestimmung geleistet und übersteigt deren Summe die Summe der in den Einzelveranlagungen nach § 26 a EStG festgesetzten Einkommensteuerbeträge, ist der die Summe der in den Einzelveranlagungen individuell festgesetzten Einkommensteuerbeträge übersteigende Erstattungsbetrag nach Köpfen aufzuteilen.

c) Wurden für die Ehegatten **sowohl** Steuerabzugsbeträge einbehalten und/ oder Zahlungen geleistet, die individuell zuzurechnen sind, **als auch** Vorauszahlungen aufgrund eines an beide Ehegatten gemeinsam gerichteten Vorauszahlungsbescheids ohne Tilgungsbestimmungen geleistet, ist wie folgt zu verfahren:
- Zuerst sind von den gegen die Ehegatten jeweils individuell festgesetzten Einkommensteuerbeträgen jeweils die anzurechnenden Steuerabzugsbeträge (Nr. 3.1) abzuziehen (Zwischensumme I = Soll);
- danach sind von diesen Sollbeträgen (Zwischensumme I) jeweils die (Voraus-)Zahlungen abzuziehen, die der einzelne Ehegatte mit individueller Tilgungsbestimmung geleistet hat (Nr. 3.2), und die für jeden Ehegatten danach individuell verbleibenden Beträge zu ermitteln (Zwischensumme II);
- die (aufgrund eines gegen beide Ehegatten gerichteten Vorauszahlungsbescheids) geleisteten „gemeinsamen" Vorauszahlungen ohne individuelle Tilgungsbestimmung (Nr. 3.3) werden nun zunächst auf die Steuern beider Ehegatten maximal bis zum vollständigen „Verbrauch" der jeweiligen (positiven) Zwischensumme II aufgeteilt, der danach verbleibende Restbetrag ist nach Köpfen auszukehren.

**Beispiel:**

Die Ehegatten M und F haben die gegen sie gemeinsam festgesetzten Vorauszahlungen (4 × 4000 € = 16 000 €) ohne individuelle Tilgungsbestimmung entrichtet. Vom Arbeitslohn wurden jeweils folgende Lohnsteuerbeträge einbehalten:

Erstattungsanspruch

M: 5000 €

F: 1000 €

Es werden Einzelveranlagungen nach § 26 a EStG durchgeführt:

| | |
|---|---|
| M: festgesetzte Einkommensteuer = | 15 000 € |
| F: festgesetzte Einkommensteuer = | 5000 € |
| Summe der individuell festgesetzten Steuerbeträge = | 20 000 € |
| Summe der hierauf anzurechnenden Beträge = | ./. 22 000 € |
| Erstattungsüberhang | ./. 2000 € |

**Lösung:**

Der Betrag von 2000 € ist nach Köpfen auszukehren.
Die Zurechnung erfolgt wie folgt:

(1) Bei jedem Ehegatten sind von den festgesetzten Einkommensteuerbeträgen zunächst jeweils die anzurechnenden Lohnsteuerbeträge abzuziehen (= Sollbeträge):

M: 15 000 € ./. 5000 € = 10 000 €

F: 5000 € ./. 1000 € = 4000 €

(2) Im zweiten Schritt werden – mangels Zahlungen mit individueller Tilgungsbestimmung i. S. d. Nr. 3.2 – die gemeinsamen Vorauszahlungen nun jeweils bis zur Höhe der Sollbeträge (hier identisch mit Zwischensumme II) bei M und F aufgeteilt, der danach verbleibende Restbetrag (2000 €) ist jedem Ehegatten zur Hälfte zuzurechnen:

| | | |
|---|---|---|
| „gemeinsame“ Vorauszahlungen | | 16 000 € |
| → M: | | |
| Sollbetrag: | 10 000 € | |
| „vorab“ anzurechnen | ./. 10 000 € | ./. 10 000 € |
| vorläufiger Restbetrag | 0 € | |
| → F: | | |
| Sollbetrag: | 4000 € | |
| „vorab“ anzurechnen | ./. 4000 € | ./. 4000 € |
| vorläufiger Restbetrag | 0 € | |
| nicht verbrauchte, gemeinsame Vorauszahlungen | | 2000 € |

(3) Im dritten Schritt werden die nicht verbrauchten gemeinsamen Vorauszahlungen nach Köpfen zugerechnet:

→ M: ½ von 2000 € = 1000 €

→ F: ½ von 2000 € = 1000 €

(4) Die Abrechnungsverfügungen der Steuerbescheide sehen wie folgt aus:

| | | |
|---|---|---|
| M: | 15 000 € | festgesetzte Einkommensteuer |
| | ./. 5000 € | anzurechnende Lohnsteuer |
| | ./. 11 000 € | anzurechnende Vorauszahlungen |
| | = ./. 1000 € | Erstattung |
| F: | 5000 € | festgesetzte Einkommensteuer |
| | ./. 1000 € | anzurechnende Lohnsteuer |
| | ./. 5000 € | anzurechnende Vorauszahlungen |
| | = ./. 1000 € | Erstattung |

### 3.6.2. Nachzahlungsüberhang

Werden Ehegatten nach § 26 a EStG einzeln zur Einkommensteuer veranlagt und ist die Summe der anzurechnenden Steuerabzugsbeträge und (Voraus-)Zahlungen geringer als die Summe der individuell festgesetzten Steuern, sind aufgrund eines gegen beide Ehegatten gerichteten Vorauszahlungsbescheids geleistete Vorauszahlungen ohne individuelle Tilgungsbestimmung (Nr. 3.3) wie folgt aufzuteilen und zuzuordnen:

- Zuerst sind von den gegen die Ehegatten individuell festgesetzten Einkommensteuerbeträgen jeweils die anzurechnenden Steuerabzugsbeträge (Nr. 3.1) abzuziehen (Zwischensumme I = Soll);
- danach sind von diesen Sollbeträgen (Zwischensumme I) jeweils die (Voraus-)Zahlungen abzuziehen, die der einzelne Ehegatte mit individueller Tilgungsbestimmung geleistet hat (Nr. 3.2), und die für jeden Ehegatten danach individuell verbleibenden Beträge zu ermitteln (Zwischensumme II);
- die (aufgrund eines gegen beide Ehegatten gerichteten Vorauszahlungsbescheids) geleisteten „gemeinsamen" Vorauszahlungen ohne individuelle Tilgungsbestimmung (Nr. 3.3) werden nun nach Köpfen – allerdings maximal bis zum vollständigen „Verbrauch" der jeweiligen (positiven) Zwischensumme II – aufgeteilt, ein danach verbleibender Restbetrag ist dem Ehegatten mit der höheren Zwischensumme II allein zuzurechnen.

**Beispiel:**

Die Ehegatten M und F haben die gegen sie gemeinsam festgesetzten Vorauszahlungen (4 × 2500 € = 10 000 €) ohne individuelle Tilgungsbestimmung entrichtet.
Vom Arbeitslohn wurden jeweils folgende Lohnsteuerbeträge einbehalten:

| | |
|---|---|
| M: | 5000 € |
| F: | 1000 € |

Es werden Einzelveranlagungen nach § 26 a EStG durchgeführt:

| | |
|---|---|
| M: festgesetzte Einkommensteuer = | 15 000 € |
| F: festgesetzte Einkommensteuer = | 5000 € |
| Summe der individuell festgesetzten Steuerbeträge = | 20 000 € |
| Summe der hierauf anzurechnenden Beträge = | ./. 16 000 € |
| Nachzahlungsüberhang | 4000 € |

**Lösung:**

(1) Von den gegen die Ehegatten festgesetzten Einkommensteuerbeträgen sind zunächst jeweils die anzurechnenden Lohnsteuerbeträge abzuziehen (= Sollbeträge):

| | | |
|---|---|---|
| M: | 15 000 € ./. 5000 € = | 10 000 € |
| F: | 5000 € ./. 1000 € = | 4000 € |

(2) Im zweiten Schritt werden – mangels Zahlungen mit individueller Tilgungsbestimmung i. S. d. Nr. 3.2 – die gemeinsamen Vorauszahlungen nun nach Köpfen – allerdings maximal bis zur Höhe des jeweiligen Sollbetrags (hier identisch mit Zwischensumme II) – aufgeteilt, der danach verbleibende Restbetrag ist dem Ehegatten mit dem höheren Soll allein zuzurechnen:

| | | |
|---|---|---|
| → F: | ½ von 10 000 €, maximal aber 4000 € = | 4000 € |
| → M: | ½ von 10 000 €, maximal aber 10 000 € = | 5000 € |
| | zuzüglich Restbetrag | 1000 € |
| | Summe der bei M anzurechnenden Beträge: | 6000 € |

(3) Die Abrechnungsverfügungen der Steuerbescheide sehen wie folgt aus:

| | | |
|---|---|---|
| M: | 15 000 € | festgesetzte Einkommensteuer |
| | ./. 5000 € | anzurechnende Lohnsteuer |
| | ./. 6000 € | anzurechnende Vorauszahlungen |
| | = 4000 € | Abschlusszahlung |
| F: | | |
| | 5000 € | festgesetzte Einkommensteuer |
| | ./. 1000 € | anzurechnende Lohnsteuer |
| | ./. 4000 € | anzurechnende Vorauszahlungen |
| | = 0 € | Abschlusszahlung |

## 3.7. Keine Berücksichtigung der Zeitabfolge von Zahlungen

Bei der Zuordnung und Aufteilung von Zahlungen auf die Steuerschuld ist der jeweilige Zahlungszeitpunkt unbeachtlich. Alle bis zum Abrechnungsstichtag geleisteten Zahlungen (Vorauszahlungen, Abschlagszahlungen oder sonstige Zahlungen) sind nach den vorstehenden Grundsätzen zuzuordnen und aufzuteilen. Dies hat zum Beispiel zur Folge, dass für die Zuordnung und Aufteilung eines Erstattungsanspruchs, der sich aus einer Änderung einer Einkommensteuerfestsetzung zugunsten des/der Steuerpflichtigen ergibt, die Abschlusszahlung nicht vorrangig zu berücksichtigen ist. Vielmehr ist die Zuordnung und Aufteilung von Zahlungen im Wege einer Gesamtaufrollung neu vorzunehmen.

**Beispiel:**
Im Rahmen einer Zusammenveranlagung wurde gegen die Ehegatten M und F Einkommensteuer in Höhe von 10 000 € festgesetzt. Nach Anrechnung der vom Arbeitslohn des Ehemannes einbehaltenen Lohnsteuer von 6000 € ergab sich eine Abschlusszahlung von 4000 €, die von den Eheleuten für beider Rechnung entrichtet wurde.
Später wird die Einkommensteuerfestsetzung gemäß § 175 Abs. 1 Satz 1 Nr. 1 AO geändert und die Einkommensteuer auf 9000 € herabgesetzt. Es ergibt sich somit ein Erstattungsanspruch von 1000 €.

**Lösung:**
Die individuellen Erstattungsansprüche der Ehegatten M und F sind wie folgt zu ermitteln:

(1) individuelle Ermittlung der bei den Ehegatten nach Nr. 3.1 jeweils anzurechnenden Steuerabzugsbeträge:

| | |
|---|---|
| M: | 6000 € |
| F: | 0 € |

(2) mangels Zahlungen mit individueller Tilgungsbestimmung i. S. d. Nr. 3.2 hälftige Aufteilung der „gemeinsamen" Zahlungen i. S. d. Nr. 3.3 und Zurechnung des jeweiligen Anteils wie eine Zahlung i. S. d. Nr. 3.2:

| | | |
|---|---|---|
| → M: | ½ von 4000 € = | 2000 € |
| → F: | ½ von 4000 € = | 2000 € |

(3) für jeden Ehegatten sind die nach (1) und (2) ermittelten Anrechnungsbeträge jeweils zu addieren:

| | | | |
|---|---|---|---|
| M: | 6000 € | F: | 0 € |
| | + 2000 € | | + 2000 € |
| Summe: | 8000 € | Summe: | 2000 € |

(4) Die Aufteilung des Erstattungsanspruchs (1000 €) auf die Ehegatten erfolgt im Verhältnis der Summe der dem einzelnen Ehegatten zuzurechnenden Zahlungen zur Summe aller Zahlungen:

→ M: 1000 € × (8000/10 000) = 800 €

→ F: 1000 € × (2000/10 000) = 200 €

## 4. Zuordnung und Aufteilung von Zahlungen in Trennungsfolgejahren

Für die Zuordnung und Aufteilung von Zahlungen, denen eine an beide Ehegatten als Gesamtschuldner gerichtete Vorauszahlungsfestsetzung für Trennungsfolgejahre zugrunde liegt, gelten die Regelungen in Nummern 2.3 bis 2.5 entsprechend. War dem Finanzamt die Trennung im Zahlungszeitpunkt noch nicht bekannt und lag zu diesem Zeitpunkt auch keine individuelle Tilgungsbestimmung vor, sind die Zahlungen deshalb genauso als Zahlungen für gemeinsame Rechnung zu behandeln wie im Fall von Einzelveranlagungen nach § 26 a EStG (vgl. Nr. 3.6).

## 5. Vorläufige Zuordnung und Aufteilung von Zahlungen für gemeinsame Rechnung

**5.1.** Kann in den Fällen der Nummer 3.6 nur einer der Ehegatten bereits zur Einkommensteuer veranlagt werden (sei es auf Antrag oder wegen Veranlagungspflicht), während bei dem anderen Ehegatten, der von Amts wegen zu veranlagen ist, die Veranlagung noch nicht erfolgen kann (z. B. weil die Erklärungsfrist noch nicht abgelaufen ist, so dass auch noch keine Steuerfestsetzung im Wege einer Schätzung möglich ist), kann für Zwecke der vorläufigen Aufteilung der Vorauszahlungen hinsichtlich des Ehegatten, für den keine Veranlagung erfolgen kann, eine fiktive Veranlagung auf der Grundlage der vorliegenden bzw. der Vorauszahlungsfestsetzung zugrunde gelegten Besteuerungsgrundlagen durchgeführt werden.

**5.2.** Kann in den Fällen der Nummer 4 zunächst nur einer der Ehegatten zur Einkommensteuer veranlagt werden, während bei dem anderen Ehegatten zu diesem Zeitpunkt weder die Voraussetzungen für eine Veranlagung von Amts wegen noch für eine Antragsveranlagung vorliegen, ist für Zwecke der vorläufigen Aufteilung der für gemeinsame Rechnung der Ehegatten geleisteter Vorauszahlungen hinsichtlich des Ehegatten, für den (noch) keine Veranlagung erfolgen kann, eine fiktive Veranlagung auf der Grundlage der dem Finanzamt vorliegenden bzw. der Vorauszahlungsfestsetzung zugrunde gelegten Besteuerungsgrundlagen durchzuführen.

**5.3.** Bei dem Ehegatten, für den nur eine fiktive Veranlagung durchgeführt wird, ergeht in beiden vorgenannten Fällen (noch) kein Einkommensteuerbescheid, vielmehr bleibt der Vorauszahlungsbescheid ihm gegenüber wirksam, bis ein Einkommensteuerbescheid oder ein Nichtveranlagungsbescheid ergangen ist.

**5.4.** In den Fällen der Nummern 5.1 oder 5.2 ist die bereits für einen Ehegatten durchgeführte Anrechnung von Zahlungen für gemeinsame Rechnung nach Ergehen des noch ausstehenden Einkommensteuerbescheides oder eines Nichtveranlagungsbescheids des anderen Ehegatten zu korrigieren (§ 130 i. V. m. § 131 Abs. 2 Satz 1 Nr. 3 AO). Unter den Voraussetzungen des § 218 Abs. 3 AO kann die Anrechnungsverfügung oder ein Abrechnungsbescheid nach § 218 Abs. 2 AO auch zur Beseitigung einer widerstreitenden Anrechnung von Zahlungen geändert werden (vgl. Nr. 6).

**6. Änderung von Anrechnungsverfügungen oder Abrechnungsbescheiden nach § 218 Abs. 3 AO**

**6.1.** Wird eine Anrechnungsverfügung oder ein Abrechnungsbescheid (§ 218 Abs. 2 AO) zur Einkommensteuer auf Grund eines Rechtsbehelfs oder auf Antrag eines Ehegatten oder eines Dritten zurückgenommen und ein für ihn günstigerer Verwaltungsakt erlassen, können nachträglich gegenüber beiden Ehegatten durch Änderung der Anrechnungsverfügungen oder von Abrechnungsbescheiden die entsprechenden steuerlichen Folgerungen gezogen werden (§ 218 Abs. 3 Satz 1 AO). § 174 Abs. 4 und 5 AO gilt in diesen Fällen entsprechend (§ 218 Abs. 3 Satz 2 AO). Vgl. im Übrigen auch AEAO zu § 218, Nr. 4.

**6.2.** Gegenüber dem anderen Ehegatten ist nur dann eine für ihn nachteilige Korrektur seiner Anrechnungsverfügung oder seines Abrechnungsbescheids nach § 218 Abs. 3 AO möglich, wenn er an dem Verfahren, das zur Aufhebung oder Änderung der fehlerhaften Anrechnungsverfügung bzw. des fehlerhaften Abrechnungsbescheids des anderen Ehegatten geführt hat, beteiligt wurde.

**6.3.** § 218 Abs. 3 AO gilt ab dem 31. Dezember 2014 für alle zu diesem Zeitpunkt noch nicht zahlungsverjährten Anrechnungsverfügungen und Abrechnungsbescheide (Art. 97 § 13 a EGAO). Die Regelung gilt damit auch in den Fällen, in denen Anrechnungsverfügungen bislang unter Widerrufsvorbehalt ergangen sind, soweit noch keine Zahlungsverjährung eingetreten ist.

**7. Abstimmungsbedarf**

Sind in Fällen der Ehegattenveranlagung mehrere Finanzämter für die Veranlagungen zuständig, haben sich diese – auch länderübergreifend – abzustimmen.

Dieses Schreiben tritt mit sofortiger Wirkung an die Stelle des BMF-Schreibens vom 31. Januar 2013 IV A 3 – S 0160/11/10 001 (BStBl. I S. 70).

# 800 § 39/1. Schreiben betr. wirtschaftliche Zurechnung bei Wertpapiergeschäften; BMF-Schreiben vom 11. November 2016 (BStBl. I S. 1324)

Vom 9. Juli 2021
BMF IV C 6 - S 2134/19/10003 :007; DOK 2021/0737864
(BStBl. I S. 1002)

Mit BFH-Urteil vom 18. August 2015 I R 88/13 (BStBl. 2016 II S. 961) hat der BFH für Recht erkannt dass das wirtschaftliche Eigentum an Aktien, die im Rahmen einer sog. „Wertpapierleihe" an den „Entleiher" zivilrechtlich übereignet wurden, ausnahmsweise beim „Verleiher" verbleiben könne, wenn die zivilrechtliche Position des „Entleihers" lediglich eine formale sei. Dies ergebe sich in dem der Entscheidung zu Grunde liegenden Fall aus den Bestimmungen der abgeschlossenen Leihverträge und der Art ihres Vollzugs. Nach dem Ergebnis der Erörterungen mit den obersten Finanzbehörden der Länder gelten bezugnehmend auf das BFH-Urteil vom 18. August 2015 I R 88/13 (BStBl. 2016 II S. 961) für die wirtschaftliche Zurechnung bei Wertpapierleihen, Kassa-Geschäften und anderen Wertpapiergeschäften die folgenden Grundsätze:

## I. Einordnung eines Wertpapierdarlehens („Wertpapierleihe")

Bei der „Wertpapierleihe" handelt es sich um ein Sachdarlehen (vgl. BT-Drs. 14/6040, S. 258). Durch den Sachdarlehensvertrag wird der Darlehensgeber verpflichtet, dem Darlehensnehmer eine vereinbarte vertretbare Sache zu überlassen. Der Darlehensnehmer ist zur Zahlung eines Darlehensentgelts und bei Fälligkeit zur Rückerstattung von Sachen gleicher Art, Güte und Menge verpflichtet. Die Wertpapiere werden gegen Leistung eines Entgelts zu vollem Eigentum und zu freier Verfügung (Übergang aller Rechte aus dem Papier, auch diejenigen Rechte zum Weiterverkauf oder zur Verpfändung) überlassen. 1

## II. Wirtschaftliche Zurechnung

Im Grundsatz sind dem Darlehensnehmer als zivilrechtlichem Eigentümer die im Rahmen des Darlehens übereigneten Wertpapiere auch wirtschaftlich zuzurechnen (§ 39 Abs. 1 AO, Grundfall). Maßgeblich ist hierfür die Ausübung der tatsächlichen Herrschaft in der Weise, dass er den Darlehensgeber im Regelfall und nach dem Gesamtbild der Verhältnisse im Einzelfall für die gewöhnliche Nutzungsdauer von der Einwirkung auf das Wirtschaftsgut wirtschaftlich ausschließen kann. Bei Aktien erlangt der Darlehensnehmer wirtschaftliches Eigentum ab dem Zeitpunkt, von dem ab er nach dem Willen der Vertragspartner über die Wertpapiere verfügen kann, i.d.R. sobald Besitz, Gefahr, Nutzungen und Lasten, insbesondere die mit Wertpapieren gemeinhin verbundenen Kursrisiken und -chancen, auf den Erwerber übergegangen sind. 2

Ob im Ausnahmefall eine wirtschaftliche Zurechnung beim Darlehensnehmer ausbleibt, ist im Rahmen einer Gesamtschau zu überprüfen. 3

### a) Kein Übergang wirtschaftlichen Eigentums (Ausnahmefall)

Trotz des Übergangs zivilrechtlichen Eigentums auf den Darlehensnehmer spricht für eine wirtschaftliche Zuordnung der Wertpapiere beim Darlehens- 4 geber, wenn die Wertpapiere über einen kurzen Zeitraum über den Dividendenstichtag hinaus übertragen werden oder die Eigentümerposition des Darlehensnehmers im Rahmen einer Gesamtschau aus den nachfolgend aufgeführten Kriterien als eine rein formale erscheint; als ein kurzer Zeitraum über den Dividendenstichtag gilt in jedem Fall eine Haltedauer von weniger als 45 Tagen. Der Darlehensnehmer trägt in diesen Fällen die Beweislast dafür, dass ihm die Wertpapiere gleichwohl wirtschaftlich zuzurechnen sind. Nachfolgend aufgeführte Kriterien sind im Sinne einer Gesamtschau heranzuziehen.

**b) Bemessung des Gesamtentgelts**

5 Gegen eine wirtschaftliche Zurechnung beim Darlehensnehmer spricht, wenn aus dem Wertpapiergeschäft ein Steuervorteil für die Parteien oder Dritte entsteht und das Gesamtentgelt für das Wertpapiergeschäft – unter Berücksichtigung auch solcher Geschäfte, die im sachlichen Zusammenhang mit dem Wertpapierleihgeschäft stehen – auch hieran bemessen ist.

**c) Keine Liquiditätsvorteile beim Darlehensnehmer aus der Dividendenzahlung**

6 Gegen eine wirtschaftliche Zurechnung beim Darlehensnehmer spricht, dass ihm durch das Geschäft auch kein Liquiditätsvorteil aus einer Vereinnahmung und Verausgabung der mit dem Wertpapiergeschäft getätigten Zahlungen entsteht, etwa weil diese zeit- und betragsgleich erfolgen.

**d) Keine Ausübung von Stimmrechten**

7 Gegen eine wirtschaftliche Zurechnung beim Darlehensnehmer spricht, wenn die Ausübung des Stimmrechts vertraglich ausgeschlossen oder eingeschränkt wurde, sodass der Darlehensnehmer aus dem „Leihgeschäft" keinen gesellschaftsrechtlichen Vorteil erlangt. Dies gilt auch, wenn es dem Darlehensnehmer auf die Ausübung der Stimmrechte nicht ankommt.

**e) Schwache Rechtsposition des Darlehensnehmers**

8 Gegen den Übergang wirtschaftlichen Eigentums spricht, wenn dem Darlehensnehmer jederzeit oder mit nur kurzer Frist (z.B. innerhalb von drei Bankarbeitstagen) die Rechtsposition aus dem Wertpapiervertrag entzogen werden kann (z.B. durch Kündigung).

9 Von einer schwachen Rechtsposition ist ferner auszugehen, wenn dem Darlehensnehmer aufgrund sonstiger vertraglicher Rechte des Darlehensgebers keine wirtschaftlich sinnvolle Nutzung der Wertpapiere möglich ist.

## III. Rechtsfolgen

### 1. Bilanzielle Betrachtung

10 In Ermangelung besonderer Regelungen gelten die handelsrechtlichen Grundsätze ordnungsmäßiger Buchführung. Danach hat der Kaufmann seine Vermögensgegenstände und seine Schulden in der Bilanz auszuweisen.

**a) Wirtschaftliche Zurechnung beim Darlehensnehmer gemäß § 39 Abs. 1 AO**

11 Mit der zivilrechtlichen Übertragung des Eigentums ist dem Darlehensnehmer im Grundfall die Darlehensvaluta steuerlich zuzurechnen; eine Zurechnung beim Darlehensgeber ist ausgeschlossen. Dadurch wird vermieden, dass die Wertpapiere bei einer anschließenden Übereignung durch den Darlehensnehmer an einen Dritten mehrfach – nämlich sowohl beim Darlehensgeber als

auch bei einem Dritten – erfasst werden. Beim Darlehensgeber tritt an die Stelle der Wertpapiere eine Forderung auf Lieferung von Wertpapieren gleicher Art, Güte und Menge. Diese Sachforderung ist mit dem Buchwert der hingegebenen Wertpapiere anzusetzen. Eine Gewinnrealisierung aufgrund der ggf. in den Wertpapieren enthaltenen stillen Reserven (z.B. durch Kurssteigerungen) tritt durch diesen Aktivtausch nicht ein. Beim Entleiher steht dem Zugang der Wertpapiere eine Passivierung der Lieferverpflichtung gegenüber.

**b) Wirtschaftliche Zurechnung beim Darlehensgeber gemäß § 39 Abs. 2 Nr. 1 Satz 1 AO**

Führt die Gesamtbetrachtung zum Ergebnis, die Wertpapiere trotz der zivilrechtlichen Übertragung wirtschaftlich dem Darlehensgeber zuzuordnen, sind die Wertpapiere ununterbrochen in der Bilanz des Darlehensgebers auszuweisen. Die Dividende ist wirtschaftlich dem Darlehensgeber zuzurechnen und bei diesem zu besteuern. 12

**2. Anrechnung der Kapitalertragsteuer**

Im Hinblick auf den Einbehalt und die Anrechnung der Kapitalertragsteuer gelten die allgemeinen Grundsätze. Die Kapitalertragsteuer wird bei einem unbeschränkt steuerpflichtigen Darlehensnehmer auf die Einkommensteuer oder die Körperschaftsteuer angerechnet, wenn dem Darlehensnehmer die Aktien zuzurechnen sind (§ 20 Abs. 5 EStG i.V.m. § 39 AO), die Kapitalertragsteuer erhoben wurde (§ 36 Abs. 2 Nr. 2 Satz 1 EStG) und der Steuerpflichtige seinem Veranlagungsfinanzamt die Steuerbescheinigung im Original vorlegt (§ 36 Abs. 2 Nr. 2 Satz 2 EStG). Bei beschränkt steuerpflichtigen Darlehensnehmern sind insbesondere die §§ 43b, 50 Abs. 2 und 50d EStG sowie § 32 KStG zu beachten. 13

**3. Gestaltungsmissbrauch nach § 42 AO**

Die Wertpapiere sind dem Darlehensnehmer auch dann nicht wirtschaftlich zuzurechnen, wenn die gewählte Gestaltung als missbräuchlich einzuordnen ist. Vom Fehlen eines wirtschaftlich vernünftigen Grundes für das Rechtsgeschäft und damit von Gestaltungsmissbrauch ist bei Wertpapiergeschäften auszugehen, deren Wirtschaftlichkeit im Wesentlichen in einem Steuervorteil besteht. 14

Liegt ein Gestaltungsmissbrauch vor, entsteht der Steueranspruch so, wie er bei einer den wirtschaftlichen Vorgängen angemessenen rechtlichen Gestaltung entstanden wäre. Es wird daher ein den wirtschaftlichen Vorgängen angemessener Sachverhalt fingiert und der Besteuerung zugrunde gelegt (BFH-Urteil vom 2. März 2016 I R 73/14, BStBl. II S. 887). 15

Bei einem aufgelegten Gestaltungskonzept, das auf einer einheitlichen Planung der Beteiligten beruht, sind die einzelnen Verträge für die steuerliche Beurteilung zusammenfassend zu betrachten und unter den jeweiligen Steuertatbestand zu subsumieren (BFH-Urteil vom 27. Oktober 2005 IX R 76/03, BStBl. 2006 II S. 359). Alle unmittelbar mit dem Abschluss der Verträge zusammenhängenden Vereinbarungen, die sich gegenseitig bedingen, sind im Rahmen einer fingierten wirtschaftlich angemessenen Gestaltung als nicht abgeschlossen und durchgeführt anzusehen und außerbilanziell zu korrigieren. 16

**Grundfall 1 (Wertpapierleihe mit ausländischen Aktien):** 17

Der Darlehensgeber verleiht ausländische Aktien über den Dividendenstichtag an den Darlehensnehmer. Dem Darlehensnehmer als zivilrechtlichem Eigentümer wird eine Dividende in Höhe von 100 gutgeschrieben. Er leistet dem Darlehensgeber eine Kompensationszahlung von 105 und hat im aufgelegten Gestaltungskonzept eingepreiste Beratungskosten in Höhe von 5 getragen.

**Lösung:**
Ziel der Gestaltung war es, beim Darlehensnehmer einen künstlichen Betriebsausgabenüberhang zu generieren, indem die Dividende nach § 8b Abs. 1 KStG steuerfrei gestellt (5 % nicht abziehbare Betriebsausgaben) und die Kompensationszahlung als Betriebsausgabe (vor Geltung des § 8b Abs. 10 KStG) in voller Höhe steuerwirksam wird.

**– 1. Schritt (§ 39 Abs. 2 AO):**
Nach den o.g. Grundsätzen ist der Darlehensnehmer nicht wirtschaftlicher Eigentümer geworden. § 8b Abs. 1 KStG kommt nicht zur Anwendung. Ein künstlicher Betriebsausgabenüberhang entsteht nicht. Der Darlehensnehmer hat eine sonstige Einnahme von 100 und Ausgaben von 105 (Kompensationszahlung) und 5 (Beratungskosten).

**– 2. Schritt (§ 42 AO):**
Weil die Gestaltung insgesamt missbräuchlich i.S.d. § 42 AO ist, soll der Steueranspruch so entstehen, wie er ohne die Gestaltung entstanden wäre. Im Rahmen der fingiert angenommenen angemessenen Gestaltung wären weder die sonstigen Einnahmen von 100 (vermeintliche Dividende) erzielt worden noch die Ausgaben von 105 (Kompensationszahlung) und 5 (Beratungskosten) entstanden. Das Einkommen ist nach § 42 AO um 10 zu erhöhen.

18 **Grundfall 2 (Wertpapierleihe mit inländischen Aktien):**
Der Darlehensgeber verleiht inländische Aktien über den Dividendenstichtag an den Darlehensnehmer. Dem Darlehensnehmer als zivilrechtlichem Eigentümer wird eine Nettodividende in Höhe von 75 gutgeschrieben. Zusätzlich hat er einen (vermeintlichen) Anspruch auf Anrechnung der Kapitalertragsteuer von 25. Er leistet dem Darlehensgeber eine Kompensationszahlung von 105 und hat im aufgelegten Gestaltungskonzept eingepreiste Beratungskosten in Höhe von 5 getragen.

**Lösung:**
Ziel der Gestaltung war es, beim Darlehensnehmer einen künstlichen Betriebsausgabenüberhang zu generieren, indem die Dividende nach § 8b Abs. 1 KStG steuerfrei gestellt (5 % nicht abziehbare Betriebsausgaben) und die Kompensationszahlung als Betriebsausgabe (vor Geltung des § 8b Abs. 10 KStG) in voller Höhe steuerwirksam wird.

**– 1. Schritt (§ 39 Abs. 2 AO):**
Nach den o.g. Grundsätzen ist der Darlehensnehmer nicht wirtschaftlicher Eigentümer geworden. § 8b Abs. 1 KStG kommt nicht zur Anwendung. Ein künstlicher Betriebsausgabenüberhang entsteht nicht. Zusätzlich ist dem Darlehensnehmer die Anrechnung der Kapitalertragsteuer zu versagen bzw. eine bereits angerechnete Kapitalertragsteuer im Rahmen der verfahrensrechtlichen Möglichkeiten zurückzufordern. Der Darlehensnehmer hat daher im Ergebnis eine sonstige Einnahme von 75[1)] und Ausgaben von 105 (Kompensationszahlung) und 5 (Beratungskosten).

**– 2. Schritt (§ 42 AO):**
Weil die Gestaltung insgesamt missbräuchlich i.S.d. § 42 AO ist, soll der Steueranspruch so entstehen, wie er ohne die Gestaltung entstanden wäre. Im Rahmen der fingiert angenommenen angemessenen Gestaltung wären weder die sonstigen Einnahmen von 75 (vermeintliche Nettodividende) erzielt worden noch die Ausgaben von 105 (Kompensationszahlung) und 5 (Beratungskosten) entstanden. Das Einkommen ist nach § 42 AO um 35 zu erhöhen.

## IV. Übertragung der Grundsätze auf andere Wertpapiergeschäfte

19 Die vorgenannten Grundsätze gelten entsprechend für andere Wertpapiergeschäfte, soweit das Wertminderungsrisiko nach einer Gesamtwürdigung der Umstände nicht übergegangen ist. Hierzu gehören insbesondere Repo-Geschäfte, Wertpapierpensionsgeschäfte i.S.d. § 340b HGB und Kassa-Geschäfte.

## V. Anwendbarkeit

20 Dieses Schreiben ersetzt das BMF-Schreiben vom 11. November 2016 (BStBl. I S. 1324) und ist in allen offenen Fällen anzuwenden.

---

[1)] **Amtl. Anm.:** Vereinfacht VZ-übergreifend dargestellt (ggf. wäre eine zunächst angerechnete Kapitalertragsteuer als Einnahme und die spätere Rückforderung als Ausgabe zu berücksichtigen).

# 800 § 69/1. Verfügung betr. Haftung für betriebliche Steuern (ohne Abzugssteuern)

Vom 20. November 2009 (StEd 2010 S. 42)

(OFD Hannover S 0190 – 10 – StO 141)

## 1. Umfang der Haftung (Kausalität)

Die Haftungsvorschrift des § 69 Abs. 1 AO umfasst als selbständige Möglichkeiten der Tatbestandsverwirklichung
- die Nichtfestsetzung,
- die nicht rechtzeitige Festsetzung,
- die Nichterfüllung,
- die nicht rechtzeitige Erfüllung der Steueransprüche sowie
- die Zahlung der Steuervergütungen und Steuererstattungen ohne rechtlichen Grund.

Nach § 69 AO muss die Pflichtverletzung der in den §§ 34 und 35 AO bezeichneten Personen ursächlich dafür sein, dass die Ansprüche aus dem Steuerschuldverhältnis nicht oder nicht rechtzeitig festgesetzt oder erfüllt worden sind. Es muss feststehen, dass der im Gesetz bezeichnete Haftungsschaden ohne die Pflichtverletzung nicht eingetreten wäre (ständige Rechtsprechung). Die Kausalität richtet sich wie bei den zivilrechtlichen Schadensersatzansprüchen nach der sog. Adäquanztheorie. Danach können nur solche Pflichtverletzungen für den Erfolg ursächlich sein, die allgemein oder erfahrungsgemäß geeignet sind, diesen Erfolg zu verursachen. Der Ursachenzusammenhang darf nicht außerhalb des Wahrscheinlichen liegen. Das pflichtwidrige Verhalten kann auch vor Fälligkeit, ggf. auch vor Entstehung der später verkürzten Steueransprüche liegen.

**Beispiel 1:**

Der Geschäftsführer der GmbH überweist deren Arbeitnehmern das Gehalt, obwohl er genau weiß, dass ihm dann nicht mehr ausreichende Mittel für die Entrichtung der darauf entfallenden Lohnsteuer zur Verfügung stehen. Die Pflichtverletzung liegt vor der Entstehung der Lohnsteuer; der Geschäftsführer hätte vor Überweisung des Gehalts die Mittel für die Bezahlung der Lohnsteuer sicherstellen müssen, ggf. durch geringere Nettolohnzahlungen.

**Beispiel 2:**

Der Geschäftsführer weiß, dass die GmbH für den Monat Juli ca. 100 000,00 EUR an Umsatzsteuer wird entrichten müssen. Trotzdem befriedigt er gegen Ende des Monats in vollem Umfang die übrigen Gläubiger der GmbH – auch soweit deren Forderungen noch nicht fällig waren –, sodass ihm für die Tilgung der Steuerschuld keine Mittel mehr zur Verfügung stehen. Die Pflichtverletzung (= ausschließliche Befriedigung der übrigen Gläubiger) liegt vor der Entstehung der Umsatzsteuerschuld.

An der Ursächlichkeit fehlt es, wenn im Fälligkeitszeitpunkt der Steuer bereits ein gerichtliches Verfügungsverbot bestand.

### 1.1. Grundsatz der anteiligen Tilgung

Bei der Beurteilung der Frage, inwieweit die in §§ 34, 35 AO bezeichneten Personen für sonstige Betriebssteuern (Umsatzsteuer, Körperschaftsteuer,

Gewerbesteuer, pauschale Lohnsteuer u. a.) und damit im Zusammenhang stehende Nebenleistungen haften, ist davon auszugehen, dass beim Fehlen ausreichender Mittel zur Tilgung sämtlicher Verbindlichkeiten die rückständigen Steuerbeträge ungefähr in dem gleichen Verhältnis zu tilgen sind wie die Verbindlichkeiten gegenüber anderen Gläubigern.[1] Benachteiligt der Haftungsschuldner das Finanzamt bei der Verteilung der verwalteten Mittel, verletzt er diese Pflicht zumindest grob fahrlässig und haftet deshalb im Umfang des die durchschnittliche Tilgungsquote unterschreitenden Fehlbetrages. Dies ist die Haftungssumme (vgl. Tz. 2).

### 1.2. Ausnahmen

Der Haftungsschuldner verletzt die dem Steuergläubiger gegenüber bestehenden Pflichten bereits dann, wenn er sich durch Vorwegbefriedigung oder in sonstiger Weise vorsätzlich oder grob fahrlässig außerstande setzt, eine bereits entstandene, aber erst künftig fällig werdende Steuerforderung im Zeitpunkt der Fälligkeit zu tilgen. Er haftet dann insoweit, als der Steuergläubiger bei pflichtgemäßem Verhalten im Fälligkeitszeitpunkt befriedigt worden wäre.[1]

Beispielsweise haftet der Geschäftsführer für rückständige Körperschaftsteuern in voller Höhe, wenn er, ohne hierzu aufgrund eines den gesellschaftsrechtlichen Vorschriften entsprechenden Gewinnverteilungsbeschlusses ermächtigt oder verpflichtet zu sein, Ausschüttungen an die Anteilseigner vornimmt, die nach § 38 KStG (ggf. i. V. m. § 34 Abs. 16 KStG) zu einer Erhöhung der Körperschaftsteuer führen. Da die Steuer insoweit nicht im Rahmen eines laufenden Geschäftsbetriebs der Gesellschaft entsteht, sondern Folge einer gezielten Mittelverwendung ist, darf der Geschäftsführer Ausschüttungen nur insoweit vornehmen, als die Gesellschaft auch die hierdurch ausgelöste Körperschaftsteuer entrichten kann.[2]

Die Vermögenslage des Steuerschuldners ist unerheblich, wenn die aufgrund des Umsatzsteuer-Jahresbescheids zu leistende Abschlusszahlung allein darauf zurückzuführen ist, dass aufgrund unrichtiger Voranmeldungen zu hohe Vorsteuervergütungen ausgezahlt wurden.[3] Insoweit greift der Grundsatz der anteiligen Tilgungsverpflichtung für den Verantwortlichen nicht, weil es sich nicht um eine Zahlungsverpflichtung der Gesellschaft, sondern um eine zu Unrecht an die Gesellschaft ausgezahlte Steuervergütung handelt.[4]

Der Haftungsschuldner haftet ohne Rücksicht auf die Verfügbarkeit von Geldmitteln für den eingetretenen Steuerausfall, wenn durch die unterlassene oder verspätete Steueranmeldung aussichtsreiche Vollstreckungsmöglichkeiten des Finanzamts vereitelt worden sind.[5] Die Haftung besteht dann unabhängig vom Umfang der sonstigen Gläubigerbefriedigung jedenfalls insoweit uneingeschränkt, als bei ordnungsgemäßer rechtzeitiger Anmeldung das Finanzamt die verkürzten Steuern ohne Weiteres hätte betreiben können.[6]

---

[1] **[Amtl. Anm.:]** BFH-Urteil vom 26. April 1984, BStBl. II S. 776.
[2] **[Amtl. Anm.:]** Urteil FG Niedersachsen vom 4. April 1995 XI 255/91, n.v.
[3] **[Amtl. Anm.:]** Urteil FG Niedersachsen vom 16. Oktober 1996 XI 123/93, n.v.
[4] **[Amtl. Anm.:]** BFH-Urteil vom 25. April 1995, BFH/NV 1996 S. 97.
[5] **[Amtl. Anm.:]** BFH-Urteil vom 5. März 1991, BStBl. II S. 678.
[6] **[Amtl. Anm.:]** BFH-Urteil vom 8. Oktober 1991, BFH/NV 1992 S. 79.

Eine Haftung entfällt jedoch, wenn zwischen Verletzung der Steuererklärungspflicht und dem eingetretenen Steuerausfall ein ursächlicher Zusammenhang nicht besteht. Das ist der Fall, wenn mangels ausreichender Zahlungsmittel und vollstreckbaren Vermögens auch bei fristgerechter Abgabe der Steuererklärung die geschuldete Steuer nicht hätte beglichen werden können.[1)]

### 1.3. Steuerliche Nebenleistungen

Die Haftung erstreckt sich ebenfalls auf die aufgrund der Pflichtverletzung bei der Gesellschaft auf die Steuerschulden angefallenen Säumniszuschläge, ggf. begrenzt auf die für die zugrunde liegenden Steuern ermittelte Tilgungsquote. Das gilt selbst dann, wenn die den Säumniszuschlägen zugrunde liegenden Steuerschulden später auf 0,00 EUR herabgesetzt werden.[2)] Eine volle Haftung kommt jedoch regelmäßig nicht in Betracht für Säumniszuschläge, die ab dem Zeitpunkt der Überschuldung und Zahlungsunfähigkeit des Steuerschuldners entstanden sind.[3)] Für die in der Zeit danach verwirkten Säumniszuschläge begründet die Illiquidität der Gesellschaft für diese einen Anspruch auf Erlass der Säumniszuschläge aus sachlichen Billigkeitsgründen[4)], der wegen der Akzessorietät der Haftung dem Haftungsschuldner selbst dann zugute kommen muss, wenn es in der Person des Steuerschuldners nicht mehr zu einem Erlass der Säumniszuschläge gekommen ist.[3)] Zu erlassen ist regelmäßig die Hälfte der verwirkten Säumniszuschläge.[5)]

## 2. Ermittlung der Haftungssumme

Bei der Beurteilung der Verschuldensfrage ist grundsätzlich auf die Verhältnisse im Zeitpunkt der Fälligkeit der jeweiligen Steuerschuld abzustellen.[6)] Werden Steuern mit unterschiedlichen Fälligkeitszeitpunkten über einen längeren Zeitraum hinweg nicht oder nicht vollständig entrichtet, so ist die Haftungssumme zeitraumbezogen zu ermitteln; d. h. hinsichtlich der vorhandenen Zahlungsverpflichtungen und der hierauf geleisteten Zahlungen ist auf den ganzen Haftungszeitraum abzustellen.[7)] Der Haftungszeitraum beginnt grundsätzlich mit dem Tag der ältesten Fälligkeit der für die Haftung in Betracht kommenden Ansprüche und endet mit dem Zeitpunkt, zu dem der Steuerschuldner zahlungsunfähig geworden ist (z. B. Tag des Antrags auf Eröffnung des Insolvenzverfahrens bzw. der Eröffnung des Insolvenzverfahrens). Ist der Haftungsschuldner vor Eintritt der Zahlungsunfähigkeit des Steuerschuldners aus seinem Amt ausgeschieden, endet der Haftungszeitraum mit diesem Zeitpunkt.[8)] [9)]

Ist der Steuerausfall dadurch zustande gekommen, dass der Steueranspruch infolge schuldhaften Verhaltens nicht oder nicht rechtzeitig festgesetzt wurde

---

1) **[Amtl. Anm.:]** BFH-Urteil vom 26. August 1992, BStBl. 1993 II S. 8.
2) **[Amtl. Anm.:]** FG Saarland, Urteil vom 27. September 1990, EFG 1991 S. 294.
3) **[Amtl. Anm.:]** BFH-Urteil vom 26. Juli 1988, BStBl. II S. 859.
4) **[Amtl. Anm.:]** BFH-Urteil vom 8. März 1984, BStBl. II S. 415.
5) **[Amtl. Anm.:]** AEAO zu § 240, Nr. 5 c.
6) **[Amtl. Anm.:]** BFH-Urteil vom 26. April 1984, BStBl. II S. 776.
7) **[Amtl. Anm.:]** BFH-Urteil vom 12. Juni 1986, BStBl. II S. 657.
8) **[Amtl. Anm.:]** BFH-Beschluss vom 8. Mai 1990, BFH/NV 1991 S. 12.
9) **[Amtl. Anm.:]** Zur Frage des Ausscheidens vgl. BGH-Urteil vom 14. Juli 1980, NJW S. 2415; BFH-Urteil vom 27. Oktober 1987, BFH/NV 1988 S. 485.

(z. B. Umsätze wurden schuldhaft erst in der Umsatzsteuer-Jahreserklärung und nicht bereits in der betreffenden Umsatzsteuer-Voranmeldung angegeben oder schuldhaft nicht angemeldete Umsätze wurden erst im Rahmen einer Außenprüfung festgestellt), ist hinsichtlich des Beginns des Haftungszeitraums nicht auf die Fälligkeit der Jahressteuernachzahlung abzustellen. Vielmehr beginnt der Haftungszeitraum bereits mit dem Zeitpunkt, zu dem bei ordnungsgemäßer Erfüllung der Voranmeldungspflichten die Vorauszahlungsschuld fällig geworden wäre.[1] Der Haftungszeitraum beginnt auch dann früher, wenn die Jahressteuererklärung schuldhaft zu spät abgegeben worden ist und die Steuerfestsetzung und deren Fälligkeit dadurch in eine Zeit fällt, in der die Liquiditätslage sich gegenüber dem Zeitpunkt verschlechtert hat, zu dem die Abschlusszahlung bei gebührender Erfüllung der Erklärungspflicht voraussichtlich fällig geworden wäre.

In die Berechnung zur Ermittlung der durchschnittlichen Tilgungsquote sind die im Haftungszeitraum insgesamt zu tilgenden Verbindlichkeiten einzubeziehen. Die Lohnsteuer ist weder bei den Gesamtverbindlichkeiten noch bei den geleisteten Zahlungen zu berücksichtigen. Sie steht für eine Quotenberechnung nicht zur Verfügung, da sie in voller Höhe an das Finanzamt abzuführen ist.[2]

Bei der Ermittlung der auf die Steuerrückstände geleisteten Zahlungen sind auch die vom Finanzamt verrechneten Vorsteuerüberschüsse als Zahlungen auf die Umsatzsteuerschulden anzusetzen.[3]

Die Ermittlung der Haftungssumme ist nach dem als Anlage zu diesem Karteiblatt beigefügten Berechnungsbogen durchzuführen (vgl. auch Textvorlage „AO_S_34 a_Berechnungsbogen_Haftungssumme.vor" bzw. Textbaustein „AO_191_69_Berechnungsbogen_Quote" in der OFD_Textbausteinuebersicht AO_Haftung). Zur Feststellung der Haftungssumme kann das Finanzamt vom Haftungsschuldner die notwendigen Auskünfte über die anteilige Gläubigerbefriedigung im Haftungszeitraum verlangen. Der Haftungsschuldner ist jedoch nicht verpflichtet, die Gläubiger zu benennen sowie Angaben über den jeweiligen Schuldgrund und den Zahlungszeitpunkt der einzelnen Verbindlichkeiten zu machen.[4]

---

[1] **[Amtl. Anm.:]** BFH-Urteile vom 12. April 1988, BStBl. II S. 742, vom 12. Juli 1988, BStBl. II S. 980, und vom 5. März 1991, BStBl. II S. 678.

[2] **[Amtl. Anm.:]** *Nacke,* Die Haftung für Steuerschulden, 2. Auflage, Tz. 105 m. w. N.; Beschluss FG Niedersachsen vom 3. Juli 2009 11 V 129/08, und Urteil FG Niedersachsen vom 23. Oktober 2009 11 K 23/8.

[3] **[Amtl. Anm.:]** BFH-Urteil vom 1. November 1989, BStBl. 1990 II S. 201, 203.

[4] **[Amtl. Anm.:]** BFH-Urteil vom 11. Juli 1989, BStBl. 1990 II S. 357.

# 800 § 80/1. Gleich lautende Ländererlasse betr. Umfang der Beratungsbefugnis der Lohnsteuerhilfevereine; Befugnis zu beschränkter Hilfeleistung in Steuersachen nach § 4 Nr. 11 StBerG

Vom 13. Februar 2023
Oberste Finanzbehörden der Länder S 0820; S 0838
(BStBl. I S. 399)

## I. Allgemein

Die Befugnis der Lohnsteuerhilfevereine zu beschränkter geschäftsmäßiger Hilfeleistung in Steuersachen ist in § 4 Nr. 11 des Steuerberatungsgesetzes (StBerG) geregelt.

Lohnsteuerhilfevereine sind Selbsthilfeeinrichtungen von Arbeitnehmerinnen und Arbeitnehmern und daher nur zu beschränkter geschäftsmäßiger Hilfeleistung in Steuersachen gegenüber ihren Mitgliedern befugt (§ 13 Abs. 1 StBerG). Sie bedürfen der Anerkennung durch die Aufsichtsbehörde, in deren Bezirk sie ihren Sitz haben (§ 13 Abs. 2 und § 15 StBerG).

Die beschränkte geschäftsmäßige Hilfeleistung in Steuersachen darf nur unter den in § 4 Nr. 11 StBerG genannten Voraussetzungen erfolgen. Sie schließt die Vertretung vor den Finanzgerichten ein, erstreckt sich jedoch nicht auf die Vertretung vor dem Bundesfinanzhof. Im Zusammenhang mit einer im Rahmen der Befugnis des § 4 Nr. 11 StBerG erbrachten Hilfeleistung in Steuersachen ist auch eine Annexberatung in nichtsteuerlichen Rechtsgebieten als Nebenleistung i.S.d. § 5 Abs. 1 des Gesetzes über außergerichtliche Rechtsdienstleistungen (Rechtsdienstleistungsgesetz – RDG) zulässig.

Soweit Lohnsteuerhilfevereine den Rahmen ihrer Befugnisse überschreiten, verstoßen sie gegen das Verbot der unbefugten Hilfeleistung in Steuersachen (§ 5 Abs. 1 Satz 2 StBerG).

### 1. Zulässige beschränkte geschäftsmäßige Hilfeleistung in Steuersachen nach § 4 Nr. 11 StBerG

Lohnsteuerhilfevereine dürfen für ihre Mitglieder nur geschäftsmäßig Hilfe in Steuersachen leisten, wenn diese Einkünfte aus nichtselbständiger Arbeit, sonstige Einkünfte aus wiederkehrenden Bezügen (§ 22 Nr. 1 des Einkommensteuergesetzes – EStG), Einkünfte aus Unterhaltsleistungen (§ 22 Nr. 1a EStG) oder Einkünfte aus Leistungen nach § 22 Nr. 5 EStG erzielen (§ 4 Nr. 11 Satz 1 Buchst. a StBerG).

Die beschränkte geschäftsmäßige Hilfeleistung in Steuersachen ist auch zulässig, wenn die Mitglieder (zusätzlich zu den vorgenannten Einkünften) Einnahmen – nicht Einkünfte – aus anderen Einkunftsarten i.S.d. § 4 Nr. 11 Satz 1 Buchst. c StBerG haben, die insgesamt die Höhe von 18 000 Euro, im Falle der Zusammenveranlagung von 36 000 Euro, nicht übersteigen. Bei der Ermittlung der vorgenannten Betragsgrenzen sind auch solche Einnahmen einzubeziehen, die im Rahmen einer gesonderten und einheitlichen Feststellung von Überschusseinkünften zu berücksichtigen sind. Dabei ist unbeachtlich, ob der Lohnsteuerhilfeverein für das Feststellungsverfahren eine Befugnis zur Hilfeleistung in Steuersachen hat (vgl. Abschn. III.). Einnahmen aus Einkünften, die im

Veranlagungsverfahren nicht zu erklären sind und auch nicht auf Grund eines Antrags des Steuerpflichtigen erklärt werden, sind bei der Ermittlung der Betragsgrenze nicht einzubeziehen (vgl. Abschn. V., Beispiel 8).

Sind die Voraussetzungen des § 4 Nr. 11 Satz 1 StBerG erfüllt, so umfasst die Befugnis zu beschränkter geschäftsmäßiger Hilfeleistung in Steuersachen

– die allgemeine Beratung bei den in § 4 Nr. 11 Satz 1 Buchst. a und c StBerG genannten Einkünften und Einnahmen,
– die Hilfeleistung bei der Bildung von Freibeträgen oder sonstigen Angaben für das Lohnsteuerermäßigungsverfahren,
– die Hilfeleistung bei der Erstellung der Einkommensteuererklärung einschließlich der erforderlichen Anlagen,
– die Hilfeleistung bei Anträgen zur Freistellung oder Anrechnung von Kapitalertragsteuer,
– die Hilfeleistung im Einspruchs- und Klageverfahren gegen den Einkommensteuerbescheid einschließlich Aussetzung der Vollziehung und
– die Hilfeleistung im Erhebungsverfahren (Stundung und Erlass, Vollstreckung).

Soweit die beschränkte geschäftsmäßige Hilfeleistung in Steuersachen nach § 4 Nr. 11 Satz 1 StBerG zulässig ist, berechtigt sie nach § 4 Nr. 11 Satz 3 StBerG auch zur Hilfeleistung bei

– der Eigenheimzulage nach dem Eigenheimzulagengesetz (EigZulG),
– mit Kinderbetreuungskosten i.S.v. § 10 Abs. 1 Nr. 5 EStG sowie mit haushaltsnahen Beschäftigungsverhältnissen i.S.d. § 35a Abs. 1 EStG zusammenhängenden Arbeitgeberaufgaben (vgl. Abschn. V., Beispiel 4).
– Sachverhalten des Familienleistungsausgleichs im Sinne des Einkommensteuergesetzes,
– sonstigen Zulagen und Prämien, auf die die Vorschriften der Abgabenordnung (AO) anzuwenden sind, z.B. der Altersvorsorgezulage nach Abschn. XI des Einkommensteuergesetzes.

Mitglieder, die arbeitslos geworden sind, dürfen weiterhin beraten werden (§ 4 Nr. 11 Satz 4 StBerG).

### 2. Unzulässige Hilfeleistung in Steuersachen nach § 4 Nr. 11 StBerG

Nach § 4 Nr. 11 StBerG ist die beschränkte geschäftsmäßige Hilfeleistung in Steuersachen in folgenden Fällen unzulässig:

– Es werden Einkünfte aus Land- und Forstwirtschaft, Gewerbebetrieb oder selbständiger Arbeit erzielt oder umsatzsteuerpflichtige Umsätze ausgeführt (§ 4 Nr. 11 Satz 1 Buchst. b StBerG; vgl. Abschn. V., Beispiel 1), es sei denn, die den Einkünften zugrundeliegenden Einnahmen sind nach § 3 Nr. 12, 26, 26a, 26b oder 72 EStG in voller Höhe steuerfrei (vgl. Abschn. II. und V., Beispiele 2 und 3).
– Die Einnahmen aus anderen Einkunftsarten i.S.d. § 4 Nr. 11 Satz 1 Buchst. c StBerG übersteigen die dort genannten Betragsgrenzen (vgl. Abschn. V., Beispiel 8). § 4 Nr. 11 Satz 1 Buchst. c StBerG stellt grundsätzlich auf den Einnahmebegriff des § 8 Abs. 1 EStG ab. In den Fällen des § 20 Abs. 2 EStG und § 22 Nr. 2, § 23 EStG ist der sich nach § 20 Abs. 4 EStG bzw. § 23 Abs. 3 EStG ergebende Betrag maßgebend.

Dem Lohnsteuerhilfeverein ist in diesen Fällen die beschränkte geschäftsmäßige Hilfeleistung in Steuersachen nicht nur für diese (schädlichen) Einkünfte und Einnahmen, sondern insgesamt nicht gestattet. Dies gilt auch für die Beantragung der Forschungszulage nach dem Forschungszulagengesetz (FZulG), da Anspruchsberechtigte ausschließlich solche mit Einkünften aus Land- und Forstwirtschaft, Gewerbebetrieb oder selbständiger Arbeit sind.

Die Befugnis zu beschränkter geschäftsmäßiger Hilfeleistung in Steuersachen kann in diesen Fällen auch nicht teilweise dadurch begründet werden, dass für die Gewinneinkünfte oder umsatzsteuerpflichtigen Umsätze zusätzlich ein Steuerberater tätig wird oder der Arbeitnehmer diese Einkünfte selbst ermittelt und erklärt (Verbot der Mandatsteilung, vgl. BFH-Urteil vom 28. Februar 1989, BStBl. II S. 384).

Die Befugnis zu beschränkter geschäftsmäßiger Hilfeleistung in Steuersachen nach § 4 Nr. 11 StBerG erstreckt sich nur auf die Hilfeleistung bei der Einkommensteuer und ihren Zuschlagsteuern. Somit sind Lohnsteuerhilfevereine insbesondere nicht zur Hilfeleistung befugt:

- beim Steuerabzug von Vergütungen für im Inland erbrachte Bauleistungen (§§ 48 ff. EStG, vgl. Abschn. V Beispiel 6),
- in Fällen der Steuerschuldnerschaft des Leistungsempfängers nach § 13b des Umsatzsteuergesetzes (UStG) sowie
- bei Erklärungen im Zusammenhang mit dem ab dem Jahr 2025 anzuwendenden Grundsteuerrecht.

## II. Steuerfreie Einnahmen nach § 3 Nr. 12, 26, 26a, 26b oder 72 EStG

Sofern die den Einkünften zugrundeliegenden Einnahmen des Mitglieds des Lohnsteuerhilfevereins nach § 3 Nr. 12, 26, 26a, 26b oder 72 EStG in voller Höhe steuerfrei sind, ist der Lohnsteuerhilfeverein befugt, das Mitglied zu beraten, auch wenn es sich um Gewinneinkunftsarten handelt und gegebenenfalls umsatzsteuerpflichtige Umsätze vorliegen. Die Beratungsbefugnis des Lohnsteuerhilfevereins besteht in allen Fällen nur für die Hilfeleistungen bei der Einkommensteuer und ihren Zuschlagsteuern.

Die originäre Befugnis zur Hilfeleistung bei der Einkommensteuer wird in diesem Zusammenhang nicht ausgedehnt, da in den oben genannten Fällen kein Gewinn oder Verlust zu ermitteln und in der Einkommensteuererklärung anzugeben ist.

Die Beratungsbefugnis der Lohnsteuerhilfevereine in Zusammenhang mit steuerfreien Einnahmen nach § 3 Nr. 72 EStG gilt erst für Einnahmen, die nach dem 31. Dezember 2021, also ab dem Veranlagungszeitraum 2022, erzielt werden.

Lohnsteuerhilfevereine sind nicht befugt, eine Umsatzsteuer-Voranmeldung oder eine Umsatzsteuererklärung zu erstellen. Sofern ein Mitglied des Lohnsteuerhilfevereins eine nach § 3 Nr. 72 EStG begünstigte Photovoltaikanlage betreibt, ist es für die Befugnis des Lohnsteuerhilfevereins für die Einkommensteuer unschädlich, wenn dieses Mitglied selbst für diese Photovoltaikanlage eine Umsatzsteuer-Voranmeldung und/oder eine Umsatzsteuererklärung für das Kalenderjahr erstellt oder eine zur unbeschränkten Hilfeleistung in Steuersachen befugte Person oder Gesellschaft hierfür beauftragt. Da im Rahmen der Einkommensteuererklärung keine Einkünfte im Zusammenhang mit der Photovoltaikanlage zu erklären sind, können insoweit keine Wechselwirkungen entstehen.

## III. Besonderheiten der Hilfeleistung im Feststellungsverfahren

In Feststellungsverfahren i.S.d. §§ 179 ff. AO hinsichtlich Gewinneinkünften sind Lohnsteuerhilfevereine nicht zur Hilfeleistung in Steuersachen befugt. Der Lohnsteuerhilfeverein darf die Gewinneinkünfte auch nicht ungeprüft in die Einkommensteuererklärung übernehmen (§ 4 Nr. 11 Satz 1 Buchst. b StBerG).

Bei der gesonderten und einheitlichen Feststellung von Überschusseinkünften und mit ihnen im Zusammenhang stehenden anderen Besteuerungsgrundlagen, der steuererheblichen Sachumstände nach § 180 Abs. 5 AO sowie des Abzugsbetrags nach § 10e EStG ist die Hilfeleistung in Steuersachen nur zulässig, wenn alle Beteiligten Mitglieder des die Hilfe leistenden Lohnsteuerhilfevereins sind und jeder Beteiligte die Voraussetzungen des § 4 Nr. 11 Satz 1 StBerG erfüllt (vgl. Abschn. V., Beispiele 9 und 10). Ist dies nicht der Fall, ist die Befugnis des Lohnsteuerhilfevereins zur Hilfeleistung im Feststellungsverfahren gegenüber sämtlichen Beteiligten ausgeschlossen. Der Lohnsteuerhilfeverein darf jedoch den gesondert und einheitlich festgestellten Überschuss bzw. Abzugsbetrag der Beteiligten, gegenüber denen die Hilfeleistung (außerhalb des Feststellungsverfahrens) zulässig ist, nachrichtlich in deren Einkommensteuererklärung übernehmen.

In Feststellungsverfahren i.S.d. §§ 179 ff. AO hinsichtlich der Bemessungsgrundlagen für die Eigenheimzulage nach dem Eigenheimzulagengesetz ist ein Lohnsteuerhilfeverein zur Hilfeleistung in Steuersachen nur dann befugt, wenn alle Anspruchsberechtigten Mitglieder dieses Lohnsteuerhilfevereins sind und jeder Anspruchsberechtigte die Voraussetzungen des § 4 Nr. 11 Satz 1 StBerG erfüllt. Ist dies nicht der Fall, darf der Lohnsteuerhilfeverein lediglich den gesondert und einheitlich festgestellten Betrag der Anspruchsberechtigten, gegenüber denen die Hilfeleistung (außerhalb des Feststellungsverfahrens) zulässig ist, nachrichtlich in deren Eigenheimzulageantrag übernehmen.

## IV. Besonderheiten der Hilfeleistung beim Verlustabzug nach § 10d EStG

Liegen die Voraussetzungen des § 4 Nr. 11 Satz 1 StBerG vor, so umfasst die Befugnis zu beschränkter geschäftsmäßiger Hilfeleistung in Steuersachen auch die Übernahme des verbleibenden Verlustabzugs nach § 10d EStG, selbst wenn er aus den in § 4 Nr. 11 Satz 1 Buchst. b StBerG genannten Einkünften resultiert (vgl. Abschn. V., Beispiel 7). Gleiches gilt für die Befugnis zur Hilfeleistung bei der Verteilung des Verlustabzugs.

## V. Beispiele

### Einnahmen aus anderen Einkunftsarten

**Beispiel 1:**

Ein Arbeitnehmer hat im Kalenderjahr Arbeitslohn bezogen. Daneben hat er für eine schriftstellerische Tätigkeit ein Honorar von 300 Euro (ohne Umsatzsteuer) erhalten.

Stellungnahme: Der Lohnsteuerhilfeverein ist gegenüber diesem Arbeitnehmer ungeachtet der Höhe der Einkünfte aus selbständiger Arbeit insgesamt nicht zur Hilfeleistung in Steuersachen befugt. Der Lohnsteuerhilfeverein darf diese und andere Gewinneinkünfte (z.B. gewerbliche Einkünfte als atypisch stiller Gesellschafter) auch nicht ungeprüft in die Einkommensteuererklärung übernehmen (§ 4 Nr. 11 Satz 1 Buchst. b StBerG).

## Steuerfreie Einnahmen nach § 3 Nr. 12, 26, 26a, 26b oder 72 EStG

**Beispiel 2:**

Ein Arbeitnehmer hat im Kalenderjahr Arbeitslohn bezogen. Außerdem hat er auf dem Dach seines Einfamilienhauses eine Photovoltaikanlage errichten lassen. Die installierte Bruttoleistung der Photovoltaikanlage beträgt nach dem Marktstammdatenregister nicht mehr als 30 kW.

Stellungnahme: Der Lohnsteuerhilfeverein darf tätig werden. Die Einnahmen und Entnahmen aus dem Betrieb der Photovoltaikanlagen sind nach § 3 Nr. 72 EStG steuerfrei. Es ist kein Gewinn oder Verlust zu ermitteln und in der Einkommensteuererklärung einzutragen. Es ist unschädlich, wenn der Arbeitnehmer selbst eine Umsatzsteuer-Voranmeldung und/oder eine Umsatzsteuererklärung für das Kalenderjahr erstellt oder eine zur unbeschränkten Hilfeleistung in Steuersachen befugte Person oder Gesellschaft hierfür beauftragt.

**Beispiel 3:**

Ein Arbeitnehmer hat im Kalenderjahr Arbeitslohn bezogen. Außerdem ist er als ehrenamtlicher Betreuer tätig und erhält hierfür eine Aufwandspauschale (§ 1878 des Bürgerlichen Gesetzbuchs).

Stellungnahme: Der Lohnsteuerhilfeverein darf tätig werden, wenn die Aufwandspauschale nicht den Freibetrag von 3000 Euro übersteigt (§ 3 Nr. 26b EStG).

## Aufwendungen von Arbeitnehmern

**Beispiel 4:**

Ein Arbeitnehmer beschäftigt eine Hausangestellte, die für ihre Tätigkeit einen Bruttoarbeitslohn von monatlich 400 Euro erhält. Die Hausangestellte wird mit Reinigungsarbeiten und der Beaufsichtigung der Kinder beauftragt. Der Arbeitnehmer bittet den Lohnsteuerhilfeverein, ihm bei der Lohnsteuer-Anmeldung zu helfen.

Stellungnahme: Die Arbeitgeberaufgaben stehen im Zusammenhang mit einem haushaltsnahen Beschäftigungsverhältnis i.S.d. § 35a Abs. 1 EStG und mit Kinderbetreuungskosten i.S.v. § 10 Abs. 1 Nr. 5 EStG. Der Lohnsteuerhilfeverein ist deshalb befugt, dem Mitglied Hilfe bei der Lohnsteuer-Anmeldung für die Hausangestellte zu leisten.

**Beispiel 5:**

Ein Arbeitnehmer lässt in die von ihm vermietete Wohnung von einem in den Niederlanden ansässigen Unternehmer neue Fenster einbauen. Der Arbeitnehmer bittet seinen Lohnsteuerhilfeverein, ihm bei der Umsatzsteuer-Voranmeldung zu helfen.

Stellungnahme: Der Lohnsteuerhilfeverein darf nicht tätig werden. Die Befugnis zur Hilfeleistung erstreckt sich nur auf die Einkommensteuer und ihre Zuschlagsteuern, nicht jedoch auf die Umsatzsteuer.

**Beispiel 6:**

Ein Arbeitnehmer, der drei Eigentumswohnungen geerbt hat, lässt diese zum Zwecke späterer Vermietung für 18 000 Euro renovieren (Erhaltungsaufwendungen). Der Leistende legt keine Freistellungsbescheinigung nach § 48b EStG vor. Der Arbeitnehmer bittet den Lohnsteuerhilfeverein, ihm bei der Anmeldung des einzubehaltenden Steuerabzugs zu helfen.

Stellungnahme: Der Lohnsteuerhilfeverein darf nicht tätig werden. Die Befugnis zur Hilfeleistung in Steuersachen erstreckt sich nur auf die Einkommensteuer des jeweiligen Mitglieds. Die Vornahme des Steuerabzugs und die Abführung des Abzugsbetrags erfolgen hingegen für Rechnung des Leistenden.

## Verlustabzug nach § 10d EStG

**Beispiel 7:**

Die Eheleute beziehen beide Arbeitslöhne. Aus einer früheren Tätigkeit aus Gewerbebetrieb haben sie einen verbleibenden Verlustvortrag nach § 10d EStG, der gesondert festgestellt wurde.

Stellungnahme: Der vom Finanzamt gesondert festgestellte Verlustvortrag darf in die Einkommensteuererklärung übernommen werden, obwohl er aus Einkünften aus Gewerbebetrieb resultiert.

## Einnahmegrenze

**Beispiel 8:**

Die Eheleute sind beide Arbeitnehmer und Mitglieder des Lohnsteuerhilfevereins. Neben ihrem Arbeitslohn haben sie im Kalenderjahr Zinseinnahmen von je 1500 Euro bezogen. Außerdem sind sie Eigentümer eines Mietwohngrundstücks, das ihnen je zur Hälfte gehört. Die hieraus erwirtschafteten Mieteinnahmen betragen insgesamt 35 000 Euro. Gewinneinkünfte wurden nicht erzielt.

Stellungnahme: Der Lohnsteuerhilfeverein ist insgesamt nicht zur Hilfeleistung in Steuersachen befugt, da die Einnahmen aus dem Mietwohngrundstück (35 000 Euro) zusammen mit den

Einnahmen aus Kapitalvermögen (2 × 1500 Euro ohne Berücksichtigung der Freibeträge nach § 20 Abs. 9 EStG) die Betragsgrenze des § 4 Nr. 11 Satz 1 Buchst. c StBerG (36 000 Euro) übersteigen. Sofern die Einkünfte aus Kapitalvermögen allerdings nach § 32d Abs. 1 EStG besteuert werden (Abgeltungsteuer) und im Veranlagungsverfahren weder zu erklären sind noch auf Grund eines Antrags des Steuerpflichtigen erklärt werden (§ 32d Abs. 3 bis 6 EStG), sind die Einnahmen aus Kapitalvermögen bei der Prüfung der Betragsgrenze des § 4 Nr. 11 Satz 1 Buchst. c StBerG nicht einzubeziehen. In diesem Fall wäre im vorliegenden Beispiel die Betragsgrenze nicht überschritten.

## Feststellungsverfahren

**Beispiel 9:**

Wie Beispiel 8, jedoch sind die Arbeitnehmer nicht verheiratet und die Einnahmen aus dem Mietwohngrundstück betragen 5000 Euro.

Stellungnahme: Die Einkünfte aus Vermietung und Verpachtung sind gesondert und einheitlich festzustellen (§ 180 Abs. 1 Nr. 2 Buchst. a AO). Der Lohnsteuerhilfeverein ist zur Hilfeleistung bei der gesonderten und einheitlichen Feststellung der Vermietungseinkünfte und der Erstellung der Einkommensteuererklärungen befugt, da alle Beteiligten Mitglieder des Lohnsteuerhilfevereins sind, jeder Beteiligte die Voraussetzungen des § 4 Nr. 11 Satz 1 StBerG erfüllt und die Betragsgrenze des § 4 Nr. 11 Satz 1 Buchst. c StBerG nicht überschritten wird.

**Beispiel 10:**

Wie Beispiel 9, jedoch sind die Arbeitnehmer Mitglieder unterschiedlicher Lohnsteuerhilfevereine.

Stellungnahme: Die Einkünfte aus Vermietung und Verpachtung sind gesondert und einheitlich festzustellen (§ 180 Abs. 1 Nr. 2 Buchst. a AO). Der Lohnsteuerhilfeverein ist nicht zur Hilfeleistung bei der gesonderten und einheitlichen Feststellung der Vermietungseinkünfte befugt, da die Beteiligten Mitglieder verschiedener Lohnsteuerhilfevereine sind.

Der Lohnsteuerhilfeverein darf jedoch den gesondert und einheitlich festgestellten Überschuss seines Mitglieds, gegenüber dem die Hilfeleistung zulässig ist, nachrichtlich in dessen Einkommensteuererklärung übernehmen, da die anteiligen Einnahmen aus Vermietung und Verpachtung (2500 Euro) und die Einnahmen aus Kapitalvermögen (1500 Euro) die Betragsgrenze des § 4 Nr. 11 Satz 1 Buchst. c StBerG i.H.v. 18 000 Euro nicht übersteigen.

Diese Erlasse treten mit Veröffentlichung im Bundessteuerblatt Teil I[1] an die Stelle der Erlasse der obersten Finanzbehörden der Länder vom 15. November 2021 (BStBl. I S. 2325).

[1] **Red. Anm.:** Veröffentlichung am 30.3.2023 mit BStBl. 2023 I Nr. 6.

# **800** § 88/1. Schreiben betr. tatsächliche Verständigung über den der Steuerfestsetzung zugrunde liegenden Sachverhalt

Vom 30. Juli 2008 (BStBl. I S. 831)

(BMF IV A 3 – S 0223/07/10002; DOK 2008/0411043)

Geändert durch BMF v. 15. 4. 2019 (BStBl. I S. 447)

Unter Bezugnahme auf das Ergebnis der Erörterungen mit den obersten Finanzbehörden der Länder gilt Folgendes:

## 1. Einleitung

Der Untersuchungsgrundsatz in § 88 Abs. 1 Satz 1 AO bestimmt, dass die Finanzbehörde den Sachverhalt von Amts wegen zu ermitteln hat. Nach § 88 Abs. 1 Satz 2 AO bestimmt sie Art und Umfang der Ermittlungen. Die Finanzbehörde ist an das Vorbringen und an die Beweisanträge der Beteiligten nicht gebunden. Der Umfang dieser Pflichten richtet sich nach den Umständen des Einzelfalls.

Unter Zugrundelegung des Prinzips der Gesetzmäßigkeit der Verwaltung und der Gleichmäßigkeit der Besteuerung sind Vergleiche über Steueransprüche nicht möglich. Jedoch ist in Fällen erschwerter Sachverhaltsermittlung unter bestimmten Voraussetzungen zur Förderung der Effektivität der Besteuerung als auch zur Sicherung des Rechtsfriedens eine die Beteiligten bindende Einigung über die Annahme eines bestimmten Sachverhalts und über eine bestimmte Sachbehandlung (AEAO, Nr. 1 zu § 88 AO) möglich. Derartige Vereinbarungen zwischen dem Steuerpflichtigen und der Finanzbehörde werden als „tatsächliche Verständigung" bezeichnet.

Diese tatsächliche Verständigung kann nach ständiger Rechtsprechung des BFH (BFH-Urteile v. 11. 12. 1984 VIII R 131/76, BStBl. 1985 II S. 354; v. 5. 10. 1990 III R 19/88, BStBl. 1991 II S. 45; v. 6. 2. 1991 I R 13/86, BStBl. II S. 673; v. 8. 9. 1994 V R 70/91, BStBl. 1995 II S. 32; v. 13. 12. 1995 XI R 43, 45/89, BStBl. 1996 II S. 232 und v. 31. 7. 1996 XI R 78/95, BStBl. II S. 625) in jedem Stadium des Veranlagungsverfahrens, insbesondere auch anlässlich einer Außenprüfung und während eines anhängigen Rechtsbehelfs- bzw. Rechtsmittelverfahrens (z. B. im Rahmen einer Erörterung nach § 364 a AO) getroffen werden. Von ihr kann auch bei Steuerfahndungsprüfungen bzw. nach Einleitung eines Steuerstrafverfahrens Gebrauch gemacht werden. In solchen Fällen ist frühzeitig die für Straf- und Bußgeldverfahren zuständige Stelle bzw. die Staatsanwaltschaft einzubeziehen.

Beabsichtigen die Beteiligten, sich auf diese Weise über eine bestimmte Sachbehandlung zu verständigen, sind die folgenden Grundsätze zu beachten.

## 2. Zulässigkeit

**2.1.** Die tatsächliche Verständigung ist ausschließlich im Bereich der Sachverhaltsermittlung zulässig.

**2.2.** Die tatsächliche Verständigung ist nicht zulässig:
– zur Klärung zweifelhafter Rechtsfragen,
– über den Eintritt bestimmter Rechtsfolgen,
– über die Anwendung bestimmter Rechtsvorschriften und
– wenn sie zu einem offensichtlich unzutreffenden Ergebnis führt.

**2.3.** Eine tatsächliche Verständigung ist aber insoweit möglich, als im Rahmen einer rechtlichen Beurteilung über eine Vorfrage zum Sachverhalt zu entscheiden ist (BFH-Urteil v. 1. 2. 2001 IV R 3/00, BStBl. II S. 520).

**3. Voraussetzungen**

Voraussetzung für eine tatsächliche Verständigung ist das Vorliegen eines Sachverhalts, der nur unter erschwerten Umständen ermittelt werden kann. Das ist z. B. der Fall, wenn sich einzelne Sachverhalte nur mit einem nicht mehr vertretbaren Arbeits- oder Zeitaufwand ermitteln lassen (vgl. AEAO zu § 88 AO, Nr. 1 Abs. 2). Allein die Kompliziertheit eines Sachverhalts begründet für sich noch nicht die Annahme einer erschwerten Sachverhaltsermittlung.

Bei der Frage, ob eine erschwerte Sachverhaltsermittlung vorliegt, kann auch auf das Verhältnis zwischen voraussichtlichem Arbeitsaufwand und steuerlichem Erfolg abgestellt und ferner berücksichtigt werden, in welchem Maß das Finanzamt durch ein zu erwartendes finanzgerichtliches Verfahren belastet wird, sofern es bei vorhandenen tatsächlichen Zweifeln dem Begehren des Steuerpflichtigen nicht entspricht und zu seinem Nachteil entscheidet.

**4. Anwendungsbereich**

**4.1.** Die tatsächliche Verständigung kommt insbesondere in Fällen in Betracht, in denen ein
– Schätzungsspielraum,
– Bewertungsspielraum,
– Beurteilungsspielraum oder
– Beweiswürdigungsspielraum
besteht.

**4.2.** Im Gegensatz zur verbindlichen Auskunft (§ 89 Abs. 2 AO) bezieht sich die tatsächliche Verständigung ausschließlich auf abgeschlossene Sachverhalte. Wirkt sich der in der tatsächlichen Verständigung festgelegte Sachverhalt auch in die Zukunft aus und sollte sie sich nach dem Willen der Beteiligten auch hierauf erstrecken, tritt – gleich bleibende tatsächliche Verhältnisse vorausgesetzt – insoweit ebenfalls eine Bindung ein. Das ist z. B. der Fall bei der Festlegung der Nutzungsdauer eines Wirtschaftsgutes oder der Abgrenzung von Erhaltungs- und Herstellungsaufwendungen.

**4.3.** Hinsichtlich der Besteuerungsgrundlagen, die von der tatsächlichen Verständigung nicht umfasst sind, bestehen die gesetzlich festgelegten Pflichten des Finanzamt zur Ermittlung des Sachverhalts von Amts wegen (§§ 85, 88 AO), des Steuerpflichtigen zur Mitwirkung (§ 90 AO) sowie des Finanzamt und des Finanzgerichts zur Schätzung nicht ermittelbarer Besteuerungsgrundlagen (§ 162 AO, § 96 Abs. 1 FGO) fort.

## 5. Durchführung

Die tatsächliche Verständigung dient der Herstellung des Rechtsfriedens und der Vermeidung von Rechtsbehelfen, indem der Arbeits- und Zeitaufwand für die Ermittlung des maßgeblichen Sachverhalts auf ein vertretbares Maß beschränkt werden soll. In Fällen, denen keine wesentliche Bedeutung zukommt, soll eine Einigung außerhalb einer tatsächlichen Verständigung angestrebt werden. Es kann z. B. eine (ggf. auch fernmündliche) Einigung in Form einer Absprache für die Behandlung im Besteuerungsverfahren mit anschließendem Aktenvermerk getroffen werden.

Die Abgrenzung hat sich an der Bedeutung des Gesamtsteuerfalles zu orientieren; hierbei ist nicht kleinlich zu verfahren.

In anderen Fällen ist bei der Durchführung der tatsächlichen Verständigung Folgendes zu beachten:

**5.1.** Die Beteiligten müssen zu einer abschließenden Regelung befugt sein.

**5.2.** Wird der Steuerpflichtige durch einen Bevollmächtigten (§ 80 Abs. 1 Satz 1 AO) vertreten, muss eine entsprechende Vollmacht vorliegen. Eine uneingeschränkte Vollmacht gemäß § 80 Abs. 1 Satz 12 AO umfasst auch die Befugnis zu einer tatsächlichen Verständigung.

**5.3.** Auf Seiten des FA muss mindestens der für die Entscheidung über die Steuerfestsetzung zuständige, d. h. der zur abschließenden Zeichnung berechtigte Amtsträger beteiligt sein. War an dem Abschluss einer tatsächlichen Verständigung ein für die Entscheidung über die Steuerfestsetzung zuständiger Amtsträger nicht beteiligt, kann dieser Mangel durch ausdrückliche nachträgliche Zustimmung gegenüber allen Beteiligten geheilt werden.

**5.4.** Eine tatsächliche Verständigung soll sich grundsätzlich nur auf einen einzelnen Sachverhalt beziehen. Sollen tatsächliche Verständigungen über mehrere Sachverhalte herbeigeführt werden, sind in der Regel auch mehrere, voneinander unabhängige tatsächliche Verständigungen anzustreben. Im Hinblick auf den denkbaren Einwand des Wegfalls der Geschäftsgrundlage sollten „Paketlösungen" (Einzelregelungen, die in ihrem Bestand voneinander abhängig gemacht werden) nur dann in Erwägung gezogen werden, wenn eine Klärung der offenen Sachverhaltsfragen nur auf diesem Wege erreichbar erscheint.

**5.5**[1]**.** Der Inhalt der tatsächlichen Verständigung ist in einfacher, aber beweissicherer Form unter Darstellung der Sachlage schriftlich festzuhalten und von den Beteiligten aus Beweisgründen zu unterschreiben. Es genügt, wenn die Ergebnisse der tatsächlichen Verständigung in dieser Form festgehalten werden. Ausführungen zu den Rechtsfolgen einer tatsächlichen Verständigung sind in der Regel nicht aufzunehmen. In dieser Niederschrift sind die Beteiligten in eindeutiger und zweifelsfreier Form auf die Bindungswirkung der tatsächlichen Verständigung hinzuweisen. Dies dient der Vermeidung von Irrtümern und den sich daraus unter Umständen ergebenden Anfechtungsmöglichkeiten. Das Dokument über den Abschluss der tatsächlichen Verständigung hat in dem Falle, in dem der für die Entscheidung zuständige Amtsträger

---

[1] Tz. 5.5 Sätze 6 und 7 eingef. durch BMF v. 15. 4. 2019, BStBl. I S. 447; bisheriger Satz 6 wird Satz 8.

an ihrem Abschluss ausnahmsweise nicht mitgewirkt hat, zusätzlich einen Hinweis darauf zu enthalten, dass die tatsächliche Verständigung bis zur nachträglichen Zustimmung durch den für die Steuerfestsetzung zuständigen Amtsträger schwebend unwirksam ist. Darüber hinaus muss bis zum Zeitpunkt der nachträglichen Zustimmung auch dem Steuerpflichtigen ein Widerrufsrecht eingeräumt werden. Den Beteiligten ist eine Ausfertigung der Vereinbarung auszuhändigen.

**Beispiel einer Niederschrift:**

Nach Erörterung der Sachlage erklären das Finanzamt …, vertreten durch …, und der Steuerpflichtige …, vertreten durch …, übereinstimmend und verbindlich, dass [Sachverhalt]…. Die tatsächliche Verständigung ist für alle Beteiligten bindend. Die Beteiligten bzw. ihre durch Vollmacht ausgewiesenen Vertreter haben am [Datum einsetzen] eine Ausfertigung der Niederschrift erhalten.
[Unterzeichnung durch die Beteiligten]

## 6. Rechtsfolgen

**6.1**[1]**.** Die Bindungswirkung ergibt sich nicht erst durch die Berücksichtigung der tatsächlichen Verständigung im Steuerbescheid (BFH v. 6. 2. 1991 I R 13/86, BStBl. II S. 673; BFH v. 31. 7. 1996 XI R 78/95, BStBl. II S. 625). Mit Abschluss der tatsächlichen Verständigung sind die Beteiligten an die vereinbarte Tatsachenbehandlung nach dem Grundsatz von Treu und Glauben gebunden, wenn sie wirksam geworden und unanfechtbar zustande gekommen ist. Eine tatsächliche Verständigung bindet nur die an ihrem Zustandekommen Beteiligten, nicht jedoch Dritte (Ausnahme: Gesamtrechtsnachfolger).

Nachträglich bekannt gewordene Tatsachen, die die tatsächliche Verständigung hätten beeinflussen können, wenn sie vorher bekannt geworden wären, beseitigen die Bindungswirkung der tatsächlichen Verständigung regelmäßig nicht. Insoweit ist das Rechtsschutzbedürfnis für einen Rechtsbehelf bzw. ein Rechtsmittel gegen die entsprechende Steuerfestsetzung entfallen.

Eine im Rahmen einer Außenprüfung getroffene zulässige und wirksame tatsächliche Verständigung über eine bestimmte Behandlung eines Sachverhalts bindet die Finanzbehörde bereits vor Erlass der darauf beruhenden Bescheide (BFH v. 31. 7. 1996 XI R 78/95, BStBl. II S. 625).

**6.2.** Die Vereinbarung ist dem Verwaltungsakt zugrunde zu legen, für den die tatsächliche Verständigung bestimmt ist. Eine Änderung des die tatsächliche Verständigung enthaltenden Verwaltungsaktes lässt die Bindungswirkung der Vereinbarung grundsätzlich unberührt.

## 7. Aufhebung/Änderung der tatsächlichen Verständigung

**7.1.** Die tatsächliche Verständigung kann von den Beteiligten einvernehmlich aufgehoben oder geändert werden. Im Hinblick auf den Zweck dieses Rechtsinstituts sollte dies jedoch auf Ausnahmefälle beschränkt bleiben.

**7.2.** Die Aufhebung oder Änderung des Verwaltungsaktes, dessen Bestandteil die tatsächliche Verständigung ist, kommt nur dann in Betracht, wenn dies nach den verfahrensrechtlichen Bestimmungen zulässig ist.

[1] Tz. 6.1 Satz 2 geänd. durch BMF v. 15. 4. 2019, BStBl. I S. 447.

## 8. Unwirksamkeit der tatsächlichen Verständigung

**8.1.** Die tatsächliche Verständigung ist dann unwirksam, wenn sie unter Ausübung unzulässigen Drucks auf den Steuerpflichtigen oder durch dessen unzulässige Beeinflussung zustande gekommen ist.

Andererseits kann eine Willenserklärung des Steuerpflichtigen, die zu einer tatsächlichen Verständigung mit dem FA geführt hat, nicht deshalb angefochten werden, weil die Erklärung nur aus Sorge vor weiteren lästigen Ermittlungen und unter dem Druck eines laufenden Steuerstrafverfahrens abgegeben worden ist.

Eine tatsächliche Verständigung ist außerdem unwirksam, wenn sie zu einem offensichtlich unzutreffenden Ergebnis führt (BFH v. 6. 2. 1991 I R 13/86, BStBl. II S. 673), d. h., wenn die Vereinbarung gegen die Regeln der Logik oder gegen allgemeine Erfahrungssätze verstößt.

**8.2.** Als weitere Gründe für die Unwirksamkeit der tatsächlichen Verständigung kommen die im BGB über die Willenserklärung aufgeführten Gründe zum Tragen:
- Scheingeschäft, § 117 BGB,
- Anfechtung, §§ 119, 120, 123 BGB,
- offener Einigungsmangel, § 154 BGB,
- Vertretungsmängel, z. B. nach §§ 164 ff. BGB,
- Störung der Geschäftsgrundlage, § 313 BGB.

Unwirksamkeit kann auch bei Vorliegen der Tatbestände des § 130 Abs. 2 AO gegeben sein.

**Beispiel:**

Wird von einem Steuerpflichtigen bei den zugrunde liegenden Erörterungen bewusst der Sachverhalt verfälscht oder verschleiert und werden für die Besteuerung wesentliche Tatsachen gegenüber der Finanzbehörde verschwiegen, so kann die tatsächliche Verständigung keine Bindungswirkung entfalten.

**8.3.** Werden derartige Gründe von einem der Beteiligten geltend gemacht, so ist für die weitere Behandlung der tatsächlichen Verständigung von Bedeutung, ob diese bereits in einem Verwaltungsakt berücksichtigt worden sind oder nicht.

**8.3.1.** Die tatsächliche Verständigung ist noch nicht in einem Verwaltungsakt berücksichtigt worden:

**Variante 1:**

Macht der Steuerpflichtige die Unwirksamkeit der tatsächlichen Verständigung mit zutreffenden Gründen geltend, so teilt ihm das FA mit, dass sie einvernehmlich als aufgehoben anzusehen ist.

Geht das FA weiterhin vom Bestehen und der Bindungswirkung der tatsächlichen Verständigung aus, so teilt es dem Steuerpflichtigen mit, dass dessen Rechtsauffassung nicht geteilt wird und berücksichtigt die Vereinbarung bei der entsprechenden Steuerfestsetzung. Der Steuerpflichtige kann seine Rechtsauffassung in einem sich anschließenden Rechtsbehelfsverfahren gegen den Steuerbescheid weiterverfolgen.

**Variante 2:**

Hält das FA die tatsächliche Verständigung für unwirksam, teilt es dies dem Steuerpflichtigen mit und gibt ihm Gelegenheit zur Stellungnahme. Geht das FA entgegen der Rechtsauffassung des Steuerpflichtigen weiterhin von der Unwirksamkeit der tatsächlichen Verständigung aus, ist sie bei der Steuerfestsetzung nicht zu berücksichtigen. Der Steuerpflichtige kann seine Rechtsauffassung in einem sich anschließenden Rechtsbehelfsverfahren gegen den Steuerbescheid weiterverfolgen.

**8.3.2.** Die tatsächliche Verständigung ist bereits in einem Verwaltungsakt berücksichtigt worden:

Die Unwirksamkeit der tatsächlichen Verständigung kann sich nur dann steuerlich auswirken, wenn die betreffende Steuerfestsetzung verfahrensrechtlich noch geändert werden kann (z.B. gemäß §§ 164, 172 ff., 367 Abs. 2 Satz 2 AO).

Verschweigt z.B. der Steuerpflichtige dem FA steuererhebliche Tatsachen bei Abschluss der tatsächlichen Verständigung, kann der daraus erwachsene Steuerbescheid gemäß § 173 Abs. 1 Nr. 1 AO geändert werden. Eine Änderung kann auch bei Vorliegen der Voraussetzungen des § 172 Abs. 1 Nr. 2 Buchst. c AO erfolgen.

**8.4.** Nach Wegfall der tatsächlichen Verständigung sind jedoch regelmäßig weitere Ermittlungen zur Feststellung der Besteuerungsgrundlagen erforderlich. Die hierbei erstmalig bekannt gewordenen Tatsachen oder Beweismittel können z.B. eine Änderung der Steuerfestsetzung nach § 173 AO zur Folge haben.

# 800 § 93a/3. Schreiben betr. Anwendung der Mitteilungsverordnung (MV)

Vom 2. Juni 2022

BMF IV A 3 - S 0229/21/10002 :009; DOK 2022/0339748

(BStBl. I S. 848)

**2 Anlagen**

Aufgrund der Ermächtigung in § 93a Abs. 1 AO hat die Bundesregierung am 7. September 1993 die Mitteilungsverordnung erlassen (BGBl. I S. 1554)[1]. Diese Verordnung wurde zuletzt durch die Sechste Verordnung zur Änderung der Mitteilungsverordnung vom 25. Mai 2022 (BGBl. I S. 816)[2] geändert.

Nach der Erörterung mit den obersten Finanzbehörden der Länder gilt für die Anwendung der Mitteilungsverordnung (MV) ab sofort bis zum 31. Dezember 2024 Folgendes:

## 1. Zweck der Verordnung

Die MV, die ihre Ermächtigungsgrundlage in § 93a AO hat, regelt die Übermittlung von Mitteilungen von Behörden und anderen öffentlichen Stellen einschließlich den öffentlich-rechtlichen Rundfunkanstalten an die Finanzbehörden ohne Ersuchen. Sie enthält genaue Anweisungen für die mitteilungspflichtigen Stellen, was zu welchem Zeitpunkt und in welchem Umfang welchem Finanzamt bzw. der Finanzverwaltung mitzuteilen ist. Damit geht sie über § 93 AO hinaus, wonach – abgesehen von Sammelauskunftsersuchen nach § 93 Abs. 1a AO – Mitteilungen im konkreten Einzelfall nur auf Anfrage (Auskunftsersuchen) zu erteilen sind. 1

## 2. Mitteilungsverpflichtete (§ 1 MV)

§ 1 MV bestimmt, dass Behörden und öffentlich-rechtliche Rundfunkanstalten den Finanzbehörden nach Maßgabe der MV ohne gesonderte Aufforderung Mitteilungen zu übermitteln haben. 2

### 2.1. Behörden

Zu den Behörden im Sinne der MV gehören alle öffentlichen Stellen, die Aufgaben der öffentlichen Verwaltung wahrnehmen (§ 6 Abs. 1 AO). Demnach sind auch die sogenannten beliehenen Unternehmen mit eingeschlossen. 3

Kirchen sind nur in Ausnahmefällen als Behörden im Sinne des Verwaltungsrechts tätig (z.B. bei Ausübung ihres vom Staat verliehenen Besteuerungsrechts) und daher von der MV regelmäßig nicht betroffen. 4

### 2.2. Öffentlich-rechtliche Rundfunkanstalten

Auch öffentlich-rechtliche Rundfunkanstalten unterliegen der Verpflichtung, unter den sie betreffenden Voraussetzungen der MV Mitteilungen an die Finanzbehörden zu übersenden (§ 1 Abs. 1 Satz 1 MV). 5

---

[1] **Amtl. Anm.:** BStBl. I S. 799.
[2] **Amtl. Anm.:** BStBl. I S. 846

## 3. Ausnahmen von der Mitteilungspflicht

### 3.1. Ausnahmen von der Mitteilungspflicht nach § 93a Abs. 2 AO

6 Nach § 93a Abs. 2 Satz 1 AO sind folgende öffentlichen Stellen grundsätzlich von der Mitteilungspflicht ausgenommen:

- Schuldenverwaltungen,
- Kreditinstitute (auch Sparkassen- und Giroverbände), und zwar auch, soweit sie als beliehene Unternehmen bankfremde Aufgaben wahrnehmen,
- Betriebe gewerblicher Art von juristischen Personen des öffentlichen Rechts im Sinne des KStG,
- öffentliche Beteiligungsunternehmen ohne Hoheitsbefugnisse,
- Berufskammern (auch Industrie- und Handelskammern) und
- Versicherungsunternehmen.

7 Unter die Befreiung fallen nicht nur typische, sondern sämtliche Zahlungen (z.B. auch Zuschüsse eines Kreditinstitutes zum Wohnungsbau).

8 Die Befreiung von der Mitteilungspflicht gilt allerdings nicht, soweit die vorgenannten Stellen Aufgaben der öffentlichen Verwaltung, z.B. die Verwaltung öffentlicher Subventionen und vergleichbarer Fördermaßnahmen, wahrnehmen (§ 93a Abs. 2 Satz 2 AO). Im Falle der Mitteilungspflicht nach § 13 MV gilt dies bereits für die im Jahr 2020 begründeten Mitteilungspflichten. Die Mitteilungspflicht nach § 2 Abs. 1 MV gilt für die in § 93a Abs. 2 AO bezeichneten öffentlichen Stellen (vgl. Rz. 6) erstmals für nach dem 31. Dezember 2023 geleistete Zahlungen (§ 2 Abs. 3 MV; vgl. auch Rz. 36.1).

### 3.2. Ausnahmen von der Mitteilungspflicht nach §§ 1 und 7 Abs. 1 und Abs. 2 MV

9 Zu den besonderen Ausnahmen von den allgemeinen Zahlungsmitteilungspflichten der Behörden (§ 2 MV) s. Tz. 4.1.1.2, zu den besonderen Ausnahmen von den Mitteilungspflichten der öffentlich-rechtlichen Rundfunkanstalten (§ 3 MV) s. Tz. 4.2.2.

### 3.3. Mitteilungen aufgrund anderer Vorschriften (§ 1 Abs. 1 Satz 2 MV)

10 Zur Vermeidung von Doppelmitteilungen entfällt die Mitteilungspflicht, wenn personenbezogene Daten Dritter bereits aufgrund anderer steuerlicher Vorschriften den Finanzbehörden (ggf. nach Maßgabe des § 93c AO) mitzuteilen sind.

### 3.4. Nachteile für das Wohl des Bundes oder eines deutschen Landes (§ 1 Abs. 1 Sätze 3 und 4 MV)

11 Eine Mitteilungspflicht besteht auch dann nicht, wenn die Gefahr besteht, dass das Bekanntwerden des Inhalts der Mitteilung dem Wohl des Bundes oder eines deutschen Landes (z.B. Verbrechensbekämpfung) Nachteile bereiten würde (§ 1 Abs. 1 Satz 3 MV).

12 Um hierbei eine einheitliche Rechtsanwendung sicherzustellen und Missbräuchen vorzubeugen, ist bei nachgeordneten Behörden die Zustimmung der obersten Dienstbehörde erforderlich (§ 1 Abs. 1 Satz 4 MV).

### 3.5. Sozialgeheimnis; nach Landesrecht zu erbringende Sozialleistungen (§ 1 Abs. 2 MV)

Soweit die dem Grunde nach mitteilungspflichtigen Angaben zu den durch § 35 Abs. 1 SGB I geschützten personenbezogenen Daten gehören, sind sie ebenfalls nicht mitzuteilen (Sozialgeheimnis; Ausnahme: § 6 Abs. 2 MV, s. Tz. 4.1.5.2). Dies gilt auch für nach Landesrecht zu erbringende Sozialleistungen. 13

Nicht mitteilungspflichtige Sozialdaten sind personenbezogene Daten (Art. 4 Nr. 1 DSGVO), die von einer in § 35 SGB I genannten Stelle im Hinblick auf ihre Aufgaben nach dem SGB verarbeitet werden (§ 67 Abs. 1 Satz 1 SGB X). Nicht unter den Sozialdatenschutz fallen andere personenbezogene Daten, die die in § 35 SGB I genannte Stelle bspw. als Arbeitgeber oder für fiskalische Handlungen (z.B. Honorarzahlungen, die von Sozialbehörden an Leistungserbringer erbracht werden, und Zahlungen an ehrenamtlich Tätige) verarbeitet. 14

### 3.6. Besondere Zahlungsempfänger (§ 7 Abs. 1 MV)

Nach § 7 Abs. 1 Satz 1 MV sind Zahlungen an Behörden, juristische Personen des öffentlichen Rechts, Betriebe gewerblicher Art von Körperschaften des öffentlichen Rechts oder Körperschaften, die steuerbegünstigte Zwecke (§§ 51 bis 68 AO) verfolgen, nicht mitzuteilen. Dies gilt auch für Mitteilungen über Leistungen, die von Körperschaften des öffentlichen Rechts im Rahmen ihrer Beteiligungen an Unternehmen oder Einrichtungen des privaten Rechts erbracht werden (§ 7 Abs. 1 Satz 2 MV), da die infolge der Beteiligung von der Körperschaft des öffentlichen Rechts ausgeübte Aufsichts- und Kontrollfunktion hinreichend Gewähr für eine ordnungsgemäße Erfassung der Leistung bei dem Empfänger bietet. 15

Bestehen Zweifel, ob der Zahlungsempfänger zum Zeitpunkt der Zahlung eine steuerbegünstigte Zwecke verfolgende Körperschaft ist, ist die Vorlage des vom zuständigen Finanzamt erteilten Freistellungsbescheids bzw. bei neugegründeten Vereinen die Vorlage der vom zuständigen Finanzamt erteilten vorläufigen Bescheinigung über die Gemeinnützigkeit zu verlangen. Dabei ist darauf zu achten, dass das Datum des vorgelegten Freistellungsbescheids nicht länger als fünf Jahre bzw. das Datum der vorläufigen Bescheinigung nicht länger als drei Jahre seit dem Tag der Zahlung zurückliegt. 16

### 3.7. Bagatellgrenze (§ 7 Abs. 2 Satz 1 MV)

Nach § 7 Abs. 2 Satz 1 MV sind Zahlungen von weniger als 1500 Euro pro Empfänger und Kalenderjahr (Bagatellgrenze) nicht mitteilungspflichtig, es sei denn, es handelt sich um wiederkehrende Bezüge (s. Tz. 5.2.1.3). 17

Bei der Anwendung der Bagatellgrenze sind sämtliche Zahlungen in einer Summe zu betrachten, d.h. unter Berücksichtigung von wiederkehrenden Bezügen (s. Tz. 5.2.1.3) und steuerfreien Bezügen. 18

Bei der Berechnung des maßgebenden Betrages sind geleistete Vorauszahlungen (s. Tz. 5.2.1.2) zu berücksichtigen. 19

## 4. Mitteilungen nach §§ 2 bis 6 MV

§§ 2 bis 6 MV regeln, über welche Vorgänge Behörden und öffentlich-rechtliche Rundfunkanstalten Mitteilungen an die Finanzverwaltung übermitteln müssen, sofern keine Ausnahme von der Mitteilungspflicht (s. Tzn. 3, 4.1.1.2 und 4.2.2) greift. 20

### 4.1. Mitteilungen von Behörden

#### 4.1.1. Allgemeine Zahlungsmitteilungen (§ 2 MV)

##### 4.1.1.1. Mitteilungen nach § 2 Abs. 1 Sätze 1 und 2 MV

21 Die Mitteilungspflicht erstreckt sich grundsätzlich auf alle Zahlungen von Behörden an Dritte, bei denen die Gefahr der unvollständigen Erfassung zu steuerlichen Zwecken als hoch einzuschätzen ist. Dies betrifft folgende Zahlungen:

22 a) Zahlungen an Zahlungsempfänger, die nicht im Rahmen einer land- und forstwirtschaftlichen, gewerblichen oder freiberuflichen Haupttätigkeit gehandelt haben (§ 2 Abs. 1 Satz 1 1. Alternative MV)

23 Dadurch werden vor allem Zahlungen erfasst, die an Nichtunternehmer bzw. an Unternehmer, die nicht im Rahmen ihres Unternehmens handeln, geleistet werden. Betroffen sind insbesondere Zahlungen an Arbeitnehmer im Sinne des § 1 der Lohnsteuer-Durchführungsverordnung, die diesen nicht für eine Leistung im Rahmen ihrer Arbeitnehmertätigkeit (für die mitteilungspflichtige Behörde) zufließen, Mietzahlungen für Gebäude und Grundstücke an Privatpersonen, Zahlungen für ehrenamtliche und nebenberufliche Tätigkeiten. Damit wird dem Umstand Rechnung getragen, dass die steuerliche Erfassung von Zahlungen im nichtunternehmerischen Bereich nicht in dem Maße abgesichert ist, wie dies im unternehmerischen Bereich – insbesondere aufgrund der Kontrollmöglichkeiten im Rahmen von Außenprüfungen – möglich ist.

24 Unerheblich ist, in welcher Weise die Zahlungen geleistet werden. Daher sind auch Zahlungen mitzuteilen, die durch Überweisung auf das Konto des Zahlungsempfängers geleistet werden.

25 b) Zahlungen, die nicht auf das Geschäftskonto des Zahlungsempfängers erfolgen (§ 2 Abs. 1 Satz 1 2. Alternative MV)

26 Die Regelung betrifft nur Zahlungen an Zahlungsempfänger, die im Rahmen einer land- und forstwirtschaftlichen, gewerblichen oder freiberuflichen Haupttätigkeit gehandelt haben, da Zahlungen an andere Zahlungsempfänger bereits von der Alternative 1 (siehe Buchst. a) erfasst werden. Die Mitteilungspflicht besteht bei allen Zahlungen, die nicht unmittelbar auf das Geschäftskonto geleistet werden, also insbesondere bei Bar- oder Scheckzahlungen. Als Geschäftskonto kann in der Regel das auf den Geschäftsbriefen angegebene Konto angesehen werden.

27 Bestehen bei der Behörde Zweifel, ob der Zahlungsempfänger im Rahmen einer land- und forstwirtschaftlichen, gewerblichen oder freiberuflichen Haupttätigkeit gehandelt hat oder ob die Zahlung auf das Geschäftskonto erfolgt ist, ist eine Mitteilung vorzunehmen (§ 2 Abs. 1 Satz 2 MV).

28 Die Mitteilungspflicht erfasst auch Zahlungen, die keiner konkreten Gegenleistung an die Behörde zugeordnet werden können (z.B. Subventionen und ähnliche Fördermaßnahmen [wie z.B. für private Bau- und Sanierungsmaßnahmen]; Zahlungen an Abgeordnete und Ratsmitglieder, siehe aber Anlage 1), da die Mitteilungspflicht keinen Leistungsaustausch zwischen der Behörde und dem Zahlungsempfänger voraussetzt. So werden z.B. auch die Zahlungen nach dem Gesetz über die Entschädigungen für Strafverfolgungsmaßnahmen von der Mitteilungspflicht erfasst.

29 Zahlungen sind immer in vollem Umfang mitteilungspflichtig, und zwar unabhängig von etwaigen Steuerbefreiungen. Die Steuerfreiheit von Zah-

lungen entbindet die zahlende Behörde nur dann von ihrer Mitteilungspflicht, wenn die Finanzbehörde eine Ausnahme von der Mitteilungspflicht nach § 2 Abs. 2 MV zugelassen hat (Tz. 4.1.1.2.2), und in den Fällen der Tz. 4.1.1.2.1 letzter Absatz. Die steuerrechtliche Qualifikation von Zahlungen ist nicht Aufgabe der mitteilungspflichtigen Behörde, sondern der zuständigen Finanzbehörde, und erfolgt grundsätzlich erst im Besteuerungsverfahren.

**4.1.1.2. Besondere Ausnahmen nach § 2 Abs. 1 Satz 3, Abs. 2 und 3 MV**

Von den allgemeinen Zahlungsmitteilungspflichten der Behörden bestehen – über die in Tz. 3 genannten Ausnahmen hinaus – folgende besondere Ausnahmen: 30

**4.1.1.2.1. Steuerabzug (§ 2 Abs. 1 Satz 3 MV)**

Eine Mitteilungspflicht besteht nicht, wenn ein Steuerabzug durchgeführt wird. 31

Somit entfällt eine Mitteilung z.B. in den Fällen des Lohnsteuerabzugs durch den Arbeitgeber im Rahmen eines Dienstverhältnisses einschließlich der Lohnsteuer-Pauschalierung für Teilzeitbeschäftigte nach § 40a des Einkommensteuergesetzes (EStG) sowie in den Fällen des Steuerabzugs bei beschränkt Steuerpflichtigen nach § 50a EStG. 32

Von der Ausnahme sind auch Zahlungen erfasst, bei denen der Steuerabzug allein wegen der Steuerfreiheit nicht durchzuführen ist. 33

**4.1.1.2.2. Geringe oder keine steuerliche Bedeutung (§ 2 Abs. 2 MV)**

Nach § 2 Abs. 2 MV können die Finanzbehörden Ausnahmen von der Mitteilungspflicht zulassen, wenn die Zahlungen geringe oder keine steuerliche Bedeutung haben. Ob Zahlungen geringe oder keine steuerliche Bedeutung haben, ist bei an denselben Empfänger im Kalenderjahr geleisteten Zahlungen ab 1500 Euro von der jeweils zuständigen obersten Landesfinanzbehörde nach Abstimmung mit den obersten Finanzbehörden des Bundes und der Länder zu entscheiden. 34

Entsprechende Anträge sind an die oberste Finanzbehörde des Landes zu richten, in dessen Bezirk die mitteilungspflichtige Behörde ihren Sitz hat. 35

Die bundeseinheitlich zugelassenen Ausnahmen von der Mitteilungspflicht ergeben sich aus der **Anlage 1**. 36

**4.1.1.2.3. Befristete Befreiung der in § 93a Abs. 2 AO genannten Stellen von der Mitteilungspflicht über Zahlungen (§ 2 Abs. 3 MV)**

Die in § 93a Abs. 2 AO bezeichneten öffentlichen Stellen (vgl. Rz. 6) müssen vor dem 1. Januar 2024 geleistete Zahlungen i.S.d. § 2 Abs. 1 MV den Finanzbehörden nicht nach § 2 Abs. 1 MV mitteilen. Die Mitteilungspflicht nach § 13 MV bleibt hiervon unberührt. 36.1

**4.1.2. Wegfall oder Einschränkung einer steuerlichen Vergünstigung (§ 4 MV)**

Nach § 4 MV haben Behörden Verwaltungsakte mitzuteilen, die den Wegfall oder die Einschränkung einer steuerlichen Vergünstigung zur Folge haben können. 37

Sinn dieser Regelung ist es, den Finanzbehörden durch frühzeitige Kenntnis von Verwaltungsakten, die in der Regel Steuernachforderungen zur Folge 38 haben, die Möglichkeit zu geben, Maßnahmen ergreifen zu können, um zum Teil erhebliche und für den Betroffenen zumeist nicht im Voraus erkennbare Steuernachzahlungen, z.B. durch Anpassung der Vorauszahlungen, zu vermeiden.

**39** Die Behörde ist bereits dann zur Mitteilung verpflichtet, wenn nur die Möglichkeit einer steuerlichen Auswirkung besteht.

**40** Anwendungsbeispiele können sich in den Fällen ergeben, in denen die Gewährung einer steuerlichen Vergünstigung die Vorlage einer Bescheinigung, Genehmigung oder Anerkennung einer anderen Behörde voraussetzt (z.B. § 4 Nr. 20a UStG, § 4 Nr. 21 UStG, § 3 Nr. 23 GewStG, §§ 7h, 7i, 10f, 10g, 11b EStG und § 82i EStDV).

**41** Bei den entsprechenden Bescheinigungen handelt es sich um Verwaltungsakte, die als Grundlagenbescheide i.S.d. § 171 Abs. 10 AO Bindungswirkung für die entsprechenden steuerlichen Folgebescheide entfalten. Wird die Bescheinigung von der zuständigen Behörde zurückgenommen oder widerrufen, entfällt die Steuerbefreiung oder sonstige steuerliche Vergünstigung, und die Folgebescheide sind gemäß § 175 Abs. 1 Satz 1 Nr. 1 AO zu erlassen, aufzuheben oder zu ändern.

**42** Im Hinblick auf § 35 EStG sind Verwaltungsakte über Billigkeitsmaßnahmen nach §§ 163 oder 227 AO hinsichtlich der Gewerbesteuer den Finanzbehörden mitzuteilen. Bei einer gewerbesteuerlichen Billigkeitsmaßnahme im Festsetzungsverfahren (§ 163 AO) sind die Einkommensteuerbescheide nach § 175 Abs. 1 Satz 1 Nr. 1 AO, im Erhebungsverfahren (§ 227 AO) nach § 175 Abs. 1 Satz 1 Nr. 2 AO zu ändern.

### 4.1.3. Ordnungsgelder nach § 335 HGB (§ 4a MV n.F.)

**43** Das Bundesamt für Justiz (BfJ) hat den Finanzbehörden als mitteilungspflichtige Stelle (§ 93c Abs. 1 AO) die Adressaten und die Höhe von im Verfahren nach § 335 HGB festgesetzten Ordnungsgeldern mitzuteilen, sofern das festgesetzte Ordnungsgeld mindestens 5000 Euro beträgt (§ 4a Abs. 1 MV n.F.). Die Mitteilungspflicht gilt erstmals für nach dem 31. Dezember 2021 festgesetzte Ordnungsgelder.

**44** Die Mitteilungen sind sowohl im Veranlagungsverfahren als auch bei Außenprüfungen eine Grundlage zur Feststellung, ob die Betroffenen diese Beträge zu Unrecht als Betriebsausgabe berücksichtigt haben.

**45** Zu Besonderheiten des Mitteilungsverfahrens s. Tz. 6.

### 4.1.4. Ausgleichs- und Abfindungszahlungen nach dem Flurbereinigungsgesetz (§ 5 MV)

**46** Die Flurbereinigungsbehörden haben Ausgleichs- und Abfindungszahlungen nach dem Flurbereinigungsgesetz mitzuteilen. Unerheblich ist dabei, ob der Zahlungsempfänger im Rahmen einer land- und forstwirtschaftlichen, gewerblichen oder freiberuflichen Haupttätigkeit gehandelt hat und die Zahlung auf das Geschäftskonto erfolgt ist.

**47** Bei diesen Leistungen handelt es sich regelmäßig um steuerpflichtige Einkünfte. Den Empfängern der Leistungen ist jedoch oftmals nicht bekannt, welche steuerlichen Folgerungen zu ziehen sind. Es besteht deshalb Gefahr, dass die Einkünfte aus Unwissenheit nicht ordnungsgemäß erklärt werden.

### 4.1.5. Gewerberechtliche Erlaubnisse und Gestattungen (§ 6 MV)

#### 4.1.5.1. Mitteilungen nach § 6 Abs. 1 MV

Die Mitteilungspflicht nach § 6 Abs. 1 MV stellt eine Ergänzung zu § 138 AO dar. **48**

Nach § 6 Abs. 1 MV haben die Behörden mitzuteilen: **49**

- die Erteilung von Reisegewerbekarten,
- zeitlich befristete Erlaubnisse sowie Gestattungen nach dem Gaststättengesetz,
- Bescheinigungen über die Geeignetheit der Aufstellungsorte für Spielgeräte,
- Erlaubnisse zur Veranstaltung anderer Spiele mit Gewinnmöglichkeit,
- Festsetzungen von Messen, Ausstellungen und Märkten sowie Volksfesten,
- Genehmigungen nach dem Personenbeförderungsgesetz zur Beförderung von Personen mit Kraftfahrzeugen im Linienverkehr, die Unternehmern mit Wohnsitz oder Sitz außerhalb des Geltungsbereichs des Personenbeförderungsgesetzes erteilt werden,
- Erlaubnisse zur gewerbsmäßigen Arbeitnehmerüberlassung und
- die gemäß der Verordnung (EWG) Nr. 2408/92 des Rates vom 23. Juli 1992 über den Zugang von Luftfahrtunternehmen der Gemeinschaft zu Strecken des innergemeinschaftlichen Flugverkehrs erteilten Genehmigungen, Verkehrsrechte auszuüben.

#### 4.1.5.2. Mitteilungen der Bundesagentur für Arbeit nach § 6 Abs. 2 MV

Nach § 6 Abs. 2 MV hat die Bundesagentur für Arbeit – abweichend von § 1 Abs. 2 MV (s. Tz. 3.5) – nach Erteilung der erforderlichen Zusicherung folgende Daten der ausländischen Unternehmen mitzuteilen, die aufgrund bilateraler Regierungsvereinbarungen über die Beschäftigung von Arbeitnehmern zur Ausführung von Werkverträgen tätig werden: **50**

- die Namen und Anschriften der ausländischen Vertragspartner des Werkvertrages,
- den Beginn und die Ausführungsdauer des Werkvertrages und
- den Ort der Durchführung des Werkvertrages.

Die Mitteilungen erfolgen unter Durchbrechung des Sozialgeheimnisses nach § 35 des Sozialgesetzbuches I (SGB I; s. Tz. 3.5). Die Zulässigkeit dieser Durchbrechung ergibt sich aus § 71 Abs. 1 Satz 1 Nr. 3 SGB X. **51**

### 4.2. Mitteilungen von öffentlich-rechtlichen Rundfunkanstalten (§ 3 MV)

#### 4.2.1. Mitteilungen nach § 3 Abs. 1 Satz 1 i.V.m. Abs. 2 MV

Die öffentlich-rechtlichen Rundfunkanstalten haben Honorare für Leistungen freier Mitarbeiter (z.B. freiberuflich tätige Mitarbeiter, Sportler und Künstler) mitzuteilen, die in unmittelbarem Zusammenhang mit der Vorbereitung, Herstellung oder Verbreitung von Hörfunk- oder Fernsehsendungen erbracht werden (§ 3 Abs. 1 Satz 1 MV). Honorare in diesem Sinne sind alle Güter, die in Geld oder Geldeswert (Sachleistungen) bestehen und dem Steuerpflichtigen für eine persönliche Leistung oder eine Verwertung im Sinne des Urheberrechtsgesetzes zufließen (§ 3 Abs. 2 MV). **52**

#### 4.2.2. Besondere Ausnahmen nach § 3 Abs. 1 Satz 2 MV

53 Von den Mitteilungspflichten der öffentlich-rechtlichen Rundfunkanstalten bestehen – über die in Tz. 3 genannten Ausnahmen hinaus – folgende besondere Ausnahmen:

54 Die Pflicht zur Mitteilung besteht nicht, wenn
– die Besteuerung den Regeln eines Abzugsverfahrens (s. Tz. 4.1.1.2.1) unterliegt
oder
– die Finanzbehörde aufgrund anderweitiger Regelungen Mitteilungen über die Honorare erhält (s.a. Tz. 3.3).

### 4.3. Mitteilungen über Billigkeitsleistungen des Bundes und der Länder anlässlich der Corona-Krise (§ 13 MV)

55 Behörden und andere öffentliche Stellen des Bundes und der Länder (vgl. § 6 Absätze 1 bis 1c AO) haben den Finanzbehörden nach § 13 Abs. 1 Satz 1 MV folgende als Subvention oder ähnliche Förderungsmaßnahme bewilligte Leistungen mitzuteilen:
– Soforthilfen des Bundes für kleine Unternehmen, Soloselbstständige und Angehörige der Freien Berufe zur Milderung der finanziellen Notlagen dieser Unternehmen aufgrund der Corona-Krise,
– Überbrückungshilfen des Bundes für kleine und mittelständische Unternehmen, Soloselbständige und Angehörige der Freien Berufe, die ihren Geschäftsbetrieb im Zuge der Corona-Krise ganz oder zu wesentlichen Teilen einstellen müssen oder mussten, oder
– andere Soforthilfen, Überbrückungshilfen oder vergleichbare Billigkeitsleistungen des Bundes oder des jeweiligen Landes für Unternehmen, Soloselbstständige und Angehörige der Freien Berufe anlässlich der Corona-Krise.

56 Folgende aufgrund der Corona-Krise gewährte Leistungen sind nach § 13 Abs. 1 Satz 2 MV aber nicht mitzuteilen:
– Subventionen oder ähnliche Förderungsmaßnahmen der Gemeinden oder Gemeindeverbände,
– Hilfsleistungen nach dem SGB V und dem SGB XI,
– Hilfsleistungen nach der COVID-19-Versorgungsstrukturen-Schutzverordnung vom 30. April 2020, Bundesanzeiger AT vom 4. Mai 2020 V1,
– Leistungen nach dem Krankenhausfinanzierungsgesetz sowie
– Leistungen nach dem Sozialdienstleister-Einsatzgesetz.

57 Zu Besonderheiten des Mitteilungsverfahren s. Tz. s7.

58 Von § 13 Abs. 1 MV abweichende Bestimmungen der MV (ausgenommen § 1 Abs. 2 und § 2 Abs. 2 MV) sind nicht anzuwenden (§ 13 Abs. 4 MV).

## 5. Verfahren bei Mitteilungen nach §§ 2, 3, 4, 5 und 6 MV

### 5.1. Form der Mitteilungen (§ 8 Abs. 1 MV)

59 Die Mitteilungen sollen schriftlich ergehen und sind getrennt nach den jeweiligen Empfängern zu erteilen (§ 8 Abs. 1 Sätze 1 und 2 MV).

60 Sie sind Belege i.S.d. § 379 AO. Werden Mitteilungen an die Finanzbehörden versandt, die in tatsächlicher Hinsicht unrichtig sind, kann objektiv der Tatbestand der Steuergefährdung erfüllt sein.

Die Übermittlung von Mitteilungen auf maschinell verwertbaren Datenträgern oder durch Datenfernübertragung bedarf der Zustimmung der obersten Finanzbehörde des Landes, in dem die mitteilungspflichtige Behörde oder Rundfunkanstalt ihren Sitz hat (§ 8 Abs. 1 Satz 3 MV). Hiermit wird sichergestellt, dass die Finanzbehörde die Mitteilungen in einer für sie auswertbaren Form erhält. **61**

Die elektronischen Dokumente brauchen nicht mit einer elektronischen Signatur versehen zu werden. **62**

Eine Übermittlung im automatisierten Abrufverfahren findet nicht statt (§ 8 Abs. 1 Satz 4 MV). **63**

### 5.2. Inhalt der Mitteilungen (§ 8 Abs. 2 und 3 MV)

### 5.2.1. Mitteilungen über Zahlungen (§ 8 Abs. 2 MV)

#### 5.2.1.1. Allgemeines

Mitzuteilen sind nach § 8 Abs. 2 Satz 1 MV: **64**

– die die Zahlung anordnende Stelle (Behörde bzw. öffentlich-rechtliche Rundfunkanstalt) und deren Aktenzeichen,

– die Bezeichnung (Name, Vorname, Firma) des Zahlungsempfängers und dessen genaue Anschrift,

– der Rechtsgrund der Zahlung (Art des Anspruchs),

– die Höhe und der Tag der Zahlung oder der Zahlungsanordnung.

Zur Zuordnung der Mitteilung innerhalb der Finanzbehörden sind auch die Steuernummer und das Geburtsdatum des Zahlungsempfängers mitzuteilen, sofern diese der mitteilenden Behörde/Rundfunkanstalt bekannt sind. **65**

Zwecks Sicherung der Besteuerung ist es notwendig, dass die Finanzbehörden den ursprünglichen Gläubiger einer Forderung kennen; deshalb ist dieser stets als Zahlungsempfänger zu benennen, auch wenn die Forderung abgetreten, verpfändet oder gepfändet ist (§ 8 Abs. 2 Satz 2 MV). **66**

#### 5.2.1.2. Vorauszahlungen (§ 7 Abs. 2 Sätze 2 und 3 MV)

Vorauszahlungen sind nicht gesondert mitzuteilen (§ 7 Abs. 2 Satz 2 MV). In der Mitteilung über die abschließende Zahlung ist anzugeben, ob eine oder mehrere Vorauszahlungen geleistet wurden (§ 7 Abs. 2 Satz 3 MV). **67**

#### 5.2.1.3. Wiederkehrende Bezüge (§ 7 Abs. 3 MV)

Wiederkehrende Bezüge liegen vor, wenn Zahlungen aufgrund eines gemeinsamen Rechtsgrundes regelmäßig, d.h. zu bestimmten festgelegten Zeitpunkten und in gleichbleibender Höhe geleistet werden (z.B. Miete, Pacht). **68**

In diesen Fällen brauchen – neben den allgemeinen Angaben (s. Tz. 5.2.1.1) – nur mitgeteilt zu werden: **69**

– die erste Zahlung,

– die Zahlungsweise,

– die voraussichtliche Dauer der Zahlungen und

– dass es sich um wiederkehrende Bezüge handelt.

Wiederkehrende Bezüge sind auch dann mitzuteilen, wenn sie weniger als 1500 Euro pro Empfänger und Kalenderjahr betragen, da die Bagatellgrenze des § 7 Abs. 2 MV (s. Tz. 3.7) nicht zur Anwendung kommt. **70**

**5.2.2. Mitteilungen über Verwaltungsakte (§ 8 Abs. 3 MV)**

71 In den Fällen der Mitteilungspflicht nach §§ 4 und 6 Abs. 1 MV hat die Behörde nach § 8 Abs. 3 Satz 1 MV folgende Einzelheiten mitzuteilen:
- die den Verwaltungsakt erlassende Behörde,
- Aktenzeichen und Datum des Verwaltungsakts,
- Gegenstand und Umfang der Erlaubnis, Genehmigung oder gewährten Leistung,
- die Bezeichnung (Name, Vorname, Firma) des Beteiligten und dessen genaue Anschrift und
- wenn bekannt, die Steuernummer und das Geburtsdatum des Beteiligten.

72 Die Mitteilung kann in der Übersendung einer Mehrausfertigung oder eines Abdrucks des Bescheids bestehen, wenn dadurch nicht mehr personenbezogene Daten, als nach § 8 Abs. 3 Satz 1 MV vorgesehen, übermittelt werden (§ 8 Abs. 3 Sätze 2 und 3 MV).

**5.2.3. Mitteilungen der Bundesagentur für Arbeit**

73 Zum Inhalt der Mitteilungen der Bundesagentur für Arbeit nach § 6 Abs. 2 MV s. Tz. 4.1.5.2.

**5.3. Empfänger der Mitteilung (§ 9 MV)**

74 Die Mitteilung ist grundsätzlich an das Finanzamt zu richten, in dessen Bezirk der Betroffene seinen Wohnsitz hat bzw. bei Körperschaften, Personenvereinigungen und Vermögensmassen sich die Geschäftsleitung befindet (§ 9 Abs. 1 Sätze 1 und 2 MV).

75 Die von der Bundesanstalt für Arbeit nach § 6 Abs. 2 MV zu erstellenden Mitteilungen sind an das für die Umsatzbesteuerung zuständige Finanzamt, welches sich aus der Verordnung über die örtliche Zuständigkeit für die Umsatzsteuer im Ausland ansässiger Unternehmer (Umsatzsteuerzuständigkeitsverordnung) ergibt, zu richten (§ 9 Abs. 1 Satz 3 MV). Eine gegebenenfalls erforderliche weitere Verteilung für ertragsteuerliche Zwecke ist durch diese Finanzämter sicherzustellen.

76 Um für die Mitteilungspflichtigen unzumutbare Nachforschungen auszuschließen, ist die Mitteilung in Zweifelsfällen an die Oberfinanzdirektion zu senden, in deren Bezirk die mitteilungspflichtige Behörde oder Rundfunkanstalt ihren Sitz hat (§ 9 Abs. 1 Satz 4 MV).

77 Aus Vereinfachungsgründen kann die Oberfinanzdirektion, in deren Bezirk die mitteilungspflichtige Behörde oder Rundfunkanstalt ihren Sitz hat, ein Finanzamt bestimmen, an das die Mitteilungen zu übermitteln sind (§ 9 Abs. 1 Satz 5 MV).

78 Um in den Fällen maschineller Datenübermittlung die ordnungsgemäße Weiterverarbeitung und einen einfachen Ablauf der Übermittlung sicherzustellen, kann die oberste Finanzbehörde des Landes, in dem die mitteilungspflichtige Behörde oder Rundfunkanstalt ihren Sitz hat, eine andere Landesfinanzbehörde oder mit Zustimmung des Bundesministeriums der Finanzen eine Finanzbehörde des Bundes als Empfänger der Mitteilungen bestimmen (§ 9 Abs. 2 MV). Die mitteilungspflichtige Behörde oder Rundfunkanstalt dürfte regelmäßig ein Interesse an der Übermittlung an nur eine Stelle haben. Entsprechende Anträge sind an die oberste Finanzbehörde des Landes zu richten, in dessen Bezirk die mitteilungspflichtige Behörde oder Rundfunkanstalt ihren Sitz hat.

### 5.4. Zeitpunkt der Mitteilung (§ 10 MV)

Die Mitteilungen nach § 6 Abs. 2 MV sind unverzüglich zu übersenden, da es zur Sicherstellung der Besteuerung zweckmäßig ist, mit der Ermittlung der Besteuerungsgrundlagen umgehend zu beginnen. **79**

Die Mitteilungen über Verwaltungsakte, die den Wegfall oder die Einschränkung einer steuerlichen Vergünstigung zur Folge haben können (§ 4 MV), sowie die Mitteilungen über gewerberechtliche Erlaubnisse und Gestattungen nach § 6 Abs. 1 MV sind mindestens vierteljährlich zu übersenden. **80**

Die übrigen Mitteilungen sind, um die sich durch die Fertigung der Mitteilungen ergebende Belastung der Behörden und öffentlich-rechtlichen Rundfunkanstalten so gering wie möglich zu halten, mindestens einmal jährlich, spätestens bis zum 30. April des Folgejahres, zu übermitteln. **81**

### 5.5. Unterrichtung der Betroffenen (§§ 11 und 12 MV)

Nach § 11 MV hat die mitteilende Stelle den Betroffenen spätestens bei Übersendung der ersten Mitteilung an die Finanzbehörde über ihre Verpflichtung zur Erstellung von Mitteilungen zu unterrichten. **82**

Der Betroffene ist nach § 12 Abs. 1 MV über den genauen Inhalt der übermittelten Daten zu informieren, soweit sich diese Unterrichtung nicht aus dem Verwaltungsakt, dem Vertrag, der Genehmigung oder Erlaubnis ergibt. Er ist hierbei in allgemeiner Form auf seine steuerlichen Aufzeichnungs- und Erklärungspflichten hinzuweisen. Eine steuerliche Beurteilung der Zahlungen ist jedoch nicht vorzunehmen; diese obliegt den Finanzämtern. **83**

Die Regelung des § 12 Abs. 2 MV, wonach dem Betroffenen in den Fällen des § 2 Abs. 1 Satz 2 und des § 3 MV eine Aufstellung der im Kalenderjahr geleisteten Zahlungen und ihrer Summe zu übersenden ist, soweit nicht bereits eine Unterrichtung über einzelne Zahlungen erfolgt ist, soll die Erfüllung seiner Aufzeichnungs- und Erklärungspflichten erleichtern. **84**

## 6. Elektronische Mitteilungen des Bundesamts für Justiz nach § 4a MV

### 6.1. Form und Empfänger der Mitteilung

Das BfJ hat die in § 4a Abs. 1 MV bezeichneten Daten (Adressaten und Höhe von nach dem 31. Dezember 2021 im Verfahren nach § 335 HGB festgesetzten Ordnungsgeldern) den Finanzbehörden elektronisch nach Maßgabe des § 93c AO nach amtlich vorgeschriebenem Datensatz über die amtlich bestimmte Schnittstelle zu übermitteln (§ 4a Abs. 2 Satz 1 MV). Die §§ 8 bis 12 MV sind hierbei nicht anzuwenden (§ 4a Abs. 2 Satz 3 MV). Zur Bestimmung des amtlich vorgeschriebenen Datensatzes vgl. § 87b Abs. 1 AO. Zur Bestimmung der Schnittstelle vgl. § 87b Abs. 2 AO. **85**

### 6.2. Inhalt der Mitteilung

Die Mitteilung an die Finanzverwaltung hat grundsätzlich die in § 93c Abs. 1 Nr. 2 AO genannten Daten zu enthalten (insbes. Angaben zur mitteilungspflichtigen Stelle sowie Angaben zur Identifizierung des Betroffenen). **86**

Die in § 93c Abs. 1 Nummer 2 Buchstaben c und d AO bezeichneten Daten (insbesondere Identifikationsnummer natürlicher Personen sowie Wirtschafts-Identifikationsnummer nicht natürlicher Personen) sind den Finanzbehörden nach § 4a Abs. 3 Satz 1 MV allerdings nur mitzuteilen, soweit sie dem BfJ bei Festsetzung des Ordnungsgelds bekannt sind. Sind ihm nicht alle diese Daten bekannt, soll es den Finanzbehörden aber andere ihm bekannte und zur auto- **87** mationsgestützten Identifizierung des Adressaten der Ordnungsgeldfestsetzung durch die Finanzbehörden geeignete Daten übermitteln. Insoweit kommt insbesondere die Mitteilung der Handelsregisternummer in Betracht.

**88** Darüber hinaus sind die in § 4a MV genannten Daten aufzunehmen. Hierzu wird auf die Ausführungen unter Tz. 4.1.3 verwiesen.

### 6.3. Zeitpunkt der Mitteilung

**89** Die Mitteilung hat abweichend von § 93c Abs. 1 Nr. 1 AO spätestens bis zum 31. März des auf die Festsetzung des Ordnungsgelds folgenden Kalenderjahres zu erfolgen (§ 4a Abs. 2 Satz 2 MV).

**90** Das BMF kann im Einvernehmen mit den obersten Finanzbehörden der Länder die Mitteilungsfrist nach § 93c Abs. 1 Nr. 1 AO (Ende März des Folgejahres) durch ein im BStBl. Teil I zu veröffentlichendes Schreiben verlängern, sofern die technischen Voraussetzungen für die Annahme der Mitteilungen nicht rechtzeitig vorliegen (§ 4a Abs. 2 Satz 2 MV).

### 6.4. Unterrichtung des Betroffenen

**91** Das BfJ hat den betroffenen Steuerpflichtigen darüber zu informieren, welche für seine Besteuerung relevanten Daten es an die Finanzbehörden übermittelt hat oder übermitteln wird (§ 93c Abs. 1 Nr. 3 Satz 1 AO). Diese Information hat in geeigneter Weise, mit Zustimmung des Steuerpflichtigen elektronisch, und binnen angemessener Frist zu erfolgen (§ 93c Abs. 1 Nr. 3 Satz 2 AO). Die Information kann danach auch mit der Festsetzung des Ordnungsgeldes verbunden werden.

### 6.5. Sonstiges

**92** Das BfJ muss die den Finanzbehörden übermittelten Daten abweichend von § 93c Abs. 1 Nr. 4 AO mindestens bis zum Ablauf des fünften auf das Kalenderjahr der Festsetzung des Ordnungsgelds folgenden Kalenderjahrs aufbewahren; weitergehende Aufbewahrungsbestimmungen aufgrund anderer Rechtsvorschriften bleiben unberührt (§ 4a Abs. 3 Satz 2 MV).

**93** Wird die Festsetzung eines Ordnungsgelds in einem späteren Kalenderjahr ganz oder teilweise widerrufen, zurückgenommen oder aufgehoben, ist § 93c Abs. 3 AO nicht anzuwenden (§ 4a Abs. 3 Satz 3 MV).

## 7. Elektronische Mitteilungen über Billigkeitsleistungen des Bundes und der Länder anlässlich der Corona-Krise (§ 13 MV)

### 7.1. Form und Empfänger der Mitteilung

**94** Anlässlich der Corona-Krise bewilligte Subventionen oder ähnliche Leistungen des Bundes und der Länder (§ 13 Abs. 1 MV) sind nach amtlich vorgeschriebenem Datensatz (§ 87b Abs. 1 AO) über die amtlich bestimmte Schnittstelle (§ 87b Abs. 2 AO) nach Maßgabe des § 93c AO den Finanzbehörden mitzuteilen. Zur Bestimmung des amtlich vorgeschriebenen Datensatzes vgl. § 87b Abs. 1 AO. Zur Bestimmung der Schnittstelle vgl. § 87b Abs. 2 AO.

### 7.2. Inhalt der Mitteilung

**95** Die Mitteilung an die Finanzverwaltung hat die in § 93c Abs. 1 Nr. 2 AO genannten Daten zu enthalten (insbesondere Angaben zur mitteilungspflichtigen Stelle sowie Angaben zur Identifizierung des Betroffenen).

**96** Neben den in § 93c Abs. 1 Nr. 2 AO genannten Angaben sind nach § 13 Abs. 2 Satz 1 MV auch folgende Angaben mitzuteilen:

– die Art und Höhe der jeweils gewährten Zahlung,
– das Datum, an dem die Zahlung bewilligt wurde,
– das Datum der Zahlung oder der Zahlungsanordnung und
– bei unbarer Zahlung die Bankverbindung für das Konto, auf das die Leistung erbracht wurde.

Werden nach § 13 Abs. 2 Satz 1 MV mitzuteilende Zahlungen im Kalenderjahr ihrer Auszahlung ganz oder teilweise (freiwillig oder aufgrund einer geltend gemachten Rückforderung) zurückerstattet, ist diese Minderung der mitzuteilenden Leistung bereits bei Erstellung des Datensatzes zu berücksichtigen. Wurde der Datensatz aber bereits übermittelt, ist er nach § 93c Abs. 3 AO zu korrigieren. **97**

Werden nach § 13 Abs. 2 Satz 1 MV mitzuteilende Zahlungen dagegen erst in einem späteren Kalenderjahr ganz oder teilweise zurückerstattet, ist die Rückzahlung abweichend von § 93c Abs. 3 AO eigenständig und unter Angabe des Datums, an dem die Zahlung bei der mitteilungspflichtigen Stelle eingegangen ist, mitzuteilen (§ 13 Abs. 2 Satz 2 MV). **98**

### 7.3. Zeitpunkt der Mitteilung

Mitteilungen nach § 13 Abs. 1 MV sind abweichend von § 93c Abs. 1 Nr. 1 AO erst nach Veröffentlichung des amtlich vorgeschriebenen Datensatzes und der Freigabe der amtlich bestimmten Schnittstelle jeweils bis zum 30. April des auf das Jahr der Auszahlung folgenden Jahres zu übermitteln (§ 13 Abs. 3 Satz 1 MV n.F.). **99**

Das BMF kann im Einvernehmen mit den obersten Finanzbehörden der Länder diese Frist durch ein im BStBl. Teil I zu veröffentlichendes Schreiben verlängern, sofern die technischen Voraussetzungen für die Annahme der Mitteilungen nicht rechtzeitig vorliegen (§ 13 Abs. 3 Satz 2 MV). **100**

Die oberste Finanzbehörde des Landes, in dem die mitteilungspflichtige Stelle ihren Sitz hat, kann auf begründeten Antrag einer nach § 13 Abs. 1 MV mitteilungspflichtigen Stelle die nach § 13 Abs. 3 Satz 1 oder Satz 2 MV geltende Frist zur Übersendung der Mitteilungen für im Kalenderjahr 2020 ausgezahlte Leistungen um längstens vierzehn Monate und für im Kalenderjahr 2021 ausgezahlte Leistungen um längstens sechs Monate verlängern, wenn die technischen Voraussetzungen für die Übersendung der Mitteilungen an die Finanzbehörden nicht rechtzeitig vorliegen (§ 13 Abs. 3 Satz 3 MV n.F.). **101**

### 7.4. Unterrichtung des Betroffenen

Die mitteilungspflichtige Stelle hat den betroffenen Steuerpflichtigen darüber zu informieren, welche für seine Besteuerung relevanten Daten sie an die Finanzbehörden übermittelt hat oder übermitteln wird (§ 93c Abs. 1 Nr. 3 Satz 1 AO). Diese Information hat in geeigneter Weise, mit Zustimmung des Steuerpflichtigen elektronisch, und binnen angemessener Frist zu erfolgen (§ 93c Abs. 1 Nr. 3 Satz 2 AO). Die Information kann danach auch mit dem Antrag auf Gewährung einer Billigkeitsleistung oder der Festsetzung der Billigkeitsleistung verbunden werden. **102**

## 8. Elektronische Mitteilungen über Zahlungen der Kassenärztlichen Vereinigungen an die Anbieter von Leistungen nach der Coronavirus-Testverordnung (§ 14 MV)

### 8.1. Form und Empfänger der Mitteilung

**103** Die von einer Kassenärztlichen Vereinigung (KV) nach dem 31. Dezember 2020 an Leistungserbringer nach der Coronavirus-Testverordnung geleisteten Zahlungen sind nach amtlich vorgeschriebenem Datensatz (§ 87b Abs. 1 AO) über die amtlich bestimmte Schnittstelle (§ 87b Abs. 2 AO) nach Maßgabe des § 93c AO den Finanzbehörden mitzuteilen. Zur Bestimmung des amtlich vorgeschriebenen Datensatzes vgl. § 87b Abs. 1 AO. Zur Bestimmung der Schnittstelle vgl. § 87b Abs. 2 AO.

### 8.2. Inhalt der Mitteilung

**104** Die Mitteilung an die Finanzverwaltung hat die in § 93c Abs. 1 Nr. 2 AO genannten Daten zu enthalten (insbesondere Angaben zur mitteilenden Stelle sowie Angaben zur Identifizierung des betroffenen Steuerpflichtigen).

**105** Neben den in § 93c Abs. 1 Nr. 2 AO genannten Angaben sind nach § 14 Abs. 2 Satz 1 MV auch folgende Angaben mitzuteilen:

1. die im jeweils vorangegangenen Kalenderjahr von der KV geleisteten Zahlungen i.S.v. § 14 Abs. 1 MV unter Angabe des jeweiligen Rechtsgrunds der Zahlung,
2. das Datum dieser Zahlungen und
3. bei unbarer Zahlung die Bankverbindung für das Konto, auf das die Zahlungen geleistet wurden.

**106** Werden nach § 14 Abs. 2 Satz 1 MV mitzuteilende Zahlungen im Kalenderjahr ihrer Auszahlung ganz oder teilweise (freiwillig oder aufgrund einer geltend gemachten Rückforderung) an die KV zurückerstattet, ist diese Minderung der mitzuteilenden Zahlungen bereits bei Erstellung des Datensatzes zu berücksichtigen. Wurde der Datensatz aber bereits übermittelt, ist er nach § 93c Abs. 3 AO zu korrigieren.

**107** Werden nach § 14 Abs. 2 Satz 1 MV mitzuteilende Zahlungen dagegen erst in einem späteren Kalenderjahr ganz oder teilweise zurückerstattet, ist die Rückzahlung abweichend von § 93c Abs. 3 AO eigenständig und unter Angabe des Datums, an dem die Zahlung bei der KV eingegangen ist, mitzuteilen (§ 14 Abs. 2 Satz 2 MV).

### 8.3. Zeitpunkt der Mitteilung

**108** Mitteilungen nach § 14 Abs. 1 MV sind abweichend von § 93c Abs. 1 Nr. 1 AO erst nach Veröffentlichung des amtlich vorgeschriebenen Datensatzes und der Freigabe der amtlich bestimmten Schnittstelle jeweils bis zum 30. April des auf das Jahr der Auszahlung folgenden Jahres zu übermitteln (§ 14 Abs. 3 Satz 1 MV n.F.).

**109** Das BMF kann im Einvernehmen mit den obersten Finanzbehörden der Länder diese Frist durch ein im BStBl. Teil I zu veröffentlichendes Schreiben verlängern, sofern die technischen Voraussetzungen für die Annahme der Mitteilungen nicht rechtzeitig vorliegen (§ 14 Abs. 3 Satz 2 MV).

**110** Auf begründeten Antrag einer KV kann ihr die oberste Finanzbehörde des Landes, in dem die KV ihren Sitz hat, die nach § 14 Abs. 3 Satz 1 oder Satz 2 MV geltende Frist zur Übersendung der Mitteilungen für im Kalenderjahr

2021 ausgezahlte Leistungen um längstens vierzehn Monate und für im Kalenderjahr 2022 ausgezahlte Leistungen um längstens sechs Monate verlängern, wenn die technischen Voraussetzungen für die Übersendung der Mitteilungen an die Finanzbehörden nicht rechtzeitig vorliegen (§ 14 Abs. 3 Satz 3 MV n.F.).

### 8.4. Unterrichtung des Betroffenen

Die KV hat den betroffenen Steuerpflichtigen darüber zu informieren, welche für seine Besteuerung relevanten Daten sie an die Finanzbehörden übermittelt hat oder noch übermitteln wird (§ 93c Abs. 1 Nr. 3 Satz 1 AO). Diese Information hat in geeigneter Weise, mit Zustimmung des Steuerpflichtigen elektronisch, und binnen angemessener Frist zu erfolgen (§ 93c Abs. 1 Nr. 3 Satz 2 AO). **111**

## 9. Elektronische Mitteilungen über öffentliche Hilfsleistungen aus Anlass der Starkregen- und Hochwasserkatastrophe im Juli 2021 (§ 15 MV)

### 9.1. Form und Empfänger der Mitteilung

An bestimmte Empfänger aus Anlass der Starkregen- und Hochwasserkatastrophe im Juli 2021 als Aufbauhilfen des Bundes und der Länder aus den Mitteln des Fonds „Aufbauhilfe 2021" bewilligte Leistungen sind nach amtlich vorgeschriebenem Datensatz (§ 87b Abs. 1 AO) über die amtlich bestimmte Schnittstelle (§ 87b Abs. 2 AO) nach Maßgabe des § 93c AO den Finanzbehörden mitzuteilen (§ 15 Abs. 1 Halbsatz 1 MV). Zur Bestimmung der Schnittstelle vgl. § 87b Abs. 2 AO. **112**

Mitzuteilen sind nach § 15 Abs. 1 Halbsatz 2 MV allerdings nur Leistungen an **113**

1. Privathaushalte,
2. gewerbliche Unternehmen, Selbständige und Angehörige der freien Berufe,
3. Wohnungsunternehmen und Vermieter von Wohnraum,
4. Vermieter und Verpächter von ganz oder teilweise für eine gewerbliche, selbständige oder freiberufliche Tätigkeit genutzte Gebäude oder Gebäudeteile,
5. Betriebe der Land- und Forstwirtschaft und ähnliche Betriebe, Betriebe der Fischerei und Aquakultur.

Nach § 15 Abs. 4 Satz 3 MV können das BMF oder die obersten Finanzbehörden der Länder – über § 2 Abs. 2 MV hinaus – Ausnahmen von der Mitteilungspflicht nach § 15 Abs. 1 MV zulassen. Vgl. hierzu **Anlage 2**. **114**

### 9.2. Inhalt der Mitteilung

Die Mitteilung an die Finanzverwaltung hat die in § 93c Abs. 1 Nr. 2 AO genannten Daten zu enthalten (insbesondere Angaben zur mitteilenden Stelle sowie Angaben zur Identifizierung des betroffenen Steuerpflichtigen). **115**

Neben den in § 93c Abs. 1 Nr. 2 AO genannten Angaben sind nach § 15 Abs. 2 Satz 1 MV auch folgende Angaben mitzuteilen: **116**

1. die Art und die Höhe der im jeweils vorangegangenen Kalenderjahr gewährten Zahlung,
2. soweit vorhanden, das Objekt, für das die Zahlung bewilligt wurde,
3. das Datum, an dem die Zahlung bewilligt wurde,
4. das Datum der Zahlung und

5. bei unbarer Zahlung die Bankverbindung für das Konto, auf das die Zahlung geleistet wurde.

**117** Werden nach § 15 Abs. 2 Satz 1 MV mitzuteilende Zahlungen im Kalenderjahr ihrer Auszahlung ganz oder teilweise (freiwillig oder aufgrund einer geltend gemachten Rückforderung) an die mitteilungspflichtige Stelle zurückerstattet, ist diese Minderung der mitzuteilenden Zahlungen bereits bei Erstellung des Datensatzes zu berücksichtigen. Wurde der Datensatz aber bereits übermittelt, ist er nach § 93c Abs. 3 AO zu korrigieren.

**118** Werden nach § 15 Abs. 2 Satz 1 MV mitzuteilende Zahlungen dagegen erst in einem späteren Kalenderjahr ganz oder teilweise zurückerstattet, ist die Rückzahlung abweichend von § 93c Abs. 3 AO eigenständig und unter Angabe des Datums, an dem die Zahlung bei der mitteilungspflichtigen Stelle eingegangen ist, mitzuteilen (§ 15 Abs. 2 Satz 2 MV).

### 9.3. Zeitpunkt der Mitteilung

**119** Mitteilungen nach § 15 Abs. 1 MV sind abweichend von § 93c Abs. 1 Nr. 1 AO erst nach Veröffentlichung des amtlich vorgeschriebenen Datensatzes und der Freigabe der amtlich bestimmten Schnittstelle

– für im Kalenderjahr 2021 ausgezahlte Leistungen bis zum 31. Dezember 2022 sowie
– für in den Folgejahren ausgezahlte Leistungen jeweils bis zum 30. April des auf das Jahr der Auszahlung folgenden Jahres

zu übermitteln (§ 15 Abs. 3 Satz 1 MV).

**120** Das BMF kann im Einvernehmen mit den obersten Finanzbehörden der Länder diese Frist durch ein im BStBl. Teil I zu veröffentlichendes Schreiben verlängern, sofern die technischen Voraussetzungen für die Annahme der Mitteilungen nicht rechtzeitig vorliegen (§ 15 Abs. 3 Satz 2 MV).

**121** Auf begründeten Antrag einer mitteilungspflichtigen Stelle kann ihr die oberste Finanzbehörde des Landes, in dem die Stelle ihren Sitz hat, die nach § 15 Abs. 3 Satz 1 oder Satz 2 MV geltende Frist zur Übersendung der Mitteilungen

– für im Kalenderjahr 2021 ausgezahlte Leistungen um längstens zehn Monate und
– für im Kalenderjahr 2022 ausgezahlte Leistungen um längstens sechs Monate

verlängern, wenn die technischen Voraussetzungen für die Übersendung der Mitteilungen an die Finanzbehörden nicht rechtzeitig vorliegen (§ 15 Abs. 3 Satz 3 MV).

### 9.4. Unterrichtung des Betroffenen

**122** Die mitteilungspflichtige Stelle hat den betroffenen Steuerpflichtigen darüber zu informieren, welche für seine Besteuerung relevanten Daten sie an die Finanzbehörden übermittelt hat oder noch übermitteln wird (§ 93c Abs. 1 Nr. 3 Satz 1 AO). Diese Information hat in geeigneter Weise, mit Zustimmung des Steuerpflichtigen elektronisch, und binnen angemessener Frist zu erfolgen (§ 93c Abs. 1 Nr. 3 Satz 2 AO).

Dieses Schreiben ersetzt das BMF-Schreiben vom 21. Januar 2021, BStBl. I S. 136, das durch die BMF-Schreiben vom 18. Juni 2021, BStBl. I S. 810, und vom 29. September 2021, BStBl. I S. 1765, geändert worden ist.

**Anlage 1**

## Bundeseinheitlich zugelassene Ausnahmen von der Mitteilungspflicht nach § 2 Abs. 2 MV

**Abgeordnete**

- Steuerfreie Aufwandsentschädigungen nach § 3 Nr. 12 Satz 1 EStG,
- steuerfreier Reisekostenersatz nach § 3 Nr. 13 EStG,
- steuerfreie Beihilfe nach § 3 Nr. 11 EStG.

**Arbeitsentgelt an Strafgefangene im Justizvollzug**

Zahlungen nach § 43 StVollzG oder vergleichbaren landesrechtlichen Regelungen an Strafgefangene, wenn sie einen Betrag von 10.000 EUR pro Kalenderjahr nicht übersteigen.

**Entschädigungsgesetze**

- **Gesetz über die Entschädigung nach dem Gesetz zur Regelung offener Vermögensfragen (Entschädigungsgesetz)**
- **Gesetz über staatliche Ausgleichsleistungen für Enteignungen auf besatzungsrechtlicher oder besatzungshoheitlicher Grundlage, die nicht mehr rückgängig gemacht werden können (Ausgleichsleistungsgesetz)**
- **NS-Verfolgtenentschädigungsgesetz**

Zahlungen nach diesen Gesetzen; dies gilt nicht, soweit die Zahlungen Kapitalerträge i.S.d. § 20 Abs. 1 Nr. 7 oder Abs. 2 EStG sind und an eine unbeschränkt steuerpflichtige Person geleistet werden.

**Fremdsprachenassistenten**

Zuwendungen aufgrund des Fulbright-Abkommens (§ 3 Nr. 42 EStG) sowie Stipendien i.S.d. § 3 Nr. 44 EStG an ausländische Fremdsprachenassistenten.

**Gesetz über die Rehabilitierung und Entschädigung von Opfern rechtsstaatswidriger Strafverfolgungsmaßnahmen im Beitrittsgebiet (Strafrechtliches Rehabilitierungsgesetz)**

Besondere Zuwendung für Haftopfer nach § 17a dieses Gesetzes.

**Unterhaltssicherungsgesetz (USG)**

Zahlungen nach § 7 USG, die für einen Zeitraum von nicht mehr als einem Kalenderjahr geleistet werden und weniger als 1500 EUR betragen.

**Anlage 2**

## Bundeseinheitlich zugelassene Ausnahmen von der Mitteilungspflicht nach § 15 Abs. 4 Satz 3 MV

Soweit folgende, anlässlich der Flutkatastrophe im Juli 2021 aus den Mitteln des Fonds „Aufbauhilfe 2021“ bewilligte Leistungen der Mitteilungspflicht nach § 15 Abs. 1 MV unterliegen, sind gemäß § 15 Abs. 4 Satz 3 MV keine Mitteilungen an die Finanzbehörden zu übermitteln:

- Zahlungen an Vereine,
- Zahlungen an Stiftungen,
- Zahlungen an Religionsgemeinschaften in der Rechtsform einer Körperschaft des öffentlichen Rechts,

– Zahlungen an Körperschaften und Anstalten des öffentlichen Rechts (z.B. Land, Kommune) und
– Zahlungen an sonstige Träger öffentlicher Infrastruktur, an der die öffentliche Hand unmittelbar oder mittelbar mehrheitlich beteiligt ist (z.B. Stadtwerke GmbH).

# 800 § 107/1. Verfügung betr. Entschädigung von Auskunfts- und Vorlagepflichtigen sowie Sachverständigen im Besteuerungsverfahren

Vom 20. August 2014 (StEd S. 604)

(LfSt Bayern S 0256.1.1 – 1/12 St42)

## 1. Geltungsbereich

Werden im Besteuerungsverfahren Auskünfte von Dritten und Sachverständigen eingeholt bzw. von Dritten die Vorlage von Büchern, Aufzeichnungen, Geschäftspapiere und andere Urkunden gefordert, bestimmt sich ihre Entschädigung nach § 107 AO in Verbindung mit dem Justizvergütungs- und -entschädigungsgesetz (JVEG). Gleiches gilt für kombinierte Auskunfts- und Vorlageersuchen. § 107 AO gilt in allen Abschnitten des Besteuerungsverfahrens einschließlich des Außenprüfungs-, Erhebungs-, Vollstreckungs- und Einspruchsverfahrens.

In Steuerstraf- oder in Bußgeldverfahren, in denen das Finanzamt die Ermittlungen selbständig durchführt, sind die zu Beweiszwecken herangezogenen Zeugen und Sachverständigen entsprechend § 405 AO zu vergüten.

## 2. Anspruchsberechtigte

Die von einem Finanzamt zu Beweiszwecken herangezogenen Auskunfts- bzw. Vorlagepflichtigen (§ 93 AO) und Sachverständigen (§ 96 AO) erhalten auf Antrag eine Entschädigung bzw. Vergütung in entsprechender Anwendung des JVEG, soweit sie weder Beteiligte sind noch die Auskunfts- bzw. Vorlagepflicht für einen Beteiligten zu erfüllen haben (wie z. B. die gesetzlichen Vertreter und die Verfügungsberechtigten i. S. der §§ 34, 35 AO sowie die Bevollmächtigten und die von Amts wegen bestellten Vertreter der Beteiligten i. S. der §§ 80, 81 AO). Anspruchsberechtigte können natürliche Personen, juristische Personen und Personengesellschaften sein.

Nimmt ein Auskunfts- bzw Vorlagepflichtiger oder ein Sachverständiger eine Hilfsperson in Anspruch, so hat diese keinen eigenen Entschädigungsanspruch.

Die dem Drittschuldner durch die Erfüllung seiner Erklärungspflicht gem. § 316 AO entstehenden Kosten sind nicht nach § 107 AO zu erstatten. Dies gilt auch, wenn das Finanzamt die Angaben in der Drittschuldnererklärung für unzureichend hält und deshalb um Ergänzung oder Vervollständigung nachsucht. Eine Entschädigung kommt aber in Betracht, wenn das Finanzamt den Drittschuldner um Auskünfte ersucht, die über dessen Erklärungspflicht gem. § 316 AO hinausgehen.

## 3. Anspruch auf Entschädigung oder Vergütung

Die Entscheidung darüber, ob ein Auskunfts- bzw. Vorlagepflichtiger oder Sachverständiger eine Entschädigung oder Vergütung erhält, liegt nicht im Ermessen des Finanzamts. Bei Vorliegen der gesetzlichen Voraussetzungen besteht auf die Entschädigung ein Rechtsanspruch (BFH-Urteil vom 23. 12. 1980 VII R 91/79, BStBl. 1981 II S. 392), es sein denn, der Anspruch auf Vergütung entfällt oder wird beschränkt (vgl. § 8 a JVEG).

## 4. Fürsorgepflicht des Finanzamts

Handelt es sich bei dem Anspruchsberechtigen um eine Person, bei der Kenntnisse über den Entschädigungsanspruch nicht vorausgesetzt werden können und ist ersichtlich, dass dem Verpflichteten durch die Auskunftserteilung bzw. die Vorlage von Unterlagen nicht nur ganz unbedeutende Kosten erwachsen werden, ist er auf die Entschädigungsmöglichkeit gem. § 107 AO und das Erfordernis der Antragstellung hinzuweisen (vgl. § 89 AO). Die Vorlage[1)] „Auskunfts- bzw. Vorlageersuchen an Dritte" (Ordner Allgemein) bietet die Möglichkeit, einen entsprechenden Hinweis zu erteilen.

## 5. Umfang der Entschädigung

### 5.1. Auskunfts- und Vorlagepflichtige

Erledigt der Auskunfts- bzw. Vorlagepflichtige das Ersuchen selbst oder beauftragt er Personen, die in seinem Betrieb beschäftigt sind, so werden der Verdienstausfall bzw. die Personalkosten mit dem Betrag erstattet, den ein Zeuge nach § 22 JVEG beanspruchen könnte. Der Zeitaufwand darf jedoch höchstens mit 21 Euro je Stunde angesetzt werden. Dabei ist unbeachtlich, ob dem Antragsteller durch Zahlung von Überstundenvergütungen oder Neueinstellungen ein Mehraufwand entstanden ist. Soweit die Entschädigung nach Stunden bemessen ist, wird sie für höchstens 10 Stunden je Tag gewährt. Die letzte begonnene Stunde wird voll angerechnet, wenn insgesamt mehr als 30 Minuten auf die Heranziehung entfallen; anderenfalls beträgt die Entschädigung die Hälfte (§ 19 Abs. 2 JVEG). Die letzte bereits begonnene Stunde wird voll gerechnet.

Werden keine Fachkräfte beschäftigt und kann auch kein Verdienstausfall nachgewiesen werden, kann nach § 20 JVEG nur eine Entschädigung für Zeitversäumnis von 3,50 Euro je Stunde gewährt werden. Dies gilt nicht, wenn durch die Auskunftserteilung ersichtlich kein Nachteil entstanden ist. Anspruchsberechtigte, die nicht erwerbstätig sind und einen Haushalt für mehrere Personen führen, erhalten eine Entschädigung von 14 Euro je Stunde (§ 21 Satz 1 JVEG). Das gleiche gilt für Teilzeitbeschäftigte, die außerhalb ihrer vereinbarten regelmäßigen Arbeitszeit herangezogen werden (§ 21 Satz 1 2. Halbsatz JVEG). Die Entschädigung von Teilzeitbeschäftigten wird für höchstens 10 Stunden je Tag gewährt abzüglich der Zahl an Stunden, die der vereinbarten regelmäßigen täglichen Arbeitszeit entspricht. In allen Fällen der Geltendmachung von Verdienstausfall oder Personalkosten ist zu prüfen, ob der geltend gemachte Arbeitsaufwand in einem angemessenen Verhältnis zu der erteilten Auskunft steht.

Anspruchsberechtigte können auch Fahrtkostenersatz gem. § 5 JVEG und Aufwandsentschädigung (Tagegeld) gem. § 6 JVEG erhalten. Derartige Entschädigungen kommen im Rahmen des § 107 AO jedoch nur in Ausnahme-

---

1) **[Amtl. Anm.:]** Die angepasste Vorlage wird in Kürze bereitgestellt.

fällen in Betracht. Bei Geltendmachung ist auf die detaillierten Regelungen im Gesetz zurückzugreifen.

Für die Praxis bedeutsam ist der Ersatz für sonstige Aufwendungen, insbesondere die Kosten für die Anfertigung von Kopien (§ 7 Abs. 2 JVEG). Danach wird für die ersten 50 Seiten 0,50 Euro, für jede weitere Seite 0,15 Euro und für die Anfertigung von Farbkopien jeweils das Doppelte ersetzt. Aufwendungen für unaufgefordert eingereichte Abschriften und Ablichtungen werden nicht erstattet.

Für die Überlassung von elektronisch gespeicherten Dateien anstelle von Fotokopien werden 1,50 Euro je Datei erstattet. Für die in einem Arbeitsgang überlassenen oder in einem Arbeitsgang auf denselben Datenträger übertragenen Dokumente werden höchstens 5 Euro ersetzt (§ 7 Abs. 3 JVEG).

§ 147 Abs. 5 AO ist in den Fällen einer sich aus §§ 93, 107 AO ergebenden Entschädigungsverpflichtung nicht anwendbar (BFH-Urteil vom 23. 12. 1980, BStBl. 1981 II S. 392).

Das JVEG sieht grundsätzlich keine Vergütung für die Benutzung von Werkzeugen, Geräten oder technischen Einrichtungen vor, die der Auskunftspflichtige bei der Ausübung seines Berufs oder Gewerbes ohnehin benötigt. Abnutzung im üblichen Rahmen begründet keinerlei Ersatzanspruch. Deshalb können z. B. bei Geldinstituten nur die Aufwendungen für den Arbeitseinsatz von Mitarbeitern ersetzt werden, die das gewünschte Zuordnen der in Betracht kommenden Mikrofilme zu den entsprechenden Kontounterlagen, das Heraussuchen der Mikrofilme, das Ausfindigmachen des richtigen Bildes, dessen Vergrößerung und Fotokopie sowie das Rückeinordnen der Filme vorgenommen haben. Hierfür wird ein Zeitaufwand von durchschnittlich 8 Minuten pro Bild als realistisch (vgl. Beschluss des OLG Düsseldorf vom 13. 6. 1989 3 Ws 375/89) angesehen.

Die Entschädigung des Auskunfts- und Vorlagepflichtigen stellt einen sog. „echten" Schadensersatz dar. Dieser unterliegt nicht der Umsatzsteuer (vgl. Abschn. Nr. 1.3. Abs. 9 Nr. 1 UStAE). Soweit Umsatzsteuer in Rechnung gestellt wird, ist sie somit nicht zu erstatten (vgl. aber Tz. 5.2 letzter Absatz).

## 5.2. Sachverständige, Dolmetscher und Übersetzer

Der Einsatz unabhängiger Sachverständiger gem. § 96 AO kommt im Besteuerungsverfahren nur in Ausnahmefällen in Betracht. Soweit dies erforderlich ist, sind die jeweils zuständigen Sachverständigen der Finanzverwaltung einzuschalten. Der Entschädigungsnorm des § 107 AO kommt in diesem Bereich daher keine große Bedeutung zu.

In den wenigen in Betracht kommenden Fällen sind insbesondere folgende Vorschriften des JVEG zu beachten:
- §§ 8, 9 JVEG: Danach erhalten Sachverständige für ihre Leistungen ein Honorar nach Stundensätzen zwischen 65 und 120 Euro abhängig von der Honorargruppe. Die Abrechnung erfolgt auch für Reise- und Wartezeiten bis zur jeweils angefangenen halben Stunde.
- § 9 Abs. 3 JVEG: Das Honorar eines Dolmetschers beträgt für jede Stunde 70 Euro.
- § 10 JVEG: Honorar für besondere Leistungen

– § 11 JVEG: Das Honorar für eine Übersetzung beträgt 1,55 Euro für jeweils angefangene 55 Anschläge des schriftlichen Textes (Grundhonorar). Bei nicht elektronisch zur Verfügung gestellten editierbaren Texten erhöht sich das Honorar auf 1,75 Euro für jeweils angefangene 55 Anschläge (erhöhtes Honorar). Ist die Übersetzung wegen der besonderen Umstände des Einzelfalls, insbesondere wegen der häufigen Verwendung von Fachausdrücken, der schweren Lesbarkeit des Textes, einer besonderen Eilbedürftigkeit oder weil es sich um eine in Deutschland selten vorkommende Fremdsprache handelt, besonders erschwert, beträgt das Grundhonorar 1,85 Euro und das erhöhte Honorar 2,05 Euro. Maßgebend für die Anzahl der Anschläge ist der Text in der Zielsprache; werden jedoch nur in der Ausgangssprache lateinische Schriftzeichen verwendet, ist die Anzahl der Anschläge des Textes in der Ausgangssprache maßgebend. Wäre eine Zählung der Anschläge mit unverhältnismäßigem Aufwand verbunden, wird deren Anzahl unter Berücksichtigung der durchschnittlichen Anzahl der Anschläge je Zeile nach der Anzahl der Zeilen bestimmt. Für eine oder für mehrere Übersetzungen aufgrund desselben Auftrags beträgt das Honorar mindestens 15 Euro.
– § 12 JVEG: Ersatz für besondere Aufwendungen
– §§ 5, 6, 7 JVEG: Fahrkostenersatz, Aufwandsentschädigungen und Ersatz für sonstige Aufwendungen.

Im Gegensatz zur Entschädigung des Auskunfts- bzw. Vorlagepflichtigen ist die auf die Entschädigung des Sachverständigen entfallende Umsatzsteuer erstattungsfähig (§ 12 Abs. 1 Satz 2 Nr. 4 JVEG).

Die Vergütung von Sachverständigen, Dolmetschern und Übersetzern nach Abschnitt 3 JVEG ist Entgelt für eine Leistung. Ob jemand als Zeuge, sachverständiger Zeuge oder Sachverständiger anzusehen ist, richtet sich nach den tatsächliche erbrachten Tätigkeiten (vgl. Abschn. Nr. 1.3. Abs. 15 UStAE).

## 6. Geltendmachung und Erlöschen des Anspruchs, Verjährung

Von Auskunfts- und Vorlagepflichtigen und Sachverständigen ist der Entschädigungs- bzw. Vergütungsanspruch innerhalb einer Ausschlussfrist von drei Monaten geltend zu machen, wenn der Berechtigte über den Beginn der Frist belehrt worden ist. Die Frist beginnt mit der Abgabe der erbetenen Auskunft bzw. Vorlage der angeforderten Unterlagen bzw. mit Eingang des Gutachtens/der Übersetzung. (§ 2 Abs. 1 Sätze 1 und 2 JVEG). Die Frist ist verlängerbar (§ 2 Abs. 1 Satz 4 JVEG). Zur Wiedereinsetzung in den vorigen Stand bei Fristversäumnis ohne Verschulden des Berechtigen vgl. § 2 Abs. 2 JVEG. Bei der Fristberechnung ist § 108 AO anzuwenden.

Ist die Belehrung unterblieben, verjähren die Entschädigungsansprüche der Auskunftspflichtigen und Sachverständigen drei Jahre nach Ablauf des Kalenderjahres, in dem die Pflicht erfüllt wurde (§ 2 Abs. 3 JVEG i. V. m. § 195 BGB). Die Vorschriften der Abgabenordnung über die Zahlungsverjährung (§§ 228 ff. AO) sind nicht anwendbar, weil es sich bei den Entschädigungsansprüchen nach § 107 AO nicht um Ansprüche aus dem Steuerschuldverhältnis (§ 37 Abs. 1 AO) handelt.

**7. Festsetzung der Entschädigung**

Für die Überprüfung und Entscheidung über die Entschädigungsansprüche nach § 107 AO ist die Geschäftsstelle des Finanzamts zuständig. In die Überprüfung und Entscheidung über die Entschädigungsansprüche soll die Dienststelle im Finanzamt einbezogen werden, die die Auskunft bzw. Vorlage verlangt oder das Gutachten angefordert hat. Kann dem Antrag auf Entschädigung in vollem Umfang entsprochen werden, wird der Antrag durch Anordnung der Zahlung in entsprechender Höhe konkludent erledigt.

**8. Rechtsbehelf**

Lehnt das Finanzamt den Entschädigungsantrag ganz oder teilweise ab, so ist ein Verwaltungsakt zu erteilen; gegen diesen ist der Rechtsschutz nach der AO/FGO gegeben (Einspruch, Verpflichtungsklage).

# 800 § 109/1. Schreiben betr. Anwendungsfragen zur Verlängerung der Steuererklärungsfrist und der zinsfreien Karenzzeit durch das Gesetz vom 15. Februar 2021 (BGBl. I S. 237)

Vom 15. April 2021

BMF IV A 3 - S 0261/20/10001 :010; DOK 2021/0408155

(BStBl. I S. 615)

Angesichts der durch die Corona-Pandemie verursachten Ausnahmesituation wurden die Erklärungsfrist in beratenen Fällen (§ 149 Abs. 3 AO) und die zinsfreie Karenzzeit (§ 233 a Abs. 2 AO) für den Veranlagungszeitraum 2019 durch Art. 97 § 36 des EGAO in der Fassung des Gesetzes vom 15. Februar 2021 (BGBl. I S. 237)[1] um fünf bzw. sechs Monate verlängert.

Unter Bezugnahme auf das Ergebnis der Erörterungen mit den obersten Finanzbehörden der Länder gilt daher Folgendes:

## I. Verlängerung der Erklärungsfrist für den Veranlagungszeitraum 2019 in beratenen Fällen (§ 149 Abs. 3 AO)

Sofern Personen, Gesellschaften, Verbände, Vereinigungen, Behörden oder Körperschaften i. S. d. §§ 3 und 4 StBerG mit der Erstellung der in § 149 Abs. 3 AO genannten Erklärungen beauftragt sind **(beratene Fälle),** sind diese Steuer- und Feststellungserklärungen – vorbehaltlich des § 149 Abs. 4 AO – regulär spätestens bis zum letzten Tag des Monats Februar, in den Fällen des § 149 Abs. 2 Satz 2 AO (Land- und Forstwirte mit abweichendem Wirtschaftsjahr) regulär bis zum 31. Juli des zweiten auf den Besteuerungszeitraum folgenden Kalenderjahres abzugeben. § 108 Abs. 3 AO ist zu beachten.

Nach Art. 97 § 36 Abs. 1 EGAO tritt in den vorgenannten Fällen – allerdings nur für den Veranlagungszeitraum 2019 – an die Stelle des letzten Tages des Monats Februar 2021 der 31. August 2021 und in den Fällen des § 149 Abs. 2 Satz 2 AO an die Stelle des 31. Juli 2021 der 31. Dezember 2021. Die Erklärungsfrist wurde damit in beratenen Fällen einmalig um sechs Monate (bzw. fünf Monate bei beratenen Land- und Forstwirten mit abweichendem Wirtschaftsjahr) verlängert. Die gesetzliche Fristverlängerung ist von Amts wegen zu beachten, ein Antrag des Steuerpflichtigen oder des mit der Erstellung der Erklärung Beauftragten i. S. d. §§ 3 und 4 StBerG ist dazu nicht erforderlich. Diese gesetzlichen Fristverlängerungen gelten nicht in den Fällen, in denen Steuer-/Feststellungserklärungen für den Veranlagungszeitraum 2019 mit einer Anordnung nach § 149 Abs. 4 AO „vorab angefordert" wurden.

Die Fristen zur Einreichung von Steuererklärungen in beratenen Fällen können gemäß § 109 Abs. 2 AO nur verlängert werden, falls der Steuerpflichtige und sein Vertreter oder Erfüllungsgehilfe nachweislich ohne Verschulden verhindert sind oder waren, die Steuererklärungsfrist einzuhalten. Bei der Entscheidung über einen Antrag auf Fristverlängerung über den 31. August 2021 bzw. 31. Dezember 2021 hinaus sind die von der Rechtsprechung zum Vorliegen einer „unverschuldeten Verhinderung" entwickelten Grundsätze zu beachten.

---

[1] **Amtl. Anm.:** BStBl. I S. 263.

Die Arbeitsüberlastung eines Angehörigen der steuerberatenden Berufe kann daher für sich allein nur in besonders gelagerten Ausnahmefällen zu einer Fristverlängerung über den 31. August 2021 bzw. 31. Dezember 2021 hinaus rechtfertigen.

Wird die Steuer-/Feststellungserklärung vor Ablauf der nach Art. 97 § 36 Abs. 1 EGAO (und ggf. darüber hinaus nach § 109 Abs. 2 AO) verlängerten Erklärungsfrist abgegeben, tritt keine Erklärungssäumnis i. S. d. § 152 Abs. 1 und 2 AO ein. Die Festsetzung eines Verspätungszuschlags scheidet daher von vorne herein aus. Die Überschreitung der in § 152 Abs. 2 Nr. 1 und 2 AO genannten Frist ist daher unerheblich.

Wird die Steuer-/Feststellungserklärung dagegen erst nach Ablauf der nach Art. 97 § 36 Abs. 1 EGAO verlängerten Erklärungsfrist abgegeben, ohne dass die Erklärungsfrist über den 31. August 2021 bzw. 31. Dezember 2021 hinaus (ggf. rückwirkend) verlängert wurde, liegt Erklärungssäumnis i. S. d. § 152 Abs. 1 und 2 AO vor. Nach § 152 Abs. 2 Nr. 1 oder 2 AO ist in diesem Fall ein Verspätungszuschlag – grundsätzlich von Amts wegen – festzusetzen (gebundene Entscheidung). Die Entscheidung über die Festsetzung eines Verspätungszuschlags steht in diesem Fall nach § 152 Abs. 3 AO nur in folgenden Fällen im Ermessen des Finanzamts:

- die Finanzbehörde hat die Frist für die Abgabe der Steuererklärung nach § 109 AO (ggf. rückwirkend) verlängert, die Erklärung wurde aber nach Ablauf der hiernach verlängerten Frist abgegeben,
- die Steuer wurde auf null Euro oder auf einen negativen Betrag festgesetzt oder
- die festgesetzte Steuer übersteigt nicht die Summe der festgesetzten Vorauszahlungen und der anzurechnenden Steuerabzugsbeträge.

## II. Erklärungsfrist für den Veranlagungszeitraum 2019 in nicht beratenen Fällen (§ 149 Abs. 2 AO)

Die gesetzliche Verlängerung der Erklärungsfrist gilt nicht für die in § 149 Abs. 3 AO genannten Steuer- und Feststellungserklärungen, die vom Steuerpflichtigen selbst erstellt werden **(nicht beratene Fälle).** Steuererklärungen, die sich auf ein Kalenderjahr oder auf einen gesetzlich bestimmten Zeitpunkt beziehen, sind in diesen Fällen nach § 149 Abs. 2 Satz 1 AO – vorbehaltlich anderweitiger abweichender gesetzlicher Bestimmungen – spätestens sieben Monate nach Ablauf des Kalenderjahres oder sieben Monate nach dem gesetzlich bestimmten Zeitpunkt abzugeben. § 108 Abs. 3 AO ist zu beachten.

Bei Steuerpflichtigen, die den Gewinn aus Land- und Forstwirtschaft nach einem abweichenden Wirtschaftsjahr ermitteln, endet die Erklärungsfrist für Steuer- bzw. Feststellungserklärungen, in denen der Gewinn aus Land- und Forstwirtschaft selbst ermittelt wird, nach § 149 Abs. 2 Satz 2 AO nicht vor Ablauf des siebten Monats, der auf den Schluss des in dem Kalenderjahr begonnenen Wirtschaftsjahres folgt. § 108 Abs. 3 AO ist zu beachten.

Die Erklärungsfrist kann in den vorgenannten Fällen nach § 109 Abs. 1 Satz 1 AO – im Regelfall auf Antrag – verlängert werden. Dabei ist unerheblich, ob bzw. inwieweit der Steuerpflichtige die Fristverletzung verschuldet hat oder nicht. Maßgeblich ist allein, ob es unbillig wäre, die mit dem Fristablauf verbundenen Rechtsfolgen eintreten zu lassen. Die Finanzbehörde kann eine Fristverlängerung in den vorgenannten Fällen nach § 109 Abs. 1 Satz 2 AO auch rückwirkend gewähren, wenn es unbillig wäre, die durch den Fristablauf eingetretenen Rechtsfolgen bestehen zu lassen. Durch eine rückwirkende Fristverlängerung werden durch den Fristablauf bereits eingetretene Rechtsfolgen wieder beseitigt.

Wird die Erklärung vor Ablauf der (ggf. nach § 109 Abs. 1 AO verlängerten) Erklärungsfrist abgegeben, tritt keine Erklärungssäumnis i. S. d. § 152 Abs. 1 und 2 AO ein. Die Festsetzung eines Verspätungszuschlags scheidet daher von vornherein aus.

Wird die Erklärung erst nach Ablauf der (ggf. nach § 109 Abs. 1 AO verlängerten) Erklärungsfrist, aber vor Ablauf von 14 Monaten nach Ablauf des Kalenderjahres oder vor Ablauf von 14 Monaten nach dem Besteuerungszeitpunkt (bzw. in den Fällen des § 149 Abs. 2 Satz 2 AO nicht binnen 19 Monaten nach Ablauf des Kalenderjahres oder nicht binnen 19 Monaten nach dem Besteuerungszeitpunkt) „verspätet" abgegeben und wurde die Erklärungsfrist auch nicht rückwirkend verlängert, kann nach § 152 Abs. 1 AO ein Verspätungszuschlag festgesetzt werden (Ermessensentscheidung).

Wird die Erklärung aber erst nach Ablauf der (ggf. nach § 109 Abs. 1 AO verlängerten) Erklärungsfrist und auch nicht binnen 14 Monaten nach Ablauf des Kalenderjahres bzw. nicht binnen 14 Monaten nach dem Besteuerungszeitpunkt (bzw. in den Fällen des § 149 Abs. 2 Satz 2 AO nicht binnen 19 Monaten nach Ablauf des Kalenderjahres oder nicht binnen 19 Monaten nach dem Besteuerungszeitpunkt) abgegeben, liegt eine Erklärungssäumnis i. S. d. § 152 Abs. 1 und 2 AO vor. Zur Festsetzung des Verspätungszuschlags gelten die gleichen Grundsätze wie unter I. dargestellt.

### III. Verlängerung der zinsfreien Karenzzeit für den Veranlagungszeitraum 2019 (§ 233 a Abs. 2 Satz 1 und 2 AO)

Der Zinslauf der Verzinsung von Steuernachforderungen und Steuererstattungen nach § 233 a AO („Vollverzinsung") beginnt nach § 233 a Abs. 2 Satz 1 AO allgemein 15 Monate nach Ablauf des Kalenderjahres, in dem die Steuer entstanden ist. Für die Einkommen- und Körperschaftsteuer beginnt der Zinslauf nach § 233 a Abs. 2 Satz 2 AO regulär erst 23 Monate nach Ablauf des Kalenderjahres, in dem die Steuer entstanden ist, wenn die Einkünfte aus Land- und Forstwirtschaft bei der erstmaligen Steuerfestsetzung die anderen Einkünfte überwiegen.

Nach Art. 97 § 36 Abs. 2 EGAO beginnt der „allgemeine" Zinslauf der Vollverzinsung abweichend von § 233 a Abs. 2 Satz 1 AO – nur für den Besteuerungszeitraum 2019 – erst am 1. Oktober 2021. In den Fällen des § 233 a Abs. 2 Satz 2 AO beginnt der „besondere" Zinslauf – ebenfalls nur für den Besteuerungszeitraum 2019 – erst am 1. Mai 2022. Die gesetzliche Verlängerung der Karenzzeit gilt gleichermaßen für Nachzahlungs- wie für Erstattungszinsen. Sie ist nicht auf beratene Fälle beschränkt.

# 800 § 109/2. Schreiben betr. Anwendungsfragen zur (erneuten) Verlängerung der Steuererklärungsfristen und weiterer damit zusammenhängender Fristen und Termine für die Besteuerungszeiträume 2020 bis 2024 durch das Vierte Corona-Steuerhilfegesetz

Vom 23. Juni 2022

BMF IV A 3 - S 0261/20/10001 :018; DOK 2022/0633585

(BStBl. I S. 938)

**Bezug:** BMF-Schreiben vom 20. Juli 2021 (BStBl. I S. 984), ergänzt durch BMF-Schreiben vom 1. April 2022 (BStBl. I S. 319)

**1 Anlage**

Die Steuerpflichtigen und die sie beratenden Angehörigen der steuerberatenden Berufe sind durch die andauernde Corona-Pandemie und die Auswirkungen der Ukraine-Krise weiterhin stark belastet. Des Weiteren ist im Kalenderjahr 2022 mit erheblichen Zusatzarbeiten im Zusammenhang mit der Grundsteuerreform sowohl auf Seiten der Steuerpflichtigen als auch der Finanzverwaltung zu rechnen. Aus diesem Grund wurden die Erklärungsfristen des § 149 der Abgabenordnung (AO) und die damit zusammenhängenden Fristen und Termine (§ 109 Abs. 2, § 149 Abs. 4, § 152 Abs. 2 und § 233a Abs. 2 AO) durch das Vierte Gesetz zur Umsetzung steuerlicher Hilfsmaßnahmen zur Bewältigung der Corona-Krise (Viertes Corona-Steuerhilfegesetz) vom 19. Juni 2022 ( BGBl. I S. 911)[1], für den Besteuerungszeitraum 2020 erneut verlängert. Ferner wurden auch für die Besteuerungszeiträume 2021 bis 2024 vergleichbare Regelungen getroffen, durch die die gesetzlichen Fristverlängerungen (spätestens) bis zum Besteuerungszeitraum 2025 wieder abgebaut werden.

Nach Erörterung mit den obersten Finanzbehörden der Länder gilt Folgendes:

## I. Anwendungsregelung

1 Dieses BMF-Schreiben tritt mit sofortiger Wirkung an die Stelle der BMF-Schreiben vom 20. Juli 2021 (BStBl. I S. 984) und vom 1. April 2022 (BStBl. I S. 319). Es ist für die Besteuerungszeiträume 2020 bis 2024 in allen offenen Fällen anzuwenden.

## II. Verlängerung der Fristen zur Abgabe der Steuer- und Feststellungserklärungen

### 1. Nicht beratene Fälle (§ 149 Abs. 2 AO)

2 Steuer- und Feststellungserklärungen, die sich auf ein Kalenderjahr oder auf einen gesetzlich bestimmten Zeitpunkt beziehen und nicht von einer Person, einer Gesellschaft, einem Verband, einer Vereinigung, einer Behörde oder einer Körperschaft i.S.d. §§ 3 und 4 des Steuerberatungsgesetzes (StBerG) erstellt werden (nicht beratene Fälle), sind grundsätzlich spätestens sieben Monate nach Ablauf des Kalenderjahres oder sieben Monate nach dem gesetzlich bestimmten Zeitpunkt abzugeben (§ 149 Abs. 2 Satz 1 AO).

---

[1] **Amtl. Anm.:** BStBl. I S. 931.

3 Bei nicht beratenen Steuerpflichtigen, die den Gewinn aus Land- und Forstwirtschaft nach einem vom Kalenderjahr abweichenden Wirtschaftsjahr ermitteln, endet die Erklärungsfrist für Steuer- und Feststellungserklärungen, in denen der Gewinn aus Land- und Forstwirtschaft selbst ermittelt wird, grundsätzlich nicht vor Ablauf des siebten Monats, der auf den Schluss des in dem Kalenderjahr begonnenen Wirtschaftsjahres folgt (§ 149 Abs. 2 Satz 2 AO).

4 Diese Fristen werden

– für die Besteuerungszeiträume 2020 und 2021 jeweils um drei Monate,

– für den Besteuerungszeitraum 2022 um zwei Monate und

– für den Besteuerungszeitraum 2023 um einen Monat

verlängert (Art. 97 § 36 Abs. 3 Nr. 3 und 4 des Einführungsgesetzes zur Abgabenordnung – EGAO –). Ab dem Besteuerungszeitraum 2024 gelten wieder die regulären siebenmonatigen Erklärungsfristen (vgl. Rn. 2 und 3).

5 In den Fällen des § 149 Abs. 2 Satz 1 AO (vgl. Rn. 2) tritt an die Stelle des 31. Juli des jeweiligen Folgejahres

– für den **Besteuerungszeitraum 2020:**
unter Berücksichtigung des § 108 Abs. 3 AO der **1. November 2021** (soweit dieser Tag in dem Land, zu dem das Finanzamt gehört, ein gesetzlicher Feiertag ist: der 2. November 2021),

– für den **Besteuerungszeitraum 2021:**
der **31. Oktober 2022** (soweit dieser Tag in dem Land, zu dem das Finanzamt gehört, ein gesetzlicher Feiertag ist: der 1. November 2022),

– für den **Besteuerungszeitraum 2022:**
unter Berücksichtigung des § 108 Abs. 3 AO der **2. Oktober 2023** und

– für den **Besteuerungszeitraum 2023:**
unter Berücksichtigung des § 108 Abs. 3 AO der **2. September 2024**

(Art. 97 § 36 Abs. 3 Nr. 3 EGAO).

6 In den Fällen des § 149 Abs. 2 Satz 2 AO (vgl. Rn. 3) tritt an die Stelle der Angabe „des siebten Monats"

– für die Besteuerungszeiträume 2020 und 2021 die Angabe „des zehnten Monats",

– für den Besteuerungszeitraum 2022 die Angabe „des neunten Monats" und

– für den Besteuerungszeitraum 2023 die Angabe „des achten Monats"

(Art. 97 § 36 Abs. 3 Nr. 4 EGAO).

**Beispiel:**

Endet das Wirtschaftsjahr mit Ablauf des 30. Juni (vgl. § 4a Abs. 1 Satz 2 Nr. 1 EStG), tritt demzufolge an die Stelle des 31. Januar des jeweiligen Kalenderjahres, das auf den Schluss des in dem Kalenderjahr begonnenen Wirtschaftsjahres folgt

– für den **Besteuerungszeitraum 2020:**
unter Berücksichtigung des § 108 Abs. 3 AO der **2. Mai 2022**,

– für den **Besteuerungszeitraum 2021:**
unter Berücksichtigung des § 108 Abs. 3 AO der **2. Mai 2023**,

– für den **Besteuerungszeitraum 2022:**
unter Berücksichtigung des § 108 Abs. 3 AO der **2. April 2024** und

– für den **Besteuerungszeitraum 2023:**
der **28. Februar 2025**.

Die gesetzlichen Fristverlängerungen nach Rn. 5 und 6 sind von Amts wegen zu beachten, ein Antrag des Steuerpflichtigen ist dazu nicht erforderlich. 7

Die Möglichkeit, im Einzelfall eine weitergehende Fristverlängerung zu beantragen bzw. zu gewähren (vgl. § 109 Abs. 1 AO), bleibt hiervon unberührt. 8

**2. Beratene Fälle (§ 149 Abs. 3 AO)**

Sofern Personen, Gesellschaften, Verbände, Vereinigungen, Behörden oder Körperschaften i.S.d. §§ 3 und 4 StBerG mit der Erstellung der in § 149 Abs. 3 AO genannten Erklärungen beauftragt sind (beratene Fälle), sind diese Steuer- und Feststellungserklärungen – vorbehaltlich einer Vorabanforderung nach § 149 Abs. 4 AO; vgl. hierzu Abschn. III – grundsätzlich spätestens bis zum letzten Tag des Monats Februar des zweiten auf den Besteuerungszeitraum folgenden Kalenderjahres abzugeben. 9

Für beratene Steuerpflichtige, die den Gewinn aus Land- und Forstwirtschaft nach einem vom Kalenderjahr abweichenden Wirtschaftsjahr ermitteln, endet die Erklärungsfrist für Steuer- und Feststellungserklärungen, in denen der Gewinn aus Land- und Forstwirtschaft selbst ermittelt wird, grundsätzlich mit Ablauf des 31. Juli des zweiten auf den Besteuerungszeitraum folgenden Kalenderjahres (§ 149 Abs. 3 i.V.m. § 149 Abs. 2 Satz 2 AO). 10

Diese Fristen werden 11

- für die Besteuerungszeiträume 2020 und 2021 jeweils um sechs Monate,
- für den Besteuerungszeitraum 2022 um fünf Monate,
- für den Besteuerungszeitraum 2023 um drei Monate und
- für den Besteuerungszeitraum 2024 um zwei Monate

verlängert (Art. 97 § 36 Abs. 3 Nr. 1 und 2 EGAO). Ab dem Besteuerungszeitraum 2025 gelten wieder die regulären Erklärungsfristen (vgl. Rn. 9 und 10).

In den Fällen der Rn. 9 tritt an die Stelle des letzten Tages des Monats Februar des zweiten auf den Besteuerungszeitraum folgenden Kalenderjahres 12

- für den **Besteuerungszeitraum 2020:** der **31. August 2022**,
- für den **Besteuerungszeitraum 2021:** der **31. August 2023**,
- für den **Besteuerungszeitraum 2022:** der **31. Juli 2024**,
- für den **Besteuerungszeitraum 2023:** unter Berücksichtigung des § 108 Abs. 3 AO der **2. Juni 2025** und
- für den **Besteuerungszeitraum 2024:** der **30. April 2026**

(Art. 97 § 36 Abs. 3 Nr. 1 EGAO).

In den Fällen der Rn. 10 tritt an die Stelle des 31. Juli des zweiten auf den Besteuerungszeitraum folgenden Kalenderjahres 13

- für den **Besteuerungszeitraum 2020:** der **31. Januar 2023**,
- für den **Besteuerungszeitraum 2021:** der **31. Januar 2024**,
- für den **Besteuerungszeitraum 2022:**

der **31. Dezember 2024**,
- für den **Besteuerungszeitraum 2023:**
der **31. Oktober 2025** (soweit dieser Tag in dem Land, zu dem das Finanzamt gehört, ein gesetzlicher Feiertag ist, unter Berücksichtigung des § 108 Abs. 3 AO der 3. November 2025) und
- für den **Besteuerungszeitraum 2024:**
der **30. September 2026**

(Art. 97 § 36 Abs. 3 Nr. 2 EGAO).

**14** Die gesetzlichen Fristverlängerungen (vgl. Rn. 12 und 13) sind von Amts wegen zu beachten, ein Antrag des Steuerpflichtigen oder des mit der Erstellung der Erklärung Beauftragten i.S.d. §§ 3 und 4 StBerG ist dazu nicht erforderlich.

**15** Vorzeitige Anforderungen von Steuer- und Feststellungserklärungen nach § 149 Abs. 4 AO bleiben von dieser Fristverlängerung unberührt (vgl. hierzu auch Abschn. III).

**16** Eine Verlängerung der (gesetzlich verlängerten) Erklärungsfristen durch das Finanzamt über die in den Rn. 12 und 13 genannten Fristenden hinaus ist nur unter den Voraussetzungen des § 109 Abs. 2 AO i.V.m. Art. 97 § 36 Abs. 3 Nr. 1 und 2 EGAO möglich.

**17** Die Fristen zur Einreichung von Steuer- und Feststellungserklärungen in beratenen Fällen können daher nur dann über die in den Rn. 12 und 13 genannten Fristenden hinaus verlängert werden, wenn der oder die Steuerpflichtige und die von ihm oder ihr beauftragte Person (z.B. ein Angehöriger der steuerberatenden Berufe als Vertreter oder Erfüllungsgehilfe) nachweislich ohne Verschulden verhindert sind oder waren, die Erklärungsfrist einzuhalten. Bei der Entscheidung über einen diesbezüglichen Antrag auf Fristverlängerung sind die von der Rechtsprechung zum Vorliegen einer „unverschuldeten Verhinderung" entwickelten Grundsätze zu beachten. Die Arbeitsüberlastung von Angehörigen der steuerberatenden Berufe kann daher für sich allein nur in besonders gelagerten Ausnahmefällen eine Fristverlängerung durch das Finanzamt über die in den Rn. 12 und 13 genannten Fristen hinaus rechtfertigen.

## III. Vorzeitige Anforderung von Erklärungen (§ 149 Abs. 4 AO)

**18** Das Finanzamt kann in Fällen, in denen Steuer- und Feststellungserklärungen i.S.d. § 149 Abs. 3 AO durch Angehörige der steuerberatenden Berufe erstellt werden, unter den Voraussetzungen des § 149 Abs. 4 AO eine vorzeitige Abgabe der Steuer- und Feststellungserklärung grundsätzlich vor dem letzten Tag des Monats Februar, in den Fällen des § 149 Abs. 2 Satz 2 AO (Land- und Forstwirte mit abweichendem Wirtschaftsjahr) vor dem 31. Juli des zweiten auf den Besteuerungszeitraum folgenden Kalenderjahres anordnen (sog. Vorabanforderung). Eine Vorabanforderung darf nicht auf einen Zeitpunkt erfolgen, der innerhalb der in § 149 Abs. 2 AO bestimmten Fristen liegt (§ 149 Abs. 4 Satz 6 AO).

**19** Steuer- und Feststellungserklärungen i.S.d. § 149 Abs. 3 AO für die Besteuerungszeiträume 2020 bis 2024 können abweichend hiervon auch zu einem Termin vorzeitig angefordert werden, der nach dem letzten Tag des Monats Februar des zweiten auf den jeweiligen Besteuerungszeitraum folgenden Kalenderjahres und vor den in Rn. 12 genannten Zeitpunkten liegt (Art. 97 § 36

Abs. 3 Nr. 1 EGAO). Eine Vorabanforderung darf in diesen Fällen keine kürzere Frist als die in Rn. 5 genannte Frist setzen.

**Beispiel:**

Die Frist zur Abgabe einer durch einen Angehörigen der steuerberatenden Berufe zu erstellenden Einkommensteuererklärung für den Besteuerungszeitraum 2022 (ohne Einkünfte aus Land- und Forstwirtschaft) endet nach § 149 Abs. 3 AO grundsätzlich mit Ablauf des 29. Februar 2024. Für den Besteuerungszeitraum 2022 wurde die Abgabefrist gesetzlich um fünf Monate verlängert und endet daher erst mit Ablauf des 31. Juli 2024 (vgl. Rn. 12).

Nach § 149 Abs. 4 Satz 1 (oder Satz 3) AO i.V.m. Art. 97 § 36 Abs. 3 Nr. 1 EGAO darf das Finanzamt die Einkommensteuererklärung 2022 noch für nach dem 29. Februar 2024, aber vor dem 31. Juli 2024 liegende Zeitpunkte vorzeitig anfordern.

Entsprechendes gilt für Steuer- und Feststellungserklärungen i.S.d. § 149 Abs. 3 i.V.m. § 149 Abs. 2 Satz 2 AO von beratenen Land- und Forstwirten mit abweichendem Wirtschaftsjahr (Art. 97 § 36 Abs. 3 Nr. 2 EGAO). Eine Vorabanforderung darf in diesen Fällen keine kürzere Frist als die in Rn. 6 genannte Frist setzen. 20

**Beispiel:**

Die Frist zur Abgabe einer durch einen Angehörigen der steuerberatenden Berufe zu erstellenden Einkommensteuererklärung eines Land- und Forstwirtes mit abweichendem Wirtschaftsjahr für den Besteuerungszeitraum 2022 endet nach § 149 Abs. 3 AO grundsätzlich mit Ablauf des 31. Juli 2024. Für den Besteuerungszeitraum 2022 wurde die Abgabefrist gesetzlich um fünf Monate verlängert und endet daher erst mit Ablauf des 31. Dezember 2024 (vgl. Rn. 13).

Nach § 149 Abs. 4 Satz 1 (oder Satz 3) AO i.V.m. Art. 97 § 36 Abs. 3 Nr. 2 EGAO darf das Finanzamt die Einkommensteuererklärung 2022 noch für nach dem 31. Juli 2024, aber vor dem 31. Dezember 2024 liegende Zeitpunkte vorzeitig anfordern.

## IV. Festsetzung von Verspätungszuschlägen (§ 152 AO)

Gegen denjenigen, der seiner Verpflichtung zur Abgabe einer Steuer- oder Feststellungserklärung nicht oder nicht fristgemäß nachkommt, kann ein Verspätungszuschlag festgesetzt werden (§ 152 Abs. 1 AO). Unter den Voraussetzungen des § 152 Abs. 2 AO steht die Festsetzung des Verspätungszuschlags nicht mehr im Ermessen des Finanzamts, sondern ist gesetzlich vorgeschrieben. Dies gilt gleichermaßen für beratene wie für nicht beratene Fälle. 21

Wurde eine Steuer- oder Feststellungserklärung zwar nach Ablauf der (gesetzlich und ggf. auch durch das Finanzamt nach § 109 AO verlängerten) Erklärungsfrist und damit verspätet, aber noch 22

– innerhalb von 14 Monaten nach Ablauf des Kalenderjahres oder innerhalb von 14 Monaten nach dem Besteuerungszeitpunkt (§ 152 Abs. 2 Nr. 1 AO) oder
– innerhalb von 19 Monaten nach Ablauf des Kalenderjahres oder innerhalb von 19 Monaten nach dem Besteuerungszeitpunkt (§ 152 Abs. 2 Nr. 2 AO) in den Fällen des § 149 Abs. 2 Satz 2 AO

übermittelt, kann das Finanzamt nach § 152 Abs. 1 AO einen Verspätungszuschlag festsetzen (Ermessensentscheidung).

Diese Zeitspanne, innerhalb derer die Entscheidung über die Festsetzung eines Verspätungszuschlags im Ermessen des Finanzamts liegt, wird für die Besteuerungszeiträume 2020 und 2021 um sechs Monate, für den Besteuerungszeitraum 2022 um fünf Monate, für den Besteuerungszeitraum 2023 um drei Monate und für den Besteuerungszeitraum 2024 um zwei Monate verlängert (Art. 97 § 36 Abs. 3 Nr. 5 und 6 EGAO). 23

Das Finanzamt ist hingegen gesetzlich dazu verpflichtet einen Verspätungszuschlag festzusetzen, wenn die Steuer- oder Feststellungserklärung 24

– für die **Besteuerungszeiträume 2020 und 2021:** nicht innerhalb von 20 Monaten,
– für den **Besteuerungszeitraum 2022:** nicht innerhalb von 19 Monaten,
– für den **Besteuerungszeitraum 2023:** nicht innerhalb von 17 Monaten und
– für den **Besteuerungszeitraum 2024:** nicht innerhalb von 16 Monaten

nach Ablauf des Kalenderjahres oder nach dem Besteuerungszeitpunkt abgegeben wird (gebundene Entscheidung nach § 152 Abs. 2 Nr. 1 AO i.V.m. Art. 97 § 36 Abs. 3 Nr. 5 EGAO).

25 Gleiches gilt, wenn die Steuer- oder Feststellungserklärung in den Fällen des § 149 Abs. 2 Satz 2 AO

– für die **Besteuerungszeiträume 2020 und 2021:** nicht innerhalb von 25 Monaten,
– für den **Besteuerungszeitraum 2022:** nicht innerhalb von 24 Monaten,
– für den **Besteuerungszeitraum 2023:** nicht innerhalb von 22 Monaten und
– für den **Besteuerungszeitraum 2024:** nicht innerhalb von 21 Monaten

nach Ablauf des Kalenderjahres oder nach dem Besteuerungszeitpunkt abgegeben wird (§ 152 Abs. 2 Nr. 2 AO i.V.m. Art. 97 § 36 Abs. 3 Nr. 6 EGAO).

26 Die Entscheidung über die Festsetzung eines Verspätungszuschlags steht in den in Rn. 24 und 25 genannten Fällen gemäß § 152 Abs. 3 AO nur in folgenden Fällen im Ermessen des Finanzamts:

– die Finanzbehörde hat die Frist für die Abgabe der Steuererklärung nach § 109 AO (ggf. rückwirkend) verlängert, die Erklärung wurde aber nach Ablauf der hiernach verlängerten Frist abgegeben,
– die Steuer wurde auf null Euro oder auf einen negativen Betrag festgesetzt oder
– die festgesetzte Steuer übersteigt nicht die Summe der festgesetzten Vorauszahlungen und der anzurechnenden Steuerabzugsbeträge.

## V. Verlängerung der zinsfreien Karenzzeiten (§ 233a Abs. 2 Satz 1 und 2 AO)

27 Der Zinslauf der Verzinsung von Steuernachforderungen und Steuererstattungen nach § 233a AO („Vollverzinsung") beginnt nach § 233a Abs. 2 Satz 1 AO allgemein 15 Monate nach Ablauf des Kalenderjahres, in dem die Steuer entstanden ist (**allgemeiner Zinslauf**).

28 Für die Einkommen- und Körperschaftsteuer beginnt der Zinslauf nach § 233a Abs. 2 Satz 2 AO regulär erst 23 Monate nach Ablauf des Kalenderjahres, in dem die Steuer entstanden ist, wenn die Einkünfte aus Land- und Forstwirtschaft bei der erstmaligen Steuerfestsetzung die anderen Einkünfte überwiegen (**besonderer Zinslauf**).

29 Der allgemeine Zinslauf (vgl. Rn. 27) beginnt

– für den **Besteuerungszeitraum 2020:**

am **1. Oktober 2022**,
– für den **Besteuerungszeitraum 2021:** am **1. Oktober 2023**,
– für den **Besteuerungszeitraum 2022:** am **1. September 2024**,
– für den **Besteuerungszeitraum 2023:** am **1. Juli 2025** und
– für den **Besteuerungszeitraum 2024:** am **1. Juni 2026**

(Art. 97 § 36 Abs. 3 Nr. 7 EGAO).

Der besondere Zinslauf (vgl. Rn. 28) beginnt 30

– für den **Besteuerungszeitraum 2020:** am **1. Juni 2023**,
– für den **Besteuerungszeitraum 2021:** am **1. Juni 2024**,
– für den **Besteuerungszeitraum 2022:** am **1. Mai 2025**,
– für den **Besteuerungszeitraum 2023:** am **1. März 2026** und
– für den **Besteuerungszeitraum 2024:** am **1. Februar 2027**

(Art. 97 § 36 Abs. 3 Nr. 8 EGAO).

Diese gesetzliche Verlängerung der Karenzzeiten (vgl. Rn. 29 und 30) gilt gleichermaßen für Nachzahlungs- wie für Erstattungszinsen. Sie gilt auch unabhängig davon, ob eine Steuererklärungspflicht besteht und ob es sich um einen beratenen oder nicht beratenen Fall handelt. 31

**Anlage**

## Ablauf der Steuererklärungsfristen 2020 bis 2025 gemäß § 149 AO i.V.m. Art. 97 § 36 Abs. 3 EGAO

| Besteuerungszeitraum | Nicht beratene Steuerpflichtige (§ 149 Abs. 2 Satz 1 AO) | Nicht beratene Land- und Forstwirte (§ 149 Abs. 2 Satz 2 AO)[1] | Beratene Steuerpflichtige (§ 149 Abs. 3 AO) | Beratene Land- und Forstwirte (§ 149 Abs. 3 i.V.m. Abs. 2 Satz 2 AO)[1] |
|---|---|---|---|---|
| 2020 | 1. November 2021[2] | 2. Mai 2022 | 31. August 2022 | 31. Januar 2023 |
| 2021 | 31. Oktober 2022[3] | 2. Mai 2023 | 31. August 2023 | 31. Januar 2024 |
| 2022 | 2. Oktober 2023 | 2. April 2024 | 31. Juli 2024 | 31. Dezember 2024 |
| 2023 | 2. September 2024 | 28. Februar 2025 | 2. Juni 2025 | 31. Oktober 2025[4] |
| 2024 | 31. Juli 2025 | 2. Februar 2026 | 30. April 2026 | 30. September 2026 |
| 2025 | 31. Juli 2026 | 1. Februar 2027 | 1. März 2027 | 2. August 2027 |

**Ergänzende Hinweise:**

- Fällt das Ende einer Erklärungsfrist auf einen Sonntag, einen gesetzlichen Feiertag oder einen Sonnabend, so endet diese Frist mit dem Ablauf des nächstfolgenden Werktags (§ 108 Abs. 3 AO). Dies ist in der Übersicht bereits berücksichtigt (Ausnahme: gesetzliche Feiertage, die nicht bundesweit gelten).
- In den grau unterlegten Fällen gelten wieder die regulären Fristen nach § 149 Abs. 2 und 3 AO (d.h. keine gesetzliche Fristverlängerung nach Art. 97 § 36 EGAO).
- Bei Vorabforderungen in beratenen Fällen gemäß § 149 Abs. 4 AO gelten individuelle Erklärungsfristen.

[1] **Amtl. Anm.:** Nur Einkommensteuererklärungen von Steuerpflichtigen, die den Gewinn aus Land- und Forstwirtschaft nach einem vom Kalenderjahr abweichenden Wirtschaftsjahr ermitteln. § 149 Abs. 2 Satz 2 AO ist nicht anwendbar, wenn die land- und forstwirtschaftliche Tätigkeit zu Einkünften aus Gewerbebetrieb führt. Werden die Einkünfte aus Land- und Forstwirtschaft gesondert festgestellt, gilt § 149 Abs. 2 Satz 2 AO nur für die Feststellungserklärung, nicht aber für die Einkommensteuererklärung des Land- oder Forstwirts. Grundannahme der Tabelle: das abweichende Wirtschaftsjahr endet mit Ablauf des 30. Juni des zweiten Kalenderjahres (§ 4a Abs. 1 Satz 2 Nr. 1 EStG).

[2] **Amtl. Anm.:** Soweit dieser Tag in dem Land, zu dem das Finanzamt gehört, ein gesetzlicher Feiertag ist: 2. November 2021.

[3] **Amtl. Anm.:** Soweit dieser Tag in dem Land, zu dem das Finanzamt gehört, ein gesetzlicher Feiertag ist: 1. November 2022.

[4] **Amtl. Anm.:** Soweit dieser Tag in dem Land, zu dem das Finanzamt gehört, ein gesetzlicher Feiertag ist: 3. November 2025.

# 800 § 117/1. Merkblatt zur zwischenstaatlichen Amtshilfe durch Informationsaustausch in Steuersachen; Stand: 1. Januar 2019

Vom 29. Mai 2019 (BStBl. I S. 480)

(BMF IV B 6 – S 1320/07/10004 :008; DOK 2019/0379309)

Unter Bezugnahme auf das Ergebnis der Erörterungen mit den Vertretern der obersten Finanzbehörden der Länder gelten für die Amtshilfe, die in- und ausländische Finanzbehörden einander zur Festsetzung ihrer Steuern, mit Ausnahme der Mehrwertsteuer, durch Informationsaustausch leisten, die nachfolgenden Grundsätze.

Innerhalb der Zollverwaltung nimmt das Zollkriminalamt (Generalzolldirektion – Direktion VIII) die Aufgaben einer Zentralstelle für die in ihren Zuständigkeitsbereich fallenden Steuern auf dem Gebiet der internationalen Amts- und Rechtshilfe wahr (§ 3 Abs. 6 Nr. 1 ZFdG, § 11 Abs. 3 ZollVG). Ferner ist die Bundesstelle Vollstreckung Zoll (BVZ) beim Hauptzollamt Hannover für diese Steuern die Kontaktstelle der Zollverwaltung für die gegenseitige Amtshilfe bei der Zustellung und Beitreibung nach zwei- und mehrseitigen völkerrechtlichen Verträgen.

Für die Zollverwaltung gelten gesonderte Dienstvorschriften, Erlasse und Verfügungen.

**Inhaltsübersicht**

## Verzeichnis der Anlagen und Formulare[1)]



---

1) **[Amtl. Anm.:]** Anlagen 2 bis 4 hier nicht abgedruckt.

Anlagen 2
Vordrucke für den Informationsaustausch
Anlage 2 a
Ersuchen an ausländischen Staat/ausländisches Gebiet nach einem TIEA
Anlage 2 aa
TIEA Ersuchen an das Fürstentum Liechtenstein
Anlage 2 b
Gruppenersuchen an ausländischen Staat/ausländisches Gebiet
Anlage 2 c
Formular für den spontanen Informationsaustausch zu „Tax Rulings/steuerliche Vorbescheide" nach BEPS Aktionspunkt 5
Anlage 2 d (DE – EN – FR)
Ersuchen an ausländischen Staat
Ersuchen im steuerlichen Informationsaustausch über Steuern auf Versicherungsprämien
Anlage 2 e
Ersuchen/Antwort/Mitteilung/Spontanauskunft ausländischen Staat/ausländisches Gebiet
Übersendungsschreiben
Anlage 2 f
Anhörung
Anlage 2 g
Aktenbogen zur Ermessensausübung nach § 117 Abs. 4 Satz 3 AO – Anhörung

Die elektronischen EU-Standardformblätter (RIF, SIF, ACK, Zustellungsersuchen, FIF) sind zwischen den EU-MS abgestimmt und werden von der EU-KOM elektronisch zur Verfügung gestellt. Die EU-Standardformblätter werden diesem Merkblatt nicht als Anlagen beigefügt.

Anlage 3
Nicht amtliche konsolidierte Fassung des Übereinkommens (EN – FR – DE)
Anlage 4
Geschäftsweg- und Delegierungsregelung nach § 3 Abs. 6 ZFdG (Internationale Amts- und Rechtshilfe); Aktualisierung (BMF-Schreiben vom 16. August 2017 III B 2 – Z 4601/16/10019, DOK 2017/0058975)

## Abschnitt 1 – Allgemeine Regelungen

### 1. Allgemeines

Dieses Schreiben gilt für die zwischenstaatliche Amtshilfe bei der Festsetzung von Steuern. Ausgenommen ist die Mehrwertsteuer.

Die Durchführung des Informationsaustauschs nach den TIEAs, die sowohl Informationsaustausch im Wege der Amtshilfe wie auch im Wege der Rechtshilfe vorsehen, ist in dem gesonderten BMF-Schreiben „Anwendung der Abkommen über den steuerlichen Informationsaustausch (Tax Information Exchange Agreement – TIEA)" vom 10. November 2015 IV B 6 – S 1301/11/10002, BStBl. 2016 I S. 138[1], geregelt.

[1] Nr. **800** § 117/3.

Die Grundsätze für die Durchführung koordinierter steuerlicher Außenprüfungen sind in dem BMF-Schreiben „Merkblatt über koordinierte steuerliche Außenprüfungen mit Steuerverwaltungen anderer Staaten und Gebiete" vom 9. Januar 2017 IV B 6 – S 1315/16/10016 :002, BStBl. I S. 89, beschrieben.

Anwendungsfragen im Zusammenhang mit dem verpflichtenden automatischen und spontanen Austausch zu sog. „Tax Rulings/steuerliche Vorbescheide" sind in dem BMF-Schreiben „Merkblatt zum verpflichtenden automatischen und spontanen Austausch verbindlicher Auskünfte, verbindlicher Zusagen und Vorabzusagen zu Verrechnungspreisen im Zusammenhang mit grenzüberschreitenden Sachverhalten" vom 17. August 2017 IV B 6 – S 1320/16/10002 :014, BStBl. I S. 1228, geregelt.

Hinweise zu den Anforderungen an den länderbezogenen Bericht multinationaler Unternehmensgruppen (CbCR) sind dem BMF-Schreiben vom 11. Juli 2017 IV B 5 – S 1300/16/10010 :002, BStBl. I S. 974, zu entnehmen.

Anwendungsfragen im Zusammenhang mit einem gemeinsamen Meldestandard sowie dem FATCA-Abkommen sind in dem BMF-Schreiben vom 1. Februar 2017 IV B 6 – S 1315/13/10021 :044, BStBl. I S. 305, geändert durch BMF-Schreiben vom 21. September 2018, BStBl. I S. 1026, zum Standard für den automatischen Austausch von Finanzinformationen in Steuersachen erläutert.

Für die Durchführung der zwischenstaatlichen Amtshilfe bei der Steuererhebung gilt das mit BMF-Schreiben vom 23. Januar 2014 IV B 6 – S 1320/07/10011 :011, BStBl. I S. 188[1], veröffentlichte Merkblatt zur zwischenstaatlichen Amtshilfe bei der Steuererhebung (Beitreibung) Stand: 1. Juli 2013.

Für die Durchführung der zwischenstaatlichen Rechtshilfe in Steuerstrafsachen gilt das mit BMF-Schreiben vom 16. November 2006 IV B 1 – S 1320 – 66/06, BStBl. I S. 698, veröffentlichte Merkblatt zur zwischenstaatlichen Rechtshilfe in Steuerstrafsachen. Der Informationsaustausch zwischen den Strafverfolgungsbehörden der EU-MS im Bereich der Steuerfahndung (sog. „Schwedische Initiative") wird in gesonderten gleich lautenden Erlassen der obersten Finanzbehörden der Länder geregelt.

## 1.1. Zwischenstaatliche Amtshilfe durch Informationsaustausch

Die deutschen Finanzbehörden beanspruchen und gewähren zwischenstaatliche Amtshilfe durch Informationsaustausch nach Maßgabe der in diesem Schreiben dargestellten Grundsätze.

Zwischenstaatliche Amtshilfe durch Informationsaustausch wird beansprucht und gewährt, wenn die Finanzbehörden grenzüberschreitende Sachverhalte nicht angemessen aufklären können, weil sie bei ihren Ermittlungen auf das eigene Staatsgebiet beschränkt sind. Der zwischenstaatliche Informationsaustausch dient auch der Sachverhaltsaufklärung zugunsten des Steuerpflichtigen.

Der zwischenstaatliche Informationsaustausch soll auch bei grenzüberschreitenden Sachverhalten den deutschen Finanzbehörden eine den deutschen Steuergesetzen und den Finanzbehörden des anderen Staates eine den dort

[1] Nr. **800** § 117/2.

geltenden Steuergesetzen entsprechende gleichmäßige und wettbewerbsneutrale Besteuerung ermöglichen (BFH vom 20. Februar 1979, BStBl. II S. 268, und vom 8. Februar 1995, BStBl. II S. 358).

Bei der Durchführung des Informationsaustauschs haben die Finanzbehörden den Grundsatz der Verhältnismäßigkeit, den gesetzmäßigen Schutz des Steuerbürgers (einschließlich der Wahrung des Steuergeheimnisses) sowie die Gegenseitigkeit und Ausgewogenheit des Informationsaustauschs zu wahren.

**1.2. Verhältnis zur Rechtshilfe im Steuerstraf- und Bußgeldverfahren**

Zwischenstaatliche Amtshilfe liegt vor, wenn Behörden und Gerichte für Zwecke des Besteuerungsverfahrens Informationen austauschen. Von der zwischenstaatlichen Amtshilfe in Steuersachen ist die zwischenstaatliche Rechtshilfe in Steuerstrafsachen zu unterscheiden. Zwischenstaatliche Rechtshilfe in Steuerstrafsachen ist jede Unterstützung, die für ein Steuerstrafverfahren beansprucht oder gewährt wird, unabhängig davon, ob das Verfahren von einem Gericht oder einer Behörde betrieben wird und ob die Rechtshilfehandlung von einem Gericht oder einer Behörde durchgeführt werden soll. Insoweit wird auf das Merkblatt zur zwischenstaatlichen Rechtshilfe in Steuerstrafsachen vom 16. November 2006 IV B 1 – S 1320 – 66/06, BStBl. I S. 698, hingewiesen. Auch nach Einleitung eines Steuerstraf- oder Bußgeldverfahrens können noch Informationen auf dem Amtshilfeweg zum Zweck der Ermittlung der Besteuerungsgrundlagen unter Beachtung des § 393 Abs. 1 AO eingeholt und erteilt werden. In Frage kommen Behörden oder Gerichten bereits vorliegende Informationen, z. B. aus Steuerakten oder öffentlichen Registern. Grundlage hierfür sind § 117 AO, die DBA mit großer bzw. umfassender Auskunftsklausel, zweiseitige Amtshilfe-Verträge, TIEAs, die EUAHiRL und das Übereinkommen. Die so erlangten Erkenntnisse können nach dem EUAHiG (§ 19 Abs. 2 Satz 1 Nr. 4 EUAHiG) sowie einer Vielzahl von DBA und dem Übereinkommen auch unmittelbar für das Steuerstraf- oder Bußgeldverfahren verwendet werden. Eine Bekanntgabe erhaltener Informationen in öffentlichen Gerichtsverhandlungen oder Gerichtsentscheidungen ist nach dem EUAHiG, einer Vielzahl der DBA und TIEAs sowie dem Übereinkommen zulässig (Anlage 1).

Wird die Finanzbehörde ausschließlich als Strafverfolgungsbehörde in einem Steuerstrafverfahren zur Ermittlung einer Steuerstraftat (§ 386 Abs. 2, § 399 Abs. 1, § 208 Abs. 1 Satz 1 Nr. 1 AO) oder als zuständige Verwaltungsbehörde in einem Bußgeldverfahren zur Ermittlung einer Steuerordnungswidrigkeit (§§ 409, 410, 208 Abs. 1 Satz 1 Nr. 1 AO) tätig, sind Informationen nach den Regeln über die zwischenstaatliche Rechtshilfe in Strafsachen einzuholen (insbesondere zur Vermeidung von Verwertungsverboten) bzw. Ermittlungen aufgrund eines ausländischen Rechtshilfeersuchens nur nach den straf- und bußgeldrechtlichen Vorschriften vorzunehmen. Das gilt z. B. für die Durchsuchung von Personen und Räumen, die Beschlagnahme von Beweismitteln und die Vernehmung von Beschuldigten, Zeugen und Sachverständigen.

Die Ermittlungsergebnisse des Steuerstraf- oder Bußgeldverfahrens können in der Regel unmittelbar im Besteuerungsverfahren verwendet werden (zur Ausnahme Schweiz vgl. Tz. 6.4 des Merkblatts zur zwischenstaatlichen

Rechtshilfe in Steuerstrafsachen vom 16. November 2006 IV B 1 – S 1320 – 66/06, BStBl. I S. 698).

## 1.3. Rechtsgrundlagen der zwischenstaatlichen Amtshilfe durch Informationsaustausch

### 1.3.1. Überblick/Allgemeines

Völkerrechtliche Vereinbarungen[1] mit zahlreichen Staaten oder Gebieten (z. B. DBA, TIEAs, das FATCA-Abkommen, das Übereinkommen), sowie Rechtsakte der EU enthalten Regelungen über die zwischenstaatliche Amtshilfe durch Informationsaustausch in Steuersachen (vgl. § 117 Abs. 2 AO). Die völkerrechtlichen Vereinbarungen werden durch Zustimmungsgesetz innerstaatliches Recht (Art. 59 Abs. 2 Satz 1 GG). Auf das jährlich aktualisierte BMF-Schreiben zum „Stand der Doppelbesteuerungsabkommen und Doppelbesteuerungsverhandlungen", veröffentlicht im BStBl. und aufgenommen in das vom BMF herausgegebene „Amtliches Einkommensteuer-Handbuch", dort Anhang 12 I, wird hingewiesen.

Inländische Rechtsgrundlage für die Gewährung und Inanspruchnahme von Amtshilfe nach dem Recht der EU ist das EUAHiG.

Außerdem kann Amtshilfe unter den Voraussetzungen des § 117 Abs. 3 AO geleistet werden.

Soweit Amtshilfe durch Informationsaustausch nach mehreren Rechtsgrundlagen in Anspruch genommen bzw. geleistet werden kann, stehen diese Rechtsgrundlagen gleichwertig nebeneinander. Im Verhältnis zu anderen EU-MS wird Amtshilfe jedoch grundsätzlich nur dann nach einer anderen Rechtsgrundlage als dem EUAHiG geleistet bzw. in Anspruch genommen, wenn und soweit diese eine umfassendere Zusammenarbeit mit dem anderen EU-MS ermöglicht.

### 1.3.2. Abkommen zur Vermeidung der Doppelbesteuerung

Die DBA sehen regelmäßig den Informationsaustausch in Steuersachen vor. Dieser bezieht sich entweder auf die unter das DBA fallenden Steuern, also stets auf die Einkommen- und Körperschaftsteuer, regelmäßig auch auf die Gewerbe-, Vermögen- und Grundsteuer (direkte Steuern) sowie die Erbschaftsteuer oder auf alle Steuern, die von den Vertragsstaaten und ihren Gebietskörperschaften erhoben werden (Anlage 1). Der Informationsaustausch in Erbschaftsteuersachen kann dabei auch in einem gesonderten Erbschaftsteuer-DBA geregelt sein.

Soweit sich die DBA am Aufbau des OECD-MA orientieren, ist der Informationsaustausch regelmäßig in Art. 26 des jeweiligen DBA geregelt.

### 1.3.3. Amts- und Rechtshilfevereinbarungen/Informationsaustauschabkommen

Mit einigen Staaten/Gebieten bestehen eigenständige Rechts- und Amtshilfevereinbarungen (z. B. mit Österreich, vgl. Tz. 1.5.1.3), oder besondere Vereinbarungen zur Unterstützung in Steuer- und Steuerstrafsachen durch Informationsaustausch (TIEAs).

---

[1] **[Amtl. Anm.:]** Informationen zum aktuellen Stand der völkerrechtlichen Vereinbarungen sind unter http://www.bundesfinanzministerium.de/Web/DE/Themen/Steuern/Internationales_Steuerrecht/internationales_steuerrecht.html abrufbar.

Eine Aufstellung über die Abkommen auf dem Gebiet der Rechts- und Amtshilfe und der TIEAs ist dem jährlich aktualisierten BMF-Schreiben zum „Stand der Doppelbesteuerungsabkommen und Doppelbesteuerungsverhandlungen“, dort unter „4.“, zu entnehmen (vgl. Tz. 1.3.1).

**1.3.4. EU-Amtshilferichtlinie und EU-Amtshilfegesetz**

Nach Maßgabe der EUAHiRL gewähren sich die Finanzbehörden der EU-MS gegenseitig Amtshilfe durch Informationsaustausch und können Amtshilfe in Anspruch nehmen. Die deutschen Finanzbehörden gewähren Amtshilfe durch Informationsaustausch nach dem EUAHiG. Die Amtshilfe erstreckt sich auf jede Art von Steuern, die von einem oder für einen EU-MS oder dessen Gebiets- oder Verwaltungseinheiten einschließlich der örtlichen Behörden erhoben werden. Das EUAHiG ist allerdings nicht auf die Umsatzsteuer, die Einfuhrumsatzsteuer, Zölle und die harmonisierten Verbrauchsteuern anzuwenden. Es umfasst ferner nicht Beiträge, Umlagen und Gebühren.

Die EUAHiRL und das EUAHiG umfassen mittlerweile auch Regelungen zum verpflichtenden automatischen Informationsaustauch zu bestimmten Einkunftskategorien, über Finanzkonten in Steuersachen (CRS) sowie zur Umsetzung der BEPS-Empfehlungen zu den Aktionspunkten 5 („Tax Rulings/ steuerliche Vorbescheide“) und 13 (Austausch länderbezogener Berichte [CbCR]). Die EUAHiRL regelt auch den Zugang der Steuerbehörden zu Informationen zur Bekämpfung der Geldwäsche.

Zur praktischen Umsetzung der Regelungen der EUAHiRL hat die EU-KOM gemeinsam mit den EU-MS Regelungen getroffen, die in den EUAHiDV veröffentlicht werden.

**1.3.5. FATCA-Abkommen**

Durch das FATCA-Abkommen verpflichten sich die Bundesrepublik Deutschland und die Vereinigten Staaten von Amerika, bestimmte Daten über Finanzkonten von inländischen und US-amerikanischen Finanzinstituten zu erheben und regelmäßig auszutauschen. Die FATCA-USA-UmsV regelt die Erhebung der erforderlichen Daten durch die Finanzinstitute und deren Übermittlungsform. Meldende deutsche Finanzinstitute sind verpflichtet, sich beim IRS zu registrieren und die zu erhebenden Daten zu US-amerikanischen meldepflichtigen Konten an das BZSt zu melden. Das BZSt übermittelt die gemeldeten Daten im Rahmen des vereinbarten automatischen Informationsaustauschs an die zuständige Behörde der Vereinigten Staaten von Amerika. Die von der zuständigen Behörde der Vereinigten Staaten von Amerika dem BZSt automatisch übermittelten Daten werden vom BZSt an die inländischen Landesfinanzverwaltungen weitergeleitet.

**1.3.6. Übereinkommen über die gegenseitige Amtshilfe in Steuersachen**

Das Übereinkommen über die gegenseitige Amtshilfe in Steuersachen ist für die Bundesrepublik Deutschland nach seinem Art. 28 am 1. Dezember 2015 in Kraft getreten.

Zum 1. Dezember 2015 ist das Übereinkommen jeweils zweiseitig gegenüber den folgenden 70 Staaten und Gebieten unter Berücksichtigung der hinterlegten Vorbehalte und Erklärungen grundsätzlich anwendbar: Albanien, Anguilla, Argentinien, Aruba, Australien, Österreich, Aserbaidschan, Belgien,

Belize, Bermuda, Britische Jungferninseln, Kamerun, Kanada, Kaimaninseln, Kolumbien, Costa Rica, Kroatien, Curaçao, Zypern, Tschechien, Dänemark, Estland, Färöer, Finnland, Frankreich, Georgien, Ghana, Gibraltar, Griechenland, Grönland, Guernsey, Ungarn, Island, Indien, Indonesien, Irland, Isle of Man, Italien, Japan, Jersey, Kasachstan, Südkorea, Lettland, Litauen, Luxemburg, Malta, Mauritius, Mexiko, Moldawien, Montserrat, Niederlande, Neuseeland, Nigeria, Norwegen, Polen, Portugal, Rumänien, Russland, San Marino, Seychellen, Sint Maarten, Slowakei, Slowenien, Südafrika, Spanien, Schweden, Tunesien, Turks- und Caicosinseln, Ukraine, Großbritannien.

Da die Vereinigten Staaten von Amerika das Protokoll zum Übereinkommen bisher nicht ratifiziert haben, ist zweiseitig das Übereinkommen in seiner Fassung vom 25. Januar 1988, das am 1. April 1995 in Kraft getreten ist, ab dem 1. Dezember 2015 anzuwenden.

Der aktuelle Stand der Unterzeichnungen und Ratifizierungen des Übereinkommens kann auf der Internetseite der OECD eingesehen werden (vgl. Tz. 2.3).

### 1.3.7. MCAA CRS und Finanzkonten-Informationsaustauschgesetz

Am 29. Oktober 2014 haben die Finanzminister von 51 OECD-Partnerstaaten die Mehrseitige Vereinbarung über den automatischen Informationsaustausch in Steuersachen (MCAA) unterzeichnet. Diese definiert den globalen Standard für den automatischen Informationsaustausch über Finanzkonten (CRS). Mit der MCAA verpflichtet sich die Bundesrepublik Deutschland, Informationen über Finanzkonten mit den Vertragsstaaten auszutauschen, beginnend im September 2017 für den Meldezeitraum 2016. Der MCAA sind zwischenzeitlich weitere Staaten und Gebiete beigetreten (vgl. Tz. 6.3.1.2).

Auf EU-Ebene wurde der CRS im Rahmen der Revision der EUAHiRL umgesetzt. Die nationale Umsetzung der MCAA und der EUAHiRL erfolgte durch das FKAustG. Die von den zuständigen Behörden anderer Staaten und Gebiete dem BZSt automatisch übermittelten Daten werden vom BZSt an die inländischen Landesfinanzverwaltungen weitergeleitet.

### 1.3.8. MCAA CbC

Am 5. Oktober 2015 veröffentlichte die OECD die Ergebnisse zum gemeinsamen Projekt BEPS von G20 und OECD, welche u. a. ein Maßnahmenpaket gegen Gewinnkürzungen und -verlagerungen vorschlagen. Der BEPS-Aktionspunkt 13 sieht die Erstellung von länderbezogenen Berichten für multinational tätige Unternehmen und deren automatischen Austausch (CbCR) vor.

Zwischen den EU-MS wurde die BEPS-Empfehlung zum Aktionspunkt 13 durch entsprechende Änderungen der EUAHiRL und national durch die Änderung des EUAHiG durch das „Gesetz zur Umsetzung der Änderungen der EU-Amtshilferichtlinie und von weiteren Maßnahmen gegen Gewinnkürzungen und -verlagerungen“ vom 20. Dezember 2016 (BGBl. 2016 I S. 3000) umgesetzt.

Der Austausch der länderbezogenen Berichte mit Drittstaaten erfolgt auf Grundlage der am 27. Januar 2016 unterzeichneten Mehrseitigen Vereinbarung (MCAA CbC). Die Maßnahmen wurden durch das vorgenannte „Gesetz zur Umsetzung der Änderungen der EU-Amtshilferichtlinie und von weiteren Maßnahmen gegen Gewinnkürzungen und -verlagerungen" u. a. durch die Aufnahme des § 138 a AO „Länderbezogener Bericht multinationaler Unternehmensgruppen" in nationales Recht umgesetzt.

Die meldepflichtigen deutschen Unternehmen i. S. d. § 138 a Abs. 1 AO haben einen länderbezogenen Bericht des Konzerns zu erstellen und an das BZSt nach amtlich vorgeschriebenem Datensatz durch Datenfernübertragung zu übermitteln. Es besteht die Möglichkeit der Beauftragung i. S. d. § 138 a Abs. 3 AO. Die meldepflichtigen deutschen Unternehmen haben den länderbezogenen Bericht erstmalig für Wirtschaftsjahre, die nach dem 31. Dezember 2015 beginnen, bis zum 31. Dezember 2017 und in den Folgejahren jeweils bis zum 31. Dezember des auf den Meldezeitraum folgenden Kalenderjahres an das BZSt zu übermitteln.

Das BZSt übermittelt alle ihm zugegangenen länderbezogenen Berichte im Rahmen des automatischen Informationsaustauschs an die jeweils zuständige Finanzbehörde des Empfängerstaates.

**1.3.9. Informationsaustausch aufgrund von zweiseitigen Verwaltungsabsprachen**

Die folgenden Verwaltungsabsprachen sind weiterhin gültig:

- Niederlande vom 16. Oktober 1997, BStBl. 1997 I S. 970,
- Frankreich vom 18. Oktober 2001, BStBl. 2001 I S. 801,
- Dänemark vom 24. Februar 2005, BStBl. 2005 I S. 498,
- Tschechien vom 30. August 2005, BStBl. 2005 I S. 904,
- Litauen vom 27. Oktober 2005, BStBl. 2005 I S. 1008,
- Estland vom 10. Mai 2006, BStBl. 2006 I S. 355,
- Lettland vom 18. Mai 2006, BStBl. 2006 I S. 359,
- Ungarn vom 26. Oktober 2006, BStBl. 2006 I S. 694,
- Spanien vom 9. April 2013, BStBl. 2013 I S. 364,
- Österreich vom 6. November 2013, BStBl. 2013 I S. 1460,
- Niederlande vom 14. Juli 2015, BStBl. 2015 I S. 555.

**1.3.10. Informationsaustausch ohne völkerrechtliche Vereinbarungen und Rechtsakte der Europäischen Union (§ 117 Abs. 1 und 3 AO)**

Ausländische Finanzbehörden können gemäß § 117 Abs. 1 AO auch um Informationen ersucht werden, wenn die unter Tz. 1.3.2 bis 1.3.4 und 1.3.6 genannten Rechtsgrundlagen nicht gegeben sind oder ein Ersuchen durch diese Rechtsgrundlage nicht gedeckt ist. Es besteht jedoch grundsätzlich keine völkerrechtliche Verpflichtung des ersuchten Staates zur Erteilung von Informationen.

Ausländischen Ersuchen kann auch dann entsprochen werden, wenn die unter Tz. 1.3.2 bis 1.3.4 und 1.3.6 genannten Rechtsgrundlagen nicht gegeben sind oder ein Ersuchen durch diese Rechtsgrundlagen nicht gedeckt ist. Antworten werden in diesen Fällen nur unter den Voraussetzungen des § 117 Abs. 3 AO erteilt.

Die Aufnahme eines Informationsaustauschs mit Staaten/Gebieten, die nicht unter den Anwendungsbereich der EUAHiRL fallen, das Übereinkommen nicht ratifiziert haben und mit denen auch kein Informationsaustausch in einem DBA, einem Amts- und Rechtshilfevertrag oder TIEA vereinbart worden ist, beschränkt sich auf Fälle mit besonderer Bedeutung.

Einer ausländischen Finanzbehörde können außerdem Informationen zur Entlastung einer Person auf deren Antrag übermittelt werden.

### 1.4. Auskunftsarten

Zu unterscheiden sind folgende Auskünfte:

- Auskünfte auf Ersuchen in Einzelfällen (Tz. 4 und 5)
- Spontanauskünfte (Tz. 6.1 und 6.2)
- Automatischer Informationsaustausch (Tz. 6.3)
- Informationsaustausch im Rahmen einer gleichzeitigen Prüfung (Tz. 7)
- Gemeinsame Prüfungstätigkeiten mehrerer Steuerverwaltungen (Tz. 8)

## Abschnitt 2 – Informationsaustausch auf Ersuchen und Spontanauskünfte

### 1.5. Zuständigkeiten und Amtshilfeweg des Informationsaustauschs auf Ersuchen und bei Spontanauskünften

### 1.5.1. Zuständigkeiten für den Informationsaustausch mit ausländischen Finanzbehörden

#### 1.5.1.1. BMF/BZSt/ZKA

Das BMF hat seine Zuständigkeit für die zwischenstaatliche Amtshilfe bei der Steuerfestsetzung gemäß § 5 Abs. 1 Satz 1 Nr. 5 FVG auf das BZSt übertragen (siehe zuletzt BMF-Schreiben vom 20. Juni 2011 IV B 5 – O 1000/09/10507-04, BStBl. I S. 674). Das BZSt ist zuständige Behörde für den Informationsaustausch in Einzelfällen nach den DBA, den TIEAs und dem Übereinkommen (Art. 3 Abs. 1 Buchst. d i. V. m. Anlage B des Übereinkommens).

Das BMF hat das BZSt als zentrales Verbindungsbüro i. S. v. Art. 4 Abs. 2 Satz 1 EUAHiRL und § 3 Abs. 2 Satz 1 EUAHiG benannt. Das BZSt übernimmt als zentrales Verbindungsbüro die Kommunikation mit den anderen EU-MS und prüft eingehende und ausgehende Ersuchen bzw. Spontanauskünfte auf die Zulässigkeit nach dem EUAHiG (§ 3 Abs. 3 Satz 1 EUAHiG).

Das BMF hat das ZKA als Verbindungsstelle gemäß Art. 4 Abs. 3 EUAHiRL bzw. § 3 Abs. 2 Satz 2 EUAHiG sowie als zuständige Behörde für den Informationsaustausch nach den DBA, den TIEAs und nach dem Übereinkommen (Art. 3 Abs. 1 Buchst. d i. V. m. Anlage B des Übereinkommens) für die Steuern im Zuständigkeitsbereich des Zolls benannt. Einzelheiten können dem nicht veröffentlichten BMF-Schreiben vom 16. August 2017 III B 2 – Z 4601/16/10019, DOK 2017/0058975 (Anlage 4)[1] entnommen werden.

**1.5.1.2. Landesfinanzbehörden**

Das BMF (BZSt) kann im Einzelfall beim Informationsaustausch auf Ersuchen die Auskunftserteilung durch die zuständige oberste Landesfinanzbehörde zulassen. Das gilt nicht für Steuern auf Versicherungsprämien, da sie vom BZSt selbst verwaltet werden (§ 5 Abs. 1 Satz 1 Nr. 25 FVG).

Im Einzelfall kann mit Zustimmung der zuständigen obersten Landesfinanzbehörde die Befugnis zum Informationsaustausch mit den zuständigen ausländischen Finanzbehörden auf eine der obersten Landesfinanzbehörde nachgeordnete Behörde übertragen werden (vgl. z. B. Tz. 5.2.4).

Zum Informationsaustausch im Rahmen einer gleichzeitigen Prüfung siehe Tz. 7. Zum Informationsaustausch im Rahmen einer gemeinsamen Prüfungstätigkeit mehrerer Steuerverwaltungen siehe Tz. 8.

Das BMF kann in Abstimmung mit der zuständigen obersten Landesfinanzbehörde den Informationsaustausch auf eine Landesfinanzbehörde übertragen (vgl. Tz. 1.5.1.4).

**1.5.1.3. Unmittelbarer Informationsaustausch mit Österreich**

Durch die deutsch-österreichische Konsultationsvereinbarung vom 6. November 2013, BStBl. I S. 1460, wurde die Zusammenarbeit der Verwaltungsbehörden im Bereich des Informationsaustauschs in Steuersachen an die neue Rechtslage in der EU angepasst. Danach sind mit Wirkung vom 1. Januar 2013 für den Informationsaustausch in Steuersachen mit Österreich die Bestimmungen der EUAHiRL vorrangig gegenüber dem deutsch-österreichischen Vertrag über Rechtsschutz und Rechtshilfe in Abgabensachen vom 4. Oktober 1954, BStBl. 1955 I S. 434 (AHV-1954) und dem zwischen den Vertragsstaaten abgeschlossenen DBA vom 24. August 2000 (DBA-Österreich) in der Fassung des Änderungsprotokolls vom 29. Dezember 2010, anzuwenden. Die Bestimmungen des AHV-1954, die sich auf die Leistung von Amtshilfe durch Informationsaustausch in Steuersachen beziehen, finden daher grundsätzlich mit Wirkung vom 1. Januar 2013 keine Anwendung mehr. Ergänzend wurde vereinbart, dass der unmittelbare Verkehr zwischen den örtlich zuständigen Finanzbehörden in dringenden Fällen nach Art. 4 Abs. 2 des AHV-1954 weiter zulässig ist, sofern dieser Verkehr nicht die durch die EUAHiRL vorgesehenen elektronischen Verfahren betrifft. Die Entsendung von Bediensteten und gleichzeitige oder gemeinsame Prüfungen erfolgen nach den Bestimmungen der EUAHiRL.

**1.5.1.4. Delegation von Zuständigkeiten**

Den Finanzämtern im Zuständigkeitsbereich des Ministeriums für Finanzen Baden-Württemberg, des Ministeriums der Finanzen Rheinland-Pfalz und des Ministeriums für Finanzen und Europa des Saarlandes wurde die Aufgabe der zuständigen Behörde für den Informationsaustausch mit den Steuerbehörden der französischen Interrégion Est im Bereich der Steuern vom Einkommen und Vermögen mit Wirkung ab 1. Januar 2005 übertragen, BMF-Schreiben vom 7. Dezember 2004 IV B 4 – S 1320 – 12/04, BStBl. I S. 1184.

[1] **[Amtl. Anm.:]** Hier nicht abgedruckt.

Dem Bayerischen Landesamt für Steuern im Zuständigkeitsbereich des Bayerischen Staatsministeriums der Finanzen und für Heimat und dem Finanzamt Chemnitz-Süd im Zuständigkeitsbereich des Sächsischen Staatsministeriums der Finanzen wurde die Aufgabe der zuständigen Behörde für den Informationsaustausch mit dem Ministerium der Finanzen der Tschechischen Republik im Bereich der Steuern vom Einkommen und Vermögen mit Wirkung ab 1. Januar 2006 übertragen, BMF-Schreiben vom 6. Oktober 2005 IV B 1 – S 1321 CZE – 1/05, BStBl. I S. 904, und vom 18. August 2006 IV B 1 – S 1321 CZE – 3/06, BStBl. I S. 487.

**1.5.1.5. Gemeinden und Gemeindeverbände**

Zwischenstaatliche Amtshilfe können auch Gemeinden und Gemeindeverbände nach Maßgabe der in diesem Schreiben dargestellten Grundsätze beanspruchen, soweit ihnen gemäß Art. 108 Abs. 4 Satz 2 GG die Verwaltung von Steuern durch die Länder übertragen worden ist. Sie gelten insoweit als Finanzbehörden im Sinne dieses Schreibens. Eine Verpflichtung der Gemeinden und Gemeindeverbände zur Leistung von Amtshilfe besteht nicht.

**1.5.2. Amtshilfeweg**

Der Amtshilfeweg beim Informationsaustausch bestimmt sich nach Tz. 1.5.1 sowie den Dienstwegregelungen der Länder. Darüber hinaus ist Folgendes zu beachten:

a) Ersuchen an ausländische Finanzbehörden

Die mit der Sache befasste inländische Finanzbehörde legt das Ersuchen dem BZSt auf dem Dienstweg mit Übersendungsschreiben (Anlagen 2 a, 2 b oder EU-Standardformblatt RIF jeweils mit Anlage 2 e)[1] vor. Das BZSt übermittelt das Ersuchen an das Ausland und leitet die Antwort der ausländischen Finanzbehörde auf dem Dienstweg der anfragenden inländischen Finanzbehörde zu.

Die Gemeinden und Gemeindeverbände übermitteln Ersuchen in Fällen der Tz. 1.5.1.5 unmittelbar an das BZSt.

b) Ersuchen an deutsche Finanzbehörden

Die zuständige ausländische Finanzbehörde übermittelt das Ersuchen dem BZSt. Von dort gelangt das Ersuchen auf dem Dienstweg an die mit den Ermittlungen zu betrauende örtliche Finanzbehörde, die Vornahmebehörde (vgl. Tz. 5.2.6). Das Ermittlungsergebnis wird dem BZSt auf dem Dienstweg mit Übersendungsschreiben (Anlage 2 e)[1] vorgelegt.

Ersuchen, die Gemeinden oder Gemeindeverbände betreffen, sind den Landesfinanzbehörden zu übermitteln. Die zuständige Landesfinanzbehörde kann von der Gemeinde oder dem Gemeindeverband Informationen im Wege der allgemeinen Amtshilfe erbitten.

Gehen Ersuchen bei einer anderen Behörde als dem BZSt ein, so sind diese Ersuchen (mit Ausnahme der Ersuchen bei Delegation der Zuständigkeiten nach Tz. 1.5.1.4) dem BZSt unverzüglich zuzuleiten (§ 3 Abs. 4 EUAHiG).

c) Spontanauskünfte deutscher Finanzbehörden

---

[1] **[Amtl. Anm.:]** Hier nicht abgedruckt.

Für ausländische Finanzbehörden bestimmte Spontanauskünfte werden dem BZSt auf dem Dienstweg mit Übersendungsschreiben (EU-Standardformblatt SIF, ggf. mit Anlage 2 c und mit Anlage 2 e)[1] vorgelegt. Die Dienstwegregelungen der Länder sind zu beachten, insbesondere die Ausnahmeregelungen, z. B. wenn der inländische Beteiligte nicht angehört wurde oder Einwendungen erhoben hat.

Spontanauskünfte über Arbeitslöhne von in der Bundesrepublik Deutschland ansässigen und in anderen EU-MS tätigen Arbeitnehmern im Zusammenhang mit einem Freistellungsantrag im Lohnsteuer-Abzugsverfahren können direkt von den Finanzämtern dem BZSt vorgelegt werden (Tz. 2.3.5 „Informationsaustausch" des Merkblatts zur steuerlichen Behandlung des Arbeitslohns nach den Doppelbesteuerungsabkommen vom 3. Mai 2018 IV B 2 – S 1300/08/10027, BStBl. I S. 643).

Die Gemeinden und Gemeindeverbände übermitteln Spontanauskünfte unmittelbar an das BZSt.

d) Spontanauskünfte ausländischer Finanzbehörden

Das BZSt übersendet Spontanauskünfte ausländischer Finanzbehörden der zuständigen Oberfinanzdirektion bzw. den Landesämtern für Steuern und in den Ländern, in denen keine Oberfinanzdirektionen bzw. Landesämter für Steuern bestehen, der obersten Landesfinanzbehörde bzw. im Land Sachsen-Anhalt dem Finanzamt Magdeburg und in der Freien und Hansestadt Hamburg dem Finanzamt für Großunternehmen in Hamburg. Spontanauskünfte über Steuern auf Versicherungsprämien sind dem im BZSt zuständigen Referat zu übermitteln.

Zu den Ausnahmen beim Amtshilfeweg wird auf die Tz. 1.5.1.4 (Delegation von Zuständigkeiten) hingewiesen.

Spontanauskünfte, die ausschließlich Gemeinden oder Gemeindeverbände betreffen, d. h., die für Besteuerungszwecke der ausschließlich von diesen verwalteten Steuern übermittelt werden, sind diesen unmittelbar zuzuleiten.

e) Amtshilfeweg der Zollverwaltung

Zollseitig ist ausschließlich die Geschäftsweg- und Delegierungsregelung nach § 3 Abs. 6 ZFdG anzuwenden (Anlage 4)[1].

## 1.6. Steuergeheimnis und Geheimhaltung

### 1.6.1. Geheimhaltung im Inland

Das Steuergeheimnis (§ 30 AO) gilt auch gegenüber ausländischen Finanzbehörden. Es steht jedoch dem Informationsaustausch nicht entgegen, soweit

a) die mit einem deutschen Ersuchen notwendigerweise verbundene Mitteilung steuerlicher Verhältnisse nach § 30 Abs. 4 Nr. 1 AO zulässig ist;

b) die mit der Erledigung eines ausländischen Ersuchens oder der Erteilung einer Spontanauskunft notwendigerweise verbundene Mitteilung steuerlicher Verhältnisse durch völkerrechtliche Vereinbarungen, das EUAHiG oder § 117 Abs. 3 AO ausdrücklich zugelassen ist (§ 30 Abs. 4 Nr. 2 AO).

Alle Angaben, die die deutschen Finanzbehörden im Zusammenhang mit dem Informationsaustausch erhalten, unterliegen dem Steuergeheimnis. Au-

---

[1] **[Amtl. Anm.:]** Hier nicht abgedruckt.

ßerdem unterliegen sie dem besonderen – ggf. weitergehenden – Geheimhaltungsschutz der völkerrechtlichen Vereinbarungen und des § 19 EUAHiG. Sollen erhaltene Informationen für andere Zwecke verwendet werden, als in den völkerrechtlichen Vereinbarungen oder dem EUAHiG festgelegt wurde, ist dies nur zulässig, wenn der übermittelnde Staat seine Einwilligung erteilt (§ 19 Abs. 2 Satz 2 EUAHiG).

Informationen, die von einem EU-MS oder einem Drittstaat im Rahmen eines Informationsaustauschs übermittelt wurden, können vom BZSt bzw. ZKA an einen anderen EU-MS oder einen Drittstaat weitergegeben werden, wenn diese Informationen für die zutreffende Steuerfestsetzung des anderen Staates von Nutzen oder erheblich sein können. Regelungen zu den Voraussetzungen für die Weitergabe von Informationen wurden u. a. in § 15 Abs. 2, § 18 EUAHiG sowie Art. 22 Abs. 4 Satz 2 des Übereinkommens getroffen.

Die zuständigen Landesfinanzbehörden werden durch das BZSt in geeigneter Form auf die Einhaltung der Geheimhaltungsbestimmungen hingewiesen, es sei denn, der Hinweis ist bereits im Anschreiben der ausländischen Behörde enthalten. Gleiches gilt zollseitig für das ZKA.

### 1.6.2. Geheimhaltung im Ausland

Alle Angaben, die deutsche Finanzbehörden im Zusammenhang mit dem Informationsaustausch gegenüber ausländischen Finanzbehörden machen, unterliegen den dort bestehenden Bestimmungen über die Geheimhaltung. Darüber hinaus unterliegen sie dem besonderen Geheimhaltungsschutz der völkerrechtlichen Vereinbarungen und der EUAHiRL. Darauf wird grundsätzlich in allen Äußerungen gegenüber ausländischen Finanzbehörden hingewiesen. Dieser besondere Geheimhaltungsschutz ist im Ausland auch dann zu wahren, wenn nach dortigem nationalen Recht die Finanzbehörde Informationen an andere Stellen weitergeben könnte oder müsste.

Erfährt die Landesfinanzbehörde oder die Dienststelle der Zollverwaltung von besonderen Vorkommnissen im Ausland, die die Geheimhaltung berühren, oder befürchten inländische Beteiligte, dass die Geheimhaltung im Ausland aufgrund besonderer Umstände im Einzelfall nicht gewährleistet ist, unterrichtet die Landesfinanzbehörde oder die Dienststelle der Zollverwaltung hierüber das BZSt bzw. das ZKA. Falls erforderlich, wird das BZSt bzw. das ZKA von Amts wegen die Angelegenheit aufklären und ggf. in Abstimmung mit dem BMF unter Berücksichtigung der Ergebnisse der Datenschutz- und Geheimhaltungsüberprüfung des Global Forums die zur Wahrung der Rechte, einschließlich der Rechte der Beteiligten, notwendigen Schritte einleiten. Dazu gehört ggf. auch die zusätzliche Einholung einer Zusicherung der ausländischen Steuerbehörde über die Geheimhaltung im Ausland.

Ist eine Landesfinanzbehörde für den Informationsaustausch unmittelbar zuständig (vgl. Tz. 1.5.1.4), obliegt es dieser Landesfinanzbehörde, die erforderlichen rechtlichen Schritte einzuleiten und ggf. die entsprechende Zusicherung der ausländischen Steuerbehörde einzuholen. Das BZSt ist in diesen Fällen lediglich zu unterrichten.

### 1.7. Übersetzungen

Übersetzungen von Ersuchen und Spontanauskünften deutscher Finanzbehörden werden durch das BZSt bzw. das ZKA veranlasst. Ersuchen und Spontanauskünfte ausländischer Finanzbehörden werden regelmäßig vom BZSt bzw. ZKA in die deutsche Sprache übersetzt. Aus der englischen Sprache wird in einfach gelagerten Fällen nicht übersetzt. Die Landesfinanzbehörden können in der vorgenannten Fallkonstellation jederzeit eine vollständige oder Teilübersetzung der Antwort unmittelbar beim BZSt nachfordern.

### 1.8. Vordrucke und Formblätter

Bei der zwischenstaatlichen Amtshilfe sind grundsätzlich die EU-Standardformblätter und die in den Anlagen 2 a bis 2 f[1] aufgeführten Formulare zu verwenden.

Die elektronischen EU-Standardformblätter, die für deren Nutzung erforderlichen Programmdateien sowie ein E-Learning-Modul, das die Handhabung der Formblätter erläutert, wurden den zuständigen Landesfinanzbehörden durch das Auftrag nehmende Land Niedersachsen im Rahmen des Vorhabens KONSENS bis zum 31. Dezember 2018 zur Verfügung gestellt. Für ihre Zuständigkeitsbereiche stehen den Zollbehörden die elektronischen EU-Standardformblätter, die erforderlichen Programmdateien sowie ein E-Learning-Modul zur Verfügung. Das BZSt informiert die zuständigen Landesfinanzbehörden sowie das ZKA jeweils über die Änderungen der EU-KOM an den Standardformblättern und Programmdateien.

Gemeinden und Gemeindeverbände können die EU-Standardformblätter sowie die Programmdateien und das E-Learning-Modul bei Bedarf und nach Anforderung eines Passwortes beim BZSt auf den Internetseiten des BZSt unter http://www.bzst.de/DE/Steuern_International/Internationale_Amtshilfe/Direkte_Steuern/direkte_steuern_node.html;jsessionid=633DA85B0E2B1F2E924C83E81B821A63.live6812 abrufen.

Ab dem 1. Januar 2019 hat die EU-KOM den EU-MS die zentrale Webanwendung, die eFCA, zur Nutzung der EU-Standardformblätter verpflichtend zur Verfügung gestellt. Ein Parallelbetrieb der eFCA und des bisherigen Verfahrens ist so lange gewährleistet, bis inhaltliche Änderungen an den EU-Standardformblättern durch die EU-KOM erfolgen. Der Zugang zur eFCA wird den zuständigen Landesfinanzbehörden durch das auftragnehmende Land Niedersachsen im Rahmen des Vorhabens KONSENS im Laufe des Jahres 2019 bereitgestellt.

Die EU-Standardformblätter, die Programmdateien und das E-Learning-Modul sind Eigentum der EU-KOM. Die EU-KOM behält sich alle Rechte daran vor.

## 2. Umfang des zwischenstaatlichen Informationsaustauschs

Es ist im Allgemeinen zwischen dem großen bzw. umfassenden und dem kleinen Informationsaustausch nach den DBA zu unterscheiden. Die Tz. 2.1 und 2.2 geben einen allgemeinen Überblick. Die Abgrenzung im Einzelnen ist der jeweiligen Rechtsgrundlage zu entnehmen (Anlage 1).

---

[1] **[Amtl. Anm.:]** Hier nicht abgedruckt.

## 2.1. Großer bzw. umfassender Informationsaustausch

Nach einer Vielzahl von DBA (Anlage 1) können auf dem Gebiet der Steuern vom Einkommen und vom Vermögen alle Informationen übermittelt werden, die zur Anwendung der DBA oder des innerstaatlichen Rechts eines Vertragsstaates über die unter das Abkommen fallenden Steuern erforderlich sind (großer Informationsaustausch). Neuere Abkommen lassen entsprechend Art. 26 OECD-MA „Informationsaustausch" in der aktuellen Fassung vom 17. Juli 2012 einen Informationsaustausch auch bei Steuern jeder Art und Bezeichnung zu, die für Rechnung der Vertragsstaaten oder ihrer Gebietskörperschaften erhoben werden (umfassender Informationsaustausch). Informationen können z.B. über die Richtigkeit von Tatsachenbehauptungen oder über Beweismittel angefordert werden, die zur steuerlichen Beurteilung erforderlich sind.

Das EUAHiG (Tz. 1.3.4) sieht den umfassenden Informationsaustausch vor.

Fallbeispiele zur Anwendung des innerstaatlichen Rechts (siehe Tz. 8 des OECD-Kommentars zu Art. 26 OECD-MA):

a) Eine Gesellschaft in Deutschland liefert Waren an eine unabhängige Gesellschaft im Staat B. Deutschland möchte vom Staat B Auskunft darüber, welchen Preis die Gesellschaft im Staat B für die Waren gezahlt hat, um das innerstaatliche Recht richtig anwenden zu können. Es bestehen Zweifel, ob der gesamte „Kaufpreis" ins Inland bezahlt wurde oder ob noch weitere Zahlungen erfolgt sind, die nicht in der inländischen Buchhaltung erfasst sind.

b) „Dreiecksverhältnisse": Eine Gesellschaft in Deutschland verkauft Waren über eine Gesellschaft im Staat C (möglicherweise ein Staat mit einem niedrigen Steuerniveau, sog. „Steueroasenland") an eine Gesellschaft im Staat B. Die Gesellschaften können, müssen aber nicht, miteinander verbunden sein. Weder zwischen Deutschland und dem Staat C noch zwischen den Staaten B und C bestehen DBA. Aufgrund des DBA zwischen Deutschland und dem Staat B ersucht Deutschland zwecks richtiger Anwendung seines innerstaatlichen Rechts auf die Gewinne, die die in seinem Gebiet bestehende Gesellschaft erzielt hat, den Staat B um Auskunft über die von der Gesellschaft im Staat B für die Waren gezahlten Preise.

c) Deutschland ersucht für die Zwecke der Besteuerung einer in seinem Gebiet bestehenden Gesellschaft den Staat B aufgrund des zwischen Deutschland und dem Staat B bestehenden DBA um Auskunft über die Preise, die eine Gesellschaft oder ein Konzern im Staat B ohne Geschäftsbeziehungen zur Gesellschaft in Deutschland berechnet, um durch Vergleich die von der Gesellschaft in Deutschland geforderten Preise (z.B. Preise, die von einer Gesellschaft oder einem Konzern in beherrschender Stellung berechnet werden) zu überprüfen.

## 2.2. Kleiner Informationsaustausch

Beinhaltet ein DBA noch die kleine Auskunftsklausel, können nur Informationen erbeten oder übermittelt werden, die zur Durchführung des DBA selbst notwendig sind. Eine Auskunft wird dann zur Durchführung des DBA benötigt, wenn die abkommensrechtliche Rechtsfolge je nach dem Ergebnis der Auskunft eine andere ist. Dazu zählen beispielsweise Informationen über die Ansässigkeit eines Steuerpflichtigen und das Vorliegen einer Betriebsstätte.

Tz. 7 des OECD-Kommentars zu Art. 26 OECD-MA nennt u. a. folgende Fallbeispiele:

a) Bei Anwendung des Art. 12 OECD-MA ersucht Deutschland, in dem der Empfänger ansässig ist, den Staat B, in dem der Schuldner ansässig ist, um Auskünfte über die Höhe der gezahlten Lizenzgebühren.

b) Staat B ersucht Deutschland um Auskunft, ob der Empfänger der Zahlungen tatsächlich in Deutschland ansässig ist und Nutzungsberechtigter der Lizenzgebühren ist, um die in Art. 12 OECD-MA vorgesehene Befreiung gewähren zu können.

c) Ferner können Informationen benötigt werden, um verbundenen Unternehmen in verschiedenen Staaten einen angemessenen Gewinn zuzurechnen oder die Gewinne zu berichtigen, die in den Büchern einer Betriebsstätte in dem einen Staat und den Büchern des Hauptsitzes in dem anderen Staat ausgewiesen sind (Art. 7 OECD-MA „Unternehmensgewinne", Art. 9 OECD-MA „Verbundene Unternehmen", Art. 23 A OECD-MA „Befreiungsmethode" und Art. 23 B OECD-MA „Anrechnungsmethode").

Informationen zur Durchführung rein innerstaatlichen Rechts können im Rahmen des kleinen Informationsaustauschs nicht erbeten oder übermittelt werden.

## 2.3. Informationsaustausch nach dem Übereinkommen

Das Übereinkommen gilt für die bestehenden Steuern, die ein Vertragsstaat in Anlage A des Übereinkommens aufgelistet hat, sofern keine Vorbehalte nach Art. 30 Abs. 1 Buchst. a des Übereinkommens hinterlegt wurden. Vorbehalte und Erklärungen nach Art. 30 Abs. 1 des Übereinkommens können jederzeit neu angebracht sowie ganz oder teilweise zurückgenommen werden. Neue Vorbehalte treten am ersten Tag des Monats in Kraft, der auf einen Zeitabschnitt von drei Monaten nach Eingang des Vorbehalts bei einem der Verwahrer des Übereinkommens folgt. Rücknahmen werden mit dem Eingang der Notifikation bei dem Verwahrer des Übereinkommens wirksam.

Ein Informationsaustausch mit dem jeweils anderen Vertragsstaat nach dem Übereinkommen erfordert insofern die Gegenseitigkeit.

Eine nicht amtliche konsolidierte Fassung des Übereinkommens ist als Anlage 3 in englischer, französischer und deutscher Sprache beigefügt.[1] Das Übereinkommen sowie der Kommentar zum Übereinkommen können in englischer Sprache auf der Internetseite der OECD unter http://www.oecd.org/ctp/exchange-of-tax-information/Explanatory_Report_ENG_%2015_04_2010.pdf eingesehen werden.

Der tagesaktuelle Stand der Unterzeichnungen und Ratifikationen des Übereinkommens kann auf der Webseite der OECD unter http://www.oecd.org/tax/exchange-of-tax-information/Status_of_convention.pdf eingesehen werden. Der tagesaktuelle Stand der Vorbehalte und Erklärungen der Vertragsstaaten nach Art. 30 des Übereinkommens ist in englischer und

[1] **[Amtl. Anm.:]** Hier nicht abgedruckt.

französischer Sprache auf der Internetseite des Europarats unter http://www.coe.int/en/web/conventions/search-on-treaties/-/conventions/treaty/127/declarations veröffentlicht.

**2.4. Informationsaustausch mit mehreren Staaten und/oder Gebieten**

Berührt ein steuerlicher Sachverhalt mehrere Staaten und/oder Gebiete, so kann mit jedem dieser Staaten oder Gebiete nach Maßgabe der bestehenden Rechtsgrundlagen (Tz. 1.3) ein Informationsaustausch durchgeführt werden. Die Bestimmungen über die Geheimhaltung sind zu beachten.

**2.5. Anwendungszeiträume**

Für die Bewilligung und Durchführung der zwischenstaatlichen Amtshilfe sind die spezifischen Anwendungszeiträume der jeweiligen Rechtsgrundlagen zu beachten.

**2.5.1. Anwendungszeiträume nach EUAHiRL und EUAHiG**

Die EUAHiRL und das EUAHiG gelten grundsätzlich auch für Auskünfte, die Besteuerungszeiträume vor dem Inkrafttreten dieser Rechtsgrundlagen betreffen.

Nach Art. 18 Abs. 3 EUAHiRL kann ein anderer EU-MS die Übermittlung der erbetenen Informationen verweigern, wenn diese Informationen vor dem 1. Januar 2011 liegende Besteuerungszeiträume betreffen und die Übermittlung nach Art. 8 Abs. 1 der Richtlinie 77/799/EWG hätte verweigert werden können, wenn das Ersuchen vor dem 11. März 2011 gestellt worden wäre.

**2.5.2. Anwendungszeiträume nach DBA**

Nach den meisten von der Bundesrepublik Deutschland abgeschlossenen DBA kann grundsätzlich nur um Informationen für Besteuerungszeiträume ersucht werden, die am Tag oder nach dem Tag des Inkrafttretens des DBA beginnen. Einige von der Bundesrepublik Deutschland abgeschlossene DBA sehen einen abweichenden Beginn des Informationsaustauschs vor.

**2.5.3. Anwendungszeiträume nach TIEA**

Ausführungen zu den Anwendungszeiträumen der TIEA können dem BMF-Schreiben vom 10. November 2015 zur „Anwendung der Abkommen über den steuerlichen Informationsaustausch (Tax Information Exchange Agreement – TIEA)" IV B 6 – S 1301/11/10002, BStBl. 2016 I S. 138[1] (vgl. Tz. 1) entnommen werden.

**2.5.4. Anwendungszeiträume nach dem Übereinkommen**

Das Übereinkommen ist nach seinem Art. 28 Abs. 3 sowie das Protokoll nach seinem Art. IX Abs. 3 für die Bundesrepublik Deutschland zum 1. Dezember 2015 in Kraft getreten. Der aktuelle Stand der Unterzeichnungen und Ratifikationen des Übereinkommens durch die anderen Vertragsstaaten sowie das Datum des Inkrafttretens im jeweiligen Vertragsstaat kann auf der Internetseite der OECD (vgl. Tz 2.3) eingesehen werden.

Nach seinem Art. 28 Abs. 6 Satz 1 gilt das Übereinkommen im Inland für Besteuerungszeiträume, die am oder nach dem 1. Januar 2016 beginnen, bzw.

[1] Nr. **800** § 117/3.

wenn es keinen Besteuerungszeitraum gibt, für Steuerverbindlichkeiten, die am oder nach dem 1. Januar 2016 entstanden sind. Im Verhältnis zu Vertragsstaaten, die das Übereinkommen nach dem 1. Januar 2016 in Kraft gesetzt haben, gilt das Übereinkommen für Besteuerungszeiträume oder Steuerverbindlichkeiten des späteren Zeitpunktes. Vereinbarungen nach Art. 28 Abs. 6 Satz 2 des Übereinkommens über die Ausdehnung der Amtshilfe auf frühere Besteuerungszeiträume oder Steuerverbindlichkeiten wurden von der Bundesrepublik Deutschland nicht getroffen.

Nach Art. 28 Abs. 7 des Übereinkommens leistet die Bundesrepublik Deutschland auf Ersuchen Amtshilfe für Steuersachen in Zusammenhang mit vorsätzlichem Verhalten, das nach dem Strafrecht des ersuchenden Vertragsstaates der strafrechtlichen Verfolgung unterliegt, für frühere Besteuerungszeiträume oder Steuerverbindlichkeiten. Deutsche Finanzbehörden können nach Art. 28 Abs. 7 des Übereinkommens um Amtshilfe für Steuersachen in Zusammenhang mit vorsätzlichem Verhalten, das nach deutschem Strafrecht der strafrechtlichen Verfolgung unterliegt, für frühere Besteuerungszeiträume oder Steuerverbindlichkeiten ersuchen, es sei denn, der andere Vertragsstaat hat einen Vorbehalt nach Art. 30 Abs. 1 Buchst. f zu Art. 28 Abs. 7 des Übereinkommens hinterlegt und damit den Anwendungszeitraum der Rückwirkung auf drei Jahre vor Inkrafttreten begrenzt.

## 3. Rechtliches Gehör

### 3.1. Anhörung inländischer Beteiligter

#### 3.1.1. Grundsatz

Zwischenstaatliche Amtshilfe durch Informationsaustausch, auch im Rahmen einer gleichzeitigen Prüfung bzw. einer gemeinsamen Prüfungstätigkeit mehrerer Steuerverwaltungen, kann einen Eingriff in die Rechte eines oder mehrerer betroffenen inländischen Beteiligten darstellen. Um seine Rechte als Verfahrensbeteiligter wahren zu können, muss jeder inländische Beteiligte grundsätzlich rechtzeitig darüber informiert werden, dass und in welchem Umfang Informationen an eine ausländische Steuerverwaltung übermittelt werden sollen. Dem inländischen Beteiligten soll durch die Gewährung rechtlichen Gehörs in Form der Anhörung – unabhängig davon, ob die Informationen/Unterlagen aus den Steuerakten oder aus besonderen Ermittlungen stammen – die Gelegenheit gegeben werden, sich zu äußern und ggf. begründete Einwände vorzubringen. Sind auch Daten Dritter, die als inländische Beteiligte i. S. d. Tz. 3.1.3 anzusehen sind, zu übermitteln, sind diese Dritten ebenfalls anzuhören. Sofern Informationen zu Personen übermittelt werden, die keine inländischen Beteiligten sind, ist eine Anhörung nicht erforderlich.

Für die Durchführung der Anhörung ist die Behörde zuständig, die die Informationen/Unterlagen bereitstellt (die Vornahmebehörde). Sie informiert die für die Übermittlung ins Ausland zuständige Finanzbehörde (Tz. 1.5.1) über das Ergebnis der Anhörung bzw. den Verzicht auf eine Anhörung mittels Übersendungsschreiben (Anlage 2 e)[1]. Enthalten die zu übermittelnden Unterlagen Informationen aus Steuerakten oder steuerlichen Ermittlungen, die

[1] **[Amtl. Anm.:]** Hier nicht abgedruckt.

nicht voraussichtlich steuerlich erheblich sind, sind diese durch die zuständige Vornahmebehörde zu entfernen und/oder zu anonymisieren.

### 3.1.2. Ausnahmen von der Anhörungspflicht

a) § 117 Abs. 4 Satz 3 AO

Nach § 117 Abs. 4 Satz 3 AO hat abweichend von § 91 AO eine Anhörung aller inländischen Beteiligten stets stattzufinden, es sei denn,

aa) es findet ein Informationsaustausch aufgrund des EUAHiG statt oder

bb) es liegt eine Ausnahme nach § 91 Abs. 2 oder 3 AO vor (z.B. bei Gefahr im Verzug oder wenn der Anhörung ein zwingendes öffentliches Interesse entgegensteht).

Ob auf die Anhörung nach den Doppelbuchstaben aa oder bb verzichtet werden kann, hat die Vornahmebehörde in jedem Einzelfall nach pflichtgemäßem Ermessen unter Berücksichtigung der allgemeinen Grundsätze des § 91 AO zu entscheiden. Die Ermessensausübung ist aktenkundig zu machen. Hierfür kann der Aktenbogen (Anlage 2 g)[1] genutzt werden.
Bei der Entscheidung über den Verzicht auf eine Anhörung hat die Vornahmebehörde die berechtigten Interessen des/der inländischen Beteiligten zu berücksichtigen. Bestehen Zweifel, ob die berechtigten Interessen des/der Beteiligten berücksichtigt wurden, ist anzuhören. Eine Anhörung hat grundsätzlich zu erfolgen, wenn die Gefahr besteht, dass dem/den inländischen Beteiligten bei Übermittlung von Informationen und Unterlagen im Rahmen des Informationsaustauschs ein mit dem Informationsaustausch nicht zu vereinbarender Schaden drohen könnte (vgl. z.B. Tz. 5.3.1.3), bzw. wenn die in Tz. 5.3.1.1 aufgeführten Rechte des/der inländischen Beteiligten berührt sein könnten.
Ermessensgerecht erscheint in Fällen des EUAHiG (Doppelbuchst. aa) grundsätzlich der Verzicht auf eine Anhörung z. B.:

- wenn Informationen übermittelt werden, die auf eigenen Angaben des Steuerpflichtigen basieren, die dieser zu Besteuerungszwecken erteilt hat,
- bei Anschriftenübermittlungen oder
- wenn bei Außenprüfungen oder bei sonstigen Prüfungen, die sich auf Auslandsbeziehungen erstrecken, bereits ein Hinweis gegeben wurde, dass sich die Finanzbehörden die Nachprüfung der Angaben des Steuerpflichtigen und die weitere Aufklärung des Sachverhalts durch ein Ersuchen im Rahmen der zwischenstaatlichen Amtshilfe vorbehalten.

Zur Anhörung bei Ankündigung einer gleichzeitigen Prüfung bzw. einer gemeinsamen Prüfungstätigkeit mehrerer Steuerverwaltungen vgl. BMF-Schreiben „Merkblatt über koordinierte steuerliche Außenprüfungen mit Steuerverwaltungen anderer Staaten und Gebiete“ vom 9. Januar 2017 IV B 6 – S 1315/16/10016 :002, BStBl. I S. 89, sowie auch Tz. 7 bzw. Tz. 8.
Im Hinblick auf § 91 Abs. 2 AO (Doppelbuchst. bb) ist ein Verzicht auf die Anhörung beispielsweise ermessensgerecht, wenn aufgrund einer Anhörung der Erfolg des Informationsaustauschs, insbesondere die Auswertung

[1] **[Amtl. Anm.:]** Hier nicht abgedruckt.

der ausgetauschten Informationen, gefährdet erscheint. Die Aufzählung in § 91 Abs. 2 AO ist nicht abschließend.

b) Weitere Ausnahmen, in denen von einer Anhörung abgesehen werden kann, liegen u. a. vor:
- bei der Beschaffung von allgemein zugänglichem Material und dessen Weitergabe an ausländische Finanzbehörden (z. B. Name und Anschrift aufgrund einfacher Melderegisterauskunft oder Angaben aus Veröffentlichungen in Amtsblättern, Zeitungen und elektronischen Medien);
- bei Weitergabe von Informationen, die auf tatsächlichen Angaben eines Steuerpflichtigen beruhen, die dieser in einem Antrag oder einer Erklärung gemacht hat. Dies gilt jedoch bei der Weitergabe von Informationen über unbeschränkt Steuerpflichtige an Drittstaaten nur, soweit auf die Möglichkeit einer entsprechenden Informationsweitergabe an den anderen Staat bereits im entsprechenden Steuererklärungs- oder Antragsvordruck hingewiesen worden ist;
- bei der Weitergabe von Informationen über Grundstücksveräußerungen und Anteilsübertragungen (z. B. bei Kapitalgesellschaften), soweit diese Informationen auf Angaben des Steuerpflichtigen beruhen (z. B. aufgrund § 54 EStDV, § 29 Abs. 4 BewG);
- bei Geldwäscheverdachtsmitteilungen nach dem Geldwäschegesetz, sofern diese keine Informationen zu inländischen Beteiligten enthalten;
- bei der Weitergabe von Daten aus dem Rentenbezugsmitteilungsverfahren (§ 22 a EStG);
- bei Mitteilungen aufgrund der Mitteilungsverordnung zu § 93 a AO;
- bei Übermittlung von Informationen, die der inländische Arbeitgeber im Rahmen der elektronischen Lohnsteuerbescheinigung nach § 41 b Abs. 1 EStG gemeldet hat, wenn der Arbeitnehmer kein inländischer Beteiligter ist.

Für das Vorliegen dieser Ausnahmetatbestände trägt die Vornahmebehörde die Feststellungslast.

### 3.1.3. Inländischer Beteiligter

Inländischer Beteiligter i. S. d. § 117 Abs. 4 Satz 3 AO ist derjenige, der im Zeitpunkt des Informationsaustauschs z. B. seinen Wohnsitz, seinen gewöhnlichen Aufenthalt, seine Geschäftsleitung oder seinen Sitz, eine Betriebsstätte oder einen ständigen Vertreter im Inland hat und in dessen Rechte eingegriffen wird (z. B. ein von der Informationserteilung Betroffener oder ein Dritter, dessen Informationen übermittelt werden sollen). Regelmäßig handelt es sich bei unbeschränkt Steuerpflichtigen, aus deren Steuerakten die erbetenen Auskünfte oder Unterlagen entnommen werden, um inländische Beteiligte. Es können aber auch Dritte inländische Beteiligte sein. Letztlich ist derjenige, den die Vornahmebehörde nach den §§ 93 bis 100 AO in Anspruch nimmt oder der von der Informationserteilung betroffen ist und der einen Anspruch auf Schutz vor der unbefugten Weitergabe von Daten hat, als inländischer Beteiligter anzusehen.

### 3.1.4. Formen der Anhörung

Die Anhörung kann schriftlich (Anlage 2 f)[1] oder mündlich erfolgen. Bei mündlicher Anhörung sind die Anhörung und die Stellungnahme des/der inländischen Beteiligten unbedingt aktenkundig zu machen.

In Fällen, in denen für die Beantwortung eines ausländischen Ersuchens die Anforderung von Informationen bzw. Unterlagen beim inländischen Beteiligten erforderlich ist, sollte die Anhörung zur Beschleunigung des Verfahrens grundsätzlich gemeinsam mit dem Anschreiben an den Beteiligten zur Anforderung der Informationen/Unterlagen vorgenommen werden.

### 3.1.5. Anhörungsfrist

Die Anhörungsfrist soll im Regelfall zwei Wochen betragen, wenn nicht im Einzelfall eine längere Frist geboten erscheint.

### 3.2. Rechtsschutz

### 3.2.1. Behandlung von Einwendungen

Einwendungen gegen

a) ein Ersuchen an eine ausländische Finanzbehörde,

b) die Erteilung von Auskünften oder die Übermittlung von Unterlagen an ausländische Finanzbehörden bei Erledigung eines Ersuchens,

c) die Erteilung einer Spontanauskunft

sind der Vornahmebehörde vorzutragen. Hält sie die Einwendungen für unbegründet, hat sie die Einwendungen der zuständigen Finanzbehörde (vgl. Tz. 1.5.1) auf dem Dienstweg zur Entscheidung vorzulegen (Anlage 2 e)[1] und den Beteiligten hierüber zu unterrichten. Der zuständigen Finanzbehörde sind sämtliche Unterlagen zu übermitteln, die zur Entscheidung über die Einwendungen sachdienlich sind. Dazu gehören auch der Schriftverkehr (Anlage 2 f)[1], bzw. die Aktenvermerke zur Anhörung des inländischen Beteiligten, der gegen die Übermittlung der Informationen Einwendungen erhebt.

Hält die Vornahmebehörde in den Fällen der Buchstaben a und c die Einwendungen für begründet, so kann sie von einer Vorlage an die zuständige Finanzbehörde absehen.

In Fällen des Buchstabens b sind die Einwendungen der zuständigen Finanzbehörde stets vorzulegen.

Über das Ergebnis der Prüfung der Einwendungen wird die zuständige Finanzbehörde den Beteiligten informieren. In Fällen unbegründeter Einwendungen erfolgt die Mitteilung des Ergebnisses der Prüfung rechtzeitig vor der tatsächlichen Übersendung ins Ausland.

Der Beteiligte hat die Möglichkeit, sich gegen Maßnahmen i. S. d. Buchstaben a bis c durch vorbeugende Unterlassungsklage (§ 40 FGO) gegen die zuständige Finanzbehörde (Tz 1.5.1) zu wenden. Ggf. kann eine einstweilige Anordnung (§ 114 FGO) beantragt werden. Dieses Recht steht in den Fällen der Buchstaben b und c auch dem betroffenen ausländischen Steuerpflichtigen zu (BFH vom 20. Januar 1988, BStBl. II S. 412, und BFH vom 17. Mai 1995, BStBl. II S. 497). Einwendungen gegen den ausländischen Steueran-

[1] **[Amtl. Anm.:]** Hier nicht abgedruckt.

spruch, der einem ausländischen Ersuchen zugrunde liegt, können nur gegenüber dem ausländischen Staat oder Gebiet erhoben werden.

**3.2.2. Rechtsbehelfe gegen Ermittlungsmaßnahmen**

Ermittlungsmaßnahmen der Vornahmebehörde aufgrund eines ausländischen Ersuchens, die sich gegen einen inländischen Beteiligten richten, sind Verwaltungsakte, die dieser gemäß § 347 AO mit dem Einspruch anfechten kann.

Über den Einspruch gegen die Ermittlungsmaßnahmen hat die Vornahmebehörde zu entscheiden.

**4. Ersuchen an ausländische Finanzbehörden**

**4.1. Einleitung des Auskunftsverfahrens**

**4.1.1. Allgemeines**

Die Finanzbehörden können bei der Sachverhaltsermittlung (§§ 85, 88 AO) zwischenstaatliche Amtshilfe in Anspruch nehmen (§ 117 Abs. 1 AO). Dabei ist, wie auch bei inländischen Ermittlungen, der Grundsatz der Verhältnismäßigkeit zu beachten. Die Gefahr, dass dem inländischen Beteiligten ein mit dem Zweck der Amtshilfe nicht zu vereinbarender Schaden entstehen kann, ist zu berücksichtigen (§ 117 Abs. 3 Satz 1 Nr. 4 AO analog). Ob eine ausländische Finanzbehörde um Auskunft oder Übersendung von Unterlagen ersucht wird, ist nach pflichtgemäßem Ermessen zu entscheiden (§§ 88, 92, 112 Abs. 1 AO). Im Rahmen eines Ersuchens können Informationen erbeten werden, die für die Besteuerung voraussichtlich erheblich sind (siehe § 6 Abs. 1 Satz 1 i. V. m. § 1 Abs. 1 Satz 1 EUAHiG, Art. 26 OECD-MA sowie Art. 1 TIEA-MA, Art. 4 Abs. 1 i. V. m. Art. 5 Abs. 1 des Übereinkommens).

Als voraussichtlich erheblich sind Informationen anzusehen, die der Ermittlung von steuerlichen Sachverhalten eines oder mehrerer Steuerpflichtiger dienen, die entweder namentlich benannt oder anderweitig konkret identifiziert werden können (vgl. Tz. 5 ff. des OECD-Kommentars zu Art. 26 OECD-MA und Tz. 50 des Übereinkommen-Kommentars zu Art. 4 Abs. 1 des Übereinkommens). Maßgeblich ist, dass zum Zeitpunkt des Ersuchens eine realistische Möglichkeit besteht, dass die erbetenen Informationen für die Besteuerung erheblich sein werden. Ob die erteilten Informationen dann tatsächlich steuerlich erheblich sind, ist nicht von Bedeutung.

Nicht zulässig sind Ersuchen zur bloßen Beweisausforschung (sog. „fishing expeditions"), d. h. Ersuchen ohne eine offensichtliche Verbindung zu einer Sachverhaltsermittlung in Steuerangelegenheiten eines bestimmten Steuerpflichtigen oder einer konkreten Gruppe von Steuerpflichtigen (vgl. Tz. 4.1.3 Gruppenersuchen). Entsprechend Art. 26 Abs. 5 OECD-MA, Art. 5 Abs. 4 TIEA-MA, Art. 18 Abs. 2 EUAHiRL sowie Art. 21 Abs. 4 des Übereinkommens kann ein ersuchter Staat die Erteilung von Informationen jedoch nicht nur deshalb ablehnen, weil sich diese bei einer Bank, einem sonstigen Finanzinstitut, einem Bevollmächtigten, Vertreter oder Treuhänder befinden oder sich auf Eigentumsanteile an einer Person beziehen. Ein ersuchter Staat kann ferner die Ermittlung von Informationen nicht deshalb ablehnen, weil er diese nicht für die eigene Besteuerung benötigt (vgl. u. a. Art. 18 Abs. 1 EUAHiRL, Art. 21 Abs. 3 des Übereinkommens).

Nach § 6 Abs. 1 Satz 3 EUAHiG können auch Originaldokumente erbeten werden, wenn diese für das weitere Verfahren benötigt werden.

**4.1.2. Vorherige Ermittlungen**

Die nach der AO vorgesehenen inländischen Ermittlungsmöglichkeiten sind grundsätzlich zunächst auszuschöpfen. Amtshilfe soll erst in Anspruch genommen werden, wenn die Sachverhaltsaufklärung durch den Beteiligten (§ 90 Abs. 2 AO) mit unverhältnismäßig großen Schwierigkeiten verbunden wäre oder keinen Erfolg verspricht (vgl. auch § 6 Abs. 3 EUAHiG).

Dabei entscheiden die Finanzbehörden nach pflichtgemäßem Ermessen, inwieweit Ermittlungen als zweckmäßig und Erfolg versprechend anzusehen sind. Wird z. B. die Steuerfahndung im Besteuerungsverfahren tätig (§ 208 Abs. 1 Satz 1 Nr. 2 und 3 AO), kann ein Ersuchen auch ohne vorherige Ermittlungen beim Steuerpflichtigen gestellt werden, wenn ansonsten die Erreichung des Ermittlungsziels gefährdet erscheint.

**4.1.3. Gruppenersuchen**

Ein Ersuchen kann auch zur Ermittlung steuerlicher Sachverhalte gestellt werden, die eine Gruppe von Steuerpflichtigen (Gruppenersuchen) betreffen. Bezieht sich das Ersuchen auf eine Gruppe von nicht einzeln identifizierbaren Steuerpflichtigen, ist es zur Abgrenzung, dass es sich bei dem Ersuchen nicht um eine bloße Beweisausforschung handelt, erforderlich, dass im Ersuchen die Gruppe anhand des konkreten Sachverhalts, der ein bestimmtes Verhaltensmuster beinhaltet, und der Umstände, die zu dem Ersuchen geführt haben, ausführlich beschrieben wird, und anhand von Fakten erläutert wird, warum Grund zu der Annahme besteht, dass die Steuerpflichtigen der Gruppe, über die Informationen eingeholt werden, ihre steuerlichen Pflichten verletzt haben (Tz. 5.2 des OECD-Kommentars zu Art. 26 OECD-MA). Für Gruppenersuchen ist das Formular der Anlage 2 b[1] zu nutzen.

Tz. 8 des OECD-Kommentars zu Art. 26 OECD-MA führt folgende Fallbeispiele zulässiger Gruppenersuchen auf:

a) Die Steuerbehörden eines Staates A führen eine steuerliche Prüfung der Angelegenheiten des Steuerpflichtigen X durch. Auf der Grundlage dieser Prüfung erhalten die Steuerbehörden Hinweise, dass der Steuerpflichtige X ein nicht angegebenes Bankkonto oder mehrere nicht angegebene Bankkonten bei Bank B im Staat B besitzt. Nach der Erfahrung von Staat A ist es nicht unwahrscheinlich, dass die Bankkonten, um eine Aufdeckung zu verhindern, auf Namen von Verwandten des Nutzungsberechtigten geführt werden. Staat A ersucht daher um Informationen über alle bei der Bank B geführten Konten, für die der Steuerpflichtige X Nutzungsberechtigter ist, sowie über alle auf den Namen seiner Ehefrau und seiner Kinder geführten Konten.

b) Die im Staat A ansässige Gesellschaft A befindet sich im Besitz der im Staat B ansässigen ausländischen nicht börsennotierten Gesellschaft B. Die Steuerbehörden des Staates A vermuten, dass sich Gesellschaft B mittelbar oder unmittelbar im Besitz der Geschäftsführer X, Y und Z der Gesellschaft A befindet. In diesem Fall wären die von Gesellschaft A an die Gesellschaft B

[1] **[Amtl. Anm.:]** Hier nicht abgedruckt.

ausgezahlten Dividenden auf Ebene der Geschäftsführer zu versteuern, da sie im Staat A ansässige Anteilseigner sind und daher die dort geltenden Regelungen für durch unbeschränkt Steuerpflichtige beherrschte ausländische Gesellschaften Anwendung finden. Der Verdacht beruht auf Informationen, die ein ehemaliger Angestellter der Gesellschaft A an die Steuerbehörden des Staates A übermittelt hat. Als die drei Geschäftsführer der Gesellschaft A mit den Behauptungen konfrontiert werden, leugnen sie, Eigentumsanteile an Gesellschaft B zu besitzen. Die Steuerbehörden des Staates A haben sämtliche innerstaatlichen Mittel zur Beschaffung von Informationen über die Eigentumsverhältnisse von Gesellschaft B ausgeschöpft. Staat A ersucht Staat B um Auskunft darüber, ob X, Y und Z Anteilseigner der Gesellschaft B sind. Da sich Eigentumsrechte in diesen Fällen häufig z. B. in den Händen von Briefkastengesellschaften und nominellen Anteilseignern befinden, ersucht er Staat B ferner um Auskunft darüber, ob X, Y und Z mittelbar an Gesellschaft B beteiligt sind. Kann Staat B nicht ermitteln, ob X, Y oder Z mittelbar beteiligt sind, ersucht er um Auskunft über die Anteilseigner, sodass er seine Ermittlungen fortführen kann.

c) Der Finanzdienstleister B ist im Staat B niedergelassen. Die Steuerbehörden des Staates A haben festgestellt, dass B ein Finanzprodukt an im Staat A ansässige Personen mithilfe irreführender Informationen vermarktet, die nahelegen, dass durch das Produkt die im Staat A geltende Einkommensteuerpflicht für die mit dem Produkt akkumulierten Einkünfte entfällt. Das Produkt erfordert die Eröffnung eines Kontos bei Finanzdienstleister B zur Tätigung der Investition. Die Steuerbehörden des Staates A haben eine Warnung an Steuerpflichtige herausgegeben, in der sämtliche Steuerpflichtige vor dem Produkt gewarnt werden und klargestellt wird, dass der implizierte Steuereffekt damit nicht erzielt wird und die durch das Produkt erzielten Einkünfte zu erklären sind. B vermarktet das Produkt jedoch weiterhin auf seiner Internetseite und Staat A hat Beweise, dass B das Produkt ebenfalls durch ein Netzwerk von Beratern vermarktet. Staat A hat bereits verschiedene in seinem Hoheitsgebiet ansässige Steuerpflichtige ermittelt, die in das Produkt investiert haben und die Einkünfte aus ihren Investitionen nicht erklärt haben. Staat A hat alle inländischen Ermittlungsmöglichkeiten zur Beschaffung von Informationen über die Identität der in seinem Hoheitsgebiet ansässigen Personen, die in das Produkt investiert haben, ausgeschöpft. Staat A ersucht die zuständige Behörde des Staates B um Auskunft über sämtliche in Staat A ansässigen Personen, die (i) ein Konto bei B besitzen und (ii) in das Finanzprodukt investiert haben. Staat A übermittelt in dem Ersuchen die oben genannten Informationen einschließlich Einzelheiten zum Finanzprodukt und zum Stand der Untersuchung.

Nach Tz. 8.1 des OECD-Kommentars zu Art. 26 OECD-MA besteht hingegen für einen ersuchten Staat keine Verpflichtung, folgende Ersuchen zu beantworten, falls diese nicht durch weitere Informationen begründet werden:

a) Ersuchen zu Kontoinformationen (Namen, Geburtsdaten und -orte sowie Kontoständen) von im ersuchenden Staat ansässigen Personen, die ein Konto bei einer Bank B in dem ersuchten Staat besitzen, wenn im Ersuchen lediglich ausgeführt wird, dass bekannt ist, dass Bank B über eine große Gruppe ausländischer Kontoinhaber verfügt.

b) Ersuchen um Mitteilung von Informationen über Anteilseigner einer im ersuchten Staat ansässigen Gesellschaft B (Namen aller im ersuchenden Staat ansässigen Anteilseigner sowie alle Dividendenzahlungen an diese Anteilseigner), wenn im Ersuchen lediglich ausgeführt wird, dass die Gesellschaft B erhebliche Geschäftstätigkeiten im ersuchenden Staat ausübt und daher vermutlich Anteilseigner hat, die im ersuchenden Staat ansässig sind, bzw. wenn im Ersuchen ausgeführt wird, dass allgemein bekannt ist, dass Steuerpflichtige im ersuchenden Staat häufig Einkünfte oder Vermögen aus ausländischen Quellen nicht steuerlich erklären.

**4.1.4. Zustellungsersuchen nach dem EUAHiG**

Ein Ersuchen um Zustellung bezieht sich nach § 13 Abs. 1 EUAHiG auf die Zustellung von Dokumenten und Verwaltungsakten im anderen EU-MS. Die Finanzbehörden übermitteln das Zustellungsersuchen an das BZSt zur Weiterleitung an den anderen EU-MS.

Die Finanzbehörden können grundsätzlich ansässigen Personen in anderen EU-MS Dokumente per Einschreiben oder auf elektronischem Weg übermitteln (§ 13 Abs. 4 EUAHiG i. V. m. § 9 Abs. 1 Nr. 1 bzw. § 9 Abs. 1 Nr. 4 VwZG).

Daher ist ein Zustellungsersuchen nur dann zulässig, wenn die inländische Finanzbehörde nicht in der Lage ist, die Zustellung nach den oben genannten Vorschriften des VwZG im anderen EU-MS vorzunehmen, oder die Zustellung mit unverhältnismäßig großen Schwierigkeiten verbunden wäre (§ 13 EUAHiG).

**4.1.5. Zustellungsersuchen nach dem Übereinkommen**

Ein Ersuchen um Zustellung bezieht sich nach Art. 17 Abs. 1 des Übereinkommens auf die Zustellung von Dokumenten und Verwaltungsakten im anderen Vertragsstaat des Übereinkommens. Eine Zustellung nach Art. 17 Abs. 1 des Übereinkommens ist nur zulässig, sofern der andere Vertragsstaat keinen Vorbehalt nach Art. 30 Abs. 1 Buchst. d des Übereinkommens hinterlegt hat. Die Finanzbehörden übermitteln das Zustellungsersuchen an das BZSt zur Weiterleitung an den anderen Vertragsstaat.

Die Finanzbehörden können grundsätzlich ansässigen Personen in anderen Vertragsstaaten des Übereinkommens Dokumente per Post übermitteln oder per Einschreiben zustellen (Art. 17 Abs. 3 des Übereinkommens i. V. m. § 9 Abs. 1 Nr. 1 VwZG), sofern der andere Vertragsstaat keinen Vorbehalt nach Art. 30 Abs. 1 Buchst. e des Übereinkommens hinterlegt hat.

Daher ist ein Zustellungsersuchen nach Art. 17 Abs. 1 des Übereinkommens nur dann an den anderen Vertragsstaat zu übermitteln, wenn die inländische Finanzbehörde nicht in der Lage ist, die Zustellung nach den oben genannten Vorschriften des VwZG im anderen Vertragsstaat des Übereinkommens vorzunehmen (Tz. 162 des Übereinkommen-Kommentars zu Art. 17 Abs. 3 des Übereinkommens, vgl. Tz. 2.3).

### 4.2. Form, Inhalt, Übermittlung und Erledigung des Ersuchens

#### 4.2.1. Form und Inhalt des Ersuchens

Für Ersuchen nach einem TIEA ist das Formular der Anlage 2 a[1] (für das Fürstentum Liechtenstein speziell das Formular der Anlage 2 aa)[1], für Gruppenersuchen das Formular der Anlage 2 b[1] und bei Ersuchen zu Steuern auf Versicherungsprämien das Formular der Anlage 2 d[1] zu nutzen. Für Ersuchen nach allen anderen Rechtsgrundlagen ist das EU-Standardformblatt RIF (Anhang I der EUAHiDV) zu verwenden. Für Zustellungsersuchen nach dem EUAHiG ist das EU-Standardformblatt (Anhang III der EUAHiDV) zu verwenden.

Auf ein nach deutschem Recht bestehendes Auskunfts- und Vorlageverweigerungsrecht (§§ 101 bis 106 AO) sowie auf das im deutschen Recht bestehende Verbot, im Besteuerungsverfahren Zwangsmittel gegen den Steuerpflichtigen zu verwenden, wenn dieser dadurch gezwungen würde, sich selbst wegen einer von ihm begangenen Steuerstraftat oder Steuerordnungswidrigkeit zu belasten (§ 393 Abs. 1 AO), ist hinzuweisen. Ggf. ist der einschlägige Gesetzestext, soweit er von Bedeutung sein kann, in Kopie beizufügen.

Beim Ausfüllen der Formulare und EU-Standardformblätter sind folgende Grundsätze zu beachten:
- deutsche Sprache,
- einfache Satzstruktur,
- Fachausdrücke vermeiden,
- keine Abkürzungen verwenden,
- Angabe der betroffenen Jahre und Steuerarten,
- knappe, präzise Sachverhaltsdarstellung,
- steuerrechtliche Zusammenhänge verständlich darstellen,
- detaillierte, zielführende Fragestellung,
- genaue Angabe von benötigten Unterlagen,
- keine bloße Benennung von gesetzlichen Vorschriften und keine Hinweise auf behördeninterne Datenbankabfragen.

Das Ersuchen ist so zu formulieren, dass der ersuchten Behörde die Beantwortung so weit wie möglich erleichtert wird.

Es ist darauf zu achten, dass Informationen zum Ausschöpfen der inländischen Ermittlungsmöglichkeiten sowie die Versicherung der Geheimhaltung der erlangten Informationen stets enthalten sind.

Die Eintragungen zu der Gegenseitigkeit nimmt die für den Informationsaustausch zuständige Finanzbehörde (Tz. 1.5) vor. Zur Frage des Erfordernisses der Anhörung des inländischen Beteiligten vgl. Tz. 3.1.

#### 4.2.2. Übermittlung des Ersuchens

Die mit der Sache befasste Finanzbehörde übermittelt das Ersuchen elektronisch einschließlich Anlagen und Übersendungsschreiben dem BZSt bzw. dem ZKA (Ausnahme: Delegation von Zuständigkeiten Tz. 1.5.1.4) auf dem Dienstweg (Anlage 2 e)[1].

---

[1] **[Amtl. Anm.:]** Hier nicht abgedruckt.

### 4.2.3. Entsendung von Bediensteten deutscher Finanzbehörden in andere Staaten oder Gebiete

Die ausländische Finanzbehörde führt die zur Erteilung einer Auskunft erforderlichen Ermittlungen nach dem für sie maßgebenden nationalen Recht durch.

Zur Beschleunigung und Erleichterung des Informationsaustauschs kann die für den Informationsaustausch zuständige Finanzbehörde Bedienstete zur ausländischen Ermittlungsbehörde entsenden, die dort das Ersuchen erläutern, die Ermittlungsergebnisse entgegennehmen und etwaige Hinweise für weitere Ermittlungen geben.

Der Informationsaustausch mit Bediensteten des ersuchten Staates oder Gebietes erfolgt entweder im Beisein eines Vertreters des BZSt oder wird an die entsandten Bediensteten durch das BZSt oder die nach Tz. 1.5.1.4 zuständige Behörde delegiert. Die Offenbarung von Informationen ist nur insoweit zulässig, wie dies durch die völkerrechtlichen Vereinbarungen bzw. das EUAHiG gedeckt ist.

Die Entsendung bedarf der Zustimmung der zuständigen ausländischen Finanzbehörde und des BZSt oder der nach Tz. 1.5.1.4 zuständigen Behörde.

Die mit der Sache befasste Finanzbehörde trägt die mit der Entsendung zusammenhängenden Kosten.

In Bezug auf die weiterreichenden Regelungen zwischen den EU-MS gilt das Folgende:

Nach § 11 i. V. m. § 10 Abs. 1 Nr. 1 und 2 EUAHiG können inländische Bedienstete auch in den Amtsräumen der ausländischen Behörde eines anderen EU-MS sowie bei behördlichen Ermittlungen zugegen sein, die in einem anderen EU-MS durchgeführt werden, wenn dies die Komplexität des Ersuchens erfordert. Sofern dies nach dem nationalen Recht des anderen EU-MS zulässig ist, können die entsandten Bediensteten, die bei einer behördlichen Ermittlung in einem anderen EU-MS zugegen sind, auch Personen befragen und Aufzeichnungen prüfen (§ 11 i. V. m. § 10 Abs. 3 EUAHiG).

### 4.2.4. Erledigung des Ersuchens

Die Antwort der ausländischen Finanzbehörde – mit der Übersetzung, vgl. Tz. 1.7 – wird der ersuchenden Finanzbehörde auf dem Dienstweg übersandt.

Durch ein Ersuchen wird die Festsetzungsverjährung nicht gehemmt. Deswegen ist durch geeignete Maßnahmen sicherzustellen, dass zwischenzeitlich keine Festsetzungsverjährung eintritt. Eine solche Maßnahme kann die vorläufige Steuerfestsetzung nach § 165 Abs. 1 Satz 1 AO darstellen. Der Grund und der Umfang der Vorläufigkeit sind dabei möglichst genau anzugeben.

### 4.2.5. Anschlussersuchen, Richtigstellung

Ist die Auskunft unzureichend oder ergibt sich in diesem Zusammenhang ein zusätzliches Aufklärungsbedürfnis, so kann ein ergänzendes Ersuchen (Anschlussersuchen) gestellt werden. Ergeben sich bei der Auswertung einer Auskunft Anhaltspunkte, dass sich der Sachverhalt anders darstellt, als von der ausländischen Finanzbehörde übermittelt, so ist sie davon zu unterrichten.

### 4.2.6. Rückmeldungen an andere EU-MS

Bittet ein anderer EU-MS um eine Rückmeldung des Ergebnisses der Verwendung der von ihm übermittelten Antwort, hat die zuständige Finanzbehörde die Rückmeldung unverzüglich, spätestens jedoch drei Monate, nachdem das Ergebnis bekannt geworden ist, an das BZSt bzw. das ZKA, mit Ausnahme bei Delegation der Zuständigkeit nach Tz. 1.5.1.4, zu übermitteln (§ 16 Abs. 2 Satz 1 EUAHiG). Für die Rückmeldung und die Mitteilung des steuerlichen Mehrergebnisses ist grundsätzlich das EU-Standardformblatt FIF (Anhang IV der EUAHiDV) zu verwenden. Es ist dem BZSt bzw. dem ZKA elektronisch zu übermitteln. Das BZSt wird die von der zuständigen Finanzbehörde übermittelten Angaben an den anderen EU-MS weiterleiten, sofern die Vorschriften zum Datenschutz und zum Schutz des Steuergeheimnisses dem nicht entgegenstehen (§ 16 Abs. 2 Satz 2 und 3 EUAHiG).

## 5. Ersuchen an deutsche Finanzbehörden

### 5.1. Zulässigkeitsprüfung

Die deutschen Finanzbehörden leisten aufgrund innerstaatlich anwendbarer völkerrechtlicher Vereinbarungen oder des EUAHiG zwischenstaatliche Amtshilfe durch Auskunftserteilung. Sie können außerdem unter den Voraussetzungen des § 117 Abs. 3 AO Auskünfte erteilen. Auf Ersuchen werden alle Antworten übermittelt, die für die Festsetzung von Steuern nach Tz. 1 voraussichtlich erheblich sind (§ 4 Abs. 1 Satz 1 i. V. m. § 1 Abs. 1 Satz 1 EUAHiG, Art. 26 OECD-MA sowie Art. 1 TIEA-MA, Art. 4 Abs. 1 i. V. m. Art. 5 Abs. 1 des Übereinkommens).

Die zuständigen Finanzbehörden (Tz. 1.5.1; in den Fällen des § 117 Abs. 3 AO auch das BZSt und die oberste Finanzbehörde des Landes) prüfen, ob einem ausländischen Ersuchen entsprochen werden kann, bzw. es vollständig ist. Ergeben sich bei der Erledigung des Ersuchens Anhaltspunkte dafür, dass der Auskunftserteilung Hinderungsgründe entgegenstehen könnten, so ist das BZSt bzw. das ZKA (Ausnahmen: Delegation von Zuständigkeiten Tz. 1.5.1.4) unverzüglich zu unterrichten; zu den Versagungsgründen vgl. Tz. 5.3.

Falls das ausländische Ersuchen unter Verwendung des EU-Standardformblattes RIF (Anhang I der EUAHiDV) übermittelt wurde, sind die Eintragungen zu Hinderungs- oder Ablehnungsgründen sowie zusätzlich anzufordernde Unterlagen in dieses Formblatt einzutragen und auf dem Dienstweg elektronisch weiterzuleiten. In Drittstaatenfällen sind die Hinderungsgründe bzw. für die Auskunftserteilung zusätzlich benötigte Informationen dem BZSt bzw. dem ZKA mittels EU-Standardformblatt ACK auf dem Dienstweg elektronisch zu übermitteln.

### 5.2. Erledigung des Ersuchens

#### 5.2.1. Ermittlungsbefugnisse

Die Vornahmebehörde beschafft die Informationen, die der andere Staat benötigt, in derselben Weise, als wäre die deutsche Besteuerung betroffen (§ 117 Abs. 4 AO). Sie kann dazu sowohl eigene Erkenntnisquellen nutzen als auch nach den Vorschriften der AO ermitteln (§§ 88, 92 bis 100, 208 Abs. 1 AO).

Ein Kontenabruf nach § 93 Abs. 7 AO ist für die Erledigung eines ausländischen Ersuchens nicht zulässig.

Bei Vorliegen der Voraussetzungen nach Maßgabe der AO sind z. B. dritte Personen zur Auskunft auch im Interesse der ausländischen Besteuerung verpflichtet (BFH vom 20. Februar 1979, BStBl. II S. 268). Die Verpflichtung, den inländischen Beteiligten anzuhören (Tz. 3.1) und jeweils über seine Rechtsstellung zu unterrichten (§ 89 Abs. 1 Satz 2 AO), ist zu beachten. Vgl. ferner Tz. 5.3.2.1.

**5.2.2. Verfahren**

Die Vornahmebehörde entscheidet nach pflichtgemäßem Ermessen, ob Ermittlungen durchzuführen sind (§ 86 AO). Sie bestimmt Art und Umfang der erforderlichen Ermittlungen (§ 88 AO). Sie kann insbesondere

– Akten beiziehen (§ 92 AO),
– Auskünfte einholen (§ 93 AO),
– die Vorlage von Urkunden verlangen (§ 97 AO),
– den Augenschein einnehmen (§§ 98, 99 AO).

Die Vornahmebehörde fordert, soweit notwendig, den Beteiligten oder andere Personen zur Mitwirkung auf (§§ 93 bis 100 AO). Gegen diese Maßnahme sind die Rechtsbehelfe zulässig, die bei Ermittlungen für deutsche Besteuerungszwecke gegeben sind (vgl. Tz. 3.2).

Die Erfüllung der Mitwirkungspflichten kann erzwungen werden (§§ 328 bis 335 AO). Die Rechte der zur Mitwirkung Verpflichteten sind zu beachten (Tz. 5.3.1.1).

Die Vornahmebehörde erteilt die Auskünfte so schnell wie möglich. Bei Übersendung des Ersuchens wird der Vornahmebehörde das unter Berücksichtigung der internationalen Standards ermittelte Fristende durch die nach Tz. 1.5 für den Informationsaustausch zuständige Finanzbehörde mitgeteilt.

Liegen die Informationen bereits bei der Vornahmebehörde vor und ist eine Anhörung nicht erforderlich, so ist die Auskunft umgehend zu erteilen. Dies gilt auch für Teilantworten.

Ist die Vornahmebehörde nicht in der Lage, auf ein Ersuchen fristgerecht zu antworten, unterrichtet sie die nach Tz. 1.5 für den Informationsaustausch zuständige Finanzbehörde auf dem Dienstweg unverzüglich über die Gründe für eine nicht fristgerechte Beantwortung sowie über den Zeitpunkt, an dem sie dem Ersuchen voraussichtlich nachkommen kann.

**5.2.3. Außenprüfung**

Es ist grundsätzlich nicht zulässig, eine Außenprüfung nach den §§ 193, 194 AO ausschließlich zum Zweck der Erledigung eines Ersuchens bei einem inländischen Steuerpflichtigen durchzuführen.

Zur Erledigung eines Ersuchens kann eine Außenprüfung unter den Voraussetzungen des § 193 AO nur bei einem ebenfalls am ausländischen Besteuerungsverfahren Beteiligten durchgeführt werden (z. B. der Wohnsitzstaat ersucht um Prüfung der deutschen Betriebsstätte eines ausländischen Steuerpflichtigen), nicht aber bei einer anderen Person.

Eine Außenprüfung ist unter den Voraussetzungen der §§ 193, 194 und 208 AO bei einer anderen Person auch dann zulässig, wenn sich aus dem Ersuchen Anhaltspunkte dafür ergeben, dass ein Sachverhalt bei der Besteuerung dieser Person unzutreffend behandelt wurde.

Soweit eine Außenprüfung bei einem am inländischen Besteuerungsverfahren Beteiligten zulässig ist, kann ein Ersuchen im Einzelfall auch Anlass für eine gleichzeitige Prüfung (Tz. 7) oder eine gemeinsame Prüfungstätigkeit mehrerer Steuerverwaltungen (Tz. 8) sein.

Ermittlungen zur Erledigung eines Ersuchens sind ferner im Rahmen von Außenprüfungen zulässig, die zeitgleich aus anderen Gründen durchgeführt werden.

**5.2.4. Anwesenheit von Bediensteten anderer Staaten oder Gebiete im Inland**

Zur Beschleunigung und Erleichterung des Verfahrens können Bedienstete des ersuchenden Staates oder Gebietes mit Zustimmung des BZSt bzw. des ZKA und der zuständigen obersten Landesfinanzbehörde anwesend sein. Sie können das Ersuchen erläutern, die Ermittlungsergebnisse entgegennehmen und etwaige Hinweise für weitere Ermittlungen geben. Bedienstete anderer EU-MS dürfen Amtshandlungen vornehmen (z. B. Personen befragen und Bücher oder Geschäftspapiere prüfen), sofern dies im Rahmen der Entsendung gesondert vereinbart wurde und die befragten Personen der Befragung und Prüfung zustimmen (vgl. § 10 Abs. 3 EUAHiG).

Der Informationsaustausch mit Bediensteten des ersuchenden Staates oder Gebietes erfolgt entweder im Beisein eines Vertreters des BZSt bzw. des ZKA oder wird an die entsprechende Vornahmebehörde delegiert. Die zuständige Landesfinanzbehörde darf Auskünfte nur erteilen, wenn das BZSt bzw. das ZKA zuvor der Auskunftserteilung zugestimmt hat. Die Tz. 1.5.1.4 bleibt unberührt. Die Offenbarung von Informationen ist im Übrigen nur insoweit zulässig, wie dies durch die völkerrechtlichen Vereinbarungen bzw. das EUAHiG gedeckt ist.

Bedienstete anderer EU-MS, die sich im Inland zur Durchführung eines Informationsaustauschs aufhalten, müssen zu ihrer Legitimation jederzeit eine schriftliche Vollmacht des zentralen Verbindungsbüros vorlegen können (§ 10 Abs. 4 EUAHiG).

**5.2.5. Zustellungsersuchen nach dem EUAHiG bzw. dem Übereinkommen**

Die Erledigung von Zustellungsersuchen anderer EU-MS nach Art. 13 EUAHiRL bzw. anderer Vertragsstaaten des Übereinkommens nach Art. 17 Abs. 1 des Übereinkommens erfolgt nach den Vorschriften des VwZG (vgl. § 14 Abs. 1 Satz 3 EUAHiG).

**5.2.6. Zuständigkeit**

Für die Ermittlungen ist die Finanzbehörde zuständig, in deren Bezirk die Ermittlungshandlungen vorzunehmen sind (§ 24 AO); bei Steuern auf Versicherungsprämien das BZSt selbst. Sind im Bezirk mehrerer Finanzbehörden Ermittlungen durchzuführen, so wird die zuständige Finanzbehörde durch die gemeinsame fachlich zuständige Aufsichtsbehörde bestimmt. Fehlt eine gemeinsame Aufsichtsbehörde, so treffen die fachlich zuständigen Aufsichtsbehörden die Entscheidung gemeinsam (§ 25 AO). Die Koordinierung kann dem BZSt bzw. dem ZKA übertragen werden.

**5.2.7. Antwort**

Die zuständige Finanzbehörde legt dem BZSt bzw. dem ZKA (Ausnahme: Delegation Tz. 1.5.1.4) die Antwort ggf. mit Anlagen auf dem Dienstweg vor (Anlage 2 e)[1]. Tz. 5.3.1 ist zu beachten. Führen Ermittlungen zu steuerlich erheblichen Feststellungen, auf die das Ersuchen nicht zielte, z. B. weil die anfragende Finanzbehörde einen abweichenden Geschehensablauf vermutet hat, so sind auch diese Feststellungen mitzuteilen. Zur Anhörung des inländischen Beteiligten vgl. Tz. 3.1.

Es ist darauf zu achten, dass alle Fragen vollständig beantwortet werden. Ggf. ist anzugeben, aus welchen Gründen eine Beantwortung nicht möglich ist. Dies gilt für angeforderte Unterlagen entsprechend.

Für Antworten auf Ersuchen anderer EU-MS, die mit EU-Standardformblättern RIF (Anhang I der EUAHiDV) übermittelt wurden, sind diese zu verwenden. Die Antworten sind in das vom anderen EU-MS übermittelte EU-Standardformblatt einzutragen und dem BZSt bzw. dem ZKA auf dem Dienstweg elektronisch zu übermitteln (§ 17 EUAHiG).

Die Vornahmebehörde kann die ersuchende Behörde um eine Rückmeldung über die Verwendung der erbetenen Informationen bitten (Art. 14 Abs. 1 Satz 1 EUAHiRL).

**5.2.8. Gegenersuchen**

Ergeben sich bei der Bearbeitung des Ersuchens Anhaltspunkte, dass deutsche Steuern verkürzt worden sein könnten, so kann die ausländische Finanzbehörde um die zur Aufklärung erforderlichen Informationen gebeten werden. Hierfür ist ein gesondertes Ersuchen an die ausländische Finanzbehörde zu richten. Es gelten die allgemeinen Voraussetzungen nach Tz. 4. Auf das ursprüngliche Ersuchen der ausländischen Finanzbehörde ist zu verweisen.

**5.2.9. Kosten**

Die durch die Erledigung des ausländischen Ersuchens der zuständigen Finanzbehörde entstehenden Kosten gehen zu deren Lasten (z. B. in den Fällen des § 107 AO). Außergewöhnliche Kosten gehen zu Lasten der ersuchenden Behörde. Bevor Maßnahmen getroffen werden, die außergewöhnliche Kosten verursachen, ist die Zusicherung der Kostenübernahme durch den ersuchenden Staat auf dem Dienstweg einzuholen.

**5.3. Grenzen der Informationsübermittlung**

Die Informationsübermittlung ist in den Fällen des § 4 Abs. 3 EUAHiG untersagt (vgl. Tz. 5.3.1.1 und Tz. 5.3.1.3 bis Tz. 5.3.1.5). In den Fällen des § 4 Abs. 4 EUAHiG kann sie verweigert werden (vgl. Tz. 5.3.2.1).

Bei einer Informationsübermittlung, die auf einer anderen Rechtsgrundlage als dem EUAHiG beruht (z. B. DBA, TIEA, Übereinkommen), sind die im jeweiligen Abkommen genannten Grenzen zu beachten.

Die Bundesrepublik Deutschland hat in ihrer „Auslegungserklärung und Erklärung zu Schutzbestimmungen unter Bezugnahme auf Art. 21 des Übereinkommens und Art. V des Protokolls des Übereinkommens sowie auf Art. 22 des Übereinkommens und Art. VI des Protokolls" Festlegungen zum Schutz der Person und Grenzen der Verpflichtung zur Leistung von Amtshilfe

[1] **[Amtl. Anm.:]** Hier nicht abgedruckt.

und Geheimhaltung mit Hinterlegung der deutschen Ratifikationsurkunde am 28. August 2015 beim Generaldirektor der OECD in Paris getroffen (vgl. Tz. 2.3).

### 5.3.1. Verbot der Informationsübermittlung

#### 5.3.1.1. Beschränkungen aufgrund nationalen Rechts

Informationen, die nach deutschem Recht nicht beschafft werden können oder deren Beschaffung der deutschen Verwaltungspraxis widerspricht (Tz. 5.2.1), dürfen nicht übermittelt werden (§ 4 Abs. 3 Nr. 1 EUAHiG, Art. 26 Abs. 3 Buchst. b OECD-MA, Art. 21 Abs. 2 Buchst. c des Übereinkommens). Danach sind insbesondere

– die Auskunfts- und Vorlageverweigerungsrechte nach §§ 101 bis 106 AO zu beachten (z. B. Angehörige des Steuerpflichtigen sollen über dessen Verhältnisse Auskunft geben);
– Mitteilungen von Daten über einen Vergleichsbetrieb nur zulässig, wenn sie keine Rückschlüsse auf die Identität des Betroffenen zulassen, es sei denn, der Betroffene stimmt zu;
– Zwangsmittel unzulässig, wenn der Betroffene dadurch gezwungen würde, sich wegen einer von ihm begangenen Steuerstraftat oder Steuerordnungswidrigkeit zu belasten (§ 393 Abs. 1 Satz 2, § 410 Abs. 1 Nr. 4 AO).

#### 5.3.1.2. Abkommenswidrige Besteuerung

Informationen dürfen nicht übermittelt werden, wenn dies zu einer Besteuerung führen würde, die gegen völkerrechtliche Vereinbarungen, insbesondere DBA, verstößt (Art. 26 Abs. 1 Satz 1 OECD-MA: „Die zuständigen Behörden … tauschen die Informationen aus, die … erforderlich sind, soweit die diesem Recht entsprechende Besteuerung nicht dem Abkommen widerspricht.“). Deshalb sind keine Informationen zu übermitteln, die erkennbar auf eine abkommenswidrige Besteuerung durch den anderen Vertragsstaat abzielen. Die bloße Möglichkeit einer Doppelbesteuerung, z. B. in Folge unterschiedlicher Einkünftequalifikationen durch die Vertragsstaaten, ist jedoch kein rechtliches Hindernis für die Informationsübermittlung (BFH vom 10. Mai 2005 I B 218/04, BFH/NV S. 1503).

#### 5.3.1.3. Geschäfts- und Betriebsgeheimnis

Ein Geschäfts- oder Betriebsgeheimnis liegt vor, wenn es sich um Tatsachen und Umstände handelt, die von erheblicher wirtschaftlicher Bedeutung und praktisch nutzbar sind und deren unbefugte Nutzung zu beträchtlichen Schäden führen kann (BFH vom 20. Februar 1979, BStBl. II S. 268). Die Art der Abwicklung der Geschäftsbeziehungen zwischen zwei Unternehmen, die vom Informationsaustausch betroffen sind, ist kein Geschäfts- oder Betriebsgeheimnis. Das gilt auch dann, wenn die Geschäftsbeziehung unter Einschaltung eines Dritten bzw. über einen dritten Staat oder ein Gebiet abgewickelt wird.

Erstreckt sich das ausländische Ersuchen auf ein Handels-, Industrie-, Gewerbe- oder Berufsgeheimnis oder ein Geschäftsverfahren (Geschäfts- oder Betriebsgeheimnis), so darf eine Auskunft nicht erteilt werden, wenn die Gefahr besteht, dass dem inländischen Beteiligten (Tz. 3.1.3) dadurch ein mit dem Zweck der Auskunft nicht zu vereinbarender Schaden entstehen kann (vgl. § 4 Abs. 3 Nr. 3 EUAHiG, Art. 26 Abs. 3 Buchst. c OECD-MA, Art. 7 Nr. 2 TIEA-MA, Art. 21 Abs. 2 Buchst. d des Übereinkommens).

Eine Preisgabe oder Offenbarung, die zu einem Schaden führen könnte, droht aufgrund der gegenseitigen Zusicherung der Geheimhaltung i. S. d. Art. 16 Abs. 1 EUAHiRL (internationales Steuergeheimnis) grundsätzlich nicht bei der Weiterleitung von Informationen an Steuerbehörden innerhalb der EU. Der Beteiligte kann im Rahmen einer Anhörung (Tz. 3.1) geltend machen, dass in seinem Einzelfall die konkrete Gefahr einer unbefugten Offenbarung oder Preisgabe i. S. d. § 4 Abs. 3 Nr. 3 EUAHiG durch die empfangende Steuerverwaltung des anderen EU-MS droht. In diesem Fall gelten die Ausführungen zu Tz. 1.6.2. Ein Schaden liegt dabei jedenfalls nicht in der Erwartung einer angemessenen und zutreffenden Besteuerung.

#### 5.3.1.4. Ausschöpfen der ausländischen Ermittlungsmöglichkeiten

Informationen sind nicht zu übermitteln, wenn der ersuchende Staat die üblichen Ermittlungsquellen, die ihm zur Erlangung der erbetenen Informationen zur Verfügung stehen, ohne dabei die Erreichung des Ziels zu gefährden, nicht ausgeschöpft hat (z. B. § 4 Abs. 3 Nr. 2 EUAHiG, Art. 21 Abs. 2 Buchst. g des Übereinkommens).

#### 5.3.1.5. Ordre Public

Informationen sind nicht zu übermitteln, wenn hierdurch die öffentliche Ordnung verletzt werden würde (§ 4 Abs. 3 Nr. 4 EUAHiG, Art. 26 Abs. 3 Buchst. c OECD-MA, Art. 7 Nr. 4 TIEA-MA, Art. 21 Abs. 2 Buchst. b des Übereinkommens).

### 5.3.2. Verweigerung der Informationsübermittlung

#### 5.3.2.1. Beschränkungen aufgrund ausländischen Rechts

Es besteht keine Verpflichtung, Informationen zu übermitteln, wenn die Informationen durch Verwaltungsmaßnahmen beschafft werden müssten, die das Recht des ersuchenden Staates oder Gebietes nicht vorsieht (vgl. z. B. § 4 Abs. 4 EUAHiG).

#### 5.3.2.2. Vorbehalt der Streitschlichtung

Sofern kein Verbot der Informationsübermittlung nach Tz. 5.3.1 vorliegt, aber eine Doppelbesteuerung möglich erscheint (Tz. 5.3.1.2), kann der Beteiligte schon während des Auskunftsverfahrens ein Verständigungsverfahren beantragen, wenn die Voraussetzungen hierfür vorliegen. Dies kann z. B. bei der Überprüfung von Verrechnungspreisen zwischen verbundenen Unternehmen in Betracht kommen (Merkblatt zum internationalen Verständigungs- und Schiedsverfahren auf dem Gebiet der Steuern vom Einkommen und vom Vermögen vom 9. Oktober 2018 IV B 2 – S 1304/17/10001, BStBl. I S. 1122).

## 6. Informationsaustausch ohne Ersuchen

### 6.1. Spontanauskünfte deutscher Finanzbehörden

Spontaner Informationsaustausch ist die nicht systematische Übermittlung von Informationen an einen anderen Staat ohne dessen vorheriges Ersuchen.

### 6.1.1. Spontanauskünfte nach dem EUAHiG

Einem anderen EU-MS können nach pflichtgemäßem Ermessen alle Informationen übermittelt werden, wenn diese für die zutreffende Besteuerung eines Steuerpflichtigen im anderen EU-MS von Nutzen sein können (§ 8 Abs. 1 EUAHiG).

Informationen sind nach § 8 Abs. 2 EUAHiG zu übermitteln, wenn

a) Gründe für die Vermutung einer Steuerverkürzung in dem anderen EU-MS vorliegen,

b) ein Sachverhalt vorliegt, aufgrund dessen eine Steuerermäßigung oder Steuerbefreiung gewährt worden ist, und die zu übermittelnden Informationen für den Steuerpflichtigen zu einer Besteuerung oder Steuererhöhung im anderen EU-MS führen könnten,

c) Geschäftsbeziehungen zwischen einem in Deutschland Steuerpflichtigen und einem in einem anderen EU-MS Steuerpflichtigen über einen oder mehrere weitere Staaten in einer Weise geleitet werden, die in einem oder beiden EU-MS zur Steuerersparnis führen kann,

d) Gründe für die Vermutung vorliegen, dass durch künstliche Gewinnverlagerungen zwischen verbundenen Unternehmen eine Steuerersparnis eintritt, oder

e) ein Sachverhalt, der im Zusammenhang mit der Informationserteilung eines anderen EU-MS ermittelt wurde, auch für die zutreffende Steuerfestsetzung in einem weiteren EU-MS erheblich sein könnte.

Sollte in Fällen der Tz. 6.1.1 Buchst. e die Weitergabe von Informationen und Dokumenten beabsichtigt sein, die im Rahmen der Informationserteilung des anderen EU-MS übermittelt wurden, so ist dieser EU-MS vom BZSt bzw. dem ZKA oder von der nach Tz. 1.5.1.4 für den Informationsaustausch zuständigen Behörde zu informieren und eine Weitergabe der Informationen und Unterlagen nur dann zulässig, wenn dieser EU-MS nicht innerhalb von zehn Arbeitstagen nach Eingang der Mitteilung widerspricht (§ 15 Abs. 2 EUAHiG).

Für die Vermutung, dass die in § 8 Abs. 2 EUAHiG genannten Sachverhalte vorliegen, reicht es aus, wenn das Verhalten des Steuerpflichtigen nach der allgemeinen Lebenserfahrung den Schluss erlaubt, er wolle verhindern, dass die zuständigen Finanzbehörden Kenntnis von einem steuerlich relevanten Sachverhalt erlangen (BFH vom 17. Mai 1995, BStBl. II S. 497).

Informationen sind grundsätzlich unter Verwendung des EU-Standardformblattes SIF (Anhang II der EUAHiDV) sowie Anlage 2 e[1] zu übermitteln. Die Regelungen zur Anhörung (Tz. 3.1) sind zu beachten. Die Übermittlung von Informationen an EU-MS erfolgt auf elektronischem Weg. Die Auskünfte müssen der ausländischen Steuerverwaltung eine Identifizierung des Betroffenen ermöglichen.

Spontanauskünfte nach § 8 Abs. 2 EUAHiG sollen unverzüglich übermittelt werden, spätestens jedoch einen Monat, nachdem die Informationen verfügbar geworden sind (§ 8 Abs. 3 EUAHiG).

---

[1] **[Amtl. Anm.:]** Hier nicht abgedruckt.

Die inländischen Finanzbehörden können in Spontanauskünften an andere EU-MS um eine Rückmeldung der ausländischen Behörde zu den übermittelten Informationen bitten (Art. 14 Abs. 1 Satz 1 EUAHiRL).

**6.1.2. Spontanauskünfte nach anderen Rechtsgrundlagen**

Spontanauskünfte nach den DBA sind auch gegenüber Drittstaaten zulässig, mit denen eine große bzw. umfassende Auskunftsklausel vereinbart ist. Sie sind gegenüber Staaten zulässig, mit denen eine kleine Auskunftsklausel vereinbart ist, soweit sie zur Durchführung des DBA erforderlich sind, z. B. in den Fällen der Freistellung des Arbeitslohnes vom Steuerabzug aufgrund eines DBA, und die Gegenseitigkeit vorliegt.

Nach Art. 7 Abs. 1 des Übereinkommens sind Spontanauskünfte auch dem jeweils anderen Vertragsstaat zu übermitteln, wenn

a) Gründe für die Vermutung einer Steuerverkürzung in dem anderen Vertragsstaat vorliegen,

b) ein Sachverhalt vorliegt, aufgrund dessen eine Steuerermäßigung oder Steuerbefreiung gewährt worden ist, und die zu übermittelnden Informationen für den Steuerpflichtigen zu einer Besteuerung oder Steuererhöhung im anderen Vertragsstaat führen könnten,

c) Geschäftsbeziehungen zwischen einem in Deutschland Steuerpflichtigen und einem in einem anderen Vertragsstaat Steuerpflichtigen über einen oder mehrere weitere Staaten in einer Weise geleitet werden, die in einem oder beiden Vertragsstaaten zur Steuerersparnis führen kann,

d) ein Vertragsstaat Gründe für die Vermutung einer künstlichen Gewinnverlagerung innerhalb eines Konzerns hat, oder

e) im Zusammenhang mit Informationen, die der deutschen Finanzbehörde von einem anderen Vertragsstaat übermittelt worden sind, ein Sachverhalt ermittelt ist, der für die Steuerfestsetzung in dem anderen Vertragsstaat erheblich sein kann.

Spontaninformationen gegenüber Drittstaaten sind grundsätzlich ebenfalls unter Verwendung des EU-Standardformblattes SIF (Anhang II der EUAHiDV) sowie Anlage 2 e[1] zu übermitteln (vgl. Tz. 6.1.1). Die Regelungen zur Anhörung (Tz. 3.1) sind zu beachten.

Bei TIEAs sind Spontanauskünfte nur bei ausdrücklichen Vereinbarungen im jeweiligen Abkommen zulässig.

**6.1.3. Spontanauskünfte und Ermessen der Finanzbehörden**

Die Informationserteilung steht zwar – mit Ausnahme der Informationsübermittlung nach § 8 Abs. 2 EUAHiG und Art. 7 Abs. 1 des Übereinkommens – im Ermessen der Finanzbehörden, sie liegt aber im überwiegenden öffentlichen Interesse, wenn die Bundesrepublik Deutschland in einem DBA auf die Besteuerung von Einkünften zugunsten des anderen Staates verzichtet hat. Der deutsche Steuerverzicht beruht auf der Erwartung der Besteuerung im anderen Staat. Kommt es insoweit nicht zu einer Besteuerung, findet eine Ungleichbehandlung statt, die sowohl die Steuergerechtigkeit berührt als auch wettbewerbsverzerrend wirken kann (BFH vom 8. Februar 1995, BStBl. II

---

[1] **[Amtl. Anm.:]** Hier nicht abgedruckt.

S. 358). Eine Spontanauskunft ist schon dann rechtmäßig, wenn die ernstliche Möglichkeit besteht, dass der andere Vertragsstaat abkommensrechtlich ein Besteuerungsrecht hat und ohne die Auskunft von dem Gegenstand dieses Besteuerungsrechts keine Kenntnis erlangen würde (BFH vom 10. Mai 2005 I B 218/04, BFH/NV S. 1503).

Die Auskünfte können sich auf steuerlich bedeutsame Fälle beschränken (z. B. hohe Zahlungsbeträge oder Verdacht einer Steuerstraftat oder einer Steuerordnungswidrigkeit). Die Übersendung einer Spontanauskunft ist nicht grundsätzlich von dem Überschreiten bestimmter Betragsgrenzen abhängig.

### 6.1.4. Verpflichtender spontaner Informationsaustausch zu „Tax Rulings/steuerliche Vorbescheide"

Ein verpflichtender spontaner Informationsaustausch entsprechend den Vereinbarungen zu BEPS Aktionspunkt 5 besteht mit OECD-, G20- sowie IF-Staaten. Die von Aktionspunkt 5 des BEPS Projekts erfassten „steuerlichen Vorbescheide" (vgl. Tz. 1 des BMF-Schreibens „Merkblatt zum verpflichtenden automatischen und spontanen Austausch verbindlicher Auskünfte, verbindlicher Zusagen und Vorabzusagen zu Verrechnungspreisen im Zusammenhang mit grenzüberschreitenden Sachverhalten" (sog. „Tax Rulings") vom 17. August 2017 IV B 6 – S 1320/16/10002 :014 (BStBl. I S. 1228) sind nach Maßgabe der im Verhältnis zu dem anderen Staat, der nicht EU-MS ist, geltenden Rechtsgrundlage spontan auszutauschen.

Im Verhältnis zu anderen EU-MS sind die „steuerlichen Vorbescheide" i. S. d. BEPS Aktionspunktes 5 bei Unternehmen natürlicher Personen nach den Vorgaben von § 8 EUAHiG verpflichtend spontan auszutauschen, soweit der steuerliche Vorbescheid ausschließlich die Steuerangelegenheiten von natürlichen Personen betrifft, da in diesen Fällen ein automatischer Informationsaustausch nicht vorgesehen ist (vgl. Tz. 7 und 37 des vorgenannten BMF-Schreibens vom 17. August 2017).

Für den verpflichtenden spontanen Informationsaustausch nach Aktionspunkt 5 des BEPS Projekts ist das ausgefüllte Formular (Anlage 2 c)[1] in Form einer pdf-Datei dem EU-Standardformblatt SIF für den spontanen Informationsaustausch zu „Tax Rulings/steuerliche Vorbescheide" beizufügen.

### 6.1.5. Grenzen der Informationserteilung

Die Ausführungen über die Grenzen der Informationserteilung in Tz. 5.3 gelten entsprechend. Dabei ist zu beachten, dass § 4 Abs. 3 Nr. 1 EUAHiG grundsätzlich darauf abstellt, dass die inländische Finanzbehörde die Informationen in einem Besteuerungsverfahren nach den Vorschriften der AO beschaffen könnte. Es ist jedoch zulässig, Zufallserkenntnisse und Zufallsfunde, die in einem – auch gegen Dritte gerichteten – Steuerstrafverfahren gewonnen werden, mitzuteilen. Dies gilt auch, wenn diese in keinem Besteuerungsverfahren nach den Vorschriften der AO hätten mitgeteilt werden müssen. Insoweit besteht bezüglich der Weitergabe der erlangten Kenntnisse kein Verwertungsverbot, solange die Informationsgewinnung auf einer Durchsuchungsanordnung beruht, gegen die kein Rechtsmittel mehr möglich ist (BFH vom 17. Mai 1995, BStBl. II S. 497).

---

[1] **[Amtl. Anm.:]** Hier nicht abgedruckt.

### 6.2. Spontanauskünfte ausländischer Finanzbehörden

Spontanauskünfte ausländischer Finanzbehörden werden vom BZSt bzw. ZKA geprüft, regelmäßig übersetzt (vgl. Tz. 1.7) und an die zuständigen inländischen Finanzbehörden oder bei Steuern auf Versicherungsprämien an das zuständige Referat im BZSt weitergeleitet.

Die Informationen sind zeitgerecht auszuwerten. Hierbei gelten die gleichen Grundsätze wie bei der Auswertung inländischen Kontrollmaterials. Wird der Inhalt vom betroffenen inländischen Steuerpflichtigen bestritten (z. B. bei dem Empfang einer Zahlung oder dem Erwerb bzw. dem Verkauf von Vermögen) ist von der örtlich zuständigen Finanzbehörde zu entscheiden, ob zur Überprüfung der Angaben des Steuerpflichtigen ein formelles Ersuchen an die ausländische Finanzbehörde nach Tz. 4.1 zu richten ist.

Bittet ein anderer EU-MS um eine Rückmeldung des Ergebnisses der Verwendung der Informationen aus einer Spontanauskunft, hat die zuständige Finanzbehörde die Rückmeldung unverzüglich, spätestens jedoch drei Monate, nachdem das Ergebnis bekannt geworden ist, an das BZSt bzw. ZKA weiterzuleiten (§ 16 Abs. 2 Satz 1 EUAHiG). Die Rückmeldung ist dem BZSt bzw. ZKA elektronisch auf dem Dienstweg weiterzuleiten. Für die Rückmeldung sowie die Mitteilung des steuerlichen Mehrergebnisses ist grundsätzlich das EU-Standardformblatt FIF (Anhang IV der EUAHiDV) zu verwenden. Das BZSt wird die von der zuständigen Finanzbehörde übermittelten Angaben an den anderen EU-MS weiterleiten, sofern die Vorschriften zum Datenschutz und zum Schutz des Steuergeheimnisses dem nicht entgegenstehen (§ 16 Abs. 2 Satz 2 und 3 EUAHiG).

## Abschnitt 3 – Verpflichtender automatischer Informationsaustausch

### 6.3. Automatischer Austausch von Informationen – Umfang, Allgemeines, Grenzen und Geheimhaltungsvorschriften

Bei verpflichtenden automatischen Auskünften handelt es sich um die systematische Übermittlung zuvor festgelegter Informationen über gleichartige Sachverhalte in regelmäßigen im Voraus festgelegten Abständen.

Das BZSt ist gemäß § 3 Abs. 2 Satz 1 i. V. m. § 7 Abs. 1 Satz 2 EUAHiG und § 5 Abs. 1 Nr. 5 a – 5 e FVG für die Entgegennahme und ggf. Weiterleitung der dort genannten Informationen zuständig. Bei dem verpflichtenden automatischen Austausch von Informationen über grenzüberschreitende steuerliche Vorbescheide und Vorabverständigungen über Verrechnungspreise zwischen international verbundenen Unternehmen (sog. „Tax Rulings/steuerliche Vorbescheide“) ist das Verfahren nach Art. 21 Abs. 5 der EUAHiRL anzuwenden (§ 5 Abs. 1 Satz 1 Nr. 5 c FVG), vgl. Tz. 6.3.2.3 letzter Absatz.

In den Fällen des verpflichtenden automatischen Informationsaustauschs findet eine Anhörung der Beteiligten nicht statt (§ 91 Abs. 2 Nr. 4, § 117 c Abs. 2 Satz 1, § 117 c Abs. 4 Satz 2 AO, § 7 Abs. 8 EUAHiG).

Die Ausführungen über die Grenzen der Informationserteilung (vgl. Tz. 5.3) und zur Geheimhaltung (vgl. Tz. 1.6) gelten entsprechend.

### 6.3.1. Automatische Übermittlung von Informationen an andere Staaten

#### 6.3.1.1. Automatische Übermittlung von Informationen nach dem EUAHiG/DAC1

Ab dem Besteuerungszeitraum 2014 sind jährlich folgende verfügbare Informationen über im anderen EU-MS ansässige Personen an den anderen EU-MS zu übermitteln (§ 7 Abs. 1 Satz 1 EUAHiG):
– Vergütungen aus unselbständiger Arbeit,
– Aufsichtsrats- oder Verwaltungsratsvergütungen,
– Lebensversicherungsprodukte, die nicht von anderen Rechtsakten der EU über den Austausch von Informationen oder vergleichbaren Maßnahmen erfasst sind,
– Ruhegehälter, Renten und ähnliche Zahlungen und
– Eigentum an unbeweglichem Vermögen und Einkünfte daraus.

Verfügbare Informationen i. S. d. § 7 Abs. 1 Satz 1 EUAHiG sind Informationen, die in den Steuerakten enthalten sind und die im Einklang mit den Verfahren für die Erhebung und Verarbeitung von Informationen abgerufen werden können.

Die Übermittlung an den anderen Staat erfolgt durch das BZSt auf elektronischem Weg (§ 7 Abs. 1 Satz 1 EUAHiG). Das elektronische Format für den verpflichtenden automatischen Informationsaustausch über bestimmte Arten von Einkünften und Vermögen wurde in Art. 2 Abs. 1 EUAHiDV festgelegt. Die Übermittlung der Daten erfolgte erstmals ab dem 1. Januar 2015 (§ 21 Abs. 1 EUAHiG).

#### 6.3.1.2. Automatische Übermittlung von Informationen über Finanzkonten

**FATCA**

Der verpflichtende automatische Informationsaustausch über Finanzkonten mit den Vereinigten Staaten von Amerika wird durch das FATCA-Abkommen umgesetzt. Von den darin festgelegten Pflichten sind nur Finanzinstitute i. S. d. FATCA-USA-UmsV betroffen. Finanzinstitute sind grundsätzlich meldende Finanzinstitute. Einige Finanzinstitute werden als „nicht meldende Finanzinstitute" jedoch von diesen Pflichten ausgenommen. Meldende deutsche Finanzinstitute sind verpflichtet, mit Beginn des Kalenderjahres 2014 für jedes meldepflichtige Konto die in der FATCA-USA-UmsV aufgeführten Daten zu erheben und bis zum 31. Juli des jeweiligen folgenden Kalenderjahres nach amtlich vorgeschriebenem Datensatz an das BZSt zu übermitteln. Das BZSt übermittelt die von den Finanzinstituten gemeldeten Informationen automatisch elektronisch bis zum 30. September des Kalenderjahres, das auf das Kalenderjahr folgt, auf das sich die Daten beziehen, an den IRS.

Der amtlich vorgeschriebene Datensatz und die Nichtbeanstandungsregelung bei Meldungen der Finanzinstitute für das Kalenderjahr 2016 wurde mit BMF-Schreiben vom 2. Juni 2017 IV B 6 – S 1316/11/10052 :124, BStBl. I S. 877, bekannt gegeben. Die Veröffentlichung von Änderungen am amtlich vorgeschriebenen Datensatz erfolgt grundsätzlich ausschließlich auf der Internetseite des BZSt, http://www.bzst.de. Eine Veröffentlichung des amtlich vorgeschriebenen Datensatzes im BStBl. erfolgt zukünftig nur noch bei weitreichenden Änderungen des Datensatzes.

**CRS**

Zur Bekämpfung grenzüberschreitender Steuerhinterziehung sowie sonstiger Formen mangelnder Steuerdisziplin entwickelte die OECD den weltweiten Standard für den verpflichtenden automatischen Austausch von Informationen über Finanzkonten (CRS). Der Meldestandard ist demjenigen, der für den Austausch nach dem FATCA-Abkommen verwendet wird, angelehnt. Die Einzelheiten bestimmt das FKAustG. Meldende deutsche Finanzinstitute sind verpflichtet, mit Beginn des Kalenderjahres 2016 für jedes meldepflichtige Konto die im FKAustG aufgeführten Daten zu erheben und bis zum 31. Juli des jeweiligen folgenden Kalenderjahres nach amtlich vorgeschriebenem Datensatz an das BZSt, welches als zuständige Behörde bestimmt wurde, zu übermitteln. Das BZSt übermittelt diese Informationen automatisch elektronisch an den anderen Vertragsstaat.

Zwischen den EU-MS wurde der CRS durch die Änderung der EUAHiRL (DAC2) umgesetzt. Informationen nach dem CRS werden den anderen EU-MS automatisch elektronisch übermittelt. Die Übermittlung erfolgt nach dem in der EUAHiDV vorgeschriebenen Datensatz. Der Austausch erfolgte erstmalig ab dem 30. September 2017 für Informationen der Besteuerungszeiträume ab dem 1. Januar 2016 (§ 21 Abs. 2 EUAHiG).

Der automatische Austausch von Informationen über Finanzkonten mit Vertragsstaaten des Übereinkommens wurde durch das MCAA CRS geregelt. Danach sind Informationen über Finanzkonten automatisch zu übermitteln, sofern die Vertragsstaaten zweiseitig die Voraussetzungen des § 7 Abs. 1 MCAA CRS erfüllen. Die Vertragsstaaten haben die Erfüllung der Voraussetzungen dem Sekretariat des Koordinierungsgremiums des Übereinkommens zu notifizieren. Das Sekretariat des Koordinierungsgremiums überwacht die Notifizierungen und veröffentlicht auf der Internetseite der OECD eine Liste der zuständigen Behörden der Vertragsstaaten, für die die Vereinbarung eine wirksame Vereinbarung darstellt. Der Mehrseitigen Vereinbarung sind auch Staaten beigetreten, die das Übereinkommen nicht gezeichnet haben.

Der Austausch mit Vertragsstaaten der Mehrseitigen Vereinbarung erfolgte erstmalig ab dem 30. September 2017 für Informationen der Besteuerungszeiträume ab dem 1. Januar 2016. Die Übermittlung erfolgt nach amtlich vorgeschriebenem Datensatz (BMF-Schreiben vom 6. Juni 2017 IV B 6 – S 1315/13/10021 :036, BStBl. I S. 847). In seiner aktuellsten Fassung ist der amtlich vorgeschriebene Datensatz auf der Internetseite des BZSt http://www.bzst.de veröffentlicht. Für den ersten automatischen Austausch von Informationen über Finanzkonten in Steuersachen am 30. September 2017 wurde die finale Staatenaustauschliste 2017 mit BMF-Schreiben vom 2. Juni 2017 IV B 6 – S 1315/13/10021 :046, BStBl. I S. 877, bekannt gegeben. Aktualisierungen der Staatenaustauschliste sind auf der Internetseite des BZSt http://www.bzst.de einzusehen.

### 6.3.1.3. Automatische Übermittlung von Informationen über „Tax Rulings/steuerliche Vorbescheide" nach dem EUAHiG/DAC3

Für den verpflichtenden automatischen Austausch von Informationen über grenzüberschreitende steuerliche Vorbescheide und Vorabverständigungen über Verrechnungspreise zwischen international verbundenen Unternehmen („Tax Rulings/steuerliche Vorbescheide") erfolgte eine Änderung der EUAHiRL zum 1. Januar 2017. Das EUAHiG ist zur Umsetzung dieser Änderungen in nationales Recht mit dem Gesetz zur Umsetzung der Änderungen der EU-Amtshilferichtlinie und von weiteren Maßnahmen gegen Gewinnkürzungen und -verlagerungen vom 20. Dezember 2016 (BGBl. I S. 3000) geändert worden.

Weitere Einzelheiten zum sachlichen, persönlichen und zeitlichen Anwendungsbereich und das Verfahren der Übermittlung sind im BMF-Schreiben „Merkblatt zum verpflichtenden automatischen und spontanen Austausch verbindlicher Auskünfte, verbindlicher Zusagen und Vorabzusagen zu Verrechnungspreisen im Zusammenhang mit grenzüberschreitenden Sachverhalten" vom 17. August 2017 IV B 6 – S 1320/16/10002 :014, BStBl. I S. 1228, veröffentlicht.

### 6.3.1.4. Automatische Übermittlung länderbezogener Berichte

Am 5. Oktober 2015 veröffentlichte die OECD die Ergebnisse zum gemeinsamen Projekt BEPS von G20 und OECD, welche u. a. ein Maßnahmenpaket gegen Gewinnkürzungen und Gewinnverlagerungen vorschlagen. Der BEPS Aktionspunkt 13 sieht die Erstellung von länderbezogenen Berichten für multinational tätige Unternehmen und deren automatischen Austausch (CbCR) vor. Meldepflichtige deutsche Unternehmen i. S. d. § 138 a Abs. 1 AO haben einen länderbezogenen Bericht des Konzerns zu erstellen und an das BZSt nach amtlich vorgeschriebenem Datensatz durch Datenfernübertragung zu übermitteln. Es besteht die Möglichkeit der Beauftragung i. S. d. § 138 a Abs. 3 AO. Die meldepflichtigen deutschen Unternehmen haben den länderbezogenen Bericht erstmalig für Wirtschaftsjahre, die nach dem 31. Dezember 2015 beginnen, bis zum 31. Dezember 2017 und in den Folgejahren jeweils bis zum 31. Dezember des auf den Meldezeitraum folgenden Kalenderjahres an das BZSt zu übermitteln.

Das BZSt übermittelt alle ihm zugegangenen länderbezogenen Berichte im Rahmen des automatischen elektronischen Informationsaustauschs zum einen an die jeweils zuständige inländische Finanzbehörde (§ 138 a Abs. 7 Satz 1 AO) bzw. im Rahmen des automatischen Informationsaustauschs automatisch elektronisch an die anderen Vertragsstaaten (§ 138 a Abs. 7 Satz 2 AO).

Im Verhältnis zu anderen EU-MS wurde die BEPS-Empfehlung zum Aktionspunkt 13 durch entsprechende Änderungen der EUAHiRL (DAC4) und national durch die Änderung des EUAHiG umgesetzt. Nach § 7 Abs. 10 EUAHiG übermittelt das BZSt die länderbezogenen Berichte, die ihm nach § 138 a Abs. 6 AO übermittelt wurden, automatisch elektronisch an die zuständige Behörde des anderen EU-MS, sofern Angaben nach § 138 a Abs. 2 AO in dem länderbezogenen Bericht enthalten sind. Nach § 7 Abs. 11 EUAHiG teilt das BZSt den anderen EU-MS zusätzlich automatisch mit, wenn sich die ausländische Konzernobergesellschaft der einbezogenen inländischen Konzerngesellschaft geweigert hat, die erforderlichen Informationen zur Erstellung des länderbezogenen Berichts bereitzustellen (§ 138 a Abs. 4 Satz 1 AO).

Der verpflichtende automatische Austausch länderbezogener Berichte mit Vertragsstaaten des Übereinkommens wird durch das MCAA CbC geregelt. Danach sind diese Informationen automatisch zu übermitteln, sofern die Vertragsstaaten zweiseitig die Voraussetzungen des § 8 Nr. 2 MCAA CbC erfüllen. Die Vertragsstaaten haben die Erfüllung der Voraussetzungen dem Sekretariat des Koordinierungsgremiums des Übereinkommens zu notifizieren. Das Sekretariat des Koordinierungsgremiums überwacht die Notifizierungen und veröffentlicht auf der Internetseite der OECD eine Liste der zuständigen Behörden der Vertragsstaaten, für die die Vereinbarung eine wirksame Vereinbarung darstellt. Dieser Mehrseitigen Vereinbarung sind auch Staaten beigetreten, die das Übereinkommen nicht gezeichnet haben.

Nach § 4 MCAA CbC teilt das BZSt den anderen Vertragsstaaten Fehler, unvollständige Informationsmeldungen sowie Fälle der Nichteinhaltung ebenfalls mit.

### 6.3.2. Automatische Informationen von anderen Staaten und Gebieten

Automatisch entgegengenommene Informationen sind zeitgerecht auszuwerten. Hierbei gelten grundsätzlich die gleichen Grundsätze wie bei der Auswertung inländischen Kontrollmaterials. Wird der Inhalt vom betroffenen inländischen Steuerpflichtigen bestritten (z. B. der Empfang einer Zinszahlung), ist von der örtlich zuständigen Finanzbehörde zu entscheiden, ob zur Überprüfung der Angaben des Steuerpflichtigen ein formelles Ersuchen an die ausländische Finanzbehörde nach Tz. 4.1 zu richten ist.

Die automatisch entgegengenommenen Informationen dürfen nur für die in den völkerrechtlichen Vereinbarungen oder dem EUAHiG festgelegten Zwecke verwendet werden. Sollen erhaltene Informationen für andere Zwecke verwendet werden, als in den völkerrechtlichen Vereinbarungen oder dem EUAHiG festgelegt wurde, ist dies nur zulässig, wenn der übermittelnde Staat seine Einwilligung erteilt (§ 19 Abs. 2 Satz 2 EUAHiG). Dies ist auf Seiten der Landesfinanzbehörden entsprechend zu beachten und sicherzustellen.

#### 6.3.2.1. Automatische Informationen von anderen EU-MS nach DAC1

Das BZSt nimmt Informationen nach § 7 Abs. 1 Satz 2 EUAHiG (vgl. Tz. 6.3.1.1), die von anderen EU-MS automatisch übermittelt wurden, entgegen, speichert sie und leitet sie zur Durchführung des Besteuerungsverfahrens nach Maßgabe des § 88 Abs. 3 und 4 AO an die zuständige Finanzbehörde weiter.

Auf die Bestimmungen zum Geheimhaltungsschutz und zur Verwendungsbeschränkung (vgl. Tz. 6.3 und Tz. 6.3.2) wird verwiesen. Im Rahmen der automatisierten Weiterleitung der Informationen nach § 7 Abs. 1 Satz 2 EUAHiG an die Landesfinanzbehörden erfolgt kein gesonderter Hinweis zum Geheimhaltungsschutz durch das BZSt.

**6.3.2.2. Automatische Informationen über Finanzkonten von anderen Staaten und Gebieten**

Das BZSt nimmt nach § 9 Abs. 2 FATCA-USA-UmsV und § 5 Abs. 3 FKAustG die von anderen Staaten und Gebieten übermittelten Daten (vgl. Tz. 6.3.1.2) entgegen, speichert sie und leitet sie zur Durchführung des Besteuerungsverfahrens nach Maßgabe des § 88 Abs. 3 und 4 AO an die zuständige Landesfinanzbehörde weiter.

Auf die Bestimmungen zum Geheimhaltungsschutz und zur Verwendungsbeschränkung (vgl. Tz. 6.3 und Tz. 6.3.2) wird verwiesen. Im Rahmen der automatisierten Weiterleitung der Informationen nach § 9 Abs. 2 FATCA-USA-UmsV und § 5 Abs. 3 FKAustG an die Landesfinanzbehörden erfolgt kein gesonderter Hinweis zum Geheimhaltungsschutz durch das BZSt.

**6.3.2.3. Automatische Informationen über „Tax Rulings/steuerliche Vorbescheide" von anderen EU-MS nach DAC3**

Das BZSt und die Landesfinanzbehörden nutzen für die Entgegennahme von Informationen nach Art. 8 a der EUAHiRL (DAC3) das Zentralverzeichnis, § 7 Abs. 9 Satz 2 EUAHiG.

Das BZSt leitet die die Bundesrepublik Deutschland betreffenden und eindeutig zuordnungsfähigen Daten an die zuständigen Landesfinanzbehörden weiter.

**6.3.2.4. Automatische Übermittlung länderbezogener Berichte von anderen Staaten und Gebieten**

Das BZSt nimmt die von anderen Staaten und Gebieten übermittelten länderbezogenen Berichte entgegen und leitet die eindeutig zuzuordnenden Daten der jeweils zuständigen Landesfinanzbehörde zu (§ 7 Abs. 12 Satz 1 und 2 EUAHiG, § 138 a Abs. 7 Satz 3 AO).

**Abschnitt 4 – Besondere Formen der Zusammenarbeit**

**7. Informationsaustausch im Rahmen einer gleichzeitigen Prüfung**

In- und ausländische Finanzbehörden können einander die gleichzeitige Prüfung eines Steuerpflichtigen oder mehrerer Steuerpflichtiger vorschlagen, um

– Doppelbesteuerungen bzw. -belastungen zu verhindern, besonders durch übereinstimmende Abgrenzung der Gewinne verbundener Unternehmen;
– grenzüberschreitende Sachverhalte durch Informationsaustausch aufzuklären.

Rechtsgrundlage für den Informationsaustausch anlässlich einer gleichzeitigen Prüfung in zwei oder mehreren EU-MS ist § 12 EUAHiG. Im Übrigen gelten für den Informationsaustausch die allgemeinen Grundsätze. Danach ist ein Informationsaustausch im Rahmen einer gleichzeitigen Prüfung auch im Verhältnis zu Staaten oder Gebieten zulässig, die nicht EU-MS sind, soweit der Informationsaustausch auf der Grundlage einer Informationsaustauschklausel in einem DBA, einem besonderen Rechts- und Amtshilfeabkommen, einem TIEA, dem Übereinkommen oder § 117 Abs. 1 oder 3 AO erfolgt.

Weitere Einzelheiten, auch zu gleichzeitigen Prüfungen mit Staaten oder Gebieten, die nicht EU-MS sind, ergeben sich aus dem BMF-Schreiben „Merkblatt über koordinierte steuerliche Außenprüfungen mit Steuerverwaltungen anderer Staaten und Gebiete“ vom 9. Januar 2017 IV B 6 – S 1315/16/10016 :002, BStBl. I S. 89.

**8. Gemeinsame Prüfungstätigkeit mehrerer Steuerverwaltungen**

Für gleichzeitige Prüfungen mit einem oder mehreren EU-MS kann im Rahmen der §§ 10 bis 12 EUAHiG zum Zweck des Informationsaustauschs vereinbart werden, dass befugte Bedienstete des anderen EU-MS

- in den Amtsräumen zugegen sein dürfen, in denen die deutsche Finanzbehörde ihre Tätigkeit ausübt, oder
- bei den behördlichen Ermittlungen zugegen sein dürfen, die auf deutschem Hoheitsgebiet durchgeführt werden.

Für die Anwesenheit inländischer Bediensteter im anderen EU-MS gelten nach § 11 EUAHiG diese Regelungen sinngemäß.

Das BZSt trifft hierüber eine Vereinbarung mit den zuständigen in- und ausländischen Behörden.

Weitere Einzelheiten, auch zu gemeinsamen Prüfungen mit Staaten, die nicht EU-MS sind, ergeben sich aus dem BMF-Schreiben „Merkblatt über koordinierte steuerliche Außenprüfungen mit Steuerverwaltungen anderer Staaten und Gebiete“ vom 9. Januar 2017 IV B 6 – S 1315/16/10016 :002, BStBl. I S. 89.

**9. JITSIC/SPOC**

JITSIC ist ein seit März 2015 bestehendes Netzwerk der zwei- oder mehrseitigen Zusammenarbeit von Steuerverwaltungen zwischen 38 Mitgliedstaaten und Nicht-Mitgliedstaaten der OECD. Deutschland nimmt an dieser Zusammenarbeit teil. Im Rahmen des Netzwerkes benennt jeder teilnehmende Staat einen Ansprechpartner, den JITSIC SPOC. Die Funktion des JITSIC SPOC für Deutschland wird durch das BMF, Referat IV B 6, wahrgenommen.

Ziel von JITSIC ist es, mittels initiierter Projekte bzw. durch koordinierte zwei- oder mehrseitige Kontakte Strategien zur besseren Zusammenarbeit bei konkreten internationalen Steuersachverhalten zu erarbeiten. Dies erfolgt im Rahmen der entsprechenden gesetzlichen Regelungen zur internationalen Zusammenarbeit in Steuersachen.

Dieses Schreiben ist auf den Internetseiten des BZSt (http://www.bzst.de) abrufbar. Es ersetzt das Merkblatt zur zwischenstaatlichen Amtshilfe durch Informationsaustausch in Steuersachen vom 23. November 2015 IV B 6 – S 1320/07/10004 :007, BStBl. I S. 928 ff.

Anlage 1

## Anwendungsbereich des EU-Amtshilfegesetzes sowie der Doppelbesteuerungs- und der Informationsaustauschabkommen

### A. Staaten mit großem Informationsaustausch (vgl. Tz. 2.1)

| | Betroffene Steuern | | | | | | | | | Bekanntgabe von Auskünften in öffentlichen Gerichtsverhandlungen oder bei der öffentlichen Verkündung von Urteilen | | | Bemerkungen |
|---|---|---|---|---|---|---|---|---|---|---|---|---|---|
| | ESt | KSt | GewSt | VSt[1] | Grundsteuer | ErbSt | Andere Steuern vom Einkommen und Vermögen | Steuern auf Versicherungsprämien[2] | Verkehrsteuern | gestattet | gestattet nur mit Zustimmung des anderen Staates | nicht gestattet | |
| **I. Mitglied-Staaten der EU** | X | X | X | X | X | X | X | X | X[3] | X | | | aufgrund des EUAHiG |
| | | | | | | | | | | | | | |
| **II. Andere Staaten oder Gebiete** | | | | | | | | | | | | | |
| Algerien | X | X | X | X | X | X | X | X | X | X | | | |
| Albanien | X | X | X | X | X | X | X | X | X | X | | | |
| Andorra | X | X | X | X | | X | | X | X | X | | | TIEA |
| Anguilla | X | X | X | X | | X | | X | X | X | | | TIEA |
| Antigua und Barbuda | X | X | X | X | X | X | X | X | X | X | | | TIEA |
| Armenien | X | X | X | X | X | X | X | X | X | X | | | DBA UdSSR[4] ist anzuwenden bis einschl. Besteuerungszeitraum 2017 |
| Aserbaidschan | X | X | X | X | X | X | X | X | X | X | | | DBA UdSSR[4] gilt fort bis einschl. 2005 |
| Australien | X | X | X | X | X | X | X | X | X | X | | | |

1) **[Amtl. Anm.:]** Vermögensteuer.
2) **[Amtl. Anm.:]** Versicherungsteuer/Feuerschutzsteuer.
3) **[Amtl. Anm.:]** EUAHiG gilt nicht für die Umsatzsteuer.
4) **[Amtl. Anm.:]** DBA UdSSR (1981) Art. 21, Austausch von Informationen: Die zuständigen Behörden der Vertragsstaaten teilen einander die in ihren Steuergesetzen eingetretenen Änderungen, soweit erforderlich, mit.

| | Betroffene Steuern | | | | | | | | | Bekanntgabe von Auskünften in öffentlichen Gerichtsverhandlungen oder bei der öffentlichen Verkündung von Urteilen | | | Bemerkungen |
|---|---|---|---|---|---|---|---|---|---|---|---|---|---|
| | ESt | KSt | GewSt | VSt1) | Grundsteuer | ErbSt | Andere Steuern vom Einkommen und Vermögen | Steuern auf Versicherungsprämien2) | Verkehrsteuern | gestattet | gestattet nur mit Zustimmung des anderen Staates | nicht gestattet | |
| Bahamas | X | X | X | X | | X | | X | X | X | | | TIEA |
| Belarus | X | X | X | X | X | | | | | X | | | DBA UdSSR1) gilt fort bis einschl. 2006 |
| Bermuda | X | X | X | X | | X | | | | X | | | TIEA |
| Britische Jungferninseln | X | X | X | X | | X | | X | X | X | | | TIEA |
| China (ohne Hongkong und Macau) | X | X | X | X | X | X | X | X | X | X | | | Großer Informationsaustausch für Zeiträume ab 1. 1. 2017 |
| Cookinseln | X | X | X | X | | X | | X | X | X | | | TIEA |
| Costa Rica | X | X | X | X | X | X | X | X | X | X | | | DBA, für Zeiträume ab 1. 1. 2017 |
| Georgien | X | X | X | X | X | X | X | X | X | X | | | DBA UdSSR1) gilt fort bis einschl. 2007 |
| Ghana | X | X | X | X | X | X | X | X | X | X | | | |
| Gibraltar | X | X | X | X | | X | | X | X | X | | | TIEA2) |
| Grenada | X | X | X | X | X | X | X | X | X | X | | | TIEA |
| Guernsey | X | X | X | X | | X | | | | X | | | TIEA |
| Israel | X | X | X | X | | | | | | X | | | |
| Island | X | X | X | X | | | | | | | | X3) | |
| Isle of Man | X | X | X | X | | X | | | | X | | | TIEA |
| Japan | X | X | X | X | X | X | X | X | X | X | | | |
| Jersey | X | X | X | X | | X | | | | X | | | TIEA |
| Kaimaninseln | X | X | X | X | | X | | X | X | X | | | TIEA |

1) **[Amtl. Anm.:]** DBA UdSSR (1981) Art. 21, Austausch von Informationen: Die zuständigen Behörden der Vertragsstaaten teilen einander die in ihren Steuergesetzen eingetretenen Änderungen, soweit erforderlich, mit.

2) **[Amtl. Anm.:]** Auskunftsaustausch mit Gibraltar ist auch auf Basis des EUAHiG möglich.

3) **[Amtl. Anm.:]** Das DBA Island erlaubt zwar keine Offenlegung in einer öffentlichen Gerichtsverhandlung, gleichwohl aber dürfen die Informationen den Gerichten zugänglich gemacht werden.

| | Betroffene Steuern | | | | | | | | | Bekanntgabe von Auskünften in öffentlichen Gerichtsverhandlungen oder bei der öffentlichen Verkündung von Urteilen | | | Bemerkungen |
|---|---|---|---|---|---|---|---|---|---|---|---|---|---|
| | ESt | KSt | GewSt | VSt[1] | Grundsteuer | ErbSt | Andere Steuern vom Einkommen und Vermögen | Steuern auf Versicherungsprämien[2] | Verkehrsteuern | gestattet | gestattet nur mit Zustimmung des anderen Staates | nicht gestattet | |
| Kanada | X | X | X | X | X | X | X | X | X | | X | | |
| Kasachstan | X | X | X | X | | | | | | X | | | |
| Kirgisistan | X | X | X | X | | | | | | X | | | DBA UdSSR[1] gilt fort bis einschl. 2006 |
| Korea Republik | X | X | X | X | | | | | | X | | | |
| Liberia | X | X | X | X | X | | | | | | | X | |
| Liechtenstein | X | X | X | X | X | X | X | X | X | X | | | TIEA und DBA[2] |
| Malaysia | X | X | X | X | X | X | X | X | | X | | | |
| Mauritius | X | X | X | X | X | X | X | X | X | X | | | |
| Mazedonien | X | X | X | X | X | X | X | X | X | X | | | Änderungsprotokoll vom 14. 11. 2016, für Zeiträume ab 1. 1. 2019 |
| Mexiko | X | X | X | X | X | X | X | X | X | X | | | |
| Monaco | X | X | X | X | | X | | X | | X | | | TIEA |
| Montserrat | X | X | X | X | | X | | X | X | X | | | TIEA |
| Neuseeland | X | X | X | X | | | | | | X | | | |
| Norwegen | X | X | X | X | X | X | X | X | X | X | | | Revisionsprotokoll vom 24. 6. 2013 für Zeiträume ab 1. 1. 2015 |
| Philippinen | X | X | X | X | X | X | X | X | X | X | | | Großer Informationsaustausch für Zeiträume ab 1. 1. 2016 |
| Russische Föderation | X | X | X | X | X | X | X | X | X | X | | | Erweiterung der Steuerarten ab 1. 1. 2010[3] |
| San Marino | X | X | X | X | | X | | X | X | X | | | TIEA |

[1] **[Amtl. Anm.:]** DBA UdSSR (1981) Art. 21, Austausch von Informationen: Die zuständigen Behörden der Vertragsstaaten teilen einander die in ihren Steuergesetzen eingetretenen Änderungen, soweit erforderlich, mit.

[2] **[Amtl. Anm.:]** Das DBA Liechtenstein ist am 19. Dezember 2012 in Kraft getreten. Es ist ab dem 1. Januar 2013 anzuwenden.

[3] **[Amtl. Anm.:]** Änderungsprotokoll vom 15. Oktober 2007.

| | Betroffene Steuern | | | | | | | | | Bekanntgabe von Auskünften in öffentlichen Gerichtsverhandlungen oder bei der öffentlichen Verkündung von Urteilen | | | Bemerkungen |
|---|---|---|---|---|---|---|---|---|---|---|---|---|---|
| | **ESt** | **KSt** | **GewSt** | **VSt1)** | **Grundsteuer** | **ErbSt** | **Andere Steuern vom Einkommen und Vermögen** | **Steuern auf Versicherungsprämien2)** | **Verkehrsteuern** | **gestattet** | **gestattet nur mit Zustimmung des anderen Staates** | **nicht gestattet** | |
| Schweiz | X | X | X | X | X | X | X | X | X | X | | | DBA, für Zeiträume ab 1. 1. 2011 |
| Singapur | X | X | X | X | | | | | | X | | | |
| St. Kitts und Nevis | X | X | X | X | X | X | X | X | X | X | | | TIEA |
| St. Lucia | X | X | X | X | X | X | X | X | X | X | | | TIEA |
| St. Vincent und Grenadinen | X | X | X | X | | X | | X | X | X | | | TIEA |
| Syrien | X | X | X | X | X | X | X | X | X | X | | | |
| Tadschikistan | X | X | X | X | X | X | X | X | X | X | | | DBA UdSSR1) gilt fort bis einschl. 2004 |
| Taiwan | X | X | X | X | X | X | X | X | X | X | | | Steuerabkommen Taipeh (Gesetz vom 2. 10. 2012) |
| Türkei | X | X | X | X | X | X | X | X | X | X | | | DBA mit Wirkung ab 1. 1. 2011 |
| Turkmenistan | X | X | X | X | X | X | X | X | X | X | | | DBA UdSSR1) gilt fort (einseitige Vermutung) bis einschl. 2017 |
| Turks- und Caicosinseln | X | X | X | X | | X | | X | X | X | | | TIEA |
| Uruguay | X | X | X | X | X | X | X | X | X | X | | | |
| Usbekistan | X | X | X | X | X | X | X | X | X | X | | | DBA UdSSR1) gilt fort bis einschl. 2001 |
| Vereinigte Arabische Emirate | X | X | X | X | X | X | X | X | X | X | | | |
| Vereinigte Staaten | X | X | X | X | | | | | | | X | | |
| | | | | | | X | | | | X | | | DBA zu ErbSt |

1) **[Amtl. Anm.:]** DBA UdSSR (1981) Art. 21, Austausch von Informationen: Die zuständigen Behörden der Vertragsstaaten teilen einander die in ihren Steuergesetzen eingetretenen Änderungen, soweit erforderlich, mit.

## B. Staaten mit kleinem Informationsaustausch (vgl. Tz. 2.2)

| | Betroffene Steuern | | | | | | | | | Bekanntgabe von Auskünften in öffentlichen Gerichtsverhandlungen oder bei der öffentlichen Verkündung von Urteilen | | | Bemerkungen |
|---|---|---|---|---|---|---|---|---|---|---|---|---|---|
| | ESt | KSt | GewSt | VSt | Grundsteuer | ErbSt | Andere Steuern vom Einkommen und Vermögen | Steuern auf Versicherungsprämien[1] | Verkehrsteuern | gestattet | gestattet nur mit Zustimmung des anderen Staates | nicht gestattet | |
| Ägypten | X | X | X | X | | | | | | X | | | |
| Argentinien | X | X | X | X | | | | | | | | X | |
| Bangladesch | X | X | X | | | | | | | X | | | |
| Bolivien | X | X | X | X | | | | | | X | | | |
| Bosnien und Herzegowina | X | X | X | X | | | | | | | | X | DBA SFRJ[2] gilt fort |
| Brasilien[3] | X | X | X | X | | | | | | | | X | |
| Côte d'Ivoire | X | X | X | X | | | | | | X | | | |
| Ecuador | X | X | X | X | | | | | | X | | | |
| Indien | X | X | X | X | | | | | | X | | | Gegenseitigkeitsvereinbarung für großen Auskunftsaustausch |
| Indonesien | X | X | X | X | | | | | | | | X | |
| Iran, Islam. Rep. | X | X | X | X | | | | | | | | X | |
| Jamaika | X | X | X | X | | | | | | | | X | |
| Kenia | X | X | X | X | | | | | | | | X | |
| Kosovo | X | X | X | X | | | | | | | | X | DBA SFRJ[2] gilt fort |
| Kuwait | X | X | X | X | | | | | | X | | | |
| Marokko | X | X | X | X | | | | | | | | X | |
| Moldau | X | X | X | X | X | | | | | | | | DBA UdSSR[4] gilt fort |
| Mongolei | X | X | X | X | | | | | | X | | | |

[1] **[Amtl. Anm.:]** Versicherungsteuer/Feuerschutzsteuer.
[2] **[Amtl. Anm.:]** Sozialistische Föderative Republik Jugoslawien (SFRJ).
[3] **[Amtl. Anm.:]** Gekündigt mit Wirkung zum 1. Januar 2006.
[4] **[Amtl. Anm.:]** DBA UdSSR (1981) Art. 21, Austausch von Informationen: Die zuständigen Behörden der Vertragsstaaten teilen einander die in ihren Steuergesetzen eingetretenen Änderungen, soweit erforderlich, mit.

| | Betroffene Steuern | | | | | | | | | Bekanntgabe von Auskünften in öffentlichen Gerichtsverhandlungen oder bei der öffentlichen Verkündung von Urteilen | | | Bemerkungen |
|---|---|---|---|---|---|---|---|---|---|---|---|---|---|
| | ESt | KSt | GewSt | VSt | Grundsteuer | ErbSt | Andere Steuern vom Einkommen und Vermögen | Steuern auf Versicherungsprämien[1] | Verkehrsteuern | gestattet | gestattet nur mit Zustimmung des anderen Staates | nicht gestattet | |
| Montenegro | X | X | X | X | | | | | | | | X | DBA SFRJ[1] gilt fort |
| Namibia | X | X | X | X | | | | | | X | | | |
| Pakistan | X | X | X | | | | | | | | | X | |
| Sambia | X | X | X | X | | | | | | | | X | |
| Schweiz | X | X | X | X | X | X | | | | | | X | DBA, für Zeiträume vor 1. 1. 2011, einschließlich Betrugsdelikten; danach: Großer Informationsaustausch |
| Serbien | X | X | X | X | | | | | | | | X | DBA SFRJ[1] gilt fort |
| Simbabwe | X | X | X | X | | | | | | X | | | |
| Sri Lanka | X | X | X | X | | | | | | X | | | |
| Südafrika | X | X | X | | | | | | | | | X | |
| Thailand | X | X | X | X | | | | | | | | X | |
| Trinidad und Tobago | X | X | X | | | | | | | | | X | |
| Tunesien | X | X | X | X | | | | | | | | X | |
| Ukraine | X | X | X | X | | | | | | X | | | |
| Venezuela | X | X | X | X | | | | | | X | | | |
| Vietnam | X | X | X | X | | | | | | X | | | |

[1] **[Amtl. Anm.:]** Sozialistische Föderative Republik Jugoslawien (SFRJ).

**Hinweis:** Der aktuelle Stand der Doppelbesteuerungsabkommen/Informationsaustauschabkommen und deren Verhandlungen wird regelmäßig im BStBl. I veröffentlicht und ist – ebenso wie die Texte der Doppelbesteuerungsabkommen – unter http://www.bundesfinanzministerium.de, http://www.bzst.de abrufbar.

# 800 § 117/2. Merkblatt zur zwischenstaatlichen Amtshilfe bei der Steuererhebung (Beitreibung); Stand: 1. Juli 2013

Vom 23. Januar 2014 (BStBl. I S. 188)

(BMF IV B 6 – S 1320/07/10011 :011; DOK 2014/0021808)

Unter Bezugnahme auf das Ergebnis der Erörterungen mit den Vertretern der obersten Finanzbehörden der Länder gelten für die Amtshilfe, die in- und ausländische Finanzbehörden bei der Steuererhebung leisten, die im nachfolgenden Text dargestellten Grundsätze.

Dieses Schreiben richtet sich nicht an die Zollverwaltung.

**Inhaltsverzeichnis**

**Verzeichnis der Abkürzungen**

| | |
|---|---|
| ABl. | Amtsblatt der EG/Amtsblatt der EU |
| Abs. | Absatz |
| AEAO | Anwendungserlass zur AO |
| AO | Abgabenordnung |
| Art. | Artikel |
| BGBl. | Bundesgesetzblatt |
| BIC | Bank Identifier Code |
| BMF | Bundesministerium der Finanzen |
| BStBl | Bundessteuerblatt |
| BZSt | Bundeszentralamt für Steuern |
| bzw. | beziehungsweise |
| DBA | Doppelbesteuerungsabkommen |
| d. h. | das heißt |
| EU | Europäische Union |
| EUBeitrBeschl | EU-Beitreibungs-Beschluss |
| EUBeitrDV | EU-Beitreibungs-Durchführungsverordnung |
| EUBeitrG | EU-Beitreibungsgesetz |
| EUBeitrRL | EU-Beitreibungsrichtlinie |
| EUInsVO | Europäische Insolvenzverordnung |
| EU-KOM | Europäische Kommission |
| EU-MS | Mitgliedstaat(en) der Europäischen Union |
| ff. | fortfolgend(e) |
| FVG | Finanzverwaltungsgesetz |
| GG | Grundgesetz |

| | |
|---|---|
| ggf. | gegebenenfalls |
| IBAN | International Bank Account Number |
| InsO | Insolvenzordnung |
| ISO-Code | Ländercodes der Internationalen Organisation für Normierung |
| i. V. m. | in Verbindung mit |
| Nicht-EU-MS | Nicht Mitgliedstaat(en) der Europäischen Union |
| Nr. | Nummer(n) |
| OECD-MA | OECD Musterabkommen |
| OFD | Oberfinanzdirektion(en) |
| S. | Seite |
| Tz. | Textziffer/Textziffern |
| UIPE | Uniform Instrument Permitting Enforcement (Einheitlicher Vollstreckungstitel) |
| UNF | Uniform Notification Form (Einheitliches Zustellungsformblatt) |
| vgl. | vergleiche |
| VwZG | Verwaltungszustellungsgesetz |
| z. B. | zum Beispiel |

**Liste der EU-MS nach ISO-Code**

| | |
|---|---|
| AT | Österreich |
| BE | Belgien |
| BG | Bulgarien |
| CY | Zypern |
| CZ | Tschechische Republik |
| DE | Deutschland |
| DK | Dänemark |
| EE | Estland |
| EL | Griechenland |
| ES | Spanien |
| FI | Finnland |
| FR | Frankreich |
| GB | Vereinigtes Königreich |
| HR | Kroatien |
| HU | Ungarn |
| IE | Irland |
| IT | Italien |
| LT | Litauen |
| LU | Luxemburg |
| LV | Lettland |
| MT | Malta |
| NL | Niederlande |
| PL | Polen |
| PT | Portugal |
| RO | Rumänien |
| SE | Schweden |

SL Slowenien

SK Slowakische Republik

**Verzeichnis der Anlagen**[1)]

**Anlage 1**

Erläuterungen zum EUBeitrG bzw. zur EUBeitrRL Anwendungsbereich der DBA/Amts- und Rechtshilfeabkommen

**Anlage 2**

EUBeitrRL

**Anlage 3**

EUBeitrDV

**Anlage 4**

EUBeitrBeschl

**Anlage 5**

EUBeitrG

**Anlage 6**

Auszug aus der Verordnung 1346/2000 EG über Insolvenzverfahren

**Anlage 7 a**

Rückstandsanzeige für Ersuchen nach DBA bzw. Amts- und Rechtshilfeabkommen

**Anlage 7 b**

Anlage zur Rückstandsanzeige

**Anlage 8**

Weiterleitung von Amtshilfeersuchen nach DBA bzw. Amts- und Rechtshilfeabkommen

**Anlage 9**

Zahlungsaufforderung

**Anlage 10**

Mitteilung an den Empfänger – einheitlicher Vollstreckungstitel (UIPE)

**Anlage 11**

Mitteilung an den Empfänger – einheitliches Zustellungsformblatt (UNF)

## 1. Allgemeines

### 1.1. Zwischenstaatliche Amtshilfe bei der Steuererhebung

Die deutschen Finanzbehörden beanspruchen und gewähren zwischenstaatliche Amtshilfe bei der Steuererhebung nach Maßgabe der in diesem Schreiben dargestellten Grundsätze. Deutsche Finanzbehörden im Sinne dieses Schreibens sind das BMF, das BZSt und die Landesfinanzbehörden (§ 2 Abs. 1 FVG).

Zwischenstaatliche Amtshilfe können auch Gemeinden (Gemeindeverbände) nach Maßgabe der in diesem Schreiben dargestellten Grundsätze beanspruchen, soweit Steuern und Abgaben betroffen sind, die von ihnen verwaltet werden.

Zwischenstaatliche Amtshilfe für Steuern, deren Erhebung in die Zuständigkeit der deutschen Zollverwaltung fällt oder fallen würde, wird nach den für die Zollverwaltung geltenden Vorschriften durchgeführt.

### 1.2. Rechtsgrundlagen

#### 1.2.1. Überblick

Rechtsgrundlagen für die zwischenstaatliche Amtshilfe bei der Steuererhebung sind:

– EUBeitrRL[2)] (Anlage 2)[3)],

---

[1)] **[Amtl. Anm.:]** Anlagen 2 bis 11 hier nicht abgedruckt.

[2)] **[Amtl. Anm.:]** Richtlinie 2010/24/EU des Rates vom 16. März 2010 über die Amtshilfe bei der Beitreibung von Forderungen in Bezug auf bestimmte Steuern, Abgaben und sonstige Maßnahmen, ABl. EU Nr. L 84 vom 31. März 2010, S. 1–12.

[3)] **[Amtl. Anm.:]** Hier nicht abgedruckt.

– eine Reihe von DBA mit Erhebungsklauseln,
– Verträge über Amts- und Rechtshilfe in Steuersachen

Die EUBeitrRL ist durch das EUBeitrG[1)] (Anlage 5)[2)] in innerstaatliches Recht umgesetzt worden. Gemeinsame Rechtsgrundlage für alle EU-MS ist die EUBeitrRL. Deutsche Finanzbehörden gewähren den Finanzbehörden der anderen EU-MS Amtshilfe bei der Steuererhebung nach dem EUBeitrG. Die DBA bzw. die Verträge über Amts- und Rechtshilfe sind völkerrechtliche Vereinbarungen, die durch Zustimmungsgesetz innerstaatliches Recht werden (Art. 59 Abs. 2 Satz 1 GG).

**1.2.2. EUBeitrG/EUBeitrRL**

Die EU-MS leisten sich über entsprechende Verbindungsstellen gegenseitig Amtshilfe bei der Steuererhebung nach Maßgabe der EUBeitrRL. Dabei sind die von der EU-KOM erlassene EUBeitrDV[3)] (Anlage 3)[2)] sowie der nicht im ABl. veröffentlichte EUBeitrBeschl[4)] (Anlage 4)[2)] zu beachten. Soweit innerstaatliche Rechtsgrundlagen den Vorschriften der EUBeitrDV entgegenstehen, ist die Verordnung vorrangig anzuwenden.

Die Amtshilfe im Bereich der Beitreibung erstreckt sich nach § 1 EUBeitrG (Art. 2 EUBeitrRL) auf Forderungen im Zusammenhang mit Steuern und Abgaben aller Art. Steuern sind Geldleistungen im Sinne des § 3 Abs. 1 AO. Der Anwendungsbereich umfasst auch Forderungen aus Haftungsbescheiden. Ebenfalls umfasst sind die mit den Steuern und Abgaben im Zusammenhang stehenden verhängten Geldstrafen, Geldbußen, und Zuschläge auf Forderungen, insbesondere die steuerlichen Nebenleistungen (§ 3 Abs. 4 AO). Die für eine Verwaltungsleistung in Bezug auf Steuern und Abgaben festgesetzten Gebühren fallen ebenso unter den Anwendungsbereich.

Abgaben, die nicht steuerlicher Art sind, sowie mit diesen Abgaben im Zusammenhang stehende und verhängte Geldstrafen, Geldbußen, Zuschläge auf Forderungen und Nebenleistungen sind nicht umfasst.

Auch nicht unter den Anwendungsbereich von EUBeitrG/EUBeitrRL fallen:
– Pflichtbeiträge zur Sozialversicherung,
– Gebühren, die nicht im Zusammenhang mit Steuern und Abgaben aller Art erhoben werden wie z. B.
  – Kostenerstattungen für Feuerwehreinsätze
  – Rettungsdienstgebühren für Notarzteinsatzwagen oder Krankentransporte

---

[1)] **[Amtl. Anm.:]** Gesetz über die Durchführung der Amtshilfe bei der Beitreibung von Forderungen in Bezug auf bestimmte Steuern, Abgaben und sonstige Maßnahmen zwischen den Mitgliedstaaten der Europäischen Union vom 7. Dezember 2011 (BGBl. I S. 2592).

[2)] **[Amtl. Anm.:]** Hier nicht abgedruckt.

[3)] **[Amtl. Anm.:]** Durchführungsverordnung (EU) Nr. 1189/2011 der Kommission vom 18. November 2011 zur Festlegung der Durchführungsbestimmungen zu bestimmten Artikeln der Richtlinie 2010/24/EU des Rates über die Amtshilfe bei der Beitreibung von Forderungen in Bezug auf Steuern, Abgaben und sonstige Maßnahmen, ABl. EU Nr. L 302 vom 19. November 2011, S. 16.

[4)] **[Amtl. Anm.:]** Durchführungsbeschluss der Kommission vom 18. November 2011 zur Festlegung der Durchführungsbestimmungen zu bestimmten Artikeln der Richtlinie 2010/24/EU über die Amtshilfe bei der Beitreibung von Forderungen in Bezug auf Steuern, Abgaben und sonstigen Maßnahmen.

– Entwässerungsbeiträge
– Grundbesitzabgaben (davon ausgenommen Grundsteuer),
– Müll-, Wasser- und Abwassergebühren sowie sonstige vertragliche Gebühren,
– Sanktionen i. V. m. einem Strafverfahren,
– Rückforderung der Eigenheimzulage und der Investitionszulage.

**1.2.3. DBA bzw. Amts- und Rechtshilfeabkommen**

Neben EUBeitrG/EUBeitrRL enthalten einige DBA bzw. Amts- und Rechtshilfeabkommen Vereinbarungen über die Amtshilfe bei der Steuererhebung. Die Amtshilfe erstreckt sich regelmäßig auf die Steuern, für die das jeweilige DBA bzw. Amts- und Rechtshilfeabkommen gilt, in der Regel also die Einkommen- und Körperschaftsteuer, zum Teil auch die Umsatz-, Gewerbe-, Vermögen-, Erbschaft-, Kirchen-, Schenkung- und Grundsteuer sowie weitere Steuern. Zu Einzelheiten wird auf die Anlage 1 sowie auf Tz. 5 hingewiesen.

Bei Auskunftsersuchen zu Beitreibungszwecken nach DBA gelten die Regelungen des jeweiligen DBA über den Informationsaustausch (siehe auch Tz. 3.4.1).

**1.2.4. Verhältnis der Rechtsgrundlagen zueinander**

Soweit im Verhältnis zu einem Vertragsstaat Amtshilfe bei der Steuererhebung für eine Steuer oder Abgabe nach mehreren Rechtsgrundlagen in Anspruch genommen oder geleistet werden kann, stehen diese Rechtsgrundlagen gleichwertig nebeneinander. Im Verhältnis zu den EU-MS sollen die Finanzbehörden Amtshilfe in der Regel auf der Grundlage der EUBeitrRL in Anspruch nehmen. Hinsichtlich der Besonderheiten bei einzelnen Staaten siehe Tz. 5.

**1.3. Arten der Amtshilfeersuchen für Zwecke der Beitreibung**

Folgende Ersuchen kommen in Betracht:
– Beitreibungsersuchen (Tz. 3.1 und Tz. 4.2),
– Ersuchen um Sicherungsmaßnahmen (Tz. 3.2 und Tz. 4.3),
– Zustellungsersuchen zu Beitreibungszwecken (Tz. 3.3 und Tz. 4.4),
– Auskunftsersuchen zu Beitreibungszwecken (Tz. 3.4 und Tz. 4.5).

**1.4. Zuständigkeiten**

Im Rahmen der EUBeitrRL kann die zuständige Behörde jedes EU-MS Verbindungsstellen benennen, die für die Verbindung zu anderen EU-MS zuständig sind. Das BMF ist die zuständige Behörde und zentrales Verbindungsbüro im Sinne von § 3 Abs. 1 EUBeitrG. Die Kommunikation mit den Verbindungsbüros anderer EU-MS wurde an das BZSt delegiert, das als Verbindungsbüro in den Fällen des § 5 Abs. 1 Nr. 5 FVG benannt wurde (§ 3 Abs. 1 Nr. 1 EUBeitrG). Vollstreckungsbehörden sind nach § 4 Abs. 1 Nr. 1 EUBeitrG die Finanzämter und in Fällen des § 4 Abs. 1 Nr. 2 EUBeitrG die Hauptzollämter.

Durch Erlass des BMF vom 13. Dezember 1976 Z C 3 – O 1755 – 59/76 (BStBl. 1977 I S. 33)[1] hat das BMF nach § 5 Abs. 1 Nr. 5 FVG den Teilbe-

[1] Nr. **803** § 5/1.

reich Vollstreckungs- und Zustellungssachen aus dem Aufgabengebiet der zwischenstaatlichen Amtshilfe bei der Steuererhebung auf das BZSt übertragen. Sowohl für Ersuchen nach EUBeitrG/EUBeitrRL als auch für Ersuchen nach DBA bzw. Amts- und Rechtshilfeabkommen übernimmt das BZSt die Kommunikation mit den ausländischen Behörden sowie die Prüfung und Bearbeitung von eingehenden und ausgehenden Ersuchen. Darüber hinaus achtet das BZSt auf die Einhaltung der einschlägigen Verwaltungsvorschriften und Fristen.

Die Finanzämter führen den Schriftverkehr mit dem BZSt über die OFD bzw. die unmittelbar vorgesetzte Behörde vorbehaltlich anderer Weisung in dem jeweiligen Land.

Die Gemeinden (Gemeindeverbände) übermitteln Ersuchen unmittelbar an das BZSt.

Bei Ersuchen für Steuern auf Versicherungsprämien übernimmt das BZSt die Kommunikation mit den ausländischen Behörden sowie die Prüfung und Bearbeitung eingehender und ausgehender Ersuchen.[1]

## 1.5. Übermittlung von Informationen und Ersuchen

### 1.5.1. Einsatz von elektronischen Formblättern

Ersuchen aufgrund EUBeitrG/EUBeitrRL sind mittels der durch die EU-KOM in elektronischer Fassung zur Verfügung gestellten Formblätter für Ersuchen um Beitreibung oder Sicherungsmaßnahmen, Zustellung und Auskunft (siehe Anhang I–III des EUBeitrBeschl) zu erstellen. Ersuchen aufgrund DBA bzw. Amts- und Rechtshilfeabkommen an EU-MS können ebenfalls mithilfe dieser elektronischen Formblätter erstellt werden. Wegen der Besonderheiten bei Ersuchen nach Kanada siehe Tz. 5.2.3.

Die Programmdateien für die elektronischen Formblätter werden den zuständigen Landesfinanzbehörden durch das auftragnehmende Land Niedersachsen im Rahmen des Vorhabens KONSENS zur Verfügung gestellt.

Gemeinden und Gemeindeverbände können die Programmdateien für die elektronischen Formblätter bei Bedarf auf den Internetseiten des BZSt unter http://www.bzst.de abrufen.

Die Programmdateien und die elektronischen Formblätter sind Eigentum der EU-KOM. Die EU-KOM behält sich alle Rechte vor.

### 1.5.2. Geschäftsverkehr

#### 1.5.2.1. Zwischen dem BZSt und ausländischen Verbindungsbüros bzw. zuständigen Behörden

Der Geschäftsverkehr mit den Verbindungsbüros anderer EU-MS aufgrund der EUBeitrRL obliegt ausschließlich dem BZSt und erfolgt in der Regel auf elektronischem Weg unter Nutzung des CCN-Netzes. Für das Senden und Empfangen elektronischer Ersuchen zwischen den Verbindungsbüros wurden in den jeweiligen EU-MS entsprechende Mailboxen eingerichtet.

---

[1] **[Amtl. Anm.:]** Einzelheiten dazu gehen aus der ergänzenden Geschäftswegregelung für die Amtshilfe insbesondere bei der Beitreibung von Steuern auf Versicherungsprämien vom 24. Juli 2013 IV D 5 – S 6356/12/10001 :001; III B 4 – Z 4608/10/10004; DOK 2013/0372854 hervor. Die Ausführungen in Tz. 4.2.3, Tz. 4.2.4 und Tz. 4.2.6 bis 4.6 dieses Merkblatts gelten folglich nicht für die Steuern auf Versicherungsprämien.

Der Geschäftsverkehr mit ausländischen zuständigen Behörden aufgrund DBA bzw. Amts- und Rechtshilfeabkommen ist ebenfalls ausschließlich dem BZSt vorbehalten.

**1.5.2.2. Zwischen dem BZSt und den zuständigen Landesfinanzbehörden**

Der Geschäftsverkehr zwischen dem BZSt und den zuständigen Landesfinanzbehörden betreffend Ersuchen aufgrund EUBeitrG/EUBeitrRL erfolgt ausschließlich elektronisch.

Der Geschäftsverkehr zwischen dem BZSt und den zuständigen Landesfinanzbehörden betreffend Ersuchen aufgrund der Beitreibungsklausel in den DBA bzw. den Amts- und Rechtshilfeabkommen soll (mit Ausnahme der in Tz. 3.1.2.2 genannten Ersuchen) ebenfalls ausschließlich elektronisch erfolgen.

**1.5.3. Übersetzungen**

**1.5.3.1. Ausgehende (inländische) Ersuchen und sonstiger Schriftverkehr**

Die mit den elektronischen Formblättern erstellten Ersuchen sind in sämtlichen Amtssprachen der EU abrufbar, sodass lediglich Freitexte oder sonstige Anlagen in eine andere Amtssprache der EU zu übersetzen sind. Die elektronischen Formblätter sind in deutscher Sprache auszufüllen und an das BZSt zu übermitteln. Auch Ersuchen aufgrund von DBA bzw. Amts- und Rechtshilfeabkommen sind in deutscher Sprache auszufüllen. Über eventuell notwendige Übersetzungen der Freitexte und sonstigen Anlagen entscheidet das BZSt und veranlasst diese.

**1.5.3.2. Eingehende (ausländische) Ersuchen und sonstiger Schriftverkehr**

Eingehende Ersuchen bzw. die Freitexte, sonstigen Anlagen der eingehenden elektronischen Formblätter und sonstiger Schriftverkehr ausländischer zuständiger Behörden werden, soweit erforderlich, vom BZSt in die deutsche Sprache übersetzt. Aus der englischen Sprache wird in einfach gelagerten Fällen nicht übersetzt.

**1.5.4. Verwendung von Abkürzungen**

Im Ersuchen und im folgenden Schriftverkehr sind keine Abkürzungen zu verwenden.

**1.6. Anwesenheit von Bediensteten in anderen Staaten nach EUBeitrG/EUBeitrRL**

Das BZSt kann mit anderen Verbindungsbüros vereinbaren, dass Bedienstete in begründeten Fällen und unter den in § 17 EUBeitrG oder ggf. § 18 i. V. m. § 17 EUBeitrG genannten Voraussetzungen an Amtshandlungen der Behörde des ersuchten EU-MS teilnehmen. Bei einer Teilnahme von deutschen Bediensteten erteilt das BZSt eine schriftliche Vollmacht, aus der die Identität und die dienstliche Stellung des Bediensteten hervorgehen (siehe § 18 i. V. m. § 17 Abs. 2 EUBeitrG). Eine entsprechende Vollmacht ist bei Anwesenheit von Bediensteten anderer EU-MS im Inland dem BZSt vorzulegen (§ 17 Abs. 2 EUBeitrG).

### 1.7. Steuergeheimnis

#### 1.7.1. Allgemein

Das Steuergeheimnis steht einem Ersuchen (Tz. 1.3) an eine ausländische Finanzbehörde nicht entgegen. Die mit dem Ersuchen verbundene notwendige Mitteilung steuerlicher Verhältnisse ist nach § 30 Abs. 4 Nr. 1 AO zulässig. Ebenso wenig verbietet das Steuergeheimnis die Erledigung ausländischer Ersuchen, sofern die Mitteilung steuerlicher Verhältnisse an die ausländische Finanzbehörde durch völkerrechtliche Vereinbarungen oder das EUBeitrG ausdrücklich zugelassen ist (§ 30 Abs. 4 Nr. 2 AO).

Alle Angaben, die den deutschen Finanzbehörden im Zusammenhang mit einem Ersuchen zugehen, unterliegen dem Steuergeheimnis. Außerdem unterliegen sie dem besonderen Geheimhaltungsschutz des EUBeitrG/der EUBeitrRL und den besonderen Geheimhaltungs- sowie den Datenschutzbestimmungen in den völkerrechtlichen Vereinbarungen.

#### 1.7.2. Besonderheiten aufgrund EUBeitrG/EUBeitrRL

Eine Weiterleitung der Angaben an einen dritten EU-MS ist nach EUBeitrG/EUBeitrRL grundsätzlich möglich. Es muss jedoch eine Zustimmung des EU-MS eingeholt werden, von dem die Angaben stammen. Ist Deutschland der Staat, der die Zustimmung zu erteilen hat, so ist Folgendes zu beachten:

Soll der Weiterleitung der Angaben an einen dritten EU-MS nicht zugestimmt werden, ist dies über das Verbindungsbüro innerhalb von zehn Arbeitstagen mitzuteilen, nachdem die Mitteilung über die Weiterleitungsabsicht dort eingegangen ist (§ 21 Abs. 3 EUBeitrG bzw. Art. 23 Abs. 4 EUBeitrRL).

### 1.8. Verjährung

Die Verjährung richtet sich grundsätzlich nach dem Recht des Staates, in dem die ersuchende Behörde ihren Sitz hat (siehe § 15 EUBeitrG). Maßnahmen einer ausländischen (ersuchten) Behörde haben für die Unterbrechung der Verjährung (§ 231 AO) die gleiche Wirkung wie entsprechende Maßnahmen einer deutschen Finanzbehörde. Wegen der Ausnahme bei Ersuchen nach dem DBA-Dänemark siehe Tz. 5.1.4.

### 1.9. Kosten

Für die Amtshilfe, die aufgrund EUBeitrG/EUBeitrRL geleistet wird, kommt eine Kostenerstattung für Unterstützungsmaßnahmen grundsätzlich nicht in Betracht. Eine Weiterbelastung von Kosten eines finanzgerichtlichen oder zivilgerichtlichen Verfahrens ist ebenfalls ausgeschlossen.

In Fällen, in denen die Beitreibung besondere Probleme bereitet, sehr hohe Kosten verursacht oder im Rahmen der Bekämpfung der organisierten Kriminalität erfolgt, können jedoch besondere Erstattungsmodalitäten zwischen der ersuchenden und der ersuchten Behörde vereinbart werden (§ 16 Abs. 2 EUBeitrG bzw. Art. 20 Abs. 2 EUBeitrRL). Wenn ein Ersuchen eines anderen EU-MS Kosten verursachen könnte, die den üblichen Rahmen deutlich übersteigen, ist dem BZSt unter Angabe der Gründe und Beifügung einer Schätzung der Kosten zu berichten. Das BZSt prüft die Voraussetzungen für eine

Kostenerstattung (unter Beachtung des Grundsatzes der Gegenseitigkeit) und fertigt ggf. einen entsprechenden Antrag an die ersuchende Behörde.

Stellt die ersuchte Behörde im Fall eines inländischen Ersuchens einen Antrag auf Kostenerstattung, leitet das BZSt diesen Antrag an die zuständige Landesfinanzbehörde mit der Bitte um Stellungnahme und Entscheidungsvorschlag weiter. Das BZSt trifft daraufhin eine Entscheidung und teilt sie der ersuchten Behörde mit.

Auch wenn die ersuchende und die ersuchte Behörde keine Einigung über die Erstattungsmodalitäten erzielen, führt die ersuchte Behörde das Beitreibungsverfahren weiter.

Das BZSt benennt die Bediensteten, die als ordnungsgemäß Bevollmächtigte Erstattungsvereinbarungen treffen dürfen.

Nach den Abkommen mit Dänemark, Finnland, Italien, Kanada, den Niederlanden, Polen und Schweden trägt der ersuchte Staat die durch die Unterstützungsleistung entstehenden üblichen Kosten. Außergewöhnliche Kosten, z. B. Entschädigungen, die Auskunftspersonen zu gewähren sind, gehen jedoch zu Lasten des ersuchenden Staates. Wegen der Besonderheiten bei Ersuchen nach Kanada siehe Tz. 5.2.3.

Unberührt bleibt das Recht der ersuchten Behörde bzw. des ersuchten Staates, entsprechend seinen Rechtsvorschriften vom Vollstreckungsschuldner Kosten zu erheben.

## 2. Erteilen von Auskünften ohne vorheriges Ersuchen nach EU-BeitrG/EUBeitrRL

Bei einer Erstattung von Steuern[1] oder Abgaben an eine Person, die in einem anderen EU-MS niedergelassen oder wohnhaft ist, können die Finanzbehörden den anderen EU-MS über die bevorstehende Erstattung informieren (§ 6 EUBeitrG). Bei den zu erstattenden Beträgen darf es sich jedoch nicht um Umsatzsteuer handeln. Die Fälligkeit der jeweiligen Erstattung verschiebt sich insoweit um zehn Arbeitstage nach Übermittlung der Information an den anderen EU-MS (§ 6 Abs. 3 EUBeitrG).

Hat der andere EU-MS Forderungen gegen den Schuldner, kann von dort zielgerichtet ein Ersuchen um Beitreibung oder Sicherungsmaßnahmen gestellt werden.

Eingehende Auskünfte ohne vorheriges Ersuchen aus anderen EU-MS über dort bevorstehende Erstattungen nach Art. 6 EUBeitrRL sind vom BZSt auf dem vorgesehenen Geschäftsweg an das zuständige Finanzamt weiterzuleiten. Bestehen in diesem Zusammenhang Forderungen, ist dem BZSt ein Ersuchen um Beitreibung oder Sicherungsmaßnahmen zu übermitteln. Bestehen keine Forderungen, ist das BZSt darüber zu informieren.

## 3. Ausgehende (inländische) Ersuchen[1]

### 3.1. Beitreibungsersuchen

#### 3.1.1. Zulässigkeit

##### 3.1.1.1. Allgemeine Voraussetzungen

Beitreibungsersuchen sind unter folgenden Voraussetzungen zulässig:

[1] **[Amtl. Anm.:]** Bei Steuern auf Versicherungsprämien siehe Fußnote unter Tz. 1.4.

a) Die Forderungen fallen unter den Anwendungsbereich nach § 1 EUBeitrG (Art. 2 EUBeitrRL) oder den jeweiligen Anwendungsbereich der DBA bzw. Amts- und Rechtshilfeabkommen.

b) Die Voraussetzungen für die Vollstreckung sind nach deutschem Recht gegeben (§§ 251, 254 AO).

c) Im Inland getroffene Maßnahmen werden nicht zur vollständigen Tilgung der Forderung führen. Nach § 10 Abs. 2 EUBeitrG muss die Vollstreckungsbehörde jedoch vor Stellung eines Beitreibungsersuchens an einen EU-MS grundsätzlich alle nach der AO vorgesehenen Vollstreckungsmöglichkeiten ausgeschöpft haben, es sei denn, die Ausnahmen der § 10 Abs. 2 Nr. 1 und Nr. 2 EUBeitrG liegen vor.

d) Der zu vollstreckende Verwaltungsakt oder das Leistungsgebot muss formell bestandskräftig (unanfechtbar, vgl. AEAO vor §§ 172 bis 177, Nr. 1) sein. Für Beitreibungsersuchen aufgrund des EUBeitrG/der EUBeitrRL reicht es aus, dass der zu vollstreckende Verwaltungsakt oder das Leistungsgebot nicht angefochten ist.
Nach § 10 Abs. 1 Satz 2 EUBeitrG (Art. 11 Abs. 1 Unterabsatz 1 i. V. m. Art. 14 Abs. 4 der EUBeitrRL) kann im Einzelfall ein Beitreibungsersuchen auch in Betracht kommen, wenn der zu vollstreckende Verwaltungsakt oder das Leistungsgebot angefochten ist; ein solches Ersuchen ist zu begründen. In diesem Zusammenhang ist zu beachten, dass der ersuchende gegenüber dem ersuchten EU-MS für die Erstattung bereits beigetriebener Beträge samt etwaig geschuldeten Entschädigungsleistungen haftet. Anlage 1 zeigt auf, in welchen EU-MS die Vollstreckung angefochtener Forderungen möglich ist.

e) Bei Ersuchen aufgrund EUBeitrG/EUBeitrRL ist die ersuchte Behörde nicht verpflichtet, Amtshilfe zu leisten, wenn sich das ursprüngliche Ersuchen auf Forderungen bezieht, die gerechnet ab dem Datum der Fälligkeit älter als fünf Jahre sind. Bei Anfechtung der Forderung oder des Vollstreckungstitels sowie in Fällen von Ratenzahlungen oder Stundungen verlängert sich diese Frist auf zehn Jahre (vgl. § 14 Abs. 2 EUBeitrG bzw. Art. 18 Abs. 2 der EUBeitrRL). Zu Einzelheiten wird auf die Anlage 1 hingewiesen.

Auch Steuerbescheide unter dem Vorbehalt der Nachprüfung (§ 164 AO) – einschließlich der Vorauszahlungsbescheide (§ 164 Abs. 1 Satz 2 AO) und der Steueranmeldungen, soweit diese einer Steuerfestsetzung gleichstehen (§§ 167, 168 AO) – und vorläufige Bescheide (§ 165 AO) erwachsen in formelle Bestandskraft, vgl. AEAO vor § 172 bis § 177, Nr. 1. Vor Eintritt der formellen Bestandskraft kann um Sicherungsmaßnahmen ersucht werden (Tz. 3.2).

**3.1.1.2. Mindestbeträge**

Für Beitreibungsersuchen aufgrund EUBeitrG/EUBeitrRL beträgt der Mindestbetrag nach § 14 Abs. 1 EUBeitrG bzw. Art. 18 Abs. 3 der EU-BeitrRL 1500 Euro.

Für Ersuchen aufgrund von DBA bzw. Amts- und Rechtshilfeabkommen gelten keine bzw. folgende Mindestbeträge:

| | |
|---|---|
| Belgien | 766 Euro |
| Niederlande | 700 Euro |
| Norwegen | 1022 Euro |
| Schweden | 1022 Euro |

Ansonsten sollen Ersuchen aufgrund von DBA bzw. Amts- und Rechtshilfeabkommen regelmäßig erst gestellt werden, wenn ein Betrag von 1500 Euro erreicht ist. Wegen der Besonderheit im Verhältnis zur Schweiz siehe Tz. 5.2.6.

Ersuchen, die auf das EUBeitrG/EUBeitrRL einerseits und auf DBA bzw. Amts- und Rechtshilfeabkommen andererseits gestützt werden müssen, können nicht zusammengefasst werden, um den jeweiligen Mindestbetrag zu erreichen.

### 3.1.2. Form und Inhalt des Beitreibungsersuchens

### 3.1.2.1. Beitreibungsersuchen aufgrund EUBeitrG/EUBeitrRL

#### 3.1.2.1.1. Allgemein

Das Ersuchen ist mittels des elektronischen Formblatts „Ersuchen um Beitreibung oder Sicherungsmaßnahmen" (siehe Anhang III des EUBeitrBeschl) zu erstellen und dem BZSt elektronisch zu übermitteln.

Im Beitreibungsersuchen sind Angaben erforderlich:
– zur Identifizierung der vom Ersuchen betroffenen Person,
– zur ersuchenden und ersuchten Behörde,
– zu den Forderungen (z. B. Alter, Art, Höhe, Bestandskraft, Verjährung),
– zur Art des Schuldverhältnisses (Haupt-, Gesamt-, Haftungsschuldner),
– zur Zulässigkeit von Ratenzahlungen

sowie alle sonstigen sachdienlichen Informationen (z. B. Hinweis auf vorhandene Vermögenswerte).

Für jede Forderungsart ist grundsätzlich ein eigenes Ersuchen zu erstellen. Ist im ersuchten EU-MS eine Behörde für mehrere Forderungsarten zuständig, können diese Forderungen in einem Ersuchen zusammengefasst werden. Ob Behörden in den anderen EU-MS für mehrere Forderungsarten zuständig sind, kann der Anlage 1 entnommen werden. Insbesondere bei Belgien, Luxemburg und Zypern ist zu beachten, dass für die Beitreibung von Einkommensteuer und Umsatzsteuer getrennte Ersuchen gestellt werden müssen. Dies hat jedoch keine Auswirkung auf die Berechnung des Mindestbetrages. Die Beträge der einzelnen Ersuchen werden für diesen Zweck zusammengerechnet.

Nach Art. 13 Abs. 3 der EUBeitrRL werden von der ersuchten Behörde nach dem für sie maßgebenden Recht Verzugszinsen (Säumniszuschläge) berechnet und erhoben. Die bis zum Zeitpunkt des Ergehens des Beitreibungsersuchens entstandenen Säumniszuschläge sind unter Angabe des Datums, bis zu dem sie berechnet wurden, im Ersuchen aufzuführen. Für danach entstandene Säumniszuschläge kann zu einem späteren Zeitpunkt ein neues Ersuchen gestellt werden, wenn im Übrigen die Voraussetzungen für ein Beitreibungsersuchen vorliegen. Hat die ersuchte Behörde von dem Schuldner Zinsen erhoben und über die Verbindungsbüros an das ersuchende Finanzamt – bei

Steuern auf Versicherungsprämien an das zuständige Referat im BZSt – weitergeleitet, sind diese mit den neu entstandenen Säumniszuschlägen zu verrechnen.

**3.1.2.1.2. Einheitlicher Vollstreckungstitel (UIPE)**

Nach § 10 Abs. 3 EUBeitrG bzw. Art. 12 Abs. 1 der EUBeitrRL ist jedem Ersuchen der einheitliche Vollstreckungstitel (UIPE) beizufügen (siehe Anhang II der EUBeitrDV). Dieser ist im ersuchten EU-MS die alleinige Grundlage für die zu ergreifenden Beitreibungsmaßnahmen. Der einheitliche Vollstreckungstitel (UIPE) kann aus den Daten im übermittelten elektronischen Formblatt „Ersuchen um Beitreibung oder Sicherungsmaßnahmen" von der ersuchten Behörde generiert werden, wodurch eine gesonderte Übermittlung des ursprünglichen Vollstreckungstitels entfällt.

**3.1.2.2. Beitreibungsersuchen in anderen Fällen**

Als Beitreibungsersuchen aufgrund von DBA bzw. Amts- und Rechtshilfeabkommen genügt das Weiterleitungsschreiben an das BZSt (Anlage 8)[1] sowie eine Rückstandsanzeige (Anlagen 7 a und 7 b)[1] in Papierform. Eines besonderen Ersuchensvordrucks bedarf es in diesen Fällen nicht.

Eine Weiterberechnung von Säumniszuschlägen bei Beitreibungsersuchen aufgrund von DBA bzw. Amts- und Rechtshilfeabkommen durch die ersuchte Behörde ist nicht vorzunehmen. Für nach der Stellung des Beitreibungsersuchens entstandene Säumniszuschläge kann ein neues Beitreibungsersuchen gestellt werden, wenn im Übrigen die Voraussetzungen für ein Beitreibungsersuchen vorliegen.

Wegen der Besonderheiten bei der Erstellung von Beitreibungsersuchen nach Polen siehe Tz. 5.1.13 und nach Kanada siehe Tz. 5.2.3.

**3.1.3. Insolvenzverfahren**

Ist über das Vermögen des Vollstreckungsschuldners in einem EU-MS das Insolvenzverfahren eröffnet worden, werden die Steueransprüche durch die Finanzämter unmittelbar im betreffenden EU-MS angemeldet (Art. 39 bis 41 der EUInsVO[2] [Anlage 6][1]).

Zur Vermeidung verspäteter Forderungsanmeldungen ist in Beitreibungsersuchen an EU-MS die ersuchte Behörde in der Regel um vorsorgliche Anmeldung der Forderungen im dortigen Insolvenzverfahren zu ersuchen. Entsprechendes gilt bei Ersuchen in Fällen, in denen die EUInsVO nicht anwendbar ist.

In Dänemark ist die EUInsVO nicht anwendbar (siehe Tz. 5.1.4).

**3.1.4. Gesamtschuld**

Soll die Abgabenschuld bei mehreren im ersuchten Staat ansässigen Gesamtschuldnern (§ 44 AO) beigetrieben werden, muss für jeden Gesamtschuldner ein eigenes Ersuchen gestellt werden. Das Ersuchen muss das Gesamtschuldverhältnis erkennen lassen. Insbesondere muss erkennbar sein, inwieweit die Zahlung eines Betrages durch einen Gesamtschuldner zur Entlastung der an-

---

[1] **[Amtl. Anm.:]** Hier nicht abgedruckt.

[2] **[Amtl. Anm.:]** Verordnung (EG) Nr. 1346/2000 des Rates vom 29. Mai 2000 über Insolvenzverfahren, ABl. Nr. L 160 vom 30. Juni 2000, S. 1.

deren Gesamtschuldner führt. Das Wesen der Gesamtschuldnerschaft ist kurz zu erläutern. Sind Ehegatten Gesamtschuldner, ist hierauf ebenfalls hinzuweisen.

### 3.1.5. Währung, Umrechnung

Bei Ersuchen aufgrund EUBeitrG/EUBeitrRL sind alle Forderungen in Euro und soweit der ersuchte Staat nicht zum Euro-Währungsgebiet gehört, zusätzlich in der Währung des ersuchten Staates anzugeben. Für die Umrechnung ist der letzte vor dem Tag der Übermittlung des Ersuchens im ABl. veröffentlichte Umrechnungskurs maßgeblich (Art. 18 Nr. 2 EUBeitrDV).

Der Umrechnungskurs kann tagesaktuell auf folgender Internetseite unter „C (Mitteilungen und Bekanntmachungen)" abgerufen werden: http://eur-lex.europa.eu/JOIndex.do?ihmlang=de.

### 3.1.6. Rechtsbehelfe, Erlassantrag

Wird im Fall eines Ersuchens aufgrund EUBeitrG/EUBeitrRL die Forderung, der ursprüngliche Vollstreckungstitel oder der einheitliche Vollstreckungstitel (UIPE) nach Ausgang des Ersuchens angefochten, ist dem BZSt mittels der entsprechenden Felder in Teil 7 des elektronischen Formblatts „Ersuchen um Beitreibung oder Sicherungsmaßnahmen" zu berichten. Gleichzeitig ist mitzuteilen, in welchem Umfang die Forderung nicht angefochten ist und ob um Weiterführung des Vollstreckungsverfahrens oder um Sicherungsmaßnahmen ersucht werden soll (vgl. Tz. 3.1.1.1). Bei Änderungen ist dem BZSt mittels der entsprechenden Felder in Teil 7 des elektronischen Formblatts „Ersuchen um Beitreibung oder Sicherungsmaßnahmen" das geänderte Beitreibungsersuchen zuzuleiten, aus dem die entsprechend geänderte Fassung des einheitlichen Vollstreckungstitels (UIPE) generiert werden kann (§ 11 Abs. 2 EUBeitrG). Nach dieser Mitteilung übermittelt das BZSt die erhaltenen Informationen an den ersuchten EU-MS.

Bei Ersuchen, die auf einer anderen Rechtsgrundlage als EUBeitrG/EUBeitrRL gestellt wurden, ist dem BZSt wegen eines eingelegten Rechtsbehelfs nur zu berichten, wenn dadurch ein Anlass für die einstweilige Einschränkung oder Beschränkung der Vollstreckung gegeben ist.

Bei einem Antrag auf Erlass aus Billigkeitsgründen, der offensichtlich nicht unbegründet ist, ist dem BZSt zu berichten.

### 3.1.7. Wegfall der Vollstreckungsvoraussetzungen/Minderung der Rückstände

Liegen die Voraussetzungen für eine Einstellung oder Beschränkung der Vollstreckung nach § 257 AO vor (z.B. durch Zahlungen oder durch behördliche oder gerichtliche Entscheidungen) oder ist das Ersuchen aus sonstigen Gründen ganz oder teilweise gegenstandslos geworden, ist dem BZSt unverzüglich zu berichten. Bei Ersuchen aufgrund EUBeitrG/EUBeitrRL erfolgt dies über die entsprechenden Felder in Teil 7 des elektronischen Formblatts „Ersuchen um Beitreibung oder Sicherungsmaßnahmen". Ausgenommen sind Rückstandsminderungen aufgrund von Zahlungen der ersuchten Behörde. Ebenfalls zu berichten ist in Fällen des § 258 AO.

Bei Änderung von Ersuchen aufgrund EUBeitrG/EUBeitrRL ist dem BZSt mittels der entsprechenden Felder in Teil 7 des elektronischen Formblatts „Ersuchen um Beitreibung oder Sicherungsmaßnahmen" das geänderte Beitreibungsersuchen zuzuleiten, aus dem die geänderte Fassung des einheitlichen Vollstreckungstitels (UIPE) generiert werden kann (§ 11 Abs. 1 EUBeitrG). Zahlungen der ersuchten Behörde bleiben dabei unberücksichtigt und mindern nicht den Forderungsbetrag.

Mindert sich ein Rückstand bei Ersuchen, die bis zum 31. Dezember 2008 nach der Richtlinie 76/308/EWG[1] in Papierform versandt worden sind, ist dem BZSt darüber Mitteilung zu machen und eine geänderte Rückstandsaufstellung beizufügen.

Mindert sich ein Rückstand durch Zahlung der ersuchten Behörde bei Ersuchen, die bis zum 31. Dezember 2011 nach der EG-Beitreibungsrichtlinie[2] versandt worden sind, und bei Ersuchen, die nach DBA bzw. Amts- und Rechtshilfeabkommen gestellt worden sind, ist dem BZSt darüber Mitteilung zu machen. Es ist jedoch darauf zu achten, dass keine geänderte Rückstandsanzeige übersandt wird.

Hinsichtlich der Besonderheiten einzelner Staaten siehe Tz. 5.

### 3.1.8. Erhöhung der Rückstände

Erhöht sich nachträglich der Rückstand, so kann ein ergänzendes Ersuchen gestellt werden. Bei einem ergänzenden Ersuchen aufgrund EUBeitrG/EU-BeitrRL ist der Mindestbetrag (Tz. 3.1.1.2) unbeachtlich, wenn anzunehmen ist, dass es von der ersuchten Behörde noch zusammen mit dem ersten Ersuchen bearbeitet werden kann (Art. 22 Nr. 5 EUBeitrDV).

Bei ergänzenden Ersuchen nach DBA bzw. Amts- und Rechtshilfeabkommen sind die Mindestbeträge (Tz. 3.1.1.2) zu beachten.

### 3.1.9. Getilgte Beträge

Soweit ein nicht zum Euro-Währungsgebiet gehörender EU-MS um Beitreibung nach EUBeitrG/EUBeitrRL ersucht wird, gilt der im Ersuchen ausgewiesene Gesamtbetrag für die ersuchte Behörde in Höhe des Betrags als getilgt, der dem in ausländischer Währung beigetriebenen Betrag unter Anwendung des Kurses nach Tz. 3.1.5 entspricht.

Bei Ersuchen nach DBA bzw. Amts- und Rechtshilfeabkommen richtet sich der für die ersuchte Behörde als getilgt geltende Betrag nach dem bei Eingang des Ersuchens bei der zuständigen ausländischen Behörde maßgebenden Kurs.

Als Tag der Zahlung gilt der Eingang der Zahlung bei der zuständigen ausländischen Behörde.

### 3.1.10. Sachstandsanfrage bei drohender Verjährung

Im Falle drohender Verjährung sollte eine Sachstandsanfrage an das BZSt gestellt werden, das daraufhin die erforderlichen Auskünfte im anderen EU-MS einholt.

---

[1] **[Amtl. Anm.:]** Richtlinie 76/308/EWG des Rates vom 15. März 1976 über die gegenseitige Unterstützung bei der Beitreibung von Forderungen im Zusammenhang mit Maßnahmen, die Bestandteil des Finanzierungssystems des Europäischen Ausrichtungs- und Garantiefonds für die Landwirtschaft sind, sowie von Abschöpfungen und Zöllen, ABl. EG Nr. L 73 S. 18.

[2] **[Amtl. Anm.:]** Richtlinie 2008/55/EG vom 26. Mai 2008 über die gegenseitige Unterstützung bei der Beitreibung von Forderungen in Bezug auf bestimmte Abgaben, Zölle, Steuern und sonstigen Maßnahmen, ABl. EU Nr. L 150 vom 10. Juni 2008, S. 28.

### 3.1.11. Verbleib der Unterlagen

Die Beitreibungsunterlagen verbleiben grundsätzlich bei der ersuchten Behörde. Von Aufforderungen zur Rücksendung dieser Unterlagen ist abzusehen.

## 3.2. Ersuchen um Sicherungsmaßnahmen

Um Sicherungsmaßnahmen kann ersucht werden, wenn
– die Voraussetzungen für die Vollstreckung (§§ 251, 254 AO) gegeben sind, der zu vollstreckende Verwaltungsakt oder das Leistungsgebot noch nicht formell bestandskräftig oder bereits angefochten ist und zu befürchten ist, dass ohne Sicherungsmaßnahmen die Vollstreckung vereitelt oder wesentlich erschwert werden würde;
– ein angeordneter dinglicher Arrest im Ausland vollzogen werden soll.

Das Ersuchen ist zwingend, ggf. in einer besonderen Anlage, zu begründen.

Im Fall des Arrestes ist eine Ausfertigung der Arrestanordnung beizufügen.

Wird um Sicherungsmaßnahmen aufgrund einer Arrestanordnung ersucht, ist das Ersuchen innerhalb der Vollziehungsfrist des § 324 Abs. 3 Satz 1 AO dem BZSt vorzulegen.

Aus der Anlage 1 ist ersichtlich, in welchen Staaten grundsätzlich Sicherungsmaßnahmen möglich sind. Besonderheiten zu einzelnen Staaten ergeben sich aus Tz. 5.

Die Regelungen für Beitreibungsersuchen gelten sinngemäß.

Bei der Begründung des Ersuchens sind auch bekannte Vermögenswerte des Schuldners im ersuchten EU-MS anzugeben.

## 3.3. Zustellungsersuchen zu Beitreibungszwecken

### 3.3.1. Zulässigkeit

Nach § 8 EUBeitrG (Art. 8 Abs. 1 der EUBeitrRL) kann die ausländische Finanzbehörde um Zustellung aller mit einer Forderung oder deren Vollstreckung zusammenhängenden Verfügungen und Entscheidungen ersucht werden, wenn eine Zustellung
– gemäß den Vorschriften des VwZG nicht möglich ist oder
– mit unverhältnismäßigen Schwierigkeiten verbunden wäre

und folgende Voraussetzungen vorliegen:

a) Die Forderungen, auf die sich das Schriftstück bezieht, unter den Anwendungsbereich nach § 1 EUBeitrG (Art. 2 EUBeitrRL) fallen,
b) die Fünfjahresfrist eingehalten ist,
c) und die Zehnjahresfrist nicht überschritten ist (§ 14 EUBeitrG).

Dänemark, Finnland, Niederlande und Schweden können auch nach den geltenden Regelungen in den DBA bzw. den Amts- und Rechtshilfeabkommen um Zustellung ersucht werden.

### 3.3.2. Form und Inhalt

#### 3.3.2.1. Allgemein

Das Ersuchen nach § 8 Abs. 1 EUBeitrG ist mittels des elektronischen Formblatts „Zustellungsersuchen" (siehe Anhang II des EUBeitrBeschl) zu erstellen und dem BZSt nebst dem eingescannten zuzustellenden Verwaltungsakt elektronisch zu übermitteln.

Zustellungsersuchen nach DBA bzw. Amts- und Rechtshilfeabkommen können formlos erstellt und an das BZSt übermittelt werden. Tz. 1.5.2.2 bleibt unberührt.

Die Zustellung richtet sich nach den Rechtsvorschriften für die Zustellung entsprechender Rechtsakte der ersuchten Behörde.

**3.3.2.2. Einheitliches Zustellungsformblatt (UNF)**

Nach § 8 Abs. 1 EUBeitrG ist jedem Ersuchen das einheitliche Zustellungsformblatt (UNF) beizufügen (siehe Anhang I EUBeitrDV). Das einheitliche Zustellungsformblatt (UNF) kann aus den Daten im übermittelten elektronischen Formblatt „Zustellungsersuchen" von der ersuchten Behörde generiert werden. Dadurch entfallen eine gesonderte Übermittlung und eine eventuell notwendige Übersetzung.

**3.4. Auskunftsersuchen zu Beitreibungszwecken**

**3.4.1. Zulässigkeit**

Nach Art. 5 Abs. 1 der EUBeitrRL kann für Zwecke der Beitreibung einer Forderung um Auskünfte ersucht werden, wenn

a) die erbetenen Auskünfte in Zusammenhang mit Forderungen stehen, die unter den Anwendungsbereich nach Art. 2 EUBeitrRL fallen,

b) die Fünfjahresfrist eingehalten, und

c) die Zehnjahresfrist nicht überschritten ist (Art. 18 Abs. 2 EUBeitrRL).

Zur Vorbereitung der Vollstreckung gehört auch die Informationsgewinnung (insbesondere Feststellung von Adressen) für Zustellung(sersuch)en und Beitreibungs- oder Sicherungsersuchen.

Das Auskunftsersuchen kann folgende Personen betreffen:

1. den Hauptschuldner oder
2. jede andere Person, die nach den Rechtsvorschriften des EU-MS, in dem die ersuchende Behörde ihren Sitz hat, für die Erfüllung der Forderung haftet oder
3. jede andere dritte Person, die im Besitz von Vermögenswerten der unter Nr. 1 oder 2 bezeichneten Personen ist (Art. 3 Nr. 2 der EUBeitrDV).

Wenn ein Beitreibungsersuchen oder ein Ersuchen um Sicherungsmaßnahmen (Tz. 3.1 bzw. Tz. 3.2) gestellt werden kann, ist ein Auskunftsersuchen regelmäßig nicht erforderlich.

Entsprechendes gilt nach den Regelungen in den Amts- und Rechtshilfeabkommen mit Dänemark, Finnland, Niederlande und Schweden.

Bei Auskunftsersuchen zu Beitreibungszwecken nach DBA gelten die Regelungen des jeweiligen DBA über den Informationsaustausch (entsprechend Art. 26 OECD-MA).

**3.4.2. Form und Inhalt**

Das Ersuchen nach Art. 5 Abs. 1 der EUBeitrRL ist mittels des elektronischen Formblatts „Auskunftsersuchen" (siehe Anhang I des EUBeitrBeschl) zu erstellen und dem BZSt elektronisch zu übermitteln.

Ersuchen nach DBA bzw. Amts- und Rechtshilfeabkommen können formlos erstellt und an das BZSt übermittelt werden. Tz. 1.5.2.2 bleibt unberührt.

### 3.5. Unzureichende Erledigung eines Ersuchens

Ist ein Ersuchen nach Auffassung der zuständigen Landesfinanzbehörde bzw. bei Steuern auf Versicherungsprämien des dafür zuständigen Referats im BZSt nicht ausreichend erledigt worden, beantragt sie/es innerhalb einer Frist von zwei Monaten nach Erhalt der Erledigungsmitteilung die Fortsetzung der gewünschten Maßnahme beim BZSt.

## 4. Eingehende (ausländische) Ersuchen

### 4.1. Allgemeines

Die Finanzbehörden der anderen Staaten können Amtshilfe nach der EU-BeitrRL, den DBA und den Amts- und Rechtshilfeabkommen beanspruchen (Anlage 1). Die Zulässigkeit wird vom BZSt geprüft.

### 4.2. Beitreibungsersuchen

#### 4.2.1. Zulässigkeit

Dem BZSt ist umgehend zu berichten, wenn Anhaltspunkte dafür vorliegen, dass

- der ersuchende Staat unzureichende Maßnahmen zur Tilgung der Forderung getroffen hat (Art. 11 Abs. 2 Buchst. a) EUBeitrRL);
- bei Durchführung der erbetenen Vollstreckungsmaßnahmen aus Gründen, die auf die Verhältnisse des Vollstreckungsschuldners zurückzuführen sind, erhebliche Schwierigkeiten wirtschaftlicher oder sozialer Art in der Bundesrepublik Deutschland hervorgerufen werden könnten (z. B. Verlust von Arbeitsplätzen infolge der Vollstreckung – Art. 11 Abs. 2 Buchst. b) und Art. 18 Abs. 1 EUBeitrRL);
- bei der Begründung des Steueranspruchs, bei der Behandlung von Rechtsbehelfen oder bei der Abrechnung erkennbare erhebliche Verfahrensmängel vorliegen.

Für Ersuchen aufgrund von DBA und Amts- und Rechtshilfeabkommen gilt Entsprechendes.

#### 4.2.2. Übermittlung von Beitreibungsersuchen

Eingehende Ersuchen übermittelt das BZSt, nachdem es die Zulässigkeit geprüft hat, der OFD bzw. der dem Finanzamt unmittelbar vorgesetzten Landesfinanzbehörde.[1]

Ist in einem Land der unmittelbare Schriftverkehr zwischen den Finanzämtern und dem BZSt gestattet, leitet das BZSt das Ersuchen direkt an das zuständige Finanzamt weiter.

Das BZSt bestätigt gegenüber der ersuchenden ausländischen Behörde den Empfang des Ersuchens. Bei Ersuchen aufgrund EUBeitrG/EUBeitrRL sollte die Bestätigung so bald wie möglich, spätestens nach sieben Tagen erfolgen (Art. 19 Nr. 1 EUBeitrDV). Wegen der Besonderheiten bei Ersuchen nach Kanada siehe Tz. 5.2.3.

Das zuständige Finanzamt ergreift unverzüglich die zur Erledigung des Ersuchens erforderlichen Maßnahmen.

---

[1] **[Amtl. Anm.:]** Bei Steuern auf Versicherungsprämien siehe Fußnote unter Tz. 1.4.

**4.2.3. Anzuwendendes Recht**

Für die Erledigung ausländischer Beitreibungsersuchen gelten die Vorschriften der AO, der Vollstreckungsanweisung und der Vollziehungsanweisung entsprechend. Ein automatisierter Abruf von Konteninformationen nach § 93 Abs. 7 AO (Kontenabrufverfahren) ist zulässig, sofern es sich bei der beizutreibenden ausländischen Steuer um eine Steuer handelt, die einer bundesgesetzlich geregelten inländischen Steuer entspricht und in Fällen, in denen die beizutreibende Steuer keiner inländischen Steuer entspricht oder mit dieser vergleichbar ist, da die Vollstreckung dieser Forderungen nach den Vorschriften erfolgt, die für die Vollstreckung von Einkommensteuer gelten. In Fällen, in denen die beizutreibende Steuer einer landesgesetzlich geregelten Steuer entspricht, ist ein Kontenabruf unzulässig.

Ab dem Zeitpunkt des Eingangs des Ersuchens beim BZSt sind auf die rückständigen Steuerbeträge Säumniszuschläge nach § 240 AO zu erheben und an den Staat, in dem die ersuchende Behörde ihren Sitz hat, zu überweisen (§ 9 Abs. 5 EUBeitrG bzw. Art. 13 Abs. 3 der EUBeitrRL). Dies gilt nicht für Ersuchen nach DBA bzw. Amts- und Rechtshilfeabkommen.

Wird dem Vollstreckungsschuldner ein Vollstreckungsaufschub gewährt, ist auf die Entstehung weiterer Säumniszuschläge hinzuweisen.

Unberührt bleibt die Verantwortlichkeit der ersuchenden ausländischen Behörde für die Rechtmäßigkeit der Forderung.

**4.2.4. Einleitung von Vollstreckungsmaßnahmen**

Vor Einleitung von Vollstreckungsmaßnahmen ist der Vollstreckungsschuldner mit einer 14-tägigen Frist zur Zahlung aufzufordern (Anlage 9)[1].

Nach § 9 Abs. 1 EUBeitrG ist der Zahlungsaufforderung der in deutscher Sprache ausgedruckte einheitliche Vollstreckungstitel (UIPE) sowie die Mitteilung an den Empfänger (Anlage 10)[1] beizufügen. Der Empfänger kann einmalig beantragen, den einheitlichen Vollstreckungstitel (UIPE) in einer der anderen Amtssprachen der EU zu erhalten (§ 20 EUBeitrG). Ein solcher Antrag ist innerhalb von sieben Arbeitstagen nach dem Tag, an dem ihm der einheitliche Vollstreckungstitel (UIPE) für die Vollstreckung im ersuchten EU-MS zugestellt wurde, zu stellen. Das zuständige Finanzamt druckt den einheitlichen Vollstreckungstitel (UIPE) daraufhin in der vom Empfänger beantragten Amtssprache aus und übermittelt diesen erneut an den Empfänger. Eine solche spätere Übermittlung einer Übersetzung des einheitlichen Vollstreckungstitels (UIPE) für die Vollstreckung im ersuchten EU-MS wirkt sich nicht auf die Gültigkeit der Beitreibungs- oder Sicherungsmaßnahmen aus, die auf der Grundlage des einheitlichen Vollstreckungstitels (UIPE) für die Vollstreckung im ersuchten EU-MS bereits ergriffen wurden. Es ergeht damit keine zweite Zahlungsaufforderung und dementsprechend wird auch kein neuer Zahlungstermin bestimmt.

**4.2.5. Insolvenzverfahren**

Nach Art. 39 der EUInsVO können EU-MS Steueransprüche unmittelbar im anderen EU-MS zum Insolvenzverfahren anmelden. Das zuständige Finanzamt bzw. bei Steuern auf Versicherungsprämien das dafür zuständige Re-

[1] **[Amtl. Anm.:]** Hier nicht abgedruckt.

ferat im BZSt hat die ausländische Steuerforderung vorsorglich zur Tabelle anzumelden, sofern sich aus dem Ersuchen eines EU-MS nicht ergibt, dass die Anmeldung nach Art. 39 der EUInsVO bereits unmittelbar durch die ersuchende Behörde vorgenommen worden ist.

Bei Ersuchen aus Dänemark (vgl. Tz. 3.1.3) und Nicht-EU-MS sind ausländische Steuerforderungen grundsätzlich zur Tabelle anzumelden.

Über das Insolvenzverfahren und die Anmeldung zur Tabelle ist unter Angabe der Anschrift des zuständigen Insolvenzgerichts, des Aktenzeichens sowie des Namens und der Anschrift des Insolvenzverwalters dem BZSt unverzüglich zu berichten. Bestreitet ein Gläubiger oder der Insolvenzverwalter im Prüfungstermin die angemeldete titulierte Forderung, obliegt es dem Bestreitenden, den Widerspruch zu verfolgen (§ 179 Abs. 2 InsO). Die Zustimmung zu einem (außergerichtlichen) Schuldenbereinigungs- und/oder Insolvenzplan obliegt der ersuchenden Behörde.

### 4.2.6. Zwischen- und Sachstandsberichte

Nach Art. 20 Nr. 2 der EUBeitrDV ist die ersuchende Behörde jeweils spätestens nach Ablauf von sechs Monaten seit Eingang des Ersuchens beim BZSt über den Stand der Beitreibung zu unterrichten, wenn das Beitreibungsersuchen noch nicht erledigt werden konnte. Das zuständige Finanzamt berichtet dem BZSt je nach Landesregelung entweder unmittelbar oder über die OFD bzw. die ihm unmittelbar vorgesetzte Behörde vor Ablauf jeder Sechsmonatsfrist über den Sachstand. Dies geschieht grundsätzlich unter Verwendung der entsprechenden Antwortfelder in Teil 7 des elektronischen Formblatts „Ersuchen um Beitreibung oder Sicherungsmaßnahmen".

Bei Ersuchen nach DBA und Amts- und Rechtshilfeabkommen ist entsprechend zu verfahren. Die Mitteilungen sind formlos zu erstellen und elektronisch auf dem vorgesehenen Geschäftsweg zu übermitteln. Wegen der Besonderheiten bei Ersuchen nach Kanada siehe Tz. 5.2.3.

### 4.2.7. Währung, Umrechnung

Ausländische Forderungen werden in Euro vollstreckt. In Beitreibungsersuchen aufgrund der EUBeitrRL ist der einzuziehende Betrag in Euro anzugeben. Sofern die ausländische Forderung nicht in Euro angegeben ist, rechnet das zuständige Finanzamt diese Forderung nach dem am Tag des Eingangs des Ersuchens beim BZSt geltenden Umrechnungskurs in Euro um. Zur Ermittlung der Kurse siehe Tz. 3.1.5.

### 4.2.8. Rechtsbehelfe

Rechtsbehelfe gegen die Rechtmäßigkeit der ausländischen Forderung, des ursprünglichen Vollstreckungstitels oder des einheitlichen Vollstreckungstitels (UIPE) sind bei der zuständigen ausländischen Finanzbehörde einzulegen. Wenn Rechtsbehelfe bei den inländischen Finanzbehörden eingelegt werden, ist das BZSt darüber zu informieren. Das BZSt teilt dem Vollstreckungsschuldner mit, dass er den Rechtsbehelf bei der zuständigen ausländischen Finanzbehörde einzulegen hat (§ 13 Abs. 2 Satz 1 EUBeitrG).

Sobald die ersuchende Behörde mitteilt, dass der Vollstreckungsschuldner einen Rechtsbehelf eingelegt hat, und nicht gleichzeitig um Weiterführung des Vollstreckungsverfahrens ersucht, setzt das Finanzamt das Vollstreckungsverfahren aus bzw. sieht von der Einleitung der Vollstreckung ab. Dies gilt entsprechend, wenn der Vollstreckungsschuldner mitteilt, dass er bei der ersuchenden Behörde einen Rechtsbehelf eingelegt hat und dies durch geeignete Unterlagen nachweist. In diesem Fall ist dem BZSt zu berichten. Ist zu befürchten, dass durch das Aussetzen der Vollstreckung bzw. das Absehen von deren Einleitung die Vollstreckung vereitelt oder wesentlich erschwert wird, kann das zuständige Finanzamt in Fällen des § 13 Abs. 2 EUBeitrG bzw. des Art. 14 Abs. 4 Unterabsatz 2 EUBeitrRL Sicherungsmaßnahmen nach den Vorschriften der AO durchführen.

Sicherungsmaßnahmen unterbleiben, wenn der zu vollstreckende Betrag hinterlegt oder auf andere Weise Sicherheit geleistet wird (vgl. §§ 241 ff. AO). Bereits getroffene Sicherungsmaßnahmen sind in diesem Fall aufzuheben.

Sofern die ersuchende Behörde die Weiterführung des Vollstreckungsverfahrens beantragt, entscheidet das zuständige Finanzamt, ob und ggf. welche Vollstreckungsmaßnahmen zu treffen sind. In den Fällen des § 13 Abs. 3 EUBeitrG bzw. Art. 14 Abs. 4 EUBeitrRL ist ein solcher Antrag zu begründen. Die Anwendung des § 258 AO bleibt unberührt.

**4.2.9. Aufteilung einer Gesamtschuld**

Das zuständige Finanzamt setzt das Vollstreckungsverfahren aus und berichtet, wenn der Vollstreckungsschuldner Einwendungen erhebt, die nach deutschem Recht die Aufteilung einer Gesamtschuld rechtfertigen würden (§§ 268 ff. AO). Das BZSt bittet die ersuchende Behörde um Mitteilung, wie sich die beizutreibende Steuer auf die Gesamtschuldner verteilt.

**4.2.10. Überweisung eingezogener Beträge**

Eingezogene Beträge sind grundsätzlich innerhalb von zwei Monaten auf das im Ersuchen angegebene Bankkonto unter Angabe von IBAN und BIC zu überweisen (Art. 23 EUBeitrDV). Bei Bewilligung von Ratenzahlungen oder bei Pfändungen mit nur geringen Beträgen können Vereinbarungen darüber getroffen werden, dass die Zahlungen gesammelt und halbjährlich überwiesen werden. Hierüber ist das BZSt zu informieren. Der Betrag und das Datum der Zahlung sind der ersuchenden Behörde durch Eintragung in die entsprechenden Felder in Teil 7 des elektronischen Formblatts „Ersuchen um Beitreibung oder Sicherungsmaßnahmen" mitzuteilen.

**4.2.11. Änderung der rückständigen Beträge**

Teilt die ersuchende Behörde mit, dass sich der Rückstand geändert hat, so ist das Vollstreckungsverfahren, nach Vorlage von geänderten Vollstreckungsunterlagen, hinsichtlich der geänderten Forderung weiterzuführen. Erhöht sich der Rückstand durch ein ergänzendes Ersuchen, ist über den Differenzbetrag eine Zahlungsaufforderung zu erteilen (Tz. 4.2.4). Ermäßigt sich der Rückstand, sind die zu viel erhobenen Beträge zu erstatten, wenn sie noch nicht weitergeleitet worden sind.

**4.2.12. Abschlussbericht**

Das zuständige Finanzamt berichtet dem BZSt nach Erledigung eines Beitreibungsersuchens über das Ergebnis. Der Bericht soll enthalten:

– den Tag der Zahlung des Rückstandes und den Tag der Überweisung an die ersuchende Behörde;
– den maßgebenden Umrechnungskurs, wenn die ausländische Forderung umzurechnen war;

– die Gründe, warum Vollstreckungsmaßnahmen ganz oder teilweise erfolglos verlaufen sind;
– eine Auflistung der ausgebrachten Vollstreckungsmaßnahmen.

Bei Ersuchen nach der EUBeitrRL erfolgt der Bericht durch Ausfüllen der entsprechenden Felder in Teil 7 des elektronischen Formblatts „Ersuchen um Beitreibung oder Sicherungsmaßnahmen". In allen anderen Fällen kann der Bericht formlos erstattet werden.

**4.2.13. Verbleib der Unterlagen**

Die Beitreibungsunterlagen verbleiben grundsätzlich bei dem zuständigen Finanzamt, es sei denn, die ausländische Behörde bittet um Rücksendung dieser Unterlagen.

**4.3. Ersuchen um Sicherungsmaßnahmen**

Die zuständige ausländische Behörde kann um Sicherungsmaßnahmen ersuchen. Für die Durchführung von Sicherungsmaßnahmen gelten die Vorschriften der AO, der Vollstreckungsanweisung und der Vollziehungsanweisung entsprechend.

Wenn die Forderung noch nicht fällig und vollstreckbar ist, erfolgt die Sicherung durch Anordnung und Vollziehung des dinglichen Arrestes (§ 324 AO).

Die Anordnung des dinglichen Arrestes obliegt dem Finanzamt, in dessen Bezirk der Vollstreckungsschuldner seinen Wohnsitz/gewöhnlichen Aufenthalt hat oder Vermögen besitzt, in das vollstreckt werden soll (§ 19 AO). Kommen mehrere Finanzämter in Betracht, so ist das zuerst mit der Angelegenheit befasste Finanzamt zuständig. Die – erst nach Eingang eines Beitreibungsersuchens zulässige – Zahlungsaufforderung (Tz. 4.2.4) und die Mitteilung der Verwertungsabsicht (§ 327 AO) obliegen dem für die Arrestvollziehung zuständigen Finanzamt.

Die Vollziehung der Arrestanordnung kann mit Genehmigung der Vollstreckungsbehörde auch in anderer Weise als durch Hinterlegung von Geld, z. B. durch Sicherheitsleistung (vgl. §§ 241 ff. AO), abgewendet werden. Kommt das zuständige Finanzamt zu der Auffassung, dass kein Arrestgrund vorliegt, ist das Ersuchen mit entsprechender Begründung zurückzugeben.

In allen anderen Fällen sind beantragte Sicherungsmaßnahmen ohne Arrestanordnung auszubringen.

Die Ausführungen hinsichtlich der Form, Übermittlungs- und Berichtspflicht zu Beitreibungsersuchen gelten sinngemäß.

**4.4. Zustellungsersuchen zu Beitreibungszwecken**

Auf Ersuchen der zuständigen Behörde eines EU-MS veranlasst die Vollstreckungsbehörde die Zustellung aller mit einer Forderung oder mit deren Vollstreckung zusammenhängenden Verfügungen und Entscheidungen, die von dem EU-MS ausgehen, in dem die ersuchende Behörde ihren Sitz hat (§ 7 Abs. 1 EUBeitrG bzw. Art. 8 EUBeitrRL i. V. m. Art. 10 EUBeitrDV).

Über die Erledigung ist dem BZSt umgehend zu berichten.

Für Ersuchen aufgrund von DBA und Amts- und Rechtshilfeabkommen gilt Entsprechendes.

Die Zustellung richtet sich nach den Vorschriften des VwZG.

Bei Ersuchen nach der EUBeitrRL ist dem zuzustellenden Dokument das in deutscher Sprache ausgedruckte einheitliche Zustellungsformblatt (UNF) nach § 7 Abs. 1 EUBeitrG sowie die Mitteilung an den Empfänger (Anlage 11)[1] beizufügen. Der Empfänger kann einmalig beantragen, das einheitliche Zustellungsformblatt (UNF) in einer der anderen Amtssprachen der EU zu erhalten (§ 20 EUBeitrG). Ein solcher Antrag ist innerhalb von sieben Arbeitstagen nach dem Tag, an dem ihm das einheitliche Zustellungsformblatt (UNF) zugestellt wurde, zu stellen. Das zuständige Finanzamt druckt das einheitliche Zustellungsformblatt (UNF) daraufhin in der vom Empfänger beantragten Amtssprache der EU aus und übermittelt dieses erneut an den Empfänger. Eine solche spätere Übermittlung einer weiteren Übersetzung des einheitlichen Zustellungsformblatts (UNF) in einer anderen Amtssprache der EU, gilt nicht als neue Zustellung und wirkt sich nicht auf das Datum der ursprünglichen Zustellung des einheitlichen Zustellungsformblatts (UNF) aus.

### 4.5. Auskunftsersuchen zu Beitreibungszwecken

Die zuständige ausländische Behörde kann zur Vorbereitung der Vollstreckung um Auskünfte ersuchen. Zur Vorbereitung der Vollstreckung gehört auch die Informationsgewinnung (insbesondere Feststellung von Adressen) für Zustellung(sersuch)en und Beitreibungs- oder Sicherungsersuchen. Die Ermittlungsbefugnis für die Auskunftserteilung ergibt sich aus § 249 Abs. 2 AO. In der Regel genügt es, die Auskunft auf die Aktenlage und die am Arbeitsplatz zur Verfügung stehenden elektronischen Abfragemöglichkeiten zu beschränken.

Ein automatisierter Abruf von Konteninformationen nach § 93 Abs. 7 AO (siehe Tz. 4.2.3) ist bei einem Ersuchen um Auskunft zu Einkünften und Vermögenswerten für die Beitreibung zwar zulässig, dürfte aber aufgrund der Informationspflicht über den durchgeführten Kontenabruf unzweckmäßig sein.

Eine Auskunft kann verweigert werden, wenn durch die Erteilung der Auskunft die Sicherheit oder die öffentliche Ordnung verletzt sein könnte oder ein Handels-, Gewerbe- oder Berufsgeheimnis preisgegeben würde (§ 5 Abs. 2 EUBeitrG, § 117 Abs. 3 Satz 1 Nr. 4 AO). Von einer Anhörung des Vollstreckungsschuldners kann regelmäßig abgesehen werden (§ 117 Abs. 4 AO i. V. m. § 91 Abs. 2 Nr. 5 AO).

Über die Erledigung ist dem BZSt umgehend, spätestens nach sechs Monaten zu berichten.

Für Ersuchen aufgrund von DBA und Amts- und Rechtshilfeabkommen gilt Entsprechendes.

### 4.6. Änderung der örtlichen Zuständigkeit

Ändert sich die örtliche Zuständigkeit, ist das Ersuchen, ggf. über die OFD bzw. die dem Finanzamt unmittelbar vorgesetzte Landesfinanzbehörde, an das nunmehr örtlich zuständige Finanzamt weiterzuleiten. Dem BZSt ist eine Abgabenachricht zu erteilen.

---

[1] **[Amtl. Anm.:]** Hier nicht abgedruckt.

## 5. Besonderheiten zu einzelnen Staaten

### 5.1. EU-MS

#### 5.1.1. AT – Österreich

Nach der zwischen dem Bundesministerium für Finanzen der Republik Österreich und dem BMF getroffenen Konsultationsvereinbarung[1] hat die EUBeitrRL im Bereich der Amtshilfe bei der Vollstreckung ab dem 1. Juni 2012 grundsätzlich Vorrang gegenüber dem deutsch-österreichischen Amtshilfevertrag[2].

Insbesondere finden die Regelungen in Bezug auf die Zustellung von Dokumenten sowie die Behördenzuständigkeit des deutsch-österreichischen Amtshilfevertrags keine Anwendung mehr. Auf vereinbarte Amtshilfe im Insolvenzverfahren sowie im Bereich Finanzstrafen ist nach der Konsultationsvereinbarung der deutsch-österreichische Amtshilfevertrag weiterhin anzuwenden.

#### 5.1.2. BE – Belgien

In Belgien sind für die Beitreibung nach der EUBeitrRL verschiedene Behörden zuständig. Für Umsatzsteuerforderungen ist daher ein gesondertes Ersuchen erforderlich. Dies hat keine Auswirkung auf die Berechnung des Mindestbetrages. Es gilt der Mindestbetrag von 1500 Euro für den Gesamtbetrag der Forderungen der zeitgleich gestellten Ersuchen.

Belgien kann auch dann um Unterstützung nach der EUBeitrRL ersucht werden, wenn die Forderungen älter als fünf Jahre sind und hierfür besondere sachliche Umstände vorliegen (z. B. Betrug, der Vollstreckungsschuldner kann im Ausland nicht ausfindig gemacht werden, Durchführung besonders lang andauernder Beitreibungsverfahren). Entsprechende Ersuchen sind zu begründen.

Frauen werden in Belgien in Registern und Verzeichnissen unter ihrem Geburtsnamen erfasst. Um die Erfolgsaussichten zu erhöhen und die Ermittlungen zu erleichtern, sollte der Geburtsname – soweit bekannt – und der Name und Vorname sowie das Geburtsdatum des Ehemannes angegeben werden.

#### 5.1.3. CZ – Tschechische Republik

In Altfällen (Ersuchen, die vor dem 1. Januar 2012 übersandt wurden) ist eine geänderte Rückstandsanzeige erforderlich, wenn sich der Rückstand durch eine behördliche oder gerichtliche Entscheidung oder durch eine Zahlung, die nicht durch die ersuchte Behörde überwiesen wurde, mindert.

---

[1] **[Amtl. Anm.:]** Konsultationsvereinbarung vom 6. September 2012 zwischen dem Bundesministerium für Finanzen der Republik Österreich und dem Bundesministerium der Finanzen der Bundesrepublik Deutschland nach Artikel 15 Absatz 1 des Vertrags vom 4. Oktober 1954 zwischen der Republik Österreich und der Bundesrepublik Deutschland über Rechtsschutz und Rechtshilfe in Abgabensachen zur Neugestaltung der verwaltungsbehördlichen Zusammenarbeit im Bereich der Vollstreckungsamtshilfe (BStBl. 2012 I S. 882).

[2] **[Amtl. Anm.:]** Vertrag vom 4. Oktober 1954 zwischen der Bundesrepublik Deutschland und der Republik Österreich über Rechtsschutz und Rechtshilfe in Abgabensachen (BGBl. II Nr. 833/1955).

### 5.1.4. DK – Dänemark

Nach Art. 34 Abs. 1 des DBA-Dänemark ist grundsätzlich für Fragen im Zusammenhang mit Verjährungsfristen das Recht des ersuchenden Vertragsstaats maßgebend. Der ersuchte Vertragsstaat ist jedoch nicht zur Beitreibung verpflichtet, wenn der Anspruch nicht nach seinem eigenen Recht beigetrieben werden könnte, d. h., wenn er nach dem Recht des ersuchten Vertragsstaats bereits verjährt wäre.

In Dänemark beträgt die Verjährungsfrist drei Jahre. Bei einer Übermittlung eines Beitreibungsersuchens nach Dänemark über inländische Forderungen, die älter als drei Jahre sind, wird daher vorausgesetzt, dass Maßnahmen ergriffen worden sind, die eine Unterbrechung der Verjährungsfrist in beiden Vertragsstaaten bewirken. Die in Deutschland ergriffenen Maßnahmen zur Unterbrechung der Verjährung sind im Ersuchen mitzuteilen und entsprechende Kopien der Unterbrechungsmaßnahmen sind beizufügen. Des Weiteren sind den Ersuchen neben der Rückstandsanzeige stets beglaubigte Ablichtungen der zugrunde liegenden Steuer- oder Haftungsbescheide beizufügen.

Dänemark kann auch dann nach der EUBeitrRL ersucht werden, wenn die Forderungen älter als drei Jahre sind und keine Unterbrechungshandlung stattgefunden hat, da hier das Recht des ersuchenden Vertragsstaats maßgebend ist.

Für aus Dänemark eingehende Ersuchen gilt im übrigen Tz. 1.8.

Das DBA-Dänemark umfasst nicht die Färöer und Grönland (Art. 3 des DBA-Dänemark).

In Dänemark ist die EUInsVO nicht anwendbar (siehe Tz. 3.1.3).

### 5.1.5. EE – Estland

Estland kann auch dann um Unterstützung nach der EUBeitrRL ersucht werden, wenn die Forderungen älter als fünf Jahre sind. Entsprechende Ersuchen sind zu begründen.

### 5.1.6. EL – Griechenland

Griechenland kann auch dann um Unterstützung nach der EUBeitrRL ersucht werden, wenn die Forderungen älter als fünf Jahre sind. Entsprechende Ersuchen sind zu begründen.

Wegen des andersartigen Aufbaus des griechischen Melderegisters haben Vollstreckungs- und Sicherungsersuchen dann größere Aussichten auf Erfolg, wenn sie zusätzlich sämtliche über den Vollstreckungsschuldner bekannten Informationen, insbesondere Geburtsdatum und -ort des Vollstreckungsschuldners sowie Name und Geburtsdatum der Eltern des Vollstreckungsschuldners enthalten. Des Weiteren sollten die Ersuchen den Hinweis enthalten, dass im ersuchenden EU-MS außer den im Ersuchen mitgeteilten Informationen keine weiteren Angaben zum Vollstreckungsschuldner vorliegen.

Die Beschlagnahme und Pfändung von Bankguthaben sind in Griechenland unzulässig. Vollstreckungs- und Sicherungsersuchen sind daher nur bei anderen bekannten Vermögenswerten sinnvoll.

### 5.1.7. ES – Spanien

Spanien kann auch dann um Unterstützung nach der EUBeitrRL ersucht werden, wenn die Forderungen älter als fünf Jahre sind. Entsprechende Ersuchen sind zu begründen.

In Spanien besteht eine zeitliche Befristung für jede Sicherungsmaßnahme. Grundsätzlich beträgt diese Frist sechs Monate. Auf Antrag der ersuchenden Behörde kann sie in begründeten Fällen um weitere sechs Monate verlängert werden.

**5.1.8. FI – Finnland**

Finnland kann auch dann um Unterstützung nach der EUBeitrRL ersucht werden, wenn die Forderungen älter als fünf Jahre sind. Entsprechende Ersuchen sind zu begründen.

Ersuchen nach Finnland, die nicht auf die EUBeitrRL gestützt werden können, sind nach Art. 14 des Amts- und Rechtshilfeabkommens nicht zulässig, wenn der Vollstreckungsschuldner finnischer Staatsangehöriger ist und seinen Wohnsitz oder dauernden Aufenthalt in Finnland hat. Das gilt nicht,

a) wenn der Vollstreckungsschuldner im Zeitpunkt der Entstehung der Forderung deutscher Staatsangehöriger war oder den Wohnsitz, den dauernden Aufenthalt oder eine Betriebsstätte in der Bundesrepublik Deutschland hatte oder

b) wenn das Ersuchen einen Fall betrifft, in dem eine Doppelbesteuerung aufgrund des DBA beseitigt oder gemildert ist.

Die Einschränkungen gelten für juristische Personen und Personenvereinigungen sinngemäß.

Die Ausnahmeregelung unter Buchstabe a) gilt nicht für Sicherungsmaßnahmen.

Ersuchen, die sich auf einen Ausnahmetatbestand stützen, sind zu begründen.

Des Weiteren ist die Zuständigkeit des Finanzamts zu bescheinigen.

**5.1.9. GB – Vereinigtes Königreich**

Es können nur bestehende, keine zukünftigen Forderungen gepfändet werden.

Sicherungsersuchen an das Vereinigte Königreich sind zwar zulässig, aufgrund der dortigen hohen gerichtlichen Anforderungen aber von vornherein aussichtslos.

Die EUBeitrRL ist nicht für die Isle of Man sowie die Kanalinseln anwendbar. Ersuchen nach Gibraltar werden vom Vereinigten Königreich derzeit noch nicht bearbeitet.

In England, Wales und Nordirland gibt es keine Zahlungsverjährung für direkte und indirekte Steuern. In Schottland beträgt die Frist 20 Jahre, kann aber durch eine Vielzahl von Maßnahmen unterbrochen werden. Eingehende Ersuchen aus dem Vereinigten Königreich enthalten daher keine Angaben über den Eintritt der Verjährung.

In Altfällen (Ersuchen, die vor dem 1. Januar 2012 übersandt wurden) ist eine geänderte Rückstandsanzeige erforderlich, wenn sich der Rückstand durch eine behördliche oder gerichtliche Entscheidung oder durch eine Zahlung, die nicht durch die ersuchte Behörde überwiesen wurde, mindert.

**5.1.10. IE – Irland**

Sicherungsersuchen nach Irland sind nicht zulässig.

In Irland gibt es keine Zahlungsverjährung für direkte und indirekte Steuern. Eingehende Ersuchen enthalten daher keine Angaben über den Eintritt der Verjährung.

**5.1.11. IT – Italien**

Vollstreckungs- und Sicherungsersuchen haben dann größere Aussichten auf Erfolg, wenn sie zusätzlich sämtliche über den Vollstreckungsschuldner bekannte Informationen, insbesondere sämtliche Vornamen, Geburtsdatum und -ort des Vollstreckungsschuldners enthalten.

Ersuchen nach Italien, die nicht auf die EUBeitrRL gestützt werden können, sind nach Art. 13 des Amts- und Rechtshilfeabkommens nicht zulässig, wenn der Vollstreckungsschuldner italienischer Staatsangehöriger ist und seinen Wohnsitz oder dauernden Aufenthalt in Italien hat. Das gilt nicht,

a) wenn der Vollstreckungsschuldner im Zeitpunkt der Entstehung der Forderung deutscher Staatsangehöriger war oder den Wohnsitz, den dauernden Aufenthalt oder eine Betriebsstätte in der Bundesrepublik Deutschland hatte oder

b) wenn das Ersuchen einen Fall betrifft, in dem eine Doppelbesteuerung aufgrund des DBA-Italien beseitigt oder gemildert ist.

Die Einschränkungen gelten für juristische Personen und Personenvereinigungen sinngemäß. Ersuchen, die sich auf einen Ausnahmetatbestand stützen, sind zu begründen.

Die Zuständigkeit des Finanzamts ist zu bescheinigen.

Grundstücke können in Italien mit einer Sicherungshypothek belastet werden, wenn der Gesamtbetrag der betreffenden Forderung(en) insgesamt mindestens 20 000 Euro beträgt. Wenn sich auf dem Grundstück keine Hauptwohnung befindet, liegt die Grenze bei mindestens 8000 Euro.

Das Amts- und Rechtshilfeabkommen findet keine Anwendung auf Ersuchen zur Vollziehung des dinglichen Arrestes.

**5.1.12. LU – Luxemburg**

In Luxemburg sind für die Beitreibung nach der EUBeitrRL verschiedene Behörden zuständig. Für Umsatzsteuerforderungen ist daher ein gesondertes Ersuchen erforderlich. Dies hat keine Auswirkung auf die Berechnung des Mindestbetrages. Es gilt der Mindestbetrag von 1500 Euro für den Gesamtbetrag der Forderungen der zeitgleich gestellten Ersuchen.

Soll eine Kontopfändung durchgeführt werden, müssen aktuelle Beweise vorgelegt werden, die den Vollstreckungsschuldner als Kontoinhaber ausweisen.

Eine Pfändung von Forderungen aus Lebensversicherungsverträgen mit dem Recht der Auflösung des Versicherungsverhältnisses und der Auszahlung des Rückkaufswertes ist nach luxemburgischem Versicherungsrecht ausgeschlossen.

Das DBA-Luxemburg ist nicht auf Holdinggesellschaften anwendbar.

**5.1.13. PL – Polen**

Ersuchen nach dem DBA-Polen sind wie Ersuchen nach der EUBeitrRL unter Nutzung des EU-Programms „Elektronische Formulare der Beitreibung" zu erstellen und elektronisch zu übermitteln. Zusätzlich ist zwingend anzugeben, dass es sich um ein Ersuchen nach Art. 28 Amtshilfe bei der Beitreibung von Steuern des DBA-Polen handelt.

**5.1.14. RO – Rumänien**

In Altfällen (Ersuchen, die vor dem 1. Januar 2012 übersandt wurden) ist eine geänderte Rückstandsanzeige erforderlich, wenn sich der Rückstand durch eine behördliche oder gerichtliche Entscheidung oder durch eine Zahlung, die nicht durch die ersuchte Behörde überwiesen wurde, mindert.

**5.1.15. SE – Schweden**

Schweden kann auch dann um Unterstützung nach der EUBeitrRL ersucht werden, wenn die Forderungen älter als fünf, aber nicht älter als zehn Jahre sind. Entsprechende Ersuchen sind zu begründen.

**5.1.16. SK – Slowakische Republik**

In Altfällen (Ersuchen, die vor dem 1. Januar 2012 übersandt wurden) ist eine geänderte Rückstandsanzeige erforderlich, wenn sich der Rückstand durch eine behördliche oder gerichtliche Entscheidung oder durch eine Zahlung, die nicht durch die ersuchte Behörde überwiesen wurde, mindert.

**5.2. Drittstaaten**

**5.2.1. Albanien**

Die Einzelheiten zur Durchführung der Amtshilfe bei der Steuererhebung nach dem DBA-Albanien werden noch von den Vertragsstaaten festgelegt.

**5.2.2. Algerien**

Die Einzelheiten zur Durchführung der Amtshilfe bei der Steuererhebung nach dem DBA-Algerien werden noch von den Vertragsstaaten festgelegt.

**5.2.3. Kanada**

Die Einzelheiten zur Durchführung der Amtshilfe bei der Steuererhebung sind in der Vereinbarung über die Zusammenarbeit zwischen den zuständigen Behörden Deutschlands und Kanadas nach Art. 27 des deutsch-kanadischen DBA vom 22. Oktober 2013 (BStBl. I S. 1483) festgelegt.

Ersuchen sind unter Nutzung der Anlagen A und B zur vorgenannten Vereinbarung zu erstellen und elektronisch zu übermitteln. Amtshilfefähig sind nur steuerliche Ansprüche, die in Veranlagungszeiträumen ab dem 1. Januar 2001 entstanden sind. Sicherungsersuchen nach Kanada sind nicht zulässig.

Das BZSt teilt der ersuchenden kanadischen Behörde spätestens innerhalb von drei Monaten nach Eingang des Ersuchens schriftlich mit, dass der steuerliche Anspruch zur Beitreibung angenommen wurde. Des Weiteren unterrichtet das BZSt die ersuchende kanadische Behörde spätestens innerhalb von neun Monaten nach der Annahme des Ersuchens über die getroffenen Maßnahmen und ihre Ergebnisse.

Die in Abschnitt V. der vorgenannten Vereinbarung zur Frage der Kostenerstattung enthaltenen Bestimmungen sind zu beachten.

**5.2.4. Mauritius**

Die Einzelheiten zur Durchführung der Amtshilfe bei der Steuererhebung nach dem DBA-Mauritius werden noch von den Vertragsstaaten festgelegt.

**5.2.5. Mexiko**

Die Einzelheiten zur Durchführung der Amtshilfe bei der Steuererhebung nach dem DBA-Mexiko werden noch von den Vertragsstaaten festgelegt.

**5.2.6. Schweiz**

Ersuchen in die Schweiz nach dem Abkommen über die Zusammenarbeit zwischen der Europäischen Gemeinschaft und ihren Mitgliedstaaten einerseits und der Schweizerischen Eidgenossenschaft andererseits zur Bekämpfung von Betrug und sonstigen rechtswidrigen Handlungen, die ihre finanziellen Interessen beeinträchtigen[1], sind nur in Umsatzsteuerbetrugsfällen möglich. Ein Ersuchen kann nach Art. 3 des Abkommens abgelehnt werden, wenn der verkürzte Betrag 25 000 Euro voraussichtlich nicht überschreiten wird.

**5.2.7. Türkei**

Die Einzelheiten zur Durchführung der Amtshilfe bei der Steuererhebung nach dem DBA-Türkei werden noch von den Vertragsstaaten festgelegt.

**5.2.8. Uruguay**

Die Einzelheiten zur Durchführung der Amtshilfe bei der Steuererhebung nach dem DBA-Uruguay werden noch von den Vertragsstaaten festgelegt.

**5.2.9. USA**

Amtshilfe bei der Steuererhebung nach dem DBA-USA wird nur bei abkommenswidriger Inanspruchnahme von DBA-Vergünstigungen (Art. 26 Abs. 4 und 5 des DBA-USA 2008) gewährt.

Dieses Schreiben ist dauerhaft auf den Internetseiten des BZSt unter http://www.bzst.de abrufbar. Es ersetzt das Merkblatt zur zwischenstaatlichen Amtshilfe bei der Steuererhebung (Beitreibung) vom 29. Februar 2012 IV B 6 – S 1320/07/10011 :010 (BStBl. I S. 244).

[1] **[Amtl. Anm.:]** Das Abkommen wurde mit Vertragsgesetz vom 26. März 2008 im BGBl. 2008 II S. 182 veröffentlicht. Es wurde noch nicht von allen Vertragsparteien ratifiziert. Sowohl die Schweiz als auch Deutschland haben jedoch die Erklärung zur vorläufigen Anwendung des Abkommens notifiziert. Die Veröffentlichung der vorläufigen Anwendung des Abkommens erfolgte am 12. Oktober 2009 (BGBl. 2009 II S. 1117). Seit diesem Zeitpunkt ist das Abkommen zwischen der Schweiz und Deutschland anwendbar.

## Anlage 1

| | Steuern und Abgaben aller Art | Einkommensteuer, Lohnsteuer, Kapitalertragsteuer, Aufsichtsratsteuer, Abzugsteuern nach § 50a EStG | Körperschaftsteuer | Gewerbesteuer | Vermögensteuer | Grundsteuer | Erbschaftsteuer/Schenkungsteuer | Grunderwerbsteuer | Umsatzsteuer (ohne Einfuhr-Umsatzsteuer) | Kfz-Steuer (bis 30.06.2014 danach ist die Bundesstelle Vollstreckung Zoll (BVZ) zuständig) | Sonstige Verkehrsteuern von Bund und Ländern (soweit nicht die BVZ zuständig ist) | Steuern auf Versicherungsprämien | Kirchensteuer | Andere Abgaben steuerlicher Art von Bund, Ländern und Gemeinden (soweit nicht die BVZ zuständig ist) | Verspätungszuschlag | Säumniszuschlag | Zinsen | Kosten | Zwangsgelder | Geldbußen ohne Strafcharakter | Sicherheiten in Geld | Fundstelle der EUBeitrRL ABl. der EU<br>Fundstelle der Abkommen RStBl/BStBl I | Besonderheiten (siehe Merkblatt) Tz.: | Ist die Vollstreckung mehr als 5 Jahre alter Forderungen möglich? § 14 Abs. 2 EUBeitrG/ Art. 18 Abs. 2 EUBeitrRL | Ist die Vollstreckung angefochtener Forderungen möglich? § 13 Abs. 2 EUBeitrG/ Art.14 Abs. 4 EUBeitrRL | Sind Sicherungsmaßnahmen möglich? § 12 EUBeitrG/ Art. 16 EUBeitrRL |
|---|---|---|---|---|---|---|---|---|---|---|---|---|---|---|---|---|---|---|---|---|---|---|---|---|---|---|
| **I. EUBeitrRL**[1] | | | | | | | | | | | | | | | | | | | | | | L 84/1 vom 31.03.2010 S. 1 | | | | |
| Mitgliedstaaten der Europäischen Gemeinschaft | | | | | | | | | | | | | | | | | | | | | | | | | | |
| 1. Ersuchen in Euro[2] | | | | | | | | | | | | | | | | | | | | | | | | | | |
| AT (Österreich) | x | B1[3] | B1 | B1 | B1 | B1 | B1 | B1 | B1 | B1 | B1 | B1 | B1 | B1 | | | | | | | | | 5.1.1 | nein | ja | ja |
| BE (Belgien) | x | B1 | B1 | B1 | B1 | B1 | B2[3] | B1 | B3[3] | B1 | B1 | B4[3] | B1 | B1 | | | | | | | | | 5.1.2 | ja | nein | ja |
| CY (Zypern) | x | B1 | B1 | B1 | B1 | B1 | B1 | B1 | B2 | B3 | B3 | B3 | B3 | B4 | | | | | | | | | — | nein | nein | nein |
| EE (Estland) | x | B1 | B1 | B1 | B1 | B1 | B1 | B1 | B1 | B1 | B1 | B1 | B1 | B1 | | | | | | | | | 5.1.5 | ja | ja | ja |
| EL (Griechenland) | x | B1 | B1 | B1 | B1 | B1 | B1 | B1 | B1 | B1 | B1 | B1 | B1 | B1 | | | | | | | | | 5.1.6 | ja | ja | ja |
| ES (Spanien) | x | B1 | B1 | B1 | B1 | B1 | B1 | B1 | B1 | B1 | B1 | B1 | B1 | B1 | | | | | | | | | 5.1.7 | ja | ja | ja |
| FI (Finnland) | x | B1 | B1 | B1 | B1 | B1 | B1 | B1 | B1 | B2 | B1 | B1 | B1 | B1 | | | | | | | | | 5.1.8 | ja | ja | ja |
| FR (Frankreich) | x | B1 | B1 | B1 | B1 | B1 | B1 | B1 | B1 | B2 | B3 | B1 | B1 | B1 | | | | | | | | | — | nein | ja | ja |
| IE (Irland) | x | B1 | B1 | B1 | B1 | B1 | B1 | B1 | B1 | B1 | B1 | B1 | B1 | B1 | | | | | | | | | 5.1.10 | nein | nein | nein |
| IT (Italien) | x | B1 | B1 | B1 | B1 | B1 | B1 | B1 | B1 | B1 | B1 | B1 | B1 | B2 | | | | | | | | | 5.1.11 | nein | ja | ja |
| LU (Luxemburg) | x | B1 | B1 | B1 | B1 | B2 | B2 | B2 | B2 | B3 | B1 | B2 | B1 | B1 | | | | | | | | | 5.1.12 | nein | nein | ja |
| MT (Malta) | x | B1 | B1 | B1 | B1 | B1 | B1 | B1 | B1 | B1 | B1 | B1 | B1 | B1 | | | | | | | | | — | nein | nein | nein |
| NL (Niederlande) | x | B1 | B1 | B1 | B1 | B1 | B1 | B1 | B1 | B1 | B1 | B1 | B1 | B1 | | | | | | | | | — | nein | ja | ja |

[1] Zum Verhältnis der Regelungen zueinander vgl. Tz. 1.2.4
[2] EU-MS angeordnet nach dem Ländercode (ISO-Code)
[3] B steht als Variable für die zuständigen Behörden im jeweiligen EU-MS und wird ergänzt durch eine Zahl, die lediglich angefügt wird um deutlich zu machen, dass es sich um unterschiedliche Behörden handelt.
(**Erläuterung:** Ist im ersuchten EU-MS die gleiche Behörde (z.B. nur B1 oder nur B3) für alle Forderungen im Ersuchen zuständig, so können diese Forderungen in einem Ersuchen zusammengefasst werden. Sind im ersuchten EU-MS unterschiedliche Behörden (z.B. B1 + B4) für die einzelnen Forderungen zuständig, so können diese Forderungen nicht in einem Ersuchen zusammengefasst werden. Es sind mehrere Ersuchen (B1 + B4 = 2 Ersuchen) mit den jeweiligen Forderungen ausgefüllt an das BZSt zu übermitteln.)

| | Steuern und Abgaben aller Art | Einkommensteuer, Lohnsteuer, Kapitalertragsteuer, Aufsichtsratsteuer, Abzugsteuern nach § 50a EStG | Körperschaftsteuer | Gewerbesteuer | Vermögensteuer | Grundsteuer | Erbschaftsteuer/Schenkungsteuer | Grunderwerbsteuer | Umsatzsteuer (ohne Einfuhr-Umsatzsteuer) | Kfz-Steuer (bis 30.06.2014 danach ist die Bundesstelle Vollstreckung Zoll (BVZ) zuständig) | Sonstige Verkehrsteuern von Bund und Ländern (soweit nicht die BVZ zuständig ist) | Steuern auf Versicherungsprämien | Kirchensteuer | Andere Abgaben steuerlicher Art von Bund, Ländern und Gemeinden (soweit nicht die BVZ zuständig ist) | Verspätungszuschlag | Säumniszuschlag | Zinsen | Kosten | Zwangsgelder | Geldbußen ohne Strafcharakter | Sicherheiten in Geld | Fundstelle der EUBeitrRL ABl. der EU<br>Fundstelle der Abkommen RStBl/BStBl I | Besonderheiten (siehe Merkblatt) Tz.: | Ist die Vollstreckung mehr als 5 Jahre alter Forderungen möglich? § 14 Abs. 2 EUBeitrG/ Art. 18 Abs. 2 EUBeitrRL | Ist die Vollstreckung angefochtener Forderungen möglich? § 13 Abs. 2 EUBeitrG/ Art.14 Abs. 4 EUBeitrRL | Sind Sicherungsmaßnahmen möglich? § 12 EUBeitrG/ Art. 16 EUBeitrRL |
|---|---|---|---|---|---|---|---|---|---|---|---|---|---|---|---|---|---|---|---|---|---|---|---|---|---|---|
| PT (Portugal) | x | B1 | B1 | B1 | B1 | B1 | B1 | B1 | B1 | B1 | B1 | B1 | B1 | B1 | | | | | | | | | — | nein | ja | ja |
| SI (Slowenien) | x | B1 | B1 | B1 | B1 | B1 | B1 | B1 | B1 | B1 | B1 | B1 | B1 | B1 | | | | | | | | | — | nein | ja | ja |
| SK (Slowakische Republik) | x | B1 | B1 | B1 | B1 | B1 | B1 | B1 | B1 | B1 | B1 | B1 | B1 | B1 | | | | | | | | | 5.1.16 | nein | nein | nein |
| 2. Ersuchen in Landeswährung [2] | | | | | | | | | | | | | | | | | | | | | | | | | | |
| BG (Bulgarien) | x | B1 | B1 | B1 | B1 | B1 | B1 | B1 | B1 | B1 | B1 | B1 | B1 | B1 | | | | | | | | | — | nein | ja | ja |
| CZ (Tschechische Republik) | x | B1 | B1 | B1 | B1 | B1 | B1 | B1 | B1 | B1 | B1 | B1 | B1 | B1 | | | | | | | | | 5.1.3 | nein | ja | ja |
| DK (Dänemark) | x | B1 | B1 | B1 | B1 | B1 | B1 | B1 | B1 | B1 | B1 | B1 | B1 | B1 | | | | | | | | | 5.1.4 | ja | ja | ja |
| GB (Vereinigtes Königreich) | x | B1 | B1 | B1 | B1 | B1 | B1 | B1 | B1 | B1 | B1 | B1 | B1 | B1 | | | | | | | | | 5.1.9 | nein | nein | nein |
| HR (Kroatien) | x | B1 | B1 | B1 | B1 | B1 | B1 | B1 | B1 | B1 | B1 | B1 | B1 | B1 | | | | | | | | | — | — | — | — |
| HU (Ungarn) | x | B1 | B1 | B1 | B1 | B1 | B1 | B1 | B1 | B1 | B1 | B1 | B1 | B1 | | | | | | | | | — | nein | ja | ja |
| LT (Litauen) | x | B1 | B1 | B1 | B1 | B1 | B1 | B1 | B1 | B1 | B1 | B1 | B1 | B1 | | | | | | | | | — | nein | nein | ja |
| LV (Lettland) | x | B1 | B1 | B1 | B1 | B1 | B1 | B1 | B1 | B1 | B1 | B1 | B1 | B1 | | | | | | | | | — | nein | nein | ja |
| PL (Polen) | x | B1 | B1 | B1 | B1 | B1 | B1 | B1 | B1 | B1 | B1 | B1 | B1 | B1 | | | | | | | | | 5.1.13 | nein | ja | ja |
| RO (Rumänien) | x | B1 | B1 | B1 | B1 | B1 | B1 | B1 | B1 | B1 | B1 | B1 | B1 | B1 | | | | | | | | | 5.1.14 | nein | ja | ja |
| SE (Schweden) | x | B1 | B1 | B1 | B1 | B1 | B1 | B1 | B1 | B1 | B1 | B1 | B1 | B1 | | | | | | | | | 5.1.15 | ja | ja | ja |

[2] EU-MS angeordnet nach dem Ländercode (ISO-Code)

| II. DBA/Amts- und Rechtshilfeabkommen[1] | Steuern und Abgaben aller Art | Einkommensteuer, Lohnsteuer, Kapitalertragsteuer, Aufsichtsratsteuer, Abzugsteuern nach § 50a EStG | Körperschaftsteuer | Gewerbesteuer | Vermögensteuer | Grundsteuer | Erbschaftsteuer/Schenkungsteuer | Grunderwerbsteuer | Umsatzsteuer (ohne Einfuhr-Umsatzsteuer) | Kfz-Steuer (bis 30.06.2014 danach ist die Bundesstelle Vollstreckung Zoll (BVZ) zuständig) | Sonstige Verkehrsteuern von Bund und Ländern (soweit nicht die BVZ zuständig ist) | Steuern auf Versicherungsprämien | Kirchensteuer | Andere Abgaben steuerlicher Art von Bund, Ländern und Gemeinden (soweit nicht die BVZ zuständig ist) | Verspätungszuschlag | Säumniszuschlag | Zinsen | Kosten | Zwangsgelder | Geldbußen ohne Strafcharakter | Sicherheiten in Geld | Fundstelle der EUBeitrRL ABl. der EU<br>Fundstelle der Abkommen RStBl/BStBl I | Besonderheiten (siehe Merkblatt) Tz.: |
|---|---|---|---|---|---|---|---|---|---|---|---|---|---|---|---|---|---|---|---|---|---|---|---|
| Albanien | | x | x | x | x | x | x | x | x | x | x | x | x | x | x | x | x | x | x | x | x | 2012 S. 292 | 5.2.1 |
| Algerien | | x | x | x | x | x | x | x | x | x | x | x | x | x | x | x | x | x | x | x | x | 2009 S. 382 | 5.2.2 |
| Belgien (BE) | | x | x | x | x | x | | | | | | | | | x | x | x | x | | x | | 1969 S. 38<br>2005 S. 348 | 5.1.2 |
| Bulgarien (BG) | | x | x | x | x | x | x | x | x | x | x | x | x | x | x | x | x | x | x | x | x | 2011 S. 543 | — |
| Dänemark (DK) | | x | x | x | x | x | x | x | x | x | x | x[4] | x | x | x | x | x | x | | | | 1996 S. 1219 | 5.1.4 |
| Finnland (FI) | | x | x | | x | x | x | x | x | x | x | x | | | x | x | x | x | | | | 1936 S. 94; 1056<br>RGBl. 1936 II S. 37 | 5.1.8 |
| Frankreich (FR) | | x | x | x | x | x | x | | | | | | | | x | x | x | x | | | | 1961 S. 342, 1970 S. 900<br>1990 S. 413, 2002 S. 891<br>2009 S. 1258 | — |
| Irland (IE) | | x | x | x | x | x | x | x | x | x | x | x | | x | x | x | x | x | x | x | x | BGBl. 2011 II S. 1042 | 5.1.10 |
| Italien (IT) | | x | x | x | x | x | | | | | | | | | x | x | x | x | x | x | x | 1939 S. 377 | 5.1.11 |
| Kanada | | x | x | x | x | x | x | x | x | x | x | x | | x | x | x | x | x | x | x | x | 2002 S. 505 | 5.2.3 |
| Liechtenstein | | x | x | x | x | x | x | x | x | x | x | x | | x | x | x | x | x | x | x | x | 2013 S. 488 | — |

[1] Zum Verhältnis der Regelungen zueinander vgl. Tz. 1.2.4

[4] Amtshilfe bei der Beitreibung ist nur für die Versicherungsteuer möglich, nicht für die Feuerschutzsteuer

| | Steuern und Abgaben aller Art | Einkommensteuer, Lohnsteuer, Kapitalertragsteuer, Aufsichtsratsteuer, Abzugsteuern nach § 50a EStG | Körperschaftsteuer | Gewerbesteuer | Vermögensteuer | Grundsteuer | Erbschaftsteuer/Schenkungsteuer | Grunderwerbsteuer | Umsatzsteuer (ohne Einfuhr-Umsatzsteuer) | Kfz-Steuer (bis 30.06.2014 danach ist die Bundesstelle Vollstreckung Zoll (BVZ) zuständig) | Sonstige Verkehrsteuern von Bund und Ländern (soweit nicht die BVZ zuständig ist) | Steuern auf Versicherungsprämien | Kirchensteuer | Andere Abgaben steuerlicher Art von Bund, Ländern und Gemeinden (soweit nicht die BVZ zuständig ist) | Verspätungszuschlag | Säumniszuschlag | Zinsen | Kosten | Zwangsgelder | Geldbußen ohne Strafcharakter | Sicherheiten in Geld | Fundstelle der EUBeitrRL ABl. der EU<br>Fundstelle der Abkommen RStBl/BStBl I | Besonderheiten (siehe Merkblatt) Tz.: |
|---|---|---|---|---|---|---|---|---|---|---|---|---|---|---|---|---|---|---|---|---|---|---|---|
| Luxemburg (LU) | | x | x | x | x | x | | | | | | | | | x | x | x | x | | | | 1959 S. 1022<br>1978 S. 72<br>2011 S. 837 | 5.1.12 |
| Mauritius | | x | x | x | x | x | x | x | x | x | x | x | x | x | x | x | x | x | x | x | x | BGBl. 2012 II S. 1050 | 5.2.4 |
| Mexiko | | x | x | x | x | x | x | x | x | x | x | x | x | x | x | x | x | x | x | x | x | BGBl. 2009 II S. 746 | 5.2.5 |
| Niederlande (NL) | | x | x | x | x | x | | | | | | | | | x | x | x | x | x | | | 1980 S. 647; 1992 S. 94<br>2001 S. 66<br>BGBl. 2004 II S. 1655 | — |
| Norwegen | | x | x | x | x | x | | | | | | | | | x | x | x | x | | | | 1993 S. 655 | — |
| Polen (PL) | | x | x | x | x | x | x | x | x | x | x | x | x | x | x | x | x | x | x | x | x | 2005 S. 349<br>2004 S. 1183 | 5.1.13 |
| Schweden (SE) | | x | x | x | x | x | x | x | x | x | x | | | | x | x | x | x | | | | 1994 S. 422 | 5.1.15 |
| Schweiz | | | | | | | | | x | | | | | | x | x | x | x | x | x | x | L46 vom 17.02.2009 S. 8<br>BGBl. 2008 II S. 182<br>BGBl. 2009 II S. 1117 | 5.2.6 |
| Spanien (ES) | | x | x | x | x | x | x | x | x | x | x | x | x | x | x | x | x | x | x | x | x | BGBl. 2012 II S. 19 | |
| Türkei | | x | x | x | x | x | x | x | x | x | x | x | x | x | x | x | x | x | x | x | x | BGBl. 2012 Teil II S. 526 | 5.2.7 |
| Uruguay | | x | x | x | x | x | x | x | x | x | x | x | x | x | x | x | x | x | x | x | x | BGBl. 2011 II S. 954 | 5.2.8 |
| USA | | x | x | x | x | | | | | | | | | | | | | | | | | 2008 S. 783 | 5.2.9 |
| Vereinigtes Königreich (GB) | | x | x | x | x | x | x | x | x | x | x | x | x | x | x | x | x | x | x | x | x | 2010 S. 1333 | 5.1.9 |

# **800** § 117/3. Schreiben betr. Anwendung der Abkommen über den steuerlichen Informationsaustausch (Tax Information Exchange Agreement – TIEA)

Vom 10. November 2015 (BStBl. 2016 I S. 138)

(BMF IV B 6 – S 1301/11/10002; DOK 2015/0811184)

Unter Bezugnahme auf das Ergebnis der Erörterungen mit den Vertretern der obersten Finanzbehörden der Länder gelten in Ergänzung der *BMF-Schreiben vom 25. Mai 2012 (BStBl. I S. 599)*[1] *und vom 16. November 2006 (BStBl. I S. 698)* für die Anwendung der Abkommen über den steuerlichen Informationsaustausch die nachfolgenden Grundsätze.

**Allgemeines**

Die von Deutschland geschlossenen Abkommen über den steuerlichen Informationsaustausch (Tax Information Exchange Agreement – TIEA) bieten die Möglichkeit, behördliche Unterstützung durch Informationsaustausch auf Ersuchen im Einzelfall für Zwecke des Besteuerungsverfahrens oder des Steuerstraf- und Bußgeldverfahrens in Anspruch zu nehmen. Ein spontaner oder automatischer Informationsaustausch ist in diesen Abkommen nicht vorgesehen. Der Inhalt und Aufbau der Abkommen entsprechen weitgehend dem OECD-Musterabkommen für Informationsaustausch in Steuersachen aus dem Jahr 2002.

Amtshilfe wird auf Ersuchen durch Übermittlung von steuerlich voraussichtlich erheblichen Informationen regelmäßig für die Einkommensteuer, die Körperschaftsteuer, Gewerbesteuer, Vermögensteuer, Umsatzsteuer, Versicherungsteuer, Erbschaftsteuer und die darauf erhobenen Zuschläge gewährt. Einzelheiten sind in der Übersicht (Anlage 1[2]) enthalten. Darüber hinaus sieht eine Reihe von Abkommen die Möglichkeit vor, dass Bedienstete der ersuchenden Vertragspartei in das Gebiet der ersuchten Vertragspartei einreisen und mit Zustimmung der von dem Ersuchen betroffenen Personen diesen Fragen stellen und Dokumente einsehen können. Zudem dürfen ausländische Bedienstete mit Zustimmung der ersuchten Vertragspartei bei steuerlichen Außenprüfungen anwesend sein.

Die TIEAs stellen zugleich auch bilaterale Verträge auf dem Gebiet der justiziellen Rechtshilfe in Steuerstrafsachen dar. Insoweit gelten auch die Grundsätze der justiziellen Rechtshilfe. Die Rechtshilfe, die nach diesen Abkommen gewährt wird, ist auf die Übermittlung von Informationen, die der Förderung eines Steuerstraf- oder Bußgeldverfahrens dienen, beschränkt („Informationsrechtshilfe"). Dabei schließt die Rechtshilfe die Beschaffung der erbetenen Informationen durch die ersuchte Vertragspartei ein. Die ersuchte Vertragspartei

[1] Jetzt Merkblatt des BMF v. 23. 11. 2015, BStBl. I S. 985 (Nr. **800** § 117/1).

[2] Im BStBl. nicht abgedruckt.

bestimmt, inwieweit sie zur Aufklärung des strafrechtlich relevanten Sachverhalts strafprozessuale Maßnahmen, wie z. B. Durchsuchungen oder Zeugenvernehmungen, anwendet.

Die nachfolgenden Ausführungen berühren nicht die Möglichkeiten, Rechtshilfe auf der Grundlage anderer Abkommen oder vertragslose Rechtshilfe in Anspruch zu nehmen.

**Amtshilfe für Zwecke des Besteuerungsverfahrens**

Für den Amtshilfeweg gelten die im BMF-Schreiben vom 25. Mai 2012 (BStBl. I S. 599) festgelegten Grundsätze sowie die Dienstwegregelungen der Länder.

Die Anforderungen an ein Auskunftsersuchen nach TIEA, insbesondere an Form und Inhalt, sind in dem Art. 5 des OECD-Musterabkommens für Informationsaustausch in Steuersachen entsprechenden Bestimmungen der jeweiligen Abkommen definiert (siehe Texte der Abkommen auf http://www.bundesfinanzministerium.de/Web/DE/Themen/Steuern/Internationales_Steuerrecht/Staatenbezogene_Informationen/staatenbezogene_info.html).

Für Auskunftsersuchen nach den Abkommen über den steuerlichen Informationsaustausch ist das Standardformblatt, das im Wesentlichen dem von der OECD entwickelten Standardformblatt entspricht, zu verwenden (Anlage 2[1]). Das Standardformblatt erfüllt sämtliche Formerfordernisse und abzugebende Erklärungen. Der dem Ersuchen zugrunde liegende Sachverhalt ist ausführlich und umfassend darzustellen. Auf die Verwendung komplizierter Fachausdrücke und von Gesetzeszitaten sollte jedoch verzichtet werden. Hierdurch werden unter anderem zu Verzögerungen führende Rückfragen der zuständigen Behörden der anderen Vertragspartei vermieden. Fragen sind so detailliert wie möglich zu stellen. Sollen zum Beispiel Kontoinformationen über einen Steuerpflichtigen angefordert werden, sollten auch die gemeinsam mit Dritten geführten Konten und sämtliche Konten, für die der Steuerpflichtige Zeichnungsberechtigter oder Endbegünstigter ist, abgefragt werden. Weitere Beispiele für Fragen für die Formulierung von Ersuchen bezogen auf bestimmte Sachverhalte sind auf dem KTZ-Server erhältlich (http://wiki.ktz.testade.net/cgibin/twiki/view/TIEA/WebStartseite).

Um Auskünfte für das Besteuerungsverfahren kann nur für Besteuerungszeiträume ersucht werden, die am Tag oder nach dem Tag des Inkrafttretens des Abkommens beginnen. Wenn es keine Besteuerungszeiträume gibt, sind die Abkommen für Steuerbeträge anwendbar, die am oder ab dem Tag des Inkrafttretens entstehen. Es kann aber auch um Informationen ersucht werden, die in der Zeit vor dem Inkrafttreten und der erstmaligen Anwendung des Abkommens angefallen sind, sofern die erbetenen Informationen sich auf Besteuerungszeiträume beziehen bzw. für diese relevant sind, für die das Abkommen zeitlich anwendbar ist. Die nach diesen Abkommen erhaltenen Informationen dürfen auch für Besteuerungszeiträume verwendet werden, die vor dem Tag des Inkrafttretens liegen.

---

[1] Im BStBl. nicht abgedruckt.

**Amtshilfe und Steuerstrafverfahren**

Die Steuerfahndung kann im Zusammenhang mit Steuerstraftaten und Steuerordnungswidrigkeiten sowohl im Steuerstraf- als auch im Besteuerungsverfahren tätig werden.

Ein anhängiges Steuerstrafverfahren sperrt nicht den Amtshilfeweg. Ob der Amtshilfeweg oder der Rechtshilfeweg beschritten wird, richtet sich nach den folgenden Grundsätzen.

Haben sich erste Anhaltspunkte für die Begehung einer Steuerstraftat oder -ordnungswidrigkeit zu einem Anfangsverdacht verdichtet und ist daher ein Steuerstraf- oder Bußgeldverfahren eingeleitet worden, ist der Rechtshilfeweg zu beschreiten, wenn das Steuerstrafverfahren gefördert werden soll. Dies gilt auch dann, wenn im Zusammenhang mit dem steuerstrafrechtlichen bzw. bußgeldrechtlichen Ermittlungsverfahren die Besteuerungsgrundlagen ermittelt werden sollen (BFH vom 6. Februar 2001 VII B 277/00, BStBl. II S. 306). Die so erlangten Auskünfte können unmittelbar im Besteuerungsverfahren verwendet werden.

Die Finanzbehörden können nach den TIEAs auch **nach** Einleitung eines Steuerstrafverfahrens unter Beachtung des § 393 AO (i. V. m. §§ 77 Abs. 1, 1 Abs. 3 IRG) um Informationen im Wege der Amtshilfe ersuchen, wenn mit der im Ersuchen begehrten Auskunft das Besteuerungsverfahren gefördert werden soll, insbesondere durch die Feststellung der steuerlich relevanten Sachverhalte und Besteuerungsgrundlagen. Nach Einleitung des Steuerstrafverfahrens kann damit nur im Wege der Amtshilfe um die Erteilung von Auskünften ersucht werden, soweit/sofern die Ermittlungsmaßnahme objektiv nicht der Verfolgung der Steuerstraftat dient.

Für Verfahrensabschnitte **vor** Einleitung des Steuerstrafverfahrens (z. B. Vorfeldermittlungen der Steuerfahndung nach § 208 Abs. 1 Nr. 3 AO) kann um zwischenstaatliche Unterstützung durch Informationsaustausch nur auf dem Amtshilfeweg ersucht werden (siehe auch AStBV (St) 2014 Nr. 12), d. h. über das Bundeszentralamt für Steuern.

**Amtshilfeersuchen für Zeiträume vor dem Inkrafttreten der Abkommen zwecks Feststellung der Besteuerungsgrundlagen, soweit Steuern hinterzogen wurden**

In Fällen, in denen davon auszugehen ist, dass Steuern hinterzogen wurden und die Besteuerungsgrundlagen im Wege der Amtshilfe ermittelt werden sollen (§ 169 Abs. 2 Satz 2 AO), kann das Ersuchen, da es sich auf eine „Steuerstrafsache" im Sinne der Abkommen bezieht, auch für Zeiträume vor dem Inkrafttreten der Abkommen gestellt werden (Ausnahmen: Abkommen mit Liechtenstein, Bermuda und Bahamas). Dies sind insbesondere Fälle, in denen ein Steuerstrafverfahren aufgrund von Strafverfolgungshindernissen nicht mehr betrieben werden kann, jedoch die Besteuerungsgrundlagen im Hinblick auf die noch mögliche Steuerfestsetzung ermittelt werden sollen (BFH vom 29. Oktober 1986 I B 28/86, BStBl. 1987 II S. 440; BFH vom 16. Dezember 1997 VII B 45/97, BStBl. 1998 II S. 231).

**Rechtshilfe im Steuerstraf- und Bußgeldverfahren**

Nach den TIEAs kann um Rechtshilfe zur Förderung des Steuerstraf- oder Bußgeldverfahrens ersucht werden. Rechtshilfe wird nach den TIEAs durch Übermittlung von Informationen gewährt, die der Förderung des Steuerstraf- oder Bußgeldverfahrens dienen („Informationsrechtshilfe"). Wie sich der ersuchte Staat die erbetenen Informationen verschafft, hängt vom dortigen innerstaatlichen Recht ab.

Das Ersuchen ist durch die zuständigen Stellen der Finanzverwaltung auf dem jeweils vorgesehenen Dienstweg an das Bundesamt für Justiz als Bewilligungsbehörde zu leiten (§ 74 Abs. 2 IRG i. V. m. Nr. 5 Buchst. c Zuständigkeitsvereinbarung 2004[1]), Nrn. 7, 30, 127 RiVASt). Die jeweils einschlägigen Landesbestimmungen über die Ausübung der Befugnisse für die Rechtshilfe in strafrechtlichen Angelegenheiten und über den Geschäftsweg bei Erstellung von Ersuchen sind zu beachten.

Führen die Finanzbehörden das Ermittlungsverfahren selbständig durch (§ 399 Abs. 1 AO i. V. m. § 386 Abs. 2 AO) und leiten sie das Ersuchen dem Bundesamt für Justiz direkt zu, soll gegenüber dem Bundesamt für Justiz eine für dieses Land zuständige Finanzbehörde festgelegt werden.

Die erforderlichen Übersetzungen sind von der Behörde zu beschaffen, die das dem Ersuchen zugrunde liegende Verfahren betreibt (Nr. 14 RiVASt). Ersuchen können auch für Zeiträume gestellt werden, die vor dem Inkrafttreten des TIEAs liegen. Dies gilt jedoch nicht für die Abkommen mit Liechtenstein, Bermuda und Bahamas. Um Auskünfte im Wege der Rechtshilfe kann die zuständige Liechtensteinische Behörde nur für Zeiträume beginnend ab dem 1. Januar 2010, die zuständige Behörde Bermudas für Zeiträume ab dem 1. Januar 2013 und die zuständige Behörde Bahamas für Zeiträume ab dem 1. Januar 2012 ersucht werden. Alle nach den Abkommen erhaltenen Auskünfte können auch für die Beurteilung von Zeiträumen herangezogen werden, die vor dem Inkrafttreten oder der erstmaligen Anwendung des Abkommens liegen.

**Anwesenheit in- oder ausländischer Bediensteter bei Ermittlungshandlungen im anderen Vertragsstaat im Wege der Amtshilfe**

Die von Deutschland geschlossenen Abkommen über den Informationsaustausch in Steuersachen sehen entsprechend Art. 6 Abs. 1 OECD-Musterabkommen über den Informationsaustausch die Möglichkeit vor, dass Bedienstete der ersuchenden Vertragspartei in das Gebiet der ersuchten Vertragspartei einreisen und dort zur besseren Kommunikation mit dem Ziel einer leichteren und schnelleren Sachverhaltsaufklärung bestimmte eigenständige Ermittlungshandlungen vornehmen können. Danach dürfen Bedienstete der ersuchenden Vertragspartei im Hoheitsgebiet der ersuchten Vertragspartei Beteiligte mit deren Zustimmung befragen und Unterlagen prüfen. Voraussetzung hierfür ist, dass diese Vorgehensweise nach dem Recht der ersuchten Vertragspartei zulässig ist und die zuständige Behörde der ersuchten Vertragspartei

[1]) **[Amtl. Anm.:]** Vereinbarung zwischen der Bundesregierung und den Landesregierungen über die Zuständigkeit im Rechtshilfeverkehr mit dem Ausland in strafrechtlichen Angelegenheiten vom 28. April 2004 (BAnz. Nr. 100 vom 29. Mai 2005, S. 11494).

die Einreise zum Zwecke der vorgenannten Ermittlungshandlungen gestattet hat.

Wird ein solches Ersuchen an die deutsche Steuerverwaltung gerichtet, wird das Bundeszentralamt für Steuern in Absprache mit der zuständigen obersten Landesfinanzbehörde die betroffenen inländischen Beteiligten unterrichten und um Abgabe einer schriftlichen Einwilligungserklärung bitten. Diese Einwilligungserklärung kann inhaltlich begrenzt werden. Weitere Voraussetzung ist die Zustimmung des Bundeszentralamtes für Steuern und der zuständigen obersten Landesfinanzbehörde, die Ermittlungshandlungen der ausländischen Bediensteten zu dulden. Die Zustimmung wird nur unter der Bedingung erteilt, dass inländische Bedienstete während der gesamten Dauer der Befragung und der Einsichtnahme der Unterlagen anwesend sind.

Darüber hinaus kann die Anwesenheit ausländischer Bediensteter bei den für die Informationsbeschaffung relevanten Abschnitten steuerlicher Prüfungshandlungen gestattet werden. Hierzu zählen insbesondere steuerliche Außenprüfungen, Inaugenscheinnahme und Befragungen von Personen. Diese Anwesenheit ist jedoch nicht als Vornahme von Prüfungshandlungen zu verstehen. Der hinzugezogene ausländische Bedienstete darf lediglich während der relevanten Abschnitte der Prüfungshandlungen anwesend sein und Beweismittel, die ihm durch Vermittlung der Vertreter der ersuchten Vertragspartei zugängig gemacht werden, selbst würdigen. § 117 Abs. 4 AO ist zu beachten. Erforderlich hierfür ist ebenso die Zustimmung des Bundeszentralamtes für Steuern und der zuständigen obersten Landesfinanzbehörde.

Will die deutsche Finanzbehörde, dass Bedienstete ihrer Verwaltung bei Ermittlungshandlungen der ersuchten Behörde im Ausland anwesend sind, ist ein entsprechendes Ersuchen dem Bundeszentralamt für Steuern auf dem Dienstweg zuzuleiten. Das Bundeszentralamt für Steuern koordiniert das weitere Verfahren.

### Anwesenheit in- oder ausländischer Bediensteter zum Zwecke der Strafverfolgung

Soll durch die Anwesenheit in- oder ausländischer Bediensteter, insbesondere Angehörige der Steuerfahndung, das Strafverfahren gefördert werden, kann dies nicht auf die in Art. 6 des OECD-Musterabkommens für Informationsaustausch in Steuersachen entsprechenden Bestimmungen der Abkommen gestützt werden. Es sind die übrigen Regelungen über die internationale Rechtshilfe in Strafsachen zu beachten und gegebenenfalls das Einvernehmen innerhalb der Bundesregierung herzustellen.

# 800 § 122/1. Schreiben betr. Bekanntgabe eines Steuerverwaltungsaktes an sowie Vollstreckung gegen eine Gesellschaft in der Rechtsform einer Britischen Limited mit Verwaltungssitz (Ort der Geschäftsleitung) im Inland sowie deren Rechtsnachfolger nach dem 31. Dezember 2020

Vom 30. Dezember 2020 (BStBl. 2021 I S. 46)

(BMF IV A 3 – S 0284/20/10006 :003; DOK 2020/1363474)

**Inhalt**



## I. Vorbemerkung

Das Vereinigte Königreich Großbritannien und Nordirland (Vereinigtes Königreich) ist am 31. Januar 2020 aus der Europäischen Union (EU) ausgetreten. Zwischen der EU und dem Vereinigten Königreich gewährleistet das vereinbarte Austrittsabkommen[1] die weitgehende Fortgeltung von Unionsrecht für das Vereinigte Königreich für einen Übergangszeitraum, der am 31. Dezember 2020 endet (nachfolgend „Übergangszeitraum"). Bis zum Ablauf dieses Übergangszeitraums unterliegt ein in Deutschland ansässiges Unternehmen (d. h. insbesondere eine gewerbliche Gesellschaft mit Verwaltungssitz im Inland) britischer Rechtsform dem Anwendungsbereich der Niederlassungsfreiheit und ist somit in Deutschland als eine rechtsfähige Gesellschaft ausländischen Rechts anzuerkennen. 1

Nach dem Ablauf des Übergangszeitraums ist das Vereinigte Königreich wie jeder andere Drittstaat zu behandeln. Das Handelsabkommen zwischen dem Vereinigten Königreich und der EU vom 24. Dezember 2020 trifft dazu keine abweichenden Regelungen. Für die zivilrechtliche Anerkennung einer Gesellschaft britischer Rechtsform mit statutarischem Sitz im Vereinigten Königreich und Verwaltungssitz in Deutschland gibt es damit unter Zugrundelegung der Rechtsprechung des BGH auf nach dem Recht eines Drittstaats ge- 2

[1] **[Amtl. Anm.:]** Abkommen über den Austritt des Vereinigten Königsreichs Großbritannien und Nordirland aus der Europäischen Union und der Europäischen Atomgemeinschaft vom 12. November 2019 (2019/C 384 I/01).

gründete Gesellschaften (vgl. Rn. 5) nach Ablauf des Übergangszeitraumes in Deutschland keine zivilrechtliche Grundlage mehr. Betroffen sind hiervon Unternehmen insbesondere in der Rechtsform einer „private company limited by shares“ (Limited). Eine Limited mit Verwaltungssitz im Vereinigten Königreich oder im sonstigen Ausland ist hingegen auch nach dem 31. Dezember 2020 uneingeschränkt als nach britischem Recht gegründete Limited und damit als rechtsfähige Gesellschaft anzuerkennen.

3 Im Bereich des Steuerverfahrensrechts hat dies zum einen Auswirkungen auf die Bekanntgabe von Steuerverwaltungsakten an eine Limited mit Ort der Geschäftsleitung im Inland, also insbesondere auf die Frage, an wen Steuerbescheide ab dem 1. Januar 2021 zu adressieren sind und wem gegenüber sie bekanntzugeben sind. Zum anderen betrifft dies die künftigen Vollstreckungsmöglichkeiten, also in welches Vermögen eine Vollstreckung wegen Steuerrückständen noch möglich ist. Der zivilrechtliche Verwaltungssitz entspricht dabei in der Regel steuerlich dem Ort der Geschäftsleitung (§ 10 AO).

## II. Rechtliche Konsequenzen

4 Unter Bezugnahme auf das Ergebnis der Erörterungen mit den obersten Finanzbehörden der Länder gilt für die Bekanntgabe eines Steuerverwaltungsaktes an sowie für Vollstreckung gegen eine Gesellschaft in der Rechtsform einer Britischen Limited mit Ort der Geschäftsleitung im Inland sowie deren Rechtsnachfolger mit Ablauf des Übergangszeitraums am 31. Dezember 2020 Folgendes:

### 1. Zivilrechtliche Fortsetzung der Limited als Personengesellschaft oder als Einzelunternehmen

5 Nach der Rechtsprechung des BGH gilt für nach dem Recht eines Drittstaats gegründete Gesellschaften die sogenannte „Sitztheorie“, wonach sich kollisionsrechtlich das auf eine Gesellschaft anwendbare Gesellschaftsstatut nach dem Recht desjenigen Staates richtet, in dem die betroffene Gesellschaft ihre Geschäftsleitung hat.

6 Für eine Limited mit Geschäftsleitung in Deutschland hat dies zur Folge, dass sie – mangels Gründung der Gesellschaft nach deutschen Rechtsvorschriften – in Deutschland zivilrechtlich nicht mehr nach ihrem Gründungsstatut behandelt und deshalb nicht mehr als Limited anerkannt wird. Unerheblich für die zivilrechtliche Anerkennung ist, ob für die Limited eine Zweigniederlassung im deutschen Handelsregister eingetragen ist.

7 Die betreffende Gesellschaft wird dann zivilrechtlich – sofern mehrere Personen an ihr beteiligt sind (nachfolgend: **Mehr-Personen-Limited**) – als eine der in Deutschland zur Verfügung stehenden Auffangrechtsformen behandelt, das heißt als offene Handelsgesellschaft (OHG) oder als Gesellschaft bürgerlichen Rechts (GbR).

8 Ist nur eine Person an der Gesellschaft beteiligt (nachfolgend: **Ein-Personen-Limited**), tritt zivilrechtlich der bisherige Alleingesellschafter als natürliche oder juristische Person an die Stelle der Limited. Betreibt die Limited ein Handelsgewerbe i. S. v. § 1 Abs. 2 HGB, ist diese Person Kaufmann im Sinne des Handelsgesetzbuchs.

### 2. Zivilrechtlicher Rechtsformwechsel oder zivilrechtliche Gesamtrechtsnachfolge

Mit Ablauf des Übergangszeitraums sind zivilrechtlich alle Aktiva und Passiva einer Mehr-Personen-Limited der Personengesellschaft, alle Aktiva und Passiva einer Ein-Personen-Limited ihrem bisherigen Alleingesellschafter zuzuordnen. 9

Bei einer Mehr-Personen-Limited ist davon auszugehen, dass nach Ablauf des Übergangszeitraums in Analogie zum Formwechsel nach § 190 UmwG zivilrechtlich kein Rechtsträgerwechsel und damit keine Gesamtrechtsnachfolge stattfindet, sondern ein sogenannter identitätswahrender Wechsel der Rechtsform, da die Bestimmungen des Umwandlungsgesetzes insoweit lückenhaft sind. Dies bedeutet analog § 202 Abs. 1 Nr. 1 UmwG, dass die die Rechtsform wechselnde Limited bis zu ihrer Löschung aus dem Companies House in der entsprechenden deutschen Rechtsform (d. h. als OHG oder GbR, vgl. Rn. 7) fortbesteht. 10

Bei einer Ein-Personen-Limited ist davon auszugehen, dass es mit Ablauf des Übergangszeitraums zivilrechtlich zu einer Vermögensanwachsung im Wege der Gesamtrechtsnachfolge kommt. Die Aktiva und Passiva der Limited sind mit Ablauf des Übergangszeitraums zivilrechtlich dem Gesamtrechtsnachfolger (d. h. dem Alleingesellschafter, vgl. Rn. 8) zuzuordnen. 11

### 3. Bekanntgabe von Steuerverwaltungsakten

Die Rechtsauffassung des BGH zur zivilrechtlichen Behandlung einer Limited mit Geschäftsleitung im Inland ist auch steuerverfahrensrechtlich zu Grunde zu legen. 12

#### 3.1. Zivilrechtlicher Rechtsformwechsel von der Mehr-Personen-Limited in die Personengesellschaft

Steuerverwaltungsakte, die bereits vor dem zivilrechtlichen Rechtsformwechsel an die Limited gerichtet und ihr zugegangen waren, bleiben unverändert wirksam. 13

Hat die Limited den Steuertatbestand vor dem Ablauf des Übergangszeitraums verwirklicht, wurde ihr aber der Steuerverwaltungsakt vor dem zivilrechtlichen Rechtsformwechsel nicht mehr bekannt gegeben, ist der Steuerverwaltungsakt an die zivilrechtliche (Nachfolge-)Personengesellschaft zu richten. Sollte ein Steuerverwaltungsakt dennoch an die „Limited“ ohne Hinweis auf den Rechtsformwechsel gerichtet sein, ist dieser Verwaltungsakt gleichwohl wirksam, solange die Nachfolgegesellschaft nach außen unverändert unter dem Namen „Limited“ auftritt (vgl. auch Rn. 15). 14

Bei Steuerverwaltungsakten, die an die zivilrechtliche (Nachfolge-)Personengesellschaft für nach Ablauf des Übergangszeitraums verwirklichte Steuertatbestände gerichtet werden, ist die (Nachfolge-)Personengesellschaft durch Angabe des geschäftsüblichen Namens, unter dem sie nach dem Ablauf des Übergangszeitraums am Rechtsverkehr teilnimmt, ausreichend gekennzeichnet (vgl. AEAO zu § 122, Nr. 2.4.1.2). Tritt die zivilrechtliche (Nachfolge-)Personengesellschaft im Rechtsverkehr weiterhin unter der „Firma“ der Limited auf, ist sie im Anschriftenfeld mit diesem Namen und dem Zusatz „Nachfolgepersonengesellschaft“ zu bezeichnen. Tritt sie unter einem anderen Namen auf, ist zu 15 prüfen, ob diese Geschäfte steuerlich noch derselben GbR oder OHG zuzurechnen sind.

**Beispiel 1:**
**Anschriftenfeld**
Meier Limited Nachfolgepersonengesellschaft
Hauptstraße 101
67433 Neustadt

Wird die Nachfolgepersonengesellschaft in diesen Fällen von einem Bevollmächtigten vertreten, so sind Schreiben/Verwaltungsakte wie folgt zu adressieren:

**Beispiel 2:**
**Anschriftenfeld**
Werner Schlau
Steuerberater
Fuchsstraße 5
55555 Waldhausen

**Bescheidkopf**
Für Meier Limited Nachfolgepersonengesellschaft, Hauptstraße 101, 67433 Neustadt

**16** Soweit eine GbR oder OHG keinen geschäftsüblichen Namen hat, unter dem sie nach dem Ablauf des Übergangszeitraums am Rechtsverkehr teilnimmt, sind die Steuerverwaltungsakte an alle Gesellschafter zu richten (vgl. AEAO zu § 122, Nr. 2.4.1.3).

**Beispiel 3:**
Die Meier Limited tritt nicht unter diesem Namen im Rechtsverkehr auf. Max Meier ist zum Gesellschafter-Geschäftsführer der Nachfolgepersonengesellschaft nach § 34 Abs. 1 AO bestellt. Steuerbescheide sind an Max Meier zu adressieren. Die Adressierung des Steuerbescheids lautet wie folgt:

**Anschriftenfeld**
Max Meier
Hauptstraße 101
67433 Neustadt

**Bescheidkopf**
Dieser Bescheid ergeht an Sie als Vertretungsberechtigter der Nachfolgepersonengesellschaft der Meier-Limited, Hauptstraße 101, 67433 Neustadt, mit Wirkung für und gegen die Gemeinschaft/Gesellschaft.
In den Bescheiden müssen alle Gesellschafter in den Bescheiderläuterungen oder in einer Anlage zum Bescheid aufgeführt werden.

Wird die (Nachfolge-)Personengesellschaft in diesen Fällen von einem Bevollmächtigten vertreten, so sind Schreiben/Verwaltungsakte wie folgt zu adressieren:

**Beispiel 4:**
**Anschriftenfeld**
Werner Schlau
Steuerberater
Fuchsstraße 5
55555 Waldhausen

**Bescheidkopf**
Für Max Meier als Vertretungsberechtigter der Nachfolgepersonengesellschaft der Meier Limited, Hauptstraße 101, 67433 Neustadt.

Dieser Bescheid richtet sich gegen Max Meier als Vertretungsberechtigter der Gemeinschaft/Gesellschaft mit Wirkung für und gegen die Gemeinschaft/Gesellschaft.
Aus den Bescheiderläuterungen/einer Anlage müssen sich alle Gesellschafter der Personengesellschaft ergeben.

### 3.2. Zivilrechtliche Gesamtrechtsnachfolge bei einer Ein-Personen-Limited

Steuerverwaltungsakte, die bereits vor Eintritt der zivilrechtlichen Gesamtrechtsnachfolge an die Limited gerichtet und ihr zugegangen sind, wirken auch gegen den Gesamtrechtsnachfolger. Die Regelung in § 166 AO, wonach unanfechtbare Steuerfestsetzungen auch gegenüber einem Gesamtrechtsnachfolger gelten, bedeutet nicht, dass gegenüber einem Gesamtrechtsnachfolger die Bekanntgabe zu wiederholen ist oder eine neue Rechtsbehelfsfrist zu laufen beginnt. 17

Hat die Ein-Personen-Limited zwar den Steuertatbestand vor dem Ablauf des Übergangszeitraums verwirklicht, wurde ihr aber der Steuerverwaltungsakt vor Eintritt der Rechtsnachfolge nicht mehr bekannt gegeben, so ist der Steuerverwaltungsakt an den Gesamtrechtsnachfolger zu richten. Im Bescheidkopf ist der Hinweis aufzunehmen, dass der Alleingesellschafter als Gesamtrechtsnachfolger der Limited in Anspruch genommen wird. Vgl. im Übrigen Beispiel 2 und 3 im AEAO zu § 122, Nr. 2.12.2. 18

Steuerverwaltungsakte für nach Ablauf des Übergangszeitraums verwirklichte Steuertatbestände sind an den zivilrechtlichen Gesamtrechtsnachfolger zu richten. Ist der Gesamtrechtsnachfolger eine Kapital- oder Personengesellschaft, wird er durch Angabe des geschäftsüblichen Namens, unter dem er nach dem Ablauf des Übergangszeitraums am Rechtsverkehr teilnimmt, ausreichend gekennzeichnet (vgl. AEAO zu § 122, Nr. 2.4.1.2). 19

**Beispiel 5:**

**Anschriftenfeld**
Herrn Max Meier
Hauptstraße 101
67433 Neustadt

**Bescheidkopf**
Dieser Bescheid ergeht an Sie als Gesamtrechtsnachfolger der Meier-Limited, Hauptstraße 101, 67433 Neustadt.

Wird die Ein-Personen-Limited von einem Bevollmächtigten vertreten, so sind Schreiben/Verwaltungsakte wie folgt zu adressieren:

**Beispiel 6:**

**Anschriftenfeld**
Werner Schlau
Steuerberater
Fuchsstraße 5
55555 Waldhausen

**Bescheidkopf**
Für Max Meier als Gesamtrechtsnachfolger der Meier-Limited, Hauptstraße 101, 67433 Neustadt.

### 3.3. Fortgeltung von Bekanntgabe-Vollmachten/Vertretungsvollmachten

#### 3.3.1. Mehr-Personen-Limited

20 Bei zivilrechtlichen (Nachfolge-)Personengesellschaften ist davon auszugehen, dass von der Limited, ggf. durch ihren gesetzlichen Vertreter, erteilte Vertretungs- und/oder Bekanntgabe-Vollmachten nach dem Ablauf des Übergangszeitraums fortgelten, solange die Gesellschafter der (Nachfolge-)Personengesellschaft nichts anderes erklären.

#### 3.3.2. Ein-Personen-Limited

21 Bei einer Ein-Personen-Limited sind vom Gesamtrechtsnachfolger neue Vollmachten zu erteilen, weil die Limited als bisherige Vollmachtgeberin nach dem 31. Dezember 2020 zivilrechtlich nicht mehr existiert (vgl. Rn. 11) und daher von ihr bzw. für sie erteilte Vollmachten erloschen sind. Soweit der bisher bestellte Bevollmächtigte weiterhin als solcher auftritt, ist aber zu prüfen, ob eine Duldungs- oder Anscheinsvollmacht vorliegt.

## 4. Vollstreckung gegen die Limited

### 4.1. Mehr-Personen-Limited

22 Bei einer Mehr-Personen-Limited ist zivilrechtlich von einem identitätswahrenden Wechsel der Rechtsform (also keine Gesamtrechtsnachfolge) auszugehen, sodass eine Vollstreckung unmittelbar und uneingeschränkt gegen die (Nachfolge-)Personengesellschaft möglich ist (§ 267 Satz 1 AO).

### 4.2. Ein-Personen-Limited

23 Bei dem zivilrechtlichen Vermögensübergang einer Ein-Personen-Limited ist von einer Gesamtrechtsnachfolge auszugehen. Die Aktiva und Passiva der Limited sind mit Ablauf des Übergangszeitraums zivilrechtlich dem Alleingesellschafter als Rechtsnachfolger zuzuordnen (vgl. Rn. 11). Bei der Vollstreckung gegen den Rechtsnachfolger als Vollstreckungsschuldner sind die Voraussetzungen für den Beginn der Vollstreckung gemäß § 254 AO zu beachten.

24 Die vor dem Ablauf des Übergangszeitraums auf Grundlage eines wirksamen Leistungsgebotes gegenüber der Limited durchgeführten Vollstreckungshandlungen werden durch die Gesamtrechtsnachfolge nicht tangiert. Bei Vornahme von Vollstreckungsmaßnahmen mit belastender Wirkung nach Eintritt der Gesamtrechtsnachfolge bedarf es gemäß § 254 Abs. 1 Satz 3 AO eines Leistungsgebotes gegenüber dem Rechtsnachfolger der Limited.

25 § 323 AO bzw. Abschn. 48 der VollstrA finden auf die vorliegenden Fälle der Gesamtrechtsnachfolge keine Anwendung. Denn der Gesamtrechtsnachfolger wird gemäß § 45 AO Steuerpflichtiger i. S. d. § 33 Abs. 1 AO. Daher bedarf es gegenüber dem Rechtsnachfolger der Limited keines Duldungsbescheides, bevor die Vollstreckungsstelle die Zwangsversteigerung oder Zwangsverwaltung aus einer vor Eintritt der Gesamtrechtsnachfolge eingetragenen Sicherungshypothek, einer Schiffshypothek oder einem Registerpfandrecht an einem Luftfahrzeug beantragt.

### III. Schlussbestimmung

Dieses Schreiben steht ab sofort für eine Übergangszeit auf den Internetseiten des Bundesministeriums der Finanzen (http://www.bundesfinanzministerium.de) unter der Ruprik Themen — Steuern — Steuerverwaltung & Steuerrecht — Abgabenordnung — BMF-Schreiben/Allgemeines zum Download bereit.

# 800 § 138/1. Schreiben betr. Mitteilungspflichten bei Auslandsbeziehungen nach § 138 Abs. 2 AO und § 138b AO in der Fassung des Steuerumgehungsbekämpfungsgesetzes (StUmgBG)

Vom 26. April 2022

BMF IV B 5 – S 0301/19/10009 :001; DOK 2022/0391038

(BStBl. I S. 576)

Nach Erörterung mit den obersten Finanzbehörden der Länder gilt für die Mitteilungspflicht der Steuerpflichtigen nach § 138 Abs. 2 AO und die Mitteilungspflicht Dritter nach § 138b AO Folgendes:

**Inhaltsverzeichnis**



## 1. Anwendungsregelungen

Nach Art. 97 § 32 EGAO gelten folgende Anwendungsregelungen: 1

1. § 138 Abs. 2 bis 5, § 138b und § 379 Abs. 2 Nr. 1d AO in der Fassung des StUmgBG sind erstmals auf mitteilungspflichtige Sachverhalte anzuwenden, die nach dem 31. Dezember 2017 verwirklicht worden sind.
2. Auf Sachverhalte, die vor dem 1. Januar 2018 verwirklicht worden sind, ist § 138 Abs. 2 und 3 AO alte Fassung weiterhin anzuwenden.
3. Inländische Steuerpflichtige (§ 138 Abs. 2 Satz 1 AO), die vor dem 1. Januar 2018 erstmals unmittelbar oder mittelbar einen beherrschenden oder bestim-

menden Einfluss auf die gesellschaftsrechtlichen, finanziellen oder geschäftlichen Angelegenheiten einer Drittstaat-Gesellschaft i.S.d. § 138 Abs. 3 AO ausüben konnten, ohne dass bisher eine Mitteilungspflicht nach § 138 Abs. 2 AO alte Fassung bestand, haben das Bestehen des beherrschenden oder bestimmenden Einflusses dem für sie nach den §§ 18 bis 20 AO zuständigen Finanzamt mitzuteilen, wenn dieser Einfluss auch noch am 1. Januar 2018 fortbesteht. § 138 Abs. 5 AO in der Fassung des StUmgBG gilt in diesem Fall entsprechend.

2 Dieses Schreiben ersetzt die BMF-Schreiben vom 5. Februar 2018 (BStBl. I S. 289), vom 18. Juli 2018 (BStBl. I S. 815), vom 18. September 2020 (BStBl. I S. 971) und vom 28. Dezember 2020 (BStBl. I 2021 S. 55) mit Wirkung vom 1. Januar 2022. Es wird auf den Internetseiten des BMF zur Ansicht und zum Herunterladen bereitgestellt. Der dem BMF-Schreiben vom 5. Februar 2018 (BStBl. I S. 289) als Anlage 2 beigefügte Vordruck „Mitteilung nach § 138b der Abgabenordnung (AO)" gilt unverändert fort.

## 2. Mitteilungspflicht nach § 138 Abs. 2 AO

### 2.1. Allgemeines

3 Nach § 138 Abs. 2 Satz 1 AO haben Steuerpflichtige mit Wohnsitz, gewöhnlichem Aufenthalt, Geschäftsleitung oder Sitz im Inland (inländische Steuerpflichtige) dem für sie nach den §§ 18 bis 20 AO zuständigen Finanzamt mitzuteilen, wenn sie einen der in § 138 Abs. 2 Satz 1 Nr. 1 bis 4 AO genannten Tatbestände erfüllen. Daneben haben sie die Art der wirtschaftlichen Tätigkeit des Betriebs, der Betriebsstätte, der Personengesellschaft, Körperschaft, Personenvereinigung, Vermögensmasse oder der Drittstaat-Gesellschaft anzugeben (§ 138 Abs. 2 Satz 1 Nr. 5 AO).

4 Steuerpflichtige im Sinne der Vorschrift sind auch Personengesellschaften.

### 2.2. Mitteilungspflicht in den Fällen des § 138 Abs. 2 Satz 1 Nr. 2 AO

5 Sind im Falle des Erwerbs, der Aufgabe oder der Veränderung einer Beteiligung i.S.d. § 138 Abs. 2 Satz 1 Nr. 2 AO die Einkünfte der inländischen Beteiligten aus einer ausländischen Personengesellschaft gesondert und einheitlich festzustellen, bestehen keine Bedenken, wenn die Mitteilungspflicht von der ausländischen Personengesellschaft, einem Treuhänder oder einer anderen die Interessen der inländischen Beteiligten vertretenden Person wahrgenommen wird. Voraussetzung ist, dass die ausländische Personengesellschaft, der Treuhänder oder die andere Person dem für die gesonderte und einheitliche Feststellung der Einkünfte zuständigen Finanzamt innerhalb der nach § 138 Abs. 5 AO genannten Frist Namen, Anschrift, Eintritts- oder Austrittsdatum, Wohnsitzfinanzamt, Steuernummer und Identifikationsnummer nach § 139b AO bzw. Wirtschafts-Identifikationsnummer nach § 139c AO sowie die Höhe der Beteiligung des inländischen Steuerpflichtigen mitteilt. Die Mitteilung ist auf die meldepflichtigen Ereignisse zu beschränken (keine Übersendung fortgeschriebener Listen). Unterlässt die ausländische Personengesellschaft, der Treuhänder oder die andere Person die Mitteilung, treffen die Rechtsfolgen den Beteiligten persönlich (vergleiche Textziffer 4). Zur Zuständigkeit der Finanzämter für Personengesellschaften vergleiche Nr. 6 des Anwendungserlasses zu § 18 AO.

## 2.3. Mitteilungspflicht in den Fällen des § 138 Abs. 2 Satz 1 Nr. 3 AO

### 2.3.1. Erwerb von Beteiligungen

Der Ausdruck „Vermögensmasse" schließt ausländische Investmentfonds und Spezial-Investmentfonds (§ 6 Abs. 1 InvStG) ein. Der Ausdruck „Körperschaft" umfasst auch inländische Investmentfonds, bei denen sich die Geschäftsleitung des gesetzlichen Vertreters außerhalb des Geltungsbereichs dieses Gesetzes befindet (§ 4 Abs. 2 InvStG). Unmittelbare und mittelbare Beteiligungen sind zusammenzurechnen (§ 138 Abs. 2 Satz 2 AO). 6

#### 2.3.1.1. Mitteilung bei Überschreiten der Beteiligungsgrenze

Die Mitteilungspflicht nach § 138 Abs. 2 Satz 1 Nr. 3 AO besteht nur dann, wenn beim Erwerb einer Beteiligung die maßgebenden Beteiligungsgrenzen (erstmalig oder nach zwischenzeitlichem Unterschreiten der Grenze erneut) erreicht bzw. überschritten werden. Die Mitteilungspflicht besteht bei Vorliegen der Voraussetzungen nur für die Beteiligungen, die der inländische Steuerpflichtige selbst entgeltlich oder unentgeltlich erworben hat. Eine mittelbare Beteiligung ist immer dann mitzuteilen, wenn sie gleichzeitig durch den Erwerb einer unmittelbaren Beteiligung an einer Körperschaft, Personenvereinigung oder Vermögensmasse miterworben wurde, soweit die übrigen Voraussetzungen für die Mitteilungspflicht vorliegen; dies gilt auch bei Beteiligung an einer Personengesellschaft. 7

**Beispiel 1:**

Die B-Inc. ist seit Jahren an der C-Inc. zu 100 Prozent beteiligt. Im Jahr 2018 erwirbt die A-GmbH sämtliche Anteile an der B-Inc. Somit erwirbt die A-GmbH unmittelbar 100 Prozent der Anteile an der B-Inc. und ist mitteilungspflichtig. Sie erwirbt aber auch mittelbar 100 Prozent der Anteile an der C-Inc., wofür sie ebenfalls mitteilungspflichtig ist.

**Beispiel 2:**

Im Jahr 2019 erwirbt die B-Inc. 100 Prozent der Anteile an der D-Inc. Eine Mitteilungspflicht für die A-GmbH ergibt sich hieraus jedoch nicht, da die A-GmbH als inländischer Steuerpflichtiger die Beteiligung nicht selbst entgeltlich oder unentgeltlich erworben hat.

#### 2.3.1.2. 10-Prozent-Grenze

Für die Ermittlung der 10-Prozent-Grenze sind die unmittelbaren und mittelbaren Beteiligungen zusammenzurechnen. 8

**Beispiel:**

Die A-GmbH ist seit Jahren an der B-Inc. zu 100 Prozent beteiligt. Die B-Inc. hält 5 Prozent der Anteile an der C-Inc. Im Jahr 2018 erwirbt die A-GmbH unmittelbar 5 Prozent der Anteile an der C-Inc. Sie ist damit unmittelbar und mittelbar an der C-Inc. zu insgesamt 10 Prozent beteiligt und damit mitteilungspflichtig.

#### 2.3.1.3. 150 000-Euro-Grenze

Für die Ermittlung der 150 000-Euro-Grenze sind die Anschaffungskosten aller – also auch mittelbarer – Beteiligungen i.S.d. § 138 Abs. 2 Satz 1 Nr. 3 AO zu berücksichtigen. Die 150 000-Euro-Grenze ist gesellschaftsbezogen zu ermitteln. Die Anschaffungskosten früher erworbener Beteiligungen sind ebenfalls in die Berechnung einzubeziehen. Aus Vereinfachungsgründen kann auf die Anschaffungskosten der unmittelbaren Beteiligung des Mitteilungspflichtigen abgestellt werden, wenn der Erwerb einer weiteren mittelbaren Beteiligung an der Gesellschaft innerhalb eines Jahres erfolgt. 9

**Beispiel:**

Der Steuerpflichtige A ist zu 8 Prozent an einer ausländischen Kapitalgesellschaft B unmittelbar beteiligt (Anschaffungskosten = 100 000 Euro). Ferner erwirbt A eine weitere unmittelbare Beteiligung von ebenfalls 8 Prozent an der ausländischen Kapitalgesellschaft C zu Anschaffungskosten i.H.v. 60 000 Euro, die ihrerseits mit 4 Prozent an der Kapitalgesellschaft B beteiligt ist. Der

Steuerpflichtige A ist somit unmittelbar zu 8 Prozent und mittelbar zu 0,32 Prozent (8 Prozent × 4 Prozent / 100 Prozent) beteiligt. Die unmittelbare und mittelbare Beteiligung des Steuerpflichtigen A an der B beträgt somit insgesamt 8,32 Prozent.

Für die Berechnung der Anschaffungskosten muss folgerichtig auf die mittelbaren Anschaffungskosten des Steuerpflichtigen A an der B abgestellt werden. Dieser Wert lässt sich aus den vorliegenden Angaben jedoch nicht ableiten. Aus Vereinfachungsgründen kann der Wert der mittelbaren Beteiligung des Steuerpflichtigen A an der B somit aus den Anschaffungskosten für die 8-prozentige Beteiligung des A an der B i.H.v. 100 000 Euro bei unterstelltem Erwerb innerhalb eines Jahres ermittelt werden und beträgt demzufolge 0,32 Prozent / 8 Prozent von 100 000 Euro = 4000 Euro.

**10** Der Erwerb oder die Veräußerung von Beteiligungen an einer Gesellschaft von weniger als 1 Prozent muss trotz Überschreitens der 150 000-Euro-Grenze nicht mitgeteilt werden, wenn mit der Hauptgattung der Aktien der ausländischen Gesellschaft ein wesentlicher und regelmäßiger Handel an einer Börse in einem EU-/EWR-Staat oder an einer in einem anderen Staat nach § 193 Abs. 1 Satz 1 Nr. 2 und 4 KAGB von der Bundesanstalt für Finanzdienstleistungsaufsicht (BaFin) zugelassenen Börse stattfindet. Ein wesentlicher und regelmäßiger Handel an einer Börse liegt vor, wenn der Handel aktiv erfolgt und in kurzen Zeitabständen wiederholt stattfindet; die bloße Notierung an der Börse und nur vereinzelte Aktienübertragungen reichen hierfür nicht aus. Für die Ermittlung der 1-Prozent-Grenze sind alle gehaltenen Beteiligungen zu berücksichtigen. Wird die 150 000-Euro-Grenze mittels börsennotiertem Erwerb bzw. Veräußerung überschritten, so dass deshalb keine Meldepflicht besteht, und folgt darauf ein Erwerb bzw. eine Veräußerung, der bzw. die nicht unter die sogenannte Börsenklausel fällt, ist der vorangegangene börsennotierte Erwerb bzw. die Veräußerung hinsichtlich der 150 000-Euro-Grenze außer Betracht zu lassen. Die sogenannte Börsenklausel gilt sinngemäß auch für Investmentanteile, wenn deren übrige Voraussetzungen erfüllt sind. Die aktuelle Liste der nach § 193 Abs. 1 Satz 1 Nr. 2 und 4 KAGB zugelassenen Börsen ist auf der Internetseite der BaFin abrufbar (derzeit https://www.bafin.de/SharedDocs/Veroeffentlichungen/DE/Auslegungsentscheidung/WA/ae_080208_boersenInvG.html).

### 2.3.2. Veräußerung von Beteiligungen

**11** Die Veräußerung einer Beteiligung ist nach § 138 Abs. 2 Satz 1 Nr. 3 AO mitteilungspflichtig, wenn die Anschaffungskosten aller veräußerten Beteiligungen an einer ausländischen Körperschaft, Personenvereinigung oder Vermögensmasse 150 000 Euro überschreiten oder mindestens eine 10-prozentige Beteiligung veräußert wird. Die Mitteilungspflicht besteht bei Vorliegen dieser Voraussetzungen nur für die unmittelbaren Beteiligungen, die der Steuerpflichtige selbst veräußert hat. Im Fall der Veräußerung einer unmittelbaren Beteiligung an einer Körperschaft, Personenvereinigung oder Vermögensmasse hat der inländische Steuerpflichtige auch die hierdurch gleichzeitig mitveräußerten mittelbaren Beteiligungen mitzuteilen, soweit die übrigen Voraussetzungen hierfür vorliegen; dies gilt auch bei der Beteiligung an einer Personengesellschaft.

### 2.3.3. Mitteilungspflichten der Kreditinstitute und Finanzdienstleistungsinstitute

**12** Die Mitteilungspflichten nach § 138 Abs. 2 Satz 1 Nr. 3 AO gelten nicht für Anteile an Kapitalgesellschaften, die bei Kreditinstituten und Finanzdienstleistungsinstituten im Sinne des Gesetzes über das Kreditwesen (KWG) dem Handelsbuch zuzurechnen sind.

### 2.3.4. Mitteilungspflichten der Versicherungsunternehmen und der berufsständischen Versorgungseinrichtungen

Die Mitteilungspflichten nach § 138 Abs. 2 Satz 1 Nr. 3 AO gelten nicht für Anteile an Kapitalgesellschaften, die auf der Aktivseite der Bilanz der Versicherungsunternehmen entsprechend Formblatt 1 zu § 2 der Verordnung über die Rechnungslegung von Versicherungsunternehmen vom 8. November 1994 (BGBl. I S. 3378), die zuletzt durch Art. 2 Abs. 5 des Gesetzes vom 1. April 2015 (BGBl. I S. 434) geändert worden ist, in der jeweils geltenden Fassung unter C Nr. III 1 und D auszuweisen sind. **13**

Ausgenommen von der Mitteilungspflicht nach § 138 Abs. 2 Satz 1 Nr. 3 AO sind auch die in § 341b Abs. 4 HGB aufgeführten Verträge, die von Pensionsfonds bei Lebensversicherungsunternehmen zur Deckung von Verpflichtungen gegenüber Versorgungsberechtigten eingegangen werden, sowie Anteile an Kapitalgesellschaften, die berufsständische Versorgungseinrichtungen unter der Bilanzposition „Aktien, Investmentanteile und andere nicht rechtsverzinsliche Wertpapiere“ ausweisen. **14**

### 2.3.5. Mitteilungspflicht eines Anlegers in Bezug auf die vom Investmentfonds und vom Spezial-Investmentfonds gehaltenen ausländischen Beteiligungen

Die Mitteilungspflicht nach § 138 Abs. 2 Satz 1 Nr. 3 AO besteht für Anleger in- und ausländischer Investmentfonds und Spezial-Investmentfonds nicht in Bezug auf die mittelbar über diese Investmentfonds bzw. Spezial-Investmentfonds erworbenen und veräußerten Beteiligungen; sie besteht bei Vorliegen der Voraussetzungen dieser Vorschrift jedoch für Erwerbe und Veräußerungen unmittelbarer und mittelbarer Beteiligungen an ausländischen Investmentfonds und Spezial-Investmentfonds. **15**

### 2.3.6. Mitteilungspflicht inländischer Investmentfonds und Spezial-Investmentfonds

Inländische Investmentfonds und Spezial-Investmentfonds i.S.d. § 6 Abs. 1 Satz 1 InvStG sind als inländische Steuerpflichtige i.S.d. § 138 Abs. 2 Satz 1 AO mitteilungspflichtig. **16**

## 2.4. Mitteilungspflicht in den Fällen des § 138 Abs. 2 Satz 1 Nr. 4 AO

### 2.4.1. Drittstaat-Gesellschaft

Drittstaat-Gesellschaft ist nach § 138 Abs. 3 AO eine Personengesellschaft, Körperschaft, Personenvereinigung oder Vermögensmasse mit Sitz oder Geschäftsleitung in Staaten oder Territorien, die nicht Mitglieder der Europäischen Union (EU) oder der Europäischen Freihandelsassoziation (EFTA) sind. Dementsprechend gilt als Drittstaat-Gesellschaft auch eine Personengesellschaft, Körperschaft, Personenvereinigung oder Vermögensmasse, die zwar ihren Sitz in Deutschland, ihre Geschäftsleitung aber in einem Staat oder Territorium hat, der oder das nicht Mitglied der EU oder der EFTA ist (und umgekehrt). **17**

### 2.4.2. Beherrschender oder bestimmender Einfluss

Die Mitteilungspflicht besteht, wenn der Steuerpflichtige allein oder zusammen mit Personen i.S.d. § 1 Abs. 2 AStG unmittelbar oder mittelbar einen beherrschenden oder bestimmenden Einfluss auf die gesellschaftsrechtlichen, finanziellen oder geschäftlichen Angelegenheiten einer Drittstaat-Gesellschaft ausüben kann. Ein beherrschender oder bestimmender Einfluss kann auf rechtlicher oder tatsächlicher Grundlage beruhen oder auf dem Zusammenwirken **18** beider. Rechtlicher Einfluss kann insbesondere auf beteiligungsähnlichen Rechten beruhen (Kapitalbeteiligung, Stimmrechte) oder auf vertraglichen Beziehungen, z.B. einem Treuhandvertrag. Einfluss außerhalb rechtlicher Einflussmöglichkeiten kann z.B. aufgrund der finanziellen Abhängigkeit der Drittstaat-Gesellschaft bestehen oder aufgrund anderer tatsächlicher Abhängigkeiten der Gesellschaft bzw. ihrer Geschäftsführung.

**19** Ein beherrschender oder bestimmender Einfluss auf die gesellschaftsrechtlichen, finanziellen oder geschäftlichen Angelegenheiten einer Gesellschaft äußert sich insbesondere in der Möglichkeit, alle wesentlichen Entscheidungen der Geschäftsführung, der Geschäftspolitik sowie sonstige wesentliche unternehmerische Entscheidungen zu treffen, und zwar auch unabhängig vom Bestehen einer unmittelbaren oder mittelbaren Beteiligung am Kapital oder am Vermögen oder dem Innehaben von Stimmrechten der Drittstaat-Gesellschaft.

**20** Die Einflussnahmemöglichkeiten von Personen, die dem inländischen Steuerpflichtigen i.S.d. § 1 Abs. 2 AStG nahestehen, sind dem inländischen Steuerpflichtigen zuzurechnen.

**21** Es ist nicht erforderlich, dass der inländische Steuerpflichtige tatsächlich beherrschenden oder bestimmenden Einfluss nimmt oder genommen hat; die objektive Möglichkeit einer solchen Einflussnahme reicht aus.

### 2.5. Form und Frist für die Mitteilungen

**22** Die Mitteilungen nach § 138 Abs. 2 AO sind grundsätzlich zusammen mit der Einkommensteuer-, Körperschaftsteuer- oder Feststellungserklärung für den Besteuerungszeitraum, in dem der mitzuteilende Sachverhalt verwirklicht wurde, spätestens jedoch bis zum Ablauf von 14 Monaten nach Ablauf dieses Besteuerungszeitraums, nach amtlich vorgeschriebenem Datensatz über die amtlich bestimmten Schnittstellen zu erstatten (§ 138 Abs. 5 Satz 1 AO). Diese Frist ist nicht nach § 109 AO verlängerbar, da es sich weder um eine behördlich bestimmte Frist noch um eine Steuererklärungsfrist handelt.

**23** Inländische Steuerpflichtige, die nicht verpflichtet sind, ihre Einkommensteuer-, Körperschaftsteuer- oder Feststellungserklärung nach amtlich vorgeschriebenem Datensatz über die amtlich bestimmte Schnittstelle abzugeben, haben die Mitteilungen nach § 138 Abs. 2 AO nach amtlich vorgeschriebenem Vordruck zu erstatten (Vordruck BZSt 2), es sei denn, sie geben ihre Einkommensteuer-, Körperschaftsteuer- oder Feststellungserklärung freiwillig nach amtlich vorgeschriebenem Datensatz über die amtlich bestimmte Schnittstelle ab (§ 138 Abs. 5 Satz 2 AO).

**24** Inländische Steuerpflichtige, die nicht zur Abgabe einer Einkommensteuer-, Körperschaftsteuer- oder Feststellungserklärung verpflichtet sind, haben die Mitteilungen nach § 138 Abs. 2 AO nach amtlich vorgeschriebenem Vordruck (BZSt 2) bis zum Ablauf von 14 Monaten nach Ablauf des Kalenderjahrs zu erstatten, in dem der mitzuteilende Sachverhalt verwirklicht worden ist (§ 138 Abs. 5 Satz 3 AO). Diese Frist ist nicht nach § 109 AO verlängerbar, da es sich weder um eine behördlich bestimmte Frist noch um eine Steuererklärungsfrist handelt.

**25** Die alleinige Übersendung von Depotauszügen bzw. Transaktionslisten reicht zur Erfüllung der Mitteilungspflicht nach § 138 Abs. 2 AO nicht aus. Sind die den Steuerpflichtigen zur Verfügung stehenden Informationen zu den meldepflichtigen Beteiligungen in dem amtlich vorgeschriebenen Datensatz bzw. Vordruck nicht ordnungsgemäß darstellbar, können Depotauszüge bzw. Transaktionslisten im Anhang des elektronischen Datensatzes bzw. als Anlage zu dem amtlich vorgeschriebenen Vordruck (BZSt 2) übersandt werden. Die Pflichtfelder in dem amtlich vorgeschriebenen Datensatz sind stets auszufüllen.

### 3. Mitteilungspflicht nach § 138b AO

### 3.1. Allgemeines

Verpflichtete i.S.d. § 2 Abs. 1 Nr. 1 bis 3 und 6 Geldwäschegesetz (GwG) in der ab 26. Juni 2017 geltenden Fassung (mitteilungspflichtige Stelle) haben dem für sie nach den §§ 18 bis 20 AO zuständigen Finanzamt von ihnen hergestellte oder vermittelte Beziehungen inländischer Steuerpflichtiger i.S.d. § 138 Abs. 2 Satz 1 AO zu Drittstaat-Gesellschaften i.S.d. § 138 Abs. 3 AO mitzuteilen. 26

Mitteilungspflichtige Stellen sind damit: 27

- Kreditinstitute nach § 1 Abs. 1 KWG, mit Ausnahme der in § 2 Abs. 1 Nr. 3 bis 8 KWG genannten Unternehmen, und im Inland gelegene Zweigstellen und Zweigniederlassungen von Kreditinstituten mit Sitz im Ausland,
- Finanzdienstleistungsinstitute nach § 1 Abs. 1a KWG, mit Ausnahme der in § 2 Abs. 6 Satz 1 Nr. 3 bis 10 und 12 und Abs. 10 des KWG genannten Unternehmen, und im Inland gelegene Zweigstellen und Zweigniederlassungen von Finanzdienstleistungsinstituten mit Sitz im Ausland,
- Zahlungsinstitute und E-Geld-Institute nach § 1 Abs. 2a des Zahlungsdiensteaufsichtsgesetzes (ZAG) und im Inland gelegene Zweigstellen und Zweigniederlassungen von Instituten i.S.d. § 1 Abs. 2a ZAG mit Sitz im Ausland,
- Finanzunternehmen nach § 1 Abs. 3 KWG, die nicht unter § 2 Abs. 1 Nr. 1 oder Nr. 4 GwG fallen und deren Haupttätigkeit einer der in § 1 Abs. 3 Satz 1 KWG genannten Haupttätigkeiten oder einer Haupttätigkeit eines durch Rechtsverordnung nach § 1 Abs. 3 Satz 2 KWG bezeichneten Unternehmens entspricht, und im Inland gelegene Zweigstellen und Zweigniederlassungen solcher Unternehmen mit Sitz im Ausland.

Die Mitteilungspflicht gilt nach § 138b Abs. 1 Satz 2 AO allerdings nur für solche Fälle, in denen 28

1. der mitteilungspflichtigen Stelle bekannt ist, dass der inländische Steuerpflichtige auf Grund der von ihr hergestellten oder vermittelten Beziehung allein oder zusammen mit nahestehenden Personen i.S.d. § 1 Abs. 2 AStG erstmals unmittelbar oder mittelbar einen beherrschenden oder bestimmenden Einfluss auf die gesellschaftsrechtlichen, finanziellen oder geschäftlichen Angelegenheiten einer Drittstaat-Gesellschaft ausüben kann (vgl. dazu Tz. 2.4.2),
   oder
2. der inländische Steuerpflichtige eine von der mitteilungspflichtigen Stelle hergestellte oder vermittelte Beziehung zu einer Drittstaat-Gesellschaft erlangt, wodurch eine unmittelbare Beteiligung von insgesamt mindestens 30 Prozent am Kapital oder am Vermögen der Drittstaat-Gesellschaft erreicht wird. Anderweitige Erwerbe des inländischen Steuerpflichtigen hinsichtlich der gleichen Drittstaat-Gesellschaft sind hierbei miteinzubeziehen, soweit sie der mitteilungspflichtigen Stelle bekannt sind oder bekannt sein mussten.

Die Mitteilungspflicht umfasst die Herstellung und Vermittlung von Beziehungen sowohl im Rahmen eines persönlichen Kontakts zwischen inländischem Steuerpflichtigen und mitteilungspflichtiger Stelle als auch im Rahmen des 29

Onlinegeschäftes. Voraussetzung sind aktive Tätigkeiten der mitteilungspflichtigen Stellen. Darunter fallen z.B. die Anschaffung und die Veräußerung von Anteilen und Beteiligungen an Drittstaat-Gesellschaften im eigenen Namen und auf eigene Rechnung, die Anschaffung und die Veräußerung von Anteilen und Beteiligungen an Drittstaat-Gesellschaften im eigenen Namen und auf fremde Rechnung sowie die Vermittlung von Geschäften über die Anschaffung und Veräußerung von Anteilen und Beteiligungen an Drittstaat-Gesellschaften.

30 Mitteilungen nach § 138b AO sind für jeden inländischen Steuerpflichtigen und jeden mitteilungspflichtigen Sachverhalt gesondert zu erstatten (§ 138b Abs. 2 AO).

31 Das für die mitteilungspflichtige Stelle zuständige Finanzamt hat die Mitteilung an das für den inländischen Steuerpflichtigen nach den §§ 18 bis 20 AO zuständige Finanzamt weiterzuleiten (§ 138b Abs. 5 Satz 1 AO).

### 3.2. Inhalt der Mitteilung und Mitwirkungspflicht der inländischen Steuerpflichtigen

32 Die mitteilungspflichtige Stelle hat bei Vorliegen der Voraussetzungen des § 138b Abs. 1 Satz 2 AO nach § 138b Abs. 3 AO anzugeben:

1. die Identifikationsnummer des inländischen Steuerpflichtigen nach § 139b AO und
2. die Wirtschafts-Identifikationsnummer des inländischen Steuerpflichtigen nach § 139c AO oder, solange noch keine Wirtschafts-Identifikationsnummer vergeben wurde und es sich bei dem inländischen Steuerpflichtigen nicht um eine natürliche Person handelt, die für die Besteuerung des inländischen Steuerpflichtigen nach dem Einkommen geltende Steuernummer.

33 Der inländische Steuerpflichtige hat der mitteilungspflichtigen Stelle nach § 138b Abs. 6 AO diese Daten mitzuteilen.

34 Kann die mitteilungspflichtige Stelle die Identifikationsnummer und die Wirtschafts-Identifikationsnummer oder die Steuernummer des inländischen Steuerpflichtigen nicht in Erfahrung bringen, hat sie nach § 138b Abs. 3 Satz 2 AO in der Mitteilung ein amtlich bestimmtes Ersatzmerkmal anzugeben.

Das Ersatzmerkmal ist bei natürlichen Personen wie folgt zu bilden:

| | |
|---|---|
| 1. bis 4. Stelle: | Erste vier Buchstaben des Familiennamens des inländischen Steuerpflichtigen<br>– Hat ein Name weniger als vier Buchstaben, sind fehlende Stellen mit „X“ aufzufüllen.<br>– Statt Ä, Ö und Ü ist AE, OE oder UE zu verwenden. |
| 5. bis 8. Stelle: | Erste vier Buchstaben des Vornamens des inländischen Steuerpflichtigen<br>– Hat ein Vorname weniger als vier Buchstaben, sind fehlende Stellen mit „X“ aufzufüllen.<br>– Statt Ä, Ö und Ü ist AE, OE oder UE zu verwenden. |
| 9. und 10. Stelle: | Geburtsjahr des inländischen Steuerpflichtigen<br>– Es sind nur die beiden letzten Ziffern zu verwenden (Beispiel: aus 1960 wird 60). |
| 11. und 12. Stelle: | Geburtsmonat des inländischen Steuerpflichtigen in Ziffern (immer zweistellig, ggf. mit führender „0“) |

| | |
|---|---|
| 13. und 14. Stelle: | Geburtstag des inländischen Steuerpflichtigen in Ziffern (immer zweistellig, ggf. mit führender „0“) |
| 15. bis 19. Stelle: | fünfstellige Postleitzahl der Adresse des inländischen Steuerpflichtigen. |

Handelt es sich bei dem inländischen Steuerpflichtigen nicht um eine natürliche Person, ist kein Ersatzmerkmal zu bilden. In diesem Fall sind lediglich die vollständigen Angaben zum inländischen Steuerpflichtigen entsprechend dem Vordruck „Mitteilung nach § 138b der Abgabenordnung (AO)“ anzugeben. **35**

### 3.3. Form und Frist für die Mitteilungen

Die Mitteilungen sind dem Finanzamt nach dem amtlich vorgeschriebenen Vordruck „Mitteilung nach § 138b der Abgabenordnung (AO)“ bis zum Ablauf des Monats Februar des Jahres, das auf das Kalenderjahr folgt, in dem der mitzuteilende Sachverhalt verwirklicht wurde, zu erstatten (§ 138b Abs. 4 AO). **36**

## 4. Rechtsfolgen bei Verstößen gegen die Mitteilungspflichten nach § 138 Abs. 2 und § 138b AO

Wer vorsätzlich oder leichtfertig seiner Mitteilungspflicht nach § 138 Abs. 2 Satz 1 AO oder § 138b Abs. 1 bis 3 AO nicht, nicht vollständig oder nicht rechtzeitig nachkommt, begeht eine Ordnungswidrigkeit i.S.d. § 379 Abs. 2 Nr. 1 oder 1d AO, die vorbehaltlich des § 378 AO mit einer Geldbuße bis zu 25 000 Euro geahndet werden kann (§ 379 Abs. 7 AO). **37**

Die Verfolgungsverjährung infolge Unterlassens der Mitteilung nach § 138 Abs. 2 AO und § 138b Abs. 1 bis 3 AO beginnt nicht mit dem Ablauf der Frist nach § 138 Abs. 5 AO bzw. der Frist nach § 138b Abs. 4 Satz 1 AO, sondern gewöhnlich zu dem Zeitpunkt, zu dem an der Erfüllung kein Interesse mehr besteht, zum Beispiel, weil im Rahmen einer Betriebsprüfung die entsprechenden Feststellungen getroffen worden sind. **38**

Bei Verstößen gegen diese Mitteilungspflichten ist im Regelfall die zuständige Bußgeld- und Strafsachenstelle einzuschalten. **39**

## 5. Beachtung und Auswertung der Mitteilungen nach § 138 Abs. 2 und § 138b AO

Die Mitteilungspflichten dienen der zutreffenden steuerlichen Erfassung und Überwachung grenzüberschreitender Sachverhalte. Auf die Erfüllung der Mitteilungspflichten ist nachdrücklich zu achten. **40**

Die für die inländischen Steuerpflichtigen zuständigen Finanzämter werten Mitteilungen nach § 138 Abs. 2 und § 138b AO aus und leiten diese bzw. einen Abdruck hiervon bei einer Meldung in Papierform dem BZSt, Informationszentrale für steuerliche Auslandsbeziehungen – IZA zu. **41**

Das BZSt sammelt die Informationen und wertet sie aus (§ 5 Abs. 1 Satz 1 Nr. 6 Finanzverwaltungsgesetz). **42**

# 800 § 141/1. Schreiben betr. Buchführung in land- und forstwirtschaftlichen Betrieben

Vom 15. Dezember 1981 (BStBl. I S. 878)

(BMF IV B 4 – S 2163 – 63/81)

**Inhaltsübersicht**



Die Buchführung in land- und forstwirtschaftlichen Betrieben ist durch das Gesetz zur Neuregelung der Einkommensbesteuerung der Land- und Forstwirtschaft und durch die Abgabenordnung 1977 auf eine neue Rechtsgrundlage gestellt worden. Unter Bezugnahme auf das Ergebnis der Erörterungen mit den obersten Finanzbehörden der Länder gelten für sie folgende Grundsätze:

## 1. Voraussetzungen der Buchführungspflicht

Der Buchführungspflicht unterliegen Land- und Forstwirte, die einen land- und forstwirtschaftlichen Betrieb als Eigentümer, Pächter, Nießbraucher oder sonstiger Nutzungsberechtigter bewirtschaften, ferner Verpächter, die einen Betrieb im ganzen verpachtet, aber nicht aufgegeben haben, wenn die Voraussetzungen des § 140 AO erfüllt sind oder eine der in § 141 Abs. 1 AO festgelegten Buchführungsgrenzen überschritten wird.

Hat der Steuerpflichtige einen Antrag nach § 13 a Abs. 2 Nr. 1 EStG gestellt und für das Erstjahr Bücher geführt und einen Abschluß gemacht, so ist der Gewinn des Betriebs für vier aufeinanderfolgende Wirtschaftsjahre durch Betriebsvermögensvergleich zu ermitteln. Diese Buchführungspflicht steht selbständig neben einer sich aus den §§ 140, 141 AO ergebenden Verpflichtung. Tz. 2 gilt für diese Fälle nicht.

**1.2.** Durch § 140 AO werden die außersteuerlichen Buchführungs- und Aufzeichnungsvorschriften, die auch für die Besteuerung von Bedeutung sind, für das Steuerrecht nutzbar gemacht. In Betracht kommen einmal die allgemeinen Buchführungs- und Aufzeichnungsvorschriften des Handels-, Gesellschafts- und Genossenschaftsrechts. Zum anderen fallen hierunter die Buchführungs- und Aufzeichnungsvorschriften für bestimmte Betriebe und Berufe, die sich aus einer Vielzahl von Gesetzen und Verordnungen ergeben *(vgl. dazu im einzelnen die beispielhafte Aufzählung zu § 140 AO im Einführungserlaß zur AO 1977 vom 1. 10. 1976, BStBl. I S. 576).*[1]

Soweit Land- und Forstwirte zwecks Inanspruchnahme staatlicher Förderungsmittel nach den einzelbetrieblichen Förderungsprogrammen der Bundesregierung oder der Landesregierungen verpflichtet sind, für einen bestimmten Zeitraum Bücher zu führen und Abschlüsse zu machen und der zuständigen Landwirtschaftsbehörde alljährlich den Buchführungsabschluß in der vorgeschriebenen Form vorzulegen (sog. Auflagenbuchführung), begründet diese auf Verwaltungsvorschriften beruhende Verpflichtung für sich allein keine Buchführungspflicht i. S. des § 140 AO. Entsprechendes gilt für eine Buchführung als Testbetrieb nach dem Landwirtschaftsgesetz vom 5. 9. 1955 (BGBl. I S. 565), geändert durch Artikel 75 des Einführungsgesetzes zur AO vom 14. 12. 1976 (BGBl. I S. 3341).

**1.3.** Bei der Prüfung, ob eine der Buchführungsgrenzen nach § 141 AO überschritten ist, ist folgendes zu beachten:

**1.3.1.** Zu den Umsätzen im Sinne des § 141 Abs. 1 Nr. 1 AO gehören auch die nicht steuerbaren Auslandsumsätze. Soweit Land- und Forstwirte mit Durchschnittsatzbesteuerung nach § 24 UStG ihre Umsätze nicht aufzeichnen brauchen (§ 67 UStDV) und auch tatsächlich nicht aufzeichnen, sind diese ggf. anhand von Richtsätzen zu schätzen. Maßgebend sind die im Kalenderjahr erzielten Umsätze.

**1.3.2.** Wirtschaftswert im Sinne des § 141 Abs. 1 Nr. 3 und Satz 3 AO ist der nach den Grundsätzen des § 46 BewG errechnete Wert der selbstbewirtschafteten land- und forstwirtschaftlichen Flächen.

**1.3.3.** Maßgebend ist der Gewinn des Kalenderjahrs (§ 141 Abs. 1 Nr. 5 AO). Das ist bei vom Kalenderjahr abweichenden Wirtschaftsjahren die Summe der zeitlich aufgeteilten Gewinne aus zwei Wirtschaftsjahren. Erhöhte Absetzungen oder Sonderabschreibungen dürfen nach § 7 a Abs. 6 EStG bei der Prüfung, ob die Gewinngrenze überschritten ist, nicht berücksichtigt werden. Dies gilt auch für Gewinnabzüge nach den §§ 77, 78 EStDV. Sie sind daher den Gewinnen vor der Aufteilung wieder hinzuzurechnen. Steuerfreie Rücklagen brauchen dagegen nicht hinzugerechnet zu werden, weil § 7 a Abs. 6 EStG für sie nicht gilt (vgl. z. B. § 3 Abs. 5 des Forstschäden-Ausgleichsgesetzes vom 29. 8. 1969, BStBl. I S. 513).

**1.3.4.** Die Buchführungsgrenzen beziehen sich stets auf den einzelnen land- und forstwirtschaftlichen Betrieb. Wird das Vorhandensein mehrerer Betriebe behauptet, so ist zu prüfen, ob es sich dabei nicht nur um Teilbetriebe oder

[1] Im AO-Anwendungserlass (**Steuerrichtlinien** Nr. **800**) nicht mehr enthalten.

Betriebsteile handelt, die insgesamt einheitlich bewirtschaftet werden. Eine einheitliche Bewirtschaftung spricht regelmäßig für einen Betrieb.

**1.3.5.** Hat ein Land- und Forstwirt Teile seines im übrigen selbstbewirtschafteten Betriebs verpachtet, so sind bei der Berechnung der Umsatz- und Gewinngrenze die Pachteinnahmen einzubeziehen, wenn die Einkünfte aus der Verpachtung zu den Einkünften aus Land- und Forstwirtschaft gehören. Bei der Berechnung der Wirtschaftswertgrenze bleibt der auf die verpachteten Flächen entfallende Anteil am Wirtschaftswert außer Ansatz.

**1.3.6.** Hat ein Land- und Forstwirt den land- und forstwirtschaftlichen Betrieb ganz oder zum Teil gepachtet oder auf Grund einer anderen vertraglichen Vereinbarung zur Nutzung übernommen, so ist bei ihm der Wirtschaftswert aller selbstbewirtschafteten Flächen maßgebend (§ 141 Abs. 1 Satz 3 AO).

Zugepachtete Flächen sind beim Pächter mit dem Vergleichswert zu berücksichtigen, mit dem sie im Wirtschaftswert des Verpächters enthalten sind; besteht für zugepachtete Flächen kein eigener Vergleichswert oder sind sie bei der Einheitsbewertung nach § 69 BewG dem Grundvermögen zugerechnet und mit dem gemeinen Wert bewertet, so ist deren Wert nach dem Hektarwert zu errechnen, der bei der Einheitsbewertung für den eigenen Betrieb beim Vergleichswert der entsprechenden Nutzung zugrunde gelegt worden ist oder zugrunde zu legen wäre. Bei der Berechnung des Wirtschaftswerts sind auch Zu- und Abgänge von Flächen zu berücksichtigen, die nicht oder noch nicht zu einer Fortschreibung des Einheitswerts geführt haben. Als Zu- und Abgänge von Flächen gelten auch Nutzungsänderungen innerhalb eines Betriebs (Abschnitt 5 Abs. 3 Nr. 1 Buchstabe b Fortschreibungs-Richtlinien vom 2. 12. 1971, BStBl. I S. 638[1]).

Wegen der Berechnung des Wirtschaftswerts bei Pachtung eines Betriebs und bei ausschließlicher Bewirtschaftung zugepachteter Flächen wird *Abschnitt 130 a Abs. 3 EStR*[2] hingewiesen.

**1.3.7.** Die Grundsätze von Tz. 1.3.6 gelten – über den dort genannten Fall hinaus – auch für land- und forstwirtschaftlich genutzte Flächen, die nach § 69 69 BewG als Grundvermögen bewertet sind.

**1.3.8.** Bei gemeinschaftlichem Betrieb der Land- und Forstwirtschaft durch mehrere Personen gilt für die Buchführungspflicht die Gemeinschaft oder Gesellschaft als Land- und Forstwirt. Es müssen daher Bücher geführt werden, wenn der im gemeinschaftlichen Betrieb erzielte Umsatz oder Gewinn oder der Wirtschaftswert des gemeinschaftlich bewirtschafteten Betriebs die maßgebende Grenze überschreitet.

## 2. Beginn und Ende der Buchführungspflicht

**2.1.** Für den Beginn der Buchführungspflicht ist u. a. Voraussetzung, daß nach den Feststellungen der Finanzbehörde eine der maßgebenden Buchführungsgrenzen überschritten ist. Diese Feststellung kann nicht nur die für die Be-

[1] **Steuerrichtlinien** Nr. **200**/3.

[2] Jetzt R 13 a.2 EStR 2012. Ab 1. 1. 2016 siehe BMF v. 10. 11. 2015, BStBl. I S. 877 (Nr. **1** § 13 a/1).

steuerung zuständige, sondern im Namen dieser auch die Finanzbehörde treffen, die nach § 195 AO mit der Durchführung von Außenprüfungen beauftragt ist. Die Feststellungen setzen nicht zwingend einen Steuerbescheid, Feststellungsbescheid oder eine Rechtsbehelfsentscheidung voraus. Sie können auch in anderer Weise getroffen werden. Es genügt z. B., wenn die Finanzbehörde aus Steuererklärungen oder auf Grund einer Außenprüfung Sachverhalte erkennt, die eine Buchführungspflicht auslösen.

**2.1.1.** In der Mitteilung über die Verpflichtung zur Buchführung (§ 141 Abs. 2 AO) ist anzugeben, auf welche Sachverhalte sich die Feststellung der Finanzbehörde stützt.

Die Mitteilung nach § 141 Abs. 2 AO ist Voraussetzung für den Beginn der Buchführungspflicht. Das gilt selbst dann, wenn der Steuerpflichtige die tatsächliche Höhe des Umsatzes, Gewinns oder Wirtschaftswerts nicht richtig erklärt oder überhaupt keine Steuererklärungen abgegeben hat (vgl. BFH-Urteile vom 31. 3. 1977, BStBl. II S. 549, und vom 17. 3. 1977, BStBl. II 1978 S. 76).

**2.1.2.** Die Mitteilung über die Buchführungspflicht ist ein Verwaltungsakt i. S. der §§ 118 ff. AO. Sie kann mit einem Steuerbescheid verbunden werden. Eine solche Verbindung setzt eine entsprechende Rechtsbehelfsbelehrung voraus, weil gegen den Steuerbescheid der Einspruch, gegen die Mitteilung aber die Beschwerde als Rechtsbehelf gegeben ist. Der Steuerpflichtige soll jedoch nach Möglichkeit eine gesonderte Mitteilung erhalten. Dies ist insbesondere dann erforderlich, wenn der Umsatz oder aber bei Pächtern und anderen Nutzungsberechtigten der Wirtschaftswert für den Beginn der Buchführungspflicht maßgebend ist, weil Steuerbescheide bzw. Feststellungsbescheide insoweit nicht in Frage kommen.

Die Mitteilung soll möglichst frühzeitig, mindestens aber einen Monat vor Beginn des Wirtschaftsjahres bekanntgegeben werden, von dessen Beginn an die Buchführungspflicht zu erfüllen ist.

**2.1.3.** Die Buchführungspflicht beginnt auch dann, wenn gegen die Mitteilung Beschwerde eingelegt ist (vgl. im übrigen den BFH-Beschluß vom 6. 12. 1979, BStBl. 1980 II S. 427).

**2.1.4.** Der Land- und Forstwirt ist aufzufordern, nach Beginn der Buchführungspflicht eine Eröffnungsbilanz vorzulegen.

**2.2.** § 141 Abs. 2 AO sieht eine förmliche Mitteilung über den Wegfall der Buchführungspflicht nicht vor. Aus Gründen der Rechtssicherheit ist jedoch ein entsprechender Hinweis im Steuerbescheid oder eine besondere Mitteilung zweckmäßig. Die Buchführungspflicht endet nicht bereits mit dem Ablauf des Wirtschaftsjahres, in dem die Feststellung getroffen worden ist, sondern erst mit Ablauf des darauffolgenden Wirtschaftsjahres (§ 141 Abs. 2 Satz 2 AO), sofern die Finanzbehörde bis dahin nicht erneut das Bestehen der Buchführungspflicht feststellt und dem Steuerpflichtigen dies mitgeteilt hat.

**2.3.** Die Buchführungspflicht geht kraft Gesetzes (§ 141 Abs. 3 Satz 1 AO) auf denjenigen über, der den Betrieb im ganzen als Erwerber, Pächter, Nießbraucher oder sonstiger Nutzungsberechtigter übernimmt. Eine besondere Mitteilung (siehe Tz. 2.1.1 bis 2.1.3) an den Übernehmer ist nicht erforderlich

(§ 141 Abs. 3 Satz 2 AO). Der Erwerb kann z. B. von Todes wegen, auf Grund vorweggenommener Erbfolge, durch Kauf sowie durch Einbringung oder Umwandlung eines Einzelbetriebs in eine Personengesellschaft und umgekehrt erfolgen.

Eine Übernahme des Betriebs im ganzen liegt vor, wenn seine Identität gewahrt bleibt. Das ist der Fall, wenn die wesentlichen Grundlagen des Betriebs als einheitliches Ganzes erhalten bleiben (vgl. hierzu die koordinierten Ländererlasse zur Verpachtung von Betrieben vom 17. 12. 1965, BStBl. 1966 II S. 34). Eine Übernahme im ganzen ist danach grundsätzlich auch dann anzunehmen, wenn sie sich auf die Hofstelle und den Grund und Boden beschränkt. Bei Pachtbetrieben bildet auch das lebende und tote Inventar die wesentliche Grundlage. Die anderweitige Verwendung einzelner Wirtschaftsgüter ändert nichts an der Identität des Betriebs.

Strukturelle Veränderungen des Betriebs im Zusammenhang mit der Übernahme oder im Anschluß daran wirken sich auf den Übergang der Buchführungspflicht nicht aus. Erst wenn das Finanzamt feststellt, daß diese Veränderungen zu einem Fortfall der Voraussetzungen des § 141 Abs. 1 AO geführt haben, endet die Buchführungspflicht mit Ablauf des darauffolgenden Wirtschaftsjahres (§ 141 Abs. 2 Satz 2 AO).

**2.4.** Beim Überschreiten einer Buchführungsgrenze auf Grund außergewöhnlicher Umstände (z. B. Veräußerung von Grund und Boden) soll auf Antrag nach § 148 AO Befreiung von der Buchführungspflicht bewilligt werden, wenn zu erwarten ist, daß künftig keine der Buchführungsgrenzen überschritten wird.

### 3. Ordnungsmäßigkeit der Buchführung

**3.1.** Für die Buchführung der Land- und Forstwirte gelten grundsätzlich die gleichen Vorschriften wie für Gewerbetreibende (§§ 140 ff. AO, § 22 UStG i. V. m. §§ 63 ff. UStDV sowie *Abschn. 13* und *29–31 EStR*[1]). Aus Vereinfachungsgründen werden jedoch folgende Erleichterungen zugelassen:

**3.1.1.** Die geordnete und übersichtliche Sammlung und Aufbewahrung der Kontoauszüge von ständigen Geschäftspartnern ersetzt die betreffenden Grundbücher, wenn die darin ausgewiesenen Geschäftsvorfälle unter Hinweis auf den dazugehörigen Beleg mit dem erforderlichen Buchungstext erläutert werden. Voraussetzung ist jedoch, daß diese Auszüge in regelmäßigen Zeitabständen – etwa nach einem Monat – vorliegen.

**3.1.2.** Zu den Entnahmen im Sinne des § 4 EStG gehört auch der Eigenverbrauch (Naturalentnahmen). Werden hierfür die von den Oberfinanzdirektionen aufgestellten Richtsätze angesetzt, so genügt es, wenn der Richtsatzbetrag am Ende des Wirtschaftsjahres gebucht wird.

**3.1.3.** Nach § 141 Abs. 1 Satz 2 AO braucht sich die Bestandsaufnahme nicht auf das stehende Holz zu erstrecken.

Bei Betrieben mit jährlicher Fruchtfolge kann auch für das Feldinventar und die stehende Ernte *(Abschn. 131 Abs. 2 EStR*[2]*)* sowie für selbstgewonne-

[1] Jetzt R 4.1 und R 5.2 bis R 5.4 EStR 2012.
[2] Jetzt R 14 Abs. 2 EStR 2012.

ne, nicht zum Verkauf bestimmte Vorräte (z. B. Heu, Stroh, Silofutter, Trockenfutter, Dünger) auf eine Bestandsaufnahme und Bewertung verzichtet werden. Diese Wirtschaftsgüter brauchen auch in der für die Gewinnermittlung nach § 4 Abs. 1 EStG maßgebenden Bilanz nicht erfaßt zu werden.

**3.2.** Für die Bewertung von Pflanzenbeständen und Kulturen gelten – soweit nicht die Vereinfachungsregelungen nach Tz. 3.1.3, Tz. 3.2.1 oder Absatz 2 in Betracht kommen – die allgemeinen Vorschriften des § 6 EStG. Mehrjährige Kulturen und Dauerkulturen sind danach zu aktivieren. Dies gilt auch für Topfpflanzen, soweit es sich um mehrjährige Kulturen handelt. Mehrjährige Kulturen sind Pflanzungen, die nach einer Kulturzeit im Betrieb von mehr als einem Jahr einen einmaligen Ertrag liefern, der zum Verkauf bestimmt ist (z. B. Baumschulkulturen). Sie gehören zum Umlaufvermögen und sind nach § 6 Abs. 1 Nr. 2 EStG zu bewerten. Dauerkulturen sind Pflanzungen, die während einer Reihe von Jahren Erträge durch ihre zum Verkauf bestimmten Blüten, Früchte oder anderen Pflanzenteile liefern (z. B. Spargel-, Rhabarber- und Hopfenanlagen, Obstanlagen sowie Rebanlagen). Sie stellen abnutzbares Anlagevermögen dar, dessen Bewertung sich nach § 6 Abs. 1 Nr. 1 EStG richtet.

Es ist nicht zu beanstanden, wenn Topfpflanzen erstmals zum Schluß des Wirtschaftsjahres aktiviert werden, das nach ihrer Anschaffung oder Herstellung beginnt.

**3.2.1.** Bei mehrjährigen Kulturen und Dauerkulturen entsprechen die Anlagekosten den Anschaffungs- oder Herstellungskosten. Dazu gehören z. B. die Aufwendungen für Jungpflanzen, für die Aushebung der Pflanzgruben, für Baumpfähle und Bindematerial, für Umzäunungen oder Drahtschutz gegen Wildverbiß und für Veredelungsarbeiten. Pflegekosten sind aus Vereinfachungsgründen nicht zu aktivieren. Gemeinkosten werden in den meisten Fällen von so geringer Bedeutung sein, daß in der Regel auf ihre Aktivierung ebenfalls verzichtet werden kann. Das Aktivierungsrecht des Steuerpflichtigen bleibt unberührt.

**3.3.** Land- und Forstwirte haben nach § 142 AO neben der jährlichen Bestandsaufnahme und dem jährlichen Abschluß ein Anbauverzeichnis zu führen. In dem Anbauverzeichnis ist nachzuweisen, mit welchen Fruchtarten die selbstbewirtschafteten Flächen im abgelaufenen Wirtschaftsjahr bestellt waren. In das Anbauverzeichnis sind alle dem Betrieb dienenden Flächen, also auch Pachtflächen und andere zur Nutzung überlassene Flächen, aufzunehmen. Die selbstbewirtschaftete Fläche ist unter Angabe ihrer Größe in die einzelnen Nutzungs- und Kulturarten aufzuteilen; Flur- und Parzellenbezeichnungen oder ortsübliche Bezeichnungen sind anzugeben. Unproduktive Flächen, wie z. B. Hofraum, Dauerwege, Lagerplätze, Gebäudeflächen, sollen gleichfalls angegeben werden.

**3.3.1.** Das Anbauverzeichnis muß grundsätzlich nach den Verhältnissen zum Beginn eines Wirtschaftsjahres aufgestellt werden. Fruchtarten, die innerhalb eines Wirtschaftsjahres bestellt und abgeerntet werden, sind fortlaufend zusätzlich anzugeben.

Im gärtnerischen Gemüsebau und im Blumen- und Zierpflanzenbau ist zum 1. eines jeden Kalendervierteljahres anzugeben, welche Kulturen am Stichtag in den einzelnen Quartieren, Gewächshäusern usw. stehen.

**3.3.2.** In den Anbauverzeichnissen der gärtnerischen Betriebe, Teilbetriebe oder Betriebsteile sind die Nutzungsteile Gemüsebau, Blumen- und Zierpflanzenbau, Obstbau, Baumschulen gesondert auszuweisen. Zu den einzelnen Nutzungsteilen gehören auch die Mutterpflanzenquartiere, Saatkämpen und Jungpflanzenanzuchtflächen. Sie sind besonders zu kennzeichnen. Das gilt auch für Dauerkulturen und mehrjährige Kulturen. Es ist zwischen Freiland-, Niederglas- sowie heizbaren und nicht heizbaren Hochglasflächen zu unterscheiden. Bei mehrstöckiger Bepflanzung ist die insgesamt bepflanzte Fläche anzugeben.

Beim Gemüse-, Blumen- und Zierpflanzenbau sind die einzelnen Arten mit ihren handelsüblichen Bezeichnungen anzugeben. Als Grundlage für die Anbauverzeichnisse im gärtnerischen Gemüsebau und im Blumen- und Zierpflanzenbau haben sich maßstabsgerechte Lagepläne und – insbesondere für Glasflächen – Grundrißzeichnungen bewährt.

Beim Obstbau sind die einzelnen Arten und diese wiederum unterteilt nach Sorten und Erziehungsformen (z. B. Halbstamm, Hochstamm) anzugeben. Bei den Obstbäumen ist unter Angabe der Zahl der Bäume eine weitere Aufgliederung in Jungpflanzen und im Ertrag stehende Bäume erforderlich. Bei Beeren ist die Fläche anzugeben.

**Beispiel:**
Ein Steuerpflichtiger verlegt seinen Wohnsitz in einen niedrig besteuernden DBA-Staat, unterhält aber weiterhin eine gewerbliche Betriebsstätte im Inland. Die Voraussetzungen für eine erweiterte beschränkte Steuerpflicht liegen vor. Nach dem Betriebsstättenartikel dieses DBA hat die Bundesrepublik Deutschland ein Besteuerungsrecht für die Betriebsstätteneinkünfte. Bei der Bestimmung des auf die Betriebsstätteneinkünfte anzuwendenden Steuersatzes sind sämtliche Einkünfte des Steuerpflichtigen zugrunde zu legen (§ 2 Abs. 5 Satz 1 AStG).

Der Nutzungsteil Baumschulen ist mindestens wie folgt aufzugliedern:
- Rhododendron und Azaleen
- Sonstige Ziergehölze aller Art
- Forstpflanzen, die üblicherweise als Massenartikel gezogen werden
- Heckenpflanzen, die üblicherweise als Massenartikel gezogen werden
- Obstgehölze aller Art.
- Die in Containern gezogenen Pflanzen sind gesondert auszuweisen.
- Bei Samen-, Saat- und sonstigen Pflanzenzuchtbetrieben sind Lage, Art und Umfang des Vermehrungsanbaues anzugeben.

**3.3.3.** Forstwirtschaftlich genutzte Flächen sind in Holzboden-, Nichtholzboden- und sonstige Flächen (Nebenflächen) aufzugliedern. Die Holzbodenflächen sind nach Holzarten unter Angabe der Altersklassen aufzuteilen. Die im Wirtschaftsjahr kultivierten Flächen sind getrennt nach Wiederaufforstungen und Erstaufforstungen auszuweisen. Diese Angaben stellen in der Forstwirtschaft das Anbauverzeichnis dar.

Ein Anbauverzeichnis erübrigt sich, wenn für einen Forstbetrieb oder Forstbetriebsteil ein amtlich anerkanntes Betriebsgutachten oder ein Betriebswerk vorliegt.

**3.4.** Forstbetriebe haben die Holzaufnahme und den Holzeingang aufzuzeichnen. Zu diesem Zweck ist das eingeschlagene und aufgearbeitete Nutzholz und Brennholz (Derbholz) aufzumessen und mit fortlaufenden Nummern zu versehen. Aus den Aufzeichnungen muß sich auch die Holzart, die Holzsorte (Güte und Stärkeklasse) und die Holzmenge (Kubikmeter, Stückzahl u. ä.) ergeben.

**3.4.1.** Der Nachweis über die Holzaufnahme und den Holzeingang kann in entsprechend aufgegliederter Form durch Führung von Holzaufnahmelisten oder Nummernbüchern und Holzeingangsbüchern (Holzeinschlagsbuch, Holzeinnahmebuch, Fällungsnachweise) geführt werden. Er ist insbesondere im Hinblick auf § 34 b EStG geboten, um die Voraussetzung der Angabe der unterschiedlichen Nutzungen zu erfüllen.

**3.4.2.** Werden Nummernbücher geführt, sind die Nummernbücher eines Wirtschaftsjahres fortlaufend zu kennzeichnen. Die Schlußnachweisung eines jeden Nummernbuchs ist in das Holzeinschlagsbuch zu übertragen. Am Ende des Wirtschaftsjahres ist das Holzeinschlagsbuch mengenmäßig abzuschließen.

Dabei soll erläutert werden, ob es sich um Mengen mit Rinde oder ohne Rinde handelt. Außerdem ist das am Schluß des Wirtschaftsjahres vorhandene eingeschlagene Holz in das Holzeingangsbuch – getrennt nach Holzsorten – einzutragen. Auf diese Weise ist unter Berücksichtigung der Anfangsbestände eine Abstimmung mit dem Holzausgangsbuch möglich.

**3.4.3.** Forstbetriebe haben außerdem nach Maßgabe der Tz. 4 sämtliche entgeltlichen und unentgeltlichen Holzlieferungen – Holzausgang – aufzuzeichnen (§ 144 Abs. 5 AO).

Aus den Aufzeichnungen müssen sich ergeben:

– das Verkaufsdatum,
– die Anschrift des Erwerbers,
– die Holzart,
– die Holzsorte (Stärke und Güteklasse),
– die Menge,
– der Preis.

Zur Vollständigkeit der Aufzeichnungen gehört auch die Angabe der Entnahmen und der Lieferungen an Betriebsangehörige.

**3.4.4.** Der Nachweis über den Holzausgang kann anhand von Durchschlägen der fortlaufend numerierten Holzzettel geführt werden.

Diese können auch in Verkaufslisten zusammengefaßt werden. Holzart und Holzsorte können sich auch aus dem Nummernbuch ergeben.

**3.4.5.** Werden in einem forstwirtschaftlichen Betrieb das Holzeinschlagsbuch (Holzeinnahmebuch, Fällungsnachweis) und das Holzausgangsbuch (Holzausgabebuch, Verwertungsnachweis) ordnungsgemäß geführt, so kann für das eingeschlagene Holz eine permanente Inventur im Sinne des *Abschn. 30 Abs. 2 EStR*[1]) erstellt werden.

**3.5.** Bestandteil der Buchführung sind im übrigen auch die nach außersteuerlichen Vorschriften zu führenden Bücher und sonstigen Aufzeichnungen.

[1]) Siehe nunmehr H 5.3 EStH 2016.

## 4. Aufzeichnung des Warenausgangs

Nach § 144 Abs. 5 AO gelten die Vorschriften über die gesonderte Aufzeichnung des Warenausgangs auch für buchführungspflichtige Land- und Forstwirte. Diese Aufzeichnungen sollen eine bessere Überprüfung der Käufer land- und forstwirtschaftlicher Produkte ermöglichen. Es sind daher die Waren aufzuzeichnen, die erkennbar zur gewerblichen Weiterverwendung bestimmt sind.

Unter die Aufzeichnungspflicht fallen auch solche Produkte, die vom Erwerber nicht unmittelbar weiterveräußert, sondern zuvor be- oder verarbeitet werden.

## 5. Übergangsregelung[1]

*Nach der Tz. 3.2 sind mehrjährige Kulturen und Dauerkulturen zu aktivieren. Soweit dies bisher noch nicht geschehen ist, ist der Aktivposten erstmals in der Schlußbilanz des Wirtschaftsjahrs anzusetzen, das nach dem 31. 12. 1980 beginnt. Der dadurch entstehende Gewinn kann in der Weise auf fünf Wirtschaftsjahre verteilt werden, daß in derselben Schlußbilanz eine den steu erlichen Gewinn mindernde Rücklage von höchstens 4/5 des Gewinns gebildet wird. Die Rücklage ist in den folgenden Wirtschaftsjahren mit mindestens je 1/4 gewinnerhöhend aufzulösen.*

## 6. Anwendungs- und Schlußbestimmung

Die vorstehenden Regelungen sind erstmals für Wirtschaftsjahre anzuwenden, die nach dem 31. 12. 1980 beginnen.

Der RdF-Erlaß vom 5. Juli 1935 S 2140 – 50 III (RStBl. S. 953), die Verwaltungsanordnung über die Buchführung gärtnerischer Betriebe vom 15. Juni 1951 (BStBl. I S. 235), die gleichlautenden Ländererlasse aus dem Jahre 1958 über die Buchführung forstwirtschaftlicher Betriebe, die gleichlautenden Ländererlasse aus dem Jahre 1970 über die land- und forstwirtschaftliche Buchführung (BMF-Schreiben vom 22. 1. 1970 IV B 4 – S 2163 – 4/70, BStBl. I S. 184) sind überholt.

---

[1] Tz. 5 (Nachaktivierung) aufgeh. durch BMF v. 4. 1. 1984, DStR S. 203 und BMF v. 6. 2. 1984 IV B 4 – S 2163 – 7/84.

# 800 § 145/1. Informationen zur Belegausgabepflicht

Vom 26. November 2021

OFD Karlsruhe S 0315-St 42

Dieses Merkblatt soll über die seit dem 1.1.2020 bestehende Belegausgabepflicht (die sog. „Bonpflicht") kurz informieren.

## 1. Warum wurde die Belegausgabepflicht eingeführt?

Bei Außenprüfungen in der Bargeldbranche wurde festgestellt, dass Kassenmanipulationen auf unterschiedlichste Art und Weise stattfinden, die zu erheblichen Steuerausfällen führen. Die Methoden der Umsatzverkürzung sind vielfältig und reichen über bloße Nichteingabe, unberechtigte Stornierungen und Löschungen von Umsätzen bis hin zum Einsatz einer „Zweitkasse" oder gar Manipulationssoftware.

Durch das Gesetz zum Schutz vor Manipulationen an digitalen Grundaufzeichnungen vom 22.12.2016 (Kassengesetz – BStBl. 2017 I S. 21) wurde unter anderem die Belegausgabepflicht und die Sicherung der Daten mit Hilfe einer zertifizierten technischen Sicherheitseinrichtung (TSE) ab dem 1.1.2020 eingeführt. Dabei muss der Beleg dem Kunden angeboten werden, eine Verpflichtung zur Mitnahme besteht nicht. Nur mit dem Auslösen der Belegerstellung wird der eingegebene Umsatz im System tatsächlich abgeschlossen und unveränderbar gesichert.

## 2. Gibt es die Belegausgabepflicht nur in Deutschland?

Mit der Einführung der Belegausgabepflicht ist Deutschland eines der letzten Länder innerhalb Europas, das technische Lösungen zur Verhinderung von Manipulationen an elektronischen Systemen einsetzt.

## 3. Wer ist zur Belegausgabe verpflichtet?

Ab 1.1.2020 muss jede und jeder, der zur Aufzeichnung der Kasseneinnahmen ein elektronisches Aufzeichnungssystem nutzt, den Kunden einen Kassenbeleg zur Verfügung stellen (Belegerstellungspflicht). Hierunter fallen elektronische oder computergestützte Aufzeichnungssysteme, die „Kassenfunktion" haben (also z.B. elektronische Registrierkassen, PC-Kassen, App-Systeme, Cloudsysteme, Kassenverbundsysteme etc.). Nicht darunter fallen Fahrscheinautomaten, Fahrscheindrucker, Kassen- und Parkscheinautomaten der Parkraumbewirtschaftung, Ladepunkte für Elektro- oder Hybridfahrzeuge, elektronische Buchhaltungsprogramme, Waren- und Dienstleistungsautomaten, Geldautomaten, Taxameter und Wegstreckenzähler sowie Geld- und Warenspielgeräte.

In den Anwendungsbereich des § 146a Abgabenordnung (AO) fallen nur elektronische Aufzeichnungssysteme, die eine Kassenfunktion haben. Kassenfunktion haben diese Systeme dann, wenn diese der Erfassung und Abwicklung von zumindest teilweise baren Zahlungsvorgängen dienen können. Dies gilt auch für vergleichbare elektronische, vor Ort genutzte Zahlungsformen (elektronisches Geld, wie z.B. Geldkarten, virtuelle Konten oder Bonus-Punktesysteme von Drittanbietern) sowie anstatt Geldes angenommener Gutscheine, Guthabenkarten, Bons und dergleichen. Akzeptiert das elektronische Aufzeichnungssystem ausschließlich Debit- oder Kreditkarten oder bargeldlose Zahldienste, fällt dieses mangels Kassenfunktion nicht in den Anwendungsbereich des § 146a AO.

Bei Nutzung einer sog. „offenen Ladenkasse“ besteht keine Belegausgabepflicht. Dennoch besteht weiterhin die Pflicht zur Ausstellung von Quittungen i.S.d. § 368 BGB, Rechnungen (vgl. §§ 14, 14a, 14b UStG) oder anderen Belegen (z.B. § 144 Abs. 4 AO).

### 4. Wie kann der Beleg an den Kunden ausgegeben werden?

Der Beleg kann gem. § 6 Satz 5 Kassensicherungsverordnung (KassenSichV) in Papierform oder elektronisch in einem standardisierten Datenformat ausgegeben werden. Für die Belegübergabe in elektronischer Form stehen bereits verschiedene Verfahren zur Verfügung. So ist die Bereitstellung des Belegs zum Beispiel über Kundenkarten, QR-Codes oder Apps, Near Field Communication (NFC) sowie per E-Mail oder SMS möglich. Die elektronische Ausgabe bedarf der Zustimmung des Belegempfängers. Diese Zustimmung kann allgemein oder nur für den jeweiligen Einzelfall erklärt werden.

Ab 1.1.2020 dürfen EU-weit nur noch Kassenbons aus Thermopapier mit strengen Grenzwerten bezüglich Bisphenol A (BPA) hergestellt werden.

Die Belegübergabe (ob elektronisch oder in Papierform) muss in unmittelbarem zeitlichem Zusammenhang mit der Beendigung des Geschäftsvorgangs erfolgen. Das Angebot zur Entgegennahme reicht aus, wenn zuvor der Beleg erstellt wurde. Der auf Papier ausgedruckte Beleg muss nicht vom Kunden mitgenommen werden. Beim elektronischen Beleg reicht es jedoch nicht aus, diesen lediglich auf einem Terminal/Display sichtbar zu machen. Er muss dem Kunden zur Verfügung gestellt werden (z.B. mittels QR-Code über eine Handykamera-App).

### 5. Welche Anforderungen sind zu beachten?

Der Beleg muss mindestens folgende Angaben enthalten:

- den vollständigen Namen und die Anschrift des leistenden Unternehmers,
- das Datum der Belegausstellung und den Zeitpunkt des Vorgangbeginns sowie den Zeitpunkt der Vorgangsbeendigung,
- die Menge und die Art der gelieferten Gegenstände oder den Umfang und die Art der sonstigen Leistung,
- die Transaktionsnummer i.S.d. § 2 Satz 2 Nr. 2 KassenSichV,
- das Entgelt und den darauf entfallenden Steuerbetrag in einer Summe sowie den anzuwendenden Steuersatz, im Fall einer Steuerbefreiung auch einen Hinweis darauf,
- die Seriennummer des elektronischen Aufzeichnungssystems oder des Sicherheitsmoduls,
- den Betrag je Zahlungsart,
- den Signaturzähler,
- den Prüfwert.

Diese Angaben müssen für jedermann ohne maschinelle Unterstützung lesbar oder aus einem QR-Code auslesbar sein. Dieser QR-Code hat der digitalen Schnittstelle der Finanzverwaltung (DSFinV), die für die jeweils zugehörige Art des Aufzeichnungssystems vorgeschrieben ist, zu entsprechen. Die digitale

Schnittstelle wird auf der Internetseite des Bundeszentralamtes für Steuern in der jeweils geltenden Fassung veröffentlicht.

## 6. Befreiung von der Belegausgabepflicht

Eine Befreiung von der Belegausgabepflicht kommt auf Antrag nur dann in Betracht, wenn nachweislich eine sachliche Härte für den einzelnen Unternehmer besteht. Diese liegt vor, wenn z.B. durch höhere Gewalt eine Belegausgabe nicht möglich (Stromausfall, Wasserschaden, Ausfall der Belegausgabeeinheit usw.) oder wenn die Belegausgabepflicht im konkreten Einzelfall unzumutbar ist. Dies muss durch den Unternehmer nachgewiesen werden. Die vorgetragenen Gründe sind stets in Relation zu anderen, vergleichbaren Unternehmern zu bewerten. Der erhöhte Verbrauch an Bonrollen, damit entstehende Kosten und Umwelteinflüsse stellen für sich genommen keinen ausreichenden Grund dar, eine Befreiung zu genehmigen, da dies im Gesetzgebungsverfahren berücksichtigt wurde und auch die elektronische Belegausgabe zulässig ist. Die Befreiung setzt voraus, dass durch die Unterdrückung der Belegausgabe die Funktion der zertifizierten TSE nicht eingeschränkt wird. Dies sollte durch eine Bestätigung des Kassenherstellers nachgewiesen werden. Die Befreiung von der Belegausgabepflicht befreit nicht von der Pflicht zur Ausstellung von Quittungen i.S.d. § 368 BGB, Rechnungen (vgl. §§ 14, 14a, 14b UStG) oder anderen Belegen (z.B. § 144 Abs. 4 AO).

## 7. Weitere Informationen

Detailliertere Informationen zur Belegausgabepflicht sowie zum Gesetz zum Schutz vor Manipulationen an digitalen Grundaufzeichnungen (Kassengesetz) sind in folgenden Quellen verfügbar:

- Internetseite der OFD Karlsruhe:
  https://ofd-karlsruhe.fv-bwl.de > Startseite > Eingabe „Merkblatt Kassenbuchführung" in Suchfeld
- Internetseite des Bundesministeriums der Finanzen
  Fragen und Antworten-Katalog (FAQ) als Orientierungshilfe für die Anwendung des § 146a AO und der KassenSichV (wird laufend aktualisiert)
  www.bundesfinanzministerium.de > Service > FAQ/Glossar > FAQ => Suchbegriff: „Kasse"
  https://www.bundesfinanzministerium.de/Content/DE/FAQ/2020-02-18-steuergerechtigkeit-belegpflicht.html
- Internetseite des Bundesamtes für Sicherheit in der Informationstechnik (BSI)
  FAQ zum Thema Digitale Grundaufzeichnungen bei Kassensystemen
  www.bsi.bund.de FAQ https://www.bsi.bund.de/DE/Themen/Unternehmen-und-Organisationen/Standards-und-Zertifizierung/Schutz-vor-Manipulation-an-digitalen-Grundaufzeichnungen/Fragen-und-Antworten/fragen-und-antworten_node.html

# **800** § 146/1. Schreiben betr. Grundsätze zur ordnungsmäßigen Führung und Aufbewahrung von Büchern, Aufzeichnungen und Unterlagen in elektronischer Form sowie zum Datenzugriff (GoBD)

Vom 28. November 2019 (BStBl. I S. 1269)

(BMF IV A 4 – S 0316/19/10003 :001; DOK 2019/0962810)

Unter Bezugnahme auf das Ergebnis der Erörterungen mit den obersten Finanzbehörden der Länder gilt für die Anwendung dieser Grundsätze Folgendes:

**Inhalt**

## 1. Allgemeines

1 Die betrieblichen Abläufe in den Unternehmen werden ganz oder teilweise unter Einsatz von Informations- und Kommunikations-Technik abgebildet.

2 Auch die nach außersteuerlichen oder steuerlichen Vorschriften zu führenden Bücher und sonst erforderlichen Aufzeichnungen werden in den Unternehmen zunehmend in elektronischer Form geführt (z. B. als Datensätze). Darüber hinaus werden in den Unternehmen zunehmend die aufbewahrungspflichtigen Unterlagen in elektronischer Form (z. B. als elektronische Dokumente) aufbewahrt.

### 1.1. Nutzbarmachung außersteuerlicher Buchführungs- und Aufzeichnungspflichten für das Steuerrecht

3 Nach § 140 AO sind die außersteuerlichen Buchführungs- und Aufzeichnungspflichten, die für die Besteuerung von Bedeutung sind, auch für das Steuerrecht zu erfüllen. Außersteuerliche Buchführungs- und Aufzeichnungspflichten ergeben sich insbesondere aus den Vorschriften der §§ 238 ff. HGB und aus den dort bezeichneten handelsrechtlichen Grundsätzen ordnungsmäßiger Buch-

führung (GoB). Für einzelne Rechtsformen ergeben sich flankierende Aufzeichnungspflichten z. B. aus §§ 91 ff. Aktiengesetz, §§ 41 ff. GmbH-Gesetz oder § 33 Genossenschaftsgesetz. Des Weiteren sind zahlreiche gewerberechtliche oder branchenspezifische Aufzeichnungsvorschriften vorhanden, die gem. § 140 AO im konkreten Einzelfall für die Besteuerung von Bedeutung sind, wie z. B. Apothekenbetriebsordnung, Eichordnung, Fahrlehrergesetz, Gewerbeordnung, § 26 Kreditwesengesetz oder § 55 Versicherungsaufsichtsgesetz.

### 1.2. Steuerliche Buchführungs- und Aufzeichnungspflichten

Steuerliche Buchführungs- und Aufzeichnungspflichten ergeben sich sowohl aus der Abgabenordnung (z. B. §§ 90 Abs. 3, 141 bis 144 AO) als auch aus Einzelsteuergesetzen (z. B. § 22 UStG, § 4 Abs. 3 Satz 5, § 4 Abs. 4 a Satz 6, § 4 Abs. 7 und § 41 EStG). 4

### 1.3. Aufbewahrung von Unterlagen zu Geschäftsvorfällen und von solchen Unterlagen, die zum Verständnis und zur Überprüfung der für die Besteuerung gesetzlich vorgeschriebenen Aufzeichnungen von Bedeutung sind

Neben den außersteuerlichen und steuerlichen Büchern, Aufzeichnungen und Unterlagen zu Geschäftsvorfällen sind alle Unterlagen aufzubewahren, die zum Verständnis und zur Überprüfung der für die Besteuerung gesetzlich vorgeschriebenen Aufzeichnungen im Einzelfall von Bedeutung sind (vgl. BFH-Urteil vom 24. Juni 2009, BStBl. 2010 II S. 452). 5

Dazu zählen neben Unterlagen in Papierform auch alle Unterlagen in Form von Daten, Datensätzen und elektronischen Dokumenten, die dokumentieren, dass die Ordnungsvorschriften umgesetzt und deren Einhaltung überwacht wurde. Nicht aufbewahrungspflichtig sind z. B. reine Entwürfe von Handels- oder Geschäftsbriefen, sofern diese nicht tatsächlich abgesandt wurden.

**Beispiel 1:**

Dienen Kostenstellen der Bewertung von Wirtschaftsgütern, von Rückstellungen oder als Grundlage für die Bemessung von Verrechnungspreisen, sind diese Aufzeichnungen aufzubewahren, soweit sie zur Erläuterung steuerlicher Sachverhalte benötigt werden.

Form, Umfang und Inhalt dieser i. S. d. Rzn. 3 bis 5 nach außersteuerlichen und steuerlichen Rechtsnormen aufzeichnungs- und aufbewahrungspflichtigen Unterlagen (Daten, Datensätze sowie Dokumente in elektronischer oder Papierform) und der zu ihrem Verständnis erforderlichen Unterlagen werden durch den Steuerpflichtigen bestimmt. Eine abschließende Definition der aufzeichnungs- und aufbewahrungspflichtigen Aufzeichnungen und Unterlagen ist nicht Gegenstand der nachfolgenden Ausführungen. Die Finanzverwaltung kann diese Unterlagen nicht abstrakt im Vorfeld für alle Unternehmen abschließend definieren, weil die betrieblichen Abläufe, die aufzeichnungs- und aufbewahrungspflichtigen Aufzeichnungen und Unterlagen sowie die eingesetzten Buchführungs- und Aufzeichnungssysteme in den Unternehmen zu unterschiedlich sind. 6

### 1.4. Ordnungsvorschriften

Die Ordnungsvorschriften der §§ 145 bis 147 AO gelten für die vorbezeichneten Bücher und sonst erforderlichen Aufzeichnungen und der zu ih- 7 rem Verständnis erforderlichen Unterlagen (vgl. Rzn. 3 bis 5; siehe auch Rzn. 23, 25 und 28).

### 1.5. Führung von Büchern und sonst erforderlichen Aufzeichnungen auf Datenträgern

8 Bücher und die sonst erforderlichen Aufzeichnungen können nach § 146 Abs. 5 AO auch auf Datenträgern geführt werden, soweit diese Form der Buchführung einschließlich des dabei angewandten Verfahrens den GoB entspricht (siehe unter 1.4). Bei Aufzeichnungen, die allein nach den Steuergesetzen vorzunehmen sind, bestimmt sich die Zulässigkeit des angewendeten Verfahrens nach dem Zweck, den die Aufzeichnungen für die Besteuerung erfüllen sollen (§ 145 Abs. 2 AO; § 146 Abs. 5 Satz 1 2. HS AO). Unter diesen Voraussetzungen sind auch Aufzeichnungen auf Datenträgern zulässig.

9 Somit sind alle Unternehmensbereiche betroffen, in denen betriebliche Abläufe durch DV-gestützte Verfahren abgebildet werden und ein Datenverarbeitungssystem (DV-System, siehe auch Rz. 20) für die Erfüllung der in den Rzn. 3 bis 5 bezeichneten außersteuerlichen oder steuerlichen Buchführungs-, Aufzeichnungs- und Aufbewahrungspflichten verwendet wird (siehe auch unter 11.1 zum Datenzugriffsrecht).

10 Technische Vorgaben oder Standards (z. B. zu Archivierungsmedien oder Kryptografieverfahren) können angesichts der rasch fortschreitenden Entwicklung und der ebenfalls notwendigen Betrachtung des organisatorischen Umfelds nicht festgelegt werden. Im Zweifel ist über einen Analogieschluss festzustellen, ob die Ordnungsvorschriften eingehalten wurden, z. B. bei einem Vergleich zwischen handschriftlich geführten Handelsbüchern und Unterlagen in Papierform, die in einem verschlossenen Schrank aufbewahrt werden, einerseits und elektronischen Handelsbüchern und Unterlagen, die mit einem elektronischen Zugriffsschutz gespeichert werden, andererseits.

### 1.6. Beweiskraft von Buchführung und Aufzeichnungen, Darstellung von Beanstandungen durch die Finanzverwaltung

11 Nach § 158 AO sind die Buchführung und die Aufzeichnungen des Steuerpflichtigen, die den Vorschriften der §§ 140 bis 148 AO entsprechen, der Besteuerung zugrunde zu legen, soweit nach den Umständen des Einzelfalls kein Anlass besteht, ihre sachliche Richtigkeit zu beanstanden. Werden Buchführung oder Aufzeichnungen des Steuerpflichtigen im Einzelfall durch die Finanzverwaltung beanstandet, so ist durch die Finanzverwaltung der Grund der Beanstandung in geeigneter Form darzustellen.

### 1.7. Aufzeichnungen

12 Aufzeichnungen sind alle dauerhaft verkörperten Erklärungen über Geschäftsvorfälle in Schriftform oder auf Medien mit Schriftersatzfunktion (z. B. auf Datenträgern). Der Begriff der Aufzeichnungen umfasst Darstellungen in Worten, Zahlen, Symbolen und Grafiken.

13 Werden Aufzeichnungen nach verschiedenen Rechtsnormen in einer Aufzeichnung zusammengefasst (z. B. nach §§ 238 ff. HGB und nach § 22 UStG), müssen die zusammengefassten Aufzeichnungen den unterschiedlichen Zwecken genügen. Erfordern verschiedene Rechtsnormen gleichartige Aufzeich-

nungen, so ist eine mehrfache Aufzeichnung für jede Rechtsnorm nicht erforderlich.

### 1.8. Bücher

Der Begriff ist funktional unter Anknüpfung an die handelsrechtliche Bedeutung zu verstehen. Die äußere Gestalt (gebundenes Buch, Loseblattsammlung oder Datenträger) ist unerheblich. 14

Der Kaufmann ist verpflichtet, in den Büchern seine Handelsgeschäfte und die Lage des Vermögens ersichtlich zu machen (§ 238 Abs. 1 Satz 1 HGB). Der Begriff Bücher umfasst sowohl die Handelsbücher der Kaufleute (§§ 238 ff. HGB) als auch die diesen entsprechenden Aufzeichnungen von Geschäftsvorfällen der Nichtkaufleute. Bei Kleinstunternehmen, die ihren Gewinn durch Einnahmen-Überschussrechnung ermitteln (bis 17 500 Euro Jahresumsatz), ist die Erfüllung der Anforderungen an die Aufzeichnungen nach den GoBD regelmäßig auch mit Blick auf die Unternehmensgröße zu bewerten. 15

### 1.9. Geschäftsvorfälle

Geschäftsvorfälle sind alle rechtlichen und wirtschaftlichen Vorgänge, die innerhalb eines bestimmten Zeitabschnitts den Gewinn bzw. Verlust oder die Vermögenszusammensetzung in einem Unternehmen dokumentieren oder beeinflussen bzw. verändern (z. B. zu einer Veränderung des Anlage- und Umlaufvermögens sowie des Eigen- und Fremdkapitals führen). 16

### 1.10. Grundsätze ordnungsmäßiger Buchführung (GoB)

Die GoB sind ein unbestimmter Rechtsbegriff, der insbesondere durch Rechtsnormen und Rechtsprechung geprägt ist und von der Rechtsprechung und Verwaltung jeweils im Einzelnen auszulegen und anzuwenden ist (BFH-Urteil vom 12. Mai 1966, BStBl. III S. 371; BVerfG-Beschluss vom 10. Oktober 1961 2 BvL 1/59, BVerfGE 13 S. 153). 17

Die GoB können sich durch gutachterliche Stellungnahmen, Handelsbrauch, ständige Übung, Gewohnheitsrecht, organisatorische und technische Änderungen weiterentwickeln und sind einem Wandel unterworfen. 18

Die GoB enthalten sowohl formelle als auch materielle Anforderungen an eine Buchführung. Die formellen Anforderungen ergeben sich insbesondere aus den §§ 238 ff. HGB für Kaufleute und aus den §§ 145 bis 147 AO für Buchführungs- und Aufzeichnungspflichtige (siehe unter 3.). Materiell ordnungsmäßig sind Bücher und Aufzeichnungen, wenn die Geschäftsvorfälle einzeln, nachvollziehbar, vollständig, richtig, zeitgerecht und geordnet in ihrer Auswirkung erfasst und anschließend gebucht bzw. verarbeitet sind (vgl. § 239 Abs. 2 HGB, § 145 AO, § 146 Abs. 1 AO). Siehe Rz. 11 zur Beweiskraft von Buchführung und Aufzeichnungen. 19

### 1.11. Datenverarbeitungssystem; Haupt-, Vor- und Nebensysteme

Unter DV-System wird die im Unternehmen oder für Unternehmenszwecke zur elektronischen Datenverarbeitung eingesetzte Hard- und Software verstanden, mit denen Daten und Dokumente i. S. d. Rzn. 3 bis 5 erfasst, erzeugt, empfangen, übernommen, verarbeitet, gespeichert oder übermittelt werden. Dazu gehören das Hauptsystem sowie Vor- und Nebensysteme (z. B. 20

Finanzbuchführungssystem, Anlagenbuchhaltung, Lohnbuchhaltungssystem, Kassensystem, Warenwirtschaftssystem, Zahlungsverkehrssystem, Taxameter, Geldspielgeräte, elektronische Waagen, Materialwirtschaft, Fakturierung, Zeiterfassung, Archivsystem, Dokumenten-Management-System) einschließlich der Schnittstellen zwischen den Systemen. Auf die Bezeichnung des DV-Systems oder auf dessen Größe (z. B. Einsatz von Einzelgeräten oder von Netzwerken) kommt es dabei nicht an. Ebenfalls kommt es nicht darauf an, ob die betreffenden DV-Systeme vom Steuerpflichtigen als eigene Hardware bzw. Software erworben und genutzt oder in einer Cloud bzw. als eine Kombination dieser Systeme betrieben werden.

### 2. Verantwortlichkeit

21 Für die Ordnungsmäßigkeit elektronischer Bücher und sonst erforderlicher elektronischer Aufzeichnungen i. S. d. Rzn. 3 bis 5, einschließlich der eingesetzten Verfahren, ist allein der Steuerpflichtige verantwortlich. Dies gilt auch bei einer teilweisen oder vollständigen organisatorischen und technischen Auslagerung von Buchführungs- und Aufzeichnungsaufgaben auf Dritte (z. B. Steuerberater oder Rechenzentrum).

### 3. Allgemeine Anforderungen

22 Die Ordnungsmäßigkeit elektronischer Bücher und sonst erforderlicher elektronischer Aufzeichnungen i. S. d. Rzn. 3 bis 5 ist nach den gleichen Prinzipien zu beurteilen wie die Ordnungsmäßigkeit bei manuell erstellten Büchern oder Aufzeichnungen.

23 Das Erfordernis der Ordnungsmäßigkeit erstreckt sich – neben den elektronischen Büchern und sonst erforderlichen Aufzeichnungen – auch auf die damit in Zusammenhang stehenden Verfahren und Bereiche des DV-Systems (siehe unter 1.11), da die Grundlage für die Ordnungsmäßigkeit elektronischer Bücher und sonst erforderlicher Aufzeichnungen bereits bei der Entwicklung und Freigabe von Haupt-, Vor- und Nebensystemen einschließlich des dabei angewandten DV-gestützten Verfahrens gelegt wird. Die Ordnungsmäßigkeit muss bei der Einrichtung und unternehmensspezifischen Anpassung des DV-Systems bzw. der DV-gestützten Verfahren im konkreten Unternehmensumfeld und für die Dauer der Aufbewahrungsfrist erhalten bleiben.

24 Die Anforderungen an die Ordnungsmäßigkeit ergeben sich aus:

– außersteuerlichen Rechtsnormen (z. B. den handelsrechtlichen GoB gem. §§ 238, 239, 257, 261 HGB), die gem. § 140 AO für das Steuerrecht nutzbar gemacht werden können, wenn sie für die Besteuerung von Bedeutung sind, und
– steuerlichen Ordnungsvorschriften (insbesondere gem. §§ 145 bis 147 AO).

25 Die allgemeinen Ordnungsvorschriften in den §§ 145 bis 147 AO gelten nicht nur für Buchführungs- und Aufzeichnungspflichten nach § 140 AO und nach den §§ 141 bis 144 AO. Insbesondere § 145 Abs. 2 AO betrifft alle zu Besteuerungszwecken gesetzlich geforderten Aufzeichnungen, also auch solche, zu denen der Steuerpflichtige aufgrund anderer Steuergesetze verpflichtet ist, wie z. B. nach § 4 Abs. 3 Satz 5, Abs. 7 EStG und nach § 22 UStG (BFH-Urteil vom 24. Juni 2009, BStBl. 2010 II S. 452).

Demnach sind bei der Führung von Büchern in elektronischer oder in Papierform und sonst erforderlicher Aufzeichnungen in elektronischer oder in Papierform i. S. d. Rzn. 3 bis 5 die folgenden Anforderungen zu beachten: 26
- Grundsatz der Nachvollziehbarkeit und Nachprüfbarkeit (siehe unter 3.1),
- Grundsätze der Wahrheit, Klarheit und fortlaufenden Aufzeichnung (siehe unter 3.2):
  - Vollständigkeit (siehe unter 3.2.1),
  - Einzelaufzeichnungspflicht (siehe unter 3.2.1),
  - Richtigkeit (siehe unter 3.2.2),
  - zeitgerechte Buchungen und Aufzeichnungen (siehe unter 3.2.3),
  - Ordnung (siehe unter 3.2.4),
  - Unveränderbarkeit (siehe unter 3.2.5).

Diese Grundsätze müssen während der Dauer der Aufbewahrungsfrist nachweisbar erfüllt werden und erhalten bleiben. 27

Nach § 146 Abs. 6 AO gelten die Ordnungsvorschriften auch dann, wenn der Unternehmer elektronische Bücher und Aufzeichnungen führt, die für die Besteuerung von Bedeutung sind, ohne hierzu verpflichtet zu sein. 28

Der Grundsatz der Wirtschaftlichkeit rechtfertigt es nicht, dass Grundprinzipien der Ordnungsmäßigkeit verletzt und die Zwecke der Buchführung erheblich gefährdet werden. Die zur Vermeidung einer solchen Gefährdung erforderlichen Kosten muss der Steuerpflichtige genauso in Kauf nehmen wie alle anderen Aufwendungen, die die Art seines Betriebes mit sich bringt (BFH-Urteil vom 26. März 1968, BStBl. II S. 527). 29

### 3.1. Grundsatz der Nachvollziehbarkeit und Nachprüfbarkeit (§ 145 Abs. 1 AO, § 238 Abs. 1 Satz 2 und Satz 3 HGB)

Die Verarbeitung der einzelnen Geschäftsvorfälle sowie das dabei angewandte Buchführungs- oder Aufzeichnungsverfahren müssen nachvollziehbar sein. Die Buchungen und die sonst erforderlichen Aufzeichnungen müssen durch einen Beleg nachgewiesen sein oder nachgewiesen werden können (Belegprinzip, siehe auch unter 4.). 30

Aufzeichnungen sind so vorzunehmen, dass der Zweck, den sie für die Besteuerung erfüllen sollen, erreicht wird. Damit gelten die nachfolgenden Anforderungen der progressiven und retrograden Prüfbarkeit – soweit anwendbar – sinngemäß. 31

Die Buchführung muss so beschaffen sein, dass sie einem sachverständigen Dritten innerhalb angemessener Zeit einen Überblick über die Geschäftsvorfälle und über die Lage des Unternehmens vermitteln kann. Die einzelnen Geschäftsvorfälle müssen sich in ihrer Entstehung und Abwicklung lückenlos verfolgen lassen (progressive und retrograde Prüfbarkeit). 32

Die progressive Prüfung beginnt beim Beleg, geht über die Grund(buch)aufzeichnungen und Journale zu den Konten, danach zur Bilanz mit Gewinn- und Verlustrechnung und schließlich zur Steueranmeldung bzw. Steuererklärung. Die retrograde Prüfung verläuft umgekehrt. Die progressive und retrograde Prüfung muss für die gesamte Dauer der Aufbewahrungsfrist und in jedem Verfahrensschritt möglich sein. 33

34 Die Nachprüfbarkeit der Bücher und sonst erforderlichen Aufzeichnungen erfordert eine aussagekräftige und vollständige Verfahrensdokumentation (siehe unter 10.1), die sowohl die aktuellen als auch die historischen Verfahrensinhalte für die Dauer der Aufbewahrungsfrist nachweist und den in der Praxis eingesetzten Versionen des DV-Systems entspricht.

35 Die Nachvollziehbarkeit und Nachprüfbarkeit muss für die Dauer der Aufbewahrungsfrist gegeben sein. Dies gilt auch für die zum Verständnis der Buchführung oder Aufzeichnungen erforderliche Verfahrensdokumentation.

## 3.2. Grundsätze der Wahrheit, Klarheit und fortlaufenden Aufzeichnung

### 3.2.1. Vollständigkeit (§ 146 Abs. 1 AO, § 239 Abs. 2 HGB)

36 Die Geschäftsvorfälle sind vollzählig und lückenlos aufzuzeichnen (Grundsatz der Einzelaufzeichnungspflicht; vgl. AEAO zu § 146 AO Nr. 2.1). Eine vollzählige und lückenlose Aufzeichnung von Geschäftsvorfällen ist auch dann gegeben, wenn zulässigerweise nicht alle Datenfelder eines Datensatzes gefüllt werden.

37 Die GoB erfordern in der Regel die Aufzeichnung jedes Geschäftsvorfalls – also auch jeder Betriebseinnahme und Betriebsausgabe, jeder Einlage und Entnahme – in einem Umfang, der eine Überprüfung seiner Grundlagen, seines Inhalts und seiner Bedeutung für den Betrieb ermöglicht. Das bedeutet nicht nur die Aufzeichnung der in Geld bestehenden Gegenleistung, sondern auch des Inhalts des Geschäfts und des Namens des Vertragspartners (BFH-Urteil vom 12. Mai 1966, BStBl. III S. 371) – soweit zumutbar, mit ausreichender Bezeichnung des Geschäftsvorfalls (BFH-Urteil vom 1. Oktober 1969, BStBl. 1970 II S. 45). Branchenspezifische Mindestaufzeichnungspflichten und Zumutbarkeitsgesichtspunkte sind zu berücksichtigen.

**Beispiele 2 zu branchenspezifisch entbehrlichen Aufzeichnungen und zur Zumutbarkeit:**

- In einem Einzelhandelsgeschäft kommt zulässigerweise eine PC-Kasse ohne Kundenverwaltung zum Einsatz. Die Namen der Kunden werden bei Bargeschäften nicht erfasst und nicht beigestellt. – Keine Beanstandung.
- Bei einem Taxiunternehmer werden Angaben zum Kunden im Taxameter nicht erfasst und nicht beigestellt. – Keine Beanstandung.

38 Dies gilt auch für Bareinnahmen; der Umstand der sofortigen Bezahlung rechtfertigt keine Ausnahme von diesem Grundsatz (BFH-Urteil vom 26. Februar 2004, BStBl. II S. 599).

39 Die Aufzeichnung jedes einzelnen Geschäftsvorfalls ist nur dann nicht zumutbar, wenn es technisch, betriebswirtschaftlich und praktisch unmöglich ist, die einzelnen Geschäftsvorfälle aufzuzeichnen (BFH-Urteil vom 12. Mai 1966 IV 472/60, BStBl. III S. 371). Das Vorliegen dieser Voraussetzungen ist durch den Steuerpflichtigen nachzuweisen.

Beim Verkauf von Waren an eine Vielzahl von nicht bekannten Personen gegen Barzahlung gilt die Einzelaufzeichnungspflicht nach § 146 Abs. 1 Satz 1 AO aus Zumutbarkeitsgründen nicht, wenn kein elektronisches Aufzeichnungssystem, sondern eine offene Ladenkasse verwendet wird (§ 146 Abs. 1 Satz 3 und 4 AO, vgl. AEAO zu § 146, Nr. 2.1.4). Wird hingegen ein elektronisches Aufzeichnungssystem verwendet, gilt die Einzelaufzeichnungspflicht nach § 146 Abs. 1 Satz 1 AO unabhängig davon, ob das elektronische Aufzeichnungssystem und die digitalen Aufzeichnungen nach § 146 a Abs. 3 AO i. V. m. der KassenSichV mit einer zertifizierten technischen Sicherheitseinrichtung zu schützen sind. Die Zumutbarkeitsüberlegungen, die der Ausnahmeregelung nach § 146 Abs. 1 Satz 3 AO zugrunde liegen, sind grundsätzlich auch auf Dienstleistungen übertragbar (vgl. AEAO zu § 146, Nr. 2.2.6).

Die vollständige und lückenlose Erfassung und Wiedergabe aller Geschäftsvorfälle ist bei DV-Systemen durch ein Zusammenspiel von technischen (einschließlich programmierten) und organisatorischen Kontrollen sicherzustellen (z. B. Erfassungskontrollen, Plausibilitätskontrollen bei Dateneingaben, inhaltliche Plausibilitätskontrollen, automatisierte Vergabe von Datensatznummern, Lückenanalyse oder Mehrfachbelegungsanalyse bei Belegnummern). **40**

Ein und derselbe Geschäftsvorfall darf nicht mehrfach aufgezeichnet werden. **41**

**Beispiel 3:**

Ein Wareneinkauf wird gewinnwirksam durch Erfassung des zeitgleichen Lieferscheins und später nochmals mittels Erfassung der (Sammel)Rechnung erfasst und verbucht. Keine mehrfache Aufzeichnung eines Geschäftsvorfalles in verschiedenen Systemen oder mit verschiedenen Kennungen (z. B. für Handelsbilanz, für steuerliche Zwecke) liegt vor, soweit keine mehrfache bilanzielle oder gewinnwirksame Auswirkung gegeben ist.

Zusammengefasste oder verdichtete Aufzeichnungen im Hauptbuch (Konto) sind zulässig, sofern sie nachvollziehbar in ihre Einzelpositionen in den Grund(buch)aufzeichnungen oder des Journals aufgegliedert werden können. Andernfalls ist die Nachvollziehbarkeit und Nachprüfbarkeit nicht gewährleistet. **42**

Die Erfassung oder Verarbeitung von tatsächlichen Geschäftsvorfällen darf nicht unterdrückt werden. So ist z. B. eine Bon- oder Rechnungserteilung ohne Registrierung der bar vereinnahmten Beträge (Abbruch des Vorgangs) in einem DV-System unzulässig. **43**

### 3.2.2. Richtigkeit (§ 146 Abs. 1 AO, § 239 Abs. 2 HGB)

Geschäftsvorfälle sind in Übereinstimmung mit den tatsächlichen Verhältnissen und im Einklang mit den rechtlichen Vorschriften inhaltlich zutreffend durch Belege abzubilden (BFH-Urteil vom 24. Juni 1997, BStBl. 1998 II S. 51), der Wahrheit entsprechend aufzuzeichnen und bei kontenmäßiger Abbildung zutreffend zu kontieren. **44**

### 3.2.3. Zeitgerechte Buchungen und Aufzeichnungen (§ 146 Abs. 1 AO, § 239 Abs. 2 HGB)

Das Erfordernis „zeitgerecht“ zu buchen verlangt, dass ein zeitlicher Zusammenhang zwischen den Vorgängen und ihrer buchmäßigen Erfassung besteht (BFH-Urteile vom 25. März 1992, BStBl. II S. 1010; vom 5. März 1965, BStBl. III S. 285). **45**

Jeder Geschäftsvorfall ist zeitnah, d. h. möglichst unmittelbar nach seiner Entstehung, in einer Grundaufzeichnung oder in einem Grundbuch zu erfassen. Nach den GoB müssen die Geschäftsvorfälle grundsätzlich laufend gebucht werden (Journal). Es widerspricht dem Wesen der kaufmännischen Buchführung, sich zunächst auf die Sammlung von Belegen zu beschränken und nach Ablauf einer langen Zeit auf Grund dieser Belege die Geschäftsvor- **46** fälle in Grundaufzeichnungen oder Grundbüchern einzutragen (vgl. BFH-Urteil vom 10. Juni 1954, BStBl. III S. 298). Die Funktion der Grund(buch)aufzeichnungen kann auf Dauer auch durch eine geordnete und übersichtliche Belegablage erfüllt werden (§ 239 Abs. 4 HGB; § 146 Abs. 5 AO; H 5.2 „Grundbuchaufzeichnungen" EStH).

**47** Jede nicht durch die Verhältnisse des Betriebs oder des Geschäftsvorfalls zwingend bedingte Zeitspanne zwischen dem Eintritt des Vorganges und seiner laufenden Erfassung in Grund(buch)aufzeichnungen ist bedenklich. Eine Erfassung von unbaren Geschäftsvorfällen innerhalb von zehn Tagen ist unbedenklich. Wegen der Forderung nach zeitnaher chronologischer Erfassung der Geschäftsvorfälle ist zu verhindern, dass die Geschäftsvorfälle buchmäßig für längere Zeit in der Schwebe gehalten werden und sich hierdurch die Möglichkeit eröffnet, sie später anders darzustellen, als sie richtigerweise darzustellen gewesen wären, oder sie ganz außer Betracht zu lassen und im privaten, sich in der Buchführung nicht niederschlagenden Bereich abzuwickeln. Bei zeitlichen Abständen zwischen der Entstehung eines Geschäftsvorfalls und seiner Erfassung sind daher geeignete Maßnahmen zur Sicherung der Vollständigkeit zu treffen.

**48** Kasseneinnahmen und Kassenausgaben sind nach § 146 Abs. 1 Satz 2 AO täglich festzuhalten.

**49** Es ist nicht zu beanstanden, wenn Waren- und Kostenrechnungen, die innerhalb von acht Tagen nach Rechnungseingang oder innerhalb der ihrem gewöhnlichen Durchlauf durch den Betrieb entsprechenden Zeit beglichen werden, kontokorrentmäßig nicht (z. B. Geschäftsfreundebuch, Personenkonten) erfasst werden (vgl. R 5.2 Abs. 1 EStR).

**50** Werden bei der Erstellung der Bücher Geschäftsvorfälle nicht laufend, sondern nur periodenweise gebucht bzw. den Büchern vergleichbare Aufzeichnungen der Nichtbuchführungspflichtigen nicht laufend, sondern nur periodenweise erstellt, dann ist dies unter folgenden Voraussetzungen nicht zu beanstanden:

– Die Geschäftsvorfälle werden vorher zeitnah (bare Geschäftsvorfälle täglich, unbare Geschäftsvorfälle innerhalb von zehn Tagen) in Grund(buch)aufzeichnungen oder Grundbüchern festgehalten und durch organisatorische Vorkehrungen ist sichergestellt, dass die Unterlagen bis zu ihrer Erfassung nicht verloren gehen, z. B. durch laufende Nummerierung der eingehenden und ausgehenden Rechnungen, durch Ablage in besonderen Mappen und Ordnern oder durch elektronische Grund(buch)aufzeichnungen in Kassensystemen, Warenwirtschaftssystemen, Fakturierungssystemen etc.,
– die Vollständigkeit der Geschäftsvorfälle wird im Einzelfall gewährleistet und
– es wurde zeitnah eine Zuordnung (Kontierung, mindestens aber die Zuordnung betrieblich/privat, Ordnungskriterium für die Ablage) vorgenommen.

**51** Jeder Geschäftsvorfall ist periodengerecht der Abrechnungsperiode zuzuordnen, in der er angefallen ist. Zwingend ist die Zuordnung zum jeweiligen Geschäftsjahr oder zu einer nach Gesetz, Satzung oder Rechnungslegungszweck vorgeschriebenen kürzeren Rechnungsperiode.

**52** Erfolgt die Belegsicherung oder die Erfassung von Geschäftsvorfällen unmittelbar nach Eingang oder Entstehung mittels DV-System (elektronische

Grund(buch)aufzeichnungen), so stellt sich die Frage der Zumutbarkeit und Praktikabilität hinsichtlich der zeitgerechten Erfassung/Belegsicherung und längerer Fristen nicht. Erfüllen die Erfassungen Belegfunktion bzw. dienen sie der Belegsicherung (auch für Vorsysteme, wie Kasseneinzelaufzeichnungen und Warenwirtschaftssystem), dann ist eine unprotokollierte Änderung nicht mehr zulässig (siehe unter 3.2.5). Bei zeitlichen Abständen zwischen Erfassung und Buchung, die über den Ablauf des folgenden Monats hinausgehen, sind die Ordnungsmäßigkeitsanforderungen nur dann erfüllt, wenn die Geschäftsvorfälle vorher fortlaufend richtig und vollständig in Grund(buch)aufzeichnungen oder Grundbüchern festgehalten werden (vgl. Rz. 50). Zur Erfüllung der Funktion der Grund(buch)aufzeichnung vgl. Rz. 46.

### 3.2.4. Ordnung (§ 146 Abs. 1 AO, § 239 Abs. 2 HGB)

Der Grundsatz der Klarheit verlangt u. a. eine systematische Erfassung und 53
übersichtliche, eindeutige und nachvollziehbare Buchungen.

Die geschäftlichen Unterlagen dürfen nicht planlos gesammelt und aufbe- 54
wahrt werden. Ansonsten würde dies mit zunehmender Zahl und Verschiedenartigkeit der Geschäftsvorfälle zur Unübersichtlichkeit der Buchführung führen, einen jederzeitigen Abschluss unangemessen erschweren und die Gefahr erhöhen, dass Unterlagen verlorengehen oder später leicht aus dem Buchführungswerk entfernt werden können. Hieraus folgt, dass die Bücher und Aufzeichnungen nach bestimmten Ordnungsprinzipien geführt werden müssen und eine Sammlung und Aufbewahrung der Belege notwendig ist, durch die im Rahmen des Möglichen gewährleistet wird, dass die Geschäftsvorfälle leicht und identifizierbar feststellbar und für einen die Lage des Vermögens darstellenden Abschluss unverlierbar sind (BFH-Urteil vom 26. März 1968, BStBl. II S. 527).

In der Regel verstößt die nicht getrennte Verbuchung von baren und un- 55
baren Geschäftsvorfällen oder von nicht steuerbaren, steuerfreien und steuerpflichtigen Umsätzen ohne genügende Kennzeichnung gegen die Grundsätze der Wahrheit und Klarheit einer kaufmännischen Buchführung. Die nicht getrennte Aufzeichnung von nicht steuerbaren, steuerfreien und steuerpflichtigen Umsätzen ohne genügende Kennzeichnung verstößt in der Regel gegen steuerrechtliche Anforderungen (z. B. § 22 UStG). Eine kurzzeitige gemeinsame Erfassung von baren und unbaren Tagesgeschäften im Kassenbuch ist regelmäßig nicht zu beanstanden, wenn die ursprünglich im Kassenbuch erfassten unbaren Tagesumsätze (z. B. EC-Kartenumsätze) gesondert kenntlich gemacht sind und nachvollziehbar unmittelbar nachfolgend wieder aus dem Kassenbuch auf ein gesondertes Konto aus- bzw. umgetragen werden, soweit die Kassensturzfähigkeit der Kasse weiterhin gegeben ist.

Bei der doppelten Buchführung sind die Geschäftsvorfälle so zu verarbeiten, 56
dass sie geordnet darstellbar sind und innerhalb angemessener Zeit ein Überblick über die Vermögens- und Ertragslage gewährleistet ist.

Die Buchungen müssen einzeln und sachlich geordnet nach Konten darge- 57
stellt (Kontenfunktion) und unverzüglich lesbar gemacht werden können. Damit bei Bedarf für einen zurückliegenden Zeitpunkt ein Zwischenstatus oder eine Bilanz mit Gewinn- und Verlustrechnung aufgestellt werden kann, sind die Konten nach Abschlusspositionen zu sammeln und nach Kontensummen oder Salden fortzuschreiben (Hauptbuch, siehe unter 5.4).

### 3.2.5. Unveränderbarkeit (§ 146 Abs. 4 AO, § 239 Abs. 3 HGB)

58 Eine Buchung oder eine Aufzeichnung darf nicht in einer Weise verändert werden, dass der ursprüngliche Inhalt nicht mehr feststellbar ist. Auch solche Veränderungen dürfen nicht vorgenommen werden, deren Beschaffenheit es ungewiss lässt, ob sie ursprünglich oder erst später gemacht worden sind (§ 146 Abs. 4 AO, § 239 Abs. 3 HGB).

59 Veränderungen und Löschungen von und an elektronischen Buchungen oder Aufzeichnungen (vgl. Rzn. 3 bis 5) müssen daher so protokolliert werden, dass die Voraussetzungen des § 146 Abs. 4 AO bzw. § 239 Abs. 3 HGB erfüllt sind (siehe auch unter 8.). Für elektronische Dokumente und andere elektronische Unterlagen, die gem. § 147 AO aufbewahrungspflichtig und nicht Buchungen oder Aufzeichnungen sind, gilt dies sinngemäß.

**Beispiel 4:**
Der Steuerpflichtige erstellt über ein Fakturierungssystem Ausgangsrechnungen und bewahrt die inhaltlichen Informationen elektronisch auf (zum Beispiel in seinem Fakturierungssystem). Die Lesbarmachung der abgesandten Handels- und Geschäftsbriefe aus dem Fakturierungssystem erfolgt jeweils unter Berücksichtigung der in den aktuellen Stamm- und Bewegungsdaten enthaltenen Informationen.
In den Stammdaten ist im Jahr 01 der Steuersatz 16 % und der Firmenname des Kunden A hinterlegt. Durch Umfirmierung des Kunden A zu B und Änderung des Steuersatzes auf 19 % werden die Stammdaten im Jahr 02 geändert. Eine Historisierung der Stammdaten erfolgt nicht.
Der Steuerpflichtige ist im Jahr 02 nicht mehr in der Lage, die inhaltliche Übereinstimmung der abgesandten Handels- und Geschäftsbriefe mit den ursprünglichen Inhalten bei Lesbarmachung sicher zu stellen.

60 Der Nachweis der Durchführung der in dem jeweiligen Verfahren vorgesehenen Kontrollen ist u. a. durch Verarbeitungsprotokolle sowie durch die Verfahrensdokumentation (siehe unter 6. und unter 10.1) zu erbringen.

## 4. Belegwesen (Belegfunktion)

61 Jeder Geschäftsvorfall ist urschriftlich bzw. als Kopie der Urschrift zu belegen. Ist kein Fremdbeleg vorhanden, muss ein Eigenbeleg erstellt werden. Zweck der Belege ist es, den sicheren und klaren Nachweis über den Zusammenhang zwischen den Vorgängen in der Realität einerseits und dem aufgezeichneten oder gebuchten Inhalt in Büchern oder sonst erforderlichen Aufzeichnungen und ihre Berechtigung andererseits zu erbringen (Belegfunktion). Auf die Bezeichnung als „Beleg“ kommt es nicht an. Die Belegfunktion ist die Grundvoraussetzung für die Beweiskraft der Buchführung und sonst erforderlicher Aufzeichnungen. Sie gilt auch bei Einsatz eines DV-Systems.

62 Inhalt und Umfang der in den Belegen enthaltenen Informationen sind insbesondere von der Belegart (z. B. Aufträge, Auftragsbestätigungen, Bescheide über Steuern oder Gebühren, betriebliche Kontoauszüge, Gutschriften, Lieferscheine, Lohn- und Gehaltsabrechnungen, Barquittungen, Rechnungen, Verträge, Zahlungsbelege) und der eingesetzten Verfahren abhängig.

63 Empfangene oder abgesandte Handels- oder Geschäftsbriefe erhalten erst mit dem Kontierungsvermerk und der Verbuchung auch die Funktion eines Buchungsbelegs.

64 Zur Erfüllung der Belegfunktionen sind deshalb Angaben zur Kontierung, zum Ordnungskriterium für die Ablage und zum Buchungsdatum auf dem

Papierbeleg erforderlich. Bei einem elektronischen Beleg kann dies auch durch die Verbindung mit einem Datensatz mit Angaben zur Kontierung oder durch eine elektronische Verknüpfung (z. B. eindeutiger Index, Barcode) erfolgen. Ein Steuerpflichtiger hat andernfalls durch organisatorische Maßnahmen sicherzustellen, dass die Geschäftsvorfälle auch ohne Angaben auf den Belegen in angemessener Zeit progressiv und retrograd nachprüfbar sind.

Korrektur- bzw. Stornobuchungen müssen auf die ursprüngliche Buchung rückbeziehbar sein.

Ein Buchungsbeleg in Papierform oder in elektronischer Form (z. B. Rechnung) kann einen oder mehrere Geschäftsvorfälle enthalten. 65

Aus der Verfahrensdokumentation (siehe unter 10.1) muss ersichtlich sein, wie die elektronischen Belege erfasst, empfangen, verarbeitet, ausgegeben und aufbewahrt (zur Aufbewahrung siehe unter 9.) werden. 66

## 4.1. Belegsicherung

Die Belege in Papierform oder in elektronischer Form sind zeitnah, d. h. möglichst unmittelbar nach Eingang oder Entstehung, gegen Verlust zu sichern (vgl. zur zeitgerechten Belegsicherung unter 3.2.3, vgl. zur Aufbewahrung unter 9.). 67

Bei Papierbelegen erfolgt eine Sicherung z. B. durch laufende Nummerierung der eingehenden und ausgehenden Lieferscheine und Rechnungen, durch laufende Ablage in besonderen Mappen und Ordnern, durch zeitgerechte Erfassung in Grund(buch)aufzeichnungen oder durch laufende Vergabe eines Barcodes und anschließende bildliche Erfassung der Papierbelege i. S. d. § 147 Abs. 2 AO (siehe Rz. 130). 68

Bei elektronischen Belegen (z. B. Abrechnung aus Fakturierung) kann die laufende Nummerierung automatisch vergeben werden (z. B. durch eine eindeutige Belegnummer). 69

Die Belegsicherung kann organisatorisch und technisch mit der Zuordnung zwischen Beleg und Grund(buch)aufzeichnung oder Buchung verbunden werden. 70

## 4.2. Zuordnung zwischen Beleg und Grund(buch)aufzeichnung oder Buchung

Die Zuordnung zwischen dem einzelnen Beleg und der dazugehörigen Grund(buch)aufzeichnung oder Buchung kann anhand von eindeutigen Zuordnungsmerkmalen (z. B. Index, Paginiernummer, Dokumenten-ID) und zusätzlichen Identifikationsmerkmalen für die Papierablage oder für die Such- und Filtermöglichkeit bei elektronischer Belegablage gewährleistet werden. Gehören zu einer Grund(buch)aufzeichnung oder Buchung mehrere Belege (z. B. Rechnung verweist für Menge und Art der gelieferten Gegenstände nur auf Lieferschein), bedarf es zusätzlicher Zuordnungs- und Identifikationsmerkmale für die Verknüpfung zwischen den Belegen und der Grund(buch)aufzeichnung oder Buchung. 71

Diese Zuordnungs- und Identifizierungsmerkmale aus dem Beleg müssen bei der Aufzeichnung oder Verbuchung in die Bücher oder Aufzeichnungen übernommen werden, um eine progressive und retrograde Prüfbarkeit zu ermöglichen. 72

73 Die Ablage der Belege und die Zuordnung zwischen Beleg und Aufzeichnung müssen in angemessener Zeit nachprüfbar sein. So kann z. B. Beleg- oder Buchungsdatum, Kontoauszugnummer oder Name bei umfangreichem Beleganfall mangels Eindeutigkeit in der Regel kein geeignetes Zuordnungsmerkmal für den einzelnen Geschäftsvorfall sein.

74 **Beispiel 5:**

Ein Steuerpflichtiger mit ausschließlich unbaren Geschäftsvorfällen erhält nach Abschluss eines jeden Monats von seinem Kreditinstitut einen Kontoauszug in Papierform mit vielen einzelnen Kontoblättern. Für die Zuordnung der Belege und Aufzeichnungen erfasst der Unternehmer ausschließlich die Kontoauszugsnummer. Allein anhand der Kontoauszugsnummer – ohne zusätzliche Angabe der Blattnummer und der Positionsnummer – ist eine Zuordnung von Beleg und Aufzeichnung oder Buchung in angemessener Zeit nicht nachprüfbar.

### 4.3. Erfassungsgerechte Aufbereitung der Buchungsbelege

75 Eine erfassungsgerechte Aufbereitung der Buchungsbelege in Papierform oder die entsprechende Übernahme von Beleginformationen aus elektronischen Belegen (Daten, Datensätze, elektronische Dokumente und elektronische Unterlagen) ist sicherzustellen. Diese Aufbereitung der Belege ist insbesondere bei Fremdbelegen von Bedeutung, da der Steuerpflichtige im Allgemeinen keinen Einfluss auf die Gestaltung der ihm zugesandten Handels- und Geschäftsbriefe (z. B. Eingangsrechnungen) hat.

76 Werden neben bildhaften Urschriften auch elektronische Meldungen bzw. Datensätze ausgestellt (identische Mehrstücke derselben Belegart), ist die Aufbewahrung der tatsächlich weiterverarbeiteten Formate (buchungsbegründende Belege) ausreichend, sofern diese über die höchste maschinelle Auswertbarkeit verfügen. In diesem Fall erfüllt das Format mit der höchsten maschinellen Auswertbarkeit mit dessen vollständigem Dateninhalt die Belegfunktion und muss mit dessen vollständigem Inhalt gespeichert werden. Andernfalls sind beide Formate aufzubewahren. Dies gilt entsprechend, wenn mehrere elektronische Meldungen bzw. mehrere Datensätze ohne bildhafte Urschrift ausgestellt werden. Dies gilt auch für elektronische Meldungen (strukturierte Daten, wie z. B. ein monatlicher Kontoauszug im CSV-Format oder als XML-File), für die inhaltsgleiche bildhafte Dokumente zusätzlich bereitgestellt werden. Eine zusätzliche Archivierung der inhaltsgleichen Kontoauszüge in PDF oder Papier kann bei Erfüllung der Belegfunktion durch die strukturierten Kontoumsatzdaten entfallen.

Bei Einsatz eines Fakturierungsprogramms muss unter Berücksichtigung der vorgenannten Voraussetzungen keine bildhafte Kopie der Ausgangsrechnung (z. B. in Form einer PDF-Datei) ab Erstellung gespeichert bzw. aufbewahrt werden, wenn jederzeit auf Anforderung ein entsprechendes Doppel der Ausgangsrechnung erstellt werden kann.

Hierfür sind u. a. folgende Voraussetzungen zu beachten:

- Entsprechende Stammdaten (z. B. Debitoren, Warenwirtschaft etc.) werden laufend historisiert.
- AGB werden ebenfalls historisiert und aus der Verfahrensdokumentation ist ersichtlich, welche AGB bei Erstellung der Originalrechnung verwendet wurden.

– Originallayout des verwendeten Geschäftsbogens wird als Muster (Layer) gespeichert und bei Änderungen historisiert. Zudem ist aus der Verfahrensdokumentation ersichtlich, welches Format bei Erstellung der Originalrechnung verwendet wurde (idealerweise kann bei Ausdruck oder Lesbarmachung des Rechnungsdoppels dieses Originallayout verwendet werden).
– Weiterhin sind die Daten des Fakturierungsprogramms in maschinell auswertbarer Form und unveränderbar aufzubewahren.

Jedem Geschäftsvorfall muss ein Beleg zugrunde liegen mit folgenden Inhalten: 77

| **Bezeichnung** | **Begründung** |
|---|---|
| Eindeutige Belegnummer (z. B. Index, Paginiernummer, Dokumenten-ID, fortlaufende Rechnungsausgangsnummer) | Angabe zwingend (§ 146 Abs. 1 Satz 1 AO, einzeln, vollständig, geordnet)<br>Kriterium für Vollständigkeitskontrolle (Belegsicherung)<br>Bei umfangreichem Beleganfall ist Zuordnung und Identifizierung regelmäßig nicht aus Belegdatum oder anderen Merkmalen eindeutig ableitbar.<br>Sofern die Fremdbelegnummer eine eindeutige Zuordnung zulässt, kann auch diese verwendet werden. |
| Belegaussteller und -empfänger | Soweit dies zu den branchenüblichen Mindestaufzeichnungspflichten gehört und keine Aufzeichnungserleichterungen bestehen (z. B. § 33 UStDV) |
| Betrag bzw. Mengen- oder Wertangaben, aus denen sich der zu buchende Betrag ergibt | Angabe zwingend (BFH vom 12. Mai 1966, BStBl. III S. 371);<br>Dokumentation einer Veränderung des Anlage- und Umlaufvermögens sowie des Eigen- und Fremdkapitals |
| Währungsangabe und Wechselkurs bei Fremdwährung | Ermittlung des Buchungsbetrags |
| Hinreichende Erläuterung des Geschäftsvorfalls | Hinweis auf BFH-Urteil vom 12. Mai 1966, BStBl. III S. 371;<br>BFH-Urteil vom 1. Oktober 1969, BStBl. 1970 II S. 45 |
| Belegdatum | Angabe zwingend (§ 146 Abs. 1 Satz 1 AO, zeitgerecht);<br>Identifikationsmerkmale für eine chronologische Erfassung, bei Bargeschäften regelmäßig Zeitpunkt des Geschäftsvorfalls |

| Bezeichnung | Begründung |
|---|---|
| | Evtl. zusätzliche Erfassung der Belegzeit bei umfangreichem Beleganfall erforderlich |
| Verantwortlicher Aussteller, soweit vorhanden | Z. B. Bediener der Kasse |

Vgl. Rz. 85 zu den Inhalten der Grund(buch)aufzeichnungen.

Vgl. Rz. 94 zu den Inhalten des Journals.

78 Für umsatzsteuerrechtliche Zwecke können weitere Angaben erforderlich sein. Dazu gehören beispielsweise die Rechnungsangaben nach §§ 14, 14 a UStG und § 33 UStDV.

79 Buchungsbelege sowie abgesandte oder empfangene Handels- oder Geschäftsbriefe in Papierform oder in elektronischer Form enthalten darüber hinaus vielfach noch weitere Informationen, die zum Verständnis und zur Überprüfung der für die Besteuerung gesetzlich vorgeschriebenen Aufzeichnungen im Einzelfall von Bedeutung und damit ebenfalls aufzubewahren sind. Dazu gehören z. B.:

- Mengen- oder Wertangaben zur Erläuterung des Buchungsbetrags, sofern nicht bereits unter Rz. 77 berücksichtigt,
- Einzelpreis (z. B. zur Bewertung),
- Valuta, Fälligkeit (z. B. zur Bewertung),
- Angaben zu Skonti, Rabatten (z. B. zur Bewertung),
- Zahlungsart (bar, unbar),
- Angaben zu einer Steuerbefreiung.

### 4.4. Besonderheiten

80 Bei DV-gestützten Prozessen wird der Nachweis der zutreffenden Abbildung von Geschäftsvorfällen oft nicht durch konventionelle Belege erbracht (z. B. Buchungen aus Fakturierungssätzen, die durch Multiplikation von Preisen mit entnommenen Mengen aus der Betriebsdatenerfassung gebildet werden). Die Erfüllung der Belegfunktion ist dabei durch die ordnungsgemäße Anwendung des jeweiligen Verfahrens wie folgt nachzuweisen:

- Dokumentation der programminternen Vorschriften zur Generierung der Buchungen,
- Nachweis oder Bestätigung, dass die in der Dokumentation enthaltenen Vorschriften einem autorisierten Änderungsverfahren unterlegen haben (u. a. Zugriffsschutz, Versionsführung, Test- und Freigabeverfahren),
- Nachweis der Anwendung des genehmigten Verfahrens sowie
- Nachweis der tatsächlichen Durchführung der einzelnen Buchungen.

81 Bei Dauersachverhalten sind die Ursprungsbelege Basis für die folgenden Automatikbuchungen. Bei (monatlichen) AfA-Buchungen nach Anschaffung eines abnutzbaren Wirtschaftsguts ist der Anschaffungsbeleg mit der AfA-Bemessungsgrundlage und weiteren Parametern (z. B. Nutzungsdauer) aufbewahrungspflichtig. Aus der Verfahrensdokumentation und der ordnungsmäßigen Anwendung des Verfahrens muss der automatische Buchungsvorgang nachvollziehbar sein.

## 5. Aufzeichnung der Geschäftsvorfälle in zeitlicher Reihenfolge und in sachlicher Ordnung (Grund(buch)aufzeichnungen, Journal- und Kontenfunktion)

Der Steuerpflichtige hat organisatorisch und technisch sicherzustellen, dass die elektronischen Buchungen und sonst erforderlichen elektronischen Aufzeichnungen einzeln, vollständig, richtig, zeitgerecht und geordnet vorgenommen werden (§ 146 Abs. 1 Satz 1 AO, § 239 Abs. 2 HGB). Jede Buchung oder Aufzeichnung muss im Zusammenhang mit einem Beleg stehen (BFH-Urteil vom 24. Juni 1997, BStBl. 1998 II S. 51). **82**

Bei der doppelten Buchführung müssen alle Geschäftsvorfälle in zeitlicher Reihenfolge (Grund(buch)aufzeichnung, Journalfunktion) und in sachlicher Gliederung (Hauptbuch, Kontenfunktion, siehe unter 5.4) darstellbar sein. Im Hauptbuch bzw. bei der Kontenfunktion verursacht jeder Geschäftsvorfall eine Buchung auf mindestens zwei Konten (Soll- und Habenbuchung). **83**

Die Erfassung der Geschäftsvorfälle in elektronischen Grund(buch)aufzeichnungen (siehe unter 5.1 und 5.2) und die Verbuchung im Journal (siehe unter 5.3) kann organisatorisch und zeitlich auseinanderfallen (z. B. Grund(buch)aufzeichnung in Form von Kassenauftragszeilen). Erfüllen die Erfassungen Belegfunktion bzw. dienen sie der Belegsicherung, dann ist eine unprotokollierte Änderung nicht mehr zulässig (vgl. Rzn. 58 und 59). In diesen Fällen gelten die Ordnungsvorschriften bereits mit der ersten Erfassung der Geschäftsvorfälle und der Daten und müssen über alle nachfolgenden Prozesse erhalten bleiben (z. B. Übergabe von Daten aus Vor- in Hauptsysteme). **84**

### 5.1. Erfassung in Grund(buch)aufzeichnungen

Die fortlaufende Aufzeichnung der Geschäftsvorfälle erfolgt zunächst in Papierform oder in elektronischen Grund(buch)aufzeichnungen (Grundaufzeichnungsfunktion), um die Belegsicherung und die Garantie der Unverlierbarkeit des Geschäftsvorfalls zu gewährleisten. Sämtliche Geschäftsvorfälle müssen der zeitlichen Reihenfolge nach und materiell mit ihrem richtigen und erkennbaren Inhalt festgehalten werden. **85**

Zu den aufzeichnungspflichtigen Inhalten gehören

- die in Rzn. 77, 78 und 79 enthaltenen Informationen,
- das Erfassungsdatum, soweit abweichend vom Buchungsdatum

  Begründung:
  - Angabe zwingend (§ 146 Abs. 1 Satz 1 AO, zeitgerecht),
  - Zeitpunkt der Buchungserfassung und -verarbeitung,
  - Angabe der „Festschreibung“ (Veränderbarkeit nur mit Protokollierung) zwingend, soweit nicht Unveränderbarkeit automatisch mit Erfassung und Verarbeitung in Grund(buch)aufzeichnung.

Vgl. Rz. 94 zu den Inhalten des Journals.

Die Grund(buch)aufzeichnungen sind nicht an ein bestimmtes System gebunden. Jedes System, durch das die einzelnen Geschäftsvorfälle fortlaufend, vollständig und richtig festgehalten werden, so dass die Grundaufzeichnungsfunktion erfüllt wird, ist ordnungsmäßig (vgl. BFH-Urteil vom 26. März 1968, BStBl. II S. 527 für Buchführungspflichtige). **86**

### 5.2. Digitale Grund(buch)aufzeichnungen

87 Sowohl beim Einsatz von Haupt- als auch von Vor- oder Nebensystemen ist eine Verbuchung im Journal des Hauptsystems (z. B. Finanzbuchhaltung) bis zum Ablauf des folgenden Monats nicht zu beanstanden, wenn die einzelnen Geschäftsvorfälle bereits in einem Vor- oder Nebensystem die Grundaufzeichnungsfunktion erfüllen und die Einzeldaten aufbewahrt werden.

88 Durch Erfassungs-, Übertragungs- und Verarbeitungskontrollen ist sicherzustellen, dass alle Geschäftsvorfälle vollständig erfasst oder übermittelt werden und danach nicht unbefugt (d. h. nicht ohne Zugriffsschutzverfahren) und nicht ohne Nachweis des vorausgegangenen Zustandes verändert werden können. Die Durchführung der Kontrollen ist zu protokollieren. Die konkrete Ausgestaltung der Protokollierung ist abhängig von der Komplexität und Diversifikation der Geschäftstätigkeit und der Organisationsstruktur sowie des eingesetzten DV-Systems.

89 Neben den Daten zum Geschäftsvorfall selbst müssen auch alle für die Verarbeitung erforderlichen Tabellendaten (Stammdaten, Bewegungsdaten, Metadaten wie z. B. Grund- oder Systemeinstellungen, geänderte Parameter), deren Historisierung und Programme gespeichert sein. Dazu gehören auch Informationen zu Kriterien, die eine Abgrenzung zwischen den steuerrechtlichen, den handelsrechtlichen und anderen Buchungen (z. B. nachrichtliche Datensätze zu Fremdwährungen, alternative Bewertungsmethoden, statistische Buchungen, GuV-Kontennullstellungen, Summenkonten) ermöglichen.

### 5.3. Verbuchung im Journal (Journalfunktion)

90 Die Journalfunktion erfordert eine vollständige, zeitgerechte und formal richtige Erfassung, Verarbeitung und Wiedergabe der eingegebenen Geschäftsvorfälle. Sie dient dem Nachweis der tatsächlichen und zeitgerechten Verarbeitung der Geschäftsvorfälle.

91 Werden die unter 5.1 genannten Voraussetzungen bereits mit fortlaufender Verbuchung im Journal erfüllt, ist eine zusätzliche Erfassung in Grund(buch)aufzeichnungen nicht erforderlich. Eine laufende Aufzeichnung unmittelbar im Journal genügt den Erfordernissen der zeitgerechten Erfassung in Grund(buch)aufzeichnungen (vgl. BFH-Urteil vom 16. September 1964, BStBl. III S. 654). Zeitversetzte Buchungen im Journal genügen nur dann, wenn die Geschäftsvorfälle vorher fortlaufend richtig und vollständig in Grundaufzeichnungen oder Grundbüchern aufgezeichnet werden. Die Funktion der Grund(buch)aufzeichnungen kann auf Dauer auch durch eine geordnete und übersichtliche Belegablage erfüllt werden (§ 239 Abs. 4 HGB, § 146 Abs. 5 AO, H 5.2 „Grundbuchaufzeichnungen“ EStH; vgl. Rz. 46).

92 Die Journalfunktion ist nur erfüllt, wenn die gespeicherten Aufzeichnungen gegen Veränderung oder Löschung geschützt sind.

93 Fehlerhafte Buchungen können wirksam und nachvollziehbar durch Stornierungen oder Neubuchungen geändert werden (siehe unter 8.). Es besteht deshalb weder ein Bedarf noch die Notwendigkeit für weitere nachträgliche Veränderungen einer einmal erfolgten Buchung. Bei der doppelten Buchführung kann die Journalfunktion zusammen mit der Kontenfunktion erfüllt werden, indem bereits bei der erstmaligen Erfassung des Geschäftsvorfalls alle für die sachliche Zuordnung notwendigen Informationen erfasst werden.

Zur Erfüllung der Journalfunktion und zur Ermöglichung der Kontenfunktion sind bei der Buchung insbesondere die nachfolgenden Angaben zu erfassen oder bereitzustellen: 94

- Eindeutige Belegnummer (siehe Rz. 77),
- Buchungsbetrag (siehe Rz. 77),
- Währungsangabe und Wechselkurs bei Fremdwährung (siehe Rz. 77),
- hinreichende Erläuterung des Geschäftsvorfalls (siehe Rz. 77) – kann (bei Erfüllung der Journal- und Kontenfunktion) im Einzelfall bereits durch andere in Rz. 94 aufgeführte Angaben gegeben sein,
- Belegdatum, soweit nicht aus den Grundaufzeichnungen ersichtlich (siehe Rzn. 77 und 85),
- Buchungsdatum,
- Erfassungsdatum, soweit nicht aus der Grundaufzeichnung ersichtlich (siehe Rz. 85),
- Autorisierung, soweit vorhanden,
- Buchungsperiode/Voranmeldungszeitraum (Ertragsteuer/Umsatzsteuer),
- Umsatzsteuersatz (siehe Rz. 78),
- Steuerschlüssel, soweit vorhanden (siehe Rz. 78),
- Umsatzsteuerbetrag (siehe Rz. 78),
- Umsatzsteuerkonto (siehe Rz. 78),
- Umsatzsteuer-Identifikationsnummer (siehe Rz. 78),
- Steuernummer (siehe Rz. 78),
- Konto und Gegenkonto,
- Buchungsschlüssel (soweit vorhanden),
- Soll- und Haben-Betrag,
- eindeutige Identifikationsnummer (Schlüsselfeld) des Geschäftsvorfalls (soweit Aufteilung der Geschäftsvorfälle in Teilbuchungssätze [Buchungs-Halbsätze] oder zahlreiche Soll- oder Habenkonten [Splitbuchungen] vorhanden). Über die einheitliche und je Wirtschaftsjahr eindeutige Identifikationsnummer des Geschäftsvorfalls muss die Identifizierung und Zuordnung aller Teilbuchungen einschließlich Steuer-, Sammel-, Verrechnungs- und Interimskontenbuchungen eines Geschäftsvorfalls gewährleistet sein.

### 5.4. Aufzeichnung der Geschäftsvorfälle in sachlicher Ordnung (Hauptbuch)

Die Geschäftsvorfälle sind so zu verarbeiten, dass sie geordnet darstellbar sind (Kontenfunktion) und damit die Grundlage für einen Überblick über die Vermögens- und Ertragslage darstellen. Zur Erfüllung der Kontenfunktion bei Bilanzierenden müssen Geschäftsvorfälle nach Sach- und Personenkonten geordnet dargestellt werden. 95

Die Kontenfunktion verlangt, dass die im Journal in zeitlicher Reihenfolge einzeln aufgezeichneten Geschäftsvorfälle auch in sachlicher Ordnung auf Konten dargestellt werden. Damit bei Bedarf für einen zurückliegenden Zeitpunkt ein Zwischenstatus oder eine Bilanz mit Gewinn- und Verlustrechnung aufgestellt werden kann, müssen Eröffnungsbilanzbuchungen und alle Abschlussbuchungen in den Konten enthalten sein. Die Konten sind nach Abschlussposition zu sammeln und nach Kontensummen oder Salden fortzuschreiben. 96

97 Werden innerhalb verschiedener Bereiche des DV-Systems oder zwischen unterschiedlichen DV-Systemen differierende Ordnungskriterien verwendet, so müssen entsprechende Zuordnungstabellen (z. B. elektronische Mappingtabellen) vorgehalten werden (z. B. Wechsel des Kontenrahmens, unterschiedliche Nummernkreise in Vor- und Hauptsystem). Dies gilt auch bei einer elektronischen Übermittlung von Daten an die Finanzbehörde (z. B. unterschiedliche Ordnungskriterien in Bilanz/GuV und EÜR einerseits und USt-Voranmeldung, LSt-Anmeldung, Anlage EÜR und E-Bilanz andererseits). Sollte die Zuordnung mit elektronischen Verlinkungen oder Schlüsselfeldern erfolgen, sind die Verlinkungen in dieser Form vorzuhalten.

98 Die vorstehenden Ausführungen gelten für die Nebenbücher entsprechend.

99 Bei der Übernahme verdichteter Zahlen ins Hauptsystem müssen die zugehörigen Einzelaufzeichnungen aus den Vor- und Nebensystemen erhalten bleiben.

## 6. Internes Kontrollsystem (IKS)

100 Für die Einhaltung der Ordnungsvorschriften des § 146 AO (siehe unter 3.) hat der Steuerpflichtige Kontrollen einzurichten, auszuüben und zu protokollieren. Hierzu gehören beispielsweise

- Zugangs- und Zugriffsberechtigungskontrollen auf Basis entsprechender Zugangs- und Zugriffsberechtigungskonzepte (z. B. spezifische Zugangs- und Zugriffsberechtigungen),
- Funktionstrennungen,
- Erfassungskontrollen (Fehlerhinweise, Plausibilitätsprüfungen),
- Abstimmungskontrollen bei der Dateneingabe,
- Verarbeitungskontrollen,
- Schutzmaßnahmen gegen die beabsichtigte und unbeabsichtigte Verfälschung von Programmen, Daten und Dokumenten.

Die konkrete Ausgestaltung des Kontrollsystems ist abhängig von der Komplexität und Diversifikation der Geschäftstätigkeit und der Organisationsstruktur sowie des eingesetzten DV-Systems.

101 Im Rahmen eines funktionsfähigen IKS muss auch anlassbezogen (z. B. Systemwechsel) geprüft werden, ob das eingesetzte DV-System tatsächlich dem dokumentierten System entspricht (siehe Rz. 155 zu den Rechtsfolgen bei fehlender oder ungenügender Verfahrensdokumentation).

102 Die Beschreibung des IKS ist Bestandteil der Verfahrensdokumentation (siehe unter 10.1).

## 7. Datensicherheit

103 Der Steuerpflichtige hat sein DV-System gegen Verlust (z. B. Unauffindbarkeit, Vernichtung, Untergang und Diebstahl) zu sichern und gegen unberechtigte Eingaben und Veränderungen (z. B. durch Zugangs- und Zugriffskontrollen) zu schützen.

104 Werden die Daten, Datensätze, elektronischen Dokumente und elektronischen Unterlagen nicht ausreichend geschützt und können deswegen nicht mehr vorgelegt werden, so ist die Buchführung formell nicht mehr ordnungsmäßig.

**Beispiel 6:** 105

Unternehmer überschreibt unwiderruflich die Finanzbuchhaltungsdaten des Vorjahres mit den Daten des laufenden Jahres.
Die sich daraus ergebenden Rechtsfolgen sind vom jeweiligen Einzelfall abhängig.

Die Beschreibung der Vorgehensweise zur Datensicherung ist Bestandteil der Verfahrensdokumentation (siehe unter 10.1). Die konkrete Ausgestaltung der Beschreibung ist abhängig von der Komplexität und Diversifikation der Geschäftstätigkeit und der Organisationsstruktur sowie des eingesetzten DV-Systems. 106

## 8. Unveränderbarkeit, Protokollierung von Änderungen

Nach § 146 Abs. 4 AO darf eine Buchung oder Aufzeichnung nicht in einer Weise verändert werden, dass der ursprüngliche Inhalt nicht mehr feststellbar ist. Auch solche Veränderungen dürfen nicht vorgenommen werden, deren Beschaffenheit es ungewiss lässt, ob sie ursprünglich oder erst später gemacht worden sind. 107

Das zum Einsatz kommende DV-Verfahren muss die Gewähr dafür bieten, dass alle Informationen (Programme und Datenbestände), die einmal in den Verarbeitungsprozess eingeführt werden (Beleg, Grundaufzeichnung, Buchung), nicht mehr unterdrückt oder ohne Kenntlichmachung überschrieben, gelöscht, geändert oder verfälscht werden können. Bereits in den Verarbeitungsprozess eingeführte Informationen (Beleg, Grundaufzeichnung, Buchung) dürfen nicht ohne Kenntlichmachung durch neue Daten ersetzt werden. 108

**Beispiele 7 für unzulässige Vorgänge:** 109

- Elektronische Grund(buch)aufzeichnungen aus einem Kassen- oder Warenwirtschaftssystem werden über eine Datenschnittstelle in ein Officeprogramm exportiert, dort unprotokolliert editiert und anschließend über eine Datenschnittstelle reimportiert.
- Vorerfassungen und Stapelbuchungen werden bis zur Erstellung des Jahresabschlusses und darüber hinaus offen gehalten. Alle Eingaben können daher unprotokolliert geändert werden.

Die Unveränderbarkeit der Daten, Datensätze, elektronischen Dokumente und elektronischen Unterlagen (vgl. Rzn. 3 bis 5) kann sowohl hardwaremäßig (z. B. unveränderbare und fälschungssichere Datenträger) als auch softwaremäßig (z. B. Sicherungen, Sperren, Festschreibung, Löschmerker, automatische Protokollierung, Historisierungen, Versionierungen) als auch organisatorisch (z. B. mittels Zugriffsberechtigungskonzepten) gewährleistet werden. Die Ablage von Daten und elektronischen Dokumenten in einem Dateisystem erfüllt die Anforderungen der Unveränderbarkeit regelmäßig nicht, soweit nicht zusätzliche Maßnahmen ergriffen werden, die eine Unveränderbarkeit gewährleisten. 110

Spätere Änderungen sind ausschließlich so vorzunehmen, dass sowohl der ursprüngliche Inhalt als auch die Tatsache, dass Veränderungen vorgenommen wurden, erkennbar bleiben. Bei programmgenerierten bzw. programmgesteuerten Aufzeichnungen (automatisierte Belege bzw. Dauerbelege) sind Änderungen an den der Aufzeichnung zugrunde liegenden Generierungs- und Steuerungsdaten ebenfalls aufzuzeichnen. Dies betrifft insbesondere die Protokollierung von Änderungen in Einstellungen oder die Parametrisierung der 111

Software. Bei einer Änderung von Stammdaten (z. B. Abkürzungs- oder Schlüsselverzeichnisse, Organisationspläne) muss die eindeutige Bedeutung in den entsprechenden Bewegungsdaten (z. B. Umsatzsteuerschlüssel, Währungseinheit, Kontoeigenschaft) erhalten bleiben. Ggf. müssen Stammdatenänderungen ausgeschlossen oder Stammdaten mit Gültigkeitsangaben historisiert werden, um mehrdeutige Verknüpfungen zu verhindern. Auch eine Änderungshistorie darf nicht nachträglich veränderbar sein.

112 Werden Systemfunktionalitäten oder Manipulationsprogramme eingesetzt, die diesen Anforderungen entgegenwirken, führt dies zur Ordnungswidrigkeit der elektronischen Bücher und sonst erforderlicher elektronischer Aufzeichnungen.

**Beispiel 8:**

Einsatz von Zappern, Phantomware, Backofficeprodukten mit dem Ziel unprotokollierter Änderungen elektronischer Einnahmenaufzeichnungen.

## 9. Aufbewahrung

113 Der sachliche Umfang der Aufbewahrungspflicht in § 147 Abs. 1 AO besteht grundsätzlich nur im Umfang der Aufzeichnungspflicht (BFH-Urteile vom 24. Juni 2009, BStBl. 2010 II S. 452; vom 26. Februar 2004, BStBl. II S. 599).

114 Müssen Bücher für steuerliche Zwecke geführt werden, sind sie in vollem Umfang aufbewahrungs- und vorlagepflichtig (z. B. Finanzbuchhaltung hinsichtlich Drohverlustrückstellungen, nicht abziehbare Betriebsausgaben, organschaftliche Steuerumlagen; BFH-Beschluss vom 26. September 2007, BStBl. 2008 II S. 415).

115 Auch Steuerpflichtige, die nach § 4 Abs. 3 EStG als Gewinn den Überschuss der Betriebseinnahmen über die Betriebsausgaben ansetzen, sind verpflichtet, Aufzeichnungen und Unterlagen nach § 147 Abs. 1 AO aufzubewahren (BFH-Urteile vom 24. Juni 2009, BStBl. 2010 II S. 452; vom 26. Februar 2004, BStBl. II S. 599).

116 Aufbewahrungspflichten können sich auch aus anderen Rechtsnormen (z. B. § 14 b UStG) ergeben.

117 Die aufbewahrungspflichtigen Unterlagen müssen geordnet aufbewahrt werden. Ein bestimmtes Ordnungssystem ist nicht vorgeschrieben. Die Ablage kann z. B. nach Zeitfolge, Sachgruppen, Kontenklassen, Belegnummern oder alphabetisch erfolgen. Bei elektronischen Unterlagen ist ihr Eingang, ihre Archivierung und ggf. Konvertierung sowie die weitere Verarbeitung zu protokollieren. Es muss jedoch sichergestellt sein, dass ein sachverständiger Dritter innerhalb angemessener Zeit prüfen kann.

118 Die nach außersteuerlichen und steuerlichen Vorschriften aufzeichnungspflichtigen und nach § 147 Abs. 1 AO aufbewahrungspflichtigen Unterlagen können nach § 147 Abs. 2 AO bis auf wenige Ausnahmen auch als Wiedergabe auf einem Bildträger oder auf anderen Datenträgern aufbewahrt werden, wenn dies den GoB entspricht und sichergestellt ist, dass die Wiedergabe oder die Daten

1. mit den empfangenen Handels- oder Geschäftsbriefen und den Buchungsbelegen bildlich und mit den anderen Unterlagen inhaltlich übereinstimmen, wenn sie lesbar gemacht werden,

2. während der Dauer der Aufbewahrungsfrist jederzeit verfügbar sind, unverzüglich lesbar gemacht und maschinell ausgewertet werden können.

Sind aufzeichnungs- und aufbewahrungspflichtige Daten, Datensätze, elektronische Dokumente und elektronische Unterlagen im Unternehmen entstanden oder dort eingegangen, sind sie auch in dieser Form aufzubewahren und dürfen vor Ablauf der Aufbewahrungsfrist nicht gelöscht werden. Sie dürfen daher nicht mehr ausschließlich in ausgedruckter Form aufbewahrt werden und müssen für die Dauer der Aufbewahrungsfrist unveränderbar erhalten bleiben (z. B. per E-Mail eingegangene Rechnung im PDF-Format oder bildlich erfasste Papierbelege). Dies gilt unabhängig davon, ob die Aufbewahrung im Produktivsystem oder durch Auslagerung in ein anderes DV-System erfolgt. Unter Zumutbarkeitsgesichtspunkten ist es nicht zu beanstanden, wenn der Steuerpflichtige elektronisch erstellte und in Papierform abgesandte Handels- und Geschäftsbriefe nur in Papierform aufbewahrt. 119

**Beispiel 9 zu Rz. 119:** 120

Ein Steuerpflichtiger erstellt seine Ausgangsrechnungen mit einem Textverarbeitungsprogramm. Nach dem Ausdruck der jeweiligen Rechnung wird die hierfür verwendete Maske (Dokumentenvorlage) mit den Inhalten der nächsten Rechnung überschrieben. Es ist in diesem Fall nicht zu beanstanden, wenn das Doppel des versendeten Schreibens in diesem Fall nur als Papierdokument aufbewahrt wird. Werden die abgesandten Handels- und Geschäftsbriefe jedoch tatsächlich in elektronischer Form aufbewahrt (z. B. im File-System oder einem DMS-System), so ist eine ausschließliche Aufbewahrung in Papierform nicht mehr zulässig. Das Verfahren muss dokumentiert werden. Werden Handels- oder Geschäftsbriefe mit Hilfe eines Fakturierungssystems oder ähnlicher Anwendungen erzeugt, bleiben die elektronischen Daten aufbewahrungspflichtig.

Bei den Daten und Dokumenten ist – wie bei den Informationen in Papierbelegen – auf deren Inhalt und auf deren Funktion abzustellen, nicht auf deren Bezeichnung. So sind beispielsweise E-Mails mit der Funktion eines Handels- oder Geschäftsbriefs oder eines Buchungsbelegs in elektronischer Form aufbewahrungspflichtig. Dient eine E-Mail nur als „Transportmittel", z. B. für eine angehängte elektronische Rechnung, und enthält darüber hinaus keine weitergehenden aufbewahrungspflichtigen Informationen, so ist diese nicht aufbewahrungspflichtig (wie der bisherige Papierbriefumschlag). 121

Ein elektronisches Dokument ist mit einem nachvollziehbaren und eindeutigen Index zu versehen. Der Erhalt der Verknüpfung zwischen Index und elektronischem Dokument muss während der gesamten Aufbewahrungsfrist gewährleistet sein. Es ist sicherzustellen, dass das elektronische Dokument unter dem zugeteilten Index verwaltet werden kann. Stellt ein Steuerpflichtiger durch organisatorische Maßnahmen sicher, dass das elektronische Dokument auch ohne Index verwaltet werden kann, und ist dies in angemessener Zeit nachprüfbar, so ist aus diesem Grund die Buchführung nicht zu beanstanden. 122

Das Anbringen von Buchungsvermerken, Indexierungen, Barcodes, farblichen Hervorhebungen usw. darf – unabhängig von seiner technischen Ausgestaltung – keinen Einfluss auf die Lesbarmachung des Originalzustands haben. Die elektronischen Bearbeitungsvorgänge sind zu protokollieren und mit dem elektronischen Dokument zu speichern, damit die Nachvollziehbarkeit und Prüfbarkeit des Originalzustands und seiner Ergänzungen gewährleistet ist. 123

124 Hinsichtlich der Aufbewahrung digitaler Unterlagen bei Bargeschäften wird auf das BMF-Schreiben vom 26. November 2010, BStBl. I S. 1342, hingewiesen.

### 9.1. Maschinelle Auswertbarkeit (§ 147 Abs. 2 Nr. 2 AO)

125 Art und Umfang der maschinellen Auswertbarkeit sind nach den tatsächlichen Informations- und Dokumentationsmöglichkeiten zu beurteilen.

**Beispiel 10:**

Datenformat für elektronische Rechnungen ZUGFeRD (Zentraler User Guide des Forums elektronische Rechnung Deutschland)

Hier ist vorgesehen, dass Rechnungen im PDF/A-3-Format versendet werden. Diese bestehen aus einem Rechnungsbild (dem augenlesbaren, sichtbaren Teil der PDF-Datei) und den in die PDF-Datei eingebetteten Rechnungsdaten im standardisierten XML-Format.

Entscheidend ist hier jetzt nicht, ob der Rechnungsempfänger nur das Rechnungsbild (Image) nutzt, sondern, dass auch noch tatsächlich XML-Daten vorhanden sind, die nicht durch eine Formatumwandlung (z. B. in TIFF) gelöscht werden dürfen. Die maschinelle Auswertbarkeit bezieht sich auf sämtliche Inhalte der PDF/A-3-Datei.

126 Eine maschinelle Auswertbarkeit ist nach diesem Beurteilungsmaßstab bei aufzeichnungs- und aufbewahrungspflichtigen Daten, Datensätzen, elektronischen Dokumenten und elektronischen Unterlagen (vgl. Rzn. 3 bis 5) u. a. gegeben, die

- mathematisch-technische Auswertungen ermöglichen,
- eine Volltextsuche ermöglichen,
- auch ohne mathematisch-technische Auswertungen eine Prüfung im weitesten Sinne ermöglichen (z. B. Bildschirmabfragen, die Nachverfolgung von Verknüpfungen und Verlinkungen oder die Textsuche nach bestimmten Eingabekriterien).

127 Mathematisch-technische Auswertung bedeutet, dass alle in den aufzeichnungs- und aufbewahrungspflichtigen Daten, Datensätzen, elektronischen Dokumenten und elektronischen Unterlagen (vgl. Rzn. 3 bis 5) enthaltenen Informationen automatisiert (DV-gestützt) interpretiert, dargestellt, verarbeitet sowie für andere Datenbankanwendungen und eingesetzte Prüfsoftware direkt, ohne weitere Konvertierungs- und Bearbeitungsschritte und ohne Informationsverlust nutzbar gemacht werden können (z. B. für wahlfreie Sortier-, Summier-, Verbindungs- und Filterungsmöglichkeiten).

Mathematisch-technische Auswertungen sind z. B. möglich bei:

- Elektronischen Grund(buch)aufzeichnungen (z. B. Kassendaten, Daten aus Warenwirtschaftssystem, Inventurlisten),
- Journaldaten aus Finanzbuchhaltung oder Lohnbuchhaltung,
- Textdateien oder Dateien aus Tabellenkalkulationen mit strukturierten Daten in tabellarischer Form (z. B. Reisekostenabrechnung, Überstundennachweise).

128 Neben den Daten in Form von Datensätzen und den elektronischen Dokumenten sind auch alle zur maschinellen Auswertung der Daten im Rahmen des Datenzugriffs notwendigen Strukturinformationen (z. B. über die Dateiherkunft [eingesetztes System], die Dateistruktur, die Datenfelder, verwendete Zeichensatztabellen) in maschinell auswertbarer Form sowie die internen und externen Verknüpfungen vollständig und in unverdichteter, maschinell auswertbarer Form aufzubewahren. Im Rahmen einer Datenträgerüberlassung ist

der Erhalt technischer Verlinkungen auf dem Datenträger nicht erforderlich, sofern dies nicht möglich ist.

Die Reduzierung einer bereits bestehenden maschinellen Auswertbarkeit, beispielsweise durch Umwandlung des Dateiformats oder der Auswahl bestimmter Aufbewahrungsformen, ist nicht zulässig (siehe unter 9.2). 129

**Beispiele 11:**

- Umwandlung von PDF/A-Dateien ab der Norm PDF/A-3 in ein Bildformat (z. B. TIFF, JPEG etc.), da dann die in den PDF/A-Dateien enthaltenen XML-Daten und ggf. auch vorhandene Volltextinformationen gelöscht werden.
- Umwandlung von elektronischen Grund(buch)aufzeichnungen (z. B. Kasse, Warenwirtschaft) in ein PDF-Format.
- Umwandlung von Journaldaten einer Finanzbuchhaltung oder Lohnbuchhaltung in ein PDF-Format.

Eine Umwandlung in ein anderes Format (z. B. Inhouse-Format) ist zulässig, wenn die maschinelle Auswertbarkeit nicht eingeschränkt wird und keine inhaltliche Veränderung vorgenommen wird (siehe Rz. 135).

Der Steuerpflichtige muss dabei auch berücksichtigen, dass entsprechende Einschränkungen in diesen Fällen zu seinen Lasten gehen können (z. B. Speicherung einer E-Mail als PDF-Datei. Die Informationen des Headers [z. B. Informationen zum Absender] gehen dabei verloren und es ist nicht mehr nachvollziehbar, wie der tatsächliche Zugang der E-Mail erfolgt ist).

## 9.2. Elektronische Aufbewahrung

Werden Handels- oder Geschäftsbriefe und Buchungsbelege in Papierform empfangen und danach elektronisch bildlich erfasst (z. B. gescannt oder fotografiert), ist das hierdurch entstandene elektronische Dokument so aufzubewahren, dass die Wiedergabe mit dem Original bildlich übereinstimmt, wenn es lesbar gemacht wird (§ 147 Abs. 2 AO). Eine bildliche Erfassung kann hierbei mit den verschiedensten Arten von Geräten (z. B. Smartphones, Multifunktionsgeräten oder Scan-Straßen) erfolgen, wenn die Anforderungen dieses Schreibens erfüllt sind. Werden bildlich erfasste Dokumente per Optical-Character-Recognition-Verfahren (OCR-Verfahren) um Volltextinformationen angereichert (zum Beispiel volltextrecherchierbare PDFs), so ist dieser Volltext nach Verifikation und Korrektur über die Dauer der Aufbewahrungsfrist aufzubewahren und auch für Prüfzwecke verfügbar zu machen. § 146 Abs. 2 AO steht einer bildlichen Erfassung durch mobile Geräte (z. B. Smartphones) im Ausland nicht entgegen, wenn die Belege im Ausland entstanden sind bzw. empfangen wurden und dort direkt erfasst werden (z. B. bei Belegen über eine Dienstreise im Ausland). 130

Eingehende elektronische Handels- oder Geschäftsbriefe und Buchungsbelege müssen in dem Format aufbewahrt werden, in dem sie empfangen wurden (z. B. Rechnungen oder Kontoauszüge im PDF- oder Bildformat). Eine Umwandlung in ein anderes Format (z. B. MSG in PDF) ist dann zulässig, wenn die maschinelle Auswertbarkeit nicht eingeschränkt wird und keine inhaltlichen Veränderungen vorgenommen werden (siehe Rz. 135). Erfolgt eine Anreicherung der Bildinformationen, z. B. durch OCR (Beispiel: Erzeugung einer volltextrecherchierbaren PDF-Datei im Erfassungsprozess), sind die da- 131 durch gewonnenen Informationen nach Verifikation und Korrektur ebenfalls aufzubewahren.

132 Im DV-System erzeugte Daten i. S. d. Rzn. 3 bis 5 (z. B. Grund(buch)aufzeichnungen in Vor- und Nebensystemen, Buchungen, generierte Datensätze zur Erstellung von Ausgangsrechnungen) oder darin empfangene Daten (z. B. EDI-Verfahren) müssen im Ursprungsformat aufbewahrt werden.

133 Im DV-System erzeugte Dokumente (z. B. als Textdokumente erstellte Ausgangsrechnungen [§ 14 b UStG], elektronisch abgeschlossene Verträge, Handels- und Geschäftsbriefe, Verfahrensdokumentation) sind im Ursprungsformat aufzubewahren.

Unter Zumutbarkeitsgesichtspunkten ist es nicht zu beanstanden, wenn der Steuerpflichtige elektronisch erstellte und in Papierform abgesandte Handels- und Geschäftsbriefe nur in Papierform aufbewahrt (Hinweis auf Rzn. 119, 120). Eine Umwandlung in ein anderes Format (z. B. Inhouse-Format) ist zulässig, wenn die maschinelle Auswertbarkeit nicht eingeschränkt wird und keine inhaltliche Veränderung vorgenommen wird (siehe Rz. 135).

134 Bei Einsatz von Kryptografietechniken ist sicherzustellen, dass die verschlüsselten Unterlagen im DV-System in entschlüsselter Form zur Verfügung stehen. Werden Signaturprüfschlüssel verwendet, sind die eingesetzten Schlüssel aufzubewahren. Die Aufbewahrungspflicht endet, wenn keine der mit den Schlüsseln signierten Unterlagen mehr aufbewahrt werden müssen.

135 Bei Umwandlung (Konvertierung) aufbewahrungspflichtiger Unterlagen in ein unternehmenseigenes Format (sog. Inhouse-Format) sind beide Versionen zu archivieren, derselben Aufzeichnung zuzuordnen und mit demselben Index zu verwalten sowie die konvertierte Version als solche zu kennzeichnen.

Die Aufbewahrung beider Versionen ist bei Beachtung folgender Anforderungen nicht erforderlich, sondern es ist die Aufbewahrung der konvertierten Fassung ausreichend:

– Es wird keine bildliche oder inhaltliche Veränderung vorgenommen.
– Bei der Konvertierung gehen keine sonstigen aufbewahrungspflichtigen Informationen verloren.
– Die ordnungsgemäße und verlustfreie Konvertierung wird dokumentiert (Verfahrensdokumentation).
– Die maschinelle Auswertbarkeit und der Datenzugriff durch die Finanzbehörde werden nicht eingeschränkt; dabei ist es zulässig, wenn bei der Konvertierung Zwischenaggregationsstufen nicht gespeichert, aber in der Verfahrensdokumentation so dargestellt werden, dass die retrograde und progressive Prüfbarkeit sichergestellt ist.

Nicht aufbewahrungspflichtig sind die während der maschinellen Verarbeitung durch das Buchführungssystem erzeugten Dateien, sofern diese ausschließlich einer temporären Zwischenspeicherung von Verarbeitungsergebnissen dienen und deren Inhalte im Laufe des weiteren Verarbeitungsprozesses vollständig Eingang in die Buchführungsdaten finden. Voraussetzung ist jedoch, dass bei der weiteren Verarbeitung keinerlei „Verdichtung“ aufzeichnungs- und aufbewahrungspflichtiger Daten (vgl. Rzn. 3 bis 5) vorgenommen wird.

### 9.3. Bildliche Erfassung von Papierdokumenten

Papierdokumente werden durch die bildliche Erfassung (siehe Rz. 130) in elektronische Dokumente umgewandelt. Das Verfahren muss dokumentiert werden. **136**

Der Steuerpflichtige sollte daher eine Organisationsanweisung erstellen, die unter anderem regelt:
- wer erfassen darf,
- zu welchem Zeitpunkt erfasst wird oder erfasst werden soll (z. B. beim Posteingang, während oder nach Abschluss der Vorgangsbearbeitung),
- welches Schriftgut erfasst wird,
- ob eine bildliche oder inhaltliche Übereinstimmung mit dem Original erforderlich ist,
- wie die Qualitätskontrolle auf Lesbarkeit und Vollständigkeit und
- wie die Protokollierung von Fehlern zu erfolgen hat.

Die konkrete Ausgestaltung dieser Verfahrensdokumentation ist abhängig von der Komplexität und Diversifikation der Geschäftstätigkeit und der Organisationsstruktur sowie des eingesetzten DV-Systems.

Aus Vereinfachungsgründen (z. B. bei Belegen über eine Dienstreise im Ausland) steht § 146 Abs. 2 AO einer bildlichen Erfassung durch mobile Geräte (z. B. Smartphones) im Ausland nicht entgegen, wenn die Belege im Ausland entstanden sind bzw. empfangen wurden und dort direkt erfasst werden.

Erfolgt im Zusammenhang mit einer, nach § 146 Abs. 2 a AO genehmigten, Verlagerung der elektronischen Buchführung ins Ausland eine ersetzende bildliche Erfassung, wird es nicht beanstandet, wenn die papierenen Ursprungsbelege zu diesem Zweck an den Ort der elektronischen Buchführung verbracht werden. Die bildliche Erfassung hat zeitnah zur Verbringung der Papierbelege ins Ausland zu erfolgen.

Eine vollständige Farbwiedergabe ist erforderlich, wenn der Farbe Beweisfunktion zukommt (z. B. Minusbeträge in roter Schrift, Sicht-, Bearbeitungs- und Zeichnungsvermerke in unterschiedlichen Farben). **137**

Für Besteuerungszwecke ist eine elektronische Signatur oder ein Zeitstempel nicht erforderlich. **138**

Im Anschluss an den Erfassungsvorgang (siehe Rz. 130) darf die weitere Bearbeitung nur mit dem elektronischen Dokument erfolgen. Die Papierbelege sind dem weiteren Bearbeitungsgang zu entziehen, damit auf diesen keine Bemerkungen, Ergänzungen usw. vermerkt werden können, die auf dem elektronischen Dokument nicht enthalten sind. Sofern aus organisatorischen Gründen nach dem Erfassungsvorgang eine weitere Vorgangsbearbeitung des Papierbeleges erfolgt, muss nach Abschluss der Bearbeitung der bearbeitete Papierbeleg erneut erfasst und ein Bezug zur ersten elektronischen Fassung des Dokuments hergestellt werden (gemeinsamer Index). **139**

Nach der bildlichen Erfassung i. S. d. Rz. 130 dürfen Papierdokumente vernichtet werden, soweit sie nicht nach außersteuerlichen oder steuerlichen Vorschriften im Original aufzubewahren sind. Der Steuerpflichtige muss entscheiden, ob Dokumente, deren Beweiskraft bei der Aufbewahrung in elektronischer Form nicht erhalten bleibt, zusätzlich in der Originalform aufbewahrt werden sollen. **140**

141 Der Verzicht auf einen Papierbeleg darf die Möglichkeit der Nachvollziehbarkeit und Nachprüfbarkeit nicht beeinträchtigen.

### 9.4. Auslagerung von Daten aus dem Produktivsystem und Systemwechsel

142 Im Falle eines Systemwechsels (z. B. Abschaltung Altsystem, Datenmigration), einer Systemänderung (z. B. Änderung der OCR-Software, Update der Finanzbuchhaltung etc.) oder einer Auslagerung von aufzeichnungs- und aufbewahrungspflichtigen Daten (vgl. Rzn. 3 bis 5) aus dem Produktivsystem ist es nur dann nicht erforderlich, die ursprüngliche Hard- und Software des Produktivsystems über die Dauer der Aufbewahrungsfrist vorzuhalten, wenn die folgenden Voraussetzungen erfüllt sind:

1. Die aufzeichnungs- und aufbewahrungspflichtigen Daten (einschließlich Metadaten, Stammdaten, Bewegungsdaten und der erforderlichen Verknüpfungen) müssen unter Beachtung der Ordnungsvorschriften (vgl. §§ 145 bis 147 AO) quantitativ und qualitativ gleichwertig in ein neues System, in eine neue Datenbank, in ein Archivsystem oder in ein anderes System überführt werden.
   Bei einer erforderlichen Datenumwandlung (Migration) darf ausschließlich das Format der Daten (z. B. Datums- und Währungsformat) umgesetzt, nicht aber eine inhaltliche Änderung der Daten vorgenommen werden. Die vorgenommenen Änderungen sind zu dokumentieren.
   Die Reorganisation von OCR-Datenbanken ist zulässig, soweit die zugrunde liegenden elektronischen Dokumente und Unterlagen durch diesen Vorgang unverändert bleiben und die durch das OCR-Verfahren gewonnenen Informationen mindestens in quantitativer und qualitativer Hinsicht erhalten bleiben.
2. Das neue System, das Archivsystem oder das andere System muss in quantitativer und qualitativer Hinsicht die gleichen Auswertungen der aufzeichnungs- und aufbewahrungspflichtigen Daten ermöglichen als wären die Daten noch im Produktivsystem.

143 Andernfalls ist die ursprüngliche Hard- und Software des Produktivsystems – neben den aufzeichnungs- und aufbewahrungspflichtigen Daten – für die Dauer der Aufbewahrungsfrist vorzuhalten. Auf die Möglichkeit der Bewilligung von Erleichterungen nach § 148 AO wird hingewiesen.

144 Eine Aufbewahrung in Form von Datenextrakten, Reports oder Druckdateien ist unzulässig, soweit nicht mehr alle aufzeichnungs- und aufbewahrungspflichtigen Daten übernommen werden.

## 10. Nachvollziehbarkeit und Nachprüfbarkeit

145 Die allgemeinen Grundsätze der Nachvollziehbarkeit und Nachprüfbarkeit sind unter 3.1 aufgeführt.

Die Prüfbarkeit der formellen und sachlichen Richtigkeit bezieht sich sowohl auf einzelne Geschäftsvorfälle (Einzelprüfung) als auch auf die Prüfbarkeit des gesamten Verfahrens (Verfahrens- oder Systemprüfung anhand einer Verfahrensdokumentation, siehe unter 10.1).

Auch an die DV-gestützte Buchführung wird die Anforderung gestellt, dass Geschäftsvorfälle für die Dauer der Aufbewahrungsfrist retrograd und progressiv prüfbar bleiben müssen. 146

Die vorgenannten Anforderungen gelten für sonst erforderliche elektronische Aufzeichnungen sinngemäß (§ 145 Abs. 2 AO). 147

Von einem sachverständigen Dritten kann zwar Sachverstand hinsichtlich der Ordnungsvorschriften der §§ 145 bis 147 AO und allgemeiner DV-Sachverstand erwartet werden, nicht jedoch spezielle, produktabhängige System- oder Programmierkenntnisse. 148

Nach § 146 Abs. 3 Satz 3 AO muss im Einzelfall die Bedeutung von Abkürzungen, Ziffern, Buchstaben und Symbolen eindeutig festliegen und sich aus der Verfahrensdokumentation ergeben. 149

Für die Prüfung ist eine aussagefähige und aktuelle Verfahrensdokumentation notwendig, die alle System- bzw. Verfahrensänderungen inhaltlich und zeitlich lückenlos dokumentiert. 150

## 10.1. Verfahrensdokumentation

Da sich die Ordnungsmäßigkeit neben den elektronischen Büchern und sonst erforderlichen Aufzeichnungen auch auf die damit in Zusammenhang stehenden Verfahren und Bereiche des DV-Systems bezieht (siehe unter 3.), muss für jedes DV-System eine übersichtlich gegliederte Verfahrensdokumentation vorhanden sein, aus der Inhalt, Aufbau, Ablauf und Ergebnisse des DV-Verfahrens vollständig und schlüssig ersichtlich sind. Der Umfang der im Einzelfall erforderlichen Dokumentation wird dadurch bestimmt, was zum Verständnis des DV-Verfahrens, der Bücher und Aufzeichnungen sowie der aufbewahrten Unterlagen notwendig ist. Die Verfahrensdokumentation muss verständlich und damit für einen sachverständigen Dritten in angemessener Zeit nachprüfbar sein. Die konkrete Ausgestaltung der Verfahrensdokumentation ist abhängig von der Komplexität und Diversifikation der Geschäftstätigkeit und der Organisationsstruktur sowie des eingesetzten DV-Systems. 151

Die Verfahrensdokumentation beschreibt den organisatorisch und technisch gewollten Prozess, z. B. bei elektronischen Dokumenten von der Entstehung der Informationen über die Indizierung, Verarbeitung und Speicherung, dem eindeutigen Wiederfinden und der maschinellen Auswertbarkeit, der Absicherung gegen Verlust und Verfälschung und der Reproduktion. 152

Die Verfahrensdokumentation besteht in der Regel aus einer allgemeinen Beschreibung, einer Anwenderdokumentation, einer technischen Systemdokumentation und einer Betriebsdokumentation. 153

Für den Zeitraum der Aufbewahrungsfrist muss gewährleistet und nachgewiesen sein, dass das in der Dokumentation beschriebene Verfahren dem in der Praxis eingesetzten Verfahren voll entspricht. Dies gilt insbesondere für die eingesetzten Versionen der Programme (Programmidentität). Änderungen einer Verfahrensdokumentation müssen historisch nachvollziehbar sein. Dem wird genügt, wenn die Änderungen versioniert sind und eine nachvollziehbare Änderungshistorie vorgehalten wird. Aus der Verfahrensdokumentation muss sich ergeben, wie die Ordnungsvorschriften (z. B. §§ 145 ff. AO, §§ 238 ff. HGB) und damit die in diesem Schreiben enthaltenen Anforderungen beachtet werden. Die Aufbewahrungsfrist für die Verfahrensdokumentati- 154 on läuft nicht ab, soweit und solange die Aufbewahrungsfrist für die Unterlagen noch nicht abgelaufen ist, zu deren Verständnis sie erforderlich ist.

155 Soweit eine fehlende oder ungenügende Verfahrensdokumentation die Nachvollziehbarkeit und Nachprüfbarkeit nicht beeinträchtigt, liegt kein formeller Mangel mit sachlichem Gewicht vor, der zum Verwerfen der Buchführung führen kann.

### 10.2. Lesbarmachung von elektronischen Unterlagen

156 Wer aufzubewahrende Unterlagen in der Form einer Wiedergabe auf einem Bildträger oder auf anderen Datenträgern vorlegt, ist nach § 147 Abs. 5 AO verpflichtet, auf seine Kosten diejenigen Hilfsmittel zur Verfügung zu stellen, die erforderlich sind, um die Unterlagen lesbar zu machen. Auf Verlangen der Finanzbehörde hat der Steuerpflichtige auf seine Kosten die Unterlagen unverzüglich ganz oder teilweise auszudrucken oder ohne Hilfsmittel lesbare Reproduktionen beizubringen.

157 Der Steuerpflichtige muss durch Erfassen i. S. d. Rz. 130 digitalisierte Unterlagen über sein DV-System per Bildschirm lesbar machen. Ein Ausdruck auf Papier ist nicht ausreichend. Die elektronischen Dokumente müssen für die Dauer der Aufbewahrungsfrist jederzeit lesbar sein (BFH-Beschluss vom 26. September 2007, BStBl. 2008 II S. 415).

## 11. Datenzugriff

158 Die Finanzbehörde hat das Recht, die mit Hilfe eines DV-Systems erstellten und nach § 147 Abs. 1 AO aufbewahrungspflichtigen Unterlagen durch Datenzugriff zu prüfen. Das Recht auf Datenzugriff steht der Finanzbehörde nur im Rahmen der gesetzlichen Regelungen zu (z. B. Außenprüfung und Nachschauen). Durch die Regelungen zum Datenzugriff wird der sachliche Umfang der Außenprüfung (§ 194 AO) nicht erweitert; er wird durch die Prüfungsanordnung (§ 196 AO, § 5 BpO) bestimmt.

### 11.1. Umfang und Ausübung des Rechts auf Datenzugriff nach § 147 Abs. 6 AO

159 Gegenstand der Prüfung sind die nach außersteuerlichen und steuerlichen Vorschriften aufzeichnungspflichtigen und die nach § 147 Abs. 1 AO aufbewahrungspflichtigen Unterlagen. Hierfür sind insbesondere die Daten der Finanzbuchhaltung, der Anlagenbuchhaltung, der Lohnbuchhaltung und aller Vor- und Nebensysteme, die aufzeichnungs- und aufbewahrungspflichtige Unterlagen enthalten (vgl. Rzn. 3 bis 5), für den Datenzugriff bereitzustellen. Die Art der Außenprüfung ist hierbei unerheblich, so dass z. B. die Daten der Finanzbuchhaltung auch Gegenstand der Lohnsteuer-Außenprüfung sein können.

160 Neben den Daten müssen insbesondere auch die Teile der Verfahrensdokumentation auf Verlangen zur Verfügung gestellt werden können, die einen vollständigen Systemüberblick ermöglichen und für das Verständnis des DV-Systems erforderlich sind. Dazu gehört auch ein Überblick über alle im DV-System vorhandenen Informationen, die aufzeichnungs- und aufbewahrungspflichtige Unterlagen betreffen (vgl. Rzn. 3 bis 5); z. B. Beschreibungen zu Tabellen, Feldern, Verknüpfungen und Auswertungen. Diese Angaben sind erforderlich, damit die Finanzverwaltung das durch den Steuerpflichtigen aus-

geübte Erstqualifikationsrecht (vgl. Rz. 161) prüfen und Aufbereitungen für die Datenträgerüberlassung erstellen kann.

Soweit in Bereichen des Unternehmens betriebliche Abläufe mit Hilfe eines DV-Systems abgebildet werden, sind die betroffenen DV-Systeme durch den Steuerpflichtigen zu identifizieren, die darin enthaltenen Daten nach Maßgabe der außersteuerlichen und steuerlichen Aufzeichnungs- und Aufbewahrungspflichten (vgl. Rzn. 3 bis 5) zu qualifizieren (Erstqualifizierung) und für den Datenzugriff in geeigneter Weise vorzuhalten (siehe auch unter 9.4). Bei unzutreffender Qualifizierung von Daten kann die Finanzbehörde im Rahmen ihres pflichtgemäßen Ermessens verlangen, dass der Steuerpflichtige den Datenzugriff auf diese nach außersteuerlichen und steuerlichen Vorschriften tatsächlich aufgezeichneten und aufbewahrten Daten nachträglich ermöglicht. 161

**Beispiele 12:**

- Ein Steuerpflichtiger stellt aus dem PC-Kassensystem nur Tagesendsummen zur Verfügung. Die digitalen Grund(buch)aufzeichnungen (Kasseneinzeldaten) wurden archiviert, aber nicht zur Verfügung gestellt.
- Ein Steuerpflichtiger stellt für die Datenträgerüberlassung nur einzelne Sachkonten aus der Finanzbuchhaltung zur Verfügung. Die Daten der Finanzbuchhaltung sind archiviert.
- Ein Steuerpflichtiger ohne Auskunftsverweigerungsrecht stellt Belege in Papierform zur Verfügung. Die empfangenen und abgesandten Handels- und Geschäftsbriefe und Buchungsbelege stehen in einem Dokumenten-Management-System zur Verfügung.

Das allgemeine Auskunftsrecht des Prüfers (§§ 88, 199 Abs. 1 AO) und die Mitwirkungspflichten des Steuerpflichtigen (§§ 90, 200 AO) bleiben unberührt. 162

Bei der Ausübung des Rechts auf Datenzugriff stehen der Finanzbehörde nach dem Gesetz drei gleichberechtigte Möglichkeiten zur Verfügung. 163

Die Entscheidung, von welcher Möglichkeit des Datenzugriffs die Finanzbehörde Gebrauch macht, steht in ihrem pflichtgemäßen Ermessen; falls erforderlich, kann sie auch kumulativ mehrere Möglichkeiten in Anspruch nehmen (Rzn. 165 bis 170). Sofern noch nicht mit der Außenprüfung begonnen wurde, ist es im Falle eines Systemwechsels oder einer Auslagerung von aufzeichnungs- und aufbewahrungspflichtigen Daten aus dem Produktivsystem ausreichend, wenn nach Ablauf des 5. Kalenderjahres, das auf die Umstellung folgt, nur noch der Z3-Zugriff (Rzn. 167 bis 170) zur Verfügung gestellt wird. 164

## Unmittelbarer Datenzugriff (Z1)

Die Finanzbehörde hat das Recht, selbst unmittelbar auf das DV-System dergestalt zuzugreifen, dass sie in Form des Nur-Lesezugriffs Einsicht in die aufzeichnungs- und aufbewahrungspflichtigen Daten nimmt und die vom Steuerpflichtigen oder von einem beauftragten Dritten eingesetzte Hard- und Software zur Prüfung der gespeicherten Daten einschließlich der jeweiligen Meta-, Stamm- und Bewegungsdaten sowie der entsprechenden Verknüpfungen (z. B. zwischen den Tabellen einer relationalen Datenbank) nutzt. 165

Dabei darf sie nur mit Hilfe dieser Hard- und Software auf die elektronisch gespeicherten Daten zugreifen. Dies schließt eine Fernabfrage (Online-Zugriff) der Finanzbehörde auf das DV-System des Steuerpflichtigen durch die Finanzbehörde aus. Der Nur-Lesezugriff umfasst das Lesen und Analysieren der Daten unter Nutzung der im DV-System vorhandenen Auswertungsmöglichkeiten (z. B. Filtern und Sortieren).

**Mittelbarer Datenzugriff (Z2)**

166 Die Finanzbehörde kann vom Steuerpflichtigen auch verlangen, dass er an ihrer Stelle die aufzeichnungs- und aufbewahrungspflichtigen Daten nach ihren Vorgaben maschinell auswertet oder von einem beauftragten Dritten maschinell auswerten lässt, um anschließend einen Nur-Lesezugriff durchführen zu können. Es kann nur eine maschinelle Auswertung unter Verwendung der im DV-System des Steuerpflichtigen oder des beauftragten Dritten vorhandenen Auswertungsmöglichkeiten verlangt werden.

**Datenträgerüberlassung (Z3)**

167 Die Finanzbehörde kann ferner verlangen, dass ihr die aufzeichnungs- und aufbewahrungspflichtigen Daten, einschließlich der jeweiligen Meta-, Stamm- und Bewegungsdaten sowie der internen und externen Verknüpfungen (z. B. zwischen den Tabellen einer relationalen Datenbank), und elektronische Dokumente und Unterlagen auf einem maschinell lesbaren und auswertbaren Datenträger zur Auswertung überlassen werden. Die Finanzbehörde ist nicht berechtigt, selbst Daten aus dem DV-System herunterzuladen oder Kopien vorhandener Datensicherungen vorzunehmen.

168 Die Datenträgerüberlassung umfasst die Mitnahme der Daten aus der Sphäre des Steuerpflichtigen. Eine Mitnahme der Datenträger aus der Sphäre des Steuerpflichtigen sollte im Regelfall nur in Abstimmung mit dem Steuerpflichtigen erfolgen.

169 Der zur Auswertung überlassene Datenträger ist spätestens nach Bestandskraft der aufgrund der Außenprüfung ergangenen Bescheide an den Steuerpflichtigen zurückzugeben und die Daten sind zu löschen.

170 Die Finanzbehörde hat bei Anwendung der Regelungen zum Datenzugriff den Grundsatz der Verhältnismäßigkeit zu beachten.

### 11.2. Umfang der Mitwirkungspflicht nach §§ 147 Abs. 6 und 200 Abs. 1 Satz 2 AO

171 Der Steuerpflichtige hat die Finanzbehörde bei Ausübung ihres Rechts auf Datenzugriff zu unterstützen (§ 200 Abs. 1 AO). Dabei entstehende Kosten hat der Steuerpflichtige zu tragen (§ 147 Abs. 6 Satz 3 AO).

172 Enthalten elektronisch gespeicherte Datenbestände z. B. nicht aufzeichnungs- und aufbewahrungspflichtige, personenbezogene oder dem Berufsgeheimnis (§ 102 AO) unterliegende Daten, so obliegt es dem Steuerpflichtigen oder dem von ihm beauftragten Dritten, die Datenbestände so zu organisieren, dass der Prüfer nur auf die aufzeichnungs- und aufbewahrungspflichtigen Daten des Steuerpflichtigen zugreifen kann. Dies kann z. B. durch geeignete Zugriffsbeschränkungen oder „digitales Schwärzen" der zu schützenden Informationen erfolgen. Für versehentlich überlassene Daten besteht kein Verwertungsverbot.

173 Mangels Nachprüfbarkeit akzeptiert die Finanzbehörde keine Reports oder Druckdateien, die vom Unternehmen ausgewählte („vorgefilterte") Datenfelder und -sätze aufführen, jedoch nicht mehr alle aufzeichnungs- und aufbewahrungspflichtigen Daten (vgl. Rzn. 3 bis 5) enthalten.

Im Einzelnen gilt Folgendes:

174 Beim unmittelbaren Datenzugriff hat der Steuerpflichtige dem Prüfer die für den Datenzugriff erforderlichen Hilfsmittel zur Verfügung zu stellen und

ihn für den Nur-Lesezugriff in das DV-System einzuweisen. Die Zugangsberechtigung muss so ausgestaltet sein, dass dem Prüfer dieser Zugriff auf alle aufzeichnungs- und aufbewahrungspflichtigen Daten eingeräumt wird. Sie umfasst die im DV-System genutzten Auswertungsmöglichkeiten (z. B. Filtern, Sortieren, Konsolidieren) für Prüfungszwecke (z. B. in Revisionstools, Standardsoftware, Backofficeprodukten). In Abhängigkeit vom konkreten Sachverhalt kann auch eine vom Steuerpflichtigen nicht genutzte, aber im DV-System vorhandene Auswertungsmöglichkeit verlangt werden. Eine Volltextsuche, eine Ansichtsfunktion oder ein selbsttragendes System, das in einer Datenbank nur die für archivierte Dateien vergebenen Schlagworte als Indexwerte nachweist, reicht regelmäßig nicht aus.

Eine Unveränderbarkeit des Datenbestandes und des DV-Systems durch die Finanzbehörde muss seitens des Steuerpflichtigen oder eines von ihm beauftragten Dritten gewährleistet werden.

Beim mittelbaren Datenzugriff gehört zur Mithilfe des Steuerpflichtigen **175** beim Nur-Lesezugriff neben der Zurverfügungstellung von Hard- und Software die Unterstützung durch mit dem DV-System vertraute Personen. Der Umfang der zumutbaren Mithilfe richtet sich nach den betrieblichen Gegebenheiten des Unternehmens. Hierfür können z. B. seine Größe oder Mitarbeiterzahl Anhaltspunkte sein.

Bei der Datenträgerüberlassung sind der Finanzbehörde mit den gespeicher- **176** ten Unterlagen und Aufzeichnungen alle zur Auswertung der Daten notwendigen Informationen (z. B. über die Dateiherkunft [eingesetztes System], die Dateistruktur, die Datenfelder, verwendete Zeichensatztabellen sowie interne und externe Verknüpfungen) in maschinell auswertbarer Form zur Verfügung zu stellen. Dies gilt auch in den Fällen, in denen sich die Daten bei einem Dritten befinden.

Auch die zur Auswertung der Daten notwendigen Strukturinformationen müssen in maschinell auswertbarer Form zur Verfügung gestellt werden.

Bei unvollständigen oder unzutreffenden Datenlieferungen kann die Finanzbehörde neue Datenträger mit vollständigen und zutreffenden Daten verlangen. Im Verlauf der Prüfung kann die Finanzbehörde auch weitere Datenträger mit aufzeichnungs- und aufbewahrungspflichtigen Unterlagen anfordern.

Das Einlesen der Daten muss ohne Installation von Fremdsoftware auf den Rechnern der Finanzbehörde möglich sein. Eine Entschlüsselung der übergebenen Daten muss spätestens bei der Datenübernahme auf die Systeme der Finanzverwaltung erfolgen.

Der Grundsatz der Wirtschaftlichkeit rechtfertigt nicht den Einsatz einer **177** Software, die den in diesem Schreiben niedergelegten Anforderungen zur Datenträgerüberlassung nicht oder nur teilweise genügt und damit den Datenzugriff einschränkt. Die zur Herstellung des Datenzugriffs erforderlichen Kosten muss der Steuerpflichtige genauso in Kauf nehmen wie alle anderen Aufwendungen, die die Art seines Betriebes mit sich bringt.

Ergänzende Informationen zur Datenträgerüberlassung stehen auf den Inter- **178** net-Seiten des Bundesministeriums der Finanzen zum Download bereit. Die Digitale Schnittstelle der Finanzverwaltung für Kassensysteme (DSFinV-K) steht auf den Internet-Seiten des Bundeszentralamts für Steuern (www.bzst.de) zum Download bereit.

**12. Zertifizierung und Software-Testate**

179 Die Vielzahl und unterschiedliche Ausgestaltung und Kombination der DV-Systeme für die Erfüllung außersteuerlicher oder steuerlicher Aufzeichnungs- und Aufbewahrungspflichten lassen keine allgemein gültigen Aussagen der Finanzbehörde zur Konformität der verwendeten oder geplanten Hard- und Software zu. Dies gilt umso mehr, als weitere Kriterien (z. B. Releasewechsel, Updates, die Vergabe von Zugriffsrechten oder Parametrisierungen, die Vollständigkeit und Richtigkeit der eingegebenen Daten) erheblichen Einfluss auf die Ordnungsmäßigkeit eines DV-Systems und damit auf Bücher und die sonst erforderlichen Aufzeichnungen haben können.

180 Positivtestate zur Ordnungsmäßigkeit der Buchführung – und damit zur Ordnungsmäßigkeit DV-gestützter Buchführungssysteme – werden weder im Rahmen einer steuerlichen Außenprüfung noch im Rahmen einer verbindlichen Auskunft erteilt.

181 „Zertifikate" oder „Testate" Dritter können bei der Auswahl eines Softwareproduktes dem Unternehmen als Entscheidungskriterium dienen, entfalten jedoch aus den in Rz. 179 genannten Gründen gegenüber der Finanzbehörde keine Bindungswirkung.

**13. Anwendungsregelung**

182 Im Übrigen bleiben die Regelungen des BMF-Schreibens vom 1. Februar 1984 IV A 7 – S 0318-1/84, BStBl. I S. 155, unberührt.

183 Dieses BMF-Schreiben tritt mit Wirkung vom 1. Januar 2020 an die Stelle des BMF-Schreibens vom 14. November 2014 IV A 4 – S 0316/13/10003, BStBl. I S. 1450.

184 Die übrigen Grundsätze dieses Schreibens sind auf Besteuerungszeiträume anzuwenden, die nach dem 31. Dezember 2019 beginnen. Es wird nicht beanstandet, wenn der Steuerpflichtige diese Grundsätze auf Besteuerungszeiträume anwendet, die vor dem 1. Januar 2020 enden.

# **800** § 147/1. Schreiben betr. Aufbewahrung digitaler Unterlagen bei Bargeschäften

Vom 26. November 2010 (BStBl. I S. 1342)

(BMF IV A 4 – S 0316/08/10004 – 07; DOK 2010/0946087)

Im Einvernehmen mit den obersten Finanzbehörden der Länder gilt zur Aufbewahrung der mittels Registrierkassen, Waagen mit Registrierkassenfunktion, Taxametern und Wegstreckenzählern (im Folgenden: Geräte) erfassten Geschäftsvorfälle Folgendes:

Seit dem 1. Januar 2002 sind Unterlagen i. S. des § 147 Abs. 1 AO, die mit Hilfe eines Datenverarbeitungssystems erstellt worden sind, während der Dauer der Aufbewahrungsfrist jederzeit verfügbar, unverzüglich lesbar und maschinell auswertbar aufzubewahren (§ 147 Abs. 2 Nr. 2 AO). Die vorgenannten Geräte sowie die mit ihrer Hilfe erstellten digitalen Unterlagen müssen seit diesem Zeitpunkt neben den *„Grundsätzen ordnungsmäßiger DV-gestützter Buchführungssysteme (GoBS)" vom 7. November 1995 (BStBl. I S. 738)*[1] *auch den „Grundsätzen zum Datenzugriff und zur Prüfbarkeit digitaler Unterlagen (GDPdU)" vom 16. Juli 2001 (BStBl. I S. 415)*[1] entsprechen (§ 147 Abs. 6 AO). Die Feststellungslast liegt beim Steuerpflichtigen. Insbesondere müssen alle steuerlich relevanten Einzeldaten (Einzelaufzeichnungspflicht) einschließlich etwaiger mit dem Gerät elektronisch erzeugter Rechnungen i. S. des § 14 UStG unveränderbar und vollständig aufbewahrt werden. Eine Verdichtung dieser Daten oder ausschließliche Speicherung der Rechnungsendsummen ist unzulässig. Ein ausschließliches Vorhalten aufbewahrungspflichtiger Unterlagen in ausgedruckter Form ist nicht ausreichend. Die digitalen Unterlagen und die Strukturinformationen müssen in einem auswertbaren Datenformat vorliegen.

Ist die komplette Speicherung aller steuerlich relevanten Daten – bei der Registrierkasse insbesondere Journal-, Auswertungs-, Programmier- und Stammdatenänderungsdaten – innerhalb des Geräts nicht möglich, müssen diese Daten unveränderbar und maschinell auswertbar auf einem externen Datenträger gespeichert werden. Ein Archivsystem muss die gleichen Auswertungen wie jene im laufenden System ermöglichen.

Die konkreten Einsatzorte und -zeiträume der vorgenannten Geräte sind zu protokollieren und diese Protokolle aufzubewahren (vgl. § 145 Abs. 1 AO, § 63 Abs. 1 UStDV). Einsatzort bei Taxametern und Wegstreckenzähler ist das Fahrzeug, in dem das Gerät verwendet wurde. Außerdem müssen die Grundlagenaufzeichnungen zur Überprüfung der Bareinnahmen für jedes einzelne Gerät getrennt geführt und aufbewahrt werden. Die zum Gerät gehörenden Organisationsunterlagen müssen aufbewahrt werden, insbesondere die Bedienungsanleitung, die Programmieranleitung und alle weiteren Anweisungen zur Programmierung des Geräts (§ 147 Abs. 1 Nr. 1 AO).

---

[1] Jetzt BMF v. 28. 11. 2019, BStBl. I S. 1269 (Nr. **800** § 146/1).

Soweit mit Hilfe eines solchen Geräts unbare Geschäftsvorfälle (z. B. EC-Cash, ELV – Elektronisches Lastschriftverfahren) erfasst werden, muss aufgrund der erstellten Einzeldaten ein Abgleich der baren und unbaren Zahlungsvorgänge und deren zutreffende Verbuchung im Buchführungs- bzw. Aufzeichnungswerk gewährleistet sein.

Die vorgenannten Ausführungen gelten auch für die mit Hilfe eines Taxameters oder Wegstreckenzählers erstellten digitalen Unterlagen, soweit diese Grundlage für Eintragungen auf einem Schichtzettel im Sinne des BFH-Urteils vom 26. Februar 2004 XI R 25/02 (BStBl. II S. 599) sind. Im Einzelnen können dies sein:

- Name und Vorname des Fahrers
- Schichtdauer (Datum, Schichtbeginn, Schichtende)
- Summe der Total- und Besetztkilometer laut Taxameter
- Anzahl der Touren lt. Taxameter
- Summe der Einnahmen lt. Taxameter
- Kilometerstand lt. Tachometer (bei Schichtbeginn und -ende)
- Einnahme für Fahrten ohne Nutzung des Taxameters
- Zahlungsart (z. B. bar, EC-Cash, ELV – Elektronisches Lastschriftverfahren, Kreditkarte)
- Summe der Gesamteinnahmen
- Angaben über Lohnabzüge angestellter Fahrer
- Angaben von sonstigen Abzügen (z. B. Verrechnungsfahrten)
- Summe der verbleibenden Resteinnahmen
- Summe der an den Unternehmer abgelieferten Beträge
- Kennzeichen der Taxe

Dies gilt für Unternehmer ohne Fremdpersonal entsprechend.

Soweit ein Gerät bauartbedingt den in diesem Schreiben niedergelegten gesetzlichen Anforderungen nicht oder nur teilweise genügt, wird es nicht beanstandet, wenn der Steuerpflichtige dieses Gerät längstens bis zum 31. Dezember 2016 in seinem Betrieb weiterhin einsetzt. Das setzt aber voraus, dass der Steuerpflichtige technisch mögliche Softwareanpassungen und Speichererweiterungen mit dem Ziel durchführt, die in diesem Schreiben konkretisierten gesetzlichen Anforderungen zu erfüllen. Bei Registrierkassen, die technisch nicht mit Softwareanpassungen und Speichererweiterungen aufgerüstet werden können, müssen die Anforderungen des BMF-Schreibens vom 9. Januar 1996 (BStBl. I S. 34) weiterhin vollumfänglich beachtet werden.

Das BMF-Schreiben zum „Verzicht auf die Aufbewahrung von Kassenstreifen bei Einsatz elektronischer Registrierkassen" vom 9. Januar 1996 (BStBl. I S. 34) wird im Übrigen hiermit aufgehoben.

# 800 § 150/1. Schreiben betr. Grundsätze für die Verwendung von Steuererklärungsvordrucken; Amtlich vorgeschriebene Vordrucke

Vom 3. April 2012 (BStBl. I S. 522)

(BMF IV A 5 – O 1000/07/10086 – 07; DOK 2012/0273134)

**1 Anlage[1)]**

Unter Bezugnahme auf das Ergebnis der Abstimmung mit den obersten Finanzbehörden der Länder gilt Folgendes:

Soweit Steuererklärungen nicht nach Maßgabe der Steuerdaten-Übermittlungsverordnung ausschließlich elektronisch übermittelt werden, sind sie nach amtlich vorgeschriebenem Vordruck abzugeben (§ 150 Abs. 1 AO). Mehrseitige Vordrucke sind vollständig abzugeben.

## 1. Amtlich vorgeschriebene Vordrucke

Amtlich vorgeschriebene Vordrucke sind:

**1.1.** Vordrucke, die mit den von den zuständigen Finanzbehörden freigegebenen Druckvorlagen hergestellt worden sind (amtliche Vordrucke), einschließlich der Formulare, die auf den Internetseiten der Steuerverwaltungen angeboten werden (Internetformulare);

**1.2.** Vordrucke, die im Rahmen einer elektronischen Übermittlung von Steuererklärungsdaten *nach Tz. 2 Abs. 2 Sätze 3 bis 5 des BMF-Schreibens vom 16. November 2011 (BStBl. I S. 1063)*[2)] erstellt und ausgefüllt worden sind (komprimierte Vordrucke);

**1.3.** Vordrucke, die nach dem Muster einer amtlichen Druckvorlage durch Druck, Ablichtung oder mit Hilfe von Datenverarbeitungsanlagen hergestellt worden sind (nichtamtliche Vordrucke).

## 2. Verwendung nichtamtlicher Vordrucke

Die Verwendung nichtamtlicher Vordrucke (Tz. 1.3) ist zulässig, wenn diese in der drucktechnischen Ausgestaltung (Layout), in der Papierqualität und in den Abmessungen den amtlichen Vordrucken entsprechen.

Die Vordrucke müssen danach insbesondere

- im Wortlaut, im Format und in der Seitenzahl sowie Seitenfolge mit den amtlichen Vordrucken übereinstimmen und
- über einen Zeitraum von mindestens 15 Jahren haltbar und gut lesbar sein.

Geringfügige Veränderungen der Zeilen- und Schreibabstände sowie des Papierformats sind zugelassen, sofern diese gleichmäßig über die ganze Seite

[1)] Hier nicht abgedruckt.

[2)] Aufgeh. durch Positivliste des BMF v. 21. 3. 2017, BStBl. I S. 486.

erfolgen und das Seitenverhältnis in Längs- und in Querrichtung beibehalten wird. Der Gründruck muss durch entsprechende Graustufen ersetzt werden.

Ein doppelseitiger Druck ist nicht erforderlich und die Verbindung der Seiten mehrseitiger Vordrucke ist zu vermeiden.

Sofern der amtliche Vordruck einen Barcode enthält, ist dieser in den nichtamtlichen Vordruck nicht aufzunehmen; die Eintragung des entsprechenden Formularschlüssels ist vorzunehmen. Weitere aufzunehmende Unterscheidungsmerkmale (z. B. Kennzahl und Wert) ergeben sich aus dem jeweiligen Vordruck.

Weitere Anforderungen an Vordrucke, die mit Hilfe von Datenverarbeitungsanlagen hergestellt wurden, ergeben sich aus dem als Anlage[1] beigefügten Merkblatt.

**3. Verwendung von Internetformularen und komprimierten Vordrucken**

Bei der Verwendung von Internetformularen und komprimierten Vordrucken sind die Anforderungen an die Papierqualität nichtamtlicher Vordrucke (Tz. 2) einzuhalten.

**4. Grundsätze für das maschinelle Ausfüllen von Vordrucken**

**4.1.** Die für die Bearbeitung im Finanzamt erforderlichen Ordnungsangaben sind in dem dafür vorgesehenen Bereich (Vordruckfeld) im Kopf des Vordrucks anzugeben. Die Steuernummern sind nach dem Format aufzubereiten, das für das Land vorgesehen ist, in dem die Steuererklärung abzugeben ist.

**4.2.** Bei negativen Beträgen ist das Minuszeichen vor den Betrag zu setzen.

**4.3.** Feldeinteilungen sind einzuhalten. Es ist zu gewährleisten, dass die maschinell vorgenommenen Eintragungen deutlich erkennbar sind (z. B. Fettdruck), die Zuordnung von Beträgen zu den Kennzahlen eindeutig ist und die Kennzahlen nicht überschrieben werden.

**4.4.** In der Fußzeile des Vordrucks ist zusätzlich der Name des Herstellers des verwendeten Computerprogramms anzugeben.

**5. Schlussbestimmungen**

Dieses Schreiben tritt mit Veröffentlichung im Bundessteuerblatt Teil I an die Stelle des BMF-Schreibens vom 11. März 2011, BStBl. I S. 247.

[1] Hier nicht abgedruckt.

# 800 § 156/1. Schreiben betr. Kleinbetragsregelung für das Erhebungsverfahren

Vom 22. März 2001 (BStBl. I S. 242)
(BMF IV A 4 – S 0512 – 2/01)

Unter Bezugnahme auf das Ergebnis der Erörterungen mit den obersten Finanzbehörden der Länder gilt bei der Erhebung von Ansprüchen aus dem Steuerschuldverhältnis Folgendes:

## 1. Entrichtung von Kleinbeträgen

Ergibt die Abrechnung eines Bescheides Forderungen von insgesamt weniger als 3 Euro,[1] so ist dem Steuerpflichtigen durch folgenden Hinweis zu gestatten, diese Kleinbeträge unabhängig von ihrer Fälligkeit erst dann zu entrichten, wenn unter derselben Steuernummer Ansprüche von insgesamt mindestens 3 Euro[1] fällig werden:

„Wenn dem Finanzamt unter dieser Steuernummer fällige Beträge von insgesamt weniger als 3 Euro[1] geschuldet werden, können diese Beträge zusammen mit der nächsten Zahlung an die Finanzkasse entrichtet werden. Geben Sie dann aber bitte auch die Steuernummer und den Verwendungszweck für diese Beträge an."

Im Einzugsermächtigungsverfahren (§ 224 Abs. 2 Nr. 3 AO) sind Beträge von insgesamt weniger als 3 Euro[1] nicht zum Fälligkeitstag, sondern mit dem nächsten fälligen Betrag abzubuchen.

## 2. Säumniszuschläge

Säumniszuschläge von insgesamt weniger als 5 Euro[2], die unter einer Steuernummer nachgewiesen werden, sollen in der Regel nicht gesondert angefordert werden; sie können jedoch zusammen mit anderen Beträgen angefordert werden.

## 3. Mahnung

Bei Beträgen von weniger als 3 Euro[1] ist von der Mahnung abzusehen.

Beträge von 3 Euro[1] bis 9,99 Euro[3] werden in der Regel nach Ablauf eines Jahres gemahnt.

Werden mehrere Ansprüche unter einer Steuernummer nachgewiesen, gilt die Kleinbetragsgrenze für den jeweils zu mahnenden Gesamtbetrag, dabei sind steuerliche Nebenleistungen einschließlich noch nicht angeforderter Säumniszuschläge mit einzubeziehen.

---

[1] Bis 31. 12. 2001 5 DM, vgl. BMF v. 15. 1. 1982, BStBl. I S. 197.
[2] Bis 31. 12. 2001 10 DM, vgl. BMF v. 15. 1. 1982, BStBl. I S. 197.
[3] Bis 31. 12. 2001 19,99 DM, vgl. BMF v. 15. 1. 1982, BStBl. I S. 197.

**4. Aufrechnung, Umbuchung**

Durch die Kleinbetragsgrenzen der Nummern 1 bis 3 wird die Möglichkeit der Aufrechnung oder Umbuchung nicht ausgeschlossen.

**5. Kleinstbeträge**

Beträge von weniger als 1 Euro[1] werden weder erhoben noch erstattet. Werden mehrere Ansprüche in einem Bescheid abgerechnet oder in einer Anmeldung erklärt, gilt die Betragsgrenze für den Gesamtbetrag.

Von der Einhaltung der Kleinbetragsgrenzen kann abgesehen werden, wenn diese vom Steuerpflichtigen missbräuchlich ausgenutzt werden.

Diese Regelung tritt mit Wirkung ab 1. Januar 2002 an die Stelle der Regelung im BMF-Schreiben vom 15. Januar 1982 – IV A 8 – S 0512 – 7/81 – (BStBl. I S. 197).

---

[1] Bis 31. 12. 2001 1 DM, vgl. BMF v. 15. 1. 1982, BStBl. I S. 197.

# 800 § 163/1. Schreiben betr. steuerliche Maßnahmen zur Berücksichtigung der Auswirkungen des Coronavirus (COVID-19/SARS-CoV-2)[1)]

Vom 19. März 2020
BMF IV A 3 - S 0336/19/10007 :002; DOK 2020/0265898
(BStBl. I S. 262)

In weiten Teilen des Bundesgebietes sind durch das Coronavirus beträchtliche wirtschaftliche Schäden entstanden oder diese werden noch entstehen. Es ist daher angezeigt, den Geschädigten durch steuerliche Maßnahmen zur Vermeidung unbilliger Härten entgegenzukommen.

Im Einvernehmen mit den obersten Finanzbehörden der Länder gilt daher im Hinblick auf Stundungs- und Vollstreckungsmaßnahmen sowie bei der Anpassung von Vorauszahlungen für Steuern, die von den Landesfinanzbehörden im Auftrag des Bundes verwaltet werden, Folgendes:

**1.**

Die nachweislich unmittelbar und nicht unerheblich betroffenen Steuerpflichtigen können bis zum 31. Dezember 2020 unter Darlegung ihrer Verhältnisse Anträge auf Stundung der bis zu diesem Zeitpunkt bereits fälligen oder fällig werdenden Steuern, die von den Landesfinanzbehörden im Auftrag des Bundes verwaltet werden, sowie Anträge auf Anpassung der Vorauszahlungen auf die Einkommen- und Körperschaftsteuer stellen. Diese Anträge sind nicht deshalb abzulehnen, weil die Steuerpflichtigen die entstandenen Schäden wertmäßig nicht im Einzelnen nachweisen können. Bei der Nachprüfung der Voraussetzungen für Stundungen sind keine strengen Anforderungen zu stellen. Auf die Erhebung von Stundungszinsen kann in der Regel verzichtet werden. § 222 Satz 3 und 4 AO bleibt unberührt.

**2.**

Anträge auf Stundung der nach dem 31. Dezember 2020 fälligen Steuern sowie Anträge auf Anpassung der Vorauszahlungen, die nur Zeiträume nach dem 31. Dezember 2020 betreffen, sind besonders zu begründen.

**3.**

Wird dem Finanzamt aufgrund Mitteilung des Vollstreckungsschuldners oder auf andere Weise bekannt, dass der Vollstreckungsschuldner unmittelbar und nicht unerheblich betroffen ist, soll bis zum 31. Dezember 2020 von Vollstreckungsmaßnahmen bei allen rückständigen oder bis zu diesem Zeitpunkt fällig werdenden Steuern im Sinne der Tz. 1 abgesehen werden. In den betreffenden Fällen sind die im Zeitraum ab dem Zeitpunkt der Veröffentlichung dieses Schreibens bis zum 31. Dezember 2020 verwirkten Säumniszuschläge für diese Steuern zum 31. Dezember 2020 zu erlassen. Die Finanzämter können den Erlass durch Allgemeinverfügung (§ 118 Satz 2 AO) regeln.

---

[1)] **Red. Anm.:** Siehe hierzu das ergänzende BMF-Schreiben v. 18. 3. 2021, BStBl. I S. 337 (Nr. **800** § 163 /3).

**4.**

Für die mittelbar Betroffenen gelten die allgemeinen Grundsätze.

# 800 § 163/2. Schreiben betr. Insolvenzordnung; Kriterien für die Entscheidung über einen Einigungsversuch zur außergerichtlichen Schuldenbereinigung (§ 305 Abs. 1 Nr. 1 InsO)

Vom 27. Januar 2021
BMF IV A 3-S 0550/20/10008 :001; DOK 2021/0076958
(BStBl. I S. 152)

Unter Bezugnahme auf das Ergebnis der Erörterung mit den obersten Finanzbehörden der Länder gilt für die Entscheidung über einen außergerichtlichen Schuldenbereinigungsplan Folgendes:

**1. Anwendungsbereich**

Bevor ein Schuldner einen Antrag auf Eröffnung eines Verbraucherinsolvenzverfahrens stellen kann, muss er versuchen, eine außergerichtliche Einigung mit den Gläubigern über die Schuldenbereinigung herbeizuführen (§ 305 Abs. 1 Nr. 1 InsO).

Die nachfolgenden Regelungen gelten für ein solches außergerichtliches Schuldenbereinigungsverfahren.

Das außergerichtliche Schuldenbereinigungsverfahren findet Anwendung auf natürliche Personen, die keine selbständige wirtschaftliche Tätigkeit ausüben oder ausgeübt haben; nur sie können das Verbraucherinsolvenzverfahren nach §§ 304 ff. InsO beantragen. Personen, die eine selbständige Tätigkeit ausgeübt haben, gehören dazu, wenn ihre Vermögensverhältnisse überschaubar sind und gegen sie keine Forderungen aus Arbeitsverhältnissen bestehen. Überschaubar sind Vermögensverhältnisse, wenn der Schuldner zu dem Zeitpunkt, zu dem der Antrag auf Eröffnung des Insolvenzverfahrens gestellt wird, weniger als 20 Gläubiger hat. Forderungen aus Arbeitsverhältnissen sind nicht nur die Ansprüche der ehemaligen Arbeitnehmer selbst, sondern auch die Forderungen von Sozialversicherungsträgern und Finanzbehörden (z. B. Lohnsteuerforderungen einschließlich Lohnsteuerhaftungsansprüche).

Zu den Verbindlichkeiten, die in eine außergerichtliche Schuldenbereinigung einbezogen werden können, gehören grundsätzlich auch Haftungsschulden des Schuldners (z. B. Umsatzsteuerhaftungsansprüche). Ist der Antrag nicht eindeutig bezeichnet, kann es ein starkes Indiz für einen Einigungsversuch des Schuldners im Rahmen eines außergerichtlichen Schuldenbereinigungsverfahrens im Vorfeld eines Verbraucherinsolvenzverfahrens sein, wenn sich eine nach § 305 Abs. 1 Nr. 1 InsO geeignete Person oder Stelle mit dem außergerichtlichen Schuldenbereinigungsversuch an die Finanzbehörde wendet oder diesen zumindest begleitet.

Die zur Bescheinigung eines erfolglosen außergerichtlichen Einigungsversuchs geeignete Person oder Stelle muss den Einigungsversuch aber nicht zwingend selbst durchgeführt haben.

**2. Verfahren**

Die außergerichtliche Schuldenbereinigung erfolgt im Wege von freigestalteten Verhandlungen auf der Grundlage eines vorzulegenden Planes.

Als Rechtsgrundlage für einen Verzicht auf Abgabenforderungen kann jedoch nur das Abgabenrecht unter Einbeziehung der Zielsetzung der Insolvenzordnung herangezogen werden (BFH vom 26. 10. 2011 VII R 50/10, BFH/NV 2012 S. 552). Die Frage, ob die Finanzbehörde einem außergerichtlichen Schuldenbereinigungsplan zustimmen kann, ist deshalb nach den gesetzlichen Bestimmungen der AO über die abweichende Festsetzung (§ 163 AO), die Stundung (§ 222 AO), den Vollstreckungsaufschub (§ 258 AO) sowie den Erlass (§ 227 AO) zu beurteilen. Zu den Gesichtspunkten, die in die Ermessenserwägungen einzubeziehen sind, gehört im außergerichtlichen Schuldenbereinigungsverfahren zusätzlich die Zielsetzung der Insolvenzordnung, redlichen Schuldnern unter Einbeziehung sämtlicher Gläubiger eine Schuldenbereinigung als Voraussetzung für einen wirtschaftlichen Neuanfang zu ermöglichen.

Sachliche Billigkeitsgründe werden vom außergerichtlichen Schuldenbereinigungsverfahren nicht berührt und sind daher vorab zu berücksichtigen.

Da nach den Intentionen des Gesetzgebers für einen Verzicht nur persönliche Billigkeitsgründe in Betracht kommen, setzt eine Maßnahme nach §§ 163, 227 AO voraus, dass der Schuldner erlassbedürftig und -würdig ist. Die Auslegung des Begriffs „persönliche Unbilligkeit" hat sich hierbei an der Zielsetzung der Insolvenzordnung zu orientieren. Wegen der angestrebten Schuldenbereinigung unter Beteiligung sämtlicher Gläubiger ist bei der Anwendung der §§ 163, 227 AO im außergerichtlichen Schuldenbereinigungsverfahren zu beachten, dass der Begriff „persönliche Unbilligkeit" in diesem Verfahren anders als in anderen Billigkeitsverfahren nach der AO definiert ist. Das bedeutet, dass die Rechtsprechung zu §§ 163, 227 AO insoweit nicht uneingeschränkt angewendet werden kann.

Bei der Zustimmung oder Ablehnung eines außergerichtlichen Schuldenbereinigungsplanes durch die Finanzbehörde handelt es sich um einen Verwaltungsakt.

**Zustimmung**

Hat die Prüfung des Antrags ergeben, dass der Schuldner dem Grunde nach erlassbedürftig ist und im außergerichtlichen Schuldenbereinigungsverfahren erlasswürdig ist, kann der Erlass im Hinblick auf § 287 a InsO zunächst nur verbindlich für den Fall in Aussicht gestellt werden, dass alle erforderlichen Bedingungen erfüllt werden.

Dies ist z. B. der Fall, wenn

- die übrigen Gläubiger noch nicht zugestimmt haben,
- der Schuldner noch eine Teilzahlung oder Ratenzahlungen zu leisten hat,
- Zahlungseingänge durch Verwertung u. a. von Pfandrechten, Sicherheiten oder Inanspruchnahme Dritter zu erwarten sind oder
- etwaige Aufrechnungsmöglichkeiten wahrgenommen werden sollen.

Wenn der Erlass verbindlich in Aussicht gestellt wird, treten die Wirkungen eines solchen zu diesem Zeitpunkt noch nicht ein; dies geschieht erst mit Eintritt aller Bedingungen (Verwaltungsakt mit aufschiebender Bedingung, § 120 Abs. 2 Nr. 2 AO). Während der Laufzeit einer Ratenzahlungsvereinbarung ist die Erfüllung der laufenden steuerlichen Verpflichtungen weitere Voraussetzung für die Erlassbewilligung. Die voraussichtlich zu erlassenden Beträge können zunächst bis zum Ablauf des Zahlungsplans und die künftig zu leistenden Beträge entsprechend den getroffenen Regelungen gestundet werden.

In Fällen, in denen eine Ratenzahlung über einen längeren Zeitraum vereinbart wurde, hat der Schuldner gegenüber der Finanzbehörde jährlich über die geleisteten Zahlungen und deren Verteilung an die einzelnen Gläubiger Rechnung zu legen.

Ist der Schuldenbereinigungsplan erfüllt, erlöschen die Ansprüche aus dem Steuerschuldverhältnis, ohne dass es eines weiteren Verwaltungsaktes bedarf.

**Ablehnung**

Bei der Ablehnung handelt es sich um einen anfechtbaren Verwaltungsakt (Ablehnung eines Antrags auf Gewährung einer Billigkeitsmaßnahme). Der Finanzrechtsweg ist eröffnet.

Die Entscheidung über die Zustimmung oder Ablehnung zu einem außergerichtlichen Schuldenbereinigungsplan erledigt sich, sobald ein Gläubiger nach Aufnahme der Verhandlungen Vollstreckungsmaßnahmen ergreift, § 305 a InsO. Gleiches gilt, wenn bekannt wird, dass das außergerichtliche Schuldenbereinigungsverfahren auf andere Weise gescheitert ist.

### 3. Sachverhaltsermittlung

Zur Prüfung des außergerichtlichen Schuldenbereinigungsplanes sind der Finanzbehörde grundsätzlich die Unterlagen vorzulegen, die auch im gerichtlichen Schuldenbereinigungsverfahren (§ 305 Abs. 1 Nrn. 3 und 4 InsO) einzureichen sind. Dies sind insbesondere

- ein Nachweis über die Beteiligung am Erwerbsleben (z. B. Beschäftigungsverhältnis, Eintritt ins Rentenalter),
- ein Verzeichnis des vorhandenen Vermögens und des Einkommens (Vermögensverzeichnis),
- eine Zusammenfassung des wesentlichen Inhalts des Vermögensverzeichnisses (Vermögensübersicht),
- ein Gläubigerverzeichnis einschließlich Auflistung der Verbindlichkeiten,
- ein Schuldenbereinigungsplan, aus dem sich ergibt, welche Zahlungen in welcher Zeit geleistet werden, zudem sind Angaben zur Herkunft der Mittel erforderlich,
- ein Nachweis,
  - ob und inwieweit Bürgschaften, Pfandrechte und andere Sicherheiten zugunsten Dritter bestehen und welche Zahlungen darauf geleistet werden bzw. noch zu erbringen sind,
  - ob und ggf. welche Schenkungen und Veräußerungen in den letzten zehn Jahren an nahe Angehörige bzw. sonstige Personen erfolgt sind,
  - ob Rechte und Ansprüche aus Erbfällen bestehen bzw. zu erwarten sind (z. B. Pflichtteilsansprüche),
- eine Erklärung,
  - dass Vermögen aus Erbschaften bzw. Erbrechten und Schenkungen zur Hälfte zur Befriedigung der Gläubigergemeinschaft eingesetzt wird, sowie Vermögen, das der Schuldner als Gewinn in einer Lotterie, Ausspielung oder in einem anderen Spiel mit Gewinnmöglichkeit erwirbt, zum vollen Wert an den Treuhänder herausgegeben wird (vgl. § 295 Abs. 1 Nr. 2

InsO); ausgenommen sind gebräuchliche Gelegenheitsgeschenke und Gewinne von geringem Wert,

- dass außer den im Schuldenbereinigungsplan aufgeführten keine weiteren Gläubiger vorhanden sind, niemand Sonderrechte (außer bei Pfandrechten und Sicherheiten) erhalten hat oder solche versprochen wurden,
- dass sämtliche Angaben richtig und vollständig sind.

**4. Planinhalt**

Der Plan muss ein zielgerichtetes Vorgehen des Schuldners erkennen lassen, indem der Schuldner versucht, eine umfassende Lösung seiner Verschuldungsprobleme gegenüber allen Gläubigern zu erreichen. Der Vorschlag des Schuldners zur Schuldenbereinigung ist ein Angebot an die Gläubigergemeinschaft, der sich auf alles beziehen kann, was Gegenstand einer vertraglichen Vereinbarung zwischen Schuldner und Gläubigern sein kann. Die Finanzbehörde kann zweckdienliche Änderungen des Planes verlangen.

Die Gläubiger müssen durch die Darstellungen im Plan in die Lage versetzt werden, das Angebot des Schuldners verlässlich beurteilen zu können. Neben zweckdienlich erscheinenden Vereinbarungen zur Schuldenrückführung muss der Plan die Einkommens-, Vermögens- und Familienverhältnisse des Schuldners enthalten. Der Plan hat ferner Auskunft darüber zu geben, ob und inwieweit Bürgschaften, Pfandrechte und andere Sicherheiten der Gläubiger berührt werden sollen (vgl. § 305 Abs. 1 Nr. 4 InsO analog). Er wirkt nicht gegenüber anderen (Gesamt-)Schuldnern, soweit im Plan hierzu keine Regelungen aufgenommen sind.

Ein Schuldenbereinigungsplan kann Ratenzahlungen oder eine quotenmäßige Befriedigung gegen den teilweisen Verzicht auf die Forderungen und Stundung/Vollstreckungsaufschub im Übrigen vorsehen. Eine angemessene Schuldenbereinigung kann auch eine Einmalzahlung darstellen. Eine außergerichtliche Einigung ist nicht allein deshalb auszuschließen, weil der Plan keine Zahlungen des Schuldners (Null-Plan) vorsieht.

Daneben kann der Schuldenbereinigungsplan unter anderem folgende Regelungen beinhalten:

- Eingriffe in Absonderungsrechte,
  Der mit dem Schuldenbereinigungsplan erfolgende Forderungsverzicht wirkt sich, soweit nicht anders vereinbart, unmittelbar auf akzessorische Sicherheiten wie das Pfandrecht, die Bürgschaft und die Hypothek, aber auch auf einen noch nicht festgesetzten Haftungsanspruch (vgl. § 191 Abs. 5 Nr. 2 AO) aus. Ebenso entsteht bei abstrakten Sicherheiten wie der Grundschuld ein schuldrechtlicher Rückgewähranspruch in Höhe des Forderungsverzichts. Die Finanzbehörde kann die Zustimmung zu einem Schuldenbereinigungsplan, der die Beschränkung seiner Forderung vorsieht, davon abhängig machen, dass der Grundschuldgeber – sei es der Schuldner oder ein Dritter – auf den schuldrechtlichen Rückgewähranspruch verzichtet, also dinglich über die restliche Steuerschuld hinaus haftet.
- Lohnabtretungen zugunsten der Gläubiger,
- Vereinbarungen in Bezug auf sonstige Sicherheiten,
- Anpassungsklauseln für den Fall künftiger veränderter Verhältnisse, insbesondere Vermögenserwerbe,

- Vorbehalt von Aufrechnungsmöglichkeiten für die Zeit bis zum Abschluss der Schuldenbereinigung,
- Wiederauflebensklausel für den Fall, dass der Schuldner Verpflichtungen aus dem Plan nicht einhält, oder
- Regelungen, die den Obliegenheiten des Schuldners gem. § 295 InsO im Verfahren der Restschuldbefreiung entsprechen.

## 5. Entscheidung

### 5.1. Erlassbedürftigkeit

Die Erlassbedürftigkeit ist grundsätzlich nach den wirtschaftlichen Verhältnissen des Schuldners zu beurteilen. Die wirtschaftliche Lage des Ehegatten oder Lebenspartners kann insoweit berücksichtigt werden, als dem Schuldner wegen des ihm zustehenden Unterhaltsanspruchs über den pfändbaren Teil hinaus Zahlungen zuzumuten sind.

Im Hinblick auf die Zielsetzung der Insolvenzordnung ist eine Billigkeitsmaßnahme nicht deshalb ausgeschlossen, weil z. B. wegen eines Pfändungsschutzes eine Einziehung der Steuer ohnehin nicht möglich bzw. die Notlage nicht durch die Steuerfestsetzung selbst verursacht worden ist. Vielmehr ist zu würdigen, ob ein gerichtliches Schuldenbereinigungsverfahren bzw. ein Verbraucherinsolvenzverfahren mit Restschuldbefreiung erfolgversprechend wäre. In diesem Falle kann angenommen werden, dass der Erlass dem Schuldner und nicht anderen Gläubigern zugutekommt. Dies gilt insbesondere dann, wenn durch Dritte (z. B. Angehörige) zusätzliche Mittel für die teilweise Schuldenbereinigung von bisher und voraussichtlich auch künftig uneinbringlichen Rückständen eingesetzt werden.

Für die Entscheidung der Finanzbehörde ist maßgebend, dass die Zahlungen in Anbetracht der wirtschaftlichen Verhältnisse angemessen sind, alle Gläubiger – nach Berücksichtigung u. a. von Pfandrechten, Sicherheiten – gleichmäßig befriedigt werden und insbesondere dem Schuldner ein wirtschaftlicher Neuanfang ermöglicht wird. Wurden einzelne Gläubiger in der Vergangenheit ungerechtfertigt bevorzugt, kann es angemessen sein, auf eine höhere Quote zu bestehen. Es ist in Anlehnung an die Regelung bei der Restschuldbefreiung zumutbar, die pfändbaren Beträge über einen angemessenen Zeitraum entsprechend § 300 InsO an die Gläubiger abzuführen.

Andererseits soll der Schuldner im außergerichtlichen Verfahren auch nicht bessergestellt werden als bei Durchführung eines Insolvenzverfahrens mit – ggf. auch verkürzter – Abtretungsfrist. Auch die Möglichkeit für Verbraucher, eine Schuldenbereinigung im Wege eines Insolvenzplanverfahrens zu erreichen, kann in die Entscheidung mit einbezogen werden.

Der Schuldenbereinigungsplan muss erkennen lassen, dass der Schuldner das gesamte Vermögen (alle verfügbaren und beschaffbaren Mittel) und ggf. für eine gewisse Zeit das künftig pfändbare Einkommen zur Schuldentilgung einsetzt und die angebotenen Zahlungen unter Berücksichtigung des vorhandenen Vermögens und Einkommens sowie des Alters angemessen sind.

Es sollten alle Gläubiger mit der gleichen Quote befriedigt werden, es sei denn, es bestehen zugunsten Einzelner werthaltige Pfandrechte oder Sicherheiten, die in Höhe des tatsächlichen Werts vorweg befriedigt werden können.

**5.2. Erlasswürdigkeit**

Im außergerichtlichen Schuldenbereinigungsverfahren richtet sich die Entscheidung über die Erlasswürdigkeit eines Schuldners danach, ob und inwieweit dem Schuldner Restschuldbefreiung zu erteilen wäre.

In folgenden Fallkonstellationen liegt demnach grundsätzlich keine Erlasswürdigkeit vor:

– Unzulässigkeit des Antrags auf Restschuldbefreiung
  Dem Schuldner wurde in den letzten elf Jahren Restschuldbefreiung erteilt oder die Restschuldbefreiung in den letzten drei bzw. fünf Jahren versagt (§ 287 a Abs. 1 und 2 InsO).
– Versagung der Restschuldbefreiung
  Unter den Voraussetzungen des § 290 InsO ist die Restschuldbefreiung u. a. zu versagen, wenn der Schuldner z. B.
  – wegen einer Insolvenzstraftat verurteilt wurde,
  – schriftlich unrichtige oder unvollständige Angaben über seine wirtschaftlichen Verhältnisse gemacht oder
  – seine Auskunfts- und Mitwirkungspflichten in diesem Verfahren (z. B. über Vermögen) verletzt hat.

Am Schuldenbereinigungsplan nehmen grundsätzlich keine Forderungen teil, die von der Restschuldbefreiung ausgenommen wären (z. B. Forderungen im Zusammenhang mit einer rechtskräftigen Verurteilung wegen einer Steuerstraftat, § 302 Nr. 1 InsO).

**6.**

Einer Zustimmung des Bundesministeriums der Finanzen bedarf es nicht (vgl. BMF-Schreiben vom 1. Oktober 2020, BStBl. I S. 989[1]).

Dieses Schreiben tritt an die Stelle des BMF-Schreibens vom 11. Januar 2002 (BStBl. I S. 132). Das Schreiben wird in das AO-Handbuch aufgenommen.

[1] Nr. **800** § 222/2

# 800 § 163/3. Schreiben betr. steuerliche Maßnahmen zur Berücksichtigung der Auswirkungen des Coronavirus (COVID-19/SARS-CoV-2); Weitere Verlängerung der verfahrensrechtlichen Steuererleichterungen

Vom 31. Januar 2022

BMF IV A 3 - S 0336/20/10001 :047; DOK 2022/0098340

(BStBl. I S. 132)

**Bezug:** BMF-Schreiben vom 7. Dezember 2021 (BStBl. I S. 2228)

In weiten Teilen des Bundesgebietes entstehen durch das Coronavirus weiterhin beträchtliche wirtschaftliche Schäden. Es ist daher angezeigt, den Geschädigten erneut durch eine angemessene Verlängerung der steuerlichen Maßnahmen zur Vermeidung unbilliger Härten entgegenzukommen.

Im Einvernehmen mit den obersten Finanzbehörden der Länder gilt daher im Hinblick auf Steuern, die von den Landesfinanzbehörden im Auftrag des Bundes verwaltet werden, ergänzend zum BMF-Schreiben vom 19. März 2020 (BStBl. I S. 262)[1)] Folgendes:

## 1. Stundung im vereinfachten Verfahren

### 1.1.

Die nachweislich unmittelbar und nicht unerheblich negativ wirtschaftlich betroffenen Steuerpflichtigen können bis zum 31. März 2022 unter Darlegung ihrer Verhältnisse Anträge auf Stundung der bis zum 31. März 2022 fälligen Steuern stellen. Die Stundungen sind längstens bis zum 30. Juni 2022 zu gewähren. § 222 Satz 3 und 4 AO bleibt unberührt.

### 1.2.

In den Fällen der Ziffer 1.1 können über den 30. Juni 2022 hinaus Anschlussstundungen für die bis zum 31. März 2022 fälligen Steuern im Zusammenhang mit einer angemessenen, längstens bis zum 30. September 2022 dauernden Ratenzahlungsvereinbarung gewährt werden.

### 1.3.

Bei der Nachprüfung der Voraussetzungen für (Anschluss-)Stundungen nach den Ziffern 1.1 und 1.2 sind keine strengen Anforderungen zu stellen. Die Anträge sind nicht deshalb abzulehnen, weil die Steuerpflichtigen die entstandenen Schäden wertmäßig nicht im Einzelnen nachweisen können.

### 1.4.

Auf die Erhebung von Stundungszinsen kann in den vorgenannten Fällen verzichtet werden.

---

1) Nr. **800** § 163/1.

**2. Absehen von Vollstreckungsmaßnahmen (Vollstreckungsaufschub) im vereinfachten Verfahren**

**2.1.**

Wird dem Finanzamt bis zum 31. März 2022 aufgrund einer Mitteilung des Vollstreckungsschuldners bekannt, dass der Vollstreckungsschuldner nachweislich unmittelbar und nicht unerheblich negativ wirtschaftlich betroffen ist, soll bis zum 30. Juni 2022 von Vollstreckungsmaßnahmen bei bis zum 31. März 2022 fällig gewordenen Steuern abgesehen werden.

In diesen Fällen sind die im Zeitraum vom 1. Januar 2021 bis zum 30. Juni 2022 entstandenen Säumniszuschläge grundsätzlich zu erlassen.

**2.2.**

Bei Vereinbarung einer angemessenen Ratenzahlung ist in den Fällen der Ziffer 2.1 eine Verlängerung des Vollstreckungsaufschubs für die bis zum 31. März 2022 fälligen Steuern längstens bis zum 30. September 2022 einschließlich des Erlasses der bis dahin insoweit entstandenen Säumniszuschläge möglich.

**2.3.**

Die Finanzämter können den Erlass der Säumniszuschläge durch Allgemeinverfügung (§ 118 Satz 2 AO) regeln.

**3. Anpassung von Vorauszahlungen im vereinfachten Verfahren**

Die nachweislich unmittelbar und nicht unerheblich negativ wirtschaftlich betroffenen Steuerpflichtigen können bis zum 30. Juni 2022 unter Darlegung ihrer Verhältnisse Anträge auf Anpassung der Vorauszahlungen auf die Einkommen- und Körperschaftsteuer 2021 und 2022 stellen. Bei der Nachprüfung der Voraussetzungen sind keine strengen Anforderungen zu stellen. Diese Anträge sind nicht deshalb abzulehnen, weil die Steuerpflichtigen die entstandenen Schäden wertmäßig nicht im Einzelnen nachweisen können.

**4. Stundung, Vollstreckungsaufschub und Anpassung von Vorauszahlungen in anderen Fällen**

Für Anträge auf (Anschluss-)Stundung oder Vollstreckungsaufschub außerhalb der Ziffern 1.1 und 1.2 bzw. 2.1 und 2.2 sowie auf Anpassung von Vorauszahlungen außerhalb der Ziffer 3 gelten die allgemeinen Grundsätze und Nachweispflichten. Dies gilt auch für Ratenzahlungsvereinbarungen über den 30. September 2022 hinaus.

Dieses Schreiben ergänzt das BMF-Schreiben vom 19. März 2020 (BStBl. I S. 262)[1] und tritt an die Stelle des BMF-Schreibens vom 7. Dezember 2021 (BStBl. I S. 2228).

[1] Nr. **800** § 163/1.

# **800** § 163/5. Schreiben betr. ertragsteuerliche Behandlung von Sanierungsgewinnen; Steuerstundung und Steuererlass aus sachlichen Billigkeitsgründen (§§ 163, 222, 227 AO)[1)]

Vom 27. März 2003 (BStBl. I S. 240)

(BMF IV A 6 – S 2140 – 8/03)

Im Einvernehmen mit den obersten Finanzbehörden der Länder nehme ich zur Frage der ertragsteuerlichen Behandlung von Sanierungsgewinnen wie folgt Stellung:

## I. Sanierung

### 1. Begriff

[1]Eine Sanierung ist eine Maßnahme, die darauf gerichtet ist, ein Unternehmen oder einen Unternehmensträger (juristische oder natürliche Person) vor dem finanziellen Zusammenbruch zu bewahren und wieder ertragsfähig zu machen (= unternehmensbezogene Sanierung). [2]Das gilt auch für außergerichtliche Sanierungen, bei denen sich die Gesellschafterstruktur des in die Krise geratenen zu sanierenden Unternehmens (Personengesellschaft oder Kapitalgesellschaft) ändert, bei anderen gesellschaftsrechtlichen Umstrukturierungen im Rahmen der außergerichtlichen Sanierung von Kapitalgesellschaften sowie für Sanierungen im Rahmen eines Insolvenzverfahrens. 1

### 2. Einstellung des Unternehmens/Übertragende Sanierung

[1]Wird das Unternehmen nicht fortgeführt oder trotz der Sanierungsmaßnahme eingestellt, liegt eine Sanierung im Sinne dieser Regelung nur vor, wenn die Schulden aus betrieblichen Gründen (z. B. um einen Sozialplan zu Gunsten der Arbeitnehmer zu ermöglichen) erlassen werden. [2]Keine begünstigte Sanierung ist gegeben, soweit die Schulden erlassen werden, um dem Steuerpflichtigen oder einem Beteiligten einen schuldenfreien Übergang in sein Privatleben oder den Aufbau einer anderen Existenzgrundlage zu ermöglichen. [3]Im Fall der übertragenden Sanierung (vgl. BFH-Urteil vom 24. April 1986, BStBl. II S. 672) ist von einem betrieblichen Interesse auch auszugehen, soweit der Schuldenerlass erforderlich ist, um das Nachfolgeunternehmen (Auffanggesellschaft) von der Inanspruchnahme für Schulden des Vorgängerunternehmens freizustellen (z. B. wegen § 25 Abs. 1 HGB). 2

## II. Sanierungsgewinn

[1]Ein Sanierungsgewinn ist die Erhöhung des Betriebsvermögens, die dadurch entsteht, dass Schulden zum Zweck der Sanierung ganz oder teilweise erlassen werden. [2]Schulden werden insbesondere erlassen 3

---

[1)] Zur Anwendbarkeit dieses Schreibens nach dem **8. 2. 2017** siehe BMF v. 27. 4. 2017, BStBl. I S. 741 (Nr. **800** § 163/8).

– durch eine vertragliche Vereinbarung zwischen dem Schuldner und dem Gläubiger, durch die der Gläubiger auf eine Forderung verzichtet (Erlassvertrag nach § 397 Abs. 1 BGB) oder
– durch ein Anerkenntnis, dass ein Schuldverhältnis nicht besteht (negatives Schuldanerkenntnis nach § 397 Abs. 2 BGB, BFH-Urteil vom 27. Januar 1998, BStBl. II S. 537).

**4** [1]Voraussetzungen für die Annahme eines im Sinne dieses BMF-Schreibens begünstigten Sanierungsgewinns sind die Sanierungsbedürftigkeit und Sanierungsfähigkeit des Unternehmens, die Sanierungseignung des Schulderlasses und die Sanierungsabsicht der Gläubiger. [2]Liegt ein Sanierungsplan vor, kann davon ausgegangen werden, dass diese Voraussetzungen erfüllt sind.

**5** [1]Unter den in Rn. 4 genannten Voraussetzungen führt auch der Forderungsverzicht eines Gläubigers gegen Besserungsschein zu einem begünstigten Sanierungsgewinn. [2]Tritt der Besserungsfall ein, so dass der Schuldner die in der Besserungsvereinbarung festgelegten Zahlungen an den Gläubiger leisten muss, ist der Abzug dieser Aufwendungen als Betriebsausgaben entsprechend den Rechtsgrundsätzen des § 3 c Abs. 1 EStG ausgeschlossen. [3]Insoweit verringert sich allerdings nachträglich der Sanierungsgewinn. [4]Die vor Eintritt des Besserungsfalls auf den nach Verlustverrechnungen verbleibenden Sanierungsgewinn entfallende Steuer ist zunächst über den für den Eintritt des Besserungsfalls maßgeblichen Zeitpunkt hinaus zu stunden (vgl. Rn. 7 ff.).

**6** [1]Wird der Gewinn des zu sanierenden Unternehmens gesondert festgestellt, erfolgt die Ermittlung des Sanierungsgewinns i. S. der Rn. 3 bis 5 durch das Betriebsfinanzamt. [2]Das sich daran anschließende Stundungs- und Erlassverfahren (Rn. 7 ff.) erfolgt durch das jeweilige Wohnsitzfinanzamt. [3]Auf Beispiel 2 in Rn. 8 wird hingewiesen.

## III. Steuerstundung und Steuererlass aus sachlichen Billigkeitsgründen

**7** [1]Zum 1. Januar 1999 ist die Insolvenzordnung – InsO – vom 5. Oktober 1994 (BGBl. I S. 2866, zuletzt geändert durch das Gesetz zur Einführung des Euro in Rechtspflegegesetzen und in Gesetzen des Straf- und Ordnungswidrigkeitenrechts, zur Änderung der Mahnvordruckverordnungen sowie zur Änderung weiterer Gesetze vom 13. Dezember 2001, BGBl. I S. 3574) in Kraft getreten. [2]Die InsO hat die bisherige Konkurs- und Vergleichsordnung (alte Bundesländer) sowie die Gesamtvollstreckungsordnung (neue Bundesländer) abgelöst. [3]Die InsO verfolgt als wesentliche Ziele die bessere Abstimmung von Liquidations- und Sanierungsverfahren, die innerdeutsche Vereinheitlichung des Insolvenzrechts, die Förderung der außergerichtlichen Sanierung, die Stärkung der Gläubigerautonomie sowie die Einführung einer gesetzlichen Schuldenbefreiung für den redlichen Schuldner. [4]Die Besteuerung von Sanierungsgewinnen nach Streichung des § 3 Nr. 66 EStG (zuletzt i. d. F. der Bekanntmachung vom 16. April 1997, BGBl. I S. 821) ab dem 1. Januar 1998 steht mit der neuen InsO im Zielkonflikt.

**8**[1)] [1]Die Erhebung der Steuer auf einen nach Ausschöpfen der ertragsteuerrechtlichen Verlustverrechnungsmöglichkeiten verbleibenden Sanierungsgewinn

[1)] Zur Berechnung der auf einen Sanierungsgewinn entfallenden ESt siehe LfSt Bayern v. 23. 10. 2009, DStR S. 2431.

i. S. der Rn. 3 bis 5 bedeutet für den Steuerpflichtigen aus sachlichen Billigkeitsgründen eine erhebliche Härte. [2]Die entsprechende Steuer ist daher auf Antrag des Steuerpflichtigen nach § 163 AO abweichend festzusetzen (Satz 3 ff.) und nach § 222 AO mit dem Ziel des späteren Erlasses (§ 227 AO) zunächst unter Widerrufsvorbehalt ab Fälligkeit (AEAO zu § 240 Nr. 6 a) zu stunden (vgl. Rn. 9 bis 11). [3]Zu diesem Zweck sind die Besteuerungsgrundlagen in der Weise zu ermitteln, dass Verluste/negative Einkünfte unbeschadet von Ausgleichs- und Verrechnungsbeschränkungen (insbesondere nach § 2 Abs. 3, § 2 a, *§ 2 b*[1]), § 10 d, § 15 Abs. 4, § 15 a, § 23 Abs. 3 EStG) für die Anwendung dieses BMF-Schreibens im Steuerfestsetzungsverfahren bis zur Höhe des Sanierungsgewinns vorrangig mit dem Sanierungsgewinn verrechnet werden. [4]Die Verluste/negativen Einkünfte sind insoweit aufgebraucht; sie gehen daher nicht in den nach § 10 d Abs. 4 EStG festzustellenden verbleibenden Verlustvortrag oder den nach § 15 a Abs. 4 und 5 EStG festzustellenden verrechenbaren Verlust ein. [5]Das gilt auch bei späteren Änderungen der Besteuerungsgrundlagen, z. B. aufgrund einer Betriebsprüfung, sowie für später entstandene Verluste, die im Wege des Verlustrücktrags berücksichtigt werden können; insoweit besteht bei Verzicht auf Vornahme des Verlustrücktrags (§ 10 d Abs. 1 Sätze 7 und 8 EStG) kein Anspruch auf die Gewährung der Billigkeitsmaßnahme. [6]Die Festsetzung nach § 163 AO und die Stundung nach § 222 AO sind entsprechend anzupassen. [7]Sollte der Steuerpflichtige sich gegen die vorgenommene Verlustverrechnung im Festsetzungsverfahren wenden und die Verrechnung mit anderen Einkünften oder die Feststellung eines verbleibenden Verlustvortrags (§ 10 d Abs. 4 EStG) begehren, ist darin die Rücknahme seines Erlassantrags zu sehen mit der Folge, dass die Billigkeitsmaßnahme keine Anwendung findet.

**Beispiel 1:**

| | | |
|---|---|---|
| Einzelunternehmen; Gewinn aus Gewerbebetrieb | | 1.500 000 € |
| (darin enthalten: Verlust aus laufendem Geschäft | – 500 000 € | |
| Sanierungsgewinn | 2.000 000 €) | |
| Verrechenbare Verluste/negative Einkünfte: | | |
| Negative Einkünfte aus Vermietung und Verpachtung (V+V) | | – 250 000 € |
| Verlustvortrag aus dem Vorjahr | | |
| aus V+V | | – 350 000 € |
| aus Gewerbebetrieb | | – 600 000 € |
| aus einem Verlustzuweisungsmodell i. S. d. § 2 b EStG | | – 100 000 € |

Der Unternehmer beantragt den Erlass der auf den Sanierungsgewinn entfallenden Steuern.

Es ergibt sich folgende Berechnung:

| | |
|---|---|
| Sanierungsgewinn | 2.000 000 € |
| ./. Verlust aus laufendem Geschäft | – 500 000 € |
| ./. Negative Einkünfte aus V+V | – 250 000 € |
| ./. Verlustvortrag aus dem Vorjahr (insgesamt) | – 1.050 000 € |
| Nach Verrechnung mit den Verlusten/negativen Einkünften verbleibender zu versteuernder Sanierungsgewinn | 200 000 € |

[1]) § 2 b EStG aufgeh. durch G v. 22. 12. 2005 (BGBl. I S. 3683); zur weiteren Anwendung siehe § 52 Abs. 4 EStG.

Bei Vorliegen der in Rn. 3 bis 5 genannten Voraussetzungen ist die Steuer auf diesen verbleibenden Sanierungsgewinn unter Widerrufsvorbehalt ab Fälligkeit zu stunden.
Aus dem folgenden Veranlagungszeitraum ergibt sich ein Verlustrücktrag, der sich wie folgt zusammensetzt:

| | |
|---|---|
| Negative Einkünfte aus Gewerbebetrieb | – 80 000 € |
| Negative Einkünfte nach *§ 2 b EStG*[1] | – 20 000 € |
| | – 100 000 € |

Der Verlustrücktrag ist vorrangig mit dem im VZ 01 nach Verlustverrechnung versteuerten Sanierungsgewinn zu verrechnen. Es ergibt sich folgende Berechnung:

| | |
|---|---|
| Im VZ 01 versteuerter Sanierungsgewinn | 200 000 € |
| ./. Verlustrücktrag | – 100 000 € |
| Verbleibender zu versteuernder Sanierungsgewinn | 100 000 € |

Die Stundung ist entsprechend anzupassen.

**Beispiel 2:**

Die AB-KG (Komplementär A, Gewinn- und Verlustbeteiligung 75 %, Kommanditist B, Gewinn- und Verlustbeteiligung 25 %) erzielt im VZ 02 neben einem Verlust aus dem laufenden Geschäft i. H. v. 500 000 € einen Sanierungsgewinn i. H. v. 2.000 000 €. Aus der Beteiligung an der C-KG werden dem B negative Einkünfte i. S. d. *§ 2 b EStG*[1] i. H. v. 100 000 € zugerechnet. B beantragt den Erlass der auf den Sanierungsgewinn entfallenden Steuern.

*Gesonderte Feststellung der AB-KG:*

| | | | |
|---|---|---|---|
| Einkünfte aus Gewerbebetrieb (2.000 000 € – 500 000 € =) | | | 1.500 000 € |
| davon B (25 %) | | | 375 000 € |
| (nachrichtlich: | Sanierungsgewinn | 2.000 000 € | |
| | davon B (25 %) | 500 000 €) | |

Das Betriebsfinanzamt stellt den Gewinn (1.500 000 €) gesondert fest und nimmt die Verteilung auf die einzelnen Gesellschafter vor. Zusätzlich teilt es nachrichtlich die Höhe des Sanierungsgewinns (2.000 000 €) sowie die entsprechend anteilige Verteilung auf die Gesellschafter mit. Darüber hinaus teilt es mit, dass es sich um einen Sanierungsgewinn im Sinne der Rn. 3 bis 5 dieses Schreibens handelt.

*Einkommensteuerveranlagung des B:*

| | | |
|---|---|---|
| Einkünfte aus Gewerbebetrieb aus dem Anteil an der AB-KG | | 375 000 € |
| (darin enthalten: Sanierungsgewinn | 500 000 €) | |
| ./. negative Einkünfte i. S. d. *§ 2 b EStG*[1] | | – 100 000 € |
| Nach Verrechnung mit den Verlusten/negativen Einkünften verbleibender zu versteuernder Sanierungsgewinn | | 275 000 € |

Das Wohnsitzfinanzamt stundet unter Widerrufsvorbehalt ab Fälligkeit die anteilig auf den verbleibenden zu versteuernden Sanierungsgewinn von 275 000 € entfallende Steuer. Soweit B in späteren VZ positive Einkünfte aus der Beteiligung an der C-KG erzielt, sind diese bei der Veranlagung anzusetzen; eine Verrechnung mit den negativen Einkünften i. S. d. *§ 2 b EStG*[1] aus VZ 02 ist nicht möglich, da diese bereits mit dem Sanierungsgewinn steuerwirksam verrechnet worden sind.

[1] § 2 b EStG aufgeh. durch G v. 22. 12. 2005 (BGBl. I S. 3683); zur weiteren Anwendung siehe § 52 Abs. 4 EStG.

[1]Zahlungen auf den Besserungsschein nach Rn. 5 vermindern nachträglich den Sanierungsgewinn. [2]Entsprechend verringert sich die zu stundende/zu erlassende Steuer. 9

**Beispiel 3:**
**VZ 01**

| | | |
|---|---|---|
| Gläubigerverzicht gegen Besserungsschein auf eine Forderung i. H. v. | | 1.500 000 € |
| Sanierungsgewinn nach Verlustverrechnungen | | 1.000 000 € |
| Laufender Gewinn | | 0 € |
| Bei einem angenommenen Steuersatz i. H. v. 25 % ergibt sich eine zu stundende Steuer von | 250 000 € | |

**VZ 02**

| | | |
|---|---|---|
| Laufender Gewinn | | 300 000 € |
| Zahlung an den Gläubiger aufgrund Besserungsschein i. H. v. | | 100 000 € |
| ist *keine* Betriebsausgabe. Daher bleibt es bei einem zu versteuernden Gewinn i. H. v. | | 300 000 € |
| Sanierungsgewinn aus VZ 01 | | 1.000 000 € |
| ./. Zahlung auf Besserungsschein | | – 100 000 € |
| Verringerter Sanierungsgewinn | | 900 000 € |
| Auf den verringerten Sanierungsgewinn ergibt sich noch eine zu stundende Steuer i. H. v. 25 % von 900 000 € = | 225 000 € | |

[1]Zum Zweck der Überwachung der Verlustverrechnungsmöglichkeiten sowie der Ausnutzung des Verlustrücktrags ist die Stundung bis zur Durchführung der nächsten noch ausstehenden Veranlagung, längstens bis zu einem besonders zu benennenden Zeitpunkt auszusprechen. [2]Erforderlichenfalls sind entsprechende Anschlussstundungen auszusprechen. [3]Die Ausschöpfung der Verlustverrechnungsmöglichkeiten mit Blick auf den Sanierungsgewinn ist in geeigneter Form durch das Finanzamt aktenkundig festzuhalten. 10

[1]Bei Forderungsverzicht gegen Besserungsschein (Rn. 5, 9) ist die auf den Sanierungsgewinn entfallende Steuer solange zu stunden, wie Zahlungen auf den Besserungsschein geleistet werden können. [2]Während dieses Zeitraums darf auch kein Erlass ausgesprochen werden. 11

[1]Nach abschließender Prüfung und nach Feststellung der endgültigen auf den verbleibenden zu versteuernden Sanierungsgewinn entfallenden Steuer ist die Steuer nach § 227 AO zu erlassen (Ermessensreduzierung auf Null). [2]Ggf. erhobene Stundungszinsen sind nach § 227 AO zu erlassen, soweit sie auf gestundete Steuerbeträge entfallen, die nach Satz 1 erlassen worden sind. 12

## IV. Anwendungsregelung

[1]Dieses BMF-Schreiben ist auf Sanierungsgewinne i. S. der Rn. 3 bis 5 in allen noch offenen Fällen anzuwenden, für die die Regelung des § 3 Nr. 66 EStG i. d. F. der Bekanntmachung vom 16. April 1997 (BGBl. I S. 821) nicht mehr gilt. [2]Eine Stundung oder ein Erlass aus persönlichen Billigkeitsgründen bleibt unberührt. 13

### *V. Aufhebung der Mitwirkungspflichten*[1)]

14 *[1]Die mit BMF-Schreiben vom 2. Januar 2002 (BStBl. I S. 61)*[2)] *vorgesehenen Mitwirkungspflichten des Bundesministeriums der Finanzen gelten nicht für Fälle der Anwendung dieses BMF-Schreibens. [2]Allerdings sind diese Fälle, soweit sie die im BMF-Schreiben vom 2. Januar 2002 genannten Betrags- oder Zeitgrenzen übersteigen, dem Bundesministerium der Finanzen mitzuteilen.*

### VI. Gewerbesteuerliche Auswirkungen

15 [1]Für Stundung und Erlass der Gewerbesteuer ist die jeweilige Gemeinde zuständig. [2]Spricht die Gemeinde Billigkeitsmaßnahmen aus, ist die Steuerermäßigung bei Einkünften aus Gewerbebetrieb (§ 35 EStG) entsprechend zu mindern.

[1)] Rn. 14 aufgeh. durch BMF v. 5. 4. 2016, BStBl. I S. 458.

[2)] Nunmehr BMF v. 11. 12. 2015, BStBl. I S. 1023 (Nr. **800** § 222/2).

# 800 § 163/6. Schreiben betr. ertragsteuerliche Behandlung von Gewinnen aus einem Planinsolvenzverfahren (§§ 217 ff. InsO), aus einer erteilten Restschuldbefreiung (§§ 286 ff. InsO) oder einer Verbraucherinsolvenz (§§ 304 ff. InsO)[1]

Vom 22. Dezember 2009

BMF IV C 6-S 2140/07/10001-01; DOK 2009/0860000

(BStBl. 2010 I S. 18)

Im Insolvenzverfahren können natürliche Personen als Schuldner einen Antrag auf Restschuldbefreiung (§§ 286 ff. InsO) stellen, um nach einer Wohlverhaltensperiode von sechs Jahren die Befreiung von bislang gegenüber den Insolvenzgläubigern nicht erfüllten Verbindlichkeiten zu erlangen (sog. Restschuldbefreiungen). Die Restschuldbefreiung kann bei Land- und Forstwirten, Gewerbetreibenden und Selbständigen zu steuerpflichtigen Gewinnen führen. Eine vergleichbare Problematik ergibt sich auch im Rahmen des Planinsolvenzverfahrens (§§ 217 ff. InsO) und der Verbraucherinsolvenz (§§ 304 ff. InsO).

Im sog. Verbraucherinsolvenzverfahren erhalten u. a. auch Personen, die eine selbständige Tätigkeit ausgeübt haben, die Möglichkeit der Restschuldbefreiung; Voraussetzung ist u. a., dass ihre Vermögensverhältnisse überschaubar sind, d. h. im Zeitpunkt des Antrages auf Eröffnung des Insolvenzverfahrens sind weniger als 20 Gläubiger vorhanden, und dass gegen sie keine Forderungen aus Arbeitsverhältnissen bestehen.

Im Rahmen des Planinsolvenzverfahrens besteht die Möglichkeit, die Vermögensverwertung und -verteilung abweichend von den gesetzlichen Vorschriften der InsO durch die Erstellung eines Insolvenzplanes zu regeln. Der Insolvenzplan soll den Beteiligten (Insolvenzgläubiger und Schuldner) die Möglichkeit geben, die Zerschlagung des Unternehmens zu vermeiden und stattdessen eine Sanierung oder Übertragung des Unternehmens zu beschließen.

Die Besteuerung der Gewinne aus der Durchführung einer der vorgenannten Insolvenzverfahren steht im Widerspruch zu den Zielen der Insolvenzordnung. Im Einvernehmen mit den obersten Finanzbehörden der Länder gilt deshalb Folgendes:

## 1. Zeitpunkt der Gewinnentstehung bei Insolvenzverfahren

*Der aufgrund einer erteilten Restschuldbefreiung entstandene Gewinn stellt kein rückwirkendes Ereignis i. S. von § 175 Absatz 1 Satz 1 Nummer 2 AO dar und ist damit erst im Zeitpunkt der Erteilung der Restschuldbefreiung realisiert*[2].

Gleiches gilt für Gewinne, die im Rahmen einer Verbraucherinsolvenz (§§ 304 ff. InsO) entstehen.

---

[1] Zur Anwendbarkeit dieses Schreibens nach dem **8. 2. 2017** siehe BMF v. 27. 4. 2017, BStBl. I S. 741 (Nr. **800** § 163/8).

[2] Nach BMF v. 8.4.2022, BStBl. I S. 632 stellt die erteilte Restschuldbefreiung ein auf den Zeitpunkt der Betriebsaufgabe rückwirkendes Ereignis dar. Dies gilt unabhabhängig davon, ob der Betrieb vor oder nach Eröffnung des Insolvenzverfahrens aufgegeben wurde.

### 2. Steuerstundung und Steuererlass aus sachlichen Billigkeitsgründen (§§ 163, 222, 227 AO)

Das BMF-Schreiben zur ertragsteuerlichen Behandlung von Sanierungsgewinnen vom 27. März 2003 (BStBl. I S. 240)[1)] ist auf Gewinne aus einer Restschuldbefreiung (§§ 286 ff. InsO) und aus einer Verbraucherinsolvenz (§§ 304 ff. InsO) entsprechend anzuwenden.

Unter den im o. g. BMF-Schreiben beschriebenen Voraussetzungen ist auch die aufgrund einer Restschuldbefreiung (§§ 286 ff. InsO) oder einer Verbraucherinsolvenz (§§ 304 ff. InsO) entstehende Steuer auf Antrag des Steuerpflichtigen nach § 163 AO abweichend festzusetzen und nach § 222 AO mit dem Ziel des späteren Erlasses (§ 227 AO) zunächst unter Widerrufsvorbehalt ab Fälligkeit (AEAO zu § 240 Nummer 6 Buchstabe a) zu stunden.

Rn. 2 Satz 2 des o. g. BMF-Schreibens (keine Begünstigung einer unternehmerbezogenen Sanierung) ist in den Fällen der Restschuldbefreiung (§§ 286 ff. InsO) und der Verbraucherinsolvenz (§§ 304 ff. InsO) nicht anzuwenden.

### 3. Fälle des Planinsolvenzverfahrens (§§ 217 ff. InsO)

Die Fälle der Planinsolvenz (§§ 217 ff. InsO) fallen originär unter den Anwendungsbereich des BMF-Schreibens vom 27. März 2003 (BStBl. I S. 240)[1)].

### 4. Anwendungsregelung

Dieses Schreiben ist auf alle offenen Fälle anzuwenden.

**Zusatz der OFD Frankfurt v. 8. 11. 2012 S 2140 A – 5 St 210:**

Ist die Sanierungsmaßnahme Bestandteil des gestaltenden Teils eines Insolvenzplans im Rahmen eines Planinsolvenzverfahrens, so entsteht der Sanierungsgewinn mit dem Zeitpunkt der Rechtskraft der Bestätigung des Insolvenzplans (§ 254 Abs. 1 Satz 1 InsO). Die Vereinbarung einer Wiederauflebensklausel (§ 255 InsO) führt nicht zu einem vom Zeitpunkt des Vertragsabschlusses abweichenden Berücksichtigungszeitpunkt.

In Fällen der Restschuldbefreiung (§§ 286 ff. InsO) ist nach dessen vorheriger Ankündigung (§ 291 Abs. 1 InsO) das Datum des Beschlusses des zuständigen Amtsgerichts maßgeblich. Zur Ermittlung eines aus der Restschuldbefreiung resultierenden Gewinns ist das Gutachten des (vorläufigen) Insolvenzverwalters oder das Verteilungsverzeichnis heranzuziehen, um die Summe der offenen betrieblichen Verbindlichkeiten festzustellen. Nach Kürzung um die entsprechende Verteilungsquote ist unter Umständen noch ein Abschlag für die Tilgung der zur Insolvenztabelle festgestellten Forderungen in der Wohlverhaltensphase zu berücksichtigen.

**Zusatz der OFD Frankfurt v. 16. 1. 2013 S 2140 A – 5 St – 210:**

Entstehen während der Wohlverhaltensphase Gewinne, so sind diese mit evtl. vorhandenen Verlustvorträgen zu verrechnen. Dies hat zur Folge, dass der zu begünstigende Sanierungsgewinn im Zeitpunkt der Erteilung der Restschuldbefreiung und damit auch die zu gewährende Vergünstigung höher sind als in Fällen, in denen während der Wohlverhaltensphase keine Gewinne erwirtschaftet wurden.

---

1) Nr. **800** § 163/5.

# **800** § 163/7. Schreiben betr. verjährungshemmende Wirkung sog. „ressortfremder" Grundlagenbescheide; Vertrauensschutzregelung zur BFH-Entscheidung vom 21. Februar 2013 V R 27/11

Vom 31. Januar 2014 (BStBl. I S. 159)

(BMF IV A 3 – S 0342/09/10001 – 08; DOK 2013/1164737)

Nach dem BFH-Urteil vom 21. Februar 2013 V R 27/11 (BStBl. II S. 529) bewirken die von ressortfremden Behörden erlassenen Grundlagenbescheide, die nicht dem Anwendungsbereich der §§ 179 ff. AO unterliegen, eine Ablaufhemmung nach § 171 Abs. 10 AO nur, wenn sie vor Ablauf der Festsetzungsfrist der im Einzelfall betroffenen Steuer erlassen worden sind.

Da das vorgenannte BFH-Urteil eine rückwirkende Verschärfung der Steuerrechtsprechung beinhaltet, gilt auf der Grundlage des § 163 AO im Einvernehmen mit den obersten Finanzbehörden der Länder folgende Vertrauensschutzregelung:

Ressortfremde Grundlagenbescheide, die nicht dem Anwendungsbereich der §§ 179 ff. AO unterliegen, bewirken auch dann eine Ablaufhemmung der Festsetzungsfrist des Folgebescheids nach § 171 Abs. 10 AO,

– soweit der Grundlagenbescheid vor Ablauf der Festsetzungsfrist des Folgebescheids bei der zuständigen (ressortfremden) Behörde beantragt worden ist (analog zu § 171 Abs. 3 AO) und
– die Finanzverwaltung vor Veröffentlichung des oben genannten BFH-Urteils durch Verwaltungsanweisungen (z. B. H 33 b EStH 2012 „Allgemeines" und gleich lautende Vorgängerregelungen) einen von ihr zu verantwortenden Vertrauenstatbestand dahingehend gesetzt hatte, dass der Folgebescheid auch ohne entsprechenden Antrag bei der für den Folgebescheid zuständigen Finanzbehörde unabhängig vom Zeitpunkt des Erlasses des ressortfremden Grundlagenbescheides an diesen angepasst werden wird.

Ein derartiger Vertrauenstatbestand besteht nur, wenn der zu ändernde Steuerbescheid nach Veröffentlichung der maßgeblichen Verwaltungsanweisung und vor Veröffentlichung des o. g. BFH-Urteils am 31. Juli 2013 im BStBl. II (Nr. 13/2013) ergangen ist.

# **800** § 163/8. Schreiben betr. Sanierungserlass; Beschluss des Großen Senats des BFH vom 28. November 2016 GrS 1/15 (BStBl. 2017 II S. 393)

Vom 27. April 2017 (BStBl. I S. 741)
(BMF IV C 6 – S 2140/13/10003; DOK 2017/0322100)

Mit dem am 8. Februar 2017 veröffentlichten Beschluss vom 28. November 2016 GrS 1/15 (BStBl. 2017 II S. 393) hat der Große Senat des BFH entschieden, dass das BMF-Schreiben vom 27. März 2003 (BStBl. I S. 240)[1], ergänzt durch das BMF-Schreiben vom 22. Dezember 2009 (BStBl. 2010 I S. 18)[2] – sog. Sanierungserlass – gegen den Grundsatz der Gesetzmäßigkeit der Verwaltung verstößt.

Der Bundesrat hat im Rahmen des Entwurfs eines Gesetzes gegen schädliche Steuerpraktiken im Zusammenhang mit Rechteüberlassungen um Prüfung einer gesetzlichen Regelung zur steuerlichen Behandlung von Sanierungsgewinnen (mit verfassungsrechtlich zulässiger steuerlicher Rückwirkung) gebeten.

Im Einvernehmen mit den obersten Finanzbehörden der Länder gilt zur Anwendung der Grundsätze des vorgenannten BFH-Beschlusses aus Gründen des Vertrauensschutzes[3] Folgendes:

## 1. Schuldenerlass bis zum 8. Februar 2017[4]

In den Fällen, in denen der Forderungsverzicht der an der Sanierung beteiligten Gläubiger bis (einschließlich) zum 8. Februar 2017 endgültig vollzogen wurde, sind die BMF-Schreiben vom 27. März 2003 (BStBl. I S. 240)[1] und 22. Dezember 2009 (BStBl. 2010 I S. 18)[2] weiterhin uneingeschränkt anzuwenden. Ist der Forderungsverzicht Gegenstand eines Insolvenzplanes, gilt er mit der Rechtskraft des Beschlusses des Insolvenzgerichtes über die Bestätigung des Insolvenzplanes als endgültig vollzogen.

## 2. Vorliegen einer verbindlichen Auskunft oder verbindlichen Zusage

In den Fällen, in denen eine verbindliche Auskunft (§ 89 Abs. 2 AO) oder verbindliche Zusage (§§ 204 ff. AO) zur Anwendung des Sanierungserlasses bis (einschließlich) zum 8. Februar 2017 erteilt wurde, ist diese nicht nach § 2

[1] Nr. **800** § 163/5.

[2] Nr. **800** § 163/6.

[3] Gemäß BFH v. 23. 8. 2017 I R 52/14, BFH/NV S. 1644, verstößt die in diesem Schreiben enthaltene Übergangsregelung ebenfalls gegen den Grundsatz der Gesetzmäßigkeit der Verwaltung. Nach BMF v. 29. 3. 2018, BStBl. I S. 588 ist dieses Urteil nicht über die entschiedenen Einzelfälle hinaus anzuwenden. Der BFH hält ebenso an seiner Rechtsauffassung fest (BFH v. 29. 3. 2018 X B 13/18, DStR 2018, 1283).

[4] **[Amtl. Anm.:]** Tag der Veröffentlichung des Beschlusses des Großen Senats vom 28. November 2016 (GrS 1/15) auf den Internetseiten des BFH.

Abs. 3 Steuer-Auskunftsverordnung (StAuskV) aufzuheben und nicht nach § 130 Abs. 2 Nr. 4 AO zurückzunehmen, wenn der Forderungsverzicht der an der Sanierung beteiligten Gläubiger bis zur Entscheidung über die Aufhebung oder Rücknahme der verbindlichen Auskunft oder verbindlichen Zusage ganz oder im Wesentlichen vollzogen wurde oder im Einzelfall anderweitige Vertrauensschutzgründe vorliegen (z. B. der Vollzug des in Umsetzung befindlichen Sanierungsplans/des Forderungsverzichts der an der Sanierung beteiligten Gläubiger kann vom Steuerpflichtigen nicht mehr beeinflusst werden).

In den Fällen, in denen eine verbindliche Auskunft oder verbindliche Zusage zur Anwendung des Sanierungserlasses nach dem 8. Februar 2017 erteilt wurde, ist diese nur dann nicht nach § 130 Abs. 2 Nr. 4 AO zurückzunehmen, wenn der Forderungsverzicht der an der Sanierung beteiligten Gläubiger bis zur Entscheidung über die Rücknahme vollzogen wurde.

### 3. Billigkeitsmaßnahmen unter Widerrufsvorbehalt

In allen übrigen Fällen (kein Forderungsverzicht aller an der Sanierung beteiligten Gläubiger bis zum 8. Februar 2017 und keine vorliegende verbindliche Auskunft oder verbindliche Zusage) gilt zur Anwendung der BMF-Schreiben vom 27. März 2003 (BStBl. I S. 240)[1] und 22. Dezember 2009 (BStBl. 2010 I S. 18)[2] im Vorgriff auf eine gesetzliche Regelung Folgendes:

Billigkeitsmaßnahmen in Form von abweichenden Steuerfestsetzungen nach § 163 Abs. 1 Satz 2 AO und Stundungen nach § 222 AO sind nur noch unter Widerrufsvorbehalt vorzunehmen. Erlassentscheidungen (§ 227 AO) sind zurückzustellen.

Ein etwaiger Bescheid über die abweichende Steuerfestsetzung (§ 163 Abs. 1 Satz 2 AO) oder die Stundung (§ 222 AO) ist mit folgendem Widerrufsvorbehalt zu versehen:

„Diese abweichende Festsetzung/Diese Stundung ergeht unter dem Vorbehalt des Widerrufs. Die abweichende Festsetzung/Stundung ist zu widerrufen, wenn eine gesetzliche Regelung zur steuerlichen Behandlung von Sanierungserträgen in Kraft tritt oder bis zum 31. Dezember 2018 nicht in Kraft getreten ist (vgl. BMF-Schreiben vom 27. April 2017 IV C 6 – S 2140/13/10003, DOK 2017/0322100).“

### 4. Verbindliche Auskünfte nach der Veröffentlichung dieses Schreibens

Die Erteilung verbindlicher Auskünfte in Sanierungsfällen ist nach Maßgabe der Nummer 3 grundsätzlich weiterhin möglich.

### 5. Billigkeitsmaßnahmen im Einzelfall

Die Gewährung von Billigkeitsmaßnahmen aus besonderen, außerhalb des sog. Sanierungserlasses liegenden sachlichen oder persönlichen Gründen des Einzelfalls bleibt unberührt.

---

[1] Nr. **800** § 163/5.
[2] Nr. **800** § 163/6.

# 800 § 165/1. Schreiben betr. vorläufige Steuerfestsetzung im Hinblick auf anhängige Musterverfahren (§ 165 Abs. 1 Satz 2 AO); Aussetzung der Steuerfestsetzung nach § 165 Abs. 1 Satz 4 AO; Ruhenlassen von außergerichtlichen Rechtsbehelfsverfahren (§ 363 Abs. 2 AO); Aussetzung der Vollziehung (§ 361 AO, § 69 Abs. 2 FGO)

Vom 15. Januar 2018

BMF IV A 3-S 0338/17/10007; DOK 2017/1040112

(BStBl. I S. 2)

**Bezug:** BMF-Schreiben vom 16. Mai 2011 (BStBl. I S. 464)

**1 Anlage**

Unter Bezugnahme auf das Ergebnis der Erörterung mit den obersten Finanzbehörden der Länder gilt Folgendes:

## I. Vorläufige Steuerfestsetzungen

### 1. Erstmalige Steuerfestsetzungen

Erstmalige Steuerfestsetzungen sind hinsichtlich der in der Anlage zu diesem BMF-Schreiben unter Abschnitt A aufgeführten Punkte nach § 165 Abs. 1 Satz 2 AO vorläufig durchzuführen.

In die Bescheide ist folgender Erläuterungstext aufzunehmen:

„Die Festsetzung der Steuer ist gemäß § 165 Absatz 1 Satz 2 Nummer 3 AO vorläufig hinsichtlich

…

Die Vorläufigkeitserklärung erfasst sowohl die Frage, ob die angeführten gesetzlichen Vorschriften mit höherrangigem Recht vereinbar sind, als auch den Fall, dass das Bundesverfassungsgericht oder der Bundesfinanzhof die streitige verfassungsrechtliche Frage durch verfassungskonforme Auslegung der angeführten gesetzlichen Vorschriften entscheidet (BFH-Urteil vom 30. September 2010 III R 39/08, BStBl. 2011 II S. 11). Die Vorläufigkeitserklärung erfolgt lediglich aus verfahrenstechnischen Gründen. Sie ist nicht dahin zu verstehen, dass die im Vorläufigkeitsvermerk angeführten gesetzlichen Vorschriften als verfassungswidrig oder als gegen Unionsrecht verstoßend angesehen werden. Soweit die Vorläufigkeitserklärung die Frage der Verfassungsmäßigkeit einer Norm betrifft, ist sie außerdem nicht dahingehend zu verstehen, dass die Finanzverwaltung es für möglich hält, das Bundesverfassungsgericht oder der Bundesfinanzhof könne die im Vorläufigkeitsvermerk angeführte Rechtsnorm gegen ihren Wortlaut auslegen.

Die Festsetzung der Steuer ist ferner gemäß § 165 Absatz 1 Satz 2 Nummer 4 AO vorläufig hinsichtlich

…

Sollte aufgrund einer diesbezüglichen Entscheidung des Gerichtshofs der Europäischen Union, des Bundesverfassungsgerichts oder des Bundesfinanzhofs diese Steuerfestsetzung aufzuheben oder zu ändern sein, wird die Aufhebung oder Änderung von Amts wegen vorgenommen; ein Einspruch ist daher insoweit nicht erforderlich."

**2. Geänderte oder berichtigte Steuerfestsetzungen**

Bei Änderungen oder Berichtigungen von Steuerfestsetzungen ist wie folgt zu verfahren:

a) Werden Steuerfestsetzungen nach § 164 Abs. 2 AO geändert oder wird der Vorbehalt der Nachprüfung nach § 164 Abs. 3 AO aufgehoben, sind die Steuerfestsetzungen in demselben Umfang wie erstmalige Steuerfestsetzungen vorläufig vorzunehmen. In die Bescheide ist unter Berücksichtigung der aktuellen Anlage zu diesem BMF-Schreiben derselbe Erläuterungstext wie bei erstmaligen Steuerfestsetzungen aufzunehmen (vgl. Abschnitt I Nr. 1).

b) Werden Steuerfestsetzungen nach anderen Vorschriften (einschließlich des § 165 Abs. 2 Satz 2 AO) zugunsten der Steuerpflichtigen geändert oder berichtigt, sind die den jeweils letzten vorangegangenen Steuerfestsetzungen beigefügten Vorläufigkeitsvermerke zu wiederholen, soweit die Voraussetzungen des § 165 AO für eine vorläufige Steuerfestsetzung noch erfüllt sind. Soweit dies nicht mehr der Fall ist, sind die Steuerfestsetzungen endgültig durchzuführen.

c) Werden Steuerfestsetzungen nach anderen Vorschriften (einschließlich des § 165 Abs. 2 Satz 2 AO) zuungunsten der Steuerpflichtigen geändert oder berichtigt, sind die den jeweils letzten vorangegangenen Steuerfestsetzungen beigefügten Vorläufigkeitsvermerke zu wiederholen, soweit die Voraussetzungen des § 165 AO für eine vorläufige Steuerfestsetzung noch erfüllt sind. Soweit dies nicht mehr der Fall ist, sind die Steuerfestsetzungen endgültig durchzuführen. Soweit aufgrund der aktuellen Anlage zu diesem BMF-Schreiben weitere Vorläufigkeitsvermerke in Betracht kommen, sind diese den Bescheiden nur beizufügen, soweit die Änderung reicht.
In die Bescheide ist folgender Erläuterungstext aufzunehmen:
„Die Festsetzung der Steuer ist gemäß § 165 Absatz 1 Satz 2 Nummer 3 AO vorläufig hinsichtlich
…
Die Vorläufigkeitserklärung erfasst sowohl die Frage, ob die angeführten gesetzlichen Vorschriften mit höherrangigem Recht vereinbar sind, als auch den Fall, dass das Bundesverfassungsgericht oder der Bundesfinanzhof die streitige verfassungsrechtliche Frage durch verfassungskonforme Auslegung der angeführten gesetzlichen Vorschriften entscheidet (BFH-Urteil vom 30. September 2010 III R 39/08, BStBl. 2011 II S. 11). Die Vorläufigkeitserklärung erfolgt lediglich aus verfahrenstechnischen Gründen. Sie ist nicht dahin zu verstehen, dass die im Vorläufigkeitsvermerk angeführten gesetzlichen Vorschriften als verfassungswidrig oder als gegen Unionsrecht verstoßend angesehen werden. Soweit die Vorläufigkeitserklärung die Frage der Verfassungsmäßigkeit einer Norm betrifft, ist sie außerdem nicht dahingehend zu verstehen, dass die Finanzverwaltung es für möglich hält, das Bundesverfassungsgericht oder der Bundesfinanzhof könne die im Vorläufigkeitsvermerk angeführte Rechtsnorm gegen ihren Wortlaut auslegen.
Die Festsetzung der Steuer ist ferner gemäß § 165 Absatz 1 Satz 2 Nummer 4 AO vorläufig hinsichtlich

…

Soweit diese Festsetzung gegenüber der vorangegangenen in weiteren Punkten vorläufig ist, erstreckt sich der Vorläufigkeitsvermerk nur auf den betragsmäßigen Umfang der Änderung der Steuerfestsetzung.

Sollte aufgrund einer diesbezüglichen Entscheidung des Gerichtshofs der Europäischen Union, des Bundesverfassungsgerichts oder des Bundesfinanzhofs diese Steuerfestsetzung aufzuheben oder zu ändern sein, wird die Aufhebung oder Änderung von Amts wegen vorgenommen; ein Einspruch ist daher insoweit nicht erforderlich."

d) Werden bisher vorläufig durchgeführte Steuerfestsetzungen nach Beseitigung der Ungewissheit ohne eine betragsmäßige Änderung gemäß § 165 Abs. 2 Satz 2 AO für endgültig erklärt, sind die den jeweils letzten vorangegangenen Steuerfestsetzungen beigefügten übrigen Vorläufigkeitsvermerke zu wiederholen, soweit die Voraussetzungen des § 165 AO für eine vorläufige Steuerfestsetzung noch erfüllt sind.

## II. Aussetzung der Steuerfestsetzung nach § 165 Abs. 1 Satz 4 AO

### 1. Allgemeines

Nach § 165 Abs. 1 Satz 4 AO kann die Festsetzung der Steuer unter den Voraussetzungen des § 165 Abs. 1 Satz 1 oder 2 AO (ganz oder teilweise) ausgesetzt werden. Die Aussetzung der Steuerfestsetzung kann von einer Sicherheitsleistung abhängig gemacht werden.

Angesichts des Geltungsanspruchs jedes formell verfassungsgemäß zustande gekommenen Gesetzes kommt eine Aussetzung der Steuerfestsetzung allerdings grundsätzlich nur in Betracht, wenn das Bundesverfassungsgericht die weitere Anwendung einer Norm bis zum Inkrafttreten der von ihm geforderten (rückwirkenden) Gesetzesänderung untersagt hat.

Aussetzung der Steuerfestsetzung bedeutet, dass die bei Anwendung einer nach der Entscheidung des Bundesverfassungsgerichts nicht mehr anwendbaren Norm entstehende Steuer nicht festgesetzt wird. Nur die darüber hinaus entstehende Steuer ist dann Gegenstand der Festsetzung. Die ausgesetzte Steuerfestsetzung ist gegebenenfalls nachzuholen, sobald die Ungewissheit durch eine rückwirkende Gesetzesänderung beseitigt ist (§ 165 Abs. 2 Satz 2 Halbsatz 2 AO).

### 2. Erstmalige Steuerfestsetzungen

Bei erstmaligen Steuerfestsetzungen ist die Steuerfestsetzung hinsichtlich der in der Anlage zu diesem BMF-Schreiben unter Abschnitt B aufgeführten Punkte nach § 165 Abs. 1 Satz 4 AO auszusetzen.

In die Bescheide ist folgender Erläuterungstext aufzunehmen:

„Die Festsetzung der Steuer ist gemäß § 165 Absatz 1 Satz 4 in Verbindung mit Satz 2 Nummer 2 AO ausgesetzt, soweit

…

Die Aussetzung der Steuerfestsetzung erfolgt aufgrund der Entscheidung des Bundesverfassungsgerichts, dass die genannte Rechtsnorm im Umfang der festgestellten Verfassungswidrigkeit bis zu einer rückwirkenden Gesetzesänderung nicht mehr angewendet werden darf. Nach Verkündung der vom Bundesverfassungsgericht geforderten rückwirkenden Gesetzesänderung wird die Steuerfestsetzung gegebenenfalls nachgeholt."

### 3. Geänderte oder berichtigte Steuerfestsetzungen

Bei Änderungen oder Berichtigungen von Steuerfestsetzungen ist wie folgt zu verfahren:

a) Werden Steuerfestsetzungen nach § 164 Abs. 2 AO geändert oder wird der Vorbehalt der Nachprüfung nach § 164 Abs. 3 AO aufgehoben, ist die Steuerfestsetzung in demselben Umfang wie erstmalige Steuerfestsetzungen auszusetzen. In die Bescheide ist unter Berücksichtigung der aktuellen Anlage zu diesem BMF-Schreiben derselbe Erläuterungstext wie bei erstmaligen Steuerfestsetzungen aufzunehmen (vgl. Abschnitt II Nr. 2).

b) Werden Steuerfestsetzungen nach anderen Vorschriften (einschließlich des § 165 Abs. 2 Satz 2 AO) zugunsten der Steuerpflichtigen geändert oder berichtigt, sind die den jeweils letzten vorangegangenen Steuerfestsetzungen beigefügten Vermerke über eine Aussetzung der Steuerfestsetzung zu wiederholen, soweit die Voraussetzungen des § 165 Abs. 1 Satz 4 AO für eine Aussetzung der Steuerfestsetzung noch erfüllt sind. Soweit dies nicht mehr der Fall ist, sind die ausgesetzten Steuerfestsetzungen gegebenenfalls nachzuholen.

c) Werden Steuerfestsetzungen nach anderen Vorschriften (einschließlich des § 165 Abs. 2 Satz 2 AO) zuungunsten der Steuerpflichtigen geändert oder berichtigt, sind die den jeweils letzten vorangegangenen Steuerfestsetzungen beigefügten Vermerke über eine Aussetzung der Steuerfestsetzung zu wiederholen, soweit die Voraussetzungen des § 165 Abs. 1 Satz 4 AO für eine Aussetzung der Steuerfestsetzung noch erfüllt sind. Soweit dies nicht mehr der Fall ist, sind die ausgesetzten Steuerfestsetzungen gegebenenfalls nachzuholen.
Soweit aufgrund der aktuellen Anlage zu diesem BMF-Schreiben weitere Vermerke über eine Aussetzung der Steuerfestsetzung in Betracht kommen, sind diese den Bescheiden nur beizufügen, soweit die Änderung reicht.
In die Bescheide ist folgender Erläuterungstext aufzunehmen:
„Die Festsetzung der Steuer ist gemäß § 165 Absatz 1 Satz 4 in Verbindung mit Satz 2 Nummer 2 AO ausgesetzt, soweit
…
Die Aussetzung der Steuerfestsetzung erfolgt aufgrund der Entscheidung des Bundesverfassungsgerichts, dass die genannte Rechtsnorm bis zu einer rückwirkenden Gesetzesänderung nicht mehr angewendet werden darf.
Soweit die Steuerfestsetzung gegenüber der vorangegangenen in weiteren Punkten ausgesetzt ist, erstreckt sich der Vermerk über eine Aussetzung der Steuerfestsetzung nur auf den betragsmäßigen Umfang der Änderung der Steuerfestsetzung.
Nach Verkündung der vom Bundesverfassungsgericht geforderten rückwirkenden Gesetzesänderung wird die Steuerfestsetzung gegebenenfalls nachgeholt."

## III. Einspruchsfälle

In Fällen eines zulässigen Einspruchs ist wie folgt zu verfahren:

1. Wird mit einem Einspruch geltend gemacht, der Vorläufigkeitsvermerk bzw. der Vermerk über eine Aussetzung der Steuerfestsetzung berücksichtige nicht die aktuelle Anlage zu diesem BMF-Schreiben, und ist dieser Einwand begründet, ist dem Einspruch insoweit durch eine Erweiterung

des Vorläufigkeitsvermerks bzw. durch entsprechende Aussetzung der Steuerfestsetzung abzuhelfen. Ist Gegenstand des Einspruchsverfahrens ein Änderungsbescheid, sind die Regelungen in Abschnitt I Nr. 2 und Abschnitt II Nr. 3 zu beachten. Mit der Erweiterung des Vorläufigkeitsvermerks bzw. der Aussetzung der Steuerfestsetzung ist das Einspruchsverfahren erledigt, falls nicht auch andere Einwendungen gegen die Steuerfestsetzung erhoben werden. Dies gilt entsprechend bei einem rechtzeitig gestellten Antrag auf schlichte Änderung (§ 172 Abs. 1 Satz 1 Nr. 2 Buchst. a AO).
Wird der Einspruch auch wegen anderer, vom Vorläufigkeitsvermerk bzw. von der Aussetzung der Steuerfestsetzung nicht erfasster Fragen erhoben, wird ein den Vorläufigkeitsvermerk bzw. die Aussetzung der Steuerfestsetzung erweiternder Bescheid Gegenstand des anhängig bleibenden Einspruchsverfahrens (§ 365 Abs. 3 AO).

2.[1] Wird gegen eine nach Abschnitt I vorläufig durchgeführte Steuerfestsetzung oder eine nach Abschnitt II ausgesetzte Steuerfestsetzung Einspruch eingelegt und betrifft die vom Einspruchsführer vorgetragene Begründung ausschließlich Fragen, die vom Vorläufigkeitsvermerk bzw. der Aussetzung der Steuerfestsetzung erfasst sind, ist der Einspruch als unzulässig zu verwerfen (vgl. AEAO zu § 350, Nr. 6 dritter Absatz). Ein Ruhenlassen des Einspruchsverfahrens kommt insoweit nicht in Betracht, es sei denn, dass nach Abschnitt V dieses BMF-Schreibens die Vollziehung auszusetzen ist.

3. Spätestens in der (Teil-)Einspruchsentscheidung ist die Steuerfestsetzung im Umfang der aktuellen Anlage zu diesem BMF-Schreiben für vorläufig zu erklären oder auszusetzen. Ist Gegenstand des Einspruchsverfahrens ein Änderungsbescheid, sind die Regelungen in Abschnitt I Nr. 2 und Abschnitt II Nr. 3 zu beachten.

## IV. Rechtshängige Fälle

In Fällen, in denen Verfahren bei einem Finanzgericht oder beim Bundesfinanzhof anhängig sind, sind rechtzeitig vor der Entscheidung des Gerichts die Steuerfestsetzungen hinsichtlich der in der aktuellen Anlage zu diesem BMF-Schreiben aufgeführten Punkte vorläufig vorzunehmen oder auszusetzen (§ 172 Abs. 1 Satz 1 Nr. 2 Buchst. a i. V. m. § 132 AO). Dies gilt nicht, wenn die Klage oder das Rechtsmittel (Revision, Nichtzulassungsbeschwerde) unzulässig ist oder die Klage sich gegen eine Einspruchsentscheidung richtet, die den Einspruch als unzulässig verworfen hat.
Ist Gegenstand des gerichtlichen Verfahrens ein Änderungsbescheid, sind die Regelungen in Abschnitt I Nr. 2 und Abschnitt II Nr. 3 zu beachten. Die hinsichtlich des Vorläufigkeitsvermerks nach § 165 Abs. 1 Satz 2 AO bzw. der Aussetzung nach § 165 Abs. 1 Satz 4 AO geänderte Steuerfestsetzung wird nach § 68 FGO Gegenstand des gerichtlichen Verfahrens.

## V. Aussetzung der Vollziehung

In den Fällen von Abschnitt A der Anlage zu diesem BMF-Schreiben kommt eine Aussetzung der Vollziehung nur in Betracht, soweit die Finanzbehörden hierzu durch BMF-Schreiben oder gleich lautende Erlasse der obersten Finanzbehörden der Länder angewiesen worden sind.

---

[1] Abschn. III. 2. neu gef. durch BMF v. 31.1.2022, BStBl. I S. 131.

In den Fällen von Abschnitt B der Anlage zu diesem BMF-Schreiben kommt eine Aussetzung der Vollziehung mangels entsprechender Steuerfestsetzung nicht in Betracht.

## VI. Anwendung

Dieses Schreiben tritt an die Stelle des BMF-Schreibens vom 16. Mai 2011 (BStBl. I S. 464) und der zuletzt durch das BMF-Schreiben vom 20. Januar 2017 (BStBl. I S. 66) neugefassten Anlage zum vorgenannten BMF-Schreiben.

## Anlage[1)]

### Abschnitt A. (Vorläufige Steuerfestsetzung)

#### I.

Steuerfestsetzungen sind hinsichtlich folgender Punkte gemäß § 165 Abs. 1 Satz 2 Nr. 3 AO im Hinblick auf die Verfassungsmäßigkeit und verfassungskonforme Auslegung der Norm vorläufig vorzunehmen, soweit dies verfahrensrechtlich möglich ist:[2)]

1. Höhe der kindbezogenen Freibeträge nach § 32 Abs. 6 Satz 1 und 2 EStG
2. Besteuerung von Leibrenten und anderen Leistungen aus der Basisversorgung nach § 22 Nr. 1 Satz 3 Buchst. a Doppelbuchst. aa EStG
3. Verlustverrechnungsbeschränkung für Aktienveräußerungsverluste nach § 20 Abs. 6 Satz 4 EStG (§ 20 Abs. 6 Satz 5 EStG a.F.)

Der **Vorläufigkeitsvermerk gemäß Nr. 1** ist sämtlichen Einkommensteuerfestsetzungen für Veranlagungszeiträume ab 2001 mit einer Prüfung der Steuerfreistellung nach § 31 EStG sowie den mit derartigen Einkommensteuerfestsetzungen verbundenen Festsetzungen des Solidaritätszuschlags und der Kirchensteuer beizufügen. Wird im Rechtsbehelfsverfahren gegen die Festsetzung der Einkommensteuer, des Solidaritätszuschlags und der Kirchensteuer für den Veranlagungszeitraum 2014 Aussetzung der Vollziehung (§ 361 AO, § 69 Abs. 2 FGO) beantragt, ist dem zu entsprechen, soweit unter Berücksichtigung eines um 72 Euro erhöhten Kinderfreibetrags je Kind die Steuer herabzusetzen wäre und im Übrigen die Voraussetzungen des § 361 AO oder des § 69 FGO erfüllt sind. Ein Einkommensteuerbescheid ist hinsichtlich des Kinderfreibetrags kein Grundlagenbescheid für die Festsetzung des Solidaritätszuschlags und der Kirchensteuer (BFH-Urteile vom 27. Januar 2011 III R 90/07, BStBl. II S. 543, und vom 15. November 2011 I R 29/11, BFH/NV 2012 S. 921); § 361 Abs. 3 Satz 1 AO und § 69 Abs. 2 Satz 4 FGO sind daher insoweit nicht anwendbar.

Der **Vorläufigkeitsvermerk gemäß Nr. 2** ist sämtlichen Einkommensteuerfestsetzungen für Veranlagungszeiträume ab 2005 beizufügen, in denen eine Leibrente oder eine andere Leistung aus der Basisversorgung nach § 22 Nr. 1 Satz 3 Buchst. a Doppelbuchst. aa EStG erfasst wird. Eine mögliche Zuvielbelastung von Alterseinkünften muss nach der Rechtsprechung des BFH vom

---

1) Anlage zuletzt neu gef. durch BMF v. 28.3.2022, BStBl. I S. 203.

2) Nach GLE v. 18. 5. 2015, BStBl. I S. 439, sind Feststellungen der **Einheitswerte** für Grundstücke sowie Festsetzungen des **Grundsteuermessbetrags** vorläufig nach § 165 Abs. 1 Satz 2 Nr. 3 AO idF der Bek. v. 1.10.2002 (BGBl. I S. 3866, ber. 2003 S. 61), zuletzt geänd. durch G v. 20.12. 2022 (BGBl. I S. 2730) durchzuführen.

Steuerpflichtigen belegt werden (ständige Rechtsprechung des BFH, s. BFH-Urteil vom 21. Juni 2016 X R 44/14, BFH/NV S. 1791 und vom 19. Mai 2021 X R 20/19). Eine Überprüfung von Amts wegen durch die Finanzämter ohne Mitwirkung der betroffenen Steuerpflichtigen ist nicht möglich. Daher ist in Steuerbescheiden, die den Vorläufigkeitsvermerk gemäß Nr. 3 enthalten, zusätzlich folgender Hinweis aufzunehmen:

„Wichtiger Hinweis:
Sollte nach einer künftigen Entscheidung des Bundesverfassungsgerichts oder des Bundesfinanzhofs dieser Steuerbescheid Ihrer Auffassung nach hinsichtlich der Besteuerung von Leibrenten und anderen Leistungen aus der Basisversorgung nach § 22 Nr. 1 Satz 3 Buchst. a Doppelbuchst. aa EStG zu Ihren Gunsten zu ändern sein, benötige ich weitere Unterlagen von Ihnen. Von Amts wegen kann ich Ihren Steuerbescheid nicht ändern, weil mir nicht alle erforderlichen Informationen vorliegen."

Der **Vorläufigkeitsvermerk gemäß Nr. 3** ist sämtlichen Einkommensteuerfestsetzungen für Veranlagungszeiträume ab 2009 beizufügen, zu denen ein Verlust aus Kapitalvermögen i.S.d. § 20 Abs. 2 Satz 1 Nr. 1 Satz 1 EStG, der aus der Veräußerung von Aktien entstanden ist, nach § 20 Abs. 6 Satz 3 i.V.m. § 10d Abs. 4 EStG festgestellt wird, weil ein Ausgleich mit anderen Einkünfen aus Kapitalvermögen nach § 20 Abs. 6 Satz 4 EStG (§ 20 Abs. 6 Satz 5 EStG a.F.) nicht möglich ist.

## II.

Ferner sind im Rahmen der verfahrensrechtlichen Möglichkeiten sämtliche Festsetzungen des Solidaritätszuschlags für die Veranlagungszeiträume ab 2005 hinsichtlich der Verfassungsmäßigkeit des Solidaritätszuschlaggesetzes 1995 vorläufig gemäß § 165 Abs. 1 Satz 2 Nr. 3 AO vorzunehmen.[1]

Für die Veranlagungszeiträume ab 2020 erfasst dieser Vorläufigkeitsvermerk auch die Frage, ob die fortgeltende Erhebung eines Solidaritätszuschlages nach Auslaufen des Solidarpakts II zum 31. Dezember 2019 verfassungsgemäß ist.

## Abschnitt B. (Aussetzung der Steuerfestsetzung)

(aufgehoben)

[1] Zur evtl. Erstattung des Solidaritätszuschlags auf Kapitalertragsteuer siehe BMF v. 23. 4. 2010, BStBl. I S. 494.

# 800 § 165/2. Schreiben betr. Anrechnung ausländischer Steuern (§ 34 c EStG); Umsetzung des EuGH-Urteils vom 28. Februar 2013 in der Rechtssache C-168/11; Vorläufige Steuerfestsetzung und Aussetzung der Vollziehung hinsichtlich der Anwendung des § 34 c EStG

Vom 4. Mai 2015 (BStBl. I S. 452)

(BMF IV B 3 – S 2293/09/10005 – 04; DOK 2015/0295660)

Das Gesetz zur Anpassung der Abgabenordnung an den Zollkodex der Union und zur Änderung weiterer steuerlicher Vorschriften vom 22. Dezember 2014 (BGBl. I S. 2417, BStBl. 2015 I S. 58) hat § 34 c Abs. 1 EStG geändert und damit dem EuGH-Urteil vom 28. Februar 2013 C-168/11 (BStBl. 2015 II S. 431) Rechnung getragen. Unter Bezugnahme auf das Ergebnis der Erörterung mit den obersten Finanzbehörden der Länder gilt daher Folgendes:

**1.** Das BMF-Schreiben vom 30. September 2013 (BStBl. I S. 1612) wird aufgehoben.

**2.** In der Anlage zum BMF-Schreiben vom 16. Mai 2011 (BStBl. I S. 464)[1], die zuletzt durch BMF-Schreiben vom 20. Februar 2015 (BStBl. I S. 174) neu gefasst worden ist, wird der Satz „Zur vorläufigen Festsetzung der Einkommensteuer hinsichtlich der Berechnung des Höchstbetrags für die Anrechnung ausländischer Steuer auf die deutsche Einkommensteuer nach § 34 c Abs. 1 Satz 2 EStG in Fällen eines Anrechnungsüberhangs wird auf das BMF-Schreiben vom 30. September 2013 (BStBl. I S. 1612) verwiesen" gestrichen.

**3.** Steuerfestsetzungen, die hinsichtlich der Anwendung des § 34 c EStG vorläufig durchgeführt wurden, sind gemäß § 165 Abs. 2 Satz 2 AO von Amts wegen zu ändern und insoweit für endgültig zu erklären, falls die Anwendung des § 34 c Abs. 1 EStG in der durch § 52 Abs. 34 a EStG bestimmten Fassung zu einer Verminderung der bisher festgesetzten Einkommensteuer führt. In den übrigen Fällen ist eine hinsichtlich der Anwendung des § 34 c Abs. 1 EStG vorläufig durchgeführte Steuerfestsetzung insoweit nur auf Antrag des Steuerpflichtigen für endgültig zu erklären (§ 165 Abs. 2 Satz 4 AO). Die ggf. zu beachtende zweijährige Frist gemäß § 171 Abs. 8 Satz 2 AO wurde am 1. Januar 2015 (Tag des Inkrafttretens des § 52 Abs. 34 a EStG) in Lauf gesetzt.

**4.** Ebenfalls von Amts wegen zu ändern sind mit einem zulässigen Einspruch oder einer zulässigen Klage angefochtene Einkommensteuerfestsetzungen, soweit die Anwendung des § 34 c Abs. 1 EStG in der durch § 52 Abs. 34 a

[1] Nr. **800** § 165/1.

EStG bestimmten Fassung zu einer Verminderung der bisher festgesetzten Einkommensteuer führt.

**5.** Aussetzungen der Vollziehung, die nach Maßgabe der Nr. 2 des BMF-Schreibens vom 30. September 2013 gewährt wurden, sind zu widerrufen. Ein Widerruf ist entbehrlich, soweit die Aussetzung der Vollziehung bis zum Inkrafttreten der Neufassung des § 34 c Abs. 1 EStG befristet war oder sich durch Änderung des in der Vollziehung ausgesetzten Einkommensteuerbescheids erledigt hat (Nr. 8.2.2 erster Absatz des AEAO zu § 361).

# **800** § 180/1. Schreiben betr. gesonderte Feststellung bei gleichen Sachverhalten

Vom 2. Mai 2001 (BStBl. I S. 256)

(BMF IV A 4 – S 0361 – 4/01)

Unter Bezugnahme auf das Ergebnis der Erörterungen mit den obersten Finanzbehörden der Länder gilt für gesonderte Feststellungen bei gleichen Sachverhalten Folgendes:

## 1. Allgemeines

**1.1.** §§ 1–7 der Verordnung über die gesonderte Feststellung von Besteuerungsgrundlagen nach § 180 Abs. 2 der Abgabenordnung (V zu § 180 Abs. 2 AO)[1] regeln die gesonderte Feststellung von Einkünften in Fällen, in denen die Voraussetzungen des § 180 Abs. 1 AO nicht vorliegen. Sie ermöglichen auch die gesonderte Feststellung anderer Besteuerungsgrundlagen (vgl. zum Begriff § 199 Abs. 1 AO) für Zwecke der Einkommensteuer, Körperschaftsteuer und Umsatzsteuer sowie für die Eigenheimzulage und die Investitionszulage. Feststellungen für andere Steuerarten, Zulagen oder Prämien sind nicht vorzunehmen.

**1.2.** Nach § 1 V zu § 180 Abs. 2 AO können insbesondere festgestellt werden:

a) die Betriebsausgaben und -einnahmen der Beteiligten an Gesellschaften oder Gemeinschaften ohne Gewinnerzielungsabsicht, die den Beteiligten Anlagen oder Einrichtungen zur betrieblichen oder freiberuflichen Nutzung zur Verfügung stellen, wie z. B. Laborgemeinschaften, Maschinengemeinschaften (§ 1 Abs. 1 Satz 1 Nr. 1 V zu § 180 Abs. 2 AO);

b) die Einkünfte der Feststellungsbeteiligten bei Gesamtobjekten (§ 1 Abs. 1 Satz 1 Nr. 2 V zu § 180 Abs. 2 AO; vgl. BFH-Urteil vom 17. August 1989, BStBl. 1990 II S. 411);

c) die Höhe der Vorsteuer aus Umsätzen, die Hersteller oder Erwerber im Rahmen eines Gesamtobjektes (§ 1 Abs. 1 Satz 1 Nr. 2 V zu § 180 Abs. 2 AO) empfangen haben, soweit ein Vorsteuerabzug nach § 15 UStG oder eine Berichtigung des Vorsteuerabzugs nach § 15 a UStG in Betracht kommt, sowie die Optionsfähigkeit (§ 9 UStG) der Umsätze, die durch Vermietung oder Verpachtung des Objektes (§ 4 Nr. 12 UStG) bewirkt werden;

d) die bei Wohneigentum wie Sonderausgaben abziehbaren Beträge (z. B. nach §§ 10 f, 10 g EStG) und die Bemessungsgrundlage der Eigenheimzulage oder der Investitionszulage nach § 4 InvZulG 1999 vor Abzug des Selbstbehalts bei Gesamtobjekten, soweit diese nicht der Einkunftserzielung dienen (§ 1 Abs. 1 Satz 2 Buchstabe a V zu § 180 Abs. 2 AO);

[1] VO v. 19.12. 1986, BGBl. I S. 2663 (**Steuergesetze** Nr. **800 e**).

e) die Voraussetzungen für die Inanspruchnahme der Eigenheimzulage bei der Anschaffung von Genossenschaftsanteilen i. S. des § 17 EigZulG (§ 1 Abs. 1 Satz 2 Buchstabe b V zu § 180 Abs. 2 AO);

f) die Bemessungsgrundlage der Investitionszulage bei Mietwohngebäuden nach § 3 InvZulG 1999 vor Abzug des Selbstbehalts (§ 1 Abs. 1 Satz 2 Buchstabe c V zu § 180 Abs. 2 AO).

**2. Voraussetzungen gesonderter Feststellungen bei Gesamtobjekten**

**2.1.** Eine gesonderte Feststellung nach § 1 Abs. 1 Satz 1 Nr. 2 V zu § 180 Abs. 2 AO kommt in Betracht, wenn folgende Voraussetzungen sämtlich gegeben sind:

a) Mehrere Steuerpflichtige erzielen Einkünfte aus Wirtschaftsgütern, Anlagen oder Einrichtungen, die ihnen getrennt zuzurechnen sind.

b) Die Steuerpflichtigen unterhalten bei der Planung, Herstellung, dem Erwerb, der Erhaltung, Verwaltung, Vermietung oder der sonstigen Nutzung dieser Wirtschaftsgüter, Anlagen oder Einrichtungen zu demselben Dritten (Treuhänder, Baubetreuer, Verwalter, Garantiegeber, Finanzierungsvermittler) Rechtsbeziehungen (z. B. Treuhand-, Baubetreuungs-, Bewirtschaftungs- oder Verwaltungsverträge).

c) Die Rechtsbeziehungen sind gleichartig, z. B. bei Verwendung einheitlicher Musterverträge oder aufgrund gleichartiger Geschäftsbedingungen.

Dies gilt in den Fällen des § 1 Abs. 1 Satz 2 Buchstaben a bis c V zu § 180 Abs. 2 AO (vgl. Tz. 1.2 Buchstaben d bis f) entsprechend.

Hiernach können gesonderte Feststellungen vorgenommen werden insbesondere bei

– Bauherrenmodellen, die die Errichtung von Einfamilienhäusern, Eigentumswohnungen oder sonstigen Gebäuden zum Gegenstand haben,
– Erwerbermodellen, einschließlich Bauträgermodellen und Sanierungsmodellen.

**2.2.** Die gesonderte Feststellung für die Umsatzsteuer setzt zusätzlich voraus, dass mehrere Unternehmer (§ 2 UStG) an dem Gesamtobjekt beteiligt sind (§ 1 Abs. 2 V zu § 180 Abs. 2 AO).

**3. Umfang der gesonderten Feststellung bei Gesamtobjekten**

**3.1. Gesonderte Feststellung von Besteuerungsgrundlagen für die Steuern vom Einkommen**

**3.1.1.** Nach § 1 VO zu § 180 Abs. 2 AO ist die teilweise gesonderte Feststellung zulässig. Die Feststellung soll sich in der Regel nur auf die Besteuerungsgrundlagen (z. B. Einkünfte, wie Sonderausgaben abziehbare Beträge) erstrecken, die sich aus dem vertraglichen Gesamtaufwand ergeben (vgl. *Tzn. 3 und 4 des BMF-Schreibens vom 31. August 1990 IV B 3 – S 2253 a – 49/90, BStBl. I S. 366; sog. Bauherrenerlass*[1]). Neben den sofort abziehbaren Werbungskosten können insbesondere auch die Grundlagen zur Bemessung der AfA, der Sonderbehandlung von Erhaltungsaufwendungen und des wie Sonderausgaben ab-

---

[1] Siehe nunmehr BMF v. 20. 10. 2003 IV C 3 – S 2253 a – 48/03, BStBl. I S. 546 (Nr. 1 § 21/4).

ziehbaren Betrages (z. B. nach §§ 3 und 4 FördG oder §§ 7, 7 h, 7 i, 10 f, 11 a und 11 b EStG) gesondert festgestellt werden, wenn die Aufwendungen im Rahmen des Gesamtaufwandes entstanden sind. Bei einheitlicher Finanzierung soll auch das Disagio einbezogen werden; nicht einzubeziehen sind die außerhalb des Gesamtaufwandes entstandenen Aufwendungen, z. B. Kosten einer als Werbungskosten abziehbaren Individualfinanzierung, auch wenn diese über eine der in § 3 Abs. 1 Nr. 2 V zu § 180 Abs. 2 AO genannten Personen abgewickelt wird. Nicht einzubeziehen in die gesonderte Feststellung der Besteuerungsgrundlagen sind ferner die als Werbungskosten abziehbaren Vorsteuern bzw. die als Einnahme anzusetzenden Vorsteuererstattungen.

Gehören die Wirtschaftsgüter, Anlagen oder Einrichtungen zum Betriebsvermögen des Beteiligten, ist die gesonderte Feststellung auf die Höhe der sofort in voller Höhe absetzbaren Betriebsausgaben und die Bemessungsgrundlage der AfA zu beschränken. Kommt die Bildung eines Rechnungsabgrenzungspostens in Betracht, sind auch die hierfür maßgeblichen Besteuerungsgrundlagen festzustellen.

**3.1.2.** Es ist zulässig, nur für einige der Steuerpflichtigen, die an dem Gesamtobjekt beteiligt sind, eine gesonderte Feststellung durchzuführen.

**3.1.3.** Die Feststellung soll nur für den Zeitraum bis zur Bezugsfertigkeit (bei Bauherrenmodellen) oder der erstmaligen Vermietung oder Eigennutzung durch den Steuerpflichtigen (bei Erwerbermodellen) durchgeführt werden.

**3.1.4.** Umfang und Zeitraum der gesonderten Feststellung sind in dem Feststellungsbescheid genau zu bezeichnen. Nachrichtliche Mitteilungen, z. B. über Besteuerungsgrundlagen für nachfolgende Zeiträume, können in den Bescheid aufgenommen werden.

**3.1.5.** In Zusammenhang mit den festzustellenden Besteuerungsgrundlagen stehende Steuerabzugsbeträge und Körperschaftsteuer, die auf die festgesetzte Steuer anzurechnen sind, können nach § 180 Abs. 5 Nr. 2 AO gesondert festgestellt werden. Diese Feststellung kann mit der Feststellung nach der V zu § 180 Abs. 2 AO verbunden werden.

**3.2. Gesonderte Feststellung für die Umsatzsteuer**

**3.2.1.** Gesondert festgestellt werden soll, ob die Voraussetzungen für den Vorsteuerabzug vorliegen (§ 15 UStG). Liegen diese Voraussetzungen vor, so soll sich die Feststellung der Vorsteuerbeträge in der Regel auf die Vorsteuern beschränken, die sich aus dem vertraglichen Gesamtaufwand ergeben (vgl. Tz. 3.1.1). In jedem Fall sind jedoch die für eine Berichtigung des Vorsteuerabzugs nach § 15 a UStG in Betracht kommenden Vorsteuerbeträge auf Anschaffungs-/Herstellungskosten gesondert festzustellen.

**3.2.2.** Werden Wirtschaftsgüter, Anlagen oder Einrichtungen von Beteiligten für eigene gewerbliche oder berufliche Zwecke verwendet, ist die Feststellung auf die Höhe der Vorsteuerbeträge zu beschränken. Ob die festgestellten Vorsteuerbeträge ganz oder teilweise vom Abzug ausgeschlossen sind (§ 15 Abs. 2 bis 4 UStG), entscheidet in diesen Fällen das für die Umsatzbesteuerung des Beteiligten zuständige Finanzamt (§ 21 AO).

**3.2.3.** Die Regelungen zur zeitlichen Begrenzung (Tz. 3.1.3) und zu den Angaben im Feststellungsbescheid (Tz. 3.1.4) gelten entsprechend. Hiervon unberührt bleibt die Durchführung von Amtshilfemaßnahmen, insbesondere zur einheitlichen Anwendung des § 15 a UStG nach dem BMF-Schreiben vom 24. April 1992 IV A 3 – S 7340 – 45/92 (BStBl. I S. 291)[1].

**3.3. Gesonderte Feststellung für die *Eigenheimzulage*[2] oder die Investitionszulage**

**3.3.1.** Feststellungen für Zwecke der *Eigenheimzulage* oder der Investitionszulage (§ 1 Abs. 1 Satz 2 V zu § 180 Abs. 2 AO) sind nur durchzuführen, wenn und soweit dies für deren Festsetzung erforderlich ist. Umfang und Zeitraum der gesonderten Feststellung sind im Feststellungsbescheid genau zu bezeichnen.

**3.3.2.** Bei Wohneigentum bzw. Wohngebäuden (§ 1 Abs. 1 Satz 2 Buchstaben a und c V zu § 180 Abs. 2 AO) soll sich die Feststellung nur auf den Teil der Bemessungsgrundlage erstrecken, der sich aus dem vertraglichen Gesamtaufwand ergibt.

**3.3.3.** Bei der Anschaffung von Genossenschaftsanteilen im Sinne des § 17 EigZulG (§ 1 Abs. 1 Satz 2 Buchstabe b V zu § 180 Abs. 2 AO) ist insbesondere festzustellen, ob von der Genossenschaft mehr als zwei Drittel des Geschäftsguthabens der Genossen zu wohnungswirtschaftlichen Zwecken verwandt wird, ob die Genossenschaft unverzüglich mit der Investitionstätigkeit begonnen hat und ob die Wohnungen überwiegend an Genossenschaftsmitglieder überlassen werden (vgl. *BMF-Schreiben vom 11. Mai 1999, BStBl. I S. 490*[3]). Sofern einzelne Voraussetzungen noch nicht sofort vorliegen, jedoch glaubhaft dargelegt wird, dass sie alsbald erfüllt sein werden, ist die Feststellung insoweit nach § 165 Abs. 1 AO vorläufig durchzuführen.

**4. Einleitung des Feststellungsverfahrens**

**4.1.** Sofern die Erklärung zur gesonderten Feststellung nicht unaufgefordert abgegeben wird, wird das Feststellungsverfahren durch Aufforderung des Finanzamts, eine Erklärung abzugeben, eingeleitet (vgl. Tz. 6).

**4.2.** Die Durchführung des Feststellungsverfahrens liegt nach § 4 V zu § 180 Abs. 2 AO im pflichtgemäßen Ermessen des Finanzamts. Ein Feststellungsverfahren soll nur durchgeführt werden, wenn dies der einheitlichen Rechtsanwendung und gleichzeitig der Erleichterung des Besteuerungsverfahrens dient. Von der Durchführung eines Feststellungsverfahrens kann auch abgesehen werden, wenn es sich um einen Fall von geringer Bedeutung handelt.

Hinsichtlich der Feststellung von Besteuerungsgrundlagen für die Steuern vom Einkommen kann bei Bauherrenmodellen und vergleichbaren Modellen ein Feststellungsbedarf angenommen werden, wenn zumindest für einen Veranlagungszeitraum die Besteuerungsgrundlagen von mindestens drei Beteiligten festzustellen sind und der einzelne Beteiligte insgesamt Werbungskosten, Betriebsausgaben oder wie Sonderausgaben abziehbare Beträge (ausgenommen Finanzierungskosten und Notarkosten) von mehr als 5000,– DM (ab Veranla-

[1] Nr. **800** § 180/5.

[2] Das EigZulG ist letztmals anzuwenden auf Herstellungen bzw. Anschaffungen, die vor dem 1. 1. 2006 begonnen haben bzw. erfolgt sind; s. § 19 Abs. 9 EigZulG.

[3] Siehe nunmehr BMF v. 21. 12. 2004, BStBl. I S. 305.

gungs-/Feststellungszeitraum 2002: 2500 Euro) geltend macht. Dies gilt – mit Ausnahme der Aufgriffsgrenze von 5000 DM/2500 Euro – bei Feststellungen für die Festsetzung von Eigenheim- oder Investitionszulage entsprechend.

**4.3.** Zur Beseitigung von Zweifeln, ob ein Feststellungsverfahren durchgeführt wird, kann ein Negativbescheid erteilt werden (§ 4 Satz 2 V zu § 180 Abs. 2 AO). Die Ermittlungspflicht geht in diesem Fall in vollem Umfang auf das für die Steuerfestsetzung zuständige Finanzamt über.

**4.4.** Über einen Antrag auf Durchführung einer gesonderten Feststellung ist durch Bescheid zu entscheiden.

## 5. Verfahrensbeteiligte

**5.1. Verfahrensbeteiligte sind:**

– die Feststellungsbeteiligten, denen die gesondert festzustellenden Besteuerungsgrundlagen zuzurechnen sind,
– bei Gesamtobjekten auch die in § 3 Abs. 1 Nr. 2 V zu § 180 Abs. 2 AO genannten Personen (Betreuungsunternehmer, Treuhänder, Initiator, Verwalter u. a.).

Bei Gesamtobjekten sollen Ermittlungen und Verfahrenshandlungen gegenüber den in § 3 Abs. 1 Nr. 2 V zu § 180 Abs. 2 AO genannten Personen vorgenommen werden.

**5.2.** Das Steuergeheimnis steht der Offenbarung von Verhältnissen der Verfahrensbeteiligten gegenüber anderen Verfahrensbeteiligten nicht entgegen, soweit dies der Durchführung des Feststellungsverfahrens, z. B. bei der Bekanntgabe, dient (§ 30 Abs. 4 Nr. 1 AO).

## 6. Erklärungspflicht

**6.1.** Zur Abgabe der Erklärung zur gesonderten und einheitlichen Feststellung sind die Verfahrensbeteiligten i. S. der Tz. 5.1 verpflichtet. Eine Erklärungspflicht besteht nur nach ausdrücklicher Aufforderung durch das Finanzamt; bei Gesamtobjekten sind die in § 3 Abs. 1 Nr. 2 V zu § 180 Abs. 2 AO genannten Personen zur Abgabe der Erklärung aufzufordern (vgl BFH-Urteile vom 1. Dezember 1987, BStBl. 1988 II S. 319, und vom 17. August 1989, BStBl. 1990 II S. 411).

**6.2.** Steht von vornherein fest, dass nur eine teilweise gesonderte Feststellung getroffen wird, soll das Finanzamt bei der Aufforderung zur Abgabe der Steuererklärung den Umfang der Erklärung entsprechend einschränken (§ 3 Abs. 3 V zu § 180 Abs. 2 AO).

**6.3.** Die Erklärungspflicht besteht auch in den Fällen, in denen der Betrieb, die Nutzung, Betreuung (Treuhandschaft), Geschäftsführung, Verwaltung usw. nicht mehr besteht (§ 3 Abs. 1 V zu § 180 Abs. 2 AO).

**6.4.** Kommen für die Abgabe der Erklärung mehrere Personen in Betracht, sind Überschneidungen bei der Aufforderung zur Abgabe der Erklärung zu vermeiden. Im Übrigen wird auf § 3 Abs. 4 V zu § 180 Abs. 2 AO hingewiesen.

**6.5.** Die Aufforderung des Finanzamts zur Abgabe einer Feststellungserklärung hat eine Anlaufhemmung der Feststellungsfrist nach § 170 Abs. 2 Satz 1

Nr. 1 AO zur Folge. Wird eine Feststellungserklärung dagegen unaufgefordert abgegeben, beginnt die Frist für die Aufhebung oder Änderung der gesonderten Feststellung oder ihrer Berichtigung nach § 129 AO nicht vor Ablauf des Kalenderjahres, in dem die Feststellungserklärung abgegeben worden ist (§ 181 Abs. 1 Satz 3 AO).

**7. Bekanntgabe**

**7.1.** Der Feststellungsbescheid und andere im Feststellungsverfahren zu erlassende Verwaltungsakte können an einen Empfangsbevollmächtigten mit Wirkung für und gegen alle Feststellungsbeteiligten bekannt gegeben werden. Die Feststellungsbeteiligten sollen hierzu einen gemeinsamen Empfangsbevollmächtigten bestellen (§ 6 Abs. 1 Satz 1 V zu § 180 Abs. 2 AO).

**7.2.** Benennen die Feststellungsbeteiligten keinen Empfangsbevollmächtigten, so kann das Finanzamt sie dazu auffordern und gleichzeitig einen Verfahrensbeteiligten als Empfangsbevollmächtigten vorschlagen. Bei Gesamtobjekten sollen in der Regel die in § 3 Abs. 1 Nr. 2 V zu § 180 Abs. 2 AO genannten Personen als Empfangsbevollmächtigte vorgeschlagen werden.

Äußern sich die Feststellungsbeteiligten nicht innerhalb einer angemessenen, in der Aufforderung anzugebenden Frist, so gilt der von der Finanzbehörde Vorgeschlagene als Empfangsbevollmächtigter. Dies gilt jedoch nur insoweit, als einer oder mehrere der Feststellungsbeteiligten für sich nicht einen anderen Empfangsbevollmächtigten benennen.

**7.3.** Das Finanzamt darf keinen Verfahrensbeteiligten als Empfangsbevollmächtigten vorschlagen, von dem ihm bekannt ist, dass er ernstliche Meinungsverschiedenheiten mit Feststellungsbeteiligten hat. Soweit ernstliche Meinungsverschiedenheiten zwischen den Feststellungsbeteiligten bekannt sind, ist insoweit eine gesonderte Bekanntgabe des Feststellungsbescheids (Einzelbekanntgabe) erforderlich.

**7.4.** Ist Einzelbekanntgabe erforderlich, sind nur diejenigen Besteuerungsgrundlagen bekannt zu geben, die den jeweiligen Feststellungsbeteiligten unmittelbar betreffen (§ 6 Abs. 4 V zu § 180 Abs. 2 AO).

**7.5.** Sind keine ernstlichen Meinungsverschiedenheiten zwischen den Verfahrensbeteiligten bekannt, sollen auch nach Beendigung des Betriebs, der Nutzung, Betreuung (Treuhandschaft), Geschäftsführung, Verwaltung usw. oder beim Ausscheiden von Feststellungsbeteiligten Feststellungsbescheide weiterhin nur an den bestellten Empfangsbevollmächtigten bekannt gegeben werden, soweit und solange Feststellungsbeteiligte oder der Empfangsbevollmächtigte nicht widersprochen haben.

Die Bekanntgabe eines Feststellungsbescheides an einen Empfangsbevollmächtigten i. S. des § 6 Abs. 1 Satz 1 V zu § 180 Abs. 2 AO ist auch gegenüber einem aus der Bauherrengemeinschaft ausgeschiedenen Feststellungsbeteiligten wirksam, solange dieser die Vollmacht nicht gegenüber der für die Feststellung zuständigen Finanzbehörde widerrufen hat (BFH-Urteil vom 7. Februar 1995, BStBl. II S. 357). Der Widerruf einer Empfangsvollmacht gegenüber der Finanzbehörde ist nicht an eine bestimmte Form gebunden, er kann schriftlich oder auch mündlich erfolgen.

**7.6.** Bei Gesamtobjekten ist der Feststellungsbescheid nach § 6 Abs. 2 V zu § 180 Abs. 2 AO auch den in § 3 Abs. 1 Nr. 2 V zu § 180 Abs. 2 AO genannten Personen bekannt zu geben, wenn sie die Erklärung abgegeben haben, aber nicht gleichzeitig Empfangsbevollmächtigte sind.

**8. Rechtsbehelfsbefugnis**

Zur Einspruchsbefugnis vgl. § 352 AO, zur Klagebefugnis vgl. § 48 FGO. Vgl. auch die Regelungen im Anwendungserlass zu § 352 AO.

**9. Außenprüfung**

**9.1.** Eine Außenprüfung kann bei allen Verfahrensbeteiligten durchgeführt werden. Bei Gesamtobjekten soll sie bei einem Feststellungsbeteiligten nur durchgeführt werden, wenn eine Außenprüfung bei den in § 3 Abs. 1 Nr. 2 V zu § 180 Abs. 2 AO genannten Personen keine hinreichende Sachaufklärung verspricht oder ergibt.

**9.2.** Die Prüfungsanordnung ist an denjenigen zu richten und bekannt zu geben, bei dem die Außenprüfung durchgeführt werden soll (§ 197 AO, § 7 V zu § 180 Abs. 2 AO). Ergeht die Prüfungsanordnung an eine in § 3 Abs. 1 Nr. 2 V zu § 180 Abs. 2 AO genannte Person, ist darauf hinzuweisen, dass sie die Prüfung nach § 7 Abs. 1 i. V. m. § 5 und § 3 Abs. 1 Nr. 2 V zu § 180 Abs. 2 AO zu dulden hat (vgl. BFH-Beschluss vom 14. März 1989, BStBl. II S. 590).

**10. Zuständigkeit**

Örtlich zuständig ist in den Fällen des § 1 Abs. 1 Satz 1 Nr. 1 V zu § 180 Abs. 2 AO das Betriebsfinanzamt (§ 2 Abs. 1 V zu § 180 Abs. 2 AO), in den Fällen des § 1 Abs. 1 Satz 1 Nr. 2 und Satz 2 sowie § 1 Abs. 2 V zu § 180 Abs. 2 AO das für den Erklärungspflichtigen zuständige Finanzamt (§ 2 Abs. 2 und 3 V zu § 180 Abs. 2 AO).

Bei Bauherrenmodellen und vergleichbaren Modellen ist dies in der Regel das für die Besteuerung des Verfahrensbeteiligten, der die Erklärung abgibt oder zur Abgabe der Erklärung aufgefordert wird, nach dem Einkommen zuständige Finanzamt (§§ 19, 20 AO). In Fällen der Anschaffung von Genossenschaftsanteilen im Sinne des § 17 EigZulG (§ 1 Abs. 1 Satz 2 V zu § 180 Abs. 2 AO) ist das für die Besteuerung der Genossenschaft nach dem Einkommen zuständige Finanzamt (§ 20 AO) für die Feststellung nach der V zu § 180 Abs. 2 AO zuständig.

**11. Geltendmachung von negativen Einkünften oder der wie Sonderausgaben abziehbaren Beträge**

Zur Berücksichtigung negativer Einkünfte oder der wie Sonderausgaben abziehbaren Beträge bei Gesamtobjekten ist das BMF-Schreiben vom 13. Juli 1992 IV A 5 – S 0361 – 19/92 (BStBl. I S. 404[1]), geändert durch BMF-Schreiben vom 28. Juni 1994 IV A 4 – S 0361 – 14/94 (BStBl. I S. 420), anzuwenden.

[1] Nr. **800** § 180/2.

## 12. Anwendung des § 2b EStG

Bei Gesamtobjekten sind die Voraussetzungen für die Anwendung des § 2b EStG und die sich aus der Anwendung des § 2b EStG ggf. ergebenden Folgerungen im Feststellungsverfahren nach der V zu § 180 Abs. 2 AO zu prüfen.

## 13. Schlussbestimmungen

**13.1.** Die vorstehenden Regelungen sind vorbehaltlich der Tz. 13.3 in allen anhängigen Verfahren anzuwenden (Artikel 97 § 1 Abs. 2 EGAO in der Fassung des Steuerbereinigungsgesetzes 1986 vom 19. Dezember 1985, BStBl. I S. 2436). Dies gilt auch für Feststellungszeiträume vor dem In-Kraft-Treten der Neuregelungen (vgl. BFH-Urteil vom 1. Dezember 1987, BStBl. 1988 II S. 319).

**13.2.** Anhängige Verfahren in diesem Sinne sind neben bereits eingeleiteten und noch nicht abgeschlossenen Feststellungsverfahren auch solche Verfahren, in denen die maßgebliche Steuerfestsetzung noch nicht materiell bestandskräftig ist. Ein Verfahren ist insbesondere dann anhängig, wenn noch keine Steuerfestsetzung oder nur eine Steuerfestsetzung unter dem Vorbehalt der Nachprüfung nach § 164 AO erfolgt ist bzw. über einen gegen die Steuerfestsetzung eingelegten Rechtsbehelf noch nicht entschieden ist. Soweit nicht die Verfahren aller Beteiligten anhängig sind, ist die Feststellung auf die noch anhängigen Fälle zu begrenzen.

Die Anwendung der Neuregelung auf anhängige Verfahren führt nicht zu einer Durchbrechung der Verjährung (vgl. BFH-Urteil vom 17. August 1989, BStBl. 1990 II S. 411).

**13.3.** Bei Feststellungen nach § 1 Abs. 1 Satz 2 V zu § 180 Abs. 2 AO gilt zur Anwendung der vorstehenden Regelungen Folgendes:

- Feststellungen für die Einkommensteuerfestsetzung sind ab dem 1. Januar 1991 durchzuführen (Artikel 3 der Ersten Verordnung zur Änderung der Verordnung zu § 180 Abs. 2 AO vom 22. Oktober 1990, BGBl. I S. 2275, BStBl. I S. 724);
- Feststellungen für die Eigenheimzulagenfestsetzung sind ab dem 23. Dezember 1995 durchzuführen (Artikel 15 des Gesetzes zur Neuregelung der steuerrechtlichen Wohneigentumsförderung vom 15. Dezember 1995, BGBl. I S. 1783, BStBl. I S. 775).
- Bei der Anschaffung von Genossenschaftsanteilen i. S. des § 17 EigZulG sind die vorstehenden Regelungen ab dem 30. Dezember 1999 anzuwenden (Artikel 28 Abs. 2 des Steuerbereinigungsgesetzes 1999 vom 22. Dezember 1999, BGBl. I S. 2601, BStBl. 2000 I S. 13).
- Feststellungen für die Festsetzung der Investitionszulage sind ab dem 28. Dezember 2000 (Artikel 11 Abs. 1 des Gesetzes zur Änderung des Investitionszulagengesetzes 1999 vom 20. Dezember 2000, BGBl. I S. 1850, BStBl. 2001 I S. 28) durchzuführen.

Die Neuregelungen sind jeweils ab den genannten Zeitpunkten in allen anhängigen Verfahren anzuwenden (vgl. Tz. 13.1 und 13.2).

Dieses Schreiben tritt an die Stelle des BMF-Schreibens vom 5. Dezember 1990 IV A 5 – S 0361 – 20/90, BStBl. I S. 764.

# 800 § 180/2. Schreiben betr. Verfahren bei der Geltendmachung von negativen Einkünften aus der Beteiligung an Verlustzuweisungsgesellschaften und vergleichbaren Modellen

Vom 13. Juli 1992 (BStBl. I S. 404)

(BMF IV A 5 – S 0361 – 19/92)

Geändert durch BMF-Schreiben v. 28. 6. 1994 (BStBl. I S. 420)

Unter Bezugnahme auf das Ergebnis der Erörterungen mit den obersten Finanzbehörden der Länder gilt für die gesonderte Feststellung und zur ertragsteuerlichen Berücksichtigung von negativen Einkünften aus der Beteiligung an Verlustzuweisungsgesellschaften und vergleichbaren Modellen folgendes:

## 1. Anwendungsbereich

**1.1.** Die nachstehenden Verfahrensgrundsätze gelten insbesondere für Beteiligungen an Verlustzuweisungsgesellschaften und an Gesamtobjekten i. S. d. § 1 Abs. 1 Satz 1 Nr. 2 und Satz 2 der Verordnung über die gesonderte Feststellung von Besteuerungsgrundlagen nach § 180 Abs. 2 AO (V zu § 180 Abs. 2 AO)[1] sowie für vergleichbare Modelle mit nur einem Kapitalanleger.

### 1.2. Verlustzuweisungsgesellschaften

**1.2.1.** Es handelt sich hierbei um Personenzusammenschlüsse in gesellschafts- oder gemeinschaftsrechtlicher Form, deren Gegenstand insbesondere die Herstellung oder die Anschaffung eines Anlageobjekts und dessen Nutzungsüberlassung ist und an der eine Beteiligung in der Absicht erworben wird, Verluste aus den Einkunftsarten des § 2 Abs. 1 Nr. 1–3 EStG oder negative Einkünfte i. S. des § 20 Abs. 1 Nr. 4 oder des § 21 EStG zu erzielen. Die Kapitalanleger werden dadurch zum Beitritt zur Verlustzuweisungsgesellschaft bewogen, daß sie auf der Basis eines im voraus gefertigten Konzepts zwecks Erzielung steuerlicher Vorteile – zumindest für eine gewisse Zeit – an den von der Gesellschaft erzielten negativen Einkünften beteiligt werden sollen. Verlustzuweisungsgesellschaften in diesem Sinne sind daher insbesondere sog. gewerbliche Abschreibungsgesellschaften sowie vermögensverwaltende Gesellschaften, wenn von den Initiatoren mit negativen Einkünften geworben wird.

**1.2.2.** Die im Rahmen einer mit Einkünfteerzielungsabsicht betriebenen Verlustzuweisungsgesellschaft erzielten negativen Einkünfte sind nach § 180 Abs. 1 Nr. 2 Buchstabe a oder Abs. 5 AO gesondert und einheitlich festzustellen. Ist eine Einkünfteerzielungsabsicht nicht anzunehmen, ist ein negativer Feststellungsbescheid nach § 181 Abs. 1 Satz 1 i. V. m. § 155 Abs. 1 Satz 3 AO zu erlassen.

[1] VO v. 19. 12. 1986, BGBl. I S. 2663.

### 1.3. Gesamtobjekte

Es handelt sich hierbei insbesondere um Beteiligungen an Bauherrenmodellen und Erwerbermodellen, einschließlich der Bauträger- und Sanierungsmodelle (vgl. hierzu *BMF-Schreiben vom 31. August 1990 IV B 3 – S 2253 a – 49/90, BStBl. I S. 366*[1]), und *BMF-Schreiben vom 5. Dezember 1990 IV A 5 – S 0361 – 20/90, BStBl. I S. 764*[2]). Gesondert und einheitlich festgestellt werden nur die auf den gleichartigen Rechtsbeziehungen und Verhältnissen beruhenden Besteuerungsgrundlagen. Soweit im folgenden die Behandlung von Einkünften geregelt ist, gilt dies für die nach der V zu § 180 Abs. 2 AO festzustellenden Besteuerungsgrundlagen entsprechend.

### 1.4. Modelle mit nur einem Kapitalanleger

Sind die Einkünfte eines vergleichbaren Modells nur einem Steuerpflichtigen zuzurechnen, kommt nur in den Fällen des § 180 Abs. 1 Nr. 2 Buchstabe b AO (Einkünfte aus Land- und Forstwirtschaft, Gewerbebetrieb oder freiberuflicher Tätigkeit) eine gesonderte Feststellung in Betracht. In den übrigen Fällen – insbesondere bei Einkünften aus Vermietung und Verpachtung – obliegt die Ermittlungskompetenz allein dem für den Erlaß des Einkommensteuerbescheides zuständigen Finanzamt.

## 2. Allgemeines

**2.1.** Rechtsfragen, die im Zusammenhang mit der Beteiligung an einem Modell i. S. der Tz. 1 gestellt werden, dürfen nur im Rahmen des nachfolgend dargestellten Prüfungs- oder Feststellungsverfahrens beantwortet werden.

**2.2.** Eine verbindliche Auskunft aufgrund des *BMF-Schreibens vom 24. Juni 1987 IV A 5 – S 0430 – 9/87 (BStBl. I S. 474)*[3]) kommt bei diesen Modellen nicht in Betracht.

**2.3.** Die Bezeichnung „Betriebsfinanzamt" wird im folgenden zur Kennzeichnung des für die gesonderte Feststellung der Einkünfte zuständigen Finanzamts verwendet.

Die Bezeichnung „Wohnsitzfinanzamt" gilt für jedes Finanzamt, das die Mitteilung über die Einkünfte des Beteiligten auszuwerten hat.

**2.4.** Die Beteiligten haben bei der Ermittlung des Sachverhaltes, unbeschadet der Untersuchungspflicht der Finanzbehörde, mitzuwirken (§ 90 Abs. 1 AO). Wird die Mitwirkungspflicht verletzt, sind gegebenenfalls die Besteuerungsgrundlagen zu schätzen (§ 162 AO). Bei Auslandsinvestitionen besteht eine gesteigerte Mitwirkungsverpflichtung. Hier haben die Beteiligten Beweisvorsorge zu treffen, unter Ausschöpfung aller bestehenden rechtlichen und tatsächlichen Möglichkeiten selbst den Sachverhalt aufzuklären und Beweismittel nicht nur zu benennen, sondern auch zu beschaffen (§ 90 Abs. 2 AO). Werden diese Pflichten nicht oder nicht ausreichend erfüllt und bleiben deshalb Unklarheiten im Sachverhalt, gehen diese zu Lasten der Beteiligten.

---

[1]) Nunmehr BMF v. 20. 10. 2003, BStBl. I S. 546 (Nr. **1** § 21/4).
[2]) Nunmehr BMF v. 2. 5. 2001, BStBl. I S. 256 (Nr. **800** § 180/1).
[3]) Siehe nunmehr AEAO zu § 89.

**2.5.** Bei Gesamtobjekten sind auch die Verfahrensregelungen des *BMF-Schreibens vom 5. Dezember 1990 IV A 5 – S 0361 – 20/90 (BStBl. I S. 764[1])* zu beachten.

## 3. Verfahren beim Betriebsfinanzamt

### 3.1. Geltendmachung von negativen Einkünften für Zwecke des Vorauszahlungsverfahrens/der Lohnsteuerermäßigung

**3.1.1.** Wird beim Betriebsfinanzamt zum Zwecke der Herabsetzung der Vorauszahlungen oder zur Eintragung eines Freibetrags auf der Lohnsteuerkarte der Beteiligten an einem Modell i. S. der Tz. 1 geltend gemacht, daß negative Einkünfte eintreten werden, so ermittelt das Betriebsfinanzamt im Wege der Amtshilfe (§§ 111-115 AO) für die Wohnsitzfinanzämter die Höhe der voraussichtlichen negativen Einkünfte der Beteiligten (Vorprüfung).

**3.1.2.** Ein Vorprüfungsverfahren findet nicht statt, soweit negative Einkünfte aus Vermietung und Verpachtung bei der Festsetzung der Einkommensteuervorauszahlungen oder im Lohnsteuerermäßigungsverfahren nicht berücksichtigt werden dürfen (§ 37 Abs. 3 Sätze 6 ff. und § 39 a Abs. 1 Nr. 5 EStG). Wird gleichwohl ein Antrag i. S. d. Tz. 3.1.1 beim Betriebsfinanzamt gestellt, so sind die Wohnsitzfinanzämter hierüber zu unterrichten.

**3.1.3.** Das Betriebsfinanzamt beginnt mit der Vorprüfung erst, wenn nachgewiesen ist, daß die Planung des Investitionsvorhabens abgeschlossen und durch konkrete Maßnahmen bereits mit ihrer Umsetzung begonnen worden ist (z. B. Beginn der Bau- oder Herstellungsmaßnahmen).

Bei Verlustzuweisungsgesellschaften (Tz. 1.2) ist zusätzlich Voraussetzung, daß mindestens 75 v. H. des von den Beteiligten selbst aufzubringenden Kapitals rechtsverbindlich gezeichnet sind; der Beitritt eines Treuhänders für noch zu werbende Treugeber reicht nicht aus.

**3.1.4.** Weitere Voraussetzung ist, daß sämtliche Unterlagen vorgelegt werden, die für die Beurteilung der geltend gemachten voraussichtlichen negativen Einkünfte dem Grunde und der Höhe nach sowie hinsichtlich ihrer Ausgleichsfähigkeit erforderlich sind. In einer Fremdsprache abgefaßte Verträge und Unterlagen sind ggf. in beglaubigter deutscher Übersetzung vorzulegen (vgl. § 87 AO).

**3.1.5.** Zu diesen Unterlagen gehören insbesondere

a) Prospekte, Objektbeschreibungen und Unterlagen für den Vertrieb (z. B. Baubeschreibungen, Musterverträge);

b) alle von den Projektanbietern und sonstigen Personen abgeschlossenen Verträge mit den Beteiligten (z. B. Beitrittserklärungen und Nebenabreden über Zahlungen), mit den an der Planung und Ausführung des Investitionsobjekts beteiligten Unternehmen, mit den in die Finanzierung eingeschalteten Firmen und ggf. mit den Personen, die das Investitionsobjekt nutzen;

---

[1] Nunmehr BMF v. 2. 5. 2001, BStBl. I S. 256 (Nr. **800** § 180/1).

c) ein spezifizierter Finanzierungsplan (mit Kreditzusagen und Kreditverträgen) über den Gesamtfinanzierungsaufwand und den voraussichtlichen Einsatz der Finanzierungsmittel (Objektkalkulation);

d) Angaben über den Projektstand (z. B. Baugenehmigung, Baubeginnanzeige, Baufortschrittsanzeige, Teilungserklärung);

e) eine voraussichtliche Gewinn- und Verlustrechnung/Einnahmen-Überschußrechnung, aus der sich die Betriebsausgaben/Werbungskosten im einzelnen ergeben, bzw. bei Gesamtobjekten (Tz. 1.3) eine entsprechende Aufstellung über die voraussichtlichen Besteuerungsgrundlagen aus den gleichgelagerten Sachverhalten;

f) eine Darstellung des angestrebten Totalgewinns/-überschusses;

g) ein Verzeichnis der Beteiligten mit Anschrift, Angabe des zuständigen Finanzamtes und der Steuernummer.

Die Antragsteller haben schriftlich zu versichern, daß die Unterlagen vollständig sind und daneben keine weiteren Vereinbarungen getroffen worden sind.

**3.1.6.** Das Betriebsfinanzamt kann von den Projektanbietern, der Verlustzuweisungsgesellschaft, den Verfahrensbeteiligten i. S. der V zu § 180 Abs. 2 AO oder sonstigen Personen (ggf. auf der Grundlage des § 93 AO) auch Erklärungen verlangen, wonach bestimmte Verträge nicht abgeschlossen oder bestimmte Unterlagen nicht vorhanden sind (Negativ-Erklärungen).

**3.1.7.** Soweit es sich bei den Projektanbietern und den von ihnen zur Ausführung oder Finanzierung des Investitionsvorhabens sowie zur Nutzung des Investitionsobjekts beauftragten Unternehmen um nahestehende Personen i. S. des § 1 Abs. 2 AStG handelt, sind diese Beziehungen bekanntzugeben.

**3.1.8.** Innerhalb eines Zeitraums von sechs Monaten nach Vorlage aller erforderlichen prüfungsfähigen Unterlagen (Tzn. 3.1.3–3.1.7) sollen die Vorprüfung der geltend gemachten negativen Einkünfte vorgenommen und das Ergebnis den Wohnsitzfinanzämtern mitgeteilt werden. Hierbei ist auch mitzuteilen, ob eine gesonderte und einheitliche Feststellung nach § 180 Abs. 1 Nr. 2 Buchstabe a AO oder nach § 1 Abs. 1 Satz 1 Nr. 2 und Satz 2 V zu § 180 Abs. 2 AO durchgeführt wird. Sind Sachverhalte vor Ort zu ermitteln, soll das Betriebsfinanzamt einen Betriebsprüfer hiermit beauftragen, sobald alle erforderlichen Unterlagen vorliegen.

**3.1.9.** Werden die geltend gemachten negativen Einkünfte ganz oder teilweise nicht anerkannt, so soll die Mitteilung eine für das Wohnsitzfinanzamt in einem etwaigen Rechtsbehelfsverfahren verwertbare Begründung und eine Aussage darüber enthalten, ob und ggf. in welcher Höhe eine Aussetzung der Vollziehung in Betracht kommt. Die Entscheidung über einen Antrag auf Aussetzung der Vollziehung obliegt dem Wohnsitzfinanzamt.

**3.1.10.** Kann eine Vorprüfung nicht innerhalb von sechs Monaten nach Vorlage sämtlicher Unterlagen (Tzn. 3.1.3–3.1.7) abgeschlossen werden und liegen auch die Voraussetzungen der Tz. 3.1.12 nicht vor, teilt das Betriebsfinanzamt den Wohnsitzfinanzämtern nach Ablauf dieser Frist mit, ob und in welchem Umfang nach dem gegenwärtigen Stand der Prüfung die geltend gemachten negativen Einkünfte anerkannt werden können. Die Mitteilung soll eine im Rechtsbehelfsverfahren verwertbare Begründung enthalten (= begründeter Schätzungsvorschlag).

**3.1.11.** Eingehende Anfragen der Wohnsitzfinanzämter (Tz. 4.1.1) sind vom Betriebsfinanzamt unverzüglich nach dem gegenwärtigen Verfahrensstand zu beantworten. Hierbei ist der Ablauf der Sechsmonatsfrist mitzuteilen sowie anzugeben, ob die prüfungsfähigen Unterlagen vorliegen. Hierbei ist auch mitzuteilen, ob eine gesonderte und einheitliche Feststellung nach § 180 Abs. 1 Nr. 2 Buchstabe a AO oder nach § 1 Abs. 1 Satz 1 Nr. 2 und Satz 2 V zu § 180 Abs. 2 AO durchgeführt wird.

**3.1.12.** Das Betriebsfinanzamt kann auf die Vorprüfung verzichten und dem Wohnsitzfinanzamt die Höhe der voraussichtlichen negativen Einkünfte des Steuerpflichtigen mitteilen, wenn es keine ernstlichen Zweifel hinsichtlich der Entstehung und der Höhe der geltend gemachten negativen Einkünfte hat, weil es sich

a) um ein Projekt handelt, das in tatsächlicher und rechtlicher Hinsicht mit vom Betriebsfinanzamt bereits überprüften anderen Projekten derselben Projektanbieter vergleichbar ist und die negativen Einkünfte ohne wesentliche Beanstandung anerkannt worden sind, oder

b) um negative Einkünfte aus einem Projekt handelt, für das bereits für Vorjahre negative Einkünfte überprüft und ohne wesentliche Beanstandung anerkannt worden sind.

## 3.2. Gesonderte Feststellung der negativen Einkünfte durch das Betriebsfinanzamt

**3.2.1.** Das Betriebsfinanzamt soll die gesonderte Feststellung der Einkünfte bei Modellen i. S. der Tz. 1 beschleunigt durchführen.

**3.2.2.** Im Rahmen der Feststellungserklärung sind grundsätzlich die gleichen Anlagen zu machen und die gleichen Unterlagen vorzulegen wie im Vorauszahlungsverfahren (vgl. Tzn. 3.1.4–3.1.7). Soweit einzelne nach der Konzeption vorgesehene Verträge noch nicht abgeschlossen sind oder bestimmte Angaben nicht oder noch nicht gemacht werden können, ist hierauf besonders hinzuweisen.

**3.2.3.** Die Fristen für die Abgabe der Erklärungen zur gesonderten Feststellung der Einkünfte sind in der Regel nicht zu verlängern.

**3.2.4.** Wird die Erklärung trotz Erinnerung nicht abgegeben oder werden die nach den Tzn. 3.1.3–3.1.7 vorzulegenden Unterlagen und Angaben trotz ergänzender Rückfragen nicht eingereicht, sollen die negativen Einkünfte im Feststellungsverfahren geschätzt werden (ggf. auf 0,– DM). Gleiches gilt bei Auslandssachverhalten, wenn die Beteiligten ihrer erhöhten Mitwirkungspflicht nicht nachkommen (vgl. Tz. 2.4).

**3.2.5.** Für die Bearbeitung und Prüfung vorliegender Feststellungserklärungen und für die Beantwortung von Anfragen der Wohnsitzfinanzämter gelten die für das Vorprüfungsverfahren getroffenen Regelungen (vgl. Tzn. 3.1.8 und 3.1.10 bis 3.1.12) entsprechend. Ist innerhalb der Sechsmonatsfrist eine ab schließende Überprüfung des Sachverhalts nicht möglich, kann aufgrund einer vorläufigen Beurteilung ein unter dem Vorbehalt der Nachprüfung (§ 164 AO) stehender Feststellungsbescheid erlassen werden. Unsicherheiten bei der Ermittlung der festzustellenden Einkünfte, die die Beteiligten (z. B. wegen ausstehender Unterlagen oder Angaben i. S. d. Tzn. 3.1.3–3.1.7) zu vertreten haben, sind zu deren Lasten bei der vorläufigen Beurteilung zu berücksichtigen. Die abschließende Prüfung der festzustellenden Einkünfte ist rechtzeitig vor Eintritt der Feststellungsverjährung nachzuholen.

**3.2.6.** Bei Feststellungen nach der V zu § 180 Abs. 2 AO ist der sachliche und zeitliche Umfang der Feststellung im Feststellungsbescheid und in der Feststellungsmitteilung zu erläutern (vgl. *BMF-Schreiben vom 5. Dezember 1990 IV A 5 – S 0361 – 20/90, BStBl. I S. 764*[1]). Wird eine gesonderte Feststellung abgelehnt, kann das Betriebsfinanzamt im Wege der Amtshilfe Ermittlungen für das Wohnsitzfinanzamt vornehmen.

**3.2.7.** Ist bei einer Verlustzuweisungsgesellschaft keine Einkünfteerzielungsabsicht anzunehmen, dürfen negative Einkünfte nicht gesondert und einheitlich festgestellt werden (vgl. Tz. 1.2.2). Beantragen die Beteiligten oder die Gesellschaft die Durchführung einer Vorprüfung, ist dies abzulehnen. Wird eine gesonderte und einheitliche Feststellung beantragt, ist ein negativer Feststellungsbescheid zu erlassen. Die Wohnsitzfinanzämter sind hierüber zu unterrichten.

**3.2.8.** Sind bei Modellen mit nur einem Kapitalanleger (Tz. 1.4) die Voraussetzungen für eine gesonderte Feststellung nach § 180 Abs. 1 Nr. 2 Buchstabe b AO nicht erfüllt, kann bei Einkünften aus Vermietung und Verpachtung das Betriebsfinanzamt bei der Festsetzung der Vorauszahlungen und der Jahressteuer zu berücksichtigende Besteuerungsgrundlagen im Wege der Amtshilfe für das Wohnsitzfinanzamt ermitteln. Die Regelungen der Tzn. 3.1 bis 3.2.5 gelten sinngemäß. Die Entscheidungskompetenz hinsichtlich der zu berücksichtigenden Besteuerungsgrundlagen hat allein das Wohnsitzfinanzamt. Als Betriebsfinanzamt gilt hierbei das Finanzamt, von dessen Bezirk die Verwaltung der Einkünfte aus Vermietung und Verpachtung ausgeht.

**3.2.9.** Hat ein Wohnsitzfinanzamt eine Anfrage an das Betriebsfinanzamt nach Tz. 4.2.1 gerichtet und stellt dieses fest, daß die Voraussetzungen für eine gesonderte Feststellung nach § 180 Abs. 1 Nr. 2 Buchstabe a AO nicht erfüllt sind, so muß das Betriebsfinanzamt einen negativen Feststellungsbescheid erlassen. Gleiches gilt, wenn das Betriebsfinanzamt nach § 4 der V zu § 180 Abs. 2 AO auf die Durchführung eines Feststellungsverfahrens verzichtet. Die Wohnsitzfinanzämter sind hierüber zu unterrichten.

## 4. Verfahren beim Wohnsitzfinanzamt

### 4.1. Geltendmachung von negativen Einkünften für Zwecke des Vorauszahlungsverfahrens/der Lohnsteuerermäßigung

**4.1.1.** Beantragt ein Beteiligter unter Hinweis auf seine voraussichtlichen negativen Einkünfte, Vorauszahlungen herabzusetzen, hat das Wohnsitzfinanzamt im Rahmen seiner Pflicht zur Ermittlung der voraussichtlichen Jahreseinkommensteuer unverzüglich eine Anfrage an das Betriebsfinanzamt zu richten.

[1] Nunmehr BMF v. 2. 5. 2001, BStBl. I S. 256 (Nr. **800** § 180/1).

**4.1.2.** Legt der Beteiligte Unterlagen vor, die den Schluß zulassen, daß das Betriebsfinanzamt noch nicht eingeschaltet ist, so leitet das Wohnsitzfinanzamt eine Ausfertigung dieser Unterlagen mit seiner Anfrage dem Betriebsfinanzamt zu.

**4.1.3.** Während der dem Betriebsfinanzamt zur Verfügung stehenden Bearbeitungszeit von sechs Monaten (Tz. 3.1.8) soll das Wohnsitzfinanzamt in der Regel von weiteren Rückfragen nach dem Stand der Bearbeitung absehen.

**4.1.4.** Eine Anfrage an das Betriebsfinanzamt unterbleibt, wenn die Prüfung des Wohnsitzfinanzamts ergibt, daß eine Herabsetzung der Vorauszahlungen oder eine Lohnsteuerermäßigung aus Rechtsgründen nicht in Betracht kommt (vgl. Tz. 3.1.2). Bei der Einkunftsart Vermietung und Verpachtung ist eine Herabsetzung der Vorauszahlungen danach erstmals für Jahre möglich, die dem Jahr der Fertigstellung oder Anschaffung des Objekts folgen. Bei Inanspruchnahme erhöhter Absetzungen nach §§ 14 a, 14 c oder 14 d BerlinFG oder Sonderabschreibungen nach § 4 Fördergebietsgesetz kommt eine Herabsetzung der Vorauszahlungen bereits für das Jahr der Fertigstellung/Anschaffung oder für das Jahr, in dem Teilherstellungskosten/Anzahlungen auf Anschaffungskosten als Bemessungsgrundlage geltend gemacht werden, in Betracht.

**4.1.5.** Nach Eingang des Antrags auf Herabsetzung der Vorauszahlungen kann das Wohnsitzfinanzamt zwischenzeitlich fällig werdende Vorauszahlungen so lange stunden, bis das Betriebsfinanzamt verwertbare Angaben mitgeteilt hat, längstens jedoch für sechs Monate. Die Stundung kann über diesen Zeitraum hinaus gewährt werden, wenn die Gründe für die Verlängerung nicht von den Beteiligten zu vertreten sind. Die gestundeten Steuerbeträge sind nicht zu verzinsen, soweit der Herabsetzungsantrag Erfolg hat.

**4.1.6.** Teilt das Betriebsfinanzamt die Höhe der voraussichtlichen negativen Einkünfte mit, so berücksichtigt das Wohnsitzfinanzamt diese Mitteilung bei der Entscheidung über den Antrag auf Herabsetzung der Vorauszahlungen.

**4.1.7.** Teilt das Betriebsfinanzamt mit, daß ihm die nach Tzn. 3.1.3–3.1.7 erforderlichen Unterlagen und Angaben nicht oder nicht vollständig vorliegen, und hat sie auch der Beteiligte selbst nicht beigebracht, ist der Antrag auf Herabsetzung der Vorauszahlungen abzulehnen. Das gilt auch, wenn die Voraussetzungen der Tz. 3.1.3 nicht vorliegen. § 30 AO steht entsprechenden begründenden Erläuterungen nicht entgegen.

**4.1.8.** Liegt dem Wohnsitzfinanzamt – entgegen den in Tz. 3.1.10 vorgesehenen Regelungen – nach Ablauf der dem Betriebsfinanzamt eingeräumten Sechsmonatsfrist keine Mitteilung über die Höhe der voraussichtlichen negativen Einkünfte vor und kommt eine Verlängerung der Stundung nach Tz. 4.1.5 nicht in Betracht, entscheidet das Wohnsitzfinanzamt aufgrund überschlägiger Prüfung, in welcher – ggf. geschätzten – Höhe die negativen Einkünfte des Beteiligten als glaubhaft gemacht anzusehen sind (BFH-Beschluß vom 26. 10. 1978, BStBl. 1979 II S. 46)

**4.1.9.** Die bei einer Veranlagung berücksichtigten negativen Einkünfte dürfen nicht ungeprüft bei der Festsetzung der Vorauszahlungen für Folgejahre übernommen werden.

**4.1.10.** Die vorstehenden Grundsätze gelten entsprechend, wenn ein Steuerpflichtiger im Hinblick auf negative Einkünfte aus der Beteiligung an einem Modell i. S. der Tz. 1 die Eintragung eines Freibetrags auf der Lohnsteuerkarte beantragt (§ 39 a EStG). Das Wohnsitzfinanzamt kann einen Freibetrag – ggf. in geschätzter Höhe – bereits dann eintragen, wenn die Voraussetzungen vorliegen, unter denen nach Tz. 4.1.5 Vorauszahlungen gestundet werden können. Teilt das Betriebsfinanzamt die Höhe der voraussichtlichen Einkünfte mit, sind nach Maßgabe des § 37 EStG Vorauszahlungen festzusetzen, wenn die negativen Einkünfte aus der Beteiligung bei Bemessung des Freibetrags zu hoch angesetzt worden sind.

## 4.2. Veranlagungsverfahren beim Wohnsitzfinanzamt

**4.2.1.** Liegt dem Wohnsitzfinanzamt bei der Bearbeitung der Steuererklärung des Beteiligten weder eine Feststellungs-Mitteilung noch eine sonstige – vorläufige – Mitteilung für Veranlagungszwecke vor, ist unverzüglich eine entsprechende Anfrage an das Betriebsfinanzamt zu richten; Tzn. 4.1.1 und 4.1.2 gelten entsprechend.

**4.2.2.** Teilt das Betriebsfinanzamt mit, daß es die Besteuerungsgrundlagen innerhalb der ihm nach Tz. 3.2.5 eingeräumten Bearbeitungsfrist von 6 Monaten nicht (auch nicht vorläufig) ermitteln kann, oder äußert sich das Betriebsfinanzamt entgegen der in Tzn. 3.1.10 und 3.1.11 getroffenen Regelung nach Ablauf dieser Frist nicht, hat das Wohnsitzfinanzamt die Höhe des Anteils an den negativen Einkünften bei der Veranlagung des Beteiligten – ggf. aufgrund einer überschlägigen Überprüfung – selbst zu schätzen (§ 162 Abs. 3 AO). Ein noch ausstehender Grundlagenbescheid hindert den Erlaß eines Folgebescheides nicht (§ 155 Abs. 2 AO). Von dem Beteiligten sind geeignete Unterlagen (z. B. unterschriebene Bilanz, Einnahme-Überschußrechnung, Angaben über das Beteiligungsverhältnis usw.; vgl. Tz. 3.1.5) anzufordern, die es ermöglichen, den erklärten Anteil an den negativen Einkünften dem Grunde und der Höhe nach zu beurteilen.

**4.2.3.** Veranlagungen mit voraussichtlich hoher Abschlußzahlung sollen nicht wegen noch fehlender Grundlagenbescheide zurückgestellt werden. Die geltend gemachten negativen Einkünfte können – trotz noch ausstehender Mitteilung des Betriebsfinanzamts – in geschätzter Höhe berücksichtigt werden.

**4.2.4.** Hat das Betriebsfinanzamt bereits im Vorauszahlungsverfahren für denselben Veranlagungszeitraum eine Mitteilung über die Höhe des Anteils an den negativen Einkünften übersandt, soll regelmäßig bei der Schätzung dieser Anteil an den negativen Einkünften angesetzt werden, höchstens aber die in der Steuererklärung angegebenen negativen Einkünfte. In diesen Fällen kann die Veranlagung auch vor Ablauf der Sechsmonatsfrist durchgeführt werden.

**4.2.5.** Beruht die zu erwartende gesonderte Feststellung auf § 1 Abs. 1 Satz 1 Nr. 2 und Satz 2 V zu § 180 Abs. 2 AO, ist die Einkommensteuer hinsichtlich der negativen Einkünfte aus der Beteiligung vorläufig festzusetzen (§ 165 AO), damit nach der späteren, ggf. nur einen Teil des Veranlagungszeitraums oder nur einen Teil der negativen Einkünfte betreffenden gesonderten Feststellung auch die durch sie nicht erfaßten Aufwendungen (z. B. Sonderwerbungskosten, als Werbungskosten abziehbare Vorsteuerbeträge) bei der Änderung der Einkommensteuerfestsetzung noch berücksichtigt werden können.

**4.2.6.** Nach Eingang der Feststellungsmitteilung wertet das Wohnsitzfinanzamt das Ergebnis der gesonderten Feststellung der negativen Einkünfte durch das Betriebsfinanzamt möglichst umgehend aus. Liegt bereits ein Steuerbescheid vor, so kann die Auswertung bei nur geringfügigen steuerlichen Auswirkungen bis zu einer aus anderen Gründen erforderlichen Änderung der Einkommensteuerfestsetzung zurückgestellt werden. Die Anpassung des Folgebescheides muß rechtzeitig vor Eintritt der Festsetzungsverjährung nachgeholt werden.

**4.2.7.** Hat das Betriebsfinanzamt einen negativen Feststellungsbescheid erlassen (Tzn. 3.2.7 oder 3.2.9), muß das Wohnsitzfinanzamt die betreffenden Einkünfte des Beteiligten selbst ermitteln und diese im Steuerbescheid oder ggf. in einem nach § 175 Abs. 1 Satz 1 Nr. 1 AO zu erlassenden Änderungsbescheid berücksichtigen (BFH-Urteil vom 11. Mai 1993, BStBl. II S. 820). Hat das Betriebsfinanzamt die Durchführung eines Feststellungsverfahrens wegen fehlender Einkünfteerzielungsabsicht abgelehnt, ist dieser Entscheidung auch im Veranlagungsverfahren zu folgen.

**4.2.8.** Kann bei einem Modell mit nur einem Kapitalanleger (Tz. 1.4) aus formellen Gründen keine gesonderte Feststellung durchgeführt werden und leistet das Betriebsfinanzamt nach Tz. 3.2.8 Amtshilfe, gelten die Regelungen der Tzn. 4.1 bis 4.2.4 sinngemäß. Dabei ist zu beachten, daß der Mitteilung des Betriebsfinanzamts keine Bindungswirkung i. S. des § 171 Abs. 10 und des§ 175 Abs. 1 Satz 1 Nr. 1 AO zukommt. Daher ist sicherzustellen, daß Steuerbescheide des Kapitalanlegers vor Abschluß der Ermittlungen des Betriebsfinanzamts unter dem Vorbehalt der Nachprüfung (§ 164 AO) ergehen und die endgültige Überprüfung vor Eintritt der Festsetzungsverjährung und Wegfall des Vorbehalts der Nachprüfung erfolgt.

## 5. Schlußbestimmung

Dieses Schreiben tritt an die Stelle des BMF-Schreibens vom 14. Mai 1982 IV A 7 – S 0353 – 9/82, BStBl. 1982 I S. 550. Es wird in die AO-Kartei aufgenommen.

# **800** § 180/3. Schreiben betr. gesonderte Feststellung der Steuerpflicht von Zinsen aus einer Lebensversicherung nach § 9 der Verordnung zu § 180 Abs. 2 AO

Vom 16. Juli 2012 (BStBl. I S. 686)

(BMF IV A 3 – S 0361/12/10001; DOK 2012/0653652)

Unter Bezugnahme auf das Ergebnis der Erörterungen mit den obersten Finanzbehörden der Länder gilt für gesonderte Feststellungen nach § 9 der Verordnung zu § 180 Abs. 2 AO[1] Folgendes:

## I. Allgemeines

Setzt ein Steuerpflichtiger nach dem 31. Dezember 2004 Ansprüche aus einer vor dem 1. Januar 2005 abgeschlossenen Lebensversicherung i. S. d. § 10 Abs. 1 Nr. 2 Buchst. b Doppelbuchstaben bb, cc und dd EStG (in der bis 31. Dezember 2004 geltenden Fassung) während der Dauer der Versicherung im Erlebensfall zur Tilgung oder Sicherung von Darlehen ein, deren Finanzierungskosten Betriebsausgaben oder Werbungskosten sind, gehören die Zinsen aus den in den Beiträgen enthaltenen Sparanteilen zu den Einkünften aus Kapitalvermögen (§ 20 Abs. 1 Nr. 6 EStG in der bis 31. Dezember 2004 geltenden Fassung i. V. m. § 52 Abs. 36 Satz 5 EStG). In diesen Fällen muss das Versicherungsunternehmen bei Verrechnung oder Auszahlung von Zinsen (z. B. bei Fälligkeit der Versicherung) Kapitalertragsteuer einbehalten (§ 43 Abs. 1 Nr. 4 Satz 2 EStG). Nach § 29 EStDV haben der Sicherungsnehmer, das Versicherungsunternehmen und der Versicherungsnehmer dem zuständigen Finanzamt unverzüglich die Fälle anzuzeigen, in denen Ansprüche aus Versicherungsverträgen zur Tilgung oder Sicherung von Darlehen eingesetzt werden.

## II. Gesonderte Feststellung der Steuerpflicht der Zinsen

Nach § 9 der Verordnung über die gesonderte Feststellung von Besteuerungsgrundlagen nach § 180 Abs. 2 der Abgabenordnung (V zu § 180 Abs. 2 AO) ist die Steuerpflicht der außerrechnungsmäßigen und rechnungsmäßigen Zinsen aus den in den Versicherungsbeiträgen enthaltenen Sparanteilen gesondert festzustellen. Der Feststellungsbescheid ergeht gegenüber dem Versicherungsnehmer als Steuerschuldner. Außerdem ergeht an das Versicherungsunternehmen eine Mitteilung über die Verpflichtung zur Einbehaltung und Abführung von Kapitalertragsteuer. Mit Eintritt der Unanfechtbarkeit des

[1] VO über die gesonderte Feststellung von Besteuerungsgrundlagen nach § 180 Abs. 2 der Abgabenordnung v. 19. 12. 1986, BGBl. I S. 2663 (Loseblattsammlung **Steuergesetze** Nr. **800 e**).

Feststellungsbescheids ist die Entscheidung über die künftige Steuerpflicht der Zinserträge für den Steuerpflichtigen, das Versicherungsunternehmen und die Finanzbehörden verbindlich. Dies gilt nicht nur für die Einbehaltung und Abführung der Kapitalertragsteuer, sondern auch für die spätere Festsetzung der Einkommensteuer. Eine Korrektur des Feststellungsbescheides ist nur nach Maßgabe der §§ 129, 164, 165, 172 bis 175 AO zulässig.

## III. Regelungsinhalt des Feststellungsbescheids

Gegenstand der gesonderten Feststellung nach § 9 der V zu § 180 Abs. 2 AO ist die verbindliche Entscheidung über die aus einer bestimmten Verwendung der Ansprüche aus der Lebensversicherung sich ergebenden steuerlichen Folgen hinsichtlich der rechnungsmäßigen und außerrechnungsmäßigen Zinsen aus den in den Versicherungsbeiträgen enthaltenen Sparanteilen.

Die Steuerpflicht umfasst grundsätzlich sämtliche Zinsen für die gesamte Vertragslaufzeit. In diesem Fall ergeht nur ein Feststellungsbescheid, der die uneingeschränkte Steuerpflicht aller Zinsen feststellt.

In den Fällen des § 10 Abs. 2 Satz 2 Buchst. c EStG (in der bis 31. Dezember 2004 geltenden Fassung) sind nur die anteiligen Zinsen für bestimmte Kalenderjahre steuerpflichtig. Insoweit ist die Regelung des Feststellungsbescheids auf die Feststellung der Steuerpflicht der anteiligen Zinsen für das betroffene Kalenderjahr beschränkt. Deshalb können bei „partieller" Steuerpflicht mehrere Feststellungsbescheide, jeweils bezogen auf die anteiligen Zinsen für die im Einzelnen benannten Kalenderjahre, ergehen.

## IV. Gesonderte Feststellung bei steuerunschädlicher Verwendung

Soweit die Zinsen aufgrund einer bestimmten Verwendung der Ansprüche aus der Lebensversicherung nicht steuerpflichtig sind, liegen die Voraussetzungen für eine gesonderte Feststellung nach § 9 der V zu § 180 Abs. 2 AO nicht vor. In diesen Fällen ist auf Antrag ein negativer Feststellungsbescheid zu erteilen. Das Finanzamt ist bei der späteren Einkommensteuerveranlagung an die Entscheidung im negativen Feststellungsbescheid gebunden. Seine Bindungswirkung wird nur eingeschränkt, wenn er nach §§ 129, 164, 165 oder 172 ff. AO berichtigt, aufgehoben oder geändert wird und ein Feststellungsbescheid über die steuerschädliche Verwendung ergeht oder wenn aufgrund einer anderen, steuerschädlichen Verwendung ein Feststellungsbescheid ergeht. Hat der Steuerpflichtige einen Feststellungsbescheid erfolgreich angefochten oder wurde er aus anderen Gründen aufgehoben, steht der Aufhebungsbescheid einem negativen Feststellungsbescheid gleich.

## V. Änderung der Verwendung nach zunächst steuerunschädlicher Verwendung

Bei zunächst steuerunschädlicher Verwendung kann sich aus einer späteren anderweitigen Verfügung (z. B. erneute Beleihung oder Umwidmung des begünstigt angeschafften oder hergestellten Wirtschaftsgutes) eine erstmalige partielle oder umfassende Steuerpflicht der Zinsen ergeben. In diesem Fall ist der negative Feststellungsbescheid bzw. der entsprechende Aufhebungsbescheid im Hinblick auf die Rückwirkung der materiellrechtlichen Folgen des neu hinzugetretenen Sachverhaltes nach § 175 Abs. 1 Satz 1 Nr. 2 AO aufzuheben und zugleich ein (neuer) Feststellungsbescheid zu erlassen.

## VI. Überschreitung des Drei-Jahres-Zeitraums

Überschreitet die Verwendung der Ansprüche aus der Lebensversicherung den Drei-Jahres-Zeitraum nach § 10 Abs. 2 Satz 2 Buchst. c EStG (in der bis 31. Dezember 2004 geltenden Fassung), führt dies zur umfassenden Steuerpflicht aller Zinsen für die gesamte Laufzeit des Versicherungsvertrages. In diesem Fall sind die bisher ergangenen Feststellungsbescheide über die partielle Steuerpflicht nach § 175 Abs. 1 Satz 1 Nr. 2 AO aufzuheben und ein Feststellungsbescheid über die umfassende Steuerpflicht zu erteilen.

## VII. Unterschreitung des Drei-Jahres-Zeitraums

Ist ein Feststellungsbescheid über die umfassende Steuerpflicht der Zinsen ergangen, weil der Einsatz der Ansprüche aus der Lebensversicherung zur Sicherung eines Betriebsmittelkredits zunächst für einen Zeitraum von mehr als drei Jahren (z. B. unbefristet) vereinbart war, kann die vorzeitige Beendigung dieses Einsatzes (z. B. bei Kündigung des Darlehensvertrages oder bei Sicherheitentausch innerhalb des Drei-Jahres-Zeitraums) zu einer rückwirkenden Änderung des Umfangs der Steuerpflicht der Zinsen führen. In diesem Fall sind der Feststellungsbescheid über die umfassende Steuerpflicht nach § 175 Abs. 1 Satz 1 Nr. 2 AO aufzuheben und zugleich neue Feststellungsbescheide über die partielle Steuerpflicht zu erlassen.

## VIII. Örtliche Zuständigkeit

Die gesonderte Feststellung nach § 9 der V zu § 180 Abs. 2 AO obliegt dem für die Einkommensbesteuerung des Versicherungsnehmers örtlich zuständigen Finanzamt. Dies gilt auch für den Erlass eines negativen Feststellungsbescheides.

## IX. Schlussbestimmungen

Dieses Schreiben tritt mit Wirkung ab Veranlagungszeitraum 2005 an die Stelle des BMF-Schreibens vom 27. Juli 1995 IV A 4 – S 0361 – 10/95, BStBl. I S. 371.

# **800** § 180/5. Schreiben betr. Verfahren bei der Geltendmachung von Vorsteuerbeträgen aus der Beteiligung an Gesamtobjekten

Vom 24. April 1992 (BStBl. I S. 291)

(BMF IV A 3 – S 7340 – 45/92)

Unter Bezugnahme auf die Erörterung mit den obersten Finanzbehörden der Länder gilt folgendes:

## I. Allgemeines

(1) Auch nach der Änderung des § 9 UStG durch das 2. Haushaltsstrukturgesetz vom 22. Dezember 1981 (BStBl. 1982 I S. 235) und das Steuerbereinigungsgesetz 1985 vom 14. Dezember 1984 (BStBl. I S. 659) kann bei der Vermietung oder sonstigen Nutzung von Grundstücken unter bestimmten Voraussetzungen ein Vorsteuerabzug in Betracht kommen. Es handelt sich insbesondere um folgende Fallgestaltungen: 1

1. aufgrund Option (§ 9 UStG) steuerpflichtige Vermietung von Gebäuden zu Wohnzwecken, soweit die Gebäude vor dem 1. April 1985 fertiggestellt worden sind und mit der Errichtung dieser Gebäude vor dem 1. Juni 1984 begonnen worden ist;
2. aufgrund Option (§ 9 UStG) steuerpflichtige Vermietung an andere Unternehmer für deren Unternehmen (z. B. Gewerbeimmobilien, Büroräume, Ferienanlagen);
3. steuerfreie Vermietung nach Artikel 67 Abs. 3 NATO-ZAbk;
4. Nutzung des Grundstücks zu eigenen gewerblichen oder beruflichen Zwecken.

(2) Bei Gesamtobjekten im Sinne des § 1 Abs. 1 Satz 1 Nr. 2 der Verordnung zu § 180 Abs. 2 AO können auch für Zwecke der Umsatzsteuer Besteuerungsgrundlagen ganz oder teilweise gesondert und einheitlich festgestellt werden (vgl. *BMF-Schreiben vom 5. Dezember 1990 IV A 5 – S 0361 – 20/90, BStBl. I S. 764*[1]). 2

## II. Verfahren bei den Eigentümerfinanzämtern

(1) Wird dem nach § 21 AO für die Umsatzbesteuerung des Beteiligten zuständigen Finanzamt (Eigentümerfinanzamt) bekannt, daß ein Eigentümer in seiner Umsatzsteuer-Voranmeldung oder in seiner Umsatzsteuererklärung erstmalig Vorsteuerbeträge aus der Beteiligung an einem Gesamtobjekt geltend macht, so hat es bei dem für die gesonderte und einheitliche Feststellung der Besteuerungsgrundlagen zuständigen Finanzamt (Betriebsfinanzamt, Tz. 3

[1] Siehe jetzt BMF v. 2. 5. 2001, BStBl. I S. 256 (Nr. **800** § 180/1).

10 des *BMF-Schreibens vom 5. Dezember 1990 IV A 5 – S 0361 – 20/90, BStBl. I S. 764*[1]) anzufragen, ob eine Feststellung nach § 1 Abs. 1 Satz 1 Nr. 2 und Abs. 2 der Verordnung zu § 180 Abs. 2 AO durchgeführt wird und ob Bedenken gegen den Vorsteuerabzug bestehen. Dies gilt auch in den Fällen, in denen trotz des geltend gemachten Vorsteuerabzugs noch eine Steuerschuld (Zahllast) des Eigentümers verbleibt. Die Anfrage ist nach **Vordruckmuster USt 5 F** (Anlage 1)[2]) in zweifacher Ausfertigung an das Betriebsfinanzamt zu richten. Das Eigentümerfinanzamt vermerkt die Absendung der Anfrage auf einer dritten Ausfertigung, die bei ihm verbleibt.

**4** (2) Legt der Eigentümer Unterlagen vor, die den Schluß zulassen, daß das Betriebsfinanzamt noch nicht eingeschaltet ist, so leitet das Eigentümerfinanzamt eine Ausfertigung dieser Unterlagen mit seiner Anfrage (Absatz 1) dem Betriebsfinanzamt zu.

**5** (3) Teilt das Betriebsfinanzamt mit, daß nach den ihm vorliegenden Unterlagen dem Grunde und der Höhe nach keine Bedenken gegen eine vorläufige Anerkennung des Vorsteuerabzugs bestehen, so soll das Eigentümerfinanzamt den in der Steueranmeldung des Eigentümers geltend gemachten Vorsteuerabzug regelmäßig nicht beanstanden.

**6** (4) Erhebt das Betriebsfinanzamt im Rahmen seiner vorläufigen Beurteilung dem Grunde nach keine Bedenken gegen den Vorsteuerabzug, kann es aber noch keine Angaben über die Höhe der abziehbaren Vorsteuerbeträge machen, so soll das Eigentümerfinanzamt den vom Eigentümer geltend gemachten Vorsteuerabzug regelmäßig zunächst anerkennen.

**7** (5) Bestehen nach der Auskunft des Betriebsfinanzamts gegen eine Anerkennung des Vorsteuerabzugs in vollem Umfang oder teilweise Bedenken, so hat das Eigentümerfinanzamt den vom Eigentümer geltend gemachten Vorsteuerabzug insoweit zu versagen und die Steuer abweichend festzusetzen. Dies gilt auch, wenn das Betriebsfinanzamt mitteilt, daß eine vorläufige Beurteilung mangels Vorlage ausreichender Unterlagen nicht vorgenommen werden kann.

**8** (6) Steht in den vorgenannten Fällen die Steuerfestsetzung nicht bereits kraft Gesetzes unter dem Vorbehalt der Nachprüfung (§ 164 Abs. 1 Satz 2 AO, § 168 AO) und ist offen, ob eine gesonderte und einheitliche Feststellung durchgeführt wird, ist die Umsatzsteuer unter dem Vorbehalt der Nachprüfung festzusetzen (§ 164 Abs. 1 Satz 1 AO).

**9** (7) Teilt das Betriebsfinanzamt mit, daß eine gesonderte und einheitliche Feststellung nicht in Betracht kommt, hat das Eigentümerfinanzamt selbst zu entscheiden. Tzn. 15 bis 17 gelten entsprechend. Amtshilfe anderer Finanzämter (z. B. Finanzamt des Zwischenmieters) kann in Anspruch genommen werden.

**10** (8) Das Eigentümerfinanzamt hat die Mitteilungen über die gesonderte und einheitliche Feststellung umgehend auszuwerten.

---

[1]) Siehe jetzt BMF v. 2. 5. 2001, BStBl. I S. 256 (Nr. **800** § 180/1).

[2]) Hier nicht wiedergegeben.

(9) Der Verzicht auf die Steuerbefreiung nach § 4 Nr. 12 UStG kann vom Eigentümer nur im Rahmen der Umsatzsteuer-Voranmeldung oder der Umsatzsteuererklärung wirksam erklärt werden. Die Prüfung, ob der Eigentümer wirksam optiert hat, obliegt daher den Eigentümerfinanzämtern. **11**

(10) Zur Vermeidung unnötigen Schriftverkehrs zwischen den Eigentümerfinanzämtern und den Betriebsfinanzämtern sollen die Eigentümerfinanzämter in der Regel von Rückfragen nach dem Stand der Bearbeitung vor Ablauf von sechs Monaten absehen. **12**

(11) Teilt das Betriebsfinanzamt nicht innerhalb von sechs Monaten nach Anfrage des Eigentümerfinanzamts mit, ob und in welcher Höhe die Vorsteuerbeträge berücksichtigt werden können, so entscheidet darüber das Eigentümerfinanzamt unter dem Vorbehalt der Nachprüfung. Dies gilt nicht, wenn nach der Mitteilung des Betriebsfinanzamts die diesem eingeräumte 6-Monats-Frist (Tz. 19) noch nicht abgelaufen ist. **13**

## III. Verfahren bei den Betriebsfinanzämtern

(1) Solange ein Feststellungsbescheid nicht vorliegt, leisten die Betriebsfinanzämter den Eigentümerfinanzämtern Amtshilfe für die vorläufige Beurteilung des Vorsteuerabzugs (§§ 111 bis 115 AO). Die Betriebsfinanzämter können hierbei auch ohne vorheriges Ersuchen eines Eigentümerfinanzamts tätig werden. Das kommt insbesondere in den Fällen in Betracht, in denen die Vertreter der Eigentümer (Treuhänder, Steuerberater, Betreuer) unter Vorlage entsprechender Unterlagen für alle von ihnen vertretenen Eigentümer an das Betriebsfinanzamt herantreten. **14**

(2) Die vorläufige Beurteilung des Sachverhalts setzt voraus, daß dem Betriebsfinanzamt Unterlagen vorliegen, die eine entsprechende Prüfung zulassen. So reicht z. B. die Erklärung des Treuhänders oder Betreuers des Eigentümers, daß eine Zwischenvermietung beabsichtigt ist, für eine vorläufige Beurteilung nicht aus. Voraussetzung für eine vorläufige Beurteilung des Vorsteuerabzugs ist vielmehr die Kenntnis sämtlicher im Zusammenhang mit der Errichtung, dem Erwerb und der Nutzung des Objekts bereits abgeschlossener Verträge. Bei Zwischenmietverhältnissen sind dem Betriebsfinanzamt insbesondere vorzulegen: **15**

1. Eingehende Darlegung der Gründe, die den jeweiligen Eigentümer zum Abschluß eines Zwischenmietvertrages veranlaßt haben; **16**
2. Zwischenmietverträge (nicht lediglich Vertragsentwürfe oder Vertragsangebote).

(3) Bei der vorläufigen Beurteilung des Vorsteuerabzugs hat das Betriebsfinanzamt die Ordnungsmäßigkeit der vorliegenden Rechnungen zu prüfen und nach Möglichkeit zur Höhe der abziehbaren Vorsteuerbeträge Stellung zu nehmen. **17**

(4) Die Prüfung soll nach Möglichkeit – auch ohne besonderes Ersuchen des Eigentümerfinanzamts – bereits im Rahmen der für ertragsteuerliche Zwecke durchzuführenden Vorprüfung der negativen Einkünfte der Eigentümer vorgenommen werden. **18**

19 (5) Die vorläufige Beurteilung des Vorsteuerabzugs soll innerhalb eines Zeitraums von sechs Monaten nach Vorlage aller erforderlichen Unterlagen vorgenommen werden. Soweit dies nicht möglich ist, teilt das Betriebsfinanzamt den Eigentümerfinanzämtern nach Ablauf dieser Frist mit, ob und in welchem Umfang nach dem gegenwärtigen Stand der Prüfung die geltend gemachten Vorsteuern anerkannt werden können.

20 (6) Das Betriebsfinanzamt hat dem Eigentümerfinanzamt das Ergebnis seiner vorläufigen Beurteilung nach **Vordruckmuster USt 6 F** (Anlage 2)[1] mitzuteilen. Hierbei ist anzugeben, ob eine gesonderte und einheitliche Feststellung nach § 1 Abs. 1 Satz 1 Nr. 2 und Abs. 2 der Verordnung zu § 180 Abs. 2 AO durchgeführt wird. Sind dem Eigentümerfinanzamt noch bestimmte Unterlagen vorzulegen (z. B. Rechnungen, Verträge, Nachweise über die Nutzung auf der Endstufe), so ist darauf in der Mitteilung hinzuweisen.

21 (7) Bestehen gegen den Vorsteuerabzug Bedenken, so soll die Mitteilung eine für die Eigentümerfinanzämter in einem etwaigen Rechtsbehelfsverfahren verwertbare Begründung und eine Aussage darüber enthalten, ob und ggf. in welcher Höhe eine Aussetzung der Vollziehung in Betracht kommt.

22 (8) Ist dem Betriebsfinanzamt eine vorläufige Beurteilung des Vorsteuerabzugs nicht möglich, weil ihm die nach den Tzn. 15 bis 17 erforderlichen Unterlagen nicht oder nicht vollständig vorliegen, so unterrichtet es darüber die Eigentümerfinanzämter (vgl. Seite 2 des Vordruckmusters USt 5 F, Anlage 1[1]).

23 (9) Liegt die Feststellungserklärung vor, soll das Betriebsfinanzamt die gesonderte und einheitliche Feststellung bevorzugt durchführen. Ist eine abschließende Beurteilung des Sachverhalts noch nicht möglich, kann ein unter dem Vorbehalt der Nachprüfung stehender Feststellungsbescheid ergehen, in dem das Ergebnis der vorläufigen Beurteilung berücksichtigt wird.

24 (10) Erstreckt sich die gesonderte und einheitliche Feststellung nach § 1 Abs. 1 Satz 1 Nr. 2 und Abs. 2 der Verordnung zu § 180 Abs. 2 AO nur auf einen Teil der Besteuerungsgrundlagen (vgl. *Tz. 3.2 des BMF-Schreibens vom 5. Dezember 1990 IV A 5 – S 0361 – 20/90, BStBl. I S. 764*[2]), so hat das Betriebsfinanzamt den sachlichen und zeitlichen Umfang der gesonderten und einheitlichen Feststellung den Eigentümerfinanzämtern mitzuteilen.

## IV. Sonstige Amtshilfemaßnahmen

25 Ändert sich ein Zwischenmietverhältnis durch
- nachträgliche Herabsetzung des Mietzinses,
- Neuabschluß eines Mietvertrages mit dem bisherigen Zwischenmieter,
- Wechsel des Zwischenmieters,
- Wechsel des Eigentümers,

kommt ein Feststellungsverfahren oder eine Amtshilfe (Abschn. II und III) nicht in Betracht. Zur Sicherstellung einer einheitlichen Anwendung des § 15 a UStG ist in diesen Fällen wie folgt zu verfahren:

---

[1] Hier nicht wiedergegeben.
[2] Siehe jetzt BMF v. 2. 5. 2001, BStBl. I S. 256 (Nr. **800** § 180/1).

1. Führt die Prüfung durch das Eigentümerfinanzamt dazu, daß das Zwischenmietverhältnis nicht oder nicht mehr anzuerkennen ist, so hat das Eigentümerfinanzamt das für den Zwischenmieter zuständige Finanzamt zu unterrichten. Das Finanzamt des Zwischenmieters hat zu prüfen, ob sich steuerliche Auswirkungen für andere Eigentümer ergeben. In diesem Fall sind die Finanzämter dieser Eigentümer entsprechend zu unterrichten. 26
2. Führt eine von dem für den Zwischenmieter zuständigen Finanzamt durchgeführte Umsatzsteuersonderprüfung oder Außenprüfung zur Feststellung von Änderungen im Zwischenmietverhältnis, so hat das für den Zwischenmieter zuständige Finanzamt die hiervon betroffenen Eigentümerfinanzämter über seine Prüfungsfeststellungen und seine rechtliche Beurteilung zu unterrichten. 27

## V. Schlußbestimmungen

Die o. g. Regelungen treten an die Stelle des BMF-Schreibens vom 10. Mai 1989 IV A 3 – S 7340 – 42/89 (BStBl. I S. 167, USt-Kartei § 18 S 7340 K. 2). 28

Dieses Schreiben wird in die USt-Kartei und in die AO-Kartei aufgenommen.

# 800 § 180/6. Schreiben betr. Einkunftsermittlung bei im Betriebsvermögen gehaltenen Beteiligungen an vermögensverwaltenden Personengesellschaften

Vom 29. April 1994 (BStBl. I S. 282)

(BMF IV B 2 – S 2241 – 9/94; IV A 4 – S 0341 – 11/94)

Unter Bezugnahme auf das Ergebnis der Erörterungen mit den obersten Finanzbehörden der Länder gilt für die Ermittlung von Einkünften aus Beteiligungen an vermögensverwaltenden Personengesellschaften, die im Betriebsvermögen gehalten werden, folgendes:

## 1. Allgemeines

Eine vermögensverwaltende Personengesellschaft, die die Voraussetzungen des § 15 Abs. 3 Nr. 2 EStG nicht erfüllt (nicht gewerblich geprägte Personengesellschaft), erzielt Einkünfte aus Vermietung und Verpachtung oder Kapitalvermögen, die als Überschuß der Einnahmen über die Werbungskosten (§ 2 Abs. 2 Nr. 2 EStG) ermittelt werden. 1

Schwierigkeiten ergeben sich, wenn Anteile an einer vermögensverwaltenden, nicht gewerblich geprägten Personengesellschaft von einem oder mehreren Gesellschaftern im Betriebsvermögen gehalten werden. Nach der BFH-Rechtsprechung (BFH-Beschlüsse vom 25. Juni 1984, BStBl. II S. 751, und vom 19. August 1986, BStBl. 1987 II S. 212, sowie BFH-Urteil vom 20. November 1990, BStBl. 1991 II S. 345) ist den betrieblich beteiligten Gesellschaftern ein Anteil an den Einkünften aus Vermietung und Verpachtung oder Kapitalvermögen zuzurechnen und anschließend auf der Ebene des Gesellschafters in betriebliche Einkünfte umzuqualifizieren[1]. 2

## 2. Gesonderte und einheitliche Feststellung

Die Einkünfte aller Beteiligten werden auf der Ebene der Gesellschaft als Überschuß der Einnahmen über die Werbungskosten ermittelt. Die Einkünfte aus Vermietung und Verpachtung oder aus Kapitalvermögen werden gesondert und einheitlich festgestellt. Gewinne aus der Veräußerung von Wirtschaftsgütern des Gesellschaftsvermögens sind nur dann im Rahmen der gesonderten und einheitlichen Feststellung zu berücksichtigen, wenn ein Fall des § 17 EStG (Veräußerung einer wesentlichen Beteiligung) oder des § 23 EStG (Spekulationsgeschäft) vorliegt. Gewinne aus der Veräußerung der Beteiligung selbst bleiben in der gesonderten und einheitlichen Feststellung unberücksichtigt, auch wenn diese Veräußerung ein Spekulationsgeschäft i. S. des § 23 EStG darstellt (vgl. BFH-Urteil vom 13. Oktober 1993, BStBl. 1994 II S. 86). 3

Die vorstehenden Grundsätze gelten unabhängig davon, ob die Beteiligung im Privat- oder Betriebsvermögen gehalten wird. Sie gelten auch für den Fall,

---

[1] Bestätigt durch BFH-Beschluss vom 11. 4. 2005 GrS 2/02, BStBl. II S. 679.

daß sämtliche Beteiligungen im Betriebsvermögen gehalten werden, es sei denn, daß die vermögensverwaltende Personengesellschaft von sich aus betriebliche Einkünfte erklärt und durch Betriebsvermögensvergleich ermittelt hat.

### 3. Folgebescheid

4 Gehören die Gesellschaftsanteile zum Betriebsvermögen des Gesellschafters, sind die gesondert und einheitlich festgestellten Überschußeinkünfte im Folgebescheid wie folgt zu behandeln:

5 a) Der Gesellschafter hat grundsätzlich alle Wirtschaftsgüter der Personengesellschaft anteilig im Rahmen seines eigenen Buchführungswerks zu erfassen und den Gewinnanteil, der sich für ihn aus den einzelnen Geschäftsvorfällen der Personengesellschaft ergibt, nach den Grundsätzen der Gewinnermittlung zu berechnen und anzusetzen. Diese Verfahrensweise ist vor allem im Hinblick darauf geboten, daß der Anteil an der Personengesellschaft steuerlich kein selbständiges Wirtschaftsgut ist (vgl. BFH-Beschluß vom 25. Juni 1984, BStBl. II S. 751 [763]). Hinsichtlich der anteiligen Berücksichtigung von AfA, erhöhten Absetzungen und Sonderabschreibungen gilt § 7 a Abs. 7 EStG (vgl. auch *Abschnitt 44 Abs. 7 EStR*[1])).

6 b) Ermittelt die Personengesellschaft freiwillig ergänzend zur Überschußrechnung den Gewinnanteil des Gesellschafters nach § 4 Abs. 1, § 5 EStG, so bestehen keine Bedenken dagegen, den in der Feststellungserklärung angegebenen Anteil am Gewinn oder Verlust dem für den Erlaß des Folgebescheids zuständigen Finanzamt als nachrichtlichen Hinweis zu übermitteln und die Angabe dort bei der Veranlagung zur Einkommen- oder Körperschaftssteuer auszuwerten. Weist der Steuerpflichtige den übermittelten Anteil am Gewinn oder Verlust gesondert in seinem Jahresabschluß aus, so kann aus Vereinfachungsgründen auf die Einzelberechnung nach Randnummer 5 verzichtet werden, wenn der angegebene Betrag nicht offensichtlich unzutreffend ist.

7 c) Ist der Steuerpflichtige an der Gesellschaft zu weniger als 10 v. H. beteiligt, so ist regelmäßig davon auszugehen, daß er die zur Durchführung der Gewinnermittlung nach § 4 Abs. 1, § 5 EStG erforderlichen Angaben von der Gesellschaft nur unter unverhältnismäßigem Aufwand erlangen kann. Außerdem ist bei einer Beteiligung von weniger als 10 v. H. die in Tz. 15 des *BMF-Schreibens vom 20. Dezember 1990, BStBl. I S. 884,*[2]) für den gewerblichen Grundstückshandel bestimmte Beteiligungsgrenze nicht erreicht. Vor diesem Hintergrund bestehen keine Bedenken dagegen, in einem solchen Fall den Anteil am Gewinn oder Verlust aus Vereinfachungsgründen in Höhe des Ergebnisanteils zu schätzen, der vom Betriebsfinanzamt nach den Grundsätzen der Überschußrechnung gesondert und einheitlich festgestellt worden ist. Der geschätzte Anteil am Gewinn oder Verlust ist auf einem „Beteiligungs"-Konto erfolgswirksam zu buchen. Auf dem Konto sind außerdem alle Vermögenszuführungen des Beteiligten in die Personengesellschaft und alle Vermögensauskehrungen an den Beteiligten zu erfassen.

---

[1]) Siehe nunmehr H 7 a „Mehrere Beteiligte" EStH 2016.

[2]) Nunmehr BMF v. 26. 3. 2004, BStBl. I S. 434 (Nr. **1** § 15/1).

Wird der Anteil an der Personengesellschaft veräußert, so ist als Gewinn der Unterschied zwischen dem Veräußerungserlös (nach Abzug von Veräußerungskosten) und dem bis dahin fortentwickelten Buchwert der „Beteiligung" anzusetzen. Auf diese Weise werden Gewinne aus der Veräußerung von Wirtschaftsgütern der Personengesellschaft spätestens im Zeitpunkt der Veräußerung der Beteiligung versteuert. Der Gewinn aus der Veräußerung des Anteils an der vermögensverwaltenden Personengesellschaft ist als laufender Gewinn aus Gewerbebetrieb zu behandeln. Diese Ausführungen gelten für den Fall der Entnahme des Gesellschaftsanteils, der Beendigung der Gesellschaft oder in anderen gleichzustellenden Fällen sinngemäß. **8**

Voraussetzung für die dargestellte Verfahrensweise ist ein entsprechender Antrag des Steuerpflichtigen und die im Benehmen mit dem Betriebsfinanzamt zu erteilende Zustimmung des Wohnsitzfinanzamts, die im Fall des Drohens ungerechtfertigter Steuervorteile versagt bzw. mit Wirkung für den nächsten Veranlagungszeitraum widerrufen werden kann. **9**

Ein ungerechtfertigter Steuervorteil droht vor allem dann, wenn

– die Vermögensauskehrungen von der Gesellschaft an den Gesellschafter zu einem Negativsaldo auf dem Beteiligungskonto führen bzw. einen bereits vorhandenen Negativsaldo erhöhen,

  oder

– die aus der Veräußerung von Wirtschaftsgütern des Gesellschaftsvermögens stammenden Gewinne offenkundig so hoch sind, daß ein Aufschub ihrer Besteuerung unvertretbar erscheint.

Der gesondert und einheitlich festgestellte Anteil an den Überschußeinkünften der Personengesellschaft, die Entwicklung des Kontos „Beteiligung" sowie der Gewinn aus einer etwaigen Veräußerung des Anteils an der Personengesellschaft sind im Jahresabschluß des Gesellschafters gesondert auszuweisen. Ein Wechsel zu der Ermittlungsmethode nach Randnummer 5 oder 6 ist nur einmal möglich; durch Ansatz eines entsprechen den Übergangsgewinns oder -verlusts ist beim Wechsel sicher zustellen, daß der Totalgewinn zutreffend erfaßt wird. **10**

**Beispiel:** **11**

An der vermögensverwaltenden X-KG ist die Y-GmbH seit dem 1. Januar 01 als Kommanditistin mit einer Einlage von 25 000 DM beteiligt. Der Anteil der Y-GmbH an den Werbungskostenüberschüssen der Jahre 01–03 beträgt – 5 000, – 4 000 und – 3 000 DM. Im Jahr 02 veräußert die X-KG außerhalb der Spekulationsfrist ein unbebautes Grundstück. Der Erlös wird an die Gesellschafter ausgekehrt; auf die Y-GmbH entfallen 1 500 DM. Zum 31. Dezember 03 veräußert die Y-GmbH ihre Beteiligung für 40 000 DM.
Der Buchwert des „Beteiligungs"-Kontos im Zeitpunkt der Beteiligungsveräußerung ist wie folgt zu ermitteln:

| | DM |
|---|---|
| Kapitaleinlage 01 | 25 000 |
| Verlustanteil 01 | - 5 000 |
| Verlustanteil 02 | - 4 000 |
| Anteil an Auskehrung 02 | - 1 500 |
| Verlustanteil 03 | - 3 000 |
| Buchwert | 11 500 |

Die Y-GmbH hat die Verlustanteile 01 und 02 in den entsprechenden Jahren jeweils mit positiven Einkünften aus ihrer übrigen Tätigkeit ausgeglichen.
Bei der Körperschaftsteuer-Veranlagung der Y-GmbH für das Jahr 03 sind anzusetzen:

| | DM |
|---|---|
| Verlustanteil 03 | - 3 000 |
| + Veräußerungserlös | 40 000 |
| - Buchwert | - 11 500 |
| Einkünfte aus Gewerbebetrieb | 25 500 |

12 d) Ermittelt der Gesellschafter seinen Gewinn nach § 4 Abs. 3 EStG, so kann sinngemäß nach den oben dargestellten Regelungen verfahren werden. Dabei ist ein dem Konto „Beteiligung" entsprechender Posten im Anlageverzeichnis des Gesellschafters zu führen und fortzuentwickeln.

# 800 § 193/1. Betriebsprüfungsordnung (BpO 2000)

## Allgemeine Verwaltungsvorschrift für die Betriebsprüfung

Vom 15. März 2000 (BStBl. I S. 368)

Geänd. durch Allg. Verwaltungsvorschrift v. 11. 12. 2001 (BStBl. I S. 984), v. 22. 1. 2008 (BStBl. I S. 274) und v. 20. 7. 2011 (BStBl. I S. 710)

Nach Artikel 108 Abs. 7 des Grundgesetzes wird mit Zustimmung des Bundesrates folgende allgemeine Verwaltungsvorschrift erlassen:

### Inhaltsübersicht

## I. Allgemeine Vorschriften

**§ 1 Anwendungsbereich der Betriebsprüfungsordnung.** (1) Diese Verwaltungsvorschrift gilt für Außenprüfungen der Landesfinanzbehörden und des Bundeszentralamtes für Steuern[1)].

(2) Für besondere Außenprüfungen der Landesfinanzbehörden und des Bundeszentralamtes für Steuern[1)] (z. B. Lohnsteueraußenprüfung und Umsatzsteuersonderprüfung) sind die §§ 5 bis 12, 20 bis 24, 29 und 30 mit Ausnahme des § 5 Abs. 4 Satz 2 sinngemäß anzuwenden.

**§ 2 Aufgaben der Betriebsprüfungsstellen.** (1) [1]Zweck der Außenprüfung ist die Ermittlung und Beurteilung der steuerlich bedeutsamen Sachverhalte, um die Gleichmäßigkeit der Besteuerung sicherzustellen (§§ 85, 199 Abs. 1 AO). [2]Bei der Anordnung und Durchführung von Prüfungsmaßnahmen sind im Rahmen der Ermessensausübung die Grundsätze der Verhältnismäßigkeit der Mittel und des geringstmöglichen Eingriffs zu beachten.

(2) Den Betriebsprüfungsstellen können auch Außenprüfungen im Sinne des § 193 Abs. 2 AO, Sonderprüfungen sowie andere Tätigkeiten mit Prüfungscharakter, zum Beispiel Liquiditätsprüfungen, übertragen werden; dies gilt nicht für Steuerfahndungsprüfungen.

(3) [1]Die Finanzbehörde entscheidet nach pflichtgemäßem Ermessen, ob und wann eine Außenprüfung durchgeführt wird. [2]Dies gilt auch, wenn der Steuerpflichtige eine baldige Außenprüfung begehrt.

**§ 3 Größenklassen[2)].** [1]Steuerpflichtige, die der Außenprüfung unterliegen, werden in die Größenklassen

Großbetriebe (G)

Mittelbetriebe (M)

---

[1)] Bezeichnung geänd. mWv 2. 1. 2008 durch Allg. Verwaltungsvorschrift vom 22. 1. 2008, BStBl. I S. 274.

[2)] Vgl. Nr. **800** § 193/4.

Kleinbetriebe (K) und

Kleinstbetriebe (Kst)

eingeordnet. [2]Der Stichtag, der maßgebende Besteuerungszeitraum und die Merkmale für diese Einordnung werden jeweils von den obersten Finanzbehörden der Länder im Benehmen mit dem Bundesministerium der Finanzen festgelegt.

## II. Durchführung der Außenprüfung

**§ 4 Umfang der Außenprüfung.** (1) Die Finanzbehörde bestimmt den Umfang der Außenprüfung nach pflichtgemäßem Ermessen.

(2) [1]Bei Großbetrieben und Unternehmen im Sinne der §§ 13 und 19 soll der Prüfungszeitraum an den vorhergehenden Prüfungszeitraum anschließen. [2]Eine Anschlußprüfung ist auch in den Fällen des § 18 möglich.

(3) [1]Bei anderen Betrieben soll der Prüfungszeitraum in der Regel nicht mehr als drei zusammenhängende Besteuerungszeiträume umfassen. [2]Der Prüfungszeitraum kann insbesondere dann drei Besteuerungszeiträume übersteigen, wenn mit nicht unerheblichen Änderungen der Besteuerungsgrundlagen zu rechnen ist oder wenn der Verdacht einer Steuerstraftat oder einer Steuerordnungswidrigkeit besteht. [3]Anschlußprüfungen sind zulässig.

(4) Für die Entscheidung, ob ein Betrieb nach Absatz 2 oder Absatz 3 geprüft wird, ist grundsätzlich die Größenklasse maßgebend, in die der Betrieb im Zeitpunkt der Bekanntgabe der Prüfungsanordnung eingeordnet ist.

(5) [1]Hält die Finanzbehörde eine umfassende Ermittlung der steuerlichen Verhältnisse im Einzelfall nicht für erforderlich, kann sie eine abgekürzte Außenprüfung (§ 203 AO) durchführen. [2]Diese beschränkt sich auf die Prüfung einzelner Besteuerungsgrundlagen eines Besteuerungszeitraums oder mehrerer Besteuerungszeiträume.

**§ 4a Zeitnahe Betriebsprüfung[1)].** (1) Die Finanzbehörde kann Steuerpflichtige unter den Voraussetzungen des Absatzes 2 für eine zeitnahe Betriebsprüfung auswählen. Eine Betriebsprüfung ist zeitnah, wenn der Prüfungszeitraum einen oder mehrere gegenwartsnahe Besteuerungszeiträume umfasst.

(2) [1]Grundlage zeitnaher Betriebsprüfungen sind die Steuererklärungen im Sinne des § 150 der Abgabenordnung der zu prüfenden Besteuerungszeiträume (Absatz 1 Satz 2). [2]Zur Sicherstellung der Mitwirkungsrechte des Bundeszentralamtes für Steuern ist der von der Finanzbehörde ausgewählte Steuerpflichtige dem Bundeszentralamt für Steuern abweichend von der Frist des § 21 Absatz 1 Satz 1 unverzüglich zu benennen.

---

1) § 4a eingef. durch Allg. Verwaltungsvorschrift v. 20. 7. 2011, BStBl. I S. 710. Erstmals anzuwenden für Außenprüfungen, die nach dem 1. 1. 2012 angeordnet werden.

(3) Über das Ergebnis der zeitnahen Betriebsprüfung ist ein Prüfungsbericht oder eine Mitteilung über die ergebnislose Prüfung anzufertigen (§ 202 der Abgabenordnung).

**§ 5 Anordnung der Außenprüfung.** (1) [1]Die für die Besteuerung zuständige Finanzbehörde ordnet die Außenprüfung an. [2]Die Befugnis zur Anordnung kann auch der beauftragten Finanzbehörde übertragen werden.

(2) [1]Die Prüfungsanordnung hat die Rechtsgrundlagen der Außenprüfung, die zu prüfenden Steuerarten, Steuervergütungen, Prämien, Zulagen, gegebenenfalls zu prüfende bestimmte Sachverhalte sowie den Prüfungszeitraum zu enthalten. [2]Ihr sind Hinweise auf die wesentlichen Rechte und Pflichten des Steuerpflichtigen bei der Außenprüfung beizufügen. [3]Die Mitteilung über den voraussichtlichen Beginn und die Festlegung des Ortes der Außenprüfung kann mit der Prüfungsanordnung verbunden werden. [4]Handelt es sich um eine abgekürzte Außenprüfung nach § 203 AO, ist die Prüfungsanordnung um diese Rechtsgrundlage zu ergänzen. [5]Soll der Umfang einer Außenprüfung nachträglich erweitert werden, ist eine ergänzende Prüfungsanordnung zu erlassen.

(3) Der Name des Betriebsprüfers, eines Betriebsprüfungshelfers und andere prüfungsleitende Bestimmungen können in die Prüfungsanordnung aufgenommen werden.

(4) [1]Die Prüfungsanordnung und die Mitteilungen nach den Absätzen 2 und 3 sind dem Steuerpflichtigen angemessene Zeit vor Beginn der Prüfung bekanntzugeben, wenn der Prüfungszweck dadurch nicht gefährdet wird. [2]In der Regel sind bei Großbetrieben 4 Wochen und in anderen Fällen 2 Wochen angemessen.

(5) [1]Wird beantragt, den Prüfungsbeginn zu verlegen, können als wichtige Gründe zum Beispiel Erkrankung des Steuerpflichtigen, seines steuerlichen Beraters oder eines für Auskünfte maßgeblichen Betriebsangehörigen, beträchtliche Betriebsstörungen durch Umbau oder höhere Gewalt anerkannt werden. [2]Dem Antrag des Steuerpflichtigen kann auch unter Auflage, zum Beispiel Erledigung von Vorbereitungsarbeiten für die Prüfung, stattgegeben werden.

(6) Werden die steuerlichen Verhältnisse von Gesellschaftern und Mitgliedern sowie von Mitgliedern der Überwachungsorgane in die Außenprüfung einbezogen, so ist für jeden Beteiligten eine Prüfungsanordnung unter Beachtung der Voraussetzungen des § 193 AO zu erteilen.

**§ 6 Ort der Außenprüfung.** [1]Die Außenprüfung ist in den Geschäftsräumen des Steuerpflichtigen durchzuführen. [2]Ist ein geeigneter Geschäftsraum nachweislich nicht vorhanden und kann die Außenprüfung nicht in den Wohnräumen des Steuerpflichtigen stattfinden, ist an Amtsstelle zu prüfen (§ 200 Abs. 2 AO). [3]Ein anderer Prüfungsort kommt nur ausnahmsweise in Betracht.

**§ 7 Prüfungsgrundsätze.** [1]Die Außenprüfung ist auf das Wesentliche abzustellen. [2]Ihre Dauer ist auf das notwendige Maß zu beschränken. [3]Sie hat sich in erster Linie auf solche Sachverhalte zu erstrecken, die zu endgültigen Steuerausfällen oder Steuererstattungen oder -vergütungen oder zu nicht unbedeutenden Gewinnverlagerungen führen können.

**§ 8 Mitwirkungspflichten.** (1) [1]Der Steuerpflichtige ist zu Beginn der Prüfung darauf hinzuweisen, dass er Auskunftspersonen benennen kann. [2]Ihre Namen sind aktenkundig zu machen. [3]Die Auskunfts- und sonstigen Mitwirkungspflichten des Steuerpflichtigen erlöschen nicht mit der Benennung von Auskunftspersonen.

(2) Der Betriebsprüfer darf im Rahmen seiner Ermittlungsbefugnisse unter den Voraussetzungen des § 200 Abs. 1 Sätze 3 und 4 AO auch Betriebsangehörige um Auskunft ersuchen, die nicht als Auskunftspersonen benannt worden sind.

(3) Die Vorlage von Büchern, Aufzeichnungen, Geschäftspapieren und anderen Unterlagen, die nicht unmittelbar den Prüfungszeitraum betreffen, kann ohne Erweiterung des Prüfungszeitraums verlangt werden, wenn dies zur Feststellung von Sachverhalten des Prüfungszeitraums für erforderlich gehalten wird.

**§ 9 Kontrollmitteilungen.** [1]Feststellungen, die nach § 194 Abs. 3 AO für die Besteuerung anderer Steuerpflichtiger ausgewertet werden können, sollen der zuständigen Finanzbehörde mitgeteilt werden. [2]Kontrollmaterial über Auslandsbeziehungen ist auch dem Bundeszentralamt für Steuern[1] zur Auswertung zu übersenden.

**§ 10 Verdacht einer Steuerstraftat oder -ordnungswidrigkeit.** (1) [1]Ergeben sich während einer Außenprüfung zureichende tatsächliche Anhaltspunkte für eine Straftat (§ 152 Abs. 2 StPO), deren Ermittlung der Finanzbehörde obliegt, so ist die für die Bearbeitung dieser Straftat zuständige Stelle unverzüglich zu unterrichten. [2]Dies gilt auch, wenn lediglich die Möglichkeit besteht, dass ein Strafverfahren durchgeführt werden muss. [3]Richtet sich der Verdacht gegen den Steuerpflichtigen, dürfen hinsichtlich des Sachverhalts, auf den sich der Verdacht bezieht, die Ermittlungen (§ 194 AO) bei ihm erst fortgesetzt werden, wenn ihm die Einleitung des Strafverfahrens mitgeteilt worden ist. [4]Der Steuerpflichtige ist dabei, soweit die Feststellungen auch für Zwecke des Strafverfahrens verwendet werden können, darüber zu belehren, dass seine Mitwirkung im Besteuerungsverfahren nicht mehr erzwungen werden kann (§ 393 Abs. 1 AO). [5]Die Belehrung ist unter Angabe von Datum und Uhrzeit aktenkundig zu machen und auf Verlangen schriftlich zu bestätigen (§ 397 Abs. 2 AO).

(2) Absatz 1 gilt beim Verdacht einer Ordnungswidrigkeit sinngemäß.

**§ 11 Schlussbesprechung.** (1) [1]Findet eine Schlussbesprechung statt, so sind die Besprechungspunkte und der Termin der Schlussbesprechung dem

---

[1] Bezeichnung geänd. mWv 2. 1. 2008 durch Allg. Verwaltungsvorschrift vom 22. 1. 2008, BStBl. I S. 274.

Steuerpflichtigen angemessene Zeit vor der Besprechung bekanntzugeben. [2]Diese Bekanntgabe bedarf nicht der Schriftform.

(2) Hinweise nach § 201 Abs. 2 AO sind aktenkundig zu machen.

**§ 12[1)] Prüfungsbericht und Auswertung der Prüfungsfeststellungen.**

(1) Wenn zu einem Sachverhalt mit einem Rechtsbehelf oder mit einem Antrag auf verbindliche Zusage zu rechnen ist, soll der Sachverhalt umfassend im Prüfungsbericht dargestellt werden.

(2) [1]Ist bei der Auswertung des Prüfungsberichts oder im Rechtsbehelfsverfahren beabsichtigt, von den Feststellungen der Außenprüfung abzuweichen, so ist der Betriebsprüfungsstelle Gelegenheit zur Stellungnahme zu geben. [2]Dies gilt auch für die Erörterung des Sach- und Rechtsstandes gemäß § 364 a AO. [3]Bei wesentlichen Abweichungen zuungunsten des Steuerpflichtigen soll auch diesem Gelegenheit gegeben werden, sich hierzu zu äußern.

(3) In dem durch die Prüfungsanordnung vorgegebenen Rahmen muß die Außenprüfung entweder durch Steuerfestsetzung oder durch Mitteilung über eine ergebnislose Prüfung abgeschlossen werden.

## III. Außenprüfung von Konzernen und sonstigen zusammenhängenden Unternehmen

**§ 13 Konzernprüfung.** (1) Unternehmen, die zu einem Konzern im Sinne des § 18 AktG gehören, sind im Zusammenhang, unter einheitlicher Leitung und nach einheitlichen Gesichtspunkten zu prüfen, wenn die Außenumsätze der Konzernunternehmen insgesamt mindestens 25 Millionen Euro[2)] im Jahr betragen.

(2) [1]Ein Unternehmen, das zu mehreren Konzernen gehört, ist mit dem Konzern zu prüfen, der die größte Beteiligung an dem Unternehmen besitzt. [2]Bei gleichen Beteiligungsverhältnissen ist das Unternehmen für die Prüfung dem Konzern zuzuordnen, der in der Geschäftsführung des Unternehmens federführend ist.

**§ 14 Leitung der Konzernprüfung.** (1) Bei Konzernprüfungen soll die Finanzbehörde, die für die Außenprüfung des herrschenden oder einheitlich leitenden Unternehmens zuständig ist, die Leitung der einheitlichen Prüfung übernehmen.

(2) [1]Wird ein Konzern durch eine natürliche oder juristische Person, die selbst nicht der Außenprüfung unterliegt, beherrscht, soll die Finanzbehörde, die für die Außenprüfung des wirtschaftlich bedeutendsten abhängigen Unternehmens zuständig ist, die Leitung der einheitlichen Prüfung übernehmen. [2]Im Einvernehmen der beteiligten Finanzbehörden kann hiervon abgewichen werden.

---

1) § 12 Abs. 2 Satz 1 geänd. mWv 2. 1. 2008 durch Allg. Verwaltungsvorschrift vom 23. 1. 2008, BStBl. I S. 274.

2) Betrag geänd. durch Allg. Verwaltungsvorschrift vom 11. 12. 2001, BStBl. I S. 984.

**§ 15 Einleitung der Konzernprüfung.** (1) Die für die Leitung der Konzernprüfung zuständige Finanzbehörde regt die Konzernprüfung an und stimmt sich mit den beteiligten Finanzbehörden ab.

(2) Konzernunternehmen sollen erst nach Abstimmung mit der für die Leitung der Konzernprüfung zuständigen Finanzbehörde geprüft werden.

**§ 16 Richtlinien zur Durchführung der Konzernprüfung.** (1) [1]Die für die Leitung einer Konzernprüfung zuständige Finanzbehörde kann Richtlinien für die Prüfung aufstellen. [2]Die Richtlinien können neben prüfungstechnischen Einzelheiten auch Vorschläge zur einheitlichen Beurteilung von Sachverhalten enthalten.

(2) Soweit Meinungsverschiedenheiten, die sich bei der Mitwirkung mehrerer Finanzbehörden im Rahmen der einheitlichen Prüfung ergeben, von den Beteiligten nicht ausgeräumt werden können, ist den zuständigen vorgesetzten Finanzbehörden zu berichten und die Entscheidung abzuwarten.

**§ 17 Abstimmung und Freigabe der Konzernprüfungsberichte.** Die Berichte über die Außenprüfungen bei Konzernunternehmen sind aufeinander abzustimmen und den Steuerpflichtigen erst nach Freigabe durch die für die Leitung der Konzernprüfung zuständige Finanzbehörde zu übersenden.

**§ 18 Außenprüfung bei sonstigen zusammenhängenden Unternehmen.** [1]Eine einheitliche Prüfung kann auch durchgeführt werden

1. bei Konzernen, die die Umsatzgrenze des § 13 Abs. 1 nicht erreichen,
2. bei Unternehmen, die nicht zu einem Konzern gehören, aber eng miteinander verbunden sind, zum Beispiel durch wirtschaftliche oder verwandtschaftliche Beziehungen der Beteiligten, gemeinschaftliche betriebliche Tätigkeit.

[2]Die §§ 13 bis 17 gelten entsprechend.

**§ 19 Außenprüfung bei international verbundenen Unternehmen.**
(1) Die §§ 13 bis 18 gelten auch für die Prüfung mehrerer inländischer Unternehmen, die von einer ausländischen natürlichen oder juristischen Person, einer Mehrheit von Personen einer Stiftung oder einem anderen Zweckvermögen beherrscht oder einheitlich geleitet werden oder die mit einem ausländischen Unternehmen wirtschaftlich verbunden sind.

(2) [1]Die Leitung der einheitlichen Prüfung soll die Finanzbehörde übernehmen, die für die Außenprüfung des wirtschaftlich bedeutendesten inländischen Unternehmens zuständig ist. [2]Im Einvernehmen der beteiligten Finanzbehörden kann hiervon abgewichen werden.

## IV. Mitwirkung des Bundes an Außenprüfungen der Landesfinanzbehörden

**§ 20 Art der Mitwirkung.** (1) Das Bundeszentralamt für Steuern[1] wirkt an Außenprüfungen der Landesfinanzbehörden durch Prüfungstätigkeit und Beteiligung an Besprechungen mit.

(2) Art und Umfang der Mitwirkung werden jeweils von den beteiligten Behörden im gegenseitigen Einvernehmen festgelegt.

(3) Die Landesfinanzbehörde bestimmt den für den Ablauf der Außenprüfung verantwortlichen Prüfer.

**§ 21 Auswahl der Betriebe und Unterrichtung über die vorgesehene Mitwirkung.** (1) [1]Die Landesfinanzbehörden stellen dem Bundeszentralamt für Steuern[1] die Prüfungsgeschäftspläne für Großbetriebe spätestens 10 Tage vor dem Beginn des Zeitraums, für den sie aufgestellt worden sind, zur Verfügung. [2]Betriebe, bei deren Prüfung eine Mitwirkung des Bundeszentralamtes für Steuern[1] von den Landesfinanzbehörden für zweckmäßig gehalten wird, sollen kenntlich gemacht werden. [3]Das Bundeszentralamt für Steuern[1] teilt den Landesfinanzbehörden unverzüglich die Betriebe mit, an deren Prüfung es mitwirken will.

(2) Sobald die Landesfinanzbehörde den Prüfungsbeginn mitgeteilt hat, wird sie vom Bundeszentralamt für Steuern[1] über die vorgesehene Mitwirkung unterrichtet.

**§ 22 Mitwirkung durch Prüfungstätigkeit.** (1) [1]Wirkt das Bundeszentralamt für Steuern[1] durch Prüfungstätigkeit mit, so hat der Bundesbetriebsprüfer regelmäßig in sich geschlossene Prüfungsfelder zu übernehmen und diesen Teil des Prüfungsberichts zu entwerfen. [2]Der Prüfungsstoff wird im gegenseitigen Einvernehmen auf die beteiligten Betriebsprüfer aufgeteilt.

(2) Hat das Bundeszentralamt für Steuern[1] an einer Außenprüfung mitgewirkt, so erhält es eine Ausfertigung des Prüfungsberichts.

**§ 23**[2] *(aufgehoben)*

**§ 24 Verfahren bei Meinungsverschiedenheiten zwischen dem Bundesamt für Finanzen und der Landesfinanzbehörde.** Soweit Meinungsverschiedenheiten, die sich bei der Mitwirkung an Außenprüfungen zwischen dem Bundeszentralamt für Steuern[1] und der Landesfinanzbehörde ergeben, von den Beteiligten nicht ausgeräumt werden können, ist den obersten Finanzbehörden des Bundes und des Landes zu berichten und die Entscheidung abzuwarten.

---

[1] Bezeichnung geänd. mWv 2. 1. 2008 durch Allg. Verwaltungsvorschrift vom 22. 1. 2008, BStBl. I S. 274.

[2] § 23 aufgeh. mWv 2. 1. 2008 durch Allg. Verwaltungsvorschrift vom 22. 1. 2008, BStBl. I S. 274.

## V. Betriebsprüfer, Sachgebietsleiter für Betriebsprüfung, Prüferbesprechungen

**§ 25 Verwendung von Beamten als Betriebsprüfer.** Die Verwendung eines Beamten als Betriebsprüfer, der grundsätzlich dem gehobenen Dienst angehören soll, ist nach einer mindestens sechsmonatigen Einarbeitung in der Außenprüfung nur mit Einwilligung der zuständigen vorgesetzten Finanzbehörde oder der von ihr benannten Stelle zulässig.

**§ 26 Verwendung von Verwaltungsangestellten als Betriebsprüfer.**

(1) Verwaltungsangestellte, die bereits in der Steuerverwaltung tätig sind, können als Betriebsprüfer verwendet werden, wenn folgende Voraussetzungen erfüllt sind:

1. eine mindestens dreijährige zeitnahe Tätigkeit in der Veranlagung, davon eine mindestens neunmonatige qualifizierte Tätigkeit,
2. die Ablegung einer Prüfung nach Erfüllung der Voraussetzung zu Nummer 1 und
3. eine mindestens sechsmonatige Einarbeitung in der Außenprüfung.

(2) Andere Bewerber können als Verwaltungsangestellte in der Außenprüfung verwendet werden, wenn folgende Voraussetzungen erfüllt werden:

1. a) ein abgeschlossenes einschlägiges Hochschulstudium (Rechtswissenschaft, Wirtschaftswissenschaft, Versicherungsmathematik, Land- und Forstwirtschaft) oder

   b) eine kaufmännische oder sonstige einschlägige Grundausbildung mit vorgeschriebener Abschlussprüfung und der Nachweis mehrjähriger kaufmännischer, betriebswirtschaftlicher oder revisionstechnischer Tätigkeit,
2. die Ablegung einer Prüfung nach Erfüllung der Voraussetzung zu Nummer 1 Buchstaben a oder b,
3. eine mindestens zwölfmonatige zeitnahe Tätigkeit außerhalb der Außenprüfung, davon eine mindestens neunmonatige qualifizierte Tätigkeit in der Veranlagung sowie
4. eine mindestens sechsmonatige Einarbeitung in der Außenprüfung.

(3) Die zuständige vorgesetzte Finanzbehörde kann zu Absatz 1 und zu Absatz 2 Nr. 2 bis 4 im Einzelfall Ausnahmen zulassen.

(4) Ein Rechtsanspruch auf Zulassung zur Prüfung besteht nicht.

(5) Die schriftliche Prüfung besteht mindestens aus zwei unter Aufsicht anzufertigenden Arbeiten aus dem Buchführungs- und Bilanzwesen.

(6) Die mündliche Prüfung erstreckt sich auf die Grundzüge des Abgabenrechts, des bürgerlichen Rechts und des Handelsrechts, insbesondere des Buchführungs- und Bilanzwesens sowie des kaufmännischen Rechnungswesens.

**§ 27[1] Einsatz als Betriebsprüfer und Sachgebietsleiter für Betriebsprüfung.** (1) Beamte und Verwaltungsangestellte sollen nicht erstmals nach Vollendung des fünfundvierzigsten Lebensjahres als Betriebsprüfer eingesetzt werden.

(2) Sachgebietsleiter für Betriebsprüfung dürfen nur mit Einwilligung der zuständigen vorgesetzten Finanzbehörde eingesetzt werden.

(3) Sachgebietsleiter für Betriebsprüfung und Betriebsprüfer dürfen nur mit Einwilligung der zuständigen vorgesetzten Finanzbehörde für prüfungsfremde Aufgaben verwendet werden.

**§ 28 Betriebsprüfungshelfer.** [1]Zur Unterstützung der Betriebsprüfer können Betriebsprüfungshelfer eingesetzt werden. [2]Diese haben nach den Weisungen des Betriebsprüfers zu verfahren.

**§ 29[2] Prüferausweis.** [1]Für Sachgebietsleiter für Betriebsprüfung und Betriebsprüfer ist jeweils ein Ausweis auszustellen. [2]Der Ausweis hat zu enthalten:

1. die Bezeichnung der ausstellenden Landesfinanzverwaltung oder der ausstellenden Finanzbehörde
2. das Lichtbild des Inhabers
3. den Vor- und Familiennamen
4. die laufende Nummer
5. die Gültigkeitsdauer und
6. die Befugnisse des Inhabers.

**§ 30[3] Prüfungsbesprechungen.** Die Sachgebietsleiter für Betriebsprüfung sollen mit den Prüfern ihrer Sachgebiete, die zuständigen vorgesetzten Finanzbehörden mit den Sachgebietsleitern für Betriebsprüfung oder mit den Betriebsprüfern ihrer Oberfinanzbezirke regelmäßig Zweifelsfragen aus der Prüfungstätigkeit erörtern, sie über neuere Rechtsprechung und neueres Schrifttum unterrichten sowie Richtlinien und Anregungen für ihre Arbeit geben.

**§ 31[3] Fach-(Branchen-)Prüferbesprechungen.** (1) [1]Für die Fach-(Branchen-)Prüfer sind nach Bedarf Besprechungen durchzuführen. [2]Hierbei sollen die Branchenerfahrungen ausgetauscht und verglichen, zweckmäßige Prüfungsmethoden, Kennzahlen und Formblätter für das prüfungstechnische Vorgehen entwickelt und gemeinsame Richtlinien erarbeitet werden.

(2) Dem Bundeszentralamt für Steuern ist Gelegenheit zu geben, an Fachprüferbesprechungen, die von den zuständigen vorgesetzten Finanzbehörden (§ 38) durchgeführt werden, teilzunehmen.

---

[1] § 27 Abs. 2 und 3 geänd. mWv 2. 1. 2008 durch Allg. Verwaltungsvorschrift vom 22. 1. 2008, BStBl. I S. 274.

[2] § 29 neu gef. mWv 2. 1. 2008 durch Allg. Verwaltungsvorschrift vom 22. 1. 2008, BStBl. I S. 274.

[3] § 30 geänd. und § 31 Abs. 2 neu gef. mWv 2. 1. 2008 durch Allg. Verwaltungsvorschrift vom 22. 1. 2008, BStBl. I S. 274.

## VI. Karteien, Konzernverzeichnisse

**§ 32 Betriebskartei.** (1) Die Betriebsprüfungsstellen haben über die Groß-, Mittel- und Kleinbetriebe eine Kartei (Betriebskartei) zu führen.

(2) [1]Die Betriebskartei besteht aus der Namenskartei und der Branchenkartei. [2]Die Namenskartei soll als alphabetische Suchkartei, die Branchenkartei nach der Klassifikation der Wirtschaftszweige (Tiefengliederung für Steuerstatistiken) geführt werden.

(3) Nebenbetriebe der Land- und Forstwirtschaft sind nur beim Hauptbetrieb zu vermerken.

(4) [1]Für die Erfassung in der Betriebskartei ist jeweils die auf einen bestimmten Stichtag festgestellte Größenklasse der Betriebe – in der Regel für die Dauer von drei Jahren – maßgebend. [2]Die Betriebe werden nach den Ergebnissen der Veranlagung, hilfsweise nach den Angaben in den Steuererklärungen in die Größenklassen eingeordnet. [3]Fehler, die bei der Einordnung der Betriebe unterlaufen, können jederzeit berichtigt werden.

(5) [1]Änderungen der die Größenklasse bestimmenden Betriebsmerkmale bleiben bis zur nächsten Einordnung in Größenklassen unberücksichtigt. [2]Bei sonstigen Änderungen ist die Kartei fortzuschreiben. [3]Bei Abgängen aufgrund von Sitzverlegung (Wohnsitz oder Sitz der Geschäftsleitung) sind die Daten der Betriebskartei an die neu zuständige Finanzbehörde zu übermitteln; Zugänge von einer anderen Finanzbehörde und Neugründungen sind in der Betriebskartei zu erfassen.

**§ 33[1] Konzernverzeichnis.** [1]Jede zuständige Finanzbehörde hat die für ein Verzeichnis der Konzerne im Sinne der §§ 13, 18 und 19 erforderlichen Daten zu ermitteln und der zuständigen vorgesetzten Finanzbehörde zur Weiterleitung an das Bundeszentralamt für Steuern zur Aufnahme in eine zentrale Datenbank zu übermitteln. [2]Gleiches gilt für spätere Änderungen oder Ergänzungen dieser Daten. [3]Das zentrale Konzernverzeichnis enthält die einzelnen Konzernübersichten. [4]Das Verfahren zur Übermittlung der Daten nach den Sätzen 1 und 2 sowie die Nutzung der Daten durch die Finanzbehörden der Länder wird vom Bundesministerium der Finanzen im Einvernehmen mit den obersten Finanzbehörden der Länder geregelt.

## VII. Prüfungsgeschäftsplan, Jahresstatistik

**§ 34[2] Aufstellung von Prüfungsgeschäftsplänen.** [1]Die zur Prüfung vorgesehenen Fälle werden in regelmäßigen Abständen in Prüfungsgeschäftsplänen zusammengestellt. [2]Der Abstand darf bei Großbetrieben nicht kürzer als 6 Monate und nicht länger als 12 Monate sein. [3]Änderungen der Prüfungsge-

[1] § 33 neu gef. mWv 2. 1. 2008 durch Allg. Verwaltungsvorschrift vom 22. 1. 2008, BStBl. I S. 274.

[2] § 34 Abs. 2, § 35 Abs. 3 aufgeh., Zwischenüberschrift zu Abschnitt VIII neu gef. mWv 2. 1. 2008 durch Allg. Verwaltungsvorschrift vom 22. 1. 2008, BStBl. I S. 274.

schäftspläne sind jederzeit möglich. [4]In den Prüfungsgeschäftsplänen ist auf Konzernzugehörigkeit hinzuweisen.

**§ 35[1)] Jahresstatistik.** (1) Die Betriebsprüfungsstellen haben eine Jahresstatistik aufzustellen und der vorgesetzten Finanzbehörde vorzulegen.

(2) [1]Die obersten Finanzbehörden der Länder teilen dem Bundesministerium der Finanzen die Arbeitsergebnisse der Außenprüfung nach einem abgestimmten Muster bis zum 31. März eines jeden Jahres mit. [2]Das Bundesministerium der Finanzen gibt das Gesamtergebnis in einer zusammengefaßten Veröffentlichung jährlich bekannt.

## VIII. Betriebsprüfungsarchiv, Kennzahlen, Hauptorte[2)]

**§ 36[3)] Betriebsprüfungsarchiv.** (1) [1]Steuerliche, prüfungstechnische, branchentypische und allgemeine wirtschaftliche Erfahrungen sind den zuständigen vorgesetzten Finanzbehörden mitzuteilen. [2]Diese sammeln die Erfahrungen und werten sie in einem Betriebsprüfungsarchiv aus.

(2) Das Bundeszentralamt für Steuern[4)] teilt den zuständigen vorgesetzten Finanzbehörden Prüfungserfahrungen von allgemeiner Bedeutung mit.

**§ 37[5)] Kennzahlen.** [1]Die zuständigen Finanzbehörden haben die nach den Ergebnissen von Außenprüfungen ermittelten branchenbezogenen Kennzahlen der jeweils zuständigen vorgesetzten Finanzbehörde zur Weiterleitung an das Bundeszentralamt für Steuern zur Aufnahme in eine zentrale Datenbank zu übermitteln. [2]Gleiches gilt für Änderungen dieser Daten. [3]Das Verfahren zur Übermittlung der Daten nach den Sätzen 1 und 2 sowie die Nutzung der Daten durch die Finanzbehörden der Länder wird vom Bundesministerium der Finanzen im Einvernehmen mit den obersten Finanzbehörden der Länder geregelt.

**§ 38[5)] Hauptorte.** (1) [1]Die zuständigen vorgesetzten Finanzbehörden haben als Hauptorte die Aufgabe, für einzelne Berufs- oder Wirtschaftszweige Unterlagen zu sammeln und auszuwerten, die für die Besteuerung von Bedeutung sind. [2]Zu den Aufgaben gehört auch die Mitwirkung bei der Aufstellung von AfA-Tabellen. [3]Die Hauptorte werden durch Vereinbarung der obersten Finanzbehörden des Bundes und der Länder bestimmt.

---

[1)] § 34 Abs. 2, § 35 Abs. 3 aufgeh. mWv 2. 1. 2008 durch Allg. Verwaltungsvorschrift vom 22. 1. 2008, BStBl. I S. 274.

[2)] Zwischenüberschrift zu Abschnitt VIII neu gef. mWv 2. 1. 2008 durch Allg. Verwaltungsvorschrift vom 22. 1. 2008, BStBl. I S. 274.

[3)] § 36 Abs. 1 Satz 1 und Abs. 2 geänd. mWv 2. 1. 2008 durch Allg. Verwaltungsvorschrift vom 22. 1. 2008, BStBl. I S. 274.

[4)] Bezeichnung geänd. mWv 2. 1. 2008 durch Allg. Verwaltungsvorschrift vom 22. 1. 2008, BStBl. I S. 274.

[5)] §§ 37 und 38 neu gef. mWv 2. 1. 2008 durch Allg. Verwaltungsvorschrift vom 22. 1. 2008, BStBl. I S. 274.

(2) Das Ergebnis der Auswertung wird den anderen zuständigen vorgesetzten Finanzbehörden und dem Bundeszentralamt für Steuern regelmäßig mitgeteilt.

## IX. Inkrafttreten

**§ 39 Inkrafttreten.** [1]Diese allgemeine Verwaltungsvorschrift tritt am Tage nach der Veröffentlichung im Bundesanzeiger in Kraft.[1)] [2]Gleichzeitig tritt die Allgemeine Verwaltungsvorschrift für die Betriebsprüfung – Betriebsprüfungsordnung – vom 17. Dezember 1987 (BAnz. Nr. 241 a vom 24. Dezember 1987) außer Kraft.

1) Veröffentlichung im BAnz. Nr. 58 vom 23. 3. 2000.

# 800 § 193/5. Schreiben betr. Durchführung von Umsatzsteuer-Sonderprüfungen

Vom 7. November 2002 (BStBl. I S. 1366)

(BMF IV B 2 – S 7420 a – 4/02)

Unter Bezugnahme auf das Ergebnis der Erörterungen mit den obersten Finanzbehörden der Länder gilt Folgendes:

## I. Allgemein

(1) Durch die Umsatzsteuer-Sonderprüfung soll erreicht werden, dass steuerpflichtige Leistungen sachlich und zeitlich zutreffend besteuert, Steuerbefreiungen und Steuervergünstigungen nicht zu Unrecht in Anspruch genommen werden und keine Vorsteuerbeträge unberechtigt abgezogen oder vergütet werden.

(2) Umsatzsteuer-Sonderprüfungen sind unabhängig von dem Turnus der allgemeinen Außenprüfung zeitnah vorzunehmen. Da die Vorsteuern bereits im Umsatzsteuer-Voranmeldungsverfahren angerechnet bzw. vergütet werden, kann mit der Prüfung zweifelhafter Fälle nicht bis zur Berechnung/Festsetzung der Jahresumsatzsteuer oder bis zur Durchführung einer allgemeinen Außenprüfung gewartet werden.

(3) Automationsgestützt werden Hinweise ausgegeben, die Umsatzsteuer-Sonderprüfungen anregen. Diese Hinweise und andere Kriterien (u. a. Kontrollmitteilungen) sind bei der Bearbeitung von Voranmeldungen, Steuererklärungen für das Kalenderjahr und Kontrollmitteilungen auszuwerten. Können bestehende Zweifel zunächst nicht mit den Mitteln des Innendienstes ausgeräumt werden, ist unverzüglich eine Umsatzsteuer-Sonderprüfung durchzuführen.

## II. Kriterien für Umsatzsteuer-Sonderprüfungen

Als Kriterien, die Veranlassung für die Durchführung einer Umsatzsteuer-Sonderprüfung sein können, kommen **insbesondere** in Betracht:

### 1. Vorsteuerabzug

a) außergewöhnlich hohe Vorsteuerbeträge,
b) Vorsteuerabzug bei Inanspruchnahme von Steuerbefreiungen für Umsätze mit Vorsteuerabzug,
c) Vorsteuerdifferenzen auf Grund von Verprobungen,
d) branchen-/unternehmensatypische und/oder ungeklärte vorsteuerbelastete Leistungsbezüge,
e) Vorsteuerausschluss/-aufteilung (z. B. bei innergemeinschaftlichen Erwerben),

f) Verwendungsabsicht des Unternehmers im Zeitpunkt des Leistungsbezugs (insbesondere beim Erwerb von gemischt genutzten Grundstücken und bei der Herstellung von gemischt genutzten Gebäuden),
g) Rechnungen von Ausstellern, bei denen die Unternehmereigenschaft zweifelhaft ist, Zweifel an dem in einer Rechnung ausgewiesenen Leistungsinhalt oder formale Mängel in der Rechnung,
h) Vorsteuerabzug aus dem Erwerb neuer Fahrzeuge durch Unternehmer (Abgrenzung zum nichtunternehmerischen Bereich/Fahrzeugeinzelbesteuerung).

**2. Vorsteuerberichtigungen nach § 15 a UStG**

a) Grundstücksveräußerungen und -entnahmen,
b) erstmalige Anwendung bzw. Änderung des Verwendungsschlüssels bei gemischt genutzten Grundstücken und beweglichen Wirtschaftsgütern.

**3. Neugründung von Unternehmen/Firmenmantelkauf**

a) Unternehmereigenschaft, insbesondere bei Personen, die nach Vorbereitungshandlungen keine Umsätze tätigen,
b) erhebliche Vorsteuerüberschüsse im zeitlichen Zusammenhang mit der Neugründung,
c) Verträge des Unternehmers mit Anteilseignern, Gesellschaftern, Mitgliedern oder nahe stehenden Personen (z. B. Gestaltungsmissbrauch bei Vermietung, Anwendung der Mindestbemessungsgrundlage),
d) Vermietung von Freizeitgegenständen (z. B. Wohnmobile, Segelschiffe).

**4. Inanspruchnahme von Steuerbefreiungen für Umsätze mit/ohne Vorsteuerabzug**

a) Umsätze nach § 4 Nrn. 1 bis 7 UStG (bei innergemeinschaftlichen Lieferungen Differenzen nach Abgleich der Steueranmeldung mit den gespeicherten Daten der Zusammenfassenden Meldungen),
b) innergemeinschaftliche Erwerbe,
c) Umsätze unter Inanspruchnahme der Umsatzsteuerbefreiungen nach dem Zusatzabkommen zum NATO-Truppenstatut, dem Offshore-Steuerabkommen sowie dem Ergänzungsabkommen zum Protokoll über die NATO-Hauptquartiere,
d) Berechtigung zur Inanspruchnahme der Steuerbefreiungen nach § 4 Nr. 8 ff. UStG.

**5. Besteuerung des innergemeinschaftlichen Erwerbs**

a) Erwerbe, insbesondere durch Unternehmer, bei denen der Vorsteuerabzug ganz oder teilweise ausgeschlossen ist,
b) Erwerbe durch Unternehmer, bei denen erhebliche Differenzen nach Abgleich der Steuererklärung für das Kalenderjahr mit den gemeldeten Lieferungen aus anderen EU-Mitgliedstaaten bestehen,
c) Erwerbe durch Unternehmer im Sinne des § 18 Abs. 4 a UStG, die zwar eine USt-IdNr. beantragt, aber keine innergemeinschaftlichen Erwerbe angemeldet haben.

**6. Berechtigung zur Inanspruchnahme des ermäßigten Steuersatzes nach § 12 Abs. 2 Nrn. 1 bis 10 UStG**

**7. Versendungsumsätze nach § 3 c UStG**

**8. Leistungsort in besonderen Fällen**

a) innergemeinschaftliche Beförderungen von Gegenständen und damit zusammenhängende sonstige Leistungen (§ 3 b Abs. 3 bis 6 UStG),

b) Vermittlungsumsätze,

c) Lieferungen während einer Personenbeförderung nach § 3 e UStG,

d) elektronisch erbrachte Dienstleistungen (E-Commerce).

**9. Zeitgerechte Besteuerung der Umsätze**

a) Zahlung des Entgelts oder eines Teilentgelts vor Ausführung der Leistung (insbesondere in der Bauwirtschaft und bei Versorgungsunternehmen),

b) erhebliche Abweichungen bei Umsätzen und Vorsteuern zwischen Steuererklärungen für das Kalenderjahr und Voranmeldungen oder bei Abgabe berichtigter Voranmeldungen.

**10. Insolvenzfälle**

a) Zwangsverwaltung von Grundstücken (Zuordnung der Umsätze, Umfang der Option, Vorsteuerabzug und Vorsteuerberichtigung gemäß § 15 a UStG),

b) vorläufige Insolvenzverwaltung (z. B. bei Zweifeln, ob Lieferungen während der vorläufigen Insolvenzverwaltung oder erst nach Eröffnung des Insolvenzverfahrens ausgeführt worden sind),

c) Insolvenzverfahren (insbesondere Verwertung der Insolvenzmasse, Erfüllung steuerlicher Pflichten durch den Insolvenzverwalter, bei Gesellschaften: Schlechterstellung vor Eröffnung des Insolvenzverfahrens – Haftung des Geschäftsführers –).

**11. Steuerschuldnerschaft des Leistungsempfängers**

**12. Juristische Personen**

a) Betriebe gewerblicher Art von juristischen Personen des öffentlichen Rechts (insbesondere Abgrenzung des Unternehmensbereiches vom hoheitlichen Bereich),

b) Vereine (insbesondere Abgrenzung des nichtunternehmerischen vom unternehmerischen Bereich bzw. des Zweckbetriebes vom wirtschaftlichen Geschäftsbetrieb).

## III. Vorbereitung und Durchführung von Umsatz-Sonderprüfungen

(1) Bei der Durchführung von Umsatzsteuer-Sonderprüfungen sind die § 193 ff. AO sowie die §§ 5 bis 12, 20 bis 24, 29 und 30 der Betriebsprüfungsordnung (BpO) mit Ausnahme des § 5 Abs. 4 Satz 2 BpO anzuwenden (§ 1 Abs. 2 BpO). Bei der Anwendung der Regelungen zum Datenzugriff

und zur Prüfbarkeit digitaler Unterlagen sind die §§ 146 Abs. 5, 147 Abs. 2, 5, 6, 200 Abs. 1 AO und § 14 Abs. 4 Satz 2 UStG sowie das *BMF-Schreiben vom 16. Juli 2001, BStBl. I S. 415*[1] zu beachten. Die Umsatzsteuer-Sonderprüfung ist auf das Wesentliche abzustellen und ihre Dauer auf das notwendige Maß zu beschränken. Sie hat sich in erster Linie auf Sachverhalte zu erstrecken, die zu endgültigen Steuerausfällen, zu unberechtigten Steuererstattungen/-vergütungen oder zu nicht unbedeutenden Umsatzverlagerungen führen können. Zur Sicherung des Steueraufkommens sind Umsatzsteuer-Sonderprüfungen jedoch auch dann durchzuführen, wenn die Prüfung der Umsatzsteuer im Einzelfall kein Mehrergebnis erwarten lässt oder die Feststellungen voraussichtlich nur für die Besteuerung Dritter von Bedeutung sein können (z. B. in grenz- und länderübergreifenden Fällen).

(2) Eine Umsatzsteuer-Sonderprüfung sollte sich im Interesse einer zeitnahen Prüfung in der Regel nur auf einzelne Voranmeldungszeiträume erstrecken. Sie kann auf bestimmte Sachverhalte und ggf. auf bestimmte Besteuerungszeiträume beschränkt werden. Der Vorbehalt der Nachprüfung bleibt auch nach Änderung einer Steuerfestsetzung für den Voranmeldungszeitraum bestehen (§ 164 Abs. 1 Satz 2 AO). Solange der Vorbehalt der Nachprüfung wirksam ist, erfolgt eine Änderung der Steuerfestsetzung nach § 164 Abs. 2 AO. Da § 164 AO keine § 173 Abs. 2 AO entsprechende Regelung enthält, steht die Durchführung der Umsatzsteuer-Sonderprüfung einer weiteren Änderung nach § 164 Abs. 2 AO nicht entgegen.

(3) Ist die Grundlage für eine Umsatzsteuer-Sonderprüfung ausnahmsweise eine Steuererklärung für das Kalenderjahr, ist in der Prüfungsanordnung genau anzugeben, ob die Prüfung auf bestimmte Sachverhalte beschränkt ist und ggf. auf welche Sachverhalte. Bei einer auf bestimmte Sachverhalte beschränkten Prüfung kann der Vorbehalt der Nachprüfung auch nach Auswertung der Prüfungsfeststellungen bestehen bleiben; die Durchführung einer Umsatzsteuer-Sonderprüfung steht einer weiteren Änderung nach § 164 Abs. 2 AO nicht entgegen (vgl. Abs. 2 Sätze 4 und 5). Der Vorbehalt der Nachprüfung ist hingegen unabhängig vom tatsächlichen Prüfungsumfang aufzuheben, wenn die Prüfungsanordnung keine Beschränkung auf bestimmte Sachverhalte enthielt. Eine weitere Änderung ist dann nur möglich, wenn eine andere Korrekturvorschrift als § 164 AO greift. Bei einer Änderung nach § 173 AO ist die Änderungssperre nach Abs. 2 zu beachten.

(4) Die Umsatzsteuer-Sonderprüfung darf sich nicht auf eine formelle Prüfung der Buchführung sowie der buch- und belegmäßigen Nachweise beschränken. Es ist regelmäßig auch zu prüfen, ob der Unternehmer seine Geschäfte tatsächlich in der von ihm dargestellten Weise abgewickelt hat. In Investitionsfällen ist, sofern eine Umsatzsteuer-Nachschau nach § 27 b UStG noch nicht durchgeführt worden ist, eine Ortsbesichtigung bzw. die Inaugenscheinnahme des erworbenen Anlage- und Umlaufvermögens vorzusehen.

(5) Bei der Vorbereitung und Durchführung von Umsatzsteuer-Sonderprüfungen sind Abfragen in geeigneten Datenbanken oder im Internet vorzuneh-

[1] Siehe nunmehr BMF v. 14. 11. 2014, BStBl. I S. 1450 (Nr. **800** § 146/1).

men. Daraus gewonnene Erkenntnisse sind durch weitere, auf den Einzelfall bezogene Ermittlungen, zu ergänzen.

(6) Die Berechtigung des Leistungsempfängers zum Vorsteuerabzug (§ 15 UStG) kann häufig nicht ohne Mitwirkung des Finanzamts geprüft werden, das für die Umsatzbesteuerung des Rechnungsausstellers/Gutschriftempfängers zuständig ist. Zur Vorbeugung bzw. Aufdeckung von Steuermanipulationen sind deshalb Auskunftsersuchen an die für die leistenden Unternehmer zuständigen Finanzämter nach Vordruck USt 1 KM bzw. soweit im Einzelfall erforderlich, in anderer geeigneter Form zu richten. Zur Sicherung des Steueraufkommens allgemein sind Kontrollmitteilungen zu fertigen.

(7) Die gemeinschaftsrechtlichen Informationsmöglichkeiten für die zwischenstaatliche Amtshilfe im Besteuerungsverfahren sind zu nutzen (Informationen gemäß *Art. 4 Abs. 2 und 3 der Verordnung (EWG) Nr. 218/92 des Rates vom 27. Januar 1992 – ZusammenarbeitsVO – und Einzelauskunftsersuchen gemäß Art. 5 dieser Verordnung*[1])). Soweit tatsächliche Anhaltspunkte vorliegen, dass indirekte Steuern eines EU-Mitgliedstaates nicht zutreffend erhoben worden sind bzw. werden können, sind Spontanauskünfte gemäß § 2 Abs. 2 EG-Amtshilfe-Gesetz zu fertigen.

Im Interesse der Beschleunigung des Informationsaustauschs ist die Möglichkeit der Hinzuziehung von Bediensteten anderer Mitgliedstaaten gemäß § 1 b EG-Amtshilfe-Gesetz zu prüfen.

## IV. Statistik

Über die Durchführung von Umsatzsteuer-Sonderprüfungen ist eine Statistik zu führen. Auf das hierfür geltende BMF-Schreiben wird hingewiesen[2]).

Dieses Schreiben ersetzt das BMF-Schreiben vom 16. Mai 1994 IV C 4 – S 7420 a – 1/94.

[1]) Die VO (EWG) Nr. 218/92 ist aufgehoben. Für den Bereich der Mehrwertsteuer vgl. VO 1798/2003/EG (ZusammenarbeitsVO) v. 7. 10. 2003, ABl. EG Nr. L 264 S. 1.

[2]) Vgl. BMF v. 18. 12. 2002, BStBl. I S. 1445. Aufgeh. durch Positivliste des BMF v. 23. 4. 2010, BStBl. I S. 391.

# 800 § 200/1. Schreiben betr. Hinweise auf die wesentlichen Rechte und Mitwirkungspflichten des Steuerpflichtigen bei der Außenprüfung (§ 5 Abs. 2 Satz 2 BpO 2000)

Vom 24. Oktober 2013 (BStBl. I S. 1264)

(BMF IV A 4 – S 0403/13/10001; DOK 2013/0958391)

**1 Anlage**

Unter Bezugnahme auf das Ergebnis der Erörterungen mit den obersten Finanzbehörden der Länder sind der Prüfungsanordnung (§ 196 AO) die anliegenden Hinweise beizufügen.

Dieses Schreiben tritt an die Stelle des BMF-Schreibens vom 20. Juli 2001 IV D 2 – S 0403 – 3/01 (BStBl. I S. 502).

**Anlage**

### Ihre wesentlichen Rechte und Mitwirkungspflichten bei der Außenprüfung

Die Außenprüfung soll dazu beitragen, dass die Steuergesetze gerecht und gleichmäßig angewendet werden; deshalb ist auch zu Ihren Gunsten zu prüfen (§ 199 Abs. 1 Abgabenordnung – AO –).

### Beginn der Außenprüfung

Wenn Sie wichtige Gründe gegen den vorgesehenen Zeitpunkt der Prüfung haben, können Sie beantragen, dass ihr Beginn hinausgeschoben wird (§ 197 Abs. 2 AO). Wollen Sie wegen der Prüfungsanordnung Rückfragen stellen, wenden Sie sich bitte an die prüfende Stelle und geben Sie hierbei den Namen des Prüfers an. Über den Prüfungsbeginn sollten Sie ggf. Ihren Steuerberater unterrichten.

Der Prüfer wird sich bei Erscheinen unter Vorlage seines Dienstausweises bei Ihnen vorstellen (§ 198 AO).

Die Außenprüfung beginnt grundsätzlich in dem Zeitpunkt, in dem der Prüfer nach Bekanntgabe der Prüfungsanordnung konkrete Ermittlungshandlungen vornimmt. Bei einer Datenträgerüberlassung beginnt die Außenprüfung spätestens mit der Auswertung der Daten (AEAO zu § 198).

### Ablauf der Außenprüfung

Haben Sie bitte Verständnis dafür, dass Sie für einen reibungslosen Ablauf der Prüfung zur Mitwirkung verpflichtet sind. Aus diesem Grunde sollten Sie Ihren nachstehenden Mitwirkungspflichten unverzüglich nachkommen. Sie können darüber hinaus auch sachkundige Auskunftspersonen benennen.

Stellen Sie dem Prüfer zur Durchführung der Außenprüfung bitte einen geeigneten Raum oder Arbeitsplatz sowie die erforderlichen Hilfsmittel unentgeltlich zur Verfügung (§ 200 Abs. 2 AO).

Legen Sie ihm bitte Ihre Aufzeichnungen, Bücher, Geschäftspapiere und die sonstigen Unterlagen vor, die er benötigt, erteilen Sie ihm die erbetenen Auskünfte, erläutern Sie ggf. die Aufzeichnungen und unterstützen Sie ihn beim Datenzugriff (§ 200 Abs. 1 AO).

Werden die Unterlagen in Form der Wiedergabe auf einem Bildträger oder auf anderen Datenträgern aufbewahrt, kann der Prüfer verlangen, dass Sie auf Ihre Kosten diejenigen

Hilfsmittel zur Verfügung stellen, die zur Lesbarmachung erforderlich sind, bzw. dass Sie auf Ihre Kosten die Unterlagen unverzüglich ganz oder teilweise ausdrucken oder ohne Hilfsmittel lesbare Reproduktionen beibringen (§ 147 Abs. 5 AO).

Sind Unterlagen und sonstige Aufzeichnungen mit Hilfe eines DV-Systems erstellt worden, hat der Prüfer das Recht, Einsicht in die gespeicherten Daten zu nehmen und das DV-System zur Prüfung dieser Unterlagen zu nutzen (unmittelbarer Datenzugriff). Dazu kann er verlangen, dass Sie ihm die dafür erforderlichen Geräte und sonstigen Hilfsmittel zur Verfügung stellen. Dies umfasst unter Umständen die Einweisung in das DV-System und die Bereitstellung von fachkundigem Personal zur Auswertung der Daten. Auf Anforderung sind dem Prüfer die Daten auf maschinell auswertbaren Datenträgern zur Verfügung zu stellen (Datenträgerüberlassung) oder nach seinen Vorgaben maschinell auszuwerten (mittelbarer Datenzugriff); § 147 Abs. 6 AO.

Über alle Feststellungen von Bedeutung wird Sie der Prüfer während der Außenprüfung unterrichten, es sei denn, Zweck und Ablauf der Prüfung werden dadurch beeinträchtigt (§ 199 Abs. 2 AO).

**Ergebnis der Außenprüfung**

Wenn sich die Besteuerungsgrundlagen durch die Prüfung ändern, haben Sie das Recht auf eine Schlussbesprechung. Sie erhalten dabei Gelegenheit, einzelne Prüfungsfeststellungen nochmals zusammenfassend zu erörtern (§ 201 AO).

Über das Ergebnis der Außenprüfung ergeht bei Änderung der Besteuerungsgrundlagen ein schriftlicher Prüfungsbericht, der Ihnen auf Antrag vor seiner Auswertung übersandt wird. Zu diesem Bericht können Sie Stellung nehmen (§ 202 AO).

Rechtsbehelfe können Sie allerdings nicht gegen den Prüfungsbericht, sondern nur gegen die aufgrund der Außenprüfung ergehenden Steuerbescheide einlegen.

Wird bei Ihnen eine abgekürzte Außenprüfung (§ 203 AO) durchgeführt, findet keine Schlussbesprechung statt. Die steuerlich erheblichen Prüfungsfeststellungen werden Ihnen in diesem Fall spätestens mit den Steuer-/Feststellungsbescheiden schriftlich mitgeteilt.

**Ablauf der Außenprüfung beim Verdacht einer Steuerstraftat oder einer Steuerordnungswidrigkeit**

Ergibt sich während der Außenprüfung der Verdacht einer Steuerstraftat oder einer Steuerordnungswidrigkeit gegen Sie, so dürfen hinsichtlich des Sachverhalts, auf den sich der Verdacht bezieht, die Ermittlungen bei Ihnen erst fortgesetzt werden, wenn Ihnen die Einleitung eines Steuerstraf- oder Bußgeldverfahrens mitgeteilt worden ist (vgl. § 397 AO). Soweit die Prüfungsfeststellungen auch für Zwecke eines Steuerstraf- oder Bußgeldverfahrens verwendet werden können, darf Ihre Mitwirkung bei der Aufklärung der Sachverhalte nicht erzwungen werden (§ 393 Abs. 1 Satz 2 AO). Wirken Sie bei der Aufklärung der Sachverhalte nicht mit (vgl. §§ 90, 93 Abs. 1, 200 Abs. 1 AO), können daraus allerdings im Besteuerungsverfahren für Sie nachteilige Folgerungen gezogen werden; ggf. sind die Besteuerungsgrundlagen zu schätzen, wenn eine zutreffende Ermittlung des Sachverhalts deswegen nicht möglich ist (§ 162 AO).

# 800 § 208/1. Schreiben betr. Merkblatt über die Rechte und Pflichten von Steuerpflichtigen bei Prüfungen durch die Steuerfahndung nach § 208 Abs. 1 Nr. 3 AO

Vom 13. November 2013 (BStBl. I S. 1458)

(BMF IV A 4 – S 0700/07/10048 – 10; DOK 2013/1039753)

**1 Anlage**

Unter Bezugnahme auf das Ergebnis der Erörterungen mit den obersten Finanzbehörden der Länder wird das zuletzt im Jahre 1979 veröffentlichte Merkblatt zu § 208 Abs. 1 Nr. 3 AO mit sofortiger Wirkung neugefasst (Anlage).

Dieses Schreiben tritt an die Stelle des BMF-Schreibens vom 14. Februar 1979 IV A 8 – S 1635 – 2/78 (BStBl. I S. 115) und wird im Bundessteuerblatt Teil I veröffentlicht.

**Anlage**

## Merkblatt über die Rechte und Pflichten von Steuerpflichtigen bei Prüfungen durch die Steuerfahndung nach § 208 Abs. 1 Satz 1 Nr. 3 der Abgabenordnung

1. Nach den Bestimmungen der Abgabenordnung (AO) sind Sie zur Mitwirkung bei der Ermittlung Ihrer steuerlichen Verhältnisse verpflichtet (§§ 90 Abs. 1 Satz 1, 200 Abs. 1 Satz 1 AO). Sie haben die für die Besteuerung erheblichen Tatsachen vollständig und wahrheitsgemäß offenzulegen. Aufzeichnungen, Bücher, Geschäftspapiere und andere Urkunden sind zur Einsicht und Prüfung vorzulegen und die zum Verständnis der Aufzeichnungen erforderlichen Erläuterungen zu geben. Sind diese Unterlagen mit Hilfe eines Datenverarbeitungssystems erstellt worden, kann Einsicht in die gespeicherten Daten genommen und das Datenverarbeitungssystem zur Prüfung dieser Unterlagen genutzt werden. Auch kann verlangt werden, dass die Daten nach Vorgabe der Finanzbehörde maschinell ausgewertet oder die gespeicherten Unterlagen und Aufzeichnungen auf einem maschinell verwertbaren Datenträger zur Verfügung gestellt werden (§ 208 Abs. 1 Satz 3 i. V. m. §§ 200 Abs. 1 Satz 2 und 147 Abs. 6 AO).

2. Ihre Mitwirkung kann grundsätzlich erzwungen werden – z. B. durch Festsetzung eines Zwangsgeldes.
   Zwangsmittel sind jedoch dann nicht zulässig, wenn Sie dadurch gezwungen würden, sich selbst wegen einer von Ihnen begangenen Steuerstraftat oder Steuerordnungswidrigkeit zu belasten. Das gilt stets, soweit gegen Sie wegen einer solchen Tat bereits ein Straf- oder Bußgeldverfahren eingeleitet worden ist (§ 393 Abs. 1 AO).
   Soweit Sie nicht mitwirken, können daraus im Besteuerungsverfahren für Sie nachteilige Folgerungen gezogen und die Besteuerungsgrundlagen geschätzt werden (§ 162 i. V. m. §§ 88, 90 AO).

3. Ergibt sich während der Ermittlung der Verdacht einer Steuerstraftat oder einer Steuerordnungswidrigkeit, wird Ihnen unverzüglich die Einleitung des Straf- oder Bußgeldverfah-

rens mitgeteilt. In diesem Falle werden Sie noch gesondert über Ihre strafprozessualen Rechte belehrt.

Im Strafverfahren haben die Steuerfahndung und ihre Beamten polizeiliche Befugnisse. Sie können Beschlagnahmen, Notveräußerungen, Durchsuchungen, Untersuchungen und sonstige Maßnahmen nach den für Ermittlungspersonen der Staatsanwaltschaft geltenden Vorschriften der Strafprozessordnung anordnen und sind berechtigt, die Papiere des von der Durchsuchung Betroffenen durchzusehen (§§ 399 Abs. 2 Satz 2, 404 Satz 2 AO, § 110 Abs. 1 der Strafprozessordnung).

Dieses Merkblatt ersetzt die Fassung vom 14. Februar 1979 (BStBl. I S. 115).

# 800 § 222/1. Gleich lautende Erlasse betr. Zuständigkeit für Stundungen nach § 222 AO und § 6 Abs. 4 AStG, Erlasse nach § 227 AO, Billigkeitsmaßnahmen nach § 163, § 234 Abs. 2, § 237 Abs. 4 AO, Absehen von Festsetzungen nach § 156 Abs. 2 AO und Niederschlagungen nach § 261 AO von Landessteuern und der sonstigen durch Landesfinanzbehörden verwalteten Steuern und Abgaben

Vom 2. November 2021

Oberste Finanzbehörden der Länder

(BStBl. I S. 2154)

Unter Aufhebung der bisherigen Anordnungen wird die Zuständigkeit für Stundungen nach § 222 AO und § 6 Abs. 4 AStG, Erlasse nach § 227 AO, Billigkeitsmaßnahmen nach § 163 AO, Absehen von Festsetzungen nach § 156 Abs. 2 AO und Niederschlagungen nach § 261 AO von Landessteuern und sonstigen durch Landesfinanzbehörden verwalteten Steuern und Abgaben – jeweils einschließlich Nebenleistungen – sowie für den Verzicht auf Zinsen nach § 234 Abs. 2, § 237 Abs. 4 AO, soweit sie auf durch Landesfinanzbehörden verwaltete Steuern und Abgaben erhoben werden, wie folgt geregelt:

**Hinweis:**

Soweit nachfolgend von Oberfinanzdirektion die Rede ist, gelten die Bestimmungen auch für die Behörden i.S.d. § 6 Abs. 2 Nr. 4a AO.

## A. Regelung der Zuständigkeit

### I. Stundungen nach § 222 AO und § 6 Abs. 4 AStG

Die Finanzämter sind befugt zu stunden:

1. in eigener Zuständigkeit
   a) Beträge bis einschließlich 100 000 Euro zeitlich unbegrenzt,
   b) höhere Beträge bis zu 6 Monaten;
2. mit Zustimmung der Oberfinanzdirektion
   a) Beträge bis einschließlich 250 000 Euro zeitlich unbegrenzt,
   b) höhere Beträge bis zu 12 Monaten;
3. mit Zustimmung der obersten Landesfinanzbehörde in allen übrigen Fällen.

Stundungen sind stets unter dem Vorbehalt des Widerrufs auszusprechen.

### II. Billigkeitsmaßnahmen nach §§ 163, 227 AO, § 234 Abs. 2 und § 237 Abs. 4 AO

Die Finanzämter sind befugt:

1. zu abweichenden Festsetzungen nach § 163 Abs. 1 Satz 1 AO, zum Erlass nach § 227 AO und zum Verzicht nach § 234 Abs. 2 und § 237 Abs. 4 AO
   a) für Beträge bis einschließlich 20 000 Euro in eigener Zuständigkeit;
   b) bei Säumniszuschlägen, deren Erhebung nicht mit dem Sinn und Zweck des § 240 AO zu vereinbaren und deshalb ein teilweiser oder vollständiger Erlass der kraft Gesetzes verwirkten Säumniszuschläge aus Gründen sachli-

cher Unbilligkeit geboten ist (AEAO zu § 240, Nr. 5), in unbegrenzter Höhe in eigener Zuständigkeit;

c) für Beträge bis einschließlich 100 000 Euro mit Zustimmung der Oberfinanzdirektion;

d) mit Zustimmung der obersten Landesfinanzbehörde in allen übrigen Fällen.

Der Betrag, auf den nach § 234 Abs. 2 oder § 237 Abs. 4 AO verzichtet werden soll, kann geschätzt werden.

2. zu abweichenden Festsetzungen nach § 163 Abs. 1 Satz 2 AO, wenn die Höhe der Besteuerungsgrundlagen, die nicht in dem gesetzlich bestimmten Veranlagungszeitraum berücksichtigt werden sollen,

a) 40 000 Euro nicht übersteigt, in eigener Zuständigkeit,

b) 200 000 Euro nicht übersteigt, mit Zustimmung der Oberfinanzdirektion,

c) mit Zustimmung der obersten Landesfinanzbehörde in allen übrigen Fällen.

Vertrauensschutz und Treu und Glauben gelten als Billigkeitsgründe i.S.d. §§ 163, 222, 227 AO.

### III. Absehen von Festsetzungen nach § 156 Abs. 2 AO und Niederschlagungen nach § 261 AO

Die Zustimmung der Oberfinanzdirektion ist einzuholen:

a) beim Absehen von der Festsetzung nach § 156 Abs. 2 AO, wenn der Betrag 25 000 Euro übersteigt; der Betrag kann in der Regel geschätzt werden;

b) bei Niederschlagungen nach § 261 AO von Beträgen, die 125 000 Euro übersteigen. Die Zustimmung ist nicht einzuholen bei der Niederschlagung von Insolvenzforderungen. Die Zustimmung ist ferner nicht einzuholen, wenn innerhalb der letzten zwölf Monate eine Zustimmung zur Niederschlagung der Steuern dieser Steuerart und dieses Veranlagungszeitraums bzw. dieser Nebenleistungen (vgl. Abschn. B.I.) erteilt worden ist.

### IV. Zuständigkeit beim Verzicht auf Mittelbehörden (§ 2a FVG)

Ist keine Oberfinanzdirektion eingerichtet, ist bei Überschreiten der für die Vorlage an die Oberfinanzdirektion maßgeblichen Grenzen die Zustimmung der obersten Landesfinanzbehörde einzuholen.

## B. Gemeinsame Anordnungen

### I. Zuständigkeitsgrenzen

1. Für die Feststellung der Zuständigkeitsgrenzen sind jede Steuerart und jeder Veranlagungszeitraum für sich zu rechnen; erstreckt sich die Maßnahme nach § 163 Abs. 1 Satz 2 AO auf mehrere Jahre, so sind die Beträge, die auf die einzelnen Jahre entfallen, zu einem Gesamtbetrag zusammenzurechnen. Bei Steuerarten ohne bestimmten Veranlagungszeitraum (z.B. Lohnsteuer, Kapitalertragsteuer) gilt das Kalenderjahr als Veranlagungszeitraum; bei den Einzelsteuern ist jeder Steuerfall für sich zu betrachten. Etwaige vorher ausgesprochene Bewilligungen sind zu berücksichtigen. Vorauszahlungen für einen Veranlagungs- bzw. Besteuerungszeitraum sind zusammenzurechnen; sie sind jedoch nicht in einen Jahresbetrag hochzurechnen.

2. Steuerliche Nebenleistungen (§ 3 Abs. 4 AO) sind dem Hauptbetrag nicht hinzuzurechnen. Sie gelten jedoch selbst als Hauptbetrag, soweit für sie eine der in diesem Erlass genannten Maßnahmen getroffen werden soll.

Ist für eine Steuerart und einen Veranlagungszeitraum die Zustimmungsgrenze überschritten, so unterliegen die beantragten Billigkeitsmaßnahmen vollumfänglich dem Zustimmungsvorbehalt.

## II. Ablehnung von Anträgen

Die Finanzämter und die Oberfinanzdirektionen sind unabhängig von der Höhe des Betrages berechtigt, Anträge auf Stundung nach § 222 AO und § 6 Abs. 4 AStG, auf abweichende Festsetzung nach § 163 AO, auf Erlass nach § 227 AO sowie auf Verzicht nach § 234 Abs. 2 AO und § 237 Abs. 4 AO abzulehnen, wenn diese Anträge für nicht begründet erachtet werden.

## III. Vorlage von Anträgen

Die Finanzämter und die Oberfinanzdirektion haben Anträge auf eine der in Abschn. B. II. bezeichneten Maßnahmen der zuständigen übergeordneten Behörde vorzulegen, wenn die Anträge ganz oder teilweise für begründet erachtet und die im Abschn. A. bezeichneten Grenzen überschritten werden oder wenn aus besonderen Gründen die Vorlage angezeigt ist.

Die Zustimmung der jeweils zuständigen Landesfinanzbehörde ist nicht einzuholen bei der Zustimmung zu einem Restrukturierungsplan oder außergerichtlichen Schuldenbereinigungsplan sowie bei Billigkeitsmaßnahmen über Insolvenzforderungen im Verbraucherinsolvenzverfahren und im Regelinsolvenzverfahren.

In den Fällen von Abschn. II Nr. 3 des BMF-Schreibens vom 2. November 2021 (BStBl. I S. 2153)[1] können die Länder ergänzende Weisungen erlassen, inwieweit auf die Zustimmung der obersten Landesfinanzbehörde und/oder der Oberfinanzdirektion verzichtet wird.

Diese Erlasse ergehen im Einvernehmen mit dem Bundesministerium der Finanzen. Sie treten an die Stelle der GLE vom 1. Oktober 2020 (BStBl. I S. 987).

---

[1] Nr. **800** § 222/2.

# 800 § 222/2. Schreiben betr. Mitwirkung des Bundesministeriums der Finanzen bei Billigkeitsmaßnahmen bei der Festsetzung oder Erhebung von Steuern, die von den Landesfinanzbehörden im Auftrag des Bundes verwaltet werden

Vom 2. November 2021

BMF IV A 3 – S 0336/20/10004 :001; DOK 2021/1103127

(BStBl. I S. 2153)

Unter Bezugnahme auf das Ergebnis der Erörterung mit den obersten Finanzbehörden der Länder gilt bei der Festsetzung oder Erhebung von Steuern, die von den Landesfinanzbehörden im Auftrag des Bundes verwaltet werden, und von Zinsen auf solche Steuern Folgendes:

**I.**

Die obersten Finanzbehörden der Länder werden in folgenden Fällen die vorherige Zustimmung des Bundesministeriums der Finanzen einholen:

1. Bei Stundungen nach § 222 AO und § 6 Abs. 4 AStG, wenn der zu stundende Betrag höher ist als 500 000 Euro und für einen Zeitraum von mehr als 12 Monaten gestundet werden soll;
2. bei Erlassen nach § 227 AO, wenn der Betrag, der erlassen (erstattet, angerechnet) werden soll, 200 000 Euro übersteigt;
3. bei abweichender Festsetzung nach § 163 Abs. 1 Satz 1 AO, wenn der Betrag, um den abweichend festgesetzt werden soll, 200 000 Euro übersteigt;
4. bei Maßnahmen nach § 163 Abs. 1 Satz 2 AO, wenn die Höhe der Besteuerungsgrundlagen, die nicht in dem gesetzlich bestimmten Veranlagungszeitraum berücksichtigt werden sollen, 400 000 Euro übersteigt;
5. bei Billigkeitsrichtlinien der obersten Finanzbehörden der Länder, die die abweichende Festsetzung, die Stundung oder den Erlass betreffen und sich auf eine Mehrzahl von Fällen beziehen.

Vertrauensschutz und Treu und Glauben gelten als Billigkeitsgründe i.S.d. §§ 163, 222, 227 AO.

**II.**

Die Zustimmung des Bundesministeriums der Finanzen ist nicht einzuholen, wenn

1. einem Restrukturierungsplan oder außergerichtlichen Schuldenbereinigungsplan zugestimmt werden soll,
2. eine Billigkeitsmaßnahme über Insolvenzforderungen im Verbraucherinsolvenzverfahren oder im Regelinsolvenzverfahren gewährt wird oder
3. die Gewährung einer Billigkeitsmaßnahme nach §§ 163, 222 oder 227 AO durch BMF-Schreiben allgemein angeordnet oder durch eine im Bundessteuerblatt Teil II veröffentlichte BFH-Entscheidung vorgegeben ist.

**III.**

Für die Feststellung der Zustimmungsgrenzen ist jede Steuerart und jeder Veranlagungszeitraum für sich zu rechnen; erstreckt sich die Maßnahme nach § 163 Abs. 1 Satz 2 AO auf mehrere Jahre, so sind die Beträge, die auf die einzelnen Jahre entfallen, zu einem Gesamtbetrag zusammenzurechnen. Bei Steuerarten ohne bestimmten Veranlagungszeitraum (z.B. Lohnsteuer, Kapitalertragsteuer) gilt das Kalenderjahr als Veranlagungszeitraum; bei den Einzelsteuern ist jeder Steuerfall für sich zu betrachten. Etwaige vorher ausgesprochene Bewilligungen sind zu berücksichtigen. Vorauszahlungen dürfen nicht in einen Jahresbetrag umgerechnet werden. Steuerliche Nebenleistungen (§ 3 Abs. 4 AO) sind dem Hauptbetrag nicht hinzuzurechnen. Zinsen gelten jedoch selbst als Hauptbetrag, soweit für sie eine Billigkeitsmaßnahme getroffen werden soll. Dabei sind für einen Verzicht auf Stundungszinsen nach § 234 Abs. 2 AO und auf Aussetzungszinsen nach § 237 Abs. 4 AO die unter I. in den Ziffern 2 und 3 bezeichneten Betragsgrenzen maßgebend.

Ist für eine Steuerart und einen Veranlagungszeitraum die Zustimmungsgrenze überschritten, so unterliegen die beantragten Billigkeitsmaßnahmen vollumfänglich dem Zustimmungsvorbehalt.

Dieses Schreiben tritt an die Stelle des BMF-Schreibens vom 1. Oktober 2020 (BStBl. I S. 989).

# **800** § 227/1. Verfügung betr. Erlass (Erstattung) von Steuern aus Billigkeitsgründen

Vom 1. April 2002
(FM Baden-Württemberg)

## 1. Allgemeine Voraussetzungen

Nach § 227 Abs. 1 AO können Ansprüche aus dem Steuerschuldverhältnis ganz oder teilweise aus Billigkeitsgründen erlassen werden, wenn ihre Einziehung nach Lage des einzelnen Falles unbillig wäre; unter den gleichen Voraussetzungen können bereits entrichtete Beträge erstattet werden. Die Unbilligkeit kann in der Sache (Tz. 2) oder in der Person des Steuerpflichtigen (Tz. 3) begründet sein.

## 2. Erlass (Erstattung) aus sachlichen Billigkeitsgründen

**2.1.** Aus sachlichen Billigkeitsgründen kann ein Steuererlass gewährt werden, wenn die Besteuerung eines Sachverhalts, der unter einen gesetzlichen Besteuerungstatbestand fällt, im Einzelfall mit dem Sinn und Zweck des Steuergesetzes nicht vereinbar ist, wenn also der Sachverhalt zwar den gesetzlichen Tatbestand erfüllt, die Besteuerung aber den Wertungen des Gesetzgebers zuwiderläuft (BFH-Urteile vom 26. 10. 1994, BStBl. 1995 II S. 297, vom 25. 1. 1996, BStBl. 1996 II S. 289, und vom 12. 4. 2000, BFH/NV S. 1178).

Nachteile, welche schon im Besteuerungszweck enthalten sind und die der Gesetzgeber bei der Ausgestaltung des gesetzlichen Tatbestandes bewusst in Kauf genommen hat, können einen Erlass aus sachlichen Billigkeitsgründen nicht rechtfertigen (BFH-Urteile vom 20. 2. 1991, BStBl. 1991 II S. 541, und vom 9. 9. 1994, BStBl. 1995 II S. 8).

**2.2.** Ein Antrag auf Erlass (Erstattung) wegen sachlicher Unbilligkeit kann nicht darauf gestützt werden, dass die bestandskräftige Steuerfestsetzung unzutreffend sei. Es muss erwartet werden, dass sich ein Steuerpflichtiger gegen unrichtige Steuerfestsetzungen im Rahmen der hierfür gesetzlich vorgesehenen Rechtsbehelfsverfahren zur Wehr setzt. Der Billigkeitserlass (bzw. die Billigkeitserstattung) ist grundsätzlich nicht dazu bestimmt, die Folgen auszugleichen, die durch schuldhafte Versäumung der Rechtsbehelfsfrist eingetreten sind. Eine sachliche Überprüfung bestandskräftiger Steuerfestsetzungen im Billigkeitsverfahren ist lediglich dann zugelassen, wenn die Steuerfestsetzung offensichtlich und eindeutig falsch ist und es dem Steuerpflichtigen nicht möglich und nicht zumutbar war, sich gegen die Fehlerhaftigkeit rechtzeitig zu wehren (BFH-Urteile vom 30. 4. 1981, BStBl. II S. 611, vom 26. 2. 1987, BStBl. II S. 612, vom 29. 6. 1987, BFH/NV S. 693, vom 4. 5. 1995, BFH/NV 1996 S. 190, und vom 17. 12. 1997, BFH/NV 1998 S. 935, sowie BFH-Beschluss vom 26. 5. 2000, BFH/NV 2000, 1326). Mangelnde Zumutbarkeit in diesem Sinn liegt auch dann nicht vor, wenn die Einlegung von Rechtsbehelfen im Hinblick auf eine – später geänderte – höchstrichterliche Rechtsprechung oder wegen entschuldbarer Rechtsunkenntnis unterblieben ist (BFH-Urteil vom 11. 8. 1987, BStBl. 1988 II S. 512).

Abweichend von dem Grundsatz, dass im Billigkeitsverfahren in der Regel keine Einwendungen mehr erhoben werden können, die in einem Rechtsbehelfsverfahren gegen den Steuerbescheid hätten vorgebracht werden müssen, kann die Verletzung der Grundsätze von Treu und Glauben auch im Billigkeitsverfahren geltend gemacht werden (BFH-Urteil vom 10. 6. 1975, BStBl. II 1975 S. 789).

**2.3.** Die Verfassungswidrigkeit eines Gesetzes kann einen Erlass aus sachlichen Billigkeitsgründen nicht rechtfertigen (BVerfG, Entscheidung vom 8. 7. 1987, HFR 1988 S. 177; BFH-Urteil vom 9. 9. 1994, BStBl. 1995 II S. 8).

**2.4.** Zum Erlass von Säumniszuschlägen aus sachlichen Billigkeitsgründen Hinweis auf AEAO zu § 240, Nr. 5.

**2.5.** Die Ablehnung eines Antrags auf Erlass (Erstattung) wegen sachlicher Unbilligkeit kann ausnahmsweise schon deshalb in Betracht kommen, weil der Antrag unverhältnismäßig spät gestellt worden ist (BFH-Urteile vom 8. 10. 1980, BStBl. II 1981, 82, und vom 17. 3. 1987, BFH/NV S. 620).

### 3. Erlass (Erstattung) aus persönlichen (wirtschaftlichen) Billigkeitsgründen

**3.1.** Ein Erlass aus persönlichen Billigkeitsgründen setzt nach ständiger BFH-Rechtsprechung Erlassbedürftigkeit (Tz. 3.2) und Erlasswürdigkeit (Tz. 3.3) des Betroffenen voraus.

Für den Fall, dass die geschuldeten Steuern bereits entrichtet sind, kommt es für die Billigkeitsprüfung auf die wirtschaftlichen und persönlichen Verhältnisse des Steuerpflichtigen im Zeitpunkt der Entrichtung der Steuern an. Für die Erstattung aus Billigkeitsgründen ist sonach erforderlich und ausreichend, dass die Einziehung im Zeitpunkt der Zahlung unbillig war (BFH-Urteile vom 24. 9. 1976, BStBl. 1977 II S. 127 [130], und vom 26. 2. 1987, BStBl. II S. 612 [615]). Bei der Frage des Erlasses nicht entrichteter Steuern kommt es dagegen auf die wirtschaftlichen und persönlichen Verhältnisse des Steuerpflichtigen im Zeitpunkt der Verwaltungsentscheidung an.

Zur Verwirkung des Anspruchs auf eine Sachprüfung bei unverhältnismäßig später Antragstellung Hinweis auf Tz. 2.5.

### 3.2. Erlassbedürfigkeit

**3.2.1.** Erlassbedürftigkeit liegt vor, wenn die Steuererhebung die wirtschaftliche oder persönliche Existenz des Steuerpflichtigen vernichten oder ernstlich gefährden würde. Die wirtschaftliche Existenz ist gefährdet, wenn ohne Billigkeitsmaßnahmen der notwendige Lebensunterhalt vorübergehend oder dauernd nicht mehr bestritten werden kann (BFH-Urteile vom 29. 4. 1981, BStBl. II S. 726, vom 26. 2. 1987, BStBl. II S. 612, und vom 25. 3. 1988, BFH/NV 1989 S. 426).

Zum notwendigen Lebensunterhalt gehören die Mittel für Nahrung, Kleidung, Wohnung, ärztliche Behandlung, für den notwendigen Haushalt und die sonst erforderlichen Ausgaben des täglichen Lebens. Auch Unterhaltsleistungen für die mit dem Steuerpflichtigen in Hausgemeinschaft lebenden Angehörigen, soweit sie vom Steuerpflichtigen unterhalten werden müssen, gehören dazu; das gilt auch für den Unterhalt von erwachsenen Kindern, die wegen Krankheit nicht in der Lage sind, sich selbst zu unterhalten (BFH-Urteil vom 29. 4. 1981, BStBl. II S. 726).

Die Frage der Sicherung des notwendigen Lebensunterhalts kann nicht ohne Berücksichtigung der Grundsätze des Familienunterhaltsrechts beurteilt werden (BFH-Beschluss vom 3. 10. 1988, BFH/NV 1989 S. 411). Ein Erlass von Steuerschulden ist daher nicht zu gewähren, wenn die Bestreitung des notwendigen Lebensunterhalts des Antragstellers unter Berücksichtigung der Einkommens- und Vermögensverhältnisse des Ehegatten nicht gefährdet ist (BFH-Beschluss vom 31. 3. 1982, BStBl. II S. 530).

**3.2.2.** Für die Frage, ob die Existenz des Steuerpflichtigen gefährdet ist, spielen die Einkommens- und Vermögensverhältnisse eine entscheidende Rolle. Grundsätzlich ist der Steuerpflichtige gehalten, zur Zahlung seiner Steuerschulden alle verfügbaren und (z. B. durch Aufnahme von Kredit) beschaffbaren Mittel einzusetzen und auch seine Vermögenssubstanz anzugreifen (BFH-Urteil vom 27. 2. 1991, BFH/NV S. 430). Davon ausgenommen ist nur Vermögen, dessen Verwertung den Ruin des Steuerpflichtigen bedeuten würde. Auch für sog. Schonvermögen im Sinne des § 88 Bundessozialhilfegesetz (BSHG), wozu ggf. auch ein angemessenes, vom Steuerpflichtigen allein oder zusammen mit Angehörigen bewohntes Hausgrundstück (§ 88 Abs. 2 Nr. 7 BSHG) rechnet, kann die Verwertung nicht zugemutet werden.

Alten, nicht mehr erwerbsfähigen Steuerpflichtigen ist wenigstens so viel von ihrem Vermögen zu belassen, dass sie damit für den Rest ihres Lebens eine bescheidene Lebensführung bestreiten können. Ein Erlass ist in einem solchen Fall in dem Umfange zu gewähren, dass der Steuerpflichtige in der Lage bleibt, eine Versicherung über sofort fällige Leibrentenbezüge gegen eine Einmalprämie abzuschließen, und zwar in einer Höhe, die ihm eine bescheidene Lebensführung ermöglicht (BFH-Urteile vom 29. 4. 1981, BStBl. II S. 726, und vom 26. 2. 1987, BStBl. II S. 612). Der Begründung solcher Rentenansprüche bedarf es aber nicht, wenn bereits hinreichende Renteneinkünfte, ein Wohnrecht und ein Unterhaltsanspruch gegenüber Angehörigen vorhanden sind (BFH-Urteil vom 27. 2. 1991, BFH/NV S. 430).

**3.2.3.** Ein Billigkeitserlass aus persönlichen Billigkeitsgründen kommt grundsätzlich nur in Betracht, wenn die Einziehung der Steuer eine wesentliche Ursache für die Existenzgefährdung darstellen würde. Aus diesen Gründen kann ein Billigkeitserlass nicht gewährt werden, wenn der Steuergläubiger nur einer von mehreren Gläubigern des Steuerpflichtigen und nicht derjenige ist, dessen Forderungen für die wirtschaftliche Notlage des Steuerpflichtigen maßgeblich sind (BFH-Urteil vom 10. 5. 1972, BStBl. II S. 649). Ausnahmsweise kann jedoch auch in solchen Fällen ein Erlass gewährt werden, wenn auch die anderen Gläubiger auf Forderungen verzichten und damit zur Rettung der wirtschaftlichen Existenz des Steuerpflichtigen beitragen.

**3.2.4.** Ein Erlass scheidet aus, wenn die Einziehung der in Frage stehenden Steueransprüche in Anbetracht der wirtschaftlichen Verhältnisse des Steuerpflichtigen ausgeschlossen ist der Erlass sich infolgedessen auf die wirtschaftliche Situation des Steuerpflichtigen nicht konkret auswirken kann (BVerfG-Beschluss vom 19. 2. 1982, HFR 1984 S. 596; BFH-Beschlüsse vom 24. 10.

1988, BFH/NV 1989 S. 285, vom 2. 4. 1996, BFH/NV S. 728, vom 30. 9. 1996, BFH/NV 1997 S. 326, vom 19. 11. 1996, BFH/NV 1997 S. 323, und vom 28. 10. 1997, BFH/NV 1998 S. 683). Lebt der Steuerpflichtige unabhängig von Billigkeitsmaßnahmen in wirtschaftlichen Verhältnissen, die – weil Einkünfte und Vermögen gering sind und im Übrigen dem Pfändungsschutz unterliegen – eine Durchsetzung der Steueransprüche ausschließen, könnte ein Erlass hieran nichts ändern, er wäre nicht mit einem wirtschaftlichen Vorteil für den Steuerpflichtigen verbunden. Bei Überschuldung und Zahlungsunfähigkeit kommt deshalb ein Erlass aus persönlichen Billigkeitsgründen grundsätzlich nicht in Betracht. Eine persönliche Unbilligkeit, die einen Erlass rechtfertigt, kann ausnahmsweise aber dann bejaht werden, wenn die (im Wege der Vollstreckung nicht durchsetzbaren) Steuerrückstände den Steuerpflichtigen hindern, eine neue Erwerbstätigkeit aufzunehmen und sich eine eigene, von Sozialhilfeleistungen unabhängige wirtschaftliche Existenz aufzubauen (BFH-Urteil vom 27. 9. 2001, BStBl. 2002 II S. 176).

Ein Erlass kommt des Weiteren nicht in Betracht, wenn er im wirtschaftlichen Ergebnis lediglich dritten Gläubigern des Steuerpflichtigen zugute kommen würde (BFH-Urteil vom 11. 5. 1965, HFR 483, und BFH-Beschlüsse vom 24. 10. 1988, BFH/NV 1989 S. 285, und vom 26. 10. 1999, BFH/NV 2000 S. 411).

In den Fällen, in denen der Erlass der Steuerschulden keine geeignete Maßnahme darstellt, um die wirtschaftliche Lage des Steuerpflichtigen tatsächlich nachhaltig zu verbessern, verbleibt dem Steuerpflichtigen die Möglichkeit, sich mit Maßnahmen des Vollstreckungsschutzes gegen eine die persönliche finanzielle Leistungsfähigkeit überfordernde Inanspruchnahme zur Wehr zu setzen (BFH-Beschluss vom 28. 10. 1997, BFH/NV 1998 S. 683).

### 3.3. Erlasswürdigkeit

Würde durch die Einziehung von Steuerforderungen die Existenz des Steuerschuldners gefährdet und liegt damit eine Bedürftigkeit zum Erlass aus persönlichen Billigkeitsgründen vor, so folgt daraus nicht ohne weiteres, dass die Steuerforderungen aus Billigkeitsgründen erlassen werden müssten. Weitere Voraussetzung ist vielmehr, dass auch Erlasswürdigkeit besteht.

Die als Voraussetzung für einen Billigkeitserlass geforderte Erlasswürdigkeit des Steuerpflichtigen ist nicht gegeben, wenn dieser die mangelnde Leistungsfähigkeit selbst herbeigeführt hat oder durch sein Verhalten in eindeutiger Weise gegen die Interessen der Allgemeinheit verstoßen hat (BFH-Urteile vom 14. 11. 1957, BStBl. 1958 III S. 153, und vom 29. 4. 1981, BStBl. II S. 726, 728). So kann eine grob fahrlässige Vernachlässigung der steuerlichen Verpflichtungen die Erlasswürdigkeit ausschließen. Dies ist z. B. der Fall, wenn der Steuerpflichtige sich überhaupt nicht um die steuerlichen Verpflichtungen, mit denen er nach seinen individuellen Kenntnissen und Fähigkeiten rechnen musste, gekümmert und vorhandene Mittel anderweitig verwendet hat (BFH-Urteil vom 27. 2. 1985, BFH/NV S. 6 [8]; BFH-Beschlüsse vom 4. 7. 1986, BFH/NV 1987 S. 21, und vom 5. 3. 1987, BFH/NV S. 619).

Bei der Beurteilung der Erlasswürdigkeit ist nicht kleinlich zu verfahren. Es kommt auf alle Umstände des Einzelfalles an. Die Erlasswürdigkeit kann im Einzelfall ausnahmsweise auch dann zu bejahen sein, wenn die mangelnde

Leistungsfähigkeit des Steuerpflichtigen ihren Grund in einem Verhalten des Steuerpflichtigen hat, das nach dem Steuerstraf- und Steuerordnungswidrigkeitsrecht zu ahnden ist. Wenn ein wegen Steuerhinterziehung bestrafter Steuerpflichtiger unter Einsatz der ihm zur Verfügung stehenden Mittel alles getan hat, um die Folgen seines steuerunehrlichen Verhaltens zu beseitigen, kann ihm die Erlasswürdigkeit im Allgemeinen nicht abgesprochen werden, wenn sich seine wirtschaftlichen Verhältnisse nach der Bestrafung erheblich verschlechtert haben und der Erlass auch aus diesem Grunde beantragt wird (BFH-Urteil vom 2. 3. 1961, BStBl. III S. 288).

**4. Bearbeitung von Erlassanträgen**

**4.1.** Über eingegangene Erlassanträge ist die Vollstreckungsstelle unverzüglich – möglichst durch Übersendung einer Kopie – zu unterrichten. Die Vollstreckungsstelle entscheidet daraufhin in eigener Zuständigkeit, ob der Erlassantrag die Gewährung von Vollstreckungsaufschub rechtfertigt. Die Gewährung von Stundung bis zur Entscheidung über das Erlassbegehren kommt nicht in Betracht. Etwaige hierauf gerichtete Anträge sind abzulehnen.

**4.2.** Der Untersuchungsgrundsatz (§ 88 AO) gilt auch im Billigkeitsverfahren nach § 227 AO. Die Ermittlungspflicht der Finanzbehörde wird allerdings begrenzt durch die dem Steuerpflichtigen nach § 90 AO auferlegten Mitwirkungspflichten. Es obliegt dem Steuerpflichtigen, die Tatsachen, die den beantragten Erlass rechtfertigen sollen, offen zu legen. Dies gilt insbesondere hinsichtlich der Tatsachen, aus denen sich eine Erlassbedürftigkeit ergeben soll. Zur Entscheidung über einen Antrag auf Erlass aus persönlichen Billigkeitsgründen ist der Steuerpflichtige daher ggf. – unter Setzung einer angemessenen Frist – aufzufordern, seine aktuellen Einkommensverhältnisse darzulegen und eine zeitnahe Übersicht über Vermögen und Schulden (mit Bezeichnung der verschiedenen Gläubiger und der einzelnen Gläubigerforderungen) vorzulegen (Hinweis auf Vordruck S 1–40).

Kommt der Steuerpflichtige seiner Mitwirkungspflicht bei der Aufklärung des entscheidungserheblichen Sachverhalts nicht nach, gehen Unklarheiten zu seinen Lasten. Dies kann zur Ablehnung des Erlassbegehrens führen (BFH-Urteil vom 29. 4. 1987, BFH/NV 1988 S. 22, und BFH-Beschlüsse vom 13. 3. 1990, BFH/NV 1991 S. 171, und vom 31. 1. 1996, BFH/NV S. 565).

Die Vorlage der Einkommensteuererklärung für das letzte abgelaufene Kalenderjahr ist für die Entscheidung über einen Antrag auf Erlass aus persönlichen Billigkeitsgründen nicht zwingend erforderlich. Es sollte daher vermieden werden, die Entscheidung über das Erlassbegehren bis zur Abgabe der entsprechenden Einkommensteuererklärung zurückzustellen. Unklarheiten, die sich daraus ergeben, dass trotz abgelaufener Frist Einkommensteuererklärungen noch nicht abgegeben sind, hat jedoch der Steuerpflichtige zu vertreten.

**4.3.** Im Rahmen der Billigkeitsprüfung ist auch der Frage nachzugehen, ob dritte Personen für die rückständigen Steuern als Haftungsschuldner in Anspruch genommen werden können. Ein Erlass gegenüber dem Steuerschuldner kann erst in Betracht gezogen werden, wenn feststeht, dass die Voraussetzungen für die Inanspruchnahme eines Haftungsschuldners nicht vorliegen (Hinweis auf § 191 Abs. 5 Nr. 2 AO).

**4.4.** Bei der Entscheidung über das Erlassbegehren sollen etwaige im Vollstreckungsverfahren erlangte Kenntnisse verwertet werden. Auch soll sich die für die Entscheidung zuständige Stelle Klarheit darüber verschaffen, welche Folgen sich aus der beabsichtigten Entscheidung für das Vollstreckungsverfahren ergeben. Sie hat sich daher mit der Vollstreckungsstelle ins Benehmen zu setzen bzw. die Vollstreckungsakten beizuziehen.

**4.5.** Soll dem Antrag teilweise entsprochen werden, ist der Erlass des Teilbetrags zunächst unter der Voraussetzung der Tilgung des verbleibenden Betrags verbindlich zuzusagen und erst nach Tilgung des Restbetrags durch Verwaltungsakt zu bewilligen.

**4.6.** Auch bei Ablehnung des Erlassantrags sind die Beträge, auf die sich die ablehnende Entscheidung beziehen soll, im Hinblick auf das Bestimmtheitsgebot (§ 119 Abs. 1 AO) in der Verfügung des Finanzamts genau zu bezeichnen.

# 800 § 233/1. Schreiben betr. Änderungen der §§ 233 bis 239 AO durch das Zweite Gesetz zur Änderung der Abgabenordnung und des Einführungsgesetzes zur Abgabenordnung vom 12. Juli 2022 (BGBl. I S. 1142)

Vom 22. Juli 2022

BMF IV A 3 - S 1910/22/10040 :010; DOK 2022/0666774

(BStBl. I S. 1217)

Durch das Zweite Gesetz zur Änderung der Abgabenordnung und des Einführungsgesetzes zur Abgabenordnung vom 12. Juli 2022 (BGBl. I S. 1142)[1] wurden unter anderem die §§ 233, 233a, 238 und 239 AO geändert. Im Vordergrund steht dabei die vom Bundesverfassungsgericht (BVerfG) mit Beschluss vom 8. Juli 2021 1 BvR 2237/14 und 1 BvR 2422/17, BGBl. I S. 4303, geforderte rückwirkende Anpassung des Zinssatzes für Nachzahlungs- und Erstattungszinsen nach § 233a AO für Verzinsungszeiträume ab dem 1. Januar 2019.

Nach Erörterung mit den obersten Finanzbehörden der Länder gilt hierzu ergänzend zum AEAO zu § 233a ab sofort Folgendes:

## 1. Änderung des § 233 AO

In § 233 Satz 1 AO wurde klargestellt, dass Ansprüche aus dem Steuerschuldverhältnis (vgl. § 37 AO) nur verzinst werden, soweit dies durch Bundesrecht oder Recht der Europäischen Union vorgeschrieben ist. 1

§ 233 Satz 1 AO in der Fassung des Gesetzes vom 12. Juli 2022, a.a.O. (fortan: n.F.) gilt in allen Fällen, in denen Zinsen nach dem 21. Juli 2022 festgesetzt werden (Art. 97 § 15 Abs. 13 EGAO). 2

## 2. Änderung des § 233a AO

### 2.1. Bestimmung der maßgebenden Karenzzeit (§ 233a Abs. 2 Satz 2 AO)

In § 233a Abs. 2 Satz 2 AO wurde klargestellt, dass bei der Entscheidung, ob die Einkünfte aus Land- und Forstwirtschaft bei der erstmaligen Steuerfestsetzung die anderen Einkünfte überwiegen, Kapitalerträge nach § 32d Abs. 1 und § 43 Abs. 5 EStG nicht zu berücksichtigen sind. 3

§ 233a Abs. 2 Satz 2 AO n.F. gilt in allen Fällen, in denen Zinsen nach dem 21. Juli 2022 festgesetzt werden (Art. 97 § 15 Abs. 13 EGAO). 4

### 2.2. Reihenfolge der bei Berechnung von Erstattungszinsen maßgeblichen Zahlungen (§ 233a Abs. 3 Satz 4 und Abs. 5 Satz 4 AO)

Bei der Reihenfolge zu verzinsender Steuerzahlungen ist nach Nr. 23, 35, 53 und 56 des AEAO zu § 233a das „last in – first out"-Prinzip (LiFo-Prinzip) zugrunde zu legen. Diese langjährige Verwaltungspraxis wurde nun in § 233a Abs. 3 Satz 4 AO und für Änderungsfälle in § 233a Abs. 5 Satz 4 AO gesetzlich verankert. 5

---

[1] **Amtl. Anm.:** BStBl. I S. 1215.

6 § 233a Abs. 3 Satz 4 und Abs. 5 Satz 4 AO n.F. gilt in allen Fällen, in denen Zinsen nach dem 21. Juli 2022 festgesetzt werden (Art. 97 § 15 Abs. 13 EGAO).

### 2.3. Erlass von Nachzahlungszinsen bei freiwilligen Zahlungen (§ 233a Abs. 8 AO)

7 Die bislang in Nr. 70.1 des AEAO zu § 233a getroffene Billigkeitsregelung über den Erlass von Nachzahlungszinsen bei „freiwilligen" Zahlungen wurde in § 233a Abs. 8 Satz 1 AO gesetzlich verankert. Wie Zahlungen sind auch andere „freiwillige" Leistungen vor Fälligkeit (z.B. bei Tilgung im Weg der Aufrechnung oder Verrechnung) zu berücksichtigen. § 233a Abs. 8 AO begründet wie bisher keinen eigenständigen Anspruch auf Erstattungszinsen.

8 Die Annahme freiwilliger Zahlungen und vergleichbarer Leistungen steht wie bisher im pflichtgemäßen Ermessen des Finanzamts. Damit soll verhindert werden, dass das Finanzamt ohne sachliche Rechtfertigung der Zahlung oder Leistung als „Sparkasse" missbraucht werden kann. Anzunehmen sind aber wie bisher alle Zahlungen und Leistungen, die erkennbar zur Tilgung einer in naher Zukunft voraussichtlich fällig werdenden Steuerschuld geleistet werden; dazu gehören auch im Zusammenhang mit einer Außenprüfung aufgrund entsprechender Prüfungsfeststellungen geleistete Vorab-Zahlungen.

9 § 233a Abs. 8 Satz 2 AO enthält eine Parallelregelung zu § 233a Abs. 3 Satz 4 AO für die Berechnung der nicht zu erhebenden Nachzahlungszinsen (Zuordnung von Zahlungen nach dem LiFo-Prinzip).

10 Nach § 233a Abs. 8 Satz 3 AO mindert sich der Zinserlass rückwirkend, wenn die dem Erlass zugrunde liegende Festsetzung von Nachzahlungszinsen nach Maßgabe des § 233a Abs. 5 AO zugunsten des Steuerpflichtigen geändert wird.

11 § 233a Abs. 8 Satz 4 AO stellt klar, dass eine abweichende Festsetzung oder ein Erlass von Nachzahlungszinsen aus anderen Gründen nach Maßgabe der §§ 163 und 227 AO zulässig bleibt.

12 § 233a Abs. 8 AO ist in allen am 21. Juli 2022 anhängigen Verfahren sowie allen künftigen Verfahren anzuwenden (Art. 97 § 15 Abs. 14 Satz 1 EGAO).

## 3. Änderung des § 238 AO

### 3.1. Zinssatz für die Verzinsung nach § 233a AO für Verzinsungszeiträume ab dem 1. Januar 2019 (§ 238 Abs. 1a AO)

13 Zur Umsetzung des oben genannten BVerfG-Beschlusses vom 8. Juli 2021 1 BVR 2237/14 und 1 BVR 2422/17, BGBl. I S. 4303, wurde der Zinssatz für die Verzinsung nach § 233a AO für Verzinsungszeiträume ab dem 1. Januar 2019 in einem neuen Abs. 1a des § 238 AO eigenständig geregelt. Dabei wurde am Prinzip des einheitlichen und festen Zinssatzes festgehalten, zugleich aber auch eine regelmäßige Evaluation der Angemessenheit des Zinssatzes angeordnet (siehe unter 3.3).

14 Abweichend von dem für alle anderen Zinsen i.S.d. § 233 AO (insbesondere Stundungszinsen, Hinterziehungszinsen, Prozesszinsen und Aussetzungszinsen) unverändert geltenden Zinssatz nach § 238 Abs. 1 Satz 1 AO beträgt der Zinssatz für Nachzahlungs- und Erstattungszinsen nach § 233a AO für Verzinsungszeiträume ab dem 1. Januar 2019 0,15 % je vollem Monat, also 1,8 % für ein volles Jahr.

### 3.2. Zinsberechnung bei unterschiedlichen Zinssätzen (§ 238 Abs. 1b AO)

Zinsen sind wie bisher nur für volle Monate festzusetzen (§ 238 Abs. 1 Satz 2 Halbsatz 1 AO). Sind allerdings innerhalb einer Zinsberechnung nebeneinander unterschiedliche Zinssätze (vgl. § 238 Abs. 1 Satz 1 und Abs. 1a AO) maßgeblich, ist der Zinslauf nach dem neuen Abs. 1b des § 238 AO in Teilverzinsungszeiträume aufzuteilen, für die die Zinsen jeweils tageweise zu berechnen sind. 15

Die Berechnung dieser Zinstage erfolgt nach der so genannten „deutschen Zinsberechnungsmethode". Jeder volle Monat wird dabei unabhängig von der tatsächlichen Anzahl der Kalendertage mit 30 Zinstagen und jedes volle Jahr mit 360 Tagen gerechnet. Monate, die als Ganzes zwischen Anfangsdatum und Enddatum des Zinszahlungszeitraums liegen, werden hierbei unabhängig von ihrer tatsächlichen Tageanzahl mit jeweils 30 Tagen gezählt. Hat ein Monat 31 Tage, ist der 31. Kalendertag kein Zinstag. Sofern der Beginn oder das Ende des Zeitraums auf den 31. eines Monats fällt, wird dieser Tag wie der 30. Kalendertag behandelt. Für den Februar gilt dabei: Endet der Zinsberechnungszeitraum am 28. Februar, bzw. in einem Schaltjahr am 29. Februar, werden die Zinsen auch nur bis zu diesem Tag berechnet. Geht der Zinsberechnungszeitraum hingegen über den Februar hinaus, wird der Februar wie jeder Monat mit 30 Tagen veranschlagt. 16

Um den Anteil am Jahreszinssatz (das ist das Zwölffache des Monatszinssatzes nach § 238 Abs. 1 Satz 1 oder Abs. 1a AO) zu ermitteln, wird die Summe der ermittelten Zinstage dann durch 360 geteilt. 17

### 3.3. Evaluierung (§ 238 Abs. 1c AO)

Um auch zukünftig die verfassungsrechtlich gebotene Angemessenheit des Zinssatzes für Nachzahlungs- und Erstattungszinsen nach § 233a AO zu gewährleisten, enthält der neue Abs. 1c des § 238 AO eine ausdrückliche Evaluierungsklausel, wonach der Zinssatz des § 238 Abs. 1a AO wenigstens alle 2 Jahre (erstmals spätestens zum 1. Januar 2024) zu überprüfen ist. Diese Evaluierung obliegt dem Gesetzgeber. 18

### 3.4. Anwendungsregelung zu § 238 Abs. 1a bis 1c AO

§ 238 Abs. 1a bis 1c AO gilt für Verzinsungszeiträume ab dem 1. Januar 2019 und ist vorbehaltlich des § 176 Abs. 1 Satz 1 Nr. 1 AO in allen offenen Fällen anzuwenden (Art. 97 § 15 Abs. 14 EGAO). Offene Fälle sind neben künftigen Zinsfällen auch alle zum maßgeblichen Zeitpunkt bereits beschiedenen, aber noch nicht abgeschlossenen Verwaltungsverfahren – anhängige Verfahren – (vgl. BFH-Urteil vom 21. Februar 1991 V R 25/87, BStBl. II S. 496). 19

Anhängige Verfahren sind Verwaltungsverfahren, in denen 20

- die Zinsfestsetzung nach § 164 Abs. 1 AO oder § 239 Abs. 4 AO noch unter dem Vorbehalt der Nachprüfung steht,
- die Zinsen (ganz oder teilweise) nach § 165 Abs. 1 Satz 2 AO vorläufig festgesetzt worden sind,
- die Zinsfestsetzung nach § 165 Abs. 1 Satz 4 i.V.m. Abs. 1 Satz 2 AO ausgesetzt ist oder
- aufgrund eines außergerichtlichen oder gerichtlichen Rechtsbehelfs noch keine Unanfechtbarkeit eingetreten ist.

**21** Bei der Festsetzung von Zinsen in Erstattungsfällen ist für die Minderung bisher festgesetzter Nachzahlungszinsen (§ 233a Abs. 5 Satz 3 Halbsatz 2 AO) der Zinssatz maßgeblich, der bei der ursprünglichen Festsetzung der Nachzahlungszinsen zugrunde gelegt wurde (Art. 97 § 15 Abs. 14 Satz 2 EGAO).

**22** Die Vertrauensschutzregelung in § 176 Abs. 1 Satz 1 Nr. 1 AO ist nach Art. 97 § 15 Abs. 14 Satz 3 EGAO bei Umsetzung des § 238 Abs. 1a und 1b AO mit der Maßgabe anzuwenden, dass die Zinsen, die sich aufgrund der Neuberechnung der bisher festgesetzten, noch offenen Zinsen ergeben, die vor Anwendung dieser Neuberechnung festgesetzten Zinsen nicht übersteigen dürfen. Hierbei ist wie folgt zu differenzieren:

- Waren bisher nur Erstattungszinsen festgesetzt worden, kann sich aufgrund der rückwirkenden Senkung des Zinssatzes deshalb keine Rückforderung ergeben. Dies gilt unabhängig davon, ob diese Zinsen bei Inkrafttreten der Neuregelungen vorläufig festgesetzt waren oder nicht.
- Waren bisher nur Nachzahlungszinsen festgesetzt worden, sind diese Zinsen im Rahmen der verfahrensrechtlichen Möglichkeiten auf Basis des § 238 Abs. 1a und 1b AO neu zu berechnen und eine entsprechend geänderte Zinsfestsetzung zu erlassen.
- In einem Mischfall mit Nachzahlungs- und Erstattungszinsen ist § 176 Abs. 1 Satz 1 Nr. 1 AO auf das Gesamtergebnis der Neuberechnung anzuwenden.

**23** Bei der Nachholung einer nach § 165 Abs. 1 Satz 4 AO ausgesetzten Zinsfestsetzung findet § 176 Abs. 1 Satz 1 Nr. 1 AO von vornherein keine Anwendung, da insoweit keine Änderung einer Zinsfestsetzung erfolgt, sondern Zinsen erstmals festgesetzt werden.

### 3.5. Übergangsregelung (Art. 97 § 15 Abs. 16 EGAO)

**24** Solange die Neuregelung in § 238 Abs. 1a und 1b AO technisch und organisatorisch noch nicht umgesetzt werden kann, können Zinsfestsetzungen nach § 233a AO für Verzinsungszeiträume ab dem 1. Januar 2019 nach Art. 97 § 15 Abs. 16 EGAO ungeachtet der am 22. Juli 2022 in Kraft getretenen Neuregelungen in entsprechender Anwendung von § 165 Abs. 1 Satz 2 Nr. 2 und Satz 4 sowie Abs. 2 AO weiterhin vorläufig ergehen bzw. ausgesetzt werden. Vgl. hierzu im Einzelnen das BMF-Schreiben vom 22. Juli 2022 IV A 3 – S 0338/22/10004 :007, DOK 2022/0668147, BStBl. I S. 1220.[1]

**25** Zu gegebener Zeit werden die noch offenen Zinsfestsetzungen unter Beachtung der Vertrauensschutzregelung rückwirkend neu berechnet und ggf. angepasst. Alle neuen oder bisher ausgesetzten Zinsfestsetzungen werden dann nach neuem Recht durchgeführt oder nachgeholt.

## 4. Änderung des § 239 AO

### 4.1. Dauer der Zinsfestsetzungsfrist (§ 239 Abs. 1 Satz 1 AO)

**26** Die bislang einjährige Festsetzungsfrist für Zinsen wurde auf zwei Jahre verlängert.

**27** Die verlängerte Zinsfestsetzungsfrist gilt in allen Fällen, in denen die bisher einjährige Festsetzungsfrist am 21. Juli 2022 noch nicht abgelaufen ist (Art. 97 § 15 Abs. 15 EGAO).

---

[1] Nr. **800** § 165/2.

### 4.2. Beginn der Zinsfestsetzungsfrist (§ 239 Abs. 1 Satz 2 AO)

In § 239 Abs. 1 Satz 2 Nr. 6 AO wurde eine Auffangregelung zur Bestimmung des Beginns der Festsetzungsfrist in allen in den Nummern 1 bis 5 nicht ausdrücklich geregelten Fällen geschaffen. 28

§ 239 Abs. 1 Satz 2 Nr. 6 AO gilt in allen Fällen, in denen die Festsetzungsfrist am 21. Juli 2022 noch nicht abgelaufen ist (Art. 97 § 15 Abs. 15 EGAO). 29

### 4.3. Anrechnung von Zinsen nach § 233a AO auf andere Zinsen (§ 239 Abs. 5 AO)

Nach § 233a AO festgesetzte Zinsen sind unter bestimmten Voraussetzungen auf festzusetzende Stundungszinsen, Hinterziehungszinsen, Prozesszinsen und Aussetzungszinsen anzurechnen. § 239 Abs. 5 AO bestimmt klarstellend, dass die Zinsfestsetzung nach § 233a AO Grundlagenbescheid für andere Zinsfestsetzungen ist, soweit Zinsen nach § 233a AO auf jene Zinsen anzurechnen sind. 30

§ 239 Abs. 5 AO ist in allen am 21. Juli 2022 anhängigen Verfahren sowie allen künftigen Verfahren anzuwenden (Art. 97 § 15 Abs. 14 Satz 1 EGAO). 31

# 800 § 233a/1. Schreiben betr. Übergangsregelung gemäß Art. 97 § 15 Abs. 16 EGAO für die vorläufige Festsetzung nach § 165 Abs. 1 Satz 2 Nr. 2 AO und die Aussetzung der Festsetzung nach § 165 Abs. 1 Satz 4 und Satz 2 Nr. 2 AO von Nachzahlungs- und Erstattungszinsen nach § 233a AO für Verzinsungszeiträume ab dem 1. Januar 2019; Aussetzung der Vollziehung und Ruhen von Rechtsbehelfsverfahren

Vom 22. Juli 2022

BMF IV A 3 - S 0338/19/10004 :007; DOK 2022/0668147

(BStBl. I S. 1220)

Das Bundesverfassungsgericht (BVerfG) hatte in den Verfahren 1 BvR 2237/14 und 1 BvR 2422/17 mit am 18. August 2021 veröffentlichtem Beschluss vom 8. Juli 2021 (BGBl. I S. 4303) entschieden, dass § 233a i.V.m. § 238 Abs. 1 Satz 1 AO mit Art. 3 Abs. 1 GG unvereinbar ist, soweit der Zinsberechnung für Verzinsungszeiträume ab dem 1. Januar 2014 ein Zinssatz von 0,5 % pro Monat zugrunde gelegt wird. Die Unvereinbarkeitserklärung erstreckt sich ausdrücklich nicht auf die anderen Verzinsungstatbestände nach der AO zulasten der Steuerpflichtigen, namentlich auf Stundungs-, Hinterziehungs- und Aussetzungszinsen nach den §§ 234, 235 und 237 AO. Die Entscheidung des BVerfG betrifft aber auch nicht die ausschließlich zugunsten der Steuerpflichtigen wirkenden Prozesszinsen nach § 236 AO und die Säumniszuschläge nach § 240 AO.

Für Verzinsungszeiträume bis zum 31. Dezember 2018 ist das bisherige Recht weiter anwendbar (Fortgeltungsanordnung). Für Verzinsungszeiträume ab dem 1. Januar 2019 wurde der Gesetzgeber verpflichtet, bis zum 31. Juli 2022 eine rückwirkende Neuregelung der Vollverzinsung zu treffen. Diese Neuregelung wurde mit dem Zweiten Gesetz zur Änderung der Abgabenordnung und des Einführungsgesetzes zur Abgabenordnung vom 12. Juli 2022 (BGBl. I S. 1142)[1] getroffen. Sie gilt für Verzinsungszeiträume ab dem 1. Januar 2019 und ist rückwirkend in allen offenen Fällen anzuwenden. Offene Fälle sind neben künftigen Zinsfällen auch alle zum maßgeblichen Zeitpunkt bereits beschiedenen, aber noch nicht abgeschlossenen Verwaltungsverfahren – anhängige Verfahren – (vgl. BFH-Urteil vom 21. Februar 1991 V R 25/87, BStBl. II S. 496). Anhängige Verfahren sind Verwaltungsverfahren, in denen

– die Zinsfestsetzung nach § 164 Abs. 1 AO oder § 239 Abs. 4 AO noch unter dem Vorbehalt der Nachprüfung steht,

– die Zinsen (ganz oder teilweise) nach § 165 Abs. 1 Satz 2 AO vorläufig festgesetzt worden sind,

– die Zinsfestsetzung nach § 165 Abs. 1 Satz 4 i.V.m. Abs. 1 Satz 2 AO ausgesetzt ist oder

---

[1] **Amtl. Anm.:** BStBl. I S. 1215.

– aufgrund eines außergerichtlichen oder gerichtlichen Rechtsbehelfs noch keine Unanfechtbarkeit eingetreten ist.

Die Steuerverwaltungen der Länder können die Neuberechnung der Zinsen in anhängigen Verfahren und die Umstellung der Zinsberechnungsprogramme aufgrund der damit verbundenen erheblichen technischen und organisatorischen Auswirkungen allerdings nicht sofort nach Inkrafttreten der Neuregelungen umsetzen.

Für die Zwischenzeit enthält Art. 97 § 15 Abs. 16 EGAO deshalb eine **Übergangsregelung:** Solange die Neuregelung in § 238 Abs. 1a und 1b AO technisch und organisatorisch noch nicht umgesetzt werden kann, können Zinsfestsetzungen nach § 233a AO für Verzinsungszeiträume ab dem 1. Januar 2019 ungeachtet der am 22. Juli 2022 in Kraft getretenen Neuregelungen weiterhin vorläufig ergehen oder ausgesetzt werden (Art. 97 § 15 Abs. 16 EGAO i.V.m. § 165 Abs. 1 Satz 2 Nr. 2 und Satz 4 sowie Abs. 2 AO).

Im Einvernehmen mit den obersten Finanzbehörden der Länder gilt ab dem 22. Juli 2022 daher bis auf Weiteres Folgendes:

## I. Erstmalige Zinsfestsetzungen nach § 233a AO

1 Sämtliche erstmalige Festsetzungen von Nachzahlungs- und Erstattungszinsen nach § 233a AO für Verzinsungszeiträume ab dem 1. Januar 2019 sind gemäß Art. 97 § 15 Abs. 16 EGAO i.V.m. § 165 Abs. 1 Satz 4 und Satz 2 Nr. 2 AO weiterhin auszusetzen.

2 Aussetzung der Zinsfestsetzung bedeutet, dass die für Verzinsungszeiträume ab dem 1. Januar 2019 anfallenden Nachzahlungs- oder Erstattungszinsen vorerst nicht festgesetzt werden. Die ausgesetzte Zinsfestsetzung ist nachzuholen, sobald und soweit die technischen und organisatorischen Voraussetzungen für die Anwendung von § 238 Abs. 1a und 1b AO vorliegen.

3 Für Verzinsungszeiträume bis zum 31. Dezember 2018 anfallende Nachzahlungs- und/oder Erstattungszinsen nach § 233a AO sind hingegen – endgültig – festzusetzen. Unter Verzinsungszeiträumen bis zum 31. Dezember 2018 sind hierbei nur volle Zinsmonate zu verstehen, die spätestens mit Ablauf des 31. Dezember 2018 enden.

4 In betroffene Zinsbescheide ist **folgender Erläuterungstext** aufzunehmen:
„Die Festsetzung von Nachzahlungs- und Erstattungszinsen nach § 233a AO für Verzinsungszeiträume ab dem 1. Januar 2019 ist gemäß Art. 97 § 15 Abs. 16 EGAO i.V.m. § 165 Abs. 1 Satz 4 und Satz 2 Nr. 2 AO ausgesetzt.

Die Aussetzung der Zinsfestsetzung erfolgt, weil die technischen und organisatorischen Voraussetzungen für die Anwendung der vom Bundesverfassungsgericht in seiner Entscheidung vom 8. Juli 2021 1 BvR 2237/14 und 1 BvR 2422/17, BGBl. I S. 4303, geforderten Neuregelungen zur Vollverzinsung noch nicht vorliegen. Sobald diese Voraussetzungen vorliegen, wird die Festsetzung von Nachzahlungs- und Erstattungszinsen geprüft und gegebenenfalls nachgeholt.

Für Verzinsungszeiträume bis zum 31. Dezember 2018 ergeht die Festsetzung von Nachzahlungs- und Erstattungszinsen endgültig.“

## II. Geänderte oder berichtigte Zinsfestsetzungen nach § 233a AO

Bei Änderungen oder Berichtigungen von Festsetzungen von Nachzahlungs- und/oder Erstattungszinsen nach § 233a AO für Verzinsungszeiträume ab dem 1. Januar 2019 ist wie folgt zu verfahren: 5

**1.** Wird eine Zinsfestsetzung nach § 164 Abs. 2 i.V.m. § 239 Abs. 1 Satz 1 AO geändert oder wird der Vorbehalt der Nachprüfung der Zinsfestsetzung nach § 164 Abs. 3 i.V.m. § 239 Abs. 1 Satz 1 AO aufgehoben, ist die geänderte oder berichtigte Zinsfestsetzung für Verzinsungszeiträume ab dem 1. Januar 2019 im Umfang 6

- der betragsmäßig neu festzusetzenden Zinsen
- sowie ggf. zuvor nach § 165 Abs. 1 Satz 4 i.V.m. Satz 2 Nr. 2 AO bereits von der Festsetzung ausgesetzter Zinsen (vgl. BMF-Schreiben vom 17. September 2021, BStBl. I S. 1759, geändert durch BMF-Schreiben vom 3. Dezember 2021, BStBl. I S. 2227)

nach Art. 97 § 15 Abs. 16 EGAO i.V.m. § 165 Abs. 1 Satz 4 und Satz 2 Nr. 2 AO auszusetzen.

Für Verzinsungszeiträume ab dem 1. Januar 2019 ist sie im Übrigen nach Art. 97 § 15 Abs. 16 EGAO i.V.m. § 165 Abs. 1 Satz 2 Nr. 2 AO vorläufig vorzunehmen. Dies gilt auch, wenn eine unter dem Vorbehalt der Nachprüfung ergangene Zinsfestsetzung nach § 165 Abs. 1 Satz 2 Nr. 3 i.V.m. § 233a AO für Verzinsungszeiträume ab dem 1. Januar 2019 zugleich nach § 239 Abs. 1 Satz 1 AO (ganz oder teilweise) vorläufig ergangen war. 7

Für Verzinsungszeiträume bis zum 31. Dezember 2018 ist die Zinsfestsetzung nach § 165 Abs. 2 Satz 2 AO für endgültig zu erklären. 8

In die geänderte Zinsfestsetzung ist folgender **Erläuterungstext** aufzunehmen: 9

„Die Festsetzung von Nachzahlungs- und Erstattungszinsen nach § 233a AO für Verzinsungszeiträume ab dem 1. Januar 2019 ist gemäß Art. 97 § 15 Abs. 16 EGAO i.V.m. § 165 Abs. 1 Satz 4 und Satz 2 Nr. 2 AO ausgesetzt. Hiervon ausgenommen sind bereits vor Veröffentlichung der nachfolgend genannten Entscheidung des Bundesverfassungsgerichts festgesetzte Nachzahlungs- und Erstattungszinsen.

Die Aussetzung der Zinsfestsetzung erfolgt, weil die technischen und organisatorischen Voraussetzungen für die Anwendung der vom Bundesverfassungsgericht geforderten Neuregelungen zur Vollverzinsung noch nicht vorliegen. Sobald diese Voraussetzungen vorliegen, wird die Festsetzung von Nachzahlungs- und Erstattungszinsen geprüft und gegebenenfalls nachgeholt.

Im Übrigen werden die vor Veröffentlichung der Entscheidung des Bundesverfassungsgerichts vom 8. Juli 2021 1 BvR 2237/14 und 1 BvR 2422/17, BGBl. I S. 4303, unter dem Vorbehalt der Nachprüfung und/oder (teilweise) vorläufig festgesetzte Nachzahlungs- und Erstattungszinsen nach § 233a AO für Verzinsungszeiträume ab dem 1. Januar 2019 gemäß Art. 97 § 15 Abs. 16 EGAO i.V.m. § 165 Abs. 1 Satz 2 Nr. 2 AO vorläufig festgesetzt. Sobald die technischen und organisatorischen Voraussetzungen für die Anwendung der vom Bundesverfassungsgericht geforderten Neuregelungen zur Vollverzinsung vorliegen, wird die Festsetzung der Nachzahlungs- und Erstattungszinsen entsprechend geändert.

Für Verzinsungszeiträume bis zum 31. Dezember 2018 ergeht die Festsetzung von Nachzahlungs- und Erstattungszinsen nach § 165 Abs. 2 Satz 2 AO endgültig."

10 **2.** Werden Zinsfestsetzungen nach anderen Vorschriften (einschließlich des § 165 Abs. 2 Satz 2 i.V.m. § 239 Abs. 1 Satz 1 AO) – sei es zugunsten oder zuungunsten der Steuerpflichtigen – geändert oder berichtigt, gilt Folgendes:

11 **a)** Ist die vorangegangene Zinsfestsetzung in vollem Umfang

– nach § 165 Abs. 1 Satz 2 Nr. 2 oder 3 i.V.m. § 239 Abs. 1 Satz 1 AO vorläufig (vgl. BMF-Schreiben vom 2. Mai 2019, BStBl. I S. 448)
und/oder

– nach § 165 Abs. 1 Satz 4 i.V.m. Satz 2 Nr. 2 AO ausgesetzt (vgl. BMF-Schreiben vom 17. September 2021, BStBl. I S. 1759, geändert durch BMF-Schreiben vom 3. Dezember 2021, BStBl. I S. 2227),

ist die geänderte oder berichtigte Zinsfestsetzung für Verzinsungszeiträume ab dem 1. Januar 2019 im Umfang der betragsmäßig neu festzusetzenden Zinsen sowie ggf. im Umfang der zuvor nach § 165 Abs. 1 Satz 4 i.V.m. Satz 2 Nr. 2 AO bereits von der Festsetzung ausgesetzten Zinsen nach Art. 97 § 15 Abs. 16 EGAO i.V.m. § 165 Abs. 1 Satz 4 und Satz 2 Nr. 2 AO auszusetzen.

12 Für Verzinsungszeiträume ab dem 1. Januar 2019 ist sie im Umfang der bisher vorläufigen Festsetzung nach Art. 97 § 15 Abs. 16 EGAO i.V.m. § 165 Abs. 1 Satz 2 Nr. 2 AO weiterhin vorläufig vorzunehmen.

13 Für Verzinsungszeiträume bis zum 31. Dezember 2018 ist die Zinsfestsetzung nach § 165 Abs. 2 Satz 2 AO für endgültig zu erklären.

14 In die geänderte Zinsfestsetzung ist derselbe **Erläuterungstext wie unter II.1** aufzunehmen.

15 **b)** Ist die vorangegangene Zinsfestsetzung nur teilweise

– nach § 165 Abs. 1 Satz 2 Nr. 2 oder 3 i.V.m. § 239 Abs. 1 Satz 1 AO vorläufig
und/oder

– nach § 165 Abs. 1 Satz 4 i.V.m. Satz 2 Nr. 2 AO ausgesetzt,

ist die geänderte oder berichtigte Zinsfestsetzung für Verzinsungszeiträume ab dem 1. Januar 2019 im Umfang der betragsmäßig neu festzusetzenden Zinsen sowie ggf. im Umfang der zuvor nach § 165 Abs. 1 Satz 4 i.V.m. Satz 2 Nr. 2 AO bereits von der Festsetzung ausgesetzten Zinsen nach Art. 97 § 15 Abs. 16 EGAO i.V.m. § 165 Abs. 1 Satz 4 und Satz 2 Nr. 2 AO auszusetzen.

16 Für Verzinsungszeiträume ab dem 1. Januar 2019 ist sie im Umfang der bisher vorläufigen Festsetzung nach Art. 97 § 15 Abs. 16 EGAO i.V.m. § 165 Abs. 1 Satz 2 Nr. 2 AO weiterhin vorläufig vorzunehmen.

17 Für Verzinsungszeiträume bis zum 31. Dezember 2018 ist die Zinsfestsetzung nach § 165 Abs. 2 Satz 2 AO für endgültig zu erklären.

18 In die geänderte Zinsfestsetzung ist derselbe **Erläuterungstext wie unter II.1** aufzunehmen.

19 **c)** Ist die vorangegangene Zinsfestsetzung weder unter dem Vorbehalt der Nachprüfung noch vorläufig ergangen noch mit einem außergerichtlichen oder gerichtlichen Rechtsbehelf angefochten, ist die geänderte oder berichtigte Zinsfestsetzung für Verzinsungszeiträume ab dem 1. Januar 2019 nur im Um-

fang der betragsmäßig neu festzusetzenden Zinsen nach Art. 97 § 15 Abs. 16 EGAO i.V.m. § 165 Abs. 1 Satz 4 und Satz 2 Nr. 2 AO auszusetzen.

Hinsichtlich der für Verzinsungszeiträume bis 31. Dezember 2018 berechneten Zinsen sowie hinsichtlich der für Verzinsungszeiträume ab dem 1. Januar 2019 unanfechtbar festgesetzten Zinsen ist die Zinsfestsetzung endgültig vorzunehmen. **20**

In die geänderte Zinsfestsetzung ist folgender **Erläuterungstext** aufzunehmen: **21**

„Die Festsetzung von Nachzahlungs- und Erstattungszinsen nach § 233a AO für Verzinsungszeiträume ab dem 1. Januar 2019 ist gemäß Art. 97 § 15 Abs. 16 EGAO i.V.m. § 165 Abs. 1 Satz 4 und Satz 2 Nr. 2 AO ausgesetzt. Hiervon ausgenommen sind bereits vor Veröffentlichung der Entscheidung des Bundesverfassungsgerichts vom 8. Juli 2021 1 BvR 2237/14 und 1 BvR 2422/17, BGBl. I S. 4303, festgesetzte Nachzahlungs- und Erstattungszinsen.

Die Aussetzung der Zinsfestsetzung erfolgt, weil die technischen und organisatorischen Voraussetzungen für die Anwendung der vom Bundesverfassungsgericht geforderten Neuregelungen zur Vollverzinsung noch nicht vorliegen. Sobald diese Voraussetzungen vorliegen, wird die Festsetzung von Nachzahlungs- und Erstattungszinsen geprüft und gegebenenfalls nachgeholt.

Für Verzinsungszeiträume bis zum 31. Dezember 2018 sowie hinsichtlich der für Verzinsungszeiträume ab dem 1. Januar 2019 bereits unanfechtbar festgesetzten Zinsen erfolgt die Zinsfestsetzung endgültig."

**3.** Unter **Verzinsungszeiträumen** bis zum 31. Dezember 2018 sind in den vorstehenden Fällen nur volle Zinsmonate zu verstehen, die spätestens mit Ablauf des 31. Dezember 2018 enden. **22**

## III. Mit vorläufigen Steuerfestsetzungen verbundene Zinsfestsetzungen nach § 233a AO

Werden (ganz oder teilweise) ausgesetzte Zinsfestsetzungen in den in den Abschnitten I und II genannten Fällen mit vorläufigen Steuerfestsetzungen verbunden, in denen ein Erläuterungstext gemäß BMF-Schreiben vom 15. Januar 2018 IV A 3 – S 0338/17/10007, BStBl. I S. 2, ausgegeben wird, sind jeweils die in Abschnitt I und II genannten Erläuterungstexte dem Bescheid ebenfalls beizufügen. **23**

## IV. Einspruchsfälle

In Fällen eines zulässigen Einspruchs gegen eine Zinsfestsetzung nach § 233a AO, in dem die Verfassungsmäßigkeit des Zinssatzes nach § 238 Abs. 1 AO bestritten wurde, ist wie folgt zu verfahren: **24**

**1.** Am 29. November 2021 anhängige und zulässige Einsprüche gegen Festsetzungen von Zinsen gem § 233a AO für **Verzinsungszeiträume bis zum 31. Dezember 2018** wurden bereits mit den Allgemeinverfügungen der obersten Finanzbehörden der Länder vom 29. November 2021 (BStBl. I S. 2159) zurückgewiesen, soweit mit den Einsprüchen geltend gemacht wurde, die Verzinsung von Steuernachforderungen und Steuererstattungen in Höhe von 0,5 % pro vollem Monat (§ 233a i.V.m. § 238 Abs. 1 Satz 1 AO) verstoße gegen das Grundgesetz. **25**

**2.** Soweit die Festsetzung von Nachzahlungs- und Erstattungszinsen für **Verzinsungszeiträume ab dem 1. Januar 2019** nicht ausgesetzt bzw. vorläufig **26**

festgesetzt worden ist, soll die Bearbeitung des Einspruchs zurückgestellt werden, bis die technischen und organisatorischen Voraussetzungen für die Anwendung von § 238 Abs. 1a und 1b AO vorliegen. Die Vollziehung der Zinsfestsetzung ist insoweit ebenfalls auszusetzen. Gleiches gilt im Einspruchsverfahren gegen die vorläufige Festsetzung von Nachzahlungs- und Erstattungszinsen für Verzinsungszeiträume ab dem 1. Januar 2019. Sobald die technischen und organisatorischen Voraussetzungen für die Anwendung von § 238 Abs. 1a und 1b AO vorliegen, wird das Einspruchsverfahren fortgesetzt.

27 **3.** Wird gegen eine Aussetzung der Festsetzung von Erstattungszinsen für **Verzinsungszeiträume ab dem 1. Januar 2019** Einspruch eingelegt, ist der Einspruch unter Hinweis auf die eingangs genannte Entscheidung des Bundesverfassungsgerichts als unbegründet zurückzuweisen. Sobald die technischen und organisatorischen Voraussetzungen für die Anwendung von § 238 Abs. 1a und 1b AO vorliegen, wird die ausgesetzte Zinsfestsetzung gegebenenfalls nachgeholt.

### V. Rechtshängige Fälle

28 In Fällen, in denen im Zeitpunkt der Veröffentlichung dieses BMF-Schreibens bereits Verfahren zur Frage der Verfassungsmäßigkeit der Höhe des Zinssatzes von 0,5 Prozent pro Monat (§ 238 Abs. 1 Satz 1 AO) bei einem Finanzgericht oder beim Bundesfinanzhof anhängig sind, ist es Sache der Gerichte, das Verfahren und die Vollziehung der Zinsfestsetzung für Verzinsungszeiträume ab 1. Januar 2019 auszusetzen.

### VI. Aussetzung der Vollziehung

29 Soweit am 29. November 2021 anhängige und zulässige Einsprüche gegen Festsetzungen von Zinsen gem. § 233a AO für **Verzinsungszeiträume bis zum 31. Dezember 2018** bereits mit den Allgemeinverfügungen der obersten Finanzbehörden der Länder vom 29. November 2021 (BStBl. I S. 2159) zurückgewiesen wurden, war die Aussetzung der Vollziehung entsprechend Nr. 8.2 des AEAO zu § 361 zu beenden.

30 Soweit die Vollziehung von Zinsfestsetzungen nach § 233a AO für **Verzinsungszeiträume ab dem 1. Januar 2019** nach dem BMF-Schreiben vom 14. Dezember 2018 (BStBl. I S. 1393), geändert durch das BMF-Schreiben vom 27. November 2019 (BStBl. I S. 1266), ausgesetzt wurde, bleibt die Aussetzung der Vollziehung bis auf Weiteres bestehen.

### VII. Zinsen nach den §§ 234 bis 237 AO

31 **1.** Soweit Zinsen nach den §§ 234 bis 237 AO sowie andere Zinsen, auf die § 238 Abs. 1 AO anzuwenden ist, nach dem BMF-Schreiben vom 2. Mai 2019 (BStBl. I S. 448) ganz oder teilweise nach § 165 Abs. 1 Satz 2 Nr. 3 i.V.m. § 239 Abs. 1 Satz 1 AO vorläufig festgesetzt worden sind, sind diese nach § 165 Abs. 2 Satz 4 AO nur für endgültig zu erklären, wenn der Zinsschuldner dies beantragt oder der Zinsbescheid aus anderem Grund aufzuheben oder zu ändern ist.

32 Wurde gegen eine solche Zinsfestsetzung Einspruch eingelegt, ist der Einspruch als unbegründet zurückzuweisen. Wurde im Einspruchsverfahren Aussetzung der Vollziehung gewährt, ist für deren Beendigung Nr. 8.2 des AEAO zu § 361 zu beachten.

**2.** Nach § 239 Abs. 5 AO hat die Festsetzung von Zinsen nach § 233a AO Bindungswirkung für Zinsfestsetzungen nach §§ 234, 235, 236 oder 237 AO, soweit hierauf Nachzahlungs- oder Erstattungszinsen nach § 233a AO anzurechnen sind. Wird eine Zinsfestsetzung nach § 233a AO für Verzinsungszeiträume ab dem 1. Januar 2019 erlassen, aufgehoben oder geändert, ist die von einer Anrechnung dieser Zinsen betroffene Zinsfestsetzung nach §§ 234, 235, 236 oder 237 AO gemäß § 175 Abs. 1 Satz 1 Nr. 1 AO anzupassen. **33**

## VIII. Schlussbestimmungen

Dieses Schreiben tritt mit sofortiger Wirkung an die Stelle des BMF-Schreibens vom 17. September 2021 (BStBl. I S. 1759), geändert durch BMF-Schreiben vom 3. Dezember 2021 (BStBl. I S. 2227). **34**

Dieses Schreiben steht ab sofort für eine Übergangszeit auf den Internetseiten des Bundesministeriums der Finanzen (http://www.bundesfinanzministerium.de) zum Download bereit. **35**

# 800 § 233a/4. Schreiben betr. ertragsteuerliche Erfassung der Zinsen auf Steuernachforderungen und Steuererstattungen gem. § 233 a AO; Billigkeitsregelung

Vom 16. März 2021

BMF IV C 1 - S 2252/19/10012 :011; DOK 2021/0296199

(BStBl. I S. 353)

**Bezug:** Neufassung des BMF-Schreibens vom 5. Oktober 2000 (BStBl. I S. 1508)

Unter Bezugnahme auf das Ergebnis der Erörterungen mit den obersten Finanzbehörden der Länder wird das BMF-Schreiben vom 5. Oktober 2000 (BStBl. I S. 1508) wie folgt neu gefasst:

Aufgrund der Aufhebung des § 10 Abs. 1 Nr. 5 EStG und der Änderung des § 10 Nr. 2 KStG durch das Steuerentlastungsgesetz 1999/2000/2002 vom 24. März 1999 (BGBl. I S. 402)[1] können Zinsen auf Steuernachforderungen gemäß § 233 a AO mit Wirkung ab dem Veranlagungszeitraum 1999 nicht mehr steuermindernd geltend gemacht werden. Demgegenüber führen Zinsen auf Steuererstattungen gemäß § 233 a AO beim Gläubiger zu Einkünften aus Kapitalvermögen i. S. d. § 20 Abs. 1 Nr. 7 EStG oder i. V. m. § 20 Abs. 8 EStG zu Einkünften anderer Art. Diese unterschiedliche steuerliche Behandlung von Zinsen führt regelmäßig nicht zu einer sachlichen Unbilligkeit. Es handelt sich vielmehr um eine bewusste gesetzgeberische Entscheidung, die konsequent daran anknüpft, dass private Schuldzinsen nicht abzugsfähig, Guthabenzinsen aber steuerpflichtig sind. Die Regelung kann jedoch in Einzelfällen zu einem sachlich unbilligen Ergebnis führen, wenn – bezogen auf die Steuerbemessungsgrundlage der Einkommen- oder Körperschaftsteuer – sowohl Steuernachforderungen als auch Steuererstattungen gegenüber demselben Steuerpflichtigen auf ein und demselben Ereignis beruhen.

Zur Vermeidung unbilliger Härten gilt nach dem Ergebnis der Erörterungen mit den obersten Finanzbehörden der Länder Folgendes:

Aus Gründen sachlicher Härte sind auf Antrag Erstattungszinsen i. S. d. § 233 a AO nach § 163 AO nicht in die Steuerbemessungsgrundlage einzubeziehen, soweit ihnen nicht abziehbare Nachzahlungszinsen gegenüberstehen, die auf ein und demselben Ereignis beruhen. Dabei sind die Erstattungszinsen und die diesen gegenüberstehenden Nachzahlungszinsen auf den Betrag der jeweils tatsächlich festgelegten Zinsen begrenzt. Der Antrag ist bei dem für die Personensteuer örtlich zuständigen Finanzamt zu stellen.

Ereignis in diesem Sinne ist der einzelne Vorgang, der Ansprüche aus dem Steuerschuldverhältnis im engen zeitlichen und sachlichen Zusammenhang erhöht oder vermindert (z. B. Erhöhung des Warenbestandes eines Jahres/ Erhöhung des Wareneinsatzes im Folgejahr).

[1] **Amtl. Anm.:** BStBl. I S. 304.

**Beispiel 1 (sachliche Unbilligkeit liegt vor):**

Eine Betriebsprüfung in 09 umfasst die Veranlagungszeiträume bis einschließlich 04.

| | |
|---|---|
| Veranlagungszeitraum 04 | |
| Erhöhung des Warenbestandes = Gewinnerhöhung um | 100 |
| Einkommensteuer 04 | +50 |
| Nachzahlungszinsen: | |
| Zinslauf 1. 4. 06 bis 31. 12. 09<br>(45 volle Monate × 0,5 % = 22,5 %) | 11,25 |
| Veranlagungszeitraum 05 | |
| Erhöhung des Wareneinsatzes = Gewinnminderung um | 100 |
| Einkommensteuer 05 | –50 |
| Erstattungszinsen: | |
| Zinslauf 1. 4. 07 bis 31. 12. 09<br>(33 volle Monate × 0,5 % = 16,5 %) | 8,25 |

Die Erstattungszinsen i. H. v. 8,25 Euro sind auf Antrag nicht zu versteuern, weil ihnen nicht abziehbare Nachzahlungszinsen gegenüberstehen, die auf ein und demselben Ereignis beruhen.

**Beispiel 2 (sachliche Unbilligkeit liegt nicht vor):**

Eine Betriebsprüfung in 09 umfasst die Veranlagungszeiträume bis einschließlich 05.

| | |
|---|---|
| Veranlagungszeitraum 04 | |
| Nichtanerkennung einer Teilwertabschreibung = Gewinnerhöhung um | 100 |
| Einkommensteuer 04 | +50 |
| Nachzahlungszinsen: | |
| Zinslauf 1. 4. 06 bis 31. 12. 09<br>(45 volle Monate × 0,5 % = 22,5 %) | 11,25 |
| Veranlagungszeitraum 05 | |
| Zusätzliche Betriebsausgaben = Gewinnminderung um | 100 |
| Einkommensteuer 05 | –50 |
| Erstattungszinsen: | |
| Zinslauf 1. 4. 07 bis 31. 12. 09<br>(33 volle Monate × 0,5 % = 16,5 %) | 8,25 |

Ein Verzicht auf die Versteuerung der Erstattungszinsen i. H. v. 8,25 Euro kommt nicht in Betracht, weil Nachzahlungs- und Erstattungszinsen auf unterschiedlichen Ereignissen beruhen.

**Beispiel 3 (sachliche Unbilligkeit liegt vor):**

Ein Steuerpflichtiger erklärt Einkünfte aus selbständiger Arbeit (§ 18 EStG).

Im Rahmen einer Betriebsprüfung werden diese in gewerbliche Einkünfte (§ 15 EStG) umqualifiziert. Hierdurch ergeben sich auf der einen Seite Nachzahlungszinsen zur Gewerbesteuer, die nicht als Betriebsausgaben abgezogen werden dürfen (§ 4 Abs. 5 b EStG).

Auf der anderen Seite führt dies – wegen der Steuerermäßigung für Einkünfte aus Gewerbebetrieb (§ 35 EStG) – zu Erstattungszinsen zur Einkommensteuer, die als Einkünfte nach § 20 Abs. 1 Nr. 7 EStG zu versteuern wären.

Die Erstattungszinsen sind auf Antrag nicht zu versteuern, soweit ihnen nicht abziehbare Nachzahlungszinsen gegenüberstehen, die auf ein und demselben Ereignis beruhen.

**Beispiel 4 (sachliche Unbilligkeit liegt vor):**

Ein Steuerpflichtiger erklärt Einkünfte aus Gewerbebetrieb (§ 15 EStG).

Im Rahmen einer Betriebsprüfung werden diese in Einkünfte aus selbständiger Tätigkeit (§ 18 EStG) umqualifiziert.

Wegen des Wegfalls der Steuerermäßigung für Einkünfte aus Gewerbebetrieb (§ 35 EStG) ergeben sich nicht abzugsfähige Nachzahlungszinsen zur Einkommensteuer (§ 12 Nr. 3 EStG).

Andererseits entstehen aufgrund der Aufhebung der Steuerfestsetzung steuerpflichtige Erstattungszinsen zur Gewerbesteuer (Betriebseinnahmen, § 20 Abs. 1 Nr. 7 und Abs. 8 i. V. m. § 18 EStG).

Die Erstattungszinsen sind auf Antrag nicht nach § 18 EStG i. V. m. § 20 Abs. 8 EStG zu versteuern, soweit ihnen nicht abziehbare Nachzahlungszinsen gegenüberstehen, die auf ein und demselben Ereignis beruhen.

Die Billigkeitsregelung umfasst auch Sachverhalte, bei denen die Erstattungszinsen zur Gewerbesteuer in die Steuerbemessungsgrundlage zur Ermittlung des zu versteuernden Einkommens einbezogen werden, während Nachzahlungszinsen zur Gewerbesteuer, die hierzu im sachlichen Zusammenhang stehen, nicht berücksichtigt werden.

Die Folgerungen aus den Billigkeitsregelungen dieses Schreibens sind auch für die Ermittlung des Gewerbeertrags zu ziehen.

Die nach § 163 AO außer Ansatz zu lassenden Erstattungszinsen sind im Bedarfsfall sachgerecht zu schätzen.

# 800 § 251/1. Schreiben betr. Insolvenzordnung; Anwendungsfragen zu § 55 Abs. 4 InsO

Vom 11. Januar 2022

BMF IV A 3-S 0550/21/10001 :001; DOK 2022/0027292

(BStBl. I S. 116)

Unter Bezugnahme auf das Ergebnis der Erörterungen mit den obersten Finanzbehörden der Länder gilt Folgendes:

Dieses BMF-Schreiben findet Anwendung auf alle Insolvenzverfahren, deren Eröffnung ab dem 1.1.2021 beantragt wurde.

Für Insolvenzverfahren, die vor dem 1.1.2021 beantragt wurden, sind die Regelungen des BMF-Schreibens vom 20.5.2015, BStBl. I S. 476, ergänzt durch BMF-Schreiben vom 18.11.2015, BStBl. I S. 886, weiterhin anzuwenden.

## I. Allgemeines

Durch das Sanierungs- und Insolvenzrechtsfortentwicklungsgesetz wurde § 55 Abs. 4 InsO wie folgt gefasst: 1

„(4) Umsatzsteuerverbindlichkeiten des Insolvenzschuldners, die von einem vorläufigen Insolvenzverwalter oder vom Schuldner mit Zustimmung eines vorläufigen Insolvenzverwalters oder vom Schuldner nach Bestellung eines vorläufigen Sachwalters begründet worden sind, gelten nach Eröffnung des Insolvenzverfahrens als Masseverbindlichkeit. Den Umsatzsteuerverbindlichkeiten stehen die folgenden Verbindlichkeiten gleich:

1. sonstige Ein- und Ausfuhrabgaben,
2. bundesgesetzlich geregelte Verbrauchsteuern,
3. die Luftverkehr- und die Kraftfahrzeugsteuer und
4. die Lohnsteuer.“

## II. Anwendung

### II.1. Betroffene Personen

§ 55 Abs. 4 InsO findet Anwendung auf den vorläufigen Insolvenzverwalter, auf den die Verwaltungs- und Verfügungsbefugnis nicht nach § 22 Abs. 1 InsO übergegangen ist (so genannter „schwacher“ vorläufiger Insolvenzverwalter). Hierbei ist es unbeachtlich, ob der schwache vorläufige Insolvenzverwalter vom Gericht mit einem Zustimmungsvorbehalt ausgestattet wurde oder nicht. Auch ohne einen Zustimmungsvorbehalt i.S.d. § 21 Abs. 2 Nr. 2 InsO können entsprechende Steuerverbindlichkeiten durch den schwachen vorläufigen Insolvenzverwalter begründet werden, insbesondere wenn ihm zahlreiche Rechte durch das Insolvenzgericht eingeräumt oder Sicherungsmaßnahmen angeordnet werden. 2

§ 55 Abs. 4 InsO findet ebenfalls Anwendung auf den Schuldner im vorläufigen Eigenverwaltungsverfahren, nachdem ein vorläufiger Sachwalter bestellt wurde. Hierbei ist es unbeachtlich, ob der Schuldner vom Gericht zur Begründung von Masseverbindlichkeiten ermächtigt wurde. 3

4 Für den vorläufigen Insolvenzverwalter, auf den die Verwaltungs- und Verfügungsbefugnis nach § 22 Abs. 1 InsO übergegangen ist (so genannter „starker" vorläufiger Insolvenzverwalter), ist § 55 Abs. 4 InsO nicht anwendbar, da insoweit sonstige Masseverbindlichkeiten bereits nach § 55 Abs. 2 InsO begründet werden.

### II.2. Steuerrechtliche Stellung des vorläufigen Insolvenzverwalters und des vorläufigen Sachwalters

5 Die steuerrechtliche Stellung des schwachen vorläufigen Insolvenzverwalters und des vorläufigen Sachwalters wird durch die Regelung des § 55 Abs. 4 InsO nicht berührt. Weder der schwache vorläufige Insolvenzverwalter noch der vorläufige Sachwalter ist Vermögensverwalter i.S.d. § 34 Abs. 3 AO, so dass er während des Insolvenzeröffnungsverfahrens weder die steuerlichen Pflichten des Insolvenzschuldners zu erfüllen hat noch diese erfüllen darf. Die steuerlichen Pflichten des Insolvenzschuldners sind während des Insolvenzeröffnungsverfahrens vom Insolvenzschuldner selbst zu erfüllen.

### II.3. Verbindlichkeiten/Forderungen

6 Die Vorschrift ist lediglich auf Verbindlichkeiten des Insolvenzschuldners aus dem Steuerschuldverhältnis anwendbar. Steuererstattungsansprüche und Steuervergütungsansprüche werden von der Vorschrift nicht erfasst (vgl. BFH-Urteil vom 23.7.2020 V R 26/19, BFH/NV 2021 S. 146). Zur Ermittlung der Masseverbindlichkeit nach § 55 Abs. 4 InsO bei der Umsatzsteuer vgl. Rz. 34 und 35.

### II.4. Betroffene Steuerarten und steuerliche Nebenleistungen

7 Der Anwendungsbereich des § 55 Abs. 4 InsO erstreckt sich auf folgende Steuerarten:

- Umsatzsteuer,
- sonstige Ein- und Ausfuhrabgaben,
- bundesgesetzlich geregelte Verbrauchsteuern,
- Luftverkehr- und Kraftfahrzeugsteuer und
- Lohnsteuer.

8 Steuerliche Nebenleistungen werden von § 55 Abs. 4 InsO nicht erfasst.

Die ab Festsetzung gegen den Insolvenzverwalter oder den eigenverwaltenden Schuldner entstehenden Säumniszuschläge auf als Masseverbindlichkeiten nach § 55 Abs. 4 InsO zu qualifizierende Umsatz- und Lohnsteuerforderungen (vgl. Rz. 35 und 43) sind nach § 55 Abs. 1 Nr. 1 InsO geltend zu machen.

### II.4.1. Umsatzsteuer

#### II.4.1.1. Umsatzsteuerverbindlichkeiten aufgrund ausgeführter Lieferungen und sonstiger Leistungen

9 Umsatzsteuerrechtliche Verbindlichkeiten aufgrund von Lieferungen und sonstigen Leistungen werden nach § 55 Abs. 4 InsO im vorläufigen Eigenverwaltungsverfahren vom Insolvenzschuldner selbst begründet. Dabei ist auf die Entgeltvereinnahmung durch den eigenverwaltenden Schuldner abzustellen.

10 Umsatzsteuerrechtliche Verbindlichkeiten aufgrund von Lieferungen und sonstigen Leistungen im vorläufigen Insolvenzverfahren werden nach § 55 Abs. 4 InsO im Rahmen der für den schwachen vorläufigen Insolvenzverwalter bestehenden rechtlichen Befugnisse begründet.

Eine solche rechtliche Befugnis liegt insbesondere dann vor, wenn der schwache vorläufige Insolvenzverwalter durch das Insolvenzgericht zum Forderungseinzug ausdrücklich ermächtigt wurde (vgl. BFH-Urteil vom 24.9.2014 V R 48/13, BStBl. 2015 II S. 506). Dabei ist auf die Entgeltvereinnahmung durch den schwachen vorläufigen Insolvenzverwalter sowie auf die Entgeltvereinnahmung durch den Schuldner mit Zustimmung des schwachen vorläufigen Insolvenzverwalters abzustellen.

Von einer Befugnis zur Entgeltvereinnahmung ist auch dann auszugehen, wenn der schwache vorläufige Insolvenzverwalter nur mit einem allgemeinen Zustimmungsvorbehalt ausgestattet wurde, denn der Drittschuldner kann schuldbefreiend nur noch mit Zustimmung des vorläufigen Insolvenzverwalters leisten (§ 24 Abs. 1 und § 82 InsO). Gleiches gilt, wenn der schwache vorläufige Insolvenzverwalter zur Kassenführung berechtigt ist. 11

Darüber hinaus können auch Handlungen des schwachen vorläufigen Insolvenzverwalters zur Entstehung von Masseverbindlichkeiten nach § 55 Abs. 4 InsO führen (z.B. Verwertung von Anlagevermögen durch den schwachen vorläufigen Insolvenzverwalter im Rahmen einer Einzelermächtigung, sofern nicht bereits § 55 Abs. 2 InsO einschlägig ist). 12

Entgelt ist alles, was der Leistungsempfänger aufwendet, um die Leistung zu erhalten. Daher führt auch der Erhalt einer Gegenleistung, z.B. beim Tausch oder bei tauschähnlichen Umsätzen, zu einer Masseverbindlichkeit nach § 55 Abs. 4 InsO. 13

Unentgeltliche Wertabgaben nach Bestellung des schwachen vorläufigen Insolvenzverwalters i.S.v. § 3 Abs. 1b und 9a UStG fallen ebenfalls in den Anwendungsbereich des § 55 Abs. 4 InsO.

### II.4.1.2. Umsatzberichtigung wegen Uneinbringlichkeit aus Rechtsgründen (BFH-Urteil vom 24.9.2014 V R 48/13, BStBl. 2015 II S. 506)

Aufgrund der Bestellung eines schwachen vorläufigen Insolvenzverwalters mit allgemeinem Zustimmungsvorbehalt (§ 21 Abs. 2 Nr. 2 2. Alternative InsO), mit Recht zum Forderungseinzug (§ 22 Abs. 2, § 23 InsO) oder mit Berechtigung zur Kassenführung werden bei der Besteuerung nach vereinbarten Entgelten die noch ausstehenden Entgelte für zuvor erbrachte Leistungen im Augenblick vor der Eröffnung des vorläufigen Insolvenzverfahrens aus Rechtsgründen uneinbringlich. Uneinbringlich werden auch die Entgelte für die Leistungen, die der Insolvenzschuldner nach Bestellung des schwachen vorläufigen Insolvenzverwalters mit allgemeinem Zustimmungsvorbehalt, mit Recht zum Forderungseinzug oder mit Berechtigung zur Kassenführung bis zur Beendigung des Insolvenzeröffnungsverfahrens (§§ 26, 27 InsO) erbringt. 14

Maßgeblich hierfür ist nach Auffassung des BFH, dass entsprechend § 80 Abs. 1 InsO die Empfangszuständigkeit für alle Leistungen, die auf die zur Insolvenzmasse gehörenden Forderungen erbracht werden, auf den schwachen vorläufigen Insolvenzverwalter mit Recht zum Forderungseinzug übergeht und dass der Insolvenzschuldner somit aus rechtlichen Gründen nicht mehr in der Lage ist, rechtswirksam Entgeltforderungen in seinem eigenen vorinsolvenzlichen Unternehmensteil selbst zu vereinnahmen, da sie im Rahmen der Masseverwaltung und Masseverwertung zu vereinnahmen sind und damit zum Bereich der Masseverbindlichkeiten gehören. Die rechtlichen Auswirkungen des BFH-Urteils vom 9.12.2010 V R 22/10, BStBl. 2011 II S. 996, werden somit auf 15 den Zeitpunkt der Bestellung des schwachen vorläufigen Insolvenzverwalters vorverlegt.

16 Die in den Rz. 14 und 15 dargelegten Ausführungen des BFH gelten auch bei der Bestellung eines schwachen vorläufigen Insolvenzverwalters mit allgemeinem Zustimmungsvorbehalt ohne ausdrücklichem Recht zum Forderungseinzug.

17 Die in Rz. 14 und 15 dargestellten Grundsätze gelten für den Schuldner auch bei der Bestellung eines vorläufigen Sachwalters in der Eigenverwaltung. Der eigenverwaltende Schuldner in der vorläufigen Eigenverwaltung hat aufgrund der weiter bestehenden Verwaltungs- und Verfügungsbefugnis auch die notwendige Vereinnahmungsbefugnis; er vereinnahmt aber bereits im Insolvenzeröffnungsverfahren für die spätere Insolvenzmasse und begründet Masseverbindlichkeiten nach § 55 Abs. 4 InsO. Der Schuldner übt die ihm verbliebenen Befugnisse im Insolvenzeröffnungsverfahren innerhalb der in §§ 270 ff. InsO geregelten Rechte und Pflichten aus und nimmt damit Aufgaben für den Unternehmensteil der späteren Insolvenzmasse wahr.

18 Nach § 17 Abs. 2 Nr. 1 Satz 1, Abs. 1 Satz 1 UStG ist der Steuerbetrag für steuerpflichtige Ausgangsleistungen des Unternehmens zu berichtigen, wenn das vereinbarte Entgelt uneinbringlich geworden ist.

**Beispiel 1:**

Der Insolvenzschuldner hat Forderungen aus steuerpflichtigen Umsätzen, die er vor der Bestellung des schwachen vorläufigen Insolvenzverwalters erbracht hat, in Höhe von 11 900 €. Er hat diese Umsätze zwar angemeldet, die Entrichtung des Entgelts vom Leistungsempfänger steht aber noch aus. Durch die Bestellung des schwachen vorläufigen Insolvenzverwalters werden diese Forderungen aus rechtlichen Gründen uneinbringlich, da der Leistungsempfänger nicht mehr an den Insolvenzschuldner leisten kann. Die für diese Umsätze geschuldeten Steuerbeträge sind nach § 17 Abs. 2 Nr. 1 Satz 1, Abs. 1 Satz 1 UStG zu berichtigen.

**Beispiel 2:**

Nach der Bestellung des schwachen vorläufigen Insolvenzverwalters erbringt der Insolvenzschuldner steuerpflichtige Umsätze i.H.v. 5950 €. Diese Umsätze hat er im Voranmeldungszeitraum der Leistungserbringung grundsätzlich zu versteuern. Gleichzeitig sind die Steuerbeträge für diese Umsätze nach § 17 Abs. 2 Nr. 1 Satz 1, Abs. 1 Satz 1 UStG zu berichtigen, da die Forderung aus rechtlichen Gründen uneinbringlich wird.

19 Die Grundsätze zur Umsatzberichtigung wegen Uneinbringlichkeit aus Rechtsgründen gelten grundsätzlich auch im vorläufigen Eigenverwaltungsverfahren, weil der Schuldner zwar die Verwaltungs- und Verfügungsmacht über sein Vermögen behält, aber bereits jetzt schon für die spätere Insolvenzmasse vereinnahmt und damit Masseverbindlichkeiten nach § 55 Abs. 4 InsO begründet.

In der vorläufigen Eigenverwaltung ist daher die Umsatzsteuer auf ausstehende Entgelte für vom Insolvenzschuldner erbrachte Umsätze nach § 17 Abs. 2 Nr. 1 Satz 1 und Abs. 1 Satz 1 UStG aus Rechtsgründen zu berichtigen.

### II.4.1.3. Forderungseinzug bei der Besteuerung nach vereinbarten und nach vereinnahmten Entgelten im Insolvenzeröffnungsverfahren

20 Im Fall der Besteuerung nach vereinbarten Entgelten kommt es im Anschluss an die Uneinbringlichkeit durch die Vereinnahmung des Entgeltes gem. § 17 Abs. 2 Nr. 1 Satz 2 UStG zu einer zweiten Berichtigung. Dem steht nicht entgegen, dass die erste Berichtigung aufgrund Uneinbringlichkeit und die zweite Berichtigung aufgrund nachfolgender Vereinnahmung ggf. im selben

Voranmeldungs- oder Besteuerungszeitraum zusammentreffen (BFH-Urteil vom 24.10.2013 V R 31/12, BStBl. 2015 II S. 674).

**Beispiel 3:**

Von den berichtigten Umsätzen aus den vorherigen Beispielen vereinnahmt der schwache vorläufige Insolvenzverwalter 2000 €. Durch die Vereinnahmung des Entgelts sind die darin enthaltenen Steuerbeträge für die Umsätze nach § 17 Abs. 2 Nr. 1 Satz 2 UStG insoweit ein zweites Mal zu berichtigen.

Diese zweite Steuerberichtigung nach § 17 Abs. 2 Nr. 1 Satz 2 UStG erfolgt im Gegensatz zur ersten Berichtigung nach § 17 Abs. 2 Nr. 1 Satz 1, Abs. 1 Satz 1 UStG im Unternehmensteil Insolvenzmasse und führt daher zu Masseverbindlichkeiten nach § 55 Abs. 4 InsO.

Die vorstehenden Ausführungen gelten auch im Falle der vorläufigen Eigenverwaltung. 21

Wurde das Entgelt bereits vor dem Insolvenzeröffnungsverfahren aus tatsächlichen Gründen (z.B. wegen Zahlungsunfähigkeit des Entgeltschuldners) als uneinbringlich behandelt und der darin enthaltene Steuerbetrag nach § 17 Abs. 2 Nr. 1 Satz 1, Abs. 1 Satz 1 UStG berichtigt, ist mit Vereinnahmung während des Insolvenzeröffnungsverfahrens erneut eine Berichtigung des Entgelts nach § 17 Abs. 2 Nr. 1 Satz 2 UStG durchzuführen. Die dabei entstehende Steuer führt zu einer Masseverbindlichkeit i.S.v. § 55 Abs. 4 InsO. 22

Im Fall der Istversteuerung führt die Vereinnahmung der Entgelte durch den schwachen vorläufigen Insolvenzverwalter im vorläufigen Insolvenzverfahren bzw. durch den Insolvenzschuldner im vorläufigen Eigenverwaltungsverfahren mit der Eröffnung des Insolvenzverfahrens zur Entstehung von Masseverbindlichkeiten i.S.d. § 55 Abs. 4 InsO (vgl. BFH-Urteil vom 29.1.2009 V R 64/07, BStBl. II S. 682). 23

### II.4.1.4. Vorsteuerrückforderungsansprüche nach § 17 UStG

Der Vorsteuerberichtigungsanspruch aus nicht bezahlten Leistungsbezügen nach § 17 Abs. 2 Nr. 1 Satz 1, Abs. 1 Satz 2 UStG entsteht mit der Bestellung des schwachen vorläufigen Insolvenzverwalters mit Zustimmungsvorbehalt. Der Gläubiger des Insolvenzschuldners kann nämlich seinen Entgeltanspruch zumindest für die Dauer des Eröffnungsverfahrens nicht mehr durchsetzen. Entsprechende Vorsteuerrückforderungsansprüche stellen Insolvenzforderungen dar. 24

Der Vorsteuerabzug aus Leistungen, die der Insolvenzschuldner im Insolvenzeröffnungsverfahren bezieht, ist ebenfalls aus rechtlichen Gründen uneinbringlich und entsprechend nach § 17 Abs. 2 Nr. 1 Satz 1, Abs. 1 Satz 2 UStG zu berichtigen. Dies gilt sowohl bei der Besteuerung nach vereinbarten als auch nach vereinnahmten Entgelten. Da dieser Berichtigungsanspruch regelmäßig mit dem ursprünglichen Vorsteueranspruch im gleichen Voranmeldungszeitraum zusammenfällt, ergeben sich grundsätzlich keine Steueransprüche, die als Insolvenzforderungen geltend zu machen wären (vgl. analog zum Beispiel 2 in Rz. 18).

In der vorläufigen Eigenverwaltung erfolgt ebenfalls eine Vorsteuerberichtigung wegen Uneinbringlichkeit, da bei objektiver Betrachtung damit zu rechnen ist, dass der Leistende die Entgeltforderung ganz oder teilweise jedenfalls auf absehbare Zeit rechtlich oder tatsächlich nicht mehr durchsetzen kann (vgl. BFH-Urteil vom 20.7.2006 V R 13/04, BStBl. 2007 II S. 22, Abschn. 17.1 Abs. 5 Satz 2 UStAE).

25 Durch den schwachen vorläufigen Insolvenzverwalter veranlasste Zahlungen von Entgelten aus vor oder nach seiner Bestellung bezogenen Leistungen führen zu einer zweiten Berichtigung des Vorsteuerabzugs nach § 17 Abs. 1 Satz 2 UStG. Auch dies kann im selben Voranmeldungs- oder Besteuerungszeitraum zusammentreffen.

Gleiches gilt bei Zahlungen des Schuldners im vorläufigen Eigenverwaltungsverfahren, wenn zuvor eine Vorsteuerberichtigung erfolgte.

Die zweite Vorsteuerberichtigung nach § 17 Abs. 1 Satz 2 UStG mindert den Steueranspruch und ist im Fall einer nachfolgenden Insolvenzeröffnung bei der Berechnung der sich für den Voranmeldungs- oder Besteuerungszeitraum ergebenden Masseverbindlichkeit i.S.d. § 55 Abs. 4 InsO anspruchsmindernd zu berücksichtigen.

### II.4.1.5. Berichtigung des Vorsteuerabzugs nach § 15a UStG

26 Ist während des Insolvenzeröffnungsverfahrens eine Vorsteuerberichtigung nach § 15a UStG durchzuführen, fällt diese in den Anwendungsbereich des § 55 Abs. 4 InsO, soweit die Änderung der Verhältnisse im Rahmen der Befugnisse des schwachen vorläufigen Insolvenzverwalters (z.B. Zustimmung zum Verkauf eines Grundstücks) oder durch den vorläufig eigenverwaltenden Schuldner veranlasst wurde.

### II.4.1.6. Verwertung von Sicherungsgut

27 Die Verwertung von Sicherungsgut begründet keine Umsatzsteuerverbindlichkeiten nach § 55 Abs. 4 InsO. Derartige Umsätze unterliegen weiterhin der Steuerschuldnerschaft des Leistungsempfängers nach § 13b Abs. 2 Nr. 2 UStG. Durch die Fiktion in § 55 Abs. 4 InsO werden diese Umsätze nicht zu Umsätzen „innerhalb“ des Insolvenzverfahrens.

### II.4.2. Lohnsteuer

28 Werden Löhne während des Insolvenzeröffnungsverfahrens an die Arbeitnehmer ausgezahlt, stellt die hierbei entstandene Lohnsteuer mit Verfahrenseröffnung eine Masseverbindlichkeit dar. Dies gilt nicht für Insolvenzgeldzahlungen; diese unterliegen als steuerfreie Einnahmen nach § 3 Nr. 2 EStG nicht dem Lohnsteuerabzug.

## III. Verfahrensrechtliche Fragen

### III.1. Steuererklärungspflichten

29 § 55 Abs. 4 InsO ändert nicht den rechtlichen Status des schwachen vorläufigen Insolvenzverwalters oder des vorläufigen Sachwalters bzw. des Schuldners und lässt das Steuerrechtsverhältnis unberührt.

30 Da weder der schwache vorläufige Insolvenzverwalter noch der vorläufige Sachwalter Vermögensverwalter nach § 34 Abs. 3 AO ist, haben sie keine Steuererklärungspflichten für den Insolvenzschuldner zu erfüllen. Bis zur Eröffnung des Insolvenzverfahrens obliegen dem Schuldner die Steuererklärungspflichten auch für die Besteuerungsgrundlagen, für die § 55 Abs. 4 InsO gilt.

31 § 55 Abs. 4 InsO verlagert lediglich den Zeitpunkt der Zuordnung von Steuerverbindlichkeiten in Masseverbindlichkeiten und Insolvenzforderungen von der Eröffnung des Insolvenzverfahrens im vorläufigen Insolvenzverfahren auf den Zeitpunkt der Bestellung des schwachen vorläufigen Insolvenzverwalters bzw. im vorläufigen Eigenverwaltungsverfahren auf den Zeitpunkt der Bestellung des vorläufigen Sachwalters vor.

### III.2. Entstehung der Masseverbindlichkeiten

Erst mit der Eröffnung des Insolvenzverfahrens gelten die nach Maßgabe des § 55 Abs. 4 InsO im Insolvenzeröffnungsverfahren begründeten Verbindlichkeiten als Masseverbindlichkeiten. 32

### III.3. Zuordnung und Geltendmachung von Masseverbindlichkeiten nach § 55 Abs. 4 InsO bei der Umsatzsteuer

#### III.3.1. Berechnung und Verteilung von Masseverbindlichkeiten nach § 55 Abs. 4 InsO bei der Umsatzsteuer

Nach den Grundsätzen der BFH-Urteile vom 9.12.2010 V R 22/10, BStBl. 2011 II S. 996, und vom 24.11.2011 V R 13/11, BStBl. 2012 II S. 298, sind die mit Insolvenzeröffnung entstehenden selbständigen umsatzsteuerrechtlichen Unternehmensteile „Insolvenzmasse" und „vorinsolvenzlicher Unternehmensteil" bei allen Umsatzsteuersachverhalten im Insolvenzverfahren zu beachten. Bei der jeweiligen Steuerberechnung der einzelnen Unternehmensteile sind nur die Umsätze und die Vorsteuern der betreffenden Unternehmensteile zu berücksichtigen. Eine Vermischung der Besteuerungsgrundlagen der einzelnen Unternehmensteile untereinander ist nicht zulässig. Daher sind nach Eröffnung des Insolvenzverfahrens die Steuerbeträge und die Vorsteuern aller Besteuerungszeiträume des vorläufigen Insolvenzverfahrens, unabhängig davon, ob sich aus dem einzelnen Umsatzsteuervoranmeldungszeitraum insgesamt eine Zahllast oder ein Guthaben ergibt, auf die einzelnen selbständigen umsatzsteuerrechtlichen Unternehmensteile zu verteilen. Für Zwecke dieser Zuordnung gilt Folgendes: 33

Die in den betreffenden Voranmeldungszeiträumen begründeten Steuern aus Lieferungen und sonstigen Leistungen i.S.d. § 55 Abs. 4 InsO (vgl. Rz. 20, 22 und 26) sind um die begründeten Vorsteuerbeträge i.S.d. § 55 Abs. 4 InsO (vgl. Rz. 25) zu mindern. Nur soweit sich aus der Summe der so ermittelten Ergebnisse aller Voranmeldungszeiträume des vorläufigen Insolvenzverfahrens eine Zahllast ergibt, liegt eine Masseverbindlichkeit i.S.d. § 55 Abs. 4 InsO vor. 34

**Beispiel:**
Nach den erforderlichen Berichtigungen gem. § 17 UStG (siehe insbes. Rz. 18 und 24) ergeben sich im vorläufigen Insolvenzverfahren für den Voranmeldungszeitraum 01 ein Erstattungsbetrag von 5000 € und für die Voranmeldungszeiträume 02 und 03 jeweils eine Zahllast von 10 000 €. Die Umsätze und Vorsteuern setzen sich wie folgt zusammen:

| | **UStVA 01** | **UStVA 02** | **UStVA 03** |
|---|---|---|---|
| Umsatzsteuer auf Umsätze gem. § 55 Abs. 4 InsO | 3000 € | 16 000 € | 13 000 € |
| Vorsteuern gem. § 55 Abs. 4 InsO | 8000 € | 6000 € | 3000 € |
| Summe | –5000 € | 10 000 € | 10 000 € |

Da sich aus der Summe der so ermittelten Ergebnisse der Umsatzsteuervoranmeldungszeiträume für den Zeitraum des vorläufigen Insolvenzverfahrens eine Zahllast ergibt (–5000 € + 10 000 € + 10 000 € = 15 000 €), liegen Masseverbindlichkeiten i.S.d. § 55 Abs. 4 InsO i.H.v. 15 000 € vor.

Die als Masseverbindlichkeiten i.S.d. § 55 Abs. 4 InsO geltenden Umsatzsteuerverbindlichkeiten (vgl. Rz. 34) sind nach Eröffnung des Insolvenzverfahrens für die einzelnen (Vor-)Anmeldungszeiträume des Insolvenzeröffnungsverfahrens gegenüber dem Insolvenzverwalter oder dem eigenverwaltenden Schuldner festzusetzen (vgl. BFH-Urteil vom 24.9.2014 V R 48/13, BStBl. 2015 II S. 506, Rz. 39 ff.). Einwendungen hiergegen können nach den allgemeinen Grund- 35 sätzen, insbesondere im Wege des Einspruchs nach § 347 AO, geltend gemacht werden.

**Beispiel:**

Im obigen Beispiel sind für den Umsatzsteuervoranmeldungszeitraum 01 ein Erstattungsbetrag, welcher sich aus den begründeten Steuern aus der Entgeltvereinnahmung des schwachen vorläufigen Insolvenzverwalters i.S.d. § 55 Abs. 4 InsO und den mit Zustimmung des schwachen vorläufigen Insolvenzverwalters begründeten Vorsteuerbeträgen ergibt, i.H.v. 5000 € und für die Umsatzsteuervoranmeldungszeiträume 02 sowie 03 jeweils eine Masseverbindlichkeit i.S.d. § 55 Abs. 4 InsO i.H.v. 10 000 € gegen den Insolvenzverwalter festzusetzen. Der Erstattungsbetrag für den Umsatzsteuervoranmeldungszeitraum 01 kann mit den Masseverbindlichkeiten nach § 55 Abs. 4 InsO oder anderen Masseverbindlichkeiten verrechnet werden.

**36** Nicht als Masseverbindlichkeit i.S.d. § 55 Abs. 4 InsO geltend zu machende Umsatzsteuerverbindlichkeiten sind als Insolvenzforderung zur Insolvenztabelle anzumelden. Dabei ist es zwar zulässig, aber nicht erforderlich, zur Insolvenztabelle die einzelnen, ggf. vor Eröffnung des Insolvenzverfahrens noch angemeldeten bzw. festgesetzten Umsatzsteuerforderungen aus den einzelnen Voranmeldungszeiträumen anzumelden. Ausreichend ist die Anmeldung der noch nicht getilgten Jahressteuer des Insolvenzeröffnungsjahrs für den vorinsolvenzlichen Unternehmensteil. Die jahresbezogene Saldierung nach § 16 Abs. 2 UStG stellt keine Aufrechnung i.S.v. § 96 InsO dar und geht dieser somit vor (BFH-Urteil vom 25.7.2012 VII R 44/10, BStBl. 2013 II S. 33).

**37** Während des Insolvenzeröffnungsverfahrens hat der Unternehmer für jeden Voranmeldungszeitraum eine Umsatzsteuervoranmeldung einzureichen, die sämtliche unselbständigen Besteuerungsgrundlagen enthält.

### III.3.2. Geltendmachung von Masseverbindlichkeiten nach § 55 Abs. 4 InsO bei der Umsatzsteuer

**38** Nach Eröffnung des Insolvenzverfahrens sind die als Masseverbindlichkeiten i.S.d. § 55 Abs. 4 InsO geltenden Umsatzsteuerverbindlichkeiten (vgl. Rz. 33 und 34) für die Voranmeldungszeiträume des vorläufigen Insolvenzverfahrens gegenüber dem Insolvenzverwalter festzusetzen und bekannt zu geben. Hierbei ist es unbeachtlich, wenn für denselben Voranmeldungszeitraum bereits vor der Insolvenzeröffnung ein Vorauszahlungsbescheid vorlag, der sich gem. § 168 Satz 1 AO auch aus einer Steueranmeldung ergeben kann, die einer Steuerfestsetzung unter Vorbehalt der Nachprüfung gleichsteht (vgl. BFH-Urteil vom 24.9.2014 V R 48/13, BStBl. 2015 II S. 506). Eventuell erfolgte Zahlungen auf die als Masseverbindlichkeiten i.S.d. § 55 Abs. 4 InsO geltenden Umsatzsteuerverbindlichkeiten sind im Abrechnungsteil der Festsetzung anzurechnen.

Für die Bekanntgabe der Festsetzungen gelten die allgemeinen Grundsätze zu § 122 AO und der Nrn. 4.3, 4.4, 6.1, 13.2 und 15.1 des AEAO zu § 251.

**39** Die bisher gegen den Insolvenzschuldner (vorinsolvenzlicher Unternehmensteil) für die Zeiträume des vorläufigen Insolvenzverfahrens festgesetzten Umsatzsteuern sind – korrespondierend zu den Festsetzungen gegen die Insolvenzmasse – in Form einer Steuerberechnung mit anschließender (gegebenenfalls berichtigter) Tabellenanmeldung zu ändern, soweit darin unselbständige Besteuerungsgrundlagen berücksichtigt sind, die wegen § 55 Abs. 4 InsO nach Insolvenzeröffnung als Masseverbindlichkeiten dem Unternehmensteil „Insolvenzmasse" zuzurechnen sind.

**40** Der Insolvenzverwalter kann seiner Mitwirkungspflicht durch die schlichte Anzeige der unter § 55 Abs. 4 InsO fallenden Besteuerungsgrundlagen oder durch die Abgabe von Umsatzsteuervoranmeldungen entsprechen. Soweit der Insolvenzverwalter seiner Mitwirkungspflicht nicht nachkommt, sind die Besteuerungsgrundlagen zur Berechnung der Masseverbindlichkeiten sachgerecht zu schätzen.

In der Umsatzsteuerjahreserklärung sind die die Masseverbindlichkeiten i.S.d. § 55 Abs. 4 InsO begründenden unselbständigen Besteuerungsgrundlagen mit den die Masseverbindlichkeiten i.S.d. § 55 Abs. 1 und ggf. § 55 Abs. 2 InsO begründenden Besteuerungsgrundlagen in der (Teil-)Umsatzsteuerjahreserklärung des Unternehmensteiles Insolvenzmasse zu berücksichtigen. 41

Die Ausführungen der Rz. 38 – 41 gelten analog auch für die Eigenverwaltung. Der eigenverwaltende Schuldner tritt an die Stelle des Insolvenzverwalters. 42

### III.4. Geltendmachung von Masseverbindlichkeiten nach § 55 Abs. 4 InsO bei der Lohnsteuer

Nach Eröffnung des Insolvenzverfahrens sind die als Masseverbindlichkeiten i.S.d. § 55 Abs. 4 InsO geltenden Lohnsteuerverbindlichkeiten (vgl. Rz. 28) für die Anmeldungszeiträume des Insolvenzeröffnungsverfahrens gegenüber dem Insolvenzverwalter festzusetzen und bekannt zu geben. Hierbei ist es unbeachtlich, wenn für denselben Anmeldungszeitraum bereits vor der Insolvenzeröffnung eine Lohnsteuerfestsetzung vorlag, die sich gem. § 168 Satz 1 AO auch aus einer Steueranmeldung ergeben kann, die einer Steuerfestsetzung unter Vorbehalt der Nachprüfung gleichsteht (vgl. BFH-Urteil vom 24.9.2014 V R 48/13, BStBl. 2015 II S. 506). Eventuell erfolgte Zahlungen auf die als Masseverbindlichkeiten i.S.d. § 55 Abs. 4 InsO geltenden Lohnsteuerverbindlichkeiten sind im Abrechnungsteil der Festsetzung anzurechnen. 43

Die bisher gegen den Insolvenzschuldner für die Zeiträume des Insolvenzeröffnungsverfahrens festgesetzten Lohnsteuern sind – korrespondierend zu den Festsetzungen gegen die Insolvenzmasse – in Form einer Steuerberechnung mit anschließender (gegebenenfalls berichtigter) Tabellenanmeldung zu ändern, soweit darin unselbständige Besteuerungsgrundlagen berücksichtigt sind, die wegen § 55 Abs. 4 InsO nach Insolvenzeröffnung als Masseverbindlichkeiten gelten. 44

Der Insolvenzverwalter kann seiner Mitwirkungspflicht durch die schlichte Anzeige der unter § 55 Abs. 4 InsO fallenden Besteuerungsgrundlagen oder durch die Abgabe von Lohnsteueranmeldungen entsprechen. Soweit der Insolvenzverwalter seiner Mitwirkungspflicht nicht nachkommt, sind die Besteuerungsgrundlagen zur Berechnung der Masseverbindlichkeiten sachgerecht zu schätzen. 45

Die Ausführungen der Rz. 43 bis 45 gelten analog auch für die Eigenverwaltung. Der eigenverwaltende Schuldner tritt an die Stelle des Insolvenzverwalters. 46

### III.5. Einwendungen gegen die Zuordnung als Masseverbindlichkeit nach § 55 Abs. 4 InsO

Einwendungen gegen die Zuordnung von Steueransprüchen als Masseverbindlichkeit nach § 55 Abs. 4 InsO können nach den allgemeinen Grundsätzen, insbesondere im Wege des Einspruchs gegen die Festsetzung der Umsatzsteuer sowie der Lohnsteuer, geltend gemacht werden. 47

Der Insolvenzverwalter kann mit Verfahrenseröffnung die Rechte wahrnehmen, die dem Schuldner zu diesem Zeitpunkt auch zugestanden hätten.

In Fällen der Eigenverwaltung nimmt der Schuldner die Rechte selbst wahr.

### III.6. Aufrechnung gegen Steuererstattungsansprüche

48 Vor Eröffnung des Insolvenzverfahrens sind Steuerforderungen und Steuererstattungen ohne Einschränkungen aufrechenbar, soweit die Aufrechnungsvoraussetzungen vorliegen. Der Umstand, dass bestimmte Steuerforderungen später (nach Insolvenzeröffnung) gem. § 55 Abs. 4 InsO zu Masseverbindlichkeiten werden, hindert die Aufrechnung nicht.

49 Nach Verfahrenseröffnung noch bestehende Steuererstattungsansprüche aus dem Zeitraum des Eröffnungsverfahrens sind vorbehaltlich des BFH-Urteils vom 2.11.2010 VII R 6/10, BStBl. 2011 II S. 374, mit Insolvenzforderungen aufrechenbar.

50 Sofern § 96 Abs. 1 Nr. 3 InsO einer Aufrechnung mit Insolvenzforderungen entgegensteht, kann gegen diese Guthaben mit Masseverbindlichkeiten (insbesondere mit Masseverbindlichkeiten gem. § 55 Abs. 4 InsO) aufgerechnet werden. § 96 Abs. 1 Nr. 3 InsO gilt nicht für Massegläubiger, sondern nur für Insolvenzgläubiger.

### IV. Anfechtung

51 Tatbestandlich ist § 55 Abs. 4 InsO im Zeitpunkt der Insolvenzeröffnung im Falle einer anfechtbar geleisteten Zahlung mangels bestehender Steuerverbindlichkeiten nicht erfüllt. Würde der Insolvenzverwalter oder der Sachwalter nach der Insolvenzeröffnung die Anfechtung der Steuerzahlung erklären und das Finanzamt auf die Anfechtung hin zahlen, würde die ursprüngliche Steuerforderung nach § 144 Abs. 1 InsO unmittelbar, aber nunmehr als Masseforderung wieder aufleben. Das Finanzamt würde eine Zahlung leisten, die es sofort wieder zurückfordern könnte. Eine Zahlung auf den Anfechtungsanspruch kann daher wegen Rechtsmissbräuchlichkeit verweigert werden.

# 800 § 268/1. Verfügung betr. Aufteilung einer Gesamtschuld nach § 268 ff. AO; Gesamtdarstellung für den Veranlagungsbereich

Vom 11. März 2019 (StEd S. 219 (nur Leitsatz))

(LfSt Bayern S 0520.1.1 – 1/13 St 43)

**3 Anlagen**

**Inhaltsverzeichnis**

**Anlage 3:** Beispiel für die Aufteilung einer Steuernachforderung (§ 273 AO) nach Änderung oder Berichtigung

## 1. Zweck der Aufteilung

Ehegatten/Lebenspartner (= Partner) sind Gesamtschuldner der aufgrund der Zusammenveranlagung nach § 26 b EStG sich ergebenden Steuerschuld (§ 44 Abs. 1 Satz 1 AO). Die Gesamtschuldnerschaft hat zur Folge, dass jeder Partner bis zur vollständigen Tilgung die gesamte Steuerschuld schuldet (§ 44 Abs. 1 Satz 2 AO). Erst durch die Aufteilung nach den §§ 268 ff. AO wird die Gesamtschuld für Zwecke der Vollstreckung in Teilschulden aufgeteilt und dadurch die Vollstreckung gegen die Gesamtschuldner auf ihren jeweiligen Anteil an der Gesamtschuld beschränkt.

## 2. Voraussetzungen für die Erteilung eines Aufteilungsbescheides

Die Aufteilung ist nur statthaft bei Personen, die Gesamtschuldner sind, weil sie zusammen zur Einkommensteuer (§§ 26, 26 b EStG) veranlagt wurden. Die Zusammenveranlagung zur Einkommensteuer erfasst auch den Solidaritätszuschlag, so dass auch dieser in die Aufteilung einzubeziehen ist.

In anderen Fällen der Gesamtschuldnerschaft ist eine Aufteilung nach den §§ 268 ff. AO unzulässig, insbesondere zwischen Steuerschuldner und Haftungsschuldner.

Weitere Voraussetzung für die Aufteilung einer Gesamtschuld ist, dass Steuerbeträge (Vorauszahlungen oder Abschlusszahlungen) rückständig (s. hierzu Tz. 4) sind und ein ordnungsgemäßer Antrag auf Aufteilung gestellt wird (s. hierzu Tz. 3).

## 3. Anträge auf Aufteilung

Die Aufteilung findet nur auf Antrag statt. Eine Aufteilung von Amts wegen erfolgt nicht. § 89 AO bleibt jedoch unberührt.

### 3.1. Form des Antrags, Zuständiges Finanzamt

Für den Aufteilungsantrag ist Schriftform vorgeschrieben (§ 269 Abs. 1 AO). Der Antrag ist nur wirksam, wenn er bei dem für die Besteuerung nach dem Einkommen zuständigen (§ 269 Abs. 1 i. V. m. § 19 AO) Finanzamt schriftlich gestellt oder zur Niederschrift erklärt wird. Für den Aufteilungsantrag war bis zum 31. 12. 2016 Schriftform vorgeschrieben (§ 269 Abs. 1 AO). Ab dem 1. 1. 2017 kann ein Aufteilungsantrag schriftlich oder elektronisch gestellt werden (§ 269 Abs. 1 Satz 1 AO in der Fassung des Gesetzes zur Modernisierung des Besteuerungsverfahrens vom 18. 7. 2016, BGBl. I S. 1679). Damit ist ab diesem Zeitpunkt die Antragstellung per E-Mail zulässig (vgl. AEAO zu § 87 a Nr. 3.3).

Eine mehrfache örtliche Zuständigkeit (§ 25 AO) kann sich ergeben, weil jeder Gesamtschuldner zur Antragstellung berechtigt ist (§ 268 AO) und die Entscheidung über den Antrag durch Aufteilungsbescheid gegenüber den Beteiligten einheitlich zu erfolgen hat (§ 279 Abs. 1 Satz 1 AO). Soweit für die antragsberechtigten Gesamtschuldner im Zeitpunkt der Antragstellung verschiedene Finanzämter für die Besteuerung vom Einkommen zuständig sind, hat grundsätzlich das mit der Sache zuerst befasste Finanzamt die einheitliche Entscheidung gegenüber allen Beteiligten zu treffen (§ 25 AO). Es ist jedoch zweckmäßig, die Entscheidung dem Finanzamt zu übertragen, bei dem die Akten für den betreffenden Veranlagungszeitraum geführt werden.

### 3.2. Antragsberechtigung

Antragsberechtigt ist jeder Gesamtschuldner. Ist über das Vermögen eines oder beider Gesamtschuldner das Insolvenzverfahren eröffnet worden, ist der Insolvenzverwalter für den Insolvenzschuldner zur Antragstellung befugt. Der Insolvenzschuldner hat das Antragsrecht weiterhin hinsichtlich des insolvenzfreien Vermögens.

Wenn der Antrag nicht von allen Gesamtschuldnern gestellt wurde, ist den übrigen Gesamtschuldnern vor Erteilung eines Bescheides unter den Voraussetzungen des § 91 AO rechtliches Gehör zu gewähren. Der Inhalt des Antrags ist ihnen dabei zur Kenntnis zu geben.

### 3.3. Zeitpunkt und Zulässigkeit des Antrags

Der Antrag kann bereits vor Fälligkeit der Steuerbeträge, jedoch frühestens nach Bekanntgabe des Leistungsgebots gestellt werden (§ 269 Abs. 2 Satz 1 AO). Wird der Antrag vor Bekanntgabe des Leistungsgebots gestellt, ist er unzulässig. Die Unzulässigkeit wird auch nicht durch die spätere Bekanntgabe eines Leistungsgebots geheilt. Nach vollständiger Tilgung der rückständigen Steuer ist der Antrag nicht mehr zulässig (§ 269 Abs. 2 Satz 2 AO). Dies gilt auch dann, wenn die Tilgung der Gesamtschuld im Wege der Aufrechnung (§ 226 AO) durch das Finanzamt erfolgt (BFH-Urteil vom 12. 6. 1990 VII R 69/89, BStBl. 1991 II S. 493). War der Antrag im Zeitpunkt der Antragstellung zulässig, wird er durch eine später vorgenommene Aufrechnung oder Verrechnung nicht unzulässig (BFH-Beschluss vom 2. 10. 2018 VII R 17/17, BFH/NV 2019 S. 4).

Kann ein Aufteilungsbescheid wegen Unzulässigkeit nicht erteilt werden, ist dessen Erteilung abzulehnen und der Antragsteller darüber zu belehren, dass nur ein zulässiger Aufteilungsantrag die Rechtsfolgen des Aufteilungsantrags (vgl. Tz. 4.1) auslösen kann.

War die rückständige Steuer, zu der auch Säumniszuschläge, Zinsen nach §§ 223 a–237 AO und Verspätungszuschläge gehören (vgl. § 276 Abs. 4 AO) nur teilweise getilgt, ist der Aufteilungsantrag zulässig. Die Aufteilung erfolgt in diesem Fall aber nur noch bezüglich der rückständigen Steuer (vgl. § 270 Satz 1 AO).

### 3.4. Inhalt des Antrags

Sofern sich die für die Aufteilung erforderlichen Angaben nicht aus der Steuererklärung ergeben, sind sie im Antrag aufzuführen (§ 269 Abs. 2 Satz 3 AO). Ein unvollständiger Antrag ist jedoch nicht unwirksam; eine Ablehnung unter Hinweis auf den Wegfall der Vollstreckungsbeschränkung nach § 277 AO kommt nur dann in Betracht, wenn die Angaben nicht nachgeholt werden und auch nicht anderweitig ermittelt oder geschätzt werden können.

### 3.5. Rücknahme des Antrags

Der Antrag kann zurückgenommen werden, solange der Aufteilungsbescheid noch nicht erlassen worden ist. Hatte nur einer der Gesamtschuldner den Antrag gestellt und nimmt dieser den Antrag zurück, braucht der andere

Gesamtschuldner hierüber nur dann informiert zu werden, wenn er über den Antrag bereits unterrichtet worden war.

Hatten beide Gesamtschuldner den Antrag gestellt, müssen beide Gesamtschuldner die Rücknahme des Antrags erklären. Die einseitige Rücknahme des Antrags durch nur einen der Gesamtschuldner ist unwirksam. Der andere Gesamtschuldner ist anzuhören (§ 91 AO); stimmt er der Rücknahme des Antrags nicht zu, ist der Aufteilungsbescheid zu erlassen.

Ist der Aufteilungsbescheid ergangen, kann er nur noch aus den in § 280 AO genannten Gründen geändert werden.

### 3.6. Zusammenwirken von Veranlagungsstelle, Finanzkasse und Vollstreckungsstelle

Zuständig für die Bearbeitung von Aufteilungsanträgen ist die Veranlagungsstelle des für die Besteuerung des Antragstellers im Zeitpunkt der Antragstellung örtlich zuständigen Finanzamts (§ 269 Abs. 1 AO). Sie prüft die Zulässigkeit des Antrags, ermittelt ggf. den Sachverhalt und erteilt die erforderlichen Bescheide. Dabei wird sie von der Finanzkasse unterstützt. Wird eine Vollstreckungsmaßnahme im Wege der Amtshilfe (§ 250 AO) für ein anderes Finanzamt durchgeführt, ist der Antrag auf Erteilung des Aufrechnungsbescheids bei dem um Amtshilfe ersuchenden Finanzamt zu stellen (vgl. § 250 Abs. 1 Satz 2 AO).

Unverzüglich nach Eingang des Antrags ist wegen der Vollstreckungsbeschränkung nach § 277 AO die Vollstreckungsstelle zu informieren und diese zu veranlassen, mitzuteilen, ob die Vollstreckung bereits eingeleitet ist. Hierzu steht die Vorlage „Eingang Aufteilungsantrag“ (Ordner Veranlagung/Aufteilung) zur Verfügung. Des weiteren sollte mit der Erstellung des verfahrensrechtlichen Vermerks zum Aufteilungsverfahren begonnen (Vorlage „Vermerk Aufteilung“, Ordner Veranlagung/Aufteilung) und die sich anschließenden Arbeitsschritte fortlaufend dokumentiert werden.

Die Veranlagungsstelle veranlasst, dass auf dem Speicherkonto VE-, VU- und VI-Sperrvermerke gesetzt werden. Zur Ermittlung der aufzuteilenden Steuer sind von ihr Z-, Y- bzw. O-Abfragen durchzuführen (vgl. Tz. 5).

Bis zur unanfechtbaren Entscheidung über den Antrag dürfen Vollstreckungsmaßnahmen nur insoweit durchgeführt werden, als dies zur Sicherung des Anspruchs erforderlich ist (§ 277 AO). Die Vollstreckungsstelle ist aus diesem Grunde auch fortlaufend über den weiteren Verfahrensverlauf zu unterrichten.

## 4. Zeitpunkt der Durchführung der Aufteilung

Über den Antrag auf Erteilung eines Aufteilungsbescheids ist nach Einleitung der Vollstreckung unverzüglich zu entscheiden (§ 279 Abs. 1 Satz 1 AO) Die Vollstreckung gilt gem. § 276 Abs. 5 AO mit dem erstmaligen Ausweis in der Liste der unerledigten Vollstreckungsfälle bzw. nach Aufnahme des Rückstands in die Liste der unerledigten Neuzugänge als eingeleitet. Ist die Steuernachforderung vollständig von der Vollziehung ausgesetzt oder gestundet, kommt eine Aufteilung erst in Betracht, wenn bezüglich der (vorher) ausgesetzten oder gestundeten Beträge die Vollstreckung eingeleitet wird.

Soweit allerdings die Aufteilung der Vorauszahlungsschuld erfolgt ist (§ 272 AO vgl. Tz. 6.2.2), ist nach Durchführung der Veranlagung eine abschließende Aufteilung vorzunehmen, auch wenn sich aufgrund der Veranlagung kein aufzuteilender Rückstand ergeben sollte (vgl. Tz. 6.2.3). Ist die Vollstreckung noch nicht eingeleitet und die aufzuteilende Steuer noch nicht getilgt, ist die Bearbeitung des Antrags zunächst zurückzustellen (§ 279 Abs. 1 Satz 1 AO). Sobald die Vollstreckung eingeleitet ist, ist über den Aufteilungsantrag unverzüglich zu entscheiden. Dabei ist vorab festzustellen, ob die Steuerschuld zwischenzeitlich (teilweise) beglichen wurde.

### 4.1. Wirkungen des Antrags

Der Eingang eines Antrages auf Aufteilung entfaltet folgende Wirkungen:
- Der Antrag wirkt konstitutiv, es muss aufgeteilt werden.
- Die Vollstreckung ist nur noch eingeschränkt möglich. Die Verpflichtung zur Zahlung wird nicht hinausgeschoben, es entstehen weiterhin Säumniszuschläge und ggf. Vollstreckungskosten.
- Nach Antragstellung geleistete Zahlungen kommen dem Gesamtschuldner zugute, der sie geleistet hat bzw. für den sie geleistet worden sind (§ 276 Abs. 6 AO).
- Der Zeitpunkt der Antragstellung bestimmt ggf. den Aufteilungsstichtag und damit letztendlich die Höhe des aufzuteilenden Betrages (Tz. 5.1.1).
- Betrifft der Antrag rückständige Vorauszahlungen, erstreckt er sich kraft Gesetzes auch auf die weiteren im gleichen Veranlagungszeitraum fällig werdenden Vorauszahlungen und auf die Abschlusszahlung (§ 272 Abs. 1 AO). Einer Aufteilung späterer Vorauszahlungen bedarf es nicht, wenn diese freiwillig entrichtet werden (§ 279 Abs. 1 Satz 2 AO).

## 5. Aufzuteilender Betrag

### 5.1. Ermittlung der rückständigen Steuer

Nach Eingang eines wirksamen Aufteilungsantrags ist zunächst der aufzuteilende rückständige Betrag zu ermitteln. Die Entscheidung richtet sich danach, ob der Antrag auf Aufteilung vor oder nach der Einleitung der Vollstreckung beim Finanzamt eingegangen ist. Bei der Ermittlung des Aufteilungszeitpunkts und der zu diesem Zeitpunkt rückständigen Steuern ist die Finanzkasse zu beteiligen. Hierzu stehen die Vorlagen „Aufteilung Anfrage bei FK rückständige Steuer" (Ordner Veranlagung/Aufteilung) und „Mitteilung Aufteilungsgrundlagen § 268 AO" (Ordner Finanzkasse/4) für FK Buchhaltung 1 und 2/4 d) sonstige) zur Verfügung.

Säumniszuschläge, Zinsen nach §§ 233 a–237 AO und Verspätungszuschläge (§ 276 Abs. 4 AO), die den Veranlagungszeitraum betreffen, für den die Aufteilung beantragt wird, gehören ebenfalls zur rückständigen Steuer. Verspätungszuschläge sind auch dann nach Maßgabe der §§ 268 ff. AO aufzuteilen, wenn die ihnen zugrunde liegende Steuer nicht mehr rückständig ist (BFH-Urteil vom 30. 11. 1994 XI R 19/94, BStBl. 1995 II S. 487). Eine Abhängigkeit (der Aufteilbarkeit) dieser Nebenleistungen vom Fortbestand der zugrunde liegenden Steuer nach deren Tilgung besteht nicht.

**5.1.1. Ermittlung der rückständigen Steuer bei Antrag vor Einleitung des Vollstreckungsverfahrens**

Wird der Antrag vor Einleitung der Vollstreckung gestellt, so ist die zum Zeitpunkt des Eingangs des Antrags geschuldete Steuer (vgl. Tz. 3.3) aufzuteilen (§ 276 Abs. 1 AO). Die Beträge. müssen nicht fällig sein. Zur geschuldeten Steuer zählen auch gestundete und von der Vollziehung ausgesetzte Beträge. Jede festgesetzte und noch nicht erloschene Steuer wird geschuldet. Erlischt die Steuer z. B. durch Zahlung nach dem Aufteilungszeitpunkt, ändert dies nichts an dem aufzuteilenden Betrag; dies ist erst bei der Anrechnung zu berücksichtigen.

Über den Antrag auf Aufteilung kann aber erst nach Einleitung der Vollstreckung entschieden werden, bis dahin ist die Bearbeitung des Antrags zurückzustellen.

**5.1.2. Ermittlung der rückständigen Steuer bei Antrag nach Einleitung des Vollstreckungsverfahrens**

Wird der Antrag nach Einleitung der Vollstreckung gestellt, so ist die im Zeitpunkt der Einleitung der Vollstreckung geschuldete Steuer (vgl. Tz. 4.1), derentwegen vollstreckt wird, aufzuteilen (§ 276 Abs. 2 AO). Nach dem Wortlaut des Gesetzes gehören zwar hierzu nicht die gestundeten und von der Vollziehung ausgesetzten Beträge, aus Zweckmäßigkeitsgründen sollten sie jedoch stets in die Aufteilung einbezogen werden, soweit die Steuernachforderung nur teilweise von der Vollziehung ausgesetzt oder gestundet wurde (bei vollständiger Aussetzung der Vollziehung bzw. vollständiger Stundung vgl. Tz. 4, erster Absatz).

**5.2. Weitere in die Aufteilung einzubeziehende Beträge**

Neben der Ermittlung der rückständigen Steuer sind folgende weitere Beträge in die Aufteilung gem. § 276 Abs. 3 AO in die Aufteilung mit einzubeziehen:

– Steuerabzugsbeträge (z. B. einbehaltene Lohnsteuer, Kapitalertragsteuer),
– für die Partner getrennt festgesetzte Vorauszahlungen und zwar auch dann, wenn sie vor Antragstellung entrichtet worden sind. Bei Nichtzahlung gelten bereits die allgemeinen Aufteilungsregeln.

Vorauszahlungen werden in den Fällen getrennt festgesetzt, in denen die letzte Veranlagung der Partner nach § 26 a EStG einzeln durchgeführt worden ist oder in denen die Partner bei ihren letzten Veranlagungen noch nicht verheiratet waren bzw. die Partnerschaft eingegangen sind und daher die Voraussetzungen des § 26 EStG für die Wahl der Veranlagung noch nicht erfüllt waren.

Die einbezogenen Steuerabzugsbeträge und getrennt festgesetzten Vorauszahlungen werden gem. § 276 Abs. 6 AO dem Gesamtschuldner wieder angerechnet, der sie geleistet hat bzw. für den sie geleistet worden sind.

Durch diesen Mechanismus (Einbeziehung nach § 276 Abs. 3 AO und Anrechnung nach § 276 Abs. 6 AO) wird erreicht, dass die nur einem Gesamtschuldner zuzurechnende Leistung nicht auch dem anderen Gesamtschuldner zugutekommt.

## 6. Aufteilungsmaßstab, Aufteilung und Anrechnung von Beträgen

### 6.1. Besonderer, von den Gesamtschuldnern vorgeschlagener Aufteilungsmaßstab

Gem. § 274 AO können die Gesamtschuldner gemeinschaftlich einen besonderen Aufteilungsmaßstab vorschlagen. Der Vorschlag ist schriftlich einzureichen oder zur Niederschrift zu erklären und von allen Gesamtschuldnern zu unterschreiben. Voraussetzung hierfür ist aber, dass die Tilgung der rückständigen Steuer sichergestellt ist. Die Anwendung des vorgeschlagenen Aufteilungsmaßstabs steht im Ermessen des Finanzamts; es wird dem Vorschlag folgen müssen, wenn der Anspruch dadurch nicht gefährdet wird.

### 6.2. Gesetzlicher Aufteilungsmaßstab

Wird ein besonderer Aufteilungsmaßstab nach § 274 AO nicht vorgeschlagen oder kann dem Vorschlag nicht gefolgt werden, ist der Aufteilungsmaßstab nach den §§ 270 bis 273 AO zu ermitteln. Dabei ist grundsätzlich von den Daten des Zusammenveranlagungsbescheids auszugehen.

#### 6.2.1. Einkommensteuer

Die Aufteilung rückständiger Einkommensteuer richtet sich nach § 270 AO. Danach sind zur Festlegung des Aufteilungsmaßstabes auf der Grundlage des Zusammenveranlagungsbescheides fiktive Einzelveranlagungen (bis 2012: getrennte Veranlagungen §§ 26, 26 a EStG) durchzuführen. Aufteilungsmaßstab ist das Verhältnis der sich hiernach insgesamt ergebenden Steuer zu der auf den betreffenden Gesamtschuldner entfallenden Steuer. Im Rahmen dieser Einzelveranlagungen (bis 2012: getrennten Veranlagung) sind jedem Partner die Besteuerungsgrundlagen zuzurechnen, die er in seiner Person verwirklicht hat. Für den Ansatz sind die tatsächlichen und rechtlichen Feststellungen maßgebend, die der Steuerfestsetzung bei der Zusammenveranlagung zugrunde gelegt worden sind, soweit nicht die Anwendung der Vorschriften über die Einzelveranlagung zu Abweichungen führt (§ 270 Satz 2 AO). Wurden im Steuerbescheid einem Gesamtschuldner Einkünfte unrichtig zugerechnet, so kann dies im Aufteilungsverfahren nur dann korrigiert werden, wenn sich die Partner auf einen abweichenden Aufteilungsmaßstab gem. § 274 AO einigen (vgl. hierzu Tz. 6.1).

Technisch kann dies erfolgen, indem alle Angaben des zweiten Partners entfernt werden und eine Probeberechnung als Einzelveranlagung von Ehegatten durchgeführt wird, um den Anteil des ersten Partners an der Steuer zu ermitteln. Anschließend ist der Fall abzubrechen, neu aufzurufen und zur Ermittlung des Anteils des zweiten Partners an der Steuer zuerst alle Angaben des ersten Partners zu löschen, die Angaben des zweiten Partners als Angaben zum ersten Partner neu zu erfassen und dann erneut eine Probeberechnung durchzuführen. Zur Personalisierung der Probeberechnungen können im Sachbereich 10 die Adressangaben des jeweiligen Gesamtschuldners eingetragen werden. Die Probeberechnungen sind in der erforderlichen Anzahl (versehen mit dem Hinweis: Berechnung für Zwecke des Aufteilungsbescheids o.Ä.) auszudrucken und als Anlagen den Aufteilungsbescheiden beizufügen. Der in den Probeberechnungen enthaltene Abrechnungsteil ist dabei zu streichen.

Wird eine im Wege der Schätzung (§ 162 AO) festgesetzte Steuer aufgeteilt, sind in die fiktiven Einzelveranlagungen die zur Durchführung der Zusammenveranlagung geschätzten Besteuerungsgrundlagen einzubeziehen. Das gilt auch dann, wenn sich diese Besteuerungsgrundlagen zwischenzeitlich – z. B. durch Abgabe der Steuererklärung – als falsch herausgestellt haben. Sofern die Gesamtschuldner nach § 26 a EStG zugelassene Wahlrechte ausüben, sind die Grundsätze des § 274 AO zu beachten (vgl. Tz. 6.1).

Die Anlage 1 enthält ein Berechnungsschema und ein Beispiel für eine derartige Aufteilung.

### 6.2.2. Vorauszahlungen zur Einkommensteuer

Die Aufteilung der Vorauszahlungen vor der Veranlagung richtet sich nach § 272 Abs. 1 Satz 1 AO. Die rückständigen Vorauszahlungen werden nach dem Verhältnis der Beträge aufgeteilt, die sich bei einer getrennten Festsetzung der Vorauszahlungen ergeben hätten. Dies gilt sowohl bei Festsetzungen aufgrund eines Veranlagungsergebnisses als auch für neue oder geänderte Festsetzungen. Zu berücksichtigen sind in der Regel die Verhältnisse der letzten durchgeführten Veranlagung; ggf. sind die Berechnungsgrundlagen zu schätzen.

Werden die Vorauszahlungen nach der Veranlagung aufgeteilt, so ist auf die rückständigen Vorauszahlungen der für die veranlagte Steuer geltende Aufteilungsmaßstab anzuwenden (§ 272 Abs. 2 AO).

Der Antrag auf Aufteilung von Vorauszahlungen gilt zugleich als Antrag auf Aufteilung der weiteren für den gleichen Veranlagungszeitraum fällig werdenden Vorauszahlungen (§ 272 Abs. 1 Satz 2 AO), die somit (obwohl noch nicht fällig) in die Aufteilung miteinzubeziehen sind.

### 6.2.3. Abschließende Aufteilung nach vorangegangener Aufteilung der Vorauszahlungen

Da die Aufteilung der Vorauszahlungen nur vorläufigen Charakter hat, ist nach der Veranlagung eine Aufteilung der gesamten Steuerschuld abzüglich der Beträge vorzunehmen, die nicht in die Aufteilung der Vorauszahlungen mit einbezogen worden sind (§ 272 Abs. 1 Sätze 3 und 4). Ergibt sich bei der Veranlagung der Jahressteuer ein Erstattungsbetrag, ist für die Anwendung des § 272 Abs. 1 Satz 3 AO kein Raum. Ggf. ist dessen Aufteilung nach den Rechtsgrundsätzen des § 37 Abs. 2 AO vorzunehmen (vgl. hierzu BMF-Schreiben vom 14. 1. 2015, BStBl. I S. 83). Gleiches gilt, wenn die Ehegatten/Lebenspartner die Einzelveranlagung beantragen. Sind noch Säumniszuschläge offen, ist für diese eine Aufteilung nach § 272 Abs. 1 Satz 3 AO durchzuführen.

Im Rahmen der Abrechnung zur Aufteilung sind entstandene Säumniszuschläge auf Vorauszahlungen von der Finanzkasse zu berücksichtigen.

Auch für diese abschließende Aufteilung gelten grundsätzlich die §§ 270, 271, 272 Abs. 1 Satz 4 und 5 AO enthält jedoch ergänzende Spezialregelungen, die vorrangig zu beachten sind.

Aufteilungsstichtag ist der Tag der Durchführung der Veranlagung. Aufzuteilen ist die gesamte Steuer abzüglich der Beträge, die nicht in die Aufteilung der Vorauszahlungen einbezogen worden sind (§ 272 Abs. 1 Sätze 3 und 4 AO), weil sie nicht rückständig waren (§ 276 Abs. 1 und Abs. 2 AO). Bei der abschließenden Aufteilung werden jedem Gesamtschuldner die von ihm auf die aufgeteilten Vorauszahlungen entrichteten Beträge angerechnet (§ 272 Abs. 1 Satz 5 AO). Ergibt sich dabei eine Überzahlung für einen Gesamtschuldner, so ist ihm der überzahlte Betrag zu erstatten (§ 272 Abs. 1 Satz 6 AO).

Anlage 2 enthält ein Berechnungsschema und ein Beispiel für eine derartige Aufteilung.

### 6.2.4. Aufteilungsanträge nach Ergehen des Jahressteuerbescheides mit noch rückständigen Vorauszahlungen ohne vorangegangener Aufteilung der Vorauszahlung

Wird ein Aufteilungsantrag nach Ergehen eines Jahressteuerbescheides gestellt und befinden sich zu diesem Zeitpunkt noch rückständige Vorauszahlungen in Vollstreckung, wegen derer kein Aufteilungsantrag gestellt wurde, so ist für die Bestimmung des Aufteilungszeitpunkts für alle offenen Beträge (auch bezüglich der Säumniszuschläge zu den nicht bezahlten Vorauszahlungen) der Jahressteuerbescheid maßgeblich. Denn die Person, die den Antrag gestellt hat, hat von ihrem Antragsrecht nach Einleitung der Vollstreckung der Vorauszahlungen keinen Gebrauch gemacht, so dass maßgeblich für den Aufteilungszeitpunkt die Antragstellung bzw. die Einleitung der Vollstreckung nach Bekanntgabe des Jahresbescheides ist.

### 6.2.5. Steuernachforderungen aufgrund eines Änderungsbescheides

Wird nach restloser Tilgung der Steuer aus der ursprünglichen Festsetzung die Steuerfestsetzung geändert oder nach § 129 berichtigt und führt dies zu einer Nachforderung, ist im Fall der Aufteilung (erneuter oder erstmaliger Antrag!) gem. § 273 Abs. 1 AO die Nachforderung im Verhältnis der Mehrbeträge aufzuteilen, die sich bei einem Vergleich der berichtigten Einzelveranlagungen mit den früheren Einzelveranlagungen ergeben. Dies gilt unabhängig davon, ob bereits ein Aufteilungsbescheid ergangen ist oder nicht.

Ist die bisher festgesetzte Steuer noch nicht getilgt, so ist § 273 AO nicht anwendbar (§ 273 Abs. 2 AO). In diesen Fällen ist entweder die gesamte rückständige Steuer nach den allgemeinen Vorschriften erstmalig aufzuteilen oder, falls bereits ein Aufteilungsbescheid ergangen ist, dieser gem. § 280 AO zu ändern (Tz. 11).

Anlage 3 enthält ein Beispiel für eine Aufteilung nach § 273 AO.

War im Zeitpunkt der Änderung der Steuerfestsetzung die Aufteilung der rückständigen Steuer aus der bisherigen Steuerfestsetzung bereits beantragt, aber noch nicht durchgeführt, so gilt Folgendes:

Liegen die Voraussetzungen für eine Aufteilung der rückständigen Steuer aus der bisherigen Steuerfestsetzung auch im Zeitpunkt des Ergehens des Änderungsbescheids noch vor, so kann die an sich erforderliche Nachholung der beantragten Aufteilung und die nachfolgende Berichtigung in einem Bescheid wie folgt zusammengefasst werden:

Die Aufteilung ist gem. § 270 AO nach den Besteuerungsgrundlagen des Änderungsbescheids durchzuführen. Dabei ist für die aufzuteilende rückständige Steuer und die Anrechnung von Zahlungen (§ 276 Abs. 6 AO) der Zeitpunkt maßgebend (§ 276 Abs. 1 bzw. 2 AO), der für die beantragte Aufteilung der bisherigen Steuerfestsetzung gilt. Die aufzuteilende rückständige

Steuer ist jedoch um den Betrag zu erhöhen oder zu ermäßigen, um den sich die bisher festgesetzte Steuer geändert hat.

Ist für die bisher festgesetzte Steuer bereits ein Aufteilungsbescheid ergangen, kann für Nachforderungen, die sich aufgrund der geänderten Steuerfestsetzung ergeben, der Aufteilungsmaßstab gem. § 273 Abs. 1 AO nur angewandt werden, wenn die bisher festgesetzte Steuer bereits getilgt ist. Ist jedoch die (aufgeteilte) Steuer aus der bisherigen Festsetzung noch (ganz oder teilweise) rückständig, ist der bisherige Aufteilungsbescheid gem. § 280 Abs. 1 Nr. 2 AO zu ändern, wenn sich die rückständige Steuer durch Änderung der Steuerfestsetzung erhöht oder vermindert.

Für die Aufteilung nach § 273 AO steht die Vorlage „Aufteilung § 273 AO" (Veranlagung/Aufteilung) zur Verfügung, vgl. hierzu auch Tz. 7.

Ergibt sich beim Vergleich der fiktiven Einzelveranlagungen für einen der Gesamtschuldner kein Mehrbetrag oder gar ein negativer Betrag, hat der andere Gesamtschuldner den vollen Nachforderungsbetrag zu zahlen, weil es nach § 273 Abs. 1 AO auf das Verhältnis der Mehrbeträge ankommt.

Ergibt sich beim Vergleich der fiktiven Einzelveranlagungen für keinen der Partner ein Mehrbetrag, z. B. weil bei einem Partner die sich aus der fiktiven Einzelveranlagung ergebende Steuer trotz Erhöhung einer Besteuerungsgrundlage weiterhin 0 Euro beträgt, während sich die Besteuerungsgrundlagen des anderen Partners nicht ändern, so ist auf den allgemeinen Aufteilungsmaßstab nach § 270 Satz 1 AO zurückzugreifen (BFH-Urteil vom 13. 12. 2007 VI R 75/04, BStBl. 2009 II S. 577).

### 6.2.6. Säumniszuschläge, Zinsen und Verspätungszuschläge bei nicht mehr rückständiger Hauptforderung

Für die Aufteilung der in § 276 Abs. 4 AO genannten steuerlichen Nebenleistungen gelten die Ausführungen zu Tz. 6.2.1 und 6.2.4 sinngemäß. Sind nur noch Säumniszuschläge, Zinsen oder Verspätungszuschläge rückständig, kommt es für den anzuwendenden Aufteilungsmaßstab darauf an, ob und in welchem Umfang diese für die ursprünglich festgesetzte Steuer oder aber für die sich aufgrund des Änderungsbescheids ergebende Steuernachforderung zu entrichten sind. Lediglich im letzteren Fall verändert sich der Aufteilungsmaßstab gegenüber demjenigen, der sich bei der Aufteilung der ursprünglichen Steuer ergeben hatte (BFH-Urteil vom 30. 11. 1994 XI R 19/94, BStBl. 1995 II S. 487).

Die bereits vollständig getilgte Einkommensteuer ist in die Aufteilung in diesen Fällen nicht einzubeziehen.

### 6.3. Aufteilung

Nach Festlegung des Aufteilungsmaßstabes ist der auf jeden Gesamtschuldner entfallende Teilbetrag nach folgender Verhältnisrechnung zu ermitteln (Anteil z. B. für den Ehemann bei Anwendung des allgemeinen Aufteilungsmaßstabs):

$$\text{Aufteilungsanteil Partner A} = \frac{\text{ESt des Partners aus der fiktiven Einzelveranlagung} \times \text{Aufzuteilender Betrag}}{\text{Summe der ESt aus der fiktiven Einzelveranlagung}}$$

Ist Solidaritätszuschlag rückständig, ist für diesen eine eigene Aufteilung anhand der bei den fiktiven Einzelveranlagungen sich ergebenden Festsetzungen zum Solidaritätszuschlag durchzuführen.

### 6.4. Anrechnung von Beträgen

Auf die ermittelten Teilbeträge sind bei dem jeweiligen Gesamtschuldner gem. § 276 Abs. 6 AO anzurechnen:
– in die Aufteilung einbezogene Steuerabzugsbeträge und getrennt festgesetzte und entrichtete Vorauszahlungen.
– nach Antragstellung, aber nach Einleitung der Vollstreckung geleistete Zahlungen.
– vor Antragstellung, aber nach Einleitung der Vollstreckung geleistete Zahlungen.

Ergeben sich bei der Anrechnung der vorgenannten Beträge Überzahlungen, so ist der überzahlte Betrag dem jeweiligen Gesamtschuldner zu erstatten (§ 276 Abs. 6 Satz 2 AO).

Die Anrechnungsvorschrift des § 276 Abs. 6 AO entspricht der Regelung über die Person des Erstattungsberechtigten in § 37 AO, wonach Erstattungsberechtigter derjenige ist, auf dessen Rechnung die Zahlung (ohne rechtlichen Grund) bewirkt worden ist. Das ist nicht derjenige, auf dessen Kosten die Zahlung erfolgt ist. Es kommt nicht darauf an, von wem und mit welchen Mitteln gezahlt worden ist, sondern nur darauf, wessen Steuerschuld nach dem Willen des Zahlenden, wie er im Zeitpunkt der Zahlung dem Finanzamt gegenüber hervorgetreten ist. getilgt werden sollte (BFH-Urteil vom 4. 4. 1995 VII R 82/94, BStBl. II S. 492). Insoweit gelten die im BMF-Schreiben vom 14. 1. 2015 (BStBl. I S. 83) näher erläuterten Grundsätze zur Zurechnung von Steuerzahlungen bei Partnern entsprechend. Dies gilt jedoch nur für Zahlungen, die vor Eingang des Aufteilungsantrags geleistet worden sind.

Bei Steuerzahlungen eines der Partner, die nach Eingang des Aufteilungsantrags geleistet worden sind, ist – unabhängig von einer individuellen Tilgungsbestimmung – immer davon auszugehen, dass der jeweils zahlende Partner insoweit seine eigene Steuerschuld begleichen wollte. Dies gilt unterschiedslos sowohl für den Antragsteller als auch für den anderen Partner.

Im Wege der Vollstreckung beigetriebene Beträge werden bei dem Gesamtschuldner angerechnet, in dessen Vermögen die Maßnahme ausgebracht worden ist (BFH-Beschluss vom 18. 4. 2013 VII B 66/12, BFH/NV S. 1217). So ist bei Forderungspfändungen entscheidend, auf welche Pfändungs- und Einziehungsverfügung der Drittschuldner zahlt, d. h. die vom Drittschuldner geleistete Zahlung ist nur bei diesem Ehegatten/Lebenspartner anzurechnen.

### 7. Form und Inhalt des Aufteilungsbescheids

Über den Aufteilungsantrag muss nach Einleitung der Vollstreckung ein schriftlicher Bescheid (Aufteilungs- oder Ablehnungsbescheid) ergehen. Sind auf besonderen Antrag bereits früher Vorauszahlungen aufgeteilt worden, erfolgt die abschließende Aufteilung ohne besonderen Antrag bereits nach Durchführung der Veranlagung (§ 272 Abs. 1 Satz 3 AO).

Eines Aufteilungsbescheids bedarf es nicht, wenn keine Vollstreckungsmaßnahmen ergriffen oder ergriffene Vollstreckungsmaßnahmen wieder aufgehoben werden (§ 279 Abs. 1 Satz 2 AO).

Für die Erteilung eines Aufteilungsbescheids steht die Vorlage „Aufteilungsbescheid“ zur Verfügung (Ordner Veranlagung/Aufteilung). Der Aufteilungsbescheid ist von der für die Steuerfestsetzung zuständigen Arbeitseinheit zu erstellen. Die Abrechnung zum Aufteilungsbescheid ist von der Finanzkasse mittels der Vorlage „Abrechnung Aufteilungsbescheid“ (Ordner 4) für FK Buchhaltung 1 und 2, Unterordner 4 d) sonstige) zu erstellen und jeder Ausfertigung des Aufteilungsbescheids beizufügen.

**8. Bekanntgabe des Aufteilungsbescheids**

Der Aufteilungsbescheid ergeht einheitlich mit Wirkung für und gegen alle Gesamtschuldner. Es ist somit gemäß § 122 AO jedem betroffenen Gesamtschuldner ein – bis auf den Abrechnungsteil – inhaltlich gleichlautender Bescheid gesondert bekannt zu geben. Besonderheiten bestehen aber, wenn über das Vermögen von einem oder beiden Ehegatten/Lebenspartner das Insolvenzverfahren eröffnet wurde (vgl. hierzu den Leitfaden für die Beantwortung von Insolvenzfällen, Teil B.I Tz. 8.1.2.5).

Wird die Aufteilung abgelehnt, kann es im Einzelfall genügen, nur den Antragsteller zu bescheiden, z. B. wenn eine Aufteilung nicht in Betracht kommt, weil keine rückständige Steuer vorhanden ist. Werden durch die Ablehnung jedoch auch die Rechte der anderen Gesamtschuldner berührt, z. B. wenn die Ablehnung auf Verletzung von Mitwirkungspflichten gestützt wird, ist der Ablehnungsbescheid gegen alle Gesamtschuldner zu richten und jedem Gesamtschuldner bekannt zu geben.

**9. Eintritt der Bestandskraft**

Die Veranlagungsstelle hat den Eintritt der Bestandskraft zu überwachen und die Vollstreckungsstelle sofort zu verständigen, sobald die Aufteilungsbescheide bestandskräftig sind oder Einspruch eingelegt wird; gleiches gilt für die Erledigung des Einspruchs.

**10. Absehen von der Erteilung eines Aufteilungsbescheids**

Die Erteilung eines Aufteilungsbescheids ist nicht (mehr) erforderlich, wenn keine Vollstreckungsmaßnahmen ergriffen oder bereits ergriffene Vollstreckungsmaßnahmen wieder aufgehoben wurden vgl. § 279 Abs. 1 Satz 2 AO.

Unbeachtlich dessen, ist dem Antragssteller ein Aufteilungsbescheid regelmäßig zu erteilen, wenn dieser ein berechtigtes Interesse daran hat. Ein berechtigtes Interesse liegt vor, wenn der Steuerpflichtige eine Erstattung von Steuerabzugsbeträgen und Vorauszahlungen gemäß § 276 Abs. 6 Satz 2 AO begehrt. (BFH-Beschluss vom 2. 10. 2018 VII R 17/17, BFH/NV 2019 S. 4).

Gleiches gilt, wenn die Gesamtschuld im Zeitpunkt der Antragstellung bereits getilgt war. In diesen Fällen ist die Durchführung der Aufteilung durch Verwaltungsakt abzulehnen. Tilgungen nach Antragstellung (z. B. im Wege der Aufrechnung), aber vor Bekanntgabe des Aufteilungsbescheids, führen zur

Anrechnung des Tilgungsbetrags nach § 276 Abs. 6 AO Satz 1 (BFH-Urteil vom 12. 6. 1990 VII R 69/89, BStBl. 1991 II S. 493).

## 11. Änderung des Aufteilungsbescheids

Änderungsmöglichkeiten für Aufteilungsbescheide ergeben sich abschließend aus § 280 AO. Die übrigen Korrekturvorschriften der AO (§§ 130 ff. und 172 ff.) sind – außer § 129 AO – nicht anwendbar.

Nach § 280 Abs. 1 AO ist ein Aufteilungsbescheid zu ändern,
– wenn nachträglich bekannt wird, dass die Aufteilung auf unrichtigen Angaben beruht und die rückständige Steuer infolge falscher Aufteilung ganz oder teilweise nicht beigetrieben werden konnte,
– wenn sich die rückständige Steuer durch Änderung der Steuerfestsetzung erhöht oder vermindert.

Soweit falsche Angaben in der Steuererklärung (vgl. § 269 Abs. 2 Satz 3 AO) enthalten waren und der Steuerfestsetzung bei der Zusammenveranlagung zugrunde gelegt worden sind, sind sie für die Aufteilung bindend (§ 270 Satz 2 AO); eine Änderung des Aufteilungsbescheides ist deshalb nur nach § 280 Abs. 1 Nr. 2 AO möglich, sofern die Steuerfestsetzung selbst geändert wird.

Die Änderung ist von Amts wegen rückwirkend auf den ursprünglichen Aufteilungsstichtag durchzuführen, allerdings mit den aktuellen Beträgen. Nach dem Aufteilungsstichtag entstandene Säumniszuschläge sind nicht in die Aufteilung einzubeziehen, sondern weiterhin der Person zuzurechnen, die sie verursacht hat.

Ein laufendes Rechtsbehelfsverfahren steht einer Änderung nach § 280 AO nicht entgegen.

Nach Beendigung der Vollstreckung (= Tilgung des Rückstands oder endgültige Einstellung der Vollstreckung nach § 257 AO) ist eine Änderung des Aufteilungsbescheids nicht mehr zulässig. Wird die Steuer nach beendeter Vollstreckung erhöht, ist ggf. § 273 anzuwenden (s. Tz. 6.2.4).

## 12. Einspruch

Gegen den Aufteilungsbescheid oder dessen Ablehnung bzw. Änderung ist der Einspruch gegeben. Einspruchsberechtigt ist jeder Gesamtschuldner, dem der Bescheid bekannt gegeben wurde.

Zulässig sind nur Einwendungen gegen die Art der Aufteilung und die Berechnung des Aufteilungsbetrages. Einwendungen gegen die Höhe der zugrunde liegenden Steuerfestsetzung können im Verfahren gegen den Aufteilungsbescheid nicht berücksichtigt werden (§ 270 Satz 2 AO).

Im Einspruchsverfahren können nur Einwendungen gegen die Art der Aufteilung, d. h. gegen die Berechnung der Aufteilungsanteile, und die damit verbundene Vollstreckungsbeschränkung, erhoben werden; eine Rücknahme des Antrages scheidet aus (vgl. Urteil des FG Niedersachsen vom 5. 11. 2013 15 K 14/13, EFG 2014 S. 106).

Zum Einspruchsverfahren sind die Gesamtschuldner, die keinen Einspruch eingelegt haben und denen der Aufteilungs- oder Ablehnungsbescheid bekannt zu geben war, gem. § 360 Abs. 3 AO notwendig hinzuzuziehen (vgl. BFH-Beschluss vom 8. 10. 2002 III B 74/02, BFH/NV 2003 S. 195).

Sind die Einwendungen berechtigt, ist der angefochtene Bescheid auch dann zu ändern, wenn die Voraussetzungen des § 280 AO nicht vorliegen (Abhilfe gem. § 367 Abs. 2 AO).

## Anlage 1

### Beispiele für eine Aufteilung nach dem allgemeinen Aufteilungsmaßstab

**Beispiel 1:**

Bei den zusammen veranlagten Partnern ergibt sich für 01 lt. Einkommensteuerbescheid, der am 15. 7. 02 bekannt gegeben wurde, eine ESt-Festsetzung in Höhe von 10 000 €. Die Partner haben 4000 € Vorauszahlungen (nicht getrennt festgesetzt) auf die Einkommensteuer geleistet. Bei Partner B wurden 2000 € Lohnsteuer einbehalten. Am 20. 7. 02 zahlte Partner A 800 € und am 4. 9. 02 200 € ohne individuelle Tilgungsbestimmung. Partner B stellte am 5. 9. 02 einen Antrag auf Aufteilung der Gesamtschuld. Partner A zahlte am 9. 9. 02 1000 €.

Bereits am 3. 9. 02 war das Vollstreckungsverfahren über den noch offenen Betrag von 3200 € zuzüglich 32 € Säumniszuschläge eingeleitet worden. Aufgrund der durchzuführenden fiktiven Einzelveranlagungen ergibt sich für Partner A eine Steuer von 8000 € und für Partner B eine Steuer von 4000 €.

**Lösung:**

| | |
|---|---|
| Rückständige Steuern am 3. 9. 02 | 3200 € |
| Säumniszuschläge | +32 € |
| In die Aufteilung einzubeziehen sind: | 3232 € |
| Steuerabzugsbeträge | +2000 € |
| aufzuteilender Betrag | 5232 € |

Aufteilungsanteil Partner A $\frac{8000 \times 5232}{12\,000} = 3488{,}00$ €

Aufteilungsanteil Partner B $\frac{4000 \times 5232}{12\,000} = 1744{,}00$ €

| Auf die Aufteilungsanteile sind anzurechnen: | Partner A | Partner B |
|---|---|---|
| | 3488 € | 1744 € |
| Steuerabzugsbeträge | | ./. 2000 € |
| vor Antragstellung aber nach Einleitung des Vollstreckungsverfahrens geleistete Zahlungen[1] | ./. 200 € | |
| nach Antragstellung geleistete Zahlungen[2] | ./. 1000 € | |
| Zu zahlender bzw. überzahlter Betrag | 2288 € | ./. 256 € |

[1] **[Amtl. Anm.:]** Bei der Anrechnung der vor der Antragstellung, aber nach Einleitung der Vollstreckung geleisteten 200 € sind die Rechtsgrundsätze zur Bestimmung des Erstattungsgläubigers nach § 37 Abs. 2 AO zu beachten (vgl. Tz 6.4). Danach erfolgt die vollständige Anrechnung des vor Antragstellung geleisteten Betrags in Höhe von 100 € bei Partner A, da sich bei Partner B bereits durch Anrechnung der Steuerabzugsbeträge ein Erstattungsbetrag gem. § 276 Abs. 6 AO ergibt.

[2] **[Amtl. Anm.:]** Die nach der Antragstellung geleisteten Zahlungen sind stets dem zahlenden Partner zuzurechnen (vgl. Tz. 6.4).

**Beispiel 2:**

Bei den zusammen veranlagten Partnern ergibt sich für 01 lt. Einkommensteuerbescheid, der am 15. 7. 02 bekannt gegeben wurde, eine ESt-Festsetzung in Höhe von 10 000 €. Die Partner haben 4000 € Vorauszahlungen (nicht getrennt festgesetzt) auf die Einkommensteuer geleistet. Am 20. 7. 02 zahlte Partner A 800 € und am 4. 9. 02 200 € ohne individuelle Tilgungsbestimmung. Partner B stellte am 5. 9. 02 einen Antrag auf Aufteilung der Gesamtschuld. Partner A zahlte am 9. 9. 02 1000 €.
Bereits am 3. 9. 02 war das Vollstreckungsverfahren über den noch offenen Betrag von 5200 € zuzüglich 52 € Säumniszuschläge eingeleitet worden. Aufgrund der durchzuführenden fiktiven Einzelveranlagungen ergibt sich für Partner A eine Steuer von 8000 € und für Partner B eine Steuer von 4000 €.

**Lösung:**

| | | |
|---|---|---|
| Rückständiger Betrag am 3. 9. 02 | | 5200 € |
| Säumniszuschläge | | +52 € |
| aufzuteilender Betrag | | 5252 € |
| Aufteilungsanteil Partner A | $\frac{8000 \times 5252}{12\,000} =$ | 3501,33 € |
| Aufteilungsanteil Partner B | $\frac{4000 \times 5252}{12\,000} =$ | 1750,67 € |

| Auf die Aufteilungsanteile sind anzurechnen: | Partner A | Partner B |
|---|---|---|
| | 3501,33 € | 1750,67 € |
| vor Antragstellung aber nach Einleitung des Vollstreckungsverfahrens geleistete Zahlungen[1] | ./. 100 € | ./. 100 € |
| nach Antragstellung geleistete Zahlungen[2] | ./. 1000 € | |
| Zu zahlender bzw. überzahlter Betrag | 2401,33 € | 1650,67 € |

Für den Solidaritätszuschlag ist in beiden Beispielsfällen eine entsprechende Aufteilung durchzuführen. Der Sachverhalt enthält hierzu keine näheren Angaben.

**Anlage 2**

## Berechnungsschema für den Aufteilungsmaßstab nach vorangegangener Aufteilung der ESt-Vorauszahlungen (§ 272 Abs. 1 AO, Tz. 6.2.3) und daran anschließendes Beispiel (ohne Solidaritätszuschlag)

I. Berechnung des aufzuteilenden Betrags
   1. Steuerschuld lt. Steuerbescheid
   2. nicht aufgeteilte und entrichtete Vorauszahlungen ./.

[1] **[Amtl. Anm.:]** Bei der Anrechnung der vor der Antragstellung, aber nach Einleitung der Vollstreckung geleisteten 200 € sind die Rechtsgrundsätze zur Bestimmung des Erstattungsgläubigers nach § 37 Abs. 2 AO zu beachten (vgl. Tz 6.4). Danach erfolgt die Anrechnung des vor Antragstellung geleisteten Betrags in Höhe von 100 € jeweils zur Hälfte bei beiden Partnern, da sich durch die Anrechnung bei keinem Partner ein Erstattungsbetrag nach § 276 Abs. 6 AO ergibt.

[2] **[Amtl. Anm.:]** Die nach der Antragstellung geleisteten Zahlungen sind stets dem zahlenden Partner zuzurechnen (vgl. Tz. 6.4).

3. aufzuteilender Betrag (abgerundet auf volle €) ______

II. Berechnung des Aufteilungsanteils

| | | Partner A | Partner B |
|---|---|---|---|
| 1. | Steuerschuld nach den fiktiven Einzelveranlagungen | ______ | ______ |
| 2. | Summe | ______ | |
| 3. | Verhältnisrechnung | $\frac{(\text{Betrag II.1}) \times (\text{Betrag I.3})}{\text{Betrag II.2}}$ | |
| 4. | Aufteilungsanteil | ______ | ______ |
| 5. | auf den Betrag sind anzurechnen: | | |
| | – Steuerabzugsbeträge | ./. ______ | ./. ______ |
| | – getrennt festgesetzte und entrichtete Vorauszahlungen | ./. ______ | ./. ______ |
| | – auf die aufgeteilten Vorauszahlungen geleisteten Beträge | ./. ______ | ./. ______ |
| 6. | Am Aufteilungsstichtag (Durchführung der Veranlagung) zu zahlender bzw. überzahlter Betrag | ______ | ______ |

Nach dem Aufteilungsstichtag (= nach Durchführung der Veranlagung!) geleistete Zahlungen kommen dem Gesamtschuldner zugute, der gezahlt hat. Diese Beträge sind nicht in die Aufteilung einzubeziehen.

**Beispiel für eine Aufteilung nach vorangegangener Aufteilung der Vorauszahlungen:**
Bei den zusammen veranlagten Partnern ergibt sich für 01 lt. Einkommensteuerfestsetzung, die am 15. 7. 02 bekannt gegeben wurde, eine festgesetzte Steuer in Höhe von 10 000 €. Die Vorauszahlungen für alle Quartale waren auf jeweils 1000 € festgesetzt.
Die Vorauszahlung I/01 zahlte Partner A. Auf Antrag von Partner A vom 2. 4. 01 teilte das Finanzamt mit Bescheid vom 16. 4. 01 die Vorauszahlungen II/01 bis IV/01 in der Weise auf, dass auf Partner A 700 € und auf Partner B 300 € entfielen. Diese Vorauszahlungen wurden pünktlich bezahlt.
Unmittelbar nach Bekanntgabe des Einkommensteuerbescheids zahlten die Partner jeweils 1000 €. Am 3. 9. 02 wurde die Vollstreckung wegen eines Rückstands über 2000 € zuzüglich 20 € Säumniszuschläge eingeleitet.
Aufgrund der durchzuführenden fiktiven Einzelveranlagungen ergibt sich für den Partner A eine Steuerschuld in Höhe von 8000 € und für Partner B in Höhe von 4000 €. Bei Partner B wurden 2000 € Lohnsteuer einbehalten.

**Lösung:**

Aufzuteilender Betrag gem. § 272 Abs. 1 Satz 4

| | |
|---|---|
| Gesamte Steuerschuld | 10 000 € |
| ./. gemeinsam geleistete Vorauszahlungen (I/01) | ./. 1000 € |

| | | |
|---|---|---|
| Aufzuteilender Betrag | | 9000 € |
| Aufteilungsanteil Partner A nach fiktiver Einzelveranlagung | $\frac{8000 \times 9000}{12\,000} =$ | 6000 € |
| Aufteilungsanteil Partner B nach fiktiver Einzelveranlagung | $\frac{4000 \times 9000}{12\,000} =$ | 3000 € |

| | Partner A | Partner B |
|---|---|---|
| | 6000 € | 3000 € |
| Auf die Aufteilungsanteile sind anzurechnen: Steuerabzugsbeträge | | ./. 2000 € |
| auf die aufgeteilten Vorauszahlungen geleistete Zahlungen | ./. 2100 € | ./. 900 € |
| Am Aufteilungsstichtag (Durchführung der Veranlagung) zu zahlender Betrag | 3900 € | 100 € |

Erläuterungen:

1. Die Säumniszuschläge in Höhe von 32 € sind nicht einzubeziehen, da die Aufteilung bei zuvor aufgeteilten Vorauszahlungen nach Durchführung der Veranlagung erfolgt (Tz 6.2.3) und zu diesem Zeitpunkt auf die Abschlusszahlung noch keine Säumniszuschläge entstanden sein können. Nach der Aufteilung entstehende Säumniszuschläge sind dem Gesamtschuldner zuzurechnen, der die Entstehung verursacht hat.
2. Die nach dem Aufteilungsstichtag (= hier nach Durchführung der Veranlagung) geleisteten Zahlungen in Höhe von insgesamt 2000 € sind nicht in den Aufteilungsbescheid einzubeziehen. Diese Beträge kommen demjenigen Gesamtschuldner zugute, der gezahlt hat.

**Anlage 3**

## Beispiele für eine Aufteilung bei Steuernachforderungen (§ 273 Abs. 1 AO)

**Beispiel 1:**

Die geänderte Steuerfestsetzung führt zu einer Steuernachholung von 10 000 €. Im Zeitpunkt des Eingangs des Aufteilungsantrags ist die bisher festgesetzte Steuer bereits vollständig getilgt.
Die fiktiven Einzelveranlagungen der Partner ergeben folgende Steueranteile:

| | fiktive Einzelveranlagungen | |
|---|---|---|
| | Partner A | Partner B |
| geänderte Steuerfestsetzung | 31 000 € | 17 000 € |
| bisherige Steuerfestsetzung | 26 000 € | 11 000 € |
| Mehrbeträge bei Einzelveranlagung | +5000 € | +6000 € |
| Summe der Mehrbeträge | 11 000 € | |

Aufteilung der rückständigen Steuernachholung von 10 000 €:

| | | |
|---|---|---|
| Anteil Partner A | $\frac{10\,000\ € \times 5000\ €}{11\,000\ €} =$ | 4545,45 € |
| Anteil Partner B | $\frac{10\,000\ € \times 6000\ €}{11\,000\ €} =$ | 5454,54 € |
| | Summe der Aufteilungsbeträge: | 10 000 € |

**Beispiel 2:**

Aus der bisherigen Steuerfestsetzung besteht noch ein Rückstand von 3000 €. Die Änderung der Steuerfestsetzung führt zu einer Nachforderung von 5000 €. Die Aufteilung wird nach Ergehen des Änderungsbescheides beantragt, so dass die geschuldete Steuer im Zeitpunkt des Eingangs des Antrags aufzuteilen ist. Aufzuteilen sind somit:

| | |
|---|---|
| 3000 € | Rückstand aus der bisherigen Steuerfestsetzung |
| 90 € | bereits verwirkte Säumniszuschläge |
| 5000 € | Steuernachholung |
| 8090 € | aufzuteilender Rückstand (zuzüglich etwaiger weiterer Beträge gem. § 276 Abs. 3 und 4 AO) |

Es ist der allgemeine Aufteilungsmaßstab (§ 270 AO) anzuwenden.
Für den Solidaritätszuschlag ist eine entsprechende Aufteilung durchzuführen. Der Sachverhalt enthält hierzu keine näheren Angaben.

**Hinweis:**

Die bisherige Karte 1 (Kontroll-Nr: 2/2019) ist auszureihen.

# 800 § 322/1. Schreiben betr. Anträge nach § 322 Abs. 3 AO, Ersuchen um Anordnung der Haft zur Erzwingung der eidesstattlichen Versicherung nach § 284 Abs. 7 AO und Anträge auf Erlaß einer Durchsuchungsanordnung nach § 287 Abs. 4 AO

Vom 1. Juli 1988 (BStBl. I S. 192)

(BMF IV A 5 – S 0540 – 4/88)

Unter Bezugnahme auf das Ergebnis der Erörterungen mit den obersten Finanzbehörden der Länder gilt für die Stellung vorgenannter Anträge und Ersuchen folgendes:

Nach dem Beschluß des BFH vom 25. Januar 1988 – VII B 85/87 – (BStBl. II S. 566) ist die Verfügung der Vollstreckungsbehörde, mit der die Zwangsversteigerung eines Grundstücks beantragt wird, zumindest dann ein aussetzungsfähiger Verwaltungsakt, wenn sie die Feststellung enthält, daß die gesetzlichen Voraussetzungen für die Vollstreckung vorliegen. Der BFH hat damit seinen Beschluß vom 29. Oktober 1985 – VII B 69/85 – (BStBl. 1986 II S. 236) bestätigt. In der Begründung gibt er zu erkennen, daß er auch bereits den für die Vollstreckung in das unbewegliche Vermögen erforderlichen schlichten Antrag nach § 322 Abs. 3 Satz 1 AO für einen Verwaltungsakt hält. Diese Auffassung deckt sich mit derjenigen im BFH-Beschluß vom 11. Dezember 1984 – VII E 41/84 – (BStBl. 1985 II S. 197), wonach auch das Ersuchen der Vollstreckungsbehörde an das zuständige Amtsgericht um Anordnung der Haft zur Erzwingung der eidesstattlichen Versicherung nach § 284 Abs. 7 Satz 1 AO ein Verwaltungsakt ist.

Unter Zugrundelegung der Rechtsprechung des BFH ist wie folgt zu verfahren:

## 1. Anträge nach § 322 Abs. 3 AO

Anträge auf Eintragung einer Sicherungshypothek, auf Zwangsversteigerung und Zwangsverwaltung sind dem Vollstreckungsgericht oder Grundbuchamt zuzustellen (in der Regel gegen Empfangsbekenntnis). Nach der Zustellung hat die Vollstreckungsbehörde dem Vollstreckungsschuldner eine Durchschrift des Antrags bekanntzugeben. Bei zur Zeit laufenden Anträgen und in anhängigen Beschwerdeverfahren ist die Bekanntgabe an den Vollstreckungsschuldner zum Zwecke der Heilung des Verfahrens nachzuholen. Fälle, in denen bereits ohne Beanstandung eine Sicherungshypothek eingetragen oder das Zwangsversteigerungs- bzw. das Zwangsverwaltungsverfahren eröffnet worden ist, sind nicht aufzugreifen.

## 2. Ersuchen nach § 284 Abs. 7 AO

Bei Ersuchen um Anordnung der Haft zur Erzwingung der eidesstattlichen Versicherung ist entsprechend Nr. 1 zu verfahren. Die für den Vollstreckungsschuldner bestimmte Durchschrift des Ersuchens kann diesem gleichzeitig mit dem Ersuchen an das zuständige Amtsgericht bekanntgegeben werden.

## 3. Anträge auf Erlaß einer Durchsuchungsanordnung nach § 287 Abs. 4 AO

Anträge auf Erlaß einer Durchsuchungsanordnung sind dem Vollstreckungsschuldner nicht bekanntzugeben, um die Wirksamkeit der beabsichtigten Maßnahme nicht zu beeinträchtigen (vgl. § 91 Abs. 2 Nr. 5 AO). Die richterliche Durchsuchungsanordnung hat der Vollziehungsbeamte bei der Vollstreckungshandlung vorzuzeigen (vgl. Abschnitt 28 Abs. 2 Nr. 3 VollzA).

Das BMF-Schreiben vom 18. Juli 1986 – IV A 5 – S 0540 – 2/86 – (BStBl. I S. 357) über die Nichtanwendung des BFH-Beschlusses vom 29. Oktober 1985 wird aufgehoben.

# **800** § 367/1. Schreiben betr. Auswirkungen eines Zuständigkeitswechsels auf das Rechtsbehelfsverfahren

Vom 10. Oktober 1995 (BStBl. I S. 664)

(BMF IV A 5 – S 0600 – 17/95)

Unter Bezugnahme auf das Ergebnis der Erörterungen mit den obersten Finanzbehörden der Länder bitte ich, zu den Auswirkungen eines Zuständigkeitswechsels auf das Rechtsbehelfsverfahren folgende Auffassung zu vertreten:

## I. Zuständigkeitswechsel durch Maßnahmen des Steuerpflichtigen (insbesondere Wohnsitzverlegung)

### 1. Einspruchsverfahren

Wird während eines anhängigen Einspruchsverfahrens nachträglich eine andere Finanzbehörde für den Steuerfall zuständig, so entscheidet diese Finanzbehörde über den Einspruch, wenn keine Vereinbarung nach § 26 Satz 2 AO getroffen worden ist (§ 367 Abs. 1 Satz 2 AO).

Unter der „zuständigen Finanzbehörde" i. S. d. § 354 Abs. 2 AO, der gegenüber ein Einspruchsverzicht zu erklären ist, ist die für die Durchführung des Verwaltungsverfahrens (insbesondere des Besteuerungsverfahrens) sachlich und örtlich zuständige Finanzbehörde zu verstehen. Da § 354 AO keine besonderen Regelungen enthält, sind über § 365 Abs. 1 AO die allgemeinen Zuständigkeitsvorschriften der AO anzuwenden. Nach Eintritt eines Zuständigkeitswechsels ist daher die Verzichtserklärung gegenüber der neu zuständigen Finanzbehörde und in den Fällen des § 26 Satz 2 AO gegenüber der das Verwaltungsverfahren fortführenden Finanzbehörde zu erklären.

### 2. Gerichtliches Rechtsbehelfsverfahren

Nach § 63 Abs. 2 Nr. 1 FGO ist bei vorangegangenem Einspruchsverfahren die Klage gegen die Behörde zu richten, welche die Einspruchsentscheidung erlassen hat; das ist bei einem Zuständigkeitswechsel vor Erlaß der Einspruchsentscheidung die neu zuständige Finanzbehörde und bei einer Zuständigkeitsvereinbarung nach § 26 Satz 2 AO die bisher zuständige, das Verwaltungsverfahren weiterführende Finanzbehörde (vgl. § 367 Abs. 1 AO). Durch einen Zuständigkeitswechsel nach Erlaß der Einpruchsentscheidung wird die Passivlegitimation nicht berührt.

In Fällen der unmittelbaren Klage nach § 46 FGO ist die Behörde passivlegitimiert, die im Zeitpunkt der Klageerhebung zuständig war. Ein erst nach Klageerhebung eintretender Zuständigkeitswechsel hat keine Auswirkungen auf die Passivlegitimitation.

## II. Zuständigkeitswechsel durch Änderung der FA-Bezirksgrenzen oder Übertragung von Verwaltungsaufgaben

Bei einer Änderung der FA-Bezirksgrenzen (z. B. durch kommunale Neugliederung) oder einer Übertragung von Verwaltungsaufgaben (z. B. durch Zentralisierung) verliert die bisher zuständige Finanzbehörde im Verhältnis zu den von der Veränderung betroffenen Steuerpflichtigen die Fähigkeit, Pflichtsubjekt des öffentlichen Rechts zu sein (vgl. BFH-Urteile vom 15. Dezember 1971, BStBl. 1972 II S. 438, und vom 10. November 1977, BStBl. 1978 II S. 310; siehe auch BFH-Urteil vom 7. November 1978, BStBl. 1979 II S. 169).

### 1. Einspruchsverfahren

Für das Einspruchsverfahren ergibt sich der Übergang der Entscheidungskompetenz auf die neu zuständige Finanzbehörde ausdrücklich aus § 367 Abs. 1 Satz 2 AO.

Zur Frage des zutreffenden Adressaten eines Einspruchsverzichts gelten die Ausführungen zu I.1 entsprechend.

### 2. Gerichtliches Rechtsbehelfsverfahren

Im finanzgerichtlichen Verfahren geht die Passivlegitimation auf die nunmehr zuständige Behörde über, wenn vor Erlaß der Entscheidung über den Einspruch eine andere Behörde zuständig geworden ist (§ 63 Abs. 2 FGO). Gleiches gilt, wenn der Zuständigkeitswechsel nach Erlaß der Einspruchsentscheidung eingetreten ist; die während eines bereits anhängigen gerichtlichen Verfahrens eintretende Zuständigkeitsänderung führt zu einem gesetzlichen Beteiligtenwechsel (vgl. BFH-Urteile vom 15. Dezember 1971, BStBl. 1972 II S. 438, vom 19. Februar 1975, BStBl. II S. 584, und vom 10. November 1977, BStBl. 1978 II S. 310). Dies gilt auch bei einem Zuständigkeitswechsel während eines Revisionsverfahrens (vgl. BFH-Urteile vom 19. November 1974, BStBl. 1975 II S. 210, und vom 1. August 1979, BStBl. II S. 714).

Dieses Schreiben tritt mit Wirkung ab 1. Januar 1996 an die Stelle des BMF-Schreibens vom 15. Oktober 1979 IV A 6-S 0600-14/79 (BStBl. I S. 642). Es wird in die AO-Kartei aufgenommen.

## **800** § 367/2. Allgemeinverfügung zur Zurückweisung von Einsprüchen und Änderungsanträgen wegen Zweifeln an der Rechtmäßigkeit der Behandlung der Angleichung der Renten im Beitrittsgebiet an das Westniveau als „regelmäßige" Rentenanpassung i. S. d. § 22 Nr. 1 Satz 3 Buchst. a Doppelbuchst. aa Satz 7 EStG

Vom 5. Oktober 2020 (BStBl. I S. 951)

(Oberste Finanzbehörden der Länder)

Aufgrund
– des § 367 Abs. 2 b und des § 172 Abs. 3 der Abgabenordnung und
– des BFH-Urteils vom 3. Dezember 2019 X R 12/18, BStBl. 2020 II S. 386

ergeht folgende Allgemeinverfügung:

Am 5. Oktober 2020 anhängige und zulässige Einsprüche gegen Festsetzungen der Einkommensteuer werden hiermit zurückgewiesen, soweit mit den Einsprüchen geltend gemacht wird, die Angleichung der Renten im Beitrittsgebiet an das Westniveau sei keine „regelmäßige" Rentenanpassung i. S. d. § 22 Nr. 1 Satz 3 Buchst. a Doppelbuchst. aa Satz 7 EStG.

Entsprechendes gilt für am 5. Oktober 2020 anhängige, außerhalb eines Einspruchs- oder Klageverfahrens gestellte und zulässige Anträge auf Änderung einer Einkommensteuerfestsetzung.

**Rechtsbehelfsbelehrung**

Gegen diese Allgemeinverfügung können die von ihr betroffenen Steuerpflichtigen Klage erheben. Ein Einspruch ist insoweit ausgeschlossen.

Die Klage ist bei dem Finanzgericht zu erheben, in dessen Bezirk sich das Finanzamt befindet, das den von dieser Allgemeinverfügung betroffenen Verwaltungsakt erlassen hat. Sie ist schriftlich oder als elektronisches Dokument einzureichen oder zu Protokoll des Urkundsbeamten der Geschäftsstelle des Finanzgerichts zu erklären und gegen das zuständige Finanzamt zu richten.

Die Frist für die Erhebung der Klage beträgt ein Jahr. Sie beginnt am Tag nach der Herausgabe des Bundessteuerblattes, in dem diese Allgemeinverfügung veröffentlicht wird. Die Frist für die Erhebung der Klage gilt als gewahrt, wenn die Klage innerhalb der Frist bei dem zuständigen Finanzamt angebracht oder zu Protokoll gegeben wird.

Die Klage muss den Kläger, den Beklagten, den Gegenstand des Klagebegehrens, den mit der Klage angegriffenen Verwaltungsakt und diese Allgemeinverfügung bezeichnen. Sie soll einen bestimmten Antrag enthalten und die zur Begründung dienenden Tatsachen und Beweismittel angeben. Ihr soll eine Abschrift des angefochtenen Verwaltungsakts und eine Abschrift dieser Allgemeinverfügung beigefügt werden.

Die Klageschrift soll in zweifacher Ausfertigung eingereicht werden; dies gilt nicht, wenn die Klage als elektronisches Dokument eingereicht wird.

Die Voraussetzungen zur elektronischen Einreichung bei dem jeweils örtlich zuständigen Finanzgericht regelt § 52 a der Finanzgerichtsordnung. Nähere Informationen hierzu sind im Internet unter www.justiz.de und über die dort verlinkten Justizportale der Länder erhältlich.

# 800 § 367/3. Allgemeinverfügung zur Zurückweisung von Einsprüchen und Änderungsanträgen zur Frage der Verfassungsmäßigkeit des Abzugs einer zumutbaren Belastung (§ 33 Abs. 3 Einkommensteuergesetz (EStG)) bei der Berücksichtigung von Krankheits- und Pflegekosten als außergewöhnliche Belastungen

Vom 7. April 2022

Oberste Finanzbehörden der Länder

(BStBl. I S. 320)

Aufgrund

– des § 367 Abs. 2b und des § 172 Abs. 3 der Abgabenordnung sowie

– der Nichtannahmebeschlüsse des Bundesverfassungsgerichts vom 23. November 2016, 2 BvR 180/16 (vorgehend BFH-Urteil vom 2. September 2015 VI R 32/13, BStBl. 2016 II S. 151); vom 6. Juni 2018 2 BvR 1936/17 (vorgehend BFH-Urteil vom 25. April 2017 VIII R 52/13, BStBl. II S. 949); vom 17. September 2018 2 BvR 1205/17 (vorgehend BFH-Urteil vom 19. Januar 2017 VI R 75/14, BStBl. II S. 684) und vom 18. September 2018 2 BvR 221/17 (vorgehend BFH-Beschluss vom 29. September 2016 III R 62/13, BStBl. 2017 II S. 259) sowie

– der Entscheidungen des BFH vom 2. September 2015 VI R 33/13; vom 21. Februar 2018 VI R 11/16, BStBl. II S. 469; vom 1. September 2021 VI R 18/19, BFH/NV 2022 S. 13 und vom 4. November 2021 VI R 48/18, BFH/NV 2022 S. 120

ergeht folgende Allgemeinverfügung:

Am 7.4.2022 anhängige und zulässige Einsprüche gegen Festsetzungen der Einkommensteuer werden hiermit zurückgewiesen, soweit mit den Einsprüchen geltend gemacht wird, der Abzug einer zumutbaren Belastung (§ 33 Abs. 3 EStG) bei der Berücksichtigung von Aufwendungen für Krankheit oder Pflege als außergewöhnliche Belastung verstoße gegen das Grundgesetz.

Entsprechendes gilt für am 7.4.2022 anhängige, außerhalb eines Einspruchs- oder Klageverfahrens gestellte und zulässige Anträge auf Aufhebung oder Änderung einer Einkommensteuerfestsetzung.

**Rechtsbehelfsbelehrung**

Gegen diese Allgemeinverfügung können die von ihr betroffenen Steuerpflichtigen Klage erheben. Ein Einspruch ist insoweit ausgeschlossen.

Die Klage ist bei dem Finanzgericht zu erheben, in dessen Bezirk sich das Finanzamt befindet, das den von dieser Allgemeinverfügung betroffenen Verwaltungsakt erlassen hat. Sie ist schriftlich oder als elektronisches Dokument einzureichen oder zu Protokoll des Urkundsbeamten der Geschäftsstelle des Finanzgerichts zu erklären und gegen das zuständige Finanzamt zu richten.

Die Frist für die Erhebung der Klage beträgt ein Jahr. Sie beginnt am Tag nach der Herausgabe des Bundessteuerblattes, in dem diese Allgemeinverfügung veröffentlicht wird. Die Frist für die Erhebung der Klage gilt als gewahrt, wenn die Klage innerhalb der Frist bei dem zuständigen Finanzamt angebracht oder zu Protokoll gegeben wird.

Die Klage muss den Kläger, den Beklagten, den Gegenstand des Klagebegehrens, den mit der Klage angegriffenen Verwaltungsakt und diese Allgemeinverfügung bezeichnen. Sie soll einen bestimmten Antrag enthalten und die zur Begründung dienenden Tatsachen und Beweismittel angeben. Ihr soll eine Abschrift des angefochtenen Verwaltungsakts und eine Abschrift dieser Allgemeinverfügung beigefügt werden.

Die Klageschrift soll in zweifacher Ausfertigung eingereicht werden; dies gilt nicht, wenn die Klage als elektronisches Dokument eingereicht wird.

Die Voraussetzungen zur elektronischen Einreichung bei dem jeweils örtlich zuständigen Finanzgericht regelt § 52a der FGO. Zur verpflichtenden Übermittlung elektronischer Dokumente siehe § 52d FGO. Nähere Informationen hierzu sind im Internet unter www.justiz.de und über die dort verlinkten Justizportale der Länder erhältlich.

# 800 § 367/4. Allgemeinverfügung zur Zurückweisung von Einsprüchen und Änderungsanträgen zur Frage der Abziehbarkeit der von einer Gemeinde auf die Anwohner umgelegten Erschließungskosten eines Grundstücks als haushaltsnahe Handwerkerleistungen (§ 35a Abs. 3 EStG)

Vom 28. Februar 2022
Oberste Finanzbehörden der Länder
(BStBl. I S. 180)

Aufgrund

- des § 367 Abs. 2b und des § 172 Abs. 3 der Abgabenordnung und
- der BFH-Urteile vom 21. Februar 2018 (VI R 18/16, BStBl. II S. 641) und vom 28. April 2020 (VI R 50/17, BStBl. 2022 II S. 18)

ergeht folgende Allgemeinverfügung:

Am 28. Februar 2022 anhängige und zulässige Einsprüche gegen Festsetzungen der Einkommensteuer werden hiermit zurückgewiesen, soweit mit den Einsprüchen geltend gemacht wird, die von einer Gemeinde auf die Anwohner umgelegten Erschließungskosten eines Grundstücks seien als haushaltsnahe Handwerkerleistungen (§ 35a Abs. 3 EStG) begünstigt.

Entsprechendes gilt für am 28. Februar 2022 anhängige, außerhalb eines Einspruchs- oder Klageverfahrens gestellte und zulässige Anträge auf Änderung einer Einkommensteuerfestsetzung.

# 800 § 367/5. Allgemeinverfügung der obersten Finanzbehörden der Länder zur Zurückweisung von Einsprüchen und Änderungsanträgen zu Zinsfestsetzungen gemäß § 233a Abgabenordnung (AO) wegen Zweifeln an der Verfassungsmäßigkeit der Zinshöhe von 0,5 Prozent pro Monat für Verzinsungszeiträume vor dem 1. Januar 2019

Vom 29. November 2021

Oberste Finanzbehörden der Länder

(BStBl. I S. 2159)

Aufgrund

– des § 367 Abs. 2b und des § 172 Abs. 3 der Abgabenordnung (AO) und

– des Beschlusses des Bundesverfassungsgerichts vom 8. Juli 2021 (1 BvR 2237/14, 1 BvR 2422/17, BGBl. I S. 4303)

ergeht folgende Allgemeinverfügung:

Am 29. November 2021 anhängige und zulässige Einsprüche gegen Festsetzungen von Zinsen gem. § 233a AO für Verzinsungszeiträume vor dem 1. Januar 2019 werden hiermit zurückgewiesen, soweit mit den Einsprüchen geltend gemacht wird, die Verzinsung von Steuernachforderungen und Steuererstattungen in Höhe von 0,5 % pro vollem Monat (§ 233a i.V.m. § 238 Abs. 1 Satz 1 AO) verstoße gegen das Grundgesetz. Unter Verzinsungszeiträumen vor dem 1. Januar 2019 sind hierbei nur volle Zinsmonate zu verstehen, die spätestens mit Ablauf des 31. Dezember 2018 enden.

Entsprechendes gilt für am 29. November 2021 anhängige, außerhalb eines Einspruchs- oder Klageverfahrens gestellte und zulässige Anträge auf Änderung einer Zinsfestsetzung.

**Hinweis:**

Zwar hat das Bundesverfassungsgericht in seinem Beschluss vom 8. Juli 2021 (a.a.O.) entschieden, dass die Verzinsung in Höhe von 0,5 % pro Monat für Verzinsungszeiträume ab dem 1. Januar 2014 mit dem Grundgesetz unvereinbar ist. Es hat aber gleichzeitig eine Fortgeltungsanordnung für Verzinsungszeiträume bis zum 31. Dezember 2018 getroffen. Lediglich für Verzinsungszeiträume ab dem 1. Januar 2019 hat das Bundesverfassungsgericht die Anwendung des § 233a AO mit einem Zinssatz von 0,5 % pro vollem Monat untersagt. Der Gesetzgeber wurde nur insoweit verpflichtet, bis zum 31. Juli 2022 eine verfassungskonforme Neuregelung für alle offenen Fälle zu treffen.

Betrifft der Einspruch oder Änderungsantrag auch für Verzinsungszeiträume nach dem 31. Dezember 2018 festgesetzte Zinsen, kann hierüber insoweit zunächst nicht entschieden werden. Das Finanzamt wird nach der gesetzlichen Neuregelung das Verfahren über den Einspruch oder den Änderungsantrag fortsetzen.

**Rechtsbehelfsbelehrung**

Gegen diese Allgemeinverfügung können die von ihr betroffenen Steuerpflichtigen Klage erheben. Ein Einspruch ist insoweit ausgeschlossen.

Die Klage ist bei dem Finanzgericht zu erheben, in dessen Bezirk sich das Finanzamt befindet, das den von dieser Allgemeinverfügung betroffenen Verwaltungsakt erlassen hat. Sie ist schriftlich oder als elektronisches Dokument einzureichen oder zu Protokoll des Urkundsbeamten der Geschäftsstelle des Finanzgerichts zu erklären und gegen das zuständige Finanzamt zu richten.

Die Frist für die Erhebung der Klage beträgt ein Jahr. Sie beginnt am Tag nach der Herausgabe des Bundessteuerblattes, in dem diese Allgemeinverfügung veröffentlicht wird. Die Frist für die Erhebung der Klage gilt als gewahrt, wenn die Klage innerhalb der Frist bei dem zuständigen Finanzamt angebracht oder zu Protokoll gegeben wird.

Die Klage muss den Kläger, den Beklagten, den Gegenstand des Klagebegehrens, den mit der Klage angegriffenen Verwaltungsakt und diese Allgemeinverfügung bezeichnen. Sie soll einen bestimmten Antrag enthalten und die zur Begründung dienenden Tatsachen und Beweismittel angeben. Ihr soll eine Abschrift des angefochtenen Verwaltungsakts und eine Abschrift dieser Allgemeinverfügung beigefügt werden.

Die Klageschrift soll in zweifacher Ausfertigung eingereicht werden; dies gilt nicht, wenn die Klage als elektronisches Dokument eingereicht wird.

Die Voraussetzungen zur elektronischen Einreichung bei dem jeweils örtlich zuständigen Finanzgericht regelt § 52a der Finanzgerichtsordnung. Nähere Informationen hierzu sind im Internet unter www.justiz.de und über die dort verlinkten Justizportale der Länder erhältlich.

# **800** § 385/1. Gleichlautender Erlass zur Umsetzung des „Rahmenbeschlusses 2006/960/JI des Rates vom 18. Dezember 2006 über die Vereinfachung des Austauschs von Informationen und Erkenntnissen zwischen den Strafverfolgungsbehörden der Mitgliedstaaten der Europäischen Union" (sog. Schwedische Initiative) im Bereich der Steuerfahndung

Vom 28. Januar 2014 (BStBl. I S. 538)

(Oberste Finanzbehörden der Länder)

**4 Anlagen**[1)]

Diese Erlasse ergehen im Einvernehmen mit dem Bundesministerium der Finanzen und treten mit Wirkung vom 1. April 2014 in Kraft.

**Inhaltsübersicht**



[1)] Hier nicht abgedruckt.

## 1. Allgemeines

Der „Rahmenbeschluss 2006/960/JI des Rates vom 18. Dezember 2006 über die Vereinfachung des Austauschs von Informationen und Erkenntnissen zwischen den Strafverfolgungsbehörden der Mitgliedstaaten der Europäischen Union“[1] (auch „Schwedische Initiative“ genannt) ist ein Rechtsinstrument zur schnelleren und effektiveren Zusammenarbeit der Behörden mit Polizeiaufgaben.

Er verpflichtet die Mitgliedstaaten, sicherzustellen, dass für die Übermittlung von Informationen an die zuständigen Strafverfolgungsbehörden anderer Mitgliedstaaten die gleichen Bedingungen gelten wie auf nationaler Ebene. Daneben enthält der Rahmenbeschluss u. a. auch Regelungen zu Erledigungsfristen, Datenschutz und Übermittlungswegen.

Durch das „Gesetz über die Vereinfachung des Austauschs von Informationen und Erkenntnissen zwischen den Strafverfolgungsbehörden der Mitgliedsstaaten der Europäischen Union“ vom 21. Juli 2012[2] ist der Rahmenbeschluss 2006/960/JI in nationales Recht überführt worden.

## 2. Sachlicher Geltungsbereich

Der Rahmenbeschluss gilt für alle Polizei-, Zoll- und sonstigen Behörden, die nach nationalem Recht befugt sind, Straftaten oder kriminelle Aktivitäten aufzudecken, zu verhüten oder aufzuklären.[3] In der Bundesrepublik Deutschland fallen hierunter auch die mit der Steuerfahndung betrauten Dienststellen der Landesfinanzbehörden.[4]

Dagegen gilt der Rahmenbeschluss nicht für Staatsanwaltschaften, Bußgeld- und Strafsachenstellen und Gerichte.

Ersuchen auf der Grundlage des Rahmenbeschlusses können sowohl zum Zwecke der Aufklärung bereits begangener Straftaten (sog. repressiver Bereich)[5] als auch zur Verhütung künftiger Straftaten (sog. präventiver Bereich)[6] gestellt werden. Darüber hinaus kommen Ersuchen auch dann in Betracht, wenn das Stadium von strafrechtlichen Ermittlungen noch nicht erreicht ist (Vorermittlungen).

Der Rahmenbeschluss findet keine Anwendung auf Taten, die nach dem Recht des ersuchenden Staates lediglich Ordnungswidrigkeiten darstellen.

Der Rahmenbeschluss verpflichtet nur zum Austausch vorhandener Daten[7]. Ersuchen, die auf die Durchführung von Zwangsmaßnahmen gerichtet sind, sind unzulässig.

---

[1] **[Amtl. Anm.:]** Amtsblatt der Europäischen Union – ABl. L 386 vom 29. 12. 2006, S. 89 in der Fassung der Berichtigung durch ABl. L 75 vom 15. 3. 2007, S. 26 – im Folgenden „Rahmenbeschluss“ genannt.

[2] **[Amtl. Anm.:]** BGBl. 2012 I S. 1566 – in Kraft getreten am 26. Juli 2012.

[3] **[Amtl. Anm.:]** Art. 2 lit. a des Rahmenbeschlusses.

[4] **[Amtl. Anm.:]** § 208 Abs. 1 Satz 2 AO; vgl. entsprechend die „Meldung für die Bundesrepublik Deutschland nach Artikeln 2 a) und 6 des Rahmenbeschlusses 2006/960/JI des Rates vom 18. Dezember 2006“.

[5] **[Amtl. Anm.:]** Näheres unter Tz. 6.1.

[6] **[Amtl. Anm.:]** Näheres unter Tz. 6.3.

[7] **[Amtl. Anm.:]** Näheres dazu unter Tz. 7.2.

### 3. Räumlicher Geltungsbereich

Der Rahmenbeschluss gilt im Verhältnis zu allen Mitgliedsstaaten der Europäischen Union und darüber hinaus für folgende Schengen-assoziierte Staaten:
– Schweiz[1)]
– Liechtenstein[2)]
– Norwegen[3)]
– Island.[4)]

### 4. Verhältnis zu anderen völkerrechtlichen Übereinkommen

Der Rahmenbeschluss lässt sowohl die bestehenden Regelungen zur justiziellen Rechtshilfe in Strafsachen[5)] als auch die bilateralen und multilateralen Vereinbarungen zur Amtshilfe in Steuersachen[6)] unberührt.

Ein auf den Rahmenbeschluss gestütztes Ersuchen hat jedoch den Vorteil einer schnelleren Informationsgewinnung.[7)]

### 5. Allgemeines zu Ersuchen

#### 5.1. Inhaltliche Verantwortung

Für ausgehende Ersuchen, die Beantwortung eingehender Ersuchen und Spontanauskünfte liegt die Verantwortung hinsichtlich Zulässigkeit und Inhalt bei der sachbearbeitenden Steuerfahndungsstelle.

#### 5.2. Verwendung der Vordrucke „Anhang A" und „Anhang B"[8)]

Der Rahmenbeschluss sieht zwei Vordrucke für die Erleichterung des Informationsaustausches vor. Hierdurch wird sichergestellt, dass alle für eine umgehende und sachgerechte Erledigung des Ersuchens erforderlichen Anga-

---

1) **[Amtl. Anm.:]** Vgl. „Bundesgesetz vom 12. Juni 2009 über den Informationsaustausch zwischen den Strafverfolgungsbehörden des Bundes und denjenigen der anderen Schengen-Staaten" – BBl. 2009, S. 4493.

2) **[Amtl. Anm.:]** Vgl. „Protokoll vom 28. Februar 2008 zwischen der Schweizerischen Eidgenossenschaft, der Europäischen Union, der Europäischen Gemeinschaft und dem Fürstentum Liechtenstein über den Beitritt des Fürstentums Liechtenstein zu dem Abkommen zwischen der Schweizerischen Eidgenossenschaft, der Europäischen Union und der Europäischen Gemeinschaft über die Assoziierung der Schweizerischen Eidgenossenschaft bei der Umsetzung, Anwendung und Entwicklung des Schengen Besitzstandes" – SR 0.362.311.

3) **[Amtl. Anm.:]** In Bezug auf Norwegen und Island stellt der Rahmenbeschluss eine Weiterentwicklung von Bestimmungen des Schengen-Besitzstandes dar, die gemäß Art. 2 (3) des „Übereinkommens zwischen dem Rat der Europäischen Union sowie der Republik Island und dem Königreich Norwegen über die Assoziierung der beiden letztgenannten Staaten bei der Umsetzung, Anwendung und Entwicklung des Schengen Besitzstandes" (ABl. L 176 vom 10. 7. 1999, S. 36) die ursprüngliche Bestimmung des Art. 39 SDÜ entsprechend ablösen.

4) **[Amtl. Anm.:]** Siehe Fußnote 9.

5) **[Amtl. Anm.:]** Vgl. insoweit das „Merkblatt zur zwischenstaatlichen Rechtshilfe in Steuerstrafsachen" vom 16. November 2006 IV B 1 – S 1320 – 66/06, BStBl. I S. 698.

6) **[Amtl. Anm.:]** Vgl. insoweit das „Merkblatt zur zwischenstaatlichen Amtshilfe durch Informationsaustausch in Steuersachen" vom 25. Mai 2012 IV B 6 – S 1320/07/10004 :006, BStBl. I S. 599.

**[Red. Anm.:]** Siehe nunmehr Merkblatt v. 23. 11. 2015, BStBl. I S. 928 (Nr. **800** § 117/1).

7) **[Amtl. Anm.:]** Vgl. auch Tz. 7.4.

8) **[Amtl. Anm.:]** Die Bezeichnung der Vordrucke mit „Anhang A" und „Anhang B" entspricht der des Rahmenbeschlusses.

ben übermittelt werden. Sofern die Vordrucke nicht verwendet werden, müssen sich Form und Inhalt der frei formulierten Ersuchen daran orientieren.

Der Vordruck „Anhang A" dient zur Beantwortung eingegangener Ersuchen. Er ist auch zu verwenden, wenn eine Datenübermittlung abgelehnt wird, oder als Zwischennachricht, wenn eine fristgerechte Beantwortung nicht möglich ist.

Der Vordruck „Anhang B" soll für ausgehende Ersuchen und für die Übermittlung von Spontanauskünften verwendet werden.

**5.3. Sprache**

Ausgehende Ersuchen in Mitgliedsstaaten im deutschen Sprachraum können in deutscher Sprache (Anlagen 1 und 3) gestellt werden. Ersuchen in die übrigen Staaten sollten – sofern nicht in der Landessprache möglich – in englischer Sprache verfasst werden (Anlagen 2 und 4). Dies gilt sinngemäß auch für die Beantwortung eingehender Ersuchen.

**5.4. Unterrichtung**

Eine Verpflichtung, den vom Auskunftsaustausch Betroffenen über die Datenübermittlung zu unterrichten, besteht nur in den Fällen, in denen dies auch für einen gleichgelagerten Fall eines innerstaatlichen Datenaustausches rechtlich vorgeschrieben wäre.

**6. Ausgehende Ersuchen**

**6.1. Ersuchen zu repressiven Zwecken[1)]**

Die Steuerfahndung kann zur Erforschung der in ihre Zuständigkeit fallenden Straftaten alle Behörden um Auskunft ersuchen (§§ 385 Abs. 1 AO, 163 Abs. 1 S. 2 StPO). Soweit völkerrechtliche Vereinbarungen wie der Rahmenbeschluss 2006/960/JI es gestatten, gilt dies auch im Verhältnis zu ausländischen Behörden[2)]. Erbeten werden können alle Informationen oder Erkenntnisse, auf die die ersuchte ausländische Strafverfolgungsbehörde unmittelbar selbst oder mittelbar über Dritte ein Zugriffsrecht hat. Eine Übermittlungspflicht besteht jedoch nur für bereits vorhandene Informationen oder Erkenntnisse. Zur Vornahme von Ermittlungen ist die ersuchte Behörde nicht verpflichtet. Sie kann dies aber freiwillig tun, etwa bei Ersuchen um eine Ortsbesichtigung.

**6.2. Verwendung übermittelter Informationen und Erkenntnisse**

Im Ersuchen muss zwingend angegeben werden, zu welchem Zweck die Informationen oder Erkenntnisse erbeten werden.

Auf dieser Grundlage prüft zum einen die ersuchte Behörde, ob die erbetenen Informationen entsprechend dem sog. Inlandsstandard erteilt werden können.[3)] Zum anderen bilden die Angaben zum beabsichtigten Verwendungszweck den Rahmen, innerhalb dessen die ersuchende Behörde die übermittel-

1) **[Amtl. Anm.:]** Ersuchen zur Aufklärung bereits begangener Straftaten, auch soweit dabei im Einzelfall bislang noch kein Strafverfahren eingeleitet wurde.

2) **[Amtl. Anm.:]** Vgl. auch Nr. 124 Abs. 3 lit. a der Richtlinien für den Verkehr mit dem Ausland in strafrechtlichen Angelegenheiten (RiVASt).

3) **[Amtl. Anm.:]** Vgl. im Einzelnen Tz. 7.1.

ten Informationen verwenden und gegebenenfalls auch direkt als Beweismittel verwerten darf.

Die ersuchte Behörde kann in ihrer Antwort den Umfang der Verwertung der übermittelten Informationen und Erkenntnisse als Beweismittel ausdrücklich bestimmen. Werden hierzu keine Angaben gemacht, können die übermittelten Daten entsprechend dem angefragten Zweck verwendet werden.

### 6.3. Ersuchen zu präventiven Zwecken

Die Steuerfahndung kann zur Verhinderung noch nicht begangener Steuerstraftaten[1] alle Behörden um Auskunft ersuchen (§§ 85 S. 2, 208 Abs. 1 Nr. 3, 93 AO).

Dies gilt auch in Bezug auf ausländische Strafverfolgungsbehörden im Geltungsbereich des Rahmenbeschlusses, da dieser Ersuchen zu präventiven Zwecken ebenfalls umfasst.

Die Ausführungen zu Tz. 6.1 gelten sinngemäß.

### 6.4. Spontanauskünfte

Die Steuerfahndung kann Informationen und Erkenntnisse auch ohne Ersuchen (Spontanauskunft) an eine ausländische Strafverfolgungsbehörde übermitteln. Dies kann sowohl zum Zweck der Strafverfolgung (§§ 92 c, 61 a Abs. 2 bis 4 IRG) als auch zur Verhütung von Straftaten (§ 117 a Abs. 3 AO) erfolgen. Voraussetzung ist in beiden Fällen, dass eine entsprechende Mitteilung im Rahmen des § 30 AO auch an eine inländische Strafverfolgungsbehörde möglich wäre (sog. Inlandsstandard). Außerdem muss es sich um eine Straftat aus dem Katalog zum Europäischen Haftbefehl (Rahmenbeschluss 2002/584/JI, vgl. Auflistung im Vordruck „Anhang B" S. 3) oder um eine gleichwertige Tat wie zum Beispiel die Steuerhinterziehung gemäß § 370 AO handeln.

## 7. Eingehende Ersuchen

### 7.1. Prüfungsverfahren

Die Entscheidung, ob die von einer ausländischen Strafverfolgungsbehörde erbetenen Informationen oder Erkenntnisse übermittelt werden können, ist in einem mehrstufigen Verfahren zu treffen.

- **Prüfung der Zuständigkeit:**
  Erkennt die ersuchte Behörde, dass sie nicht zuständig ist, so leitet sie das Ersuchen an die zuständige Behörde weiter und informiert darüber die nationale Anlaufstelle[2], die ihr das Ersuchen zugeleitet hat. Bei mehrfacher Zuständigkeit nehmen die Dienststellen unter Beachtung der ggf. kurzen Fristen Kontakt miteinander auf.
- **Prüfung der formalen Ordnungsmäßigkeit:**
  Das Ersuchen ist nur zu beantworten, wenn es mindestens die inhaltsgleich in § 92 a IRG und § 117 a Abs. 2 AO genannten Pflichtangaben enthält. Anderenfalls ist die ersuchende Behörde formlos auf den Wegen nach Tz. 8 um Ergänzung zu bitten.

---

[1] **[Amtl. Anm.:]** Vgl. auch AEAO zu § 208, Nr. 1 lit. a.
[2] **[Amtl. Anm.:]** Siehe Tz. 8.

– **Prüfung des sog. Inlandstandards:**
Unter Beachtung von § 30 AO[1] ist zu prüfen, ob die Informationen in einem vergleichbaren deutschen Verfahren grundsätzlich einer anderen deutschen Strafverfolgungsbehörde übermittelt werden könnten.

– **Prüfung eines zwingenden Ablehnungsgrundes:**
Die Übermittlung hat gem. § 92 Abs. 3 IRG bzw. § 117 a Abs. 5 AO zwingend zu unterbleiben, wenn

1. hierdurch wesentliche Sicherheitsinteressen des Bundes oder der Länder beeinträchtigt würden,
2. die Übermittlung der Daten zu den in Artikel 6 des Vertrages über die Europäische Union enthaltenen Grundsätzen in Widerspruch stünde (Ordre-Public-Vorbehalt),
3. die zu übermittelnden Daten bei der ersuchten Behörde nicht vorhanden sind und nur durch das Ergreifen von Zwangsmaßnahmen erlangt werden könnten oder
4. die Übermittlung der Daten unverhältnismäßig wäre oder die Daten für die Zwecke, für die sie übermittelt werden sollen, erkennbar nicht erforderlich sind.

– **Prüfung eines fakultativen Ablehnungsgrundes:**
Eine Datenübermittlung kann darüber hinaus nach § 92 Abs. 4 IRG oder § 117 a Abs. 6 AO unterbleiben, wenn

1. die zu übermittelnden Daten bei den mit der Steuerfahndung betrauten Dienststellen nicht vorhanden sind, jedoch ohne das Ergreifen von Zwangsmaßnahmen erlangt werden könnten,
2. hierdurch der Erfolg laufender Ermittlungen oder Leib, Leben oder Freiheit einer Person gefährdet würde oder
3. die Tat, zu deren Verfolgung oder Verhütung die Daten übermittelt werden sollen, nach deutschem Recht mit einer Freiheitsstrafe von im Höchstmaß einem Jahr oder weniger bedroht ist.

### 7.2. Umfang der zu übermittelnden Daten

Die Verpflichtung zur Übermittlung von Informationen oder Erkenntnissen bezieht sich ausschließlich auf die Daten, die unmittelbar bei der ersuchten Dienststelle vorhanden sind oder auf die sie direkten Zugriff hat.

„Vorhanden" sind damit alle Daten aus dem örtlichen Zuständigkeitsbereich der ersuchten Dienststelle, die sich aus dort vorliegenden Papierakten oder elektronischen Datenbeständen im Onlinezugriff (direkter Zugriff) ergeben.

Die Steuerfahndung ist nicht verpflichtet, Daten zu beschaffen, die sich in Akten oder elektronischen Datenbeständen anderer Behörden oder Dritter befinden.

Sie ist ebenfalls nicht verpflichtet, Ermittlungshandlungen durchzuführen (zum Beispiel Ortsbesichtigungen oder Zeugenbefragungen).

---

[1] **[Amtl. Anm.:]** Vgl. im Einzelnen AEAO zu § 30.

Sie kann dies jedoch freiwillig tun, soweit dafür keine Zwangsmaßnahmen erforderlich sind (§ 117a Abs. 6 Nr. 1 AO, § 92 Abs. 4 Ziffer 1 IRG). Dies wird insbesondere in Betracht kommen, wenn der damit verbundene Aufwand vertretbar ist und im Hinblick auf die Bedeutung des von der ersuchten Behörde dargelegten Verwendungszwecks sachdienlich und verhältnismäßig erscheint.

### 7.3. Beweisverwertung

Soweit kein Beweisverwertungsverbot eingreift, bestehen keine Bedenken, eine Verwendung der nach den vorstehenden Grundsätzen zu übermittelnden Daten zu den angefragten Zwecken als Beweismittel zuzulassen.

### 7.4. Fristenregelung

Der Rahmenbeschluss sieht für die Übermittlung von Informationen und Erkenntnissen unterschiedlich lange Fristen vor, die sich nach der Dringlichkeit und der Verfügbarkeit der erbetenen Informationen bestimmen (Art. 4):

- **8 Stunden** (notfalls 3 Tage)
  bei dringenden Ersuchen
  in Fällen von Katalogstraftaten,
  bei denen die Informationen unmittelbar verfügbar sind.
- **1 Woche**
  bei nicht dringenden Ersuchen
  in Fällen von Katalogstraftaten,
  bei denen die Informationen unmittelbar verfügbar sind.
- **2 Wochen**
  in allen übrigen Fällen.

Zu den **sog. Katalogstraftaten** gehören alle Tatbestände, die im Straftatenkatalog zum Europäischen Haftbefehl genannt sind.[1] Außerdem fallen hierunter alle Straftaten nach nationalem Recht, die mit denjenigen des Straftatenkataloges gleichwertig sind.[2] Dazu zählen die Steuerhinterziehung (§ 370 AO) und der Subventionsbetrug (§ 264 StGB). Beide sind Spezialtatbestände des im Straftatenkatalog aufgeführten allgemeinen Betrugstatbestandes (§ 263 StGB) und insoweit gleichwertige Straftaten.

Können die oben genannten Fristen nicht eingehalten werden, so teilt die Steuerfahndungsstelle dies der ersuchenden Behörde unverzüglich unter Angabe der Gründe – und möglichst per Vordruck „Anhang A" – mit und stellt die Informationen sodann schnellstmöglich zur Verfügung.

Kann die vorgegebene 8-Stunden-Frist nicht eingehalten werden oder würde die Übermittlung der erbetenen Information innerhalb dieser kurzen Frist eine unverhältnismäßige Belastung für die Steuerfahndungsstelle darstellen (beispielsweise wenn ein Ersuchen außerhalb der üblichen Dienstzeit eingeht), ist das Ersuchen spätestens innerhalb von 3 Tagen zu beantworten.

## 8. Art und Wege der Übermittlung

Bis zu dem Zeitpunkt, in dem in allen Staaten ein einheitliches, gemeinsames Dateiformat für den Datenaustausch zur Verfügung steht, hat der gesamte

---

[1] **[Amtl. Anm.:]** Vgl. Auflistung im Vordruck „Anhang B" auf S. 3.
[2] **[Amtl. Anm.:]** Vgl. Art. 2 Lit. e des Rahmenbeschlusses.

Informationsaustausch (einschließlich etwaiger Anlagen) über gesicherte Kommunikationswege zu erfolgen.

Für die Steuerfahndung kommen als Anlaufstellen das Zollkriminalamt und – über die Landeskriminalämter – das Bundeskriminalamt in Betracht. Entscheidend für die Wahl des Übermittlungsweges sind die Umstände des Einzelfalles. Nach Möglichkeit soll die Datenübermittlung über das Zollkriminalamt erfolgen.

Die Datenübermittlung erfolgt unmittelbar zwischen den Anlaufstellen und den zuständigen Steuerfahndungsstellen.

# 800a. Vollstreckungsanweisung – VollstrA –

Vom 13. März 1980 (BStBl. I S. 112)

(BMF)

Geändert durch Allg. Verwaltungsvorschriften vom 19. 3. 1987 (BStBl. I S. 370), vom 21. 4. 1992 (BStBl. I S. 283), vom 5. 7. 1996 (BStBl. I S. 1114), vom 18. 9. 2001 (BStBl. I S. 605) vom 23. 10. 2003 (BStBl. I S. 542), vom 22. 1. 2008 (BStBl. I S. 274), vom 10. 3. 2011 (BStBl. I S. 238), vom 3. 6. 2015 (BStBl. I S. 497)[1] und vom 23. 10. 2017 (BStBl. I S. 1374)[2]

Nach Art. 108 Abs. 7 GG wird mit Zustimmung des Bundesrates folgende Allgemeine Verwaltungsvorschrift erlassen:

**Inhaltsübersicht**



[1] Inkrafttreten am 30. 6. 2015 (Tag nach der Veröffentlichung im BStBl. 2015 I Nr. 10).
[2] Inkrafttreten am 15. 11. 2017 (Tag nach der Veröffentlichung im BStBl. 2017 I Nr. 22).

# Erster Teil. Allgemeine Vorschriften

## Allgemeines

### 1. Anwendungsbereich

(1) [1]Die Vollstreckungsanweisung gilt für das Vollstreckungsverfahren der Bundes- und Landesfinanzbehörden. [2]In gerichtlichen Vollstreckungsverfahren ist die Vollstreckungsanweisung nicht anzuwenden.

(2) [1]Die Vollstreckungsanweisung gilt namentlich für die Vollstreckung von

1. Steuern einschließlich Zöllen und Abschöpfungen (§ 3 Abs. 1 AO) sowie Steuervergütungen,
2.[1)] steuerlichen Nebenleistungen (§ 3 Abs. 4 AO),
3. vom Vollstreckungsschuldner zurückzuzahlenden Beträgen, die ihm ohne rechtlichen Grund erstattet oder vergütet worden sind (§ 37 Abs. 2 AO),
4. Geldbußen (§§ 377 bis 383, § 412 Abs. 2 AO),
5. Ordnungsgeldern und
6. Kosten des Bußgeldverfahrens (§ 412 Abs. 2 AO).

[2]Für die Vollstreckung der in Satz 1 Nr. 4 bis 6 bezeichneten Geldleistungen gelten die Vorschriften der Vollstreckungsanweisung nur, soweit sich aus dem Gesetz nichts anderes ergibt (vgl. §§ 89 bis 104 OWiG i. V. m. § 412 Abs. 2 AO; Art. 7, 8 und 9 Abs. 2 EGStGB).

(3) Über die Ausführung der Vollstreckung durch Vollziehungsbeamte enthält die allgemeine Verwaltungsvorschrift für Vollziehungsbeamte der Finanzverwaltung (Vollziehungsanweisung)[2)] nähere Bestimmungen.

### 2. Vollstreckungsbehörden[3)]

Vollstreckungsbehörden sind die Finanzämter und die Hauptzollämter sowie die Landesfinanzbehörden, denen durch eine Rechtsverordnung nach § 17 Abs. 2 Satz 3 Nr. 3 FVG die landesweite Zuständigkeit für Kassenge-

---

[1)] Abschn. 1 Abs. 2 Nr. 2 neu gef. durch Allg. Verwaltungsvorschrift v. 23. 10. 2003 (BStBl. I S. 542).

[2)] Nr. **800 b**.

[3)] Abschn. 2 neu gef. durch Allg. Verwaltungsvorschrift v. 23. 10. 2017, BStBl. I S. 1374.

schäfte und das Erhebungsverfahren einschließlich der Vollstreckung übertragen worden ist (§ 249 Abs. 1 Satz 3 AO).

**3. Vollstreckungsschuldner**

(1) Als Vollstreckungsschuldner im Sinne dieser Bestimmungen gilt derjenige, gegen den sich ein Vollstreckungsverfahren tatsächlich richtet, unabhängig davon, ob seine Inanspruchnahme zu Recht erfolgt (§ 253 AO).

(2) [1]Das Vollstreckungsverfahren kann sich auch gegen denjenigen richten, der kraft Gesetzes, zum Beispiel nach den §§ 69 bis 75 AO, dem § 2382 BGB, den §§ 25, 128 HGB oder nach den Einzelsteuergesetzen, für eine Steuer haftet und durch Haftungsbescheid in Anspruch genommen worden ist (§ 191 Abs. 1 AO). [2]Wer sich auf Grund eines Vertrages verpflichtet hat, für die Steuer eines anderen einzustehen, kann nur nach den Vorschriften des bürgerlichen Rechts in Anspruch genommen werden (§ 192 AO).

(3) Vollstreckungsschuldner ist auch derjenige, der kraft Gesetzes verpflichtet ist, die Vollstreckung zu dulden und durch Duldungsbescheid in Anspruch genommen worden ist (§§ 77, 191 Abs. 1 AO); zum Beispiel Ehegatten und Lebenspartner[1)] (Abschn. 27), Nießbraucher (Abschn. 28), Erben (Abschn. 29 bis 31) und Rechtsnachfolger i. S. d. § 323 AO.

## Vollstreckbarkeit von Verwaltungsakten

**4. Vollstreckbarkeit von Verwaltungsakten**

[1]Verwaltungsakte können vollstreckt werden, soweit nicht ihre Vollziehung ausgesetzt ist (§ 251 Abs. 1 AO). [2]In Insolvenzverfahren (Abschn. 57 bis 64) ist § 251 Abs. 2, 3 AO zu beachten.

## Einstellung, Beschränkung, Aufhebung und Unbilligkeit der Vollstreckung

**5. Einstellung und Beschränkung der Vollstreckung**

(1) Die Vollstreckung ist nach § 257 AO einzustellen oder zu beschränken, sobald

1. die Vollstreckbarkeitsvoraussetzung des § 251 Abs. 1 AO weggefallen ist,
2. der Verwaltungsakt, aus dem vollstreckt wird, aufgehoben wird,
3. der Anspruch auf die Leistung erloschen ist, zum Beispiel durch Zahlung, Aufrechnung, Erlaß, Verjährung (§ 47 AO),
4. die Leistung gestundet worden ist (§ 222 AO).

(2) [1]In den Fällen des Abs. 1 Nr. 2 und 3 sind bereits getroffene Vollstreckungsmaßnahmen aufzuheben. [2]Ist der Verwaltungsakt durch eine gerichtliche Entscheidung aufgehoben worden, so gilt dies nur, soweit die Entscheidung unanfechtbar geworden ist und nicht auf Grund der Entscheidung ein neuer Verwaltungsakt zu erlassen ist. [3]Ist die Leistung gestundet oder die Vollziehung eines angefochtenen Verwaltungsaktes ausgesetzt worden, bleiben die

---

[1)] Wörter „und Lebenspartner" eingef. durch Allg. Verwaltungsvorschrift v. 3. 6. 2015, BStBl. I S. 497.

Vollstreckungsmaßnahmen bestehen, soweit nicht ihre Aufhebung ausdrücklich angeordnet oder die Rückwirkung der Aufhebung der Vollziehung verfügt worden ist. [4]Bleiben Vollstreckungsmaßnahmen bestehen, unterbleiben für die Dauer einer Stundung oder Aussetzung der Vollziehung weitere Maßnahmen zur Durchführung der Vollstreckung, wie zum Beispiel die Verwertung gepfändeter Sachen.

(3) [1]Ist die Aufteilung einer Gesamtschuld nach den §§ 268 bis 280 AO beantragt worden, dürfen Vollstreckungsmaßnahmen, solange über den Antrag durch die für die Steuerfestsetzung zuständige Stelle nicht unanfechtbar entschieden worden ist, nur insoweit durchgeführt werden, als dies zur Sicherung des Anspruchs erforderlich ist. [2]Sicherungsmaßnahmen können gegen jeden der Schuldner wegen des Gesamtanspruchs ergriffen werden. [3]Nach der Aufteilung darf die Vollstreckung nur nach Maßgabe der auf die einzelnen Schuldner entfallenden Beträge durchgeführt werden (§ 278 Abs. 1 AO), soweit nicht nach § 278 Abs. 2 AO eine weitergehende Inanspruchnahme möglich ist.

(4) [1]Hat der Vollstreckungsschuldner wegen Rückständen, die der Vollstreckungsstelle bereits mitgeteilt worden sind, Stundung (§ 222 AO), Erlaß (§ 227 AO) oder Aussetzung der Vollziehung (§ 361 AO, § 69 Abs. 2 FGO) beantragt, soll über die Anträge unverzüglich entschieden werden. [2]Die für die Entscheidung über den Antrag zuständige Stelle soll die Vollstreckungsstelle über das Vorliegen des Antrags unterrichten – soweit der Antrag der Vollstreckungsstelle nicht bereits bekannt ist – und sich zu den Erfolgsaussichten des Antrags äußern. [3]Hat der Vollstreckungsschuldner bei Gericht Antrag auf vorläufigen Rechtsschutz gestellt (§ 69 Abs. 3, § 114 FGO), hat die Vollstreckungsstelle mit dem Gericht wegen des weiteren Vorgehens Verbindung aufzunehmen. [4]Die Vollstreckungsstelle hat sodann zu entscheiden, ob Vollstreckungsmaßnahmen eingeleitet oder bereits begonnene Vollstreckungsverfahren eingestellt, beschränkt oder fortgeführt werden sollen. [5]Das Vollstreckungsverfahren ist einzuleiten oder fortzuführen, wenn die Anträge aussichtslos erscheinen, wenn sie offensichtlich nur den Zweck verfolgen, das Vollstreckungsverfahren hinauszuschieben oder wenn Gefahr im Verzug besteht; entsprechendes gilt, wenn bei Gericht Antrag auf vorläufigen Rechtsschutz gestellt worden ist (§§ 69, 114 FGO).

### 6. Aufhebung von Vollstreckungsmaßnahmen

(1) Soweit nach Abschn. 5 Abs. 2 bereits getroffene Vollstreckungsmaßnahmen aufzuheben sind, ist im einzelnen wie folgt zu verfahren:

1. Pfändungen (Sachpfändungen, Pfändungen von Forderungen und anderen Vermögensrechten) sind aufzuheben.
2. Ist dem Vollziehungsbeamten Vollstreckungsauftrag erteilt worden (vgl. Abschn. 34), ist er anzuweisen, keine weiteren Vollstreckungsmaßnahmen mehr zu ergreifen.
3. [1]Der Antrag auf Eintragung einer Sicherungshypothek (Abschn. 45 bis 47) ist durch schriftliche Erklärung gegenüber dem Grundbuchamt zurückzunehmen, wenn die Sicherungshypothek noch nicht eingetragen ist (§§ 29, 31 GBO). [2]Ist die Sicherungshypothek bereits eingetragen, bleibt es dem

Grundstückseigentümer überlassen, das Grundbuch berichtigen zu lassen. [3]Dem Vollstreckungsschuldner oder einem anderen Berechtigten, zum Beispiel einem Dritten, auf den durch Entrichtung des beizutreibenden Betrages der Anspruch des Gläubigers gemäß §§ 268, 1150 BGB übergegangen ist, ist eine Zahlungsbestätigung und löschungsfähige Quittung oder Löschungsbewilligung zu erteilen.

4. [1]Der Antrag auf Zwangsversteigerung oder Zwangsverwaltung (Abschn. 45 bis 48) ist durch schriftliche Erklärung gegenüber dem Vollstreckungsgericht, durch mündliche Erklärung im Versteigerungstermin (zur Aufnahme in die Sitzungsniederschrift) oder zu Protokoll des Urkundsbeamten des Vollstreckungsgerichts zurückzunehmen. [2]Der Antrag auf Zwangsversteigerung kann bis zur Erteilung des Zuschlags, der Antrag auf Zwangsverwaltung kann jederzeit zurückgenommen werden. [3]Der Insolvenzantrag (Abschn. 58) ist – im Hinblick auf die Kostenfolge (§ 91 a ZPO) – schriftlich gegenüber dem Insolvenzgericht für erledigt zu erklären. [4]Der Insolvenzantrag kann nicht mehr für erledigt erklärt werden, wenn das Gericht den Beschluss über die Eröffnung verkündet, einem Beteiligten zugestellt oder öffentlich bekannt gemacht hat. [5]Bei Erlöschen des Anspruchs durch Zahlung wird auf § 14 Abs. 1 Satz 2 InsO sowie § 14 Abs. 3 InsO hingewiesen.[1)]

(2) [1]Sind die Voraussetzungen für eine Aufhebung oder Beschränkung der Vollstreckung nur zum Teil gegeben, so sind die Vollstreckungsmaßnahmen entsprechend zu beschränken. [2]In den Fällen des Abs. 1 Nr. 3 ist ein Eintragungsantrag immer zurückzunehmen, wenn der verbleibende Betrag siebenhundertfünfzig Euro nicht übersteigt (vgl. § 866 Abs. 3 ZPO).

## 7. Unbilligkeit der Vollstreckung

(1) [1]Soweit im Einzelfall die Vollstreckung unbillig ist, kann die Vollstreckungsbehörde die Vollstreckung über die in den Abschn. 5, 6 gezogenen Grenzen hinaus einstweilen einstellen, beschränken oder eine Vollstreckungsmaßnahme aufheben (§ 258 AO). [2]Die Entscheidung hierüber ist von der Vollstreckungsbehörde nach pflichtgemäßem Ermessen (§ 5 AO) zu treffen. [3]Die Einstellung oder Beschränkung ist nicht von einem Antrag des Vollstreckungsschuldners abhängig.

(2) [1]Unbilligkeit im Sinne Abs. 1 ist anzunehmen, wenn die Vollstreckung oder eine einzelne Vollstreckungsmaßnahme dem Vollstreckungsschuldner einen unangemessenen Nachteil bringen würde, der durch kurzfristiges Zuwarten oder durch eine andere Vollstreckungsmaßnahme vermieden werden könnte. [2]Nachteile, die üblicherweise mit der Vollstreckung oder der einzelnen Vollstreckungsmaßnahme verbunden sind, begründen keine Unbilligkeit.

(3) [1]Bei Maßnahmen nach Abs. 1 Satz 1 sind grundsätzlich Säumniszuschläge weiter zu erheben. [2]Wird die Maßnahme dem Vollstreckungsschuldner mitgeteilt, so ist er hierauf hinzuweisen.

---

[1)] Abschn. 6 Abs. 1 Nr. 4 Satz 5 angef. durch Allg. Verwaltungsvorschrift v. 3. 6. 2015, BStBl. I S. 497, und geänd. durch Allg. Verwaltungsvorschrift v. 23. 10. 2017, BStBl. I S. 1374.

## Vollstreckungsersuchen

### 8. Amtshilfe

(1) [1]Wird die Ausführung von Vollstreckungsmaßnahmen außerhalb der örtlichen Zuständigkeit der Vollstreckungsbehörde erforderlich, so ist die örtlich zuständige Vollstreckungsbehörde um die Durchführung zu ersuchen. [2]Das gleiche gilt für Maßnahmen, die nicht Vollstreckungshandlungen sind, aber mit der Vollstreckung im Zusammenhang stehen, zum Beispiel die Vernehmung von Auskunftspersonen. [3]Unberührt bleiben die Vorschriften der §§ 111 bis 115 AO über die Rechts- und Amtshilfe sowie entsprechende bundes- und landesrechtliche Regelungen, soweit Geldleistungen, die nicht auf Grund von Steuergesetzen gefordert werden, von den Finanzämtern, den Hauptzollämtern oder den Landesfinanzbehörden, denen durch eine Rechtsverordnung nach § 17 Abs. 2 Satz 3 Nr. 3 FVG die landesweite Zuständigkeit für Kassengeschäfte und das Erhebungsverfahren einschließlich der Vollstreckung übertragen worden ist, als Vollstreckungsbehörden zu vollstrecken sind.[1)]

(2) [1]Amtshilfe kommt regelmäßig in Betracht, wenn in bewegliche Sachen außerhalb der örtlichen Zuständigkeit der Vollstreckungsbehörde vollstreckt werden soll. [2]Bei der Vollstreckung in Forderungen, andere Vermögensrechte und in das unbewegliche Vermögen soll um Amtshilfe nur ersucht werden, wenn dies nach Sachlage geboten erscheint.

(3) [1]Bei Gefahr im Verzug kann die Vollstreckungsbehörde auch ohne Ersuchen tätig werden. [2]Die örtlich zuständige Vollstreckungsbehörde ist hiervon unverzüglich zu unterrichten (§ 29 AO).

(4) [1]Das Ersuchen um Amtshilfe soll von der Vollstreckungsbehörde schriftlich gestellt werden. [2]Bei Gefahr im Verzug kann das Ersuchen auch mündlich erfolgen. [3]In diesem Fall ist das Ersuchen jedoch unverzüglich schriftlich zu bestätigen. [4]Das Ersuchen kann auf eine bestimmte, genau zu bezeichnende Maßnahme beschränkt werden. [5]Wird das Ersuchen lediglich aus Zweckmäßigkeitsgründen gestellt, ist dies besonders zu begründen. [6]Im übrigen soll das Ersuchen die in Abschn. 34 Abs. 2 Nr. 1 bis 8 und 11 genannten Angaben enthalten. [7]Die Vollstreckbarkeit des Anspruchs ist zu bestätigen.

(5) Vollstreckungsersuchen der Vollstreckungsbehörden sollen nicht gestellt werden, wenn die Summe der rückständigen Beträge weniger als sechsunddreißig Euro[2)] beträgt.

### 9. Ausführung von Vollstreckungsersuchen

(1) [1]Soweit eine Vollstreckungsbehörde auf Ersuchen einer anderen Vollstreckungsbehörde Vollstreckungsmaßnahmen ausführt, tritt sie an die Stelle der anderen Vollstreckungsbehörde. [2]Die ersuchte Vollstreckungsbehörde hat die Vollstreckung im eigenen Namen zu betreiben. [3]Pfändungspfandrechte werden von der Körperschaft erworben, der die ersuchte Vollstreckungsbehörde angehört. [4]Für die Vollstreckbarkeit des Anspruchs bleibt die ersuchen-

---

[1)] Abschn. 8 Abs. 1 Satz 3 neu gef. durch Allg. Verwaltungsvorschrift v. 23. 10. 2017, BStBl. I S. 1374.

[2)] Betrag geänd. durch Allg. Verwaltungsvorschrift v. 3. 6. 2015, BStBl. I S. 497.

de Vollstreckungsbehörde verantwortlich (§ 250 Abs. 1 AO). [5]Sind die Voraussetzungen für eine Einstellung oder Beschränkung der Vollstreckung nach Abschn. 5 gegeben, ist dies der ersuchten Vollstreckungsbehörde unverzüglich mitzuteilen.

(2) [1]Hält sich die ersuchte Vollstreckungsbehörde für unzuständig oder hält sie die Handlung, um die sie ersucht worden ist, für unzulässig oder unzweckmäßig, teilt sie ihre Bedenken der ersuchenden Vollstreckungsbehörde mit. [2]Kommt zwischen den Vollstreckungsbehörden eine Einigung nicht zustande, entscheidet die Aufsichtsbehörde der ersuchten Vollstreckungsbehörde (§ 250 Abs. 2 AO). [3]Steht zweifelsfrei fest, daß für die Durchführung des Vollstreckungsersuchens eine andere als die ersuchte Vollstreckungsbehörde zuständig ist, ist das Vollstreckungsersuchen an die zuständige Vollstreckungsbehörde weiterzuleiten. [4]Die ersuchende Vollstreckungsbehörde ist über die Abgabe zu unterrichten.

### 10. Zwischenstaatliche Vollstreckungshilfe

[1]Die Erledigung zwischenstaatlicher Rechts- und Amtshilfeersuchen ist in § 117 AO geregelt. [2]Vollstreckungsersuchen anderer Staaten sind nach den Vorschriften AO zu erledigen, soweit die Voraussetzungen für die Gewährung von Amtshilfe gegeben sind.

## Einwendungen gegen die Vollstreckung, Rechtsbehelfe

### 11. Einwendungen gegen die Vollstreckung

(1) [1]Die Durchführung der Vollstreckung wird nicht dadurch gehindert, daß der Vollstreckungsschuldner Einwendungen gegen den zu vollstreckenden Verwaltungsakt, zum Beispiel gegen die Steuerfestsetzung, erhebt. [2]Einwendungen dieser Art sind außerhalb des Vollstreckungsverfahrens mit den hierfür zugelassenen Rechtsbehelfen zu verfolgen (§ 256 AO).

(2) [1]Bei Einwendungen gegen die Zulässigkeit der Vollstreckung selbst ist die Vollstreckung gegebenenfalls nach Maßgabe des Abschn. 5 einzustellen oder zu beschränken, wenn die Voraussetzungen hierfür nachgewiesen werden. [2]Kann der Nachweis nicht geführt werden, ist die Vollstreckung in der Regel fortzusetzen. [3]Der Vollstreckungsschuldner kann gegebenenfalls außerhalb des Vollstreckungsverfahrens den Erlaß eines Verwaltungsaktes nach § 218 Abs. 2 AO beantragen.

(3) [1]Abs. 2 gilt entsprechend, wenn der Steuerpflichtige gegen den zu vollstreckenden Anspruch die Aufrechnung erklärt. [2]Die Aufrechnung ist nur zulässig mit unbestrittenen oder rechtskräftig festgestellten fälligen Gegenansprüchen (§ 226 Abs. 3 AO). [3]Das Erfordernis der Kassengleichheit (§ 395 BGB) findet keine Anwendung. [4]Besteht keine Kassengleichheit, ist die Behörde, die den geschuldeten Betrag auszuzahlen hat, um Auskunft zu ersuchen, ob der Anspruch des Steuerpflichtigen unbestritten oder rechtskräftig festgestellt und fällig ist. [5]Will der Steuerpflichtige mit einer noch nicht fälligen, aber in Kürze fällig werdenden Gegenforderung aufrechnen, ist in der Regel zu prüfen, ob die Vollstreckung einstweilen einzustellen oder zu beschränken ist (vgl.

Abschn. 7). [6]Wegen der Aufrechnung gegenüber dem Steuerpflichtigen wird auf Abschn. 22 Abs. 4 hingewiesen.

(4) Ist die Vollziehung des Verwaltungsaktes gegen Sicherheitsleistung ausgesetzt, ist die Vollstreckung in der Regel erst einzustellen oder zu beschränken, wenn die Leistung der Sicherheit nachgewiesen ist.

## 12. Rechtsbehelfsverfahren

(1) Bei Streitigkeiten wegen Vollstreckungsmaßnahmen sind die Rechtsbehelfe AO und der Finanzgerichtsordnung gegeben, soweit nichts anderes bestimmt ist.

(2) [1]Rechtsbehelf gegen Maßnahmen der Vollstreckung ist vorbehaltlich des Abschn. 13 der Einspruch (§ 347 AO). [2]Er ist unzulässig vor Beginn und nach Beendigung der Vollstreckungsmaßnahme, gegen die er sich richtet. [3]Auf die Bestimmungen der Abschn. 22 Abs. 5 und 34 Abs. 5 Satz 2 wird hingewiesen.

(3) [1]Zur Einlegung des Einspruchs ist nur befugt, wer geltend macht, durch eine Vollstreckungsmaßnahme beschwert zu sein. [2]Durch Einlegung des Einspruchs wird die Vollstreckung vorbehaltlich des Abschn. 52 Abs. 3 Satz 1 Nr. 2 nicht gehemmt.

## 13. Rechte Dritter

(1) [1]Über Einwendungen Dritter nach §§ 262, 293 AO hat die Vollstreckungsstelle unverzüglich zu entscheiden. [2]Gibt die Vollstreckungsstelle den Einwendungen nicht statt, soll sie auf die Möglichkeit der Klage vor den ordentlichen Gerichten hinweisen.

(2) [1]Für die Klage ist ausschließlich das ordentliche Gericht zuständig, in dessen Bezirk die Vollstreckung erfolgt (§ 262 Abs. 3 AO). [2]Bei der Pfändung einer Forderung oder eines sonstigen Vermögensrechts richtet sich die Zuständigkeit nach dem Sitz der pfändenden Vollstreckungsbehörde. [3]Bei der Vollstreckung in das unbewegliche Vermögen ist das Gericht der belegenen Sache zuständig.

(3)[1)] [1]Die Vollstreckung wird durch Einwendungen und durch Klage nach Abs. 1 und 2 nicht gehemmt. [2]Das Prozeßgericht kann die Einstellung der Vollstreckung und die Aufhebung von Vollstreckungsmaßnahmen nach §§ 769, 770 ZPO einstweilig anordnen (§ 262 Abs. 2 AO).

(4) [1]Besteht das Recht des Dritten in einem Pfand- oder Vorzugsrecht an einer Sache, die nicht in seinem Besitz ist, kann er der Pfändung nicht widersprechen, sondern lediglich vorzugsweise Befriedigung verlangen (§ 293 AO). [2]Macht der Pfandberechtigte sein Recht gegenüber der Vollstreckungsstelle geltend, ist entsprechend Abs. 1 zu verfahren. [3]Die Vollstreckung ist auch dann fortzusetzen, wenn der Dritte seinen Anspruch auf vorzugsweise Befriedigung im Wege der Klage geltend macht. [4]Für die Klage auf vorzugsweise Befriedigung ist das ordentliche Gericht zuständig, in dessen Bezirk gepfändet worden ist (§ 293 Abs. 2 AO).

[1)] Abschn. 13 Abs. 3 Satz 2 Zitat geänd. durch Allg. Verwaltungsvorschrift v. 23. 10. 2003, BStBl. I S. 542.

## Niederschlagung

### 14. Niederschlagung

(1)[1] [1]Ansprüche aus dem Steuerschuldverhältnis (§ 37 AO) sollen niedergeschlagen werden, wenn zu erwarten ist, dass

1. die Erhebung keinen Erfolg haben wird (§ 261 Nr. 1 AO) oder
2. die Kosten der Erhebung außer Verhältnis zu dem zu erhebenden Betrag stehen werden (§ 261 Nr. 2 AO).

[2]Dies gilt auch für Ordnungsgelder sowie für Kosten auf Grund von Bescheiden der Finanzbehörden im Bußgeldverfahren (§ 412 Abs. 2, 3 AO).

(2) [1]Die Niederschlagung ist eine verwaltungsinterne Maßnahme der Vollstreckungsbehörde; sie führt nicht zum Erlöschen der Ansprüche. [2]Bis zum Erlöschen des Anspruchs (§ 47 AO) ist seine jederzeitige Geltendmachung möglich.

(3) [1]Die Niederschlagung soll dem Vollstreckungsschuldner nicht mitgeteilt werden. [2]Wird sie dennoch mitgeteilt, soll zum Ausdruck gebracht werden, daß die Niederschlagung nicht die Wirkung einer Stundung oder eines Erlasses hat.

### 15. Entscheidung über die Niederschlagung

(1)[2] [1]Ob die Kosten der Erhebung außer Verhältnis zum niederzuschlagenden Betrag stehen, ist nach den Verhältnissen des Einzelfalles zu entscheiden. [2]Im Regelfall kann davon ausgegangen werden, daß die Kosten der Erhebung außer Verhältnis zu dem geschuldeten Betrag stehen, wenn

1. die Summe der rückständigen Beträge weniger als sechsunddreißig Euro[3] beträgt, es sei denn, der Vollstreckungsauftrag kann zusammen mit Vollstreckungsaufträgen gegen andere Vollstreckungsschuldner ohne übermäßigen Zeitaufwand ausgeführt werden,
2. die Summe der rückständigen Beträge weniger als zweihundertfünfzig Euro beträgt, die Vollstreckung in das bewegliche Vermögen durch den Vollziehungsbeamten erfolglos verlaufen ist und andere Vollstreckungsmöglichkeiten, zum Beispiel Lohn- oder Kontenpfändungen, auch nach Auswertung der Steuerakten, nicht ersichtlich sind,
3. die Summe der rückständigen Beträge weniger als zweihundertfünfzig Euro beträgt, der Vollstreckungsschuldner aber unbekannt verzogen ist, Aufenthaltsermittlungen bei den zuständigen Behörden erfolglos verlaufen sind und im übrigen auch keine Vollstreckungsmöglichkeiten nach Nr. 2 bestehen.

---

[1] [1]Abschn. 14 Abs. 1 neu gef. durch Allg. Verwaltungsvorschrift v. 23. 10. 2017, BStBl. I S. 1374.

[2] Abschn. 15 Abs. 1 Satz 1 und 2 geänd. durch Allg. Verwaltungsvorschrift v. 23. 10. 2017, BStBl. I S. 1374.

[3] Betrag geänd. durch Allg. Verwaltungsvorschrift v. 3. 6. 2015, BStBl. I S. 497.

(2)[1] [1]Erkennt die Vollstreckungsbehörde, dass die Erhebung keinen Erfolg haben wird, zum Beispiel wegen Zahlungsunfähigkeit des Vollstreckungsschuldners oder weil der Vollstreckungsschuldner unbekannt verzogen ist und Aufenthaltsermittlungen erfolglos geblieben sind, soll die Prüfung, ob andere Personen den rückständigen Betrag schulden oder dafür haften, möglichst frühzeitig veranlasst werden. [2]Die Niederschlagung ist erst zu verfügen, wenn zu erwarten ist, daß die rückständigen Beträge weder vom Vollstreckungsschuldner noch von einem Dritten eingezogen werden können. [3]Nach der Eröffnung eines Verfahrens nach der Insolvenzordnung sind Abgabenforderungen, soweit es sich um Insolvenzforderungen handelt, mit Überwachung niederzuschlagen; die Prüfung der Inanspruchnahme Dritter bleibt unberührt.

(3)[2] [1]Die Niederschlagung bedarf der Genehmigung der vorgesetzten Finanzbehörde, wenn der niedergeschlagene Betrag die von den obersten Finanzbehörden festgesetzte Grenze überschreitet oder die Genehmigung aus sonstigen Gründen der vorgesetzten Finanzbehörde vorbehalten ist. [2]Der Genehmigungsvorbehalt gilt nicht für Niederschlagungen i. S. d. Abs. 2 Satz 3.

(4) Der Grund für die Niederschlagung ist festzuhalten.

## 16. Anzeige der Niederschlagung

[1]Die Vollstreckungsstelle hat die Kasse, bei der die niedergeschlagenen Beträge zum Soll stehen, von der Niederschlagung zu unterrichten. [2]Im automatisierten Verfahren ist die Niederschlagung der Datenerfassungsstelle zur Datenerfassung mitzuteilen; diese Mitteilung entfällt, wenn der Rückstand in einem vereinfachten maschinellen Verfahren niedergeschlagen worden ist. [3]Die Veranlagungs- oder Festsetzungsstelle ist mit Ausnahme der Fälle des Abschn. 15 Abs. 1 Satz 2 ebenfalls über die Niederschlagung in Kenntnis zu setzen. [4]Im Bereich der Zollverwaltung gilt die in Satz 3 enthaltene Ausnahmeregelung grundsätzlich nicht. [5]Bei der Niederschlagung von Kraftfahrzeugsteuer ist eine Mitteilung an die Festsetzungsstelle nicht erforderlich.[3]

## 17. Überwachung der Niederschlagung

(1) [1]In Fällen der Niederschlagung wegen mangelnder Erfolgsaussicht der Vollstreckung hat die Vollstreckungsstelle – insbesondere bei größeren Rückständen – stichprobenweise vor dem Eintritt der Verjährung die Vermögens- und Einkommensverhältnisse des Vollstreckungsschuldners zu prüfen (Abschn. 20 Abs. 2), gegebenenfalls die Verjährung durch Maßnahmen nach § 231 AO zu unterbrechen und die Vollstreckung fortzusetzen. [2]Das Ergebnis der Prüfung ist in geeigneter Form festzuhalten. [3]Auf eine Überwachung kann verzichtet werden, sobald feststeht, daß mit einer künftigen Realisierung der Ansprüche mit Sicherheit nicht mehr zu rechnen ist, z. B. im Falle

---

[1] Abschn. 15 Abs. 2 Satz 1 neu gef. durch Allg. Verwaltungsvorschrift v. 23. 10. 2003, BStBl. I S. 542; Satz 3 neu gef. durch Allg. Verwaltungsvorschrift v. 22. 1. 2008, BStBl. I S. 274; Satz 1 und 2 geänd. durch Allg. Verwaltungsvorschrift v. 23. 10. 2017, BStBl. I S. 1374.

[2] Abschn. 15 Abs. 3 neu gef. durch Allg. Verwaltungsvorschrift v. 23. 10. 2003, BStBl. I S. 542; Satz 2 angef. durch Allg. Verwaltungsvorschrift v. 22. 1. 2008, BStBl. I S. 274.

[3] Abschn. 16 Satz 5 angef. durch Allg. Verwaltungsvorschrift v. 3. 6. 2015, BStBl. I S. 497.

des Nachlassinsolvenzverfahrens oder der aufgelösten Gesellschaft ohne Haftungsschuldner.

(2) Zahlungen auf niedergeschlagene Rückstände sollen auf der Rückstandsanzeige oder auf der Niederschlagungsverfügung vermerkt werden, sofern ihre Berücksichtigung nicht in anderer Form sichergestellt ist.

### Vollstreckung gegen juristische Personen des öffentlichen Rechts

**18. Vollstreckung gegen juristische Personen des öffentlichen Rechts**

(1) Gegen den Bund oder ein Land ist die Vollstreckung nicht zulässig (§ 255 Abs. 1 Satz 1 AO).

(2) [1]Gegen juristische Personen des öffentlichen Rechts, die der Staatsaufsicht unterliegen, zum Beispiel Gemeinden, Gemeindeverbände, Handels- und Handwerkskammern und Sozialversicherungsträger, ist die Vollstreckung nur mit Zustimmung der Aufsichtsbehörde des Vollstreckungsschuldners zulässig. [2]Die Aufsichtsbehörde bestimmt den Zeitpunkt der Vollstreckung und die Vermögensgegenstände, in die vollstreckt werden kann (§ 255 Abs. 1 Satz 2 und 3 AO).

(3)[1)] [1]Ist der Vollstreckungsstelle ein Rückstand angezeigt worden, der von einem der in Abs. 1 und Abs. 2 Satz 1 genannten Schuldner zu entrichten ist, wendet sich die Vollstreckungsstelle zunächst an die Stelle, der es obliegt, zur Zahlung des Rückstands Anweisung zu erteilen. [2]Wird dabei kein Einvernehmen erreicht, berichtet die Vollstreckungsstelle hierüber der vorgesetzten Finanzbehörde. [3]Diese versucht sodann, gegebenenfalls durch Einschaltung der obersten Finanzbehörde, zu einer Regelung der Angelegenheit zu gelangen.

(4) Gegenüber öffentlich-rechtlichen Kreditinstituten gelten die Beschränkungen der Abs. 2 und 3 nicht (§ 255 Abs. 2 AO).

## Zweiter Teil. Anordnung und Durchführung der Vollstreckung

### Allgemeines

**19. Voraussetzungen für den Beginn der Vollstreckung**

(1) [1]Soweit nichts anderes bestimmt ist, darf die Vollstreckung nach § 254 Abs. 1 AO erst beginnen, wenn die Leistung fällig ist, der Vollstreckungsschuldner zur Leistung aufgefordert worden (Leistungsgebot) und seit der Aufforderung mindestens eine Woche verstrichen ist. [2]Der Erlaß des Leistungsgebotes ist keine Maßnahme der Vollstreckung; es wird regelmäßig mit dem zu vollstreckenden Verwaltungsakt verbunden. [3]Ein besonderes Leistungsgebot ist jedoch dann erforderlich, wenn der Verwaltungsakt gegen den Rechtsnachfolger wirkt, ohne ihm bekanntgegeben zu sein (§ 254 i. V. m. § 45 AO); dies gilt nicht im Fall der Vollstreckung nach Abschn. 30 Abs. 2. [4]Hat der Vollstreckungsschuldner eine von ihm auf Grund einer Steueranmeldung ge-

---

1) Abschn. 18 Abs. 3 Sätze 2 und 3 geänd. durch Allg. Verwaltungsvorschrift v. 23. 10. 2003, BStBl. I S. 542.

schuldete Leistung nicht erbracht, ist weder ein Leistungsgebot noch die Einhaltung der Wochenfrist erforderlich.

(2) Ein Leistungsgebot wegen der Säumniszuschläge, Zinsen und Vollstreckungskosten ist nicht erforderlich, wenn sie zusammen mit dem Hauptanspruch beigetrieben werden (§ 254 Abs. 2 AO).

(3) Vollstreckungsmaßnahmen sind nicht deshalb unzulässig, weil eine nach § 259 AO gebotene Mahnung unterblieben oder vor Ablauf der Mahnfrist mit der Vollstreckung begonnen worden ist.

## 20. Vorbereitung der Vollstreckung

(1) Nach Eingang der Rückstandsanzeige prüft die Vollstreckungsstelle, ob und welche Vollstreckungsmaßnahmen ergriffen werden sollen.

(2) [1]Zur Vorbereitung der Vollstreckung können die Finanzbehörden die Vermögens- und Einkommensverhältnisse des Vollstreckungsschuldners ermitteln (§ 249 Abs. 2 Satz 1 AO); §§ 85 bis 107 und §§ 111 bis 117 AO sind insoweit anwendbar. [2]Unter den Voraussetzungen des § 93 AO können auch Dritte und Vorlagepflichtige zur Auskunft herangezogen werden. [3]Zur Ermittlung der Vermögens- und Einkommensverhältnisse kann die Vollstreckungsstelle auch die Durchführung einer Außenprüfung anregen (§§ 193 bis 203 AO) oder gegebenenfalls die Steuerfahndung oder Zollfahndung um Mitwirkung ersuchen (§ 208 Abs. 2 Nr. 1 AO).

(3) [1]Werden nichtsteuerliche Geldleistungen vollstreckt, darf die Finanzbehörde alle ihr bekanntgewordenen und nach § 30 AO geschützten Daten verwenden (§ 249 Abs. 2 Satz 2 AO). [2]Soweit die Finanzbehörde zur Vorbereitung der Vollstreckung Ermittlungen auf Grund außersteuerlicher Rechtsvorschriften durchführt, stehen ihr die Ermittlungsbefugnisse nach Abs. 2 nicht zur Verfügung.

(4) [1]Die Vollstreckung soll nicht versucht werden, wenn sie nach den Vermögens- und Einkommensverhältnissen des Vollstreckungsschuldners aussichtslos erscheint. [2]Die Vollstreckungsstelle kann in geeigneten Fällen vom Vollstreckungsschuldner die Vorlage eines Vermögensverzeichnisses verlangen.

## 21. Anfechtung außerhalb des Insolvenzverfahrens

(1) [1]Erlangt die Finanzbehörde Kenntnis von Vermögensübertragungen durch den Steuerpflichtigen auf Dritte, so ist die Anfechtung der zugrundeliegenden Rechtshandlungen nach dem Gesetz über die Anfechtung von Rechtshandlungen eines Schuldners außerhalb des Insolvenzverfahrens (AnfG) zu prüfen. [2]Bestehen keine fälligen Ansprüche, ist zu prüfen, ob Leistungsgebote als Voraussetzung für das Anfechtungsverfahren zu erlassen sind.

(2) [1]Die Anfechtung wegen Ansprüchen aus dem Steuerschuldverhältnis erfolgt durch Duldungsbescheid (§ 191 AO i. V. m. den Vorschriften des Anfechtungsgesetzes), soweit sie nicht einredeweise (§ 9 AnfG) geltend zu machen ist. [2]Durch Duldungsbescheid kann auch Wertersatz gefordert werden (Hinweise auf §§ 812 ff. BGB), wenn der Dritte nicht in der Lage ist, der Vollstreckungsbehörde den erhaltenen Gegenstand zur Verfügung zu stellen.

(3) (aufgehoben)

## 22. Anordnung der Vollstreckung

(1) [1]Vor Anordnung der Vollstreckung hat die Vollstreckungsstelle, soweit dies nach dem Inhalt der Rückstandsanzeige oder des der Vollstreckungsstelle zugeleiteten Leistungsgebotes möglich ist, zu prüfen,

1. ob dem Vollstreckungsschuldner das Leistungsgebot bekanntgegeben und seit der Bekanntgabe mindestens eine Woche verstrichen ist,
2. ob die Leistung fällig und
3. ob der Vollstreckungsschuldner gemahnt oder vor Eintritt der Fälligkeit an die Zahlung erinnert worden ist.

[2]Bei der Vollstreckung von Geldbußen und Kosten des Bußgeldverfahrens (Abschn. 1 Abs. 2 Nr. 4 und 6) ist außerdem zu prüfen, ob die Rechtskraft eingetreten ist. [3]Führt die Prüfung zu Beanstandungen, hat sich die Vollstreckungsstelle mit der Kasse oder der für den Erlaß des Leistungsgebotes zuständigen Stelle (Veranlagungsstelle, Festsetzungsstelle) in Verbindung zu setzen.

(2) [1]Stellt die Vollstreckungsstelle fest, daß ein nach Abschn. 19 erforderliches Leistungsgebot dem Vollstreckungsschuldner nicht bekanntgegeben worden ist, holt sie die Bekanntgabe nach oder ersucht die Veranlagungs- oder Festsetzungsstelle um Bekanntgabe des Leistungsgebots. [2]Ist die Mahnung unterblieben, soll die Vollstreckungsstelle sie nachholen, wenn zu erwarten ist, daß sich dadurch Vollstreckungsmaßnahmen erübrigen.

(3) [1]Ergibt die Prüfung nach Abs. 1, daß die Voraussetzungen für den Beginn der Vollstreckung gegeben sind, ordnet die Vollstreckungsstelle die Vollstreckung durch Erlaß der Pfändungsverfügung, Erteilung des Vollstreckungsauftrages oder Einleitung sonstiger Vollstreckungsmaßnahmen an. [2]Eine besondere Anordnungsverfügung wird in der Regel nicht erlassen.

(4) [1]Die Vollstreckung soll nicht angeordnet werden, wenn mit der zu vollstreckenden Forderung gegen Ansprüche des Vollstreckungsschuldners aufgerechnet werden kann; der Grundsatz der Kassengleichheit (§ 395 BGB) und das Erfordernis des Unbestrittenseins oder der rechtskräftigen Feststellung der Forderung des Vollstreckungsschuldners gilt insoweit nicht. [2]Gegen Ansprüche des Vollstreckungsschuldners, die von der Kasse einer anderen Finanzbehörde oder von einer anderen öffentlichen Kasse zu begleichen sind, soll eine Aufrechnung nur erklärt werden, wenn die Kasse, die den geschuldeten Betrag auszuzahlen hat, nicht mit eigenen Gegenforderungen aufrechnen kann. [3]Die Aufrechnung ist schriftlich zu erklären. [4]In der Aufrechnungserklärung sind die Ansprüche, die gegeneinander aufgerechnet werden, nach Grund und Betrag genau zu bezeichnen. [5]Je eine Ausfertigung der Aufrechnungserklärung ist dem Vollstreckungsschuldner und den beteiligten Kassen zu übersenden.

(5) [1]Die Anordnung der Vollstreckung ist eine verwaltungsinterne – nicht anfechtbare – Maßnahme, die dem Vollstreckungsschuldner nicht bekanntgegeben wird. [2]Die Vollstreckungsstelle kann jedoch aus Gründen der Zweckmäßigkeit dem Vollstreckungsschuldner ankündigen, daß demnächst Vollstreckungsmaßnahmen ergriffen werden, wenn damit zu rechnen ist, daß er da-

raufhin leisten wird; auch gegen diese Ankündigung ist kein förmlicher Rechtsbehelf gegeben.

## 23. Einleitung der Vollstreckung

(1) [1]Mit Einleitung der Vollstreckung hat die Vollstreckungsstelle zu entscheiden, welche Maßnahmen ergriffen werden sollen. [2]In Betracht kommen folgende Möglichkeiten:

1. Die Vollstreckungsstelle führt die Vollstreckung selbst aus (Abschn. 25; zum Beispiel Vollstreckung in Forderungen und andere Vermögensrechte).
2. Die Vollstreckungsstelle beauftragt den Vollziehungsbeamten, die Vollstreckung auszuführen (Abschn. 24, 34; zum Beispiel Vollstreckung in bewegliche Sachen).
3. Die Vollstreckungsstelle stellt beim Amtsgericht als Vollstreckungs- oder Insolvenzgericht oder beim Grundbuchamt den Antrag, Vollstreckungsmaßnahmen zu ergreifen (Abschn. 26, 45 bis 51, 58; zum Beispiel Antrag auf Zwangsversteigerung, Zwangsverwaltung oder Eintragung einer Sicherungshypothek).
4. Die Vollstreckungsstelle macht den Anspruch des Vollstreckungsgläubigers in einem Insolvenzverfahren geltend (Abschn. 57 ff.; zum Beispiel durch Anmeldung beim Insolvenzverwalter).
5. Die Vollstreckungsstelle ersucht eine andere Behörde, die Vollstreckung auszuführen (Abschn. 8 bis 10; zum Beispiel Vollstreckung im Bezirk einer anderen Vollstreckungsbehörde).
6. Die Vollstreckungsstelle nimmt einen Dritten nach dem Anfechtungsgesetz in Anspruch (Abschn. 21; zum Beispiel auf Grund eines Duldungsbescheides, § 191 AO i. V. m. den Vorschriften des AnfG).

(2) [1]Soweit die Zulässigkeit einzelner Vollstreckungsmaßnahmen nicht durch besondere Bestimmungen (Abschn. 45 Abs. 3 Satz 1 und Abs. 4, Abschn. 60 Abs. 1) eingeschränkt ist, entscheidet die Vollstreckungsstelle nach pflichtgemäßem Ermessen über die zu treffenden Vollstreckungsmaßnahmen. [2]In erster Linie sollen solche Vollstreckungsmaßnahmen ergriffen werden, von denen nach den besonderen Umständen des Falles bei angemessener Berücksichtigung der Belange des Vollstreckungsschuldners am schnellsten und sichersten ein Erfolg zu erwarten ist. [3]Die beabsichtigte Vollstreckungsmaßnahme muß in angemessenem Verhältnis zu dem erstrebten Erfolg stehen, die Höhe der Forderung den mit ihr verbundenen Verwaltungsaufwand rechtfertigen.

(3) [1]Mehrere Vollstreckungsmaßnahmen können gleichzeitig ergriffen werden, wenn es zur Deckung der Rückstände einschließlich der Kosten der Vollstreckung erforderlich ist. [2]Besteht für den Anspruch des Vollstreckungsgläubigers ein Pfandrecht an einer beweglichen Sache des Vollstreckungsschuldners und hat der Vollstreckungsgläubiger das Pfand im Besitz (im unmittelbaren oder mittelbaren Besitz, im Alleinbesitz oder Mitbesitz), soll in das übrige Vermögen des Vollstreckungsschuldners oder in das Vermögen eines anderen Gesamtschuldners insoweit nicht vollstreckt werden, als der Anspruch des Vollstreckungsgläubigers durch den Wert des Pfandes gedeckt ist. [3]Haftet

das Pfand noch für andere Ansprüche des Vollstreckungsgläubigers, gilt Satz 2 insoweit, als die anderen Ansprüche durch den Wert des Pfandes gedeckt sind. [4]Außer einer derartigen Überpfändung ist auch jede andere Übersicherung, zum Beispiel durch Sicherungsübereignung, zu vermeiden. [5]Sätze 2 und 3 gelten nicht im Rahmen der Sachhaftung nach § 76 AO. [6]Inhaberpapiere und Orderpapiere gelten als bewegliche Sachen i. S. d. Sätze 2 und 3.

(4)[1)] Führen Vollstreckungsmaßnahmen nicht zum Erfolg oder erscheinen sie aussichtslos, ist zu prüfen, ob die Löschung im Handels- oder Genossenschaftsregister (Abschn. 65), ein gewerbe- und berufsrechtliches Untersagungsverfahren, eine Maßnahme nach dem Pass- oder Aufenthaltsgesetz (Abschn. 66) oder eine Abmeldung von Fahrzeugen von Amts wegen (Abschn. 67) in Betracht kommt.

## 24. Ausführung der Vollstreckung durch Vollziehungsbeamte

(1) Mit der Ausführung der Vollstreckung kann die Vollstreckungsstelle einen Vollziehungsbeamten insbesondere in folgenden Fällen beauftragen:

1. Vollstreckung in bewegliche Sachen einschließlich der auf den Inhaber oder auf Namen lautenden Wertpapiere sowie der vom Boden noch nicht getrennten Früchte (§§ 285 bis 308 AO),
2. Pfändung von Forderungen aus Wechseln und anderen Papieren, die durch Indossament übertragen werden können, zum Beispiel Wechsel, kaufmännische Orderpapiere (§ 312 AO),
3. Vollstreckung zur Herausgabe von Sachen (§ 310 Abs. 1 Satz 2, § 315 Abs. 2 Satz 5[2)], § 321 Abs. 4 zweiter Halbsatz AO),
4. Entgegennahme und Verwertung von Sachen in den Fällen des § 318 Abs. 2 AO,
5. Verwertung von Forderungen und anderen Vermögensrechten in den Fällen des § 317 AO.

(2) Ein Vollziehungsbeamter kann auch beauftragt werden, zur Feststellung von Forderungen und anderen Vermögensrechten in die Geschäftsbücher Einsicht zu nehmen.

(3) Vollziehungsbeamte i. S. d. Abs. 1 sind Amtsträger, die zur Ausführung von Vollstreckungsmaßnahmen ständig eingesetzt oder mit der Ausführung solcher Vollstreckungsmaßnahmen in Einzelfällen beauftragt worden sind.

## 25[3)]. Ausführung der Vollstreckung durch die Vollstreckungsstelle

Der Vollstreckungsstelle obliegen namentlich folgende Maßnahmen:

1. Pfändung und Einziehung von Forderungen und anderen Vermögensrechten (Abschn. 41 bis 44); dies gilt nicht, soweit die Vollstreckung in Forderungen, die in Wertpapieren verbrieft sind, durch den Vollziehungsbeamten auszuführen ist (Abschn. 24 Abs. 1 Nr. 1, 2),

---

[1)] Abschn. 23 Abs. 4 geänd. durch Allg. Verwaltungsvorschrift v. 23. 10. 2003, BStBl. I S. 542; geänd. durch Allg. Verwaltungsvorschrift v. 22. 1. 2008, BStBl. I S. 274.

[2)] Zitat in Abschn. 24 Abs. 1 Nr. 3 geänd. durch Allg. Verwaltungsvorschrift v. 3. 6. 2015, BStBl. I S. 497.

[3)] Abschn. 25 neu gef. durch Allg. Verwaltungsvorschrift v. 3. 6. 2015, BStBl. I S. 497.

2. Antrag auf Eintragung einer Sicherungshypothek, auf Zwangsverwaltung oder Zwangsversteigerung (Abschn. 45 bis 51),
3. Abnahme der Vermögensauskunft und Anordnung der Eintragung in das Schuldnerverzeichnis (Abschn. 52)
4. Abnahme der eidesstattlichen Versicherung (Abschn. 53),
5. Anmeldung von Steuerforderungen im Insolvenzverfahren (Abschn. 60, 63),
6. Antrag auf Eröffnung des Insolvenzverfahrens (Abschn. 58).

**26. Vollstreckungs- und Insolvenzantrag**

(1) [1]Die Vollstreckungsstelle stellt bei der zuständigen Stelle die erforderlichen Anträge, wenn

1. in das unbewegliche Vermögen vollstreckt (§ 322 AO) oder
2. über das Vermögen des Vollstreckungsschuldners das Insolvenzverfahren eröffnet

werden soll.

[2]Zuständig für die Entgegennahme von Anträgen auf Zwangsversteigerung, Zwangsverwaltung oder die Eröffnung des Insolvenzverfahrens ist das zuständige Amtsgericht als Vollstreckungs- oder Insolvenzgericht, für die Entgegennahme von Anträgen auf Eintragung einer Sicherungshypothek das zuständige Grundbuchamt.

(2) [1]Der Antrag ist schriftlich zu stellen. [2]Er soll die in Abschn. 34 Abs. 2 Nr. 1 bis 7 und 11 erster Halbsatz bezeichneten Angaben enthalten. [3]Bei der Vollstreckung in das unbewegliche Vermögen ist zu bestätigen, daß die gesetzlichen Voraussetzungen für die Vollstreckung vorliegen (§ 322 Abs. 3 Satz 2 AO).

(3) Die Frage, ob der zu vollstreckende Anspruch besteht und vollstreckbar ist, unterliegt nicht der Beurteilung der in Abs. 1 Satz 2 genannten Stellen (vgl. § 322 Abs. 3 Satz 3 AO).

(4) [1]Ein Antrag im vorstehenden Sinne liegt nicht vor, wenn die in Abs. 1 Satz 2 genannten Stellen um Mitwirkung bei Vollstreckungsmaßnahmen ersucht werden. [2]Dies gilt namentlich für Ersuchen um

1. Eintragung in das Grundbuch, wenn die Vollstreckungsstelle eine Forderung, für die eine Hypothek besteht, oder eine Grundschuld, eine Rentenschuld oder eine Reallast pfändet (§ 310 Abs. 1 Satz 3, § 321 Abs. 6 AO, §§ 29, 30 GBO),
2. Bestellung eines Treuhänders in den Fällen des § 318 Abs. 3 AO,
3. Einleitung des gerichtlichen Verteilungsverfahrens (§ 308 Abs. 4, § 320 AO),
4. Berichtigung des Grundbuchs (vgl. Abschn. 46 Abs. 2 Satz 2 und Abs. 3 Satz 1).

[3]Ersuchen der in Nrn. 1 und 4 bezeichneten Art sind an das Grundbuchamt und Ersuchen der in Nrn. 2 und 3 genannten Art sind an das Amtsgericht als Vollstreckungsgericht zu richten.

## Vollstreckung gegen Ehegatten, Lebenspartner, Nießbraucher, Erben, nichtrechtsfähige Personenvereinigungen[1]

### 27[2]. Vollstreckung gegen Ehegatten oder Lebenspartner

(1) Für die Vollstreckung gegen Ehegatten oder gegen Lebenspartner sind die Vorschriften der §§ 739, 740, 741, 743, 744 a und 745 ZPO entsprechend anzuwenden (§ 263 AO).

(2) [1]Zugunsten der Gläubiger eines Ehegatten oder eines Lebenspartners wird vermutet, dass die im Besitz eines Ehegatten oder eines Lebenspartners oder beider Ehegatten oder beider Lebenspartner befindlichen beweglichen Sachen dem Schuldner gehören (§ 1362 BGB, § 8 LPartG). [2]Soweit die Eigentumsvermutung nach § 1362 BGB reicht, gilt, unbeschadet der Rechte Dritter, für die Durchführung der Vollstreckung nur der Schuldner als Gewahrsamsinhaber und Besitzer (§ 739 ZPO). [3]Bei ausschließlich zum persönlichen Gebrauch eines Ehegatten oder eines Lebenspartners bestimmten Sachen wird im Verhältnis der Ehegatten oder der Lebenspartner zueinander und zu den Gläubigern vermutet, dass sie dem Ehegatten oder dem Lebenspartner gehören, für dessen Gebrauch sie bestimmt sind. [4]Leben die Ehegatten oder die Lebenspartner getrennt, so gilt die Eigentumsvermutung nicht hinsichtlich der Sachen, die sich im Besitz des Ehegatten oder des Lebenspartners befinden, der nicht Schuldner ist. [5]In diesem Fall ist davon auszugehen, dass der Schuldner nur an den Sachen Gewahrsam hat, die sich in seiner tatsächlichen Gewalt befinden.

(3) Die Vollstreckung gegen Ehegatten oder gegen Lebenspartner, die im Güterstand der Zugewinngemeinschaft (gesetzlicher Güterstand) oder in Gütertrennung leben, findet nur in das Vermögen des zur Leistung verpflichteten Ehegatten oder des zur Leistung verpflichteten Lebenspartners statt.

(4) [1]Leben die Ehegatten oder die Lebenspartner in Gütergemeinschaft (§§ 1415 bis 1518 BGB, § 7 LPartG) und verwaltet einer von ihnen das Gesamtgut allein, ist zur Vollstreckung in das Gesamtgut ein Leistungsgebot (Haftungsbescheid/Duldungsbescheid) gegen diesen Ehegatten oder gegen diesen Lebenspartner erforderlich und genügend. [2]Verwalten die Ehegatten oder die Lebenspartner das Gesamtgut gemeinschaftlich, ist die Vollstreckung in das Gesamtgut nur zulässig, wenn gegen beide Ehegatten oder gegen beide Lebenspartner ein Leistungsgebot vorliegt (§ 740 ZPO). [3]Betreibt ein Ehegatte oder ein Lebenspartner, der das Gesamtgut nicht oder nicht allein verwaltet, selbständig ein Erwerbsgeschäft, so genügt zur Vollstreckung in das Gesamtgut ein Leistungsgebot gegen diesen Ehegatten oder gegen diesen Lebenspartner, es sei denn, dass bei Bekanntgabe des Leistungsgebots ein Einspruch gegen den Betrieb des Erwerbsgeschäfts oder ein Widerruf der Einwilligung des anderen Ehegatten oder des anderen Lebenspartners zu dessen Betrieb im Güterrechtsregister eingetragen war (§ 741 ZPO).

---

[1] Zwischenüberschrift neu gef. durch Allg. Verwaltungsvorschrift v. 3. 6. 2015, BStBl. I S. 497.

[2] Abschn. 27 neu gef. durch Allg. Verwaltungsvorschrift v. 3. 6. 2015, BStBl. I S. 497.

(5) [1]Nach Beendigung der Gütergemeinschaft ist vor der Auseinandersetzung die Vollstreckung in das Gesamtgut nur zulässig, wenn sich das Leistungsgebot gegen beide Ehegatten oder gegen beide Lebenspartner richtet oder der eine Ehegatte oder der eine Lebenspartner zur Leistung und der andere zur Duldung der Vollstreckung verpflichtet ist (§ 743 ZPO). [2]Eine Duldungspflicht des anderen Ehegatten oder des anderen Lebenspartners besteht in Ansehung des Gesamtgutes nur hinsichtlich einer Gesamtgutsverbindlichkeit (§ 1437 BGB). [3]Wird eine Gesamtgutsverbindlichkeit in diesem Fall nicht vor der Auseinandersetzung berichtigt (§ 1475 BGB), so haftet der zuvor duldungspflichtige Ehegatte oder der zuvor duldungspflichtige Lebenspartner auch persönlich als Gesamtschuldner mit den zugeteilten Gegenständen (§ 1480 BGB).

(6) [1]Für Ehegatten, die bis zum Ablauf des 2. Oktober 1990 im gesetzlichen Güterstand der Eigentums- und Vermögensgemeinschaft des Familiengesetzbuchs der Deutschen Demokratischen Republik gelebt haben, gelten mit Wirkung vom 3. Oktober 1990 die Bestimmungen BGB über den gesetzlichen Güterstand der Zugewinngemeinschaft. [2]Dies gilt nicht, wenn die Ehegatten vor der zuständigen Stelle in der vorgeschriebenen Form bis zum 2. Oktober 1992 erklärt haben, dass der bisherige gesetzliche Güterstand weitergelten soll. [3]Ist eine Erklärung nach Satz 2 nicht abgegeben worden, gilt die widerlegbare Vermutung, dass das gemeinschaftliche Eigentum der Ehegatten Bruchteilseigentum zu gleichen Bruchteilen geworden ist, sofern sich nicht aus dem Grundbuch andere Bruchteile ergeben oder im Güterrechtsregister des Amtsgerichts keine Eintragung über die Beibehaltung des alten Güterstands erfolgt ist (Art. 234 §§ 4, 4 a EGBGB). [4]Leben die Ehegatten im Güterstand der Eigentums- und Vermögensgemeinschaft, sind für die Vollstreckung in das Gesamtgut die Vorschriften der §§ 740 bis 744, 774 und 860 ZPO entsprechend anzuwenden (§ 744 a ZPO)[1)].

(7) [1]Im Falle der fortgesetzten Gütergemeinschaft ist zur Vollstreckung in das Gesamtgut ein gegen den überlebenden Ehegatten oder gegen den überlebenden Lebenspartner ergangenes Leistungsgebot erforderlich und genügend (§ 745 Abs. 1 ZPO). [2]Ein vor Eintritt der fortgesetzten Gütergemeinschaft ergangenes Leistungsgebot ist zur Vollstreckung in das Gesamtgut nur dann hinreichend, wenn es gegen den überlebenden Ehegatten oder gegen den überlebenden Lebenspartner gerichtet war oder die Vollstreckung in das Gesamtgut bereits begonnen hatte. [3]Andernfalls ist das Leistungsgebot dem überlebenden Ehegatten oder dem überlebenden Lebenspartner nochmals bekanntzugeben.

(8) Nach Beendigung der fortgesetzten Gütergemeinschaft gelten die Vorschriften des Abs. 5 mit der Maßgabe, dass an die Stelle des Ehegatten oder des Lebenspartners, der das Gesamtgut allein verwaltet, der überlebende Ehegatte oder der überlebende Lebenspartner und an die Stelle des anderen Ehegatten oder des anderen Lebenspartners die anteilsberechtigten Abkömmlinge treten (§ 745 Abs. 2 ZPO).

---

[1)] Abschn. 27 Abs. 6 Satz 4 Zitat geänd. durch Allg. Verwaltungsvorschrift v. 23. 10. 2003, BStBl. I S. 542.

## 28. Vollstreckung in Nießbrauch an einem Vermögen

(1) Für die Vollstreckung in Gegenstände, die dem Nießbrauch an einem Vermögen unterliegen, ist § 737 ZPO entsprechend anzuwenden (§ 264 AO).

(2) [1]Aus Leistungsgeboten wegen Forderungen, die vor der Bestellung eines Nießbrauchs an einem Vermögen (§ 1085 BGB) gegen den Besteller entstanden sind, kann in Gegenstände des dem Nießbrauch unterliegenden Vermögens vollstreckt werden, wenn gegen den Nießbraucher ein vollstreckbares Leistungsgebot auf Duldung der Vollstreckung ergangen ist (§ 737 Abs. 1 ZPO; § 1086 BGB). [2]Für die Dauer des Nießbrauchs haftet der Nießbraucher persönlich neben dem Besteller gesamtschuldnerisch für Zinsen solcher Forderungen gegen den Besteller, die vor Bestellung des Nießbrauchs an dem Vermögen entstanden und verzinslich waren, sowie unter den gleichen Voraussetzungen für diejenigen wiederkehrenden Leistungen, die bei ordnungsgemäßer Verwaltung aus den Einkünften des Vermögens bestritten werden (§ 1088 BGB). [3]Die Haftung nach Satz 2 ist durch Haftungsbescheid geltend zu machen (§§ 191, 219 AO).

(3) Abs. 2 gilt bei dem Nießbrauch an einer Erbschaft für die Nachlaßverbindlichkeiten entsprechend (§ 737 Abs. 2 ZPO).

## 29. Vollstreckung in einen Nachlaß und gegen Erben; Grundsatz

[1]Für die Vollstreckung gegen Erben sind die Vorschriften der §§ 1958, 1960 Abs. 3, § 1961 BGB sowie der §§ 747, 748, 778, 779, 781 bis 784 ZPO entsprechend anzuwenden (§ 265 AO). [2]Für die Vollstreckung gegen einen Vermächtnisnehmer sind § 781 ZPO und § 2187 BGB entsprechend anzuwenden (§ 266 AO).

## 30. Vollstreckung in den Nachlaß vor und nach Annahme der Erbschaft

(1) Solange der Erbe die Erbschaft nicht angenommen hat, ist eine Vollstreckung wegen eines Anspruchs, der sich gegen den Nachlaß richtet, nur in den Nachlaß zulässig (§ 778 Abs. 1 ZPO).

(2) [1]Eine Vollstreckung, die vor dem Tode des Schuldners bereits begonnen hatte, wird in seinen Nachlaß fortgesetzt, ohne daß es eines weiteren Leistungsgebots oder dessen erneuter Bekanntgabe gegen den Erben, Nachlaßpfleger oder ähnliche Personen bedarf. [2]Die Vollstreckung kann auf alle Gegenstände ausgedehnt werden, die zum Nachlaß gehören. [3]Ist bei einer Vollstreckungshandlung die Zuziehung des Schuldners nötig, so hat, wenn die Erbschaft noch nicht angenommen oder der Erbe unbekannt oder es ungewiß ist, ob er die Erbschaft angenommen hat, die Vollstreckungsstelle bei dem Amtsgericht, in dessen Bezirk die Vollstreckung ausgeführt werden soll, die Bestellung eines einstweiligen besonderen Vertreters zu beantragen. [4]Die Bestellung hat zu unterbleiben, wenn ein Nachlaßpfleger bestellt ist oder wenn die Verwaltung des Nachlasses einem Testamentsvollstrecker zusteht (§ 779 ZPO).

(3) [1]Hat die Vollstreckung zu Lebzeiten des Schuldners noch nicht begonnen, ist sie in den Nachlaß vor Annahme der Erbschaft nur zulässig, wenn auf Antrag der Vollstreckungsbehörde ein Nachlaßpfleger bestellt (§ 1961 BGB)

und diesem das Leistungsgebot, aus dem vollstreckt werden soll, bekanntgegeben worden ist. [2]Die Bestellung eines Nachlaßpflegers ist nicht erforderlich, wenn ein verwaltungsbefugter Testamentsvollstrecker vorhanden ist (§ 2213 BGB). [3]Der Testamentsvollstrecker tritt insoweit an die Stelle eines Nachlaßpflegers. [4]Steht dem Testamentsvollstrecker keine Verwaltungsbefugnis oder eine solche nur hinsichtlich einzelner Nachlaßgegenstände zu, so bedarf es vor Annahme der Erbschaft durch den Erben der Bestellung eines Nachlaßpflegers, dem das Leistungsgebot bekanntzugeben ist; zur Vollstreckung in die der Verwaltung des Testamentsvollstreckers unterliegenden Nachlaßgegenstände ist das Leistungsgebot auch ihm bekanntzugeben.

(4) [1]Zur Vollstreckung in einen Nachlaß wegen einer Forderung, die vor dem Tode des Erblassers begründet, jedoch diesem gegenüber noch nicht geltend gemacht worden ist, bedarf es eines Leistungsgebots gegen den Nachlaßpfleger oder den verwaltungsbefugten Testamentsvollstrecker, solange der Erbe die Erbschaft noch nicht angenommen hat. [2]Die Bestellung eines Nachlaßpflegers ist gegebenenfalls zu beantragen. [3]Abs. 2 Satz 4 gilt entsprechend.

(5) [1]Ist der Schuldner von mehreren Personen beerbt worden, ist zur Vollstreckung in den Nachlaß ein gegen alle Erben ergangenes Leistungsgebot erforderlich (§ 747 ZPO). [2]Im übrigen sind die Abs. 1 bis 4, 6 entsprechend anzuwenden.

(6) [1]Unterliegt ein Nachlaß der Verwaltung eines Testamentsvollstreckers, so ist zur Vollstreckung in den Nachlaß ein Leistungsgebot gegen den Testamentsvollstrecker auch dann erforderlich und genügend, wenn der Erbe die Erbschaft angenommen hat. [2]Nach Annahme der Erbschaft durch den Erben ist zur Vollstreckung in den der Verwaltung eines Testamentsvollstreckers unterliegenden Nachlaß ein auf Duldung gerichtetes Leistungsgebot gegen diesen genügend, wenn dem Erben das auf Zahlung gerichtete Leistungsgebot bekanntgegeben worden ist (§ 748 ZPO).

(7) Wegen eigener Verbindlichkeiten des Erben ist eine Vollstreckung in den Nachlaß vor Annahme der Erbschaft nicht zulässig (§ 778 Abs. 2 ZPO).

(8) [1]Ein Leistungsgebot gegen den Erben wegen Steuerschulden des Erblassers ist vor Annahme der Erbschaft nicht zulässig (§ 1958 BGB). [2]In diesen Fällen ist nach Abs. 3 zu verfahren (§§ 1960, 1961 BGB). [3]Der Annahme der Erbschaft steht der Ablauf der Ausschlagungsfrist des § 1944 BGB gleich.

## 31. Beschränkung der Haftung des Erben und des Vermächtnisnehmers

(1) [1]Der Erbe kann auch nach Annahme der Erbschaft oder Ablauf der Ausschlagungsfrist die Haftung auf den Nachlaß beschränken. [2]Die Beschränkung der Erbenhaftung bleibt unberücksichtigt, bis auf Grund derselben von dem Erben Einwendungen gegen die Vollstreckung erhoben werden (§ 781 ZPO). [3]Einwendungen dieser Art sind als Einspruch nach § 347 AO zu behandeln und können sein:

1. die Dreimonatseinrede nach § 2014 BGB; danach ist der Erbe berechtigt, die Berichtigung einer Steuerschuld des Erblassers bis zum Ablauf der ersten

drei Monate nach der Annahme der Erbschaft, jedoch nicht über die Errichtung des Inventars hinaus (Abs. 3 Nr. 1), zu verweigern,

2. die Aufgebotseinrede nach § 2015 BGB; danach ist der Erbe berechtigt, die Berichtigung einer Steuerschuld des Erblassers bis zur Beendigung des Aufgebotsverfahrens zu verweigern, wenn er innerhalb eines Jahres nach Annahme der Erbschaft Antrag auf Erlaß des Aufgebots der Nachlaßgläubiger gestellt hat und der Antrag zugelassen ist,
3. die Beschränkung der Haftung für Steuerschulden des Erblassers, wenn Nachlaßverwaltung angeordnet oder Nachlassinsolvenzverfahren eröffnet ist (§ 1975 BGB),
4. die Ausschließungseinrede nach § 1973 BGB; danach kann der Erbe die Befriedigung eines im Aufgebotsverfahren ausgeschlossenen Steuergläubigers verweigern, soweit der Nachlaß durch die Befriedigung der nicht ausgeschlossenen Gläubiger erschöpft wird,
5. die Verschweigungseinrede nach § 1974 BGB; danach kann der Erbe die Berichtigung einer Steuerschuld des Erblassers verweigern, wenn der Steuergläubiger seine Forderung später als fünf Jahre nach dem Erbfall dem Erben gegenüber geltend macht, soweit der Nachlaß durch die Befriedigung der übrigen Nachlaßgläubiger erschöpft wird, es sei denn, daß dem Erben die Forderung vor Ablauf der fünf Jahre bekanntgeworden oder diese im Aufgebotsverfahren angemeldet worden ist,
6. die Erschöpfungseinrede nach § 1990 BGB; danach kann der Erbe die Berichtigung einer Steuerschuld des Erblassers insoweit verweigern, als der Nachlaß hierzu nicht ausreicht,
7. die Auseinandersetzungseinrede nach § 2059 BGB; danach kann bei mehreren Miterben jeder Erbe bis zur Teilung des Nachlasses die Berichtigung von Steuerschulden des Erblassers aus seinem persönlichen Vermögen verweigern.

[4]Die Einreden des Erben nach Nrn. 1 und 2 führen dazu, daß die Vollstreckung innerhalb der genannten Fristen auf solche Maßnahmen beschränkt wird, die zur Vollziehung eines Arrests zulässig sind (§ 782 ZPO). [5]Die Einreden des Erben nach Nr. 3 schließen auch nach Beendigung der Nachlaßverwaltung oder des Nachlassinsolvenzverfahrens die Vollstreckung in das persönliche Vermögen des Erben aus. [6]Im Falle der Nrn. 4 und 5 ist der Erbe weiterhin verpflichtet, einen Überschuß aus der Verwertung des Nachlasses nach den Vorschriften über die ungerechtfertigte Bereicherung herauszugeben. [7]Pfandgläubiger und Gläubiger, die im Insolvenzverfahren Pfandgläubigern gleichstehen, sowie Gläubiger, für die dingliche Rechte an unbeweglichen Nachlaßgegenständen bestehen, werden hinsichtlich dieser Gegenstände in ihrem Befriedigungsrecht nicht berührt. [8]Unabhängig von der rechtlichen Wirkung der Einreden des Erben bleibt die Vollstreckung in den Nachlaß nach Abschn. 30 zulässig.

(2) [1]Hinsichtlich der Nachlaßgegenstände kann der Erbe die Beschränkung der Vollstreckung nach Abs. 1 Nr. 1 und 2 auch wegen seiner persönlichen Steuerschulden verlangen, es sei denn, er haftet für die Nachlaßverbindlichkeiten unbeschränkt (§ 783 ZPO). [2]Soweit Nachlaßverwaltung angeordnet

oder ein Nachlassinsolvenzverfahren eröffnet ist, kann der Erbe verlangen, daß Vollstreckungsmaßnahmen wegen Steuerschulden des Erblassers in sein nicht zum Nachlaß gehörendes Vermögen aufgehoben werden, es sei denn, daß er für die Nachlaßverbindlichkeiten unbeschränkt haftet (§ 784 ZPO). [3]Die Rechte aus den Sätzen 1 und 2 kann der Erbe mit dem Einspruch nach § 347 AO geltend machen.

(3) [1]Der Erbe haftet unbeschränkt mit dem Nachlaß und seinem eigenen Vermögen für Steuerschulden des Erblassers, wenn er

1. die nach § 1994 BGB auf Antrag des Gläubigers gesetzte Frist zur Inventarerrichtung versäumt hat,
2. Inventaruntreue i. S. d. § 2005 BGB begangen hat,
3. auf die Beschränkung der Erbenhaftung gegenüber den Nachlaßgläubigern oder dem Verfahren betreibenden Gläubiger verzichtet hat.

[2]Die Vollstreckungsstelle hat gegebenenfalls auf die Errichtung eines Inventars hinzuwirken (§ 1994 BGB).

(4) [1]Der Vermächtnisnehmer haftet bei geltend gemachter Erschöpfungseinrede (§ 2187 Abs. 3, § 1992 BGB) nur mit dem Wert des vermachten Gegenstandes. [2]Im übrigen gilt Abs. 1 Nr. 6 entsprechend.

**32.** [1] *(aufgehoben)*

### 33. Vollstreckung gegen eine nichtrechtsfähige Personenvereinigung

(1) [1]Zur Vollstreckung in das Vermögen einer nichtrechtsfähigen Personenvereinigung, die als solche steuerpflichtig ist, ist ein Leistungsgebot gegen diese Personenvereinigung erforderlich. [2]Das gleiche gilt für Zweckvermögen und sonstige einer juristischen Person ähnliche steuerpflichtige Gebilde (§ 267 AO).

(2) Die Vollstreckung in das Vermögen eines Gesellschafters oder eines Mitglieds einer Vereinigung i. S. d. Abs. 1 ist nur auf Grund eines gegen den einzelnen Gesellschafter oder das einzelne Mitglied gerichteten Haftungsbescheides und Leistungsgebotes möglich (§ 191 Abs. 1 und 4, § 249 Abs. 1 und § 254 Abs. 1 AO).

## Dritter Teil. Vollstreckung in das bewegliche und unbewegliche Vermögen

## Vollstreckung in Sachen

### 34. Vollstreckungsauftrag

(1)[2] Der Vollstreckungsauftrag ist dem Vollziehungsbeamten schriftlich oder elektronisch zu erteilen.

---

[1] Abschn. 32 aufgeh. durch Allg. Verwaltungsvorschrift v. 18. 9. 2001, BStBl. I S. 605.

[2] Abschn. 34 Abs. 1 neu gef. durch Allg. Verwaltungsvorschrift v. 23. 10. 2017, BStBl. I S. 1374.

(2) Der Vollstreckungsauftrag soll enthalten:

1. die Steuernummer oder Sollbuchnummer, unter der der Rückstand zum Soll steht. [2]Steht der Rückstand bei einer anderen Kasse als der für die Vollstreckungsstelle zuständigen Kasse zum Soll, soll die andere Kasse in dem Vollstreckungsauftrag angegeben werden,
2. Familienname, Vornamen und Anschrift, gegebenenfalls auch Betriebsanschrift, des Vollstreckungsschuldners,
3. die Bezeichnung des beizutreibenden Geldbetrages und des Schuldgrundes, zum Beispiel Steuerart, Entrichtungszeitraum (§ 260 AO),
4. die Angabe des Tages, bis zu dem die aufgeführten Säumniszuschläge berechnet worden sind,
5. *den Betrag der Kosten für einen Postnachnahmeauftrag (§ 337 Abs. 2 Satz 2 AO)*[1)],
6. den Betrag der Kosten der Vollstreckung, die vor Erteilung des Vollstreckungsauftrages entstanden sind,
7. die Feststellung, daß der Vollstreckungsschuldner die Leistung (Nr. 3) sowie die Kosten (Nrn. 5, 6) schuldet,
8. die Bezeichnung der Vollstreckungsmaßnahmen, die getroffen werden sollen, zum Beispiel die Pfändung beweglicher Sachen; richtet sich die Vollstreckung gegen die in Abschn. 3 Abs. 3 bezeichneten Personen oder ist die Vollstreckung gegenständlich zu beschränken, zum Beispiel nach §§ 74, 75 AO, ist auch das Vermögen, in das vollstreckt werden soll, aufzuführen,
9. die Anweisung an den Vollziehungsbeamten, den Auftrag innerhalb einer bestimmten Frist auszuführen,
10. den Hinweis, daß der Vollziehungsbeamte befugt ist, die geschuldete Leistung anzunehmen und über den Empfang Quittung zu erteilen,
11. die Unterschrift eines zuständigen Bediensteten der Vollstreckungsstelle; bei mit Hilfe automatischer Einrichtungen erstellten Vollstreckungsaufträgen kann die Unterschrift fehlen.

(3) Soweit die in Abs. 2 geforderten Angaben bereits in der Rückstandsanzeige oder dem Vollstreckungsersuchen enthalten sind, kann in dem Vollstreckungsauftrag, wenn er damit fest verbunden wird, darauf Bezug genommen werden.

(4) [1]Für die in einer Rückstandsanzeige zusammengefaßten Rückstände wird nur ein Vollstreckungsauftrag erteilt. [2]Liegen für einen Vollstreckungsschuldner mehrere Rückstandsanzeigen vor, kann für sämtliche Rückstände ein gemeinsamer Vollstreckungsauftrag erteilt werden.

(5) [1]Der Vollstreckungsauftrag soll dem Vollziehungsbeamten nicht vor Ablauf der in Abschn. 22 Abs. 1 Nr. 1 genannten Frist ausgehändigt werden. [2]Der Vollstreckungsauftrag ist nicht anfechtbar (vgl. Abschn. 22 Abs. 5 Satz 1).

---

[1)] Abschn. 34 Abs. 2 Nr. 5 aufgeh. durch Allg. Verwaltungsvorschrift v. 3. 6. 2015, BStBl. I S. 497.

## 35. Vollstreckung in bewegliche Sachen

[1]Die Vollstreckung in bewegliche Sachen obliegt den Vollziehungsbeamten (§ 285 Abs. 1 AO). [2]Das Verfahren regelt die allgemeine Verwaltungsvorschrift für Vollziehungsbeamte der Finanzverwaltung.[1)] [3]Die Vollstreckungsstelle bestimmt den Einsatz und überwacht die Tätigkeit der Vollziehungsbeamten. [4]Die Überprüfung hat sich auch darauf zu erstrecken, daß von den Vollziehungsbeamten die Vorschriften über Kosten, Pfändungsverbote und -beschränkungen, Vorwegpfändungen, Austauschpfändungen, vorläufige Austauschpfändungen und Schätzung der Sachen (§ 295 AO, §§ 811 bis 812 und 813 Abs. 1 bis 3 ZPO) eingehalten werden und Niederschriften und andere öffentliche Urkunden (§§ 415 bis 418 ZPO) in ihrer Beweiskraft nicht durch Mängel (vgl. § 419 ZPO) beeinträchtigt sind.

## 36. Verwertung gepfändeter Sachen

(1) [1]Gepfändete Sachen und Sicherheiten (§ 327 AO) sind auf schriftliche Anordnung der Vollstreckungsstelle zu versteigern (§ 296 Abs. 1 AO). [2]In der Versteigerungsanordnung ist eine Frist zu bestimmen, innerhalb welcher die Versteigerung auszuführen ist. [3]Die gepfändeten Sachen dürfen nicht vor Ablauf einer Woche seit dem Tag der Pfändung versteigert werden, sofern sich nicht der Vollstreckungsschuldner mit einer früheren Versteigerung einverstanden erklärt oder diese erforderlich ist, um die Gefahr einer beträchtlichen Wertverringerung abzuwenden oder unverhältnismäßige Kosten längerer Aufbewahrung zu vermeiden (§ 298 Abs. 1 AO).

(2)[2)] [1]Die Versteigerung wird durch den Vollziehungsbeamten oder eine andere Person ausgeführt. [2]Ist die andere Person Angehöriger der Vollstreckungsbehörde, sind die Vorschriften der Abschn. 51 bis 55 VollzA zu beachten. [3]Wird nach Maßgabe des § 305 AO eine andere Person mit der Versteigerung beauftragt, ist in der Versteigerungsanordnung zu bestimmen, daß der Versteigerungserlös an die Kasse der Vollstreckungsbehörde abzuliefern ist.

## 37. Verwertung gepfändeter Wertpapiere

(1) [1]Gepfändete Wertpapiere, die einen Börsen- oder Marktpreis haben, sind von der Vollstreckungsstelle unverzüglich durch ein Kreditinstitut zum Tageskurs zu verkaufen. [2]Wertpapiere ohne Börsen- oder Marktpreis sind nach Abschn. 36 nach den allgemeinen Vorschriften zu versteigern, sofern keine besondere Verwertung (Abschn. 39, § 305 AO) zweckmäßig ist.

(2) Lautet ein gepfändetes Wertpapier auf einen Namen, so ist die Vollstreckungsstelle berechtigt, die Umschreibung auf den Namen des Käufers oder, wenn es sich um ein auf einen Namen umgeschriebenes Inhaberpapier handelt, die Rückverwandlung in ein Inhaberpapier zu erwirken und die hierzu erforderlichen Erklärungen an Stelle des Vollstreckungsschuldners abzugeben (§ 303 AO).

(3) [1]Sind Forderungen aus Wechseln und anderen Papieren, die durch Indossament übertragen werden können, gepfändet worden (§ 312 AO), ordnet

---

[1)] Nr. **800 b**.

[2)] Abschn. 36 Abs. 2 neu gef. durch Allg. Verwaltungsvorschrift v. 10. 3. 2011, BStBl. I S. 238.

die Vollstreckungsstelle die Einziehung der Forderung durch besondere Verfügung an (§ 314 AO). [2]Die Bestimmungen der Abschn. 41 bis 44 gelten entsprechend.

**38. Verwertung von Kostbarkeiten**

[1]Hat der Vollziehungsbeamte Kostbarkeiten gepfändet, läßt die Vollstreckungsstelle die Pfandsachen nach ihrem Verkaufswert, Gold- und Silbersachen auch nach ihrem Metallwert, durch einen Sachverständigen schätzen (§ 295 Satz 1 AO i. V. m. § 813 Abs. 1 Satz 2 ZPO). [2]In der Versteigerungsanordnung ist anzugeben, wie hoch der Sachverständige den Verkaufswert, bei Gold- und Silbersachen auch den Metallwert, der Pfandsachen geschätzt hat. [3]Der mit der Versteigerung Beauftragte darf Gold- oder Silbersachen nicht unter ihrem Metallwert zuschlagen (§ 300 Abs. 3 Satz 1 AO). [4]Wird ein Gebot, das den Metallwert erreicht, nicht abgegeben, so läßt die Vollstreckungsstelle die Gold- oder Silbersachen aus freier Hand verkaufen. [5]Der Verkaufspreis darf den Gold- oder Silberwert und die Hälfte des gewöhnlichen Verkaufswerts nicht unterschreiten.

**39. Besondere Verwertung**

[1]Auf Antrag des Vollstreckungsschuldners oder aus besonderen Zweckmäßigkeitsgründen kann die Vollstreckungsstelle anordnen, daß eine gepfändete Sache in anderer Weise, als in den vorstehenden Abschn. bestimmt ist, zu verwerten ist (§ 305 AO). [2]Als andere Art der Verwertung kommt zum Beispiel der freihändige Verkauf einer Pfandsache in Betracht. [3]Besondere Zweckmäßigkeitsgründe für eine abweichende Verwertung liegen in der Regel vor, wenn durch sie der Zweck der Verwertung, die Erzielung eines möglichst hohen Erlöses – unter Vermeidung ungebührlicher Nachteile für den Vollstreckungsschuldner –, besser erreicht wird. [4]Über einen Antrag des Vollstreckungsschuldners hat die Vollstreckungsstelle nach pflichtgemäßem Ermessen zu entscheiden. [5]Liegt kein Antrag des Vollstreckungsschuldners vor, soll der Vollstreckungsschuldner vor Anordnung der besonderen Verwertung angehört werden.

**40. Aussetzung der Verwertung gepfändeter Sachen**

[1]Die Vollstreckungsstelle kann die Verwertung gepfändeter Sachen unter Anordnung von Zahlungsfristen zeitweilig aussetzen, wenn die alsbaldige Verwertung unbillig wäre (§ 297 AO). [2]Neben dem Vorliegen von Billigkeitsgründen ist weitere Voraussetzung für eine Aussetzung der Verwertung, daß hinreichende Anhaltspunkte dafür vorliegen, daß der Vollstreckungsschuldner die in Aussicht genommenen Zahlungsfristen einhalten kann und will. [3]Keine Billigkeitsgründe liegen vor, wenn der Vollstreckungsschuldner nur die Verwertung hinauszögern will.

## Vollstreckung in Forderungen und andere Vermögensrechte

**41. Pfändung und Einziehung einer Geldforderung**

(1) [1]Soll eine Geldforderung, die dem Vollstreckungsschuldner gegen einen Dritten (Drittschuldner) zusteht, gepfändet und eingezogen werden, hat die Vollstreckungsstelle die Pfändung schriftlich zu verfügen und die Einziehung der gepfändeten Forderung anzuordnen (§ 309 Abs. 1, § 314 Abs. 1 AO).

[2]Hierbei sind Beschränkungen und Verbote, die nach §§ 850 bis 852 ZPO und anderen gesetzlichen Bestimmungen für die Pfändung von Forderungen und Ansprüchen bestehen, zu beachten (§ 319 AO).

(2)[1] Die Pfändungsverfügung muß enthalten:

1. Familienname, Vornamen, Anschrift des Vollstreckungsschuldners,
2. den beizutreibenden Geldbetrag und den Schuldgrund, z. B. Steuerart, Entrichtungszeitraum (§ 260 AO), wobei es genügt, wenn diese Angaben aus einer der Pfändungsverfügung beigefügten Anlage hervorgehen; in der an den Drittschuldner zuzustellenden Pfändungsverfügung ist der beizutreibende Geldbetrag nur in einer Summe, ohne Angabe der Steuerarten und der Zeiträume, für die er geschuldet wird, anzugeben (§ 309 Abs. 2 Satz 2 AO),
3. die Kosten für bisher ergriffene Vollstreckungsmaßnahmen und die Kosten für den Erlaß der Pfändungsverfügung,
4. die Feststellung, daß der Vollstreckungsschuldner die in Nrn. 2, 3 bezeichneten Beträge schuldet,
5. die Bezeichnung der Forderung, die dem Vollstreckungsschuldner gegen den Drittschuldner zusteht (Abs. 4), sowie den Ausspruch, daß wegen der in Nrn. 2, 3 bezeichneten Beträge die Forderung gepfändet wird,
6. das an den Drittschuldner zu richtende Verbot, an den Vollstreckungsschuldner zu zahlen, sowie das an den Vollstreckungsschuldner zu richtende Gebot, sich jeder Verfügung über die Forderung, insbesondere ihrer Einziehung, zu enthalten,

7[2]. die Unterschrift eines zuständigen Bediensteten der Vollstreckungsstelle; dies gilt nicht, wenn die Pfändungsverfügung formularmäßig oder mit Hilfe automatisierter Einrichtungen erlassen wird.

(3)[3] Die Pfändungsverfügung soll ferner die Aufforderung an den Drittschuldner enthalten, binnen zwei Wochen, von der Zustellung der Pfändungsverfügung an gerechnet, zu erklären:

1. ob und inwieweit er die Forderung als begründet anerkenne und bereit sei zu zahlen,
2. ob und welche Ansprüche andere Personen an die Forderung erheben,
3. ob und wegen welcher Ansprüche die Forderung bereits für andere Gläubiger gepfändet sei,
4. ob innerhalb der letzten zwölf Monate im Hinblick auf das Konto, dessen Guthaben gepfändet worden ist, nach § 850l ZPO die Unpfändbarkeit des Guthabens angeordnet worden ist, und

[1] Abschn. 41 Abs. 2 Nr. 3 geänd. durch Allg. Verwaltungsvorschrift v. 3. 6. 2015, BStBl. I S. 497.

[2] Abschn. 41 Abs. 2 Nr. 7 neu gef. durch Allg. Verwaltungsvorschrift v. 23. 10. 2017, BStBl. I S. 1374.

[3] Abschn. 41 Abs. 3 ergänzt um die Nrn. 4 und 5 durch Allg. Verwaltungsvorschrift v. 3. 6. 2015, BStBl. I S. 497.

5. ob es sich bei dem Konto, dessen Guthaben gepfändet worden ist, um ein Pfändungsschutzkonto i. S. d. § 850 k Abs. 7 ZPO handelt.

(4) [1]In der Pfändungsverfügung ist die Forderung, die gepfändet wird (Abs. 2 Nr. 5), so eindeutig zu bezeichnen, daß kein Zweifel am Gegenstand der Pfändung möglich ist. [2]Dazu gehört die Angabe des Drittschuldners und des Schuldgrundes, zum Beispiel Lohn, Darlehen, Mietzins, Pachtzins, Kaufpreis, Sparkasseneinlage. [3]Bei Pfändung einer Forderung, für die eine Hypothek besteht, sind, soweit nicht nach § 310 Abs. 3 AO zu verfahren ist, außer den Angaben, die zur Bezeichnung der Forderung dienen, eine Angabe über die Art der Hypothek, zum Beispiel Briefhypothek oder Buchhypothek, und die Bezeichnung des belasteten Grundstücks in die Pfändungsverfügung aufzunehmen.

(5) [1]Die Anordnung der Einziehung (Einziehungsverfügung) soll regelmäßig mit der Pfändungsverfügung verbunden werden. [2]Sie soll die Aufforderung an den Drittschuldner enthalten, in Höhe der Pfändung den von ihm geschuldeten Betrag bei Eintritt der Fälligkeit an die zuständige Kasse zu zahlen.

(6) [1]Eine Zahlungsaufforderung an den Drittschuldner (Abs. 5 Satz 2) ist in die Einziehungsverfügung nicht aufzunehmen, wenn der Drittschuldner nur gegen Aushändigung oder Vorlegung einer über die Forderung ausgestellten Urkunde, zum Beispiel eines Sparkassenbuchs, zur Zahlung verpflichtet ist und die Urkunde dem Drittschuldner nicht zusammen mit der Einziehungsverfügung ausgehändigt werden kann. [2]In diesem Fall muß die Vollstreckungsstelle zunächst die Einziehungsverfügung dem Drittschuldner zustellen und dies dem Vollstreckungsschuldner mitteilen, sich die Urkunde verschaffen (§ 315 Abs. 2 AO) und nach Eintritt der Fälligkeit gegen Aushändigung oder unter Vorlage der Urkunde die gepfändete Forderung bei dem Drittschuldner einziehen.

(7) [1]Die Pfändungsverfügung und die Einziehungsverfügung sind dem Drittschuldner in der Regel durch die Post mit Zustellungsurkunde zuzustellen. [2]Richtet sich die gepfändete Forderung gegen mehrere Drittschuldner, zum Beispiel gegen Miterben, ist die Zustellung an jeden erforderlich.

(8) Nach Zustellung der Pfändungsverfügung und Einziehungsverfügung an den Drittschuldner hat die Vollstreckungsstelle dem Vollstreckungsschuldner eine Abschrift der Pfändungsverfügung und Einziehungsverfügung zu übersenden und mitzuteilen, an welchem Tag die Zustellung an den Drittschuldner erfolgt ist.

## 42. Pfändung und Einziehung eines Herausgabeanspruchs und anderer Vermögensrechte

(1) [1]Für die Pfändung von Ansprüchen auf Herausgabe oder Leistung von Sachen, zum Beispiel beweglichen Sachen, Liegenschaften, Schiffen, Luftfahrzeugen, die dem Vollstreckungsschuldner gegen einen Dritten – Drittschuldner – zustehen, gelten die Bestimmungen des Abschn. 41 entsprechend. [2]In der Einziehungsverfügung ordnet die Vollstreckungsstelle an, daß der Drittschuldner nach Eintritt der Fälligkeit

1. bewegliche Sachen an einen in der Einziehungsverfügung zu bezeichnenden Vollziehungsbeamten,
2. unbewegliche Sachen an einen vom Amtsgericht als Vollstreckungsgericht zu bestellenden Treuhänder

herauszugeben hat (§ 318 Abs. 2 bis 4 AO).

(2) Die Vollstreckungsstelle hat

1. in den Fällen des Abs. 1 Nr. 1 den Vollziehungsbeamten mit der Entgegennahme der Sache zu beauftragen (Abschn. 24 Nr. 4),
2. in den Fällen des Abs. 1 Nr. 2 bei dem zuständigen Amtsgericht als Vollstreckungsgericht die Bestellung eines Treuhänders zu beantragen. [2]Dem Antrag ist eine Ausfertigung der Pfändungsverfügung und Einziehungsverfügung beizufügen. [3]Den Beschluß, durch den das Amtsgericht als Vollstreckungsgericht den Treuhänder bestellt, läßt die Vollstreckungsstelle dem Drittschuldner und dem Vollstreckungsschuldner zustellen; dies kann zusammen mit der Zustellung der Pfändungsverfügung und Einziehungsverfügung geschehen.

(3) Die Pfändung in andere Vermögensrechte, die nicht Gegenstand der Vollstreckung in das unbewegliche Vermögen sind, zum Beispiel Anteilsrechte an einer OHG, KG, GmbH, Urheberrechte, Patentrechte, richtet sich nach § 321 AO.

## 43. Pfändung einer durch Hypothek gesicherten Forderung

(1) [1]Wird eine Forderung gepfändet, für die eine Buchhypothek (§ 1116 Abs. 2, § 1185 Abs. 1 BGB) besteht, ersucht die Vollstreckungsbehörde, soweit nicht § 1159 oder § 1187 BGB anzuwenden ist (vgl. § 310 Abs. 3 AO), das Grundbuchamt, die Pfändung in das Grundbuch einzutragen. [2]Dem Ersuchen ist eine Ausfertigung der Pfändungsverfügung beizufügen (§§ 29, 30 GBO).

(2) [1]Wird eine Forderung gepfändet, für die eine Briefhypothek (§ 1116 Abs. 1 BGB) besteht, stellt die Vollstreckungsbehörde, soweit nicht § 1159 BGB anzuwenden ist (vgl. § 310 Abs. 3 AO), dem Vollstreckungsschuldner die Pfändungsverfügung mit der Aufforderung zu, den Hypothekenbrief unverzüglich an die Vollstreckungsbehörde herauszugeben. [2]Wird mit der Zustellung ein Vollziehungsbeamter beauftragt, kann ihm gleichzeitig der Auftrag auf Wegnahme des Hypothekenbriefes erteilt werden (§ 310 Abs. 1 Satz 2, § 315 Abs. 2 Satz 5 AO)[1)].

(3) [1]Wird die Pfändungsverfügung und Einziehungsverfügung vor der Übergabe des Hypothekenbriefes oder der Eintragung der Pfändung in das Grundbuch dem Drittschuldner zugestellt, so gilt die Pfändung diesem gegenüber mit der Zustellung als bewirkt (§ 310 Abs. 2 AO). [2]In einer mit der Pfändungsverfügung verbundenen Einziehungsverfügung ist darauf hinzuweisen, daß die Einziehungsverfügung erst mit der Eintragung der Pfändung im Grundbuch oder der Übergabe des Hypothekenbriefes an die Vollstreckungs-

[1)] Klammerzusatz in Abschn. 43 Abs. 2 Satz 2 neu gef. durch Allg. Verwaltungsvorschrift v. 3. 6. 2015, BStBl. I S. 497.

behörde wirksam wird. [3]Der Hinweis nach Satz 2 ist nicht erforderlich, wenn der Hypothekenbrief bereits vom Vollziehungsbeamten im Wege der Hilfspfändung in Besitz genommen worden ist. [4]Sobald die Einziehungsverfügung wirksam geworden ist, hat die Vollstreckungsstelle den Drittschuldner hierüber unverzüglich zu unterrichten.

### 44. Weiteres Verfahren bei der Pfändung von Forderungen

(1) Hängt die Fälligkeit der vom Drittschuldner geschuldeten Leistung von einer Kündigung ab, ist die Vollstreckungsbehörde auf Grund der Einziehungsverfügung (§ 315 Abs. 1 AO) berechtigt, das dem Vollstreckungsschuldner zustehende Kündigungsrecht auszuüben.

(2) [1]Die Vollstreckungsstelle hat den Eingang der Drittschuldnererklärung zu überwachen. [2]Sie kann ein Zwangsgeld festsetzen, wenn die Erklärung nicht abgegeben wird (§ 316 Abs. 2 Satz 3 AO).

(3) [1]Leistet der Drittschuldner nicht oder erhebt er unbegründete Einwendungen, soll die Vollstreckungsbehörde unverzüglich gegen ihn vorgehen (§ 316 Abs. 3 AO, § 842 ZPO). [2]Klagt die Vollstreckungsbehörde gegen den Drittschuldner, ist dem Vollstreckungsschuldner der Streit zu verkünden (§ 316 Abs. 3 AO, § 841 ZPO). [3]Erscheint es nicht angebracht, gegen den Drittschuldner vorzugehen, ist die Pfändung insoweit aufzuheben. [4]Die Aufhebung ist dem Drittschuldner und dem Vollstreckungsschuldner mitzuteilen.

(4) [1]Die Vollstreckungsstelle soll dem Vollstreckungsschuldner eine Bescheinigung erteilen, daß seine Rückstände in Höhe der vom Drittschuldner geleisteten Zahlungen getilgt worden sind. [2]Urkunden über die gepfändete Forderung sind, soweit sie nicht dem Drittschuldner auszuhändigen sind, dem Vollstreckungsschuldner zurückzugeben, sobald die Pfändung erledigt oder aufgehoben ist. [3]Dies gilt auch für Gegenstände, die zur Sicherung der dem Vollstreckungsschuldner gegen den Drittschuldner zustehenden Forderung dienen. [4]Ist die Pfändung einer Forderung, für die eine Hypothek besteht, in das Grundbuch eingetragen worden, bleibt nach Erledigung oder Aufhebung der Pfändung die Berichtigung des Grundbuchs dem Vollstreckungsschuldner überlassen. [5]Dem Vollstreckungsschuldner ist eine Bescheinigung in grundbuchmäßiger Form (§ 29 GBO) zu erteilen.

## Vollstreckung in das unbewegliche Vermögen

### 45. Gegenstand und Voraussetzung der Vollstreckung in das unbewegliche Vermögen

(1) [1]Der Vollstreckung in das unbewegliche Vermögen unterliegen außer den Grundstücken die Berechtigungen, für welche die sich auf Grundstücke beziehenden Vorschriften gelten (sog. grundstückgleiche Rechte, wie zum Beispiel Erbbaurechte, Kohlenabbaugerechtigkeiten), die im Schiffsregister eingetragenen Schiffe, die Schiffsbauwerke und Schwimmdocks, die im Schiffsbauregister eingetragen sind oder in dieses Register eingetragen werden können, sowie die Luftfahrzeuge, die in der Luftfahrzeugrolle eingetragen sind oder nach Löschung in der Luftfahrzeugrolle noch in dem Register für Pfand-

rechte an Luftfahrzeugen eingetragen sind (§ 322 Abs. 1 AO). [2]Wegen der anzuwendenden Vorschriften wird auf § 322 Abs. 1 Satz 2, Abs. 2 AO verwiesen.

(2) Soll in das unbewegliche Vermögen vollstreckt werden, hat die Vollstreckungsstelle zu entscheiden, ob die Eintragung einer Sicherungshypothek, Zwangsversteigerung, Zwangsverwaltung oder mehrere dieser Vollstreckungsmaßnahmen nebeneinander beantragt werden sollen.

(3) [1]Die Eintragung einer Sicherungshypothek darf nur beantragt werden, wenn der rückständige Betrag siebenhundertfünfzig Euro übersteigt; Zinsen (Abschn. 1 Abs. 2 Nr. 2) bleiben dabei unberücksichtigt, soweit sie als Nebenforderungen geltend gemacht sind. [2]Verschiedene Forderungen der Vollstreckungsbehörde werden bei der Berechnung der Wertgrenze zusammengerechnet (§ 866 Abs. 3 ZPO).

(4) Zwangsversteigerung oder Zwangsverwaltung soll nur beantragt werden, wenn festgestellt ist, daß der Geldbetrag durch Vollstreckung in das bewegliche Vermögen nicht beigetrieben werden kann (§ 322 Abs. 4 AO), oder wenn die Vollstreckung in das bewegliche Vermögen die Belange des Vollstreckungsschuldners in nicht vertretbarer Weise beeinträchtigen würde.

**46. Verfahren**

(1) [1]Die Eintragung einer Sicherungshypothek, die Zwangsversteigerung oder die Zwangsverwaltung eines Grundstücks kann beantragt werden, wenn der Vollstreckungsschuldner im Grundbuch als Eigentümer eingetragen ist (§ 39 Abs. 1 GBO; § 17 Abs. 1, § 146 Abs. 1 ZVG). [2]Wegen eines Anspruchs aus einem im Grundbuch eingetragenen Rechte kann die Zwangsverwaltung eines dem Vollstreckungsschuldner gehörigen Grundstücks auch dann beantragt werden, wenn der Vollstreckungsschuldner zwar nicht als Eigentümer im Grundbuch eingetragen ist, aber das Grundstück im Eigenbesitz hat (§ 147 Abs. 1 ZVG).

(2) [1]Ist ein Grundstück, dessen Eigentümer der Vollstreckungsschuldner ist, im Grundbuch nicht auf seinen Namen eingetragen, kann die Eintragung einer Sicherungshypothek, die Zwangsversteigerung oder die Zwangsverwaltung unbeschadet Abschn. 48 erst beantragt werden, nachdem seine Eintragung als Eigentümer des Grundstücks erfolgt ist. [2]Die Vollstreckungsstelle kann die Berichtigung des Grundbuchs beantragen, wenn sie seine Unrichtigkeit durch öffentliche Urkunden (§ 415 ZPO) nachweisen kann (§§ 14, 22 Abs. 1, § 29 Abs. 1 Satz 2 GBO; vgl. § 792 ZPO). [3]Kann die Vollstreckungsstelle diesen Nachweis nicht führen, kann sie den Anspruch auf Zustimmung zur Berichtigung des Grundbuchs, der dem Vollstreckungsschuldner gegen den im Grundbuch Eingetragenen zusteht, pfänden (§ 894 BGB; § 321 Abs. 1, 3 AO).

(3) [1]Bei gemeinschaftlichem Eigentum von Ehegatten ist die Berichtigung des Grundbuchs zu beantragen, wenn die Ehegatten keine Erklärung nach Art. 234 § 4 Abs. 2 Satz 1 EGBGB abgegeben haben und gemeinschaftliches Eigentum zu Eigentum zu gleichen Bruchteilen geworden ist (§ 14 GBBerG, § 14 GBO). [2]Der für die Berichtigung des Grundbuchs erforderliche Nachweis, daß eine Erklärung nach Art. 234 § 4 Abs. 2 und 3 EGBGB nicht abgegeben wurde, kann durch Berufung auf die Vermutung nach Art. 234 § 4 a

Abs. 3 EGBGB, durch übereinstimmende Erklärung beider Ehegatten oder bei dem Ableben eines von ihnen durch Versicherung des überlebenden Ehegatten erbracht werden. [3]Beim Ableben beider Ehegatten genügt eine entsprechende Versicherung der Erben. [4]Die Erklärung, die Versicherung und der Antrag bedürfen nicht der in § 29 GBO vorgesehenen Form.

(4) [1]Der Antrag, der auf Eintragung einer Sicherungshypothek gerichtet ist, muß das zu belastende Grundstück übereinstimmend mit dem Grundbuch oder durch Hinweis auf das Grundbuchblatt bezeichnen (§ 28 Satz 1 GBO). [2]Sollen mehrere Grundstücke des Vollstreckungsschuldners mit der Sicherungshypothek belastet werden, hat die Vollstreckungsstelle in dem Antrag zu bestimmen, wie der Geldbetrag auf die einzelnen Grundstücke verteilt werden soll (§ 867 Abs. 2 Satz 1 ZPO); die Mindestsumme von siebenhundertfünfzig Euro (§ 866 Abs. 3 Satz 1 ZPO) muss auch für die entsprechenden Teile jeweils eingehalten werden.

(5) [1]In dem Antrag auf Zwangsversteigerung oder auf Zwangsverwaltung eines Grundstücks ist das Grundstück, in das vollstreckt werden soll, zu bezeichnen (§ 16 Abs. 1, § 146 Abs. 1 ZVG). [2]Dem Antrag ist eine Bescheinigung des Grundbuchamtes darüber beizufügen, wer als Eigentümer des Grundstücks im Grundbuch eingetragen ist. [3]Gehören Vollstreckungsgericht und Grundbuchamt demselben Amtsgericht an, kann die Beibringung durch Bezugnahme auf das Grundbuch ersetzt werden (§ 17 Abs. 2 Satz 2, § 146 Abs. 1 ZVG).

(6) [1]In dem Antrag auf Eintragung einer Sicherungshypothek, auf Zwangsversteigerung oder Zwangsverwaltung ist zu bestätigen, daß die gesetzlichen Voraussetzungen für die Vollstreckung vorliegen (§ 322 Abs. 3 Satz 2 AO). [2]Der Antrag ist dem Vollstreckungsgericht oder Grundbuchamt – in der Regel gegen Empfangsbekenntnis – zuzustellen. [3]Nach der Zustellung hat die Vollstreckungsstelle dem Vollstreckungsschuldner eine Durchschrift des Antrags zu übersenden.

## 47. Verfahren in Erbfällen

(1) [1]Wird bei Vollstreckung gegen einen Erben die Eintragung einer Sicherungshypothek auf ein Grundstück beantragt, das im Grundbuch noch auf den Namen des Erblassers eingetragen ist, ist zum Zwecke der vorherigen Umschreibung die Erbfolge durch öffentliche Urkunden nachzuweisen (§ 29 Abs. 1, § 35 GBO). [2]Soweit die nach Satz 1 erforderlichen Urkunden bei den Akten des Grundbuchamts sind, soll die Vollstreckungsstelle in dem Antrag auf die Urkunden Bezug nehmen. [3]Befinden sich die Urkunden bei den Akten eines anderen Grundbuchamts, hat die Vollstreckungsstelle die Urkunden zu beschaffen (vgl. § 792 ZPO) und sie mit dem Antrag dem Grundbuchamt vorzulegen. [4]Abweichend von Satz 1 kann die Eintragung einer Sicherungshypothek für Rückstände des Erblassers, für die der Vollstreckungsschuldner als Gesamtrechtsnachfolger in Anspruch genommen wird, auch ohne vorherige Umschreibung beantragt werden, wenn dem Erblasser bereits das Leistungsgebot bekanntgegeben worden war (vgl. § 40 Abs. 1 GBO).

(2) [1]Die Zwangsversteigerung oder Zwangsverwaltung eines ererbten Grundstücks kann auch dann beantragt werden, wenn anstelle des Vollstre-

ckungsschuldners noch der Erblasser als Eigentümer eingetragen ist (§ 17 Abs. 1, § 146 Abs. 1 ZVG). [2]Es genügt, wenn die Erbfolge durch Urkunden glaubhaft gemacht wird, sofern sie nicht bei dem Amtsgericht als Vollstreckungsgericht offenkundig ist (§ 17 Abs. 3 ZVG).

(3) [1]Richtet sich die Vollstreckung gegen einen Nachlaßpfleger oder Nachlaßverwalter, kann die Eintragung einer Sicherungshypothek, die Zwangsversteigerung oder die Zwangsverwaltung auch in ein zum Nachlaß gehöriges Grundstück beantragt werden, das im Grundbuch noch auf den Namen des Erblassers eingetragen ist, selbst wenn gegen den Erblasser kein Leistungsgebot ergangen war. [2]Entsprechendes gilt, wenn gegen einen Testamentsvollstrecker in ein Grundstück vollstreckt werden soll, das seiner Verwaltung unterliegt (§ 40 GBO; § 17 Abs. 1, § 146 Abs. 1 ZVG). [3]Die Erbfolge und die Bestellung zum Nachlaßpfleger oder Nachlaßverwalter bzw. die Befugnis des Testamentsvollstreckers, über das Grundstück zu verfügen, sind bei Eintragung einer Sicherungshypothek entsprechend Abs. 1 Sätze 1 bis 3 und bei Zwangsversteigerung oder Zwangsverwaltung entsprechend Abs. 2 Satz 2 darzulegen.

### 48. Verfahren bei nachfolgendem Eigentumswechsel

[1]Ist nach Eintragung einer Sicherungshypothek, einer Schiffshypothek oder eines Registerpfandrechts an einem Luftfahrzeug ein Eigentumswechsel eingetreten, hat die Vollstreckungsstelle gegen den Rechtsnachfolger einen Duldungsbescheid zu erlassen (Abschn. 3 Abs. 3, 19 Abs. 1), bevor sie die Zwangsversteigerung oder die Zwangsverwaltung aus diesem Recht beantragt (§ 323 AO). [2]Ein Duldungsbescheid ist in den Fällen des Abschn. 30 Abs. 2 Satz 1 nicht erforderlich.

### 49. Rechtsmittel gegen Entscheidungen des Grundbuchamts und des Vollstreckungsgerichts

(1)[1)] [1]Lehnt das Grundbuchamt einen Antrag auf Eintragung einer Sicherungshypothek ab, so steht der Vollstreckungsbehörde gegen eine Entscheidung die Beschwerde zu (§§ 71 bis 81 GBO). [2]Die Beschwerde kann durch Beschwerdeschrift beim Grundbuchamt oder beim Beschwerdegericht (Landgericht) eingelegt werden (§ 73 GBO). [3]Gegen die Entscheidung des Beschwerdegerichts ist die weitere Beschwerde gegeben, wenn die Entscheidung auf einer Verletzung des Rechts beruht (§ 78 GBO). [4]Die weitere Beschwerde kann beim Grundbuchamt, Landgericht oder Oberlandesgericht eingelegt werden (§ 80 GBO). [5]Beschwerde und weitere Beschwerde sind unbefristet.

(2)[2)] [1]Gegen Entscheidungen des Amtsgerichts als Vollstreckungsgericht über einen Antrag auf Anordnung der Zwangsversteigerung oder der Zwangsverwaltung oder auf Zulassung des Beitritts zu einem Zwangsversteigerungs- oder Zwangsverwaltungsverfahren steht der Vollstreckungsbehörde der Rechtsbehelf der sofortigen Beschwerde zu. [2]Die sofortige Beschwerde ist

[1)] Abschn. 49 Abs. 1 Satz 3 geänd. durch Allg. Verwaltungsvorschrift v. 23. 10. 2003, BStBl. I S. 542.

[2)] Abschn. 49 Abs. 2 neu gef. curch Allg. Verwaltungsvorschrift v. 23. 10. 2003, BStBl. I S. 542.

binnen einer Notfrist von zwei Wochen bei dem Gericht, dessen Entscheidung angefochten wird, oder bei dem Beschwerdegericht einzulegen; die Frist beginnt mit der Zustellung der Entscheidung, spätestens mit Ablauf von fünf Monaten nach der Verkündung des Beschlusses (§ 96 ZVG, § 569 ZPO). [3]Gegen die Entscheidung des Beschwerdegerichts über die sofortige Beschwerde ist die Rechtsbeschwerde gegeben, wenn sie im Beschluss zugelassen ist (§ 574 Abs. 1 Nr. 2 ZPO). [4]Die Rechtsbeschwerde ist binnen einer Notfrist von einem Monat nach Zustellung des Beschlusses über die sofortige Beschwerde bei dem Rechtsbeschwerdegericht einzulegen (§ 575 ZPO).

## 50. Behandlung öffentlicher Lasten bei der Zwangsversteigerung oder Zwangsverwaltung

(1) [1]Ansprüche auf Entrichtung öffentlicher Lasten eines Grundstücks gewähren im Zwangsversteigerungsverfahren ein Recht auf Befriedigung aus dem Grundstück (§ 10 Abs. 1 Nr. 3, 7 ZVG). [2]Im Zwangsverwaltungsverfahren werden laufende Beträge öffentlicher Lasten ohne weiteres Verfahren aus den Überschüssen gezahlt (§ 155 Abs. 2, § 156 Abs. 1 ZVG). [3]Zu den öffentlichen Lasten des Grundstücks gehört eine Steuer dann, wenn das Bestehen und der Umfang der Steuerpflicht von dem Vorhandensein und von den Eigenschaften des Grundstücks abhängt, zum Beispiel die Grundsteuer und Hypothekengewinnabgabe. [4]Steuern, die an die persönlichen Verhältnisse des Steuerpflichtigen anknüpfen (wie beispielsweise die Einkommensteuer oder die Körperschaftsteuer), sind vom Zwangsverwalter als Vermögensverwalter i. S. d. § 34 Abs. 3 i. V. m. Abs. 1 AO zu entrichten, soweit sie aus steuerpflichtigen Einkünften, die aus dem im Zwangsverwaltungsverfahren beschlagnahmten Grundstück erzielt werden, herrühren.[1)]

(2) [1]Die in Abs. 1 Satz 1 bezeichneten Ansprüche werden – soweit sie nicht aus dem Grundbuch ersichtlich sind – bei der Verteilung des Versteigerungserlöses nur dann berücksichtigt, wenn sie spätestens in dem Termin, den das Amtsgericht als Vollstreckungsgericht zur Verteilung des Versteigerungserlöses anberaumt hat, bei diesem angemeldet worden sind (§ 114 ZVG). [2]Zwecks Rangwahrung sind die Ansprüche spätestens bis zum Versteigerungstermin anzumelden (§ 37 Nr. 4, § 110 ZVG).

(3) [1]Verwaltet die Finanzbehörde Abgaben, die unter die Bestimmung des Abs. 1 Satz 1 fallen, hat die Vollstreckungsstelle, sobald sie von der Anordnung der Zwangsversteigerung oder Zwangsverwaltung Kenntnis erlangt, bei der Kasse und der Veranlagungs- oder Festsetzungsstelle festzustellen, inwieweit rückständige oder laufende Ansprüche beim Amtsgericht als Vollstreckungsgericht anzumelden sind. [2]Die Anmeldung hat schriftlich zu erfolgen. [3]Sie soll die in Abschn. 34 Abs. 2 Nr. 1 bis 7 und 11 erster Halbsatz genannten Angaben sowie die Bezeichnung des Grundstücks enthalten. [4]Soweit nicht nur laufende, sondern auch rückständige Beträge angemeldet werden, sollen die Zeitpunkte, an denen die Beträge fällig geworden sind, in der Anmeldung angegeben werden.

---

1) Abschn. 50 Abs. 1 Satz 4 neu gef. durch Allg. Verwaltungsvorschrift v. 23. 10. 2017, BStBl. I S. 1374.

**51. Versteigerungstermin**

(1) [1]Die Vollstreckungsbehörde soll in dem Versteigerungstermin vertreten sein. [2]Wird das Mindestgebot nicht erreicht, so soll sie unter den Voraussetzungen des § 74 a ZVG die Versagung des Zuschlags beantragen, soweit der Zuschlag nicht bereits nach § 85 a dieses Gesetzes zu versagen ist.

(2)[1)] [1]In geeigneten Fällen kann die Vollstreckungsbehörde mit vorheriger Zustimmung der vorgesetzten Finanzbehörde im Versteigerungstermin auch als Mitbietender auftreten. [2]Die obersten Finanzbehörden des Bundes oder der Länder können das Verfahren im einzelnen in eigener Zuständigkeit und auch abweichend von Satz 1 regeln.

## Eidesstattliche Versicherung

**52[2)]. Vermögensauskunft**

(1) [1]Der Vollstreckungsschuldner hat der Vollstreckungsbehörde auf deren Verlangen für die Vollstreckung einer Forderung Auskunft über sein Vermögen nach Maßgabe des § 284 AO zu erteilen, wenn er die Forderung nicht binnen zwei Wochen begleicht, nachdem ihn die Vollstreckungsbehörde unter Hinweis auf die Verpflichtung zur Abgabe der Vermögensauskunft zur Zahlung aufgefordert hat. [2]Die Ladung zu dem Termin zur Abgabe der Vermögensauskunft liegt im Ermessen der Vollstreckungsbehörde und kann mit der Fristsetzung zur Begleichung der Forderung verbunden werden. [3]Sie ist dem Vollstreckungsschuldner selbst zuzustellen. [4]Der Termin zur Abgabe der Vermögensauskunft soll nicht vor Ablauf eines Monats nach Zustellung der Ladung bestimmt werden. [5]Ein Rechtsbehelf gegen die Anordnung der Abgabe der Vermögensauskunft hat keine aufschiebende Wirkung. [6]Der Vollstreckungsschuldner hat die zur Vermögensauskunft erforderlichen Unterlagen im Termin vorzulegen. [7]Hierüber, über seine Rechte und Pflichten nach § 284 Abs. 2 und 3 AO, über die Folgen einer unentschuldigten Terminversäumnis oder einer Verletzung seiner Auskunftspflichten sowie über die Möglichkeit einer Eintragung in das Schuldnerverzeichnis bei Abgabe der Vermögensauskunft ist der Vollstreckungsschuldner bei der Ladung zu belehren (§ 284 Abs. 6 AO).

(2) [1]Die Vollstreckungsbehörde hat von Amts wegen festzustellen, ob beim zentralen Vollstreckungsgericht nach § 802 k Abs. 1 ZPO in den letzten zwei Jahren ein auf Grund einer Vermögensauskunft des Schuldners erstelltes Vermögensverzeichnis hinterlegt wurde. [2]Hat der Vollstreckungsschuldner innerhalb der letzten zwei Jahre eine Vermögensauskunft abgegeben, ist eine erneute Abgabe nur zulässig, wenn anzunehmen ist, dass sich seine Vermögensverhältnisse wesentlich geändert haben (§ 284 Abs. 4 AO).

(3) [1]Für die Abnahme der Vermögensauskunft ist grundsätzlich die Vollstreckungsbehörde zuständig, in deren Bezirk sich der Wohnsitz oder der gewöhnliche Aufenthaltsort des Vollstreckungsschuldners befindet (§ 284 Abs. 5 AO).

---

[1)] Abschn. 51 Abs. 2 Satz 1 geänd. durch Allg. Verwaltungsvorschrift v. 23. 10. 2003, BStBl. I S. 542.

[2)] Abschn. 52 neu gef. durch Allg. Verwaltungsvorschrift v. 3. 6. 2015, BStBl. I S. 497.

[2]Die Abnahme der Vermögensauskunft darf nicht erzwungen werden, wenn der Vollstreckungsschuldner nicht bereit ist, die Vermögensauskunft vor einer anderen als der für seinen Wohnsitz örtlich zuständigen Vollstreckungsbehörde abzugeben. [3]In diesem Falle hat die Vollstreckungsbehörde, die die Vollstreckung betreibt, die für den Wohnsitz des Vollstreckungsschuldners zuständige Vollstreckungsbehörde um Abnahme der Vermögensauskunft zu ersuchen.

(4) [1]Im Termin zur Abgabe der Vermögensauskunft erstellt die Vollstreckungsbehörde anhand der vom Vollstreckungsschuldner nach § 284 Abs. 1 und 2 AO zu machenden Angaben ein elektronisches Dokument (Vermögensverzeichnis). [2]Das elektronische Dokument sollte maschinenschriftlich erstellt werden. [3]Das erstellte Vermögensverzeichnis ist dem Vollstreckungsschuldner vorzulesen oder zur Durchsicht auf dem Bildschirm wiederzugeben. [4]Auf Verlangen ist ihm ein Ausdruck zu erteilen. [5]Der Vollstreckungsschuldner hat zu Protokoll an Eides statt zu versichern, dass er seine im Vermögensverzeichnis gemachten Angaben nach bestem Wissen und Gewissen richtig und vollständig gemacht hat. [6]Die Abnahme der eidesstattlichen Versicherung liegt nicht im Ermessen der Vollstreckungsbehörde. [7]Vor Abnahme der eidesstattlichen Versicherung hat die Vollstreckungsbehörde den Vollstreckungsschuldner über die strafrechtlichen Folgen einer unrichtigen oder unvollständigen Vermögensauskunft zu belehren. [8]Das Vermögensverzeichnis ist von der Vollstreckungsbehörde bei dem zentralen Vollstreckungsgericht nach § 802 k Abs. 1 ZPO zu hinterlegen. [9]Die Vollstreckungsbehörde hat das Vermögensverzeichnis auszuwerten und sich hieraus ergebende Vollstreckungsmöglichkeiten zeitnah zu nutzen.

(5) [1]Verweigert der Vollstreckungsschuldner ohne Grund die Abgabe der Vermögensauskunft oder erscheint er ohne ausreichende Entschuldigung nicht zu dem zur Abgabe der Vermögensauskunft anberaumten Termin vor der zuständigen Vollstreckungsbehörde (§ 284 Abs. 5 Satz 1 AO), kann die Vollstreckungsbehörde, die die Vollstreckung betreibt, das Amtsgericht, in dessen Bezirk der Vollstreckungsschuldner zum Zeitpunkt der Zahlungsaufforderung nach § 284 Abs. 1 Satz 1 AO seinen Wohnsitz oder in Ermangelung eines solchen seinen Aufenthaltsort hat, um Anordnung der Erzwingungshaft ersuchen (§ 284 Abs. 8 AO). [2]Das Ersuchen ist dem Amtsgericht zuzustellen, in der Regel gegen Empfangsbekenntnis. [3]Gleichzeitig ist dem Vollstreckungsschuldner eine Durchschrift des Ersuchens zu übersenden. [4]Lehnt das Amtsgericht den Antrag der Vollstreckungsbehörde auf Anordnung der Erzwingungshaft ab, ist gegen den Beschluss die sofortige Beschwerde (§ 567 ZPO) sowie gegen eine ablehnende Beschwerdeentscheidung die Rechtsbeschwerde (§ 574 ZPO), soweit diese zugelassen worden ist, möglich.

(6) [1]Für die Verhaftung des Vollstreckungsschuldners auf Grund der Haftanordnung des Amtsgerichts ist der Gerichtsvollzieher zuständig. [2]Die Vorschriften der §§ 802 g bis 802 j ZPO sind entsprechend anzuwenden. [3]Die Vollstreckungsbehörde hat dem Gerichtsvollzieher den geschuldeten Betrag sowie den Schuldgrund mitzuteilen und ihn zu ermächtigen, den geschuldeten Betrag anzunehmen und über den Empfang Quittung zu erteilen. [4]Über Rückstandsminderungen nach dem Antrag auf Vollzug des Haftbefehls ist der zuständige Gerichtsvollzieher unverzüglich zu informieren. [5]Der Vollstreckungsschuldner kann die Verhaftung dadurch abwenden, dass er den geschuldeten Betrag in

voller Höhe an den Gerichtsvollzieher zahlt oder nachweist, dass er den Betrag entrichtet hat oder dass ihm eine Zahlungsfrist bewilligt worden oder die Schuld erloschen ist. [6]Die Verhaftung kann auch dadurch abgewendet werden, dass der Vollstreckungsschuldner dem Gerichtsvollzieher eine Entscheidung vorlegt, aus der sich die Unzulässigkeit der Maßnahme ergibt. [7]Ist der verhaftete Vollstreckungsschuldner zur Abgabe der Vermögensauskunft bereit (§ 802 i ZPO), hat ihn der Gerichtsvollzieher grundsätzlich der Vollstreckungsbehörde zur Abnahme der Vermögensauskunft vorzuführen. [8]Abweichend hiervon kann die Vermögensauskunft von dem Gerichtsvollzieher abgenommen werden, wenn sich der Sitz der Vollstreckungsbehörde nicht im Bezirk des für den Gerichtsvollzieher zuständigen Amtsgerichts befindet oder die Abnahme der Vermögensauskunft durch die Vollstreckungsbehörde nicht möglich ist. [9]Gibt der Vollstreckungsschuldner nicht innerhalb einer sechsmonatigen Haftzeit die Vermögensauskunft beim Gerichtsvollzieher ab, kann der Vollstreckungsschuldner auch auf Antrag eines anderen Gläubigers innerhalb der folgenden zwei Jahre nur unter den Voraussetzungen des § 802 d ZPO erneut zur Abgabe einer Vermögensauskunft durch Haft angehalten werden (§ 802 j Abs. 3 ZPO). [10]Entfallen die Voraussetzungen für den Vollzug des Haftbefehls nachträglich endgültig, ist das zuständige Amtsgericht um Aufhebung des Haftbefehls zu ersuchen.

(7) [1]Die Vollstreckungsbehörde kann nach § 284 Abs. 9 AO die Eintragung des Vollstreckungsschuldners in das Schuldnerverzeichnis anordnen, wenn

1. der Vollstreckungsschuldner seiner Verpflichtung zur Abgabe der Vermögensauskunft nicht nachgekommen ist,
2. eine Vollstreckung nach dem Inhalt des Vermögensverzeichnisses offensichtlich nicht geeignet wäre, zu einer vollständigen Befriedigung der Forderung zu führen, oder
3. der Vollstreckungsschuldner nicht innerhalb eines Monats nach Abgabe der Vermögensauskunft die Forderung, wegen derer die Vermögensauskunft verlangt wurde, vollständig befriedigt.

[2]In Fällen, in denen der Vollstreckungsschuldner innerhalb der letzten zwei Jahre bereits eine Vermögensauskunft nach § 284 AO oder § 802 c ZPO abgegeben hat und dadurch die Sperrwirkung für die Abnahme einer neuen Vermögensauskunft eingetreten ist (§ 284 Abs. 4 AO), kann die Vollstreckungsbehörde eine isolierte Eintragung des Vollstreckungsschuldners in das Schuldnerverzeichnis ohne vorherige Zahlungsaufforderung nach § 284 Abs. 1 Satz 1 AO anordnen, wenn vollstreckbare Ansprüche *aus dem Steuerschuldverhältnis*[1)] bestehen und

1. eine Vollstreckung dieser Forderungen nach dem Inhalt des Vermögensverzeichnisses nicht zur vollständigen Befriedigung der Ansprüche führen würde (§ 284 Abs. 9 Nr. 2 zweite Alternative AO)

oder

---

[1)] In Abschn. 52 Abs. 7 Satz 2 sind die Worte „aus dem Steuerschuldverhältnis" gestrichen durch Allg. Verwaltungsvorschrift v. 23. 10. 2017, BStBl. I S. 1374.

2. der Vollstreckungsschuldner diese Ansprüche nicht innerhalb eines Monats befriedigt, nachdem er auf die Möglichkeit der Eintragung in das Schuldnerverzeichnis hingewiesen worden ist (§ 284 Abs. 9 Nr. 3 Satz 2 AO).

(8) [1]Die Eintragungsanordnung, welche dem Vollstreckungsschuldner zuzustellen ist, ist eine Ermessensentscheidung, die kurz begründet werden soll. [2]Nach Ablauf eines Monats seit der Zustellung hat die Vollstreckungsbehörde die Eintragungsanordnung dem zentralen Vollstreckungsgericht nach § 882 h Abs. 1 der Zivilprozessordnung mit den folgenden Daten (§ 882 b Abs. 2 und 3 ZPO) elektronisch zu übermitteln:

– den Namen, den Vornamen und den Geburtsnamen des Vollstreckungsschuldners sowie die Firma und deren Nr. im Handelsregister,
– das Geburtsdatum, den Geburtsort des Vollstreckungsschuldners,
– die Wohnsitze oder den Sitz des Vollstreckungsschuldners,
– das Aktenzeichen der Finanzbehörde,
– das Datum der Eintragungsanordnung,
– den Grund für die Eintragungsanordnung,
– einschließlich abweichender Personendaten.

[3]Ein Rechtsbehelf gegen die Eintragungsanordnung hat keine aufschiebende Wirkung. [4]Liegen allerdings Anträge auf Aussetzung der Vollziehung gemäß § 361 AO, § 69 FGO vor, die Aussicht auf Erfolg haben, ist die Übermittlung an das zentrale Vollstreckungsgericht zunächst zurückzustellen (§ 284 Abs. 10 AO).

[5]Nach der Eintragung in das Schuldnerverzeichnis sind Entscheidungen über Rechtsbehelfe gegen die Eintragungsanordnung dem zentralen Vollstreckungsgericht elektronisch zu übermitteln (§ 284 Abs. 11 AO).

(9) Ist der Vollstreckungsschuldner nicht selbst handlungsfähig (§ 79 AO), ist die Vermögensauskunft vom Vertreter des Vollstreckungsschuldners abzugeben.

(10) Hat ein Vollstreckungsschuldner in einer auf Betreiben der Vollstreckungsbehörde abgelegten Vermögensauskunft vorsätzlich unvollständige oder falsche Angaben gemacht (§ 156 StGB), darf nach § 30 Abs. 5 AO bei der Strafverfolgungsbehörde Strafanzeige erstattet werden.

## 53[1]. Eidesstattliche Versicherung

[1]Die Abgabe einer eidesstattlichen Versicherung kann verlangt werden, wenn der Vollstreckungsschuldner die zur Geltendmachung einer von der Vollstreckungsbehörde gepfändeten Forderung nötige Auskunft verweigert. [2]Sie kann auch verlangt werden, wenn wegen Herausgabe einer Urkunde, die über eine gepfändete Forderung des Vollstreckungsschuldners besteht, die Vollstreckung gegen den Vollstreckungsschuldner versucht, die Urkunde aber nicht vorgefunden worden ist (§ 315 Abs. 2, 3 AO). [3]Die Abnahme der eidesstattlichen Versicherung steht im Ermessen der Finanzbehörde. [4]Die Vorschriften des Abschn. 52 Abs. 1, 3, 5, 6, 9 und 10 sind sinngemäß anzuwenden.

[1] Abschn. 53 neu gef. durch Allg. Verwaltungsvorschrift v. 3. 6. 2015, BStBl. I S. 497.

## Vierter Teil. Arrest

### 54. Dinglicher Arrest

(1) Gegen den Steuerschuldner und den Haftungsschuldner sowie gegen den Duldungspflichtigen kann die für die Steuerfestsetzung zuständige Finanzbehörde den dinglichen Arrest (§ 324 AO) anordnen, wenn folgende Voraussetzungen vorliegen:

1. [1]Ein Arrestanspruch: Es muß glaubhaft sein, daß der Finanzbehörde ein Anspruch auf eine Geldleistung gegen den Schuldner oder Duldungspflichtigen zusteht. [2]Es ist nicht erforderlich, daß der Anspruch zahlenmäßig feststeht; es genügt, daß er begründet ist, auch wenn er bedingt oder betagt ist.
2. [1]Ein Arrestgrund: Es muß zu besorgen sein, daß ohne die Anordnung des Arrestes die Vollstreckung des Anspruchs vereitelt oder wesentlich erschwert würde. [2]Liegt ein Leistungsgebot oder eine Steueranmeldung vor (Abschn. 19), auf Grund deren vollstreckt werden kann, besteht kein Arrestgrund.

(2) [1]Der dingliche Arrest wird schriftlich angeordnet. [2]Die Arrestanordnung muß enthalten:

1. Familienname, Vornamen, Wohnort und Wohnung des Arrestschuldners,
2. die Tatsachen, aus denen sich Bestehen und Höhe des Arrestanspruchs (Abs. 1 Nr. 1) ergeben. [2]Umfaßt eine Arrestanordnung mehrere Ansprüche, sind die Beträge einzeln anzugeben,
3. die Tatsachen, aus denen sich der Arrestgrund (Abs. 1 Nr. 2) ergibt,
4. den Ausspruch, daß zur Sicherung des Arrestanspruchs der dingliche Arrest in das Vermögen des Arrestschuldners angeordnet wird. [2]Die Arrestanordnung muß einen bestimmten Geldbetrag (Arrestsumme) bezeichnen, bis zu dessen Höhe der Arrest vollzogen werden kann. [3]Ein Leistungsgebot (Abschn. 19) darf in die Arrestanordnung nicht aufgenommen werden,
5. die Angabe des Geldbetrages, bei dessen Hinterlegung die Vollziehung des Arrestes gehemmt und der vollzogene Arrest aufzuheben ist (Hinterlegungssumme). [2]Die Hinterlegungssumme ist so zu bemessen, daß Hauptanspruch und Nebenleistungen gedeckt sind,
6. die Unterschrift eines zuständigen Bediensteten und den Abdruck des Dienststempels der Finanzbehörde.

(3) [1]Die Arrestanordnung hat eine Rechtsbehelfsbelehrung zu enthalten. [2]Als Rechtsbehelf ist sowohl der Einspruch nach § 347 Abs. 1 AO als auch die Anfechtungsklage nach § 45 Abs. 4 FGO gegeben.

(4) [1]Die Arrestanordnung ist dem Arrestschuldner zuzustellen. [2]Eine Ausfertigung der Arrestanordnung ist zum Zwecke der Vollziehung (Abschn. 55) unverzüglich der Vollstreckungsstelle zuzuleiten.

(5) [1]Die Arrestanordnung ist aufzuheben, wenn nach ihrem Erlaß Umstände bekanntwerden, die die Arrestanordnung nicht mehr gerechtfertigt erscheinen lassen (§ 325 AO). [2]Abs. 2 Satz 1 und Abs. 4 Satz 2 finden entsprechende Anwendung. [3]Die Aufhebung der Arrestanordnung ist dem Arrestschuldner mitzuteilen.

## 55. Vollziehung des Arrestes

(1) [1]Die Vollziehung einer Arrestanordnung obliegt der Vollstreckungsstelle. [2]Die Vollziehung wird nicht dadurch gehemmt, daß der Arrestschuldner gegen die Arrestanordnung Einspruch einlegt oder Anfechtungsklage erhebt (§ 361 Abs. 1 AO, § 69 Abs. 1 FGO). [3]Auf die Vollziehung des Arrestes sind die §§ 930 bis 932 ZPO sowie § 99 Abs. 2 und § 106 Abs. 1, 3 und 5 LuftRG entsprechend anzuwenden; an die Stelle des Arrestgerichts und des Vollstreckungsgerichts tritt die Vollstreckungsbehörde, an die Stelle des Gerichtsvollziehers der Vollziehungsbeamte. [4]Soweit auf die Vorschriften über die Pfändung verwiesen wird, sind die entsprechenden Vorschriften AO anzuwenden. [5]Gepfändete bewegliche Sachen dürfen grundsätzlich nicht verwertet werden. [6]Bei der Pfändung von Forderungen und anderen Vermögensrechten darf grundsätzlich die Einziehung nicht angeordnet werden. [7]Es kann jedoch verlangt werden, daß die geschuldete Leistung bei Fälligkeit der Schuld hinterlegt wird. [8]Soll der Arrest in ein Grundstück vollzogen werden, kann nur Eintragung einer Sicherungshypothek (Arresthypothek) beantragt werden; Zwangsverwaltung oder Zwangsversteigerung sind nicht statthaft (§ 932 ZPO).

(2) [1]Die Vorschriften der §§ 254, 259 AO gelten für die Arrestvollziehung nicht. [2]Die Vollziehung der Arrestanordnung ist unzulässig, wenn seit dem Tag, an dem die Anordnung unterzeichnet worden ist, ein Monat verstrichen ist (§ 324 Abs. 3 AO). [3]Die Vollziehung ist auch schon vor der Zustellung an den Arrestschuldner zulässig; sie ist jedoch ohne Wirkung, wenn die Zustellung nicht innerhalb einer Woche nach der Vollziehung und innerhalb eines Monats seit der Unterzeichnung erfolgt. [4]Bei Zustellung im Ausland und öffentlicher Zustellung gilt § 169 Abs. 1 Satz 3 AO entsprechend.

(3)[1)] [1]Auf Grund der Arrestanordnung kann der Arrestschuldner unter den Voraussetzungen des § 284 AO zur Abgabe der Vermögensauskunft geladen werden. [2]§ 284 AO und der Abschn. 52 sind entsprechend anzuwenden. [3]Ferner kann der Arrestschuldner zur Leistung der eidesstattlichen Versicherung herangezogen werden, wenn ein Versuch, den Arrest in das bewegliche Vermögen des Arrestschuldners zu vollziehen oder nach Maßgabe des § 315 Abs. 2 Satz 2 AO eine Urkunde, zum Beispiel einen Hypotheken- oder Grundschuldbrief gem. § 310 Abs. 1 Satz 1 oder § 321 Abs. 6 AO, zu erlangen, erfolglos geblieben ist. [4]Die Vorschriften des § 315 Abs. 3, 4 AO und des Abschn. 53 Sätze 2 und 3 sind entsprechend anzuwenden.

(4) [1]Hat der Arrestschuldner oder ein Dritter den Betrag der Hinterlegungssumme (Abschn. 54 Abs. 2 Nr. 5 Satz 1) in Geld hinterlegt, hat die Vollstreckungsstelle von Maßnahmen der Arrestvollziehung Abstand zu nehmen. [2]Das gleiche gilt, wenn mit Genehmigung der Vollstreckungsstelle in anderer Weise als durch Hinterlegung von Geld Sicherheit für den Betrag der Hinterlegungssumme geleistet wird (§§ 241, 246, 247 AO).

(5) [1]Wird der Anspruch, zu dessen Sicherung der dingliche Arrest angeordnet worden ist, nicht erfüllt, hat die Vollstreckungsbehörde, sobald für den

---

[1)] Abschn. 55 Abs. 3 neu gef. durch Allg. Verwaltungsvorschrift v. 3. 6. 2015, BStBl. I S. 497.

Anspruch ein vollstreckbares Leistungsgebot vorliegt (§ 254 AO), Sicherheiten, die der Arrestschuldner zur Abwendung der Arrestvollziehung (Abs. 4) bestellt oder die Vollstreckungsbehörde durch Vollziehung des Arrestes erlangt hat, zu verwerten (vgl. § 327 AO). [2]Die Verwertung der Sicherheiten obliegt der Vollstreckungsstelle. [3]Mit der Verwertung darf erst begonnen werden, wenn dem Vollstreckungsschuldner die Verwertungsabsicht schriftlich bekanntgegeben und seit der Bekanntgabe mindestens eine Woche verstrichen ist. [4]Ein Pfandrecht, das an einem Vermögensgegenstand des Vollstreckungsschuldners besteht, wird in gleicher Weise verwertet wie ein durch Vollstreckung erlangtes Pfandrecht. [5]Bei der Pfändung von Forderungen und anderen Vermögensrechten ist die Einziehung anzuordnen, sofern nicht auf andere Art zu verwerten ist.

**56. Persönlicher Sicherheitsarrest**

(1) [1]Die für die Steuerfestsetzung zuständige Finanzbehörde kann bei dem Amtsgericht, in dessen Bezirk die Finanzbehörde ihren Sitz hat oder sich der Pflichtige befindet, einen Antrag auf Anordnung eines persönlichen Sicherheitsarrestes (§ 326 AO) stellen, wenn ein Arrestanspruch und ein Arrestgrund (vgl. Abschn. 54 Abs. 1 Nr. 1 und 2) vorliegen. [2]Der Antrag ist nur zulässig, wenn andere Mittel zur Sicherung der Vollstreckung, namentlich der dingliche Arrest, ohne Erfolg waren oder voraussichtlich keinen Erfolg haben werden.

(2) In dem Antrag hat die Finanzbehörde den Anspruch nach Art und Höhe sowie die Tatsachen anzugeben, die den besonderen Arrestgrund für den persönlichen Sicherheitsarrest ergeben.

(3)[1)] [1]Die Finanzbehörde bedarf für den Antrag auf Anordnung des persönlichen Sicherheitsarrestes der Zustimmung der vorgesetzten Finanzbehörde. [2]Die Zustimmung soll vor Absendung des Antrages eingeholt werden. [3]Ist Gefahr im Verzug, darf der Antrag auch ohne vorherige Zustimmung gestellt werden. [4]In diesem Falle ist die Genehmigung der vorgesetzten Finanzbehörde unverzüglich einzuholen. [5]Wird diese versagt, ist der Antrag umgehend zurückzunehmen.

(4) Die Anordnung und Aufhebung des persönlichen Sicherheitsarrestes erfolgen durch das Amtsgericht, in dessen Bezirk die Finanzbehörde ihren Sitz hat oder sich der Pflichtige befindet.

## Fünfter Teil. Insolvenzverfahren

**57[2)]. Verfahrensarten**

(1) Das Insolvenzrecht unterscheidet zwischen

1. dem Regelinsolvenzverfahren (§§ 1 bis 285 InsO),
2. dem Verbraucherinsolvenzverfahren (§§ 304 bis 311 InsO),

---

[1)] Abschn. 56 Abs. 3 Sätze 1, 4 und 5 geänd. durch Allg. Verwaltungsvorschrift v. 23. 10. 2003, BStBl. I S. 542.

[2)] Abschn. 57 Abs. 1 und Abs. 2 Satz 2 neu gef. durch Allg. Verwaltungsvorschrift v. 3. 6. 2015, BStBl. I S. 497.

3. besonderen Arten eines Insolvenzverfahrens (§§ 315 bis 334 InsO; zum Beispiel Nachlassinsolvenz).

(2) [1]Das Regelinsolvenzverfahren wird durchgeführt, soweit nicht ein Verbraucherinsolvenzverfahren (Abs. 3) oder ein Verfahren nach §§ 315 bis 334 InsO in Betracht kommt. [2]Im Regel- und Verbraucherinsolvenzverfahren wird die gemeinschaftliche Befriedigung der Gläubiger dadurch erreicht, dass entweder das Vermögen des Schuldners verwertet und der Erlös verteilt oder in einem Insolvenzplan eine abweichende Regelung getroffen wird (Abschn. 60, 61).

(3)[1)] [1]Bei natürlichen Personen, die keine selbständige wirtschaftliche Tätigkeit ausüben oder ausgeübt haben (§ 304 Abs. 1 Satz 1 InsO), wird das Verbraucherinsolvenzverfahren durchgeführt (Abschn. 63). [2]Bei natürlichen Personen, die eine selbständige wirtschaftliche Tätigkeit ausgeübt haben, wird das Verbraucherinsolvenzverfahren durchgeführt, wenn ihre Vermögensverhältnisse überschaubar sind und gegen sie keine Forderungen aus Arbeitsverhältnissen bestehen (§ 304 Abs. 1 Satz 2 InsO).

(4)[2)] Ist der Schuldner eine natürliche Person, so kann er im Regel- oder Verbraucherinsolvenzverfahren einen Antrag auf Durchführung des Restschuldbefreiungsverfahrens stellen (Abschn. 64).

### 58. Eröffnungsantrag der Vollstreckungsbehörde

(1) Der Antrag, über das Vermögen des Vollstreckungsschuldners das Insolvenzverfahren zu eröffnen, kann gestellt werden, wenn dem Vollstreckungsgläubiger eine Geldforderung zusteht, bei der die Voraussetzungen für die Einzelvollstreckung vorliegen (Abschn. 4, § 254 AO) und ein Insolvenzgrund (Abs. 2) glaubhaft gemacht werden kann (§ 14 InsO).

(2) [1]Die Eröffnung des Insolvenzverfahrens setzt die Zahlungsunfähigkeit des Vollstreckungsschuldners voraus, soweit nicht auch Überschuldung als Insolvenzgrund bestimmt ist. [2]Zahlungsunfähigkeit liegt vor, wenn der Schuldner nicht in der Lage ist, seine fälligen Zahlungspflichten zu erfüllen. [3]In der Regel ist Zahlungsunfähigkeit anzunehmen, wenn Zahlungseinstellung erfolgt ist (§ 17 Abs. 2 InsO). [4]Für die Eröffnung des Insolvenzverfahrens über das Vermögen von juristischen Personen des Privatrechts, von Personengesellschaften (§ 11 Abs. 2 Nr. 1 InsO), wenn kein persönlich haftender Gesellschafter eine natürliche Person ist, oder eines nicht rechtsfähigen Vereins, der als Verein verklagt werden kann (§ 11 Abs. 1 Satz 2 InsO, § 54 BGB, § 50 Abs. 2 ZPO), oder einen Nachlass (§ 320 InsO) bildet sowohl die Zahlungsunfähigkeit als auch die Überschuldung einen Insolvenzgrund. [5]Überschuldung liegt vor, wenn das Vermögen die bestehenden Verbindlichkeiten nicht mehr deckt (§ 19 Abs. 2 InsO). [6]Für eingetragene Genossenschaften enthält § 98 des Genossenschaftsgesetzes Sondervorschriften[3)].

---

[1)] Abschn. 57 Abs. 3 neu gef. durch Allg. Verwaltungsvorschrift v. 23. 10. 2003, BStBl. I S. 542.

[2)] Abschn. 57 Abs. 4 neu gef. durch Allg. Verwaltungsvorschrift v. 3. 6. 2015, BStBl. I S. 497.

[3)] Abschn. 58 Abs. 2 Satz 6 neu gef. durch Allg. Verwaltungsvorschrift v. 3. 6. 2015, BStBl. I S. 497.

(3) [1]Ein Antrag auf Eröffnung des Insolvenzverfahrens obliegt grundsätzlich der Vollstreckungsbehörde, die die Vollstreckung betreibt. [2]Er muss Angaben zu den geschuldeten Beträgen und zum Insolvenzgrund enthalten.

(4)[1)] [1]Lehnt das Insolvenzgericht (§ 3 InsO) einen Antrag auf Eröffnung des Insolvenzverfahrens ab, steht der Vollstreckungsbehörde gegen die Entscheidung das Rechtsmittel der sofortigen Beschwerde zu (§ 34 Abs. 1 InsO). [2]Die Beschwerde ist binnen einer Notfrist von zwei Wochen bei dem Insolvenzgericht, dessen Entscheidung angefochten wird (§ 6 Abs. 1 Satz 2 InsO), durch Beschwerdeschrift einzureichen (§ 4 InsO, § 569 ZPO). [3]Die Frist beginnt mit der Verkündung der Entscheidung (§ 6 Abs. 2 InsO).

## 59. Kostenvorschuss

(1) [1]Macht das Insolvenzgericht die Eröffnung des Insolvenzverfahrens von der Leistung eines Kostenvorschusses abhängig, so ist dieser in der Regel erst dann einzuzahlen, wenn sich aus den Ermittlungen des Insolvenzgerichts oder nach Aktenlage ergibt, dass voraussichtlich mit einer Insolvenzmasse zu rechnen ist, die eine nennenswerte Befriedigung erwarten lässt (zum Beispiel durch Insolvenzanfechtung). [2]Das kann der Fall sein, wenn durch weitere Sachverhaltsaufklärung, zum Beispiel durch eidliche Vernehmung des Schuldners oder aufgrund der Auskunfts- und Mitwirkungspflichten des Schuldners oder Dritter gemäß §§ 5, 97 ff. InsO, mit Hinweisen auf verwertbares Vermögen gerechnet werden kann, oder Auslandsvermögen zu vermuten ist.

(2) Hat die Vollstreckungsbehörde einen Vorschuss geleistet, so kann dieser im Fall der nicht vollständigen Rückerstattung aus der Masse von Personen zurückverlangt werden, die eine rechtzeitige Antragstellung pflichtwidrig und schuldhaft unterlassen haben (§ 26 Abs. 3 InsO).

## 60. Steuerforderungen im Insolvenzverfahren

(1)[2)] [1]Die persönlichen Ansprüche des Vollstreckungsgläubigers gegen den Vollstreckungsschuldner (Abschn. 3 Abs. 1, 2) sind, soweit sie zur Zeit der Eröffnung des Insolvenzverfahrens begründet sind – vorbehaltlich § 55 Abs. 2 und 4 InsO –, in der Regel Insolvenzforderungen (§ 38 InsO). [2]Dies gilt auch, wenn dem Vollstreckungsgläubiger neben dem persönlichen Anspruch ein Recht auf abgesonderte Befriedigung zusteht (§§ 49 bis 51, 165 bis 173 InsO). [3]Geldbußen, Ordnungsgelder, Zwangsgelder sowie ab Verfahrenseröffnung anfallende Zinsen und Säumniszuschläge sind nachrangige Insolvenzforderungen i. S. v. § 39 InsO.

(2) [1]Ist über das Vermögen eines Vollstreckungsschuldners das Insolvenzverfahren eröffnet worden, können die Insolvenzgläubiger ihre Ansprüche während der Dauer des Verfahrens weder in das zum Zeitpunkt der Eröffnung vorhandene noch in das danach vom Schuldner erworbene Vermögen (sog. Neuerwerb) im Wege der Einzelzwangsvollstreckung verfolgen (§ 89 InsO). [2]Für die Geltendmachung der Abgabenforderungen sind grundsätzlich die

---

[1)] Abschn. 58 Abs. 4 neu gef. durch Allg. Verwaltungsvorschrift v. 3. 6. 2015, BStBl. I S. 497.

[2)] Abschn. 60 Abs. 1 neu gef. durch Allg. Verwaltungsvorschrift v. 3. 6. 2015, BStBl. I S. 497.

Vorschriften der Insolvenzordnung maßgeblich (§ 251 Abs. 2 Satz 1 AO). [3]Während des Insolvenzverfahrens dürfen hinsichtlich der Insolvenzforderungen Verwaltungsakte über die Festsetzung und Anforderung von Ansprüchen aus dem Steuerschuldverhältnis nicht mehr ergeben. [4]Bescheide, die einen Erstattungsanspruch zugunsten der Insolvenzmasse festsetzen, können bekannt gegeben werden. [5]Durch die Eröffnung des Insolvenzverfahrens wird der Erlass von Steuermess- und Feststellungsbescheiden gehindert, soweit diese ausschließlich Besteuerungsgrundlagen feststellen, auf deren Grundlage Insolvenzforderungen anzumelden sind. [6]In Gewerbesteuerfällen teilt die Festsetzungsstelle der steuerberechtigten Körperschaft den berechneten Messbetrag formlos für Zwecke der Anmeldung im Insolvenzverfahren mit.

(3) [1]Sobald die Vollstreckungsstelle von der Eröffnung des Insolvenzverfahrens (§ 30 InsO) Kenntnis erlangt, sind alle in Betracht kommenden Festsetzungsstellen, evtl. auch Stellen anderer Finanzbehörden (zum Beispiel der für die Festsetzung der Erbschaft- und Schenkungsteuer zuständigen Finanzbehörde), zu informieren. [2]Diese haben zu ermitteln, ob außer den bereits angezeigten Ansprüchen noch weitere Abgabenforderungen gegen den Schuldner bestehen. [3]Dazu gehören auch Forderungen, die noch nicht festgesetzt, aber im Zeitpunkt der Eröffnung bereits begründet sind.

(4)[1)] [1]Verbindlichkeiten des Insolvenzschuldners aus dem Steuerschuldverhältnis, die von einem vorläufigen Insolvenzverwalter oder vom Schuldner mit Zustimmung eines vorläufigen Insolvenzverwalters begründet worden sind, gelten nach Eröffnung des Insolvenzverfahrens als Masseverbindlichkeit (§ 55 Abs. 4 InsO). [2]Hat dagegen das Insolvenzgericht im Antragsverfahren zur Sicherung der Masse einen vorläufigen Insolvenzverwalter bestellt und dem Schuldner ein allgemeines Verfügungsverbot auferlegt (§ 21 Abs. 2 Nr. 1, 2 erste Alternative InsO), ist Abs. 2 Satz 2 bis 5 entsprechend anzuwenden. [3]Ab diesem Zeitpunkt begründete Abgabenansprüche gelten nach der Eröffnung des Verfahrens als sonstige Masseverbindlichkeiten (§ 55 Abs. 2 InsO). [4]Nur die bis zum Zeitpunkt der Bestellung des vorläufigen Verwalters begründeten Abgabenforderungen sind Insolvenzforderungen. [5]Wird das Verfahren nicht eröffnet, hat der vorläufge Insolvenzverwalter die von ihm begründeten Abgabenforderungen aus dem von ihm verwalteten Vermögen zu erfüllen (§ 25 Abs. 2 InsO) .

(5) Hat das Insolvenzgericht im Eröffnungsbeschluss angeordnet, dass dem Verwalter vorab mitzuteilen ist, ob Sicherungsrechte an Sachen und Rechten des Schuldners in Anspruch genommen werden, sind die erforderlichen Angaben zu Pfändungspfand- und sonstigen Sicherungsrechten unverzüglich dem Insolvenzverwalter bekannt zu geben (§ 28 Abs. 2 InsO).

(6)[2)] [1]Die Abgabenforderungen sind innerhalb der gesetzten Frist schriftlich beim Insolvenzverwalter – im Fall der Eigenverwaltung beim Sachwalter – anzumelden (§§ 87, 27, 28 Abs. 1, § 174 Abs. 1, § 270 c Satz 2 InsO), so-

---

[1)] Abschn. 60 Abs. 4 neu gef. durch Allg. Verwaltungsvorschrift v. 23. 10. 2017, BStBl. I S. 1374.

[2)] Abschn. 60 Abs. 6 neu gef. durch Allg. Verwaltungsvorschrift v. 3. 6. 2015, BStBl. I S. 497.

weit nicht die Möglichkeit einer Aufrechnung (§§ 94 bis 96 InsO) besteht. [2]Dies gilt auch, soweit außer dem Schuldner noch ein anderer die Leistung schuldet oder dafür haftet. [3]Die Anmeldung soll die in Abschn. 34 Abs. 2 Nrn. 1 bis 7 und 11 erster Halbsatz bezeichneten Angaben sowie eine Erklärung darüber enthalten, ob für die Abgabenforderung abgesonderte Befriedigung begehrt wird (§§ 49 bis 52, 174 InsO). [4]Die Anmeldung soll ferner einen Hinweis darauf enthalten, welche Forderungen vor der Eröffnung festgesetzt oder vorangemeldet und welche unanfechtbar sind. [5]Nachrangige Abgabenforderungen i. S. d. § 39 der Insolvenzordnung sind nur anzumelden, soweit das Insolvenzgericht hierzu ausdrücklich auffordert (§ 174 Abs. 3 InsO); das Vollstreckungsverbot (§ 89 InsO) bleibt unberührt. [6]Abgabenansprüche können auch nach Ablauf der Frist jederzeit nachgemeldet werden (§ 177 InsO). [7]Liegt der Forderung eine Steuerstraftat des Schuldners nach den §§ 370, 373 oder § 374 AO zugrunde, sind neben dem Grund und dem Betrag der Forderung auch die Tatsachen, aus denen sich nach Einschätzung der Finanzbehörde eine entsprechende Steuerstraftat ergibt, anzugeben.

(7) [1]Ist eine zur Tabelle angemeldete Abgabenforderung vom Verwalter oder einem Insolvenzgläubiger im Prüfungstermin bestritten worden, erteilt das Insolvenzgericht einen beglaubigten Auszug aus der Tabelle. [2]Die Vollstreckungsbehörde hat den Anspruch zeitnah durch Erlass eines Feststellungsbescheides gemäß § 251 Abs. 3 AO selbst zu verfolgen, soweit die Eigenschaft als Insolvenzforderung bestritten wird oder der Schuldner vor Eröffnung des Insolvenzverfahrens weder einen Festsetzungsbescheid noch ein Leistungsgebot erhalten oder – wenn die Vollstreckbarkeit von einer Steueranmeldung (§§ 167, 168 AO) abhängt – keine Steueranmeldung abgegeben hat (nicht titulierte Forderungen, § 179 Abs. 1 InsO). [3]Es bleibt jedoch der Vollstreckungsbehörde – insbesondere zur Erlangung des Stimmrechts (§ 77 InsO) – unbenommen, den Widerspruch auch dann zu verfolgen, wenn der Schuldner bereits vor der Eröffnung des Insolvenzverfahrens einen Festsetzungsbescheid bzw. ein Leistungsgebot erhalten oder eine Steueranmeldung abgegeben hat (titulierte Forderung, § 179 Abs. 2 InsO). [4]Die Verfolgung der bestrittenen und im Zeitpunkt der Verfahrenseröffnung bereits bestandskräftigen titulierten Forderungen kann durch Feststellungsbescheid gemäß § 251 Abs. 3 AO geschehen; festzustellen ist lediglich, dass die angemeldete Forderung bestandskräftig festgesetzt ist und die Voraussetzungen für eine Wiedereinsetzung (§ 110 AO)[1)] oder eine Korrektur (§§ 129 ff., 164, 165, 172 ff. AO) nicht vorliegen. [5]Eine durch die Verfahrenseröffnung oder die Bestellung eines vorläufigen Insolvenzverwalters mit Verwaltungs- und Verfügungsbefugnis (§ 22 Abs. 1 InsO) unterbrochene Rechtsbehelfsfrist wird durch schriftliche Erklärung gegenüber dem Bestreitenden in Lauf gesetzt. [6]§ 240 Satz 1 und § 249 Abs. 1 ZPO sind entsprechend anzuwenden. [7]War zu diesem Zeitpunkt bereits ein Einspruch anhängig, ist das Steuerstreitverfahren aufzunehmen (§ 180 Abs. 2 InsO). [8]Die für eine Feststellung der bestrittenen Forderungen erforderlichen Maßnahmen werden auf Veranlassung der Vollstreckungsstelle von

---

[1)] Abschn. 60 Abs. 7 Satz 4 Klammerzusatz eingef. durch Allg. Verwaltungsvorschrift v. 23. 10. 2003, BStBl. I S. 542.

den Festsetzungsstellen oder den Rechtsbehelfsstellen betrieben. [9]Das Bestreiten der Abgabenforderungen durch den Schuldner hindert deren Feststellung nicht (§ 178 Abs. 1 InsO). [10]Verfolgt die Vollstreckungsbehörde den Anspruch gegenüber dem Schuldner, um nach Beendigung oder Aufhebung des Insolvenzverfahrens über einen vollstreckbaren Titel zu verfügen, sind während der Verfahrensdauer lediglich feststellende Verwaltungsakte zulässig.

## 61. Insolvenzplan

(1)[1)] [1]In einem Insolvenzplan, der nur vom Verwalter oder vom Schuldner eingebracht werden kann, können die Beteiligten – insbesondere mit dem Ziel der (Teil-)Sanierung – von den Regelungen der Insolvenzordnung abweichende Vereinbarungen treffen. [2]Von den Forderungen werden durch die Regelungen des Insolvenzplans ausschließlich Insolvenzforderungen i. S. d. §§ 38, 39 InsO betroffen. [3]Masseforderungen werden durch die Wirkungen eines Insolvenzplans nicht berührt (§ 254 InsO). [4]Die Vollstreckungsbehörde kann im Rahmen der Gläubigerversammlung auf die Erstellung und den Inhalt eines Insolvenzplans einwirken (§§ 74 ff., 157 InsO).

(2) [1]Weist das Insolvenzgericht den Plan nicht gemäß § 231 der Insolvenzordnung zurück, hat es diesen mit den Stellungnahmen der Beteiligten (§ 232 InsO) in der Geschäftsstelle zur Einsichtnahme niederzulegen (§ 234 InsO), einen Erörterungs- und Abstimmungstermin zu bestimmen (§ 235 Abs. 1 InsO) und die Insolvenzgläubiger unter Beifügung des Plans beziehungsweise einer Zusammenfassung des wesentlichen Inhalts zu laden (§ 235 Abs. 3 InsO). [2]Nach Eingang des Plans hat die Vollstreckungsstelle unter Einbindung der weiterhin beteiligten Dienststellen zu prüfen, ob sämtliche angemeldeten Ansprüche enthalten sind, der Planvorschlag nach den im Plan beziehungsweise in den Anlagen hierzu dargestellten wirtschaftlichen Verhältnissen und der voraussichtlichen Entwicklung der wirtschaftlichen Lage realisierbar ist und die Regelungen im gestaltenden Teil des Plans (Zahlungen, Verzichte) im Verhältnis zu den anderen Gläubigern angemessen sind. [3]Es ist insbesondere darauf zu achten, dass die Vollstreckungsbehörde durch den Plan nicht schlechter gestellt wird, als sie ohne den Plan stünde. [4]Soweit absehbar ist, dass zum Beispiel infolge erheblicher Steuerforderungen oder der Beteiligung mehrerer Vollstreckungsbehörden eine zeitaufwendige Prüfung notwendig ist, sollte die Vollstreckungsstelle den Insolvenzplan und die von den Beteiligten eingegangenen Stellungnahmen auch vorab bei der Geschäftsstelle des Gerichts einsehen (§ 235 Abs. 2 InsO).

(3) Hat der Insolvenzverwalter oder ein stimmberechtigter Gläubiger angemeldete Forderungen oder Absonderungsrechte bestritten, ist das Feststellungsverfahren zeitnah zu betreiben (Abschn. 60 Abs. 7), weil zunächst nur die bereits festgestellten Forderungen und Absonderungsrechte ein Stimmrecht gewähren (§§ 237, 238 i. V. m. § 77 Abs. 1 Satz 1, Abs. 2 und Abs. 3 Nr. 1 InsO).

---

[1)] Abschn. 61 Abs. 1 Satz 2 neu gef. durch Allg. Verwaltungsvorschrift v. 3. 6. 2015, BStBl. I S. 497.

(4) [1]Für die Zustimmung zum Insolvenzplan sind weitgehend wirtschaftliche Gesichtspunkte maßgeblich. [2]Eine Zustimmung kommt regelmäßig dann nicht in Betracht, wenn

– aufgrund des bisherigen Verhaltens nicht mit der ordnungsgemäßen Erfüllung steuerlicher Pflichten zu rechnen ist,
– die Planvereinbarungen voraussichtlich nicht eingehalten werden oder
– die Vollstreckungsbehörde durch den Insolvenzplan schlechter gestellt wäre, als sie bei Fortführung des Insolvenzverfahrens stünde.

[3]Neben der ausdrücklichen Ablehnung bei der Abstimmung hat die Vollstreckungsbehörde dem Insolvenzplan spätestens im Abstimmungstermin schriftlich oder zu Protokoll der Geschäftsstelle zu widersprechen (§ 251 InsO). [4]Bei der Zustimmung zu einem Insolvenzplan hat die Vollstreckungsbehörde darauf zu achten, dass die Wiederauflebensklausel des § 255 InsO nicht ausgeschlossen ist (Abs. 7).

(5)[1)] [1]Die Annahme des Insolvenzplans setzt voraus, dass die Gläubiger beziehungsweise – im Regelfall der Einteilung der Gläubiger in mehrere Gruppen (§ 222 InsO) – die einzelnen Gruppen mehrheitlich (Kopf- und Summenmehrheit) zugestimmt haben (§§ 243, 244 InsO) oder die fehlende Zustimmung einer Abstimmungsgruppe ersetzt worden ist (§ 245 InsO). [2]Der Plan bedarf außerdem der Bestätigung durch das Insolvenzgericht (§ 248 InsO). [3]Die gerichtliche Prüfung umfasst auf Antrag auch die Rechte der Vollstreckungsbehörde, die dem Plan aufgrund ihrer wirtschaftlichen Schlechterstellung nicht zugestimmt und spätestens im Abstimmungstermin widersprochen hat (Minderheitenschutz, § 251 InsO). [4]Die Vollstreckungsbehörde hat die Voraussetzungen des Minderheitenschutzes im Antrag glaubhaft zu machen. [5]Gegen die Entscheidung des Gerichts ist die sofortige Beschwerde zulässig (§ 253 InsO; vgl. Abschn. 58 Abs. 4).

(6)[2)] [1]Die im bestätigten Insolvenzplan festgelegten Rechtswirkungen treten kraft Gesetzes ein (§ 254 Abs. 1 InsO). [2]Nach der rechtskräftigen Bestätigung eines Insolvenzplanes und der damit verbundenen Aufhebung des Insolvenzverfahrens ist eine Änderung der Steuerfestsetzung, die zum Wegfall der bereits in der Tabelle und dem Insolvenzplan festgestellten Forderung der Finanzbehörde führen soll, unzulässig. [3]Soweit auf Abgabenforderungen verzichtet wurde, werden diese zu so genannten unvollkommenen Forderungen, die gegenüber dem Schuldner nicht mehr geltend gemacht werden können (Vollstreckungs- und Aufrechnungsverbot). [4]Etwaige Haftungsschuldner können aber weiterhin in Anspruch genommen werden, soweit nicht ein Haftungsausschluss nach § 227 Abs. 2 InsO in Betracht kommt. [5]§ 191 Abs. 5 Nr. 2 AO ist insoweit nicht anwendbar.

(7) [1]Die Vollstreckungsstelle hat die Erfüllung des Plans zu überwachen. [2]Hält der Schuldner die Zahlungsverpflichtungen gegenüber der Vollstreckungsbehörde nicht ein, ist er schriftlich zu mahnen und ihm eine Frist von mindestens zwei Wochen zur Nachentrichtung des Betrags zu setzen (§ 255

---

1) Abschn. 61 Abs. 5 Satz 1 neu gef. durch Allg. Verwaltungsvorschrift v. 3. 6. 2015, BStBl. I S. 497.

2) Abschn. 61 Abs. 6 neu gef. durch Allg. Verwaltungsvorschrift v. 23. 10. 2017, BStBl. I S. 1374.

Abs. 1 Satz 2 InsO). [3]Wird der Rückstand nicht beglichen, ist die Insolvenzplanstundung oder der Insolvenzplanerlass – vorbehaltlich anders lautender Regelungen im Insolvenzplan –gegenüber der Vollstreckungsbehörde hinfällig. [4]In diesem Fall ist der Schuldner zur Zahlung des gesamten Rückstandes einschließlich der nach dem Plan als erlassen geltenden Beträge aufzufordern. [5]Erforderlichenfalls ist die Vollstreckung wegen der Gesamtrückstände zu veranlassen. [6]Aufgrund der Erkenntnisse aus dem bisherigen Verfahren kommt auch ein erneuter Insolvenzantrag in Betracht.

(8) Die Vollstreckungsstelle hat darauf zu achten, dass der Insolvenzverwalter die steuerlichen Masseansprüche pflichtgemäß erfüllt beziehungsweise Sicherheit leistet (§ 258 Abs. 2 InsO).

### 62. Gläubigerausschuss

(1)[1)] [1]Wird im Insolvenzverfahren ein (vorläufiger) Gläubigerausschuss bestellt (§§ 22 a, 67 bis 73 InsO) und ist das Insolvenzverfahren für den Insolvenzgläubiger von besonderer Bedeutung, kann die Vollstreckungsbehörde darauf hinwirken, dass die erhebungsberechtigte Körperschaft – vertreten durch die Vollstreckungsbehörde – in den Gläubigerausschuss gewählt wird. [2]Eine besondere Bedeutung kann sich namentlich daraus ergeben, dass erhebliche Abgabenforderungen bestehen und ein Insolvenzplan eingereicht wurde oder aufgestellt werden soll.

(2)[2)] Ist ein Gläubigerausschuss nicht bestellt und liegen Umstände nach Abs. 1 vor, die eine Bestellung als zweckmäßig erscheinen lassen, soll die Vollstreckungsbehörde gegebenenfalls die Bestellung eines Gläubigerausschusses anregen.

### 63. Verbraucherinsolvenzverfahren

(1)[3)] [1]Bevor der Schuldner einen Antrag auf Eröffnung eines Insolvenzverfahrens stellen kann, muss er versuchen, eine außergerichtliche Einigung mit den Gläubigern über die Schuldenbereiniung herbeizuführen (§ 305 Abs. 1 Nr. 1 InsO). [2]Der Versuch gilt als gescheitert, wenn ein Gläubiger die Zwangsvollstreckung betreibt, nachdem Verhandlungen über die außergerichtliche Schuldenbereinigung aufgenommen wurden (§ 305 a InsO). [3]Hat der Schuldner nach dem Scheitern eines außergerichtlichen Einigungsversuches einen Antrag auf Eröffnung des Insolvenzverfahrens unter Beifügung eines Schuldenbereinigungsplans gestellt (§ 305 InsO), ruht die Entscheidung über den Insolvenzantrag (§ 306 Abs. 1 InsO). [4]Das Insolvenzgericht stellt den vom Schuldner eingereichten Schuldenbereinigungsplan sowie die Vermögensübersicht an die Gläubiger zu, sofern es nicht nach Anhörung des Schuldners zu der Überzeugung gelangt ist, dass der Schuldenbereinigungsplan voraussichtlich nicht angenommen wird (Abs. 4). [5]Die übrigen in § 305 Abs. 1

---

[1)] Abschn. 62 Abs. 1 neu gef. durch Allg. Verwaltungsvorschrift v. 3. 6. 2015, BStBl. I S. 497.

[2)] Abschn. 62 Abs. 2 geänd. durch Allg. Verwaltungsvorschrift v. 23. 10. 2003, BStBl. I S. 542.

[3)] Abschn. 63 Abs. 1 neu gef. durch Allg. Verwaltungsvorschrift v. 3. 6. 2015, BStBl. I S. 497.

Nr. 3 InsO genannten Verzeichnisse werden beim Insolvenzgericht zur Einsicht niedergelegt (§ 307 Abs. 1 InsO).

(2)[1) ] [1]Der angenommene Schuldenbereinigungsplan hat die Wirkung eines (Prozess-)Vergleichs i. S. d. § 794 Abs. 1 Nr. 1 ZPO (§ 308 Abs. 1 Satz 2 InsO). [2]Diese Rechtswirkung tritt kraft Gesetzes auch für Abgabenforderungen ein. [3]Stehen der Vollstreckungsbehörde aus dem angenommenen Schuldenbereinigungsplan Zahlungsansprüche oder sonstige Rechte zu, hat sie die im Plan festgelegte Befriedigung zu überwachen. [4]Abgabenansprüche, die nach Ablauf der Notfrist entstanden sind, werden vom Schuldenbereinigungsplan nicht berührt und können uneingeschränkt geltend gemacht werden. [5]Gleiches gilt, wenn der Vollstreckungsbehörde ein Schuldenbereinigungsplan nicht zugestellt wurde und daher keine Möglichkeit zur Mitwirkung bestand (§ 308 Abs. 3 InsO).

(3) Hat die Vollstreckungsbehörde dem Schuldenbereinigungsplan widersprochen und teilt das Insolvenzgericht mit, dass es beabsichtigte, die Zustimmung der Vollstreckungsbehörde zum Schuldenbereinigungsplan zu ersetzen, hat diese die Gründe, die einer Zustimmungsersetzung entgegenstehen (§ 309 Abs. 1 Satz 2 und Abs. 3 InsO), dem Gericht vorzutragen und glaubhaft zu machen; gegen den Beschluss des Gerichts ist die sofortige Beschwerde zulässig (§ 309 Abs. 2 InsO; vgl. Abschn. 58 Abs. 4).

(4)[2)] [1]Das Verfahren über den Eröffnungsantrag wird wieder aufgenommen, wenn das Insolvenzgericht nach Anhörung des Schuldners zu der Überzeugung gelangt, dass der Schuldenbereinigungsplan voraussichtlich nicht angenommen wird (§ 306 Abs. 1 Satz 3 InsO) oder Einwendungen gegen den Schuldenbereinigungsplan erhoben werden, die vom Gericht nicht gemäß § 309 InsO durch gerichtliche Zustimmung ersetzt werden (§ 311 InsO). [2]Für das Insolvenzverfahren finden grundsätzlich die allgemeinen Vorschriften Anwendung. Auch ein Insolvenzplan kann durchgeführt werden. [3]Die Regelungen zur Eigenverwaltung gelten jedoch nicht (§ 270 Abs. 1 Satz 3 InsO).

## 64[3)]. Restschuldbefreiung

(1) [1]Ist ein Antrag auf Restschuldbefreiung zulässig, so stellt das Insolvenzgericht durch Beschluss fest, dass der Schuldner Restschuldbefreiung erlangt, wenn er den Obliegenheiten nach § 295 InsO nachkommt und die Voraussetzungen für eine Versagung nach den §§ 290, 297 bis 298 InsO nicht vorliegen (§ 287 a Abs. 1 InsO). [2]Liegen Versagungsgründe nach § 290 InsO vor, so soll die Finanzbehörde bis zum Schlusstermin oder bis zur Entscheidung der Einstellung des Verfahrens wegen Masseunzulänglichkeit die Versagung der Restschuldbefreiung schriftlich beantragen und glaubhaft machen (§ 290 Abs. 2 InsO). [3]Stellt sich nach dem Schlusstermin heraus, dass Versagungsgründe vorlagen, kann ein Antrag auf Versagung der Restschuldbefreiung bin-

[1)] Abschn. 63 Abs. 2 Satz 4 neu gef. durch Allg. Verwaltungsvorschrift v. 3. 6. 2015, BStBl. I S. 497.

[2)] Abschn. 63 Abs. 2 Satz 4 und Abs. 4 neu gef. durch Allg. Verwaltungsvorschrift v. 3. 6. 2015, BStBl. I S. 497.

[3)] Abschn. 64 neu gef. durch Allg. Verwaltungsvorschrift v. 3. 6. 2015, BStBl. I S. 497.

nen sechs Monaten nach Kenntniserlangung durch den Gläubiger nachgeholt werden (§ 297 a InsO).

(2) [1]Vollstreckungsmaßnahmen wegen der Insolvenzforderungen in das Vermögen des Schuldners sind in dem Zeitraum zwischen Beendigung des Insolvenzverfahrens und dem Ende der Abtretungsfrist unzulässig (§ 294 Abs. 1 InsO). [2]Wird der Vollstreckungsstelle oder einer anderen beteiligten Dienststelle bekannt, dass der Schuldner Obliegenheiten verletzt und dadurch die Befriedigung der Insolvenzgläubiger beeinträchtigt, soll die Vollstreckungsbehörde beim Insolvenzgericht einen schriftlichen Antrag auf Versagung der Restschuldbefreiung stellen und ihre Angaben durch entsprechende Unterlagen glaubhaft machen (§§ 295, 296 InsO). [3]Gegen die Entscheidung des Gerichts ist die sofortige Beschwerde gegeben. [4]Unter den Voraussetzungen des § 303 der Insolvenzordnung kann die Restschuldbefreiung widerrufen werden.

(3) [1]Das Insolvenzgericht entscheidet nach Anhörung der Insolvenzgläubiger, des Insolvenzverwalters oder Treuhänders und des Schuldners durch Beschluss über die Erteilung der Restschuldbefreiung, wenn die Abtretungsfrist ohne vorzeitige Beendigung des Restschuldbefreiungsverfahrens verstrichen ist (§ 300 Abs. 1 Satz 1 InsO). [2]Die Abtretungsfrist kann unter den weiteren Voraussetzungen des § 300 Abs. 1 Satz 2 und Abs. 2 InsO vorzeitig beendet und dem Schuldner die Restschuldbefreiung erteilt werden. [3]Gegen den Beschluss über die Erteilung der Restschuldbefreiung steht den Gläubigern unter den Voraussetzungen des § 300 Abs. 4 InsO die sofortige Beschwerde zu. [4]Wird die Restschuldbefreiung erteilt, wirkt sie gegen alle Insolvenzgläubiger, auch wenn diese ihre Forderungen nicht angemeldet haben (§ 301 InsO). [5]Die Vollstreckungsbehörde kann deshalb die vom Verfahren betroffenen Abgabenforderungen nicht mehr gegen den Schuldner geltend machen. [6]Haftungs- oder andere Gesamtschuldner können jedoch weiterhin in Anspruch genommen werden (§ 301 Abs. 2 InsO).

(4) Von der Restschuldbefreiung werden unter anderem Geldstrafen, Geldbußen, Zwangsgelder sowie Ansprüche aus dem Steuerschuldverhältnis, sofern der Schuldner im Zusammenhang damit wegen einer Steuerstraftat nach den §§ 370, 373 oder 374 AO rechtskräftig verurteilt worden ist und die Finanzbehörde die entsprechende Forderung unter Angabe dieses Rechtsgrundes gem. § 174 Abs. 2 InsO angemeldet hat, nicht berührt (§ 302 InsO).

## Sechster Teil.[1] Löschung, gewerbe- und berufsrechtliche Verfahren, Maßnahmen nach dem Pass- sowie Aufenthaltsgesetz, Abmeldung von Fahrzeugen von Amts wegen

### 65[2]. Löschung im Handelsregister oder im Genossenschaftsregister

[1]Während des Vollstreckungsverfahrens ist bei gegebenem Anlass zu prüfen, ob Tatbestände vorliegen, die zur Einleitung eines Verfahrens nach den

[1] Zwischenüberschrift geänd. durch Allg. Verwaltungsanweisung v. 22. 1. 2008, BStBl. I S. 274.

[2] Abschn. 65 neu gef. durch Allg. Verwaltungsvorschrift v. 3. 6. 2015, BStBl. I S. 497.

§§ 393 ff. FamFG führen können. [2]Gegebenenfalls ist beim zuständigen Handelsregister die Löschung zu beantragen. [3]Das Registergericht ist darauf hinzuweisen, dass die im Rahmen der Auskunftserteilung übersandten Unterlagen nicht der Akteneinsicht unterliegen (§ 379 Abs. 2 Satz 2 FamFG).

### 66[1]. Gewerbe- und berufsrechtliche, pass- und ausländerrechtliche Maßnahmen

(1) Ergibt sich aus der Art der zu vollstreckenden Rückstände, den Umständen ihres Entstehens, ihrer Höhe oder aus Eigenschaften der zur Vertretung berechtigten Person (vgl. § 45 GewO), daß Unzuverlässigkeit in gewerbe- oder berufsrechtlichem Sinne vorliegt, sind bei der zuständigen Behörde

1. die Untersagung der Ausübung eines Gewerbes oder
2. die Rücknahme oder der Widerruf einer gewerberechtlichen Erlaubnis oder ähnliche gewerberechtliche Maßnahmen oder
3. ein berufsrechtliches Verfahren

anzuregen.

(2) [1]Ist der Vollstreckungsschuldner eine ausländische natürliche Person, so ist, gegebenenfalls neben den Maßnahmen nach Abs. 1, die zuständige Ausländerbehörde nach § 87 Abs. 2 Nr. 3 AufenthG über den Ausweisungsgrund (§ 55 Abs. 1 i. V. m. § 55 Abs. 2 Nr. 2 AufenthG) zu unterrichten und zu bitten, die Möglichkeit einer Ausweisung zu prüfen. [2]Die für eine Ausweisung nach dem Aufenthaltsgesetz erforderlichen Daten sind nach Maßgabe des § 88 Abs. 3 AufenthG mitzuteilen.

(3) [1]Rechtfertigen Tatsachen die Annahme, dass eine natürliche Person versucht, sich durch Verlassen des Geltungsbereichs AO Vollstreckungsmaßnahmen zu entziehen, oder ist dies bereits eingetreten, so ist die jeweils zuständige Behörde um Entziehung des Passes nach § 7 Abs. 1 Nr. 4 und § 8 PassG, um die Anordnung nach § 6 Abs. 7 PAuswG[2] oder um Erlass eines Ausreiseverbots nach § 46 Abs. 2 i. V. m. § 88 Abs. 3 AufenthG zu ersuchen. [2]Hält sich der Vollstreckungsschuldner im Ausland auf, so kann die zuständige deutsche diplomatische Vertretung als Passbehörde ersucht werden, die Gültigkeit des Reisepasses des Vollstreckungsschuldners dahin zu beschränken, dass er nur für die Rückreise in die Bundesrepublik Deutschland gültig ist.

### 67[3]. Abmeldung von Fahrzeugen von Amts wegen

[1]Bei der Vollstreckung wegen Kraftfahrzeugsteuer kann die Abmeldung eines Fahrzeugs nach § 14 KraftStG[4] betrieben werden. [2]Die Abmeldung soll in der Regel erst nach einem erfolglosen Vollstreckungsversuch erfolgen; abweichend hiervon kann das Abmeldungsverfahren bereits nach der ersten erfolglosen Mahnung eingeleitet werden, wenn der Vollstreckungsschuldner die

[1] Abschn. 66 Abs. 2 und 3 neu gef. durch Allg. Verwaltungsvorschrift v. 22. 1. 2008, BStBl. I S. 274.

[2] Zitat in Abschn. 66 Abs. 3 Satz 1 geänd. durch Allg. Verwaltungsvorschrift v. 3. 6. 2015, BStBl. I S. 497.

[3] Abschn. 67 neu gef. durch Allg. Verwaltungsvorschrift v. 3. 6. 2015, BStBl. I S. 497.

[4] Loseblattsammlung **Steuergesetze** Nr. **660**.

Kraftfahrzeugsteuer wiederholt erst nach Beginn der Vollstreckung entrichtet hat oder feststeht, dass die Vollstreckung keinen Erfolg verspricht.

## Siebenter Teil. Schlussvorschriften

**68. Inkrafttreten**[1]

Diese allgemeine Verwaltungsvorschrift tritt am 1. März 1980 in Kraft.

[1] Betrifft das Inkrafttreten der VollstrA in der ursprünglichen Fassung.

# 800b Vollziehungsanweisung. Vollziehungsanweisung – VollzA –

Vom 29. April 1980 (BStBl. I S. 194)

(BMF)

Geändert durch Allg. Verwaltungsvorschriften vom 21. 4. 1992 (BStBl. I S. 279), vom 20. 6. 1995 (BStBl. I S. 358), vom 10. 7. 1998 (BStBl. I S. 877), vom 11. 4. 2000 (BStBl. I S. 482), vom 11. 12. 2001 (BStBl. I S. 984), vom 22. 1. 2008 (BStBl. I S. 274), vom 10. 3. 2011 (BStBl. I S. 238), vom 3. 6. 2015 (BStBl. I S. 497)[1] und vom 23. 10. 2017 (BStBl. I S. 1374)[2]

Nach Art. 108 Abs. 7 GG wird mit Zustimmung des Bundesrates folgende allgemeine Verwaltungsvorschrift erlassen:

## Inhaltsübersicht



[1] Inkrafttreten am 30. 6. 2015 (Tag nach der Veröffentlichung im BStBl. 2015 I Nr. 10).
[2] Inkrafttreten am 15. 11. 2017 (Tag nach der Veröffentlichung im BStBl. 2017 I Nr. 22).

## Erster Teil. Allgemeines

### 1. Inhalt; Anwendungsbereich

(1)[1] Die Vollziehungsanweisung enthält nähere Bestimmungen über die Ausführung der Vollstreckung, soweit sie durch Vollziehungsbeamte der Vollstreckungsbehörden (Finanzämter, Hauptzollämter und Landesfinanzbehörden, denen durch eine Rechtsverordnung nach § 17 Abs. 2 Satz 3 Nr. 3 FVG die landesweite Zuständigkeit für Kassengeschäfte und das Erhebungsverfahren einschließlich der Vollstreckung übertragen worden ist) durchgeführt wird. Die Vollziehungsanweisung ist für die Vollziehungsbeamten der Bundes- und Landesfinanzbehörden verbindlich.

(2) Die Vollziehungsanweisung enthält keine Bestimmungen über die Dienstverrichtungen, die von Vollziehungsbeamten außerhalb der Vollstreckung, zum Beispiel bei Zustellungen, obliegen.

(3) Die Vollziehungsanweisung soll dem Vollziehungsbeamten das Verständnis der gesetzlichen Vorschriften erleichtern. Hat der Vollziehungsbeamte bei der Anwendung der Vollziehungsanweisung Zweifel, so hat er sich an die Vollstreckungsstelle zu wenden.

(4)[2] In den Fällen, in denen die Vollziehungsanweisung den Begriff Vollstreckungsstelle verwendet, gilt dies uneingeschränkt auch für Erhebungsstellen.

### 2.[3] Örtliche Abgrenzung der Amtstätigkeit

Der Vollziehungsbeamte führt die ihm erteilten Aufträge nur im Bezirk der Vollstreckungsbehörde aus, der er angehört. Außerhalb dieses Bezirks darf er nur auf Grund eines besonderen Auftrags der Vollstreckungsbehörde, der er angehört, tätig werden.

### 3. Ausschließung von der Amtstätigkeit

(1) [1]Nach § 82 AO darf der Vollziehungsbeamte bei der Vollstreckung nicht mitwirken, wenn

1. er selbst beteiligt ist,
2. ein Angehöriger von ihm beteiligt ist,
3. er einen Beteiligten kraft Gesetzes oder Vollmacht allgemein oder in der gleichen Sache vertritt,
4. ein Angehöriger von ihm für einen Beteiligten in der gleichen Sache Hilfe in Steuersachen leistet,
5. er bei einem Beteiligten gegen Entgelt beschäftigt ist oder bei ihm als Mitglied des Vorstandes, des Aufsichtsrates oder eines gleichartigen Organs tätig ist; dies gilt nicht, wenn seine Anstellungskörperschaft Beteiligte ist,

---

[1] Abschn. 1 Abs. 1 neu gef. durch Allg. Verwaltungsvorschrift v. 23. 10. 2017, BStBl. I S. 1374.

[2] Abschn. 1 Abs. 4 angef. durch Allg. Verwaltungsvorschrift v. 22. 1. 2008, BStBl. I S. 274.

[3] Abschn. 2 neu gef. durch Allg. Verwaltungsvorschrift v. 23. 10. 2017, BStBl. I S. 1374.

6. er außerhalb seiner amtlichen Eigenschaft in der Angelegenheit ein Gutachten abgegeben oder sonst tätig geworden ist.

[2]Bei Gefahr im Verzug dürfen jedoch unaufschiebbare Maßnahmen getroffen werden.

(2) Beteiligt ist insbesondere derjenige, dessen Belange durch die Vollstreckungsmaßnahme berührt werden, weil er selbst die beizutreibende Leistung schuldet oder neben dem Schuldner für die Leistung haftet oder zur Duldung der Vollstreckung verpflichtet ist.

(3)[1)] [1]Nach § 15 AO sind Angehörige des Vollziehungsbeamten i. S. d. Abs. 1 Nr. 2 und 4:

1. der Verlobte,
2. der Ehegatte oder der Lebenspartner,
3. Verwandte und Verschwägerte gerader Linie, zum Beispiel Kinder, Enkel, Eltern, Großeltern oder Schwiegereltern, Schwiegersöhne, Schwiegertöchter, Stiefeltern, Stiefkinder,
4. Geschwister,
5. Kinder der Geschwister,
6. Ehegatten oder Lebenspartner der Geschwister und Geschwister der Ehegatten oder der Lebenspartner,
7. Geschwister der Eltern,
8. Personen, die durch ein auf längere Dauer angelegtes Pflegeverhältnis mit häuslicher Gemeinschaft wie Eltern und Kind miteinander verbunden sind (Pflegeeltern und Pflegekinder).

[2]Angehörige sind die in Satz 1 aufgeführten Personen auch dann, wenn

1. in den Fällen der Nrn. 2, 3 und 6 die die Beziehung begründende Ehe oder Lebenspartnerschaft nicht mehr besteht,
2. in den Fällen der Nrn. 3 bis 7 die Verwandtschaft oder Schwägerschaft durch Annahme als Kind erloschen ist,
3. im Falle der Nr. 8 die häusliche Gemeinschaft nicht mehr besteht, sofern die Personen weiterhin wie Eltern und Kind miteinander verbunden sind.

(4) Hat der Vollziehungsbeamte einen Auftrag in einer Vollstreckungssache erhalten, bei der er nach den Abs. 1 bis 3 nicht mitwirken darf, so hat er unverzüglich den Sachverhalt der Vollstreckungsstelle darzulegen.

## 4.[2)] Amtsenthaltung wegen Befangenheit

(1) Hält sich der Vollziehungsbeamte für befangen oder wird von einem Beteiligten Befangenheit des Vollziehungsbeamten behauptet, hat der Vollziehungsbeamte unverzüglich die Vollstreckungsstelle und den Leiter der Behörde oder den von ihm Beauftragten zu unterrichten und sich auf dessen Anordnung der Mitwirkung zu enthalten (§ 83 Abs. 1 Satz 1 AO).

---

[1)] Abschn. 3 Abs. 3 Satz 1 Nr. 2 und 6, Satz 2 Nr. 1 ergänzt durch Art. 2 der Allg. Verwaltungsvorschrift v. 3. 6. 2015, BStBl. I S. 497.

[2)] Abschn. 4 Abs. 1 neu gef. durch Allg. Verwaltungsvorschrift v. 22. 1. 2008, BStBl. I S. 274.

(2) [1]Befangenheit ist anzunehmen, wenn ein Grund vorliegt, der geeignet ist, Mißtrauen gegen die Unparteilichkeit des Vollziehungsbeamten zu rechtfertigen. [2]Dies gilt insbesondere, wenn der Vollziehungsbeamte wegen persönlicher oder wirtschaftlicher Beziehungen nicht ohne Vorurteil dem Beteiligten (Abschn. 3 Abs. 2) gegenübersteht.

### 5. Steuergeheimnis

(1) [1]Nach § 30 AO darf der Vollziehungsbeamte Verhältnisse eines anderen sowie Betriebs- oder Geschäftsgeheimnisse, die ihm dienstlich bekanntgeworden sind, nicht unbefugt offenbaren oder verwerten. [2]Diese Pflichten enden auch nicht, wenn der Vollziehungsbeamte aus dem Vollstreckungsdienst oder aus dem Dienst der Finanzverwaltung ausscheidet.

(2) Die Verletzung des Steuergeheimnisses (Abs. 1) ist mit Strafe bedroht (§ 365 StGB).

### 6. Ausweise

Als Ausweise dienen dem Vollziehungsbeamten:

1.[1)] ein den Vollziehungsbeamten zur Vornahme von Vollstreckungshandlungen allgemein ermächtigender Ausweis (Dienstausweis). Der Vollziehungsbeamte hat den Dienstausweis im Dienst bei sich zu führen und auf Verlangen vorzuzeigen. Der Dienstausweis ist mit einem Lichtbild des Vollziehungsbeamten und mit dem Abdruck des Dienststempels der Vollstreckungsbehörde zu versehen.

2.[2)] ein den Vollziehungsbeamten zur Vornahme der einzelnen Vollstreckungshandlung ermächtigender schriftlicher oder elektronischer Vollstreckungsauftrag. [2]Der Vollstreckungsauftrag ist auf Verlangen bei Vornahme der Vollstreckungshandlung vorzuzeigen.

## Zweiter Teil. Ausführung der Vollstreckung

## Vollstreckungsauftrag

### 7. Vollstreckungsauftrag

(1) Der Vollziehungsbeamte hat die Aufträge auszuführen, die ihm die Vollstreckungsstelle erteilt.

(2) [1]Der Vollziehungsbeamte darf eine Vollstreckungsmaßnahme nur auf Grund eines besonderen schriftlichen oder elektronischen Auftrags (Vollstreckungsauftrag) der Vollstreckungsstelle ergreifen[3)]. [2]Er darf nur die in dem Vollstreckungsauftrag angeordneten Vollstreckungsmaßnahmen, zum Beispiel Pfändung, Versteigerung, freihändigen Verkauf, und diese Maßnahmen nur gegen denjenigen Vollstreckungsschuldner treffen, der in dem Vollstreckungs-

---

[1)] Abschn. 6 Nr. 1 neu gef. durch Allg. Verwaltungsvorschrift v. 23. 10. 2017, BStBl. I S. 1374.

[2)] Abschn. 6 Nr. 2 neu gef. durch Allg. Verwaltungsvorschrift v. 10. 3. 2011, BStBl. I S. 238.

[3)] Abschn. 7 Abs. 2 Satz 1 neu gef. durch Allg. Verwaltungsvorschrift v. 10. 3. 2011, BStBl. I S. 238.

auftrag bezeichnet ist. [3]Der Vollziehungsbeamte darf also zum Beispiel auf Grund eines Vollstreckungsauftrags gegen eine offene Handelsgesellschaft nicht gegen deren Gesellschafter persönlich vorgehen.

(3) Soweit bei Ausführung des Vollstreckungsauftrags der Vollziehungsbeamte Entscheidungen nach seinem Ermessen zu treffen hat, zum Beispiel darüber, welche Sachen des Vollstreckungsschuldners zu pfänden sind, hat er nach Recht und Billigkeit zu entscheiden.

(4) [1]Dem Vollziehungsbeamten steht kein Prüfungsrecht darüber zu, ob die Voraussetzungen erfüllt sind, die nach AO und der Vollstreckungsanweisung für den Vollstreckungsauftrag bestehen. [2]Auf offensichtliche Unrichtigkeiten oder Unzweckmäßigkeiten hat jedoch der Vollziehungsbeamte die Vollstreckungsstelle aufmerksam zu machen.

(5)[1)] [1]Gegenüber dem Vollstreckungsschuldner hat sich der Vollziehungsbeamte jeder Stellungnahme zu der Entstehung und der Berechtigung der beizutreibenden Leistung zu enthalten. [2]Er ist nicht berechtigt, Zahlungsvereinbarungen mit ihm zu treffen. [3]Bezüglich möglicher Billigkeitsmaßnahmen ist an den Innendienst zu verweisen.

## 8. Rücksichtnahme auf die Belange des Vollstreckungsgläubigers und des Vollstreckungsschuldners

(1) Der Vollziehungsbeamte hat den ihm erteilten Vollstreckungsauftrag ohne Rücksicht auf die für die Erledigung bestimmte Frist (Abschn. 9) schnell und nachdrücklich auszuführen.

(2) [1]Neben den Belangen des Vollstreckungsgläubigers hat der Vollziehungsbeamte die Belange des Vollstreckungsschuldners zu wahren, soweit hierdurch der Erfolg der Vollstreckung nicht beeinträchtigt wird. [2]Der Vollziehungsbeamte hat auch auf Wünsche, die der Vollstreckungsschuldner hinsichtlich der Ausführung der Vollstreckung, insbesondere hinsichtlich der Auswahl der zu pfändenden Sachen, äußert, Rücksicht zu nehmen, wenn dies ohne besondere Kosten und Schwierigkeiten und ohne Beeinträchtigung des Erfolgs der Vollstreckung möglich ist.

(3) Der Vollziehungsbeamte hat alle nicht unbedingt erforderlichen Kosten und Aufwendungen zu vermeiden.

(4) Pfandstücke sind pfleglich zu behandeln.

(5) [1]Der Vollziehungsbeamte hat auch sonst jede unnötige Schädigung des Vollstreckungsschuldners zu vermeiden. [2]Insbesondere hat er darauf zu achten, daß die Vollstreckungshandlung möglichst wenig Aufsehen erregt.

## 9. Frist für die Erledigung des Vollstreckungsauftrags

(1) In jedem Vollstreckungsauftrag ist eine Frist bestimmt, innerhalb welcher der Vollstreckungsauftrag auszuführen und über die Ausführung Rechenschaft abzulegen ist.

---

[1)] Abschn. 7 Abs. 5 neu gef. durch Allg. Verwaltungsvorschrift v. 22. 1. 2008, BStBl. I S. 274.

(2)[1] [1]Kann der Vollziehungsbeamte einen Vollstreckungsauftrag ausnahmsweise nicht fristgerecht erledigen, so hat er ihn bis zum Ablauf der Frist der Vollstreckungsstelle zurückzugeben; dabei hat er die Gründe der Nichtausführung schriftlich oder elektronisch anzugeben. [2]Eine Verzögerung kann zu Nachteilen für den Vollstreckungsgläubiger führen, selbst wenn die dem Vollziehungsbeamten gesetzte Frist nicht überschritten wird. [3]Bei einer Verzögerung ist der Vollziehungsbeamte unter Umständen schadensersatzpflichtig.

(3) [1]Den Empfang der Vollstreckungsaufträge hat der Vollziehungsbeamte zu bescheinigen. [2]Im Bereich der Zollverwaltung bedarf es dieser Empfangsbescheinigung nicht, wenn dem Vollziehungsbeamten die Vollstreckungsaufträge übersandt werden. [3]Die pünktliche Rückgabe aller Vollstreckungsaufträge durch den Vollziehungsbeamten wird überwacht.

(4) Für die Abführung von Zahlungsmitteln (Abschn. 15 Abs. 1, Abschn. 58) und anderen Sachen (Abschn. 59) an die zuständige Kasse gelten die besonderen Fristbestimmungen des Abschn. 58 Abs. 2.

## 10.[2] Zeit der Vollstreckung

(1) [1]Nach § 289 AO darf eine Vollstreckungshandlung zur Nachtzeit (21 bis 6 Uhr) sowie an Sonntagen und staatlich anerkannten allgemeinen Feiertagen nur mit schriftlicher oder elektronischer Erlaubnis der Vollstreckungsbehörde vorgenommen werden. [2]Die Erlaubnis ist auf Verlangen bei der Vollstreckungshandlung vorzuzeigen.

(2) [1]Rechnet der Vollziehungsbeamte damit, daß eine zur Tageszeit begonnene Vollstreckungshandlung sich in die Nachtzeit erstrecken wird, so hat er dies rechtzeitig der Vollstreckungsstelle anzuzeigen. [2]Die Vollstreckungsstelle wird gegebenenfalls vorsorglich anordnen, daß die Vollstreckung in der Nachtzeit fortzusetzen ist.

## 11. Einstellung und Beschränkung der Vollstreckung

(1) Der Vollziehungsbeamte darf die Vollstreckung grundsätzlich nur auf ausdrückliche Weisung der Vollstreckungsstelle einstellen und beschränken (§§ 257, 258 AO) sowie die Verwertung gepfändeter Sachen aussetzen (§ 297 AO).

(2) [1]Auch ohne eine derartige Weisung hat der Vollziehungsbeamte den Vollstreckungsauftrag vorläufig nicht auszuführen, wenn

1. ihm durch eine Mitteilung der zuständigen Stelle, durch Vorlage eines Verwaltungsaktes oder einer gerichtlichen Entscheidung nachgewiesen wird, daß
   a) die beizutreibende Hauptschuld erloschen ist, zum Beispiel durch Zahlung, Aufrechnung, Erlaß und Verjährung (§ 47 AO),
   b) die beizutreibende Hauptschuld gestundet ist (§ 222 AO),

[1] Abschn. 9 Abs. 2 neu gef. durch Allg. Verwaltungsvorschrift v. 22. 1. 2008, BStBl. I S. 274 und v. 10. 3. 2011, BStBl. I S. 238.

[2] Abschn. 10 Abs. 1 neu gef. durch Allg. Verwaltungsvorschrift v. 10. 3. 2011, BStBl. I S. 238; Abs. 3 aufgeh. durch Allg Verwaltungsvorschrift v. 22. 1. 2008, BStBl. I S. 274.

c) die Vollziehung des zu vollstreckenden Verwaltungsaktes ausgesetzt ist (§ 361 AO, § 69 FGO),

d) die Vollstreckung eingestellt oder beschränkt ist (§§ 257, 258 AO),

e) der Verwaltungsakt, der vollstreckt werden soll, aufgehoben worden ist,

f) im Falle der Vollstreckung eines festgesetzten Zwangsgeldes der Vollzug einzustellen ist (§ 335 AO),

2.[1)] ihm nachgewiesen wird, daß die beizutreibende Hauptschuld eingezahlt worden ist. [2]Als Nachweis können zum Beispiel in Betracht kommen: Bestätigung eines Kreditinstituts, Quittung einer Kasse oder Zahlstelle. [3]Durch Vorlage einer Einlieferungsbescheinigung für einen Brief mit Wertangabe kann die Vollstreckung nicht abgewendet werden,

3. ihm gegenüber die einer Zwangsgeldfestsetzung zugrundeliegende Anordnung erfüllt, zum Beispiel eine angeforderte Steuererklärung abgegeben wird.

[2]In den Fällen der Nr. 1 Buchst. a, b und e sowie der Nr. 2 sind noch bestehende steuerliche Nebenleistungen beizutreiben, wenn die Voraussetzungen für die Vollstreckung nach § 254 Abs. 1 AO vorliegen.

(3) Beziehen sich die Nachweise, nach denen nach Abs. 2 der Vollstreckungsauftrag vorläufig nicht auszuführen ist, nur auf einen Teil der beizutreibenden Hauptschuld, hat der Vollziehungsbeamte den Vollstreckungsauftrag hinsichtlich des verbleibenden Rückstands auszuführen.

(4) [1]Von einer Pfändung in Vollziehung eines Arrestes hat der Vollziehungsbeamte abzusehen, wenn die Hinterlegungssumme (der in der Arrestanordnung bezeichnete Geldbetrag, durch dessen Hinterlegung der Arrestschuldner die Einstellung der Arrestvollziehung erreichen kann) gezahlt wird oder wenn dem Vollziehungsbeamten urkundlich nachgewiesen wird, daß sie hinterlegt worden ist. [2]Abs. 3 gilt entsprechend.

(5) [1]Führt der Vollziehungsbeamte den Vollstreckungsauftrag vorläufig nicht oder nur zum Teil aus, hat er dies der Vollstreckungsstelle unverzüglich anzuzeigen. [2]Gerichtliche Entscheidungen sind unter Angabe des Gerichts, des Datums und des Aktenzeichens genau zu bezeichnen.

## 12. Tod des Vollstreckungsschuldners

(1) Ist der Vollstreckungsschuldner gestorben, bevor der Vollziehungsbeamte mit der Ausführung des Vollstreckungsauftrags gegen den Vollstreckungsschuldner begonnen hatte, so hat der Vollziehungsbeamte von Vollstreckungsmaßnahmen abzusehen und dies der Vollstreckungsstelle unverzüglich anzuzeigen.

(2) Ist der Vollstreckungsschuldner nach Ausführung des Vollstreckungsauftrags, aber vor Ausführung eines Ergänzungsauftrags, insbesondere eines Versteigerungsauftrags oder eines Auftrags zum freihändigen Verkauf, gestorben, so hat der Vollziehungsbeamte den Ergänzungsauftrag auszuführen.

---

[1)] Abschn. 11 Abs. 2 Satz 1 Nr. 2 Satz 2 geänd. durch Allg. Verwaltungsvorschrift v. 22. 1. 2008, BStBl. I S. 274.

## 13. Insolvenzverfahren[1)]

(1) Der Vollziehungsbeamte hat von Vollstreckungsmaßnahmen abzusehen, wenn ihm vor Ausführung des Vollstreckungsauftrags nachgewiesen wird, daß über das Vermögen, in das vollstreckt werden soll, das Insolvenzverfahren eröffnet worden ist.

(2) Vor Eröffnung des Insolvenzverfahrens hat der Vollziehungsbeamte von der Ausführung des Vollstreckungsauftrags nur dann abzusehen, wenn ihm die Anordnung des Gerichts über die Einstellung oder Untersagung der Vollstreckung gemäß § 21 Abs. 2 Nr. 3 der InsO nachgewiesen wird.

(3) [1]Die Gründe, warum der Vollziehungsbeamte den Auftrag nicht ausgeführt hat, sind im Rechenschaftsvermerk über die Ausführung des Vollstreckungsauftrags (Abschn. 23) anzugeben. [2]Insbesondere hat der Vollziehungsbeamte dabei den Beschluss über die Eröffnung des Insolvenzverfahrens und andere gerichtliche Anordnungen, welche die Vollstreckung betreffen (Abs. 2), unter Angabe des Gerichts, des Datums und des Aktenzeichens aufzuführen.

(4) Ist der Vollstreckungsauftrag nach Eröffnung des Insolvenzverfahrens erteilt worden und enthält er die Weisung, trotz Eröffnung des Insolvenzverfahrens zu vollstrecken, insbesondere in bestimmte Gegenstände, die in dem Vollstreckungsauftrag bezeichnet sind, so hat der Vollziehungsbeamte nach dieser Weisung zu verfahren.

(5) Wird nach Durchführung des Vollstreckungsauftrags das Insolvenzverfahren eröffnet, so hat der Vollziehungsbeamte einen Ergänzungsauftrag, insbesondere einen Versteigerungsauftrag oder einen Auftrag zum freihändigen Verkauf, auszuführen, den die Vollstreckungsstelle in Kenntnis der Eröffnung des Insolvenzverfahrens erteilt hat.

## 14. Vollstreckung gegen deutsche Soldaten

[1]Für die Vollstreckung gegen deutsche Soldaten gelten keine gesetzlichen Sondervorschriften. [2]Es ist jedoch folgendes zu beachten:

1. [1]Ist ein Vollstreckungsauftrag in Räumen der Bundeswehr oder an Bord eines Schiffes der Bundeswehr durchzuführen, so ist eine vorherige Anzeige an die militärische Dienststelle des Vollstreckungsschuldners erforderlich. [2]Im allgemeinen wird ein Anruf bei der Dienststelle oder auf dem Schiff zweckmäßig sein.

2.[2)] [1]Der Vollziehungsbeamte ist befugt, in Sachen zu vollstrecken, die sich im Alleingewahrsam, das heißt in der tatsächlichen Gewalt des Vollstreckungsschuldners, befinden. [2]Ein Soldat, der in einer Gemeinschaftsunterkunft wohnt, hat Alleingewahrsam an ihm gehörenden Sachen, die sich in dem ihm zugewiesenen Wohnraum befinden. [3]Der Vollziehungsbeamte kann verlangen, daß ihm Zutritt zu dem Wohnraum des Soldaten gewährt wird, gegen den vollstreckt werden soll. [4]Zur Durchsuchung benötigt der Vollziehungsbeamte eine richterliche Durchsuchungsanordnung, es sei

---

[1)] Abschn. 13 neu gef. durch Allg. Verwaltungsvorschrift v. 11. 4. 2000, BStBl. I S. 482.

[2)] Abschn. 14 Nr. 2 Satz 4 eingef., bish. Sätze 4, 5 werden Sätze 5, 6 durch Allg. Verwaltungsvorschrift v. 11. 4. 2000, BStBl. I S. 482.

denn, der Vollstreckungsschuldner willigt ein oder es besteht Gefahr im Verzug. [5]An Sachen, die sich in anderen militärischen Räumen befinden, hat ein Soldat regelmäßig keinen Alleingewahrsam. [6]Alleingewahrsam liegt jedoch vor, wenn der Soldat diese Sachen so aufbewahrt, daß sie nur seinem Zugriff unterliegen.

3. [1]Wird dem Vollziehungsbeamten aus Gründen des Geheimnisschutzes das Betreten von Räumen, Anlagen, Schiffen oder sonstigen Fahrzeugen verweigert, so hat er sich mit dem Disziplinarvorgesetzten des Soldaten in Verbindung zu setzen, damit die Vollstreckung trotzdem durchgeführt werden kann. [2]Dies kann zum Beispiel dadurch geschehen, daß dem Vollziehungsbeamten die gesamte Habe des Soldaten an einem Ort vorgelegt wird, den der Vollziehungsbeamte betreten darf.
4. Zur Wahrung des Steuergeheimnisses (Abschn. 5) dürfen der Dienststelle und einem Vorgesetzten Verhältnisse des Vollstreckungsschuldners nur insoweit offenbart werden, als es zur Durchführung des Vollstreckungsauftrags notwendig ist.

## Hauptleistung; Nebenleistungen

### 15.[1)] Grundbegriffe

(1) Zahlungsmittel sind:

1. Bargeld (amtliche Banknoten und Münzen in Euro und Cent).
2. Schecks, die auf Euro lauten und auf Kreditinstitute im Inland gezogen sind (Schecks, die von dem Zahlenden oder von einem anderen ausgestellt sind).

(2) Wertpapiere sind Urkunden, die das in ihnen verbriefte Recht derart verkörpern, daß sie selbst zum Träger des Rechts werden und daß der Besitz der Urkunden zur Ausübung des Rechts notwendig ist.

(3) Bei den Wertpapieren unterscheidet man:

1. Wertpapiere, die auf den Inhaber oder auf den Namen lauten.
   Beispiele: Aktien, Kuxe, Schuldverschreibungen auf den Inhaber (auch Grundschuld- und Rentenschuldbriefe, die auf den Inhaber lauten), Zinsscheine, Gewinnanteilscheine, Erneuerungsscheine.
2. Wertpapiere, die an Order lauten.
   Beispiele: Wechsel, an Order gestellte kaufmännische Anweisungen und Verpflichtungsscheine, an Order gestellte Konnossemente der Seeschiffer, an Order gestellte Lagerscheine, Ladescheine, Bodmereibriefe und Transportversicherungspolicen.

(4) [1]Urkunden, die nicht Träger eines Rechts sind, gehören auch dann nicht zu den Wertpapieren, wenn in den Urkunden ein Recht verbrieft ist. [2]Beispiele: Sparbücher, auf den Inhaber lautende Versicherungsscheine, Hypo-

[1)] Abschn. 15 Abs. 1 Nr. 2 neu gef., Abs. 4 Satz 2 geänd. durch Allg. Verwaltungsvorschrift v. 11. 4. 2000, BStBl. I S. 482; Abs. 1 Nr. 1 und Nr. 2 geänd. durch Allg. Verwaltungsvorschrift v. 11. 12. 2001, BStBl. I S. 984; Abs. 6 geänd. durch Allg. Verwaltungsvorschrift v. 22. 1. 2008, BStBl. I S. 274.

thekenbriefe, nicht auf den Inhaber lautende Grundschuld- und Rentenschuldbriefe.

(5) Wertzeichen sind: Steuer- und Stempelmarken, Postwertzeichen, Versicherungsmarken, statistische Marken und Steuerzeichen.

(6) Kostbarkeiten sind: Gold- und Silbersachen, Gegenstände aus anderem Edelmetall, zum Beispiel Schmucksachen und Uhren aus Platin, Edelsteine, Kunstgegenstände und andere bewegliche Sachen, die im Verhältnis zu ihrem Umfang oder Gewicht einen außerordentlich hohen Wert haben.

## 16. Säumniszuschläge

[1]Im Vollstreckungsauftrag ist der Tag angegeben, bis zu dem die darin aufgeführten Säumniszuschläge berechnet worden sind. [2]Die für eine spätere Zeit beizutreibenden Säumniszuschläge hat der Vollziehungsbeamte nach § 240 AO zu berechnen.

## 17. Kosten

(1)[1] Mit dem beizutreibenden Hauptanspruch hat der Vollziehungsbeamte auch die Kosten der Vollstreckung beizutreiben.

(2)[1] Die Kosten der Vollstreckung sind ihrem Betrag nach in dem Vollstreckungsauftrag anzugeben, soweit sie vor Erteilung des Vollstreckungsauftrags entstanden sind.

(3) Die Kosten der Vollstreckung, die durch die Ausführung des Vollstreckungsauftrags entstehen, hat der Vollziehungsbeamte nach den §§ 337 bis 345 AO zu berechnen.

(4) Die Kosten, die dadurch entstehen, daß der Vollziehungsbeamte Zahlungsmittel oder Sachen, mit deren Wegnahme er beauftragt worden ist (Abschn. 50 Abs. 1), an die zuständige Kasse abführt, gehören nicht zu den Kosten der Vollstreckung.

## 18.[2] Entschädigung von Zeugen und Sachverständigen, Vergütung an Hilfspersonen

(1) Zieht der Vollziehungsbeamte bei der Ausführung der Vollstreckung Zeugen, Auskunftspersonen oder Sachverständige hinzu, bestimmt sich deren Vergütung oder Entschädigung nach § 107 AO i. V. m. dem Justizvergütungs- und -entschädigungsgesetz.

(2) Zieht der Vollziehungsbeamte bei der Ausführung der Vollstreckung eine andere Hilfsperson, zum Beispiel einen Handwerker, Hüter oder Fuhrunternehmer, hinzu, so soll er mit der Hilfsperson, sofern sie ihre Dienste nicht unentgeltlich zur Verfügung stellt, bei Vertragsschluss eine Vergütung vereinbaren.

(3) Wird ein gepfändetes Tier einem Hüter übergeben oder in dem Gewahrsam des Vollstreckungsschuldners oder des sonstigen Gewahrsamsinhabers belassen, so kann der Vollziehungsbeamte mit dem Betreffenden vereinbaren, daß

---

[1] Abschn. 17 Abs. 1 und 2 neu gef. durch Art. 2 der Allg. Verwaltungsvorschrift v. 3. 6. 2015, BStBl. I S. 497.

[2] Abschn. 18 Abs. 1, 2 und 4 neu gef. durch Allg. Verwaltungsvorschrift v. 22. 1. 2008, BStBl. I S. 274.

dieser als Entgelt für die Fütterung und Pflege des Tieres dessen gewöhnliche Nutzung, zum Beispiel die Milch einer gepfändeten Kuh, verbrauchen darf.

(4) [1]In allen Fällen, in denen eine Vergütung vereinbart oder bestimmt wird, sind die Preise zu Grunde zu legen, die für derartige Leistungen ortsüblich sind. [2]Beansprucht die Hilfsperson eine Vergütung und kann über deren Höhe bei Vertragsschluss keine Einigung erzielt werden, so hat der Vollziehungsbeamte zu vereinbaren, dass ihm die Bestimmung der Gegenleistung (§ 316 des Bürgerlichen Gesetzbuchs) zusteht. [3]Nachdem die Hilfsperson ihre Tätigkeit ausgeübt hat, bestimmt der Vollziehungsbeamte unverzüglich den Vergütungsbetrag (Gegenleistung). [4]Bei Einwendungen gegen die Höhe der Vergütung hat er die Hilfsperson an die Vollstreckungsstelle zu verweisen.

(5) [1]Die Vergütung soll in der Regel erst ausgezahlt werden, nachdem die Hilfsperson ihre Tätigkeit beendet hat. [2]Die Geldbeträge hierfür hat der Vollziehungsbeamte erforderlichenfalls (Hinweis auf Abschn. 58 Abs. 1 Satz 1) bei der Vollstreckungsstelle anzufordern.

(6) Der Vollziehungsbeamte hat sich die bei Ausführung der Vollstreckung geleisteten Zahlungen für Auslagen quittieren zu lassen.

(7) In die Niederschrift über eine Vollstreckungshandlung, bei der eine Entschädigung oder Vergütung nach Zeit in Betracht kommt, sind die für das Bemessen der Entschädigung oder Vergütung erforderlichen Zeitangaben aufzunehmen.

## Aufnahme von Urkunden

### 19.[1)] Aufnahme von Urkunden

(1) [1]Bei der Vollstreckung hat der Vollziehungsbeamte auch Urkunden aufzunehmen, zum Beispiel Niederschriften, Quittungen, Nachweisungen, Rechenschaftsvermerke, Pfandanzeigen. [2]Diese Tätigkeit erfordert besondere Sorgfalt und Gewissenhaftigkeit. [3]Jede Verletzung der Wahrheit – selbst in nebensächlichen Punkten – kann eine disziplinarrechtliche, unter Umständen eine strafrechtliche Ahndung zur Folge haben.

(2) [1]Bei der Aufnahme von Urkunden hat der Vollziehungsbeamte vorbehaltlich besonderer Bestimmungen, die für einzelne Urkunden getroffen sind (z. B. Abschn. 21 und 44 VollzA), die folgenden allgemeinen Regeln zu beachten:

1. [1]Urkunden können schriftlich oder elektronisch aufgenommen werden. [2]Die Urkunde muss den Ort und das Datum der Aufnahme, den Namen und die Dienststelle des Vollziehungsbeamten sowie die Angabe „Vollziehungsbeamter" enthalten. [3]Schriftliche Urkunden sind vom Vollziehungsbeamten zu unterschreiben.
2. [1]Die Urkunde, insbesondere auch die Unterschrift des Vollziehungsbeamten, muß leserlich sein. [2]Es dürfen nur urkundenechte Tinte, Kugelschreiber mit Mine auf der Grundlage der Norm DIN 16554/ISO 12757–2 oder

[1)] Abschn. 19 Abs. 2 Satz 1 und Nr. 1 neu gef., Nr. 5 angef. durch Allg. Verwaltungsvorschrift v. 10. 3. 2011, BStBl. I S. 238; Abs. 2 Satz 2 angef. durch Allg. Verwaltungsvorschrift v. 22. 1. 2008, BStBl. I S. 274.

sonstige von den für die Finanzverwaltung zuständigen obersten Bundes- oder Landesbehörden zugelassene Schreibmittel, nicht dagegen Bleistift oder ein anderer Trockenstift, verwendet werden. [3]Ein Stempel darf zur Unterschrift nicht gebraucht werden. [4]Eine Pfandanzeige im Freien kann mit Farbe geschrieben werden.

3. [1]Radieren oder Überkleben ist untersagt. [2]Bei Änderungen muß der ursprüngliche Text lesbar bleiben; Datum und Namenszeichen sind beizufügen.
4. Urkunden aus mehreren Bogen oder Blättern sind zu heften oder in sonst geeigneter Weise zu verbinden.
5. Bei der Aufnahme elektronischer Urkunden dürfen ausschließlich solche technischen Hilfsmittel verwendet werden, die von der zuständigen Bundes- oder Landesbehörde zu diesen Zwecken zugelassen wurden.

[2]DIN-Normen, auf die in dieser Vorschrift Bezug genommen wird, sind im Beuth-Verlag GmbH, Berlin und Köln (www.beuth.de) erschienen und beim Deutschen Patent- und Markenamt archivmäßig gesichert.

## 20.[1] Niederschrift

(1) [1]Der Vollziehungsbeamte hat über jede Vollstreckungshandlung eine auf den Vollstreckungsschuldner bezogene Niederschrift aufzunehmen. [2]Bei mehreren Vollstreckungsaufträgen gegen einen Vollstreckungsschuldner und bei ein und derselben Vollstreckungsmaßnahme, zum Beispiel Pfändung oder Versteigerung, hat der Vollziehungsbeamte, wenn er diese Vollstreckungsaufträge gleichzeitig ausführt, nur eine Niederschrift aufzunehmen. [3]Wird der beizutreibende Geldbetrag nach der Aufforderung zur Leistung ohne Vorbehalt oder Bedingung an den Vollziehungsbeamten gezahlt, ohne daß der Vollziehungsbeamte eine Vollstreckungsmaßnahme ergriffen hat, so ist keine Niederschrift erforderlich. [4]Sie wird in diesem Fall durch die für die zuständige Kasse bestimmte Ausfertigung der Quittung ersetzt.

(2) Eine Niederschrift ist insbesondere aufzunehmen über

1. die Annahme von Zahlungen mit Vorbehalt oder von anderen Leistungen,
2. die Durchsuchung des Besitztums des Vollstreckungsschuldners, zum Beispiel der Räume und Behältnisse, erforderlichenfalls auch der Kleidung am Körper des Vollstreckungsschuldners,
3. die Pfändung sowie eine Anschlußpfändung,
4. das Wegschaffen gepfändeter Sachen, auch wenn gepfändete Sachen, die zunächst im Gewahrsam des Vollstreckungsschuldners belassen worden waren, nachträglich weggeschafft werden,
5. die Wegnahme und die Entgegennahme von Sachen,
6. die Aufhebung der Pfändung und die Rückgabe von Pfandstücken,
7. die Verwertung (die Versteigerung oder den freihändigen Verkauf) gepfändeter Sachen.

---

[1] Abschn. 20 Abs. 4 Satz 1 Nr. 4 neu gef., Abs. 8 angef. durch Allg. Verwaltungsvorschrift v. 10. 3. 2011, BStBl. I S. 238.

(3) [1]Die Niederschrift soll in unmittelbarem Anschluß an die Vollstreckungshandlung, und zwar, wenn nicht besondere Umstände etwas anderes gebieten, an Ort und Stelle aufgenommen werden. [2]Dauert die Vollstreckungshandlung, zum Beispiel eine Versteigerung, mehrere Tage, so ist die Niederschrift an jedem Tag abzuschließen und zu unterzeichnen.

(4) Die Niederschrift muß folgende Angaben enthalten:

1. die Bezeichnung der Vollstreckungshandlung unter Hervorheben der wesentlichen Vorgänge. [2]Hierzu gehören die Aufforderungen und Mitteilungen des Vollziehungsbeamten, zum Beispiel die Aufforderung zur Leistung und das Vorzeigen des Vollstreckungsauftrags. [3]Konnten diese nicht mündlich abgegeben werden, so soll er auch dies in der Niederschrift vermerken,
2. die Namen der Personen, mit denen verhandelt worden ist, sowie die Namen der zugezogenen Zeugen, Sachverständigen und sonstigen Hilfspersonen. [2]Erklärungen zur Vollstreckung, die von dem Vollstreckungsschuldner oder einer anderen Person abgegeben werden, sollen in die Niederschrift aufgenommen werden,
3. das Ergebnis der Vollstreckung, und zwar auch bei fruchtloser Vollstreckung. [2]Beispiele: eine Pfändung ist nicht möglich, eine wegzunehmende Sache wird nicht vorgefunden, eine entgegenzunehmende Sache wird nicht herausgegeben,

4[1]). die Unterschriften der in Nr. 2 Satz 1 bezeichneten Personen sowie die Feststellung, dass die Niederschrift den Unterzeichnern vorgelesen oder zur Durchsicht vorgelegt und genehmigt worden ist. [2]Hat eine der Personen nicht unterzeichnet, so ist der Grund anzugeben. [3]Bei elektronisch erstellten Niederschriften ist die Unterschrift der in Nr. 2 Satz 1 bezeichneten Personen nicht erforderlich (§ 291 Abs. 4 AO).

(5) [1]In den Vordrucken ist Nichtzutreffendes zu streichen. [2]Wird in einem Vordruck ein Raum nicht für Eintragungen verwendet, so ist der Raum durch Striche derart auszufüllen, daß spätere Eintragungen nicht möglich sind. [3]Reicht der in einem Vordruck vorgesehene Raum nicht aus, so sind Eintragungen, die auf dem Vordruck selbst nicht untergebracht werden können, in einer Anlage zur Niederschrift aufzunehmen. [4]Die Anlage ist ebenfalls von dem Vollziehungsbeamten und den in Abs. 4 Nr. 2 Satz 1 bezeichneten Personen zu unterschreiben.

(6) [1]Der Vollziehungsbeamte darf eine von ihm bereits unterschriebene Niederschrift nachträglich nicht eigenmächtig ändern. [2]Spätere Zusätze sind in der Regel auf den Rand oder hinter den Schluß der Urkunde zu setzen und von dem Vollziehungsbeamten unter Angabe des Datums besonders zu unterschreiben.

(7) Im übrigen wird auf die besonderen Bestimmungen über die Niederschriften bei den verschiedenen Vollstreckungsmaßnahmen verwiesen (Hinweis insbesondere auf Abschn. 18 Abs. 7, Abschn. 25 Abs. 2, Abschn. 28 Abs. 2, Abschn. 34 Abs. 1, Abschn. 35 Abs. 5, Abschn. 36 Abs. 2,

---

[1]) Abschn. 20 Abs. 4 Satz 1 Nr. 4 neu gef. durch Allg. Verwaltungsvorschrift v. 10. 3. 2011, BStBl. I S. 238.

Abschn. 38, 43 Abs. 6, Abschn. 46 Abs. 2 und 3, Abschn. 47 Abs. 4, Abschn. 48, 49, 50 Abs. 3, Abschn. 55, 56 Abs. 2).

(8)[1] Die Vollstreckungsstelle kann den in Abs. 4 Nr. 2 Satz 1 bezeichneten Zeugen eine Mehrausfertigung der Urkunde erteilen.

## 21. Quittungen

(1) Der Vollziehungsbeamte hat unaufgefordert eine Quittung auf einem Vordruck des amtlichen Quittungsblocks zu erteilen, wenn er

1. eine Leistung – auch einen Erlös aus einer Versteigerung oder aus einem freihändigen Verkauf – annimmt oder
2. gepfändetes Geld oder sonstige Pfandstücke an sich nimmt (Abschn. 44 Abs. 2 Nr. 1 und Abs. 6, Abschn. 52 Abs. 1) oder
3. eine Sache wegnimmt (Abschn. 50 Abs. 1) oder entgegennimmt (Abschn. 50 Abs. 2).

(2) [1]Bei Zahlungsmitteln hat der Vollziehungsbeamte in der Quittung anzugeben, wie er den beigebrachten Geldbetrag auf Hauptschuld, Zinsen, Säumniszuschläge und Kosten, gegebenenfalls auch auf die einzelnen Steuerarten und Zeitabschnitte, anrechnet (wegen der Anrechnung selbst vgl. Abschn. 27). [2]Dies gilt nicht für den Erlös aus einer Versteigerung oder aus einem freihändigen Verkauf; hier hat die Quittung, die dem Ersteigerer oder dem Käufer zu erteilen ist, nur den gezahlten Betrag zu enthalten. [3]Erstreckt sich eine Quittung über mehrere Geldbeträge, so ist die Gesamtsumme zu bilden.

(3) [1]Wird durch Übergabe eines Schecks gezahlt, ist auf beide Ausfertigungen der Quittung zu setzen: „Mit Scheck gezahlt. Eingang vorbehalten. Ohne Gewähr für rechtzeitige Vorlegung." [2]Ist nur zum Teil mit Scheck gezahlt worden, ist vor den Vermerk der Betrag zu setzen.

(4) [1]Bei Sachen, die nicht Zahlungsmittel sind, hat der Vollziehungsbeamte in der Quittung die Sachen – gegebenenfalls unter Angabe des Zustands – genau zu bezeichnen. [2]Bescheinigungen über die Echtheit oder den Wert dürfen nicht abgegeben werden. [3]Insbesondere sind anzugeben

1. bei vertretbaren Sachen:
   Maß, Zahl oder Gewicht, wobei nur gleichartige und gleichwerte Gegenstände zusammenzufassen sind,
2. bei Wertpapieren, die auf den Inhaber oder auf den Namen lauten:
   Nennwert, Nummer oder sonstige Unterscheidungsmerkmale sowie Zins- oder Gewinnanteil- und Erneuerungsscheine, die sich bei dem Stammpapier befinden,
3. bei Wechseln oder anderen Wertpapieren, die an Order lauten:
   Art und Umfang der Forderung, Namen des Gläubigers und Schuldners, Ort und Tag der Ausstellung, Fälligkeitstag, falls er aus der Urkunde ersichtlich ist.

(5) [1]Der Vollziehungsbeamte hat die Quittung im Durchschreibeverfahren auszustellen und zu unterschreiben. [2]Die erste Ausfertigung erhält der Leisten-

---

[1] Abschn. 20 Abs. 8 angef. durch Allg. Verwaltungsvorschrift v. 10. 3. 2011, BStBl. I S. 238.

de, die zweite Ausfertigung behält der Vollziehungsbeamte zur Übergabe an die zuständige Kasse. [3]Händigt der Vollziehungsbeamte die für den Leistenden bestimmte Ausfertigung nicht aus, so hat der Vollziehungsbeamte auch diese der zuständigen Kasse zu übergeben.

(6) [1]Den Quittungsblock gibt die zuständige Kasse gegen Empfangsbescheinigung aus. [2]Der Vollziehungsbeamte erhält in der Regel nur einen Block. [3]In der Empfangsbescheinigung ist die Nummer des Blocks anzugeben. [4]Wird ein unvollständiger Block zugeteilt, so sind auch die Nummern der in ihm enthaltenen Quittungsblätter zu vermerken. [5]Bei Aushändigen des Blocks haben der aushändigende Beamte und der Vollziehungsbeamte zu prüfen, ob in dem Block sämtliche Blätter enthalten sind, die nach der Empfangsbescheinigung vorhanden sein sollen.

(7) Der Vollziehungsbeamte hat bei Beendigung oder längerer Unterbrechung seiner Verwendung im Vollstreckungsaußendienst, zum Beispiel durch Urlaub oder Krankheit, einen nicht vollständig aufgebrauchten Quittungsblock gegen Empfangsbescheinigung an die zuständige Kasse zurückzugeben.

(8) [1]Verschriebene oder unbrauchbar gewordene Quittungsvordrucke darf der Vollziehungsbeamte nicht vernichten. [2]In diesen Fällen hat er beide Ausfertigungen der Vordrucke mit zugelassenem Schreibmittel (Abschn. 19 Abs. 2 Nr. 2 Satz 2) zu durchkreuzen und der zuständigen Kasse zusammen mit den Zweitausfertigungen der übrigen Quittungen zu übergeben.

(9)[1)] Den Verlust eines Quittungsblocks oder einzelner Quittungsvordrucke hat der Vollziehungsbeamte unverzüglich dem Kassenleiter oder dem zuständigen Sachgebietsleiter und dem Kassenaufsichtsbeamten anzuzeigen.

## 22. Nachweisung Vz

(1) [1]Der Vollziehungsbeamte hat alle Zahlungsmittel, die er an die zuständige Kasse abzuführen hat (Abschn. 58), in eine Nachweisung Vz einzutragen. [2]Im Bereich der Zollverwaltung darf der Vollziehungsbeamte nach näherer Weisung des Zahlstellenverwalters von dem Aufstellen einer Nachweisung Vz absehen.

(2) [1]Der Vollziehungsbeamte hat für die in Abs. 1 bezeichneten Zahlungsmittel die Nachweisung Vz in der Weise aufzustellen, daß er an Hand der Quittungen die Zahlungsmittel, die er im Laufe des Tages bei dem Ausführen der verschiedenen Vollstreckungsaufträge beigebracht hat, einzeln in die Nachweisung Vz einträgt. [2]Erlöse, die der Vollziehungsbeamte durch Versteigerung oder freihändigen Verkauf erzielt hat, sind nach Abzug der Auslagen (Abschn. 18 Abs. 6; Hinweis auch auf Abschn. 58 Abs. 1 in der Nachweisung Vz in die Spalte für Verwahrungen einzutragen.

(3) Die Zahlung durch Scheck hat der Vollziehungsbeamte in der Vermerkspalte der Nachweisung Vz anzugeben.

---

[1)] Abschn. 21 Abs. 9 geänd. durch Allg. Verwaltungsvorschrift v. 22. 1. 2008, BStBl. I S. 274.

(4) Die für die Finanzverwaltung zuständige oberste Bundes- oder Landesbehörde bestimmt, in welcher Art und Weise der Vollziehungsbeamte täglich Nachweisungen Vz aufzustellen hat.

(5) [1]Der Vollziehungsbeamte hat die Zahlungsmittel in der Nachweisung Vz zusammenzurechnen. [2]Hat er an einem Tag mehrere Nachweisungen Vz aufgestellt, so hat er auf einer von ihnen die Summen der Zahlungsmittel, die in den einzelnen Nachweisungen Vz eingetragen sind, zusammenzustellen und die Gesamtsumme zu bilden.

(6) In den Nachweisungen Vz sind die Block- und Blattnummern der Quittungen anzugeben.

(7) Auf den Zweitausfertigungen der Quittungen sind die Nummer der Nachweisung Vz und die laufende Nummer, unter der der Betrag in der Nachweisung Vz eingetragen ist, zu vermerken.

### 23.[1)] Rechenschaftsvermerk

[1]Der Vollziehungsbeamte hat auf den Vollstreckungsauftrag oder auf ein damit zu verbindendes Blatt einen Rechenschaftsvermerk zu setzen. [2]Bei elektronisch erteilten Vollstreckungsaufträgen ist der Rechnenschaftsvermerk elektronisch zu erstellen und zu übermitteln. [3]Der Rechenschaftsvermerk hat Folgendes zu enthalten:

1. Angaben über die Ausführung des Vollstreckungsauftrags, insbesondere über das Ergebnis der Vollstreckung. [2]Hält der Vollziehungsbeamte besondere Maßnahmen für erforderlich, zum Beispiel alsbaldige Versteigerung gepfändeter Tiere oder Versteigerung außerhalb des Pfändungsorts, so soll er dies in dem Rechenschaftsvermerk angeben,
2. eine Zusammenstellung über die Verwendung des beigebrachten Gesamtbetrags. [2]Aus dieser Zusammenstellung muß hervorgehen, welche Beträge der Vollziehungsbeamte
   a) für Auslagen (Abschn. 18 Abs. 6) verwendet,
   b) an die zuständige Kasse oder
   c) an den Vollstreckungsschuldner oder einen sonstigen Berechtigten abgeführt hat.

## Leistung zur Abwendung der Vollstreckung

### 24. Aufforderung zur Leistung

(1) [1]Bevor der Vollziehungsbeamte pfändet oder Sachen wegnimmt, hat er den Vollstreckungsschuldner zur Leistung aufzufordern. [2]Dies kann nicht nur innerhalb des Besitztums, zum Beispiel Wohnung, Geschäftsräume, Werkstatt, Stallung, Hof, des Vollstreckungsschuldners geschehen, sondern auch außerhalb, wenn es kein größeres Aufsehen erregt.

(2) [1]Wird nicht der Vollstreckungsschuldner, in dessen Besitztum aber eine erwachsene Person (Familienangehöriger, Mitbewohner, Bevollmächtigter

---

1) Abschn. 23 Satz 1 neu gef. durch Allg. Verwaltungsvorschrift v. 10. 3. 2011, BStBl. I S. 238.

oder Beschäftigter) angetroffen, von der angenommen werden kann, daß sie befugt ist, über die Geldmittel des Vollstreckungsschuldners zu verfügen, so fordert der Vollziehungsbeamte diese Person zu Leistung auf. [2]Ist niemand im Besitztum des Vollstreckungsschuldners anwesend, so verfährt der Vollziehungsbeamte nach Abschn. 29.

### 25.[1)] Annahme der Leistung (Allgemeines)

(1) [1]Der Vollziehungsbeamte ist, solange er mit der Vollstreckung beauftragt ist und soweit nicht Abs. 4 Platz greift, berechtigt und verpflichtet, die beizutreibende Leistung, insbesondere den beizutreibenden Geldbetrag, anzunehmen. [2]Dies gilt auch für eine angebotene Teilleistung. [3]Die Annahme durch den Vollziehungsbeamten bewirkt, daß der Vollstreckungsschuldner der Leistung entsprechend befreit wird. [4]Bei Zahlung mit Scheck hängt die Befreiung von der Einlösung ab.

(2) Macht der Leistende dem Vollziehungsbeamten gegenüber einen Vorbehalt oder stellt er eine Bedingung, so hat der Vollziehungsbeamte den Vorbehalt oder die Bedingung in die Niederschrift aufzunehmen und den Leistenden darauf hinzuweisen, daß ihm die Vollstreckungsstelle schriftlich mitteilen wird, ob die Vollstreckungsbehörde den Vorbehalt oder die Bedingung annimmt.

(3) [1]Der Vollziehungsbeamte darf nur mit schriftlichem oder elektronischem Vollstreckungsauftrag Leistungen, insbesondere Zahlungsmittel, zur Abführung an die zuständige Kasse annehmen. [2]Wird dem Vollziehungsbeamten eine Leistung angeboten, zu deren Annahme er nicht befugt ist, hat er den Anbietenden aufzufordern, den Betrag an die zuständige Kasse zu überweisen.

(4) Ist die zuständige Kasse für die Übergabe von Zahlungsmitteln gegen Quittung geschlossen, kann der Vollziehungsbeamte mit Zustimmung des Sachgebietsleiters in Ausnahmefällen Zahlungsmittel im Dienstgebäude annehmen, sofern er mit der Beitreibung des ihm angebotenen Betrages beauftragt ist.

### 26.[2)] Annahme der Leistung (Einzelheiten)

(1) Der Vollziehungsbeamte darf die im Abschn. 15 Abs. 1 bezeichneten Zahlungsmittel als Einzahlung annehmen, soweit nicht im folgenden Einschränkungen gemacht sind.

(2) [1]Schecks darf der Vollziehungsbeamte als Einzahlung nicht annehmen, wenn

1. in Orderschecks ein anderer als die zuständige Kasse vom Aussteller als Zahlungsempfänger bezeichnet ist, es sei denn, daß sich der Vollstreckungsschuldner durch eine ununterbrochene Reihe von Indossamenten- auch Blankoindossamenten- als rechtmäßiger Inhaber ausweist und sein Recht durch Indossament- auch Blankoindossament- auf die zuständige Kasse überträgt,

---

[1)] Abschn. 25 Abs. 1 Satz 1 und Abs. 3 Satz 1 neu gef. durch Allg. Verwaltungsvorschrift v. 10. 3. 2011, BStBl. I S. 238; Abschn. 25 Abs. 3 Satz 2 geänd. durch Allg. Verwaltungsvorschrift v. 22. 1. 2008, BStBl. I S. 274.

[2)] Abschn. 26 Abs. 3 geänd. durch Allg. Verwaltungsvorschrift v. 22. 1. 2008, BStBl. I S. 274.

2. sie mit dem Vermerk „nicht an Order" oder mit einem gleichbedeutenden Vermerk versehen sind (Rektaschecks),
3. sie bei dem Vermerk „nur zur Verrechung" einen Zusatz wie „nur zur Verrechnung mit…" (Angabe einer Firma oder einer sonstigen Stelle, mit der allein die Verrechnung stattfindet) enthalten, auch wenn dieser Zusatz gestrichen ist,
4. deren Ausstellungsdatum so weit zurückliegt, daß sie von der zuständigen Kasse innerhalb der Vorlegungsfrist, das heißt binnen acht Tagen vom Beginn des Ausstellungstags an gerechnet, weder dem bezogenen Kreditinstitut vorgelegt noch in eine Abrechnungsstelle (Art. 31 ScheckG) eingeliefert werden könnten.

[2]Der Vollziehungsbeamte hat darüber hinausgehende einschränkende Regelungen der zuständigen obersten Bundes- oder Landesfinanzbehörde über die Annahme von Schecks zu beachten.

(3) [1]Der Vollziehungsbeamte soll Schecks nicht als Einzahlung annehmen, wenn

1. zu befürchten ist, dass sie mangels Deckung nicht sofort eingelöst werden,
2. ihm bekannt ist, dass der Vollstreckungsschuldner und Aussteller des Papiers wiederholt ungedeckte Schecks eingereicht hat.

[2]Dies gilt nicht für Schecks, die von einer Stelle der Deutschen Bundesbank bestätigt sind, wenn sie der Deutschen Bundesbank innerhalb der in dem Bestätigungsvermerk angegebenen Frist vorgelegt werden können.

(4) [1]Schecks, die bei Annahme durch den Vollziehungsbeamten nicht den Vermerk „nur zur Verrechnung" tragen, sind sofort mit diesem Vermerk zu versehen. [2]Ein Blankoindossament ist bei Orderschecks durch den Vermerk „an … (Bezeichnung der zuständigen Kasse)" zu vervollständigen.

(5)[1)] [1]Bei Annahme von Zahlungsmitteln hat der Vollziehungsbeamte in Gegenwart des Einzahlers Bargeld auf Echtheit und Vollzähligkeit, Schecks auf Echtheit und Vollständigkeit (Rechtsgültigkeit) zu prüfen. [2]Nachgemachtes, verfälschtes oder verdächtiges Bargeld ist anzuhalten und mit einer schriftlichen Anzeige an die zuständige Kasse abzuführen; dem Betroffenen ist darüber eine Bescheinigung folgenden Inhalts zu erteilen:

– Die Münze(n)/Banknote(n) über … Euro mit der Kennzeichnung (Buchst., Jahreszahl, Nummer, Ausgabedatum) ..................
– ...............................................................................
– wurde(n) als Falschstück(e) wegen Zweifels an der Echtheit angehalten.
– Ort, Tag, Unterschrift des Vollziehungsbeamten
– Vollziehungsbeamter des/der
– (– Bezeichnung der Vollstreckungsbehörde –).

[3]Schecks, deren Rechtsgültigkeit zweifelhaft ist, sind zurückzuweisen.

(6) [1]Mehrbeträge an Bargeld sind dem Einzahler zurückzugeben; Minderbeträge sind sofort nachzufordern. [2]Ist die sofortige Rückgabe von Mehrbeträgen nicht möglich, hat der Vollziehungsbeamte sie mit den übrigen angenom-

---

1) Abschn. 26 Abs. 5 Satz 2 geänd. durch Allg. Verwaltungsvorschrift v. 11. 12. 2001, BStBl. I S. 984.

menen Zahlungsmitteln an die zuständige Kasse abzuführen. [3]Wird mit Scheck gezahlt, werden Mehrbeträge dem Einzahler nicht von dem Vollziehungsbeamten, sondern von der zuständigen Kasse zurückgezahlt oder entsprechend den Angaben des Vollstreckungsschuldners gebucht, sobald der Scheck eingelöst worden ist.

**27.**[1)] **Anrechnung von Teilzahlungen und Teilerlösen**

(1) [1]Eine Zahlung des Vollstreckungsschuldners nach Aufforderung durch den Vollziehungsbeamten zur Abwendung der Vollstreckung, die nicht sämtliche Schulden deckt, erfolgt in der Regel nicht freiwillig. [2]Der Vollziehungsbeamte bestimmt in diesen Fällen die Reihenfolge der Tilgung (§ 225 Abs. 3 AO).

(2) [1]Liegt abweichend von Abs. 1 eine freiwillige Zahlung vor, ist diese auf die Schuld anzurechnen, die der Einzahler bestimmt. [2]Dies gilt auch dann, wenn bereits Vollstreckungsmaßnahmen ergriffen worden sind, zum Beispiel wenn schon gepfändet oder mit der Versteigerung begonnen worden ist. [3]Trifft der Einzahler keine Zahlungsbestimmung, ist nach § 225 Abs. 2 AO zu verfahren.

(3) Deckt der Erlös, den der Vollziehungsbeamte durch Versteigerung oder freihändigen Verkauf erzielt hat, nach Abzug der Auslagen (Abschn. 18 Abs. 6; Hinweis auf Abschn. 58 Abs. 1) nicht sämtliche Schulden, so bestimmt die Vollstreckungsstelle die Reihenfolge der Tilgung.

## Verhalten des Vollziehungsbeamten bei Nichtleistung, Widerstand und Einwendungen; Durchsuchung, Öffnen von Wohnungen

**28.**[2)] **Verhalten bei Nichtleistung; Durchsuchung**

(1) Soweit nicht geleistet wird oder eine Aufforderung zur Leistung nach Abschn. 24 Abs. 2 Satz 1 nicht erfolgen kann, hat der Vollziehungsbeamte die Pfändung, in den Fällen des Abschn. 50 Abs. 1 die Wegnahme, von Sachen zu versuchen.

(2) [1]Die Durchsuchung von Wohnungen (Wohn-, Betriebs-, Arbeits- und Geschäftsräume, dazugehörige Nebenräume sowie das angrenzende befriedete Besitztum wie zum Beispiel Hofraum, Hofgarten), das heißt das Eindringen in die Wohnung oder das Verweilen darin zum Zwecke der Durchführung von Vollstreckungsmaßnahmen, ist nur zulässig,

1. wenn die angetroffene Person (der Vollstreckungsschuldner, ein erwachsener Familienangehöriger, Mitbewohner, Bevollmächtigter oder Beschäftigter) die Durchsuchung freiwillig gestattet. [2]Wird die Einwilligung zur Durchsuchung verweigert oder eine erteilte Einwilligung widerrufen, hat der Vollziehungsbeamte, außer bei Gefahr im Verzug, von weiteren Vollstreckungsmaßnahmen abzusehen;

[1)] Abschn. 27 neu gef. durch Art. 2 der Allg. Verwaltungsvorschrift v. 3. 6. 2015, BStBl. I S. 497.

[2)] Abschn. 28 Abs. 1 und Abs. 2 Satz 1 Nr. 2 neu gef. durch Allg. Verwaltungsvorschrift v. 22. 1. 2008, BStBl. I S. 274; Abs. 2 Satz 3 und Abs. 3 angef. durch Allg. Verwaltungsvorschrift v. 10. 3. 2011, BStBl. I S. 238.

2. wenn Gefahr im Verzug besteht. [2]Gefahr im Verzug liegt vor, wenn anzunehmen ist, dass infolge der Verzögerung, die durch die Erwirkung der richterlichen Anordnung eintreten würde, der Erfolg der Durchsuchung gefährdet wäre, zum Beispiel weil Anhaltspunkte dafür sprechen, dass der Schuldner pfändbare Sachen in der Zwischenzeit beiseite schafft. [3]Das Vorliegen von Gefahr im Verzug ist insbesondere zu prüfen, wenn an pfändbaren Sachen offensichtlich nur Bargeld oder Kostbarkeiten vorhanden sind oder bei der Vollziehung einer Arrestanordnung;

3. oder wenn eine richterliche Anordnung zur Durchsuchung der Wohnung vorliegt. [2]Den erforderlichen Antrag stellt die Vollstreckungsstelle. [3]Die Anordnung ist bei der Vollstreckungshandlung vorzuzeigen.

[2]Das Vorzeigen der Durchsuchungsanordnung, die Erklärungen der angetroffenen Personen sowie festgestellte Anhaltspunkte für das Vorliegen einer Gefahr im Verzug sind in die Niederschrift (Abschn. 20 Abs. 7, Abschn. 48 Abs. 1, Abschn. 49 Abs. 2) aufzunehmen.

(3) [1]Liegt eine der Voraussetzungen des Abs. 2 vor, ist der Vollziehungsbeamte befugt, die Wohnung des Vollstreckungsschuldners zu durchsuchen, soweit der Zweck der Vollstreckung es erfordert. [2]Die Durchsuchung kann sich erforderlichenfalls auch auf die Kleidung am Körper des Vollstreckungsschuldners erstrecken. [3]In diesem Fall hat der Vollziehungsbeamte Durchsuchungen bei Personen anderen Geschlechts durch eine zuverlässige Hilfsperson des entsprechenden Geschlechts vornehmen zu lassen.

(4) [1]Verschlossene Türen und Behältnisse darf der Vollziehungsbeamte von einem geeigneten Handwerker oder einer anderen geeigneten Hilfskraft öffnen lassen. [2]Türen und Behältnisse, für die der Vollziehungsbeamte die Schlüssel erhält, kann er selbst öffnen.

## 29.[1)] Öffnen von Wohnungen

(1) [1]Wird in den Wohn- und Geschäftsräumen des Vollstreckungsschuldners weder der Vollstreckungsschuldner noch ein erwachsener Familienangehöriger, Mitbewohner, Bevollmächtigter oder Beschäftigter angetroffen, hat der Vollziehungsbeamte die Wohn- und Geschäftsräume des Vollstreckungsschuldners nur dann gewaltsam öffnen zu lassen, wenn Gefahr im Verzug besteht (Abschn. 28 Abs. 2 Nr. 2) oder der Vollziehungsbeamte bei einem vorhergegangenen Vollstreckungsversuch eine entsprechende Ankündigung (unter Hinweis auf § 287 AO, § 288 StGB und eine – gegebenenfalls noch zu beantragende – Durchsuchungsanordnung) und eine Zahlungsaufforderung verschlossen hinterlassen hat, die Voraussetzungen des Abschn. 28 Abs. 2 Nr. 3 vorliegen und keine Anhaltspunkte bestehen, dass die Vollstreckung erfolglos bleiben wird. [2]Im übrigen kann der Vollziehungsbeamte von der gewaltsamen Öffnung der Wohn- und Geschäftsräume absehen, wenn dies nach Lage der Verhältnisse angebracht erscheint.

---

[1)] Abschn. 29 Abs. 1 Satz 1 neu gef. durch Allg. Verwaltungsvorschrift v. 22. 1. 2008, BStBl. I S. 274; Abs. 2 Satz 3 und Abs. 3 angef. durch Allg. Verwaltungsvorschrift v. 10. 3. 2011, BStBl. I S. 238.

(2) [1]Bei der Öffnung der Wohn- und Geschäftsräume in den Fällen des Abs. 1 Satz 1 hat der Vollziehungsbeamte zwei Erwachsene oder einen Gemeinde- oder Polizeibeamten als Zeugen zuzuziehen. [2]Die Zeugen sollen die Niederschrift mit unterschreiben. [3]Bei einer elektronisch erstellten Niederschrift ist die Unterschrift der Zeugen nicht erforderlich.

(3) Die Vollstreckungsstelle kann den Zeugen eine Mehrausfertigung der Urkunde erteilen.

### 30.[1)] Verhalten bei Widerstand

(1) [1]Trifft der Vollziehungsbeamte bei einer Vollstreckung auf Widerstand, so darf er Gewalt anwenden. [2]Widerstand ist dann gegeben, wenn die Ausführung des Amtsgeschäfts nicht ohne Gewalt möglich erscheint. [3]Abschn. 28 Abs. 2 ist zu beachten.

(2) [1]Bei Widerstand hat der Vollziehungsbeamte zwei Erwachsene oder einen Gemeinde- oder Polizeibeamten als Zeugen zuzuziehen. [2]Dies gilt auch dann, wenn der Vollziehungsbeamte den Widerstand allein brechen könnte.

(3) [1]Rechnet der Vollziehungsbeamte damit, daß er bei einer Vollstreckung Widerstand finden und zur Überwindung des Widerstandes polizeilicher Unterstützung bedürfen wird, so hat er dies der Vollstreckungsstelle anzuzeigen, die das Weitere veranlaßt. [2]In dringenden Fällen und in Fällen, in denen dem Vollziehungsbeamten bei einer bereits begonnenen Vollstreckung Widerstand angedroht oder geleistet wird, kann der Vollziehungsbeamte die Unterstützung durch die Polizei unmittelbar anfordern.

(4) [1]In Gegenwart der zugezogenen Zeugen soll der Vollziehungsbeamte darauf hinweisen, daß das Leisten von Widerstand schwere strafrechtliche Folgen hat. [2]Die Zeugen sollen die Niederschrift mit unterschreiben, wenn in ihrer Gegenwart Widerstand geleistet wurde. [3]Bei einer elektronisch erstellten Niederschrift ist die Unterschrift der Zeugen nicht erforderlich.

(5) Die Vollstreckungsstelle kann den Zeugen eine Mehrausfertigung der Urkunde erteilen.

### 31. Verhalten bei Einwendungen

(1) Durch Einwendungen des Vollstreckungsschuldners oder eines Dritten darf sich der Vollziehungsbeamte regelmäßig nicht von der Ausführung der Vollstreckung abhalten lassen.

(2)[2)] [1]Der Vollziehungsbeamte hat den Vollstreckungsschuldner an die zuständige Stelle, die den der Vollstreckung zu Grunde liegenden Verwaltungsakt erlassen hat, zu verweisen, den Vollstreckungsauftrag aber auszuführen, wenn der Vollstreckungsschuldner

1. einwendet, der Anspruch auf die beizutreibende Leistung sei nicht oder nicht in voller Höhe entstanden, oder

---

[1)] Abschn. 30 Abs. 4 Satz 3 und Abs. 5 angef. durch Allg. Verwaltungsvorschrift v. 10. 3. 2011, BStBl. I S. 238.

[2)] Abschn. 31 Abs. 2 neu gef. durch Allg. Verwaltungsvorschrift v. 23. 10. 2017, BStBl. I S. 1374.

2. bei Einkommensteuer- oder Vermögensteuerrückständen beantragt, nach § 268 AO die Vollstreckung auf den Steuerbetrag zu beschränken, der sich bei einer Aufteilung der im Zeitpunkt der Einleitung der Vollstreckung rückständigen Steuer ergibt.

[2]Dasselbe gilt vorbehaltlich des Abschn. 11 auch, wenn der Vollstreckungsschuldner einwendet, dass

1. der Anspruch erloschen oder gestundet,
2. die Anordnung der Vollstreckung unzulässig oder
3. der Vollzug eines Zwangsgeldes nach § 335 AO einzustellen sei.

[3]In diesen Fällen ist der Vollstreckungsschuldner an die zuständige Vollstreckungsbehörde zu verweisen, die den Vollstreckungsauftrag erteilt hat.

(3) [1]Wendet sich der Vollstreckungsschuldner gegen Vollstreckungsmaßnahmen, so hat der Vollziehungsbeamte ihn an die Vollstreckungsstelle zu verweisen. [2]Dies hat insbesondere zu geschehen, wenn geltend gemacht wird,

1. der Vollziehungsbeamte sei zur Ausführung der Vollstreckung nicht zuständig,
2. der Vollziehungsbeamte sei bei Ausführung der Vollstreckung nicht im Besitz eines Vollstreckungsauftrags oder habe die Grenzen überschritten, die sich aus dem Vollstreckungsauftrag ergäben,
3. mit der Ausführung der Vollstreckung sei vorzeitig begonnen worden,
4. eine Überpfändung sei erfolgt,
5. Gegenstände, die der Pfändung nicht unterlägen, seien gepfändet worden,
6. der Vollstreckungsschuldner sei nicht verpflichtet, die Kosten der Vollstreckung zu tragen, oder die Kosten seien nicht richtig berechnet.

[3]Wendet der Vollstreckungsschuldner ein, einem Dritten stehe an dem Gegenstand der Vollstreckung ein die Veräußerung hinderndes Recht zu oder zugunsten eines Dritten bestehe ein Veräußerungsverbot, hat der Vollziehungsbeamte ihn darauf hinzuweisen, daß der Berechtigte seine Ansprüche gegenüber der Vollstreckungsstelle geltend zu machen hat.

(4) [1]Auch einen Dritten, der Einwendungen gegen die vorgenommene Pfändung erhebt, hat der Vollziehungsbeamte an die Vollstreckungsstelle zu verweisen. [2]Dies gilt insbesondere, wenn geltend gemacht wird,

1. der Vollziehungsbeamte habe eine im Gewahrsam des Dritten befindliche Sache gepfändet, zu deren Herausgabe der Dritte nicht bereit gewesen sei,
2. dem Dritten stehe an dem Gegenstand der Vollstreckung ein die Veräußerung hinderndes Recht zu oder zugunsten des Dritten bestehe ein Veräußerungsverbot.

[3]Der Vollziehungsbeamte hat aber die sofortige Entscheidung der Vollstreckungsstelle – gegebenenfalls fernmündlich – herbeizuführen und erforderlichenfalls den betreffenden Gegenstand von der Versteigerung auszunehmen, wenn der Dritte die Einwendungen erst in dem Versteigerungstermin vorbringt und glaubhaft macht, daß seine Einwendungen berechtigt sind.

## Pfändung

### 32. Allgemeines

(1) Der Pfändung unterliegen die im Gewahrsam des Vollstreckungsschuldners oder eines zur Herausgabe bereiten Dritten befindlichen beweglichen Sachen des Vollstreckungsschuldners, sofern sie nicht nach den Abschn. 33 bis 40 von der Pfändung ausgenommen sind.

(2) Der Auftrag zur Pfändung beweglicher Sachen bezieht sich auch auf

1. Wertpapiere, die auf den Inhaber oder auf den Namen lauten (Abschn. 15 Abs. 3 Nr. 1),
2. Früchte, die vom Boden noch nicht getrennt sind (Abschn. 39).

(3)[1)] [1]Lautet der Vollstreckungsauftrag lediglich auf Pfändung beweglicher Sachen, so darf der Vollziehungsbeamte Wechsel und sonstige Wertpapiere, die an Order lauten (Abschn. 15 Abs. 3 Nr. 2), nicht wegnehmen. [2]Regelmäßig erteilt jedoch die Vollstreckungsstelle mit dem Auftrag, bewegliche Sachen zu pfänden, zugleich auch den Auftrag, Wechsel und sonstige Wertpapiere, die an Order lauten, wegzunehmen.

(4) [1]Auch der erweiterte Auftrag nach Abs. 3 Satz 2 ermächtigt den Vollziehungsbeamten an sich nicht, die in Abschn. 15 Abs. 4 bezeichneten Urkunden, sog. Beweisurkunden, wie zum Beispiel Sparbücher, auf den Inhaber lautende Versicherungsscheine usw., wegzunehmen, da es sich bei diesen Urkunden nicht um Wertpapiere handelt. [2]Der Vollziehungsbeamte darf diese Urkunden vielmehr grundsätzlich nur auf Grund eines besonderen Auftrags der Vollstreckungsstelle (Abschn. 50 Abs. 1) wegnehmen. [3]Findet der Vollziehungsbeamte aber solche Urkunden bei dem Vollstreckungsschuldner vor, ohne mit ihrer Wegnahme ausdrücklich beauftragt zu sein, so kann er die Urkunden unter unverzüglicher Anzeige an die Vollstreckungsstelle vorläufig in Besitz nehmen (Hilfspfändung). [4]Abschn. 21, 48 und 59 sind anzuwenden. [5]Das Weitere veranlaßt die Vollstreckungsstelle.

### 33. Unpfändbare Sachen und Tiere

(1) Die folgenden Sachen darf der Vollziehungsbeamte nicht pfänden, und zwar auch dann nicht, wenn der Vollstreckungsschuldner der Pfändung zustimmt:

1. die dem persönlichen Gebrauch oder dem Haushalt dienenden Sachen, insbesondere Kleidungsstücke, Wäsche, Betten, Haus- und Küchengerät, soweit der Vollstreckungsschuldner ihrer zu einer seiner Berufstätigkeit und seiner Verschuldung angemessenen, bescheidenen Lebens- und Haushaltsführung bedarf; ferner Gartenhäuser, Wohnlauben und ähnliche, Wohnzwecken dienende Einrichtungen, die der Vollstreckung in das bewegliche Vermögen unterliegen und deren der Vollstreckungsschuldner oder seine Familie zur ständigen Unterkunft bedarf,
2. die für den Vollstreckungsschuldner, seine Familie und seine Hausangehörigen, die ihm im Haushalt helfen, auf vier Wochen erforderlichen Nah-

---

[1)] Abschn. 32 Abs. 3 neu gef. durch Allg. Verwaltungsvorschrift v. 23. 10. 2017, BStBl. I S. 1374.

rungs-, Feuerungs- und Beleuchtungsmittel oder, soweit für diesen Zeitraum solche Vorräte nicht vorhanden sind und ihre Beschaffung auf anderem Wege nicht gesichert ist, den zur Beschaffung erforderlichen Geldbetrag. [2]Zur Familie im Sinne dieser Bestimmung gehören nur die mit dem Vollstreckungsschuldner in häuslicher Gemeinschaft zusammen wohnenden und wirtschaftlich von ihm abhängigen Familienmitglieder,

3. Kleintiere in beschränkter Zahl sowie eine Milchkuh oder nach Wahl des Vollstreckungsschuldners statt einer Milchkuh insgesamt zwei Schweine, Ziegen oder Schafe, wenn diese Tiere für die Ernährung des Vollstreckungsschuldners, seiner Familie (Nr. 2 Satz 2) oder Hausangehörigen, die ihm im Haushalt, in der Landwirtschaft oder im Gewerbe helfen, erforderlich sind; ferner die zur Fütterung und zur Streu auf vier Wochen erforderlichen Vorräte oder, soweit solche Vorräte nicht vorhanden sind und ihre Beschaffung für diesen Zeitraum auf anderem Wege nicht gesichert ist, der zu ihrer Beschaffung erforderliche Geldbetrag,

4. a) bei Personen, die Landwirtschaft betreiben, zum Beispiel auch beim Pächter, das zum Wirtschaftsbetrieb erforderliche Gerät und Vieh nebst dem nötigen Dünger sowie die landwirtschaftlichen Erzeugnisse, soweit sie zur Sicherung des Unterhalts des Vollstreckungsschuldners, seiner Familie (Nr. 2 Satz 2) und seiner Arbeitnehmer oder zur Fortführung der Wirtschaft bis zur nächsten Ernte gleicher oder ähnlicher Erzeugnisse erforderlich sind. [2]Das auf einem Landgut befindliche, zum Landwirtschaftsbetrieb bestimmte – also nicht bloß das zu dem Landwirtschaftsbetrieb notwendige – Gerät und Vieh ist Zubehör des Landguts (Abschn. 40 Abs. 3 Nr. 2) und kann insoweit nicht gepfändet werden, als die Zubehörstücke dem Grundstückseigentümer gehören,

   b) bei Arbeitnehmern in landwirtschaftlichen Betrieben die ihnen als Vergütung gelieferten Naturalien, soweit der Vollstreckungsschuldner ihrer zu seinem und seiner Familie (Nr. 2 Satz 2) Unterhalt bedarf,

5. bei Personen, die aus ihrer körperlichen oder geistigen Arbeit oder sonstigen persönlichen Leistungen ihren Erwerb ziehen, die zur Fortsetzung dieser Erwerbstätigkeit erforderlichen Gegenstände,

6. bei den Witwen und minderjährigen Erben der unter Nr. 5 bezeichneten Personen, wenn sie die Erwerbstätigkeit für ihre Rechnung durch einen Stellvertreter fortführen, die zur Fortführung dieser Erwerbstätigkeit erforderlichen Gegenstände,

7. Dienstkleidungsstücke sowie Dienstausrüstungsgegenstände, soweit sie zum Gebrauch des Vollstreckungsschuldners bestimmt sind, sowie bei Beamten, Geistlichen, Rechtsanwälten, Notaren, Ärzten und Hebammen die zur Ausübung des Berufs erforderlichen Gegenstände einschließlich angemessener Kleidung,

8. bei Personen, die wiederkehrende Einkünfte der in den §§ 850 bis 850 b ZPO bezeichneten Art beziehen, ein Geldbetrag, der dem der Pfändung nicht unterworfenen Teil der Einkünfte für die Zeit von der Pfändung bis zu dem nächsten Zahlungstermin entspricht,

9. die zu dem Betrieb einer Apotheke unentbehrlichen Geräte, Gefäße und Waren,
10. die Bücher, die zum Gebrauch des Vollstreckungsschuldners und seiner Familie (Nr. 2 Satz 2) in der Kirche, Schule, sonstigen Unterrichtsanstalten oder bei der häuslichen Andacht bestimmt sind,
11. die in Gebrauch genommenen Haushaltungs- und Geschäftsbücher, die Familienpapiere sowie die Trauringe, Orden und Ehrenzeichen,
12. künstliche Gliedmaßen, Brillen und andere wegen körperlicher Gebrechen notwendige Hilfsmittel, soweit diese Gegenstände zum Gebrauch des Vollstreckungsschuldners und seiner Familie (Nr. 2 Satz 2) bestimmt sind,
13. die zur unmittelbaren Verwendung für die Bestattung bestimmten Gegenstände,
14. die Nutzungen der Erbschaft bei Einsetzung eines Nacherben sowie die Nutzungen des Gesamtguts einer fortgesetzten Gütergemeinschaft in den Fällen des § 863 ZPO,
15. die Fahrbetriebsmittel aller Eisenbahnen, die Güter oder Personen im öffentlichen Verkehr befördern (Gesetz betreffend die Unzulässigkeit der Pfändung von Eisenbahnfahrbetriebsmitteln in der im Bundesgesetzblatt Teil III, Gliederungs-Nr. 310–11 veröffentlichten bereinigten Fassung),
16. Vorrichtungen, die ausschließlich zur Vervielfältigung oder Funksendung eines Werkes i. S. d. Urheberrechtsgesetzes sowie zur Vorführung eines Filmwerkes bestimmt sind, wie Formen, Platten, Steine, Druckstöcke, Matrizen, Negative, Filmstreifen und dergleichen. [2]Gleiches gilt nach näherer Bestimmung des § 119 Abs. 3 UrhG für bestimmte Ausgaben, Lichtbilder und Bild- und Tonträger.

(2) [1]Originale von Werken i. S. d. Urheberrechtsgesetzes dürfen im Vollstreckungsverfahren gegen den Urheber oder dessen Rechtsnachfolger nur gepfändet werden, wenn der Urheber oder Rechtsnachfolger oder im Falle des § 28 Abs. 2 UrhG der Testamentsvollstrecker einwilligt oder wenn es einer Einwilligung nach § 114 Abs. 2 oder § 116 Abs. 2 UrhG nicht bedarf. [2]Dies gilt nach Maßgabe des § 118 UrhG sinngemäß für wissenschaftliche Ausgaben und Lichtbilder.

(3) [1]Tiere, die im häuslichen Bereich und nicht zu Erwerbszwecken gehalten werden, sind der Pfändung nicht unterworfen. [2]Eine Pfändung ist jedoch wegen des hohen Wertes des Tieres zulässig, wenn die Unpfändbarkeit für den Vollstreckungsgläubiger eine Härte bedeuten würde, die auch unter Würdigung der Belange des Tierschutzes und der berechtigten Interessen des Schuldners nicht zu rechtfertigen ist.

## 34. Künftiger Wegfall der Unpfändbarkeit, Vorwegpfändung; künftiger Wegfall der Pfändbarkeit

(1) [1]Ist zu erwarten, daß eine nach Abschn. 33 unpfändbare Sache demnächst pfändbar wird, zum Beispiel wegen eines bevorstehenden Berufswechsels des Vollstreckungsschuldners, so kann sie der Vollziehungsbeamte pfänden (Vorwegpfändung). [2]Er soll dies insbesondere tun, wenn er andere pfändbare

Sachen von ausreichendem Wert nicht vorfindet. [3]Er muß die gepfändete Sache aber im Gewahrsam des Vollstreckungsschuldners belassen. [4]In der Pfändungsniederschrift (Abschn. 48) muß der Vollziehungsbeamte ausführen, daß es sich um eine vorweggenommene Pfändung handelt; ferner soll er angeben, wann die Sache voraussichtlich pfändbar wird. [5]Die Vollstreckung darf nur auf schriftliche oder elektronische Weisung der Vollstreckungsstelle fortgesetzt, insbesondere die Sache weggenommen und verwertet werden, wenn die Sache pfändbar geworden ist[1]). [6]Ist die Sache nicht binnen eines Jahres pfändbar geworden, so ist die Pfändung auf schriftliche Weisung der Vollstreckungsstelle aufzuheben. [7]Hierbei ist nach Abschn. 57 Abs. 1, 2 und 4 bis 7 zu verfahren.

(2) Der Vollziehungsbeamte ist nicht berechtigt, eine Pfändung deshalb zu unterlassen, weil die zu pfändende Sache wahrscheinlich demnächst unpfändbar wird.

### 35. Austauschpfändung

(1) [1]Die Vollstreckungsstelle kann die Pfändung einer nach Abschn. 33 Abs. 1 Nrn. 1, 5 und 6 unpfändbaren Sache mit der Maßgabe anordnen, daß dem Vollstreckungsschuldner vor der Wegnahme der Sache ein Ersatzstück, das dem geschützten Verwendungszweck genügt, oder der zur Beschaffung eines solchen Ersatzstücks erforderliche Geldbetrag überlassen wird. [2]Die Vollstreckungsstelle setzt den Wert des Ersatzstücks oder den zur Ersatzbeschaffung erforderlichen Geldbetrag fest.

(2) Ist die rechtzeitige Ersatzbeschaffung dem Vollstreckungsgläubiger nicht möglich oder nicht zuzumuten, so kann die Vollstreckungsstelle die Pfändung mit der Maßgabe anordnen, daß dem Vollstreckungsschuldner der zur Ersatzbeschaffung notwendige – und von der Vollstreckungsstelle festgesetzte – Geldbetrag aus dem Verwertungserlös überlassen wird.

(3) [1]Der Verwaltungsakt, mit dem die Vollstreckungsstelle die Austauschpfändung anordnet, ist dem Vollstreckungsschuldner und den sonst Beteiligten zuzustellen. [2]Mit der Zustellung kann der Vollziehungsbeamte – in der Regel gleichzeitig mit der Aushändigung des Vollstreckungsauftrags zur Pfändung der Sache – beauftragt werden; die Zustellung erfolgt nach § 5 VwZG gegen Empfangsbekenntnis. [3]Der Vollziehungsbeamte soll in diesem Fall zunächst den Verwaltungsakt zustellen und anschließend die Sache pfänden.

(4) [1]Ordnet die Vollstreckungsstelle die Austauschpfändung nach Abs. 1 an, so veranlaßt sie auch die vorschußweise Auszahlung des zur Beschaffung notwendigen Geldbetrags durch die zuständige Kasse und gegebenenfalls die Beschaffung des erforderlichen Ersatzstücks. [2]Mit der Entgegennahme des Geldbetrags und der Beschaffung des Ersatzstücks kann der Vollziehungsbeamte beauftragt werden.

(5) [1]Abgesehen von den Fällen des Abschn. 36 führt der Vollziehungsbeamte die Austauschpfändung und die damit zusammenhängenden Maßnahmen nur auf besondere Weisung der Vollstreckungsstelle durch. [2]Er übergibt

---

[1]) Abschn. 34 Abs. 1 Satz 5 neu gef. durch Allg. Verwaltungsvorschrift v. 10. 3. 2011, BStBl. I S. 238.

in den Fällen des Abs. 1 dem Vollstreckungsschuldner spätestens bei der Wegnahme der Sache das Ersatzstück oder den zur Ersatzbeschaffung erforderlichen Geldbetrag gegen Quittung und vermerkt dies in der Pfändungsniederschrift (Abschn. 48).

(6) [1]Soll dem Vollstreckungsschuldner der zur Ersatzbeschaffung notwendige Geldbetrag nach Abs. 2 aus dem Verwertungserlös überlassen werden, so hat der Vollziehungsbeamte die Sache zu pfänden und sie zunächst im Gewahrsam des Vollstreckungsschuldners zu belassen. [2]Zur Wegnahme der Sache ist der Vollziehungsbeamte nur auf Grund eines besonderen Auftrags der Vollstreckungsstelle befugt, der ihm erst erteilt werden kann, nachdem die Entscheidung, mit der die Vollstreckungsstelle die Austauschpfändung angeordnet hat, unanfechtbar geworden ist. [3]Wird der Vollziehungsbeamte mit der Verwertung der Sache beauftragt (Abschn. 51), so wird er gleichzeitig angewiesen, den zur Ersatzbeschaffung erforderlichen Geldbetrag vorweg aus dem Erlös zu entnehmen und dem Vollstreckungsschuldner gegen Quittung auszuhändigen. [4]Den ausgehändigten Betrag hat der Vollziehungsbeamte in der Zusammenstellung nach Abschn. 23 Nr. 2 nach den „Auslagen" besonders auszuweisen.

(7) Der dem Vollstreckungsschuldner an Stelle eines Ersatzstücks überlassene Geldbetrag ist unpfändbar.

## 36. Vorläufige Austauschpfändung

(1) Ohne vorherige Anordnung der Vollstreckungsstelle darf der Vollziehungsbeamte eine Austauschpfändung durchführen (vorläufige Austauschpfändung), wenn die folgenden Voraussetzungen gleichzeitig gegeben sind:

1. im Gewahrsam des Vollstreckungsschuldners dürfen außerhalb der beabsichtigten Austauschpfändung pfändbare Sachen nicht vorgefunden werden oder aber zur Befriedigung nicht ausreichen.
2. Es muß zu erwarten sein, daß der Verwertungserlös den Wert des Ersatzstücks erheblich übersteigen wird.
3. Die vorläufige Austauschpfändung muß nach Lage der Verhältnisse angemessen erscheinen.

(2) [1]Der Vollziehungsbeamte hat die vorläufig gepfändeten Sachen im Gewahrsam des Vollstreckungsschuldners zu belassen. [2]In der Pfändungsniederschrift (Abschn. 48) hat er zu vermerken, daß es sich um eine vorläufige Austauschpfändung handelt. [3]Außerdem hat er in jedem Fall den gewöhnlichen Verkaufswert und den Schätzwert der gepfändeten Sachen (Abschn. 48 Abs. 1 Nr. 4) anzugeben und vorzuschlagen, welches Ersatzstück nach Art und besonderen Eigenschaften dem geschützten Verwendungszweck genügt.

(3) [1]Für die weiteren Maßnahmen (Wegnahme und Verwertung der Pfandsachen oder Aufhebung der Pfändung) erhält der Vollziehungsbeamte nähere Weisungen durch die Vollstreckungsstelle. [2]Er darf von sich aus die Pfändung nur unter den Voraussetzungen des Abschn. 57 Abs. 1 aufheben.

### 37.[1] Unpfändbarkeit von Gegenständen, deren Veräußerung unzulässig ist

[1]Gegenstände, deren Veräußerung unzulässig ist, dürfen nicht gepfändet werden; das gilt insbesondere für Sachen, die gewerbliche Schutzrechte, Vorschriften zum Schutz geographischer Angaben und Ursprungsbezeichnungen sowie Alleinverkaufsrechte verletzten. [2]Gewerbliche Schutzrechte sind Marken-, Patent-, Gebrauchsmuster- und Urheberrechte sowie die Rechte über Geschmacksmuster, Sortenschutz und Halbleitertopographie. [3]Lebensmittel dürfen nur gepfändet werden, wenn sie nach den Vorschriften des Lebensmittelrechts als solche in Verkehr gebracht werden dürfen oder wenn anderweitige Verwertungsmöglichkeiten in Betracht kommen.

### 38. Pfändung von Barmitteln aus Miet- und Pachtzinszahlungen

[1]Barmittel aus Miet- und Pachtzinszahlungen sollen nicht gepfändet werden, wenn offenkundig ist, daß sie für den Vollstreckungsschuldner zur laufenden Unterhaltung des Grundstücks, zur Vornahme notwendiger Instandsetzungsarbeiten und zur Befriedigung von Ansprüchen unentbehrlich sind, die bei einer Vollstreckung in das Grundstück dem Anspruch des Vollstreckungsgläubigers nach § 10 ZVG vorgehen würden. [2]Sind diese Voraussetzungen nicht offenkundig, so hat der Vollziehungsbeamte die Pfändung durchzuführen. [3]Erhebt der Vollstreckungsschuldner gegen die Pfändung Einwendungen nach Satz 1, so hat ihn der Vollziehungsbeamte an die Vollstreckungsstelle zu verweisen. [4]Außerdem hat er ihn darüber zu belehren, daß die Vollstreckungsstelle einen Antrag auf Aufhebung der Pfändung, der nicht binnen zwei Wochen nach der Pfändung gestellt wird, unter Umständen ohne sachliche Prüfung zurückweisen kann. [5]Die Belehrung ist in der Pfändungsniederschrift (Abschn. 48) zu vermerken.

### 39. Unpfändbarkeit von Grundstücksbestandteilen; Pfändbarkeit von Früchten, die vom Boden noch nicht getrennt sind

(1) [1]Der Vollziehungsbeamte darf grundsätzlich Bestandteile eines Grundstücks nicht pfänden. [2]Dazu gehören unter anderem:

1. Gebäude und Maschinen, es sei denn, daß sie nur zu einem vorübergehenden Zweck mit dem Grund und Boden fest verbunden sind, zum Beispiel, wenn sie ein Mieter auf die Dauer des Mietvertrags mit dem Grundstück des Vermieters verbunden hat, oder daß sie in Ausübung eines Rechts an einem fremden Grundstück, zum Beispiel Erbbaurecht, Nießbrauch, Grunddienstbarkeit, Überbaurecht und ähnlichem dinglichen Recht, von dem Berechtigten mit dem Grundstück verbunden worden sind. [2]Der Vollziehungsbeamte darf aber auch auf Grund eines Erbbaurechts oder eines Überbaurechts errichtete Gebäude nicht pfänden, weil diese der Vollstreckung in das unbewegliche Vermögen unterliegen.
2. Grundstückserzeugnisse, solange sie mit dem Boden zusammenhängen, zum Beispiel das auf dem Grundstück stehende schlagbare Holz,

---

[1] Abschn. 37 Satz 1 neu gef., Satz 2 eingef., bish. Satz 2 wird Satz 3 durch Allg. Verwaltungsvorschrift v. 22. 1. 2008, BStBl. I S. 274.

3. Mineralien, Torf und dergleichen, solange sie noch nicht gewonnen (von dem Grundstück noch nicht getrennt) sind.

(2) [1]Pfändbar sind hingegen Garten-, Feld- und ähnliche Früchte, die vom Boden noch nicht getrennt sind, wenn

1. ihre Reife innerhalb eines Monats bevorsteht,
2. sie nicht nach Abschn. 33 Abs. 1 Nr. 4 Buchst. a unpfändbar sind und
3. sie nicht bereits durch Vollstreckung in das unbewegliche Vermögen beschlagnahmt worden sind.

[2]Die Beschlagnahme im Weg der Vollstreckung in das unbewegliche Vermögen des Verpächters berührt nicht das Recht des Pächters auf Fruchtgenuß und schließt deshalb auch nicht eine Vollstreckung gegen den Pächter durch Pfändung ungetrennter Garten-, Feld- und ähnlicher Früchte aus.

### 40. Unpfändbarkeit von Grundstückszubehör und Schiffszubehör; Pfändbarkeit der vom Boden bereits getrennten Grundstückserzeugnisse und sonstigen Grundstücksbestandteile

(1) Das Zubehör eines Grundstücks kann nicht gepfändet werden, soweit die Zubehörstücke dem Grundstückseigentümer gehören.

(2) [1]Zubehör eines Grundstücks sind bewegliche Sachen, die, ohne Bestandteile des Grundstücks zu sein, dem wirtschaftlichen Zweck des Grundstücks zu dienen bestimmt sind und zu dem Grundstück in einem dieser Bestimmung entsprechenden räumlichen Verhältnis stehen. [2]Eine Sache ist nicht Grundstückszubehör, wenn sie im Verkehr nicht als solches angesehen wird. [3]Wird eine Sache vorübergehend für den wirtschaftlichen Zweck eines Grundstücks benutzt, so wird sie dadurch noch nicht Zubehör des Grundstücks. [4]Wird eine zum Zubehör eines Grundstücks gehörende Sache vorübergehend von dem Grundstück entfernt, so verliert sie dadurch nicht die Eigenschaft als Zubehör dieses Grundstücks.

(3) Beispiele von Grundstückszubehör:

1. Zubehör eines für einen gewerblichen Betrieb dauernd eingerichteten Gebäudes sind insbesondere die in dem Gebäude befindlichen, zu dem Gewerbebetrieb bestimmten Maschinen und sonstigen Gerätschaften, wenn sie nicht Bestandteile des Grundstücks geworden sind,
2. Zubehör eines Landguts sind insbesondere
   a) das auf dem Landgut befindliche, zum Landwirtschaftsbetrieb bestimmte – also nicht bloß das zu dem Landwirtschaftsbetrieb notwendige – Gerät und Vieh,
   b) die landwirtschaftlichen Erzeugnisse, soweit sie zur Fortführung der Landwirtschaft bis zu der Zeit erforderlich sind, zu der gleiche oder ähnliche Erzeugnisse voraussichtlich gewonnen werden,
   c) der vorhandene, auf dem Gut gewonnene Dünger.

(4) [1]Das Zubehör eines im Schiffsregister eingetragenen Schiffs kann insoweit nicht gepfändet werden, als die Zubehörstücke dem Schiffseigentümer gehören. [2]Zubehör eines Seeschiffs sind auch die Schiffsboote.

(5) Sind Erzeugnisse eines Grundstücks oder sonstige Bestandteile eines Grundstücks von dem Boden getrennt worden, so können sie – vorbehaltlich des Abschn. 33 Abs. 1 Nr. 4 Buchst. a – gepfändet werden, solange sie nicht durch Vollstreckung in das unbewegliche Vermögen beschlagnahmt worden sind.

### 41. Unzulässigkeit von Überpfändungen

(1) [1]Die Pfändung darf nicht weiter ausgedehnt werden, als es zur Deckung der beizutreibenden Geldbeträge erforderlich ist. [2]Der Vollziehungsbeamte rechnet deshalb den von ihm geschätzten, voraussichtlich erzielbaren Erlös der Pfandstücke (Abschn. 48 Abs. 1 Nr. 4) laufend zusammen und vergleicht diese Summe mit der Summe der beizutreibenden Geldbeträge, um Überpfändungen zu vermeiden.

(2) Der Vollziehungsbeamte darf die Pfändung über die im Abs. 1 bezeichnete Grenze hinaus erstrecken, wenn der Vollstreckungsschuldner oder ein Dritter Einwendungen gegen die Pfändung bestimmter Sachen erhebt oder ankündigt und der Vollziehungsbeamte im Zweifel darüber ist, welche Pfandstücke zur Deckung der beizutreibenden Geldbeträge verwendbar bleiben werden.

### 42. Auswahl der zu pfändenden Sachen

(1) [1]Der Vollziehungsbeamte hat in erster Linie bares Geld, Kostbarkeiten und Wertpapiere, die auf den Inhaber oder auf Namen lauten, zu pfänden. [2]Deckt der gepfändete Geldbetrag nicht die gesamten beizutreibenden Geldbeträge, hat der Vollziehungsbeamte den Teilbetrag nach Abschn. 27 Abs. 1[1)] anzurechnen.

(2) [1]Die Pfändung hat zu unterbleiben, wenn die Verwertung der Sachen einen Überschuß über die Kosten der Vollstreckung nicht erwarten läßt. [2]Auch pfändbare Gegenstände, die zum gewöhnlichen Hausrat gehören und im Haushalt des Vollstreckungsschuldners gebraucht werden, sollen nicht gepfändet werden, wenn ohne weiteres ersichtlich ist, daß durch ihre Verwertung nur ein Erlös erzielt werden würde, der zu dem Wert außer allem Verhältnis steht.

(3) Sachen, deren Aufbewahren, Unterhalten oder Fortschaffen unverhältnismäßige Kosten verursachen würden oder deren Verwerten schwierig oder nur mit großem Verlust für den Vollstreckungsschuldner möglich wäre, und Gegenstände, deren Pfändbarkeit zweifelhaft ist, sind nur zu pfänden, wenn andere Sachen nicht in ausreichendem Maß vorhanden sind.

(4) Sachen, die bereits für andere Gläubiger gepfändet sind, soll der Vollziehungsbeamte nur dann pfänden, wenn

1. andere zur Befriedigung des Vollstreckungsgläubigers ausreichende pfändbare Sachen nicht vorgefunden werden; in diesem Fall ist die weitere Pfändung regelmäßig auch dann vorzunehmen, wenn nicht zu erwarten ist, daß nach Befriedigung der vorausgehenden Gläubiger noch ein Überschuß verbleiben wird,

---

1) Zitat in Abschn. 42 Abs. 1 Satz 2 geänd. durch Allg. Verwaltungsvorschrift v. 23. 10. 2017, BStBl. I S. 1374.

2. die Vollstreckungsstelle die weitere Pfändung ausdrücklich angeordnet hat oder
3. der Vollziehungsbeamte aus besonderen Gründen die weitere Pfändung für zweckentsprechender hält als die Pfändung anderer noch nicht gepfändeter Sachen.

(5) Lautet der Vollstreckungsauftrag nicht nur auf Pfändung beweglicher Sachen, sondern auch auf Wegnahme von Wechseln und sonstigen Wertpapieren, die an Order lauten (vgl. Abschn. 32 Abs. 3 Satz 2), so soll der Vollziehungsbeamte solche Wertpapiere nur dann wegnehmen, wenn andere Pfandstücke nicht vorhanden sind oder zur Befriedigung des Vollstreckungsgläubigers voraussichtlich nicht ausreichen.

(6) Sachen, die dem Vollstreckungsgläubiger zur Sicherung übereignet sind, soll der Vollziehungsbeamte nur auf besondere Anordnung der Vollstreckungsstelle pfänden.

## 43. Beachtung des Gewahrsams

(1) Bei Sachen, die sich im Gewahrsam (in der tatsächlichen Gewalt) des Vollstreckungsschuldners befinden, hat der Vollziehungsbeamte nicht zu prüfen, ob sie zum Vermögen des Vollstreckungsschuldners gehören.

(2)[1] [1]Bei den im Besitz eines Ehegatten oder beider Ehegatten befindlichen beweglichen Sachen gilt zugunsten des Vollstreckungsgläubigers nur der Vollstreckungsschuldner oder die Vollstreckungsschuldnerin, unbeschadet der Rechte Dritter, für die Durchführung der Vollstreckung als Gewahrsamsinhaber und Besitzer, es sei denn, die Ehegatten leben getrennt und die Sachen befinden sich im Besitz des Ehegatten, der nicht Vollstreckungsschuldner ist. [2]Inhaberpapiere und Orderpapiere, die mit Blankoindossament versehen sind, stehen den beweglichen Sachen gleich. [3]Bei den ausschließlich zum persönlichen Gebrauch eines Ehegatten bestimmten Sachen gilt für die Durchführung der Vollstreckung, unbeschadet der Rechte Dritter, nur der Ehegatte zugunsten des Vollstreckungsgläubigers als Gewahrsamsinhaber und Besitzer, für dessen Gebrauch sie bestimmt sind. [4]Die Sätze 1 bis 3 gelten für Lebenspartner i. S. d. Lebenspartnerschaftsgesetzes entsprechend.

(3) [1]Gewahrsam kann der Vollstreckungsschuldner unter Umständen auch an Sachen haben, die sich in den Räumen eines Dritten befinden. [2]Beispiel: Der Untermieter, gegen den sich die Vollstreckung richtet, verwahrt einen Teil seiner Sachen, die er in dem ihm vermieteten Zimmer nicht unterbringen kann, in anderen Räumen des Vermieters. [3]In solchen Fällen ist der Vollziehungsbeamte auch berechtigt, die Räume des Dritten zur Durchführung der Vollstreckung zu betreten. [4]Abschn. 28 gilt entsprechend. [5]Sachen, die der gesetzliche Vertreter des Vollstreckungsschuldners für diesen im Gewahrsam hat, sind so zu behandeln, als ob sie sich im Gewahrsam des Vollstreckungsschuldners befänden.

(4) [1]Hausangestellte, Gewerbegehilfen und andere Personen in ähnlich abhängiger Stellung, zum Beispiel Kellner, erlangen als Besitzdiener keinen Ge-

[1] Abschn. 43 Abs. 2 Satz 4 angef. durch Allg. Verwaltungsvorschrift v. 22. 1. 2008, BStBl. I S. 274.

wahrsam an Sachen, die ihnen von dem Dienstherrn überlassen worden sind. [2]Der Vollziehungsbeamte darf solche Sachen auch gegen den Willen des Besitzdieners auf Grund eines Vollstreckungsauftrags gegen den Dienstherrn pfänden. [3]Abschn. 28 ist zu beachten. [4]Den Widerstand des Besitzdieners kann der Vollziehungsbeamte mit Gewalt brechen (Abschn. 30).

(5) [1]Von der Vollstreckung in Sachen, die sich im Gewahrsam des Vollstreckungsschuldners befinden, soll sich der Vollziehungsbeamte in der Regel nicht dadurch abhalten lassen, daß geltend gemacht wird, einem Dritten stehe an der Sache ein die Veräußerung hinderndes Recht zu oder es bestehe ein Veräußerungsverbot zugunsten eines Dritten. [2]Findet jedoch der Vollziehungsbeamte im Gewahrsam des Vollstreckungsschuldners Sachen, die nach den besonderen Umständen des Falls, insbesondere nach den Geschäftsgebräuchen, zweifellos nicht dem Vollstreckungsschuldner gehören, zum Beispiel dem Handwerker zur Reparatur, dem Frachtführer zum Transport oder dem Pfandleiher zum Pfand übergebene Sachen; als Eigentum eines Dritten gekennzeichnetes Leergut; Filmkopien bei einem Lichtspielhausbesitzer; Klagewechsel in den Akten eines Rechtsanwalts, so hat der Vollziehungsbeamte von der Pfändung dieser Sachen abzusehen.

(6)[1)] [1]Der Pfändung unterliegen auch diejenigen beweglichen Sachen des Vollstreckungsschuldners, die sich im Gewahrsam der Vollstreckungsbehörde oder eines zur Herausgabe bereiten Dritten befinden. [2]Eine im gemeinsamen Gewahrsam des Vollstreckungsschuldners und eines Dritten befindliche Sache kann nur mit Zustimmung des Dritten gepfändet werden. [3]Die Erklärung des Dritten, daß er zur Herausgabe bereit sei (der Pfändung zustimme), muß unbedingt sein, wenn nicht die Bedingungen von allen Beteiligten angenommen werden. [4]Die Erklärung muß auch ergeben, daß der Dritte mit der Verwertung der Sache einverstanden ist. [5]Nach der Pfändung kann die Erklärung nicht mehr wirksam widerrufen werden.

(7) [1]Soll nicht in das Vermögen des Vollstreckungsschuldners vollstreckt werden, sondern in ein von ihm verwaltetes fremdes Vermögen, zum Beispiel in den von einem Testamentsvollstrecker verwalteten Nachlaß, so reicht die Feststellung, daß sich pfändbare Sachen im Gewahrsam des Vollstreckungsschuldners befinden, als Voraussetzung für deren Pfändung nicht aus. [2]Der Vollziehungsbeamte hat vielmehr in diesen Fällen auch zu prüfen, ob die Sachen zu dem der Vollstreckung unterworfenen Vermögen gehören, das in dem Vollstreckungsauftrag besonders bezeichnet ist.

## 44. Durchführung der Pfändung

(1) [1]Der Erfolg einer Pfändung hängt vom rechtzeitigen Ausführen und genauen Beachten aller Formvorschriften ab. [2]Durch die ordnungsmäßige Pfändung erwirbt die Körperschaft, der die Vollstreckungsbehörde angehört, ein Pfandrecht an der Sache. [3]Für den Rang des Pfandrechts ist der Zeitpunkt der Pfändung maßgebend. [4]Das durch eine frühere Pfändung begründete Pfandrecht geht also dem durch eine spätere Pfändung entstandenen vor.

---

1) Abschn. 43 Abs. 6 Satz 1 geänd. durch Allg. Verwaltungsvorschrift v. 23. 10. 2017, BStBl. I S. 1374.

(2) Der Vollziehungsbeamte pfändet, indem er

1. Zahlungsmittel (Abschn. 15 Abs. 1), fremde Geldsorten, Wertpapiere (Abschn. 15 Abs. 2 und 3), Wertzeichen (Abschn. 15 Abs. 5) und Kostbarkeiten (Abschn. 15 Abs. 6) an sich nimmt,
2. andere Sachen mit dem Pfandzeichen versieht.

(3) [1]Pfandzeichen sind an einer nicht zu übersehenden Stelle so anzubringen, daß sie ohne näheres Nachforschen für jedermann erkennbar sind. [2]Für eine Mehrzahl von Pfandstücken, insbesondere eine Menge von Waren oder anderen vertretbaren Sachen, die sich in einem Behältnis oder einer Umhüllung befinden oder mit Zustimmung des Vollstreckungsschuldners in einem abgesonderten Raum untergebracht werden, genügt ein gemeinschaftliches Pfandzeichen nur dann, wenn ohne seine Zerstörung kein Stück aus dem Behältnis, der Umhüllung oder dem Raum entfernt werden kann. [3]Die Schlüssel versiegelter Behältnisse oder Räume hat der Vollziehungsbeamte an sich zu nehmen.

(4) [1]Kann an einer Sache, die unter Abs. 2 Nr. 2 fällt, ein Pfandzeichen nicht angebracht werden oder reicht das Pfandzeichen nicht aus, um die Pfändung erkennbar zu machen, so ist an dem Ort, an dem sich die gepfändete Sache befindet, zum Beispiel auf dem Lagerboden, auf dem Speicher, im Viehstall oder – bei Pfändung von Früchten, die vom Boden noch nicht getrennt sind – auf oder bei dem Grundstück, ein auf die Pfändung hinweisendes Schriftstück (Pfandanzeige) so anzubringen, daß jedermann davon Kenntnis nehmen und daraus ersehen kann, welche Sache gepfändet ist. [2]Die Pfandanzeige muß die im Abschn. 19 Abs. 2 Nr. 1 bezeichneten Angaben und eine genaue Bezeichnung des Pfandstücks oder der Pfandstücke enthalten. [3]Wird von den Vorräten des Vollstreckungsschuldners nur ein Teil gepfändet (Abschn. 33 Abs. 1 Nrn. 2 bis 4, Abschn. 40 Abs. 3 Nr. 2, Abschn. 40 Abs. 5), so ist dieser von dem Teil, der dem Vollstreckungsschuldner belassen wird, erkennbar zu trennen.

(5) [1]Ist nach der Pfändung ein Pfandzeichen oder eine Pfandanzeige beschädigt oder entfernt worden oder abgefallen, so hat der Vollziehungsbeamte, sobald er davon Kenntnis erhält, ein neues Pfandzeichen oder eine neue Pfandanzeige unter Aufnahme einer kurzen Niederschrift anzubringen. [2]Besteht der Verdacht des Pfandbruchs, so hat der Vollziehungsbeamte dies der Vollstreckungsbehörde unverzüglich anzuzeigen.

(6) [1]Eine Sache, die unter Abs. 2 Nr. 2 fällt, kann der Vollziehungsbeamte auch pfänden, indem er die Sache an sich nimmt. [2]Dies hat der Vollziehungsbeamte aber nur zu tun, wenn

1. die Befriedigung des Vollstreckungsgläubigers andernfalls gefährdet wäre oder
2. der Vollstreckungsschuldner oder Gewahrsamsinhaber die Fortschaffung der Sache verlangt.

[3]Wird die Sache dem Vollstreckungsschuldner zurückgegeben, so hat der Vollziehungsbeamte Pfandzeichen oder aber eine Pfandanzeige anzubringen, wenn die Pfändung aufrechterhalten werden soll.

(7) [1]Eine unter Abs. 2 Nr. 2 fallende Sache, die der Vollziehungsbeamte an sich nimmt, jedoch nicht der zuständigen Kasse übergibt oder übergeben kann, hat er unverzüglich in die von der Vollstreckungsstelle bestimmte Pfandkammer oder in eine öffentliche Niederlage einzuliefern. [2]Ist dies nicht möglich oder zweckmäßig, so hat er einen zuverlässigen Verwahrer oder Hüter zu bestellen, der auch im Dienst des Vollstreckungsschuldners stehen kann. [3]Den Empfang der Sachen hat der Vollziehungsbeamte sich von dem Verwahrer oder Hüter quittieren zu lassen. [4]Bei Tieren hat der Vollziehungsbeamte den Hüter auch mit der Pflege und Fütterung zu beauftragen. [5]Wegen der Vergütung Hinweis auf Abschn. 18.

(8) [1]Nimmt der Vollziehungsbeamte die Pfandstücke nicht an sich, so hat er den Vollstreckungsschuldner oder den Gewahrsamsinhaber darauf hinzuweisen, daß

1. durch das Anbringen des Pfandzeichens oder der Pfandanzeige der Besitz der Pfandstücke auf den Vollstreckungsgläubiger übergegangen ist,
2. die gepfändete Sache nicht veräußert, weggeschafft, verbraucht, beschädigt oder zerstört werden darf,
3. das Pfandzeichen oder die Pfandanzeige nicht beschädigt oder entfernt werden darf,
4. auch sonst alles unterbleiben muß, was die Rechte des Vollstreckungsgläubigers beeinträchtigen könnte,
5. Vorstehendes nicht nur für den Vollstreckungsschuldner, sondern auch für jeden anderen gilt und
6. Zuwiderhandlungen strafbar sind.

[2]Ist bei einer Pfändung nicht der Vollstreckungsschuldner, wohl aber eine erwachsene Person anwesend, die zur Familie des Vollstreckungsschuldners gehört oder bei ihm oder seiner Familie beschäftigt ist, so ist dieser Person gegenüber entsprechend zu verfahren.

## 45. Pfändung bei Landwirten

(1)[1)] [1]Sollen in einem landwirtschaftlichen Betrieb Gerät, Vieh, Dünger oder landwirtschaftliche Erzeugnisse gepfändet werden (wegen der Einschränkungen, denen solche Pfändungen unterliegen, Hinweis auf Abschn. 33 Abs. 1 Nrn. 3 und 4 Buchst. a, Abschn. 37 Satz 2, Abschn. 39 Abs. 2 und Abschn. 40), so soll der Vollziehungsbeamte einen landwirtschaftlichen Sachverständigen zuziehen, wenn anzunehmen ist, daß der Wert der zu pfändenden Sachen den Betrag von 1000 Euro übersteigt. [2]Das gleiche gilt, wenn – auch bei einem Nichtlandwirt – Früchte gepfändet werden sollen, die vom Boden noch nicht getrennt sind. [3]Haben die zu pfändenden Sachen voraussichtlich einen niedrigeren Wert, so kann der Vollziehungsbeamte einen landwirtschaftlichen Sachverständigen zuziehen. [4]Der Vollziehungsbeamte soll dies tun, wenn der Vollstreckungsschuldner es verlangt und wenn dadurch weder die Vollstreckung verzögert wird noch unverhältnismäßige Kosten entstehen.

---

1) Abschn. 45 Abs. 1 geänd. durch Allg. Verwaltungsvorschrift v. 11. 12. 2001, BStBl. I S. 984.

(2) Der Vollziehungsbeamte hat mit dem Sachverständigen hinsichtlich der in Aussicht genommenen Pfändung zu erörtern:

1. ob die Sachen nach Abschn. 33 Abs. 1 Nr. 4 Buchst. a oder Abschn. 40 von der Pfändung ausgenommen sind oder der Pfändung unterliegen,
2. ob die gewöhnliche Zeit der Reife der von dem Boden noch nicht getrennten Früchte binnen einem Monat zu erwarten ist und ob die Früchte ganz oder zum Teil zur Fortführung der Landwirtschaft des Vollstreckungsschuldners bis zu der Zeit erforderlich sind, zu der gleiche oder ähnliche Erzeugnisse voraussichtlich gewonnen werden,
3. welchen Wert die Sachen haben.

(3) [1]Über die im Abs. 2 bezeichneten Fragen hat der Sachverständige sich gutachtlich (mündlich oder schriftlich) zu äußern. [2]Wegen einer etwaigen Entschädigung Hinweis auf Abschn. 18. [3]Das Gutachten ist für den Vollziehungsbeamten nicht bindend. [4]Er soll jedoch von dem Gutachten nur aus besonderen, gewichtigen Gründen abweichen. [5]Das Gutachten ist in die Pfändungsniederschrift aufzunehmen, wenn es mündlich erstattet wird (Abschn. 48 Abs. 1 Nr. 10).

(4) [1]Erscheint der Sachverständige nicht oder verweigert er das Gutachten, so stehen dem Vollziehungsbeamten gegen ihn keine Zwangsmittel zu. [2]Der Vollziehungsbeamte ist auch nicht befugt, von dem Sachverständigen eine Beeidigung des Gutachtens, eine eidesstattliche Versicherung oder eine sonstige Versicherung der Richtigkeit zu fordern.

### 46.[1] Pfändung von Kraftfahrzeugen

(1) [1]Bei der Pfändung von Kraftfahrzeugen oder Kraftfahrzeuganhängern, die sich im Gewahrsam des Vollstreckungsschuldners befinden, wird in der Regel davon auszugehen sein, daß die Befriedigung des Vollstreckungsgläubigers gefährdet ist, wenn die Fahrzeuge im Gewahrsam des Vollstreckungsschuldners verbleiben (Abschn. 44 Abs. 6 Nr. 1). [2]Der Vollziehungsbeamte soll daher Kraftfahrzeuge oder Kraftfahrzeuganhänger, insbesondere wenn die Zulassungsbescheinigung Teil I nicht vorgefunden wird (Abs. 3), nicht durch Anbringen eines Pfandzeichens oder einer Pfandanzeige, sondern durch Wegnahme pfänden (Abschn. 44 Abs. 6 und 7), außer wenn die Vollstreckungsstelle damit einverstanden ist, daß die Fahrzeuge im Gewahrsam des Vollstreckungsschuldners bleiben.

(2) Der Vollziehungsbeamte hat bei der Pfändung von Kraftfahrzeugen oder Kraftfahrzeuganhängern die Fahrzeugdokumente (Zulassungsbescheinigung Teil I – *vormals Fahrzeugschein* – und die Zulassungsbescheinigung Teil II – *vormals Fahrzeugbrief* –) an sich zu nehmen, wenn er diese Papiere bei dem Vollstreckungsschuldner vorfindet.

(3) Findet er die Zulassungsbescheinigung Teil I nicht, so hat er dies in der Pfändungsniederschrift (Abschn. 48) zu vermerken.

---

[1] Abschn. 46 Abs. 1 Satz 2 geänd., Abs. 2 und 3 neu gef., Abs. 4 geänd., Abs. 6 neu gef. durch Allg. Verwaltungsvorschrift v. 22. 1. 2008, BStBl. I S. 274.

(4) [1]Findet er die Zulassungsbescheinigung Teil II nicht, so hat er den Vollstreckungsschuldner oder bei der Vollstreckung anwesende Personen, zum Beispiel Familienangehörige, beim Vollstreckungsschuldner Beschäftigte, nach dem Verbleib der Bescheinigung zu befragen und das Ergebnis in die Pfändungsniederschrift aufzunehmen. [2]Befindet sich die Zulassungsbescheinigung Teil II angeblich bei einem Dritten, so vermerkt der Vollziehungsbeamte in der Pfändungsniederschrift auch dessen Namen und Anschrift sowie die Gründe, weshalb die Bescheinigung sich dort befinden soll, zum Beispiel: „Eigentumsvorbehalt". [3]Hat der Vollziehungsbeamte die Zulassungsbescheinigung Teil II nicht an sich nehmen können, so kann er den Vollstreckungsschuldner darauf hinweisen, daß die Vollstreckungsstelle die Pfändung voraussichtlich der Kraftfahrzeugzulassungsstelle mitteilen wird.

(5) [1]Der Vollziehungsbeamte soll ein gepfändetes Kraftfahrzeug nicht selbst steuern, auch wenn er einen Führerschein hat. [2]Ist der Vollstreckungsschuldner nicht bereit, selbst das Fahrzeug sofort zu überführen, so hat der Vollziehungsbeamte eine geeignete Hilfsperson, zum Beispiel ein Abschleppunternehmen, damit zu beauftragen.

(6) Kann der Vollziehungsbeamte, obwohl die Voraussetzungen hierfür gegeben wären, das Kraftfahrzeug nicht nach den Abs. 1 und 5 wegnehmen, zum Beispiel wegen fehlender Unterbringungsmöglichkeiten, und erscheint die Wegnahme der Zulassungsdokumente nicht ausreichend, um die missbräuchliche Benutzung des Kraftfahrzeugs zu verhindern, so hat der Vollziehungsbeamte zusätzlich noch andere geeignete Sicherungsmaßnahmen zu treffen, wie zum Beispiel die Abnahme und Verwahrung des amtlichen Kennzeichens, wenn das Kraftfahrzeug auf privatem Gelände abgestellt ist, oder das Anbringen einer „Parkkralle".

## 47. Pfändung bereits gepfändeter Sachen

(1) [1]Sind Sachen bereits gepfändet worden, so sind dadurch weitere Pfändungen nicht ausgeschlossen. [2]Die weiteren Pfändungen können wie eine Erstpfändung vorgenommen werden. [3]Es genügt aber auch die Erklärung des Vollziehungsbeamten, daß er die schon gepfändeten Sachen zur Deckung der ihrer Art und Höhe nach zu bezeichnenden Beträge pfändet (Anschlußpfändung). [4]Die Erklärung soll regelmäßig angesichts der Pfandsache abgegeben werden.

(2) [1]Eine Anschlußpfändung ist nur dann rechtswirksam, wenn eine rechtswirksame Erstpfändung vorliegt. [2]Der Vollziehungsbeamte hat sich deshalb zu vergewissern, daß die Erstpfändung rechtswirksam erfolgt ist und noch besteht und welche Sachen von ihr betroffen sind. [3]Er hat deshalb möglichst die Niederschrift über die Erstpfändung einzusehen, auch bei Pfandstücken, die sich im Gewahrsam des Vollstreckungsschuldners oder eines Dritten befinden, an Ort und Stelle nachzusehen, ob die Pfandstücke noch vorhanden sind und die Pfändung noch ersichtlich ist. [4]Hat ein Dritter die Pfandstücke in Gewahrsam, so ist zur Anschlußpfändung seine Zustimmung nicht erforderlich, wenn er in die Erstpfändung eingewilligt hatte.

(3) Der Vollziehungsbeamte soll schon gepfändete Sachen regelmäßig durch Anschlußpfändung und nicht in den Formen einer Erstpfändung pfänden, es sei denn, daß die Rechtswirksamkeit oder das Fortbestehen der vorangegange-

nen Pfändung zweifelhaft oder die Wirksamkeit einer Anschlußpfändung aus sonstigen Gründen fraglich ist.

(4) [1]Nimmt der Vollziehungsbeamte eine Anschlußpfändung vor, so hat er die Erklärung unter genauer Bezeichnung der Zeit und des Orts in die Pfändungsniederschrift aufzunehmen. [2]Eine Mehrausfertigung der Pfändungsniederschrift erhält der Vollstreckungsschuldner nur nach Maßgabe des Abschn. 48 Abs. 2 Nr. 1[1)].

(5) [1]Ist die Erstpfändung im Auftrag einer anderen Vollstreckungsbehörde oder durch einen Gerichtsvollzieher erfolgt, übersendet die Vollstreckungsstelle dieser Vollstreckungsbehörde oder dem Gerichtsvollzieher eine Abschrift der Niederschrift über die weitere Pfändung (§ 307 Abs. 2 AO). [2]Die Anschlußpfändung ist unabhängig von der Übersendung bereits mit der Abgabe der im Abs. 1 Satz 3 vorgesehenen Erklärung bewirkt.

## 48. Niederschrift über die Pfändung

(1) [1]Der Vollziehungsbeamte muß in der Pfändungsniederschrift die in Abschn. 19 Abs. 2 Nr. 1 bezeichneten Angaben machen. [2]Darüber hinaus hat die Niederschrift – außer den allgemeinen Angaben nach Abschn. 20 Abs. 4 und den besonderen Angaben im Einzelfall nach Abschn. 18 Abs. 7, Abschn. 25 Abs. 2, Abschn. 28 Abs. 2, Abschn. 29 Abs. 2, Abschn. 30 Abs. 4, Abschn. 34 Abs. 1, Abschn. 35 Abs. 5, Abschn. 36 Abs. 2, Abschn. 38, 46 Abs. 3 und 4 sowie Abschn. 47 Abs. 4 – noch die folgenden Angaben zu enthalten:

1. die Uhrzeit, zu der die Pfändung erfolgt,
2. die beizutreibenden Geldbeträge,
3. die genaue Bezeichnung der gepfändeten Sachen (Abschn. 21 Abs. 5 ist entsprechend anzuwenden),
4. den gewöhnlichen Verkaufswert (den im freien Verkehr am Ort für Sachen gleicher Art und Güte durchschnittlich erzielbaren Preis) und den Schätzwert (den bei einer Versteigerung voraussichtlich erzielbaren Erlös) der einzelnen gepfändeten Sachen; dabei sollen die Schätzwerte, die der Vollziehungsbeamte für die einzelnen Sachen ansetzt, zusammengerechnet werden, damit eine Überpfändung (Abschn. 41) vermieden wird,
5.[2)] die Art, wie der Vollziehungsbeamte die Pfändung kenntlich gemacht hat, zum Beispiel durch Pfandzeichen; hat der Vollziehungsbeamte eine Pfandanzeige angebracht, so soll er die gepfändeten Sachen nach Nrn. 3 und 4 einzeln aufführen und bewerten sowie der Niederschrift eine Mehrausfertigung der Pfandanzeige beifügen,
6. das mit einem Hüter oder Verwahrer bei deren Bestellung Vereinbarte,
7.[2)] den Grund, weshalb der Vollziehungsbeamte Pfandstücke aus dem Gewahrsam des Vollstreckungsschuldners entfernt hat, sofern es sich nicht um Zahlungsmittel, fremde Geldsorten, Wertpapiere, Wertzeichen oder

[1)] Abschn. 47 Abs. 4 Satz 2 neu gef. durch Allg. Verwaltungsvorschrift v. 10. 3. 2011, BStBl. I S. 238.

[2)] Abschn. 48 Abs. 1 Satz 2 Nr. 5 neu gef. durch Allg. Verwaltungsvorschrift v. 10. 3. 2011, BStBl. I S. 238; Nr. 7 geänd. durch Allg. Verwaltungsvorschrift v. 11. 4. 2000, BStBl. I S. 482.

Kostbarkeiten handelt (Abschn. 44 Abs. 6; Hinweis auch auf Abschn. 46 Abs. 4),

8. die genaue Bezeichnung der durch Hilfspfändung nach Abschn. 32 Abs. 4 weggenommenen Beweisurkunden (Abschn. 15 Abs. 4),
9. die Lage des Grundstücks und seinen ungefähren Flächeninhalt, wenn der Vollziehungsbeamte Früchte gepfändet hat, die vom Boden noch nicht getrennt sind, sowie den Zeitpunkt, wann die Reife der Früchte voraussichtlich eintritt,
10. den Inhalt des von einem Sachverständigen, insbesondere einem landwirtschaftlichen Sachverständigen, erstatteten Gutachtens, wenn es nicht schriftlich abgegeben wurde, und gegebenenfalls der Grund, warum der Vollziehungsbeamte dem Gutachten nicht gefolgt ist,
11. den Namen des Verkäufers oder Sicherungsnehmers, die diesen gegenüber bestehende Restschuld des Vollstreckungsschuldners und die Tilgungsvereinbarungen, wenn der Vollstreckungsschuldner unter Vorlage des Vertrags geltend macht, daß die gepfändete Sache unter Eigentumsvorbehalt geliefert oder vom Vollstreckungsschuldner sicherungshalber einem Dritten (Sicherungsnehmer) übereignet worden ist.

(2)[1] Eine Mehrausfertigung der Niederschrift, die über eine Pfändung oder auch weitere Pfändungen aufgenommen worden ist, erteilt die Vollstreckungsstelle

1. dem Vollstreckungsschuldner, wenn er es verlangt oder wenn in seiner Abwesenheit gepfändet worden ist oder wenn Sachen gepfändet worden sind, die sich nicht in seinem Gewahrsam befinden,
2. dem Gewahrsamsinhaber, wenn er es verlangt,
3. der anderen Vollstreckungsbehörde oder dem Gerichtsvollzieher, der die Erstpfändung durchgeführt hatte (Abschn. 47 Abs. 5).

### 49. Niederschrift über eine fruchtlose Pfändung

(1) Bleibt die Pfändung ganz oder teilweise fruchtlos, kann sich die Niederschrift – mit Ausnahme der Angaben nach Abs. 2 – auf die allgemeine Bemerkung beschränken, daß der Vollstreckungsschuldner keine Sachen oder nur solche Sachen besitze, die der Pfändung nicht unterworfen sind oder durch deren Verwertung ein Überschuß über die Kosten der Vollstreckung nicht zu erwarten ist.

(2) [1]Der Vollziehungsbeamte muß in der Niederschrift über eine fruchtlose Pfändung die Angaben nach Abschn. 19 Abs. 2 Nr. 1 machen. [2]Darüber hinaus hat die Niederschrift – außer den Angaben nach Abschn. 20 Abs. 4 und Abschn. 28 Abs. 2 – noch die folgenden Angaben zu enthalten:

1. die Bezeichnung der vorgefundenen unpfändbaren Sachen von besonderem Wert,

---

[1] Abschn. 48 Abs. 2 Satz 1 neu gef. durch Allg. Verwaltungsvorschrift v. 10. 3. 2011, BStBl. I S. 238.

2. die genaue Bezeichnung vorgefundener Beweisurkunden (Abschn. 15 Abs. 4); wegen der Niederschrift bei ihrer Hilfspfändung Hinweis auf Abschn. 48 Abs. 1 Nr. 8.

### 49 a.[1] Ermittlung der persönlichen und wirtschaftlichen Verhältnisse

[1]Ist die Pfändung ganz oder teilweise fruchtlos geblieben, hat der Vollziehungsbeamte Feststellungen über die persönlichen und wirtschaftlichen Verhältnisse des Vollstreckungsschuldners zu treffen. [2]Er hat den Vollstreckungsschuldner insbesondere danach zu fragen, ob er weitere Sachen, pfändbare Forderungen oder andere Vermögenswerte besitzt und ob und wann er oder der gesetzliche Vertreter für den Vollstreckungsschuldner eine Vermögensauskunft abgegeben hat[2]. [3]Bekannt gewordene Forderungen sind unter Angabe des Schuldners nach Grund und Höhe möglichst genau zu bezeichnen.

## Wegnahme von Sachen; Entgegennahme von Sachen

### 50. Wegnahme von Sachen; Entgegennahme von Sachen

(1)[3] [1]Von den Fällen, in denen der Vollziehungsbeamte Sachen pfändet und an sich nimmt (Abschn. 44 Abs. 2 Nr. 1 und Abs. 6) oder gepfändete Sachen zur Verwertung abholt (Abschn. 52 Abs. 1), sind die Fälle zu unterscheiden, in denen die Vollstreckungsstelle den Vollziehungsbeamten damit beauftragt, die Herausgabe von Sachen zu erwirken (die Sachen nötigenfalls mit Gewalt wegzunehmen). [2]In der Regel handelt es sich hierbei um die Wegnahme von Wertpapieren, die an Order lauten, oder um die Wegnahme von Beweisurkunden (Abschn. 15 Abs. 4). [3]Soll die Herausgabe von Sachen erwirkt werden oder die Wegnahme von Sachen erfolgen, so erhält der Vollziehungsbeamte von der Vollstreckungsstelle außer dem Vollstreckungsauftrag erforderlichenfalls nähere mündliche Weisungen. [4]Abschn. 28 und 29 gelten entsprechend.

(2) Wird der Vollziehungsbeamte mit der Entgegennahme von Sachen bei einem Dritten beauftragt, weil der Anspruch des Vollstreckungsschuldners gegen den Drittschuldner auf Herausgabe der Sachen gepfändet wurde, so ist der Vollziehungsbeamte nicht befugt, die Sachen dem Drittschuldner wegzunehmen; der Vollziehungsbeamte darf also nicht Gewalt anwenden.

(3) [1]In der Niederschrift, die in den Fällen der Abs. 1 und 2 aufzunehmen ist, sind die weg- oder entgegengenommenen Sachen genau zu bezeichnen. [2]Abschn. 21 Abs. 5 ist entsprechend anzuwenden.

(4) Der Vollziehungsbeamte hat mit Sachen, die er weg- oder entgegengenommen hat, nach Abschn. 44 Abs. 7 und Abschn. 59 zu verfahren.

---

[1] Abschn. 49 a neu gef. durch Allg. Verwaltungsvorschrift v. 22. 1. 2008, BStBl. I S. 274.

[2] Abschn. 49 a Satz 2 geänd. durch Art. 2 der Allg. Verwaltungsvorschrift v. 3. 6. 2015, BStBl. I S. 497.

[3] Abschn. 50 Abs. 1 Satz 3 neu gef. durch Allg. Verwaltungsvorschrift v. 10. 3. 2011, BStBl. I S. 238.

## Verwertung

### 51. Versteigerungsauftrag; Auftrag zum freihändigen Verkauf

(1) [1]Ist der Vollziehungsbeamte beauftragt worden, bewegliche Sachen zu pfänden, weg- oder entgegenzunehmen, so ist er auf Grund dieses Auftrags nicht befugt, die Sachen zu verwerten. [2]Dies darf er nur, wenn er einen besonderen schriftlichen Verwertungsauftrag (Versteigerungsauftrag oder Auftrag zum freihändigen Verkauf) von der Vollstreckungsstelle erhalten hat. [3]Die Entscheidung darüber, ob Sachen verwertet werden sollen, steht ausschließlich der Vollstreckungsstelle zu.

(2)[1)] Soll eine Sache verwertet werden, die zuerst von dem Vollziehungsbeamten der Vollstreckungsbehörde und alsdann von einem anderen Vollziehungsbeamten oder von einem Gerichtsvollzieher gepfändet worden ist, so enthält der von der Vollstreckungsstelle erteilte Verwertungsauftrag die Anordnung, dass die Verwertung zur Begleichung sämtlicher Ansprüche zu erfolgen hat, derentwegen die Sache gepfändet worden ist, also auch zum Zweck der Befriedigung des Gläubigers, in dessen Auftrag die weitere Pfändung – Abschn. 47 – vorgenommen worden ist.

(3) Sind vom Boden noch nicht getrennte Früchte gepfändet worden, so bestimmt die Vollstreckungsstelle auch, wenn sie die Verwertung der Früchte anordnet, ob die Früchte vor ihrer Verwertung abzuernten sind.

(4)[2)] [1]Die Vollstreckungsstelle bestimmt Art und Weise sowie Ort und Zeit der Versteigerung und benachrichtigt den Vollstreckungsschuldner, gegebenenfalls auch die Gläubiger, die eine weitere Pfändung vorgenommen haben. [2]Bei einer Versteigerung nach § 296 Abs. 1 Satz 2 Nr. 1 AO werden Ort und Zeit der Versteigerung öffentlich bekannt gemacht. [3]Über die Möglichkeit von Versteigerungen nach § 296 Abs. 1 Satz 2 Nr. 2 AO wird durch ständigen Aushang in der Finanzbehörde allgemein informiert.

(5)[3)] [1]Sind Kostbarkeiten gepfändet worden, so läßt die Vollstreckungsstelle, bevor sie den Versteigerungsauftrag oder den Auftrag zum freihändigen Verkauf erteilt, die Pfandstücke auf ihren gewöhnlichen Verkaufswert, Gold- und Silbersachen auch auf ihren Gold- oder Silberwert durch einen Sachverständigen schätzen. [2]Im übrigen kann die Vollstreckungsstelle, insbesondere bei anderen Pfandstücken mit einem Schätzwert von mehr als 1000 Euro für das Einzelstück, einen Sachverständigen damit beauftragen, die gewöhnlichen Verkaufswerte und die Schätzwerte nachzuprüfen, die der Vollziehungsbeamte angesetzt hat (Abschn. 48 Abs. 1 Nr. 4).

(6)[3)] Zusammen mit dem Verwertungsauftrag erhält der Vollziehungsbeamte von der Vollstreckungsstelle die Urkunden, die im bisherigen Verlauf der Vollstreckung entstanden und für die Durchführung des Verwertungsauftrags

---

[1)] Abschn. 51 Abs. 2 geänd. durch Allg. Verwaltungsvorschrift v. 23. 10. 2017, BStBl. I S. 1374.

[2)] Abschn. 51 Abs. 4 und Abs. 7 neu gef. durch Allg. Verwaltungsvorschrift v. 10. 3. 2011, BStBl. I S. 238.

[3)] Abschn. 51 Abs. 5 Satz 2 geänd. durch Allg. Verwaltungsvorschrift v. 11. 12. 2001, BStBl. I S. 984; Abs. 6 vierter Halbs. geänd. durch Allg. Verwaltungsvorschrift v. 22. 1. 2008, BStBl. I S. 274.

erforderlich sind, zum Beispiel Pfändungsniederschrift – Abschn. 48 –; Gutachten, welche die Vollstreckungsstelle nach Abs. 5 eingeholt hat; Urkunden über weitere Pfändungen in den Fällen des Abs. 2; die Fahrzeugdokumente – Abschn. 46 –, die dem Erwerber übergeben werden sollen usw.

(7)[1] Mit dem Verwertungsauftrag erteilt die Vollstreckungsstelle ferner dem Vollziehungsbeamten, soweit erforderlich, genauere Anweisungen nach Maßgabe der Richtlinien für die Verwertung von beweglichen Sachen, zum Beispiel „Dienstvorschrift für die Verwertungsstellen der Bundesfinanzverwaltung", Elektronische Vorschriftensammlung Bundesfinanzverwaltung – E-VSF – S 16 25.

## 52. Vorbereitung der Versteigerung

(1)[2] [1]Der Vollziehungsbeamte hat die zur Versteigerung bestimmten Sachen rechtzeitig bereitzustellen. [2]Er ist auf Grund des Versteigerungsauftrags befugt, die im Gewahrsam der Vollstreckungsbehörde oder des Vollstreckungsschuldners oder eines Dritten befindlichen Pfandstücke an sich zu nehmen. [3]Abschn. 28 Abs. 2 ist zu beachten.

(2) [1]An Hand der Pfändungsniederschrift (Abschn. 48) und der sonstigen Aktenvorgänge hat der Vollziehungsbeamte die Pfandstücke, die er zur Versteigerung bereitstellt, auf ihre Vollständigkeit und Unversehrtheit zu prüfen. [2]Bei Nahrungs- und Genußmitteln sowie anderen dem Verderben ausgesetzten Verbrauchsgegenständen muß sich der Vollziehungsbeamte davon überzeugen, daß die Sachen unverdorben sind. [3]In Zweifelsfällen ist ein Sachverständiger zur Prüfung zuzuziehen. [4]Fehlen einzelne Pfandstücke oder sind sie beschädigt oder verdorben, so hat der Vollziehungsbeamte dem Versteigerungsauftrag einen entsprechenden Vermerk beizufügen und dies außerdem der Vollstreckungsstelle zur Bekanntgabe an den Vollstreckungsschuldner mitzuteilen. [5]Ist der Vollstreckungsschuldner im Versteigerungstermin anwesend, so macht der Vollziehungsbeamte ihn auf die Mängel der Pfandstücke aufmerksam.

(3) [1]Hat die Vollstreckungsstelle angeordnet, daß Früchte, die zur Zeit der Pfändung noch nicht vom Boden getrennt waren, abgeerntet und alsdann erst versteigert werden, so hat der Vollziehungsbeamte die Früchte abernten zu lassen. [2]Diese Arbeiten hat er so weit zu beaufsichtigen, als es erforderlich ist, um den Ernteertrag mit Sicherheit festzustellen. [3]Er hat auch dafür zu sorgen, daß die geernteten Früchte bis zur Versteigerung sicher untergebracht und verwahrt werden.

## 53.[3] Gesetzliche Versteigerungsbedingungen

(1) [1]Der Versteigerung werden die gesetzlichen Versteigerungsbedingungen zugrunde gelegt (Abs. 2 bis 7). [2]Außer diesen kann der Vollziehungsbeamte

[1] Abschn. 51 Abs. 4 und Abs. 7 neu gef. durch Allg. Verwaltungsvorschrift v. 10. 3. 2011, BStBl. I S. 238.

[2] Abschn. 52 Abs. 1 Satz 2 geänd. durch Allg. Verwaltungsvorschrift v. 23. 10. 2017, BStBl. I S. 1374.

[3] Abschn. 53 Abs. 5 neu gef. durch Allg. Verwaltungsvorschrift v. 22. 1. 2008, BStBl. I S. 274, Abs. 8 angef. durch Allg. Verwaltungsvorschrift v. 10. 3. 2011, BStBl. I S. 238.

für eine Versteigerung noch weitere Versteigerungsbedingungen setzen, wenn dies nach den besonderen Umständen des Falls zweckmäßig ist.

(2) [1]Der Zuschlag ist dem Meistbietenden zu erteilen. [2]Dem Zuschlag soll ein dreimaliger Aufruf vorausgehen. [3]Die Verpflichtung eines jeden Bieters erlischt, wenn ein Übergebot abgegeben oder die Versteigerung ohne Erteilung des Zuschlags geschlossen wird.

(3) [1]Der Vollstreckungsschuldner und, falls ein zu versteigernder Gegenstand einem anderen als dem Vollstreckungsschuldner gehört, der Eigentümer dürfen bei der Versteigerung mitbieten. [2]Das Gebot des Vollstreckungsschuldners oder des Eigentümers darf zurückgewiesen werden, wenn der von ihm gebotene Betrag nicht sofort bar gezahlt wird.

(4) [1]Der Vollziehungsbeamte und etwa zugezogene Gehilfen dürfen in der Versteigerung nicht mitbieten. [2]Der Vollziehungsbeamte darf auch seinen Angehörigen (Abschn. 3 Abs. 3) das Bieten nicht gestatten.

(5) Eine zugeschlagene Sache darf gegen Barzahlung ausgehändigt werden.

(6) [1]Hat der Vollziehungsbeamte nicht nach Abs. 1 Satz 2 einen früheren Zeitpunkt bekanntgegeben, so muß der Meistbietende die Ablieferung der Sache gegen Zahlung des beim Zuschlag genannten Betrags vor dem Schluß des Versteigerungstermins verlangen. [2]Wird das Verlangen nicht rechtzeitig gestellt, so wird die Sache anderweitig versteigert. [3]Der Meistbietende wird dabei zu einem weiteren Gebot nicht zugelassen. [4]Er haftet für einen etwaigen Ausfall; auf den Mehrerlös hat er keinen Anspruch.

(7) Der Erwerber eines Pfandstücks hat keinen Anspruch auf Gewährleistung wegen eines Mangels im Recht oder wegen eines Sachmangels.

(8) Bei einer Versteigerung nach § 296 Abs. 1 Satz 2 Nr. 2 AO gelten abweichend von den Abs. 1 bis 6 die Bedingungen der Internetplattform www.zoll-auktion.de.

### 54.[1] Versteigerung

(1) [1]Nach Eröffnung des Versteigerungstermins hat der Vollziehungsbeamte zunächst die gesetzlichen Versteigerungsbedingungen (insbesondere Abschn. 53 Abs. 7) und etwaige weitere Versteigerungsbedingungen bekannt zu geben. [2]Bei einer Versteigerung nach § 296 Abs. 1 Satz 2 Nr. 2 AO sind die Bedingungen auf der Internetplattform www.zoll-auktion.de einsehbar.

(2) [1]Der Vollziehungsbeamte darf von den Versteigerungsbedingungen nach Abschn. 53 nur hinsichtlich der Entrichtung des beim Zuschlag genannten Betrags absehen. [2]Er bedarf hierzu der vorherigen Zustimmung der Vollstreckungsstelle. [3]Insbesondere darf der Vollziehungsbeamte eine Frist zur Entrichtung des Geldes nur mit Einwilligung der Vollstreckungsstelle einräumen.

(3) [1]Für jede zu versteigernde Sache hat der Vollziehungsbeamte einen Betrag festzusetzen, unter dem ein Gebot nicht angenommen wird (Mindestgebot). [2]Das Mindestgebot hat mindestens die Hälfte des gewöhnlichen Verkaufswerts (Abschn. 48 Abs. 1 Nr. 4) zu erreichen. [3]Bei Gold- und Silbersachen darf es darüber hinaus nicht unter dem Gold- oder Silberwert liegen.

[1] Abschn. 54 neu gef. durch Allg. Verwaltungsvorschrift v. 10. 3. 2011, BStBl. I S. 238.

[4]Wurden bei einfuhrabgaben- und/oder verbrauchsteuerpflichtigen Waren die Einfuhrabgaben und/oder die Verbrauchsteuer noch nicht entrichtet, so muss das Mindestgebot so hoch sein, dass diese gedeckt sind. [5]Der gewöhnliche Verkaufswert und das Mindestgebot sind beim Ausbieten bekannt zu geben.

(4) [1]Bei einer Versteigerung nach § 296 Abs. 1 Satz 2 Nr. 1 AO hat der Vollziehungsbeamte nach Bekanntgabe der Versteigerungsbedingungen die Sachen den Erschienenen zur Besichtigung vorzuzeigen und die Anwesenden zum Bieten aufzufordern. [2]Bei einer Versteigerung nach § 296 Abs. 1 Satz 2 Nr. 2 AO sind die Sachen nach Art, Güte und Beschaffenheit zutreffend zu beschreiben. [3]Diese Beschreibung ist durch Fotografien und ggf. durch Gutachten zu ergänzen. [4]In der Beschreibung können Angaben zu Art und Kosten eines möglichen Versands gemacht werden.

(5) [1]Bei Bestimmung der Reihenfolge, in der die Sachen ausgeboten werden, hat der Vollziehungsbeamte Wünsche des Vollstreckungsschuldners nach Möglichkeit zu berücksichtigen. [2]Die Sachen können einzeln, in Teilposten oder zusammen ausgeboten werden. [3]Insbesondere können Sachen gleicher Art oder Sachen, die zu einem Sachinbegriff gehören, zum Beispiel eine Zimmereinrichtung, zusammengefasst werden. [4]Bei Einzelausgebot von Sachen, die sich zum Gesamtausgebot eignen, kann der Zuschlag davon abhängig gemacht werden, dass bei einem Gesamtausgebot kein höherer Gesamterlös erzielt wird, dies gilt nicht bei einer Versteigerung nach § 296 Abs. 1 Satz 2 Nr. 2 AO.

(6) [1]Der Zuschlag ist unparteiisch zu erteilen. [2]Insbesondere darf der Zuschlag nicht zugunsten des einen oder des anderen Bieters übereilt erteilt werden. [3]Der Zuschlag ist zu versagen, wenn das Mindestgebot nicht erreicht wird. [4]In diesem Fall ordnet die Vollstreckungsstelle weitere Maßnahmen an.

(7) Die Versteigerung mehrerer gepfändeter Sachen eines Vollstreckungsschuldners ist einzustellen, sobald der Erlös ausreicht, um alle beizutreibenden Beträge einschließlich der Kosten der Vollstreckung zu decken.

(8) Wurden für einfuhrabgaben- und/oder verbrauchsteuerpflichtige Waren die Einfuhrabgaben und/oder die Verbrauchsteuer noch nicht entrichtet, so dürfen die Gegenstände erst ausgehändigt werden, nachdem die Einfuhrabgaben- und/oder Verbrauchsteuerbelange gewahrt sind.

(9) [1]Alle Sachen sind grundsätzlich nur gegen Empfangsbescheinigung auszuhändigen. [2]Im Falle der Versendung genügt der Nachweis der Übergabe des Versandgutes an die zur Ausführung der Versendung bestimmte Person.

(10) [1]Dem Ersteher eines Kraftfahrzeugs oder Kraftfahrzeuganhängers hat der Vollziehungsbeamte bei der Übergabe die Fahrzeugdokumente gegen Empfangsbescheinigung auszuhändigen, soweit diese nicht im Falle einer Versteigerung nach § 296 Abs. 1 Satz 2 Nr. 2 AO bereits vorher an den Ersteher zugestellt wurden. [2]Hat der Vollziehungsbeamte die Fahrzeugdokumente nicht in Händen (Abschn. 51 Abs. 6), so verweist er den Ersteher an die Vollstreckungsstelle.

## 55.[1] Niederschrift über die Versteigerung

[1]Der Vollziehungsbeamte muß in der Niederschrift über eine Versteigerung die Angaben nach Abschn. 19 Abs. 2 Nr. 1 machen. [2]Darüber hinaus hat die Niederschrift – außer den Angaben nach Abschn. 20 Abs. 4 – noch folgendes zu enthalten:

1. den beizutreibenden Geldbetrag, bei mehreren Pfändungen alle beizutreibenden Geldbeträge,
2. bei einer Versteigerung nach § 296 Abs. 1 Satz 2 Nr. 1 AO die Angabe, dass die gesetzlichen Versteigerungsbedingungen bekannt gegeben worden sind; hat der Vollziehungsbeamte für eine Versteigerung außer den gesetzlichen Versteigerungsbedingungen noch weitere Versteigerungsbedingungen bekannt gegeben, so sind auch diese in die Niederschrift aufzunehmen,
3. die Bezeichnung der ausgebotenen Sachen und die dafür vom Vollziehungsbeamten und gegebenenfalls von einem Sachverständigen (Abschn. 51 Abs. 5) angegebenen gewöhnlichen Verkaufswerte (Abschn. 48 Abs. 1 Nr. 4), bei Gold- und Silbersachen auch den von einem Sachverständigen geschätzten Gold- oder Silberwert,
4. bei einer Versteigerung nach § 296 Abs. 1 Satz 2 Nr. 2 AO den Zeitraum, in dem die Sache angeboten wurde,
5. im Fall des Zuschlags das Meistgebot, Name und Anschrift des Erstehers sowie die Angabe, ob der Betrag entrichtet und die Sache dem Ersteher ausgehändigt worden ist; weiter die Unterschrift von Personen, denen ein Zuschlag erteilt worden ist, oder, wenn eine dieser Personen nicht unterschrieben hat, den Grund dafür,
6. die Angabe, warum für eine ausgebotene Sache der Zuschlag nicht erteilt worden ist. [2]Beispiel: es ist kein Gebot abgegeben worden, welches das Mindestgebot erreicht.

## 56. Freihändiger Verkauf

(1) [1]Beim freihändigen Verkauf von Sachen hat der Vollziehungsbeamte darauf bedacht zu sein, daß er einen möglichst hohen Preis erzielt. [2]Die Vollstreckungsstelle setzt einen Mindestpreis fest. [3]Abschn. 53 Abs. 4, 5 und 7 und Abschn. 54 Abs. 2 und 3 gelten entsprechend.

(2) [1]Der Vollziehungsbeamte muß in der Niederschrift über einen freihändigen Verkauf die Angaben nach Abschn. 19 Abs. 2 Nr. 1 machen. [2]Darüber hinaus hat die Niederschrift – außer den Angaben nach Abschn. 20 Abs. 4 – noch folgendes zu enthalten:

1. den beizutreibenden Geldbetrag, bei mehreren Pfändungen alle beizutreibenden Geldbeträge,
2. die Bezeichnung der verkauften Sachen und die dafür vom Vollziehungsbeamten und gegebenenfalls von einem Sachverständigen (Abschn. 51 Abs. 5) angegebenen gewöhnlichen Verkaufswerte (Abschn. 48 Abs. 1 Nr. 4), bei

[1] Abschn. 55 Satz 2 Nr. 2 neu gef., Satz 2 Nr. 4 eingef. durch Allg. Verwaltungsvorschrift v. 10. 3. 2011, BStBl. I S. 238.

Gold- und Silbersachen auch den von einem Sachverständigen geschätzten Gold- oder Silberwert,

3. die Abreden mit dem Käufer,
4. die Angabe, daß der Käufer eines Pfandstücks auf den Ausschluß jedes Gewährleistungsanspruchs wegen eines Mangels im Recht oder wegen eines Sachmangels hingewiesen worden ist,
5. eine Angabe darüber, ob das Kaufgeld entrichtet und die Sache dem Käufer ausgehändigt worden ist,
6. die Unterschrift des Käufers unter Angabe seiner Anschrift oder, wenn der Käufer nicht unterschrieben hat, den Grund dafür. [2]Bei Kleinverkäufen kann die Vollstreckungsstelle auf das namentliche Festhalten des Käufers verzichten.

## Aufhebung der Pfändung; Rückgabe von Pfandstücken

### 57. Aufhebung der Pfändung; Rückgabe von Pfandstücken

(1) [1]Sind durch eine Zahlung, die nach der Pfändung an den Vollziehungsbeamten geleistet wird, oder durch den Erlös, den der Vollziehungsbeamte durch die Verwertung eines Teils der Pfandstücke erzielt, alle beizutreibenden Geldbeträge gedeckt, so hat der Vollziehungsbeamte die Pfandstücke, deren Verwertung nun nicht mehr erforderlich ist, freizugeben, wenn sie sich in seinem Gewahrsam oder aber im Gewahrsam des Vollstreckungsschuldners oder eines Dritten befinden. [2]Gepfändete Sachen, die in den Büchern der zuständigen Kasse gebucht sind, darf der Vollziehungsbeamte erst freigeben, wenn die zuständige Kasse ihm die Sachen wieder herausgegeben hat.

(2) [1]Sind die Voraussetzungen des Abs. 1 Satz 1 nicht gegeben, so darf der Vollziehungsbeamte eine Pfändung nur auf schriftliche Weisung der Vollstreckungsstelle aufheben. [2]Dies gilt zum Beispiel auch dann, wenn der Vollziehungsbeamte sich nachträglich davon überzeugt, daß eine von ihm vorgenommene Pfändung unrechtmäßig gewesen ist.

(3) [1]Befinden sich die freizugebenden Sachen im Gewahrsam des Vollziehungsbeamten, so hat er sie dem Empfangsberechtigten gegen Quittung zu übergeben. [2]Abschn. 21 Abs. 5 gilt entsprechend. [3]Ist der Empfangsberechtigte nicht anwesend, oder ist er zur Entgegennahme der Sachen nicht bereit, so hat der Vollziehungsbeamte dies der Vollstreckungsstelle unverzüglich anzuzeigen. [4]Abschn. 44 Abs. 7 und Abschn. 59 sind zu beachten.

(4) [1]Befinden sich die freizugebenden Sachen im Gewahrsam des Vollstreckungsschuldners, so wird ihm die Aufhebung der Pfändung mitgeteilt. [2]Befinden sich die freizugebenden Sachen im Gewahrsam eines Dritten, so wird dem Vollstreckungsschuldner und dem Dritten mitgeteilt, daß die Pfändung der Sachen aufgehoben wird. [3]Hatte ein Gerichtsvollzieher oder ein Vollziehungsbeamter eine weitere Pfändung (Abschn. 47) vorgenommen, so ist die Aufhebung der Pfändung auch diesem Gerichtsvollzieher oder aber der betreffenden Vollstreckungsbehörde mitzuteilen.

(5) [1]Die Eröffnungen nach Abs. 4 teilt die Vollstreckungsstelle in der Regel schriftlich mit. [2]In den Fällen des Abs. 1 Satz 1 ist der Vollziehungsbeamte zuständig.

(6) [1]Die Mitteilung an den Vollstreckungsschuldner (Abs. 4 Sätze 1 und 2) enthält in der Regel den Hinweis, daß der Vollstreckungsschuldner ermächtigt ist, die Pfandzeichen zu entfernen. [2]Wird der Vollziehungsbeamte jedoch beauftragt, die Pfandzeichen zu entfernen, so darf er nicht seinerseits den Vollstreckungsschuldner zur Entfernung der Pfandzeichen ermächtigen.

(7) Die Mitteilung an den Dritten (Abs. 4 Satz 2) enthält die Ermächtigung, die Pfandstücke an den Vollstreckungsschuldner herauszugeben.

## Abführung an die zuständige Kasse

### 58. Abführung von Zahlungsmitteln

(1) [1]Aus dem beigebrachten (an den Vollziehungsbeamten gezahlten oder durch ihn beigetriebenen) Geldbetrag hat der Vollziehungsbeamte die Auslagen zu begleichen, die ihm bei Ausführung des Vollstreckungsauftrags und eines etwaigen Ergänzungsauftrags, zum Beispiel eines Verwertungsauftrags, entstanden sind. [2]Übersteigt der nach Begleichung der Auslagen verbleibende Betrag die beizutreibenden Geldbeträge, so hat der Vollziehungsbeamte den Überschuß an den Berechtigten gegen Quittung abzuliefern.

(2)[1)] [1]Die beigebrachten Zahlungsmittel sind – gegebenenfalls nach Abzug der Auslagen – an die zuständige Kasse der Vollstreckungsbehörde abzuführen, dem der Vollziehungsbeamte angehört. [2]Die oberste Landesfinanzbehörde kann bestimmen, daß der Vollziehungsbeamte die für andere Stellen aufgrund von Vollstreckungsersuchen beigebrachten Geldbeträge unmittelbar an die für diese Stellen zuständigen Kassen abführt, und hierzu Einzelheiten des Verfahrens regeln. [3]Kann der Vollziehungsbeamte die beigebrachten Geldbeträge nicht mehr am selben Tag bei der zuständigen Kasse einzahlen oder ist diese nach § 224 Abs. 4 AO für den baren Zahlungsverkehr geschlossen, sind die Geldbeträge gebührenfrei bei einer Zweiganstalt der Deutschen Bundesbank oder, falls dies nicht möglich ist, bei einem Kreditinstitut oder bei der nächstgelegenen Postfiliale auf das Konto der zuständigen Kasse einzuzahlen. [4]Ist dies am selben Tag nicht möglich, sind die Beträge spätestens am nächsten Werktag unverzüglich bei der zuständigen Kasse oder nach Satz 3 einzuzahlen. [5]Der Einlieferungsschein oder die Einzahlungsbescheinigung verbleibt beim Vollziehungsbeamten. [6]Schecks, die der Vollziehungsbeamte nicht persönlich der zuständigen Kasse übergibt, hat er, nachdem er sie als Verrechnungsscheck gekennzeichnet hat (Abschn. 26 Abs. 4), unverzüglich der zuständigen Kasse durch einfachen Brief zu übersenden.

(3) [1]Die im Lauf eines Tages bei der Ausführung der verschiedenen Vollstreckungsaufträge beigebrachten Zahlungsmittel, die der Vollziehungsbeamte nach Abs. 2 an die zuständige Kasse abzuführen hat, soll er möglichst in einer Summe abliefern. [2]Er hat also abzuführen:

---

1) Abschn. 58 Abs. 2 Satz 1 geänd. durch Allg. Verwaltungsvorschrift v. 23. 10. 2017, BStBl. I S. 1374.

1. an Tagen, an denen er nur eine Nachweisung Vz aufzustellen hat (Abschn. 22 Abs. 4 und 5):
   die Summe der in dieser Nachweisung Vz eingetragenen Zahlungsmittel,
2. an Tagen, an denen er mehrere Nachweisungen Vz aufzustellen hat (Abschn. 22 Abs. 5 und 6):
   die Gesamtsumme der in diese Nachweisungen Vz eingetragenen Zahlungsmittel.

(4) Bei der Abführung an die zuständige Kasse hat der Vollziehungsbeamte die Nachweisungen Vz zu übergeben und ihnen beizufügen:

1. die Vollstreckungsaufträge, soweit diese von der zuständigen Kasse benötigt werden, zum Beispiel zur Abwicklung des Zahlungsverkehrs bei Vollstreckungsersuchen,
2. die Zweitausfertigungen und die nicht ausgehändigten Erstausfertigungen der Quittungen.

(5) [1]Zahlt der Vollziehungsbeamte Geldbeträge, die er an die zuständige Kasse abzuführen hat, auf deren Konto ein (Abs. 2), hat er danach die Nachweisungen Vz zusammen mit den in Abs. 4 genannten Unterlagen unverzüglich der zuständigen Kasse einzusenden, wenn er nicht diese Urkunden am Vormittag des auf die Einzahlung folgenden oder übernächsten Arbeitstag persönlich der zuständigen Kasse übergeben kann. [2]Setzt sich der eingezahlte Betrag aus den Summen mehrerer Nachweisungen Vz zusammen, sind auf dem Gutschriftsbeleg für den Empfänger die Summen anzugeben, die auf die einzelnen Nachweisungen Vz entfallen.

(6) Bis zur Abführung hat der Vollziehungsbeamte die Zahlungsmittel sicher aufzubewahren und von seinen eigenen Zahlungsmitteln getrennt zu halten.

(7) Für die Beförderung von Zahlungsmitteln wird im Hinblick auf die einzuhaltenden Sicherungsmaßnahmen auf die von den für die Finanzverwaltung zuständigen obersten Bundes- oder Landesbehörden hierzu getroffenen besonderen Bestimmungen hingewiesen.

(8) Der Vollziehungsbeamte erhält von der zuständigen Kasse über die persönlich übergebenen Zahlungsmittel eine Empfangsbescheinigung.

(9) Die Oberfinanzdirektion kann anordnen, daß die vom Vollziehungsbeamten beigebrachten Zahlungsmittel an eine andere Zollzahlstelle anstatt an die Zahlstelle seines Hauptzollamts abgeführt werden.

### 59. Abführung anderer Sachen

(1) [1]Wertpapiere, Beweisurkunden, Wertzeichen oder Kostbarkeiten (wegen der Begriffe Hinweis auf Abschn. 15 Abs. 2 bis 6), die der Vollziehungsbeamte entweder gepfändet und an sich genommen (Abschn. 44 Abs. 2 Nr. 1), vorläufig in Besitz genommen (Abschn. 32 Abs. 4), weggenommen (Abschn. 50 Abs. 1) oder entgegengenommen (Abschn. 50 Abs. 2) hat, sind an die zuständige Kasse abzuführen. [2]Soweit nötig, sind die Sachen dabei zu kennzeichnen, daß eine Verwechslung ausgeschlossen ist.

(2) Bei anderen, nicht unter Abs. 1 fallenden Sachen, die der Vollziehungsbeamte entweder gepfändet und an sich genommen (Abschn. 44 Abs. 6), weggenommen (Abschn. 50 Abs. 1) oder entgegengenommen (Abschn. 50 Abs. 2) hat, muß der Vollziehungsbeamte nach Abschn. 44 Abs. 7 verfahren.

(3) [1]Bei der Abführung an die zuständige Kasse sind die Zweitausfertigungen und nicht ausgehändigten Erstausfertigungen der Quittungen mit zu übergeben. [2]In den übrigen Fällen sind die Zweitausfertigungen und nicht ausgehändigten Erstausfertigungen der Quittungen der zuständigen Kasse zu übergeben, alle anderen Unterlagen verbleiben bei der Vollstreckungsstelle.

(4)[1)] Die Abs. 1 bis 3 gelten auch, wenn

1. die Vollstreckung für eine andere Stelle als die Vollstreckungsbehörde, der der Vollziehungsbeamte angehört, ausgeführt worden ist,
2. die zuständige Kasse eine Sache dem Vollziehungsbeamten zur Verwertung herausgegeben hatte, der Vollziehungsbeamte aber die Sache nicht versteigert oder freihändig verkauft hat.

(5) Bei der Abführung von anderen Sachen als Zahlungsmitteln (Abs. 1, 2 und 4) sind vor allem die Fristbestimmungen des Abschn. 58 Abs. 2 und die Bestimmungen des Abschn. 58 Abs. 7 bis 9 entsprechend anzuwenden.

## Rechenschaftsablegung

### 60. Rechenschaftsablegung

(1)[2)] [1]Über die Ausführung des Vollstreckungsauftrags und eines etwaigen Ergänzungsauftrags, zum Beispiel eines Verwertungsauftrags, hat der Vollziehungsbeamte der Vollstreckungsstelle schriftlich oder elektronisch Rechenschaft abzulegen. [2]Dies hat alsbald nach Ausführung des Auftrags und innerhalb der im Auftrag gesetzten Frist dadurch zu geschehen, dass der Vollziehungsbeamte den Rechenschaftsvermerk (Abschn. 23) der Vollstreckungsstelle vorlegt oder elektronisch übersendet.

(2) Hat der Vollziehungsbeamte nach Abschn. 58 Abs. 4 den Vollstreckungsauftrag der zuständigen Kasse zu übergeben, leitet die zuständige Kasse den Vollstreckungsauftrag mit dem Rechenschaftsvermerk der Vollstreckungsstelle zu.

(3) Bei der Vorlage (Abs. 1 Satz 2) oder Weiterleitung (Abs. 2) an die Vollstreckungsstelle sind dem Vollstreckungsauftrag oder dem Ergänzungsauftrag, der den Rechenschaftsvermerk enthält, als Anlagen beizufügen:

1. Niederschriften, die bei der Ausführung des Vollstreckungsauftrags entstanden sind,
2. Feststellungen des Vollziehungsbeamten über die persönlichen und wirtschaftlichen Verhältnisse des Vollstreckungsschuldners,

---

[1)] Abschn. 59 Abs. 4 neu gef. durch Allg. Verwaltungsvorschrift v. 23. 10. 2017, BStBl. I S. 1374.

[2)] Abschn. 60 Abs. 1 neu gef. durch Allg. Verwaltungsvorschrift v. 10. 3. 2011, BStBl. I S. 238.

3. Quittungen oder sonstige Belege über Auslagen, die dem Vollziehungsbeamten bei Ausführung der Vollstreckung entstanden sind,
4. Quittungen oder sonstige Belege über einen Überschuß, den der Vollziehungsbeamte an den Berechtigten abgeführt hat (Abschn. 58 Abs. 1).

(4) Ergeben sich beim Nachprüfen durch die Vollstreckungsstelle an Hand der Rechenschaftsablegung Beanstandungen, so hat der Vollziehungsbeamte diesen nach den Weisungen der Vollstreckungsstelle abzuhelfen.

## Sondervorschriften für die Zollverwaltung

**61. Sondervorschriften für die Zollverwaltung**

Im Bereich der Zollverwaltung tritt an die Stelle der zuständigen Kasse die Zahlstelle des Hauptzollamts.

## Dritter Teil. Schlußvorschriften

**62. Inkrafttreten**[1)]

[1]Diese allgemeine Verwaltungsvorschrift tritt am 1. Mai 1980 in Kraft. [2]Gleichzeitig tritt die Geschäftsanweisung für die Vollziehungsbeamten der Finanzverwaltung vom 17. März 1960 (Beilage zum BAnz. Nr. 58 vom 24. März 1960) außer Kraft.

1) Betrifft das Inkrafttreten der VollzA in der ursprünglichen Fassung.

# 803 § 5/3. Schreiben betr. zentrale Sammlung und Auswertung von Unterlagen über steuerliche Auslandsbeziehungen; Beziehungen eines Steuerinländers zum Ausland und eines Steuerausländers zum Inland (IZA-Erlass)

Vom 9. September 2019 (BStBl. I S. 907)

(BMF IV B 6 – S 1509/07/10001 :012; DOK 2019/0764716)

**2 Anlagen**[1]

Unter Bezugnahme auf das Ergebnis der Erörterungen mit den Vertretern der obersten Finanzbehörden der Länder gilt für die zentrale Sammlung und Auswertung von Unterlagen über steuerliche Auslandsbeziehungen Folgendes:

**Inhaltsübersicht**



## 1. Ziele und Arbeitsweise

### 1.1. Aufklärung von Auslandsbeziehungen

Im Hinblick auf den Umfang der Auslandsverflechtung der Wirtschaft kommt der Ermittlung von Auslandsbeziehungen im Steueraufsichts- und Steuerermittlungsverfahren ständig wachsende Bedeutung zu.

Dem Bundeszentralamt für Steuern (BZSt) obliegt die zentrale Sammlung und Auswertung von Unterlagen über steuerliche Auslandsbeziehungen (§ 88 a AO i. V. m. § 5 Abs. 1 Satz 1 Nr. 6 FVG). Hierzu erfasst der Arbeitsbereich „Informationszentrale für steuerliche Auslandsbeziehungen (IZA)" alle

[1] Hier nicht abgedruckt.

sachdienlichen Informationen, die für die Tätigkeit der Steuerverwaltungen von Bund und Ländern von Bedeutung sein können[1]).

In diesem Rahmen sammelt die IZA Informationen und erteilt Auskünfte insbesondere über:

– Ausländische Rechtssubjekte (natürliche und juristische Personen im Ausland, insbesondere auch ausländische Personengesellschaften sowie ausländische Briefkastengesellschaften [Domizil-, Sitz-, Offshore-Gesellschaften]);
– die Rechtsprechung und Kommentierung zur steuerlichen Beurteilung der Beziehungen von Steuerinländern zu ausländischen Basis- oder Briefkastengesellschaften;
– Beziehungen von im Inland ansässigen Rechtssubjekten zum Ausland;
– Beziehungen von im Ausland ansässigen Rechtssubjekten zum Inland.

Sie unterstützt im Übrigen durch Hinweise auf bereits laufende oder abgeschlossene Verfahren, Parallelfälle und ähnliche Beobachtungen die zuständigen Finanzämter bei der steuerrechtlichen Beurteilung von Auslandssachverhalten.

**1.2. Besteuerungsverfahren bei Auslandsbeziehungen und Koordinierung der örtlichen Zuständigkeit**

Das BZSt

a) sammelt und wertet Mitteilungen nach § 138 Abs. 2 AO über ausländische Betriebe, ausländische Betriebsstätten sowie ausländische Beteiligungen und Mitteilungen nach § 138 b AO über Beziehungen inländischer Steuerpflichtiger zu Drittstaat-Gesellschaften aus (siehe auch BMF-Schreiben vom 5. Februar 2018, BStBl. I S. 289[2]), geändert durch BMF-Schreiben vom 18. Juli 2018, BStBl. I S. 815 und BMF-Schreiben vom 21. Mai 2019, BStBl. I S. 473),

b) bestimmt nach Maßgabe des § 5 Abs. 1 Satz 1 Nr. 7 FVG bei Personen, die nicht im Geltungsbereich dieses Gesetzes ansässig sind (z. B. beschränkt Steuerpflichtige und Personen i. S. d. § 2 AStG), das für die Besteuerung örtlich zuständige Finanzamt, wenn sich mehrere Finanzämter für örtlich zuständig oder für örtlich unzuständig halten oder wenn sonst Zweifel über die örtliche Zuständigkeit bestehen.

Entsprechendes gilt auch für

– die gesonderte und einheitliche Feststellung der Gewinne ausländischer Personengesellschaften, an denen inländische Gesellschafter beteiligt sind (Nr. 6 des Anwendungserlasses zu § 18 AO), und
– die gesonderte und einheitliche Feststellung nach § 18 AStG (Tz. 18.2 des BMF-Anwendungsschreibens zum AStG vom 14. Mai 2004, BStBl. I S. 3[3]).

---

[1]) **[Amtl. Anm.:]** Gegen die beim BZSt auf der Grundlage von § 88 a AO i. V. m. § 5 Abs. 1 Satz 1 Nr. 6 FVG geführte Datensammlung über steuerliche Auslandsbeziehungen bestehen keine verfassungsrechtlichen Bedenken – Beschluss des BVerfG vom 10. März 2008 1 BvR 2388/03, BStBl. 2009 II S. 23.

[2]) Nr. **800** § 138/1.

[3]) Nr. **725**.

b) Steuerfahndungs- und Außenprüfungsstellen:
- Auslandssachverhalte, insbesondere i. V. m. Rechtssubjekten in Niedrigsteuergebieten[1]; es genügt die Übersendung von entsprechenden Berichtsauszügen.

c) Umsatzsteuerstellen:
- Rechtssubjekte mit Sitz in Niedrigsteuergebieten[1], die umsatzsteuerlich geführt werden sollen.

d) Grunderwerbsteuerstellen:
- Rechtssubjekte mit Sitz in Niedrigsteuergebieten[1], die im Inland Grundstücke erwerben oder veräußern.

### 3.3. Rückmeldungen

Die aufgrund der gegebenen Auskünfte getroffenen weiteren Feststellungen und Entscheidungen sind der IZA von den anfragenden Finanzbehörden auf dem Vordruck BZSt-3 (Anlage 2[2]) unter Angabe der steuerlichen Auswirkungen mitzuteilen. Die von den Feststellungen der IZA abweichenden Nachweise der Steuerpflichtigen sind der Rückmeldung auch dann in Kopie beizufügen, wenn die Auskunft der IZA zu keiner steuerlichen Änderung führte.

## 4. Löschung von Informationen

Die in der ISI-Datenbank (Tz. 2.1. c) eingepflegten Daten sind grundsätzlich 15 Jahre nach dem Datum der Anfrage (Beziehungsdatum) durch das BZSt zu löschen. Dies gilt auch für Beziehungsketten[3]. Eine neue Information zu einer Beziehungskette begründet ein neues Beziehungsdatum mit der Folge, dass die Daten weitere 15 Jahre nicht gelöscht werden.

Daten, die aus der Vorgängerdatenbank ISAB (Internationale steuerliche Auslandsbeziehungen) im Jahr 2000 in die ISI-Datenbank übernommen wurden, wurden zum 1. Januar 2015 durch das BZSt gelöscht, es sei denn, ein aktuelles Beziehungsdatum stand dem entgegen.

Dieses Schreiben tritt an die Stelle des BMF-Schreibens vom 6. Februar 2012, BStBl. I S. 241.

---

[1] **[Amtl. Anm.:]** Vgl. Tz. 2.2 und Tz. 8.3 sowie Anlage 1 des BMF-Anwendungsschreibens zum AStG vom 14. Mai 2004, BStBl. I S. 3 (Nr. **725**).

[2] Hier nicht abgedruckt.

[3] **[Amtl. Anm.:]** Beziehungskette/n ist/sind in der ISI-Datenbank erfasste Beziehungen zu einem Rechtssubjekt oder zu mehreren Rechtssubjekten.

**1.3. Zusammenarbeit mit Finanzbehörden und anderen Stellen**

Die Finanzbehörden von Bund und Ländern sowie andere Behörden und Gerichte arbeiten mit dem BZSt nach den allgemeinen Grundsätzen über die Amtshilfe (§§ 111 ff. AO) zusammen. Die Anschrift lautet:
Bundeszentralamt für Steuern
Informationszentrale für steuerliche Auslandsbeziehungen (IZA)
53221 Bonn
Telefon: 0228 406-0 (Zentrale)
Telefax: 0228 406-4187 (IZA)
E-Mail: iza@bzst.bund.de

**2. Informationsangebot**

**2.1. Erteilung von Auskünften**

Die IZA erteilt Auskünfte

a) auf Anfrage

Anfragen sollen als Schriftstück postalisch (Vordruck BZSt-1, Anlage 1)[1] – jeweils zu jedem ausländischen Rechtssubjekt gesondert – gestellt werden. Soweit die Voraussetzungen des § 87 a Abs. 1 Satz 3 AO erfüllt werden können (geeignete Verschlüsselung), sollen Anfragen elektronisch erfolgen.

Eine Anfrage sollte stets folgende Angaben/Unterlagen enthalten:
- Genaue Bezeichnung des angefragten ausländischen Rechtssubjekts mit Anschrift,
- Benennung des Inländers mit Anschrift (Beziehungspartner),
- Kopien von Dokumenten zu den angefragten Rechtssubjekten – möglichst mit Originalbriefkopf (z. B. Rechnungen, Verträge, Angebote, Schreiben etc.),
- kurze Schilderung des Sachverhaltes,
- Angaben zur Größenordnung, die die mutmaßliche Bedeutung erkennen lassen,
- Hinweis, ob eine kurze Datenbankrecherche ausreicht, eine Internetrecherche oder eine Wirtschaftsauskunft benötigt wird und ob eine ausführliche Kommentierung/Bewertung gewünscht oder entbehrlich ist, und
- bei Eilbedürftigkeit Hinweis mit Angabe der Gründe.

Anfragen sollen in der Regel nur gestellt werden, wenn
- der Steuerpflichtige seiner erhöhten Mitwirkungspflicht nach § 90 Abs. 2 AO nicht oder in nicht hinreichendem Maße nachgekommen ist,
- eine steuerliche Auswirkung von mehr als 5000 EUR und/oder
- in Bezug auf ein und dasselbe ausländische Rechtssubjekt Betriebsausgabenabzüge bei mehreren inländischen Steuerpflichtigen von insgesamt mehr als 10 000 EUR zu vermuten und/oder
- Dauersachverhalte (z. B. Arbeitnehmerverleih/Werkvertrag, Neuaufnahme von ausländischen Rechtssubjekten, Beteiligungen, Immobilienerwerbe und Ähnliches) gegeben oder zu erwarten sind.

[1] Hier nicht abgedruckt.

Soweit diese Kriterien erfüllt sind, sollten Anfragen immer gestellt werden, wenn die anzufragenden Rechtssubjekte ihren Sitz in einem Niedrigsteuergebiet[1] haben.

b) unaufgefordert
  – als Rücklauf zu den ihr übersandten Informationen,
  – aus der Auswertung der bei ihr zusammenfließenden Informationen.

c) elektronisch (ständig)
Die ISI (Informations-System der IZA)-Datenbank enthält alle gesammelten Informationen und Arbeitsergebnisse der IZA, siehe hierzu auch unter Tz. 4 „Löschung von Informationen". Die Zugriffsrechte auf die ISI-Datenbank sind über den IT-Administrator der örtlichen Finanzbehörde erhältlich.

**2.2. Inhalt und Prüfung der Auskünfte**

Auskünfte werden erteilt über Rechtssubjekte im Ausland. Diese belaufen sich, nicht abschließend aufgezählt, auf folgende Informationen:

– Informationen z. B. über die Qualifizierung von ausländischen Gesellschaften als Briefkastengesellschaften, ggf. mit entsprechenden Hinweisen zur steuerlichen Beurteilung des Sachverhalts, wobei die Einschätzung der IZA durch Unterlagen belegt wird; Überprüfung der von dem Steuerpflichtigen zum Zwecke des Gegenbeweises vorgelegten Unterlagen;
– Informationen über andere bekannt gewordene inländische Beziehungen des angefragten ausländischen Rechtssubjekts;
– Informationen über bekannt gewordene Beziehungen des inländischen Beziehungspartners zu anderen ausländischen Rechtssubjekten;
– allgemeine steuerlich beachtliche Situationen im Ausland, wie steuerliche Verhältnisse, steuerrelevante handels-, gesellschafts- und registerrechtliche Gegebenheiten oder wirtschaftliche Verhältnisse im Ausland.

Die Versendung der Antwortschreiben erfolgt postalisch. Soweit die Voraussetzungen des § 87 a Abs. 1 Satz 3 AO erfüllt werden können (geeignete Verschlüsselung) soll der Versand elektronisch erfolgen.

Die erteilten Auskünfte sind durch die anfragende Finanzbehörde vor Verwendung im Besteuerungsverfahren zu prüfen.

**2.3. Zeitliche Abwicklung von Auskünften**

Die IZA bemüht sich um zeitgerechte Bearbeitung der Anfragen. Soweit dies nicht innerhalb von drei Monaten möglich ist, wird ein Zwischenbescheid erteilt.

**2.4. Beschaffung von Informationen**

Soweit bei Anfragen nicht schon auf vorhandene Informationen zurückgegriffen werden kann, bemüht sich die IZA um die Beschaffung geeigneter Unterlagen bei dritten Stellen im In- und Ausland.

---

[1] **[Amtl. Anm.:]** Vgl. Tz. 2.2 und Tz. 8.3 sowie Anlage 1 des BMF-Anwendungsschreibens zum AStG vom 14. Mai 2004, BStBl. I S. 3 (Nr. **725**).

### 2.5. Kosten

Die IZA berechnet der anfragenden Stelle im Allgemeinen keine Kosten. Besteht eine Kostentragungspflicht Dritter (z. B. im Steuerstrafverfahren), so teilt die IZA die Höhe der Kosten mit und fragt an, ob sie von der anfragenden Stelle übernommen werden.

## 3. Versorgung mit Informationen

### 3.1. Wechselseitiger Informationsfluss

Die IZA kann nur dann umfassende Informationen anbieten, wenn sie von den Finanzbehörden des Bundes und der Länder laufend und vollständig über sachdienliche Beobachtungen und Feststellungen unterrichtet wird. Auch Änderungen der gemeldeten außensteuerlichen Beziehungen sind der IZA mitzuteilen.

### 3.2. Aufgaben der Finanzämter

Insbesondere sind mit Vordruck BZSt-1 (Anlage 1)[1] mitzuteilen von den

a) Veranlagungsstellen:

- Auslandssachverhalte, die nach § 138 Abs. 2 AO meldepflichtig sind (im Allgemeinen durch Weiterleitung einer Durchschrift des Vordrucks BZSt-2)[2],
- Auslandssachverhalte, die nach § 138 b AO meldepflichtig sind (im Allgemeinen durch Weiterleitung einer Durchschrift des Vordrucks „Mitteilung nach § 138 b der Abgabenordnung (AO)")[3],
- juristische Personen mit Sitz in Niedrigsteuergebieten[4], die als beschränkt Steuerpflichtige aufgenommen werden sollen,
- Gesellschaftsbeziehungen zwischen Steuerinländern (auch juristische Personen) und Rechtssubjekten in Niedrigsteuergebieten[4],
- Beteiligungen von ausländischen Rechtssubjekten an inländischen Gesellschaften,
- auffällige Rechtsbeziehungen mit Auslandsbezug,
- Ergebnisse von Rechtshilfeersuchen zu ausländischen Rechtssubjekten in Niedrigsteuergebieten[4], die nicht über das BZSt abgewickelt wurden,
- ausländische Familienstiftungen und deren Begünstigte beziehungsweise Anfallsberechtigte.

---

[1] Hier nicht abgedruckt.

[2] **[Amtl. Anm.:]** Durch das BMF-Schreiben vom 21. Mai 2019, BStBl. I S. 473) geänderte Anlage 1 (Teile 1 bis 3) zum BMF-Schreiben vom 5. Februar 2018 (vgl. Tz. 1.2.a, Internetseiten des BZSt [www.bzst.de] unter der Rubrik Unternehmen – EU und International – Erfassung von Auslandsbeteiligungen – Mitteilungspflicht inländischer Steuerpflichtiger – § 138 Abs. 2 AO und im Formular-Management-System der Bundesfinanzverwaltung [www.formulare-bfinv.de] unter der Rubrik „Bürger-Auslandsbeziehungen").

[3] **[Amtl. Anm.:]** Anlage 2 zum BMF-Schreiben vom 5. Februar 2018 (vgl. Tz. 1.2.a, Internetseiten des BZSt [www.bzst.de] unter der Rubrik Unternehmen – EU und International – Erfassung von Auslandsbeteiligungen – Mitteilungspflicht Dritter – § 138 b AO und im Formular-Management-System der Bundesfinanzverwaltung [www.formulare-bfinv.de] unter der Rubrik „Bürger-Auslandsbeziehungen").

[4] **[Amtl. Anm.:]** Vgl. Tz. 2.2 und Tz. 8.3 sowie Anlage 1 des BMF-Anwendungsschreibens zum AStG vom 14. Mai 2004, BStBl. I S. 3 (Nr. **725**).